◆全国第二轮修志试点志书
◆浙江省第二轮修志创优工程试点志书

象山县志

XIANGSHAN XIANZHI

第一册

象山县地方志编纂委员会　编

方志出版社
Publishing House of Local Records

图书在版编目（CIP）数据

象山县志/象山县地方志编纂委员会编．—北京：方志出版社，2019.11

ISBN 978-7-5144-3472-9

Ⅰ.①象… Ⅱ.①象… Ⅲ.①象山县-地方志 Ⅳ.①K295.54

中国版本图书馆 CIP 数据核字（2019）第 153017 号

象山县志

编　　者：	象山县地方志编纂委员会
责任编辑：	罗　滔　李志瑜　朱　姝
出 版 者：	方志出版社
	地址　北京市朝阳区潘家园东里 9 号（国家方志馆 4 层）
	邮编　100021
	网址　http：//www.fzph.org
发　　行：	方志出版社图书经销中心
	电话（010）67110500
经　　销：	各地新华书店
印　　刷：	福州印团网电子商务有限公司
开　　本：	889×1194　1/16
印　　张：	230.25
字　　数：	6135 千字
版　　次：	2019 年 11 月第 1 版　2019 年 11 月第 1 次印刷
印　　数：	0001～3000 套

ISBN 978-7-5144-3472-9　　定价：2020.00 元

象山县地方志编纂委员会

2006年1月23日县委办公室、县政府办公室发文公布
县委办〔2006〕9号

名誉主任　周江勇

主　　任　李关定

副 主 任　励志武　洪贤兴　陈永忠　沈海东

委　　员　黄敏求　陈兴达　郑汉琪　周　文　陈雪晶　周平飞　陈秀慧　邱金岳
陈乃青　陈卫国　陈柳松　朱志川　陈建瑜　石华云　柯建国　沈宝华
张建森　王安静　翁华清　叶永兆　陈方平　俞国平　黄才林　余国南
张　健　钱永兴

办公室主任、《象山县志(2008)》主编　钱永兴

2007年6月1日县委办公室、县政府办公室发文公布
县委办〔2007〕55号

名誉主任　周江勇

主　　任　李关定

副 主 任　白国璋　洪贤兴　黄敏求　孙小雄

委　　员　周　文　陈兴达　陈爱武　郑　辉　张爱民　干维岳　陈秀慧　应伟刚
陈乃青　沈宝华　陈柳松　朱志川　陈建瑜　石华云　柯建国　陈方平
张建森　莫淑茜　翁华清　董传铭　范良江　俞国平　周瑞怀　戈永平
张　健　钱永兴

办公室主任、《象山县志(2008)》主编　钱永兴

2010年8月25日县委办公室、县政府办公室发文公布
县委办〔2010〕92号

名誉主任　李关定

主　　任　叶剑鸣

副 主 任　卢　敏　欧亚群　干维岳　罗来兴

委　　员　董连胜　陆新学　陈爱武　郑　辉　张爱民　范保华　陈秀慧　周坚栋
应伟刚　叶富兴　沈宝华　陈柳松　朱志川　陈建瑜　石华云　柯建国
陈方平　伊珍林　周猛进　莫淑茜　钱　昶　董传铭　范良江　俞国平
周瑞环　周传聪　孙建忠　钱永兴

办公室主任　钱永兴

2017年3月3日县委办公室、县政府办公室发文公布
县委办〔2017〕23号

名誉主任　叶剑鸣

主　　任　黄焕利

副 主 任　罗来兴　陈兴立　唐骏汉　吴志辉

委　　员　张沉忠　吴雅敏　张荣飞　励胜利　翁华清　曹智慧　曾伟标　金　艳
董连胜　胡海峥　俞　湛　孙国夫　倪旭光　黄秀贵　干　焊　王忠凯
林曙光　周良虹　徐展群　胡金文　袁明全　干文熙　芦祖水　章志鸿
杨梓良　黄建国　吴宇俊　吴家唯

办公室主任　张沉忠

办公室副主任　吴家唯

《象山县志(2008)》主编　钱永兴

象山县地方志编纂委员会办公室

《象山县志（2008）》编辑部

课题研究承担人

（按姓氏笔画排序）

王性成　石友才　叶忠正　史奇山　史俏一　朱骏骁　孙万立　孙善根　李林华
李能成　吴伟峰　吴启超　何元均　张杏芬　张善心　邵丹玮　林志龙　杭章平
周　皓　夏乃平　钱东海　黄裕火　龚缨晏　董传根　蔡春裕

承编单位撰稿人

（按姓氏笔画排序）

丁　麟　丁晓燕　马阿项　马建杰　王　静　王一鸣　王以毛　王本祥　王宁星
王苏平　王贤文　王雅生　毛素芳　方忠仕　石怀苗　史久浩　史荣林　邢许成
吕国民　朱　晖　朱　蔚　朱人义　朱小春　朱永平　朱华庭　任德培　伊宝文
伊春根　刘梦忠　许常星　孙万立　苏幼民　李　挺　李正苗　李玮阳　李修瑞
李海琴　杨方福　励先良　吴　琪　吴水金　吴文敏　吴正汉　吴永万　吴志杨
吴俊杰　吴家唯　何　滨　何志奇　余　敏　余亚林　余维新　余增法　沈海成
张文珍　张世友　张生立　张则火　张华行　张利良　张明俊　张晓建　张海洋
张惠娟　张智信　陈　列　陈　明　陈　勇　陈千钧　陈玉花　陈必祥　陈芝桂
陈伟理　陈秀康　陈幸欢　陈国粱　陈明冬　陈荣金　陈恩平　陈斌国　茅泉能
林旭霞　林建天　林庠妹　林家祥　林增飞　欧　丹　欧　振　欧世峰　欧行凯
欧何月　欧赛萍　竺桂良　金光红　金华勇　金黎华　周先赟　周伟灵　周索云
周隆然　郑学勤　郑振林　郑健强　郑家骥　郑善友　郑燕女　宓　岚　胡　丹
胡　哲　胡　蓓　胡卫民　胡根元　柳常青　侯志全　俞伟栋　姜　剑　姜　震
洪丹丹　姚志全　姚家刚　夏　烈　顾圣亚　顾宇乐　顾积忠　徐先法　徐庄初
奚明敏　黄振岳　盛叶荣　屠保国　屠德秀　葛晋祥　葛樱红　蒋观月　蒋志成
蒋英琪　蒋金龙　韩国明　程舟群　童光普　谢　芳　谢才华　谢正阳　谢立光
赖才栋　赖东海　鲍斌儒　雍良龙　蔡江林　蔡春裕　蔡品利　潘三尊　潘彩萍
戴伟光

摄影人员名单

（按姓氏笔画排序）

朱华庭　杨忠华　吴伟峰　何幼松　沈颖俊　张银艳　陈洪杰　郁祖心　钱秀娟
章才金　董永康　蒋曼儒　谢立光　蔡根云

《象山县志（2008）》审稿专家名单

（按姓氏笔画排序）

《象山县志（2008）》志稿初审专家名单

王　熹　王志邦　巴兆祥　包江雁　李能成　杨志刚　杨明祥　张如安　张英聘
邵建鸣　周祝伟　周勇进　俞信芳　夏小明　龚缨晏　章其祥　谭烈飞　潘捷军
戴松岳

《象山县志（2008）》志稿复审专家名单

巴兆祥　杨明祥　张世清　张英聘　邵建鸣　周祝伟　周勇进　姚晓东　梅中英
龚缨晏　傅　晓　谭烈飞

《象山县志（2008）》志稿终审专家名单

张英聘　邵建鸣　周祝伟　姚晓东　傅　晓　潘捷军　冀祥德

《象山县志(2008)》纲目论证会参会专家名单

（按姓氏笔画排序）

孙善根　沈松平　邵建鸣　周时奋　姚志浩　徐定宝　龚烈沸　龚蜀东　龚缨晏
戴松岳

象山修志工程论证会参会专家名单

（按姓氏笔画排序）

王永太　王志邦　毛　丹　杨金荣　汪俊昌　陈　野　周祝伟　董郁奎　魏　桥

序　一

兀兀十年有奇，皇皇六百万言。中华人民共和国成立后第二轮纂修的《象山县志（2008）》终于完稿付梓，可喜可贺！

编纂县志乃中华民族的传统。随着时势的嬗变和社会的发展，自宋以降，邑内独立修志自明嘉靖《象山县志》始，继万历、清康熙、雍正、乾隆、道光、同治，至民国，已修成志乘十余部（含《南田县志》）。迨陈汉章主纂民国《象山县志》，广搜博收，包罗宏富，去繁复、核名实、抉幽隐、定指归，后来居上，成一代名志，实象山合邑之大幸。

20世纪80年代，县邑五十万人，纂修《象山县志》五十万言，以记叙简约著称，成一时之范式；然又限于字数，惜于简。2004年，象山二轮修志启动，县志重修，年鉴创编，旧志整理同时进行。2007年6月，县志重修工作全面展开。在中国地方志指导小组和省、市地方志办的关怀和指导下，象山县地方志办公室先后成为全国、全省二轮修志试点单位。昔人有言："夫修志其难矣哉！征引博，或伤于繁；记载约，又病于简。体备正史，兹为僭；录时彦诗文，兹为滥。"新纂的《象山县志（2008）》是一部通志，要做到通贯古今，博而不繁、约而不简，实在是一大难点；还要在"明古详今"的原则下，全面、客观地反映象山的自然、政治、经济、文化和社会的历史与现状，特别是中华人民共和国成立以后、改革开放以来的经济发展、社会进步与文化繁荣，更是不易。志办人员知难不畏、迎难而上，积极探索、潜心研究、大胆实践，运用辩证唯物主义和历史唯物主义观点，坚持实事求是，不断探索方志的本质规律，提出"博物内容，历史逻辑，志书体例"兼顾的编纂理念，在体例、内容、纲目等各个方面体现了象山的特色、时代的特征、创新的特点，获得志界普遍认可。在此谨向全体编纂人员表示热烈祝贺！向热情关心支持《象山县志（2008）》编纂出版的各级领导、各方专家及有关部门、社会各界人士致以崇高敬意和诚挚感谢！

昔人云："治天下以史为鉴，治郡国以志为鉴。"习近平总书记提出要"高度重视修史修志"，以史鉴今，启迪后人，把历史智慧告诉人们。这为我们做好地方志工作指明了研究方向。《象山县志（2008）》编纂是我县近年来一项重大的文化工程，也是党的事业的一个重要组成部分，历届县委、县政府高度重视，全力做好人力、财力、物力保障工作。而今新志纂成，资料翔实，内容宏富，图文并茂，必将为象山经济、政治、文化、社会、生态文明建设提供有益借鉴和启示，并为存史、资政、教化发挥独特的历史性作用。

象山的昨天，已成为历史而载入志乘；象山的明天，将谱写更新的篇章，铸就更新的辉煌。

是为序。

中共象山县委书记 叶剑鸣

2018年12月

序　二

象山地处中国万里海岸线中段，接陆连海，交通南北；天台山余脉由此入海，象山港、三门湾于兹激荡；农耕时代樵歌渔唱的余韵犹萦绕于山海之间，海洋时代的改革开放进行曲已响彻广宇波涛之上。今天，在象山这片土地上，生养着54.9万勤劳智慧的人民。这座占有天时地利的半岛港城，正以海纳百川的博大胸怀拥抱世界。

象山有近6000年远古文明，立县于唐神龙二年（706），乃千年古邑。南宋宝庆年间，《四明志》即有专门记录象山的完整篇幅，成为有早期方志存世的少数县域之一。而独立修成的首部象山县志，则由明嘉靖年间的县令毛德京在抗倭保家间隙主持完成，其魄力和文化担待为后世所称赞。民国初，国学大师陈汉章担纲纂修民国县志，历五任知县，修成一部体大、虑周、例严、言正的集大成之作，后人从中受惠无穷。

自古修志皆属重大文化工程，此次我县历十余年之功，众手修成《象山县志（2008）》，洋洋六百多万言。时间跨度之长，内容涉及之广，行业门类之全，体量规模之大，前所未见。这是我县第二部社会主义时期的新志书，也是继往开来的第12部由一县独立编修的县志。我为自己能在这样一个大有为时代参与象山的大作为事业而振奋，也为在任之时能收其功而倍感荣幸！

本志承前修余功，著时代特色。以严谨的态度，详备的笔墨，纵贯古今，横陈百业。新志远溯6000年之源，上承1300年之流，中传宋元遗绪，下记明清演化，近载民国嬗变。重点详述中华人民共和国以来，特别是改革开放之后，象山的自然、政治、经济、文化、社会的变化与发展，展示象山丰富的海洋资源、鲜明的产业特色、优美的生态环境和独特的文化魅力。修志而问道，我们可以看到象山近70年来经济的快速发展、体制的改革创新、环境的日新月异、观念的潜变突进以及习俗的移易扬弃。

先哲有言，不谋全局者不能谋一域，不谋万世者不能谋一时。近年来，象山坚持以五大发展理念为引领，大力实施“双突破双驱动”战略，着力打造“一城四地”，加快建设“两强两美”的宁波现代化滨海城区，向后人交出我们这个时代的完美答卷。我们今天修志，是记录已有的光荣与磨难；我们今天的追求和奋斗，必将成为历史的精彩篇章。

本志在编修之初，就被寄予厚望，先后列入全国、全省二轮修志工作试点，备受国内同行关注，尤其是中国地方志指导小组办公室，省、市地方志办公室领导和专家们倾注大量心血。在此，对参与本次修志的社会各界人士，特别是县志办的同志，表示真挚的感谢。

是为序。

象山县人民政府县长

2018年12月

序　三

“郡县有志，犹国之有史。”象山建县于唐神龙年间，经过长期的开发，到元明时期经济已相当兴旺，于是作为地方文化建设重要内容的地方志编修也随之开展起来。据方志史料及前人研究，明代象山县修有《洪武志》《永乐志》《嘉靖志》《万历志》，清代、民国分别于康熙十一年、康熙十七年、康熙三十七年、雍正七年、乾隆二十一年、道光十年、同治七年、民国十年实施修志。20世纪80年代，在“盛世修志”背景下，象山出版新编《象山县志（1988）》。2004年以后，启动二轮新方志编纂，制定富有特色且行之有效的编纂方案，光荣入选全国二轮修志试点与浙江省二轮修志创优工程试点。修志成了象山优良的文化传统，这部《象山县志（2008）》上通往古，下迄2008年，集象山历代方志之大成。

方志是以特定体例、以一定地域为记载对象的著述。编纂方志的基础是资料，但要记载好一方之情况仅靠现有资料是不够的，须以一定的理论思想为指导。通常修志的基本思路都是通过凡例来体现的，这部志书设置凡例、分例，是迄今所见新方志中最为详尽的。凡例从指导理论、修志目的论、基本编纂思想、时空界限、篇目体裁、资料、数据、文字等进行宏观规范，分例则逐一设计综述、大事记、专业分志、人物传、丛录、旧志图考的编纂方法。全志以方志传统、当代学科智慧、未来学术理想相融合为基本思路，以博物内容、历史逻辑、志书体例为原则来规划该志书写。有这样系统的方志思想，这在新方志中实属罕见。

“志者，记也。”记载地方的历史与现状是方志的基本任务，这些书写到底是为了什么，不少地方纠结于“存史”“资政”“教化”哪个更重要。该志凡例明确：“保证志书最大化、最优化的存史价值与文化内涵，满足用志者了解地情、休闲阅读、检索查用、学术研究等不同需求。”较好地把握了方志编纂的本质。该志在内容方面努力做到极其丰富全面，在资料收集上做到十分的细致，如第十六篇第二章“燃料”记载传统燃料的种类、用途、销售、价格，第十五篇“城乡建设”中记载道路、巷弄之详尽具体，充分展现编者高度的使命感与责任感。

尽管方志属于资料性著述，但追求学术性也一直是该志努力的目标。该志在总体设计时注重吸收方志学著作及相关学科理论与方法，其分例55则引经据典，先叙述各篇的历史发展脉络，次述本志的设置缘由、记述要旨，就是名副其实的学术引领。篇、章、节、目的记述也多以学术性为归依，如第三篇“乡村聚落”记载村落各朝代变化情况及其规律、村落类型、村落环境，尤其是从生产组织上将象山村落分为农业、渔业、盐业、林业、新兴特色等五大类，再细分传统农耕型、专业生产型、捕捞型、养殖型、亦农亦渔型等中类，水稻种植专业村、蔬果种植专业村、畜禽养殖专业村等小类，将村落形态分为集聚型、分散型、错落型、规整型；第五十三篇“旧志图考”，以象山旧志地图为对象，对图的类型、绘制者、绘制方法、地物景观等进行仔细的考订与研究，客观再现不同时代的象山地域、空间、聚落、地物以及观念变化，每一篇图考犹如一篇小论文。如果没有良好学术视野与细心考察，这样有深度的聚类分析、以图证史是很难想象的。新方志常被学术界批评的是资料利用不够规范，重要数据资料没有注明来源。有鉴于此，该志在记叙过程中相当重视内容、文字、资料三者间的关系，文献资料的著述、编纂、辑存并用，对重要事实与数据加脚注说明资料来源，于记述之必要处加附记，如第三十七篇《围垦 水利》点、面、线相结合记载了围垦工程、围垦成果、围垦管理，全面反映象山围垦历史与资金、物力投入情况，附记《西泽塘围垦记》《1988 年大目涂围垦征用岳头村土地补偿》《2004 年大目涂围垦土地征用补偿》等，书末编入参考文献，不仅补充丰富了正文，而且还提高了读者对志书可靠性的信心，从而助推方志学术性的提升。

最近几年“乡愁”这个词非常流行。所谓“乡愁”就是对家乡故乡的记忆，地方情感的流露。象山由于独特的地理环境孕育着别样的人文风情，该志全面、细致地记载城乡聚落、生产生活环境、衣食住行、生老病死、风俗民情、文物名胜、非物质文化遗产，对乡土的挖掘与反映做得淋漓尽致。通过对象山乡土的记述，既保存了乡情，留住了乡愁，又彰显了文化认同。

自《象山县志（2008）》启动以来，我与主编钱永兴老师多有交往，一直关注其编纂进展，并有幸参加了该志的初审、复审研讨，获益良多。值此即将付梓之际，聊记先睹体会，权以为序，以示祝贺。

复旦大学历史系教授　巴兆祥

（方志学博士生导师、中国方志学会学术委员）

2018 年 12 月

凡 例

一 总例

（一）以马克思列宁主义、毛泽东思想、邓小平理论、“三个代表”重要思想、科学发展观、习近平新时代中国特色社会主义思想为指导，坚持以辩证唯物主义、历史唯物主义观点和方法，实事求是地记述象山县自然、政治、经济、文化、社会的历史与现状。

（二）自始至终追求方志的本质和规律，即确立地方志传统、当代学科智慧、未来学术理想融合的思想，体现史学精神、人文精神、科学精神，采用文献资料著述、编纂、辑存并用方式，保证志书最大化、最优化的存史价值和文化内涵。满足用志者了解地情、休闲阅读、检索查用、学术研究等不同需求。

（三）基本编纂思想：博物内容、历史逻辑、志书体例。博物内容，即取材全景化、立体化、广泛化；历史逻辑，即资料、题材的加工处理合度化、合情化、合理化；志书体例，即资料、题材的表达志书结构化、志书门类化、志书体裁化、志书语言化。

（四）重视境内地方性知识，即内部特有的认知、感知方式、表达、知识体系、传承关系等，并在具体记述中体现。

（五）时限：上限尽量追溯事物发端，下限至2008年。象山港大桥记述延至建成。卷首部分图片摄于2008年之后，史实、拍摄时间一并注明。

（六）本志资料搜集、处理和表达，则按出版前最新思想、方法、要求和规范。

（七）地域：立县前按历史原貌记述塔山遗址、传说古迹、史载旧址及管辖象山的郡、县之地；立县后至2008年，除南田归入及与宁海合并之外，境域变动较小，按建置沿革记述。

（八）象山陆域总面积，县统计部门2007年公布为1382平方千米，旧数据为1175平方千米。两种数据，视情而用。与象山陆域总面积相关的数据应用同。

（九）南田一地，1952年始归象山。划归之前内容，视情况记述；数据统计，如含南田，作出说明。

（十）资料：取自史籍、旧志、档案、专著、报刊、文物考古、宗谱、口碑、调查、田野考察、资料长编、课题研究等。以三种方式说明：1. 主要资料来源及参考文献：书后标注；2. 具体资料来源，视情页下标注；3. 引文：明引尽量注明出处，间接引用视情注释，皆采用页下注。余不再注明出处。

（十一）县修旧志，今存最早者为嘉靖《象山县志》，后明万历、清康熙、雍正、乾隆、道光皆有“志”，同治有“志稿”。南田则有清道光“志稿”、光绪“志”、光绪“风土志”。皆冠以朝代称之。康熙二志，李郁主修者，括注“李志”，胡祚远主修者，括注“胡志”。民国有《象山县志》《南田山杂志》《南田县志》《南田志略》，饰以“民国”称之。以上各志，统称“旧志”。中华人民共和国成立后有1988年版《象山县志》，以《象山县志（1988）》称之。

（十二）篇目：首置综述、大事记，为全志之纲。继之专志，乃全志重心。殿以人物传、丛录、象山舆图考，以见本志全貌。末附参考文献，修志始末，并设分类索引，以便检索。专志50

篇，大致以自然（地理）、政治、经济、文化、社会为序，不分部类，以篇为次，篇下设章、章下设节、节下设目不等。人物传、丛录、象山舆图考，亦以篇称，不设章节，仅标序号。本志综述、大事记、人物传、丛录、象山舆图考及各专志旨例，另设“分例”逐一说明。

（十三）资料表达：主体资料、旁涉资料以字体、字号不同以示区别。

（十四）体裁：以志为主，述、记、传、录、表、图、考等并用。小序，不设篇序，重章序、节序，目序视情而定。

（十五）文体：除引录、转述古代文献外，采用规范语体文。

（十六）纪年：清代以前依传统习惯纪年，括注公元；民国纪年采用阿拉伯数字，括注公元；中华人民共和国成立后采用公元纪年。世纪、年代皆用阿拉伯数字。一般以年记时，若记月、日，夏历用汉字书写，公历用阿拉伯数字书写。

（十七）数据：历史数据采自文献资料。中华人民共和国成立后数据，以统计部门为准。缺项部分，采用部门统计数据。统计数据前后不统一的，在注释中说明。计量，采用法定计量单位，历史计量沿用旧制不再换算，习惯用法亦不作换算。数字表达，按国家《出版物上数字用法的规定》，凡可使用阿拉伯数字又得体处，皆使用阿拉伯数字，余则约定俗成。

（十八）指称：“解放后”指 1949 年 7 月 8 日象山解放后。特定历史阶段名词、机构、组织、单位名称等，首次出现时，用全称，括注后则简称。本志区域称谓，以当时建置名之。地名，古地名括注今名，今地名使用现行标准地名。

（十九）文字：按国家公布之《简化字总表》书写。人名、地名、古籍篇名、旧籍语句、方言等，用简化字或通用字易引起误解者，保留繁体字或异体字。方言词汇，尽量采用“音义相符”者。

（二十）标点：按国家公布《标点符号用法》标点。

二　分例

本志综述、大事记、人物传、丛录、象山舆图考及各专志旨例，以目录为序，逐一述之。

（一）“综述”：“综述”滥觞，为旧志之“总叙”“序”“小序”“序例”“总纲”等。民国黄炎培纂《川沙县志》，设“概述”于各卷之首，以明各卷大要。中华人民共和国一轮修志，方有全志之“概述”，以纵贯之法，补方志横剖之不足。方志乃一方全史，综述当为“全史提要”，总摄全志，贯通脉络，以明全志大要。以象山人之生存和发展为中心，从人、自然、社会相互联系的视角，尽可能采用原始及接近原始的资料，以述为主，述议结合，撰著、记注两体并用，阐释象山自然环境显著特征，勾勒象山历史总体趋势，呈现象山人文、风俗宏观判断，揭示象山人观念历史变迁。

（二）“大事记”：方志“大事记”，源于正史，《史记》肇其名，宋嘉定《剡录》设“县纪年”始入志。其后，方志设事记、事略、年表、编年纪、大事记、前事略等体裁，约文省辞，以挈其纲。民国时，各级志书多列大事记。中华人民共和国一轮修志，官方规定体裁，首列大事记。本志传承方志传统，适应方志发展，以“大事记”殿“综述”后，共为全志之纲。体裁以编年体为主，视情采用纪事本末体，纵贯古今，横联各篇；取材关乎一县盛衰、民生祸福大事、要事、新事，亦载文化新事、自然现象奇事等；时间始于距今约 6000 年前的塔山文化时期，截至 2008 年。2009 年 1 月至本志终审稿成稿期间发生的大事，附于其下。

（三）第一篇“建置”：为历史地理内容，旧属沿革地理。县级政区建立、沿革、废复、并析、上隶下辖、地名由来、县域分合伸缩等，涉历代行政区划变化、县治沿革、规制、变迁和现状。沿革，立县前上溯至夏，立县后析而为三，以明脉络。境域，立县及今，述位置、面积、县界等。因县界陆、海域皆有详尽界线界标（点）资料，故单独析出成节。县治，城垣、治署之外，另设一节，详述县城的历史变迁。行政区划，述县下辖机构历代行政区划变迁。南田1952年划归象山，其沿革、境域、县治等随文述变，其行政区划附于篇后。

（四）第二篇“街道镇乡”：循“建置”之“行政区划”而设。县所辖之乡级，旧志入“都隅”“地治”等篇目，以明乡、村区划变化历史、所辖关系等。今街道镇乡承之，概述自然、人文地理之位置、面积、环境、耕地、人口、经济、社会、名胜等。街道镇乡地名由来，纷繁芜杂者，借鉴“知识考古”，考其建构，溯其源流。

（五）第三篇“乡村聚落”：循“街道镇乡”而设，为本志独创篇目。乡镇所辖之村，旧志入“村岙”“乡都”等，述历史变迁、村落名称、上隶下辖等。传统内容，“建置”“街道镇乡”已述，今从聚落地理学视角，考察邑人聚居的需求和目的，历史和现状，以及物化的环境及其观念，记述乡村聚落形成、变迁、功能、分布、形态、类型等，以明其要。村落姓氏，关涉移民、宗族、管治、经济、文化、风俗等方方面面，故设专章详述之。

（六）第四篇“陆地环境”：民国时，按现代地质学科要素记述地质内容，已较为普遍。本志承之，地质、地貌、土壤、植被，以现代学科视角叙之。山川，为传统志书内容，资料丰赡，故从地貌中析出，单独成章。“山脉山峰”，据地方知识认知，以西、东北、南三部分述之，并循乾隆《象山县志》叙述方式，按山脉从西南到北东走向叙述，山溪随之。象山、炼丹山二山，因其位置特殊、文化积淀深厚，单独立节并前置。

（七）第五篇“海洋环境”：旧志入“山川”，中华人民共和国第一、第二轮修志，多入“地貌”。今单独成篇，既由其材料丰富所决定，亦视其“缘海而邑”特色所创设。由陆及海，述海岸线、潮间带、海湾、近海及岛礁。其中“海岸线”一章，旨在反映陆地向港湾、浅海扩展的历史和现状。其余各章，皆详述其要。“岛礁”一章，尤为详尽，以见资料的专门、具体。

（八）第六篇“昼夜　气候”：旧志“沿革”之后，多有“星野”，或有“象纬”，载日出、日入、昏旦等。今志承之，载地球自转而成的“白昼”“黑夜”时间节点。“气候”则据现代气候学，要素齐备。传统“气候”之农候、物候，列专章述之。

（九）第七篇“自然灾害”：旧志多入“祥异”“志异”，除载自然现象之外，有些含政治寓意。今单独立编，除载自然灾害外，内涵“敬畏自然”之旨。本邑地理位置特殊，多遭台风之灾，故从气象灾害中析出单列一章，并前置篇首。5612号台风造成巨大灾难，防御9711号台风坚持“以人为本、科学防台”，史料放大，备以存史。历史上以旱灾为最甚，抗旱、防旱，历为象山生存、发展的重要课题，故详述之。

（十）第八篇“自然资源”：鉴其内涵，列土地、陆地水、矿产资源等章。生物资源，因富积之饶，析为植物、动物两章。动物资源，因海洋鱼类特色分明，故升格单设一章。气候、气象资源，海洋资源已入他编，本篇不另。

（十一）第九篇“中国共产党”：中国共产党象山县地方组织，是领导象山人民革命、建设和改革开放的核心力量。从“党派　社团”中析出，单独成篇并前置。记述中华人民共和国成立前中共象山地方组织建立、活动情况，中华人民共和国成立后历次党代会、组织发展、党务工作等。“重要决策”对象山经济、社会发展作用巨大，予以突出。纪律检查，党风廉政建设，列专章记述。

（十二）第十篇“人民代表大会”：地方各级人民代表大会是地方国家权力机关。单独成篇。中华人民共和国成立初期，县各界人民代表会议为县权力机构，后县人民代表大会取代，皆重点记之。县人大常委会是县人民代表大会常设机关，列专节述其主要工作，反映全面职权。乡镇人民代表大会，列章记述。

（十三）第十一篇“政府”：政府始自象山立县，迄今1300多年历史，资料丰赡，独立成篇。旧志政府内容，有官制沿革、县署变迁、职官表、名宦传等。清代中期章学诚修《湖北通志》列“政略”，以述政事。民国黎锦熙修《固城县志》仿之，列“行政纪略”。民国时，多入“吏治志”。中华人民共和国一轮修志，除“名宦”内容入人物传外，其他内容“政府”篇并入多见，政事一般比较简单，政府机构沿革较为详尽。本志认为官制是“通制”，县署入“建置”更合适，故不入本篇。集中笔墨详述机构，尤政事。“信访”，中华人民共和国一轮修志，有与“民政”并述者。本志以“信访”为向政府及工作部门反映情况或投诉请求，故入本篇。

（十四）第十二篇“人民政协”：人民政协是中国共产党领导的多党合作和政治协商的重要机构。故承人民代表大会、政府之后，单独设篇。详述县政协的组织建设、机构设置，重点记述政治协商、民主监督、参政议政等，以突出人民政协的主要职能。

（十五）第十三篇“党派　社团”：民国志书，有党派、群团入“党务”者，亦有如民国《黄陵县志》等，“党团”“社会组训”分列。中华人民共和国一轮修志，政党、社会团体有分列，有合编。本志合编。具体记述时，党派单立一章，章下无题小序，述县内中共等党派发展概况。因“中国共产党”已单独成篇，章下不另，而详述其他党派成立和发展情况。社会团体、人民团体、群众团体，在相关文件中，时有混用。中华人民共和国一轮修志多作“群众团体（群团）、社会团体（社团）”，亦有作“人民团体”。本志作“社会团体”，因其为中国六大类社会组织（国家机关、武装力量、政党、社会团体、企业、事业组织）之一，包括通常所称的“人民团体”“群众团体”“社会团体”等广大群众参加的非国家政权性质的团体。社会团体组织众多，设七章分述之。

（十六）第十四篇“国土管理　环境保护”：国土管理、环境保护皆社会、经济发展基础保障。两者事不相连，而性质则一，方志既主事类，故合为一篇。象邑国土管理，除土地资源外，重海洋资源规划、管理、保护与利用，故单设一章，详述其勘界、功能区划、开发和保护等。矿产资源已入“自然资源”篇，本篇不述。环境保护一章，着重记述环境监察、污染治理、生态建设等内容。

（十七）第十五篇“经济管理”：旧志经济内容较略，入“赋役”“食货”“风俗”等志，经济管理少见。晚清、民国志书载经济稍详，但涉及经济管理似少。中华人民共和国成立后，经济发展迅速，经济管理强化。中华人民共和国一轮修志，专设“经济管理”或“工商行政管理”等篇章。本篇详载经济活动计划、组织、指挥、协调、调查、统计、核算、定价、监管、监督、执法等。中华人民共和国成立后尤重民生工程，故重大工程管理设专章记述。财政、税务不入，另设一篇。

（十八）第十六篇“财政　税务”：旧志财政、税务分入“贡赋”“版籍”“食货”“征榷”“贡赋”诸门，载“田赋”“徭役”“税粮”“盐课”“额征”“课程”“岁办”“贡办”等。民国志书，财政志多单列，载财政、税收、金融、货币等，或附度量衡。中华人民共和国一轮修志，财政、税收与金融、货币分列。本志承之。财政记体制、收支，着重记述中华人民共和国成立后财政发展，及民生项目建设与投资。税务除税制外，详述各时期税种和税负，以反映社会发展状况。

（十九）第十七篇“民政事务　社会保障”：清以前，民政多由地方最高长官直接管理，相关内容载食货、风俗等志，有“蠲赈”“义举”等目。民国时，政府专设民政管理机构，民政内容入“社会志”“合作志”等，有“社会福利”“社会救济”等目。亦有名虽曰“民政考”，内容却涉户口、风俗、农业、教育等，如《长阳县志》。中华人民共和国一轮修志，民政多单列，或与信访并列。本志设“民政事务　社会保障”篇，因“社会保障”为民生之重，民政服务之重。“民政事务”除记社会事务管理内容外，拥军优抚、烈士褒扬各列专章并置首记述。“社会保障”，则列社会保险、社会救济、社会福利等内容，详述之。尤改革开放以后逐步建立的养老、医疗、工伤、生育、失业等社会保险。

（二十）第十八篇“劳动　人事”：旧志有关官员内容，入“建置”“秩官”“历宦”等志，民国时入“吏治”“职官”等志，今皆属“政府”篇内容。故“人事”，仅述中华人民共和国成立后干部管理。人才资源开发，为改革开放后“人事”亮点，列专节记述。劳动，重点记述劳动用工制度改革。劳动模范单独列节，以资褒扬。

（二十一）第十九篇“港澳台事务　侨务　外事”：中华人民共和国一轮修志始列“侨务港澳台事务”篇目。外事，古已有之，专章或专节述之，则在改革开放后。一般志书多以三者为一类，合为一编。象山为对台窗口，故专章记之并置首。港澳事务、侨务，亦专章记述。外事活动溯其历史渊源，重点记述改革开放后情况。

（二十二）第二十篇“公安　司法行政”：军警内容，旧志入“建置”“区域”“兵卫”等，有“武卫”“行署”“城池”“巡警铺”“关隘”等篇目。民国志书，军警合为一篇，谓“军警志”。中华人民共和国一轮修志，军事单列，司法亦单列，内涵公安、检察、法院、司法行政等。亦有公安单列一篇，司法单列一篇，内涵检察、法院、司法行政等内容。本志以公安、司法行政为国家行政机关职能，合为一篇，分章述之。公安内容，记述各时期机构设置、刑事侦查、治安、户籍管理等。边防管理为本邑公安的特色工作，消防、出入境管理，改革开放后加强，皆分节述之。司法行政除机构沿革、法制宣传、纠纷调解、法律服务、法律援助、公证外，专节记述安置帮教工作。

（二十三）第二十一篇“检察　审判”：本志以国家机关检察职能、审判职能合为一篇。检察内容有刑事、监所、渎职侵权、控告申述等检察。改革开放后，经济检察、民事行政检察加强，列专节记述。1990 年以后，加强贪污贿赂犯罪预防工作，亦列专节记述。审判入志有机构沿革、审判制度、诉讼程序、监督程序等。刑事审判、民事审判外，反映时代特征的经济审判、行政审判列专节记述。

（二十四）第二十二篇“军事”：旧志资料丰富，有“兵卫”“武卫”“军政”“海防”“武治”等篇目。中华人民共和国一轮修志，述驻军、地方武装、兵役、战事等内容。本志承之。象山地处海防前线，战事频繁，列古代、民国、中华人民共和国成立后战事专章记之。其中抗倭、抗日、解放战争、象山解放后战事详记。战事记述合乎志体。张苍水坚守象山海岛抗清，虽非战事，亦一并记之。

（二十五）第二十三篇“城乡建设”：旧志县城建设，入“城郭”“城池”等篇目，乡镇建设内容极罕。今城市化进程推进，城、乡共建，故不可偏废。规划内容，城乡合为一章。设施建设，城乡各为一章。现代城市建设，重绿化、公共空间、城雕、路灯、地下设施等，以一定篇幅记之。商品房建设，为民生大事，于“房地产”中详述之。

（二十六）第二十四篇“供水　燃料　电力”：三者合为一篇，因皆为居民生活之必需消耗品。自来水、电力详述“今世”，略溯“前生”，既突出记述主体，勾勒历史，又避免与它篇重复。“传统燃料”已淡出历史，为留存历史，列专节载之。

（二十七）第二十五篇“交通”：陆、海分述，便于资料处理表述，以见本邑交通特色。陆上交通，公路是发展里程碑，从“道路”析出单独成章。“高速公路象山连接线、沿海南线象山段”从“路网”中析出，隧道从“公路”中析出，“跨海大桥”从“公路桥”中析出，均单独成节，记述山海交通历史性跨越。“津渡”单独成节，述境内古渡设施之外，另考其航线及与陆路连接。通航设施、陆海运输及交通管理，各设章述之。陆海客货运输，直接服务于生产活动与居民生活，是经济社会各项事业发展的主要保障，故详述其历史与现状。

（二十八）第二十六篇“邮政　电信”：邮政旧志入“铺递”“邮铺”。民国修志，视邮电属大交通，以后多同。今从“交通”析出，单独成篇，为邮电发展地位所决定，有利资料铺陈叙述。

（二十九）第二十七篇“围垦　水利”：旧志多入“山川”，载井泉、河溪、塘田、碶堰、水道等。中华人民共和国一轮修志，围垦多入“水利志”。本邑山海环境，海易发飙，陆难积水，故水利以捍海、蓄水为重。海涂围垦，虽为造地，但亦利捍海、蓄水。故两者有相通之处而合一。围垦兼水利功能，故置前而述。以围垦工程、围垦成果为重点，标准海堤建设、筑堤技术为亮点。标准海堤建设，筑就海上长城，是象山历史全面发展的里程碑，故详载之。筑堤技术，一般志书少有记述。本志以为，筑堤技术进步，是象山社会经济发展、人们认识自然规律深化的成果，历程厚重，经验丰赡，可为后来者鉴之，故列专节记述。围垦管理，一般志书较少记载历史发展中的围垦组织，少有经费来源等资料，本志稍作改进。水利，则以农田水利建设为重点，详载中华人民共和国成立后大造水库、大兴水利的成就。

（三十）第二十八篇“农业”：旧志入“食货”“版籍”“赋税”等篇目，重物产、重田赋。民国志入“农矿”“实业”，始重农业生产。中华人民共和国一轮修志，除重农业生产外，更重农业生产力发展，生产关系、经济制度变革。本志承之，首列与农业发展最为关切的农业用地、农业人口、农业经营制度，兼以“农业收入”反映现代农业成果。继之以“农业产业化经营”反映传统农业向现代农业发展，以见农业发展过程中生产、交换、分配、消费紧密联系。农业生产，仍为大宗，分章详述。“农谚”存之，以见农业生产智慧和经验。“畜牧业”“林业”作大农业观，一并列章记述。“渔业”“盐业”因地位特殊，特色分明，各析出成篇。

（三十一）第二十九篇“渔业”：旧志渔业内容稀缺，除物产志中有“鳞甲”，赋税中有“捕鱼船课”“渔业”等记载外，少见渔业生产内容。民国志书始入“实业”，以“渔业”篇目，详载渔业生产情况。本志除记载与渔业关切的渔港、渔场、渔村、渔民外，设海洋捕捞章节，重点记述渔业生产，反映捕捞、养殖发展历程。记述狂捕滥捞到休渔、放流鱼苗的历史，反映本邑渔业观念的变化和进步。

（三十二）第三十篇“盐业”：旧志有“盐课”“巡护私盐”等记载，民国志书始列“盐业志”，载盐场、盐业生产、盐税、私盐查缉等。中华人民共和国一轮修志篇目也大致如此。本志承之。玉泉盐场，盐业生产、管理历时800余年，中华人民共和国成立后的盐场建设，有的亦以其为基础，故单独设节述之。制法最有技术含量和文化内涵，故详述之。盐业历来为政府所掌控，故“盐政管理”单独列章。

（三十三）第三十一篇“工业”：农耕社会，以农为重，旧志仅以“匠户”等反映手工业。民国时，工业渐兴，始入“工商”“工业”“工艺”等志。中华人民共和国成立后，尤改革开放以来，大力发展工业，推进工业化进程。中华人民共和国一轮修志，工业生产重在反映从手工操作到机械化、自动化发展过程，工业经营体制重在反映生产关系与经济体制变革。本志承之。工业经营体制置前记述，以见其对工业发展的影响。工业生产总值与之并列记述，以见工业发展概貌。各业殿后，突出记述对国民经济起支撑作用或预示未来发展的针织、汽配、机电、模具、造船等行业。工业园区，是工业化进程中集聚生产要素、提高工业化集约强度的创新之举，发展迅速，前景可期，列专章述之。

（三十四）第三十二篇“建筑业”：改革开放后，本邑建筑形成产业。1990年后，发展成为象山经济“两翼”之一。象山一轮修志，在“城乡建设”中述之。本志从“城乡建设”中析出，独立成篇，与其在象山经济发展中地位相称。象山建筑产业发展，基于本土，重在邑外。建筑市场开拓，为象山建筑产业发展最大成就，亦全县建筑经济主要来源，故首章以建筑产业为题，介绍其结构之后，着重记述建筑市场和建筑经济，昭示建筑业发展和贡献基本事实。古代建筑工程析入“文物　名胜”篇。

（三十五）第三十三篇“商贸”：旧志商贸在“食货”“赋税”“风俗”等门类述及。民国志书在“工商”“实业”中详载。中华人民共和国一轮修志，商业多单独成篇，明体制，述购销，载外贸。本志承之。随时代发展，商业业态更丰富，本志注重记述专业市场、超级市场等新业态。服务业发展迅速，专章述之。“水产购销”，本邑所重，单独立节。

（三十六）第三十四篇“金融　保险”：旧志“钱法”，多附“盐法”之后。民国时，钱庄、典当行外，银行出现，金融多入财税志。中华人民共和国一轮修志，金融多入经济部类，单独成篇。本志承之。改革开放后，金融、保险业迅速发展，突出记述机构、存贷、结算、保险、证券等。民间金融源远流长，因资料缺乏，散见于相关章节。

（三十七）第三十五篇“旅游业”：旧志“形胜”“山川”“艺文”保留较多旅游资源，但无“旅游志”。民国时修志者提出志书有“旅行指导”作用，影响深远。中华人民共和国一轮修志，旅游多在“文物、名胜”篇目中记述。本邑旅游业，20世纪90年代后，发展迅速，效益可观，影响广泛，故单独立篇，述其景区、景点，及旅游经营、旅游服务。因本邑定位于建设“现代化生态型滨海旅游城市”，故旅游规划、管理、培训等一并载之，以见旅游全貌及趋势。旅游资源，地理部类有载，为方便用志者，选粹载之。

（三十八）第三十六篇“科技”：科技单独设篇，始于中华人民共和国一轮修志。县志中“科学”，一般仅限于“自然科学”。或因“社会科学”无机构，少史料。其“技”者，指工具、物资设备、工艺过程、作业程序、方法等。篇目多列科技组织、科技管理、科技研究、科技普及等。

本志承之。“科技推广与研究”是县级科技重点与特色，置前详述。记述时合乎志体，通俗为要，避免太过专业。内容与农业、工业等实业交叉，记时“立足科技，点到为止”。

（三十九）第三十七篇“教育”：旧志入“县学”“书院”“学校”“儒学”等。民国多入“教育志”，除科举、书院、义学、私塾、劝学所等，始记载现代学校教育、师资培训、社会教育等。中华人民共和国一轮修志，多承之。有些志书，“旧学”入“初等教育”，剔除“科举”内容。本志认为，旧学与科举密不可分，故单独立节述之，以彰其源。现代教育，按教育体系设学前教育、小学教育、中学教育、高等教育、成人教育，按教育要素设教师、教育经费、教育设施、教育管理等，以概全貌。

（四十）第三十八篇“医疗　卫生”：旧志医疗、卫生，无专篇。流行病多载于灾异、沿革；药物多载于物产、田赋；医生多载于方技、人物传；政府医药机构多载于建置、官署；医药书目多载于艺文、金石。民国时期，专业医疗机构创建，地方志始见“卫生”篇。中华人民共和国成立后，医疗卫生事业发展。中华人民共和国一轮修志，定位于医疗事业，确立医疗、医药、卫生防疫、妇幼保健、爱国卫生构架。本志承之，突出医疗，反映医疗卫生的历史发展和时代特征，并记述爱国卫生、药材药品及医疗卫生管理。“医疗保障”已入“民政事务　社会保障”篇。

（四十一）第三十九篇“体育”：旧志无专篇，人物传载武术人物，选举载武仕、武举，风俗载民间竞技。中华人民共和国一轮修志，始设专篇记群众体育、学校体育、竞技体育。本志承之，重点记三类体育运动，置全民健身运动、提高健康素质于篇首。专设“体育人才培养”“体育设施”及“体育管理机构　体育团体”三章，反映改革开放后体育人才培养全面化、体育设施普及化、体育改革深入化。

（四十二）第四十篇“媒体”：中华人民共和国一轮修志，“媒体”入志普遍，多称新闻、广播、电视篇。所谓“新闻”，多包含报刊与新闻机构（通讯社、通讯站）。本志承之，列“报刊　新闻机构”“广播”“电视”三章。1990年后始发展网络，以局域网、互联网为主，涉城域网、广域网。网络媒体，为新兴“第四媒体”，交流、传播信息，范围广，速度快，容量大，储存久，社会影响力大，发展前景广阔，故列专章述之。

（四十三）第四十一篇“文学　艺术”：旧志入“艺文考”“经籍志”“文籍志”等，源于班固“艺文志”，以考辨学术，著录篇目，分经、史、子、集四部载之。“文征”多辑原文，以备甄览。民国志亦分“艺文”“文征”两类。“艺文”据现代学科分哲学、宗教、艺术、文学、史地等部。中华人民共和国一轮修志，鉴于文学艺术发展，设文学艺术篇，文学按诗歌、散文、小说、剧本等分类，艺术按戏曲、音乐、书画、民间艺术等分类。本篇承之。戏曲因资料丰富升格列章。摄影、影视等新兴艺术，列专节述之。此外，群众文化乃政府主导、社会参与的公共文化，成绩突出，列专章记述。文化市场，乃改革开放后文学艺术品生产与消费中介，以满足社会文化需求，列专章述之。“文征”，本篇不载，入“丛录”。

（四十四）第四十二篇“图书　档案”：“图书”，定位购藏、阅览与发行，中华人民共和国一轮修志成通则。档案，旧志入“文征”，录档案原始资料。中华人民共和国一轮修志，定位档案事业。本志设“馆藏档案”专章，反映档案收藏情况。“档案管理”专章，则详载档案的收集、整理和利用。图书、档案合为一篇，因二者信息记录方式、载体一致，并皆重信息服务、管理。

（四十五）第四十三篇“文物　名胜”：旧志有“名胜古迹”，成通例。民国志书有“古迹古物志”，古迹多不可移动文物，古物多可移动文物。中华人民共和国一轮修志承之。本篇以“文物　名胜”名之，包含古今遗址、遗迹、建筑等不可移动的文物、胜迹和胜景，亦包括可移动的文物。海防遗址，突显象邑海防重地，升格立章。古、现代建筑，从文物、胜景角度考量，不入“建筑业”篇，而入本篇。山水等自然景观，以及为旅游业而创的景区、景点，已入“旅游业”篇。

（四十六）第四十四篇“非物质文化遗产”：非物质文化遗产，其传承、保护，从民间自发到政府主导，始于2000年中国非遗项目首次申报联合国教科文组织“人类非物质文化遗产代表作名录”之后。2005年后，象邑调查、保护、申报非遗工作广泛开展，成果丰硕，故单独设篇，以反映本邑非物质文化保护历史与现状。除记述保护外，重点载已入全国、省、市三级非物质文化遗产名录中的口头传说、表演艺术、仪礼节庆、工艺技能等。

（四十七）第四十五篇“人口”：传统志书入赋税，名之“户口”。民国志书有“人口”专列一篇者，如《洛川县志》。编修者于凡例中述特立理由为：“今则人口为一切经济政治之基础”。本志亦作如是观，以人口学理论为基础，以方志为表达，记述人口总量、变动、结构、民族、姓氏等。人口机械变动，即人口迁移，与经济、政治、军事、文化等关系密切，对县域经济、社会发展影响甚大，故从“人口变动”中析出，单独成章。多用图表，使人口数据直观化、形象化。尤其动态图、对比图，使复杂数据之表述，具可读性、可懂性、可比性。

（四十八）四十六篇“衣食住行”：为本志独创篇目。衣食住行，乃居民物质生活主体内容，旧志多以“风俗”反映。中华人民共和国一轮修志，以风俗反映之外，开始重视生存现状记述，但大多过略。今重“民生”，衣食住行当重，故从人类学“物质文化”视角，融风俗与生存状态，详述之。

（四十九）第四十七篇“生老病死”：为本志独创篇目。参照人类学“个体社会生活”，重日常生活、认知方式、礼仪程式、风俗习惯等。这些内容，旧志多入“风俗”“典礼”。中华人民共和国一轮修志入“家庭”“风俗”等。本志以“人”为中心，以“人”的生存状态为重点，融合各家，除生、死内容之外，增“病”“老”等内容，使记述人之一生，历程完整，轨迹清晰。“疾病　就医”章，从地方性或民间认知角度，及病人及其家属对待疾病的处置态度，搜集、处理和铺叙相关资料，与本志“医疗　卫生”篇定位于卫生事业、医疗科学角度不同。

（五十）第四十八篇“生产习俗　岁时节日”：生产习俗源于生产，岁时、节日，亦与生产密切相关，故合为一编。随着社会发展与对外开放，国家法定节日与“新兴节日”已成为节日重要组成部分，地方自创节日大兴，故一并记述。开渔节，为县创大节，内涵丰富，影响广泛，故单设一章，以届为序，逐一记述。

（五十一）第四十九篇“宗教　民间信仰”：寺庙、道观等内容，旧志入“祠祀”“祀典”“古迹”“杂志”等。民国志书始以“宗教”列篇。中华人民共和国一轮修志“宗教”立篇成定例。本志循之。述佛教、道教、天主教、基督教。民间信仰，旧志“祠祀”内有所记述。因其在生活中普遍存在，故亦单列一章。民间信仰对象、仪式，多体现山海文化、宗族文化、移民文化特点，有的受历代“官祀”影响。民间信仰内容，述庙祀崇拜、泛神崇拜之外，详述酬神娱神、自娱自乐的民间节庆“庙会”。征兆信仰，是在泛神论基础上产生的社会观念，深植民间，并具地域特色，故列专节述之。

（五十二）第五十篇“方言”：方言为社会现象。旧志所记，多述其词汇。中华人民共和国一、二轮修志，多借鉴西方语言学，述语音、词汇、语法、句法。本志融合古今，既假语言学之体系，又突出其词汇。本邑为吴方言区，由地理位置及移民迁入所决定，东、南、西三乡语音地域性差异明显，东乡接近宁波话，南乡接近台州话，西乡介于两者间。又有“南宋官腔”语音的“爵溪话”、闽南语音的“沙塘湾话”及宁海语音的“岭南话”。本志重语音，列丹城话、石浦话、爵溪话三章。语音另一特点“文白异读”，单列一章详述。词汇最为有用，故列两章。词法、句法从略，述其特色而已。

（五十三）第五十一篇“人物传”：旧志人物篇，传体用小传、合传、附传，另用“名录”；表体选录人物更广，文字简短。民国、中华人民共和国一轮修志承之。人物名录、人物表多分散各篇，人物传单独立篇。本志承之。人物传按方志惯例，生不立传。选录原则，官重政绩、亲民，文重著述、学术，民重贡献、德才。其他人物视社会作用、社会影响等选录。以正面人物为主，亦收个别反面人物。入志人物次序，清代以前，按人物主要活动时间先后，官员按到任、有功名者按取得功名时间为序，不以生卒年先后定。民国、中华人民共和国成立后人物，按生年先后为序；同年出生者，按卒年先后排序；生年不详者按卒年先后为序。人物传外，人物表散见各篇，另外各篇涉及的人物，按“因事系人”“人随事出”的方法处理。

（五十四）第五十二篇“丛录”：“丛录”为文献辑存。明代万历《皇明常熟文献志》始以“文献”为志书名称。清代文献入志渐多，章学诚立三书，掌故、文征皆文献辑存性质。民国志书，文献辑存多名之“艺文”“文征”“杂记”“余编”“文存”等。中华人民共和国一轮修志，多作“丛录”。本志亦定位于“存史”，以保留原始资料为主，单独设篇。案牍、文件、碑铭、诗词、志乘等，为丛录传统内容。县人著译目录、家谱目录，传递图书信息，以供导引之用。新闻报道，亦有史料价值，故辑录以备考。

（五十五）第五十三篇“象山舆图考”：考为志别名，其见于正史者，《五代史记》司天考、职方考即是。见于方志亦多，元延祐《四明志》沿革考、土风考，民国《象山县志》物产考、教育考等。考为考订文字一体，主稽考、破疑、征信，源出三国蜀谯周《古史考》，有宋王应麟《诗考》、元马端临《文献通考》等。清代考据学大兴。本篇取后者，重考订、详核。以象山旧志地图为主，实事求是，不隐匿、曲解证据，以反映地域、空间、聚落历史变迁及不同时期地理空间观念变化。

象山港大桥（2012 年建成　2014 年摄）

文峰塔（1996 年重建　2016 年摄）

大白象雕塑（1985 年建成　2015 年摄）

东谷湖水库（2005 年摄）

人民广场（2007 年摄）

世纪花园（2008 年在建　2013 年摄）

东河花园（2005 年摄）

石浦渔港（2001 年摄）

钢质渔轮出海（2003 年摄）

高架岭隧道西周出口（2000 年建成　2015 年摄）

象山港路（2002 年建成　2015 年摄）

沿海南线象山段（2008 年建成　2016 年摄）

方家岙瑞安桥（建于明代　2007 年摄）

儒雅洋欧阳桥（始建于明代，重建于民国　2005 年摄）

三门口跨海大桥（2008 年摄）

蛎门港跨海大桥（1995 年建成　2011 年摄）

铜瓦门跨海大桥（2005 年摄）

象山影视城（2005 年建成　2016 年摄）

松兰山海滨浴场（1997 年开发　2010 年摄）

花岙石林（2006 年摄）

中国渔村（2004 年建成　2016 年摄）

象山产业区西周区块(2004 年动建　2015 年摄)

象山经济开发区滨海工业园区块(2004 年动建　2015 年摄)

象山产业区白岩山区块（2004年动建　2015年摄）

天安集团电工生产基地（2006年动建　2015年摄）

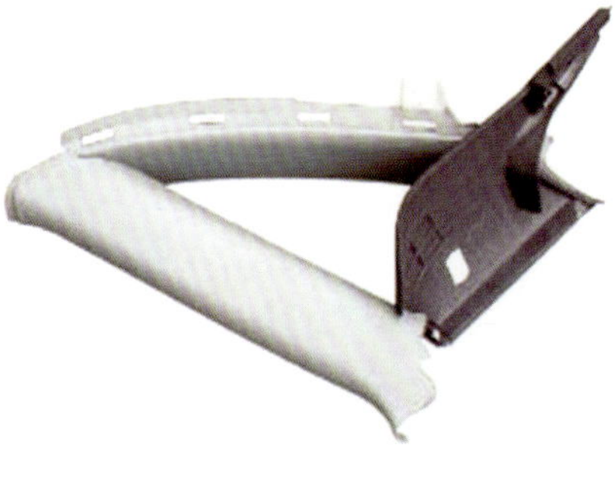

C 柱护板 / 奥迪 A4
C Pillar Panel/Audi A4

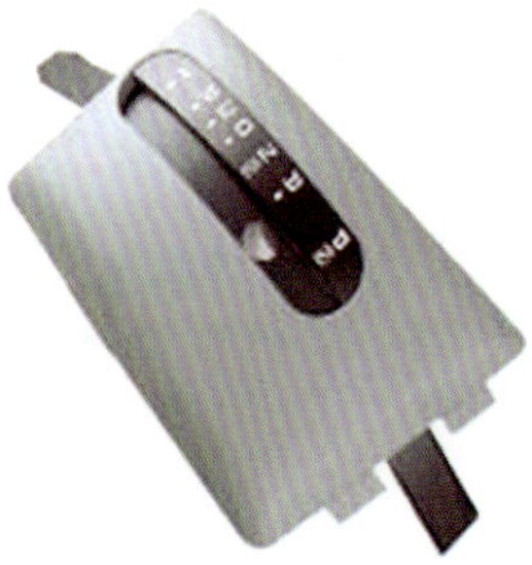

自动变速盖板 / 捷达
Auto Gearbox Cover/Jetta

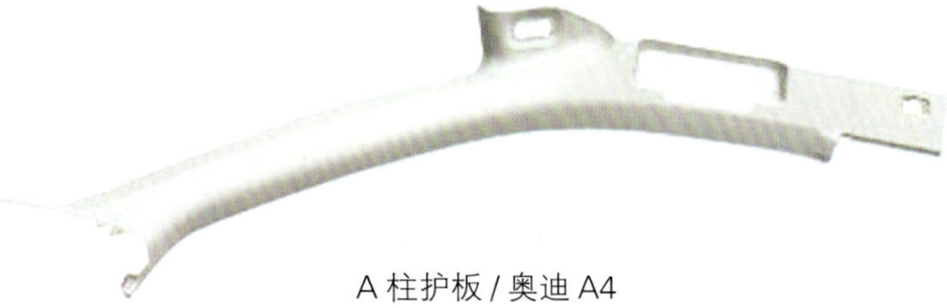

A 柱护板 / 奥迪 A4
A Pillar Trim Panel/Audi A4

B 柱上护板 / 奥迪 A6
B Pillar UPR Trim Panel/Audi A6

2008 年前华翔集团生产的汽车内饰件

象山经济开发区工业示范区区块(1992 年动建　2006 年摄)

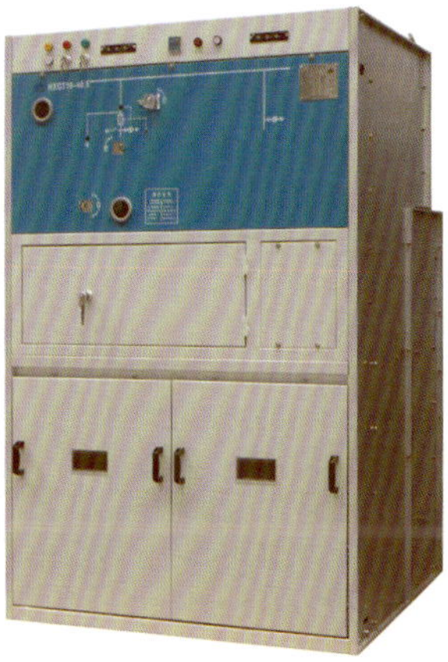

2008 年天安集团生产的 HXGT10-40.5 六氟化硫环网开关柜

2004 年宁波合力集团股份有限公司生产的缸体 GF 造型线模具

1998 年宁波日升电能设备厂生产的 ZW58-12G/630 高压真空断路器

申菱公司生产车间（2007 年摄）

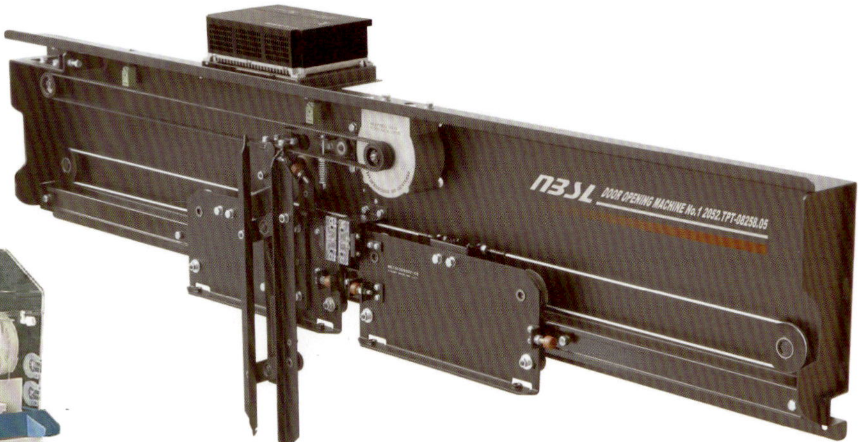

2006 年申菱公司生产的交流永磁门机

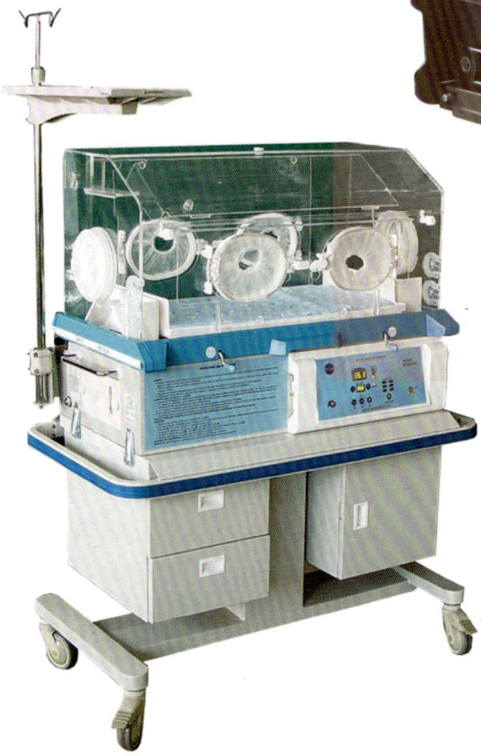

2008 年戴维公司生产的婴儿培养箱

巨鹰针织厂生产车间
（2005 年摄）

甬南公司厂房（2005 年摄）

环石浦港船舶工业基地（2005 年摄）

宁波东升船舶修造有限公司建造的“海联 19 号”万吨轮（2008 年摄）

龙元集团承建的杭州萧山机场航站楼（2001 年摄）

宏润集团总承包的上海鲁班路立交桥（1996 年摄）

浙江省大唐乌沙山电厂（2007 年摄）

新桥红卫塘南美白对虾大棚养殖基地（2008 年建成　2015 年摄）

新桥盐场（2006 年摄）

大塘港碶闸（1971 年建成　2015 年摄）

旦门标准海塘（1992 年建成　2015 年摄）

20 世纪 90 年代引进的联合收割机在收割作业（2016 年摄）

贤庠镇水稻工厂化育秧示范中心（2008 年建成　2010 年摄）

西周上张水库（2008 年在建　2016 年摄）

沪港网箱养殖（2004 年摄）

晓塘乡生态农业园（2008 年建成　2016 年摄）

中国水产城交易现场（20 世纪 90 年代摄）

渔政部门在渔山海域投放人工渔礁（2004 年摄）

象山籍渔轮在外海作业（2004 年摄）

大黄鱼

小黄鱼

鲳鱼

带鱼

石斑鱼

梭子蟹

基围虾

蛏子

蚶子

泥螺

“象山红”柑橘

红木樨

浙东大白鹅

“美人指”葡萄

象贝母

白沙枇杷

彭姥岭盘山公路（20 世纪 60 年代建成　2016 年摄）

彭姥岭隧道（1992 年建成　2016 年摄）

门前涂围垦（1957 年摄）

大目涂二期围垦（2008 年在建　2016 年摄）

丹城建设路（20 世纪 80 年代初摄）

东门岛茅草屋（20 世纪 60 年代摄）

定塘镇宁波站村别墅（2008 年摄）

丹城建设路（1981 年建成　2016 年摄）

20 世纪 90 年代的西泽渡轮码头 (1988 年建成　2016 年摄)

象山客运中心 (2008 年在建　2016 年摄)

西周镇滨港小区移民村 (2005 年动建　2016 年摄)

欢乐家园（2007 年动建　2015 年摄）

象山富春紫光污水处理有限公司
（2006 年建成　2015 年摄）

中心城区滨海水厂（2008 年建成　2015 年摄）

定塘镇叶口山村（2008 年摄）

西周官山村（2007 年摄）

东陈乡樟岙村（2008 年摄）

象山县教育园区 (2004 年建成　2015 年摄）

浙江省象山中学（1996 年建成　2012 年摄）

象山县体育馆（2001 年建成　2015 年摄）

象山第一人民医院（2003 年建成　2013 年摄）

第十届中国开渔节祭海大典（2007 年摄）

第十一届中国开渔节开船仪式（2008 年摄）

县第七届全民运动会开幕式（2005 年摄）

康宏伟获浙江省第十三届运动会射击男子 50 米步枪 3×40 冠军（2006 年摄）

第二届中国象山（国际）海钓节比赛现场（2008 年摄）

王成意获希腊雅典奥运会射击女子 50 米步枪 3×20 季军（2004 年摄）

第三届“步步高”全国女子排球大奖赛在象山举行（2006 年摄）

文化下乡东门渔村演出场景（2005 年摄）

石浦北渔山灯塔（1985 年重建）

石浦老街（2007 年摄）

等慈禅寺（南朝宋元嘉二年建　2015 年摄）

陈汉章故居（2007 年列县级文物保护单位　2016 年摄）

陈汉章像

殷夫像

殷夫故居（1986 年列县级文物保护单位　2015 年摄）

张德和竹根雕作品《醉》（1999 年摄）

象山船模（2008 年摄）

象山鱼拓制作（2008 年摄）

谢才华“申奥体育”剪纸创作（2008 年摄）

1958 年高妙兰农民画作品《丰收》

郑宝根竹根雕作品《画龙点睛》（2008 年摄）

1959 年，叶荣彪（左）、郑秀月在杭州表演唱新闻

杉木洋村民演示古法熬盐（2008 年摄）

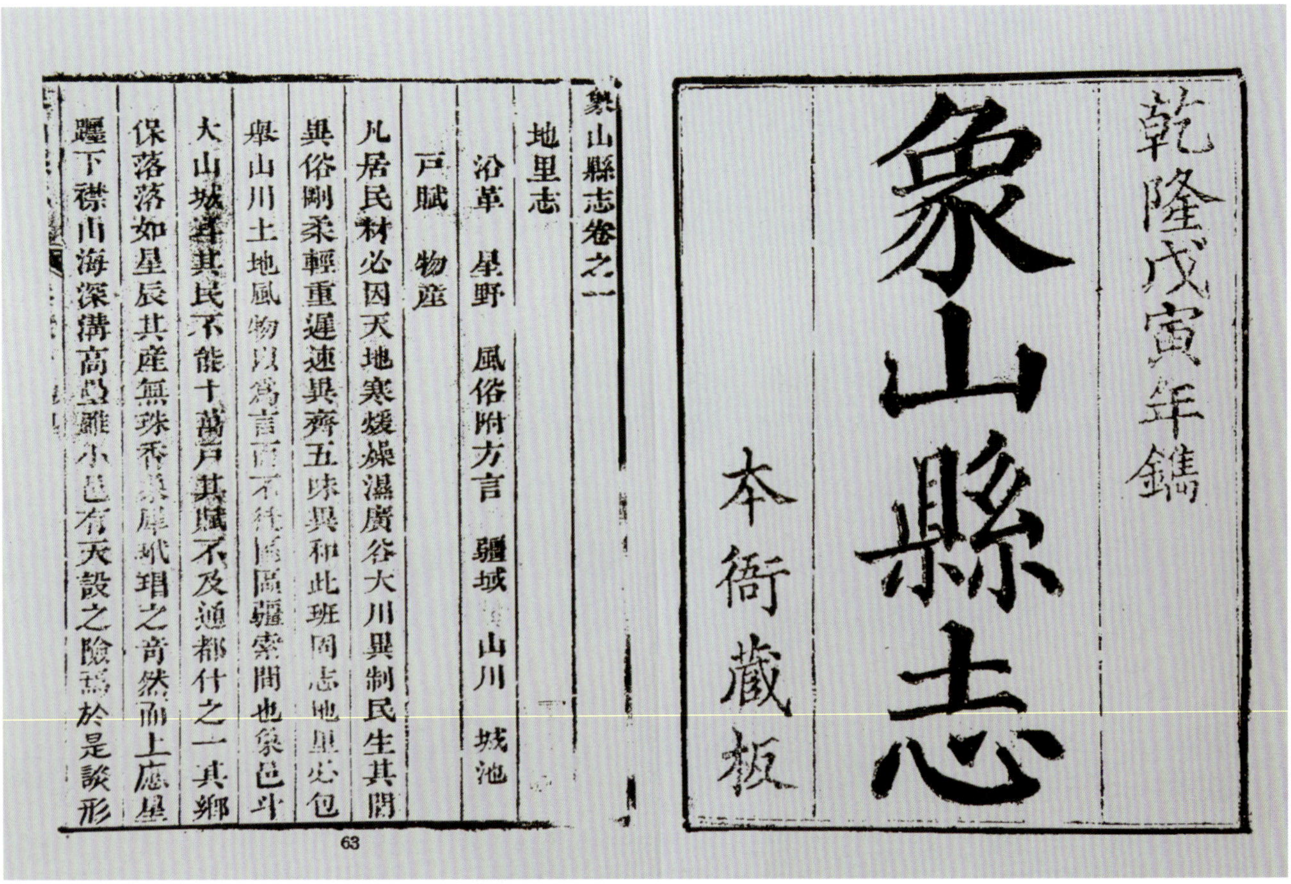
乾隆戊寅年鐫

象山縣志

本衙藏板

象山縣志卷之一

地里志

沿革　星野　風俗附方言　疆域　山川　城池

戶賦　物產

凡居民材必因天地寒煖燥濕廣谷大川異制民生其間異俗剛柔輕重遲速異齊五味異和此班固志地里必包舉山川土地風物以爲言而不徒區區疆索間也象邑斗大山城[illegible]其民不能十萬戶其賦不及通都什之一其鄉保落落如星辰其產無珠香[illegible]犀玳瑁之奇然而上應星躔下襟山海深溝高壘雖小邑有天設之險焉於是談形

63

清乾隆《象山县志》书影

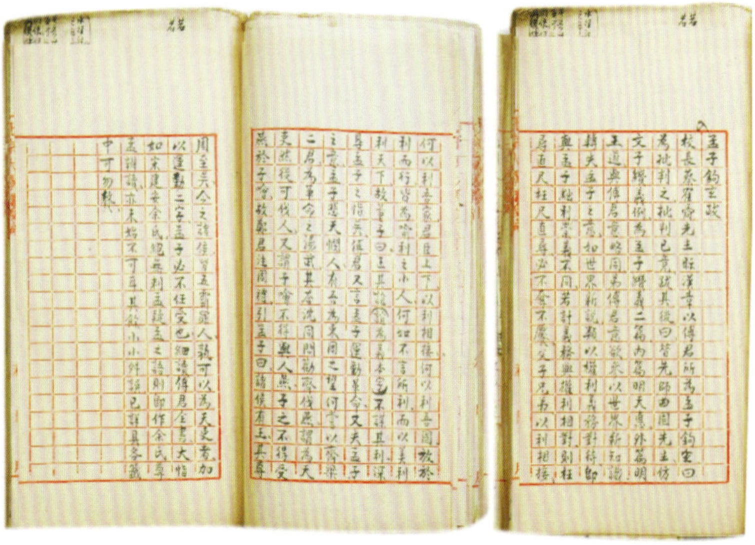

1918年陈汉章为蔡元培著作《孟子钩玄》写的跋文手迹

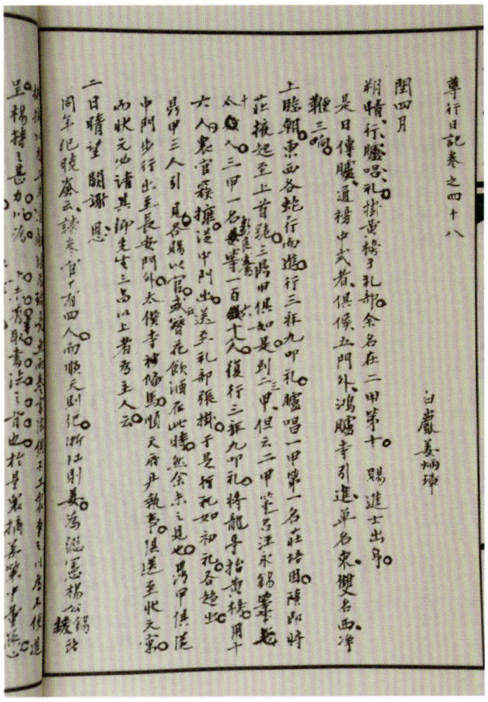

清乾隆年间姜炳璋《尊行日记》手迹

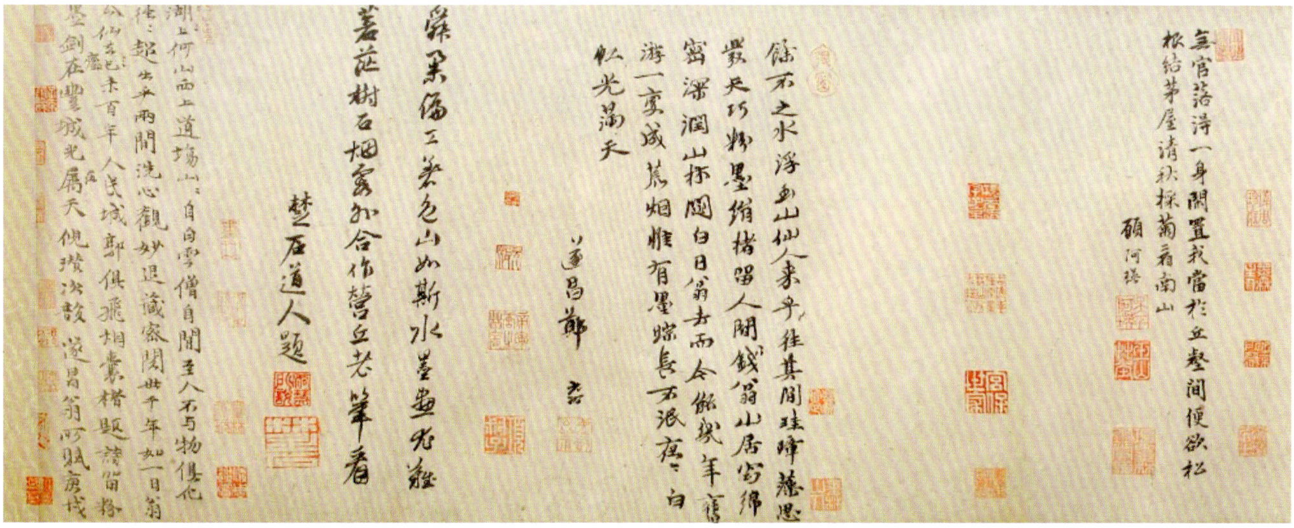

元末明初梵琦题跋钱选《浮玉山居图》

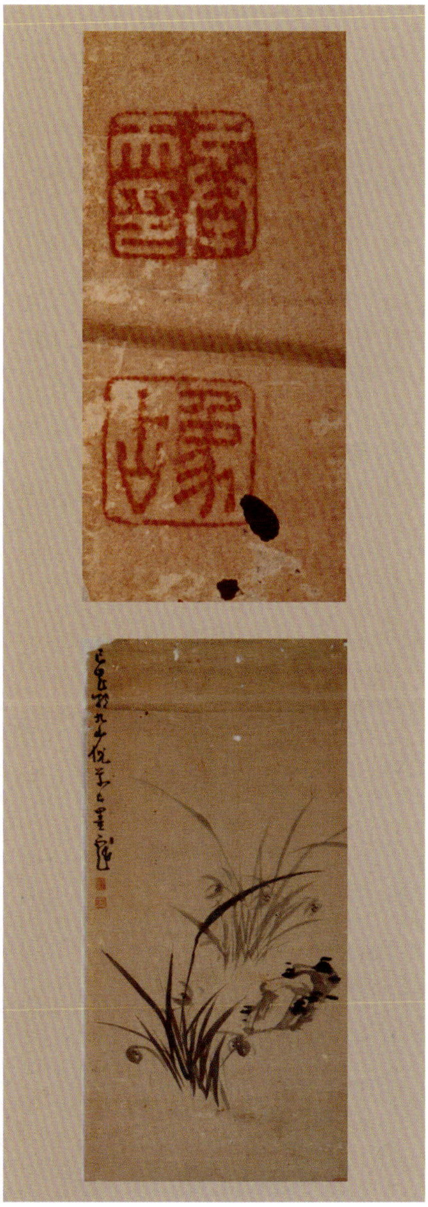

清倪象占印鉴及墨兰图

清王莳蕙墨梅图

2007年陈继武创作的油画作品《水杉林》

塔山遗址考古发掘现场二期（1993 年摄）

塔山遗址考古发掘现场三期（2003 年摄）

爵溪街心戏亭垂帘柱（2006 年摄）

沈家洋牌坊（2008 年摄）

吴乾养墓道石马（2005 年摄）

西沙岭古道（1998 年摄）

花岙兵营遗址（2005 年摄）

塔山人复原头像（男）

塔山人复原头像（女）

商周时代青铜鱼钩
（2007 年塔山遗址出土）

唐代越窑玉璧底碗
（1987 年儒雅洋花山岗出土）

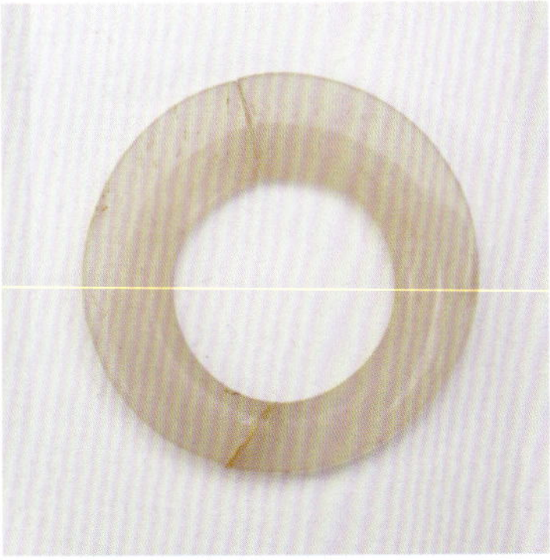

新石器时代白玉珏
（1990年塔山遗址出土）

新石器时代双鼻陶壶（1989 年塔山遗址出土）

宋代绿釉瓷托盏（1993 年丹城黄土岭出土）

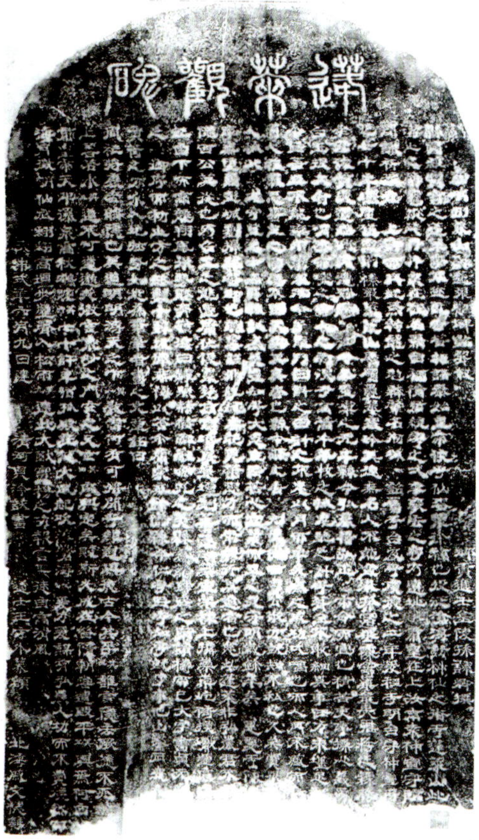

《蓬莱观碑》原碑拓片
（北京大学图书馆馆藏）

《奉谕准两舍通食盐示》原碑
（清·同治七年）

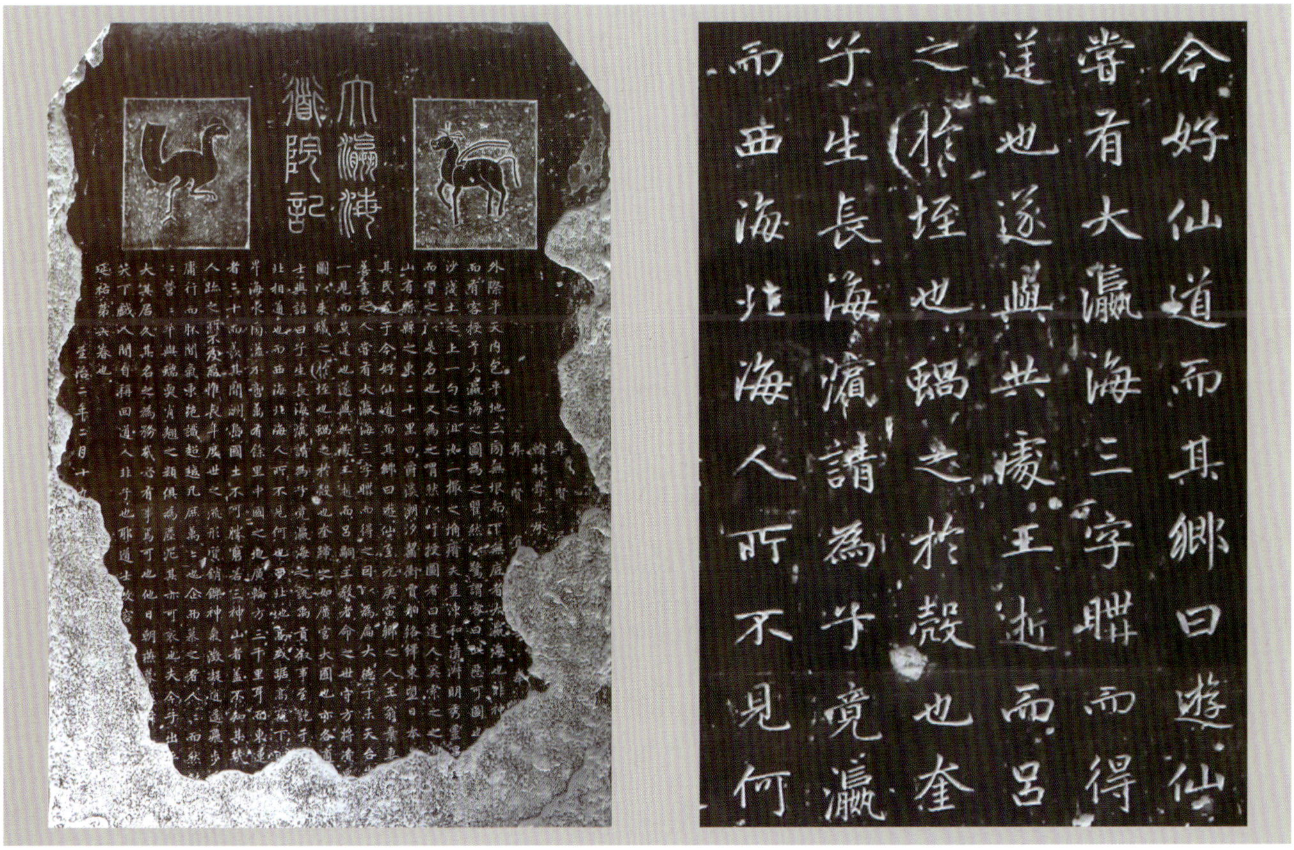

《大瀛海道院记》原碑

2014 年 1 月 20 日《象山县志》初审会现场

参会人员（按姓氏笔画排序）：

王　熹　王志邦　巴兆祥　包江雁　李能成　杨志刚　杨明祥　励志纲　张如安　张英聘　陆振明　邵建鸣　周祝伟　周勇进　俞信芳　夏小明　钱永兴　翁凌展　龚缨晏　章其祥　谭烈飞　潘捷军　戴松岳　县志办全体工作人员

2016 年 4 月 28 日《象山县志》复审会与会人员合影

左起：

（前排）周勇进　巴兆祥　周祝伟　张海琪　姚晓东　张英聘　谭烈飞　傅　晓　杨明祥　龚缨晏　邵建鸣

（后排）盛繁国　厉　攀　史复明　邵　鹏　王　蓓　梅中英　钱永兴　吴家唯　江立峰　张利民　金华勇　谢立光　沈学东　陈洪杰　张世清

2017 年 12 月 1 日《象山县志》终审会与会人员合影

左起：

（前排）傅　晓　张英聘　陈兴立　黄焕利　冀祥德　潘捷军　姚晓东　钮晶莹　周祝伟　邵建鸣

（后排）史复明　张　鹏　白炎根　吕国民　谢立光　许土根　史奇山　张利民　吴家唯　张沉忠　钱永兴　盛繁国　金华勇　邵　鹏　沈学东　厉　攀　陈洪杰

制作单位：浙江省工程勘察院　地图审核号：浙S〔2017〕32号

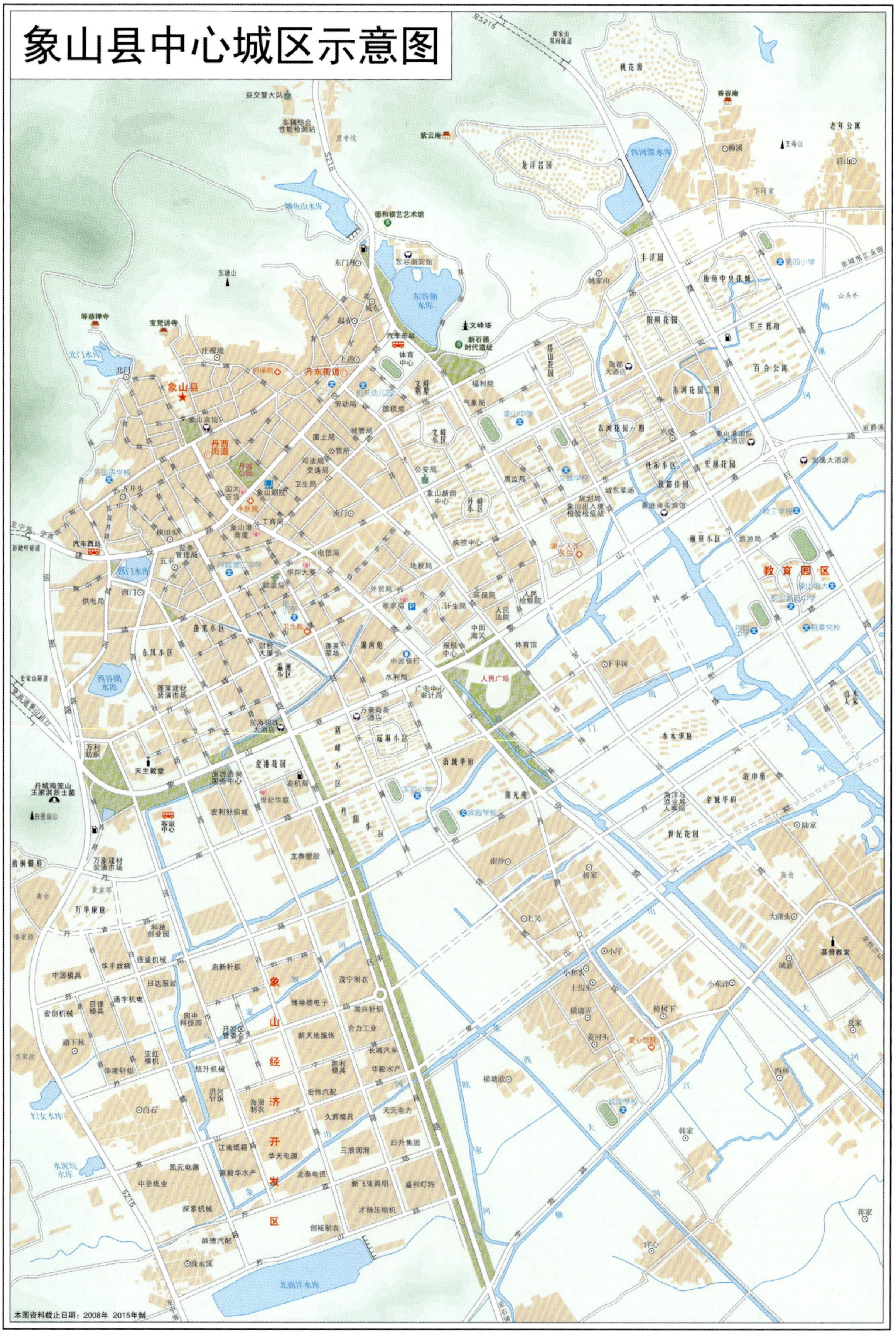

制作单位：浙江省工程勘察院　地图审核号：浙 S〔2017〕32 号

制作单位：浙江省工程勘察院　地图审核号：浙 S〔2017〕32 号

象山县卫星影像图

制作单位：浙江省工程勘察院　地图审核号：浙S〔2017〕32号

象山县交通图

制作单位：浙江省工程勘察院　地图审核号：浙 S〔2017〕32 号

象山县中心城区(丹东 丹西)公交车线路示意图

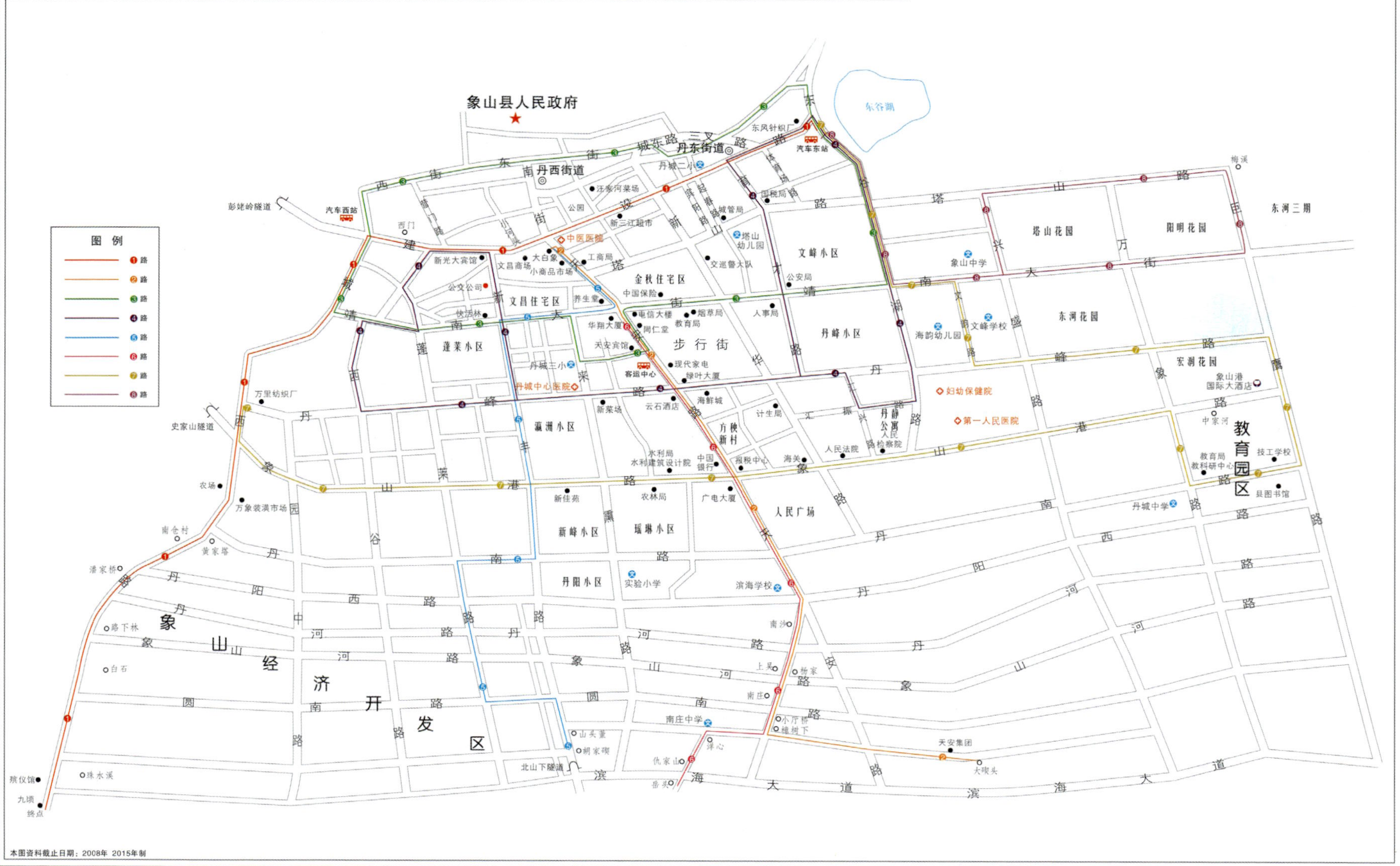

制作单位：浙江省工程勘察院　地图审核号：浙S〔2017〕32号

制作单位：浙江省工程勘察院 地图审核号：浙 S〔2017〕32 号

象山县水系水利避风锚地示意图

制作单位：浙江省工程勘察院　地图审核号：浙 S〔2017〕32 号

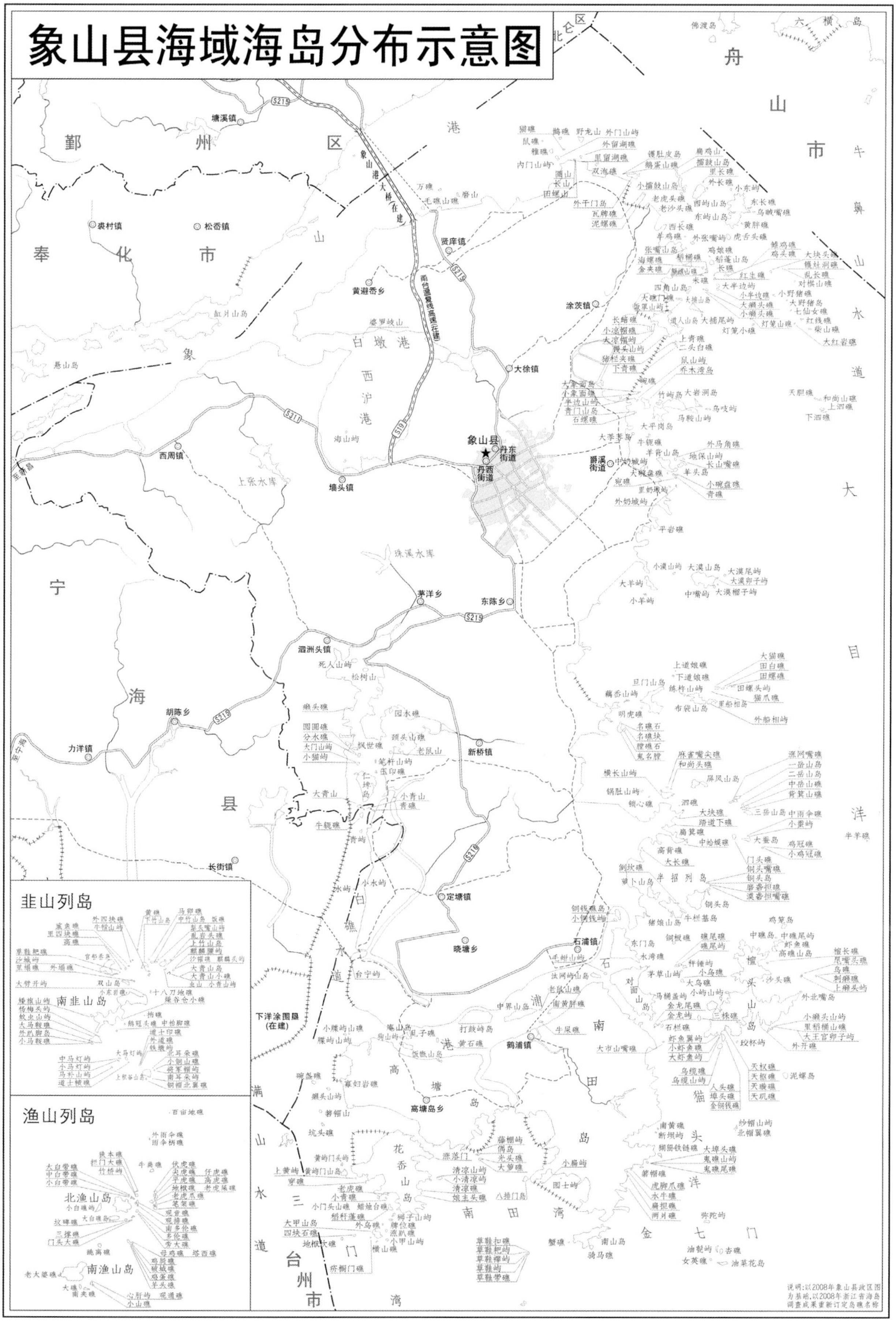

制作单位：浙江省工程勘察院　地图审核号：浙S〔2017〕32号

象山县土壤类型分布图

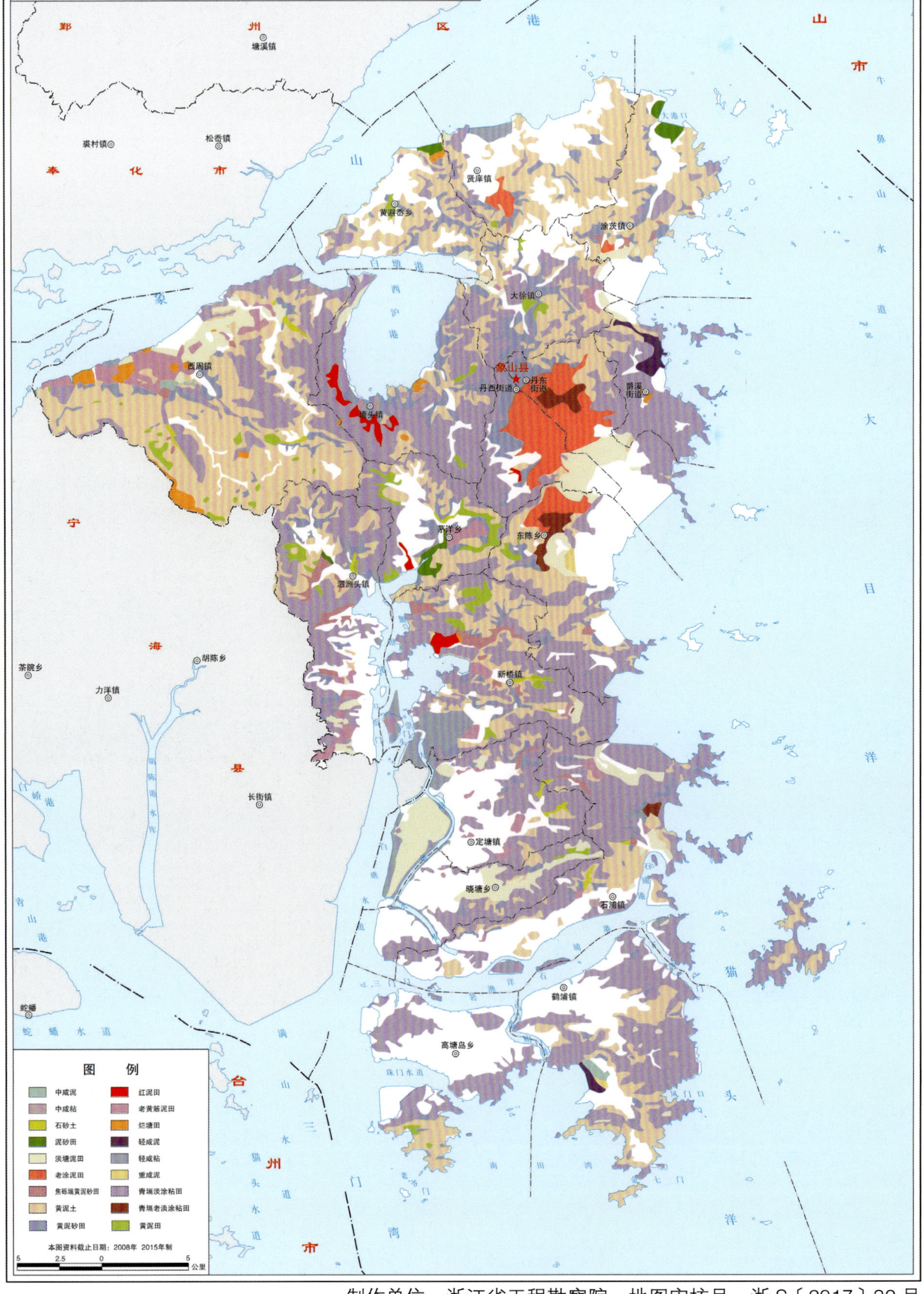

制作单位：浙江省工程勘察院　地图审核号：浙S〔2017〕32号

象山县森林资源分布示意图

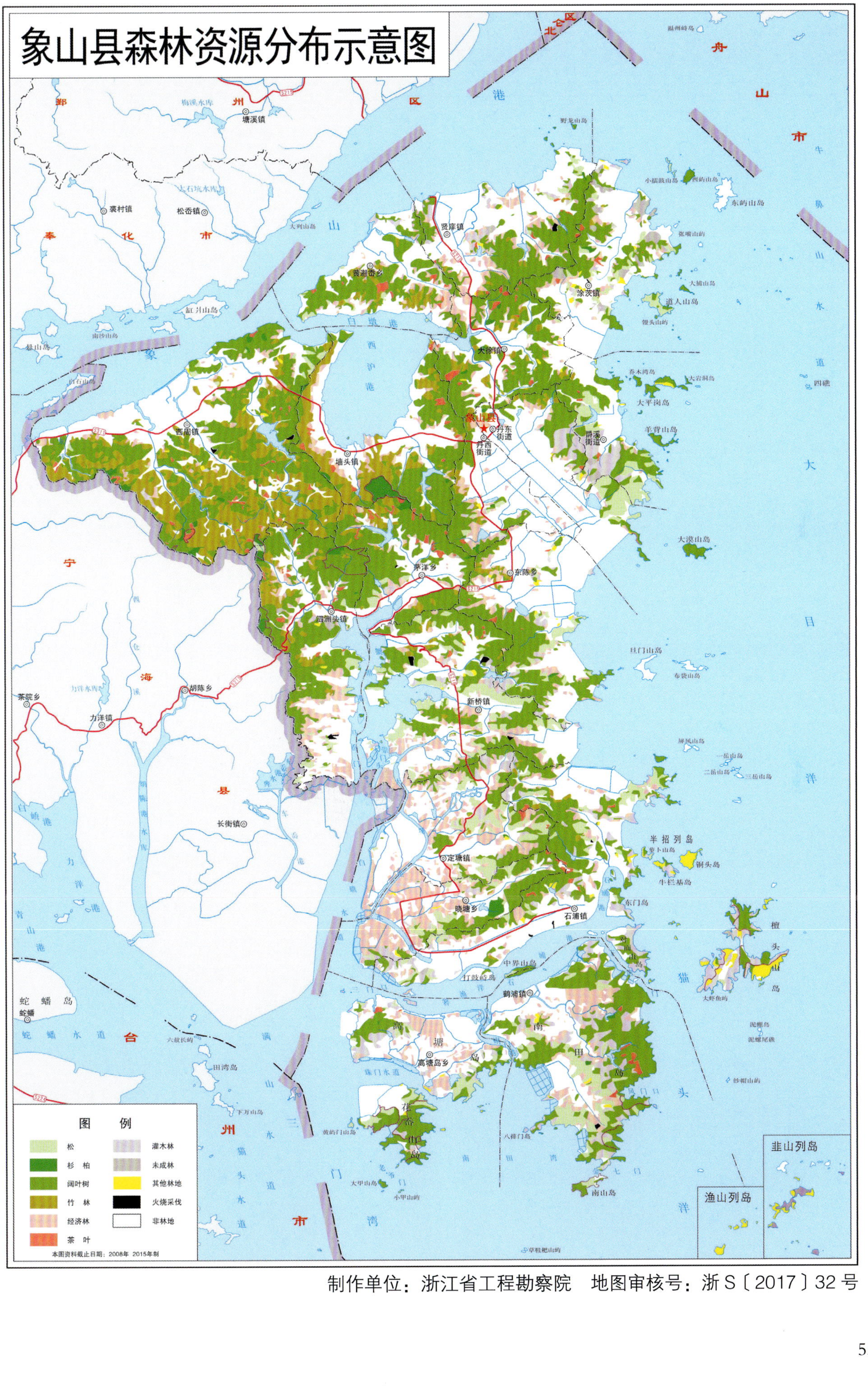

制作单位：浙江省工程勘察院　地图审核号：浙 S〔2017〕32 号

象山縣行政區域劃分圖

(1950年)

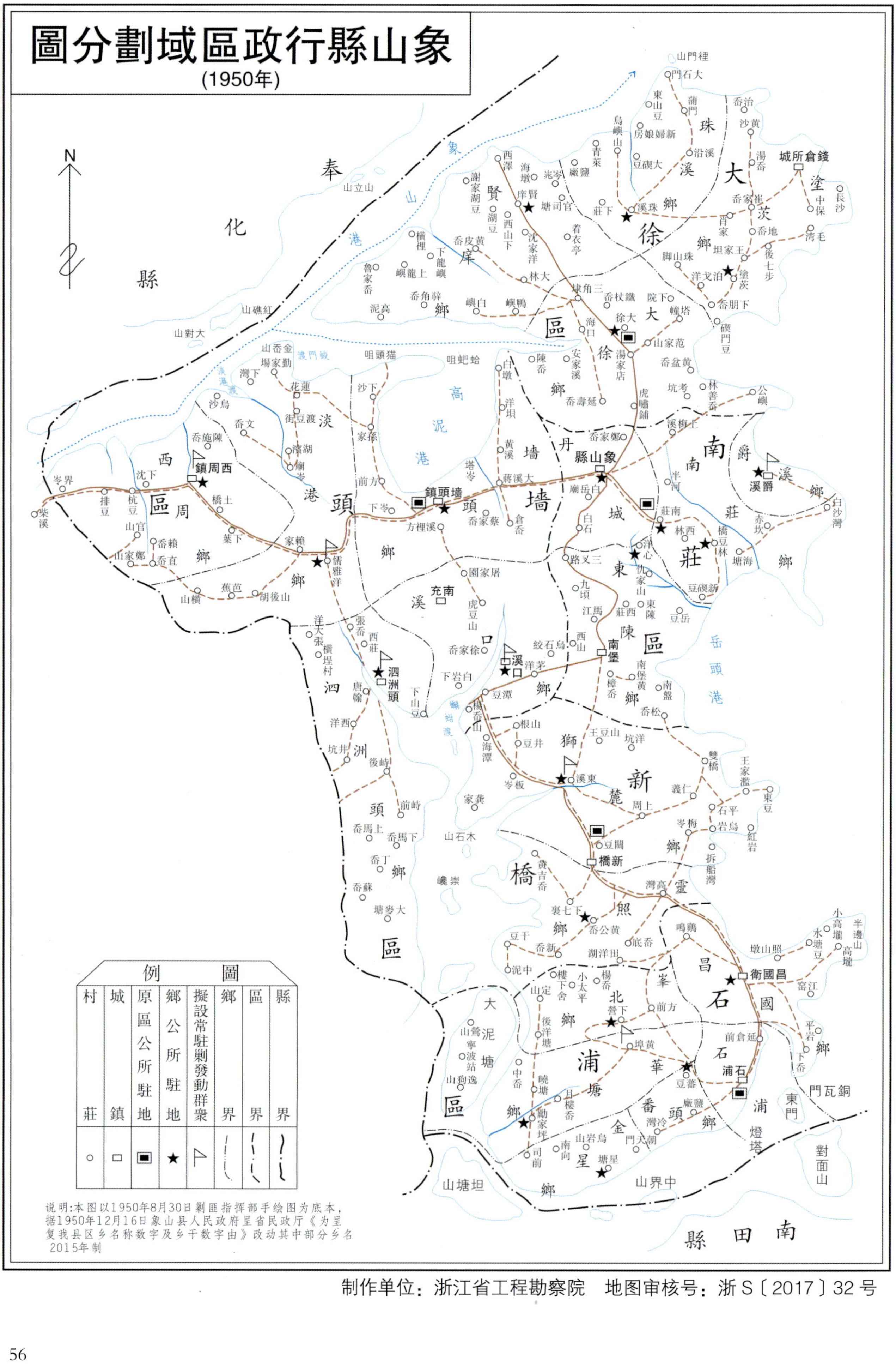

说明:本图以1950年8月30日剿匪指挥部手绘图为底本,据1950年12月16日象山县人民政府呈省民政厅《为呈复我县区乡名称数字及乡干数字由》改动其中部分乡名 2015年制

制作单位:浙江省工程勘察院　地图审核号:浙S〔2017〕32号

象山县政区示意图(上)
(1966年)

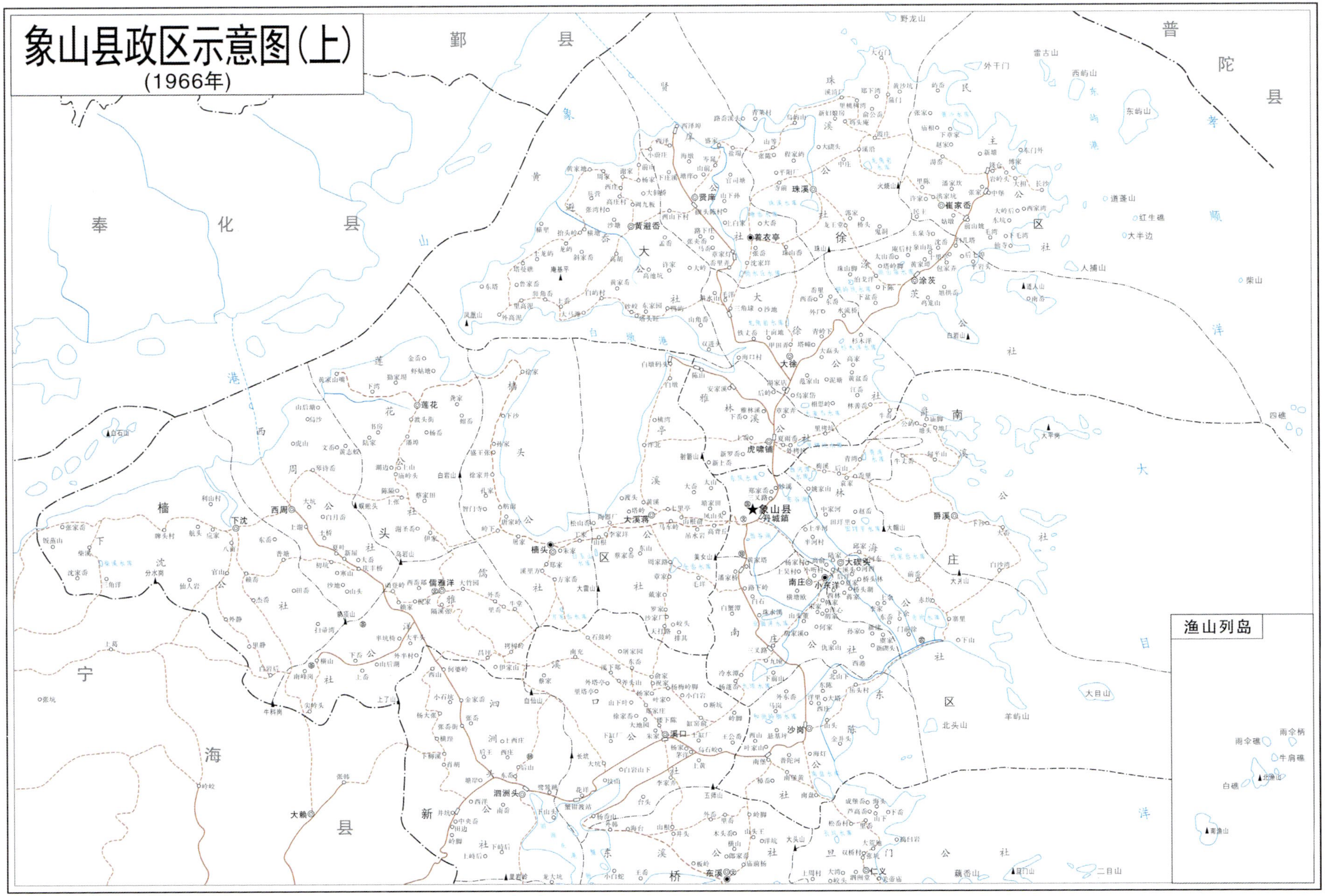

制作单位：浙江省工程勘察院　地图审核号：浙S〔2017〕32号

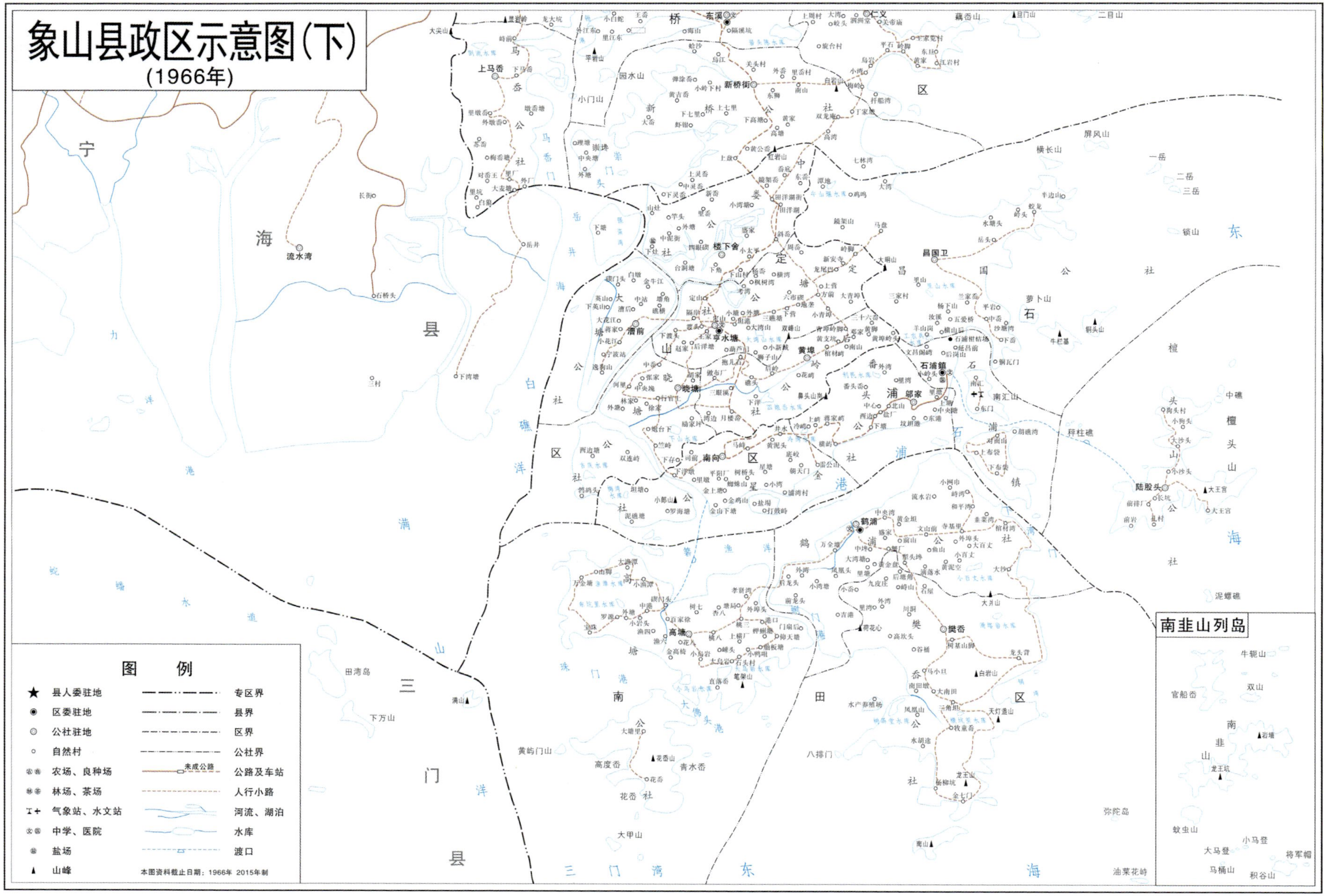

制作单位：浙江省工程勘察院　地图审核号：浙 S〔2017〕32 号

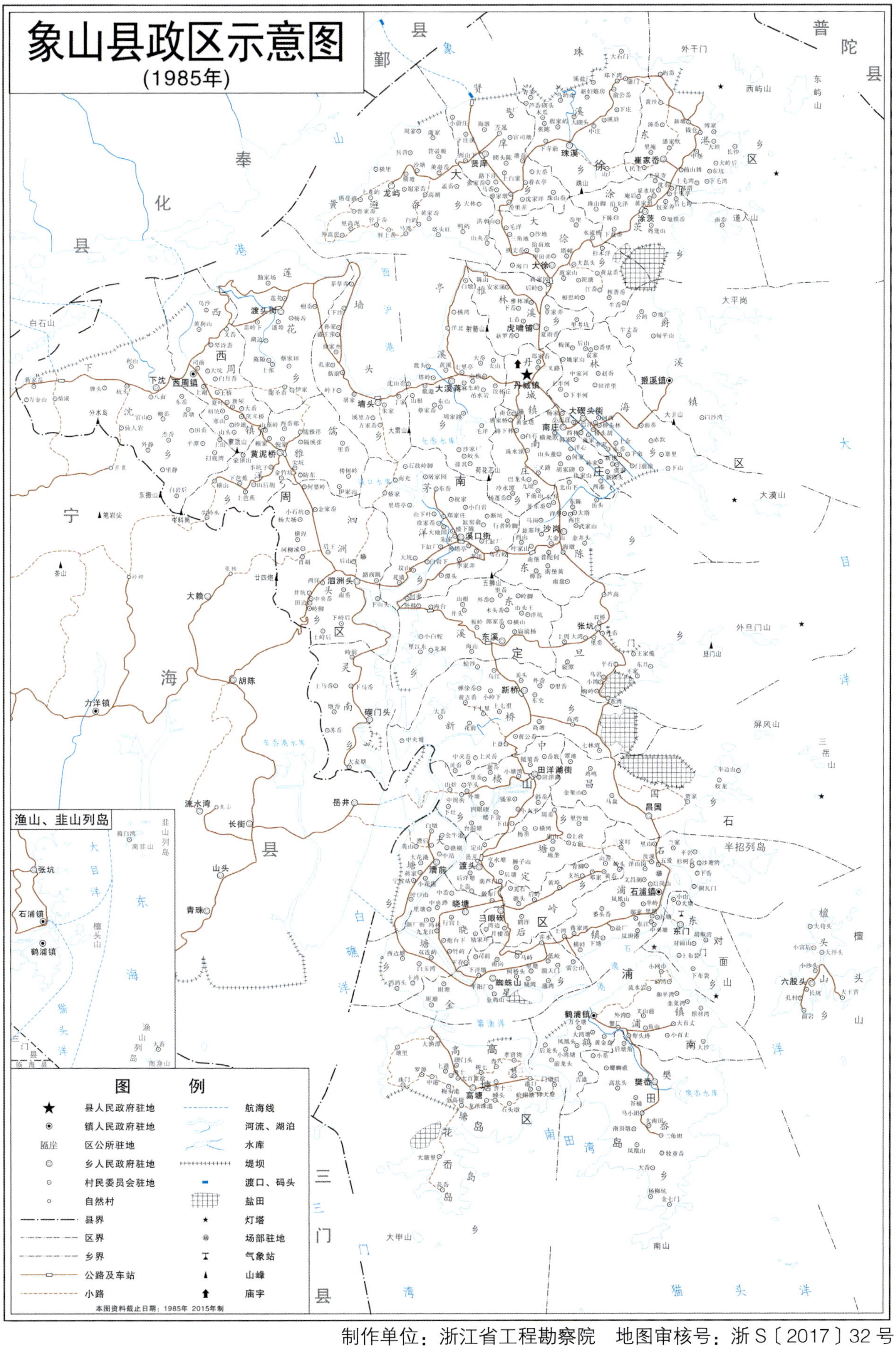

制作单位：浙江省工程勘察院　地图审核号：浙S〔2017〕32号

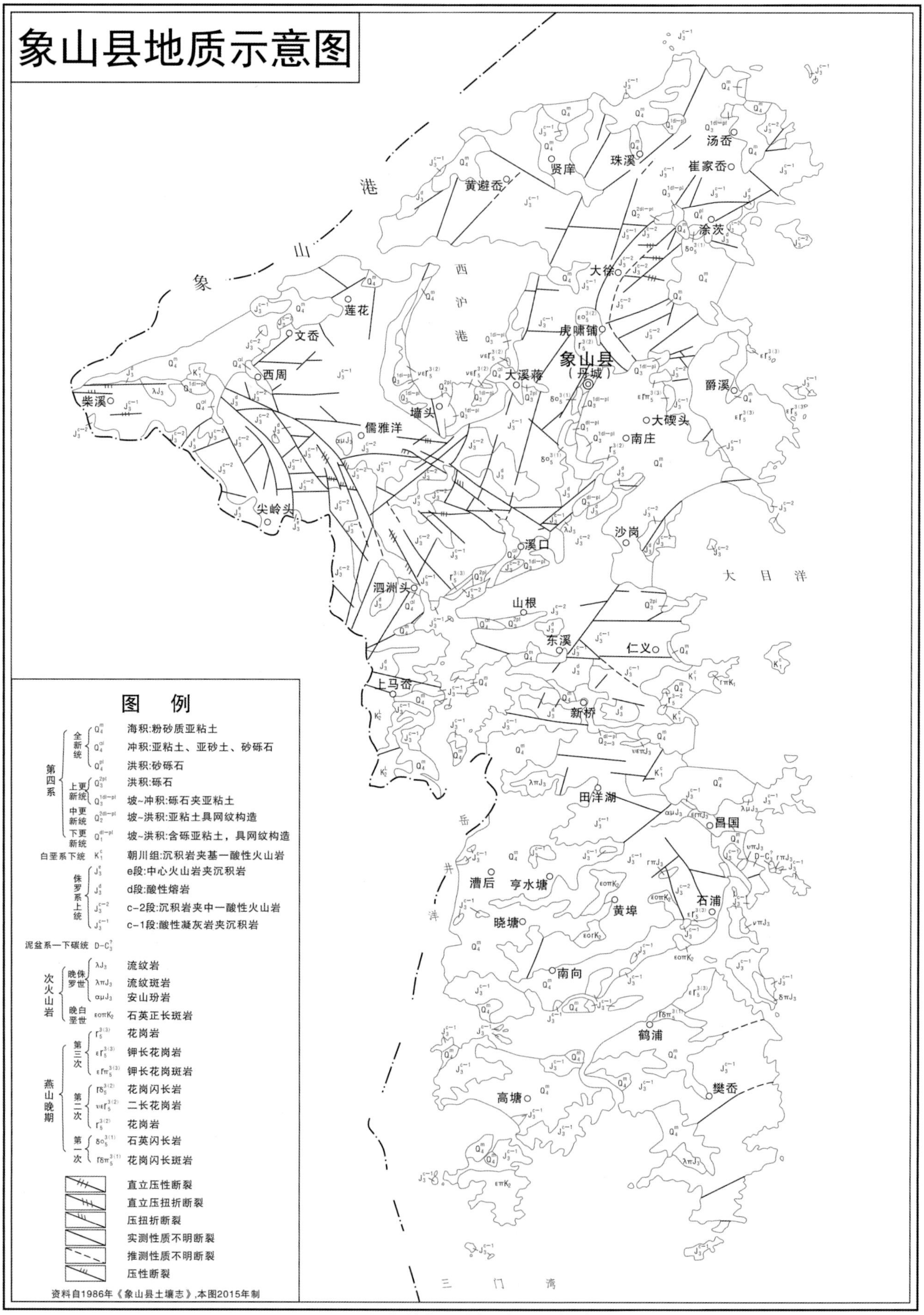

制作单位：浙江省工程勘察院　地图审核号：浙 S〔2017〕32 号

总　目　录

Content

第一册目录

第一篇　建　　置

第二篇　街道镇乡

第三篇　乡村聚落

第四篇　陆地环境

第五篇　海洋环境

第六篇　昼夜　气候

第七篇　自然灾害

第八篇　自然资源

Volume Ⅰ Content

Part I Establishment

Part II Streets, Towns and Townships

Part III Village Settlement

Part IV Terrestrial Environment

Part V Marine Environment

Part VI Day and Night & Climate

Part VII Natural Disasters

Part VIII Natural Resources

综　　述

一

象山为半岛县，濒海，多山，平原散布于沿海。距今6000年前，即有先民繁衍生息。立县前曾为鄞县、临海等属地，立县时曾隶台州，后多属四明，今辖于宁波。区位认知，秉持地处东海“蓬莱”、海道四达的文化传统和观念。

（一）地质、地貌与历史沿革

在漫长的地质时期，象山历经多次海陆变迁。距今约2亿年前中生代三叠纪，境内为华夏古陆一部分。7000万年前中生代后期，受燕山运动影响，火山岩浆沿新华夏构造之北北东向、北西向断裂带及纬向构造的东西向断裂带喷溢，经风化侵蚀，构成延伸境内的天台山余脉构架，初步形成西北向东南倾斜的地势及大陆地貌。新生代第四纪以来200万年中，地壳总趋势脉动式下降。受海侵海退影响，海岸线多次巨大变化，沿海岛屿与大陆或分或连。冰期过后，冰川融化，海面上升，象山港成深水海港，南北两翼分别形成象山港内港—西沪港与三门湾内港—岳井洋，蟹钳港深嵌内陆，构成三面环海、一面接陆、南北曲折、狭长的半岛地形，沿海岛礁星罗棋布。境内主要地貌类型为火山岩低山、丘陵，山地面积占总面积的67.5%。平原狭小，分布于沿海，占总面积的32.5%①。

距今约6000—4100年间，境内蓬莱山东麓、塔山南坡一带，是象山先民耕作、渔猎、居住地之一。塔山遗址出土文物表明，接力北方的马家浜文化共同体，以及南方本土的河姆渡文化共同体，共同开发象山半岛。时象山先民傍山缘海而居，以塔山为中心，沿古海岸，东南至姚家山、赵岙，东北至大双岙，西南至九顷、红庙山，南至海岛朱门大沙湾、满山岛，皆有居民刀耕渔猎、繁衍生息。秦汉后，象山先后为鄞县、回浦、宁海、临海等县地。唐神龙二年（706）立县。以后，主要属宁波（明州、庆元等）。今隶宁波市，辖10镇5乡3街道。2008年，全县总人口535051人，人口密度每平方千米387.2人，县城人口密度每平方千米1672人②。全县生产总值220.62亿元，财政收入27.34亿元。城镇居民人均可支配收入24066元，农（渔）民人均纯收入10202元。中国县域经济基本竞争力评价，位列百强县79位③。

---

①本段参考资料：《浙江通史·史前卷》第一章“远古时代的自然环境与古人类”；《象山县农业区划》第一章“地形地貌”；《象山县志（1988）》第三章“地貌”；王性成《象山县志（2008）课题：象山地质研究（初稿）》等。

②全县人口密度据《象山统计年鉴（2008）》第1页、第257页。按陆域总面积1382平方千米计算。县城人口密度按人口19.12万人，县城面积114.37平方千米计算。

③本段参考资料：象山旧志、《象山统计年鉴（2008）》《象山年鉴（2009）》等。有关塔山文化的内容，本“综述”聚落、移民等文字中皆有涉及，可作参考。另详见本志“文物　名胜”篇。

（二）空间观念、县名及其别称

唐神龙二年（706），象山立县，因治北有山屹如象形①，而名象山。县治位于宁海县东界海曲中象山东麓彭姥村。县境为半岛：东至大海二十里，南至大海三十五里，东北至大海四十里，正北至大海十五里，西南有陆地接台州宁海②。宋代，地域认知除有山、海环境概念外，半岛概念又有新的表达：在海一隅、山陆险阻③，三垂皆海，北则巨港（象山港），东南大洋，西南有路通宁海县④。以后，又有“象山缘海而邑，一路穿陆，环邑皆山”⑤ 表述，沿用至今。

地图表述象山地理空间概念，《唐十道图》有浙江平直海岸线，上标“象山县”于大海上。北宋《九域守令图》，象山半岛在东海，形状准确，却错标为“昌国”，“象山”标在象山港之西。南宋黄裳《地理图》、日本佛照禅师所藏印本《舆地图》等，“象山”标于浙东最突出半岛上，西面画有崇山峻岭。宝庆《四明志》中的《象山县境图》，东西长超过南北，县城突出，南部缩小，而境内实际地形南北长度大于东西宽度。至乾隆《象山县志》中的《县境图》，县城面积缩小，南部面积扩大。道光《象山县志》中的《县境图》，把东溪岭以南地区描绘成向西南延伸的庞大半岛，并在海中出现众多的岛屿。民国《象山县志》地图，始以现代测绘技术绘制⑥。

象山空间定位于“东海”“渤海”的观念⑦，最早秦代、最迟唐代形成。唐《蓬莱观碑》云，昔相语徐福泛沧海访神仙之术于境内蓬莱山⑧。汉东方朔《海内十洲记》谓，蓬莱山在东海之东北岸，《列子·汤问》谓在渤海之东。宋人称“四明东海之上有象山”⑨，明人谓“象居郡东南……洪流巨浸，世称瀛渤”⑩；明人有诗云“潮涨东溟连渤海”⑪，“渤海严城百里怀”⑫。据此，象山别称“蓬莱”“蓬岛”“蓬山”“蓬瀛”⑬。亦号“海东道院”，称为乐土⑭。

明代后，象山为海防、军事要地，谓虽逼海隅，戍兵联络亦复可守⑮。其地环连海澨，为甬

---

①乾道《四明图经》卷六“象山县”：“县以象山名之者，盖县有一山，其势壮负，雄压海垠，前后瞻望，屹如象形，县控此山，因以名之。”

②《元和郡县志》卷第二十六“江南道·象山县”：“象山县，中。西北至州水陆相兼一百六十里。本汉鄞县地，神龙元年，监察御史崔皎奏于宁海县东界海曲中象山东麓彭姥村置县。东至大海二十里，南至大海三十五里，东北至大海四十里，正北至大海一十五里，唯西南有陆地接台州宁海。”

③乾道《四明图经》卷六“象山县”。

④宝庆《四明志》卷二十一“象山县志”之“叙县·沿革论”“叙水·海”。

⑤乾隆《象山县志》卷之二“地里志二·山川”。

⑥此段资料来源：龚缨晏《象山县志（2008）课题：旧志图考》。

⑦作为海名，古所称东海，所指不一。有相当于今之黄海，有相当于今之渤海或东海的一部分，亦有和今之东海相当。唐徐坚《初学记》六“海”曰：“按东海之别有渤澥，故东海共称渤海，又通谓之沧海。”

⑧民国《象山县志》卷十九“金石考”。

⑨乾道《四明图经》卷十：北宋刘渭《蓬莱山寿圣禅院记》。

⑩嘉靖《象山县志》卷之三“山川纪”。瀛渤，即渤海。南朝梁沈约《却出东西门行》：“清氛掩行梦，忧原荡瀛渤。”

⑪乾隆《象山县志》卷之二地里志二“山川”：欧阳懋诗《欧阳桥》。

⑫钱良心：《望海楼》，见象山县政协委员会编《象山历代诗选》第66页，1995年版。

⑬乾道《四明图经》卷八“律诗”象山籍进士陈晋锡《和潘良贵〈三江亭〉》：“敛将蓬岛溶溶气，散作阳春字字金”；袁士元《书林外集》“赠樊天民归象山”：“白云深处认蓬莱，千里还家亦快哉”；清人倪象占有笔记《蓬山清话》，钱沃臣有笔记《蓬岛樵歌》；陈汉章《赋得遥飞一琖贺江山》：“便欲扶摇上，蓬瀛景最饶。”

⑭宝庆《四明志》卷二十一“象山县志·叙县·风俗”；嘉靖《象山县志》卷之二“区域志·形胜”。

⑮嘉靖《象山县志》卷之二“区域志·形胜”。

东咽喉。邑名从山，乃因“以濒海之险，非山莫恃，旨深哉!”①。嘉靖《象山县志·县境图》所标注，除少数地名外，皆为军事要塞。

反映与象山有关联的空间区域，唐时，西北至州水陆相兼一百六十里，西南有陆地接台州宁海②。宋时，东、北、东北与鄞县相邻，南、西、西南与宁海县接壤，西北与奉化县比邻③。至明代，关联区域更遥远，东接扶桑，北极辽燕，南抵琉球，西越瓯闽，直达交广④。皆据海道言之⑤，乃航海发展到一定阶段的地域观念。

清末，与象山关联空间区域，侧重行政统属，有宁波府、杭州府与京师顺天府，始用经纬度描述空间位置⑥。

至20世纪80年代，空间位置除经纬度外，另以方位距离表述，被普遍接受。描述相关联地理事物，除相邻行政区域外，重省域、市域内区位，及与象山港、三门湾联系。90年代，宁波成长江三角洲城市经济协调会成员，象山区位始关联长三角。

（三）象山空间区域一种表述

2008年，象山空间区域的一种表述为：

象山县位于长三角地区南缘，浙江省东部沿海中段，宁波市东南部，象山港与三门湾之间。地处北纬28°45′22″~29°43′11″、东经121°34′05″~122°51′48″。东西宽127.75千米，南北长118.40千米。总面积8000平方千米，其中陆域面积1382平方千米⑦，海域面积6618平方千米。海岸线总长925千米。

县境陆域由本土与岛礁组成。南北狭长，最长处90千米，最宽处70千米。本土象山半岛东部，北临象山港，与鄞州区、奉化市隔港相望；东北遥对舟山市普陀区的六横岛和宁波市北仑区的梅山岛；东濒大目洋；南滨猫头洋，隔三门湾与台州市的三门县相峙；西接宁海县。三面环海，缘海而邑，一路穿陆，环邑皆山。最长处53.5千米，最宽处37.5千米，面积1168平方千米。沿海岛礁656个，面积214平方千米⑧。

二

自然灾害直接威胁人类社会的生存和发展，与其抗争是人类社会生存发展的永恒课题。特殊

---

①乾隆《象山县志》卷十一“艺文志·旧志考”：李郁主修《象山县志》王垓序。

②《元和郡县志》卷第二十六“江南道二·象山县”。

③宝庆《四明志》卷二十一“象山县志·叙县”。

④嘉靖《象山县志》卷之二“区域志·形胜”：“大海萦绕，东接扶桑，北极辽燕，南抵琉球，西越瓯闽，直达交广，此亦一奇也”。

⑤民国《象山县志》卷一之一“图说上·象山全县总图说”。

⑥民国《象山县志·象纬表》曰：“象山为浙江省宁波府极南之县，北极出地二十九度三十四分三十秒。纬度在京师顺天府南十度二十分三十秒，浙江省杭州府南四十二分三十秒，经度在顺天府偏东五度十三分，杭州府偏东一度三十三分三十秒。”除了经纬度描述之外，另还以过极经圈度里、去极距等圈度里、勾股求玄等方法计算出象山北距、西距、西北距顺天府、杭州的里数，并且以经度偏东度分变时计算出时间：“顺天府子初二刻三分正，当杭州府城子初三刻三分正，在象山县城为子初三刻八分五十二秒。”

⑦此处象山全县陆域面积据象山县统计局编《象山统计年鉴（2008）》第1页。《象山统计年鉴（2006）》第1页则作1175平方千米。

⑧以上二段参考文献主要有：乾隆《象山县志》；《象山县志（1988）》；《象山统计年鉴（2008）》；县民政局提供《象山县志（2008）》“地域”资料；县国土资源局提供《象山县志（2008）》“地域”资料；象山县海域勘界办公室《象山海域界线东南西北四至坐标》（2008年3月4日）等。

的山海地理环境，决定境内发生的自然灾害主要是旱灾、台灾。象山历史，是不断寻求自然规律，抗旱、抗台、减灾、防灾，追求美好生活的历史。

（一）抗旱

境内环邑皆山，山地占陆地面积的67.5%。旧志叙述山脉，有高出云表，嵯峨千仞等①，其实不论尖峰明秀②，或隐映圆秀③，除10座500米以上低山占山地总面积不到1%之外，余皆500米以下的丘陵，其中200米以下占山地总面积的81.37%④。山低坡陡，溪流源短，河道浅狭，独注入海，洪涝虽不忧⑤，蓄水却不易，所患者干旱⑥。

年雨量虽充沛，然四季不均，常干旱，多夏旱、秋旱，有时亦冬旱。据某一确定历史时段分析，一般干旱平均2年3次，严重干旱约12年1次⑦。旱灾造成歉收、饥荒、多饿殍，有时疫病流行。旱灾造成一邑之困境，常为官民忧患⑧。官府运米、籴米、设粥厂等赈恤⑨，储山水济民⑩。民间救济，多罄家积谷，或买米赈灾，得官府嘉奖⑪。也有官府募富户出米赈灾⑫。

蓄水，挖井之外，重筑堰置碶、疏浚河道，蓄泄两用⑬。挖池不以娱耳目，而以滋灌溉，为象邑蓄水特色⑭。官员浚河蓄水，以待旱岁⑮。遇水利建设，民出其力，官责其成。为防偷泄上河之水，倡导留心水利者，当均其利于民⑯。祷雨被官方列为吉礼群祀，按时在神祇坛、朝天雩、祷雨坛等处举行⑰。旱灾时，官方告示“禁屠”“禁海鲜”，百姓则到道观、寺院、庵堂、庙祠、龙潭、龙洞等处祷雨。祷雨仪式独特、宏大、繁复，常引发与官方对抗及社会动荡⑱。文人有

---

①乾隆《象山县志》卷之二地里志二“山川”中形容盖苍山、丹山。

②乾隆《象山县志》卷之二地里志二“山川”中形容柴岙山。

③宝庆《四明志》卷二十一“象山县志·叙山”中形容炼丹山。

④低山座数，据《象山地名志》卷三“山川地名”统计，其他数据据《象山县农业区划》第一章“地形　地貌”。

⑤嘉靖《象山县志》卷之三“山川纪·碶堰”；乾隆《象山县志》卷之五经制志二“水利”“水利考三”。

⑥雍正《宁波府志》卷之十四“河渠·象山县”：“象山负郭之田六万余亩，其河涧溪潭直通大海，虽淋雨弥月，大水浸淫，决而疏之，以海为壑，指日可息。涝非所患也，所患者旱耳。”

⑦《象山县志（1988）》第七章第四节“灾害性天气·干旱”相关内容统计：“本县自元至大元年（1308）至今，共发生较大旱灾58次”“又据1956—1984年统计，29年共发生干旱44次”。

⑧乾隆《象山县志》卷之八“人物志一·名宦”之宋砥：“邑苦旱，慨然曰：‘诸堰不治，民何以生’。”

⑨民国《象山县志》卷三十“志异　志余”。

⑩民国《象山县志》卷二十一“名宦传补”叶元芳：“于城西门外凿一大池，储山水以济民，民德之，号曰‘叶公流芳池’。”

⑪民国《象山县志》卷二十五“先贤传四”之“秦楠”：“道光元年岁祲，罄家所积谷米为乡里赈。不敷，又赴郡买苏米一千石赈之，全活甚众。邑令孙廷松详旌建坊，给‘乐善好施’之额。”

⑫民国《象山县志》卷二十四“先贤传三”袁文信：“万历十六年岁大祲，饿殍载道，官募富室出粟赈灾之。文信与弟文仁共输粟一千石。”

⑬乾隆《象山县志》卷之五经制志二“水利”之“河渠书”。

⑭乾隆《象山县志》卷之五经制志二“水利”之“池”。

⑮民国《象山县志》卷二十一“名宦传”郎渭：“郎渭，浚河蓄水，以待旱岁，民皆赖之。”

⑯嘉靖《象山县志》卷之三“山川纪·碶堰”。

⑰民国《象山县志》卷十五“典礼考·吉礼群祀”。

⑱《象山二轮修志参考资料·孤竺哀谈》“求雨酿命案”之“求雨”及吴祖虎整理的口述史《轰动一时的东乡五境下“闹圣”（求雨）传说》。后者详见本志“自然灾害”篇“气象灾害·干旱灾害”。

“槁苗四野勃然兴，合邑生民谢旋转”的祷雨有应之感，并感谢东皇太一①。个体祷雨，明代有舍身祈祷者②。此后，以自焚、投潭等方式以身殉之者，不乏其人③。龙潭祷雨立应观念，为普遍信仰，官民祷雨必至。龙潭应运而生，旧志载龙潭百余处，十之九无有考者④。文人称，旧志所载二十三个龙潭，多卧龙，通大海⑤。

民国 37 年（1948），鉴于水利未兴，时有旱灾，兴办水利成当务之急，发动义务凿井挖塘⑥，限期完成保 1 塘及山坡地每 5 亩 1 井工程，当年挖塘 72 处⑦。

据中华人民共和国成立后一段时间统计，一般干旱平均 2 年 3 次，较严重的干旱 5 年 1 次⑧。夏旱、秋旱占 85%以上，余为冬旱⑨。干旱造成歉收、用水困难。党和政府投入抗旱专项资金赈灾，组织社会救济，开展生产自救，帮助受灾群众渡过难关。即使大旱年份，亦抗旱有序，社会稳定。抗旱理念为大兴水利，旱、涝、汛兼治；蓄水为主，蓄、引、提结合⑩；蓄水大建山塘、水库。1952 年，始建造水库。政府设水利管理机构及常设或临时指挥机构⑪，水库建造，经费群众自筹，国家补助，劳力则坚持合理负担，动员群众参与⑫。改革开放后，水利从农业服务转向为国民经济服务，以水工程建设为中心转向以水资源配置管理为中心。按城乡统筹发展要求，在加强农村水利同时，加大城市水利力度。坚持政府主导，水利投入纳入公共财政框架，加大政府投入，引导受益群众及社会各界参与⑬。至 2008 年，全县共建成大小水库 73 座，蓄水 10655 万立方米，山塘 900 余座，蓄水 1000 万立方米。大兴水利，为抗旱胜利提供保障。2008 年，宁海白溪水库引水工程完工，为彻底告别“小旱即灾”缺水历史奠定基础。该工程投资近 4 亿元。从白溪水库年引水 1825 万立方米，并连接县内平潭、隔溪张、上张、仓岙 4 大水库。年供水总量 3288 万立方米⑭。

（二）抗台

象山海环三垂，处西北太平洋台风行进要冲。统计表明，台风年均 2 个，其中轻度台风每 5 年 3 个，中等、严重影响的台风平均 3 年 2 个，均会造成灾害。台风主要集中于 7—9 月，8 月最多⑮。

---

①道光《象山县志·文类》史玉书《五狮山祷雨有应志感》。

②民国《象山县志》卷二十“志异”载明万历四十二年张元琦舍身祷雨。

③可参见民国《象山县志》卷二十五“先贤传四·陈清安”，本志第七篇“自然灾害”第二章“气象灾害”第二节“干旱　灾害”等内容。

④乾隆《象山县志》卷之二地里志二“山川”。

⑤钱沃臣《蓬岛樵歌》续编三十六：“二十三潭多卧龙，尾闾汩汩海潮通。”

⑥《象山县政府训令》（建字第 1 号，民国 37 年 3 月）：象山档案馆，01—3—841—32。

⑦《象山水利志》第六章“农田水利”第四节“水库”。

⑧《象山县农业区划·水资源调查及水利区划》第二章“水利条件”第一节。

⑨1988 年版《象山县志》第七章第四节“灾害性天气·干旱”载：1956—1984 年 29 年中共发生 44 次，其中 7—8 月的夏旱 22 次，9—10 月的秋旱 16 次，11—12 月的冬旱 6 次。

⑩《象山县农业区划·水资源调查及水利区划》第二章“水利条件”第三节“水利建设的经验教训”。

⑪《象山水利志》第十一章“水政　管理”第一节“机构沿革及领导人名录”。

⑫《象山县农业区划·水资源调查及水利区划》第二章“水利条件”第三节“水利建设的经验教训”。

⑬《象山改革开放三十年·社会和谐·与时俱进的水利建设》。

⑭县水利局提供《象山县志（2008）》“水利”资料长编；象山统计局编《象山统计年鉴（2008）》“城市建设情况（二）”；2008 年全县供水总量、城区供水总量详况见本志“供水　燃料　电力”篇，第一章“供水”。

⑮《象山县农业区划·气候资源调查及农业气候区划》第四章“农业生产的主要灾害性气候·台风”。

历史上，民间称台风为“做风水”“风痴”，称“台风发，自北而东，东而南，南最烈，转西乃止。”文献记载作“恶风”“飓风”①。认为飓风具四方之风，五六月发，秋夏间有晕如虹，谓之“飓母”。未至时，鸡犬不鸣，发生时轰石拔木，阖境绝穗②。元代有海啸记载。明代始有台灾记载，多作“海溢”（潮溢）；清代作“海溢”外，多作“飓风发”；民国时多称“大风雨”③。中华人民共和国成立后称“台风”。至迟20世纪80年代，已知在台州与宁波沿海登陆台风，对象山危害最大，次为在温州沿海登陆或紧靠象山沿海北上的台风④。

台风严重灾害多“海溢”造成：毁圩坏田、淹没禾稼，漂没民居，溺死生灵。亦有狂风暴雨造成：清道光六年（1826）八月台灾，因暴雨如注引发山洪，沿溪河房屋尽毁，石浦西门尤甚，人物多飘荡⑤；民国17年（1928）九月一日起，南田“风雨暴飙，全城茅舍、树木、城垣吹毁摧折十之八九”⑥。

海溢灾难地域明显。明正德七年（1512）七月，飓风大作，海潮溢，溺村落，鄞县、余姚沿海多死者，漂没居民万数，象山亦受灾获赈救⑦，或灾情不重而旧志失载。嘉靖二年（1523）八月，象山海溢，坏塘岸及庐舍，漂没、溺死者甚众⑧，近邻宁海、奉化、鄞州、余姚、慈溪却无台灾记录。就象山境内言，海溢灾难亦有地域性。沿海地区首当其冲。清雍正三年（1725），沿海田庐淹没，塘圩多坏，民有溺死者。东、西、南部沿海，皆有遭受海溢重灾的可能：明永乐二十年（1422），东部陈岙海溢塘坏；道光十五年（1835）七月飓风，海溢，圩塘尽坏，南部石浦同知署半圮；民国32年（1943），西部西周、下沈海塘被毁惨重，平地水深3尺⑨。

境内东、南临东海大洋，遇台风容易造成严重的海溢灾难。1956年“八一台灾”，63平方千米的南庄平原海水倒灌，死3402人。而西部象山港沿岸，山高岭密，泄洪不易，容易造成平地淹没。清道光九年（1829）八月飓风，西部西沙岭外平地水高六尺。象山城区距海较近，排水易受潮汛顶托成内涝。道光十一年三月二十七日，雷雨如注，大街水深二尺。光绪八年（1882）七月洪水坏北门行馆及城垣民居⑩。1980年后，随着城区建设向地势较低的南部推进，原有泄洪河道有的被填，有的成暗渠，遇暴雨低洼处易成内涝。

抵御海溢主要方式为筑圩置碶，赖于围垦。围垦相传始于晋代⑪，置碶则在唐宋大兴⑫。至中

---

①《蓬山清话》卷之三“海风”。

②乾隆《象山县志》卷之二地里志二“山川”。

③嘉靖《象山县志》卷之十三“杂记志下·灾祥”；民国《象山县志》卷三十“志异”。

④《象山县志（1988）》第七章第四节“灾害性天气·台风”；黄裕火《象山县志（2008）课题：气候研究》等。

⑤民国《象山县志》卷三十“志异”。

⑥民国《南田县志》卷二十五“地理志·救济”。

⑦光绪《鄞县志》卷十五“大事记”；《明史·五行记》；民国《象山县志》卷九“史事考”案“明史·陶琰传”。

⑧嘉靖《象山县志》卷之十三“杂记志下·灾祥”；乾隆《象山县志》卷之十二“杂志·机祥”。

⑨民国《象山县志》卷三十“志异”；《象山县志（1988）》第七章第四节“灾害性天气”之“重大气象灾害年表”。

⑩所引道光、光绪年间资料见民国《象山县志》卷三十“志异”。

⑪嘉靖《象山县志》卷之十四“艺文纪·筑岳头塘记”。

⑫嘉靖《象山县志》卷之十四“艺文纪·朝宗碶碑”。

华人民共和国成立初，全县一线海堤214条，长234.65千米；碶闸遍布各类海堤，惜“几无一完好”①。

历史上，海堤多土堤，另有石坎堤、土石混合堤，低矮易毁。堤毁，俗称“倒塘”，堤筑，俗称“筑塘”。水暴涨，堤屡决。② 象山海堤史，即频繁倒塘、筑塘史。1956年5612号台风登陆象山，倒毁海塘191条、63.88千米，占全县一线海堤总长度的27.2%。当年修复、加固140条、83.34千米。1974年，7413号台风登陆三门湾，境内海堤溃决200多处，灾后筑混凝土块石浆砌标准海堤。至1997年8月，经培修加固，堵港围涂，截弯取直，海堤减至111条，建成50年一遇旦门标准海堤1.2千米，20年一遇标准海堤136千米，占全县一线海堤长度190千米的72.2%③。1997年，9711号台风袭击象山，187千米海堤漫顶过水，165千米海堤严重毁损，除旦门标准堤外，标准堤全毁60千米。灾后，加快建设标准海塘，10年投入资金5.5亿元，建成标准海塘54条、148.4千米，其中50年一遇6条、36.9千米，20年一遇18条、59.3千米，10年一遇30条、52.2千米。至2008年，建成碶闸216座④。

抗台防台理念。自古有台灾忧患意识：圩有坚脆，势有安危，一朝飓发，海溢冲激，良田变海涂，水潭为汪洋，不可恃以为永业⑤。官员有“诸堰不治，民何以生”的意识⑥。文人则从心底赞赏“志与精卫同死生，誓见阳侯相唯诺”的筑堤治水精神⑦。对于毁损的塘圩，全社会具“有力出力，有钱出钱”的修筑共识。如有人捐资筑堤而不责人偿，被认为善举，乡邻德之⑧。中华人民共和国成立后，始有“抗台”概念。1990年后，明确提出防台、避险观念⑨。2006年，建八一台风纪念碑，在“象山县抗击八一台风50周年纪念大会”上，提出“以人为本，科学防台”理念⑩。

三

向山海要地，向山海要路，象山历史是在山海之间不断拓展生存、发展空间的历史。俗谓象山“七山一水二分田”，此二分田多来自象山人民海涂围垦。俗谓“象山象山，开门见山；要出县门，非渡海即爬山”，山阻海隔的交通历史，今已彻底改写：陆岛相连不渡海，隧道穿行不

---

①《象山水利志》第五章“堤防与水闸”第一节“海堤”、第三节“水闸”。

②同上。

③据《象山县志（1988）·水利》；《象山水利志·堤防与水闸》；《海魂——象山抗击八一台风50周年记》第四辑“泽被苍生”。

④据《东海长城——象山县新标准海塘建设纪实》；《象山改革开放三十年·与时俱进的水利建设》；县水利局提供《象山县志（2008）》“水利”资料长编等。

⑤嘉靖《象山县志》卷之三“山川纪·塘田”。

⑥乾隆《象山县志》卷之八“人物志一·名宦”之宋砥传。

⑦乾隆《象山县志》卷之十一“艺文志·著述”：蒋景高《题叶敬常编修海堤篇》。叶敬常修余姚海堤事，欧阳玄《喜闻叶君敬常善政》诗序中有详述。

⑧乾隆《象山县志》卷之十“人物志三”：夏国怀：“岁风潮大上，塘圩皆决，捐赀修筑，不责人偿，乡邻德之。”

⑨《抗台壮歌》“象山抗御八一八台风纪实”：“县委、县府根据省、市指示，确定了‘防、避、抢’的正确抗台方针。”见26页。另详本志“自然灾害”篇“台风灾害·9711号台灾”。

⑩《海魂——象山抗击八一台风50周年记》：“弘扬八一抗台精神　树立科学防台理念　凝心聚力加快建设和谐新象山”。见第1页。

爬山。

（一）造地

象山围垦，相传始于晋代，晋人陶凯筑岳头塘，百年而为海潮所毁①。南朝宋时，围垦所得土地称“湖田”②。唐时筑上洋塘，建朝宗、理川、灵长、会源四堰（碶），其中朝宗堰（碶）为诸汇之要。北宋初年始伐木为闸，元祐年间（1086—1093）始作石碶③。南宋淳熙年间（1174—1189），下洋塘秀才、永丰两碶建成，开千丈、马岗、瑞龙三河，以灌下洋田④。自此，大兴围垦，除东部沿海上洋塘、下洋塘外，围垦集中于象山港、三门湾沿海。明嘉靖时，海塘170余个，其中象山港沿海约110个，三门湾沿海40余⑤。清初，有水田93441亩，多塘田，朝廷迁徙沿海居民，海塘弃之界外甚多。乾隆时，塘田61处，未筑废塘91处⑥。至民国，已围海塘400余处，均土塘。围垦滩涂总面积30多万亩。中华人民共和国成立后，围垦兴，有特点二：一从高滩围垦发展至中低滩围垦，从建土塘到建石坎塘、土石混合坝塘、混凝土块石浆砌坝塘等，经费投入增加，围垦技术发展；二是围垦东部沿海海塘，围垦大型海塘渐增。至1985年，围筑新塘163个、113624亩，其中1000~15000亩大工程20多个。1985年后，大型围垦有大目涂30000余亩，花岙二期5000余亩，仁义涂4000余亩。至2008年，历代围垦造地50多万亩，形成西北部象山港沿海平原、东部沿海平原与南部三门湾沿海平原，占县现有陆地面积的30%⑦。

围垦为民生工程，历代官方重视，重大围垦工程多由政府主持。宋代始，基于“民之有田，

---

①嘉靖《象山县志·艺文纪》黄隆《筑岳头塘记》：“距南十五里许，有塘曰岳头塘者，传为晋人陶凯所筑，计田二万三百二十二亩。塘未百年，为海潮所啮。田始赔税，民甚病焉，迨今千余载，未闻一人如陶，俾民病痌久弗瘳，为可叹耳。”此段文字，作者黄隆有一对矛盾的判断：一者，晋人陶凯筑岳头塘，只是个传说；一者，筑岳头塘者为晋代的陶凯，并感叹：此塘筑成之后不到百年，即为海潮所毁，但田亩赔税却一直延续到作者所在的年代——明成化年间，有千余年了，没有一个人像陶凯一样再筑岳头塘，使得百姓的困局不能解脱，可叹啊。

②《宋书·孔季恭传》：大明初，徙山阴县无赀之家于鄞、鄮、余姚三县界，垦起湖田，并成良业。民国《象山县志·史事考》就此条资料加“案”：象山湖田，时属鄞县界。湖田后世名塘田。

③曰四堰者，见乾道《四明图经》卷十廉布《修朝宗石碶记》、嘉靖《象山县志·艺文纪》廉布《朝宗碶碑》载。后者曰：“自唐以来，为堰有四，曰朝宗、理川、灵长、会源，皆因地名。高下曲折，尚可考也。而朝宗为诸汇之要。国初，瑞龙寺僧曰蔡，始伐木为闸，以时启闔，民甚利之……元祐六年，县令叶授始作石碶。”曰四碶者，民国《象山县志·文征外编上》廉布《朝宗碶记》载：“自唐以来，为碶四，曰朝宗、理川、灵长、会源，而朝宗为诸汇之要。”

④民国《象山县志》卷二“水道·经流三”之“下洋六碶·秀才碶”条：“据嘉靖郡志：宋令许知新建。”另“永丰碶”条：“乾隆志：受朝宗碶之水，折而出庆丰碶入海。据嘉靖郡志：宋令许知新建。”乾隆《象山县志》卷八《名宦传》“许知新”条：“淳熙五年任。清勤有干，开百丈、马岗、瑞龙三河，以灌下洋田。”雍正《宁波府志》卷之十四“河渠·象山”：“碶（指上洋田朝宗、灵长、会源等碶）下诸田，形稍卑洼，旧有倪家河、潘家河及县令许知新所开千丈、瑞龙、马岗三河，二东西海港设永丰、秀才二碶，以时启闭，为利甚溥。”

⑤据嘉靖《象山县志》卷之三“山川纪·塘田”统计。

⑥据乾隆《象山县志》卷之五“经制志二·水利·塘田”统计。

⑦《象山水利志》围垦部分；县水利局提供《象山县志（2008）》“水利”资料长编等。围垦滩涂数据，据《象山在前进（1949—1988）》（统计资料书）第78页《历代海涂围垦面积利用情况》表、《象山水利志》第八章“围垦·历代围垦”第139页有关历代围垦数据及县水利局提供的《象山县志（2008）》“水利”资料长编有关历代围垦数据，唐至民国，共围垦滩涂336376亩。中华人民共和国成立后至2008年，共围垦滩涂189063亩，其中1949—1985年113624亩，1986—2008年75439亩（其中百亩以上围垦面积66018亩）。至2008年，历代围垦滩涂总面积525439亩，350平方千米。

藉水为利，衣食之源也，其可以不治？”理念①，围垦造地同时，御潮、浚河、蓄水等工程一并推进，深得民意②。两宋，官府主持修上洋塘木闸③，后作石碶，开主簿河④。主持筑下洋塘，造碶并开河⑤。明代，官府征询民意，得知象山民事无重于围垦，乃组织围筑陈兆、岳头塘⑥。塘既成而田不病于卤，田有收而民不病于税，百姓感恩其“惠我良畴，俾我子孙”，文人赞颂其功比范仲淹通、泰、海三州筑捍海堤，刘良贵会稽新林筑万柳塘，称其功在天壤间，亘古不泯。同时借机批评官府中“碌碌尸素者”⑦。明代官府有《塘田谕》，云沧海变为桑田，即今之塘田。其膏腴或超过负郭之良畴，却不可恃以为永业，提醒后任当要有此意识⑧。清代，知县到任后，视水利围垦为头等大事，不乏其人⑨。光绪年间（1875—1908），向朝廷奏请围垦南田海塘，获奏准，后设立“南田垦务局”，招徕富户，围筑龙泉、鹤浦两塘⑩。民国时期，下洋塘新建障川碶等⑪。中华人民共和国成立后，政府决定“围垦海涂、与海争地，充分利用海涂，增加耕地面积⑫”。围筑大目涂时，围塘养殖、建工业园，建南部新城规划付诸实施。至2008年，修治旧塘外，组织围筑新

---

①嘉靖《象山县志·艺文纪》廉布《朝宗碶碑》：“绍兴七年，莆阳宋砥国平为令兹邑，喟然叹曰：民之有田，藉水为利，衣食之源也，其可以不治？”

②民国《象山县志》卷二十一“名宦传·宋”引刘敂：“任永德，治石碶以御海潮。郎渭，浚河蓄水，以待旱岁。民皆赖之。”嘉靖《象山县志·艺文纪》廉布《朝宗碶碑》：碶成，“黧老黄童阗溢公门，鼓舞欢呼，莫不称颂君之休德，叹前人之莫及。”

③乾道《四明图经》卷十廉布《修朝宗石碶记》：“治平中，县令林君旦复增益之（朝宗碶）。”

④叶授始作石碶事，见上页注③。乾道《四明图经》卷十赵彦逾《重修朝宗石碶记》：赵彦逾主持重修之朝宗碶，“罅不入锥，隙不迸滴，虽曰缮修，实重创也。”民国《象山县志》卷二十一“名宦传·宋”“赵彦逾”条：“绍兴三十年进士，授象山主簿……开河渠于县东南史家泾，以利灌溉。民称之主簿河。捐俸修朝宗碶。”民国《象山县志》卷二“图说下·水道·上洋三碶二堰”之“会源碶”条：“嘉定十三年，令赵善晋造石碶。”

⑤宋令许知新建下洋碶、开瑞龙等三河事，见上页注④。

⑥嘉靖《象山县志·艺文纪》黄隆《筑岳头塘记》：“成化壬寅，凌侯（指时任知县凌傅）来为邑，首询民隐，有以陈兆、岳头告者。侯慨然曰：民事莫重于此，吾宁容缓耶！即日躬诣二塘，而经度之，以陈兆工材廉省，于是岁冬之初，遂兴役，逾月而工讫。寻及岳头，则计工度材视陈兆十倍有奇。……万夫欢噪，畚锸云集，不数月而塘成。”

⑦嘉靖《象山县志·艺文纪》黄隆《筑岳头塘记》。

⑧乾隆《象山县志·经制志二·水利》水利考三之“塘田谕”。

⑨见民国《象山县志·名宦传》之“胡祚远”“马受曾”“曹鋆”“史鸣皋”“孙廷松”等传。

⑩民国《南田县志》卷三十四“杂志·南田龙泉塘遗爱祠附祀鄞象诸公节略”：“吴公承墡与黎公鹤鸣以南田私垦实多，朱臬司履勘情形，知其机已大动也，相约偕赴省垣，面谒抚公杨昌浚，慨请开禁，并称龙泉、鸭嘴两大塘可以兴筑，力任其责。杨抚因而申奏，始奉旨照准开禁招筑。”民国《南田县志》卷三十四“公文·光绪元年浙抚杨昌浚奏折”：“南田一区，不隔大洋，周围约计二百余里，大小一百八岙，其中立可耕耨之田，不下三四万亩，加以筑堤建闸，放盐养淡三数年，续可耕种者，亦四、五万亩，海滩鱼盐花息尚不在内。此实天地自然之利，弃之可惜，徒袭封禁之名，后患难防，不若明示章程，用固吾圉。”民国《南田县志》卷三十四“杂志·鄞象合筑南田龙泉大塘节略”：“浙江象山、宁海交界之南田一岛，向系封禁。前清光绪元年，杨中丞昌浚奏请开禁。是年冬十月十七日奉旨着照所请，即行开禁……光绪五年四月，宁绍台道瑞璋奉省令，派委玉环同知杜冠英前往南田建设衙署，方始实行开垦事务，名曰南田垦务局。”民国《南田县志》卷三十四“杂志·龙泉塘始末节略”：“其圈筑之功，则自始清光绪六年始。当是时，南田垦务局委员易公镜清，招徕富户，资筑龙泉、鹤浦（原名鸭浦）两塘。”

⑪民国《象山县志》卷二《水道·经流三》“下洋六碶·障川碶”条：“民国十二年，里人张仁美、李久森等恳请县知事李芳建。”

⑫《象山水利志》第八章“围垦”第二节“历代围垦”，第138页。

塘200多个，造地近20万亩，其中千亩以上围垦工程近30个。

象山土狭民稠，不得已捍海筑塘①。筑塘既迫于生计，对百姓而言，其重要性不言而喻。故围垦主力乃在民间。丹城宾阳门外，起春亭直接塔山下，曰长塘路，相传是古海塘②，当为民间所筑。民间筑塘，除参加政府组织的大型围垦之外，规模较小的围垦一般百姓自行组织。筑塘开碶，百姓愿意诉县乞官，并相信风水③。清代大型围垦，一般由富户发起，合作开发，如嘉庆年间，县内外18人集资围筑大泥塘；光绪间富户集资围筑龙泉大塘、鹤浦大塘等。清代、民国时期所修家谱，亦有举家族之力围垦筑塘记载④。寺院是水利建设、垦海围塘的重要力量。宋初，寺僧伐木建上洋塘碶。南宋时，16所寺院有常住田近6000亩⑤，大多为围垦所得。后寺院筑塘不辍，有的还以寺名塘，如宝梵寺塘⑥、西寺塘、护境寺塘等⑦。另外，以“和尚”名塘亦不少⑧。中华人民共和国成立后初期，各地十亩、几十亩小型海涂围垦⑨，亦为民间所为。1956年，农户大多加入合作社，集体围筑具备条件。大徐、南庄、墙头、新桥等地，土地改革时人均土地仅1亩多，围垦海涂有更大需求。雅林溪乡组织联社，到高塘岛集体围垦⑩。

（二）拓路

境内多岭道，1990年前后统计，有岭道306条，其中岭高100米、长800米以上者104条，岭高200米、长1千米以上者37条⑪。民间有“象山念肆大高岭”之说，所列24条高岭，岭高皆230米以上，岭长大多2千米以上。最高、最长念四炮岭，高450米，长4.5千米⑫。岭道大多鹅卵石铺面，称“弹石路”，弹石岭道250条以上。岭道分布，县西岭道高且长，所谓“一路穿陆”与宁海县接壤九大岭道，皆在县西；县东、县南岭道均匀密布；海岛岭道相对低矮。

象山人出行多爬岭，健者年九十余，几十里崎岖山路，步行不假杖⑬。《牛卧岭》诗云：鞭得卧牛起，行人便不少。渴望岭道夷平，行人方便，此诗道出心曲。⑭。至于岭道陆运，“路隔几层山石砾，天末无萝不可攀。千夫负担担子弯，十步一上中险艰”。其苦不堪，唯有感叹：吁嗟乎，陆运苦⑮！过岭艰辛，岭顶、岭脚多筑凉亭，或称路廊，供过岭者歇脚，多免费供茶。有的凉亭

---

①乾隆《象山县志·经制志二·水利》水利考三：“象山土狭民稠，不得已捍海筑塘。塘成为田，塘废为涂，一堤之隔耳。”

②清钱沃臣《蓬岛樵歌》“道出东门负郭厢”一诗注。

③宝庆《四明志·象山县志·叙水·碶闸》：会源碶“邑人以水暴涨，朝宗、灵长二碶泄之不及，且于阴阳家风水有妨，诉县乞开此碶。”

④泗洲头唐翰朱氏、儒雅洋何氏等家谱的“传”中皆有围垦记载。

⑤宝庆《四明志·象山县志·叙祠·寺院》。宝庆《四明志·象山县志·叙赋·田亩》：“民田一十三万一千九百二十亩二角。”以此计算，寺院田亩占全县民田总数的4.5%。

⑥乾隆《象山县志·经制志二·水利》之“塘田”。

⑦民国《象山县志·图说上·磐安乡图说·塘田》。

⑧民国《象山县志·图说上》载：昌石镇、靖南乡、西五乡等地皆有“和尚塘”。

⑨《象山县人民委员会（报告）》农文字第1055号《象山县两年内（1956—1957年）围垦海涂方案》。

⑩《象山县人民委员会（报告）》农文字第1055号《象山县两年内（1956—1957年）围垦海涂方案》。

⑪1992年版《象山县交通志》第四章“陆上交通设施”第一节“民间道路”，海洋出版社，1992年。

⑫《象山二轮修志参考丛书·孤竹哀谈》之“象山念肆大高岭”。

⑬民国《象山县志》卷二十五“先贤传四”之陈铭祖：“家居板岭村，年九十余，由板岭至东溪，山路崎岖，步行不假杖。”

⑭《象山历代诗选》张鉴堂《下沈十咏·牛卧岭》：“有岭名卧牛，横盘梗古道。何年鞭得起，行人便不少。”

⑮《蓬山清话》卷之七《陆宝乐府二篇·陆运苦》。

内，装饰楹联诗词及善言慧语，以弘扬道德善举。

山路、岭道，如为驿道或与驿道相关，由官府修建，或由官府鸠工及募集资金，出资出力者多为寺庵及当地贤士，百姓有钱也乐意出资①。驿道亦为军事设施，驻军常参与修建②。更多山道、岭道为民间修建。慷慨乐善者出资买地，雇工砌石，有的甚至代代接力，直至告竣③。

山道、岭道通车，始于民国24年（1935）象西国防公路竣工使用。乘车过岭出境，则始于1958年宁象公路修建，200多米高的西溪岭修筑盘山公路，直通宁海。径赴宁波，始于1978年象西公路通车。1992年统计，岭道易为公路24条，易为机耕路13条④。

经隧道过岭，始于1977年东岙隧道修建。1981年后，政府注重开凿隧道，视为陆上交通宏图大计。1992年，彭姥岭、蚶岙岭隧道通车。自此县城经陆路至宁波，乘车不再爬岭。至2008年，公路隧道39座，总长13余千米⑤。除个别偏远地区，境内乘车无须爬岭。

既多山，必多溪，故多桥。民国《象山县志》载境内桥438座，民国《南田县志》载南田境内桥30座⑥。造桥、铺路、修凉亭视为三大善举⑦。历史上出资、出力乐建者甚众，其中不乏年事已高者⑧。官府亦参与其中，饬县各乡耆劝捐及直接投身工程⑨。民国24年（1935），象西国防公路完工，有公路桥梁4座。中华人民共和国成立后，随着公路发展，民间桥易为公路桥、新建公路桥并举，至2008年，公路桥197座，总长6.76千米。其中跨海大桥4座。2008年，开工建象山港大桥⑩。

公路路网，中华人民共和国成立始建。至20世纪70年代，有宁象、泗西、茅石、丹爵等沙石公路。1978年后，上下形成“象山要振兴，交通要先行”共识，全力办交通。1984年始，有水泥路面公路。1999年，甬台温高速公路象山连接线竣工通车，象山至宁波行车时间从原4小时缩至2小时。至2000年，公路网四通八达，19个乡镇所在地通县城公路路面全部硬化，乡镇通车率

---

①民国《象山县志》卷三十二“文征外编上”史鸣皋（象山知县，清乾隆二十一年任）《修交绾路记》载：修路得近庵僧广源经纪其事，而其地之贤士庶人共乐成之。

②民国《象山县志》卷三十一“文征内编上”虞峻《改砌东溪岭记》载：乾隆二十二年，署协镇李都督倡修东溪岭。

③民国《象山县志》卷三十一“文征内编上”虞峻《改砌东溪岭记》载：昌国卫俞宗点奉母命，率其子传厚修砌东溪岭，后因母丧而中沮，继之以子亡而终止，不久郁悒致疾，赍志而殁。以后其孙渡帆、晓帆，克绍先绪，鸠工修砌，终于告竣。

④《象山交通志》第四章“陆上交通设施”第一节“民间道路·岭道一览表”统计。

⑤1992年版《象山县交通志》第四章“陆上交通设施”第四节“隧道”；2014年版《象山县交通志》第二篇“交通设施”第一章“陆上交通设施”第六节“隧道”；县交通局提供《象山县志（2008）》“交通”资料长编等。

⑥据民国《象山县志》卷一“图说上”、民国《南田县志》卷二十五“地理志·桥梁”统计。

⑦1992年版《象山交通志》第四章“陆上交通设施”第六节“凉亭”。

⑧民国《象山县志》卷三十一“文征内编上”邓亢宗《建镇西桥记》载：建镇西桥，四耆民与有劳焉。

⑨民国《象山县志》卷三十一“文征内编上”胡学义《重修丽江桥记》载：“山左王公（王仲，乾隆十二年任象山知县）知县事，士民以是（重修丽江桥）请。公曰：‘石杠不修，薛彭城之所为贬议也，敢不为民分忧。’时郡尊胡公（宁波知府胡邦佑）以事莅象，士民亦以是（重修丽江桥）请。公欣然从之，饬县各乡耆劝捐。简良工，选美石，费核侵渔，事戒鲁莽，不数月而叠桥三座。”

⑩《象山改革开放三十年·社会和谐·半岛交通绘新图》；县交通局提供《象山县志(2008)》“交通”资料长编；《象山县交通志》(2014年版)。

100%，村村通车率92%。2006年始，每年投入交通建设资金3亿元以上。至2008年，公路1040千米，公路网密度88千米/百平方千米。其中，省道3条135千米、县道16条285.58千米、乡道39条187千米，通村公路481千米①。

历史上，居民经岭道出县境，一是唐神龙二年（706）立县到唐广德二年（764），凡58年，象山属台州，多从西南岭道经宁海县入州郭；二是清顺治年间（1644—1661）、康熙十二年（1673）禁海，沿海居民内迁30里，多从西南岭道经宁海县过奉化县入宁波郡城。岭道多走石门岭，过岭时递铺役丁皆负斗桶而行，以避虎狼荆棘之害②。出县境岭道另有西北逾柴溪岭经宁海、奉化到宁波，南自白岩铺过西溪岭逾登台桥铺到宁海县③。

除以上两历史时期外，象山至宁波多走海道。陈山渡最古，象山立县以来自有④。一潮至方门，再潮至乌埼，三潮至郡城下⑤。旧以民船私载至奉化袁村登岸⑥，宋代官于此渡造船，改奉化东宿登岸⑦。陈山渡有子渡“湖头渡”，至鄞县东湖头登岸。另有姜屿渡，至奉化东宿登岸⑧。明洪武二十二年（1389），设官渡于湖头、姜屿，陈山渡遂革。另有黄溪、淡港等渡⑨。至杭州、嘉兴、苏州、南京、镇江、淮扬、北京等地，经海道而行，多渡以上诸渡口。清代官渡，陈山渡复开，与黄溪、墙头、淡港、西周（为姜屿渡废后新设官渡）等渡同至奉化樯下潭登岸。湖头渡亦废后复开，至鄞州大嵩登陆。西泽渡于道光二十年（1840）开渡，至鄞县横山登陆⑩。上述诸渡，皆北部巨港——象山港津渡。挐八官船或橛头船，统谓之夜航船，搭船共渡俗谓“同舟共济”⑪。东南皆大洋，史载唐宋时期始，越舲、闽船、番舶之所经⑫。自钱仓而北则定海，自东门而南则台州、温州⑬。其间，爵溪、大睦一带洋面，贾舶络绎，东望日本，南走天台⑭。

南宋间，官渡始用官船。至清光绪时，商轮始通行，航行宁海薛岙至宁波江北岸，象山港各津渡始用驳渡搭乘。民国12年（1923），白墩码头投入使用。民国20年，始通行上海及岱山、沈家门等地。民国24年，象西国防公路建成，西泽、乌屿山与横山之间设渡运，连接象西国防公路与盛横公路。1956年，县城至白墩公路建成。1964年，县城至西泽公路修复，皆有连接象山港两岸的渡运。1987年，象山港汽车轮渡码头建成，西泽与横山间始用汽车轮渡。2012年12月，桥

①《象山改革开放二十年·社会篇·欣欣向荣的交通事业》《象山改革开放三十年·社会和谐·半岛交通绘新图》；县交通局提供《象山县志（2008）》“交通”资料长编、《象山县交通志》（2014年版）。

②倪象占：《蓬山清话》卷之二“陆道”。

③嘉靖《象山县志》卷之二“区域纪·疆里”：“西北由思孝庵，逾柴溪岭，至奉化县一百九十里；南自白岩铺、逾登台桥，至宁海县一百里，为陆程。”崇祯《宁海县志》卷之二“建置志·铺递”：西溪铺，东北一百里，至此为象山县界；夏奇岙铺，东北九十里；登台桥铺，八十里。

④乾隆《象山县志》卷之二“地里志·山川”。

⑤宝庆《四明志》卷二十一“象山县志·叙水·海”。民国《象山县志》卷二“图说下·海防”：“由陈山渡一潮而至方门，再潮而至乌埼，三潮而至郡城下，此古海道也。”

⑥嘉靖《象山县志》卷之三“山川纪·津渡·陈山渡”。

⑦宝庆《四明志》卷二十一“象山县志·叙水·津渡”；民国《象山县志》卷二十一“名宦传·赵彦逾”。

⑧宝庆《四明志》卷二十一“象山县志·叙水·津渡”。

⑨嘉靖《象山县志》卷之三“山川纪·津渡”。

⑩民国《象山县志》卷二“图说下·海防”。

⑪清钱沃臣《蓬岛樵歌》“吾乡路达郡城难”一诗注。

⑫乾道《四明图经·象山县·祠庙·祚圣庙》；宝庆《四明志》卷二十一“象山县志·叙水·海”。

⑬宝庆《四明志》卷二十一“象山县志·叙水·海”。

⑭元吴澄《大瀛海道院碑》。

长6.75千米，连接线长约40千米的象山港大桥工程竣工使用，汽车始在港上奔驰，象山到宁波行车时间50分钟。

清光绪年间（1875—1908），石浦建造码头，有商轮弯埠石浦，可至定海、宁波、台州、温州等地。民国11年（1922）始，乘弯埠石浦商轮，可至上海、福建、香港等地。民国24年，弯埠石浦定期班轮13艘。1959年，地方国营县航运公司商轮投入运营，专营县内外客运，航线北至蟹钳渡，南至乌岩港口、鹤浦等，西至宁海白峤、三门健跳、海游等埠。航线12条，皆以石浦为起、终点。20世纪70年代末，因旅客稀少，甬、石航线停航。1988年，因经济发展，停航40多年的沪、石航线恢复，客轮为象山所有。至1998年，因连通沪杭甬高速公路，致客流稀少停航。1995—2008年，石浦、鹤浦、高塘岛陆续建成蜊门港、铜瓦门、三门口、晓湾港等跨海大桥，鹤浦、高塘岛、东门、打鼓峙等与大陆连成一片。至2008年，交通基本实现路面高级化、越岭隧道化、陆岛一体化、交通网络化。

四

明代至民国，象山战乱不断，灾难深重。象山人民及仁人志士，抗倭、抗日、剿匪，保家卫国，浴血奋战。在中国共产党领导下，反帝、反封建、反官僚资本主义，终于在1949年获得新生。至1955年，历史上一直祸害象山、屡剿不绝的匪患，也被连根铲除。

（一）抗倭

从元代起，倭寇就经常对中国东南沿海一带进行骚扰和掠夺①。明初，朱元璋鉴于元朝征伐日本失败的历史教训，采取闭关自守的海禁政策，在东南沿海建立完备的卫所防御体系②。

明洪武年间（1368—1398），象山建1卫8所：昌国卫内辖卫城左、右、中前、中后4所，外辖石浦前、后2所，爵溪、钱仓2所。昌国卫，洪武二十年（1387）从昌国县移置象山东门，洪武二十七年，因东门悬海，薪水不便，徙后门山。石浦守御前、后二千户所，旧在昌国城内，洪武二十年因昌国卫移置东门而徙于石浦。钱仓守御千户所，洪武二十年置。爵溪守御千户所，洪武三十一年置③。象邑卫所官兵总数近万人④。

卫所之外，明初又设立巡检司。洪武二年（1369），象邑建石浦巡检司、爵溪巡检司。石浦巡检司，旧在石浦。洪武二十年，改置千户所，遂迁至县西南一百二十里之青山。爵溪巡检司，旧在县东爵溪。洪武三十一年，改置千户所，遂迁至县西五十五里之姜屿渡⑤。

从建文三年（1401）至正统八年（1443）42年时间里，倭寇多次从钱仓、爵溪等地登陆，剽掠汤岙、潘家礁、钱仓、爵溪、昌国等地。卫所官兵、政府官员与百姓保卫家乡，英勇杀敌。钱

---

①《浙江通史》明代卷第十一章“海禁、走私贸易与浙江抗倭战争·倭患与抗倭活动”。

②《浙江通史》明代卷第十一章“海禁、走私贸易与浙江抗倭战争·倭患与抗倭活动”。

③嘉靖《象山县志·建置纪·城池》。石浦守御千户所，洪武二十年从昌国城迁来。《读史方舆纪要》卷九十二却说石浦守御千户所旧在县南十里，仅见。详见本志“街道镇乡”篇“镇·石浦镇”页下注考证。钱仓所建所时间有二说，民国《象山县志·地治考·历代武治考》“钱仓所”条载为“洪武二十年建”文后“案”：明史，洪武十九年十一月置。爵溪所建所时间亦有二说：民国《象山县志·地治考·历代武治考》“爵溪所”条载为“洪武三十一年建”，文后“案”引《明史·地里志》，云洪武三十年十二月建。

④民国《象山县志·地治考·历代武治考》。

⑤嘉靖《象山县志·建置纪·城池》。

仓千户易绍宗一路格战，杀敌无数，壮烈牺牲①。县丞宋寘手持长竿，杀敌数人。竿断犹赤手搏战，直至血洒疆场②。教谕蔡海，怒骂倭寇，贼刺之，饮刃，骂不绝而死③。戍卒钱公伏，持梃杀敌，无所畏惧④。为抵御倭寇，正统八年，旧隶宁海县的赵岙巡检司迁县东七里赵岙（今丹东街道赵岙村东）⑤。旧在县北陈山渡的陈山巡检司亦迁至县东南十三里处（今爵溪街道前岙村马栏山东）⑥。另筑游仙寨城，即赤坎城⑦。同时，又筑南堡寨城⑧。

明嘉靖年间（1522—1566），日本倭寇与中国的海盗结成同盟，对东南沿海地区连年发起大规模侵扰。在短短数年间，从东南沿海到内陆广大区域，皆遭倭寇劫掠，江、浙两省被屠虐的军民，总数多达数十万人⑨。象山倭患大剧，始于嘉靖中期。从嘉靖十九年（1540）至嘉靖四十年20余年时间里，倭寇劫掠龙屿、西泽、珠溪、钱仓、潘家磡、涂茨、新妇岙、爵溪、梅溪、白石、黄溪、东溪、关头、昌国、鸡鸣、石浦、朱门等地，达数十次之多。朱纨、卢镗率兵于九山（南韭山）洋等地俘日本人稽天，擒贼首许栋，并击擒李光头等九十六人。象山军民、官兵开展了英勇无畏、艰苦卓绝的斗争。

嘉靖二十四年（1545），海陆诸贼窃发，扰害村落，合邑不得安宁。知县蒋三才倡立父子乡团以御贼，多方捕获，悉置之法，民赖以安⑩。嘉靖二十六年四月，漳寇劫西山王村，夜分至王维

---

①据《明史·忠义传》之“易绍宗传”；民国《象山县志·先贤传二·明·易绍宗》等。民国《象山县志·金石考·谕葬将军易公忠烈碑记》中有：“（洪武）三十四年九月十八日海寇”等字，说此事发生于建文三年秋（燕王即位后革除建文年号，洪武只有三十一年）。嘉靖《象山县志》卷之十一“人物列传·忠功·国朝·易绍宗”则载：易绍宗为钱仓所副千户，“绍宗遂乘马率所部士卒直前格战，众兵溃败，而绍宗勇气愈厉，至太平桥力不支，竟死之”。民国《象山县志·列女传上·明·李氏传》：“李氏，易绍宗妻。绍宗官钱仓千户，死节。李氏携孤奏于朝。”

②嘉靖《象山县志》卷之九“历宦纪·列传·国朝·宋寘”；民国《象山县志·名宦传·明·宋寘》：宋寘每自许以身殉国。永乐“二十年冬，倭寇侵县，官民望风而遁。寘方自外出还，左右挽辕谏曰：‘贼至矣，当避之。’寘曰：‘吾司民牧，当与民同安危。民既受患，我将安归？’手持长竿与敌斗，杀敌数人。自午自晡，左右尽避，更无援者。俄而竿断，寘犹赤手搏战不已。贼众围之，剽匕首中胁，死。”

③嘉靖《象山县志·历宦纪·列传·国朝·蔡海》；民国《象山县志·名宦传·明·蔡海》：“值倭寇犯境，军民奔散一空。海独正襟危坐。少顷贼至，不忍加害。海指贼厉声骂曰：‘丑徒自当称贡中原，乃敢寇境扰民耶！贼刺之，饮刃，骂不绝而死。”

④乾隆《象山县志·经制志三·海防·明》。

⑤嘉靖《象山县志·建置纪·城池·赵岙巡检司》：“县东七里，旧隶宁海县。正统八年，侍郎焦宏因倭贼由清水潭入县，改司于此。城周六十八丈，高一丈，阔八尺。……有教场，演武亭”。乾隆《象山县志·地里志二·城池·赵岙寨》：“置巡检司在宁海境，隶宁海县。明正统八年，侍郎焦宏因倭寇由清水潭入(赵岙岭外)，改司于县东七里赵岙。”《象山地名志·历史地名·旧防务·赵岙巡检司》：“址在今丹城镇赵岙村东侧。”

⑥嘉靖《象山县志·建置纪·城池·陈山巡检司》：“县东南一十三里，旧在县北陈山。大明正统八年，参政高峻改置今处，而仍其名。城周五十五丈，高一丈，阔八尺。……外为教场，演武亭。烽堠一，在司后山。”乾隆《象山县志·地里志二·城池·陈山寨》：“旧在县北陈山渡置巡检司，筑城。”《象山地名志·历史地名·旧防务·陈山巡检司》：“址在今爵溪镇前山村马栏山东。”

⑦嘉靖《象山县志·建置纪·城池·游仙寨》：“游仙寨……即赤坎寨……正统八年……乃筑城。”

⑧南堡寨建寨时间，没查到具体记载，根据嘉靖《象山县志·艺文志》周希程《城象记》中关于游仙、南堡二寨永乐年间设立，“以相应援，俱未及城也。”之语推论。两寨永乐间立，正统间筑城。

⑨据《浙江通史》明代卷第十一章“海禁、走私贸易与浙江抗倭战争·倭患与抗倭活动”相关内容改写。

⑩嘉靖《象山县志·历宦纪·列传·国朝·蒋三才》；民国《象山县志·名宦传·明·蒋三才》。

宪室，欲污王妻邱氏。邱氏奋力反抗，执木棍击贼首，贼拔刀刺其腹而死①。嘉靖二十七年，漳寇犯境，西泽民阮氏斩贼首之雄壮者二人②。嘉靖二十九年，寇犯昌国，昌国卫叶小九妻严氏被贼所执，为不受辱，投河而死③。嘉靖三十年，毛德京就任象山知县，报寇至，毅然治战，待粮造舟，昼夜戍守，民感激赴义，无不一以当百。贼相戒曰："宁拉虎头，无犯毛侯④。"嘉靖三十一年（壬子年）四月，李光头党汪直纠集倭寇，攻破游仙寨。爵溪所百户秦彪对弟秦汉说，游仙寨与爵溪所唇齿相依，无游仙，是无爵溪。作为军人，当死于战。于是与弟疾驰杀贼。终因力不能支而被杀⑤。秋，倭寇入东溪，乡民厉敬爵率家兵十余人拒之，斩贼二人⑥。嘉靖三十二年，倭寇攻陷昌国，百户陈表持短刀巷战，被杀⑦。林妻夏氏被掠，贼见其姿色，欲污之，不从。乃杀他妇恐吓之，又不从。持石击贼颡，流血被面，被贼杀⑧。嘉靖三十三年秋，县城石头城墙筑成。是工程起筑于嘉靖三十一年九月，毕事于嘉靖三十三年七月十八日。始为木城，次又加为土城，次又为石城，近两年而成。筑城工毕，县城贴守军调整。以昌国路远，昌国指挥、千户各一员及军余百名皆撤回，止令爵溪百户一员、钱仓千户一员，各带管军余百名守县⑨。

嘉靖倭患以来，与之前相比，象邑卫所旗军、军户减少，弓兵持平，民壮大增，乡兵、家兵发展。知县蒋三才倡立父子乡兵，厉敬爵、赵乾佾、朱汀等皆有家兵。他们奋勇抗倭，斩首级，擒丑党，用死战，成为抗倭一线主力军⑩。

从嘉靖三十七年（1558）到嘉靖四十年，舟山、台州皆有倭寇巢穴，位于两地之间的象山，倭寇几番焚掠、劫杀，谭纶、卢镗等率部英勇战斗，肃清了倭寇，解除了倭患。其间嘉靖三十八年三月马冈大捷，谭纶进兵马冈，贼千余（一说五百）自金井头来，至近，纶移兵击之，贼遂大败。追至落头（今岳头），斩首以百计（一说七十七级）。又率军直捣何家磯（今王家榄）贼巢，贼溃入舟中，因纵火焚之，俘斩略尽。浙江之地，村落都市，昔称人物繁庶、积贮殷富者，荡为古墟。而象山则三至四至，被患尤剧⑪。

海防认知：涉海方面，认为"宁郡为江浙咽喉、定海为郡城门户，海中大小衢山为定海之藩篱，则防定海而象山无备与"的说法不对。象山为定邑的上游，其辅车唇依之势，不可小觑。象山外洋韭山，直对日本。倭奴入寇，遇东南风，则从韭山入昌石，寇象山；遇东北风，则从南五山入海门，寇黄岩。所以说，韭山为四通八达之区域，为外洋之要冲，番舶闽船所必经。羊山为

---

①民国《象山县志·列女传上·明·邱氏》。

②嘉靖《象山县志》卷之十三"杂志纪下·寇患"。

③民国《象山县志·列女传上·明·严氏》。

④民国《象山县志·名宦传·明·毛德京》。

⑤嘉靖《象山县志·杂志纪下·寇患》，民国《象山县志·先贤传三·明·秦彪弟汉》。

⑥乾隆《象山县志·经制志三·海防·明》。

⑦民国《象山县志·先贤传三·明·陈表》。

⑧民国《象山县志·列女传上·明·夏氏》。夏氏被杀事，其时间，民国《象山县志·列女传上·明·夏氏》、民国《象山县志·史事考》引《浙江通志》载，皆作嘉靖三十年。而据民国《象山县志·史事考》引《明史·俞大猷传》载并案，作嘉靖三十二年。

⑨嘉靖《象山县志·兵卫纪·弓兵·贴守军》。县城城墙修筑事，另见本志大事记"嘉靖三十一年"条相关内容及其页下注。

⑩此段资料来源：嘉靖《象山县志·兵卫纪·军兵》；嘉靖《象山县志·建置纪·城池》。

⑪此段资料来源：乾隆《象山县志·经制志三·海防·明》；民国《象山县志·史事考》引《明史·谭纶传》《明通鉴》《明纪》《宁海县志》《明史·日本传》等载并案。

浙西门户，韭山则为浙东门户，而尤昌石之门户，为象海第一门户。韭山之外为外洋，其内洋为：东西殊、牛门、青门、旦门、锁门、淡水门、铜瓦门、道人港、锯门洞、乱礁鞍子、小睦、牛栏基、珠山、孝顺洋、石坛山。韭山以南为南洋，北为北洋。海道之备在昌国，蔽昌国者石浦，故云石浦为象邑之蔽，而诸门又石浦之蔽。与石浦联络于东南者曰爵溪所，联络于东北者曰钱仓所①。

海防认知：陆海关隘，认为北陈山，东爵溪、赵岙、赤坎，中南堡，南石浦，西姜屿渡等为要地，故陆上设爵溪（爵溪、姜屿渡两地）、石浦、赵岙、陈山四巡检司，游仙、南堡二寨。水道最为重要则为石浦，故设石浦关。嘉靖年间，又于海山要害处，添设蒲门、青门、金井头、湖头、锯门洞口等关隘，各拨卫所官军带领兵船把守②。

至于盗寇的产生与防御，则提出：轻忽衣食不足之事，则探囊发箧而为盗；轻忽赋税不均之事，则执兵刃劫良民而为盗；轻忽社会教化不修之事，则攻城邑略百姓而为盗。象山之盗致以三慢者，亦有之。然悬居海岛，邻倭夷，接漳清，患自海至者，为尤大。防盗御敌良策，唯有足兵食、严警卫、时训练，水陆两备，而患可弥。然其要则，又在得人，得一贤令，胜兵三千。象山虽为边隅僻邑，但如能海舰得人，卫所克兢，则即使有奸黠万亿而莫敢谁何，亦足观也③。

（二）抗日

民国20年（1931），日本侵略者发动九一八事变，挑起局部侵华战争。象山始达小学、培本小学等开展各种形式的抗日救亡宣传④。

民国26年（1937）7月，抗日战争全面爆发。象山县抗日自卫委员会成立，并创办《抗日旬刊》。8月中旬，日军将战火烧到上海。11月5日，日军进入杭州湾并登陆。9月底至11月间，一艘小型日舰进犯象山干门港，10余名日军登陆，驻钱仓国民革命军某排迎战，屿岙村及其附近村村民助战，日军退回汽艇逃跑⑤。

民国26年（1937）11月12日，上海失陷。12月13日，日军占领南京，制造了惨绝人寰的“南京大屠杀”。至12月24日，浙西1市17县大部沦陷。民国27年3月1日，象山县成立国民抗敌自卫团队指挥部，县长盛世馨任指挥官。通过公祭抗倭名将戚继光，成立文化、交通、救护、

---

①此段资料来源：乾隆《象山县志·经制志三·海防·海防考一》。此乾隆志海防考一，虽为清人所为，但所分析的却为明代抗倭的海防情况，并且内引《筹海图编》《舆地名胜志》《舆程记》，嘉靖《宁波府志》《万里海防图说》《读史方舆纪要》《浙江通志》等，大多是明代著述，最迟的也是清初著述。

②此段资料来源：嘉靖《象山县志·区域纪·关隘》。

③此段资料来源：嘉靖《象山县志·杂志下·寇患》、嘉靖《象山县志·区域纪·形胜》。

④据《浙江通史·民国卷下》第四章三“浙江抗日救亡运动的开展”，《中国共产党象山历史（第一卷）》第七章“象山早期抗日救亡宣传活动”。

⑤据《浙江通史·民国卷下》第五章“日军入侵浙江及浙江抗战局面的形成”，《上海通志》第十卷“军事·兵事·现代兵事·八一三淞沪抗战”，《象山县志（1988）·军事》第三十八章“重要兵事”第二节“民国时期兵事”，《中国共产党象山历史（第一卷）》第八章“抗战前期象山的抗日活动”，《象山文史资料》第七辑赵承琳“干门港首次打击日寇”。本志《军事》篇第五章“民国时期战事”第二节“抗日斗争”中，“干门港屿岙之战”时间为9月29日下午3时半，据《象山县志（1988）·军事》，未明公、农历。本志“大事记”则作11月1日下午3时半，则为公历时间，所据为赵承琳“干门港首次打击日寇”一文中作“农历九月一天下午”。

妇女工作队及县、乡镇农会等工作，抗日救亡活动在全县铺开①。

杭嘉湖地区沦陷后，日军对浙江未占领地区加大空袭力度。象山县自民国28年（1938）6月起，不断遭受日机轰炸，日舰入侵。象山、南田守军与登陆冒犯的日军多次交战。

民国28年（1939）8月6日上午，3架日机空袭石浦。同时，日军炮舰、汽艇多艘进入石浦港，用机枪、炮向岸上进攻。石浦玉泉盐场两浙盐务税警三十分队、三十二分队官兵冲至外道头迎战。布防于黄埠岭、后岗山、番头等地水警等，亦参加战斗。慑于石浦军警威势，日军于下午2时许逃遁②。12月20日下午，一艘日舰入侵金高椅港，炮轰高塘岛。南田县国民抗日自卫队独立中队30余人增援守军。次日凌晨与日军交战，因武器装备落后，不敌。中队长黄道刚为掩护全队撤退，独自狙击日军，直至阵亡。是役南田中队共7人阵亡③。民国29年6月11日清晨，日军20多人分乘3艘汽艇在重机枪掩护下登陆檀头山，驻岛水警队12名官兵抢占有利地形进行狙击，队长及4名队员阵亡④。

民国30年（1941）4月上旬，日军实施“浙东作战”计划。东线日军第五师团和海军陆战队在军舰、飞机的配合下，分四路同时进犯浙东沿海的瑞安、海门、石浦、镇海等地。宁绍战役（浙东战役）爆发⑤。

民国30年（1941）4月16—17日，日军对石浦狂轰滥炸。18日，日本海军第12航空部队2架飞机轰炸象山县城⑥。19日拂晓，日本陆军第五师团第四十二步兵联队第三大队即小林大队共600余人在延昌乡沙头湾（今沙塘湾）登陆⑦。日舰从铜瓦门进入石浦港，炮轰延昌、石浦，两地相继沦陷。20日，金星、月华两乡沦陷。21日，昌国沦陷。不久，东溪岭以南的下南乡地区成为沦陷区。28日，日军从石浦乘小汽艇2艘，到蟹钳港埠登陆，窜入茅洋，为掠夺硖石作准备。5月中旬，日军成立华中矿业公司象山分公司，“支那派遣军”一四三八部队木股龙一率“茅洋硖矿护矿队”及监工200多人，侵入茅洋，强占矿山，并强迫来自各地500余名劳工及本地劳工开

---

①据《浙江通史·民国卷下》第五章“日军入侵浙江及浙江抗战局面的形成”；《上海通志》第十卷“军事·兵事·现代兵事·八一三淞沪抗战”；《中国共产党象山历史（第一卷）》第八章“抗战前期象山的抗日活动”。民国27年（1938）初，国民政府军事委员会颁布《国民抗敌自卫团组织法》。浙江省于6月成立浙江省国民抗敌自卫团总司令部。《中国共产党象山历史（第一卷）》第80页作：“1938年3月1日，象山县自卫团队指挥部（后改称象山县国民兵团）成立”。

②据《象山文史资料》第七辑载民国28年题为《击退进犯石浦敌寇》档案，并参考《中国共产党象山历史（第一卷）》第八章“抗战前期象山的抗日活动”第二节“象山军民痛击日军”，张善心《二流文集》之“《抗日战争时期大事记》所载八六石浦之战差错辨正”。

③据《往事琐录·黄道刚事略》。

④据《中国共产党象山历史（第一卷）》第八章“抗战前期象山的抗日活动”第二节“象山军民痛击日军”。

⑤据《浙江通史·民国卷下》第六章“浙江省第一期抗战”三“宁绍战役”之（一）“日军发动‘浙东作战’”、之（二）“浙江沿海及宁、奉、慈等地的战事”。

⑥史复明：《日军档案记载的对象山县城的一次轰炸》。据此文载，这次日机对象山县城轰炸资料，见日本防卫省防卫研究所档案《飞行机队战斗行动调书》及《F1作战战斗详报》。未见象山其他文献资料记载。

⑦日军部队，此处据史复明《侵华日军布告见证一段罪恶历史》一文所作的考证。《中国共产党象山历史（第一卷）》第九章“石浦沦陷及象山军民的抗日斗争”第一节“石浦沦陷”中作：“‘支那派遣军’一四三八部队海军陆战队小林大队、山本中队”；《象山文史资料》（第七辑）之《档案资料选辑》作：“系海军陆战队小林部队”。登陆地点在“沙头湾”，据《象山文史资料》（第七辑）之《档案资料选辑》。《中国共产党象山历史（第一卷）》第九章第一节“石浦沦陷”中则作：“沙塘湾大沙头”。《浙江通史·民国卷下》第六章三之（二）“浙江沿海及宁、奉、慈等地的战事”中则作：在“延昌乡的沙塘及昌国乡的南沙等处登陆”。

采、运输砩石。日军侵入茅洋后，残酷迫害劳工，并在茅洋及附近地区烧杀掳掠，奸淫妇女，无恶不作。6月初，驻茅洋日军进犯南庄平原。7月20日，泗洲头泗里抗日独立队得知日军将骚扰西洋村，即在西洋村风水墙旁布防，待30多名日军进入伏击圈，用排枪射击，当场击毙3名日军。另外，还袭击泗洲头据点里的日军，击毙1名日军①。

民国30年（1941）4月28日，国民党县党部迁至西周庆丰桥，县政府迁至儒雅洋。5月，国民党顽固派等发动“儒雅洋兵变”，关押抗日县长盛世馨，逮捕周斌、周雅、赖大滋、赵文光等17余名“象山县陷区文化教育工作队”骨干。省政府得知，即命定海县县长苏本善兼任象山县县长、象山县国民兵团团长、三象地区指挥部指挥官。并称辖一个师部队②。苏本善率部平乱，逮捕叛乱分子，并于7月15日接管县政府。释放所有被关押的文化教育工作队骨干，并于7月底正式成立象山县战时政治工作队（简称政工队），张亚华为队长。为利用合法的政治身份开展象山抗日救亡运动，推动苏本善部队抗日，中共宁海东乡支部负责人谢时春参加政工队。不久，中共宁海桑州支部书记林默之率领9名党员进入政工队。8月，中共象山支部在政工队秘密成立，谢时春任政工队干事长。自此，在中共象山支部的领导下，共产党员紧密团结政工队员，积极开展抗日救亡宣传活动。主要做了五个方面的工作：一是创办《战斗日报》，报道抗日动态，揭露日军暴行和汉奸卖国求荣罪行，激励广大群众抗日锄奸；二是组建“杖节剧团”，不但在非敌占区演出，还到沦陷区演出。节目内容：《日出》《岳飞》《忠王李秀成》《放下你的鞭子》等戏剧和《义勇军进行曲》《大刀进行曲》《松花江上》等抗日歌曲；三是在日伪据点建立秘密情报站，收集情报，防备日伪军扫荡，提供可靠信息，袭击日伪军，铲除汉奸；四是为县政府出谋划策，使县政府采纳建议，撤换消极抗日的乡长、保长、甲长，由爱国人士担任；五是在中队及以上的国民党部队中配备一名政工队员，负责士兵思想和军规军纪教育，增强部队战斗力③。

民国30年（1941）11月开始，苏本善部队多次粉碎驻茅洋日军的进攻，特别是民国31年2月15日的第四次丹城保卫战，与日军血战16个小时。是日为夏历正月初一。凌晨3时，日军趁冰天雪地，倾巢出动，400余人由茅洋、南堡分三路进犯县城。凌晨6时，日军一路到达离县城2华里之地。面对县城失守的危急情势，苏本善部队顽强狙击。至下午6时，白石、黄土岭、南庄、大碶头、仇家山、姆龙洞等地陆续收复，日军退回茅洋。是战，日伪军死伤近百人，苏本善部队伤亡数十人，中队长杨晖、排长赵青云、沈明德以身殉国④。

民国31年（1942）3月8日，驻茅洋日军及从宁波调来的伪第十师谢文达部两个团，共3000余人分多路进犯县城。10日晚，为保存有生力量，孤立无援的苏本善部队主动向西撤退。县政府、国民党县党部撤至宁海茶院。11日，县城沦陷。继之，全县10个乡镇成为沦陷区、半沦陷

---

①此段资料，除已注之外，皆据《中国共产党象山历史（第一卷）》第九章、第十一章。

②苏本善管辖部队，据苏本善《任职象山前后》，见《象山文史资料》第七辑。

③此段资料，除已注之外，皆据《中国共产党象山历史（第一卷）》第九章。

④此段资料，据民国档案：《仇家山作战经过（民国30年11月）》《象山县政情报告（民国12月11—15日）》《民国31年2月县党部书记长章昌琛呈文》，见《象山文史资料》第七辑。另据《中国共产党象山历史（第一卷）》第九章第六节“象山军民抗击日军”；《象山文史资料（第七辑）》载《抗日战争时期大事记》。

区，未沦陷的19个乡常受日伪军扫荡和骚扰①。

太平洋战争爆发后，日本一度处于攻势。为打击日本的嚣张气焰，美国决定对日本进行空袭。民国31年（1942）4月18日，16架美军飞机对东京、名古屋、神户等大城市实施轰炸后，由于气候恶劣，机组与地面失去联系，杜特利尔等80名飞行员被迫弃机跳伞或迫降。除一架降落在苏联的海参崴之外，其余15架皆在中国着陆：江西境内1架，安徽境内1架，浙江境内13架。其中坠落象山境内3架②。爵溪③、南田大沙、檀头山大王宫等村村民勇救美国飞行员④。

在县城沦陷、敌我相持的3年时间里，苏本善部队坚守西乡山区策反伪军，深入敌后，打击敌人。并多次粉碎日伪军进攻，深入敌占区主动出击上百次，沉重打击日伪军的嚣张气焰，避免西乡山区遭受日伪军占领⑤。

民国33年（1944）8月，时属三门县的南田地区在沦陷三年多后，失土收复。在南田收复战役中，击沉敌船2艘，击毙日伪军80余名，生俘伪中队长、副中队长及伪军14人，缴获大量枪支弹药⑥。

民国34年（1945）4月1日，美机在爵溪洋面炸沉日军巨舰1艘，在檀头山狗头浅滩炸毁日军小型运输舰1艘。2日，美机在三门口外考屿洋洋面白玉湾炸沉“华中矿石公司”运输轮“兴亚丸”号。日海军5人泅水逸登横屿，被苏本善部击毙3人，生俘2人。同日，美机在双屿港附近炸伤日军“水丸”号，石浦日副警备队长篁园等3人当场毙命，另有数十名伪军死伤。3日，在石浦附近炸毁日军小轮一艘，炸毙日军10余人。4日，美机在檀头山附近海面炸沉日舰1艘⑦。

民国34年（1945）5月8日，德军投降，日军败局已定。29日，驻茅洋日军全部撤至石浦。6月8日，美机在石浦外坦头洋面炸沉日舰1艘，200余名日军全部溺毙海中。30日，3架美机在大目洋洋面炸沉日舰2艘。时值渔汛，爵溪渔船纷集。200多名落水之敌纷纷泅水攀附渔船企图逃命，渔民操起鱼叉、利斧、桨楫等杀敌，除7人被伪军救起外，其余日军被椎击海底。8月15日，日本宣布无条件投降。17日，县城收复。19日，敌酋木股龙一率其残部登轮溃逃，石浦收复。8月23日、9月1日，石浦举行收复暨公祭阵亡将士民众大会和庆祝抗战胜利大会⑧。

从民国28年（1939）6月到民国34年6月，日军在象山犯下的主要暴行：其一，炸毁、烧

---

①此段资料据《中国共产党象山历史（第一卷）》第十章“日军在象山的暴行及象山抗战的胜利”及象山档案馆全宗号01目录号3案卷2，民国32年（1943）县政府《象山县已未沦陷乡镇一览表》，沦陷区：石浦镇、东门乡、溪口乡、丹城镇、爵溪乡；半沦陷区：忠义乡、延昌乡、金星乡、靖南三乡、靖南二乡；未沦陷区：西隆乡、西瀛乡、儒蕉乡、淡港乡、沪西乡、沪东乡、莫安乡、五汉乡、林溪乡、钱仓乡、涂茨乡、虎山乡、靖南一乡、东麓乡、高桥乡、月华乡、昌国乡、定塘乡、峰北乡。

②此段资料据《浙江通史·民国卷下》第七章一（一）“日军发动浙赣战役”。

③此资料据《中国共产党象山历史（第一卷）》第十章第二节“象山人民营救美军飞行员”，民国档案“民国31年4月20日爵溪乡公所乡长杨世淼呈文”“民国34年12月24日象山县警察局呈文”，均见《象山文史资料》（第七辑）。“美军飞机坠落爵溪若干史实考”，见本志“军事”篇“抗日斗争”一节。

④此资料据《中国共产党象山历史（第一卷）》第十章第二节“象山人民营救美军飞行员”；民国32年《三门年鉴》等相关内容。

⑤此段资料据《中国共产党象山历史（第一卷）》第十章第三节“象山军民坚守西乡抗击日伪军”。

⑥据《七区抗敌》，浙江省档案馆L029-006-0498，第17页；《三门年鉴》民国32年、民国33年合辑，第261页；史复明《尘封的浙东抗战大捷——南田的沦陷与光复史事钩沉》，见《浙江档案》2016第7期。

⑦《象山文史资料》（第七辑）“抗日战争时期大事记·1945年”。

⑧《象山文史资料》（第七辑）“抗日战争时期大事记·1945年”。

毁、拆毁房屋7700多间。其中，民国28年6月至民国30年4月，炸毁县城、墙头、石浦等地房屋近3000间；民国30年2月至民国34年8月，在石浦、鹤浦、大徐、贤庠、涂茨、黄避岙等地，烧毁瓦屋300多间，草屋470多间；占领茅洋4年，烧毁民房近200间；其二，炸死、烧死、杀死平民800多人。其中，在石浦、丹城、象山港区域等地炸死140多人。在海上杀害渔民、商人80多人。另外，导致灾民死亡900多人；其三，强奸、轮奸妇女。仅茅洋一地，就多达220余人。民国30年，仅石浦一地，日军强奸、轮奸妇女40多人，受害妇女年纪最大的60多岁，最小的仅13岁。民国31年，仅钱仓一地，日军强奸妇女20多人；其四，掠夺矿产，奴役劳工。日军在茅洋掠夺的砩石达10万吨，奴役劳工致死2700多人①。

日军的暴行惨绝人寰。民国29年（1940）6月6日，日军将32名渔民用铁丝捆绑在各自船上的桅杆下烧死。是年秋，西周勤丰村5名村民被日军用铅丝串在一起，活活烧死②。民国30年5月18日，日军在茅洋轮奸7名60多岁妇女和1名14岁女孩。是年9月，2个卖海蜇皮的村民在鹭鸶跳岭被日军绑在树上当靶子，用刺刀捅死。民国31年8月9日，茅洋砩矿50余名劳工不堪虐待，集体逃跑，其中30多人被日军抓回，活埋于“万人坑”。民国30年至民国34年间，西周东瀛村民俞阿元被日军砸穿颅骨，灌入煤油烧死；西周瀛广村郑明初兄弟3人，被日军严刑拷打后放出恶犬撕咬，抛入海中而死③。

（三）新民主主义革命④

民国8年（1919），在俄国十月革命所开创的世界无产阶级革命新时代，五四运动爆发，揭开了中国新民主主义革命的序幕。象山进步青年积极响应，组建“象山学生联合会”，上街游行，声援北京学生的爱国行动。一批热血青年奔赴上海、宁波等地，寻求救国救民之路。

民国13年（1924）至民国16年，国共合作建立，革命新局面形成。民国14年年初，象山成立乐群学会、象山青年娱乐会等革命团体，宣传国民革命，凝聚青年力量，为社会谋利。五卅惨案发生后，上海、宁波的象山青年返乡参加反帝爱国斗争，成立“象山各界五卅惨案外交后援会”，声援上海人民，祭悼死难烈士，募捐慰问烈士家属和罢工工人，查禁英日仇货。这场反帝爱国斗争，持续到10月。组织严密，发动广泛，声势浩大，影响深远。不但有力地支援了上海人民反帝爱国斗争，而且唤起象山人民觉醒，锻炼一批青年革命者，为象山共产党和共青团组织的创建奠定思想、组织基础。

民国14年（1925）7月22日至8月底，贺威圣在丹城开办“暑期讲习所”，传播马克思主义，统一反帝反封建认识，倡导国民革命运动，为象山党团组织的建立奠定思想理论基础。民国15年5月，中共象山支部在丹城成立。6月，改为中共象山独立支部。象山国民革命在中国共产党的领导下进入新的历史阶段。7月，国民革命军在广州誓师北伐，以破竹之势向北推进。象山国民运动，随着北伐战争节节胜利，日渐高涨。工人协会、农民协会、妇女协会等群众团体相继

①本段主要参考资料：中共象山县委党史办公室编《浙江省象山县抗日战争时期人口伤亡和财产损失》。

②此段资料，据《抗战时期象山县人口伤亡和财产损失调研报告》《中国共产党象山历史（第一卷）》第十一章《日军在象山的暴行及象山抗战的胜利》。

③本段主要参考资料：中共象山县委党史办公室编《浙江省象山县抗日战争时期人口伤亡和财产损失》。

④本部分主要参考资料：中共中央党史研究室著《中国共产党历史第一卷（1921—1949）》；中共象山县委党史研究室著《中国共产党象山历史第一卷（1919.5—1949.7）》；中共象山县委党史研究室编撰《中共象山县党史大事记（1919—1949）》；中共象山县委党史研究室编，郑红胤撰《中国共产党象山历史大事记（1949.7—1989.12）》；《象山县志（1988）》之“政党”“军事”“人物传”等章节。

成立。并建立以共产党员为骨干的国民党象山县党部。在中共象山支部、独立支部的领导下，开展打击豪绅势力等活动，受到广大群众拥护。12月，中共南田独立支部在鹤浦成立，以农渔民为主体的国民革命运动在南田县轰轰烈烈开展起来。

民国16年（1927）4月，蒋介石发动“四一二”反革命政变，大肆屠杀共产党员和革命志士，大革命失败。5月，中共南田独立支部遭破坏，书记陈良义、副书记吴德元被捕，后被杀害。中共象山独立支部领导人遭到通缉，被迫离开象山。各群众革命团体被迫解散。7月，中共象山独立支部改建为中共象山区委，工作重心从城镇转移到农村，在西乡坚持斗争，积蓄力量。11月，中共象山区委遭到严重破坏，全县党组织停止活动。民国18年8月，中共象山支部重新建立，仍以西乡山区为根据地。民国24年7月，由于失去上级党组织领导，负责人被捕，中共象山支部解体。此时开始到民国26年7月，象山无党组织活动。

民国26年（1937）7月，抗日战争全面爆发，上级党组织派人到象山，试图重建党组织，未果。民国30年4月，石浦沦陷。5月，茅洋被侵占。7月，苏本善释放全部关押的爱国青年，并组建政工队。8月，中共台属特委在政工队秘密建立中共象山支部。民国31年2月，中共象山支部改组为中共象山工委，领导抗日救亡活动。民国32年年初，中共象山工委撤离象山。是年底，由于国民党顽固派制造事端，政工队被迫解散，党组织停止活动。

民国34年（1945）8月，日本宣布无条件投降，抗日战争胜利。民国35年9月，国民党全面发动内战，中国新民主主义革命进入解放战争时期。民国36年1月，浙东党组织工作归中共上海局外县工委领导，建立中共浙东工委、中共台属工委。10月，在南田举行武装暴动，并取得胜利。后武装人员编为一个大队，称“铁流”部队。

民国37年（1948）2月，组建中共台属工委领导下的第一支革命武装。中共上海局外县工委派共产党员唐侃、郝孝婉到象山，在新桥黄公岙建立中共象山工委，制订象山暴动计划。6月，由于叛徒出卖，中共象山工委遭严重破坏，象山、宁海两县边区人民武装暴动计划流产。11月，在失去上级党组织领导情况下，中共象山工委委员史中平秘密策动黄公岙武装暴动，建立“象宁人民抗暴游击队”。后这支游击队编入“铁流”部队，称“两广”部队。

民国37年（1948）9月至民国38年1月，中国人民解放军取得辽沈、淮海、平津三大战役的胜利。针对蒋介石在“和谈”掩护下加紧部署长江防线的情况，中共中央军委决定在长江下游发起渡江作战。中共浙东工委随之作出大规模向敌人开展军事上、政治上进攻，扩大和巩固解放区，配合人民解放军解放浙东地区的决定。民国38年4月20日，国民党南京政府拒绝在《国内和平协定》（最后修正案）上签字。翌日，中国人民革命军事委员会主席毛泽东、中国人民解放军总司令朱德发布命令，坚决、彻底、干净、全部歼灭中国境内的国民党反动派，解放全中国。为执行这一命令，百万中国人民解放军分三路突破国民党苦心经营的长江防线，并于23日解放国民党中央政府所在地南京。象山地下革命斗争组织，按照浙东人民解放军第二游击纵队第四支队首长指示，策动丹城暴动，因失密，计划流产。5月，象山成立“浙东游击纵队第四支队第五大队”，袭击狮麓乡公所，并在全县各地广贴革命文告和标语，刮起“红色风暴”，号召全县人民迅速行动起来，迎接象山解放。

1949年5月25日，宁波、奉化解放。溃退的国民党残余部队大量聚集宁海、象山。在灵岩山区活动的“五大队”难以立足，转移至旦门、灵南。由于叛徒出卖，部分“五大队”战士被胁迫入编国民党宁奉便衣大队。国民党军队决定死守象山半岛，确保舟山基地安全，在石浦设立指挥部，部署2万兵力，全面设防。

为配合中国人民解放军发动宁象战役，解放、接管象山，1949年6月末7月初，中国人民解放军浙江第二军分区象山县大队、象山县工作大队相继组建。7月3日，中国人民解放军第三野战军第七兵团命令，中国人民解放军二十二军、二十一军六十一师和浙江第二（宁波）、第六（台州）军分区，分别从宁波、奉化和天台出发，向据守宁海之敌发起进攻，揭开宁象战役序幕。5日，宁海解放。6日始，分三路挺进象山。北路，攻占桥头胡后，翻越石门岭进入象山，6日晚攻占西周，7日晚攻占墙头。8日拂晓，进入象山县城，象山解放。另路从奉化松岙南渡象山港至莲花金岙渡，于7日晚，东渡西沪港，至龙屿、鸭屿等处登陆，8日攻占珠溪。至此，象山北境国民党残敌全部扫清。南路，连克宁海茶院、力洋、胡陈等地后，于7日晚翻越西溪岭进入象山县境。8日晨，沿蟹钳渡东进，经6小时激战，攻破残敌蛎港埠堡垒，突破敌军在象山境内布设的最后一道五狮山防线。9日，乘胜追击逃往石浦的残敌。驻石浦两浙盐务税警总队1000余名官兵宣布起义，石浦宣告和平解放。至此，象山半岛全部解放。

（四）剿灭残余匪特

象山历史上，匪患严重，屡剿不绝。1949年7月8日象山解放后，国民党残部逃窜沿海岛屿，有的与土匪、地方反动势力纠集一起。7月20日，退据南田、东门岛的残敌乘石浦防务空虚之际，从金星小湾登陆，占领东溪岭以南地区。并建立所谓县政权及“东南人民反共救国军象山司令部”。不到半个月时间，拼凑的武装匪特发展到30多股5000余人。其中打着“浙东行署宁奉象指挥部”旗号一股匪特势力最盛，密谋攻袭丹城，重占县城。县工作大队、县大队以攻为守，主动出城攻击，打乱敌人阵脚，使敌不敢轻举妄动。8月，中共象山县工作委员会在九顷村成立。同时，准备解放舟山的解放军大量驻守象山。国民党残军、匪特纷纷逃往海岛、山区。9月5日，在象山溪口、宁海长街练兵的一八二团、一八三团，撤离前，回戈一击，重新解放以石浦为中心的下南区。9月6日，石浦重获解放。9月25日，高塘岛解放。翌日，南田岛解放。

1949年10月1日，中华人民共和国成立。境内的残兵匪特，不甘失败，垂死挣扎。他们以尚未解放的舟山群岛和象山沿海的南韭山、檀头山、渔山列岛等为基地，组建各种名目的反动武装，策划反革命武装暴动，杀害干部、积极分子和群众，妄图颠覆新生人民政权。1950年春节，宋钧年股匪召集100多名地主、恶霸、国民党旧职人员参加会议，公然叫嚣：不准加入农会，不准向人民政府交纳公粮，否则杀头，并明目张胆地抓捕、残杀干部群众。3月，陈兆玉股匪200余人包围靖海乡政府，5名乡干部奋起抵抗，寡不敌众，被捕后惨遭杀害。7月，龙海云股匪30余人包围墙头区公所，炸毁大门，并向大院内投掷手榴弹。同月，盘踞南韭山的周兴绥股匪100余人，包围爵溪乡政府，16名区乡干部和区中队战士顽强抵抗，牺牲2人，群众亡7人，伤3人，被抓16人。是年2—9月，全县被土匪杀害的干部、解放军指战员、公安人员、村干部、民兵和群众达134人，被抓60余人。同时，土匪到处劫掠财物，仅洋北、墙头两村349户就被索去大米近8万斤。

针对残兵匪特严重骚扰破坏，对新生人民政权构成重大威胁，象山开展声势浩大的剿匪斗争。1949年8月至1950年2月，剿匪部队采用晚间伏击战术，共击毙股匪大小头目68名。1950年3月至1951年2月，采取“军事清剿、政治攻势与发动群众武装自卫”三结合的方针，党、政、军、警、民五位一体，重点围剿大股匪特，活动在象山、宁海、奉化三县边缘地区的三股最大土匪（宋钧年部、龙海云部、陈惠部）被彻底歼灭。其间，陆、海军配合进攻南韭山岛。1950年12月，南韭山岛、檀头山岛解放。1951年1月30日，灭大岩洞岛股匪。至此，盘踞海岛的较大股匪

(姚玉臣、周兴绥等部）被灭。象山海陆股匪残敌基本被肃清。共歼匪30多股，3600余人。

1951年3月，象山开始转入剿灭散匪、残匪阶段。渔山列岛距石浦东南27海里，有10余股海匪1400多人，经常抢劫海上商船、渔船，窜扰沿海村庄。3月9日，盘踞渔山的何卓权股匪300余人进犯高塘岛，高塘岛军民联合作战，歼匪大部。6月30日，盘踞渔山的姜绍荣股匪50多人，在泗洲头登陆，潜入宁海、象山边境山林，当地民兵奋起围剿，后象山独立营赶到，全歼股匪。1954年，渔山列岛海匪窜扰沿海村落11次，被解放军、民兵毙伤200余人。1955年1月18日，一江山岛解放。2月13日，解放军登上渔山列岛。至此，象山全境解放①。

在新民主主义革命时期，贺威圣、陈良义、吴德元、王家谟、杨白、殷夫、沈本厚、郑光祖、史奇涛、吴烨、陈照华、盛城、宋无畏等象山人民的优秀儿女，为了革命事业献出宝贵生命。陈双辉、陈希贵、王辉、傅金星、卓天佑、李继浩、周培福、张桐等数百名客籍人民解放军指战员和仁人志士，英勇战斗，牺牲在象山的土地上②。

五

务耕穑，尽山海之利，以食为天，以用为本。足食、丰衣、富裕，是象山农业发展的不懈追求。利渔盐，因造化之赐，取之以智，报之以恩。合道、协和、发达，是象山渔盐发展不变的心底支撑。

（一）粮食与经济作物

境内地产贵于五谷，宋时即有早禾、中禾、晚禾，品种丰富③。因垦山为田，人多田少，百姓终岁勤苦而常有菜色④。后多筑堤捍海，以涂为田。因塘田晴多则土发咸，雨多则苗被浸，不尽风潮之患，难得全收之年⑤，百姓生活并无大的改善。如此状况，延续至番薯大量种植方有所改观，时已清康雍年间⑥。到乾隆时，番薯广种，成为救荒要物⑦。充粮饱腹之外，还延年益

---

①以上四段主要参考资料：中共中央党史研究室著《中国共产党历史第二卷（1949—1978）》；中共象山县委党史研究室编《中国共产党象山历史大事记》（1949—1999）；中共象山县委党史研究室编撰《中共象山县党史大事记（1919—1949）》；中共象山县委党史研究室编，郑红胤撰《中国共产党象山历史大事记（1949.7—1989.12）》；《象山县志（1988）》之“政党”“军事”“公安”“人物传”等章节；中共象山县委党史研究室、象山新港小学编《喋血高塘岛》；中共浙江省委党史资料征集研究委员会、中国人民解放军浙江省军区政治部、浙江省公安厅编《浙江剿匪纪实·群岛歼海匪》；中共象山县委宣传部、县委党史工作委员会、县公安局编《海角肃匪记》之附录“攻克南韭山、檀头山两岛”；象山县军事志编纂委员会编《象山县军事志》第四篇“战事”第七章“中华人民共和国成立后”。

②本段参考资料：中共象山县委党史研究室著《中国共产党象山历史第一卷（1919.5—1949.7）》；1988年版《象山县志》“人物传”；宁波市新四军研究会象山县联络处编2006年第2期《象山新研通讯》；《浙江剿匪纪实·群岛歼海匪》。

③宝庆《四明志·象山县志·叙产》：“土产已载郡志。”宝庆《四明志·郡志·叙产》：“五谷熟而人民育，地产莫贵于此。明之谷有早禾、有中禾、有晚禾。”其下例举其品20多种，并云“粟、豆、麻、麦，种无不宜。”

④乾道《四明图经》卷十廉布《修朝宗石碶记》：“象山县负山环海，垦山为田，终岁勤苦而常有菜色。”

⑤民国《象山县志·实业考·田业》。

⑥乾隆《象山县志·地里志三·物产·番薯》：“番薯瘠土沙中可种，生熟皆可食。万历间，闽中始有之，今乡村山地广种。”民国《象山县志·物产考·番薯》：“《乐妙山居集》钱沃臣（1754—1825）著：近四十年，象产番薯始繁，即丰年亦蒙其利，不独歉年藉之。”

⑦倪象占《蓬山清话》卷之十七“话植物上”：“象山近日广种，实救荒之要物也。”

寿①。文人谓如是佳品，当称甘薯，才得“薯理”，并作赋赞曰：“人不厌乎糠覈，忽家给而户足。羌非时之常需，或代匮于九谷②。”除自食之外，番薯及其制品番薯干、番薯丝等外销。清末民初，涂茨、大港口、海口、珠溪埠等“东乡”津渡码头，番薯及其制品外运为大宗之一。仅薯丝，有的年份，产量200万斤，运销温州、福建约100万斤，价值洋银万元③，名声在外。自此至20世纪70年代，番薯种植一般在5万亩左右或以上，多则近8万亩。新鲜番薯及其制品，系境内主食及外销主要农产品。1980年后，随着水利设施逐步完善及家庭联产承包责任制实施，水稻种植面积扩大，80年代年平均水稻播种面积50.41万亩，番薯逐年减少。90年代，粮食定量供应取消，粮食市场开放。2000年后，柑橘、蔬菜种植面积皆超10万亩，水稻种植面积调减至20万亩以下④。

与番薯同受惠于山地丘陵的经济作物，另有苎麻和乌桕。明代，始种植乌桕，结子取油，外脂取白油，通呼蜡烛，内仁取青油。时加工青、白两油或未形成产业⑤。至清代，四野遍植乌桕，深秋红叶成林，可资眺望观赏⑥。桕油出运四方货之，成获利最大物产⑦。文人歌其“忽红忽白映江寒，叶似珊瑚子木难⑧”，称赞“桕白千村油满篝”⑨，留下众多诗赋⑩。清末、民国初年，“煤油”进入象山市场，乌桕多槁，不再培植其新⑪。后有栽种，20世纪50年代乌桕籽产量最高，1954年达700多吨，至80年代，产量渐少。1990年80吨。之后，不再统计⑫。

境内俗不甚事蚕桑，而喜植苎麻。宋时，象山苎布最细，驰誉远近，尤细者称女儿布⑬。惜此工艺后不见有传⑭。明代，苎麻种植与加工规模、影响减弱，嘉靖《象山县志·风物纪·物产》失载。明，象山夏税、秋粮“两税”，有麦、米、钞而无绢，与宋制有异。洪武二十七年

---

①钱沃臣《蓬岛樵歌·六十八》诗云：“乌昧辛劳海米膻，农家歉岁剧堪怜。自从广种甘薯后，不尽充粮又永年。”其下注云：“海中之人所寿，亦由不食五谷而食甘薯故也。”

②倪象占《蓬山清话》卷之十七“谷之属”之“甘薯赋”。

③民国《象山县志·实业考·商业》。

④据县农林局提供《象山县志（2008）》“农业”资料长编、《象山县农业志》等相关内容概写。

⑤嘉靖《象山县志·风物纪·物产》“木之类”中载有“桕”，但“货之属”中没有“青白油”。

⑥乾隆《象山县志·地里志三·物产·木之属》。

⑦乾隆《象山县志·地里志三·物产·货之属》：“有苎布……有茶……蜜、盐、棉、棕、绢、桕子油、蛎壳灰。诸物不多产，惟桕油出运四方货之。”乾隆《象山县志·地里志三·物产·木之属》：“有桕，落其子，取清白二油，岁获其利。”钱沃臣《蓬岛樵歌》“忽红忽白映江寒”诗注云：“乌桕，邑产特盛。落其子，取青白二油，岁获利无算。”

⑧诗引自清钱沃臣《蓬岛樵歌》，诗下注云：乌桕“秋深叶红如珊瑚，叶落子坼如真珠。”

⑨清林文懋《咏象山风物和陈尔璧韵》：“桕白千村油满篝，酿红十月酒充瓶。”诗录自道光《象山县志·象山文类卷一》。林文懋，象山人，清雍正元年恩贡典教天台，本志有传。

⑩如：乾隆《象山县志·地里志三·物产·货之属》录有陈其璜《红叶》诗，倪象占《蓬山清话》卷之十八“话植物下·木之属”载《乌桕赋》，等等。

⑪民国《象山县志·物产考·木类植物·乌桕》乌桕：“子可取蜡，核可取油，其滓成饼可肥田，其壳可作炭，可入炉，其叶可染皂，其木又坚滑，中作器。惜近年多槁，人无培植其新者。”民国《象山县志·实业考·树艺》载：“说者谓自近年煤油盛行，而桕油气死。”

⑫县农林局提供《象山县志（2008）》“农业”资料长编；《象山县农业志》之“经济林·木本油料”。

⑬宝庆《四明志·郡志·叙产》：“俗不甚事蚕桑纺绩，故布帛皆贵于他郡……象山苎布最细，曰女儿布，其尤细者也。”“女儿布考”见本志“工业”篇，第二章“纺织业”第一节“纺织”之“麻纺织”。

⑭民国《象山县志·实业考·麻业》：“今久不能有此布（女儿布）。”

(1394)，朝廷下令天下百姓多种桑枣，象山蚕桑或盛极一时①。但苎麻种植、加工、使用仍在民间流行，故“岁办”向民间摊派贡物，有青、红、绿三色苎丝②。清代，苎麻种植普遍③，仅纺绩麻线及粗夏布④。麻线除用以织布、纳鞋底等外，随渔业大兴，大宗用于网线⑤。民国时期，苎麻广为种植，1948 年，种植面积 3800 亩，总产 380 吨。陈岦、黄溪、墙头、淡港、西周、泗洲头、白岩下等渡，多苎麻出口⑥。中华人民共和国成立后，象山被列为浙江省苎麻重点产区，种植面积、产量稳定。1955 年，苎麻总产臻于高位，为 205 吨。1964 年，种植面积达到顶峰，为 4663 亩。1970 年后，尼龙丝渔网普遍使用，涤纶织物面市，苎麻市场萎缩，种植面积减少。1980 年后，随着棉布、化纤、呢绒、绸缎大量面市，布票取消，布料敞开供应，苎麻逐渐淡出历史⑦。

柑橘规模种植与商品化始于民国初年。20 世纪 80 年代初，开展多种经营⑧，除山地大量种植柑橘之外，部分老塘田也改种柑橘。1983 年，山地橘园 2.5 万亩，海塘橘园 1.3 万亩⑨。稍后，“柑橘是一项黄金产业”“象山是发展柑橘的黄金地带”“当今是发展柑橘的黄金时期”等理念达成共识⑩，柑橘生产驶上快车道。1986 年，柑橘面积 7 万亩，至 2008 年，面积 10 万多亩，年产 12 万多吨。柑橘品质不断提高，象山红、南香、宫川、崎久保、大分、日南、上野等引进或改造的名优品种，替代普通蜜橘，大受市场欢迎，成浙江省优质柑橘主产地。

20 世纪 80 年代，蔬菜种植面积增加。1982 年为 1.88 万亩，是上年的 3.45 倍。进入 21 世纪，贯彻“能调则调，效益优先”方针⑪，蔬菜种植快速提升，2001 年，接近 14 万亩，年产量 24 万吨。2002 年最高，种植面积 15 万亩，年产量 26 余万吨。此后至 2008 年，种植面积一直保持在 13 万亩上下。

20 世纪 80 年代，“开发性农业”发展，柑橘、油菜、竹笋两用林、蔬菜、畜牧业抢占先机。90 年代，推行土地适度规模经营，发展“一优两高”（优质、高产、高效）农业。枇杷、杨梅、草莓、花卉等产业快速发展，鸡、鸭、鹅等家禽养殖区域化生产、规模化经营，并开始养殖特种野猪、特种天鹅等特种禽畜。进入 21 世纪，全面赋予农民生产经营自主权，高效生态农业成主导。

---

①民国《象山县志·赋税考·田土税》编者对《明史·食货志》“夏税”“秋粮”的按语：“象山两税有麦、米、钞而无绢，与宋制不同。”嘉靖《象山县志·版籍纪·劝分·桑枣园》：“洪武二十七年，命工部行文，教天下百姓务要多栽桑枣。每一里种二亩……本县桑枣园每里一所，共三十二所。”嘉靖《象山县志·版籍纪》载“桑丝”一目，有洪武二十四年，永乐十年、嘉靖二十一税丝情况记录。

②嘉靖《象山县志·版籍纪·岁办》：“青、红、绿三色苎丝二十四匹。”

③乾隆《象山县志·地里志三·物产》于“货之属”中首列“苎麻”。

④民国《象山县志·实业考·麻业》。

⑤《象山县渔业志·海洋捕捞·渔具·渔网》：“清代前用布作网太笨重，后改苎麻编织，一直沿用到 60 年代中后期。”

⑥县农林局提供《象山县志（2008）》“农业”资料长编：《象山县农业志》之“经济作物·麻类作物·苎麻”：民国 28 年（1939），输出苎麻 994 担；民国《象山县志》卷十三“实业考·商业”。

⑦县农林局提供《象山县志(2008)》“农业”资料长编;《象山县农业志》之“经济作物·麻类作物·苎物”。

⑧《象山改革开放三十年·全面发展的农村经济》第 90 页：“1981 年 3 月，党中央、国务院转发国家农委《关于积极发展农村多种经营的报告》，提出在确保稳定增产的同时，积极发展多种经营。象山县借助丰富的物产资源，大力发展多种经营，棉花、生猪、白鹅、水产品、水果、毛竹、茶叶等产量有了很大增长。”

⑨《象山县农业区划》第 28 页。

⑩《象山改革开放三十年·全面发展的农村经济》第 90 页：在 1985 年石浦柑橘现场会上提出。

⑪《象山改革开放三十年·全面发展的农村经济》第 91 页。

规模养猪兴起，茶叶生产发展。沿盛宁线杨梅，大塘港片、高塘岛柑橘，丹东、丹西、涂茨、东陈白鹅，定塘蔬菜等产业布局形成。粮食与经济作物种植面积比例，从1983年86.82∶13.18调至2002年的51.81∶48.19。2003年，经济作物种植面积首次超过粮食作物，“粮经比”为48.47∶51.53。①。

2008年，全县粮食种植面积270150亩，其中谷物187950亩、豆类37560亩、薯类44640亩。油料（油菜籽、花生）16905亩。蔬菜129450亩。水果217005亩，其中柑橘103455亩、杨梅72450亩、枇杷15600亩。粮食总产量104465吨，蔬菜199970吨，水果224765吨。种植业总收入68226万元②。

（二）渔盐

唐，明州岁贡有淡菜、蚶、蛤等③，或有象山之贡。至迟自宋始，“勤耕垦”之外，“多渔盐”成产业重要特征④。以后，务耕穑、利渔盐⑤，成创造陆海之饶的资本。

唐大中年间，以买卖私盐为业的裘甫起兵海上，最先攻陷象山。盐业渊源由此可以推知。宋绍兴二年（1132），盐民反对自由盐户被拘充亭户，傍海卤田收归官有等，主事浙东提举王然被弹劾。翌年，都省颁象邑设场规划，内有“优加存恤”措施。四月九日，象山玉泉盐场成立⑥，为明州六场之一。玉泉盐场，既是盐业管理机构，又是生产场所。作为管理机构，历史上一直以管辖象山盐业事务为主。民国34年（1945），管辖象山、三门、宁海盐务。玉泉盐场延续至象山解放。中华人民共和国成立后，管理机构与盐场分设，最多时盐场10余个。1997年后，随海水养殖兴起及城市化推进，多家盐场转产养殖或纳入城镇开发。2008年，尚有盐场3个。

玉泉盐场盐课，宋宝庆间，额盐六千二百八十袋⑦。元至正间，额盐一万三千一十七引⑧。明嘉靖年间，额盐玉泉场办盐灶丁一千七百五十丁半，每丁办盐一引一百七十六斤四两三钱零；岁

---

①此“粮经比”据《象山县农业志》第六篇“粮食作物”、第七篇“经济作物”相关表格数据计算：1983年，粮食作物67.72万亩，经济作物10.28万亩；2002年，粮食作物22.19万亩，经济作物20.64万亩；2003年，粮食作物19.90万亩，经济作物21.16万亩。以下两处资料，与以上数据不一，存此可作比较和参考。《象山县农业区划》第24页：“一九八三年我县种植业的复种面积为85万亩，其中粮食及大豆67.72万亩，占79.67%，棉花、油料、麻类、蚕茧、茶叶、糖料、蔬菜、水果、药材、杂类等十项经济作物面积为17.28万亩，占20.33%。”《象山改革开放三十年·全面发展的农村经济》第91页：2002年，经济作物种植面积达到23万亩，经济作物首次超过粮食种植面积，粮食与经济作物的比例为49∶51。

②据《象山统计年鉴（2008）》之“农作物播种面积、产量”“农村经济分配和收益”“茶叶、蚕茧、水果生产”。

③宝庆《四明志·郡志·叙赋上》：“明州在唐，岁贡犹及淡菜、蚶、蛤之属，自海抵京师，道役凡四十三万人，孔戣、元稹相继奏罢之。”《新唐书·孔戣传》：“明州贡淡菜、蚶、蛤之属，戣以为自海抵京，道路役凡四十三万人，奏罢之。”《新唐书·元稹传》：“明州岁贡蚶，役邮子万人，不胜其疲，稹奏罢之。”

④宝庆《四明志·象山县志·叙县·风俗》。

⑤嘉靖《象山县志·风物纪·风俗》。

⑥综合《宋会要·食货》卷二十六、卷六十、卷六十三等相关材料。

⑦宝庆《四明志·郡志·叙赋·课盐》、宝庆《四明志·象山县志·叙赋·盐》皆作“玉泉场额五千二百二十袋，玉女溪场额一千六十袋”，共盐六千二百八十袋。而嘉靖《象山县志·版籍纪·盐课》则作宋宝庆间“额盐玉泉场四千一百六十袋，玉女场一千六袋，瑞龙场一千六十袋，共盐六千二百二十袋”。

⑧至正《四明续志·盐课》作周岁煎盐实办：“玉泉场壹万叁仟壹拾柒引”，周岁额办食盐：“象山县捌佰陆引壹拾壹斤”；嘉靖《象山县志·版籍纪·盐课》则作“元至正间，额盐玉泉场一万三千一十七斤”。

办课盐二千五百二十一引三百六十六斤九两八钱①。清雍正至同治间，盐课额征银500两左右②。民国10年（1921），征食盐税7909元（银圆，下同）、渔盐税5151.1元，酱盐税81元③。中华人民共和国成立后，盐业鼎盛期1982—1992年，盐税295~582万元。

盐田，清顺治十八年（1661）迁界前，灶田38269亩余，占全县总田亩26.7%。中华人民共和国成立后，1985年，盐田23752.5亩，占全县总田亩6.42%。宋代至民国，原盐产量600~14000吨。中华人民共和国成立后，最高85149吨。宋代至民国，盐工最多近2000余人。中华人民共和国成立后，最多5000余人。

渔盐，乾隆初年，定渔户领盐例，大船给盐3000斤，中船2000斤，小船1000斤④。民国年间，初期约180~250吨，后1000吨左右；民国27年（1938）至中华人民共和国成立前夕，一般1500吨左右，高的2250吨⑤。中华人民共和国成立后，1950—1983年，在1000吨到8750吨之间，多在4000吨以上。最高1968年为8750吨，占总销量73.4%。20世纪70年代后期，随鱼类资源衰退，渔业产量下降，渔盐销量下跌⑥。

盐税观念，“国之所资，田赋之外，其利最溥者，莫如盐”⑦。盐业文化，昌国大庙、盐司庙、穆清庙等盐业祠祀兴盛⑧。

宋代，渔业兴盛，宝庆《四明志·郡志》所载每年三四月，业海人采“洋山鱼”，舟人连七郡出洋取之者，多至百万艘⑨，内当有象山业海者。时象山渔区有爵溪、赤坎、后陈、东门等。砂岸为渔民操网罟资之所，或业海者众，收益颇丰，征税、勒索者兼有，砂岸税场、税兒、团屋、鱼团等坐享其成⑩。宝祐年间，砂岸税场所入，用于陈山、东宿渡新创军船、载渡民旅、防遏寇

---

①嘉靖《象山县志·版籍纪·盐课》。

②民国《象山县志·赋税考·盐税》引雍正《浙江通志·盐法》：“象山县地方玉泉场裁并大嵩场，共三团，煎灶一十六座。本场办税灶田、地、荡一万九千一百九十三亩四分三厘六豪七丝九忽九微五尘。”又引《雍正府（县）志》：“盐课银四百五十九两二钱一分四厘一丝二忽九微八纤一尘。”又引道光《象山县志》：“灶课原额征银四百六十六两九钱九分四厘。”又引《同治志稿》：“征灶课银五百三十四两九钱六分七厘。”民国《象山县志·赋税考·盐税》“案”：“象山有归场政民田、归场仁民田、归场仙民田，原非纯由灶田改淡，系乾隆四十年间，调剂玉泉场官割，分地丁银两，以六分六厘留县，三分三厘归场，共约计银五百余两，名为灶田。”乾隆《象山县志·地里志三·户赋·盐政》：“盐课额征银四百五十九两一钱八分七厘五毫九丝二忽九微八纤一尘。”

③鲍杰主编《象山盐业志·盐业生产·产量与质量》《象山盐业志·盐税·税收》。

④民国《象山县志·实业考·盐业》引《通考》载。

⑤《象山盐业志·购销　储运·渔盐》。

⑥以上三段资料，除已注明出处之外，据《象山盐业志》、县盐业局提供《象山县志（2008）》“盐业”资料长编中相关资料编写。

⑦乾隆《象山县志·地里志三·户赋·盐政》。

⑧民国《象山县志·典礼考·吉礼群祀·县南各祠庙》引道光《象山县志》介绍盐司庙、穆清庙、昌国大庙祭祀、膜拜唐代于盐政有大贡献的刘晏及有恩于盐民的盐官“盐司”。

⑨宝庆《四明志·郡志·叙产·水族之品·石首鱼》。

⑩宝庆《四明志·象山县志·叙赋·商税》：“淳熙四年有旨，续置砂岸并除罢。庆元二年，陈景愈于爵溪、赤坎、后陈、东门等处创置税兒。县令赵善与以扰民，白府罢之……嘉定二年，杨圭冒置分布樊益、樊昌等为海次爪牙……五年，守王介申朝廷除罢，毁其五都团屋，版榜示民。宝庆元年，胡逊、柳椿假府第买鱼鲜之名，私置鱼团”。开庆《四明续志》卷第八之“蠲放砂岸”条载：“砂岸者，濒海细民业渔之地也。浦屿穷民无常产，操网罟资以卒岁”。

盗及支付水军岁支钱米21120贯文①。

元代为海外贸易与海防掌控计，海禁时兴时废。明时，针对民间私人海外贸易及倭寇之患，朝廷制定“海禁”政策。洪武至隆庆间，海禁近200年。规定“濒海民不得私出海”②、“片板不许入海”③。洪武二十年（1387），南田被废，为封禁之地④。由于“海禁”，渔业遭受重创。但渔业生产始终进行，或近港不禁，西沪港仍击楫敲舷放渔歌⑤。嘉靖间，有渔户114户，设有河泊所对捕鱼船、渔业课钞⑥。隆庆后，石浦鱼市兴旺⑦。清顺治十三年（1656），为削弱、消灭抗清力量，清廷发布禁海令，“严禁商民船只私自出海⑧。”清顺治十八年，发布“迁界令”，沿海居民内迁30里，村社、田宅悉焚弃。渔业发展停滞。康熙二十二年（1683），台湾平定，准予“展界”，所迁沿海居民复归故土。翌年，海禁解除，正式“开海”，渔业再度兴盛。“落滩渔艇海岚腥”，写爵溪鱼市之盛，时在明末清初“开海”之际，或在康熙九年或二十三年“展界”之后⑨。

随着渔业兴盛，渔民自行组织“渔帮”，有东门帮、象山帮、爵溪帮、南田帮等⑩。渔船纷纷驶入岱衢洋捕鱼，东门渔民有大捕船80余艘。清乾隆三年（1738），东门渔帮在岱山东沙成立“太和渔业公所”，为议事机构。签派柱首，延请董事，公议渔价，知照渔行执行。太和公所外，象山渔帮与岱山渔帮合伙成立“安澜公所”⑪。光绪二年（1876），爵溪公所在鄞县成立。咸丰至民国，石浦有南安公所、宁海渔业公所、黄岩渔业公所、崇武渔业公所，爵溪有乐清渔业公所、玉环南公所、玉环北公所，象南各帮并参加三门湾渔业公所⑫。

---

①开庆《四明续志》卷第八“蠲放砂岸”之“乞蠲砂租奏请”。

②《大明太祖高皇帝实录》卷七十：洪武四年（1371）十二月丙戌：“仍禁濒海民不得私出海。”

③《明史·朱纨传》：“初，明祖定制，片板不许入海。”

④嘉靖《象山县志》卷之一“建置纪·城池·昌国卫”，大明洪武“二十年，起遣海岛居民”。民国《象山县志·史事考》引《明史·汤和传》、胡宗宪《筹海图编》史料及“案”。

⑤俞士吉《丹山十咏·西沪渔歌》：“绿蚁酣时还击楫，白鸥眠处漫敲舷。”

⑥嘉靖《象山县志·版籍纪·岁办》：“本县渔户一百一十四。”嘉靖《象山县志·版籍纪·课程·象山河泊所》：“捕鱼船课钞四百六十二锭七百文。”“渔业课钞一百七十一锭八百文。”

⑦乾隆年间所修的石浦《吴氏宗谱·艺文丙集》（竺桂良提供）载吴权《石浦鱼市》，诗云：“野戍灯悬月，渔舟火聚星。石城鱼市好，击棹复扬舲。”《吴氏宗谱·世次》载：吴权，“字久恒，又自号居士九衡。以恩荫冠带闲住。生于嘉靖四十三年甲子八月十三日，卒于万历三十六年戊申十一月十一日。”

⑧《清世祖实录》卷一百二。

⑨沿海居民内迁30里之说，据《明州系年录》卷六·清（一）：顺治十八年，“朝廷议坚壁清野之计，下令迁沿海三十里于界内”。而据杜臻《粤闽巡视纪略》卷四所载，当年粤闽各地沿海内迁里数自7里至50里不等。迁线界受自然条件影响。据民国《象山县志·史事考》之《国史·伊尔德传》条按语引《蓬岛樵歌》注：城东十五里望台，俗称界墩，相传界墩以外居民，昔皆迁入城内。象山沿海内迁里数，据乡里变迁，家谱所载等推测，或也受沿海地形形势，特别是岛屿、港湾分布，县城位置等影响而不等，但至今尚未有全面的研究成果。象山“展界”，据乾隆《象山县志·地里志一·疆域·国朝》，分两次完成，一为康熙九年，一为康熙二十三年。乾隆《象山县志·疆域·市》在介绍象邑四大集市时附陈策《雨夜宿爵溪寓楼诗》，内有“到枕涛声天地动，落滩渔艇海岚腥”之句。乾隆《象山县志·艺文》另录陈策《燕游草》诗二首。民国《象山县志·选举表》载，陈策为崇祯十二年己卯科举人。民国《象山县志·文征内编下·七言古》将此诗列于“清”。

⑩陈训正等编《定海县志·渔盐志第五·渔业》。

⑪象山渔民在岱山的渔业活动资料见汤浚编《岱山镇志》卷五“志渔”及丁爵连主编《象山东门岛志略·海洋渔业·渔业企业》。

⑫陈训正等编《定海县志·渔盐志第五·渔业》。

清代，邑人赞同“民业在耕钓，土物力所任”观念，认为太史公传货殖而朝廷却海禁太不应该①。渔民捕捞经验：海洋取鱼，自有潮水进退之路，习者知之，而鱼各有顺逆之性，网亦因之而结②。人们食鱼心得：三四月所捕黄鱼，鱼味腴美，赞同黄鱼为“东南第一琛”③；尤爱黄鱼加工成郎君鲞，赞其“美鱼珍重爵溪名”。有翼如鸟者，有首如人而鱼身者，皆不食④。

清末民国时，大捕船分春夏秋汛，渔场各异：春汛在南田金漆门及韭山洋面捕小黄鱼，清明左近，驶至江苏崇明嵊山岛附近洋面采捕；立夏至大暑，南下至岱山，在黄泽、马迹及大小洋山一带捕捞大黄鱼；秋汛仍金漆门洋面采捕杂鱼。一些船只，常年在象邑附近韭山、将军帽、大目、小目及乱礁洋一带洋面捕捞⑤。渔船 200～1200 艘之间，大捕船、鵃舠（方言读若“独辽”）船⑥、小对船为主。年渔获量 5000～10000 吨，大黄鱼占一半以上。县需求 20%，运送甬、沪销售80%。客籍渔船不下数千对，与本地渔船一起，年渔获量 10 万吨以上⑦。

中华人民共和国成立后，改造长元制、合伙制等经营、分配形式，先后成立渔业互助组、生产合作社、生产大队等。1978 年后，改革渔业经营体制，推行承包责任制、对船核算等经营、分配方式⑧。1990 年后，随着钢质渔轮兴起，渔业股份合作制应运而生，沿用至今。

1954 年，渔业为当前人民生活寄托及将来发展前途的理念，有清晰表述，并提出实现机帆

---

①乾隆《象山县志》卷之三“地里志三·物产·鳞之属”引鄞人邵嗣贤《食黄鱼》诗：“民业在耕钓，土物力所任，……史公传货殖，鲐鮆堆成林。如何遭厉禁，片纲不得沉。”

②倪象占《蓬山清话》卷之十六“鳞之属”。

③乾隆《象山县志》卷之三“地里志三·物产·鳞之属”引鄞人邵嗣贤《食黄鱼》诗：“四月石首鱼，出水如黄金。烹鲜盘餐美，东南第一琛。”

④钱沃臣《蓬岛樵歌》诗：“尤爱郎君风味好，美鱼珍重爵溪名”。倪象占《蓬山清话》卷之十六“鳞之属”：“海中所获鱼，有翼，有首如人而鱼身者，皆不敢食。或鳙之以示异”。

⑤《浙江沿海各县渔盐概况》之“象山县渔盐概况”，浙江省立宁波民众教育馆出版，民国 25 年（1936）。

⑥1988 年 7 月商务印书馆出版《辞源》，1446 页“鵃（diǎo）”，1414 页“舠（liǎo）”，[鵃舠] 船名。《梁书·王僧辩传》“及王师次南州，贼帅侯子鉴等，率步骑万余人于岸挑战，又以鵃舠千艘，并载士，两边悉八十棹，棹手皆越人，去来趣袭，捷过风电。”

⑦《爵溪镇志·渔业·海洋捕捞·捕捞产量》载：清光绪二十年（1894），爵溪有渔船 200 余艘，年获鱼量 10000 吨。《象山县志（1988）》第十八章“渔业”载：民国 11 年（1922），全县渔船 437 只，其中大捕船 111 只，鵃舠船 130 只，小对船 164 只，一般年产 5000～6000 吨左右，大黄鱼占一半多。民国 25 年，渔船增至 1007 只，年增产至 6000～10000 吨。民国 37 年，渔船数达 1158 只。民国 25 年版《浙江沿海各县渔盐概况》载，象山渔船不下数千对，但客籍居多。象山档案馆藏档案 01—3—1061 卷内有民国 37 年填报的《象山县出产物资调查表》，其中一栏的物产为黄鱼、带鱼：其“战前平均每年平均产量”栏填：黄鱼 1780000 市担，带鱼 900000 市担；其“上年产量”栏填：黄鱼 1785000 市担，带鱼 890000 市担；其“本年产量估计”填：黄鱼 1800000 市担，带鱼 900000 市担；其“本县需要量”栏填：黄鱼 40000 市担，带鱼 20000 市担；其“出口数量及运销情形”栏填：黄鱼 1760000 市担运甬沪销售，带鱼 180000 市担运甬销售。综合以上资料测算，平均每船年捕鱼量在 10～50 吨之间，以最少的 10 吨计算，民国 37 年象山本籍渔船 1158 只，年捕鱼量为 11580 吨，以民国 25 年客籍渔船 3000 只计算，年捕鱼量则为 30000 吨。假定民国 37 年本客籍渔船为 4000 只，平均每只年捕鱼量为 25 吨，则本客籍渔船年捕鱼量为 100000 吨。据此，故作“象山的客籍渔船数量不下数千对，与象山本地渔船一起，年渔获量应该在 10 万吨以上”之说，此数据大致合乎《象山县出产物资调查表》中填报的数据。

⑧《象山县志（1988）》第十八章“渔业”，第一节“生产组织”。

化、推广先进技术，逐步转入常年捕捞的计划①。此后，确立“以捕为主，捕养并举”方针②。“文化大革命”时期，以“变淡汛为旺汛，能拖则拖，能对则对，对拖结合，长年作业”的观念指导生产③。1982年，实行“打出去、养起来、多加工”方针，结合实际，提出外海捕捞、近海作业、养殖、水产品加工并举规划④。至1986年，进入机帆化捕鱼全盛期，有机帆船1228对、47268吨、59265千瓦。其间，探鱼仪、绞网机使用，灯光围网作业发展。年渔获量，1954年5497.9吨，1986年36946吨。1992年，超过10万吨，以后快速提升。1998年后，超过并保持在40万吨以上，其中2001年、2002年、2003年皆在46万吨以上。大黄鱼年产量，1949—1978年，多在2000吨以上，最低1963年，1108.6吨，最高1974年，5949.8吨。1979—1990年，大黄鱼资源衰退，年产量一般200~500吨，最高1979年，611.9吨，最低1990年，仅17吨。小黄鱼年产量，最低的1950年，150吨，最高1957年，1709.5吨。此后，年产量有跌升，最高未超过1973年的467.3吨，不少年份100吨以下。1980—1987年，小黄鱼资源衰退，年产均50吨以下，1985年仅15吨。

海水养殖，1980年前，主滩涂养蛏、泥蚶及紫菜、海带。其后，始海水池塘养殖，1988年达13200亩。1986年尝试海水网箱养殖，1989年，网箱159只，由象山港扩至三门湾。品种增至对虾、梭子蟹、牡蛎、鱼类等20余种。水产品加工，1975年建1500吨级冷冻厂。1985年国家取消水产品派购任务，水产品经营市场化，冷藏加工业迅速发展，1985—1986年，建冷库44座。总52座，日速冻能力429吨，一次性冷藏能力7695吨，带动水产品加工向精深发展⑤。

20世纪80年代，“石浦渔港初步形成国家一级群众渔港应有的渔船停泊、修造、保养和渔需物资补给功能，水产品交易、冷藏加工一条龙服务体系⑥。”

---

①《中共象山县委文件选编（1949—1956）》：《关于做好当前生产工作，争取一九五四年全面丰收的意见》中的“乙．渔业生产方面”中提出：“五年左右基本实现机帆化”“加强渔民增产节约教育和总结经验推广先进技术，逐步转入常年捕捞”，第95页。

②《中共象山县委文件选编（1949—1956）》：《中国共产党象山县全体党员会议关于一九五六年农、渔、盐业合作化及发展各项指标的决议》中的“渔业生产”：“为保护鱼苗，逐步限制和淘汰张网作业生产，并大力开发海涂养殖，同时有计划地发展淡水养鱼和机帆船生产”，第309页。象山档案馆藏档案1—18—27卷《象山县一九六六年上半年渔区工作情况汇报》：“在生产上，认真贯彻了‘以捕为主，捕养并举，多种经营，全面发展’的方针，不但远洋单位比去年增加，浅海、淡水养殖和农副业多种经营也有了发展。”

③《象山渔业志·综述》中的“近海主要经济鱼类衰退经过及教训”：“之所以造成鱼类资源枯竭的严峻局面，还有生产指挥上的问题，特别在‘文化大革命’十年中，在‘左’的思想影响下，不讲生态环境，不讲资源保护，不尊重科学，对于有资源保护观点的人，一概斥之为右倾，予以打击排斥。”“在‘文化大革命’十年中，提出一些错误口号，例如‘变淡汛为旺汛，能拖则拖，能对则对，对拖结合，长年作业’，不论大鱼、幼鱼一起捕，还发起捕捞500吨竞赛等一些滥捕的措施。”

④象山档案馆藏档案1—34—35卷《象山县发展渔业生产初步规划（1982—1985）》：“根据铁瑛同志关于《发展海洋渔业的考察报告》中提出的‘打出去、养起来、多加工’的方针思想，结合象山实际，抓好四个重点”：一．围绕“打出去”的战略目标，积极提高机帆船的生产能力，逐步创造条件，向外海推进；二．继续恢复与发展以张网为重点的传统作业，充分利用近海资源；三．放开手脚，大搞浅海滩涂和淡水养殖；四．积极发展水产品的加工和利用。

⑤《象山县志（1988）》第十八章“渔业”之“海洋捕捞”“水产养殖”“水产加工”，《象山县渔业志》之“综述”“海洋捕捞”“海水养殖”“水产品加工”等相关内容。

⑥《象山改革开放二十年（1978—1998）》之《扬帆前进的渔业经济》，第47页。

1990年后，近海大、小黄鱼资源衰竭，海洋捕捞向外海及非传统渔场转移，引导发展钢质渔轮①。1991年，钢质渔轮12艘，1994年，迅增至912艘（456对），渔民自筹资金约15亿元。赴贝劳、印尼等地捕捞。赴南海海域生产，效益显著，1994年捕鱼171912吨，每对377吨。近海经济鱼类资源衰退，伏季休渔以保护鱼类产卵、繁衍，象山渔民提出伏季休渔建议得农业部采纳。1995年始，东海、黄海实行休渔制度。1998年始，举办“开渔节”，宣传蓝色保护、善待海洋。同年，15万尾大黄鱼苗放流象山港，实施主要经济鱼类增殖放流规划。至2008年，连续举办10届开渔节，放流大黄鱼苗1500万尾。

2008年，渔村38个，渔户20471户，捕捞渔船3402艘、277934吨、530493千瓦，海洋捕捞总产448800吨，收入185624万元。海水养殖163620亩，产量109200吨，收入5401万元。水产加工企业259家，加工总量327000吨，产值269000万元②。

六

明以前，境内商业依托集市贸易，官私手工业与邑人日常生活密切相关，土工、窑工、制酒、绩麻、造船、海产品加工等为传统行业。清、民国，石浦依托港口优势，商贸兴盛，海上运输业发达。中华人民共和国成立后，实业发展。中共十一届三中全会以后，工业化在县城城市化、农村城镇化、服务业大发展的过程中快速推进，经济结构深刻变化，二产领先，三产崛起，海洋旅游业成为第三产业的先导和经济新增长点。

（一）官私手工业与集市贸易

塔山遗址发掘表明，距今5000多年前建筑、陶器业技术熟练。唐初，陈岙有越窑③。唐会昌间，县城及附郭，有土城、草市、民居及行政聚落县署、军事聚落象山镇、文化聚落城隍庙、至圣文宣王庙、县儒学、蓬莱书院、蓬莱观、等慈禅寺（西寺）等布局，土工、石工已成重要行业。草市出现，商品交流活跃。宋代，以农耕、渔盐为主，少蚕织，无巨商④，制酒业发达，县西南有酒务，买扑制酒坊有5处：东溪坊、西溪坊、西砂坊、东村坊、青部坊⑤。旧志有宝庆三年

---

①《象山渔业志·海洋捕捞·钢质渔轮》按：象山水产局1991年51号文件：“当前近海主要经济鱼类资源衰退，外海尚有开发潜力，渔场正在逐步外移，为此我们把发展184千瓦大型木质渔船和198千瓦以上钢质渔轮作为振兴象山渔业的重点来抓……鉴于木质大功率渔船，抗风浪能力不够理想，不适应向更广阔的外海渔场进发，针对当前的造船热，努力按照渔业方针，予以引导到发展钢质渔轮上来。”

②以上二段主要参考资料：《象山县渔业志》之“综述”“海洋捕捞”；《象山统计年鉴（2008）》之“渔业生产基本情况（一）（二）”“渔村经济分配和收入（一）”“渔村经济分配和收益”“水产品产量”；《象山年鉴（2008）》之“中国开渔节十年图记”；《象山年鉴（2009）》之“渔业”等相关内容。

③《象山县志（1988）·文物·古遗址》：1974年，黄避岙陈岙发现唐初青瓷窑址。《蓬岛遗珍·陈岙窑址》：陈岙窑址，为浙江越窑的组成部分。

④宝庆《四明志·象山县志·叙县·风俗》：“士大夫安于恬退，庸庶勤于耕垦，少蚕织，多渔盐，无巨室，无巨商。”

⑤宝庆《四明志·象山县志·叙县·仓库务场等》：“酒务，县西南一百八十步。”“买扑酒坊”载宝庆《四明志·象山县志·叙赋·酒》。

(1227)、宝祐五年（1257）酒息钱记载①。另有造醋、纺织及箍缸、打灶等行业②。造纸业出产贡品盐钞纸③，绩麻业出品细丽的女儿布④。加工黄鱼鲞，谓之“郎君鲞⑤。”造船业，民船丈尺有则，多一丈以下⑥。隆兴二年（1164），造陈山渡官船二，庆元二年（1196）造官船一，长七丈，广二寻⑦。蛎壳灰生产大兴，置灰壤微细之利积钱，用筑朝宗碶。蛎灰多用牡蛎壳、蛤蜊壳、蚶子壳、蝛壳、海螺壳等，蛎灰窑烧制。蛎灰用于建房、肥田，蝛壳灰，可漂白麻布⑧。

元代，为强征服劳役，工匠入“匠籍”。明代，手工业者皆编入匠籍，嘉靖《象山县志》载，全县匠户114户，“事故”逃绝32户。最多木匠24户，其他舱匠户、铁匠户、瓦匠户、裁缝匠户、黑窑匠户、伍墨匠户、银匠户、石匠户、竹匠户、琉璃匠户、油漆匠户等，分班四年一轮，以银代役，每户纳银一两八钱⑨。制瓷业发达，“象窑”名闻遐迩，曹昭《格古要论》有载⑩。集市遍布，有白石、墙头、南堡、泗洲头、下沈、儒雅洋、三角地、弦歌市等⑪，商品交流兴旺。虽海禁、倭患，但航海业寻求机会拓展，或东抵日本，北到辽燕，南达琉球，西至瓯闽、交广⑫。

（二）港口商贸与清代、民国时期实业

清代，凡户三等，曰民、曰军、曰匠。匠有厨役、裁缝、马船、弓铺兵等⑬。清康熙间“展界”后，航海业发展，石浦、爵溪等地鱼市兴盛。石浦地区商贾辐辏，商埠渐开，徽商（油漆、颜料、茶叶）、甬商（绸布、广货）、三北商（国新药、南北货、酱酒作）进入⑭。乾隆间，炼油业发达，桕油出运四方货之⑮。县城有街四：县前街、市街、大街、后堂街⑯。道光间，宁波府海防同知移置石浦。石浦码头商业繁荣，九市曲、中街初具规模，惜毁于火⑰。咸丰间，制缸、制砖瓦业发展，有缸窑、砖瓦窑11处，昌国一窑厂盛时陶工百余人，岁利10万金。同治年间，石浦开办裕和酱园，规模生产酱油、米醋，年产200~300吨⑱。

---

①宝庆《四明志·象山县志·叙赋》：“酒·象山务”：“收息钱七千八百九十贯四百一十二文”；“酒·入户买扑酒坊”：“岁额净息钱五百四十三贯三百五十一文。”开庆《四明续志》卷第四之“兴复经总制诸酒务、坊、场”：“象山酒务，宝祐五年三月，据象山知县劄子，乞本府差官措置本县酒政，遂拨钱二万贯，委官下县措置。全年息钱七万贯，候解到，年拨二万贯下广惠院。”

②宝庆《四明志·象山县志·叙县·叙赋》：其《夏税》列绢、绸、绵，其《酒》列“箍缸、打灶六十贯文”“醋息钱六十贯文，纳本府”。

③宝庆《四明志·郡志卷·叙赋下》。

④宝庆《四明志·郡志卷·叙产》。原文详见本“综述”五之（一）正文及注释。

⑤宝庆《四明志·郡志卷·叙产·水族之品·石首鱼》。

⑥开庆《四明续志》卷第六“三郡隘船”。

⑦民国《象山县志·金石考》楼钥《象山县渡船记》；民国《象山县志·名宦传·宋·赵彦逾》《象山县志·名宦传·宋·韩元礼》。

⑧嘉靖《象山县志·艺文纪·朝宗碶碑》；民国《象山县志·实业考·工业》。

⑨嘉靖《象山县志·版籍纪》之“匠班”。

⑩民国《象山县志·实业考·工业》。

⑪嘉靖《象山县志·区域纪·市巷》。

⑫嘉靖《象山县志·区域纪·形胜》。原文详见本“综述”一之（二）正文及注释。

⑬乾隆《象山县志·地里志三·户赋》。

⑭《石浦镇志》第七卷“商业”小序。

⑮乾隆《象山县志·地里志三·物产》。原文详见本“综述”一之（二）正文及注释。

⑯乾隆《象山县志·地里志一·疆域》之“附·街”。

⑰民国《象山县志·史事考》《石浦镇志·镇村建设·城区建设》。

⑱《象山县志（1988）》“经济·工业·发展概况”。

清末民初，商业渐盛，市肆益增。县城、石浦、爵溪、西周、鹤浦等地出现规模较大商铺。民国2年（1913），石浦邮局创立。民国5年，开办18马力内燃机轧米厂。民国12年至民国13年，石浦、丹城创办电气股份有限公司。民国15年前后，有集市53个。航运业发展，有商业船埠33处，本籍运输船300多艘，客籍运输船2000余艘。外销土产番薯丝、糯谷、苎麻、竹木、毛柴、猪牛羊、鸡鸭鹅、桃李、杨梅，北达上海、南通，南至台州、福建。宁波、定海通航贸易频繁。民国15年后，发展印刷、造纸、碘石开采、纺织业等。金融机构，有钱庄6家。民国19年，有合作组织19个。民国21年，中国银行开设石浦代理处。民国22年，架设宁海经丹城至石浦长途电话线。民国25年，商号588家，其中南田112家，始兴办"合作社"。民国27年，手工业作铺150多家，工匠2600多人。抗日战争期间，大批企业、作铺、商店倒闭。抗日战争胜利后，石浦始创机械工业，开办机器铁工厂，多家布厂开张。至中华人民共和国成立前夕，全县工业企业30家，工人138人，动力设备408千瓦，手工作坊251个。商号895家，石浦占近一半，从业5657人①。

（三）实业发展与工业化进程、旅游开发

中华人民共和国成立初，4家私营工业企业过渡至公营。1952年，工业总产值占工农业总产值的10.2%。县成立供销合作社，组建国营商业及鱼市场。其后，实行农、渔业生产资料计划供应，粮食统购统销，水产品国家收购经营。1954年，农副产品收购总值855万元，比1952年增长285%，社会商品零售总额1261.7万元。1956年年末、1957年年初，私营工商业社会主义改造完成。私营企业55家，实行公私合营50家，转为农村企业5家，纳入农业合作化。生产合作社143个。私营1978户，参加公私合营16户，组织合作社商店45个，合作小组94个，代销自营834户。1957年，装置莫尔斯人工电报机，开通丹城至宁波、石浦人工电报电路。1958年，提出"大办工业"，增加工业企业一倍多。人民公社化运动中，合作商业转国营，或划入公社供销部。1965年，工业总产值占工农业总产值的21.6%，商业网点818个，农副产品收购总值1723万元，社会商品零售总额2844.9万元②。

"文化大革命"初期，工业生产不稳甚而停滞，产值下降。1971年，供电纳入华东电网工程启动，象山化纤厂、纺织厂建成。1972年，西周变电所建成，供电纳入华东电网。陆续开办工业企业，部门工业和社队企业日益兴起。开办国营蔗糖、水泥、农药、纺织、冷冻、罐头、丝织等企业；县属集体企业突破行业界限，转产机械、电气、皮革、塑料、胶木、纺织等；社队企业"拾遗补阙"，从1970年38家发展至1975年134家。后发展受阻，至1978年，全县仅20多家企业维持正常生产。"文化大革命"期间，生产停滞，商品紧缺，购销两疲③。

中共十一届三中全会后，贯彻"调整、改革、整顿、提高"八字方针，逐步推行岗位责任制，工业生产发展。1980年，工业总产值首次超过农业，占工农业总产值的52.5%。1983年，政社分设，社队企业易为"乡镇企业"，其后，兴办企业出现"四个轮子一起转"：乡镇办、村办、合作（资）办、个体（家庭）办。1984年，乡镇工业总产值超过国营、集体工业总产值22.1%，成农村主体经济。1980年，农副产品收购总值5371万元，社会商品零售总额11895万元，皆比1970

①《象山县志（1988）》"工业""邮电""金融保险""商业"章。
②《象山县志（1988）》"工业""邮电""商业"章。
③《象山县志（1988）》"工业""商业"章。

年增加一倍多。随着体制改革深入，逐步形成以国营商业为主导，多种经济形式、多种经营方式、多种流通渠道并存流通体制。商品逐渐丰富，此前使用的近百种购物票证大多退出历史，人民购买力提高，市场出现“吃讲营养，穿讲漂亮，用讲高档”新趋势①。

1980年后，建筑业、针织业快速发展。城市化推动为建筑业提供建筑市场，传统泥水工为建筑业提供行业基础，家庭联产承包责任制为建筑业提供剩余劳动力，建筑行业主管部门设立为建筑业提供业务指导和服务，建筑公司的纷纷建立为建筑业形成合力、拓展市场提供保障。建筑企业确立“大头在外埠，重点在城市”的目标，以上海为基地、长三角为核心拓展建筑市场。1987年，建筑企业40余家，职工15000多人，产值首次突破亿元大关。1980年，渔业资源衰退转产工业的爵溪，创办首家针织服装厂。至1982年，全县针织企业20余家，其中爵溪占半。是年，县委、县政府引导针织行业加快发展，在全市率先推行以厂长为代表的集体承包责任制，把经营权还给企业，并开始拓展国际市场。1988年，针织企业百余家，总产值3.22亿元，占全县工业总产值的30%左右。②。

1992年，邓小平南方谈话和中共十四大后，以产权制度为核心，“自主经营、自负盈亏、自我约束、自我发展”为目标的企业改革逐步深入：强化工业经济主体意识，确立现代企业制度试点企业，推进机制转换，发挥骨干企业支撑作用。至1997年，国有、集体企业转制面38%，乡镇、村企业转制面72%。1992—1997年，工业年均增长40.2%。1997年，工业总产值148.39亿元，比1991年增长7.3倍。其中个体私营企业产值91.54亿元，占工业总产值的60%余。个体私营企业成国民经济生力军。华翔、天安、巨鹰、甬南、申菱进入特级企业行列。实力型企业25家，产值19.7亿元。针织、车辆零部件制造、电梯配件制造、输变电配电设备制造等行业，成最具活力行业③。

外向型经济，1987年中共象山县第七次党代会提出“大力发展外向型经济，增强出口创汇能力”。此后，逐步形成以丹城、爵溪、石浦、西周为中心的粮油食品、针纺织品、水产品、机电产品四大出口基地。1988年，外贸出口交货值1.69亿元。1997年，外贸出口增至35.7亿元。自营进出口企业18家，自营出口近亿美元。至1997年，兴办“三资”企业128家，实际利用外资2488万美元④。

商业，1992年国营商业、供销合作推行经营、用工、定价、分配“四放开”。放宽个体商业登记条件，新登记工商户3500余户，个体工商户14400多户。1993年，始转制改组，至2001年，国营、集体、合作商业大部分转为股份合作、私营个体商业。随着商业体制改革深入，市场购销体制改革

---

①《象山县志（1988）》“工业”“商业”章；《象山在前进（1949—1988）》之“工业总产值表格”；《象山改革开放三十年·经济发展》中的相关内容；县经济发展局提供的《象山县志（2008）》“工业”资料长编；县粮贸局提供的《象山县志（2008）》“商业”资料长编。

②《象山县志（1988）》“城乡建设”章；《象山改革开放二十年·经济篇》中有关工业、乡镇工业、外向型经济、建筑经济的内容；《象山改革开放三十年·经济发展》中有关开放型经济、个私经济、针织工业、建筑业的内容；县经济发展局提供的《象山县志（2008）》“工业”资料长编；县建设局提供的《象山县志（2008）》“建筑业”资料长编。

③《象山改革开放二十年·经济篇》中有关工业的内容；县经济发展局提供的《象山县志（2008）》“工业”资料长编。

④《象山改革开放二十年·经济篇》《象山改革开放三十年·经济发展》中有关外向型经济、开放经济的内容；县外经贸局提供的《象山县志（2008）》“对外贸易”资料长编。

同时展开。1993年，粮食统购统销政策取消，票证购物基本消失。1993年后全县各类集贸市场70多个。从简单集贸市场发展为多门类专业市场，出现船舶交易市场、石浦中国水产城、定塘蔬菜批发市场等。出现大型室内市场，汪家河菜场主体大楼6900平方米，可容纳摊位1200余只，石浦中国水产城建筑面积42500平方米，干、鲜货综合交易大厅5000平方米，码头4个，有400吨级油库及消防设施，市场摊位2500余只。1998年，大型综合性超级市场联华超市、三江超市开业。①。

1998年，中共象山县委提出以工业经济为主体，以海洋经济与建筑经济为两翼的发展战略。同年，提出全面发展海洋旅游。推进工业布局园区化，产业集群化，生产集约化。1999年，经济开发区二期建设启动；2004年，象山产业区建设启动。建筑产业结构从单一房建向公路、铁路、民航、港口航道、水利水电、矿业、机电、市政、通信等领域拓展，向上下游房地产、建材、社会服务等领域延伸。国内建筑市场全面拓展，国外开拓亚洲、非洲市场。2004年开始，调整产业方针，发展以船舶为代表的临港产业。至2008年，象山港、石浦港两大区域船舶制造业框架形成。造船及修船企业46家，船舶制造业产值42亿元以上。构建以船舶工业为典型代表，新型能源、钢铁、建材为支撑的临港工业集聚体系。

海洋旅游业，1998年，松兰山旅游度假区被批准为省级旅游度假区，首届中国开渔节举办。2001年，县旅游工作会议提出“大旅游、大产业、大发展”观念，旅游业作为第三产业先导和经济新增长点。至2003年，初步形成“一带三区”旅游格局：“百里黄金海岸休闲旅游带”“松兰山休闲度假区”“环石浦港休闲旅游区”“大塘港生态、影视文化休闲旅游区”。2004年，象山定位“现代化生态型滨海旅游城市”，旅游业成经济支柱产业之一。2007年，提出建设“一带四区”，增“环象山港休闲旅游居住区”。

2008年，经济开发区累计落户企业336家，工业总产值70.9亿元。象山产业区累计落户140家，工业总产值12.3亿元。工业实现总产值338亿元。建筑业产值384亿元、施工产值352亿元，累计获国家级质量工程奖53项，其中获国家最高优质工程奖“鲁班奖”13项。接待游客534万人次，旅游总收入52亿元②。

1980年，工业总产值首次超过农业，此后经济结构深刻变化，二产发展一路领先。1990年后，尤其进入21世纪后，三产崛起。工业化、城镇化水平逐年提升。一、二、三产业占生产总值比例，2004年分别为19.9%、50.7%、29.4%，2008年分别为15.1%、49.7%、35.2%。二产，工业生产总值占二产生产总值85.4%，建筑业占14.6%。三产，运输仓储业占三产生产总值13.9%，批发零售业占24%，住宿餐饮业占9.68%，金融保险业占9.75%，房地产业占5.38%，其他服务业占37.2%③。

七

境内聚落，明代以前，多在县北。清代，向县南发展。聚落选址适应山海环境，聚落集聚依

①《象山改革开放二十年·经济篇·繁荣昌盛的集贸市场》《象山改革开放三十年·经济发展·商业经济改革的实践与启示》、县粮贸局提供的《象山县志（2008）》“商业”资料长编。

②《象山统计年鉴（2008）·工业·规模以上工业企业主要经济指标（1.1）》《象山统计年鉴（2008）·固定资产投资·建筑企业生产情况（二）》《象山统计年鉴（2008）·旅游·旅游业基本情况》《象山改革开放二十年·经济篇》《象山改革开放二十年·经济篇》《象山改革开放三十年·经济发展》中相关内容；《象山年鉴2005—2009》相关内容；2008年中共象山县委十二届六次全会（扩大）会议报告；2004—2008年政府工作报告等。

③据《象山统计年鉴（2008）·综合·生产总值》《象山年鉴（2005）·数字象山·生产总值》计算。

托县城、乡里、草市、卫所、港口。中华人民共和国成立后，城乡建设发展。中共十一届三中全会后，快速而有序地建设县城，拉大城区框架，齐全配套设施，完善运行功能，形成“中心城区”。开发新型功能的“似城聚落”，建成工业、文教、游憩、商住等园区。人口、二产、三产、资金、信息等集聚效应明显。中心镇、小城镇、村落建设加快。城乡统筹建设，城镇化率提高。

（一）县北聚落与草市、军事聚落

迄今所知，象山最早的聚落依山面海。《象山县塔山遗址第一、二期发掘》报告，塔山遗址位于丹城东郊塔山南麓海拔5~12米的缓坡地带，东距大海6千米。其聚落建筑，皆茅舍；下层柱洞遗迹，为干栏式或不架空在平地立柱的茅舍遗迹；中层房址，为红烧墙两坡顶、单坡顶茅舍遗迹；上层灰沟遗迹，为石墙茅舍遗迹①。

与塔山遗址文化内涵相似，还有距塔山遗址1千米的姚家山遗址及位于今茅洋乡溪口村东北1千米庙山头遗址等。考古资料表明，时象山聚落、居住情况：一是背山面海，依坡而居，兼农耕、渔盐、狩猎之利，且可借以躲避特大风雨。因象山海岸线曲折绵长，宜居点多；二是缘海而居，相对集中。古大目湾沿岸为聚落的重要分布带，东起赵岙，沿古海岸西北至姚家山、塔山、红庙山，沿岸折向西南至九顷、茅洋。面积1.5万平方米以上的塔山遗址及庙山头遗址系相对集中的两大聚落②。

考古发现，丹城外东塘山山麓战国墓葬，出土大小不同陶埕、罐及纺轮15件。西沪港出土战国青铜剑等；丹城西路西侧山麓东汉墓葬，出土钱币7.5千克，另有双耳罐、神兽铜镜、环形铁刀等。丹城珠水溪出土西汉陶瓿，东晋越窑点彩蛙形渣斗等；丹城红庙山出土东汉越窑双系盘口壶、青铜神兽镜等。出土唐代文物，有南田高坎头、大百丈（时属宁海），墙头盛王张，儒雅洋花山岗等地。唐初陈岙青瓷窑址，在今黄避岙乡高泥村东塔自然村陈岙黄大山北麓。可以想见战国到唐代聚落大致分布情况③。

象邑立县前，已有道观、寺院兴建。蓬莱观建于隋以前。等慈禅寺（旧名凤跃院）建于南朝宋元嘉二年（425），普明讲寺（旧名涌泉院）建于南朝梁天监初年④。

唐神龙二年（706），在彭姥村置县。彭姥村虽以“村”名，却经由乡村到城镇发展，系境内首个城邑。彭姥村城址，历史上有两说，一在象山东麓，一在彭姥岭下。唐会昌间，县城及其附郭有土城、草市，聚落形成规模。县署南到市中心弦歌市约105米，西到象山镇约454米，西北到等慈禅寺约454米，西南到城隍庙约360米，西南到蓬莱观约375米，东南到圣文宣王庙、县儒

---

①《象山塔山——新石器至唐宋遗址发掘报告》第三、四、五章有关下、中、上层遗迹；夏乃平《象山县志（2008）课题：象山居住研究》等。

②《象山塔山——新石器至唐宋遗址发掘报告·遗址·遗址概述》《蓬岛遗珍·塔山遗址》及何元均《象山古代史事管窥·新石器时代的塔山遗址和庙山头遗址》等。

③《象山县志（1988）》第四十三章第一节“文物”；《蓬岛遗珍》中有关出土文物资料。

④唐《蓬莱观碑》；宝庆《四明志·象山县志·叙祠·宫观》载蓬莱观（栖霞观）在县西南二百五十步蓬莱山下；乾隆《象山县志》卷十二《寺观》载等慈禅寺在县西北一里，普明讲寺院在县南十五里。

学约150米。时县城及附郭，至少1平方千米①。

唐代，城区、今属丹东街道的梅溪、后山，今属西周镇的柴溪、倪家，今属泗洲头的住后、今属大徐镇的下俞岙、大徐，今属涂茨镇的钱仓，今属晓塘乡的崛坡（月楼岙）等，都有各姓迁入。这些家族卜居筑室，勾勒出当年城乡聚落大致分布空间，大多在今晓塘乡以北地区②。今晓塘乡以南地区聚落，东门至迟在唐贞观中有“祚圣庙”。唐元和间，南田樊岙附近有聚落③。

五代、两宋，佛教大兴。全县寺院分布：县北七里一座，县东北一百三十步、二十里各一座，三十里三座，县东南十五里一座，县南二十五里、五十里各一座，县西南四十里、四十五里、六十里各一座，县西二十五里、三十五里各一座④。

宋代，城乡聚落蓬勃发展，县有三乡三里三十二保。城区十余姓迁入。西一乡塔岭、大溪蒋、黄蜡店、洋北、墙头、方前、中沙、外仓岙；西二乡楼下陈、山下叶；西三乡肖壶、东岙、张岙、塘翰；西五乡静嘉山、杰岙、西周、下沈、车岭；怀珠乡考坑、前山姚、涂茨；磐安乡西山下、木瓜、黄避岙、大林、青莱；靖南乡南堡、岳头、马岗、樟岙、东陈；奠南乡东溪；昌石镇三区鸡鸣林；昌石镇四区番头等皆有居民迁入定居⑤。

以上乡村多农业聚落。与此同时，渔业聚落、盐业聚落亦兴。庆元间，渔业聚落，有爵溪、赤坎、后陈、东门等处。绍兴初年，盐业聚落，县东北有玉泉盐场及子场瑞龙、东村。嘉定四年（1211），县南九十里有正场玉女（汝）盐场⑥。

宋治平中，县令林旦版筑县城，宝庆《四明志》载，县城周回一百五丈，河水环之，东门曰登瀛，西门曰登台⑦。

宝庆年间，县城内有十九坊。县署之外，县西有社稷坛、仓、颁春亭等，县西北有凤跃山等慈院、主山昭应庙等，县西南有蓬莱观、蓬莱（缨溪）书院、东岳行宫、冲应真人祠、城隍庙，酒务等，县南有弦歌市、放生池、绿野馆等，县东北有宝梵院等，县东南有至圣文宣王庙、县学等，县东有宣诏亭、蓬莱驿旧址、居养院、安济坊等。城内尚有白鹤庙、顾长官祠、射圃等⑧。

---

①象山立县，象山东麓彭姥村置县，首载元和《郡县图志》卷第二十六，另说彭姥村在彭姥岭下，据徐时栋《宋元四明六志校勘记》卷二校勘宝庆《四明志·象山县志·山·彭姥岭》所载，宝庆《四明志·象山县志·叙山》中，有“彭姥岭，县西一里，其下为唐彭姥村”之语。“唐会昌间”以下一段叙述，所据资料有：县城及其附郭、土城，民国《象山县志·县城分图图说》推测立县时县城即有土城，因有城隍庙；城隍庙，宝庆《四明志·象山县志·叙县·城隍》载建于唐神龙二年，在县西南二百四十步；军事聚落象山镇，宝庆《四明志·象山县志·叙赋》中首载，在县西南一里，民国《象山县志·地治考·历代武治考》考证象山镇与县同时置，官兵不下500人；草市弦歌市，宝庆《四明志·象山县志·叙赋》首载，在县南七十步，民国《象山县志·实业考·商业》列入集市《市表》；圣文宣王庙、县儒学，宝庆《四明志·象山县志·叙县·学校》载，均建于唐会昌六年，在县治东南一百步。

②民国《象山县志·氏族表》；《象山地名志·政区地名》。

③乾道《四明图经·象山县·祠庙》载东门至迟在唐贞观中即有“祚圣庙”；《象山县志（1988）》“文物”章载，樊岙乡出土砖制墓志，志文唐元和十二年（817）十二月撰。

④宝庆《四明志·象山县志·叙祠·寺院》；嘉靖《象山县志·杂志纪上·寺观 庵院》。

⑤宝庆《四明志·象山县·叙赋·乡村》；民国《象山县志·氏族表》。

⑥宝庆《四明志·象山县志·叙赋·商税》；宝庆《四明志·象山县志·叙县·仓、库、务、场》。

⑦宝庆《四明志·象山县志·叙县·城郭》；《象山建筑志·古代建筑·城垒·县城》怀疑宝庆《四明志》所载尺寸有误，认为或是一千一百五丈，其数合今约3.4千米，与明县城长度几相符。明县城依宋城故址砌筑，颇有可能。

⑧宝庆《四明志·象山县志》之“叙县”“叙赋”“叙祠”等。

宋代象城游憩聚落大兴，林旦修治西谷，筑观澜亭、应真亭、濯缨亭、灌木亭等。庆元初，县令赵善与在县治西圃建香风亭、三友堂、更好亭、芥庵、竹篱茅舍、月台、桃岭、望稔楼等。嘉定间，县令赵善晋在县南重修绿野馆、建无量寿亭，在县东、东北建圆峤亭、涤尘亭等①。

“草市”，多为中心聚落。宝庆《四明志》载有草市弦歌市及五大酒坊：东溪坊、西溪坊、西砂坊、东村坊、青部坊，可见南宋时全县中心聚落的分布。明代，草市有白石、墙头、南堡、泗洲头、下沈、儒雅洋、三角地、弦歌市。七草市周边一些村落姓氏，迁入大多比草市姓氏迟。嘉靖《象山县志》载全县村杳218个，可见全县乡村聚落的发展和分布状况。草市周边村落大多比草市建村迟，或可证明以草市村落为中心的聚落集聚方式。草市村落自身亦可能逐渐扩大，成市镇，如墙头、泗洲头等。草市村落另一特点，即成军事聚落，如南堡，宋仁宗间已有村落，明永乐间立南堡寨，正统间筑城②。

明代，聚落发展的另一特征即军事聚落形成与发展。洪武间，建立卫所体制，筑城凿池。昌国卫，城周七里一十步。石浦守御千户所，城周六百七丈。钱仓守御千户，城周三里三十步。爵溪守御千户城周三里一十八步。正统间，立游仙寨、南堡寨，亦筑城。明代另设县衙基层组织巡检司，成另一类具有军事功能的聚落。石浦巡检司，城周四十八丈。爵溪巡检司，城周九十二丈。赵岙巡检司，城周六十八丈。陈山巡检司，城周五十五丈。

明嘉靖三十一年（1552），倭寇登劫几及县城。追贼稍退，即筑县城，始为木城、土城、粗石之城。嘉靖三十三年，因雨淋十圮八九，重筑石城，城长一千八十九丈有奇③。

（二）清代、民国时期聚落与县南聚落

清代，据邑文献所载，迁入境内居民多达572姓，康熙间复展后始迁，乾隆、嘉庆间达高峰，主要迁入地在五狮山以南地区。南田诸岛则光绪元年（1875）开禁后大量涌入。迁入姓氏，新桥镇不少于28个，定塘镇不少于54个，晓塘乡不少于22个，昌国、石浦二镇不少于77个，鹤浦、高塘岛二镇乡不少于104个。乾隆间，境内村落322个，比嘉靖间增104个。清末民国初，村落664个，比乾隆时增342个。南田100多个村落，多晚清、民国初年所建④。

新桥、定塘、晓塘清代新建的村落，多与近海作业如捕捞、晒盐、围垦、管理碶门等有关。石浦地区清代新建的聚落，与康熙二十二年（1683）“展界”及翌年“开海”有关。此后迁入的石浦居民，大部分因捕捞、经商或其他海上谋生方式经海道进入，多来自台州、温州、福建等地。石浦镇84个建村姓氏中，来自台州、温州各县47姓、福建22姓⑤。清代南田地区聚落，与光绪元年（1875）南田开禁有关。迁入南田居民，多因围垦、垦荒、捕捞或其他谋生经海道进入。鹤浦镇、高塘岛乡除少数姓氏外，多来自温州、台州各县⑥。

---

①乾道《四明图经·律诗》载林旦《西谷十咏》；宝庆《四明志·象山县志·叙县·公宇》。

②宝庆《四明志·象山县志·叙赋》；嘉靖《象山县志·区域纪·市巷》；嘉靖《象山县志·区域纪·村杳》；《象山地名志·政区》；明周希程的《城象记》。南堡寨立寨、建城时间见本“综述”“抗倭”部分页下注。

③嘉靖《象山县志·建置纪·城池》；明周希程的《城象记》（见嘉靖《象山县志》卷之十四“艺文经”。民国《象山县志》卷三十一“文征内编上”则作：周希程《筑象山县城记》）；《象山地名志·政区》。

④民国《象山县志·氏族考》；民国《象山县志·地治考》；民国《象山县志·图说上》；《象山地名志·政区地名》。

⑤《象山地名志·政区地名》。

⑥民国《南田县志》卷三十四；《象山地名志·地名文存·地名文论》聚落研究相关内容。

民国时期，县外居民迁境内定居不少，但建村不多，聚落分布大体与今相仿①。

（三）城乡建设与城市化推进

中华人民共和国成立后，乡村人口快速增长，因建房用地政策及经济能力等原因，村落平面拓展缓慢。20世纪80年代始，情况开始改变。90年代后，乡村住宅建设加快，不少相邻聚落连成一片。尤其是镇乡所在地，城镇规模扩大，基础设施完善，人居环境改善。石浦镇，中华人民共和国成立初城区面积0.3平方千米，改革开放前扩大到1.16平方千米。1981年，制订城建20年规划，以渔业、港口经济、商贸等发展的“产业筑城”开始实施，港口建设、海岛开发、水电道路等基础设施逐渐完善，城区不断拓展。至1992年，增至2.63平方千米。1993年，修订石浦城区总体规划，向产业和功能双维度发展转型，确立生活区、工业区、贸易区、水产品加工工业园区和旅游区。2004年，石浦列入全国小城镇建设示范镇，瞄准建设现代化生态型港口小城市目标，按照商旅东扩、工业西聚布局，拉大城市框架。2008年，城区10.8平方千米②。西周镇，1978年建成区0.3平方千米。1980年后，大力发展工业，1985年民营工业企业100家。1992年“撤区扩镇并乡”后，结合工业开发，一片一区拓展镇区。城东工业区，沿嵩溪东首5个行政区连成一体，城西和象西工业区，通过象瀛新村与城区连成一片。1998年，镇建成区扩至2平方千米。1998年后，西周镇形成汽车配件为龙头，家居装饰、食品机械等为支柱、电线电缆、电力器具、包装纸板为依托产业群，工业化促进城市化。2008年，西周镇为省小城镇综合改革试点镇，建成区面积扩至6.7平方千米，城市化率达45.8%③。地处南田岛的鹤浦镇，改革开放前，建成区0.35平方千米。80年代末，结合省市“石南高工程”建设规划，始行农村集镇开发，建设新区。1993年，完善镇建设总体规划，确立西南拓展总体方案，启动商贸区开发，推进城镇建设。1999年，建成区增至1.28平方千米。进入21世纪，推进沿港大道、商贸区、居民区、工业区建设，陆续建成船舶基地一、二期，与鹤浦建成区连成一体，建成区面积近5平方千米。贤庠镇，地处县东北部，1990年以后，按建设临港中心城镇的总体目标推进建设。2006年，通过市级生态镇验收。2008年建成区2平方千米④。至2008年，全县18个街道镇乡490个村，通电、通邮、通电话皆100%，自来水受益村100%，通汽车村99.8%，垃圾集中处理村96.1%⑤。

县城城区，中华人民共和国成立初仅0.6平方千米。1952年起，东、南、西城城墙拆除，城区向东、南、西扩发展。1953年，丹城镇人口9981人。20世纪70年代，城西工业区初具规模。1978年，大规模旧城改造，拓展新区，旧城南修建设路。县城面积增至1.2平方千米。1982年，丹城镇人口超过20000人。至1985年，形成以建设路为轴心向东、南发展，形成城南新区之中心城区框架，城区扩至1.77平方千米。1986年，实施县城总体规划，加快小城镇建设。1988—2000年，中心城区建设轴心由建设路向南转移到靖南路，以天安路为中心向东、西拓展。旋以丹峰路

---

①《象山地名志·地名文存·地名文论》聚落研究相关内容。

②《象山改革开放二十年·镇村篇》中的“西周”内容；《象山改革开放三十年·城乡统筹》中的“石浦”篇；《象山建筑志·镇乡建设》中的“石浦镇”；《石浦镇志稿》中的“镇村建设”章节。

③《象山建筑志·镇乡建设》中的“西周”篇；《象山改革开放二十年·镇村篇》中的“西周”内容；《象山改革开放三十年·城乡统筹》中的“西周”篇；《西周镇志》（送审稿）有关村镇建设、工业等内容。

④《象山建筑志·镇乡建设》中的“鹤浦”“贤庠”篇；《象山改革开放二十年·镇村篇》中的“鹤浦”内容；《象山改革开放三十年·城乡统筹》中的“鹤浦”“贤庠”篇。

⑤据《象山统计年鉴（2008）》第26页“农村基本情况”。

为轴心，天安路为中心，向东、西拓展。1990 年，丹城镇人口 66052 人。至 2000 年，城区扩至 9.7 平方千米。2001 年，经省政府批准，撤销丹城镇、爵溪镇建制，设丹东、丹西、爵溪三个街道，总面积 114.37 平方千米。丹城（丹东街道、丹西街道）人口 88628 人。中心城区向丹峰路以南拓展，建成象山港路，并以此为轴心，以天安路为中心，向东、西拓展。2004 年，中心城区向象山港路以南拓展，建成丹南路，以此为轴心，以天安路为中心向东、西拓展。2008 年，中心城区东以巨鹰路为界，西至环城西路，南接滨海大道，面积增至 16.8 平方千米。丹城人口增至 102572 人。爵溪，城区面积，1949 年 0.48 平方千米，1998 年扩大到 2 平方千米，2008 年扩大至 5 平方千米，城区内有腾蛟公园。人口，1949 年 5035 人，2008 年，12972 人，外来务工人员 35000 人①。

1978—2008 年，县城形成南北向主干道 4 条、东西向主干道 6 条，次干道 16 条，支路 49 条，全长近 120 千米，形成四通八达的城区路网，提高城市交通承载能力，扩大城市容量。随着主干道拓展，商业、金融、文教等楼群沿主干道两侧布列，供水、供电、供气、照明、道路红绿灯和电子监控系统、污水处理等逐步完善。建成住宅小区 49 个，多层建筑为主，并向高层建筑发展。建筑面积 318 万平方米，居住 2.22 万户。城区市场，除东、西、南、北皆有菜场外，水产、小商品、建筑装潢、水果等专业市场皆备。广场和公园，提供市民活动、交流空间。广场 2 座，占地近 11.8 万平方米，公园 3 座，占地 4.6 万多平方米，小型游园 9 个，占地 6.3 万多平方米。东谷湖景区，占地 31 万多平方米。中心城区内“似城聚落”，系“城中之城”，兼具工作、居住、商业、游憩功能。似城聚落多分布城乡接合部，有城区西南“象山工业示范园区”，城区东南“教育园区”等。实施公园、游园、道路，单位、居民区等绿化工程，2008 年，城市绿化覆盖面积 615 万平方米，其中建成区绿化覆盖面积 430 万平方米，绿地面积 402 万平方米，绿地率 26%②。

城乡统筹发展。至 2008 年，全面进入以城带乡、城乡融合新阶段。按照工业化、城市化协同发展与城乡一体化同步推进，加速人口、产业、资金、信息等要素集聚。发展特色工业、外向型经济、高效农业，培育旅游、商贸、文化等产业。推进农村城镇化、农民市民化，优化生产力和人口布局，工业向园区集中，农村人口向中心村集中，重大基础设施向中心镇集中；加快中心镇和小城镇建设，完善基础设施，强化产业支撑，健全服务功能，发挥集聚辐射作用③。

（四）聚落分布与聚落形态

象山聚落分布总体态势：倚山面海聚落，依顺原生态曲折山体、海岸展开建设；山里村落，大多处平缓山坡、谷地、小盆地，且近山溪；近河人家，多在平原地区沿河而建，有些则随海塘围垦推进从“塘里”到“塘外”。具体有以下几种类型。一是倚山临海型，多早期入住村落，在倚山近溪入海口；二是踞山傍溪型，直接建在山麓、山岙、山顶及不近海山坡上。一类建村初期即处山区，一类因围垦从近海村落演变成山村；三是平原近河型，主要分布南庄、定山、贤庠、

---

①爵溪有关内容，据《爵溪镇志》《象山改革开放二十年·镇村篇》《象山改革开放三十年·城乡统筹》中的“爵溪”资料。

②《象山县志（1988）》第二十四章“城乡建设”；《象山建筑志》第二章“县城建设”；《象山改革开放二十年·镇村篇·蓬莱山麓展新图》；《象山改革开放三十年·城乡统筹·城市建设日新月异》；县建设局提供的《象山县志（2008）》“建设志”资料长编。本段有关绿化的数据，据《象山统计年鉴（2008）》之“城市建设情况（一）”，第 257 页。

③中共象山县委十二届六次全体（扩大）会议上的报告第四部分（三）；《象山改革开放三十年·城乡统筹》中的“丹东街道”“丹西街道”部分。

鹤浦、高塘岛等平原，傍河、面河而建；四是沿街夹道型。一类沿街型，历史上多为“集市”。另一类夹道型，旧时多为村庄扩容时产生。中华人民共和国成立后，则多由公路建设而产生。

村落形态，有集聚型、分散型、错落型、规整型。集聚型村落，建村年代较早，规模相对较大，人口相对较多。主要分布：山区平坦谷地、坡地、小盆地；半岛岸线平地（含冲积平地）、坡地，沙洲；围垦历史相对久远的村落；设有集市的村落。分散型村落，分布于围垦历史较短的海塘地区及山区。错落型（阶梯形）村落，分布于坡度较大山坡，如石浦、西周山顶岭、泗洲头井坑、黄避岙大林、珠溪下院、中楼小太平、花岙岛里花岙等村。规整型村落，主要是21世纪后旧村改造或新村建设中形成①。

八

境内移民迁入，始于6000年前。唐贞元间（785—804），发展为“中县”。宋至明，移民入境不绝，至清代、民国而鼎盛。移民原籍多为宁波、绍兴，台州、温州及福建沿海地区。象山区域文化基础，融合本地、移民原籍地文化，以及越、楚、吴文化与中原文化②。南宋建都临安（杭州），象山耆儒硕德，乘时自奋，进士辈出，贤才彬彬，红木樨文化享誉朝野③，象山区域文化基础全面提升。中华人民共和国成立后，象山人口大发展，科教文卫大发展。

（一）移民、人口与人物

6000年前的塔山文化时期，象山居民有二大族群，一支迁自接力北方文化的马家浜文化区域，另一支迁自南方本土的河姆渡文化区域④。

从春秋至唐神龙二年（706），象山曾为越国、鄞县、东瓯、回浦、宁海、临海、句章、鄮县、章安等地。其间，历经降越为吴之属国；越灭吴；楚灭越，越诸族子滨于江南海上；秦始皇以强制手段迁徙大越城及其周边居民等事件⑤。凭常识来推测，在这1000多年时间里，象山居民，或有迁自越地、吴地、鄞县，以及闽中、东瓯、临海等地。

唐代已迁入象山的氏族，有来自河东、广南、平阳、宁海、奉化、会稽⑥等等。以象山以北的绍兴、宁波，象山以西的温州、台州为主。唐贞元年间，象山为“中县”⑦，人口在2000户以上。

宋代，迁入象山的居民渐多，主要还是来自宁波、台州、温州。随着海上交通的发展，从福

---

①以上二段资料来源：史奇山《象山县志（2008）课题：象山乡村聚落研究》；《象山地名志·地名文存·地名文论》聚落研究相关内容。

②根据德国学者卡尔·雅斯贝尔斯《历史的起源与目标》中有关“历史轴心期”说法，象山在春秋战国这一历史轴心期，深受越、楚、吴文化及中原文化影响无疑。

③以上几句，综合以下内容：民国《象山县志·风俗考·古今俗习》中有关“宋南渡，都临安”一段文字、嘉靖《象山县志·艺文纪·诗》中有关高宗皇帝、大臣、诗人所写红木樨诗歌以及民国《象山县志·选举表》中有关南宋时期象山进士情况。

④本段参考资料：蒋乐平《塔山下层墓地与塔山文化》，《东南文化》1999年第1期；《史前浙江——一个区域性的文化格局》，《浙江社会科学》2012年第2期，《象山塔山——新石器至唐宋遗址发掘报告·结语二》。

⑤本段参考资料：《越绝书》；《史记·越王勾践世家》；乾隆《象山县志·沿革》；1995年版《宁波市志·建置·沿革》《象山县志（1988）》“建治”“历史沿革”章。

⑥据民国《象山县志·氏族表》；《象山地名志》。

⑦乾道《四明图经·象山县》。

建迁入渐多。南宋迁都临安，也有从中原迁入象山。宋代，象山因“地不相属”，降为“下县”，但乾道间人口却超过 3 万人。元代，蒙古人入主中原，象山始有来自蒙古的氏族。时象山为中县①。

明清，大批移民迁入象山。明初，建立卫所体系，军士及其家属大量从各地迁入象山，以本省为主，也有从福建、广东、河南、南京、北京等地迁入。明清出现两个迁入的高峰：明代的嘉靖、万历年间，清代的乾隆、嘉庆年间，迁入者原籍仍以宁波、台州、温州为主，石浦一带则多福建移民。清光绪年间，南田有大批台州、温州移民迁入。清代人口，从明代最少的 1 万多人，而跃升至清同治年间的 21 万多人②。民国，移民趋于平稳，有落户者，而极少建村者。

象山历史上的移民，除为官、避难而来之外，多为因人口增长、自然灾害、匪患战乱等生活陷入困境，为寻找生存出路自发进入象山的生存型移民，以农耕、围垦种植为主，亦有经商从渔。明代以前，多在五狮山以北地区建村落户。明代，特别在清乾嘉以后，五狮山以南地区建村落户的移民大增。县城及其东北的移民，多来自绍兴、宁波地区，县西的移民大多来自台州地区，县南的移民大多通过海路来自福建、温州、台州等地③。

中华人民共和国成立后，社会稳定，象山人口快速增长，从 1949 年的 20 余万人，到 1959 年的 29 万多人，1969 年的 38 万多人，1978 年的 45 万多人。这段时间从外地迁入象山的，有山东等地的南下干部，省内外大中专院校毕业到象山工作的毕业生，从上海、宁波等城市精简下放的职工，以及从上海、宁波等地到象山插队的知识青年。改革开放以后，外地到象山的工作人员、农民工逐渐增多。至 2008 年，象山总人口 53 万多人，外来人员近 15 万人。外来工作人员来自全国各地，农民工多来自安徽、江西等省。另外，还有部分来自外地水电站水库区的移民，及嫁入象山的外地女性④。

象山历史上的著名乡贤，有南宋四大名监司之一杨王休，诏举说法的高僧梵琦，忤旨上疏的刑部尚书钱唐，元明散曲承前启后的大家汤式，出使东洋的礼部侍郎俞士吉，抗倭英雄千户易绍宗，进士榜眼邵景尧，乾隆八彦之一的进士姜炳璋，经史学家陈汉章，慈善家纪子庚，革命烈士贺威圣、王家谟，诗人、左联五烈士之一的殷夫，等等。著名的名宦，有重视文教的县令杨弘正，惩恶扬善、深得民心的县令顾方，重视县城建设的县令林旦，大兴水利的县令叶授、宋砥、许知新，重视交通的主簿赵彦逾、县令韩元礼，抗倭英雄县丞宋寘、教谕蔡海、县令蒋三才等，政绩卓著的知县毛德京、吴学周，抗清英雄张名振，重视民生的知县史鸣皋、同知叶元芳，乐育为怀的教谕孙鲲化，重视文化的知县童立成，坚持抗日的县长苏本善，等等。著名的寓贤，有道教名家吕虚夷，抗清英雄张苍水，文学家姚燮，等等⑤。

---

①本段参考资料：民国《象山县志·氏族表》；《象山县地名志》。民国《象山县志·地治考·历代文治考》引《文献通考》《彭城集·象山西谷记》等，认为：上县千户以上，中县四百户以上，下县四百户以下。象山宋初为下县，人口四百户以下。《宋会要》职官十一之七十六：“二千户以上为上，千户以上为中，不满千户为中下，五百户以下为下。”

②嘉靖《象山县志·版籍纪·户口》；《元史·地里志》；民国《象山县志·氏族表》；《象山县志（1988）》“人口”章；《象山地名志》；《爵溪镇志·居民·姓氏》；《昌国卫志·居民·姓氏》。

③《象山地名志·地名文论》。

④本段参考资料：《象山县志（1988）》“人口”章；《象山统计年鉴（2008）》；县民政局提供的“资料长编”。

⑤本段参考资料：象山历修县志“人物传”。

（二）风俗、方言与地名

历史上象山有关风俗的观念，认为上行下效而风成，渐濡习染而俗成。端风正俗，官民皆有责任。县人秉性，与山海环境有关。象山山气偏多，石岩块垒，故受秉刚直；溪泉寒冽，故得气清澈。山崇浸巨，故民刚劲而质朴，利渔盐，务耕穑，乐于居家，而惮于远行。俗质而民易治，事简而赋易供①。县人秉性，亦与管辖的城市有关。认为象山扬州故土，秦汉以来属会稽，故有大禹遗风：勤于身，俭于家，奉祭祀，力沟洫。有宋南渡，都临安，象山耆儒硕德，乘时自奋，贤才文学之士辈出②。历史上，象山多属宁波、台州管辖，故兼具精明务实、不甘人后、见利思义、报效桑梓的宁波精神，以及勇于进取、执着硬气、大气包容、智巧灵气的台州精神。

历史上象山移民的祖居地，多为宁波的鄞县、镇海、慈溪、奉化等地，台州宁海、临海、黄岩、天台、三门等地，温州的平阳、乐清等地，福建的莆田、泉州、漳州等地。象山区域文化的基础，是象山本地文化与移民原籍地文化的交融糅合。

物质文化方面。农耕文化：宁波、台州近海处，田禾犯盐潮则死，故作堰碶以拒之，象山亦然；台州壅田，多用煅烧螺蚌蛎蛤之灰。象山塘田最忌盐潮，塘田发淡用盐草灰壅之，亦有用蛎灰壅之；作物品种，水稻红六十日，嘉定《赤城志》载，夏熟者曰早禾，最早者曰六十日，嘉靖《宁波府志》载，鄞、象同。蚕豆，象山称倭豆，豌豆，象山却称之为蚕豆，慈溪等地亦如是称之；番薯种植，清初从福建传入象山。渔文化：鳊舠船，明代从台州传入爵溪等地；大捕船，清康熙至雍正年间，从福建传入东门岛等地；单船无囊围网作业，俗称鳊舠篦箕网作业，自闽、台传入后，经爵溪渔民改造而成。

手工业：唐代黄避岙陈岙青瓷龙窑，为当时著名"越窑"之一；象窑，明代典籍《格古要论》《陶说》等有载，亦越窑之一；清咸丰年间昌国南门外沙头角缸窑，厂主宁绍人；民国茅洋缸窑大师傅，有来自台州；清代、民国时期的石浦商业，主要有闽帮渔市，甬商绸布、广货等，三北（慈溪等地）商的国新药、南北货、酱作、酒作等；建筑，现存石浦中街碗行街街面房屋，大多为清道光至民国时期的建筑，具有闽、温、台风格③。

精神文化方面。象山方言，是吴方言甬江片方言与台州片方言的融合。有四个方言小区。东乡方言小区，以丹城话为代表，四明方言特征明显些，掺有台州方言因素。西乡方言小区，以西周话为代表，基本上同东乡方言，但台州方言因素更多些。南乡方言小区，以石浦话为代表，台州方言为主，掺有四明方言和闽方言的因素；南田方言小区，台州方言为主，掺有东瓯方言因素。另外，象山还有三个"方言孤岛"：爵溪城区方言，是北方方言、杭州方言与四明方言的融合；岭南（灵岩山以南 12 个村）方言，讲宁海话；沙塘湾（石浦沙塘湾、铜钿礁等村）方言，讲闽南话④。

民间信仰：儒释道与民间信仰交融一体，兼容多元，神灵古今混杂，自然神灵、祖先神灵、

①本段参考资料：嘉靖《象山县志·风物纪·风俗》；民国《象山县志·风俗考·古今俗习》。

②本段参考资料：嘉靖《象山县志·风物纪·风俗》。

③"物质文化方面"二段参考资料：民国《象山县志·实业考·田业》；民国《象山县志·物产考·植物谷类》；《爵溪镇志·渔业·海洋捕捞》；《象山东门岛志略·海洋渔业·渔船》；《象山县志（1988）》"工业""发展概况"章；民国《象山县志·物产考·工业》；《石浦镇志》"商业"卷；《象山建筑志·古代建筑·街市村落》。

④本段参考资料：《象山县志（1988）》"文化""方言"章；《爵溪镇志·方言》；《石浦镇志》"方言"卷；叶忠正《象山方言志》。

圣贤神灵、民间俗神等，往往同处一庙，有时还供奉佛、菩萨、三清老祖等；象山多圆峰庙，遍及全县各镇乡，所祀神灵为本土的圆峰山神，又多白鹤庙，亦遍及全县各镇乡，所祀神灵为台州祠之甚多的赵炳；石浦地区，多天后宫（天妃宫、娘娘宫、妈祖庙）、王爷庙、陈将军庙等，神灵为闽人崇奉的林默娘、广泽尊王、保安尊王、陈元光将军等①。

浙江民俗区域，明代形成，清代定型。《广绎志》载，宁、绍、台、温，连山大海，是为海滨之民，其民俗与杭、嘉、湖的“泽国之民”尚奢侈不同，亦与金、衢、严“山谷之民”习素俭不同，而“尚居奢俭之半”。乾隆《象山县志》等载，象山婚嫁旧俗，大率遵循“六礼”，唯奁具、彩舆、仪卫等僭侈逾制。象山丧葬旧俗，亦大率遵循儒教居丧制度，但违礼者也多：如“做七”“用巫”“散孝（使他人为己持孝）”“闹材（将殓之前令乐户唱戏）”“停丧久不葬”等。中华人民共和国成立后，破除迷信，移风易俗，积极推行文明新风，婚事新办，丧事简办②。

象山岁时习俗，传承汉族传统节日之大略，又具宁、绍、台、温之特异，及象山本土之特色。象山元宵节，为正月十四，俗同临海、天台等地。象山中秋节，为夏历八月十六，俗同宁波、台州、温州。象山元宵灯会，明代，5夜，从十三日至十七日。清代，6夜，从十三日至十八日，俗同宁波。而绍兴元宵灯会时间更长，从正月十三至正月二十。象山石浦、南田等地立春日的“燂春”，即燃烧樟树叶以除秽助阳气，俗同永嘉、乐清、平阳等地。元宵众祀里祠、设醮祈年的“雨水会”，夏历六月“稻花会”等，俗皆同鄞县。象山本土独有的岁时习俗，与生产活动相关的有：腊祭，延请道士，设坛祭祷，称“做青苗”，俗呼“杀虫�”；初夏“渔期”，又称“打洋山”，以楝花、紫蝴蝶花开为候，渔船出海称“开洋”，行文书、祭海神，酬游魂，渔汛结束，再祭海神“散福”，做渔戏，称“谢洋”；早禾将刈之前，农家各造红米蜜果以祀“田公婆”（田祖）。与祛疫防病、除灾求福相关的有：正月十四，妇女持菜叶向溪上拂衣，谓之“打油肩”；夏历三月三，妇女于溪上采荠菜花，簪之归，供于灶上；端午日，用菖蒲作片、穿以苎线为小孩手镯，妇女则剪黄荼蘼，取其白瓤染作花草插戴，谓之“端午花”③。

象山聚落地名，以自然地理实体命名最为普遍，其通名，常见的有山、岙、岗、屿、墩、洋、湾、港、浦、溪、坑、潭等。以建村姓氏命名，多以“家”作通名，二姓、三姓合称亦不少见。人文地理景观命名，除交通设施路、街、岭、桥等，文化建筑寺、庙、宫、阁等之外，多用围垦有关的词汇如塘、碶等，及军事设施卫、寨、司、堡、台等命名④。

（三）教育、卫生、文艺与宗教

象山历史上重视教育。唐会昌六年（846），至圣文宣王庙与儒学同立。唐大中四年（850），

---

①本段参考资料：民国《象山县志·典礼考》；《石浦镇志》“信仰”卷。

②本段参考资料：明王士性《广绎志·江南诸省》；乾隆《象山县志·地里志·风俗》；道光《象山县志》卷之一“风俗”；民国《象山县志·风俗考》、《象山县志（1988）》“礼仪习俗”章；陈文华等著《浙江民俗史》第九章第二节《清代浙江的岁时民俗与人生民俗》。

③本段参考资料：嘉靖《宁波府志》卷四“志一·风俗”；同治《鄞县志》卷二“风俗·岁时”；万历《绍兴府志》卷之十二“风俗志”；康熙《临海县志》卷之一“舆地志·风俗”；光绪《永嘉县志》卷六“风土志·风俗”；《中国地方志民俗资料汇编·华东卷》转载康熙《天台县志》、光绪《乐清县志》、乾隆《平阳县志》之“岁时民俗”；嘉靖《象山县志·风物纪·岁时》；乾隆《象山县志·地里志·风俗·岁时》；道光《象山县志》卷之一“风俗·岁时礼仪”；民国《象山县志·风俗考·岁时俗尚》；民国《象山县志·实业考·渔业》；民国《南田县志·风土·风俗·岁时》；《石浦镇志》“民俗风情”卷；《象山东门岛志略》“渔村习俗”“生产习俗”。

④本段参考资料：《象山地名志·地名文存·地名文论》。

立蓬莱书院。以后县学、书院共同发展，成为象山教育的两大基地。县学，历代重视修缮、扩建。书院，南宋嘉定十一年（1218）建丹山书院，明万历三十二年（1604）建聚奎书院，清乾隆十八年（1753）建缨水（缨溪）书院，清同治十三年（1874）崇德义塾更名金山书院，光绪八年（1882）建珠山书院，二十五年（1899）建养正书院。民办社学，始于明洪武八年（1375），每五十家设一社学，训军民子弟。正统、景泰间，始训童蒙。万历年间有社学 24 处。清代以后，乡学听之民间，不拘处所。私塾，随着县学式微而大兴，家塾、村塾、族塾、学馆之外，义塾亦兴，有崇德义塾、凤阳义塾等。民国以后，兴办新学，私塾由盛而衰。民国 18 年（1929），有私塾 82 处。民国 24 年，减至 15 处①。

小学学堂，光绪年间兴办，清宣统三年（1911）共 18 所。民国 18 年（1929），共 120 所，其中公立 89 所，私立 31 所，学生 5246 人。民国 19 年，南田（时为南田县）有小学 25 所，学生 580 人。民国 34 年，政府实行“强迫教育”，学龄儿童入学率 40.7%。1949 年，小学 192 所，学生 8170 人，入学率 20%。中等教育，民国 27 年始办，称“私立立三战时初中学生补习学校”。民国 31 年，创办“定象两县联立战时初中学生补习学校”。民众教育，民国 15 年，创办平民夜校。民国 37 年，民校 179 班，其中妇女 40 多班，共 1 万多人。文盲率占总人口的 80%~90%②。

中华人民共和国成立后，大兴教育。1956 年，始创高中。1964 年，全县小学 885 所，学生 58790 人，入学率 89.6%。1984 年，学龄儿童入学率、在校生巩固率，12~15 周岁入学的普及率和毕业率都达到国务院和省规定的“四率”要求。1985 年，全县完中 9 所 56 班，学生 2946 人，初中 32 所 339 班，学生 17710 人。1986 年，实施义务教育，县拨教育经费、城乡教育附加费逐年大幅增长。1989 年，小学流生率 0.21%，中学流生率 4.38%，17 个乡镇实现无流生目标③。

扫盲，办冬学、职工业余学校、机关文化补习学校、速成识字班、干部扫盲班、脱产扫盲班等。1963 年，有民校 212 班。1965 年，民校有学员 3.5 万人。1983 年，实现“基本无文盲县”。1984 年，全县 12~40 周岁的半文盲人数降至 10.4%，达到省规定指标。1995 年，通过浙江省“基本实施九年义务教育、基本扫除青壮年文盲”评估验收。1997 年，实施义务教育段八年向九年过渡。1998 年，通过宁波市“高标准普及九年义务教育、高标准扫除青壮年文盲”评估④。

职业中学，1958 年开办，至 1965 年，有农、渔、林中学 20 所，学生 666 人。1983 年，中等教育改革，推行职业教育。1985 年，全县农业中学 1 所，职业班 13 班，学生 501 人⑤。

1997 年始，切实提高义务教育质量的同时，进一步优化教育结构，发展普高、职成教和幼教事业。至 2008 年，全县小学 36 所，724 班，学生 31345 人。普通中学 29 所，其中完全中学 3 所，高级中学 4 所，初级中学 14 所，九年一贯制学校 8 所。在校普通初中学生 17647 人，普通高中学生 7141 人。幼儿园 149 所，其中教育部门办 4 所，机关乡镇办 108 所，村办 37 所，在园幼儿 16496 人。中等职业教育学校 6 所，在校学生数 5922 人，学生较多的专业：土木水利工程、加工

---

①本段参考资料：宝庆《四明志·象山县志·叙县·学校》；嘉靖《象山县志·学校纪》；乾隆《象山县志·经制志二·学校》；民国《象山县志·教育考》；民国《象山县志·名宦传·唐·杨弘正》；民国《南田县志·南田县县、区立小学概况一览表》；《象山县志（1988）》“教育”章。

②本段参考资料：《象山县志（1988）》“教育”章。

③本段参考资料：《象山县志（1988）》“教育”章；《象山改革开放三十年·社会和谐·改革开放时期的象山教育》。

④本段参考资料：同上。

⑤本段参考资料：《象山县志（1988）》“教育”章。

制造、商贸旅游、财经等。职业技术培训学校4所，结业学员25382人①。

象山历史上最早的疫病记载，为元至大元年（1308）。明代，大疫多次发生。清代，江南地区瘟疫发生次数或与是否沿海关系密切，宁波府濒海，为江南地区瘟疫重点分布地域之一。据文献资料统计，宁波府6县共发生瘟疫73次，各县平均12.2次，象山13次。其中2次为“痘疫”天花，乾隆五十年的痘疫，稚幼十伤其七。另有几次为霍乱。象山疫病发生的季节，多夏秋季。民国时发现急性传染病15种，其中霍乱、天花、流脑、痢疾、疟疾为害最广。民国27年（1938）、民国31年、民国33年，多次霍乱盛行。民国31年，发病943人，死亡790人。民国34年、民国35年两年间，因天花死亡97人，流脑死亡36人。中华人民共和国成立后，坚持“预防为主”方针，开展防疫工作。20世纪50年代，霍乱、天花得到控制。20世纪60年代，通过接种牛痘疫苗消灭天花，并消灭回归热、炭疽、斑疹、伤寒、麻疹、流脑、乙脑、白喉、钩端螺旋体等8种疫病。1979年始，实行计划免疫。至2008年，疫苗可预防的传染病发病率降至历史最低水平②。

官办医疗慈善机构，宋设安济坊，以养病者，又设漏泽园，掩埋贫无以葬者或客死暴亡者。明代，设养济院，以养孤贫残疾无依者，清代沿袭。另有私办施医舍药的墩仁堂。官医，宋代，设惠民药局象山县铺、济药局，明代，设阴阳医学、惠民药局。清代以前，中医治病，官医之外，多赖私医。民国元年（1912），石浦始创西医医院。民国27年，创办县立公立医院。中华人民共和国成立前夕，全县有卫生院、卫生所各1个，私人诊所16个。中医，民国29年，创办中德医院。至中华人民共和国成立前夕，全县有中医90人。民国，私办以救济病人为宗旨的慈善机构有仁济堂、乐善堂等。中华人民共和国成立后，医疗事业大发展。至2008年，全县有综合医院2个，床位742张，执业医师257人。中医医院1个，床位135张，执业医师93人。精神病专科医院1个，床位70张，执业医师10人。乡镇卫生院17个，床位263张，执业医师206人。诊所、卫生所、医务室65个，执业（助理）医师37人。妇幼保健院1个，执业医师11人。疾病预防控制中心1个，执业医师12人③。

1949年，党政文卫系统公职人员医疗费由县府财粮科统一报销。1954年始实行公费医疗。1981年，试行经费额定管理。1985年，实行系统包干。公费医疗制度执行到2002年。1950年，全民所有制工矿企业职工，实行劳保医疗。1961年，扩大至集体企业职工。1983年起，多数企业实行定额包干。1993年，实行企业职工大病统筹制度，直至2002年。2002年，实行城镇职工医疗保险制度，参加对象为县内城镇国家机关、事业单位、各类企业、社会团体、个体经济组织及其职工。2008年，全县城镇职工参保人数近7万人④。

农村医疗，中华人民共和国成立后，农村建卫生室，农民自费诊治。1969年前后，实行合作

---

①本段参考资料：《象山县志（1988）》“教育”章；《象山改革开放三十年·社会和谐·改革开放时期的象山教育》；《象山统计年鉴（2008）》“教育”部分统计表。

②本段参考资料：嘉靖《象山县志·杂志纪下·灾祥》；民国《象山县志·志异》；《象山县志（1988）》“医疗卫生”章；《象山改革开放三十年·社会和谐·持续发展的医疗卫生事业》；余新忠《清代江南的瘟疫与社会》第三章“清代江南的疫情”。

③本段参考资料：宝庆《四明志·象山县志·叙县·仓库务场》；开庆《四明续志》卷第二《惠民药局》；嘉靖《象山县志·建置纪·诸属》；嘉靖《象山县志·版籍纪·劝分》；乾隆《象山县志·经制志四·公署》；民国《象山县志·风俗考·附义举》；《象山统计年鉴（2008）》“卫生机构、床位、人员情况”。

④本段参考资料：《象山县志（1988）》“医疗卫生”章；《象山改革开放三十年·社会和谐·持续发展的医疗卫生事业》；县卫生局提供的《象山县志（2008）》“医疗卫生”资料长编。

医疗，医疗费由举办单位在公益金中开支，或由社员投资，或统筹解决。1982 年后，由于医务室由医生承包，农民自费就医。2004 年，全面推行新型农村合作医疗制度，38.5 万农民参加，占 92.3%。2008 年，40.8 万农民参加，占 96.5%①。

象山的文学创作，历史上韵文创作繁荣，诗词名家辈出，元末明初的汤式为中国散曲大家，清晚的“红木樨诗社”，浙东名士姚燮为祭酒，影响遍及浙东南。民国时期，诗歌创作旧、今体并存，新诗创作首推殷夫，代表作有《孩儿塔》《别了，哥哥》等。中华人民共和国成立后，群众文艺创作活跃，体裁以说唱、故事、民歌等为主，题材多配合中心任务。改革开放以后，文学创作逐渐繁荣，诗歌、小说、散文、戏剧创作全面推进。1990 年以后，新诗、散文创作出现在省内外有一定影响的作者和作品。旧体诗创作有“缨溪诗社”。

象山的艺术创作，古代除书法、绘画之外，多为民间文艺。民间音乐有田歌、山歌、渔歌、民乐细杂番等，民间舞蹈有龙灯舞、马灯舞、鱼灯舞等，民间美术有壁画、床画、刺绣、印染、编织、剪纸、花灯、木雕、竹雕、砖刻等，戏曲有宁海平调、乱弹，曲艺有唱新闻、木偶剧等。民国时期，越剧大兴，西方艺术传入。歌舞有学堂歌舞，流行歌舞等。抗日战争时期，“抗战救亡歌咏运动”蓬勃开展。美术有油画、水彩、水粉等。戏剧则有话剧。中华人民共和国成立后，群众文化兴起，多俱乐部、文工团、宣传队。农民画一枝独秀，高妙兰作品声名远播。改革开放后，竹根雕、摄影异军突起。竹根雕出现一群国内、省内有影响的雕刻家，以及一批精品，1996 年，象山县被命名为“中国民间艺术（竹根雕）之乡”。摄影佳作迭出，屡获大奖。书法、绘画创作基础实，人员众，油画作品屡获全国大奖。馆藏文物，国家一级 8 件，二级 23 件，三级 200 多件。文物保护单位，省级 5 个，县级 39 个。非物质文化保护，列入国家级项目 4 项：“晒盐技艺”“徐福东渡传说”“象山渔民开洋谢洋节”“石浦—台湾富冈如意信俗”。省级 6 项，市级 28 项。2008 年，已连续举办 11 届的“中国开渔节”，被推为中国十大民俗节庆之一②。

经史研究，代有学者，清代姜炳璋，其著作被收入《四库全书》；民国陈汉章，治学遍及经史子集方方面面，著作等身。象山历代重视地方志编修，重视地方文化研究。存世旧修县志有 10 余种，比较重要的有嘉靖县志、乾隆县志、道光县志、民国县志，以及民国南田县志等。存世的地方掌故笔记，比较重要的有清代倪象占的《蓬山清话》、钱沃臣的《蓬岛樵歌》，民国於斯盛的《韬庐丛话》等。

象山宗教，道教最迟在东晋、南朝时传入，唐代蓬莱观、元代大瀛海道院，对象山文化影响深远。但象山道教观舍屈指可数，明代以后衰落。佛教南朝时传入，建等慈禅寺（旧名凤跃院）、普明讲寺（旧名涌泉院）。至唐代，传播渐广。五代吴越国时期、宋代，由于统治者提倡，佛教大兴，象山有禅院 9 所，教院 3 所，甲乙律院 4 所，其中 14 所御赐寺额。宋元明三代，象山高僧辈出：智愚（虚堂）曾到高丽弘法，并对日本禅宗、茶道发生影响深远；梵仙，东渡日本传教，任建长寺第一座，成为无量寺开山第一祖；昙噩，洪武年间，受朝廷之召升座说法；梵琦，名被宇内，以宋濂为首的士大夫多归之，洪武初年诏至京师说法。明代，等慈禅寺、智门禅寺被列为“丛林”，成为浙东名刹。明清，日本高僧数度至蒙顶山天寿寺朝拜，并献“海上奇观”匾额。民

---

①同上页页下注④。

②本段参考资料：象山旧志“艺文”等相关内容；《象山县志（1988）》“文学艺术”章；《象山改革开放三十年·社会和谐·文化体育事业在改革开放中奋进》。

国，全县有寺、院、庵800余处。1964年，全县有寺、院、庵138处。“文化大革命”期间，寺庵遭破坏。中共十一届三中全会后，宗教政策得到落实，佛教活动恢复正常。至2008年，全县依法登记寺庵130所。基督教，清咸丰、同治年间传入象山。清光绪年间，英国传教士设立教堂。民国，传教区域除县城之外，多在县东南沿海或海岛的石浦、南田、坦塘、金星、白玉湾、涂茨、崔家岙等地，后向中西部的新桥、墙头、车岭、西周等地发展。民国末，有教堂、布道所近30所，信徒2000多人。中华人民共和国成立后，根据“自治、自养、自传”原则，摆脱外国教会控制，独立自主、自办教会。至2008年，全县有基督教堂所45处，信徒1.6万多人。天主教，光绪年间传入石浦并设立教堂，传教区域除县城之外，多在县南部海岛鹤浦、高塘岛等地。民国初年，县城设立教堂，并创办小学和育婴堂。民国末，全县有教堂1所，公所7处，教徒1200多人。2008年，有教堂8处，教徒800余人①。

①本段参考资料：象山历修县志“寺庵”“方外”“丛录”中的相关内容；《象山县宗教志》；县民宗局提供的《象山县志（2008）》“宗教”资料长编。丁福保《佛学大词典》“梵仙”“虚堂”条，比丘明复编《中国佛学人名词典》“梵琦”条。

大　事　记

立县前

距今约6000—4100年间

蓬莱山东麓、塔山南坡一带，是象山先民耕作、渔猎、居住地之一。塔山遗址出土的文物表明，当时象山先民已使用斧、锛、凿、镞、犁、耘田器、厨刀等石制的生产、生活工具和网坠、纺轮、釜、鼎、盘、豆等陶制的生产、生活用品，以及玦、环、管、璜等玉器。

约公元前21世纪至公元前16世纪

夏后帝少康封其庶子无余于会稽。封地号“於越”，越国之称始此。越之东有堇子国，即后之鄞县地。时象山为堇子国地。

周敬王二十六年（前494）

是越王勾践三年。吴王夫差败越王勾践于夫椒（今太湖中山），攻入越都。勾践栖会稽山上请降，夫差许之。越降为吴之属国。

周元王三年（前473）

是越王勾践二十四年。勾践灭吴，作句章城（今宁波市江北区乍浦乡城山渡一带）以彰霸功。越地东至于鄞。时象山为鄞地。

周赧王八年（前307）

楚灭越，据越国北境地（今钱塘江以北）。越之南境，为原越王无疆之子孙分据，或称王，或称君，臣服于楚。时象山地在越之南境。

秦始皇帝二十六年（前221）

秦统一中国，分天下为36郡，郡辖县。鄞、鄮均属会稽郡。时象山为东瓯地、鄞地①。

秦始皇三十五年（前212）

齐人徐福奉秦始皇之命入海求仙药而未得，惧祸避秦。据《唐明州象山县蓬莱观碑》载，象山历代有徐福访神仙之术于蓬莱山之说，蓬莱山有药灶、丹井泉、蓬莱观等遗迹。

汉惠帝三年（前192）

立闽君摇为东海王，都东瓯，统温台处之地。时象山为东瓯地、鄞县地②。

---

①出处资料详本志“建置”篇，第一章“沿革”，第一节“立县前沿革”页下注。

②出处资料详本志“建置”篇，第一章“沿革”，第一节“立县前沿革”相关页下注。

汉昭帝始元二年（前85）

立回浦县，设东部都尉治之，统台、温、处之境及闽之冶县，并隶会稽①。时象山为回浦、鄞两县地。

汉光武帝建武年间（25—56）

改回浦为章安县，东部都尉之治如故。时象山为章安地、鄞地（一说为鄮县地）②。

汉顺帝阳嘉元年（132）

会稽人曾旌（一作曾於）聚众千余于海上，杀句章、鄞、鄮三县令长，攻会稽东部都尉。诏令缘海各县屯兵卫戍。

是年，会稽东部都尉徙鄞。时象山地称安化乡，又称回浦乡③。

汉灵帝熹平元年（172）

十一月，会稽人许生起事于句章，自称“越王”，子许昭自称“大将军”，聚众攻破城邑。鄮县令朱嘉率吏人出战于海渚，主簿任光力战死。民国《象山县志·史事考》以为所战之海渚，或即象山海曲中④。

三国·吴会稽王孙亮太平二年（257）

分会稽东部都尉境域立临海郡，始治临海，寻治章安。析章安县置临海县⑤。时象山为临海地、鄞地。

---

①清乾隆《象山县志·地里志一·沿革》：“始元二年，乃立回浦县，设南部都尉于回浦，则台、温、处之境也；其南为冶县，则闽地也，并隶会稽。”“设南部都尉于回浦之说”，源自《汉书·地里志》，其会稽郡“回浦”下云：“南部都尉治”。宋嘉定《赤城志·地里门一·叙州》认为：“回浦县，属会稽郡，为东部都尉。”王国维亦持“设东部都尉于回浦”之说，有考证文章《汉会稽东部都尉治所考》。详见本志“建置”篇，第一章“沿革”，第一节“立县前沿革”中“会稽东部都尉设置及迁鄞时间考”。

②宋乾道《四明图经》卷六《象山县》：象山县，“后汉东属鄮县，西属章安。”明嘉靖《象山县志·建置纪》同是说。民国《象山县志·疆域表·旧志辨误二十事》认为象山之东本鄞地不属鄮，乾道图经、嘉靖县志说法皆误，并云：“原其误始乾道图经，谓后汉改鄞为鄮，居鄮山之阴，既而复为鄞。延祐《四明志》载王深宁（王应麟）说，已辨其非，嘉靖志盖未考也。”但民国《象山县志》所引嘉靖县志，作“汉象山东属鄮，西属章安”，而非“后汉”，不知何据。乾道《四明图经》王深宁所辩称“（乾道）图经云，后汉改鄞为鄮，居鄮山之阴，既而复为鄞，非也。西汉已有鄮”，其意思理解或不仅一种。《象山县志（1988）》第一章《建治·历史沿革》：象山，“汉为鄞县、回浦（后改）章安两县地。”

③会稽东部都尉徙鄞时间，《吴志·虞翻传》注引《会稽典录》朱育对濮阳兴曰：东部都尉，“阳朔元年，又行治鄞。”西汉汉成帝阳朔元年，为公元前24年。清乾隆《象山县志》则认为南（东）部都尉徙鄞时间在东汉：“东汉废回浦，改冶县为章安，徙都尉治于鄞，而象地则曰安化乡，又曰回浦乡，属于鄞。”王国维《汉会稽东部都尉治所考》则疑朱育所云“阳朔元年”，乃“阳嘉元年”之误。详见本志“建置”篇，第一章“沿革”，第一节“立县前沿革”中“会稽东部都尉设置及迁鄞时间考”。民国《象山县志·疆域表》中有与乾隆《象山县志》不同观点。

④此条据《后汉书·灵帝纪》《三国志·臧洪传》及《四明图经》引《会稽典录》等相关记载。《三国志·吴·孙坚》所载则与此小异：“会稽妖贼许昌，起于句章，自称‘阳明皇帝’，与其子韶，扇动诸县。坚以郡司马与州郡合讨破之。”

⑤宋嘉定《赤城志·地里门一·叙州》（清宋世荦刻本）认为临海郡、临海县设立的时间皆在“太平三年（258）”：“太平三年，析章安置临海县。以会稽东部立临海郡，治临海。取郡东北临海山而名。属扬州。寻徙治章安。”据《三国志·吴书·三嗣主传》载：太平二年春二月，以会稽郡东部为临海郡。以后各史志一般皆认定为太平二年，很少异议。

晋武帝太康元年（280）

分会稽郡之鄞县安化乡800户与临海之北200户地置宁海县，设治白峤，属临海郡①。时象山为宁海地、鄞地。

晋安帝隆安五年（401）

八月，五斗米道首领、琅琊（今江苏句容北）人孙恩败，自浃口缘海岸而南，经象山逃向临海。翌年（晋安帝元兴元年）三月，孙恩攻临海，为临海太守辛景所破，投海死。

南朝·宋文帝元嘉二年（425）

僧凤跃，于治西一里建凤跃院②（今等慈禅寺，俗称“西寺”）。

南朝·宋孝武帝大明四年（460）

丹阳尹、山阴人孔灵符以山阴地少人众，奏准移山阴无赀之家于鄞、鄮、余姚三县，垦起湖田（后世称塘田），并成良业。象山湖田，时属鄞县界。

南朝·宋明帝泰始五年（469）

临海人田流起事，据鄞县边海山谷中。冬，攻杀鄞令耿猷。次年，龙骧将军周山图屯浃口讨之。田流为其副将所杀。其余部，次第平。

南朝·齐武帝永明至南朝·梁武帝天监年间（483—519）

齐武帝永明年间（483—493），陶弘景从兴世馆主孙游岳咨禀道家符图经法，往浙越各处访寻隐逸。梁武帝天监十一年（512），陶弘景诣鄮县礼阿育王塔。据宋王钦若《陶真人灵验记》碑文载：蓬莱观，梁朝陶贞白真人修药之所，自写真于东壁之上。宋王象之《舆地纪胜》云：梁陶正白真人有修炼之所在象山。

南朝·梁武帝天监二年（503）

凤凰山（今丹城南黄土岭东田横山）麓置涌泉院（后改名普明院）。

隋文帝开皇九年（589）

隋灭陈，废会稽郡。并鄞、鄮、余姚三县入句章县，治小溪（今鄞州区鄞江镇），属吴州，设吴州总管府于山阴。同年，废临海郡为县，并宁海入临海县，属永嘉郡。时象山为临海地、句章地。

隋文帝开皇十年（590）

江南故陈地反，象邑古蓬莱观遭毁平。

---

①宁海立县时间有多说，晋太康元年之说据宋嘉定《赤城志》卷第一《地理门一·叙州·》：“晋武帝太康元年，……析临海之北置宁海县（按：《宁海土风志》：县本汉回浦、鄞两县。太元二年，裂鄞之八百户、安北乡八百步置宁海县。与前说微不同）。”宋宝庆《四明志》象山县卷沿革引《宁海土风志》，安北乡改为安化乡，太元二年改为太元三年。《赤城志》卷第一《地理门一·叙县·宁海》：“宁海县本吴临海县地，晋太康析置。”另一说为晋穆帝永和三年，见本志“建置”篇，第一章“沿革”，第一节“立县前沿革”中置宁海县条页下注。

②嘉靖《象山县志》卷之十二“杂志纪上·寺观”，等慈禅寺条：“县西一里，旧名凤跃院。宋元嘉初，僧凤跃建。”

唐高祖武德四年（621）

今浙江地入唐。罢郡置州，会稽郡改为越州，置总管府，领11州。

十一月，废句章县。原句章、鄞、鄮三县地置为鄞州。同年，以隋临海县置海州，又析临海县复置宁海县，隶属海州。次年，改海州为台州。时象山为宁海地、鄞州地。

唐高祖武德七年（624）

改越州总管府为都督府，领越、鄞等5州。罢姚州为余姚县，属越州。同年，复省宁海县入章安。时象山为章安地、鄞州地。

唐高祖武德八年（625）

废鄞州，改置鄮县。治小溪，属越州。废章安入临海。时象山为章安地、鄮地。

唐武后（则天）永昌元年（689）

复析临海县置宁海。先属临海郡，后属台州。时象山为宁海地、鄮地。

唐中宗神龙元年（705）

监察御史崔皎奏于宁海县东界海曲中、象山东麓彭姥村置县。

唐（立县后）

神龙二年（706）

六月初六，析台州宁海县与越州鄮县地置象山县。设县治于彭姥村，属台州。县令徐旃。同年创建县城，并于县治西南240步建城隍庙。置象山镇，有镇将、镇副各一，兵不减500名。

至德年间（756—757）

台州郡守袁仲宣奏请重建象邑蓬莱观①。

广德二年（764）

象山县改属明州（今宁波）。

贞元年间（785—805）

县辖五乡，乡辖五里，里有百户，共约2500户，定为中县，历五代而未改。

元和十二年（817）

沈氏下葬南田山之阳，其墓志砖上刻有："台州宁海县依仁乡万岁里"。

会昌六年（846）

始建县学（儒学）。乡贡王关撰《始建学校碑》。

---

①至德年间，奏请重建象邑蓬莱观为"台州郡守袁仲宣"的说法，始见《唐蓬莱观碑》。宋宝庆《四明志·象山县志·叙祠》、明嘉靖《象山县志·杂志上》之"栖霞观"条，清阮元《两浙金石志》之"唐蓬莱观碑"条，皆持此说。阮氏并引洪筠轩云：袁仲宣当为袁光孚之字。但据宋嘉定《赤城志》所载，相应时期所任郡守（刺史）者，有两人，却无"袁仲宣"之人。其卷第八叙"历代郡守"：天宝元年，改刺史为太守，天宝十四年到至德二年，郡守为"袁光孚"；至德二年，改太守复为刺史，是年刺史李仲宜。

大中二年（848）

县令杨弘正告于明州刺史李敬方，重修蓬莱观。立蓬莱观碑，上镌金陵孙谏卿撰《唐明州象山县蓬莱观碑铭并序》，清河贝泠该八分书。

大中四年（850）

县令杨弘正于蓬莱观右创蓬莱书院，课读文士。为浙江有记载的唐代六家书院之一①。

大中十三年（859）

十二月，剡西人裘甫起兵海上，占象山。次年春，克剡县（今嵊州市），自号“天下都知兵马使”，建元“罗平”，铸印曰“天平”。分兵攻明州、台州，破唐兴（今天台）。又攻上虞，入余姚，破慈溪，经奉化，据宁海，分兵围象山。四月，王式为浙东观察使，分兵进击。月余，王式之东路军攻占宁海，象山围解。裘甫撤往嵊县。六月，裘甫被擒。八月，被杀于长安东市。

乾符五年（878）

三月，黄巢之众自宣州渡江，由浙东入闽，闽中诸州均陷。时建州刺史粤人姜晟，避黄巢乱，弃官航海至象山，居晏清坊。

中和元年（881）

九月，温州牙校永嘉朱褒，据州称刺史。招讨副使平阳倪九畴避其乱，称疾不仕，航海居象山缯棚岭。

乾宁三年（896）

明州刺史黄晟于县治东北30里北山南麓建常乐院（宝庆院）。

五代（吴越国）

梁太祖开平元年（907）

五月，梁太祖进封钱镠为吴越王。象山时属吴越。

梁太祖开平三年（909）

吴越升明州为望海军，改鄮县名鄞县。又析置望海县（宋改名定海，今镇海）。象山属望海军。

梁末帝龙德三年（923）

二月，梁末帝册封钱镠为吴越国王。吴越国正式建立。

吴越国期间，在县境建成十大寺院：茅洋东岙山南麓蓬莱院（949）、新罗岙瑞云峰下龙寿院（949）、五狮山南麓伍师院（953）、墙头方前保安院（957）、东陈马岗保宁讲寺（958）、丹城象鼻山东隅东禅院（961）、田洋湖岙底太平禅寺（962）、贤庠马岙仙岩院（964）、涂茨玉泉山玉泉

---

①邓洪波《中国书院史》“方志所载唐代各书院情况一览表”、李国均《中国书院史》“历代书院名录”，各载唐代浙江有五家书院，其中四家是相同的：丽正书院（绍兴）、九峰书院（龙游）、蓬莱书院（象山）、青山书院（建德）；两家是不同的：前者为德润书院（慈溪），后者为溪山书院（诸暨）。

院（964）、丹城河东瑞龙山西麓瑞龙寺（966）。

瑞龙寺僧曰蔡建朝宗碶，伐木为闸，以时启闭，民甚利之。

周太祖广顺元年（951）

唐末高州（一说建州）刺史章仔钧第十子章仁肇（官工部侍郎）避乱，自闽到象居弦歌里。

宋

太平兴国三年（978）

五月，吴越王钱俶（钱镠之孙）纳土于宋，上表献所辖十三州一军。象山自此入宋版图。镇遏副使官兵俱废。复置县尉一员。

陈偓以主簿兼知县事。

咸平年间（998—1003）

以地不相属，降为下县，不设令、尉，以主簿为治。

景德三年（1006）

县原辖五乡，析并为政实、游仙、归仁三乡。

庆历元年（1041）

复为中县，李符始以县令知县事。

庆历四年（1044）

任永德为象山县令，治石碶以御海潮。

庆历六年（1046）

郎渭为象山县令，浚河蓄水，以待干旱。

嘉祐三年（1058）

顾方任象山县令，劝善戒恶。修学舍，亲为弟子员讲解诱掖，使进于学。逾年政成，民大化服。

嘉祐八年（1063）至治平三年（1066）

嘉祐八年，林旦令象山。三年政成，多创从前之未有。主持版筑土城，环以河。穿二门，东曰“登瀛”，西曰“梯云”（后迁门稍南改称“登台”）。于西沪港东南岸跳头嘴筑墙头渡，以便上下渡船。渡达奉化石堰（沿）。又修朝宗碶木闸，以时启闭。修治西谷，建濯缨亭、竹间亭、曲水亭、灌木亭，于炼丹山上建应真亭，象鼻山上建观澜亭。林旦与明州州判许将等有唱和，称《西谷十咏》。

治平二年（1065），凤跃院、东禅院、宝庆院、保安院、涌泉院、龙寿院，分别诏赐新额为：等慈禅院、宝梵讲寺、常乐院、智门禅寺、普明院、延寿禅寺。

元丰二年（1079）

高丽国遣户部尚书柳洪为正使，礼部侍郎朴寅亮为副使，经海上赴明州。遇风避入象山港登岸，受到象山地方官接待。朴寅亮与象山县尉张中赋诗唱酬。

元祐六年（1091）

县令叶绶，改朝宗木碶为石碶（此碶为唐代所遗南庄上洋朝宗、理川、灵长、会源四碶之要，历事修葺）。

建中靖国元年（1101）

设“居养院”，供孤、贫、残、疾无养者居养。

崇宁二年（1103）

智门禅寺遭整肃，寺内黄庭坚书写之《赤壁赋碑》佚失。

崇宁三年（1104）

六月，为贫而有疾无医者建安济坊，为贫而无葬者建漏泽园。

建炎四年（1130）

明州陷，金兵屠城，宋溃兵四散，海盗乘之。象山县城遭焚劫，学宫、官署皆毁。

是年，邑人卞大亨，以遗逸受辟荐，特恩调舒州怀宁县主簿。

绍兴二年（1132）

置象山玉泉场，设玉泉场监盐官二员：一押袋、一催煎。下隶瑞龙、东村、玉女溪三分场。

绍兴七年（1137）

县令宋砥，积费三百余万，开山石作碶门材料。翌年十月，督修朝宗、理川、灵长、会源四碶。

绍兴八年（1138）至绍兴三十二年（1162）

绍兴八年三月，南宋正式定都临安。其后，象山士子史本初献红木樨于朝，香芬色丽，号为丹桂。宋高宗雅爱之，令画工画为扇面，御制诗题其上，以赐近臣。之后，臣工对红木樨多有题咏，并称之为“象山花”①。

隆兴元年（1163）

三月，饥民于海上起事，朝廷明令象山缉捕。

是年，主簿赵彦逾再修朝宗碶。并在县东南史家泾开河渠千余丈，人称“主簿河”。翌年，筹资始创二大舟，分置陈山、东宿二渡，以利民旅。

乾道二年（1166）

明州修《四明图经》成，象山户口始有确数：凡户12304，口32962。其中，主户（在象有土地者）8805户，24601口；客户（在象无土地者）3499户，8361口。

淳熙三年（1176）

县令高子莫督建淳熙井（今县政府大院内）。口径1米，深约6米。井口栏圈上刻有“淳熙三年重阳日建”八字。

是年，象山麦一茎两歧，高子莫绘图报朝廷。孝宗御札褒美。

---

①“红木樨进献朝廷若干史实考”，见本志“农业”篇，第六章“园艺作物”第三节“花卉”。

淳熙五年（1178）

县令许知新，主持开千丈、马岗、瑞龙三河，灌下洋田，又建永丰、秀才两碶。继唐围南庄上洋后，宋围南庄下洋，称东西海塘。

淳熙九年（1182）

明州饥，知州遣三倅（副职）分别巡行六属县。通判方崧卿分巡奉化、象山，救灾有方，独无饥民。

庆元元年（1195）

赵善与任县令，复置陈山驿。翌年，县吏于爵溪、赤坎、后陈、东门等处设置税局，赵善与以为扰民，呈府罢之。

庆元四年（1198）

韩元礼知县事，“下车问民疾病”。即修葺陈山渡旧船，去朽易坚，色色鼎新。又修复学宫，使庠序一新。

嘉定二年（1209）

置东门寨，寨址里厢谢家山麓（在今东门岛）①。设寨官一人，于定海（今镇海）拨水军60名更番戍守。

嘉定四年（1211）

玉女溪场本玉泉子场，是年立为正场，以押袋为监盐官。

嘉定六年（1213）

赵善瀚任县主簿，建义廪于三乡以备赈济。土豪杨圭私置税局，分布爪牙，为邑大患。赵善瀚呈报上宪后，毁其五都团屋，版榜示民，民大悦服。

嘉定十一年（1218）

赵善晋为县令，劝课农桑，治先教化，于栖霞观东建丹山书院。

嘉定十六年（1223）

寺僧师哲重兴智门禅院，并建后倚（潘埠）、西沙岭两驿亭②。

宝庆年间（1225—1227）

县产盐纱纸，选为朝廷贡品。

绍定元年（1228）

宝庆《四明志》成，次年刻版。象山县单独成卷，入“卷第二十一”。时象山13380户（主户9756，客户3624）人口43820（主户28928口，客户14892口）。

绍定六年（1233）

初，邑人杨王休官吏部侍郎。是年，其子杨烨官吏部尚书后转户部尚书。在县治之西，立“父子侍从坊”。

---

①东门寨寨址，据《象山东门岛志略》之“史事回眸·天门山设寨”，第39页。

②此条据宝庆《四明志·象山县志》之“叙县·驿铺”“叙祠·寺院”相关资料。

宝祐五年（1257）

十一月，御批庆元府（今宁波）设惠明药局。象山设“惠民药局象山县铺”。

元

至元十三年（1276）

是年，右丞相文天祥出使元营被执，北押途中逃脱，出海南行。四月，经象山乱礁洋海域，作诗《过乱礁洋》，有“海山仙子国”“万象图画里”之句。

至元二十年（1283）

九月，沿海都元帅哈剌觧招降象山尤宗祖等海上义军9592人。

至元二十一年（1284）

象山县竹穗生实，如小米，可食。

至元二十六年（1289）

宁海杨镇龙起事，国号大兴，建元安定。五月十六日，起义军数万人攻占象山。数月后兵败。

至大元年（1308）

春正月，绍兴、台州、庆元、广德、建康、镇江六路饥。饥户46万余，户月给米六斗。饥疫中，县内死者甚众。

至大（1308—1311）后，朝廷于象山设东门、蒲门两巡检司，兵各20人，尉司（县尉）兵25人。

延祐年间（1314—1320）

象山置砂岸所，于石坛、新妇岙、杉木洋三处征赡学砂岸钞。

延祐六年（1319）

大瀛海道院（在今爵溪）扩建竣工。道士吕虚夷主其事，集贤直学士吴澄为撰《大瀛海道院记》，翰林学士赵孟𫖯书，集贤直学士袁桷篆额，勒石。

延祐七年（1320）

延祐《四明志》成。内载象山县为三乡：归仁乡辖一至九都，政实乡辖十至十七都，游仙乡辖十八至二十四都。都下辖保，计240保。

泰定二年（1325）

二月，庆元路象山诸县饥，赈粮两月。

至正元年（1341）

七月，奉省札遵诏旨每社设义仓一所。九月，遵旨设县常平仓。

至正八年（1348）

黄岩方国珍起事，攻象山。县人王刚甫，摄东门巡检司事，整顿防务，与方国珍相持。又有邑人张士昂率义兵于姜屿渡（在今西周）抗击方国珍，与王刚甫为犄角。六年间，方国珍不敢犯。

至正十五年（1355）

王刚甫以枢密院使恶其不附己，去官。方国珍遂破东门，进而占庆元，斥地至上虞。而海匪乘机，三月登爵溪，至县近（今梅溪一带）焚掠①。官兵与战，获樊应等斩之，匪败去。

至正十七年（1357）

邑人袁元良聚众起事，自号少卿，与官兵大战于大徐黄塔前，杀兵民无算。浙东都元帅府遣兵讨平之。

至正二十年（1360）

受江浙行省平章政事方国珍命，象山县尹杨用可考核官民之田，以稽户籍而足财用。

明

洪武元年（1368）

邑人钱唐应明经对策，奉召赴南京，应对称旨，特授刑部尚书。

洪武二年（1369）

夏，兰山、秀山（今属岱山县）民军攻占象山县城，据宝梵讲寺（即丹城东寺），执县令孔立、县丞王茫。前元东门巡检王刚甫与其友蒋公直计议，征募百姓为兵，设计擒之，遣散其众，迎令、丞以归②。

是年，建石浦巡检司、爵巡检司。

是年，诏郡县设义冢。火葬有禁，水葬有禁，命刑部著为律。象山首于丹山陶贞白祠北地设义冢一区。

洪武三年（1370）

迁建城隍庙于县治东北二百步（今东塘山下）。

洪武五年（1372）

宋之居养院，元曰孤老院，是年诏改为养济院③。

洪武二十年（1387）

汤和虑滨海岛民引倭，废昌国县，封禁宁波之金塘、大榭，温、台之玉环。南田亦在其列。令下，民尽内迁。

昌国卫从舟山移驻象山东门岛。留中中、中左二所于舟山［时尚隶昌国卫，洪武二十五年

---

①海贼三月登爵溪事，见嘉靖《象山县志·杂志纪下·寇患》、民国《象山县志·史事考》。“县近”，道光《象山县志》释为“今六隅、梅溪等村。”

②据民国《象山县志·史事考》，兰山、秀山民军攻占象山县城，执县丞王茫。嘉靖《象山县志》《方正学集》等皆如是记载。执县令孔立、县丞王茫之记载，见民国《象山县志·文征外编上》、明宋濂《象山王君墓铭》：“兰山民为乱，寇象山，虏县令、丞，据县及县大姓。”

③嘉靖《象山县志·版籍·劝分》：“洪武二年，令天下置养济院，以处孤贫残疾无依者。是院宋曰居养院，元曰孤老院，国朝改今名。”《明会要》卷五十一《民政》：洪武“五年五月，诏天下郡县置养济院。”

（1392）以二所隶定海卫〕。昌国卫设指挥使司，内辖左、右、中前、中后四千户所，外统石浦前、石浦后、爵溪〔洪武三十一年（1398）建〕、钱仓四千户所。

是年，徙石浦巡检司于青山，调昌国卫前后二所于石浦，并筑石浦千户所城。同年，建钱仓千户所，并筑城。

洪武二十七年（1394）

因东门悬海，薪水不便，徙后门山（今昌国），并筑昌国卫城。

洪武三十一年（1398）

置爵溪千户所并筑城。原爵溪巡检司迁姜屿渡。

洪武年间（1368—1398）

洪武间诏工部发宁海县民二万，东筑象山堤，西浚黄岩河。宁海县丞周公辅以死争之。时在洪武二十二年或其后。①

建文三年（1401）

倭寇登陆钱仓，劫掠汤岙、潘家坎。钱仓千户所出兵抗击。千户易绍宗阵亡。

永乐元年（1403）

县人俞士吉以右佥都御史奉使朝鲜。永乐四年（1406），又以礼部侍郎衔（正三品）出使，由石浦启行，经宁波去日本。

永乐二年（1404）

《明史·河渠志》载，是年，“又修象山茭湖塘岸”。

永乐十一年（1413）

七月，宁波五县疫。

永乐二十年（1422）

倭寇犯象山，县丞宋寘与斗，自中午至傍晚杀敌数人，不敌阵亡。教谕蔡海骂贼而死。典史林景韶亦为倭寇所杀。

是年海溢，岑𡼏塘坏。

宣德二年（1427）

县设惠民局，督医制药，以济穷民及狱囚患病者。

正统元年（1436）

朝廷推行田赋“折色”，米麦一石折银二钱五分。以后除漕粮，多收折色银两。

正统四年（1439）

五月，倭船40余艘，连破台州桃渚、宁波大嵩两千户所，窜象山沿海，又陷昌国卫。备倭等

---

①明崇祯《宁海县志》卷之五《名宦志·国朝·周公辅》载：“公辅已巳（洪武二十二年，1389年）县丞。……诣京师……会工部令县役民二万，东筑象山堤，西浚黄岩河……”公辅以不忍驱疲民事邻邑而以死抗之。清乾隆《象山县志》卷之五《经制志二·水利》，其“水利考一”云：“洪武间，诏工部发宁海县民二万人，东集象山筑堤浚河，宁海丞周公辅以死争之。”周公辅死后，宁海役民是否东集象山筑堤，宁象两县县志皆未见记载。

官以失机被刑者 36 人，唯爵溪所以获贼首得免。

正统五年（1440）

虎灾。七月望，海溢。

正统八年（1443）

在县治东南 15 里赤坎，筑游仙寨城，以防倭患。

陈山巡检司，从县北陈山改置县东南 13 里（今爵溪岭西前岙村马栏山东），并筑城。赵岙巡检司，原隶宁海县，因倭由清水潭入县，是年迁置象山县东七里，并筑城。

知县孙枢建广积仓四所，又预备仓二所（广积仓初设于卫所，十三年改隶象山县）。

天顺四年（1460）

民间讹传选采女，一时婚嫁者众。

成化六年（1470）

二月，雨白雾，行人须眉皆白，数日止。

成化十四年（1478）

潮溢，塘圩并坏。翌年大疫。成化十六年（1480）复大疫。

成化十七年（1481）

知县凌傅督民围筑岳头、岑虍二塘，得田 3 万余亩。又浚东大河、中大河、西大河，并建高平、庆丰、岳头三碶，以灌南庄农田。

弘治十四年（1501）

十一月大寒，草木尽死。

弘治十六年（1503）

九月，赈浙江被灾军民。翌年，宁波府五县大饥，遣御史王璟赈饥。

弘治十八年（1505）

九月，地震。

正德元年至三年（1506—1508）

知县马思聪修复 26 渠，溉田万顷。

正德三年（1508）

自六月至十二月，不雨，禾麦无收，浙东郡、县大饥。四年，男女卖于异乡者甚众。冬大雪，草木尽萎，冻饿死者无算。至六年旱灾，十二月，减免浙江六县及昌国卫税粮。

正德七年（1512）

宁绍濒海遭飓风，居民漂没万数。右都御史陶琰巡浙省，出帑金赈救。十月，以水旱灾免宁波属县税粮，并区画赈济海潮湮溺之地。翌年十一月，又免宁波五县秋粮。

正德十五年（1520）

十一月，鄞、奉、象三县雷鸣，地震。

嘉靖二年（1523）

八月，风雨大作，海骤溢，坏塘岸，溺死者众。

嘉靖五年（1526）

宁波大旱，县大饥。其年十月及七年正月，视灾情免宁波各县税粮。

嘉靖八年（1529）

诏各抚（巡抚）、按（按察使）设社仓。令民二三十家为一社，立社首、社正、社副。是年，主簿杨格重浚玉带溪。

嘉靖十一年（1532）

邑人王涣以进士出身任广西监察御史，其子王榧复登壬午科林大钦榜进士（后任湖广参政）。在县治西分司弄右，立“父子进士坊”（清雍正府志称“科第联登坊”）。

嘉靖十八年（1539）

闽人李光头、歙人许栋以事囚昌国卫狱。除夕疏防，越狱去。其党汪直、徐惟学等舣舟岳头，接其入海①。

嘉靖二十一年（1542）

象山雨黄雾，行人口耳皆塞。

嘉靖二十四年（1545）

夏大旱，田不及种者过半，米斗银三钱。窃贼四起，道殣相望。

嘉靖二十五年（1546）

倭劫石浦城，掳备倭把总白濬、巡检汤英，沿海焚略殆尽。县令蒋三才乃立“父子乡团”以御寇。

嘉靖二十七年（1548）

提督浙闽海防军务、巡抚浙江朱纨，使福建都指挥佥事卢镗率军由海门攻双屿。四月，镗遇贼于九山（即象山之南韭山）洋，俘日人稽天，擒贼首许栋。栋党汪直等收余众遁。翌年三月，朱纨击擒李光头等96人，戮之。

嘉靖三十一年（1552）

倭寇流窜劫掠浙东沿海，四月，攻赤坎游仙寨，百户秦彪及弟秦汉等战死。又入爵溪，屠兵民数十，四散掳掠十余日始去。秋，倭寇入东溪，厉敬爵率家兵十余人拒之。

是年九月，知县毛德京从民情修筑县城。始为木城，次又加为土城。嘉靖三十三年春夏之交因雨而圮十之八九，又为石城，七月十八日筑成②。

嘉靖三十二年（1553）

闰三月二十九日，倭寇破昌国卫，百户陈表战死。指挥吴道南屯五日始遁。倭寇大肆劫掳。皆由把总张瓒巡视无方，百户蔡印贪贿失警，诸军久安玩愒所致。倭踞卫城五日，参将俞大猷率

①资料出自乾隆年间修石浦《吴氏宗谱》。

②此条据嘉靖《象山县志》卷之一“建置纪·城池”、卷之十四“艺文纪·城象记”等相关内容。

军攻之，始遁。

同月，倭寇别部又入屯游仙寨，转劫梅溪、李家呑、白石。攻爵溪不能下，又劫下庄、珠溪等地。五月，倭寇入湖头渡，登龙屿及洋北、黄溪，掠子女，被杀者甚众。

嘉靖三十四年（1555）

四月，倭寇70余人自钱仓、白沙湾入李家呑，过梅溪至开口岩，杀义士朱汀父子及王永希等。四月，又复登新罗呑，立木城，四出劫掠，焚潘家坎、涂茨等村。知县毛德京率前山姚氏家兵掩击之。邑人钱文芳亦率家兵杀贼。海道孙宏轼至象山身自督战，贼遁走宁海西店。

嘉靖三十五年（1556）

毛德京聘诸生杨民彝、卜乾、俞澜、周茂伯辟圆峰庙创修嘉靖《象山县志》，凡十五卷。是年梓行。

是年，军册载：昌国卫四所，官兵二千六百六十一名；钱仓所官兵九百一十名；爵溪所官兵一千四百二十四名；石浦所官兵一千四百二十一名。

嘉靖三十八年（1559）

三月，倭寇300余人，自何家礅（今王家榄）登犯，据险、树木营以固守。总督胡宗宪命海道副使谭纶剿之。谭纶使总兵俞大猷率舟师备海上，自率兵由定海（今镇海）进。至马岗遇自金井头继至之倭500余（一说千余）人。谭纶移兵，大败之。次日，复破何家礅贼巢。有逃至宁海者，谭纶会合参将戚继光予以追杀。

五月，副使刘存德、参将张鈇，令把总任锦设伏石浦所港口，而自引兵进剿，贼即遁出洋，伏兵击败之。

嘉靖四十年（1561）

倭犯象山，海道副使王春泽与总兵卢镗及游击何本源为南路，由奉化入象山；海道兵由大嵩入裘村，亦趋象山。五月初二日，与寇战于裘村。初四日，卢镗与把总黄应复，尽歼奉化寇欲遁者于青龙港（在象山港内）。九月，总督胡宗宪奏报：我师前后俘斩1400有余，宁、台、温贼悉荡平矣！

嘉靖四十二年（1563）

春，猛虎如赤马，大鬣、长尾、尖嘴、白面，伤人最多。翌年，猛虎、毒蛇伤西乡男女无算。从正统五年至清乾隆年间，象山史载虎伤人多次。万历三十五年（1607），竟至于“负郭虎灾，日未晡，村人闭门不敢出。”崇祯六年，“虎入北门”。

嘉靖四十五年（1566）

五月二十四日，飓风大发，坏船百余艘。

隆庆四年（1570）

正月十四日，地震。十八日夕，天降黑雨。

万历七年（1579）

知县曾学孔，于邑东南（时城隍庙左，今县委党校东），就嘉靖时邑令王厢所筑塔基，续建文峰塔。九年，落成。

万历八年（1580）

倭犯韭山，象山地震，彗星见西方，桃李冬华。

万历十六年（1588）

四月，雨雪连旬，米二升价二钱，草根、树皮食尽。六月，天降黑雨。岁复大饥，兼以瘟疫，道殣相望。

万历二十一年（1593）

石浦摩崖石刻“视卒当如婴儿”，题款“钱唐单椿，万历癸巳”，题刻于二湾头向东石壁上。

万历二十五年（1597）

知县倪甫英在丹山半坡建雨香庵。万历三十五年（1697），知县吴学周加建一阁，并造亭榭。吏部右侍郎鄞人周应宾撰文，林芝书，邵景尧篆额，立《重建丹山石屋记》碑，以记其事。

万历二十六年（1598）

邑人邵景尧殿试第二名（榜眼）及第，授翰林院编修。

九月，免浙江被灾田租。象山被灾八分，准免五分。

万历三十年（1602）

知县周官在儒学南，建聚奎书院。

万历三十二年（1604）

十一月九日，地震。

万历三十六年（1608）

海道邹希贤请示提督，于昌国卫城设立团练（民兵）大营，选壮士七百，立一总七哨。自此卫所徒拥虚名，寨兵悉更团练。

万历三十七年（1609）

知县吴学周主修，松江华亭布衣陆应阳、县人翰林院编修邵景尧①同撰《象山县志》成，凡十六卷（今佚其卷四至十三）。

天启六年（1626）

大旱，至次年六月始雨。民饥。

崇祯元年（1628）

三月，郑芝龙党周三攻昌国、石浦、爵溪诸处。县令潘起鹏率乡兵守御。

崇祯十三年（1640）

正月，大雪，深四五尺。

五月十日午时，降赤雨，是岁大旱，饥。

崇祯十六年（1643）

张名振以副将任石浦游击。

---

①万历《象山县志》“修志姓氏”作“纂修：云间陆应阳。订正：象山县知县吴学周、翰林院编修邵景尧。”民国《象山县志·艺文考·旧志考略》“万历《象山县志》”条则作：“知县吴学周主修、江苏华亭布衣陆应阳、县人左谕德邵景尧同撰。”编修时间另详见本志“丛录”“旧志简介”相关内容页下注。

清

顺治二年（1645）

闰六月十二日，明刑部侍郎钱肃乐等起兵宁波。士民响应者数万人。举人张煌言赴之，授行人，受命迎鲁王朱以海监国。石浦游击张名振、驻西周之平西将军王朝先以兵应。时象山知县姜圻，以军饷应。

顺治三年（1646）

六月，清兵平宁波。象山知县姜圻奋身抗清，被割舌、钳齿而死。

七月初一日，张名振护鲁王朱以海自台州海门至南田。七日后，张名振又扈鲁王至舟山。以守将黄斌卿不纳，鲁王暂驻普陀。十一月，鲁王至福建长垣，授张名振为定西侯。张名振辗转至次年立营于南田。

罢卫所，设象协城守营（俗称象协营，设参将一名）及昌石营。

顺治六年（1649）

南明监国鲁王在福建小朝廷因内部矛盾，致闽地尽失。七月，张名振迎鲁王二驻南田。不久鲁王改驻台州健跳，十月又进驻舟山。

顺治十一年（1654）

象山大饥，延至次年，官方设法赈济。

裁参将，移宁协驻象，设副将，辖左、右二营兵2000人。复调山东、金、衢、湖、严等处官兵至象，又2000人。

冬，定西侯张名振卒于舟山，遗言以所部属兵部右侍郎张煌言。有兵3万人，战船200余艘。

顺治十五年（1658）

九月，南明延平郡王郑成功，遣将围象山县城7昼夜。清副将李时芳、令陈黉、丞余敏、典史王起蛟督兵民守御，城不能克。

顺治十六年（1659）

郑成功北伐南京，监军张煌言任前锋，深入芜湖。郑成功兵围南京败退，煌言不得已乃焚舟，间道潜回浙东，初驻宁海。翌年，移师南田林门。

顺治十八年（1661）

沿海居民奉命迁离海岸30里，称“迁界”。近海要口竖木栅，禁船只出入。时，全县所辖原有22里（明制以110户为一里，编户籍黄册），仅存16里。昌国、石浦、钱仓诸城皆毁，留爵溪一所，城守一营，余军皆撤。

顺治间，官府复设常平仓。

康熙三年（1664）

六月，南明兵部尚书张煌言散军隐南田花岙岛之悬岙。七月十七日被执，九月初七日就义于杭州。

康熙五年（1666）

十月，城中火，受灾300余家。

康熙九年（1670）

展复（展界、复业）钱仓、朱溪、龙屿、下沙、下沈、西周、马岙、关头等处，增开4里，全县凡20里。

康熙十四年（1675）

清靖南王耿精忠叛，以曾养性为左将军，犯浙海。八月，围县城。象协副将罗万里降，知县马騳拒交印绶，被执。翌年，罗万里任都统，率五镇兵再攻县城。象协左营守备张秉乾力战死难。城复陷。曾养性以太平武生邱梦龙署县事，踞城15日。及台州协镇宁海营参将汪国祥及浙督左营游击吴英统兵驰援，罗部始退。

康熙十七年（1678）

知县李郁主修《象山县志》十六卷成（存）。

康熙十八年（1679）

裁并玉泉场于鄞县大嵩场，称嵩玉场。

康熙二十年（1681）

大旱，五月十三日雨，至明年正月乃再雨。岁饥，告籴宁海梅林。

康熙二十三年（1684）

象山沿海村庄悉展复，又增2里，凡22里。并恢复黄溪、淡港、湖头等渡。是年，清廷开海禁，准500石以下船只出海贸易、捕鱼。

康熙二十九年（1690）

蝻虫成灾，半月禾萎。岁大饥。

康熙三十一年（1692）

十一月，讹传选取采女，婚嫁六七日殆遍。

康熙三十七年（1698）

知县胡祚远主修、教谕姚廷杰纂《象山县志》成（存，有残）。道光《象山县志》以为此即前知县李郁十七年主修原版，仅挖补数行而已。

康熙四十一年（1702）

六月，琉球接贡船搭载140人和清廷恩赐物品回国途中遭飓风，发生海难，2人在乱礁洋海域获象山渔民彭兆荣捞救，其余罹难①。

康熙四十七年（1708）

西乡虎灾。翌年，大疫。

康熙五十年（1711）

通免各省钱粮，每三年轮一周。象山随浙省轮免。

---

①《历代宝案》第二集卷二。

康熙六十年（1721）

知县马受曾在学宫东建书院，仍名丹山书院。道光间改名蒙养书院。

大旱，民饥。知县马受曾奉命蠲地丁十分之三，设粥厂10所以赈。闽浙总督觉罗满保运米万石，至县平粜。

雍正元年（1723）

岁又饥，较前倍。马受曾为文哀恳督、抚，督、抚以状闻于朝，奉敕发常平仓赈之。设粥厂25所，觉罗满保复运闽米万石至象，民始苏。

是年后，象山实行“摊丁入亩”，渔课钞等摊入田亩。

雍正七年（1729）

知县马受曾主修《象山县志》四十二卷（今残缺）。

雍正八年（1730）

象协昌石营改为昌石水师营，仍归象协副将统辖。添造战船6艘，添设马步兵丁100名。昌石水师实有马步战守兵丁共565名。

雍正十三年（1735）

复设玉泉（盐）场大使（据民国县志《赋税考》，而《职官表》作乾隆五年），隶宁绍嘉松分司。时玉泉场灶课银459.187两。

乾隆二年（1737）

八月，琉球所属中山国船一只，遇飓风断桅，漂流象山南盘涂，共十人，船载粟米等物。接象山县知县张珽申报，浙江巡抚嵇曾筠、布政使张若震，于闻报朝廷之日，即饬该县救助。象山即传唤通事译询来历，查明人数，资给衣粮，交还货物，修整船只，加以抚恤，咨赴闽省，附伴归国。乾隆为是年夏秋间定海、象山救助琉球国遇难船只事谕曰：“外邦民人，既到中华，岂可令一夫之失所。嗣后，如有似此被风飘泊之船，著该督抚督帅有司加意抚恤①。”

乾隆三年（1738）

东门大捕船渔帮在岱山创立太和渔业公所，为渔业议事机构，公议渔价，知照渔行执行。

建爵溪街心亭。

乾隆四年（1739）

虎灾，伤人甚多。

乾隆十七年（1752）

正月朔，珠岩山鸣。五月，雨雹，有大如础石者，人畜多伤。

御史欧阳正焕请开南田岙田。闽浙总督喀尔吉善等议覆：应禁，不应开。下军机处议，以为开之不便。事寝。

乾隆十八年（1753）

知县尤锡章于蓬莱书院原址筑缨水书院。至道光间县令童立成更名缨溪书院。

---

①此条据《清史稿·属国传一·琉球》、《清高宗实录》乾隆二年闰九月庚午“命恩恤难夷”条，浙江布政司张若震于乾隆二年九月二十日《奏报抚恤琉球国遭风难民折》等考查辨正而成。

乾隆十九年（1754）

县西四十里庆丰桥，自明嘉靖间圮坏，里人张学昶创众重修之。后桥梁累圮累修。是年，张氏七世孙良修复重建之。邑人姜炳璋为之作记。

乾隆二十一年（1756）

六月十八日，西乡民夜渡象山港，赴奉化茅山进香，船触礁沉没，死40人。

乾隆二十三年（1758）

知县史鸣皋主修，县人姜炳璋、如皋冒春荣同纂《象山县志》十二卷（今存）。

乾隆三十年（1765）

乾隆帝南巡。县人倪象占被选列迎驾，召试，获二等受赏。乾隆四十五年（1780），再次初选列迎驾，并奉调入志局分纂《大清一统志》。

乾隆四十三年（1778）

四月雷震，击毁梅溪山文峰塔顶。

八月四日，南门外文昌阁毁。九月二十日夜，地震。

乾隆五十年（1785）

痘疫，稚幼十伤其七。

乾隆五十四年（1789）

七月，海溢，沿海民居水满4尺，塘岸、桥梁倒坏无数。

十二月，大雪，道路尽冰，行旅不通。至次年正月始消。

乾隆五十八年（1793）

英使马戛尔尼率大楼船3艘，以贺乾隆帝八十生辰名义，北上进京。四月，英船泊钱仓洋面，县城惊骇。象协左营守备陈广宁驾小舟出洋查询。使者以金盘盛宝货数种相赠，陈谢绝。

陈广宁偕同书法家钱泳等题刻石屋八景：雨香庵、听秋室、眠云坞、招鹤峰、洗心池、指迷石、流华涧、移情台。

嘉庆元年（1796）

福建同安人蔡牵结帮在石浦附近洋面活动。六月，总兵孙全谋率瑞安守备童镇升，击蔡牵于石浦淡水洋，获头目陈宝。后象协左营守备陈广宁，奉檄巡哨五虎门，献策于定海总兵李长庚，击败蔡牵。嘉庆二年（1797），蔡牵登公屿，乡勇王阿起等击走之。嘉庆三年（1798），蔡牵登白沙湾。

嘉庆四年（1799）

夏，地震，声如雷。

嘉庆五年（1800）

正月十五日，大雪，平地5尺。

鄞、象两县人士集十八股东始筑大泥塘。历五年方成，得田13600亩。

嘉庆七年（1802）

五月，雨甚。秋，大旱，早禾穗而不实。除夕，白雾漫街，气如火药，行人为阻。

嘉庆八年（1803）

浙江提督李长庚与蔡牵战于钱仓所外。翌年，于石浦洞瓦门外洋击败蔡牵。十二年底，追击蔡牵至黑水外洋，蔡牵败逃。十四年，蔡牵被夹击于渔山，退至黑水洋，自知不免，举炮自裂其船而亡。

嘉庆二十一年（1816）

开朝宗碶运修城条石，潮水逆上到城西南二水门。

嘉庆二十五年（1820）

大旱，祷雨。七月二十五日，风雨骤发，坏城墙。秋，大疫，石浦尤甚。冬饥，甘薯丝百斤价二千钱。翌年，春运苏米数万石至邑，米价斗三百六十钱。草根树皮食尽。知县孙适松赴三乡劝赈，城中贫户按户牌给赈。

道光二年（1822）

浙江按察使朱桂桢奉宪（抚）札查勘南田，建议开禁设官。闽浙总督赵慎轸、浙江巡抚帅承瀛皆不从。经奏准，更迁南田私垦各户6000余人回籍。翌年，南田金七门立“奉旨永远封禁”碑。

是年，南田山内11岙，垦户1574户，4098人。南田山附近7岙，垦户838户，2389人。

道光三年（1823）

十一月十二日夜，大风，丹城龙泉井一带火灾，延烧街左右60余家。十二月十二日，石浦老东门火灾延烧103家。

道光四年（1824）

移宁波海防同知（原驻大嵩）驻石浦，增设吏员多人。象山协拨守备1员、把总1员、兵100名，驻石浦，按时巡察南田，以严封禁。

道光五年（1825）

是年，东乡溪沿等村村民，为酬神过湖头渡，渡船沉没，死20余人。翌年，墙头渡船亦为此沉溺。

道光八年（1828）

邑人许超昆仲，于石浦所城北建崇德义塾。

道光九年（1829）

正月，石浦火灾，自城南月城沿烧至北九市曲百余家。八月二十二日至二十八日飓风发，塘岸桥梁倒坏，西沙岭外平地水高6尺。鸡、犬、豕、羊淹死者半。越日，城中姜毛庙门口大街上下火，延烧70余家。

是年，县有当店两家。较大者为开设县城东门的信泰当，后迁至县城西门。

道光十一年（1831）

知县童立成主修、宁波府学教授冯登府总纂《象山县志》二十五卷成（今存）。

道光二十年（1840）

是年五月，英兵船入浙洋。六月，陷定海，英兵船南至石浦，未敢近岸。翌年八月八日，英军犯石浦，入铜瓦门，即退入定海竹山门、大渠门。八月中旬，复陷定海厅。犯钱仓、石浦等处。讹传英兵已登陆将入县城，城民大部逃逸。副将汉军张广信主守，官兵二次击退英军。《昌国卫王氏族谱·世系》载：王相臣为外委把总，“派防守潼关要口，亲放大炮击退英国夷船，石浦得保安全。”具体时间未详。

道光二十三年（1843）

福建同安海盗登象山岸焚掠，副将张广信、知县范先达率兵勇击之，擒斩数十级，落水死者甚众。

道光二十四年（1844）

昌石都司移置石浦。改昌石营称“石浦营”（邑人仍惯称“昌石水师营”）。奉裁象协战守兵200名，拨付昌石营。

道光二十六年（1846）

二月，淫雨连月。六月十二夜，地震。旱，岁歉。

道光二十七年（1847）

邑人吴学章在黄避岙横塘创建滩港义渡，通达奉化河（湖）头渡。各村乐助田地35亩。

道光二十八年（1848）

移象协城守右营都司于石浦，添拔兵丁200名，共昌石水陆战守兵285名。

道光二十九年（1849）

三月，陈双喜等聚众五六百在渔山岛起事。石浦守备刘朝元出巡被围，战死。温处道庆连（一作章宪）统水师往剿，昌石营都司王廷鳌、健跳营守备署游击王大成战死。十一月，陈双喜率残部百余人，携船至厦门降。

道光三十年（1850）

三月二十八日，县城北钱宅火灾。五月二十八日，十字巷火；夜三更，中市街又火，延烧百余家。

咸丰元年（1851）

被遣散的前广州禁烟水勇头目布兴有等，下海为盗。率众千余人，横行闽浙洋面。九月，以炮船犯石浦。浙江巡抚常大醇以重贿招降。授“广艇”（滨海民称“绿壳”）魁首布兴有以六品顶戴。

咸丰二年（1852）

里人郑亨仲妻龚氏，输资于南乡新塘建凤阳义塾，置田百亩为膏火资。

十一月六日夜，地震。

咸丰三年（1853）

宁波民信正和局，在石浦设分局。光绪十年（1884），石浦自设永义昶民信局。

三月七日夜震，十五日又震。

咸丰五年（1855）

七月四日，“广艇”13艘泊蛤蚆嘴犯墙头、西周、淡港、龙屿等处，掠牛羊鸡猪，向欧、王、孔等家索银数万两。遭各村团勇合力擒杀，前后共歼83人。

八月，大批“广艇”入石浦港。巡道段光清募宁波庆成局宝顺轮合水师掩击，轰坏40余艘。

咸丰十年（1860）

八月，邑人王莳兰、欧景辰创“红木樨诗社”，以镇海姚燮为祭酒，从游者50余人，集会11次，集诗千余首。至翌年夏秋际辍。

宁波段塘基督教信徒范三多，避兵亵辗转至石浦定居。基督教始传象山。

咸丰十一年（1861）

十一月，太平天国宝天义黄呈忠、进天义范汝增遣将张得胜率部3000人，由奉化入宁海，驻黄溪口。象邑官绅集议于姜毛庙，遣贡生王芳棣、廪生周有光谒迎。太平军越西溪岭，屯泗洲头，经西沙岭，十五日入县城，即建立地方政权，以墙头欧景辰为象山监军，下设东乡、西乡、南乡、下南乡等军帅。王芳棣仍任城中团董，筹办粮饷，维持治安。

十二月十三日，张部奉命移屯奉化。十六日至二十一日，太平军别部潘世忠率原余姚十八局起义农民军8000余人陆续进驻县城。至翌年正月二十六日至二十八日陆续撤去温州。

同治元年（1862）

正月二十四日，县人、太平天国参天豫顾廷菁率部驻县城。是日，爵溪士民千余人攻县城，不克。

三月十一日，昌国卫、黄公岙民兵因乡官俞绶无辜被杀，史氏兄弟被囚，群情激愤，聚众攻县城，监军欧景辰持宁波太平军首王范汝增令箭以“黜顾释史”告众，乡兵乃解。顾廷菁至甬，即被拘押。

四月十五日，象山复为清军占领。

同治四年（1865）

春，台州匪金得利、金开相、邱才清等据南田。六月，浙抚马新贻饬宁绍台道史致谔调湘军精锐水陆两路军6000余人会剿，诛为首者4人，金得利脱逃，余众亦逃散。

同治五年（1866）

十一月十五日夜，丹城徐家桥西两街火灾，延烧房屋100余间。

同治六年（1867）

二月，地屡震。秋大旱，晚禾歉收。

八月二十日夜，海溢，毁海塘多处。

十一月二十三日，地震。冬，天花流行，小儿感染甚众。

十一月，清水师在象山洋面追击“广艇”。其中二艇登岸逃逸，官军在黄沙各村岙乡民协助下，杀贼11人，生俘2人，被掳难民4人获救。

十二月，广艇新帮登黄沙、柱（屿）岙，烧30余户，杀2人，以报复前乡民助官兵剿匪之事。

是年，重修欧阳桥，诸生胡长荣之寡母李氏捐银700两。翌年二月峻工，共集资2000多缗。

同治七年（1868）

知县黄丙堃捐廉钱10万文，置活契田3亩，拨大泥塘田100亩，又先后集邑人助田276亩、地3亩5分复建县育婴堂（县原有育婴堂，道光间被火，其址在城南慕勋祠下，时已改为普济堂），其办事处附设于普济堂。

同治十三年（1874）

驻石浦宁波同知杨殿才，改崇德义塾为金山书院，捐募数千金而重修之。至光绪三十二年（1906）改为敬业完全小学。

同治间，邑人移民杭、嘉、湖（时称“下三府”）垦荒者甚多，其本地遗民则称“老百姓”。

光绪元年（1875）

浙江巡抚杨昌濬奏请南田开禁，十月获准。南田自明初洪武二十年（1387）封禁，至此开禁，历时488年。

是年，基督教宁波偕我公会派英籍传教士燕乐拔到丹城行医、传教，在黄家桥建教堂。

是年，石浦开办乾大当，兼理南田开垦资金业务。

光绪二年（1876）

知县邵正寅闻城西严氏地将被洋人购建教堂，急筹款购得，改筑书院。亦名丹山书院。

光绪五年（1879）

四月，宁绍台道瑞璋奉省令，派委玉环同知杜冠英，设南田垦务保甲局。

光绪六年（1880）

秋，僧显德于石浦港西口始建三门山灯塔。至光绪十年（1884），昌石营都司郑碧山助成之。光绪十三年（1887），立《三亹保善庵天灯记》碑，记其事。

十二月，鄞、象两县分别募集股东，合筑南田龙泉大塘，翌年完工，共计先后筑资银24000余元，丈得田地15000亩。

是年，昌石水师营守备申保庆奉令挑选精兵100名，驻防南田。

光绪七年（1881）

四月，雨雹，大者如杯。东乡珠山脚村人为纵火，烧90余户。

五月，宁波、台州两地分别募集股东，围垦鹤浦大塘，至光绪九年（1907）完工。得田地8400余亩，耗银32000余元。

光绪八年（1882）

里人王旭林、俞鄂楼、肖陶甫、贺衡轩等创建珠山书院于着衣亭魁照墩（三十三年，改为珠山初等小学堂）。

光绪九年（1883）

十一月，华轮“怀远号”在渔山附近失事，死165人。光绪十六年，德轮“扬子号”在渔山附近遇险。光绪二十一年，渔山灯塔落成（详后）。

光绪十年（1884）

是年，邑人萧进步独资建西泽埠外道头，长二十余丈，北渡象山港至鄞县横山码头，东北渡港至舟山六横岛。

是年，象协、昌石三营，选精壮400余名，编为练军。知县亦选精壮县役60名编为练军。由候补副将刘青山率领，分屯丹城、石浦、泗洲头、南田等处，日间操练，夜宿屯所，习西洋枪法。此近代象山练军之始。

总兵吴安康率南洋兵轮5艘援台湾抗法。十二月二十九日（1885年2月13日），南洋兵轮在象山檀头山洋面与法舰遭遇，砲战不利。3舰退往镇海。“驭远”“澄庆”两舰退入石浦港。次日夜，两舰遭法军鱼雷偷袭重创。明旦［光绪十一年（1885）正月初一日］，官兵弃船登岸而退，船则放水沉于天妃宫前，而法舰亦未敢入港。翌年正月五日，兵部尚书彭玉麟潜登石浦东门，密访“驭远”“澄庆”两兵轮沉港详情。

光绪十一年（1885）

四月，海盗劫东陈。六月，劫丁岙。七月，劫横弓岙。皆掳人勒赎。光绪十二年（1886）正月，海盗劫交绾，为民团击退。

光绪十三年（1887）

东陈诸生陈素涛遗孀孔粹贞（卿），出资2万余金，请从兄妐陈绍峣及亲戚郑秀文相地，并在杭州贡院东桥造象山试馆，建屋99间，供象山籍士子赴省参加乡试时居住。俞樾为碑记。

光绪十五年（1889）

正月，知县邹文沅于墙头设土药（鸦片）税捐局，于捐收商贩外，又向佃户催派药捐。五月二十日，乡民聚集捐局，请免不允，遂毁之。二十一日，拥入县署，捣毁陈设物件，允准方归。七月，浙江巡抚崧骏以邹文沅办理不善，致激民变，撤职候参。

光绪二十年（1894）

绍兴籍传教士卢伯禄受天主教浙江教区第五任代牧主教（驻杖宁波）赵保禄指派，到象山传天主教。光绪二十九年（1903），赵保禄在石浦二湾头建天主教公所，翌年称教堂。此为天主教在象首座教堂。

光绪二十一年（1895）

上海海关筹资银5万（关平）两（1关平两为37.8克），于北渔山建白色铁铸灯塔，高16.9米。后改装自燃式纱罩，光射26海里，称远东第一大灯塔。

光绪二十五年（1899）

正月，意大利驻华公使马丁诺照会清廷，索租三门湾。朝廷调兵设防，诏令前云南盐法道钟念祖防昌国。意人索租未遂。

钟念祖应民意申浙抚报部立案，以象协右营都司废署（在昌国）为养正书院。至光绪三十一年（1905），改为公立正谊高级小学。

光绪二十四年至光绪二十五年间，有外国兵船先后入象山港停泊。

光绪二十六年（1900）

十一月，高丽国一船遭风，难民15名，飘至石浦洋面遇救。由象山县主给以川资，送奉化转鄞县，再送上海资遣回国①。翌年九月，又高丽国渔民23人遇险，在象山洋面获救资遣回国。

意大利兵舰泊象山港，遍测沿岸。十二月十五日，以有人禁售食物为由，意兵200余人登岸至西周，绕行示威。村人推乡绅蒋黼交涉，允其贸易乃退。

---

①见1900年12月9日《申报》第8版。

光绪二十七年（1901）

石浦设邮柜。光绪三十四年（1908），县城设邮柜。

光绪二十九年（1903）

丹山书院改为县立高等小学堂，缨溪书院改为公立始达高等小学堂。至光绪三十二年（1906），始达小学改为私立。

是年，始有小轮船通行宁波江北岸至台州宁海之薛岙。其船初泊黄溪渡对岸之高泥。后又以渡船载人货通象山之西泽、黄溪、墙头、长礁等处。又后并有轮船行驶宁波、温州间，转埠石浦。

光绪三十年（1904）

德国兵舰入窥象山港。光绪三十四年（1908），日本军舰入象山港。

光绪三十一年（1905）

十月十七日，工部代奏主事陈畬上奏请经理南田折。翌年六月初十，闽浙总督崇善、浙江巡抚张曾敭为复陈畬折上《奏请南田设官经理折》和《奏请以象山港为军港折》。七月十一日，政务处奏请详勘象山港。

光绪三十三年（1907）

正月，西乡张岙人、县庠武学生张小金聚众举事，以“保清灭洋”为口号，毁教堂，执典史，并欲攻县城。二月，清兵进剿，张小金兵败，被俘杀17人。六月，张氏族长侦获张小金，送宁波后被杀。

七月，设劝学所，以举人陈汉章为总董。

夏，宁绍台道张鸿顺勘察象山港。

八月一日，署闽浙总督崇善、浙江巡抚张曾敭奏议象山港为军港事宜。

光绪三十四年（1908）

是年，始有小轮船航行于石浦、蟹钳渡、健跳、海游间。

宣统元年（1909）

清廷拟辟象山港为军港。七月十八日，贝勒载洵与海军提督萨镇冰至高泥祭港兴工。县人蒋黼总办具体事务。宣统三年（1911），饬总办曹嘉祥、胡应祥购高泥房屋、田地，以立军港基础。至民国，曹等潜逃，再无过问者。

八月，县城设巡警总局。翌年九月，石浦镇置巡警分局。

是年，浙江巡抚增韫奏请设置南田抚民厅，以宁波水利通判移驻，归宁波府统辖，朝廷允准①。

是年，象山奉旨颁行自治法。翌年，设自治筹备处。县令邓嘉禾划定全县为1区（城区）、10

---

①此从《南田县志》卷三十四“杂志·公文”中所收录的《宣统二年二月二十三日宁波府邓本逵移文》之说：“……宣统元年十二月十七日具奏奉旨依议钦此。”南田设抚民厅事，民国《象山县志·史事考》作宣统元年浙江巡抚增韫奏《南田设立专官折》，请设南田抚民厅。陈汉章《南田志略》作宣统二年浙江巡抚增韫奏请设南田抚民厅。《清史稿》卷六十五《地理·浙江》载：宣统三年：“康熙二十六年，改定海曰镇海，移置定海于舟山。宣统三年，增置南田。”考《大清宣统政纪》，其卷之十六载：宣统元年六月癸卯，浙江巡抚增韫奏请设南田设抚民厅。朱批曰：下部议。

乡、1镇（昌石），辖664村。

宣统三年（1911）

九月十九日，知县周传义闻浙江革命军攻克宁波，夜遁。二十一日（11月11日），县人张田、李焕华、蔡传珑等偕石浦驻防贾哨书，自石浦率巡防兵、水师、民团进城，宣告清政府在象山的统治终结。

中华民国

民国元年（1912）

前清知县周传义任民国象山首任县知事。2月，杜棣华继任象山县知事。

春，县议会成立。议员20人。至民国3年（1914）撤销。县参议会亦于是年成立，未几即散。

年初，废南田抚民厅，置南田县，设治于樊岙，孙乃泰任南田县首任知事。

4月，省临时议会议决，将县东溪岭以下奠南乡、昌石镇划归南田县。

10月6日，南田县治迁石浦。翌年5月3日，省议会复议，取消划并。10月，南田县治迁回樊岙。

是年，县城巡警总局、宁波府驻石浦同知署分别改为警察署、昌石镇警察分署，昌石营都司署、守备署改为驻石浦警备队、石浦外海水上警察队。

是年，中华基督教循道公会在石浦开办斐迪小学，创始者为英籍教士阚斐迪。昌国卫体仁会同仁创办私立体仁女子初等小学，为县内首所女子学校。

是年，石浦史悦道首开卫生医局，后称保康医院，为象山县西医从业之始。

是年，严行禁烟（鸦片）。浙江以军队协助此事。象山禁烟委员杨国斌，以禁烟之名骚扰乡间。一日，至月楼岙，诬民种烟，又以“聚众拒捕”为由，开枪打死无辜农民2人，火烧民房，勒索银洋而去。

民国元年至民国2年间，象山行登记法，照不动产各契登记，无契者按亩计费。民国3年，内务统计，全县已垦田地235242亩。

民国2年（1913）

3—6月，芭蕉人赖富贵引嵊县著匪俞得申部60余人，入西乡劫掠放火。6月上旬，省高等检察厅饬令各县严缉，俞匪等始遁象山。

是年，开征印花税，凡银钱收据、人事凭证均须贴印花。

是年，合县公议以宁波府属六县财产分款为本，并募捐11573元，购府城英烈街汶济庙旁民房，置象山会馆。

是年，南田行清丈、缴价、升科。清丈之后，概行缴价，给照，国有土地改为民有。其赋则暂照现行地丁征收法并参照象山县现行征收科则。

民国3年（1914）

5月23日，浙江省分设钱塘、会稽、金华、瓯海四道。象山与南田均属会稽道。民国5年

（1916）5月26日裁撤会稽道，翌年复设，至民国16年（1927）复裁。

民国4年（1915）

纪子庚自黄岩引进本地早、早橘、朱红等5个品种400余株，栽橘7亩。

是年，县城建天主教堂。民国8年（1919），天主教堂附设崇德、国民学校、育婴堂①。

民国5年（1916）

4月间，招商局新裕轮载兵赴闽，至南韭山附近遇大雾，与其护航舰海容号相撞沉没，船上700余官兵及船员20余人溺亡，获救20余人，军饷10万元沉入海中②。

是年7—9月间，张国焘两次到象山省视其父县知事张鹏霄。

8月24日，孙中山视察象山港，有立军港之议。

民国6年（1917）

6月，象山复设劝学所〔光绪三十三年（1907）立，宣统三年（1911）废〕。

9月，南田县成立劝学所。

12月，因南田防兵调省，令石浦外海水上警察队兼巡南田洋面，并掌南田防务。

是年，三北轮船公司之慈北轮，航行三北、宁波、镇海、定海、穿山、象山、石浦等埠。

民国7年（1918）

夏，海盗50余人窜扰东乡毛湾，掳掠数日始去。

是年，象山、南田屡遭旱、风、水灾，省准免地丁银。

民国8年（1919）

2月，县商会成立，会址丹城。

秋，大旱。瘟疫大发。

是年，南田县知事吕耀钤倡修《南田县志》，未及刊行。至民国19年厉家桢长县，成书刊行，凡三十五卷。

是年，玉泉（盐）场公署移驻石浦。次年，在石浦成立秤放局。

是年，石浦置“临浦”“永浦”两轮，航行石浦、鹤浦、泗洲头、海游间。

是年，纪子庚资助东门任筱和、任筱甫兄弟，重建石浦东门岛灯塔。

民国9年（1920）

2月5日，设象山邮局，隶浙江邮区。

8月28日（农历七月十五），驻城哨长刘廷标率队前往爵溪维持赛神会秩序。县监狱34名囚犯乘机越狱，并夺去警备队枪械，冲至县府大堂，与警察枪战，后入海逸去。

秋，象山、南田迭遭水灾，山洪、潮水冲没农田13927亩（其中象山田12980亩、地350亩，

---

①民国《象山县志·风俗志》：“民国4年同泽余志道设一天主堂。8年，安尔宜附设崇德国民学校，并设育婴堂，此皆在城中者”。

②此条据韩信夫、姜克夫主编《中华民国史大事记》第二卷（1916—1921）、民国20年版《交通史航政编》第三册（第1285—1287页）、民国6年《东方杂志》第十四卷第五号“中国大事记”（第214页）、《象山县志（1988）》第十章“交通·附重大交通事故”（第187页）及龚育之主编《中国二十世纪通鉴》第一册“招商局新裕商轮在温州海域被撞沉”等相关资料编。

南田597亩)，颗粒无收。

10月，磐安乡沈家洋私立育婴所成立，施氏兄弟助50亩，以产息充作常费。

是年，李洣提赈灾银并募捐，筑白墩码头。

是年，经各界推荐，县知事令邑人傅规清创办县立女子完全小学，秋季开学。数年后学生增至200余人。

民国10年（1921）

4月，县设立蚕桑女子传习所，派员赴杭等地采办桑苗。是年，省实业厅检查各县蚕茧，象山等9县质量最优。

6月，上海南洋烟草有限公司驻甬经理陈才宝，携手摇放映机和中外无声卡通片，到丹城、石浦等地放映电影，为象山电影放映之始。

民国11年（1922）

1月31日（农历正月初四日）夜，大雨如注，囚犯7人趁机越狱，追获2人，1狱警被误伤而死。

5月15日，县议会再度成立，议员11人。

5月24日，石浦裕兴盐厂停止收盐，400余盐民至厂说理。三日后照常开收。

6月20日，县参事会成立，参事4人，县知事李洣任会长。

夏，石浦时疫流行，贫病者无力医治。7月15日，士绅金伯章、朱省昌等集资1000元，在关帝庙开设施医局。

8月上旬，东门岛遭风灾，撞毁渔船18艘，坏50余艘，船工死10人。8月16日下午4时，强台风登陆。县城东、南、西三门城楼尽毁，民房倒塌甚多，禽畜漂没无算，古树古塔被毁。南田县署倒塌大半，毁摧乡间茅舍十之八九。象山、南田两县共死120余人。

是年，有华侨拟开发三门湾，受省府嘉许。设筹备处于上海，石浦设分处。

是年，大总统黎元洪赠纪子庚“孝义可风”题额。赠王福昌“至性过人”匾额。

民国12年（1923）

5月，海匪张顺安聚众百余人洗劫渔山洋面过往船只。后又掠东乡涂茨、后七步等地。

8月，南堡黄村民黄万，精枪法，聚众夜袭岳头民团，缴枪未遂，后遭警备队围击，黄万伤后喋血而死。

10月，定海人马学祯投资3万银圆，于石浦五爱桥创办明星电气股份有限公司（后迁福田庵)。翌年，丹城商绅何超等集资2万银圆，于丹城下路桥吴氏宗祠创办耀华电气股份有限公司。

民国13年（1924）

民国8年（1919）2月，西乡庆丰桥下叶村人张光陶聚众起事，首劫黄泥桥长行，波及西乡及新昌、嵊县等地，队伍扩至40余人。官府缉捕屡脱。民国13年8月，张光陶部属枪杀西周人鲍阿法，遭警备队奔袭，张光陶被围寒山村不得脱，举枪自杀，余众17人皆效法自尽。

是年，县劝学所奉令改为教育局，设尊经阁内。

民国14年（1925）

1月1日，中共党员贺威圣等发起组织“象山国民会议促进会筹备会”。下旬，贺威圣在县城组织进步青年成立“乐群学会”。

2月4日，县议会等50余团体发起成立县国民会议促成会。26日，致函北京，宣布加入“全国国民会议促成会联合总会”，并委杭州国民会议促成会安体诚兼任象山代表。11日，贺威圣又建“青年娱乐社”，宣传革命。

是年春，县立女子小学校长傅规清，学生辛枚君、林友梅等组织成立象山女权运动会（女权运动委员会），会员20余人。五卅惨案发生后，改建为象山女界联合会（象山妇女联合会）。

3月，县渔会会长叶延茅，代表象山、宁海、温岭、台州等地航业、渔业公会，致电北京执政府及外交、农商、财政、海军各部总长，反对以沿海7省渔税抵押外债。

6月2日，象山旅甬学生在宁波象山会馆组织成立“新蚶社”，宣传反帝爱国民主思想。翌日，县城各校及各界480余人在东岳宫集会，公祭上海“五卅”殉难烈士。6日，成立外交后援会。11日，后援会组织县城各校师生及工商各界2000余人示威游行，要求“收回租界”“取消领事裁判权”。24日，象山商会议决抵制英、日两国货物。25日，召开国民大会，通电北京执政府，敦促继续向英、日交涉，“务达目的，以保国体”。

7月2日，象山“外交后援会”常委轮流至黄溪、白墩、西泽、西周、石浦等地，查禁英、日仇货与出口粮食。

8月中旬，南田县桃源、蓬莱两乡农民各数百人，围南田县议会，要求平粜积谷。

10月，中国共产主义青年团象山支部成立，杨白为书记。后编为共青团宁波地委第七支部。

11月3日，宁海、象山、南田三县联合成立“宁象南警备司令部”，浙江省省长夏超任命童祖衡为司令，统制三县水陆军队。翌年5月15日，司令部奉命撤销。

民国15年（1926）

1月5日，南田县高塘街失火，损失万余元。21日，石浦南关桥外大火，焚民房百余间。

2月，县百作工会成立，会长张正棣，会员千余人。

3月27日，县农民协会成立，会长施柯，会员3万余人。

5月，中共象山支部成立，书记杨白。

6月，中共象山支部改建为中共象山独立支部。

9月，中共宁波地委书记赵济猛以国民党浙江省党部委员身份莅象，成立中国国民党象山县党部筹备小组，共产党员许福莹、姜冰生、方文熙为筹备小组成员，许福莹为召集人。翌年3月，县党部正式成立。

10月16日，浙江省省长夏超在中共杭州地委书记贺威圣等策动下，宣布“独立”。不久，兵败。贺威圣被孙传芳部逮捕，11月13日就义。

11月，西周农会会长沈春堂组织农会，开展“二五”减租。集会于西周大庙，遭上谢大地主谢某派人包围。农友冲出包围，捣毁谢某家，将其家谷米全数没收分发，人米1斗。后沈春堂被判刑6年。

12月，在中共宁波地委指导下，中共南田独立支部在鹤浦成立，书记王鸣皋。

是年，民国《象山县志》（陈汉章总纂）三十二卷修成并于翌年刊行。

民国16年（1927）

1月9日，军阀孙传芳部进逼宁波。蔡元培、马叙伦等遭孙通缉，避难象山。不久，得县人励乃骥、史文若、纪子庚等帮助，辗转去福建。

2月，国民革命军第十七军政治部和中共宁波地委派陈良义、吴德元等20余人，到南田组建国民党县党部，成立县政府，刘炯（中共党员）任知事。并秘密改组中共南田支部，书记陈良义。同时，建立南田县农民协会、妇女协会等群众团体，开展反霸斗争。

3月20日晚，象山县店员总工会在丹城尊经阁成立，到会300余人。此前，绸业、药业、纸业等工会多于18日成立。

是月，南田县3000余名农、渔贫民，至县党部、公署请愿。后涌向鸭嘴头，查封何源大南北货店，当场提店主、劣绅何谟游街示众，并组织人民审判委员会公审。

邑人谢乃斌，以国民革命军江苏江防要塞第四独立旅第二补充团团长之名义在象山招兵。经浙江省军政当局许可，改名为援苏国民军，至月底招收台州、象山兵2000余名。

5月初，南田县知事刘炯以跨党嫌疑挂冠离去。16日，中共党员、国民党南田县党部副主任陈良义，宣传委员吴德元、农民委员章福培3人，在南田被“宁台温防守司令”王俊派人逮捕。6月24日，陈良义、吴德元在宁波被杀，章福培被判刑20年。

5月底，中共象山独立支部书记周宗文遭通缉，中共宁波地委指定赖大滋负责。6月初，周宗文和一些党员离开象山，象山革命形势自此逆转。

7月中旬，王家谟调任中共浙江省委组织部主任，后任省委代理书记、浙东暴动委员会主任。下旬，中共浙江省委委员沈本厚受派回象山，指导整顿恢复党组织。7月，独立支部改组为中共象山区委，杨白任书记，赖大滋任副书记。

11月，王家谟赴浙南组织“浙东暴动”失败，在温州被捕遇害。

是年，茅洋及东溪岙底砩矿由山根井头人顾文黼及其子圣任始行开采。月产砩石20~30吨。至日军占领时止，历时14年。

石浦始设海关。翌年设管理船舶事务所，至民国26年（1937）结束。

是年，石浦达兴码头建成，代理行“陈源丰”，经理陈乌人（石浦沦陷时，日军称“华中码头”）。

民国16年（1927）至民国17年间，泗洲头赖姓创组“北平新新大四喜”徽班。人员40人，农闲演出，农忙务农。此前，民国初年，宁象交界处横埕村组建徽班。

民国17年（1928）

7月30日，台风成灾，靖南、奠南、昌石等地尤重。海溢，南庄陆地水深3尺，毁田地3万亩。

9月，原育婴、普济两堂改办为县救济院，院址丹城南大街。院长史翰章。至民国28年（1939），救济院设：养老所、孤儿所、残废所、育婴所、施医所、贷款所、妇女教训所和贫民习艺所，并兼办掩埋。另有义务小学1所。

10月，共产党员殷夫、王顺芳、陈元达（均在上海同济大学读书）转移至县立女小，以代课之名继续从事革命活动。

是年，在丹城文庙内创设县通俗书馆，设管理员1人。民国20年（1931），并入县民众教育馆。

民国18年（1929）

5月31日，南韭山海匪50余人劫持爵溪渔船4艘、渔民40人至官船湾一带。见无人价赎，杀害渔民2人。至7月，省高等法院训令各县督率海陆军警严缉。

是月，鹤浦码头竣工。南田县长毛皋坤作《建造鹤浦码头记》并刻石。

6月1日，县长张周汶派政警毛应锵等至海头韩拘捕吸毒犯，反遭前县副议长韩禹梁拘禁。再派科员王镕率警士10余人星夜驰往查拿。韩鸣锣聚众拒捕，殴伤政警3人，抢夺枪支，喝令党徒开枪。26日，省高等法院检察处下令严缉。

是月，在丹城南校场举行首次县春季联合运动会。

7月，奉省民政厅令，象山县原属12自治区改并为5区，辖134里、村。象山、南田两县第一期户口调查结束。两县合计56861户，231393人。其中，象山52046户，213902人；南田4815户，17491人。

10月16日，国民政府准上海总商会之请，辟三门湾为商埠。浙商许廷佐（定海人）在上海虹口百老汇路74号成立“三门湾辟（开）埠公司”。上海富商竞相到三门湾巡察、争购土地。后因谋事不善而未成。

民国19年（1930）

春，饥荒，饿死者众。

3月22日，南田饥民60余人，至鹤浦大户、国民党南田县党部党务委员叶青家，啼号乞食。23日，200余人拥至龙泉里各富户索食。

4月初，蒋介石决定在象山港建立海军学校，遣海军部次长陈绍宽率舰到象山港勘察形势，并委专员至象山港，设置工程处。于翌年春兴筑校舍，后未成。

8月16日，中共南京晓庄师范支部委员叶刚（南田人、曾任中共南田独立支部组织委员），被杀害于南京雨花台。

9月14日，小竹村农民黄阿新翻地掘出古瓶20余只，形扁圆，旁有两耳，颇似海鳖，斑斓剥蚀，色若鹧鸪。据宁波《时事公报》记者考证，明抗倭军士常携此瓶，以贮茶水。

是月，南田鹤浦开设元善当。

10月12日夜，盗匪20余人行劫高泥村海军部象山军港管理处，绑走委员茅泽霖，掠去银洋、财物。水陆军警奉令搜剿营救，27日晚，捕获著匪陆杏生、俞户法。

是年，石浦设置无线电台，为县无线电报通讯之始。

是年，南田成立民众教育馆，址设樊岙。

民国20年（1931）

2月7日，左翼作家、共产党员殷夫在上海龙华被杀害。

3月，法轮“长江号”在北渔山西南半里处触礁沉没。4月，华轮“华阳号”在南渔山西北搁浅。9月，日轮“东洋丸”打捞两轮，遇飓风，触礁沉没，生还1人。

4月1日，县立民众教育馆成立，馆址文庙。

是月，南田县农民借贷所成立，向上借拨公款及募集商股办法集资银5000元。

6月，在丹城修建中山公园，立贺刚峰（贺威圣）烈士纪念塔。

8月，县政府训令“破除迷信，改良风俗”。其“改良风俗”有严禁蓄婢养妾，禁领童养媳，取缔典妻及废除跪拜礼节等内容。

是年，下沈郑家山人赖振勤武功献技宁波青年会，轰动甬城。

民国21年（1932）

2月，石浦外海水上警察巡逻队装设无线电报。

8月中旬，甬象轮船公司成立。购置“潮阳号”商轮，行航宁波、镇海、梅山、象山、宁海等埠。

9月8日，中国银行石浦寄庄开业，以渔业贷款为主，办理就地抵押和押汇放款，兼办存款和汇兑业务。

是月，象山县渔会在石浦成立，会员109人。南田县渔会于金漆门成立，会员156人。

10月1日，省设第七行政督察专员公署设于宁波，辖象山、南田等12县。翌年，省第七督察区，改为第五督察区，辖象山、南田等11县。

11月，疏浚南田小湾塘河，灌田1400亩，经费由受益田亩户摊派。

是月，开始筹建县城至西泽公路。民国24年（1935）建成通车，全长18.64千米。为象山首条公路，时称“象西国防公路”。

是年，全县试用化学肥料，计氮肥100公斤、磷肥80公斤、钾肥22.5公斤，但无专营机构。翌年，实行化学肥料零售商登记。

民国22年（1933）

4月，上年度户口复查结束，全县（不含南田）普通户51978户、209109人，其中男115302人，女93807人。寺庙257户、706人，其中男445人，女261人。船户44户、男76人①。

9月19日，著名电影导演蔡楚生、音乐家聂耳、演员王人美等30余人至石浦拍摄电影《渔光曲》外景，分住浦江、金山旅馆，停留月余。

10月，建成宁海经丹城至石浦长途电话线路，省电话局在丹城设象山支局，在石浦设电话代办所。

是年，废两改元，银圆为唯一通货。象山境内常见者有龙洋、袁洋（俗称大头）、孙洋（俗称小头）、船洋、鹰洋、双柱洋、站人洋等7种。

民国23年（1934）

1月1日，象宁轮在行驶途中遭劫，死1人，被绑架20余人。

5月，省电话局在南田县政府设无线电台，办理电报业务。一年后，陆续架设丹城至墙头、爵溪电话线路，分设墙头、爵溪电话代办所。

是月，僧传常于丹城城隍庙设佛教孤儿院。至中华人民共和国成立前夕，累计收养孤儿330余人。

是年，石浦设省立宁波民众教育馆。

民国24年（1935）

4月，南田鹤浦镇交通协会购置“鸿安”轮，每日往返石浦客运8次。

8月28日，省教育电影巡回队在县城放映影片《三姊妹》。

是年，石浦“乾泰”钱庄开业，资本额6000元，经理周振德。民国29年（1940）停办。其间，先后开办的钱庄尚有“源生”“慎记”“永丰”“大通”“乾康”等5家，至民国36年（1947）4月相继歇业或倒闭。

是年，丹城顾阿义、陈元英等10余名业余曲艺爱好者成立象山中西乐队。后改名中西乐社。

是年，县内开始通用“法币”，禁止银圆流通。

---

①此条全县人口数据与本志“人口”篇“人口总量”章“民国时期象山县人口情况一览”表中相关数据统计口径不一。

民国 25 年（1936）

2 月 16 日，三山乡农产制造经营合作社成立，为象山首个基层合作社。社址范家山。

是月，全县普行保甲制，共设 3 个保甲督导区、64 乡镇、511 保、5094 甲。

6 月，左联作家陈企霞随史奇涛、励刚到象山。

10 月 7 日，建县城区示范消费社。

11 月，建石浦金箔运销供给社及东门岛、延昌渔业生产运销供合作社。

11 月，成立县司法处，专理刑事、民事一审和非诉讼事件。

是年，石浦省立宁波民众教育馆，设体育康乐股，有国术辅导站，办青壮年武术班。丹城亦有国术研究会。

是年，征兵法实施，改募兵制为征兵制，规定年满 18 周岁至 45 周岁男子须服兵役。县成立新兵军事总队，县长兼总队长，定期抽调集训壮丁。

民国 26 年（1937）

3 月 20 日，东乡岑毙壮丁七八十人暴动，俘督办、兵士 4 人入海，县警队前往弹压。翌年 8 月，儒雅洋壮丁暴动。

7 月 1 日，建象山金库，附设于县政府内。

是月，县成立抗日自卫委员会，创办《抗日旬刊》。

10 月，象山妇女会在丹城召开成立大会，选出理事 5 人，徐素韵为常务理事。

11 月 1 日下午 3 时半①，日舰 1 艘入侵干门港，小股日军登陆，国民革命军某部和钱仓、溪霞壮丁队与之激战，傍晚日军退去。

12 月 25 日，因抗日战争需要，架设丹城至沿海 17 乡镇军用电话线路动工，翌年 1 月 24 日完成，全长 82 千米。

是年，矿业主丁斐章、张智临组建实业公司，于破后山外围区开采砩石。

民国 27 年（1938）

2 月 22 日，在象捕获日伪间谍刘春山（江苏盐城人），当日枪决。

3 月，私立立三战时初中学生补习学校在墙头成立。聘励乃骥为校长。民国 32 年（1943）5 月，经省教育厅批准改为县私立立三初级中学。民国 36 年（1947），迁址石浦。

5 月，筹建象山公立医院，姜梅坞为筹委会副董事长，奔走集资，聘医购药。首任院长杨传华，院址西门当店。6 月 28 日开始门诊，11 月 27 日正式开业。

6 月 19 日，石浦各界千余人集会，公祭戚继光，"誓以戚继光抗倭精神抗战到底"。

7 月间，石浦霍乱流行，南关桥一带尤甚。疫情一度蔓延丹城、昌国、东陈、溪口、旦门、东溪、墙头等地。据统计，全县发病 1034 人，死亡 58 人。

9 月 23 日至 10 月 3 日，日舰 4 艘次入侵象山港。

10 月 23 日晚，暴雨如注，平地水三四尺，高者一丈。沿溪房屋、道路、象西要津欧阳桥等桥梁被毁。溪口、莲花等地人畜漂没，损失极大。

---

①此时间为公历时间，据《象山文史资料》第七辑，赵承琳"干门港首次打击日寇"所叙时间"农历九月一天下午"，及《象山县志（1988）·军事》第三十八章"重要兵事·民国时期兵事"所叙时间"9 月 29 日下午 3 时半"，推论而来。

是月，调整浙江省第六行政督察区，辖鄞县、慈溪、镇海、奉化、象山、定海、南田、宁海8县。

是年，大徐三角地村艺人杨伟法从鄞县引入杖头木偶，成立木偶戏班。

是年，官办民生纱厂投产。设纺织、造纸两部，工人149人，厂长林西村。

民国28年（1939）

5月12日，石浦镇镇长陈玉书率水警队至东门岛抽壮丁，被渔民包围，沉尸海中。

6月22日，日机轰炸丹城、墙头，死伤14人，毁民房20余间。

8月6日10时，日海军陆战队入石浦铜瓦门企图登陆。驻石浦水上警察队和驻石两浙盐务税警分队与其激战4小时，日军退去。

10月，中国三民主义青年团鄞县分团象山筹备员办公处成立，主任沈德贵。

12月1日，成立县国民兵团，县长盛世馨兼团长。原县防护团、义勇壮丁常备队、国民抗日自卫队均裁归之。民国30年（1941）9月裁撤。其原属队伍复称自卫队。民国33年复建，县长苏本善兼团长。民国34年10月解散。

12月20日，日军舰1艘入侵南田高塘金高椅，抗日自卫队长黄道刚率队抗击，阵亡。

是年，县中医学会成立，会员34人，理事长郑鼻峰。

是年，县制定《幼稚园规程》，规定小学附设幼稚园或单独设置。民国30年（1941）秋，高桥乡第六保国民学校办幼稚班1班，为县幼稚教育之始。

民国29年（1940）

3月上旬，春荒严重，溪口乡南充郑兆宪聚众400余人，抢劫宁波防守司令部存放白岩下“联捷公司”的军饷。后郑兆宪被县政府逮捕。

6月6日，日军巡洋舰1艘在檀头山洋面炮轰东门岛渔船，并以铅丝穿绑渔民32人，浇以汽油烧死。11日，日军汽艇3艘在檀头山登陆。水警队奋起迎击，队长及4队员阵亡。

7月1日，撤南田县，与宁海18乡、临海5乡合并为三门县，初设治健康塘，10月迁海游。

8月，省食盐收运处为抢运玉泉盐场10万担存盐，令象山县政府组织沿途各乡承运。自盐场仓库至泗洲头由泗灵、高桥、峰北等乡船运；泗洲头至西周一段陆路，由儒蕉、淡港两乡联合承包。再经宁海销往内地。此次运盐共动员民众2000余人。

9月19日，日机轰炸石浦、东门岛，炸死10人。

10月9日，数艘日舰炮击石浦繁华街区，后日机4架轮番轰炸石浦，致35人死亡，2079余间民房毁坏。

10月27日，日军在宁波投弹，播撒鼠疫杆菌。30日鼠疫病发，开明街口滋泉豆浆店主（象山下沈人赖福生夫妇）最先罹难死亡。

是月，省海关在石浦设分卡。同时，设船舶进出检查所。

11月，郑鼻峰、刘雪航等在僧传常支持下，于县城隍庙西厢创设中德医院。是年，建立县卫生院，负全县卫生行政和医疗预防、环境卫生等责。次年，县公立医院并入县卫生院。

是年3—10月无雨，早稻歉收，晚稻绝收。翌年，大荒，民以糠菜度日。

民国30年（1941）

自民国29年（1940）7月宁波封港后，上海运往内地之商货，如棉布、医药、百货等，多转口石浦（以500吨左右挂德、意、葡国旗之船舶运送），经泗洲头至西周或墙头，渡象山港达奉化，沿线运输民工约千人。二月至四月盛极一时。

4月16—17日，日机数十架次，轮番轰炸石浦、东门等地，炸死炸伤30多人，炸毁房屋600多间。

4月19日，镇海陷落。是日拂晓，日海军陆战队小林大队与山本中队在延昌、昌国登陆，石浦沦陷。日军大肆奸淫掳掠3天。20日，日军在南田龙泉港口及小湾登陆，侵占南田、金星、月华等地。23日，石浦、昌国、延昌相继成立日伪维持会。28日，日军炮艇进入岳井洋，侵占茅洋等地。县政府连夜撤至儒雅洋。

是月，玉泉（盐）场秤放局迁三门海游。翌年，撤局，复设玉泉场公署。

5月18日，酉木股龙一率日军护矿队及“华中矿业公司”监工共200余人，押劳工500余人，自松岙登陆，侵占茅洋砩石矿。

6月3日晨，日军200余人入侵丹城，抢劫行人、商店，奸淫妇女，无恶不作。至10时许，始行退去。沿途复行掳掠，下午返回溪口。

是月初，县国民兵团第一中队长徐楠，借口军政纠纷，在儒雅洋（指挥部与县政府驻地）发动兵变，拘捕县长盛世馨，逮捕爱国青年。7月15日，定海县长苏本善兼任象山县长及三象地区指挥部指挥官。是年底，县成立战时政治工作队，共产党员林默之、王式贵等加入。8月，秘密建立中共象山支部，书记林默之。翌年2月，改组为中共象山县工作委员会，书记杨干。

8月18日，苏本善率县政府人员自儒雅洋回驻丹城。

11月22日，茅洋日军进犯姆龙洞、娘娘岗，发起4次冲锋，均被守军击退。日军又进犯仇家山被击退，仇家山失而复得。

12月11日，日军100余人进犯黄土岭。守军还击，班长来周葆弹尽肉搏身亡。是月中旬，日军400余人进攻丹城，与黄土岭守军激战6小时后败退。

民国31年（1942）

2月15日（阴历壬午年正月初一日），日军400余人分3路进犯县城。守军奋起狙击13小时，击退日军。是役，日军伤亡40余人，守军伤亡中队长以下60余人。

3月8日，日军1个大队、伪军2个团共3000余人，分12路进犯县城。11日，县城沦陷，县政府撤至宁海茶院。5月15日，回迁西乡牌头、关山。

4月14日，驻东乡日伪“民生队”50余人，在行动队黄阿会策动下，捕杀队长、队副，携械反正，编为县自卫队。9月，伪保安团130人持械反正。

4月18日，美军飞机袭击日本后，归途油尽，1架落于爵溪牛轭礁，美军飞行员2人溺死，3人被爵溪民众所救，护送途中被日伪军俘获。另2架分别落于檀头山及南田大沙洋面。其中1架5人被檀头山渔民麻良水、赵小宝夫妇等发现，由麻良水小船护送至三门县自卫第二大队营救脱险。另1架5人被大沙村民救起，送三门安全脱险。

9月，定象两县联立“战时初中学生补习学校”在宁海和平岙招生开学。苏本善兼校长，聘许剑华为校务主任。

11月6日，驻石浦、茅洋日伪军“民生队”200余人，进犯南田樊岙。至7日，南田抗日自卫队与之激战两昼夜，日伪军不敌退去。

12月30日，驻石浦日伪军用大炮掩护，登陆南田四都、金漆门掳掠，焚民房60余间。

是年，霍乱再次流行，全县发病943人，死亡790人，死亡率达83.8%。奠安乡（今属黄避岙乡）高泥村百余户人家，死亡60余人。象东区死亡680人，其中虎山乡（今属大徐镇）196

人，涂茨乡 30 人，钱仓乡 95 人，林溪乡 216 人，五汉乡 143 人①。

民国 32 年（1943）

1 月 1 日，日舰 8 艘从鹤浦、杨柳坑、金漆门登陆进犯南田，毁民房 200 余间。

4 月 24 日，石浦中心国民学校校长张国宝，拒绝实施奴化教育，宣传抗日救国，遭日军活埋。

5 月 5 日，经省教育厅批准立案，“立三补习中学”正式定名为“象山县私立立三初中”。校长吴祖龙，教导主任欧乃斌。

6 月 21 日，日伪象山县政府成立，汪伪军第十师第三十九团团长徐梅初充任县长。

8 月 11—12 日，台风，大雨倾盆，平地水 3 尺，沿海低地尽成泽国。田地、作物、堤塘、房屋、人畜、船只损失严重。

8 月 25 日，日军及伪三门保安总队胡常英部 460 余人，分 4 路进犯南田。27 日，樊岙沦陷。三门县自卫大队反击，毙日伪军 74 名，伤 24 人。9 月 2 日，南田一度收复。

11 月 21 日，1 架日机坠于月华乡中岙村。县自卫队及警察分队迅即赶至。驾驶员自杀毙命。次日，驻茅洋、石浦日伪军赶来抢夺，均被击退。

民国 33 年（1944）

1 月 5 日，日伪南田县政府于石浦成立，伪三门保安总队长胡常英（佩珍）充任县长。胡常英任命境内各乡长，被委人皆置之不理。

5 月 1 日，3 时许，日伪军百余人偷袭苏本善部西周庆丰桥守军，激战 2 小时余，日伪军被击退。

5 月初，汪伪第十师师长谢文达至象山，向爵溪渔民勒索法币 1 亿元。8 日晚，苏本善率象山自卫二大队、定海自卫一大队，奔袭县城，捣毁伪三十九团团部和伪县政府。谢文达越窗逃逸。

5 月初至 7 月初，大旱未雨，田地龟裂，河井干涸，兼以虫害，灾田 12 万余亩，收不足七成。

11 月，接省教育厅令，“定象联中”改名为“象山县县立初级中学”。

是年，霍乱、痢疾、疟疾流行，发病 804 人。

民国 34 年（1945）

1 月 10 日，县临时参议会在下沈成立，参议长周凯旋。其议员、议长均由县政府选聘。

春，疫病流行。象东区虎山乡、象西区淡港乡，脑炎肆虐，患者以成人居多。上南区赤坎、爵溪及丹城等地，天花蔓延，患者多小孩，死者甚众。

5 月 25 日，茅洋“华中矿业公司”关闭。29 日，驻茅洋日军全部撤至石浦大金山，装运机件的 2 艘汽艇在石浦洋面被美机炸沉。

5 月 27 日，伪军谢文达部刺杀抗日志士、上南区兼下南区区长张智临。

6 月 7 日，两日舰在大目洋洋面被 3 架美机炸沉。时值渔汛，捕鱼渔民见日军落水，各执船桿等击打，多被击毙。8 日，美机又在石浦外坦头洋面炸沉日舰一艘，200 余日军全部溺毙②。

8 月 17 日，县城收复，县政府回迁丹城。举行“象山县各界庆祝抗日胜利大会”。

8 月 23 日，在石浦城隍庙举行“收复石浦公祭阵亡将士民众大会”。

9 月，长亭盐场归并玉泉盐场，玉泉盐场场部回驻石浦，设金东西、番东西、中竿、蒲东西、

---

①据《1938—1949 年疫情资料》记载。

②此条资料来源，详见本志“军事”篇第五章“中华民国时期战事”第二节“抗日战争”页下注。

上廒、建康、健跳等7个场务所，专司场产管理、盐产秤放。

是年，虫、旱交灾，台风袭境，东乡、南乡早谷无收。加之秋季淫雨，晚作尽烂，粮荒更甚。全县天花、脑膜炎流行，延至翌年。

民国35年（1946）

2月16日，县立初级中学由儒雅洋迁至丹城。

3月12日，县机关、团体、学校各界2000余人集会，纪念孙中山逝世21周年，会上决议惩治汉奸励乃鹏。

5月1日，开始户口普查，至8月结束。全县计33乡镇、390保、3891甲、50287户、207952人（男112229人，女95723人）。较民国24年（1935）统计少5546人。

8月下旬，县参议会发起开发南韭山号召，招民垦荒，发展渔业。11月10日，南韭山渔业产销供运合作社在石浦商会会所召开成立大会。在南韭山建起茅屋50栋，购得小汽艇1艘，往返于南韭山、石浦、定海之间。渔民抵岛定居者日众。

9月13日，石浦自卫队低价强购货物，全镇商民罢市。

11月20日，县立初级中学和简师教职工罢教，抗议政府拨发薪谷时的刁难行为。

是月，县佛教界代表会议召开，成立象山县佛教支会，址在丹城东寺，理事长僧英高。翌年，石浦设办事处。

是年，僧传常募资兴筑墙头下沙下新塘。民国37年（1948）6月竣工，围垦280亩。

是年，天花、脑膜炎、痢疾、疟疾流行，患者1042人。其中82人死于天花，36人死于脑膜炎。

民国36年（1947）

3月，县参议会临时大会议决，电请省政府撤免玩忽县政、蔑视民意、治安不力的县长孟铸及阻止增删全县预决算、态度傲慢的县政府会计室主任江意诚、田粮科长杨敬等3人。

4月20日，“象山县银行”成立，宁波商会会长、邑人周大烈为董事长。

5月，渔汛旺发，临海、玉环、温岭、定海、三门、宁海及象山渔船8000余艘，云集爵溪、南韭山洋面捕捞。盛况为数十年来所未见。

7月20日，县长孟铸下令，全县每晚9时至次晨4时戒严，以防“共军夜间活动”。

8月20日，中共三北军分区司令员徐小玉率部从象山港高泥登陆，挺进大徐、西周等地，击溃拦击之县保警队。

10月23日，在中共台属工委领导下，共产党员周象人（银）率20余人在樊岙武装起义，击毙南田区长，收缴枪械，撤至三门湫水山。后被编为中国人民解放军浙东第二游击纵队四支队一大队，称“铁流部队”。政委邵明，大队长周象人。

11月，象山县竞选“国大”（“行宪国民代表大会”）代表。23日，邑人徐培根当选。

12月5日，东大河疏浚工程开工，丹城、靖河、靖海、爵溪等4乡镇农民，义务动工疏浚。翌年6月末完成，挖土方2.7万立方米。

是年，连遭旱、虫灾严重，早稻歉收，秋作无登。受灾3.7万亩，13.8万人。

是年，铁匠邱圣仓等合资开办复兴机器铁工厂，购置车床，修理柴油机，铸造简易机件，为县内机械工业之先驱。

是年，全县有渔行23家、渔栈87个、鲞厂194个，年制销黄鱼鲞28861担。

民国37年（1948）

2月，中共象山工作委员会在灵照乡黄公岙成立，书记唐侃。6月，组织被破坏。

5月5—11日，召开县春季体育运动大会，有县中、简师、立三初中及其他团体46个，参赛选手千余人。

同日，石浦东门岛灯塔修复放光。

5月17日，石浦饥民数百人要求平粜，形成“抢米风潮”，捣毁米店5家、米厂2家。

6月，爵溪发生饥民“吃大户”事件。

11月20日，原中共象山工委委员史中平组织青年农民30余人，袭击灵照乡乡公所，缴获枪械多支，俘虏县参议员和自卫队长2人。当日转移至宁海长街道士岩。21日成立“象宁人民抗暴游击队”。不久，编入解放军浙东第二游击纵队四支队一大队，称“两广部队”。

是年，成立象山文献委员会，收集整理明清时期象山地方历史文献。许剑华任征集组长。

是年，设“佛教养老院”于“宝梵讲寺”（东寺）。双龙庵住持可成当选县佛教支会理事长。时全县有僧256人，尼213人，分居343个寺、院、庵、庙。

是年，人口统计（不含南田）：49243户，208360人。

民国38年（1949）

3月20日，县立简师16名学生出走，投奔革命，不成返校。4月14日，县警察局逮捕返校学生。舆论哗然，警方被迫释放学生。

5月下旬，国民党第八十七军（“长江部队”）2个师，由宁波败退至宁海、象山，军部驻石浦。

6月5日，浙江省第二区专员公署成立。10月10日，改称浙江省宁波区专员公署，辖：鄞、姚、慈、镇、象、奉、定7县。

7月1日，中国人民解放军象山县大队在余姚成立。3日，象山县大队随军参加宁象战役。同日，宁波军管会象山县工作大队在宁波组成，王化祥、李瑞三为正副大队长。7日，分水、陆两路到象山。

7月8日，解放军第二十二军六十五师一九三团及县大队先后进入丹城，象山县城宣告解放。

7月9日，解放军第二十一军六十一师一八一、一八二、一八三团分三路合围石浦，国民党驻石浦玉泉两浙盐务税警总队副总队长包毅率部起义，石浦解放。

是日，公安班成立，受解放军象山县工作大队指派，接管旧警察局。

7月20日，解放军北上准备解放舟山，国民党第八十七军和交警总队重占石浦，并占象山东溪岭以南大部地区。

8月4日，象山县工作大队移驻九顷。是月，中共象山县工作委员会在九顷成立，书记王化祥。

9月6日，解放军第二十一军六十一师重新解放石浦。国民党军队遁逃入海，龟缩于沿海岛屿。

9月8日，中共象山县工作委员会从九顷迁至丹城。

9月26日，南田解放。

是年，洪灾。多毁堤坝、碶门、桥梁、房屋，良田积沙石5尺以上者比比皆是。

中华人民共和国

1949 年

10 月 1 日，中华人民共和国成立，县城军民集会庆祝。

10 月 21 日，中共象山县委员会、象山县人民政府成立，县委书记兼县长念方之。

是月始，县内先后建立东山、靖河、西沪、石浦 4 区，辖 18 乡及丹城、石浦两镇。

11 月，中国人民解放军第二十二军六十六师一九八团与县大队配合剿匪，毙土匪 19 名，伤 7 名，俘 160 名，缴获大批枪支弹药。

12 月，西沪、靖海、丹城、爵溪、靖河、东山、林溪①、东港、东海等 9 乡（镇）开展减租和征粮工作。

1950 年

1 月，解放军第二十一军一八七、一八八团配合宁波、台州地方武装，在宁象交界山区围剿国民党浙东行署“宁奉象地区指挥部”，歼灭该部二、三、十 3 个大队及直属机炮中队，俘原国民党政府宁海县县长麻起及“宁海剿抚总司令”胡常英部 600 余人。

2 月 7 日，石浦区干部配合解放军第二十一军六十三师警卫连在昌国俘获原国民党象山县县长章昌琛。

3 月 18 日拂晓，海匪陈兆玉部 200 余人登陆包围靖海乡人民政府。乡工作队王喜臣、刘当熙、杨涛、干守池等干部被掳至南韭山遭杀害。

5 月 7 日，1949 年 10 月改建的公安组，易为象山县公安局。

5 月 8 日，仇悠定、王金根股匪包围汤岙村，打死民兵 5 人，绑去农会干部 2 人。

是月，全县动员民船百余艘，支援解放舟山。17 日，舟山解放。20 日，象山召开万人庆祝大会。

5 月 24 日，县政府推选吴祖凤、林柏年、念方之为代表，出席浙江省第一次人民代表会议。

是月，中国新民主主义青年团象山县工作委员会成立。

6 月 29 日，解放军第二十一军工兵营解放舟山后返石浦，在华塘以西海面消灭“东南人民反共救国军”陈道顺、陈利生部 150 余人，缴获敌船 15 艘。

是月，县人民法院成立。1955 年，从人民政府中分离出来，成为独立的审判机关。②

7 月 23 日，周兴绥股匪 100 余人登陆爵溪，包围乡政府。乡长聂延忠、县公安局侦察员江荣富在反击中牺牲。

是月，渔山股匪频扰沿海，抢劫 54 起，杀害干部、农会主任与民兵 47 人，绑架 6 人。县大队与东乡民兵在道人山合歼股匪，毙 3 人，俘 11 人。

---

①林溪乡，《中国共产党浙江省象山县组织史资料（1926.5—1990.4）》第 304 页载：林溪乡政府，1949 年 10 月建。1951 年 3 月，林溪乡析为珠溪、霞庄、青莱 3 乡。《象山县志（1988）》第 26 页此乡作“珠溪”。

②此条据《中国共产党浙江省象山县组织史资料（1926.5—1990.4）》，第 293 页。《象山县志（1988）》“大事记”成立时间作 1950 年 11 月。

8月5日，解放军第二十二军一九八团奉命建立象山县剿匪指挥部，团长王守拙为总指挥，分4区全面清剿。中共浙江省委任命一九八团政委傅坤墉兼任中共象山县委书记，念方之改任中共象山县委第一副书记，实行党、政、军、警、民统一领导。

8月下旬，废除民国保甲制。东山乡开始试点，析建为林善岙、雅林溪、大徐、海口4个小乡。

是月，县人民武装部建立。①

10月31—11月3日，召开县农民代表大会，表彰剿匪、生产模范，成立县农民协会。

11月5日，雅林溪乡开始土地改革试点。

11月25日，解放军第三十五军一〇四师三一一团接替一九八团进驻象山，中共浙江省委任命团政委刘廷耀兼任中共象山县委书记，副团长郝炳祥任剿匪总指挥。

是月，镇压反革命运动开始。

12月15日下午4时，解放军第二十二军六十四师三一一团与海军某部对南韭山敌军发起攻击。至24日，战斗结束，击毙（伤）敌500余人，俘300余人，缴获轻重机枪、电台、望远镜等2000余件、机帆船10余艘，南韭山解放。至年末，全县陆上国民党军残余力量及各地土匪基本肃清，共歼敌3600余名。

12月24日夜，浙东前线解放军驻石浦渤海部队某部与象山驻军陆海军联合攻击檀头山国民党第八十七军残部，毙伤敌百余人，俘170余人，击伤、击沉敌船7艘。翌日凌晨，檀头山岛解放。②

是月下旬，中共宁波地委“支象土改武装工作队”抵达象山，队员96人，与县区干部75人，混编成28个工作队。

1951年

年初，县人民法庭成立。下设5个分庭，专理土地改革案件，年末撤销。

是年初，完成“划区建乡”工作，全县相继建立大徐、南庄、墙头、石浦、新桥等5个区和丹城、大徐等77个乡镇。

1月9日，东山、东海、林溪、东港等第一批27乡开展土地改革，至3月末结束。尔后至8月中旬，第二批30乡，9月，第三批18乡进入土地改革，至年末基本结束。全县共没收、征收土地205403亩。全县57440户农民（包括其他阶层）分得土地18.33万亩，并确定产权，颁发土地证。

2月22日，海塘乡一贯道徒40余人暴乱，伤民兵8人。暴乱旋被平定。

3月9日，盘踞渔山岛的国民党何卓权部300余人在高塘岛登陆，被解放军第三一四团及民兵歼灭。

3月24日，县工人代表会议在丹城召开，成立县总工会筹备委员会。

4月1—3日，象山县第一次各界人民代表会议在丹城召开。

4月16日，大徐乡徐金木成立县第一个农业生产互助组。翌年4月，建立县第一个农业生产合作社。

---

①此条据《中国共产党浙江省象山县组织史资料（1926.5—1990.4）》第509页。

②本条“檀头山解放”及上一条“南韭山解放”资料来源据《浙江剿匪记实》，详见本志“军事”篇，第六章“象山解放后战事”。

5月，象山县第一届人民体育运动会举行。

6月29日，盘踞渔山的国民党“国防部保密局江浙人民反共救国军大陆突击队”59人，代号“黑狼”，在峙前登陆，夜潜宁、象边境之高山笔岩尖、廿四炮。宁波、台州军分区闻报，指挥两县地方武装追踪围歼。历时8天，全歼“黑狼”。

6月，为抗美援朝，全县掀起捐献飞机大炮、参军热潮。至28日，报名参军5000余人，批准入伍1628人。至11月16日，共捐献人民币23亿元（旧币），超额完成捐献飞机2架的计划。

12月20—23日，县首次妇女代表会议召开，建立县民主妇女联合会筹备委员会。

1952年

3月7日，三门县南田区划归象山。①

是月，浮礁渡建成“人民胜利碶”，为全县第一座螺杆启闭式闸门。

是月，爵溪渔民谢世法组织成立县第一个渔业生产互助组。

7月20日，县禁毒委员会成立，在区、乡（镇）指导禁毒工作。至11月底，禁毒工作基本结束。

年末，全县共有临时互助组2160个、常年互组组365个、初级社1个，入组、入社农户18676户，占全县农户的32.3%。

是年，建丹城东谷湖水库。

1953年

1月，县首次农业劳动模范代表大会召开，总结互助合作、发展生产经验，奖励一批劳动模范与模范互助组。

2月，渔区和水上运输单位开展民主改革，打击霸头、高利贷者和漏网反革命分子。

4月，县民主妇女联合会正式成立。

6月30日，中华人民共和国成立后象山县第一次人口普查结束，全县共69551户，254353人，其中男134730人，女119623人。

7月，民主建政普选工作在全县开展，分三批民主选举乡镇长，至11月结束。

8月10日，龙屿乡龙屿村农民自发求雨，当地领导处理失当，开枪误伤群众3人。

11月23日，全县根据政务院决定实行粮食统购统销。随后，农村实行定产、定购、定销，市镇实行以人定粮，凭票购粮。翌年，10月1日，根据省人民政府发布的《棉布统购统销试行办法》，全县开始凭票购布。

1954年

3月18日，解放军海、空军在三门湾一带与6艘敌舰、4架敌机激战，击落敌机2架，击伤敌机1架、军舰2艘。②

4月，象山县由宁波专区划归舟山专区。

---

①南田划归象山时间所据，参见本志“建置”篇，第一章“沿革”，第四节“中华人民共和国成立后沿革”部分页下注。

②此条据方志出版社1999年版《浙江省军事志》第81页、708页、714~715页相关内容编写。详本志《军事》篇。

5月14日，温台地区千余艘渔船在大目洋捕大黄鱼，下午突起八九级偏北大风。温台地区浮爿船翻沉103艘，死亡197人。象山翻船7艘，死亡4人。爵溪鵜舿船大，也被吹至旦门一带，沿途救上数名落水温台渔民。①

是月，中央人民政府副主席、解放军总司令朱德视察象山港。

7月10—14日，县第一届人民代表大会第一次会议在丹城召开。

9月24日，象山县人民检察署成立②。翌年5月19日，改称象山县人民检察院。

是月，县第一次工会会员代表大会在丹城召开，选举成立县工会联合会。

至年末，全县建立信用社53个、信用部1个，集股金30247万元（第一套人民币）。翌年，乡乡办起信用社。

1955年

1月16日，第七兵团兼浙江军区司令员、浙东前线指挥部司令员兼政治委员张爱萍视察石浦港。

1月18日，集结石浦东门、高塘金高椅、大塘港之解放军3个步兵营及驻石浦陆军第九十一团一营渡海作战，参加解放一江山岛。

2月8日，蒋经国偕同国民党国防部长俞大维等，由大陈岛乘“大昭”号军舰至渔山。随后，岛上居民悉被迁往台湾。13日，渔山列岛解放。至此，象山全境解放。

是月，为贯彻省委“全力巩固、坚决收缩”方针，全县239个农业生产合作社减至151个，其余退回互助组。

10月7日，中共象山县委召开首次党员代表会议，贯彻毛泽东《关于合作化问题的报告》。至11月，全县掀起合作化高潮。

11月10—14日，县一届人大二次会议召开，决定成立象山县人民委员会代替原人民政府，选举宋其茂为县长，李海瀛为县人民法院院长。

1956年

5月1日，《象山报》创刊。至1959年宁、象两县合并，原《宁海报》《象山报》合并为《象山日报》。

6月8—14日，中共象山县第一次代表大会召开。选举产生第一届县委会。县委书记房家书。

6月24—28日，青年团象山县第一次代表大会召开。

7月初，全县开始肃反整风运动。县级机关干部、企业干部、中小学教职员工2000余人参加。后因“八一台灾”暂停，延至翌年继续进行。

8月1日晚12时，5612号强台风在象山登陆，登陆时最大风速每秒60—65米。潮水冲毁门前涂海堤，南庄平原成一片汪洋，死亡3402人，淹没良田11.66万亩。是为“八一台灾”。9日，省政府秘书长彭瑞林率团到象山慰问灾民。13日，国务院工作组到县慰问并指导工作。是月，县组织抢修门前涂海堤2000余米。月底，灾民陆续返回本地开展生产自救。

---

①此条据《爵溪镇志》“大事记”，第33页，《象山县渔业志》“渔事简要”，第32页。

②检察署成立时间，据《象山县检察志》（内刊第三稿）及县检察院提供《象山县志（2008）》“检察资料长编”。《中国共产党浙江省象山县组织史资料（1926.5—1990.4）》第294页，则作：“1954年12月”。

年末，1953年开始的全县私营工商业社会主义改造结束。原1978个私营商业户，实行公私合营的16户，改为合作商店45个、335户，合作小组94个、793户，代销自营834户。

1957年

4月末，按照中共中央指示精神，县委成立整风领导小组，各口同时成立整风领导小组，指导全县开展整风运动。

5月，国防部部长彭德怀、副总参谋长陈赓视察象山前沿岛屿。

7月，定山区中楼、大塘、中屿等地先后发生群众退社、闹事，地、县组织干部前往调查处理，平息事态。

8月1—10月1日，全县580名教职工集中在舟山学习。机关开始整风，后转向反右派，至翌年9月结束。全县125名干部和知识分子被划为“右派分子”。

12月24日，开展农村基层整风和社会主义教育运动，采用“大鸣、大放、大字报、大辩论”的方法，围绕合作社的优越性、粮食统购统销、工农关系等问题展开大辩论，逮捕地、富、反分子46人，富裕中农受批判56人。

是年，建儒雅洋水电站，装机容量20千瓦。县始有小型水力发电业。

是年，象山县革命烈士纪念馆建成，内建烈士纪念塔，上题词“革命烈士永垂不朽”由全国人大常委会副委员长郭沫若题写。

是年，诗人闻捷瞻仰石浦延昌柑橘场烈士陵园，作《橘园颂》。

是年末，全县有高级社448个，入社农户5.8万户。至此全县农业社会主义改造完成。

1958年

5月，中共象山县委、县人民委员会提出“粮食亩产实现千斤县”口号。其后，出现早稻乱估产、晚稻“移苗并坵”等弄虚作假做法。

9月，县建立钢铁生产指挥部，大办钢铁，遍筑小高炉。

10月中旬，全县基本实现人民公社化，建成23个公社。原象山辖区建立起“政社合一”的有民主、岑岽、丹城、西周、新东、新兴、定山、石浦、南田等9个公社，提倡“组织军事化、行动战斗化、生活集体化”，大搞“一平二调”，大办食堂。

11月7日，丹城至宁海城关公路建成通车。

冬，掀起大规模治水运动。全县建成百万立方米以上水库4座及一批小型水库，改造烂塘田56542亩。

11月21日①，国务院批准，浙江省人民委员会决定，撤销宁海县建制，其行政区域并入象山县②，属台州专区。县治由丹城迁沥洋，次年4月移宁海城关镇。

1959年

1月14日，撤销台州专区，原属台州专区的象山县划入宁波地区。

1月—3月，中共象山县委先后召开千人大会、万人大会，贯彻党的八届六中全会精神，纠正“平调风”，并举行“算账大会”，兑现部分平调的粮食、物资、劳力、资金。

---

①此时间所据，见本志“建置”篇第一章“沿革”第四节“中华人民共和国成立后沿革”部分页下注。

②民间俗称“两县合并”。

4月11日晨，象山渔民在吕泗洋作业，突遭风暴袭击，沉船12艘，死65人。

7月，开始“反右倾”。在“保卫总路线、‘大跃进’、人民公社”的口号下，错误批判了县委部分负责人和大批基层干部。

12月8—11日，中共象山县第二次代表大会在宁海城关镇召开。会议把“反右倾”中被错批的县委三位负责人打成“宗派主义反党集团”。翌年2月，中共浙江省委撤销此决议。

1960年

1月10日，全县第一次绿化造林运动结束。绿化荒山1526座，造林19.34万亩，占总任务35%，超额完成第一次造林计划15万亩的129%。

2月3—6日，中国人民政治协商会议象山第一届委员会第一次会议在城关镇（宁海）召开。选举产生县政协一届常务委员会。翌年8月，宁海、象山分县，政协象山县第一届委员会活动中止。

春，全县9万人投入治水改土运动。西周公社投入6500人改造烂塘田。

12月，为贯彻调整方针，县工业企业从135个缩减到79个，职工从12268人减至3743人。

1961年

2月14日，《象山日报》停刊。

3月，全县开始贯彻中共中央《农村人民公社工作条例（草案）》，纠正命令风、瞎指挥风、浮夸风、共产风、干部特殊化风。分自留地，种“扩种粮”，发展家庭副业，取消公共食堂。

6月16—9月9日，象山干旱26.5万亩，成灾23.2万亩，减产3320万斤。

8月，恢复宁海县建制，宁、象分县，象山还治原辖区，县治迁回丹城。①

10月，全县撤销9个大公社，公社管理区改称人民公社。檀头山单独建社。至12月，全县设7区、2镇、35个公社。

11月，全县开始调整大队、生产队规模。全县大队由394个调整为799个，生产队由2588个调整为4003个，并以生产队为基本核算单位。社员分得自留地26967亩，占全县耕地面积的7%。

1962年

2月，全县开始压缩城镇人口和精简职工。至1964年，共压缩城镇人口10200人，精简职工8525人。

9月下旬，中共象山县委贯彻中共八届十中全会精神，强调开展两个阶级、两条道路斗争。

12月，檀头山公社俞月娥等8姑娘组成的“八五女炮班”，出席华东地区先进民兵代表大会，受到南京军区嘉奖。

是年，中共象山县委陆续甄别平反反右倾中受批判或处理的2405名干部群众。

1963年

1月29日，县公安人员与民兵，在莲花蚶岙塘碶门头捕获从海上偷渡登陆的美蒋派遣特务尤尔诚、尤尔奎，受公安部表彰。

10月31日，中共浙江省委书记江华到象山考察工作。

---

①宁海、象山两县分置时间所据，参见本志“建置”篇第一章“沿革”第四节“中华人民共和国成立后沿革”部分页下注。

10月—12月，县级机关干部和区、社干部开展“四清”运动，清政治、清经济、清组织、清思想，“洗手洗澡”，人人过关。

年底，中共象山县委工作队进驻溪口公社，进行社会主义教育试点。

1964年

4月，全县开展第二次人口普查。据统计：全县人口341243人，其中男179596人、女161647人①。

7月下旬，全县旱灾严重，中共象山县委抽调40多名干部组成8个抗旱工作组，分赴各区、公社指导抗旱工作。

秋，“小四清”运动推至全县农村799个大队，分3批开展“四清”（清账目、清仓库、清财务、清工分）。

年底，全县400余名干部参加中共浙江省委社会主义教育工作队，赴上虞、慈溪搞试点。

1965年

2月7日，中共象山县委召开四级干部大会，1500余人参加。大会传达中共浙江省委、中共宁波地委关于开展社会主义教育运动文件精神，提出继续以阶级斗争为纲，在全县开展社会主义教育运动。

是月，成立县贫下中农协会。至7月，全县37公社799个大队建立贫下中农协会。

5月起，全县分3次豁免农渔业欠款408.41万元。

1966年

1月，全县召开首次“活学活用毛主席著作讲用会”，号召向解放军学习，大学毛泽东著作。

6月21日，象山中学师生大字报首次上街。

是月，中共象山县委派工作组进驻象山中学，指导开展“文化大革命”。随后又派8个工作组，分别进驻其他中学。

8月12日，全县召开万人大会，庆祝中共八届十一中全会公报和《关于无产阶级文化大革命的决定》发表。“文化大革命”迅速扩展到全县各界。

是月中、下旬，全县城乡各地纷纷成立各种名目的“造反”组织，开始横扫“四旧”（旧思想、旧文化、旧习惯、旧风俗）。出现批斗、抄家、游街等“革命行动”，造成死人事件。

10月8日，全县第一批“红卫兵”代表10人赴京串联。

11月，全县建立毛泽东著作学习小组3742个。泗洲头公社西洋大队被树为学习先进单位。

12月中旬，“大中专学生驻象联络站”成立。至年末，全县各“造反组织”纷纷冲击党政领导机关，中共组织被迫停止活动。

1967年

2月3日，“造反”组织联合召开大会，批斗中共象山县委主要负责人，宣布所谓“夺旧县委一切权力”。

---

①此为人口普查数据，1964年户籍人口数据与之不同，见本志“人口”篇“1949—2008年象山县人口情况表”。本“大事记”下文1982年、1990年、2000年人口普查数据与“人口”篇中的户籍人口数据亦不同，不再一一说明。

3月4日，驻象部队介入地方“文化大革命”。16日，县公安、检察、法院机关实行“军管”。28日，县军管会召开“打击反革命逆流大会”，宣布7个“造反”组织为“反动组织”，勒令解散。

4月19日，“象山县无产阶级革命造反派联合总指挥部”（简称“无联总”）宣告成立。总指挥黄光旭。

5月6日，“象山县革命委员会”成立，设政治部和生产指挥部，取代中共象山县委和县人民委员会及其工作机构。

7月14日，“象山县红色造反者联合总指挥部（筹）”（简称“红联总”）宣告成立。

10月1日，“象山县工农革命联合指挥部（筹）”（简称“工农联指”）宣告成立。

是月，由于“红联总”与“工农联指”严重对立，“象山县革命委员会”解体。

1968年

3月9日，“红联总”“工农联指”两派代表赴杭州参加“地县毛泽东思想学习班”。至4月13日，达成“革命大联合协议”。

6月17日，县红联总、三代（工、贫、红）会、社会治安总指挥部、红机（关）总清查叛徒、特务联络站联合召开“彻底粉碎右倾翻案风”大会。揪斗所谓叛徒、特务、假党员、阶级异己分子和“死不改悔的走资派”。

9月15日，象山中学40余名高中毕业生首批赴农村“插队落户”。

10月27日，省革委会批准重新建立“象山县革命委员会”。11月5日，举行成立大会。不久，县级机关及各镇、公社相继成立革命委员会或革命领导小组。

10月，掀起“农业学大寨”热潮，391名县、区、社、队干部分批赴大寨参观学习。马岙、高塘、金星等公社1万多人围海造田18处、36900余亩。

11月中旬，大徐、西周先后发生武斗事件。

11月22日，丹城自来水厂投产。

12月29日，大塘港堵口蓄淡工程获省革委会批准，列入国家重点工程补助项目。翌年10月22日，该工程开工，3000多民工上工地移山填海。1974年，该工程竣工。“堵港截流”事迹在省农业学大寨展览馆展出。

12月，全县开始肃清所谓的“二月逆流”流毒，大批干部、群众被批斗。

1969年

1月10—24日，县革委会召开扩大会议，批判所谓的“二月逆流”和为“二月逆流”翻案风，作出撤销黄光旭县革委会主任的错误决定。

2月，县级机关“斗批改干校”在墙头开办，3月下旬迁至丹城。

4月13日，知识青年6人赴黑龙江省插队落户。

5月，全县开始“清理阶级队伍”。

10月11日，《浙江日报》头版发表儒雅洋公社横山大队“深入进行两条道路斗争教育”的报道。该大队被树为省“农业学大寨”典型。

12月9日，撤销县社会治安总指挥部。

是月，西周公社发生“忠义反共救国军”假案。后扩大到莲花、下沈、儒雅洋三公社，被打成“忠义反共救国军”成员567人，关押114人，吊打用刑49人，自杀身亡3人，自杀未遂7

人，重伤 12 人，伤后致死 3 人，终身残疾 7 人，受影响间接死亡 2 人。

1970 年

1 月 29 日，县革委会党的核心小组成立，组长黄光旭。

2 月 14 日，全县开始“一打三反”（打击反革命破坏活动、反贪污盗窃、反投机倒把、反铺张浪费）运动。

6 月末，全县开展整党建党。至 10 月，全县重建党支部 754 个，新建党委 7 个、党支部 27 个，发展党员 558 名。

9 月 22 日，县革委会在西周召开 6000 余人大会，为在“反共救国军”假案中受害的 500 多名农民、工人、教师、干部平反。

1971 年

3 月上旬，中共象山县委、县革委会组织毛泽东思想宣传队，进驻 12 个公社（镇）/53 个大队，开展党的基本路线教育。

8 月，全县开展“夺煤大会战”。

10 月 16—22 日、27 日，中共象山县委连续召开千余人参加的党员干部会议，部署开展“批林整风”运动，传达中共中央文件精神，声讨林彪一伙反革命罪行。

1972 年

4 月，经省革命委员会批准，石浦镇划出东门等 8 个生产大队成立东门人民公社。

7 月 10 日，丹城经黄家塘至西周公路通车。

7 月，西周 11 万伏变电所建成①，称象山变电所，为全县首座变电所。华东电网开始入境。

是月，全县贯彻落实中共中央关于解决浙江问题 16 号文件精神，全县联系实际，揭发批判林彪集团反革命罪行，清查与林彪集团阴谋活动有牵连的人和事。

10 月，高塘公社建成潮汐发电站，年送电 11 万千瓦时。

1973 年

1 月，中共象山县委组织工作队，进驻公社、工厂、农场，开展“批林整风”和“农业学大寨”运动。

是年春，建昌国盐场，面积 8000 亩。至年末，建滩 1340 亩，产盐 205 吨。

4 月，恢复建立县公安局。

5 月，丹城千丈岩建成全县第一个电视差转台。

12 月 20 日，县大塘港糖厂建成投产。

1974 年

2 月，全县各级建立“批林批孔领导小组”，批判“否定‘文化大革命’”“否定新生事物”和“复辟倒退”，掀起“批林批孔”热潮，部分干部群众重新受到伤害。

8 月 19 日晚，13 号台风在象山附近登陆，倒海堤 403 处，淹作物 19.1 万余亩，23 座水库决堤，3377 间房屋及 831 艘船只受损。台风期间，台湾 3 艘渔船入石浦港避风，为中华人民共和国

---

①此时间据《象山县志（1988）·工业·行业结构·电力》及电力部门提供的《象山县志（2008）》“电力”资料长编。《象山县志（1988）·大事记》作“1971 年 10 月”。

成立后首次。

1975 年

2 月 17 日，全县开始学习“无产阶级专政理论”。组织 118 名干部，赴 38 个大队，开展“大批资本主义、大干社会主义”试点。

9 月，中共象山县委召开三级干部大会，解决“批林批孔”中突击入党、突击提干问题。

11 月 10 日，中共象山县委召开 5800 人干部大会，贯彻全国农业学大寨会议精神，提出“苦战五年，实现大寨县”口号。

11 月，由 560 名干部组成的工作队，进驻南庄、林海、东陈、溪口、涂茨、丹城 6 个社、镇 70 个大队、2 个工厂帮助开展农业学大寨运动。

12 月 19 日，南大河疏浚工程动工。至翌年 3 月，长 10 华里疏浚工程竣工。

1976 年

1 月 8 日，周恩来逝世。全县人民采用各种形式举行悼念活动。

2 月，中共象山县委传达毛泽东“批邓、反击右倾翻案风”的讲话，要求全县掀起“批邓、反击右倾翻案风”运动。

3 月，全县农田基本建设出现新高潮，每天出勤 5 万～8 万人次，完成大小工程 479 处，平整土地 1.3 万亩，修筑渠道 87 条。

5 月 24—25 日，特大暴雨，19.7 万亩作物被淹，塘坝、渠道、碶闸、公路、桥梁以及盐田毁损严重。

9 月 18 日，毛泽东追悼大会在天安门广场隆重举行，全县 40 万人分别集会收听追悼大会实况广播，举行悼念活动。

10 月 16—19 日，中共象山县委分别召开干部、党员和群众大会，传达学习中央政治局打招呼会议精神，坚决拥护粉碎江青反革命集团。

冬，县丝织厂建成投产。

1977 年

1 月 28 日，县级机关开始清查与江青反革命集团有牵连的人和事。

3 月 25—29 日，第一次工业学大庆会议召开，600 人参加，提出“为普及大庆式企业而奋斗”口号。

4 月，全县开展“揭批江青反革命集团、打击阶级敌人的破坏活动，打击资本主义势力的猖狂进攻运动”（即“一批双打”）。

7 月，调整中共象山县委、县革委会领导班子。撤销县革委会办事组、政工组、生产指挥组，重建部、办、委、局等机构。

8 月 21—23 日，暴雨，全县受淹粮田 12 万亩、棉花 5293 亩、其他作物 406 亩，冲毁水稻 6157 亩、番薯 2149 亩、水库 50 座、山塘 96 只、堰坝 285 条。

是年，县第一人民医院药剂师俞康仁，参加中国医疗队，支援马里。至 1979 年回国。

1978 年

2 月，林海公社门前涂大队知识青年周开彪当选第五届全国人大代表，赴京出席第五届全国人大第一次会议。

6月5日，全县开始平反“文化大革命”期间冤、假、错案。至翌年，平反昭雪冤、假、错案2071件。开展复查纠正“一批双打”案件和历史老案。

冬，仓岙水库建成，蓄水量925万立方米。

是年，白岩山盐场建成投产，当年产盐299吨。

是年，计划生育列入县委、县政府重要议事日程。全县接受各项节育措施的育龄夫妇40657对。节育率68.69%，人口自然增长率降至11.52‰。

1979年

年初，全县开始复查、改正错划右派。

1月，中共象山县委召开全县党员干部会议、四级（县、社、大队、生产队）干部大会，学习中共的十一届三中全会公报，把工作重点转移到社会主义现代化建设上来。

是月，高塘岛3.5万伏变电所建成。南田3公社纳入大电网供电。

2月，停止城镇知识青年定向支农。历年支边、支农知识青年开始回城安置。

是月，宁波师范专科学校在象山设教学点，招收汉语言文学专科新生一班，2月开学。

3月7日，浙江广播电视大学在象山成立工作站。

4月，全县开展地、富、反、坏分子摘帽纠错工作。当年摘帽4123人，纠错107人。至1982年，全部摘掉帽子。

7月，县工业会议召开。贯彻中共中央“调整、改革、整顿、提高”方针，全县国营企业推行经济责任制。

是年，恢复个体工商户登记发证。

是年，象山化肥厂建成。

1980年

3月9—13日，全县召开四级干部大会，学习传达中共十一届五中全会精神，提出按经济规律办事，坚持农工商综合经营，繁荣农村经济，使农民尽快富裕起来。

6月，中共象山县委组织全县党员学习贯彻《关于党内政治生活的若干准则》。基层党组织普遍开展争创先进党支部、争当优秀党员的活动。

10月，根据中共中央《关于进一步加强和完善农业生产责任制的几个问题》的指示精神，全县普遍推行各种形式的联产计酬责任制。

11月1日，全县统一选举日，选民首次直选产生县人大代表。

1981年

1月3—8日，县九届人大一次会议召开。根据宪法和地方政府组织法，设立县人民代表大会常务委员会，撤销县革命委员会，恢复县人民政府。

1月，撤销公社革委会，恢复公社管理委员会。

3月，县委宣传部等八部门联合发出通知，开展以“五讲”（讲文明、讲礼貌、讲卫生、讲秩序、讲道德）、“四美”（心灵美、语言美、行为美、环境美）为主要内容的文明礼貌活动。

4月5日，建立“县长接待日”制度，县政府领导首次直接接待来访群众50余人。后改为“党政领导接待日”。

6月25日，始建丹城建设路，铺设水泥路面，全长2020米，路宽24米。至1986年建成。

9 月 4—11 日，中共象山县委召开四级干部大会，继续统一思想认识，全面推行联产承包责任制。至年末，全县 94.35%的生产队建立联产计酬责任制。其中，大包干到户、到劳（劳动力）的占 85%。

11 月 26—29 日，县归国华侨联合会第一次归侨、侨眷、港澳同胞亲属代表会议召开。选举产生县侨胞联合会第一届委员会。

1982 年

1 月起，全县先后组织 800 余名干部，训练 7000 余名骨干，宣传中共中央〔1982〕1 号文件精神，坚持“两个文明”一起抓。

8 月，全县开展打击经济领域严重犯罪活动的斗争。至年末，共立案 84 件，分别作出查处。

10 月，象山县人民政府公布，陈岙唐代青瓷窑遗址、县府大院内南宋淳熙井、三角地明代吴乾养墓道石雕、花岙岛明末张苍水抗清兵营遗址、爵溪清代街心戏亭为第一批县级文物保护单位。

11 月 3—5 日，县首次专业户、重点户、联合体代表会议召开。全县时有饲养、种植、养殖、运输等各种专业户、重点户 3948 个，经济联合体 1410 个。

12 月，团县委书记励慧芳在共青团全国第十一次代表大会上当选为团中央委员。

是年，第三次人口普查结束，全县总户数 123427 户，总人口 470529 人，其中男 244671 人，女 225858 人。

1983 年

4 月，晓塘公社开始政社分设试点，改公社、大队为乡、村建制。乡级建立乡人民政府与乡经济联合社，村级建立村民委员会与村生产合作社。至年末，全县 38 个公社、镇及 742 个大队基本完成政社分设。

5 月，大徐 3.5 万伏变电所建成。

8 月中旬，部署打击刑事犯罪活动。20 日晚，全县统一行动，逮捕一批刑事犯罪分子。

9 月 2 日，中共浙江省委发〔1983〕144 号文批复，同意建立中国人民政治协商会议浙江省象山县委员会。

9 月中旬，开展林业稳定山权林权，划定自留山，确定林业生产责任制“三定”工作。至 11 月下旬，全县 728 个村山林划分到户，定权发证面积占全县林地总面积的 35%。

12 月，纺织品全部敞开供应，结束 1954 年来长达 30 年凭票购布的历史。

是月，石浦镇创办“家长学校”，《人民日报》《新观察》等报刊予以报道。

是年，“计划生育宣传月”活动遍及城乡，全县受教育对象达 83 万人次。

1984 年

4 月上旬，中共象山县委组织区乡镇党委书记赴苏南考察乡镇工业。下旬召开全县乡镇工作会议。是年，乡镇工业产值实现翻番。

5 月，农村开展延长土地承包期试点工作，至 10 月结束。全县土地承包期一般延长至 15 年以上，某些生产周期长或开发性的项目期限更长。

7 月 8 日，庆祝象山解放 35 周年大会召开。

9—10 月，中共象山县委先后召开中华人民共和国成立后历任县委书记、县长座谈会，征集史、志资料。

11月，全县先后5次清退“文化大革命”期间查抄财物，共退现金62219元。

12月25日，HJ921A型2000门自动电话开通。①

1985年

3月15日，中共浙江省委、省政府、省军区授予石浦渔山岛为“省文明建设先进集体”称号。

3月28日，中共象山县委、县政府作出《关于开发石浦镇经济的十项决定》。

3月，象山县中医院建立。

9月8日，县通过《关于实现九年制义务教育的实施意见》②。10日，全县各地庆祝第一个“教师节”。

11月18日，沙岗至石浦公路县级验收合格。至1988年改水泥路面。

12月29日，中共中央总书记胡耀邦赴大陈岛经象山视察，与县委、县政府负责同志在东谷湖宾馆座谈经济建设和对台工作，并合影留念。中共浙江省委书记王芳及中共中央办公厅副主任温家宝等陪同。

1986年

6月11日，宁波地方产品展销会在北京科技交流馆隆重举行。全国人大常委会副委员长黄华、国务委员谷牧、全国妇联主席康克清、国家计委副主任宋兆文等参观宁波地方产品展销会象山地方产品馆。黄华副委员长参观后题词“祝象山经济协调稳步持久地发展”。

12月13—14日，县文学艺术工作者第一次代表大会召开，选举产生县文联第一届委员会，陈继武任主席。

是年，鹤浦镇樊岙村洋厂湾墓葬出土墓志砖，上载：“维大唐元和十二年岁次丁酉十二月丙辰朔廿七日壬午台州宁海县依仁乡万岁里邳下郡沈氏二女墓南田山景向坟记。”

是年，台湾渔轮1441艘次、1.29万人次到石浦避风、补给、就医、贸易，象山台胞接待站平均日接待4艘。

1987年

1月8日，贤庠、墙头、泗洲头、定塘、昌国5乡改为建制镇。

1月10日，“文化大革命”时期被查抄上交的古书画851幅、印章44枚，由上海文管会归还象山县。

6月25—26日，世界银行评估团团长希尔一行，由财政部、省计经委、市计委等派出20余人陪同，至象山实地考察大目涂围垦工程。经评估，同意大目涂围垦工程列入世界银行贷款项目。

7月22日，《人民日报》发表《取各种模式之长，从本地实际出发——象山县乡镇工业三年增五倍》一文，介绍象山县发展乡镇企业情况，并发表短评《象山的启示》。

---

①此据《象山县志（1988）·邮电·电信·市内电话》及《象山县邮电志·大事记》《象山邮电志·电信·市内电话》等所载。而《象山县志（1988）·大事记》则作：“1985年1月13日，丹城2000门自动电话开通，投入使用”。

②《浙江省教育志》（浙江大学出版社2004年版）“大事记”载：“1985年6月13日，浙江省第六届人民代表大会第三次会议通过《浙江省实行九年制义务教育条例》，自本年9月1日起实施。”1986年，《中华人民共和国义务教育法》颁布。

7月，中共浙江省委、省人民政府首次命名155个省级文明单位，石浦镇渔山村上榜。

8月27—9月1日，受11号台风影响，台湾渔轮182艘次、1638人次进入石浦港避风。中共象山县委、县政府组织有关部门开展接待工作，为台湾同胞排忧解难。

10月25日，中共象山县委副书记、县政府县长张启楣出席中国共产党第十三次全国代表大会。

12月1日，全县启用居民身份证。

1988年

3月18日，国务院颁发《关于扩大沿海经济开放区范围的通知》，批准象山县为沿海经济开放区。

4月，《象山县志》由浙江人民出版社出版，记述时间下限至1985年。

6月9日，县客运公司一辆载客45人的大客车在蚶岙岭翻落103米高陡坡，9人死亡，3人重伤，18人轻伤。

7月26日，西泽轮渡汽车码头建成通航。

8月7日，7号台风在林海乡门前涂登陆，造成全县经济损失3700万元。台湾渔船129艘、渔民1100余人进石浦港避风。

8月末，石浦对台技术劳务合作公司成立，当年劳务输出480人。1994年5月4日，更名为宁波象山对外经济技术合作公司。

10月5—11日，象山农民画家高妙兰画展在浙江美术学院展出。

1989年

3月10日，石浦、爵溪、西周、鹤浦4镇被省政府列为重点工业明星镇，享受沿海经济开放区优惠政策。

3月15日，经联合国儿童基金会、世界卫生组织审评，县计划免疫工作达到卫生部考核指标，名列全省第一。

4月22日，财政部部长项怀诚考察石浦新港区。

6月15日，高塘、南田、檀头山、东门4岛列入交通部“八五”海岛交通建设项目。

10月20日，“石浦2号”客轮试航上海，中断几十年的石浦至上海客运航班恢复。

11月13—14日，县残疾人联合会第一次代表大会召开。

1990年

5月29—30日，爵溪镇在北京人民大会堂举行对外经济合作信息发布会。农业部副部长刘江、中国国际贸易促进会副会长徐大有及20多个国家使馆商务官员和商社代表，中外人士200余人应邀出席。

6月11—14日，县举行“左联”烈士殷夫诞辰80周年纪念大会和殷夫研究学术讨论会。

7月1日，县红十字台胞医院正式开诊，为大陆第一家为台湾同胞提供服务的医院。

8月31日，遭15号台风袭击，全县直接经济损失8127万元。

10月16—18日，日本爱媛县吉田町柑橘交流代表团一行6人到象山进行友好访问。就今后建立长期友好合作关系和派遣柑橘研修生等事宜进行磋商，并签订协议书。

11月6—9日，中共浙江省委书记李泽民由宁波市委书记项秉炎陪同考察石浦、爵溪两镇。

是年，第四次人口普查结束，全县总户数 146415 户，总人口 501642 人，其中男 259140 人，女 242502 人。

1991 年

3 月 28 日，中共象山县委、县政府召开纠正行业不正之风，制止“三乱”（乱收费、乱罚款、乱摊派）动员大会，并部署相关工作。

5 月 11—14 日，中国教育学会、中华全国家庭教育学会联合举行的全国家长学校研讨会在象山召开。

5 月 25 日，中共浙江省委、省政府、省军区决定，命名象山为浙江省“双拥”（拥军优属、拥政爱民）模范县。

12 月 29 日，象山县首期引进澳大利亚爱立信公司 AXE-10 数字程控交换机 6000 门，电话号码数由五位升为六位。市话交换机容量增加至 8000 门。结束象山无程控电话历史。

1992 年

3 月 13 日，檀头山渔民赵小宝与省内另 4 名当年参与救援美国飞行员的老人，应美国“杜利特尔轰炸机队协会”邀请，参加纪念“杜利特尔行动”（二战中美国首次空袭日本本土）50 周年纪念活动，受美国方面的崇高礼遇和热情款待。

4 月 27 日，撤销大徐、南庄、西周、石浦、定山 5 个区公所；原辖 37 个乡镇扩镇并乡后调整为 19 个乡镇。

7 月 31 日，象山县政府决定设立象山县丹城开发区，后改名象山县经济开发区。1994 年 8 月 9 日，该开发区升格为省级经济开发区。

9 月 8 日，国务院秘书长罗干到象山调研改革开放和海防管理工作。

11 月 11 日，开工于 1987 年 10 月的彭姥岭隧道和开工于 1991 年 5 月的蚶岙岭隧道及县汽车客运中心竣工，结束县城至宁波汽车翻越山岭的历史。

1993 年

3 月 1 日，全县开放粮食市场，结束 1953 年来长达 40 年凭票购粮的历史。

6 月 15—16 日，中共浙江省委副书记、省长万学远考察象山港大型火力发电厂乌沙山厂址。

8 月 28 日，爵溪镇被中共浙江省委、省政府命名为 1992 年度浙江经济实力百强镇，名列第 14 位。

9 月 2 日，全县第一批有线电视用户正式接入使用。

9 月，模拟手机开通，首期用户 200 户。1995 年 8 月，数字手机开通。

1994 年

3 月 15—17 日，省、市、县水产局长会议在象山召开。省政府授予象山县“为开拓海洋捕捞渔业作出新贡献”锦旗。中共浙江省委常委、副省长刘锡荣考察西沪港水产养殖，并为石浦镇东门村题词：“浙江渔业第一村”。

4 月 29 日，中共象山县委、县政府印发《关于加快企业产权制度改革的若干意见》。

5 月 5—14 日，美国友人布莱恩·穆恩一行 19 人到象山与在抗日战争时期曾营救过美军飞行员的赵小宝等 10 位象山老人聚会。其间，美国客人寻访当年美国空军 6 号轰炸机在爵溪附近失事地点和美国飞行员原墓葬地点。

5 月 10 日，由世界银行贷款援建的大目涂围垦开发建设项目竣工并通过验收，被评为省级优良工程，投资7745万元，历时5年。

7月2日，浙江省政府授予象山县为省“建筑之乡”称号。

7月8日，经省新闻出版局批准，《象山报》复刊。

1995年

1月16日，全国对虾养殖病害防治示范区工作会议确定，大目涂养殖场为全国对虾示范养殖试验场。

5月2日，由中共宁波市委、市政府评定，丹城镇、爵溪镇列入1994年度宁波市综合经济实力“廿强镇”。

6月6日，集收购、销售、运输、冷冻、金融、电讯等各种服务功能于一体的石浦中国水产城开业。新华社等多家新闻单位参加中国水产城开业新闻发布会。

7月21日，“八五”期间交通部最大陆岛交通工程之一蜊门港跨海大桥成功合龙，为国内海上第一座拱形桥。

10月11日，中国农村评价中心和国家统计局公布，象山县名列第三届（1994年）中国综合实力百强县第93位。

12月26日，石浦至鹤浦汽车轮渡码头配套工程竣工并通过验收，结束南田岛与大陆不通汽车历史。

1996年

3月1日，下沈乡官山村被评为全国造林绿化千佳村，受全国绿化委员会表彰。

3月11日，宁波市首批市级10个爱国主义教育基地公布，殷夫烈士故居名列其中。

5月27日，经省教委认定，象山中学为省一级重点中学。

9月5日，中共浙江省委副书记、省长万学远，副省长鲁松庭由市领导张蔚文陪同到象山考察海洋经济。

11月8日，文化部授予象山县“中国民间文化艺术之乡”称号。

1997年

2月19日，邓小平逝世。全县人民以各种形式举行悼念活动。25日上午，全县各界干部、群众收看中央电视台播放的邓小平追悼大会实况。

3月28日，中共象山县委、县政府召开禁赌、禁毒动员大会。禁毒、禁赌工作至5月结束。受教育者13余万人次，查获赌博案件162起，取缔赌博窝点74个，查获毒品案18件，处理违法分子987人。

4月22日，香港实业家赵安中到县察看其捐资准备建造的黄避岙中心校“林杏琴教学楼”，并参观其捐资40万元兴建的晓塘乡中心校“林杏琴教学楼”。

4月24—25日，中共浙江省委副书记、代省长柴松岳，率领省政府有关部门负责人考察旦门高标准海塘、九顷现代农业示范园区、石浦港等地。

5月20—21日，经济较发达地区精神文明建设理论研讨会在象山召开。中共中央宣传部理论局、中央党校、《求是》杂志社、《人民日报》社以及20余个省、市、县近百名领导及专家参加。

6月初，南田至高塘穿岛公路全线贯通。

6月26日，县公安局“110”报警服务台开通。

7月14日，县第一条高标准海塘旦门海塘建成。

8月18日，受11号强台风袭击，全县350多个村庄、23.6万人口受灾。死亡12人，瓦房倒塌1900间，海塘严重损毁，粮田受灾25.9万亩，绝收16.5万亩，市政设施严重损毁，直接经济损失达19.7亿元。

9月，象山中学新校舍建成并投入使用。

11月8日，“1997年象山迈向二十一世纪恳谈会”在北京人民大会堂江苏厅举行，全国政协副主席赛福鼎·艾则孜、中国国际交流协会副会长郁文等中外嘉宾180余人应邀出席。

是年，因岱衢族大黄鱼种鱼难觅，人工培育闽、粤、东族大黄鱼苗种成功，产130万尾。

1998年

7月12日，15万尾大黄鱼苗种放流象山港，为国内首次大黄鱼苗种大规模放流增殖。

7月22日，中共浙江省委副书记、省长柴松岳，副省长章猛进由中共宁波市委副书记、市长张蔚文等领导陪同到象山考察高标准海塘建设。

8月23日，经宁波市教育局批准，民办宁波滨海学校创立，为中华人民共和国成立后县内第一所较大规模的民办寄宿制学校。

9月9日，象山县荣获省第四届水利建设“大禹杯”奖，奖金50万元。

9月14—16日，象山县隆重举行首届（1998）中国开渔节。县委副书记、县长王仁洲致开幕词，县委书记王同元陪同中央、省、市有关部门多位领导出席。

10月10日，松兰山旅游区被省政府确定为省级旅游度假区。

10月12日，省标准海塘建设现场会在象山举行。县长王仁洲与市政府签订标准海塘建设目标责任书。

11月18日，由象山龙元建设集团控股的上海建设工程总承包有限公司揭牌成立，为进沪施工企业并购上海建筑企业首例。

12月11日，国家统计局发布，1997年全国水产品产量在20万吨以上的水产品强县（市）共32个，象山县名列第五。

年末，爵溪镇外贸出口达1.5亿元，居宁波市各乡镇首位。

1999年

3月23日，乌干达贸工部工业技术国务部长文森特·颜兹一行5人由中国轻工业对外经济技术合作公司副总裁侯正光陪同，到象山考察访问。

4月29日，宁波天安集团城网高压电器研究所被中华全国总工会授予“全国五一劳动奖状”。

5月7日，农业部授予象山县“1998年全国平原绿化先进单位”称号。

6月21日，新世纪中国与国际经济发展研讨会在象山举行。全国政协常委、民盟中央副主席罗涵先及一批国内外知名专家学者参加。经济学家吴敬琏作《宏观经济问题》报告。

7月2日，市军警民共建工作经验交流会在石浦举行。东海舰队航空兵领导、省军区领导、县领导等参加，会后视察石浦新港小学、地税分局等单位警民共建工作。

10月19日，中共浙江省委书记张德江一行到象山考察县域经济。

11月1日，全县个体私营经济工作会议召开。据统计至1998年年末，全县个体工商户和私营企业1.65万家，注册资金总额8.6亿元，实现产值68亿元。

11月11日，象山县被中国农科院柑橘研究所评为“农业部优秀柑橘基地县”。

12月26日，沿海国道主干线象山县连接线工程通过省交通厅工程质量监督站验收。29日正式通车。

2000年

1月12日，象山县首次荣获“全国双拥模范县”称号。其后，2004年、2008年三次蝉联“全国双拥模范县”。

4月28日，首届象山海鲜节举行。此后每年举办一次。

6月28日，宁波市重点工程——象山隔溪张水库主体工程竣工，总投资7700万元。

6月，黄避岙乡海水网箱养殖基地成为全省最大的海水网箱养殖基地。

8月8日下午，由象山港渔贸开发有限公司、上海交通大学水下工程所合作实施的国家“863”计划（国家高技术研究发展计划）项目，国内首只大型深海潜网投放在象山港棉花山海面。

8月28日，县便民服务中心正式授牌成立，成为宁波市首家集中进行行政审批的服务部门。

9月20日，县国家一级建筑企业龙元、宏润双获“第二届全国先进建筑施工企业”荣誉。

11月30日，“巨鹰集团”获由中国针织业协会授予的“2000年中国名牌针织产品”和“2000年畅销产品”称号。

12月1日，集文化、休闲、庆典为一体的象山标志性建筑——人民广场建设工程动工。2002年2月26日正式投入使用。

12月6日，省政府决定，丹城、石浦、西周三建制镇为浙江省县级中心城镇。

是年，第五次人口普查结束，全县总户数169834户，总人口484236人，其中男245253人，女238983人。

2001年

5月28日，县慈善总会成立，会长王庆祥。

6月5日，撤丹城镇、爵溪镇，成立丹东、丹西、爵溪三街道办事处。

6月8日，环石浦港陆岛交通工程铜瓦门大桥主拱成功合龙。

7月24日，县水产育苗中心在泗洲头兴建完工，填补象山无大型水产育苗基地的空白。

8月25日，国内首次大型软网箱养鱼试验在象山获得成功。

9月16日，宁波南方野生动物养殖公司的“特种野猪培育及养殖技术研究”项目通过国家鉴定，成为国内驯养野猪第一家。

10月，象山县人民政府出台《关于推行殡葬改革的通告》。规定自11月1日零时起，推行火葬，禁止土葬。

12月6日，县体育馆通过竣工验收，达到优良工程质量标准。场馆占地17994平方米，设2415座。

是年，首次人工培育成功5万尾岱衢族大黄鱼苗种。

2002年

5月3日，浙江省人大常委会主任李泽民到象山考察经济建设和民主法制建设等方面工作。同日，省政协主席刘枫到象山考察。

5月21日，国家信息中心统计数据显示，象山县针织业利润占全国针织业十分之一。

7 月 31 日，全长 5 千米、宽 60 米的象山港路竣工，并通过验收。

11 月 7 日，农业部批文同意，石浦由原来的一级群众渔港升格为国家级中心渔港。

12 月 1 日，县首家远洋渔业公司——象山长海远洋渔业有限公司挂牌。

12 月 29 日，象山新汽车客运中心奠基开工。

2003 年

5 月 15 日，韭山列岛被列为省级海洋生态自然保护区，面积达 1149 平方千米，是浙江省第一个以保护渔业资源为主的海洋生态类型的保护区。

5 月 16 日，中共浙江省委书记、省人大常委会主任习近平，省委副书记周国富一行到象山考察调研海洋经济。

6 月 11 日，浙江龙元建设集团有限公司获准在国内发行 4000 万股 A 股，正式上市，为象山首家上市公司。

8 月 19 日，鹤浦镇建成全省最大的紫菜育苗基地。

9 月，县沿海南线公路和滨海大道建成通车。

12 月 18 日，总投资 2.66 亿元的上张水库工程正式开工建设。

是年，县教育园区建成。该园区 2001 年 9 月动工，占地近 24 万平方米，建筑面积 8 万多平方米，投资 1.5 亿元。

2004 年

4 月 15—20 日，第 95 届春季广交会期间，全县 19 家针织企业参展，成交额达 2676 万美元，居宁波市各县（市、区）首位。

4 月 27 日，松兰山滨海旅游度假区被国家旅游局评定为国家 AAAA 级旅游风景区。

5 月 19 日，象山县渔文化研究会成立。

6 月 28 日，经中国证券监督管理委员会审核，宁波华翔电子股份有限公司获准在国内发行 3000 万股 A 股，正式上市。

7 月 28 日，“中国象山港”网站开通试运行，为中共象山县委、县政府统一对外宣传象山的网络平台和与百姓沟通的重要载体。

7 月，宏润建设集团股份有限公司获准在国内发行 3500 万股 A 股，正式上市。

8 月 20 日，全县 22 家针织企业首次参展德国杜塞尔多夫国际服装博览会。同日，象山籍射击运动员王成意获雅典奥运会射击铜牌。

10 月 10 日，中达建设集团与泰国国家房屋发展局签订建造 60 万套仁爱屋项目合同，成为泰国最大安居房工程总承包商。

12 月 18 日，位于丹西街道白石村附近的 220 千伏象北输变电工程（一期）竣工，投入运行。该工程系现代化枢纽变电站，省、市电网重点项目。

是年，巨鹰、宏利、东风、甬南、茂宁、健鹰、华中、海达、富宏和华佳等 10 家企业跻身全国针织业 50 强。

2005 年

1 月 10 日，象山影视城举行开城和电视剧《神雕侠侣》开机仪式。影视城于 2002 年 9 月 16 日开工建设，占地 72.7 万平方米，投资 1.2 亿元。

1月13日，省政府授予象山县“浙江省高标准平原绿化县”称号。

1月19日，省政府授予象山县“浙江省文明县城”称号。

2月4日，茅洋溪口至石浦全长35千米的供水工程竣工通水。

4月10日，总投资1.2亿元的石浦渔港古城旅游景点对外开放。

4月21日，象山港被列入浙江省首批海洋特别保护区。

4月26日，白溪水库引水工程开工。此工程自宁海白溪水库引水并连接县内平潭、隔溪张、上张、仓岙4座水库，设计规模宁海段日引水10万立方米，象山段日引水20万立方米。2008年9月5日，白溪引水工程象山段全线贯通，完成投资2.79亿元，占总投资的76.9%。

5月18日，朱勇在第五届全国残疾人游泳锦标赛上夺得2金1铜。

5月27日，在东帝汶执行维和任务的象山边防大队警官郭伟载誉归来。先后获得联合国颁发的和平勋章和东帝汶政府颁发的友谊勋章。

9月11日，第15号台风“卡努”正面袭击象山，全县30.6万人受灾，丹城全面内涝。

9月15日，第八届中国开渔节在石浦开幕。中国海洋论坛开幕仪式在松兰山黄金海岸大酒店举行，会上确定象山县为中国海洋论坛的永久会址。

10月26日，在全国精神文明建设表彰会上，高塘岛乡江北村被评为“全国创建文明村工作先进村”。

11月8日，国家环保总局授予象山县“全国生态示范区”称号。

11月17日，石浦镇被建设部、文物局列入第二批中国历史文化名镇。

12月23日，象山县通过省教育强县评估验收。

12月28日，县管道燃气工程竣工验收，结束象山无管道燃气历史。

是年，全县财政收入总量首次突破15亿元，地税各项收入突破10亿元。

2006年

1月23日，象山中国渔村被国家旅游局评定为国家AAAA级旅游风景区。

是月，象山经济开发区被国家发改委核准为省级开发区。

3月28日，县首部综合性年鉴——《象山年鉴（2005）》举行首发仪式。

6月21日，中共浙江省委副书记、省长吕祖善，副省长陈加元一行到象山调研指导工作。

7月8日，由中国电影家协会、中国电视艺术家协会共同评选的“2006年中国十大影视基地（影视城）”在浙江横店揭晓，象山影视城上榜。

7月9日，浙江大唐乌沙山发电厂新建工程项目2号机组并网发电。此前，1号机组已于2月18日并网发电。

8月1日，县委、县政府在象山剧院举行“象山县抗击八一台风50周年纪念大会”。中共浙江省委书记习近平专门发来寄语，激励象山人民在缅怀先烈的同时，要弘扬抗台精神，永不懈怠，以人为本，科学防台，铭记历史，不负未来。

8月6日，全国人大常委会副委员长蒋正华到象山考察。

8月15日，浙江振宇船业有限公司承造的德国货船正式动工。象山民营造船业首次进入国际市场。

8月28日，全县注册农民信箱用户达12090个。2005年11月，象山开始启动“农民信箱工程”。该工程主要是以互联网技术为支撑，让农民借助电脑和手机短信进行网上交流，免费获取各种技术和市场信息。

9月6日，象山立县1300周年纪念大会在象山剧院召开。

9月8日，县中心城区污水处理厂建成投入使用，日处理污水能力达2.5万吨。

9月14日，象山港大桥工程奠基典礼在贤庠镇小蔚庄举行。中共浙江省委书记习近平为象山港大桥工程奠基。

10月14日，国家统计局举行全国强镇发展论坛，公布第二届全国小城镇综合发展水平1000强名单。象山县西周镇和石浦镇入选。

11月16日，历时两年的省、市、县三级重点工程——大目涂围垦二期工程大坝成功合龙。

12月6日，石浦港疏浚工程通过验收。该工程在石浦港沿岸3.7千米岸线范围内的52座码头区域实施，共投入资金305.4万元，疏浚土方40万立方米。

2007年

2月1日，省环保局通报2006年环境质量监测结果，象山县城区为全省空气质量最好城市之一，全年达到国家一级标准的天数在95%以上。

5月3—4日，全国人大常委会副委员长、中国科学院院长路甬祥到象山视察。

5月11日，经上岗培训象山64名高校毕业生赴农村（社区）任职，成为县首批大学生“村官”。

6月1日，《象山县志》（重修；记述时间，下限至2008年）编修工作正式启动，动员大会举行。

7月27日，“南田悬岙张苍水纪念馆”在高塘岛乡花岙岛高涂岙（即南田悬岙）竣工。

是月，中共象山县委、县人民政府出台《关于开展墓葬专项整治工作的实施意见》，决定在全县范围内开展墓葬专项整治工作。

9月6日，县农民专业合作社联合会召开成立大会。到8月末，全县农业专业合作社已达52家，入股社员1828人，联系农户2万多户，联结基地3733公顷。

10月2日，涂茨镇大坦村渔民郁卫平捕获大海龟一只，重100余公斤，送宁波海洋世界水生野生动物救护中心收养。经专家鉴定此为“蚋龟”，属国家一级保护动物，寿约110岁。

10月上旬，塔山遗址三期开始发掘，至2008年1月下旬结束，出土了一批种类丰富、具有研究价值的文物。

10月，张德和竹根雕作品《茅屋秋风》获第八届中国民间文艺（民间工艺美术）“山花奖”。

11月18日，象山县徐福研究会成立。

12月1日，天安集团成功研制中国首台132千伏预装式变电站，拥有完全自主知识产权，出口中东国家。

12月28日，县外贸进出口总额首次突破10亿美元。据1—11月统计，全县进出口总额为10.5亿美元，其中出口为9.7亿美元，增长近三分之一。

是年，全县共有6个乡镇的7个村、429户、1308人移民下山。

2008年

1月12日，在京象山籍人士举行新春团拜会。同日，成立北京市象山联谊会。

1月15日，象山县被省人民政府认定为首批省农业特色优势产业综合强县。水产养殖业、果品业、畜牧业逐渐成为农业经济三大支柱，2007年生产总值达30亿元，占农业总产值的一半。定塘镇、晓塘乡、鹤浦镇分别被认定为蔬菜产业、畜牧产业和水产养殖强镇（乡）。

2月25日，由人民网主办的“2008年度最受关注各地节庆”评选活动，“象山开渔节”排名第一。

3月5日，中共浙江省委副书记夏宝龙到象山考察社会主义新农村建设。

5月15日，南田岛大百丈村发现大规模神秘岩画，共16幅，面积20多平方米，可辨认的有神像、鱼、船、驴等图像。

6月7日，徐福东渡传说、晒盐技艺、渔民开洋、谢洋和象山——富冈如意信俗4个项目被宣布为第二批国家级非物质文化遗产。

6月18日，中国民间文艺家协会命名象山为“中国渔文化之乡”。

7月7日，象山县人民政府把农村饮水列入实事工程。自2005年至此，已投入资金1.2亿元，解决26.5万名农民饮用水难问题，除个别自然村外，实现农民饮用水工程全覆盖。

7月8日，县慈善总会共捐赠善款3517万元，用于四川汶川大地震赈济工作。

8月21日，国家海洋局发文同意在渔山列岛建立国家级海洋生态特别保护区。

8月29日，象山县列入市级项目的柑橘、蔬菜、白鹅、野猪、网箱、梭子蟹等8个农业标准化示范区通过考核验收。其中，晓塘优质柑橘标准化示范区、定塘欧洲香葱标准化生产示范基地获得优秀等级。

9月19日，三门口跨海大桥举行通车典礼，高塘岛及南田岛实现与陆地连通。

12月10日，据统计，全县60岁及以上老龄人口8.2万人，占总人口15.6%。象山进入老龄化社会。

12月30日，象山港公路大桥及接线工程开工仪式在横山码头举行。

2009年1月1日—2017年5月9日大事记

2009年

1月21日，由宁波市经委、宁波市行业协会工作指导办公室等单位主办的“2008十大风云甬商”暨“改革开放30年风云甬商”评选中，天安集团董事长蒋保民获“改革开放30年风云甬商”称号、总经理蒋善定获“2008十大风云甬商”称号。

2月4日，国家旅游局公布147家景区为国家AAAA级旅游景区，石浦渔港古城名列其中。为象山县第三个国家AAAA旅游景区。

2月12日，象山县被省政府命名为首批“浙江省旅游经济强县”。

3月15日，县城乡联网南部供水工程全线动建。工程始于石浦第四水厂，经南向岭隧洞、晓塘乡三眼碶，终至定塘镇田洋湖村，全长17千米。工程概算投资4757万元。翌年1月20日建成通水。

3月27日，象山县社会科学界联合会成立大会暨第一次代表大会召开。同日，农业部发布调整海洋伏季休渔制度通告，东海伏季休渔时间即从6月1日起至9月16日止。象山县渔民呼吁提前并延长东海渔区伏季休渔期的建议为国家农业部采纳。

4月1日，象山县被中共浙江省委、省人民政府评为“2006—2008连续三年平安县”。

4月2日，西周镇获改革开放30周年浙江省“幸福小城镇样板城镇”称号。

4月29日，象山海螺水泥一期主体工程开工仪式在西周镇举行。工程总投资5.4亿元，设计每年可消化粉煤灰100万吨、工业脱硫石膏20万吨等工业废渣，产值达10亿元以上。

4月30日，上张水库建成，并通过由国家电力监管委员会大坝安全监理中心及市、县相关单位领导和技术人员组成的验收委员会验收。

5月4日，省重点工程盛宁线丹城至西泽段改建工程举行开工典礼。工程全长16.538千米，按一级公路标准设计。

6月23日，爵溪街道中国针织名城交易中心开业。交易中心占地面积8000平方米，一期投入560万元，入驻针织企业38家，开设商铺45个。

6月，文化部公布第三批国家级非物质文化遗产项目代表性传承人名单，象山史奇刚（海盐晒制技艺）入选。

7月11—19日，史寒朵参加在墨西哥举行的第四十届国际奥林匹克物理竞赛，获总成绩第一名，实验成绩第一名，女生第一名等三个单项奖。为国际奥林匹克物理竞赛以来首次获得总分第一的女生。

7月25日，高塘岛自来水管道与石浦自来水厂供水管道实现对接，2万余名海岛居民开始饮用溪口水库优质水。

7月29日，举行白溪引水、滨海水厂工程竣工通水典礼。

8月11日，象山县全面推行新闻发言人制度。

10月，“象山大黄鱼”“象山梭子蟹”“象山紫菜”首获国家工商总局地理标志证明商标；12月，“象山白鹅”又获同类商标。2010年11月，国家质监总局批准对“象山白鹅”实施地理标志产品保护。

10月31日，第九届中国民间文艺山花奖颁奖大会在鄞州区举行，宁波市5项作品获奖，象山得其二：周来达《百年越剧新论》获民间文艺学术著作山花奖，郑宝根竹根雕《点睛》获民间工艺美术作品山花奖。

11月18日，石浦大金山隧道经14个月施工全线贯通，全长1905米。

11月18—20日，象山县韭山列岛海洋生态自然保护区通过环保部专家评审，成为国家级自然保护区。

12月18日，“第二届浙江省十大名牌柑橘”评选活动揭晓，“大象山牌”早熟温州蜜柑“大分”名列其中，这是继2004年“象山红”入选后再获殊荣。

12月23日，象山港大桥接线工程全面开工。

12月31日，按国家一级场站标准建造的新客运中心正式启用。

2010年

1月1日，象山日用品综合市场开业。该市场于2008年8月开工，投资4500万元，占地面积1万平方米，建筑面积1.2万平方米。

1月22日，国家档案局公布第三批入选《中国档案文献遗产名录》，象山县“浙江抗日军民救护遇险盟军档案”入选。

4月1日，县政府《关于调整象山县职工最低工资标准的通知》文件规定，从即日起，县行政区域内的职工最低月工资标准调整为980元；非公有制工作的最低小时工资标准调整为

8.00 元。

4 月 2 日，根据人社部函〔2010〕91 号文件，象山县技工学校被确认为高级技工学校，校名为象山港高级技工学校，成为宁波市第三所高级技工学校。

4 月 20 日，载有 133 吨机电产品的台湾“顺通”号商船从台湾台中港出港，经金门转至石浦港，为石浦港首批台湾进口小额贸易。

4 月 28 日，渔山客运码头通过验收投入使用。该码头位于北渔山西南侧，长 110 米，宽 6.5 米，为混凝土重力式结构，建有 500 吨级客运码头泊位 2 个，总投资 850 万元。

5 月 9 日，象山县援建四川省青川县工程全部完工，成为宁波市第一个完成所有援建工程的县市。

6 月 1 日，文化部批复象山县为国家级海洋渔文化生态保护实验区。

6 月 9 日，在全省援疆公安特警庆功表彰暨事迹报告会上，县公安局巡特警大队大队长赖天骏、中队长欧增法分别被记个人一、二等功；县援疆特警队受到省公安厅通报表扬。

6 月 11 日晚，殷夫烈士 100 周年诞辰纪念大会在象山剧院召开。

7 月 8 日，林善岙隧道及接线工程开通。工程全长 4.96 千米，其中隧道全长 1475 米，总投资 1.52 亿元。

8 月 5 日，县政府作出决定，追授张瑜“象山县见义勇为、舍己救人好青年”荣誉称号。11 月 7 日，张瑜入选中共中央文明办主办的“中国好人榜”9 月份名单。

9 月 12 日，象山县入选“浙江省文化名城”。

9 月 30 日，城东菜市场举行开业典礼。该市场为大型综合性商品市场，占地面积 21300 平方米，主体建筑 3 层，建筑面积 38856 平方米。

10 月 1 日，象山影视城二期项目春秋战国城开城迎客。该城占地面积 10.13 万平方米，建筑面积 4.3 万平方米，总投资 1.2 亿元，为迄今国内较完善的以春秋战国为背景的影视拍摄基地。

10 月 13 日，贤庠镇进入省委、省政府公布的第二批省级中心镇名单，成为继石浦、西周两镇后第三个省级中心镇。

11 月 13 日，县设立首个“市民旅游日”，确定每年 11 月第二周六为“市民旅游日”，象山市民当日凭相关证件可免费游玩境内各景区。

11 月 22 日，经中国纺织工业协会复审，授予象山县“中国针织名城”称号，并获得“中国针织行业发展推动奖”。

是年，第六次人口普查结束，全县总户数 192666 户，总人口 503279 人，其中男 253374 人，女 249905 人。

2011 年

4 月 12 日，大羊屿、牛栏基进入国家海洋局公布的第一批开发利用无居民海岛名录。

4 月 21 日，韭山列岛被列入国务院办公厅发布的 16 处新建国家级自然保护区名单，保护区总面积达 484.78 平方千米，主要保护对象为大黄鱼、曼氏无针乌贼、江豚、黑嘴端凤头燕鸥（亦称“神话之鸟”）等繁殖鸟类及相关岛礁生态系统。

6 月 3 日，浙江省农业科学院在象山举行新闻发布会，宣布全世界首个“鹅全基因组序列图谱”绘制完成。这项工作由浙江省农业科学院、象山县浙东白鹅研究所和华大基因研究院共同实施，历时 2 年。

6月中旬，“象山渔民号子”“唱新闻”两项非遗项目入选国务院第三批国家级非物质文化遗产名录和第一、二批国家级非物质文化遗产扩展项目名录。

9月3日，浙江省重点建设项目——象山三中迁建工程竣工投入使用。该工程按省一级重点中学标准设计，办学规模42班，容纳学生2100人，2010年5月30日开工建设，总投资22159万元。

10月11日晚，2011年中国十佳劳伦斯冠军颁奖会在县体育馆盛大举行。中国奥委会副主席崔大林、浙江省副省长王建满、省政协副主席陈艳华、中国十佳劳伦斯组委会主席邓亚萍及刘德华、孙杨、姚明等明星出席颁奖典礼。

11月8日，国家海洋局副局长张宏声和浙江省海洋与渔业局巡视员刘向东，给旦门山岛业主颁发首张无居民海岛使用权证书。旦门山岛成为2010年3月1日《中华人民共和国海岛保护法》实施后，国内首个依法批准使用的无居民海岛。

11月15日，经文化部评审通过，象山县被命名为2011—2013年度“中国民间文化艺术之乡”称号。

12月28日，县海洋产权交易中心列为国家海洋管理创新试点单位。

2012年

1月12日，华翔集团旗下的华众控股有限公司在香港交易所主板上市。

5月8日，宁波戴维医疗器械股份有限公司在深圳证券交易所创业板挂牌上市，成为全县第五家上市企业。

5月31日，浙江省人民政府批复同意设立浙台（象山石浦）经贸合作区，并纳入省级开发区管理序列。

6月28日，县第一人民医院、红十字台胞医院、中医医院和第三人民医院县级医院启动以破除“以药补医”为核心的综合改革。

7月5日，浙台（象山石浦）经贸合作区授牌仪式在石浦海峡广场举行，中共浙江省委常委、常务副省长龚正代表省政府向经贸合作区授牌。

7月26日，中共象山县委第十三届第二次全体会议通过《关于加快海洋文化强县建设的决定》。

7月31日，中共浙江省委书记、省人大常委会主任赵洪祝在省委政研室《浙江政研》编发的“社会管理服务的‘城市保姆’”一文上批示，要求“不断总结完善象山县的做法，适时在全省推介”。

8月8日，凌晨3时20分，第11号台风“海葵”在鹤浦登陆，登陆时近中心最大风力达14级，为近60年来影响象山最大台风之一。

8月9日，中共浙江省委书记、省人大常委会主任赵洪祝率省委、省政府指导组到象山检查指导抗台救灾工作。国家防总、水利部有关领导及督查专员实地勘查灾情。

8月10日，受第11号强台风“海葵”影响，象山港和西沪港内暴发大面积赤潮。

8月26日，建于东门岛炮台山上的全国首个海岛大风预警塔投入使用。

9月16日，全国政协副主席罗富和考察石浦海峡广场及渔港古城。

9月25—26日，中共浙江省委副书记、省长夏宝龙率考察团到象山调研海洋经济发展情况。

10月20日上午，天安电工生产基地举行落成典礼。

10 月 26 日，县第三人民医院迁入新址并正式投入营运。新址位于丹西街道樟树下村。

12 月 19—20 日，中共中央台办、国台办主任王毅到象山考察对台工作。20 日上午，浙江省首个海峡两岸交流基地授牌仪式在石浦举行。王毅出席并授牌。

12 月 20 日，《象山县海域海岛基准价格》正式发布实施，成为国内首个海域海岛基准价格。

12 月 21 日，国家海洋局批准象山渔山列岛为国家级海洋生态特别保护区，挂国家级海洋公园牌子。

12 月 28 日，象山港跨海大桥及接线工程举行通车典礼。大桥于 12 月 29 日零时正式通车。

2013 年

2 月 14 日，县第一人民医院通过国际医疗卫生机构联合委员会 JCI 国际认证，成为宁波市首家、浙江省第二家通过 JCI 认证的医疗机构。

2 月 16 日，国家海洋局批准象山县为首批国家级海洋生态文明建设示范区。

2 月 17 日，东门渔村入选首批中国传统村落，列入传统村落国家保护名录。

3 月 28 日，220 千伏宁海至象北双回输电线路成功投运。

4 月 8 日，县政府印发《象山县拆违专项整治实施方案》，拆违工作进入规范化。

4 月 11 日，民进象山支部、农工党象山支部联合举行成立大会。

4 月 17 日，中共象山县委作出开展向徐祥青学习活动的决定。

4 月 26 日上午，中国（象山）国防科技工业产业园举行授牌仪式，中国国防科技工业企业管理协会秘书长李洪彦为园区授牌。

5 月 3 日，国务院及国家文物局官网公布第七批全国重点文物保护单位名单，象山县塔山遗址、花岙兵营遗址、北渔山灯塔和东门灯塔（北渔山灯塔、东门灯塔并为 1 处，与宁波、舟山灯塔合并为浙东沿海灯塔）等 3 处文物单位被确认为国家级重点文物保护单位。

5 月 6 日，全县有线电视网络全面铺开，停止传输电视模拟信号工作，实现有线电视数字化。

6 月 18 日，县海洋渔业局首次开展岱衢族大黄鱼增殖放流行动，495 万尾大黄鱼鱼苗放归南韭山海域。

6 月 26—27 日，国家教育督导团到象山，对县义务教育学校办学基本标准达标、校际间均衡、县级人民政府推进义务教育均衡发展工作、公众对该县义务教育均衡发展的满意度等四个方面进行评估考核。象山县顺利通过全国义务教育发展基本均衡县的评估认定。

7 月 1 日至 8 月 20 日，象山县平均降雨仅 53.5 毫米，是多年平均 299 毫米的 17.9%，持续高温少雨，造成水库、河网水位不断下降。全县水利工程总蓄水量降低至 7499 万立方米，占可蓄水量的 45.8%。干旱少雨导致部分村饮水困难，西周镇、东陈乡、泗洲头镇、墙头镇等地 64 个村、5.1 万人严重缺水；4000 余公顷农田断水，林特业受灾 2200 公顷。

8 月 14 日，国务院全国清理和规范庆典研讨会论坛活动工作领导小组批复同意举办第 16 届中国（象山）开渔节，首次由浙江省政府主办。

9 月 14 日，由中国工程院院士林浩然领衔的象山港水产苗种有限公司“院士工作站”在象山挂牌成立，为县第一家以水产种业为主的农渔业院士工作站。

9 月 26 日，象山籍人士、“京城活雷锋”孙茂芳获全国助人为乐道德模范称号。

10 月 5 日，23 号强台风“菲特”影响象山县。6 日起普降暴雨，局部地区出现特大暴雨，造成旱涝急转。“菲特”影响期间，象山平均过程雨量301毫米，其中西周黄泥桥雨量高达782.9毫米，为象山县有记录以来最大的过程雨量。全县干部赴一线抗台，社区、农村党员干部紧急动员，迅速形成全民防台抗台局面。其间，共转移人员32126人、船只3204艘，人员无一伤亡。

10月25日，第十届中国艺术节“群星奖”揭晓，象山唱新闻《长年葱》名列其中。

12月19日，中国工程院公布2013年增选院士名单，东华大学副校长俞建勇教授当选为院士，成为象山籍首位院士。

12月22日上午，宁波象保合作区合作共建签约暨管委会揭牌仪式举行。合作区位于昌国盐场、新桥盐场、旦门盐场及东侧围海区域，规划面积25.1平方千米，由宁波保税区和象山县合作共建。2014年6月8日，象保合作区建设正式开工。

12月29日，象山县被全国爱卫会命名为“国家卫生县城”。

2014年

1月10日，浙江省体育局发文正式通过象山县“省体育强县”称号复评。

3月10—11日，浙江省平安建设考核抽查组一行到象山检查平安建设和综治工作。象山获2013浙江年度旅游推广十佳县。

3月30日，象山籍射击运动员康宏伟在2014年射击世界杯美国站男子50米步枪三姿比赛中获得银牌。

4月19日，“活力宁波·薪火相传”香港访问团在香港甬港联谊会会长忻元甫率领下，到象山开展家乡之旅访问活动。

5月12日，浙商回归项目——朗亿德电气股份有限公司建成投产，成为象山县首家生产低压母线槽的电气企业。

5月21日，2014年度“小白礁Ⅰ号”水下考古打捞工作正式启动。

5月29日，浙江省首届台湾低温鲜鱼产品推介会在象山县举行。

6月27日，渔业领域“一打三整治”现场会召开，依法对15艘（10艘钢质，5艘木质）“三无”渔船进行强制拆解①。

7月11日，《陈汉章全集》首发仪式在象山举行。

7月17—23日，第十五届省运会帆船（帆板）比赛在松兰山举行。

7月23日，象山建筑大厦动工建设，打下第一根桩。该大厦总建筑面积5.48万平方米，总投资约3亿元。

8月18日，龙元建设集团、华翔集团获全国工商联评选的“2014中国民营企业500强”，分列第296位和419位。

8月19—20日，中共浙江省委书记、省人大常委会主任夏宝龙到象山县调研海洋经济。

8月26日，象山县残疾人康复综合服务中心暨宁波市康复医院象山分院正式开业。

9月25日，象山县首家区域性居家养老服务中心开业。10月9日，象山老年公寓开院。

10月8日18时20分，象山出现月全食。

---

①一打三整治，即依法打击涉渔“三无”船舶（指用于渔业生产经营活动，无船名号、无船籍港、无船舶证书的船舶）和违反伏休规定等违法生产经营行为，全面开展渔船“船证不符”（指船舶实际主尺度、主机功率等与相应证书记载内容不一致）整治、禁用渔具整治和污染海洋环境行为整治。

11月27日，全县“一打三整治”专项行动推进会召开。至11月26日，全县集中拆解行动27次，累计拆解“三无”渔船802艘。

12月9日，浙江省国土厅组织召开花岙岛申报省级地质公园评审会，同意建设花岙岛省级地质公园。

12月15日，由中央文明办主办、中国文明网承办“我推荐、我评议身边好人”活动，象山伊祥华入选2014年11月份“中国好人榜”。

12月17日，三门湾大桥及接线工程正式开工。

12月29日，浙江省卫生计生委正式发文，命名象山县为“浙江省卫生应急工作示范县”。

2015年

1月8日，道人山围垦工程竣工，总投资10.5亿元，面积4979亩，是象山单体投资最大的围垦工程项目。

4月20日，全国清理整治“绝户网”和涉渔“三无”船舶工作现场会在石浦召开。农业部部长韩长赋出席会议并讲话，省委副书记王辉忠致辞。

4月，国务院台湾事务办公室和农业部正式批复同意设立象山海峡两岸渔业合作示范区，为省首个国家级海峡两岸渔业合作示范区。

5月15日，石浦镇获批全国首批建制镇示范试点镇。同日，全国人大常委会副委员长沈跃跃带领全国人大海洋生态环境保护专题调研组到象山调研。

7月10日，第9号强台风“灿鸿”正面影响象山县，雨量达到222毫米，新桥镇最大雨量达到491毫米。

7月19—24日，首届“石浦渔港杯”海峡两岸足球交流活动在石浦东门渔村举行。

8月20日，仁义涂区块地基处理一期工程正式开工建设。该工程为新开工的县实施类重点工程，总投资约3亿元。

9月26日，象山·国际风情街开业仪式在街内西广场举行。

9月28日，象山海洋科技人才创业园正式开园。

10月11日，2015宁波象山（香港）投资环境推介会暨香港象山联谊会4周年庆典在香港举行。

10月12日，全国首家高科技数字摄影棚在象山影视城投入使用。

10月27日，象山西泽码头（西泽—横山）渡轮航线正式停航，结束了28年运营历史。

11月12日，象山县工业强县誓师大会在县文化活动中心召开。

11月18日，象山红升水产养殖公司成功培育珍珠龙胆石斑鱼苗种200余万尾。

12月7日，中国工程院公布增选结果，浙江大学陈纯教授增选为信息与电子工程学部院士，成为象山籍第2位院士。

12月27日，象山县博物馆开馆。

12月28日，大目湾新城横大河工程全线竣工。

12月31日，中共象山县委十三届九次全体（扩大）会议召开，提出全面实施“双突破双驱动战略”，即突破工业经济和旅游经济，改革驱动、创新驱动，着力打造“一城四地”，即海洋新兴产业基地、滨海休闲度假胜地、现代农业示范基地、海洋特色文化高地，加快建设现代化滨海休闲城市。

2016年

1月4日，石浦高速公路新桥连接线与71省道盛宁线东陈至茅洋连接线项目同时开工建设。

1月7日，象山县制造亚洲最大整体制造运输塔器。该塔器由中石化炼化工程集团宁波工程公司承制，设备总重量达2300吨，长120余米、内径8.8米。

1月26日，象山县最低气温跌破历史极值。全县普遍跌至-5℃、-8℃，山区-10℃，有严重冰冻。

2月26日，渔山海域完成百艘人工船礁投放，形成浙江省最大人工鱼礁群。

3月8日，农业部、国家安全生产监督管理总局公布第三批“全国平安渔业示范县”名单，象山榜上有名。

4月8日，环境保护部公布“国家生态县（市、区）”名单，象山名列其中。

4月25日，象山荣膺全省“农村生活污水治理优胜县”。

5月11—12日，中共浙江省委书记、省人大常委会主任夏宝龙到象山调研。

5月21日，在首届中国考古学大会上，象山“小白礁1号”水下考古发掘项目获得中国考古学界最高质量奖——“田野考古奖”。

6月7日，第十八届浙洽会象山县投资环境推介会暨项目签约仪式举行。有27个项目现场签约，总投资79亿元。

6月23日，2016海上风电领袖峰会在象山召开。

8月10日，象山县举行省市县重大产业项目联动集中开工仪式。金汇精密制造项目、普思拓金属科技项目、高塘岛乡直落岙地块太阳能发电项目、象山县农村信用合作联社综合办公大楼项目、象山申菱广场项目、石浦港海岸带综合整治及修复工程等6个项目集中开工。

8月11日，龙元集团因2014年在沪施工产值30亿元，上缴税金7609万元，获2015年度上海市建筑施工综合实力30强，全国进沪建筑施工企业综合实力第一名。

11月5日，浙江省美丽乡村和农村精神文明建设现场会召开。全省共6个县（市）荣获省美丽乡村示范县称号，象山作为全市唯一入选的县受到表彰。

12月8日，2016年中国品牌影响力100强名单出炉，天安集团荣膺2016中国品牌影响力（行业）十大企业。

12月12日，第一届全国文明家庭表彰大会在京举行，陈淑芳作为获奖家庭代表参加大会，受到党和国家领导人习近平、刘云山等亲切会见。

2017年

1月，旅美象山人郁海波在粒子物理和天文学交叉领域的重要工作，特别在暗物质研究领域做出杰出贡献，获2016年全球华人物理与天文学会授予的“杰出青年科学家奖”。

2月21日，象山县举行扩大有效投资重大项目集中开工仪式。开工15个项目，总投资56.16亿元。

3月13日，国内首制3万方双燃料机LNG船在浙江新乐造船厂顺利下水。

3月22日，浙江省举行剿灭劣V类水誓师大会，授予象山获全省“五水共治”工作最高综合性奖项“大禹鼎”奖。

3月24日，甬台温高速复线配套工程开工。

3月27日，石浦老城区改造项目启动，分11个区块，总用地面积约18万平方米，涉及户数2335户，建筑面积近17万平方米。

3月28日，宁波工人疗养院启用仪式在半边山举行。疗养院位于石浦镇半边山旅游度假区，占地面积约5.04万平方米，建筑面积约7.61万平方米。

4月6日，赖赛飞散文创作研讨会在北京中国作家协会举行，由中国作协散文委员会、浙江省作协、宁波市文联、中共象山县委宣传部共同主办。

4月11日，象山县婚丧礼俗和农村环境卫生整治推进会召开。

4月18日，南大河滨水景观带工程通过竣工验收。景观带北起丹山路，南至滨海大道，总面积103061平方米，全长约2650米，宽度逾36米，其中绿化面积65485平方米，项目总投资6300万元。

5月1日，东海海域主要捕捞作业的休渔时间调整为5月1日12时至9月16日12时，比往年提前一个月。

5月9日，象山影视城荣获“浙江省五一劳动奖状”，成为浙江省唯一获此荣誉的旅游景区。

第一篇　建　置

本篇目录

第一章　沿　　革

唐神龙二年（706），象山立县。因治北有山，屹如象形称“象山”，县以山名，称象山县。至2008年，历1300余年。其间，作为县级行政区划一直未变，县名沿用至今。但其统属关系时有变动。

第一节　立县前沿革

秦以前

夏后帝少康（夏禹之五世孙）封其庶子无余于会稽，以奉守大禹之祀，号“於越”，越国之称始此①。越之东有堇子国②，即后之鄞县地。时象山为堇子国地。越传国三十余世，历殷商至周敬王时③。

周敬王二十六年、越王勾践三年（前494），吴王夫差败越王勾践，越降为吴之属国。周元王三年、越王勾践二十四年（前473），勾践灭吴，筑句章城（今宁波市江北区乍浦乡城山渡一带）以彰霸功。而勾践三年前，越地已东至于鄞④。时象山为鄞地。

周赧王八年（前307）楚灭越，据有越国北境地。越之南境，为原越王无疆之子孙分据，或称王、或称君，臣服于楚⑤。时象山地在越之南境。

秦王政二十五年（前222），秦将王翦平定楚江南地，降越君，置会稽郡（今江苏苏州）。

秦　汉

秦始皇帝二十六年（前221），定天下36郡。会稽郡之东南有鄞县，治今奉化白杜。又废东

---

①据《史记·越王勾践世家》及《史记》“正义”引贺循《会稽记》。

②堇子国，民国《象山县志》有载。所据当为清雍正《浙江通志卷七·建置四》所引明之《名胜志》及《读史方舆纪要》（卷九十二·鄞城）。有以为两书均后出，当属传闻。本志以为即属传闻亦当另有所据，故书之。

③《史记·越王勾践世家》有：“（无余）后二十余世，至于允常（勾践之父）”之记载。然“正义”引《舆地志》云：越侯传国三十余叶，历殷至周敬王时，有越侯夫谭，子曰允常。若以二十余世为二十五世，加夏禹至无余五世，计三十世。禹至周敬王时当历一千五百岁，则平均一世，长达五十年，实无可能，故本志取“正义”之说。

④《国语·越语》书：“勾践之地……东至于鄞……”句，在越败于吴后。宋宝庆《四明志·沿革论》据此记作越败于吴后“使大夫种行成，吴复封之地，广百里，东至于鄞。”明嘉靖《浙江通志·地里志第一之一》据《吴越春秋》以为“东至于鄞”，为越国本辖境土之东至。《吴越春秋》记载：勾践“七年，既释囚，厚献，返国。吴王夫差悦之，赐书增封东至勾甬，西至……”故知吴增封之地为“勾甬”，而非鄞。则《国语》，宝庆志皆误，而《通志》为是。

⑤楚灭越史表无文，徐广谓在显王四十六年（前323），《资治通鉴》在三十五年（前334），皆从《楚世家》。此采《周季编略考》。《史记·越王勾践世家》载：楚威王兴兵，“大败越，杀王无疆，尽取故吴地至浙江，……而越以此散，诸子争立，或为王，或为君，滨于江南海上，朝服于楚”。则知此越北境、南境之界在浙江。下文“王翦平定楚江南地”亦指浙江南。

瓯王、闽越王，以其地为闽中郡。时象山为东瓯地、鄞县地。①

汉高祖元年（前206），项羽自立为西楚霸王，王九郡。会稽为西楚地。汉高祖五年，诛项羽，略定楚地，徙齐王韩信为楚王，会稽郡属楚国。汉高祖六年，废楚王韩信，立高祖从父兄、将军刘贾为荆王，会稽郡属荆国。汉高祖十一年，淮南王英布反，杀荆王刘贾。刘贾无后国除，会稽为汉郡②。汉高祖十二年，以高祖兄刘仲子濞为吴王，王荆故地。会稽郡属吴国。

汉惠帝三年（前192），立闽君摇为东海王，都东瓯，世俗号为东瓯王。其封域，包括瓯江流域，椒江流域③。汉景帝三年（前154），吴王刘濞反，东瓯从之。汉皇室利诱东瓯杀之，国除。四年，会稽复为汉郡④。《汉书·地里志》载：会稽郡鄞县有越天门山。天门山是首个与象山有关的载入正史的地名。

越天门山考 《汉书·地里志》载：“（会稽郡）鄞：有镇亭，有鲒埼亭，东南有天门水入海，有越天门山。”文中所说的“越天门山”，究竟在何处，旧志至少有四说。

宝庆《四明志》载奉化、象山皆有天门山，主张“姑两存之”。宝庆《四明志·象山县·叙山》中列有“东门山”一目，云：即“《汉书·地里志》所谓天门山也”，文下注云：“奉化县亦载天门山。象山、奉化皆古鄞县地也，姑两存之。”此为一说。

光绪《奉化县志》反对“姑两存之”的说法，认为奉化、象山皆有天门山，但《汉书·地里志》所载之“越天门山”在奉化而不在象山，其理由是“考汉时象山，当是回浦属地，是奉化之天门与象之天门别是一处。”文见光绪《奉化县志》卷四“山川上·天门山”目。此为二说。

第三说天门山在宁海。崇祯《宁海县志》“舆地志·山川”中列有“天门山”一目：“北六十里。汉《地里志》：会稽鄞县东南有天门山水入海。陶弘景《真诰》亦云，天门山，在鄞县之南，宁海之北，山半亚海。今栅墟铁场，正其处。盖从嵊剡入，必经此。”

---

①《史记》卷一一四载：“闽越王元诸及越东海王摇者，其先皆越王勾践之后也，姓驺氏。秦已并天下，皆废为君长，以其地为闽中郡。”《浙江通史》（秦汉六朝卷，第四页）称：闽中郡未见有县级行政区建置，事实上为虚置。乾隆《象山县志·地里志·沿革》：象山县，“其地于秦汉为东瓯地，又为回浦地，又为鄞之安化乡。”宝庆《四明志·象山县志》之“叙县·沿革论”：“象山县，在秦汉时为会稽郡鄞县地。”

②《史记·汉兴以来诸侯王年表第三》载：六月，刘贾“为英布所杀，国除为郡”。汉行郡国并行制。《年表》有：“汉兴、序二等。……自雁门、太原以东至辽阳，为燕、代；……而内地北距山以东尽诸侯地，大者或五六郡，建城数十，……汉独有……凡十五郡，……汉定百年之间，……诸侯稍微，大国不过十余城，小侯不过数十里，……而汉郡八九十，行错诸侯间……”此处“汉郡”一词为与诸侯国之支郡相对而言。即《汉书·诸侯王表第二》所称“天子自有”之意。近人王国维作《汉郡考上、下》亦用此意。

③乾隆《象山县志·地里志·沿革》：“孝惠三年，举粤功，立摇为东海王，都东瓯，盖统温台处之地。斯时象山地属东瓯矣。”

④《汉书·地里志》会稽郡下本注：“景帝四年，属江都国”。然其广陵国下注：“景帝四年，更名江都”。而广陵（县）下注：“江都易王非，广陵厉王胥皆都此，并得章郡，而不得吴”。宋宝庆《四明志》据广陵注考之：“《汉书·本纪》吴国下有”以故东阳郡、鄣郡、吴郡五十三县立刘贾为荆王。贾死，以立濞。刘攽曰：吴非秦郡。然按濞本传，削吴会稽、豫章郡书至。岂非指会稽为吴郡乎？然则句章、鄞、鄮属荆、吴可知矣！”《四明志》又于会稽郡下书：“景帝四年，复为郡”。又加按：《地里志》本郡注，“景帝四年属江都。”然广陵注，“江都易王非、广陵厉王胥皆都此，并得章郡而不得吴”。参考表、纪、传，江都废在元狩二年，而严助发会稽兵，为会稽守，已在建元间，则王濞国除之后，句章、鄞、鄮自属会稽无疑矣！明嘉靖《浙江通志·地里志第一之一》亦考之如《四明志》，外又加上《三国志·虞翻传》注引《会稽典录》朱育之言：“景帝四年，濞诛，（会稽）乃复为郡，治吴”为证。民国《象山县志》亦考之，虽文字较简，而结论同上两志。唯江都国之立定在景帝三年，则误。

第四说为民国《象山县志》观点，认为越天门山在象山。其《古迹考·天门山 东门山》一文有详考。

汉昭帝始元二年（前85），立回浦县，设东部都尉治之，统台、温、处之境及闽之治县，并隶会稽。时象山为回浦、鄞两县地。

新莽时（8—23），改鄞县为谨县，仍属会稽郡。至光武帝建武初，复称鄞县①。

汉光武帝建武年间（25—56），改回浦为章安县，东部都尉之治如故。时象山为章安地、鄞地（一说为鄮县地）。

东汉顺帝永建四年（129），以今浙江为界，分会稽郡为吴和会稽两郡。会稽郡治山阴（今绍兴市），领鄞等十三县。

汉顺帝阳嘉元年（132），会稽东部都尉徙鄞，时象山地称安化乡，又称回浦乡。

会稽东部都尉设置及迁鄞时间考 1995年版《宁波市志》载："前106年（元封五年），全国置13州，州设刺史，会稽郡隶扬州刺史部，郡设东部都尉于章安（今椒江区章安镇）。……前24年（阳朔元年），会稽郡东部都尉迁鄞，移至句章，后仍迁章安。"民国《象山县志》亦引《会稽典录》作成帝阳朔元年。二文均当据《三国志·吴志·虞翻传》注。然王国维《观堂集林》有《汉会稽东部都尉治所考》一文。此文首辨《汉书·地里志》载："回浦南部都尉治。"当为东部都尉治之误。又辨东部都尉迁鄞当在后汉顺帝阳嘉元年（130）而非前汉成帝阳朔元年。今摘录其文：《吴志·虞翻传》注引《会稽典录》朱育对濮阳兴曰："元鼎五年（前112）除东越，因以其地为治（当作冶），而立东部都尉。后迁章安。阳朔元年又行治鄞，或有寇害，复迁句章。"……惟班志言回浦南部都尉治为平帝元始二年（公元2年）事，而朱育言阳朔元年（前24）已迁治鄞。二说不同。……尝熟考之，知都尉之治冶与回浦，乃前汉事；其徙鄞与句章，则后汉事。据《汉志》，都尉当前汉之未尚治回浦，后汉时，改回浦为章安。时都尉治如故。朱育云："后徙章安"，从其后名也。《后汉书·顺帝纪》："阳嘉元年二月，海贼曾旌等寇会稽，杀句章、鄞、鄮之县长，攻会稽东部都尉。"颇疑都尉徙鄞实在是年。朱育所云阳朔元年乃阳嘉元年之误也。至徙治句章则更在其后。……至三国吴时，东部都尉复治章安。

按：王国维说，则会稽东部都尉设于汉武帝元鼎五年除东越后，初置于"冶"（今福建省福州市），后徙回浦（前汉末平帝二年之前）。至后汉顺帝阳嘉元年徙鄞，后徙句章。三国吴时东部都尉复徙章安（即前汉之回浦）。王国维同意朱育所说汉除东越后置冶县而立东部都尉。然考之《史记·东越列传》及《汉书·闽粤传》，汉除东越战事起于元鼎五年（前112）结束在元封元年（前110），且均有："于是天子曰东越狭多阻；闽越悍，数反。诏军吏皆将其民徙处江淮间。东越地遂虚"之记载。可知以东越地置冶县实为更以后的事。明嘉靖《浙江通志卷一·地里志第一之一》（天一阁藏明代方志选刊续编、上海书店）载："明帝始元二年（前85），以闽越地置回浦、治（当作冶）二县，属会稽郡（自注：台志作武帝末年）。"而清雍正《浙江通志卷七·建置四台州府》（光绪二十五年十月重刊本，商务印书馆影印）引《太平御览》载："始元二年，以东瓯地为回浦县。"与嘉靖《通志》相合。其不及冶县，乃因冶县为今福州市，非浙江地之故。如此按朱育言："元鼎五年，除东越，因以其地为冶，而立东部都尉，"东部都尉立当在昭帝始元二年。

---

①见宋宝庆《四明志·卷第十二鄞县志·卷第一叙县》亦见嘉靖《浙江通志·地里志第一之一》，唯其"谨"字作"堇"。又雍正《浙江通志卷七·建置四宁波府·鄞县》有按曰："鄞县在平帝时莽改堇县。"

三国　两晋　南北朝

三国时会稽属吴。吴会稽王孙亮太平二年（257），分会稽东部都尉境域立临海郡，始治临海，寻治章安。析章安县置临海县。时象山为临海地、鄞地。此后历东晋、宋、齐、梁、陈，临海或为郡，或为国，罢置频仍。

晋武帝太康元年（280），分会稽郡之鄞县安化乡800户与临海郡北端200户地置宁海县，设治白峤，属临海郡①。时象山为宁海地、鄞地。

南朝梁武帝大同六年（540），改临海郡名赤城郡。寻复改为临海县②。

陈后主至德元年（583），复以临海为郡③。

隋　唐

隋文帝开皇九年（589），灭陈，废会稽郡。并鄞、鄮、余姚三县入句章县，治小溪（今宁波市鄞州区鄞江镇），属吴州。吴州总管府治山阴。同年，废临海郡复为县，并宁海入临海，属永嘉郡④。时象山为临海，句章地。

隋炀帝大业元年（605），罢吴州总管府，改吴州为越州。三年（607），复改越州为会稽郡。句章县仍属会稽郡⑤。大业四年，吴兴郡守沈法兴以临海县擅立海州。

唐高祖武德四年（621），今浙江地入唐，罢郡置州，改会稽郡为越州，置总管府，领11州。十一月，废句章县，以隋初旧余姚地置姚州，原句章、鄞、鄮三县地置为鄞州。同年，以隋临海县置海州，又析临海县复置宁海县，隶海州。次年，改海州为台州⑥。时象山为宁海地、鄞州地。

唐高祖武德七年（624），改越州总管府为都督府，领越、鄞等五州。同年，复省宁海县入章安。次年，废章安入临海，并废鄞州，改置鄮县，治小溪，属越州。

唐武后永昌元年（689），复析临海县置宁海，属台州。时象山为宁海地、鄮地。

---

①宝庆《四明志·象山县志·叙县·沿革》认为晋置，并引《赤城志》作太康元年等三说。崇祯《宁海县志》卷之一“舆地志·沿革”：晋武帝太康元年，析临海之北二百户，鄞地八百户，置宁海县治白峤。《元和郡县志》《太平寰宇记》引《临海记》作永和三年。《通典·州郡》以为宁海晋置。《宋书·州郡志》以为（宁海）汉旧县，则误。宁海立县其他资料，见本志“大事记·立县前”“晋武帝太康元年”条页下注。

②见宋嘉定《赤城志·卷一地理门·叙州》，“大同六年”则见嘉靖《浙江通志·地里志·沿革》。民国《象山县志》作梁武帝普通五年（524），且以为陈永定二年（558），赤城郡始改称章安郡。与《赤城志》不合。

③见宋嘉定《赤城志·叙州》。

④此条会稽郡之内容见民国《象山县志》。临海郡、宁海县事见《赤城志》。

⑤此条历代各志诸说纷纭，此采用中华书局1995年10月版《宁波市志》第24页说法。

⑥参见宋宝庆《四明志·叙县·沿革论》、民国《象山县志·疆域表》。

第二节　立县至清代沿革

唐　五代

唐中宗神龙二年六月六日（706 年 7 月 20 日），析台州宁海县与越州鄮县地，于原宁海县东界海曲中象山东麓彭姥村置象山县，属台州。

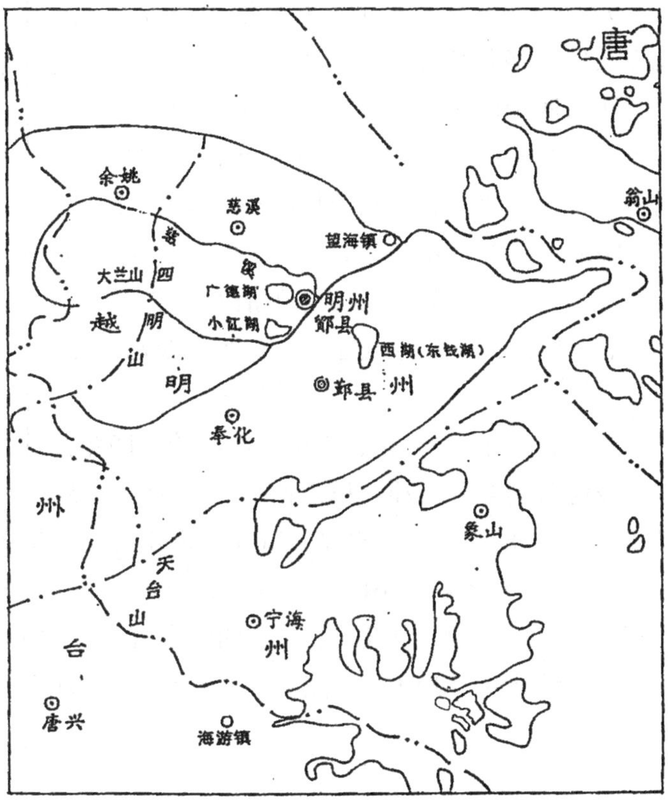

图 1-1　唐立县时象山县区位示意图

象山立县时间考　象山立县年份，主要有二说。一说为唐中宗神龙元年：唐李吉甫（758—814）所撰《元和郡县图志》卷二十七载："神龙元年，监察御史崔皎奏于宁海县东界海曲中象山东麓彭姥村置县。"《新唐书·地里志》卷五载："象山，本隶台州，神龙元年析宁海及鄮置。"另一说为唐中宗神龙二年：五代后晋官修《旧唐书·地里志》卷三载："江南东道台州象山县，神龙二年分宁海及越州鄮县置。"北宋王溥所撰《唐会要》亦持此观点。宋乾道《四明图经·象山县》载："唐神龙二年，析二县地，邑始肇名，隶于台州。"此后，宁波、象山历修志书皆采用后一说。清道光《象山县志》云："当是元年奏请，而二年为颁诏之年是也。"清乾隆《象山县志·经制志·秩官》唐县令"徐旃"条"神龙二年任"等，从另一角度支持了后一说。本志承袭历修旧志"象山唐神龙二年立县"之说。

象山立县的月与日，为唐神龙二年六月六日。《唐会要·州县改置下·江南道·台州》条下有："象山县，神龙二年六月六日置。广德二年十二月九日，割属明州。"清邑人钱沃臣《蓬岛樵歌》诗注有"今以六月六日为城隍神诞降之辰，相传即置县之日"句，可资印证。

唐玄宗开元二十六年（738），分越州立明州。天宝元年（742），改台州为临海郡，又改明州为余姚郡。至唐肃宗乾元元年（758），复改为台州与明州。

唐代宗广德二年十二月九日（764 年 1 月 6 日），象山改属明州。

梁太祖开平元年、唐哀帝天祐四年（907），唐亡。吴王钱镠受梁封为吴越王，象山地属吴越。吴越天宝二年，梁开平三年（909），升明州为望海军，改鄮县名鄞县，象山属望海军。

宋　元　明　清

宋太祖建隆元年（960），改明州望海军为奉国军。宋太宗太平兴国三年（978），吴越国纳土于宋。象山入宋。

宋神宗熙宁六年（1073），以古翁山县地并析鄞县、定海（今镇海、北仑两区）、象山滨海凡

7 乡地立昌国县①。

宋光宗绍熙五年（1194）十一月二十四日，升明州为庆元府，象山为庆元属县②。

元世祖至元十四年（1277），于宋庆元府地置庆元路总管府。象山为其属县。

元顺帝至正二十七年、吴元年（1367），朱元璋改庆元路总管府为明州府。

明洪武十四年（1381），改明州名为宁波府。二十年（1387），封禁南田。移昌国卫于象山东门岛。二十七年（1394），复迁于象南后门山。

清顺治三年（1646）六月，宁波府属之地除舟山外均入清行政管辖，象山为宁波府属县未变，而明之卫所尽撤，设象协城守左、右两营及昌石水师营。

清道光三年（1823），南田再次封禁。四年，移宁波海防同知驻石浦，以严南田之封禁③。清光绪元年（1875），南田开禁。五年，南田设垦务保甲局④。

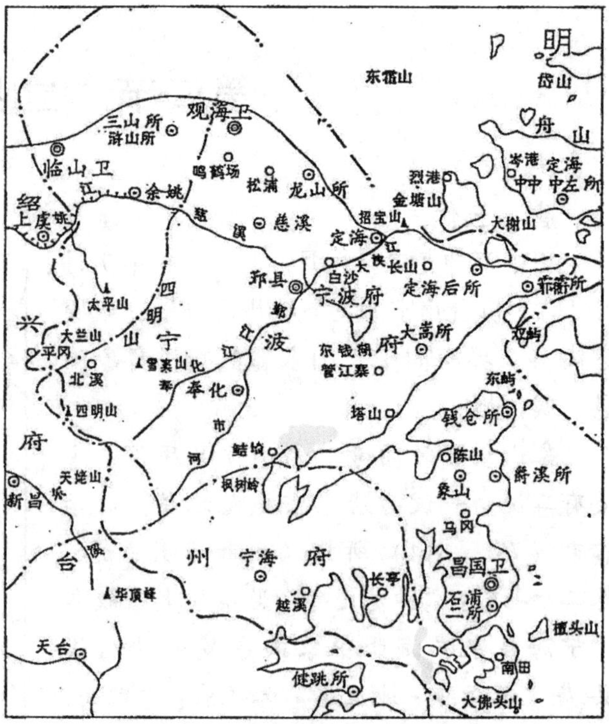

图 1-2　明象山县区位示意图

清咸丰十一年（1861）十一月九日，太平军入宁波，十五日，入象山。改宁波府为宁波郡，辖鄞、慈、镇、奉、象五县。翌年四月十五日，太平军撤离象山。五月，撤出宁波。

清宣统元年（1909），奉旨允准置南田抚民厅⑤。

①据中华书局 1995 年 10 月版《宁波市志·大事记》1073 年条载：“以故翁山县地并析鄞县、定海、象山县滨海七乡地成立昌国县。”民国《象山县志·疆域表》县沿革下有：“熙宁六年（1073）又置昌国县于唐翁山县”句。

②宝庆《四明志·叙县·沿革论》作：“宁宗皇帝在藩邸，领明州观察使。既登宝位，先改元庆元元年（1195）十一月二十四日，降旨升（明）州为府，以所改元名之，曰庆元，而守曰知军府事。”1995 年《宁波市志·大事记》作：“1195 年（绍熙五年）十一月二十四日，宁宗赵扩即位。因其幼时曾遥领明州观察使，升明州奉国军为庆元府，仍领 6 县。”查《宋史·宁宗本纪》为：“绍熙五年六月戊戌（初九日），孝宗崩，光宗以疾不能出。……”七月辛酉（初二日），太皇太后（高宗吴皇后）谕韩侂胄尊光宗御批以皇子嘉王扩即皇帝位。次日嘉王扩登帝位，是为宁宗。闰十月壬午（二十五日）“诏改明年为庆元元年，……（十一月）辛亥（二十四日）……升明州为庆元府。”《宋史·地理》在两浙路庆元府下亦记：“本明州……绍熙五年，以宁宗潜邸，升为府。”以此知宝庆志以明州升庆元府在庆元元年实误。绍熙五年十一月二十四日已入公元 1195 年，为 1 月 7 日。故《宁波市志》不错，然市志纪年以公元，月、日以夏历，实有欠妥之处。更以语焉不详易致误读。民国《象山县志·疆域表》不误。

③中华书局 1995 年 10 月版《宁波市志》作“道光三年”，且南田金七门今尚存“永远封禁”石条亦书有“道光三年”四字。此据道光《象山县志》，道光志修于道光十四年，记如此近年大事当不致有错。事实当为道光元年决定，四年完成。《大清会典事例》卷 152，载其事在“道光元年”。而《清实录》卷 70（道光四年七月丙寅）却载有：“改铸浙江宁波府石浦厅同知关防，并象山县石浦巡检司印信”。可见完成实在四年。

④《象山县志（1988）·大事记》设垦务保甲局在光绪四年。此据施仁伟《鄞象合筑南田龙泉大塘节略》一文，见民国《南田县志·杂志》。

⑤南田设抚民厅事，有关说法，见本志“大事记”清宣统元年条页下注。

第三节　民国时期沿革

民国元年（1912），南田立县，治樊岙，属宁波府。6月，划象山县奠南乡、昌石镇归南田。10月6日，南田县治迁石浦。次年5月，取消划并。10月，南田县治回迁樊岙。民国3年，浙江省设四道，象山、南田均属会稽道。民国16年，废道，各县均直属省府①。民国21年，成立省第七行政督察区，辖象山、南田等12县②。次年，省第七行政督察区改为第五特区行政督察区，辖象山、南田等11县。民国27年，象山、南田、鄞县、慈溪、奉化、定海、宁海8县改属省第六行政督察区③。民国29年7月，撤南田县，与宁海、临海濒三门湾地合并置三门县。属第七行政督察区。民国31年3月，象山县城沦陷，县政府先迁宁海茶院，后迁象山牌头。民国32年，改第六行政督察区为第一行政督察区。翌年，复改为第六行政督察区。辖象山、定海、宁海、鄞县、慈溪、镇海、奉化7县。民国37年4月，省第六行政督察区改为第二行政督察区，辖象山在内的12个县。民国38年5月，宁波解放。6月，省第二区专员公署成立。7月8日，象山解放，隶属第二区专员公署。

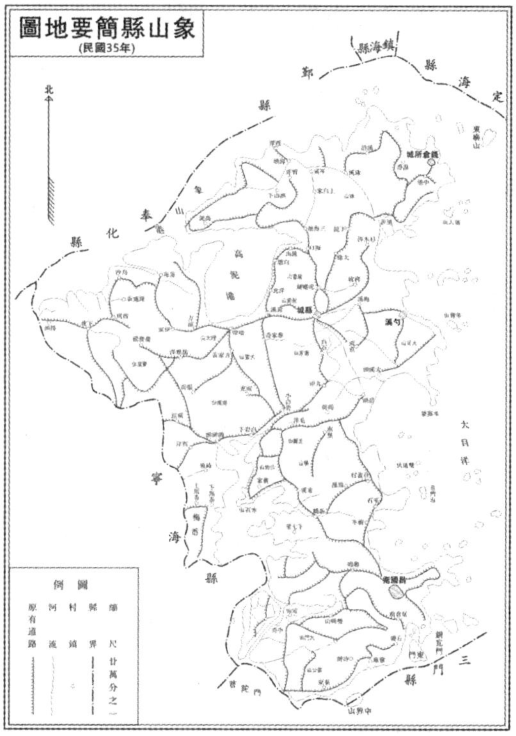

图1-3　民国35年象山县简要地图

第四节　中华人民共和国成立后沿革

1949年10月1日，中华人民共和国成立。是月，省第二区专员公署改称宁波专区。26日，南田解放。1952年3月，南田由三门县划归象山，为南田区④。1954年4月，象山县划归舟山专

①辛亥革命后，清在浙江设置各道自然消失。民国2年（1913）1月8日，袁世凯通令全国设道。遭浙江反对。至民国3年5月23日，浙江始设钱塘、会稽、金华、瓯海四道。民国5年，护国军兴，浙江宣布四道一律裁撤。民国6年1月22日，恢复四道区划。民国15年年末、民国16年年初，北伐军抵浙江，道制自然撤销。

② 民国21年（1932）5月31日，全省各县分隶12区。同年8月，根据国民政府行政院公布的《行政督察专员暂行条例》，划全省为六区，旋增加第七区。

③自此条至民国38年各条均据中华书局1995年10月版《宁波市志》第9页、第16页。

④《象山县志（1988）》作4月。此据《浙江省人民政府通知》〔府民字第714号〕定为7月，《通知》存县档案馆，档号：15-4-7-1952。又据台州地委1952年3月7日第104号文件“三门县南田区划归象山县（不对外公布）”。故以实际划归时间定为3月。

区①。1958年11月，撤销宁海县建制，其行政区域并入象山县，属台州专区。县治先迁沥洋（今作“力洋”），1959年4月，迁宁海城关镇②。1959年1月，撤销台州专区，象山县划入宁波专区③。1961年8月，复置宁海县，象山还治原境④，县治迁回丹城，仍属宁波专区。“文化大革命”中，宁波一度称地区，象山隶属不变。1983年7月，实行市管县体制，撤宁波地区行政公署，象山划属宁波市管辖至今⑤。

象山县建制沿革情况表

表1-1

朝代	纪年	建制		备注
		郡、州、路、府、区	县（聚居地）	
夏	约公元前21世纪—公元前16世纪	於越（扬州）	堇子国	禹五世孙、夏后帝少康，封其少子无余于会稽，以奉守大禹之祀。无余又号於越，越国之称始此。越之东有堇子国，即后之鄞县地
周	周敬王二十六年、越王勾践三年（前494）	越国（扬州）	—	越国传三十余世，历殷商至周。越王勾践三年，与吴王夫差战，败。越降为吴之属国
	周元王三年、越王勾践二十四年（前473）	越国（扬州）	鄞	是年，勾践灭吴，作句章城（今宁波市江北区乍山乡城山渡一带）以彰霸功。越地东至于鄞
	周赧王八年（前307）	楚国（扬州）	—	楚灭越，据有越北境地。越之南境，为原越王无疆之子孙分据，或称王，或称君，臣服于楚
秦	始皇帝二十六年（前221）	会稽郡	鄞县	其前一年，秦将王翦平定楚江南地，降百越之君，置会稽郡，治吴。是年，定天下为36郡，会稽郡领26县，其鄞县治今奉化白杜。同时，又废东瓯王、闽越王为君长，以其地为闽中郡
		闽中郡	东瓯	
西汉	高祖元年（前206）	会稽郡（九江国）	鄞县	项羽封立十八王，楚将英布为九江王
	高祖五年（前202）	会稽郡（楚国）	鄞县	汉诛项羽，略定楚地，徙齐王韩信为楚王
	高祖六年（前201）	会稽郡（荆国）	鄞县	汉废楚王韩信，立高祖从父兄、将军刘贾为荆王
	高祖十一年（前196）	会稽郡（汉）	鄞县	淮南王英布反，杀荆王刘贾，刘贾无后国除

①1954年4月15日，内务部批准。据《浙江省人民政府府字第1495号通知》，见浙江省民政厅编《浙江建置区划沿革》（浙江大学出版社2009年）第109页。

②据浙江省人民委员会浙字第2455号通知。1958年11月21日，国务院批准。见省民政厅编《浙江建置区划沿革》第129页。

③浙江省人民委员会办秘字第0001号通知，见《浙江建置区划沿革》第136页。

④此复置宁海县建制时间，据1961年8月10日，中共浙江省委发（61）327号文件《关于恢复海盐等七个县建制和调整部分干部的通知》：宁波专区象山县划分为象山、宁海两个县，并明确两县县委第一书记等。文件存县档案馆：J001-013-020-060。10月28日，宁波地委发文《同意曹鸿声等九同志为县委常委，夏盛钮、李鲁泰参加县委为委员的批复》。文件存县档案馆：J001-013-020-033。国务院批准日期为1961年12月15日。见省民政厅编《浙江建置区划沿革》第138页。

⑤1983年7月27日，国务院批准。据《浙江建置区划沿革》第175页。

续表1-1

朝代	纪　年	建　制		备　　注
		郡、州、路、府、区	县（聚居地）	
西汉	高祖十二年（前195）	会稽郡（吴国）	鄞县	以高祖兄刘仲子濞为吴王
	景帝三年（前154）	会稽郡	鄞县	吴王刘濞反，兵败死，国除为郡。未几景帝迁子刘非至吴故地，立为江都王。江都王得吴之鄣郡，而不得会稽
	惠帝三年（前192）	会稽郡（吴）	鄞县	立摇为东海王，都东瓯，统温台处之地。时象山地属鄞县、东瓯
		东瓯	东瓯	
	景帝四年（前153）	会稽郡（汉）	鄞县	会稽为汉郡。《汉书·地里志》载：会稽郡鄞县有越天门山。历史上有学者以为即象山东门岛之天门山，如是，当为时象山地属汉鄞县之确证
	昭帝始元二年（前85）	会稽郡东部都尉	回浦县	立回浦县，设东部都尉治之，并隶于会稽
			鄞县	
新莽	（8—23）	会稽郡	谨县	王莽改鄞县为谨县
东汉	光武帝建武年间（25-56）	会稽郡东部都尉	章安县	改回浦为章安县，东部都尉之治如故
			鄞县	另说时象山属鄮县地
	顺帝永建四年（129）	会稽郡东部都尉	鄞县	永建四年，以今浙江为界，分会稽郡为吴和会稽两郡。会稽郡治山阴（今绍兴）领十县
	顺帝阳嘉元年（132）	会稽郡东部都尉	鄞县	会稽东部尉徙鄞。时象山地称安化乡，又称回浦乡
三国	吴会稽王孙亮太平二年（257）	会稽郡	鄞县	是年，分会稽东部都尉立临海郡
		临海郡	临海县	
两晋	晋武帝太康元年（280）	会稽郡	鄞县	分会稽郡之鄞县安化乡800户与临海郡北端200户置宁海县，属临海郡
		临海郡	宁海县	
南朝	梁武帝普通五年（524）	会稽郡	鄞县	—
		赤城郡	宁海县	是年，改临海郡名为赤城。寻复改为临海县
	陈后主至德元年（583）	会稽郡	鄞县	—
		临海郡	宁海县	是年，复以临海为郡
隋	文帝开皇九年（589）	吴州	句章县	是年，隋灭陈，废会稽郡。并鄞、鄮、余姚三县入句章县，治小溪（今宁波市鄞州区鄞江镇），属吴州
		永嘉郡	临海县	是年，废临海郡为县，并宁海入临海县，属永嘉郡
	炀帝大业元年（605）	越州	句章县	罢吴州总管府，改吴州为越州
		永嘉郡	临海县	—
	炀帝大业三年（607）	会稽郡	句章县	改越州为会稽郡
		永嘉郡	临海县	—
	炀帝大业四年（608）	会稽郡	句章县	—
		海州	—	是年，隋吴兴郡守沈法兴擅以临海县立为海州

续表1-1

朝代	纪年	建制		备注
		郡、州、路、府、区	县（聚居地）	
唐	高祖武德四年（621）	越州	鄞州	今浙江地入唐，罢郡置州，改会稽郡为越州，置总管府，领11州。十一月，废句章县，以旧余姚地置姚州。原句章、鄞、鄮三县地置为鄞州
		海州	宁海县	以隋临海县置海州，又析临海县复置宁海县，属海州
	高祖武德五年（622）	越州	鄞州	—
		台州	宁海县	改海州名为台州，辖境未变
	高祖武德七年（624）	越州	鄞州	—
		台州	章安县	省宁海县入章安
	高祖武德八年（625）	越州	鄮县	废鄞州改置鄮县
		台州	临海县	废章安入临海县
	武后永昌元年（689）	越州	鄮县	—
		台州	宁海县	析临海置
	中宗神龙二年（706）	台州	象山县	六月，析台州宁海县与越州鄮县地置县。治彭姥村，属台州，为中县，历五代不改
	玄宗天宝元年（742）	临海郡	象山县	改台州名为临海郡（据《赤城志》）
	代宗广德二年（764）	明州	象山县	玄宗开元二十六年（738），分越州立明州，析鄮县为奉化、鄮、慈溪、翁山四县，属明州。是年，象山自临海郡改属明州
五代	梁太祖开平元年、唐哀帝天祐四年（907）	明州（吴越）	象山县	唐亡，吴王钱镠受梁封为吴越王。象山地属吴越之明州
	吴越王钱镠天宝二年（909）	明州望海军（吴越）	象山县	钱镠升明州为望海军
	宋太祖建隆元年（960）	明州奉国军（吴越）	象山县	二月，吴越国遣使贺宋帝即位，宋改明州望海军为奉国军
宋	太宗太平兴国三年（978）	明州奉国军	象山县	五月，吴越王钱俶纳土归宋，象山自此入宋版图。以地不相属降为下县
	光宗绍熙五年（1194）	庆元府	象山县	十一月，宁宗既登位，以在藩邸曾遥领明州观察使，升明州为庆元府。庆元其明年改元之年号
元	世祖至元十四年（1277）	庆元路总管府	象山县	于宋庆元府地置庆元路总管府。象山属庆元，升中县
	顺帝至正二十七年、吴元年（1367）	明州府	象山县	吴王朱元璋改庆元路总管府为明州府
明	太祖洪武十四年（1381）	宁波府	象山县	以府名同国名，改明州府为宁波府
	太祖洪武二十年（1387）	宁波府	象山县	封禁南田。移昌国卫于象山东门岛，二十七年（1394），复迁象南后门山（今昌国）

续表1-1

<table>
<tr><th rowspan="2">朝代</th><th rowspan="2">纪　年</th><th colspan="2">建　制</th><th rowspan="2">备　　注</th></tr>
<tr><th>郡、州、路、府、区</th><th>县
（聚居地）</th></tr>
<tr><td rowspan="5">清</td><td>世祖顺治三年
（1646）</td><td>宁波府</td><td>象山县</td><td>六月，清军下宁波，除舟山外，慈、定（今镇海）、奉、鄞、象五邑均入清版图。知县事初为“简缺”，雍正后为“难缺”</td></tr>
<tr><td>文宗咸丰十一年
太平天国十一年
（1861）</td><td>宁波府（郡）</td><td>象山县</td><td>是年十一月十五日（1861年12月16日），太平军入县城。十二月初五日，太平军在象山建立政权，至次年四月十五日（1862年5月13日），清军复占县城</td></tr>
<tr><td>德宗光绪元年
（1875）</td><td>宁波府</td><td>象山县</td><td>南田开禁，五年，设垦务保甲局</td></tr>
<tr><td rowspan="2">清宣统元年
（1909）</td><td rowspan="2">宁波府</td><td>象山县</td><td rowspan="2">是年，置南田抚民厅。属宁波府</td></tr>
<tr><td>南田厅</td></tr>
<tr><td rowspan="16">中华民国</td><td rowspan="2">元年（1912）</td><td rowspan="2">宁波府</td><td>象山县</td><td rowspan="2">南田立县。6月，划象山县蕻南乡、昌石镇归南田。10月，南田迁治石浦。翌年5月，取消划并。10月，南田县治回迁樊岙</td></tr>
<tr><td>南田县</td></tr>
<tr><td rowspan="2">3年（1914）</td><td rowspan="2">会稽道</td><td>象山县</td><td rowspan="2">是年，浙江省设四道，象山、南田均属会稽道</td></tr>
<tr><td>南田县</td></tr>
<tr><td rowspan="2">16年（1927）</td><td rowspan="2">浙江省</td><td>象山县</td><td rowspan="2">是年废道，象、南两县均直属浙江省</td></tr>
<tr><td>南田县</td></tr>
<tr><td rowspan="2">21年（1932）</td><td rowspan="2">省第七行政督察区、省第五特区行政督察区</td><td>象山县</td><td rowspan="2">省第七行政督察区成立，辖12县：鄞、慈、镇、奉、象、定、南、宁（海）、（余）姚、上（虞）、嵊、新（昌）、后增绍、诸（暨）、东（阳）。次年，改称省第五特区行政督察区</td></tr>
<tr><td>南田县</td></tr>
<tr><td rowspan="2">27年（1938）</td><td rowspan="2">省第六行政督察区</td><td>象山县</td><td rowspan="2">第六行政督察区辖鄞、慈、定、镇、奉、象、南8县</td></tr>
<tr><td>南田县</td></tr>
<tr><td rowspan="2">29年（1940）</td><td>省第六行政督察区</td><td>象山县</td><td>—</td></tr>
<tr><td>省第七行政督察区</td><td>三门县</td><td>7月，撤南田县，其地与临海、宁海近三门湾地置三门县，属第七行政督察区</td></tr>
<tr><td>32年（1943）</td><td>省第一行政督察区</td><td>象山县</td><td>民国31年（1942）丹城沦陷，县府迁宁海茶院，不久还县之西乡牌头。至抗日战争胜利回迁丹城。是年，改第六行政督察区为第一行政督察区。次年，复改为第六区</td></tr>
<tr><td>33年（1944）</td><td>省第六行政督察区</td><td>象山县</td><td>第六行政督察区辖7县</td></tr>
<tr><td>37年（1948）</td><td>省第二行政督察区</td><td>象山县</td><td>4月，第六行政督察区改称第二行政督察区，辖12县</td></tr>
<tr><td>38年（1949）</td><td>省第二专员公署</td><td>象山县</td><td>5月25日宁波解放。6月5日，省第二专员公署成立，辖鄞、慈、镇、奉、象、余姚、定海6县。象山于7月8日解放。省第二专员公署与宁波市并设</td></tr>
</table>

续表1-1

朝代	纪　年	建　制		备　　注
		郡、州、路、府、区	县（聚居地）	
中华人民共和国成立后	1949 年	宁波专员公署	象山县	10 月，省第二专员公署改称宁波专员公署，辖县未变
	1952 年	宁波专区	象山县	3 月，三门县之南田划属象山县
	1954 年	舟山专区	象山县	4 月，象山属于舟山专区
	1958 年	台州专区	象山县	11 月，撤宁海县建制，并入象山县，迁治沥洋，后复迁宁海城关镇。象山县改属台州专区
	1959 年	宁波专区	象山县	1 月，由台州专区划归宁波专区
	1961 年	宁波专区	象山县	10 月，复置宁海县，象山还治原境，治所回迁丹城
	1983 年	宁波市	象山县	7 月，宁波地、市合并，实行市管县体制，象山为宁波市属县

第二章　境　　域

象山县由象山半岛东部及所辖的沿海诸岛组成。半岛北、东、南三面临海，西面以高达五百至八百米之盖苍山脊与宁海县分界。这样的山海形势，随着社会经济发展，人口增加，就有独立建县的可能和必要。也决定一旦立县，其境域难有大变。象山立县后，历代文献均载有象山县境域的资料。唐代比较粗略，宋代始具体。从宋代至民国，境域未有大变。1952 年 7 月，三门县南田区划入象山，境域发生较大变化。1958 年 11 月，宁海县并入象山，境域大增。1961 年 8 月，宁海县复置，象山还治原境。此后，象山境域未再变化。

第一节　历代县境

唐《元和郡县志》载，象山县："东至大海二十里，南至大海三十五里，东北至大海四十里，正北至大海一十五里。唯西南有陆路接台州宁海。"是对象山陆海形势及对外交通状况的描述，可为了解象山境域之参考。

宋代县境，据宋宝庆《四明志》记载：东西 200 里，南北 205 里。县治西北距府城（今宁波）驿 371 里。东至鄞县界 80 里，以东殊山为界；西至台州宁海县界 100 里，以磕苍山脊为界；南至台州宁海县界 190 里，以秋芦门海港为界；北至鄞县界 15 里，以屿山为界。东南到海 60 里；西南到台州宁海县界 115 里，以渔溪海港、盖苍山脊为界；东北到鄞县界 40 里，以鄞港（今象山港）及中流翁山为界；西北到奉化县界245里，以鄞港中白石山为界。据1995年版《宁波市志》记载：宋熙宁六年（1073）以故翁山（今舟山）地并析鄞县、定海（今镇海）、象山滨海七乡地立昌国县。然象山何地析昌国县不详。

宋代后，历元、明、清三朝，县境基本未变。

民国元年（1912）南田置县。象山、南田两县以石浦港东首，经中界山中部，至大塘港南段一线为界。是年6月，划象山县蓂南乡、昌石镇归南田县。翌年5月，蓂南乡、昌石镇重归象山。

第二节　中华人民共和国成立后县境

1952年，南田由三门县归入象山，境域发生较大变化。1958年11月，撤宁海县建制，并入象山，县界西延至原宁海县与奉化、新昌、天台、三门等县接壤处。县域面积增至3086.86平方千米。1961年10月，复置宁海县，原宁海县属柴溪、蒋家岙、万金山三村划归象山，隔洋塘仍归宁海①，县界西至井栏凉亭（亭今不存）。

此时县境，北以象山港中心线与奉化市、鄞州区、舟山市（普陀区）为界；西以井栏凉亭向南经大斗山、大岭头、分水岗、香山岗、小洋尖、东搬山、牛料岗、尖岭头、上了山、大旗山、廿四炮、西溪岭、大尖山、马岙岭、白岩山，入白礁水道出三门湾一线与宁海县为界；南濒猫头洋与三门、临海两县（市）分界；东至东海中国领海线。

2008年，象山完成与邻县（市、区）的勘界工作（勘界过程详见本志“海洋环境”篇），县域境界精确划定。

位置

象山县位于浙江省中部沿海、长三角经济区南翼，为宁波市东南属县。居象山港与三门湾之间，县境处北纬28°45′22″~29°43′11″，东经121°34′05″~122°51′48″之间。县人民政府驻丹东街道后堂街21号，北偏西距宁波市人民政府驻地55千米，西北距省城杭州186千米。

面积

东西宽127.75千米，南北长108.50千米，陆地、海域总面积8000平方千米。其中，海域6618平方千米，为宁波市第一海域大县。陆域由象山半岛东部与沿海岛礁组成，面积1382平方千米。陆域中，半岛部分宽（西起象宁交界之零号界桩，东至爵溪街道下沙）37.5千米，长（北起贤庠镇大石门，南至石浦镇蒲湾②）53.5千米。沿海岛礁656个。

---

①隔洋塘在强盗湾（长大湾）之南半部。强盗湾以大塘港与象山半岛和大泥塘相隔，为一岛屿。民国县志《舆图·第十四昌石镇》上标注：“山属象山，周围塘田属宁海”。民国县志卷二《图说下·水道》于所引乾隆志《塘田考》下有陈汉章按语，内容与上图注略同，曰：“大泥塘之北里许有长大湾，俗传嘉庆初为盗蔡牵所窜，故又名强盗湾。其地旧本有山无田，山粮税属象山，后则山外海涂高涨，四围为宁海县民圈筑者，赴宁海升科，其间有为象山民圈筑者，亦复赴宁海升科。宁海遂收四围涂田之粮，而田中之山仍隶象山。一海湾而分属两县，经界既征佤离，土匪又苦窃发，有地方之责者，亟宜厘而正之也。”今两县划定其北部狮子山橘场属象山，南部隔洋塘属宁海。

②1974年8月，大塘港堵港蓄淡工程竣工，石浦港之普陀门被堵，坦塘岛与象山半岛南端相连。因有以为象山陆域最南点当在今石浦泥礁（自然村）之三门口大桥北端。

四至

县境西起象山县西周镇万金山村与宁海县大佳何镇井栏村交界处；东至中国领海界线；北始象山港独落屿南侧；南抵渔山列岛以南海域中国领海界限点。最西，与宁海县接壤之零号界点：北纬 29°28′18″，东经 121°34′05″；最东，与舟山市普陀区海域交界之宁舟线 14 号界点：北纬 29°32′24″，东经 122°51′48″；最北，象山港口独落屿南侧，与北仑区、舟山市交界之象北线 2 号界点：北纬 29°43′11″，东经 121°55′49″；最南，渔山列岛以南海域，与台州临海市交界之宁台市际线 19 号界点：北纬 28°45′22″，东经 122°26′47″。

第三节　县　　界

历史上的县界，文献所载，见于宋代，四至八到，以自然地理实体为标识。以后历代，虽有异同之说，但不离其宗。20 世纪 80 年代，县境四至以自然地理实体为标识之外，并以经纬度标识。县界，以自然地理实体为标识，连点成线。90 年代以后，陆域县界设界桩，以坐标、实地位置描述。海域县界设界点，以坐标、经纬度描述。

照 1-1　1997 年国务院立于西周镇官山村与宁海县大佳河镇交界处界桩

陆域界线

为象山与宁海两县之陆上界线。1998 年 10 月，象山县完成与宁海县陆界的勘定。象宁两县界线上共设定 7 个界桩（其中 2 个未立桩）。两县界线走向总体向南偏东南，0 号桩至 1 号桩，界线长 180 米；1 号桩至 2 号桩，界线长 10. 41 千米；2 号桩至 3 号桩，界线长 7. 32 千米；3 号桩至 4 号桩，界线长 13. 67 千米；4 号桩至 5 号桩，界线长 5. 06 千米；5 号桩至 6 号桩，界线长 23. 52 千米。象宁陆域界线从西北起点到东南终点，总长 60. 16 千米。

象山县与宁海县陆上界线界桩情况表

表 1-2

界桩号	点位编号	界桩形质	实地位置
0 号	022526000	实地未埋设	在象山县西周镇万金山村与宁海县大佳何镇井栏村交界的象西公路涵洞（出海口）西北侧突兀岩石上
1 号	022526001	单立双面型花岗岩	在象山县西周镇万金山村与宁海县大佳何镇井栏村交界处沟边
2 号	022526002	同上	在象山县西周镇关山村与宁海大佳何镇里袁村交界之道路东南边
3 号	022526003	同上	在象山县西周镇尖岭头村与宁海县胡陈乡岙里王村交界处小路边

续表1-2

界桩号	点位编号	界桩形质	实地位置
4号	022526004	同上	在象山泗洲头镇岭脚村与宁海胡陈乡翰嘉岙村交界处，西溪岭头盛宁公路北边山冈上
5号	022526005	同上	在象山县泗洲头镇上马岙村与宁海县胡陈乡里外庄村交界处马岙岭鞍部上
6号	022526006	实地未埋设	在象山县定塘镇蒲白墩村与宁海县长街镇隔洋塘村交界处原大塘港大坝上

海域界线

2006年2月，象山海域勘界工作基本完成。象山海域行政区域界线可分北线（含象山港）、西南线（含白礁水道）、东线领海外部界线三部分，总长347.12千米。其中，涉及宁海25.97千米（北线8.80千米、西南线17.17千米），奉化市20.9千米，鄞州区15.83千米，北仑区3.04千米，宁波、舟山市际线象山段98.19千米，宁波、台州市际线象山段87.25千米，东部领海外部界限线95.94千米。

象山县海域界线界点情况表

表1-3

北线（长146.76千米）		
界　点　号	经 纬 度	备　　注
象山、宁海线1号界点（编号330225—0226—01）	29°28′18″N 121°34′05″E	此点即象山与宁海陆上界线起点0号界点
象宁线2号界点	29°28′N 121°34′E	—
象宁线3号界点	29°29′N 121°34′E	—
象宁线4号界点	29°29′N 121°34′E	—
象宁线5号界点	29°29′N 121°35′E	—
象宁线6号界点	29°30′N 121°36′E	—
象宁线7号界点	29°30′N 121°37′E	—
象宁线8号界点	29°31′N 121°36′E	此点为象、宁、奉三县（市）交界点，象宁线自1号界点至8号界点界线长8.80千米

续表1-3

北线（长 146.76 千米）		
界 点 号	经 纬 度	备 注
象山、奉化线 1 号界点	29°31′N 121°36′E	此点即为象宁线 8 号界点
象奉线 2 号界点	29°31′N 121°37′E	—
象奉线 3 号界点	29°31′N 121°40′E	—
象奉线 4 号界点	29°32′N 121°42′E	—
象奉线 5 号界点	29°34′N 121°44′E	—
象奉线 6 号界点	29°37′N 121°46′E	此点为象、奉、鄞三县（市、区）交界点，象奉线自 1 号界点至 6 号界点界线长 20.9 千米
象山、鄞州线 1 号界点	29°37′N 121°46′E	此界点即为象奉线 6 号界点
象鄞线 2 号界点	29°42′N 121°54′E	此点为象山、鄞州、北仑三县（区）交界点，象鄞线长 15.83 千米
象山、北仑线 1 号界点	29°42′N 121°54′E	此点即为象鄞线 2 号界点
象北线 2 号界点	29°43′11″N 121°55′49″E	此点为象山、北仑、舟山三县（区、市）交界点，象北线长 3.04 千米
宁波、舟山市际线（象山段）11 号界点	29°43′11″N 121°55′49″E	此点即象北线 2 号界点，按宁波与舟山两市之界线界点编号为 11 号界点
宁舟线 12 号界点	29°32′N 122°09′E	—
宁舟线 13 号界点	29°32′N 122°36′E	—
宁舟线 14 号界点	29°32′24″N 122°51′48″E	宁舟市际线象山段全长 98.19 千米
西南线（长 104.42 千米）		
界 点 号	经 纬 度	备 注
象山、宁海线 1 号界点	29°15′N 121°47′E	此点为象宁线起点，在大塘港新大坝上，距象宁陆界线 6 号界桩之点位尚有数百米，未经划定

续表1-3

西南线（长 104.42 千米）		
界　点　号	经 纬 度	备　　注
象宁线 2 号界点	29°14′N 121°47′E	—
象宁线 3 号界点	29°07′N 121°45′E	此点在高塘岛西侧突出山嘴西 2.9 千米处
象宁线 4 号界点	29°06′N 121°44′E	此点在满山岛北侧山嘴 700 米处，即为象山、宁海、三门三县交界点。象山西南海域界线象宁段 1 至 4 号界点间长 17.17 千米
宁波、台州市际线象山段起点 （象宁线 4 号界点）	29°06′N 121°44′E	此点为宁波、台州两市际线象山段之起点，应在宁波、台州市际线 14 号界点与 15 号界点的联线上
宁波、台州市际线 15 号界点	29°05′N 121°44′E	此点在满山岛东北侧
宁台线 16 号界点	28°59′N 121°46′E	此点在三门县小夫娘岛东北侧
宁台线 17 号界点	28°49′N 121°00′E	—
宁台线 18 号界点	28°45′22″N 122°10′37″E	—
宁台线 19 号界点	28°45′22″N 122°26′47″E	宁波、台州两市海域行政区域界线象山段全长 87.25 千米
东线（长 95.94 千米）		
界　点　号	经 纬 度	备　　注
宁波、舟山两市际线终点 14 号界点	29°32′N 122°51′E	自宁舟市际线 14 号界点至宁台市际线 19 号界点为象山境域东线，此段全长 95.94 千米
宁波、台州两市际线终点 19 号界点	28°45′22″N 122°26′47′E	

第三章　县城　县中心城区

象山自立县至今，县治除抗日战争时期暂迁宁海茶院和本县西乡关山，1958年10月至1961年9月间，两县合并后设治宁海沥洋及宁海城关镇外，1300年间均设治于丹城。2001年6月，撤销丹城、爵溪两镇，分设丹东、丹西、爵溪三街道，成县中心城区。县人民政府驻地属丹东街道。

第一节　县　　垣

唐大中二年（848），《蓬莱观碑》记："神龙之初县肇名创城①"，然迄今未发现唐代县城遗迹。

宋治平年间（1064—1067），邑令林旦，筑土城，环以河，周围百五步（宝庆志作一百五丈，疑百之前脱落千字）。穿二门，东曰"登瀛"，西曰"登台"②。岁久夷为平地③。

明嘉靖三十一年（1552），倭自赤坎登陆，几侵县治，邑令毛德京督民筑城；始为木城，继加以土。后又为粗石之城。嘉靖三十三年（1554）春夏之交，因雨淋十圮八九。毛德京力请参议许东望等人，又得朝廷准支国帑12400余缗，不足之额自筹于民，亦称此数。重筑条石城，不三年而告成。城周长1089丈（合3485米）④，高1.8丈（5.76米），址广2丈（6.4米），面广1.5丈（4.8米）。内侧乱块石、外侧条石、中实夹砾泥肚砌筑。辟四门，东宾阳、西迎恩、北拱极、南来薰，皆条石券顶。各有门楼三间，明间置匾联。其北城上有台，曰北山台，令毛德京书额"海天一览"，邑人兵部郎中应云鸑题书楹联："扶桑日出千门晓，细柳烟消万灶春。"别于县署后城墙辟一券顶暗拱门，以备急用。南北两门设吊桥，东西门外修石梁桥。水门三座，南水门在南门之东，西水门在南门之西，北水门在北门之西，东门开气喉一孔。城上置敌楼与警铺各二十四，

---

①民国《象山县志》据宋宝庆《四明志》有"（象山）城隍庙在县西南二百步。唐神龙二年建"、《资治通鉴》唐咸通元年（860）有："（裘甫）分兵围象山"两条记载，以为无城则无城隍庙，无城何以言围。加上蓬莱观碑之记，故此认为象山立县即建城。

②西门初作"梯云"，后以直对东门，以为不利形势，因南移，并改名"登台"。见《蓬山清话》卷一。又见1950年故宫博物院图书馆影印之宋刊印宝庆《四明志》图。嘉靖县志《城池》云："宋治平间，令林旦板筑象城，开四门：东登瀛，西登台，北登明，南登云"。城有四门较合常理。

③民国县志按引钱庆延《卜居记》：绍兴庚午（1150）春，由袁村买舟至陈山，进抵邑长（县令）治所，无垣墉，有关，榜曰"登瀛"。长舍适当象鼻之前，重重乔木，皆数百年物。可见林旦之城未百年即毁夷。

④1089丈之数，据明嘉靖《象山县志》。嘉靖《宁波府志》错作1809丈。自此历代诸志皆错。至2004年民国县志点校本出，始校正此错误。《象山县建设志》（方志出版社2004年12月）按时丈等于3.2米计算得城周长合3485米，与省测绘局万分之一地图，基本一致，可证错在府志。另外嘉靖《象山县志·艺文纪》尚有参与筹划建城等事务的周希程所作《城象记》和应云鸑作《象山县修学建城记》两文。周文称"城周环五里"；应文称"延袤为丈一千一百有奇。"应的数据与县志相合；周的数据小于县志数据，亦误。

雉堞一千二百三十一个。城内环以司马道，宽二丈（6.4 米）；外为堑壕，自西水门向南至东门为壕河，自东门向北至西水门作堑壕。城西北象山上垒炮台，与爵溪所赵岙、半路等堠相呼应。城之平面形如魁陆，故又称蚶城。

筑城以来，历岁月，经战火，前后修缮十次，其中大修两次。清乾隆二十一年（1756），邑令曹鋆请帑大修，费一万七千余缗。道光二十年（1840），邑人欧孔章独资修城，费亦一万七千余缗。民国 35 年（1946），首拆东门城楼。1952 年，始拆城墙之石，用于修造东谷湖水库、公路、百货公司、看守所、剧院等。后城区渐扩，20 世纪 60 年代初，城墙被拆殆尽，堑濠填平，遗迹荡然无存。

县城建设有关资料详见本志“城乡建设”篇。

爵溪所城考　爵溪所城在爵溪街道。明洪武二年（1369），置爵溪巡检司。三十一年，司迁县西姜屿渡（今西周镇西前村即旧称司前村北），于爵溪设千户所。千户王恭筑城，“东南负海，西北依山……高二丈八尺（8.96 米），址广三丈（9.6 米），延袤三里（今测得 2000 米）。辟东、南、西三门，楼如之。设吊桥于南门，外罗月城。城上雉堞八百有三、警铺二十三、敌台十一。外为濠三百五十丈（1120 米）。”建城时原有北门，因故封堵，1983 年，围垦北塘时辨原迹复开。“南门月城下有气喉”，北门外置教场。

明永乐十五年（1417），千户翟通增修。嘉靖三十一年（1552），指挥刘恩至再修。清顺治十八年（1661），内徙沿海居民，卫所皆空，惟爵溪扼县东咽喉而免徙。乾隆二十一年（1756），领帮整修。光绪二十三年（1897），营官吴中选重修。二十五年，象协文占魁再修。1956 年 8 月 1 日台灾，南庄平原沦为泽国，爵溪藉城为防，因城门草物堵塞海潮未殃及城内，仅坏东城 130 余米。翌年，镇政府筹资拆西城修补之。今东城约 400 米尚完好，东门依然，城顶辟为车道，西北依山段城墙尚存，尤以北城约 600 米较完整；西城与南城以扩展城区大部被拆，仅南城东段近 100 米基本完整，但城顶建房；南城西段局部遗有残迹（菜市东首）。现存城墙与周家山烽火台均于 1986 年列为县级文物保护单位。

第二节　县　　署

唐神龙二年（706），象山立县，治于象山东麓彭姥村，具体规制已不可考。其县署，明嘉靖县志载：“县署在象山南麓，建自神龙二年”具体规制亦不可考。

宋代县署，宋宝庆《四明志》载：县署有楼门，东为宣诏亭，西为颁（班）春亭。入门为厅、堂、厅轩、西厅（名三瑞堂）、东厅。县治之东为主簿厅，西为县仓及平籴仓。

明代，嘉靖县志载：“象山南麓七十步为县治，筑基为龟形，取象逢龟则止之意。”县署布局：中为琴堂，东为幕厅，西为济留仓。稍内，左为耳房库，右为册库，后为川堂，又内为再思堂。堂左为仪仗库，右为总局。公堂下为露台、甬道，道上立戒石亭，刻宋黄庭坚所书御制铭。六曹吏房旁列东西，有架阁库与禁狱。前为仪门三间。仪门外西为土祠，前为崇台，虚厥中（空崇台之中）为大门，台设谯楼。治前稍下为政平坊，坊之左右有榜房七间。仪门外东偏有申明亭、旌善台。知县宅在再思堂后。东为丞宅、西为簿宅、东南为尉宅，其规制略同知县宅。

清代，县城已称“丹城”，或与传说南朝梁陶弘景曾在炼丹山炼丹有关。县署位置未移，中为厅事五间，是为大堂。后为川堂。川堂后为宅。大堂前为重轩，左为幕厅（同治间移于右），右为黄册库。东西列曹吏胥所居各十间。再前为箴石亭，书“公生明”三字。又前为仪门，左为寅宾馆、土地祠，前为谯楼，楼下为大门。楼外左有申明亭，右有旌善亭。楼东北为常平仓，西北为狱堂，左为简房，右为库房，各一宅门。内为内堂及内宅。

民国时期，县署无大变化，唯改县大堂为中山纪念堂（大礼堂）。东边建中山公园。

中华人民共和国成立后，县署成为中共象山县委、县人民政府等党政机关办公场所，称县政府大院、大院子等。1949 年 7 月 8 日，丹城解放，改称大礼堂为大会堂。1955 年，在大会堂西空地建一廊一梯对开两层各 18 间砖木结构办公大楼。内置县委办公室 4 间、小会议室 2 通间、机要室 2 间、县委正副书记办公室及接待室 4 间、县委组织、宣传、农工、城工（后称财贸）四部办公室 8 间及各部委共用 2 通间会议室 2 个。1956 年“八一台风”，院内老房大多倒坍。1957 年重建时，以 1955 年所建县委办公大楼为中轴，前后各建 1 幢大楼。前幢单梯两层 1 排各 9 间，为县政府办公大楼。后幢单梯两层上下各 7 间为组织部、人事科办公楼。中山公园后面以贺刚峰烈士纪念塔为界，拆马厩及民众教育馆，建革命烈士纪念馆。县府大门向前延伸 20 米，东面随围墙拓宽 20 米。1958 年 10 月，宁象两县合并，县政府迁沥洋，原县府大院由 6417 部队进驻。其间，部队在原组织部办公楼前建 5 间平房，作司令部参谋办公室。大会堂前后各建 1 排 9 间平屋，县政府办公楼前也建 1 排 11 间平屋，作政治部、后勤部用房。1961 年 9 月，宁象两县分治，象山县政府回迁原址。时正值三年困难时期，加以 6417 部队尚未迁出，县政府在大门西边紧靠前面、西面围墙建 24 间茅草房，供农工、交通、财贸、手工业系统所属 10 余单位办公用（两年后，部队迁出大院，上述单位才迁入原县委办公大楼）。县政府办公室、计委仍返政府办公大楼。县委办公大楼仍作县委书记处、书记、县委办公室、农业办公室用房。民政、财政等科局暂迁部队平房。仪门两边各 3 间为信访办、接待科。1969 年，改城门式大门为一字大门。后在其内东侧建公安大楼二层，公安局迁出后，改为民政、劳动两局办公楼（20 世纪 80 年代初，加建一层，共三层，建筑面积 790 平方米，现为民政、统计两局办公楼）。1970 年，在原县委书记、县长住房处，建一幢一梯二层各 7 间的县委办公楼。又在县政府大楼前东南建常委

照 1-2　淳熙井，1984 年列入县级文物保护单位。

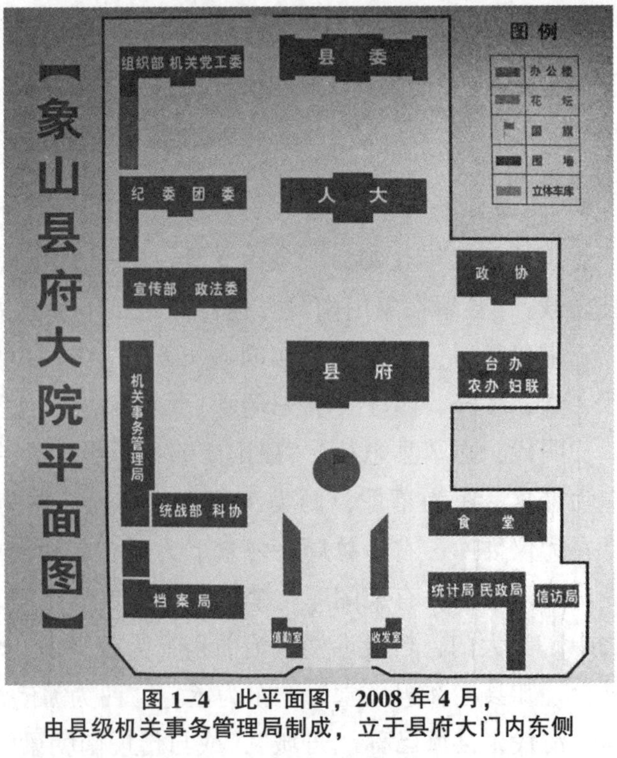

图 1-4　此平面图，2008 年 4 月，
由县级机关事务管理局制成，立于县府大门内东侧

楼，供县委常委居住。1972 年，拆原县大堂（大会堂），建县委办公楼，三层 677 平方米。1980 年，拆原县政府办公楼重建，四层半 2026 平方米。1983 年，拆 2 栋平屋，建县人大办公楼，四层，1015 平方米。1985 年，在大门西侧拆平房建档案馆大楼，面积 1175 平方米。1984 年，在县政府办公楼东侧，建县财政大楼，四层。后财政局迁出，县政协从人大办公楼迁入。2008 年，拆农业局办公楼，建综合楼，为县委宣传部、政法委办公楼。县政府大院占地 19344.25 平方米，建筑面积 10980 平方米。内仍保留古樟 4 棵、宋淳熙三年（1176）建古井 1 口。

2008 年象山县部分党政机关、团体驻地情况表

表 1-4

单　　位	驻　　地
一、县级党政机关	
中国共产党象山县委员会	后堂街 21 号　县府大院内
象山县人民政府	后堂街 21 号　县府大院内
象山县人民代表大会常务委员会	后堂街 21 号　县府大院内
中国人民政治协商会议象山县委员会	后堂街 21 号　县府大院内
象山县纪律检查委员会	后堂街 21 号　县府大院内
象山县人民法院	象山港路 525 号
象山县人民检察院	象山港路 535 号
象山县人民武装部	塔山路 107 号
二、局级部门	
县委老干部局	金辉路 7 号
信访局	后堂街 23 号
台湾事务办公室	后堂街 21 号
民族宗教事务局	后堂街 21 号
档案局	后堂街 21 号　县府大院内
发展和改革局	建设路 148 号
统计局	后堂街 21 号　县府大院内
经济发展局	天安路 96 号　绿叶大厦内
贸易与粮食局	宾阳路 35 号
教育局	靖南大街 304 号
科技局	象山港路 536 号　广电大厦内
公安局	靖南大街 409 号
监察局	后堂街 21 号　县府大院内
民政局	后堂街 21 号　县府大院内
司法局	新华路 50 号
财政局（地方税务局）	丹峰西路 163 号

续表1-4

单　　位	驻　　地
人事局	丹河路东段
劳动和社会保障局	起春路 21 号
建设局	塔山路 41 号
建筑业管理局	丹峰东路 443 号
环境保护局	新华路 191 号
交通局	新华路 52 号
国土资源局	宾阳路 20 号
对外经济合作局	天安路 96 号　绿叶大厦内
农林局	象山港路 442 号
水利局	象山港路 429 号
文化广电新闻出版局（体育局）	顺达路 117 号
卫生局	塔山路 39 号
人口和计划生育局	新华路 228 号
审计局	象山港路 536 号广电大厦内
海洋与渔业局	丹河路东段
韭山列岛省级生态自然保护区管理局	石浦振瀛路 47 号
港航管理局	石浦金山路 402 号
海事处	石浦海宁路
象山海关	象山港路 515 号
出入境检验检疫局	兴盛路 228 号
规划局	城站路 9 号
安全生产监督管理局	白象路 40 号
风景旅游管理局	丹南路东　教育园区内
农机局	新丰路 368 号
城市管理局	塔山路 105 号
供销合作联合社	南街 19 号
盐业管理局	建设路 48 号
邮政局	来薰路 2 号
电信局	靖南大街 262 号
供电局	新丰路 286 号
国家税务局	塔山路 199 号
中国人民银行象山县支行	靖南大街 259 号

续表1-4

单　　　位	驻　　　地
宁波市工商行政管理局象山分局	天安路 33 号
质量技术监督局	东谷路 117 号
烟草专卖局	蓬莱路 468 号
气象局	东谷路 69 号
药品食品监督管理局	靖南大街 283 弄
宁波市国家安全局象山工作站	白象路 34 弄
地方志编纂委员会办公室	后堂街 21 号　县府大院内
三、县级群团	
总工会	广场路 19 号
共青团象山县委	后堂街 21 号　县府大院内
妇女联合会	后堂街 21 号　县府大院内
工商业联合会	靖南大街 318 号　县工商银行大厦内
残疾人联合会	东塘山路 85 号
慈善总会	上进路 21 号
科学技术协会	象山港路 536 号广电大厦内
文学艺术界联合会	靖南路 462 号

第三节　郊区　城区　县中心城区

象山古代有城垣，但无城区概念，而城外近郊一带，却有“负郭”（附郭）、“厢”等称呼。清宣统二年（1910），象山始划定“城区”。2001 年，出现“象山县中心城区”，亦称“丹城中心城区”。

城　城厢（负郭各村）

据宝庆志知，宋时象山有三乡三里三十二保，其政实乡负郭。政实乡有一里十二保，根据其距县治道里可知，乌石保（县西北二十里）、白石保（县南五里）、弦歌保（县西五里）、保德保（县东北十里）、考坑保（县东北五里）、延德保（一作延寿保，县北五里）、陈山保（县北十五里）、下史保（县南五里）、黄溪保（县西北十里）等九保均负郭，加上城内美政里可视作城区。

元延祐间，以保为都，有都二十四，每都辖保十，凡 240 保，仍为三乡。然志书未载元都、保之名。明嘉靖县志载：“三乡分为三区，辖都二十四、图四十五，今改为三十二。”政实乡一里四村：美政里在城，白石村、乌石村、弦歌村、宝德村附郭。十四都图三，其二附郭；十六都俱附郭；十七都半附郭东，以上均可视作城区。

据乾隆、道光、同治三志载，清象山三乡，其政实乡负郭，辖隅六、都五，六隅可视作城区。具体情况如次：一隅在城东北；二隅在城西；三隅在城西南；四隅辖城外西南五村（王家塔、潘家桥、祝家坎、路下林、白石)，又城外东南村五（上吴、庙前杨、南庄、西林吴、西林蒋)；五隅在县城南，又辖城外南村六（龚家河、隔河俞、大碶头、后洋吴、百丈岸、半河)；六隅辖城外东七村（三叉路、郑家岙、沙溪、塔山下、姚家山、上梅溪、下梅溪)。

城区　丹城镇

清宣统元年（1909）奉旨颁行自治法。二年，象山县立自治筹备处，知事邓嘉禾划定区域，乃分县为12区。出现“城区”之称。

时城区，东界公屿岭；南界白马庙前河；西界彭姥岭；北界后岭；东北界四板桥；东南界鼓吹山；西南界仓岙岭；西北界蓬莱山。在城5境：东境、南境、西境、北境、庄穆境。近城辖21村：郑家岙、沙溪、塔山下、姚家山、上梅溪、下梅溪、龚家河、上半河、下半河、祝家坎、黄家塔、潘家桥、路下林、三叉路、泰（太）山、凤山头、唐家园（田)、彭娘岙、珓杯垳、大岙、吊水岩①。

民国18年（1929)，改城内5境为5里。7月，全县12区并为5区。其原城区、靖南、宝海3区合并为第一区，因而不再有“城区”一说。民国19年，改城内5里为东昇、南陔、西华、北辰、中庄5镇。民国23年，合5镇为丹城镇。此时，丹城镇范围应在明毛德京所筑城墙内。民国30年，丹城镇属象东区。民国32年，属上南区。

1949年7月，象山解放，丹城镇属墙头区。1950年改属西沪区。1953年，丹城镇升为县属镇。1958年9月，改丹城镇称丹城大队（属象山人民公社)。1959年8月，恢复丹城县属镇建制。1961年10月，撤销象山公社，成立丹城镇（公社）管理委员会。1968年11月，丹城镇革命委员会成立，到1980年12月，撤销革命委员会，成立镇人民政府。1992年，撤南庄区，南庄、林海2乡并入丹城镇。

县中心城区

2001年6月，撤销丹城、爵溪两镇，分设丹东、丹西、爵溪3街道，是为今所称之象山县中心城区。

县中心城区位于县境中北部，北接大徐镇，东临大目洋，南毗东陈乡，西邻墙头镇、茅洋乡。总面积114.37平方千米，其中岛礁116个（面积11.6平方千米)。县人民政府驻丹东街道后堂街21号，西北距省城杭州186千米，北偏西距宁波市区53千米。

中心城区分设3个街道。2008年，共辖17个社区、61个行政村，有常住人口43141户、115544人，暂住人口约7万人。

丹东街道以原丹城镇天安路之东为辖区，办事处驻建设路309号，下辖37个行政村、12个居民区。2008年，调整为26个行政村、8个社区。

丹西街道以原丹城镇天安路之西为辖区，办事处驻南街25号，下辖41个行政村、9个居民区。2008年调整为29个行政村、6个社区。

爵溪街道以原爵溪镇行政区为辖区，办事处驻十字西街96号，下辖10个行政村，4个居民区。2008年调整为6个行政村、3个社区。

中心城区建设相关内容详见本志“城乡建设”篇。

---

①民国《象山县志》2004年点校本以为泰（太）山后7村应属西一乡，城区只剩14村。

第四章　行政区划

秦统一六国，天下为郡县。县以下始设置乡、亭、里三级行政区划。亭延续至汉末，后不再设置，而乡、里一直延续至清。清末，象山设置与乡平级的行政区划“镇”。

进入21世纪，尚置由县政府派出的与镇乡平级的“街道”。

象山在唐立县时为中县，设五乡。五代沿之未改。入宋降为下县，设三乡。元时复升为中县。明仍之。清中叶前，象山人口不过几万人，故设乡始终为三。清中叶后，象山人口大增，同治年间已达21万多人。与之相适应，清末乡级行政区划大增。为了便于管理，开始在县、乡之间设“区”，此设置一直延续到中华人民共和国成立以后。1992年，撤区、扩镇、并乡，使镇乡级行政区划减少到不足20个，这与人口增速放缓、经济高速发展、城市化推进、特别是和县内交通、通信手段的迅猛发展有关。2001年，为使管理体制、管理职能适应城市化的推进，撤销丹城、爵溪两镇，设立丹东、丹西、爵溪三街道。2008年，全县辖3街道、10镇、5乡。

第一节　唐至清代区划

唐　五代

按唐制二千户以上为中县，一千户以上为中下县，不满千户为下县。其时，象山为中县，户数当在二千户以上。设五乡，然其名现仅存应真、宝德二乡。乡之下有村、里，其名亦仅存县治彭姥村、三山里二个。五代时象山仍为中县，设五乡，如唐。

宋

宋初，象山以地不相属，降为下县，多以主簿为治，间有令兼簿尉。宋庆历以后，以令为治。所辖5乡更经并析，景德至元丰间（1004—1085），定为3乡①。宝庆间，设3乡、3里、32保②。

---

①乾道《四明图经》、宝庆《四明志》并云：“象山唐五乡，历五代不改。宋景德三年（1006）析[并]为三乡。”嘉靖《象山县志》则云：“太平兴国间并为三乡三里。”《太平寰宇记》又云：“象山县原二十一乡，今十四乡”，《元丰九域志》注云：“三乡”。众说纷纭。民国志因而推定：“宋初当更有析并，景德至元丰定为三乡。”

②民国《象山县志》有“……后罢为都保法，十大保为一都保，二百五十家，有保正、保长。是一大保只二十五家。象山之三十二保，皆大保也”之句。大误。象山之三十二保，皆都保也！宝庆《四明志》在列出象山当时三乡三里三十二保之名的同时有一个全县户口统计：“主户9756，口28928；客户3624，口14892。”主、客户相加计13380户，则三十二保平均每保近400户，皆为都保。

宋宝庆《四明志》所列象山县乡、里、保情况表

表 1-5

政实乡、美政里所领12保	归仁乡、崇仁里所领10保	游仙乡、和顺里所领10保
乌石保（县西北二十里）	九顷保（县南十五里）	竺山保（县东北二十五里。嘉靖县志作竹山保）
白石保（县南五里）	马江保（县南二十里。嘉靖县志作马岗保）	柘溪保（县东七里。嘉靖县志作梅溪保）
弦歌保（县西十里）	东溪保（县西南四十五里）	钱仓保（县东三十五里）
保德保（县东北十里。嘉靖县志作宝德保）	青部保（县西南八十里）	夹屿保（县东北十五里。嘉靖县志作鸭屿保）
考坑保（县东北五里）	后门保（县南一百里）	东村保（县东北三十五里）
延德保（县北五里。嘉靖县志作延寿保）	周岙保（县南七十里）	朱溪保（县东北四十里）
陈山保（县北十五里）	管溪保（县西南二十五里）	涂雌保（县东北三十里。嘉靖县志作涂茨保）
下史保（县南五里）	西溪保（县西南四十五里）	雀溪保（县东十五里。嘉靖县志作爵溪保）
黄溪保（县西北十里）	马岙保（县西南七十里）	赤坎保（县东南二十里）
西沙保（县西二十里）	松岙保（县南三十里。嘉靖县志作东岙保）	大徐保（县东北十五里）
溪港保（县西三十里）	—	—
姜屿保（县西五十里）	—	—

说明：此表系民国县志据宋宝庆《四明志》制

元

元至元十二年（1275），象山又为中县。元延祐间设3乡，3乡辖24都，每都辖10保，全县计240保①。

元延祐间象山县乡、都情况表

表 1-6

乡　名	都　　名
归仁乡	一都、二都、三都、四都、五都、六都、七都、八都、九都
政实乡	十都、十一都、十二都、十三都、十四都、十五都、十六都、十七都
游仙乡	十八都、十九都、二十都、二十一都、二十二都、二十三都、二十四都

---

①此据元延祐《四明志·城邑考上·乡都》所载。明嘉靖《象山县志》在分列宋象山三乡三十二保名后，有“元延祐间，以保为都二十有四。每都管保一十，共二百四十。至正年间因之”一段文字，民国《象山县志》以为嘉靖志“此文殊不明了”。因据《萧山县志》断言：“元乃以乡为都，以里为图，图辖二百四十保。保即村所析，为明制所本矣”。《象山县志（1988）》因进一步结论说：“延祐间，改乡、里为都、图，全县辖24都、240保。”皆误。其实元代象山三乡未变，乡辖都，都辖保。

明

象山为中县，3乡分为3区，辖24都、45图，至嘉靖间改并为32图①。其中政实乡1里、4村为1区，辖8都、21图（以表中数计之，未并时为24图，并后为14图）；归仁乡1里、4村为1区，辖9都、12图；游仙乡1里、4村为1区，辖7都、12图。

明代象山县乡、区、都情况表

表1-7

乡名	所辖区、都	区域范围
政实乡	一区（1里4村）	美政里、白石村、乌石村、弦歌村、宝德村
	十都（县西五十里）	排头、杭头、下沈、官山、直岙、破塘、田岙、赖岙、平潭、横山、芭蕉、郑家山、西周、东郑、沙溪、土桥、粗坑、寒山、沙地、东山
	十一都（县西四十里）	儒雅洋、伊家庼、陈家隘、闻岙、湖边、莲花、杨岙、周俞岙
	十二都（县西三十里）	蜮岙、中沙、下沙、徐家井头、方前、岭下、唐家岭、朱家岙、方家岙、墙头
	十三都（县西十五里）	丁家子寮、汶溪岙、厉家洋、蔡家岙、塔岭、仓岙、大溪、黄溪
	十四都（一图去县西十里，二图附郭）	洋笆、石桥头、桃湾、白墩、山根、黄澜店、道士庄、大岙、麻车岭、刘家岙、附郭市巷
	十五都（县南十里）	白石、大井、坎头、潘家桥、王家塔、郭家坑、孙家岭、西林
	十六都（俱处附郭）	桥头、下史、海塘、汤家后门、半河、附郭市巷
	十七都（半处附郭东，半去县东北五里）	东郭、沙溪、虎桥头、石岭坑、火烧桥、延寿岙、安家溪、附郭市巷
归仁乡	一区（1里4村）	崇仁里、青埠村、东溪村、马岗村、九顷村
	一都（县西南五十里）	白查、山根、井头、板岭、木头岙、杨［洋］坑、东溪
	二都（县西南六十里）	关头、七里、新岙、田洋湖［胡］、周岙、定山、上营
	三都（县西南九十里）	下营、葫芦门、小新城、竹山、胡家屿、厉家坪、青山头、南向、马屿、冷屿［湾］、番头、后岭、黄埠、三家村、女溪、下岙、宋王城
	四都（县南七十里）	鸡鸣、七陵湾、交绾、风门、仁义、黄家礁
	五都（县南三十里）	东陈、张岙、南堡、马岗、沙岗、姥岭下
	六都（县西南二十里）	九顷、胡家碶、洋心、黄土岭、横塘
	七都（县西南三十里）	溪口、白岩、蚱江、蓬莱、塔亭、徐家岙、李家岙、屠家岙
	八都（县西南五十里）	花墙头、泗洲头、住后、灵岩、苏岙、东岙、马岙
	九都（县西南五十里）	西洋、塘岸、张家岙、柳家岙

① 嘉靖县志“建置纪”称：“明兴，以三乡为三区，属都二十四，初为二十九里，今增为三十二里。”

续表1-7

乡 名	所辖区、都	区 域 范 围
游仙乡	一区（1里4村）	和顺里、柘溪村、钱仓村、鸭屿村、竹山村
	十八都（县东十五里）	梅溪、范岙、上村、下村、姚家山头、缸岙、考坑、章家弄、下临溪、鸦鹊岭、汤家店、道士洋、陈山
	十九都（县东南二十里）	河东、河西、刘家岙、李家岙、前岙、赤坎、公屿、林善岙
	二十都（县东北三十五里）	大莱头、范家山、下汤、青岭下、童岭、茅岭、铁场岙、海口、下岸、三角地
	二十一都（县东北四十里）	杉木洋、涂茨、周郎塘、新妇岙、前山、寺前、潘家坎、汤岙、泉水坑、舶舸洋
	二十二都（县东北三十里）	白屿、高泥、鸭屿、大徐
	二十三都（县东北三十里）	大林、王避岙、孟岙、茭湖、龙屿、鲁家岙、湖头、大郁、小郁、三焦、西山下、西潭［泽］、陈岽、盐场、张家岙、马岙、杨家岭、大谢
	二十四都（县东北四十里）	沈家洋、后村、唐岙、碶头、着衣亭、朱溪、溪沿、中庄、下庄、莆门、青莱、木瓜

说明：此表据民国《象山县志》记载整理

清

清袭明制，时有变更。顺治十八年（1661），奉遣沿海居民，仅存十六里。康熙九年（1670），展复东乡：钱仓、朱溪、龙屿；西乡：下沙、下沈、西周；南乡：马岙、关头等处，增开四里。二十三年（1684），展复昌国卫、石浦等处及黄溪、淡港、湖头等海渡，又增二里，凡二十二里①，分为三乡。政实乡辖隅六都五，归仁乡辖都七。游仙乡辖都四。宣统年间，实行地方自治，以乡镇名。分12行政区：城区、昌石镇、西一乡、西二乡、西三乡、西四乡、西五乡、宝海乡、怀珠乡、磐安乡、靖南乡、奠南乡。

清乾隆年间象山县所辖乡及隅、都、村情况表

表1-8

政实乡　辖隅六、都五	
一隅	在城东北
二隅	在城西
三隅	在城西南
四隅 辖县西南村五，又县东南村五	西南：王家塔、潘家桥、祝家坎、路下林、白石。东南：上吴、庙前杨、南庄、西林吴、西林蒋
五隅 在县城南，又辖县南村六	龚家河、隔河俞、大碶头、后洋吴、百丈岸、半河

①下表隅之排序自一至六；都之排序自七至二十二，共计十六都。六隅加十六都（七都至二十二都）合为二十二，即全县里数："凡二十二里"。民国《象山县志》作："右（上）三乡分六隅二十二都"，误。

续表1-8

政实乡　辖隅六、都五	
六隅 辖县东村七	三叉路、郑家岙、沙溪、塔山下、姚家山、上〈梅溪〉、下梅溪
十二都 辖县西北村二十一	半坎於（一作半坑）、山后胡、上岙、下岙、横山、箭岭头、关山、田岙、赖岙、破塘、直岙、东郑、下叶、初坑、新屋、上婆山、外郑、东岙、下沈、航头、排头
十三都 辖县西北村十三	丁家纸寮、墙头、隔溪朱、方家岙、溪里方、岭下屠、岭下陈、唐家岭、方前、中沙、下沙、蚶岙、庙前张
十四都 辖县西北村十一	大溪蒋、渡头袁、塔岭、沈山岙、厉家洋、大岙、山根俞、麻车岭、仓岙、蔡家岙、黄阑店
十九都 辖县西北村廿二［三］	儒雅洋、蔡家田、伊家庼、上张、上陈、陈隘、山顶林、车岭脚、西岙郑、隔溪张、湖边周、陈施岙、闻岙、箬岭、潘埠、杨岙、莲花、陈家场、上谢、土桥、白箬岙、大坑、西周
二十二都 辖县西北村五，又县东北村六	西北：黄溪、石头桥［石桥头］、洋巴、桃湾、白墩。东北：三角埭、鸭屿、黄泥坎、塔头王、白屿、孙家
归仁乡　辖都七，县南	
七　都 辖县南村十二	姆岭下、北山下、仇家山、岳头、王家山、沙岗、东陈、金井头、墙里、外东岙、江坑、马岗
八都 辖县南村十三	洋心、横塘、山头董、胡家碶、河角头、朱水溪、三义［岔］路、九顷、仓头林、笆弄头、冷水潭、下前山、羊蓬岙
九都 辖县南村十二	溪口、楼下陈、大地园、郑家庄、徐家岙、杨家岙、南充、屠家园、山下叶、塔亭、溪下郑、东岙石
十都 辖县南村二十	西山、南堡、浦头何、张岙、松岙、船岙、行者岭脚、断坑、牛寮、乌石峧、茅洋、上缸厂、李家弄、潭头石、下缸厂、白岩下、大坑、文山、花墙、屿后
十一都 辖县〈西〉南二十四［五］村	路西岽、泗洲头、东岙、后山、塘岸、后王、萧胡、张岙、小石坑、岭脚、金家岙、下柳溪、上马石、横烃、洋大张、西洋、井坑、西岙、南岙、上马岙、下马岙、丁岙、苏岙、住前、住后
十七都 辖县南村三十	平石、王家瀵、山根、山头王、海头韩、关头、洋坑、新桥、东史、仁义、高塘、七里、双桥、王积岙、黄公岙、漩潭、上盘、新岙、庙前杨、田洋湖、小太平、东溪、周岙、定山、板岭、上营、下营、井头、洋岙、岙底
二十一都 辖县南村二十五	黄埠、岙底（十七都亦有岙底）、清水潭、铁炉坑、后岭潘、下洋、礁头、抱儿石、月楼岙、燕窝、励家坪、南向、井水、小新城、番头、司前、昌国卫、石浦、女溪、丁家塘、朱家坑、金家山、马盘、鸡鸣、交绾
游仙乡　辖都四，县东南及东北	
十五都 辖县东南村十六	崇家山、鼓吹山脚、田洋李、桥头胡、桥头林、河东、河西、海塘、前岙、游仙寨、赤坎、爵溪、赵岙、林善岙、公屿、江岙

续表1-8

游仙乡　辖都四，县东南及东北	
十六都 辖县东村二十九	延寿岙、下林溪、安家溪、陈山、海口、太平庄、章家弄、后林、汤家店，内、外考坑，相思岭、泥塘、王盆岙、范家山、大磊头、缸窑蒋、岩头邱、铁场岙、大徐、青岭下、杉木洋、大林以下稍东北三十里高慈坑、茭湖村、张家碶、黄避岙、张湾、湖头、龙屿
十八都 辖县东北村二十一	西山下、西泽、盐场、山下孙、陈岽、碶头陈、张家岙、路下庄、马岙、章家墩、沈家洋、茅山头、著衣亭、后村、唐岙、寺前吴、郑家屿、木瓜、溪沿、下庄、蒲门
二十都 辖县东北村十七	泊戈洋、涂茨、珠山脚、太山岙、沈岙、玉泉寺、柯丁、崔家岙、潘家坎、前山姚、中堡、钱仓、柱岙、黄沙、朱溪、中庄、汤岙

说明：此表系民国《象山县志》据乾隆《象山县志》作。咸丰十一年（1861），太平军入据象山，建立象山县地方政权，分象山为一城四乡。四乡为东乡、西乡、南乡、下南乡，一城为县城

清宣统二年（1910）象山县区、镇、乡情况表

表1-9

区　名	管　辖　范　围	所　辖　境、村
城　区	东界公屿岭；南界白马庙前河；西界彭姥岭；北界后岭；东北界四板桥；东南界鼓吹山；西南界仓岙岭；西北界蓬莱山。 此区为旧政实乡一、二、三、五、六隅及四隅之半	在城辖东境、南境、西境、北境、庄穆境5境。 近城辖郑家岙、沙溪、塔山下、姚家山、上梅溪、下梅溪、龚家河、上半河、下半河、黄家塔、潘家桥、三叉路12村
西一乡	东界彭姆岭；南界石鼓岭；西界西沙岭；北界象山港；东北界白墩岭；东南界仓岙岭；西南界相公岭；西北界蚶岙岭 此乡为旧政实乡之十三都、十四都又分廿二都之半。	辖唐家园［田］、大岙、吊水岩、白墩、桃湾、洋巴、石桥头、山根俞、黄腊店（七里亭）、茅（麻）车岭、大溪蒋、黄溪、塔岭、内仓岙、外仓岙（周家路）、蔡家岙、励家洋、沈山岙、山根、彭溪岙、丁家纸寮（丁家）、墙头、方家岙、溪里方、岭下屠、岭下陈、唐家岭、方前、徐家井、中沙、下沙31村
西二乡	东界行者岭；南界五狮山箭岭；西界路西岽；北界石鼓岭；东北界顺风岭；东南界东溪岭；西南界蟹钳渡港；西北界王公岭。 此乡为旧归仁乡之九都，又分十都之半	辖南犒（俗作充，又作冲）、伊家山、栲树岭、祝家、蔡家、溪下郑、虎头山、塔亭、山下叶、徐家岙、大地园、下缸厂、白岩下、铺后朱、坟山、花墙、小花墙、大坑、下山头、杨岙山、石鼓岭脚、屠家园、东岙、杨家岙、郑家庄、楼下陈、溪口、小白岩、蜕地黄、断坑、上洋、下洋、牛寮、行者岭脚、缸窑俞、乌石峧、楼基、邹家、上缸厂、上胡、上黄、茅洋、李家陇、杨家、潭头45村

续表1-9

区　名	管　辖　范　围	所　辖　境、村
西三乡	东界路西岽；南界大麦塘；西界西溪岭；北界何婆岭；东北界白仙山；东南界蟹钳渡港；西南界马岙岭；西北界大丹山。此乡为旧归仁乡之十一都	辖路西岽、泗洲头、东岙、后山（附西庄）、后横（后王）、张岙、金家岙、何婆岭（附西山）、小石坑、洋大张、横泾（横陉）、下柳溪、萧胡（一名肖壶）、塘翰（塘岸）、西洋、井坑、中央岙、田边、岭脚朱、南岙、住前、住后、下马岙、上马岙、丁岙、苏岙、大麦塘、戴岙王、白浪、里坑30村
西四乡	东界西沙岭；南界尖岭头；西界五雷山；北界西塔嘴；东北界蚶岙岭；东南界何婆岭、笠岭；西南界陈施岙、塔岭；西北界乌沙山 此乡为旧政实乡十二都及十九都之半	辖：尖头岭〈岭头〉、横山、芭蕉上岙、芭蕉下岙、山后胡、样树坑、白树坑、金竹坑、涧坑、防东、山顶林、赖家、倪家、西岙郑、箬岭、隔溪张、儒雅洋、伊家廒（隘也，音塔）、谢圣岙、蔡家田、上张、陈隘、庙岭、上山、湖滨（湖边）、潘埠、渡头街、杨岙、莲花、长白沙、虾蛄塘、井岙（一名周俞岙）、蚶岙、长坑、勤稼场［场］（一作陈家场）、下湾、岙岭下、文岙（一作闻岙）、乌沙、山后、龙头颈、虎山、人家湾、陈施岙（一作郑思岙）45村
西五乡（区）	东界五雷山；南界南峰岗；西界石门岭、箭岭；北界象山港；东北界陈思岙、塔岭；东南界车岭；西南界大丹山；西北界界岭。 此乡分旧政实乡十二都、十九都之半	辖里岑、外岑（岑或作郑，今作静）、白箬后、箕箕湾、芦山、样树坑（或为梅树坑之误，亦见西四乡）、仙人岩、沙地、山头、大岙、庆丰桥、下叶、新屋、寒山、初坑、下沈、蜊山、航头、东岙、八亩、官山、直岙（亦作杰岙）、赖岙、田岙、坡［破］塘、牌头、土桥、大坑、白月岙、上谢、西洲（一作西周）、渡头、应家33村
宝海乡	东界杉木洋至海；南界梅岙俗名下山；西界鼓吹山；北界公屿山；东北界牛轭礁；东南界积谷山；西南界锯门；西北界凤凰山。 此乡为旧游仙乡十五都之大半，又分十六都小半	辖爵溪、公屿、赵岙、赤坎、甸平山、牛丈岙、白沙湾、梅岙（俗名下山）、寨里、寨外、牛岙、倪［里］岭头、前岙、马栏山、刘家岙、田洋里、鼓吹山、舡岙、林善岙、黄朋岙、团空湾21村
怀珠乡	东界大目洋；南界凤凰山；西界陈山；北界干门山；东北界东屿山；东南界白岩山；西南界郑行山；西北界珠山。 此乡为旧游仙乡二十都，又分十六都之小半	辖治岙、黄沙、赵岙［家］、大坛、新塘、钱仓、傅家、东门头、中堡、前山姚、十里亭、箕箕塌、长沙、大岭后、东坑、毛湾、道人山、平岩头、后七埠、将军山、旭拱岙、鸡笼山、大双岙、双庵、汤岙、潘家坎、崔家岙、萧家、里庵、尼公岙、玉泉寺、沈岙、旋水坑（泉水坑）、章家、黄家坛、涂茨、碶门头、炭山岙（太山岙）、庵后、丫义［叉］山（一作下义［岔］山）、泊戈洋（一作鹁鸪洋）、珠山脚、下陈、下朋岙、杉木洋、青岭下、塔不［幢］、下院、隔田陇［垄］、大徐、十亩地、铁杖岙、三角埭、洪水山、海口、陈山、新罗岙、安家溪、延寿岙、下林溪、后岭、雅［鸦］鹊岭、汤家店、章家弄、想思岭、考坑、大磊头、虎啸铺、下俞岙、关山弄、里庵、坭塘、范家山、缸窑蒋、水流桥、旋倒山（船倒山）、乌家潭。计77村

续表1-9

区名	管辖范围	所辖境、村
磐安乡	东界蒲门山；南界高泥巷；西界龙屿棉花山；北界西泽渡象山港；东北界野龙山七礁；东南界珠山，西南界东塔嘴；西北界后华山象山港。此乡为旧游仙乡十八都，又分十六都之小半	辖珠溪、寺前、郑家屿、木瓜、青莱、乌屿山、中庄、大碶头、溪沿、霞庄（下庄）、基头庵、新妇娘房、溪沿盐厂、桃树湾、俞公岙、城（郑）下湾、蒲门、柘山湾、大石门、沈家洋、著衣亭、珠山岙、唐岙、易家、大岙、后村、张岙、碶头陈、山下孙、章家墩、岙里弄、马岙、路下庄、张夹岙、陈岽、盛家、官司塘、盐厂、竹浦、贤庠（本作盐场）、陈施岙（与西四乡陈施岙同名，为两地）、海墩、西山下、庵前、上西泽、下西泽、黄避岙、莲步湾、沙塘、张湾、上下湾、横塘、横里、岐山、潭头岭、上龙屿、下龙屿、谢夹岙、梅花屿、鲁夹岙、大林、许家、茭湖（一作高湖，一名水湖塘）、孟岙、高慈坑、砼度湾、双井头、施家园、山夹岙、兵营、谢家湖头、小山湖头、小蔚庄、深天岙、骍角岙（本作辛家）、童家园、高墩洋、鸭屿、东塔、白屿、马滩、塔头黄、黄泥坎、塔漫礁、高泥、沙峧、瞻岙、高庄、上白家、下白家90村
靖南乡	东界瑞龙山、马栏山；南界松岙、鸡窠岭；西界行者岭、五狮山；北界城隅；东北界双岭、田鸡岭；东南界海；西南界东溪岭；西北界仓岙岭 此乡为旧归仁乡七都、八都及十都之半，又分政实乡四隅之半及游仙乡十五都之小半	辖祝家坎、刘家岙、河西、河东、邱家、后洋、倪家、陆家、桥头林、桥头吴［胡］（又名朱家桥）、隔河俞、大碶头、南庄、西张、小厅、樟树下、杨家、上吴、横塘欧、小东洋、西林、西林蒋、夏家、韩家、洋心、竺家坎、路下林、白石、朱水溪、九顷、三叉［岔］路、笆弄头、柴岙、仓头、下前山、冷水潭、洋蓬岙、山头董、虞家、胡家碶、河角头、何家、海塘上余、下余、高平碶、冯家、上张家、下张家、仇家山、新碶头、西港、姥［姆］岭下、北山下、岳头、江坑、金井头、武家山（一名王家山、一名山头）、沙岗、马岗、岙里鲍、外东岙、西庄、墙里、东陈、大庙、河东、县基坪、烟墩山、水牯岩、船岙、樟岙、西山、南堡、南堡黄、寨后、叶家山、下山边、浦头何、海墩、南盘、枣坑、海头、捣臼岩、山下、松岙、里山、卢家岙、成［城］堡岙、鸡窠岭脚89村
南乡	东界里外旦门海；南界交绾三条岭（上盘罗村）；西界蟹钳港；北界东溪岭、箭岭；东北界大目洋；东南界双擎山洋；西南界崇墈；西北界海头韩海。 此乡为旧归仁乡十七都之大半。 民国元年（1912）改奠南乡名北平乡，割隶南田县。2年，回归象山，仍旧名	辖东溪、庙前杨、横山、郎家岙、洋坑、山头王、乌江、东溪岭脚、木头岙、碾坑、下周（一名岩头陈）、上周、仁义、双桥、大荒地、鸡窠岭脚（今案：亦见靖南乡）、崔家、李家湾、王家滥、东旦、平石、红岩、乌岩、小湾、梅岭、插船湾、漩潭、捣臼湾（案：亦见靖南乡，作捣臼岩）、江东、横岙、龙洞、捕槽湾、紫山峧、崇墈、井头、山根、里岙底、外岙底、海头韩、外韩、小白楂、关头、板岭、新桥、东史、石柱岙、高塘、黄公岙、上盘、上七里、下七里、横戟岙（一作黄鲒岙）、大岙、弹涂岙、虾钳、绞绾（一作高湾）、丁家塘、洋岙山（西二乡杨岙山与洋岙山名相近，地相接，民国志点校者以为当是同一村，应称杨岙山，属西二乡）、王岙、到底坑、洞洋、风门峧、七林湾63村

续表1-9

区　名	管　辖　范　围	所　辖　境、村
昌石镇	东界三岳［䓮］山；南界南田山；西界大泥塘；北界三条岭、上盘岭；东北界屏风山、半边山；东南界坛头山；西南界台宁屿；西北界长大湾 此镇为旧归仁乡二十一都及十七都之小半 民国元年（1912）7月，浙江省令割昌石镇及蓂南乡隶南田县，移南田县治石浦。分昌石镇为一城四乡：城区、延昌乡、卫安乡、金城乡、灵照乡，仍立自治区域。2年革废，仍隶象山县，为昌石镇	辖灵岙、新岙、竿头、中泥、潭洞、岙底（民国志按：亦见蓂南乡。校注：昌石镇岙底在田洋湖北；蓂南乡岙底在五狮山南。又黄埠有岙底，即黄埠岭脚）、镜架岙（一作金家岙）、田洋胡、小湾塘、斜岙、小太平、灵下舍、周岙、沙地、青埠、方前（旧名上营）、下营、大湾山、杨岙、定山、胡卢门、后洋塘、大泥塘、青埠岭脚、黄埠岭脚（一名岙底）、黄栀坑、冠绥湾（一作官财湾）、南山、清水潭、黄埠、铁炉坑、花湾、南岙、三步湾、思娘岙、鹤洋、后岭、礁头、三眼碶、抱儿石、织布厂（一作鹧鸪厂）、晓塘（一作小塘）、小明堂、燕窝（俗名上岙，亦名竹山）、中央［岙］（原名竹山）、胡家屿、励家坪、月楼岙（原名崛坡）、南向、峧坑、司前（一作峙前）、青头山、炮台下、竹屿、下洋墩、雉鸡山、平阳厂、金鸡山、树桥头、石桥头、星塘（一名新塘）、上厂、乌岩山、套湾、马屿［峙］、黄泥头、井水、低峧、百亩塘、小湾、蒲湾、七邻湾（民国志按：蓂南乡作七林湾）、田下岭、大湾、鸡鸣、潭地、叉头里、马盘、金家山、官地、龙王堂、昌国卫、狮子口、照山墩、岳头、交龙（一作高隆）、半边山、柴岙、曾岙、沙塘湾、平岩、东沙角、南沙角、宋王城、杉树岙、上岙、中岙、下岙、铜钱礁、铜瓦门、女溪、白龙潭、三家村、黄埠岭顶、西岙、石浦、东关、盐仓前（原名苔条湾）五里桥、玉女山、童桥、凤凰山、火炉头、盐厂、白门头、张［蒋］家湾、上湾、冷湾、朝天门、横屿、雷公山、东门、南汇、番头（原注：番东即盐厂、番西火炉头。今按：则番头不当计入村数中）、庙山124村

说明：据民国《象山县志》舆图及图说，并参考2004年校注本而作。全县分12区，辖5境、664村。这一区划一直沿行至民国18年

第二节　民国时期区划

民国元年（1912），南田县置4自治区：桃源（南田岛）、蓬莱（高塘、花岙）、瀛洲（坦塘）、三山（对面山、檀头山，南、北渔山）。7月，划象山之蓂南乡、昌石镇归南田县，南田县治迁石浦。改蓂南乡为北平乡，析昌石镇为1城4乡，即城区及延昌、卫安、金城、灵照4乡。翌年3月，蓂南、昌石两乡镇复归象山。10月，南田县治回迁樊岙。民国18年，实行村里制，全县分12区，辖9里、125村，计1022闾、5003邻（5户为邻，5邻为闾）。7月，12区并为5区：城区、靖南、宝海为第一区；怀珠、磐安为第二区；西一、西四、西五为第三区；西二、西三、蓂南为第四区；昌石为第五区。

民国18年7月象山县5区情况表

表1-10

区别	辖原区	面积（方里）	村	里	闾	邻	户	人
第一区	城区　靖南　宝海	479	24	5	190	931	9703	42130
第二区	磐安　怀珠	605	28	0	228	1034	10724	45263
第三区	西一　西四　西五	613	20	0	188	924	9560	37966
第四区	西二　西三　莫南	702	28	0	184	943	9701	39431
第五区	昌石镇	558	25	4	232	1171	12358	48109

说明：此表系根据象山县档案馆藏民国档案〔01-3-220（1）〕整理而成，时间为民国18年（1929）7月。第一区之五里为东昇、南陔、西华、北辰、中庄；第五区之四里为东来、南薰、西成、北平。时象山共9里，125村，1022闾，5003邻，总面积2957平方里，52046户、212899人。而省《民政年刊》统计为52046户、213902人

民国19年（1930），改里、村制为镇、乡制。全县9里、125村改为9镇、123乡①。第一区原5里、24村，改编后为5镇、22乡；第二区原28村，改编后为28乡；第三区原20村，改编后为20乡；第四区原28村，改编后为28乡；第五区4里、25村，改编后为4镇、25乡。

民国19年象山县里、村拟改编为镇、乡对照表②

表1-11

区别	村里名	拟编乡镇名	说明
第一区	东升里	东升镇	系照原里编制
	南陔里	南陔镇	同上
	西华里	西华镇	该镇原有741户，现并入大岙97户，共计838户
	北辰里	北辰镇	系照原里编制
	中庄里	中庄镇	系照原里编制
	梅溪村	梅溪乡	系照原里编制
	大河联合村	半河联合乡	该村系上下半河及大岙联合而成，惟中间西华相连续与章不合。上下半河共有159户，尚能成立一乡，故改编为半河联合乡。而大岙仅有97户难以成立一乡，且地与西华连接，故并入西华镇
	爵溪大瀛村	大瀛乡	系照原村编制
	玉泉村	玉泉乡	同上
	公屿村	公屿乡	同上

①《象山县志（1988）》认定改里、村为镇、乡之事在民国21年。今据民国19年3月25日象山县长张周汶呈省民政厅文存县档案馆，〔档号01-3-188〕改为民国19年。

②该表编制于民国19年，存象山县档案馆，〔档号01-3-188〕。

续表1-11

区别	村 里 名	拟编乡镇名	说　　明
第一区	林善村	林善乡	同上
	赤里村	赤里联合乡	同上
	南庄联合村	南庄联合乡	同上
	大碶头联合村	大碶头联合乡	同上
	桥头林联合村	桥头林联合乡	同上
	西林村	西林联合乡	同上
	仇家山联合村	仇家山联合乡	同上
	白石联合村	白石联合乡	同上
	九顷联合村	九顷联合乡	同上
	海塘联合村	海塘联合乡	同上
	岳头村	岳头联合乡	同上
	东陈联合村	东陈联合乡	该乡原有543户，兹因马岗村仅有99户，不满百户改并入该乡，共计642户
	马岗村	东陈联合乡	该村不满百户不能成立一乡，地与东陈相连接故并入东陈联合乡
	南海联合村	南海联合乡	系照原村编制
	西山村	南堡联合乡	该村不满百户不能成立一乡，与南堡地势相连故并入南堡乡
	南堡村	南堡联合乡	该村原有258户，现并入西山村99户，共计357户
	樟岙村	樟岙联合乡	系照原村编制
	松岙联合村	松岙联合乡	同上
	洋心联合村	洋心联合乡	同上
第二区	珠溪联合村	珠溪联合乡	系照原里编制
	竹林联合村	竹林联合乡	同上
	溪流联合村	溪流联合乡	同上
	六也联合村	六也联合乡	同上
	尊美联合村	尊美联合乡	同上
	林安联合村	林安联合乡	同上
	黄安联合村	黄安联合乡	同上
	龙安联合村	龙安联合乡	同上
	军安联合村	军安联合乡	同上
	汉定联合村	汉定联合乡	同上

续表1-11

区别	村里名	拟编乡镇名	说明
第二区	西贤联合村	西贤联合乡	同上
	境东联合村	境东联合乡	同上
	境西联合村	境西联合乡	同上
	盐官联合村	盐官联合乡	同上
	陈兆联合村	陈兆联合乡	同上
	太平联合村	太平联合乡	同上
	山溪联合村	山溪联合乡	同上
	海口联合村	海口联合乡	同上
	鹰山联合村	鹰山联合乡	同上
	雷山联合村	雷山联合乡	同上
	杉塔联合村	杉塔联合乡	同上
	涂茨联合村	涂茨联合乡	同上
	旋水坑联合村	旋水联合乡	同上
	珠山境联合村	珠山境联合乡	同上
	崔家岙联合村	崔家岙联合乡	同上
	毛湾联合村	毛湾联合乡	同上
	钱仓联合村	钱仓联合乡	同上
	汤岙联合村	汤岙联合乡	同上
第三区	西沪第一联合村	西沪第一联合乡	系照原村编制
	西沪第二联合村	西沪第二联合乡	同上
	西沪第三联合村	西沪第三联合乡	同上
	西沪第四联合村	西沪第四联合乡	同上
	西沪第五联合村	西沪第五联合乡	同上
	西沪第六联合村	西沪第六联合乡	同上
	西沪第七联合村	西沪第七联合乡	同上
	芭蕉联合村	芭蕉联合乡	同上
	儒雅洋联合村	儒雅洋联合乡	同上
	伊家联合村	伊家联合乡	同上
	莲花联合村	莲花联合乡	同上
	湖滨联合村	湖滨联合乡	同上

续表1-11

区别	村里名	拟编乡镇名	说　　明
第三区	文岙联合村	文岙联合乡	同上
	晶字联合村	晶字联合乡	同上
	嘉杰联合村	嘉杰联合乡	同上
	下沈联合村	下沈联合乡	同上
	官山联合村	官山联合乡	同上
	牌头联合村	牌头联合乡	同上
	西隅联合村	西隅联合乡	同上
	镇安联合村	镇安联合乡	同上
第四区	黄公岙联合村	黄公岙联合乡	系照原村编制
	关头联合村	关桥联合乡	该村原有325户，现并入新桥79户，设名关桥乡。共计404户
	新桥联合村	关桥联合乡	该村不满百户不能成立一乡，并入关桥联合乡
	绞缩联合村	绞湾联合乡	该村系绞缩、侧岭湾两村联合，故改今名以符名实
	东溪联合村	东溪联合乡	系照原村编制
	洋坑联合村	洋坑联合乡	同上
	上周联合村	上周联合乡	同上
	仁义村	仁义乡	同上
	双桥联合村	双桥联合乡	同上
	黄家揽联合村	黄家揽联合乡	同上
	平石联合村	平湾联合乡	该村系平石、插船湾等村联合而成。插船湾户口较平石为多，而无名义掺入，带有争议，故改为平湾联合乡，以免争议
	板岭村	板岭联合乡	系照原村编制
	海潭联合村	海潭联合乡	同上
	山根村	山根乡	同上
	井头联合村	井头联合乡	同上
	上七里联合村	上七里联合乡	同上
	南充村	南充乡	同上
	茅洋联合村	茅洋联合乡	同上
	溪口联合村	溪口联合乡	同上
	郑家庄联合村	郑家庄联合乡	同上
	屠家园联合村	屠家园联合乡	同上
	文山联合村	文山联合乡	同上

续表1-11

区别	村 里 名	拟编乡镇名	说　　明
第四区	泗洲头联合村	泗洲头联合乡	同上
	洋大张联合村	洋大张联合乡	同上
	横经联合村	横经联合乡	同上
	西洋联合村	西洋联合乡	同上
	峙后联合村	峙后联合乡	该村系上下马岙及峙前后联合成村共640户，峙后与马岙间隔高岭，管理不便，应收上下马岙318户另编一乡，峙前后当有320户仍为一乡，以便管理
	峙后联合村	马岙乡	该乡系由峙后联合村分出共计318户，自行成立当与乡制相符
	苏岙联合村	苏岙联合乡	系照原村编制
第五区	东来里	东来镇	系照原村编制
	南薰里	南薰镇	同上
	西成里	西成镇	同上
	北平里	北平镇	同上
	盐仓前联合村	盐仓前联合乡	同上
	盐仓后联合村	盐仓后联合乡	同上
	东门联合村	东门联合乡	同上
	番东联合村	番东联合乡	同上
	番西联合村	番西联合乡	同上
	华阳联合村	华阳联合乡	同上
	鳌溪联合村	鳌溪联合乡	同上
	昌国卫东联合村	卫东联合乡	同上
	昌国卫南联合村	卫南联合乡	同上
	昌国卫西联合村	卫西联合乡	同上
	灵昭联合村	灵昭联合乡	同上
	竿强联合村	竿强联合乡	同上
	镜湖联合村	镜湖联合乡	同上
	周杨联合村	周杨联合乡	同上
	双峯联合村	双峰联合乡	同上
	芦洋联合村	芦洋联合乡	同上
	大泥塘上联合村	大泥塘上联合乡	同上
	大泥塘下联合村	大泥塘下联合乡	同上

续表1-11

区别	村里名	拟编乡镇名	说明
第五区	晓竹联合村	晓竹联合乡	同上
	月坪联合村	月坪联合乡	同上
	胡家屿联合村	胡家屿联合乡	同上
	金平联合村	金平联合乡	同上
	星桥联合村	星桥联合乡	同上
	南雅联合村	南雅联合乡	同上
	金鸡联合村	金鸡联合乡	同上

民国23年（1934），9镇、123乡又并为3镇、61乡。

民国23年象山县乡、镇及分区情况表

表1-12

第一区（1镇、12乡）	丹城镇、梅屿、石顷、南庄、西洋、爵溪、赤海、河头、仇家山、岳头、东陈、南岗、樟岙
第二区（11乡）	奠安、五境、溪霞、西汉、林官、珠溪、钱仓、涂茨、林埭、三山、虎溪
第三区（14乡）	牌下、三合、西隅、镇安、闻岙、莲花、伊滨、芭蕉、儒雅洋、西沪一、西沪二、西沪三、西沪四、西沪五
第四区（11乡）	十里、泗水、灵南、文洋、郑溪、南屠、狮麓、东洋、旦门、关桥、高塘
第五区（2镇、13乡）	金山镇、东来镇、延昌、番头、华溪、昌国、金田、周峰、灵岩、芦洋、大泥塘、晓月、金雅、星南、东门

民国24年（1935），金山、东来并为石浦镇，改东洋乡为汇溪乡。同时置南岙乡属第一区。年末，推行保甲制，以10户为1甲，10甲为1保。民国25年2月，全县分设3个保甲督导区、62乡、2镇，辖511保、5094甲。民国26年，并62乡、2镇为25乡、2镇。民国28年，调整为28乡、2镇。民国29年，撤保甲督导区，象山县改设象东、象西、象南、石浦四区，调整保甲为386保、4446甲。是年7月，撤南田县，南田8岛并入新置三门县，称南田区，下辖鹤浦、南田、龙泉3镇及文山、四都、杏港3乡。

民国29年11月象山县调整区乡镇保甲情况表

表1-13

象东区 镇1乡6 计97保	丹城镇17保、虎山乡15保、涂茨乡14保、钱仓乡10保、林溪乡14保、五汉乡13保、奠安乡14保
象南区 乡7 计88保	爵溪乡8保、靖南一乡14保、靖南二乡15保、靖南三乡16保、十里乡9保、溪口乡15保、泗灵乡11保
象西区 乡6 计62保	沪东乡13保、沪西乡10保、儒蕉乡8保、淡港乡11保、西瀛乡10保、西陲乡10保
石浦区 镇1乡9 计139保	东麓乡17保、高桥乡17保、峰北乡15保、定塘乡12保、月华乡14保、金星乡16保、昌国乡15保、延昌乡12保、石浦镇17保、东门乡4保

民国30年（1941），合象南区之十里、泗灵为忠义乡。同年，南田、石浦、茅洋等地沦陷。民国31年11月，象南、石浦两区分别改称上南区、下南区。全县设象东、象西、上南、下南4区，辖2镇、27乡。象东区辖奠安乡、五汉乡、林溪乡、钱仓乡、涂茨乡、虎山乡6乡，区署驻珠溪；象西区辖西陲乡、西瀛乡、淡港乡、沪西乡、沪东乡、儒蕉乡、忠义乡、溪口乡8乡，区署驻西周；上南区辖丹城镇、靖南一乡、靖南二乡、靖南三乡、爵溪乡1镇4乡，区署驻小厅；下南区辖石浦镇、东麓乡、高桥乡、峰北乡、定塘乡、昌国乡、月华乡、金乡星、延昌乡、东门乡1镇9乡，区署驻黄公岙。

民国32年象山县区所属乡镇情况表

表1-14

象东区 区署驻珠溪	辖：奠安、五汉、林溪、钱仓、涂茨、虎山6乡
象西区 区署驻西周	辖：西陲、西瀛、淡港、沪西、沪东、儒蕉、忠义、溪口8乡
上南区 区署驻小厅	辖：丹城镇、靖南一、靖南二、靖南三、爵溪4乡1镇
下南区 区署驻黄公岙	辖：石浦镇、东麓、高桥、峰北、定塘、昌国、月华、金星、延昌、东门9乡1镇

说明：据民国32年6月报表，全县29乡、镇中全部沦陷5个（上表中于乡、镇名下加“____”号），局部沦陷5个（加“……”号），未沦陷19个（不加号）

民国34年，撤4区。民国35年12月，并减为18乡、2镇，辖95联保、282保、3479甲。2镇为丹城镇、石浦镇。18乡为东港乡、林溪乡、东海乡、东山乡、西瀛乡、西港乡、西沪乡、靖河乡、靖海乡、爵溪乡、忠义乡、溪口乡、狮麓乡、灵照乡、峰北乡、华塘乡、昌国乡、金星乡。

第三节　中华人民共和国成立后区划

1949 年 10 月，县人民政府成立。后相继成立东山、西沪、靖河、石浦 4 区，乡镇数未变。1950 年 5 月，改东山区为大徐区，西沪区为墙头区，靖河区为南庄区。同年 9 月，又增设新桥区。1951 年年初，全县设 5 区、77 乡镇。区镇乡（公社）政府机构、街道办事处相关内容，见本志《政府》篇，第三章，第二节。

1951 年象山县区、镇、乡情况表

表 1-15

区　名	所　辖　乡　镇
大徐区	辖 16 乡：大徐乡、珠溪乡、林善乡、雅林溪乡、海口乡、珠山（始名泊戈洋）乡、涂茨乡、汤岙（始名钱仓）乡、民主（始名崔家岙）乡、霞庄乡、青莱乡、着衣亭乡、贤庠乡、黄避岙乡、大林乡、龙屿乡
南庄区	辖 1 镇、10 乡：丹城镇、南庄乡、洋心乡、九顷乡、梅溪乡、桥头林乡、海塘乡、东陈乡、沙岗乡、樟岙乡、爵溪乡
墙头区	辖 14 乡：墙头乡、黄洋乡、亭溪乡、蔡仓乡、舫前乡、儒雅洋乡、伊滨乡、莲花乡、西周乡、车岭乡、闸岙乡、芭蕉乡、关山乡、下沈乡
新桥区	辖 19 乡：文洋乡、茅溪乡、郑园乡、南眉乡、泗洲头乡、十里乡、张岙乡、马岙乡、苏岙乡、东溪乡、岭下乡、山海乡、旦门乡、平柱乡、新桥乡、高湾乡、黄七乡、黄新乡、镜田乡
石浦区	辖 1 镇、16 乡：石浦镇、昌国乡、鸡鸣乡、五爱乡、延昌乡、东门乡、金星乡、番头乡、横屿乡、中楼乡、定塘乡、下营乡、中屿乡、晓月乡、华溪乡、大塘乡、马屿乡

1951 年 2 月，爵溪乡改为区属镇。7 月，置石浦盐区，辖东门、番头、金星、横屿、五爱、延昌、石浦 7 乡、镇。9 月，原石浦区改称昌国区，石浦盐区改称石浦区。10 月，丹城升为县直属镇。

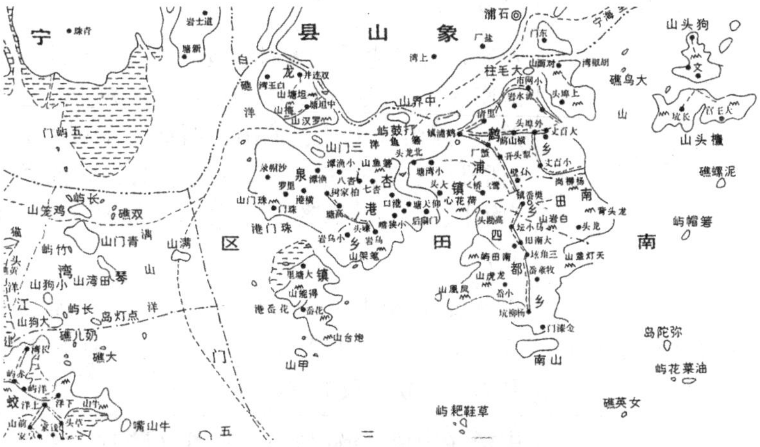

图 1-5　属三门县时南田区地图

1952 年 3 月，南田自三门县析归象山，置南田区，辖高塘、杏港、珠门、鹤浦、湾塘、文山、南田、四都、檀渔、坦塘 10 乡。不久，南田区檀渔乡划属石浦区；坦塘乡划归定山区。1952 年 6 月，昌国区改称定山区。翌年 8 月，新桥区镜田乡划归定山区。10 月，石浦、爵溪升为县直属镇，延昌乡并入石浦镇。至此，全县 7 区、3 镇、82 乡。

1953 年象山县镇、区、乡情况表

表 1-16

区名（县属镇）	所辖乡镇
县直属镇	丹城镇、石浦镇、爵溪镇
南庄区	辖 9 乡：南庄乡、洋心乡、九顷乡、沙岗乡、樟岙乡、梅溪乡、桥头林乡、海塘乡、东陈乡
新桥区	辖 18 乡：马岙乡、高湾乡、茅溪乡、张岙乡、东溪乡、黄新乡、新桥乡、文洋乡、平柱乡、泗洲头乡、南屠乡、郑园乡、岭下乡、十里乡、黄七乡、山海乡、旦门乡、苏岙乡
定山区	辖 10 乡：大塘乡、定塘乡、晓月乡、坦乡塘、中屿乡、鸡鸣乡、下营乡、中楼乡、镜田乡、华溪乡
南田区	辖 8 乡：湾塘乡、南田乡、鹤浦乡、珠门乡、文山乡、高塘乡、四都乡、杏港乡
墙头区	辖 14 乡：车岭乡、下沈乡、闻岙乡、亭溪乡、蔡仓乡、舫前乡、墙头乡、黄洋乡、西周乡、儒雅洋乡、芭蕉乡、伊滨乡、莲花乡、关山乡
石浦区	辖 7 乡：金星乡、五爱乡、横屿乡、昌国乡、东门乡、檀渔乡、番头乡
大徐区	辖 16 乡：民主乡、雅林溪乡、霞庄乡、海口乡、青莱乡、林善乡、大徐乡、涂茨乡、黄避岙乡、大林乡、珠山乡、珠溪乡、着衣亭乡、贤庠乡、龙屿乡、汤岙乡

1956 年 1 月，调整区乡建制，撤大徐、墙头、南庄 3 区，所辖 39 乡并为 13 乡，由县直属。5 月，撤石浦区，所辖东门、檀渔 2 乡并入石浦镇，金星、番头、横屿 3 乡划入定山区。后，新桥、定山、南田 3 区所辖 42 乡并为 15 乡。至此，全县乡、镇计 31 个。

1956 年象山县镇、乡情况表

表 1-17

直属镇 3 个	丹城、爵溪、石浦
县直属乡 13 个	黄避岙（黄避岙、大林、龙屿并）、贤庠（贤庠、着衣亭并）、珠溪（珠溪、青莱、霞庄并）、民主（民主、汤岙、涂茨、珠山并）、大徐（大徐、林善、海口、雅林溪并）、西周（下沈、关山、西周、车岭并）、莲花（莲花、闻岙、伊滨并）、儒雅洋（儒雅洋、芭蕉并）、墙头（墙头、舫前并）、亭溪（亭溪、黄洋、蔡仓并）、南庄（南庄、洋心、梅溪、九顷并）、林海（桥头林、海塘并）、东陈（东陈、沙岗、樟岙并）
新桥区辖乡 6 个	泗洲头（泗洲头、十里、张岙并）、马岙（马岙、苏岙并）、溪口（茅溪、南屠、郑园、文洋并）、东溪（东溪、山海、岭下并）、旦门（旦门、平柱并）、新桥（新桥、高湾、黄新、黄七并）
定山区辖乡 6 个	中楼（中楼、镜田并）、晓月（晓月、华溪、中屿、坦塘部分并）、金星（金星、马屿、横屿、番头、坦塘部分并）、定塘（定塘、下营并）、大塘、昌国（昌国、五爱、鸡鸣并）
南田区辖乡 3 个	南田（南田、四都并）、高塘（高塘、珠门、杏港并）、鹤浦（鹤浦、湾塘、文山并）

1956 年 7 月，大徐乡析为大徐、雅林溪 2 乡；民主乡析为民主、涂茨 2 乡；西周乡析为西周、

下沈2乡；晓月乡析为晓月、中屿2乡；东门、檀渔仍设2乡，隶属石浦镇。全县计3区、3镇、35乡。8月，南庄、大徐、墙头3区相继恢复，南庄区辖3乡，大徐区辖7乡，墙头区辖6乡。1957年2月，金星乡划归石浦镇。8月，雅林溪改县直属乡。至此，全县有3镇、6区、34乡。

1957年象山县镇、区、乡情况表

表1-18

县直属3镇1乡	丹城、石浦、爵溪、雅林溪
大徐区辖6乡	黄避岙、贤庠、珠溪、民主、涂茨、大徐
墙头区辖6乡	下沈、西周、莲花、儒雅洋、墙头、亭溪
南庄区辖3乡	南庄、林海、东陈
新桥区辖6乡	泗洲头、马岙、溪口、东溪、旦门、新桥
定山区辖6乡	中楼、定塘、大塘、昌国、晓月、中屿
南田区辖3乡	南田、高塘、鹤浦

说明：另有东门、檀渔、金星3乡属县直属镇石浦

1958年，人民公社化运动兴起，撤销区、镇、乡、村建制，实行“政社合一”。9月，全县分建9个人民公社，原37乡、镇析建为64个大队（另每1个公社有1个渔业大队共9个渔业大队），行使乡镇权力。11月，宁海县并入象山，其所属14公社划归象山，全县计23公社。自宁海划入之公社为：胡陈、长街、沥洋、一市、沙柳（旗门）、桑州、岔路（东风）、黄坛（红旗）、双峰（繁荣）、宁海（五星）、黄墩（桥头胡）、西垫、深圳13个（其中西垫、深圳2公社，1959年12月曾划入奉化县）。23公社辖156个大队。1959年8月，城关（宁海）、丹城、石浦3个大队复称镇。10月，黄墩公社民主大队的柴溪、蒋家岙、万金山3个生产队划归西周公社下沈大队。自4—11月，全县156个大队撤并为74个管理区。

1958年9月象山县公社、大队情况表

表1-19

公社名	所　辖　大　队	备　　注
民主公社	辖民主、钱仓、涂茨、渔业4大队	1959年10月，撤并为民主、涂茨2管理区
岑兆公社	辖贤庠、着衣亭、黄避岙、龙屿、珠溪、霞庄、渔业7大队	1959年11月，撤并为贤庠、黄避岙、龙屿、珠溪4管理区
象山公社	辖南庄、洋心、桥头林、梅溪、东陈、南堡、亭溪、黄洋、墙头、舫前、大徐、雅林溪、丹城、爵溪、渔业15大队	1959年11月，撤并为南庄、林海、东陈、亭溪、墙头、大徐、爵溪7管理区（大队）及已设丹城镇
西周公社	辖西周、车岭、文岙、莲花、伊滨、下沈、关山、儒雅洋、芭蕉、渔业10大队	1959年10月，撤并为西周、下沈、莲花、儒雅洋、芭蕉5管理区
新兴公社	辖泗洲头、马岙、十里、溪口、南屠、渔业6大队	1959年11月，撤并为泗洲头、马岙、溪口3管理区
新东公社	辖东溪、山海、新桥高湾、黄新黄七、旦门、渔业6大队	1959年11月，撤并为东溪、新桥、旦门3管理区

续表1-19

公社名	所 辖 大 队	备 注
定山公社	辖定塘、下营、田洋湖、楼下舍、大塘、黄埠（后岭）、晓塘、坦塘、渔业9大队	1959年10月，撤并为定塘、中楼、大塘、晓塘、坦塘5管理区
石浦公社	辖金星、番头、昌国、鸡鸣、东门、石浦、渔业7大队	1959年11月撤并为金星、番头、昌国、渔业4管理区（大队）及已设石浦镇
南田公社	辖鹤浦、湾塘、文山、高塘、杏港、珠门、南田、四都、渔业9大队	1959年11月，撤并为鹤浦、高塘、南田3管理区

1961年10月，撤销大公社，管理区改称人民公社。是月，复置宁海县，象山回治原境（柴溪、蒋家岙、万金山三地未还归宁海），辖2镇、34公社。12月起，先后恢复大徐、墙头、南庄、新桥、定山、石浦、南田7区。檀头山单独建社，属石浦区。全县计7区、2镇（公社）、35公社、799生产大队、4003生产队。

1961年象山县区、公社情况表

表1-20

区	公 社
县直属辖公社2	丹城镇（公社）、石浦镇（公社）
大徐区辖公社7	民主、涂茨、大徐、雅林溪、贤庠、黄避岙、珠溪
南庄区辖公社4	南庄、林海、东陈、爵溪
墙头区辖公社6	亭溪、墙头、莲花、西周、下沈、儒雅洋
新桥区辖公社6	泗洲头、马岙、溪口、东溪、新桥、旦门
定山区辖公社5	定塘、中楼、大塘、晓塘、后岭
南田区辖公社3	鹤浦、高塘、樊岙
石浦区辖公社4	金星、番头、昌国、檀头山

1963年2月，撤销南田区，所属3公社划归石浦区。1965年5月，撤大徐、南庄、新桥、定山4区。1967年1月，撤销石浦区。1970年8月，又撤墙头区。至此7区尽撤。1972年4月，东门单独建社。11月，重设大徐、南庄、定山、石浦4区；增建西周区，并相应调整辖区。县辖5区、2镇、36公社。“文化大革命”时，各公社曾设置革命委员会。1981年，撤销公社革命委员会，恢复公社管理委员会。是年11月，民主、溪口、马岙3公社更名为东港、茅洋、灵南公社。1983年7月，爵溪恢复县属建制镇，仍称公社，隶南庄区。全县公社38个。

1983年7月象山县区、公社情况表

表1-21

区	公 社
县直属辖公社2	丹城镇、石浦镇
大徐区辖公社7	黄避岙、贤庠、珠溪、东港、涂茨、大徐、雅林溪

续表1-21

区	公　　社
西周区辖公社 6	下沈、西周、莲花、儒雅洋、泗洲头、灵南
南庄区辖公社 7	墙头、亭溪、南庄、林海、爵溪镇、茅洋、东陈
定山区辖公社 8	东溪、旦门、新桥、中楼、大塘、定塘、晓塘、后岭
石浦区辖公社 8	昌国、金星、番头、东门、檀头山、鹤浦、樊岙、高塘

1983 年 9 月，实行“政社分设”，公社改为乡、镇。1984 年 6 月，西周、鹤浦 2 乡改为县直属建制镇。同月，番头及昌国乡之里山、蓝家、洋山岗、三家村、五爱、汝溪、平岩、沙塘湾、下岙、铜瓦门 10 村并入石浦镇。11 月，高塘乡更名为高塘岛乡。1987 年 1 月，贤庠、墙头、泗洲头、定塘、昌国 5 乡改为建制镇；旦门乡划归南庄区。至 1991 年年末，全县计 5 区、10 镇、27 乡。

照 1-3　1951—1983 年东门乡（公社）办公楼旧址

1991 年象山县区、镇、乡情况表

表 1-22

区名（县属镇）	所　辖　乡　镇
县直属镇	丹城镇、石浦镇、爵溪镇、西周镇、鹤浦镇
大徐区	贤庠镇、黄避岙乡、珠溪乡、东港乡、涂茨乡、大徐乡、雅林溪乡
西周区	泗洲头镇、下沈乡、莲花乡、儒雅洋乡、灵南乡
南庄区	墙头镇、亭溪乡、南庄乡、林海乡、茅洋乡、东陈乡、旦门乡
定山区辖	定塘镇、东溪乡、新桥乡、中楼乡、大塘乡、晓塘乡、后岭乡
石浦区	昌国镇、金星乡、东门乡、檀头山乡、樊岙乡、高塘岛乡

1992 年 5 月，撤区、扩镇、并乡，撤销大徐、西周、南庄、定山、石浦 5 区，37 个乡、镇扩并为 19 个乡、镇。

1992 年 5 月象山县镇、乡情况表

表 1-23　　单位：个

乡、镇	所辖村数	所辖居民区数
丹城镇由丹城镇、南庄乡、林海乡并建	78	10
黄避岙乡	27	—
贤庠镇由贤庠镇、珠溪乡并建	49	1

续表1-23

乡、镇	所辖村数	所辖居民区数
涂茨镇由涂茨、东港2乡并建	40	—
大徐镇由大徐、雅林溪2乡并建	35	—
下沈乡	21	—
西周镇由西周镇和莲花、儒雅洋2乡并建	55	3
墙头镇由墙头镇、亭溪乡并建	36	1
爵溪镇	10	4
泗洲头镇由泗洲头镇、灵南乡并建	31	1
茅洋乡	33	—
东陈乡由东陈、旦门2乡并建	39	—
新桥镇由新桥乡、东溪乡并建	43	—
定塘镇由定塘镇、中楼乡、大塘乡并建	50	1
晓塘乡由晓塘乡、后岭乡并建	32	—
昌国镇	14	1
石浦镇由石浦镇、金星乡、东门乡、檀头山乡并建	71	20
鹤浦镇由鹤浦镇、樊岙乡并建	47	4
高塘岛乡	28	—
合　计　　　19个镇、乡	628	46

说明：表据1992年5月5日，浙民基字〔1992〕354号批复，见《浙江建置区划沿革》第267页、268页

1995年12月，下沈乡改为建制镇。2001年6月，经省政府批准，以原石浦、昌国2镇，合并为新石浦镇；以原西周、下沈2镇、乡合并为新西周镇；撤销丹城、爵溪2镇建制，建立丹东、丹西、爵溪3街道，为县政府派出机构①。至2008年，全县辖3街道、10镇、5乡。其下辖490个行政村及25个社区19个居委会。

表1-24

2008年象山县街道、镇、乡及所辖村情况表

街道、镇乡名	所属行政村（括号内为该行政村所辖或所在的自然村）、社区
丹东街道	计26行政村：庄穆境、上进、城东、东门外、起春、南门、下半河（下半河、上新屋）、田洋里、梅溪（上梅溪、姚家山）、后山（后山、袁家）、岙里、陆家、大碶头（大碶头、大碶头街）、蒋家、西林、后洋、桥头林、桥头胡、河东、上余（上余、李家）、下余（下余、龙王庙、门前涂、东岙、岳头嘴）、赤坎、寨梅（梅岙、寨里）、兴盛（中家河、赵岙、山头外、上半河）、东环（邱家、河西）、城新村（夏家、高俞）；8社区：塔山、丹峰、文峰、金秋、公园、东街、新华、梅园社区

①2001年6月5日，浙政函〔2001〕95批复，见《浙江建置区划沿革》第374页。

续表1-24

街道、镇乡名	所属行政村（括号内为该行政村所辖或所在的自然村）、社区
丹西街道	计29行政村：北门、西门、方井头、秧田头、五丰、杨家、上吴、小厅、六升、上街头、菱河头、小河头、横墙弄、西港、洋心、仇家山（仇家山、孙家、里新）、九顷（九顷、冷水潭、巴龙头、下前山）、杨蓬岙、三岔路、白石、横塘欧、樟树下、小东洋、韩家、新碶头（新碶头、新虞、下张家）、南沙、珠水溪、路下林（路下林、竺家坎）、董何碶村（山头董、何家、胡家碶、虞家）；6社区：北路、新建、文昌、蓬莱、瑶琳、白鹤社区
爵溪街道	计6行政村：公屿农村（公屿、沙地、塘头）、公屿渔村（公屿、沙地、塘头）、地厂、牛丈岙（牛丈岙、上牛丈岙）、前岙、白沙湾村；3社区：玉泉、龙溪、瀛海社区
石浦镇	计54行政村：石浦渔村、延昌、檀兴渔村、金山渔村、平岩渔村、渔山渔村（大岙、小岙）、蓝家（宋皇城、蓝家、南沙角、沙头、南山、谢家、汪家、碶门头）、沙塘湾、铜瓦门渔村、向浦（杉树岙、中岙、上岙）、坦塘（坦塘、干湾）、司前、下洋墩（下洋墩、山脚）、上金鸡、下金鸡、南向、平阳厂（平阳厂、蜘蛛山、泥礁）、马峙（马峙、太湾、上厂）、树桥头、星塘、晓湾（晓湾、寨下门）、井水（井水、黄泥头）、蒲湾、低峧、朝天门（朝天门、箕箕湾、百亩塘）、雷公山、上湾（上湾、冷湾）、蒋家湾（蒋家湾、普塘）、横峙（横峙、东湾）、横峙渔村（横峙、东湾）、番头岙、中心（盐厂）、北山（塘岸头）、西边（盐厂）、东边（陈家）、下塘、凤上山（里湾、外湾、小岭头、葛家）、南汇（大塘、丁家、小塘、小山、小湾）、对面山（对面山、胡椒湾、上布袋、下布袋）、金丰（昌国）、昌明、昌桥、九井、东卫、大桥、鸡鸣、金架山（金架山、官地）、马盘（马盘、金家）、新鹤（贾家、水塘头、上小湾、增岙、石家、上截头、桃树湾、上岩嘴、沙头）、蛟龙（蛟龙、长沙洋、岭头、柴岙）、横路桥（潭地、大湾、隔岩、大岭）、五新（洋下山、五眼桥、百姓地、峧头、马湾、上岙、汝溪、马鞍岗、洋山岗、祝家岙、三家村、里山）、东丰（塊头）、东门渔村（塊头）。8社区：海宁、凤凰、金屏、荔港、文澜、九市曲、延昌、塘头港社区
西周镇	计74行政村：瀛广、东瀛、弘瀛、瀛洲（上渡头）、西前（司前）、大坑、白月岙、上谢、乌沙（乌沙、山后塘）、虎山（花园、黄狗山、桃湾、老鸦潭）、文岙、琴诗岙、土上、土下、夏叶、初坑、新屋、寒山、大岙、庆丰桥、车岭、沙泉（沙地）、望港（山头）、潘埠（潘埠、渡头街）、勤丰（勤家场、下湾）、莲花、蚶岙（蚶岙、龚家）、杨岙、岙岭下、湖边（湖边、庙岭头）、陈隘、上张、蔡家田、谢圣岙、伊家、箬岭（里岙、小半岙、坟庄屋、外岙、牛游塘、大龙、黄泥桥）、大竹园（大竹园、田鸡山）、儒雅洋（儒雅洋、郑家）、隔溪张、西岙郑、倪家、山顶岭、赖家、栲树岭（栲树岭、老鼠桥）、伊家山（伊家山、羌平）、尖东（尖坑、防东）、半坑于、金竹坑（金竹坑、大平头、见位、上山九）、山后胡、下芭蕉（芭蕉、下岙）、上芭蕉（芭蕉、上岙）、横山、尖岭头（尖岭头、丹岗）、下沈（下沈、戴家墙弄）、蒋家岙、万金山、柴溪（柴溪、海头庵、下岙、赵家）、牌头（牌头、下新屋）、杭头（杭头、应家）、利山、八亩、东岙、官山（东岙）、赖岙、寿丰、荷欣、龙翔、百贤、杰下（郑家、大路）、杰上（上赖）、田岙（田岙、芦山）、平潭、上山、扫底湾村
鹤浦镇	计34行政村：鹤翔、鸭嘴头、鹤进（城区、大塘、下坦、万全塘）、鹤浦渔村、小网巾（小网巾、嘾头、后岭塘、南山、岗头、温州厂）、流水岩、黄金坦（黄金坦、三叉洋枪、中央湾、杨柳湾、塘洋、外湾）、文山前、湾塘（小湾塘、小外湾）、蟹厂（蟹厂、中塊、盛家、前山）、小百丈（小百丈、黄泥空、鱼山、滴水岩）、大百丈（大百丈、雉鸡里、外埠头）、樊岙（樊岙、石屋、灯盏屋、外川洞、里川洞、老潘湾、脲脚湾、雉鸡山脚）、高坎头（高坎头、李沙棚）、谷桶（里谷桶、外谷桶）、马小坦、南田墩（南田墩、南田峙）、大南田、凤凰山、小南田、牧童岙（牧童岙、坑里）、水湖涂（大岙、水湖涂岙）、杨柳坑（杨柳坑、龙虎斗）、金七门农村、金七门渔村、后龙头、前龙头（前龙头、龙头珠）、吉港、五利（后塘角、黄岩庄、九皮庄、峙山、前排、犁头塊）、鹤湾（峙湾、和平湾）、双下湾（韭菜湾、棺材湾）、大沙、螺蛳礁（外湾、里湾、小岙）、鹤南村（大湾塘、大下坦、黄金盘、凤凰头、里湾）

续表1-24

街道、镇乡名	所属行政村（括号内为该行政村所辖或所在的自然村）、社区
贤庠镇	计28行政村：贤庠（贤庠、大王）、岑晁（岑晁、盛家、计家、山前、塘岸下）、官司塘、小蔚庄、盐厂、西山下（西山下、庵前、朱下庵）、碶头陈（碶头陈、山下孙、上白家）、章家墩（章家墩、岙里弄）、着衣亭（着衣亭、易家、张岙）、沈家洋、珠山岙、珠溪（珠溪、羊中岙）、蒲门（蒲门、黄沙坑、大中庄、大石门、郑下湾）、青莱（青莱、芦岙碶头）、木瓜（木瓜、张陈）、程家屿、常乐（下寺前、上寺前、平阳厂）、乌屿山、新丰（新妇娘房、鸡头庵）、俞公岙（俞公岙、桃树湾）、塘花园（塘岙、大岙）、下庄、山厂（山厂、郭家、龙王堂）、民洋（溪沿厂）、东风（马岙、路下庄、张家岙）、中溪（中庄、大碶头）、溪沿（溪沿、舒家）、海墩村（海墩、西泽、下庄溪）
定塘镇	计28行政村：渡头（渡头、亨水塘、隔岸、黄狗盘）、岙底（岙底、林家、东岙）、镜架岙、新岙（新岙、里岙）、台洞塘、小湾塘（庙后、外湾、岐头、小湾塘）、田洋湖（田洋湖、田洋湖街、斜岙、龙冲）、蒲白墩（白墩、碶门头）、英山（上英山、下英山）、金牛港、礁横（礁横、塘角头、朱家、浮礁渡）、中站、宁波站、沙地（里沙地、外沙地、小麦岭脚、赖家岙、新安寺）、定山（定山、东坑）、周岙（周岙、外斜岙）、叶口山、后洋塘（后洋塘、下渡头、陈家、市头、上岙）、葫芦门（葫芦门、后塘）、大湾山（陆家、方家、狮子山、坦港、外塘、小新城）、下营（下营、三礁塘、地垄、乌岩垄、庙山、六市碶）、方前（方前、上山、小青埠、大青埠、上营）、漕港（漕后、漕前、钟家）、盛平山（盛家、小太平、赖家、下山）、花港（大花港、小花港、盛家、蒋家）、灵雅舍（楼下舍、下角、四眼碶、长峙）、中泥（中泥街、外塘、高涂、竿头、竿头里、山灶、过岭下、下灶）、洋岙村（杨岙、栲湾、枫树湾、横湾）
墙头镇	计23行政村：墙头（墙头、朱家、大雷寺、丁家、屠家）、雷港（山根、励家洋、沈山岙、戴港）、塔岭、蔡家岙（沈家、东山、山坑）、溪里方（溪里方、郑家）、方家岙、西沪（马家、三份头、茅草弄、徐家）、孙家、下沙、盛王张、舫前（舫前、唐家岭、孔家、徐家井）、岭下、大溪蒋、白墩、桃湾、洋北、亭岙（大岙、大岙岭、太山）、黄溪（黄溪、渡头）、七里亭（七里亭、麻车岭）、吊水岩（吊水岩、山根俞）、合心（珓杯丘、塘家田、凤山头、彭娘岙）、周家路、毛洋岭（毛洋岭）村
泗洲头镇	计21行政村：泗洲头（泗洲头、南岙、路西跳、下山头）、东联（后山、上西庄、下西庄、东岙）、何婆岭（何婆岭、西山）、杨大场、金家岙（金家岙、小石坑）、张岙、横埕（横埕、河柳溪）、萧胡、后王、塘岸、西洋、上峙后、下峙后、峙前、上马岙、下马岙、苏岙（苏岙、梅岙塘）、墩岙、墩岙塘（碶门头、落掉猪头、塘岸脚）、泗联（中央岙、田边、岭脚、井坑）、大理村（大麦塘、外厂、里厂、里坑、对岙王）
涂茨镇	计21行政村：涂茨（涂茨、白石坑、骑龙山、双庵）、屿岙（屿岙）、毛湾（上毛湾、下毛湾、东坑）、大岭后（大岭后、西家湾）、玉泉（黄家坦、泉水坑、大山、章家、沈岙、玉泉寺）、东港（崔家岙、姑墩、萧家、潘家坎）、大坦（大坦、傅家）、永联（后七埠、平岩头、里扫基塔、外扫基塔、包家弄、十里亭）、旭拱岙（上厂、将军山、下厂、碾子头、莫家、白站）、泊戈洋（泊戈洋、塌岭脚、下陈、下叉山）、黄沙（黄沙、上张家、下章家）、汤岙（汤岙、赵家）、新塘、钱仓、里庵（许家、里陈、康家、大厂、洪家、外陈）、中堡、前山姚、长沙、庵后（庵后、太山岙、下庄）、珠山（珠山脚）、下盆岙村
大徐镇	计24行政村：大徐（大徐、雅雀岭）、三角地（三角地、梅洋、洪水山）、下院（岙里、西岙、东岙、外厂）、杉木洋、甲田弄（甲田弄、隔坑、岙洋、缸窑蒋）、塔幢（吴家山、青岭下、塔幢、水流桥）、海口、汤家店（蒋家园、黄家、邬家潭、大麦岙）、大磊头（大磊头、桥头、黄家山）、相思岭（泥塘、施家坑、范家山、相思岭）、黄盆岙、林善岙（林善岙、江岙、牛岙）、虎啸铺（虎啸铺、松篁）、陈山、安东（上纸厂、下纸厂）、后岭、雅林溪、下岙（下岙、蒋家、蓝家）、上岙（上岙、丁家）、章家弄（章家弄、船倒山）、新罗岙（新下岙、新上岙）、夏雨岙（夏雨岙、毛洋、外考坑）、里考坑（里考坑、大爿地、新凉亭）、铁拾（拾亩地、铁丈岙、铁西岙、猢狲坑、沙地）

续表1-24

街道、镇乡名	所属行政村（括号内为该行政村所辖或所在的自然村）、社区
新桥镇	计28行政村：新桥（新桥、小岭下）、海台、山根、井头、板岭、东溪（东溪、隔溪坑、海山）、山头王（山头王、岭脚）、洋坑、庙前杨（庙前杨、郎家岙、横山）、关头（关头、冯家）、东史、石柱外（外岙）、石柱里（里岙、南山）、崇攙（中央塘、里塘、外塘）、双岙（中央湾、西湾）、黄吉岙、上七里、下七里（下七里、花前）、灵岙（上灵岙、中灵岙、下灵岙）、上盘、黄公岙、高塘（黄家、下高塘、王甲山脚、舒家、大地头、汗苗岭）、高湾（高湾、胡平井、北山、丁家塘、上周山）、七林湾（七林湾、西垄、隔岭、张家）、韩升（外韩、小白蛇）、海丰（乌江、蛤沙、松树山、弹涂岙）、兴海（龙洞、里江东、外江东、王岙）、五兴村（里岙、外岙、五师寺、木头岙）
东陈乡	计20行政村：沙岗（沙岗、王家、江坑、海墩、沙坪、大金山）、北山下、岳头（岳头、上搭）、马岗、洋里、西庄、武家山、东陈、大塔、南堡（南堡、寨后、西山、叶家山）、樟岙（樟岙、南堡黄、普陀何）、金井头、南盘、上周（上周、旋潭）、王家榄、东旦、升岙（东升、外东岙）、松岙（卢高岙、柏树脚、城堡岙、海头、下岙、山下、里岙、里山）、旦门（张坑、外岙、九亩地、关帝庙、里岙、双桥、大荒地、鸡窠岭脚、大湾、泗洲堂、岐头）、红岩村（王家、岭脚、平石、东湾、小湾、梅岭、乌岩）
晓塘乡	计19行政村：美礁碶（三眼碶、抱儿石、礁头、礁头塘）、中岙、做布厂、利民（里塘）、中央攙、新厂（新厂街、下林、大树墩）、晓塘、西边塘（西边塘、鹁鸪头）、双连峙、励家坪（励家坪、励家坪渡头）、鹤洋（鹤洋）、后岭、黄埠（黄埠、铁路坑、花湾、清水潭）、支坑（支坑、外湾、庙后山）、月楼（月楼岙、湾边）、胡家峙（徐家、九龙江、冯林、行官上、大明堂、谢家、外周家）、东浦（山岙、黄埠岭脚、青埠岭脚、黄泥头、邓家、南山）、青山头（竹屿、羊角湾、下存、炮台下、大木杓）、岭头村（黄埠岭头、百步耸）
黄避岙乡	计16行政村：龙屿（龙屿、上龙屿、谢家岙）、周家（周家、黄家塘、下张家、上张家、吴家、西寺庄）、谢家（谢家、前山、刘家、朱家、杨家）、兵营（兵营、下牌、瓦窑头、张湾、沙塘）、大斜桥（箬帚畈、高庄、宜家岙、大斜桥）、横塘（横塘、台头岭）、黄避岙（黄避岙、孟岙、高湖、高墩洋）、鲁家岙（鲁家岙、塔曼礁）、白屿（白屿、黄家岙、马滩）、塔头旺（塔头旺、沙岐、童家园）、大林（大林、护镜寺、稻泥岙、西洋庵、许家）、鸭屿（鸭屿、黄泥坎）、山夹岙（山夹岙、程渡湾、双井头）、骍角岙（骍下岙、骍上岙、东园）、横里、高泥村（里高泥、新塘、外高泥、东塔）
茅洋乡	计21行政村：溪口（溪口街、朱周、溪口周、楼下陈、下缸厂、庙山、外塔亭）、屠家园（屠家园、石鼓岭脚）、南充（南充、蔡家）、溪东（东岙、花露山）、杨家岙（杨家、俞家、祝家、应家）、小白岩、山下叶、郑家庄、徐家岙、大地园、乌石岐（乌石岐、廖家）、上缸厂、茅洋（下茅洋、杨家庄、上黄、柴爿山脚、唐家）、李家弄（李家弄、上胡）、白岩下、银洋（缸窑俞、断坑、行者岭脚）、兴坑、台头（潭头、小杨家）、文山、花墙、洋岙山村（何家、黄家、张家）
高塘岛乡	计18行政村：江北（高塘、边一、滴落湾、树七、杏十三、树五、温州厂）、江南（高塘、花八、花三、桃七）、纱帽绿（塘里、山脚）、渔潭（大鱼潭、小鱼潭、脤脚岙）、珠门、罗元（罗元、小岩头、馒头山）、中江（中江、中炮台）、上江（上江、上岩头、横江）、杏八、孝贤湾（孝贤湾、塘局、杏余）、三五（桃三、桃五、前江、上横厂）、金高椅、龙珠（龙爪珠港、前高塘、小乌岩）、花岙岛（花岙、大塘里、碶门脚）、珠益（大百家徐、小百家徐、碶门头、下潭涂）、乌岩头（乌岩、地龙、石头墩、小鸭嘴、舢舨塘、嵊头）、林港（港口、蛤蜊塘、仰天塘、门扇后）、余江村（余十、余曹、梅头江、上排厂、下排厂）

说明：行政村是行政区划体系中最基层的一级，设有村民委员会等自治机构。在许多地方，行政村与自然村是重叠的；在另一些地方，一个行政村包括几个甚至几十个自然村；在个别地方，一个自然村被划分为一个以上的行政村。本表行政村后括号中的自然村，即表示上述行政村与自然村在地域上的三种关系。括号内有两个及以上自然村的，其第一个即为行政村村民委员会驻地

2008 年象山县社区情况表

表 1-25

丹东街道办事处　地址：建设路 309 号　社区 8 个					
社区名称	办公地址	东　界	南　界	西　界	北　界
塔山	丹峰东路 447 号	巨鹰路	象山港路	东谷路	塔山路
丹峰	丹峰小区 95 幢	兴盛路	象山港路	新华路	靖南大街
文峰	育才路 93 号	兴盛路	靖南大街	育才路	建设路
金秋	步行街南康弄 21 号	新华路	象山港路	天安路	建设路
公园	青龙桥 11 号	东谷路	东风路	县前街	白象山脚
东街	青龙桥 11 号	东谷路	建设路	南街	东风路
新华	起春路 79 号	育才路	靖南路	新华路	建设路
梅园	龙泽名园会所	巨鹰路	—	—	象山港路
丹西街道办事处　地址：南街 25 号　社区 6 个					
社区名称	办公地址	东　界	南　界	西　界	北　界
北路	北山路 5 号	县前街	西街	西门	白象山脚
新建	羊行街 4 号	南街	建设路	西门	西街
文昌	新丰路 107 号	天安路	靖南路	西门	建设路
蓬莱	蓬莱小区 9 号	天安路	丹峰路	西门	靖南路
瑶琳	瑶琳社区	天安路	—	—	丹峰路
白鹤	城区西	变电所	白鹤庙	万象装潢市场	路下林丹南路
爵溪街道办事处　地址：十字西街 96 号　社区 3 个					
社区名称	办公地址	东　界	南　界	西　界	北　界
玉泉	新瀛路 17 号	斗嘎路	十字东西街	苏前街	北塘工业区
龙溪	镇前街 2 号	苏前街	南山路	敬老院	北山路
瀛海	新瀛路 17 号	大塘大坝	游仙路	环城路	大宇路
石浦镇人民政府　地址：石浦镇凤栖路 138 号　社区 8 个					
社区名称	办公地址	东　界	南　界	西　界	北　界
海宁	文兴路 12 号	葛峙山	镇政府	玉泉路	渔港南路
凤凰	凤凰新城内	玉泉路	大金山	大庆路	渔港南路
金屏	凤栖路 13 号	大庆路	大金山	荔港路	渔港南路
荔港	金山路 23 号	荔港路	大金山	大冷库	渔港南路
文澜	人民路 46 号	水门头	二湾头	石浦宾馆	大冷库
九市曲	人民路 46 号	文昌阁	后岗山	水门头	五新公路

续表1-25

丹东街道办事处　地址：建设路309号　社区8个					
延昌	新塘岸路67号	石浦宾馆	橘场路	延吉路	渔港北路
塘头港	新塘岸路67号	延吉路	汽车东站	荔港学校	渔港北路

2008年象山县居委会情况表

表1-26

乡镇名称	居委会名称	办 公 地 址
鹤浦镇	兴鹤	鹤西西路56号
	仙鹤	鹤西西路56号
	振鹤	鹤西西路56号
	松鹤	鹤西西路56号
西周镇	振瀛	振瀛路4号
	兴瀛	振瀛路4号
	下沈	振瀛路4号
	黄家塘	4819工厂内
石浦镇	大明	昌国办事处
	东门	荔港社区内
贤庠镇	贤庠	奉和路75号
大徐镇	龙溪	东昭路116号
涂茨镇	金鸡	涂茨村
墙头镇	墙头	观南路28号
东陈乡	东旭	沙岗村
泗洲头镇	泗洲头	泗洲头村
新桥镇	新东	宁丰路10号
定塘镇	定塘	兴定路57号
高塘岛乡	高塘街	江北村

原南田县行政区划

民国元年（1912），南田置县，辖4自治区：桃源区（南田岛）、蓬莱区（高塘、花岙2岛）三山区（檀头山、南渔山、北渔山、对面山4岛）、瀛洲区（坦塘岛）。同年，象山东溪岭以下划入，移治石浦，增设城区及延昌、卫安、金城、灵照4乡。翌年，取消划并，仍归象山，县治迁回樊岙。民国18年，行村里制，全县编3里28村。民国19年，分设4区、10都、3里、28联村：

桃源区辖4都、2里、14联村。一都辖鹤浦里及金坛、百丈、网湾、文山等联村；二都辖枫螺、吉龙、湾塘等村；三都辖樊岙里及石川、龙平联村；四都辖南田村及南牧、金芦、凤潭、高谷等联村。

蓬莱区辖3都、1里、8联村：五都辖龙泉里及港口、乌岩2联村；六都辖蟹礁、百碶、杏村、渔潭等联村及珠门村；七都辖花岙村。

三山区辖2都、4联村。八都辖三山联村，九都辖潭南、潭北2联村及渔山村。

瀛洲区辖1都2联村。十都辖坦塘、白莲2联村。

民国29年（1940），南田撤县，辖地为三门县南田区，辖6乡、镇：龙泉镇（驻龙泉）、南田镇（驻樊岙）、鹤浦镇（驻鹤浦）、文山乡（驻大百丈）、四都乡（驻大南田）、杏港乡（驻港口）。

民国36年（1947），改划为5乡、45保、459甲。南田乡辖8保、71甲；鹤浦乡辖7保、75甲；文山乡辖6保、75甲；四都乡辖8保、75甲；蓬莱乡辖16保、163甲。

中华人民共和国成立后，仍为三门县南田区。1950年建立南田、珠门、高塘、文山、湾塘、杏塘、鹤浦、四都、檀渔、坦塘10乡。

第二篇　街道镇乡

本篇目录

第一章　街　　道

作为人文地理景观的街道，旧志多划归城邑、城区志，常入“街巷、坊巷”等目，亦有以“坊巷”等为题的都市专志，如清光绪年间丁丙的《武林坊巷志》等。这类街道，如在乡村，往往兼具“集市”的功能，单称一个“街”字，如清末象邑西四乡有渡头街、怀珠乡有“大徐街”等，通常入“市巷”“市街”“舆图”等目。与乡、镇同级的行政区“街道”，20世纪50年代后始在一些城市出现，故其入志，始见于80年代后中华人民共和国第一轮所修的志书。象山历史上无作为行政区的街道设置。丹东、丹西街道的前身，自唐代象山立县以来，历为县城，清宣统二年（1910），始称“城区”。爵溪为游仙乡所辖之保，宋代文献即有记载，以后历经军事聚落、渔乡、工业重镇的变迁。2001年6月，为适应经济发展，推进城市化建设进程，撤丹城镇、爵溪镇，设丹东、丹西、爵溪3街道。其管理机构称“办事处”，为县人民政府派出机构。丹东、丹西街道办事处仍承担和行使原丹城镇人民政府职责和事权，爵溪街道仍承担和行使原爵溪镇人民政府职责和事权。3街道共辖行政村61个、社区17个，拉大了城市框架，构成象山中心城区。至2008年，中心城区建成区13.6平方千米，人口115544人。丹东、丹西在原县城丹城及城郊，为县政治、经济、文化中心，商贸繁盛、工业发达。爵溪，县内针织工业最大基地，距县城仅8千米，随着赵岙岭隧道的开通，燕山路与县城象山港路相连。

第一节　丹东街道

象山县城，立县后设象山东南麓彭姥村。清初，已称丹城。民国23年（1934），设丹城镇。2001年6月，撤销丹城镇，“丹城”设“镇”共存续67年。同月，丹东街道新建，因所辖地为原丹城镇天安路以东部分，故名。民间因丹东街道所在地历为县治，故“丹城”“象山县”“城里厢”等习称，使用频率极高。

照2-1　丹东街道航拍照

位置面积

位于象山半岛东部偏北，北枕鲫鱼山、石孔山与大徐镇相接；东依岙里山、泥塘山折向爵溪山脉与爵溪街道相连；西以南街、天安路为界，与丹西街道毗邻；南至大目涂围垦区。陆域面积38平方千米。耕地约408.87公顷，林地1826.73公顷①。街道办事处驻地：建设路309号。

①本篇陆域、耕地、山林等面积数据均统一采用各街道、镇、乡上报的2008年数据，其中陆域面积因统计口径不同与县国土局上报数据有差异。

地形地貌

街道北、东两面为低山丘陵，约占总面积35%。南部林海、南庄一带因海涂抬升，并经人工围垦促淤而成陆，丹城城区村落由此而南逐步形成。北部为象山山脉，呈西南—东北走向，丘陵低矮，坡平溪缓。东部爵溪山脉，呈西北—东南走向，其南部山势较高，海拔300米以上山峰7座，主峰大爿山位于赤坎与白沙湾之间，双峰并列，海拔分别为444米、435.8米。西部、南部为南庄平原，地势由东北向西与东南倾斜。河道纵横，主要有东大河、南大河、南横河等。水库有赤坎、东谷湖、梅溪、青湾等7座。山地以黄泥土、石砂土为主；平原以灰泥土、淡塘田土为主。

建置沿革

“象山自唐立县，五乡之里俱失传，惟应真乡、保德乡、三山里、彭姥村可考”①。以上4个地名，据民国志《古迹考》可知，在今丹城中心城区（以下称“今城区”）之丹东、丹西两街道，唐时，当应属应真乡、保德乡、彭姥村（时为县治所在地）之范围。

入宋，今城区丹东、丹西两街道之地分属：政实乡之美政里、白石保、弦歌保、保德保，归仁乡之崇仁里、九顷保，游仙乡之和顺里、柘溪保、赤坎保。

明嘉靖志载象山县三乡、三里、十二村、二十四都及二十四都所辖村名。其中属今城区丹东、丹西两街道的有：政实乡之美政里、白石村、弦歌村、宝德村、十五都大部、十六都、十七都之半，归仁乡之崇仁里、九顷村、六都，游仙乡之柘溪村、十八都一部、十九都大部。

清乾隆志所列象山三乡、六隅、十六都中，属今城区丹东、丹西两街道的有：政实乡的一至六隅和归仁乡之八都、游仙乡之十五都大部。

清末、民国初，丹东、丹西两街道属地包括当时的城区（东、南、西、北、庄穆5境，12村）、宝海乡之小半、靖南乡之大部。

民国18年（1929），城区与靖南、宝海两乡均属第一区。民国21年，丹城分建东升、南陔、西华、北辰、中庄五镇；民国23年，丹城设镇，丹东、丹西两街道辖地为第一区之丹城镇及梅屿、石顷、南庄、西洋、赤海、河头、仇家山七乡（第一区共一镇十二乡）。民国32年，为上南区之丹城镇、靖南一乡和靖南二乡之一部。

中华人民共和国成立后，今城区丹东、丹西两街道一部分属西沪区，另一部分属靖河区。1950年5月，西沪区改称墙头区，靖河区改称南庄区。翌年丹城镇划入南庄区。丹东、丹西两街道为丹城、南庄、洋心、九顷、梅溪、桥头林、海塘7镇、乡（南庄区共有11乡、镇）。1956年，两街道地为县直属之丹城镇和南庄、林海两乡。1957年，南庄、林海两乡改属南庄区。

1958年9月至1961年9月，人民公社化运动中，以原南庄区，原大徐区之大徐、雅林溪两乡，原墙头区之墙头、亭溪两乡及丹城、爵溪两镇合并，建象山人民公社。两街道之属地为其中之南庄、洋心、桥头林、梅溪、丹城5大队。1959年4月，象山人民公社改称丹城公社。8月恢复丹城镇建制。11月，丹城公社所属15个大队撤并为7个管理区。丹东、丹西两街道地为丹城镇和南庄、林海两管理区。至1961年10月，象宁分县，丹城人民公社建制撤销，象山县行政区划为“7区37公社”。丹东、丹西两街道属地为县直属之丹城镇（公社）和南庄区之南庄、林海2公社。1983年9月“政社分设”，公社改为乡、镇。

至1991年年末，今城区辖地为县属丹城、爵溪两镇和南庄区之南庄、林海两乡。1992年5

---

①民国《象山县志·地治考》。

月，“撤区、扩镇、并乡”，以丹城镇、南庄乡、林海乡合并建镇仍称“丹城镇”。2001 年 6 月，撤销丹城、爵溪两建制镇，建立丹东、丹西、爵溪 3 街道。以西澄河—南街—天安路一线，分原丹城镇为镇东、镇西两部，东即丹东街道，西即丹西街道。

行政区划

2005 年 11 月，全县调整行政村规模，姚家山并入梅溪村，袁家并入后山村，赵岙、中家河、上半河合并为兴盛村，高俞、夏家合并为城新村，邱家、河西合并为东环村，李家并入上余村，东塘、门前涂并入下余村，寨里、梅岙合并为寨梅村。2008 年，丹东街道辖 26 个行政村、8 个社区。行政村：庄穆境、上进、城东、东门外、起春、南门、下半河、田洋里、梅溪、后山、岙里、陆家、大碶头、蒋家、西林、后洋、桥头林、桥头胡、河东、上余、下余、赤坎、寨梅、兴盛、东环、城新（行政村所辖之自然村，详见本志“建置”篇。以下街道、镇、乡同）；社区：梅园、塔山、丹峰、文峰、金秋、新华、东街、公园。

人口民族

2000 年，丹城镇人口为 84375 人。① 2001 年，丹城镇分设丹东、丹西两街道，未分计人口数，两街道人口合计 88628 人。至 2003 年，始有两街道分计人口数，丹东街道为 48421 人。2008 年，20379 户、56621 人。其中，男 28227 人，女 28394 人，非农业人口 39556 人。另，暂住人口约 3 万人。

2000 年第五次人口普查，丹城镇（时未设丹东街道、丹西街道）人口为 104539 人。其中，汉族 104444 人、蒙古族 8 人、回族 2 人、苗族 36 人、彝族 1 人、布依族 7 人、朝鲜族 4 人、满族 7 人、侗族 10 人、白族 1 人、土家族 7 人、黎族 7 人、畲族 3 人、纳西族 2 人。少数民族共计 95 人。

经济概况

工业以电器、针织、机械、模具、气动件为支柱产业。辖区内天安集团，专业生产大型变压器等成套高精电器设备，是象山输变电器龙头企业、国家重点高新技术企业。另有东风集团、天元电器、兄弟服饰、骏嘉机械、宝鑫电器、盛和灯饰、浙江一漂、同家模具、探索机械等大型企业多家。2008 年，辖区各类工业企业 400 余家，其中规模企业 71 家。城区农业，原以种植水稻为主，现多改种柑橘、蔬菜、瓜果等经济作物。随城区建设扩大而不断土地征用，使多数农民转行改业。是年，全街道实现社会生产总值 45.34 亿元。其中，工业总产值 41 亿元，财政总收入 4.65 亿元，农民人均年收入 9278 元。

街道商贸繁盛，三江超市、华联超市、家家福超市、汇金商厦、百货大楼等大型商场 10 余家，各类商店（铺）3780 余家。建有全县规模最大象山港国际大酒店、黄金海岸大酒店、海景大酒店等星级宾馆。其中，国际大酒店为县城内最高建筑，22 层、71.9 米。汪家河综合市场为全县最大菜市场，摊位 1100 余个，年交易额 15 亿元。

---

①84375 人，此为县统计部门公布之丹城人口数。第五次全国人口普查 2000 年丹城镇人口为 104539 人。而 2000 年，统计部门公布全县人口为 532388 人，普查人口却为 484236 人。两者差距甚大，当系统计口径不同所造成。统计部门系据公安户籍而得。象山有很多人外出求发展，而一时未迁户口，故统计部门户籍人口数多于普查人口。同样，有很多来自全县其他乡镇的象山人，乃至外地人在丹城买房定居，但其户籍却尚未能迁入城区，故统计局丹城人口要远少于普查人口。此种问题在本篇各街道、乡、镇中均普遍存在，以后不再一一说明。

社会事业

教育单位有象山中学、象山港书院、文峰学校、丹城一中、象山职业高中、象山技工学校6所，小学2所，另有机关、海韵、塔山、林海等幼儿园。卫生医疗机构有县第一人民医院、中医院、妇幼保健医院、防疫疾病控制中心县级医院4家。

名胜古迹

东谷湖畔塔山遗址，距今有6000余年历史，为浙江省重点文物保护单位。东寺（宝梵讲寺）、瑞龙寺均为千年古刹。赤坎游仙寨为明代抗倭寨城，轮廓完整，为省重点文物保护单位。另有姚家山新石器时代遗址、宋淳熙井、东寺均为县级文保单位。辖区内建有松兰山旅游度假区、东谷湖风景区。

第二节　丹西街道

丹西街道，原为丹城镇一部分，2001年6月分设。因所辖地为城区天安路以西部分，故名。民间以丹西街道所在地历为县治，而习称为“丹城”“象山县”“城里厢”等。

位置面积

位于象山半岛北部。南濒大目洋；东以南街、天安路、南大河为界，与丹东街道毗邻；西南与东陈乡相连；西与墙头镇相接；北依象山南麓。陆域面积42平方千米。其中，水田面积470公顷，旱地32.6公顷，林地面积2333.3公顷，水产养殖面积153.9公顷。办事处驻地：南街25号。

照2-2　丹西街道航拍照

地形地貌

境北、西两面为低山丘陵，自然环境略同丹东。北部象山系射箭山山脉南段，形如伏象；西有千丈岩、彭姥岭、狮子山、鸡笼山等，最高荷花芯山海拔588.2米；南为南庄平原，地势由西北向东南倾斜，曾是万顷良田，河道纵横，有西大河、横河等，今已建筑林立，街巷纵横。

建置沿革

同丹东街道。2001年6月立置“丹西街道”。

行政区划

2001年9月，合并调整北路，新建、市中、文昌、永平居民区为北路、新建、文昌社区。茂林、蓬莱、西谷、瑶琳、大河合并为蓬莱、瑶琳社区。2004年，合黄家塔、潘家桥、南仓为白鹤社区。合并九顷、下前山、巴龙头、冷水潭为九顷村；山头董，何家、胡家碶为董何碶村；里新、周建、仇家山为仇家山村；新碶头、新虞、下张家为新碶头村。2008年，丹西街道共有29个行政村、6个社区。行政村：北门、西门、方井头、秧田头、五丰、杨家、上吴、小厅、六升、上街头、菱河头、小河头、横墙弄、西港、仇家山、九顷、杨蓬岙、三岔路、白石、横塘欧、樟树下、小东洋、韩家、洋心、新碶头、南沙、珠水溪、路下林、董何碶；社区：北路、新建、文昌、蓬莱、瑶琳、白鹤。

人口民族

与丹东街道同，至2003年，始有单独人口统计数。是年，16895户、人口45138人。2008年，17821户、45951人。其中，男22991人，女22960人，非农业人口26453人。另，暂住人口约48000人。

2000年，第五次全国人口普查时，丹西街道、丹东街道尚未划分，无单独人口及民族结构资料。详见本篇“丹东街道”节。

经济概况

工业以机械、针织为主。20世纪90年代末，以路下林、潘家桥等8个村200公顷土地建成象山工业园区。2007年后，又向西南拓展至珠水溪、董何碶，成象山工业生产主要基地。2008年，辖区各类工业企业680家。其中，规模企业120家，宏利集团、天韵食品等4家企业，年产值上亿元。农业以种粮、蔬、果为主。尚存耕地512公顷，种植蔬菜瓜果面积达266.6公顷。“浙东牌”大白鹅、绿色农产品销往各地。南方野生动物养殖公司养殖特种野猪、灰天鹅、斑嘴鸭等获中国国际农博会金奖，为省、市名牌产品。是年，全街道实现社会生产总值45亿元。其中，工业总产值41亿元，农业总产值3.2亿元，财政收入4.4亿元，农民人均年收入9212元。

街道商业繁荣，有美大百货、美利百货、小商品市场、农贸市场、果品批发市场、蓬莱菜市场和建材批发市场。万象装潢市场，位于街道西郊，为县内最大装潢建材供应市场。

社会事业

教育单位有象山三中、丹城二中、滨海学校3所；实验小学等小学3所。另有春辉、滨海等幼儿园。卫生医疗机构有丹城中心卫生院、翁敬堂医院等。县客运中心、县殡仪馆在辖区内。

名胜古迹

红庙山新石器时代村落遗址，与丹东塔山遗址遥相呼应。北部蓬莱山传为秦代徐福东渡前隐居及南朝梁陶弘景炼丹之处。北部凤跃山下有南朝宋元嘉二年（425）所建等慈禅寺（西寺），为象山名寺之一。石屋胜景、白蟹潭、普明寺等皆为丹西名胜。姜毛庙修复后成为当地居民的文化娱乐中心。县级文物保护单位有丹山井、石屋及摩崖石刻、西寺、王家谟烈士故居及墓地等5处。

第三节　爵溪街道

爵溪之名见于宋代，雀溪、爵溪并用。明以后，习用“爵溪”一名①。以后皆以爵溪名乡、名镇等。2001年6月，建爵溪街道。

爵溪名考　宋宝庆《四明志》卷二十一《象山县志·叙赋》“乡村·游仙乡”所辖一里十保中有“雀溪保（县东十五里）”之记载。称为“雀溪”，据旧籍载，乃因“村西南一溪东注入海，沿溪林木荫翳，鸟雀甚多，故名”。宋宝庆《四明志·象山县志·叙赋》又于“商税”条下称“爵溪”：“庆元二年，陈景愈于爵溪、赤坎、后陈、东门街等处创置税局。”考“爵”字，一义项通“雀”，故“雀、爵”并见，称雀溪、爵溪。诗文中爵溪又别称“瀛海”“大瀛海”，因其地为传说中瀛海之洲，故称。民国18年（1929），象山第一区有爵溪大瀛村，民国19年改为大瀛乡。

①嘉靖《象山县志》所称有：爵溪所公馆、爵溪巡检司、爵溪守御千户所、爵溪所、爵溪保等。

照 2-3 爵溪街道航拍照

民间历称爵溪为“墟里”。“墟”亦作“圩”，指乡村集市，或用陶潜《归田园居》“暧暧远人村，依依墟里烟”诗意。

位置面积

位于象山县东部沿海中偏北部，距县城中心8千米。东临大目洋至韭山列岛；西接丹城；南至白沙湾与松兰山景区接界；北至公屿白岩山一带与大徐镇与涂茨镇接壤。拥有沿海116个岛礁。陆域面积31.8平方千米。其中，内陆面积20.2平方千米，岛礁面积11.6平方千米。2008年，山林面积199.9公顷，耕地面积75.4公顷，果园30.86公顷，淡水养殖40公顷，海水养殖93.4公顷。办事处驻地：十字西街96号。

地形地貌

三面环山，东面濒海，岛礁星罗，“东望日本，南走天台”，向为海道要冲，为山海之地，历史古城，渔商之乡。境内多低山丘陵地貌，最高南部大爿山，海拔444.3米。城区东离岸25千米韭山列岛面积7.3平方千米，由南韭山、积谷山等27个岛与48个礁组成，列岛由火山凝灰岩构成。青门水道、牛门水道，高潮时能通行千吨船舶。

建置沿革

宋属游仙乡雀溪保。明为游仙乡十九都地。明初，置巡检司，洪武三十年（1397）改设千户所①。清属游仙乡十五都，宣统二年（1910）属宝海乡。民国18年（1929）析为大瀛、玉泉、公屿3乡，属第一区。民国21年分为大瀛、玉泉2乡。两年后合并为爵溪乡。公屿与梅溪合建梅屿乡。民国29年，为象南区爵溪乡。民国32年，为上南区爵溪乡。1949年，为靖河区爵溪乡。1950年，为南庄区爵溪乡。1950年8月设乡，1951年2月，始为区属镇建制。1953年，升为县直属镇。1954年，林善乡牛丈岙村划入。1956年，大徐乡公屿村和林海乡白沙湾村划入。1958年9月撤镇，为象山人民公社爵溪大队。1959年4月，为丹城人民公社爵溪大队。11月，改称丹城公社爵溪管理区。1983年7月，恢复县属镇建制。1987年，前岙村从林海乡划入。2001年6月，撤镇建街道，为县中心城区3街道之一。

行政区划

2008年，辖前岙、牛丈岙、白沙湾、公屿渔村、公屿农村、地厂6个行政村，建有爵溪渔村、爵溪农村、南韭山村、甸平山村4个股份经济合作社；城区设瀛海、玉泉、龙溪3社区。

人口民族

1953年，爵溪镇人口5346人；1964年，9050人；1982年，12010人；1990年，13777人；2000年，13259人（以上均为人口普查年，人口数据采用统计年鉴，以下各乡、镇同）。2008年，4941户、12972人，其中，男6422人、女6550人，非农业人口2783人。另，外来务工人员约30000人。

2000年，第五次人口普查人口为17862人。其中，汉族17833人、维吾尔族2人、苗族20

---

①爵溪置千户所时间有二说：一为《明史·地里志》，曰洪武三十年十二月建；一为嘉靖《象山县志》，曰洪武三十一年建。或为三十年末、三十一年初而建。

人、布依族4人、朝鲜族1人、侗族2人。少数民族人口共29人。

经济概况

历史上为著名渔村。宋时，即有近海捕捞作业。明清成渔埠而闻名县内外。清光绪二十年（1894），有渔船200余艘，产鱼1万吨。民国期间，渔船180余艘，每逢渔汛，舟山、宁海、三门、玉环、乐清、温岭、平阳及福建等渔船云集，最多时达8000余艘。中华人民共和国成立前，爵溪鵃䑠船所捕大黄鱼加工腌制成鲞，城外十里平沙，鲞厂百家，灯明人忙，盛极一时。民国31年（1942），鱼鲞加工厂216家。黄鱼鲞亦称“爵鲞”，有“郎君鲞”之美称，驰誉宁波、绍兴、杭州、上海等地。1970年，因渔业资源衰退而渔转工，爵溪迈出了一大步，有工业企业8家。1975年后，大黄鱼产量迅速下降。1976年，爵溪至丹城公路通车，渔民转业，创办乡镇工业。1980年起发展针织产业。1985年，工业产业突破亿元，成为宁波市首个亿元镇、浙江省重点卫星镇、浙江省出口创汇第一镇，1990年、1995年两次被民政部评为“中国乡镇之星”。2000年后，建城东针织工业园区、城北工业园区，建立针织品研究开发、针织成衣加工、新面料开发、漂染整理、电脑印花绣花“五大中心”，针织产品远销世界100多个国家和地区。巨鹰T恤获“中国名牌产品”“国家免检产品”荣誉，甬南公司“伟绅”服饰获“国家免检产品”“浙江省著名品牌”荣誉。2008年，街道有各类工业企业500余家，其中规模企业129家，职工2万余人。全镇工业总产值65.95亿元，其中外贸出口交货值41.96亿元，创利税2亿余元，农渔民人均年收入13565元。辖区内有综合市场，街路两侧商铺林立，商贸繁盛。

社会事业

1996年，燕山水库二期工程完工，库容量416万立方米，日供水1000立方米。教育单位有爵溪学校、爵溪职业技术学校。另有机关幼儿园、卫生院、敬老院、老年活动中心、街道图书馆。至2008年，连续成功举办22届镇文化艺术节。“海达渔鼓”舞蹈节目获2006年浙江省群星广场舞金奖，2007年又获全国广场舞蹈群星表演奖，2008年参加北京奥运会广场表演。8月，代表中国民间艺术团体赴土耳其参加伊兹密尔国际文化节。建有腾蛟公园、蛟头公园。

名胜古迹

有沿海观光大道及观海亭。元代建大瀛海道院，所立《大瀛海道院碑》，集吴澄文、赵孟頫书和袁桷篆额，弥足珍贵。明洪武二年（1369），置巡检司。三十一年筑所城，依山蜿蜒似船俗称“船城”，为明代抗倭要塞。至今仍保留部分明建古城墙及周家湾烽火台等遗址、遗迹，为县重点文物保护单位。城区十字街有清乾隆年间（1739—1795）所建街心戏亭，为省重点文物保护单位。城内有玉泉、蓬莱等建于明清时寺庵。另，白沙湾弥陀寺，建有赵五娘殿，为县内一大胜景。

第二章　镇

唐，象山设镇，与县同时，名“象山镇”，为军事聚落。吴越钱氏纳土归宋后，象山镇废①。小商业市镇，宋时有弦歌市，以后全县各地多集市，至清末，有市、镇10余个：县东有朱溪市、涂茨镇、溪沿市、岑䆫市；县南有洋心市、南堡镇、新桥镇、盐仓前镇；县西有墙头镇、方前市、湖滨镇、西周镇、泗洲头市②。宣统二年（1910），依朝廷颁发的《府厅州县地方自治章程》，设“昌石镇”，此为“镇”入象山行政区划序列之始。民国19年（1930），出现由“里”而改之“镇”，第一区设5镇，第五区设4镇。民国23年，前者合而为丹城镇；后者合为金山、东来2镇。民国24年，此2镇合置为石浦镇。至此，北有丹城镇，南有石浦镇，县内两大镇南北各一。1951年，丹城升为县直属镇，爵溪始为建制镇。1953年，石浦、爵溪继之，至此，镇形成北、南、东鼎足之势。1956年成立人民公社、县设9公社，撤镇、乡。1959年，丹城、石浦复为县属建制镇。1983年7月，爵溪复为县属建制镇。同年又改西周、鹤浦两乡为县属镇。至此，南有2镇，东、北、西各有1镇。1992年5月，“撤区、扩镇、并乡，”设13个镇、5乡。2001年6月，撤丹城、爵溪而为3个街道，全县设10个镇：东北有涂茨、贤庠、大徐3镇；南有石浦、鹤浦两镇；西北有西周、墙头2镇；西南有泗洲头1镇；中有新桥1镇；西南有定塘1镇。至此，县有中心城区，各地亦皆有中心镇，县域城镇体系形成，城市化率近50%。石浦镇为全国发展改革试点小城镇、浙江省小城镇综合改革试点镇、中国历史文化名镇。西周镇为浙江省小城镇综合改革试点镇。

第一节　石浦镇

石浦，明洪武二年（1369）设立巡检司始见其称，谓“石浦巡检司”。其名或因地近溪流入海处（今南关桥一带），两岸多岩石而名之。明洪武二十年，石浦巡检司迁出，迁入昌国卫之前、后两所，谓“石浦守御千户所”③。清康熙年间“展复”之后，石浦渔商渐兴，多宁波、台州客

---

①民国《象山县志》之“武治考”“古迹考”。

②民国《象山县志》“图说上·象山全县总图说”及舆图。

③石浦守御千户所，洪武二十年从昌国迁来，史志文献大都如是记载。《读史方舆纪要》卷九十二《浙江四·宁波府·附见》“石浦守御千户所”却载“象山县西南百里，北去府城三百七十里。旧置于县南十里石浦山，洪武二十年迁此。”说石浦守御千户所旧在县南十里，仅见，不知所据。石浦山，据旧志所载，不在县南十里，而在县南九十里或玉女山南去五里，本名后山。民国《象山县志·图说下·山脉》引嘉靖府志载：“玉女山，县西南九十里。山南去五里，中为石浦山。”又引道光县志载：“石浦山，县南九十里。其西南绕山而城为石浦所。”又引雍正县志载：“石［后］山在石浦山［所］之北，旧有烽堠。又石浦之东南有前山烽堠。”并案：“石浦山本名后山。”雍正《宁波府志》卷之七“山川下·象山县·山”列有玉女山、石浦山两目，前目“县西南九十里”，后目“玉女南去五里，中为石浦所。”根据以上史料，疑“县南十里石浦山”所载有误。

商。石浦“石”之读音，宁波、台州等地方言，读若“叶”（入声），与“蚀”同音，两地商人因忌讳“蚀本”，故反其意称之为“赚浦”。清宣统二年（1910），“石”字入镇名，即所谓“昌石镇”。民国24年（1935），始有“石浦镇”之称。

位置面积

位于象山南端，东濒大目洋、猫头洋，西南控三门水道，南隔石浦港与鹤浦镇、高塘岛乡相望，北、西与新桥、定塘、晓塘等镇乡毗连，三面环山，陆上海岸线长108千米。辖区由大陆与沿海194个岛礁组成，陆域面积126.06平方千米（含岛礁面积19平方千米）。城区处大陆部分东北部，背山面港，南北狭东西长，面积约8.5平方千米。耕地面积1002.27公顷，林地5005.86公顷，淡水养殖448.17公顷，海水养殖599.42公顷。镇政府驻石浦城区凤栖路138号，距县中心城区30千米。

照2-4 石浦镇航拍照

地形地貌

沿海丘陵地貌，城区一带处滨海阶地，西北高东西低，面积约45平方千米。最高峰为大明山主峰，海拔425米。河流有大明河、鸡鸣溪、汝溪等。海岛多丘陵，檀头山地势较高，主峰海拔225米，打鼓峙、对面山、东门岛有小块平原，均围垦而成。石浦港由东门、对面山、南田、高塘诸岛围列成天然屏障，四岛屏立，五门环列，有铜瓦门、东门、下湾门、蜊门、三门5个水道与外海相通。水深4~33米，面积27平方千米。可行万吨级船舶，可避10级以上大风，历为沿海各地船舶避风、补给、商贸之地，是浙江东部沿海天然良港。

建置沿革

唐立象山县，今石浦镇之地即属象山。然唐代五乡之名今佚其三而仅存应真、保德二乡名。唐，石浦地属象山何乡不详。宋时属归仁乡之后门保。宋嘉定二年至十四年（1209—1221），于今石浦镇之东门岛，置东门寨。元，于今石浦东门设东门巡检司，然其地属何乡、都，延祐、至正两种《四明志》均失载。明洪武二年（1369），置石浦巡检司，二十年于其地置昌国卫及石浦前后二千户所。重兵驻防，卫、所两城皆不属象山县下之乡、都。其余附近一带村落，属归仁乡之三、四两都。清顺治元年（1644）置昌石营（雍正八年，改昌石水师营）。顺治十八年（1661），曾行“迁界”，象邑沿海30里居民尽迁内地，昌国、石浦两城均墟。康熙二十三年（1684）“展复”，居民于数十年间陆续回迁。今石浦镇地属归仁乡之二十一都。道光四年（1827），于石浦置宁波府海防同知厅，专管封禁中之南田地区。清末宣统二年（1910），象山划12区，今石浦镇地时属第十二区（昌石镇）。民国元年（1912），南田立县，今石浦镇之坦塘岛南部、对面山、檀头山、南北渔山均属南田县。时又划整个昌石镇与莫南乡属南田，且迁南田县治于石浦。民国2年，昌石、莫南回归象山，南田县治回迁樊岙。民国18年，实行村里制，全县仍为12区，辖9里、125村。7月，12区并为5区，昌石镇改称第五区。民国19年，改全县9里、125村为132镇、乡，今石浦镇地属第五区4镇（南薰、西成、北平、东来）12乡（盐仓前、盐仓后、东门、番东、番西、卫东、卫南、卫西、金平、星桥、南雅、金鸡）。民国23年，全县并为64镇、乡。第五区之4镇并为金山、东来2镇，所辖25乡并为13乡。其中，金山、东来二镇和延昌、番头、昌国、金雅、星南、东门、金田7乡为今石浦镇地。民国24年，金山、东来并为石浦镇，石浦称镇自此始。年末，推行保甲制。次年，全县分设3个保甲督导区。民国29年，撤保甲督导区，改设4区，今石浦镇为石浦区之石浦镇和金星、昌国、延昌、东门4乡地。民国30年，石浦镇、东门乡沦陷，金星、延昌2乡局部沦陷。民国34年，抗日战争胜利，撤4区。民国35年12月，调整全县为2镇、18乡。今石浦镇地为时石浦镇和昌国、金星2乡。

1949年7月9日，石浦解放。20日，石浦被国民党军队重占。9月6日，石浦重获解放。中华人民共和国成立后，象山县设4区、20个乡、镇。至1951年年初，全县设5区、78个乡、镇。今石浦镇为时石浦镇和昌国、鸡鸣、五爱、延昌、东门、金星、番头、横屿8乡地。1951年7月，置石浦盐区，上列9乡、镇，除昌国、鸡鸣外均属盐区。9月，原石浦区改称昌国区，石浦盐区改称石浦区。3月，三门县南田区划属象山县，不久南田区之檀渔乡划属石浦区；坦塘乡划属定山区。1952年6月，昌国区改称定山区。10月，石浦和爵溪同时升为县直属镇，延昌乡并入石浦镇。1953年，今石浦镇为时石浦镇与石浦区属金星、五爱、横屿、昌国、东门、檀渔、番头7乡及定山区之鸡鸣乡、坦塘乡（南半部）地。

1956年5月，撤石浦区，所辖东门、檀渔2乡并入石浦镇，金星、番头、横屿3乡划入定山区。后，新桥、定山、南田3区所辖42乡并为15乡。其中，金星、马屿、横屿、番头、坦塘（部分）并为金星乡，昌国、五爱、鸡鸣并为昌国乡。今石浦镇为当时的石浦镇和定山区之金星、昌国2乡地。7月，恢复东门、檀渔2乡，属石浦镇。1957年2月，划金星乡归石浦镇。今石浦镇为当时石浦镇（下辖3乡：东门、檀渔、金星）和昌国乡（时属定山区）地。

1958年9月，人民公社化，建立石浦人民公社，下辖：金星、番头、昌国、鸡鸣、东门、石浦和渔业7大队。1959年11月，并为金星、番头、昌国、渔业四管理区（渔业大队和渔业管理区并无辖地）。1961年10月，撤销大公社，原管理区改建为公社。12月，县先后恢复包括石浦区在内的7区。檀头山单独建立公社。时石浦镇为县直属石浦镇公社和石浦区金星、番头、昌国、檀头山4公社地。1967年1月，撤石浦区。1972年，东门单独建公社。11月，重建石浦等4区。1981年，于“文化大革命”中建立各公社革命委员会，恢复为公社管理委员会。1983年7月，实行“政社分设”，公社改为乡、镇。是月，番头乡及昌国乡之里山等10村并入石浦镇。1987年1月，昌国乡改为建制镇。时今石浦镇为石浦、昌国2镇及金星、东门、檀头山3乡地。

1992年5月，“撤区、扩镇、并乡”，撤石浦区，时石浦镇地为全县19个乡、镇中之昌国、石浦（由石浦镇、金星乡、东门乡、檀头山乡并建）二镇地。2001年6月，石浦、昌国二镇合并为新石浦镇，至今。

行政区划

2008年，石浦镇共有54个行政村和8个社区。行政村：石浦渔村、延昌、檀兴渔村、金山渔村、平岩渔村、渔山渔村、蓝家、沙塘湾、铜瓦门渔村、向浦、坦塘、司前、下洋墩、上金鸡、下金鸡、南向、平阳厂、马峙、树桥头、星塘、晓湾、井水、蒲湾、低峧、朝天门、雷公山、上湾、蒋家湾、横峙、横峙渔村、番头岙、中心、北山、西边、东边、下塘、凤上山、南汇、对面山、金丰、昌明、昌桥、九井、东卫、大桥、鸡鸣、金架山、马盘、新鹤、蛟龙、横路桥、五新、东丰、东门渔村；社区：塘头港、延昌、九市曲、文澜、荔港、金屏、凤凰、海宁等。

人口民族

民国18年（1929），昌石镇人口48109人。1953年，石浦镇人口为11671人；原昌石镇几经沿革其原属昌国、金星、五爱、横屿、东门、番头加上由南田划入之檀渔均另立为乡，属石浦区，人口20639人。原昌石镇之其余地方均划入定山区，人口为29713人。石浦镇，1964年，16396人；1982年，21016人；1990年，40707人；2000年，70429人。2001年，石浦、昌国二镇合并石浦镇后人口82521人。2008年，石浦镇总户数为28945户，总人口81415人，其中，男40469人，女40946人，非农业人口27053人。暂住人口无准确统计。

2000年，第五次普查人口81982人。其中，汉族81870人、蒙古族13人、回族5人、苗族22人、彝族3人、壮族6人、布依族2人、朝鲜族11人、满族1人、土家族45人、傈僳族1人、畲族1人、仡佬族2人。少数民族共计112人。

经济概况

石浦为浙东著名渔商重镇。渔商迅速发展在清康熙“展复”之后，港口经济发达。《东门竹枝词》有“郎不耕田侬不织，一年生计在渔船”之描述。民国间，石浦渔市驰名省内外。中华人民共和国成立后，经60年建设，业已形成渔政管理、鱼货投售、渔需补给、水油供应、船舶修造、渔具修理以及水产品加工、冷藏、运销等完整的渔业基础设施和销售网络。全镇有钢质渔船1487艘、机动船1455艘，业渔劳力14234人。渔业综合实力名列全国各乡镇前茅，被誉为“全国渔业第一镇”。2008年，鱼产量29万余吨，产值14.11亿元，约占全县鱼产量的60%。东门渔村渔业尤为发达，被誉为“浙江省渔业第一村”。

沿港建有码头36座、道头25座，总泊位28910吨。开客运航线10条，北至上海、沈家门、宁波，南达海游、椒江；海上货运直至国内外重要港口。境内渡轮12艘。年客运量89万人次，货运量2726万吨，为县南海上交通中心。2001年，铜瓦门跨海大桥建成通车，使石浦与东门岛连为一体。陆上客运班车直达丹城、宁海、三门、黄岩、奉化、宁波、杭州及部分省外城市。

商业，石浦依山而城，市肆之盛，几无隙地。中华人民共和国成立后，随着城区不断向西南扩展，商业、贸易、饭店、宾馆、金融、渔需供应等渐移番头新区。现金山路、南屏路、大庆路、天门路、曙光路、海宁路、沿港路等均为商业繁华街区。沿港大小海鲜馆星罗棋布、各显特色，可同时接待5000余人就餐。石浦为县南最大农副产品集散地，日日有集市。建有新港区菜场、南关桥市场、延昌菜场、北门菜场、水产品交易市场等。其中，“中国水产城”年交易额15亿元，年水产品外贸创汇4000多万美元，为华东地区水产品交易中心。全国各地客商到此经商，日均万余人，渔汛季节达5万余人。2007年10月，石浦成为全国首批对台小额贸易试点口岸。2008年，三产企业429家，个体工商户7251家。

工业以造船、化工、建材、电子、电器、针织、食品、水产品加工为主。2000年后，临港产业发展迅猛，有打鼓峙造船基地、浙江东和船舶修造公司等造船龙头企业5家，能打造万吨级油船、散装、集装箱货轮。镇内有水产冷冻厂百余家。2008年，有工业企业600余家，其中规模以上企业60家，宁波申菱电梯配件有限公司、石浦兴浦冻品公司、电力机具厂等企业较为有名。石浦农业以种植柑橘、茶叶、蔬菜、果瓜等经济作物为主。2008年，全镇工农业总产值102亿元，财政收入2.1亿元，农渔民人均年收入9005元。

社会事业

1957年，建北门水库。70年代建自来水厂。1980年，建花坟山水厂。1986年，建三家村水库、利民水库，日供自来水量达5万立方米。城内有影剧院、文化站、歌舞厅、篮球场、溜冰场。教育单位有象山县二中、石浦中学、水产技校，另有小学5所、幼儿园46所。医疗单位有镇中心卫生院、台胞医院，各种科室齐全，医疗设施、设备先进。

名胜古迹

海上旅游资源十分丰富。石浦东南47海里渔山岛上有清光绪二十四年（1898）渔山灯塔；有“仙人桥”，堪称“海山仙境”。檀头山岛上，岗峦连绵，沿岸海湾众多，奇岩、洞穴、沙滩置于其间。其中，“姐妹滩”素有“东海第一滩”之称。石浦老街完整保留着清、民国建筑群近10万平方米，由碗行街、福建街、中街、后街、延昌街等组成，为象山著名旅游景点。二湾山上有摩崖石刻，高4米，长20米，石壁上刻有“沧海恩波”“世侯永乾”等10幅阴文题刻，为县级重点文物保护单位。城北宋皇城沙滩是宁波市新十景之一，依宋皇城沙滩而建的中国渔村，是中国渔文化为主题的休闲旅游度假基地。另有城隍庙为省文保单位，金鸡山炮台、延昌宋皇宫、纪子庚先生墓等，为县文保单位。2007年始，每年游客达150余万人次。

第二节　西 周 镇

“西周”之名得于宋。淳熙年间，鄞县周氏迁邑西姜屿保，因居县西，或大长溪之西，而以姓名之①。“西周”作为村名始见于明嘉靖县志。村沿大长溪西岸分布，大长溪别名西瀛溪，西周别称西瀛、瀛洲。② 清末作为县西乡一个重要的小商业市镇，始称“西周镇”。作为建制镇的西周镇，则在1984年。

照2-5　西周镇航拍照

位置面积

西周镇位于县城西北部，东接墙头镇，以白岩山为界；南连茅洋乡、泗洲头镇；西及西南靠大丹山毗邻宁海大佳河镇；北濒象山港。面积162.72平方千米，镇建成区面积6平方千米。2008年，耕地面积1686公顷，林地11300公顷，淡水、海水养殖面积133.3公顷。镇政府驻地西周振瀛路4号，距县中心城区18.5千米。

地形地貌

境内多山，低山丘陵占70%，分布于象西公路以南。地势由南向北倾斜。南部山丘连绵，峰峦起伏，与宁海交界东搬山，海拔810米，为全县最高峰；中部蒙顶山海拔584.9米，为象山名山之一，有“西乡少祖山”之称。西南大丹山牛料岗海拔756米。南部青龙山主峰，东北白岩山主峰狮子尾巴，海拔均500米以上。平原主要分布于象西公路以北沿海地带，约占全镇总面积20%。主要河流有淡港、西周港（大长溪）、下沈港（黄莕溪），流贯南北，入注象山港。淡港为县内最长溪流，全长19.6千米。

---

①明邑人俞士吉有《姜屿晴岚》一诗，中有“东郑楼台浓溪里，西周花木有无中”之句。大长溪入海口有姜屿渡，西侧有姜屿，俞诗以东郑（今大坑村，多郑姓）与西周对称，则“西周”当系周姓居大长溪之西而得名。

②别称“西瀛”，或与明洪武三十一年（1398）爵溪巡检司迁此，称“姜屿渡爵溪巡检司”有关，因爵溪曾被称“瀛海”“大瀛海”，为“东瀛”，故此为“西瀛”。

建置沿革

今西周镇之地，在宋时为政实乡之姜屿、淡港两保。元时属政实乡，惟其属何都保，则无记录。嘉靖县志载明时其地属政实乡，为十、十一都，十都有村 20 个。其中即有西周、东郑之名。入清，曾行“迁界”，下沈、西周、淡港等沿象山港之村落居民均迁内地。至康熙九年（1670）、康熙二十三年分两次“展复”。乾隆县志载今西周镇地属政实乡之十二、十九都，共有村 44 个。时西周村属十九都，而“东郑”已改称“大坑”。宣统二年（1910），象山立自治筹备处，知事邓嘉禾划定全县为 12 区。今西周镇为西四、西五两乡地。西周村属第五乡，写作“西洲”。民国县志卷末所附“舆图八·西五乡”中则标称为“西周镇”，此镇意为“市镇”。

民国 18 年（1929）7 月，全县 12 区并为 5 区。原西一、西四、西五 3 乡合为第三区，其中原西一乡即今墙头镇地，其余均今西周镇地。民国 21 年，改村里为乡镇，全县 9 里、125 村改为 9 镇、123 乡。西周镇时为第三区之芭蕉、儒雅洋、伊家、莲花、湖滨、文岙、晶字、嘉杰、下沈、官山、牌头、西隅、镇安 13 乡地。民国 23 年，并为 64 镇乡，仍分属五区。西周镇时为第三区之牌下、三合、西隅、镇安、闻岙、莲花、伊溪、芭蕉、儒雅洋 9 乡地，西周村属镇安乡。民国 29 年，象山县设象东、象西、象南、石浦 4 区，西周镇时为象西区儒蕉、淡港、西瀛、西陲 4 乡地，西周村属西瀛乡。民国 34 年撤 4 区。次年，调整全县为 2 镇 18 乡。西周镇时为西瀛、西港两乡地。西周村属西瀛乡。

中华人民共和国成立初，西周镇属新成立西沪区。1950 年 5 月，西沪区改称墙头区。1951 年年初，西周镇为墙头区（共辖 14 乡）儒雅洋、伊滨、莲花、西周、车岭、闻岙、芭蕉、关山、下沈 9 乡地。1956 年 1 月，撤大徐、墙头、南田 3 区，所辖 39 乡并为 13 乡，为县直属乡，西周镇为西周（下沈、关山、西周、车岭并）、莲花（莲花、闻岙、伊滨并）、儒雅洋（儒雅洋、芭蕉并）3 乡地。是年 7 月，析西周乡为西周、下沈二乡。8 月，恢复 1 月所撤 3 区，西周地仍属墙头区。1958 年 9 月，人民公社化运动，撤墙头区，除亭溪、墙头二乡外，原区属各乡成立西周公社，下辖：西周、车岭、文岙、莲花、伊滨、下沈、关山、儒雅洋、芭蕉 9 大队。1959 年 10 月，9 大队撤并为西周、下沈、莲花、儒雅洋、芭蕉 5 管理区。1961 年 10 月撤销大公社，原管理区改建公社。12 月始，县先后恢复 7 区，墙头区下属 6 个公社，西周镇为其中莲花、西周、下沈、儒雅洋 4 公社地。1963 年，象山县开始撤区，至 1970 年墙头区最后撤销。1972 年 11 月，重设大徐、南庄、定山、石浦 4 区；增建西周区，辖：下沈、西周、莲花、儒雅洋、泗洲头、灵南 6 公社。其中前 4 个公社即今西周镇地。“文化大革命”期间各公社曾设置革命委员会，至 1981 年，恢复称公社管理委员会。1983 年 7 月，实行“政社分设”，改公社为乡、镇。今西周镇地分属西周、下沈、莲花、儒雅洋 4 乡。1984 年 6 月，西周与鹤浦二乡同时改为县直属镇。1992 年 5 月，“撤区、扩镇、并乡”，莲花、儒雅洋二乡并入西周镇。2001 年 6 月，以原西周镇、下沈镇合并建新西周镇，至今。

行政区划

2008 年，西周镇辖 74 个行政村、4 个居民区。行政村：瀛广、东瀛、弘瀛、瀛洲、西前、大坑、白月岙、上谢、乌沙、虎山、文岙、琴诗岙、土上、土下、夏叶、初坑、新屋、寒山、大岙、庆丰桥、车岭、沙泉、望港、潘埠、勤丰、莲花、蚶岙、杨岙、岙岭下、湖边、陈隘、上张、蔡家田、谢圣岙、伊家、箬岭、大竹园、儒雅洋、隔溪张、西岙郑、倪家、山顶岭、赖家、栲树岭、伊家山、尖东、半坑于、金竹坑、山后胡、下芭蕉、上芭蕉、横山、尖岭头、下沈、蒋家岙、万金山、柴溪、牌头、杭头、利山、八亩、东岙、官山、赖岙、寿丰、荷欣、龙翔、百贤、杰下、杰上、田岙、平潭、上山、扫箕湾。居民区：振瀛、兴瀛、下沈、黄家塘。

人口民族

今之西周镇，1953年时为墙头区之车岭（2780人）、下沈（3188人）、闸岙（1813人）、西周（3318人）、儒雅洋（2452人）、芭蕉（1793人）、伊滨（2505人）、莲花（2606人）、关山（3834人）9乡地，总人口24304人。1964年，西周称公社，仍属墙头区，人口9943人。1982年，西周公社人口13065人。1990年西周已为县直属镇，人口16091人。2000年，西周镇人口48003人。2008年，西周镇17311户、47234人，其中，男24303人、女22931人，非农业人口3954人。暂住人口不详。

2000年，第五次普查人口为26551（原西周镇）加12099（原下沈镇）共38650人。其中，汉族26433人、蒙古族4人、回族3人、藏族3人、苗族12人、彝族3人、壮族3人、布依族70人、朝鲜族1人、满族4人、瑶族1人、土家族13人、畲族4人。少数民族人口共121人（包括下沈乡蒙古族1人、苗族2人）。

经济概况

西周多竹林。儒雅洋与下沈毛竹林400余公顷，占全县毛竹一半。1983年起，新建海塘133.3公顷，进行海水养殖，精养对虾，成西周农业特色产业。工业以华翔集团为龙头，形成汽车配件、家居装饰、食品机械、电线电缆、模具、电力器具、包装纸板为主产业群。先后建成城东电器、城西汽配、象西模具和莲花消防4大工业园区。全镇工业企业近600家。其中，上规模企业71家。2008年，社会生产总值120亿元。其中，工业总产值102.6亿元，农业、三产等生产总值18亿元，镇财政总收入3.52亿元，农民人均年收入8500元。

全镇商业网点961家。其中，商企743家，服务业165家。西周占50%，为县西主要集市贸易商业中心。儒雅洋、庙岭头、渡头街均设有集市贸易市场。象西公路横穿东西，泗西公路纵贯西北，为丹城、石浦通宁波等地要道。另有儒雅洋至横山、文岙至淡港门、莲花至下湾3条支线。全镇客运车100余辆，日客运量近5000人次。淡港渡是县北5个古渡之一，日有机动船通奉化石沿。

社会事业

1988年，建自来水厂，尔后镇郊各村均建造山塘水库，建自来水站，常年蓄水总量1130万立方米，自来水供应普及率在95%以上。九年一贯制中学1所、完全中学1所、小学2所、幼儿园10余所。西周镇中心医院、莲花卫生院，科室、设施齐全，各村均建有医疗服务站。镇城区有文化站、广播电视站，邮政、电信、金融、供电所、敬老院等。

名胜古迹

蒙顶山观日月并出，称“海山奇观”，所制云雾茶闻名遐迩。宋建陈（儒）雅洋桥①，明成化年间易名欧阳桥，桥东依山建有殿堂式凉亭3间，上张水库建成后，桥被水淹没。车岭庆丰桥，始建于明嘉靖前，现存两墩三孔石平桥。两桥均为县级重点文物保护单位。

---

①宝庆《四明志·象山县志·叙水·桥梁》：“陈雅洋桥，县西三十里。”

第三节　鹤浦镇

鹤浦镇在县南南田岛上。清光绪七年（1881）筑“鹤浦大塘”，筑塘之始称“鸭浦大塘”，乃因其近鸭嘴山而名之。光绪九年塘成，改名“鹤浦塘”。此后始有鹤浦里、鹤浦乡等建制。1984年，建鹤浦镇。

照2-6　鹤浦镇航拍照

鹤浦名考　“鹤浦”作为聚落，最先名“鸭嘴头”。“鹤浦”之名始于清光绪初年修筑“鹤浦大塘”期间。旧志以为“鹤浦”之名随清道光中期“鹤浦”聚落形成即有，或鹤浦、鸭嘴头两名同时即有，实误。《南田县志·地理志》“鹤浦大塘”条载：大湾塘、小湾塘之间大塘，原称“鸭浦大塘”，因其近鸭嘴山：“自起点处蜿蜒循至大缺口鸭嘴山脚止。”此塘光绪七年（1881）五月动工，光绪九年十一月竣工。其间，有佥事者“云鸭之为物，形小声喋，以之名塘，似觉不称，因名鹤浦，备文呈请垦务局，详报各大宪在案”。光绪九年，工程结束后，由施仁纬、王守素领衔，详载筑塘原委，并筑户姓名、分田归户清册及收支各项经费总簿，再声明“鸭浦大塘”改名“鹤浦大塘”。鸭嘴山，《南田县志·地理志》“鸭嘴山”条载：“县北（时南田县治樊岙）十五里，山尾有市即名鸭嘴市，现改称鹤浦。”

位置面积

北濒石浦港与石浦相望，东北与石浦对面山以下湾门为界，东及南临猫头洋，西隔蜊门港与高塘岛相对，西南依南田湾。由本岛及约40个岛礁组成，陆域面积102平方千米，其中本岛面积90平方千米。本岛海岸线长78.31千米。城区位于本岛鹤浦平原西北部，新建成区面积4.2平方千米，宁波市唯一海岛港口镇。滩涂1333.3公顷，耕地1466.6公顷，林地5666公顷。镇人民政府驻鹤浦村鹤西西路58号，距中心县城区35.5千米。

地形地貌

鹤浦全境多为海岛丘陵地貌，地势由东向西北、西南倾斜，最高大片山主峰海拔405.5米。平原主要分布于西北部和西南部，面积约23平方千米。其中，西北部鹤浦平原14平方千米。主要河流有南田河、鹤浦大河，分别入注南田湾鹤浦港。

建置沿革

唐神龙二年（706）象山立县时，南田属台州宁海县依仁乡万岁里，并未划入象山版图①。宋代，据嘉定《赤城志》载，宁海县有宁和乡万岁里。时南田设临门寨：“在县东海头二百里，旧

---

①1986年9月，在南田岛樊岙村发掘唐代墓葬出土文物墓志砖记载：“维大唐元和十二年岁次丁酉十二月丙辰朔廿七壬午台州宁海县依仁□万岁里邳下郡沈氏二□墓南田山景向坟记。”大唐元和十二年（817），距象山神龙二年（706）立县迟111年。由此可见，南田并未划入象山版图，时属台州宁海县依仁□万岁里。

额二百三十三人。”《宋史·兵志》：建炎后，砦兵，台州六砦，管界、亭场、吴都、松门、临门。南田临门为其中之一。元，南田设临门巡检司。明洪武二十年（1387），南田封禁，徙发居民，尽虚其地。持续到清光绪元年（1875）开禁。此488年中，军事防务方面，明嘉靖三十二年（1553）之前属昌国卫舟师巡哨之地；之后则为昌国备倭把总所率之水兵南五哨中的林门、三门、下湾门、牛栏基四哨巡防，为昌国备倭把总防区。入清，在经历近二十年之久的战争之后，舟山等地“展复”，定海总兵移至舟山，象山海防地位下降。今三门湾一带洋面防务几乎尽属黄岩镇宁海营之健跳汛管辖①。同治五年正月，象山知县朱日升拟《南田善后章程》中有：“该山（南田山）孤悬海岛，界连宁、象二邑，洋面系属宁海，陆路仍辖象山”一语，尽道出明、清时南田一带的海防分工情况。而府、县所属，因已封禁，荒无人烟，按理说，南田既不属于台州宁海，也不属于宁波象山。但据崇祯《宁海县志·舆地志·乡都》、光绪《宁海县志·建置志一·乡都》，南田（临门）仍属于台州府宁海县宁和乡五十一都。

道光四年（1824），移宁波府海防同知驻石浦，“有专管禁山之责”。宁波府同知虽驻石浦，但管的是南田封禁之事，仍非行政区划机构。清光绪元年（1875）南田开禁。五年四月，委玉环厅同知太平杜冠英建“南田垦务局②”。宣统元年（1909），设南田抚民厅。均独立行政机构。民国元年（1912），南田有人烟之八岛（南田、高塘、花岙、坦塘、对面山、檀头山、南渔山、北渔山）独立为南田县③。今鹤浦镇政府所在地为新建南田县之桃源区（即桃源乡），其一都有鹤浦里。民国29年，撤南田县，其地与临海、宁海近三门湾地置三门县，今鹤浦镇地属三门县南田区。

1952年3月，三门县之南田区划归象山县，为象山县南田区。时南田区辖10乡，其中鹤浦、湾塘、樊岙、四都4乡为今鹤浦镇地。1956年，合南田、四都2乡为南田乡，合鹤浦、湾塘、文山3乡为鹤浦乡，属南田区。1958年9月，人民公社化，撤南田区，建南田人民公社，辖9大队，其中一个为渔业大队并无辖地，其鹤浦、湾塘、南田、四都4大队为今鹤浦镇地。1959年11月，南田公社9大队撤并为鹤浦、高塘、南田3管理区。其中，鹤浦、南田二管理区为今鹤浦镇地。1961年10月，撤销大公社，原管理区改称公社。稍后恢复南田区鹤浦、樊岙（南田改称）二公社属鹤浦镇地。1963年2月，撤南田区，所辖3公社划归石浦区。今鹤浦镇地，时分属石浦区鹤浦公社、樊岙公社。1967年1月，撤石浦区所辖公社归县直属。1972年，重设石浦等4区，鹤浦、樊岙二公社属石浦区。至1983年7月，实行政社分设，公社改为乡、镇，今鹤浦镇地分属鹤浦镇和樊岙乡。1984年6月，鹤浦改为县直属建制镇。1992年5月，“撤区、扩镇、并乡”，鹤浦镇与樊岙乡合并建新鹤浦镇至今。

行政区划

2008年，鹤浦镇设34个行政村、4个居民区。行政村是：鹤翔、鸭嘴头、鹤进、鹤浦渔村、小网巾、流水岩、黄金坦、文山前、湾塘、蟹厂、小百丈、大百丈、樊岙、高坎头、谷桶、马小坦、南田墩、大南田、凤凰山、小南田、牧童岙、水湖涂、杨柳坑、金七门农村、金七门渔村、后龙头、前龙头、吉港、五利、鹤湾、双下湾、大沙、螺蛳礁、鹤南；居民区：兴鹤、仙鹤、松

①雍正《浙江通志》“海防四·台州府”
②《鄞象合筑南田龙泉大塘节略》，见民国《南田县志·杂志》。
③见《清史稿》卷六十五·地理十二浙江。

鹤、振鹤。

人口民族

南田立县，今鹤浦镇为南田县桃源乡。民国7年（1918），春季编查户口，桃源乡2154户，男5145人，女3681人，合计共8826人①。民国18年6月，编查户口，时桃源乡已改称桃源区，2862户，男6802人，女5164人，合计11966人②。1952年，南田由三门县划归象山，设为10乡，未见其人口资料。按《人口　家庭》编《1953年各乡镇人口》表知，时南田区之湾塘（2297人）、南田（3165人）、鹤浦（3407人）、文山（3173人）、四都（3698人）5乡即今鹤浦镇地，人口总数为15740人。1964年，鹤浦公社有人口11823人（鹤浦公社16934人，樊岙公社12696人）。1982年，人口17645人。1990年，人口为19614人。2000年，鹤浦镇（樊岙乡于1992年并入）人口总数达32701人。2008年，鹤浦镇总户数为11453户，总人口为32453人，其中男16851人、女15602人，非农业人口1911人。

2000年，第五次普查人口为29790人。其中，汉族29732人、蒙古族1人、苗族11人、彝族7人、壮族2人、布依族22人、侗族1人、白族8人、土家族1人、傈僳族3人、畲族1人、土族1人。少数民族人口共58人。

经济概况

农业以种植水稻、棉花为主，经济作物有柑橘、黄桃、杨梅、枇杷、茶叶等，其中樊岙白沙枇杷著名。渔业在经济中占有重要地位，全镇从事海洋捕捞作业渔船253艘、21667千瓦；外洋渔轮1艘、9620千瓦。浅海滩涂养殖紫菜、青蟹、梭子蟹、文蛤、对虾、蛏子等，被誉为“浙江省紫菜之乡”。

工业以船舶修造业为新兴支柱产业，全镇有船舶修造企业13家，能制造5万吨级以下各类散货轮、集装箱船、成品油轮和化学品船。另，化工、机械、建材、塑料、食品、水产品加工等行业50多家。2008年，全镇实现社会生产总值44.12亿元。其中，工业总产值17.2亿元，农渔业总产值18亿元，镇财政收入5426万元，农渔民人均年收入7500元。

全镇商业网点260余个，60%以上商业企业集中在镇城区。其中，鹤浦商店、南田供销社，鹤浦食品站等为较大商业店铺。南田路、城区西郊建有农贸市场，从事水产、禽畜、蛋类、粮油、蔬菜等交易。鹤浦、四都、百丈集市交易兴旺。

1983年后，建成大南田公路。1993年，建成虎头岩至高坎头公路支线2千米。1995年和2008年，蜊门港大桥和三门口大桥先后建成，石浦、高塘、南田间可直通汽车。石浦、南田、高塘陆岛工程竣工，境内长6千米。海上航运便捷，津渡4处，33班客轮通航石浦、高塘、金星、三门、健跳、椒江等地，年载客量25万人次，货容量近万吨。

社会事业

1969年，小网巾建自来水站。1978年，建镇自来水站。1992年，于樊岙水库旁建500立方米水塔1座，日供水量增至12000立方米，自来水普及率达98%。九年一贯制中学1所、小学2所，中心卫生院1家、分院1家、个体诊所3家，广播电视站、电影院、舞厅、卡拉OK厅、录像室，老年活动室、图书室等文化娱乐场所60余家。

---

①民国《南田县志》卷二十七。

②民国《南田县志》卷十二。

名胜古迹

南田岛东侧的风门口风景区，由白岩山、小西天、胖蓬岩和天灯盏等群山环绕，山上苍松翠柏，湾内风平浪静。大沙沙滩，面积约123000平方米，黄沙平展，海水清澈，三面环山，一面临海，呈新月形，为天然沙滩浴场，有“潮来一排雪，潮去一片金”之美誉，为南田岛第一沙滩。旁有山洞，称龙洞，海浪拍击，轰然作响，亦称奇观。吉港村西山湾靠蛃门港边有姑娘寨遗址，现尚存烽火台和营寨断墙残垣，面积约6000平方米。樊岙村有古鄮公庄遗址，其中一幢后为纪念明末抗清名将张煌言的祠宇。金七门存有清道光三年（1823）立奉旨“永远封禁”石条。樊岙有民国南田县治遗址。白龙潭、蟹厂武圣庙民俗遗址，2007年被公布为县级文保单位。

第四节　贤庠镇

以自然村贤庠得名。贤庠，宋名“盐场”，至清乾隆年后易为“贤庠”。1987年，建贤庠镇。

贤庠名考　贤庠原称“盐场”。宋宝庆《四明志》载，象邑有玉泉盐场，又有：瑞龙、东村、玉女溪三子场。其“叙赋·乡村”有“游仙乡东村保，县东北三十五里”之记载。宝庆《四明志》又有《象山县境图》一幅，“东村场”在“常乐院”之西北。可知此“盐场”正是宋高宗绍兴初所设玉泉盐场的分场之一“东村盐场”。明嘉靖县志“区域纪·村岙”中载“盐场”一村，属游仙乡二十三都。乾隆《象山县志》中亦称“盐场”，属游仙乡十八都。宣统二年（1910），磐安乡中，始见“贤庠”名村。民国县志“磐安乡图说”载：“贤庠，本作盐场”。由此可知，由“盐场”易以“贤庠”，在乾隆与宣统年之间。今据贤庠村采访册载，易名时间同治末年、光绪初年间：时有不第秀才张道彬，人称阿木先生，在村中创办私塾，于是村民谐音雅化村名为“贤庠”。

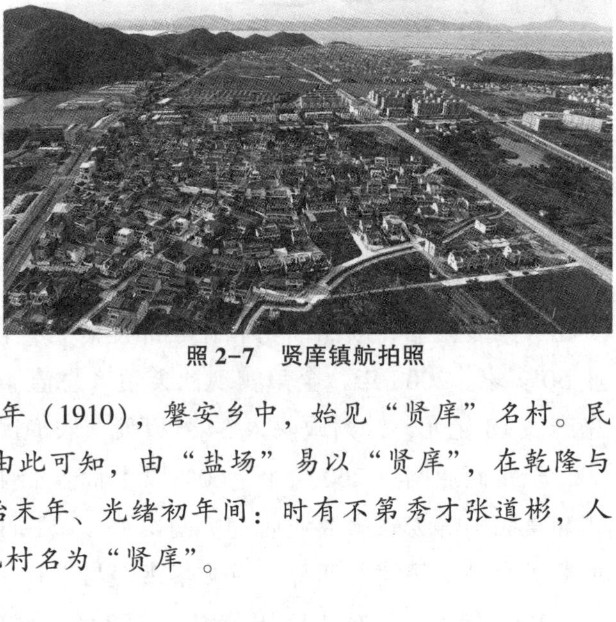

照2-7　贤庠镇航拍照

位置面积

位于象山港南岸。东与涂茨镇接壤，南连涂茨、大徐二镇，西邻黄避岙乡。省道盛宁公路在其西侧贯穿南北，县道汤（汤家岙）鲁（鲁家岙）公路北段（蒲门至鲁家岙）东西横亘。陆域面积66平方千米。海岸线长12千米。耕地面积1673.3公顷，林地2876.9公顷，浅海滩涂1666.7公顷，水产养殖553.45公顷。镇政府驻地贤庠村泰和路75号，距县中心城区12.5千米。

地形地貌

地处珠山北麓，三面低山丘陵环抱，地势南高北低。珠山素有“蟠延雄伟，势在沧海”之誉，主峰海拔541.5米，因山高集雨面积大，形成四大溪流，南向大徐为枫溪，东经涂茨为榆溪，北贤庠为珠溪和槐溪。平原分布于北部沿港地带，西为贤庠平原，东为珠溪平原，总面积约31平方千米。东塘河，从上游接槐溪贯穿贤庠，经西泽、芦岙入海，全长约6千米，是县东排涝、灌溉、养殖、运输大动脉。由河道排水形成的港湾主要有西泽、芦岙、青莱、乌屿山、民洋、蒲门等6处，为船只停泊避风的重要港湾。

建置沿革

镇有历史记载达1100余年。唐乾宁中（894—897），明州刺史黄晟建常乐院于县东北30里（寺前）。五代时其孙永阶任象山镇遏副使，永阶子孙即居今贤庠镇之珠溪、中庄、溪沿、霞（下）庄等地。宋属游仙乡东村保（县东北三十五里）、朱溪保（县东北四十里）。据嘉靖县志载：明属游仙乡二十三、二十四都地，清属游仙乡十八、二十都地。宣统二年（1910），属磐安乡。民国23年（1934），今贤庠镇地属西汉、五境、珠溪、溪霞、林官五乡地。民国29年，合珠溪、溪霞、林官为林溪乡；合西汉、五境为五汉乡。今贤庠镇地为林溪、五汉乡地。后多有迭更。1951年，今贤庠镇属大徐区分属为贤庠、着衣亭、珠溪、霞庄、青莱5乡。1956年，合贤庠、着衣亭为贤庠乡；合珠溪、霞庄、青莱为珠溪乡。1958年，置岑晁人民公社辖贤庠、着衣亭、黄避岙、龙屿、珠溪、霞庄6大队，其中，贤庠、着衣亭、珠溪、霞庄4大队为今贤庠镇地。1959年11月，撤并为贤庠、黄避岙、龙屿、珠溪4管理区，贤庠、珠溪2管理区为今贤庠镇地。1961年10月，撤销大公社，管理区改称公社，贤庠、珠溪2公社属大徐区。1983年，撤社建乡为贤庠、珠溪2乡，属大徐区。1987年1月，贤庠乡改为建制镇。1992年5月，撤大徐区，合并贤庠镇、珠溪乡为贤庠镇。

行政区划

2008年，贤庠镇辖28个行政村、1个居民区。行政村：贤庠、岑晁、官司塘、小蔚庄、盐厂、西山下、碶头陈、章家墩、着衣亭、沈家洋、珠山岙、珠溪、蒲门、青莱、木瓜、程家屿、常乐、乌屿山、新丰、俞公岙、塘花园、下庄、山厂、民洋、东风、中溪、溪沿、海墩；居民区：贤庠。

人口民族

1953年，大徐区之贤庠（4172人）、着衣亭（2821人）、珠溪（3133人）、珠山（2068人）、菁莱（3449人）、霞庄（4291人）6乡即今贤庠镇地，总人口为19934人。1964年、1982年、1990年人口数不详。2000年，贤庠镇人口为33179人。2008年，贤庠镇10922户、31061人。其中，男16073人、女14988人，非农业人口1328人。

2000年，第五次普查人口为21263人。其中，汉族21253人、苗族8人、壮族1人，满族1人。少数民族人口共10人。

经济概况

农业以种粮为主，耕田面积1673.3公顷。2008年，粮食总产量10642吨。山地种有水果、茶叶，其中珠山“白毛尖”为省内名茶。义超绿茶公司生产20余种绿茶，年出口茶叶1500吨，主销法国、比利时、巴基斯坦等10余个国家和地区。海墩、盐厂、青莱、乌屿山、民丰、蒲门等沿海村落从事渔业生产，主要从事流网、大捕、张网等作业，有近洋作业船85艘。工业以模具、机械、印染、酿造为主，以生产模具著名，被称“模具之乡”。2008年，全镇工业企业160余家，其中规模企业36家。从事建筑业达5000人，成为贤庠农村一大经济来源。2008年，实现社会生产总值21亿元。其中，工业总产值15.3亿元，农业总产值2.4亿元，第三产业产值3.3亿元，镇财政总收入5937万元，农渔民人均年收入7420元。

贤庠水陆交通便捷。西泽码头、乌屿山渡有渡轮通航鄞县横山码头、舟山六横涨起港。1988年7月，象山港汽车轮渡码头建成，渡轮6艘。盛宁公路纵贯南北，章新公路横跨东西，全镇有客运面包车60余辆、货运汽车70余辆、机动货船13艘（1500余吨）。商业网点300余个，分布镇、村各地。全镇农贸市场6个，以岑晁、珠溪为大。岑晁是县北商业中心、农副产品集散地，每逢集市，百货俱集，赶集者逾千人。

社会事业

1989年，建成贤庠、珠溪两家自来水厂，日供水量8500立方米，自来水普及率达90%。九年一贯制学校1所、小学2所、幼儿园多所，镇中心卫生院、分院各1所。岑晁有广播电视站、文化站、电影院、老年活动室、音像、图书等娱乐场所。

名胜古迹

珠山山巅一岩，圆如珠，山上怪石嶙峋，可遥望东海，俯视贤庠全境，堪称县东北胜地。境内有常乐寺，建于唐乾宁年间（894—897），几经兴衰，现已修缮；仙岩禅寺，建于宋乾德二年（964）。贺威圣烈士墓坐落于海墩村，为县级文物保护单位。建于清代的沈家洋牌坊亦为县级文保单位。

第五节　定 塘 镇

定塘一名，民国始称，乃取定山、大泥塘（一说后洋塘①）各一字而成，时为“定塘乡”。1987年，建定塘镇。

照2-8　定塘镇航拍照

定塘名考　定山，在今定塘镇渡头街1.4千米处。嘉靖《象山县志》载有定山村、定山塘，乃因定山而名之。大泥塘，民国《象山县志》“图说·昌石”于“塘田”目下载：“嘉庆五年(1526)筑，九年成。”民国《象山县志·氏族表》载：清嘉庆年间，围垦大泥塘县内外18家出资合股修筑，被称为“十八柱头”。宣统二年(1910)，定山、大泥塘为昌石镇属村。民国19年，第五区有芦洋联合村，大泥塘上、下两联合村。民国23年，第五区有芦洋乡、大泥塘乡。民国28年，芦洋、大泥塘并置定塘乡，定塘之名自此始。

位置面积

位于县中部偏南，东靠大明山与石浦镇接壤，西临岳井洋与宁海长街相望，北连新桥镇以将军山为界，南接晓塘乡以双峰山为界。陆域面积59.5平方千米。耕地面积2086.67公顷，其中，水田2024.7公顷，山林面积1999.5公顷。镇政府驻渡头街村兴定路57号，距县中心城区27.3千米。

地形地貌

东部和南北两侧为低山丘陵，约占总面积35%。地势由东南向西侧斜，东南大明山主峰海拔425.2米。其中部和东部为定山平原的北部（南部为晓塘乡），定山平原原系海涂，经明、清、民国至1975年（大塘港围堵成功），数百年间多次围塘渐步向西推进而成。属海积平原，平均海拔

①此说见《象山地名志·政区地名·定塘镇》。

约 4 米。大塘港纵贯南北，叶萌港、长塘河、九龙江三大支流横贯东西。乌龟山、红庙山、长峙、畚斗山、定山、上鹰（英）山、下鹰（英）山、逸狗头（叶口）山、狮子山、乌鸦山、龙山、龙头山散布其间。象山著名粮仓，与南庄平原“上八万”并称为“下八万”。

建置沿革

唐时属乡不详。宋属归仁乡周岙堡。明为归仁二都、三都各一部分地。清为归仁乡二十一都、十七都各一部分。宣统二年（1910），其大部属昌石镇，小部属奠南乡。民国 18 年（1929），属第五区灵照、竿强、镜湖、周扬、双峰、芦洋和大泥塘上、大泥塘下共八联合村（民国 21 年村改称联合乡）之地。民国 23 年，周扬、双峰并置周峰乡；上、下大泥塘并为一乡；合镜湖、金鸡（今属石浦镇）为金田乡；合灵照、竿强为灵岩乡。民国 25 年，属第三保甲督导区。民国 28 年，周峰、灵岩及金田部分并置峰北乡；芦洋、大泥塘并置定塘乡，定塘之名自此始。民国 30 年，属石浦区。民国 35 年，今定塘镇地置峰北、灵照、华塘 3 乡，直属于县。

中华人民共和国成立后，属石浦区。1950 年 4 月，灵照乡改属新桥区。1951 年，今定塘地属石浦区定塘、下营、大塘、中楼、镜田 5 乡。9 月，镜田划入新桥区，其他 4 乡改属昌国区。1952 年 6 月，昌国区改称定山区。1953 年 8 月，镜田乡亦划归定山区。1956 年，并中楼、镜田置中楼乡，并定塘、下营为定塘乡。1958 年 9 月，建定山人民公社，今定塘镇地分属楼下舍、田洋湖、定塘、下营、大塘 5 大队。1959 年 11 月，合为中楼、定塘、大塘 3 管理区。1961 年 10 月，改称中楼、定塘、大塘 3 公社，属定山区。1983 年，撤社建中楼乡、定塘乡、大塘乡。1987 年 4 月，定塘乡改为建制镇。1992 年 5 月，中楼、大塘乡并入定塘镇，至今。

行政区划

1992 年，定塘镇设 50 个行政村和 1 个居民区，2004 年 8 月，调整为 28 个行政村、1 个居民区。行政村：渡头、岙底、镜架岙、新岙、台洞塘、小湾塘、田洋湖、蒲白墩、英山、金牛港、礁横、中站、宁波站、沙地、定山、周岙、叶口山、后洋塘、葫芦门、大湾山、下营、方前、漕港、盛平山、花港、灵雅舍、中埏、洋岙；居民区：定塘。

人口民族

1953 年，今定塘镇为定山区之大塘（5985 人）。定塘（2695 人）、下营（2866 人）、中楼（3495 人）、镜田（2777 人）5 乡地，总计 22813 人。2000 年定塘镇人口为 35600 人。2008 年，定塘镇有 11354 户、34350 人。其中，男 18173 人，女 16177 人，非农业人口 1228 人。

2000 年，第五次普查人口为 26724 人。其中，汉族 26708 人、蒙古族 1 人、回族 4 人、苗族 3 人、布依族 4 人、白族 1 人、土家族 1 人、畲族 2 人。少数民族人口共 16 人。

经济概况

农业以种粮为主，兼种蔬菜，为宁波市蔬菜主产区之一。蔬菜以绿甘蓝、紫甘蓝、西蓝花、花椰菜为主导品种，年产量 9.2 万吨。建有定塘绿岛果蔬专业合作社，在山东、河北、北京、大连、上海、黑龙江等地设立蔬菜销售窗口 20 余个，实现产、供、销一体化。宁波能大食品公司生产优质冻干脱水蔬菜出口欧美市场。其他经济作物有甘蔗、柑橘、桃、杨梅、枇杷、葡萄等。河塘养殖珍珠、淡水鱼，海涂养殖贝壳类水产品。2006 年始，开发“水果之乡”“观光果园”等农家乐休闲型旅游产业。沿海村民从事海洋捕捞和海上运输业，有大马力 400 吨位钢质渔轮 3 艘、拖虾船近 50 艘、机动运输船 22 艘，总排水量 1.76 万吨。海运业、钢管租赁业成为定塘的特色经济。其中，海运总运力达 35 万吨，占全县海运总量 80%，产业规模达 15 亿元，海运收入超过 3

亿元；钢管租赁企业 40 余家，资产规模超 10 亿元。工业以汽车配件、食品、制衣、化工、机械为主，规模企业 9 家。2008 年，社会生产总值 16 亿元，其中，工业总产值 2.13 亿元，农业总产值 2.51 亿元，镇财政收入 2723 万元，农渔民人均年收入 8276 元。

定塘是定山平原商业和贸易中心。全镇商业网点 300 余个，50%集中在镇城区，较大商店有 30 余家。20 世纪 80 年代后，陆续建成粮食、农贸、竹木、小百货、牲畜等交易市场 5 个，集市日，赶集者万余人。全镇有公交大巴 66 辆，营运石浦、丹城、宁波等地。

社会事业

1981 年，建自来水厂。2000 年，水厂、水站 3 座，日供水量 2000 余立方米，自来水普及率达 100%。九年一贯制中学 1 所、小学 4 所，卫生院 3 所、村医疗站 50 余个。镇城区设有邮政、电信、信用社、文化站、广播站、敬老院等机构。

名胜古迹

镇西北小灵岩，海拔 255.3 米，顶置航空标志。悬岩南垂 150 米处有仙灵庵，建于清同治二年（1863），远看似“悬空寺”，人以“绿叶影黄墙，寻仙即采玉”咏之，为县胜景之一。定塘南侧双峰山有抱儿石，为一观光景点。新安寺（禅寺），建于五代周广顺三年（953），2007 年重新修整。清道光五年（1825），建大泥塘红庙（即镇潮庙，在中站村），并举行庙会纪念围塘十八先贤丰功伟绩。此后，每年农历五月二十七日均举行传统的大型庙会活动，成为大塘人民的民俗传统文化节。2007 年，红庙为县级文保单位。

第六节　墙 头 镇

墙头之名，宋咸淳间（1265—1272）即有，称杏墙、墙头。明代以后，除家谱之外，地方文献习称“墙头”。明嘉靖《象山县志》有载。作为小商业市镇的墙头镇，清末始称。1987 年，成建制镇。

照 2-9　墙头镇航拍照

墙头名考　旧志中不管是作为村名，还是作为渡名，皆作“墙头”。印本《陈氏家谱》、抄本《徐氏房谱》亦作“墙头”。《陈氏家谱》：“宋咸淳间，始祖梦月，择邑西大雷山之阳居家，环堵之下，遍植以杏，故曰杏墙。见其家之大，故曰墙头”①。既如《陈氏家谱》所载，墙头一名蕴含中国传统文化深矣：唐白居易《井底引银瓶》诗中有“墙头马上遥相顾”之句；唐杜牧《清明》一诗中有“牧童遥指杏花村”之句；宋叶绍翁《游园不值》诗中有“一枝红杏出墙来”。因此，墙头亦称“杏墙”“杏花村”，是有渊源的。《象山地名志》则有另一说：墙头亦称“樯头”，乃因从村里可以望见西沪港上的船桅之顶而名，此说或采自民间说法，家谱、旧志中皆未见载录。

---

①《浙江古今地名词典》688 页。

位置面积

位于县北部居中，东靠射箭山、荷花芯山，分别与大徐、丹西街道接壤；西与西周镇以白岩山为界；北濒西沪港；南以石鼓岭山、顺风岭头与茅洋乡接壤。平面图呈马蹄铁形，陆域面积87平方千米。海岸线长40千米。耕地面积1080公顷，林地3600公顷。镇政府驻地墙头村观海南路28号，距县中心城区8千米。

地形地貌

境内多山，低山丘陵占75%，平原分布在沿西沪港一带，地势由西南东三面向西沪港倾斜。平原散布于西沪港沿岸狭长地带及谷地，为海积、洪积而成，以石沙土、黄泥土为主。位于墙头、茅洋乡之间大雷山主峰海拔590米，雄居镇南，为镇最高峰。西有石壁潭，山后丽水岩，山前龟灵岩，山之巅有7井如连珠；东南荷花芯山主峰、东北射箭山主峰、西北白岩山主峰狮子尾巴，海拔分别为588米、548米、550米。河流源短溪促，多注入西沪港。主溪有大溪、大雷溪等，其中大溪源出仓岙荷花芯山，集诸水北注西沪港，长7千米，流域面积18.5平方千米。大雷溪源出大、小雷山，集石鼓岭水后北注入西沪港，长约5千米，流域面积约6平方千米。

建置沿革

镇以驻地为名。宋为政实乡乌石、黄溪、西沙三保地。明为政实乡十二、十三、十四都。清宣统二年（1910）为西一乡，辖35村。民国18年（1929）全县实行村里制，7月全县12区并为5区，墙头镇属第三区第一至第七联合村。民国21年，7联合村均改称联合乡。民国23年并为西沪一、西沪二、西沪三、西沪四、西沪五5乡。民国28年，合西沪一、二乡为沪西乡。合西沪三、四、五乡为沪东乡，属象西区。民国35年，沪西、沪东合为西沪乡，直属县。中华人民共和国成立后，仍称西沪区，1950年5月改西沪区为墙头区。1951年析建为墙头、舫前、亭溪、黄洋、蔡仓5乡。1956年合墙头、舫前2乡为墙头乡；合亭溪、黄洋、蔡仓为亭溪乡。1958年9月，人民公社化运动，属象山人民公社，墙头、舫前、亭溪、黄洋4大队，后公社称丹城公社。1959年11月，改属丹城公社墙头、亭溪2管理区。1961年10月，改属为墙头、亭溪2公社，属墙头区。1970年撤区后，墙头、亭溪公社直属县，1972年属南庄区墙头、亭溪2公社。1983年撤社建乡，改为墙头乡、亭溪乡，属南庄区。1987年，墙头乡改为建制镇。1992年5月，亭溪乡并入墙头镇，直属县。

行政区划

2008年，墙头镇辖23个行政村、1个居民区。行政村：墙头、雷港、塔岭、蔡家岙、溪里方、方家岙、西沪、孙家、下沙、盛王张、舫前、岭下、大溪蒋、白墩、桃湾、洋北、亭岙、黄溪、七里亭、吊水岩、合心、周家路、毛洋岭；居民区：墙头。

人口民族

今墙头镇，1953年时为墙头区之亭溪（1871人）、蔡仓（2662人）、舫前（2731人）、墙头（3938人）、黄洋（2548人）5乡地，合计人口13750人。2000年，墙头镇人口为22825人。2008年，8179户、20887人，其中，男10865人，女10022人，非农业人口818人。

2000年，第五次普查人口为19507人，其中，汉族19476人、苗族26人、壮族1人、土家族1人、畲族3人。少数民族人口共计31人。

经济概况

农业以水稻种植为主，同时发展多种经营，形成千亩绿色农产品、千亩大棚草莓、千亩雷竹、万亩滩涂养殖四大产业基地。全国贝类苗种繁殖基地、省重点海水养殖区。沿海滩涂养殖蛏子、对虾、青蟹、弹鲥、鲈鱼等，总养殖面积1273.33公顷。另有竹林1200公顷，为县内三大毛竹产地之一。工业以纺织、印染、化工、机械、建材为主，有工业企业120余家。2008年，社会生产总值19.7亿元，其中，工业总产值15.58亿元，农业总产值3.08亿元，农民人均年收入8150元。

全镇商业网点250余个，墙头和大溪蒋设有集贸市场。墙头有各类商店100余家，商贸繁荣。面包车60辆，运营丹城、西周、宁波等地。

社会事业

1988年，建亭溪自来水厂。1998年，建墙头自来水厂，日供水量11000立方米，供水普及率达100%。九年一贯制学校1所、小学1所、幼儿园2所、卫生院1所。镇城区有文化站、广播电视站、银行、邮政、电信、敬老院等。

名胜古迹

墙头村北有西沪港，港内有海山岛海山庵。大雷山脚大雷禅寺、方前智门禅寺，为千年古刹。墙头的欧家新祠堂和瑞安桥为县级文物保护单位。另有立三中学旧址、蔡家岙渠道、墙头基督教堂、墙头欧氏旧居群、溪里方方氏院落、西溪岭古驿道、亭溪铜矿遗址等胜景。

第七节　泗洲头镇

泗洲头之名，始见于明嘉靖县志，其卷二“区域纪·市巷”中有“泗洲头”目，而卷二“区域纪·村岙”、卷三“山川纪·河溪·西溪”中却皆作“四洲头”。得名或与此村位于龙溪、西溪、东岙溪、泗水诸水汇合处有关。1987年，始建泗洲头镇。

位置面积

位于象山中西部，东北连茅洋乡，西与南两方接宁海县，东南临蟹钳港，北接西周镇。陆域面积74平方千米，镇建成区面积0.34平方千米。耕地面积968.3公顷，山林5034公顷。镇人民政府驻泗洲头村，距县中心城区14.8千米。

照2-10　泗洲头镇航拍照

地形地貌

境内丘陵约占70%，平原狭小，为海积、洪积而成，分布于沿海及西部溪流地带，地势西北高东南低。白仙山位于西周、泗洲头、墙头、茅洋4镇乡间，东西绵延11.3千米，主峰海拔540米，为镇内最高峰。岗峰起伏，海拔300米以上山峰13座。上了山海拔532米，白岩山海拔395米，灵岩山388米。主要河流有龙溪、西溪、东岙溪等，汇合于泗洲头溪。流经泗洲头镇北部，亦称泗水。溪流总长9千米，为镇主要水源。支流多，洪枯变化大，少灌溉之利，且易发生洪涝灾害。另，有东岙溪在镇北部，源出白仙山主峰东南麓，向西南穿越泗洲头，汇入泗洲头溪。1974年，筑汇水街，改水道从泗洲头东侧向南直入泗洲头港。

建置沿革

镇由泗洲头村得名。宋属归仁乡西溪保、马岙保。明属归仁乡八、九都。清为归仁乡十一都。清宣统二年（1910）为西三乡。民国18年（1929），行村里制，今泗洲头镇为第四区洋大张、横埕、西洋、泗洲头、峙后、苏岙6村地。民国21年，改村称乡。又由峙后析出马岙，共7乡。民国23年，属第四区为十里、泗水、灵南3乡。民国28年，合泗水、灵南2乡为泗灵乡，属象南区泗灵、十里2乡地。民国30年，合十里、泗灵置忠义乡，属象南区。民国32年，改属象西区。民国35年直属县。中华人民共和国成立后属石浦区。1950年4月，改属新桥区。1951年，今泗洲头镇分属泗洲头、十里、张岙、马岙、苏岙5乡地。1956年，合泗洲头、十里、张岙为泗洲头乡，合马岙、苏岙为马岙乡，今泗洲头镇分属泗洲头乡、马岙乡地。1958年9月，人民公社化，属新兴公社，泗洲头、十里、马岙3大队。1959年11月，属新兴公社泗洲头、马岙管理区。1961年10月，撤新兴公社，改属泗洲头、马岙公社，属新桥区。1965年，撤区后直属县。1972年，属西周区泗洲头、马岙公社。1981年11月，因与宁海县马岙公社重名，将当时的马岙公社改为灵南公社。翌年撤社建乡。今泗洲头镇地属泗洲头、灵南2乡地，1987年泗洲头乡置建制镇。1992年5月，灵南乡并入泗洲头镇，直属县。

行政区划

1992年5月，撤区扩镇并乡，泗洲头镇和灵南乡合并为泗洲头镇，时辖31个行政村。2004年，调整为21个行政村、1个居民区。行政村：泗洲头、东联、何婆岭、杨大场、金家岙、张岙、横埕、萧胡、后王、塘岸、西洋、上峙后、下峙后、峙前、上马岙、下马岙、苏岙、墩岙、墩岙塘、泗联、大理；居民区：泗洲头。

人口民族

今泗洲头镇地，1953年为新桥区之马岙（1580人）、张岙（2188人）、泗洲头（2277人）、十里（2586人）4乡地，总计人口8631人。2000年，泗洲头镇人口18461人。2008年，6134户、17561人，其中，男9335人，女8226人，非农业人口698人。

2000年，第五次普查人口为12278人。其中，汉族12264人、藏族1人、维吾尔族1人、彝族1人、壮族7人、布依族4人。少数民族人口共计14人。

经济概况

农业以种粮为主，经济作物有毛竹、柑橘、杨梅、茶叶等。其中，马岙杨梅较为有名。白仙山为县内主要林业基地，木材积蓄量达16576立方米。镇内已建成灵南标准海淡水养殖、优质杨梅生产、蛏苗蛏子养殖、药材绿化苗木四大生产基地。海淡水养殖面积1066公顷，滩涂养殖面积667公顷。网箱300只。“红颊”“凤冠”“丰香”等新品草莓声名远扬。滨港食品公司入围“中国禽蛋加工企业20强”。工业生产形成光伏、汽配、针织、竹木加工、机械制造等产业。全镇有工业企业50余家，自营出口5210万美元，加工贸易出口额117万美元。2008年，实现社会生产总值18.5亿元，其中工业总产值13亿元，农业总产值3.8亿元，财政收入2937万元，农渔民人均年收入7500元。

泗洲头是县西南商业和集市贸易中心。全镇有商业网点200多个，50%以上集中在泗洲头。其中，百货、交电、化工等商店20多家。泗洲头墩岙塘设有农贸市场。

社会事业

1998年，建成镇自来水厂，水站24所，日供水3000余立方米，自来水普及率95%。九年一贯制中学1所、小学2所，卫生院1所、村医疗站11个。镇城区建有加油站、供电站、广播站、邮政站、电信站、信用社、汽车客运站、敬老院等。

名胜古迹

灵岩禅寺，为宋九大禅院之八。灵岩山主峰千丈岩，为县内第一巨岩，山顶有灵静庵、灵云庵、延寿阁等古刹。另，仙人洞、小龙门、小天门、金猴听瀑、驼峰、仙人捣臼等胜景古迹多处。

第八节　涂茨镇

涂茨一名，宋作“涂雌”，宝庆《四明志》首载，其二十一卷《象山县志·叙赋·乡村》“游仙乡”目中有“涂雌保”。嘉靖《象山县志》，作“涂次”，其“区域纪·都隅”中有“涂次保”“区域纪·村岙”中有“涂次”。清代以后，多用“涂茨”。作为商业小市镇的涂茨镇，清末始称；作为建制镇的涂茨镇，1992年建。

位置面积

位于县境东北部，东临大目洋，东南濒乱礁洋，西南邻大徐镇，西北靠珠山与贤庠镇接壤，东北濒象山港口。陆域面积62平方千米，其中岛礁98个、面积3.23平方千米。海岸线长38千米。耕地面积847.67公顷，山林面积2572公顷，海涂面积833公顷。镇人民政府驻涂茨村，距县中心城区11.3千米。

照2-11　涂茨镇航拍照

地形地貌

低山丘陵约占总面积65%，地势西高东低。东北有钱仓平原，南部有涂茨平原，中部与东南滨海多小平原，以淡塘泥田土、黄泥沙田土为主。最高珠山雄居西境，海拔541.5米，余多在300米以下。境内有涂茨、钱昌平原，有钱仓溪、榆溪、泊戈洋溪等，溪源流短促。

建置沿革

宋属游仙乡涂茨保、钱仓保。明初于钱仓建千户所属昌国卫。今涂茨镇其余地则属游仙乡二十一都。清属二十都。宣统二年（1910），为怀珠乡之北部。民国19年（1930）分建涂茨、珠山境、旋水、毛湾、汤岙、钱仓、崔家岙7联合乡，属第二区。民国23年合七乡置涂茨、钱仓2乡，属第二区。翌年属第一督导区。民国29年属象东区。民国35年，合2乡建东海乡，直属县。中华人民共和国成立后属东山区。1950年5月属大徐区。1951年分置涂茨、珠山、民主、汤岙4乡。1956年年初合并为涂茨乡。7月析为涂茨、民主2乡。1958年建民主人民公社，下设涂茨、民主、钱仓、渔业4大队。1959年，撤并为涂茨、民主2管理区。1961年撤管理区置涂茨、民主2公社，属大徐区。1972年民主公社更名东港公社。1983年9月，撤社建涂茨、东港2乡。1992年5月，合并东港乡、涂茨乡建涂茨镇，至今。

行政区划

2008年，辖21行政村、1个居民区。行政村：涂茨、屿岙、毛湾、大岭后、玉泉、东港、大坦、永联、旭拱岙、泊戈洋、黄沙、汤岙、新塘、钱仓、里庵、中堡、前山姚、长沙、庵后、珠山、下盆岙；居民区：金鸡。

人口民族

今涂茨镇，于1953年时为大徐区民主（3964人）、涂茨（3684人）、汤岙（3924人）3乡地，总计人口11572人。2000年，涂茨镇人口22893人。2008年，7598户、21507人。其中，男10957人、女10550人，非农业人口860人。

2000年，第五次普查人口口径为16918人。其中，汉族16894人、蒙古族1人、回族2人、苗族7人、土家族14人。少数民族人口共计24人。

经济概况

农业以种粮为主，经济作物有柑橘、茶叶、花卉、苗木。农业部柑橘基地落户泊戈洋村。特产有珠山白毛尖茶，色绿透亮，香幽味醇，评为省一类名茶。中堡村80%农户种花木，为镇内有名花木村。全镇花卉种植面积260公顷，居全县首位。珠山村农户养大白鹅，形成特色产业。沿海渔村有渔船305艘、1500吨位，从业渔民800余人。另有农户从事紫菜养殖、张鳗苗、围塘养虾、养蛏子等。工业以船舶制造、机械、针织、模具、电子电器为主，工业企业130余家，其中规模以上16家。2008年，社会生产总值12.17亿元，其中，工业总产值10亿元，农业总产值2亿元。镇财政总收入3560万元，农渔民人均年收入8250元。

全镇商业网点220余家，有商店、旅社、饭店等。涂茨、崔家岙、汤岙、钱仓有集市，其中，涂茨集贸市场最大。

社会事业

初级中学1所、小学1所、幼儿园1所，卫生院2所、村级医疗站15个。镇城区设有广播电视站、文化站、邮政、电信、信用社、供电所、敬老院等。

名胜古迹

珠山位于贤庠、涂茨两镇交界，为旅游景点。珠山南麓，宋建玉泉寺，与天台国清寺同脉，并以玉泉名玉泉盐场。明建钱仓所城，并为纪念抗倭将士而建有七将军庙。

第九节 大徐镇

民国《象山县志》“职官表”载，唐“神龙二年立县，奉化小万竺人徐旃来任县令，停官后寓居于此”，丁口繁庶，故称大徐。宋宝庆《四明志》卷二十一《象山县志·区域纪·叙赋·乡村》“游仙乡”目中载有“大徐保”。清末时已成商业小市镇，称“大徐街”。1992年，建大徐镇。

照2-12 大徐镇航拍照

位置面积

位于县东北部，东北接涂茨镇，以干岭脚为界，东南至前门山与爵溪街道接壤，南至丹东街道，西至墙头镇以射箭山为界，西北接黄避岙，临西沪港，北靠珠山与贤庠镇毗邻。面积 56 平方千米。耕地 792.2 公顷，山林 3113 公顷。镇人民政府驻汤家店村东昭路 116 号，距中心城区 6.3 千米。

地形地貌

低山丘陵地貌，地势三面高，向中、西方倾斜。最高射箭山雄居西南，与墙头镇分界，主峰海拔 548.4 米，为县北部最高山峰。东北大佛座次之，海拔 449 米。400 米以下有陈山、大山尖、尖峰山等 8 座。平原狭小，主要分布在中部及东部海滨，约 8 平方千米。军民塘 180 公顷湿地和 54.6 平方千米集雨面积，为象山北部水资源发源地。主要溪流有海口溪（枫溪）源出大佛座，南纳下院青岭之水折西至军民塘。雅林溪源出射箭山，东汇考坑之水，折北转西注军民塘入白墩港，各长约 7.5 千米。

建置沿革

宋属游仙乡大徐保、政实乡延德保、考坑保。明属游仙乡十八都、政实乡十七都。清属游仙乡十五、十六都，宣统二年（1910）属怀珠乡。民国 21 年（1932）析为塔杉、雷山、鹰山、山溪、海口、太平 6 乡，属第二区。民国 23 年，合置林埭乡、三山乡、虎溪乡。民国 25 年属第一督导区。民国 28 年并为虎山乡。民国 30 年属象东区虎山乡。民国 35 年称东山乡，直属县。中华人民共和国成立后，属东山区东山乡。1950 年 5 月，东山区改称大徐区。1951 年，析建大徐、林善、海口、雅林溪 4 乡。1956 年，大徐、林善、海口、雅林溪 4 乡合置大徐乡。1958 年 9 月，成立象山人民公社，今大徐镇地属象山人民公社大徐、雅林溪 2 大队。1959 年 4 月，改称丹城人民公社大徐、雅林溪大队。1959 年 11 月合为大徐管理区。1961 年 10 月析为大徐、雅林溪 2 公社，属大徐区。1983 年撤社建大徐、雅林溪 2 乡。1992 年 5 月，2 乡合建大徐镇。

行政区划

1992 年 5 月，大徐和雅林溪合并建大徐镇。辖 35 个行政村、1 个居委会。2004 年 7 月，调整为 24 个行政村、1 个居委会。行政村：大徐、三角地、下院、杉木洋、甲田弄、塔幢、海口、汤家店、大磊头、相思岭、黄盆岙、林善岙、虎啸铺、陈山、安东、后林、雅林溪、下岙、上岙、章家弄、新罗岙、夏雨岙、里考坑、铁拾；居民区：龙溪。至 2008 年，村、区之划分未变。

人口民族

1953 年，今大徐镇为大徐区雅林溪（2860 人）、海口（2211 人）、林善（2856 人）、大徐（3357 人）4 乡地，总计 11284 人。2000 年，大徐镇人口 18666 人。2008 年，大徐镇 6301 户、18551 人。其中，男 9301 人、女 9250 人，非农业人口 610 人。

2000 年，第五次普查人口为 14156 人。其中，汉族 14152 人、苗族 4 人。

经济概况

农业以水稻种植为主，经济作物主要有茶叶、杨梅。所产“蓬莱香茗”“珠山茶”，获 1989 年全省名茶评比第一名。杨梅产区主要分布在三角地、海口等村。2004 年，建立“大徐杨梅交易市场”“大徐镇杨梅农业合作社”，年销杨梅 4700 多吨。工业以电子产品、汽配、化工、轻纺、机械、模具为主，有工业企业 226 家，其中规模企业 37 家。2008 年，社会生产总值 23 亿元，其中工业总产值 18.4 亿元，农业总产值 1.5 亿元，财政收入 2695 万元，农民人均年收入 8432 元。

商业网点近 200 个，大徐、陈山设有集贸市场，商贸兴盛。

社会事业

1987 年，大徐 4 个村利用龙角岩水库安装自来水，日供水 550 立方米，现有 20 多个行政村用上自来水。九年一贯制中学（殷夫中学）、小学各1所、幼儿园1所、镇卫生院、卫生分院各1所，村级医疗站16家。另建有敬老院、电影院、文化站、广播电视站等。镇城区设有供电所、信用联社、邮政、电信等。

名胜古迹

境内有延寿禅寺，建于宋乾祐二年（949）。大徐三角地有明代吴乾养石墓道，存石人、石马各一，1984年被列为县级文物保护单位。殷夫故居，为宁波市爱国主义教育基地、县革命历史教育基地，属县级文保单位。

第十节　新 桥 镇

清乾隆县志于归仁乡十七都中始载新桥村名。据《林氏宗谱》载，新桥，因村北石柱坑（大溪坑）上有“新桥”而名之。作为小商业市镇之新桥镇，清末始称。作为建制镇的新桥，1992年建。

位置面积

新桥镇地处县境中部，东北与东陈乡相连，东南一隅濒大目洋，西临蟹钳港马岙门与泗洲头镇相望，南以将军山为界与石浦镇、定塘镇为邻，北靠五狮山与茅洋乡接壤。陆域面积66.7平方千米，其中岛礁10个、2.07平方千米。耕地面积1250.93公顷，其中水田954公顷，旱地297公顷；林地3265公顷。浅海滩涂38.28平方千米，水产养殖1519公顷。镇人民政府驻新桥村宁丰路10号，距县城17.5千米。

照2–13　新桥镇航拍照

地形地貌

全镇低山丘陵地貌约占70%，平原4块，主要分布在西部沿海地带，其中大塘港灌溉区平原较大，以砂石、淡塘泥田土为主。地势自东、北向西及西南倾斜。南部河流纵横，水网密布，以浅海沉积、冲积平原为主。中北部属丘陵地形，间以冲积小平原。镇北部五狮山，海拔557米，为南乡少祖山。溪流短小清澈。主要有玉带溪、东溪、大溪坑及大塘港上游灵照河，均向西注入白礁水道。

建置沿革

宋属归仁乡东溪保。明属归仁乡一、二都。清属归仁乡十七、二十一都。宣统二年（1910）属奠南乡。民国18年（1929）析为东溪、洋坑、板岭、山根、井头、海潭、高湾、关桥、七里、黄公岙10村（后改为10联合乡），属第四区。民国23年，合东溪、洋坑、板岭及上周4乡置东洋乡，翌年称汇溪乡；合三根、井头、海潭3乡置狮麓乡；合高湾、七里、黄公岙3乡置高塘乡。民国25年，属第三保甲督导区。民国28年并为狮虎、高桥2乡。民国29年11月，调整为东麓乡、高桥乡。民国30年属石浦区。民国32年，属下南区。民国35年，为狮麓、灵照2乡地，直属县。

中华人民共和国成立后属石浦区。1951年，析建东溪、岭下、山海、新桥、高湾、黄七、黄新7乡，属新桥区。1956年，合东溪、山海、岭下三乡为东溪乡；合新桥、高湾、黄七、黄新四乡为新桥乡。1958年9月，建新东人民公社，属东溪、山海、新桥高湾、黄新黄七4个大队。（新东公社尚有旦门、渔业2个大队，后为旦门管理区，又后为旦门公社其地今属东陈乡）。1959年为东溪、新桥两个管理区，1961年改为公社，属新桥区。1965年撤区直属县。1972年，属定山区东溪公社、新桥公社。1983年，属定山区东溪乡、新桥乡。1992年5月，两乡合并建新桥镇。

行政区划

2004年，行政村规模调整：郎家岙、横山、庙前杨自然村合并成立庙前杨村。里岙、外岙、木头岙自然村合并成立五兴村。新桥村、小岭下自然村合并成立新桥村。山头王、岭脚、自然村合并成立山头王村。小白社、外韩自然村合并成立韩升村。东溪、海山自然村合并成立东溪村。乌江、蛤沙、弹涂岙自然村合并成立海丰村。江东、龙洞、王岙自然村合并成立兴海村。上灵岙、中灵岙、下灵岙自然村合并成立灵岙村。下七里、花前自然村合并成立下七里村。全镇28个行政村：新桥、海台、山根、井头、板岭、东溪、山头王、洋坑、庙前杨、关头、东史、石柱外、石柱里、崇巉、双岙、黄吉岙、上七里、下七里、灵岙、上盘、黄公岙、高塘、高湾、七林湾、韩升、海丰、兴海、五兴。延续至2008年未变。

人口民族

1953年，今新桥镇为新桥区高湾（1992人）、东溪（2765人）、黄新（1819人）、新桥（3280人）、岭下（1839人）、黄七（1669人）、山海（2741人）7乡地，共计人口16105人。2000年，新桥镇人口28663人。2008年，8784户、26502人。其中，男13986人、女12516人，非农业人口744人。

2000年，第五次普查人口为20885人。其中，汉族20873人、蒙古族1人、回族3人、苗族1人、布依族6人、土家族1人。少数民族人口共12人。

经济概况

农业以水稻种植为主，经济作物有柑橘、杨梅、枇杷、草莓、茶叶等。其中枇杷是新桥特产，有500余年栽培历史。高湾村枇杷最为出名，被列为县枇杷生产基地。沿海村民从事捕捞养殖，主要养殖鲈鱼、黄鱼等名优鱼类和牡蛎、紫菜等。工业以针织、机械为主，工业企业130余家。2008年，社会生产总值11.2亿元，其中，工业总产值7.8亿元，农业总产值1.9亿元，镇财政收入3110万元，农渔民人均年收入6460元。

商业网点近300个，主要集中于新桥、东溪二地。东溪、山根、新桥、黄公岙均有集市贸易市场，其中以新桥规模最大。

社会事业

1987年，建自来水厂，日供水1万多立方米，自来水普及率95%。九年一贯制中学2所、小学2所；镇卫生院、分院各1所，村级医疗站24个。另，建有电影院1座、敬老院3所、老年活动室19个。镇城区设供销社、信用社、农电站、广电站等。

名胜古迹

五狮山，有盘山公路直达其巅，峰顶开阔平展。山下五狮禅寺，建于五代后周广顺三年（953）。山上有迴龙寺、白龙庵白龙潭，深三四尺，供百人饮用而不涸。黄公岙村有“山海楼”，建于1918年，为象山革命斗争遗址之一，是县级文物保护单位、县青少年爱国主义教育基地、宁波市爱国主义教育基地。2004年，黄公岙村西建象山影视城，内置8大景点和160余处仿古建筑单体，为中国十大影视拍摄基地之一。

第三章　乡

唐神龙二年（706）象山立县，设五乡，今存应真、宝德二乡名。宋时的三乡为政实乡、归仁乡、游仙乡。元、明、清三乡同宋。清宣统二年（1910），设西一、西二、西三、西四、西五、宝海、怀珠、磐安、靖南、奠南等10乡。民国时期，乡制变化较大。民国21年（1932），改9里、125村为9镇、123乡。民国23年，又并为3镇、61乡。民国32年，设23个乡。民国34年，减为18个乡。中华人民共和国成立后，乡制变化频繁：1951年，五区辖乡75个；1955年，县直属乡13个，3区辖乡15个；1957年，全县设34乡；1958年撤销镇、乡建制，成立人民公社；1983年，公社改为镇、乡；1991年设27乡。1992年5月，撤区扩镇并乡，共设东陈、晓塘、黄避岙、茅洋、高塘岛5乡。

第一节　东陈乡

东陈《陈氏宗谱》载，南宋末年陈氏祖从福建迁至姥（姆）岭下东南卜居而名东陈。明嘉靖县志“区域纪·村岙”中有东陈村名载录。民国21年（1932），始建东陈乡，为第一区12乡之一。

位置面积

位于象山半岛东部沿海之中部，东濒大目洋，南接新桥镇，西邻茅洋乡，北连县中心城区。省道沿海南线穿境南北。陆域面积56.7平方千米，其中岛礁36个、1.97平方千米。海岸线长32千米。耕地面积767公顷，山林面积3050公顷，海涂面积993公顷。乡人民政府驻沙岗村，距县中心城区9千米。

照2-14　东陈乡航拍照

地形地貌

境内低山丘陵占总面积50%左右，主要分布在南部和西部。地势西高东低，最高西部五狮山，海拔557米，余多在400米以下。平原主要分布在东北部的南庄平原，松岙、仁义一带亦有小块平原。河流短促，主要有马岗河、东陈河、松岙溪、仁义溪、樟岙前溪坑、南堡登碗坑等。

建置沿革

东陈乡，宋属归仁乡马岗保、松岙保。明属归仁乡四都、五都。清属归仁乡七都、十都。宣统二年（1910）为靖南、奠南2乡地。民国18年（1929），析建岳头、东陈、马岗、南堡、南海、松岙、樟岙7乡，属第一区；仁义、双桥、王家榄、平湾4乡属第四区。后几经分合，1951年析建为东陈、沙岗、樟岙3乡，属南庄区。旦门、平柱2乡属新桥区。1956年，合东陈、沙岗、樟岙为东陈乡属南庄区；合旦门、平柱为旦门乡属新桥区。1958年9月，建象山人民公社（1959年

4月改称丹城公社)，东陈析为东陈、南堡2大队。另建新东公社，置旦门大队。1959年11月，分属东陈管理区、旦门管理区。1961年10月，成立东陈、旦门2公社，分属南庄区、新桥区。1965年撤区后直属县。1972年，东陈公社属南庄区，旦门公社属定山区。1983年，撤社分建东陈乡、旦门乡。1986年，旦门改属南庄区。1992年5月，旦门、东陈2乡合并为东陈乡至今，直属县。

行政区划

1992年5月，由原东陈、旦门两乡合并为东陈乡，辖39个行政村。2004年，调整为20个行政村、1个居民区。行政村：沙岗、北山下、岳头、马岗、洋里、西庄、武家山、东陈、大塔、南堡、樟岙、金井头、南盘、上周、王家榄、东旦、升岙、松岙、旦门、红岩；居民区：东旭。

人口民族

今东陈乡，在1953年时为南庄区之沙岗（2485人）、樟岙（2895人）、东陈（2443人）三乡和新桥区之平柱（902人）、旦门（2322人）两乡之地。共有人口11047人。2000年，东陈乡人口21882人。2008年，东陈乡7285户、21951人。其中，男11191人、女10760人，非农业人口519人。

2000年，第五次普查人口17853人。其中，汉族17849人、苗族1人、壮族1人、土家族1人、畲族1人。少数民族人口共4人。

经济概况

农业以水稻种植为主，经济作物有蔬菜、柑橘、茶叶等。有县级粮食生产示范、蔬菜种植等多个专业村。沿海渔村有机动渔船147艘、4379吨，其中钢质渔轮14艘、2220吨。近年平均海洋捕捞水产品12059吨。海淡水养殖有紫菜、蚶子、对虾。象山兢业水产育苗厂被列为“宁波市重点水产苗种场”。象山海茵紫菜生产养殖基地被命名为宁波市绿色农产品基地和省无公害农产品基地。东陈白鹅为象山著名农产品，每年举办“白鹅节”。综合贸易市场1个，商业网点40余个。

工业以机械制造、针织、电器电机、模具五金、橡胶塑料、水产食品为主。工业企业140家，其中规模企业28家。2008年，全乡实现社会生产总值12.76亿元，其中，工业总产值11.38亿元，农业总产值1.38亿元。乡财政总收入3665万元，农渔民人均年收入8681元。

社会事业

1988年，建自来水厂，日供水2000立方米，自来水普及率98%。初级中学1所、小学1所、幼儿园1所、卫生所2所、村级合作医疗站37个。乡政府所在地设有邮政、电讯、信用社、粮站、农电站、广播电视站、电影院、敬老院等。

名胜古迹

红岩景区，由红岩岩滩长廊、东旦沙滩组成。红岩奇石，为浙东一绝。东陈村国学大师陈汉章故居，2007年正式对外开放。姆岭洞陈汉章先生墓，1983年重修，墓碑碑文由全国人大常委会副委员长许德珩题书，周围建陈汉章纪念壁。陈汉章故居与墓均列为县文物保护单位。樟岙村有古樟树，树龄1800余年，为省级名树。村内建有“象山才华剪纸艺术馆”和“高妙兰农民画陈列室”。南堡黄自然村村东有平水庙，相传建于宋代，内有串令戏台。岳头村有象山县乡村雷锋文化室。

第二节　晓塘乡

晓塘一名，民国《象山县志》始载，其卷一“图说上·昌石镇图说·村”中录：“晓塘，一作小塘”。小塘，最先当为塘名，但乾隆、道光《象山县志》皆无载。清末民初，不管是村名还是塘名，已多称“晓塘”。民国《象山县志》卷一“图说上·昌石镇图说·塘田”目载为“晓塘”，卷七“氏族表·昌石镇”所载七八处，皆作“晓塘”。1991年始建晓塘乡，为定山区6乡之一。

照2-15　晓塘乡航拍照

位置面积

晓塘位于县境南部偏西的定山平原西南部，东以大明山、南以大金山余脉与石浦镇接壤；西濒岳井洋白礁水道；北至双峰山支脉与定塘镇接界。陆域面积34平方千米。耕地面积1333公顷，山林面积1800公顷。乡政府驻美礁碶村三眼碶，距县中心城区28.5千米。

自然环境

位于定山平原西南部，北、东、南三面低山环抱。东部为丘陵地貌，约占总面积50%，地势东高西低，最高大金山主峰海拔398米，其余均在300米以下。西部平原。大塘港斜贯西部，其支流九龙江横贯东西、穿越乡境。

建置沿革

晓塘乡，宋属归仁乡青埠保。明属归仁乡三都。清属归仁乡二十一都。宣统二年（1910），属昌石镇。民国18年（1929），析建月坪、胡家屿，晓竹、华阳、鳌溪5联合村。民国21年，改称联合乡，属第五区。民国23年，合月坪、胡家屿、晓竹3乡设晓月乡；又合华阳、鳌溪2乡置华溪乡属第五区。民国28年，合晓月、华溪为月华乡。民国30年属石浦区。民国35年，月华与大泥塘合为华塘乡，直属县。中华人民共和国成立后，仍称华塘乡，属石浦区。1951年1月，析为华溪、晓月、中屿3乡，9月改属昌国区。1952年6月改昌国区为定山区，7月，三门县南田区划入象山，坦塘乡从南田区划归定山区。1953年，时定山区属晓月、中屿、华溪3乡及坦塘乡之北部地即为今晓塘乡地。1956年，晓月、华溪并为晓月乡，中屿与坦塘之北部并为中屿乡（坦塘之南并入金星乡）。1958年9月，建定山人民公社，合中屿与晓月乡西部建晓塘大队，晓月乡东部（原华溪乡）建后岭大队，坦塘之北南两部合建坦塘大队，属定山公社（定山公社时辖九大队）。1959年10月，晓塘、后岭两大队合为晓塘管理区，坦塘大队改称坦塘管理区。1961年10月，晓塘、后岭改称公社，属定山区。坦塘北划属晓塘，南划属金星公社。1965年5月，撤定山等区，县内各公社均直属县。1972年4月，重设定山等区，今晓塘乡地属定山区。1983年7月，“政社分设”，置晓塘、后岭乡。1992年5月，二乡合并称晓塘乡至2008年未变动。

行政区划

1992年，晓塘、后岭合并为晓塘乡，辖32个行政村。2004年8月，调整为19个行政村：美礁碶、中岙、做布厂、利民、中央瀺、新厂、晓塘、西边塘、双连峙、励家坪、鹤洋、后岭、黄埠、支坑、月楼、胡家峙、东浦、青山头、岭头。

人口民族

今晓塘乡，1953年为定山区之晓月（3282人）、中屿（2734人）、华溪（2397人）3乡及坦塘乡（1314人）一半地，若坦塘乡一半之地人口作650人计，则有人口9000余人。2000年，晓塘乡人口19383人。2008年，晓塘乡5829户、18453人。其中，男9755人、女8698人，非农业人口347人。

2000年，第五次普查人口为14017人，其中，汉族14013人、苗族1人、侗族2人、土家族1人。少数民族人口共4人。

经济概况

农业以水稻种植为主，兼种蔬菜和养殖业。经济作物有柑橘、葡萄、杨梅、梨等。其中：柑橘省内有名，“大象山”牌柑橘连续三年获全国“中华名果”称号；“金手指”“海山明珠”牌葡萄获省名牌农产品称号，畅销国内20多个大中城市。全乡养蛋鸡65万羽，年产鲜蛋1.3万吨，是浙江省禽蛋饲养最为集聚区域之一。全乡生猪存栏1.6万头。渔村1个，大小渔船31艘、463吨，其中钢质渔轮1艘、220吨。海淡水养殖面积400公顷，其中淡水网箱养殖2500箱。全乡农民专业合作社14家。工业以五金机械、塑料电讯、针织服装、食品加工为主。全乡工业企业102家，其中规模企业14家。2008年，实现社会生产总值8.41亿元，其中，工业生产总产值4.2亿元，农业生产总值2.69亿元，第三产业产值1.5亿元。乡财政收入2371万元，农渔民人均年收入7005元。

陆上开通至丹城、宁波南站线路；濒临三门湾水路，从鹁鸪头出发近通宁海白峤、三门海游和椒江。全乡商业网点150余个，在励家坪、渡头街、三眼碶、九龙江建4个农贸市场，交易兴旺。

社会事业

1984年，建三眼碶自来水厂，日供水量150万立方米，12个行政村通自来水。辖区小学1所、卫生院1所、幼儿园1所、村级医疗站14个。乡所在地设有电管、邮政、电信、金融、广播电视、敬老院等。

名胜古迹

黄埠村明清古建筑群有600余年的历史，古宅众多，布局有序，飞檐斗栱，雕梁画栋，建筑工艺精湛，保存完整，被列为首批“宁波市历史文化名村”，其“三戒堂”，为县级文物保护单位。月楼岙村，“钟郝遗徽”石亭建于清咸丰元年（1851），为县文物保护单位。

第三节　黄避岙乡

黄避岙一名，明嘉靖县志中始见，作“王避岙”。清乾隆县志已作“黄避岙”。1951年，始建黄避岙乡，为大徐区16乡之一。

黄避岙名考　明嘉靖县志“区域纪·村岙”中作“王避岙”，其“山川纪·塘田”中有“王避岙塘”。民间传说康王（宋高宗）从着衣亭逃难到此，为一少女相救脱险，因名“王避岙”①。

①《象山地名志·政区地名·黄避岙乡·黄避岙村》，54页。

照 2-16　黄避岙乡航拍照

然证之史实，宋高宗实未曾到象山。清乾隆县志载游仙乡十六都之一村为“黄避岙”。清乾隆举人王乙山《秦碑诗序》载，里人旧传得残碑，镌有秦时黄石公避迹等字，因以名岙。民国县志卷十九“金石考·秦碑”考证后认为，黄公避世，确有明证，黄公为鄞人夏黄公，而非助留侯张良之黄石公。并认为王可轩《黄避岙吟》序中关于唐黄晟、黄永阶隐于邑，且其居又适与岙相符，故称黄避岙的说法不能成立，因为碑是秦碑，不可据唐而论。至于王可轩所引“或说，谓黄陂转音呼为黄避”的说法，是昧于声音、文字之学者，不足辩矣，因为秦以前古音，皮声、辟声，字不同部，声类俱隔。

位置面积

位于象山县北部。东邻贤庠、大徐 2 镇，南依西沪港与墙头、西周相望，西北濒临象山港。陆域面积 43.6 平方千米。耕地面积 639 公顷，山林面积 2140.6 公顷，海涂面积 446 公顷。乡人民政府驻龙屿村，距县城 13 千米。

地形地貌

丘陵占全乡总面积 65%，地势由东南向西北倾斜，西南黄大山海拔 289.2 米，为乡最高峰，余多在 200 米以下。平原主要分布在西北沿海及沿溪地带，约 9 平方千米。溪流短促，最大湖头溪，源于护境寺山南坡，东南折西北注入象山港，主流长 6 千米，流域面积 17 平方千米。

建置沿革

宋属游仙乡夹屿（鸭屿）保。明属游仙乡二十二、二十三都。清，鸭屿、白屿、山夹岙等西沪港沿岸诸村属政实乡二十二都，余为游仙乡十六都。宣统二年（1910）属磐安乡。民国 18 年（1929），实行村里制析为黄安、龙安、军安、林安四联合村，后改为联合乡。民国 23 年，并为奠安、林安 2 乡。民国 27 年合为奠安乡。民国 36 年属东港乡。中华人民共和国成立后属大徐区。1951 年，析建黄避岙、龙屿、大林 3 乡。1956 年合为黄避岙乡。1958 年，析为黄避岙、龙屿 2 大队，属岑䍃公社。1959 年 11 月，改称黄避岙、龙屿两管理区。1961 年 11 月，合并为黄避岙公社，属大徐区。1983 年，撤公社建黄避岙乡，属大徐区。1992 年 5 月，撤区后直属县。

行政区划

1983 年，撤社建乡，辖 55 个自然村，设 27 个行政村。2004 年 5 月，合并为 16 个行政村：龙屿、周家、谢家、兵营、大斜桥、横塘、黄避岙、鲁家岙、白屿、塔头旺、大林、鸭屿、山夹岙、驿角岙、横里、高泥。至 2008 年未变动。

人口民族

今黄避岙乡，1953 年为大徐区黄避岙（3015 人）、大林（2641 人）、龙屿（2494 人）3 乡地，人口 8150 人。2000 年，黄避岙乡时人口 14043 人。2008 年，4707 户、13325 人。其中，男 6839 人、女 6486 人，非农业人口 356 人。

2000 年，第五次全国普查人口为 9437 人。其中，汉族 9436 人，苗族 1 人。

经济概况

农业以水稻种植为主，兼种蔬菜，其中茭白出名。经济作物有杨梅、柑橘、茶叶等。其中嵩雾龙井茶，为浙江省二类名茶。海水网箱养殖万余箱，品种有鲈鱼、石斑鱼、大黄鱼等名贵水产。浅海滩涂养有青蟹、蛏子、牡蛎、海带、紫菜等。全乡有大小渔船170余只、244吨，其中钢质渔轮4艘。工业以水泥、模具为主，工业企业45家，其中规模企业10家。2008年，社会生产总值6.39亿元，其中，农业生产总值3.1亿元，工业生产总值3.28亿元，乡财政收入1735万元，农渔民人均年收入6618元。

20世纪70年代始，建成公路8条，总长34千米。2007年，实现村村通公路，路面全部硬化。各类商业网点140余个。1995年，建造龙屿村菜场，建筑面积860平方米，设摊位260个。

社会事业

1990—2000年，共建水库8座，修建自来水站12个，日供水量1500余立方米，自来水普及率95%。小学1所，乡卫生院1所、村级医疗站10个。乡所在地设有邮电所、信用社、农电站、广播电视站、影剧院、知音艺社、图书室、敬老院、老年活动室等。星级农民会所覆盖率60%。

名胜古迹

黄避岙村山上有一岩如椅，民间称仙人大座。北黄金海岸度假村坐落在西沪港畔，依山傍海，风景秀丽。高泥村东塔自然村有陈岙唐代青瓷窑遗址，为县级文物保护单位。大林村立有双桂遗风碑、林氏宗谱序碑、唐九牧先生林披传碑，吴生墓表为其中著名者。始建于宋建隆二年（961）护境寺，《浙江通志》列禅院之七。历代累经修葺，晚清毁。1994年，村民集资重建。

第四节　茅洋乡

茅洋，清宣统二年（1910）设西二乡，其属村中首见茅洋之名。民国32年（1943）属象西区溪口乡，1956年属新桥区溪口乡，1961年属新桥区溪口公社。1981年因与奉化溪口公社同名改称茅洋公社①。1983年始建茅洋乡。溪口，明嘉靖《象山县志·区域纪·村岙》中已有载录。

位置面积

位于县境中部，东界荷花芯山与丹西街道、东陈乡为邻，南靠五狮山与新桥镇毗连，西傍白仙山与泗洲头、西周镇接壤，北隔大小雷山与墙头镇相接，西南控蟹钳港。三面环山，一路通海。陆域面积47平方千米。省道盛宁线和茅石线贯穿乡间。耕地面积733公顷，山林3101公顷，滩涂53公顷。乡人民政府驻溪口村溪口街，距县中心城区10千米。

照2-17　茅洋乡航拍照

地形地貌

境内多低山丘陵，约占总面积70%，地势三面高，向中间及西南倾斜。东北荷花芯山海拔585.2米，为乡最高峰。南部五狮山海拔557米，西部白仙山海拔540米，余多在400米以下。溪口大溪两岸及沿海有小平原。溪口大溪为全乡唯一大溪，源于大雷山之石鼓岭，上游称管溪，集

①《象山地名志·政区地名·茅洋乡》，159页。

诸支流折西南汇五狮山水由蛎江埠注入蟹钳港。

建置沿革

茅洋乡，宋属归仁乡管溪保。明属归仁乡七都。清属归仁乡九、十都。宣统二年（1910）属西二乡。民国18年（1929），建文山、茅洋、溪口、郑家庄、南充、屠家园六村，后改为六联合乡，属第四区。民国23年，合为文洋、郑溪、南屠三乡，属第四区。民国28年，并为溪口乡，属象南区。民国35年直属县。中华人民共和国成立后属石浦区。1951年为文洋、茅溪、郑园、南屠四乡，属新桥区。1956年，并为溪口乡。1958年9月，建新兴人民公社，辖溪口、南屠二大队。1959年11月，合为新兴公社溪口管理区。1961年，建溪口公社，属新桥区。1965年，撤区后直属县。1972年，改属南庄区。1981年，改称茅洋公社。1983年，撤公社改置茅洋乡，1992年5月，撤区后直属县。

行政区划

2004年，设21个行政村：溪口、屠家园、南充、溪东、杨家岙、小白岩、山下叶、郑家庄、徐家岙、大地园、乌石岐、上缸厂、茅洋、李家弄、白岩下、银洋、兴坑、台头、文山、花墙、洋岙山。至2008年未变。

人口民族

今茅洋乡，1953年为新桥区茅溪（2614人）、文洋（2313人）、南屠（2148人）、郑园（1831人）4乡地，总人口8906人。2000年，茅洋乡人口15168人。2008年，4745户、13844人。其中，男7403人、女6441人，非农业人口450人。

2000年，全国第五次普查人口9899人。其中，汉族9888人、回族1人、苗族1人、布依族8人、水族1人。

经济概况

农业以水稻种植为主，经济作物有毛竹、柑橘、杨梅、草莓、茶叶等。沿海村民从事浅海养殖和近海捕捞，有机动渔船15艘。专业养猪户150余家，饲养生猪3万头。文山鱼鲞、茅洋苦丁茶、白岩下苔条、杨家岙薯片等农产品有较高知名度，其中小白岩茶叶被誉为宁波市八大名茶之一。工业以铸造、针织、农机、建材为主。传统沙发、家具制作从业者遍涉全国各大城市，为县著名“沙发之乡”。2008年，工业企业91家，其中规模企业23家。2008年，乡社会生产总值11.96亿元，其中，工业总产值9.4亿元，农业总产值1.76亿元。乡财政收入2094万元，农渔民人均年收入8151元。

1992年，在溪口街建综合交易市场，建筑面积8200平方米，设摊位近300个，大小商业网点135家。

社会事业

自来水厂一座，日供水量300余立方米，自来水普及率65%。初级中学、小学各1所，乡卫生院1所、村医疗站10家。乡所在地溪口街设有邮电所、信用社、广播电视站、电影院、图书室、录像室、敬老院等。

名胜古迹

庙山头新石器时代遗址，为县级文物保护单位。蓬莱禅寺，建于后汉乾祐二年（949），为象山著名古寺。徐家岙千年古樟，枝盛叶茂，六人不可合围。五狮山北麓，有侵华日军“华中矿业公司”遗址，为县级文物保护单位。茅洋乡民俗文化村、蔡家石头村，均为旅游景点。

第五节　高塘岛乡

清光绪九年（1883）龙泉塘筑成后，乌岩、金高椅、珠门、箬渔四岛连为一体，成一大岛，其后岛内始有“高塘”“前高塘”“后高塘”等村。1949年10月以后，始有“高塘乡”之名，为三门县南田区之一乡。1952年7月，南田自三门县析归象山，高塘为南田区十乡之一。1984年，因与镇海县高塘乡（今属宁波市北仑区）重名，改称高塘岛乡①。

位置面积

照2-18　高塘岛乡航拍照

高塘岛乡位于三门湾北侧县西南端，东隔林门港、南田湾与鹤浦镇相邻；南与西濒三门湾；北隔石浦港与石浦镇相望。域区由高塘岛、花岙岛等52个岛礁组成，南北5.9千米，东西10.85千米。陆域面积52.8平方千米。其中：高塘岛面积为42.2平方千米，为宁波市第2大岛；花岙岛面积9.8平方千米。耕地1144公顷，橘林684公顷，林地630公顷。乡人民政府驻江南村蓬莱路55号，距县中心城区39.8千米。

地形地貌

高塘岛乡大部属海岛丘陵。高塘岛西北有珠门山，东北有箬渔山，南部有乌岩山，主峰海拔均在300米以下。花岙岛地势高峻，中部雉鸡山海拔308.5米，为全乡最高峰。大佛头山雄峙东北，历为天然航标。平原主要分布在高塘岛北部和花岙岛北部，面积约20平方千米，其中高塘平原面积约18平方千米。主要河流中心港、乌岩港等，均在高塘岛。大乌岩、小乌岩、南方塘、东坑里等水库，总库容量300余万立方米。

建置沿革

唐象山立县，今高塘岛乡地属宁海县依仁乡②。入宋，其地属宁海县宁和乡③。元属何县何乡与几都无记载。明属宁海县宁和乡五十一都。明洪武二十年（1387），与南田一带众多岛屿被封禁。自此至清光绪元年（1875）开禁。道光四年（1824），移宁波府海防同知驻石浦“有专管禁山之责”，但仍非行政区划之机构。清光绪元年（1875），南田八岛开禁，时高塘岛尚未形成，鱼潭、长坑、笔架诸山尚未“连而为一”（《浙江沿海图说》清朱正元辑光绪二十五年上海聚珍版“石浦附近海岛表”）。光绪五年，立“南田垦务局”，七年，龙泉塘围成，高塘岛开始逐步形成。宣统二年（1910），设“南田抚民厅”管理今高塘岛乡等“南田八岛”。民国元年（1912），置南田县，今高塘岛乡为南田县蓬莱区。民国29年南田县与临海、宁海濒三门湾地置三门县，今高塘

①《象山地名志·政区地名·高塘岛乡》，291页。

②1980年9月，樊岙出土唐代墓葬。墓志砖记：“维大唐元和十二年岁次丁酉十二月丙辰朔廿七壬午台州宁海县依仁□万岁里邳下郡沈氏二□墓南田山景向坟记。”

③宋台州《赤城志》关于宁海县“乡里”记载：“宁和乡，在县东南七十五里，管里五：清溪、怀逊、奉化、万岁、新进。”“万岁里”在南田。

岛乡属三门县南田区。

1952年，三门县南田区划属象山，为象山县南田区。辖10乡，今高塘岛乡为其中之高塘、珠门、杏港3乡地。1956年，3乡并为高塘乡。1958年9月，南田人民公社建立，高塘乡析为高塘、杏港、珠门3大队。1959年11月属南田公社高塘管理区。1961年后，置高塘公社，属南田区。1963年2月，撤南田区，所属鹤浦、高塘、樊岙3公社划归石浦区。1967年1月，撤石浦区，高塘公社直属县。1972年11月，重设石浦区，高塘属石浦区。1983年7月，实行“政社分设”，置高塘乡。1984年，改称高塘岛乡。1992年5月，撤区后直属县至今。

行政区划

2004年，改革行政体制，乡原28行政村撤并成为18个行政村、1个居民区。行政村：江北、江南、纱帽绿、渔潭、珠门、罗元、中江、上江、杏八、孝贤湾、三五、金高椅、龙珠、花岙岛、珠益、乌岩头、林港、余江。居民区：高塘街。至2008年未变。

人口民族

南田立县后，民国7年（1918）春季编查户口，其蓬莱乡（即今象山县高塘岛乡）为1374户，男3170口、女2155口，合计5325人（民国《南田县志》卷二十七）。民国18年6月，编查户口为1400户，男3356口，女2564口，合计5902人（《南田县志》卷十二）。1953年，南田区之珠门（2890人）、高塘（2665人）、杏港（2862人）三乡即今高塘岛乡地，总人口8417人。2000年，高塘岛乡人口为20134人。至2008年，高塘岛乡有6812户、20413人，其中男10571人、女9842人，非农业人口554人。

2000年，全国第五次普查人口数为17705人，其中，汉族17679人、苗族9人、彝族6人、壮族3人、布依族2人、侗族1人、白族1人、土家族1人、仡佬族2人。少数民族人口共计25人，另有1人民族不详。

经济概况

农业原以粮棉种植为主，现粮田多改种柑橘。渔业生产以捕捞为主，2006年，全乡44.4千瓦以上钢质渔轮216艘，其中185千瓦以上112艘。总吨位24036吨，总动力33123千瓦。2006年，水产品捕捞总量32482吨，总产值15141万元，居全县第二，成为县渔业大乡。全乡水产养殖面积1510公顷，主要养殖梭子蟹、蛏子、蚶子、泥螺、南美白对虾、甲鱼、紫菜等。建有梭子蟹、南美白对虾、紫菜3个专业合作社。工业以船舶配件、船舶修理和水产品加工为主，全乡有各类工业企业近40家。2008年，社会生产总值10.42亿元，其中工业总产值2.05亿元，农业总产值6.5亿元，第三产业总产值2.07亿元，农渔民人均年收入5696元。

1995年和2008年，蛎门港大桥、三门口大桥先后建成，石浦、高塘、南田间可直通汽车。岛内客车每日通丹城4班，通鹤浦8班。有浮船码头7座，可停靠200吨级轮船。另有水泥码头9座，海运直通沿海各港口。全乡有工商户426户，行业齐全，购销两旺。

社会事业

1983年，高塘始建自来水厂，现有28个村全部接通自来水，日供水达700立方米。九年一贯制学校1所，卫生院1所、村医疗站11个。乡政府所在地设有邮电所、信用社、广播电视站、农电站等机构，建有电影院、敬老院、老年活动室。

名胜古迹

东部海崖“花岙石林”，石柱群绵延长6千米，宽30米，面积18平方千米。经考证，距今有

1.5 亿多年历史。留有石柱壁、石注瀑、石柱洞、石柱崖、石柱峰、石柱墩、琳仙屿、石柱华表等景点，形态各异。岛上还有天作塘、清水岙两处鹅卵石滩，均为旅游胜景。大佛头山，明嘉靖府志载："县南一百五十里，高出海中诸山数百丈，日本入贡以此为向导"。此山不仅为南田地区之地标，自古以来亦为三门湾一带商渔船只之航标。花岙岛有兵营遗址多处（花岙、高涂岙、悬岙），为省级文保单位。高涂岙建有张苍水纪念馆。

第三篇　乡村聚落

本篇目录

第一章　村落变迁

境内最早的聚落遗址——距今近6000年前的塔山遗址，或为因卷转虫海侵而南迁的越族人所居住①。后不断有移民从绍兴、宁波、台州、温州、福建等地进入境内创建村落。至唐宋，县内的乡村聚落，有以县城为集聚的，也有以里保、集市为聚集的。明代卫所司寨设立，军事聚落成为乡村聚落新的集聚形态。南田封禁、开禁及清初的迁界、复展，乡村聚落变化巨大。民国时期，尽管新建聚落很少，但随着军事聚落转为农渔、商贸聚落，以及商品经济发展，商贸集市所在村落得以扩大，其四周村落规模亦随之增大。中华人民共和国成立后，随着工业化、城市化进程推进，20世纪80年代，特别是进入21世纪，城乡统筹发展。城区，新型功能性聚落发展迅速，街、巷两边以家庭与血缘为纽带组织的院落逐渐减少，而代之以容纳各阶层、各人群的大社区。现代“街区”，除街道和建筑之外，还具备两大元素，一是有广场和公园，提供居民自由活动和沟通交流的公共空间，二是有社区、小区活动空地，提供业主或邻里交流沟通的半私密空间。县城丹城和石浦可为代表。似城聚落，功能单一，有侧重工业、文教、游憩、商住等各类聚落。象山工业示范园区、象山教育园区、象山影视城、松兰山海滨度假旅游区及城郊接合部众多商住小区等可为代表。随着城区新型功能性聚落、似城聚落的发展，城中村落、城郊接合部村落、郊区村落融入或趋向融入城区。镇乡、乡村聚落规划受到重视，空间扩展，建设品质提升，生活、文化、商业服务等功能愈来愈齐全。其周边村落亦融入或趋向融入镇乡所在地。

第一节　立县前村落

象山乡村聚落的起始，最早可延伸至近6000年前“塔山人”氏族部落聚居地。“塔山聚落”出土的人骨架，经研究，其人种与河姆渡二期相同。或为宁绍平原南迁到象山的越族人所建。另据塔山遗址下层出土的陶器等分析，“塔山聚落”有两个文化共同体参与开发，除河姆渡文化共同体之外，另有马家浜文化共同体②。据此推论，中原或北方地区的族群亦参与“塔山聚落”的创建。

“塔山聚落”分布在县城丹城东部塔山南麓，北面倚山，南面临海，东西腹地甚为窘迫。这样环境中的聚落，长期居住，周边生存资源减少，氏族部落必须迁徙。等到资源恢复，氏族部落可能重新迁入。迁入的或为原本的部落后裔，或为别支部落。另外，灾难、瘟疫等其他原因也会导

---

①陈桥驿《吴越文化论丛》“越族的发展与流散·卷转虫海侵和越族的迁移”：卷转虫海侵末期，宁绍平原环境恶化，宁绍平原的越族居民，发生大规模迁移：“一部分随着宁绍平原自然环境自北向南的恶化过程，逐渐向南部丘陵区转移。”

②参阅蒋乐平《塔山下层墓地与塔山文化》《东南文化》1999年第1期；《史前浙江——一个区域性的文化格局》《浙江社会科学》2012年第2期。

致迁徙。塔山遗址共有10个地层，时间跨度3000余年，其聚落变迁更迭可以想见。

新石器时代及夏商周、春秋战国等不同年代的遗址——姚家山、红庙山、赵岙、九冲、北山下与茅洋庙山头、涂茨大双湾后七埠等，亦为近海山坡上相对应年代的“村落”。

秦汉时，象山东、西、南有聚落，为东瓯、鄞县、回浦、章安等聚居地①。晋太康元年（280），象山西南部村落，属宁海县管辖②。南北朝时，境内有寺院、道观等聚落。而村落，泗洲头《柳氏宗谱》载，宁海为官的山西人柳慆，因购置田地入住横埕村（即柳岙。另说柳氏祖唐玄宗年间自奉化迁入。）。

第二节　唐至清代村落

象山立县时，境内村落无考。宋代，境外人员迁入增多。明代、清初海禁，人口、村落锐减。清康熙年间解除海禁，此后迁入者迅速增加。清末，象山村落布局总体定型。

唐代

象山为中县，设5乡、25里，但迁入姓氏及具体村落记载较少。大致有：唐武后年间（684—704），刘姓祖已居柴溪（后裔分迁县域、考坑），俞姓自宁海迁至下俞岙（夏雨岙）村。唐神龙二年（706）立县时，彭姥村成为县治。象邑第一任县令徐旃，离职后迁居大徐村。归顺乡乡长黄得胜后人迁入崛坡（月楼岙），其后人析迁本县它处繁衍村落7个。应氏祖应溥于唐贞元（785—804）自宁海迁入彭姥东塘；乾符年间（874—879），姜姓祖迁入丹城（后裔分迁西周、竿头）。昭宗年间（889—898），倪姓祖迁入梅溪。唐代，另有袁姓祖自宁海鉴桥迁入“住后”（今峙后）等③。

五代

梁开平间，张姓祖迁入龙屿，黄姓祖迁入珠溪。

宋代

迁入象山氏族有50余支，除迁入县城和县内姓氏分支迁徙外，自县外迁入县内的，其属地有：谷囤山、陈山、马岗（2支）、塔岭、大溪蒋、黄蜡店、洋北、墙头、方前、中沙、外仓岙、楼下陈、肖壶、塘翰、儒雅洋、闻岙、静家山、杰岙、西周、下沈、车岭、考坑、前山姚、涂茨、西山下、木瓜、黄避岙、大林、青莱、南堡黄、岳头、樟岙、东陈、朱水溪、南庄、九顷、外韩（2支）、东溪、关头、七里、海头韩、鸡鸣、番头岙等地。宝庆《四明志》载，时有3乡里，32保，均为大保，有主户9756、口28928；客户3624、口14892④。

元代

元延祐《四明志》载：象山当时仍为3乡，迁入的姓氏载录不多，其属地有黄溪、伊家山、西沙岭下、下沙、屠家园、西周、溪沿、洋心、洋坑、方前、中岙、竹山、后岭等。

---

①参阅本志《建置》篇第一章“沿革”。

②参阅宝庆《四明志·象山县志·叙县·沿革论》。

③柴溪刘氏、下俞岙俞氏、大徐徐氏、崛坡黄氏、梅溪倪氏、住后袁氏等始迁象山资料来自民国《象山县志》卷七“氏族表”。彭姥东塘应氏始迁资料见张则火《象山百家姓》第329页。

④宝庆《四明志·象山县志·叙赋·户口》。

明代

明嘉靖《象山县志》载，象山3乡有村畚218个，不含南田等岛屿上的村落。明初朝廷实行“海禁”，封禁沿海岛屿，南田及其周边岛屿居民被迫离乡背井，所有村落废弃。同时，卫所司寨设立，军事聚落形成。民国《象山县志·氏族表》载：明迁入的氏族有103支，大多在五狮山以北地区安家落户。

清代

清顺治年间（1644—1661），承袭明代海禁政策，封禁南田等岛屿，并下令沿海居民内迁30里，象山迁界范围之内的沿海村落被清空。昌国、石浦、钱仓等卫所聚落亦包括在内，仅留爵溪一所护卫县城。全县由22里剧减至16里。康熙年间（1662—1722）解除海禁，此后大量人口迁入，乾隆年以后，五狮山以南地区聚落渐兴。嘉庆年间（1796—1820），南田偷垦者大增，道光年间（1821—1850）再次封禁。光绪年间（1875—1908），南田开禁之后，人口大量迁入，村落兴建。从康熙“展复”到清末，象山村落（自然村）从221个发展到了664个。其中乾隆年间（1736—1795）为342个，其他村落当在乾隆至宣统年间建立，为象山村落发展的高峰。清宣统二年（1910）全县划定12区，时辖5境、664村，多为自然村落。

第三节　民国时期村落

民国期间，迁入象山后成村的不多，主要有民国元年（1912），吴姓自黄岩迁入鹤浦南五村的黄岩庄，王姓迁入贤庠西山下村所属的朱下庵地。民国8年，陈姓自三门迁入高塘岛乡渔潭村所属的大鱼潭。民国10年，李姓等多个氏族迁入，为民国时建村最多的一个年份。民国14年，金姓先迁入，后陆续有别姓迁入定居大塘礁横村所属浮礁渡。这一时期新建的村落虽少，但村落的设置、划分、撤并因社会管理的需要而变化频繁，详见本志“建置”篇。民国18年，实行村里制度，定5户为1邻，5邻为1闾，4闾为1里；行政区域作了较大的调整，全县乡镇共辖125个村。此时的村已基本不是自然村落，而为管理需要设置的行政村。民国24年12月，始行保甲制度。全县设3个保甲督导区、64乡镇。翌年二月，全县编成511保，5094甲。民国36年，全县有2镇、18乡、370保、3891甲。保，多行政设置意味，并不等同于自然村落。如官山6个保，下有自然村17个；雅林溪6个保，下有15个自然村。

第四节　中华人民共和国成立后村落

中华人民共和国成立后，自然村落纳入行政村管理。20世纪50年代后，乡村人口快速增长，但因村民建房用地控制严格，村落面积扩展缓慢，村落人口密度急剧加大。改革开放后，随着经济发展，农民收入增加，乡村建房用地指标适度放宽，乡村住宅建设发展，1990年以后，特别是进入2000年以后，乡村百姓住宅建设形成新高潮，村落不断扩大。一些传统村落的形态出现较大变化，特别是在镇乡政府驻地等经济较发达、自然条件较好的区域，一些相近村落逐渐联作一体，形成新的片村和集镇。2008年，全县行政村490个，居民社区25个，自然村落1010个①（第一次地名普查，全县自然村1072个）。

中华人民共和国成立后的村落变迁，由于土地为国家所有，家族因人口增长而析出另建村落的传统终结。因种种特殊情形，政府组织一些传统村落迁移，或组建新村。

传统村落迁移

大致有三种情况：一是因自然灾害而迁移。原南庄乡所属海塘一带的上余、下余、李家、杨家、上张家、下张家、茅家、孙家、应家、王家、邬家、冯家、高平碶、虞家等14个自然村落在1956年台灾中被摧毁，随后进行村落重建。重建的上余村，容纳了台风后生还的上余131户、428人，蔡家18户、49人，李家13户、31人，张家41户、124人，陈家7户、21人，黄家16户、59人；重建的下余村，容纳了台风后生还的金家、袁家、杨家（刘家）、俞家，共224户、970人。

二是因工程建设而迁移。1960年为开发门前涂，从当时溪口公社东岙、南庄杨蓬岙迁来19户、63人，在李家村原址上建设（1982年改名东塘村）。1963年建东溪岩头陈水库，岩头陈、碾坑、洞洋3自然村迁移至东陈建设新村，名为升岙村。1970年修建仓岙水库，库区内戴家、章家两自然村分别迁往戴港建戴港村、丹城建南仓村。1978年建溪口水库，从库区迁村民至外塔亭建外塔亭村（1980年改名庙山头村）。1986年建三家村水库，库区内的三家村、后山、天灯盏、轧门、三坪头、白龙潭6村落，全部迁往库区外建村。1992年建平潭水库，库区内平潭等村迁库外建村。

三是因新农村建设而迁移。1992年，推行高山移民政策，西周外静、里静两自然村从山上迁至山下，分别更名为荷欣、龙翔村。20世纪后期，先后有白岩后、平潭、扫基湾、上普塘、东岙等高山村落下迁平原建村定居。21世纪始又有田岙、尖岭头等下迁定居。海岛村落亦有整体搬迁陆地的，如南韭山村等。

新建村落

1960年，门前涂围成66.6公顷海塘。1962年，丹城部分知识青年下放开发门前涂，组建门前涂大队，下设8个生产队，有知识青年360人。蒙顶山原无村落，1955年迁丹城等地知识青年上山开垦办林场，1958年为生产队，3年后扩为生产大队，1983建村。1963年，石浦部分知识青年下放胡椒湾，形成新村落，至1992年，共有9户，55人。

第二章　村落类型

邑内聚落，考古发现最早是距今6000年左右的塔山南麓聚落，从出土的石耘田器、石锛、石斧、石网坠、鱼钩等推想，这个傍山面海的聚落，当时已有农业、林业和渔业生产的元素。南北朝宋齐（420—502）时，泗洲头朝天龙山西麓柳岙村立，柳氏依山筑室，置田买地，其聚落形成之时，即与农、林经济活动关联。唐神龙二年（706），象山立县时的县治彭姥村，后有山林、山田，前有水田，临近大海，因此彭姥村居民农、林、渔业兼之。唐宋以后，随着围垦取得大量的

①据各镇乡、街道上报采访册统计。

土地，及官方在本邑设置盐业管理机构，农业、渔业、盐业、林业四大村落逐渐分明。本邑的军事聚落，有明一代，颇具规模，在历次撤迁、并合、复展过程中变化较多。清代起，军事聚落渐渐变成非军事聚落的农村或渔村，唯有石浦成为融渔、商、军等为一体的港口。20 世纪 80 年代后，盐业村落随着盐业的式微，逐渐向其他类型村落转化；随着高山移民下山，有些林业村落被废弃。传统的农业村落、渔业村落也经历着翻天覆地的变化，出现一批农渔业专业村、特色村。同时建筑村、运输村、旅游村等新型特色村也不断涌现。

第一节　农业村落

历史上，境内农业村落，皆为传统农耕型村落，男耕女织，自给自足。土地由少数人掌控，多数农家租田（地）种植。中华人民共和国成立后，土地改革，没收地主土地，归农民所有。随后，实行互助组，又经农业合作化、人民公社化，继又以生产队为核算单位。1980 年，农业生产责任制推开，并有 30 多个生产队自发把土地包干到户。1984 年，全面实行土地、山林承包到户，继而，推行土地流转政策，传统农业经营模式大变。20 世纪 90 年代后，随着从业路子的拓展，收入渠道增多，收入提高，农业村落从事种植的人员逐渐减少，传统农业经济收益渐退至次要地位。进入 21 世纪后，经济合作社兴起，为跨村落经营提供保障。随着新农村建设、城乡一体化全面推进，多数村落转化成综合型村落。

传统农耕型村落

土地改革前，全县土地 40.51 万亩，其中地主拥有 12.42 万亩，占 30.66%，而贫雇农仅 5 万亩，占 12.34%；地主人均占有土地 11.35 亩，是贫雇农人均 0.38 亩的 29.87 倍。详见本志“农业”篇。中华人民共和国成立后，土地所有权和经营方式发生巨大变化，但农业聚落中生产内容依然单一，从事粮食生产人数占绝对多数，几无其他职业，经济收益来源单一。1979 年，实行农业生产责任制，此后，随着土地包干到户，农民拥有生产自主权，开始多种经营。1990 年后，这种变化加速，水稻、蔬菜、瓜果等专业村出现，传统农耕型村落逐渐消失。

专业生产型村落

20 世纪 90 年代，随着农业产业结构调整，各类种植、养殖专业户不断涌现，一村一品，蔚然成风。专业户为专业村形成发挥重要作用。

水稻种植专业村　20 世纪 90 年代，联产承包，土地流转，为大面积种植水稻的能人提供有利条件。随着水稻种植专业户的出现，水稻种植面积扩大，传统农业聚落的生产方式、人员从业等发生根本性变化。水稻种植专业户造就水稻种植专业村。以贤庠民洋村、磉头陈村，西周赖岙村，石浦蒲湾村为典型。

西周镇种粮 20 亩以上农户达 100 余户，100 亩以上大户逾 40 户。西周镇赖岙村粮食种植大户赖伟平，自 1995 年就开始承包外出务工人员的土地，每年种植水稻面积稳定在 350~500 亩，1998 年取得农业部农民技术资格证书，连续 9 年分别被评为全国及省、市、县优秀种粮大户、高产示范户和高产状元。创建家庭农场，拥有插秧机、拖拉机、收割机、烘干机及各类小型农机具，生产实现全程机械化，并为附近农民提供服务。水稻平均亩产 800 余公斤，列省高产竞赛前茅。常年雇工 4~5 人，支付报酬 15 万元后，年盈利仍有 25 万元以上。

蔬果种植专业村　传统农业村落中的蔬果种植以自给自足为主，千百年来乡间流传有“房前屋后，种瓜得瓜，种豆得豆”的俗语。在计划经济年代里，石浦、丹城两地有过种植蔬菜的副业队，专事计划指标的蔬菜种植，以保证城镇居民的蔬菜供应。20世纪80年代后期起，定塘镇大塘片各村兴起蔬菜种植，水稻、小麦种植退为副业，新型蔬菜专业村开始出现。2007年，定塘镇的礁横、金牛港、蒲白墩、英山、中站、宁波站、叶口山、花港、漕港等村专业生产出口蔬菜，成为宁波市外销蔬菜产业基地①。

20世纪90年代后还出现专事草莓、西瓜等瓜果种植的村落。墙头朱家村建有草莓基地，后发展至新桥井头、黄公岙等村。2007年，草莓种植村成立象山金丰果蔬专业合作社，抱团发展草莓产业。基地被列入宁波市无公害农产品基地，丰香、奉冠、红颊等草莓产品受到消费者喜爱。

畜禽养殖专业村　村落家家户户养猪、养鸡的历史源远流长。改革开放后，村落里家庭养猪的越来越少，进入21世纪后几近消失，家庭养禽也不多见。而畜禽养殖专业户、专业村却在此时出现，遍布全县各乡镇，并迅速壮大，趋向规模化、现代化。晓塘乡畜禽养殖专业村数量最多。2007年，胡家屿村饲养蛋鸡29万羽，其中，大户周瑞松有蛋鸡5万羽，每天产鲜蛋2吨余。鸡舍装备先进，配备自动滴喂系统和通风设备，保证空气流通。鸡舍底层架空1米多高，主要用于鸡粪无害化处理。中央墺村养鸡7.3万羽。双连峙村的双连畜牧专业合作社，年出栏生猪1.8万头，并创建“曙光牌”毛猪品牌。此外，鹤浦镇里湾村建有蛋鸡基地，东陈、樊岙等地建有白鹅养殖基地。

第二节　渔业村落

象山渔业生产历史悠久，近海村落从事滩涂、港湾捕捞历来较为普遍，但一般仅作为对农耕经济的补充，改善生活的副业。中华人民共和国成立前，象山专事捕捞渔户在村落中所占比率不高，以捕捞为主体的村落不多。中华人民共和国成立后，沿海村落曾有过一次确定村落定位的调查，结果表明，多数人不愿向渔村发展，而愿意向农村方向发展。1986年，全县有渔村48个。这些渔村中，有些渔业生产已不成主业，更有一些村落，只有渔村之名，而无渔村之实。1990年以后，规模最大的渔业村落，北是爵溪，南是东门，以及石浦的檀兴渔村。三个渔村，向着不同方向发展。爵溪渔村，成为工业集镇，虽仍称渔村，但从事渔业的人员和渔业经济份额极少，渔村气息逐渐淡化。东门渔村，仍以渔业为主业，被誉为“浙江渔业第一村”。檀兴渔村，则是由檀头山岛八个渔村合并，迁入石浦而组建的新型渔村。2008年，全县渔村为38个。详见本志《渔业》篇。

捕捞型村落

近海及近30年才发展起来的外洋捕捞的村落，历史上多数无水田，少数有少量山地、林地。这些村落的地理位置，多数紧临大海，面积狭窄，在未通公路前，都须爬山越岭。主要有涂茨镇长沙、大坦，东陈乡松岙、双桥，黄避岙乡横里，石浦镇沙塘湾、半边山等。东门渔村是特例，有田、有山，全村80%以上青壮年皆从事海洋捕捞。除大海捕捞外，海涂港湾作业，俗称“落小

---

①2007年8月6日，宁波市发改委《关于象山县外销蔬菜产业基地等三个农业产业基地建设项目可行性研究报告的批复》：项目选址和实施单位：象山县外销蔬菜产业基地项目位于象山县定塘镇的礁横、金牛港、蒲白墩、英山、中站、宁波站、叶口山、花港、漕港等村。项目建设由宁波能大食品有限公司负责实施。

海”的现象在沿海、海岛村落相当普遍。沿海村落，主要分布在西沪港、涂茨、大目涂、旦门、三门口、蟹钳渡等地。

养殖型村落

境内乡镇均有从事渔业养殖的村落。这些养殖村落是从传统农、渔村中演化出来的新兴村落。黄避岙高泥村历史上有渔业，但并没有列入渔村序列，是由渔、农结合型村落转变为渔业养殖村落的典型。2008 年，全村 240 多户人家，从事海水网箱养殖的有 160 多户，拥有大网箱 2000 余只，以养殖鲈鱼、大黄鱼、石斑鱼、美国红鱼、黑鲷、真鲷等品种为主，产品销往杭州、温州、上海等地，出口韩国和日本等国。同时，养殖紫菜、海带等。

照 3-1　石浦镇东门渔村

渔农结合型村落

虽称农村，却兼及捕捞、海产养殖。这种情况各街道镇乡村落多见。定塘镇白墩村，有渔船 12 艘、海涂养殖 13.3 公顷；花港村 15 户以捕鱼为生，渔船 7 艘，20 户季节性捕捞；英山村有渔船 15 艘，还有养殖；后洋塘村有渔船 12 艘。石浦、鹤浦、高塘所属村落，亦渔亦农更为普遍。石浦镇向浦村有机动渔船 23 艘；蛟龙村有机动渔船 43 艘；上、下金鸡山村分别有机动渔船 9 艘、18 艘。鹤浦镇黄金坦村有钢质渔轮 5 艘；鹤湾村有远洋捕捞钢质渔轮 4 艘，捕捞、海产养殖相当兴旺；小网巾村有钢质渔轮 5 艘，海产养殖丰富；水湖涂村的紫菜养殖名声远扬。高塘岛乡中港村有远洋捕捞船 8 艘；罗元村有钢质渔轮 8 艘；杏八村有钢质渔轮 9 艘。虽称渔村，但因为有田有地，历史上一直是农耕、渔业兼有。象山渔村大多数属于这种类型。

第三节　盐业村落

象山盐业聚落的起始不会迟于唐代。宋代玉泉盐场设立，盐业聚落发展较快。玉泉盐场延续到中华人民共和国成立，故明、清、民国时期，亦相继造就一些因盐而成村的聚落。晒盐场地房屋，为盐业生产工人临时住宅，多为工棚，而非正式住房，在盐场歇业或废弃后，少数成为聚落，如番头、金星一带的村落，多数转变为农田。盐工及家眷居住的聚落，多数不在盐场，而在盐场边缘地带，如南堡、岳头、仇家山、治岙、溪沿、下庄、杉木洋、鸡鸣、金星、定山、竿头等。中华人民共和国成立后，虽新建盐场 20 余处，其中有白岩山、昌国、新桥、旦门、花岙等五处著名盐场，但盐田周边和内部，并没有出现一处村落，其原因是土地属于集体或国有，只可搭建工作用房、职工宿舍和办公用房，盐业聚落的形成没了根基。20 世纪 80 年代后，盐田多由个人承包，整体或多数人员从事盐业生产的村落不复存在，少数人员从事盐业生产的村落，有下洋墩村（盐田 26 公顷）、晓湾村（盐田 26 公顷）、下金鸡山村（盐田 36 公顷）、上金鸡山村（盐田 48 公顷）、南向村（盐田 18 公顷）等。但涉盐的村名与地名，如盐厂、盐墩、盐舍、山灶等却一直留存。

盐村区位

盐业村落地理位置，相对优越：一是村前泥质海涂广阔且平缓，便于盐场开辟与建设；二是所处海面潮汐起落平和，日常风浪小，为盐场安全提供良好的条件；三是日照时间长，有利于制盐效率的提升；四是周边无大的河流溪水流经海面，以避开降低海水盐度的海域。如：早期的瑞龙、玉女溪、木瓜、番头，明清形成的定山、山灶、下灶等村落都具有这些特性。这些盐村多数建在海岸山脚、面对平缓海滩；其次是老塘坝和高墩上。宋至清代，玉泉盐场辖有瑞龙、玉女、东村三分场及岑兆、木瓜、下庄、蒲东（治岙一带）、蒲西（仇家山一带）、马岗、定山、后洋、后岭、番头等盐业村落，全是近山或山脚上的村落。中泥一片盐村，至1960年以后还保持着这种优越区位；竿头、山灶村落近山；中泥、下灶一带村落后建，建于南北方向的一条老塘坝上，高出两边盐田近两米。中华人民共和国成立后，随着围垦工程推进，临海的盐业村落与海渐行渐远，只有金星、番头一片，处在相对狭小的海港，海涂不广，即使老盐田外有所围垦，距海依然不远。以后，番头一片盐田，先后成为农田，近些年又渐变为石浦镇建设用地。

盐村生活

历史上，盐民劳作强度大，受盘剥严重，生产销售没有自主权，非万不得已不会从事盐业。从业后列入灶户，转行受到限制，盐民前途黯淡，生活窘迫，盐村破败不堪。盐区剥削比农区更惨重，因此“盐民在旺产时吃老酒、香烟，到了淡产时就饿肚皮，住的是茅棚，穿的是破衣，有了钱就大吃大喝，无钱就挨饿，居住分散，靠日头吃饭，勤而不俭，生产落后成本太高，赚钱少，生活苦①。”由于这些原因，盐民也容易成为无业游民。中华人民共和国成立后，盐业列入计划经济，盐民赚工资，粮食由国家统一供给。详见本志“盐业”篇。

第四节　林业村落

历史上，从事林业生产为主的村落数量较少，主要分布在儒雅洋、西周、泗洲头山区一带。这些村落，相当一部分也附带农业经营。县内木材拥有量不丰富，而竹产量颇丰，产品以柴爿、竹、炭、杂木为多。林业村落，形成以泗洲头为中心的竹木及制品交易市场。20世纪60年代后，山区村落多建有林业队，专事管理村落林业。80年代以后，出现林业特色村，但传统竹编工艺后继乏人。本节兼及木（草）本花卉、木（藤）本水果等园艺种植的专业村②。

竹材专业村

毛竹出产以西周镇、墙头镇为最。土地改革时，官山乡6个行政村的农民生活半数靠卖毛竹为生。芭蕉乡是象山最典型的山区，山后胡、上岙、下岙、横山、尖岭头，以及伊家山、箬岭等村落中，多数家庭能编制传统生产、生活竹制品，作为主要经济来源。20世纪80年代后，以毛竹生产为主体经济来源，虽在竹乡走下坡路，但还是有着一定的比率和规模，且竹笋、竹

照3–2　西周镇下芭蕉村

①《让耕者有其田——象山土地改革资料汇编》之“番头乡土改总结”。
②园艺种植专业村中的“蔬菜种植专业村”内容，见本章第一节“农业村落”。

根经济得到大幅开拓。西周镇儒雅洋村村民蔡柏村，经营225亩竹林，采用农林部门推广的竹林“精耕细作”之法，竹笋产量比过去提高2~3倍，改变竹笋小年不能掏笋的历史，并建立25亩冬笋、春笋、边笋试验基地，亩均收入提高到1000~1500元。墙头镇发展雷竹种植，部分村落也取得较好经济效益。方家岙村尤为突出，成为全县雷竹生产基地。

茶叶专业村

种植茶叶是山区村落的一大经济来源。县内各街道镇乡多有出产茶叶的村落，但专业村较少。茅洋乡小白岩村有“银霜”“乌牛早”等优质茶叶品种，开发“天池翠”茶叶品牌，同时进行茶园旅游项目开发。2008年，小白岩村开春第一批“银霜”销售价400元/公斤，最高价600元/公斤。

花卉专业村

20世纪90年代后，涂茨、贤庠、墙头、西周等镇出现以种植花卉为业的专业村，其中以涂茨镇中堡村最为典型。2008年，中堡村花卉种植面积1000多亩，建有100多万株珊瑚树苗基地，苗木通过互联网销往全国各地。全村多为花农，花农户均年收入达到3万元左右。茅洋乡郑家庄村、楼下陈村，大徐镇相思岭村、下院村，也是有相当规模花卉的专业村，主要种植红木樨（丹桂）、樱花、红叶石楠、红梅等品种。鹤浦镇川洞村种植精品苗木，推进苗木良种化、专业化、标准化生产。

水果专业村

新桥镇高湾村枇杷栽培历史悠久。20世纪90年代始，全村600多户人家，家家种有枇杷，面积1000亩，成为全县有名的枇杷专业村。2007举办“首届枇杷节”，推出并注册“高湾白沙枇杷”商标。鹤浦镇樊岙村，21世纪初，枇杷栽培面积达6000亩，投产面积3600亩。2004年，村里组建全县首家枇杷专业合作社——海岛枇杷合作社，成立牛头山、半岛两家枇杷销售龙头企业，注册“樊岙牌”商标，成为浙江省绿色农产品、国家无公害农产品。樊岙村枇杷基地成为宁波市绿色农产品基地。晓塘乡西边塘村的葡萄，泗洲头镇马岙村、大徐镇三角地村的杨梅也十分出名，成为水果专业村。

第五节　新兴特色村落

新兴特色村落，起自20世纪80年代末，90年代中叶发展迅速。进入21世纪后，随着城乡一体化进程加快，逐渐走向成熟。主要特征：从业多层面，收益多渠道，原本的正业——传统种植业成了副业，原本的副业却成为主业。

专业特色村

这类特色村的形成，或凭借独特区位优势、环境资源，或依靠传统行业，一般都有能人的带动和示范。

建筑特色村　贤庠镇木瓜村村民历来有从事建筑业的传统。中华人民共和国成立前，一半村民就以做泥瓦匠谋生。20世纪80年代，村民王泽光创办建设公司，吸纳80%以上村民从事建筑业，并带动这一产业发展。2008年，全村建筑企业发展至30余家。新桥镇石柱里村180余户人家，有400余人在上海、杭州、宁波等地从事建筑业。西周镇柴溪村有500余人从事泥水工，150

多人从事木工。定塘镇中泥、竿头等村，贤庠镇的珠溪一带村落，近30年来村民从事建筑业非常普遍。

运输特色村　20世纪80年代后期，定塘镇宁波站村就有村民利用木壳船从事海上货运。1992年始，村集体陆续购买7艘货轮，成立荣宁船务公司，专业从事海运，成为国内较早出现的一个海运村。后又购置112个箱位的集装箱货轮，开始涉足集装箱运输行业。这个仅有1400余人的滨海农村，先后建起6家拥有运力达到78艘、33余万载重吨的专业水运企业。船舶总资产超过13亿元，产值占全县海上货运总产值的80%以上。2007年，人均年收入达到5万元，成为省级“全面小康建设示范村”。2008年，全村拥有各种货船百余艘，船舶资产超过20亿元。

丹东街道桥头胡村，2000年拥有大小营运客车30多辆，成为全县最大客运专业村。

旅游特色村　20世纪90年代后期，象山旅游业蓬勃发展。丹东街道梅岙村、上余村，晓塘乡白玉湾村，高塘岛乡花岙村等，抓住时机发展旅游产业，逐渐成为县内较为知名的旅游村。2007年，定塘镇沙地村注册成立象山天明生态农业发展有限公司，以年每亩200公斤早稻谷的价格流转本村和周边村土（林）地1150余亩（其中耕地500余亩，山坡旱地600余亩），建设集农业生产、休闲观光、农家乐为一体的现代农业庄园。并投资800余万元建成以葡萄、草莓、青梅等水果为主的千亩果园；投入200万元建成农家乐餐厅，半数以上家庭设有农家小宾馆，年接待上海、杭州、宁波等地游客2万余人。

多元特色村

相对单一专业特色村，境内更多的是多元特色村。这些特色村，多为远离街道镇乡所在地的山区、海岸村落。20世纪90年代推行土地流转之后，农田（地）多由种植大户承包或种植能手经营。年长村民在家务农。年轻村民大多流向城镇打工、经商、承包工程，并在城镇购房落户。基本实现从业多样化、经济收入多渠道。西周官山村即为典型的多元型村落，有小渔船捕捞户3家，养虾、蟹专业户40家，从事木工、泥工、篾作、油漆工等120余人，从事畜牧养殖10人，另有600多人在本村企业上班。西周横山村，稍上年纪人经营毛竹生产和竹制品，年轻人基本上都外出打工。定塘镇后洋塘村，是一个不靠海、不靠山的村落，以农业为主，兼有渔业，村里有近50户从事木工、泥水工等手艺。

城镇特色村

改革开放后，丹东、丹西、石浦、爵溪、西周、鹤浦、定塘等经济较发达的街道、镇政府驻地村落，以及附近村落，从事工商及其他服务业逐渐增多，涉农人数日见减少。土地被征的村落，农民成“市民”。丹西街道小河头村，160多户，500余人，大部分土地被征用，现除40多人从事木工、泥水工外，其他均从事第三产业或在企业上班。这样的村落在丹东、丹西街道普遍存在。自己上班，出租部分房屋，成为村民通行的经营模式和收入渠道。有些村，新“村民”数量与当地户籍相等，甚至超过当地常住人口。

第三章　村落环境

乡村聚落在自然环境选择上，既会考虑到生存需要，又会考虑到文化需要。象山乡村聚落，在选择区位和自然环境时，多遵循传统“风水”理论，考虑选址安全性、资源可取性、生产便捷性以及环境优越性、交通方便性、发展可持续性等因素。象山乡村聚落临水、傍山、近海、沿道，考虑的就是近水源，宜耕穑、适渔盐、可避风、利进退、便交通。分布在海岛的村落，选址原则相似，同时合乎不同王朝、政府对海洋处置的不同“国策”。而少数因避仇而创建的聚落，则会考虑处境隐蔽性；因军事原因而兴建的聚落则多会从位置、攻守等军事需要角度考虑。

村落文化需要，主要与移居者社会形态如血缘宗亲、信仰崇拜等有关。境内宗族村落密布，发展兴旺，是象山村落发展的主体式样。村落信仰崇拜，由移居者从原籍带入，移居者原籍比较单一的，其信仰崇拜也比较单一，移居者原籍比较复杂的，其信仰崇拜便呈现相互糅杂或渗透的景象。村落乡风民俗，也大致如此。

境内村落总体格局，合乎山形水势及满足居住者生产方式、生活方式、防御自卫、血缘宗亲、精神寄托等多层次需要，自然而多彩：不单是房屋建筑的集合体，还包括与居住直接有关的各类设施、生活设施、安全设施、宗教信仰设施。至于村落建构，通常由几代人接力完成。它既有在一定时段中的稳定性，又处在不断变化中，有渐变也有突变。所构建的聚落反映一地政治、经济、文化等方面状况和综合实力、水平等；所积淀的物质与文化，除却有中华一统文化的共性，也表现出较强的地域特色，昭示不同时代的印记。民国期间象山有民谣：“西乡何家的竹，东乡萧家的谷，墙头欧家的屋，昌国俞家的福”。这四个村落，代表着境内村落较高层次物质、文化等方面构建，屋宇建筑讲究，公益设施建设到位。其次如珠溪、龙屿、官山、伊家山、九顷、岳头、东溪、关头、黄公岙、新桥、后岭、黄埠、月楼岙、鸡鸣、昌国等村落，其构建也相对完善。

20世纪90年代，村落建设加快。21世纪初，村落整体布局、建筑、道路、公共空间等发生质的变化。依附在传统村落建构上的地方习俗、生活方式等失去了物质依附条件，发生根本性的革新。传统村落的建构形态及其文化渐趋消亡而成为历史。但传统村落文化的核心内容，重生存环境、安全舒适、村口布局、公益空间，亲情交往、人际交流、出行便捷等，会依附在新的构建中出现。

第一节　村落分布

境内村落分布主要态势：沿海村落，多为倚山临海型，即村落依顺着原生态、曲折的山体海岸展开建设；山里村落，多为踞山傍溪型，大多处在平缓山坡、谷地、小盆地，且近山溪；平原村落，多为近河型，多在平原地区沿河而建。这类村落，有些随着海塘围垦推进，从“塘外”村落，变成“塘里”村落。镇乡、集市所在地，主干道附近等村落，多为沿街夹道型。

倚山临海型村落

照 3-3　石浦镇沙塘湾村

依山临海型村落，多处于近溪流的入海口，大多历史悠久。假若剥离历史上围垦的土地，即能显示象山村落依山临海的主流式样。自县西柴溪、牌头起，经下沈、西周、莲花、墙头，沿西沪港到黄避岙、贤庠、珠溪、涂茨、爵溪、丹城、九顷、岳头、东陈、旦门、鸡鸣、昌国、石浦、蒋岙、金鸡山、月楼岙、黄埠、抱儿石、葫芦门、下营、方前、小太平、斜岙、岙底、镜架岙、新岙、上灶、上盘、黄公岙、新桥、关头、乌江、东溪、板岭、海台、杨岙山、茅洋、溪口、泗洲头、峙前、塘岸等一些历史相对较久、户籍相对较多的村落，无论目前离海多远，历史上均是紧濒海港、海湾的村庄。

倚山临海型村落主要有两种类型。一种是在地貌相对平缓的山坡、谷地，如：茅洋、珠溪、关头、黄公岙、黄埠、月楼岙等；另一种是临海傍溪的冲积小平原或溪滩、沙洲，如：东溪、下沈、泗洲头、西周等。

不少依山临海村落，历经历史性变化，随着围垦工程向深度和广度推进，变成山里村落，如板岭、新岙、方前、黄埠、月楼岙等。

踞山傍溪型村落

这类村落被视作山里村落，建在山麓、山岙、山顶和不近海的山坡上，即溪流中上游。有两类情形：一种是建村之初即处在山区。主要分布：下沈港发源地区域——尖岭头、横山经平潭水库至赖岙沿溪一线村落，牛料岗经杰岙至赖岙一线村落。西周港发源地区域——蒙顶山北麓山头经沙地、寒山、初坑至土桥一线村落；车岭庆丰桥经大岙、新屋、夏叶至土桥一线村落。淡港发源地区域——伊家山经防东、尖坑、黄泥桥一线村落；蒙顶山东北的赖家、山顶岭、倪家等一线村落；蒙顶山东、东南一片的半坑于、大平头、山后胡、上山九、金竹坑等村落；伊家山东线的栲树岭、老鼠桥、大龙、栲岭、外岙、小半岙、大竹园、田鸡山及儒雅洋、隔溪张等村落；自儒雅洋经上张、陈隘、湖边等村落。泗洲头溪发源地区域——溪北上溯的东岙、后山，南向西溯的塘岸、萧胡、杨大场、张岙、金家岙等村落。溪口水库库区区域——周边及蔡家、东岙、徐家岙及断坑等村落。县东珠山区域——四周山麓间的村落，及大徐周边的一些山间村落。另一种是从近海村落演变成山村。因历代海涂围垦，陆地不断向海上推进，原历史上近海村落逐渐演变成山村或半山村。主要有东溪以东，沿田洋湖以东沿山村落及新岙、里岙一带村落；定塘渡头街以东沿山村落；晓塘乡三眼碶以东沿山村落等。

照 3-4　墙头镇蔡家岙村

这些山里村落，在历史上房屋面溪而建极少，多为傍溪而建。境内溪流，大多南北走向，不适合民宅面溪而建。即使是东西走向的溪脉，也因山溪“性格”变化无常——平时潺潺流水，雨季水流汹涌，而舍弃面溪而建。傍溪而建，既适宜生活所需，又可规避自然灾害。由此构成山里村落的独特景观。尖岭头、横山、儒雅洋、伊家山、珠溪、南充、屠家园等村为代表。

平原近河型村落

平原村落，多为近河村落。县内河流，近山小块平原上的，径流较短；南庄、定山、贤庠及鹤浦、高塘两岛平原上的，径流较长。但即使是径流较长的河流，也不能像宁绍地区的河流那样，在交通运输方面发挥作用，给流域范围内的城乡提供交通、商业、集镇发展诸多便利。象山河流主要功能是防涝、防旱、灌溉、洗涤、饮用、灭火等。历史上，河道不倒垃圾，水草萋萋，清碧见底，游鱼可见。

通常式样：傍河而建。每个街道镇乡都有傍河而建的村落，并以这种式样为主流。在围垦面积较大的岑兆、南庄、林海、中楼、定塘、晓塘及鹤浦、高塘尤为多见。大塘，主河道贯通，村村傍河而建，近 20 年来除少数沟壑和水池填堵之外，河道相通没有大的变化。

面河而建。所谓面河而建，并不是村内所有住宅都面河，而是指村落中心干道两侧房屋面河。这样的村落境内相对较少。一般情况下建在东西流向的河流两岸，以河为轴，房屋沿河相向而建，也有同向而建，南北两岸的设街道或公共道路，临河展开，如：南庄的小东洋，高塘岛的老街等。

悬河而建。多为氏族村落。即在村落四周挖河，形成一个人工岛。岛中间建造住宅，四周栽种竹木。河的形状呈长方、正方、圆形或其他形状。河上架一座可以收放的厚木板桥，用作出入。这种村落，俗称“四沿河”村落。今定塘小学，原来即是陶姓氏族的村落。与此相似的还有后洋塘的池家、陈家，晓塘的金家，大塘中站的陈家、花港村的张家、叶口山的林家等。这些氏族人家，经济条件相对较富裕。由氏族家庭人口多少和经济实力大小，决定村落规模。建造悬河村落的初衷，主要是为防盗、防匪，但亦有因欣赏其特有景观而建。1990 年后，随着旧村改造，悬河村落日趋式微，这种村落文化元素，被城镇小区建设采纳利用。

塘里塘外村落

海塘村落早先多为近河村落。随着筑塘围垦推进，由原山脚海边向近海滩涂、港湾延伸。历史上，以丹城老城区为基点，东边山脉向西侧海湾围垦延伸，西边山脉向东侧海湾围垦延伸，城区聚落则向南推进。唐代围垦成南庄一片的“上洋”，而后就有了南大河西向的一些村落（即今天安路西）。宋代围垦大碶头一片的“下洋”，村落随后向新围垦塘区发展。

围垦成陆土地上所建的村落，习称“海塘人家”。但随着围垦逐渐推进，距离滩涂、大海渐远，这种称呼就很难听到。最典型的是林海一带，海塘村落概念淡出。习惯中也会把新围垦的塘称为外塘、新塘等，原塘田则称作里塘、老塘等。县属大多乡镇，都有“外塘、里塘”地名，有的地方还有“中央塘”。如定塘镇中泥村的自然村外塘，葫芦门所属的自然村里塘，大湾山村的自然村外塘；高塘岛乡纱帽绿村的塘里，渔潭村的外塘；新桥崇攙村的三个自然村——里塘、外塘、中央塘。

沿街夹道村落

这类村落多数是由“集市”形成。除儒雅洋、大徐等少数建村较早、规模较大且区域位置相对集中的村落之外，大多沿街夹道型村落依山近海。明代，如弦歌市（丹城）、白石、墙头、南堡、溪口、泗洲头、下沈等。清代又增加了昌国、爵溪等。至民国，全县开启集市 44 处，多数延续至今①。如：岑兆、莲花渡头街、南庄、洋心、大溪头、岳头、东陈、海龙王庙、中泥、田洋

①见民国《象山县志·实业考》。

湖、定塘渡头街、大泥塘等地。20世纪90年代，乡镇政府所在地村落多有合并、扩建。

历史上，民间一般避免主干道穿村而过，多沿村庄周边通过。主干道穿村而过，通常因集镇街道和村落建设用地有限，难以腾出主干道土地，如南堡、新岙等村；村落人口增加，村庄扩展，原来是村外的“主街道”变成村内的“主街道”。中华人民共和国成立后，公路开通，沿街夹道型村落渐兴。公路带来出行便利、商业实惠、运输便捷，于是出现了房屋围着公路两侧布局趋势，随之交通干道变相而为集镇的街道。这种村落格局对交通安全和住户的不利因素（噪音、空气质量等）还是显而易见的。

第二节　海岛村落

境内海岛村落，起始年代无考。从考古发现，有史前及春秋时的文化遗址和实物，如高塘岛珠门、三门口满山岛、花岙岛等。南田岛发现唐代文物、古迹。1986年10月，南田樊岙出土刻字墓砖1块，墓志落款时间为唐元和十二年（817）十二月。南田还出土唐代铜镜、铁佩刀、青瓷及钱币等。因此可以推论，唐代海岛聚落已经兴盛。但在元明以前，少见海岛村落的文字记载。

元明以后，随着科学技术和社会生产力的提高，陆地居民逐渐向海岛拓展，虽然在明清早期受“海禁”和“内迁”影响，但有海岛村落总量呈增加趋势。中华人民共和国成立后，政府大行围垦作为加快发展的举措之一，使得大塘、坦塘等有村落的海岛成为陆地。2008年，境内有村落的海岛主要有南田、高塘、花岙、对面山、北渔山、檀头山、东门、铜钱礁、崇㠊等9个①。历史上，短期有人入住的岛屿则多，有些岛屿曾是海上起义军及海盗、土匪经常光顾小住的地点。

南田诸岛，历史上常指南田本岛及其周围有人居住的7个岛屿：檀头山、对面山、高塘、坦塘、花岙、南渔山、北渔山。明《筹海图编》、清朱正元《浙江沿海图说》对这些岛屿有记述和图示。

南田

明代前，南田诸岛有尤、李、葛、陈、彭、周、吴等姓氏村落，这些村落在明洪武年间“海禁”时被清空。岛上人大都迁往宁海、三门等地，迁徙象山。

南田“海禁”居民内迁考　明洪武年间，为防倭患，信国公汤和奉命厉行“海禁”，令南田岛住民内迁：尤姓人家先自南田迁往长亭、其孙尤一兴于明中叶转析小坑，另一支自南田迁往宁海峡山；李姓人家迁往宁海城郊乡雪坡，另一支李姓（祖李达中）人家，自南田樊岙迁往三门石岩；葛姓人家迁往桑洲镇前山；陈姓人家（始祖陈维扬、陈从隆），迁往三门枫坑、田岙；另一支陈姓人家迁往宁海龙山东头村（今沙柳镇东头村）；顾姓人家迁往宁海七市西坑、大竹园，东仓大赖，下洋；彭姓人家迁往宁海古渡乡；周姓人家部分迁往宁海梅林镇大路周，部分迁往本县他乡。另有陈姓迁往宁海古渡新桥头、彭姓迁往宁海上彭、李姓迁往宁海一市武岙李、东山，等等②。宁海东头《东头陈氏宗谱》载：“自大明一统四方，共庆升平，而南田一隅，又以汤国公之害不获宁处，于是挈家以行，航海远避，临门一派星散他乡，而我祖舟泊旗门之下，见东头境地，山

---

①本志《海洋环境》篇第五章“岛礁”第二节“居民岛”作：境内居民岛16个。
②据以上各姓家谱。

环水抱，景丽土肥，爰留筑焉。”该宗谱详细记载了明洪武二十年的迁徙情形：信国公徙发南田时，已是理学名儒的东头陈氏十六世祖陈富民只得携老扶幼，离乡背井，隔洋过海，迁居东头山东麓（今沙柳东头村）。与此同时陈氏一族另一支陈维扬兄弟迁海游港之南上枫溪（今海游上枫坑村）。李氏、顾氏、尤氏等许多姓氏也背井离乡，从沿海岛屿向内陆迁徙定居。海游小坑尤氏，祖籍无锡，南宋四大家之一尤袤次子樞居海州之清平阁侧，孙炫迁居宁海县南田岛。明洪武年间，信国公汤和以南田岛地连日本，恐民与倭通，墟其地，尽迁南田居民。时南田尤氏初来（尤袤十二世孙），迁宁海县长亭，十五世一兴公迁宁海南乡小坑，为小坑尤氏始祖①。明崇祯《宁海县志》有载：“洪武二十年，信国公汤和以五十一都（南田）远在海岛，恐与倭通，徙民于郡城外，因墟其地②。”

明中后期倭患平息，南田诸岛仍为封禁之地。清顺治十八年（1661）清政府颁布“迁海令”。康熙年间“复展”，南田诸岛并不在内，但此后南田开始有垦荒者居住。到道光年间，南田有不少村落。民国《南田县志》载：“清道光三年（1824）仍请封禁，徙其民不下六千人……于是南田大小一百八岙尽空③。”光绪元年（1875），南田诸岛弛禁，听民耕种④，光绪四年，南田设垦务保甲局，此后，村落得以快速发展。

民国元年（1912），南田立县。民国《南田县志》载：当时南田里村，鹤浦里有金坛、百丈、文山、网湾、吉龙、枫螺、湾塘等联合村；樊岙里有石川、龙平、南牧、金芦、风潭、高谷等联合村，以及南田村；龙泉里有乌岩、港口、杏树、百硖、蟹礁、鱼潭等联合村，以及珠门、花岙等村。三山区属村有三山、潭南、潭北、坦塘、白莲等联合村，以及渔山村。

中华人民共和国成立后，南田村落情况详见本志“建置”篇。

南、北渔山岛

清顺治年间前，岛上住民少有文字记载，时因兵部尚书苏纳海以“海禁不佳”为借口，强行迁徙沿海居民入内地，而成为空岛。乾隆年间百姓回迁。清朱正元《浙江沿海图说》载，当时有岛民20余户，均系来自福建以捕鱼为业的渔民。民国时，发展至60多户。1955年国民党败退时，国民党军队将岛上数十户住民全数劫往台湾。1958年，石浦居民迁徙该岛，重建村落。1995年，岛上有自然村2个，80余户。20世纪90年代后期，岛上居民陆续迁住石浦，另建新村。2008年，岛上仍有部分长住的居民，及从事捕捞、旅游等而暂住的居民。渔山列岛大白礁，在清代曾有5户住民，民国时迁出。

檀头山岛

南田八岛之一，开发较早。清嘉庆间（1796—1820），曾为蔡牵所踞。民国元年（1912）属南田县，民国29年属三门县，1952年析归象山县，属檀渔乡。1992年5月并入石浦镇。原有10个自然村，800余户、3150多人。以渔为主，兼营农业。1995年后，岛上大部村民迁居石浦城区，以原居民组建檀兴渔村，尚留房屋与少数人员。

东门岛

自立县始即有住民，元起历为海防军事要地，明代一度为卫驻地，清顺治十八年（1661）居

①陈建华：《三门姓氏考》。
②崇祯《宁海县志·舆地志·沿革》。
③民国《南田县志》卷二十五“地理志·建置”。
④《清史稿》本纪二十三德宗本纪一载：光绪元年“冬……十月己卯，弛浙江南田岛禁，听民耕作。”

民悉数内迁，至康熙二十三年（1684）才重新回迁成村。1995 年，全岛有自然村 7 个。

铜钱礁

石浦港东北端，周围水域为知名锚地。以渔业为主，有渔业合作社。通水电，建有油库、修船厂、码头等。渡船往返于延昌。2008 年，有自然村 1 个，村民百余户。

崇壜岛

处蟹钳港与岳井洋之间，系港湾内的岛屿，面积 2 平方千米。清光绪年间即有人居住，2008 年，岛上有自然村 3 个。

第三节　村落形态

境内乡村聚落形态决定于所处的自然地形。旧时，生产力低下，极少因造房而挖地、开山、填溪，村庄形态高低错落，尽显人与自然的和谐。既是对自然环境“穷尽其益”的利用，也是对自然环境的依顺。当人口发展无法被村资源所容纳时，便另辟天地，形成新的村落。随着生产力不断提高，村落发展不再受地形地貌制约，规整划一的村落越来越多。

传统村落形态各具特色，因受地形地貌、光照等因素制约，以及原籍村落格局和“风水”的影响。传统村落追求坐北朝南，村口南向。但因周边环境、地理位置、地形地貌实际，境内村落朝向多无定律，但总体追求明确：冬天阳光照射、夏天南（东南）风吹入最大化，北（西北）风侵入最小化，并有效避免雨季山洪、台风“风水”侵袭。峙前、长沙、旭拱岙、延昌等村落为东向村落；上马岙、下马岙、赤坎、岳头、东溪、关头、黄埠、金鸡山等为南向村落；西周、莲花、茅洋、珠溪、下庄、葫芦门、月楼岙等为趋北向村落；上周、下山、上营、方前等为西向村落。而平原地带村落，皆为南向村落，也因其四通八达，实际上难以确定那一个方位是村口。境内分散型村落，多村口是一种普遍现象。

村内住宅以位置高燥、坐北朝南为主。多数南向住宅习惯上略偏东，不管村口趋向何方，住宅皆取南向，宁可面对大山，象山港南线的村落，多有这种特性，目的为了冬暖夏凉。乡间俗语“有吃没吃，三间朝南屋”，可见朝南屋是村民的最大财富。但因地形局限所建的住宅，或商业、街面用房，其朝向会打破南向规律。

集聚型村落

境内绝大多数村落为集聚型的村落。因地形不同，形成块状（含不规则块状）、条状（含不规则条状）布局。这种格局的村落，共同特点是氏族迁入年代早，占有较好的地理位置，村落规模相对大，姓氏相对单一，人口相对多。主要分布在：一是山区平坦谷地、坡地、小盆地，如儒雅洋、伊家、大徐、伊家山等地；二是半岛岸线的平地（含冲积平地）、坡地，沙洲，如西周、泗洲头、下沈、墙头、洋北、溪沿、南堡、东溪、关头、黄公岙、黄埠、月楼岙、鸡鸣等地；三是围垦历史相对久远的村落，如大碶头、东陈、下余、上余等地；四是后设有集市的村落，这些村落所住的姓氏较为复杂。

分散型村落

分散型村落主要是分布在围垦历史较短的海塘地区和山区。同个村庄内，两户人家相隔的距离，远的可达数里，如中楼的中泥村、定塘的后洋塘等，晓塘乡及鹤浦、高塘两岛围垦地区也有这种村落存在。形成这种格局的原因：首先，迁徙入住的多为客户（旧时对无地、无家财等私产而入住的农、渔、盐民的称谓），农民租地耕种、渔民帮工打鱼、盐民受雇晒盐，还有一些则是富家的雇工，后发展成常住户籍，于是居地成村；其次，村落位于近海山脚和山区，少有面积较大的平整地块和坡地，而小面积地块之间有岩石、山坡、溪流等阻隔，往往只好分散建房。与集聚型村落相比较，这种村落大多成村晚，人口少。历史上西周大竹园、箬岭，茅洋杨岙山，新桥蛤沙村、小岭下，定塘乌岩弄村、中楼下山等，都是这种类型的村落。南韭山岛上住宅的分散程度更高。20 世纪 90 年代前，分散型村落比率较高，后随着农村城镇化建设推进，这种村落逐渐减少。

错落型村落

错落型村落（含阶梯型村落）主要分布在坡度较大的山坡上，石浦老城是错落型大村落的典范。较小的错落型村落典范，当数箭岭头村，屋与屋之间落差大，站在后幢屋的沿阶上，看到前屋的屋顶。更奇的是，同一平面上，只有一幢房子，左右前后的房屋皆错落分布。有的甚至同幢房屋之间也有高度差。顺着山坡落差，一排排、一幢幢阶梯型村落也常见，高低参差而规整有序，如西周山顶岭、泗洲头井坑、黄避岙大林、中楼小太平、花岙岛里花岙等。

规整型村落

传统村落的发展，路跟着屋走，造一幢屋接一段路；新型的村落建设，屋随着路走，造一段路建一幢房。前者几无规划，后者先规划后建设。1990 年始，新型村落渐兴。2000 年以后，各乡镇均制定村庄建设规划。按照规划，旧村改造，新村建立，住宅建设竖成列，横成行，排列有序，规整划一。

这类新建的村落：西周荷欣、龙翔两村（曾合称静家山），原为山里村落，名外静、里静，1992 年因推行高山移民，迁徙今址而更名；1992 年，南韭山岛上居民全部迁到爵溪安家建村；1994 年，撤檀头山岛上大荷头、小宫后、大沙头、小沙头、六股头、长坑、双前、大王宫 8 个渔村，新建于石浦新城区葛崎山西，更名檀兴渔村；2003 年，西周平潭村，因原址建造平潭水库，迁徙今址。

旧村改造，也是这类村落形成的主要原因。经改造的村落房屋整齐划一、式样基本相同，清一色的水泥钢筋楼屋（含别墅式屋宇）。

第四节　村落住房

中华人民共和国成立前，全县村落住宅，多茅屋和石木结构的低矮瓦房，砖木结构的瓦房和楼房所占比率很少，民国时期出现借鉴“洋房”式样的住宅。

中华人民共和国成立初，瓦房较多的区域，一是城区、渔商集散地或卫所旧地；二是围垦年代久远的平原村落；三是地处山区山麓、近海岸平缓山坡的村落。而茅屋较多的区域，多为围垦较迟的平原及海岛地区。丹城老城区以瓦房为主；石浦城区、昌国总体上多平屋，楼房比率相对较高，草房比率相对较低。南庄大碶头一片平原，史称“上洋”，围垦早于史称“下洋”的林海一片，因此南庄一片多砖石、砖木结构的平屋，林海一带则多草房。围垦较迟的中楼、定塘、晓塘、金星及海岛南田、高塘等地，同林海一样，亦多草房。地处山区山麓、近海岸平缓山坡的村落，主要指新桥、东陈、大徐、下沈、西周、墙头、泗洲头等地的村落。

照 3-5 民国时期的茅草屋

据中华人民共和国成立初统计，南田岛、高塘岛草房占90%以上；东门岛、檀头山岛草房占70%以上；石浦金星、番头一带多草房；定塘、中楼、大塘草房占70%，余为平屋，楼房极少；晓塘、后岭草房占60%，多处在晓塘一片，乱石平屋35%、砖木平屋和楼房5%；新桥镇（含东溪）总体上多平屋，草房比率少，但像蛤沙、弹涂岙等后发村落几乎全是草房；茅洋草房占40%、平屋50%、楼房2%；东陈（含旦门）草房占19%、平屋75%、楼屋6%；黄避岙草房占26%、平屋楼房67%、楼房7%；贤庠、珠溪草房占40%，多处在贤庠一片，平屋30%，楼屋17%；涂茨草房占19%、瓦房80%、楼房1%；大徐草房占30%，楼房10座72间，余为小平屋；爵溪所属村落草房占30%；下沈草房占25.5%、平屋70.5%、楼房4%；西周（包括儒雅洋）草房占8%、瓦房66%、楼房26%；墙头平屋84%、楼屋11.4%、草房4%；泗洲头（含马岙），马岙一带多草房，泗洲头一片多平屋①。

照 3-6 清末民国期间楼房

村落住宅朝向在条件允许的前提下，多数喜好面南略偏东。瓦房平面布局主要有以下几种：一是一字型，俗称“一字屋”。多数是一正三间或一正五间，较多会在正屋两侧或单侧附建披屋，作灶间、禽畜圈舍及厕所；二是曲尺形，多为正三竖二或正五竖三；三是三合院、四合院，境内四合院少见，多三合院，一般是正屋五间、两厢竖屋各三间，正七竖四极少；四是多院落，其走向一般自南往北，一院落一院落向背推进。

中华人民共和国成立后，因土地限制，新建三合院或四合院已失却基础。村落住宅结构，逐渐以砖混取代砖木。住房多为三间或五间开面屋基，造平屋、二层或三层楼房，亦有角尺型、“凹”字型布局。1978年后，村落建房大兴。随着住房条件的改善，乡村茅屋逐渐减少，到2000年以后基本消失。进入21世纪，村落住宅建筑理念多元，住宅格局、式样多样化。别墅建造建成风尚，布局几近方正，空间前后结构。详本志“城乡建设”篇、“建筑业”篇、“衣食住行”篇。

①以上统计数据，见《象山建筑志》第三章“镇乡建设”相关节、目，第七章“房地产”第一节“城乡房屋建设”。

第四章　村落设施

村落设施有明显的时代性、地域性，也因村落大小、建村时间长短、经济贫富、生产内容差异、文化信仰等原因而有所区别。村落的生活、生产、安全、文化设施等，是满足人们需要而建立的不同系统。历史上，一些户籍较多、规模较大的村落，公用设施相对完善，供村民无偿使用。村落公用设施建设及相关设备购置，或为村民个人出资，或为村民集资。中华人民共和国成立后，村集体投入资金建设公共设施增多。尤其是20世纪90年代后，社会经济快速发展，政府把村落设施建设作为民生工程的重要内容，加大资金投入，道路、供电、供水等设施建设成绩斐然。

第一节　生活设施

村落公共生活设施，是村落建设的重要内容。历史久、人口多的村落，其公共生活设施比历史短、人口少的村落齐备、高质。中华人民共和国成立到1980年，村落公共生活设施建设进展缓慢。此后，这些设施日益完善。

供水设施

山区和近山村落，生活用水取自溪流和水井。水井俗称“吊井”“拗井”。塔山遗址发现疑似新石器时代的水井。历史上，水井在村落里有极高地位，村落有好井，村人津津乐道。一般来说，村庄较大，水井较多。水井的增加与人口的增加同步。丹城城区，清乾隆《象山县志》载有水井13口。道光、同治《象山县志》载有水井23口，民国《象山县志》载有水井39口。

檀头山岛沙埕上的“沙头井”颇为神奇，沙埕是由两侧海中沙滩（姐妹滩）拥起的一条沙堤，堤上的水井始终出淡水，终年不涸。墙头海山井，虽常受海潮冲没，但潮水退后井依然出淡水。东门岛老城城墙外水井和昌国卫古井，亦很出名。

平原地区饮用水多来自河道，池塘。一遇大旱，生活用水困难，村民就得为水奔波。中华人民共和国成立后，平原村落用水多打深井。1963年8月，南庄洋心村投资3900元，打成县内第一口深84米的管子井。尔后南庄、晓塘、大塘、定塘、中楼、鹤浦、高塘等地村落，先后打成22口深水井，解决36个村、5580户、24754人的生活用水。但因水井皆处于围垦海塘之内，其水多苦、涩、咸杂陈，有的只能洗涤，不可饮用，如定塘供销社院子内的水井。大塘的井水，含氟量超标，饮用易患氟斑牙。1975年，大塘港围垦成功，蓄淡后的港水成为沿岸诸村落的生活用水。

20世纪70年代，那些依山而无水源的海岛或近海岸村落，开凿山体坑道井12口，蓄水11860立方米。同时，又在后岭、中楼、定塘、雅林溪一带村落打筒井41口。至1997年，全县开凿水井4575口，其中深水井61口，家庭灶边井1247口。80年代后期，境内所有近山村落利用山塘水库建造自来水厂、站，解决村民用水问题。1998年，有318村、33.25万人饮用合格自来水，村落自来水供水率达到81%。2008年，城乡供水联网。境内村落古今井、泉情况，详本志《供水燃料　电力》篇，第一章“供水”，第一节“饮用水源”。

排水设施

传统村落排水，习惯顺道路而泄。村道两侧均砌有宽约30厘米的水沟，最终流入溪坑或河道。旧时，人、畜粪便入肥，村落排水多为雨水，俗名“天落水”，清洁可供洗刷。20世纪90年代始，农家肥不被重视，自来水在乡间普及，抽水马桶、洗衣机、洗浴设备进入平常人家，废水排量成倍增长，村落排水污水满沟，祸及溪流、河道及水井。21世纪后，全县范围内整治村落环境，农村排水情况明显好转。

村道设施

照3-7　儒雅洋村的墙弄与弹石路

旧时，境内村道按路面不同，可分为卵石路、石板路、泥土路。卵石路，坊间称“石子路”。山区及依山、近山村落内，地面坚硬，起伏不平，有的还有一定的坡度，卵石铺道，取材方便，操作简单，有利化解水流冲刷，稳固性好。因此，历史上境内山区及沿海岸依山村落的道路，由卵石铺设而成。石子路宽一般三五尺，中间高两边低，成弧面。石板路，多在围垦成村较早的平原地区。石板表面平整，与地面接触面广，受力平衡、承载力强。少数村落道路亦有中间铺设石板，两侧镶铺石子。泥土路，多在围垦时间短、贫穷的村落，如盐区。历史上村落主干道，算上两边水沟的宽度，大多宽不过3米，成年人一抬脚可从东屋檐下跨到西屋檐下。村落外道路的宽度，一般以稻桶抬得过，两牛可以相向而行为标准。村内非主道则更窄，俗称“墙弄头”。20世纪70年代始，乡村拖拉机增多，村落旧道严重受损。为便于通行，各地修建机耕路。21世纪始，实施村落路面水泥硬化工程，村落道路全部硬化。

村落照明

历史上，村落家庭照明用松脂、菜油、豆油及青油、蜡烛等。清末民初，始有煤油供应。以后，有钱人家开始用美孚灯。举办婚丧喜庆活动，用气油灯。20世纪40年代，鹤浦鸭嘴头村20户居民用上电灯，成为除丹城、石浦外，用电照明的首个村落。60年代后期，区、镇、乡政府驻地开始配发电机供电，除供家庭、单位等照明外，也供村零星路灯。1973年，象山接入华东电网供电，区、镇、公社驻地村落及公路交通干线附近村落，全天供电渐成常态，村落路灯渐多。80年代，山区村落兴起建设小水电站热潮，先后建成儒雅洋、吉港、周家路、上马岙、柴溪、大雷山、兵营、新民、狮子山、溪口、牌头、白岩山、横山、岩头陈、珠溪、尖岭头、仙人岩、杰岙等24座水电站。由于水源不足，多数电站只能夜间发电，遇到干旱年份，即使夜间也难保证。90年代起，多数电站已停止发电。2000年后，村落家庭用电逐渐普及。村落内容，见本志“衣食住行”篇，第三章“居住”，第四节“室内陈设·照明陈设”。

防火防盗匪设施

村落对防火设施颇为重视。住宅庭院大多置有大缸，既可接天落水为饮用，又在失火时用作急救水源。大户人家则在院落内挖井防火，如儒雅洋何恭房，院中多水井与封火墙，既防盗匪又防火。村落冬季夜间，敲更防火较为普遍。1949—1956 年间，村里防土匪有夜巡队。1960 年后，因“蒋介石反攻大陆”，沿海、海岛村落有夜巡队。2000 年后，村落安装视频监控设施。

第二节　生产设施

历史上，村落生产设施，多数属于各户。公共生产设施，一般只有宗族村落所有，主要是前辈留下的水车、犁耙、稻桶等。中华人民共和国成立后至 20 世纪 80 年代前，生产场地、用房、农具、机械设备等，均属集体所有。实行土地承包责任制后，除水库、仓房、晒场、供水排水设施等属村落集体外，多数农具折价归各户所有。农户添置农机非常普遍。有的村落还成立农机合作社，为农户提供服务。至 2008 年，全县较有规模的农机合作社 42 家。

拗井

为山区、半山区村落重要生产设施，历史上发挥过抗旱作用。清乾隆《象山县志·经制志·水利》载：“元至元七年（1347），命民田无水者凿井，邑田间灌井遍三乡焉，桔槔赖之，亦水利之一事也①。”中华人民共和国成立后兴修水库，拗井抗旱作用渐消失，但屋角地头蔬果浇水今仍用。

碾场

亦称碾子场。石碾直径 3 米左右，状如铁饼，由人力、牛或流水推动。石碾能碾谷成米，也可碾轧番薯藤叶作猪饲料，是村落中重要的生活、生产设施。历史上，一般村落都设有石碾场。20 世纪 60 年代部分村落仍用。70 年代后，村落添置轧米机、磨粉机、年糕机等，碾场退出历史舞台。

晒场

是传统村落晒谷物等的场地，也是村民户外活动的场所。公用的称“众家晒场”，宗族村落“众家晒场”更多。中华人民共和国成立后，晒场归集体所有。实行土地承包责任制后，多数村落晒场逐渐消失，其中不少改建成健身活动场地。因缺少晒场，农户一度将稻谷、麦子晒到公路上，影响交通。随着土地流转加快、种粮大户增加，大型烘干设备替代晒场晒谷功能。

生产型茅厕

历史上，村落茅厕具有储肥功能，为特殊的生活、生产设施。人粪为农作物主要肥料，除家家户户建有粪坑外，村头巷尾也设置茅厕，既为路人提供方便，又可积攒肥料。中华人民共和国成立后实行集体化，村落茅厕成为生产队的肥料仓库。20 世纪 80 年代后，随着化肥敞开供应，茅厕逐渐消失。进入 21 世纪，村落里建造公共厕所，成为村落公共卫生设施。

第三节　文化设施

村落文化设施与村民文化需求相关。历史上，村落文化设施主要有满足村民尊祖、崇神文化需求的宗祠、庙宇、行宫等，以及纪念英雄、名人的牌坊，观景、休憩的亭阁等。少数村落还建

①“桔槔”，安放在井口上方汲水的一种工具。广义是指吊移物体的简单机械。

有风水墙。中华人民共和国成立后，旧的文化设施毁损较多，新的文化设施多有建设。特别是改革开放后，配合新农村建设，各地建造农民会所、休闲广场，添置群众娱乐设施。尤其是广播、通讯、网络设施，最具时代特色。

庙宇

历史上，各村一般都建有庙宇。民国时，全县村落里的大小庙宇不下千座，供奉佛祖、神灵。村落庙宇规模一般较小，但能满足村民各种信仰需求，有供人神如大禹、关帝等。详见本志“宗教　民间信仰”篇。

牌坊亭台

旧时，村落内牌坊以功德坊、节烈坊为多，标志坊、墓道坊较少。民国《象山县志·古坊》记有古坊73座，均为功德坊、节烈坊。中华人民共和国成立后，牌坊逐渐减少，尤其是“文化大革命”期间，牌坊受到严重破坏，至今留存极少。20世纪90年代开始，村落多建牌楼，为一村标志性建筑，一改牌坊为名人、烈妇歌功颂德的功能。牌楼多以石料为材，也有金属、木、竹及水泥浇制。上刻村名、楹联、村落简介等内容。定塘小定山、西周琴诗岙、贤庠海墩、新桥关头、石浦东门等村落都有这种牌坊。亭台，多为石制八角亭和六角亭，设村口或休闲场所。有些亭额上写有村名，也是村标志性建筑。

风水墙

有两种，一种筑门的正对面，一种筑道口、埡口，其作用皆为拦住风水，防止好运外流，挡住墙外不利的煞气。前者，村落大户人家一般皆有，后者不多，发现的仅5处：丹西街道冷水潭村风水墙，上有风水树，今存17棵枫树、樟树，已有170多年历史；昌国蛟龙村西北风水墙，有250年历史，保存十分完整，乱石砌筑，筑于两山之间，埡口宽30米，墙高3.5米，基宽2.3米，分东西两截，东前西后，东短西长，西长20米，东长10米，前后错开约3.5米，可慢速通车转弯，墙体长满古藤①；墙头石鼓岭风水墙；爵溪白沙湾村北风水墙；爵溪前岙岭风水墙。

会堂　会所

20世纪50—60年代，村落建有“俱乐部”。70年代后期，村落建“文化活动中心（室）”，亦建有礼堂，俗称“大会堂”，用于开会、演戏、放电影。90年代开始，各村建造“老年活动室”。2000年前后，村落始建农（渔）民会所，成为集办公、会议、娱乐和办理婚丧酒宴于一体的多功能文化场所。

体育设施

中华人民共和国成立前，村落几无体育、健身设施。中华人民共和国成立后，政府重视体育，20世纪70年代，各村因地制宜在晒谷场边安篮球架，砌乒乓台。改革开放后，村民健康意识加强，村里平整空闲场地建造广场、公园。2002年始，国家免费给村落发放健身器材，在黄避岙乡龙屿、定塘镇定山、墙头镇墙头等村安装健身路径39条。2003年，安装点遍及18个街道镇乡各村。至2008年，共安装健身路径306条。详见本志“体育”篇。

①蛟龙村风水墙资料据竺桂良《孤竺哀谈·考据·蛟龙村与风水墙》。

第五章　村落姓氏

宋初，外地移民陆续迁象定居渐多，据统计，两宋建村姓氏有79姓，其中，三分之二于南宋入迁。元代很少，仅19姓。明代有134姓，主要在嘉靖、万历间迁入。清代形成高潮，多达572姓。

以姓氏为村名的村落为数不少。其命名方式：以姓氏加“家”，如杨家、赖家、孔家、伊家等村落；二姓或三姓合称，如萧胡、韩郑、冯林、盛王张等村落；将姓氏与自然物结合，称仇家山、方家岙、蒋家湾、安家溪、程家屿等村落；姓氏与建筑物结合，如周家路、潘家桥、黄家塔、徐家井、桥头林、碶头陈、横塘欧等村落；姓氏与职业结合，如汤家店、缸窑俞等村落。中华人民共和国成立后，特别是20世纪90年代几次村落行政区域调整、合并，以姓氏作行政村村名的逐渐减少，但自然村尚有存在。

第一节　姓氏源流

全县816个建村姓氏中，绝大多数由历朝外来先祖所建。历代由省外迁入的有157姓，占19.2%。其来源涉及现行12个省、区，北至内蒙古、山西、陕西、河北、河南、山东、安徽、江苏，西至湖北、湖南，南至广东、福建，其中福建最多，达119姓；河南次之，为16姓。迁自省内各地共659姓，占80.8%。其中来自宁波、台州、温州三地613姓，来自绍兴、杭州、湖州、金华及舟山等地仅46姓。由今宁波市属各县迁入的有278姓，由今台州地区各县迁入的有256姓，由今温州市属各县迁入的有84姓。入迁象山定居的绝大部分来自省内沿海各地，来自内地极少，这与象山海路交通便捷有关。象山迁移情况详见本志“人口”篇。

入迁原因主要有四：一是为官。大徐徐姓始祖徐旃是奉化小万竺人，建县初到象山任县令，停官后寓居大徐发族成村。珠溪黄姓始祖黄水阶系明州刺史黄晟之孙，五代到象山任镇遏副使，卸任后移居珠溪。涂茨袁姓是宋嘉定间象山县令袁一之后裔。南庄张姓始祖因任象山主簿而来。石浦吴姓是昌国卫指挥同知后裔，邓姓是前所千户后裔。昌国朱姓、丁姓均为昌国卫指挥使后裔。钱仓郑姓、林姓、易姓分别为钱仓所千户郑真陆、林日荣、易绍宗之后。爵溪陈姓、夏姓、王姓是明代爵溪所戍边将士之后。二是避难。梅溪倪姓、沙地与田岙张姓，赖岙赖姓、白屿邱姓、后岭潘姓、番头岙葛姓，其先祖皆因政治事变或战乱避迁象山。三是经商从渔。石浦及其周围村落建村姓氏，大多是温州、台州、福建迁入的商人、渔民。爵溪部分居民先祖，是清代台州、温州各地迁入的渔民。下沈孙姓始祖是宋理宗时从宁海西垫到象山经商，配沈氏女定居繁衍成大姓。四是谋生。象山土地肥沃，滩涂广阔，可供围塘垦种，因而吸引大批劳苦者到此安身立命。涂茨镇里庵村，先由陈氏兄弟于清乾隆间自平阳到此开荒谋生，后吸引同乡相继迁入，形成里陈、外陈、许家、康家、洪家、大厂6个自然聚落。石浦镇平阳厂，最先由林姓18名男子从平阳来此围塘晒盐、搭草厂定居成村。石浦镇后岗山柯姓、横峙陈姓、里湾张姓，东陈乡大荒地黄姓，泗洲堂徐姓、岭脚项姓等，其始祖均自福建、台州逃荒而来。原大塘岛先民，有清嘉庆初围垦大泥塘曾定居下来的外地移民，更多为光绪年间入住垦荒。南田、高塘两岛居民，也多是清光绪初围垦鹤浦大塘、大南田塘、龙泉大塘等从温州、台州迁入的移民后裔。

第二节　姓氏集聚

单一姓氏的村落，绝大多数为有血缘关系的宗族村落。少数单姓氏村落虽同姓，却不同宗，无血缘关系。中华人民共和国成立初，单姓氏自然村落较常见。经土地改革、人民公社化，特别是20世纪90年代后，两次行政村合并、调整，单姓氏宗族型的村落已极为罕见，普遍成为多姓氏村落。

单姓氏村落

早期通常为宗族村落，是从一个家庭发展成一个大家族而成村。今存单姓氏村落均为自然村，规模最大的为东陈乡的旋潭自然村。这类村落大多成村年代较晚，规模较小，位置略偏。

象山县单姓自然村情况表

表3-1

属地	村　名	姓氏	户数（户）	人数（人）	备　　注
爵溪街道	上牛丈岙	郑姓	12	42	祖清乾隆二十五年（1760）自余姚迁入
石浦镇	马鞍岗	吴姓	21	67	祖清同治年间自福建迁入
西周镇	仙人岩	朱姓	31	113	祖清道光年间上山看护山林迁入
	防东	卢姓	22	66	祖清乾隆中期自三门亭旁迁入
	半坑于	于姓	28	94	祖清康熙三十年（1691）自奉化迁入
墙头镇	马家	马姓	20	56	—
	凤山头	钱姓	18	64	祖明末自田洋里迁入
定塘镇	钟家	钟姓	21	88	祖清道光中期自黄岩迁入
	盛家	盛姓	34	119	祖清嘉庆年间自本县小太平迁入
	赖家岙	陈姓	12	30	祖清初自天台迁入
	狮子山	葛姓	50	120	祖清乾隆末年自天台迁入
新桥镇	里江东	龚姓	51	202	祖清乾隆年间自余姚迁入
	小白蛇	韩姓	31	113	祖南宋末年自本县海头韩迁入
东陈乡	旋潭	谢姓	74	255	祖明末自天台迁入
	小湾	李姓	27	100	祖清康熙年间自天台迁入

说明：此表据《象山县地名志》（1995年出版）。仙人岩村1989年并入关山村，村民移居关山

多姓氏村落

今行政村，均为多姓氏村落。历史上，多姓氏村落形成大致有两类情况：其一，历史上镇乡所在地和设有集市的村落，因经济、文化相对发展，交通便利，人口汇聚功能较好，往往形成多姓氏村落。其二，新围垦塘区所建村落，在初建时会广招劳工，不同姓氏的人群便到此落住谋生。为了劳作方便，多选在近田处建房或搭建草厂落住，一姓住村东、一姓扎村西，泾渭分明，亲近

有别，风俗有异。定塘的渡头街村，历史上称上渡头（长塘河下游解放碶两岸称下渡头），民国时就是一个村落，住有陶家、鲍家、蔡家、郑家、施家、胡家等，虽住同一村，但各聚一落，时从村北渡头至村南陶家距离足有三里多地远，且中间河道纵横、仅有田间道路相通行。有些村虽以某一姓氏作为村名，但村落却由一个个不同血统的小型氏族聚落构成，相互间有一定的空间距离，成散居状。如黄避岙周家村有周家、黄家塘、下张家、上张家、吴家、西寺庄等多个自然村组成，谢家村有谢家、前山、刘家、朱家、杨家等多个自然村组成。

第三节　宗族习俗

象山村落宗族制度、文化和习俗，以敬宗睦族为宗旨，重视修家谱，建宗祠，护祖坟，以及族产赈济。

宗谱

宗谱亦称家谱、族谱、家乘、通谱、统谱、世谱、支谱、房谱等，其内涵相通，但外延所包容的范围、内容是有所区别的。宗谱在象山民间泛称“家谱”，出现在所刊印的谱系封面上，多数为“某某村某氏宗谱”。象山以清后期和民国期间修成的宗谱最多。最早是宋代，晓塘乡51部各个年代的宗谱中，最早一部是《月楼岙黄氏宗谱》，是宣纸上的手抄本，始修时间为宋建炎二年（1128）；最迟的是修于2008年的《励家坪唐氏宗谱》。进入21世纪后，境内修造宗谱风行，在新修族谱时，考虑到“独生子女”政策的关系，打破了几千年来只记男子和媳妇，而不记女儿、女婿的习俗。民国前的村落姓氏宗谱，除民间收藏外，主要藏于象山文物管理委员会、象山县档案馆，浙江图书馆、上海图书馆、天一阁等处亦有收藏。《浙江省家谱总目提要》中收录县文管会上报的53部象山家谱目录。当代新修的宗谱，县档案馆亦有所收集。象山家谱情况，详见本志“丛录·家谱提要”。

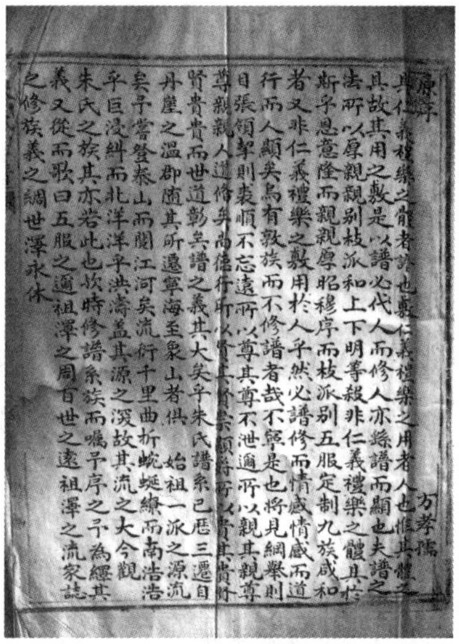

照3-8　官山村朱氏家谱序言

宗祠

较大村落都建有祭祀祖先的宗祠，县人亦称祠堂、家庙、宗庙、祖祠、祖厝等。少数村落中也有由两姓共建的宗祠，如桃湾的胡、钱，白岩下的韩、郑，花墙的朱、张，下七里的奚、张等宗祠。三姓合建的仅见中沙村的盛、王、张宗祠。据民国《象山县志》姓氏表载，时有宗祠246座。现保存较好的宗祠有儒雅洋何家祠堂、墙头欧家祠堂、横山村赖家祠堂、定山村奚家祠堂等。传统的宗祠是摆设祖先牌位、举行祭祖活动的场所，又是从事家族宣传、执行族规家法、议事宴饮、举行民间文化活动的地方。民国始，不少村落的宗祠一度成为学校。中华人民共和国成立后，有改成学校、粮库、住房、厂房等。“文化大革命”期间，宗祠列入“四旧”，被大量损毁、占用。20世纪90年代，随着村落经济发展，乡间宗祠修建再度兴起。但宗祠活动，祭祀的功能渐渐弱化，而合乎现代理念的文化娱乐、节庆、红白事、赛事的功能在迅速增长。宗祠内演戏、放电影、办婚宴、丧宴等非常普遍。

祖坟

祖坟历来被族人看重，发挥着精神层面的作用。传统中，对本家第一位落住的祖宗怀有一种特殊的情怀，这种情怀在宗族村落中尤显突出，是凝聚族人的精神支撑。宗亲繁衍到一定的历史长度，其后人会对三代以上的先辈或许会不知，但绝对不会忘记第一个入住本地的祖宗，祖宗的坟墓会一代接一代维护、修缮、重建下去。假若出现所住村落搬迁时，族人会带着祖坟遗骨同迁。要是族人不是一同迁往一个地点时，一般情况下祖坟（遗骨）会随长房①一脉辈分最长者走。在祖坟不受损坏前提下，也有留原地不迁的，其宗族后人会适时前往拜祖，拜祖是族人崇尚祖先的最大宗族礼仪之一。明初王猷、王富兄弟俩奉命镇守昌国，带16座祖坟遗骸到昌国卫，即为典型一例。

儒雅洋何氏宗族墓地 何氏宗族墓地的排列次序，虽未完全严格按照宗族世系和昭穆之序排列，但也大体遵循这一规则。以何氏东大房宗约公房的子化这一支系为例。子化配郑氏、翟氏，子四，葬照山。四子死后，皆分别安葬在其父祭坛的两侧。长子、次子在昭位，即其父坟祭坛左首，兄内弟外，三子、四子在穆位，兄内弟外。但继子没有安葬在此处②。

族田

存在时间至1950年土地改革。族田有祭田、社地、义庄田、祠堂田等名目。详本志《农业》篇。

第四节　姓氏分布

2007年，全县有519个姓氏，大多分布于各村落中。据各街道镇乡采访册整理，全县上报477个行政村和1010个自然村资料中，单姓居多的行政村125个，占26.2%；单姓居多的自然村571个，占56.5%。村落越小，单姓姓氏居多的比例越高。

象山县村落姓氏情况表③

表3-2

一、丹东街道

行政村	所属自然村	姓氏及迁自何地	迁入年代
东门外	东门外、沙溪、郑家岙	俞姓祖自宁海马岙迁入 曹姓祖自镇海迁入 郑、曹、张、周、吴、王、俞、钱、方、杨姓为多，郑姓三有一	俞姓祖元代 曹姓祖清乾隆初
起春	—	应姓祖自宁海迁入 吴、王、沈、徐、应、钱姓居多	应姓祖唐贞元年间
城东	—	周、黄、钱、包、叶姓居多	—

①宗族村落中的长房，系指第一位入住建村祖宗所生的长子，象山宗族村落的习惯，在入谱时也以此作为血脉线索：长子称长房，也有叫“头房”“大房”，第二个儿子称二房，以此类推。宗村里属于几房的后人是辨别亲疏的依据。

②据何炳辉编儒雅洋《何氏宗谱》、邱枫《宁波古村落史研究》相关内容编写。

③此表据民国《象山县志·氏族表》、《象山地名志》、各街道镇乡所报村落资料、象山县档案馆所藏家谱、象山文管会所藏家谱、张则火户藏家谱调查资料等相关内容编制。

续表 3-2

行政村	所属自然村	姓氏及迁自何地	迁入年代
上进	—	刘姓祖自本邑刘家岙迁入 汤姓祖自昌国小校场迁入 张、周、陈、黄、刘姓较多	刘姓祖南宋末 汤姓祖清康熙间
庄穆镜	—	李、钱、童、费、林姓居多	—
南门	—	史姓祖自绍兴迁入 张、周、王、郑、史姓居多	史姓祖北宋年
梅溪	梅溪	倪姓自平阳迁入 邱姓祖自黄避岙迁入 胡姓祖自宁海迁入 张姓祖自余姚迁入 陆姓祖自南庄陆家迁入 袁姓祖自石浦迁入 蒋姓祖自马岗迁入 张、邱、袁、吴、王姓居多	倪姓祖唐代 邱姓祖南宋年间 胡姓祖明成化间 张姓祖清顺治年间 陆姓祖咸丰间 袁姓祖清末 蒋姓祖民国时期
	姚家山	姚、史姓人住在先，史今无 任、黄、郑、沈姓居多	张姓清康熙年间 袁、陆姓清末
后山	后山	倪姓祖自平阳迁入 倪、马姓居多	倪姓祖唐昭宗年间
	袁家	袁姓祖自涂茨迁入 周姓祖自县城迁入 袁、周、鲍姓较多	袁姓祖明弘治年间
岙里	—	张姓祖自西周沙泉迁入 蒋姓祖自马岙迁入 周姓祖自县城迁入 蒋、张、周、吴、郑姓居多	张姓祖南宋年间 蒋姓祖明弘治年间
下半河	上新屋	郑姓祖自墩岙迁入 郑姓过半	郑姓明嘉靖间
兴盛	赵岙、山头外	林姓祖自福建迁入 林、李姓居多	林姓祖宋庆历元年（1041） 赵姓祖明初
	中家河	周姓祖自县城迁入 赵、周、朱姓居多	周姓祖明弘治年间
	上半河	朱姓祖自永嘉迁入 朱、周姓居多	朱姓明永乐年间
田洋里	—	钱姓祖自慈溪迁入 张、钱、陈、陆姓较多	钱姓祖清康熙年间
陆家	—	陆姓祖自湖州迁入 陆姓近半	陆姓祖明嘉靖年间

续表3-2

行政村	所属自然村	姓氏及迁自何地	迁入年代
城新	高俞	俞姓祖自定塘新岙迁入 王、张姓居多	俞姓祖明嘉靖年间
	夏家	夏姓祖自宁海迁入 夏姓三有一	夏姓祖明末
大碶头	—	钱姓祖自县城西桥迁入，又说自绍兴迁入 陆姓祖自陆家迁入 倪姓祖自梅溪迁入 钱姓三有一	钱姓祖南宋初 陆姓祖清乾隆年间
东环	邱家	邱姓祖自黄避岙迁入 钱姓祖自大碶头析入 钱姓四分有一	邱姓祖南宋末年
	河西	余姓祖自余姚迁入 余、陈、林、谢姓较多	余姓祖清康熙年间
后洋	—	吴姓祖自奉化、珠溪迁入 吴姓居半	吴（奉化）姓祖明正统年间
河东	—	余姓祖自奉化迁入 钮姓祖自湖州迁入 余、钮姓居多	余姓祖明洪武年间 钮姓祖明代末
桥头林	—	林姓祖自鸡鸣迁入 林姓十有四	林姓祖明永乐年间
桥头胡	—	胡姓祖自梅溪迁入 胡姓近半	胡姓祖清康熙年间
蒋家	—	蒋姓祖自爵溪岭下迁入 蒋姓过半	蒋姓祖清康熙初
西林	—	吴姓祖自岳头迁入 吴姓三有一	吴姓祖元代
上余	李家	张姓祖自安徽歙县迁入 陈姓祖自宁海迁入 余姓祖自奉化迁入 余、张姓均四有一	张姓祖明末 陈姓祖明末 余姓祖清顺治年间
下余	东塘（杨家）	余姓祖自河西迁入 杨姓祖自南庄迁入 石姓过半	余姓祖清乾隆年间 杨姓祖清光绪年间
赤坎	—	朱姓祖自鄞县迁入 朱、余姓为多	朱姓祖明成化年间

续表3-2

行政村	所属自然村	姓氏及迁自何地	迁入年代
寨梅	寨里（含寨外）	陈、练、严和吴姓祖相继自金华、福建、余姚和本县后洋、西林迁入	陈、练、严和吴姓祖于明末相继迁入
	梅岙	王姓族人自松兰山东沙岙、双盘迁入 王姓四有一	王姓等祖清乾隆年间

二、丹西街道

行政村	所属自然村	姓氏及迁自何地	迁入年代
北门	—	张、陈、周居多	—
秧田头	—	史姓祖自绍兴迁入 史姓颇多	北宋初年
五丰	—	周、王、陈姓居多	—
横塘欧	—	欧姓祖自墙头迁入 欧、张姓居多	欧姓祖明嘉靖年间
韩家	—	韩姓祖自新桥外韩迁入 韩姓居多	韩姓祖明末
小东洋	—	张姓自小厅下迁入 张姓多	—
杨家	—	杨姓祖自丹城迁入 杨姓过半	杨姓祖南宋末
董何碶	山头董 胡家碶	董姓祖自岳头迁入 周姓祖自丹城迁入 董姓居多	董姓祖明弘治年间 周姓祖明朝
小河头	—	传，张姓祖自小厅下迁入 张、黄姓居多	传，张姓祖元代
上吴	—	吴姓祖自丹城城迁入 吴姓多	吴姓祖清乾隆年间
菱河头	—	张姓祖自小厅下迁入 张姓居多	—
仇家山	—	仇姓祖自山东迁入 仇姓居多	仇姓祖明代间
白石	—	华姓祖自宁海迁入 钱姓祖自陈山迁入 雷、陈诸姓祖分别自宁海、河南迁入 吴、郑、雷、陈姓居多	华姓祖宋初 南宋乾道年间 雷、陈诸姓明代
珠水溪	—	吴姓祖自宁海迁和伊家山迁入 钱姓祖自大徐迁入 谢姓祖自东溪迁入 胡、吴、韩、谢姓居多	吴姓祖元大德和清嘉庆年间 钱姓祖明末 谢姓祖民国初

续表3-2

行政村	所属自然村	姓氏及迁自何地	迁入年代
三岔路	—	应姓祖入住在先 林姓祖自丹城迁入 张姓祖自南庄迁入 林姓居多	应姓宋时已经在住 林祖清乾隆年间 张祖清乾隆年间
九顷	九顷	史姓祖自下史洋迁入 史姓近半	史姓祖宋嘉定年间
	黄家塔	黄姓祖自宁波庄桥迁入 杨、张、俞、谢姓居多	黄姓祖宋代
	巴龙头	史姓祖自九顷迁入 史姓居多	史姓祖宋德祐元年（1275）
	下前山	周姓祖自谷囤山迁入	周姓祖明成化年间
	潘家桥	潘姓祖自抱儿石迁入 沈姓祖自慈溪迁入 沈姓居多	潘姓祖明成化年间 沈姓祖清康熙
	冷水潭	史姓祖自九顷迁入 史姓居多	史姓祖宋咸淳年间
六升	—	张姓祖自小厅下迁入 张姓居多	—
横墙弄	—	张姓祖自小厅下迁入 张姓居多	—
洋心	—	韩姓祖自新桥外韩迁入 宋姓祖自奉化迁入 虞姓祖自鄞县迁入 张姓祖自昌国迁入 胡、张姓居多	韩姓祖元代 宋姓祖明初 虞姓祖明嘉靖年间 张姓祖清初海禁时
小厅	—	张姓祖自河南迁入 张姓三分有一	张姓祖宋绍兴年间
杨蓬岙	—	马姓祖自宁海迁入 马姓多	马姓祖明代
新碶头	—	陈姓祖自宁海迁入 姜姓祖自宁波姜山迁入 张姓祖自余姚迁入 陈、张、姜姓居多	陈姓祖清代初
路下林	—	何姓祖迁入在先 钱姓祖自平阳迁入 王姓祖自鸡鸣迁入 钱、林、王姓居多	何姓祖明末已入住 钱姓祖清康熙年间 王姓祖清康熙年间

续表3-2

行政村	所属自然村	姓氏及迁自何地	迁入年代
西港	—	张姓祖自东阳迁入 卢姓祖自余姚迁入 张、卢姓居多	张姓祖清乾隆年间 卢姓祖清乾隆年间

三、爵溪街道　2002年，街道所属的爵溪农村、爵溪渔村、南韭山村、甸平山村等行政村改为直属股份经济合作社，相当于政行村，故列入。

行政村	所属自然村	姓氏及迁自何地	迁入年代
前岙	—	杨姓祖入住为早，现无 邱姓祖自白屿迁入 倪、邱、周姓居多	杨姓祖元代 邱姓祖明永乐年间
公屿农村 公屿渔村	塘头	潘姓祖自平阳、仙居迁入 潘姓居多	潘姓祖民国年间
	沙地	盛姓祖自公屿迁入 盛、张姓居多	盛姓祖清初
	公屿（农）	盛姓祖自盛王张村迁入 盛、戴姓居多	盛姓祖明嘉靖年间
地厂	—	汪姓祖先迁入建村，现无 杨姓祖自平阳迁入 徐、杨、柯姓居多	杨姓祖明嘉靖年间
白沙湾	—	孙、赖、方入住建村，现无 凌姓祖自宁波迁入 凌、鲍姓居多	凌姓祖清嘉庆年间
牛丈岙	牛丈岙	陈姓祖自福建迁入 练姓祖自石浦迁入 练、陈姓居多	陈姓祖清乾隆年间 练姓祖清嘉庆年间
	上牛丈岙	郑姓祖自余姚迁入 郑姓居多	郑姓祖清乾隆二十五年（1760）
爵溪农、渔村股份经济合作社	两合作社同居一个自然村，姓氏相互交叠	夏姓祖两支迁入（传夏、贾姓祖为入住爵溪始祖，夏姓迁自宁波西门和宁海，现无贾姓） 周姓祖有三支，其一支宁海迁入 张姓祖有四支，其一支新昌迁入 王姓祖有四支，其一支北平宛平迁入 谢姓祖有两支，其一支开封陈留迁入 林姓祖有两支，其一支福建迁入 刘姓祖昌国迁入 钮姓祖绍兴城内迁入 另有陈、郑、杨、吴、赵、蒋等姓	周姓祖明洪武年间 张姓祖明代 王姓祖明代 谢姓祖明洪武年间 林姓祖明嘉靖年间 刘姓祖明嘉靖年间 钮姓祖明隆庆年间

续表3-2

行政村	所属自然村	姓氏及迁自何地	迁入年代
南韭山股份经济合作社	—	南韭山居民系从爵溪移迁，现返迁陆上，姓氏来源与爵溪同。	—
甸平山股份经济合作社	—	周姓祖先自爵溪迁入 郑、叶姓居多	周姓祖清咸丰年间

四、石浦镇

行政村	所属自然村	姓氏及迁自何地	迁入年代
檀兴渔村	大荀头	罗姓祖自天台迁入 罗姓居多	罗姓祖清嘉庆年间
	小宫后	芦姓祖自临海迁入 芦姓居多	芦姓祖清乾隆年间
	大沙头	王姓祖自宁海迁入 陈、王居多	王姓祖清道光年间
	小沙头	林、盛、陈姓祖分别自台州、宁海迁入 林姓较多	林、盛、陈姓祖清道光年间
	六股头	朱姓祖自宁波迁入 林姓较多	朱姓祖清嘉庆年间
	长坑	郑姓祖自福建迁入 郑、张居多	郑姓祖清道光年间
	孔村	王姓祖自台州迁入 王姓居多	王姓祖清嘉庆年间
	前排厂	陈姓祖自天台迁入 陈姓居多	陈姓祖清嘉庆年间
	前岩	季姓祖自宁海迁入 朱姓居多	—
	大王宫	林姓祖先自迁入建村，后王、金姓祖自台州迁入 王、金姓居多	林姓祖清嘉庆年间
南汇	小山	王姓祖自福建迁入 王姓居多	王姓祖清乾隆年间
	小湾	谢姓祖自宁海迁入 郑姓居多	谢姓祖清同治年间
	大塘	王姓祖自福建迁入 陈姓居多	王姓祖清乾隆年间
	丁家	丁姓祖自福建迁入 丁姓为主	丁姓祖清乾隆年间
	小塘	蓝姓祖自福建迁入 蓝姓居多	蓝姓祖明万历年间

续表3-2

行政村	所属自然村	姓氏及迁自何地	迁入年代
金丰、昌明、昌桥、九井、东卫、大桥	本栏所录6行政村，均处同一片村“昌国”，户籍姓氏交集	王姓祖自南直隶迁入 邵姓祖先后自会稽、姚江迁入 武姓祖自江南凤阳迁入 俞姓祖自宁海马岙迁入 郭姓祖自定海县紫微岙迁入 陈(翼燕堂)姓祖自河南柏城县迁入，后陈祖自黄岩迁入 苏姓祖自南直隶迁入 张姓(敦本堂)祖自山东济南迁入 刘姓祖自绍兴迁入 龚姓祖自永嘉迁入 朱姓祖、董姓祖迁自何地暂无记 秦姓祖自临海后街迁入 施姓祖自黄岩迁入 聂姓祖自临海迁入 潘姓祖自后岭迁入 汪姓祖自福建同安县迁入 裴姓祖自天台坦头迁入 陈、张、王、邵、刘、戴、俞、郑、徐、朱、董、秦、潘、苏依次为主要大姓	王、邵、武、俞、郭、陈、苏等姓祖明洪武年间；张姓祖明代初；刘、龚姓祖明成化年间；朱姓祖明弘治年间，董姓祖明嘉靖年间；秦姓祖明万历年间；施姓祖清康熙年间；聂姓祖清雍正年间；潘姓祖、汪姓祖清乾隆年间；裴姓祖清咸丰年间
横路桥	潭地（含大岭）	林姓祖自鸡鸣迁入 徐姓祖自乐清迁入 林、陈姓十有八	林姓祖清康熙年间 徐姓祖清同治年间
	田下岭（含大湾、隔岩）	林姓祖自鸡鸣迁入 林姓居多	林姓祖清康熙年间
鸡鸣	—	林姓祖自福建莆田迁入 林姓十有八	林姓祖宋庆历年间
金架山	金架山	刘姓祖昌国卫迁入 刘、张姓为多	刘姓祖明万历年间
	官地	张姓祖自黄岩迁入 张姓十有九	张姓祖清雍正五年（1727）
马盘	马盘	潘姓祖自后岭迁入 潘姓居多	潘姓祖明初
	金家	金姓祖东阳自迁入 金姓十有八	金姓祖清初
新鹤	贾家	贾姓祖自新昌迁入 贾姓居多	贾姓祖清乾隆年间
	水塘头	郑姓祖自福建迁入 陈姓祖自昌国卫后陈迁入 郑姓五有二	郑、陈姓祖清乾隆年间
	上小湾	吴姓祖自天台迁入 吴姓为主	吴姓祖清道光年间

续表3-2

行政村	所属自然村	姓氏及迁自何地	迁入年代
新鹤	增岙	李姓祖自新昌迁入 陈、王姓居多	李姓祖清乾隆年间
	石家	朱姓祖自汝溪迁入 石姓祖自新昌迁入 朱、石、丁姓居多	朱姓祖明末清初 石姓祖清初
	上截头	莫姓祖自昌国迁入 陈、王姓十有七	莫姓祖清乾隆年间
	桃树湾	吴姓祖自福建迁入 吴姓居多	吴姓祖清乾隆年间
	上岩嘴	方、金姓祖自下七里迁入 方、金姓居多	方、金姓祖清道光年间
蛟龙	蛟龙	陈姓祖自福建迁入 陈姓十有七	陈姓祖清康熙年间
	长沙洋	朱姓祖自福建迁入 朱姓居多	朱姓祖清乾隆年间
	岭头	朱姓祖自福建迁入 朱、林姓居多	朱姓祖清乾隆年间
	柴岙	黎姓祖自宁海迁入 黎、陈、林姓居多	黎姓祖清乾隆年间
五新	三家村	林、杨、黄姓较多	—
	里山	邵姓祖自昌国迁入 邵姓居多	邵姓祖清道光年间
	洋山岗	叶姓祖自福建迁入 叶、宋姓居多	叶姓祖清道光年间
	祝家岙	祝姓祖自福建迁入 张姓居多	祝姓祖清咸丰年间
	汝溪	朱姓祖自塘岸迁入 汪姓祖自福建迁入 汪姓居多	朱姓祖元代初年 汪姓祖明代末
	马鞍岗	吴姓祖自福建迁入 多吴姓	吴姓祖清同治年间
	洋下山	俞姓祖自广东迁入 俞姓居多	俞姓祖清道光年间
	五眼桥	吴姓祖自广东迁入 吴姓居多	吴姓祖清道光年间
	百姓地	王姓祖自余姚迁入 王、周姓居多	王姓祖明末清初
	峧头	邵姓祖自昌国迁入 周姓祖自台州迁入 周、刘姓居多	邵、周姓祖清乾隆晚期
	上岙	俞姓祖自鄞县迁入 俞姓居多	俞姓祖清嘉庆年间

续表3-2

行政村	所属自然村	姓氏及迁自何地	迁入年代
蓝家	宋王城	周姓祖自福建迁入 郑姓居多	周姓祖清乾隆年间
	蓝家	蓝姓祖自福建迁入 纪姓为多	蓝姓祖清乾隆年间
	南沙角	柯、汪姓祖自福建迁入 柯、汪姓较多	柯、汪姓祖清道光年间
	沙头	柯姓祖自宋王城析迁 柯姓较多	柯姓祖清道光年间
	南山	纪姓祖自福建迁入 纪姓较多	纪姓祖清嘉庆年间
	谢家	谢姓祖自天台迁入 谢姓十有八	谢姓祖清乾隆年间
	汪家	汪姓祖自天台迁入 李姓较多	汪姓祖清嘉庆年间
	碶门头	王姓祖自台州迁入 王姓较多	王姓祖清道光年间
平岩渔村	—	陈姓祖自昌国迁入 陈姓居多	陈姓祖清乾隆年间
沙塘湾	—	陈、李姓祖自福建迁入 陈、李姓居多	陈、李姓祖清道光年间
铜瓦门渔村	—	黄、何、陈姓祖自福建迁入 黄、何、陈姓居多	黄、何、陈姓祖清道光年间
向浦	杉树岙	吴姓祖自福建迁入 吴姓居多	吴姓祖清道光年间
	中岙	何、董姓祖自福建迁入 吴姓居多	何、吴姓祖清道光年间
	下岙	卓姓祖自福建迁入 卓姓较多	卓姓祖清道光年间
坦塘	坦塘	叶姓祖自玉环迁入 周姓祖自胡家峙迁入 郑、林姓居多	叶姓祖明洪熙元年（1425） 周姓祖清光绪间
	干湾	郑、林姓居多	20 世纪 50 年代
司前	—	杨、娄、俞姓祖自宁海迁入 黄姓祖自月楼岙迁入 戴、庞姓祖自天台迁入 戴、林、黄、陈、庞姓居多	杨、娄、俞姓祖元至大年间 黄姓祖明代成化年间 戴姓祖清代雍正年间 庞姓祖清代乾隆年间

续表3-2

行政村	所属自然村	姓氏及迁自何地	迁入年代
下洋墩	下洋墩	严姓祖自台州迁入 鲍姓祖自宁海迁入 鲍、王、严姓居多	严姓祖清康熙年间 鲍姓祖清道光年间
	山脚	王姓祖自台州迁入 王姓为主	王姓祖清康熙年间
上金鸡山	—	王姓祖自台州迁入 干姓祖自台城杨柳巷迁入 鲍姓祖自下金鸡山迁入 蔡姓祖自台州迁入 王、鲍、蔡、干姓居多	王、干姓祖清乾隆年间 蔡姓祖嘉庆年间
下金鸡山	—	黄姓祖自月楼岙迁入 鲍姓祖自温州迁入	黄姓祖明成化年间 鲍姓祖清乾隆年间
南向	—	张姓祖自宁海东仓迁入 黄姓祖自月楼岙迁入 朱姓祖自汝溪迁入 黄、张、林姓居多	张姓祖元末明初 黄姓祖明正统年间 朱姓祖清康熙年间
平阳厂	平阳厂	林姓祖自温州平阳迁入 王姓祖自临海杜桥迁入 林、王、方姓居多	林姓祖明正统年间 王姓祖清道光年间
	蜘蛛山	林、李姓祖自天台迁入 林、万、陆、张姓居多	林、李姓祖清乾隆年间
马峙	马峙	叶姓祖自三门海游迁入 林、叶居多	叶姓祖清嘉庆年间
	太湾	朱姓祖自台州迁入 朱、王、黄居多	朱姓祖清道光年间
	上厂	陈姓祖自玉环迁入 陈、黄姓居多	陈姓祖清乾隆年间
树桥头	—	章姓祖自台州迁入 叶姓祖自台州迁入 叶、陈姓居多	章姓祖清乾隆年间 叶姓祖清道光年间
星塘	—	郑姓祖自台州迁入 林姓祖自瑞安迁入 潘姓祖自晓湾迁入 郑、林、李、陈、夏、叶姓居多	郑、林、潘姓祖清乾隆年间
晓湾	晓湾	潘姓祖自玉环迁入 潘姓居多	潘姓祖清乾隆年间
	寨下门	徐、王姓居多	徐、王姓祖清光绪年间

续表3-2

行政村	所属自然村	姓氏及迁自何地	迁入年代
井水	井水	朱姓祖自温岭迁入 俞姓祖自三门迁入 朱、林、张姓居多	朱姓祖明正统年间 俞姓祖清康熙年间
	黄泥头	朱、郑姓祖自台州迁入 林、朱、周姓居多	朱姓祖清乾隆年间
浦湾	—	朱、郑姓祖自台州迁入 朱姓祖自南向迁入 林、朱、郑姓居多	朱、郑姓祖清雍正年间 朱姓祖民国时期
低峧	—	林姓祖自福建迁入 吴姓氏祖自宁海迁入 陈、裘、吴、黄姓居多	林、吴姓祖清乾隆末
朝天门	朝天门	林、蔡、张姓祖自福建建迁入 张、吴姓居多	张姓祖清康熙年间 林、蔡姓祖清乾隆年间
	筲箕湾	萧姓祖自黄岩迁入 魏姓祖自福建迁入 陈姓祖自昌国迁入 王、魏姓居多	萧、魏、陈姓祖清嘉庆末
	百亩塘	林姓祖自鸡鸣迁入 林、潘姓居多	林姓祖清康熙年间（1662—1722）
雷公山	—	林、陈姓祖自福建迁入 张姓祖自朝天门迁入 吴、张、林姓居多	林、陈姓祖清雍正年间 张姓祖清乾隆年间
上湾	上湾	蒋姓祖自义乌迁入 蒋、王姓居多	蒋姓祖清咸丰年间
	冷湾	黎姓祖自湾边迁入 蒋、王姓居多	黎姓祖清光绪年间
蒋家湾	蒋家湾	蒋姓祖自三门及本县马岗迁入 葛姓三有一	蒋姓祖清乾隆年间
横峙渔村	横峙	陈姓祖自福建迁入 陈、孟姓居多	陈姓祖清乾隆年间
	东湾	李姓祖自台州迁入 李姓居多	李姓祖清嘉庆年间
番头岙	—	葛姓祖自黄埠迁入 张姓祖自天台迁入 葛、陈、王、黄姓居多	葛姓祖明洪武年间 张姓祖清乾隆年间
中心	—	葛姓祖先自番头岙迁入 葛、高、陈、王、李姓居多	葛姓祖明初
北山	北山	同上	同上
	塘岸头	同上	同上

续表3-2

行政村	所属自然村	姓氏及迁自何地	迁入年代
东边	东边	同上	同上
	陈家	同上	同上
西边	—	同上	同上
下塘	—	高姓祖自黄岩迁入 王姓祖自宁海迁入 高姓三有一	高姓祖清道光年间
凤上山	里湾	陈姓祖自黄岩迁入 陈姓居多	陈姓祖清嘉庆年间
	外湾	陈姓祖自台州迁入 陈姓居多	陈姓祖清嘉庆年间
	小岭头	李姓祖自台州迁入 李姓居多	李姓祖清道光年间
	葛家	葛姓祖自番头迁入	葛姓祖清咸丰年间
对面山	对面山	金姓祖自台州迁入 李姓居多	金姓祖清光绪十四年（1888）
	胡椒湾	姜姓祖自三门迁入 姜姓居多	姜姓祖清光绪元年（1875）
	上布袋	王姓祖自新桥迁入 王姓居多	王姓祖清光绪十四年（1888）
	下布袋	林姓祖自鸡鸣迁入 朱、邵、林姓居多	林姓祖清光绪年间
东门渔村	—	陈、张、王、郑、林、金、周姓居多	—

五、西周镇

行政村	所属自然村	姓氏及迁自何地	迁入年代
万金山	—	陈、方姓为多	—
蒋家岙	—	潘姓祖自宁海迁入 多潘姓	潘姓祖清乾隆年间
柴溪	柴溪	刘姓祖自宁海迁入 陈姓祖自宁海迁入 吕姓祖自宁海迁入 陈、沈姓居多	刘姓祖唐武后间，另说清乾隆年间 陈姓祖元代初 吕姓祖清乾隆年间
	海头庵	陈姓祖自柴溪迁入 陈姓居多	陈姓祖清光绪年间
	下岙	陈姓祖自天台迁入	—
	赵家	陈姓居多	—

续表3-2

行政村	所属自然村	姓氏及迁自何地	迁入年代
牌头	牌头	陈姓祖自舟山金塘迁入 陈、赖姓居多	陈姓祖明成化年间
杭头	杭头	杨姓祖自鄞邑迁入 朱姓祖自赠家山迁入 杨、朱、袁姓居多	杨姓祖明嘉靖年间 朱姓祖明代
	应家	应姓祖自县城迁入	应姓祖明正德年间
利山	—	萧姓祖自平阳迁入 萧姓居多	萧姓祖清乾隆初
下沈	下沈	孙姓祖自宁海迁入 赖姓祖自横山、赖岙、静家山迁入 陈姓祖自牌头、姜山迁入 周姓祖自甬江迁入 孙、赖、陈姓居多	孙姓祖宋理宗年间 赖姓祖明代初 陈姓祖明代 周姓祖清顺治年间
八亩	—	孙、朱姓祖自关山迁入 朱、孙姓居多	孙、朱姓祖清道光年间
官山	—	朱姓祖自泗洲头塘岸迁入，另说迁自乐清姚岙 朱姓十有九	朱姓祖元元统年间
荷欣（原名外静）	—	赖姓祖自里静迁入 朱姓祖自泗洲头塘岸迁入 朱姓居多	赖姓祖元末 朱姓祖明正统间
龙翔（原名里静）	—	赖姓祖自三门亭旁迁入 赖姓居多	赖姓祖宋高宗绍兴年间
杰上（上赖）	—	赖姓祖自里静迁入 赖姓居多	赖姓祖元末
杰下	郑家	郑姓祖自西周迁入 多郑姓	郑姓祖明永乐年间
	大路	赖姓祖自里静迁入 赖姓居多	赖姓祖明洪武初
赖家	—	赖姓祖自上芭蕉迁入 赖姓为主	赖姓祖明嘉靖年间
尖东	尖坑	姜姓祖自宁波迁入 姜姓居多	姜姓祖清乾隆中期
	防东	卢姓祖自三门迁入 卢姓居多	卢姓祖清乾隆中期

续表3-2

行政村	所属自然村	姓氏及迁自何地	迁入年代
半坑圩	—	于姓祖自奉化迁入 于姓为主	于姓祖清康熙三十六年（1697）
山后胡	—	赖姓祖先自上芭蕉迁入 胡姓祖宁海大湖迁入 胡姓为主	赖姓祖明嘉靖中期 胡姓祖元朝泰定年间
上芭蕉（芭蕉上岙）	—	赖姓祖自杰岙迁入 赖姓十有八	赖姓祖明嘉靖三十一年（1551）
下芭蕉（芭蕉下岙）	—	赖姓祖自杰岙迁入 赖姓居多	赖姓祖明万历初
横山	—	赖姓祖自杰岙迁入 赖姓居半	赖姓祖明洪武年间
尖岭头	尖岭头	赖姓祖自横山迁入 多赖姓	赖姓祖明永乐年间
	丹岗	赖姓祖自横山迁入 多赖姓	—
赖岙	—	赖姓祖自三门亭旁迁入 赖姓居多	赖姓祖宋高宗绍兴间
田岙	田岙	张姓祖自沙地先入迁 赖姓祖自横山迁入 赖姓居多，现无张姓	张姓祖元末年 赖姓祖明嘉靖年间
寿丰	—	赖姓祖自里静迁入 赖姓十分有六	赖姓祖明隆庆年间
东岙	—	周姓祖自西周迁入 周姓为主	周姓祖明成化年间
上山	—	张姓祖自车岭迁入 张姓十分有六	张姓祖清道光年间
百贤	—	何姓祖自福建迁入 胡姓祖自宁海迁入 何姓居多	何姓祖明末 胡姓祖清代
平潭	—	胡姓祖自扫基湾迁入 陈姓祖自儒雅洋迁入 胡姓占半	1956年
扫基湾	—	胡姓祖自天台迁入 胡姓居多	胡姓祖清道光年间

续表3-2

行政村	所属自然村	姓氏及迁自何地	迁入年代
伊家	—	伊姓祖自福建迁入 伊姓十有过八	伊姓祖南宋建炎年间
大竹园	大竹园	钱姓祖自陈山迁入 钱姓居多	钱姓祖清乾隆年间
	田鸡山	何、谢姓祖自儒雅洋迁入 何、陈姓居多	何、谢姓祖清乾隆中期
隔溪张	—	伊姓祖自车岭迁入 张姓祖自沙地迁入 张姓居多	伊姓祖明洪武年间 张姓祖明永乐年间
儒雅洋	儒雅洋	何姓祖自下沙迁入 陆姓祖自宁波迁入 何姓居多	何姓祖明洪武末 陆姓祖清康熙年间
	郑家	郑姓祖自西岙郑迁入 多郑姓	郑姓祖清乾隆中期
箬岭	里岙	翁姓祖自杨岙迁入 翁姓居多	翁姓祖明嘉靖年间
	小半岙	陈、朱、谢姓迁入为先 欧姓祖自墙头迁入	欧姓祖清光绪年间
	坟庄屋	吕姓祖自儒雅洋迁入	吕姓祖民国时期
	外岙	蓝姓祖自福建上杭县迁入 蓝姓居多	蓝姓祖清乾隆年间
	牛游塘	俞姓祖自茅洋迁入 俞姓较多	俞姓祖清乾隆中期
	大龙	方姓祖自溪里方迁入 多方姓	方姓祖清光绪中期
金竹坑	金竹坑	王姓祖自宁海迁入 赖姓祖自山顶岭迁入 郑、赖姓居多	王、赖姓祖清乾隆年间
	大平头	郑姓祖自平阳迁入 多郑姓	郑姓祖清嘉庆十七年（1812）
	见位	郑姓祖自南充迁入 多郑姓	郑姓祖清代末
	上九山	赖姓祖自上芭蕉迁入 多赖姓	赖姓祖清乾隆末
伊家山	伊家山	俞姓祖自明州迁入成村 伊姓祖自河南迁入 俞姓居多 另说：宋建隆初，欧姓祖入迁，直到元代至正后，欧姓分迁墙头、方家岙、下沙、箬岭等处	俞姓祖宋仁宗年间 伊姓祖宋建炎年间
	羌平	钱姓祖自丹城入住 钱、陈姓居多	钱姓祖清乾隆中期

续表3-2

行政村	所属自然村	姓氏及迁自何地	迁入年代
梼树岭	梼树岭	俞姓祖自茅洋南充迁入 多俞姓	俞姓祖清乾隆年间
山顶岭	—	林姓祖自鸡鸣迁入 多林姓	俞姓祖明永乐年间
西岙郑	—	郑姓祖自宁海东仓迁入 郑姓十有过九	郑姓祖元末
倪家	—	倪姓祖自梅溪迁入 多倪姓	倪姓祖明正德年间
谢圣岙	—	谢姓祖入住在先 多伊姓	谢姓祖宋建炎年间
蔡家田	—	蔡姓居多	蔡姓祖明初
上张	—	陈姓祖先自陈隘迁入 张姓祖自沙地迁入 张姓居多	张姓祖明永乐年间
陈隘	—	林姓祖自奉化迁入 陈姓祖先自邑城南竺家坎迁入 林、陈姓居多	林姓祖宋末元初 陈姓祖元至元间
湖边	湖边	周姓祖自鄞县周家寮迁入 周姓居半，张姓次	周姓祖宋淳熙年间
潘埠	潘埠	潘姓祖自杨岙迁入 潘姓居多	潘姓祖元至治年间
	渡头	潘姓祖自潘埠析出 多潘姓	潘姓祖明正统年间
杨岙	—	杨姓建村 潘姓祖自福建迁入，现无杨、潘姓 翁姓祖自福建迁入 翁姓居多	潘姓祖宋祥符年间 翁姓祖元至元年间
莲花	—	翁姓祖自杨岙迁入 翁姓居多	翁姓祖元至正年间
勤丰	勤稼场	蔡姓祖自福建迁入 周姓祖自鄞县日湖迁入 周姓居多	蔡姓祖明宣德年间 周姓祖清雍正十二年（1735）
蚶岙	蚶岙	韩姓祖自外韩迁入 尹姓祖自福建迁入 尹姓居多	韩姓祖宋庆元后 尹姓祖明正统年间
岙岭下	—	陆姓祖自宁波庄桥迁入 陆姓居多	陆姓祖清康熙年间

续表3-2

行政村	所属自然村	姓氏及迁自何地	迁入年代
乌沙	乌沙	李姓祖自鄞县迁入 徐姓祖自鄞县迁入 李、杨、徐姓居多	李姓祖清雍正年间 徐姓祖清乾隆四十五年（1780）后
	山后塘	邬姓祖先入住 杨、伊姓居多	邬姓祖清同治年间 伊、李、何、杨姓祖陆续迁入
虎山	花园	朱姓居多	朱姓祖民国时期
	黄狗山	朱姓祖自下沈迁入 多朱姓	朱姓祖清光绪年间
	桃湾	朱姓自黄狗山析出	1958 年
	老鸦潭	吴姓祖自牌头迁入 朱姓祖自静家山迁入 钟、吴姓居多	吴、朱姓祖清乾隆年间
大坑	—	郑姓祖自司前避此成村 郑姓十有九	郑姓祖清初
文岙	—	夏姓祖自会稽迁入 夏姓十有六	夏姓祖元至元年间
白月岙	—	何姓祖自福建迁入 郑姓祖自司前迁入 赖姓祖自横山迁入 葛、郑、赖居多	何姓祖明末 郑姓祖清乾隆二十三年（1758） 赖姓祖清乾隆二十三年（1758）后
上谢	—	谢姓祖自临海大固乡下渡迁入 谢姓居多	谢姓祖宋德祐年间
初坑	—	张姓祖自沙地迁入 张姓十有九	张姓祖明永乐年间
寒山	—	张姓祖自沙地迁入 张姓十有过八	张姓祖明永乐年间
新屋	—	宋姓祖自下沈迁入 张姓祖自沙地迁入 张姓十有过六	宋姓祖南宋初 张姓祖明永乐年间
车岭	—	张姓祖自沙地迁入 张姓居多	张姓祖明永乐年间
庆丰桥	—	张姓祖自沙地迁入 张姓十有七	张姓祖永乐年间
沙泉①	—	张姓祖自河南开封迁入 张姓十有八	张姓祖北宋末

①1982 年前村名为“沙地”

续表3-2

行政村	所属自然村	姓氏及迁自何地	迁入年代
望港	—	张姓祖自初坑迁入 张姓十有八	张姓祖明代
瀛洲（含：上渡头）	—	周姓祖自鄞县迁入 陈姓祖自柴溪迁入 周姓居多，上渡头陈姓居多	周姓祖宋淳熙年间 陈姓祖清同治年间
西前（原名司前）	—	郑姓入迁在先 周姓居多	郑姓祖明代
东瀛	—	周姓祖自鄞县迁入 周姓较多	周姓祖宋淳熙年间
弘瀛	—	同上	同上
大岙	—	张姓自沙地迁入 张姓十有八	张姓祖明永乐年间
夏叶	—	叶姓先迁入 张姓祖自沙地迁入 张姓十过八	张姓祖明永乐年间
土上	—	沈姓祖自奉化迁入 沈、郑居多 另说：沈姓南宋间由苏州迁入	沈姓祖明嘉靖年间
琴诗岙	—	沈姓祖自宁波迁入 沈姓居多	沈姓祖明天启年间

六、鹤浦镇

行政村	所属自然村	姓氏及迁自何地	迁入年代
黄金坦	黄金坦	李姓祖自定山迁入 王姓祖自台州迁入 多王姓	李、王姓祖清同治年间
	三叉洋枪	洪姓祖先自温州迁入 王、江、方、吴、马姓自台州迁入 王、江居多	洪姓祖清咸丰年间
	中央湾	施姓祖自定山迁入 杨、郑居多	施姓祖清光绪年间
	杨柳湾	奚姓祖自天台迁入 翁姓祖自玉环迁入 蔡、李、冯居多	奚、翁姓祖清光绪年间
	塘洋	江姓祖自台州迁入 江姓多	江姓祖清光绪年间

续表3-2

行政村	所属自然村	姓氏及迁自何地	迁入年代
黄金坦	外湾	郑姓祖自福建迁入 杨姓祖自乐清迁入 陈姓居多	郑、杨姓祖清光绪年间
鹤翔	—	金姓祖自台州迁入 村多金姓	金姓祖民国 17 年（1928） 王姓祖民国 31 年（1942）
鹤进	大塘	陈姓祖自台州迁入 陈姓居多	陈姓祖清光绪年间
	下坦	吴、朱姓祖自台州迁入 吴、朱居多	吴、朱姓祖清光绪年间
鹤南	大湾塘	叶姓祖自温州迁入 张、梁居多	叶姓祖清光绪中期
	大下坦	谢姓祖自温州迁入	谢姓祖清光绪初
	凤凰头	叶姓祖自黄岩迁入 叶姓居多	叶姓祖清光绪末
	里湾	叶姓祖自黄岩迁入 叶姓居多	叶姓祖清光绪末
	黄金盘	卢姓祖自临海迁入 蔡、陈、张、谢姓相继迁入	卢姓祖清同治年间
蟹厂（曾名鹤浦二村）	蟹厂	章姓祖自三门迁入 张姓祖自晓塘迁入 章、张居多	章、张姓祖清光绪中期
	中熂	陈姓祖自黄岩迁入 王姓祖自晓塘迁入 陈、王、葛居多	陈姓祖清光绪末 王姓祖清光绪末
	盛家	章姓祖自三门迁入 盛姓居多	章姓祖清光绪年间
	前山	章姓祖自三门迁入 林、王姓居多	章姓祖清光绪年间
湾塘	小湾塘	陈姓祖自温岭迁入 张姓居多	陈姓祖清光绪末
	小外湾	林姓祖自温岭迁入 林姓较多	林姓祖清光绪末
鹤湾	—	陈、谢姓祖自温州迁入 郑、叶姓居多	陈、叶姓祖清光绪末
高坎头	高坎头	何姓祖自三门迁入 郑、金姓居多	何姓祖清光绪末

续表3-2

行政村	所属自然村	姓氏及迁自何地	迁入年代
小网巾	小网巾	王姓祖自温州迁入 王姓居多	王姓祖清光绪年间
	潭头	陈姓祖自三门迁入 陈姓居多	陈姓祖清光绪年间
	南山	葛姓祖自石浦迁入 章姓居多	葛姓祖清光绪年间
	岗头	洪、卢、梅姓祖自三门迁入 洪、卢姓居多	洪、卢、梅祖清光绪年间
	温州厂	吕、王姓祖自温州迁入 吕姓居多	吕、王姓祖清光绪年间
马小坦	—	郑、叶姓祖自宁海迁入 郑、叶姓较多	郑、叶姓祖清咸丰年间
前龙头	前龙头	张、周姓祖自台州迁入 张、陈、周姓居多	张、周姓祖清光绪初
	龙头珠	潘、吴、张姓祖分别自台州、玉环迁入 潘、吴、张姓居多	潘、吴、张姓祖清光绪年间
凤凰山	—	周姓祖自石浦迁入 周、项姓居多	周姓祖清道光年间
大南田	—	梅、楼诸姓祖自台州迁入 潘姓祖自瑞安迁入 梅、楼、潘姓居多	梅、楼姓祖清同治年间 潘姓祖清光绪年间
小南田	—	侯姓祖自平阳迁入 王姓祖自台州迁入 多侯、王姓	侯、王姓祖清同治年间
南田墩	南田墩	林姓祖自临海迁入 林、李姓居多	林姓祖清光绪年间
	南田岐	李、宋祖自台州迁入 李、宋姓居多	李宋祖清光绪年间
牧童岙	牧童岙	梅姓祖自宁海迁入 林姓祖自台州迁入 金、李姓居多	梅姓祖清乾隆末
	坑里	胡姓祖自台州迁入	胡姓祖清光绪年间
大沙	—	许姓祖自玉环迁入 许、蒋、洪姓居多	许姓祖清光绪年间

续表3-2

行政村	所属自然村	姓氏及迁自何地	迁入年代
双下湾	韭菜湾	谢姓祖自温州迁入	谢姓祖清光绪末
	棺材湾	谢姓祖自永嘉迁入 王姓居多	谢姓祖清光绪年间
杨柳坑	杨柳坑	谢、任、张等姓祖垦荒迁入 卓姓祖临海迁入 陈、任姓较多	谢、任、张、卓祖清咸丰年间
	龙虎斗	王姓祖自天台迁入 多王姓	王姓祖清光绪年间
后龙头	—	颜姓祖自黄岩迁入 颜、郭姓居多	颜姓祖清光绪中期
谷桶	里谷桶	吴姓祖自田洋湖迁入 奚姓祖自下七里迁入 黄、奚姓居多	吴姓祖清同治年间 奚姓祖清光绪年间
	外谷桶	王姓祖自天台迁入	王姓祖清光绪年间
大百丈	大百丈	吴姓祖自平阳迁入 潘姓祖自后岭迁入 陈姓较多	吴姓祖清道光中期 潘姓祖清光绪年间
	雉鸡里	林姓祖自临海迁入 林姓居多	林姓祖清光绪年间
	外埠头	王姓祖自黄岩迁入 王姓居多	王姓祖清光绪年间
螺蛳礁	里湾	李姓祖自青田迁入 李姓居多	李姓祖清嘉庆年间
	外湾	林姓祖自泰顺迁入 郑、朱姓居多	林姓祖清同治年间
	小岙	陈姓祖自黄岩迁入 林、袁姓居多	陈姓祖清光绪初
文山前	—	冯、杨、顾姓祖自黄岩、临海迁入 冯、杨、顾姓居多	冯、杨、顾姓祖清道光年间
流水岩	—	章、陈姓祖自温州迁入 章、陈、洪姓居多	章、陈姓祖清光绪年间
吉港	—	葛姓祖自乐清迁入 蔡姓祖自平阳迁入 陈、叶姓居多	葛、蔡姓祖清同治年间

续表3-2

行政村	所属自然村	姓氏及迁自何地	迁入年代
樊岙	樊岙	叶、周诸姓自宁海迁入 余姓祖自本县峰北迁入 周、潘姓居多	叶、周诸姓祖清光绪年间 余姓祖清光绪年间
	石屋	俞姓祖自大塘迁入 多黄、陈姓	俞姓祖清光绪年间
	灯盏屋	王姓祖自天台迁入 李、王姓居多	王姓祖清光绪年间
	外川洞	叶姓祖自三门迁入 叶姓较多	叶姓祖清光绪年间
	里川洞	娄姓祖自三门迁入 叶、娄姓居多	娄姓祖清同治年间
	老潘湾	周、陈姓祖自天台迁入	—
	罛脚（湾）岙	周姓祖自天台迁入 周姓较多	周姓祖清光绪年间
	雉鸡山脚	顾姓祖自天台迁入 陈、张姓居多	顾姓祖清光绪年间
	龙台背	郭姓居多	郭姓祖清光绪年间
五利	后塘角	叶姓祖自临海迁入后塘角 叶、阮、杨姓居多	叶姓祖清光绪年间
	黄岩庄	吴姓祖自黄岩迁入黄岩庄	吴姓祖民国时期
	九皮庄	杨姓祖自三门迁入九皮庄 叶、阮、杨姓居多	杨姓祖清光绪年间
金七门农村	—	李、林、童、陶姓祖分别自福建、黄岩迁入 李、周、陈、郭姓居多	李、林、童、陶姓祖清同治年间
水湖涂	大岙	胡姓祖自三门迁入 金、吴姓居半	胡姓祖清光绪初
	水湖涂岙	方姓祖三门迁入 罗姓祖宁海迁入 金姓较多	方姓祖清道光年间
小百丈	小百丈	陈姓祖本县迁入 王姓祖自天台迁入 柳姓祖自泗洲头迁入 陈姓居多	陈姓祖清宣统年间 王姓祖清咸丰中期 柳姓祖清咸丰中期

续表3-2

行政村	所属自然村	姓氏及迁自何地	迁入年代
小百丈	黄泥空	王姓祖自宁波迁入 王姓较多	王姓祖清光绪初
	鱼山	陈姓祖自平阳迁入 陈姓居多	陈姓祖清光绪中期
	滴水岩	徐姓祖自温岭迁入 徐姓居多	徐姓祖清光绪初
金七门渔村	—	李、林、童、陶姓祖自福建、黄岩迁入 李、周、陈、郭姓居多	李、林、童、陶姓祖清同治年间

七、贤庠镇

行政村	所属自然村	姓氏及迁自何地	迁入年代
岑晁	岑东（含：王家、计家）	王姓祖自福建迁入 朱姓祖自鄞县迁入 陆姓祖自骆驼迁入 计姓祖自鄞县迁入	王姓祖明嘉靖年间 朱姓祖明代末 陆姓祖清乾隆十六年（1751） 计姓祖清道光年间
	山前	潘姓入住为先，蔡姓随后 林姓祖自塘岸迁入 林、陈、王居多	林姓祖清康熙末
	塘岸下	林姓祖自平阳迁入	林姓祖清康熙年间
	盛家	盛姓祖自鄞县迁入 多盛姓	盛姓祖清乾隆年间
东风	马岙	章姓自福建迁入 谢姓祖自湖头渡迁入 章、谢居多	章姓祖宋开宝二年（966） 谢姓祖明末
	路下庄	包姓祖自镇海迁入，郭、王姓祖继后迁入 张姓祖自三夹岙迁入 包姓居多	包姓祖清顺治五年（1648） 张姓祖清光绪年间
	张家岙	张姓祖自宁海迁入 张姓为主	张姓祖明末
程家屿	—	程姓祖先自宁波迁入 章姓居多	程姓祖明洪武年间
官司塘	—	虞姓祖自镇海迁入 虞、王、梁、郑姓为多	虞姓祖清乾隆年间

续表3-2

行政村	所属自然村	姓氏及迁自何地	迁入年代
沈家洋	—	沈姓祖自台州迁入 施姓祖自鄞县迁入 沈、王、施姓居多	沈姓祖明洪武年间
溪沿	溪沿	黄姓祖自中庄迁入 黄姓居多	黄姓祖元皇庆年间
	舒家	舒姓祖自奉化广平迁入 舒姓为主	舒姓祖元代至大年间
民洋	—	林姓祖自慈溪迁入 黄姓祖自溪沿迁入 林、黄居多	林姓祖清雍正年间
贤庠	贤庠	张姓祖分别自穿山、南庄迁入 舒姓自溪沿舒家迁入 张姓居多	张姓祖清雍正年间 舒姓祖明嘉靖年间
	大王	王姓祖自丹城迁入 王姓居多	王姓祖清乾隆年间
西山下	西山下	王姓祖自丹城迁入 李姓祖自鄞县迁入 王、李居多	王姓祖南宋绍兴年间 李姓祖明末
	朱下庵	王姓祖自西周迁入 多王姓	王姓祖民国时期
	庵前	王姓祖自本乡峧头迁入 多王姓	王姓祖清咸丰年间
下庄	—	黄姓祖自珠溪迁入 黄姓居半	黄姓祖北宋初
中溪	中庄	黄姓祖自珠溪迁入 黄姓居半	黄姓祖北宋淳化年间
	大溪头	黄姓祖自珠溪迁入 多黄姓	黄姓祖清康熙年间
乌屿山	—	屠姓祖自宁波迁入 屠姓居半	屠姓祖乾隆四十二年（1777）
山厂	山厂	徐姓祖自苍南金乡迁入 郑、徐姓居多	徐姓祖清乾隆年间
	郭家	郭姓祖自玉环迁入 多郭姓	郭姓祖清乾隆年间
	龙王堂	金姓祖自玉环迁入 金、徐姓居多	金姓祖清乾隆年间

续表3-2

行政村	所属自然村	姓氏及迁自何地	迁入年代
着衣亭	着衣亭	吴姓祖自宁海迁入 何姓祖自鄞县迁入 吴、何姓居多	吴姓祖明成化年间 何姓祖清道光年间
	易家	易姓祖自平阳迁入 易姓居多	易姓祖明代末
	张岙	张姓祖自龙屿迁入	张姓祖明成化年间
章家墩	章家墩	章姓祖自平阳迁入 章、孙姓居多	章姓祖清乾隆年间
	岙里弄	周姓祖自宁波迁入 周姓居多	周姓祖清嘉庆年间
常乐	上寺前	李姓祖自鄞县迁入 李、叶姓居多	李姓祖清康熙年间
	下寺前	吴姓祖自鄞县迁入 吴、叶、杨姓居多	吴姓祖明代中期
	平阳厂	黄姓祖自平阳迁入 池姓祖自玉环迁入 金姓祖自玉环迁入 黄、池、金姓居多	黄姓祖清雍正年间 池姓祖清雍正年间 金姓祖清乾隆廿七年（1762）
海墩	海墩	贺、蔡姓祖自镇海迁入 贺、王姓居多	蔡姓祖雍正年间 贺姓祖清乾隆二十二年（1757）
	西泽	刘姓祖自鄞县迁入 阮姓祖自黄岩迁入 阮姓居多	刘姓祖明万历年间 阮姓祖明代末
	下庄溪	汪姓祖自鄞县迁入 汪姓居多	汪姓祖明万历年间
俞公岙	俞公岙	章姓祖自平阳迁入 章姓居多	章姓祖清乾隆年间
	桃树湾	张姓祖自萧山迁入 张姓多	张姓祖清乾隆年间
碶头陈	碶头陈	陈姓祖自鄞县迁入 白姓祖与上白家同宗 陈姓居多	陈姓祖明万历年间
	山下孙	孙姓祖先迁入建村 王、章姓祖自福建迁入 王、章姓居多	王、章姓祖明末
	上白家	白姓祖自平阳迁入 白姓十有八	白姓祖清雍正年间

续表3-2

行政村	所属自然村	姓氏及迁自何地	迁入年代
盐厂	—	林姓祖自大林迁入 李姓祖自鄞县大嵩迁入 潘姓祖自潘埠迁入 李、林潘姓居多	林姓祖清康熙年间 李姓祖清乾隆年间 潘姓祖清嘉庆年间
珠山岙	—	王姓祖自慈溪迁入 裘姓祖自珠溪迁入 王、裘、应、梁姓为多	王姓祖清康熙年间 裘姓祖清同治年间
小蔚庄	—	王姓祖自镇海迁入 王姓占半	王姓祖清乾隆年间
塘花园	塘岙 含花园弄	王姓祖自洋北迁入 俞姓祖自奉化迁入 王姓居多	王姓祖明嘉靖年间 俞姓祖明末
	大岙	林姓祖自黄避岙迁入 汪姓祖自潘家桥迁入 吕姓祖自平阳迁入 方、吕姓居多	林姓祖明末 汪姓祖清乾隆初
新丰	新妇娘房	钟姓祖自鄞县迁入 钟、陆姓居多	钟姓祖清乾隆年间
	鸡头庵	陆姓祖自宁波西门迁入 多陆姓	陆姓祖清康熙末
蒲门	蒲门	骆姓祖自奉化迁入 杨姓祖自鄞县迁入 张姓祖自镇海迁入 杨、骆、陈姓居多	骆姓祖明末清初 杨姓祖清雍正年间 张姓祖清康熙年间
	黄沙坑	陈姓祖自平阳迁入 章姓祖自平阳迁入 陈、姚姓居多	陈、章姓祖清乾隆年间
	大中庄	张姓祖自蒲门迁入	20 世纪 50 年代
	大石门	王姓祖自鄞县迁入 王、黄、陈姓居多	王姓祖清乾隆年间
	郑下湾	章姓祖自平阳迁入 章姓居多	章姓祖清乾隆年间
珠溪	珠东	黄姓祖自鄞县迁入 姚姓祖自前山姚迁入 黄、徐、郑姓居多	黄姓祖五代年间 姚姓祖元至元年间
	珠南	姚、黄姓居多	—
	珠西 （含：羊中岙）	姚、黄姓居多	—
	珠北	黄、姚姓居多	—

续表3-2

行政村	所属自然村	姓氏及迁自何地	迁入年代
青莱	青莱	谢姓祖自天台迁入 樊姓祖自奉化迁入 多樊姓	谢姓祖南宋末 樊姓祖清雍正年间
	芦岙碶头	周姓祖自平阳迁入 周、石姓祖先后迁入 石、周姓居多	周姓祖清道光
木瓜	木瓜	王姓祖自丹城迁入 王、柴姓居多	王姓祖明弘治
	张陈	张姓祖自龙屿迁入 陈姓自天台迁入 陈、柴姓居多	张姓祖明崇祯年间 陈姓随张之后

八、定塘镇

行政村	所属自然村	姓氏及迁自何地	迁入年代
定山	定山	奚姓祖自下七里迁入 林姓祖自昌国迁入 奚姓过半	奚姓祖明宣德年间 林姓祖明成化年间
	东坑	林姓祖自天台迁入 林姓居多	林姓祖清道光
方前	上山	杨姓祖自福建福州迁入 潘、杨姓居多	杨姓祖五代后
	方前	陈姓祖自鄞县姜山迁入 杨姓祖自泉州迁入 陈姓十有六	陈姓祖元皇庆元年（1312）入胡家屿，元至元年间迁庙山继迁方前 杨姓祖清康熙年间
	小青埠	周姓多数 周姓十有九	周姓祖清乾隆年间
	大青埠	李姓祖自平阳迁入 李姓居半	李姓祖清康熙年间
	上营	吴姓祖自福建迁入 吴姓居多	吴姓祖明万历年间
岙底	岙底	薛姓祖自黄岩迁入 石姓祖自宁海迁入 薛、石姓居多	薛姓祖清康熙年间 石姓祖清康熙末年
	东岙	周姓祖自天台迁入	周姓祖清乾隆末
	林家	林姓祖自福建转昌国迁入 林姓居多	林姓祖明洪武年间

续表3-2

行政村	所属自然村	姓氏及迁自何地	迁入年代
田洋湖	田洋湖	胡姓祖自宁海迁入 胡姓十分有七	胡姓祖明宣德年间
	田洋湖街	练、马、林姓祖先后自昌国、潭地迁入 林、陈、徐姓较多	练、马、林姓祖清道光年间
	斜岙	罗姓祖自平阳迁入 潘姓祖自后岭迁入 罗、潘姓过半	罗姓祖清嘉庆七年（1802） 潘姓祖清嘉庆年间
	龙冲	许姓祖先自平阳迁入 胡姓居多	许姓祖清乾隆初
新岙	新岙	俞姓祖自宁海马岙迁入 俞姓为主	俞姓祖明洪武年间
	里岙（小灵岩）	俞姓祖自新岙析入 俞、鲍、王姓居多	俞姓祖清雍正
中垅	中垅	何姓祖自黄岩迁入 李姓祖自丹城迁入 何、李姓居半	何姓祖清乾隆年间 李姓祖清咸丰年间
	外塘	周姓祖自黄岩迁入 周姓居多	周姓祖清乾隆末
	下灶	何、陈、金姓居多	林姓祖清乾隆末
	山灶	林姓祖自台州迁入 郑、杨姓多数	林姓祖清康熙中期
	竿头	郑姓祖自玉环迁入 许姓祖自苍南迁入 郑姓居多	许姓祖清道光末 郑姓祖清嘉庆年间
	竿头里	周姓祖自小白岩迁入 周姓居多	周姓祖清嘉庆年间
	高涂	贺姓祖自宁波迁入 周姓祖自天台迁入 贺、周姓过半	贺姓祖清乾隆末 周姓祖清道光年间
	过岭下	王姓祖自天台迁入 郑、王姓居多	王姓祖清康熙中期
后洋塘	陈家（后洋塘南）	陈姓祖分别自晓塘中岙、鄞县姜山迁入 陈姓居多	陈姓祖清乾隆、嘉庆年间
	后洋塘北	池姓祖自玉环迁入 王、池姓为多	池姓祖清乾隆年间

续表3-2

行政村	所属自然村	姓氏及迁自何地	迁入年代
后洋塘	上岙	陈姓祖自竹山迁入 陈姓居多	陈姓祖明洪武年间
	市头	池姓祖自玉环迁入 王姓祖自宁海迁入 王、池、赵姓居多	池姓祖清乾隆年间 王姓祖清嘉庆年间
	下渡头	黄姓祖自月楼岙迁入 黄、陈姓居多	黄姓祖清乾隆年间
大湾山	陆家	陆姓祖自镇海迁入 以陆姓为主	陆姓祖清乾隆初
	小新城	潘姓祖自后岭迁入 潘、陈姓过半	潘姓祖明天启年间
	坦港	张姓祖自黄岩迁入 多张姓	张姓祖清嘉庆年间
	方家	方姓祖自宁波迁入 方姓居多	方姓祖清乾隆中期
	狮子山	葛姓祖自临海杜下桥迁入 葛姓为主	葛姓祖清乾隆末
	外塘	董姓祖平阳迁入 黄姓居多	董姓祖清乾隆年间
洋岙	杨岙	胡姓祖自平阳迁入 胡姓十有四	胡姓祖清乾隆年间
	横湾	黄姓祖自台州迁入 黄姓居多	黄姓祖清乾隆中期
	栲湾	韩姓祖自宁海迁入	韩姓祖清嘉庆年间
	枫树湾	叶姓祖自平阳迁入 叶姓十有九	叶姓祖清乾隆年间
下营	下营	陈姓祖自玉环迁入 罗、蔡、许姓祖分别自玉环、平阳迁入 陈、罗、许、蔡姓居多	蔡姓祖清雍正八年（1730） 罗、许、陈姓祖清乾隆年间
	庙山	潘姓祖自玉环迁入 潘姓居半	潘姓祖清乾隆年间
	六市碶	罗、林姓为多	罗、林姓祖清康熙年间

续表3-2

行政村	所属自然村	姓氏及迁自何地	迁入年代
下营	地垄	陈姓祖自玉环迁入 陈姓居半	陈姓祖清乾隆年间
	三礁塘	陈姓祖自苍南迁入 陈姓居多	陈姓祖清乾隆年间
	乌岩弄	陈姓祖自玉环迁入 陈姓居多	陈姓祖清雍正初年
台洞塘	—	吴姓祖自平阳迁入 毛、陈、李、顾、何姓居多	吴姓祖清嘉庆年间
盛平山	盛家	盛姓祖自玉环迁入 盛姓居多	盛姓祖清雍正初年
	小太平 （含：赖家）	杨姓祖自萧山迁入 赖姓祖自天台迁入 许姓祖自平阳南港迁入 杨、林姓居多	杨姓祖清雍正年间 赖姓祖清康熙年间 许姓祖清康熙年间
	下山	许姓祖自平阳南港迁入 杨、许姓十有八	许姓祖清乾隆初
镜架岙	—	胡姓祖自田洋湖迁入 蔡姓祖自大地园迁入 胡姓十有六	胡姓祖明成化年间 蔡姓祖清康熙年间
小湾塘	庙后	施姓祖自玉环迁入 施姓多数	施姓祖清乾隆四十五年（1780）
	小湾塘 （黄家）	黄姓祖自玉环迁入 黄姓十有七	黄姓祖清乾隆二十年（1755）
	外湾	施姓祖自玉环迁入 施姓居多	施姓祖清乾隆四十五年（1780）
	峧头	林姓祖自平阳迁入 林姓居多	林姓祖清嘉庆年间
灵雅舍	楼下舍	陈姓祖自玉环迁入建村 郑姓祖自三门高枧迁入 陈、潘、林、郑姓居多	陈姓祖清乾隆末 郑姓祖清嘉庆七年（1802）
	下角	周姓祖自天台迁入 张、余姓居多	周姓祖清道光年间
	四眼碶	薛姓祖自岙底迁入 薛姓居多	薛姓祖清嘉庆年间
	长峙	顾姓祖自山根迁入 金姓祖自玉环迁入	顾姓祖清同治年间 金姓祖清光绪年间

续表3-2

行政村	所属自然村	姓氏及迁自何地	迁入年代
沙地	里沙地	郑姓祖自平阳迁入 郑姓十有七	郑姓祖清乾隆年间
	外沙地	金姓祖自平阳迁入 金姓居多	金姓祖清乾隆年间
	小麦岭脚	侯姓祖自平阳迁入 侯、郑姓居多	—
	赖家岙	陈姓祖自天台迁入 陈姓为主	陈姓祖清乾隆年间
	新安寺	郑、陈姓居多	—
葫芦门	葫芦门	郑姓祖自台州迁入 胡姓祖自田洋湖迁入 胡、郑姓居多	郑姓祖清乾隆十年（1745）
	后塘	周姓祖先入住建村 潘姓祖自黄埠迁入 徐姓居多	周姓祖清康熙年间 潘姓祖清道光年间
渡头	渡头	陶姓祖自黄岩迁入 尹姓祖自仙居迁入 陶姓较多	陶姓祖清乾隆年间 尹姓祖清乾隆年间
	隔岸	许姓祖自台州迁入 许姓居多	许姓祖清康熙年间
	亨水塘	董姓祖自黄狗盘迁入 赵、孙姓居多	董姓祖清嘉庆年间
	黄狗盘	林姓自临海杜下桥迁入 董姓祖自玉环迁入 林姓十有八	林姓祖清乾隆初 董姓祖清乾隆四十五年（1780）
周岙	周岙	康姓祖自福建迁入 康、陈两姓十有九	康姓祖明正统年间
	外斜岙	胡姓祖自斜岙迁入 胡姓为主	胡姓祖清乾隆末
中站	—	陈姓祖自黄避岙迁入，另有陈姓自中岙、方前、下营迁入 章姓祖自章家墩迁入 蔡姓祖自黄岩迁入 陈、章姓居多	陈、章姓祖清道光年间 蔡姓祖清代

续表3-2

行政村	所属自然村	姓氏及迁自何地	迁入年代
礁横	礁横	戴姓祖自天台迁入 多戴姓	戴姓祖清道光年间
	塘角头	朱姓祖自泗洲头迁入 李姓居多	朱姓祖清道光年间
	浮礁渡	金姓祖自小花港迁入	金姓祖民国 14 年（1925）
	朱家	朱姓祖自后岭迁入 多朱姓	朱姓祖清咸丰年间
宁波站	—	吴姓自宁波、石浦北部迁入 张姓祖自三门迁入 王、吴、张姓居多	吴、张姓祖清道光年间
漕港	漕前 （含：钟家）	屠姓祖自屠家园迁入 郑姓祖自三门高枧迁入 郑姓居多	钟、郑姓祖清道光年间
	漕后	张姓祖自宁波迁入 励姓祖自东溪迁入 张姓居多	张、励姓祖道光年间
叶口山	—	陆姓祖自大湾山迁入 王姓祖自宁海迁入 俞姓祖自新岙迁入 朱姓祖自鄞县迁入 王姓居多	陆姓祖道光年间 俞姓祖清光绪年间
白墩	白墩 （又名蒲白墩）	白姓祖自平阳迁入 王姓祖自大徐坭塘迁入 白姓居多	白姓祖清道光十二年（1832） 王姓祖清道光年间
	碶门头	邱姓祖自白岩迁入 徐姓祖东溪远坑迁入	邱、徐姓祖清道光年间
花港	大花港	俞姓祖自洋北迁入 陈姓祖自黄避岙迁入 孙姓居多	俞、陈姓祖清道光年间
	小花港	沙姓祖先自宁波入迁建村 陈姓祖自宁海桑洲迁入 陈姓居多	沙姓祖道光年间
	蒋家	蒋姓祖自宁波迁入 蒋姓居多	蒋姓祖道光年间
	盛家	盛姓祖自小太平迁入 盛姓为主	盛姓祖道光年间
金牛港	—	杨姓祖自平阳迁入建村 吴姓祖自瑞安迁入 杨姓居多	杨姓祖清嘉庆十六年（1811） 吴姓祖清道光年间

续表3-2

行政村	所属自然村	姓氏及迁自何地	迁入年代
英山	上英山	忙姓祖自高湾迁入 朱姓祖自西洋迁入 徐姓祖自宁海山前迁入 朱、徐姓居多	忙、朱、徐姓祖清道光年间
	下英山	陈姓祖自温岭泽国迁入 陈姓居多	陈姓祖清道光年间

九、墙头镇

行政村	所属自然村	姓氏及迁自何地	迁入年代
墙头	墙头	陈姓祖自鄞县迁入 欧姓祖自伊家山迁入 欧、陈姓居多	陈姓祖宋咸淳年间 欧姓祖元至正年间
	朱家	朱姓祖自赠家山迁入 朱、李、陈姓居多	朱姓祖明代
	丁家	丁姓祖自山东迁入 丁姓居多	丁姓祖明嘉靖年间
	屠家	屠姓祖自茅洋石鼓岭迁入 屠姓居多	屠姓祖元代
方家岙	—	欧姓祖自伊家山迁入 方姓祖自宁海迁入 欧、方姓居多	欧姓祖元至正年间 方姓祖明永乐年间
舫前	舫前	王姓祖自临安迁入 王姓居多	王姓祖宋绍兴年间
	唐家岭	唐姓祖自鄞县迁入 唐姓居多	唐姓祖明天启年间
	孔家	孔姓先迁入建村 朱姓居多	孔姓祖清雍正年间
	徐家井	徐姓先迁入建村 郑姓祖自南允迁入 郑姓居多	郑姓祖清乾隆年间
塔岭	（含：上塔岭、下塔岭）	潘姓祖自福建迁入 潘、张、王姓居多	潘姓祖明弘治年间
桃湾	—	俞姓祖自洋北迁入 丁姓祖自山东迁入 胡姓祖自宁海迁入 钱、胡居多	俞姓祖南宋末 丁姓祖明嘉靖年间 胡姓祖明末
洋北	—	俞姓祖自宁海迁入 俞姓居多	俞姓祖南宋末年

续表3-2

行政村	所属自然村	姓氏及迁自何地	迁入年代
大溪蒋	—	蒋姓祖自奉化迁入，宗谱载自江宁迁入 蒋姓居多	蒋姓祖南宋末
白墩	—	王姓祖自舫前迁入 王姓居多	王姓祖南宋末
亭岙	大岙	林姓祖自黄避岙迁入 多林姓	林姓祖明代末
	大岙岭	陈、应祖由大岙析入 陈、应姓为多	陈、应姓祖清光绪年间
	太山	应姓祖自县城迁入 多应姓	应姓祖清末
合心	珓杯丘	石姓祖自唐家田迁入 李、汪、钱姓为多	石姓祖明初
	唐家田	李、石姓祖迁入建村 多李姓	李、石姓祖明初
	彭娘岙	钱姓祖自田洋里迁入 多钱姓	钱姓祖清
西沪 （原名下山）	马家	马姓祖自宁海迁入 马姓居多	马姓祖清同治七年（1868）
	茅草弄	叶姓祖自宁海迁入 多叶姓	叶姓祖清乾隆年间
	徐家	徐姓祖自梅溪迁入 徐姓居多	梅姓祖清同治十三年（1874）
孙家	—	孙姓祖自宁海迁入 孙姓为主	孙姓祖明初
七里亭	七里亭	郑姓祖自宁海迁入 多郑姓	郑姓祖南宋间
	麻车岭	吴姓祖自奉化迁入 多吴姓	吴姓祖南宋末
吊水岩	吊水岩	韩姓祖自外韩迁入 多韩、姚姓	韩姓祖宋宁宗四年（1198）后
	山根俞	俞姓祖先迁入建村 俞、韩居多	俞姓祖明初 郑姓祖清光绪年间
盛王张	—	盛姓祖自吴县迁入 张姓祖自兰溪迁入 盛、张居多	盛姓祖宋代 张姓祖明嘉靖年间
下沙	—	何姓祖自新昌迁入 何姓居多	何姓祖元至正年间

续表3-2

<table>
<tr><th>行政村</th><th>所属自然村</th><th>姓 氏 及 迁 自 何 地</th><th>迁 入 年 代</th></tr>
<tr><td>岭下</td><td>—</td><td>陈姓祖自宁海迁入
陈姓居多</td><td>陈姓祖明初</td></tr>
<tr><td rowspan="2">黄溪</td><td>黄溪</td><td>董姓祖入居在先
韩姓祖自慈溪迁入
多王姓</td><td>董姓祖南宋初
韩姓祖清康熙年间</td></tr>
<tr><td>黄溪渡（渡头）</td><td>董姓祖自宁波迁入
董、韩居多</td><td>董姓祖南宋初</td></tr>
<tr><td>周家路</td><td>—</td><td>蒋姓祖大溪蒋迁入
蒋、谢居多</td><td>蒋姓祖南宋末
周姓祖明末</td></tr>
<tr><td rowspan="3">蔡家岙</td><td>蔡家岙
沈家</td><td>蔡姓祖自福建迁入
郑姓祖自南充迁入
沈姓祖自慈溪迁入
蔡、沈居多</td><td>蔡姓祖北宋太平兴国年间
郑姓祖明中期
沈姓祖明末</td></tr>
<tr><td>东山
(与蔡家岙沈家属同一片村)</td><td>蔡姓居多</td><td>—</td></tr>
<tr><td>山坑</td><td>郑姓祖自南充迁入
多郑姓</td><td>郑姓祖明代中期</td></tr>
<tr><td rowspan="4">雷港</td><td>沈山岙</td><td>励姓祖自东溪迁入
励姓居多</td><td>励姓祖明初</td></tr>
<tr><td>励家洋</td><td>励姓祖自奉化尚田迁入
多励姓，</td><td>励姓祖元至正年间</td></tr>
<tr><td>山根（又名玉山）</td><td>俞姓祖入住为早
徐、洪祖相继迁入
徐、洪姓居多</td><td>俞姓祖明代初
徐、洪姓祖清光绪年间</td></tr>
<tr><td>戴港</td><td>戴姓自仓岙水库库区迁入
多戴姓</td><td>1968 年</td></tr>
<tr><td rowspan="2">毛洋岭</td><td>毛洋岭</td><td>陈姓祖自泗洲头峙后迁入
陈、王姓居多</td><td>陈姓祖清乾隆年间</td></tr>
<tr><td>天打路</td><td>戴姓祖自天台迁入
戴姓为多</td><td>戴姓祖清代康熙年间</td></tr>
<tr><td rowspan="2">溪里方</td><td>溪里方</td><td>方姓祖自宁海迁入
方、郑姓居多</td><td>方姓祖明永乐年间</td></tr>
<tr><td>郑家</td><td>郑姓祖自南充迁入
郑姓居多</td><td>郑姓祖明初</td></tr>
</table>

续表 3-2

十、泗洲头镇

行政村	所属自然村	姓氏及迁自何地	迁入年代
泗洲头	泗洲头	余、沈姓从慈溪、绍兴迁入 胡姓自宁海迁入	三姓祖均清乾隆年间
	南岙	袁姓从下峙前迁入、	袁姓祖清初
	路西跳	黄姓首先自下马岙迁入	黄姓祖明正德年间
	下山头	黄姓先从东岙迁入	黄姓祖清乾隆年间
东联	后山	周姓祖自慈溪迁入 李姓祖自台州迁入 朱姓祖自塘岸迁入	周姓祖清乾隆十五年（1750） 李姓祖清乾隆十六年 朱姓祖永乐年间
	下西庄	胡氏祖自萧胡迁入 朱姓祖自横埕析此	胡、朱姓祖清乾隆年间
	上西庄	朱姓自下西庄迁入	朱姓祖清道光年间
	东岙	黄姓自珠溪迁入 朱姓自下西庄迁 黄姓居多	黄姓祖宋大观、政和间（1107—1117） 朱姓祖清道光年间
何婆岭	何婆岭	朱姓自塘岸迁入 汤姓自天台带横迁入 多汤姓	朱姓祖明永乐年间 汤姓祖明万历年间
	西山	徐、赵姓祖先迁入 黄姓祖自杨大场迁入 多黄姓	黄姓祖清乾隆年间
杨大场	—	柳姓祖自横埕柳岙迁入	柳姓祖北宋初年
金家岙	金家岙	胡姓自宁海长街迁入 吴姓祖自徐家岙迁入 金姓祖自黄岩迁入 胡姓居半	胡姓祖明弘治年间 吴姓祖清雍正年间 金姓祖清道光年间
	小石坑	张姓自张岙迁入 张姓过半	张姓祖元代初年
张岙	—	张姓祖自宁海迁入 张姓过半	张姓祖宋绍兴年间
横埕	横埕	柳姓自奉化乾溪迁入 朱姓自西洋迁入 朱姓过半	柳姓祖唐玄宗年间（另说南北朝时从山西迁入） 朱姓祖明正统年间
	河柳溪	朱姓自横埕迁入 朱姓多数	朱姓祖明正德年间

续表 3-2

行政村	所属自然村	姓氏及迁自何地	迁入年代
萧胡	—	萧姓自福建迁入 胡姓自福建迁入 胡、萧姓多数	萧姓祖宋仁宗年间 胡姓祖南宋年间
后王	—	朱姓自横埕迁入 朱姓居多	朱姓祖明末
塘岸	—	朱姓祖自永嘉迁入 朱姓过半	朱姓祖宋理宗年间
泗联	中央岙	朱姓祖自塘岸迁入 朱姓为多	朱姓明正统年间（后正统、万历年间再度迁入）
	岭脚	朱姓祖自塘岸迁入 朱姓为多	朱姓祖明永乐年间
	田边	朱姓祖自塘岸迁入 朱姓为多	朱姓祖明成化年间
	井坑	朱姓祖自塘岸迁入 朱姓为多	朱姓祖明永乐年间
西洋	—	朱姓祖自塘岸迁入 朱姓过半	朱姓祖明永乐年间
上峙后	—	陈姓祖自中岙迁入 陈姓居多	陈姓祖明正德年间
下峙后	—	袁姓祖自宁海迁入 袁姓居半	袁姓祖唐代
峙前	—	黄姓祖自马岙迁入 多黄姓	黄姓祖明万历年间
上马岙	—	杨姓祖首入迁成村 黄姓祖自鄞县石桥迁入 黄姓居半	黄姓祖景定年间
下马岙	—	黄姓祖自珠溪中庄迁入 黄姓居多	黄姓祖北宋初年
墩岙	—	夏姓祖自宁海迁入 郑姓祖自宁海西岙迁入 胡姓祖自宁海迁入 黄姓祖自马岙迁入 多黄姓	夏姓祖明弘治年间 郑姓祖南宋末年
墩岙塘	门头	王姓祖自苏岙迁入 多王姓	王姓祖清光绪末年
	落掉猪头	陈姓祖自南田迁入 张、陈姓居多	陈姓祖清道光中期

续表3-2

行政村	所属自然村	姓氏及迁自何地	迁入年代
苏岙	塘岸脚	徐姓祖自黄岩迁入 多徐姓	陈姓祖20世纪40年代
	苏岙	张姓祖自宁海迁入 张姓过半	张姓祖明永乐年间
	梅岙塘	穆姓祖自宁海迁入 金姓祖自宁海迁入 金姓居多	穆姓祖清道光年间 金姓祖清光绪初
大理	大麦塘	盛姓祖自小太平迁入 盛姓多数	盛姓祖清嘉庆七年
	外厂	王、干姓祖自天台迁入 张、王居多	王、干姓祖清乾隆年间
	里厂	盛姓祖自小太平迁入 盛姓居半	盛姓祖清乾隆年间
	里坑	张姓祖自宁海迁入成村 蒋姓祖自宁海迁入 吴、鲍姓居多，现无张姓	张姓祖明弘治年间 蒋姓祖元末年间
	对岙王	王、叶姓祖自宁海迁入 王、叶姓居多	王、叶姓祖明弘治年间

十一、涂茨镇

行政村	所属自然村	姓氏及迁自何地	迁入年代
前山姚	—	姚姓祖自杭州迁入 姚姓为多	姚姓祖北宋靖康年间
毛湾	上毛湾	张姓祖自鄞县迁入 张、陈姓居多	张姓祖清乾隆末
	下毛湾	蒋姓祖自上毛湾迁入 蒋姓居多	—
	东坑	张姓祖自奉化迁入，多章姓	张姓祖清乾隆初
里庵	许家	许姓祖自平阳迁入 许姓为主	许姓祖清乾隆年间
	里陈	陈姓祖自平阳迁入 陈姓居多	陈姓祖清康熙年间
	康家	康姓祖自苍南迁入 康姓为主	康姓祖清乾隆年间

续表3-2

行政村	所属自然村	姓 氏 及 迁 自 何 地	迁　入　年　代
里庵	洪家	洪姓祖自平阳迁入 多洪姓	洪姓祖清乾隆年间
	大厂	郑姓祖自平阳迁入 郑姓居多	郑姓祖清乾隆年间
	外陈	陈姓祖自里陈迁入 陈姓居多	—
东港	崔家岙	崔姓祖自温州迁入 萧、郑、姚姓居多	崔姓祖明万历年间
	萧家	萧姓祖自平阳迁入 萧、郑姓居多	萧姓祖清乾隆年间
	姑墩	姚姓祖自前山姚迁入 多姚姓	姚姓祖清乾隆末
	潘家坎	潘姓祖自福建迁入 沈姓祖自慈溪迁入	潘姓祖明嘉靖年间 沈姓祖清康熙年间
庵后（含太山岙、下庄）	—	徐姓祖自珠溪山厂迁入 徐姓居多	徐姓祖清乾隆中期
永联	后七埠（含平岩头）	王姓祖自镇海迁入 另有王姓祖自鄞县迁入 王姓居多	王姓祖清道光年间
	十里亭	屠姓祖自东阳迁入 孙姓祖自镇海迁入 孙姓居多	屠姓祖清乾隆年间 孙姓祖清嘉庆年间
	包家弄	包姓祖先迁入建村 陈姓居多	包姓祖清雍正年间
	里、外筲箕塔	陈、邵姓祖自鄞县迁入 陈、邵姓居多	陈、邵姓祖清乾隆年间
玉泉	黄家坦	陈姓祖自平阳迁入 陈姓居多	陈姓祖清乾隆年间
	泉水坑（含大山、章家）	陈姓祖一支自宁海迁入，另一支自福建迁入 章姓祖自三门迁入 陈姓为多	陈姓祖（宁海）清乾隆年间，另清代末 章姓祖清代末
	沈岙	沈姓祖迁入建村 陈姓祖自平阳迁入 徐、曹、陈姓居多	沈姓祖清康熙年间 陈姓祖清乾隆年间
	玉泉寺	林姓祖自泉水坑迁入 张、林姓居多	林姓祖清嘉庆年间

续表3-2

行政村	所属自然村	姓氏及迁自何地	迁入年代
涂茨	涂东	袁姓祖自丹城迁入 王姓祖自黄岩迁入 袁、陈、王姓居多	袁姓祖宋嘉定年间 陈姓祖清乾隆年间 王姓祖清嘉庆年间
下盆岙	—	冯姓祖自丹城迁入 练姓祖自福建迁入 练、冯、胡、许姓多	冯姓祖清雍正十三年（1735） 练姓祖清乾隆年间
珠山（含：珠山脚）	—	周姓祖始围塘 陈姓祖自鄞县迁入 陈姓居多	周姓祖明嘉靖年间 陈姓祖清代
屿岙	—	吴姓祖自相思岭迁入 王姓祖自镇海迁入 姚姓祖自珠溪迁入 吴、王、叶、姚姓居多	吴姓祖明代末 王姓祖清康熙年间 姚姓祖清代
泊戈洋	泊戈洋	蔡、陈姓祖自塔岭迁入 陈姓居多	蔡姓祖明嘉靖年间 陈姓祖清乾隆年间
	塌岭下	蔡姓祖自福建迁入 陈姓祖自鄞县迁入 陈姓为多	蔡姓祖明正德年间 陈姓祖清乾隆元年（1736）
	下陈	陈姓祖自鄞县迁入 虞姓祖自慈溪迁入	陈、虞姓祖清乾隆年间
	下叉山	周姓祖自县城迁入 李姓祖自鄞县迁入 金姓祖自金华迁入 李、金姓居多	周姓祖清康熙三十九年（1700），李姓祖稍晚 金姓祖清康熙年间
旭拱岙	上厂	李姓祖自入住建村 童姓祖自黄岩迁入 李姓居多	李姓祖清乾隆初 童姓祖清光绪年间
	下厂	谢姓祖自天台迁入 谢姓居多	谢姓祖清道光年间
	将军山	单姓祖先迁入建村 杨姓祖自爵溪迁入 杨姓居多	杨姓祖清乾隆末
	碾子头	王姓祖自丹城迁入 王姓居多	王姓祖清道光年间
	莫家	莫姓祖自平阳迁入 莫姓居多	莫姓祖清道光年间
旭拱岙	白站	莫姓自平阳迁入 莫、石姓居多	莫姓祖清道光初

续表3-2

行政村	所属自然村	姓氏及迁自何地	迁入年代
大岭后（含西家湾）	—	夏姓祖自定海迁入 夏姓为多	夏姓祖清乾隆年间
长沙	—	李姓祖自钱仓迁入 李姓居多	李姓祖清乾隆年间
大坦	大坦	洪姓祖自平阳迁入 陈、张、洪、林姓居多	洪姓祖清嘉庆年间
	傅家	傅姓祖自黄岩迁入 傅姓居多	傅姓祖清乾隆年间
中堡	—	周姓祖自平阳迁入 叶姓祖自钱仓迁入 奚姓祖自天台灵溪迁入 叶、奚、杨、张、洪、沈姓居多	周、解姓祖于明代 叶姓祖清康熙年间 奚姓祖清末
钱仓	—	郑、林、叶姓祖自平阳迁入 郑、林、冯、练、孙姓居多	郑、林、叶姓祖明洪武年间
新塘	—	茅姓祖自慈溪迁入 严姓祖自鄞县迁入 茅、严姓为多	茅、严姓祖清代末
黄沙	黄沙	林姓祖自丹城迁入 张姓祖自鄞县迁入 叶姓祖自中堡迁入 张、章姓居多	林姓祖明天启年间 张姓祖清康熙年间 叶姓祖清代中期
	上张家	王姓祖自鄞县迁入 张姓祖自黄沙析入 王、张姓居多	王姓祖清雍正中期
	下章家	章姓祖自郑下湾、蒲门迁入 章姓居多	章姓祖清乾隆四十九年（1784）
汤岙	汤岙	戴姓祖自慈溪迁入 周姓祖自宁波西门外迁入 郎姓祖自慈溪迁入 赵姓祖自鄞北湾头迁入 周、郎姓居多	戴姓祖南宋末 周姓祖明末清初 周、郎、赵姓祖清乾隆年间
	赵家	赵姓祖自汤岙迁入 赵姓为多	赵姓祖清乾隆末

十二、大徐镇

行政村	所属自然村	姓氏及迁自何地	迁入年代
大徐	大徐	徐姓祖一支自奉化首迁入建村；另一支自鄞西迁入 黄姓祖自宁海迁入 顾姓祖自涂茨迁入 徐、周姓较多，徐姓三分有一	徐姓祖一支唐景龙二年（706）・天宝年间（元末明初后人迁杉木洋，现无该支徐姓），另一支南宋年间 黄姓祖清雍正四年（1726） 顾姓祖清咸丰年间

续表3-2

行政村	所属自然村	姓氏及迁自何地	迁入年代
大徐	雅雀岭	陈姓祖自平阳迁入 多陈姓	陈姓祖清雍正年间
甲田弄	甲田弄	李姓祖自余姚迁入 王姓祖自宁海迁入 王、李姓居多	李姓祖清康熙年间 王姓祖清顺治年间
	隔坑	陈姓祖自甲田弄迁入	陈姓祖清乾隆末
	岙洋	陈姓祖自涂茨迁入 多王姓	陈姓祖清光绪年间
	缸窑蒋	蒋姓祖自慈溪迁入 王、李姓居多	蒋姓祖清乾隆年间
杉木洋	—	徐姓祖自大徐迁入 徐姓为主	徐姓祖元末明初
塔幢	吴家山	吴姓祖自定海迁入 吴姓居多	吴姓祖清嘉庆年间
	青岭下	谢姓祖自天台迁入 柴姓祖自慈溪迁入 谢、柴、郑姓居多	谢姓祖元代初 柴姓祖清嘉庆年间
	塔幢	陆、黄姓祖自天台迁入 陆、黄姓居多	陆、黄姓祖宋代初
	水流桥	陈姓祖自平阳迁入 多陈姓	陈姓祖清乾隆二十七年（1762）
下院	岙里	周姓祖自丹城迁入 周、冯姓居多	周姓祖明崇祯年间
	西岙	范、冯姓祖自福建迁入 范、冯姓居多	范、冯姓祖清乾隆年间
	东岙	徐姓祖自贤庠张家岙迁入 胡姓祖自宁海迁入 徐、胡姓居多	徐、胡姓祖清乾隆初
	外厂	卓姓祖自奉化迁入	卓姓祖清康熙初
黄盆岙	—	黄姓祖自珠溪迁入 白姓祖自平阳迁入 陈姓祖自平阳迁入 黄、白、陈、高姓居多	黄姓祖宋代 白姓祖清康熙末年 陈姓祖清乾隆年间
林善岙	林善岙	蒋姓祖自西林迁入 蒋、黄姓居多	蒋姓祖清乾隆年间
	牛岙	谢姓祖自余姚迁入 谢、杨、叶姓居多	谢姓祖清道光年间
	江岙	沈姓祖自沈家洋迁入 周姓祖自大徐迁入 沈、周姓居多	沈姓祖清乾隆年间

续表3-2

行政村	所属自然村	姓氏及迁自何地	迁入年代
大磊头	大磊头	陈姓祖从鄞县迁入 朱姓祖自鄞县迁入 陈、朱、葛姓居多	陈姓祖明代末 朱姓祖清顺治年间
	桥头	陈姓祖迁自大磊头 陈、周姓居多	陈姓祖明代末
	黄家山	陈姓祖迁自大磊头 周姓祖迁自珠山脚 陈、周姓居多	—
汤家店	蒋家园	史姓祖自丹城迁入 多史姓	史姓祖清乾隆末
	黄家	黄姓祖自黄岩迁入 黄姓居多	黄姓祖清乾隆末
	邬家潭	邬姓迁入在先 林姓祖自平阳迁入 林、郑姓居多	邬姓祖清乾隆年间 林姓祖清道光年间
	大麦岙	冯、郑姓居多	郑姓祖清乾隆末
章家弄	章家弄	薛姓祖自鄞县迁入 章姓祖自贤庠马岙迁入 张、鲍、孙姓居多	薛姓祖清康熙年间 章姓祖清乾隆年间
	船倒山	张姓祖自慈溪迁入 张姓为多	张姓祖清乾隆年间
雅林溪	—	董姓祖自鄞县建岙迁入 陈姓祖自鄞县迁入 童、章、董、陈姓居多	董姓祖清康熙年间 陈姓祖清乾隆年间
后林	—	王姓祖自县城迁入 王姓居多	王姓祖清乾隆年间
上岙	上岙	杨、周姓祖自鄞县迁入 杨、周、俞姓居多	杨姓祖南宋年间
	丁家	丁姓祖自山东迁入 多柴姓	丁姓祖明嘉靖间
下岙	下岙	钟姓祖自福建迁入 周姓居多	钟姓祖清康熙年间
	蒋家	蒋姓祖自天台迁入 多蒋姓	蒋姓祖明天启年间
	蓝家	蓝姓祖自福建迁入 多蓝姓	蓝姓祖清乾隆年间

续表3-2

行政村	所属自然村	姓氏及迁自何地	迁入年代
新罗岙	新下岙	罗姓祖自福建迁入 罗姓居半	罗姓祖清顺治年间
	新上岙	倪姓祖自梅溪迁入 刘姓祖自本县刘家岙迁入 多倪姓	倪姓祖清顺治年间 刘姓祖明末清初
夏雨岙	夏雨岙	俞姓祖自宁海迁入 刘姓自刘家岙迁入 罗姓居多	俞姓祖唐武后年间（现俞姓为民国间丹城迁入） 刘姓祖南宋末
	毛洋	蔡姓祖自平阳迁入 蔡姓为多	蔡姓祖明弘治年间
	外考坑	练姓祖自福建迁入 练姓居多	练姓祖清乾隆年间
里考坑	里考坑	沈姓祖自台州迁入 沈姓十有近八	沈姓祖明初
	大爿地	沈姓祖自里考坑析入 沈姓十有九	—
	新凉亭	沈姓自里考坑析入 多沈姓	1969 年
虎啸铺	虎啸铺	王姓祖自奉化迁入 王、张、钱姓居多	王姓祖清乾隆年间
	松篁	俞姓祖自虎啸铺迁入 多李姓	俞姓祖清乾隆年间
相思岭	相思岭	吴姓祖自宁海迁入 吴、沈、黄姓居多	吴姓祖清康熙中期
	泥塘	史姓祖自县城迁入 史、吴居多	史姓祖明嘉靖年间
	施家坑	张姓祖自福建迁入 多张姓	张姓祖清雍正年间
	范家山	范姓祖自绍兴迁入 范、郑姓居多	范姓祖明天启年间
陈山	—	钱姓祖自台州迁入 钱姓居多	钱姓祖南宋绍兴二十年（1150）
安东	上纸厂	吴姓祖自安徽迁入 罗姓祖自福建迁入 罗、吴姓居多	吴姓祖元至元年间 罗姓祖清康熙年间
海口	—	谢姓祖自钱仓迁入 徐、谢姓居多	谢姓祖清顺治初

续表3-2

行政村	所属自然村	姓氏及迁自何地	迁入年代
铁拾	铁丈岙	周姓祖自县城谷囤山迁入 潘姓祖自晓塘抱儿石迁入 潘、李姓居多	潘姓祖清康熙年间
	铁西岙	邱姓自铁丈岙迁入	邱姓祖清光绪年间
	拾亩地	蔡姓祖自平阳迁入 蔡姓居多	蔡姓祖清乾隆年间
	猢狲坑	李姓祖自平阳迁入 李、王姓居多	李姓祖清雍正年间
	沙地	蔡姓祖自温州迁入 蔡姓居多	蔡姓祖清乾隆年间
三角地	三角地	俞姓祖自洋北迁入 余姓祖自鄞县迁入 余、许姓居多	俞姓祖元至正年间 余姓祖清乾隆年间
	梅洋	蒋姓祖自东阳迁入 张、蒋、俞姓居多	蒋姓祖清乾隆年间
	洪水山	蒋姓祖自东阳迁入 蒋、杨、任姓居多	蒋姓祖清乾隆年间

十三、新桥镇

行政村	所属自然村	姓氏及迁自何地	迁入年代
新桥 （含小岭）	—	林姓祖自宁波迁入 林、王姓居多	林姓祖清乾隆年间
高湾	高湾	忙姓祖自昌国迁入 陈姓祖自丁家塘迁入 陈、忙姓居多	忙姓祖元末 陈姓祖明中期
	北山	邵姓祖自昌国迁入 邵、张姓居多	邵姓祖清顺治年间
	上周山	陈姓祖自宁海迁入 陈姓居多	陈姓祖清乾隆末
	胡平井	李姓祖自福建迁入 李姓居多	李姓祖清乾隆年间
	丁家	陈姓祖自石浦迁入 陈姓为多	陈姓祖清康熙年间
高塘	黄家	黄姓祖自黄岩迁入 黄姓居多	黄姓祖清康熙年间
	下高塘	郭姓祖自东阳迁入 郭姓居多	郭姓祖清乾隆年间

续表3-2

行政村	所属自然村	姓氏及迁自何地	迁入年代
高塘	舒家	舒姓祖自溪沿迁入 舒姓居半	舒姓祖明万历年间
	大地头	顾姓祖自山根迁入 顾姓居多	顾姓祖清同治年间
	王甲山脚	李姓祖自天台迁入 李姓居多	李姓祖清嘉庆年间
	汗苗岭	黄姓祖自昌国迁入 黄姓十有九	黄姓祖清康熙年间
石柱里	里岙	励姓祖自鄞县迁入 史、励姓居多	励姓祖清雍正年间
	南山	史姓祖自关头迁入 多史、奚、陈姓	史姓祖清道光年间
东溪	东溪（含隔溪坑）	励姓祖自奉化尚田迁入 励姓十有九	励姓祖元代末年
	海山	励姓祖自东溪迁入 励姓为主	励姓祖清乾隆年间
庙前杨	庙前杨	杨姓祖自鄞东迁入 杨姓多半	杨姓祖元至正年间
	横山	陈姓祖自天台迁入 陈姓十分有六	陈姓祖清乾隆年间
	郎家岙	郎姓祖迁入为先 励姓祖自东溪迁入 励姓居多	郎姓祖明万历年间 励姓祖清康熙年间
东史	—	张姓祖迁入为先 邵姓祖自余姚迁入 史姓祖自关头迁入 史、邵姓居多	邵姓祖明洪武年间
石柱外	—	史姓祖自关头迁入 史、杨姓居多	史姓祖明代末
七林湾	七林湾	林姓祖自鸡鸣迁入 林姓居多	林姓祖明天启年间
	西垄	邵姓祖自宁海迁入 邵姓居多	邵姓祖明崇祯年间
	隔岭	张姓祖自天台亭头迁入 张姓居多	张姓祖清康熙中期
	张家	张姓祖自隔岭迁入 张姓居多	张姓祖清乾隆年间

续表3-2

行政村	所属自然村	姓氏及迁自何地	迁入年代
兴海	龙洞	金姓祖自台州迁入 金姓十有七	金姓祖清乾隆二十七年（1762）
	王岙	励姓祖自东溪迁入 周姓祖自宁海迁入 励、周居多	励姓祖清乾隆末 周姓祖清嘉庆年间
	里江东	龚姓祖自余姚迁入 多龚姓	龚姓祖清乾隆年间
	外江东	金姓祖自小湾塘迁入 金姓十有七	金姓祖清嘉庆年间
韩升	外韩	韩姓祖自河南迁入 韩姓十有七	韩姓祖宋开禧三年（1207）
	小白蛇	韩姓祖自海头韩迁入 多韩姓	韩姓祖南宋末
井头	—	顾姓祖自南田迁入 顾姓十有八	顾姓祖明洪武廿年（1387）
山根	—	顾姓祖自江苏丹阳迁入 顾姓十有八	顾姓祖宋嘉祐年间
海台	—	韩姓祖自临海柏树下迁入 韩姓居多	韩姓祖宋开禧年间
板岭	—	郑姓祖自三门高枧迁入 陈姓祖自晓塘迁入 郑姓十有七	郑姓祖明万历初 陈姓祖清康熙年间
下七里	下七里	奚姓祖自天台灵溪迁入 张姓祖自苏岙迁入 张、奚姓居多	奚姓祖明永乐年间 张姓祖明嘉靖年间
	花前	王姓祖自天台迁入 王、叶姓居多	王姓祖清同治年间
双岙	中央湾	张姓祖自下七里迁入 张姓居多	张姓祖清嘉庆年间
	西湾	何姓祖自天台迁入 何姓十有八	何姓祖清嘉庆年间
山头王	山头王	王姓祖自宁海迁入 王姓十有九	王姓祖明景泰年间
	岭脚	鲍姓祖自樟岙迁入 鲍姓为主	鲍姓祖清乾隆末

续表3-2

行政村	所属自然村	姓氏及迁自何地	迁入年代
五兴	里岙	赵姓祖自庄穆境迁入 赵姓十有九	赵姓祖明成化年间
	外岙	郑姓祖自宁海迁入 钱、孙、郑姓居多	郑姓祖明正统年间
	木头岙	林姓祖自山根迁入 郑姓居多	林姓祖清道光年间
洋坑	—	吴姓祖自宁海迁入 吴姓十有七	吴姓祖元代末
海丰	乌江	王姓祖自山头王迁入 励姓祖自东溪迁入 石姓祖自东岙迁入 王、励、石姓居多	王、励、石姓祖清乾隆间
	弹涂岙	王姓祖自天台和黄吉岙迁入 潘姓祖自晓塘鹤洋迁入 陶姓祖自黄岩迁入 王、陶、叶姓居多	王、潘、陶姓祖清道光年间
	蛤沙	吴姓祖自宁海迁入 吴姓为主	吴姓祖清雍正年间
	松树山	石姓祖自岩下迁入 石姓居多	石姓祖清光绪年间
黄公岙	—	史姓祖自关头迁入 邵姓祖自昌国迁入 史、邵姓居多	史姓祖元末 邵姓祖明洪武年间
上盘	—	俞姓祖自新岙迁入 曹姓祖自天台迁入 俞、曹姓居多	俞、曹姓祖清乾隆年间
上七里	—	奚姓祖自下七里迁入 奚姓居多	奚姓祖明景泰年间
关头	关头	史姓祖自鄞县迁入 史姓十分近九	史姓祖宋淳熙年间
	冯家	冯姓祖自鄞县迁入 冯姓居多	冯姓祖宋淳熙年间（另说：清同治年间自宁海旗山迁入）
灵岙	上灵岙	俞姓祖自新岙迁入 俞姓居多	俞姓祖清乾隆年间
	中灵岙	潘姓祖自后岭迁入 俞姓祖自新岙迁入 俞、潘姓居多	潘姓祖清乾隆年间 俞姓祖清嘉庆年间
	下灵岙	郑姓祖自福建迁入 郑姓居多	郑姓祖清乾隆年间

续表3-2

行政村	所属自然村	姓氏及迁自何地	迁入年代
崇墺	中央塘	王姓祖自天台迁入 冯姓祖自宁海迁入 王、冯姓居多	王、冯姓祖清光绪年间
	里塘	苏姓先自天台迁入，现无 裴、王姓自天台迁入 裴、王姓居多	裴、王姓祖清光绪年间
	外塘	郑姓祖自木头岙迁入	郑姓祖清光绪年间
黄吉岙	—	林姓祖自鸡鸣迁入 林姓居多	林姓祖明天启年间

十四、东陈乡

行政村	所属自然村	姓氏及迁自何地	迁入年代
沙岗	沙岗	贝姓祖先自迁入，现无 陈、蒋、王、俞姓居多	贝姓祖明代 陈姓祖清康熙年间
	王家	王姓祖自宁海迁入 王姓居多	王姓祖明代初
	江坑	王姓祖自王家、沙岗析入 多王姓	—
	沙坪（又名悬基坪）	徐姓祖自天台迁入	徐姓祖清乾隆年间
	海墩	娄姓祖先自迁入，现无 姜姓祖自丹城迁入 姜姓居多	姜姓祖清嘉庆年间
	大金山（立新）	郑姓祖自溪下郑迁入 郑姓居多	郑姓祖元末（1975年建溪口水库整体搬迁）
北山下	—	陈姓自中岙迁入 仇姓祖自山东转仇家山析入 仇、陈、史居多	陈姓祖明嘉靖年间 仇姓祖明代
升岙	东升	全村自东溪迁入	1963年
	外岙	蒋姓祖自虎啸铺迁入 多虞、蒋姓	蒋姓祖清嘉庆年间
岳头	岳头	吴姓祖自乐清迁入，习称咸水吴 吴姓祖自绍兴迁入，习称淡水吴 朱、杨、董姓祖自台州迁入 吴姓居半	吴姓（咸水吴）祖北宋靖康元年（1126），另吴姓（淡水吴）祖南宋咸淳元年（1266） 朱、杨、董姓祖南宋孝宗、光宗时
	上庼	张姓为多	—
马岗	—	蒋姓祖先自迁入 蒋姓居多	蒋姓祖宋淳熙九年（1182）

续表3-2

行政村	所属自然村	姓氏及迁自何地	迁入年代
洋里	—	李姓祖先自迁入 胡姓祖自西庄迁入 胡姓居多	李姓祖迁入在先 胡姓祖清乾隆中期
西庄	—	胡姓祖自昌国迁入 胡姓居多	胡姓祖清初海禁时
东陈	—	陈姓祖自福建迁入 陈姓居半	陈姓祖南宋末
大塔	—	陈姓祖自东陈迁入 龚姓自昌国迁入 陈、龚姓居多	龚姓祖清初海禁时
武家山	—	武姓祖自昌国迁入 武姓居多	武姓祖清初海禁时
南堡	南堡	黄姓祖自珠溪中庄迁入 谢姓祖自昌国迁入 严、谢、陈、许、王姓居多	黄姓祖宋仁宗时 谢姓祖清康熙年间
南堡	寨后	黄姓祖先自南堡迁入 多鲍姓	—
南堡	西山	许姓祖自天台迁入 许姓居多	许姓祖清康熙年间
南堡	叶家山	鲍姓祖自樟岙迁入 鲍姓居多	鲍姓祖清咸丰年间
樟岙	樟岙	鲍姓祖自天台迁入 鲍姓居多	鲍姓祖宋末元初
樟岙	普陀何	何姓祖自普陀迁入 何姓居多	何姓祖明代末
樟岙	南堡黄	黄姓祖自贤庠中庄迁入 黄姓居多	黄姓祖宋大中祥符年间
金井头	—	陈姓祖自姜山迁入 另支陈姓迁自峙后 陈姓居多	陈姓祖清康熙年间
南盘	—	俞姓祖自县城迁入 俞姓居多	俞姓祖元至正年间
王家榄	—	何姓祖先自迁入 王姓祖自亭旁迁入 高姓居多	王姓祖明嘉靖年间

续表3-2

行政村	所属自然村	姓氏及迁自何地	迁入年代
松岙	卢家岙	张姓祖自宁波庄桥迁入 多张姓	张姓祖清康熙年间
	柏树脚	莫姓祖迁自宁海、海门 莫姓居多	莫姓祖清康熙年间
	城堡岙	张姓祖自竿头迁入 张、翁姓居多	张姓祖清康熙年间
	海头	沈姓祖自温州迁入 莫姓祖自天台迁入 沈、张姓居多	沈、莫姓祖明末
	下岙	周姓祖自天台迁入 周姓居多	周姓祖清乾隆年间
	山下	徐姓祖自宁海迁入 徐、韩、朱姓居多	徐姓祖明末
	里岙	王姓祖自宁波王鼓峰迁入 王姓十有八	王姓祖清康熙年间
	里山	葛姓祖自天台迁入 葛姓居多	葛姓祖清雍正年间
红岩	王家	王姓祖自三门迁入 黄姓居半	王姓祖清嘉庆年间
	岭脚	项姓祖自黄岩迁入 项姓十有九	项姓祖清初
	乌岩	胡姓祖自奉化溪口迁入 胡姓十有九	项姓祖清康熙中期
	小湾	李姓祖自天台迁入 多李姓	李姓祖清康熙末
	平石	贝姓祖自沙岗迁入 陈姓祖自东陈迁入 陈姓居多	贝姓祖明末 陈姓祖清初
	梅岭	林姓祖自鸡鸣迁入 多林姓	林姓祖清乾隆年间
	东湾	丁姓祖自台州大田迁入 吴姓祖自宁海迁入 徐、施姓祖自台州迁入 吴、丁姓居多	丁姓祖清乾隆年间 徐、吴、施姓祖清道光年间
东旦	—	吴姓祖自临海迁入 谢姓祖自旋潭迁入 谢、吴姓居多	吴姓祖清康熙年间 谢姓祖清乾隆年间

续表3-2

行政村	所属自然村	姓氏及迁自何地	迁入年代
旦门	张坑	张姓先自三门迁入 王姓祖自三门迁入 吴、王、邵姓居多	张姓祖清顺治年间 王姓祖清光绪年间
	外岙	李姓祖自南京迁入 李姓居多	李姓祖明永乐年间
	九亩地	李姓祖自本乡小湾迁入 多李姓	李姓祖清初
	双桥	郑姓祖自三门高枧迁入 郑姓居多	郑姓祖明永乐年间
	大荒地	黄姓祖自福建迁入 黄姓居多	黄姓祖清初
	捣臼岩	吴姓祖自岳头迁入 吴姓居多	吴姓祖清初
	鸡窠岭脚	陈姓祖自余姚迁入 陈姓多	陈姓祖清乾隆末
	旦义（含里岙）	杨姓祖自天台迁入 陈姓祖自晓塘迁入 李姓居多	杨姓祖清雍正年间 陈姓祖清乾隆初
	大湾	汤姓祖自天台迁入 多吴姓	汤姓祖清初
	泗洲堂	徐姓祖自台州迁入 徐姓居多	徐姓祖明万历年间
	峧头	裴姓祖先自迁入，今无 徐姓祖自鄞江迁入 郑姓居半	裴姓祖清康熙年间 徐姓祖清乾隆年间
上周	上周	周姓祖自胡家碶迁入 多周姓	周姓祖清初
	旋潭	谢姓祖自天台迁入 多谢姓	谢姓祖明弘治年间

十五、晓塘乡

行政村	所属自然村	姓氏及迁自何地	迁入年代
晓塘	小明堂	顾姓祖自宁波灵峰山迁入	顾姓祖清乾隆年间
	前洋金家 唐家 崔家 杨家 胡家	任姓祖自三门迁入 金、唐、崔、卓姓祖自临海迁入 杨姓祖自三门迁入 胡姓祖自宁海迁入 胡、顾、任、杨、崔、龚、金姓居多	任、金、唐、崔、卓、杨姓祖清乾隆年间 胡姓祖清嘉庆年间

续表3-2

行政村	所属自然村	姓氏及迁自何地	迁入年代
岭头	黄埠岭头	洪、李姓祖自福建迁入 洪、李姓居多 现村民移民石浦花坟坦建房聚居	洪、李姓祖清乾隆年间
	百步篁	洪姓自黄埠岭头迁入 魏姓祖自石浦后岗山迁入 洪姓居多 现村民移山下石浦花坟坦建房聚居	洪、魏姓祖清光绪中期
东浦	青埠岭脚 （含：黄泥头）	潘姓祖自后岭迁入 青埠潘姓十有八 潘姓祖自后岭迁入 黄泥头潘姓居多	潘姓祖明成化年间 潘姓祖明弘治年间
	黄埠岭脚 （黄岙）	潘姓祖自后岭迁入 潘、邱姓居多	潘姓祖清雍正年间
	山岙	王姓祖自福建迁入 王姓居多	王姓祖清乾隆年间
	邓家（含南山）	邓姓祖自湖南迁入 王姓祖自福建迁入 邓家邓姓十有六、南山王姓居多	邓姓祖明末 王姓祖清顺治年间
支坑	支坑	黄姓祖自励家坪迁入 王、黄姓居多	黄姓祖清康熙年间
	外湾	潘姓祖自后岭迁入 潘姓居多	潘姓祖明成化年间
	庙后山	王姓祖自山头王迁入 王姓十有六	王姓祖清康熙年间
黄埠	南岙	葛姓祖自县城迁入	葛姓祖南宋末年
	黄埠	潘姓祖自后岭迁入 潘姓十有八	潘姓祖明永乐年间
	铁路坑	潘姓祖自后岭迁入 潘姓居半	潘姓祖明永乐年间
	花湾	叶姓祖自三门迁入 叶姓十有六	叶姓祖清雍正年间
	清水潭	潘姓祖自后岭迁入 潘姓居半	潘姓祖明永乐年间
后岭	—	潘姓祖自福建迁入 林姓祖自天台迁入 潘姓十有九	潘姓祖元至治年间 林姓祖清光绪年间
鹤洋	—	潘姓祖自后岭迁入 黄姓祖自崛坡迁入 潘、黄姓居多	潘姓祖明永乐年间 黄姓祖清乾隆年间

续表3-2

行政村	所属自然村	姓氏及迁自何地	迁入年代
美礁碶	三眼碶	黄姓祖先自励家坪迁入 江姓祖自东阳迁入 潘、江姓居多	黄、江姓祖清嘉庆年间
	抱儿石（美石）	潘姓祖自后岭迁入 潘姓居多	潘姓祖明永乐年间
	礁头（含礁头塘）	潘姓祖自后岭迁入 潘姓十有七	潘姓祖明永乐年间
月楼	月楼岙	黄姓祖先自会稽东迁入 庄姓祖自石浦迁入 方姓祖自天台迁入 黄姓十有九	黄姓祖秦末汉初 庄姓祖清康熙年间 方姓祖清乾隆年间
	湾边	郑姓祖自三门珠岙迁入 郑、黄姓居多	郑姓祖清康熙年间
做布厂	—	周、叶姓祖分别自宁海迁入 周、叶姓居多	周、叶姓祖清乾隆年间
胡家屿	九龙江（含徐家、九龙江）	徐（徐家）姓祖自黄岩迁入，徐（九龙江）姓自中央塊析入 徐姓居多	徐（徐家）姓祖清乾隆年间 徐（九龙江）姓祖清道光年间
	光明（含冯林）	林姓祖自临海迁入 冯姓祖自宁海迁入 冯、林姓居多	林姓祖清乾隆初 冯姓祖清乾隆末
	任家（含行官上、大明堂、谢家、外周家）	周姓自宁海迁入外周家 任姓祖自三门迁入行官上 任姓十有六 谢姓祖自旦门旋潭迁入大明堂 谢姓为主 戴姓祖自天台迁入三份厂 谢姓居多	周姓祖清乾隆 任姓祖清嘉庆年间 谢姓祖清乾隆年间 戴姓祖清道光年间
中岙	—	陈姓祖自福建迁入 陈姓十有八	陈姓祖元至正五年（1345）
励家坪	励家坪（含里岙、外岙）	黄姓祖自崛坡迁入 黄姓十有八	黄姓祖两宋交接时期
	励家坪渡头	黄姓祖一自励家坪析入；二自永嘉迁入；三自黄岩迁入 黄姓居多	黄姓（励家坪析入）祖明万历年间，清乾隆年间（永嘉迁入）

续表3-2

行政村	所属自然村	姓氏及迁自何地	迁入年代
中央攙	—	邬、邱、史、董姓祖自镇海迁入 陈姓祖自方前回迁 周姓祖自宁海迁入 张姓祖自姜山、新厂迁入 吴姓祖有二，一自双连寺迁入，二自宁海迁入 邬、陈、周、张姓居多	邬、邱、陈、周姓祖清乾隆年间 张姓祖清乾隆、光绪年间 吴姓祖民国年间
利民（里塘）	—	邱姓祖自福建迁入 贺姓祖自礁头迁入 干姓祖自镇海灵峰山迁入 卢姓祖自宁海迁入 蒋姓祖自南向迁入 张姓祖自新厂、中央攙迁入 陈姓祖自外塘迁入	邱、贺、干姓祖清乾隆年间 卢姓祖清嘉庆年间 蒋、张姓祖清光绪年间 陈姓祖民国初
新厂	新厂（含外塘）	杜姓祖自台州迁入建村 张姓祖自天台迁入 干、方、傅姓祖自镇海灵峰山迁入 刘姓祖自平阳迁入 李姓祖自临海前所迁入 陈姓祖自天台大田迁入 干、张、李、刘姓居多	杜、张、方、傅、刘、李姓祖清乾隆年间 陈姓祖清嘉庆年
	下林（含半边墩）	周、林两姓祖自宁海迁入 张姓祖自番头岙迁入 林、张两姓为多	周姓祖清乾隆年间 林、张姓祖清嘉庆年间
	大树墩	项姓祖先自三门迁入 黄姓祖自励家坪迁入 朱姓祖分迁自下林、井坑两地 朱、黄姓居多，项姓现无	项姓祖清道光年间 朱姓祖清光绪后期
青山头	炮台下（含：大木杓）	黄姓祖自励家坪、黄岩迁入炮台下 黄姓居半 黄姓祖月楼岙迁入大木杓 黄姓居半	黄（炮台下）姓祖清乾隆年间 黄（大木杓）姓祖清嘉庆年间
	竹屿（含：羊角湾）	陈姓祖自三门迁入 陈姓居半 黄姓祖自励家坪迁入羊角湾	陈姓祖清雍正年间 黄姓祖清道光年间
	下存	戴姓祖自天台迁入 戴姓十有七	戴姓祖清雍正年间
双连峙	—	戴姓祖先自天台迁入 张姓祖自新厂半边墩迁入 吴姓祖自大塘宁波站迁入 陈、李、吴、王姓居多	张、吴姓祖清光绪年间

续表3-2

行政村	所属自然村	姓氏及迁自何地	迁入年代
西边塘	西边塘	江、罗姓祖自玉环迁入 张姓祖自中央墈迁入 陈、王姓祖自黄岩迁入 叶姓祖自树桥头迁入 郭姓祖自临海迁入 张、陈、郭姓居多	江、罗姓祖清同治末 张、陈姓祖清光绪年间 叶姓祖民国初
	鹁鸪头	戴姓祖自天台迁入 谢姓祖自晓塘谢家迁入 周姓祖自坦塘、大树墩迁入 谢、戴、周姓居多	谢、戴、周祖清光绪年间

十六、黄避岙乡

行政村	所属自然村	姓氏及迁自何地	迁入年代
龙屿	龙屿	张姓祖自河南洛阳迁入 陈姓祖自平阳迁入 多张姓	张姓祖五代梁开平年间 陈姓祖清康熙年间
	上龙屿	王姓祖自黄岩迁入 沈姓祖自玉环迁入 王姓居多	王、沈姓祖清乾隆年间
	谢家岙	谢姓迁入在先 陈姓祖自龙屿迁入 陈姓居多	陈姓祖清乾隆年间
黄避岙	黄避岙	郑姓祖自湖北转道宁海迁入 郑、陈、林姓居多	郑姓祖宋代
	高湖	穆姓祖自宁波西门迁入 王、施姓居多	穆姓祖清道光年间
	高墩洋	郭姓祖自福建迁入 郭姓居多	郭姓祖清顺治年间
	孟岙	孟姓迁入在先 翁姓祖自宁波迁入 毛、汤姓居多，孟姓现无	翁姓祖清道光年间
大林	大林 （含稻泥岙、西洋庵）	林姓祖自福建迁入 林姓十有九 稻泥岙多张姓，西洋庵多邵姓	林姓祖宋庆历年间
	许家	许姓祖自台州迁入 许、张姓居多	许姓祖清乾隆年间
山夹岙	山夹岙	张姓祖自余姚迁入 张姓居半	张姓祖清乾隆初
	程渡湾	陈姓祖自宁波迁入	陈姓祖清乾隆年间
	双井头	施姓祖自鄞县迁入 钱姓为多	施姓祖清乾隆年间

续表3-2

行政村	所属自然村	姓氏及迁自何地	迁入年代
鸭屿	鸭屿	李姓祖自宁波迁入 张姓祖迁本县西乡转辗落住 李、张、杨姓居多	李姓祖清顺治年间 张姓祖明成化年间
	黄泥坎	杨姓祖自鄞县姜山迁入 杨姓居多	杨姓祖清康熙年间
塔头旺	塔头旺	黄姓祖自珠溪迁入 黄姓居多	黄姓祖明嘉靖年间
	沙岭	吴姓祖自下庄溪迁入 吴姓居多	吴姓祖清道光年间
	童家园	周姓祖自丹城迁入 周姓居多	—
白屿	白屿	邱姓祖自福建迁入 邱、姚姓居多	邱姓祖五代后周
	黄夹（家）岙	孙姓祖自墙头迁入 多孙姓	孙姓祖清光绪年间
	马滩	邱姓祖自白屿迁入 邱姓居多	邱姓祖清代
驿角岙	驿上岙	薛姓迁入在先，现无 郭、李姓居多	郭姓祖清嘉庆年间
	驿下岙	邱姓祖自白屿迁入 邱姓居多	邱姓祖明代末
	东园	温姓祖自平阳迁入 温姓居多	温姓祖清乾隆年间
高泥	里高泥（含新塘）	陈姓祖自宁波迁入 盛姓祖自岑晁迁入新塘 陈、钱姓居多	陈、盛姓祖清乾隆年间
	外高泥	钱姓祖自丹城迁入 钱姓居多	钱姓祖明嘉靖年间
	东塔	张姓祖自丹城迁入 多张姓	张姓祖清同治十三年（1874）
鲁家岙	鲁家岙	鲁姓祖迁入在先，现无 孙姓祖自平阳迁入 陈姓居多	孙姓祖清康熙年间
	塔曼礁	施姓祖自福建迁入 施姓居多	施姓祖清乾隆三十四年（1769）
横里	—	沈姓祖自玉环迁入 沈、陈姓居多	沈姓祖清乾隆年间
横塘	横塘	陈姓祖平阳迁入 陈姓居多	陈姓祖清康熙年间
	台头岭	吴姓祖自平阳迁入 多胡姓	吴姓祖清道光年间

续表3-2

行政村	所属自然村	姓氏及迁自何地	迁入年代
兵营	兵营	董姓祖自宁波江东迁入 陈姓居多	董姓祖明洪武年间
	下牌	陈姓祖自平阳迁入 陈姓居多	陈姓祖清乾隆年间
	瓦窑头	张姓祖自下张家迁入 多张姓	张姓祖清道光年间
	张湾	林姓祖自大林迁入 林姓居多	林姓祖明代
	沙塘	胡姓祖自余姚迁入 胡、陈姓居多	胡姓祖明嘉靖年间
周家	周家	周姓祖自大徐铁丈岙迁入 多周姓	周姓祖清康熙年间
	黄家塘	胡姓祖自奉化迁入 胡姓居多	胡姓祖清乾隆年间
	下张家	张姓祖自鄞县迁入 张姓居多	张姓祖清康熙年间
	上张家	张姓祖自贤庠迁入 多张姓	张姓祖清嘉庆年间
	吴家	吴姓祖自奉化迁入 吴、陈姓居多	吴姓祖清咸丰年间
	西寺庄	易、萧姓迁入在先，现无 陈姓祖自吴家迁入	陈姓祖清光绪年间
谢家	谢家	谢姓祖自鄞县迁入 谢姓居多	谢姓祖元大德年间
	杨家	杨姓祖自宁波江东迁入 杨姓居多	杨姓祖清雍正年间
	前山	钟姓祖迁入在先 多叶姓	叶姓祖清乾隆年间
	刘家	多刘姓	刘姓祖清乾隆年间
	朱家	朱姓居多	朱姓祖清雍正年间
大斜桥	箬帚坂	吴姓祖自奉化迁入 吴、谢姓居多	吴姓祖清乾隆年间
	大斜桥	潘姓祖自宁海迁入 潘、陈居多	潘姓祖清乾隆年间
	高庄	苏姓祖自玉环迁入 多苏姓	苏姓祖清乾隆年间
	宜家岙	谢姓祖自平阳迁入 谢姓居多	谢姓祖清康熙年间

十七、茅洋乡

行政村	所属自然村	姓氏及迁自何地	迁入年代
南充	南充	郑姓祖自宁海迁入 俞姓祖自三门迁入 郑、俞、石姓居多	郑姓祖元末 俞姓祖清雍正年间

续表3-2

行政村	所属自然村	姓氏及迁自何地	迁入年代
南充	蔡家	郑姓祖自南充迁入 蔡姓居多，蔡姓祖自蔡家岙迁入	蔡姓祖明嘉靖年间
溪东	东岙	石姓祖自宁海迁入 石、鲍姓居多	石姓祖明万历年间
	花露山	陈姓祖自墙头迁入 陈姓居多	石姓祖元代初
银洋	缸窑俞	俞姓祖三门悬诸迁入 丁姓祖自三门迁入 陈、丁、励、俞姓居多	丁姓祖清嘉庆年间
	行者岭脚	励姓祖自东溪迁入 励姓居多	励姓祖明嘉靖年间
	断坑	陈姓祖自珠水溪迁入 陈姓居多	陈姓祖清康熙年间
兴坑	大坑	石姓祖自潭头迁入 石姓居多	石姓祖明宣德年间
花墙	—	顾姓祖自南田迁入 张姓祖自苏岙迁入 顾、刘姓居多	顾姓祖明洪武十二年（1379） 张姓祖清康熙中期
上缸厂	—	章姓祖自平阳迁入 章姓为主	章姓祖清顺治年间
屠家园	屠家园	屠姓祖自石鼓岭脚迁入 屠姓居多	屠姓祖明洪武年间
	石鼓岭脚	屠姓祖自鄞县迁入 屠姓居多	屠姓祖元末
溪口	溪口街	管姓祖自宁波迁入 胡姓祖自宁海迁入 胡姓居多	管姓祖明嘉靖年间 胡姓祖清乾隆年间
	楼下陈	陈姓祖自宁海迁入 陈姓居多	陈姓祖明初
	朱家	朱姓祖自塘岸迁入 朱姓居多	朱姓祖明正统年间
	溪口周	周姓祖自宁海迁入 周姓居多	周姓祖清顺治年间
	外塔亭	多陈姓	1978 年迁入
	庙山头	村民自塔亭迁入 陈姓居多	1980 年迁入
	下缸厂	俞、闻姓祖自宁波迁入 俞、闻姓居多	俞、闻姓祖清乾隆年间
白岩下	—	胡姓祖自宁海迁入 韩姓祖自外韩迁入 郑姓祖自宁海迁入 陈姓祖自昌国迁入 胡、韩、郑、陈姓居多	胡姓祖明宣德年间 韩、郑姓祖清乾隆年间 陈姓祖清康熙年间

续表3-2

行政村	所属自然村	姓氏及迁自何地	迁入年代
文山	—	石姓祖自潭头迁入 石姓居多	石姓祖明万历年间
洋岙山	何家	何姓祖自天台迁入 何姓居多	何姓祖清乾隆年间
	黄家	黄姓祖自路西跳迁入 黄姓居多	黄姓祖清乾隆年间
	张家	张姓祖自福建迁入 多张姓	张姓祖清嘉庆年间
小白岩	—	周姓祖一迁自溪口；二迁自县城 周姓居多	周姓祖清顺治年间
台头	潭头	石姓祖自新昌迁入 石姓为主	石姓祖明永乐年间
	小杨家	沈、戴姓祖迁入在先 杨姓祖自慈溪迁入 杨姓居多	杨姓祖自明弘治年间
李家弄	李家弄	李姓祖自宁海迁入 杨姓祖自本乡杨家迁入 李、杨姓居多	李姓祖明天启年间 杨姓祖清嘉庆年间
	上胡	胡姓祖自泗洲头迁入 胡姓居多	胡姓祖清雍正年间
山下叶	—	叶姓祖自宁海迁入 叶姓居多	叶姓祖宋宝庆元年
乌石岭	乌石	刘姓祖自天台迁入 刘姓居多	刘姓祖清康熙年间
	廖家	—	廖姓祖明嘉靖年间 鲍姓祖清道光年间
大地园	—	陈姓祖自楼下陈迁入 陈姓居多	陈姓祖明初
杨家岙	杨家	杨姓祖自三门迁入 杨姓居多	杨姓祖清康熙初
	俞家	俞姓祖自东溪黄岙迁入 多俞姓	俞姓祖清乾隆年间
	祝家	祝姓祖自三门迁入 多祝姓	祝姓祖清乾隆年间
	应家	应姓祖自宁海迁入 应姓居多	应姓祖清康熙年间
徐家岙	—	徐姓祖自天台迁入 徐姓居多	徐姓祖明元至正年间

续表3-2

行政村	所属自然村	姓 氏 及 迁 自 何 地	迁 入 年 代
郑家庄	—	郑姓祖自南充充迁入 郑姓居多	郑姓祖清顺治年间
茅洋	下茅洋	朱姓祖自泗洲头迁入 朱姓居多	朱姓祖明正统年间
	杨家庄	杨姓祖自宁海迁入 多杨姓	杨姓祖清乾隆年间
	上黄	黄姓祖自南堡黄迁入 多黄姓	黄姓祖明崇祯年间
	柴山脚	葛姓祖自天台迁入 葛姓居多	葛姓祖清乾隆
	唐家	唐姓祖迁入在先 周姓祖由本县谷囤山迁入 多周姓	唐姓祖明代中期 周姓祖清道光年间

十八、高塘岛乡

行政村	所属自然村	姓 氏 及 迁 自 何 地	迁 入 年 代
花岙岛	花岙	杨姓祖自温岭迁入 金、杨、赵、张姓居多	杨姓祖清光绪年间
	大塘里	杨姓祖自花岙析入 金姓居多	杨姓祖清光绪元年
	碶门脚	吴姓祖自台州迁入	吴姓祖清光绪年间
中港	中港	陈姓祖自三门迁入 陈、李、金、张姓居多	陈姓祖清光绪年间
	中炮台	徐姓祖自黄岩迁入 徐姓居多	徐姓祖清同治年间
纱帽绿	大塘 （塘里）	李、章、潘姓祖自三门迁入 李、何姓居多	李、章、潘姓祖清光绪十四年（1888）
	山脚	陈姓祖自台州迁入 陈姓居多	陈姓祖清光绪十四年（1888）
罗元	罗源	叶姓祖自三门迁入 叶、李、杨姓居多	叶姓祖清同治年间
	小岩头	叶姓祖自三门迁入 叶、陈姓居多	叶姓祖清同治年间
	馒头山	李姓祖自三门迁入 杨姓祖自台州迁入 王、李姓居多	李、杨姓祖清道光末
上江	上港	吴姓祖自三门迁入 吴姓居多	吴姓祖清光绪中期
	上岩头	项姓祖自临海迁入 项姓居多	项姓祖清光绪初
	横港	项姓祖自临海迁入 吴、陈姓祖自三门迁入 项、陈、吴姓居多	项姓祖清光绪初 吴、陈姓祖清光绪中期

续表3-2

行政村	所属自然村	姓氏及迁自何地	迁入年代
杏八	—	丁、马、金姓祖自金鸡山入住围塘 黄、王、陈姓居多	丁、马、金姓祖清同治末
金高椅	—	金姓祖入迁为先，今无 王姓祖自临海迁入 王、吴毛姓居多	王姓祖清同治年间
渔潭	大渔潭	陈姓祖自三门迁入 李姓祖自临海迁入 陈、李姓居多	陈姓祖民国 8 年（1919） 李姓祖民国 18 年（1929）
	小渔潭	丁姓祖先自天台迁入 周姓居多	丁姓祖清光绪末
	脤脚岙	潘姓祖自三门迁入 潘姓居多	潘姓祖清宣统二年（1910）
珠益	大百家徐	徐姓祖自临海迁入 徐姓居多	徐姓祖清同治年间
	小百家徐	徐姓祖自临海迁入 徐、何姓居多	徐姓祖清同治年间
	碶门头	李姓祖自台州迁入 李、徐姓居多	李姓祖清光绪中期
	下潭涂	何姓祖自台州迁入	何姓祖自清光绪年间
三五	桃三	江姓祖自黄岩迁入 鲍、江姓居多	江姓祖清同治年间
	桃五	叶姓祖自温州迁入 于姓居多	叶姓祖清光绪年间
	上横厂	史姓祖自关头迁入 史姓居半	史姓祖清光绪年间
	前江	胡姓祖自温州迁入 胡姓居多	胡姓祖清光绪末
余江	梅头港	林姓祖先自黄岩迁入 冯姓居多	林姓祖清光绪中期
	余十	任姓祖自三门迁入 徐姓祖自本乡百家徐析入	任姓祖清同治初（另说：光绪年间） 徐姓祖清光绪年间
	余曹	叶、陈姓祖自三门东阁及余十迁入 陈姓居多	叶、陈姓祖清同治末（另说：光绪年间）
	上排厂	杨姓祖自黄岩迁入 杨姓居多	杨姓祖初清同治初（另说：光绪年间）
	下排厂	陈姓祖自上虞迁入 陈姓居多	陈姓祖清光绪中期

续表3-2

行政村	所属自然村	姓氏及迁自何地	迁入年代
江南	高塘	梁、张姓祖自三门迁入 梁、陈、张姓居多	梁、张姓祖清光绪十二年(1886)
	花八	李姓祖自昌国迁入 李姓居多	李姓祖清光绪年间
	花三	梁姓祖自温岭迁入 梁姓居多	梁姓祖清光绪二十年（1894）
	桃七	罗姓祖自新桥迁入 林姓祖自台州迁入 罗、赵姓居多	罗、林姓祖清同治年间（另说：光绪年间）
林港	港口	李姓祖自临海迁入 陈姓祖自台州迁入 林、陈姓居多	李、陈姓祖清同治年间（另说：光绪年间）
	蛤蜊塘	潘姓祖自温州入迁为先 张、唐姓祖自三门迁入 张、唐姓居多	潘姓祖自清光绪二年（1876） 梁、张姓祖清光绪十二年(1886)
	仰天塘	陈、许姓祖自温州入迁为先 欧姓居多	陈、许姓祖清同治六年（1867）
	门扇后	朱姓祖先自金鸡山入迁 陈姓居多	朱姓祖清光绪初
江北	高塘	梁、张姓祖自三门迁入 梁、陈、张姓居多	梁、张姓祖清光绪十二年(1886)
	边一	郑、林姓祖自三门迁入	郑、林姓祖清同治年间
	滴落湾	郑、王、朱自本岛迁入 郑、王、朱姓居多	1959年迁入
	树七	伍、欧、陈祖由大塘迁入	伍、欧、陈姓祖清光绪初
	杏十三	蒋姓祖自台州迁入建村 陈姓居多	蒋姓祖清同治末
	树五	施、干姓祖自台州迁入 陈姓居多	施、干姓祖清光绪年间
	温州厂	林姓祖自温州迁入	—
乌岩头	嵊头	张姓祖先自温岭迁入 项姓居多	张姓祖清光绪二年（1876）
	地龙	金姓祖自台州迁入 陈、金姓居多	金姓祖清同治年间

续表3-2

行政村	所属自然村	姓氏及迁自何地	迁入年代
乌岩头	乌岩	金姓祖自台州迁入 周姓祖自晓塘三十六岙迁入 金、周姓居多	金姓祖清同治年间 周姓祖清光绪初
	小鸭嘴	周姓祖自福建迁入 多周姓	周姓祖清光绪初
	舢舨塘	金姓祖自平阳迁入	金姓祖清光绪二十二年（1896）
	石头墩	金姓祖自台州迁入 金姓居多	金姓祖清光绪中期
孝贤湾	孝贤湾	包、金、张姓祖自温州迁入 陈姓祖定塘方前、晓塘中岙迁入 陈姓居多	包、金、张姓祖清同治五年（1866）
	塘局	陈姓祖自大塘迁入 陈姓居多	陈姓祖清同治年间
	杏余	叶姓祖自大塘迁入 陈姓居多	叶姓祖清同治末
龙珠	龙爪珠港	管姓祖自黄岩迁入 刘姓祖自三门迁入 梅、杨居多	管、刘姓祖清同治末
	前高塘	梁姓祖自温岭迁入 梁、娄居多	梁姓祖清宣统元年（1909）
	小乌岩	周姓祖自台州迁入 周姓居多	周姓祖清同治末
珠门	—	梅姓祖先自宁海迁入 胡姓居多	梅姓祖清咸丰六年（1856）

第四篇　陆地环境

本篇目录

第一章　地　　质

象山县位于华夏古陆浙闽隆起带东北端，属华南地层区东南沿海分区。处浙闽隆起带东南沿海褶皱带。在漫长的地壳发展过程中，今出露地层皆从中生代中晚期以来形成，经历侏罗纪、白垩纪和第四纪三个地质历史时期，因基底变质岩皆为覆盖，故今所见地层很少超过2亿年。中生代的燕山运动形成新华夏及纬向构造，控制着大地基本格局。境内广布晚侏罗世喷发的火山岩，主要为中生界侏罗系上统陆相火山岩、白垩系火山–沉积岩，燕山晚期有较多酸性岩侵入。沿海平原为新生界第四系滨海相沉积、河流冲积、洪积沉积。

第一节　地　　史

侏罗纪

中生代第二纪。始于2.05亿年前，结束于1.35亿年前，延续7000万年。晚侏罗世，地壳在浙江东南沿海地区受燕山运动影响，火山活动强烈，多次喷发，以中酸性岩浆喷发为主，抛出大量火山碎屑物，覆盖在华夏古陆变质岩基底之上。在境内自西向东，从北到南，随处可见火山岩，其厚度达数千米。进入火山休眠期，尽管火山喷发使许多生物遭受毁灭，但在东陈乡之南堡、泗洲头镇之峙前等处的地层中已找到介形类、瓣鳃类、腹足类动物化石和蕨等植物化石，成为晚侏罗世茶湾组地层的标志。随燕山运动，境内出现东搬山、蒙顶山、大雷山、珠山、荷花芯山、五狮山（在海拔500米处，发现4米左右的乔木树根与树桩化石）及大明山等山地，形成山脉构架。

白垩纪

中生代最后一纪。始于1.35亿年前，结束于6500万年前，延续7000万年。这一时期形成的地层称“白垩系”。境内除火山间歇性喷溢外，还有岩浆侵入活动，爵溪钾长花岗岩体形成，而石浦镇之石浦、鸡鸣，东陈乡之红岩及西周镇之下沈、利山等低洼、凹陷地带相继成湖，沉积了湖相地层。时气候炎热而潮湿，沉积物介质在氧化条件下形成，具红色（紫红）特征。白垩纪末，燕山运动晚期，浙江地壳全面抬升，石浦、鸡鸣、红岩、利山等湖盆先后干涸，县域大陆地貌初步形成。白垩纪，也是中国东部陆相生物群发生显著更替和剧变时期，石浦、红岩分别代表湖盆缺氧与富氧的沉积环境。

第四纪

新生代最后一纪。始于160万年前至今。分为早期“更新世”和晚期“全新世”。

更新世　早期更新世多陆相沉积。南庄平原、定山平原、象山港以及沿海岛屿之间的浅海，堆积数十米至百余米沉积物。受海进和海退影响，象山海岸经历几次巨大变化，如象山港大桥的

桥位区后华山、小蔚庄、青莱等处，在近百米厚的松散沉积物中，其中砂卵石层有7层，平均厚度超过37米，说明原是一条大河。

中更新世、晚更新世中期，象山港原是一条大河，沉积卵石、亚黏土、砂、圆砾等冲积物，厚度达50米以上。后遭海浸，局部地区遭两次海浸。大理冰期，全球性气候变冷，海水大量结冰，导致海面下降，象山港又始复江河面貌。经海岸带调查和现场钻孔勘探，并取样分析测量，距今3.8~3万年的晚更新世中期，象山半岛岸线与现今情况大致相似，是个浅海或滨海沼泽环境，沉积了深灰色游泥质黏土、夹粉质土、灰—青灰色亚黏土，含海贝壳碎片等，此层埋藏于地下：大目涂29~32米以下，仁义涂18~28米以下；象山港（青莱、小蔚庄桥位）16~30米以下。距今2.5万年，受全球最后一次冰期影响，海水开始消退。距今18~1.5万年，海水退至东海陆架前缘-140~-160米的位置，使得沿海岛屿与大陆相连。象山山地前沿平原广衍，河流纵横，草木丛生，沉积了黄褐色、棕黄色黏土、亚黏土，俗称“网纹状黏土”。这套河湖相地层埋藏于地下：大目涂14~30米以下；仁义涂12~17米以下；象山港（青莱、小蔚庄桥位）10.5~25米以下。

全新世　距今1.2万年进入全新世，也是地质年代最后一世。冰后期，地球气候转暖，冰川大量融化，海平面从-50~-60米高程开始快速上升，海洋直向陆地扩张，海水淹没了广阔的湖泊、沼泽、森林。距今9000年前，海平面已上升至-30米高程位置，象山港底，三门湾深处以及东海岸一些水道中心线附近成为海洋，沉积滨海相灰色游泥质黏土夹薄层粉土和贝壳碎片。距今8000年前，海平面已上升到-15~-20米的位置。由于海水侵入，象山港沦为溺谷，成为深水良港。7000年前后海平面与目前接近。距今6000~3000年海平面有小幅波动，一般不超过正负2.5米。受当时干热气候影响，在爵溪街道之下沙、大岙和东陈乡旦门村之西洋山海湾的沙堆中形成坚如石的海滩岩。

第二节　地　　层

侏罗系上统（J_3）

分布范围广泛，出露面积684平方千米，占全县面积58.2%。

西山头组（J_3x）　距今1.3亿年。从北到南，均有分布。系一套岩性复杂、成层较好、横向变化大的火山岩。以酸性火山碎屑岩为主，中酸性火山碎屑岩次之，常见各类熔岩夹层。火山碎屑岩中，玻屑、岩屑的含量普遍较高。岩性为浅灰色、浅灰绿色、浅灰紫色流纹质玻屑凝灰岩，流纹质玻屑熔结凝灰岩，流纹质玻屑熔结凝灰岩，流纹质角砾玻屑（或多屑）凝灰岩，流纹质含角砾玻屑（或晶屑）弱熔结凝灰岩，局部相变为英安质晶屑玻屑熔结凝灰岩或英安质含角砾玻屑熔结凝灰岩，间夹沉凝灰岩、凝灰质砂岩、粉砂质泥岩等。属喷发—沉积相。厚度1000~2000米。

本组上部流纹质晶屑玻屑熔结凝灰岩在象山港沿岸十分发育，黄避岙一带厚度近千米；在定塘镇定山、石浦镇半招列岛的岩性以浅灰色流纹质玻屑凝灰岩或流纹质玻屑熔结凝灰岩为主，局部相变为英安质晶屑玻屑熔结凝灰岩或英安质含角砾玻屑熔结凝灰岩，常夹有凝灰质粉砂岩和沉凝灰岩，偶夹安山玢岩、流纹岩等；涂茨镇东屿山岛为青灰色、浅灰紫色流纹质玻屑弱熔结凝灰岩，流纹质角砾玻屑凝灰岩及局部流纹质角砾玻屑强熔结凝灰岩等；韭山列岛（除上竹山、下竹山岛外）为浅灰紫色流纹质含角砾晶屑玻屑熔结凝灰岩，部分流纹质角砾岩屑凝灰岩及流纹质角砾集块岩等；墙头镇大溪蒋夹有粉砂质泥岩，西周镇柴溪有流纹质集块角砾岩等，均反映各自的某些特点。相比较，檀头山岛及附近小岛火山碎屑岩中碎屑物质显得较粗一些，含有较多晶屑、角砾和集块。另，鹤浦镇弥陀屿、石浦镇泥螺岛有黄色粉砂岩和细砂岩夹层，泥螺岛还夹有英安玢岩。

檀头山岛地层剖面自上而下描述：

6. 紫灰色流纹质含角砾玻屑熔结凝灰岩>70 米。

5. 紫灰色流纹质凝灰角砾岩约 3 米。

4. 浅灰色含角砾晶屑玻屑熔结凝灰岩约 80 米；

3. 浅紫灰色流纹质晶屑玻屑熔结凝灰岩>50 米。

2. 紫灰色流纹质火山集块岩>20 米。

1. 浅灰色流纹质晶屑玻屑熔结凝灰岩>200 米。

以下延入东海。

茶湾组（J_3c）　由沉积岩、沉积凝灰岩组成，夹少量中酸性、酸性火山碎屑岩及中性熔岩，底部有不稳定砾岩。厚度 900~1600 米。大体可分为三部分：下部以沉积岩为主，由凝灰质砾岩、砂砾岩、岩屑砂岩、凝灰质砂岩、粉砂质砂岩、炭质泥岩及沉凝灰岩夹流纹质玻屑凝灰岩组成；中部为安山玢岩、英安质角砾玻屑凝灰岩、英安质晶屑玻屑熔结凝灰岩及流纹质晶屑玻屑凝灰岩夹少量沉积岩；上部为沉积岩。由凝灰质砾岩、砂砾岩、粉砂质泥岩、泥岩、硅质岩及沉凝灰岩等。本组地层有古生物化石。上部灵岩山、岐前仅见植物化石，中、下部南堡（叶家山）主要为形类、瓣鳃类、腹足类及少量植物化石。南堡、岐前两处部面具有代表性。

南堡（顶底未测全）

13. 浅灰色英安质含角砾晶屑玻屑凝灰岩、紫红色英安质岩屑角砾凝灰岩，厚 113 米。

12. 上部沉角砾凝灰岩，中部浅灰色流纹质玻屑凝灰岩平凝灰质砂岩，下部中—薄层状凝灰质砂岩、细粒岩屑砂岩，厚 95. 3 米。

11. 浅灰色含角砾岩屑凝灰岩，底部为沉角砾凝灰岩，厚 108. 8 米。

10. 灰色风化为米黄色中—薄层状粉砂质泥岩，中夹厚 1~2 米的硅质泥岩，厚 32. 4 米。

9. 灰白色石英斑岩，厚 5 米。

8. 浅灰—深灰色中—厚层状炭质泥岩，厚 85. 7 米。

7. 浅灰色中—厚层状泥岩夹 2~3 米厚的凝灰质粉砂岩，产 Brotiopsis spp·（似布罗特螺一些种），Galba sp·（土蜗），Naramuranaiasp·（中村蚌未定种），N·chingshanensis（青山中村蚌），N·subrotunda（近圆形中村蚌），Cypridea（cypridea）cf·concisa（精巧女星介相似种），C·（c）cf·shouchangensis（寿昌女星介相似种），C·（c）cf·angustisaudata（窄尾女星介相似种），C·（c）cf·genglouensis（更楼女星介相似种），Darwinula leguminella（小豆荚达尔文介），Damonellasp·（达蒙介未定种）等，厚 91. 9 米。

6. 浅灰色含砾粗中粒岩屑砂岩夹 2~3 米厚粉砂质泥岩，厚 56. 8 米。

5. 杏仁状安山岩，局部安山玢岩，厚96.8米。

4. 浅灰色、灰紫色英安质含角砾岩屑凝灰岩，厚12米。

3. 深灰色杏仁状安山岩、安山玢岩，厚37.9米。

2. 米黄色厚层状砂质泥岩，上部为浅灰色中—厚层状泥岩。

1. 米黄色厚层状粗粒岩屑砂岩，厚>29.3米。

峙前

上覆九里坪组（J_3j）浅紫红色流纹斑岩。

7. 灰色、浅灰色中一厚层状泥岩、泥质粉砂岩夹薄层粉砂质泥岩及硅质页岩。产植物：Eguisetitessp·（似木贼未定种）Sphenolepissp·（鳞杉未定种），Elatidessp·（似枞未定种）等，厚131.1米。

6. 浅灰色薄—中层状凝灰质粉砂岩，上部夹薄—厚层状泥岩，厚86.1米。

5 浅灰色球泡流纹岩，下为流纹质角砾熔岩，厚52.8米。

4—3. 浅灰紫色沉角砾凝灰岩，厚99.6米。

2. 灰色英安质含角砾玻屑凝灰岩，厚181.8米。

1. 浅灰色英安质岩屑角砾凝灰岩，厚>67.6米。

（本部面1层大体与南堡剖面13层相当）

九里坪组（J_3j）　以较单一酸性熔岩为特征，岩性主要为灰紫色流纹岩、流纹斑岩、球泡流纹岩或灰色霏细斑岩、石英霏细斑岩，底部常见流纹质角砾熔岩，局部夹小量沉积岩及火山碎屑岩。厚度125~400米。油菜花峙为单一浅灰色块状流纹斑岩。顺风岭为夹流纹质玻屑弱熔结凝灰岩。新桥蛤沙为流纹岩，红白相间流纹构造。该组在西周镇由东岙、普塘、土桥、庆丰桥呈东南向带状分布；溪口水库西北从棋盘岩、白仙山向东经南充、石鼓岭脚至顺风岭东侧，成不规则弧形出露；新桥平岩头、蛤沙、关头、里岙大致成东西向一线出现；泗洲头灵岩山和仇家山西北小庙山两处范围较小。

祝村组（J_3z）　岩性为浅灰紫色英安质凝灰角砾岩、英安质角砾玻屑弱熔结凝灰岩、深灰色英安质玻屑强熔结凝灰岩，间夹黄绿色、紫红色凝灰岩，凝灰质砂岩、砾岩，安山质角砾岩，安山玢岩，英安玢岩等。厚度356~1500米。主要分布西周赖岙、田岙、横山、尖岭头、芭蕉、金竹坑、蒙顶山及泗洲头杨大场、萧胡、井坑一带，由西北到东南呈弧状分布。本组岩性变化较大，不同地段有各自特点。平潭水库坝址区，以紫红色晶屑玻屑熔结凝灰岩、灰绿色角砾凝灰岩为主，间夹灰绿色石英安山玢岩、墨绿色安山玢岩、肉红色流状霏细斑岩。西溪岭脚至廿四炮（海拔496米），为流纹质含角砾玻屑凝灰岩、沉凝灰岩、粉砂质泥岩、砂岩、钙质泥岩、安山玢岩、凝灰砾岩、凝灰质砂砾岩、含砾沉凝灰岩、凝灰质砂岩、沉凝灰角砾岩、英安质角砾玻屑弱熔结凝灰岩。

白垩系（K）

为一套夹有火山岩的湖盆相碎屑沉积岩。下统分馆头组和朝川组；上统为小雄组。出露面积50平方千米，占全县面积4.3%。

馆头组（K_1g）①是一组凝灰质和硅质含量较高的湖盆地层。岩性为青灰、浅灰、暗灰、灰紫色沉凝灰岩夹硅质岩、粉砂岩、泥岩、砂砾岩。局部夹流纹质玻屑凝灰岩和安山玢岩、安山质熔结凝灰岩。底部有不稳定的砾岩。在沙塘湾的砂砾岩中含有大量流纹岩、霏细岩、英安岩、安山岩、熔结凝灰岩、凝灰岩等火山岩砾石，有些岩石中还含有火山碎屑物质。局部夹条带状生物灰岩和泥灰岩透镜体。厚度200~800米。分布昌国以南里山、汝溪、平岩、沙塘湾、石浦老城区、半岭、文昌阁一带。

沙塘湾至平岩村地层剖面（自上而下）：

侏罗系上统西山头组（J_3x）灰黑色块状项安玢岩。

————断层————

17. 深灰至浅灰色条带状结晶生物灰岩，夹黑色薄层状硅质岩，含大量藻类化石，据地科院资料有 Prototoxitessp·，Solenoporasp·，厚32.1米。

16. 青灰色中厚层状长石细中粒砂岩，夹三层透镜状硅化生物灰岩，含大量藻类化石，据地科院资料有 Patachaetetessp·，厚12.99米。

15. 浅灰褐色中厚层状蚀变含砾粗砂岩，可能含有玻屑，有4条蚀变安山玢岩和一条花岗斑岩岩脉侵入，厚10.97米。

14. 浅灰白色条带状结晶生物灰岩，夹黑色薄层状硅质岩，富含藻类化石，据地科院资料有 Girvanellasp·，Anthraoporllasp·厚7.01米。

13. 浅灰色薄层状蚀变粉砂岩与蚀变细砂岩互层。粉砂岩中见有龟裂纹，厚11.3米。

12. 灰褐色块状蚀变含砾砂岩，夹黑色薄层状蚀变含粉砂质硅质泥岩。有霏细斑岩和辉长玢

---

①《象山县志（1988）》认为其中沙塘湾——平岩村部分出露的属于“泥盆系——下石炭统”地层，距今约3.5亿年，仅见于石浦沙塘湾和干门山岛，出露面积1平方千米，是象山最古老的地层。该地层发现于20世纪60年代，对其时代、沉积相一开始就有争论，多疑为“泥盆系——下石炭统”地层。90年代，浙江省石油地质研究所作调查后认为该地层时代应属于晚侏罗世——早白垩世，趋向于早白垩世。其年龄均在1亿年左右，当形成于1亿年（即晚白垩世）之前。《地质论评》（第35卷第3期，1988年3月）命名为“石浦灰岩”，《石油实验地质》（第14卷第1期，1992年3月）改名为“石浦群”。浙东南新昌县苏秦出露一套属于下白垩统馆头组（K_2g）的地层，产龙介科虫管。根据虫管外表和管壁双层，平行片状构造等特征，应属于龙介科的簇状簇管虫 Acerrotru-pa aggregata，与石浦群中的簇状簇管虫相同，宁波盆地下白垩统馆头组的孢粉面貌和石浦群中的孢粉组合都以裸子植物为主，蕨类植物少见，被子植物未见或很少。所以与浙东南早白垩世馆头组时代相当。因浙东南火山活动有由西向东变强的趋势，石浦群处于浙东南最东端，所以其火山活动较其他地区同时期火山活动更强烈，其火山岩夹层较邻区馆头组的火山岩夹层更厚。根据K-Ar法同位素年龄分析，石板岗所采晶屑玻屑熔接凝灰岩为1.14亿年，沙塘湾南海边所采花岗岩为9600万年，故该地层部分早于1亿年，排除属于下第三系的可能，根据多门类古生物，亦不属于上古生代以前地层，应属于中生代地层（下白垩统）。地层中具有陆相生物和海相生物混生的特征，表明该区有过海水影响，同时地层中产龙介科虫管遗迹化石：锥状中华角管虫、簇状簇管虫和江苏右旋虫等咸水，半咸水生物，说明该地层属于海陆过渡相的海湾或河口湾的沉积环境。层理构造特征中出现脉状层理、波状层理、透镜状层理。当平潮期很短，沉积的泥质只在沙纹之间形成弯曲的脉状细脉。平潮期沉积的泥质较多时，可在沙纹之间造成连续性较好的波状泥质条带。如平潮时沉积大量泥质，而涨潮造成的沙纹较少时，呈透镜状层理，因之也代表了潮间的下、中及上部的特征。沉积特征可划分出火山喷发间歇内陆湖泊亚相、滨岸亚相、岸内浅水亚相，岸外浅滩亚相和盆地浅水亚相等五个亚相。可以确认属于海陆过渡相的局限海的沉积，证明在早白垩世（K_1）中国东南沿海受到过不同程度的海水影响，推测东海海域存在着海相的早白垩世地层。

岩岩脉侵入，厚4.09米。

11. 浅灰白色条带状蚀变细砂粉砂岩。见有藻类化石，据地科院资料为Anthracoporellsp·，厚1.56米。

10. 浅灰色中厚层状矽卡岩化泥钙质粉砂岩，夹薄层泥灰岩，有霏细岩岩脉侵入，厚15.02米。

9. 灰白色中厚层状石榴石透辉石矽卡岩，夹薄层蚀变硅质泥岩。矽卡岩原为灰岩，含藻类化石。有蚀变辉长玢岩岩脉侵入，辉长玢岩岩脉中又有霏细斑岩脉侵入，厚40.95米。

8. 浅灰色块状蚀变砂砾岩，厚29.89米。

7. 灰黑色薄层状蚀变粉砂质泥岩，夹细砂粉砂岩和透镜状生物灰岩，含丰富的藻类化石，厚2.16米。

6. 浅灰色中厚层状蚀变粗中粒砂岩，夹紫灰色薄层状红柱石角岩化泥质粉砂岩，有霏细斑岩及流纹岩岩脉侵入，厚47.47米。

5. 浅灰白色薄层状蚀变含砾不等粒砂岩，夹灰黑色薄层状蚀变粉砂质硅质泥岩，底部有霏细斑岩岩脉侵入，厚5.12米。

4. 灰褐色块状角岩化砂砾岩，夹薄层绢云母石英长石角岩化粉砂质泥岩，有流纹岩岩脉侵入，厚28.26米。

3. 浅灰色块状角岩化砂砾岩，砾石为安山岩、霏细岩、英安岩等，厚72.44米。

2. 浅灰微带肉红色石英长石角岩，原岩可能是沉凝灰岩，厚18.9米。

1. 黄褐色厚层状角岩化砂砾岩，砾石呈流圆至半滚圆状，成分为霏细岩、流纹岩、英安岩、安山岩、熔强凝灰岩、凝灰岩、角岩等，厚6.05米。

——————断层——————

侏罗系上统西山头组（J_3x）浅灰绿色流纹质含砾玻屑熔结凝灰岩夹沉凝灰岩。

朝川组（K_1c）　距今6700万年。是一组伴有间歇性火山喷发活动、在干热环境下沉积湖盆相火山碎屑岩，面积约12平方千米。岩性为赫红、紫红色夹灰绿、浅灰色泥质粉砂岩、含钙质结核粉砂岩、泥岩、砂砾岩等，间夹流纹质玻屑凝灰岩及流纹质角砾多屑弱熔结凝灰岩。厚度400~950米。分布旦门王家榄村、红岩和昌国鸡鸣、小湾。下沈利山有零星出露。另，捕造湾尚见夹流纹岩薄层。

旦门一带层序（自上而下）：

7. 赫红、紫红色砾岩、砂砾岩与粉砂岩、粉砂质泥岩互层，局部夹有含钙质结核泥岩，厚>250米。

6. 灰绿色、浅灰紫色中层状沉角砾凝灰岩，厚50~80米。

5. 暗灰绿色砂岩及泥岩，厚5~10米。

4. 灰绿色流纹质凝灰角砾岩平凝灰质砂砾岩，厚约20米。

3. 浅灰色流纹质玻屑凝灰岩，厚约20米。

2. 紫红色厚层状粉砂岩、泥质粉砂岩，厚20~50米。

1. 暗紫红色凝灰质砾岩、紫红色凝灰质岩屑砂岩，厚10~15米；下伏地层为侏罗系上统西山头组（J_3x）绿灰色流纹质角砾玻屑弱熔结凝灰岩。

小雄组（K_2x）　本组岩性为流纹质角砾玻屑熔结凝灰岩、流纹质含角砾岩屑玻屑凝灰岩、流纹质凝灰角砾岩等，偶夹集块岩。火山碎屑岩中角砾既粗又多是其特征。出露厚度 250 米。仅见渔山岛。原叫“塘上组”，因岩性与三门县小雄①相近，现称“小雄组”。

南北渔山岛上出露的小雄组岩性（自上而下）：

以上延入东海。

3. 青灰、灰绿色流纹质凝灰角砾岩或流纹质角砾玻屑熔结凝灰岩，厚>100 米。

2. 流纹质含角砾岩屑玻屑凝灰岩或流纹质岩屑玻屑角砾凝灰岩，偶夹集块岩，厚约 80 米。

1. 青灰色流纹质角砾玻屑熔结凝灰岩，偶夹集块岩，厚>100 米。

以下延入东海。

第三系上统嵊县组（N_2s）

距今 1000 万年，仅见于白岩山盐场铜珠山，范围不到 0.01 平方千米，出露厚度 15~30 米。岩性为紫红色泥质粉砂岩、黏土岩、砂砾岩。砂砾岩中砾石浑圆度良好。泥质胶结疏松。

第四系（Q）

本系地层分布广，面积 392 平方千米，占全县面积 33.3%。由于所处的地理环境不同，山地丘陵与滨海平原有明显差异。山地丘陵以陆相地层为主，一般沉积物厚度不大，但变化较大；滨海平原以海相为主，海陆地层相互叠置，成因类型复杂，沉积厚度十余米至百余米不等。此外，爵溪、旦门沿海海湾中还有海滩岩出露；经钻孔勘探，以象山港大桥（后华山、小蔚庄、青莱桥位区）第四系地层出露较全又较完整。

山地丘陵区　山麓、河谷地带较发育，主要有坡积、坡积—洪积、冲积、冲积—洪积等陆相沉积。

下更新统（Q_1），距今 100 万年。坡积—洪积：暗红、灰紫、棕红色亚黏土，所含砾石风化强烈，粗网纹构造，厚 1~5 米，分布丹城西南白鹤庙一带。

中更新统（Q_2），坡积—洪积：棕红色亚黏土、沙壤土，具蠕虫网纹构造，厚 1~6 米，分布珠山脚、新桥、高湾等地。

上更新统（Q_3），坡积—洪积：黄棕色砾石层和亚黏土、砾石占多数，呈次棱角状，厚 2.5~3.6 米，分布九顷、溪沿、泊戈洋、桃湾、洋北、盛王张、下沈西、汤岙北、戴港、缸窑俞等。坡积：灰黄色亚砂土及少量铁锰胶结的砾石层，厚 1~5 米，分布墙头、松岙、山根、文山等。

全新统（Q_4），冲积、洪积，砂砾石、亚砂土或亚黏土等，厚 0.5~12.5 米，分布河谷中下游，下沈、西周、上张、大溪蒋、珠溪等处。

滨海平原区　主要根据钻孔资料和勘探成果。

上更新统（Q_3），冲积—洪积：黄褐、棕黄色黏土、亚黏土，夹灰白淡青色条纹和斑点，俗称网纹状老黏土。含氧化铁、高岭土及蚌壳碎屑，夹水平向薄层粉土。土质密实，硬塑状。在大目涂，顶板出露高程-14.8~-24 米，厚度最大 7 米，分布大门山—北顾山之间。

海积，深灰色、青灰色黏土、亚黏土，含有机质及云母碎片，夹粉土薄层，显水平向层理，局部夹贝壳碎屑，湿，可塑。在大目涂龙洞附近，顶板出露高程-29.5~-31.8 米，厚度大于 5 米，属早期海侵地层。

---

①小雄，小雄镇属浙江省三门县，地处县城东南，北濒临浦坝港，东接泗淋，南界桃渚，西毗临海小芝。

全新统（Q_4），海积分布广。为青灰色淤泥质黏土、粉质黏土，含细小云母片及贝壳碎片，土质软，可塑状。厚度各地不一：大目涂为12.61~29.21米，仁义涂12.33~26.9米，乌沙山电厂12.5~23.4米。

海滩岩，主要成分砂粒、生物碎屑和砾石，碳酸盐胶结，多呈层状，硬如石。分布爵溪、旦门岬角间的小海湾，出露高度一般与目前平均海平面接近，正负不超过2.5米。

第三节　岩　　石

火山岩

晚侏罗世喷发的火山岩，境内分布广，岩性复杂，种类繁多，按其成因分火山熔岩和火山碎屑岩。火山熔岩分酸性熔岩（$SIO_2$70%）、中酸性熔岩（62%~70%）、中性熔岩（53.5%~62%）、中基性熔岩（45%~62%）。

酸性熔岩　有流纹岩、流纹斑岩、霏细斑岩、石英霏细斑岩、黑曜岩、松脂岩等。

流纹岩，主要分布于定塘镇新岙村小灵岩山，面积1.8平方千米，列全县之首，受大自然塑雕，形成峰林地貌。岩石显浅肉红色，呈球粒包含结构或隐球粒——隐束结构，流纹构造。斑晶含量不多，约2%~3%，主要为微纹长石和个别酸性斜长石。基质为长石、石英96%左右，少量铁矿和个别锆石。斑晶大小约0.15~2.5毫米，外形稍现熔蚀状。基质中的长英矿物结晶程度很低，成纤维状的球粒、隐球粒和隐束结构。在球粒中和球粒间的石英，聚合重结晶现微包含结构。岩石中有些小气孔或空隙内为石英充填。新桥影视城以小灵岩峰林地貌为背景，依山傍水而建。流纹岩在下沈牌头与黄避岙东塔出露，面积1.5平方千米。茅洋行者岭及东白岩山高地一带也有分布。

流纹斑岩，泗洲头灵岩山，山峰巨岩为流纹斑岩，构成火山熔岩台地。山腰是沉积岩，层理清楚，含有植物化石。沿港一带为火山碎屑岩。不同岩石，地貌形态迥异。灵岩山位于泗洲头镇西南3千米、岳井洋西岸。从地层分布分析，在1.5亿年前的晚侏罗世，曾经历3个火山活动时期。

照4-1　灵岩山流纹斑岩地貌

第一时期火山活动以爆发为主，火山碎屑物质组成山体基座。第二时期火山喷发后有休眠期，生物繁殖，植物茂盛，其化石保存泥岩，泥质砂及页岩中，这些岩石在基座之上。第三时期火山喷发以熔浆溢流为特征、流纹斑岩形成悬崖绝壁。涂茨东1千米的风山和将军山，其峰顶穹崖是流纹斑岩；樊岙凤凰山和昌国水塘流纹斑岩出露面积为880000平方米和100000平方米。

霏细斑岩，石浦有对面山的眼睛山、东门岛的李氏湾和谢家3处，合计面积1.12平方千米。谢家霏细斑岩位于村东，呈不规则椭圆状，出露面积200000平方米。岩性为浅肉红色，斑状结构，基质为微包含结构。斑晶为更钠长石3%、钾钠长石约2%、少量黑云母。基质主要为长石、石英，含量94%左右，微量铁矿、个别锆石。斑晶大小0.15~1.3毫米，自形——半自形晶。有的为不规则状，多成聚斑分布。基质中的长石成很细小柱状，其间是石英，聚合重结晶呈微包含结构。

石英霏细斑岩，分布新桥高湾和昌国鸡鸣山，面积320000平方米。鸡鸣山石英霏细斑岩，略呈东西向椭圆状，面积40000平方米。岩石为浅肉红色，斑状结构，基质为球粒隐文象结构。斑晶微纹长石8%~9%、石英5%~6%，个别暗色矿物。基质为长石和石英80%、绢云母4%，微量铁矿、锆石，个别榍石等。斑晶大小不等，约0.15~3.5毫米，自形半自形晶。基质中的长石和石英多呈隐文象交生出现，且聚成同心放射状球粒集合体。有时微柱粒状长英矿物成较大聚合体，其中石英颗料大小在0.01~0.04毫米。岩石基质结构稍粗，近于花岗斑岩。

黑曜岩，黑色，全玻质或几乎全玻质岩石。中泥竿头里村附近，局部厚约1米。

松脂岩，仅见花岙岛南涨趴礁。岩石呈棕红色，玻璃质结构。主要由玻璃质组成，还见有约2%的钾钠长石斑晶，及少量铁矿、微量锆石、个别榍石、黑云母等。斑晶大小0.1~1.2毫米，半自形或不规则状，其周围的玻璃质多有脱玻现象。

中酸性熔岩　有英安玢岩，在南韭山岛、高塘箬帽山岛、檀头山岛南泥螺屿等地产出。

中性熔岩　有安山岩、安山玢岩。安山岩在鹤浦大沙出露，面积160000平方米；安山玢岩分布昌国大小湾1.2平方千米和相帽岭160000平方米、石浦汝溪30000平方米、儒雅洋西岙郑800000平方米，合计面积2.19平方千米。以西岙郑安山玢岩为例。岩性为深灰色块状玢岩，具斑状结构，以晶体粗大为特征。基质具玻晶交织结构，杏仁状构造。斑晶由斜长石组成，含量25%左右。斜长石晶体呈自形板柱状，由于蚀变成钠长石，尚有绢云母现象。基质占岩石50%左右，由柱状斜长石微晶、隐晶质、铁质组成，含量约50%，斜长石微晶长径0.05~0.1毫米，在其组成的格架中，充填着隐晶质和尘点状铁质。岩石中杏仁体占25%，呈圆形或卵形，直径1~3毫米，由玉髓、绿泥石及绿帘石等构成。

中基性熔岩　有安山玢岩，在昌国隔岩、岔头、潭地、盐仓庵出露，合计面积0.23平方千米。盐仓庵安山玢岩，呈东西向椭圆状，岩石深灰色，轻微蚀变，变余斑状结构，基质为变余间隐结构。蚀变矿物主要是绿帘石，少数方解石和绿泥石。斑晶含量约25%，主要是斜长石，少许暗色矿物，大小不等，细者约0.3毫米或与基质粒度无明显界线，大者20毫米，一般均较大。斜长石成长柱状，成分已脱变为钠长石。基质中的斜长石成0.005~0.25毫米的柱状微晶，杂乱分布，其间为铁质质点和次生绿泥石、绿帘石、方解石等分布。

火山碎屑岩，分凝灰熔岩、熔结凝灰岩、火山碎屑岩、火山碎屑沉积岩、次火山岩。

凝灰熔岩，在彭姥岭隧道（1K+160）出露。

熔结凝灰岩，有流纹质晶屑熔结凝灰坝坝基也是此种岩石；流纹质含角砾晶屑玻屑熔结凝灰岩在南韭山岛出露。

火山碎屑岩，有流纹质或英安质玻屑凝灰岩、晶屑玻屑凝灰岩、角砾凝灰岩及火山角砾岩、火山集块岩，为境内分布最广的火山岩。

花岙石林，俗称“仙人锯岩”。距今1.5亿年前晚侏罗世火山岩的一种原破裂构造，由若干方向的节理将岩石切割成竖立的柱状体，称“火山岩柱状节理石林”，有别于云南石林和本省淳安赋溪石灰岩岩溶石林。

火山碎屑沉积岩，为凝灰质砾岩、凝灰质砂岩、凝灰质粉砂岩、凝灰质泥岩等，分布石浦、鸡鸣、红岩、西周利山等地。

次火山岩，34 处，面积 22.8 平方千米。其中侏罗系上统晚期次火山岩 21 处，面积 9.99 平方千米，以酸性火山岩为主，个体较小，石浦谢家外围有铜矿化；白垩系早期次火山岩 6 处，出露面积 470000 平方米，多安玄玢岩，分布集中，仅见于鸡鸣、东旦；白垩系晚期次火山岩 7 处，面积 12.35 平方千米，以碱性次火山岩为主，分布于后岭、石浦凤凰山、花岙雉鸡山等地，属石英正长斑岩、正长斑岩。

侵入岩

燕山晚期，境内以酸性岩侵入居多，单个岩体面积不大，多呈岩枝、小岩株状产出，28 处，面积 59 平方千米，占全县面积 5%。花岗岩类 16 处，面积 42.45 平方千米，其中大于 1 平方千米 7 处。

爵溪的钾长花岗岩　境内最大的侵入岩体，面积 23.2 平方千米。除本土外，包括沿海羊背山（东段为 J_3x）、石城山、老鼠山、牛轭礁、大小燕礁、青礁、里奶城等岛屿。岩石呈肉色，细粒花岗结构和文象结构，颗粒直径 0.5~2 毫米。矿物成分，石英 3%、钾长石 65%~70%、黑云母 1%、铁矿物 1%、锆石、榍石等。同位素年龄测定为 7230 万年。

墙头的黑云母二长花岗岩　沿西沪港南岸分布，面积 8.3 平方千米。岩石呈灰白色，中细粒花岗结构，颗粒直径 0.5~3 毫米。矿物由石英 30%、更钠长石 30%~35%、钾长石 25%~30%、黑云母与角闪石（次）7%、铁矿物 2%，磷灰石、锆石、榍石 1%等组成。多金属矿、褐帘石、雄黄重砂异常及铜水系沉积物异常。

上梅溪的细晶花岗岩　分布丹城沙地岗——上梅溪，面积 3 平方千米。岩石呈肉白色，细粒他形粒状结构，粒径 1~1.4 毫米，矿物组成石英 45%、钾长石 40%~45%、斜长石 10%~15%、白云母、榍石、铁矿物等。有铌、钽矿异常。

鹤浦杨柳湾的花岗闪长斑岩　南田岛上最大的侵入岩体，沿杨柳湾、黄金坦、文山前成带状分布，面积 2 平方千米。岩石为斑状结构。斑晶 0.3~4.2 毫米，为斜长石 18%~20%、黑去母 3%~4%、角闪石个别；基质矿物粒度 0.01~0.2 毫米，由钾钠长石 54%、石英 20%、铁矿物 1%~2%、黑云母少量、锆石和磷灰石微量组成。

鹤浦流水岩的钾长花岩　杨柳湾向东呈北东向至小网巾及汏网屿成条状，面积 1.9 平方千米。岩石呈肉色，细中粒花岗结构，矿物颗粒直径 0.2~6 毫米，以 2~5 毫米为主，由钾长石 62%~64%、石英 33%~37%、斜长石 2%、黑云母和铁矿物少量、锆石、磷灰石、榍石微量等组成。

昌国的二长花岗斑岩　沿城北山脊成带状分布，昌国隧道正好通过，出露面积 1.1 平方千米。岩石呈肉色，具斑状结构。周边围岩有硅化、绿帘石、绿泥石化现象。

梅溪的钾长花岗斑岩　位于岙里山、赵岙、里洋里水库，面积 1.08 平方千米。岩石呈肉色，斑状结构，基质具微文象结构，斑晶大小 1~3 毫米，基质连晶 0.25~1 毫米。矿物组分：斑晶为钾长石（主）和酸性斜长石 30%、黑云母 1%；基质由石英 20%~25%、钾长石 45%~48%、铁矿物、云母、锆石等组成。

花岗岩类面积小于 1 平方千米 9 处，即丹城黄土岭花岗岩 750000 平方米、后岭山岙花岗斑岩 260000 平方米、石浦钾长花岗岩 250000 平方米、旦门拆船湾花岗斑岩 200000 平方米、东旦花岗斑岩 200000 平方米、新桥冯家花岗斑岩 80000 平方米、石浦沙塘湾虎头山花岗斑岩 70000 平方米、石浦铜头岛花岗斑岩40000平方米、樊岙石门岭花岗斑岩20000平方米。

脉岩　境内尚有脉岩60余条，有些与矿藏相联系，如大溪蒋多金属矿。

第四节　构　　造

象山县属浙闽隆起东南沿海褶皱带。有中生代强烈的燕山运动形成的新华夏系及纬向构造。中生代晚期，三次造山运动的叠加，发育着不同时期褶皱和断裂，除象山港属向斜断裂各构造的核部外，境内断裂发育显著。主要构造为岱山—黄岩断裂带之白峰—沙地下断层（F8-2），走向20°~30°，倾向北面，倾角较陡约75°~85°，为逆断层，该断层为晚更新世早中期有过活动的断层。长兴—奉化断裂带总体走向310°~320°，由多条30~50千米断层段斜列、平行或断续出现构成断裂主体。长兴—奉化活动断裂带（F12）在本区活动性较弱。另，在象山港可能存在一条分布于水下的北东向（NE）断裂。由于断裂沿北西—南东向（NW—SE）的拉张作用，形成一系列残留在港湾中的北东向（NE）展布孤岛，其中有些较大的岛屿上，北东向（NE）线性构造特征明显，其两侧没有发现白垩纪沉积，而仅形成第四纪现代沉积盆地，这种拉张裂陷活动应发生于新生代后。

照4-2　下沈村公路旁的岩层剖面

县境内主要断裂构造，有北北东、北东和东西向三组。不同地域又显示各自特点。

东北部

新华夏构造的北北东向断裂行迹明显，珠山—射箭山呈北北东走向，平行山体走向其西侧有木瓜—南充断裂，总体走向北东25°左右，断续延伸长>34千米，断面近乎直立，波状起伏而向两面摆动，三角地所见倾向290°，倾角70°，木瓜附近则倾向110°~120°，倾角65°~70°，断裂破碎带一般宽20米，少数地段5~8米。最宽处大溪蒋—三角地一带宽达百余米，由碎屑岩、部分糜棱岩组成，岩石碎块表面常有薄膜及黏土矿物。破碎带中还有次级压性断面及密集劈理，并有霏细岩脉侵入；沿山体走向东侧有六横岛沙岙—仓岙戴家断裂通过，其走向20°~30°，倾向北西，倾角70°左右，断面波状起伏，延伸长度25千米，断裂破碎带5~10米，岩石压碎并构成透镜体，局部有安山岩脉及后期石英团块充填。

宁波象山港大桥及接线工程预可行性研究报告摘录　2005年4月，交通部公路规划设计院、宁波市交通计设研究院参编《宁波象山港大桥及接线工程预可行性研究报告》，对地质构造作如下阐述。

区域主要断裂　区域断裂构造在元古代就已形成，并控制了不同大地构造单元的发育历史，如江山—绍兴断裂带等。此后古生代除少数断裂活动外，区域内断裂构造并不发育。中新生代以来，受太平洋板块向欧亚板块俯冲影响，区内断裂构造异常活跃（尤其是中生代末期），先后形成北东、北北东、北西及东西向多组断裂。

近场区主要断裂　研究区主要断裂共18条。本项目在收集已有三资料进行研究同时，对距场址较近几条区域断裂进行重点野外考察，研究与断裂活动相关的地形地貌，确实断层地质、被切割地层及上覆地层的年龄。

岱山—黄岩活动断裂（F8）。北起自岱山岛北端，横贯岱山岛、舟山本岛后，基本沿浙江沿海经象山、三门湾在乐清湖雾一带伸入乐清湾。该断裂分布于工程场地两侧。由柴桥—伍佰岙断层（F8-1）、白峰—沙地下断层（F8-2）、木瓜—南充断层（F8-3）和沙岙—戴家断层（F8-4）组成。在拟选桥区对白峰—沙地下断层（F8-2）的浅层，人工地震勘探，证明该断层为晚更新世早中期有过活动的断层。该断裂在近场范围内活动年代为早中更新世有过活动的断层。

长兴—奉化活动断裂带（F12）。北西走自长兴煤山，向东南经湖州、盐官、上虞、奉化后潜入象山港，断裂带总体走向310°~320°，由多条30~50千米断层段斜列、平行或断续出现，构造成断裂主体，在卫星影像上线性清晰，湖州西北和上虞东南段成为低山与丘陵平原的分界线，断层三角面发育。杭、嘉、湖平原则隐伏于第四系沉积中，控制中更新世地层堆积。近场范围内前兴—奉化断裂带活动性较弱，由四条断层组成，分别在东吴—瞻歧断层（F12-1）、栎斜—黄避岙断层（F12-2）、虎啸铺—赤坎断层（F12-3）和西周—上西庄断层（F12-4）。象山港大桥的拟选三个桥位距虎啸铺—赤坎断层（F12-4）最近距离分别如下：青莱桥位，14.2千米；小蔚庄桥位：13.9千米；及华后山桥位，14.4千米。长兴—奉化活动断裂（F12）在近场区内，除虎啸铺—赤坎断层（F12-4）在晚更新世早期有过活动外，其他三条断层坎在晚更新世以前停止了活动，长兴—奉化活动断裂带（F12）在本区活动性较弱。

桥址区断裂

白峰—沙地下断层（F 8-2）。走向20°~30°，倾向北西，倾角斜陡，约75°~85°，该断层与拟选青莱桥位大角度相交，在浙江省工程地震研究所对拟选桥址区进行陆战浇层人工、地震勘探中，发现了该断层。在青莱桥位水域测线中，也勘探到了该断层的存在（F8-2），为不活动的断层。最新活动年代应为中更新世（Q_2）晚期。

象山港隐伏断裂（FS）。是由浙江省国土资源遥感调查项目提出的，中国国土资源航空物探遥感中心和浙江省工程地震研究所在对象山港附近进行构造解译时，根据地貌形态、重力、磁场异常，首次推测在象山港水域中可能存在一条北东断裂。工程物探勘察中，中国公路工程咨询监理总公司在对象山港大桥水域勘探时，勘探到象山港隐伏断裂（FS），将各条CDP测线断点相连，得到一条北东走向、倾向南东，倾角较陡的正断层，上述断点均只断错基岩面，上覆第四地层未见错动，证明该断层为不活动断层。

栎斜—黄避岙断层（F12-2）。该断裂与后华山桥位附近通过，近于平行桥轴线，横跨通过象山湾，走向315°~330°，倾向北东，倾角约75°。为晚更新世以来未见活动的断层。桥位区附近的白峰—沙地下断层（F12-2）、栎斜—黄避岙断层（F12-2）及象山港隐伏断层（FS）均为不活动断层，晚更新世以来无活动迹象。

西部

北西向断裂占主导，呈弧形，有西周—泗洲头断裂，走向320°~330°，局部为340°，断面倾向南西，倾角75°~80°，破碎带宽3~5米，最宽10米左右，普遍见有角砾，常有石英脉之填；下沈—芭蕉下岙断裂，走向315°~340°，断面倾向北东，南段近直立，破碎带宽10余米不等，岩石压碎，并构成斜列的透镜体，局部压碎岩石黏土化，两侧岩石有硅化蚀变现象，淡港、柴溪等河溪成北西向发育。

中南部

纬向构造的东西向断裂行迹显著。旦门、东溪、新桥等地，山体和溪流呈东西向态势。较大断裂有：峙前—旦门断裂，长 15 千米，断面直立，断裂破碎带中岩石碎裂，硅化蚀变，还有片理及断层泥等；黄吉岙—高湾断裂，长 7 千米。象山地处浙江东南沿海，由于刚性的火山岩分布广泛，在长期地应力作用下，以断裂形变形为主，褶皱构造并不发育。

照 4-3　东旦沙滩北侧地质构造形迹

象山县三门口大桥地质报告摘录　负责象山县三门口大桥的初步设计阶段勘察工作，后提出《象山县三门口大桥地质报告》。报告称：浙江省大地构造格局以江山—绍兴断裂为界，大致为两个部分：断裂带东南为华夏古陆，断裂带西北为扬子准地台。象山位于华夏古陆内。华夏古陆变质基底为元古代，其上覆盖了大面积中生代火山岩，特别是浙东、闽北地区，侏罗—白垩纪火山岩到处可见，并含有很多大型的花岗岩体。

第五节　地　　貌

县境地势由西北向东南倾斜。依象山地貌形态分为低山、丘陵、平原 3 类。海拔 500 米以上 1000 米以下为低山。最高峰海拔 810 米。西部西周地区分布最密集，自宁海、象山交界向东北、东南呈点状分布。海拔在 10 米以上至 500 米以下山岭以及延宕部分皆为丘陵，此类山体，分布最广，东部、东北部、南部尤多。低山、丘陵两类地貌面积 793 平方千米，占全县陆地总面积的 67. 5%。平原狭小，海拔 10 米以下，由冲积、洪积或海积而成，散布于沿海一带，面积 382 平方千米，占全县陆地总面积的 32. 5%。

低山

境内低山属高一级夷平山，山体宏伟，峰峦迭起，形态完整，峰顶平夷，其延续部分即为丘陵。其中，黄避岙、爵溪、南乡等丘陵，因溪流切割而破碎，临海处受海浪冲蚀，每成岬角，为低一级侵蚀山。海拔 500 米以上低山 10 座，500 米以上山峰 20 余座。500 米以上山地面积 3. 44 平方千米，占全县陆地总面积的 0. 29%。大丹山，由宁海县茶山蜿蜒而来，群峰绵亘，雄踞两县间。主峰东搬山 810. 8 米，为县第一高峰，其他 500 米以上低山有蒙顶山、青龙山、白岩山、白仙山、大雷山、荷花芯山、射箭山、珠山、五狮山。

丘陵

海拔 350~500 米丘陵面积 23. 94 平方千米，200~350 米丘陵面积 120. 51 平方千米，50~200 米丘陵面积 385. 23 平方千米，10~50 米以下丘陵面积 259. 88 平方千米。全县丘陵总面积 789. 5 平方千米，占全县陆地总面积的 67. 19%。海拔 50 米以下丘陵，其坡度在 6 度以下山坡地面积 35. 39 平方千米，是柑橘、枇杷生产适宜区。

100米以上丘陵　自北向南，主要8片：

黄避岙丘陵，在大林—龙屿—高泥一线，南临西沪港，峰脊东西走向，东低西高，最高高泥山（即黄大山）。其西东塔山（又名狮子山），东有鲁家山、庵基平、虎头山、丹屿山、上蒋山、庵基山。

西泽—大林—海口丘陵，依次有西泽山、下庄溪大山、寨后山、东底坑山、护境寺山、平风山、下岩山、岙山。

钱仓—毛湾—涂茨丘陵，依次有卢家山、新塘炮台山、钱仓炮台山、天顶山、庙龙山、毛湾炮台山、风山、鸡笼山、东白岩山。

爵溪丘陵，在爵溪、丹东、大徐、涂茨4街道镇乡间，南高北低，最高为大爿山。其南赤坎山，北有龙春山、天灯山、尖山、大帽头、供佛山、爵溪山、郑家山、梅溪山、岙里山、大岱山、公屿山、泥塘山、考坑山、庵山、尖峰山。

九顷—沙岗—岳头丘陵，依次有田横山、小庙山、马岗山、鳌山、后陈山、岳头山。

东溪—松岙—石浦丘陵，山岭、溪谷相间，多为东西走向。东高西低，溪涧大多西流。自北而南，主要有蜡烛台山、大头山、尖凸头岗、纱帽尖山、万金岩、白岩山、红岩山、将军山、大斗山、鸡鸣山、灵岩山、太平山、天灯盏、大明山、马鞍山、鹅公山、大金山、牛头山、稻桶岩、坟山岗及坦塘梅湾山。

新桥—黄吉岙—崇攙丘陵，依次有狮子岩、蔡家山、大园山、涨架山、大岙山、稻桶山。

半边山—昌国—铜瓦门丘陵，以岬角山居多，依次有黄泥山、大湾山岗、昌鸡山、昌国炮台山、崩头山、天峰塔山、平岩炮台山、虎头山、石板岗。

50~100米丘陵　自北向南，主要有3片：

青莱—碶头陈丘陵，依次有青莱山、木瓜山、大湾山、岩并袋山、狮子山、凤凰山。

抱儿石—中岙渡丘陵，依次有葫芦门山、狮子山、龙头山、乌鸦山。

葛峙山—金鸡山丘陵，散布于石浦港北岸，依次有葛峙山、雷公山、朝天门山、金鸡山。

50米以下丘陵　多为起伏较大的坡墩，境内零星分布。

平原

县平原主要分布在境内象山港南岸、东部沿海、三门湾边缘，紧靠海岸，一般海拔10米以下，另有低山山谷、溪坑两旁山脚向外平微延伸陆相沉积小平原，海拔在50米以下。全县海拔50米以下平原面积642平方千米，其中海拔10米以下平原面积382平方千米。分3片：

西部平原：位于县境西部，主要在西周镇、泗洲头镇等境内，平原（海拔50米以下）面积70.94平方千米，占全县平原总面积11.04%。

北部平原：位于县境东北部，主要在黄避岙乡、贤庠镇、涂茨镇、大徐镇、爵溪镇、丹东街道、丹西街道、墙头镇、东陈乡、茅洋乡、新桥镇等境内，平原（海拔50米以下）面积328.18平方千米，占全县平原总面积51.09%。

南部平原，位于县境南部及沿海诸岛，主要在定塘镇、晓塘乡、石浦镇、鹤浦镇、高塘岛乡等境内，平原（海拔50米以下）面积242.75平方千米，占全县平原总面积的37.79%。

境内平原，按成因可分为冲积平原、洪积平原、海积平原3类。冲积平原以山前冲积扇为主要形态。南庄平原的丹城城区、梅溪、白石、九顷一带，墙头镇的洋北、黄溪、墙头、舫前、孙家等山前地带，均有冲积扇小平原分布。洪积平原以溪谷平川为主要形态。大徐、雅林溪、儒雅洋、泗洲头、大溪蒋、溪口等小平川，洪积、冲积物出露明显，土层厚，由砾质黏土夹碎石组成。海积平原多由海湾促淤成滩，经人工围涂而成。南庄、定山两平原最大，其次黄避岙、贤庠、珠溪、钱仓、西周、金星、鹤浦、高塘等平原。皆紧靠海岸，地势低平，海拔一般2.5~4米，淤积物黏细，属淤泥质亚黏土。地势平坦，土壤肥沃，河道纵横，宜粮宜棉。

西周平原　位于下沈、西周两镇北部。自然村40个，面积29.5平方千米，平均海拔3~5米，乌沙山、虎山、龙头山、蛎山等孤山散布其中。以淡涂泥田土为主，北部沿港新围垦地带为咸黏土。平潭水库黄耇溪及下沈、西周大长溪港、淡港溪流经南北，为主要灌溉水源，主产水稻，为县西主要产粮区。

黄避岙平原　位于象山港东南岸，黄避岙乡境内。自然村16个，面积7平方千米，平均海拔3~10米。以黄泥沙田土、淡涂泥田土为主，沿港新围垦带为咸黏土。有大斜桥等水库，湖头溪流贯其间，为主要灌溉水源，主产水稻。

贤庠平原　位于象山港南岸，贤庠镇西部。自然村23个，面积约14.5平方千米，平均海拔3~5米。以老淡涂泥田土、淡涂泥田土为主，北部沿港新围垦地带为咸黏土。有塘岙、西泽海涂、拗水丘、珠山岙等水库，东塘河流贯南北，支流纵横，为主要灌溉水源，主产水稻。

珠溪平原　位于象山港南岸，贤庠镇东部。自然村17个，面积16平方千米，平均海拔3~10米，狮子山、枕头山、乌屿山、毛竹山等孤山散布其间。以淡涂泥田土为主，山麓地带多黄泥沙田土，沿港新围垦地带为咸黏土。有珠溪、下庄、蒲门、龙角岩、俞公岙等水库，珠溪、溪沿溪、下庄溪流贯南北，为主要灌溉水源，主产水稻。

钱仓平原　位于涂茨镇北部，介于珠山、钱仓山间，北临象山港口，南北狭长。面积8.5平方千米，平均海拔3~10米，自然村21个，均分布其东、西两侧。以老淡涂泥田土、淡涂泥田土为主，南部为黄泥沙田土，北部沿海新围垦地带为咸黏土。有大港口、跃进塘等水库，钱仓水纵贯南北，为主要灌溉水源，主产水稻。

南庄平原　位于县境本土中部偏北，丹东、丹西街道与东陈乡境内。三面为五狮山、荷花芯山、象山、梅溪山、爵溪山环抱，东南濒临大目洋，面积63平方千米，系县内最大海积平原，素称“上八万”，平均海拔3~10米。以老淡涂泥田土（灰泥土）、淡涂泥田土为主，沿九顷、白石、丹城、梅溪一线冲积地带多黄泥沙田土，东南沿海门前涂塘、中央港塘、幸福塘、大目涂塘为淡涂泥田土和咸黏土。南大河、东大河、西大河、马岗河、中央港流贯其间，支河纵横，有大小水库10余座相配套，灌溉称便。地势平坦，土壤肥沃，主产水稻，兼产棉花、豆麦、蔬菜等，为县内主要产粮区之一。

定山平原　位于县境本土南部西侧，岳井洋东岸，定塘镇、晓塘乡境内。自然村119个。小灵岩山、将军山、大明山、大金山三面环抱，以中部孤山“定山”得名。原西临大塘港与强大湾、大塘、坦塘三岛相对，70年代堵港蓄淡后，与三岛联为一体。系海积平原，面积约58平方千米，俗称“下八万”，仅次于南庄平原。平均海拔3~5米。乌龟山、红庙山、长峙、畚斗山、定山、上鹰山、下鹰山、逸狗头山、狮子山、乌鸦山、龙山、龙头山等散布其间。以淡涂泥田土为主，沿山麓地带多黄泥田土，沿海新围垦地带为淡涂泥田土和咸黏土。大塘港纵贯南北，其支流叶荫港、长塘河、九龙江横流东西，环山面海、水源丰富，灌溉称便。主产水稻、大豆、蔬菜，盛产花生、西瓜、柑橘，为县内主要粮产区之一和最大蔬菜基地、大豆产地。

金星平原　位于石浦港北岸，大金山以南，石浦镇西部，东西狭长，自然村9个。面积约

18.5平方千米。平均海拔3~5米，蜜蜂山、金鸡山、晓湾山、朝天门山、横峙、狮子山、葛峙山等孤山散布其间。以淡涂泥田土为主。在大塘港灌区内，金石引河横贯东西，为主要灌溉水源，主产水稻。

鹤浦平原　位于南田岛西北部，三面环山，西濒石浦港，自然村7个，海积平原，面积约14平方千米，平均海拔3~5米。以淡涂泥田土为主，沿港新围垦地带为淡涂泥田土。境内有小百丈、万寿塘、樊岙等水库，樊岙港流贯南北，支河纵横，水量丰富，为灌溉命脉，且有航运之利。主产水稻，盛产棉花、柑橘。

高塘平原　位于高塘岛中部。自然村52个，海积平原，面积19平方千米，平均海拔3~5米。以淡涂泥田土为主，北部沿港新围垦地带为淡涂泥田土。河道密布，有中心港、乌岩港等，多系人工开挖。境内有南方塘、洗网塘、蟹湾、万金塘等水库多座，为主要灌溉水源。主产水稻、棉花、柑橘。原为独立的4座岛屿，1881年，经围垦而连成一岛。

第二章　山脉　山峰

象山缘海而邑，环邑皆山，为新华夏系构造。其山脉系天台山余脉，自宁海县蜿蜒而来，由西南入境，总体北东走向，大多与海岸斜交或近于垂直，有的延伸入海，隆起者则成岛礁。南部小半岛则有纬向构造。全县有名称山脉、山峰见于万分之一地形图等标注的不下千余座。在沿海平原及南田、高塘等数个大岛上，尚有孤山124座。山脉、山峰，旧志一般入“山川志”，叙其名称、方位、高度、形状、景色、溪潭、文化等，为叙山之基本要素，可资借鉴。乾隆《象山县志》叙象山山脉，依其走向大势，由西而东，至县治西北之象山、炼丹山，又由象山、炼丹山而至东北，由东北而南乡，为叙山之条理和思路，亦可资借用。惟跨区域的，一区先记，则他区不再记。山脉概以山峰，山峰统于山脉，故以山脉为目，山峰聚而共为其子目。大丹山为象山之“祖山”，蒙顶山、珠山、五狮山各为西、东、南各乡之“少祖山”，特先提示。象山，邑之主山，县名因之而来，文化积淀深厚；炼丹山，亦称蓬莱山，传为徐福隐迹、陶弘景炼丹之处，多存遗迹，风景秀丽，合二为一，单独立节述之。

第一节　象山　炼丹山

旧志认为象山、炼丹山（蓬莱山）为不同的山，故分别列目叙述，宝庆《四明志》肇其始，嘉靖《象山县志》踵其后，以后宁波、象山两地旧志皆如是而述。即使旧志之外的地方文献，亦多如此，清道光年间所刊《四明谈助》即为其一。象邑民间却有另说，谓彭姥岭以北皆

"象山"①

象山 海拔260米，以山形似象而得名。因峰顶圆耸，故名圆峰。旧志又载唐乾符二年（875）有凤翔于其上，故又称凤跃峰。圆峰长坡迤逦而垂，谓之象鼻，故亦称象鼻山。象鼻之下即象山县治。县治旧基为龟形，取"象逢龟则止"之意。清时视为"邑来脉，禁民取土"，故又名上官山。其半山之小山，曰乐妙山。其山腰平岗数里，曰西岭，亦曰后岭。其东有大老岩。象山半山后的小山上有"象潭"。凤跃溪之水，源出象山，为南大河之源。象山之西曰炼丹山，象山之东为化炉山，稍北为瑞云山。象山之东北为新罗岙山。乐妙山回峰萦抱者，曰东塘山，为邑城之内卫。

旧志载：象山之巅，有望海楼。山腰之南，有白鹿饮泉亭、观澜亭。步山椒而登，萦青绕白，山色皆投襟抱；极目远眺，海与天际，片帆舟影，如好鸟飞来。

象山得名考 象山县的"象山"，作为山名，文献上最早的记载，或为唐宪宗元和年间（806—820）李吉甫所撰的《元和郡县志》，其卷第二十六曰："神龙元年（705），监察御史崔皎奏于宁海县东界海曲中象山东麓彭姥村置县。"

象山乃以山状大势如象而得名。南宋乾道五年（1169）修成的《四明图经》，其卷六"山"云："象山……山中间起一峰，有水源流，观望形状如象，因以为名。"南宋宝庆三年（1227）修成的《四明志》，其卷二十一"叙县"中之"沿革论"云："海曲有山，形如象。"

象山之"象"，或云"屹如象形"，或云"伏象"。前者以乾道《四明图经》中的观点影响最广："县有一山，其势壮负，雄压海垠，前后瞻望，屹如象形。"后者以明嘉靖《象山县志》的说法为代表，说大象是伏着的。其卷三"山川纪"列"象山"一目，云："象山，邑之主山，以其形肖伏象，因名。"顾祖禹于清初所撰的《读史方舆纪要》亦持此论，其卷九十二曰："象山，在县治北，形如伏象。"

象山地理位置考 按《元和郡县志》里的说法，为原宁海县东界的海曲中。如果要更为具体和确切，旧文献中常见以三个参照物作为标准来判断：其一为彭姥村，象山在其西，此说见《元和郡县志》，云彭姥村在象山东麓，因之可以推论象山在彭姥村之西；其二为县治，象山在县治北。宝庆《四明志》卷二十一"叙山"云"象山，县北半里"。明嘉靖《象山县志》卷三"山川纪"曰："象山……山南麓七十步为县治"，即县治之北为象山。《读史方舆纪要》卷九十二曰："象山，在县治北"；其三为炼丹山，象山在炼丹山东，民国《象山县志》"山脉图志"中引乾隆《象山县志》云："象山稍西，中峙一峰，曰炼丹山，旧名蓬莱山。"炼丹山在象山之西，即象山在炼丹山之东。

炼丹山 在象山稍西，旧名蓬莱山，相传秦始皇派遣徐福访神仙之术曾游止于此，遗有药灶残踪及丹井泉。又传梁陶弘景曾于此修道炼丹，投丹于井，故称炼丹山、丹山或丹山赤水，俗称

---

①元代蒋景高，在《重修圆峰庙记》中载："象山之西，丹台之东，有峰正圆""象鼻昂且优，神仙足官府。象尾耸丹台，仙井丹光吐。象腹圆而重，神明而中处。"以"象鼻""象腹""象尾"把两山合为一山而述说。清乾隆倪象占《蓬山清话·象山辨》中提出象山"以庞然似象也""自彭姥岭而北皆象山""蓬莱、炼丹之名，亦不必与象山分指"的观点，认为象山已包含炼丹山。《象山地名志·山川地名》只列象山一目，未列炼丹山目。其"象山"目云："象山，系射箭山东南段，介于墙头、大徐、丹城三镇交界处，略呈西南——东北走向，西起彭姥岭，东至盛宁线，长2.5千米；西北至三叉坑岭接射箭山主峰，东南麓为丹城镇城区，最宽处2千米。"

“石屋山”。山势平缓，主峰桂花岩头居中，海拔380米。其西有千丈岩，海拔339.1米。80年代，其上建电视转播台，今民间称此山为“电视塔山”。山腰有石屋，以岩石敞开如室而得名，古为佛教禅林。石屋有八景，名曰：雨香庵、听秋室、招鹤峰、洗心池、指迷石、流华涧、眠云坞、怡情台。石屋有历代摩崖石刻。石屋有乳泉，泠泠有声。有半月池。炼丹山之水，据旧志所载，绕城而西，合彭姥岭、石屋诸水，至迎恩桥入西壕河者，称蓬莱溪。分炼丹山之源，由栖霞观过龙泉井前至谢家桥，折而入唐家河者称濯缨溪。炼丹山之西北为射箭山，其东为象山。

旧志载：炼丹山其更上有大炼丹山，平峦障如画。其侧有仙掌岩，掌迹隐然。又有千丈岩，上有巨人迹、棋枰痕。西麓有蓑衣岩，篆字数行不可识，疑异人书。山隐映圆秀，其巅平夷。上石屋之径古称“盘桓径”，径腰山而上，旁多翠篆，望之人在竹上行。邑人逢春登览，号为胜地。

第二节　西部诸山

乾隆《象山县志》载西部山脉：“自天台绵邈萦迂走数百里，或隐或现，或起或伏，至盖苍山（一名茶山）高出云表，宁海、象山分界也。”越数里特起一山，即大丹山。自大丹山下，奇峰缥缈，岗峦连绵，其左旋为郑家山，度石门岭，旧为宁海象山分界。至牌头，为麟嘉山，山之半，有界岭，在县西北六十五里。大丹山东出为东岭，经一里许，势断而跌宕复起，为蒙顶山。蒙顶山分支三，中出从车岭二里许，峭壁盘空者为青龙山。五峰层叠者为五雷山，东十里至淡港之青山，北至闸岙之乌沙山而尽。左出二里许为梅岩山，至东岙、西周而尽。右东出至何婆大岭，起伏顿挫二十里，峻拔削立者为白岩山。其南西沙岭，连白仙山。白仙山东以石鼓岭为界，又起一山，与大丹山遥接，相去五十里，为大雷山。大雷山东过黄牛头山，至顺风岭连荷花芯山。

大丹山

系宁海、象山二县界山，介于宁海大佳何、胡陈、长街三乡镇与象山西周、泗洲头两乡镇间。西北—东南走向，北尽象山港，南达岳井车岙港水库东，长36千米；西至宁海县大佳何、胡陈港、车岙港连宁海茶山，东至下沈港、龙溪与蒙顶山相连，最宽处约6千米。民国县志：“其溪微赤，朝日映之，熊熊有紫光”，故名大丹山。“盖山嵯峨千仞，与盖仓（茶山）齐，象邑之祖山也”。群峰绵亘，山势高峻，西溪岭以北尤甚，平均海拔500米。主峰东搬山居中偏北，西周镇白岩后村西1千米处，东距丹城21.7千米，海拔810.8米，为全县最高峰。其东南1.5千米的牛料岗，海拔756米，为全县第二高峰。大丹山是宁、象两县的分水岭，柴溪源于分水岗西坡，下沈港源于上了山与大尖山之间，泗洲头溪源于大洋山与滩湾山间，峙后溪源于灵岩山北坡，峙前溪源于灵岩山南坡。

东搬山　大丹山主峰。西周镇与宁海县大佳何乡交界处，东距白岩后村1千米，距丹城21.7千米，海拔810.8米，为全县最高峰。雄伟挺拔，势压群峰，犹如茶山（属宁海县，海拔872.6米）东移，故名。

牛塘岗　西周镇与宁海县大佳何乡交界处，东搬山西北8千米、丹城西27.7千米，海拔332米。山下有牛游塘，山顶平坦，故名。

乌岩岗 在西周镇与宁海县大佳何乡交界处，东搬山西北 7.4 千米、丹城西 27.4 千米，海拔 340 米。山顶平坦，岩石黑色，故名乌岩岗。

太平山 西周镇境。东搬山西北 7 千米、丹城西 26.7 千米处，海拔 325 米。名称来历不详。

六架尖 属大丹山，西周镇与宁海县大佳何乡交界处，东搬山西北 6 千米、丹城西 25.7 千米，海拔 433 米。名称来历不详。

天灯盏 西周镇境。东搬山西北 6.3 千米、丹城西 24.5 千米处，海拔 471 米。山峰尖耸如灯，故名。

分水岗 属大丹山。西周镇与宁海县大佳何乡交界处，东搬山西北 5.3 千米、丹城西 24.1 千米，海拔 617.5 米。为东西两水的分水岭，山顶平坦，故名。

西象山 西周镇与宁海县大佳何乡交界处，东搬山西北 4.5 千米、丹城西 23.7 千米，海拔 585 米。山峰形如象，地处县西，故名西象山。

洋山头 西周镇境。东搬山北偏西 5.7 千米、丹城西 22.8 千米处，海拔 401 米。旧时禁止砍伐树木称之“洋山”（象山方言，“蓄养，任其生长”之意），峰由此得名。

红岩山 西周镇境。东搬山西北 5 千米、丹城西 23 千米处，海拔 454 米。因山岩呈红色得名。

关山 西周镇关山村西。东搬山北 4.7 千米、丹城西 22.2 千米处，海拔 355.1 米。山势险要，古为象山通往宁海关口之一，故名关山。

仙人岩 西周镇与宁海县大佳何乡交界处，东搬山西北 4.1 千米、丹城西 23.2 千米，海拔 508 米。山上有一岩石，相传留有仙人脚印，堪称仙人岩，山以岩得名。

香山岗 西周镇与宁海县大佳何乡交界处，东搬山西北 2.5 千米、丹城西 22.3 千米处，海拔 608 米。山顶平坦，形若香炉，故名香山岗。

小羊尖 西周镇与宁海县大佳何乡交界处，东搬山北 1.35 千米、丹城西 21.5 千米处，海拔 639 米。山峰尖耸，形若羊羔，故名小羊尖。

虎口尖 西周镇与宁海县大佳何乡交界处，东搬山东北 950 米、丹城西 21.2 千米处，海拔 684 米。山峰尖耸，形势险峻如虎口，故名。

仙人洞岗 西周镇境。东搬山东南 900 米、丹城西 21.2 千米处，海拔约 750 米。山顶平坦，西北坡有一山洞，高 4 米，习称仙人洞。

牛料岗 西周镇与宁海县胡陈乡交界处，东搬山东南 1.5 千米、丹城西偏南 20.9 千米处，海拔 756 米，为全县第二高峰。顶平百余亩，禾草茂盛，为放牛好场所，故名牛料岗。

丹岗 西周镇境。丹岗村南，东搬山东南 2.9 千米、丹城西偏南 19.3 千米处，海拔 358 米。山顶平坦，土壤呈红色，故名丹岗。

横山 西周镇境。横山村东南，东搬山东 3.6 千米、丹城西偏南 18.3 千米处，海拔 404 米。民国《象山县志》载，象山立县前，该山横于明州、台州交界处，因名横山。

大尖山 西周镇境。东搬山东偏南 4.3 千米、丹城西偏南 18 千米处，海拔 469 米。以山峰高大尖耸得名。

上了山 西周镇、泗洲头镇与宁海县胡陈乡交界处，东搬山东 6.2 千米、丹城西偏南 16.3 千米处，海拔 497 米。名称来历不详。

天灯盏岗 泗洲头镇与宁海县胡陈乡交界处，东搬山东 6.4 千米、丹城西偏南 16.2 千米处，海拔532米。山顶平坦，形若灯盏，故名天灯盏岗。

滩弯山　泗洲头镇境。东搬山东6.7千米、丹城西偏南15.6千米处，海拔504米。名称来历不详。

大旗山　泗洲头镇与宁海县胡陈乡交界处。东搬山东南7.4千米，丹城西南17.6千米处，海拔479米。民国《象山县志》载，山峰犹如迎风招展大旗，故名。

廿四炮　泗洲头镇与宁海县胡陈乡交界处，东搬山东南7.85千米、丹城西南18.2千米处，海拔496米。名称来历不详。

逃羊岗　泗洲头镇与宁海县胡陈乡交界处，东搬山东南8.75千米。丹城西南19千米处，海拔473米。名称来历不详。

大尖山　泗洲头镇与宁海县胡陈乡交界处，东搬山东南11.8千米、丹城西南19.5千米处，海拔440米。以形得名。

马头尖岗　泗洲头镇境，东搬山东南11千米、丹城西南17.5千米处。海拔300米。山峰高峻似马头高翘，其巅较平，故名马头尖岗。

高背岩　属大丹山支脉灵岩山，泗洲头镇境，东搬山东南12.3千米、丹城西南18千米处，海拔357.2米。山上有岩石如背突起，习称高背岩，山以岩名。

灵岩山　属大丹山支脉灵岩山，泗洲头镇境，东搬山东南13.3千米、丹城西南17.9千米处，海拔388米。山岩形若巨鼓，玲珑奇兀，巧夺天工，故名灵岩山。

白岩山　泗洲头镇与宁海县胡陈乡交界处，东搬山东南14.4千米、丹城西南21.8千米处，海拔395.5米。因岩石呈白色得名。

后门山　泗洲头镇与宁海县胡陈交界处，东搬山东南15.2千米、丹城西南22千米处，海拔337米。因处苏岙村西北，故名。

蒙顶山

位于西周镇，有“西乡少祖山”之称，系大丹山牛料岗东延而至。东南—西北走向。南起于家溪与白仙山对峙，北尽今西周镇东岙村。清姜炳璋《游蒙顶山记》载，“盖山极高，其顶极平，春夏无日不雾，故以‘蒙顶’称”。山体巍峨，山峰挺秀，山势从东南向西北倾斜。海拔500米以上山峰3座，成鼎立之势，其间为一海拔450米的小平地，面积数百亩，1955年建成茶场。茶场西侧为天峰，东北侧为大尖峰，东南侧为小尖峰。三峰向西北延伸，别称梅尉山，其最高峰尖比山在山头村西1千米处，海拔459米。西周港上游大长溪源于主峰北坡，淡港上游之一于家溪源于主峰南坡。

天峰　蒙顶山主峰。西周镇境内。在庆丰桥南2千米、丹城西16.8千米处，蒙顶山茶场西侧，海拔584.9米。因其在诸峰中“独峻绝天”，直插云端，故名天峰。

长岭山　西周镇境。天峰西2.4千米、丹城西19.2千米处，海拔460米。以岭得名。

东洋山　西周镇境。天峰西偏南2.5千米、丹城西19.2千米处，海拔442米。旧时称禁止砍伐树木之山为洋山（蓄养意）。该山处静家山东，故名东洋山。

南风岗　西周镇境内。天峰西南2.8千米、丹城西偏南19.4千米处，海拔426米。山顶平坦，常刮南风，故名。

芦山　西周镇境内。天峰西北2.2千米、丹城西18.2千米处，海拔320米。以芦秆茂盛得名。

尖比山　西周镇境内。天峰西北1.5千米、丹城西17.7千米处，海拔459米。因其形若牛身上的牛蝍蟟（亦称牛车蝍）得名蝍蟟山，后谐音称尖比山。

大尖峰　西周镇境。天峰东北750米、丹城西16.1千米处，海拔560米，为蒙顶山第二高峰。天峰以东有两座尖耸山峰，该峰较大，故名。

小尖峰　西周镇境。天峰东约1千米、丹城西16千米处，海拔514米。海拔低于大尖峰，故名。

青龙山

位于西周镇境内。东南—西北走向，南起儒雅洋谷地，北至琴诗岙、文岙而尽，长8千米；西至大长溪与蒙顶山对峙，东至淡港与白岩山相对，宽2.5~3.5千米。山以主峰得名。山势从东南向西北倾斜，海拔400米以上山峰7座。主峰在儒雅洋西岙郑村西北，东距丹城14.5千米，海拔514米。

青龙山　青龙山主峰。西周镇境。庆丰桥东1.8千米、丹城西14.5千米处，海拔514米。明嘉靖《象山县志》载，宣宗时，县令江栩到该山东摄潭祈雨，见“青龙现形，因名青龙山”。

大平岗头　西周镇境。青龙山西北3.6千米、丹城西17千米处，海拔313.4米。因山冈平坦得名。

大坑山　西周镇境。青龙山西北3.5千米、丹城西16.3千米处，海拔309米。以溪得名。

长龙坑　西周镇境。青龙山北偏西3千米、丹城西15.8千米处，海拔344米。以淡港支流长龙坑得名。

对岗腰　西周镇境。青龙山北偏西4千米，丹城西15.5千米处，海拔310米。名称来历不详。

白象潭山　西周镇夏叶村东北。青龙山西北2千米、丹城西16.3千米处，海拔333米。以潭得名。

蜈蚣头　西周镇境。青龙山西北2.75千米、丹城西16千米处，海拔492米，为青龙山第二高峰。以形得名。

五雷山　属青龙山。西周镇境。青龙山西北约1.5千米处，丹城西15.4千米。因五峰相垒得名五垒山，后谐音五雷山。海拔分别为474米、450米、400米、407米、410米。

乌岩山　西周镇境。青龙山西南800米，丹城西15.2千米处，海拔365.4米。以岩石呈黑色得名。

风南山　西周镇境。青龙山东800米、丹城西13.7千米处，海拔332米。以风南庵得名。

白岩山

西周、墙头两镇间。南北走向，南至西沙岭连白仙山，北尽高泥港，长8.5千米；西至淡港与青龙山对峙，东靠西沪港，最宽处约3.6千米。因岩石呈白色得名。主峰狮子尾巴俊秀峭立，居于中部偏南，墙头镇徐家井头村西，东距丹城12.1千米，海拔550.9米。

狮子尾巴　白岩山主峰。墙头镇与西周镇交界处。徐家井村西1.35千米、丹城西12.1千米处，海拔550.9米。峻拔峭立，形似狮子尾巴，故名。

杨岙山　西周镇境。狮子尾巴西北1.2千米、丹城西13.2千米处，海拔313米。以村得名。

紫云峰　西周镇境。狮子尾巴西650米、丹城西12.7千米处，海拔458米，为白岩山第二高峰。山有深潭，相传冒紫烟必雨，故称紫云潭，山以潭名。

蚶岙山　墙头镇与西周镇交界处。狮子尾巴北偏东1.2千米、丹城西12千米处，海拔325米。以村得名。

万松山　墙头镇与西周镇交界处。狮子尾巴南900米、丹城西12千米处，海拔354米。山下有千年古刹智门寺，传寺僧在周围栽松万株，山因此得名。

铜鼓山　墙头镇与西周镇交界处。狮子尾巴南2.1千米、丹城西11.5千米处，海拔331米。山腰有一岩石形似鼓，敲之铿锵有声，因名铜鼓岩，山以岩名。

白仙山

位于西周、泗洲头、墙头、茅洋四镇乡间。西北—东南走向，北至西沙岭连白岩山，与青龙山隔淡港对峙，南尽蟹钳港，长11.3千米；西至龙溪、何婆岭连大丹山，东与大雷山以石鼓岭、管溪为界，均宽5千米。以主峰得名。山体庞大，岗峰起伏连绵，有海拔400米以上山峰13座。主峰白仙山在中部偏南，东北距丹城11.9千米，海拔540米。东岙溪源于主峰东南白仙山林区，茅洋大溪西支源于小岭。

白仙山　白仙山主峰。在泗洲头镇境。泗洲头北3.9千米、丹城西南11.9千米处，海拔540米。相传古有白衣大士路过此山，见其景色秀丽而定居，故名白仙山。

鸟尖山　墙头镇与西周镇交界处。白仙山北5千米、丹城西10.8千米处，海拔492.4米。以形得名。

白岩山头　一名白岩岛山头。墙头镇与西周镇交界处。白仙山北4.25千米、丹城西偏南10.3千米处，海拔450米。以岩石白色得名。

铁钉岩山岗　西周镇境内。白仙山北偏西3千米、丹城西偏南11千米处，海拔310米。山顶平坦，有一岩石尖耸似铁钉，俗称铁钉岩，山以岩名。

长坑山　西周镇境。白仙山北2.6千米、丹城西偏南10.4千米处，海拔409米。以溪得名。

水缸岩　西周镇境。白仙山北2.5千米、丹城西偏南10.7千米处，海拔390米。山顶有一岩石形似水缸，习称水缸岩，山以岩名。

长湾山岗　西周镇境。白仙山北偏西2.6千米、丹城西偏南11.3千米处，海拔368米。山顶平坦，山下为一狭长山湾，故名。

箬帽平岗　西周镇境。白仙山北偏东2.7千米、丹城西偏南10千米处，海拔360米。山峰似箬帽，山顶平展，故名。

马鞍岗　属白仙山。西周镇境。白仙山北2.4千米、丹城西偏南10.3千米处．海拔350米。山顶平坦呈马鞍形，故名。

羌平山　西周镇境。白仙山西北2.5千米、丹城西南12.3千米处，海拔406.4米。以村得名。

小竹湾岗　西周镇与茅洋乡交界处。白仙山北1.8千米、丹城西南10.8千米处，海拔371米。以山下小竹湾得名。

头脑山头　墙头镇与西周镇交界处，白仙山北3.8千米、丹城西偏南10千米处，海拔470米因形似人的脑袋，故名头脑山头。

白米岩山　墙头镇与西周镇交界处。白仙山北3.4千米、丹城西偏南9.8千米处，海拔460米。山顶岩石圆若白米，故名。

白蜡烛台　墙头、西周、茅洋三镇乡交界处。白仙山东北3.1千米、丹城西南9.5千米处，海拔335米。山有一白色岩石，形若蜡烛台，习称白蜡烛台，山以岩名。

飘台山　一名飘山。泗洲头镇境。白仙山西北2.75千米、丹城西南13.4千米处，海拔344米。名称来历不详。

棋盘岩　泗洲头镇境。白仙山西北 900 米、丹城西南 12 千米处，海拔 25 米。山顶有岩石形似棋盘，习称棋盘岩，山以岩名。

搭柱窠　又名长脚沙奇岩。泗洲头镇境。白仙山西南 1 千米、丹城西南 12.5 千米处，有二峰，海拔分别 485 米、407.5 米。两峰高耸如柱，中间凹陷如鸟窠（塔柱为当地一种成“Y”形的柱状工具，挑担人用来柱担以恢复体力）。故名搭柱窠。又以岩石得名长脚沙奇岩。

扁担岗　泗洲头镇与茅洋乡交界处。白仙山东 1.35 千米、丹城西南 11 千米处，海拔 460 米。山顶平坦，两端微翘似扁担，故名。

仰炭窑　泗洲头镇与茅洋乡交界处。白仙山东南 2 千米、丹城西南 11.5 千米处，海拔 409.7 米。以形得名。

翠山　茅洋乡境。白仙山东偏南 2 千米、丹城西南 10.7 千米处，海拔 453 米。植被一年四季葱郁青翠，故名翠山。

长坑山　属白仙山。泗洲头镇与茅洋乡交界处。白仙山东南 3.1 千米、丹城西南 12.5 千米处，海拔 470 米。以溪得名。

旋岩头　泗洲头镇与茅洋乡交界处。白仙山东南 3.5 千米、丹城西南 12.8 千米处，海拔 450 米。山有岩石形似船，称船岩头，山以岩名。方言“船”“旋”同音，误作旋岩头。

前牛栏　属白仙山。茅洋乡境。白仙山东偏南 3.1 千米、丹城西南 10.6 千米处，海拔 326.6 米。以山南山坳得名。

天打岩　茅洋乡境。白仙山东南 3.85 千米、丹城西南 11 千米处，海拔 391.8 米。山顶有裸露岩石，相传为天打（雷击）成，故称天打岩，山以岩名。

大雷山

墙头、茅洋二镇乡间。南北走向，南至溪口水库、杨家山而尽，北至西沪港跳头嘴、塔岭炮台山而尽，长 7 千米；西与白仙山以石鼓岭为界，东至顺风岭连荷花芯山，最宽约 4 千米。以主峰得名。山势中部高，向南北倾斜。有 400 米以上山峰 5 座。主峰大雷山居于中部偏西，墙头东南 2.5 千米，东北距丹城 7.3 千米，海拔 590 米。大雷溪源于小大雷山西北坡，茅洋大溪东支源于石鼓岭。

大雷山　大雷山主峰。墙头镇境。墙头东南 2.5 千米、丹城西 7.3 千米处，海拔 590 米。一说山峰雄峻挺拔，上有仙人洞，传为雷公所居，故名大雷山；一说山东龙潭坑有龙，遇云雾蒙顶，必打雷闪电，因名；又一说山顶巨岩相垒，因名大垒山，谐音大雷山。民国《象山县志》载：“其山谽岈崎岖，如屏阁，如鹍之抟，如虬之攫，怪石危岩，不可名状，其精神直瞰邑城。山有西石壁潭，山之后有丽水岩，山之前有灵鬼岩。”山之巅“有井七，如连珠”。

小大雷山　墙头镇与茅洋乡交界处。大雷山南 700 米、丹城西南 7.5 千米处，海拔 544 米，为大雷山第二高峰。以大雷山得名。

挂钟山　墙头镇境。大雷山东 2 千米、丹城西南 5.3 千米处，海拔 376.8 米。山峰圆耸如大铁钟，故名挂钟山。

小马鞍　墙头镇与茅洋乡交界处。大雷山东南 1.75 千米、丹城西南 6.35 千米处，海拔 484 米。因山峰呈马鞍形得名。

大马鞍　墙头镇与茅洋乡交界处。大雷山东南 2.3 千米、丹城西南 6.7 千米处，有二峰，海拔分别为 468.1 米、460 米。两峰对峙，形若大马鞍，故名。

荷花芯山

位于墙头、茅洋、丹西、东陈4街道镇乡间。南北走向，南至乌石峧与五狮山对峙，北至彭姥岭连射箭山，长9.4千米；东临南庄平原，西至仓岙水库、顺风岭连大雷山，宽2.5~3.5千米。荷花芯山，一名九顷大山，均以主峰得名。民国《象山县志》载，“九顷山，蝗螂横亘，傲兀自奇。至此，山势分张，北入邑城，南入昌国。”山势如屏，向北倾斜。主峰居南，东距九顷村2.5千米，北距丹城6.15千米，海拔588.2米。清水坑源于美人岩东北坡。西大河源于美人岩。仓岙大溪源于主峰北坡和老鹰山西坡。

荷花芯山　一名九顷大山。荷花芯山主峰。在茅洋乡与墙头、丹城二镇交界处，九顷村西2.5千米、丹城南偏西6.15千米处，海拔588.2米。民国《象山县志》载，其岩如千叶莲花，“迎风纷披”，因名荷花芯山。又有大小山峰9座，围成一大山坳，有田9顷，故习称九顷大山。

谢家山　墙头镇境。荷花芯山北4.5千米、丹城西偏南3.1千米处，海拔367米。传古为谢家所有得名；一传山麓曾有谢家村得名。

青山　墙头镇境，在荷花芯山北偏西3千米、丹城西南4.3千米处，海拔300米。因植被四季常青得名。

美人岩　一名骑人岩。属荷花芯山。墙头镇、丹西街道交界处。荷花芯山北4千米、丹城西南2.6千米处，海拔402米。山上有岩石如美人俏立，故名。又如骑于人上，亦称骑人岩。山以岩得名。

其人岩　墙头镇、丹西街道交界处。荷花芯山北偏西2.1千米、丹城西南4.7千米处，海拔410米。山顶有一岩，高3米，形若人，习称其人岩，山以岩得名。

鹰嘴山　墙头镇、丹西镇街道交界处。在荷花芯山东北650米、丹城南偏西5.5千米处，海拔460米。以形得名。

鸡冠岩　茅洋乡境。荷花芯山西600米、丹城西南6.5千米处，海拔510米，为荷花芯山第二高峰。山顶有一岩石耸立，形若鸡冠，称鸡冠岩，山以岩得名。

稻蓬岩　茅洋乡境。荷花芯山西南1千米、丹城西南7千米处，海拔359米。山顶有岩石形如稻草蓬，习称稻蓬岩，山以岩得名。

杨蓬岙山　茅洋乡与丹西街道交界处。荷花芯山南1.1千米、丹城南偏西7.2千米处，海拔344米。以其东麓杨蓬岙村得名。

田横山　鹰嘴山东越黄土岭至山头董村而尽，长1.5千米，海拔不足200米，为荷花芯山支脉之一。

西山　杨蓬岙山南越行者岭折而呈西南—东北走向，长6千米，因处行者岭西南而得名，称“西山”。

大金山　从主峰大岩山东越和尚岭至沙岗村而尽。

马岗山　行者岭向东北延伸至姆岭，称马岗山。

北山　越姆岭至仇家山而尽称北山，因处行者岭东北得名。

鸡笼山　鹰嘴山北折，过白石山趋县城。宝庆志载：县西南5里，圆秀、望之如鸡笼。山麓有白鹤庙。民国《象山县志》称：“鸡笼山，邑城之外，蔽也。西有凤凰山，仪舞若风；南有狮子山，蹲伏如狮，邑城内卫也。”狮子山，俗称茶园山，县西门外半里。

第三节 东北部诸山

象山西乡、东乡、南乡“三乡”之称，由来已久，但从未成行政区域之乡名。东乡地实以县北为多，而不称北乡，故民谚有云：“爵溪有四门，象山无北乡。”故今以“东北部诸山”称之。大炼丹山逆折北起曰郑行山，即射箭山。象山之东，有东皋山，其东南半里曰东石壁潭，又南二里为塔山，形家为邑之甲方，其颠筑有文峰塔。塔山东一里曰姚家山，过二里山形如王字者曰王字山。王字山之南有赵岙岭、双岭、前岙岭，其东为爵溪山。王字山之北过相思岭，有大山盘延四都者曰珠山。珠山向西延伸为马岙山。马岙山之北有西山，其西有高泥山，之东有钱仓山。

射箭山

大徐、墙头、丹东、丹西4街道镇乡间。南北走向，南起彭姥岭接荷花芯山，北尽白墩港跳头嘴，长7千米；西靠西沪港，东为雅林溪平原，东北过岙山与珠山相望，最宽处约4千米。射箭山，一名郑行山，均以主峰得名。有海拔300米以上山峰8座，主峰居中。分而为大岙山折为百祥山、化林山、稍北洋巴山、桃湾山至白墩岭而尽，县西5千米黄溪源出郑行山，流至黄溪渡入海。雅林溪水源于猢狲岩。

射箭山　由荷花芯山向北延伸而来。射箭山主峰，洋北村西2.2千米、丹城西北3.2千米处，海拔548.4米，因其形似箭镞得名；据宋宝庆《四明志》载，“旧有郑行结庵于此”，故又名郑行山。嘉靖府志载：“山为象山后拥，产丹桂。”山形耸拔。

大坑山头　墙头镇境。射箭山西北1.5千米、距丹城西北4.5千米处，海拔309米。由山北大溪坑得名。

毛竹坑山　大徐镇境。射箭山东北2千米、丹城北偏西4.2千米处，海拔319米。以山麓毛竹坑得名。

大峰山　墙头、大徐二镇交界处。射箭山北1.3千米、丹城西北4千米处，海拔462米。两峰东西对峙，形状相似，该峰高大，故名。

小峰山　大徐镇境。在射箭山东北1.2千米、丹城西北3.7千米处，海拔381米。因低于大峰山，故名。

瑞云山　墙头、大徐二镇交界处。射箭山北偏西500米、丹城西北3.7千米处，海拔407米。以山麓延寿寺、旧名瑞云院得名。

爵溪山

位于大徐、丹东、爵溪3镇、街道间。西北—东南走向，北尽牛岙山嘴，南尽龙洞门嘴，长12.5千米；东濒大目洋，西为南庄平原，均宽3.5千米。以爵溪街道得名。系射箭山东延而来，过象山、郑家山、梅溪山、岙里山至泥塘山折向东南展布。山势南高北低，有海拔300米以上山峰7座。主峰大爿山以其高大得名，处南部中段，赤坎村东北，西北距丹城8.7千米。双峰并列，海拔分别444.3米与435.8米。南大河源于大爿山北坡。爵溪中心河源于黄鳝洞。

大爿山　爵溪山主峰。爵溪街道与丹东街道交界处。赤坎村东北1.5千米、丹城东南8.7千米处，双峰并列，海拔各444.3米、435.8米。以其高大得名。

天灯山　爵溪街道境内。大爿山西北4.3千米、丹城东6.2千米处，海拔300.1米。以峰似灯盏得名。

尖山　丹东街道与爵溪街道交界处。大爿山西北2.1千米、丹城东偏南6.5千米处，海拔330米，以其峰顶尖耸得名。

天灯盏　一名天灯山。属爵溪山。丹东街道与爵溪街道交界处。大爿山西北1.65千米、丹城东偏南6.8千米处，海拔315米。以形得名。

龙春山　爵溪街道境内。大爿山东北600米、丹城东南8.6千米处，海拔355米。传山与其东南锯门龙洞相连，春季多雾，故名龙春山。

甸平山　在爵溪街道境内，距爵溪城区北2.7千米处。北连庵山，南至大燕山塘，西至牛丈岙村，东接周家岗，东西宽1.5千米，南北长1.3千米，海拔131米。

赤坎山　丹东街道境内。大爿山南650米、丹城东南8.6千米处，海拔334米。以赤坎村得名。

范岙山　位东谷湖东北部，海拔149.1米，东北走向。紫云庵位于山东麓范岙岭上。

塔山　位东谷湖东南部。海拔69米，东南走向。山巅有文峰塔，山南麓有塔山遗址。

姚家山　旧称"县东三里"，以山名村，亦称"姚家山"。其山实为万岙山之东南端部分。

王字山　姚家山过二里，山形如王字。嘉靖府志："王字山，县东五里，顶平坦如王字，因名。"亦有写"王寺山"。海拔44.1米。

梅溪山　位下梅溪岙里，即岙里山，俗称"倪郎山"，以唐招讨副使倪九畴名。

鼓吹山　其山在梅溪村南二里许，赵岙岭之右首（西），海拔105.9米。山南麓，旧有鼓吹庙。是山为甸平山之右峰，相传岩洞隐隐有鼓声，将雨、云雾生焉。故名"鼓吹山"。为邑城之"外蔽"。

瑞龙山　嘉靖府志："瑞龙山，县东南十里，又名乌龙山，周围盘曲，状如伏龙。"故名。主峰大帽山海拔237.2米，山呈南北走向，南麓有瑞龙寺。

珠山

一名珠岩山，均以主峰"岩如珠"得名。"蟠延雄踞，势压沧海"，有"东乡少祖山"之称。有海拔300米以上山峰10座。主峰位居中部偏南，贤庠、涂茨二镇交界处，南偏西距丹城10.6千米，海拔541.5米，为县北第一高峰。分脉有五：东北一支依次有观音岩、挂佛岩诸峰；西南一支依次有大佛坐、飞鹰山诸峰，是为珠山主干；北出一支至青莱炮台山；南出一支至黄盆岙；东出一支至玉泉山而尽。溪沿溪源于小灵峰火烧山北坡，东塘河源于大佛座南坡与飞鹰山东坡，下庄溪源于火烧山东北坡，钱仓大江源于玉泉山南坡挂佛岩，汤岙河源于火烧山，萧家大溪源于五冲山头，泊戈洋河源于观音岩，林善岙河源于猢狲岩。

蛟龙山　贤庠镇境。珠山西北2.6千米、丹城北11.7千米处，海拔323米。因山形盘曲如龙得名。

石棚山　贤庠镇境。珠山西北2千米、丹城北11.2千米处，海拔310米。以岩石得名。

大佛坐　在贤庠、涂茨、大徐三镇交界处。珠山西南950米，丹城北10.1千米处，海拔449米，为县北第二高峰。因山形似大佛端坐，故名。

鹰山　一名飞鹰山。大徐镇境。珠山西南1.5千米、丹城北9.3千米处，海拔356米。以形似苍鹰搏击长空得名。

观音岩　涂茨镇境。珠山东北1.7千米、丹城东北11.6千米处，海拔370米。山有一石，形似观音，山以岩名。

挂佛岩　涂茨镇境。珠山东偏北 2.85 千米、丹城东北 12.5 千米处，海拔 362 米。其巅有石如佛，远视仿佛悬于空中，故名挂佛岩，山以岩名。

尖峰山　贤庠、涂茨二镇交界处，珠山东北 3.45 千米、丹城东北 13.4 千米处，海拔 344 米。以形得名。

火烧山　贤庠、涂茨二镇交界处，珠山东北 4.5 千米、丹城东北 14.8 千米处，海拔 370.6 米。名称来历不详。

玉泉山　涂茨境镇。从挂佛岩东出一支至玉泉村而尽，称玉泉山，宋玉泉盐场由此得名。最高峰五冲头，海拔 320 米。宝庆志载，玉泉深三尺，味甘。立夏后泉涌，立秋后泉涸，有怪松覆泉上。

大山　贤庠、涂茨二镇交界处。在珠山东北 3.6 千米、丹城东北 13.9 千米处，海拔 372 米。因山峰高大得名。习称小灵峰，名称来历不详。

马岙山

位于黄避岙、贤庠、大徐三乡镇间。南北走向，北至西山下岭接西山，南尽海口塘虎鼻头，长 6 千米；西至湖头溪，东至盛宁线，宽 1~1.5 千米。系珠山向西延伸而来，由主峰得名。山峰多在海拔 200 米以下。主峰居中，由马岙村得名，南距丹城 10 千米，海拔 191 米。西有护境寺山，北有炮台山，东有屏风山，南有洪水山、狮子山、下岩山等。

西山

位于黄避岙乡与贤庠镇间。南北走向，南与马岙山以西山下岭为界，北尽象山港，长 3.5 千米；西至宜家岙，东靠贤庠平原，宽 1.5 千米。山以处海墩村以西得名。主峰居南，旧有西山下寨（一说湖头寨），因名寨后山，南距丹城 13 千米，海拔 249 米。其北依次有上西泽山、庄溪大山、下西泽山、老虎口诸峰，海拔均在 200 米上下。主峰西出分二支，一支向西北延伸至象山角而尽，长约 3 千米，名大莱山，山峰海拔多在百米以下；一支向西延伸至兵营而尽，称黄避岙山，最高峰仙人大座，海拔 208 米。

高泥山

位于黄避岙乡南部。东西走向，东起东岙弄连马岙山，西尽象山港，长 6.5 千米；南临西沪港，北靠黄避岙平原，最宽约 3 千米。系珠山向西延伸余脉，由主峰得名。山体破碎，海拔不高。主峰居西，里高泥村西北，东南距丹城 13.3 千米，海拔 289.2 米。由片村高泥得名；一名黄大山，名称来历不详。北有狮子山，西北有陈岙山，西南有凤凰山，其东依次有鲁家山、燕子山（一名庵基坪）、虎头山、高墩洋山、糯米山尖、上蒋山、凤凰山、庵基山诸峰。海拔均低于主峰。

钱仓山

位于涂茨镇东部。略呈南北走向，南尽白岩山盐场，北尽象山港口青湾山老虎口，长 8.5 千米；东临乱礁洋，西靠钱仓平原，宽 0.5~3.8 千米。以钱仓村得名。山势平衍，割切破碎。最高天灯山，在钱仓东南，西南距丹城 16.4 千米，海拔 224 米。山之东北绕山而城，为钱仓所，西有中堡炮台山，西北有钱仓炮台山、卢家山，西南依次有前山炮台山、将军山、凤山、上厂炮台山、庙龙山、白岩山诸峰。

第四节　南部诸山

象山陆境，民间以五狮山分南北。南部山脉，乾隆《象山县志》载：自荷花芯山右折而入行者岭，将至乌石岭，渡峡，分为姆岭，为玉几山所出。玉几山，县南十里，县治对之，为邑城案山，故曰玉几案。行者岭折而西，长坡数里，为五狮山。五狮山束而至风门岭，过岭为旋潭山。旋潭山左出一支为白岩山，束而为高湾岭。北隔高湾岭与白岩山对峙者为将军山。将军山南至田洋湖接大明山。大明山东延之脉称蛟龙山。大明山之西，有青埠岭连双峰山、大金山。鸡笼山、大片山、小西天山、荷花芯山、胖蓬岩山，皆在南田岛，为天台山余脉入海成岛之后的山脉。

五狮山

横亘于县之中部，茅洋、东陈、新桥三乡镇间，有“南乡少祖山”之称。西尽蟹钳渡，东尽大目涂，长 13.5 千米；北至乌石蛟与荷花芯山对峙，南至风门岭，宽 2~3.5 千米。五狮山，一名五师山，习称五指山，均以主峰得名。民国《象山县志》：“雄俊而羼餍”“如五狮之搅抟，故名”“南乡之少祖山也”。山势从中部向东西倾斜，主峰雄踞于中部偏西，茅洋村南，北距丹城 11.3 千米，海拔 557 米，为南乡第一高峰。南堡河源于主峰北坡，东陈河源于南盘水库，松岙溪源于三山头与尖头山之间青松潭，海台河源于主峰南坡，东溪河源于主峰东南坡。

五狮山　一名五师山，亦称五指山。相传古有五师修道于此；亦云状如五指相聚。五狮山主峰，峰有五。茅洋、东陈、新桥三乡镇交界处。茅洋村上黄东南 1.3 千米、丹城南 11.3 千米，海拔 557 米。

西山头　茅洋乡与新桥镇交界处。五狮山西 1.95 千米、丹城西南 12.1 千米处，海拔 337 米。因处箭岭头西，故名。

回龙山　茅洋乡与新桥镇交界处。五狮山西 750 米、丹城南偏西 11.4 千米处，海拔 378 米。以山麓回龙庵得名。

柴爿山　茅洋乡境。五狮山东北 1.25 千米、丹城南 10.3 千米处，海拔 303 米。相传旧时山上树木茂密，附近百姓多上山砍伐树木劈成柴爿出售维持生活，故称柴爿山。

大岩头岗　茅洋、东陈二乡交界处。五狮山东北 500 米、丹城南 10.8 千米处，海拔 421 米，为五狮山第二高峰。山顶较平，有巨岩屹立，故名。

洋山头　新桥、东陈二镇乡交界处。五狮山东偏南 2.25 千米、丹城南 11.8 千米处，海拔 380 米。以旧时禁止砍伐树木以蓄养（洋与养方言音同）山林得名。

洞洋山　新桥、东陈二镇交界处。五狮山东南 3.15 千米、丹城南 12.3 千米处，海拔 335 米。名称来历不详。

大头山　新桥、东陈二镇乡交界处。五狮山东南 4.15 千米、丹城南 13.6 千米处，海拔 389 米。以山峰高大得名。

大岩山　新桥镇境。五狮山东南 4.55 千米、丹城南 14.4 千米处，海拔 320 米。以山上有大岩石得名。

三山头　东陈乡境。五狮山东南 4.8 千米、丹城南 14 千米处。因三峰鼎立得名，海拔分别为 370 米、350 米、331 米。

旋潭山

位于新桥、东陈二镇乡间。东西走向，西至茅石公路，东尽于海，长 10 千米；北至风门岭，南至高湾岭与将军山对峙，最宽 4 千米。山以主峰得名。山势平衍，东高西低，有海拔 300 米以上山峰 4 座。主峰居中，旋潭村南，北距丹城 16.5 千米，海拔 260 米。其北坡有深潭，溪水流入形成旋涡，因名旋潭，山以潭名。关头塘河源于梅林岭。

万金岩　东陈乡境。旋潭山东 1.2 千米、丹城南 17.1 千米处，海拔 307 米。山上有一岩石形似饭蒸，称饭蒸岩，方言"饭蒸"与"万金"谐音，雅称万金岩。山以岩名。

乌岩山　一名五岩山。东陈乡境。旋潭山东偏北 1.8 千米、丹城南 17 千米处，海拔 325 米。以岩石乌黑得名。山坡有 5 块岩石，以形名船岩、墨鱼岩、旗岩、大尾巴岩、扑落岩，合称五岩。故又名五岩山。

马头山　东陈乡境。旋潭山东南 1.4 千米、丹城南 18 千米处，海拔 300 米。以形得名。

白岩山　新桥镇境。旋潭山南偏东 1.7 千米、丹城南 18.4 千米处，海拔 382.8 米。以岩石呈白色得名。

将军山

位于新桥、定塘、石浦镇三镇间。东西走向，西至大塘港，东尽七林湾大崎头，长 10 千米；北隔高湾岭与白岩山对峙，南至田洋湖岭连大明山，最宽 3 千米。以主峰得名。山势东高西低，海拔不高，主要山峰均在 300 米以下。主峰居中，高湾村西南，北距丹城 20.5 千米，海拔 296 米，因其峭立挺拔，好似古代将军头盔，故名将军山。七里塘河源于主峰西北坡，叶荫港源于主峰西坡，高湾溪源于主峰北坡，鸡鸣溪源于小岭。

前庙山　将军山西。新桥、定塘二镇交界处。海拔 297 米。

红岩山　将军山西。新桥、定塘二镇交界处。海拔 272 米。（地图标红岩岭，误）

老鸦肩岗　将军山西。新桥、定塘二镇交界处。海拔 236.5 米。形如乌鸦翼垂，故名。

上盘岭　将军山西。新桥、定塘二镇交界处。海拔 87.2 米。以山北有上盘村名。

新岙岭　将军山西。新桥、定塘二镇交界处。海拔 109 米。以山南有新岙村名。

灵岩山　亦称小岩灵（区别泗洲头灵岩山）。将军山西。新桥、定塘二镇交界处。海拔 255 米。四围山崖皆壁立如削，高数十丈，为象山最俊巧美观山峰。下有仙灵庵，苍松翠竹，荫翳若怀，远望如嵌于岩壁间，历为下南乡胜景之一。因西、南定山平原和三门湾无高大山体阻隔，故视野广阔，宁海县长街一带亦可抬头而见。

照 4-4　小灵岩山

稻桶岩岗　将军山东。新桥、石浦二镇交界处。海拔 229 米。

东岙岭　将军山东。新桥、石浦二镇交界处。海拔 188 米。

野猪搪　将军山东。新桥、石浦二镇交界处。海拔 287 米。

鸡鸣山　将军山东。新桥、石浦二镇交界处。海拔 188 米。由鸡鸣村得名。

大斗山　新桥、石浦二镇交界处。将军山东南 1.6 千米、丹城南 21.4 千米处，海拔 300 米。因其形似量具大斗，故名。

大士山　新桥镇高湾村南，石浦镇潭地村北，主峰海拔205米。因山上一岩形似观音大士，故名。

炮台山　新桥大林湾张家南，石浦镇大湾村北，主峰海拔110米，为两镇界山。昔山上有烽堠，故名。

小尖山　石浦镇田下岭村隔岸南，鸡鸣村东侧，主峰海拔144米，因山峰尖削，故名。

大明山

位于定塘、晓塘、石浦三镇乡间。西北—东南走向，北至田洋湖岭接将军山，南至玉女溪与大金山对峙，长8.5千米；西北靠定山平原，西南与双峰山以大青埠为界，东为昌国城区，宽2~3.5千米。由主峰得名。有海拔300米以上山峰3座，主峰居中偏东，昌国以西，北距丹城25.6千米，海拔425.2米，为下南乡第一峰。长塘河源于主峰西北坡，塘头港玉女溪源于主峰北坡。

大明山　大明山主峰。晓塘、石浦二乡镇交界处。昌国西1.7千米、丹城南25.6千米处，海拔425.2米，为下南乡第一高峰。民国《象山县志》载，“由鸡鸣五里许，有两崖对峙，中阔若门，曰大门山”。方言“门”“明”同音，后雅称大明山。一说登临山顶可观日月齐出，因名大明山。

大山弄　晓塘乡境。大明山西南1.4千米、丹城南26.2千米处，海拔314米。有南北两山，均东西狭长，两山间形成似弄堂的山坳，称之山弄。山较高，因名大山弄。

狮子山　石浦镇境。大明山东南1.65千米、丹城南26.8千米处，海拔366米。以山形如狮得名。

镜架山　石浦镇境，金架山村北侧。主峰海拔114米，因山形如眼镜架，故名。后金姓在山麓建村，误作金架山。

大平山岗　为石浦、定塘两镇界山，定塘镇田洋湖村东南侧，主峰海拔208.1米，因山峰平缓，故名。

牛平冈　石浦金架山村南，定塘镇沙地冈头山北。主峰海拔203米，为两镇界山。因山岗形如牛卧伏，故名；又云昔时牛常在此吃草，得名。

大溪枫冈　金架山官地山村南，定塘镇沙地村新安寺北，为二镇之界山，海拔204米。山南一溪称大溪，山岗多枫树，故名。

后门山　大明山主峰东侧，海拔251米。主峰古称大门山，因处在大门山之后，故名，古昌国卫建于山东麓。

蛟龙山

石浦镇东北部，大部凸入海中。西南—东北走向，西起昌国，东尽于海，长6千米，均宽1千米。系大明山东延支脉，走向曲折，宛若蛟龙出水，故名。山势平衍，海拔不高，最高炮台山在昌国东北，北距丹城24.5千米，海拔251米。北有狮子球，东有桃树山、水塘头山、上岩山、大湾山岗、黄泥山诸峰，海拔均在200米以下。有支脉自炮台山南越岳头岭折东入海，名崩头山。黄泥山东有半边山，半亚于海，奇岩怪石不可名状，历为下南乡一大胜景。

炮台山　石浦镇境内，昌国东偏北，新鹤村西侧，海拔251米。旧时山上建有烽堠，故名。

崩头山　石浦镇境内，新鹤沙滩与皇城沙滩间，海拔109.9米。因一临海山体经常崩塌，故名。

大湾山岗　石浦镇境内，处水塘头村西南，柴岙村北，海拔176米。因山湾较大，岗峦迭起，故名。

黄泥山　石浦镇境内，半边山村西侧，海拔 160.3 米。因山多黄泥，故名。

半巴山　石浦镇境内，半边山村东侧，海拔 66.7 米。因山体半边塌落，形如刀切，故名。

双峰山

定塘、晓塘二镇乡间。东西走向，东起大青埠岭接大明山、大金山，西尽金铜亭，长 7 千米；北为长塘河，南为九龙江，宽 2 千米。山以主峰得名，处中部偏西，黄埠村西北，北距丹城 27.6 千米，海拔 350 米。西有小新城山、后岭山、抱儿石山、葫芦门山诸峰，东有中央炮、黄芝山、老虎头岗诸峰，海拔均在 300 米以下。

双峰山　双峰山主峰。定塘、晓塘二镇乡交界处。黄埠村西北 1 千米、丹城南 27.6 千米处。因双峰并列得名。海拔分别为 350 米、337 米。

中央炮　定塘、晓塘二镇乡交界处。双峰山东北 1 千米、丹城南 27.1 千米处，海拔 312 米。因处双峰山与老虎头岗中间，上有烽堠，故名中央炮。

大金山

晓塘、石浦二乡镇间。东西走向，东起青埠岭头、玉女溪连双峰山、大明山，西尽九龙江口炮台山，长 13 千米；北为九龙江，南为金星平原，宽 3 千米。以主峰得名。山势平衍，东高西低。主峰在石浦北，北距丹城 29 千米，海拔 398 米。九龙江源于黄埠岭头。

大金山　大金山主峰。晓塘、石浦二乡镇交界处。石浦西北 1.5 千米、丹城南 29 千米处。山峰并列，形似“金”字，故名。海拔分别为 398 米、388 米。

鹅公头　晓塘、石浦二乡镇交界处。大金山西北 1.85 千米、丹城南 27.3 千米处，海拔 367 米。山峰形似雄鹅的头冠，故名。

牛头山　晓塘、石浦二乡镇交界处。大金山西 3.2 千米、丹城南 29.2 千米处，海拔 341.5 米。以形得名。

稻桶岩　晓塘、石浦二乡镇交界处。大金山西南 3.55 千米、丹城南 30 千米处，海拔 316.3 米。山上有一岩石，形似稻桶，习称稻桶岩。山以岩得名。

后岗山　石浦镇境内，处文昌阁东、延昌西，海拔 150 米。因处在石浦城区北，当地称“后”，故名。

炮台山　石浦镇境内，处火炉头路北，石浦老城区南。海拔 142 米，旧时山上建有炮台，故名。

凤凰山　处石浦凤上山村西北，大金山西南，海拔 162.8 米。山形如凤凰，故名。

大炮山　处晓塘乡南山村南，番头岙水库北，海拔 281 米，为晓塘乡与石浦镇界山。山形如大胖，故称大胖山。“胖”与“炮”方言音近，故写成今名。

花湾山　处稻桶岩西侧，上湾村北，海拔 262 米，山湾多野花，故名。

桐子山　处井水村西，马峙村东北交界线上，海拔 206 米。昔山上多桐子树，故名。

坟山岗　处石浦南向北，晓塘乡月楼岙狮子岩南，海拔 238.8 米，为两镇乡间界山。传山上筑有大坟，或山形如坟，故名。

下岙山　石浦镇西部与晓塘乡界山，处晓塘乡下岙村北，励家坪水库南，海拔 147 米。

梅湾山岗　原坦塘岛中部，为坦塘岛主峰，海拔 216.1 米。因山岗多梅树，故名。

鸡笼山

南田岛东北部。东西走向，西至鹤浦，东至下湾门棺材湾接大片山，长6千米；南为百丈溪，北靠石浦港，最宽处约3千米。以主峰鸡笼顶得名。山势南高北低。主峰位居中部偏南，北距丹城36千米，海拔300米。北有凤凰山、盘基山、炮台山诸峰，西有奶脯岩、红头山、高斗山诸峰，东有雉鸡山，海拔均在250米以下。

大片山

南田岛东部。略呈南北走向，北至百丈溪、棺材湾接鸡笼山，南至樊岙水库、龙潭坑接小西天山，长5千米；西尽樊岙港，东尽海，最宽处约5千米。以主峰得名，山势东南高，向西及北倾斜。主峰位居南偏东，北距丹城39.4千米，海拔405.4米，为南田岛最高峰。鹤浦大港源于平岩岭头龙潭坑。

大片山　大片山主峰。南田岛东部，樊岙村东北1.35千米、丹城南39.4千米处，两峰并列，海拔分别为405.4米、391米，为南田岛第一高峰。因其高大得名。

猪娘岗　南田岛大百丈村东，大片山北偏东2.1千米，丹城南37千米处，海拔365米。以形得名。

狗爬岩　南田岛樊岙村北，大片山西1.7千米、丹城南38.7千米处，海拔321米。山上有岩石，形似狗爬山坡，称狗爬岩。山以岩名。

小西天山　位于南田岛东部偏南。东北—西南走向，东尽海，西接平原，长5千米；北至樊岙水库、龙潭坑连大片山，南至风门口、三角坦接胖蓬岩山，宽2.5千米。以主峰得名。山势由东北向西南微倾。主峰居东北端，北距丹城41千米，海拔389.5米。

小西天　小西天山主峰。南田岛东部，樊岙村东3.3千米、丹城南41千米处，海拔389.5米。其坡陡如壁，登山难于上西天，故名。

道士结　南田岛小西天西北0.7千米、丹城南40.3千米处，海拔345米。山峰形似道士发结，故名。

白岩山　南田岛风门口西北，小西天西南2.5千米、丹城南41.8千米处，海拔375米。以岩石呈白色得名。

荷花芯山

南田岛西北部。东南—西北走向，北及东靠鹤浦平原，东南为大南田平原及南田湾，西尽蜊门港，长6千米，最宽3.5千米。系小西天山向西北延伸而来，以主峰得名。山体割切破碎，海拔不高。主峰居中，北距丹城39千米，海拔344.1米。西北依次有炮台山、凤凰头、万金山、龙头山诸峰，东南依次有长岗山、虎头岩、桃园山诸峰，海拔均在260米以下。

胖蓬岩山

南田岛南部。东北—西南走向，北至风门口、三角坦连小西天山，西北靠大南田平原，余皆临海，长6千米，均宽2千米。以主峰胖蓬岩得名。主峰位居东北部，北距丹城44.3千米，海拔331.4米。大南田河源于胖蓬岩西北坡横坑。

胖蓬岩　胖蓬岩山主峰。南田岛风门口南，丹城南43.7千米处，海拔331.4米。山峰圆耸，岩石裸露，多蔓延胖蓬藤，故名胖蓬岩。

水牛背　南田岛南部，胖蓬岩西3.65千米、丹城43.6千米处，水湖涂村西北，海拔322米。因山体像水牛的背脊，故名。

雉鸡山　花岙岛中部。花岙岛北，丹城南 44.4 千米处，为高塘岛乡最高峰，因山上多雉鸡得名，山有抗清名将张苍水屯兵遗址，今为国家级重点文物保护单位。

德人山　雉鸡山西北，蟹山水库南。丹城南 43.5 千米处，海拔 305 米。名来历不详。

大佛头　雉鸡山北，旧志称“象山县南一百五十里，高出海中诸山数百丈”“日本入贡每望此山为向导”。山突兀，陡峭，海拔 275 米。

第五节　孤　　山

孤山多兀立于旷野平原之中，常是周围最明显的地标物和制高点。相对高度虽低，海拔多在百米以下，体量甚微，但于民生利害常至关重要。如定塘镇上下鹰山、逸狗山作为大塘古围垦田上少数山体，在浮礁渡大桥建成前 200 年，一直是村民安身立命所系，以这几座孤山躲避台风洪潮。以西周、定塘、新桥数地数量最多。历史上，这些孤山多为海上岛礁，围垦后成孤山。

陈家山海拔 35 米，凤凰山海拔 36 米，丹东街道。

长珠山海拔 33 米，铜珠山海拔 28.4 米，半边山海拔 15 米，清明珠山海拔 28 米，深坞塘海拔 20 米，公屿炮台山海拔 122 米，石城海拔 40 米，光礁海拔 10 米，小燕山海拔 15 米，大燕山海拔 77 米，属爵溪街道。

蜘蛛山海拔 40 米，金鸡山海拔 40 米，蜜蜂山海拔 43 米，上厂山海拔 17 米，晓湾山海拔 96 米，打鼓峙山海拔 83 米，小峙山海拔 24 米，文昌阁山海拔 62 米，朝天门山海拔 90 米，礁山墩海拔 15 米，玉柱山海拔 20 米，雷公山海拔 67.2 米，横峙海拔 32 米，狮子山海拔 100 米，葛峙山海拔 106 米，天封塔山海拔 130 米，铜瓦山海拔 152.3 米，属石浦镇。

蛎山海拔 96.4 米，海山海拔 87 米，黄狗山海拔 10 米，虎山海拔 79 米，乌沙山海拔 175 米，龙头颈海拔 32 米，凤凰山海拔 95 米，属西周镇。

岑山海拔 69 米，晁山海拔 36 米，乌屿山海拔 42.6 米，田螺山海拔 25 米，枕头山海拔 28 米，狮子山海拔 65 米，毛竹山海拔 102 米，竹屿海拔 40 米，礁山海拔 15 米，属贤庠镇

小鱼山海拔 45 米，南田峙海拔 101.2 米，上小峙海拔 15 米，下小峙海拔 15 米，属鹤浦镇。

下山海拔 26.7 米，畚斗山海拔 50 米，定山海拔 128.8 米，定塘山海拔 51.3 米，庙山海拔 81.2 米，市头山海拔 23 米，属定塘镇。

圆山海拔 30 米，长屿海拔 28 米，圆屿海拔 31 米，红庙山海拔 25 米，鹭鸶山海拔 33 米，乌龟山海拔 20 米，上鹰山海拔 44.6 米，下鹰山海拔 64.3 米，逸狗头山海拔 31 米，中央山海拔 14 米，属定塘镇。

蚕山海拔 35 米，属墙头镇。

上埋山海拔 47 米，埕山海拔 50 米，白沙湾山海拔 120 米，大山海拔 89 米，小山海拔 45 米，大屿山海拔 25 米，铜头山海拔 55 米，属泗洲头镇。

黄家山海拔 65 米，塘西木海拔 57 米，属涂茨镇。

乌龟山海拔 22 米，岙山海拔 293 米，童家山海拔 145 米，属大徐镇。

磨石山海拔 85.2 米，麦地山海拔 20 米，稻桶山海拔 83.2 米，七里山海拔 220 米，大岙山海拔 151 米，红岩山海拔 42 米，黄狗盘山海拔 60 米，乌竹湾山海拔 54 米，大屿山海拔 68 米（茅石

线与影视城大道交接处），大圆山海拔25米，下山海拔25米，塔柱山海拔54.8米，宝山海拔27.7米，属新桥镇。

鹤头山海拔178.1米，属东陈乡。

龙山海拔40米，乌鸦山海拔70.4米，龙头山海拔64.6米，狮子山海拔93米，坦塘山海拔216.1米，罗汉塘山海拔33米，属晓塘乡。

碶门头山海拔47米，横里山海拔39米，棉花山海拔67.9米，长南山海拔13米，上前山海拔15米，下前山海拔20米，海鸭山海拔35米，癞头山海拔15米，汤馃山海拔23米，属黄避岙乡。

李家弄山海拔111米，小山海拔136米，柴山海拔25米，庙山海拔45米，属茅洋乡。

纱帽绿山海拔90米，轿顶山海拔66.5米，鱼潭山海拔75米，珠门山海拔255.3米，外山嘴海拔53米，坑头海拔68.6米，金高椅山海拔86.2米，箬渔山海拔216米，乌岩山海拔282.2米，轿顶山海拔74米，属高塘岛乡。

第三章　水　　系

象山水系按地形或入海口，可分为象山港水系、大目洋水系、三门湾水系。境内无客水。半岛狭窄空间限制了大纵深宽空间山脉发育，境内集水面积小。低山丘陵错落，流域破碎，水系面广、分散、源短、流急，季节性强，洪枯分明，且独注入海，利用率低，加剧了水资源的贫乏。

第一节　象山港水系

县内象山港水系仅象山港南岸包括西周、墙头、大徐、贤庠、黄避岙五镇乡，总面积383.51平方千米。境内少平原而山丘多且相对高大，故溪流多而水资源较丰，为象山县水资源丰裕地区。

柴溪

西周镇西部。发源于大丹山分水岗西坡，西北流至柴溪村，先后纳入太平山水、田湾水、牛塘岗水，折北过海头庵，从柴溪渡口注入象山港。长5.5千米，主流宽18米，河口宽50~100米，流域面积约9平方千米。柴溪源短流急，落差大，洪枯无常，遇山洪暴发，常毁房坏田。相传山民将砍下的柴草抛入溪里顺流至山下，故称柴溪。1977年，柴溪村拓宽河道改直，筑防洪堤400米，确保沿岸民宅、农田及象西公路的安全。上游建有柴溪水库，供村民生活、生产用水。柴溪村，原属宁海县，1959年划归象山县。

下沈港

西周镇西部，以村得名。上游称芭蕉溪，发源于上了山与大山尖间，向西北流经芭蕉至横山村东，出自尖岭头之横山水注入，向西北曲折流经平潭（今筑有平潭水库）、田岙二村至午前山北麓折西过赖岙村折北至关山村，黄耉溪、关山水注入。黄耉溪源出大丹山虎口尖与南风岗之间，沿南风岗西北麓至东洋山下，折北流经杰岙至赖岙村西汇入芭蕉溪；北流纳石门岭水至八亩村始称下沈大溪。大溪沿下沈村西侧北流，穿公路桥，出长庆桥始称下沈港。折向西北流，至下沈港渡口，从下沈港碶闸注入象山港。全长22千米，主流长13千米，一般宽50~80米，下游宽达160米，水深1~2米，总流域面积42平方千米。下沈港是西周平原三大水系之一，源流较长，上游落差较大，洪枯变化无常，易发生旱涝灾害。20世纪60年代，完成堵港蓄淡工程，变害为利，排涝、灌溉面积达733公顷。上游建有平潭水库，沿溪两岸砌石护岸，确保人民生命财产安全。

西周港

旧名大长溪。流经西周镇东部，以西周得名。有二源：一出蒙顶山主峰北坡，东北流经山头、沙地二村至庆丰桥，尖比山水注之。一出车岭冷水孔向西北流至庆丰桥。二源汇合后称庆丰溪，以桥得名。西北流经新屋、夏叶二村至土桥村，先后纳东摄潭水、白象潭水、沙溪，即称大长溪，又称崇溪，旧名瀛水，俗称大溪坑。大长溪经西周过公路大桥始称西周港。原经上、下渡头西北注入象山港，1959年开西周大引河，改从下渡头折向东北至乌沙山麓经五一闸由西周大闸注入象山港。主流长8.75千米，宽30米，下游深3.5米，流域面积32平方千米。西周港是西周平原三大水系之一，下游支流纵横，可排涝、灌溉农田733公顷。

淡港

民国《象山县志》称“淡港湾”。流经西周镇南部和东部。海水常沿河倒灌，而其水仍淡可灌田，故名淡港。源头有二：西源称于家溪；东源称伊家山溪。于家溪源出蒙顶山主峰南坡，南至山后胡村折向东北经曲折流经半坑于村至黄泥桥则称缘溪。东源伊家山溪又分二支：西支源出白仙山棋盘岩东之小岭头，向西流经伊家山村纳虾须岭水后折向西北流。东支源出白仙山白米岩西南坡，名蛇龙坑，向西北流经牛游塘、里岙、外岙诸村后，折向西南流至铁打岩山岗北注入伊家山溪。伊家山溪向西曲折流至隔溪张村西汇入缘溪。缘溪向东北流纳山顶岭水、西岙郑水，过儒雅洋村纳大竹园水至青水潭折向东北至西沙岭脚，穿欧阳桥称淡港。经伊家、上张、陈隘诸村后折向东北经湖边，杨岙水、莲花水、勤家场水注入后，折向西北流至黄家塘，从淡港门注入象山港。全长约20千米，主流长18千米，中游宽35米，下游宽80米，水深1~3米，流域面积53平方千米。淡港是县内最长河流之一，水源丰富，年际洪枯变化颇大，常因台风袭境海水溯港倒灌，屡使数千亩农田受淹。1958年，原莲花乡筑坝造闸，开河围田，完成堵港蓄淡工程，消除水患，且可灌溉农田353公顷。上游于2000年建成隔溪张水库，今上张水库建成后可供县中心城区、石浦镇居民工业与生活用水。

大雷溪

墙头镇西南部，以山得名。源出小大雷山西北坡，合石鼓岭水后穿山坑口，经方家岙、墙头，出登瀛桥北注西沪港。长约5千米，下游宽10~20米，流域面积6.5平方千米。年际洪枯变化大，少灌溉之利，今上游建有方家岙水库供墙头镇居民用水。

大溪

在墙头镇东南部，因其长而宽得名。别名亭溪。源出荷花芯山主峰北坡和老鹰山西坡，二水合一后北经排其、峧头、沙家厂诸村，仓岙岭水从东注入，经周家路村至大溪蒋村西，源出大雷山之龙潭坑注入，穿大溪蒋公路桥折向西北至黄溪渡头注入西沪港。主流长7千米，宽20~60米，流域面积18.5平方千米。大溪是墙头镇最长河流，年际洪枯变化大，但水量丰富，上游建成仓岙水库，总库容1065万立方米，供墙头镇与县中心城区3133公顷农田灌溉和居民生活用水。自仓岙水库坝脚起两岸砌石护岸。

清水坑

墙头镇东部，俗称东溪坑，以其水清澈得名，又名青龙溪。发源于美人岩东北坡，北经彭娘岙、峧杯丘二村折西纳吊水岩水，经山根俞村至七里亭村纳源出象山桂花岩之大岙水，折向西北绕经黄溪村东入西沪港。主流长约5千米，宽约5米，下游宽10米，流域面积约9平方千米。洪枯变化大，少灌溉之利。

雅林溪

大徐镇西南部，以流经岙山南麓后林村南得名下林溪。方言“下”“雅”音相近（清道光《象山县志》：下林相传旧本作雅林），雅称雅林溪。明嘉靖《象山县志》：下林溪，县东北十里，源出猢狲岩，与安家溪合流至陈山渡入海。有二源，正源出自考坑岭头猢狲岩，因曲折如“考”字，得名考坑。西经里考坑、大爿地、外考坑至夏雨岙折向西北过虎啸铺至船倒山。副源名三叉坑，源于射箭山东南三叉坑岭，东北经新罗岙，过虎啸铺至船倒山与考坑汇合，始称雅林溪。汇入上岙、下岙水，西北流经雅林溪村至开口岩，东纳源出大山尖之章家弄水，西纳源出瑞云山、毛竹坑山之安家溪，北沿岙山西南麓入军民塘与枫溪汇合，从军民闸注入白墩港。主流长9.5千米，上中游宽10米，下游宽30米，流域面积22平方千米。雅林溪为大徐镇主要水系之一，年际洪枯变化大，少灌溉之利。建有考坑、新罗岙等水库，可灌溉农田134公顷。

枫溪

大徐镇东北部。清乾隆县志载，以源地皆枫林得名。“自青岭北折，泥塘之水注之，又南折，大徐之水注之，过铁场岙，由海口桥入海”。枫溪实发源于珠山大佛坐南坡和飞鹰山东坡，南经岙里至青岭下村，纳东岙水后折西南经塔幢至大徐村，纳泥塘之水，折西北，甲田弄水、猢狲坑注入，经铁场岙折西南纳洪水山坑，西出海口桥入军民塘与雅林溪合流，从军民闸注入白墩港。主流长7.5千米，上中游宽7米，下游宽25米，流域面积20.2平方千米。枫溪是大徐镇主要水系之一，流经大徐谷地，年际洪枯变化大，少灌溉之利。上游建有龙角岩等水库，可灌溉农田113公顷。

横塘港

流经黄避岙乡境内，穿经横塘，故称横塘港。发源于护境寺南坡，穿经大林村折向西北，纳孟岙、黄避岙诸水向西穿横塘折向西北流，经湖头渡又称湖头溪。1958年，跃进塘围成后，流经跃进塘闸北注象山港。主流长7.35千米，宽10米，下游宽20米，水深2~3米，流域面积23.15平方千米。为黄避岙主要河流，可灌溉农田433公顷。

东塘河

贤庠镇西部，因流经古东塘得名。发源于珠山大佛坐北坡，穿珠山岙村折西至着衣亭村，称槐溪，过着衣亭折向西北经上白家至碶头陈村分两支：东支称东塘大河，北绕经岑晁东，别称东港又称岑晁港，至盛家折向东北经盐厂村入西泽塘、芦岙碶注入象山港。1976年，从碶头陈开新河至海墩汇入西塘大河，称南大河。东、南、西三河总称为东塘河。主流长10千米，宽10~20米，水深2~3米，流域面积26.1平方千米。为贤庠平原主要灌溉命脉，支流纵横，灌溉农田733公顷。

珠溪

贤庠镇中部，以珠山得名。有二源：正源称东溪坑，副源称西溪坑。东溪坑又分东、西二支：东支源出尖峰山西经山厂，西支源出珠山东坡金蛤潭北经龙王堂，于郭家村两溪合二为一，折向西北流至珠溪村，长 5 千米。西溪坑源出珠山北坡，纳大佛坐、石棚山水后沿小珠山东麓北流至珠溪村，长 3 千米。东、西二源汇合后始称珠溪，北穿古大屿塘入小东塘折西至乌屿山，从小东塘闸注入象山港。主流长 9 千米，宽 15 米，流域面积 21.2 平方千米。珠溪是贤庠镇珠溪平原主要河流，上游落差较大，水流湍急，且洪枯无常，易发生旱涝灾害。1965 年，西溪坑上游建成珠溪水库，变害为利，可灌溉农田 400 公顷。

溪沿溪

贤庠镇中部。以溪沿村得名。源于珠山小灵峰（大山）、火烧山北坡，于舒家山西南汇合龙角岩水注入后向西北流至溪沿村，穿溪沿村，西北入小东塘折西与珠溪同从小东塘闸注入象山港，长约 6 千米，流域面积约 7 平方千米。溪沿溪是珠溪平原三大河流之一，龙角岩建有水库，可灌溉农田 173 公顷。

下庄溪

贤庠镇东部，以下庄村得名。发源于珠山火烧山东北坡，北经下庄村纳金岙山水，北绕狮子山折东北过俞公岙、郑下湾，蒲门水、黄沙坑注入，向北流入大石门塘，从礁山碶注入象山港。长约 7.5 千米，下游宽 10~15 米，流域面积 9.5 平方千米。下庄溪系珠溪平原三大河流之一，上游有下庄、蒲门、俞公岙等小水库，可溉农田 280 公顷。

第二节 大目洋水系

诸水入大目洋海域。有涂茨、爵溪、丹东、丹西、东陈 5 街道镇乡，面积 224.22 平方千米，大徐镇杉木洋林善片、新桥镇高湾片、石浦镇鸡鸣片三区片，面积 22 平方千米，合计面积 246.22 平方千米。境内多平原。有山脉延伸入海分隔平原，较大的有南庄平原，这些小平原水系特点溪流少，河道多，多为人工开挖，纵横交错，排蓄兼顾，水资源量不大，而实际需要量甚大。中华人民共和国成立后，政府组织与村集体自发组织相结合，山山岙岙，多建山塘、水库，节节拦蓄，有限水资源得到充分利用，工农业和居民生活用水需求基本得到满足，随着工业生产发展和人民生活水平提高，供需矛盾仍较突出。境内主要水系自北而南按片记述。

钱仓大江

一名黄泥桥大河。在涂茨镇境内，以钱仓村得名。清乾隆县志载，“钱仓水源于珠溪岭，汇玉泉、中堡诸山之水，过太平桥经塘碶汇西桥之水入海。”其源头有二：一为泉水坑，源出珠山之玉泉山南坡，东北流经沈岙、前山姚；一为萧家溪，源出珠山挂佛岩，东经萧家、崔家岙纳里庵水，至前山姚村与泉水坑合流始称钱仓河，今亦称黄泥桥大河，东北流经中堡、钱仓、新塘诸村入大港口跃进塘，从青湾山老虎口跃进闸入海，主流长 8 千米，宽 10~15 米，水深 3 米，流域面积 8.11 平方千米。钱仓大江是涂茨镇主要河流，纵贯钱仓平原，下游建有黄沙、大港口等水库，可灌溉农田 400 公顷。

汤岙河

发源于火烧山，向东流经汤岙村，折向北经黄沙村，汇入黄沙溪水，东流经黄沙闸注入海港，主流长 4 千米，流域面积 5.8 平方千米，是钱仓水系支流。

萧家大溪坑

发源于五冲头山，自西向东，流进萧家自然村，溪水两边居人，再流到崔家岙入钱仓大河。20世纪60—70年代干旱数月，均有长流水。今大雨天有水，流量明显减少。

白岩山盐场排淡河

1977年，白岩山盐场围垦工程建成将涂茨、大徐、爵溪三镇交界处，形成新平原，开辟盐田，从事盐业生产和养殖业，开挖排淡河5条，长6.2千米，宽15~30米，深2~3米。其上游支流纳入排淡河，分别经白岩山闸与铜柱山闸注入大目洋。

泊戈洋河

源出珠山观音岩，旧志称榆溪，自西北向东南流经泊戈洋、下陈二村，由东岩碶流入白岩山盐场排淡河，汇入源出水流桥坑、杉木洋之水和源出蜈蚣山经庵后南流涂茨村之水，折西南流入排淡河与泊戈洋河汇合，经白岩山闸入海，主流长6千米，流域面积9.8平方千米。

黄沙河

经黄沙村南黄沙河、汤岙村东横河，长500米。

黄沙大坑

发源于村后大山，流进村中，直接入海。

林善岙河

发源于林善水库上游猢狲岩，流经林善岙村，向东北流入白岩山盐田排淡河，纳黄盆岙、江岙诸水，折向东流，汇入牛岙、公屿村水，经铜柱山排水闸入海，主流长3.5千米，流域面积6.5平方千米。

爵溪中心河

位于爵溪镇北塘（大燕山塘），1983年建成，有二源：一源出于黄鳝洞，向北流至半路亭（已废），汇入扫箕潭水向东流寡妇塘（今为燕山水库）；一源来自牛丈岙坑，自西向东流经牛丈岙村入燕山水库与黄鳝洞水汇合，经北塘中心河出大燕山闸注入大目洋，主流长4.5千米，流域面积12.2平方千米。

南门河

又称腾蛟河，古称雀溪，发源于大爿山北麓前岙岭，向东北流爵溪南门。纳入源出双岭的西门外水，汇合向东流经节控碶入海，主流长2.5千米，流域面积约2.5平方千米。

南大河

纵贯南庄平原中部，因出县城南得名。流域面积86平方千米。灌溉农田3200公顷〔按：南庄平原河网交织，此为合西大河、东大河、马岗河三大支流面积。《象山县水资源开发利用研究》(1994)：82.17平方千米〕。为县内第二大水系。发源于象山凤跃峰段，名凤跃溪，经北门饮水库(1958年建)，向南流经老城区，过西桥（俗称西桥头）、经堂桥流至象山桥，称小河头，穿建设路水门洞至城外河（西壕河），汇入源出东塘山水之东壕河，至南门头向南流始称南大河。其西又汇西门彭姥岭、蓬莱溪、濯缨溪入西壕河，经油车河至文昌阁（废圮）折向南，流入南大河，直至象山河折东至陆家村转向东南流经朝宗碶（俗称大碶头，今废圮）至朱家桥下，水分二，一支向东南流出高平碶（即和平碶，1952年重建）；一支折向西过庆丰碶（即蒋家桥）折向南从会通碶（俗称新碶头）入海。1957年门前涂塘围成后均入横大河。1975年沿南大河方向，从象山河直开新南大河入门前涂横大河，旧河废圮。今自象山港路起，长7千米，宽32米，水深3~4米，流域面积 20.8 平方千米。象山港路以上因城市建设，原有水系河道全部改建排水渠，下水道或填埋后建房造路，唯有东塘山水出新华河至人民广场转入南大河，西门彭姥岭蓬莱溪水，经西门水库下泄，经蓬莱小区、瀛洲小区东南流入白石泾河转向东西入南大河、西大河。

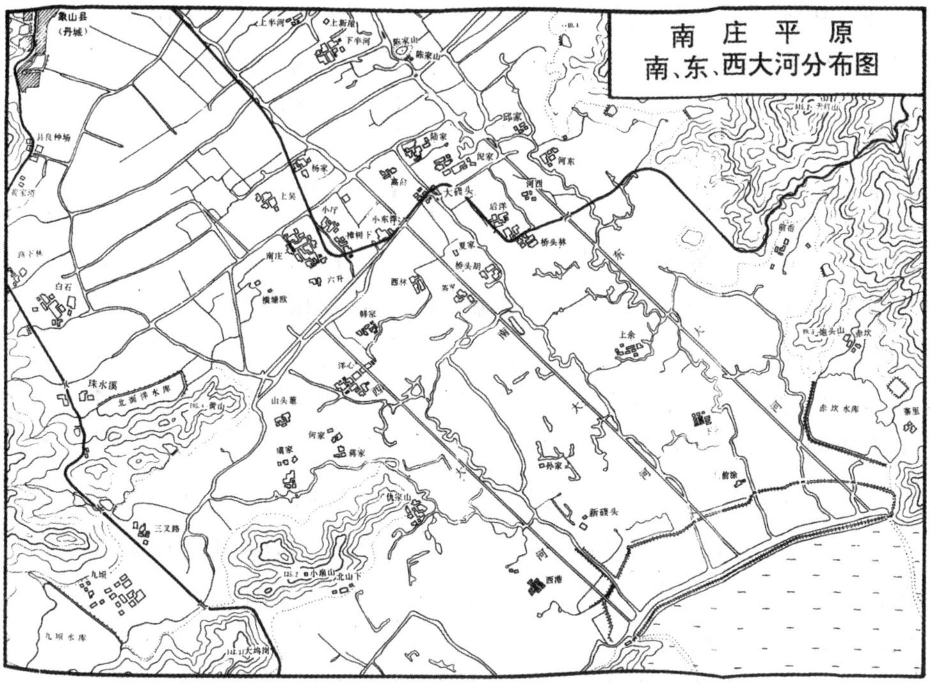

图 4–1　南庄平原南、东、西大河分布图

凤跃溪　为南大河之源，自西寺凤跃桥（已毁）起向南流进北水门洞入城，流经西桥头（称永安桥）、经堂桥向南至象山桥，过桥后，水面顿宽，称“小河头”，出西水门涌入西壕河。溪水丰裕，长流不息，原来为城中五、六、七、八、九（部分）、十村居民饮水之源。于北门行宫、西桥头、小河头等多处挑水埠头，并有乡规民约，禁止洗衣，倾倒污水、污物，保持清洁。自兴建北门饮水库之后，居民饮水主要靠自来水，遂改为洗衣。如今在原溪上基本均盖混凝土面板，扩大路面而变成暗渠。

东澄河、西澄河　明嘉靖县志：东澄河在县治东，西澄河在县治西，二河源出“象山”，过县治东、西二侧，以示“潴水以养龟”以“龟以止象”。二流会于县治前八卦墩下，入九曲沟。

九曲沟　县治前，在原县前街上。北自后堂街，南至东西大街，溪流弯曲，故称“九曲”，流入玉带溪。

玉带溪　位于老城区东西大街北侧，西自西桥（头），东至东门东桥（称长乐桥）。自西向东流经黄家桥、青龙桥至东门经东桥折南流入汪家河、教场河出南水门，注入南大河。历来常淤常浚。明洪武二年（1369），知县孔立浚玉带溪，嘉靖八年（1529），主簿杨格又浚（陈文昌有《浚玉带溪记》）；清乾隆十九年（1754）邑人张肇扬清彻故道复浚为河，道光五年（1825）邑令吴锡畴倡捐复浚，光绪十四年（1888）、十八年、二十四年知县邹文源、刘宗藩、邵同珩迭浚之。今街道改建后为下水道，石砌暗渠，宽 1~1.2 米，高 1.2~1.5 米，面盖石板，主要排横街以北雨水和民用污水。其水自西向东折向南排入新华河。

朝天雩河　清乾隆县志：大河头即朝天雩河，东通史家浃（教场河），出南水门入南大河，与小河头分列南街东西两侧。位于今建设路穿绿野桥南街东首，今称“十间面”屋后至今雅戈尔大楼处。废圮。

象山县志

新丰河　《浙江通志》：新丰河，在象山县治南来薰门内。清雍正县志：明万历间，知县陈天祥开。乾隆县志：陈天祥以朝天雩河直出，故开此河引史家浃水通唐家河（以固风气，以便舟楫）。旧时该河东起大河头，西接小河头。今河已淤，唯新丰桥尚存，旧名金锁桥，与象山桥相连。道光县志：嘉庆年间，邑人林逢春等倡捐复浚。今小河头之水一出南水门，一穿银锁桥过金锁桥，汇大河头水出西水门入油车河。今采访册：史家浃水今名教场河。

教场河　史家浃水出南水门。民国采访册：史家浃水今名教场河。已废圮，其位置约在今丹城公园南大门处。

濯缨溪、唐家河　清乾隆县志：唐家河，在行祠庙前，接濯缨溪之水，南通新丰河，出西水门入油车河。据道光县志，唐家河，县西南半里，源出彭姥岭大岩坑，东入大河。考嘉靖间新丰河未开，自行祠庙起，出西水门合西壕河皆名唐家河。城内接濯缨溪之水，城外接彭姥岭之水，非有二河。《大清一统志》云：西大河，上自大河分流亦名唐家河，经县西南九里名西极河。是唐家河即西大河上源。自此水入油车河始，不与西大河通，为南大河上游支流之一。至民国时，俗称秧田头河，位于营门路口东首一带。早圮。

塘路河、东壕河　明嘉靖志：县东门外夹路为河，水入东壕河。其水源出东塘山，考该河于东门外长塘路（城东路）边原人民医院处早废圮，淤为田。东壕河，清乾隆县志：河自宝梵寺（东寺）环城穿惠政桥入南大河，即东环城河。今查位于自东塘山路下过东门口沿菜场路向西南过建设路至大白象城标处，入南大河，现已废圮改建道路等设施。今东塘山水改入新华河。

西壕河　清乾隆县志：河源出彭姥岭，会蓬莱溪之水入油车河注南大河。河口民佃为田，水道常淤塞，道光六年（1826）邑人马丙发、林培阳、冯景唐等呈知县吴锡畴等倡捐筑浚，于是河水循城而东会东壕河合注油车河入南大河，今废圮改建道路。考该河约位于建设西路自西门水库起至大白象处。

油车河　清乾隆县志：县西南二里，源出彭姥岭及蓬莱溪，注于河。今河口佃民为田，仅接唐家河、西水门一流入南大河。明知县吴学周以南大河直冲城门，对射县治，且春时大水暴涨，城垣不固，修筑为艰，于离城数十丈外别有转弯河涧可以从此修改河道入城，势较回绕。明万历三十六年（1608）八月，奉本府戴准施行。清乾隆三年（1738），知县李仙洲议改截南河，自东壕河西折与西壕河合注油车河会文昌阁前入南大河，因淤塞，清光绪十六年（1890）知县刘宗藩又于油车河北开新河，长三十丈又奇，深七尺，宽五尺。今考油车河西自新丰路，东至天安路，即今改建文昌街，其设有下水道通南大河，其所开新河即今位于新丰路（建设路至文昌街）一段，设下水道相通。

白石泾河　清乾隆县志：白石泾河，县西南四里，源出鸡笼山。西通西大河，中间接岗泾、长浃、沙河头等，东注南大河。今考：白石泾河东自天安路（南大河）起，西至西谷湖路止接西大河。城区扩建后，两岸砌石，部分改建暗渠。冈泾河俗称方正河（已废）、长浃、沙河头均废圮。

应家浃河　清乾隆县志：南大河过“新桥”，东通应家浃。明嘉靖县志：应家浃河，县东南三里，西接南大河，东北接沙溪河，入东大河。今考该河东通东大河，西接南大河，东西向，位于东河花园至丹峰路南侧，天安路止。今已废圮。

上半河、下半河（附白马湖）　清乾隆县志：南大河至半河庵，东通上、下半河。明嘉靖县志：半河，县南五里，西通大河。清乾隆县志：河有二，上半河在村后，下半河在村前，东通东大河，西通南大河。又高桥里河即下半河，又名下村河，县东南八里。案：上半河东即墨斗峤河、车堰河、朱家门前河、上屏风河。下半河即白马庙前河、下屏风河（宝庆志：白马湖，县南六里）。传昔人凿东塘山有白马飞渡于此，故名。嘉靖县志：白马湖边有白马庙。乾隆志：四周皆田，其地独下，故名。潴水可备旱涝。今仅存方亩为菱池。旧志谓白马湖即东大河，误。今上半河部分废圮，改建广场。

砻担浃河、马家堰河　清乾隆县志：南大河西通砻担浃及马家堰。嘉靖《象山县志》：砻担浃河，县西南五里，东入大河。（案：道光《象山县志》引作东入西大河，误）。雍正县志：马家堰河，县西南六里，支分西大河，东入南大河。旧有堰。该河西接西大河，东接南大河，旧有马家堰，故名河。

史家泾河　清乾隆县志：南大河过大桥，东通史家泾。明嘉靖县志：史家泾河，县东南十里，东接东大河，入主簿河。案：有上史家泾河、下史家泾河。下史家泾亦名隔河、俞河，东即陆家后门河，此史家泾乃上河（今丹河路北）。

杨家桥河　清乾隆县志：南大河西通杨家桥河。案：此河诸志不详。今有庙。河在县南六里。由西田塍东流入南大河，深六尺，宽三丈九尺，不见于旧志。

象山河　清乾隆县志：南大河又南里许，西通丈山河王家桥。丈山河，县南九里。邑三大河并直出，至此河独横踞其间，自朱水溪东抵下史家泾，长堤绵亘十里，受三大河之水下达会源、朝宗二碶及东张、欧家、徐家三河注横塘河。雍正县志地图上标为“象山河”，后代多作丈山河。

徐家河　参见“西大河”一目。据民国采访册案：三大河左右多横流之河，不独一丈山河，且丈山河亦不及横塘河之长，志言不足依据。

横塘河　清乾隆县志：南大河东折过隔河俞桥，通下史家泾河，又南折出朝宗碶（俗名大碶头）。碶之上西通横塘河，河南堤有城隍堰，是为上洋碶。下有港河（案：此港河即下东河、中河、西河），至朱家桥折而出永丰碶，又折而出庆丰碶入海。民国采访册：又有上屋河、小东洋河，并为丈山、横塘二河沟通之水。横塘河俗名横河，东流至翁蓝［监］桥，深八尺，宽五尺。又东流至鹭鸶桥，深一丈一尺，宽七丈四尺。

则水石　乾隆志：在南大河文昌阁之左。乾隆三年（1738）令李仙洲仿宋吴潜立水则碑之例，立则水石，刻“三分”“二分”“一分”6字，过“三分”当泄，至三分当闭，为诸水蓄泄之准。今废。

县城水门洞　原城区内在老城墙有3个水门洞，北水门是凤跃溪入城洞，西水门是凤跃溪出城洞。南水门是大河头出城洞，较大，可通船只入城。

东大河

位于南庄平原东部，有二源：一源沙溪，源出象潭。沙溪皆黄沙，又谓铜溪。今沙溪，上游建有鲫鱼山水库，沿溪岸东谷建成东谷湖水库；二源锦溪，源出王家岙及旋井飞凤山。皆黑石，又谓铁溪。合流至应家浃，始称东大河。西接应家浃河、上半河、下半河、史家泾河、象山河（丈山河）诸水，东纳姚家河、梅溪河，及源出岙底青湾鼓吹山之龚家河、陈家山河、田洋里河诸水，折南流主簿河、条盘河至百丈岸会源碶注入下河，经白兰桥汇入瑞龙河水向南弯曲流经上余又汇入马栏山河、横桥头河水，分为二支，分别向东南流经秀才碶，贤昌碶入门前涂横大河。1977年，自百丈岸开新河直入柴嘴头横大河，由柴嘴头闸注入大目涂。今在其上游建有青湾水库。2000年，新城区扩建，象山港路以北建有塔山、大红鹰、东河、银都花园等居住区，人民医院及国际大酒家等，上游水系有所变化，沙溪已填埋，今尚存姚家河和青湾水库以下的龚家河，自东北向西南流入东大河，主河长10.25千米，流域面积31.15平方千米。

《浙江水陆道里记》　东大河自象鼻山东北麓发源，东南流至登明桥一里五分，南少东流折而东至塔山桥三里二分，东南流至龚家河村二里四分，西南流过太平桥，又东南流至乌龙山南六里一分，东南流至茶堂庵西二里，南少东流至贤昌碶四里六分入海。

沙溪河　源出王家岙及旋井飞凤山，注锦溪（今称沙地岗）。汇另一支石岭坑、寒庙坑之水入沙溪，受象潭、郑家岙之水入东大河。沙溪河即东大河之首，常因山洪淤塞。清雍正二年(1724)，知县马受曾复浚为河。今上游建有鲫鱼山水库、东谷湖水库（1953年，建水库时，以沙溪岸筑坝而成），自塔山脚沙溪凉亭（已拆）起改建塔山公园、上进新村、象山中学等，沙溪河不复存在，上游来水由两水库拦蓄供农田灌溉，多余洪水由东谷湖路下水道排出。

姚家河、梅溪河　姚家河即姚家山村前河，受梅溪、范岙等涧入水，经姚家河向西南流入东大河。姚家河流经塔山花园、东河花园过靖南路、丹峰路入东大河。两岸砌石护岸，仍予保留。梅溪河源三，一支自梅溪山滩草坑；一支自流水岩坑；另一支自青湾，向西南流，又名永镇河、岙桥河，经大平桥，西注东大河。今河已废。

龚家河　源出鼓吹山，上通梅家浃、木杓溪，经自青湾水库上游，流经岙里村，接纳后山村之水入龚家河，弯曲向西南流注入东大河。

崇家山前河　县东南八里崇家山前西，接东大河。上源亦名剪刀河。又县东南七里条盘河，通东大河，南流至百丈岸。有东条盘、西条盘（旧志误）。又县南一十三里藕河，接史家泾河入主簿河。宋隆兴三年（1165），主簿赵彦逾开此河，因名。雍正县志：县南十五里藕河，源出鼓吹山，上通木杓浃，西入东大河，又折而南流于条盘河，会众流至百丈岸碶入海。乾隆县志：东大河至崇家山入主簿河及藕河、梅家浃，南流三里趋会源碶（俗名百丈岸者，以堤长百丈也）。旧志称县东南八里崇家山前、西接东大河，上源亦名剪刀河。

条盘河　明嘉靖县志称“县东南七里”通东大河，南流至百丈岸。有东条盘、西条盘。据民国采访册调查，东大河中多大洲，故而分为东西条盘，并非别有一水名条盘河，旧志误。则条盘河位于崇家山西南、东大河至百丈岸一段。

主簿河　该河为东大河中一段，宋乾道元年（1165）主簿赵彦逾领开此河得名。

藕河　接史家泾河入主簿河，属史家泾一部分。

会源碶　即为百丈岸碶，是上洋三碶之一。东有苏堰，西达朝宗碶，是为上洋。会源碶下正流由白兰桥会苏堰下河出贤昌碶入海（此碶在会源东南）。其支西出，一通朝宗碶下之河（东河），一从倪家河出高平碶入海（此碶在会源西南，即朝宗碶之南偏东）。案：崇家山前河，上源亦名剪刀河。会源碶下河合苏堰下河南流，又会马栏山河及横桥头河分入贤昌碶及秀才碶。

西大河

纵贯南庄平原西部，俗称西洋河，发源于郭家坑，向东流经岗泾河入白石泾河，东通南大河，西折入西大河转西南流过白石村折向东南西洋河，汇珠水溪，白蟹潭诸水入象山河（丈山河），流经徐家河至横塘河折西流经山头桥，西接九顷河（九顷河源出九顷荷花芯东南坡汇入老鹰嘴山水）至牛桥头转向东流，出灵长碶（胡家碶）入下河港，经何家过仇家山桥，向东南流至会通碶（新碶头）入海。1957年，门前涂塘建成后通横大河，由岳头嘴闸注入大目洋。1977年，从洋心村北横塘河开新西大河直通岳头嘴闸，长4千米，宽20米，深3米。2001年，从横塘河向北延伸至丈山河、马家堰河止。新西大河全长 6.1 千米，流域面积 26.44 平方千米。其上游建有西谷湖、路下林、北面洋、三岔路、九顷等水库。西大河东接白石泾河、马家堰河、象山河与南大河贯通，今工业园区上游水系原西大河截弯取直，北自象山港路、南至丈山河部分废圮或改建下水道工程。

冈泾河　俗称"方正河"，旧志称县西南四里，是西大河之首，源出郭家坑（俗称卓家坑）。冈今查是河于西谷湖路东，已填埋建房，其水入西谷湖下水道流入西大河。

西极河　明嘉靖县志：县西南十里西极河，通丈山、犁脚等河，又名西河极。乾隆《象山县志》：冈泾河西折为河上桥，又西为里新桥，又西为张家桥。案：河随桥名，又西流为白石庙前河，有王家塔河自西来入之。折而为沙河，下为千佛桥（名千佛河），西至西极河。盖诸河俱不甚宽，统谓西河。据民国采访册：西大河于白石村东又东分一支河，名西极河，又名三白草河。出回龙桥东流，折南流，名犁脚河，又名西洋河，南流入丈山河。考：实为西大河之部分河段。

朱水溪河　旧志称在"县西南十五里，源出县西十里仓岙山之涌泉潭，至三港口入海"。今考其源出白蟹潭之水，其水源今引入北面洋水库，大水时入西大河。今建工业园区，水直入象山河。

徐家河　为西大河部分，北起象山河，南至横塘河，引西大河之水入横塘河西折过山头桥经九顷河，又过牛桥头东折入灵长碶注下河港，今徐家河已填埋，兴建工业园区，其水入象山河。

九顷河　源出九顷山涧，旧出浮溪桥，后改流出三板桥及牛桥东流通西大河，出灵长碶入海。

东苏堰　在会源碶之东，早圮。

西城隍堰　于洋心村西首横塘河南侧，早已淤为田，废圮。

马岗河

旧作马冈河。流经南庄平原西部东陈乡境内，源出西山主峰大岩山及和尚岭之水、二源汇合于马岗村前，故称马岗河。明嘉靖《象山县志》载，宋淳熙五年（1178）知县许知新开马岗、千丈、瑞龙三河以灌下洋田。马岗河源出冠盖山（西山），明时淤为田。清乾隆县志载，乾隆八年（1743）知县张绣清理河界，又名官河。马岗河向东流经陈施桥（陈泗桥）、河客桥、大板桥（圮）折向东南流经岳头碶桥、孙家桥、官河桥，折向东从岳头碶独注入海。1957 年，门前涂围成后纳入横大河，成为南大河水系四支流之一，河长 7.25 千米，流域面积 19.47 平方千米，上游建有马岗水库。2006 年，围建大目涂二期工程，至今大坝合龙，新闸建成，南大河水系经岳头嘴闸、柴嘴头闸汇合经龙洞山闸注入大目洋。

中央港

民国县志称中央碶港，因在金井头永润碶与南塘碶之中。流经南庄平原西南部东陈乡境，有东陈河、南堡河二支流，流域面积 17.5 平方千米，灌溉农田 333 公顷。1990 年大目涂大门山闸建成后，中央港水全部经大门山闸注入大目洋、主流长 9.5 千米，宽 20~30 米，水深 2~3 米。

南堡河

流经南堡村得名，有二源：一源出于五狮山北坡，向北流折向东过南堡村，与出自西山村水，汇合折向东南流经普陀河；另一源出自五狮山东南坡东溪岭脚向东流至普陀河与南堡水会合，折南流入南堡黄塘碶转向东注入中央港。

东陈河

以村得名，源起东陈村堰及河东村钱家河，南汇大塔村水，流经武家山村（时段旧名武家山头河），西纳西庄、沙岗诸水，折向东南，经金井头港永润碶入海。1952 年冬，东陈、沙岗、樟岙 3 小乡将河截弯取直，向南直入中央港与南堡水汇合，出团结碶注入大目洋。南盘溪水经南盘水库放水闸流入中央港。

松岙溪

民国县志称松岙大溪。东陈乡中部，以流经松岙村得名，源出五狮山三山头与尖头山之间青松潭，向东流经里山、里岙、芦高岙、城堡岙诸自然村（总称松岙），独流入海。1993 年，大目涂塘坝建成后，经炮台山闸注入大目洋，主流长 5.5 千米，宽 10 米，流域面积 5.5 平方千米。

旦仁溪

源出大木鱼山，自西向东流经里岙村、外岙村，过仁义公路桥，汇入双桥村水流入旦仁塘，由旦仁新闸注入大目洋，主流长 3 千米，流域面积 5.5 平方千米。旧志未收。

高湾溪

新桥镇东南部，源出将军山北坡流经高湾村称高湾溪，折向东流纳双坑、丁家塘水入高湾塘排水碶入海。1977 年，高湾盐田围成后，高湾溪水与七林湾水汇合向东流入泥涂山排水闸注入大目洋，流域面积约 7.5 平方千米，主流长 4.5 千米，宽 10~15 米。旧志未收。

鸡鸣溪

石浦昌国北部，以流经鸡鸣村得名。源出将军山小岭，自北向南流经潭地村，汇入大斗山牛山堰水库水，流经田洋湖岭脚折向东流经鸡鸣村纳马盘水，过盐仓庵出鸡鸣碶入海。1973 年，昌国盐田围建成，鸡鸣溪汇入三条岭水向东流入昌国盐场，过横路桥，纳入北大河水，经大旗头闸注入大目洋。主流长 6 千米，流域面积 7.9 平方千米，上游牛山堰水库于 1957 年建成。

第三节　三门湾水系

水系分布于象山西南部。入三门湾及支港。三门湾自南向北嵌入陆地，成袋状海湾，支叉多，形成石浦港、岳井洋等支港，接茅洋、泗洲头、新桥、定塘、晓塘和石浦、高塘、鹤浦 8 个乡镇，总面积 567 平方千米，境内西北部多山丘，水资源较为丰裕。南部东、西两侧为小片平原，其中最大为定山平原。东南鹤浦、高塘为海岛。茅洋、泗洲头、新桥、定塘、晓塘水系均分别自东、西、北独流汇入三门湾岳井洋入海；石浦、鹤浦、高塘水系流向各异，或单独流向石浦港，或直接流向三门湾海域。溪流分散、源短，或呈河网状，水资源不丰，是县内易旱缺水地区。

泗洲头溪

流经泗洲头镇北部，以泗洲头得名，亦称泗水。有二源：北源名龙溪，以朝天龙山得名；西源西溪，以方位得名。龙溪发源于大丹山之大洋山与滩湾山间，东北流经西山折向东南经何婆岭村后，依次纳金家岙、小石坑、滴水岩、张岙大坑诸水，至朝天龙山东麓，源出上了山东坡的河柳溪注入，经后王出它山桥。西溪源出大丹山廿四炮东南坡，东南流经井坑村，与源出西溪岭之井坑水汇合，折向东北经西洋村折东至它山桥南，与龙溪合二为一，始称泗洲头溪。泗洲头溪向东南经泗洲头注入泗洲头港。主流长 9 千米，下游宽 40~50 米，流域面积 43.25 平方千米。为泗洲头镇主要水系，支流多，水资源较丰富，洪枯变化大，易发生洪涝灾害。20 世纪 70 年代，在龙溪上游建成新民水库，减轻水患，可灌溉农田 200 公顷。

东岙溪

在泗洲头镇东部，以村得名。源出白仙山主峰东南白仙山林区，向西南流经后山村，依次纳搭柱窠、长坑、后山坑，折南至东岙村，源出横岩山大坑水注入。原向西南穿泗洲头村入海，1974年建筑街道，改道从泗洲头西侧向南直入泗洲头溪汇合。长约4.5千米，宽约10米，上游落差较大，年际洪枯变化亦大，少灌溉之利。

峙后溪

位于泗洲头镇中南部，源出灵岩山北坡，向东北流经上峙后村，转向东流经下峙后村，注入蟹钳港、源短流急，洪枯分明，主流长2.5千米，流域面积为3平方千米。

峙前溪

位于泗洲头镇中南部灵岩山前，源出灵岩山南坡向东偏南流经峙前村，汇入马岙倒流坑水，向东流经峙前塘闸汇入蟹钳港，主流长2.6千米，流域面积3.2平方千米。

马岙河

位于泗洲头镇南部，源出马岙岭，自西向东流经上马岙村、下马岙村，由联合塘闸注入岳井洋（马岙门），主流长5千米，流域面积5.4平方千米。

墩岙河

位于泗洲头镇南部，源出墩岙白岩山，自西向东流经墩岙村入墩岙塘，由墩岙闸排入岳井洋，其主流长4千米，流域面积4.5平方千米。

苏岙河

位于泗洲头镇最南部，源出苏岙村，自西向东流经梅岙村，经苏岙闸注入岳井洋，主流长3.5千米，流域面积4.9平方千米。

茅洋大溪

茅洋乡境，原名溪口大溪，随乡名改之，古称管溪，亦称蛎港。有正副二源：正源名管溪，以姓得名；副源名断坑。管溪上游分东西二支：东支发源于大雷山之石鼓岭、小大雷山、小马鞍、大马鞍，四水汇合于屠家园村，称东山坑，向南流经虎头山西麓；西支发源于白仙山之小岭、马鞍岗、扁担岗，三水汇于南充村南，称前溪坑。向东南流至虎头山西南麓与东山坑合流，始称管溪。管溪向东南流经郑家庄至楼下陈村，依次纳塔亭、东岙、杨家岙、小白岩、徐家岙、大地园诸水，折向西南出溪口平桥称溪口大溪。断坑发源于荷花芯山之杨蓬岙山、行者岭，二水汇于断坑村东南，向西流至上缸厂村北，源出五狮山岩头岗之乌石峧水注入，西流经溪口街村，依次纳茅洋、李家弄诸水，至溪口平桥南开口岩清水潭汇入溪口大溪。沿李家弄山北麓西流至白岩下村，始称蛎江，西出蛎江大桥，从蛎江埠注入蟹钳港。主流长10千米，宽10~15米，下游宽30~50米，流域面积31.24平方千米。茅洋大溪是茅洋乡唯一水系，支流多，上游坡降大，水源丰富，然洪枯无常，少灌溉之利。20世纪70年代，管溪上游建成溪口水库，总库容1250万立方米，灌溉茅洋、东陈二乡1807公顷农田。今为丹西、丹东、爵溪及石浦居民生活用水及工业用水水源。

海台河

新桥镇北部，流经五狮山南麓小平原。因其平直如带，故名玉带溪，有三源：一出五狮山主峰东南坡，南经里岙村沿蜡烛台山北麓西流；二出五狮山主峰南，南经外岙村南二水汇流井头村后西流入海台塘，从小白蛇山北麓东风碶入岳井洋蟹钳港。溪长6.5千米，宽10米，下游水深3米，流域面积9.6平方千米，灌溉田千亩。

东溪

新桥镇西北部，因流经东溪村而得名。发源于五狮山东南坡，沿尖峰岗东麓南流，东纳洞洋山之洋坑，西纳木头岙水，至庙前杨村东，旋潭坑汇入。旋潭坑发源于东陈乡旋潭山之乌岩山西北坡，西流至旋潭村纳上坑，折向西北纳上周水，沿大头山西南麓穿岩头陈、西弄后曲折流至庙前杨汇入东溪，长约5.5千米。东溪西南流经东溪村折西出东溪公路桥至海山村，纳板岭水后入龙王头塘，从龙王头闸注入东溪港。主流长8千米，宽10~20米，入海处宽50米，流域面积22.2平方千米。东溪水为新桥镇西北部最长河流，上游落差较大，年际洪枯变化亦大，少灌溉之利。旋潭坑水量较丰，60年代，建成岩头陈水库，总蓄水量520万立方米，供新桥、东陈二镇乡六七千公顷农田灌溉及东溪居民生活用水。

关头塘河

又称大溪坑，民国县志称关头溪。流经新桥镇中部，今以关头塘得名。发源于旋潭山之梅岭峧、白岩山，二水汇于石柱里村南，西出石柱外，经东史至新桥村北，纳纱帽尖水，折向西北穿关头塘入关头外塘，纳乌江水经解放碶注入关头埠水道。主流长6.15千米，宽15米，入海处达100米，流域面积12.5平方千米，可灌溉农田100公顷。

大塘港

流经定山平原新桥、定塘、晓塘三镇乡及宁海隔洋塘，流域面积134平方千米，原为一条海港，东南接石浦港，西通白礁洋、岳井洋。有捣米山、台宁、强大湾、岙孟门四口门。1975年，堵港蓄淡工程建成后，始成淡水河，为县内最大水系，以大塘岛得名。南始下洋墩，北至新桥镇下七里，全长18千米，呈“之”字状，今蓄水面平均宽250米，深5~10米，蓄水面积5.3平方千米，灌溉农田4933公顷。由台宁大闸与狮子山胜利闸分别注入白礁洋、岳井洋。

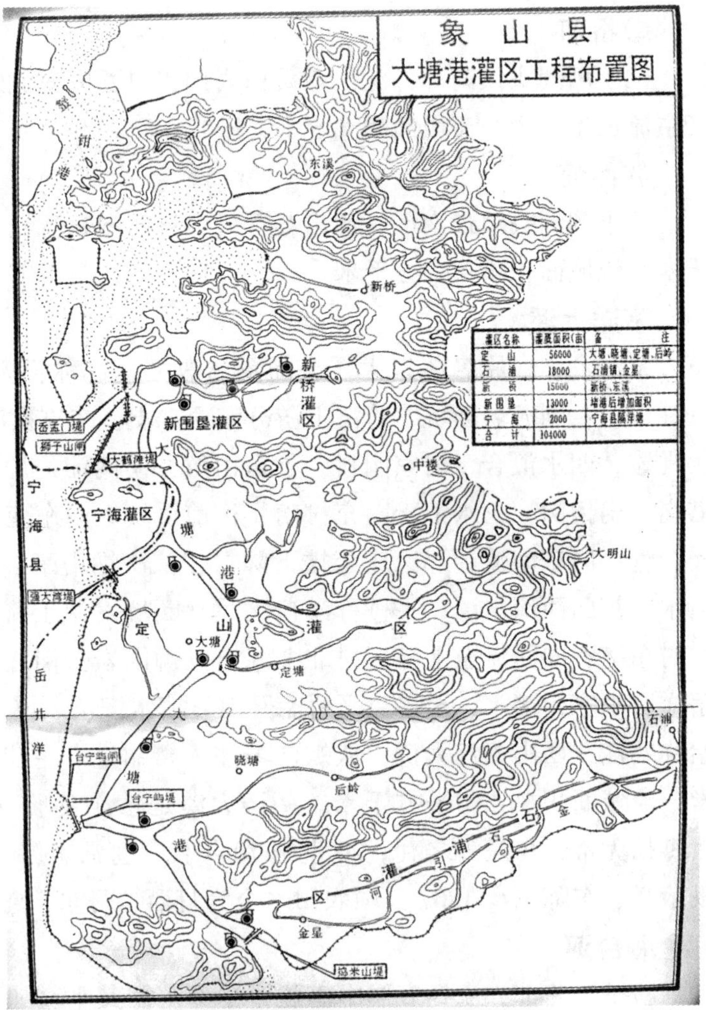

图4-2 大塘港灌区工程布置图

七里塘河

其源出将军山主峰西北坡，经高塘村大地头，过公路桥（此处原名转潮头，在老塘、七里塘围垦前，大塘港潮水直通于此，遇阻而回，故名）向西流，南纳黄公岙水，北纳上七里水，曲折流入上七里塘，出下七里塘，纳入下七里村水，由下七里碶注入大塘港，主流长4千米，流域面积5.8平方千米。其中过公路桥，沿黄泥峧山脚一段又称大溪洋坑。

叶荫港

亦称亦应河，流经定塘镇北部。发源于将军山主峰西坡，向西南纳岙底、东岙诸水，流经田洋湖村至鹭鸶山折西纳斜岙水后分为南北二支，西流至红庙山合二为一，小太平水从南注入。西出红庙山北纳新岙水后折南分作三支：西一支向西南流经四眼碶村，称灵照河；东二支南流至楼下舍村复合为一，称叶荫大港。叶荫大港分一水西北流至四眼碶合灵照河后称盆兰港，向西南流入三叉塘折西从建设碶注入大塘港。叶荫大港纳杨岙水西南流经二宜塘折西经节制闸注入大塘港。叶荫港支河纵横，港面宽阔，水量丰富，为定塘镇北部灌溉命脉。主流长 7.5 千米，均宽 40 米，最宽达一二百米，水深 3 米，流域面积 24.5 平方千米，灌溉农田六七千公顷。

长塘河

流经定塘镇中部，以塘得名。有正副二源：正源名绿屿溪（民国县志又称六市河），以庙山别称得名；副源名青埠溪，以古渡口青埠得名。绿屿溪发源于大明山主峰西北坡，向西北流经黄泥岭脚、官地、金架山诸村后沿牛平岗北麓西流，纳大岭岭水后折南经周岙村至庙山北麓。青埠溪发源于双峰山青埠岭头，西流经大青埠村至方前村，纳小青埠溪后折向西北绕庙山，纳源出相帽岭（原称小麦岭）之新安溪经沙地村后于庙山北麓与绿屿溪汇合，始称长塘河。长塘河曲折西流，北纳杨岙塘、定山塘、四柱塘诸水，南纳下营、大湾、小新城、葫芦门诸水，横穿定塘镇镇区纳后洋塘后水，从浮礁渡大闸注入大塘港。主流长 11.5 千米，均宽 40 米，水深 3 米，流域面积为 31.7 平方千米。长塘河支流众多，水量丰富，为定塘镇中部灌溉命脉，可灌溉农田六七千公顷。

九龙江

流经晓塘乡境内。发源于大金山黄埠岭头，西流依次纳黄脚、青脚、黄支坑诸水流经清水潭称黄埠溪。过黄埠村分为二支，称双叉港。北纳铁路坑，南纳四娘岙坑，经后岭村合二为一，流入礁头塘，称华溪，又称三眼碶江，以碶得名。西出三眼碶，始称九龙江。曲折西流，依次纳龙头港、晓塘港、上岙港、门前港、月楼岙、励家坪，从青山头炮台山嘴九龙江闸注入大塘港。主流长 12.5 千米，宽 20 米，下游宽 30 米，水深 3~4 米，流域面积 21.6 平方千米，为晓塘乡唯一水系，可灌溉农田六七千公顷。1957 年堵港（建九龙江节制闸）前，励家坪渡头有航船从海上通鹤浦、石浦等地。

大塘岛河

大塘岛位于定塘镇西部，原单独为一海岛，旧称大泥塘。大塘岛河源起逸狗山（亦称叶口山），流经宁波站村、大花港村至鹰山止，其支河有小花港至大花港，漕前至漕后，金牛港至白墩、鹰山等水系相互贯通，水源贫乏，易遭干旱。主河长 4.25 千米，流域面积 11 平方千米。

塘头港

流经石浦镇东部，有二源：北源于大明山北坡，自西北向东南流经昌国区域出南门，纳花桥水折南流经蓝家村，称长河；经长江碶注入石浦港始称塘头港，主流长 6 千米，流域面积 6 平方千米，其上游建有堰台坑水库。西源玉女溪又称汝溪，流经石浦镇东北部，明嘉靖《宁波府志》载，“源出板场坑玉女山”得名。又分二源：正源出自大明山白龙头，东南流经原三家村至汝溪村，纳洋山岗水折向东流；副源出自大明山东南坡，流经里山村折向东南经上岙村至五眼桥（五爱桥）与正源水汇合向东南至塘头港与长河水合流注入石浦港。正源上游建三家村水库，副源上游建里山水库，供石浦居民生活和工农业用水。

金石引河

人工河，从金星下洋墩引大塘港水济石浦而建，故名。1977 年 11 月开工，翌年 6 月竣工。西起下洋墩接大塘港，东至石浦火炉头汽车站，长 11 千米，宽 18 米，深 3 米，开支河 9 条，计长 4.7 千米，建桥 13 座，以利金星平原农田灌溉和石浦居民及工业用水，流域面积 15.75 平方千米，原有诸多小河流，分别由葛峙山碶、横峙碶、鸡头碶、雉鸡山碶（改桥）独流注入石浦港。今相互沟通，引河水主要通过下洋墩闸流入大塘港排出。石浦镇向西扩建新港区，原番头片已成为新城区，部分老河废圮。

鹤浦大江

别称鹤浦大河，《象山县地名志》称樊岙港。流经南田岛北部，有二源：一出大片山南平岩头岭龙潭，名龙潭坑，西南流经北弄堂口；一出小西天山龙头背，向西北流至南弄堂与龙潭坑汇合西流，至雉鸡山脚折向西北，纳石门岭水后称樊岙港。流经樊岙村，先后纳后坑、川洞、石屋诸水进入鹤浦平原，过前排、后塘角、犁头攙诸村，百丈溪汇入后别称鹤浦大河。百丈溪源于大片山猪娘岗西北坡，西流依次纳雉鸡里、大百丈、小百丈诸水，经鱼山村后沿小鱼山北麓西流注入樊岙港，长约6千米。樊岙港西流经蟹厂村，纳螺蛳礁水后折向西北流至鹤浦西，纳大湾塘、凤凰头、万全塘诸水，折东至鹤浦大闸，源于鸡笼顶山奶脯岩之黄金坦水汇入，北出鹤浦大闸注入石浦港。鹤浦大江是南田岛第一大河，主流长10千米，宽20~45米，水深3~4米，灌溉农田800公顷。水源丰富，樊岙港上游建有樊岙水库，百丈溪建有小百丈水库等，总蓄水量700余万立方米，供鹤浦镇居民生活和工农渔业用水。主河道均可通航5吨以下船只，昔为沟通岛南北交通纽带。

大南田河

流经南田岛南部，以大南田塘得名，亦称四都河。有二源：一出胖蓬岩西北坡，称横坑，西流纳茅秆坑向西北流经三角坦西入大南田塘；一出胖蓬岩山猪脑腮西洞岭头，称牧童岙坑，以村得名。西北流入大南田塘，于大南田村南与横坑汇合，始称大南田河。流经南田墩村入四都塘，从南田峙北麓四都闸注入南田湾。大南田河是南田岛第二大河，长5.5千米，宽5~10米，流域面积11.5平方千米。建有峙龙塘、横坑里两水库，总蓄水量86万立方米，可灌溉农田400公顷。

中心港

高塘岛乡中部，横贯高塘平原中央，故名中心港，系人工河。高塘岛，原名龙泉大塘，东、西南、北三面临海，南、东北、西北有岛（海山）筑有东方、北方、南方三海堤始成三塘。清光绪六年（1880）十二月初动工，翌年五月二十一日完竣，是年七月十七日遇台风被毁。后重新修筑而成，得地1000公顷，划分十二字号“杏树坛边渔父，桃花源里人家”，取名龙泉塘，后浚河，建碶、修桥铺路等建设，始挖中心河，从金高椅自西向东流经高塘街至港口，经中心闸注入蜊门港，主流长5千米，宽10~40米，水深约2米，其支河纵横，南有乌岩港，北有杏八河等。

乌岩港河

高塘岛自小乌岩水库自西向东流经石头墩、蛤蜊塘，经港口闸入蜊门港，主流长3千米。

杏八河

高塘岛自港口中心河向西北流经杏八村过杏八碶入群英塘，由群英塘闸注入石浦港。主流长5千米。

余字江

高塘岛自蟹礁头至杏八碶。主流长3千米。

梅头港

高塘岛自金高椅向东北经百家徐至蟹礁头碶长3.5千米。

罗源河

从金高椅经中心江至罗源村，经罗源碶排入珠门港等，长 2.5 千米。

高塘岛水源贫乏靠人工河道蓄水，是易旱地区，常遇旱灾之苦，连人畜饮水亦发生困难。50 年代后，先后建有东坑里、小乌岩、大乌岩、南方塘等水库，供居民生活和农渔业用水，缺水有所缓解。

象山县河道水利及河道情况见本志《围垦　水利》篇，第四章“农田水利”。

第四章　土壤　植被

境内处红壤地带北缘。依地貌形态分西北部低山丘陵区、南部丘陵区、沿海平原三种类型。据 1980—1984 年象山县土壤普查资料，境内土壤分 5 个土类，其中红壤最广泛。境内以森林植被为主，属中亚热带常绿阔叶林北部亚地带，原始常绿阔叶林绝迹，次生植被由人工造林、封山育林而成。

第一节　土　　壤

根据境内地貌沿海低山丘陵和港湾小平原相间，分为低山丘陵区土壤形成和滨海平原区土壤形成。低山丘陵区土壤形成以林业用地为主，除山麓峡谷部分垦为水田、果园外，大部分为疏林或荒山荒坡。据地质资料查证，境内低山丘陵形成于距今 2 亿年左右的中生代侏罗纪，其岩石主要为酸性凝灰岩、熔质凝灰岩以及流纹岩。岩石经受着日晒、雨淋、冰冻，在化学和生物作用下变成低山丘陵土壤的各种成土母质，即原积、残积、坡积以及洪（冲）积物。受海拔高程与生物积累影响，500 米以下山丘，土壤形成以红壤化过程为主，其缓坡及山脚，多形成黄砾泥。而 500 米以上山头，土壤形成以黄壤化过程为主，并多形成香灰土或石塥香灰土。滨海平原土壤形成：近代浅海沉积物，经人工围垦发育而成。旱地土壤为钙质潮土。围塘时间短的土壤，为潮土化盐土。水田土壤受水耕熟化影响，形成淡塘泥田。

红壤土类

分布在海拔 500 米以下的低山丘陵区，面积 69464 公顷，占山地总面积 98.6%，其中红壤亚类 2286 公顷，黄红壤亚类 30522 公顷，侵蚀型红壤亚类 36656 公顷，根据母质类型和红壤化程度不同，其代表土属有红泥土、黄泥土、砂黏质红土、石砂土、白岩砂土、岩秃。

红泥土土属　属红壤亚类，分布在全县各地低山丘陵缓坡处，面积 2286 公顷，占红壤土类面积 3.3%。母质主要是各种酸性凝灰岩和流纹岩的风化体。在特定气候条件下，形成具有 A（B）C 型剖面形态。土体深厚，在 40~70 厘米间，pH 值 5~6，呈酸性。土壤红色或棕红色，养分含量较低，表土有机质大部少于 1.5%，全氮少于 0.1%，全磷少于 0.15%，质地以轻黏土为主，不含或少含石英砂。自然植被为茅草与灌木，也有开垦为旱地的，种植茶橘或杂粮。酸、粘、瘦是该土壤的特征。根据成土母质和土体中含砾石多少，可分为红泥土、红泥砂土与红砾泥3个土种。

黄泥土土属 属黄红壤亚类，遍布全县各地低山丘陵，面积30028公顷，占红壤土类总面积的43.2%，是境内主要丘陵土壤。母质为酸性的各种凝灰岩及流纹岩风化体，红壤化作用较红泥土弱，(B)层发育较差，土体呈黄棕色或橙棕色，也有呈浅棕色的。质地轻粘，砾质较多，黏粒含量明显低于红泥土，土层厚薄不一，大多40~50厘米，pH值多数为5~5.5，呈酸性。养分含量较红泥土高，据全县19个点取样分析，黄泥土养分平均含量：有机质2.54%，全氮0.175%，速效磷11.9ppm，速效钾123.5ppm。根据成土母质及土体砾石含量多少，分为黄砾泥、黄泥沙土、黄泥土3个土种。

砂黏质红土土属 属黄红壤亚类，面积494公顷。母质为粗晶花岗岩风化体，土层逾50厘米，土体中黏粒占20%~30%，粒径1~3毫米石英砂含量在30%以上。土壤呈红色或黄红色，不耐侵蚀，易崩塌或造成侵蚀沟，蓄水保肥性能极差。

石砂土土属 石砂土是境内侵蚀型红壤亚类一主要土属，面积有34231公顷，占红壤土类面积的49.3%，多分布在低山丘陵的陡坡上或山腰、山背上。以石浦、定山两区最多。母质是各种岩石的风化残积体。土体中砾石及半风化母岩碎片一般超过30%，(B)层不发育，土层大多不足30厘米。土体pH值较低，呈强酸性反应，土色浅淡，有机质含量低，农业性状差，大多荒山疏林。

白岩砂土土属 面积2050公顷，主要分布在爵溪等地。白岩砂土母质是粗晶花岗岩风化残积体。与石砂土相仿，土体呈强酸性反应，土层不足40厘米，粗石英砂及砾石含量高，(B)层不发育养分含量很低，农业性状较差。

黄壤土类

面积仅294公顷，主要分布于海拔500米以上山脊岗背。由于地势高，大气和土壤湿度大，无明显旱季，灌丛和草被生长茂密，表土有机质积累较多，呈棕灰色到暗褐色。有的还保存较好的枯枝落叶层。(B)层中氢氧化物水化度高，土体呈黄色或棕黄色，土体构型常为A_0A_1(B)C或A(B)C型。代表土属有山地黄泥土、山地石砂土。

山地黄泥土土属 仅山地香灰土1个土种，零星分布于儒雅洋牛料岗、下沈东搬山顶，面积不足20公顷。母质为凝灰岩等风化物，土体深厚，地表植被茂密。由于处地气温低，湿度大，有机质含量高达9%以上。以山地香灰土为代表土种，土壤呈强酸性反应，具有良好的团粒结构，土体灰褐、松软，灌丛、草被茂盛。

山地石砂土土属 属侵蚀型黄壤亚类，仅山地石塥香灰土1个土种，面积276公顷。母质为各种岩石分化残积体，一般分布于500米以上高山陡坡或山脊上。植被大多是灌木丛及稀疏草类。全土层浅薄，不足30厘米，由于气候条件优越，A层有机质含量较高，土壤酸性强。

潮土土类

主要分布于沿海林海门前涂、黄避岙兵营塘、金星永安塘、高塘岛群英塘、鹤浦万全塘等，平原旱地中，面积3301公顷，占全县土壤面积的3.0%。母质为近代海相沉积物，土层深厚，上下层质地、土色基本一致，下层常有锰斑。分潮土、钙质潮土2个亚类与淡涂粘、洪积泥砂土、清水砂、砂岗砂土、淡涂泥5个土属。

淡涂黏土属 属钙质潮土亚类，面积2587公顷。母质为新近浅海沉积物。由咸黏土和咸泥土脱盐后发育而成，质地为重壤至中黏土。表土层石灰性反应比心底土明显减弱，据全县13个点取

样分析，表土平均含盐量0.045%，pH值7.5，呈微碱性反应；养分平均含量：有机质1.56%，全氮0.105%，速效磷2.66ppm，速效钾213.5ppm，土壤剖面初步发育，心土层中常有少量锰斑锈纹，宜种植棉花、柑橘、糖蔗。代表土种为浆粉泥土。

洪积泥砂土土属　分峡谷洪积泥砂土、谷口洪积泥砂土2个土种，面积485公顷，散布于各地。

清水砂、砂岗砂土、淡涂泥土属各有1个土种，面积皆小。

盐土土类

土壤曾受海潮浸淹，盐分较重。面积4920公顷，占土壤总面积4.54%，大多分布于20世纪70年代围垦塘田。分滨海盐土和潮土化盐土2个亚类及涂砂土、咸泥土、咸黏土3个土属。

咸黏土土属　属潮土化盐土亚类，面积2460公顷，占潮土化盐土亚类面积86.0%。由涂黏土开垦发育而成，质地为轻粘至中黏土，上下均一。土壤尚处在脱盐过程中，有较强石灰性反应，通体棕色。土体构型为AsaCsa型，有的已种植棉花。咸黏土按所含盐分多少，可以划分为轻咸黏土（含盐量0.1%~0.3%），中咸黏土（含盐量0.3%~0.6%）和重咸黏土（含盐量在6%以上）3个土种。其中：轻咸黏土土种面积1952公顷，分布在大塘港橘场、鹤浦小网巾新塘、中楼中泥等地，成土年龄较短，土壤剖面分化不明显，土壤通体棕色，上下1米土层内含盐量0.18%~0.34%，平均0.26%，质地轻粘，结构性差，土壤肥力低；中咸黏土土种面积167公顷，分布在莲花大渡岸，1米内土壤含盐量达0.36%，pH值8.2呈碱性，质地轻粘，土壤的理化性状与轻咸黏土相似；重咸黏土仅分布在东陈乡幸福塘，质地轻粘，1米土层内含盐量高达0.89%。咸泥土土属面积391公顷，分布在爵溪大猢狲山新塘、樊岙红卫塘。质地重壤，有机质含量比咸黏土土属更低，1米土层内的含盐量亦比咸黏土土属低，根据含盐量的差异可分轻、中、重咸泥土3土种，以轻咸泥土为主。轻咸泥土土种分布在爵溪镇大猢狲塘内，面积229公顷，成土年龄短。

水稻土土类

分布于滨海平原及山谷溪畔，为境内最主要土类，面积30341公顷，占全县土壤面积的28.0%。因母质、地形等成土因素各异，水稻土可分为渗育型、潴育型、潜育型与盐渍型4个亚类与15个土属。

黄泥田土属　属渗育型水稻土亚类，分黄泥田、砂性黄泥田2个土种，面积2094公顷，零星分布在低山丘陵的岗背或山坡阶地上。母质为红壤性原积或再积体，由黄泥土、黄红泥土等土属发育而成。质地以重壤为主，表土层较轻松，土壤呈酸性反应。其中黄泥田土种面积1769公顷。母质是凝灰岩和流纹岩的风化物，质地为轻石质重壤。由于常年地下水位低，只有降水和灌溉水等地表水参与土壤淋溶作用，并在耕层有机质影响下，剖面上出现铁锰分层淀积现象，通常是氧化铁淀积层在上，氧化锰淀积层在下。其底土层常保持红、黄壤母质本体特征。农作物产量随着雨水丰缺，波动较大。砂性黄泥田土种面积325公顷。母质由石英凝灰岩和花岗岩发育而成，土体明显砂性，蓄水保肥性能比黄泥田要差。

红泥田土属　属渗育型水稻土亚类，面积仅91公顷。红泥田为该土属的代表土种，分布于墙头朱家村和南庄三叉路村一带。地处山背坡地，永久性地下水位低，属地表水型，土层中铁锰分层淀积现象明显，底土层常有母质红泥土基色。

洪积泥砂田土属　属潴育型水稻土亚类，是境内4个主要水稻土之一，面积2412公顷，分布于丘陵山地，溪坑两旁和山口洪积扇上，以西周、大徐区多见。母质为近代洪、冲积物，土体中

砂、砾、泥夹杂，均匀性差。pH 值接近 5.8，呈微酸性反应。土壤质地轻松，爽水性好，养分含量不高，有机质平均为 3.97%，缺磷缺钾。代换量低，4.2 毫克当量/100 克土~7.5 毫克当量/100 克土。土中体有较多的铁锰淀积物，耕作年代久的，常形成铁锰结核，甚至焦塥。根据其所处的地形部位及剖面中出现的障碍层次，划分为狭谷洪积泥砂田、谷口洪积泥砂田、青塥洪积泥砂田、焦砾塥泥砂田、砂塥泥砂田等土种。狭谷洪积泥砂田土种分布于山地溪坑两旁，面积 631 公顷。土体中铁锰淀积物较多，剖面发育较好。养分含量不高。生产上表现为质地轻松，耕作省力，作物起发快，养分易遭流失，肥力较低。焦塥泥砂田土种分布于山地溪坑两旁和山口洪积扇上，面积 520 公顷。土体在 40 厘米以上部位有砾石层，由于长年累月的潴育作用，铁锰淀积物在砾石层中逐渐密集而成焦砾塥。焦砾塥形成改善了原先那种漏水漏肥现象，严重阻碍作物根系下扎和土壤通透性。特别一些焦塥出现部位较高田块，土地生产性能更差，产量低。谷口洪积泥砂田土种分布于山谷出口处，面积 807 公顷。由于成土过程中，流水作用逐渐减弱，泥、砂、石沉淀，往往在山洪出口处形成一个中间高，边缘低扇形地貌，俗称洪积扇。洪积扇中间多砾石，质地较轻，边缘则质地轻壤。青塥洪积泥砂田土种大多在洪积扇边缘低洼地区，面积 210 公顷。土体内排水不畅，长期渍水，在 40 厘米以上处，都可以看到还原性较强青塥层次。青塥层内水多气少，还原性强，养分不易矿化，有机质相对容易积累。

黄泥砂田土属　属潴育型亚类，是境内四个主要水稻土之一，面积 5795 公顷。分布于全县各低山丘陵的山垅和山麓缓坡处。母质为红壤性的坡积物或再积物，由红泥土、黄泥土、黄红泥土等经水耕熟化发育而成，pH 值平均 5.8，呈微酸性，土体中多石质，质地中壤至轻粘，以重壤多见。土壤代换量低，每百克土 5.38 毫克当量~6.99 毫克当量，土体受地下水和侧渗水潴渍作用，其剖面有铁锰淀积，常见为铁锰结核，局部地区由于潴育作用强烈，也能形成焦塥，也有因土层中间长期滞水，还原性较强，形成青塥层，与洪积泥砂田一样，土体中常含有各种障碍层次，主要土种有黄泥砂田、焦塥黄泥砂田、砾心黄泥砂田、青塥黄砂泥田等。黄泥砂田土种面积 4920 公顷，分布在山垅或山脚缓坡处。土剖面发育较深，层次分明，有明显铁锰淀积层和柱状结构，质地以重壤为主，含有砾石。经全县 69 点农化分析统计，pH 值平均为 5.1，呈酸性反应，速效磷平均溶质浓度百万分之 4.6，速效钾平均溶质浓度百万分之 43.8。农业生产性能：以种植水稻为主，由于普遍采用串灌，肥土流失严重，肥料利用率低，要防止后期脱力减产。增施磷钾肥料，增产效果极为明显，同时有些酸性较强的地方，播种大麦要防止酸害。青塥黄泥砂田土种面积仅 183 公顷，常出现在与淡塘泥或灰泥田的交接处。由于淡塘泥田和灰泥田质地较粘，土壤渗透性差，地下水位高，黄泥砂田土体内的排水直接受地势较低、质地较粘的土壤阻碍，使这些黄泥砂田长期渍水，其剖面在 40 厘米以上处形成了一种还原性较强的青灰色层段，终于发育成青塥黄泥砂田。青塥黄泥砂田生产性能：土壤剖面青塥的出现，表明土体中水多气少、通透性差，养分矿化率低。因此，水稻根系生长不良。显然，排水降潜是改良这种土壤的根本措施。

泥砂田土属　分布于茅洋大溪流两岸，面积仅 212 公顷。母质以冲积物为主，亦夹有洪积物，土体层次中含有粗砂和砾石，含量多少不一，质地轻松，通透性好，心土层中多铁锰淀积物，特别是耕作年代长久的田块，铁锰淀积物更多。以泥砂田为代表土种。

淡涂田土属　分布在滨海平原局部地区，面积仅 65 公顷。母质为新近浅海沉积物。质地较淡塘泥田轻，中壤至重壤，土体构型及发育情况与淡塘泥田相似，黄泥翘为该土属代表土壤。

老黄筋泥田土属　分布上山前缓坡地，面积 296 公顷。母质为第四纪红土，由黄筋泥、黄化

黄筋泥、亚黄筋泥等土壤水耕熟化发育而成。垦种历史久长，剖面层次发育较好，潴育层明显。有很多白色条纹分布在潴育层中，质地多轻粘。耕作层黏粒遭淋失后，质地较心土层和底土层要轻些。土壤呈酸性，pH 值由上而下渐增，这是下部土体受覆盐基作用之故。土体构型为 APWC 型。代表土种为老黄筋泥田土种。

灰泥田土属　面积 3226 公顷，是境内主要水稻土之一。母质为浅海沉积物，分布在淡塘泥田的内侧，是淡塘泥田经过长期水耕熟化发育而成。土体已经脱钙，剖面发育较深，具有深厚的棱柱状结构潴育层段，可与水网平原的黄斑田相媲美。表土代换量为 14.1 毫克当量/100 克土~16.68 毫克当量/100 克土，心土土层 8.56 毫克当量/100 毫克土~16.14 毫克当量/100 毫克土，保肥性强，质地重壤至轻粘，表土层由于淋溶的关系，黏粒含量较少些，质地也轻一些。耕作层 pH 值平均为 6.4，呈中性反应，有机质含量平均为 4.8%，速磷效含量平均为溶质浓度百万分之 3.45，速效钾平均含量为溶质浓度百万分之 71.56，养分中除有机质含量较高外，钾素不多，磷素缺乏。主要土种有灰泥田、青塥灰泥田、白塥灰泥田等，土体构型为 APWC 型和〔APgWC〕型等。灰泥田土种主要分布在南庄、林海、东陈、贤庠、丹城等地，面积 2502 公顷。母质为浅海沉积物，由淡塘泥田经过长期水耕熟化发育而成。土体剖面发育较深，层次分化明显。质地上下匀细，土壤代换量大，保肥性较好。青塥灰泥田土种面积 638 公顷，分布在灰泥田中地势比较低洼、排水不良地区，如昌国南门塘、丹城域外等。与其他有青塥土种一样，在 40 厘米以上剖面层次中，可见一厚薄不一青塥层。

淡塘泥田土属　面积 15266 公顷，占全县水稻田面积 50.3%，是全县面积最大水稻土属，分布于滨海平原。母质为新近浅海沉积物，土体已经脱盐淡化，开始进入脱钙过程，质地重壤至轻粘，部分达到中粘。耕作层 pH 值平均为 7.1，在同一个剖面中，心土和底土层石灰性反应大于耕作层，剖面层次分化不很明显，只能在其上半段看到少量的铁锰淀积物和初步的柱状结构。土壤代换量表层 7.02 毫克当量/100 克土~11.97 毫克当量/100 克土，心土层 5.65 毫克当量/100 克土~8.44 毫克当量/100 克土，比灰泥田低，土肥力要比灰泥田低。整个土体仍带有母质的本色——棕色。其养分含量根据 208 个样品分析，有机质平均为 3.28%，全氮平均为 0.178%，速效磷平均为溶质浓度百万分之 2.53，速效钾平均为溶质浓度百万分之 163.6，速效钾养分丰富，土体构型为 APW 和 APgWC。淡塘泥田土种面积 12400 公顷，占淡塘泥田土属的 81.2%。母质为近代浅海沉积物，土体已经脱盐淡化，并开始进入脱钙过程，部分地区，垦种历史较久，已脱钙。土体分化不很明显，上下带有母质棕色基调，有少量铁锰淀积物，质地以轻粘为主，钾素含量较高。青塥淡塘泥田土种面积 2867 公顷，主要分布在下沈、西周、莲花、灵南、昌国、定塘等地，与淡塘泥田交叉分布。其形成和青塥灰泥田一样，是由于土体排水不畅，土层中长期滞水缘故。犁底层或紧接犁底层下的心土层中，有一个厚度大于 5 厘米的青灰色层段。青塥淡塘泥田整个土体深厚，有的尚未完全脱钙，有石灰性反应。

烂塘田土属　属潜育型水稻土，面积仅 311 公顷。母质为近代浅海沉积物，零星分布于滨海平原洼地。氧化还原电位较低，亚铁反应强。犁底层以下土体软糊，很少见锈纹锈斑，无柱状结构。极少数地方地下含盐分，给作物带来盐害威胁。土体构型 APG，主要土种有荡田土种，面积 301 公顷，分布在亭溪胡莱港、西周塘田等地。土体终年渍水，软糊，呈青灰色，质地黏重，养分含量较低，还原性强。

1959 年象山县第一次土壤普查分类情况表

表 4-1　　单位：公顷

土壤类型	土　组	土　　种	面　积
水田类型	半咸塘田黏土组	圩荡黏土、咸塘黏土、半咸塘黏土、半咸白浆泥、轻咸小粉土、半咸砂泥土	12713
	淡塘泥土组	淡塘黏质泥土、河泥性土、村边大泥土、塘田青水泥、近山塘田白浆泥、塘田黄泥胶土	6515
	塘田石塥土组	塘田白泥浆、塘田石塥黏土、石塥半咸砂泥土、石塥塘田砾质土、石塥砂泥土、砾质乌砂土	469
	灰泥土组	灰砂泥土、洼泥土、松泥土	2814
	青紫泥土组	青紫泥土	369
	乌泥土组	乌泥土	39
	平原黄泥土组	黄塥黄泥土、青塥黄泥土	1891
	溪边泥砂土组	溪边汀水砂、砾砂土、溪边石塥砂土、油泥砂土	3296
	烂糊田土组	砂性烂糊田、疯田土、烂糊田土	205
	泥塥砂泥土组	砂泥土、泥砂土、泥土、乌砂泥土	2603
	礁塥泥砂土组	细砂泥土、乌砂泥土、灰砂泥土	4127
	梯田汀板砂土组	澱板砂土、冷水砂土、白岩砂土、红水铁板砂、铁板砂土、砾质砂	4128
	黄泥浆土组	白泥浆土、黄泥浆土、死黄泥土、闭口黄泥土、红心死黄泥土、猪血岩土、开口黄泥土、人造塥黄泥土、紫红泥土、油泥土、乌泥黏土、礁泥塥黄泥土、缸砂泥土	4263
小　计	13	58	43432
旱地类型	旱地咸性黏土组	小粉泥、旱地咸性黏土	4601
	海边清水砂土质	海边清水砂	57
	溪边砾砂土组	石子砂土、溪边清水砂	586
	培泥细砂土组	旱地砂泥土、培泥细砂泥土	548
	旱地黄泥土组	石塥黄泥土、旱地开口黄泥、黄泥砂土、旱地乌砂泥土、旱地油泥土、死黄泥土	2441
	砾质砂泥土组	石塥泥砂土、石塥砂泥土、砾质砂泥土	3307
	白岩砂土组	砾质砂土、旱地砂泥土、亮眼砂、旱地白岩砂土、猪肝岩土	1217
小　计	7	21	12757
山林杂地类型	香灰土组	香灰土	3736
	荒山砂石土组	岩石山土、砂石土	53925
	石砂土组	砾砂土、砂土	45349
	山地黄泥土组	荒山黄泥土、山地黄砂土、山地油泥土	39994
	山地白岩砂土组	山地白岩砂土	1928

续表4-1

土壤类型	土组	土种	面积
小计	5	9	144932
海涂类型	咸白泥浆土组	咸白泥浆	30
	海涂土组	海涂	32045
小计	2	2	32075
合计	27	90	233196

说明：根据《象山县土壤肥料志》（1960年）整理

1980年象山县第二次土壤普查分类情况表

表4-2

单位：公顷

土类		亚类		土属		土种	
名称	面积	名称	面积	名称	面积	名称	面积
红壤	69464 其中耕地 5691	红壤	2286	红泥土	2286	红泥土	其中耕地 523
						红泥砂土	—
						红砾泥	—
		黄红壤	30522	黄泥土	30028	黄泥土	其中耕地 3880
						黄泥砂土	—
						黄砾泥	其中耕地 1288
		侵蚀型红壤	36656	砂粘质红土	494	砂粘质红土	494
				石砂土	34231	石砂土	34231
				白岩砂土	2050	白岩砂土	2050
				岩秃	375	岩秃	375
黄壤	294	黄壤	18	山地黄泥土	18	山地香灰土	18
		侵蚀型黄壤	276	山地石砂土	276	山地石塥香灰土	276
潮土	3301	潮土	657	洪积泥砂土	485	狭谷洪积泥砂土	237
						谷口洪积泥砂土	248
				清水砂	89	砾石清水砂	89
				砂岗砂土	83	砂岗砂土	83
		钙质潮土	2644	淡涂泥	58	淡涂泥	58
				淡涂粘	2586	浆粉泥	2586

续表4-2

土类		亚类		土属		土种	
盐土	4920	滨海盐土	2069	涂砂土	2069	盐白地	2069
		潮土化盐土	2851	咸泥土	391	轻咸泥土	229
						中咸泥土	132
						重咸泥土	30
				咸黏土	2460	轻咸黏土	1952
						中咸黏土	167
						重咸黏土	341
水稻土	30341	渗育型水稻土	2222	黄泥田	2094	黄泥田	1769
						砂性黄泥田	325
				红泥田	91	红泥田	91
				新黄筋泥田	37	新黄筋泥田	37
		潴育型水稻土	27293	洪积泥砂田	2412	狭谷泥砂田	631
						谷口泥砂田	807
						焦塥泥砂田	520
						焦砾塥泥砂田	244
						青塥洪积泥砂田	210
				黄泥砂田	5795	黄泥砂田	4922
						焦塥黄泥砂田	622
						砾心黄泥砂田	68
						青塥黄泥砂田	183
				泥砂田	212	泥砂田	212
				淡涂田	65	黄泥翘田	65
				砂岗砂田	20	砂岗砂田	20
				老黄筋泥田	296	老黄筋泥田	296
				灰泥田	3226	灰泥田	2502
						青塥灰泥田	630
						白塥灰泥田	94
				淡塘泥田	15266	淡塘泥田	12400
						青塥淡塘泥田	2866

续表4-2

土类		亚类		土属		土种	
水稻土	30341	潜育型水稻土	627	烂滃田	311	烂滃田	311
				烂塘田	316	烂塘田	15
						荡田	301
		盐渍型水稻土	199	涂泥田	137	涂泥田	137
				涂粘田	62	涂粘田	62
合计	108320	13个亚类	—	31个土属	—	52个土种	—

说明：1. 资料来源：《象山县土壤志》（1986年）。2. 表中所标面积均系图上量算面积

第二节　植　　被

境内以森林植被为主，属中亚热带常绿阔叶林北部亚地带，浙闽山丘，甜槠、木荷林区，浙东低山、丘陵、岛屿，甜槠、木荷林分区。由于长期频繁人类活动，原始植被常绿阔叶林几乎绝迹，代之针叶林、灌丛等次生植被及人工引种植被类型。次生植被由人工造林、封山育林而成。1984年，森林覆盖率37.1%。2007年，森林覆盖率59.06%。境内森林植被的水平分布，从西北向东南，随着降水量、湿度的递减，毛竹林分布相应减少，从北到南由于热量和光照的递增，热带成分的植物增加，北温带成分的植物显著减少。鹅耳枥属、椴属、白蜡属、苹果属仅分布于北部；相反热带成分的羊蹄甲属仅见于南部；木麻黄、大叶桉、赤桉等栽培植物的生长情况反映上述特点。由于盐风的影响，海岛、滨海地段出现了大叶黄杨、海桐、岩柃、米碎花、大叶胡颓子、猪毛蒿、毡毛马兰等内陆不曾分布的植物。境内现状植被，根据《中国植被》分类原则和系统，森林植被分为5个植被型组、12个植被型、23个群系；栽培植被分为2个植被型、4个植被类型、13个植被组合。“森林资源”详见本志“农业”篇第七章“林业”。

森林植被

针叶林型组　分3个植被型，7个群系。广布于各地山丘，通常处山脊地带，由人工造林或飞籽成林而成。主要为马尾松林，其次黑松林、杉木林等。下层植被多野古草、黄背草等禾本科植物，少有层外植物（藤本植物），构成比较稳定的顶极群落。立地条件转优裕地段，只要人为不过分干扰，阔叶树很快会侵入或萌芽，从而形成针阔混交林，任其自然便逐渐形成常绿阔叶林。针叶林型组是构成境内森林植被的主要类型。据1984年象山县森林资源调查资料，全县松木林面积达27993公顷。自1991年10月，在丹城镇北门村首次发生松材线虫病后，疫病迅速于境内蔓延，松木林面积逐年减少，至2007年松木林面积仅6140公顷，比1984年减少21853公顷。反之针阔混交林、阔叶林面积扩大。

阔叶林型组　分4个植被型、8个群系。大多是次生阔叶林，是境内的典型地带性植被类型。常绿阔叶林有两个地形顶极群落，其一为沟谷常绿阔叶林，主要建群种为樟科的浙江楠、紫楠、红

楠、华东楠等；下层多朱砂根、蔷薇莓、山姜、狭叶楼梯草、鳞毛蕨等喜阴喜湿植物，层外有紫藤野木瓜、中华常春藤等植物；其二为山坡常绿阔叶林，主要建群种为壳斗科、山茶科植物，如青枫、木荷、苦槠、赤皮稠等；下层有连蕊茶、檵木、乌饭、映山红、华东早熟禾、狗脊、铁芒萁、胎生狗脊等植物；层外则为海金沙、菝葜、香花鸡血藤等植物。其他植被型面积皆小，零星散布。

自境内发生松材线虫病后，通过迹地更新、荒山绿化、平原绿化，阔叶林面积呈扩大趋势。全县阔叶林面积1984年为4173公顷，1998年增至10273公顷，2007年扩大到37467公顷。

竹林型组　分2个植被型、4个群系。大面积竹林分布是境内的一大特色，主要是毛竹林，集中分布在西北部几大山脉的东北、西北两侧。历史上亦如此，清乾隆县志记载："惟猫（毛）竹西乡最盛，山民恃以为业。"毛竹林结构简单，上层由毛竹单优种构成，有时混有木荷、枫香、马尾松等；下层主要有胎生狗脊、里白、狗脊、金星蕨、华东早熟禾、单序紫菀、连蕊茶、天仙果等；层外植物有海金沙、三叶木通、菝葜等。属温性竹林植被类型的箬竹林等也常常呈单优势群落分布，见于蒙顶山、大雷山、五狮山等海拔在350米以上的山坡、山谷地段。高度在1.5~2米，覆盖度常达95%以上，林下植物稀少。在"高山"顶一些竹类还与白茅、芒、算盘子、茶叶等形成竹灌、草丛。竹林面积，1984年为5313公顷，2007年达8660公顷。

灌丛型组　仅1个植被型、1个群系。现状灌丛是经长期砍伐，多代萌芽而成，主要由壳斗科、胡桃科、杜鹃花科、金缕梅科的一些植物构成，如白栎、化香、映山红、乌饭、檵木等。结构简单整齐，覆盖度一般在80%以上，高度约1.2~2米左右。灌丛中常常可见到一些阔叶乔木树种，如木荷、枫香、青枫、苦槠、白栎、化香的萌芽幼树。只要通过5~10年的封山育林，便会郁闭，形成很好的阔叶林，发挥水土保持，水源涵养或提供薪炭能源等作用。

草丛型组　分为草丛、热带刺草丛2个植被型、3个群系。草丛植被型多形成于山坡、山顶，以白茅、芒等植物为主，间有映山红、白檀、算盘子、菝葜。单层结构，高度1.5米以下，覆盖度极高。热性刺草丛植被型的仙人掌草丛群系，在渔山列岛的悬崖上有单优势群落分布，高度60~80厘米，茎横连成一片，大丛重量可超过500公斤，实属罕见。空心莲子草在20世纪60—70年代极盛，填补大力发展养猪业而造成的猪饲料欠缺，人们习惯称此草为"革命草"。

表4-3

象山县山丘植被类型情况表

植被型组	植被型	群系
针叶林	温性针叶林	柳杉林
	暖性针叶林	马尾松林
		黑松林
		国外松林
		杉木林
	针阔混交林	马尾松、枫香林
		马尾松、木荷林

续表4-3

植被型组	植　被　型	群　　　系
阔叶林	常绿阔叶林	香樟林
		红楠林
		华东楠、浙江楠林
		木荷林
		苦槠、青冈、木荷林
	亚热带落叶常绿阔叶混交林	锥栗、木荷林
	亚热带落叶阔叶林	板栗、枫香林
	落叶阔叶林	麻砾
竹　林	温性竹林	箬竹林
	暖性竹林	毛竹林
		芦丝竹林
		石竹林
灌　丛	常绿落叶阔叶灌丛	映山红、檵木、白栎灌丛
草　丛	草　丛	白茅草丛
		芒草丛
	热性刺草丛	仙人掌草丛

栽培植被

栽培植被通常是一层的单优群落。为提高光能与土地利用率，有的林下套种其他作物。栽培植被分布于境内低丘、溪谷、平原地带。总面积1984年为5140公顷，至2007年达12947公顷。

经济林植被型　2个植被类型，5个植被组合。象山经济林主要是桑树园、油桐林、乌桕林、油茶、茶园分布在境内低丘、溪谷。

果园植被型　8个植被类型，8个植被组合。分布在境内低丘、平原地带。

另，滨海涂地及已围未垦荒地，有耐咸性植物零星或片状分布。常见的有水草、盐松、芦苇、田菁、海龙头、大（海）米草等，属草甸、沼泽、水生植被。

象山县栽培植被类型情况表

表 4-4

植被型	植被类型	植被组合
经济林	落叶经济林	桑　园
		油桐林
		乌桕林
	常绿经济林	油　茶
		茶　园
果　园	落叶果树	梨　园
		桃　园
		葡萄园
		李　园
		（青）梅园
	常绿果树	橘　园
		杨梅园
		枇杷园

第五篇　海洋环境

本篇目录

第一章　海岸线

象山海岸线总长924.67千米，其中大陆岸线348.73千米，岛屿岸线575.94千米，占宁波市岸线（1562千米）的59.19%。深水岸线37.3千米，占宁波市深水岸线的21.9%。海岸线多为基岩海岸，局部上有岸线滩涂和人工岸线特征。远古海岸线的变化为地壳和气候控制，地壳与海平面的升降决定海岸线进退。15000年前后，象山东面的海岸线最远处在距离今天海岸线的500千米左右处。约6000年前出现的高海面时期，今天的沿海平原几乎皆为滩涂或沼泽，海岸线收缩而转折至山麓与今平原的交接处。唐宋之后，大量围垦造田，滩涂成平原，陆地面积不断增加。人类活动对海岸线改变显著加强，人工岸线取代基岩海岸趋势明显。象山几个主要平原的原始海岸线与今天比较，都向海洋有几千米甚至十几千米的延伸。象山溪河源短流促，直入海洋，海岸线受入海河流中泥沙影响微弱，也未确认有受冰川影响的遗迹。

第一节　岸线类型

象山海岸线以自然岸线为主，人工岸线随围垦不断延伸而变化。大陆及主要岛屿自然岸线509.95千米，人工岸线277.45千米。

自然岸线

由基岸岸线、沙砾质岸线、泥质岸线组成。其中泥质岸线，大陆部分多因人工围塘筑坝而逐步减少，海岛的泥质岸线极少。

基岩岸线　即为岩质岸线，全县总长492.74千米。象山系浙东丘陵山地一部分，地质构造基本形成于燕山晚期，在第四纪海侵、海退中几经沧桑后出露的岩石多以上侏罗系西山头组、茶山湾组碎屑岩夹沉积岩及白垩系朝川组红紫、灰白、灰绿色砂岩、粉砂岩、页岩夹角砾、灰岩等组成的侵蚀剥蚀低山陵形成的岩质岸线。因山脉直逼入海，日久形成海蚀崖和海蚀平台，如红岩崖滩长廊，低潮后出现宽度不等石崖、石滩、洞穴、壁龛等。随着人类围垦海涂的日益增多，原先大陆的基岩岸线有些被围入塘中，但仍为主要海岸线。象山基岸海岸主要分布在西沪港口两侧、县北部和东部海岸、岳井洋湾顶等地。具体分布在乌沙山、王家塘山、金岙山、猫头山、沈岙山、跳头嘴、井下山、凤凰山、陈岙山、鲁家山、横里山、后华山、老虎口、青莱炮台山、乌屿山、大石门山、外干门山、青湾山、长沙山、牛屁股山、猫头嘴、塘西目山、白岩山、大岙岭山、炮台山、松兰山、龙洞岗、松岙炮台山、旦门炮台山、东旦山、红岩山、大湾山、蛟龙山、黄泥山—半边山、长山、圆山、炮台山、石板岗、铜瓦门山、馒头山、乌峙门山、大园山、磨石山、杨岙山、火竹尖山、磨心山、峙前岭山、白玉湾鹁鸪山，总长为147.36千米。海岛变更基岩岸线，主要为东门岛、对面山岛、南田岛、高塘岛、花岙岛，均因围涂造田将部分的基岩海线改变为塘坝岸线，其他海岛无大变化。

沙砾质岸线　均为沙滩、砾石滩岸线，全县总长15.13千米。主要分布在县东部海岸，都是基岩岬角之间发育的沙滩。代表性砂砾质海岸线有涂茨镇的长沙村的砾石海滩，松兰山风景区的沙滩等。石浦宋皇城沙滩是浙江省大陆岩岸最长的砂质海岸。但其岸线已被景区开发改造为人工岸线。大陆沿岸和较大海岛均分布着大小砂砾滩，因围塘和挖沙，使部分沙滩、砾石滩消失或减少。黄沙沙滩、爵溪沙滩、沙岗、船岙沙滩（东陈）、水桶岙沙滩、新桥白沙滩（盐场）、对面山黄沙滩等均为上述因素造成。今大陆岸线仍分布着沙砾质岸线沙滩有涂茨长沙沙滩、爵溪下沙沙滩、大岙沙滩、白沙湾沙滩、太极湾沙滩，丹东街道东沙滩、南沙滩，东陈乡东旦沙滩、东旦上沙滩，石浦半边山砾石滩、半边山沙滩、蛟龙沙滩、新鹤沙滩、皇城沙滩、沙塘湾沙滩等长10.45千米。海岛分布有南田大沙沙滩、风门口沙滩、后沙头沙滩、花岙沙滩、清水岙鹅卵石滩、天作塘砾石滩、对面山沙滩、檀头山外沙滩、里沙砾滩、孙孔湾沙滩、南韭山燥谷仓沙滩等，长4.68千米。

照5-1　爵溪至白沙湾海岸线

人工岸线

由塘坝岸线、堤坝岸线、河口岸线组成。其中河口岸线仅淡港口和泗洲头港较明显，其他均被碶闸所阻。

塘坝岸线　为围垦海塘所筑岸线。象山三面环海，历代先人围海造田之风盛行不绝，但所筑塘坝常遭台风山洪袭击而塌，海水倒灌，淹没村庄、田地。20世纪90年代，始筑标准海塘、修筑防浪坝，至2008年，共修筑柴溪塘、西周塘、淡港门塘、蚶岙塘、陈山塘、马滩塘、白屿塘、横里塘、西泽塘、蒲门塘、跃进塘、屿岙塘、白岩山塘、大燕山塘、爵溪东塘、大目涂一期、二期，旦门仁义塘、旦门盐场塘、新桥盐场塘、昌国盐场塘、石浦番头塘、大塘、平岩头塘、龙王头塘、大麦塘、崇瓌塘、墩岙塘、鹤浦万寿塘、红卫塘、群英塘、花岙盐场塘等，海塘大坝总长256.01千米，其中大陆长179.57千米，海岛长76.44千米。

堤坝岸线　即为港湾防风浪岸线，主要分布在石浦港、西沪港两地，总长10千米，其中石浦塘头港至西南金鸡山，长6.2千米；西沪港蛤蚆嘴至舫前，洋北至白墩，长3.8千米。

表5-1　**象山县面积大于10平方千米海岛岸线情况表**　单位：千米

名　称	1990年岸线长度	2008年岸线长度	其　中		
			基岩岸线	砂质岸线	人工岸线
檀头山	49.52	46.431	44.925	1.505	0.000
南田岛	78.24	70.457	46.754	2.003	21.699
高塘岛	46.12	42.678	14.822	0.000	27.855
花岙岛	29.86	26.813	20.166	1.891	4.754
合计	203.74	186.379	126.667	5.399	54.308

说明：摘自《浙江省海洋环境资源基本现状》上册323页

象山县海洋岸线情况表

表 5-2 单位：千米

名 称	各类型岸线长度				小 计
	人工岸线	基岩岸线	砂质岸线	河口岸线	
海岛岸线	78.704	456.323	5.400	—	540.427
大陆岸线	159.517	164.391	8.957	0.513	333.378
合计	238.221	620.714	14.357	0.513	873.805

说明：参照《浙江省海洋环境资源基本现状》上册 314、320 页制作。象山海岸线统计数字为 924.67 千米，比省统计数超出 50.865 千米

第二节 岸线变迁

象山远古岸线变迁，由星轮虫、假轮虫、卷转虫三次海侵所致，变迁频繁而剧烈。距今 6000 余年新石器时代的塔山遗址、姚家山遗址、红庙山遗址、庙头山遗址等濒海处，应为当时岸线的所处。此后由于缺少文献记录，岸线情况不明。唐代象山立县后，志书对象山境域的记载，可见县城附近的岸线已往南推移 10 余千米。明清围海造田大兴，人工岸线变迁频繁。民国时围涂造田工程不多，其岸线与清时大同小异。中华人民共和国成立以后至 20 世纪末，围垦筑塘大盛，岸线变迁亦大。几千年来，尤其是明清以来，象山岸线变迁总体趋势：大陆海岸线变化快于岛屿海岸线变化，大岛海岸线变化快于小岛海岸线变化。岛屿围垦，是岸线变更最大原因，高塘岛原为多个岛屿，清光绪初年龙泉塘围垦后，滩涂成为平原，几个岛屿围成一个大岛，海岸线大变。

远古岸线

象山地处中国东部沿海，在第四纪晚期更新世发生过一次卷转虫海进，这次海进至全新世以后趋于鼎盛期。今浙江境内杭嘉湖、宁绍平原等及沿海一带都沦为海洋。象山县境亦当是一片岛屿罗列的海洋。距今 15000 年，发展剧烈海退，海岸线约在目前水深 140~150 米一带，今海岛附近的海域均为平原，象山港为内陆江河。距今 12000 年前后的海进，又将原平原成为海域，海平面在-47 米位置，原先散布于平原的山体变成海岛。距今 7500 年前后，海面上升到-4 米左右，今日的海滨平原，均为浅海或滩涂。距今 6000 年前后，海平面则高出今海平面 2 米的高海位。而至今 3000 年前已基本接近现海面。多次海进海退后海域逐渐稳定，陆域扩大，原来崛起于海上的岛屿成为相互连接的山地和丘陵，其时有先民聚落在山麓兴建。丹城东侧 6000 余年的塔山文化遗址，在海进、海退稳定后出现。距今 2500 年前后，海平面又有抬升高出现海面 2.5 米左右，距今 2100 年前后，海面逐渐降落至今海面。其时的象山大陆岸线曲折绵长，大体可分为 6 大块：一是东搬山、蒙顶山、白岩山、大雷山、射箭山、荷花芯山一带岸线，即北至白墩港，东至新凉亭、船倒山，南至乌石岭，西接宁海县茶山；二是珠山、观音岩、火烧山、黄沙炮台山一带岸线，即北至大石门，东至炮台山，西至三角地，南至大磊头、黄盆岙；三是万岙山、枫树台、天灯山、龙春岗、大爿山一带岸线，即北至泥塘山与尖峰山连接处，南至松兰山、西至新凉亭船倒山，东

至爵溪炮台山；四是高泥山、庵基坪、庵基山、毛坑山、炮台山、长坑山、寨后山、庄溪大山一带岸线，即北起西泽老虎口，南至下岩山，东至三角地、章家墩，西至东塔；五是以五狮山、洋山头、大头山、白岩山一带岸线，即北起乌石峧，南至高湾峧，东至东旦炮台山，西尽蟹钳港；六是以红岩山、小灵岩、将军山、大明山、双峰山、大金山、大明山、稻桶岩岗、大湾山岗一带岸线，即北起高湾峧，南尽石浦港，东抵东海，西至晓塘洋下山。余皆多为岛屿，如今之大徐船倒山、岙山、渔家山，西周海山、蜊山，涂茨凤凰山、横山，新桥蔡家山。

唐宋时期岸线

据唐《元和郡县志》记，“县治（彭姥村）东至大海二十里，南至大海三十五里，东北至大海四十里，正北至大海一十五里，唯西有陆路接台州宁海”。由此可见，公元8世纪的象山县境还是一个岛屿纷歧、滩涂密布，道路崎岖，海岸曲折的海隅小县。今远离海岸线的涂茨、泊戈洋、船倒山、生雾洋旁（今新妇娘房）、沈家洋、坌船径（今龙泉井）、网纲（今东陈马岗村）、沙岗、船岙（今溪爵前岙村）、船岙（今东陈大金山村）、扬蓬岙（朗蓬岙）、定塘洋岙、晓塘横埠（今黄埠）、泗洲头唐翰（今塘岸）等村落仍处海涂或边缘，岸线也随之盘绕弯曲。立县后，唐时围南庄上洋塘，建朝宗、理川、灵长、会源四碶，宋代又围筑下洋塘，淳熙五年（1178）开瑞龙、千丈、马岗三河，南庄洋海涂已成桑田，岸线以丹城坌船径、长塘岸一线外移至上余、胡家碶，折南至岳头一线，沙岗至普陀何、南堡一线，北部岸线变化不大，南仍处岬湾滩涂之中。

明清时期岸线

明清时人口增多，围海造田成为主要趋势。明清象山县志记，明永乐二年（1404）修茭湖塘（高湖塘），成化八年（1482）筑陈㙦塘、岳头塘，至清初已围田13万亩。清康熙后，围塘更兴盛，相继围筑南堡塘、大麦塘、南盘塘、欧家塘、新岙塘、励家坪塘、定山塘、大泥塘、新岙塘、龙屿塘、黄避岙塘、珠溪塘、牌头塘、下沈塘、莲花塘、东瀛塘、龙泉塘、鹤浦大塘等400余处，使原多弯曲岸线拉直缩短。

其时岸线，西北起万金山至柴溪塘、牌头塘、蜊山，上渡头至文岙、渡头街、蚶岙老塘转蛤蚆嘴至盛王张、舫前、屠家、墙头至黄溪渡头，折东北至洋北、白墩，折东至海口，折西白屿、东塔，折北至龙屿、谢家、西泽，折东至岑㙦、木瓜、霞庄、蒲门。

东起外干门折南至屿岙、黄沙、汤岙、钱仓、大岭后、涂茨、杉木洋、黄盆岙、公屿、爵溪、白沙湾、下洋老塘、岳头、海墩、旦门仁义、平石、梅岭东湾、丁家塘、高湾老塘、七林湾、田下岭、鸡鸣、昌国、蛟龙、石浦铜瓦门。

南以石浦折西至邬家、番头、盐厂、横峙、南向、平阳厂、金鸡山、下洋墩。

西起泗洲头、下峙后、下马岙、苏岙、大麦塘入白礁水道连泗洲头、下山头、白岩下、台头、外韩、小白蛇、东溪老塘、乌江、下七里塘、上盘塘、上灵岙、下灵岙、竿头、中泥、田洋湖塘、楼下舍、小太平、小定山、渡头街、后洋塘、中岙、胡家屿、炮台下、下洋墩。

民国时期岸线

与清末岸线大致相同。西北起牌头普福塘塘岸至下沈塘，弯曲至西瀛塘、东瀛塘，沿塘岸弯曲至陈施岙、莲花塘，折北黄家塘，折南蚶岙老塘，折北沿花落山北麓猫头嘴，弯曲东至井下山蛤蚆嘴，折南沿下山、下沙、孙家塘岸线至舫前，折东南至墙头、丁家塘岸，折北延沈山岙山，析南沿塘岸向东至黄溪渡头，沿塘岸折北至洋北塘岸，至桃湾老塘岸，至白墩塘岸，至跳头嘴，折东偏南至陈山塘岸，至外厂塘，折北至海口，折东再转北沿铁丈岙塘向西至虎鼻头山南麓，至山夹岙，折西至程度湾塘岸，至鸭屿塘，沿塘岸弯曲至黄家园至白屿塘，折西南至马滩、盘螺嘴、驿角岙塘，沿湾至里高泥、外高泥塘，再沿湾弯曲至东塔塘，向北至陈岙、鲁家岙，沿山折东南至塔曼礁、上龙屿、下龙屿塘、湖头塘至兵营，折东至高庄，折北至西寺庄、上张家、黄家塘，沿后华山折东至谢家塘、前山，折北沿山转至小蔚庄塘，沿山折北弯至西泽埠，折南至西泽塘，又折东偏南至海墩塘、岑兆塘，沿塘岸至盛家、路下碶、青莱炮台山，沿炮台山折东南老塘岸至乌屿山，沿乌屿山折南折东沿塘岸至碶盐厂，沿老塘岸至大石门，沿山折东南至炮台山，接屿岙塘岸。

东以屿岙塘岸折南至下章家，沿现黄沙水库老塘岸至新塘，折北偏东至老虎嘴，再折南沿山临海线弯曲至东门外、傅家、大坦，折东沿长沙山弯曲向南偏西至毛湾塘，沿塘岸折东至猫头嘴，折西至平岩头，折南至塘西目山，沿塘岸南至对面山，沿山临海线至白岩山嘴，折西沿老塘岸弧形至独龙山嘴，折南至黄盆岙、江岙、林善岙老塘，折东偏南至公屿塘，沿炮台山临海线向东折西至地厂木鱼山，折南沿山临海线弯曲至爵溪，沿爵溪东城墙至下沙岭脚，沿下沙岭山临海线弯曲东南至下沙、大岙，沿大岙岭山、炮台山弯曲至白沙湾塘，沿山临海线弯曲至门前涂老塘岸，沿老塘岸至岳头，顺岳头山临海线向南至金井头，沿弧形老塘岸至松岙柴山、炮台山，沿山临海线折东折西南弯曲至旦门仁义，沿塘岸至关帝庙，顺山临海线向东弯曲至王家榄、捕造湾，折南至东旦，折西沿山临海线至王家、平石塘岸，折南至乌岩、梅岭，折东至插船湾，折东南沿山临海弯曲西至丁家塘、高湾塘，沿老塘岸折东至七林湾、白沙湾，折西南至田下岭塘、鸡鸣塘，沿塘岸东偏南至水塘头，沿大湾山、黄泥山临海线向东又折西南至新鹤、昌国塘，再沿沙坝塘岸向南至蓝家、平岩、沙塘湾，沿铜瓦门山折北偏西至碶门头。

南以下洋墩老塘岸向东至蜘蛛山，至晓湾，沿晓湾山折东偏北至雷公山、横峙塘、至盐厂，顺塘岸弯曲至葛峙山至坟坦港，折北偏东至火炉头、石浦接延昌碶门头。

西以泗洲头老塘岸折南顺山麓临海线弯曲至下峙后塘，折东沿火竹尖山临海线弯曲折西至峙前塘，沿虎头岩山临海线至马岙塘，弯曲至墩岙塘，沿山弯曲至苏岙塘，顺塘岸至梅岙塘、对岙王。折东至大麦塘塘岸入岳井洋。另一线由泗洲头向东沿下山头盘曲东至花墙、坟山、白岩下塘，沿蛎江埠大坝向南至台头塘，折西偏南至杨岙山、蟹钳渡，再折东南沿山临海线至海台塘，顺塘岸向南弯曲至小白蛇、里外江东，折西至龙洞、至王岙、至东溪老塘，折南沿海山临海线盘曲向南又折西至乌江、新桥塘，折南至弹涂岙，折西弯曲至黄吉岙塘，沿塘岸向南折西至长栏山嘴，由此嘴折南弯曲至乌峙门，折东沿山麓临海线至大岙塘，经石仓山、花前至七里老塘，顺塘岸折西南至中灵岙，折西偏南沿山麓临海线至山灶、中泥塘，沿中泥塘向南偏东至下灶、台洞塘，顺塘岸折北又折东至定山，至隔岸，折东过渡头，沿塘岸至胡家屿塘，顺塘岸折东南至九龙江至炮台山，竹屿塘接下洋墩塘。

大塘岸线按清末围塘塘坝连接。坦塘以原白玉湾塘塘坝连接。南田岛按清与民国围筑万全塘、大南田塘塘岸相连，其他岸线未变。高塘岛以清末筑龙泉塘岸四围相连，花岙岛按原未围花岙盐场的老塘岸相接，其他未变。东门岛、对面山，按老塘岸相连。

中华人民共和国成立后岸线

中华人民共和国成立至 20 世纪末，围垦筑塘之风仍盛行不衰，先后围成大小海塘 170 余处。其中使海岸发生变化较大的海塘：下沈塘、柴溪塘、西周塘、淡港塘、西泽塘、白岩山塘、爵溪大燕山塘、新桥盐场塘、大目涂（塘）、旦门盐场塘、昌国盐场塘、龙王头塘、大塘港、墩岙塘、红卫塘、花岙塘等，将原先沿海湾弯曲盘绕岸线拉直。其中，象山港岸线象山属长 104.7 千米，石浦港岸大陆线长 26 千米，白礁水道岸线象属长 68.87 千米，东部岸线长 149.16 千米。至 2008 年，全县陆上岸线总长 348.73 千米，海岛岸线总长 575.94 千米。南田岛、高塘岛为大岛，海岸线因围垦有所变化，其余岛屿岸线变化不大。

象山港岸线　象山部分，西起西周镇万金山村出海口涵洞，东至象山港口涂茨镇外干门，共 104.7 千米（含西沪港岸线）。西北起自万金山塘坝（现公路）向东偏北至柴溪塘塘坝，沿塘坝至下沈塘塘坝，至西周塘塘坝，至淡港门塘坝，至西周镇勤丰村北金岙角（以下转入西沪港岸线至黄避岙乡高泥嘴）。由高泥嘴向东北，经东塔至陈岙，折东北至棉花山、横里山、碶门头、后华山，折东沿园山塘塘坝至小蔚庄，弯曲至西泽，沿西泽塘塘坝至青莱炮台山，折东南至乌屿山塘塘坝，至溪沿厂，折北偏东沿塘坝至礁角山，折东南弯曲至炮台山、外干门。其中西沪港岸线，始金岙山嘴至黄避岙乡高泥嘴，由金岙山嘴依金岙山向南转至蚶岙塘塘坝，折北至猫头嘴，向东至蛤蚆嘴，然后折西南，沿花落山南下，至下山塘坝、下沙塘坝、舫前塘坝，折东南至墙头塘坝，折东弯曲至黄溪渡塘坝，折北至洋北、白墩，折东至军民塘水库（海口塘）大坝，沿大坝折北至双井山，折西偏北至汤故山、癞头山、海屿山至下前山塘、马滩塘坝，沿海岸弯曲至新塘、庙湾山，至高泥嘴。

东部岸线　北起象山港口外干门，南至石浦铜瓦门，长 149.16 千米，其中基岩岸线长 63.54 千米，人工岸线长 75.17 千米，沙砾岸线 10.45 千米。原多为基岩、泥质岸线及沙砾岸线，经历代围垦将很多基岩、泥质岸线改变成人工岸线。由外干门港坝折南至屿岙塘大坝，沿大坝至山嘴，折东偏南沿大坝至老虎嘴，顺青湾山、卢家山、炮台山盘曲至大坦塘，沿塘坝折东又折南至长沙，沿长沙塘坝折东又折西南至毛湾、后七埠、旭拱岙、白岩山，顺白岩山塘大坝向南至公屿，沿公屿山至大燕山塘、爵溪东塘，顺大坝折东南盘绕至下沙、大岙，沿山临海线弯曲至白沙湾，顺塘坝折西南山麓曲折至东沙滩、南沙头，沿龙洞岗折南转西北至大目涂二期大坝，沿大坝至东南鹁鸪山、松岙下山，折东又折南至捣臼岩，折西南弧线经旦门至王家兰，折东至捕造湾，沿炮台山折东又折西至东旦、红岩，至旦门盐场大坝，顺大坝至东湾，接新桥盐场大坝至昌国盐场大坝，沿大坝折东至玉珠山，又折东南至穿鼻头，沿山麓岸线至半边山，折西南至蛟龙、新鹤沙滩，弯曲至皇城沙滩大坝，顺大坝向南至平岩头，沿山麓岸线至沙塘湾，绕铜瓦门山折西北至石浦港大坝至碶门头。

石浦港岸线　由大陆岸线和东门、对面山、南田、高塘四岛面石浦港岸线组成，总长 77 千米，大陆岸线长 26 千米。大陆岸线东起铜瓦门，向北绕平岩转南，沿渔港中路、渔港南路，向西南过东边、下塘、横峙、雷公山、朝天门、蒲湾、寨下门、金鸡山、高金汽渡、泥礁，西止三门口白礁洋鹁鸪头。四岛面石浦港岸线东起铜瓦门大桥连岛处，经小山、小唐、东丰，至东门门头（均在东门岛），经胡椒湾、对面山至上布袋北堤坝（均在对面山岛），经嘾头向西南，过盘基塘堤坝、汪渡塘堤坝、鹤浦标准塘堤坝至后龙头（均在南田岛），经孝贤湾北堤坝（名称不详）向西，过群英塘坝、脲脚岙北堤坝，至纱帽绿（均在高塘岛）。

白礁水道岸线　象山部分，分东、西两支，长 68.87 千米，其中人工岸线 32.02 千米，基岩岸线 36.22 千米，河口岸线 630 米。东支岸线由泗洲头塘坝向东南至下山头，由下山头折北折东至花墙、坟山，至白岩下蟹钳涂大坝，折南至台头塘大坝，沿大坝折西南至杨岙山，蟹钳渡码头，折东弯曲至海台塘大坝，沿大坝向南至小白蛇、至平岩头塘，顺塘大坝四周旋转至江东、龙洞，折南沿龙王头塘大坝至山嘴，折东至蛤沙，折南沿大坝至弹涂岙，再沿山麓岸线弯曲南至黄吉岙塘，顺塘大坝向南沿山麓岸线弯曲至乌峙门大塘港大坝，沿大坝向南至宁海隔洋塘大坝、大塘大坝、白玉湾塘大坝至鹁鸪头。西支岸线由泗洲头塘坝折南沿山麓岸线至下峙后塘，顺塘大坝折东沿大竹山岸线折南又折西至峙前塘大坝，沿塘坝至山麓岸线折东、折南至上洞塘，顺大坝至墩岙塘，沿大坝向南至马岙门、大麦塘港石门南首与宁海交界处。

南田岛岸线　北部归石浦港岸线。东北起本岛下湾门沿线（后岭塘堤坝、鹤湾塘堤坝、双湾塘，原称长山嘴、和平湾、韭菜湾、棺材湾），至马鞍头曲折向南，过大沙、半边山、平岩头湾、长嘴头、双坝嘴至断坝向西南再转东至鬼礁坑，向南曲折至小心角，向西转过金七门后一路往北，过水湖涂塘坝、水湖涂堤坝，峙弄塘堤坝、南田新塘堤坝，过蜊门港大桥进入蜊门港沿岸，至后龙头。

高塘岛岸线　北部归石浦港岸线。东北起本岛蜊门港沿岸向南，过蜊门港大桥曲折向西南，沿自然岸线过长山嘴，转向西北过田蟹坑、直落岙、金高椅港沿岸、南方塘堤坝、坑头塘堤坝，过珠门向北，过炮台山至纱帽绿。

进入21世纪仍有围塘，至2008年，因围塘而改变海岸线有：红卫塘外塘、池龙塘、水湖涂塘、旦门仁义塘、花岙高涂岙塘、牛轭瀵塘、大石门田螺山塘等。岸线变更为：北线大石门至屿岙炮台山；中线捣臼岩至王家兰炮台山嘴；南线南田岛由南田荷花芯山嘴至南田墩山嘴，水湖涂山嘴至杨柳坑山嘴，南田墩山嘴至池龙山嘴。又，花岙岛由穿礁至花岙村西南山嘴。

第二章　潮间带

境内潮间带主要由泥滩、沙滩和岩滩构成。据《浙江省海岸带调查资料》载，大目涂近岸海域和三门湾一带属稳定缓慢淤涨区，年均淤涨约7厘米左右，向外延伸5~50米不等，年成陆800000平方米，象山港、岳井洋内滩涂，少有淤涨，其他海域每年淤涨1~3厘米不等，向外延伸1~5米。全县有大小泥滩25处，沙滩（石滩）11处，分布北、东、南沿海。

表5-3　象山县沿海潮间带情况表　单位：平方千米

潮间带属性	总面积	其中			
		泥滩	沙滩	砾石滩	岩石滩
大　陆	143.31	136.82	2.51	—	3.98
海　岛	49.92	26.98	15.37	0.07	7.50
合　计	193.23	163.80	17.88	0.07	11.48

第一节 泥 滩

泥滩（淤泥质滩涂）主要分布在象山港、三门湾等港湾岸段，在基岩港湾岸背景上，长期受河流物质（主要为长江泥沙）和近海侵蚀物质的充填发育而成，主要由粘土质粉砂或粉砂质黏土组成。淤积作用强，宽阔平缓，其倚靠的岸线曲折。

北部沿海滩涂

北部象山港沿海系半封闭式港湾，风浪小，水流缓，泥沙来源较少，少有淤涨。滩涂底质多淤泥质黏土，涂面稳定，低涂、软涂为多。从下沈至东港，面积50平方千米，其中西沪港涂33平方千米，乌屿山涂3平方千米，沿岸带状滩涂13平方千米。

下沈滩涂 在西周镇北，原有滩涂大多被围垦，现在只剩下沈村北少量滩涂。

西沪港涂滩 分布在西沪港四周，东距丹城最近点5千米。被白墩、洋北、黄溪、墙头、山下等水道分割为8块，以其方位、形状、物产等特点分别称西沪港北涂、烂壜大涂、虾平壜、洋北壜、黄溪壜、高壜、水底壜、长壜，统称西沪港涂滩。总面积29.63平方千米，占全港的64.5%。港内风平浪静，水质清澈，潮流缓慢，淤积较慢，泥质松软，涂面稳定平展。

照5-2 西沪港滩涂

表5-4

象山县西沪港涂滩基本情况表

名 称	基 本 情 况
西沪港北涂	在丹城西北8千米处，分布在西沪港口至白墩港以北一线。以方位得名。东西向，长9千米，宽0.2~1.2千米，除已围2170亩外，有面积7.33平方千米。硬泥质，含沙陛。养有紫菜、蛏子、牡蛎等
虾平壜	在丹城西北7.5千米处，西沪港东北侧，白墩港南，白墩村西。涂面平坦，突出呈舌状（俗称堰头），且盛产白虾，故名虾平堰。东西向，长3千米，宽0.5~1.1千米，面积约3平方千米。泥质，略带沙性。南高北低。养有蛏子、蚶子、牡蛎等
烂壜大涂	在丹城西10千米处，西沪港西侧，介于山下港与山沙港之间。泥质松软，向北突出呈舌状，面积较大。故称烂壜大涂。西南一东北向，长6.2千米，宽0.6~1.8千米，面积6.5平方千米。西南部涂面较高，仅大潮时淹没
洋北壜	在丹城西北5.5千米处，西沪港东侧偏北，介于虾平堰与洋北港间。由洋北村得名。东南一西北向，长4.5千米，宽0.03~2.5千米，面积4.5平方千米。泥质，略带沙性，涂面东南向西北微倾。养有蛏子、蚶子、牡蛎等
黄溪壜	在丹城西5千米处，西沪港东侧，介于洋北港与黄溪港间。由黄溪村得名。略呈南北向，长3.5千米，宽0.01~0.8千米，面积3平方千米。泥沙质，南高北低，大潮时南部近岸处仍出露。养有蛏子、牡蛎等

续表5-4

名 称	基 本 情 况
高㧟	在丹城西8.6千米处，西沪港西南侧，介于㧟蝼大涂与墙头港间。涂面较高，向北突出呈舌状，故名。西南一东北向，长4千米，宽0.01~0.12千米，面积2平方千米。泥质，略带沙性。南高北低，平潮时大部淹没，大潮时全部淹没。东北口有海带养殖场
水底㧟	在丹城西7.8千米处，西沪港南侧，介于墙头港与长㧟间。涂面较低，向北延伸呈舌状，故名。南北向，长3.7千米，宽0.01~1千米，面积1.8平方千米。泥质，略带沙性。大潮时全部淹没
长㧟	在丹城西7千米处，西沪港南侧，介于水底㧟与黄溪港间。形狭长，向北延伸呈舌状，故名。南北向，长3.3千米，宽0.01~0.8千米，面积1，5平方千米。泥质，含有沙性。大潮时全部淹没

东部沿海滩涂

系开敞式海湾，滩涂大多集中门前涂至昌国一带，属缓慢淤涨型岸滩，部分基岩海岸趋相对稳定。海域受浙东沿岸海流影响，泥沙丰富，涂面淤涨较快，水质混浊，风浪大，滩涂面积110平方千米，其中大目涂90平方千米，道人涂7平方千米，沿海带状滩涂13平方千米。海水盐度高（2.8°~30°），风速和年蒸发量大，一些地段为盐业发展区域，白岩山、昌国、新桥、旦门四大盐场外围尚可用于发展盐业海涂29平方千米，白岩山盐场已转为工业用地。

大目涂 位于本土大陆中部沿岸，西北距丹城最近点8千米。因处大目洋西侧，故名。自北而南被岬角分割为门前涂、旦门涂、东湾涂、高湾涂、鸡鸣涂五大块，总面积36.5平方千米。该涂东对大海，风浪较大，潮流畅通，但水质混浊，流速缓慢，淤积较快，涂面逐年微升。除少数地段，一般较硬，略含沙性。该涂为主要围垦地段，已围垦近11平方千米，分建旦门、新桥、昌国三大盐场。

象山县大目涂基本情况表

表5-5

名 称	基 本 情 况
门前涂	在大目涂北部，丹城东南8千米处。因处南庄平原东南方，其形若门，故名门前涂。东北起龙洞门嘴，西南至松岙炮台山猪心头嘴，长6千米，宽3.5~4千米，面积22.2平方千米。泥质，略带沙性，大潮时全部淹没。大目涂第一期围垦工程已于1988年开始，以鹁鸪山为中心，向西北至丹城镇岳头嘴，向西南经上大门山折南至东陈乡松岙炮台山，面积约13平方千米。1991年大坝合龙。滩涂功能部分消失
旦门涂	在丹城南13.5千米处，大目涂中部偏北，介于猪心头嘴与牛角山间。由原旦门乡得名。南北向，长4千米，宽2.5至3.8千米，面积8万平方千米。泥质，略带沙性。高潮时全部淹没。养过蛏子
东湾涂	在丹城南17千米处，大目涂中部，介于长山嘴与塔柱头间。由东湾村得名。略呈东西向，长3.5千米，宽1.6千米，旦门盐场围成后，尚有面积1.67平方千米
高湾涂	在丹城南19千米处，大目涂南部偏西北，介于塔柱头与大崎头间。由高湾村得名。东西向，长2.7千米，宽1.5至2.5千米，面积约4.5平方千米

南部沿海滩涂

地形复杂，港湾交错，大小岛屿棋布，石浦港东西横贯，岳井洋蟹钳港南北相连。为宽浅式海湾，风浪较小，泥沙来源丰富（海水含沙量0.4~0.6公斤/立方米），涂面缓慢淤涨。湾内水下发育淤泥滩深厚，滩度比降1%，潮间带平缓。

蟹钳涂　位于岳井洋北部，泗洲头镇与茅洋乡、新桥镇间，最近点东北距丹城12.5千米，由蟹钳港得名。分布在泗洲头港、蟹钳港、关头埠、马岙门等水道两侧，分割为泗洲头涂、蟹钳渡涂、海台涂、关头涂、马岙涂五大块，总面积11.4平方千米。岳井洋风小浪平，涂内潮流流速缓慢，涂面稳定。除几大溪流入海处为沙质外，均软泥质。

大南田涂　在丹城南40.3千米处，南田湾东北侧，南田岛西岸中部。由大南田（四都）村得名。北起蜊门港口攥头，南至八排门，略呈长方形，长4.1千米，宽约2.8千米，面积7.41平方千米。多为淤泥质。北边有3个岬角。

水湖涂　在丹城南44千米处，南田湾东侧，南田岛西南岸。以村得名。西北起八排门，东南至杨柳坑，长3千米，宽2.3千米，面积4.985平方千米。泥质，近岸处略带沙性。西北边有岛屿2个，东南边有岬角2个、礁1个。

第二节　沙石滩

沙滩沙砾通常源自陆源物，主要为河流输沙，次为基岩侵蚀物和陆架沉积物的向岸运移、沉积。象山少有河流输沙，多为基岩侵蚀物成沙。由于基岩海岸的岩石成分及所处地形控制，海水冲击岩石磨砺成小颗粒，留在海岸，形成不同成分矿物组合的沙滩。石浦皇城沙滩为绿帘石、角闪石、石榴子石沙滩，另有部分贝壳沙。天作塘与清水澳为石滩。20世纪80年代，因为围海造地，致使许多沙滩成为陆地。爵溪东门城外沙滩曾称“十里平沙”，现已成为工业、居民用地。

后沙

丹城东北22.2千米、东屿山北部西岸。俗有南前北后之称，故名后沙。长350米，宽650米，面积约120000平方米。干出沙滩，干出高度0.5米。属0.5~1毫米的泥沙。

黄沙头

丹城东北21.2千米处、东屿山西南岸。沙呈黄色得名。长250米，宽600米，面积约70000平方米。干出沙滩，干出高度1.1米。属0.5~1毫米的泥沙。

白沙湾沙滩

丹城东南11千米处、爵溪白沙湾村南，白沙湾内。呈西北—东南向。长约800米，宽约250米，面积160000平方米。为花岗岩岬角间的砂质沉积物，重矿物组织为重矿物组合为绿帘石、角闪石、钛铁矿、锆石、石榴子石。花岗岩沙组成，沙细色白，可作建筑、翻砂及制造玻璃等材料。1960年后被采运，面积日小。湾内风小浪平，水清澈，淡水资源丰富。

照5-3　爵溪白沙湾沙滩

松兰山沙滩

丹城东南 11.3 千米、梅岙村东 1.5 千米处东沙澳内。由南端松兰山得名。呈新月形，南北向，长 2 千米，宽 200 米，面积 400000 平方米。有二岬角把沙滩割为三块：北块长 500 米，宽 200 米；中块长 900 米，宽 300 米；南块长 600 米，宽 250 米。为含 30%黑沙（也称铁板沙）的细沙滩。湾内风小浪平，沙滩平展，水质清澈，岬角毚岩壁立，南端有一洞穴，名龙洞，纵深 60 米。

长沙沙滩

位于象山半岛东端，涂茨境内。沙滩长 1000 余米，各类砾石形状奇特，千姿百态。

东旦沙滩

位于东陈乡东旦村东面。沙滩尚未开发，处于自然状态，景色迷人。

照 5-4　东陈东旦沙滩

旦门山沙滩

在旦门山岛上，属东陈乡地域。沙滩长 200 余米，沙质细软，金黄一片。

鹤头沙滩

丹城南偏东 25.6 千米处、石浦镇上岩嘴南。以新鹤村旧名鹤头得名。东北—西南向，长 900 米，宽 300 米，面积约 178000 平方米。属细沙滩。

皇城沙滩

旧称昌国沙滩，因面积大，俗称大沙头。20 世纪 80 年代中期，因近石浦镇宋皇城村，改称皇城沙滩。在丹城南 27 千米处，介于崩头山与平岩炮台山间。南北向，新月形，长 1.8 千米，宽 200 米，面积 382000 平方米。属细沙滩。矿物组合则为绿帘石、角闪石、石榴子石。南北依山，西连平原，风浪小，水质清，淡水源丰富。现已辟为海滨浴场，有公路通石浦，旅游设施日渐齐全。

照 5-5　石浦皇城沙滩

沙塘湾沙滩

丹城南 29 千米处，石浦镇沙塘湾村东，以村得名。南北向，长 700 米，宽 200 米，面积约 220000 平方米。属细沙滩。矿物组合则为绿帘石、角闪石、石榴子石（《中国海岸带地貌》第 215 页）。其东为干门水道，西倚老头山。

大沙头

又称姐妹沙滩。丹城东南 37 千米、檀头山岛中部东侧，介于大沙头村与盘沙间。因其面积较大，称大沙头；又因处沙埕之东，与西边一石滩相邻，故别称外沙头。南北向，长 1.5 千米，宽 300 米，面积 450000 平方米。钾长石沙细，色黄。大潮时被淹没，风浪较大，不宜锚泊。

大沙沙滩

在丹城南 38.5 千米处，南田岛中部东岸大沙海湾内，大沙村东。因沙粒较大得名。南北向，新月形，长 1.25 千米，宽 250 米，面积 215000 平方米。沙粗呈黄色，滩平风大。近岸处有沙堤，高 2 米，宽 3 米，长 600 米。

清水澳石滩

在丹城南45.25千米处，花岙岛雉鸡山东偏南清水澳内。南北向，新月形，长500米，宽150米，面积75000平方米。鹅卵石滩，如瓜如豆，五彩玲珑。水质清澈，北端有一山洞，名龙洞。海潮袭来，水石相击，声如巨雷，甚是壮观。

天作塘石滩

在丹城南45.8千米处，花岙岛东南岸天作塘海湾内。南北向，呈弧形，长250米，宽150米，面积36500平方米。鹅卵石滩，形似塘坝。卵石如斗、如拳、如豆，五彩缤纷，玲珑奇巧。波浪拍击，声若雷鸣，水花似雪，堪称奇观。

第三章　海湾　水道　岬角

象山沿海岸线曲折，海湾、岬角众多，水道相间。较大海湾有象山港、西沪港、大平湾、大目湾、昌国湾、三门湾、石浦港、南田湾、岳井洋等。其他较小海湾66个，岬角91个，分布于北、东、南三个方向。三门湾与象山港两大海湾，为浙江省六大海湾之一，以南、北成外“八字”形夹持象山半岛，且深楔大陆内部而湾中生湾。县东部，周边地貌以丘陵为主，岸线曲折，为开敞型的基岩港湾淤泥质海岸，自北而南，有大平湾、大目湾、昌国湾三大海曲，内发育有众多小型海湾。诸小型海湾水浅，多小于5米。象山县南部，岛屿之间有南田湾，南田、高塘、檀头山、渔山等较大岛屿内也有小型海湾。

第一节　象山港　西沪港

象山港①

位于县之北，穿山半岛与象山半岛之间，东接峙头洋、大目洋，横贯奉化、宁海、鄞州、象山、北仑5市县区，最近点南距丹城15千米。曾以鄞县得名鄞港，因整个港域处于象山半岛之北，象山县所辖港域面积又最大，故于清末改称象山港。港口宽20千米，港身宽3~8千米，纵深约70千米，主干中心线长55~60千米，海岸线长406千米，其中属象山104.7千米。总面积563平方千米，其中水域面积392平方千米②。港口有强蛟、西泽、横山、梅山等。梅散（列岛）、东屿山诸岛为天然屏障。港内岛屿75个，礁82个，岛屿岸线125.5千米，大多对航行无影响。其中，较大岛屿17个，以北仑区属梅山岛最大，面积26.5平方千米。三面受天台山余脉包围，内

---

①本条资料来源：《象山县志（1988）》第四章“地貌·海岸　港湾·象山港”；1995年版《象山县地名志》卷四“海湾地名·港湾·象山港”；2003年版《中国海洋志》第一篇，第三章“海湾·象山港”；2013年版《浙江省海洋环境资源基本现状》（下）第五章“浙江省的海域使用·浙江省重点海域开发利用现状及评价·象山港海域”。

②此象山港总面积，水域面积，见2003年大象出版社《中国海洋志》第24页。

有3个支港，西北狮子港（又名铁港），在奉化、宁海境内；西南黄墩港，在宁海县境内；中部东南侧有西沪港，在象山境内，港域呈东北—西南走向，珠式半封闭溺谷型港湾。除狮子港、黄墩港、西沪港之外，石沿、翔鹤潭、梅山等小内港亦均为锚泊避风良港。港南、北气候显著差异，气象预报常以此港为界。平原狭小。海岸类型为基岩海岸，砂砾质海岸和淤泥质海岸。沿岸滩涂广布，较大有27处，总面积162.9平方千米，其中北仑区17.76平方千米，鄞县11.94平方千米，奉化33.49平方千米，宁海48.1平方千米，象山51.49平方千米①。港底主要粉砂质黏土、黏土质粉砂、粉砂质砂、砾石与贝壳砂等组成，底部及叉港内湾在低潮线下多为贝壳沙。一般水深10~20米，港口与港尾较浅，中部偏象山县一侧水深20~47米不等，属不规则半日浅海潮流，除港外潮流略有旋转外，均为往复流。涨潮历时大于落潮，历时差约2小时；潮差港内大于港口，港外为4.7米，黄墩港达5.9米。平均流速2.8节，涨潮流速2~3节，落潮流速达3~4节，涨潮流带入港内的泥沙绝大部分被落潮流冲刷而去，极少沉积，使象山港能长期保持良好凹槽水深。象山港深邃辽阔，87条大小河溪注入其中，常年径流量12.89亿立方米。港湾隐蔽性大，受外来径流、潮流或水团等影响不大，生态环境稳定，且饵料丰富，湾内既有典型的海洋性鱼类进港索饵料和洄游繁殖，又有定居性鱼类和滩涂局性贝类的栖息、生长和繁衍，生物多样性较高，湾内鱼、虾、贝、藻多达320余种，且水产养殖业发达，历史悠久。现为全省海水养殖、增殖重要基地。该港由于外有屏障，海湾深长，隐蔽性好。不但为避风良港，而且为历史上的屯兵要地。南明抗清皆驻守重兵。晚清与民国期间，曾规划在南岸象山一线建军港，并部分实施，终未成。

西沪港②

系象山港支港，全港为黄避岙、大徐、墙头、西周四乡镇所包围，口小腹大，形若罂壶，最近点东距丹城5千米。南北长9.5千米，东西宽5.5千米，岸线长48.5千米，面积50.67平方千米。其中，水面面积约18平方千米，占总面积的35.5%。多为基岩连岸和淤泥质海岸，礁7个，分布在入口处，对航行无大碍。岛屿仅海山屿1个。周围涂滩约占全港面积64%，被白墩、山下、洋北、黄溪、墙头等水道隔为多片。港底以粉砂质砂和贝壳沙为主。水深2~5米，入口处最深达37米。属规则半日潮，涨潮流向港内，落潮流反之，最大潮差5.2米，平均流速不足2节，入口处最大流速4节。水温6.63℃~30.55℃。水产资源丰饶。

象山港、西沪港海港设施，见本志“交通”篇第一节“海港设施”。

第二节　三门湾　石浦港

三门湾

位于象山与三门两县间。分属象山、宁海、三门3县。其名一说由三门县三门岛得名，另说由象山县三门山得名。旧亦称南田湾。三门湾多内湾，主要有在三门县境内的坡坝港、健跳港；在三门、宁海两县境内的蛇蟠洋；在宁海、象山境内有岳井洋；在象山境内有石浦港、大塘港等。

---

①此处象山港沿岸滩涂总面积及各县（区）面积据有关单位测算。而据1992年海洋出版社《中国海湾志》第五册“上海和浙江北部海湾”内载，象山港沿岸潮滩总面积为171平方千米

②本条资料来源：1995年版《象山县地名志》卷四“海湾地名·港湾·西沪港”；2007年版《象山县渔业志》第二章“海域·港湾·西沪港”；2014年版《象山县交通志》第二章“海域·港湾·西沪港”。

清光绪二十五年（1899）后，始以“三门湾”名广为世人所知。三门湾口向东南方敞开，东北起自铜瓦门，西南至三门半岛，宽22千米，纵深40千米，总面积约775平方千米。海底质主要为黏土质粉砂、粉砂质黏土和砂—粉砂—黏土等。略向东南倾斜，平均水深4~10米，最深处在猫头山水道北端达50米。三门湾及邻近水域潮流为非正规半日浅海往复潮流，外海潮流自东海经湾口向西北进入湾内。涨潮流过牛山矶头，沿岸经狗头门水道，大部分入健跳港，小部分出狗头山与猫儿屿之间的浅滩入猫头洋，落潮时基本上按原路返三门湾。平均潮差约4米，流速1~2.5节。夏季潮落潮历时差较冬季大。属亚热带海洋性季风气候。三门湾为典型的敞开型海湾，形势险要。南田、南山、高塘、花岙诸岛翼蔽其东，构成天然屏障；三门岛三山鼎立，扼湾口咽喉。湾内岛礁罗列，水道纵横。海岸曲折，长304千米，岬湾相间，多避风良港。沿岸涂滩纷陈，总面积295平方千米。汇注湾内诸水，水产资源丰富。岳井洋西岸属宁海县，中为白礁水道，东岸沿象山南乡小半岛至马岙门。自马岙门起，向北至蟹钳港，长5.5千米，宽100~250米，面积约10平方千米。

岳井洋

三门湾内湾。分属象山、宁海二县，最近点东北距丹城14千米。由宁海县岳井村得名。南北向，其口南起高塘岛外山嘴，北至泗洲头港，宽13.7千米，纵深26.5千米，面积约95平方千米。泥质底，向南微倾，水深1~5米，属不规则半日潮，涨潮流向北，落潮流向南，平均潮差4.2米，流速1.5~2.5节。海岸曲折，岛礁错落，自北而南有泗洲头港、蟹钳港、东溪港、关头埠、马岙门、崇门头、白礁水道7条。沿岸涂滩广布，落潮后大部干出。产沙蛤、青蟹、蛏子、牡蛎、苔菜及小鱼虾。

大塘港

原系岳井洋东侧水道。在新桥镇、定塘镇、晓塘乡、石浦镇境内。起新桥镇下七里至石浦镇捣米山入石浦港，全长18千米，平潮均宽500米。1975年，堵港蓄淡，建成大塘港水库。

石浦港

又名荔港，为三门湾支港，位于象山半岛东南端，石浦、鹤浦、高塘岛三镇乡间，最近点北距丹城30千米。港域自北而南折东西走向，略呈弯月形，封闭型港湾。全长21千米，主干中心线长18千米，港身宽0.35~3千米，面积27平方千米。岸线长77千米，其中本土大陆岸线长27千米。其西南三门口大桥东、高塘岛北海域，又称箬渔洋。港由石浦得名，为一多口型港湾。全港在象山半岛和东门、对面山、南田、高塘四大岛环抱之中，有铜瓦门、东门、下湾门、蜊门、三门五个出入航门，东接大目洋，西连三门湾，南通猫头洋。港东7千米有檀头山为其隔海屏障。港内水域宽阔，航路曲折，可容万艘渔船避10级以下诸向大风。大小岛礁17个，多不影响航行。其中，岛屿11个，以打鼓峙、中界山为最，面积分别为1.37平方千米和740000平方米。地质以断裂构造为主，构造线多呈东北和西北、西向，长10余千米，港底4~6米以下为花岗岩，上为淤泥。底面一般为粉砂质亚黏土和黏土，厚约2米，锚抓力好，利于船只锚泊。港岸陆地均为滨海丘陵和海积平原。平均水深6~33米，陆岸前沿水深4~8米，东北部汏网屿附近深达44~62米。属规则半日潮，往复流。涨潮流从铜瓦门、东门、下湾门、蜊门流入，从三门流出，

照5-6　石浦港

落潮流反之。大潮升 5 米，小潮升 3.7 米，平均高潮位 2.14 米，最高高潮位 3.63 米；平均低潮位 -1.4 米，最低低潮位 -2.89 米，平均潮差 3.54 米。平均高潮间隙 9 小时零 7 分，平均低潮间隙 2 小时零 54 分，处高低潮时转流地段的东门岛西侧港域，憩息时间仅 15 分钟~30 分钟。流速 1.5~3 节。港沿易淤积泥沙，尤其大塘港被堵后，年淡水流进量减少 2600 万立方米，加之管理不善，淤积日趋严重。波浪以涌浪为主的混合浪，波高一般小于 0.3 米。港内航行锚泊、避风条件优越，兼渔港、商港、军港之利，历为海疆要地，为历史上三门湾地区最繁荣的港口，清之前，外地人不知三门湾，而知石浦港。孙中山《建国方略》谓沿海建 15 大渔业港之第九港即指石浦港。

石浦港港区设施内容，详见本志“交通”篇第三章“通航设施”第一节“海港设施”。石浦中心渔港内容见本志“渔业”篇第一章“渔场　渔港”。

第三节　其他海湾

象山东部沿海，其内侧为陆地、两端为岬角而成的众多海湾，其中较大的海湾自北而南有：大平湾呈“C”形，内有道人山、大平岗、羊背山屏隔，形成四个海曲；大目湾呈“E”形，旦门山、外旦门山两个岛屿与凸出的内陆大致成一直线，构成两个海曲；昌国湾呈“U”形。象山南部的大型海湾南田湾，则由四岛环抱而成。

大平湾

位于东乡小半岛东侧，爵溪东首，因大平岗而得名。夹于东港长沙牛屁股与爵溪白沙湾长嘴头之间。口宽 15 千米，纵深 5 千米，面积约 35 平方千米，属敞开型海湾。内有毛湾、白岩山、爵溪等多个小海湾。沿岸滩涂多已围垦。其南下沙、大岙、白沙湾、东沙澳、松兰山，多天然沙滩。

大目湾

亦称大目涂，位于象山东侧中部，夹于丹东街道龙洞门与石浦镇昌国半边山东嘴头之间。口宽 14.8 千米，纵深 7.2 千米，总面积约 80 平方千米，系敞开型海湾。海湾沿岸地带均有较大滩涂，面积约 30 平方千米。

昌国湾

位于南乡小半岛东侧，介于昌国长山嘴与沙塘湾鹁鸪嘴之间，口宽 5.2 千米，纵深 3 千米，面积约 6 平方千米。湾内沿岸多沙滩。

南田湾

距丹城南 44 千米，三门湾口东侧，位于南田、南山与高塘、花岙四岛间。以南田岛得名。略呈三角形，口宽 10.5 千米，纵深 7.5 千米，面积约 57 平方千米。泥质底，水深 2~7 米。属规则半日潮，涨潮流向北，落潮流向南，流速 1.5~3 节。有蛎门港、金高椅港等水道 5 条，沿岸筑有简易码头 5 座。可避东北风和西北大风。海岸曲折，多内湾，沿岸多泥涂，面积约 10 平方千米。产鱼虾，泥涂产蛏子、青蟹、泥螺、弹涂鱼等。

小型海湾一般口宽，纵深在千米之内，可泊船避风。东部海湾多为泥沙质或泥质底。南部海湾则为泥沙质底，海湾近岸滩涂是泥滩、沙滩、岩滩，还有卵石砾石构成的沙滩。

小牛角

丹城东北 21.65 千米处、东屿山西岸中部，以形得名。口宽 400 米，纵深 300 米，面积约

50000 平方米。多干出沙泥滩，干出高度 1.1 米。岸崖陡峭。可避东风和东北风。

大牛角

丹城东北 21.5 千米处、东屿山西岸中部，以形得名。口宽 200 米，纵深 530 米，面积约 520000 平方米。多干出泥滩，干出高度 1.1 米。有石筑塘坝，已倒塌。岸壁陡峭。可泊数十吨位船只避东和东北风。

浑水塘

丹城东北 21 千米处、东屿山南端西侧。因水体浑浊得名。口宽 300 米，纵深 130 米，面积约 35000 平方米，水深 2.1~4 米。岸壁陡峭。可避北风和东北风。

白沙湾

丹城东南 11.5 千米处、爵溪炮台山南麓，长嘴头与平岩礁之间。因湾内有一白色沙滩得名。口宽 1.05 千米，纵深 1.1 千米，面积 1.1 平方千米。泥沙质底，水深 1.1~3.4 米。可泊数十吨位船只避西北风。

东沙澳

丹城东南 11.3 千米处、丹城炮台山东麓，白沙湾南岸与松兰山之间。因处炮台山东，有沙滩，故名。口宽 850 米，纵深 1.1 千米，面积约 1 平方千米。泥沙质底，水深 0~2.5 米。可泊数十吨级船只避西北风。

螺球湾

丹城东 30.7 千米处、官船岙岛西岸。因产香螺等球形贝类得名，一说以湾内螺球小礁得名。口宽 550 米，纵深 600 米，面积约 127000 平方米。泥质底，水深 1~8 米。可避东南和东北风。渔汛季节常有船只于此锚泊或张网。

官船湾

丹城东 31 千米处、南韭山西侧，官船岙岛西南岸。旧时，海盗常将劫持的船只扣押在湾内，因名关船湾，后雅称官船湾。口宽 600 米，纵深 150 米，面积约 130000 平方米。泥质底，水深 1~2 米。近岸有沙滩，长约 250 米，可避东北风和东南风。渔汛季节，常有船只于此锚泊或张网。

流水坑

丹城东 34.15 千米处、南韭山东北岸，大劈开与小塘岗之间。岸岩多裸露，泉水沿岩石顺流入海，不能积蓄，故名漏水坑，后谐音流水坑。口宽 750 米，纵深 400 米，面积约 180000 平方米。泥沙质底，水深 4 米。可避西南风。

南韭山西北大湾

丹城东 31.8 千米处、南韭山西北岸，里塘与矮旗山之间。因处南韭山西北侧得名。口宽 2.1 千米，纵深 1.15 千米，面积 1.7 平方千米。沙泥质底，水深 0.6~2 米。海岸陡峭曲折，有大竹、大潭、捣臼三内湾。近岸有沙滩，宽 30~40 米，大潮时淹没。可泊 200 吨位船只，避东南风。建有码头 2 座，为良好锚地。

大竹湾

丹城东 31.8 千米处、南韭山西北大湾内湾。在里塘与竹嘴间，三内湾中最大，且傍竹嘴，故名大竹湾。口宽 800 米，纵深 500 米，面积约 400000 平方米。近岸多沙滩。里塘西侧筑有简易码头，可靠 30 吨位以下船只。竹嘴有岸壁式码头，涨半潮后，可停靠 100 吨位船只。

大潭湾

丹城东31.5千米处、南韭山西北大湾内湾。在竹嘴与老鹰嘴间，名称来历不详。口宽800米，纵深450米，面积约125000平方米。泥沙质底，水深约1米。崖岸峻峭难登。东北角可避西风、南风及东北风。

捣臼湾

丹城东30.7千米处、南韭山西北大湾内湾。在捣臼湾嘴与矮旗山间，以形得名。口宽400米，纵深300米，面积95000平方米。沙泥质底，水深2~3米。岸边有小沙滩，宽约50米。可泊小船，避东风和西南风。

外东嘴澳

丹城东35千米处、南韭山东岸、十八刀地与外东嘴间。由外东嘴得名。口宽400米，纵深300米，面积100000平方米。泥质底，水深9米。岸壁陡峭。可避西北风和西南风。

南韭山东南大湾

丹城东33.5千米处、南韭山东南岸，外东嘴与犁头嘴间。因处南韭山东南侧得名。口宽2.5千米，纵深1.4千米，面积1.625平方千米。泥沙质底，水深4~8米。海岸曲折，崖壁多陡峭难登。有花洞澳、燥谷仓等内湾，可停泊500吨级以下船只，避六七级西北风，为一良好锚地。

花洞澳

丹城东33.5千米处。崖壁陡峭，多洞穴，洞边花木茂盛，每至春夏，鲜花烂漫，故名花洞澳。口宽500米，纵深450米，面积130000平方米。沿岸多沙滩，泥沙质底，水深约6米。可避西北风和东北风。

燥谷仓

丹城东33.2千米处、南韭山东南大湾内湾，口宽600米，纵深500米，面积235000平方米。粗沙质底，多贝壳碎片，水深3~6米。岸边沙滩有一岩洞，口宽6~7米，高20米许，深约10米。洞口石壁上刻“仙岩”二字，内壁上刻隶书“逸仙洞”三字，洞顶有一方形天然石窗，光线直射洞内。因形方如谷仓，无水，故习称“燥谷仓”，湾亦因此得名。另说古有一满载大米的商船遇风暴避入湾内，见船将毁，即把米移入洞内，但无火种，人饿死。后有人发现洞内刻有“有米三百石，饿死燥谷仓”，遂称洞为“燥谷仓”。湾亦因此得名。

乌贼湾

丹城东31千米处、南韭山西南端瞭半天与乌贼山之间。因产乌贼得名。口宽800米，纵深500米，面积163000平方米。泥沙质底，水深约2米。可避东北风和东南风。

大漠北湾

丹城东南15千米处、大漠山北岸，湾亦因此得名。口宽500米，纵深200米，面积约35000平方米。泥质底，水深约1.2米。岸壁陡峭，不能靠船避风。

大漠东湾

丹城东南16.2千米处，大漠山东岸，尖礁与稻桶岩间。由方位得名。口宽750米，纵深350米，面积200000平方米。泥质底，水深约4.9米。崖岸陡峭。可泊小船，避西风和西北风。

大漠西南湾

在丹城东南15.6千米处、大目山西南岸，湾亦因此得名。口宽500米，纵深300米，面积约100000平方米。泥沙质底，水深0.2~4米。近岸有沙滩，宽约200米。可泊30吨级以下船只，避东北风和西北风。

石米湾

丹城南偏东13.3千米处，松岙炮台山南麓。相传旧时，渔民在此捕鱼，一潮鱼可换米一石，故名石米湾。口宽400米，纵深300米，面积约100000平方米。软泥质底，水深1~3米，退潮后部分干出。岸边建有简易码头、仓库、水井等，为松岙渔船停泊和补给之处。

打水湾

丹城南30.2千米处、东门岛西北端。湾内淡水源充足，渔民常到此汲水，故名打水湾。口宽250米，纵深100米，面积约17000平方米。泥质底，水深3米，多干出涂滩，部分已围，种植水稻等。

李氏湾

丹城南31.3千米处、东门岛东岸。昔有李姓者在岸上搭草棚而居，故名。口宽400米，纵深260米，面积65000平方米。泥沙质底，水深约0.8米。岸壁陡峭难登。产虾、蟹及贝类。

小庙背后

丹城南31.7千米处、东门岛东南岸，李氏湾与黄泥崩嘴间。因处小庙背后得名。口宽300米，纵深150米，面积约23000平方米。泥沙质底，水深1.7米。海岸巉岩裸露，陡峭难登。产虾、蟹及贝壳类。

黄泥崩

丹城南32.4千米处、东门岛炮台山东南麓，黄泥崩嘴与东门门头间。因岸上黄泥时常下崩得名。口宽约250米，纵深150米，面积约25000平方米。泥沙质底，水深1.3米。巉岩裸露，岸壁陡峭。产虾、蟹及贝类。

岙门口

丹城东南34.5千米处、檀头山西北端，大狗头与夜壶嘴间。因口小如门，故名岙门口。口宽350米，纵深500米，面积217000平方米。泥质底，水深1~2米，大部为干出泥滩。巉岩裸露，多陡峭崖壁。产沙蟹、泥螺等。可泊小船，避东南风和东北风。

风箱湾

丹城东南34.5千米处、檀头山北端。因湾口朝北，冬季风特大，犹如风箱口，故名。口宽300米，纵深450米，面积83000平方米。沙泥底，水深0.8~2米。岸壁陡峭。产紫菜、海螺、贝类等。可泊小船，避西南风。

大崩阔

丹城东南35.7千米处、檀头山东北端，长礁与尾嘴头间。因湾较大，如大平头崩开，故名大崩阔。口宽1千米，纵深850米，面积515000平方米。硬泥底，水深5~6米。岸线曲折，岸壁陡峭。产紫菜、海蜇、虾、贝类等。可泊中小型船只，避七八级西北风和西南风。

里沙头

丹城东南36.3千米处、檀头山中部西岸，中嘴头与上小山间。因处外沙头西边，故名。口宽1.1千米，纵深1.35千米，面积1.025平方千米。沙泥质底，近岸多砾石，水深不足1米。产小鱼虾，有小面积蛏子养殖。大潮汛可停泊100吨位以下船只多艘。南岸小沙头建有客货码头，日有客轮通航石浦。外沙头与之隔一沙栋，不能避风。

沙腰

在丹城东南36.9千米处。檀头山西南岸，大屿山与舱板嘴头间。因湾内有一沙坝直通大屿山山腰，故名沙腰。口宽400米，纵深450米，面积85000平方米。泥质底，水深0.2米，多干出泥滩。崖壁陡峭。产虾、贝类。

白马湾

在丹城东南37.8千米处、檀头山东南岸，主峰檀头山北麓两个无名岬角间。相传有白马出没，故名。口宽400米，纵深300米，面积80000平方米。泥沙质底，水深2.2米，靠岸处多砾石，系干出滩。崖壁陡峭难登。可避东南风和西南风。

洋船湾

别称板壁湾。丹城东南38.1千米处、檀头山东南岸，强盗灰岗北麓，两个无名岬角间。相传湾内曾有洋船（外国船）锚泊，故名洋船湾；又因两岸崖壁陡峭似板壁，别称板壁湾。口宽700米，纵深500米，面积267000平方米。泥质底，水深2~4米。产虾、贝类等。可泊小船，避七八级东南风和西南风。

孙孔湾

丹城东南38.4千米处、檀头山南岸大魟鱼岛与前岩间。以孔村原名孙孔村得名。口宽850米，纵深800米，面积435000平方米。沙质底，内侧有三角形沙滩，水深1~5米。建有水泥码头，有简易公路通小沙头。产紫菜、虾、螺、贝类。可泊300吨级船只，避6级~7级西北和东北风。

双宫澳

丹城东南38.3千米、檀头山南侧，大牛角嘴头与小宫嘴头之间。以两岬角皆建小宫庙得名。口宽350米，纵深750米，面积193000平方米。沙质底，水深约2米。近岸有沙滩，略呈长方形，崖壁陡峭难登。产虾、贝类等。

盘沙窟

丹城东南38.5千米处、檀头山南岸，大牛角嘴与小牛角嘴之间。因处原盘沙村南，形似大窟窿，故名盘沙窟。口宽450米，纵深750米，面积175000平方米。沙质底，水深约2米，近岸有沙滩，呈三角形。岸线曲折，沿岸多石滩，崖壁陡峭难登。产虾、螺等。

黄沙湾

在丹城南31千米处、对面山东北岸，水湾礁嘴与马桶盖间。因湾内多黄沙，故名。呈半圆形，口宽1.6千米，纵深900米，面积200000平方米。石英细砂底，水深约0.2米。西南侧有6个干出礁。产苔条、贝类等。

大沙

丹城南38.5千米处、南田岛东岸北端，马鞍头与昌了岗头间。因湾多粗粒黄沙，故名大沙。略呈长方形，口宽1.2千米，纵深约900米，面积约900000平方米。水深0~3.7米，沙质底。近岸有沙堤，高约2米，宽约3米，长600米。西侧湾内可避西风和西北风。

昌了湾

丹城南39千米处、南田岛东岸北部，昌了岗头与半边山间。由昌了岗头得名。口宽400米，纵深300米，面积60000平方米。粗沙质底，水深3.7~5.8米。可避西风和西北风。

小湾

丹城南39.2千米处、南田岛东岸北部，半边山与紫菜岩间。因湾小得名。口宽600米，纵深

400 米，面积约 120000 平方米。硬泥质底，水深 4.3~5 米。半边山附近有一明礁。产贝类。崖壁陡峭，可避南风、西风和北风。

平岩头湾

丹城南 40 千米处、南田岛东岸小湾南，紫菜岩与黄礁间。由平岩头岭得名。口宽 700 米，纵深 600 米，面积约 282500 平方米。硬泥质底，水深 1.2~5.8 米。产鱼虾及贝类。可避南风、西风和北风。

华云湾

丹城南 41 千米处、南田岛东岸中部，长嘴头与下平岩嘴间。传曾有一名华云者在此张网捕鱼为生，故名华云湾。口宽 500 米，纵深 200 米，面积 62500 平方米。硬泥质底，水深 6.2 米。产鱼虾及贝类。可避西北风。

锅湾

丹城南 43 千米处、南田岛东岸，断坝与鬼礁尾间。因形似铁锅得名；又形似兜风的门，别称风门口。口宽 1.1 千米，纵深 1.9 千米，面积 1.6 平方千米。泥沙质底，水深 2.1~5.4 米，水质清澈，南北两旁有干出礁 3 个。产牡蛎、蛏子等。可避西风和西北风。

倒船澳

丹城南 46 千米、南田岛东侧，长嘴与两爿礁之间。因湾内船只曾被东南风刮翻沉没，故名倒船澳。略呈等腰三角形，口宽 500 米，纵深 750 米，面积约 207500 平方米。泥沙质底，水深 7.2 米，近岸有沙石滩。产牡蛎等。可避西风和西北风。

后沙头

丹城南 46.5 千米处、南田岛东岸南部，长嘴与良皮山间。湾内多沙滩，处金七门村背后（东北），故名后沙头。略呈三角形，口宽 1 千米，纵深 800 米，面积约 250000 平方米。细沙与泥沙质底，水深 1~4.7 米。北部海岸较陡。产牡蛎等。可避西北风和西南风。

胡宝洞澳

南田湾内湾。在丹城南 40.2 千米、蜊门港口东，泥螺嘴与㩳头之间。名称来历不详。口宽 400 米，纵深 400 米，面积 15000 平方米。淤泥质底，水深 1 米，崖壁陡峭。产沙蟹、佛手、生蜷等。

山沙

南田湾内湾。在丹城南 40 千米处、蜊门港口西，高塘岛东岸中部，无名岬角与炮台山间。湾内有 3 个山丘形沙堆，故名山沙；又沙呈白色，故别称白沙湾。口宽 700 米，纵深 400 米，面积约 180000 平方米。白沙底，水深约 1 米。

黄沙澳

丹城南 40.3 千米、蜊门港口西侧，炮台山与长山嘴间。湾多黄沙，故名。口宽 800 米，纵深 900 米，面积约 725000 平方米。沙泥质底。水深 0.5 米。产沙蟹、泥螺、佛手、生蜷等。

钉板澳

丹城南 41.25 千米、高塘岛东南侧，长山嘴与无名岬角间。湾内沙细坚硬如钉板（铁板），故名。口宽 500 米，纵深 550 米，面积约 125000 平方米。细泥沙质底，水深约 2 米。产沙蟹、牡蛎、蠊、螺等。

大澳

丹城南 40.2 千米、高塘岛南侧，轿顶山与外门头之间。湾口小腹大，故名。口宽 400 米，纵深700米，面积325000平方米。硬泥质底，水深1米。产泥螺、沙蟹、牡蛎、蛏子等。可避西北风。曾建有潮汐发电站，已废。

直落澳

丹城南42.1千米、高塘岛南侧，轿顶山与羊窝垮头之间，湾自北至南一直落，故名。口宽550米，纵深750米，面积约180000平方米。泥质底，水深0.8米。岸壁平缓。产泥螺、沙蟹、牡蛎、蛏子等。

田蟹坑

南田湾内湾。在丹城南42.25千米处、金高椅港口东北、高塘岛南岸东端，羊窝垮头与蟹钳嘴间。湾顶端有一小溪坑，下雨天，常有田蟹（毛蟹）溯溪而上，故称田蟹坑，湾由此得名。口宽500米，纵深700米，面积157500平方米。淤泥质底，水深约0.9米。东边海岸较平缓，西边较陡。产沙蟹、青蟹、泥螺、佛手等。

后冲

南田湾内湾。在丹城南43.2千米处、花岙岛东岸北部，长嘴头与无名岬角间。沿岸岩石盛产蠊（即藤壶），岩背尤甚，故称后蠊，后谐音后冲。口宽1千米，纵深1.6千米，面积约1.2平方千米。泥沙质底，水深0.8米。海岸较平缓，西北岸两边各有一岩洞，南岸多乱石，前有一干出礁。产泥螺、沙蟹、蛤蜊、螺、蛏子、牡蛎等。

软澳

在丹城南约43.5千米、花岙岛东侧，为后冲海湾内湾。因湾内泥沙松软，故名。口宽800米，纵深400米，面积约160000平方米。沙泥质底，低潮时干出，水深0.3米。可避西北风和西风。

倒船湾

南田湾内湾。在丹城南44千米处、花岙岛雉鸡山东端两无名岬角间。刮东北风时，湾内外波高浪大，船只经此易发生翻船事故，故名倒船湾。口宽300米，纵深250米，面积约35000平方米。泥沙质底，水深1.1~2米。产青蟹、沙蟹、红钳蟹及蠊等。

清水澳

在丹城南45.2千米、花岙岛东侧，龙洞嘴与芒萁山嘴间。湾内多卵石，水清，故名。口宽500米，面积约250000平方米。水深0.7~2.2米。泥沙石底。两岬角岸壁陡峭，余较平缓。近岸有一石滩，长500米，宽40米，多五色玲珑鹅卵石。产螺、牡蛎及鲳鱼、鳓鱼等。可避西北风和西南风。

天作塘

南田湾内湾。在丹城南45.8千米处、花岙岛东岸南部，芒萁山嘴与蟹钳嘴头间。沿岸有鹅卵石堆积成的形若塘岸的天然石坝，故名天作塘。宽与深均600米，面积约225000平方米。细泥沙质底，水深0.5米。两边岬角岸壁陡峭，余较平缓。近岸石滩约500平方米，如瓜如豆，五彩缤纷。产螺、牡蛎、紫菜及鲳鱼、鳓鱼等。可避西南、西北风。

㽿脚澳

在丹城南46.3千米、花岙岛东南侧，蟹钳口与炮台山嘴间。两岬角形似双足分开，故名。口宽400米，纵深500米，面积约125000平方米。硬泥质底，水深0.7~1.4米。崖壁较陡，北岸前沿多乱礁。可避西北风。

黄泥澳

在丹城南45千米处、花岙岛西侧，两无名岬角间。湾周围多黄泥，故名。口宽，纵深均500米，面积约 110000 平方米。黄泥夹沙底，水深 1.8 米。湾口有一小岛。产沙蟹、泥螺、佛手、生蜒等。

高涂澳

丹城南 44.5 千米处、花岙岛西侧，牛头颈与穿礁问。湾内涂滩较高，故名。口宽 750 米，纵深 1.65 千米，面积约 1.05 平方千米。泥质底，水深 0.9 米。牛头颈崖壁较陡，余均平缓。产泥螺、沙蟹、蚌、牡蛎等。可避东风和北风。

花澳

丹城南 45.7 千米处、花岙岛西南岸，牛头颈与炮台山嘴间。由花岙村得名。口宽 1.1 千米，纵深 800 米，面积约 850000 平方米。泥沙质底，水深约 1 米。近岸多礁石，涂滩多鹅卵石。产沙蟹、沙蛤、螺、牡蛎等。

小花澳

花澳内湾。在丹城南 46 千米处、炮台山西两无名岬角间。因处花澳内得名。口向西，宽 500 米，纵深 300 米，面积约 50000 平方米。沙泥质底，水深 0.6 米，低潮均干出。产蛏子、沙蟹、牡蛎等。可避东北风和东南风。

大岙底

丹城东南 74.5 千米处、北渔山西岸。因处大岙村下得名。口宽 600 米，纵深 250 米，面积约 90000 平方米。泥质底，水深 7~20 米。产石斑鱼、鲵鱼、黄姑鱼等。建有岸壁式水泥码头，可停泊 100 吨级船只，避东北风。南有小水道，可通航小型船只。

西湾

在丹城东南 75.7 千米处、南渔山西岸，湾亦由此得名。口宽 400 米，纵深 150 米，面积约 33000 平方米。泥质底，水深 15~20 米。产石斑鱼、鲵鱼、黄姑鱼等。

黄鱼澳

丹城东南 76.3 千米处、南渔山东侧。此湾多黄鱼得名。口宽 250 米，纵深 100 米，面积约 10000 平方米。泥质底，水深 5~10 米。口南有一明礁。产石斑鱼、鲵鱼、海蜒等。可避西风和西北风。海岸平坦，1955 年前住有居民。

南湾

丹城东南 76.1 千米处、南渔山西南岸。湾亦由此得名。口宽 500 米，纵深 120 米，面积约 55000 平方米。泥质底，水深 15~20 米。产石斑鱼、鲵鱼、黄姑鱼、海蜒等。可避东北风。

湾里

丹城东南 76.5 千米处、南渔山南岸。因其形状向里曲折伸入得名。口宽 500 米，纵深 100 米，面积约 30000 平方米。泥质底，水深 15~20 米。崖壁陡峭，湾口两侧各有一明礁。可避西北风。

第四节　岬　　角

象山海湾曲折，多岬角。自县北黄避岙至县南鹤浦、高塘岛，有大小岬角 91 处。其中以檀头山岛外北嘴面积最大。为 617000 平方米，以石浦昌国长山嘴岬角最长，为 1.75 千米。最小为鹤浦镇双坝岬角、面积 3000 平方米。

象山县岬角情况表

表 5-6

名称	所在地	地理位置	距丹城（千米）	长（千米）	宽（千米）	面积（平方千米）	海拔（米）	备注
牛鼻子	涂茨	东屿山北端	东北 22.90	0.30	0.20	0.05	10.0	中部有岩洞，东西贯通，称穿鼻洞
黄胖	涂茨	东屿山西南侧	东北 21.40	0.20	0.15	0.03	16.0	—
虎舌头	涂茨	东屿山南端	东北 22.00	0.30	0.17	0.05	21.2	—
老虎嘴	涂茨	大港口塘坝西南端，青湾山北	东北 18.50	0.35	0.30	0.10	92.2	有采石场，通公路
象山角	黄避岙	象山港东南，黄家塘以西	西北 16.00	0.30	0.50	0.20	94.0	省对虾流放增殖站设此
外张嘴	涂茨	长沙滩北，张嘴山东北端	东北 19.20	0.20	0.05	0.01	27.2	—
猫头嘴	涂茨	毛湾东南，仙池村以东	东北 15.10	1.10	0.40	0.35	41.4	有采石场，部分已垦种
鲁家角	黄避岙	鲁家岙村西，狮子山北端	西北 14.50	0.30	0.50	0.13	100.0	—
石塘嘴	黄避岙	高泥港口北，黄大山西端	西北 14.60	0.15	0.15	0.01	14.6	—
高泥嘴	黄避岙	高泥港口北侧凤凰山南端	西北 14.00	0.25	0.30	0.03	100.0	别称红岩角
婆罗嘴	黄避岙	高泥港东北侧，驿上岙南	西北 11.00	0.10	0.25	0.01	38.2	—
蛇山嘴	黄避岙	高泥港北侧，里高泥村南	西北 12.00	0.12	0.10	0.01	13.0	—
乌沙角	西周	象山港南岸，乌沙山西端	西 95.00	0.20	0.15	0.03	95.0	有灯桩、采石场
金岙角	西周	高泥港口南岸，金岙山北端	西北 14.85	0.10	0.05	0.01	17.0	为出入西沪港之导航目标
猫头嘴	墙头	高泥港南岸猫头山西北侧	西北 11.80	0.20	0.10	0.02	10.0	亦称猫头山嘴
蛤蚆嘴	墙头	高泥港东南井下山东北端	西北 10.50	0.30	0.10	0.03	20.0	有码头、仓库、住房，通公路
跳头嘴	墙头	白墩港南岸白墩村北	西北 7.00	0.35	0.30	0.05	50.0	建有白墩码头，通公路
跳头嘴	墙头	西沪港南，沈山岙村西	西 7.50	0.70	0.80	0.80	30.0	—

续表5-6

名　称	所在地	地理位置	距丹城（千米）	长（千米）	宽（千米）	面积（平方千米）	海拔（米）	备　注
白岩山嘴	涂茨	白岩山盐场东北，白岩山东南端	东北 11.00	0.83	0.85	0.35	131.0	有码头、仓库、水产加工厂
乌贼嘴	涂茨	东屿山东	东北 22.30	0.55	0.35	0.20	5.2	—
长嘴头	爵溪	白沙湾东北岸炮弹山东南端	东南 12.00	0.90	0.45	0.40	33.6	—
龙洞门嘴	丹城	炮台山东南端	东南 11.50	2.00	0.50	1.00	71.0	有龙洞，半入于海，高14米，宽10米，深50米
里东嘴	爵溪	南韭山东南黄岩头与外东嘴间	东 34.00	0.30	0.50	0.15	50.0	—
外东嘴	爵溪	南韭山东端，十八刀地与里东嘴间	东 35.00	0.45	0.30	0.12	40.0	设有灯标
捣臼湾嘴	爵溪	南韭山西部北端捣臼湾北岸	东 30.70	0.25	0.20	0.03	15.0	—
老鹰嘴	爵溪	南韭山西部北岸大潭湾北	东 31.10	0.20	0.15	0.01	15.0	—
竹嘴	爵溪	南韭山西北大湾中部	东 32.00	0.15	0.10	0.03	41.3	建有水泥码头
龙王嘴	爵溪	南韭山乌贼山与外厎脚间	东 32.20	0.60	0.80	0.26	12.0	—
乌贼山嘴	爵溪	南韭山西部南端，乌贼湾东南岸	东 31.20	0.90	0.30	0.27	74.3	—
大漠榴子	丹城	大漠山东端	东南 16.26	0.18	0.16	0.03	60.0	—
稻桶岩	丹城	大漠山东南端	东南 16.24	0.20	0.10	0.02	50.0	—
中嘴	丹城	大漠山南岸中部	东南 15.80	0.23	0.21	0.05	60.0	—
板进嘴	石浦昌国	黄泥山西北	东南 23.90	0.20	0.35	0.07	89.0	—
东嘴头	石浦昌国	半边山村东侧	东南 25.00	0.65	0.20	0.13	66.7	别称半边山
庙湾嘴	石浦昌国	黄泥山西端	东南 24.30	0.27	0.25	0.04	40.0	—
短嘴头	石浦昌国	介于庙湾嘴与穿鼻头间	东南 24.50	0.15	0.20	0.03	80.0	—
上岩嘴	石浦昌国	岳头沙滩中部	东南 25.60	0.10	0.20	0.02	50.0	—
老鼠桥	石浦昌国	长山东南端	东南 26.70	0.05	0.10	0.01	20.0	—
长山嘴	石浦昌国	长山东端，北连老鼠桥	东南 26.90	1.75	0.35	0.48	20.0	—

续表5-6

名　称	所在地	地理位置	距丹城（千米）	长（千米）	宽（千米）	面积（平方千米）	海拔（米）	备　注
圆山嘴	石浦昌国	柴岙村南 0.5 千米	东南 26.00	0.25	0.12	0.04	52.0	—
缸窑嘴	石浦昌国	崩头山东端	东南 26.90	0.60	0.30	0.12	70.0	—
小湾嘴头	石浦	沙塘湾与鹁鸪嘴间	南 29.30	0.15	0.15	0.02	20.0	—
鹁鸪嘴	石浦	小湾嘴头与舢舨头间，石板岗东南端	南 30.10	0.50	0.25	0.05	30.0	—
舢舨头	石浦	鹁鸪嘴与铜瓦门间，铜瓦山南端	南 30.50	0.85	0.30	0.32	50.0	—
夜壶嘴头	石浦	檀头山北端西岸，岙门口与风箱湾间	东南 34.00	0.15	0.20	0.02	20.0	—
小坝嘴头	石浦	檀头山大荷头北端	东南 34.80	0.27	0.07	0.03	30.0	—
黄泥崩嘴	石浦	东门岛炮台山东端	南 32.00	0.23	0.40	0.07	70.0	—
东门门头	石浦	东门岛炮台山南端	南 32.60	0.40	0.30	0.11	20.0	有东门灯塔遗址
小湾嘴	石浦	对面山西北端	南 32.70	0.17	0.21	0.02	20.0	—
小湾礁嘴	石浦	对面山东北端北与东门门头相对	南 33.00	0.60	0.40	0.15	50.0	—
尾嘴头	石浦	檀头山大平头东南端	东南 36.50	0.55	0.30	0.12	66.9	—
大嘴头	石浦	檀头山西北切开礁与中嘴头间	东南 35.40	0.45	0.23	0.07	53.2	—
中嘴头	石浦	檀头山西北，大嘴头与开航嘴头间	东南 35.80	0.30	0.25	0.04	30.0	—
长山嘴	鹤浦	南田岛东北岸，下湾门内	南 33.50	0.30	0.20	0.03	27.9	架有高空电线，建有码头
上小山	石浦	檀头山西岸，里沙头与大市山间	东南 36.30	0.30	0.25	0.06	29.3	建有码头
长山嘴头	石浦	对面山眼睛山东南端	南 35.20	0.27	0.25	0.07	50.0	—
外北嘴	石浦	檀头山强盗灰岗东北端	东南 38.40	1.45	0.45	0.62	74.2	—
眼睛山嘴	石浦	对面山眼睛山南端	南 35.70	0.25	0.37	0.06	80.0	—
大牛角嘴头	石浦	檀头山盘沙阔与双宫岙间	东南 38.30	0.70	0.25	0.12	72.4	—
路廊嘴头	鹤浦	南田岛东北韭菜湾与棺材湾间	南 35.50	0.35	2.50	0.65	46.0	架有高空电线

续表5-6

名　称	所在地	地理位置	距丹城（千米）	长（千米）	宽（千米）	面积（平方千米）	海拔（米）	备　注
小宫嘴头	石浦	檀头山南岸，大牛角嘴头与乌缆嘴头间	东南 38.50	0.55	0.25	0.14	58.9	—
狮子尾巴	石浦	对面山南端	南 36.30	0.50	0.25	0.06	30.0	设有灯桩
小牛角	石浦	檀头山南岸，大牛角与大王宫间	东南 38.90	0.41	0.30	0.06	30.0	—
舱板嘴头	石浦	檀头山西南岸，冬瓜岩与大市山间	东南 36.10	0.20	0.15	0.02	30.0	—
冬瓜岩	石浦	檀头山西南角	东南 38.00	0.56	0.35	0.15	83.9	—
大埠头	石浦	檀头山南，冬瓜岩东南	东南 38.30	0.25	0.35	0.05		—
马鞍头	鹤浦	南田岛东北岸猪娘岗东端	南 38.00	0.35	0.15	0.04	28.3	—
外山嘴	高塘岛	高塘岛西北角纱帽绿山西端	南 37.50	1.00	0.40	0.11	31.6	—
昌了岗头	鹤浦	南田岛东岸，大沙洋南端	南 38.50	0.30	0.30	0.04	50.0	—
半边山	鹤浦	南田岛东岸，大片山东北端	南 39.00	0.50	0.50	0.08	50.0	—
紫菜岩	鹤浦	南田岛东岸，大片山东端	南 39.50	0.40	0.50	0.13	90.0	—
长嘴头	鹤浦	南田岛东岸，小西天东北端	南 40.50	0.15	0.30	0.02	40.0	—
下平岩嘴	鹤浦	南田岛东岸，小西天东端	南 41.00	0.20	0.25	0.03	50.0	—
双坝嘴	鹤浦	南田岛东岸，小西天东南端	南 41.50	0.07	0.06	0.01	10.0	—
野猪嘴	鹤浦	南田岛西岸，姑娘寨山南端	南 40.50	0.40	0.50	0.08	80.0	—
攙头	鹤浦	南田岛西岸，荷花芯山西端	南 40.25	0.35	0.35	0.12	92.0	—
龙头背埠头	鹤浦	南田岛东岸，风门口北侧，小西天南端	南 42.50	0.16	0.20	0.03	30.0	—
长山嘴	高塘岛	高塘岛东南岸、黄沙澳与钉板澳间	南 41.50	0.75	0.15	0.25	74.0	—

续表5-6

名 称	所在地	地理位置	距丹城（千米）	长（千米）	宽（千米）	面积（平方千米）	海拔（米）	备 注
凤凰山嘴	高塘岛	花岙岛北岸、凤凰山东端	南 41.75	0.50	0.30	0.03	20.0	—
小岩头嘴	鹤浦	南田岛风门口南岸，胖蓬岩东北端	南 43.25	0.20	0.30	0.04	25.0	—
金竹岗	鹤浦	南田岛风门口南岸，天灯盏北端	南 43.50	0.35	0.20	0.03	70.0	—
外门头	高塘岛	高塘岛南岸，小乌岩东南端	南 42.30	0.50	0.30	0.03	50.0	—
象鼻嘴	高塘岛	花岙岛中路山东端	南 43.50	1.00	0.35	0.10	50.0	—
龙头坑	高塘岛	花岙岛德人山西	南 43.75	0.16	0.35	0.02	70.0	—
龙洞岗	鹤浦	南田岛东岸，胖蓬岩东端	南 44.50	0.30	0.45	0.04	50.0	有一岩洞，大潮时半淹没
小岙嘴	鹤浦	南田岛西岸，小岙村南	南 45.00	0.50	0.25	0.06	44.0	—
狼萁山嘴	高塘岛	花岙岛火烧山东，清水澳与天作塘间	南 45.25	1.00	0.20	0.15	40.0	南有岩洞
腰嘴头	鹤浦	南田岛南端西侧，炮台山西北端	南 46.00	0.30	0.16	0.05	32.0	—
蟹钳嘴头	高塘岛	花岙岛东岸南部天作塘与蟹钳口间	南 45.80	0.30	0.20	0.04	10.0	—
黄泥狗头	鹤浦	南田岛南端，炮台山南	南 47.00	0.30	0.35	0.08	90.0	—
孔亮嘴	鹤浦	南山东北端	南 47.90	0.15	0.13	0.02	30.0	有一岩洞，东西贯通

第五节 水 道

1984 年，据海域地理实体地名普查，象山沿海共有水道 33 条。牛鼻山水道最长，白礁水道次之，前者在古代“海上丝绸之路”上，自古就是中国东部重要海上通道。铜瓦门、东门、下湾门、蜊门、三门环列石浦港，“出五门，通四海”，于象山对外交流起着重要作用。

牛鼻山水道

纵贯大目洋、磨盘洋，最近点西距丹城 22 千米。北起东屿山，与象山港、双屿港、佛渡水道相通，南至半洋礁，与猫头洋相连；西接陆岸，东至梅散、韭山两列岛一线。南北长 40 千米，东西宽10~16千米，面积约520平方千米。除北端东侧磨盘洋部分属舟山市普陀区以外，余均属象山县管辖。由东屿山别名牛鼻山得名。泥质底，底面平坦，略向东倾斜。平均水深4~10米，靠东一侧深10~20米，靠西一侧仅2.4~6米。属规则半日潮，平均潮差4.1米。北口涨潮流向西北，落潮流向西南，其南多回转性潮流。流速1~2.3节，且落潮流历时略大于涨潮流。航道有二：一在西侧大陆沿岸诸岛之间，水深不足10米，大漠山与旦门山附近仅2.4米。航线较狭，最狭处在乱礁洋内小野猪礁与红生礁间，仅650米。沿线岛礁众多，大陆山峰错杂，目标不明显，且近岸有大片渔网，仅供吃水2米以下船只行驶。自北而南鸡娘礁、红生礁、小野猪礁、燕礁、小漠山、练杵山等均设有灯桩。一在韭山列岛西侧，水域宽阔，水体较深，碍航物少，有东屿山、大漠山等大岛及大爿山等高峰作导航目标。沿线自北而南小东屿、西磨盘、下泗礁、抛露礁、矮旗山、田螺头、蚕山、半洋礁等均设有灯桩或灯浮，可供5000吨级以下船只昼夜航行。其西侧东屿山、大捕山、大平岗均有锚地，可供中小型船只避六七级诸向大风。

高泥港

一名西沪港水道。在丹城西北10.5千米处，象山港中部东侧，口门介于高泥角与金岙山间。由北岸高泥片村得名。因系西沪港入口，故一名西沪港水道。东西走向，略呈“S”形，长4.7千米，宽0.8~1.4千米，面积约9.5平方千米。泥质底，水深10~37米，可通航万吨轮。东及南多干出泥滩，属规则半日潮，涨潮流向东，落潮流反之，流速2~4节，最大潮差5.2米。高泥港地位重要。民国《象山县志》载，宣统元年（1909）七月十八日，清廷派亲王戴洵视察象山港，以为其形势险要，拟辟为军港，在高泥征购土地建造海军营房，辛亥革命后废。民国期间，曾于旧址筹建海军学校，亦未成。西口设有进港主标长礁灯桩，东口蛤蚆嘴及港内的老鼠礁、礁门礁也设有灯桩，羊角礁抛灯浮。老鼠礁与礁门礁间设水鼓2只，可供千吨级船只系泊。沿港建码头5座。为象山港内主要避台风港区。

白墩港

在丹城北6.5千米处，西沪港东北侧，由雅林溪、枫溪冲刷而成。以白墩村得名。东西走向，西宽东狭，长5.5千米，宽30~600米。泥质底，略带沙性，水深0~4米。属规则半日潮，流速2节，潮差3.9~5.2米。港尾南侧跳嘴头建有200吨级码头2座，有货轮通航六横、定海、宁波等地。公路通丹城，年吞吐量5万吨。曾为县北最大货运港口。

白礁水道

象山半岛西南，象山、宁海二县交界处，最近点东北距丹城27千米。以宁海县属白礁得名，亦以宁海岳井村别称岳井洋。南北走向，南连满山水道，北至蟹钳港，长25千米，宽0.15~2.5千米，面积约45平方千米。泥质底，两侧涂滩广布，水深1~6米。自南而北，满山至牒屿山宽约2.5千米，水深约1~3米；牒屿山至水屿航道宽且直，均宽约3千米，水深5~6米；水屿至大青山航道渐窄，均宽550米，水深6~8米；大青山以北分东西二支：东支依次有崇门头、关头埠，西支依次有马岙门、蟹钳港、泗洲头港，均宽约400米，水深3~6米。台宁屿东原有大塘港水道，70年代被堵。属规则半日潮，涨潮流向北，落潮流向南。

泗洲头港

白礁水道支港。在丹城西南15.2千米处，泗洲头涂滩与蟹钳渡涂滩间，由泗洲头溪、东岙溪、南岙溪冲刷而成。以自然镇泗洲头得名。东南—西北走向，口连蟹钳港，尾至泗洲头塘岸，长约3千米，宽20~100米。泥质底，水深0.5~3米。属规则半日潮，涨潮流向西北，落潮流向东南，流速1~1.5节，大潮升6米，小潮升4.2米。百吨以下船只随潮可入泗洲头停泊。

蟹钳港

白礁水道支港。在丹城西南13.5千米处，介于海台涂滩与泗洲头涂滩、马岙涂滩间，由蛎江等冲刷而成。因形如蟹钳，故名。南北走向，南连马岙门，尾向东北延伸至蛎江埠，长5.5千米，宽100~250米。泥沙质底，水深1.8~5米。属规则半日潮，涨潮流向北，落潮流向南，流速1~2节，大潮升6.2米，小潮升4.2米。北端有石砌道头，东侧杨岙山下曾有硖石专用码头。旧有班轮通航石浦。

照5-7　蟹钳港

淡水门

在丹城东南29.5千米处，半招列岛中部，萝卜山与牛栏基岛间。其名来历有二：一说从前有船到此，找不到淡水，汲海水做饭，觉味淡不苦，因名；另说古时建有水路关卡，凡船只经此须交淡水一桶，因名。东北—西南走向，长600米，均宽200米。泥质底，水深5~11米。两侧均基岩海岸，西岸北端设有灯桩。可通航百吨级以下船只，入石浦港捷径。

铜瓦门

在丹城南31千米处，石浦港东北端，介于铜瓦山与东门岛间。南北折东南走向，长1千米，宽150~400米。泥沙质底，水深10~42米。属规则半日潮，涨潮流向港内，落潮流向港外，大潮升5米，小潮升3.7米，一般流速3~4节，最大达6~7节，且落潮时门口有强烈漩涡和激浪，影响航行。高低潮前1小时有30分钟憩息流。两侧基岩多裸露，最窄处壁立如削；上空架有电线，高36米；铜瓦门大桥长292米，桥面高30米，不碍一般船只通行。航路弯曲，口外1.85千米处有一沙滩，水深5米；口内600米处有一适淹礁娘娘印，对航行均有较大影响。铜瓦门是石浦港五大航门之一，灯桩3座。可通航千吨级海轮，曾有3000吨级海轮在涨潮前2小时驶入石浦港。

东　门

在丹城南32.8千米处，石浦港东北侧，东门岛与对面山间。宋乾道《四明图经》载，象山立县前，地属宁海县，因处宁海东境，故曰东门。东西走向，长2千米，均宽1千米，最宽1.5千米，口门仅150米。泥质底，水深8~40米。属规则半日潮，涨潮流向港内，落潮流向港外，大潮升5米，小潮升3.7米，一般流速3~4节，最大达6~7节，并有强漩涡。口门最窄处有一暗礁，水深仅0.5米，且多渔网，不宜通航，仅高潮时方可。口门北岸有东门灯塔遗址，可作导航标志。

下湾门

在丹城南36千米，石浦港东侧，对面山与南田岛间。因处东门以南，航道弯曲，故名下湾门。西北—东南走向，长5千米，宽520~800米。泥质底，水深29~51米，入港处深62米。属规则半日潮，大潮升5.4米，小潮升4.2米。涨潮流向港内，流速2.7节；落潮流向港外，流速3.1节。水道两侧除东南及数处有突出的裸露山岩外，均为泥岸。西北口汏网屿两边均可通航，东南口金龙礁东西两边乱礁丛生，最外端捧浪礁干出仅0.7米，为一航行险区。上空架有两组高压线，高分别33.5米、37米。两岸有渡口数处，筑有简易渡轮码头。下湾门是石浦港五大航门之一，通航条件好，灯桩4座。5000吨级海轮可自由出入。

蜊门港

在丹城南38.2千米处，石浦港南侧，南田岛与高塘岛间。因两岸岩石盛产牡蛎名蛎门港，亦称蜊门港、林门港、临门港。其北段，因东岸基岩呈黑色而称乌岩港。南北走向，呈“S”形，长5千米，均宽185米，最宽为250米，南口仅80米。泥质底，水深5~33米，南口深31~50米，但口外大片海域水深不及2米，半潮时200吨级以上船只方可慢速通航。属规则半日潮，大潮升5.7米，小潮升4.3米。涨潮流向港内，流速2.2节；落潮流向港外，流速2.8节。门口流急，且有漩涡。两岸除数处为基岩海岸外，多为石砌堤岸，前沿布有泥涂。乌岩港上空架有高压线，高20米。蜊门港是石浦港五大航门之一，通航条件好。设灯桩3座、水鼓10余个，西岸建码头2座。龙珠礁南为中小型船只避风锚地。

三门水道

一名三门口。在丹城南36千米处，石浦港西端，高塘岛与原坦塘岛间。以三门山得名，亦称三门口。东西走向，长约3千米，宽400~900米。属规则半日潮，大潮升6.5米，小潮升4.2米。涨潮流向港外，落潮流向港内，流速2~3节，外口为1.5~2.5节。三门山把水道分为北、中、南三支：北支介于原坦塘岛与庵山、狗山间，长1.2千米，宽150~300米，水深20~53米，多礁石、沙滩，不宜通航。中支介于庵山、狗山与饭甑山间，长1.5千米，宽200~400米，水深20~46米。饭甑山设灯桩，通航条件好，为沟通石浦港与三门湾主要航道。南支介于饭甑山与高塘岛间，长1.6千米，宽200~400米，水深7.2~37米。南侧有大片涂滩，潮位适宜，亦可通航。高塘岛建有200吨级客货码头。

珠门港

在丹城南41千米处，高塘岛与花岙岛间，东接金高椅港，西通三门湾。北岸有一岩浑圆如珠，习称珠岩，水道由此得名。东西走向，长5.6千米，宽200~900米。泥质底，水深8~43米，西口外深1~2米。属规则半日潮，大潮升6.2米，小潮升4.2米。涨潮流向西，落潮流向东，最大流速4节。北岸多为石砌堤岸。两侧大片涂滩，多鱼栅。往来船只限于离北岸200米的航道中心行驶。珠门港宜于锚泊，可避9级北、东及南风。

金高椅港

在丹城南41.3千米处，高塘岛与花岙岛间，西接珠门港，南通南田湾。由金高椅村得名。西北—东南走向，长4千米，均宽200~300米。泥质底。水深26~43米，东南口外深6~10米。属规则半日潮，涨潮流向西北，落潮流向东南，最大流速4节。两岸基岩裸露，崖壁陡峭，港身狭窄，且东南口外日趋淤积，大潮汛干潮时水深不及2米，过往船只限于航道中心行驶。金高椅村建有道头、渡口。有汽渡通往花岙岛。

金七门

在丹城南47.5千米处，介于南田岛与南山之间。北岸小南山西坡娘娘宫边石崖刻有“金漆门”三宋体大字，“金七门”盖缘此谐音而来；一说此处为南田第七个水道，两边礁石金黄色，呈犬牙状，故名金七门，又名金漆门，明代抗倭史料作金齿门。东西走向，长约1.5千米，均宽270米。泥质底，水深29~39米，西口深仅2.8米。属规则半日潮，大潮升5.4米，小潮升4.1米。涨潮流向西，落潮流向东，流速1.5~2.5节，水道两侧张有渔网，航道中心可通航100吨级以下船只。两边为锚地，可避8级北、东及东南风。金七门建有小型码头1座。

象山县中小水道情况表

表 5-7

名　称	长度（千米）	宽度（千米）	水深（米）	位　　　置
外干门	1.00	0.20~0.40	5~20	陆岸与外干门岛间，西北—东南走向
山下港	3.00	0.02~0.30	0~4	西沪港口西北，东北—西南走向
洋北港	3.00	0.03~0.30	0~4	西沪港东，西北—东南走向
墙头港	4.20	0.10~0.30	0~3	西沪港南，南北走向
黄溪港	3.00	0.10~0.50	0~2	西沪港东南，南北走向
外竹门	1.70	0.60~1.00	16~18	韭山列岛，上竹山与大青山间，南北走向
中竹门	1.05	0.20~0.30	6~6.4	韭山列岛，中竹山与上竹山间，南北走向
里竹门	0.70	0.10~0.40	8~10	韭山列岛，下竹山与中竹山间，西北—东南走向
牛门	1.30	0.90~1.10	11~15	韭山列岛，牛犃山与下竹山间，南北走向
双山门	1.10	0.40~0.65	15~18	韭山列岛，官船岙与双山间，东北—西南走向
蚊虫山门	1.00	0.25~1.00	10~12	韭山列岛，南韭山与蚊虫山间，东西走向
关头埠	4.00	0.05~0.20	1~6	白礁水道内，东北—西南走向
崇门头	4.50	0.50	2~7	白礁水道内，南北走向
马岙门	4.00	0.50	4~5	白礁水道内，南北走向
干门港	0.70	0.20~0.90	1~4	半招列岛，萝卜山与陆岸间，南北走向
铜头门	1.20	0.30~0.40	5~8	半招列岛，铜头岛与牛栏基间，西北—东南走向
老爷门	2.80	0.50~0.90	10~55	花岙岛与大小甲山间，东南—西北走向
龙洞门	0.50	0.20	2~39	县东大羊屿与陆岸间，东西走向

第四章　近　　海

象山“缘海而邑”，海域辽阔。西起大陆海岸，北至舟山磨盘洋，东连浩渺东海，南达台州大陈洋。海域面积6618.17平方千米，是大陆面积的4.8倍，属典型的“陆小海大”县域。近海有乱礁洋、大目洋、猫头洋。渔山以东海面，洋面宽阔，内岛礁棋布。海域处东海大陆架内，南下沿岸海流与北上台湾暖流交汇，兼水体营养丰富，宜鱼类洄游、繁殖，形成大目洋、猫头洋、渔山三大渔场。水下地貌平缓，水流缓慢，平均水深20米。海洋生物、海水化学蕴藏量丰富，宜开发利用。

第一节 乱礁洋 大目洋 猫头洋

象山民间多以“洋”称近海区域。有乱礁洋、大目洋、猫头洋及渔山以东海洋。港湾中较广阔的海域也可称洋，石浦港西域称箬鱼洋；三门湾嵌入象山、宁海之间的海域称岳井洋；南田岛上有大沙洋。诸多称名海域约定俗成，所指的实际区域多有重叠，多数无明确界线。

乱礁洋（磨盘洋 棋盘洋）

位于县东北部海域，象山港口南侧。西靠本土大陆海岸，北起东屿山，东连牛鼻山水道，南至道人山——泗礁列岛一线，南北长9.5千米，东西宽8千米，面积约80平方千米。民国《象山县志》载：此间有礁石多处，因名乱礁洋。宋文天祥南奔过此，作《过乱礁洋》诗，可证宋时已有其名。洋内有岛屿13个，礁44个。大致分三群：一为西部稻蓬山、红生礁、大半边、四角山群；二为东北长礁、大野猪礁群；三为南部灯笼山、柴山、大红岩群。西部岛礁最多，海拔最高，稻蓬山海拔61.4米，其余海拔均不足30米。平均水深7~8米，西部岛礁间最深约20米。受岛礁影响，潮汐多为往复流，流速3~4节。温湿多雨，春夏多雾，属亚热带海洋性季风气候。产黄鱼、鲳鱼、鳓鱼、黄鲫、虾鱼孱及虾、蟹等，礁岩间产鲵鱼、鮸鱼、黄姑鱼、毛鳙等。作业范围狭小，仅宜小型渔船捕捞。地处近海航道，水道狭窄且多礁，历为事故多发地段。红生礁东侧为小型客货船只主要航道，自北而南鸡娘礁、红生礁、小野猪礁设有灯桩。

大目洋

位于县东中部海域。北起乱礁洋，东至韭山列岛，南迄檀头山，西靠本土大陆海岸，南北长46千米，东西平均宽40千米，面积1790平方千米。除东北角磨盘洋属舟山市普陀区外，均属象山县，由大漠山得名。泥质底，坡度平缓，略向东倾斜。平均水深4~6米。东南、东北水深约11米，大漠山至旦门山一线仅2.4米。规则半日潮，涨潮流向西北，落潮流向东南，平均潮差4.1米，流速1~2.3节。水质随季节变化，10月至翌年3月，受沿岸冷水流控制，水色浑浊，水温、盐度较低；清明后，台湾暖流及外洋混合流深入，水色变清，水温、盐度增高，各种鱼类进入海域觅食、产卵，为著名近海渔场之一。属亚热带海洋性季风气候，温和多雾，雨热同期。冬多东北或偏北风，夏多西南或偏南风，一般冬季风力大于6级天数多于浙洋北部海域，且衰退较慢。7—10月多台风，最大风力达12级以上。渔业资源丰富。大目洋历为浙江中部沿海重要航道，牛鼻山水道纵贯南北，西侧多岛礁，水域浅，一般通航吃水2米以下船只，大中型船只均取道于其东侧。

猫头洋

位于县东南及南部海域。北起檀头山，与大目洋相连，南至台州湾接大陈洋，西靠大陆，东达渔山渔场。南北长48千米，东西宽64千米，面积2768余平方千米，分属象山、宁海、三门、临海4县、市。由三门县猫头山得名。泥质底，坡度平缓，略向东倾斜。平均水深6~10米，近岸一般4~6米，东侧平均16~20米，规则半日潮，涨潮流向西北，落潮流向东南，平均潮差约4米，流速1.5~2节。水质随季节变化，从9月至翌年3月，受沿岸冷水流控制，水色浑浊，水温、盐度较低；清明以后，台湾暖流及外洋混合流深入，水色转清，水温、盐分增高，各种鱼类随之入洋觅食、产卵，至9月逐渐退出。属亚热带海洋性季风气候，雨量较丰。春夏多雾，冬多北至东北风，夏多西南至南风。7—10 月多台风，最大风力达 12 级以上。冬季 6 级以上大风日多于浙洋北部海域，且风力衰退常比浙洋北部海域迟 6~24 小时。猫头洋海岸曲折绵长，多海湾，三门湾、浦坝港、台州湾等均为著名海湾。东部海域辽阔，西部岛礁星罗棋布，水道纵横。有礁近 290 个，大小岛屿近 170 个，其中南田、高塘、花岙、蛇蟠山、青门山、满山、五指山、东矶、北泽、南泽、扩塘山等。较大岛屿 58 个，水道近 20 条，沿海海涂滩广布。

渔山以东海洋

在县东南 75 千米以外，韭山、渔山、台州三列岛连接线以东洋面，除小部分在象山、临海等县市领海线内外，大部在 12 海里的领海外，总面积约 51000 余平方千米，属近海渔场。软泥底，部分含泥沙质。由西北向东南倾斜，一般水深 40~80 米，渔山列岛附近 26~38 米，东南深达 80~100 米。水色呈蔚蓝，能见度 6~7 米。往复流，涨潮流向西北，落潮流向东南，流速 2 节。属亚热带海洋性季风气候。冬季多行东北—北风，夏季多行西南—南风。春夏之交多大雾，一般上午 10 时前后散去，夏秋两季多台风。冬季大风日多与浙江北部沿海海面，且风力衰退要迟 6~24 小时。

渔场地处沿岸冷水流与台湾暖流交汇激荡之区，且暖流控制时间较长，宜于鱼类洄游、繁殖。资源丰富，产带鱼、大小黄鱼、海鳗、鲳鱼、鳓鱼、乌贼、鲐鱼、鲹、沙丁鱼、马面鲀及虾、梭子蟹等，岛礁沿岸还产鮸鱼、石斑鱼、海蜒等。20 世纪 70 年代始，大黄鱼资源衰竭，仍为浙江中部沿海其他经济鱼类的重要产地。

第二节　水下地貌

东海海底地貌自东南向西北展开，分别为浙闽隆起带，东海陆架盆地、钓鱼岛隆起带、冲绳海槽盆地、琉球岛孤隆起带，即通常所谓的“三隆夹两盆”，象山近海在浙闽隆起带上。陆架宽广，海底平缓，平均水深 72 米，平均坡度 50°。水下地貌主要指岛屿邻近海域为各种形态堆积地貌。象山按海域不同区域动力条件的强弱，地形、形态特征，可分两大类、五亚类。

据《浙江省海洋环境资源基本现状》调查：象山港口外及象山半岛东北侧地形亚区包括象山港口外海域及象山港东北侧海域，区域中部为牛鼻山水道。总体水深在 0. 2~55. 3 米之间，南北深，中部浅，西面沿岸段发育有潮滩及水下岸坡地貌单元，5 米以浅等深线呈平行等间隔状分布，平均坡度约为 6. 31′，中部牛鼻山水道内水深在 10~20 米，最深处达 60 米，水下地形较为平坦，但暗礁较多。象山港口外及象山东北侧均有冲刷区发育。其中象山港口外冲刷区规模较大，20~50 米等深线大致平行等间隔分布，最大水深 55. 3 米，平均坡度 1°49. 25′；东北侧冲刷区内发育有数个冲刷浅槽，规模均较小，槽底最大水深为 33. 4 米。

水下岸坡

水下岸坡发育于 0~-60 米等深线广阔开敞海域，受台湾暖流和近岸流的交互影响，沿海-20 米等深线至岸边，地形平坦，大部分地段坡降仅 1/2000 左右，物质以黏质土粉砂为主。-20 米至-60 米等深线坡降稍变大，可达 1/1000 左右，物质以粉砂质黏土为主，除韭山列岛、渔山列岛外，其他岛屿受潮流地形等影响，形成多种形态。可分三个亚类：水下浅滩，水深少于 2 米或 5 米的浅水区，地貌形态可分舌状浅滩、脊岭状浅滩、口门浅滩和带状浅滩等；水下缓坡，0~-20

米等深线的平坦区，其地形平坦，坡度在 1/2000 左右，是附近岛屿主要水下地貌形态，也是近海渔场、张网捕鱼的理想场所；水下斜坡、水下岸坡坡度相对较大地带，主要在渔山列岛周围，水深大于-20 米以上区域，坡度 1/1000 左右，其间可分出水下洼地、水下高地等。

潮流槽系

岛屿与大陆间，岛屿与岛屿间，受涨落潮潮流影响，形成顺涨潮流方向较远的深水区，成为潮流的主要通道，为潮流槽系。分布在水道、航门、港域及出口航道等。潮流槽有冲刷、有淤积、有深浅；按其形态可分为潮流浅槽和潮流深槽二个亚类。潮流浅槽，水深大于 20 米，多处于淤积状态，仍保持“槽状”地形，是良好水道资源、锚地资源和港口资源。潮流深槽，主要出现在航门狭窄的区段，水深小于 20 米的潮流槽，动力强，有的底部物质较杂，多处于侵蚀冲刷状态，最深处超过 100 米以上，象山港西沪港口、乌沙山电厂、黄避岙横里、石浦港沃网屿附近、下湾门等均深 50 米以上。是重要的航道资源，主要港口资源。人工地貌，由人类活动和从事生产活动的产物，主要有围塘、盐田、海岸工程、助航设施、锚地、海涂养殖等。

第三节　海洋沉积

象山海域沉积物主要源自沿海山溪输入的陆域粉砂、黏土质粉砂、生物碎屑与海域沙，海域沙源自长江入海悬沙沉积。

浅层地层沉积

浅层地层为水下浅滩、平坦地带，最大厚度可达 45 米以上，地层分两层。下层无明显的地层界显示，沉积厚度及结构不同，多处可见埋藏古水道沉积层，或弯曲的地层界。上层为发育较好地层，又可分为三层，总厚度在 20 米左右，东屿山附近三层厚分别为 7~8 米左右，韭山列岛西北浅滩区三层厚分别为 8~9 米。深槽区、水道区，这一区段是被冲刷深槽地段，常见裸露基岩。沙波体（群）、滑坡体，沙波体主要在下湾门、金高椅等水道，沙体高差可达 10 米以上，滑坡体是潮流侧向侵蚀水道边坡所致，鹊礁—野龙山深槽北坡，擂鼓山—西屿山南深槽边坡及石浦港部分深槽区等。

岸滩与海域沉积

分粉砂质黏土、粘土质粉砂、粉砂、细砂、中粗砂、中细砂、砂、砾、砾石、砂质粉砂、砂—粉砂—黏土及局部出现贝壳砂、砾—砂、粉砂—黏土等 14 种。其中，分布最广为黏土质粉砂，其次为粉砂质黏土，其他分布零星。粉砂质黏土主要分布在象山港内和渔山列岛海域。黏土粒径小于 0.004 毫米，含量多 51%~60%之间，大多呈灰黄色或黄色，细腻、质软、黏性较好，与黏土质粉砂呈渐变接触。粒土质粉砂，为海岛岸滩分布最广的沉积物类型，占总面积 90%左右。粉砂 0.063~0.004 毫米之间，大多呈灰黄或黄色，细软，发育有韵律。粉砂、砂质粉砂，主要分布在较大沙滩外侧与黏土质粉砂的过渡带，南田岛大沙 0~2 米等深线的浅水域，水湖涂中潮滩上部及花岙滩中潮滩中下部，粉砂含量在 75%~95%，细砂含量 5%~25%，潮滩常见有小沙坡。细砂，粒径 0.25~0.063 毫米占 80%以上，主要分布在大沙滩或沙堤，檀头山外沙滩沙坝及高滩。中细砂或细中砂，粒径在 0.25~0.63 毫米之间，占 80%以上，主要分布在南田大沙、花岙沙滩。中粗砂，粒径在 0.5~0.25 毫米之间，2~0.5 毫米粒超过 50%，海岛沙滩局部分布。沙砾，由沙和砾伴生，分布在檀头山里沙滩、北渔山小岙等有面积不大砂沙滩。砾石，主要分布在花岙岛清水岙、天作塘、软岙等处。砂—粉砂—黏土或砾—粉砂—黏土，为典型混合沉积物，主要分布于深水槽区、渔山列岛近岸、韭山列岛近岸。贝壳砂，以碎贝壳为主，南田金七门水道和三门水道区域有贝壳含量在98%和91%的贝壳砂。

表层沉积物

据宁波市域海岛45个表层样沉积物化学元素分析，沉积物化学常量要素含量分布：硅、铝、铁、镁、锰含量51%~60%之间，潮间带略高。钙、磷有机质含量3.5%~4.4%之间，氯离子含量5×10^{-3}~10×10^{-3}之间，变幅相对比较大，其高值常出现在潮滩和离岸、离河口较远的海域。表层沉积物碎屑矿物组合：轻重矿物比例不同，极细沙（0.125~0.063毫米）级量矿物质多数大于2%，细沙（0.025~0.125毫米）级重矿物含量小于2%。轻矿物主要有石英石和长石；重矿物33种，主要有闪石、绿帘石、白云母、黑云母、风化云母、绿泥石，以及磁铁矿、钛铁矿、褐铁矿等。部分存有黄铁矿含量、碳酸盐含量。据40个柱状岩芯特征，可分5类：一类为微层理构造发育、灰黄色粘土质粉砂和灰色粉砂层交替出现，存在于粘土质粉砂沉积区；二类为无明显层理构造，上下均匀，主要见于象山港内粉沙质粘土沉积区；三类为灰至青灰色较硬的粘土质粉沙，较密实，主要在水道或水道边坡带；四类亦出现于水道内，含贝壳或贝壳砂层，以下湾门、金七门为多，夹10层贝壳；五类为硬粘土，仅在象山港冲刷槽内，为晚更新世沉积。

象山港底质主要有粉砂质黏土、黏土质粉砂、砂—粉砂—黏土、贝壳砂、砾砂等。表层沉积物类型有砂、粉砂、黏土质粉砂。粉砂为湾内重要的细粒沉积物，分布面积较大主要分布于象山港主汊道沿岸潮间带内，粉砂含量75.11%~88.45%之间，平均值为79.9%；黏土含量8.50%~22.34%之间，平均值为16.57%，砂的含量1.02%~9.01%之间，平均值为3.53%。沉积物的平均粒径6.03φ~7.02φ之间，平均值为6.57φ。黏土质粉砂主要分布于铁港、黄墩港与西沪港内，19个黏土质粉砂样品中，粉砂的含量62.27%~74.62%之间，平均值为69.67%；黏土含量17.91%~33.61%之间，平均值为26.52%，砂的含量0.47%~9.23%之间，平均值为3.81%。沉积物的平均粒径6.46φ~7.49φ之间，平均值为7.04φ。

象山港东部底质主要有黏土质粉砂、砂、海滩岩等。粉砂分布在大目涂等海湾的潮间带内，粉砂含量83.40%~95.07%之间，平均值为91.20%；黏土含量3.02%~13.61%之间，平均值为6.41%，砂含量0~5.92%之间，平均值仅为2.39%。沉积物的平均粒径在5.30φ~6.36φ之间，平均值为5.90φ。砂主要分布于基岩岬角之间的潮间带内，砂含量92.08%~100%之间，平均值为97.72%；砾含量0~7.90%之间，平均值为2.27%。基本不含粉砂和黏土成分。

三门湾底质主要为黏土质粉砂、粉砂质黏土和砂—粉砂—黏土等。表层沉积物类型有粉砂、黏土质粉砂。粉砂为湾内潮间带主要的细粒沉积物，分布面积较大，广泛分布于三门湾潮间带本次调查采集的48个粉砂样品，粉砂的含量在75.46%~85.46%之间，平均值为79.49%；黏土含量在7.65%~20.57%之间，平均值为16.05%，砂的含量在0%~13.66%之间，平均值为4.45%。沉积物的平均粒径在5.56φ~7.05φ之间，平均值为6.53φ。

第四节　海洋水文

海洋水文主要记载岛屿邻近海域的水动力特征及海水温度、盐度、悬浮泥沙分布变化状况。

水动力

由太平洋潮波所引起的协振动与天体直接引起的独立潮，后者比前者小。太平洋潮波传入象山县沿海，受岛屿、海岸、地形制约，使潮波的波形、结构发生变化，原生东南—西北传播方向逐渐变为各狭窄水道或岸线垂直传播，石浦港最为明显。潮波类型变化，东海大部分潮波为前进波，碰到海岸反射后具有驻波特征，离岸较远的仍以前进波为主，渔山列岛不具驻波性质，而南田岛则具有驻波性质。

象山县海洋 M_2 分潮迟角表

表 5-8

岛　名	韭山列岛	檀头山岛	南田岛群	渔山列岛
gM2	265°	260°	254°	246°

象山县海洋平均高潮间隙表

表 5-9　　单位：小时：分钟

岛　名	韭山列岛	檀头山岛	南田岛群	渔山列岛
数值	9：06	9：00	9：00	8：48

渔山列岛浅海分潮较小，向北逐渐增大，至东屿山为最大，即自南向北或自东向西诸岛的浅海分潮量值增大，潮波进入浅海后，除底摩擦外，高潮传播速度快于低潮，使潮波发生变形，结果表现为涨落潮时不等。

潮汐

太平洋潮波到达象山半岛沿海后，因受底部摩擦、岛岩阻梗及海岸反射等影响，由进行波逐渐改变为驻波。又因波能集中，潮差增大。反映在各岸段，潮汐形态也呈一定差异。中华人民共和国成立后，政府重视潮汐观测，先后设松兰山、象山港西泽、三门湾鹁鸪头 3 个潮汐站。其中县站松兰山站，定员 5 人，测报大目洋潮汐。

照 5-8　松兰山水文站

潮候

象山半岛沿岸为规则半日潮区。潮汐以一个太阳日（24 小时 50 分钟）为周期，两涨两落。每月朔望后一两天潮差最大，称大潮；上弦、下弦后一两天潮差最小，为小潮。民谚：“初三潮，十八水，初八、廿三小水底。”高潮以松兰山站出现最早，比鹁鸪头站早 15 分钟左右，比西泽站早 20~40 分钟。低潮则相反，西泽站比其他两站早 5~15 分钟。沿海居民习惯用“八分算法”计算潮候，即以朔望出现的高潮、低潮时刻为基准，逐日推迟 0.8 小时，便得所需时日的潮时。同一天的另一次高潮、低潮时间，则可根据推算出的潮时加（减）12 小时 25 分而得。

象山县海洋主要岸段大小汛高潮、低潮时间情况表

表 5-10

站　名	日　　期		高潮时间	低潮时间
松兰山	大潮	初一	8：51～8：56	3：05～3：18
		十六	21：08～21：17	15：26～15：29
	小潮	初八	1：19～1：22	7：21～7：37
		二十三	13：36～13：37	19：58～20：01
西泽	大潮	初一	9：44～9：52	2：54～3：10
		十六	21：58～22：35	15：17～15：25
	小潮	初八	1：51～2：02	7：09～7：28
		二十三	14：30～14：32	19：44～19：47
鹁鸪头	大潮	初一	9：12～9：15	3：02～3：15
		十六	21：26～21：44	15：28～15：34
	小潮	初八	1：21～1：26	7：22～7：37
		二十三	13：50～13：55	19：56～19：59

潮差

象山半岛沿岸为中强等潮差规则半日潮区。潮差冬小夏大，潮位冬低夏高。全县沿岸多年平均潮差通常 3 米以上。松兰山岸段为 3.04 米，西泽岸段略大，鹁鸪头更大，分别为 3.18 米、3.89 米。西泽以西，象山港的潮差则愈向内愈大：湖头渡 3.32 米、横江 3.63 米、桐照 3.91 米。

象山县海洋主要岸段潮差要素情况表

表 5-11

测站 / 潮差要素		松兰山	西泽	鹁鸪头
多年平均高潮位（米）		1.80	2.02	2.32
多年平均低潮位（米）		-1.24	-0.93	-1.60
历史最高潮位	位高（米）	3.28	3.97	3.92
	出现时间	1981.08.31/22：09	1974.08.18/21：54	1984.09.25/21：29
历史最低潮位	位高（米）	-2.64	-2.67	-3.15
	出现时间	1984.02.19/5：20	1976.05.15/15：50	1984.02.19/5：20
多年平均潮位（米）		0.28	0.30	0.29
大潮平均潮差（米）		4.93	3.94	6.12
小潮平均潮差（米）		1.07	2.27	1.55
历史最大潮差	数值（米）	5.35	5.65	6.61
	出现时间	1981.01.30	1960.08	1984.06.08

续表5-11

潮差要素 \ 测站		松兰山	西泽	鹁鸪头
历史最小潮差	数值（米）	0.54	0.38	0.89
	出现时间	1983.10.15	1985.10.09	1984.03.26
多年平均潮差（米）		3.04	3.18	3.89
平均涨潮历时		5.95	6.97	6.17
平均落潮历时		6.48	5.50	6.23
涨潮落潮时差		0.53	1.47	0.07

说明：潮位以黄海零点位基准。多年平均潮位即海平面

潮流

东部浅海（包括大目洋及猫头洋北部）因海域开敞，潮流明显呈旋转流。流速缓慢，一般由北向南递减。又因受外海和沿岸流系影响，流速存在季节性差异，且表层（5米层）大于底层。表层流速实测，最大为138厘米/秒。

象山港潮流，呈往复流。港口流速要比港内大。港口附近平均落潮流速为100厘米/秒，港内仅50厘米/秒~60厘米/秒。最大流速出现在最高或最低潮位前两小时。落潮流速一般大于涨潮。如西泽站，平均涨潮流速58厘米/秒，最大154厘米/秒；平均落潮流速80厘米/秒，最大达184厘米/秒。

石浦港潮流的往复现象更加明显。涨潮时，分别由铜瓦门、东门、下湾门、林门4口流入，又从三门水道流向三门湾。落潮时反之。港内流速75.9厘米/秒~151.8厘米/秒，口门最大流速300厘米/秒。落潮时尝伴有漩涡和激浪。南田岛群表底层最大流速发生时刻相近，都滞后于高潮时。韭山列岛滞后2小时30分钟左右；流速约70厘米/秒；南田岛北部滞后4小时左右；南田岛南部以渔山列岛的潮流为顺时针向的旋转流，最大流速分别在高潮后1小时30分钟和3~5小时左右。潮流的垂直结构，最大潮流流速出现在表层和5米层，南田岛群5米层，潮流流速随深度呈递减趋势。

象山县主要岛屿落潮流平均流速（V）、历时情况表

表5-12

列岛名		项目	v涨（厘米/秒）	v落（厘米/秒）	t涨（小时：分钟）	t落（小时：分钟）
韭山列岛		表层	53	63	6：38	5：47
		底层	53	56	6：08	6：04
檀头山岛		表层	48	61	7：31	5：02
		底层	45	46	6：42	5：24
渔山列岛		表层	29	31	7：39	4：48
		底层	26	30	6：41	5：45
南田岛群	石浦港	表层	55	75	7：07	5：15
		底层	37	96	6：24	6：06
	南田	表层	63	65	6：20	6：04
		底层	60	58	6：03	6：16

南田岛群北部石浦港内落潮流速大，涨落潮流差值较大，港外的檀头山岛落潮流稍大于涨潮流；涨落潮历时差最大约 1.5 小时，落潮历时短。南田岛群南部的涨落潮流速，历时都较接近。诸海岛的涨落潮平均流速垂向差值小于 20 厘米/秒，历时差值约 1 小时。

波浪

象山沿海波浪，以涌浪为主的混合浪达 99%左右。季节变化小，周期稍长。平均周期一般为 7.2 秒，最大 13.1 秒。混合浪中，涌浪的常浪向为东向，冬季则多北东、东向，夏季多南、东南向。风浪的浪向，常受季风影响，秋季多北、北东向，夏季多偏南向。波浪大小，波峰高低，一般取决于风速。台风期间和强冷空气南下时多大浪。年平均波高 0.4 米，最高 1.7 米。

海水温度　海水盐度

海水温度、盐度是海洋中热量和水量收支是否平衡的标志。由于受太阳辐射、风、流系、地形等影响，热量和水量收支平衡常被打破，又不断达到平衡，海水的温度、盐度便呈现出时空变化。

海水温度分布、变化，主要取决于太阳辐射的强弱，但潮混合、外海水侵入、大陆径流等因素起着十分重要的作用。冬季水温自北至南，由西向东增加，增幅约 1℃～2℃。韭山列岛、渔山列岛约 10℃，冬季水温为一年最低值，表层在 8.7℃～11.2℃之间，平均 9.6℃。夏季水温自北而南，由东向西增加，变幅约 2℃～3℃，三门湾口最高。韭山列岛冬季最高 11.2℃，夏季最高 28.6℃；表层冬季最低 10.03℃，夏季最低 27.0℃；底层最高 10.6℃，夏季最高 27.7℃，最低 10.26℃，最高 25.09℃，平均最低 10.34℃。渔山列岛冬季最高 9.8℃，夏季最高 28.8℃；表层最低 9.10℃，最高 28.2℃，平均最低 9.4℃，最高 28.6℃；底层冬季最高 11.36℃，夏季 19.71℃，最低 10.01℃；夏季最低 18.70℃，平均最低冬季为 10.78℃、夏季为 19.06℃。南田岛群冬季最高 10.8℃，最高 30.6℃；表层最低 8.8℃，最高 28.9℃，冬季平均 9.6℃，最高 29.6℃；底层冬季最低 8.43℃，最高 26.57℃，平均最低 9.88℃，最高 28.72℃。

盐度分布变化受蒸发、降水、潮流等因素影响，大陆沿岸流的强弱变化，外洋海水的侵入和潮波的涨落效应，使海岛海域盐度产生变化。冬季表层盐度由东南向西北递减，整个海域平均盐度为 26.17。夏季表层盐度与冬季相似，平均盐度 31.2。有一条与海岸线平行南北向沿岸锋，大致在韭山列岛至渔山列岛间，锋面两侧盐度梯度大。又因受南下长江水冲淡和沿岸流冬季强于夏季，造成盐度锋度冬强于夏。

第五节　海水化学

海水化学由溶解氧、pH、活性磷酸盐、硅酸盐、硝酸盐和亚硝酸盐等要素构成。

溶解氧

海水中的溶解氧主要来自与大气的交换和海洋植物光合作用所产生的氧，溶解氧消耗于生物呼吸和有机物的分解。它的含量变化与海水中的水文、化学、生物等有密切关系。冬季水温低，平均为 9.7℃，相应溶解氧含量及饱和度较高，平均值分别为 9.71 毫克/立方分米。韭山列岛、渔山列岛附近海域表层溶解氧含量较高，均约 8.0 毫克/立方分米，最高达 10.04 毫克/立方分米。南田岛群东部附近海域高于其周围海域，变化梯度大，石浦港较低，韭山列岛邻近海域溶解氧含量夏季比冬季还高，与海域平均浮游植物光合作用有关。溶解氧饱和度的分布变化与溶解氧含量相似，夏季水体上层主要受光合作用影响，溶解氧饱和度均达到饱和状态。韭山列岛邻近海域最高达155%，底层含溶解氧量及其饱和度均低于表层，近岸岛屿，南田诸岛邻近海域溶解氧含量和饱和度表、底层变化不大，主要由海域水浅，水体垂直混合均匀，南部除檀头山以南邻近海域底层为溶解氧低值区外，其他海域表、底层溶解氧含量的分布变化趋势基本相同。

活性磷酸盐

含量变化主要受水体运动、生物效应、有机物分解及大陆径流的影响。象山岛屿邻近海域活性磷酸盐变化范围为0.04微摩尔/立方分米至1.43微摩尔/立方分米，冬季平均含量为0.73微摩尔/立方分米。南田诸岛东部海域表层磷酸盐含量高于1.0微摩尔/立方分米外，其他海域分布均匀，变化梯度较小。渔山列岛邻近海域磷酸盐含量相应较低，与沿岸流南下逐渐减弱有关，夏季磷酸盐平均值为0.57微摩尔/立方分米，比冬季低0.26微摩尔/立方分米。北部高于南部，随纬度减少而降低。石浦港磷酸盐含量则较高，大于0.8微摩尔/立方分米，南田湾、渔山列岛东部海域低于0.2微摩尔/立方分米。海域表层与底层磷酸盐基本相似，变化不大，仅渔山列岛邻近海域含量最高约1.0微摩尔/立方分米，表层与底层相差悬殊，值差约0.7微摩尔/立方分米。

活性硅酸盐

浮游植物生长系列所必需元素，组成海洋硅藻骨骼主要成分。冬季硅酸盐含量平均为41.10微摩尔/立方分米，因沿岸径流影响，北部高于南部，沿岸高于外海。韭山列岛、渔山列岛邻近海域硅酸盐含量相应较低，35微摩尔/立方分米；南田诸岛邻近海域40微摩尔/立方分米左右。夏季硅酸盐含量平均为24.2微摩尔/立方分米，比冬季低16.90微摩尔/立方分米。南田诸岛的西、北部海域含量高于东、南部海域。南田湾、韭山列岛西南部海域含量小于10微摩尔/立方分米。渔山列岛邻近海域最低，其他海域变化不大，20~25微摩尔/立方分米，能满足浮游植物生长需要。

硝酸盐

海水中无机氮主要有NO_3-N、NO_2-N及NH_3-N，是浮游植物必需的营养盐之一。浮游植物大量繁殖时，无机氮下降，其中NO_3-N可能消耗殆尽。无机氮主要来自大陆径流的输入和生物的排泄或残骸的分解后通过对流补充。硝酸盐呈明显的时间性、区域性，冬季与夏季差值较大，冬季值为30.07微摩尔/立方分米，比夏季高15.89微摩尔/立方分米，分布区域与硅酸盐极为相似。冬季西部海域表层明显高于东部海域，韭山列岛、渔山列岛邻近海域含量均低于沿岸各岛海域，渔山列岛南部海域含量最低，小于16微摩尔/立方分米。夏季水温高，浮游植物大量繁殖，部分海域产生跃层，上层水中硝酸盐几乎耗尽。表层变化与冬季相同，南部低、近岸高、外海低。南田诸岛北部和西南部邻近海域含量较高约15微摩尔/立方分米，东部和南田湾小于5微摩尔/立方分米，韭山列岛、渔山列岛含量亦低，在7微摩尔/立方分米左右，渔山列岛海域最低，平均为0.44微摩尔/立方分米。

第六节　海洋生物

海岛邻近海域叶绿素a及初级生产力由微生物、浮游生物、底栖生物和潮间带生物的种类构成。

叶绿素a

5月处于增温期，叶绿素a表层含量平均为1.72毫克/立方米。南部明显高于北部，5米层含量略低于表层，分布趋势与表层相似，平均含量仅 0.62 毫克/立方米。8 月水温全年最高，表层叶绿素 a 的含量平均为 3.95 毫克/立方米。渔山列岛（5 月）表层 2.90 毫克/立方米，5 米层 2.29 毫克/立方米，夏季 8 月表层 0.90 毫克/立方米，5 米层 0.72 毫克/立方米，底层 0.84 毫克/立方米；韭山列岛（5 月）表层 1.51 毫克/立方米，5 米层 1.41 毫克/立方米，底层 1.37 毫克/立方米，夏季 8 月表层 8.16 毫克/立方米，5 米层 7.64 毫克/立方米，底层 7.45 毫克/立方米；牛鼻山水道表层 1.51 毫克/立方米，5 米层 1.41 毫克/立方米，底层 1.52 毫克/立方米，夏季 8 月表层 4.07 毫克/立方米，底层 4.01 毫克/立方米；南田岛群区 5 月表层 1.61 毫克/立方米，5 米层 1.34 毫克/立方米，底层 1.28 毫克/立方米，夏季 8 月表层 6.38 毫克/立方米，5 米层 3.72 毫克/立方米，底层 3.06 毫克/立方米。

微生物

表层水中主要生物类细菌分布：异养细菌，中部的大漠山邻近海域形成数量最高的密集区，东部的韭山列岛数量较多，南部的高塘岛、石浦港、檀头山邻近海域数量明显减少，东南部渔山列岛海域数量最少。表层中的大肠菌在大漠山邻近海域也形成数量很高的相对密集区，东部的韭山列岛、石浦港也较多，檀头山、高塘岛等邻近海域明显减少，东南渔山列岛最少。氨化细菌从南到北变化不大，大漠山邻近海域略多，渔山列岛略少，其他则介于二者之间。反硝化细菌南北变化不大，与氨化细菌分布相同。石油降解菌在中部大漠山邻近海域较为密布，韭山列岛次之，石浦港、高塘岛、檀头山、渔山列岛等邻近海域明显减少。

浮游生物

浮游植物数量夏季最高，密度南部海域最高。浮游动物种类丰富，数量春末最高。浮游幼虫、浮游鱼卵、浮游仔鱼，数量前两者 8 月最多，后者 5 月最多，密度皆为南部海域最高。

浮游植物

呈现南部海域细胞密度高，自南向北递减，平均密度为 36×10^4 个/立方米。冬季浮游植物主要由低盐近岸性圆筛藻组成，琼氏圆筛藻、虹彩圆筛藻、星脐圆筛藻、中心圆筛藻为优势种，尚有一定数量的骨条藻等。春季 5 月浮游植物种类略有增加，数量为四季中最低，其平均密度为 7.07×10^4 个/立方米，圆筛藻占多。夏季 8 月，浮游植物数量处于四季的顶峰，细胞密度为 6207.6×10^4 个/立方米，秋季 11 月，浮游植物密度分布趋势仍是南部的南田岛群海域高于其他海域，其平均密度为 24.3×10^4 个/立方米，分布均匀，变化范围 16.0×10^4～148.0×10^4 个/立方米间，呈现港湾低外海高的趋势。

浮游动物

经初步鉴定为 17 个类群、167 种，其中水母类 23 种，枝角类 2 种，介形类 2 种，桡足类 38 种，端足类 9 种，十足类 1 种，糖虾类 4 种，磷虾类 2 种，樱虾类 2 种，涟虫类 3 种，海洋昆虫 2 种，毛颚类 3 种，被囊类 5 种，浮游螺类 4 种，浮游多毛类 4 种，浮游幼虫 21 种（类），仔鱼 42 种。

浮游幼虫 浮游鱼卵 浮游仔鱼

浮游幼虫在近岸浮游物中占有重要地位，很多种类不仅具有饵料价值，同时又是海湾和滩涂养殖的苗种来源。主要浮游幼虫有幼蛤、幼螺、短尾类幼虫、长尾类幼虫、磷虾类幼虫等。南田岛邻近海域、大目洋为最高密集区。鱼卵、仔鱼有 8 目、37 科、34 种，以鲻鱼、鳀鱼、康氏小公鱼、美肩鳃鳚等组成。鱼卵总量 728 个，定量鱼卵 12 个/立方米，8 月最高，分别为 368 个/立方米和 8 个/立方米，密集区为大目洋、石浦港，分别为 249 个、152 个。5 月次之，分别为 563 尾、

461 尾。仔鱼总量 5 月最高为 2857 尾，密集区在渔山列岛和象山港，分别为 563 尾、461 尾，其次为 8 月 569 尾，11 月最低。

游泳生物

初步鉴定有 209 种，其中鱼类 132 种，甲壳类 55 种，软体和其他各类 11 种。主要有带鱼、日本鳀、龙头鱼、七星鱼、海鳗、中华沙丁鱼、黄鲫、大黄鱼、银鲳、棘头梅童鱼、中国毛虾、日本鼓虾、细螯虾、中华假磷虾、中华管鞭虾、戴氏赤虾、葛氏长臂虾、口虾蛄、双斑蟳、三疣梭子蟹等。在游泳类生物中，以中小型鱼虾类为主，其生态大致可分 4 种。洄游性种类有带鱼、大黄鱼、鳓鱼、银鲳、鲐鱼、三疣梭子蟹、蛤氏仿对虾、曼氏无针乌贼等，具有集群性强，数量多，季节性变化大的特点，是象山海域利用保护的重要鱼种。岛礁性鱼类有石斑鱼、黑鲷、褐鲳、锈斑蟳、钝齿蟳等，其特点是分散在岛礁岩隙间，为优良品种。近岸性种类有中国毛虾、龙头鱼、棘头梅童、中华管鞭虾等，种类多，数量大，分布广，具有适应性强、繁殖生长快、生命周期短、资源恢复快等特点。此外，还有底移动的小鳐魟类、鲆、鲽、舌鳎类，鲬鱼类，鼓虾类，口虾蛄，锯缘青蟹等，数量、种类很多。河口性鱼类有鲻梭鱼、凤鲚、脊尾白虾、安氏白虾、细螯虾等，分布广、繁殖强、生长快。

鱼类按季节分布，渔山列岛全年鱼类 75 种，甲壳类 33 种，软体 7 种，其他 4 种，小计为 119 种；檀头山鱼类 53 种，甲壳类 41 种，软体类 6 种，其他 4 种，小计 104 种；韭山鱼类 54 种，甲壳类 25 种，软体类 7 种，其他 4 种，小计 90 种；南田湾鱼类 70 种，甲壳类 33 种，软体类 3 种，其他 4 种，小计 110 种；东屿山鱼类 56 种，甲壳类 25 种，软体类 1 种，其他 4 种，小计 86 种。

底栖生物

经鉴定底栖动物共 258 种，其中鉴定到 203 种，分别隶属于腔肠动物 10 种，多毛类 53 种，软体动物 64 种，甲壳动物 64 种，苔藓动物 4 种，棘皮动物 16 种，底栖鱼类 42 种。主要有海仙人掌、异足索沙蚕、不倒翁虫、红带织纹螺、纵肋强纹螺、口虾蛄、哈氏仿对虾、中华管鞭虾、日本鼓虾、细螯虾、葛氏长臂虾、绒毛细足蟹、薄信棘蛇尾、皮氏叫姑鱼、孔虾虎鱼、短吻红舌鳎、长吻红舌鳎等。底栖动物可分织纹螺—不倒翁虫群落与凹裂星海胆—西格织纹螺群落。织纹螺—不倒翁虫群落主要分布在紧靠大陆的大目洋、南田岛群、岳井洋和稍离大陆的韭山列岛邻近海域，水深在-20 米以内，平均盐度在 28.52。

象山县主要岛屿底栖动物数量分布情况表

表 5-13

名　称	项　目	1989 年 11 月	1990 年 2 月	1990 年 5 月	1990 年 8 月	四季平均
韭山列岛	生物量（个/平方米）	10.65	3.74	0.71	8.23	5.83
	密　度（克/平方米）	55.00	32.50	33.80	105.00	56.60
牛鼻山水道	生物量（个/平方米）	0.54	1.80	0.17	6.03	2.14
	密　度（克/平方米）	30.00	37.50	17.50	62.50	36.90
南田岛群	生物量（个/平方米）	12.01	8.59	51.22	3.87	18.92
	密　度（克/平方米）	38.00	51.00	56.00	64.00	52.30
渔山列岛	生物量（个/平方米）	98.60	9.35	63.21	193.86	91.26
	密　度（克/平方米）	140.00	121.30	137.50	120.00	129.70

潮间带生物

潮间带生物经初步鉴定有284种，其中，软体动物114种，甲壳类66种，多毛类37种，腔肠动物7种，棘皮动物5种，其他种类25种。另有海藻30种。软相海岸，沙泥或泥沙滩涂的生物为珠带拟守螺、泥螺、彩虹明樱蛤群落，主要种类有半皱织纹螺、泥螺、缢蛏、彩虹明樱蛤、渤海鸭嘴蛤、长足长方蟹、弧边招潮蟹、弹涂鱼、中华尖虾、鯱鱼等。岩相海岸，群落结构由滨螺、藤壶、藻类组成。在高潮区内侧海岛主要有粗糙滨螺，外侧海岛以粒结节滨螺，短滨螺组成；在内侧海岛以牡蛎为主，主要有龟足、青蚶、日本菊花螺、单齿螺、疣荔枝螺。低潮区以藻类为主，有鼠尾藻、石花藻、长紫菜等。沙质断面群落结构简单，仅由狄氏斧蛤、等边浅蛤、文蛤等组成。岩礁断边分布有牡蛎科，藤壶和海藻，代表种有日本笠藤壶、鼠尾藻、无柄珊瑚藻等。泥沙类滩涂主要是螺类、蛤类、蟹类，种类数较多，主要有单甲壳类组成，优势种为织纹螺科。泥沙类海岸和岩礁断面，代表种有彩虹明樱蛤、泥螺、大眼蟹、锯缘青蟹等；在基岩海岸上有日本笠藤壶、青蚶、条纹隔贻贝、龟足、白脊藤壶、鳞笠藤壶、三角藤壶等。种类组成以中潮区最丰富达87种，低潮区次之为38种，高潮区最小为37种。沙质滩涂生物种类少，相比低潮区为7种，中潮区4种，高潮区只发现1种。岩礁断面生物种类较多，垂直分布明显，中潮区为62种，低潮区为46种，高潮区最小为22种。滨海盐生植被生长在滩涂、岸线及盐场围垦区内，主要类型有盐地碱蓬，少量钻形紫苑、芦苇等。滨海沙生植被分布在海岛沙丘，沙滩及沙土，以单叶蔓荆蔓生灌丛为主，南田岛大沙为多，东旦里沙滩、太极湾沙滩、白沙湾沙滩、檀头山外沙头、道人山、南韭山沙滩亦有生长。偶伴生有酢浆草、肾叶打豌花、番附子等，此物种子为紧缺中药材，又为固沙保土优良植物。沼生和水生植被是一类终年生长在过度潮湿或季节性积水的土壤上的植被。水生则完全生长在水中。沼生植被主要分布在滨海滩涂潮位线内，其种类为湿生草本植物，常见有芦苇群落、大米草群落、糙叶苔草群落、盐地鼠尾粟群落、水葱群落等。

第五章　岛　　礁[①]

象山海域广阔，岛礁密布，然历来无确数，民国《象山县志》仅列112个，且名称混乱，表述不一。1984年，县政府开展海域地理实体普查，驾船登岛勘测调查，按标准查明列岛6个、群礁6个、岛礁608个。其中，500平方米以上有植被的岛屿236个、礁372个。2004年，在原基础上作岛礁补查，按500平方米以上作岛屿计，共有岛416个，礁192个。2008年，又进行沿海无居民岛屿调查，以平均潮位线出露面积在500平方米以上的作岛屿计，从原608个岛礁基础上分离增加76个；同时，因围入海塘或与大岛相连作注销处理的岛礁28个，现共有岛礁656个。其中，有居民岛16个，无居民岛屿436个，礁（500平方米以下）204个。

①本章岛礁经纬度根据县海洋与渔业局象海函〔2009〕4号《关于全县海岛基本情况的函》及《浙江省海岛志》整理。

第一节 列 岛

列岛岛礁混杂，密集成弧状，疏密不一。象山海域中，由北而南有6大列岛，皆为海底山脉出露海面的山峰。

泗礁列岛

位于丹城中心城区东21.85千米，大目洋、牛鼻山水道东侧，为爵溪海域内，分布长1千米，宽750米的10米左右等深线海域中。由4岛1礁组成，总面积约77000平方米，岩石由上侏罗统茶湾组角砾凝灰岩构成，最高点海拔29.7米。灌木禾草丛生，栖有大量海鸟，下泗礁建有灯桩。正规半日浅海潮流，以往复流动形式为主，平均流速0.16米/秒~0.55米/秒间，最大流速1.14米/秒。平均潮差3.05米，最大为5.16米。涨落潮历时不对称，平均涨潮历时约8小时55分钟，平均落潮历时6小时28分钟。表层平均水温，冬季为10.6℃，夏季为27.7℃，冬季水温变化于1.3℃~11.2℃之间。混合型波浪，冬半年常浪为北，夏半年偏南，冬季波高3米以下，夏季最大在4米以上。处大目洋渔场中心。产黄鱼、鳓鱼、梅童鱼、带鱼、梭子蟹、鳗鱼、虾等。渔汛时渔船常锚泊于此。岛群有四，故名“四”，与“泗”谐音，后写今名。民间传：神仙肩挑四山，欲堵爵溪门头，适被一凡人发现，惊呼“一人担四山，力何其大也”，话落担断遂成四岛。

韭山列岛

位于丹城中心城区东30千米，大目洋牛鼻山水道东侧，距大陆最近点爵溪长嘴头18.5千米，呈东北—西南向排列。分布在南北长11.5千米、东西宽10千米的10~15米等深浅海域，由76个岛礁组成，其中岛屿56个，礁20个，岛礁总面积为7.3平方千米。列岛大部为上侏罗统西山头组熔结凝灰岩构成的侵蚀低丘陵，断裂构造及脉岩比较发育，沿岸地势陡峭，海蚀地貌发育。列岛由主岛南韭山得名，民国《象山县志》记载，“韭山以产大韭得名”。明嘉靖《宁波府志》《方舆纪要》也记有“山多大韭”，现各大岛屿尚有野韭生长。“形势巍峨，岛岙深远”，最大岛屿南韭山面积达4.083平方千米，次为积谷山、官船岙、蚊虫山、马补山、大青山、上竹山、中竹山、下竹山等，皆“青葱翠葎、覆以青色”。最高者为东南积谷山，海拔165米，次南韭山瞭半天和蚊虫山，海拔分别为164.5米、155米，余即多在100米以下。亚热带海洋性季风气候，年平均气温为16.4℃，最高平均气温27.5℃，最低月平均气温5.5℃；极端最高气温37.6℃，极端最低气温-5.6℃。列岛土壤以中性粗骨土和饱和红壤为主，覆有石坤香灰土等腐殖质土。植被有人工种植黑松林外，多灌禾，尤以白茅、芒秆为最；珍贵植物有国家二级保护植物普陀樟、全缘冬青；具有经济价值的野生中草药与观赏花卉亦颇丰富，主要有金银花、白术、石蒜、百合、水仙、茶花、山栀子、山黄精以及天南星、葛藤、岩松、紫藤、大叶黄杨、白荚竹、日本野桐等。动物有被誉为“神话之鸟”之称的濒危物种、国家二级保护动物中华凤头燕鸥（又称黑嘴端凤头燕鸥）及各种海鸟，斑蠡、蜈蚣、泽蛙、草蜥、蛇、鼠、野兔等。岩岸盛长马蹄螺、辣螺、牡蛎、蟐（藤壶）、生䗖（船形蚶）、靴脚（佛手）等，以及紫菜、裙带菜、马尾藻等藻类。海域水产资源丰富，原为大目洋渔场。20世纪70年代后衰落，产黄鱼、带鱼、鲳鱼、鳓鱼、黄鲫、墨鱼、龙头鱼、梅童鱼、鳗、梭子蟹、毛虾等。列岛开发较早，主岛南韭山传东晋时有石刻“东南半壁，一麋二鹿，东晋十二年，宁绍把将欧”句。民国《象山县志》记有“韭山摩崖石刻”，在韭山南平岩上，字大五六分至寸许，近被海沙拥塞，只得千字，而不识何时所刻。现燥谷仓洞穴内壁刻有隶书“逸仙洞”3字，进口岩壁刻有“仙岩”2字。原有里塘、捣臼湾2个自然村，80年代时已迁回爵溪，现为渔民临时居住点。南韭山、积谷山、官船岙等大岛均有天然和人工水塘、水井多处。旅游资源异常丰富，有沙滩、山洞、悬崖、海鸟、花卉等。列岛周围海域有海豚、珍珠乌贼、黄鱼（洄游产卵、栖息地）等。2003年4月，列岛被列为省级海洋生态自然保护区。设有保护区工作站，常年有工作人员守护。

三岳山列岛

别名三鹤山、三萼山，位于牛鼻山水道南侧大目洋中，距大陆最近点石浦半边山3.61千米，由16个大小岛礁组成，呈西北—东南向排列，分布在长1.5千米、宽1.6千米的3米等深线海域中，陆地总面积600000平方米。据民国《象山县志》记，三岳山也称“三萼山”，山有3峰，春时百花竞发，又称“三仙岛”。又因山如鹤形，亦称三鹤山，因象山方言音“鹤”“岳”同音，后别写今名。列岛由上侏罗统西山头组熔结凝灰岩构成，地势东高西低，最高点海拔69.3米。岸上壁陡峭，土壤肥沃，植被茂盛，以草丛为主，间有黑松、大叶黄杨、野海棠、杜鹃、黄栀、金刚刺及葛藤，栖有蛇、鼠、鸟等动物。

半招列岛

位于大目洋西南侧，石浦港东北，最近点距大陆炮台山山嘴300米，由14个岛礁组成。呈东西走向。分布在长7.5千米，宽4千米的2米等深线海域，陆地总面积约2.5平方千米。民国《象山县志》记载，“半招”实为“西名”。1984年，海域岛礁调查时，当地渔民讲“半招”实为“半潮”之误，其意为从石浦港驶船半潮即可到达。列岛由上侏罗统西山头组凝灰质砂砾岩、熔结凝灰岩及相关的潜花岗斑岩构成。土壤为棕黄泥沙土为主。植被有黑松、枫、苦楝及野海棠、大叶黄杨、野水仙、芒秆、茅草、葛藤等，栖有穿山甲、野鸡、蛇、鼠、蛙及多种鸟类。列岛地势东高西低，东部铜头岛主峰海拔172.4米，其次为牛栏基王子头，海拔134米。沿岸多基岩裸露，有少许滩涂。民国《象山县志》载：明时，建有牛栏基哨驻兵设防。实地查考，牛栏基、萝卜山、铜头岛均留有人工开辟的梯田遗迹和人居旧址，何时开发无记载。列岛气候与大陆相同，无多大变化。附近海域主要受近岸流与东海水交替影响。潮汐属正规半日潮，平均潮差3.54米，最大为6.8米，半日潮浅海潮流，以往复流动形式，涨潮流流速小于落潮流流速，平均流速表层介于0.55米/秒~0.63米/秒之间，铜头岛附近为0.48~0.61米/秒间。春夏多雾日，约55天，夏秋多台风（热带风暴）。岛与岛间构成干门、淡水门、榆树门3个水道。其中淡水门和榆树门，水深分别为5~8米、5~11米，宽约200米与300米，是北来船只入石浦港的主要航道。

渔山列岛

位于浙江中部沿海，象山半岛东南，距大陆最近点铜瓦山47.5千米，呈东北—西南向排列，分布在东西宽4.5千米，南北长7.5千米，20~40米等深线的海域，由44个岛礁组成，面积约2平方千米。岩石由上白垩统上塘组集块角砾岩为主，间有角砾凝灰岩，含角砾晶屑玻屑凝灰岩，熔结凝灰岩等，为一套爆发空落堆积。地貌为向北倾斜的船型单面山。岩体坚硬，层状构造，工程地质性能较好。列岛由两大主岛南、北渔山得名。周围海域渔资丰富，沿海渔民常到此捕鱼，以两岛作导航，习惯总称为渔山。历史上多属象山管辖，明为海门汛地，清为昌石营管地。民国元年（1911）立南田县，属之。民国29年7月南田县撤销，归属新置三门县文山乡。1955年2月13日解放，析归象山至今。列岛离大陆较远，海洋性气候明显。年平均气温16.2℃，年平均最高气温 27℃，年平均最低气候 5.4℃。平均年降水量 1287 毫米，最多 1875 毫米，最少为 937 毫米。列岛地势东南高，西北较平缓，东南多悬崖峭壁。北渔山东南端最高点海拔 83.4 米，南渔山南端最高点海拔 127.4 米。土壤以红壤类为主，间有黄泥土、黄沙土。植被以灌禾为主，其中滨柃灌丛、仙人掌刺灌均属珍稀植被类型。人工种植黑松南渔山成片，北渔山零星。其他岛屿土壤贫瘠，只有少许禾草和少量灌木。栖有兔、蛇、鼠、蛙及山鹰、海鸥等。列岛处渔山渔场中心和台湾暖流与近岸流的交汇处，水质清澈，能见度达 10 米左右，适宜鱼、贝、藻类生长。盛产带鱼、大黄鱼、小黄鱼、鳗鱼、鲳鱼、鳓鱼、墨鱼、沙丁鱼、鲐鱼、鲹鱼、虾、蟹等；沿岸岩礁间，栖有石斑鱼、真鲷、鮸鱼、海蜓等；礁岩长有贻贝、淡菜、紫菜、石花菜、贝螺等，开发较早。据清末朱正元《浙江沿海图说》记，“有居民者凡三岛，南渔山二十余户，北渔山二十余户，白礁五户，皆闽人之捕鱼为业者”。清乾隆《象山县志》记载，顺治十六年（1659）为平郑成功、张煌言(张苍水)，兵部尚书苏纳海禁洋山采捕，十八年徙沿海居民于内地，至乾隆、嘉庆间，逐渐开禁，闽南渔民陆续到此捕鱼定居。1840 年鸦片战争后，相继被英、美、日侵占扰过。1955 年，全岛居民皆被国民党军队带往台湾。渔山解放后，渔民又陆续定居在岛上从事渔业生产，后因渔业资源衰退，岛上住民返回石浦居住，只留部分住民常住岛上。汛期，多数住民又返回岛上捕捞作业。北渔山建有圆形红白二色灯塔，宽 4 米，高 16.9 米。清光绪二十一年（1895）上海海关出资五万关平两建，镜机系法国巴比尔公司特制，光照 26 海里，时称远东第一大灯塔。抗日战争时被毁，1952 年重修，1955 年又毁，1985 年又修，历 2 年。1895 年，中外合作建测候站于北渔山，为中国最早的近代气象站之一。灯机采用英国密式光速，光照大于 25 海里。南北渔山均建有码头，有船往返石浦。大岙、小湾、南湾、西湾为避风锚地。原属设防岛屿，建有环岛公路和坑道、营房等，现设施尚存。旅游资源丰富，有悬崖、灯塔、仙人桥等景点。2006 年始，已举办 3 届“国际海钓节”，吸引日本、韩国、新加坡及中国台湾、香港地区的海钓爱好者，被誉为“亚洲第一钓场”。2008 年 8 月，被列为国家级自然生态特别保护区，设有保护区工作站，常年有工作人员守护。

五虎礁列岛

紧邻渔山列岛，以形得名。伏虎礁设有国家领海线基点标志。位丹城中心城区东南、北渔山东 1.1 千米，石浦铜瓦门山 47.2 千米洋面上，呈南北向排列，由 10 个岛礁组成，面积 30000 平方米。最高为高虎礁，最高点海拔 53.3 米。气温、水温、潮流均与渔山列岛同。岩礁险峻，难以攀登。土壤贫瘠，仅长少许禾草灌木，栖有成群海鸟，岩礁盛长贝类、藻类，盛产真鲷、石斑鱼、海蜓等。

第二节　居 民 岛

唐之前，象山南田与东门等岛即有人居住。民国时期，南田八岛设南田县，建有县级政权。中华人民共和国成立后，南田、高塘、东门、檀头山、坦塘 5 岛曾分别建立过乡镇级行政机构。今南田岛、高塘岛分别建有鹤浦镇与高塘岛乡政府。居民岛面积较大，具淡水、耕地、林木等资源，各备生活所需大致完备的生态系统。部分岛上居民因移居大陆而成为岛上季节性住民，与原住岛关系则一直未断。至 2008 年，境内居民岛有 16 个。

南田岛

古代海图又作牛头山，大陆居民习惯称外山。岛上多塘田，故名。唐代墓砖有记载。为鹤浦镇政府驻地岛。南田岛位于象山半岛南端，与石浦镇隔海相望，离大陆最近处 1.25 千米。南北长 14.6 千米，东西宽 10.9 千米，陆域面积 85.37 平方千米。丘陵和平地面积之比为 2.4：1。最高峰大爿山海拔 405.4 米（29°06′N、121°56′E）。全岛海岸线总长 78.24 千米，其中基岩海岸 54.37 千米，人工和淤泥质海岸 22.45 千米。滩涂面积 16.45 平方千米。岛上丘陵绝大部分为上侏罗统西山头组流纹质熔结凝灰岩，其次是分布于岛的东北部上侏罗统茶湾组地层，其岩性为凝灰质砂砾岩、砂岩、沉积凝灰岩、熔结凝灰岩等。晚侏罗世潜安山岩和潜流纹斑岩，分别出露于大沙村北侧及凤凰山，燕山晚期钾长花岗岩、花岗闪长岩位于杨柳湾至流水岩一带。

陆域地貌以侵蚀剥蚀丘陵为主，面积 57.1 平方千米，占岛屿面积的 67.6%。其中高丘陵面积 45.3 平方千米，地势高峻，多陡崖，沟谷切割深度 50~100 米，多“V”形河谷，并见有瀑布和裂点。低丘陵面积 11.8 平方千米，零星分布于高丘陵外围，丘陵层状地形比较发育。堆积地貌主要有坡麓、谷口发育的晚更新世晚期坡洪积或洪冲积平地，主要分布于文山前、吉港、外湾、四都及大小百丈等地，面积达 5.9 平方千米。全新世冲积平地面积 2.7 平方千米，分布于樊岙、牧童岙一带。全新世冲海积平地面积 2.6 平方千米，分布于大小百丈前缘和樊岙、南田墩一带。全新世海积平地面积 16.1 平方千米，多分布于大小湾岙内，地面高程 1.3~2.5 米。在樊岙、牧童岙等沟谷地带，尚有较丰富的孔隙潜水，且水质好，是重要的水源地。全岛基岩海岸长 54.7 千米，占岸线总长 69.5%，主要分布在岛的东部，岸线曲折，海蚀地貌发育，海蚀崖、海蚀洞、海蚀槽等随处可见。沙砾质海岸长 1.41 千米，主要分布在岛屿东部和西南部的小海湾内。淤泥质和人工海岸长分别为 1.19 千米和 21.26 千米，主要分布在岛的西北和西南侧。潮间带粘土质粉沙滩分布在岛的西南、西北和水道边缘。粉沙滩见于水湖涂南部。沙滩主要分布在岛东部的大沙湾。此外还有岩滩、砾石滩等。石浦港、林门港、下湾门等水道有水深小于 20 米的潮流浅槽和潮流深槽。水下浅滩主要分布于林门、金七门、南田湾。岛上有滨海盐土类 1897 公顷，主要分布在潮间带。潮土类 562 公顷，主要分布在溪流两旁的滩地及谷口的洪积扇上。水稻土类 1507 公顷，主要分布在海湾平地上。红壤类 2109 公顷，主要分布丘陵上。粗骨土类 3432 公顷，主要分布在丘陵中上部的陡坡上。陆域植被有以马尾松林（2944.5 公顷）、黑松林（329.2 公顷）为主的针叶林 3356 公顷，占岛屿面积的 41.9%；以麻栎林和枫香林为主的阔叶林 93.7 公顷；以檵木为主的灌丛达 1590.7 公顷；以水田作物为主的草本栽培植被 2279.5 公顷。此外尚有竹林 10.5 公顷、草丛 168.6 公顷、碱蓬 6.6 公顷、沙生单叶蔓荆 6 公顷、沼生和水生植被 5.4 公顷；以柑橘园（267 公顷）、茶园（100 公顷）和枇杷为主的木本栽培植被 447.5 公顷。陆域植被总面积 7964.6 公顷，覆盖率 94.4%。潮间带植被 25 公顷，主要有大米草（20.6 公顷）、糙叶苔草（2.5 公顷）和盐地鼠尾粟（1.9 公顷）。珍稀植物有全缘冬青等，珍稀植被有白鹃梅灌丛（4.2 公顷）等。南田岛淡水资源较为丰富，人均占有量为 1999 立方米，为淡水资源丰富的海岛。岛上的潮汐能资源，主要分布于南部的岙湾内。其中，鸡笼岐岙可装机容量 9025 千瓦，娘娘岗岙可装机容量 1001 千瓦。

高塘岛

亦名尖洋岛。高塘岛乡政府驻地岛。位于南田岛西侧，离大陆最近点约 800 米。光绪七年（1881）龙泉塘建成，原乌岩山、珠门山、金高椅山、箬渔山四岛连成一岛，始有其名。东西宽 10.9 千米，南北长 3.9 千米，面积 42.315 平方千米，丘陵和平地面积之比为 0.54：1。滩涂面积 8.591 平方千米。海岸线总长 46.12 千米，其中人工和淤泥质海岸 26 千米，基岩海岸 20 千米。全岛地势西北和东南高，中间低平，中心港（河道）呈北东—南西向横贯。岛内龙泉塘，以箬渔山龙泉得名。其中几处塘田较高，称“高塘”，后村以塘名，称“高塘村”“高塘街”。再后岛以村名，称高塘岛。岛上丘陵均由上侏罗统西山头组火山岩构成，岩性以流纹质熔结凝灰岩为主，间夹沉凝灰岩、凝灰质砂砾岩、砂岩等。以笔架山地势最高，最高点海拔274米（29°07′N、121°50′E）。笔架山、箬渔山、炮台山等高丘陵普遍比较陡峻，多陡崖、倒石堆。基岩海岸分布于岛屿东南部，岸线曲折，海蚀地貌发育。人工和淤泥海岸广泛分布。潮间带有粘土质粉沙滩、砾滩、沙砾滩等，以黏土质粉沙滩为主，主要分布在岛屿的西部和石浦港林门水道东侧及珠门港沿岸。水下地貌主要有三门、珠门、金高椅等潮流深槽，石浦港和珠门、林门等水道水深小于20米地段的潮流浅槽，南田湾及水道交汇处水深小于5米的水下浅滩等。高塘岛的土壤共4个土类，其中盐土类1070公顷，潮土类473公顷，水稻土类1537公顷，粗骨土类1370公顷。植被有马尾松林、黑松林、杉木林等针叶林1002.5公顷；麻栎林、枫香林等阔叶林14公顷；竹林4.9公顷；白栎萌生灌丛、日本野桐萌生灌丛等213.7公顷；白茅草丛、桔草草丛、芒萁草丛等144.2公顷；沼生和水生植被8.6公顷。此外尚有以柑橘园（521.6公顷）为主的木本栽培植被534.1公顷；草本栽培植被1623公顷，主要为水田、平畈旱地和坡地旱地植物。陆域植被总面积3545公顷，覆盖率90.6%。潮间带植被26.8公顷，主要有盐地鼠尾粟群系21.1公顷和糙叶苔草群系5.7公顷。高塘岛陆域的河流、水库和浅层地下水均符合饮用水质要求。土壤无污染超标物质。潮间带水质符合一类海水水质标准，沉积物中DDT有超标现象。浅海海域的水质情况基本良好，仅油类超标，超标率为53.6.%。海底沉积物受重金属污染较普遍，其中铜、铅、锌均超标。生物体内污染物残留量未发现超标现象，表明受污染程度较轻。全岛土地面积3911公顷，主要为耕地、园地、林地。居民点及工矿用地230公顷，交通用地33公顷，水域471公顷；未利用土地447公顷，大部为荒草地和裸岩石沙地。岛上淡水资源缺乏，人均占有量仅1190立方米。潮汐能资源有黄沙岙1处，可装机容量2111千瓦。金高椅有轮渡、汽渡到花岙岛。

东门岛

又名东门山、天门山。位于石浦对面，离大陆岸线最近点200米。东西宽460米，南北长3.7千米，面积1.8平方千米。海岸线长8.92千米，滩地面积509576平方米，最高点南汇山海拔127.6米（29°12′N、121°57′E）。《浙江通志》载，东门山“即《汉书》所载越天门山。先未析象山时，此山在南海中，接宁海之东，故名东门”，为象山见于正史最早的地名。岛上除东门、南汇一带有小范围海积平地外，大部分为上侏罗统茶湾组及相关的潜火山岩、脉岩构成的低丘陵。岩性以凝灰质砂砾岩、砂岩、凝灰岩、熔结凝灰岩等为主，其次尚有潜霏细斑岩及正长斑岩。岛上土地总面积219公顷（含滩地），其中粗骨土81公顷、红壤55公顷、田土22公顷、潮土10公顷、滨海盐土51公顷。岛上植被有针叶林22.9公顷，其中马尾松林20.3

图5-1　东门岛景点示意图

公顷、湿地松林 2.6 公顷；枫香阔叶林 12.3 公顷，以檵木、日本野桐为主的灌丛 9.1 公顷，芒草丛 56.2 公顷，木本栽培植被 4.6 公顷（以柑橘为主），草本栽培植被 42.6 公顷。植被总面积 138.6 公顷，覆盖率 74.4%。全岛林业用地 100.7 公顷，其中有林地和疏林 31.4 公顷，荒山 66.3 公顷，活立木蓄积量 140 立方米。林业基础较差，荒山比例高，森林覆盖率低。东门岛周围海域北为铜瓦门水道、南为东门水道，与石浦之间的石浦港海域是理想的避风区域。岛上现有 300 吨以下码头 4 个，300~500 吨和 500~1000 吨级码头各 1 个，码头总长 250 米。全岛淡水资源贫乏，可供量严重不足。1990 年从对面山岛水库引水入岛，以缓解缺水的困境。1998 年下半年开始，由石浦水厂向岛上供水。

对面山岛

位于东门岛与南田岛之间，是石浦港天然屏障之一，距大陆最近点 1.45 千米。处东门岛对面，故名。东西宽 1.1 千米，南北长 3.75 千米，面积 3.5 平方千米。海岸线长 14.18 千米，滩地面积 1.939 平方千米，最高峰眼睛山海拔 196.4 米（29°10′N、121°57′E）。对面山大部分为上侏罗统茶湾组及相关的潜火山岩构成低丘陵。岩性以熔结凝灰岩为主，潜霏细斑岩贯穿南北，凝灰质沉积岩呈半环状分布。岛上有粗骨土、红壤、水稻土、潮土和滨海盐土。植被以马尾松为主的针叶林 264.5 公顷，阔叶林 17.2 公顷，竹林 3.9 公顷，草丛 12.2 公顷，灌丛 21.5 公顷，木本栽培植被 25.3 公顷，其中油桐 1.4 公顷、柑橘 23.9 公顷；草本栽培植被 86.7 公顷，其中水田作物 44.4 公顷，平畈地旱地作物 23.2 公顷，坡地旱地作物 16.1 公顷。植被总面积 430.3 公顷，覆盖面 98%。岛上森林茂密，植物种类较丰富。岛东南部有珍稀树种舟山新木姜子和小片毛红椿林分布。土壤中“六六六”和“DDT”含量较高。周围海域水质符合一类海水标准。潮间带沉积物中有“DDT”检出。

檀头山岛

又名石檀山。位于石浦东部，距石浦约 7.5 千米。檀头山岛北尖南宽呈锚状，中间为长约 550 米的沙堤，面积 10.5 平方千米，海岸线长 49.52 千米，滩地面积 3.594 平方千米。最高点檀头山海拔 225 米（29°10′N、122°02′E）。宋宝庆《四明志》记：其上一岩平如案，故名石檀山，后改今名。檀头山以侵蚀剥蚀丘陵为主，面积占全岛 98%，高丘陵分布于南部东侧，面积 1.89 平方千米，占 17.17%，山脊线呈波状起伏，坡度在 30°~35°之间。低丘陵面积 8.90 平方千米，占 80.7%，山脊线不明显，山峰高程均在海拔 150 米左右，坡度在 20°~35°之间。岩石为浅灰、紫灰色晶屑玻屑熔结凝灰岩、含角砾晶屑熔结凝灰岩，局部夹集块角砾岩。海岸以基岩海岸为主，长 47.99 千米，占岸线总长的 96.6%，海蚀地貌发育，海蚀崖、海蚀洞、海蚀槽（沟）随处可见。沙砾质海岸分布在岛屿中部的里沙头和外沙头之间，长 1.69 千米，约占岸线总长的 3.4%；潮滩主要分布在岛屿西侧诸小海湾，为粘土质粉沙。沙滩以外沙头沙滩最为典型，高滩为细沙、中低滩为中细沙夹贝壳碎片，为一优质旅游资源地。

照 5-9　檀头山岛姐妹滩

岛上土壤分类，其中红壤 261 公顷、粗骨土 816.5 公顷、滨海盐土 372 公顷。植被有黑松林 423.5 公顷，草丛 512.9 公顷，灌丛 34.2 公顷，竹林6公顷，阔叶林2.8公顷。木本栽培植被19.8公顷，草本栽培植被86.1公顷，总面积1085.3.公顷，覆盖率98.4%。珍稀植物有普陀樟等。以松木为主的活立木蓄积量2790立方米，森林覆盖率20.7%。檀头山环境质量较好，地面水及浅层地下水无污染物质超标。岛周海域水深小于10米，水下地形平坦，西侧有水深小于5米的水下浅滩，底质主要为粘土质粉沙，局部为粉沙。东西两侧为南北向航线，张网密度极高。岛上现有大小码头6座，其中客运和装卸码头各1座，水产码头2座，其他为小码头。岛上有旱耕地111公顷、柑橘园地0.97公顷、林地432公顷，其中有林地201公顷、疏林地156公顷、迹地75公顷。另有居民点及工矿用地41.2公顷、交通用地3.6公顷（均为农村道路），未利用土地513.3公顷，其中荒草地431.4公顷、裸岩石砾地81.9公顷。潮汐能资源有大嘴头及白马湾等2处，可装机10353千瓦。风力资源丰富。岛周20米等深线内的浅海渔场盛产毛虾、乌贼、梭子蟹等，并适宜紫菜、石斑鱼等养殖。

花岙岛

又名悬岙岛、大佛头山。位于高塘岛西南侧，东隔南田湾与南田岛相望，离大陆岸线最近点7.14千米。东西宽1.97千米，南北长5千米，面积9.83平方千米。海岸线长29.86千米，滩涂面积11.412平方千米。岛上除西北部有海涂围成的2千米平地外，其余均为丘陵，地势高峻陡峭，最高峰雉鸡山海拔308.5米（29°04′N、121°46′E）。岛以多花多岙得名，又因其北一山雄俊挺拔，形如大佛之头，别名“大佛头山”。孤悬海上，多湾多岙，亦称悬岙岛。岛周岬湾相间，岸线曲折，且多海蚀洞穴，岛东南天作塘和清水岙两海湾内海滩宽广，多卵石。岛由上侏罗统西山头熔结凝灰岩及晚白垩世潜正长斑岩构成。高丘陵面积6.82平方千米，占岛屿面积54.0%，最高峰雉鸡山为潜正长斑岩，岩石坚硬。岸滩和海域沉积有粘土质粉沙、砾石、沙砾、中细沙、粉沙和粉沙质沙等。海岸以基岩海岸为主，长22.78千米，占岸线总长的76.4%，人工海岸6.05千米，主要分布在西北部，沙砾质海岸长1.03千米，主要分布在西南和东部湾岙内。岸外有潮滩或沙砾滩，与高塘岛之间有潮流深槽（珠门港和金高椅港），岛西北和东部为水下浅滩。陆域植被总面积1074.4公顷，覆盖率85.1%。岛中部德人山一带植物生长较好，以针叶林（695公顷）、草本栽培植被（178.9公顷）、灌丛（103.9公顷）为主体，间有草丛（45.1公顷）、阔叶林（13.5公顷）、竹林（6.1公顷）和木本栽培植被（26.5公顷）。针叶林以马尾松林（344.2公顷）和黑松林（343.4公顷）为主；灌丛以白栎萌生灌丛（99.2公顷）为主，另有滨柃为主的灌丛2.4公顷；草本栽培植被以水田作物（93.2公顷）和平畈旱地作物（77.4公顷）为主。潮间带植被6.2公顷，其中糙叶苔草2公顷，盐地鼠尾粟4.2公顷。岛上现有耕地50.3公顷，林地面积230.2公顷，活立木蓄积量4892立方米。岛周苍岩峭壁，海蚀地貌发育。大佛头山景象雄伟，东南诸海湾有五色玲珑的砾石滩、火山原生地貌海上石林，还有明末清初抗清英雄张煌言兵营遗址，具有较高的游览观光价值。汽车经三门口大桥，过金高椅轮渡后可达石林。岛内公路4千米。该岛极具旅游开发价值。

南韭山岛

南韭山岛是韭山列岛的主岛。西距大陆最近点爵溪南长嘴头约18.5千米，西为大目洋，北为磨盘洋，东为浩瀚的东海。最高峰海拔164.5米（29°25′N、122°11′E）。面积4.04平方千米，全为丘陵，岛狭长呈S形，两端高耸稍宽，中部低平窄小，岬短湾浅，海岸线曲折，长25.68千米，其中基岩海岸25.39千米。沙砾质海岸291米。潮间带面积254000平方米，有淤泥质潮滩、沙滩和岩滩。岛上土壤以中性粗骨土和饱和红壤为主。植被有黑松林41.4公顷、白荚竹林11.1公顷以及日本野桐为主的灌丛234.6公顷和以白茅、芒、五节芒、桔草为主的草丛121.2公顷。其中

照 5-10　爵溪南韭山岛

日本野桐萌生灌丛面积最大（207.5 公顷），为海岛特有植被类型。海域水质，PH 符合一类海水水质标准；南韭山现有林地 23.5 公顷，主要为疏林地，活立木蓄积量 10 立方米，居民点、交通、工矿用地 13.4 公顷，水域 0.8 公顷，未利用地 371 公顷，主要为荒草地。岛上淡水资源较贫乏，主要靠井、潭和小型水库。交通靠海运，在竹嘴建有水泥码头 2 座，涨潮时可停靠百吨以下船只。双山南航门（双山与南韭山之间）、蚊虫山航门（蚊虫山与南韭山之间）通航条件较好。岛东北和西南的岙湾宽阔水深，是良好的避风锚泊区，岛西南端的竹嘴港可泊 200 吨级船只。岛上具有经济价值的中草药与观赏花卉品种繁多，主要有石蒜、黄精、冬青卫矛、栀子、百仙草、刺子莞等。珍稀植物有国家二级保护植物普陀樟、全缘冬青。周围海域水深在 10~20 米之间，春秋两季台湾暖流与沿岸流在此交汇，又是上升流区，适宜海洋生物的繁衍生息，以往是大黄鱼产区，现以产中国毛虾、鲳鱼、龙头鱼、鳗鱼、七星鱼、中华小沙丁鱼等为主。岛上建有无线通信塔，另有国家级生态保护工作站，有工作人员守护。

东屿山岛

又名牛鼻山。位于象山港口东南，乱礁洋北侧，西距大陆最近点涂茨长沙 3.04 千米。南北向，长 2.21 千米，宽 0.6~1.5 千米。面积 1.95 平方千米，其中丘陵面积 1.469 平方千米，平地 36053 平方米，滩地面积 0.697 平方千米。岛屿高峻挺拔，山峦起伏，上有 5 峰，北峰最高，海拔 125.3 米（29°37′N、122°01′E）。海岸以基岩海岸为主，岬湾相间，多悬崖峭壁，海蚀地貌发育。北侧小海湾，分别有海滩及潮滩。东南侧有水深不足 5 米的水下浅滩。西侧海湾处有小片全新统上段海积平地。全岛土地总面积 194.7 公顷，其中耕地 27.7 公顷，主要种植马铃薯、甘薯、甘蔗、花生等。有林地 103.2 公顷，主要为黑松，间有苦楝、麻栎、乌桕、香樟、油桐等，活立木蓄积量 197 立方米。珍稀植物有舟山新木姜子，林特产品有茶叶。植被以针叶林（84.2 公顷）、木本栽培植被、草本栽培植被为主。岛西侧泥沙滩养殖蛏子、紫菜等。与西屿山东西对持，如柱，故名东柱山。民国《象山县志》记，"东殊山，原名东柱山，西（方人）名牛鼻山"。岛东北端有一岩洞，两端贯通，形若牛鼻穿孔，故名牛鼻山、穿鼻山。1982 年，为与西屿山名称对应，定名为东屿山。茶园 357 亩，建有茶叶加工场。岛西南建有简易块石码头，可泊 10 吨以下船只。西侧水道可通行 100 吨级以下船只，可锚泊避东向风。

照 5-11　石浦渔山岛

北渔山岛

位于象山半岛东南，渔山列岛两大主岛之一。距大陆最近点石浦铜瓦门 47.5 千米。南北长 1.3 千米，东西宽 380 米，面积 480000 平方米，滩涂面积167405平方米，最高点海拔20米（28°53′N、122°15′E）。海岸线长5.26千米。岛东的伏虎礁是中国领海基点之一。北渔山离大陆较远，海洋性气候较显著。年平均气温16.2℃，8月份最高27℃左右，1月最低5.4℃。年平均降水量1287毫米，最多年份为1875毫米，最少年份937毫米。岛上无耕地，少量土壤属红壤类。植被仅有灌丛4公顷，其中滨柃灌丛3.8公顷，仙人掌刺灌丛0.2公顷，均属珍稀植被类型。草丛38.2公顷，其中芒草丛37.9公顷，鸭嘴草草丛0.3公顷。珍稀植物有圆叶小石积、大叶胡颓子、多枝紫金牛。岛周海域水质良好。岛上建有码头、灯塔、无线通信塔。

铜钱礁岛

别名大铜钱礁。位于石浦港北端，距大陆最近点250米。面积112500平方米，海岸线长1.94千米，滩地面积38896平方米。最高峰海拔53.6米（29°13′N、121°57′E）。岛上地势平坦，基岩为上侏罗统茶湾组凝灰质沙砾岩、熔结凝灰岩等。含石英较多。传昔有商船载钱过此，遇强盗追劫，慌忙逃避，触礁沉没，后人常在其附近摸到铜钱，故名。岛上建有加油站、修造船厂、冷冻厂，有码头2座，轮渡随时通石浦。

打鼓峙岛

相传，昔岛上塘坝遇风暴，常出险情，为减少损失，村民打鼓报警，故名。打鼓峙岛位于高塘岛与大陆之间，距大陆岸线最近点500米。长1.75千米，宽800米，面积1.375平方千米，海岸线长4859米，滩地面积359842平方米。最高峰海拔83米（29°09′N、121°51′E）。打鼓峙岛东北部为低丘，南及西部为围垦形成的海积平地。岩石为上侏罗统西山头组熔结凝灰岩。植被以木本栽培植被、草本栽培植被为主体，间有针叶林、草丛。岛上建有海水养殖场。2005年，建桥与大陆相连，在岛上建有船舶修造基地，可造万吨以上大型船只。东南角设灯桩，为石浦港导航灯标之一。

旦门山岛

又名长山。位于东陈乡东旦村东约1.3千米处。面积946000平方米，海岸线长6.44千米，滩地面积643687平方米。有五峰，最高点海拔135.4米（29°20′N、121°58′E）。岩石为下白垩统朝川组紫红色砂砾岩、粉砂岩。植被以草丛为主，间有少量稀疏针叶林，栖有蛇、鼠、鸟等动物。岛东北端有岩洞2个，一称“老虎洞”，一称“天鹅洞”。岛上旅游资源丰富，红色岩滩、岩石，间有紫、白、黄、黑色，形态奇特，观赏度高，并有沙滩相伴。2001年始建宾馆被辟为度假村，放野猪、野鸡、野兔、野猫等，供游客狩猎。岛上码头2座，有船往返大陆。

道人山岛

岛上有2股清泉，又名双泉山。位于涂茨镇东部，西距大陆最近点880米。长2.16千米、宽570米，面积1.231平方千米，其中，丘陵面积1.225平方千米，平地76373平方米。两端高耸宽大，中间低平狭小，最高峰在岛西北的道人头，海拔100.8米（29°33′N、121°58′E）。岛岸曲折，海岸线长8.54千米。岩石为上侏罗统茶湾组角砾凝灰岩。土壤为饱和红壤及中性粗骨土。植被以黑松林（101.9公顷）为主，间有灌丛（4.4公顷）、草丛和草本栽培植物，活立木蓄积量1135立方米。据民国《象山县志》记载，民国初年就有居民数十户，称道人山村，属宝海乡。后居民迁涂茨，仅留少数房屋及临时性居住。岛西、南有泥涂数十公顷，养殖蛏子、紫菜；岛东海域可张网捕鱼，东北原有一采石场，开采和加工石料。耕地1.93公顷，主要种植水稻、番薯、花生、柑橘等。水源充足，有天然水池及水井多处。北部建有一简易码头，可停靠数十吨小型船只。主峰一岩耸立，形若道人端坐，俗称道人岩，岛由此得名。明嘉靖《象山县志》记："双泉山，县东北十里海中，岩上有巨人迹，上马石，相传安其生常游此，又名'道人山'"。岛上旅游资源丰富，有道人岩、上马石、双泉、沙滩、石塘及茂盛植被。

崇攙岛

位于岳井洋白礁水道内，介于马岙门与崇门头两水道之间，离大陆最近点460米。形如舌状，故名。南北长3.5千米，东西最宽1.2千米，面积2平方千米，海岸线总长8.61千米。全岛有低丘4座，除麦地山外均由上侏罗统西山头组熔结凝灰岩构成，最高峰稻桶山海拔30米（29°17′N、121°47′E）。平地为第四纪全新世的海积平地，岸滩地貌以人工海岸为主，海蚀地貌不发育。潮间带与大陆相连，沉积物主要为粉沙黏土和黏土粉沙。岛上土壤，低丘为红壤，平地似滨海盐土和水稻土为主。植被以黑松林（30.2公顷）、木本栽培植被、草本栽培植被为主，间有少量阔叶林（0.5公顷）和草丛。有林地面积50.1公顷，活立木蓄积量495立方米。麦地山的晚第三纪嵊县群橄榄玄武玢岩结构均匀，质地细密，是工艺石刻的优质石料；稻桶山的流纹斑岩和熔结凝灰岩，物理性能优，是上好的民用建筑石料。建有小型水库1座，码头、道头各1座，有定期轮渡往返大陆。

中界山岛

岛中线曾为象山、南田县界，故名。介于南田岛与大陆之间，距大陆最近点740米。东西宽2.1千米，南北长350米，面积741000平方米，海岸线长4.67千米，滩地面积347868平方米。最高点海拔128.1米（29°10′N、121°53′E）。岛岩由上侏罗统西山头组熔结凝灰岩构成。植被以黑松林（48.7公顷）、草丛为主，栖有蛇、鼠、鸟等，放有牛羊。岛上建有码头、造船厂。有水源多处。

小铜钱屿

别称"小山"。位于石浦港北部，北近铜钱礁，西距大陆420米。长500米，宽200米，面积12600平方米，海岸线602米，滩地面积46849平方米，岛两端高中间低。最高点海拔25米（29°13′N、121°57′E）。基岩为上侏罗统茶湾组凝灰质砂砾石、熔结凝灰岩等。植被以草丛为主，间有稀疏针叶林。岛上建有水产品加工厂、船舶修造厂，东、西两侧建有石砌码头，可靠泊小型船只。设灯桩，为船只进出铜瓦门导航。

第三节　无居民岛

以平均潮位线出露面积超过500平方米的为岛，计有无居民岛436个。南渔山岛曾住居民，外干门岛曾有驻军，大平岗曾建有导航站，海山屿上有海山庵，鹊礁、万礁、牒屿山屿、弥陀屿上置有航标。其他无常住居民，或常有居民上岛活动，或极少有人类活动。

鹊礁

礁石黝黑光滑，又名铁礁。位于象山港口南侧，野龙山西北，距大陆最近点2.5千米。面积500平方米。岸线长386米。滩地面积5048平方米。最高点海拔7.4米（29°39′N、121°54′E）。岩石为上侏罗统西山头组熔结凝灰岩等构成。设有灯桩。以形得名。

野龙山岛

为象山港口南侧的主要岛屿，南距大石门山约1.2千米。面积75600平方米，岸线长1.31千米，滩地面积13186平方米。最高点海拔61米（29°39′N、121°55′E）。基岩为上侏罗统西山头组熔结凝灰岩等构成。植被以白茅、芒萁等禾草为主，间有稀疏黑松林（8.2公顷），栖有蛇、鼠、鸟等动物。传岛上有巨蛇盘踞洞穴，常兴风作浪，人称野龙，故名。

猫礁

位于野龙山西侧，东南距大陆最近点1.23千米。面积1300平方米，岸线长592米，滩地面积14449平方米。最高点海拔22米（29°39′N、121°54′E）。岩石为上侏罗统西山头组熔结凝灰岩等构成。土壤为红壤，长有稀疏黑松林（2公顷），草本植被以白茅、芒萁为主。以形得名。

雅礁

位于野龙山西侧，外门山西北侧670米，距大陆最近点大石门1.69千米。面积1600平方米。滩地面积22929平方米。最高点海拔17.3米（29°39′N、121°54′E）。基岩为上侏罗统西山头组熔结凝灰岩等构成。长有少许禾草。有海鸥栖息。南侧有一连串礁石，延伸长达300米。以形得名鸦鹊礁，后雅称雅礁。

鼠礁

原名老鼠礁，位于外门山北侧，岸距约250米。面积4000平方米，海岸线长273米，滩地面积3990平方米。最高点海拔18米（29°39′N、121°54′E）。基岩为上侏罗统西山头组熔结凝灰岩等构成。植被以草丛为主。以形得名。后因重名，于1985年更称鼠礁。

外门山屿

位于象山港口南侧，东南近内门山，两岛相距约250米，距大陆最近点大石门800米。面积40400平方米，岸线长878米，滩地面积71147平方米。最高点海拔53米（29°38′N、121°54′E）。基岩为上侏罗统西山头组熔结凝灰岩等构成。植被以草丛为主，间有少量稀疏黑松林（0.2公顷）。有南、北两岛与大陆构成内外两个航门，该岛居外，故名外干门山。2008年，标准化处理为今名。

内门山屿

位于象山港口南侧，东南距大陆最近点约170米。岛长330米，宽150米，面积45000平方米。岸线长847米。滩地面积55664平方米。最高点海拔52米（29°38′N、121°54′E）。基岩为上侏罗统西山头组熔结凝灰岩等构成。植被以草丛、稀疏黑松林为主。有蛇、鼠、海鸟等栖息。该岛居内，故名。2008年，标准化处理为今名。

外留湖礁

位于内门山东侧，距大陆海岸约200米。岛长66米，宽30米，面积1800平方米，岸线长154米。最高点海拔7.9米（29°38′N、121°55′E）。基岩为上侏罗统西山头组熔结凝灰岩等构成。原礁块四方相连，中留小湖，后剩南北两块，该礁在外，故称外留湖礁。

外干门岛

位于象山港口附近，距大陆最近点200米。岛形狭长，长810米，宽200米，面积162000平方米，岸线长2.3千米，有3峰。最高海拔56米（29°38′N、121°57′E）。基岩由上侏罗统西山头组熔结凝灰岩构成。土壤肥沃，植被茂盛，多藤本植物，间有黑松、沙朴、泡桐等乔木，多鸟类。原为设防岛屿，留有驻军营房，简易公路、坑道、水井、码头等。西端有干出礁可达鹅蛋山。处外干门港外侧，故名。

双泡礁

位于擂鼓山东北方，相距约720米，距大陆最近点2.1千米。面积1500平方米，岸线长226米。最高点海拔4.5米（29°38′N、121°59′E）。基岩为上侏罗统西山头组熔结凝灰岩等。礁有2峰，如双木浸泡水中，故名。

鹅蛋山礁

位于外干门岛西侧，距大陆最近点干门山240米。面积5000平方米，海岸线长265米。最高点海拔13米（29°38′N、121°57′E）。基岩为上侏罗统西山头组熔结凝灰岩。禾草茂盛，间有黑松。以形得名。

万礁

曾名饭礁。位于象山港口南侧，西泽码头东北约1.15千米处。面积500平方米，滩地面积1005平方米，岸线长439米。最高点海拔8.3米（29°37′N、121°50′E）。基岩为上侏罗统西山头组熔结凝灰岩。设灯标。原称饭礁，后改今名。

擂鼓山岛

位于象山港口南侧，东近西屿山，距大陆最近点2.1千米。近南北走向，长920米，宽190米，面积174800平方米，岸线长2.99千米，滩地面积262609平方米，有3峰。最高峰海拔48米（29°38′N、121°59′E）。基岩为上侏罗统西山头组熔结凝灰岩构成。植被有黑松林（12公顷），禾草茂盛，以白茅、芒萁为多，栖有鸟类及蛇、鼠等。东侧海湾可供小型船只锚泊。民国《象山县志》记："雷古山，原名擂鼓山，旧名石头礁"。据传，原与东西屿相连，为古战场，每当交战，于此擂鼓助阵，故名。

泥螺礁

位于大港口塘坝外侧500米，面积2500平方米。最高点海拔4.8米（29°37′N、121°57′E）。火山凝灰岩构成。以形得名。

瓦牌礁

位于擂鼓山东南，距大陆最近点2.1千米。面积500平方千米，最高点海拔2.9米（29°37′N、121°58′E）。火山凝灰岩构成。设灯标，高2.9米。原以形得名瓦爿礁，后改今名。

里长礁

位于西屿山北侧岸外，距大陆最近点5.02千米。面积2500平方米，岸线长268米。最高点海拔9.3米（29°37′N、122°00′E）。岩石为上侏罗统西山头组熔结凝灰岩。礁形狭长，与外长礁东西相应，故名。

外长礁

位于西屿山北侧岸外，距大陆最近点1.48千米。岛长约100米，宽约40米，面积4000平方米，岸线长310米。最高点海拔6.7米（29°37′N、122°00′E）。基岩为侏罗统西山头组熔结凝灰岩构成。礁形狭长，处里长礁外侧，故名。

西长礁

位于擂鼓山南端西侧，距大陆最近点2.1千米。长45米，宽12米，面积500平方米。最高点海拔8.4米（29°37′N、121°59′E）。火山凝灰岩构成。处擂鼓山西侧，形长，故名。

小擂鼓山岛

位于擂鼓山东南侧岸外，距大陆最近点2.13千米。长510米，宽110米，面积53700平方米，岸线长1.31千米，滩地面积1935平方米。最高点海拔37米（29°37′N、121°59′E）。基岩为上侏罗统西山头组熔结凝灰岩。禾草茂盛，间有稀疏黑松林（4.5公顷）。小于擂鼓山，故名。

小东屿

位于东屿山西北面，距大陆最近点4.48千米。面积11200平方米，岸线长450米，滩地面积14841平方米。最高点海拔26.8米（29°37′N、122°01′E）。岩石为上侏罗统西山头组熔结凝灰岩。禾草茂盛，间有低矮稀疏黑松林。建有白色灯桩。近东屿山，较小，故名。

西屿山岛

位于象山港口南侧、东屿山之西，距大陆最近点2.31千米。长950米、宽420米，面积405000平方米，岸线长3.55千米。滩地面积50865平方米。最高点海拔116.2米（29°37′N、122°00′E）。基岩为侏罗统西山头组熔结凝灰岩。植被以草丛为主，南部有稀疏低矮黑松林（1公顷）。高峻挺拔，与东侧东屿山东西对峙，形如两柱，故名西柱山，方言“屿”“柱”同音，写作西屿山。民国《象山县志》记有：“西殊山”“西除山”。

老虎头礁

位于小擂鼓山南侧，距大陆最近点200米。面积8333平方米，岸线长371米。最高点海拔27.9米（29°37′N、121°59′E）。基岩为上侏罗统西山头组熔结凝灰岩，呈紫红色。上有少许草丛。以形得名。

老沙头礁

位于西屿山西南面，距大陆最近点2.3千米。长90米，宽50米，面积4500平方米，岸线长303米。最高点海拔14.6米（29°37′N、121°59′E）。基岩为上侏罗统西山头组熔结凝灰岩。顶部长有少许草丛。形似海蜇头（虾蛇头），故名虾蛇头，后讹为老沙头。

东长礁

位于东屿山东北，距大陆最近点5.02千米。面积2500平方米，岸线长252米。最高点海拔14.1米（29°37′N、122°01′E）。基岩为上侏罗统西山头组熔结凝灰岩。多裸岩，顶部长有低矮禾草。原名长礁，以形得名。1985年，因重名，改今名。

小东屿舌礁

位于小东屿东南，距大陆最近点4.2千米。面积1262平方米，岸线长146米。最高点海拔4米（29°37′N、122°01′E）。火山凝灰岩构成。近东屿山，如舌状，2008年6月名。

虎拦礁

位于东长礁东北面。距大陆最近点530米。面积687平方米，岸线长108米。最高点海拔5米（29°37′N、122°02′E）。熔结凝灰岩构成。原名拦门虎，言形势险恶，影响航行。因重名于1985年改今名。

东屿岩礁

位于东屿山东侧、东长礁西南，距大陆最近点5.1千米。面积1545平方米，岸线长169米。最高点海拔5米（29°36′N、122°00′E）。火山凝灰岩构成。2008年9月名。

东屿石礁

位于东屿山东侧、乌贼嘴头北侧，距大陆最近点5千米。面积1181平方米，岸线长141米。

最高点海拔 5 米（29°37′N、122°01′E）。火山凝灰岩构成。2008 年 9 月定名。

乌贼嘴岛

位于东屿山东侧，距大陆最近点 5.1 千米。面积 646 平方米，岸线长 102 米。最高点海拔 5.2 米（29°36′N、122°02′E）。基岩为上侏罗统西山头组熔结凝灰岩，岩石裸露。以形得名。

羊鸡礁

位于凤凰山东侧，距大陆最近点 15 米。长 25 米，宽 20 米，面积 500 平方米。最高点海拔 5 米（29°36′N、121°58′E）。火山熔结凝灰岩构成。长有少许禾草。形似羊屎，故名，后改今名。

黄胖礁

位于东屿山南侧，为东屿山向西延伸的岬角，距大陆最近点 4.7 千米。面积 3000 平方米，岸线长 214 米。最高点海拔 16 米（29°36′N、122°01′E）。基岩为上侏罗统西山头组熔结凝灰岩。岩石呈黄色，较厚实（胖），故名。

黄胖小礁

距大陆最近点 4.7 千米。面积 1211 平方米，岸线长 148 米。最高点海拔 3 米（29°36′N、122°01′E）。火山凝灰岩构成。近黄胖礁，较小，故名。

虎舌头小礁

位于东屿山南端东侧，距大陆最近点 4.9 千米。面积 2171 平方米，海岸线长 210 米。最高点海拔 5 米（29°36′N、122°01′E）。火山凝灰岩构成。以近虎舌头礁得名。

虎舌头礁

位于东屿山南，距大陆最近点 4.8 千米。面积 1737 平方米，海岸线长 185 米。最高点海拔 21.2 米（29°36′N、122°01′E）。基岩为上侏罗统西山头组熔结凝灰岩。长有少许低矮黑松、禾草等。以形得名。

毛礁山礁

位于象山港南岸西泽码头西，南距大陆最近处 370 米。长 100 米，宽 50 米，面积 5000 平方米，岸线长 284 米。滩地面积 15500 平方米。最高点海拔 14 米（29°37′N、121°49′E）。岩石为上侏罗统茶湾组角砾凝灰岩等。植被以草丛为主，栖有鸟类。四周礁块散乱，多为明礁，船只在此锚泊，称锚礁，后谐音毛礁。又礁形似猫，亦名猫礁。

外张嘴屿

位于钱仓以东，张嘴山以北，距大陆最近点 30 米。长 200 米，宽 50 米，面积 7895 平方米，岸线长 349 米。最高点海拔 27.2 米（29°36′N、121°59′E）。基岩为上侏罗统西山头组熔结凝灰岩。地势陡峻，岩石多裸露，长有少许黑松及草丛，栖有鸟等。以近张嘴山得名。

张嘴山屿

又名江峙山。位于钱仓东，距大陆最近点 20 米。面积 50040 平方米，岸线长 1.05 千米。最高点海拔 44.7 米（29°35′N、121°59′E）。基岩为上侏罗统西山头组熔结凝灰岩。形狭长，山峰险峻，顶部长有少量黑松及草丛，栖有鸟等。大潮时与大陆隔开，形如张开之嘴，故名。

鸡娘礁

位于东屿山西南，西北距张嘴山约 1.35 千米，距大陆最近点 1.135 千米。面积 3000 平方米，岸线长 160 米。滩地面积 18647 平方米。最高点海拔 11.5 米（29°35′N、122°00′E）。基岩为上侏罗统西山头组熔结凝灰岩。长有少许草丛，栖有海鸥等。设灯标，为乱礁洋的重要航标。形似鸡娘（母鸡），故名，又因如铁锚，亦名铁锚礁。

稻蓬山岛

又名鸡娘山。位于东屿山南侧，北距鸡娘礁约750米，距大陆最近点1.04千米。长450米，宽130米，面积60000平方米，岸线长918米，滩地面积26775平方米。最高点海拔61.4米（29°35′N、122°00′E）。岩石为上侏罗统西山头组熔结凝灰岩，多裸岩。长有黑松及白茅草丛。以形得名，又因岛北有鸡娘礁，亦名鸡娘山。

海螺礁

位于张嘴山南500米处，距大陆最近点250米。面积500平方米，最高点海拔3.2米（29°35′N、121°59′E）。火山熔结凝灰岩构成。以形似海螺得名。

鸡头礁

位于稻蓬山西南角，距大陆最近点1.2千米。面积700平方米，岸线长284米。最高点海拔19.6米（29°35′N、122°00′E）。火山熔结凝灰岩构成。长有稀疏禾草。以形得名。

镬灶洞礁

位于东屿山东南侧，距大陆最近点5.25千米。面积1686平方米，岸线长155米。最高点海拔7.4米（29°35′N、122°03′E）。基岩为上侏罗统西山头组凝灰岩。礁顶凹凸，渔民常用以架镬（锅）烧饭，故名。

小稻桶礁

位于稻蓬山西南面，距大陆最近点5千米。面积500平方米，岸线长156米。最高点海拔1.8米（29°35′N、122°00′E）。基岩为上侏罗统西山头组凝灰岩。以形得名。

乱长礁

位于东屿山东南方，距大陆最近点5.3千米。长260米，宽50米，面积13000平方米，岸线长456米。最高点海拔10.3米（29°35′N、122°03′E）。基岩由上侏罗统西山头组凝灰岩构成。原名长礁，以形得名。1985年2月，因重名，以处乱礁洋中部，更名乱长礁。

大块头礁

位于乱长礁西南侧，距大陆最近点4.63千米。长90米，宽50米，面积4500平方米，岸线长255米。最高点海拔12米（29°35′N、122°02′E）。岩石为上侏罗统西山头组凝灰岩。以形得名。

长礁

位于乱礁洋西部，稻蓬山南偏东约720米。距大陆最近点1.48千米。面积1772平方米，岸线长186米，滩地面积24770平方米。最高点海拔14.3米（29°34′N、122°00′E）。岩石为上侏罗统西山头组凝灰岩。长少许草丛。形狭长，故名。

拦门虎礁

位于长礁东北，与长礁有岩滩相连，距大陆最近点1.47千米。面积689平方米，岸线长110米。最高点海拔4米（29°34′N、122°00′E）。岩石为上侏罗统西山头组凝灰岩。因处水道边，形似拦门之虎，故名。

对棋山礁

别名小野猪。位于乱礁洋东，距大陆最近点6.8千米。面积1387平方米，岸线长200米。最高点海拔7.2米（29°34′N、122°04′E）。基岩为上侏罗统西山头组凝灰岩。东南侧有一片乱礁，海中长有野生紫菜、海螺等。礁由两座相对礁块组成，形似对弈棋子，故名。又因位于大野猪岛附近，别名小野猪。

大野猪礁

位于乱礁洋东北部，距大陆最近点6.48千米。面积7700平方米，岸线长437米。最高点海拔15.5米（29°34′N、122°03′E）。岩石为上侏罗统西山头组凝灰岩。附近多礁石，长有草丛，栖有海鸟等动物。海中长紫菜、海螺等。以形得名。又因岛上多黑蒜，亦名黑蒜山。

小野猪礁

位于乱礁洋中部，距大陆最近点2.4千米。面积500平方米，岸线长191米。最高点海拔1.4米（29°34′N、122°01′E）。礁石由火山凝灰岩构成。礁圆小而险，又处大野猪岛西侧，故名小野猪礁。礁上设有灯标，灯桩高6.2米。

红生礁

岩石呈红色，故名。位于乱礁洋西部，稻蓬山南约800米，距大陆最近点1.63千米。长150米，宽70米，面积10500平方米，岸线长544米。滩地面积10258平方米。最高点海拔24.4米（29°34′N、122°00′E）。岩石为上侏罗统西山头组凝灰岩。植被以禾草、针叶林（0.7公顷）为主。东南有三礁，分别称为外牌礁、里牌礁、小野猪礁，均处于乱礁洋航道中。

乌龟山屿

位于象山港中部，象奉界线上，距大陆最近点2.16千米。长160米，宽80米，面积12800平方米，岸线长526米。最高点海拔25.3米（29°34′N、121°44′E）。岩石为上侏罗统西山头组熔结凝灰岩。植被以草丛为主。环岛水较深，设有灯桩。以形得名。民国《象山县志》记，乌龟山原名乌柱山，又名乌屿。

蟹蝛山礁

位于乱礁洋西部，红生礁西南方，距大陆最近点1.8千米。长70米，宽40米，面积3000平方米，岸线长185米。最高点海拔9.8米（29°34′N、122°00′E）。岩石为上侏罗统西山头组凝灰岩。其上长满蟹蝛（藤壶），故名。

蛤蜊礁

位于乱礁洋中部，介于红生礁与大半边之间，距大陆最近点1.6千米。面积1225平方米，岸线长159米。最高点海拔7米（29°34′N、122°00′E）。岩石为上侏罗统西山头组凝灰岩。形似蛤蜊，故名。

米礁

位于乱礁洋西部，介于红生礁与大半边岛之间，距大陆最近点2.4千米。面积1500平方米，岸线长97米，滩地面积3008平方米。最高点海拔约9米（29°34′N、122°00′E）。岩石为上侏罗统西山头组凝灰岩。附近多细小散乱的礁石，犹如米粒散布，故名。

大半边屿

位于乱礁洋西部，红生礁西南侧，四角山东北方，距大陆最近点1.46千米。面积20000平方米。岸线长789米。滩地面积20142平方米。最高点海拔39.5米（29°34′N、122°00′E）。岩石为上侏罗统西山头组凝灰岩。长有禾草，栖有海鸟等。西南悬崖峭壁，犹如刀劈一半，故名。

大半边北礁

位于大半边屿东北，其滩地与大半边岛相连，距大陆最近点870米。面积881平方米，岸线长162米，最高点海拔5米（29°34′N、122°00′E）。岩石为上侏罗统西山头组凝灰岩。2008年9

月，从大半边屿北边分离，取名。

大半边南礁

位于大半边屿东南侧，距大陆最近点 850 米。面积 901 平方米，岸线长 145 米。最高点海拔 5 米（29°34′N、122°00′E）。由上侏罗统西山头组凝灰岩构成。2008 年 9 月，从大半边屿分离，以方位命名。

小半边礁

位于大半边屿西南约 150 米处，距大陆最近点 980 米。面积 2400 平方米，岸线长 473 米，滩地面积 7230 平方米。最高点海拔 20.8 米（29°34′N、122°00′E）。岩石为上侏罗统西山头组凝灰岩。长有少许草丛。处大半边西侧，较小，故名。

四角山岛

位于乱礁洋南，南距道人山 1.75 千米，距大陆最近点 1 千米。面积 54000 平方米，岸线长 1.49 千米。滩地面积 63801 平方米。最高点海拔 49 米（29°34′N、121°59′E）。岩石为上侏罗统西山头组凝灰岩。禾、灌丛生，多红山茶、白茅、芒萁等，间有低矮黑松。岛有 4 峰如角，故名。

鸡冠头礁

位于四角山岛西南，两岛滩地相连，距大陆最近点 900 米。面积 2798 平方米，岸线长 213 米。最高点海拔 8.2 米（29°34′N、121°59′E）。岩石为上侏罗统西山头组凝灰岩。以形得名。

大礁门礁

位于四角山岛西侧，居大陆猫头嘴外侧的航道中，距大陆最近点 150 米。面积 500 平方米，岸线长 146 米。最高点海拔 3 米（29°34′N、121°58′E）。岩石为上侏罗统西山头组凝灰岩。礁盘较大，故名。

饭罩山屿

位于四角山岛西南侧 400 米，距大陆最近点 780 米。面积 11364 平方米，岸线长 397 米，滩地面积 11380 平方米。最高点海拔 25.5 米（29°34′N、121°59′E）。岩石为上侏罗统西山头组凝灰岩。岛上长有以白茅为主的低矮草丛，栖有鸟类。以形得名。与饭罩山屿隔一深 5 米水道，可通航小型船只。

大瘸头礁

位于四角山岛东南 190 米，距大陆最近点 1.48 千米。面积 4000 平方米，岸线长 276 米。最高点海拔 11.4 米（29°34′N、121°59′E）。岩石为上侏罗统西山头组凝灰岩。岩石裸露，无植物。以形得名。

小瘸头礁

位于四角山岛东南 450 米，距大陆最近点 1.8 千米。长 100 米，宽 400 米，面积 1260 平方米，岸线长 135 米，滩地面积 8999 平方米。最高点海拔 4.5 米（29°34′N、121°59′E）。岩石为上侏罗统西山头组凝灰岩。基岩裸露，较小，以形得名。

大捕山岛

位于乱礁洋西南缘，居四角山岛南侧、道人山东北面，距大陆最近点 1.89 千米。长 830 米，宽 130 米，面积 107900 平方米，岸线长 2.38 千米，滩地面积 23079 平方米。最高点海拔 82.7 米（29°33′N、121°59′E）。岩石为上侏罗统茶湾组角砾凝灰岩。岛上植物以禾草为主，间有零星黑松，栖有蛇、鼠、鸟等。形似张开渔网捕鱼，故名。

大捕尾屿

位于道人山东北，大捕山东南，距大陆最近点 1.6 千米。陆域面积 1000 平方米。最高点海拔 17.1 米（29°33′N、122°00′E）。岩石为上侏罗统茶湾组角砾凝灰岩。长有稀疏禾草，海鸥群栖。与大捕山相连，仅大潮时隔开，犹如大捕山尾巴，故名。

大红岩礁

位于乱礁洋南，柴山西北约 800 米，距大陆最近点 680 米。长 120 米，宽 50 米，面积 6000 平方米，岸线长 352 米。最高点海拔 12.3 米（29°33′N、122°03′E）。岩石为上侏罗统茶湾组角砾凝灰岩。岸滩上长有紫菜、海螺等。东、西部各有一片礁石区，面积较大，长满紫菜，阳光下呈红色，故名。

柴山礁

位于乱礁洋南部，道人山正东，距大陆最近点牛屁股 7.5 千米。面积 4952 平方米，岸线长 370 米，滩地面积 22613 平方米。最高点海拔 18 米（29°33′N、122°04′E）。岩石为上侏罗统茶湾组角砾凝灰岩。东和西北面各有一片礁石区。岛上柴草茂密，渔民常在此砍柴，故名。

大凉帽屿

位于道人山西北，距大陆最近点 740 米。长 110 米，宽 60 米，面积 6600 平方米，岸线长 334 米。最高点海拔 17.1 米（29°33′N、121°57′E）。岩石为上侏罗统茶湾组角砾凝灰岩。植被以低矮黑松（0.5 公顷）、禾草为主。形如笠帽，较大，故名。

小凉帽礁

位于道人山西北侧 350 米，距大陆最近点 2.1 千米。面积 2000 平方米，岸线长 210 米。最高点海拔 9.4 米（29°33′N、121°58′E）。岩石为上侏罗统茶湾组角砾凝灰岩。植被以草丛为主，栖有鸟类。形似笠帽，与大凉帽对应，故名。

灯笼块礁

位于灯笼山西北侧，距大陆最近点 4.8 千米。面积 1873 平方米，岸线长 204 米。最高点海拔 2 米（29°33′N、122°01′E）。火山凝灰岩构成。2008 年 9 月，从灯笼山分离，以灯笼山得名。

灯笼山礁

位于乱礁洋南，大捕山与柴山之间，距大陆最近点 4.87 千米。长 150 米，宽 50 米，面积 7500 平方米。岸线长 412 米，滩地面积 18846 平方米。最高点海拔 35.1 米（29°33′N、122°00′E）。岩石为上侏罗统茶湾组角砾凝灰岩，草丛低矮稀疏。以形似灯笼得名。

灯笼石礁

紧邻灯笼山。面积 1387 平方米，岸线长 171 米。最高点海拔 2 米（29°33′N、122°02′E）。角砾凝灰岩构成。2008 年 9 月，从灯笼山分离，以灯笼山得名。

灯笼小礁

位于灯笼山东南面。面积 1600 平方米，岸线长 174 米，滩地面积 3656 平方米。最高点海拔 2.9 米（29°33′N、122°02′E）。岩石为上侏罗统茶湾组角砾凝灰岩，基岩裸露。以灯笼山得名。

馒头山屿

位于道人山南侧 70 米，距大陆最近点 2.19 千米。长 230 米，宽 110 米，面积 25300 平方米，岸线长 781 米。最高点海拔 38.3 米（29°32′N、121°58′E）。岩石为上侏罗统茶湾组角砾凝灰岩。植被以黑松（2.7 公顷）为主，间有少量草丛，栖有鸟等动物。滩地与道人山相连。以形似馒头得名。又形似饭桶，亦名饭桶山。

猪栏夹礁

位于道人山东南约900米，距大陆最近点3.2千米。面积500平方米，岸线长215米。最高点海拔8.2米（29°32′N、121°59′E）。岩石为上侏罗统茶湾组角砾凝灰岩。礁呈四块排列，形似猪圈栅栏，故名。

猪栏门礁

位于道人山东南侧、猪栏夹礁南侧，距大陆最近点3.1千米。面积2136平方米，岸线长177米。最高点海拔8.2米（29°32′N、121°59′E）。火山凝灰岩构成，滩地与南面的上青礁相连。以猪栏夹得名。

上青礁

位于道人山东南，距大陆最近点3.18千米。长120米，宽50米，面积6000平方米，岸线长338米，滩地面积29946平方米。最高点海拔19.4米（29°32′N、121°59′E）。岩石为上侏罗统茶湾组角砾凝灰岩，长有低矮草丛。位于上首，故名。

下青礁

位于道人山东南1.55千米处，距大陆最近点5.43千米。长160米，宽50米，面积8000平方米，岸线长375米。最高点海拔17.3米（29°32′N、121°59′E）。岩石为上侏罗统茶湾组角砾凝灰岩。植被以白茅草丛为主，栖有海鸟等。岛南有一明礁，低潮时相连，平潮时相距七八米。位于下首，故名。

下青石礁

位于下青礁南侧，距大陆最近点5.4千米。面积1433平方米，岸线长140米。最高点海拔8.4米（29°32′N、121°59′E）。火山角砾凝灰岩构成。2008年9月，以近下青礁得名。

二头白礁

位于下青礁南侧，距大陆最近点3.72千米。长130米，宽30米，面积1343平方米，岸线长136米。最高点海拔9.8米（29°32′N、121°59′E）。岩石为上侏罗统茶湾组角砾凝灰岩。东西拔起，中间凹，故名“二头拔”，后谐音今名。又处上下青礁下首，势如横栏，亦名青礁栏。

二头白小礁

位于二头白礁东侧，距大陆最近点3.5千米。面积973平方米，岸线长119米。最高点海拔8.5米（29°32′N、121°59′E）。角砾凝灰岩组成。以近二头白礁得名。

大象面礁

位于爵溪门头东北，距大陆最近点870米。面积3947平方米，岸线长325米。最高点海拔9.1米（29°31′N、121°57′E）。岩石为上侏罗统茶湾组角砾凝灰岩。长有稀疏草丛。形似象脸（面），较大，故名。

小象面礁

位于大象面礁西南，形狭长。面积2607平方米，岸线长194米。最高点海拔3.7米（29°31′N、121°57′E）。岩石为上侏罗统茶湾组角砾凝灰岩构成。与大象面礁对应，得名。

碗礁

位于乔木湾岛北900米，距大陆最近点1.67千米。面积2100平方米，岸线长235米，滩地面积5023平方米。最高点海拔6.5米（29°31′N、121°58′E）。岩石为上侏罗统茶湾组角砾凝灰岩。

形似覆碗，故名。

蛇礁山屿

位于大象面岛西南侧，距大陆最近点 150 米。长 280 米，宽 60 米，面积 16800 平方米，岸线长 739 米。最高点海拔 20.3 米（29°30′N、121°56′E）。岩石为上侏罗统茶湾组角砾凝灰岩。植被有黑松和白茅草丛，长势茂盛。以体盘曲如蛇形得名。

鼠山屿

位于乔木湾岛与大陆之间，距大陆最近点 300 米。长 200 米，宽 50 米，面积 10000 平方米，岸线长 429 米，滩地面积 222623 平方米。最高点海拔 15.2 米（29°30′N、121°57′E）。岩石为上侏罗统茶湾组角砾凝灰岩。长有黑松和草丛，东南有一片岩滩。原以形得名老鼠山，1985 年 5 月，因重名，更为今名。

乔木湾岛

位于爵溪门头东北侧，距大陆最近点 650 米。长 780 米，宽 240 米，面积 190000 平方米，岸线长 2.56 千米，滩地面积 348448 平方米。最高点海拔 70 米（29°30′N、121°58′E）。岩石为上侏罗统茶湾组角砾凝灰岩。植被以白茅草丛为主，有少量黑松，栖有鸟类等动物，西南为滩涂。建有紫菜育苗场和养殖场。上有一岩洞，顶平，远望如木桥，故名桥木湾，后谐音今名。

大平岗岛

位于爵溪门头北侧，乔木湾与大岩洞之间，距大陆最近点 2 千米，东西狭长。长 2.8 千米，宽 620 米，面积 1.151 平方千米，其中平地面积 47430 平方米，岸线长 8.35 千米。最高点海拔 118.4 米（29°30′N、121°59′E）。火山角砾凝灰岩与钾长花岗岩构成。有水源，灌禾丛生，栖有蛇、鼠、鸟等。岛上建有楼房与小码头，原为上海地质导航站住地。岗峰大而平，故名。

半边山屿

位于乔木湾岛西北，距大陆最近点 370 米。长 180 米，宽 80 米，面积 14400 平方米，岸线长 523 米。最高点海拔 35 米（29°30′N、121°57′E）。岩石为上侏罗统茶湾组角砾凝灰岩。西南为陡峭的海蚀崖，并有干出礁。草丛茂盛，多白茅、芒萁，栖有鸟等。西南壁立如削，故名。

大岩洞岛

位于大平岗东侧，距大陆最近点 4.04 千米。长 750 米，宽 130 米，面积 995000 平方米，岸线长 2.07 千米，滩地面积 5178 平方米。最高点海拔 50.4 米（29°30′N、122°00′E）。岩石为上侏罗统茶湾组角砾凝灰岩。植被以草丛为主。东端有深达百米天然岩洞，岛以洞名。

小鹁鸪屿

位于大平岗西南，与青门山连滩，面积 13045 平方米，海岸线长 427 米。最高点海拔 16.6 米（29°30′N、121°58′E）。基岩为燕山晚期钾长花岗岩。2008 年 9 月，全省无居民海岛名称标准化处理时，从青门山分离。以形得名。

竹屿岛

位于太平岗东南面、大岩洞岛西南方，距大陆最近点 3.44 千米，形狭长。长 770 米，宽 160 米，面积 123000 平方米，岸线长 1.95 千米，滩地面积 171631 平方米。最高点海拔 57 米（29°30′N、121°59′E）。岩石为上侏罗统茶湾组角砾凝灰岩。植被以白茅、芒萁为主，间有低矮黑松。西北有成片野竹，得名竹屿。

马鞍山屿

又名鞍子头。位于大岩洞岛东南230米，距大陆最近点3.44千米。长340米，宽70米，面积23800平方米，岸线长872米。最高点海拔29.6米（29°30′N、122°00′E）。岩石为上侏罗统茶湾组角砾凝灰岩。草丛低矮，有少量灌木。以形得名。

天胆礁

位于大平岗东8千米，东侧与和尚山相邻，距大陆最近点17.48千米，形狭长。长330米，宽40米，面积13200平方米，岸线长796米。最高点海拔14.2米（29°30′N、122°04′E）。岩石为上侏罗统茶湾组角砾凝灰岩。西部长有少许草丛，周围为大目洋渔场，渔汛时渔船在此锚泊。岩石裸露呈水平层状，相传为天打成，故名，后讹为今名。

和尚山礁

位于大平岗正东8千米，西与天胆礁相距约40米，距大陆最近点11.74千米。长170米，宽50米，面积8500平方米，岸线长492米。最高点海拔25.4米（29°30′N、122°04′E）。岩石为上侏罗统茶湾组角砾凝灰岩。草丛低矮，以白茅为主。岛周为大目洋渔场，渔汛期常有渔船锚泊。以形得名，又形似馒头，亦称馒头山。

上四礁

位于大平岗东侧，天胆礁与和尚山以南，距大陆最近点11.78千米。长300米，宽80米，面积25000平方米，岸线长695米。最高点海拔26.5米（29°30′N、122°04′E）。岩石为上侏罗统茶湾组角砾凝灰岩。长有白茅、芒萁和灌木。周围为大目洋渔场，渔汛时渔船锚泊于此。因处泗礁群岛，故讹为今名。

下四礁

位于上四礁南50米，距大陆最近点11.85千米。长320米，宽90米，面积28800平方米，岸线长776米。最高点海拔29.4米（29°30′N、122°04′E）。岩石为上侏罗统茶湾组角砾凝灰岩。长有草丛和灌木，草丛主要有牛奶浆、芒萁、白茅等。东端建有灯桩，周围为大目洋渔场。处上泗礁东南，故名，别称“下代礁”。

乌吱屿

亦名乌贼岛。位于竹屿南650米、大平岗东南1.1千米处，距大陆最近点4千米。长320米，宽110米，面积35200平方米，岸线长976.1米，滩涂面积7690平方米。最高点海拔39.6米（29°29′N、122°00′E）。岩石为上侏罗统茶湾组角砾凝灰岩。植被以草丛为主。处航道附近，船只避而行驶，方言称“吱开”。后谐音今名。又形似乌贼，亦名乌贼岛。

石螺礁

位于爵溪门头北侧，大平岗西南。面积500平方米，岸线长141米，滩涂面积2003平方米。最高点海拔5.3米（29°29′N、121°57′E）。岩石为燕山晚期钾长花岗岩，附近海域为航行危险区。以形得名。

牛轭礁

位于爵溪门头东北侧，距大陆最近点1.8千米。长320米，宽80米，面积24000平方米，岸线长913米，滩涂面积40392平方米。最高点海拔21米（29°29′N、121°58′E）。岩石为燕山晚期钾长花岗岩。草丛低矮，以白茅为主。以形得名。

地保山屿

位于爵溪门头东南、羊头岛北侧，距大陆最近点 1.78 千米。长 150 米，宽 50 米，面积 6300 平方米，岸线长 256 米。最高点海拔 24 米（29°28′N、121°59′E）。岩石为上侏罗统西山头组熔结凝灰岩。植被以草丛为主。相传，羊山（羊背山）与牛礁比大，该岛作中人，判羊大牛小，因称地保山。

地保小礁

位于地保山南侧，距大陆最近点 1.75 千米。面积 1143 平方米，岸线长 136 米。最高点海拔 5 米（29°28′N、121°59′E）。熔结火山凝灰岩构成。2008 年 9 月，无居民海岛标准化处理时，从地保山屿分离，因小，故名。

小地保山屿

位于地保山屿旁，距大陆最近点 1.78 千米。面积 3100 平方米，岸线 256 米。最高点海拔 22 米（29°28′N、121°59′E）。熔结凝灰岩构成，长有禾草。2008 年 9 月，从地保山屿分离，因小，故名。

狮子口礁

位于羊头岛北侧近旁，距大陆最近点 1.36 千米。面积 5128 平方米，岸线长 322 米。最高点海拔 23.9 米（29°28′N、121°59′E）。岩石为上侏罗统西山头组熔结凝灰岩。2008 年 9 月，从羊头岛分离，以形得名。

羊头块礁

位于羊头岛东北 60 米，距大陆最近点 1.35 千米。面积 1745 平方米，岸线长 176 米。最高点海拔 5 米（29°28′N、121°59′E）。火山熔结凝灰岩构成。2008 年 9 月，从羊头岛分离，以羊头得名。

羊背山岛

位于爵溪门头东南，距大陆最近点 1 千米。长 1.49 千米，宽 1.03 千米，面积 425000 平方米，滩涂面积 317283 平方米。最高点海拔 124.8 米（29°28′N、121°58′E）。岩石以燕山晚期钾长花岗岩为主，有小片上侏罗统西山头组熔结凝灰岩。有水井和水泥蓄水池，淡水充足。植被以种植不久的针叶林（40.6 公顷）为主，间有白茅草丛及牛奶浆、山荷叶、葛藤、芒萁等，放有山羊，栖有蛇、鼠、鸟等。西部有采石加工场。以形得名。

羊头石礁

位于羊头岛东北侧，距大陆最近点 1.34 千米。面积 687 平方米，岸线长 104 米。最高点海拔 5 米（29°28′N、121°59′E）。2008 年 9 月，从羊背山岛分离，以近羊头岛得名。

羊头岛

又名羊头山。位于爵溪门头东南、羊背山东侧 60 米，距大陆最近点 1.35 千米。长 540 米，宽 130 米，面积 75000 平方米，岸线长 1.68 千米。最高点海拔 55.1 米（29°28′N、121°59′E）。岩石为上侏罗统西山头组熔结凝灰岩，多裸岩。植被以草丛为主，栖有蛇、鼠、鸟等。以形得名。

羊头小礁

位于羊头岛东南侧，距大陆最近点 1.34 千米。面积 5628 平方米，岸线长 390 米。最高点海拔 20 米（29°28′N、121°59′E）。钾长花岗岩构成。2008 年 9 月，从羊头岛分离，因小，故名。

羊背石礁

位于羊背山南侧，距大陆最近点1千米。面积968平方米，海岸线长115米。最高点海拔4米（29°28′N、121°58′E）。钾长花岗岩构成。2008年9月，从羊背山分离，以羊背山得名。

羊背岩礁

位于羊背山南侧，距大陆最近点800米。面积987平方米，海岸线长117米。最高点海拔5米（29°28′N、121°58′E）。钾长花岗岩构成。2008年9月，从羊背山分离，因小，故名。

大碗盘礁

位于羊背山南150米处，距大陆最近点910米。长50米，宽30米，面积1500平方米，海岸线长153米，滩地面积6528平方米。最高点海拔7米（29°28′N、121°59′E）。岩石为上侏罗统西山头组熔结凝灰岩。其南侧有两个小礁，形似碗盘，较大，故名。又形似牛，别称牛礁。

小碗盘礁

位于羊背山南侧150米处，居大碗盘礁北侧。面积790平方米，海岸线长131米。最高点海拔4.5米（29°28′N、121°59′E）。基岩为熔结凝灰岩。2008年9月，从大碗盘礁分离，因小，故名。

青礁

位于羊背山南侧300米处，距大陆岸线最近点9.3千米，呈东西走向。长250米，宽40米，面积6754平方米，岸线长387米，滩地面积19355平方米。最高点海拔19.3米（29°28′N、121°59′E）。岩石为燕山晚期钾长花岗岩。多裸岩，仅有少许草丛。呈青色故名。

青礁尾礁

位于青礁南侧，距大陆最近点900米。面积1313平方米，岸线长160米。最高点海拔4米（29°28′N、121°59′E）。钾长花岗岩构成。2008年9月，从青礁分离，因处青礁后，形如尾巴故名。

海山屿

位于西沪港南岸，距大陆最近点250米。面积13718平方米，海岸线长476米。最高点海拔21米（29°27′N、121°46′E）。岩石为燕山晚期二长花岗岩。植被有毛竹林1.1公顷，生长茂盛，有耕地0.13公顷，间有小面积果园。有水井及简易码头和海山庵，常有人临时居住。以当地习称得名。

黄礁

位于韭山列岛东北侧，南距下竹山岛约1千米，西北距官船岙岛2.35千米，距大陆最近点20.22千米。长200米，宽80米，面积7036平方米，岸线长409米。最高点海拔11.5米（29°28′N、122°12′E）。岩石为上侏罗统茶湾组角砾凝灰岩。无高等植物。因岩石呈黄色故名。又形似弹涂鱼，亦名弹涂礁。

北黄礁

位于韭山列岛东北黄礁北侧，距大陆最近点20.23千米。面积2130平方米，岸线长187米。最高点海拔14米（29°28′N、121°12′E）。角砾凝灰岩构成。2008年9月，从黄礁分离，处黄礁北，故名。

牛犒山屿

曾名牛轭山。位于韭山列岛北部，介于官船岙岛与下竹山岛之间。长480米，宽120米，面积48833平方米，岸线长2.28千米，滩涂面积6218平方米。最高点海拔39.2米（29°27′N、122°

12′E）。岩石为上侏罗统茶湾组角砾凝灰岩。植被以草丛为主，栖有鸟类动物。以形似牛犊得名。

马卵礁

位于韭山列岛北部，紧邻于中竹山岛西北侧，距大陆最近点 23.1 千米。面积 1069 平方米，岸线长 131 米。最高点海拔 8.1 米（29°27′N、122°13′E）。基岩为上侏罗统茶湾组角砾凝灰岩。以形得名。

中竹山岛

位于韭山列岛北部，距大陆最近点 23.42 千米。长 730 米，宽 270 米，面积 124100 平方米，岸线长 2.02 千米，滩地面积 5499 平方米。最高点海拔 57.1 米（29°27′N、122°13′E）。基岩为上侏罗统茶湾组角砾凝灰岩。植被以灌丛、草丛为主。栖有大量鸟类及小动物。以其处上、下竹山岛之间得名。

下竹山岛

位于韭山列岛北部，东距中竹山岛 230 米，距大陆最近点 27.5 千米。长 750 米，宽 220 米，面积 200000 平方米，岸线长 2.58 千米，滩地面积 1488 平方米。最高点海拔 69.3 米（29°27′N、122°13′E）。基岩为上侏罗统茶湾组角砾凝灰岩。植被以草丛为主，有野生水仙分布，栖有鸟类及小动物。以方位得名。又名里竹山。

上竹山岛

又名外竹山。位于韭山列岛北部，居中竹山东，距大陆最近点 24.6 千米。长 780 米，宽 280 米，面积 220000 平方米，岸线长 3.55 千米。最高点海拔 71.3 米（29°27′N、122°14′E）。基岩为上侏罗统茶湾组角砾凝灰岩。植被以草丛为主。以方位得名。亦名外竹山。

犁头嘴屿

位于韭山列岛北部，紧靠于中竹山东侧，距大陆最近点 24.1 千米。面积 4500 平方米，岸线长 438 米。最高点海拔 8 米（29°25′N、122°11′E）。火山角砾凝灰岩构成。以形得名。

饭礁

位于上竹山东部，南距乱岩头礁 110 米，距大陆最近点 25.6 千米。长 50 米，宽 40 米，面积 2000 平方米，海岸线长 158 米。最高点海拔 12.7 米（29°27′N、122°14′E）。基岩为上侏罗统西山头组熔结凝灰岩。以形得名，因岩石乌黑，又称乌礁。

鲨鱼礁

位于牛犆山西南侧，距大陆最近点 21.5 千米。面积 600 平方米，岸线长 171 米。最高点海拔 6.1 米（29°27′N、122°12′E）。基岩为上侏罗统茶湾组角砾凝灰岩。形似浮于海面的鲨鱼之头，故名。

乱岩头礁

位于韭山列岛东北部，距大陆最近点 26.5 千米。面积 23312 平方米，岸线长 841 米，滩地面积 7470 平方米。最高点海拔 15 米（29°27′N、122°15′E）。基岩为上侏罗统西山头组熔结凝灰岩构成。礁块杂乱，犹如乱石堆成，故名。

乱岩头小礁

位于乱岩头礁西。面积 1280 平方米，海岸线长 171 米。最高点海拔 10 米（29°27′N、122°14′E）。火山熔结凝灰岩构成。2008 年 9 月，从乱岩头分离，得名。

麒麟腰岛

位于韭山列岛东北部，介于乱岩头礁与麒麟头岛之间，距大陆最近点26.6千米。长60米，宽40米，面积2400平方米，岸线长297米。最高点海拔22.4米（29°27′N、122°14′E）。基岩为上侏罗统西山头组熔结凝灰岩。长有草丛及藤本植物。栖有海鸥及蛇、鼠等。岛形狭长，与东侧麒麟头相对，犹如麒麟之腰，故名。

麒麟腰小礁

位于麒麟腰岛西北侧，西端有岩滩与乱岩头礁连接，距大陆最近点26.5千米。面积1582平方米，岸线长242米。最高点海拔13.1米（29°27′N、122°15′E）。火山熔结凝灰岩构成。2008年9月，从麒麟腰岛分离，形小故名。

麒麟头屿

位于韭山列岛东北部，麒麟腰岛东南，南距大青山580米，距大陆最近点26.5千米。长270米，宽90米，面积25100平方米，海岸线长848米。最高点海拔47.4米（29°27′N、122°15′E）。基岩为上侏罗统西山头组熔结凝灰岩，西岸多海蚀洞。植被以草丛为主，栖有海鸥等。岛峰突兀，岩石嶙峋，以形似麒麟头得名。

小青山屿

位于韭山列岛东北部，居大青山西北侧，距大陆最近点25.29千米。长170米，宽100米，面积5697平方米，岸线长385米。最高点海拔29.9米（29°27′N、122°14′E）。基岩为上侏罗统西山头组熔结凝灰岩。岛上茅草稀疏，栖有海鸥等。以大青山得名。

小青山小礁

位于韭山列岛东北，小青山西北侧岸外，距大陆最近点25.2千米。面积3564平方米，岸线长265米。最高点海拔18.1米（29°27′N、122°15′E）。火山熔结凝灰岩构成。2008年9月，从小青山分离，以小得名。

小青山雏礁

位于韭山列岛东北，小青山北侧，距大陆最近点25.1千米。面积618平方米，岸线长121米。最高点海拔11.2米（29°27′N、122°15′E）。岛西南有一礁岩，火山熔结凝灰岩构成。2008年9月，从小青山分离，以小得名。

大青山岛

位于南韭山岛东偏北3.5千米处，距大陆岸线最近点25.7千米。东南—西北走向。长700米，宽300米，面积210000平方米，岸线长2.06千米。最高点海拔93.8米（29°27′N、122°15′E）。火山熔结凝灰岩构成，崖壁陡峭，峰圆耸挺拔。禾草茂盛，以白茅和一些匍地藤本植物为主，有鼠、鸟、蛇等栖息。最高峰北侧建有一灯塔（塔高1.2米、闪4秒8海里）。民国《象山县志》记载：在南韭山偏东，因岛上植物茂盛，四季常青，且岛体较大，故名大青山。

大青山小礁

位于韭山列岛东北侧，大青山南面52米处。面积1500平方米。最高点海拔8米（29°27′N、122°15′E）。火山凝灰岩构成。岩石间长有马蹄螺、紫菜等海生动植物。以小于大青山得名。

纱帽礁

位于麒麟头岛西南侧岸外，距大陆最近点26.6千米。面积1500平方米，岸线长154米。最高点海拔17.7米（29°27′N、122°15′E）。基岩为上侏罗统西山头组熔结凝灰岩。以形得名。

里四块礁

位于韭山列岛北部，官船岙东侧。面积500平方米。由四块底盘相连，高低不等的礁石组成。其中，明礁有三，最高点海拔7.2米（29°27′N、122°11′E）；干出礁有一，干出高度1米，皆由火山凝灰岩构成。礁盘恰处牛犒门、双山门附近，并与其西北之螺礁底盘相连，形势险峻，对航船影响甚大。礁系4块礁石组成，故名。

里四块小礁

位于里四块礁约100米处。面积626平方米，海岸线长107米。最高点海拔5米（29°27′N、122°11′E）。火山熔结凝灰岩构成。2008年9月，从四块礁分离，以小得名。

外四块礁

位于韭山列岛东北部，大青山西侧。面积3000平方米，由四块底盘相连的干出礁组成。最高点海拔3米（29°27′N、122°14′E），火山熔结凝灰岩构成。该礁系四块礁石组成，故名。

草鞋耙礁

位于韭山列岛北侧，双山与下竹山之间。面积7500平方米，最高点海拔3.6米（29°27′N、122°12′E）。礁面平坦，礁盘甚大，火山凝灰岩构成。处牛犒山门航道附近，与其西南之高礁及南面一暗礁相邻，对航运影响甚重。礁以形似打草鞋的工具得名。

高礁

位于韭山列岛东北侧，双山东北1千米处，距大陆岸线最近点21.85千米。长90米，宽60米，面积5400平方米，岸线长230米。最高点海拔10.5米（29°27′N、122°12′E）。火山凝灰岩构成，崖壁陡峭。礁上无植被，有海鸥栖息。礁高峻故名。

寡妇礁

位于韭山列岛北部，介于草鞋耙礁与蚊虫山岛之间，距大陆岸线最近点23.42千米。长80米，宽70米，面积6000平方米，岸线长230米。最高点海拔10.7米（29°27′N、122°13′E）。火山凝灰岩构成，圆形，陡峭。长有少许苔藓，有海鸥栖息。礁有一洞，当海浪冲击时就呜呜作响，声如寡妇哭夫，故名。

里塌礁

位于韭山列岛东北，双山东400米，高礁南700米处，距大陆岸线最近点21.74千米。长120米，宽50米，面积6000平方米。最高点海拔3.2米（29°27′N、122°12′E）。火山凝灰岩构成，礁石平坦光滑，形似箬鳎鱼，故习称鳎礁，后“鳎”讹写为“塌”。处里首，故名。

外塌礁

位于韭山列岛东北，双山东500米处，距大陆岸线最近点21.98千米。长150米，宽40米，面积6000平方米，岸线长250米。最高点海拔5米（29°27′N、122°12′E）。火山凝灰岩构成，礁石平坦光滑，形似箬鳎鱼，“鳎”“塌”同音，处外首，故名。

犁头嘴山屿

位于南韭山岛中部，外拍脚东南侧约400米处。长90米，宽50米，面积5793平方米，岸线长335米。最高点海拔10米（29°27′N、122°13′E）。火山熔结凝灰岩构成。以形得名。

棺材礁

位于韭山列岛中部，犁头嘴礁北面20米处。面积2309平方米，海岸线长195米。最高点海拔10米（29°25′N、122°11′E）。熔结凝灰岩构成。2008年9月，从犁头嘴礁分离。以形得名。

小雨伞礁

位于韭山列岛中部，犁嘴礁南面20米处。面积1752平方米，海岸线长187米。最高点海拔5米（29°25′N、122°11′E）。熔结凝灰岩构成。以形得名。

官船岙岛

位于南韭山岛北2千米处，距大陆岸线最近点19.2千米。东南—西北向。长1.4千米，宽630米，面积882000平方米，岸线长7.28千米。最高点海拔105.1米（29°27′N、122°11′E）。由火山凝灰岩构成。地势平缓，土壤肥沃（多香灰土），植物茂盛，种类繁多，以黑松、白芒、黄杨、茅草及匍地藤本植物为主，并有蛇、鼠、鸟等小动物栖息。春夏之交，常有大雾1月余。渔汛季节常有渔民在此捕捞张网，搭建临时住房，水源丰富。以官船岙海湾得名。

虫山屿

位于南韭山岛东北侧约3千米处，介于外竹山与大青山之间，距大陆岸线最近点24.44千米。长440米，宽100米，面积40000平方米，岸线长950米。最高点海拔34.6米（29°27′N、122°14′E）。火山熔结凝灰岩构成，形狭长。长有黑松和茂密禾草及少许灌木，有海鸥及蛇、鼠栖息。以近蚊虫山岛，又蚊子特多得名。

沙城屿

位于官船岛东南端，距大陆岸线最近点21.5千米。长590米，宽70千米，面积41300平方米。最高点海拔32.7米（29°27′N、122°11′E）。火山凝灰岩构成。土壤肥沃，长有黑松及低矮的禾草，有海鸥栖息。形狭长，海边多泥沙堆积，形如城墙，故名。

双山岛

位于南韭山和官船岙之间，距大陆岸线最近点20.4千米，东南—西北向。长880米，宽180米，面积158400平方米，岸线长1.63千米。最高点海拔58.1米（29°27′N、122°12′E）。由火山熔结凝灰岩构成，崖壁陡峭，中有一山洞。土壤肥沃，长有禾草及少数灌木，并有海鸥栖息。有4峰，远看似两山重叠，故名双山。

大劈开屿

位于南韭山东北侧50米处，距大陆岸线最近点22.68千米，东南—西北向。长300米，宽150米，面积45000平方米，岸线长800米。最高点海拔59.2米（29°26′N、122°13′E）。由熔结凝灰岩构成，崖壁陡峭，地势较陡。长有低矮的白茅、禾草及少数灌木，有海鸥栖息。因与南韭山岛相对一面是悬崖峭壁，犹如一劈为二，间深约65米，故名“大劈开”。

矮旗山屿

位于南韭山岛西侧约200米处，距大陆岸线最近点18.33千米。长320米，宽120米，面积40000平方米，岸线长980米。最高点海拔38.2米（29°25′N、122°10′E）。熔结凝灰岩构成，形椭圆，势平缓。长有禾草及匍地藤本植物，以茅秆、野水仙为多，有海鸥栖息。设有灯桩。相传倭寇曾占此岛，立旗号众，得名倭旗山，“矮”“倭”同音，后改今名。

外脲脚岛

位于南韭山岛中南部约800米处，距大陆岸线最近点20.82千米。长450米，宽110米，面积50000平方千米，岸线1.15千米。最高点海拔47.4米（29°25′N、122°11′E）。火山熔结凝灰岩构成，形圆，地势平缓。盛长茅草等禾草及一些匍地藤本植物，栖有海鸥、蛇、鼠等。岛与其北首一岬角呈八字形，如两脚分开（方言称“脲脚”），故名。

小东岩礁

位于南韭山岛中部北侧 10 余米处，面积 500 平方米，岸线长 300 米。最高点海拔 15.2 米（29°26′N、122°11′E）。火山熔结凝灰岩构成。形象乌鸦，当地叫乌鸦为老鸦，故习称老鸦岩。

十八刀地礁

位于南韭山岛东侧，南距外东嘴灯桩 400 米。面积 6500 平方米，岸线长 180 米。最高点海拔 10 米（29°26′N、122°13′E）。火山熔结凝灰岩构成。传曾有 18 人在此掏地（挖地）开垦，故有“十八掏地”之名，后谐音为今名。

鹅冠头礁

位于南韭山岛中部，小湾（燥谷仓）东北，介于花洞岙与燥谷仓之间，与南韭山岛相距 50 米，底盘与大岛相连，面积 700 平方米。最高点海拔 3.5 米（29°25′N、122°12′E）。火山熔结凝灰岩构成。礁形圆耸，犹如鹅冠，因而得名。

乌贼湾小礁

位于南韭山岛西南岸外。面积 794 平方米，海岸线长 128 米。最高点海拔 6.1 米（29°25′N、122°10′E）。熔结凝灰岩构成。2008 年 9 月，从南韭山岛乌贼山嘴分离，因处乌贼湾，故名。

花洞岙小礁

位于南韭山岛南侧。面积 741 平方米，海岸线长 109 米。最高点海拔 7.9 米（29°25′N、122°11′E）。火山熔结凝灰岩构成。2008 年 9 月，从岬角分离。因处花洞岙海湾，故名。

挡礁

位于南韭山岛中部南侧，外脤脚东南 50 米处，距大陆岸线最近点 21.19 千米。长 70 米，宽 30 千米，面积 2100 平方米，岸线长 208 米。最高点海拔 18.7 米（29°25′N、122°12′E）。火山熔结凝灰岩构成。外脤脚南侧，有礁块五，呈南北一字排列，习称五挡礁。因处五挡礁之首，故名挡礁。

蚊虫山岛

位于南韭山岛南约 300 米处，距大陆岸线最近点 19.2 千米。长 1.13 千米，宽 400 米，面积 442000 平方米，岸线长 3.25 千米。最高点海拔 155.4 米（29°24′N、122°10′E）。熔结凝灰岩构成，略呈木瓢形，势较陡。土壤肥沃，灌禾茂盛，品种繁多，栖有蛇、鼠、海鸥等。东南面和西北面海湾，可靠小型船只登陆，有水源。岛多蚊虫，故名。

杨梅头屿

位于蚊虫山岛东约 300 米处，距大陆岸线最近点 19.69 千米。长 150 米，宽 80 米，面积 12000 平方米，岸线长 400 米。最高点海拔 25.5 米（29°24′N、122°10′E）。火山熔结凝灰岩构成。植被以禾草为主。呈圆形，以形得名。

大马鞍礁

位于韭山列岛西南侧，蚊虫山岛南端约 120 米处，距大陆岸线最近点 19.03 千米。长 70 米，宽 40 千米，面积 2800 平方米，岸线长 180 米。最高点海拔 5.4 米（29°24′N、122°10′E）。火山熔结凝灰岩构成。传一将军战败，在此丢失马鞍、马镫，故名马鞍礁。因礁形甚大，故称大马鞍。

小马鞍礁

位于韭山列岛西南侧，蚊虫山岛南端约 200 米处。面积 500 平方米，岸线长 184 米。最高点海拔 5 米（29°24′N、122°10′E）。火山熔结凝灰岩构成。处大马鞍旁，较小，故名。

马鞍石礁

位于韭山列岛大马鞍礁南侧。面积568平方米，海岸线长106米。最高点海拔5米（29°24′N、122°10′E）。火山熔结凝灰岩构成。2008年9月，从大马鞍礁分离得名。

大马灯屿

位于积谷山西4千米处，距大陆岸线最近点22.5千米。长290米，宽150米，面积43500平方米，岸线长720米。最高点海拔44.7米（29°23′N、122°12′E）。火山凝灰岩组成，呈椭圆形，上有2峰，崖壁较陡峭。植被以灌木、禾草为主，栖有蛇、鼠、海鸥等。民国《象山县志·海防考》载，大马灯原名大马镫，在积谷山西北约3.5里处，后谐音为大马灯。

小马灯屿

位于南韭山岛南部，积谷山之西侧，距大陆岸线最近点22千米。长230米，宽120米，面积27600平方米，岸线长650米。最高点海拔37.6米（29°23′N、122°11′E）。火山凝灰岩构成，形椭圆，地势平缓。灌木、禾草丛生，主要有木槿、野茶花、白茅等，有大量海鸥及蛇、鼠等栖息。民国《象山县志·海防考》载，小马灯原名小马镫，积谷山西北约3里。后谐音今名。

中马灯屿

位于大马灯西300米，介于小马灯与大马灯之间，距大陆岸线最近点21.57千米，东西走向。长330米，宽120米，面积39600平方米，岸线长750米。最高点海拔26米（29°23′N、122°11′E）。火山凝灰岩构成，形狭长。茅草、芒秆、野麻等生长茂盛，栖有蛇、鼠、海鸥等。处大小马灯之间，故名。

道士帻礁

位于韭山列岛南部，介于南韭山岛与积谷山之间。长700米，宽40米，面积2800平方米，岸线长150米。最高点海拔5.9米（29°23′N、122°12′E）。火山熔结凝灰岩构成。礁岩陡耸乌黑，形如道士头巾，故名道士帻。

道士印礁

位于韭山列岛南部，介于南韭山岛与积谷山之间，距道士帻北约20米处。长70米，宽40米，面积2500平方米，岸线长120米。最高点海拔4米（29°23′N、122°12′E）。火山熔结凝灰岩构成，礁石与道士帻相邻。礁块较小，形如印子，故名道士印。

铁墩屿

位于积谷山西北约600米处，距大陆岸线最近点23.35千米。长250米，宽70米，面积17500平方米，岸线长670米。最高点海拔25.7米（29°23′N、122°12′E）。熔结凝灰岩构成，地势平缓，岩石圆滑。顶部长茅草，栖有海鸥等。因其形如打铁墩，故名。

铁墩北翼礁

位于铁墩屿北侧岸外。面积7897平方米，海岸线长452米。最高点海拔22.9米（29°23′N、122°12′E）。火山熔结凝灰岩构成。2008年9月，从铁墩屿分离，以处北侧得名。

铁墩西翼礁

位于铁墩屿西侧岸外。面积2995平方米，海岸线长233米，滩地面积1634平方米。最高点海拔12.4米（29°22′N、122°12′E）。火山熔结凝灰岩构成。2008年9月，从铁墩屿分离，以处西侧得名。

上积谷山岛

位于南韭山岛主峰瞭半天东南约6.3千米，距大陆岸线最近点25千米。略呈圆锥形。长900米，宽380米，面积340000平方米，岸线长2.95千米。最高点海拔165米（29°22′N、122°13′E）。火山熔结凝灰岩构成，岸壁陡峭。西南较平缓，建有水泥码头，可供小型船只停靠。有天然岩洞2个，其中一个深122米，宽8米，小船可直接驶入。土壤肥沃，禾草、灌木（茅草、芒秆、黄杨等）茂盛，并有少数小竹，栖有蛇、鼠、海鸥、山雀等。曾设防，建有盘山公路和坑道等。水源丰富，大旱不涸。兀峙海上，圆峻挺拔，形如高廪，故名积谷山。2008年9月，全省标准化处理时因与温州积谷山重名，更为上积谷山岛。

积谷小礁

位于上积谷山岛北侧岸外，距大陆最近点25.1千米。面积1127平方米，海岸线长140米。最高点海拔10米（29°22′N、122°13′E）。火山熔结凝灰岩构成。2008年9月，从上积谷山岛分离得名。

积谷岩礁

位于积谷山西北侧岸外，距大陆最近点25.15千米。面积640平方米，海岸线长103米。最高点海拔6.1米（29°22′N、122°13′E）。火山熔结凝灰岩构成。2008年9月，从上积谷山岛分离得名。

北耳朵礁

位于积谷山北面50米处，距大陆岸线最近点24.7千米。长120米，宽70米，面积9400平方米。最高点海拔18.3米（29°22′N、122°13′E）。熔结凝灰岩构成，崖壁陡峭，岩石光滑。顶端长零星禾草，栖有海鸥。位于积谷山北，形似耳朵，故名。

南耳朵屿

位于积谷山南约50米处，距大陆岸线最近点25.05千米。长150米，宽80米，面积12000平方米。最高点海拔33.3米（29°22′N、122°13′E）。熔结凝灰岩组成，基部与积谷山相连，平潮可通舢板。长有禾草及少量灌木，栖有海鸥等。位于上积谷山南，形如耳朵，故名。

马补山屿

位于上积谷山西约3千米处，距大陆岸线最近点21.5千米。长190米，宽120米，面积22800平方米，岸线长520米。最高点海拔40.8米（29°22′N、122°11′E）。火山凝灰岩构成，略呈椭圆形。崖壁较陡，仅北面稍平缓，船可停泊。地势平缓，土壤肥沃，植被有灌木鹊梅、木槿、野茶花等，间有禾草、野麻，栖有大量海鸥。民国《象山县志·海防考》载：马补山旧称马桶山，在积谷山西4里半，因形似马桶，故名。后雅称马补山。

将军帽屿

位于上积谷山东约400米处，距大陆岸线最近点25.06千米。长150米，宽130米，面积15500平方米，岸线长450米。最高点海拔41.6米（29°22′N、122°13′E）。上侏罗统西山头组熔结凝灰岩构成，呈圆形，多裂痕，岸石光滑呈黄色，山腰峻峭，不可攀登。长有禾草（主要茅草）及少数灌木，有海鸥等栖息。形圆耸，像古时将军之铜盔，故名。又岩石呈铜黄色，别称铜山。

小铜山礁

位于韭山列岛东南，积谷山东北端，与积谷山相距30米，基部相连。面积2500平方米，岸线长205米。最高点海拔19.3米（29°22′N、122°13′E）。火山熔结凝灰岩构成，礁石嶙峋，旁有一小礁低潮时相连。长有禾草，由铜山得名。

燕礁

位于羊背山南约850米处，距大陆最近点750米。长180米，宽55米，面积10000平方米，海岸线长471米，滩地面积13559平方米。最高点海拔15米（29°27′N、121°59′E）。岩石为燕山晚期钾长花岗岩。顶部有少量草丛。设有灯桩。形似燕巢，故名。

牛桩礁

位于燕礁北侧，距大陆最近点810米。面积1527平方米，岸线长174米。最高点海拔4米（29°27′N、121°59′E）。钾长花岗岩构成。处牛礁旁，形似牛桩，故名。

里奶城屿

位于爵溪街道东南，离岸约150米。长200米，宽75米，面积5831平方米，岸线长393米。最高点海拔14.7米（29°27′N、121°58′E）。岩石为燕山晚期钾长花岗岩。草丛稀疏。与南面一岛相对应，故名里乃沉，后谐音今名。

中奶城屿

位于爵溪街道东南，羊背山南面，距大陆岸线最近点30米。长110米，宽50米，面积6000平方米，岸线长290米。最高点海拔15.5米（29°27′N、121°58′E）。禾草稀疏，以茅草为主，栖有蛇、鼠、鸟等。钾长花岗岩构成。低潮时，岛与大陆连成一片。因岛介与里、外奶城之间，故名。

外奶城屿

位于爵溪街道东南，羊背山南面，燕礁西南侧，与大陆仅隔几米，低潮时连成一片。长180米，宽100米，面积18000平方米。最高点海拔17.1米（29°27′N、121°59′E）。钾长花岗岩构成，形长，势平缓，有3峰。长有稀疏低矮黑松，禾草茂盛，多为茅草，栖有蛇、鼠、鸟等。岛与大陆低潮时相连，仅高潮时隔开，犹如大陆下沉之块段，且与北面一岛相对应，故名外乃沉，后谐音为外奶城屿。

螺礁

位于爵溪街道门头北面、大平岗西南侧。长25米，宽20米，面积1419平方米。最高点海拔7米（29°29′N、121°57′E）。花岗岩构成，形圆，顶平缓。礁形似螺，得名。

平岩礁

位于白沙湾南岸东端约200米处，距大陆最近点200米。长60米，宽30米，面积1800平方米，岸线长902米。最高点海拔3.3米（29°26′N、121°58′E）。火山岩凝灰构成，呈长条形。礁块平坦而名。

大螺池礁

位于爵溪街道东南长嘴头北侧。面积2384平方米，岸线长264米。最高点海拔5米（29°27′N、121°58′E）。火山熔结凝灰岩构成。长有茅草、芒萁、金刚刺等草木，栖有蛇、鼠、鸟等。2008年9月，从岬角分离，以处大螺池海湾得名。

大螺塘礁

位于爵溪街道东南，猪栏夹礁西侧。面积5253平方米，海岸线长278米。最高点海拔5米（29°27′N、121°59′E）。燕山晚期钾长花岗岩构成。2008年9月，从岬角分离，以处大螺池海湾得名。

蜻蜓尾巴屿

位于白沙湾沙滩西南、东沙澳沙头东北，紧靠大陆海岸。呈南北走向，面积 11947 平方米，海岸线长 557 米。最高点海拔 13.5 米（29°26′N、121°58′E）。基岩为燕山晚期钾长花岗岩。2008 年 9 月，从岬角分离，以形得名。

里平岩礁

位于松兰山蜻蜓尾巴屿东面。面积 689 平方米，海岸线长 118 米。最高点海拔 5 米（29°26′N、121°58′E）。火山凝灰岩构成。因处平岩礁里侧，故名。

小平岩礁

位于白沙湾口南缘，距大陆海岸约 20 米。面积 1734 平方米，岸线长 171 米。最高点海拔 4 米（29°26′N、121°58′E）。基岩为燕山晚期钾长花岗岩。以形得名。

大漠山岛

位于松兰山度假区南，牛鼻山水道西侧，距大陆岸线最近点 2.69 千米，呈东西向。长 1.65 千米，宽 630 米，面积 1.035 平方千米，岸线长 4.95 千米。最高点海拔 150 米（29°24′N、122°00′E）。火山凝灰岩构成，基岩裸露，地势陡峭，顶平缓。水源充足，土壤肥沃，植物茂盛，有黑松、黄杨、乌饭树、野苎麻、芒萁、芒秆、茅草等草木。栖有蛇、鼠、鸟等，植茶 70 余亩放有山羊。民国《象山县志》云：此岛西名“熊岛”，又称“大睦”“大目”。渔民在海上捕鱼，以此山作为导航目标，故又名大目山。

大漠卵子屿

位于松兰山度假区南，大漠山东侧，距大陆岸线最近点 4.6 千米，略呈圆形。长 200 米，宽 100 米，面积 20000 平方米。最高点海拔 12.6 米（29°24′N、122°01′E）。火山凝灰岩构成，基岩多裸露。顶部长有稀疏禾草，有海鸥栖息。以附大漠山得名。

大漠尾屿

位于大漠山东，距大陆岸线最近点 4.3 千米。长 200 米，宽 120 米，面积 24000 平方米。最高点海拔 41.7 米（29°24′N、122°00′E）。火山凝灰岩构成，地势险峻。长有零星灌木、禾草，以茅草、芒秆、杜鹃、栀子为多，栖有蛇、鼠、鸟。处大漠山东侧，故名大漠尾。又因岛峰陡尖，别称尖礁。

大漠榴子屿

位于大漠山正东，距大陆岸线最近点 4.31 千米。长 180 米，宽 160 米，面积 28800 平方米。最高点海拔 60 米（29°24′N、122°00′E）。火山凝灰岩构成，地势起伏平缓。长有禾草及灌木，栖有蛇、鼠、鸟等。处大漠山东北，形似石榴，故名大漠榴子。

小漠山屿

位于大漠山与大羊屿之间，距大陆岸线最近点 1.74 千米。长 200 米，宽 70 米，面积 14000 平方米，岸线长 450 米。最高点海拔 31.8 米（29°24′N、121°59′E）。火山熔结凝灰岩构成，岩石嶙峋。土壤贫瘠，长有禾草，栖有鼠、蛇及海鸥。设有灯桩，为重要导航标志之一。由大漠山得名。

大漠岩礁

位于大漠山岛北侧。面积 668 平方米，岸线长 109 米。最高点海拔 3 米（29°24′N、122°00′E）。火山凝灰岩构成。2008 年 9 月，从大漠山岛分离得名。

大漠石礁

位于大漠山岛北侧。面积506平方米，岸线长133米。最高点海拔4米（29°27′N、122°00′E）。火山凝灰岩构成。2008年9月，从大漠山岛分离得名。

大漠块礁

位于大漠山岛北侧。面积516平方米，岸线长112米。最高点海拔4米（29°27′N、122°00′E）。火山凝灰岩构成。2008年9月，从大漠山岛分离得名。

大漠尾岩礁

位于大漠山岛与大漠尾屿之间。面积850平方米，岸线长139米。最高点海拔5米（29°24′N、122°00′E）。火山凝灰岩构成。2008年9月，从大漠尾屿分离得名。

大漠尾石礁

位于大漠山岛与大漠尾屿之间，面积719平方米，岸线长118米。最高点海拔4米（29°24′N、122°00′E）火山凝灰岩构成。2008年9月，从大漠尾屿分离得名。

大漠尾块礁

位于大漠山岛东侧。面积516平方米，岸线长135米。最高点海拔3米（29°24′N、122°00′E）。火山凝灰岩构成。2008年9月，从大漠尾屿分离得名。

中嘴屿

位于大漠山正南，距大陆岸线最近点4.25千米。长230米，宽210米，面积48000平方米。最高点海拔60米（29°24′N、122°00′E）。火山凝灰岩构成。长有禾草及少许灌木，栖有蛇、鼠、鸟等。处大漠山南面中间，故名。

中嘴小礁

位于大漠山岛南侧。面积1506平方米，岸线长165米。最高点海拔3米（29°24′N、122°00′E）。火山凝灰岩构成。2008年9月，从大漠山岛分离，近邻中嘴，因小得名。

中嘴岩礁

位于大漠山岛南侧。面积961平方米，岸线长143米。最高点海拔3米（29°24′N、122°00′E）。火山凝灰岩构成。2008年9月，从大漠山岛分离，因紧邻中嘴，故名。

白马礁

位于大漠山岛南侧。面积1506平方米，岸线长164米。最高点海拔5米（29°24′N、121°59′E）。火山凝灰岩构成。2008年9月，从大漠山岛分离，以形似马，又色白得名。

小羊屿

位于松兰山龙洞岗南侧，大羊屿南面，距大陆岸线最近点1.3千米。长180米，宽50米，面积9300平方米，岸线长430米。最高点海拔25.5米（29°24′N、121°58′E）。火山熔结凝灰岩构成。长有茅草、芒萁、金刚刺、杜鹃、栲树、黄檀树、松树等，栖有蛇、鼠、鸟。因北侧有大羊屿，故名小羊屿。

西小羊屿

位于松兰山龙洞岗南侧，小羊屿西北面，距大陆岸线最近点1.3千米。面积5400平方米，岸线长44米。最高点海拔24.5米（29°24′N、121°58′E）。火山凝灰岩构成，地势较陡。长有茅草、芒萁、金刚刺、杜鹃、栲树、黄檀树、松树等，栖有蛇、鼠、鸟。处小羊屿西北，故名。

大羊屿

位于松兰山龙洞岗南侧，距大陆岸线最近点200米。长1.14千米，宽240米，面积273600平方米，岸线长3.15千米。最高点海拔66.9米（29°24′N、121°58′E）。火山凝灰岩构成。原为海岛狩猎场，有房数栋，放有野猪、野鸡、野兔等动物，现为野生动物驯养。形似羊，较大，故名大羊屿。

狗屎山礁

位于下大门山东150米处，距大陆岸线最近点170米。长60米，宽50米，面积3000平方米，岸线长15千米。最高点海拔8.8米（29°23′N、121°55′E）。基岩为上侏罗统九里坪组流纹（斑）岩。地势平缓，土壤较肥沃，长有芒秆、杜鹃、栀子等，栖有蛇、鼠、鸟类。传有一条龙想住此岛，化成人形问当地百姓，被人识破，为不让龙居住，故意说“狗屎山”，龙一听狗屎山，立即飞去。由此得名。

猪心头礁

位于炮台山东，猪心头山东侧，距大陆约2米。落潮时与大陆连成一片，面积1500平方米。最高点海拔6米（29°22′N、121°56′E）。火山凝灰岩构成。礁处猪心头嘴外侧，故名。

死人山屿

位于蟹钳港航道边，距大陆岸线最近点310米，形狭长。长500米，宽80米，面积40000平方米，岸线长1.18千米。最高点海拔30.8米（29°21′N、121°47′E）。岩石为上侏罗统茶湾组凝灰质砂岩构成，地势南部较高，岸壁陡峭。土壤肥沃，长有黑松、杜鹃、栀子、葛藤、小竹等，栖有蛇、鼠、鸟等。已被开垦，种植地瓜、土豆、南瓜、橘树等。以形得名。

大门山屿

位于白礁水道马岙门北段中间，距大陆岸线最近点185米，略呈方形。长300米，宽150米，面积46000平方米，岸线长950米。最高点海拔47.2米（29°18′N、121°47′E）。火山凝灰岩构成。地势平缓，长有松、竹、杜鹃、栀子、禾草，栖有蛇、鼠、鸟等。北设灯桩。南有面积300000平方米的涂滩已被围垦。因处马岙门水道北首中间，面积较大，故名大门山。

笔杆山屿

位于崇攙岛东北侧400米处，距大陆岸线最近点110米。长200米，宽40米，面积8000平方米。岸线长420米。最高点海拔16.5米（29°18′N、121°48′E）。火山凝灰岩构成。禾草茂盛，并有少量黑松、杜鹃、栀子等，栖有蛇、鼠、鸟。形细长，状如笔杆，故名笔杆山。又因横向拦于航道中间，亦名横向。

小猫山屿

位于白礁水道马岙门东边，崇攙岛西北180米处，距大陆最近点960米。长230米，宽60米，面积13800平方米。最高点海拔28.4米（29°18′N、121°47′E）。火山凝灰岩构成，岗峦起伏，岸壁较陡。土壤肥沃，长有黑松、小竹、栀子及禾草，栖有蛇、鼠、鸟等。状如小猫伏在海面，故名小猫山。

玉印礁

位于崇门头水道内，崇攙岛东侧约100米处，距大陆岸线最近点220米。长150米，宽50米，面积7500平方米，岸线长430米。最高点海拔25米（29°17′N、121°47′E）。火山凝灰岩构成。地势平缓，土壤肥沃，禾草茂盛，以白茅为多，栖有蛙、蜥、蛇、鼠及鸟类。因与笔杆山相对应，当地有“金相玉印”之称，故名玉印礁。

癞头礁

位于白礁水道里侧关头埠湾口，距大陆岸线最近点350米。长100米，宽50米，面积5000平方米。最高点海拔7.1米（29°19′N、121°49′E）。火山凝灰岩构成，礁周皆泥滩，上无禾草，故名。

园水礁

位于白礁水道里侧关头埠内，距大陆岸线最近点50米。长170米，宽50米，面积8500平方米。最高点海拔3.5米（29°19′N、121°50′E）。火山凝灰岩构成，岩石嶙峋，礁周皆泥涂。因礁高搁泥滩上，平潮时潮水不及，故习称远水礁。方言“远”“悬”“园”同音，故谐音园水礁，别称悬水礁。

枫世礁

位于白礁水道里侧，距大陆岸线最近点200米。长100米，宽50米，面积5000平方米，岸线230米。最高点海拔7米（29°19′N、121°48′E）。火山凝灰岩构成，形圆。地势平缓，泥土稀薄，基岩多裸露，顶部长有少许禾草。处关头埠与东溪港之间，原名分水礁，因重名后谐音为今名。

分水礁

位于白礁水道里侧磨石山岛与无名山头之间，距大陆岸线最近点200米。长60米，宽40米，面积2400平方米。最高点海拔4米（29°18′N、121°48′E）。火山凝灰岩构成。因礁处水道中央，涨落潮时分成两股水流，故名。

圆礁

位于白礁水道内，介于崇攙岛与玉印礁之间。长30米，宽25米，面积750平方米。地理坐标：29°17′N、121°47′E。火山凝灰岩构成。形圆顶平，低潮时与崇攙岛连成一片。以形得名。

背礁

位于狮子山橘场西约400米处，距大陆岸线最近点50米。长60米，宽50米，面积3000平方米。最高点海拔4.6米（29°17′N、121°48′E）。火山凝灰岩构成。形圆，地势平缓，形似人背，故名。

颈头山礁

位于白礁水道西侧，黄吉岙南侧滩涂上。面积3185平方米，岸线长229米。最高点海拔9.8米（29°18′N、121°49′E）。火山熔结凝灰岩组成。以形得名。

小水屿

位于白礁水道内，水屿东北50米处，距大陆岸线最近点400米。长70米，宽50米，面积3500平方米。最高点海拔8.4米（29°14′N、121°47′E）。火山熔结凝灰岩构成，地势平缓，底盘与水屿相连。基岩多裸露，岩石嶙峋。顶部长有少许禾草。1985年1月，以水屿得名。

外老鼠山礁

位于中界山东侧约300米处，距大陆最近点1.86千米。长180米，宽50米，面积9000平方米，岸线长420米。最高点海拔25米（29°10′N、121°54′E）。由火山岩组成。从东南方向看，岛形如老鼠，故名。

下道娘礁

位于旦门山岛东北1000米处，距大陆岸线最近点3.95千米，形圆，顶平缓。长100米，宽

70米，面积7000平方米，岸线长290米。最高点海拔11.8米（29°21′N、121°59′E）。上侏罗统茶湾组凝灰岩构成，基石多裸露。土壤贫瘠，植物稀少，顶部长有禾草，有海鸥群栖。相传，一仙人肩挑二山经此，被一孕妇说破，弃山而去，遂成二岛，名“道娘山”。因该岛据下（西）方，故名下道娘。又因形圆如锅，故别称下锅岛。

上道娘礁

位于旦门山岛东北，距大陆岸线最近点3.96千米。长60米，宽40米，面积2400平方米，岸线长190米。最高点海拔7.9米（29°21′N、121°59′E）。火山凝灰岩构成，上无土壤。地势平缓，犹如锅底朝天，亦称上锅岛。

练杵山屿

位于旦门山与外旦门山之间，距大陆岸线最近点3.9千米。长320米，宽80米，面积25000平方米，岸线长800米。最高点海拔24.3米（29°20′N、121°59′E）。火山凝灰岩构成。长有禾草及少许灌木，以茅草为主，有蛇、鼠、鸟等栖息。设灯桩（闪红），为牛鼻山水道内航道主要导航山之一。形似捶衣之木槌（俗名练杵），故名练杵山。

藕岙山屿

位于旦门山正西600米处，距大陆岸线最近点520米。长230米，宽80米，面积18400平方米，岸线长0.63千米。最高点海拔32.5米（29°20′N、121°57′E）。基岩由下白垩统潮川组流纹岩构成。中部坡较陡，顶平坦，土壤贫瘠，长茅草、芒秆、葛藤、金刚刺，栖有蛇、鼠、鸟等。炮台山东侧有牛角山，处牛角山之侧，形似牛轭，故名牛轭山，后谐音为今名。

田螺头礁

位于旦门山岛东4.2千米处，距大陆岸线最近点7.2千米。长200米，宽60米，面积13000平方米，岸线长480米。最高点海拔19.6米（29°21′N、121°01′E）。火山凝灰岩构成。禾草遍地，有海鸟栖息。处航行要道，设灯桩。形似仰天田螺，故名田螺头。

大猫礁

位于布袋山东北1.2千米，距大陆岸线最近点6千米。长350米，宽120米，面积42000平方米，岸线长1.05千米。最高点海拔27.2米（29°21′N、122°00′E）。火山凝灰岩构成。禾草茂盛，放有山羊。以形得名。

田白礁

位于旦门山东3.6千米处，距大陆岸线最近点6千米。长220米，宽90米，面积19800平方米，岸线长480米。最高点海拔20.1米（29°21′N、122°01′E）。火山凝灰岩构成。与田螺栏之间夹一水道，可通数十吨船只。长有禾草，有栖海鸟，岩石布满白色鸟粪，故名白礁。因重名，近田螺头，1985年1月更今名。

布袋山岛

别称大目、外旦门山。位于旦门山东1.5千米处，距大陆岸线最近点4.3千米。长1.2千米，宽300米，面积350000平方米，岸线长3.76千米。有二峰，最高峰海拔95米（29°20′N、122°00′E）。火山熔结凝灰岩构成。有少量水源，禾草茂盛。时有居民在此搭篷放羊、张网。因岛西边有二山嘴张开，中夹泥涂，形似布袋，故名布袋山。因处旦门山之东侧，亦称外旦门山。民国《象山县志》：名外檐山，异名外旦门。

里船相岛

位于旦门山东3千米处，距大陆岸线最近点5.6千米。长380米，宽250米，面积95000平方米，岸线长1.35千米。最高点海拔54.6米（29°20′N、122°00′E）。火山熔结凝灰岩构成。与东侧外船相岛仅隔一条裂缝，宽不到2米，可过舢板。禾草茂盛，栖有海鸟，放有山羊。处外船相屿西，得名。

外船相屿

位于旦门山东3.3千米处，距大陆岸线最近点5.9千米。长290米，宽140米，面积40000平方米，岸线长0.78千米。最高点海拔32.9米（29°20′N、122°00′E）。火山熔结凝灰岩构成。植被茂盛，以禾草为主，有海鸟栖息，放有山羊。因岛东面岩石形似船相，故名船相岛。处里船相东，得名。

田螺礁

位于旦门山东4.1千米处，距大陆岸线最近点7千米。长200米，宽10米，面积2000平方米。最高点海拔4.9米（29°21′N、122°01′E）。火山熔结凝灰岩构成，海鸟群栖。与田螺头岛中间断开，大潮时干出2米多。礁形狭长如栏杆，又因靠拢田螺头，故名田螺栏。1985年1月，定名田螺礁。

锅肚山屿

位于横长山西1.1千米处，距大陆岸线最近点1.43千米。长120米，宽80米，面积9600平方米，岸线长300米。最高点海拔24.6米（29°17′N、121°58′E）。火山流纹斑岩构成。土壤肥沃，长有黑松、芒秆、栀子、杜鹃等，栖有蛇、鼠、鸟。以形得名。

横长山屿

位于昌国盐场东北，大陆黄泥山北750米处，距大陆岸线最近点240米。长900米，宽240米，面积21700平方米，岸线长2.45千米。最高点海拔97.4米（29°17′N、121°59′E）。火山流纹斑岩构成，形圆耸，多裸露基岩。长有黑松、栲桐、茅草、芒萁、葛藤、栀子、杜鹃等，栖有蛇、鼠、穿山甲和鸟类。原名麻雀山，因麻雀多而得名。后因象山方言音讹传为横长山。

麻雀嘴尖礁

位于横长山东100米处。长100米，宽50米，面积5000平方米。最高点海拔12.7米（29°17′N、121°59′E）。火山熔结流纹斑岩构成，岩石嶙峋，礁盘较大。岩石间长有贻贝等。昔，横长山岛因麻雀甚多，得名为麻雀山。礁处麻雀山东边，犹如麻雀嘴尖，故名。

小和尚头礁

位于横长山东偏南100米处。长80米，宽50米，面积4000平方米。最高点海拔5米（29°17′N、121°59′E）。火山熔结凝灰岩构成。顶圆光滑，形似小和尚头，故名。

锁心礁

位于横长山南锁门水道中间。长100米，宽70米，面积7000平方米。最高点海拔6.3米（29°17′N、121°58′E）。火山熔结凝灰岩构成，礁盘较大，岩石嶙峋，影响航行。处锁门水道中央，故名锁心礁。

屏风山岛

位于横长山东1.2千米，距大陆最近点1.48千米。长1.1千米，宽200米，面积220000平方米，海岸线长3.07千米。滩地面积96000平方米。最高点海拔90米（29°17′N、122°00′E）。基岩由下白垩统朝川组紫红色含角砾凝灰岩等构成，西南为悬崖峭壁。有水源，植被以草丛为主，间有小面积黑松林（2.3 公顷）。形如屏风，得名。

稻桶石礁

位于半边山嘴北侧。面积 1069 平方米，海岸线长 181 米。最高点海拔 4 米（29°16′N、121°59′E）。火山熔结凝灰岩构成。原以形得名稻桶礁，因重名，更为今名。

踏道下礁

位于原半边山村南侧 200 米处。面积 500 平方米，岸线长 114 米。最高点海拔 1.5 米（29°16′N、121°59′E）。火山熔结凝灰岩构成。礁盘甚大，低潮与陆相连。处陆岸边，形似踏道，故名。

大块礁

位于原半边山村东南侧。长 100 米，宽 60 米，面积 1143 平方米。海岸线长 140 米。最高点海拔 18.4 米（29°16′N、121°59′E）。火山熔结凝灰岩构成。礁块甚大，分别与东西两边稻桶石、背箕礁底盘相连，故名大礁。因重名，1985 年 1 月更为今名。

高背礁

位于柴呑村正东 500 米，距大陆岸线最近点 50 米。长 60 米，宽 30 米，面积 1800 平方米。最高点海拔 22 米（29°16′N、121°58′E）。火山熔结凝灰岩构成。岸岩上长有紫菜、贻贝等。礁圆而高，形似拱起之背，故名高背礁。

太婆礁

七姐妹群礁之一，位于石浦镇昌国东北。面积 1083 平方米，海岸线长 157 米。最高点海拔 5 米（29°16′N、121°59′E）。上侏罗统西山头组熔结凝灰岩构成。以形得名。

大长礁

位于石浦镇昌国崩头山东，距大陆岸线最近点 50 米。长 150 米，宽 50 米，面积 7500 平方米。最高点海拔 14.5 米（29°15′N、121°58′E）。火山熔结凝灰岩构成，基部低潮时和大陆相连。原以形得名长礁，因重名，1985 年 1 月更为今名。

长山嘴岛

位于蛤蟆礁东南。面积 1841 平方米，海岸线长 175 米。最高点海拔 15 米（29°15′N、121°59′E）。火山熔结凝灰岩构成。长有苦楝、橘树、杜鹃、茅草等。2008 年 9 月，从长山嘴分离得名。

中蛤蟆礁

位于蛟龙村东南，长山嘴北，距大陆岸线最近点 50 米。长 100 米，宽 50 米，面积 5000 平方米，岸线长 250 米。最高点海拔 24.5 米（29°15′N、121°59′E）。火山熔结凝灰岩构成，形圆，多裸露岩石，坡平缓。顶部长有禾草、灌木和少数黑松，栖有蛇、鼠、鸟。形似蛤蟆，且处长山嘴中间，故名。

扁箕礁

位于柴呑村东北侧。面积 2000 平方米，岸线长 147 米。最高点海拔 1.5 米（29°16′N、121°59′E）。火山熔结凝灰岩构成，与西侧大块礁底盘相连。形如竹制扁箕，故名。

中雨伞礁

位于昌国长山嘴东北。长 60 米，宽 40 米，面积 2176 平方米，海岸线长 181 米。最高点海拔 13.9 米（29°16′N、121°59′E）。基岩由上侏罗统西山头山组熔结凝灰岩构成，势险峻，难攀登。长有少许苔藓。原以形得名雨伞礁，因重名，2008 年 9 月更为今名。

四礁

位于昌国柴岙村，圆山嘴东500米处，东西向排列。面积2745平方米，岸线长202米。最高点海拔4米（29°15′N、121°58′E）。火山熔结凝灰岩构成。由4块礁石组成，故名。民国《象山县志》记为“痣礁”。

半洋礁

位于牛鼻山水道南端，距大陆最近点14千米，呈东南—西北向。长50米，宽20米，面积1000平方米。最高点海拔4米（29°16′N、122°08′E）。火山熔结凝灰岩构成。处航道南端，遇大雾天，船只常会触礁。礁处大目洋中间，故名半洋。又因半潮时干出，故又称半潮礁。外地渔民因其礁块如破缸灶，故又称破缸灶。

一岳山岛

别名北鹤山。位于三岳列岛北侧，屏风山东南1.7千米处，距大陆岸线最近点3千米，西南—东北走向。长810米，宽140米，面积120000平方米，滩地面积200000平方米，岸线长2.45千米。最高点海拔40.8米（29°17′N、122°01′E）。火山凝灰岩构成。中间有一裂谷，将岛一割成二，大潮过水。土壤肥沃，长有黑松、大叶黄杨、葛藤、芒秆、茅草等，栖有蛇、鼠和鸟类。民国《象山县志》卷二载，“三岛并峙，曰三萼山，山有三峰，春时百花竞发”“称三仙岛”。方言“萼”与“鹤”“岳”同音。称“北鹤”“中鹤”“南鹤”，后简为“一岳”“二岳”“三岳”。岛居北，故名一岳山，别名北鹤山。

二岳山岛

位于一岳山与三岳山之间，距大陆岸线最近点3.61千米。长500米，宽130米，面积65000平方米，滩地面积42000平方米，岸线长1.55千米。最高点海拔45.2米（29°17′N、122°02′E）。火山熔结凝灰岩构成。东高西低，地势平缓。土壤肥沃，植物茂盛，有黑松、大叶黄杨、羊奶浆、红桶盘与栀子、芒秆、茅草、葛藤、野葡萄、芒萁等，栖有蛇、鼠、鸟等动物。处三岳之中得名。别称中鹤山。

三岳山岛

位于二岳山之南，距大陆岸线最近点3.76千米。长570米，宽170米，面积100000平方米，滩地面积30000平方千米，岸线长1.55千米。最高点海拔69.3米（29°16′N、122°02′E）。火山熔结凝灰岩构成，东西低，南陡北缓，顶平坦。土壤肥沃，长有黑松、葛藤、杜鹃、栀子、茅草、芒秆、狼萁等，栖有蛇、鼠、鸟类。设有航空标志。处三岳山之南，故名。别称南鹤山。

门头礁

位于一岳山南200米，距大陆最近点3.3千米。长120米，宽100米，面积12000平方米。最高点海拔3.8米（29°17′N、122°01′E）。火山熔结凝灰岩构成。礁盘较大，岩石嶙峋，影响航行。处一岳山与二岳山所夹航门口，故名。

鸡冠礁

位于三岳山正东100米处，距大陆最近点4.45千米。长150米，宽50米，面积7500平方米。最高点海拔13.1米（29°16′N、122°02′E）。火山熔结凝灰岩构成，崖壁陡峭，上多裂谷，最大宽5米，深10米。顶部长有少量禾草和灌木，栖有海鸟。形似鸡冠，得名。

北块礁

位于一岳山东北100米处，距大陆岸线最近点3.8千米。长180米，宽100米，面积18000平方米。最高点海拔 4.8 米（29°17′N、122°01′E）。火山熔结凝灰岩构成。处一岳山北，且较大，故名。

张网嘴礁

位于一岳山西 100 米处，距大陆岸线最近点 2.8 千米。面积 500 平方米，岸线长 1.14 千米，滩地面积 41000 平方米。最高点海拔 1 米（29°17′N、122°01′E）。火山熔结凝灰岩构成，礁盘大，岩石平滑。靠近北嘴，渔民常在此张网，故名张网嘴。

中岳山礁

位于二岳山东 200 米处，距大陆岸线最近点 4.25 千米。长 200 米，宽 50 米，面积 10000 平方米。最高点海拔 8 米（29°17′N、122°02′E）。火山熔结凝灰岩构成，岩石凹凸不平。处中岳山的东面，故名中岳礁。又因其岩石延伸较长，又称大宕嘴。

背箕礁

位于二岳山与三岳山之间。长 50 米，宽 45 米，面积 2250 平方米。最高点海拔 3.6 米（29°16′N、122°02′E）。火山熔结凝灰岩构成，略呈圆形，礁石嶙峋。长有海生物。礁圆而扁，形如背箕，故名背箕礁。

小蚕屿

位于三岳山正南 1.35 千米处，距大陆岸线最近点 3.93 千米。长 250 米，宽 60 米，面积 15000 平方米，岸线长 0.5 千米。最高点海拔 25.9 米（29°16′N、122°02′E）。火山熔结凝灰岩构成，形狭长，地势平缓，基岩多裸露。长有禾草、灌木，栖有蛇、海鸟、山雀等。形似蚕，小，故名小蚕屿。

小蚕舌礁

位于小蚕屿东侧。面积 1039 平方米，岸线长 65 米。最高点海拔 4 米（29°16′N、122°02′E）。火山熔结凝灰岩构成。2008 年 9 月，从大蚕岛分离得名。

大蚕岛

位于三岳山南 1.5 千米处，距大陆岸线最近点 3.59 千米。长 110 米，宽 600 米，面积 60000 平方米，岸线长 1.30 千米，滩地面积 26000 平方米。最高点海拔 45.5 米（29°15′N、122°02′E）。火山熔结凝灰岩构成，东高西低，形狭长。基岩多裸露，岸壁陡峭，南侧小湾可登陆。土壤肥沃，植被茂盛，有葛藤、芒秆、茅草、栀子、杜鹃、大叶黄杨和少量黑松等，栖有蛇、鼠及海鸟、山雀。设有灯桩。形似蚕，故名大蚕岛。

大蚕舌礁

位于大蚕岛西侧。面积 2068 平方米，岸线长 197 米。最高点海拔 6 米（29°15′N、122°01′E）。火山熔结凝灰岩构成。2008 年 9 月，从大蚕岛分离得名。

萝卜山岛

位于石浦沙塘湾村东，干门港东侧，介于大陆炮台山与牛栏基岛之间，距大陆岸线最近点 310 米。长 900 米，宽 370 米，面积 329000 平方米，岸线长 3.8 千米。最高点海拔 73 米（29°14′N、121°58′E）。火山熔结凝灰岩构成，略呈半弧形，地势平缓。北有海湾，可锚泊小型船只，南有滩涂 200000 平方米。有水源，土壤肥沃，长有松、芒秆、黄栀花、杜鹃等，栖有蛇、鼠、鸟。设有灯桩。昔，岛遍种萝卜，故名萝卜山，后讹写作“罗卜山”。又处干门港，亦称干门山。

牛栏基岛

位于大陆铜瓦门山东偏北 2 千米，介于铜头岛与萝卜山之间，距大陆岸线最近点 1.06 千米，呈西北—东南向。长 1.8 千米，宽 470 米，面积 800000 平方米，岸线长 6.53 千米，滩地面积 811600 平方米。最高点海拔 134 米（29°13′N、121°59′E）。火山熔结凝灰岩构成，基岩裸露。有水源，土壤肥沃，长有黑松、芒秆、茅草、杜鹃、野海棠、水仙、小竹等，栖有蛇、鼠、野鸡等。南有一海湾，已被围筑，可停泊小船。岛上一峰，形似牛，故名牛栏基。

倒坎礁

位于半招列岛，牛栏基东侧，距大陆岸线最近点 2.1 千米。长 70 米，宽 40 米，面积 2800 平方米。最高点海拔 14.8 米（29°13′N、121°59′E）。火山凝灰岩构成。形似牛栏基岛倒下石块，故名。

铜头岛

位于牛栏基岛东 300 米处，距大陆岸线最近点 2.59 千米，呈西南—东北向。长 1.51 千米，宽 600 米，面积 861591 平方米，岸线长 5.48 千米，滩地面积 0.12 平方千米。最高点海拔 172.7 米（29°13′N、122°00′E）。火山熔结凝灰岩构成，地势东北高，西南略低，东南岩壁陡峭，多裂痕。有少量水源，长有稀疏的黑松、杜鹃、栀子、芒萁、茅草和匍地藤本植物，栖有蛇、鼠、穿山甲、鸟等。以岛上山峰铜头山得名。

铜头嘴礁

位于半招列岛东部，铜头岛西北侧，距大陆最近点 3.86 千米。面积 2998 平方米。最高点地理坐标：29°14′N、122°00′E。火山熔结凝灰岩构成，与铜头岛底盘相连，礁石嶙峋。紧靠铜头岛嘴，1985 年 1 月命名。

猪娘山岛

位于牛栏基南 100 米处，距大陆岸线最近点 1.36 千米，呈南北向。长 450 米，宽 160 米，面积 75000 平方米，岸线长 790 米。最高点海拔 32.1 米（29°13′N、121°59′E）。火山熔结凝灰岩构成。土壤肥沃，长有茅草、芒秆、杜鹃、栀子、野海棠和少数黑松，栖有蛇、鼠、鸟。形似猪娘，故名。

铜头岛嘴屿

位于半招列岛东部，铜头岛东北，距大陆最近点 3.85 千米。长 380 米，宽 120 米，面积 45000 平方米，岸线长 920 米。最高点海拔 35.6 米（29°14′N、122°00′E）。火山熔结凝灰岩构成，形圆，多裂痕。顶部长有禾草及少许灌木。处铜头山东侧故名。

铜板礁

曾名缸爿礁。位于铜头山南端，距离大陆最近点 2.3 千米。长 200 米，宽 80 米，面积 16000 平方米。最高点海拔 5.8 米（29°13′N、121°59′E）。火山熔结凝灰岩构成。因礁形似一块碎缸爿，故名缸爿礁。又因岩石呈铜黄色，亦称铜板礁。因与缸爿礁重名，于 1985 年 1 月定今名。

磨砻担礁

位于铜头岛正东 300 米处，距大陆岸线最近点 4.02 千米，略呈“丁”字形。长 130 米，宽 50 米，面积 6500 平方米。最高点海拔 11.6 米（29°14′N、122°00′E）。火山熔结凝灰岩构成。形如丁字形磨具磨砻担，故名。

磨砻担嘴礁

位于铜头岛正东200米处，距大陆岸线最近点4千米，呈“丁”字形。长120米，宽50米，面积6000平方米。最高点海拔9米（29°14′N、122°00′E）。火山熔结凝灰岩构成。礁如磨砻担，且靠铜头岛嘴，故名。

鸡笼岛

位于檀头山北700米处，距大陆岸线最近点7.8千米。长360米，宽130米，面积50000平方米，岸线长820米。最高点海拔39.9米（29°13′N、122°03′E）。火山熔结岩构成，呈圆形，基岩裸露，多裂痕。土壤肥沃，植物茂盛，以禾草、黑松为主，且有葛藤和少数灌木，栖有四脚蛇和海鸥等。岛有一洞，形似鸡笼，故名鸡笼礁。

鸡笼小礁

位于檀头山鸡笼礁东北。面积5926平方米，岸线长388米，滩地面积8416平方米。最高点海拔18米（29°13′N、122°03′E）。火山熔结凝灰岩构成，长有禾草。原为鸡笼礁一部分，2008年9月，从鸡笼礁分离得名。

中礁岛

位于檀头山北400米，高礁与中礁尾之间，距大陆岸线最近点8.09千米。略呈三角形。长400米，宽150米，面积60000平方米，岸线长1.1千米。最高点海拔52.5米（29°12′N、122°03′E）。火山熔结凝灰岩构成。长有黑松、灌木、禾草等，栖有鼠、海鸥。处高礁与中礁尾之间，故名。

中礁尾屿

位于檀头山北900米处，距大陆岸线最近点8.43千米。长270米，宽60米，面积16200平方米，岸线长600米。最高点海拔43.9米（29°12′N、122°03′E）。火山熔结凝灰岩构成。长有黑松、禾草和少数灌木，栖有老鼠、海鸥等。处中礁东北，形似中礁尾巴，故名。

虾鱼礁

位于檀头山正北1.2千米，中礁尾东500米处。长150米，宽9米，面积1350平方米。最高点海拔2.1米（29°12′N、122°03′E）。火山熔结凝灰岩构成。以形得名。

高礁山岛

位于檀头山北300米，靠近中礁，距大陆岸线最近点8.09千米。略呈圆形。长320米，宽200米，面积64000平方米，岸线长870米。最高点海拔73.2米（29°12′N、122°03′E）。火山熔结凝灰岩构成，地势高耸，岩壁陡峭。长有黑松及灌木、禾草等，栖有四脚蛇、老鼠、海鸟等。岛较高大，原名高礁，因重名，1985年1月更为今名。

檀长礁

位于檀头山东大崩阔海湾东北首，距大陆岸线最近点7.6千米。面积500平方米，岸线长208米。最高点海拔2米（29°11′N、122°02′E）。火山熔结凝灰岩组成。原名长礁，因重名，1985年1月更为今名。

檀长北礁

位于檀头山东北。面积825平方米，岸线长125米。最高点海拔6.5米（29°11′N、122°02′E）。岩由上侏罗统西山头组熔结凝灰岩构成，长有少许草丛。2008年9月，从檀头山本岛分离，以方位得名。

外北嘴岛

位于檀头山强盗灰岗东北外北嘴岬角边旁。面积 9946 平方米，岸线长 374 米。最高点海拔 19.4 米（29°10′N、122°04′E）。火山熔结凝灰岩构成。长有禾草、灌木。以外北嘴岬角得名。

礁尾礁

位于秤锤礁岛南约 150 米处，距大陆岸线最近点 3.5 千米。长 60 米，宽 40 米，面积 2400 平方米，岸线长 741 米。最高点海拔 1.5 米（29°11′N、121°59′E）。凝灰质沙砾岩、熔结凝灰岩构成，长有禾草。处礁尾岛西南边，且底盘相连，故名。

礁尾屿

位于东门门头东 2.5 千米，秤锤礁西侧 20 米处，距大陆岸线最近点 3.55 千米。长 230 米，宽 50 米，面积 22000 平方米。最高点海拔 27 米（29°11′N、121°59′E）。凝灰质砂砾岩、熔结凝灰岩构成，北陡，东南平缓，顶平坦。沙质土，长有茅草、大叶芒萁及小量金刚刺、百合花和灌木，栖有蛇、鼠、海鸟等动物。设有灯桩。形如秤锤礁尾巴，故名。

茅草山屿

位于东门门头东 2.6 千米，秤锤礁东 50 米处，距大陆岸线最近点 3.9 千米。长 300 米，宽 120 米，面积 36000 平方米，岸线长 820 米。最高点海拔 29.7 米（29°11′N、121°59′E）。火山熔结凝灰岩构成。长茅草、葛藤、杜鹃、栀子等，栖有蛇、鼠、鸟。茅草茂盛，故名。

秤锤屿

位于秤锤礁东侧，距大陆岸线最近点 3.5 千米，略呈圆形。长 180 米，宽 200 米，面积 37000 平方米，岸线长 1.32 千米。最高点海拔 33.4 米（29°11′N、121°59′E）。凝灰质砂砾岩、熔结凝灰岩构成，北险峻，东南平缓，顶平坦。沙质土，长有茅草、大叶芒萁及少量金刚刺、百合花和杜鹃、栀子等，栖有蛇、鼠、海鸥。北部一岩，形如秤锤故名。

秤柱礁

位于秤锤礁东南侧，距大陆最近点 3.5 千米。面积 1637 平方米，岸线长 181 米。最高点海拔 6 米（29°11′N、121°59′E）。火山熔结凝灰岩构成。形如秤锤，当地音“柱”，故名。

小乌礁

位于东门岛东，檀头山西 1.25 千米，距大陆岸线最近点 5.22 千米。长 100 米，宽 40 米，面积 4000 平方米，岸线长 0.25 千米。最高点海拔 9.9 米（29°11′N、122°00′E）。火山熔结凝灰岩和凝灰质砂砾岩构成。略呈圆形，底盘较大。长有稀疏禾草和毛栗刺，栖有大量海鸥。岩石乌黑，面积较小，故名。

上癞头屿

原名癞头屿，位于檀头山东 1.1 千米，距大陆岸线最近点 10.26 千米，略呈长形。长 120 米，宽 50 米，面积 6000 平方米，岸线长 0.30 千米。最高点海拔 23.7 米（29°11′N、122°04′E）。火山熔结岩构成，基岩裸露。长有禾草和灌木，栖有蛇、鼠、鸟。原以形得名，2008 年 9 月，海岛名称标准化处理时，因重名更名。

刺癞礁

位于檀头山癞头屿北 200 米处。面积 500 平方米。最高点海拔 0.7 米（29°11′N、122°04′E）。火山熔结凝灰岩构成。原无名，1985 年取刺蓬、癞头之组合得名。

乌礁

位于檀头山正东 1.5 千米处，距大陆最近点 11.9 千米。长 100 米，宽 50 米，面积 5000 平方米。岸线长 270 米。最高点海拔 20 米（29°11′N、122°04′E）。火山熔结凝灰岩构成。略呈椭圆形，顶平，坡缓。长有禾草和灌木，栖有蛇、鼠、海鸥等。设有航标灯桩，为温沪航线的导航山之一。昔，鸟类在此成群栖息，故名鸟礁（海陆图均误为乌礁）。

大乌礁

位于秤锤礁南 800 米处，距大陆岸线最近点 4.35 千米。长 280 米，宽 80 米，面积 22400 平方米。岸线长 630 米。最高点海拔 32.9 米（29°11′N、121°59′E）。火山熔结凝灰岩构成。岩石嶙峋，山腰坡度较大，顶较平缓。以茅草为主，间有少量杜鹃、栀子、黄杨等。岩石呈乌黑色，且面积较大，故名大乌礁。

天权礁

七星礁之一。位于沙头礁北侧 340 米、檀头山 150 米处。面积 500 平方米。最高点海拔 2.5 米（29°11′N、122°02′E）。火山熔结凝灰岩构成。原无名，1985 年 2 月，海域地名标准化处理时，取七星之四定名。

天玑礁

七星礁之一。位于沙头礁北 300 米、檀头山 600 米处。面积 600 平方米。最高点海拔 3 米（29°11′N、122°02′E）。火山熔结凝灰岩构成。原无名，1985 年 2 月，海域地名标准化处理时，取七星之三，定名。

天枢礁

七星礁之一。位于沙头礁西北 250 米、檀头山 200 米处。面积 700 平方米。最高点海拔 2.5 米（29°11′N、122°02′E）。火山凝灰岩构成。原无名，1985 年 2 月，海域地名标准化处理时，取七星之一，定名。

天璇礁

七星礁之一。位于沙头礁北 300 米，面积 650 平方米。最高点海拔 3 米（29°11′N、122°02′E）。火山熔结凝灰岩构成。原无名，1985 年 2 月，海域地名标准化处理时，取七星之二，定名。

沙头礁

位于檀头山尾嘴头与外沙头之间，距大陆岸线最近点 8.7 千米。长 80 米，宽 40 米，面积 3200 平方米，岸线长 190 米。最高点海拔 9 米（29°11′N、122°02′E）。火山熔结凝灰岩构成。礁近外沙头，故名。

尾嘴头岛

位于檀头山大平头东侧大沙头与大崩阔之间。面积 846 平方米。最高点海拔 5 米（29°11′N、122°03′E）。火山熔结凝灰岩构成。形似大平头山嘴尾巴，故名。

小屿山屿

位于檀头山西，上小山与大市山之间，距大陆岸线最近点 7.1 千米。略呈三角形。长 290 米，宽 120 米，面积 29000 平方米，岸线长 0.72 千米。最高点海拔 35.1 米（29°10′N、122°01′E）。火山熔结凝灰岩构成。禾草茂盛，以茅草、芒秆为主，间有杜鹃、栀子和零星的黑松，栖有蛇、鼠、鸟等。因小，故名。

大市山嘴礁

位于大市山西南50米处，距离大陆最近点6.7千米。长110米，宽40米，面积4400平方米。最高点海拔6.5米（29°10′N、122°00′E）。火山熔结凝灰岩构成，底盘与大市山相连。以大市山得名。

三珠礁

位于檀头山大埠头西约100米处，距离大陆最近点5.8千米。长200米，宽50米，面积10000平方米。最高点海拔5米（29°11′N、122°01′E）。火山熔结凝灰岩构成。由三个圆如珠礁石组成，故名。

小癞头山屿

位于檀头山大王宫东南200米处，距大陆岸线最近点10.5千米，呈圆形。长100米，宽50米，面积5000平方米，岸线长260米。最高点海拔16.7米（29°09′N、122°03′E）。火山熔结岩构成，岩石裸露。泥土稀少，长有零星禾草。1985年1月，更为今名。

大王宫卵子屿

位于檀头山大王宫南侧160米，距大陆岸线最近点10.74千米。长250米，宽75米，面积18700平方米，岸线长800米。最高点海拔42.4米（29°09′N、122°03′E）。火山熔结凝灰岩构成，略呈圆形，岩壁陡峭，顶平缓。长有禾草。处大王宫南边，形似卵子，故名。

外开礁

位于檀头山大王宫南250米，距大陆岸线最近点10.8千米。长145米，宽75千米，面积11000平方米，岸线长440米。最高点海拔22.4米（29°09′N、122°03′E）。火山熔结凝灰岩构成，岩石裸露。土壤贫瘠，长有少许禾草，有海鸥栖息。西边陡峭，形如刀劈，且处大王宫村外南侧，故名。

里稻桶礁

位于檀头山大王宫村东500米处，距大陆岸线最近点10.5千米。长100米，宽80米，面积8000平方米。最高点海拔4米（29°09′N、122°03′E）。火山熔结凝灰岩构成，底盘与本岛相连。形如稻桶，且与外稻桶礁相对应，故名。

金铜钱礁

位于小宫嘴头北400米处，距离大陆最近点8.8千米。长80米，宽40米，面积3200平方米。最高点海拔6米（29°09′N、122°02′E）。火山熔结凝灰岩构成。传渔民常在该礁周围捕到大鱼，故名。

埠头礁

位于大王宫村西边，距大陆最近点9.6千米。长50米，宽30米，面积1500平方米。最高点海拔3.6米（29°09′N、122°02′E）。火山熔结凝灰岩构成，底盘与檀头山岛相连。船常在此靠岸登陆，似上下之埠头，故名。

珓杯屿

位于檀头山孔村南500米处，离檀头山岛仅20米左右，距大陆岸线最近点8.6千米，略呈圆形。长140米，宽110米，面积14100平方米，岸线长480米。最高点海拔25.6米（29°09′N、122°01′E）。火山熔结凝灰岩构成。岩石裸露，泥土稀少。长有禾草和少量灌木。形似珓杯，故名。

乌缆山屿

位于檀头山前岩南20米处，距大陆最近点9.5千米。长105米，宽55米，面积5775平方米，岸线长300米。最高点海拔17米（29°09′N、122°01′E）。火山熔结凝灰岩构成，椭圆形，岩石嶙峋。岩缝处长有禾草。岩石乌黑嶙峋，形似船舶带缆系柱，故名乌缆嘴头。1985年1月，标准化处理时，定为今名。

乌缆礁

位于乌缆嘴头东南侧50米处，距离大陆最近点9.5千米。面积5000平方米，岸线长373米，滩地面积41000平方米。最高点海拔7米（29°09′N、122°01′E）。火山熔结凝灰岩构成，底盘与乌缆嘴头相连，长有禾草。以近乌缆嘴得名。

大魟鱼屿

位于檀头山孔村南500米处，距大陆岸线最近点8.33千米，略呈椭圆形。长200米，宽80米，面积16000平方米，岸线长0.50千米。最高点海拔23.8米（29°09′N、122°01′E）。火山熔结凝灰岩构成，基岩裸露。长有禾草及零星松树，栖有鼠、蛇、鸟等。形似大魟鱼，故名。

小魟鱼礁

位于大魟鱼岛南50米处，距大陆岸线最近点8.7千米。长50米，宽40米，面积2000平方米，岸线长89米。最高点海拔4米（29°09′N、122°01′E）。火山熔灰凝灰岩构成，底盘与大魟鱼礁相连。形似魟鱼，因小，故名。

魟鱼翼屿

位于檀头山孔村南，距大陆岸线最近点8.7千米。长75米，宽50米，面积3750平方米。最高点海拔20米（29°09′N、122°01′E）。火山熔结凝灰岩构成，底盘与大魟鱼岛相连，岩石嶙峋，仅在岩缝处长有禾草。因介于大魟鱼屿与小魟鱼礁之间，犹如魟鱼翅膀，故名。

泥螺屿

位于檀头山正南3千米，距大陆岸线最近点12.59千米。长610米，宽130米，面积81000平方米，岸线长1.7千米，滩地面积31900平方千米。最高点海拔50.1米（29°07′N、122°03′E）。火山岩熔结凝灰构成，略呈半弧形，有二峰，势平缓。长茅草、葛藤、芒秆和灌木，栖有蛇、鼠、海鸥等。以形得名。

纱帽山屿

位于檀头山南约5.75千米，猫头洋中，距大陆岸线最近点11.13千米。长200米，宽80米，面积16000平方米，岸线长570米。最高点海拔33.6米（29°06′N、122°01′E）。火山熔结凝灰岩构成，基岩多裸露，岩石嶙峋。顶部长有禾草，以白茅、芒秆为多，有海鸥群栖。呈扁椭圆形，且南北两侧又有两礁相对，形似古时官吏所戴之乌纱帽，故名。又有形似箬帽，别称箬帽屿，也称风兜屿。

中帽翼礁

位于纱帽屿北侧。面积941平方米，海岸线长117米。最高点海拔5.5米（29°06′N、122°01′E）。火山角砾熔结凝灰岩构成。2008年9月，从纱帽山屿分离而名。

北帽翼礁

位于檀头山南，纱帽屿北侧150米处，距离大陆最近点13.25千米。面积500平方米。岸线长256米。最高点海拔5.5米（29°06′N、122°01′E）。火山熔结凝灰岩构成。因礁与另一礁分别处纱帽屿南北两侧，犹如纱帽之两翼，其居北，故名。

南帽翼礁

位于檀头山南纱帽屿南侧。面积 759 平方米，海岸线长 111 米。最高点海拔 7 米（29°06′N、122°01′E）。火山熔结凝灰岩构成。处纱帽屿南，故名。

汏网屿山岛

位于石浦港内，距大陆岸线最近点 810 米，呈东西向。长 700 米，宽 140 米，面积 98000 平方米，岸线长 1.92 千米。最高点海拔 51.4 米（29°11′N、121°56′E）。燕山晚期钾长花岗岩构成，地势平缓。长禾草和少数灌木，栖有蛇、鼠、鸟等。设有灯桩，为下湾水道主要导航山之一。昔时周围有多处张网，网拔后又常在此岛洗晒，故名。

毛蚶山屿

位于石浦港下湾水道口，汏网屿与对面山之间，距大陆岸线最近点 1.2 千米。长 210 米，宽 120 米，面积 26000 平方米，岸线长 610 米。最高点海拔 36 米（29°11′N、121°56′E）。花岗岩构成，呈扁圆，地势平缓。长有禾草及少量灌木，栖有鸟等。以形得名。

老鼠山礁

位于石浦港中界山东侧约 300 米处，距大陆岸线最近点 1.86 千米。长 180 米，宽 50 米，面积 10588 平方米，滩地面积 18431 平方米，岸线长 420 米。最高点海拔 23.2 米（29°18′N、121°48′E）。火山熔结凝灰岩构成，地势西北高，东南低。长有禾草、灌木，有海鸟与陆鸟临时停息。从东南望之形如老鼠，故名。

南黄胖礁

位于石浦港汏网屿西南 1.1 千米，距大陆最近点 1.7 千米，面积 700 平方米。最高点海拔 3.8 米（29°10′N、121°55′E）。火山熔结凝灰岩构成，设有灯桩，为石浦港险礁之一。因礁附近潮流湍急，体弱者（俗称“黄胖”）摇船难以通过，故名。

马桶盖屿

位于对面山东 100 米处，距大陆岸线最近点 4.3 千米。长 150 米，宽 10 米，面积 15000 平方米。最高点海拔 10.6 米（29°10′N、121°58′E）。火山凝灰岩构成，形圆，顶缓。长有禾草，有海鸟临时停息。形似马桶盖而得名。

水湾礁嘴岛

位于对面山岛北侧，东门水道边。面积 2922 平方米，海岸战长 238 米。最高点海拔 12.3 米（29°11′N、121°58′E）。火山熔结凝灰岩构成。2008 年 9 月，从水湾礁嘴岬角分离，以岬角名得名。

金龙屿

位于石浦港，下湾门水道东南出口，距大陆岸线最近点 5.93 千米。长 440 米，宽 80 米，面积 36200 平方米，滩地面积 63793 平方米，岸线长 1.23 千米。最高点海拔 28.7 米（29°09′N、121°58′E）。火山熔结凝灰岩构成，形狭长，坡较陡，基岩碎裂。有一洞，深约 30 米，宽高约 3 米。顶部长有禾草和少数灌木。地处下湾门水道东南，潮水涨落被阻，经常涌起浪花，故称经浪礁，后谐音为金龙礁。

金龙尾礁

位于石浦港下湾门水道东南口，金龙礁东侧 150 米处，距大陆最近点 6.25 千米。面积 5407 平方米，岸线长478米。最高点海拔11米（29°09′N、121°58′E）。凝灰质砂砾岩、熔结凝灰岩构成，岩石嶙峋，影响航行较大。处金龙礁东，形似尾巴，故名。

金龙小礁

位于万瑟礁南侧。面积740平方米，岸线长103米。最高点海拔5米（29°09′N、121°58′E）。火山熔结凝灰岩构成。2008年9月，从金龙屿分离得名。

万瑟礁

位于石浦港下湾门水道出口金龙礁西南侧。面积2769平方米，岸线长204米。最高点海拔14.2米（29°09′N、121°58′E）。火山熔结凝灰岩构成。岩石扁滑，形似箬鳎鱼（俗称万皮鱼），后讹音今名。

南黄礁

位于蓬浪礁南侧700米处，距大陆最近点9.25千米。面积1500平方米，岸线长230米。最高点海拔4米（29°07′N、121°58′E）。火山熔结凝灰岩构成，基部与南田大岛相连，礁盘较大，岩石嶙峋。长有苔藻、贝类。因礁岩呈黄色，故名黄礁。因重名，1985年1月，改名。

牛屎礁

位于石浦港中界山南侧80米处，距大陆最近点2.78千米。长30米，宽30米，面积900平方米，岸线长80米。最高点海拔4.2米（29°09′N、121°54′E）。火山熔结凝灰岩构成。礁石呈黑褐色，像一堆牛屎（“屎”，方言音“乌”），故名。

乱子礁

位于石浦港三门口，三门山东北、罗汉岩南200米处，距大陆岸线最近点200米。长70米，宽40米，面积2700平方米，岸线长1.5千米，滩地面积6565平方米。最高点海拔9米（29°09′N、121°49′E）。火山熔结凝灰岩构成，形狭长，地势平缓。长有禾草。以形得名。

寡妇岩礁

位于石浦港箬渔洋三门口附近，距大陆最近点100米。长50米，宽25米，面积1250平方米。最高点海拔2.1米（29°09′N、121°48′E）。火山熔结凝灰岩构成，底盘甚大，礁石嶙峋，上筑有一立标。原以形得名为寡妇礁，因重名，1985年1月改名。

庵山岛

三门山之一。位于石浦港西口，三门口水道中间，三门口大桥支撑点，距大陆岸线最近点250米。长1.1千米，宽160米，面积140820平方米。岸线长2.23千米。最高点海拔39.1米（29°09′N、121°49′E）。火山凝灰岩砂岩和熔结凝灰岩构成，东高西低，地势平缓。长有黑松、葛藤、茅草、栀子等，栖有蛇、鼠、野兔、鸟。水源充足，有人在岛上种竹、桃、梨，养有羊、鸭、鸡。岛上有庵，故名。原为庵山、狗山二岛，2008年9月，全省无居民海岛普查及无居民海岛名称标准化处理，庵山与狗山已建堤坝相连，二岛并为一岛。

饭甑山岛

位于石浦港三门口，高塘岛与狗山之间，三门口大桥支撑点，距大陆岸线最近点2.78千米。长900米，宽190米，面积171000平方米，岸线长2.39千米。最高点海拔59米（29°08′N、121°49′E）。火山熔结凝灰岩构成。地势平缓，土壤肥沃，长有黑松、毛杆檀、小竹、杜鹃、芒秆、茅草等，栖息有蛇、鼠、野鸡、穿山甲及各种鸟类。设有灯桩，为石浦港主要导航山之一。岛上一岩形似饭甑，故名。

小牒屿山礁

位于石浦港三门口外，牒屿山岛北200米处，距大陆岸线最近点2.7千米。长40米，宽30米，面积1200平方米，岸线长90米。最高点海拔6.4米（29°09′N、121°46′E）。火山熔结凝灰岩构成，略呈圆形，岩石多裸露。长有少许禾草。处牒屿山附近，故名小牒屿山。

牒屿山屿

位于石浦港三门口外，高塘岛西偏北1.5千米处，距大陆岸线最近点为2.8千米。长270米，宽90米，面积24000平方米，岸线长670米。最高点海拔28.1米（29°09′N、121°46′E）。火山熔结凝灰岩构成。地势平缓，土壤肥沃。长有黑松、栀子、杜鹃、芒秆、茅草、芒萁等，有海鸟及部分陆鸟栖息。张网季节，渔民常在此晒鱼虾。设有航标，是进入石浦港主要导航山之一。原以形得名为橹叶头，后因船翻人亡，渔民常在此烧牒招魂，改称牒屿山。

癞头山礁

位于高塘岛纱帽绿山东偏北约100米处，距大陆最近点2.1千米。西南—东北向，略呈三角形。长120米，宽50米，面积6000平方米，岸线长320米。最高点海拔23.8米（29°08′N、121°47′E）。火山熔结凝灰岩构成。长有黑松、芒秆、茅草、栀子、杜鹃、芒萁等，栖有蛇、鼠、鸟。以形得名。

碗盏礁

位于高塘岛纱帽绿山东北，距大陆最近点1.75千米。长100米，宽70米，面积7000平方米。最高点海拔4米（29°09′N、121°46′E）。火山熔结凝灰岩构成，礁岩裸露、平坦。设航标。以形得名。

坑头礁

位于珠门港西北侧，距大陆最近点5千米。长80米，宽20米，面积1600平方米。最高点海拔2米（29°06′N、121°47′E）。火山熔结凝灰岩构成。处坑头山南侧，故名。

断坝屿

位于南田岛老爷山南侧约100米处，距大陆岸线最近点10.93千米。长170米，宽100米，面积17000平方米，岸线长0.58千米。最高点海拔39.1米（29°06′N、121°58′E）。火山熔结凝灰岩构成。东南礁石延伸约300米，大潮淹没，低潮出露水面。长有禾草、灌木、乔木，并有蛇、鼠、山雀等动物栖息。岛与老爷山岬角相对，且悬崖峭壁，象从岬角断开，故名。

断滨园山礁

位于南田岛断坝屿南侧。面积4321平方米，岸线长312米。最高点海拔24.2米（29°06′N、121°58′E）。火山熔结凝灰岩构成。2008年9月，从断坝嘴分离，以形得名。

鬼礁山屿

位于南田岛风门口东侧80米处，距大陆岸线最近点12.96千米。长320米，宽100米，面积32904平方米，岸线长850米。最高点海拔43.4米（29°05′N、121°58′E）。火山熔结凝灰岩构成。地势西北高，东南低，基岩裸露。长有禾草等，栖有鼠、蛇、鸟。传，早年该岛常有动物发出如鬼泣叫声，故习称鬼叫山，后谐音鬼礁山。又因岛形如一只正在蹦跳的猴子，亦名猢狲跳。

猢狲铁链礁

位于南田岛东侧，鬼礁山东南，距大陆岸线最近点13.43千米。西北—东南走向。长170米，宽40米，面积6800平方米，岸线长470米。最高点海拔9.7米（29°05′N、121°59′E）。火山熔结凝灰岩构成，长有少许禾草。处猢狲跳西北，形狭长，如拴猢狲之铁链，故名。

鬼礁尾礁

位于南田岛风门口南岸，鬼礁山北侧。长 85 米，宽 50 米，面积 4300 平方米。最高点海拔 7 米（29°05′N、121°58′E）。火山熔结凝灰岩构成。处鬼礁山、鬼礁坑附近，故名。

藤棚屿

位于高塘岛东南 750 米，距大陆岸线最近点 7.96 千米，呈东西向。长 350 米，宽 70 米，面积 24500 平方米，岸线长 960 米。最高海拔 25.1 米（29°05′N、121°51′E）。火山熔结凝灰岩构成。长有禾草、葛藤、杜鹃、栀子、黄杨等，栖有蛇、鼠、鸟。岛上葛藤遍地，故名。

偶岛

位于高塘岛藤棚屿岛南 400 米处，距大陆岸线最近点 8.7 千米，东西走向，略呈三角形。长 280 米，宽 100 米，面积 28000 平方米，岸线长 850 米。最高点海拔 27.1 米（29°05′N、121°52′E）。火山熔结凝灰岩构成。长禾草和灌木，栖有蛇、鸟等。与藤棚屿相对成双，故名。

大箩礁

位于藤棚屿正东 300 米处，距大陆最近点 3.3 千米。长 80 米，宽 50 米，面积 2500 平方米。最高点海拔 4 米（29°05′N、121°52′E）。火山熔结凝灰岩构成。形如大箩，故名。

光头礁

位于藤棚屿正东 300 米处，距大陆最近点 3.3 千米。长 40 米，宽 30 米，面积 2000 平方米。最高点海拔 3.8 米（29°05′N、121°52′E）。火山熔结凝灰岩构成。原以形得名和尚头，因重名，1985 年 1 月更今名。

虎脚爪礁

位于南田岛大坟前西南。长 70 米，宽 50 米，面积 3500 平方米。最高点海拔 6 米（29°04′N、121°56′E）。火山熔结凝灰岩构成。以形得名。

涨落门礁

位于金高椅港东首南侧，距大陆岸线最近点 8.1 千米。长 100 米，宽 50 米，面积 5000 平方米，岸线长 280 米。最高点海拔 8.4 米（29°05′N、121°50′E）。火山熔结凝灰岩构成。长有茅草、杜鹃、松树等，栖有蛇、鼠、鸟等。处金高椅港出口，退潮时，由于回水之故，西侧潮水流向正好跟退潮流相反，像涨潮一般，故称涨落门，礁由此得名。

大埠头礁

位于南田岛东南侧，鬼礁山西侧 900 米处。长 150 米，宽 130 米，面积 7500 平方米，岸线长 400 米。最高点海拔 28 米（29°05′N、121°58′E）。火山熔结凝灰岩构成，圆形，地势平坦。长有茅草，栖有小动物。与天灯盏山靠近，低潮时连成一片，大潮时隔开。处避风海湾，船只常在此靠埠。像天然的埠头，故称。

箬帽礁

位于南田岛的东南侧。长 100 米，宽 100 米，面积 10000 平方米。最高点海拔 10 米（29°04′N、121°57′E）。火山熔结凝灰岩构成。低潮时与南田岛连成一片，长少量禾草。形似箬帽，故名。

黄屿门头屿

位于花岙岛西，黄屿门山北 300 米处，距大陆岸线最近点 10.19 千米。长 150 米，宽 70 米，面积 10500 平方米，岸线长 480 米。最高点海拔 34 米（29°04′N、121°46′E）。火山熔结凝灰岩构成，地势平缓，基岩裸露。土壤肥沃，长有茅草、杜鹃、栀子、芒秆、葛藤等，栖有蛇、鼠及各种鸟等。处黄屿门水道上首，故名。

黄屿门山岛

位于花岙岛西约500米处，距大陆岸线最近点9.63千米。长460米，宽200米，面积95000平方米，岸线长1.3千米。最高点海拔86.7米（29°04′N、121°46′E）。基岩由含角砾熔结凝灰岩及霏细斑岩构成，南陡北平。土壤肥沃（酸性土），长有茅草、杜鹃、栀子、芒萁、葛藤等，栖有蛇、鼠及鸟类。曾开垦，尚有房屋遗迹。以黄屿门水道得名。

上黄屿

位于花岙岛西黄屿门水道南，距大陆岸线最近点9.7千米。长80米，宽60米，面积4800平方米，岸线长300米。最高点海拔7米（29°04′N、121°47′E）。火山熔结凝灰岩构成，地势平缓，基岩多裸露。长有茅草、杜鹃、栀子、芒秆等，栖有鸟类。岩呈黄色，故名黄屿。2008年9月，因与全省海岛重名，改为今名。

园士屿

位于南田岛西南侧，两炮台山之间，距大陆岸线最近点10.74千米。长220米，宽130米，面积28000平方米，岸线长750米。最高点海拔36米（29°04′N、121°54′E）。火山熔结凝灰岩构成，岛周皆泥滩。土壤肥沃，禾草茂盛，以茅草为主，间有零星黑松、黄栀花、杜鹃、葛藤等，栖有蛇、穿山甲、鼠、鸟。形圆，故称圆屿，方言“屿”与“士”“圆”与“园”同音，遂谐音为园士。又因圆似鸡笼，别称鸡笼屿。

清凉屿

位于花岙岛东侧，清凉屿北端约30米处。面积500平方米，岸线长170米。最高点海拔4.4米（29°04′N、121°50′E）。由火山熔结凝灰岩构成，低潮时与清凉屿连成一片。近清凉屿，1985年1月定名。

清凉山屿

位于花岙岛东400米处，距大陆岸线最近点9.3千米，西东走向。长330米，宽120米，面积40000平方米，岸线长970米，滩地面积41500平方米。最高点海拔53.7米（29°04′N、121°50′E）。火山凝灰岩构成，岩石呈褐红色。地势平缓，土壤肥沃，长有黑松、葛藤、栀子、杜鹃、芒秆、茅草、狼萁、楞桐、野菊花等，栖有蛇、鼠及少量陆鸟和海鸟等。传，有人落水昏死过去，飘到屿上，触及冰凉岩石惊醒，故名。

小清凉屿

位于清凉屿岛西边约300米处，距大陆最近点9.4千米。长100米，宽70米，面积7000平方米，岸线长300米。最高点海拔27米（29°04′N、121°50′E）。火山熔结凝灰岩构成。长有少许禾草、灌木。较清凉屿小，故名。

上扁担礁

位于南田岛小沙头湾北侧，东与箬帽礁相望。面积556平方米，海岸线长100米。最高点海拔4.5米（29°04′N、121°57′E）。火山熔结凝灰岩构成。2008年9月，从下扁担礁分离得名。

中扁担礁

位于南田岛小沙头南侧。面积3100平方米，岸线长224米。最高点海拔10米（29°04′N、121°46′E）。火山熔结凝灰岩构成。2008年9月，从下扁担礁分离得名。

下扁担礁

位于南田岛猪脑思山东偏南750米。长145米，宽50米，面积7250平方米。地理坐标：29°04′N、121°57′E。火山熔结凝灰岩构成，高潮时淹没。状似扁担，故称扁担礁。2008年9月，因重名，改为今名。

八排门岛

位于南田岛南，南田湾东侧。距离大陆最近点10.65千米。长300米，宽250米，面积55000平方米，岸线长980米。最高点海拔58.7米（29°04′N、121°53′E）。火山熔结凝灰岩构成，东南崖壁陡峭，西平缓，低潮时与炮台山嘴连成一片。长有茅草、芒秆、葛藤、大叶狼萁、松树等，栖有蛇、鼠及鸟类。从岛至东南金七门，可张网8排，故称八排门。

小扁屿

位于南田岛西南，距大陆岸线最近点10.93千米，东西走向。长220米，宽60米，面积13200平方米，岸线长530米。最高点海拔10米（29°04′N、121°54′E）。火山熔结凝灰岩构成，地势平缓，基岩裸露。长有禾草和少量灌木，并栖蛇、鼠、鸟等。形扁，故名扁屿。2009年9月，因重名，更为今名。

扁屿小礁

位于南田炮台山东侧，东近小扁屿。面积1355平方米，岸线长140米。最高点海拔5米（29°04′N、121°54′E）。火山熔结凝灰岩构成。2008年9月，从小扁屿分离得名。

扁屿岩礁

位于南田岛东侧岸外。面积3662平方米，岸线长297米。最高点海拔15米（29°04′N、121°53′E）。火山熔结凝灰岩构成。2008年9月，从小扁屿分离得名。

两爿礁

位于南田岛东南，倒船岙北侧，距大陆岸线最近13.7千米。长150米，宽50米，面积7500平方米。最高点海拔17米（29°04′N、121°57′E）。火山熔结凝灰岩构成。长有禾草及灌木，栖有蛇、鼠、鸟类。岛断裂成两爿，故名。

娘主头礁

位于花岙岛东侧，天作塘与清水澳之间，距大陆岸线最近点10千米。长100米，宽50米，面积5000平方米，岸线长280米。最高点海拔20米（29°04′N、121°49′E）。火山熔结凝灰岩构成，岩石呈六边形、四边形柱状结构。顶部长少许禾草，低潮时与花岙岛连成一片。岛胖凸，形如乳头（方言称“娘主头”），故名。

小门头山礁

位于小花岙海湾东侧，离码头约100米处，距大陆岸线最近点11.39千米。呈半月形。长100米，宽60米，面积6600平方米，岸线长0.37千米。最高点海拔14米（29°03′N、121°48′E）。火山熔结凝灰岩构成。东南岩壁陡峭，土壤贫瘠，长有少数禾草。处小花岙海湾门口，故名。

南寺嘴礁

位于花岙岛南侧。面积899平方米，岸线长125米。最高点海拔9.9米（29°03′N、121°48′E）。火山熔结凝灰岩构成。2008年9月，从南寺嘴岬角分离得名。

狮子山礁

位于花岙岛炮台山西偏南400米，小门头与涨趴礁之间，距大陆岸线最近点10.93千米。长

250米，宽50米，面积12500平方米，岸线长890米。最高点海拔24米（29°03′N、121°48′E）。火山熔结凝灰岩构成，岩壁陡峭，不易登陆。顶部长禾草及少数灌木，栖有海鸟。以形得名。

地栿坎礁

位于花岙岛，狮子山南侧，老爷门北侧。长200米，宽100米，面积20000平方米。最高点海拔4.8米（29°03′N、121°48′E）。火山熔结凝灰岩构成。礁像门槛（地袱）那样横在水道间，故名。

老虎礁

位于花岙岛南约1千米，距大陆岸线最近点11.25千米。长100米，宽60米，面积6000平方米。最高点海拔4米（29°03′N、121°47′E）。火山熔结凝灰岩构成，礁盘较大，岩石险恶，为老爷门水道主要险礁之一。处于老爷门水道上，船只常在此出事，故名。

蜡烛台礁

位于花岙岛南侧，狮子山北50米处。长100米，宽80米，面积3730平方米。最高点海拔3.5米（29°03′N、121°48′E）。火山熔结凝灰岩构成。礁南有老爷门，为得福庇就此供蜡烛台、牌位、香炉碗等，故把邻近三礁分别以形命名为“蜡烛台”“香炉碗”和“牌位礁”。

牌位礁

位于花岙岛南，狮子山东侧50米处。面积500平方米，岸线长150米。最高点海拔5米（29°03′N、121°48′E）。火山熔结凝灰岩构成。以形得名。

涨趴礁

位于花岙岛狮子山南侧，距大陆岸线最近点12.6千米。面积500米，岸线长156米。最高点海拔5.3米（29°03′N、121°48′E）。火山熔结凝灰岩构成，礁盘较大，岩石嶙峋，为老爷门水道险礁之一。涨潮时，海水沿岩壁翻着浪花往上爬，故名。

外乌礁

位于狮子山与大甲山之间，距大陆岸线最近点12.25千米。长31米，宽25米，面积775平方米，岸线长177米。最高点海拔6.7米（29°02′N、121°48′E）。火山熔结凝灰岩构成。长有稀疏禾草。礁石呈乌黑色，故名。

弥陀屿

位于南田岛东南侧，南山岛正东6千米处，距大陆岸线最近点17.5千米，呈东西走向。长350米，宽70米，面积25000平方米，岸线长940米。最高点海拔41.6米（29°03′N、122°00′E）。火山熔结凝灰岩构成。地势平缓，土壤肥沃，长茅草、葛藤、芒秆、杜鹃、栀子等，栖有蛇、鼠、海鸥等。设有灯桩，为温沪航线导航山之一。形似僧家木鱼，别称大木鱼。以形定名。

稻秆蓬礁

位于花岙岛老爷门水道中间，介于涨趴礁与大甲山之间，距大陆岸线最近点10.8千米。长60米，宽40米，面积2400平方米，岸线长180米。最高点海拔12.5米（29°02′N、121°48′E）。火山熔结凝灰岩构成，岩石嶙峋。顶部长有少许禾草、灌木。呈圆形，顶尖犹如稻草蓬，故名。

大甲山岛

位于花岙岛南1.5千米，距大陆岸线最近点9.26千米。长660米，宽230米，面积150000平方米，岸线长1.95千米，滩地面积99000平方千米。最高点海拔107.7米（29°02′N、121°48′E）。火山熔结凝灰岩构成，基岩多裸露，西多裂缝，有2个垂直30米洞穴。岛上有水源，长金刚刺、葛藤、野葡萄、芒秆、茅草、蛇六谷等禾草和灌木，栖有蛇、鼠、穿山甲、麻雀、燕子、海鸥等。形似穿山甲，大，故名。

小甲山屿

位于花岙岛南1.6千米，距大陆岸线最近点10.37千米，西南—东北向。长350米，宽60米，面积21000平方米，岸线长1千米。最高点海拔26米（29°02′N、121°48′E）。火山熔结凝灰岩构成，基岩裸露，多裂谷，把岛分割成三块，谷两边悬崖陡壁，并有一洞贯南北。地势平缓，土壤肥沃，长芒秆、茅草、葛藤、杜鹃、栀子等，栖有蛇、鼠、山雀、老鹰、海鸥等。以近大甲山得名。

横山礁

位于大甲山正南约200米处，距大陆岸线最近点9.6千米，东西向。长140米，宽50米，面积7000平方米，岸线长250米。最高点海拔19.7米（29°02′N、121°48′E）。山火熔结凝灰岩构成。形狭长，地势平缓，长葛藤、芒秆、茅草和少数灌木，栖有海鸟。横于大甲山前，故得名。

南山岛

位于南田岛南端，金七门水道南侧，距大陆岸线最近点14.6千米。东北—西南走向。长2.35千米，宽450米，面积1.065平方千米。滩地面积336000平方米。岸线长7.3千米。海拔156.3米（29°02′N、121°56′E）。火山熔结凝灰岩构成，地势西南高，东北低。土壤肥沃，有水源3处，尤以北边水质较好。岛上乔木、灌木及禾草丛生，以黑松、梧桐、栀子、芒秆、大叶莨萁、葛藤等为最多，栖有部分小竹，有蛇、鼠、田狗、穿山甲、野鸡等。渔汛时，常有渔民于此临时搭茅棚捕鱼。处南田岛之南，故称。

蟹礁

位于南山西南侧约200米处，距大陆最近点15千米。长100米，宽50米，面积5000平方米。最高点海拔6.2米（29°02′N、121°55′E）。火山熔结凝灰岩构成，礁盘较大，岩石嶙峋。形似梭子蟹，故名。

骑马礁

位于南山岛正南100米处，距离大陆最近点14.5千米。面积500平方米，岸线长201米。最高点海拔6米（29°02′N、121°56′E）。火山熔结凝灰岩构成，岩石嶙峋，低潮时和南山岛连成一片。长有禾草及少量灌木。礁上一岩，形似骑马石（上马石），故名。

油甏屿

位于油菜花屿西200米处，距大陆岸线最近点20千米。长160米，宽100米，面积16000平方米，岸线长550米。最高点海拔29.1米（29°01′N、122°00′E）。火山熔结凝灰岩构成。形圆，地势平缓，顶部较平，长有禾草、葛藤及少量灌木，栖有蛇、鼠、鸟（海鸥较多）。因岛形似油甏，故名。别称“油瓶屿”。

油菜花岛

位南田岛东南8.5千米，距大陆岸线最近点20.19千米，形狭长，呈东西走向。长770米，宽109米，面积85000平方米，岸线长1.87千米。最高点海拔48米（29°01′N、122°01′E）。基岩由流纹斑岩、燕山晚期石英二长岩构成，地势西北平缓，东南陡峭，多碎岩。岛上有棕黄泥土和砂黏质棕红泥，长芒秆、茅草、葛藤、野油菜、栀子、杜鹃等，栖有蛇、鼠、鸟类。东首有裂谷，两边悬崖峭壁，大潮时谷中过水，分成二岛，低潮相连。因岛上野油菜生长茂盛，每到春暖季节，鲜花遍地，故名。

杏礁

位于油菜花岐正面50米处。面积500平方米，岸线长172米。最高点海拔3.9米（29°01′N、122°01′E）。岩石为流纹斑岩。礁形似一颗杏子，故名。

草鞋耙山屿

位于南山岛西南5千米处，距大陆岸线最近点17.78千米。长260米，宽90米，面积23000平方米，岸线长760米。最高点海拔26.6米（29°00′N、121°53′E）。火山熔结凝灰岩构成，形长，坡陡，顶平坦。土壤肥沃，长芒秆、葛藤、杜鹃及栀子、大叶苠萁，栖有四脚蛇、海鸥等。设有灯桩（双闪6秒29米8里）。形似打草鞋工具，故名。

草鞋襻屿

位于草鞋耙屿与草鞋屿西侧，距大陆岸线最近点17.79千米。长90米，宽80米，面积7200平方米。最高点海拔17.7米（29°00′N、121°53′E）。火山熔结凝灰岩构成。岩壁陡峭，顶部平坦，长少量禾草，栖有海鸥等。形圆平，又处草鞋耙屿与草鞋屿附近，故名。

草鞋屿

位于草鞋耙屿西南侧，距大陆岸线最近点17.79千米。长220米，宽120米，面积26400平方米，岸线长750米。最高点海拔16.3米（29°00′N、121°53′E）。火山熔结凝灰岩构成。长有禾草，栖有海鸥等。岛形似打草鞋工具，故名。

百亩地礁

位于雨伞礁东北方向2.8千米处，距离大陆最近点44.5千米，面积1200平方米。最高点海拔0.9米（28°56′N、122°17′E）。火山角砾凝灰岩构成。岩石险恶，影响航行。礁盘甚大，故名。

雨伞礁柄礁

位于渔山列岛北侧，雨伞礁北300米处，距大陆最近点43.9千米。长60米，宽25米，面积1500平方米。最高点海拔1.9米（28°55′N、122°16′E）。火山集块角砾岩、角砾凝灰岩构成。处雨伞礁南，形狭长，象雨伞之柄，故名。

外雨伞礁

位于渔山列岛最北端，距大陆岸线最近点44.2千米。长50米，宽40米，面积2000平方米，岸线长146米。最高点海拔13.9米（28°55′N、122°16′E）。火山角砾凝灰岩构成，礁险峻，难攀爬。长有少许苔藓植物，栖有海鸟等。为渔山渔场航行、作业之重要标志。形似雨伞，故名。渔民亦称水伞礁。2008年9月，因与全省岛礁重名，改今名。

牛粪礁

位于北渔山岛东北2.2千米处，距大陆岸线最近点45.93千米。长200米，宽90米，面积18000平方米，岸线长250米。最高点海拔27.5米（28°54′N、122°16′E）。火山角砾凝灰岩构成，礁石嶙峋，礁块甚大，有两峰。长有贝藻类。形似一堆牛粪，故名。牛粪方言称牛屙，又名牛屙礁。

牛粪北礁

位于渔山列岛牛粪礁北侧。面积729平方米，岸线长112米。最高点海拔20米（28°54′N、122°16′E）。火山熔结凝灰岩构成。长有少许禾草、灌木。2008年9月，从牛粪礁北侧分离得名。

牛粪西礁

位于渔山列岛牛粪礁西侧。面积767平方米，岸线长113米。最高点海拔18.2米（28°54′N、122°16′E）。火山熔结凝灰岩构成，长有禾草。2008年9月，从牛粪礁西侧分离得名。

小白带礁

位于北渔山岛西北侧约40米处。长80米，宽30米，面积2400平方米。最高点海拔10.5米（28°53′N、122°15′E）。火山集块角砾岩、角砾凝灰岩构成。处大白带与中白带之间，小，故名。

大白礁岛

位于北渔山西150米处，距大陆岸线最近点45.5千米。长670米，宽290米，面积194300平方米，岸线长2.32千米，滩地面积123499平方米。最高点海拔61.9米（28°52′N、122°15′E）。火山集块角砾岩、角砾凝灰岩构成。地势平缓，长禾草，栖有兔、蛇、鼠及海鸟。岩石呈白色，大，故名。

大白带礁

位于北渔山岛西北侧约450米处，距大陆岸线最近点45.73千米。长100米，宽70米，面积2634平方米，滩地面积4300平方米，岸线长230米。最高点海拔12.8米（28°53′N、122°15′E）。火山集块角砾岩、角砾凝灰岩构成。地势平缓，岩石呈褐色，有贝藻类生长。礁石表面呈现多条白色带状体，故名。

中白带礁

位于北渔山岛北150米处，距大陆岸线最近点45.56千米。长70米，宽40米，面积2800平方米，岸线长200米，滩地面积44000平方米。最高点海拔5.1米（28°53′N、122°15′E）。火山集块角砾岩、角砾凝灰岩构成。礁势平坦，长有贝藻及苔藓。由大白带得名。

小白礁屿

位于渔山列岛西北侧，北渔山西200米处，距大陆岸线最近点45.7千米，呈长形。长470米，宽100米，面积47000平方米，岸线长1.32千米。最高点海拔32.1米（28°53′N、122°14′E）。基岩由上白垩统上塘组集块角砾岩、角砾凝灰岩构成。泥土稀少，长有禾草。处大白礁西侧，小，故名。

竹桥屿

位于北渔山岛东侧10米处，距大陆岸线最近点46.8千米。长120米，宽70米，面积8400平方米，岸线长192米。最高点海拔21.8米（28°53′N、122°15′E）。火山集块角砾岩、角砾凝灰岩构成，悬崖峭壁，岩石嶙峋。长稀疏禾草，栖有海鸟等。岛与北渔山岛仅隔一沟，渔民常搭竹桥连接，故名。

伏虎礁

五虎礁之一。位于北渔山岛东边1千米处，距大陆岸线最近点47.25千米。长180米，宽100米，面积17000平方米，岸线长550米，滩地面积28000平方米。最高点海拔46.6米（28°53′N、122°16′E）。火山集块角砾岩、角砾凝灰岩构成，礁块陡峭险峻。设有领海基点标志。长有禾草和苔藓，栖有海鸥。形如伏虎，1985年1

照5-12　渔山五虎礁

月定名。

仔虎礁

五虎礁之一。位于北渔山东，伏虎礁南约40米处，距大陆岸线最近点47.26千米。长90米，宽40米，面积3600平方米。地理坐标：28°53′N、122°16′E。火山集块角砾岩、角砾凝灰岩构成，礁块陡峭险峻。长有小量禾草和苔藓，栖有海鸥。礁小，且紧贴伏虎礁，1985年1月定名。

尖虎礁

五虎礁之一。位于仔虎礁南100米处，距大陆岸线最近点47.3千米。长70米，宽40米，面积2800平方米，岸线长265米。最高点海拔40米（28°53′N、122°16′E）。火山集块角砾岩、角砾凝灰岩构成，形长，岩壁陡耸。长有少量禾草，栖有海鸥等。礁顶尖削，1985年1月定名。

高虎礁

五虎礁之一。位于仔虎礁南约150米处，距大陆岸线最近点47.4千米，略呈圆锥形。长60米，宽50米，面积3000平方米，岸线长307米，滩地面积6000平方米。最高点海拔53.5米（28°53′N、122°16′E）。火山集块角砾岩、角砾凝灰岩构成。长有少许禾草，栖有海鸥。五虎礁中最高，1985年1月定名。

平虎礁

五虎礁之一。位于北渔山小岙以东700米处，距大陆岸线最近点47.1千米。长70米，宽50米，面积3500平方米，岸线长200米，滩地面积15700平方米。最高点海拔11.3米（28°53′N、122°16′E）。火山集块角砾岩、角砾凝灰岩构成，礁石嶙峋，顶较平。岩石间隙长有紫菜、海螺等。处五虎礁附近，顶较平，故名。

多伦礁

位于北渔山岛东侧，距大陆岸线最近点46.83千米。长50米，宽20米，面积1000平方米，岸线长120米。最高点海拔19米（28°53′N、122°15′E）。火山集块角砾岩、角砾凝灰岩构成，南陡峭，北平缓。长有少许禾草，栖有海鸥，沿岸生贝藻类。“多伦”系闽南语音，含义不清。

坟碑礁

位于大白礁北10米处，距大陆岸线最近点46千米，略呈圆形。长140米，宽110米，面积15400平方米，岸线长236米。最高点海拔27.9米（28°53′N、122°15′E）。火山集块角砾岩、角砾凝灰岩构成，岩壁陡峭。长少许禾草，栖有海鸥。北边一岩陡立，形似坟碑，故名。

观音礁

位于北渔山灯塔东200米处，距大陆岸线最近点48.1千米。长10米，宽50米，面积5000平方米。最高点海拔48.1米（28°53′N、122°15′E）。火山集块角砾岩、角砾凝灰岩构成。地势陡峭，泥土稀少，长少许禾草，栖有海鸥。岛上一岩形如站立观音，故名。

门头大礁

位于北渔山小岙湾口，距离大陆最近点46.1千米。长40米，宽20米，面积800平方米。最高点海拔4米（28°53′N、122°15′E）。火山集块角砾岩、角砾凝灰岩构成，长有贝藻类。处北渔山小岙湾之门头，故名。又与小岙北嘴上娘娘宫遥遥相对，当地亦称娘娘礁。

狭本礁

位于北渔山岛北端40米处，面积745平方米。最高点海拔3米（28°53′N、122°15′E）。由火山凝灰岩构成。“狭本”系闽南语音，含义不清。

拦门大礁

位于北渔山小岙海湾内，与其西侧大岙村仅隔20米。长80米，宽50米，面积4000平方米，岸线长104米。最高点海拔7.4米（28°53′N、122°15′E）。火山角砾凝灰岩构成。礁盘与北渔山岛相连，处小岙海湾门口，大，故名。

观排礁

位于北渔山南观音礁旁，距大陆岸线最近点48.1千米。长50米，宽20米，面积1000平方米，岸线长195米。最高点海拔19.1米（28°53′N、122°15′E）。火山集块角砾岩、角砾凝灰岩构成，礁石嶙峋。处观音礁南，礁石呈排列状，故名。

塔西礁

位于北渔山西南侧约30米处。长40米，宽20米，面积800平方米，岸线长100米。最高点海拔18.8米（28°52′N、122°15′E）。火山集块角砾岩、角砾凝灰岩构成。处北渔山灯塔之西，1984年10月定名。

母鸡礁

位于北渔山西北侧，大白礁南250米处。距大陆岸线最近点47.6千米。长70米，宽50千，面积3500平方米，岸线长250米。最高点海拔16.3米（28°52′N、122°15′E）。火山集块角砾岩、角砾凝灰岩构成。东高西低，岩石嶙峋陡峭，长紫菜、贻贝、海蛎等。礁形如母鸡在孵小鸡，故名“鸡娘礁”。因重名，1985年1月更名。

羊头礁

位于渔山列岛大白礁南200米，面积1200平方米。最高点海拔3.5米（28°52′N、122°14′E）。集块角砾岩、角砾凝灰岩构成。形似羊头，故名。

鸡屙礁

位于北渔山岛南端西侧50米处。长70米，宽30米，面积2100平方米。最高点海拔14.7米（28°52′N、122°15′E）。火山集块角砾岩、角砾凝灰岩构成。因近母鸡礁，又形似一堆鸡屙，故名。

破城礁

位于北渔山之破城门（仙人桥）南偏西250米处，面积约500平方米。最高点海拔1.5米（28°52′N、122°15′E）。火山集块角砾岩、角岩凝灰岩构成。处破城门旁，故名。

小山礁

位于南渔山岛东偏北侧约100米处。长80米，宽40米，面积3200平方米。最高点海拔26.8米（28°51′N、122°14′E）。火山集块角砾岩、角砾凝灰岩构成。处南渔山小山附近，1984年10月定名。

观通礁

位于南渔山东侧约100米处，面积2000平方米。最高点海拔1.5米（28°51′N、122°14′E）。火山角砾凝灰岩构成。处观通站东边，1984年10月定名。

心肝屿

位于南渔山黄鱼岙海湾内。长90米，宽50米，面积45000平方米。最高点海拔30.8米（28°51′N、122°14′E）。火山集块角砾岩、角砾凝灰岩构成。以形得名。

跳连礁

位于南渔山岛东北侧约400米处，距大陆岸线最近点45.3千米，面积1500平方米。最高点海拔3.6米（28°52′N、122°14′E）。火山集块角砾岩、角砾凝灰岩构成。礁盘较大，长有贝藻类。因礁石散乱出露，且相距甚近，故名。

大礁

位于南渔山东北约100米处，距大陆岸线最近点47.23千米，呈半圆形。长150米，宽70米，面积10500平方米，岸线长350米。最高点海拔33.8米（28°51′N、122°14′E）。火山集块角砾岩、角砾凝灰岩构成，岩石嶙峋。泥土稀少，长有茅草，生有紫菜、贝类，栖有海鸟。礁形大，故名。又形似一只大鸟，别名大鸟礁。

南夹礁

位于南渔山岛东南侧约80米处，距大陆岸线最近点45.8千米。面积1500平方米，岸线长220米。最高点海拔11.5米（28°51′N、122°14′E）。火山集块角砾岩、角砾凝灰岩构成，岩石险峻。岸滩长紫菜、海蛎。礁与南渔山岛隔一条“夹弄”，故称。

南渔山岛

渔山列岛主岛之一。位于渔山列岛南首，距大陆岸线最近点铜瓦门山47.8千米。西北—东南向，略呈小鸡形。长1.55千米，宽560米，面积880000平方米，滩地面积147430平方米，岸线长5.17千米。最高点海拔30米（28°51′N、122°13′E）。基岩由白垩统塘上组集块角砾岩、角砾凝灰岩构成。地势高陵，岬短湾浅，岸壁陡峭，西北、西南较为平缓。土壤肥沃（属黄泥沙土），长有黑松（10公顷）、茅草、芒秆及杜鹃、黄栀、黄杨、葛藤和野生仙人掌等，栖有蛇、鼠、鸟等。原为设防岛屿，建有营房、坑道多处和简易盘山公路。西湾建有500吨级码头一座，北湾可靠50吨以下船只。岛上原有柯姓渔民十余户，二百年前从闽南迁居，1955年随国民党军队迁往台湾。处渔山列岛之南，故名。

第四节　群礁　礁

同一个礁盘有2个以上礁的称群礁，象山共有群礁6个。潮位线上，陆域面积500平方米以下者（不以礁盘面积大小论）为礁，全县共有204个礁。

群礁

内含500平方米以上无居民岛及500平方米以下的礁。

五档礁　属韭山列岛。位县城东33.3千米处、南韭山中部南侧、外脤脚南端，西距大陆最近点长嘴头21.19千米。因礁块有五，分布在长400米、宽200米的海域中，南北一字排列成拦挡之势，故名五档礁。明礁有4个，为挡礁、犁头嘴、小犁头、棺材礁，干出礁1个，为小雨伞礁。挡礁和犁头嘴较大。

名膛礁　位县城东南19.3千米、旦门山西南1.9千米处，西距大陆最近点旦门长山嘴600米。当地渔民捕鱼，常在此触礁，以为有“名堂”，故称名堂礁，后误作名膛礁。有6个干出礁组成，分布在长700米、宽200米的海域中，分东西两群排列。东边4个，干出高度约4.2米；西边2个，干出高度约4.1米。均由火山凝灰岩构成。1985年2月，地名标准化处理时，自西向东分别

定名为名礁石、膛礁石、名礁块、鬼名膛、鬼礁、鬼礁石。

百亩田礁　位县城东南26.1千米、北岳山北偏东2千米处，牛鼻山水道西南侧，西南距大陆最近点半边山5.26千米。因其分布范围大，约有百亩水田，故名百亩田礁。由3个干出礁、2个暗礁组成，分布在长600米、宽400米的海域中，呈南北向排列。干出礁干出高度分别为1.6米、0.9米、1.4米，暗礁水深分别为0.7米、3.9米。均由火山凝灰岩构成。1985年2月，地名标准化处理时，自北而南分别定名田暗礁、百暗礁、田石礁、田亩礁、百礁石。群礁形势险恶，是牛鼻山水道险礁之一，曾发生过20余起触礁沉船事故。昔有灯桩，风急浪高而塌。最近10年仍有船触礁，其中有30吨级运输船1艘，170吨级以下货船3艘。1984年10月，在其西南侧三鸭蛋礁上设立灯桩，事故始有消减。其西侧有一铁壳沉船，有碍航行。

七姐妹礁　别称七礁头。位县城东南25.5千米、半边山村南200米处，西距大陆最近点150米，因有7个礁得名。分布在长700米、宽200米的海域中，东西向排列。有干出礁6个，为小平礁、踏道下礁、太婆礁、稻桶石、扁箕礁、元宝礁，干出高度分别为2.5米、1.5米、2米、3米、1.5米、1.9米；明礁1个，为大块礁，海拔18.4米。均由火山凝灰岩构成。

七星礁　位县城东南36.5千米处，檀头山大沙村与尾嘴头之间，西北距大陆最近点鹁鸪头8千米。因七星礁分布在大平头南海中呈北斗状，故名。底盘小，岩石嶙峋，均由火山凝灰岩构成，高约3米。1985年2月，地名标准化处理时分别定名天枢礁、天璇礁、天玑礁、天权礁、玉衡礁、开阳礁、摇光礁。

刺蓬礁　位县城东南38千米、檀头山尾嘴头东2千米处，西北距大陆最近点鹁鸪嘴10.2千米。因分布在癞头屿周围，形似荆棘丛，故名。由4个干出礁和1个暗礁组成。癞头屿北边一礁干出高度0.7米，西北一暗礁水深约0.5米，东边一礁干出高度0.5米，南偏西一礁干出高度2.3米，南边一礁干出高度约2米。均由火山凝灰岩构成。底盘较小，礁岩险恶。1985年2月，地名标准化处理时，分别定名刺癞礁、暗癞礁、癞子礁、瘌痢礁、干癞礁。

礁

全县共有204个，其中干出礁147个、明礁27个、暗礁23个、适淹礁7个。暗礁易导致渔船触礁。

象山县诸礁情况表

表5-14

名　称	类　别	海拔（米）	北　纬	东　经
鹊蛋礁	干出礁	—	29°39′	121°54′
野龙臀礁	干出礁	0.8	29°39′	121°55′
鼠尾礁	干出礁	0.7	29°39′	121°54′
门闩礁	暗礁	-1.1	29°39′	121°54′
门栿礁	干出礁	1.2	29°38′	121°54′
百丈礁	干出礁	0.4	29°37′	121°51′
泥沙礁	暗礁	-0.4	29°37′	121°59′

续表5-14

名　称	类　别	海拔（米）	北　纬	东　经
馒头礁	干出礁	1.4	29°37′	122°01′
小瓦瓯礁	干出礁	1.0	29°37′	121°58′
猫脚爪礁	干出礁	1.2	29°36′	121°49′
泥涂礁	干出礁	2.7	29°36′	121°49′
三礁	干出礁	4.0	29°36′	121°47′
华西礁	干出礁	1.5	29°36′	121°47′
鸡娘蛋礁	暗礁	-2.3	29°35′	122°00′
小鸡娘礁	干出礁	1.0	29°35′	122°00′
雏鸡礁	适淹礁	—	29°35′	122°00′
中央岩	干出礁	4.8	29°35′	121°59′
金夹礁	干出礁	0.6	29°35′	121°59′
金地栿礁	干出礁	1.0	29°35′	121°59′
七仙女礁	干出礁	2.1	29°34′	122°03′
夫鱼礁	干出礁	2.5	29°34′	122°03′
大棋子礁	干出礁	3.6	29°34′	122°04′
小棋子礁	干出礁	3.6	29°34′	122°04′
外牌子	明礁	1.7	29°34′	122°01′
里牌子	明礁	0.6	29°34′	122°01′
八仙桌礁	干出礁	4.1	29°34′	122°03′
洋礁	干出礁	1.5	29°34′	121°59′
酒埕礁	干出礁	2.1	29°34′	121°59′
练杵礁	暗礁	—	29°34′	122°00′
淡船礁	干出礁	2.8	29°34′	121°59′
三脚香炉礁	暗礁	-6.0	29°33′	122°02′
缸瓯礁	干出礁	1.6	29°33′	121°58′
小红岩	明礁	2.7	29°33′	122°03′
红钱礁	干出礁	3.9	29°33′	122°03′
北稻秆礁	暗礁	-4.5	29°33′	122°01′
沉钱礁	暗礁	-2.2	29°33′	122°03′

续表5-14

名 称	类 别	海拔（米）	北 纬	东 经
小礁	干出礁	3. 1	29°33′	121°57′
紫山尾礁	干出礁	1. 4	29°33′	122°04′
水礁	干出礁	3. 1	29°33′	121°58′
水下礁	干出礁	1. 3	29°33′	121°59′
长暗礁	干出礁	4. 8	29°33′	121°57′
鸡冠嘴礁	明礁	5. 1	29°33′	121°57′
南稻秆礁	暗礁	-4. 1	29°32′	122°01′
西乌礁	干出礁	3. 6	29°32′	121°47′
火叉水礁	明礁	—	29°32′	121°59′
鲳鱼礁	暗礁	-1. 2	29°32′	122°03′
外鲳鱼礁	暗礁	-1. 6	29°32′	122°04′
凤凰礁	干出礁	2. 6	29°32′	121°45′
凤鼠礁	暗礁	-1. 1	29°32′	121°45′
礁门礁	干出礁	2. 5	29°32′	121°44′
羊角礁	干出礁	0. 3	29°32′	121°47′
青礁夹礁	干出礁	1. 5	29°32′	121°59′
长礁渡礁	明礁	3. 4	29°32′	121°44′
乌沙礁	干出礁	1. 6	29°31′	121°40′
象面小礁	干出礁	3. 3	29°31′	121°57′
小碗礁	干出礁	0. 9	29°31′	121°58′
蛇蛋礁	干出礁	3. 7	29°30′	121°56′
拦门礁	干出礁	0. 2	29°30′	122°04′
七姑娘礁	干出礁	2. 0	29°29′	121°56′
里马角礁	干出礁	1. 1	29°29′	121°58′
外马角礁	干出礁	1. 1	29°29′	121°59′
羊尾巴	干出礁	0. 4	29°28′	121°58′
碗礁	干出礁	4. 6	29°57′	121°59′
螺球湾小礁	干出礁	4. 2	29°27′	122°10′
抛露礁	适淹礁	—	29°27′	122°02′

续表5-14

名　称	类　别	海拔（米）	北　纬	东　经
鞋底礁	暗礁	-2.0	29°27′	122°12′
向盘礁	暗礁	-1.8	29°27′	122°11′
小塘礁	干出礁	1.5	29°26′	122°12′
燥谷仓小礁	明礁	—	29°25′	122°12′
仙人桥礁	干出礁	—	29°25′	122°12′
风水礁	暗礁	-0.5	29°25′	122°10′
中脤脚礁	干出礁	1.5	29°25′	122°12′
小雨伞礁	干出礁	—	29°25′	122°11′
前面头礁	干出礁	—	29°24′	122°00′
黑礁	暗礁	-2.3	29°24′	122°09′
蚊虫山小礁	干出礁	4.0	29°24′	122°10′
马鞍桩	干出礁	2.3	29°24′	122°10′
龙礁	干出礁	4.2	29°23′	122°10′
白礁	暗礁	-2.1	29°23′	122°10′
马灯礁	干出礁	—	29°23′	122°11′
外道礁	明礁	—	29°23′	122°12′
里道礁	干出礁	4.2	29°23′	122°12′
铜帽北翼礁	明礁	10.0	29°22′	122°12′
铜帽南翼礁	明礁	—	29°22′	122°13′
铜山小礁	干出礁	—	29°22′	122°13′
后峧头礁	明礁	5.0	29°21′	121°55′
水桶岙礁	明礁	5.0	29°21′	121°55′
猫爪礁	明礁	4.3	29°21′	122°00′
小田螺礁	适淹礁	1.0	29°21′	122°01′
松籽礁	明礁	5.0	29°21′	121°47′
暗虎礁	暗礁	-1.1	29°20′	121°59′
明虎礁	干出礁	4.5	29°20′	121°58′
小猪礁	干出礁	2.0	29°20′	122°00′
平礁	干出礁	2.7	29°20′	121°57′

续表5-14

名　称	类　别	海拔（米）	北　纬	东　经
水獭礁	明礁	1.0	29°20′	122°00′
耙鼻头礁	干出礁	3.6	29°20′	121°58′
名礁块	干出礁	4.2	29°19′	121°57′
名礁石	干出礁	4.0	29°19′	121°57′
鬼礁	干出礁	1.5	29°19′	121°57′
鬼名膛	干出礁	4.0	29°19′	121°57′
鬼礁石	干出礁	4.2	29°19′	121°57′
膛礁石	干出礁	4.1	29°19′	121°57′
田石礁	干出礁	0.9	29°18′	122°02′
百暗礁	暗礁	-3.9	29°18′	122°02′
田暗礁	暗礁	-0.7	29°18′	122°02′
田亩礁	干出礁	1.6	29°18′	122°02′
百礁石	干出礁	1.4	29°18′	122°02′
三鸭蛋	干出礁	5.0	29°18′	122°02′
木杓礁	干出礁	1.7	29°17′	121°58′
上缸瓯礁	干出礁	3.2	29°17′	121°57′
下缸瓯礁	干出礁	4.7	29°17′	121°57′
狗心礁	干出礁	4.4	29°17′	121°57′
连岳礁	干出礁	3.0	29°17′	122°01′
近门礁	干出礁	1.7	29°17′	122°01′
碎碎礁	明礁	6.0	29°17′	122°01′
小鸡冠礁	干出礁	1.2	29°16′	122°02′
元宝礁	干出礁	1.9	29°16′	121°59′
小平礁	干出礁	2.5	29°16′	121°59′
婆婆礁	明礁	5.7	29°15′	121°58′
牛乱子宕	干出礁	3.0	29°13′	121°58′
牛乱子礁	干出礁	4.0	29°13′	121°59′
小缸瓯礁	干出礁	0.8	29°13′	122°00′
紫菜地礁	干出礁	4.0	29°13′	121°59′

续表5-14

名　称	类　别	海拔（米）	北　纬	东　经
娘娘印	适淹礁	—	29°13′	121°57′
切开礁	明礁	—	29°11′	122°01′
石老虎礁	暗礁	-0.5	29°11′	121°58′
小哈蟆礁	干出礁	3.0	29°11′	122°02′
小百亩礁	干出礁	1.3	29°11′	122°00′
水桶礁	干出礁	0.9	29°11′	122°00′
暗癞礁	暗礁	-0.5	29°11′	122°04′
摇光礁	明礁	3.5	29°11′	122°03′
开阳礁	明礁	3.0	29°11′	122°02′
玉衡礁	明礁	3.0	29°11′	122°02′
蚶子礁	明礁	5.0	29°11′	121°56′
癞子礁	干出礁	0.5	29°11′	122°04′
癞痢礁	干出礁	2.3	29°11′	122°04′
干癞礁	干出礁	2.0	29°11′	122°04′
土地礁	干出礁	4.3	29°10′	121°54′
里埠头礁	干出礁	—	29°10′	122°00′
双嘴岩	明礁	10.0	29°09′	122°02′
稻床礁	干出礁	—	29°09′	122°03′
黄石礁	干出礁	3.3	29°09′	121°50′
外稻桶礁	干出礁	1.3	29°09′	122°03′
舱板礁	干出礁	—	29°09′	122°00′
大牛角嘴礁	干出礁	—	29°09′	122°02′
棒浪礁	干出礁	0.7	29°09′	121°59′
东瓜嘴礁	干出礁	—	29°09′	122°00′
人头礁	干出礁	3.5	29°09′	122°02′
石栏礁	干出礁	1.0	29°09′	121°58′
黄牛乱子礁	适淹礁	—	29°09′	121°49′
乌缆桩礁	干出礁	—	29°09′	121°01′
水底礁	干出礁	1.2	29°09′	122°00′

续表5-14

名　称	类　别	海拔（米）	北　纬	东　经
半南礁	明礁	7.2	29°08′	121°58′
蓬浪礁	干出礁	2.9	29°07′	121°58′
龙珠礁	适淹礁	—	29°07′	121°52′
龙背礁	干出礁	—	29°06′	121°58′
风门小礁	干出礁	4.0	29°05′	121°57′
大鱼埠头礁	干出礁	—	29°05′	121°57′
乌龟脚爪礁	干出礁	1.6	29°05′	121°58′
泥螺蛋礁	暗礁	-6.4	29°05′	122°09′
泥礁	干出礁	2.5	29°05′	121°51′
猢狲桩礁	干出礁	1.4	29°05′	121°59′
猢狲扣礁	干出礁	0.6	29°05′	121°59′
软泥礁	干出礁	3.4	29°04′	121°50′
元宝石	干出礁	6.3	29°04′	121°46′
小青礁	干出礁	—	29°04′	121°47′
猪头礁	干出礁	3.6	29°04′	121°46′
蟹子礁	干出礁	2.4	29°03′	121°50′
横礁	干出礁	1.0	29°03′	121°55′
水牛礁	干出礁	3.4	29°03′	121°57′
尖浪礁	适淹礁	—	29°03′	121°49′
四块石礁	干出礁	3.7	29°03′	121°47′
西炮弹礁	明礁	5.0	29°03′	121°49′
东炮弹礁	明礁	6.0	29°03′	121°49′
狝橱门礁	干出礁	—	29°03′	121°49′
狮子尾礁	干出礁	2.0	29°03′	121°48′
香炉碗礁	干出礁	2.6	29°03′	121°48′
水牛游礁	干出礁	2.2	29°03′	121°49′
稻穗礁	干出礁	5.4	29°03′	121°48′
龙牙屑礁	干出礁	5.1	29°02′	121°48′
甲壳虫礁	暗礁	-3.6	29°02′	121°48′

续表5-14

名　称	类　别	海拔（米）	北　纬	东　经
女英礁	干出礁	1.4	29°00′	121°59′
草鞋扣礁	干出礁	—	29°00′	121°53′
草鞋带礁	干出礁	—	29°00′	121°53′
草鞋底礁	干出礁	—	29°00′	121°53′
卵黄旦礁	干出礁	1.6	28°53′	122°15′
旁大礁	干出礁	0.8	28°53′	122°15′
三撑礁	干出礁	2.8	28°53′	122°15′
地栿礁	干出礁	—	28°53′	122°16′
尴尬礁	干出礁	0.5	28°53′	122°16′
老虎屎礁	干出礁	2.2	28°53′	122°16′
老虎爪礁	干出礁	2.0	28°53′	122°16′
边礁	干出礁	2.0	28°53′	122°15′
南多伦礁	干出礁	2.0	28°53′	122°15′
笔架礁	干出礁	3.6	28°53′	122°16′
落仙礁	干出礁	2.0	28°52′	122°15′
乱岩礁	干出礁	3.0	28°52′	122°15′
白笔架礁	干出礁	2.5	28°52′	122°13′
鸡蛋礁	干出礁	1.4	28°52′	122°15′
鸡娘屎礁	明礁	3.0	28°52′	122°15′
老太婆礁	干出礁	1.5	28°51′	122°13′
小乌礁	干出礁	3.0	28°51′	122°14′
岙底礁	干出礁	1.5	28°51′	122°14′
湾里小礁	干出礁	1.5	28°51′	122°13′

2008年象山县调整分离岛礁情况表

表5-15

名　称	地理坐标		面　积（平方米）	海拔最高点（米）
	北　纬	东　经		
扁屿小礁	29°04′	121°54′	1354.99	5.0
大半边北礁	29°34′	122°00′	881.02	5.0

续表5-15

名 称	地 理 坐 标		面 积 （平方米）	海拔最高点 （米）
	北 纬	东 经		
大半边南礁	29°34′	122°00′	901.27	5.0
大蚕舌礁	29°15′	122°01′	2067.84	6.0
小蚕舌礁	29°16′	122°02′	1038.93	4.0
大漠岩礁	29°24′	122°00′	667.89	3.0
大漠石礁	29°27′	122°00′	505.98	4.0
大漠块礁	29°27′	122°00′	516.10	4.0
大漠尾岩礁	29°24′	122°00′	850.03	5.0
大漠尾石礁	29°24′	122°00′	718.50	4.0
大漠尾块礁	29°24′	122°00′	516.09	3.0
灯笼块礁	29°33′	122°01′	1873.41	2.0
灯笼石礁	29°33′	122°02′	1387.33	2.0
地保小礁	29°28′	121°59′	1143.38	5.0
虎栏礁	29°37′	122°02′	686.52	5.0
东峙岩礁	29°36′	122°00′	1544.70	5.0
东峙石礁	29°37′	122°01′	1181.22	5.0
二头白小礁	29°32′	121°59′	973.38	8.5
北黄礁	29°28′	122°12′	2130.29	14.0
鸡笼小礁	29°13′	122°03′	5926.48	18.0
积谷小礁	29°22′	122°13′	1127.18	10.0
积谷岩礁	29°22′	122°13′	640.19	6.1
万瑟礁	29°09′	121°58′	2769.42	14.2
金龙小礁	29°09′	121°58′	740.34	5.0
中扁担礁	29°04′	121°46′	3100.43	10.0
扁屿岩礁	29°04′	121°53′	3662.17	15.0
棺材礁	29°25′	122°11′	2308.69	10.0
里四块小礁	29°27′	122°11′	625.70	5.0
乱岩头小礁	29°27′	122°14′	1280.42	10.0
乌贼湾小礁	29°25′	122°10′	793.77	6.1
花洞岙小礁	29°25′	122°11′	740.53	7.9

续表5-15

名　称	地　理　坐　标		面　积 （平方米）	海拔最高点 （米）
	北　纬	东　经		
牛粪北礁	28°54′	122°16′	728.53	20.0
牛粪西礁	28°54′	122°16′	767.21	18.2
麒麟腰小礁	29°27′	122°15′	1581.97	13.1
青焦尾礁	29°28′	121°59′	1312.70	4.0
中帽翼礁	29°06′	122°01′	941.19	5.5
太婆礁	29°16′	121°59′	1083.39	5.0
稻桶石礁	29°16′	121°59′	1068.88	4.0
铁墩北翼礁	29°23′	122°12′	7896.65	22.9
铁墩西翼礁	29°22′	122°12′	2994.50	12.4
下青石礁	29°32′	121°59′	1433.44	8.4
小东岭舌礁	29°37′	122°01′	1261.99	4.0
小青山小礁	29°27′	122°15′	3563.93	18.1
小青山雏礁	29°27′	122°15′	617.64	11.2
羊背石礁	29°28′	121°58′	967.59	4.0
羊背岩礁	29°28′	121°58′	986.94	5.0
羊头块礁	29°28′	121°59′	1744.89	5.0
羊头石礁	29°28′	121°59′	686.99	5.0
羊头小礁	29°28′	121°59′	5628.19	20.0
中嘴小礁	29°24′	122°00′	1505.83	3.0
中嘴岩礁	29°24′	122°00′	961.38	3.0
猪栏门礁	29°32′	121°59′	2161.00	8.2
大螺塘礁	29°27′	121°59′	5253.08	5.0
马鞍石礁	29°24′	122°10′	567.89	5.0
狮子口礁	29°28′	121°59′	5128.24	23.9
南寺嘴礁	29°03′	121°48′	898.64	9.9
南帽翼礁	29°06′	122°01′	759.00	7.0
断浜园山礁	29°06′	121°58′	4320.60	24.2
狭本礁	28°53′	122°15′	744.65	3.0
牛桩礁	29°27′	121°59′	1527.18	4.0

续表5-15

名　称	地　理　坐　标		面　积（平方米）	海拔最高点（米）
	北　纬	东　经		
白马礁	29°24′	121°59′	1505.83	5.0
蛤蜊礁	29°34′	122°00′	1225.29	7.0
里平岩礁	29°26′	121°58′	689.00	5.0
螺礁	29°29′	121°57′	1419.14	7.0
鸡冠头礁	29°34′	121°59′	2797.83	8.2
拦门虎礁	29°34′	122°00′	688.59	4.0
犁头嘴山屿	29°27′	122°13′	5792.57	10.0
黄胖小礁	29°36′	122°01′	1211.52	3.0
小平岩礁	29°26′	121°58′	1734.37	4.0
小碗盘礁	29°28′	121°59′	790.20	4.5
秤柱礁	29°11′	121°59′	1636.97	6.0
虎舌头小礁	29°36′	122°01′	2171.00	5.0
小雨伞礁	29°25′	122°11′	1752.09	5.0
中雨伞礁	29°16′	121°59′	2176.43	13.9
檀长北礁	29°11′	122°02′	824.73	6.5
上扁担礁	29°04′	121°57′	556.24	4.5

2008年象山县岛礁注销情况表

表5-16

注销前名称	地　理　坐　标		面　积（平方米）	海拔最高点（米）	注销原因
	北　纬	东　经			
里湖礁	29°24′	121°54′	1400	7.0	围垦
鹁鸪山	29°23′	121°56′	180000	61.8	围垦
列山	29°22′	121°55′	20000	16.7	围垦
上大门山	29°23′	121°55′	20400	26.0	围垦
下大门山	29°23′	121°55′	34100	22.8	围垦
小门山	29°22′	121°55′	28000	17.0	围垦
黄牛礁	29°23′	121°55′	350	3.4	围垦
狐狸礁	29°23′	121°55′	50	0.7	围垦
塔礁	29°23′	121°55′	2100	6.0	围垦

续表5-16

注销前名称	地理坐标		面积（平方米）	海拔最高点（米）	注销原因
	北纬	东经			
小留湖礁	29°38′	121°55′	100	1.1	围垦
磨山	29°37′	121°51′	1500	12.0	围垦
田螺山	29°38′	121°55′	500	9.8	围垦
长山	29°38′	121°55′	11500	13.0	围垦
扁鸡山	29°38′	121°55′	4000	15.0	囤垦
里留湖礁	29°38′	121°54′	1500	8.0	围垦
圆山	29°38′	121°55′	10800	21.0	围垦
婆罗岐山	29°32′	121°46′	6300	17.3	围垦
镬肚皮岛	29°38′	121°56′	3600	12.1	围垦
海山小礁	29°28′	121°46′	330	3.5	围垦
大荸荠岛	29°29′	121°57′	15300	30.0	围垦
礁头	29°28′	121°57′	2800	6.5	围垦
台宁屿	29°11′	121°47′	7533	16.1	围垦
松树山	29°20′	121°48′	35000	46.9	围垦
穿礁	29°04′	121°47′	6500	10.0	围垦
箬帽山	29°07′	121°46′	24000	15.0	围垦
磨石礁	29°28′	121°57′	3000	11.0	围垦
狗山屿	29°09′	121°49′	25000	24.3	与大岛合并
青门山岛	29°30′	121°58′	700000	110.5	与大岛合并

第六篇
昼夜　气候

本篇目录

第一章　昼　　夜

民国《象山县志》“卷三象纬表”有《二十四气各候午正太阳高度　立表五尺景长》《二十四气各候日出入昼夜朦时刻》《二十四气各候昏旦更点时刻中星》诸表，记昼、夜、日出、日落时刻。2008 年，县气象局在县中心城区人民广场设丹城监测点，逐日测出日出、日落、天亮、天黑时刻并计算出白天、黑夜的时长。

第一节　日出、日落时刻

日出为日面出露地平线的瞬间，日落为日面完全没入地平线下的时刻。丹城观察点测得日出最早 6 月 11 日 4 时 51 分 38 秒，最迟 1 月 11 日 6 时 48 分 24 秒；日落最早 12 月 1 日 16 时 53 分 29 秒，最迟 7 月 1 日 18 时 56 分 18 秒。

2008 年象山县丹城监察点日出、日落时刻表

表 6-1　　　　单位：时、分

月	一		二		三		四		五		六	
日	日出	日落	日出	日落	日出	日落	日出	日落	日出	日落	日出	日落
1	6：47	17：05	6：43	17：37	6：19	17：52	5：43	18：11	5：11	18：29	4：53	18：47
2	6：47	17：05	6：42	17：38	6：18	17：52	5：42	18：12	5：10	18：29	4：52	18：48
3	6：48	17：06	6：41	17：39	6：17	17：53	5：40	18：12	5：09	18：30	4：52	18：48
4	6：48	17：07	6：41	17：40	6：16	17：54	5：39	18：13	5：09	18：31	4：52	18：49
5	6：48	17：08	6：40	17：40	6：15	17：55	5：38	18：14	5：08	18：31	4：52	18：49
6	6：48	17：09	6：39	17：41	6：14	17：55	5：37	18：14	5：07	18：32	4：52	18：50
7	6：48	17：09	6：39	17：42	6：13	17：56	5：36	18：15	5：06	18：33	4：52	18：50
8	6：48	17：10	6：38	17：43	6：12	17：57	5：34	18：15	5：05	18：34	4：52	18：51
9	6：48	17：11	6：37	17：44	6：10	17：57	5：33	18：16	5：04	18：34	4：52	18：51
10	6：48	17：12	6：37	17：44	6：09	17：58	5：32	18：16	5：03	18：35	4：52	18：52
11	6：48	17：13	6：36	17：45	6：08	17：59	5：31	18：17	5：02	18：36	4：52	18：52
12	6：48	17：14	6：35	17：45	6：07	17：59	5：30	18：18	5：02	18：36	4：52	18：53
13	6：48	17：16	6：34	17：45	6：06	18：00	5：29	18：18	5：01	18：37	4：52	18：53
14	6：48	17：17	6：33	17：45	6：05	18：00	5：28	18：19	5：01	18：37	4：52	18：53
15	6：48	17：19	6：32	17：45	6：04	18：01	5：27	18：19	5：00	18：38	4：52	18：53

续表6-1

月	一		二		三		四		五		六	
日	日出	日落	日出	日落	日出	日落	日出	日落	日出	日落	日出	日落
16	6：47	17：20	6：31	17：46	6：02	18：01	5：26	18：20	4：59	18：39	4：52	18：54
17	6：47	17：22	6：31	17：46	6：01	18：02	5：25	18：21	4：59	18：39	4：52	18：54
18	6：47	17：24	6：30	17：46	6：00	18：03	5：24	18：21	4：58	18：40	4：52	18：54
19	6：47	17：25	6：29	17：46	5：59	18：03	5：23	18：22	4：58	18：40	4：52	18：55
20	6：47	17：27	6：28	17：46	5：58	18：04	5：22	18：22	4：57	18：41	4：53	18：55
21	6：47	17：28	6：27	17：46	5：56	18：04	5：21	18：23	4：56	18：41	4：53	18：55
22	6：46	17：29	6：26	17：47	5：55	18：05	5：20	18：23	4：56	18：42	4：53	18：55
23	6：46	17：30	6：25	17：47	5：54	18：06	5：19	18：24	4：56	18：43	4：53	18：55
24	6：45	17：31	6：24	17：48	5：53	18：06	5：18	18：25	4：55	18：43	4：54	18：56
25	6：45	17：32	6：23	17：49	5：51	18：07	5：17	18：25	4：55	18：44	4：54	18：56
26	6：45	17：32	6：22	17：50	5：50	18：07	5：16	18：26	4：55	18：44	4：54	18：56
27	6：44	17：33	6：21	17：50	5：49	18：08	5：15	18：26	4：54	18：45	4：54	18：56
28	6：44	17：34	6：20	17：51	5：48	18：09	5：14	18：27	4：54	18：45	4：55	18：56
29	6：44	17：35	—	—	5：46	18：09	5：13	18：28	4：54	18：46	4：55	18：56
30	6：43	17：36	—	—	5：45	18：10	5：12	18：28	4：53	18：46	4：55	18：56
31	6：43	17：36	—	—	5：44	18：11	—	—	4：53	18：47	—	—
闰年二月	21日	22日	23日	24日	25日	26日	27日	28日	29日	—		
日出	6：27	6：26	6：25	6：24	6：23	6：23	6：22	6：21	6：20	—		
日落	17：46	17：47	17：47	17：48	17：49	17：49	17：50	17：50	17：51	—		

2008年象山县丹城观察点日出、日落时刻表

表6-2

单位：时、分

月	七		八		九		十		十一		十二	
日	日出	日落	日出	日落	日出	日落	日出	日落	日出	日落	日出	日落
1	4：56	18：56	5：12	18：44	5：30	18：15	5：45	17：39	6：06	17：07	6：29	16：53
2	4：56	18：56	5：13	18；43	5：30	18：14	5：46	17：37	6：07	17：06	6：30	16：54
3	4：57	18：56	5：14	18：42	5：31	18：13	5：47	17：36	6：07	17：06	6：31	16：54
4	4：57	18：56	5：15	18：42	5：31	18：12	5：47	17：35	6：08	17：05	6：32	16：54
5	4：58	18：56	5：16	18：41	5：32	18：10	5：48	17；34	6：09	17：04	6：33	16：54
6	4：58	18：56	5：17	18：40	5：32	18：09	5：48	17：33	6：10	17：03	6：33	16：54
7	4：59	18：56	5：18	18：39	5：33	18：08	5：49	17：32	6：10	17：02	6：34	16：54
8	4：59	18：56	5：19	18：39	5：33	18：07	5：49	17：30	6：11	17：02	6：35	16：54

续表6-2

月	七		八		九		十		十一		十二	
日	日出	日落	日出	日落	日出	日落	日出	日落	日出	日落	日出	日落
9	5：00	18：56	5：20	18：38	5：34	18：06	5：50	17：29	6：12	17：01	6：36	16：54
10	5：00	18：55	5：21	18：37	5：34	18：04	5：51	17：28	6：13	17：00	6：37	16：54
11	5：01	18：55	5：22	18：37	5：35	18：03	5：51	17：27	6：14	16：59	6：37	16：55
12	5：01	18：55	5：22	18：36	5：35	18：02	5：52	17：26	6：14	16：59	6：38	16：55
13	5：02	18：55	5：22	18：35	5：36	18：01	5：53	17：25	6：15	16：59	6：39	16：55
14	5：02	18：54	5：23	18：34	5：36	18：00	5：53	17：24	6：16	16：58	6：39	16：56
15	5：03	18：54	5：23	18：33	5：37	17：58	5：54	17：23	6：17	16：58	6：40	16：56
16	5：03	18；53	5：23	18：32	5：38	17：57	5：55	17：22	6：18	16：57	6：40	16：57
17	5：04	18；53	5：23	18：31	5：38	17：56	5：55	17：21	6：18	16：57	6：41	16：57
18	5：04	18：53	5：23	18：30	5：39	17：55	5：56	17：20	6：19	16：57	6：42	16：57
19	5：05	18：52	5：24	18：30	5：39	17：54	5：57	17：19	6：20	16：56	6：42	16：58
20	5：05	18：52	5：24	18：29	5：40	17：53	5：57	17：18	6：21	16：56	6：43	16：58
21	5：06	18：51	5：24	18：28	5：41	17：51	5：58	17：17	6：22	16：55	6：43	16：59
22	5：06	18：51	5：25	18：27	5：41	17：50	5：59	17：16	6：22	16：55	6：44	16：59
23	5：07	18：50	5：25	18：26	5：41	17：49	5：59	17：15	6：23	16：55	6：44	17：00
24	5：07	18：49	5：26	18：24	5：42	17：48	6：00	17：14	6：24	16：55	6：44	17：00
25	5：08	18：49	5：26	18：23	5：42	17：46	6：01	17：13	6：25	16：55	6：45	17：01
26	5：09	18：48	5：27	18：22	5：43	17：45	6：02	17：12	6：25	16：54	6：45	17：01
27	5：09	18：47	5：27	18：21	5：43	17：44	6：02	17：12	6：26	16：54	6：46	17：02
28	5：10	18：46	5：28	18：20	5：44	17：42	6：03	17：11	6：27	16：54	6：46	17：02
29	5：10	18：46	5：28	18：19	5：44	17：41	6：04	17：10	6：28	16：54	6：46	17：03
30	5：11	18：45	5：29	18：17	5：45	17：40	6：04	17：09	6：29	16：54	6：47	17：03
31	5：12	18：44	5：29	18：16	—	—	6：05	17：08	—	—	6：47	17：04

说明：日出日落时间：≥30 秒进入分，<30 秒舍

第二节　天亮、天黑时刻

天亮指太阳即将出地平线时刻，天黑指太阳在地平线下 6°时刻（略早、略迟日出、日落时刻）。丹城观察点测得，天亮最早 6 月 11 日 4 时 20 分 4 秒，最迟 1 月 11 日 6 时 28 分 24 秒；天黑最早 12 月 1 日 17 时 23 分 32 秒，最迟 7 月 1 日 19 时 28 分 52 秒。相差皆在 2 小时以上。

2008 年象山县丹城观察点每日天亮、天黑时刻表

表 6-3　　单位：时、分

月	一		二		三		四		五		六	
日	天亮	天黑	天亮	天黑	天亮	天黑	天亮	天黑	天亮	天黑	天亮	天黑
1	6：16	17：36	6：14	17：59	5：51	18：19	5：16	18：38	4：42	18：57	4：22	19：18
2	6：17	17：37	6：13	18：00	5：50	18：19	5：15	18：39	4：41	18；58	4：22	19：18
3	6：17	17：38	6：13	18：00	5：49	18：20	5：13	18：40	4：40	18：59	4：22	19：19
4	6：17	17：39	6：12	18：01	5：48	18：21	5：12	18：40	4：39	19：00	4：21	19：19
5	6：17	17：40	6：12	18：02	5：47	18：21	5：11	18：41	4：38	19：00	4：21	19：20
6	6：17	17：41	6：11	18：03	5：46	18：22	5：10	18：42	4：37	19：01	4：21	19：20
7	6：18	17：41	6：10	18：03	5：45	18：23	5：08	18：42	4：36	19；02	4：21	19：21
8	6：18	17：42	6：10	18：04	5：44	18：23	5：07	18：43	4：35	19：03	4：21	19：21
9	6：18	17：43	6：09	18：05	5：43	18：24	5：06	18：44	4：34	19：04	4：20	19：22
10	6：18	17：44	6：09	18：05	5：42	18：25	5：04	18：44	4：33	19：04	4：20	19：22
11	6：18	17；44	6：08	18：06	5：41	18：25	5：03	18：45	4：33	19：05	4：20	19：23
12	6：18	17：44	6：07	18：07	5：40	18：26	5：02	18：46	4：32	19：06	4：20	19：23
13	6：18	17：45	6：06	18：08	5：39	18：27	5：01	18：46	4：31	19：07	4：20	19：23
14	6：18	17：46	6：05	18：08	5：38	18：27	5：00	18：47	4：31	19：07	4：20	19：24
15	6：18	17：47	6；04	18：09	5：37	18：28	4：59	18：48	4：30	19：08	4：20	19：24
16	6：18	17：47	6：03	18：10	5：36	18：28	4：58	18：48	4：30	19：09	4：21	19：24
17	6：18	17：48	6：02	18：11	5：34	18：29	4：57	18：49	4：29	19：09	4：21	19：25
18	6：18	17：49	6：01	18：11	5：33	18：29	4：55	18：50	4：28	19：10	4：21	19：25
19	6：18	17：50	6：00	18：12	5：32	18：30	4：54	18：50	4：28	19：11	4：21	19：25
20	6：18	17：50	5：59	18：13	5：31	18：31	4：53	18：51	4：27	19：11	4：21	19：26
21	6：17	17：51	5：58	18：14	5：30	18；31	4：52	18：52	4：27	19：12	4：21	19：26
22	6：17	17：52	5：57	18：14	5：28	18：32	4：51	18：52	4：26	19：13	4：21	19：26
23	6：17	17：53	5：56	18：15	5：27	18：32	4：50	18：53	4：26	19：13	4：22	19：26
24	6：16	17：53	5：55	18：16	5：26	18：33	4：49	18：53	4：25	19：14	4：22	19：26
25	6：16	17：54	5：55	18：16	5：25	18：34	4：48	18：54	4：25	19：14	4：22	19：27
26	6：16	17：55	5：54	18：17	5：24	18：34	4：47	18：55	4：25	19：15	4：23	19：27
27	6：16	17：55	5：53	18：17	5：22	18：35	4：46	18：55	4：24	19：15	4：23	19：27
28	6：15	17：56	5：52	18：18	5：21	18：36	4：45	18：56	4：24	19：16	4：23	19：27
29	6：15	17：57	—	—	5：20	18：36	4：44	18：56	4：23	19：16	4：23	19：27
30	6：15	17：58	—	—	5：19	18：37	4：43	18：57	4：23	19：17	4：24	19：28
31	6：14	17：58	—	—	5：17	18：38	—	—	4：22	19：17	—	—

续表6-3

月	一		二		三		四		五		六	
日	天亮	天黑	天亮	天黑	天亮	天黑	天亮	天黑	天亮	天黑	天亮	天黑
闰年二月	21日	22日	23日	24日	25日	26日	27日	28日	29日	—		
天亮	5：58	5：57	5：56	5：56	5：55	5：54	5：53	5：53	5：52	—		
天黑	18：14	18：14	18：15	18：15	18：16	18：17	18：17	18：18	18：18	—		
月	七		八		九		十		十一		十二	
日	天亮	天黑	天亮	天黑	天亮	天黑	天亮	天黑	天亮	天黑	天亮	天黑
1	4：24	19：28	4：41	19：15	5：00	18：44	5：17	18：06	5：37	17：35	5：57	17：24
2	4：24	19：28	4：41	19：15	5：01	18：43	5：18	18：05	5：38	17：34	5：58	17：24
3	4：25	19：28	4：42	19：14	5：01	18：41	5：18	18：04	5：38	17：34	5：59	17：24
4	4：25	19：28	4：43	19：13	5：02	18：40	5：19	18：03	5：39	17：33	6：00	17：24
5	4：26	19：27	4：43	19：12	5：02	18：39	5：19	18：02	5：40	17：33	6：01	17：24
6	4：26	19：27	4：44	19：11	5：03	18：38	5：20	18：01	5：40	17：32	6：02	17：25
7	4：26	19：27	4：45	19：10	5：04	18：36	5：20	17：59	5：41	17：32	6：03	17：25
8	4：27	19：27	4：45	19：09	5：04	18：35	5：21	17：58	5：42	17：31	6：04	17：25
9	4：27	19：27	4：46	19：08	5：05	18：34	5：21	17：57	5：43	17：30	6：05	17：25
10	4：28	19：27	4：47	19：07	5：05	18：32	5：22	17：56	5：43	17：30	6：06	17：25
11	4：28	19：27	4：48	19：06	5：06	18：31	5：22	17：55	5：44	17：29	6：06	17：26
12	4：29	19：27	4：48	19：05	5：07	18：30	5：23	17：54	5：45	17：29	6：07	17：26
13	4：29	19：26	4：49	19：04	5：07	18：29	5：23	17：53	5：46	17：28	6：08	17：26
14	4：30	19：26	4：50	19：03	5：08	18：27	5：24	17：52	5：46	17：28	6：08	17：27
15	4：30	19：26	4：50	19：02	5：08	18：26	5：24	17：51	5：47	17：27	6：09	17：27
16	4：31	19：25	4：51	19：01	5：09	18：25	5：25	17：50	5：48	17：27	6：09	17：28
17	4：31	19：25	4：52	19：00	5：09	18：23	5：26	17：49	5：49	17：26	6：10	17：28
18	4：32	19：25	4：52	18：59	5：10	18：22	5：26	17：48	5：50	17：26	6：11	17：28
19	4：32	19：24	4：53	18：58	5：11	18：21	5：27	17：47	5：50	17：25	6：11	17：29
20	4：33	19：24	4：54	18：57	5：11	18：20	5：27	17：46	5：51	17：25	6：12	17：29
21	4：33	19：24	4：55	18：56	5：12	18：18	5：28	17：45	5：52	17：24	6：12	17：30
22	4：34	19：23	4：55	18：55	5：12	18：17	5：29	17：44	5：52	17：24	6：13	17：30
23	4：34	19：22	4：56	18：54	5：13	18：16	5：30	17：43	5：53	17：24	6：13	17：31
24	4：35	19：22	4：56	18：52	5：13	18：15	5：30	17：42	5：54	17：24	6：13	17：31
25	4：36	19：21	4：57	18：51	5：14	18：14	5：31	17：41	5：54	17：24	6：14	17：32
26	4：36	19：20	4：57	18：50	5：15	18：12	5：32	17：40	5：55	17：24	6：14	17：32
27	4：37	19：19	4：58	18：49	5：15	18：11	5：33	17：40	5：55	17：24	6：15	17：33
28	4：38	19：18	4：58	18：48	5：16	18：10	5：34	17：39	5：56	17：24	6：15	17：33

续表6-3

月	七		八		九		十		十一		十二	
日	天亮	天黑	天亮	天黑	天亮	天黑	天亮	天黑	天亮	天黑	天亮	天黑
29	4：38	19：18	4：59	18：47	5：16	18：09	5：34	17：38	5：56	17：24	6：15	17：34
30	4：39	19：17	4：59	18：46	5：17	18：08	5：35	17：37	5：57	17：24	6：16	17：34
31	4：40	19：16	5：00	18：45	—	—	5：36	17：36	—	—	6：16	17：35

说明：时间≥30秒进入分，<30秒舍

第三节　白天、黑夜时长

白天、黑夜时长以天亮、天黑时刻计算。白天最长日则黑夜最短日，黑夜最长日则白天最短日。白天最长6月21日，有15小时4分48秒，最短12月22日，仅11小时17分19秒，相差近4小时。

2008年象山县丹城观察点每日白天、黑夜时长表

表6-4　　单位：时/分

月	一		二		三		四		五		六	
日	白天	黑夜	白天	黑夜	白天	黑夜	白天	黑夜	白天	黑夜	白天	黑夜
1	11/20	12/40	11/45	12/15	12/28	11/32	13/22	10/38	14/15	9/45	14/56	9/04
2	11/20	12/40	11/47	12/13	12/29	11/31	13/24	10/36	14/17	9/43	14/56	9/04
3	11/21	12/39	11/47	12/13	12/31	11/29	13/27	10/33	14/19	9/41	14/57	9/03
4	11/22	12/38	11/49	12/11	12/33	11/27	13/28	10/32	14/21	9/39	14/58	9/02
5	11/23	12/37	11/50	12/10	12/34	11/26	13/30	10/30	14/22	9/38	14/59	9/01
6	11/24	12/36	11/52	12/08	12/36	11/24	13/32	10/28	14/24	9/36	14/59	9/01
7	11/23	12/37	11/53	12/07	12/38	11/22	13/34	10/26	14/26	9/34	15/00	9/00
8	11/24	12/36	11/54	12/06	12/39	11/21	13/36	10/24	14/28	9/32	15/00	9/00
9	11/25	12/35	11/56	12/04	12/41	11/19	13/38	10/22	14/30	9/30	15/02	8/58
10	11/26	12/34	11/56	12/04	12/43	11/17	13/40	10/20	14/31	9/29	15/02	8/58
11	11/26	12/34	11/58	12/02	12/44	11/16	13/42	10/18	14/32	9/28	15/03	8/57
12	11/26	12/34	12/00	12/00	12/46	11/14	13/44	10/16	14/34	9/26	15/03	8/57
13	11/27	12/33	12/02	11/58	12/48	11/12	13/45	10/15	14/36	9/24	15/03	8/57
14	11/28	12/32	12/03	11/57	12/49	11/11	13/47	10/13	14/36	9/24	15/04	8/56
15	11/29	12/31	12/05	11/55	12/51	11/09	13/49	10/11	14/38	9/22	15/04	8/56
16	11/29	12/31	12/07	11/53	12/52	11/08	13/50	10/10	14/39	9/21	15/03	8/57
17	11/30	12/30	12/09	11/51	12/55	11/05	13/52	10/08	14/40	9/20	15/04	8/56
18	11/31	12/29	12/10	11/50	12/56	11/04	13/55	10/05	14/42	9/18	15/04	8/56
19	11/32	12/28	12/12	11/48	12/58	11/02	13/56	10/04	14/43	9/17	15/04	8/56

续表6-4

月	一		二		三		四		五		六	
日	白天	黑夜	白天	黑夜	白天	黑夜	白天	黑夜	白天	黑夜	白天	黑夜
20	11/32	12/28	12/14	11/46	13/00	11/00	13/58	10/02	14/44	9/16	15/05	8/55
21	11/34	12/26	12/16	11/44	13/01	10/59	14/00	10/00	14/45	9/15	15/05	8/55
22	11/35	12/25	12/17	11/43	13/04	10/56	14/01	9/59	14/47	9/13	15/05	8/55
23	11/36	12/24	12/19	11/41	13/05	10/55	14/03	9/57	14/47	9/13	15/04	8/56
24	11/37	12/23	12/21	11/39	13/07	10/53	14/04	9/56	14/49	9/11	15/04	8/56
25	11/38	12/22	12/21	11/39	13/09	10/51	14/06	9/54	14/49	9/11	15/05	8/56
26	11/39	12/21	12/23	11/37	13；10	10/50	14/08	9/52	14/50	9/10	15/04	8/56
27	11/39	12/21	12/24	11/36	13/13	10/47	14/09	9/51	14/51	9/09	15/04	8/56
28	11/41	12/19	12/26	11/34	13/15	10/45	14/11	9/49	14/52	9/08	15/04	8/56
29	11/42	12/18	—	—	13/16	10/44	14/12	9/48	14/53	9/07	15/04	8/56
30	11/43	12/17	—	—	13/18	10/42	14/14	9/46	14/54	9/06	15/04	8/56
31	11/44	12/16	—	—	13/21	10/39	—	—	14/55	9/05	—	—
二月闰年	21日	22日	23日	24日	25日	26日	27日	28日	29日	—		
天亮	12/16	12/17	12/19	12/19	12/21	12/23	12/24	12/25	12/26	—		
天黑	11/44	11/43	11/41	11/41	11/39	11/37	11/36	11/35	11/34	—		

月	七		八		九		十		十一		十二	
日	白天	黑夜	白天	黑夜	白天	黑夜	白天	黑夜	白天	黑夜	白天	黑夜
1	15/04	8/56	14/34	9/26	13/44	10/16	12/49	11/11	11/58	12/02	11/27	12/33
2	15/04	8/56	14/34	9/26	13/42	10/18	12/47	11/13	11/56	12/04	11/26	12/34
3	15/03	8/57	14/32	9/28	13/40	10/20	12/46	11/14	11/56	12/04	11/25	12/35
4	15/03	8/57	14/30	9/30	13/38	10/22	12/44	11/16	11/54	12/06	11/24	12/36
5	15/01	8/59	14/29	9/31	13/37	10/23	12/43	11/17	11/53	12/07	11/23	12/37
6	15/01	8/59	14/27	9/33	13/35	10/25	12/41	11/19	11/52	12/08	11/23	12/37
7	15/01	8/59	14/25	9/35	13/32	10/28	12/39	11/21	11/51	12/09	11/22	12/38
8	15/00	9/00	14/24	9/36	13/31	10/29	12/37	11/23	11/49	12/11	11/21	12/39
9	15/00	9/00	14/22	9/38	13/29	10/31	12/36	11/24	11/47	12/13	11/20	12/40
10	14/59	9/01	14/20	9/40	13/27	10/33	12/34	11/26	11/47	12/13	11/19	12/41
11	14/59	9/01	14/18	9/42	13/25	10/35	12/33	11/27	11/45	12/15	11/20	12/40
12	14/58	9/02	14/17	9/43	13/23	10/37	12/31	11/29	11/44	12/16	11/19	12/41
13	14/57	9/03	14/15	9/45	13/22	10/38	12/30	11/30	11/42	12/18	11/18	12/42
14	14/56	9/04	14/13	9/47	13/19	10/41	12/28	11/32	11/42	12/18	11/19	12/41
15	14/56	9/04	14/12	9/48	13/18	10/42	12/27	11/33	11/40	12/20	11/18	12/42
16	14/54	9/06	14/10	9/50	13/16	10/44	12/25	11/35	11/39	12/21	11/19	12/41

续表6-4

月	七		八		九		十		十一		十二	
日	白天	黑夜	白天	黑夜	白天	黑夜	白天	黑夜	白天	黑夜	白天	黑夜
17	14/54	9/06	14/08	9/52	13/14	10/46	12/23	11/37	11/37	12/23	11/18	12/42
18	14/53	9/07	14/07	9/53	13/12	10/48	12/22	11/38	11/36	12/24	11/17	12/43
19	14/52	9/08	14/05	9/55	13/10	10/50	12/20	11/40	11/35	12/25	11/18	12/42
20	14/51	9/09	14/03	9/57	13/09	10/51	12/19	11/41	11/34	12/26	11/17	12/43
21	14/51	9/09	14/01	9/59	13/06	10/54	12/17	11/43	11/32	12/28	11/18	12/42
22	14/49	9/11	14/00	10/00	13/05	10/55	12/15	11/45	11/32	12/28	11/17	12/43
23	14/48	9/12	13/58	10/02	13/03	10/57	12/13	11/47	11/31	12/29	11/18	12/42
24	14/47	9/13	13/56	10/04	13/02	10/58	12/12	11/48	11/30	12/30	11/18	12/42
25	14/45	9/15	13/54	10/06	13/00	11/00	12/10	11/50	11/30	12/30	11/18	12/42
26	14/44	9/16	13/53	10/07	12/57	11/03	12/08	11/52	11/29	12/31	11/18	12/42
27	14/42	9/18	13/51	10/09	12/56	11/04	12/07	11/53	11/29	12/31	11/18	12/42
28	14/40	9/20	13/50	10/10	12/54	11/06	12/05	11/55	11/28	12/32	11/18	12/42
29	14/40	9/20	13/48	10/12	12/53	11/07	12/04	11/56	11/28	12/32	11/19	12/41
30	14/38	9/22	13/47	10/13	12/51	11/09	12/02	11/58	11/27	12/33	11/18	12/42
31	14/36	9/24	13/45	10/15	—	—	12/00	12/00	—	—	11/19	12/41

说明：时间≥30 秒进入分，<30 秒舍

第二章　气　　候

象山地处纬度较低亚热带中部地区，三面濒海，属亚热带季风性湿润气候，冬夏季风交替显著，四季分明，光照充足，雨量丰沛，空气湿润，一年四季有明显季节性天气现象。

第一节　四　　季

按气象意义上四季划分标准：5 天活动平均气温稳定小于 10℃为冬季；大于 22℃为夏季；10℃~22℃之间为春秋季。平原与高山气温不一，进入四季时间也有差异。进入 21 世纪，暖冬现象明显，造成夏季时间拉长；秋、冬季时间缩短。

春季

始于 3 月 24—26 日，共 79~84 天，大陆海拔升高 100 米，春季开始日推迟 3~4 天；海岛海拔上升 100 米，推迟 2 天左右。春季是冬季风转向夏季风过渡季节，天气多变，乍暖乍寒，时晴时雨，风向由偏北风转向偏南风。多雨日，小雨为主。

夏季

始于6月13—16日，共112~119天。山区海拔升高100米，夏季开始日推迟一周；海岛海拔升高100米，推迟3天。夏季东南季风盛行，一般季初梅雨，季中晴热，季末台风雨。7月、8月份大多在副热带高压控制之下，晴热少雨，加上台湾暖流进入沿海，极易出现高温，海岛和沿海地区高温明显偏少。夏季蒸发量大，7、8月平均418毫米，往往形成伏旱。7—9月，台风活动频繁，过境或登陆时，风狂雨骤，能缓和旱情，亦易成风灾、雨灾。

秋季

始于10月6—10日，共71~77天，山区则在3—4日，比平原提早3~5天，比沿海提早6~7天入秋。山区海拔升高100米，提前10天进入秋季；沿海海拔升高100米，提早2天左右。秋季是夏季风转向冬季风的过渡季节。北方冷空气南下，多西北风，昼夜温差较大。以秋高气爽日子为多，但当冷暖空气交汇形成锋面时，也会秋风瑟瑟，秋雨绵绵，呈现“八月烂”。

冬季

始于12月20—22日，共92~96天，山区则在18~19日，比其他地区早2~3天入冬。山区海拔升高100米，提前10天进入冬季；沿海海拔升高100米，提早1天。冬季冷空气不时南下，俗称“七日两头暴”。暴头多雨雪、大风，暴后晴冷有冰冻。

2008年象山县各地四季起讫、天数表

表6-5

地点	春季			夏季			秋季			冬季		
	起日(月、日)	讫日(月、日)	天数(天)	起日(月、日)	讫日(月、日)	天数(天)	起日(月、日)	讫日(月、日)	天数(天)	起日(月、日)	讫日(月、日)	天数(天)
长山	3.11	6.13	95	6.14	10.22	131	10.23	12.21	60	12.22	3.10	79
泊戈洋	3.11	6.3	85	6.4	10.22	141	10.23	12.13	52	12.14	3.10	87
高泥	3.10	6.2	85	6.3	10.22	142	10.23	12.13	52	12.14	3.9	86
墙头	3.10	6.2	85	6.3	10.22	142	10.23	11.24	33	11.25	3.9	106
下沈	3.11	6.1	83	6.2	10.22	143	10.23	12.4	43	12.5	3.10	96
黄泥桥	3.10	6.13	96	6.14	9.26	125	9.27	11.24	59	11.25	3.9	106
泗洲头	3.10	6.3	86	6.4	10.22	141	10.23	11.25	34	11.26	3.9	105
新桥	3.11	6.3	85	6.4	10.22	141	10.23	11.26	35	11.27	3.10	105
山头王	3.10	6.3	86	6.4	10.20	139	10.21	12.4	45	12.5	3.9	95
丹城	3.10	6.3	86	6.4	10.22	141	10.23	12.21	60	12.22	3.9	78
爵溪	3.11	6.3	85	6.4	10.22	141	10.23	12.21	60	12.22	3.10	79
昌国盐场	3.11	6.3	85	6.4	10.23	142	10.24	12.21	59	12.22	3.10	79
定塘	3.10	6.2	85	6.3	10.23	143	10.24	12.4	42	12.5	3.9	95
蒲湾	3.11	6.2	84	6.3	10.23	143	10.24	12.21	59	12.22	3.10	79
石浦	3.11	6.3	85	6.4	10.22	141	10.23	12.21	60	12.22	3.10	79
高塘	3.11	6.3	85	6.4	10.23	142	10.24	11.27	35	11.28	3.10	103
杨柳坑	3.11	6.3	85	6.4	10.23	142	10.24	12.21	59	12.22	3.10	79

第二节　日　　照

象山无辐射观测，经埃斯川姆—彭曼型经验方程计算，全年太阳总辐射量为77千卡~81千卡/平方厘米。南部比北部多4千卡/平方厘米。夏季最强，其中7、8月占年总量近四分之一；冬季最弱，1月和12月仅占年总量11%。

日照时数，各月基本上随太阳高度升降而增减，随较长晴阴天气过程亦有增减。7月最多，220~248小时；2月最少，105~115小时。山区山体遮蔽且云雾多，日照时数比平原少。石浦气象站（下称石浦站）记录，年平均日照时数1924.3小时，最多2336.1小时（1971年），最少1581.1小时（1999年）。象山气象站（下称“象山站”）记录，年平均日照时数1743.2小时，最多1810.5小时（1995年），最少1473.0小时（2006年）。

表6-6

象山县日照情况表

项目			1月	2月	3月	4月	5月	6月	7月	8月	9月	10月	11月	12月	全年
太阳总辐射（千卡/平方厘米）	石浦站		4.4	4.8	5.8	7.0	7.8	7.7	10.5	9.9	7.7	6.6	5.2	4.4	81.8
	象山站		4.0	4.5	5.5	6.9	7.7	7.3	10.0	8.8	6.9	6.2	4.9	4.4	77.1
日照时数（小时）	石浦站		130.1	113.1	122.8	138.6	142.2	135.6	247.9	241.5	181.1	177.9	146.8	146.7	1924.3
	象山站		109.1	105.2	113.7	138.1	143.3	121.5	219.6	204.1	154.9	161.0	132.7	140.0	1743.2
日照最多年份及时数（小时）	石浦站	年份	1963	1963	1962	1982	1986	1971	1971	1967	1967	1959	1964	1973	1971
		时数	277.1	194.0	196.7	211.3	229.9	204.4	353.5	352.3	282.0	255.6	239.6	255.0	2336.1
	象山站	年份	1978	1999	1989	1982	1994	1992	1994	1995	1994 1996	1989	1988	1987	1995
		时数	170.1	185.4	173.9	189.1	213.9	196.6	324.3	282.0	200.7	215.7	232.7	202.3	1810.5
日照最少年份及时数（小时）	石浦站	年份	1977	2000	1992	1957	1956	1976	1999	1980	2001	1974	1967	1974	1999
		时数	60.7	45.4	41.5	78.4	64.5	66.9	101.0	105.8	100.4	98.0	56.2	76.1	1581.1
	象山站	年份	1977	2005	1980 1992	1981	2002	2008	1999	1980	2004	2000	2000	1994	2006
		时数	49.0	40.4	50.7	86.5	63.4	43.1	100.8	108.5	79.4	70.2	78.8	50.7	1473.0

说明：资料来自石浦气象站1956—2008年、象山气象站（哨）1977—2008年气象数据

第三节　气　　温

20世纪60年代后期至80年代气温偏低。石浦站测得1976年平均气温仅15.6℃。象山站从1979年建站后始测量气温。1997年后，全县年平均气温持续偏高，2007年石浦站测得最高气温17.9℃，象山站最高18.3℃。

年平均气温

横坐标，县年平均气温为16℃～17℃，南部向北部递减，东部向西部递减，形成东南部平均气温17℃高值区，西北部山区年平均气温16℃低值区。纵坐标，温度递减率为0.6℃～1.1℃/百米，县南部比北部低0.4℃/百米。

月平均气温

1—12月平均气温变化趋势呈梯形，1月全年最低。2月后，随太阳辐射增加和暖空气活跃，气温回升，升幅在1℃左右，有些年份偶比1月冷，如2008年。3月气温升3℃，4—7月连升4℃～5℃。平原7月最热，沿海8月最热。8月后，冷空气开始入侵，气温下降。9月下降3℃左右，后月平均气温以每月大于5℃幅度下降至12月。

受海洋性气候、海拔高度和地形条件等因素影响，一般夏季气温南部和东部沿海低于西部内陆，冬季相反。

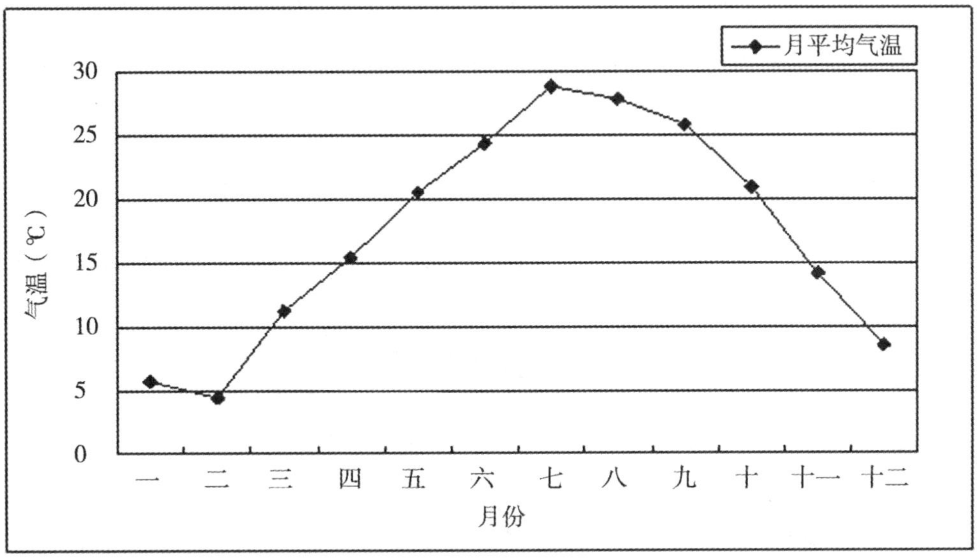

图6-1　2008年象山县月平均气温示意图

日最高、最低气温

据石浦站、象山站建站至2008年的年资料统计，等于或大于35℃的高温时间大多出现在7—8月，5月、6月、9月偶尔出现，沿海地区高温天数明显少于内地。年平均高温日石浦站为1.8天，最多年2007年16天；象山站6.6天，最多年2007年30天。等于或小于0℃冰冻日石浦站平均为13天，最多年34天（1967年）；象山站平均为15.9天，最多年33天（1980年、1986年）。低温大多出现在11月至次年3月，10月、次年4月偶尔出现。

象山县象山、石浦气象站各月平均气温表

表6-7　　　　单位:℃

项目		1月	2月	3月	4月	5月	6月	7月	8月	9月	10月	11月	12月	全年
平均气温	石浦站	5.7	6.2	9.4	14.2	18.7	22.7	26.9	27.1	24.0	19.4	14.2	8.6	16.4
	象山站	6.0	7.0	10.3	15.3	20.1	24.0	28.2	27.8	24.3	19.6	14.4	8.4	17.1
平均最高气温	石浦站	9.3	9.9	13.0	18.0	22.2	26.0	30.7	30.8	27.5	23.1	17.9	12.3	20.0
	象山站	10.0	11.0	14.3	19.7	24.3	27.6	32.1	31.4	27.9	23.7	18.7	13.0	21.1

续表6-7

项目		1月	2月	3月	4月	5月	6月	7月	8月	9月	10月	11月	12月	全年
平均最低气温	石浦站	3.1	3.7	6.8	11.5	16.3	20.6	24.6	24.8	21.7	16.9	11.7	5.9	13.5
	象山站	3.0	3.9	7.0	11.7	16.8	21.2	25.2	25.0	21.3	16.3	11.0	4.9	14.0
极端最高气温	石浦站	22.3	24.5	26.9	29.8	30.6	34.8	37.8	38.8	35.4	31.7	27.6	25.7	38.8
	象山站	25.1	27.5	32.5	32.2	32.7	38.0	39.6	38.0	38.5	33.2	29.6	25.2	39.6
极端最低气温	石浦站	-7.5	-6.6	-2.1	1.6	8.6	12.9	17.8	19.2	12.3	6.3	-0.2	-6.4	-7.5
	象山站	-6.9	-5.5	-3.6	1.2	6.9	13.3	19.0	18.7	12.6	1.9	-0.1	-5.6	-6.9

象山县象山、石浦气象站累年高、低温日数表

表6-8

项目		≥35℃		≤5℃		≤0℃	
		石浦站	象山站	石浦站	象山站	石浦站	象山站
平均天数		1.8	6.6	62.8	66.9	13.0	15.9
最多年份及天数	年份	2007	2007	1967	1984	1967	1980、1986
	天数	16	30	90	90	34	33

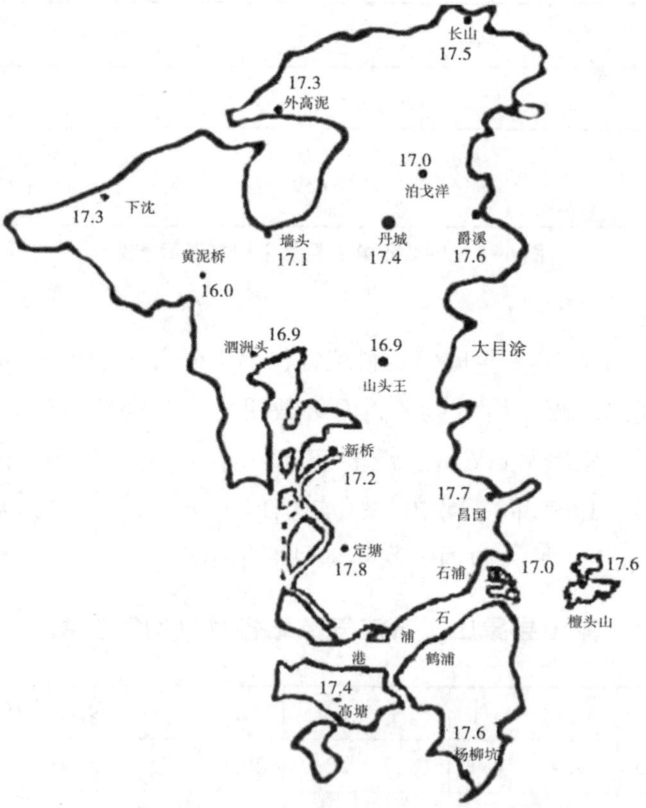

图6-2 2008年象山县年平均气温分布示意图（单位:℃）

说明：大目涂自动观测站数据缺测较多，未采用

第四节　降　　水

象山降水充沛，年际变化较大。降水量在月际分布上：多雨期3个月，即6月、8月、9月；少雨期6个月，即1月、2月、7月、10月、11月、12月；均雨期3个月，即3月、4月、5月。

降水天数

降水天数与降水量季节分布略有不同，平均年降水日数153天~159天，其中石浦、丹城地区3—6月累年平均降水日数均在15天以上；10—12月两地平均降水日数均在10天或以下。丹城地区累年各月最长连续降水日数大多10天以上，出现于3—4月。全年最长连续降水日数，丹城地区和石浦地区均22天，相应降水量分别为203.2毫米、120毫米。前者发生于1992年，起止日期为3月10—31日。后者发生于1960年，起止日期为7月29日至8月19日。

年降水量

象山站测得累年平均降水量1472.6毫米，最多年降水量1961年2177.6毫米，最少年降水量1967年770.3毫米。石浦站测得累年平均降水量1387.7毫米，最多年降水量1961年1917毫米，最少年降水量2003年778.9毫米。丰水年份与歉水年份降水量相差一倍以上。

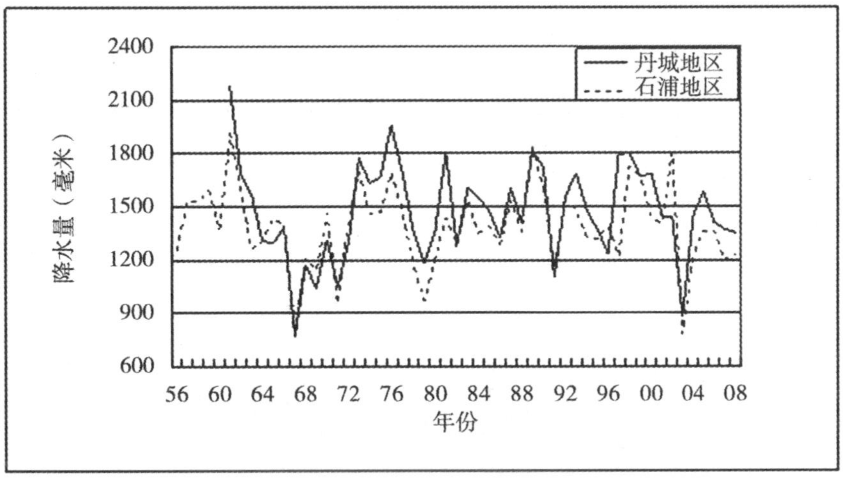

图6-3　象山县逐年降水量变化示意图

说明：资料来自丹城地区1961—2008年，石浦地区1956—2008年。其中丹城地区1961—1976年为雨量站资料，1977—1979年气象哨资料，1980—2008年为气象站资料

月降水量

初夏的梅雨（6月），梅汛期的雨量较集中、雨强大，容易造成洪涝灾害；8—9月由于台风或强对流天气影响，常出现过程大雨量、大强度降水，容易造成洪涝灾害。3—9月的累年平均月降水量均在100毫米以上，其中丹城地区6月和9月平均降水量超200毫米，9月达210.6毫米；石浦地区6月平均降水量202.8毫米。7—9月丹城地区降水量明显多于石浦地区。1963年9月，丹城地区测得降水量685.4毫米，石浦地区测得降雨量498.9毫米。出梅后盛夏7月，以及仲秋到冬季10月至翌年2月为两个相对少雨期。其中12月降水量最低，丹城、石浦两地测得累年月平均降水量分别为52.5毫米和52.2毫米。1963年1月石浦、丹城地区和1973年、1987年12月份丹

城地区全月均无降水量。春季3—5月象山雨水较均匀。

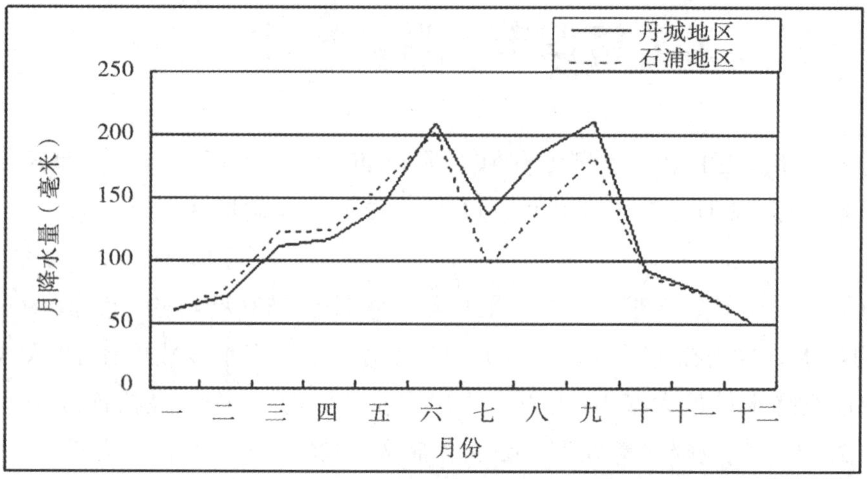

图6-4　累年各月平均降水量变化示意图

象山县象山、石浦气象站各月降水量表

表6-9　单位：毫米

项	目	1月	2月	3月	4月	5月	6月	7月	8月	9月	10月	11月	12月	全年
平均降水量	石浦站	61.3	78.4	123.0	124.2	160.9	202.8	97.0	141.3	182.6	89.1	74.9	52.2	1387.7
	象山站	61.9	72.3	111.8	117.2	143.6	209.8	136.4	186.4	210.6	93.0	77.0	52.5	1472.5
最多降水量	石浦站	201.2	198.6	310.8	261.0	442.6	417.5	319.2	386.1	498.9	334.3	213.5	227.0	1917.0
	象山站	210.4	179.2	259.4	276.4	433.2	556.8	345.9	443.0	685.4	341.0	250.1	187.1	2177.6
最少降水量	石浦站	0.0	15.6	33.6	38.7	47.6	16.5	4.8	11.7	1.6	1.0	4.0	0.3	778.9
	象山站	0.0	17.6	28.2	34.1	31.0	50.9	3.7	12.8	21.7	1.2	1.4	0.0	770.3

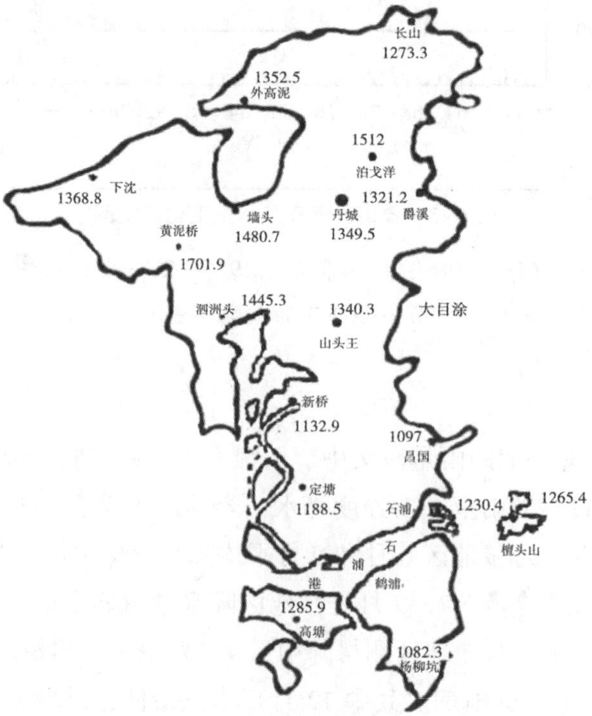

图6-5　2008年象山县降水量分布示意图（单位：毫米）

第五节 阴晴 雨雪雾霜

象山地处沿海，水汽充足，空气对流活跃，容易形成云系，常年阴天多于晴天，雨日亦多。降雪大多年份皆有，时间较短。雾日一年四季皆会发生，以春季为多，约 30 天。一般雾日，水平能见度小于 1000 米；浓雾时，能见度小于 100 米，船舶往往停航。冬春季节，海洋上暖湿空气流向较冷海面或陆地时，会形成平流雾，有时会出现宛若仙境般奇观。

阴

据石浦站 1956—2008 年资料统计，总云量占天空 8. 1 成~10. 0 成阴天日数，石浦站年平均阴天日数 159. 3 天，1956 年最多 200 天，2003 年最少 126 天。

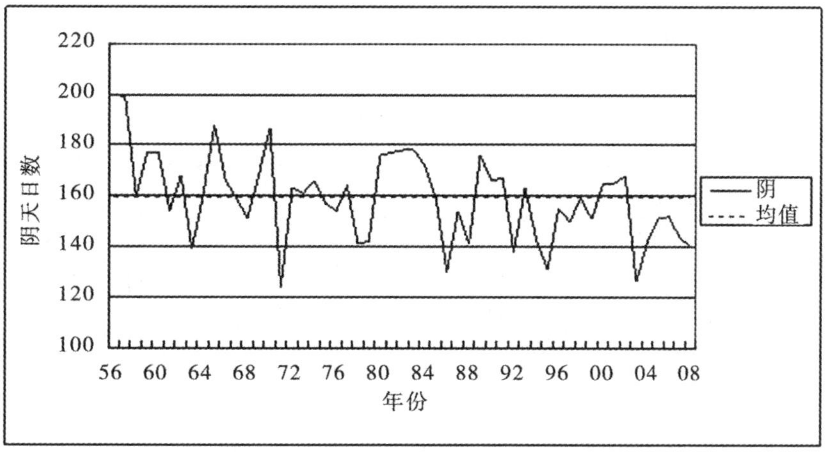

图 6-6 象山县逐年阴天日数示意图

晴

总云量占天空 0. 0 成~1. 9 成晴天日数，石浦站年平均晴天日数 54. 5 天，1957 年最少 27 天，1971 年最多 85 天。

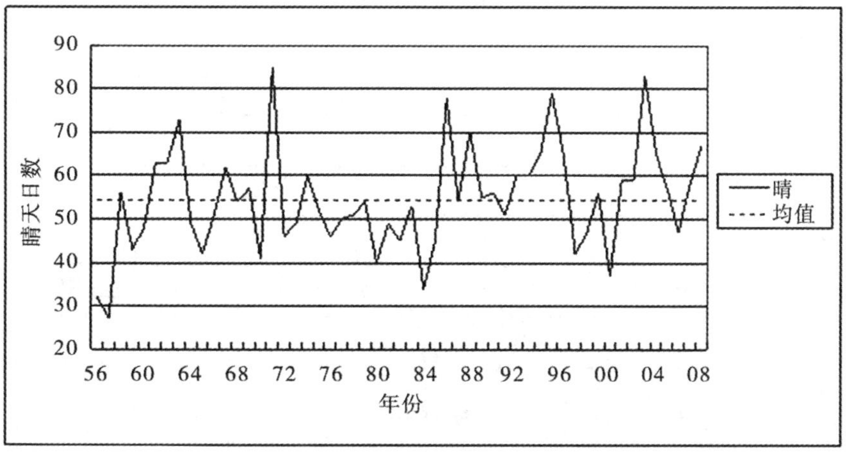

图 6-7 象山县逐年晴天日数示意图

雨日

日降水量大于或等于 0. 1 毫米降水日数，石浦站年平均年降雨日数 158. 6 天，2003 年最少 116 天，1970 年和 1975 年最多 183 天。

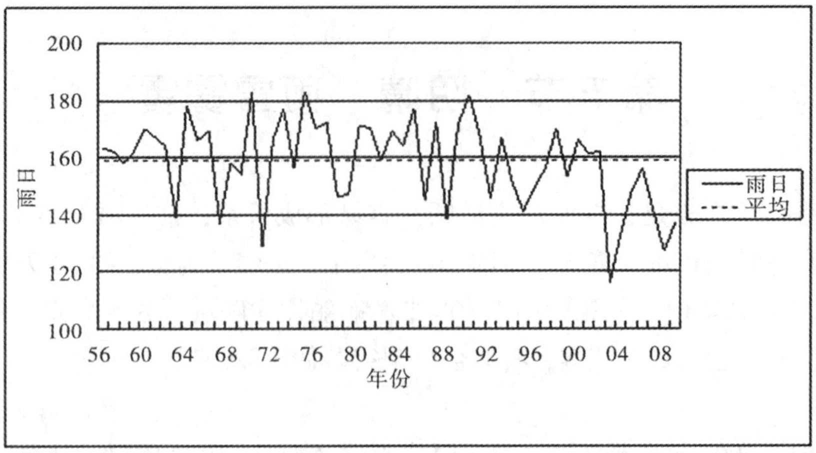

图 6-8 象山县逐年雨日数示意图

雪日

石浦站年平均降雪日数 6.9 天，1959 年和 2007 年无降雪，1984 年最多 24 天。

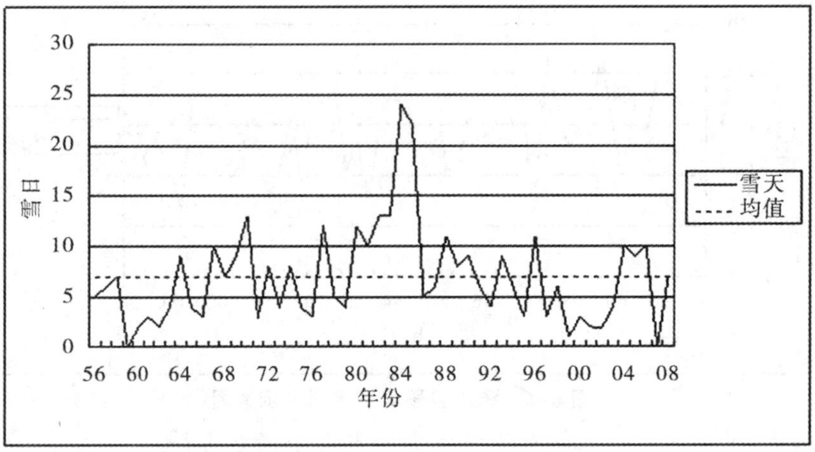

图 6-9 象山县逐年雪日数示意图

雾日

水平能见度小于 1000 米大雾天数，石浦气象站多年平均大雾日数 55.7 天，2007 年最少 36 天，1993 年最多 80 天。

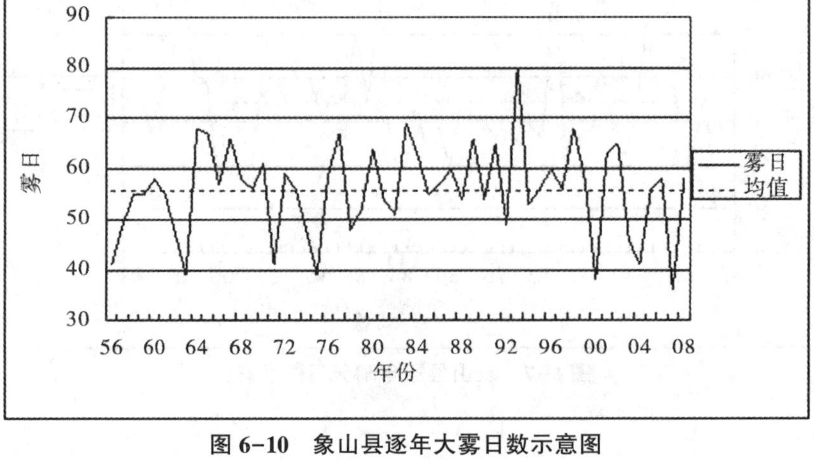

图 6-10 象山县逐年大雾日数示意图

无霜期

全县平均无霜期248天。初霜一般在11月15日以后，最早出现于10月底；终霜一般在3月20日前后，最迟为4月12日。各地霜期和无霜期因气温高低而各异。石浦镇东门岛初霜12月19日，终霜2月26日，无霜期295天；定塘镇定山初霜11月17日，终霜3月15日，无霜期246天；新桥镇东溪初霜11月18日，终霜3月25日，无霜期237天；泗洲头镇泗洲头初霜11月15日，终霜3月25日，无霜期234天；县城初霜11月22日，终霜3月17日，无霜期249天；西周镇初霜11月19日，终霜3月23日，无霜期240天；涂茨镇崔家岙初霜11月20日，终霜3月25日，无霜期239天

第六节　风

象山沿海风速比内陆明显偏大，并有季节差异，一般4—6月风速较小，7—8月风速最大，极大风皆出现于台风时期。风向亦有季节差异，春夏季偏南风为主，秋冬季偏北风为主。

风速

象山地处亚热带季风气候区，三面环海，境内山峦起伏，季风和地形信风汇合一起，风资源丰富。海岛年平均风速可达5米/秒或以上，沿海风速比内陆风速明显偏大。石浦气象站自建站53年平均风速为5.2米/秒。年平均风速最大、最小值分别出现于1978年（6.4米/秒）、2008年（4.0米/秒）；1997—2008年的风速持续偏小。

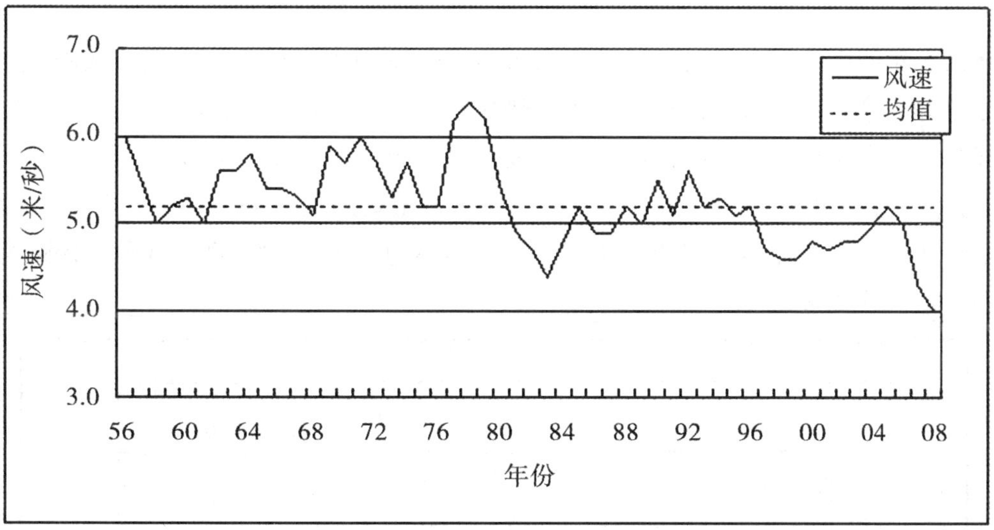

图6-11　1956—2008年象山县石浦气象站逐年风速示意图

风向

明显季节性变化，表现为偏北风与偏南风季节更替。秋冬季冷空气活动频繁，风向以偏北风为主；春夏季暖湿气流比较活跃，以偏南风为主。

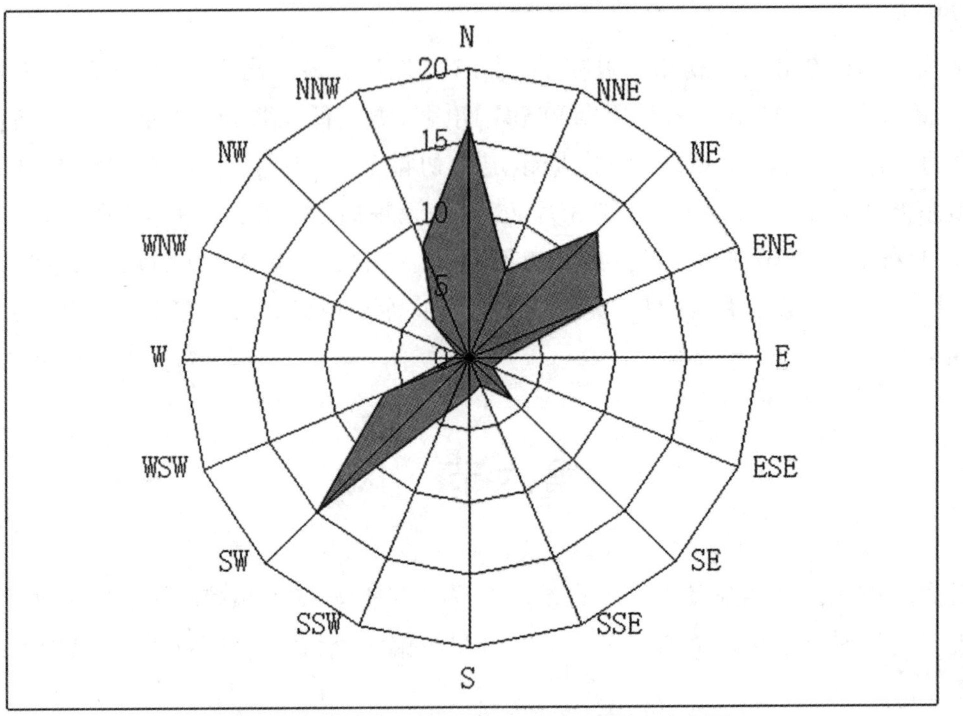

图 6-12　象山县石浦气象站累年风向频率玫瑰图

说明：根据 1956—2008 年石浦站资料，测得最多风向为北风，频率 16%；次多风向为西南风，频率 14%

大风

石浦地区一年四季均可出现大风，形成大风的主要原因有三种：冷空气、强对流天气（如雷暴、飑、龙卷等）和热带气旋。冷空气大风和热带气旋大风持续时间通常较长，影响地域也较广；强对流天气引起的大风影响范围小，持续时间短。3—4 月、6—9 月、12 月为大风出现最为集中的时段，占年大风日数的 8 成左右，其中 3—4 月、12 月主要是受冷空气影响产生，7—9 月则是受热带气旋影响而产生。石浦站测得年 8 级以上大风（风速≥17.2 米/秒）日数，1956 年，最多为 204 天，2003 年，最少为 22 天。

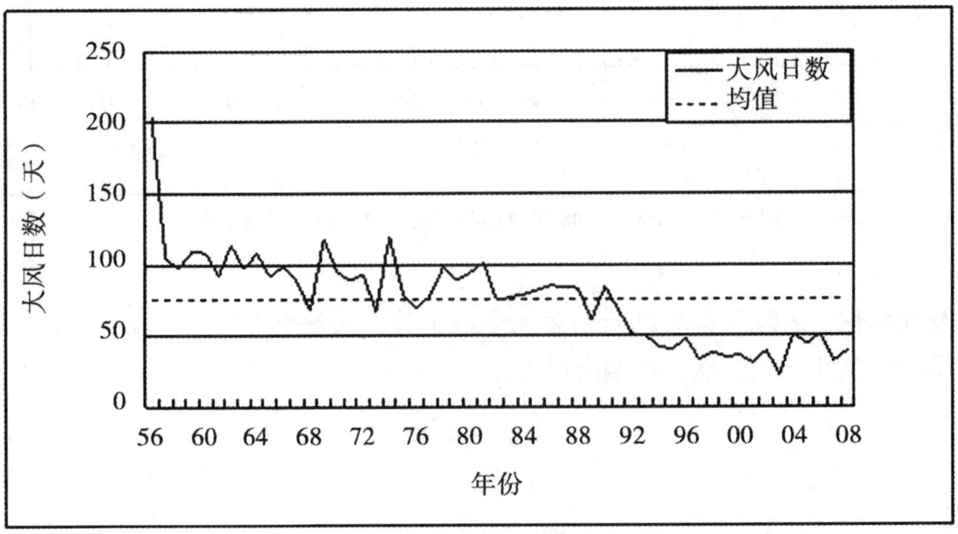

图 6-13　1956—2008 年象山县石浦气象站逐年大风日数变化示意图

最大风 极大风

石浦站测得石浦地区的最大风（10分钟内平均风速值）、极大风（瞬时最大风值）均出现于台风影响期间，最大风速极值为40.0米/秒，出现于1979年8月24日，风向东北东；极大风速极值为57.9米/秒，出现于1989年7月21日，风向东北东。

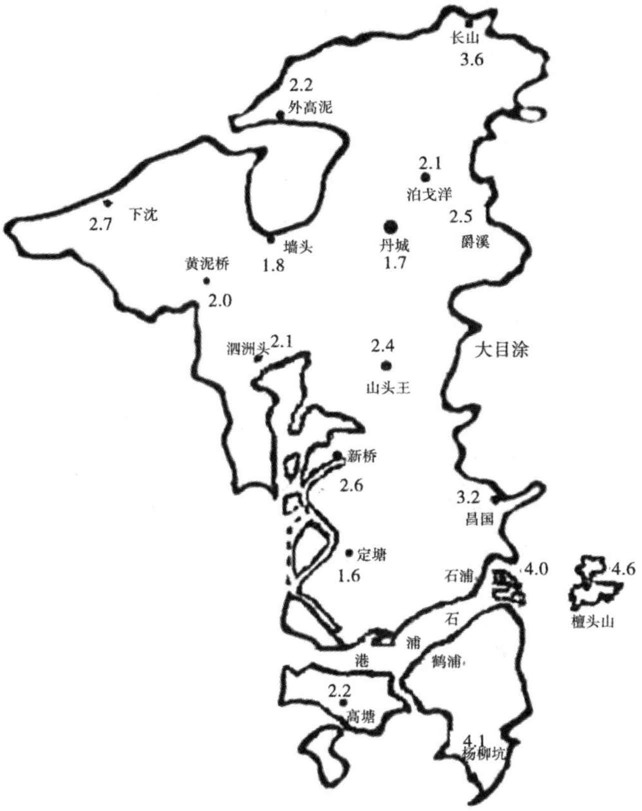

图6-14　2008年象山县平均风速分布示意图（米/秒）

说明：大目涂自动观测站数据缺测较多，无法使用

附：**暴期**

象山民间将夏历最常出现风暴日期定为“暴日”或“暴期”，渔民力避暴期出海。象山暴期，除夏历五月、八月之外，其他各月皆有，一般有固定时间，但民间亦有谚语预测临时性的“起暴”天气，如“一日南风一日暴，两日南风两日暴，三日南风缓缓暴”“西边黑云起，必定有暴期”“三月天闷必有暴，六月响雷不做风”“南风起西潮，必定要打暴”，对突发的剧烈风雷天气，称“乌风猛暴”。

时间，象山暴期与东南沿海其他各地暴期，同多异少。名称，象山暴期名称，与东南沿海各地叫法大致相同，略有不一①。

①引舟山市普陀区“暴期”，以作时间、名称两方面的对照：正月初八上八暴、十三上灯暴、十五三官暴、十八落灯暴；二月初二小风暴、初六六亨暴、初八八亨暴、十九观音暴、廿三土地暴、廿四青蛙出洞暴；三月初三羊马暴、十五三月半暴、十九落羊暴、廿三回马暴；四月初八牛王暴；六月十二彭祖暴、十九观音暴、廿四雷公暴；七月十五一公暴；九月初九重阳暴、廿七暴；十月初五暴、廿五太子暴、廿七官星落山暴、三十犁星落地暴；十一月十六拖山暴、廿四猢狲暴、十一月里冬至暴；十二月初五乌龟暴、十三沙和尚过江暴、廿三掸尘暴。

表 6-10

象山县暴期情况表

月份	日期	名称	月份	日期	名称
正月	初八	皇帝暴	九月	初九	重阳暴
	十三	上灯暴		廿九	九月廿七风
	十五	红灯暴	十月	初一	小林暴
	十八	落灯暴		初十	十阳暴
二月	初二	绣花娘子暴		十五	三官暴
	初八	八亨暴		十九	观音暴
	十九	观音暴		廿四	茅坑暴
	廿三	土地暴		廿五	太子暴
	廿四	癞蛳出洞暴		廿七	土官星落山暴
三月	初三	梁王暴		三十	流星落地暴
	清明前后	鸡暴	十一月	十六	掩山暴
	十五	三月半暴		二十	猢狲暴
	十九	落洋暴		冬至前后	冬至暴
	廿三	娘娘暴（回马暴）		冬至后	九头暴
四月	初八	牛王暴	十二月	初五	乌龟暴
六月	十二	彭祖烈暴		十三	土地暴
	十九	观音暴		十八	沙和尚过江暴
	廿四	雷公暴		廿三	掸尘暴
七月	十五	三公暴		—	—

第三章　农候　物候

气候与人们生活、生产，尤其与农业、渔业等传统性、基础性产业关系密切。故述气候要素之外，亦述农候、物候。“农候”一词，出自月令形式的农书《农候杂占》，是书主要内容为逐月占候与气候谚语①。本志因以借鉴，设“农候”一节，列“逐月农事”“天气谚语”两目。古代“农候”，亦称“月令气候”②，源于《夏小正》《吕览》《礼记》及《淮南子》等，今之“农候”，则属于农业气候学，故今述“逐月农事”，融月令与农业气候学之长。农业气候学与物候学相似之

①《农候杂占》，梁章钜编。清同治十二年（1873）付梓，四卷。卷一，十二个月逐月占候，卷二至卷四分列出天象、物象乃至草木虫鱼等天气现象及气候变化的谚语。主要根据南方农事活动摘引和注解。引录了《月令广义》《农政全书》《齐民要术》以及各代史书、方志等近百种文献。现存浙江书局所刻的《二思堂丛书》本。1956 年中华书局据清同治福州梁氏藏版校刊。

②见竺可桢《中国古代之月令》，选自《论新月令》，原载于《中国气象学会会刊》1931 年第 6 期。

处，皆观测年内某地四季推移，用以指导农业生产。农业气候学观测冷暖晴雨、风云变化，提出趋利避害，合理利用气候资源；物候学则记录植物生长荣枯，动物往来养育等自然现象，了解气候变化及其对动植物影响，主要用于预报农时，选择播种日期。另，对安排农作物区划、栽培作物、绿化、养殖等有参考价值。象山濒海，故有关气候资源合理利用的建议，不但在农业、林业方面，而且也在渔业方面。来自象山民间的自然物候观测，时间多在10年以上，最长50年以上，反映季节变化规律有充实第一手观测资料为其基础。

第一节 农 候

逐月农事

古代月令，以月系事，将一年里该做的事，按正规常例逐月安排，主要内容是各月天象、物候以及和季节有关农事活动等，亦有为政者应行的起居、祭祀、礼仪及百姓应守法令、戒条等内容。月份用夏历，始于正月，终于腊月。今"逐月农事"限于农候，仅述与气候有关农事活动的逐月安排，月份顺序按照公历。并附节气谚语。

1月 小寒和大寒，是气温最低的一个月，全省月平均气温在3℃～8℃，象山月平均气温6℃，月平均最高气温10℃，月平均最低气温3℃。大风寒潮、低温冻害和雪害是本月最主要灾害性天气。本月农事：加强春花作物、经济作物、林木和畜禽防冻保暖；冬作清沟排水，施肥培土，防冻保苗；大、小麦铲泥压麦，防止徒长，处理外露稻茬和病草；棉仓喷药治虫；桑园施冬肥，整枝治虫，越年蚕种入库；茶园防冻，橘树清园，防寒防雪；整修牛棚、猪舍和禽舍，搞好畜禽越冬和防疫；产蛋鸡加强光照，饲喂温水；开始放养鱼种，草鱼种免疫注射；种植宿根麦草等青饲料，积极准备鱼饲料；加强对虾、罗非鱼、甲鱼、鳝鱼、蟹种、鳗种越冬管理；鳗苗捕捞、暂养、运输准备并试捕；浙南渔场带鱼旺汛。

小寒、大寒谚语 小寒大寒，冷成冰团。小寒不寒寒大寒。小寒无雨，小暑必旱。小寒大寒弗下雪，小暑大暑田开裂。小寒大寒都结冰，开春天气暖烘烘。大寒天气暖，早春冷要命。

2月 立春和雨水，全省月平均气温比一月升高1℃～2℃，月平均气温稳定在5℃，象山月平均气温6.9℃，月平均最高气温10.9℃，月平均最低气温在3.9℃。是越冬春花作物活跃生长、草本植物开始萌芽展叶。本月农事：抓紧春花中耕培土，清沟排水，追施春肥，防治病虫害；草籽施钼肥，油菜施硼肥，水生绿肥及时施磷肥和草木灰；细绿萍月底春繁。马铃薯下种；粒选棉籽、晒种。桑苗冬接，栽植桑树，修添蚕室、蚕具；茶园春耕，增施催芽肥；橘树施芽前肥，整枝修剪。种春菜，夏菜温床播种和苗床管理；种畜春季配种和家禽春孵准备；放养鱼种基本结束，培育母亲鱼；牡蛎、银蚶、毛蚶大量起捕，紫菜收割基本结束。浙南渔场捕捞回头带鱼，鳗鱼苗捕捞始入旺季。

立春、雨水谚语 立春晴一日，农夫耕田弗用力。冬冷勿算冷，春冷冻煞犆（小牛）。立春落雨到清明，一日落雨一日晴。春交六九头，麦稻必有收；春交五九尾，家家吃白米。雷打立春节，惊蛰雨弗歇。立春雨淋淋，阴阴湿湿到清明。雨水落雨雨水足，雨水弗雨雨水缺。雨水有雨百日阴。雨水冷得怪，春播定有害。

3月 惊蛰和春分，全省平均气温9℃～12℃，象山月平均气温10.1℃，月平均最高气温

14.1℃，月平均最低气温6.9℃，是各种喜暖作物生长起点温度。天气转暖过程中可有多次“回寒”，伴随连绵阴雨，并有大雨、大风和冰雹袭击。本月农事：适时翻耕秧田；早稻种子晒种、消毒、浸种、催芽；番薯选种育苗；春玉米、春大豆等播种育苗；绿萍春繁；棉麻种子准备营养钵育苗和棉花播种；桑园全面春耕除草施肥，嫁接桑苗，压条补缺，幼桑春伐；茶园春耕施催芽肥，繁育茶树良种；新橘园定植、补植；糖蔗春播，移栽宿根蔗，冬植蔗晾行，施苗肥；畜、禽打预防针，预防小猪白痢；蜜蜂放养；青、草、鲤、鳊、鲫鱼等少量投饲，河蟹投饲；三角帆蚌繁殖；罗氏沼虾育苗。

惊蛰、春分谚语 惊蛰前响雷，七七四十九天弗见天。惊蛰寒秧成团，惊蛰暖秧成秆。青蛙叫在惊蛰前，高岸变烂田。惊蛰闻雷，小满发水。雷打惊蛰后，低田好种豆。惊蛰弗惊，冷到芒种。惊蛰暖烘烘，冷到五月中。惊蛰蛤蟆叫，秧要种三道。春分秋分，昼夜平分。春分一过，早稻开播。吃了春分饭，一天长一线。

4月 清明和谷雨，是农业生产上重要月份，全省月平均气温绝大部分地区达14℃~18℃，象山月平均气温15.3℃，月平均最高气温19.7℃，月平均最低气温11.8℃。本月农事：早稻育秧，前期防止低温烂秧，中期防止低温阴雨死苗，后期警惕超秧龄；秧田化学除草；早稻地膜秧及时通风、炼苗；春玉米、花生等播种；放养水生绿肥；谷雨前后及时播种棉花，消灭木槿上越冬棉蚜，络麻谷雨后抢晴播种；春蚕种出库催青，饲养春蚕；春茶全面开采；橘园排水防涝；防止牛羊草子胀、耕牛血吸虫病和羊肝片吸虫病；河蟹、成鳗进入旺食期，捞捕少量大规格鳗鱼；鲤、鲫鱼产卵和苗种培育；青、草、鲢、鳙、鳊鱼亲鱼培育和产卵准备；育珠蚌手术开始；准备采捕蟹苗；尼罗罗非鱼出池分养；罗氏沼虾放养。

清明、谷雨谚语 清明断雪，谷雨断霜。弗怕清明头夜雨，就怕清明头夜风。清明断雪天，天晴落雨要出畈。种树造林，勿过清明。二月清明压市街，三月清明无笋买。清明要明，谷雨要雨。清明浸种，谷雨播秧。清明时节雨纷纷，要晴等到立夏跟。麦怕清明霜，稻怕冷北风。清明晴，雨水匀。清明过后三朝霜，条条沟里好铺床。清明雨，要晴到立夏。清明雨，夏至淋。雨洒清明好年成。清明热得早，早稻一定好。清明晴，谷价平。清明前晴，粜谷不用寻。清明头日雨，秧烂麦也枯。清明插柳青，农夫休望晴；清明插柳焦，农夫好作娇。雨生百谷。谷雨前好种棉。吃过谷雨饭，天晴落雨要出畈。谷雨西风狂，稻田水汪汪。谷雨阴沉沉，立夏雨淋淋。谷雨无雨紧割麦，谷雨有雨紧种田。谷雨下雨雨水丰，谷雨弗雨种田愁。

5月 立夏和小满，全省平均气温18℃以上，象山月平均气温20℃，月平均最高气温24℃，月平均最低气温16.7℃。本月是春花作物生育后期，要警惕气温高、相对湿度低西南燥风引起的“高温逼熟”。本月农事：早稻插秧，要重视合理密植、化学除草、肥水管理，防治第一代螟虫，二熟制早稻田及时倒萍，三熟制早稻田放萍；马铃薯收获；番薯扦插；夏玉米、小米、芝麻、绿豆等播种；棉麻苗期管理；桑籽夏播；桑园和茶园中耕、施肥、治虫；橘树保花保果；湖羊配种、绵羊剪毛和鸡的去势；成鱼投足饲料，施追肥培育水质；青、草、鲢、鳙、鳊等鱼人工繁殖；稻田养鱼开始；选购鳝种；河蟹苗采捕、运输、放养；罗氏沼虾放养；海带收获；夏季大黄鱼渔汛开始，鲳鱼、鳓鱼旺发。

立夏、小满谚语 多插立夏秧，谷子堆满仓。雨打立夏，无水洗耙。雨打立夏头，河鱼眼泪流。雨打立夏，无水漉耙。立夏起北风，十个鱼塘九个空。立夏响雷，夏季发大水。立夏发雾，晴到白露。立夏晴，蓑衣笠帽满田塍；立夏雨，蓑衣笠帽挂屋柱。小满弗满，芒种莫管。小满山头雾，大麦小麦防烂腐。小满山头雾，小麦蚕豆烂成糊。小满桑葚黑，芒种吃小麦。小满小满，江满河满。小满有雨旱黄梅；小满西风晴，南风雨。小满有雨雨水足，小满无雨旱五谷。

6月　芒种和夏至，全省月平均气温22℃以上，象山月平均气温24℃，月平均最高气温27.5℃，月平均最低气温21.2℃。进入“梅雨”期，很易诱发各种病虫危害。本月农事：三熟制早稻尽早施肥、耘田，适时搁田、烤田，及时倒萍；棉、麻田注意防病治虫和施肥；加强桑苗圃管理；春蚕制种，蚕室、蚕具消毒，饲养夏蚕，订购秋蚕种；全面采摘夏茶；橘树控梢、保果、治虫；果蔗间苗、培土、施肥、除草；防治鸡白痢、球虫病及猪胃肠道疾病；鱼、虾、蟹、鳖等旺食速长；罗非鱼繁殖旺季；甲鱼产卵；对虾进入养殖期；牡蛎、文蛤产卵高峰，银蚶开始产卵；蛏子收获；海带育苗；海蜇开始捕捞，浙南沿海“芒种”虾旺发。

芒种、夏至谚语　芒种雨，百姓苦。芒种火烧天，夏至雨绵绵；芒种雨淋淋，夏至火烧天。芒种勿落雨，紧割小麦两天半。芒种雨，无燥土。芒种西北风，稼禾旱断根。芒种无太婆，六月无破箩。芒种遇雨好年成。雷打芒种，稻子好种。芒种落雨忙种田，芒种无雨空过年。夏至杨梅满山红，小暑杨梅要出虫。夏至落雨做重霉，小暑落雨做三霉。夏至响雷公，塘底好种葱。夏至西南没小桥，夏至东南踏断腰。夏至见青天，有雨在秋天。夏至勿暖盛秋热，冬至勿冷倒春寒。夏至发北，乘船人进屋，虾鱼蟹要哭。夏至西北风，十条河水九条空。夏至有雷六月旱，夏至无雷六月溢。夏至无雨三伏热。夏至早西夜东风，晒死河底老虾公。夏至鲎（虹）现西，即刻雨要来。夏至雷，早稻累。夏至响声雷，茅草晒成灰，早稻担弗归。

7月　小暑和大暑，全年最热月份，全省月平均气温27℃～29℃，极端最高温度内陆地区可达40℃以上，象山月平均气温28℃，月平均最高气温31.9℃，月平均最低气温25.1℃。本月农事：“双夏”开始，准备农机具、晒场、肥料等各项物资；开展防台抗旱；早稻生育后期防止高温逼熟；选留良种；及时插种晚稻；收获春玉米、春大豆；秋玉米、秋大豆及时播种育苗；棉花、络麻、桑园、茶园、苗圃注意抗旱，防治病虫害；饲养早秋蚕；夏繁茶树良种；橘树施壮果肥、治虫，幼树铺草防旱；苗圃定苗；畜禽防暑；种植秋季饲料作物；捕捞符合商品规格产品上市；河蟹、鳗鱼按规格分养；甲鱼产卵盛期，加强稚甲鱼孵化管理和培育；银蚶产卵高峰。

小暑、大暑谚语　小暑弗算热，大暑正伏天。小暑南风十八朝，晒得南山竹也叫。小暑一声雷，倒转做黄梅。小暑西北风，鲤鱼上屋栋。小暑雷，黄梅回。小暑一声澎，棉花剩根梗。小暑西南踏直腰，夏至西南没小桥。大暑弗割禾，一天丢一箩。大暑打雷隆隆响，秋后台风人遭殃。大暑红霞没雨天。大暑一声雷，十二天野黄梅。大暑不热，冬天弗冷。大暑前后忌闻雷，闻雷有秋旱。

8月　立夏和处暑，全省平均气温27℃～29℃之间，日最高气温在35℃以上日数比7月减少，象山月平均气温27.7℃，月平均最高气温31.3℃，月平均最低气温24.9℃。本月农事：防御台风侵袭；晚稻早插早管促早发，迟插紧管促平衡，插后3天～5天进行化学除草；番薯追肥培土；秋旱粮中耕除草、施肥培土；萍种夏繁和连作晚稻放萍；棉花补施盖顶肥，及时收花；桑园普施秋肥，治虫，养好中秋蚕；采制秋茶；果蔗施壮尾肥；播种秋菜；搞好秋孵，加强产蛋鸡、鸭饲养管理及母鸡开产前防疫；鱼塘、鱼池少施肥多投饲；罗氏沼虾上市，成鱼轮捕轮放均衡上市；幼蚌和手术蚌肥育；银蚶苗大量附着；蛏子、贻贝和增殖放流对虾起捕；海蜇生产进入旺季。

立秋、处暑谚语　早晨立了秋，晚上凉飕飕。立秋处暑，上蒸下煮。立秋一夜雨，满地是黄金。立秋无雨三分忧，大熟年成减一半。雨打立秋头，晚稻喂黄牛。处暑白露节，夜凉白天热。

处暑根头乌，到老晒弗枯；处暑根头白，割割歇老牛。处暑萝卜白露菜，七葱八荞九大蒜。处暑难得十日阴，白露难得十日晴。处暑雷唱歌，阴雨天气多。处暑里的雨，谷仓里的米。处暑一场雷，秕谷满场堆。处暑响雷稻虫多。

9月　白露和秋分，天气渐凉，是夏季转变为秋季过渡月，全省月平均气温22℃~25℃，象山月平均气温24.2℃，月平均最高气温27.8℃，月平均最低气温21.3℃。本月农事：晚稻抽穗扬花，防治稻纵卷叶螟、褐稻虱、第四代螟虫和穗颈瘟；秋玉米等旱粮作物防旱防涝；绿萍秋繁和利用；适时播种草子和油菜；棉花选种收花，棉仓治虫；络麻适时收剥、精洗；果苗芽接，橘树控制秋梢，丰产树补施壮果肥；秋冬菜全面播种；毛竹钩梢；牲畜秋配，家禽秋孵；畜禽秋季预防注射；各种养殖鱼类进入长膘阶段，继续投足饲料，山塘、池塘、小水库于中、下旬各施追肥一次；罗氏沼虾大量上市。继续捕捞增殖对虾；紫菜进行壳孢子采苗和放养；蛏子开始产卵。

白露、秋分谚语　过了白露节，夜凉白天热。白露白迷迷，秋分稻头齐。白露有雨，寒露有风。白露西北风，秋后干松松。白露东南风，秋后雨水丰。白露难得十日晴。春分秋分，昼夜平分。秋分西北风，冬天多雨雪。秋分东风来年旱，秋分有雨来年丰。

10月　寒露和霜降，全省平均气温16℃~20℃，象山月平均气温19.5℃，月平均最高气温23.7℃，月平均最低气温16.1℃。气候有利晚秋作物的后期生长和成熟。本月农事：抓紧晚稻、番薯、玉米、大豆等作物的后期管理，草子补播，防治水稻穗颈瘟和第五、第六代褐稻虱；晚稻防断水过早，选种留种，细收细打。棉、麻继续收获。柑橘开始采收，施足采果肥，控制晚秋梢，新橘园秋植；采收油茶、油桐、板栗和栎类等种子，选留良种；继续抓紧母畜配种、选留，湖羊种羔，抓好长毛兔秋繁，防治畜禽感染呼吸系统疾病；吃食鱼类多投精饲料，少施肥；育珠蚌开始破蚌采珠；罗氏沼虾、鳗鱼大量起捕；罗氏沼虾亲虾选留，并进越冬室培育；海带苗出库下海暂养，紫菜放养结束；蛏子进入产卵高峰；冬季带鱼汛开始。

寒露、霜降谚语　稻怕寒露风，人怕老来穷。遭了寒露风，收成一场空。寒露下雨天，正二月雨涟涟。霜降弗降，一百廿日乌堂堂。霜降前落霜，大雪满山冈。霜降雾茫茫，四十二天晴朗朗。霜降不阴降，四十六日乌堂堂。

11月　立冬和小雪，全省11月平均气温11℃~16℃，象山月平均气温14.3℃，月平均最高气温18.6℃，月平均最低气温10.9℃。本月农事：自东北向西南先后开始有霜，注意各种经济林木防冻保暖；秋收冬种；开挖春花田排水沟，早施麦抢肥，追施油菜苗肥；及时防蚜虫；棉、麻种子晒藏，桑苗出圃，改造老桑、茶园，浴种准备，柑橘采收，施足采果肥；果蔗收获，秋植蔗施保暖肥；冬植蔗播种，开展冬季造林；家畜防冻保暖，培育后备种禽；成鱼开始大量捕捞，商品鱼、虾、甲鱼、河蟹继续上市；成鳗起捕基本结束，鳗种并塘越冬，亲甲鱼、幼甲鱼、鳝种进入冬眠；罗氏沼虾、对虾起捕结束；紫菜开始收割；海带继续出库并准备分苗；冬季带鱼和浙南渔场梭子蟹进入旺汛。

立冬、小雪谚语　立冬晴，一冬干。立冬落雨一冬冰，立冬无雨一冬晴。立冬霜白，晴到割大麦。立冬北风冰雪多，立冬南风无雨雪。立冬立冬，田畈收空。立冬立冬，还要冬种。小雪雪满天，来年定丰收。小雪雾，春主旱。小雪有雪，小暑必雨。小雪无云主大旱。

12月　大雪和冬至，全省月平均气温5℃~10℃，象山月平均气温8.5℃，月平均最高气温13.1℃，月平均最低气温5℃。极端最低气温全省均在0℃以下。本月农事：各种越冬作物和经济林木防冻保暖；收好、晒好、藏好秋收农产品；田间冬作管理，保护农作物安全过冬；棉田行间冬耕，整理沟渠；桑苗出圃栽种，桑园冬耕、培土、施肥，茶园砌坎保土，添修制茶机具；落叶果树整理修剪，清理橘园，准备苗木，造林植树；成鱼全面捕捞上市或趸养；各种越冬池、室，严防低温霜冻；开蚌采珠旺季；对虾亲虾进入越冬室；海带分夹苗养殖；紫菜继续收割；蛏子、银蚶、毛蚶、牡蛎、鲻鱼等继续起捕；冬汛带鱼继续旺发；大量捕捞梭子蟹。

大雪、冬至谚语　小雪封地，大雪封河。大雪弗冷惊蛰寒。过了冬至节，一天长一节。冬至月头，卖被买牛；冬至月中，日风夜风；冬至月尾，卖牛买被。干净冬至邋遢年，邋遢冬至干净年。冬至雨，除夕晴；冬至晴，除夕泥泞。冬至有霜，腊雪有望；冬至无霜，石臼无糠；冬至有霜；石臼有糠。要困冬至夜，要吃卅夜。冬至南风百日阴。冬至出日头，年前年后冻死牛。冬至月头，日佝夜佝；（冷成佝偻样）冬至月中，日风夜风；冬至月底，好在年里。（年内无雨）冬至牛游塘，明年年成勿用讲。冬至前后三朝霜，农夫要吃糠。

天气谚语

亦称农谚，旧志中少见记录。民国《象山县志》“实业考”“方言考”中“农谚”，多见文献记载者，而少见民间采集者。民间采集农谚，周边县市亦有同样说法，甚至浙江周边省市亦有同样表述，如“干净冬至，邋遢过年；邋遢冬至，干净过年”这条谚语，江苏、江西、安徽等地亦有相同意思表达。某条农谚准确性如何，与该农谚流行普遍与否不一定有必然联系，如“上半月看初三，下半月看十八”这条农谚，在象山地区普遍流行，说是上半月初三这天若下雨，则多雨，下半月十八这天若晴好，则下半月多数好天气。经验证，并非如此。农谚准确性是对一定时间、一定空间、一定情境而言，非普遍规律。“清明断雪，谷雨断霜”“冷在三九，热在三伏”“吃过端午粽，还要冻三冻”等农谚，20 世纪 80 年代前，准确率较高，在这以后，全球气温明显上升，准确率大为降低。

风　半夜东风起，明日好天气。早西晚东风，晒死老虾公。早南晚北夜风，晒得河底海底空。早西晚东好天气，早东晚西有风暴。晌午不止风，刮到点上灯。开门风，越刮越大；关门雨，越下越凶。夜夜刮大风，雨雪不相逢。常刮西北风，近日天气晴。五月南风有大雨，六月南风海晒枯。六月东风不过午，过午必台风。七月北风雨，八月北风凉。上春冷东风，三日两头雨蒙蒙。行得春风有夏雨（春风指偏东风，如果春季偏东风天数多，则夏天雨水多）。春风大，秋雨多。春东风雨祖宗、夏东风开底空、秋东风雨咚咚、冬东风燥冲冲。夏天有风不算热天，冬天无风不算冷天。秋刮东北田干裂（秋天）。四季东风是雨娘，只怕东风吹不响。东风下雨西风晴，北风刮来冷冰冰。东风到夜猛，有雨在五更；东风起响声，勿落勿相信。东风起声响，雨在门口张；东风急溜溜，难到五更头。东北风，雨太公（春天）。东风到夜猛，大雨门头张（秋冬季）。南风若过三，不下也阴天。南风打过更，大水满溪坑。雨前先起风，定是一场空。雨后刮东风，未来雨不停。雨后东风大，来日雨还下。雨雾东风勿拢洋，挫转西北叫爹娘。三日雾蒙蒙，必定起狂风。太阳出来披红纱，东风送行有雨下。日落胭脂红，明朝雨夹风。久晴西风雨，久雨西风晴。早刮东风不雨，涝刮东风不晴。风大夜无露，阴天夜无霜。大风怕日落，久雨起风晴。无风起长浪，必定有大风。无风长浪梗打梗，快快调篷转舵朝家乡。

台风　春雷响不续，台风刮不停。夏雷压台风，秋雷引台风。大暑打雷隆隆响，秋后台风人遭殃。立秋响雷公，秋后无台风。冬季多北风，来年多台风。冬春北风大，夏秋台风强。六月初一响雷公，秋季必有大台风。八九月里吹北风，一两天内有台风。天出箭头云，必定起台风。东闪（雷电）做风水，西闪日头猛，南闪北不动，北闪猛南风。太阳上山吹横箫，有了今朝无明朝。

雷　早雷勿过午，午雷两头空，夜雷三日雨。疾雷易晴，闷雷难晴。早春动雷七日雨，夏日动雷一时雨。先打霹雷无大雨，后打霹雷不晴天。早雷不过昼。先雷后雨其雨必小，先雨后雷雨势必大。春雷响得早，霜冻来得早。春雷响得迟，霜冻也会迟。立春嘭声响，一月没太阳。惊蛰前响雷鸣，一日落雨一日晴，晴晴落落到清明。夏雷压台，秋雷引台；夏雷压，秋雷发。小暑一声雷，倒转做黄梅。雷公先唱歌，有雨也勿多。秋雷隆隆，大水没屋。秋前一雷引九台，秋后一雷压九台。东雷闪空，西雷闪风，南雷大门开，北雷雨就来。南来雷雨也不大，西北雷雨没上屋。

雨　早云一日晴，晚雨到天明。早霞雨淋淋，晚霞晒死河底老虾公。开门风，越刮越大；关门雨，越下越凶。开门雨，一阵雨，关门雨，下一宿。雨打天亮头，中午晒开头。雨大天亮头，晒死老黄牛。雨打鸡啼丑，雨伞不离手。雨打立夏，无水洗耙。一场春雨一场暖，一场秋雨一场寒。立春下雨到清明。春寒多雨水，春暖百花香。夏至无雨三伏热，重阳无雨一冬晴。芒种勿落雨，紧割小麦两天半。霜降不降，一百廿天乌堂堂。霜降日落雨，一百廿日霜降梅。重阳落雨要烂冬，重阳无雨看十三，十三无雨一冬晴。重阳无雨，一冬晴，重阳落雨一冬冰。立冬无雨一冬晴，立冬有雨一冬冰。立冬晴，一冬晴；立冬雨，一冬雨。有雨天边亮，无雨顶上光。一落一个泡，明朝天气好；一落一个钉，七日七夜落勿停。发尽桃花水，必是旱黄梅。梅里不落，时里落。时里发水，小暑退水。日落落，夜晴晴，气死勤力人。夜清确，日要落（梅天时间）。南边来雷雨不大，囡拿来东西不多。南大好晒谷，北大要拆屋。满天水上波，有雨跑不脱。风头一个帆，雨后变晴天。阴雨亮一亮，还要下一场。星星眨眨眼，出门要带伞。蜜蜂采花忙，短期有雨降。星星水汪汪，下雨有希望。河里泛青苔，必有大雨来。喜鹊搭窝高，当年雨水涝。久雨闻鸟鸣，不久即转晴。喜鹊枝头叫，出门晴天报。蟋蟀小房叫，庄稼挨水泡。燕子钻天蛇过道，老牛一叫大雨到。上半个月看初三，下半个月观十四。正月十三一夜星，撩田搭角到清明。惊蛰之前响雷鸣，四十九天不见天。一日黄沙一日晴，三日黄沙雨淋淋。天黄落雨。月没胭脂红，不雨就是风。月亮生水要下雨，月亮有晕要刮风。长晴有长落；晴秋烂一冬。烟不出屋的的笃笃，炊烟低斜，雨就来了。

霜　早上阴霜下午开，下午阴霜雨就来。三朝浓霜顶朝雪。三日露白没赤脚，晴到割大麦。霜秃见晴天。春霜勿露白，露白要赤脚。春霜一露白，明早要赤脚。严霜出毒日，毒日不晴天。霜加南风连夜雨，霜下东风一日晴。

云　早上云如山，必定下满湾。早怕南云涨，晚怕北云堆。早晨浮云走，午间晒死狗。早晨朵朵云，午后晒死人。早看东南，晚看西北。早上云如山，下午船出湾。早要天顶穿，晚要四脚悬。早晨破絮云，午后雷雨淋。清晨海云生，风雨马上来。晨后有云像城堡，天空白云像棉絮，午间闷热虫出动，雷雨天气要来临。日落西山云接驾，今明昼夜有雨下。今日乌云遮太阳，明日农活干不长。乌头风，白头雨，黑云吐雾要落雨。今晚日落乌云洞，明朝癞头皮要晒痛。乱云天顶绞，风雨真不少。东南卯云散，雨下巳时辰。天上城堡云，地上雷雨淋。天空灰布悬，大雨必连绵。天上棉花云，地上雨淋淋。天上鲤鱼斑，晒谷不用翻。天上钩钩云，地上雨淋淋。天有城堡云，午后雷雨临。乌云积得高，明日晒断腰。乌云接落日，不落今日落明日。乌头风，白头雨，里红外黑石头雨（冰雹）。久雨看西北，亮了将转晴。乌云脚底白，定有大雨来。低云不见走，落雨在不久。云相磨，水成河。天上云打架，转眼雨就下。馒头云，好天空。江猪过河，大雨滂沱。鱼鳞天，不雨也风颠。晴天不见山，下雨三五天。今晚花花云，明天晒死人。黑云起了烟，雹子在当天。云吃虹，下不停；虹吃云，下不成。

光　太阳早出红彤彤，小雨中雨勿落空。太阳早出红，叫我雨伞送。早霞雨，晚霞晴。早霞不出门，晚霞行千里。日落胭脂红，无雨便是风。日落胭脂红，半夜起来搭雨篷。晕越大风就越大。星月照烂地，大雨落勿及。日雨夜清确，明天大雨落。黑夜星星密，来日晴又热。日晕三更雨，月晕午时风。大晕三日里，小晕在眼前。虹高日头低，明早披雨衣；虹低日头高，明早晒断腰。青光过顶，旱断水井（秋）。东虹日头，西虹雨。冬虹抵堵墙（天将热）。

雾　早雾即收，旭日可求；早雾过午，大水没路。早晨发大雾，只管洗衣裤。早雾即收旭日可求，雾收不起细雨不止。雾里日头，晒哭癞头。晴天不见山，下雨三五天。大雾不过三，过三十八天（久晴）。云日雾蒙蒙，必定起狂风，狂风后久晴。三日淡淡雾，必定起狂风。云吃雾有雨，雾吃云好天。久晴大雾雨，久雨大雾晴。雾露在山腰，有雨今明朝。重雾三日必大风。雾里日头，晒焦石头。梅里雾，水没路；伏里雾，热火火。小满山头雾，大麦小麦要烂糊。春雾雨、夏雾火、秋雾凉风、冬雾雪。夏末秋初，一日三晴；深秋冬初，十雾九晴。冬季有雾霜，天气必晴朗。

第二节　物　　候

象山人民自古注意到草木枯荣、候鸟来去等自然现象与气候关联，据此安排农事。历史上有关物候内容文字记载罕见，较多是口耳相传有关植物、动物对气候反应的“农谚”，也有非生物变化对气候反应的“农谚”，如始霜、始雪、结冰、结冻等。中华人民共和国成立以后，受中学动、植物课程的影响，始有民间和专业人员的物候观测和记录。1954 年起，有邑人开始在植物、花卉、中草药等书籍上有物候观察的零星纪录，80 年代后，邑人盛行方受竺可桢物候学思想及高等教育动、植物学的影响和农业生产的需要，民间物候观测目的性更为明确，记录资料保存更为完整。1983—1986 年，象山气象站根据省气象局要求观测物候，植物有垂柳、水杉、山桃、芙蓉、苦楝、日本樱花、芍药、泡桐等；动物有青蛙、燕子、四脚蛇等。2007—2008 年，象山气象局组织专人观测和记录木本物候、候鸟类物候，并搜集 1999 年后部分农技人员苗情记载。

象山县民间物候记录情况表

表 6-11

月份	物　候　现　象	观测年数	平均日/月	最早日/月	年份	最晚日/月	年份	多年变幅（天）
二	大黑八哥始叫	5	2/2	25/1	2008	5/2	2004	11
	杨妃山茶花开放	20	10/2	26/1	1985	15/2	1998	20
	柳树抽芽散叶	50	2/2	1/2	2006	30/3	1954	57
	云南黄馨（称迎春花，误）	20 余	28/1	18/1	1990	3/2	2004	16
三	垂柳展叶到长成大叶	50	30/3	10/3	2007	18/4	1954	39
	杨妃三茶花盛开	20	25/3	20/3	2006	28/3	1987	8
	云南黄馨花开	16	5/2	1/2	1998	11/2	1990	10
	工球悬铃木裂芽展叶	23	27/3	17/3	2006	4/4	1989	18

续表6-11

月份	物 候 现 象	观测年数	平均日/月	最早日/月	年份	最晚日/月	年份	多年变幅（天）
	无惠子树初叶	10	16/3	14/3	2001	18/3	2007	4
	无患子树花初花	8	8/5	28/4	2007	18/5	1988	20
	一般鸟类都走后飞来叫春，进入活跃期，以大黑八哥最早	6	6/2	25/1	2008	一般2月中旬	—	约20
	樱花花叶接踵	8	27/3	26/3	2004	29/3	2001	3
	山上杜鹃初花	50余	30/3	13/3	2007	18/4	1954	36
	白绢梅初花	50余	6/4	20/3	2007	27/4	1954	38
	青蛙初叫	10	5/3	12/3	1977	4/4	1974	23
	二乔木兰初花	25	18/3	5/3	2007	23/3	1985	18
四	枫香树初叶，茅暴开散叶	7	24/3	20/3	2006	27/3	20世纪50年代	7
	樱花凋谢	10	28/4	26/4	2008	30/4	1999	4
	紫荆花谢凋	10	16/4	7/4	1999	18/4	2008	11
	毛竹笋已出土很多	19	28/3	24/3	2005	15/4	1990	22
	紫荆花已凋谢	10	21/4	18/4	2008	25/4	2000	7
	朱顶红第1朵花开	9	2/5	27/4	2005	28/59/5	2006	12
	苦楝树叶茅暴开	5	7/4	26/3	1977	19/4	1974	24
	二球悬铃木叶盛	10	18/4	14/4	2001	20/4	1988	6
	悬槐初叶	10	30/3	27/3	2005	3/4	1999	7
	马褂木初叶	8	11/4	7/4	2005	14/4	2001	7
	红叶李初花	20	16/4	5/4	1988	21/4	2003	16
	桐树头花	20	3/4	23/3	2001	15/4	1985	23
五	仙人指开头朵花	16	13/5	5/5	1998	19/5	2008	14
	仙人掌开头朵花	15	11/5	4/5	1990	18/5	2004	14
	朱顶红开花	9	3/5	28/4	2001	9/5	2006	11
	连珠仙人球头朵花	23	10/6	28/5	2008	20/6	1986	23
	苦楝树始花期	21	7/5	30/4	1982	15/5	1961	15
	白茅（茅草）开花	50余	19/6	25/4	20世纪50年代	25/10	2008	183
	络石藤开花	40	10/5	30/4	2006	28/5	1975	28
	臭梧桐开花	30	3/6	25/5	2001	11/6	1998	7
	金银花开花	40余	3/5	25/4	2005	10/5	1969	15
	毛栗（苞蔷薇）开花	40余	8/6	24/5	1999	27/6	1969	34

续表6-11

月份	物 候 现 象	观测年数	平均日/月	最早日/月	年份	最晚日/月	年份	多年变幅（天）
	黄栀花（山栀）开花	40余	1/6	27/5	2002	20/6	1959	24
六	扶芳藤初花	20	13/6	3/6	1989	18/6	2004	15
	紫藤初花	7	2/5	27/4	2005	3/6	1964	37
	金丝桃初花	10	13/6	4/6	2008	19/6	1997	15
	夹竹桃初花	20余	15/6	2/6	2001	31/18	2004	29
	栀子花初开	10	5/6	3/6	1988	9/6	2003	7
	广玉兰初花	16	16/6	10/6	1989	22/6	2004	12
	大绣球初花	—	1/6	25/5	2007	11/6	2007	17
	木槿初花花期长到10月	8	15/6	13/6	2007	17/6	2001	4
	杜英初花	4	1/7	28/6	2003	3/7	2007	5
	石榴初花、花期长	8	13/6	10/5	2008	17/6	2001	38
	喜树初花	20	1/7	25/6	2003	4/7	1987	9
	合欢初花	30	5/7	25/6	2004	20/7	1988	25
七	荷花初花	6	29/6	25/6	1985	2/7	1988	7
	芦荟初花	10余	25/7	8/7	2001	11/8	2005	34
	睡莲初花	3	16/7	14/7	1995	18/7	1997	4
	康乃馨即石竹花（品种不同）	30	3/7	26/5	1985	27/8	2003	22
	紫茉莉初花	30	15/8	18/6	1999	10/10	2001	114
	波斯菊初花	20	1/8	5/6	1990	12/10	2007	129
	鸡冠花初花	30	13/7	1/8	1990	15/91	2007	—
	凌霄（倒挂金钟）初花，花期长达100多天，10月18日还有花	6	16/6	15/6	2007	18/6	2001	3
	大丽花	6	11/7	8/7	1961	15/7	1975	7
八	百合花始开	6	24/7	5/7	1973	10/8	1969	36
	红化美人蕉始花	8	7/7	27/6	2004	2/8	1997	36
	玉簪花始花	10余	1/8	20/7	2000	10/8	2007	21
	野生芙蓉花（木芙蓉）始花	20	28/7	24/7	1985	4/8	1997	—
九	天竺葵始花	14	28/9	15/9	1985	14/10	1999	29
	秋海棠始花	10	2/11	20/9	1985	9/12	1986	19
	野菊花始花	50余	10/10	15/9	1959	25/10	2008	40
	千里光花始花	50	25/9	1/9	50年代	20/10	2008	49

续表6-11

月份	物候现象	观测年数	平均日/月	最早日/月	年份	最晚日/月	年份	多年变幅（天）
	一枝黄花始花	50	1/10	9月初	50年代	10月末	现在	约50
	非洲菊始花	15	28/9	22/9	1985	3/10	1998	11
	筒凤梨	35	10/10	25/9	1968	28/10	2003	33
	鸡儿肠（马来草、马兰头）始花	20	2/9	25/8	1985	10/9	1998	16
十	枇杷树花（翌年5月吃果子）始花	10	21/10	19/10	1999	23/10	2008	4
	金桂初开	20	20/9	16/9	1987	24/9	2007	8
	胡颓子花（翌年5月果熟）始花	10	25/10	5/10	1960	15/11	2003	40
	盐肤木花（咸砂卵袋）始花	8	26/9	5/9	1960	9/10	2002	34
	紫花景天（玉蝴蝶）始花	6	25/10	10月初	60年代	11月初	2000	约30
	银桂开花	10	4/11	19/9	60年代	25/10	2007	约36
	二球悬铃木开始落叶	50	25/10	20/9	2000	20/11	2007	61
十一	大花君子兰始花	15	16/11	7/11	1985	3/12	2002	26
	柳树落叶	40	10/12	15/11	1955	30/12	2007	45
	枇杷初花	9	28/10	26/10	1999	1/11	2008	6
	茶梅初花	8	3/12	26/11	2001	8/12	2007	12
	蟹爪兰初花	7	25/12	28/11	2005	7/1	1997	40
	马褂木初落叶	20	16/11	2/11	1985	26/11	2007	24
	枫香初落叶	30	18/11	13/11	1958	20/11	2000	7
	苦楝树初落叶	20	17/11	1/11	1965	23/11	1990	22
十二	二球悬铃木叶子落光	30	15/12	29/11	1985	29/12	2007	30
	垂柳叶子落光	50	15/12	20/11	1960	31/1	2007	72
	马褂木叶落光	21	2/1	26/12	1985	15/1	2006	20
	樱花叶子落光	20	4/1	18/12	1985	15/1	2006	28
	水仙开花	10余	10/12	25/1	1985	17/2	2004	23
	迎春花初开	20余	24/1	28/1	1985	22/1	2006	25

说明：根据盛行方记录整理

象山县木本物候记录表

表 6-12

品　种	观察年份	状　态（日/月）	观察地点
茶花	2007 年	始花 17/3	—
紫薇	2008 年	始芽 28/3、始叶 4/4、盛叶 10/4、始花 5/7、盛花 20/7、末花 25/9	塔山公园
紫荆	2007 年	盛花 17/3	—
紫荆	2008 年	始芽 20/3、初花 27/3、盛花 1/4	塔山公园
樟树	2007 年	吐芽 18/3	—
樟树	2007 年	始芽 18/3、始叶 24/3、盛叶 30/3	塔山公园
枣	2007 年	始芽 10/4、始叶 14/4、盛叶 19/4、始花 23/5、盛花 31/5	塔山公园
月樱花	2007 年	吐芽 18/3	—
榆树	2007 年	始芽 19/3、始叶 22/3、盛叶 26/3	塔山公园
樱花	2007 年	吐芽 17/3	—
樱花	2008 年	始芽 29/3、始叶 31/3、始花 6/4、盛花 12/4	塔山公园
银杏	2007 年	吐芽 18/3	—
银杏	2008 年	始芽 27/3、始叶 31/3、盛叶 5/4	塔山公园
杨柳	2007 年	吐青 26/2、展叶 18/3	—
杨柳	2008 年	始芽 5/2、芽开放期 10/3、始叶 12/3、盛叶 15/3	塔山公园
梧桐	2008 年	始芽 27/3、始叶 30/3、盛叶 5/4	塔山公园
桃子	2007 年	露苞 28/2、始花 11/3	—
桃	2007 年	露苞 22/3、初花 29/3、盛花 4/4	塔山公园
水杉	2008 年	始芽 20/3、始叶 26/3、盛叶 31/3 始花 1/10、盛花 3/10、末花 10/10	塔山公园
梅花	2007 年	初花 10/2、盛花 25/2、末花 24/3	—
苦楝	2007 年	始芽 27/3、始叶 30/3、盛叶 5/4	塔山公园

象山县候鸟类物候记录表

表 6-13

名　称	状　态
燕子	农历三月三来
大雁	农历十月来，二月二去（大雁不过二月二）
青蛙	3 月到清明鸣叫

表 6-14

象山县苗情物候记录表

年　份	1999	2001	2002
品种	嘉育 143	嘉育 143	嘉育 143
播种期	4 月 18 日	4 月 16 日	4 月 19 日
孕穗期	6 月 15 日	6 月 15 日	6 月 23 日
始穗期	6 月 25 日	6 月 22 日	7 月 1 日
齐穗期	6 月 29 日	6 月 26 日	7 月 6 日
成熟期	7 月 31 日	7 月 21 日	8 月 3 日

表 6-15

象山县杂交单季晚稻苗情物候记录表

年　份	2001	2005	2005
品种	协优 46	协优 46	甬优 6 号
播种期	6 月 6 日	6 月 3 日	6 月 3 日
孕穗期	8 月 13 日	8 月 8 日	8 月 28 日
始穗期	8 月 20 日	8 月 16 日	9 月 10 日
齐穗期	8 月 25 日	8 月 20 日	9 月 16 日
成熟期	10 月 8 日	10 月 1 日	11 月 11 日

表 6-16

象山县单季晚粳苗情物候记录表

年　份	2001	2001	2002	2002
品种	甬粳 18	秀水 110	甬粳 18	秀水 110
播种期	6 月 6 日	6 月 6 日	6 月 14 日	6 月 13 日
移栽期	—	—	7 月 12 日	7 月 12 日
孕穗期	8 月 20 日	8 月 20 日	8 月 30 日	9 月 1 日
始穗期	8 月 27 日	8 月 27 日	9 月 4 日	9 月 6 日
齐穗期	8 月 31 日	8 月 31 日	9 月 8 日	9 月 10 日
成熟期	10 月 30 日	10 月 30 日	10 月 30 日	10 月 31 日

2006年象山县柑橘（上野）物候记录情况表

表6-17

物候期	露　地　物　候　期
春梢萌发期	3月中旬
花芽分化期	上年11月至第二年2月
现蕾期	4月上旬
露白期	4月中旬
初花期	4月27日
盛花期	5月2日
谢花期	5月3日至5月6日
第一次生理落果	5月9日至5月下旬
第二次生理落果	6月上旬至6月下旬
夏梢萌发期	6月中旬
秋稍萌发期	8月上中旬
果实膨大期	6月下旬至9月初（定果后）
果实着色期	9月中旬至9月下旬

说明：以上诸表为县气象局观测资料整理

附：**气象事业**

象山近现代气象观测始于清光绪二十一年（1895）。是年六月，英国、法国与中国海关合作，在北渔山设置测候站所，附属于海关管理。观测项目有气压、干湿球温度、降水、风向、风速、云、天气现象，民国33年（1944）撤销。

民国22年（1933），由浙江省水利局建立南田测候所，民国24年撤销。

照6-1　位于东门岛上的石浦气象站

1955年10月，石浦气象站建立，址设石浦镇东门岛炮台山，观测场海拔128.4米。1960年3月，改名石浦气象服务站。1978年11月改为象山县石浦气象站，系国家基本站。1958年，象山气候站建立，1959年撤销。1979年7月，县气象站建立，站址设丹城镇南门外。1980年4月，为国家一般站。1990年4月，改为辅助站。1995年4月，站址从丹城镇南门外迁至丹城镇东谷湖路。1996年4月，县站地面气象辅助观测任务撤销（实际所有观测内容均未中断）。2007年1月，改为国家气象观测站二级站。

1997年7月，县气象站、石浦气象站合并成立县气象局。

石浦气象站作为地面观测国家基本站，其主要业务：进行气象测报工作，为国内外气象台进行天气预报提供基本资料；为航空飞行提供气象情报；为本县积累气象资料，进行气候资料服务。昼夜值班，观测气候、天气并发报，担任日夜拍发航空报、危险报任务。1974 年，定为亚洲气象资料、情报交换站点。

县气象站主要业务是承担全县天气预报、地面气象测报（夜间不守班）、农业气象服务等工作任务，开展公益服务和为当地领导防灾减灾、发展经济进行决策服务，还开展防雷装置设计审核及气象科技服务等任务。

2005 年，在长山、黄泥桥、外高泥、下沈、墙头、泗洲头、新桥、昌国盐场、定塘、檀头山、高塘、杨柳坑、南韭山、渔山、大目涂、山头王、泊戈洋、爵溪等地建立地面自动气象观测站 18 座（大目涂站因数据缺测较多，无法利用）。2008 年 6 月，增加美人山、白玉湾、蒲湾、麦地山、林港 5 个地面观测站。全县地面观测站 23 座。

第七篇　自然灾害

本篇目录

第一章　台风灾害

台风，俗称“做风水”。影响象山的台风以农历七、八、九月间为多。遇到干旱年份，台风能带来雨水，缓解旱情，如遇农历初三、十八和七月半、八月十六等天文大潮特殊时间，会出现（狂）风、暴（雨）、（高）潮“三碰头”情形，破坏力尤大。1956 年 8 月 1 日，原本是“小水潮”日子，由于超强“八一台风”登陆，终引发特大风暴潮，造成极为惨重的自然灾害。1997 年 8 月 18 日 9711 号台风，虽不在象山登陆，但恰遇“七月半”大潮汛，风、暴、潮结合，同样造成严重灾害。

第一节　台风路径

影响台风雨的大小、分布，除与台风强度、范围大小、发生月份等有关外，还与台风路径和登陆地点有密切关系。台风在北太平洋西部生成后，西移、西北移、转向或特殊路径，对象山的影响各有不同，大致可分五类：一为台州至宁波沿海登陆的台风，当风力 12 级以上，普降暴雨以上降水时，对象山危害最大；二为温州沿海登陆或紧靠象山沿海北上（东经 125°以西）的台风，风大雨大，对象山危害严重；三为福建东部登陆后西进的台风，雨较大而风不大，有利解除夏旱，但登陆后转向东北出海的台风，则风大雨大，同样会造成严重危害；四为紧靠象山沿海北上（东经 125°～126°）的台风，县内风雨中等；五为广东省沿海登陆后转向东北，后在温州至宁波沿海入海台风，县内则雨大风不大。

台风袭来，挟带大雨以上降水，但受地形影响和风向关系，各地降雨量不尽相同。台风遇山阻挡，移速减慢，大雨停留象山的时间则较长。处在迎风坡，雨势更强。

不同台风路径对象山不同地区所造成的雨量分布有明显不同。在象山南部登陆或紧擦本县沿海北上的台风，台风影响时多刮东北风，受地形影响，象山西部地区的西周、墙头等地降雨量最大。在象山北部登陆西进的台风，由于吹西南到南风，受地形影响，象山中南部的东溪、泗洲头等地降雨量就会很大。而在象山以南附近县、市登陆的台风，由于先刮东北风后吹西南风，所以台风影响时，先是坐南面北的西周、墙头等地雨量较大，当台风中心经过后则是坐北面南的东溪、泗洲头等地雨量较大，但由于台风一般是转向后移速加快，所以总的雨量还是西周、墙头等地为大。如台风继续西行，则东溪、泗洲头等地雨量大。

第二节　灾害性台风

灾害性台风会造成房屋倒塌、海堤冲垮、海潮侵袭、农田被淹、山洪暴发、人畜伤亡等严重的灾害。明代永乐二十年（1422）至 2008 年，造成较大灾害的有记载台风达 78 次，其中中华人民共和国成立后直接登陆象山的台风有1956年的5612号“温黛”、1988年的8807号“比尔”、1989年的8909号“贺璞”和2000年的0008号“杰拉华”4个。登陆地点分别为石浦、门前涂、石浦、爵溪。造成严重灾害的台风有5612号、6312号、8807号、8909号、9711号、0008号、0509号、0515号等。

台风影响象山，涉及春末到初冬季节，旧志所载最早时间为夏历五月二十四日，最迟为夏历十月。而多在夏历六、七、八3个月内发生。1949—2008年，最早影响象山的台风是0601号台风“珍珠”，出现在2006年5月15日；最迟影响本县的台风是0428号台风“南玛都”，出现在2004年12月4日。每年的7月下旬至10月上旬是本县遭受台风影响的主要时段，其中8月份最多，占39%，9月份其次占29%。一年中有3个以上影响台风本县平均4年一遇，最多一年有6个影响台风，出现在2000年；无台风影响平均10年一遇，至今还没有出现过连续2年无台风影响的年份。

表7-1

象山县台风灾害情况表

时　间	灾　　情	资料来源
明永乐二十年（1422）	海溢，陈浞（今为岑晁）塘坏	嘉靖《象山县志·灾祥》
宣德五年（1430）	七月望，海溢	嘉靖《象山县志·灾祥》
成化十四年（1478）	海溢，海圩尽坏	嘉靖《象山县志·灾祥》
正德七年（1512）	宁绍濒海飓风大作，居民漂没万数，宁波府下辖五县均遭灾	民国《象山县志·史事考》引《明史》陶琰传及五行志
嘉靖二年（1523）	八月，大风雨，海溢，坏塘岸及店舍，溺人死	嘉靖《象山县志·灾祥》
嘉靖十八年（1539）	七月，海溢坏田	嘉靖《象山县志·灾祥》
嘉靖三十五年（1556）	七月十三日，大风拔木发屋，知县衙倾	嘉靖《象山县志·灾祥》
嘉靖四十五年（1566）	五月二十四日，飓风大作，坏船百余艘	民国《象山县志·志异》引康熙县志
雍正三年（1725）	七月十八日，海啸，沿海田庐淹没，塘圩多坏，民有溺死者	民国《象山县志·志异》引乾隆县志
乾隆二十七年（1762）	六月二十一、二十二两日夜，连发大风，如狂涛怒雷，拔木走石，而阴晦无雨	民国《象山县志·志异》引道光县志
乾隆四十二年（1777）	八月，飓风发，倒坏塘岸、桥梁无算	民国《象山县志·志异》引道光县志
乾隆五十四年（1789）	六月，飓风发，禾稼淹没，饥。七月，海溢，海塘等处民居水满四尺，塘岸、桥梁毁坏无算	民国《象山县志·志异》引道光县志

续表7-1

时　间	灾　　情	资料来源
乾隆五十六年（1791）	秋，飓风发，禾稼淹没，饥	民国《象山县志·志异》引道光县志
嘉庆元年（1796）	秋，飓风发，冲坏塘岸、民居无算	民国《象山县志·志异》引道光县志
道光六年（1826）	八月，飓风发，雨如注，山水骤发，沿溪河房室尽坏，溺五人。石浦西门尤甚，人物多漂荡，有升屋及木者	民国《象山县志·志异》引道光县志
道光九年（1829）	八月二十二日，飓风发，至二十八日，塘岸桥梁倒坏。西沙岭外平地水高六尺，鸡、犬、豕、羊淹死者半	民国《象山县志·志异》引道光县志
道光十五年（1835）	七月二日，飓风大作，夜更甚，海潮乘风骤溢，圩塘尽坏，石浦同知署半圮	民国《象山县志·志异》引《韦庐札记》
咸丰十一年（1861）	八月三日、六日，飓风坏塘	民国《象山县志·志异》引同治志稿
光绪二十七年（1901）	六月十九日，大风，海溢，坏塘田	民国《象山县志·志异》
民国4年（1915）	六月十六日，大风雨、海溢，坏塘田	民国《象山县志·志异》
民国17年（1928）	7月30日，大风雨洪潮溢入，茅屋瓦房被坏甚多。南庄海水淹没，深3尺	《象山县志（1988）》
民国22年（1933）	冲毁堤塘，堰坝146处，12108丈，灾田3.9万亩。牌头尤重，灾田颗粒无收，且毁房损屋，船只漂没难以计数	《象山县志（1988）》
民国32年（1943）	8月11、12日，飓风袭境，大雨倾盆，山洪暴发，溪水横流，平地水深3尺，沿海低地尽成泽国，田地作物、塘堤、屋舍、人畜、船只损失严重	《象山县志（1988）》
1951年	8月19—23日台风，风力10～12级，时值大潮汛，淹田8200余亩	《象山县志（1988）》
1952年	7月18—21日，强台风袭境，南庄平原水深5尺。全县灾田14.5万亩，毁房5742间，塘岸、碶门坏151处，死1人。16号台风，8月30日，灾田2636亩。9月1日暴雨，雨量225.8毫米，灾田5000余亩，其中重灾4299亩	《象山县志（1988）》
1953年	7月3日，受5号台风影响，早稻受灾11.2万亩。8月16日，受10号台风影响，风力12级，灾田4.85万亩，毁屋4389间，伤17人，坏船33艘	《象山县志（1988）》
1956年	8月1日晚，超强台风在象山登陆，中心风力17级以上。门前涂海塘全线倒堤，南庄平原一片汪洋。全县死亡3402人，伤5564人，毁屋77395间，坏海塘、碶闸465处，淹粮田116611亩，损失粮食20380吨，冲走船只102艘，物资损失61.5万余元。9月3日，受22号台风影响，风力10级，伤亡8人，毁屋170间，受淹土地1472亩，4.44万亩水稻减产	《象山县志（1988）》

续表7-1

时　间	灾　　　　情	资料来源
1958年	8月30日至9月1日，台风暴雨受涝1.8万亩，冲毁水利工程134处，翻船1只，砂压农田1279亩	《象山县志（1988）》
1959年	8月30日，受4号台风影响，死3人，伤1人，房屋塌22间，受淹农田36000亩，成灾800亩。9月4—5日，受5号台风影响，最大1小时雨量45毫米以上，山洪突发，普遍水灾，淹田15.37万亩。7村进水，塌房341间	《象山县志（1988）》
1961年	5月19—20日，受3号台风影响，普降暴雨，冲毁山塘4个，堤坝5处，房屋9间，死亡13人，伤1人。10月3—5日，受26号台风影响，毁房屋28605间，船只漂没143只，死19人，伤43人，损失粮食约20吨，冲毁水库、山塘、堰坝、塘岸106处	《象山县志（1988）》
1963年	9月11—13日，受12号台风影响，雨量600毫米以上，淹田16.27万亩，毁大小水利工程1393处，桥梁87座，屋1164间。粮食被淹343.9吨，146村进水	《象山县志（1988）》
1964年	10月15日，受23号台风影响，受淹土地27.52万亩，受损粮食30.25吨，毁塘库堰桥岸379处，倒房222间，伤亡4人	《象山县志（1988）》
1972年	8月16—18日，受9号台风影响，受灾土地8.35万亩，其中水田7.29万亩，棉花地4600亩，毁房损堤甚多	《象山县志（1988）》
1974年	8月19日，13号台风在三门登陆，过程总雨量在265毫米以上，伤亡61人，毁房3348间，受淹19.14万亩，损失粮食424吨，毁船836艘。60村进水，毁塘堤无数	《象山县志（1988）》
1977年	8月22日，受7号台风影响，毁房737间，伤亡87人，受灾稻田11.47万亩，棉田5293亩，冲失粮食141吨，塘库、堤坝毁损无数	《象山县志（1988）》
1978年	7月23日，5号台风于宁海登陆，最大风速45.8米/秒，塌房384间，毁船46艘，伤亡11人	《象山县志（1988）》
1979年	8月23—24日，受10号台风影响，风力10级，沿海12级以上，雨量150~200毫米，被淹农田9.72万亩，受潮粮食4846吨，被毁海塘38条，倒塌民房6822间，损船152只，伤27人，死3人	《象山县志（1988）》
1981年	8月30日至9月1日，受14号台风影响，风力10~11级，风浪7级，毁海堤50条，冲缺89处，损碶32座、桥梁30处、屋1215间，毁船26艘，受淹农田3.918万亩，死伤各1人。9月23日，受16号台风影响，北部地区24小时降水200毫米以上，丹城在1小时内降水100毫米，街道积水深处达1米。冲毁水利设施335处，倒塌山塘40只、桥123座，死1人，伤8人。进水7540户，倒屋40间，损屋7540间，受淹农田13.2万亩	县气象局提供

续表7-1

时　间	灾　　　情	资料来源
1983年	9月26—27日台灾，风力8级，沿海最大风速达41.6米/秒，普降暴雨60~70毫米。全县损房2937间，淹田3930亩，晚稻倒伏7.3万亩，棉花3万亩，减产25%。毁船93艘，其他损失约30万元	县气象局提供
1987年	7月27日，7号台风在温州登陆并北上，形成低压云团，全县普降暴雨，西部地区降雨200毫米以上，淹没良田12万亩，冲毁江塘堤坝1600米、渠道1300多米。损房屋296间、船舶5艘。9月8—12日，受12号台风影响，受淹农田4.99万亩。50个村庄严重进水，水深达60厘米，受淹时间50小时以上。损坏民房2间，损坏海塘8处。晚稻受淹后，稻瘟病、白叶枯病大发	县气象局提供
1988年	8月7日，7号台风在象山登陆，穿境北上，经济损失约3700多万元。其中西泽汽车轮渡千吨级码头大半下沉，钢筋混凝土撑墩全冲垮。受淹晚稻4.56万亩，损坏房屋1483间，沉没渔船20艘	县气象局提供
1989年	7月21日，9号台风在象山南部登陆，风力10~12级，石浦极大风力达17级，受灾面积37.99万亩，死4人，受伤92人，倒塌房屋2850间，损坏船舶360艘。9月7—13日，受21号台风及15—16日23号台风两次冲击，又值八月大潮，受大潮、台风、暴雨夹击，受伤15人，受淹农田4.19万亩，倒塌房屋150间。水毁小（2）型水库1座，山塘1座	县气象局提供
1990年	6月23—25日，受5号台风影响，全县普降大到暴雨，沿海风力12级以上，全县死亡2人，受伤2人，倒塌房屋25间，损坏船舶38艘，受淹农田17.48万亩。8月30日至9月3日，受15号台风影响，全县普降暴雨到大暴雨，石浦极大风力达16级，全县33人受伤，倒塌房屋1457间，损坏船舶137艘，受淹农田15.27万亩。10月5—7日，受22号台风和北方冷空气结合影响，出现连续三天的西北大风，使水浆管理不当的晚稻出现枯死，特别是6日加上大潮汛，出现汹涌海浪激起15米左右的水柱，旦门、新桥等23条海塘被毁	县气象局提供
1992年	8月31日，16号强热带风暴影响象山，正值天文大潮，最高潮位3.45米，超历史纪录，全县被毁海塘62条，倒塌房屋298间，受淹农田9万亩，损坏船舶163艘，死亡5人。9月22日，19号台风影响象山，普降暴雨150毫米以上，局部200毫米以上，被淹良田14.9万亩，97个村庄进水，倒塌房屋286间，损坏船舶16艘，死亡6人，受伤21人	县气象局提供

续表7-1

时　间	灾　　　情	资料来源
1994 年	8 月 21—22 日，受 17 号台风影响，全县普降暴雨，沿海风力 12 级以上，石浦达 43.8 米/秒，全县直接经济损失 4416 万元。10 月 10—11 日，30 号台风紧擦沿海北上，全县普降暴雨到大暴雨，沿海出现 12 级以上大风，3 万亩晚稻受淹，2.5 万亩倒伏，两次台风影响使 8565 吨原盐、盐卤冲失，4000 万块砖坯受损	县气象局提供
1997 年	8 月 18 日，11 号台风在温岭登陆，造成风、暴、潮结合，全县普降暴雨到大暴雨，局部特大暴雨；沿海风力 12 级以上，持续 22 个小时，石浦达 53 米/秒，松兰山潮位达 4.54 米，创历史纪录，全县所有镇乡都遭灾，187 千米海堤全线发生潮水漫顶，165 千米出现严重倒塌和毁堤，农作物普遍没顶 40～70 小时，损失惨重，死 12 人。这次台风除人员死亡比 56 年“8·1”台灾大幅度减小外，其余各种损失均比“8·1”台灾增加	县气象局提供
1998 年	9 月 19—21 日，受 6 号台风外围影响，全县普降大到暴雨，风力内陆 8 级，沿海 10 级，造成全县直接经济损失 6280 万元。9 月 27—30 日，受 8 号台风影响，全县普降暴雨，风力 8 级，对晚稻等生长再次造成影响，损失加重。10 月 15—17 日，受 9 号台风外围结合冷空气共同影响，全县晚稻倒伏严重，出现生理失水，发生了不同程度的青枯卷叶死稻现象，面积达 6.3 万亩，损失粮食 6550 吨	县气象局提供
1999 年	10 月 6—11 日，受 14 台风环流影响，出现六天连阴雨，特别是 10 日普降暴雨到大暴雨，造成作物受损，农田受淹	县气象局提供
2000 年	7 月 10 日凌晨，4 号台风在玉环登陆经宁海北上，象山沿海出现 11 级大风，内陆 9 级并有中到大雨，受淹农作物 2.6 万亩，倒塌房屋 34 间，船撞 36 艘。8 月 10 日晚 7 时 30 分，8 号台风在象山登陆，沿海出现 12 级大风，并有大到暴雨，农作物成灾 12.1 万亩，渔船沉没毁坏 68 艘，网箱受损 91 只，倒塌民房工棚 843 间，全县直接经济损失 1.263 亿元。8 月 29—31 日，12 号台风离象山 80 千米海面北上，沿海出现 12 级大风，内陆 10 级，全县普降大到暴雨，农作物成灾 5.4 万亩，渔船损坏 87 只，虾塘滩涂毁坏 3.4 万亩，网箱受损 3660 只，倒塌民房 142 间，柑橘等水果受损 3.5 万亩。9 月 13—15 日，14 号台风在东经 124 度转向北上与冷空气结合，全县除南部和西部外，普降大暴雨，沿海出现 11 级大风，内陆 8 级，受灾村庄 515 个，人口 26.5 万人，海堤决口 87 处，受淹农田 12 万亩，渔船受损 45 艘，网箱受损 5000 余只，养殖损失 3.5 万亩，倒塌各类用房 242 间，石浦渔港路全线漫水，沿街 2000 间房屋因海水倒灌积水 40 厘米	县气象局提供

续表7-1

时　间	灾　　情	资料来源
2001年	9月27—30日，受19号台风与冷空气结合影响，造成全县连续4天的大到暴雨，水毁山塘3座，冲毁3000米坑岸、5500米渠道，受淹农作物11.72万亩，毁坏耕地400亩，损坏房屋25间	县气象局提供
2002年	7月4日，受5号台风影响沿海出现12级以上大风，内陆7~9级，并有大到暴雨，全县过程雨量达105毫米。水毁堰坝20座，冲毁2165米坑岸、1830米渠道，农作物受灾19.5万亩，毁坏耕地238亩，损坏房屋64间。9月5—8日，受16号台风影响，沿海出现12级大风，内陆7~9级，全县普降暴雨。标准海塘外海抛石被冲6.5千米，面上海塘受损22千米，闸门受损5座，受淹农作物16.8万亩，小渔船沉没毁坏4艘，毁坏虾塘1200亩，损坏网箱42只，损坏房屋18间	县气象局提供
2004年	8月11—13日，受14号台风影响，沿海出现12级以上大风，内陆10~11级，全县普降大到暴雨，局部大暴雨，沉没渔船6艘，受损12艘，死亡1人，失踪3人，水毁堰坝14座，冲毁2980米坑岸、22450米渠道，受灾农作物8.91万亩，毁坏耕地900亩，损坏房屋854间。12月3—4日，受28号台风和冷空气结合影响，全县普降暴雨，局部大暴雨，全县冬作物受淹严重	县气象局提供
2005年	8月4—7日，受9号台风影响，全县普降暴雨到大暴雨，部分地区还降了特大暴雨，东部地区风力在12级或以上，内陆风力9~11级，全县平均降雨量258毫米。76条供电线路停电45条，沉没渔船2艘、死亡3人，堤坝损坏97处，堤防决口69处，有45千米的坑岸、48座水闸、36处海塘被毁坏，受灾农作物18.6万亩，倒塌损坏房屋2200间。9月10—12日，受15号台风影响，全县普降大暴雨到特大暴雨，平均降雨量达243毫米；除中北部地区风力为10~11级外，其余都在12级或以上。受狂风大暴雨影响，全县18个街道镇乡30.6万人口受灾，丹城出现大面积内涝，丹东街道1500多户群众进水，平均进水50~60厘米。小（2）型海涂水库决口1座，山塘垮坝2座，受灾农作物21.75万亩，钢质渔船受损3艘	县气象局提供
2006年	5月16—19日，受1号台风“珍珠”影响，全县普降大到暴雨，过程平均降雨量103.2毫米，沿海出现11级大风。全县部分果蔬受损	县气象局提供

续表7-1

时　间	灾　　　情	资料来源
2007年	9月17—20日，受13号台风影响，县内陆最大风力9~10级，沿海11级。全县普降暴雨，平均过程降雨量155毫米，其中西周223.7毫米。受灾农作物11.25万亩、水产养殖3000亩，损坏护岸3处、灌溉设施2处。10月6—9日，受16号台风和北方冷空气共同影响，全县平均过程降雨量为215毫米，黄泥桥达到311.2毫米。内陆最大风力8~9级，沿海9~10级。农作物受灾14.58万亩，成灾9.66万亩，绝收5500亩，减收粮食1.35万吨，水产养殖损失0.18万吨	县气象局提供
2008年	9月29—30日，受15号台风影响，全县普降大到暴雨，局部地区大暴雨，渔山岛降了特大暴雨，沿海出现了10级大风。全县平均降雨量为84.5毫米。受灾农作物7.66万亩，水产养殖1万亩，水利工程损毁116处，五星公路等12.5千米公路路基被冲毁，通信线路损坏5.5千米，民房倒塌3间	县气象局提供

第三节　5612号台灾　9711号台灾

5612号台风为中华人民共和国成立后登陆中国风力最强、造成人员伤亡最多的台风之一。此台风出现在1956年，登陆地为象山。造成巨大灾难的最根本原因，在于当时社会物质条件匮乏，防台基础设施落后①。人员伤亡众多，原因之一是缺乏科学知识②。9711号台风，出现在1997年，是5612号台风以来影响象山，造成经济损失最大的台风之一。台风登陆地在温岭市石塘镇，象山半岛是台风影响时间最早、过程最长、程度最烈、灾害最重的地方之一。由于台风预报准确、信息畅通，防台指导思想以确保生命安全为首要任务，转移8.9万群众，尽管台风造成巨大经济、财产损失，但避免了人员更大伤亡。

2006年8月1日，象山县召开“抗击八一台风50周年纪念大会”，总结自“八一台灾”以来

---

①《弘扬八一抗台精神，树立科学防台理念，凝心聚力加快建设和谐新象山》（2006年8月1日中共象山县委书记周江勇在象山县抗击八一台风50周年纪念大会上的讲话）：“1956年的八一台灾之所以造成了如此巨大的损失，最根本的原因在于当时社会物质条件的匮乏、防台基础设施的落后。”

②《弘扬八一抗台精神，树立科学防台理念，凝心聚力加快建设和谐新象山》（2006年8月1日中共象山县委书记周江勇在象山县抗击八一台风50周年纪念大会上的讲话）：“在物质生活匮乏的年代，人们曾经把保护财物尤其是公共财物安全置于保护人的生命安全之上，甚至以血肉之躯与自然灾害抗争。尽管这些如歌如泣的故事在特定的时代背景下闪闪发光，尽管这种精神至今依然值得我们尊敬，但是，随着时代的发展进步，我们已经认识到，人的全面发展才是整个社会发展的核心，人的生命是人的全面发展的根本，离开了人的生命，一切人类活动成果都将无从谈起。正如已故原政协主席欧绪坤同志在回忆八一台灾时所说的那样：‘（八一台风）这样大的台风是（人力）不可抗拒的，人员伤亡之众多，这是缺乏科学知识之故，我认为今后在抗台斗争中，一定要注意人身安全，做到以确保干部群众的生命安全为第一。’”

50 年象山人民防台抗台的历史，确立“以人为本、科学防台”的指导思想，完善了科学防台措施和方法，丰富和发展了抗台救灾精神的内涵。同日，八一台风纪念碑在丹东街道门前涂龙洞门山顶落成。详见“文物考古　名胜古迹”。

5612 号台风灾害

5612 号台风，英文名 WANDA，中文译名温黛。因台风在 1956 年 8 月 1 日在象山登陆，故象山当地人们称之为“八一台风”，对其造成的灾害称之为“八一台灾”。

1956 年 7 月 26 日，5612 号台风在关岛附近的洋面上形成并向西行，在移动过程中强度逐渐加强。29 日朝西北偏西方向移动，30 日强度最强，最低气压达 902 百帕，最大风速达 90 米/秒。31 日夜朝西北方向移动。8 月 1 日（夏历六月廿五）夜 12 点在象山石浦附近登陆。登陆时中心气压 923 百帕，最大风速 60~65 米/秒（56~61 米/秒为 17 级台风）。随着阵阵“海底雷”闷响，17 级以上的狂风裹挟巨浪，顷刻间几乎摧毁象山所有的海塘，尤其是南庄平原。门前涂全线海塘一般高为 3 米，暴潮超过海塘约 4 米，高达 10 多米的强制波，短短 15 到 30 分钟，〔鞠建林《浙江 60 年档案解密》（2009 年版）〕吞噬内陆 10 余千米，最北到达县城南街钟楼、南校场、城隍庙一线，方圆 80 平方千米的南庄平原顿成一片汪洋。全县村庄整体被毁 34 个，死 3402 人，伤 5564 人，绝 241 户，毁房 77395 间，坏海塘、堰坝、闸门 512 处，淹良田 116611 亩，其余损失无从计数。

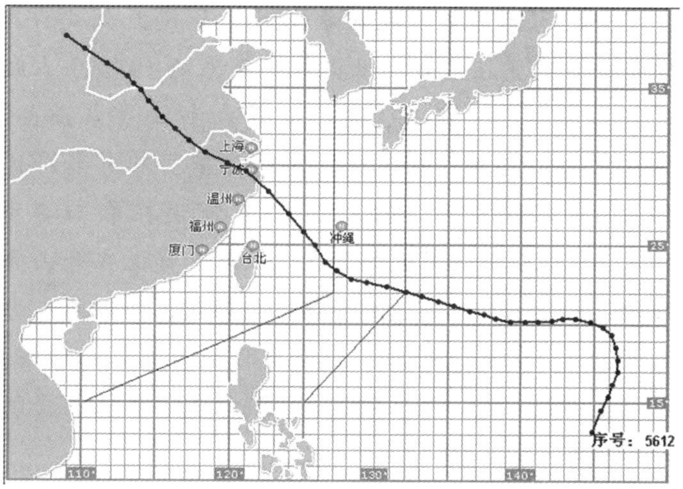

图 7-1　5612 号台风路径图

照 7-1　村庄被夷为平地

5612 号台风登陆时间考　1988 年版《象山县志·大事记》载：“7 月 31 日晚 10 时，第 13 号强台风在本县登陆，中心风力在 12 级以上。潮水冲毁门前涂海堤，南庄平原一片汪洋，酿成‘八一台灾’。”这段文字与事实不符主要有二处，一是该台风编号为本年的 12 号（或 5612 号）台风，而非 13 号台风；二是 12 号台风登陆时间在 8 月 1 日 24 时，而非 7 月 31 日晚 10 时。

对于前者，众人已有共识。对于后者，仍有 7 月 31 日登陆的说法。现据相关资料，证为 8 月 1 日登陆。一、灾前预报：〔杭州气象台（浙江气象台前身）档案〕7 月 31 日 18 点钟发布台风警报：“今天 14 点钟台风的中心位置，已经到达冲绳岛以南 300 千米的海面上，就是北纬 23.2 度；东经 127.4 度。近中心最大风力达 12 级以上。台风中心的移动速度，是每小时 20~22 千米，现正朝西北偏西方向前进。预计在 8 月 1 日的夜间，台风中心将在浙江地区登陆。”二、登陆时的气压记录：“八一台风”在石浦登陆时，石浦气象站气压计自记气压曲线呈典型的“漏斗”状，其中 8 月 1 日 20 时至 2 日 6 时，气压出现急降，使气压计自记笔尖一直碰到气压计下弦，无法正常记录，从而使记录中断 11 小时，因而只能用正点实测资料代替。石浦气象站8月1日夜12点钟测得本站最低气压为914.5百帕，换算成海平面气压为927.3百帕。三、灾后报告：8月17日，中共象山县委向中共舟山地委并报浙江省委的《中共象山县委关于抗台救灾情况及下半年工作意见的报告》（文件编号：总号1787）称：“强大的台风中心位置—12级以上的风力于8月1日晚上10时后在象山登陆……”。四、台风年鉴记载：由中央气象局1972年编纂的《台风年鉴》（1956—1957）“台风纪要表”记载，12号台风在我国登陆地点：浙江象山。时间：8月1日24时。

5612号台风登陆地点考　5612号超强台风的具体登陆点究竟在何处？根据中央气象局1972年出版的《台风年鉴》记载，登陆点是在浙江省象山县。但在象山何处登陆点不详。其他文献，却有多种说法。有说在南庄、门前涂登陆①；有说在象山港登陆②；有说在石浦附近登陆③；甚至还有说在舟山登陆的。由于当时门前涂遭受损失最惨重，所以基本上都认为是在门前涂登陆；因为当时象山归舟山管辖，所以也有说在舟山登陆的；而说在象山港和石浦登陆的则比较少。

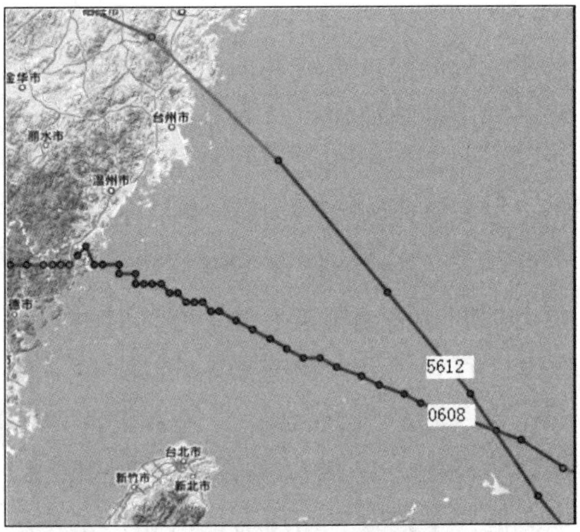

图7-2　5612台风、0608台风移动路径示意图

由于当时气象观测资料缺乏，无卫星、雷达设施，不能清晰地反映台风的登陆点，当时只能将台风登陆点确定到县。而目前，台风登陆点通常精确到镇。根据专家（县气象局高级工程师黄裕火等）现在分析，5612号超强台风的登陆点最大可能是在石浦南部。考虑的理由主要有：一是根据登陆大陆的两个超强台风5612和0608移动路径对比分析，0608超强台风每小时路径的摆动幅度在0.4个纬距左右，5612超强台风和0608超强台风登陆前的移动都是比较稳定的，由于5612超强台风由6小时一次位置形成的迹线在石浦南部，所以登陆点也应在移动路径附近。二是根据调查，当时石浦气象站观测员（万金宝和沈显荣等）看到了清晰的台风眼，而走访当时在门前涂抗台的当事人，他们记不起有风小、雨止、云薄、星露等台风眼的迹象，虽有人回忆在爵溪像是风有小点的印象，但讲不清台风眼出现的情况。从上两点分析，5612号超强台风在门前涂登陆的依据不够充分，而在石浦南部登陆可能性较大，因此5612号超强台风登陆点定在石浦附近甚至是鹤浦是比较合适的。由此也可以看出，台风登陆点并不意味着一定是灾害最严重的地方。

5612号台灾伤亡人数考　1988年《象山县志·重大气象灾害年表》载“八一台灾”“全县死亡3401人，伤5614人”，两个数据皆与当年原始统计资料不一致。

死亡人数，1956年8月17日，中共象山县委向中共舟山地委并报浙江省委的《中共象山县委关于抗台救灾情况及下半年工作意见的报告》（文件编号：总号1787）中统计的数据为3402人，其中干部50人，群众3349人，解放军3人。这个数据，与台灾后的原始统计表《象山县台灾受损情况统计表》的数据是一致的。据此统计表，台灾中机关及各镇、区、乡等死亡具体人数为：

---

①鞠建林《浙江60年档案解密》（2009年版）、1993年7月出版的《象山水利志》第64页17行说在门前涂登陆。1993年7月出版的《象山水利志》第8页15行却说在南庄区海塘乡登陆。

②见2002年12月陈瑞闪著、福建科学技术出版社出版的《台风》第9页12行。

③见1999年出版的《浙江省气象志》第199页17行。

县机关干部46人、镇区乡干部4人、解放军3人、外地渔民1人、大徐乡4人、珠溪乡4人、黄避岙乡5人、贤庠乡9人、民主乡65人、南庄乡70人、林海乡2821人、东陈乡198人、石浦镇7人、墙头区27人、新桥区32人、定山区22人、南田区14人、爵溪镇35人、丹城镇35人。两份资料数据一致，应当采信：死亡人数为3402人。

这次台灾，林海乡近海岸的2、3、4村人口死亡最多，3村3100余人口，死亡2400余人，县级机关等50名干部也大多死在该地。死亡原因是海水越堤倒灌，被淹而亡。

受伤人数，《中共象山县委关于抗台救灾情况及下半年工作意见的报告》中统计的数据为：干部61人，群众5503人（内重伤1436人）。《象山县台灾受损情况统计表》的数据5503人，具体受伤人数为：大徐乡97人、珠溪乡16人、黄避岙乡74人、贤庠乡24人、民主乡114人、南庄乡196人、林海乡3494人、东陈乡414人、石浦镇126人、墙头区161人、新桥区190人、定山区320人、南田区210人、爵溪镇55人、丹城镇12人。县级机关等干部受伤情况未作统计。按常理推论，干部参加抗台死亡50人，就不可能没有受伤的。那么，各镇区乡受伤群众的总人数正好5503人，就说明没有把干部受伤的人数统计在内。所以应采纳《中共象山县委关于抗台救灾情况及下半年工作意见的报告》中的受伤数据：干部61人，群众5503人，总计全县受伤人数为5564人。

根据以上提供的资料以及分析，5612号台灾象山伤亡人数应当采纳：死亡3402人，受伤5564人。

5612号台灾村庄整体被毁情况考　1988年版《象山县志·大事记》载全县12个村全毁。现据1995年版《象山地名志》及采访材料，全县村庄整体被毁30个，尤以南庄平原为多。原南庄乡所属的上余、下余、李家、杨家、上张家、下张家、茅家、孙家、应家、王家、邬家、冯家、高平碶、虞家等14个自然村落在台风中被摧毁。贤庠的竹浦、陈诗岙、毛竹村、大岙，涂茨的倪公岙、白杨头、碶门头，西周的金岙、虾蛄塘、长白沙，东陈的上墩、河东、枣坑，新桥的东湾，晓塘的南岙、三步湾等自然村亦被冲毁，村民迁移，成为废村。

5612号台风在象山登陆后继续朝西北方向移动，穿过浙江省，2日在安徽省长江沿岸减弱成低气压。尔后，又经河南、山西，进入陕西省境内，5日在陕西省与内蒙古伊盟的交界处附近消失。

台灾后的半个月里，政府及时组织干部深入重灾区、险地抢救灾民，使1万余灾民全部脱险，并得到妥善安置；各地医疗组织医治难民1万余人；3000多具尸体掩埋完毕。同时防疫工作在各地有序开展，从杭州、舟山抽调67名医务工作者，与象山40余名医生组成医疗防疫队，奔赴重灾区，免费治疗伤患者，并调拨500公斤“六六六”粉、250公斤漂白粉及200余公斤“二二三”乳剂等药物，用来消毒防疫，排除了疫病的危害。全县抢种连作稻7万余亩，占可用土地的60%以上。100多个单位恢复了渔业生产。8月4日，上级政府派来两架直升机，在南韭山岛空投500公斤馒头、在丹城空投3000公斤馒头、炒米、面包。8月7日，浙江省各界人民组成的台风灾区慰问团到象山。8月11日，县组织全县各地4800多名民工，用3天时间，修复门前涂两条长2000余米的海塘。8月13日，国务院灾区工作组到象山，同时到达的还有驻舟山陆海军组成的慰问团。在台灾过后的短时间内，中央民政部、省民政厅、省农业水利厅联合发放救济款198058元，建房救济款138028元，生活贷款140758元。社会各界纷纷捐款捐物，丹城镇居民捐出5000件衣服；舟山地委直属机关干部职工捐献4500件（条）衣被，舟山陆海军部队捐助人民币25000多元、衣被3500件（条）；宁波、杭州、上海等地市民捐赠衣物8000多件。其他各地还捐人民币23699元。9月13日，举行抗台烈士追悼大会，抗台烈士有韩桂秋等50人。

5612号台风登陆前、登陆中、登陆后相关情况回忆摘录①

5612号台风登陆前自然现象回忆摘录 1956年入梅提早了半个月，出梅又提前了20天。出梅后，每天骄阳似火，酷热难挡。至七月底，干旱高温持续了一个半月。（朱华庭《群众眼里的八一台灾》）7月31日，骄阳似火，天空碧蓝，但旦门乡渔民却发现有几个怪现象：海水特别浑，几乎捕不到鱼，海上不时有啸叫声。（谢承华《我在八一台灾前后》）8月1日清晨，空气还是那么清新，太阳依旧按时上岗红彤彤地照着。但人到塘岸后，却发现退潮时间，海水居然涨了一米多高。海浪拍打堤岸的“哗啦啦”声震彻四周，当地村民说这是“海响”。海水升温，海水变浓。塘岸边浮着一批批失去“理智”的鱼，有的头朝下，尾朝天，在海边旋转，有的翻着肚皮，像死了一般浮在水面。一群群海鸥、鹭鸶飞入农家、祠堂，无论怎样驱赶，一只也不肯飞。大老鼠带着小老鼠，小老鼠相互咬着尾巴，朝山边奔窜。接近中午时分，天气大变，时而红日火辣辣当空，时而乌云密布，“大浪雨”一拨接一拨地下。下午二三点钟以后，风力逐渐增强，瓢泼的大雨一阵接一阵。（魏蒙高、鲍明华、朱华庭）晚上六七点钟，狂风暴雨来了，瓦片像飞蝴蝶一样飞落下来，石头都被吹飞起来，人根本走不出门。（邬阿云）风吹得屋顶的沙石、墙面的黄土还有一些杂物都在屋里四处“游走”，人在里面感觉像在一个鼓足气的风箱里。（张云才）晚上10点以后，狂风吼叫，暴雨倾盆，地动山摇。在东陈，海水越过中央港塘坝，朝南盘、金井头方向冲过来。那时，天很黑，四野白茫茫一片，海水磷光闪闪。（柯扶）在南庄，赤坎村附近的溪坑水一下子满了起来，这水不是从上落下涨起，而是自下而上涨起，海水倒灌已到达这里了。（蒋意元）这时的天地，混沌一片，满天都是闪电，闪电只有光，没有雷声。（茅裕定）有时一阵风刮来，天空竟然发红。（沈从才）

部署抗台抢险回忆摘录 根据1956年7月30日浙江气象台的预报，第12号强台风预计在我省沿海登陆，近中心最大风力在12级以上。县委按照舟山地委（时象山隶属舟山地区）的指示，召开抗台抢收紧急会议。我当时担任县委办公室主任，所以对县委的部署是知情的。当时县级机关正在开展“肃反”学习，由于抗台抢收的需要，县委决定立即停止学习。各部门除留下少数同志值班外，全力投入抗台抢收，并抽调了543名机关干部，分成7个工作队、34个工作小组，在部、委、办、局、科、室负责人的带领下，随身携带蓑衣、笠帽和镰刀等工具，奔赴林海、南庄、东陈、大徐、西周等地，参加抗台抢收。8月1日，根据气象台台风紧急预报，第12号特大台风预计在象山登陆。县委根据地委指示，把抗台抢收工作组改为抗台抢险工作组，重点是门前涂海塘和南庄平原。并在抗台前线设立临时指挥部，由县委宣

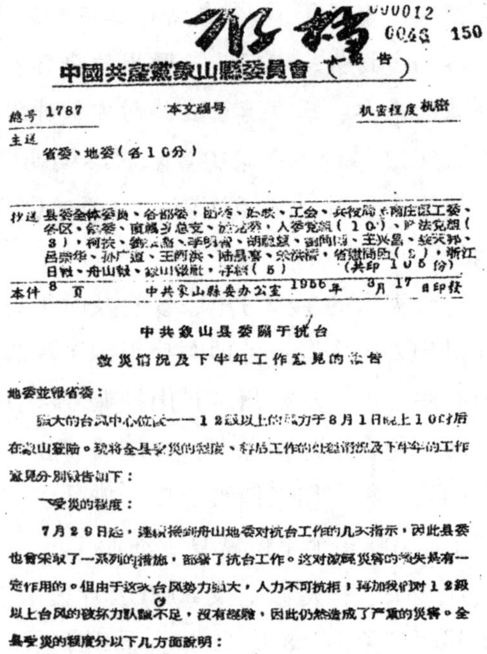
000012
0043 150
中國共産黨象山縣委員會（報告）
總号 1787 本文編号 机密程度 机密
主送
省委、地委（各10分）
抄送 县委全体委员、各部委、[illegible]、工会、兵役局、南庄区工委、各区、[illegible]（10）、[illegible]（3）、[illegible]（5）、浙江日报、舟山报、[illegible]（5） （共印105份）
本件 8 页 中共象山县委办公室 1956年 8月 17 日印发

中共象山县委關于抗台
救災情况及下半年工作意見的報告

地委並報省委：

强大的台風中心位於——12級以上的風力于8月1日晚上10时后在象山登陆。現將全县受災的程度、[illegible]工作的[illegible]情况及下半年的工作意見分别報告如下：

一、受災的程度：

7月29日起，連續接到舟山地委对抗台工作的几次指示，因此县委也曾采取了一系列的措施，部署了抗台工作。这对減輕災害的損失具有一定作用的。但由于这次台风势力强大，人力不可抗拒，再加我们对12級以上台风的破坏力認識不足，沒有經驗，因此仍然造成了严重的災害。全县受災的程度分以下几方面說明：

=1=

照7-2 县委抗台救灾报告

①此目下5则摘录自海洋出版社2006年11月出版的《海魂》一书。

传部部长韩桂秋同志任指挥，地点设在林海门前涂龙王庙内。（欧绪坤）

农林水利人员抗台抢险回忆摘录　我们农林水利局20多人，到林海乡一带村庄抗台。那天是7月31日下午，天气晴朗，骄阳似火，去门前涂的有200多人。从南大河两边河岸走去，一个接一个，形成很长的队伍，两岸相互拉歌，说说笑笑，十分壮观。我们到了下余村，住宿在地势较高的下余小学，用书桌当床铺。安顿后，立即到田间参加抢收。8月1日上午，继续参加“双抢”。下午3时后，风雨渐大，只好提前收工。晚饭后和村干部一起组织落实青壮年村民抢险队人员，人还未组织好大风大雨来了。到晚上八九点钟，狂风暴雨大作。我们去海塘护堤的人，一出门就被大风刮倒在地。校舍上的瓦片被吹飞，两旁的墙也逐渐开裂，房屋摇摇欲坠。于是我们担心，这么大的风雨，群众的小屋倒了怎么办？我们千方百计想走出去帮助群众脱离危险。刚冲出校门，就被大风暴雨刮倒，只好在风雨中爬行。到晒谷场边，只听见前面的同志喊“水……水”。马上水已涨到了膝盖，行动十分艰难。我跌倒时喝进的水是咸的，但没有意识到海水倒灌。我们摸到村民屋内，还想派人去动员其他村民出来逃命。正在这时，墙倒塌，大家慌了手脚，有人喊快上屋，于是争先恐后地抱着屋柱往上爬。上屋时整座屋架已在晃动，当我们爬到横梁，一个浪头冲来，木结构屋架一下子散了开来。（林振环）

灾中灾后救人回忆摘录　8月1日晚10时以后，海水冲进南庄平原，干部、群众互救、自救的方式主要有：一、爬上屋架、阁楼、屋顶、稻草蓬等高处。龙王庙30多避难村民，在韩桂秋的指挥、帮助下爬上屋架、屋顶，后虽房屋被冲毁，屋架脱离了柱子，跌入水中，但多名村民抓牢栋梁、桁条、椽子，得以生存。（朱华庭）冯全根在海水冲进屋后，把三个老人、一个妇女、两个小孩一个一个送到头顶的阁寨中，后来又陆续救了几个飘浮而来的人上阁寨。到第二天早上，房子没有被水冲走，他捆了两个木排，找了一个菱桶，花了10个小时，将10位群众从林海送到安全地带丹城。（周全真）二、抱住或绑在木板上。林凤英、施有定、常宝梅抓住一块跳板，把衣服撕成布片，大家一起缚在木板上。漂流中由于被巨浪裹挟的木头杂物压住，林凤英、施有定两人被压在水下，再也没有上来，但常宝梅随风浪飘滚7小时，被救起；（朱华庭、马嘉宸、钟百承）三、扎木排、竹排或利用漂浮而来的小船。韩善林将老人托上屋顶后，发现浪头打来，房屋摇摇晃晃，就找来毛竹、绳子扎成竹排，救出不少村民。他又找到了漂到桥边的一只小船，将三位老年同事救到丹城；（陈斌国）四、凭好水性，王祥林在水已涨到头颈的危急关头，一手拉住被救的妇女，一手用劲划水，将被救者送达高田岸，使其得以活命。（崔英）8月2日10时，海水仍未退去，许多房子像孤岛一样泡在水中。钱斌豪组织了10多个精干劳力，找到两只河船，扎了14只木排，把600多群众转移到山上。（崔英）周云照、周开法用船救人时，因风力强又逆水，船不能行，他们就下水拖拉河船去救人，仅周开法一只船就救出灾民150余人。丹西社员出动救险河船28只，抢救出3000余人。（崔英）停泊在象山港梅岙岙门里避风的普陀县六横区小湖渔业社一只大捕船被大风浪冲到河东搁住，郑德富等20个渔民在泅水逃生时，发现一些灾民爬在露出水面的屋顶上，一些灾民趴在树上，一些灾民浸在齐胸齐颈的海水里，还有些灾民抱着“草扇”（盖草屋所用）在水里挣扎，他们就用漂过来的小舢板来载人，自己却在齐胸齐颈水里推，直到把他们送到山上。5个钟头过去了，他们就这样在风浪中坚持着，来来回回，用小舢板救出了207个灾民。（虞定槐、陈亚南）

“掩埋遇难者”回忆摘录　灾后第二天，即1956年8月2日，由于遇难者众多，更有数不清的动物尸体，政府号召青壮年参加打捞、收集和掩埋。当时我刚满16岁，可谓是初生牛犊不怕虎，带头报名参加。行动开始的第一天，我们每个人发到了一块白毛巾、一只白口罩、一小瓶白酒。我清楚地记得，当时这瓶白酒的价格是0.12元。随着海水慢慢退去，河道里、田埂上和稻田中，到处是遇难者的遗体，还有许多猪、羊、鸡等动物尸体。由于天气炎热，这些暴露野外的遗体经海水浸泡后，在烈日曝晒下，很快腐烂变质，臭气熏天。在清理遗体的过程中，我们被分成3个组，分别是打捞组、抬运组和掩埋组，进行流水作业。我被分在打捞组。在四天的打捞中，我亲手打捞了十几具遇难者的遗体。虽说后来没有拿到一分钱的报酬，但能够让遇难者早日入土为安，心中得到了莫大的安慰。（沈积鑫）

9711号台风

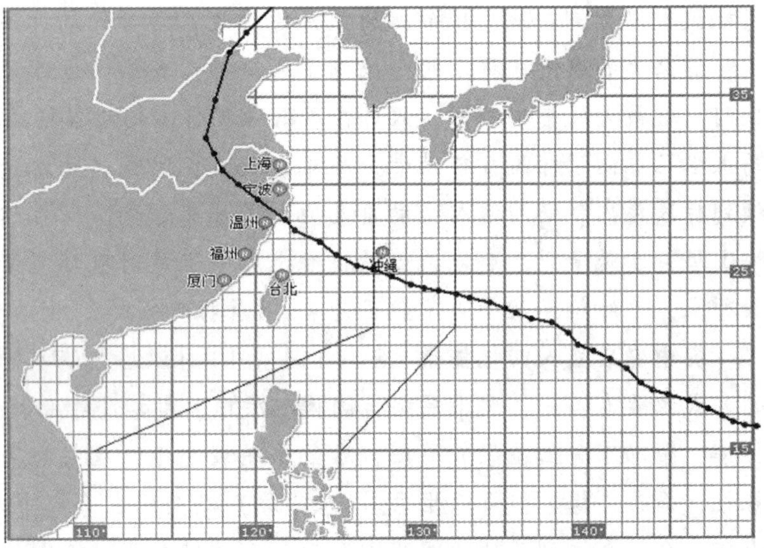

图7-3　9711号台风路径图

9711号台风，英文名WINNIE，中文译名芸妮、温妮。1997年8月10日在关岛以东洋面上形成后朝西北方向移动，8月18日晚9时30分在温岭石塘登陆，登陆时中心气压960百帕，近中心最大风力13级。象山从18日上午起一直处于台风云墙区的范围中，也即在台风风雨最强的区域。受其影响，象山石浦沿海风速达每秒43米，丹城内陆也达每秒24米。象山沿海8级大风持续影响77小时，11级大风持续影响35小时，12级大风持续影响22小时。全县普降暴雨到大暴雨，局部地区特大暴雨。过程雨量全县平均达244毫米，西周站达366毫米，其中18日上午8时到夜晚22时，14个小时的全县平均降雨量达170毫米。（1997年档案，全宗号1，目录号49，案卷号26，《关于我县在遭受11号台风侵袭中防御台风、灾害损失和抢险救灾情况的汇报》）恰遇“七月半”大潮汛，日潮最高位达黄海高程3.52米，夜潮最高位3.99米，超过历史纪录0.46米（1997年档案，全宗号1，目录号49，案卷号24，《象山县1997年11号台风防台救灾大事记》）。据松兰山水文站潮退后洪迹测定，潮位为黄海高程4.54米，超过历史纪录1.01米（录自象山县气象局一九九七年度气候影响评价）。风、暴、潮三碰头，全县损失惨重。全县倒坍民房1900间，损坏房屋10.8万间。19个乡镇个个受灾，受灾村庄350多个，受灾人口23.6万人，其中被洪水围困人口15万人，紧急转移人口8.9万人，死亡12人。全县187千米海堤全线发生漫顶，除旦门标准海塘等极少数海塘受损较轻外，165千米海堤遭到严重毁损，其中白岩山、新桥、昌国盐场等海塘遭到毁灭性损害。水利工程损失4.7亿元。全县受灾农作物面积25.9万亩，农作物普遍没顶40~70小时，绝收16.5万亩，耕田毁坏1.3万亩；粮食损失3500吨，柑橘受淹6万亩，毛竹折倒250万株；牲畜死亡

照7-3　白岩山盐场堤坝被毁

1.05 万头，家禽死亡 60 万羽；渔船沉没、毁坏 531 艘，养殖虾塘毁坏 1.3 万亩。全县工业企业因厂房受淹、倒塌造成设备、物资等损坏和停电停产，损失 1.6 亿元。盐业损失 1.52 亿元。商业损失 3.42 亿元。全县电网损坏严重，造成大面积停电。专业公路毁坏 18.1 千米。全县各类经济损失 19.76 亿元，除人员伤亡外，9711 号台风对象山造成的损失，其范围和程度超过了 1956 年的“八一台灾”。(图片：9711 号台风路径示意图)

照 7-4 1997 年群众在抗台

台风灾害发生后，象山县委、县政府提出“振奋精神、艰苦奋斗、同心协力、重建家园”号召，并制定了“立足自救、争取外援；分清缓急、突出重点；因地制宜、分类指导；超前规划，再创新业”的具体措施；发出在全县范围内开展“8·18”台灾赈灾募捐活动的决定。9 月 1 日晚举行赈灾义演晚会，捐款总额 1350160 元，其中现场捐款 30 个单位和个人，款额 957360 元；受理热线捐款电话 60 个，款额 392800 元。单位捐款最多为 50 万元，个人最多为 10 万元。至 10 月 20 日统计，全县捐款 800 余万元、物资 170 万元。10 月 23 日，发出关于动员全社会力量加快标准海塘建设的决定，提出的具体目标为：奋战 3~5 年，把东海一线万亩等级海塘和象山港、三门湾区域内 5 万亩等级的海塘共 40 条 129 千米建成 50 年一遇标准水平；象山港、三门湾区域内万亩等级和千亩等级海塘提高到 20 年一遇的水平。根据轻重缓急，分步实施。1997—1998 年度建设 20~50 年一遇标准海塘 10 条，总长 51.55 千米，其余所有水毁海塘计 108 千米，务必在 1998 年 6 月底台风汛期前修复至原状。预计投资 5.88 亿元左右，其中 1997—1998 年度 3.55 亿元。资金来源由国家、集体、个人和受益单位共同投入，依靠全社会力量增加投入①。经过 10 年努力，累计投入资金 5.5 亿元，建成标准海塘 54 条 148.4 千米，其中 50 年一遇标准海塘 6 条 36.9 千米，20 年一遇标准海塘 18 条 59.3 千米，10 年一遇标准海塘 30 条 52.2 千米。

8.9 万群众大转移记② 8 月 15 日，县“三防”（防旱、防渍、防台风）指挥部根据 9711 号台风未来路径和影响的信息及省、市要求，确定“防、避、抢”三字方针，即台风来临之前扎实做好防御工作，消除险情隐患；台风到来之时，以确保生命安全为首要任务，做好干部群众避险工作；台风过后，做好抢险救灾工作，把灾害损失降到最低限度。8 月 17 日中午起，县有线电视台、广播电台不间断地播发台风消息及防台工作要求。晚上 10 时，召开全县乡镇负责人参加的广播会议，着重强调做好危险地段和部位的人民群众的撤离、转移工作。

8 月 18 日上午 9 时，鹤浦镇全镇 25 千米海塘约有一半进水，县、镇干部采取放鞭炮与鸣枪示警的方式通知附近村民紧急转移。停泊在各处码头的小型渔船 25 艘沉没、10 艘粉碎，县、镇干部组织人员，营救落水船员，强令仍在船上的船主、船员弃船上岸。同日中午，县委书记王同元、县长王仁洲下命令，通知在各地防台的县级五套班子领导、公安、武警及县、镇乡、村三级干部，

①见《关于动员全社会力量加快标准海塘建设的决定》，1997 年档案，全宗号 1，目录号 49，案卷号 26。

②据 1997 年 8 月 27 日《象山报》吴海龙、蔡方鸣《半岛万众抗灾歌》，王卫国《在海水淹没的 40 个小时中》，以及中共象山县委县传部、县海塘建设管理办公室、县文联 1998 年合编的《抗台壮歌》相关章节摘编。

火速组织危险地区群众在天黑之前转移，不留死角，并请驻象山部队支持。下午，石浦镇平阳厂、上塘、下塘等五个村庄近1.2万群众开始大转移。贤庠镇海上、海中、海下三村村民紧急转移，镇政府的3辆大卡车已不能满足要求，三村的6辆中巴车及西山下、官司堂、马岙等村的中巴车亦纷纷赶到。西泽车组14辆中巴车，共转移群众2000多人。截至当晚7时，贤庠镇11个村的4000多名村民全部撤离危险区。定塘镇大塘岛，四面环海，方圆12000平方米，12个村庄，有近万名住民。下午开始，定塘镇组织80多辆中巴车、几十辆大卡车、拖拉机，转移大塘岛群众，经过5个小时紧张战斗，上万名村民全部安全撤出，无一伤亡。晚上9时以后，长达8300米的西洋塘被冲开28个缺口，全线进水，整个大塘岛一片汪洋。当晚，台风严重影响时，高塘岛珠门村的村民还不肯转移，他们认为百把年来，从未听说海水进过他们的村庄。县、乡干部耐心做思想工作，他们的诚意终于感动了村民，珠门村村主任背起老父首先离家转移，村民继之全部转移。就在全部村民撤出后不久，汹涌的浪潮破塘而进，珠门顷刻之间一片汪洋。晚8时20分开始，海水越过闸顶，高塘岛纱帽绿村开始进水，村干部组织300个村民用备用草包堵缺，无济于事。他们于是组织转移，用小四轮、拖拉机等运送了30余车，将全村群众转移到安全地带。9时30分，洪水包围该村，10时30分，全村209户共有203户进水，低洼地段水深4米以上，但却没有人员伤亡。是日，石浦、定塘、泗洲头、贤庠、鹤浦、新桥、高塘岛、晓塘等地采用组织动员、挨家挨户做工作及强制撤离等方式，转移群众达8.9万人。

8月19日解救灾民记① 零时30分，石浦镇告急，金星片5个村尚有部分群众因来不及转移被洪水围困，潮水已漫过一层楼房。零时40分，30多名救援人员赶往金星。但到沙石公路新桥高湾塘，已是一片汪洋，车队无法行进。救援队转道从旦门仁义村至东溪横路试探，行进至岩头陈水库底下深坑，又被洪水挡住了去路。公安干警两边筑起人墙，让汽车在中间直冲过去。可是到了庙前杨边，80米宽的溪坑水深流急，加上狂风暴雨，寸步难行，救援人员只好退回。天亮以后，救援人员终于到达了金星片，发现干湾、泥礁两村水阻，根本无法进入。请求调用橡皮艇救人。下午2时8分，满载8条橡皮艇等救援器材的大卡车与宁波市特警支队的20名民警赶赴象山。傍晚6时6分，橡皮艇运到金星。晚9时30分，干湾村108名、泥礁村50名被困村民，都得到解救。同日凌晨，泗洲头镇墩岙塘、大麦塘两村被淹没，千余群众被困。驻象37532部队上午10时接到请求救援的电话，立即组织了40人的抢险救援小分队，下午1时，到达墩岙塘村，顶着10级大风和暴雨，用手推着救生筏来回运送村民，6个小时后，200余名被困村民被转移到安全地带。此时，已是晚上7时多了，他们备齐了食品，送到4千米之外的大麦塘村，分发给700余名被困群众。此时，已是晚上11时了。西周村湖边村小水库因山洪暴发堤坝倒塌，全村600余名群众被困在大水中，通往村口的道路水深1.5米。西周干部和派出所5位干警，在激流中手拉手摸索前行，经过2个小时的努力，终于在晚上11时进入村中，他们把130件救生衣发给群众，并把围困在屋顶上的老人、小孩护送到安全地带。

①据中共象山县委宣传部、县海塘建设管理办公室、县文联1998年合编的《抗台壮歌》相关章节摘编。

第二章　气象灾害

象山地处东部沿海，属典型的亚热带季风气候，由于季风的强弱变化和进退的早晚，加之地处中低纬度过渡地带，依陆面海，因而气象灾害一年四季均有发生：春季是冬、夏的过渡季节，锋面降水丰富，冷暖变化大，低温、阴雨、冰雹、大雾、暴雨等灾害易发生。初夏冷暖空气常在境内上空交汇，是梅雨季节，暴雨、洪涝灾害时有出现；盛夏受太平洋副热带高压控制，高温、干旱、台风等灾害多见。秋季一般气候温和少雨，时有干旱、台风、低温灾害。冬季在蒙古冷高压控制下，多偏北风，以晴冷干燥天气为主，是低温少雨季节，寒潮、大雪、大风、冰冻是主要的灾害性天气。

第一节　洪涝灾害

暴雨是引发象山洪涝灾害的主要原因。暴雨洪灾主要集中在5—7月的梅汛期和7—9月的台汛期。中华人民共和国成立后，最早的暴雨洪涝发生在1976年5月24日，也是宁波市之最。1963年9月11—13日暴雨量达375.4毫米，为石浦气象站建立至2008年之最大。象山暴雨除1—2月份外，其他各月都有可能出现暴雨。6月份多为梅季暴雨，平均每年0.7次；7月暴雨比较复杂，前期多梅雨，后期多台风，有时伴有雷暴雨；8—9月为台风暴雨，平均每年2.3次。丹城平均年暴雨日数为4.5天，石浦平均年暴雨日数为3.4天。

表7-2

象山县累年暴雨平均日数及最多日数情况表

月份		1	2	3	4	5	6	7	8	9	10	11	12	全年
象山气象站	平均日数	—	—	0.1	0.1	0.3	0.7	0.5	1.1	1.2	0.4	0.1	—	4.5
	最多日数	—	—	1.0	1.0	1.0	3.0	2.0	3.0	6.0	3.0	1.0	1.0	6.0
石浦气象站	平均日数	—	—	0.1	0.1	0.3	0.6	0.3	0.7	0.8	0.3	0.1	0.1	3.4
	最多日数	—	1.0	1.0	1.0	2.0	2.0	2.0	3.0	4.0	2.0	1.0	2.0	8.0

暴雨出现，致使短时间内降水过多，会造成洪涝灾害。一次洪涝灾害，一般3~5天，梅涝（梅汛期）长者可有7~10天。每次洪涝过程洪水泛滥、堤塘决口、田庐漂没、人畜伤亡、交通受阻、通讯中断，对人民生命财产、经济建设造成极大损害。

象山县洪涝灾害年表

表 7-3

时　间	灾　　情	资料来源
弘治五年（1492）	五月，大水	嘉靖《象山县志·灾祥》
万历三十六年（1598）	九月大水，鄞县、慈溪、奉化、镇海、象山、宁海皆被灾	雍正《浙江通志·祥异》
康熙二十年（1681）	五月十三日雨，至明年正月乃雨	民国《象山县志·志异》引康熙县志
嘉庆二十五年（1820）	大旱，七月二十五日，风雨骤发，庄穆庙后城坏，出旧城门石框	民国《象山县志·志异》引道光县志
道光十一年（1831）	三月二十七日，雷雨如注，水满大街二尺，市上人散	民国《象山县志·志异》引道光县志
光绪八年（1882）	七月晦，城北出蛟发水，坏北门行馆及城垣、民居	民国《象山县志·志异》
光绪十九年（1893）	大水	民国《象山县志·志异》
民国元年（1912）	八月七，大水	民国《象山县志·志异》
民国 9 年（1920）	六月十日，西乡出蛟，山水暴发，坏道路桥梁甚多，民居淹没	民国《象山县志·志异》
民国 10 年（1921）	八月十四日，又大水，东乡珠溪、南乡东溪灾害尤甚	民国《象山县志·志异》
民国 11 年（1922）	六、七月两月，大风雨为灾，坏县署及居民无算	民国《象山县志·志异》
民国 27 年（1938）	九月初一晚，暴雨如注，平地积水 3 尺~4 尺，深者 1 丈。沿溪两岸房屋、道路、桥梁被毁。溪口、莲花等地人畜被余，损失极大	《象山县志（1988）》
民国 30 年（1941）	秋雨连日，虎山洪水泛滥，尽成泽国。农作物、建筑物大半漂没	《象山县志（1988）》
民国 37 年（1948）	入梅，雨水不断。七月六日暴风雨海浪汹涌，象山、奉化翻沉渔船 120 艘，毙人 300 余，各地山洪暴发，江河泛滥	宁波时事公报
民国 38 年（1949）	房屋良田被冲，起砂石 5 尺以上者，遍地皆是。堤坝、碶门、桥梁被冲毁	《象山县志（1988）》
1954 年	6 月 5 日午后暴雨 9 小时，雨量 74.5 毫米，山洪勃发。大徐、墙头、南庄、丹城、田畈汪洋数日。受涝 10.5 万亩，成灾 3.06 万亩，减产粮食 225 万斤	《象山县志（1988）》
1956 年	9 月 22 日大水，日雨量 106.5 毫米，淹田 13959 亩	《象山县志（1988）》
1959 年	9 月 4 日~5 日暴雨，最大 1 小时 45 毫米以上，山洪突发，普遍水灾，淹田 15.37 万亩。7 村进水，塌房 341 间	《象山县志（1988）》

续表7-3

时　间	灾　　情	资料来源
1968年	7月1日，全县普降雷阵雨，雨量分布不均匀。南庄、林海、东陈、亭溪、溪口、东溪及旦门、雅林溪等地共倒水库23只半，冲垮堰坝、大坝共11处，塘岸8处，防洪堤45米，农田受淹10700余亩，受淹严重历时2天~3天为2000余亩，被冲走土地233余亩	象山防汛防旱指挥部
1976年	5月24日~25日，暴雨成灾，全县受淹农作物19.77万亩，棉花1.62万亩，被冲塘库106处座，堰堤265处及桥路等，砂压田2504亩，倒屋140间，死2人。6月27日~28日又暴雨，受灾12个公社，淹田6万亩，棉花0.6万亩，番薯0.8万亩，毁损水利桥梁81处，砂压田2535亩，屋324间	象山水利志
1982年	7月18日，丹城、泗洲头、儒雅洋等地暴雨成灾，死1人，受淹农田4万亩，成灾2万亩，冲毁坝、桥77处，损失达百万元。11月28日大暴雨，雨量112毫米，其中1小时最大雨量47.5毫米，全县7.16万亩作物受淹	《象山县志（1988）》
1987年	6月19日夜到21日晨，全县先后普降暴雨，暴雨量自北向南增大，大塘港达239毫米。受淹农田3万亩，严重受淹时间36~48小时。危害严重地区是石浦区，占全县受淹面积70%左右	县气象局提供
1998年	9月11日上午，受东风波云团影响，北部地区暴雨如注，8~11时丹城降雨量达102毫米，由于前一天这些地区已普降暴雨，全县6000亩农田受淹，爵溪镇平地积水1米多，工厂、仓库进水严重	县气象局提供
2000年	8月11日晚，受对流云团影响，除沿海地区外，普降大暴雨，丹城17~22时降雨量达121毫米。定塘镇、晓塘乡、新桥镇、东陈乡、大徐镇和泗洲头镇57600亩农作物受淹，定塘镇受损达760万元	县气象局提供
2002年	4月22日早晨，县南部出现一次大暴雨过程，石浦气象站5小时降雨量达104毫米，定塘镇日雨量86毫米。由于降水集中，使得南部镇、乡农作物受淹严重。据石浦镇、定塘镇、晓塘乡统计，受淹面积18455亩，直接经济损失1233.6万元	县气象局提供
2004年	9月12日夜，受沿海低压云团和21号热带风暴环流影响，全县普降暴雨到大暴雨。造成全县3.2万人受灾，倒塌房屋40间，毁坏公路6.15千米，农作物受灾7.26万亩，其中1万亩已移栽甘蓝菜和300亩菜苗受淹死亡，直接经济损失500万元左右，兼重播使季节推迟10天~15天、部分土地土壤结板不能耕种等，间接经济损失达1000万元左右	县气象局提供
2008年	9月5—6日，全县普降暴雨到大暴雨，平均降雨量达159毫米。西周、泗洲头一带5日19—21时3小时内降雨100毫米以上。全县直接经济损失1.17亿元，泗洲头灵南片损失最为严重	县气象局提供

第二节 干旱灾害

象山干旱，有发生在7、8月份的夏旱，9、10月份的秋旱和11、12月份的冬旱，春旱少见。冬旱约5年一遇，秋旱约2年一遇，夏旱约2年三遇。象山因山低溪短，直流入海，故历史上干旱灾害比洪涝灾害更为常见。据史载：自明嘉靖二十四年（1545）至1947年，共402年就有大旱32次，平均12.5年1次。其中康熙二十年（1681）五月十三日起直至次年正月无雨，干旱时间长达240天，岁饥大荒；民国29年（1940）大旱，自3月起直至9月底，也有6个多月无雨，早稻歉收，晚稻颗粒无收，以糠菜、草子、红枣度日，出门求乞饿死者甚多。中华人民共和国成立后，干旱同样非常严重。至1984年，35年中影响象山的干旱就有20年，较严重的有7年，平均5年发生1次。其中20世纪50年代3次，60年代3次，70年代1次。如1967年6月25日开始的旱灾，前后受旱146天，成灾面积27.7万亩，晚稻基本上颗粒无收，新桥、大塘、高塘、金星等地人畜饮水严重困难。

2003—2004年的干旱，为1967年之后所未遇，危害十分严重。2003年，全县各雨量站年降雨量除仓岙水库为1000毫米外，其余都在1000毫米以下，最少的大塘港年雨量仅651毫米，定山696毫米、松兰山675毫米，均不足700毫米。大塘港年降雨量创宁波现有雨量资料最少值，松兰山年雨量为第二少值。根据干旱指标划定，象山属超大旱标准。全县各地各时段除10—12月鹤浦和石浦外，其余均远超大旱标准。其中，7—9月各地降雨量均不到常年同期的一半。2003年，从春季就开始少雨，年内11个月，每月降雨量均创历史同月最低纪录。2004年5月份降雨量虽然超过1980年以来同期的月雨量，但由于前期连续干旱，仍未能解除旱情，而6—8月份降雨量继续偏少，使得旱情再次露头，直至9月份旱情才得以解除。

干旱直接影响到工农业生产和人民的生活用水，象山县委、县政府重视抗旱工作，成立专门班子，按照“先生活、后生产、先重点、后一般”的原则，多次研究用水问题。中心城区从8月1日开始实行限量供水，后来随着旱情的发展又几次调整供水限额，日供水量从原来的7万立方米降到2.5万立方米，每天供应3个半小时。石浦区域每天从原来的3万立方米降到1.5万立方米。至11月初全县全部山塘和部分小型水库干涸，296座自来水站已基本停止供水，原有水井三分之一干涸、缺水，断水村落500多个（含部分自然村，下同），人口达30余万人。其中以高塘岛、晓塘、新桥等镇乡为主的80个村近4万人在本区域内滴水无存，只能从外地运水维持。高塘岛乡靠送水车或船到邻县或邻乡镇取水，每天每人发15斤水维持生活。爵溪每天有70辆25吨汽车向外地运水，全县约100辆车穿梭于县内外运水。为了解决人民的生活用水，全县投入抗旱资金1亿元；发射人工增雨火箭弹69枚，估计增水约110万立方米；开挖深井21眼、大口井182眼、恢复废弃井13700眼；投资2600万元铺设22.5千米管道，把20千米外的平潭水库水引到中心城区，有效解决了居民的生活用水。据不

照7-5 2003年新桥镇上盘村修建的抗旱大口井

完全统计：全县因旱灾造成的直接经济损失达5.8亿元，其中农业损失2.2亿元，工业损失2.8亿元，三产服务业损失5000万元。农作物受灾面积14.5万亩，成灾面积9.7万亩，绝收面积1.1万亩；林特业受灾面积12.4万亩，成灾面积8.6万亩，绝收面积1300亩；牲畜死亡0.8万头，家禽死亡5.4万羽。漂染、针织企业处于停工半停工状态，部分企业为维持生产向外运水，造成生产成本大幅增加。一些农产品加工企业用水难以保障，严重影响柑橘罐头与出口蔬菜加工。在旱情面前，全县人民不怕艰难，奋起抗灾，人心稳定，仍然夺得了年内经济的持续发展。

祈雨考　境内历史上官方主持的祈雨典礼，主要在神祇坛、朝天雩、祈雨坛等举行。神祇坛，明洪武三年（1370），立于城西南半里。洪武六年，与城北山川坛合祭。祀天神地祇，坛北奉云师、雨师、风伯、雷师之位。朝天雩，在县南大河头，为雩祭祷雨之所。祈雨坛，在奠南乡庙前杨村（今新桥镇庙前杨村）。在民间，道观、寺院、庵堂及庙祠等皆有可能成为祈雨之所。民国《象山县志》卷十五“典礼考”载：圆峰庙、昭应庙、平水庙、夏王庙、“水旱疾疫，有祷必应”。乾隆《象山县志》载：普济庙，旧名五龙行祠，在县治西唐家河上。祀柳秀才、谢道人二神，“而乡人并祀谢。旱，祷之有奇验。”龙神祠，在缨溪书院中、张忠烈公祠后。民国《象山县志》载：“光绪二十一年，邑令史悠扬因祷雨锯门有验，祀之。”至于境内各地二十余座龙王庙，则皆为祷雨之所。

官民祷雨的另一处所为龙洞、龙潭。宋令江翃祷雨东摄潭（西周土桥）、主簿陈震清祷雨潭山（今仓岙水库西）。明令吴学周万历三十四年（1606）祷雨锯门龙洞（今松兰山外），乾隆《象山县志》载：其“书数语于楮，投水面时，香供随浮，楮纸独沉。少顷，二鱼跃出，鳞采异常，盘旋良久，载之归，雨随车至，岁大熟。”清康熙二十一年（1682）令汪大润至白蟹潭（今城郊白石村北）求雨。乾隆间，令李仙洲等于小龙潭祷雨。嘉庆七年（1802）五月，玉泉场大使吴焯祷雨县西麟嘉山小洞潭（今西周杰岙）。光绪二十一年（1895），令史悠扬锯门龙洞祈雨。民间祷雨则有烤龙王和迎龙圣。烤龙王是将龙王老爷从龙庙或圆峰庙、当境庙请出来，座在肩舆上上街或附近乡村游行。所用仪仗皆用稻草结扎，如稻草龙、稻草龙鼓亭、稻草香亭、稻草牌灯等。游行完毕后放置于庙前等空旷处，在烈日下暴晒，意即让龙王也知道干旱的滋味。迎龙圣则去龙潭，所谓龙圣者，即龙潭中的水生动物，如水蛇、鱼虾等。迎龙圣的仪式详见本节“民国36年求雨‘闹圣’”。

迎龙圣求雨易引发官民冲突。民国2年（1913）农历九月二日，象山县知事发告示称：九月二日，不法之徒藉求雨为名，聚众入城，胁迫本知事出署祈祷。本知事谨出迎行鞠躬礼，而不法之徒复胁迫跪拜。即跪拜矣，又百般侮辱，大有扰乱秩序之势。后肇事者汪某某被当场拿获法办。并发布告示云：“天时抗旱，田禾成灾，待雨之心，官民一体。苟可设法外补救，实有裨益之举，本知事无不尽心而为之。”并告诫大众，要遵守国家宪法，不可藉求雨滋事。旧沿求雨恶习，务宜剪除。民国36年秋，峰北乡后洋塘等六村组织赴积谷山求雨，迎圣经石浦，以“警察欠恭”而冲突，开枪打死2人。同年，东乡迎圣求雨，与县官发生冲突。1953年，龙屿乡村民自发组织到云谷潭求雨，因当地领导处理失当，开枪误伤民众3人。此后迎圣游行绝迹。

官府祈雨的另一种方式是发告示“禁屠”“禁鱼鲜”和“闭南门”。民国15年（1926）象山县公署第一二四号“禁屠”布告：“案查，前因久旱田涸，禁屠祈雨在案，现在云霓虽见，而甘霖未沛。称由本知事诚未孚所致。兹再定于八月四日起继续禁屠，竭诚祈祷，获沛甘霖，再开屠禁，令县警所再布告，仰阖邑肉业及诸邑人等，一体遵照禁屠翼迓天和，毋违，切切。特布。”“禁鱼鲜”“闭南门”：民国15年8月7日，五境耆民张光月等，向县禀告：天旱已久，应请官圣拜雨，并封南火门及驱逐鲜货出城。象山县知事批令县警照办。

民间求雨者以身殉之者，境内历史上不乏其人。自焚求雨者如陈清安。民国《象山县志》卷二十五“先贤传四”载：“陈清安，牌头农家子，清咸丰六年（1856），旱甚。一日早起，嘱其妻云：‘界岭脚积薪，汝当偿以钱。’未几，积薪火起。里人见清安跪其上，拱拜不已。急往救，则烈焰四射，已无及矣。是夕，大雨如注。”投潭求雨以身殉之者则有民国2年丹城西门龙旋井人黄信友，象山县知事9月27日批：准给“义烈可风”四字以示表彰。同年，山根井头人谢文潭到下山锯门龙洞投潭求雨。

民国36年（1947）求雨“闹圣”记① 据贤庠镇着衣亭村4位80岁以上的老人说，民国36年，象山发生旱灾，干旱75天，各地纷起闹荒，以晒龙王菩萨求雨。所谓晒龙王，是灾民把庙里的龙王菩萨抬出来，脸上涂上黑炭，以示龙王菩萨连洗脸水都没有了。将龙王菩萨日夜晒在天外，迫使他向天庭求雨，请神龙化雨消灾。

其间有东乡五境下的着衣亭村、沈家洋村、马岙村、路下庄村、碶头陈村、塘岙村等灾民近千人发起晒龙王菩萨求雨活动。他们事先推举出各村求雨负责人，各村负责人议定：去西周庆丰桥合洽潭龙洞求神龙下雨消灾。

灾民们作了组织分工：1. 组织下龙洞人员。凡有田地一亩的农民必须有一人去龙洞请神龙，田地多的按田地数量提增人数，每户一灶一人，其次有诚心的自愿不限。2. 组织“雨旗”队。“雨旗”是灾民游行的总指挥标帜，用大、长毛竹一根，旗杆缠白布，下有二三人挡住旗杆，上用四根竹竿由四人挺住，不让“雨旗”倒掉。3. 每村组织一个鼓琴乐队。4. 组织先行队，负责先行工作。凡求雨灾民游行队伍沿途经过的村庄，如有凉棚搭着，按旧习必须拆除。如途中遇有戴笠帽或蒲帽者命其摘下。5. 组织护圣队。护圣是指龙潭捉到的蛇或青蛙等物关在“圣瓶”内，视似龙的化身，护圣队必须严格保护，以防外地抢圣。

经过组织就绪，抬着龙王菩萨，鼓乐齐鸣，浩浩荡荡出行。首先，带领部分求雨灾民下龙洞请神龙。当到达庆丰桥龙洞时，有道士念经，祈求神龙现身，待龙潭中浮出蛇或青蛙等动物，马上捉住关在圣瓶内，视似龙的化身，遂拔“雨旗”返回游行，游行队伍鼓乐齐奏，声势浩大。沿途中有的村庄做祭供祈求神龙为全象山下雨消灾。

求雨灾民游行路经丹城，按惯例请县长脚穿蒲鞋“拜圣”，会同灾民一起祈求上天下雨消灾。当时将“雨旗”树立在县府门前，灾民随着旗帜，聚集在县府周围，请时任象山县县长的孟铸“拜圣”，可是孟铸县长不顺民意，拒绝灾民请求，不诚意“拜圣”，即时激起民愤。孟铸县长命全县武装部队持枪威胁，并在县府门口鸣枪威迫灾民，并示意武装人员将县府内门窗玻璃打破，捏造农民暴动，以冲击政府的罪名，遂将灾民白小云来、何仁元、王良坤、王良训、陈阿善等8人被捕，民愤极大。

当时东乡着衣亭村的吴祖麟（时任县简易师范学校校长、县教育科科长、国民党县党部委员）闻报后，立即奔赴丹城灾民现场了解民情后，遂在东亭庙召集灾民开会，叫灾民不要散去，相继发动各村灾民增援抗议。建议灾民推举谈判代表，灾民们推举王才兴、谢昌贵、吴光裕、施天祥为谈判代表，拟定谈判条件：1. 释放被捕灾民。2. 顺意民心脚穿蒲鞋“拜圣”。3. 向灾民赔

---

①吴祖虎据张志满、包祖康、王余良、吴祖安口述整理《轰动一时的东乡五境下“闹圣”（求雨）传说》，见《象山民间记忆》征稿。

礼道歉。4. 放礼炮欢送灾民出城。吴祖麟又说："孟铸县长如依顺谈判条件即罢，如不答应谈判条件，'雨旗'树立县府门口继续抗议到底。"

集会结束，谈判代表即赴县府，找到孟铸县长，进行抗议谈判。在众灾民的强烈抗议下，孟铸县长无奈只得依顺谈判条件。即日下午释放被捕灾民，孟铸重新"拜圣"，事态平息，"雨旗"拔回。从县府门前起至东门放了数十箩礼炮欢送灾民出城。灾民获胜而归，大快人心。

灾民"闹圣"轰动了东乡民众和丹城广大居民，居民说：自古传说"西乡石子，东乡豆腐"，不料东乡还有硬豆腐难吃。

1967 年大旱记① 这年是农历丁未年。象山县遭遇到历史上少有的干旱。自农历六月初开始晴起（基本上是空霉），一直会晴到农历十月初才开始下起小雨来。在这长达四个月的时间里，没有刮过台风，也没有下过雷雨，偶然有几次天空乌云密布，大家认为要下大雨了，但骤然刮起了阵阵大风，只下了几滴毛毛细雨，天就放晴了。由于干旱正处于农历六、七月高温期，种下的晚稻得不到及时灌溉，结果颗粒无收。茅洋乡文洋片只有下缸厂村前杨府庙一带因有开口岩潭的水抽上来灌溉，晚稻稍有收割，但颗粒不饱满。番薯自种下到收获，因没有下过一场透雨，最大的不过半斤重。由于长时间干旱，村周围的河塘、拗井水都干涸了，吃水也发生困难。原来大旱不干的凉亭边一口吃水井也干涸了，只有在早晨时才有些水溢出，人们只能下到井底用铜勺舀，但还要起早去排队。当时我村干部看到这种情况，就组织社员在黄泥廾坑底挖了一口井，但也无济于事，挑了一段时间也干涸了。有些人家就到四里路外的开口岩潭去挑。真是干旱地裂受煎熬，家家户户为水忙。每户人家的洗脸、洗脚水都不舍得随便倒掉，盛起来，把它浇到田里去，田野里到处见不到一滴水，在外劳动，想洗下手的水也找不到一滴。这样的干旱年份活了 80 多岁的老人也都没有碰到过，这真是百年未有、亘古未闻的事啊。

象山县干旱灾害年表

表 7-4

时　间	灾　　情	资料来源
嘉靖二十四年（1545）	夏，大旱，田不及种者过半，米七升银二钱，窃盗四起	嘉靖《象山县志・灾祥》
万历三十四年（1606）	大旱	民国《象山县志・志异》引康熙县志
万历四十二年（1614）	大旱	民国《象山县志・志异》引康熙县志
天启六年（1626）	大旱。至明年六月始雨，大饥	民国《象山县志・志异》引康熙县志
崇祯九年（1636）	大旱，岁饥，多饿殍	民国《象山县志・志异》引康熙县志
清康熙六年（1667）	大旱，饥	民国《象山县志・志异》引康熙县志
康熙十年（1671）	夏，大旱，八月始雨。官劝开粜及运米邻邑济之	民国《象山县志・志异》引康熙县志

①韩善武《大旱记》，见《象山民间记忆》征稿。

续表7-4

时　间	灾　　情	资料来源
康熙二十年(1681)	大旱。五月十三日雨，至明年正月乃雨。岁祲告籴宁海梅林	乾隆康熙《象山县志·杂志·禨祥》
康熙二十八年(1689)	旱、饥。邑令胡祚远捐银籴米赈恤	民国《象山县志·志异》引乾隆县志
康熙三十年(1691)	旱，饥	民国《象山县志·志异》引乾隆县志
康熙三十二年(1693)	大旱，饥	民国《象山县志·志异》引乾隆县志
康熙四十年(1701)	复旱，饥	民国《象山县志·志异》引乾隆县志
康熙六十年(1721)	大旱，饥。邑令马受曾详请海运，奉蠲地丁十分之三，设赈粥厂二十五所，制府觉罗满保运米万石到邑平粜，民始苏	民国《象山县志·志异》引乾隆县志
雍正元年(1723)	旱。饥，邑令马受曾请帑，设赈粥厂二十七所，制府觉罗满保运闽米万石至象山，民始苏	民国《象山县志·志异》引乾隆县志
雍正六年(1728)	大旱，早禾枯者，到秋遇雨复秀实，与晚禾同登	民国《象山县志·志异》引乾隆县志
乾隆八年(1743)	夏五月，旱	民国《象山县志·志异》引乾隆县志
乾隆十八年(1753)	是年饥，邑令张肇扬设粥厂于城隍庙、常乐寿、洋心庙、张忝、昌国卫以赈	民国《象山县志·志异》引乾隆县志
乾隆三十九年(1774)	夏，大旱	民国《象山县志·志异》引道光县志
嘉庆七年(1802)	秋，大旱，早禾穗而不实	民国《象山县志·志异》引道光县志
嘉庆十一年(1806)	六月，不雨，至七月二十三雨	民国《象山县志·志异》引道光县志
嘉庆二十五年(1820)	大旱，祷雨	民国《象山县志·志异》引道光县志
道光十六年(1836)	昌国卫、石浦诸处数月无雨，饥	民国《象山县志·志异》引《韦庐札记》
咸丰二年(1852)	旱，岁歉	民国《象山县志·志异》引同治志稿
咸丰三年(1853)	夏，旱	民国《象山县志·志异》引同治志稿
咸丰十一年(1861)	春，旱。五六月又大旱	民国《象山县志·志异》引同治志稿
同治六年(1867)	秋大旱，晚禾歉收	民国《象山县志·志异》引同治志稿

续表7-4

时　间	灾　　　情	资料来源
同治十一年（1872）	旱，饥	民国《象山县志·志异》引同治志稿
光绪二十年（1894）	旱，饥	民国《象山县志·志异》
光绪三十二年（1906）	夏，久旱，岁大歉	民国《象山县志·志异》
民国三年（1913）	夏，大旱	民国《象山县志·志异》
民国八年（1919）	秋，旱	民国《象山县志·志异》
民国十五年（1926）	六月初一至七月初六不雨，田畴龟裂，晚粳枯槁	《象山县志（1988）》
民国十六年（1927）	受旱三十余天成灾，稻枯颗粒无收，西周被灾6000余亩，民饥极苦	《象山县志（1988）》
民国十八年（1929）	秋旱六、七、八三个月，晚稻晒死返青	《象山县志（1988）》
民国二十九年（1940）	大旱，三月至十月无雨，早稻歉收，晚稻断割，翌年大饥	《象山县志（1988）》
民国三十三年（1944）	五月初至七月初大旱未沾雨，田地龟裂，河井干涸，秧禾枯杭，灾田12万余亩，收不足七成	《象山县志（1988）》
民国三十六年（1947）	入夏干旱75天，早、晚稻歉收，灾田3.7万余亩，损失99亿元（法币）	《象山县志（1988）》
1951年	5月中旬至6月6日大旱，墙头，新桥尤重。灾田50%~70%。7月11日至8月底旱50天，受旱田22.1万亩	《象山县志（1988）》
1952年	6月下旬至7月下旬，受旱8.25万亩	《象山县志（1988）》
1953年	7月上旬至8月底，旱55天，受旱20.3万亩，成灾18.45万亩，晚稻严重减产	《象山县志（1988）》
1954年	至7月8日干旱共40天，受旱农田8.06万亩，成灾2.42万亩，粮食减产100余万斤	《象山县志（1988）》
1955年	7月下旬至9月上旬，大旱43天，受旱田18.95万亩，成灾3.8万亩，其中1580亩晚禾歉收。受旱田9.56万亩，其中1775亩枯死。6月至7月31日，晴30天，受旱14.88万亩，受旱14.88万亩，成灾7.4万亩	《象山县志（1988）》
1956年	6月底至7月底旱31天，受旱14.88万亩，其中3.88万亩晒白开裂	《象山县志（1988）》
1957年	5月底至9月中旬旱3次，计85天，灾田3.7万亩，减产谷2375吨	《象山县志（1988）》
1959年	7—8月干旱，受旱12.5万亩，成灾2.65万亩，减产265万斤	《象山县志（1988）》

续表7-4

时　间	灾　　情	资料来源
1960 年	7 月，干旱 30 天，受旱 8.5 万亩，成灾 1.7 万亩，减产 255 万斤	《象山县志（1988）》
1961 年	6 月 16 日至 9 月 9 日，干旱 26.5 万亩。成灾 23.2 万亩，减产 3320 万斤	《象山县志（1988）》
1962 年	10 月 18 日至次年 5 月 10 日，206 天未下透雨，受旱田 16.56 万亩，8632 亩未收，3511 亩产苗死，5.87 万亩产断水	《象山县志（1988）》
1963 年	自 1962 年 10 月 18 日至 1963 年 6 月 15 日，长期干旱无少雨，大旱成灾。经 5 月 10 日统计，受旱田 16.56 万亩，8632 亩未收，3511 亩苗死，5.87 万亩断水	县气象局提供
1964 年	6—9 月干旱 90 天，受旱 16.2 万亩，成灾 13 万亩，减产 1825 万斤	县气象局提供
1965 年	7 月中旬~9 月 7 日秋旱，受旱 12.8 万亩，成灾 4 万亩，减产 1440 万斤	《象山县志（1988）》
1966 年	7—8 月中旬，干旱 38 天，受旱 11.6 万亩，成灾 7.69 万亩	《象山县志（1988）》
1967 年	6 月 25 日至 11 月 18 日，连旱 117 天，受旱土地 27.7 万亩，晚稻基本无收。大塘港千余人日驶 200 艘船只外出运水	《象山县志（1988）》
1971 年	大旱，6—9 月干旱 90 天，受旱农田 21 万亩，成灾 13 万亩，晚稻歉收	《象山县志（1988）》
1979 年	6 月至 8 月 15 日干旱，受旱 7 万亩	《象山县志（1988）》
1988 年	6 月 30 日至 7 月 22 日持续无降水，水利条件较差的区、乡旱情较重。全县 7.65 万亩早稻断水，其中 2.8 万亩晒白开裂，影响产量。9 月 25 日至 12 月 30 日降水量仅 12.8 毫米，严重影响农作物生长，使播后的大小麦出苗缓慢，二三类苗增多，油菜僵苗，绿肥枯死	县气象局提供
1990 年	7 月 4 日至月底进入炎热少雨的伏旱期，全县 20 多个乡镇发生旱情，受旱面积达 13 万亩	县气象局提供
1991 年	7 月 7 日至 8 月 3 日出现 28 天伏旱，自 9 月 6 日降了一场暴雨后至年末 116 天没有下过一场全县性的透雨，造成丹城、石浦、爵溪三镇居民生活和工业用水极度紧张。丹城 10 月 20 日起实行定时、限量供水，11 月 19 日又采取分区、隔日、定时、限量供水	县气象局提供
1992 年	7 月 15 日至 8 月 12 日 29 天，降雨量仅 15.3 毫米，全县旱情严重，到 8 月 12 日，全县晒白不能种晚稻 21756 亩，种下后断水 20227 亩，严重影响晚稻产量	县气象局提供
1994 年	4 月 27 日至 6 月 7 日，降水量比常年同期偏少 7 成。6 月 24 日至 8 月 7 日降雨量仅 16 毫米，全县 2 万多亩晚稻无水插种，3 万多亩已种晚稻出现断水，蔬菜等农作物因旱而出现枯萎。8 月 23 日至 10 月 7 日降雨量只有 52 毫米，使得水利条件较差地区晚稻断水过早，影响产量	县气象局提供

续表7-4

时　间	灾　　情	资料来源
1995年	7月7日至8月19日降雨量29毫米，使得象山县出现严重旱情。至8月20日前有1万余亩晚稻无法插种，部分已种晚稻出现断水，蔬菜等农作物也因干旱而出现枯萎。自8月份至11月，雨量持续偏少，只有常年同期的一半，9月份开始，县自来水公司采取限时供水。由于干旱，大、小麦出苗困难，油菜出现僵苗，生长缓慢	县气象局提供
1996年	7月15日出梅后受副高控制，天气炎热少雨，“双夏”期间出现较严重的干旱，全县无水种田8419亩，种后断水41650亩，其中开裂17250亩	县气象局提供
1997年	8月21日至11月10日降雨量只有常年的四分之一。石浦从9月18日开始实行限时、分片、定量供水，每周只能供应二次，直至11月中旬有所缓和	县气象局提供
2000年	冬旱连春旱，旱情严重，上半年度降雨量386毫米，比常年少三分之一。各地河塘、水库蓄水急降，农作物生长受到影响，爵溪、贤庠两镇工业和生活用水紧张	县气象局提供
2003年	年内梅季期短，雨少，夏季炎热高温，汛期没有台风影响，各地年降水总量远比常年偏少。由于干旱影响，中心城区从8月1日开始实行限量供水。石浦区域每天从原来的3万吨降到1.5万吨。至11月初全县全部山塘和部分小型水库已经干涸，296座自来水站已基本停止供水，原有水井三分之一已干涸，缺水、断水村500多个，人口达30余万人	县气象局提供
2004年	2003年旱灾到年末没有解除，直至上半年降雨量继续偏少，使得旱情仍然继续。5月份由于降雨量增多，使得水位上升，特别是河网水位上升明显，而各个水库由于基础水位低，所增库容远不能解决旱情，6—8月份降雨量继续偏少，使得旱情再次露头。干旱高峰时，全县有1000多座水库、山塘，710千米河道基本干涸，29万亩耕地受旱；全县18个街道镇乡共有36万人、125万头牲畜发生饮水困难，许多用水工业处于停工半停工状态。全县共投入财政抗旱资金1.2亿元	县气象局提供
2005年	6月15日至7月18日，受副热带高压影响，天气晴热，降雨量少，全县旱情露头，3.2万亩水稻等作物遭旱	县气象局提供
2006年	9月16日至11月15日降雨量只有3.9毫米，而同期蒸发量却达334.4毫米，使得全县旱情露头，水库库容下降，部分农村供水和农作物生长受明显影响	县气象局提供
2007年	1月1日至8月20日降雨量持续偏少，4月1日至8月10日降雨量只有常年同期的51%，比2003年同期还少13%。特别是梅雨结束后的6月26日至8月10日期间，降雨量只有2003年同期降雨量的41%。受旱灾影响，全县90%以上的农作物受到影响，受旱面积一度高达20.4万亩，其中重旱5万亩，1.6万亩农作物干枯绝收。全县41个村断水，影响人口31.8万人。丹城、爵溪、石浦等重点城镇采用定量供水。工业经济损失约1.5亿元，农渔业损失近1亿	县气象局提供

第三节　冷冻灾害

冷空气、寒潮是指：出现日平均气温24小时降温幅度≥8℃或48小时降温幅度≥10℃，并且最低气温≤5℃时的天气过程。霜冻、雨凇（冻雨）、结冰、大雪等冷冻类灾害，象山都会出现，是象山冬半年常见的灾害性天气。深秋到次年初春，象山常受高纬度地区或极地南下的强冷空气影响，伴随着偏北大风、大雪、积雪和冰冻，危害农业、渔业、通信电力、交通运输和城市设施等，造成国民经济的损失。象山县气象站1980—2008年资料统计：寒潮多出现在11月至翌年的3月份，共出现寒潮37次，平均每年1.3次，无寒潮年份占34%，有寒潮年份占66%，最多在1992年，出现4次。

2005年大雪灾害记　从2004年年末开始至2005年3月的4个月内，象山出现4次降雪过程，对农业、交通和人民生活造成严重影响。1月13—14日，全县普降大雪，13日积雪明显，山区积雪深度达6~8厘米，象山气象站积雪达1厘米。2月10—11日和19日，全县又降大雪并有积雪出现，其中10日气象站积雪深度又达1厘米，积雪使交通受阻，大棚受压，由于又值正月初二，直接影响人们访友出行。3月12日，出现了3月份罕见的大到暴雪，象山气象站积雪深度达7厘米，为建站以来同期第一次。3月气温偏低，12日的大到暴雪，造成3天低温，最低气温都在0℃以下，使得农作物受冻严重。全县农林牧业各类经济损失达4227万元，其中1.36万亩棚栽作物因雪灾低温影响，棚栽设施呈不同程度压塌，露地作物受灾9.3万亩。水果受灾面积10.5万亩，成灾2.7万亩，茶叶、花木等经济林木成灾6000亩，其中5000亩茶叶全部成灾，新茶上市推迟半个月，全县名优茶减产10%。由于气温偏低，使得桃花、映山红盛开日期比常年明显推迟。同时使得山区毛竹压弯折断，出笋毛竹根基翻转，破坏了地下根系，从而影响了春季出笋质量和产量。由于冬春的大雪，再加5月份多阴雨天气，使得年内枇杷减产。全年总产量不到正常年份的30%，而品质优异的白沙枇杷减产更加严重，仅为正常产量的10%。年底的大雪，特别是突然的结雪和冰冻，使交通受阻，水管爆裂，对居民生活影响很大；而3月份的降雪量大，积雪厚，对农业生产影响很大。一年内多次出现大雪，特别是在3月份还有如此大雪，这在象山很少出现，与此相当的降雪出现在1957年3月13日，时隔整整48年。

表7-5

1980—2008年象山县寒潮情况表

一年中寒潮出现次数	0	1	2	3	4
年　数	10	7	7	4	1
频　数	34	24	24	14	3

寒潮最早出现在11月19—21日（1992年和1993年），最迟出现在3月19—21日（1998年）。24小时降温幅度最大为14.0℃，出现在1988年3月14—15日，日平均气温由20.5℃降至6.5℃；48小时降温幅度最大为15.4℃，出现在1988年3月14—16日，日平均气温由20.5℃降至5.1℃。石浦气象站寒潮最早出现在11月8—10日（1968年），最迟出现在4月1—3日（1962年）。

1980—2008年象山县各月寒潮情况表

表7-6

月	十一	十二	一	二	三	合　计
次数	4	9	11	5	8	37
频数	10.8	24.3	29.7	13.5	21.6	99.9

1977—2008年资料统计：日平均气温过程降温幅度≥10℃的冷空气影响有116次，平均每年3.6次，1985年最多达9次，其中过程降温幅度最大为1991年12月23日~28日降温为17.4℃。

1977—2008年象山县各月强降温情况表

表7-7

月	九	十	十一	十二	一	二	三	四	合　计
次数	1	6	20	23	24	15	13	14	116
频数	0.9	5.2	17.2	19.8	20.7	12.9	11.2	12.1	100.0

象山县冰冻灾害年表

表7-8

时　间	灾别	灾　　情	资料来源
景泰五年(1454)	雪	正月，大雪，石首鱼遍海浮起，沿涂民取之甚利	嘉靖《象山县志·灾祥》
弘治十四年(1501)	寒	十一月，大寒，冰冻，草木皆死，百姓饥寒死者相枕	嘉靖《象山县志·灾祥》
正德四年(1509)	寒	冬大雪，草木痿死，民冻馁亡者甚众	嘉靖《象山县志·灾祥》
万历十六年(1588)	寒	四月二十日，雨雪连旬，米二升，价二钱，草根树皮食尽	民国《象山县志·志异》引康熙县志
崇祯十三年(1640)	雪	正月，大雪，深四五尺	民国《象山县志·志异》引康熙县志
乾隆四十二年(1777)	雪	十二月大雪，平地四五尺，三次	民国《象山县志·志异》引道光县志
乾隆五十四年(1789)	雪	十二月，大雪，道路尽冰，行人不通，俗名油冰，至明年正月冰消	民国《象山县志·志异》引道光县志
乾隆六十年(1795)	寒	冬，大寒，有数百年樟木冻枯，不孽	民国《象山县志·志异》引道光县志
嘉庆五年(1800)	雪	正月十五日，大雪，平地五尺	民国《象山县志·志异》引道光县志
咸丰十一年(1861)	雪	十二月，大雪四日，平地高数尺	民国《象山县志·志异》引同治志稿
光绪十八年(1892)	寒	十一月，大雪，严寒，洒水成冰，草木、鸟兽多冻死者	民国《象山县志·志异》引同治志稿

续表7-8

时　间	灾别	灾　　情	资料来源
1957 年	冻雨	春，树木、毛竹都被冰冻压弯、压倒，篱笆也被冰冻压塌，路面结冰，行人寸步难行。2 月 10 日，石浦气象站气温持续在-1℃以下，最低气温达-5℃	《象山县志（1988）》
1958 年	雨淞	2 月 1—2 日，出现雨淞	《象山县志（1988）》
1964 年	雨淞	2 月 17 日，出现雨淞	《象山县志（1988）》
1967 年	雨淞	3 月 5 日，出现雨淞	《象山县志（1988）》
1969 年	雨淞	1 月 30—31 日，出现雨淞	《象山县志（1988）》
1972 年	雨淞	2 月 6—8 日，雨淞时间长达 47 小时，同时出现 18 厘米厚的积雪	《象山县志（1988）》
1984 年	结冰	1 月 11 日，气象人员在蒙顶山考察发现水库结冰有 7.1 厘米厚，人可站在冰上拍照	《象山县志（1988）》
1985 年	大雪	12 月 10 日，全县普降大雪，大地积雪厘米，山区 8~10 厘米，低山积雪长达 7 天到 16 日化完，因大雪使县内外公路交通中断 2 天	县气象局提供
1989 年	大雪	1 月 12—14 日，全县普降大雪，14 日积雪达 10 厘米，全县山区公路交通中断 1 天~2 天	县气象局提供
1990 年	大雪	1 月 28—31 日，全县普降大雪，平原积雪 2~3 厘米，过程降温达 13℃，日平均气温降至-1.7℃，农作物，特别是果木、蔬菜和生长过旺的油菜等春花作物受冻严重	县气象局提供
1991 年	大雪	1 月 4 日，全县普降大雪，平原积雪 1 厘米，山区交通中断 1 天至 2 天，由于降雪强度较大，造成部分经济林木受伤。12 月 27 日下午到夜里，全县普降大雪，平地积雪 3 厘米，积雪时间达一天，有严重冰冻，使春花、油菜等农作物大片受冻，交通中断 3~4 天，事故频发	县气象局提供
1991 年	霜冻	4 月 1—2 日，受冷空气影响，全县普遍出现霜冻，山区出现薄冰，农作物遭受不同程度冻害，特别是土豆等大片受冻死亡	县气象局提供
1999 年	强冷空气	12 月 17 日，强冷空气对全县水产养殖造成严重影响，其中崇axis港海区的养殖大黄鱼危害最大。该海区养殖的规格为 400 克/尾以上的商品鱼死亡率达到 40%以上，年内放养的 50 克/尾~200 克/尾不同规格的鱼种死亡率为 50%~70%	县气象局提供
2001 年	霜冻冰冻	12 月下旬，象山县出口当家蔬菜甘蓝菜受冻特别严重。全县 2000 亩甘蓝菜损失达 80 万元	县气象局提供
2004 年	霜冻	3 月 4—8 日，日最低气温都在 5℃以下，4 日、7 日和 8 日早晨全县普遍出现霜冻，特别是 8 日最低气温达 0.2℃，山区有薄冰出现；由于霜冻导致全县特早生的优质茶叶受冻，造成绝大部分新发茶芽冻死，茶叶品质下降、芽叶变红，加工后茶香欠浓、茶水颜色浑浊，全县茶农因霜冻影响经济损失逾百万元。12 月，持续低温县内甘蓝菜冻焦变色，柑橘等果树受冻产生卷叶、黄叶甚至落叶，枇杷幼果受冻严重，养殖大黄鱼、梭子蟹受冻死亡，特别是元旦前后的降雪，梭子蟹冻死较多，养殖户平均减产三成以上	县气象局提供

续表7-8

时　间	灾别	灾　　情	资料来源
2005年	大雪	3月12日，大到暴雪，造成3天低温，最低气温都在0℃以下，农作物受冻严重，全县农林牧业各类经济损失达4227万元	县气象局提供
2006年	寒潮	3月11—13日，由于受强冷空气影响，48小时降温幅度达10.9℃，24小时降温幅度也达8℃，达寒潮标准。同时出现暴雨、大雪和冰冻，造成1000亩左右迎霜等早熟品种茶叶受冻，损失达50万元	县气象局提供
2008年	寒潮	1月11—13日的48小时降温幅度为11.4℃，达寒潮标准，全县农业、林业、水产、电力和交通运输损失严重。其中农业损失2643万元；全县枇杷受冻害影响70%，300米以上的高山毛竹受冰雪压严重，造成70～80万株成竹受损；渔业损失5300多万元。因冰雪灾害影响，1月29日位于400余米的西周静家山青山头山顶乌沙山电厂供出主线路一根避雷线断裂，造成输入我县的220千伏线路跳闸。2月2日因500千伏输出线路铁塔倒塌，影响了220千伏线路断线，并引起该线路铁塔严重变形，造成乌沙山电厂不能向外输电而停止发电达一个月	县气象局提供

第四节　雷电风雹灾害

象山海陆兼有的地理背景，与处于亚热带的气象条件，易造成不稳定条件下产生的剧烈强对流天气。春夏季节多发生雷电现象，夏秋季节雷击事件时有发生。象山人以遭受雷击为不光彩事，不愿宣扬，故历史上少有记载。近年来雷电伤人明显增多，人畜、电器设备常遭雷击。冰雹、龙卷风亦有，但不常见，这些中小尺度天气系统，生命期很短，发生范围较小。

象山县雷电风雹灾害年表

表7-9

时　间	灾别	灾　　情	资料来源
嘉靖三十六年（1557）	雹	三月，雨雹	嘉靖《象山县志·灾祥》
乾隆十七年（1752）	雹	五月，雨雹，有大如础石者，人畜多伤	民国《象山县志·志异》引乾隆县志
光绪七年（1881）	雹	四月，雨雹，大者如杯	民国《象山县志·志异》引乾隆县志
光绪三十二年（1906）	雹	二月，黄雾，又雨雹	民国《象山县志·志异》引乾隆县志
1953年	冰雹	5月7日下午，定塘、大塘雷雨后降冰雹15分钟，大者如碗，小者如枣，平地积尺许	《象山县志（1988）》
1981年	大风	5月2日强对流大风，春粮倒伏60%，油菜4万亩，沉船1艘，死亡2人	《象山县志（1988）》

续表7-9

时　间	灾别	灾　　　情	资料来源
1986年	冰雹	4月10日19时30分左右，东陈乡降冰雹6分钟，地面积雹1寸，雹径一般1厘米，最大如鸡蛋。秧田每平方米约达350个雹洞，全乡受损大小麦30%，油菜、绿肥、土豆、秧田等嫩苗作物80%~100%，危害严重的村有岳头、洋里、醒目塘、东陈、大塔、沙岗	县气象局提供
1991年	冰雹 雷电	5月21日下午，西周镇（下沈至西周）一带遭受冰雹袭击，大的如鸡蛋，小的如手指头，并有狂风出现，致使下沈砖瓦厂竹笠普遍刮走50多米，最远达200多米。7月13日夜里9~10时，雷暴迅猛自北向南影响全县，有6人在象山港捕鱼，船被大风刮翻落水淹死，同时有许多电器遭受雷击，损失惨重	县气象局提供
1997年	冰雹	5月13日，西周、丹城都有冰雹出现，颗粒有黄豆大小	县气象局提供
1998年	冰雹	3月30日，贤庠、黄避岙、大徐出现少见的冰雹，直径大小约2~3厘米，结雹厚度达5~6厘米。受雹灾影响，贤庠镇1500亩油菜、1000亩大小麦和豌豆、蚕豆遭受不同程度的影响，其中有些房屋瓦片被砸碎。5月2日中午，定山西部地区，遭受冰雹袭击，冰雹直径有1厘米左右，对农作物造成一定的影响	县气象局提供
2000年	冰雹	5月12日，西周镇南部、泗洲头镇北部和茅洋乡、东陈乡中北部近50个村出现罕见冰雹，平地积雹7~10厘米，大的有如乒乓球和鸡蛋。10月2日，狂风暴雨夹冰雹，贤庠镇白鹅市场被夷为平地，一人受重伤	县气象局提供
2006年	冰雹	7月5日下午，鹤浦镇黄金坦村受强对流天气影响出现冰雹，大的如蚕豆，小的如豌豆，打在身上隐隐作痛，持续时间10分钟左右	县气象局提供
2006年	雷电	8月29日，泗洲头镇一老汉遭雷击死亡。8月31日，定塘镇等地许多电视机等电器遭受雷击，造成修理店来不及修理，这次雷击时间之长，强度之猛从未见过	县气象局提供
2007年	雷电	6月24日下午，墙头镇一家企业遭雷击，造成数台电脑、电视机被烧毁。6月25日下午3时30分左右，受强对流天气影响，泗洲头镇大理村有2人遭雷击死亡。24、25日两天，全县共发生雷击造成供电电路不同程度损失事故10余起，其中爵溪北塘工业区10千伏高压电线被雷击起火，造成附近15家企业停电5个多小时。9月1日下午受冷空气渗透影响，全县普降雷阵雨，丹城14~15时1小时降雨量就达72.5毫米，达大暴雨程度，同时伴有强雷暴产生，使得丹城、贤庠等地多处出现停电事件。其中贤庠镇雷击停电达26小时，造成数百亩养殖对虾缺氧死亡，直接损失达数百万元。年内全县遭雷击死3人	县气象局提供
2008年	雷电	8月18日，象山遭受雷暴袭击，大徐林善岙一村民雷击身亡。19日，雷击影响范围更大，全县4条35千伏线路、5条10千伏线路和5座35千伏变电所发生断线，造成大徐、贤庠、东陈、新桥等9个镇乡及县中心城区部分区城停电。全县小灵通基站被击坏165个，LAN交换机被击坏10只，ADSL用户故障600多户，固定电话故障400多户。另外还有许多电脑、电视机、热水器等电器被击毁	县气象局提供

第三章 海洋灾害

象山海域宽广，海洋在带来财富的同时，也会带来灾害，尤在科技落后、渔船作业条件差的情况下，渔民凭经验出海，遇突发大风、雷暴雨、浓雾等，往往造成船翻人亡的惨剧。随着科技发展、渔船作业条件的改善，气象海损逐年减少。赤潮为发生在海洋上的生物灾害，它既能破坏海洋资源，也能给养殖户造成养殖损失。赤潮虽自古就有，但少见记载。象山海域赤潮2000—2005年发生较多，2003年为峰顶，随后呈减少趋势。

第一节 海 损

海洋气象突发多变大风掀起巨浪，会给在海洋作业的渔船、运输船造成灾害。有时海潮突涨，甚至连在海涂作业的人员也无法幸免。

象山县海损灾害年表

表7-10

时 间	灾 情	资料来源
民国5年（1916）	4月24日，招商局新裕轮载700余士兵赴闽，至南韭山附近迷雾，与其护航舰海容号相撞沉没，死600余人	见本志“大事记”“民国5年”条及其页下注
民国20年（1931）	9月，日轮东洋丸在南、北渔山洋面打捞法轮长江号、华轮华阳号时，忽遇飓风，触礁沉没，唯1人生还	县交通局提供
民国22年（1933）	7月30日，东门大捕船遭风灾，毁16艘，撞坏50余艘，死亡30人	《象山东门岛志略》
民国34年（1945）	5月下旬，东门大捕船在岱衢洋张网，遭受阵风袭击，倒毁大捕船10余艘，死亡20余人	《象山东门岛志略》
民国35年（1946）	1月23日，黄溪渡一航船离岸时，忽遇狂风，倾侧沉没，死5人	县交通局提供
1954年	4月，小黄鱼汛时，渔船在将军帽一带洋面追捕鱼群时，突遇二月十九日观音暴，狂风大作。一阵闪风船只翻沉，船上5人全部丧命。5月14日是大目洋渔场黄鱼汛，温台地区一批浮爿船，舟山、宁海、象山等部分木帆渔船，共1000余生产单位捕捞大黄鱼。下午洋上突然刮起8~9级偏北阵风，大批渔船来不及避风，在不到2小时的偏北阵风击中，象山渔船被袭翻7艘，断桅8支，死亡渔民4人。温台地区浮爿渔船被袭翻沉103艘，死亡197人	《象山东门岛志略》
1958年	6月15日，东门渔村大捕船在岱衢洋张网，突遇特大雷暴雨，大捕船遭受不同程度损失，其中3人因船翻而丧命	《象山东门岛志略》

续表7-10

时　间	灾　　　　情	资料来源
1959年	4月10日，15个公社141个生产单位，282只渔船，2000余渔民在吕泗洋上捕小黄鱼。次日晨，受低气压暴风袭击，风向东，风力达11级，多船罹难，罹难船只多数因吕泗洋多浅海沙滩而搁沙沉毁，少数为大风大浪翻没。有8个公社受损，沉没渔船13艘，其中机帆船1艘、打洋船一艘，共死亡渔民62人，重伤7人，轻伤73人。安全归队的渔船中，重度损害的14只，轻度损害的102只，断桅、失桅64支，断舵、失舵59支，失橹168支，弃桨55支、锚137门、篷81张、大对网79顶、大捕网27顶，合计损失约人民币34万元。春汛暴风，覆舟1艘，亡23人	县海洋渔业局提供《象山县志（1988）》
1962年	秋汛，一渔船运鱼往镇海销售。返家途中，在旦门外面洋面，遇大风，船翻人漂，4人无法救起死亡。另，东𡶶村小船1艘，去镇海卖海蜇，返家途中在洋上遇到大风，无法驶船，又无法靠岸，船上两人弃船泅水，未及登岸而丧命	《象山东门岛志略》
1979年	秋汛，东门渔村小机船张虾生产，在檀头山洋面撩虾时，风浪较大，一渔民不慎落海身亡	《象山东门岛志略》
1983年	2月，4人以小机帆船运载咸舱蟹，去宁波销售，途经大目洋附近遇风浪，船沉人亡。10月12日，4名妇女去宁波销售虾皮，乘金星象副机3号船运啤酒便船返家途中，因超高、超载在大榭岛泥涂嘴附近海面，遇急流沉没，全部死亡	《象山东门岛志略》
1985年	秋汛，南汇大部分中对（红旗对）在淡水门外洋面捕大黄鱼，其中一对船在洋上拔篷驶航时，突遇大风，网具滚动，一渔民连人带网被卷入海中，被网具缠住，无法脱身，抢救无效死亡	《象山东门岛志略》
1992年	12月28日下午，石浦埠湾村7名渔民返程途中遇风浪翻船，全部丧生	县气象局提供
1999年	4月10日，浙象渔1316号船与浙象渔10037号、10047号等船一起出海拖虾生产。至12日晨2时在137海区遇西北风6级，阵风7~8级，据渔民反映洋面实际风力估计达9级以上，天亮后1316号船失踪，船上5名船员下落不明	县海洋渔业局提供
2001年	1月3日，浙象渔12009号船从高塘岛开航出海到191、192海区拖虾作业，由于大风于1月5日下午返航，当时天气阴有小雨，东北风6~7级，阵风8级，海上风浪3~4级，返航途中海面风浪较大。16时许，当航行到将军帽东约1.5海里处，渔船倾覆。由于该海域水深约20米，故船的首部1/3露出水面，船上船员7人随船沉没失踪。1月29日，浙象渔95002号船与同村95005、95006号船一起出海流网作业，2月3日，天气阴有雨，上海、舟山等地的气象台发布大风警报：浙北海区夜里起东北风5~6级，阵风7级，增强到6~7级阵风8级。为此，浙象渔95002号等船返航，航行中，风浪越来越大，船无踪影，船上7人失踪。3月27日，浙象渔20004号船与22006号船在海礁海域拖虾作业。夜起刮大风，东南风6~7级，阵风8~9级，浙象渔20004号船在调头转向过程中倾覆，船上6人死亡。同日，到达海礁海域拖虾作业，夜里起，天气晴，东南风6~7级，阵风8~9级，浙象渔20004号船在调头转向过程中倾覆，船上6人死亡	县海洋渔业局提供

续表7-10

时　间	灾　　　　情	资料来源
2002 年	2 月 27 日 1720 时，浙象渔 70015 号单拖网作业船在 193 海区 8 小区朝 190°方拖网作业，因海上有大雾，被一艘由北向南航行的不明大轮撞沉。船上 7 名船员落水，其中 2 人被附近渔船救起，5 人失踪。10 月 26 日 07：00 时，浙象船 22074 号船返航中遇大风浪倾覆，船上 10 人落水，5 人获救，5 人失踪	县海洋渔业局提供
2004 年	2 月 14 日 18 时左右，浙象渔 70031 船从镇海开船到 176 海区抛锚流网作业。19 日晨该船返航回镇海途中，由于遇大雾，能见度差，与不明大轮发生碰撞。大轮逃逸，浙象渔 70031 船进水沉没，造成 2 人死亡，4 人失踪	县海洋渔业局提供
2005 年	1 月 17 日 8 时，浙象渔 70040 号船在海洋作业，由于遇大风浪，船底灰缝脱落进水沉没，船员获救，损失 9 万元。3 月 5 日 9 时 30 分，浙象渔 22010 号船在生产作业时，因大风浪，1 船员落水失踪。4 月 2 日 14 时，浙象渔 83008 号船在作业时，由于大雾与货轮发生碰撞沉没，损失 15 万元。4 月 29 日 7 时 20 分，浙象渔 76058 号船在拖网作业时，由于大雾与不明大轮发生擦碰，损失 5 万元。10 月 9 日 13 时，浙象渔 40163 号船在遇大风浪，海浪打上甲板，船只倾斜沉没，损失 35 万元。12 月 5 日 23 时，浙象渔 48054 号船在锚泊时，由于风浪大海浪打进机舱沉没，损失 50 万元	县海洋渔业局提供
2006 年	3 月 12 日晨 3 时，温州吉泰运输有限公司“吉达 102”轮，遇大风浪在草鞋耙礁附近水城沉没，船上 7 人全部落水，其中 4 人失踪，3 人死亡，事故直接经济损失 100 万元	县海事处提供
2008 年	5 月 13 日晨零时 30 分，宁波福海海运有限公司“双宁 11”轮遭遇大风浪在大漠山东南水城沉没，船上 8 人落水后被救，造成直接经济损失 150 余万元。6 月 1 日 12 时 10 分，泉州海森船务有限公司“景发 8”轮遇涌浪袭击，在铜头岛附近水城翻沉，船上船员 9 人落水后救起，造成直接经济损失 185 万元	县海事处提供

第二节　赤　　潮

水体中某些微小的浮游植物、原生动物或细菌，在一定的环境条件下，突发性地增殖和聚集，引起一定范围内，一段时间中水体变色现象，是为赤潮。其红、黄、绿和褐色等出现，在于生物数量和种类。近年工农业生产和居民生活污水增加，流入港海近海水污染日益加重，造成在港湾养殖的鱼类大量死亡，使养殖户损失惨重。在海洋发生大面积赤潮，造成鱼类中毒死亡，海洋资源遭受破坏。

2000 年 5 月 30 日、6 月 5 日，分别在象山港水域发现由具齿原甲藻和裸甲藻引起的赤潮。2001 年 5 月 13—15 日，渔山、檀头山附近海域发现红褐色呈片状分布的小面积赤潮，赤潮生物为具齿原甲藻。2002 年，象山港共发生赤潮 3 起。2003 年，象山县邻近海域共发现赤潮 14 起。2004 年，赤潮次数明显减少，仅 6 起，但发生的面积则超 2003 年。2005 年，象山县近岸海域发现赤潮

6起，次数与往年持平，其中1起为特大面积有毒赤潮，影响程度为历年之最。2006年，发现赤潮4次对渔山网箱养殖影响很大。2007年，渔山海域发生赤潮，海水发黑，象山港赤潮监控区内发生赤潮，分布范围广，持续时间长，均为近年罕见。2008年，发现赤潮3次，海水养殖业未造成直接危害。

表7-11

2000—2008年象山县海域较大赤潮情况表

时　间	赤潮发生区域	面积（平方千米）	种　　类
2000年5月30日	象山港水域	40	具齿原甲藻、褐甲藻
2000年6月5日	象山港水域	10	具齿原甲藻、褐甲藻
2001年5月13日~15日	渔山、檀头山附近海域	40	具齿原甲藻
2001年5月18日~21日	象山港水域	30~40	具齿原甲藻
2002年8月19日	象山港水域	0.3	红色中缢虫
2002年9月3日	象山港水域	35	红色中缢虫
2003年4月26日	北渔山锚地	10	原甲藻
2003年5月10日	韭山列岛附近	100	具齿原甲藻
2003年5月11日	南田岛以东	2000	具齿原甲藻
2003年5月20日	东鹿山东至南渔山岛之间	900	具齿原甲藻
2003年6月1日~5日	渔山列岛附近海域	1000	具齿原甲藻
2003年6月9日	象山港西沪港口	6	新月菱形藻
2005年6月2日~7月1日	象山东部沿海	1600	长崎裸甲藻具齿原甲藻
2005年6月11日~25日	半洋礁、油菜花峙海域	大范围、小面积	夜　光　藻
2006年5月8日~9日	西沪港海域	80	中肋骨条藻
2006年5月8日~30日	渔山海域	1000	具齿原甲藻/长崎裸甲藻
2006年6月8日~22日	渔山海域	360	长崎裸甲藻
2007年7月23日~8月1日	西沪港海域	190	扭链角毛藻
2007年8月23日~27日	象山港赤潮监控区	350	中肋骨条藻
2008年4月30日~5月10日	渔山附近海域	1000	东海原甲藻
2008年5月14日~28日	渔山附近海域	500	东海原甲藻

说明：资料由县海洋与渔业局提供

第四章　生物灾害

生物灾害自古有之。中华人民共和国成立前，以遭蝗虫最为严重，成熟庄稼可以在几小时之间颗粒无收。因防治手段缺乏，农民只得在田头焚香祷告，祈求蝗虫远离自家田地。民国后，交往趋频繁，生物灾害种类有增加。中华人民共和国成立后，政府主管部门重视生物灾害防治，建立以化学防治为主的综合治理体系，取得明显成效。

第一节　农作物病虫害

古代，耕作制度单一，作物和品种变换甚少，常年发生的病虫主要是蝗虫和螟虫。民国时期，因稻麦两熟耕作制度的形成，粮食作物主要病虫害以螟虫为主，其次是铁甲虫、稻飞虱、稻苞虫、稻纵卷叶螟、稻蟒象、稻瘟病、小麦锈病、麦类黑穗病等。中华人民共和国成立后，粮食作物病虫出现新的情况。20 世纪 50 年代中期前，境内大都是稻麦两熟制，部分种植间作稻，施肥水平低，水稻发生的病虫种类主要是螟虫和稻瘟病，其次是叶蝉和稻虱、稻苞虫、铁甲虫、负泥虫和胡麻叶斑病。大麦、小麦的病害主要是赤霉病和黑穗病，其次是小麦锈病等。1962 年，象山成立农作物病虫观测防治指导站，开展粮油作物病虫测报，主要采用化学防治。1975 年，实行“防治为主，综合防治”。80 年代后期，形成农田生态系为单位的病虫害综合治理体系。2000 年后，基本树立了“公共植保”“绿色植保”的理念，病虫害得到有效防治。

粮食作物病虫草害

纹枯病　常发性病害，每年均有发生。20 世纪 60 年代开始，由于水稻施肥量提高，病情加重。水稻推广矮秆品种后，病害加剧。1980—2008 年，共发生 778.15 万亩次，损失粮食 18176 吨，平均年发生 26.83 万亩次，损失粮食 626 吨。

稻瘟病　俗称稻热病，是水稻主要病害。常发生在山区、半山区及西周、大徐、贤庠等地区。1964 年，稻瘟病重发，主要发病品种为芒早粳、九罗黄、中汍白等。1980 年稻瘟病大流行，发病 8.7 万亩，损失粮食 2200 吨。1987 年，晚稻穗颈瘟暴发，损失粮食 1000 吨，其中失收 1500 亩。1988 年、1989 年又接连大面积流行。主要发病品种为矮双糯、F164、红壳糯、测 48、丙 620、原粳 4 号、早籼 5-10、早籼 141、青秆黄、广陆矮 4 号等。20 世纪 90 年代以来，除 1996 年晚稻穗瘟病大发生外，稻瘟病连续重发势头得到遏制。

白叶枯病　主要发生在台风、暴雨、洪涝年份。1964 年发生 2.61 万亩，1977 年发生 14.6 万亩，1978 年发生 12.73 万亩，其中重病面积 3.23 万亩。是年，在杂交水稻二九南 1 号 A×7-5 组合，首次发现凋萎型白叶枯病，丛发病率 30%，株发病率 22%，采取烧毁处理 12.3 亩。1987 年，因连续遭受 7 月 27 日、9 月 9 日两次台风暴雨袭击，受淹农田 17800 亩，受淹时间 1~5 昼夜，引起白叶枯病暴发 7.2 万亩，许多田块一片枯白，损失粮食 1500 吨。20 世纪 90 年代中期后，基本未发生。

细菌性基腐病　1982年首次发现，受害面积：早稻0.28万亩、晚稻5.92万亩。1991年晚稻重发，发生面积5.1万亩，损失粮食255吨。以大徐、石浦等地发生较重，粳稻重于糯稻，宁67、秀水11抗性差，严重田块株发病率20%。90年代中期后基本控制。

细菌性条斑病　又称细条病、条斑病。1989年9月7日，在南庄乡菱河头村的一丘晚稻田首次发现。后在9乡镇32个村（包括县良种场）发生水稻细菌性条斑病，发生面积1124亩。其中发病面积最大的是从县良种场沿丹沙公路两边向南庄至东陈乡的东陈村一带的南庄的“西山片”，发病面积1024亩，集中于19个村，其余100亩分散在6个乡镇12个村。1990年，细条病大暴发，全县有483村的8.1万亩晚稻发病，占晚稻面积的30%，造成粮食损失1500余吨。1991—1997年，发病面积在0.9~1.61万亩之间。至1998年已基本控制该病的发生。

病毒病　主要有黑条矮缩病和条纹叶枯病，均为灰飞虱为主要传播媒介的水稻病毒病。80年代后，耕作制度改变，灰飞虱种群数量明显上升，带毒率提高，发生流行面积扩大，危害逐渐加重。2005年，在涂茨黄沙村发现条纹叶枯病。2007年、2008年，灰飞虱带毒率检测结果分别为0.98%、1.96%。2008年，在新桥、贤庠、涂茨、东陈、丹西等5个街道镇乡发病面积200亩，严重田块产量损失50%。

螟虫　俗称钻心虫或倒根虫，是水稻的主要害虫。1956年前以二化螟为主，后由于扩大连作稻，造成单、双季稻混栽，致三化螟危害连作晚稻增加。20世纪60年代中期，二化螟上升，其中1965年二化螟大发生。1981年二化螟发生面积78万亩次。90年代以来，早稻一代二化螟、单季稻二代二化螟、连晚三代二化螟均达偏重程度。同时，水稻直播栽培面积扩大，早稻种植面积减少，使一代二化螟集中为害，早稻螟害明显加重。1980—2008年，二化螟危害水稻994.79万亩次，损失粮食14904吨，年平均发生34.3万亩次，损失粮食514吨。

稻飞虱　早稻以白背飞虱为主，晚稻前期以白背飞虱为主，后期以褐飞虱为主，灰飞虱数量呈上升趋势。20世纪60年代初，褐飞虱发生危害开始上升，1968年、1969年暴发成灾。70年代，除1971年、1972年外，其他年份均严重发生。1980—2008年，共发生白背飞虱697.93万亩次，损失粮食9754吨，年平均发生24.07万亩次，损失粮食336.3吨；发生褐稻虱752.16万亩次，损失粮食14395吨，年平均发生25.94万亩次，损失粮食496.4吨。

稻纵卷叶螟　1965年后发生量上升，1967年大面积发生，全县50%早稻面积受害。1980—2008年，累计发生1161.4万亩次，损失粮食11375吨，年平均发生40.05万亩次，损失粮食392吨。

稻象甲　俗称象鼻虫。主要发生在珠溪、贤庠、茅洋、西周等山区、半山区。20世纪50年代，使用六六六、二二三等有机氯农药后，稻象甲对水稻的危害逐年减轻，停止使用有机氯农药后，稻象甲开始回升，呈间歇性发生。1991年，早稻田重发，面积1万亩，在西周区莲花乡伊家村出现一代稻象甲幼虫毁秆，稻象甲幼虫49.8头/丛，预蛹6.8只/丛，虫量124.5万头/亩。

稻蝗　20世纪50年代初，稻蝗发生严重，至50年代末基本消灭。1989年，在儒雅洋、大竹园、隔溪张、倪家、西岙郑、赖家、山顶岭等地又发现中华稻蝗，危及甘蔗地、荒草滩及晚稻田，发生密度7.2头/平方米，面积500亩。1991年，发生面积扩大至2000亩。1992年后基本控制。

稻水象甲　又名稻水象、稻根象、稻象甲。1998年5月18日，在贤庠镇岙里弄村首次发现，也是宁波市首次发现该虫，危害面积35亩。后，在贤庠、大除、丹城、高塘岛、定塘和鹤浦6个镇乡71个村5382亩早稻田发生稻水象甲，涉及面积11200亩，其中贤庠较为严重。翌年，稻水象甲分布在11个镇乡78个村，发生面积4543亩，比上年发生范围有所扩大，面积略减。2000年以后基本得到控制。

铁甲虫　20世纪50年代初，发生普遍。1952年、1954年铁甲虫发生面积大、危害重。1954年后推广六六六防治，效果很好，铁甲虫得到基本消灭。

麦类赤霉病　是麦类主要病害，不仅影响麦的产量和质量，食用后还会引起人、畜中毒。在麦类扬花灌浆至腊熟阶段，如遇连续阴雨、潮湿多雾时，常致严重流行。1973年、1975年、1983年、1987年、1989年、1990年、1998年大发生，尤以1987年为重，大麦7.8万亩，小麦1.2万亩，损失粮食215.5吨。1999年后均较轻。

番薯黑斑病　20世纪60年代，各番薯产区均有分布，造成很大损失。番薯黑斑病菌能刺激番薯产生对人畜有毒的物质，食后引起人畜中毒。

甘薯小象甲　别名甘薯蚁象虫。成虫和幼虫均能危害，以幼虫为主。受害薯块有恶臭和苦味，不能食用和饲用，且能导致黑斑病、软腐病等病菌侵染而腐烂霉坏，甘薯质量下降。该害虫发生于20世纪30年代，为浙江省补充植物检疫对象。1989年11月初，开始实地调查，石浦地区8乡镇64村发现有甘薯蚁象虫，占总村数的44.13%。发生面积3778亩，占种植面积的44.50%。其中发生最严重的是檀头山乡，蚁象虫发生地块占总地块的94%，平均株危害率43%，薯块被害率19.6%，严重的达100%；其次是樊岙乡，发生面积1853亩，占总地块的79%。甘薯蚁象虫本身扩散速度较慢，加之有山相隔，几十年来，仍然局限在石浦地区。危害面积逐渐减少，至今仍未根除。

农田杂草

据1986年11月调查，全县晚稻田的主要杂草有18种。密度高、盖度大、频率高的杂草有稗草、节节菜、牛毛毡、矮慈姑、鸭舌草；其次是异型莎草和四叶萍；再次是双穗雀稗、空心莲子草、日照飘拂草、眼子菜、千金子、丁香蓼、萤蔺、陌上菜、鳢肠、水蓼和水竹叶。1999年10月普查，稻田杂草有14科32种，其中禾本科有稗草、千金子、双穗雀稗、李氏禾、假稻、大画眉草；莎草科有异型莎草、日照飘拂草、扁秆藨草、水莎草、牛毛毡、萤蔺；泽泻科有矮慈姑、慈姑；鸭跖草科有水竹叶、鸭跖草；石竹科繁缕、牛繁缕；雨久花科鸭舌草；千屈菜科节节菜；柳叶菜科丁香蓼；苋科空心莲子草；眼子菜科眼子菜；菊科鳢肠；萍科四叶萍；金鱼藻科金鱼藻。田间频率100%的有稗草、矮慈姑、节节菜、空心莲子草、双穗雀稗、千金子、丁香蓼等7种。早稻秧田的杂草优势种主要是稗草；晚稻秧田的杂草优势种主要是稗草、异型莎草、牛毛毡、日照飘拂草、矮慈姑、陌上草、节节菜；直播稻田杂草优势种主要是稗草、千金子、双穗雀稗、扁秆藨草、异型莎草、日照飘拂草、牛毛毡、矮慈姑、鸭舌草、节节菜、眼子菜、四叶萍、丁香蓼，其中稗草、千金子和扁秆藨草是直播稻田三大恶性杂草；抛秧田杂草优势种主要是稗草、鸭舌草、矮慈姑、丁香蓼、异型莎草、节节菜、牛繁缕等；手插稻田杂草优势种主要是稗草、空心莲子草、矮慈姑、双穗雀稗、鸭舌草、节节菜、千金子、水竹叶、牛繁缕、四叶萍、牛毛毡、眼子菜等。另外还有假高粱，别名石茅、约翰逊草、宿根高粱。1991年，岑晁粮站5号仓附近发现假高粱7丛153株，最多一丛达93株，丹城面粉加工厂附近发现6丛96株。菟丝子，又称黄鳝藤。1995年11月，在下沈乡下沈村的山坡橘园中发现一株成年橘树缠满菟丝子，紫色的藤茎上长有许多倒钟形朔果，受害的橘树无法着果。

1980—2008 年象山县水稻病害发生与防治情况表

表 7-12

年　份	发生面积（万亩次）	防治面积（万亩次）	挽回产量（吨）	实际损失（吨）
1980	53.10	50.50	6460.00	1610.10
1981	39.60	33.60	3400.00	99.30
1982	30.70	27.00	2710.00	810.00
1983	31.00	26.80	2600.00	660.00
1984	37.50	41.90	3930.00	975.00
1985	45.30	44.00	8175.00	2700.00
1986	39.19	52.98	38250.00	7760.00
1987	43.55	51.84	40400.00	18950.00
1988	43.52	35.66	7173.30	1604.10
1989	51.87	63.80	12272.00	3799.80
1990	62.17	83.55	19099.00	7992.00
1991	52.72	58.05	7863.00	1612.00
1992	51.16	34.79	4468.60	2177.50
1993	40.10	55.55	6824.20	2047.20
1994	36.76	45.35	9071.00	1007.00
1995	36.46	56.97	7201.70	1225.90
1996	47.70	82.92	9222.30	1672.20
1997	34.54	73.11	7704.80	1203.40
1998	36.27	65.23	7236.70	659.90
1999	42.39	76.32	6594.80	1025.48
2000	34.29	71.18	5880.50	1559.10
2001	21.54	51.05	4097.80	704.30
2002	17.88	48.03	3816.20	440.60
2003	14.34	33.77	2848.00	243.00
2004	15.42	54.70	3914.82	267.86
2005	16.95	56.41	4175.72	281.94
2006	16.67	57.52	4360.90	348.70
2007	15.67	56.73	4435.44	333.80
2008	19.14	55.10	4707.00	614.00

说明：据象山县植物保护检疫站历年年报

1980—2008年象山县水稻害虫发生与防治情况表

表7-13

年　份	发生面积（万亩次）	防治面积（万亩次）	挽回产量（吨）	实际损失（吨）
1980	123.30	131.50	12611.00	2350.00
1981	95.60	110.40	8492.00	1850.00
1982	92.60	103.10	5950.00	1258.00
1983	116.40	123.60	11545.00	5220.00
1984	106.00	110.50	6600.00	1000.00
1985	104.90	113.20	22180.00	4115.00
1986	115.34	106.92	46000.00	5100.00
1987	151.70	165.00	44800.00	7400.00
1988	206.44	157.66	49407.80	1912.10
1989	150.87	141.24	15877.00	2132.20
1990	155.04	150.15	17120.00	758.00
1991	171.26	162.45	59680.00	2914.00
1992	154.68	142.98	23986.60	2354.70
1993	138.84	146.38	19225.20	2345.20
1994	78.24	68.17	13348.00	1603.00
1995	183.30	269.05	41570.80	2929.10
1996	145.34	213.64	26919.50	3499.67
1997	136.34	186.72	32453.31	3227.50
1998	152.15	221.91	37640.00	2638.60
1999	157.04	216.95	35506.60	1619.60
2000	135.72	200.09	27377.20	1514.20
2001	116.15	164.97	26178.60	1633.70
2002	109.68	152.04	24136.20	1312.10
2003	92.53	147.05	22934.36	2600.00
2004	113.27	131.22	16130.13	1386.78
2005	120.74	188.71	21483.45	2551.16
2006	131.79	224.29	22992.20	2461.42
2007	179.43	224.50	26530.40	2166.90
2008	163.50	199.80	24854.00	1881.00

说明：据象山县植物保护检疫站历年年报

经济作物病虫害

棉花黄萎病　棉花整个生育期均可发病。1984 年，鹤浦镇、高塘岛乡零星发生棉花黄萎病，后逐渐蔓延扩散到 11 个乡镇。1992 年，发生面积 1301 亩，其中石浦镇 25 亩较重。1994 年，黄萎病主要分布于鹤浦、昌国、高塘岛、新桥等乡镇，其中鹤浦镇 1140 亩、昌国镇 25 亩、高塘岛乡 5 亩、新桥镇 5 亩。

柑橘病虫害　害虫有螨类（以红蜘蛛、锈壁虱为主）、蚧类、蛾类、蚜类、蝇类等。病害有疮痂病、溃疡病、炭疽病、黄龙病、衰退病等。从 20 世纪 80 年代中期开始，杀虫、杀螨剂的更新换代，致使橘园病虫种群有新的变化，一些喜阴湿害虫危害加剧，如黑刺粉虱、红蜡蚧等蚧类危害加重，杂柑类溃疡病发生面积扩大。2007 年普查，全县发生柑橘溃疡病 812 亩，其中杂柑类 730 亩，占 89.9%，主要发生在高塘岛、定塘、晓塘、石浦、鹤浦等 12 街道镇乡。

柑橘溃疡病　1990 年，在林海乡姚家山村一丘甜橙苗木上首次发现柑橘溃疡病。翌年在狮子山橘场的橙类柑橘上均有发生。1993 年，象山县植检站在姚家山、梅溪等村建立无病苗木基地，加强技术管理，有效地控制溃疡病的发生。是年，全县可提供无病苗木 180 余万株。1996 年普查，发生面积 2673 亩。此后，全县各地均有发生。甜橙、脐橙、酸橙、柠檬和椪柑易感病。1997 年，柑橘溃疡病分布 9 个乡镇，危害面积 1817 亩。1998 年，发生面积 1160 亩，主要分布于黄避岙、石浦、定塘、高塘岛、丹城、鹤浦、晓塘 7 个乡镇。发病品种集中在脐橙品种和部分宫内伊予柑，温州蜜橘、本地早等柑橘类品种未发现疫病。全县脐橙面积 1970 亩，发病面积 960 亩，发病比例 48.73%。伊予柑面积 13200 亩，发病 200 亩，发病比例 1.5%。

柑橘黄龙病　病原为革兰氏阴性细菌。2006 年，在石浦镇蒋家湾村首次发现柑橘黄龙病，全县发病 11850 株。翌年，发病 7576 株，分布于石浦、鹤浦、高塘岛、晓塘、定塘、东陈、涂茨等镇乡。防控措施以柑橘木虱防治、挖除病株为主。2006 年、2007 年均挖除所有病株，挖除率 100%。

蔬菜病虫害　1994 年 12 月，在丹城东门外村大棚茄子和上半河村红茎菜薹老叶上首次发现美洲斑潜蝇，后在全县除定塘、昌国以外的 17 个乡镇发生危害，面积 2951 亩。遍及龙葵、青菜、蓖麻、丝瓜、棉花等作物。发生率分别为：棉花 35.9%、白菜 25.6%、青菜 42%、丝瓜 29.2%、花菜 12%、扁豆 38.5%、蓖麻 42.5%、茄子 3.8%。1997 年，美洲斑潜蝇分布全县 19 个镇乡，发生面积达 6.3 万亩。2004 年，在小葱、德国香葱、洋葱上葱须鳞蛾重发，发生面积 500 亩，主要分布定塘、贤庠等乡镇，损失 20%。2004—2008 年，烟粉虱、斜纹夜蛾、小菜蛾大发生频率高达 80%。

第二节　林木病虫害

象山森林病虫危害较为严重。民国《象山县志》载，嘉庆二十一年（1816），毛蛓虫食柏殆尽，柏子价重于米价。民国 7 年（1918）秋，毛蛓虫食柏木尽。县森林病虫防治检疫站统计，1984—2008 年，全县森林病虫害累计发生面积 313.68 万亩次。并发现毛竹枯梢病、泡桐丛枝病、松针褐斑病、柳杉大痣小蜂、松材线虫病等 5 种危险性病虫害。

树木病虫害

松树、杉树、枫树、樟树等均会发生病虫害。象山以松树居多，危害也大。

松材线虫病　1991 年 9 月 21 日，丹城镇北门村在大树山首次发现松材线虫病。严重危害马尾松、黑松等松属树种。其特点有三：一是发病速度快，松树一旦感病，无论大树小树 40 多天即可死枯，从单株发病到松林毁灭，只需 3—5 年时间；二是传播蔓延迅速，主要是媒介昆虫和线虫经人为携带病木及其制品的方式进行远距离传播；三是防治困难，至今世界上没有简单、经济、有效的防治办法。被列为国际、国内重大森林植物检疫对象。1991—2008 年，全县松材线虫病累计发生 204.32 万亩次，年平均发生 11.35 万亩次；累计枯死松树 852.14 万株，年平均枯死 47.34 万株；累计损失木材 22.24 万立方米，年平均损失 1.24 万立方米。境内松材线虫病发生呈三个阶段：第一阶段，1991—1996 年，全县累计发生 22.41 万亩次，年平均发生 3.74 万亩次；累计枯死松树 41.45 万株，年平均死亡 6.91 万株。疫情呈控制阶段；第二阶段，1997—2002 年，累计发生 121.63 万亩次，年平均发生 20.27 万亩次；累计枯死松树 739.29 万株，年平均死亡 123.22 万株。疫情呈爆发阶段；第三阶段，2003—2008 年，累计发生面积 60.28 万亩次，年平均发生 10.05 万亩次；累计枯死松树 71.4 万株，年平均死亡 11.9 万株，疫情呈逐年下降趋势。

全县各镇乡、县林场松材线虫病发生时间：1991 年有丹城、石浦、东陈、大徐、晓塘、涂茨 6 镇乡；1992 年有茅洋、爵溪、高塘岛 3 镇乡；1995 年有黄避岙、定塘、泗洲头 3 镇乡；1996 年有墙头、新桥、贤庠、西周 4 镇乡；1997 年有鹤浦、昌国、下沈 3 镇乡和县林场。

1991—2008 年象山县松材线虫病危害损失情况表

表 7-14

年　份	死树（万株）	损失木材（万立方米）	烧毁枝桠（吨）	熏蒸木材及制品（空间立方米）
1991	12.87	0.39	—	4058
1992	3.99	0.08	497	4580
1993	1.58	0.05	300	3727
1994	1.16	0.07	420	1501
1995	6.85	0.16	320	1835
1996	15.00	0.80	1350	2026
1997	33.90	1.27	2500	200
1998	211.35	5.10	12660	—
1999	236.90	5.96	15600	—
2000	162.90	4.60	8340	—
2001	64.30	1.51	2560	—
2002	29.94	0.63	38300	770
2003	22.10	0.57	10310	—
2004	19.58	0.38	20500	1920
2005	11.95	0.24	15500	1792
2006	8.56	0.22	8300	—
2007	5.66	0.13	7500	—
2008	3.55	0.08	2500	—

说明：据象山县历年森防年报

马尾松毛虫　马尾松毛虫在20世纪60—70年代均有零星发生，但有虫不成灾。80年代爆发成灾。1984—1990年，全县累计发生面积10.04万亩次，年平均1.43万亩次。1988年有8镇乡、46村及县林场6.52万亩松林遭受危害。其中鹤浦镇、樊岙乡发生5.6万亩，占全县发生面积的85.89%。成片发生面积最大（0.5万余亩）、危害最严重的是鹤浦镇小百丈饮水库上游周围松林。该虫幼虫吃光松树的全部针叶后，啃食当年生的嫩枝嫩梢，形似火烧，被群众称为“不冒烟的森林火灾。”同时，其尸体和毒毛还影响全镇13村1万余人的生活饮水。1989年7月，昌国镇金架山村遭9号强热带风暴强降雨，山上大量松毛虫幼虫和毒毛流入山下农田和饮水库内，使该村14户22人下田耕作时先后患了“松毛虫病”（其症状为腹痛、胀、手足关节失灵、奇痒、红肿、发冷发热等）。虽经医治，个别患者2个月后才恢复正常劳动。由于受“松毛虫病”的影响，村民的生活用水不得不从村外去取，12亩紧靠山下的稻田无法耕种而荒芜，严重影响山区村民的身体健康和生产、生活。

台松副长蛎蚧　1987年9月，在象山县林场白仙山林区发现台松副长蛎蚧，发生面积79亩，主要危害树种为湿地松、火炬松。

松梢螟　松梢螟在20世纪80年代危害黑松、马尾松幼龄树十分严重。1984—1990年，全县累计危害面积36.46万亩次，年平均5.21万亩次。松树主梢被危害后，致使树干低矮、歪曲，成林难成材。

毛竹病虫害

毛竹枯梢病　20世纪70—80年代，是境内竹林危害普遍而严重的病害。每年8—9月，地处山冈、风口、阳坡的新竹危害最重。轻则枯枝、枯梢，重则整株死亡，竹冠远看形似火烧。1984—1990年，全县累计发病面积17.55万亩次，年平均2.51万亩次，占全县竹林面积的31.3%。90年代后，该病危害逐年趋轻。

黄脊竹蝗　2003年8月，在晓塘乡山岙村、贤庠镇下庄村发现黄脊竹蝗，严重危害毛竹，面积200亩。

毛竹霍须盾蚧　1990年5月，在儒雅洋、泗洲头、亭溪等地发现毛竹霍须盾蚧，发生面积15000亩，枯死毛竹3万余株。

竹卵圆蝽、竹织叶野螟　1996年6月，在西周镇横山等村毛竹林中发现竹卵圆蝽及竹织叶野螟，严重危害面积达1500亩。

刚竹毒蛾　2002年6月，在晓塘、茅洋、泗洲头、东陈5镇乡13村发现，发生面积2828亩，毛竹危害严重。

第三节　外来物种入侵

由于人为或自然因素被引入新生态环境，并对新生态系统、物种及人类健康带来威胁的外来物种，有加拿大一枝黄花、水葫芦、大米草等。水葫芦（凤眼莲），在20世纪80年代前，作肥料和猪饲料，之后渐不用，因其极强的繁殖能力，阻塞水道，影响水上交通，成为入侵物种，高塘岛尤为严重。大米草在部分海域因其密集生长，抗逆性与繁殖力极强，导致滩涂生态失衡、航道淤塞、海洋生物窒息致死，因而被称为“害人草”。

加拿大一枝黄花

为外来有害生物（杂草）之一，又称“北美一枝黄花”，是菊科多年生草本植物，原产北美东北部。民国24年（1935），作为观赏植物引入中国，后逸生野外。由于加拿大一枝黄花具有超强的繁殖和快速占有空间的能力，且外来生物本地缺乏天敌，长势猛，植株高大，很快形成优势杂草种群，侵占农林和绿化园地，一草独长，破坏生态平衡，打断食物链，严重影响象山的生物多样性及农林业生产，甚至，远离大陆的韭山列岛也大量生长。

2003年9月，在新桥镇狮子山橘场首次发现加拿大一枝黄花。其蔓延速度十分迅速，远离大陆的南韭山也渐生长。2005年全县18个街道镇乡发生面积达4396亩。其中严重发生1455亩，中等发生1132亩，轻发生1609亩。2006年，一枝黄花发生面积增加到5389亩。农业部门主要采用药除、人工（机械）铲除和复耕等措施进行防控。在春、秋季用“农旺757”等高浓度草甘膦系列除草剂喷除，种子成熟前人工（机械）铲除，对开发区、大面积抛荒地进行复耕。2008年，加拿大一枝黄花疯长势头得到控制，全县发生面积降至3724亩。

2004—2008年象山县加拿大一枝黄花发生情况表

表7-15　　单位：亩

街道镇乡名称	2004年	2005年	2006年	2007年	2008年
丹东	690	1100	1180	980	810
丹西	238	300	420	265	238
爵溪	8	10	120	65	55
石浦	67	200	210	129	126
西周	340	470	450	346	340
鹤浦	10	15	150	136	130
贤庠	290	400	300	248	240
定塘	8	10	108	56	53
墙头	9	9	60	25	24
泗洲头	20	25	54	15	15
涂茨	170	200	260	171	182
大徐	358	550	560	438	450
新桥	96	150	216	136	143
东陈	512	700	860	661	670
晓塘	10	10	56	24	25
黄避岙	108	150	220	144	135
茅洋	70	95	120	60	60
高塘岛	2	2	45	28	28
合计	3006	4396	5389	3927	3724

说明：资料来源于象山县植物保护检疫站。发生面积系折实面积

大米草

大米草（花米草）原产于英国南海岸，是欧洲和美洲米草的自然杂交种，生长于江河边、海边滩涂，是一种多年生禾本科植物，被全球各地大规模引种。1964 年引种于浙江省沿海各县市。20 世纪 90 年代大米草开始在象山沿海一带蔓延。大米草在西沪港一带海域发展成为“海上草原”，面积 1.5 万亩以上。三门湾、蟹钳港一带滩涂也有上万亩海涂被大米草侵蚀，而且以每年 20%以上的发展速率不断扩展。

大米草繁殖蔓延对沿海海域和滩涂的生态环境破坏严重，原有滩涂生态系统日趋退缩乃至消失，潮间带生物量急剧降低，生物多样性减少。滩涂的贝类、蟹类、藻类、鱼类等自然资源几乎灭绝；滩涂的渔业养殖功能完全丧失，严重影响沿海渔民的生产和生活来源。多年来，沿海村民曾实施火烧、刀砍、药灭等措施均无济于事。村民称大米草为“害人草”。

国内外治理大米草的技术方法主要有人工机械开挖法、生物法、化学除草法和浸泡除草法。从实验区的结果分析，人工机械开挖仍是治理大米草最有效的方法，但工程量相对比较大，且需要对开挖泥土有一个合理的处置方法。海上大型绞吸船挖掘施工比较成熟，能满足滩涂大米草的挖掘，且技术操作简单，弃土输送也方便，开挖成本相对较低。

第五章　地质灾害

象山地质灾害传统类型为突发性地质灾害，有地震、滑坡、崩塌等，危害程度多为轻灾。渐进性地质灾害表现在海岸动力灾害、海面上升、港口淤积等方面，人为活动导致的港口淤积速度加快，防治压力增大。

第一节　地　　震

象山位于我国东部地震区内，与地震频度最高的台湾地区邻近，然象山区域发生地震不多，且现当代比古代明显减少。象山地震烈度不大，未有造成严重破坏记载。象山民间俗称地震为“鳌鱼转肩”。自元至正四年（1344）始有地震记载至 1984 年，有记载或明显震感的地震 17 次。

象山县地震年表

表 7-16

时　间	震　情	资料来源
元至正四年（1344）	海啸	嘉靖《象山县志·灾祥》
明弘治十八年（1505）	九月，地震有声	嘉靖《象山县志·灾祥》
正德十五年（1520）	十一月，雷鸣，地震	嘉靖《象山县志·灾祥》
嘉靖三十七年（1558）	三月，昏夜妖邪压人，四乡震动，七日乃去	嘉靖《象山县志·灾祥》

续表7-16

时　　间	震　　情	资料来源
隆庆四年（1570）	正月十四日，地震	民国《象山县志·志异》引康熙县志
万历八年（1580）	地震	民国《象山县志·志异》引康熙县志
万历三十二年（1604）	十一月九日，地震	民国《象山县志·志异》引康熙县志
乾隆十七年（1752）	正月初，珠岩山鸣，占者谓文明之兆	民国《象山县志·志异》引乾隆县志
乾隆四十八年（1783）	九月二十日夜，地震	民国《象山县志·志异》引道光县志
嘉庆四年夏（1799）	夏，地震，声如雷	民国《象山县志·志异》引道光县志
道光二十六年（1846）	六月十二日夜，地震	民国《象山县志·志异》引同治志稿
咸丰二年（1852）	十一月六日夜，地震	民国《象山县志·志异》引同治志稿
咸丰三年（1853）	三月七日夜地震，十五日又震	民国《象山县志·志异》引同治志稿
同治六年（1867）	二月，地屡震。十一月二十三日，地震	民国《象山县志·志异》引同治志稿
民国7年（1918）	正月三日，地震，南乡尤甚	民国《象山县志·志异》
1979.07.09	傍晚地震，感觉明显	《象山县志（1988）》
1984.05.21	上半夜地震，门窗玻璃震响	《象山县志（1988）》

第二节　滑坡　崩塌　沉降

象山多山、多雨水，尤在台风季节，由台风带来的强降雨，易造成山体滑坡、崩塌、沉降等灾害，危害程度不一。

据民国《象山县志》载：元至正十七年（1357），鹅鼻山崩，有声如雷，这是象山有记载的第一个山体崩塌。按：鹅鼻山位置无考，今象山中心城区有象鼻山，晓塘乡东浦村有鹅公岭。

清光绪二十六年（1900）秋，一天，石浦横塘岸无故陆沉一亩左右。《韬庐丛话》卷二有载："庚子秋，石浦横塘岸无故陆沉亩许。幸在日间，不然酣睡黑甜乡者，皆懵然作水晶宫客矣。沉后测之，深三竿余，断岸如切。或云出蛟，或云崩溃，人言人殊。不久，涨如故，今就原址造屋矣。桑田沧海，其循环而剥复欤？"

清光绪三十年（1904）九月初，石浦港边地裂沉降，淹没30余家，溺死者3人，是有记载的比较严重的一次。人为挖掘造成崩塌也有发生，所见不多。

20世纪90年代后，地质灾害防治实行各级政府主要领导负责制，国土资源部门对县内地质灾害防治工作进行统一管理，建立县、镇（乡、街道）、行政村三级地质灾害群测群防网络，加强了丘陵山区及海岸地质灾害（隐患）点的监测和预报预警，制定应急防治，抢险救灾和撤离计划，实现地质灾害源头控制及全过程监控。

2005年开始，完成地质灾害隐患点搬迁和治理3处，分别为鹤浦镇杨柳坑搬迁2户11人，黄避岙乡龙屿村边坡治理3户、11人和石浦镇火炉头路边坡治理36户140人，共投入乡镇和县财政计人民币 2.8 万元。2007 年，实施搬迁和治理 2 处，一处在西周镇尖岭头村，搬迁 100 户，投入资金 400 万元人民币；另一处在石浦镇火炉头路（冷库北面）边坡治理工程。

至 2007 年，共查出地质灾害隐患点 27 处，其中滑坡 15 处、崩塌 12 处。石浦火炉头路和西周尖岭头 2 处为重灾，黄避岙乡黄避岙村和龙屿村、墙头镇泰山村、鹤浦镇杨柳坑村、石浦火炉头路另一处、西周西塘山西北角和高塘岛香桩村等 6 处为中灾，其余为轻灾，主要分布在公路两旁。重灾、中灾 8 处。

2007 年象山县灾害隐患点情况表

表 7-17

街道镇乡	地　　点	灾害类型	规模类型	威胁人口（人）	危害程度	备　注
黄避岙	龙屿村	滑坡	小型	11	中灾	—
墙头	泰山村	滑坡	小型	8	轻灾	—
西周	文岙村东丹城—梅林公路	滑坡	小型	—	轻灾	—
新桥	岩头陈水库—旦门水库	滑坡	小型	—	轻灾	—
鹤浦	鹤浦镇杨柳坑村	滑坡	小型	11	中灾	—
黄避岙	黄避岙—贤庠公路	崩塌	小型	—	轻灾	—
黄避岙	黄避岙村	滑坡	小型	10	中灾	—
爵溪	前岙村	崩塌	小型	—	轻灾	—
爵溪	正源电力有限公司	崩塌	小型	—	轻灾	—
爵溪	天打岩商贸中心	崩塌	小型	—	轻灾	—
爵溪	松兰山观光道爵溪段	崩塌	小型	—	轻灾	—
石浦	火炉头路天妃宫山	滑坡	小型	26	中灾	—
	火炉头路（部队宿舍）	滑坡	小型	204	重灾	已治理
东陈	姆弄洞	崩塌	小型	—	轻灾	—
新桥	东溪乌石山	崩塌	小型	—	轻灾	—
定塘	东坑尖头山	滑坡	小型	—	轻灾	—
墙头	盛王张南公路旁	滑坡	小型	—	轻灾	—
西周	西塘山西北角	崩塌	小型	19	中灾	—
西周	西塘山北侧公路	滑坡	小型	—	轻灾	—
西周	陈隘村龙岗岩	崩塌	小型	—	轻灾	—
西周	陈隘村莲儒公路	崩塌	小型	—	轻灾	—
西周	下沈安顶山牛卧岭	崩塌	小型	—	轻灾	—
鹤浦	南田风门口	滑坡	小型	—	轻灾	—
高塘岛	花岙村牛卧顶公路边	滑坡	小型	—	轻灾	—
高塘岛	花岙村高度岙	滑坡	小型	—	轻灾	—
高塘岛	高塘岛乡香桩村	崩塌	小型	36	中灾	已搬迁
西周	尖岭头村	滑坡	小型	546	重灾	搬迁中

第八篇　自然资源

本篇目录

第一章　土地资源

象山土地资源有山地、丘陵、沿海平原及可预见能利用的滩涂。山麓坡地最早被利用，唐宋以前多为居民建村与耕作区域。明清出现滩涂围垦高潮，滩涂在成为平原后，被先后用作建村、盐业生产直至化淡种植，成为最宝贵和利用率最高的土地资源。历尽千年的围垦，优良滩涂资源锐减。20 世纪 80 年代后，城市化使大量优质土地用于工程和居住、娱乐，农田减少最快，南庄平原耕地近 30 年多转为城市建设用地。全县人均耕地面积明清时有二三十亩，2007 年为 0.78 亩，其中最重要的灌溉水田面积仅 0.55 亩。

第一节　土地总面积

据《象山县 2007 年土地利用现状更新调查报告》，全县土地总面积为 2077819.2 亩。农用地包括耕地、园地、林地、牧草地及其他农用地等，面积 1395666.6 亩；建设用地面积包括居民点工矿用地、交通运输用地、水利设施用地等，面积 186204.5 亩；未利用地面积 495948.1 亩。全县人均耕地面积不足 0.78 亩，其中，灌溉水田面积 0.55 亩，园地面积 0.074 亩，林地面积 1.5 亩。

象山历代农业用地详况，见本志“农业”篇第一章“农业用地　农业人口　农业收入”第一节“农业用地”。历代围垦土地见本志“围垦　水利”篇第一章“围垦工程”。

2007 年象山县各街道镇乡农用地面积情况表

表 8-1　　面积单位：亩

街道镇乡名称	农用地总面积	耕地面积	园地面积	林地面积	其他农用地面积
丹东、丹西街道	80817.7	29633.8	11634.8	35753.6	3795.5
爵溪街道	23438.9	2124.3	1452.3	19109.1	753.2
石浦镇	107846.7	26359.4	8188.4	65541.2	7757.7
西周镇	203831.2	34975.1	8911.1	154012.2	5932.8
鹤浦镇	94161.7	31144.0	10371.2	49743.7	2902.8
贤庠镇	80714.6	29859.4	8137.6	38649.7	4067.9
定塘镇	79813.7	39775.7	7696.4	29462.0	2879.6
墙头镇	79697.9	20840.9	5404.6	51436.7	2015.7
泗洲头镇	99086.9	25582.2	6916.5	62729.5	3858.7
涂茨镇	62192.9	20225.3	3764.3	32838.6	5364.7
大徐镇	63483.6	16138.7	4210.0	41202.6	1932.3
新桥镇	110067.0	33736.2	8415.7	59588.6	8326.5

续表8-1

街道镇乡名称	农用地总面积	耕地面积	园地面积	林地面积	其他农用地面积
东陈乡	63411.4	19908.0	7088.9	33425.3	2989.2
晓塘乡	52323.9	19973.0	8631.8	20617.3	3101.8
黄避岙乡	56540.8	15672.5	4039.8	33547.2	3281.3
茅洋乡	57489.9	14058.2	5339.6	36523.5	1568.6
高塘岛乡	50816.5	27474.1	2616.8	15671.2	5054.4
象山林场	16837.7	214.9	311.1	15726.5	585.2
大目涂公司	7426.6	6119.9	42.4	255.9	1008.4
县良种繁殖场	64.1	4.7	—	56.2	3.2
白岩山盐场	3157.1	163.1	30.6	—	2963.4
四八一九工厂	2445.8	471.4	177.6	1642.1	154.7
全县合计	1395666.6	414454.8	113381.5	797532.7	70297.6

说明：摘自《象山县2007年土地利用现状更新调查报告》

2007年象山县各街道镇乡建设用地面积表

表8-2　　面积单位：亩

街道镇乡名称	建设用地总面积	居民点工矿用地面积	交通运输用地面积	水利设施用地面积
丹东、丹西街道	28086.6	23892.3	1962.3	2232.0
爵溪街道	7801.9	6592.1	332.0	877.8
石浦镇	26896.2	24418.3	1313.4	1164.5
西周镇	19999.2	14365.0	1599.2	4035.0
鹤浦镇	10501.9	7505.1	360.8	2636.0
贤庠镇	10703.8	8273.7	530.0	1900.1
定塘镇	8349.4	7517.9	599.0	232.5
墙头镇	8063.4	5929.9	785.7	1347.8
泗洲头镇	4194.9	3296.3	488.6	410.0
涂茨镇	5644.0	5092.2	230.3	321.5
大徐镇	6073.7	5262.1	478.4	333.2
新桥镇	11055.1	8836.4	888.6	1330.1
东陈乡	9860.5	7543.0	1453.5	864.0
晓塘乡	4592.5	3814.9	367.0	410.6
黄避岙乡	3982.6	3125.1	487.0	370.5
茅洋乡	4939.1	3185.8	377.2	1376.1
高塘岛乡	6927.0	4726.4	162.3	2038.3

续表8-2

街道镇乡名称	建设用地总面积	居民点工矿用地面积	交通运输用地面积	水利设施用地面积
象山林场	16.7	16.7	—	—
大目涂公司	833.5	183.2	3.2	647.1
县良种繁殖场	266.7	266.7	—	—
白岩山盐场	6551.4	6407.5	6.1	137.8
四八一九工厂	864.4	679.1	185.3	—
全县合计	186204.5	150929.7	12609.9	22664.9

说明：摘自《象山县2007年土地利用现状更新调查报告》

2007年象山县各街道镇乡未利用地面积表

表8-3　　面积单位：亩

街道镇乡名称	未利用地总面积	未利用地面积	其他土地面积
丹东、丹西街道	17250.7	7331.4	9919.3
爵溪街道	35528.5	18352.0	17176.5
石浦镇	70559.8	25232.3	45327.5
西周镇	18527.5	8480.4	10047.1
鹤浦镇	52974.8	30705.7	22269.1
贤庠镇	14603.3	4478.9	10124.4
定塘镇	13577.4	1572.2	12005.2
墙头镇	39869.1	2767.5	37101.6
泗洲头镇	21777.0	6330.4	15446.6
涂茨镇	28321.8	6776.8	21545.0
大徐镇	10967.9	5303.8	5664.1
新桥镇	31896.0	8424.0	23472.0
东陈乡	51153.5	8370.1	42783.4
晓塘乡	9789.1	5324.8	4464.3
黄避岙乡	12730.9	1415.4	11315.5
茅洋乡	10022.0	6674.4	3347.6
高塘岛乡	47692.0	14607.1	33084.9
象山林场	225.5	192.3	33.2
大目涂公司	7607.7	6996.0	611.7
县良种繁殖场	6.9	—	6.9
白岩山盐场	692.0	61.4	630.6
四八一九工厂	174.7	18.2	156.5
全县合计	495948.1	169415.1	326533.0

说明：摘自《象山县2007年土地利用现状更新调查报告》

第二节　耕地面积

2007年，全县耕地面积为414454.8亩，包括灌溉水田、望天田、水浇地、旱地、菜地。其中灌溉水田面积294911.9亩，占全县耕地总面积的71.16%；旱地99234.3亩，占全县耕地面积的23.94%。

2007年象山县各街道镇乡耕地面积表

表8-4　　单位：亩

街道镇乡名称	土地总面积	耕地面积	土地垦殖率（%）	其他				
				灌溉水田	望天田	水浇地	旱地	菜地
丹东、丹西街道	126155.0	29633.8	23.49	25832.5	258.1	7.8	3291.3	244.1
爵溪街道	66769.3	2124.3	3.18	1067.9	250.0	151.1	391.4	263.9
石浦镇	205302.7	26359.4	12.84	21581.7	154.3	174.9	3862.4	586.1
西周镇	242357.9	34975.1	14.43	25478.6	4378.0	167.5	4699.7	251.3
鹤浦镇	157638.4	31144.0	19.76	24781.0	81.7	44.7	6212.8	23.8
贤庠镇	106021.7	29859.4	28.16	22369.5	322.9	0.9	6978.7	187.4
定塘镇	101740.5	39775.7	39.10	28489.3	122.4	9.1	9894.8	1260.1
墙头镇	127630.4	20840.1	16.33	15743.3	737.9	59.7	4280.0	19.2
泗洲头镇	125058.8	25582.2	20.46	17264.1	715.7	113.3	7489.1	—
涂茨镇	96158.7	20225.3	21.03	11181.0	1818.8	154.6	6787.0	283.9
大徐镇	80525.2	16138.7	20.04	11014.3	948.6	45.8	4110.8	19.2
新桥镇	153018.1	33736.2	22.05	18641.2	3699.5	103.3	11289.9	2.3
东陈乡	124425.4	19908.0	16.00	15562.5	338.9	115.7	3888.5	2.4
晓塘乡	66705.5	19973.0	29.94	9246.5	170.7	30.9	10524.9	—
黄避岙乡	73254.3	15672.5	21.39	12885.9	504.8	69.4	2186.3	26.1
茅洋乡	72451.0	14058.2	19.40	9277.5	1128.1	67.3	3533.3	52.0
高塘岛乡	105435.5	27474.1	26.06	17744.0	131.1	—	9599.0	—
象山林场	17079.9	214.9	1.26	206.4	8.5	—	—	—
大目涂公司	15867.8	6119.9	38.57	6110.6	—	—	9.3	—
县良种繁殖场	337.7	4.7	1.39	4.7	—	—	—	—
白岩山盐场	10400.5	163.1	1.57	57.2	—	—	105.9	—
四八一九工厂	3484.9	471.4	13.53	372.2	—	—	99.2	—
全县合计	2077819.2	414454.0	19.95	294911.9	15770.0	1316.0	99234.3	3221.8

说明：摘自《象山县2007年土地利用现状更新调查报告》

第三节　后备土地资源

据1992年调查，境内后备土地资源① 195207亩，人均0.367亩，占全县农业可利用土地面积12.2%。其中：荒地6626亩，占3.4%，占耕地面积1.7%；荒山105529亩，占54.1%，占有林面积15.4%；荒水16005亩，占8.2%，占可养殖水面28.2%（含荒芜浅海6791亩，占3.5%，占可养殖浅海74.7%）；荒涂67047亩，占34.3%，占滩涂总面积25.8%（含适宜养殖11300亩，占5.8%，占适宜养殖海涂39.2%）。

荒地、荒水、荒涂，多分布于北部，荒山则多在南部，西部荒地、荒涂皆少。

2006年6月，根据省国土资源厅《关于开展建立全省垦造耕地项目储备库工作的通知》文件精神，全县垦造耕地储备库建库启动，历6个月，建成全县图、属、实地状况三者一致垦造耕地项目储备数据库。查清18个街道镇乡可用于垦造耕地资源类型、数量、质量和分布的状况，评估分析土地开发复垦的可能性。全县耕地后备资源面积较大，受农业政策、资金、水源制约，能开发复垦耕地量不大。受滩涂盐碱化、山丘坡地水源少、坡度大等因素影响，一部分土地开发复垦成耕地后，耕地质量较差，可用性相对亦较差。全县已经开发复垦土地面积73537.7亩。耕地后备资源还有95330.4亩，其中，可开垦土地仅70237.9亩，可复垦农村居民复地1544.8亩。

第二章　陆地水资源

境内无客水，河流源短，流急入海，集雨面积又小，属资源性缺水地区。据1985年调查，人均占有水量2089立方米，每亩耕地占有水量2547立方米，低于全国人均占有量2749立方米，也低于浙江省的人均占有量2400立方米。至2008年，因人口基数增加，人均占有水量为1744立方米。总体径流由西北向东南沿海逐渐递减，海岛缺水尤甚。20世纪50年代始，各地多建水库蓄水。2005年，象山白溪水库引水工程开工，以跨区域调水解决水资源不足，至2008年，工程接近完工，预计日供水规模11万立方米，为供水提供基本的安全保障。

第一节　水资源总量

2008年前，象山无出入境水量，水资源总量即地表水资源量和地下水资源量之和。全县多年平均水资源总量为9.345亿立方米，地表资源总量多年平均值为8.63亿立方米，单位面积产水量

①后备土地资源主要是“四荒”（荒地、荒山、荒水、荒涂）资源：荒地指连片面积40亩以上，适宜开发为农、林、牧、渔用地的荒芜土地；荒山指适宜发展林、草（牧）的荒山；荒水指可养而未养的浅海、陆域荒芜水面；荒涂指有经济、技术条件，适宜养殖而未养和近期可围垦而未围垦的荒芜海涂。

为 73.47 万立方米/平方千米。

考察水资源分布状况，全县划分为四个区域：中北部滨海区Ⅰ区，包括丹东、丹西、爵溪 3 个街道和黄避岙、贤庠、涂茨、大徐、墙头、茅洋、东陈 7 个镇乡，总面积 496.02 平方千米，占全县总面积的 42.21%，是全县经济发展的重点区，地表水资源量 36983.3 万立方米/年，地下水资源量 3010.1 万立方米/年，水资源总量 39993 万立方米/年，人均占水量 1558 立方米，人均占水量 3688 立方米。西部丘陵区Ⅱ区，西周镇范围，总面积 163.08 平方千米，占全县总面积的 13.88%，该区水资源相对较为丰富，地表水资源量 15716 万立方米/年，地下水资源量 1524.8 万立方米/年，水资源总量 17420.8 万立方米/年。南部滨海区Ⅲ区，包括泗洲头、新桥、定塘、晓塘、石浦等 5 个镇乡，总面积 362.23 平方千米，占全县总面积的 30.82%，是主要柑橘、蔬菜产区和水产品加工区，地表水资源量 25432 万立方米/年，地下水资源量 1700.9 万立方米/年，水资源总量 27133.1 万立方米/年，人均占水量 1522 立方米。岛屿区Ⅳ区，包括鹤浦、高塘岛 2 个镇乡，总面积 153.83 平方千米，占全县总面积的 13.09%。地表水资源量 8207 万立方米/年，地下水资源量 696.9 万立方米/年，水资源总量 8903.7 万立方米/年，人均占水量 1693 立方米，但两镇乡相差悬殊，高塘岛乡人均占水量为 1190 立方米，鹤浦镇为 1993 立方米。其中，西部丘陵区为 96.37 万立方米/平方千米，为地表水资源高值区。东南沿海岛屿 53.35 万立方米/平方千米，为地表水资源低值区。偏丰年水资源总量为 11.05 亿立方米，偏枯年水资源总量为 6.48 亿立方米，枯水年水资源总量为 5.11 亿立方米，特枯年水资源总量为 4.1 亿立方米。

表 8-5

象山县分区不同频率年水资源总量表

区别			Ⅰ	Ⅱ	Ⅲ	Ⅳ	全县
面积（平方千米）			496.02	163.08	362.23	153.83	1175.16
参数	均值	径流深（毫米）	745.6	963.7	702.1	533.5	720.5
		径流量（万立方米）	36983	15716	25432	8207	86338
	Cv		0.35	0.35	0.35	0.35	0.35
	Cs/Cv		2	2	2	2	2
不同频率水资源总量	P=20%	径流深（毫米）	954.3	1233.6	898.7	682.9	940.4
		径流量（万立方米）	47335	20118	32554	10505	110511
	P=50%	径流深（毫米）	715.8	882.3	674.1	512.1	691.6
		径流量（万立方米）	35495	14389	24418	7878	82179
	P=75%	径流深（毫米）	559.3	722.8	526.6	400.1	540.3
		径流量（万立方米）	27742	11787	19075	6155	64760
	P=80%	径流深（毫米）	520.1	660.7	489.2	371.8	510.7
		径流量（万立方米）	25798	10775	17720	5719	60012
	P=90%	径流深（毫米）	439.9	577.5	414.3	314.8	425.2
		径流量（万立方米）	21828	9418	15007	48423	51096
	P=95%	径流深（毫米）	358.1	405.1	338.5	282.1	348.6
		径流量（万立方米）	17763	6606	12262	4340	40970

第二节　地表水

境内无径流站与径流实测资料，但与相邻的鄞州区较相似。根据鄞州区施家桥实测资料，年内径流大部分集中在4—10月，占年径流量的76.38%，尤以9月为最，占全年径流量的15%，11月至下年3月的枯水期多年平均径流量占全年径流的23%左右。

县地表径流补给主要来源于降水，各地因降水不一，有区域性差异。清光绪三十年（1904），北渔山设雨量站，民国22年（1933），县城设雨量站，至抗日战争初期，两站均停。1951年始，重新设立丹城、北渔山雨量站，增设崔家岙、西周、泗洲头、东溪、定山、鹤浦、黄避岙7站。根据雨量观测资料推定的多年平均地表径流，县内为5个径流区：西部径流区，西周镇，面积163.08平方千米，径流系数0.54，径流深880.2毫米，年径流总量14354万立方米。中部径流区，丹东街道、丹西街道、东陈乡、茅洋乡、墙头镇等，面积221.91平方千米，径流系数0.53，径流深816.2毫米，年径流总量18112万立方米。南部径流区，泗洲头镇、新桥镇、定塘镇、晓塘乡、石浦镇等，面积388.76平方千米，径流系数0.49，径流深735.9毫米，年径流总量28609万立方米。北部径流区，大徐镇、贤庠镇、涂茨镇、黄避岙乡、爵溪街道等，面积247.58平方千米，径流系数0.48，径流深693.8毫米，年径流总量19050万立方米。海岛径流区，主要是鹤浦镇、高塘岛乡（原鹤浦、樊岙、高塘岛、东门、檀头山5乡镇及其他岛屿），面积153.83平方千米，径流系数0.38，径流深497.1毫米，年径流总量7647万立方米。由此推算，全县径流系数0.49，径流深731毫米，年径流总量87772万立方米，每平方千米平均产水量73万立方米；而西部径流区为88万立方米，比全县平均数高20%，高出海岛径流区77%。溪河径流，因降水季节分配不匀，季节性差异明显，洪枯水位差较大。径流高值区位于西北部西周镇，多年平均径流深约960毫米，低值区位于东南沿海岛屿，多年平均径流深530毫米左右。

象山县雨量站多年平均径流深和径流系数情况表

表8-6

区别	面　积（平方千米）	雨量代表站	多年平均降雨深（毫米）	多年平均径流深（毫米）	多年平均径流系数
Ⅰ	496.02	丹城	1491.1	745.6	0.50
Ⅱ	163.08	西周	1595.5	963.7	0.60
Ⅲ	362.23	定山、东溪	1432.8	702.1	0.49
Ⅳ	153.83	鹤浦	1301.2	533.5	0.41

第三节　地 下 水

全县地下径流按含水岩组及贮存条件，可分为3个类型：一为基岩裂隙水，包括构造裂隙水、红层孔隙裂隙水及二者风化网状裂隙水，以构造裂隙水为主皆为溪谷平源潜水。水质良好，可供灌溉、饮用；海积广布于南庄、定山，风化网状裂隙为次，受大气降水补给，径流条件良好，受蒸发影响不大，通常以泉的形式出露于地表或以潜流形式排入其他含水层。广布于丘陵山区，面积531.6平方千米。因受地形切割影响，水力坡度较大，径流条件良好，循环交替迅速。且埋藏较深，蒸发甚微。出露地表则成为泉。二为孔隙裂隙水，分布于旦门王家槐等地，面积17.2平方千米。其含水岩组为白垩系下统红色砂岩、砂砾岩等。三为松散岩类孔隙水，又称孔隙潜水，主要靠大气降水和地表水补给，一般浅埋于第四系冲积、洪积、坡积洪积及海积等沉积地层中。冲积层地下径流分布于溪口、山根、泗洲头、下沈、西周等地；洪积分布于珠溪、溪口等地；坡积洪积分布于溪沿、九顷、梅溪等地，面积33.3平方千米；泗洲头、西周等滨海平原，面积626.36平方千米，有浅层、深层两种承压水。浅层分布于山前地带；深层深埋于平源地区，含氟量偏高。

表8-7

象山县地下水资源情况表

区别	地貌及地下水类型 / 项目	丘陵山区			滨海平原	合计
		河谷平原潜水	孔隙裂隙水	基岩裂隙水	孔隙潜水	
Ⅰ	入渗系数a	0.10	—	0.07	0.01	
	多年平均降水量（米）	1.491		1.491	1.491	
	面积（平方千米）	19.50		224.56	251.96	496.02
	资源量（万立方米/年）	290.7		2343.7	375.7	3010.1
Ⅱ	入渗系数a	0.10	0.03	0.07	0.01	
	多年平均降水量（米）	1.596	1.596	1.596	1.596	
	面积（平方千米）	13.80	0.25	111.28	37.75	163.08
	资源量（万立方米/年）	220.2	1.2	1243.2	60.2	1524.8
Ⅲ	入渗系数a	—	0.03	0.07	0.01	
	多年平均降水量（米）		1.433	1.433	1.433	
	面积（平方千米）		16.95	131.80	213.48	362.23
	资源量（万立方米/年）		72.9	1322.1	305.9	1700.9
Ⅳ	入渗系数a	—	—	0.07	0.01	
	多年平均降水量（米）			1.301	1.301	
	面积（平方千米）			63.69	89.87	153.83
	资源量（万立方米/年）			580.0	116.9	696.9
全县	面积（平方千米）	33.30	17.20	531.60	593.06	1175.16
	资源量（万立方米/年）	510.9	74.1	5489.0	858.7	6932.7

说明：地下水资源的天然补给量按降水入渗法计算

第四节　水资源利用

象山系雨量充沛、气候温和的半岛县，但集水面积小，人口多，人均水资源占有量较少，为一开发性缺水为主兼有资源性缺水的地区。

地表水资源可利用量

全县地表水资源总量86338万立方米，可利用量47804万立方米，占55.4%。因自然地理条件、流域水系、社会发展情况等不同，全县各地区的水资源的可利用量有不同。Ⅰ区，地表水资源总量36983万立方米，可利用量13532万立方米，占36.6%。Ⅱ区，地表水资源总量15716万立方米，可利用量9166万立方米，占58.3%。Ⅲ区，地表水资源总量25432万立方米，可利用量22175万立方米，占87.2%。Ⅳ区，地表水资源总量8207万立方米，可利用量2931万立方米，占35.7%。

地下水资源可利用量

全县地下水可开采量为1876.6万立方米，占地下水资源总量6932.7万立方米的27.07%。

象山县地下水可开采资源总量情况表

表8-8　　　　单位：万立方米/年

区别	地下水资源总量	山丘区		滨海平原		可开采水量小计	可开采量占资源量%
		河谷平原	低山丘陵	浅层承压水	深层承压水		
Ⅰ	3010.1	290.7	146.2	175.4	240.4	852.7	28.33
Ⅱ	1524.8	220.2	98.2	30.9	37.8	387.1	25.39
Ⅲ	1700.9	—	63.3	168.3	225.0	456.6	26.84
Ⅳ	696.9	—	30.7	59.6	89.9	180.2	25.86
全县	6932.7	510.9	338.4	434.2	593.1	1876.6	27.07

农田灌溉用水

农田灌溉用水是国民经济中用水量最大的部门，天然降水不能满足正常灌溉需要。20世纪90年代后，随着城市化进程的加快，种植产业结构的调整，耕地面积的减少，节水技术的推广等，农田灌溉用水量逐年在减少，在社会总用水量中的比例逐年下降。全县农田灌溉主要靠5座中型水库，根据中型水库供水记录和农林部门提供耕地面积采用测算法推算。其中，全县农田灌溉用水定额按春粮40立方米/年·亩，双季稻268立方米/年·亩，单季稻220立方米/年·亩，棉花120立方米/年·亩，旱地作物114立方米/年·亩，茶桑、果35立方米/年·亩计算。全县年农业用水量合计为7104.2万立方米。

2008 年象山县农业用水分区情况表

表 8-9 单位：亩、万立方米

区别	春粮面积（亩）	水稻面积（亩）	单季稻面积（亩）	棉花面积（亩）	旱地作物面积（亩）	茶桑果面积（亩）	年用水量（万立方米）
Ⅰ	2417.0	62471	46200	480	99660	68430	3743.4
Ⅱ	343.5	12900	12600	0	20445	11820	835.5
Ⅲ	3375.0	14205	40301	1224	90825	62430	1813.6
Ⅳ	3790.5	7800	13700	1200	21690	18540	711.7
合计	9926.0	97376	112801	2904	232620	161220	7104.2

工业用水

工矿企业在生产过程中需大量用水（包括从业人员的生活用水），其中，制造、加工、冷却、印染、净化、洗涤等企业为象山的用水大户。20 世纪 80 年代后，工业高速增长，临港大工业项目陆续建成投产，工业用水量持续上升。经调查测算，丹城地区万元工业产值耗水量为 8.3 立方米，爵溪万元工业产值耗水量为 14.9 立方米，石浦万元工业产值耗水量为 17.5 立方米。全县 500 万元以上的企业万元工业产值耗水量为 14.5 立方米，全县工业用水总量为 1860.25 万立方米。

城乡居民生活用水

生活用水包括城镇生活用水和农村生活用水，城镇生活用水又包括居民家庭生活用水及城镇公共设施用水两部分。生活用水量与生活习惯、居住条件、社会发展程度、社会服务水平等有关。随着人口的增长、居住面积的扩大、公共设施增多、生活水平和用水标准的提高，生活用水量呈逐年稳步上升趋势。在用水总量中所占的比例也逐年增加。中心城区生活用水量约为 120 升/人·日，中心城镇生活用水量约为 100 升/人·日，一般城镇生活用水量约为 90 升/人·日，农村生活用水量约为 70 升/人·日，经计算，全县居民年生活用水量约为 1653.3 万立方米。

2008 年象山县城乡居民生活用水情况表

表 8-10

地　点	人口（万人）	定额（千/人·日）	年用水量（万立方米）
中心城区	9.91	120	434.06
中心城镇	6.67	100	243.46
一般城镇	4.38	90	143.88
农村	32.56	70	831.90
合计	53.52	—	1653.30

畜牧业用水

畜牧业用水量为畜、禽两大类之和，全县年畜牧业用水量为 256 万立方米。

此外，另有沿海排涝闸冲淤用水、水闸、堤防渗漏、城市环境用水等，用水量为 417 万立方米。

第三章　矿产资源

县境内出露地层主要为侏罗系上统陆相火山岩、白垩系下统火山岩沉积岩及第四系松散沉积岩。区内地质构造以断裂最为发育，褶皱不明显。岩浆活动主要发生在燕山晚期，岩性为二长和钾长花岗岩。

经浙江省第五地质大队数十年地质勘探，发现建筑石料、黄沙、饰面板材、铁、铅锌、铜、多金属、锰、钨、金、铌钽、萤石、珍珠岩（松脂岩）、高岭土灰岩、矿泉水等16个矿种，36处矿产地。其中中型矿床3处、小型矿床3处、矿（化）点29处。洋北矿泉水1处，日涌水量10吨。矿产资源总体特征：建筑石料资源丰富，珍珠岩、饰面板材、黄砂资源较丰富，其他矿种的资源量小。

第一节　金　　属

沈山岙铅锌矿，位于墙头镇沈山岙村。探明C+D级（大致控制储量+预测储量）矿石量17.9万吨，铅+锌金属储量7778吨，并伴有铜438吨、银15吨、金30公斤、镉57吨、铋27吨等有用矿产。1972—1978年，县硖矿在该矿采出铅锌金属量约3500吨，后因坑道塌方而停开。1987—1994年，由县矿业公司组织沈山岙村采出铅锌金属量约2000吨，尚保有铅锌金属储量2278吨。铅平均品位1.72%、锌2.63%、银62.52～119克/吨、金0.38～0.79克/吨，金银均达到工业品位。钱仓铅锌矿，位于涂茨镇钱仓村，铅锌金属储量3846吨、银5.7吨。1958—1960年，采出铅锌金属量约1500吨；1962—1965年，当地驻军与东港公社联合采出铅锌金属量约1500吨。平均品位铅2.48%、锌2.52%，伴生金、银、铜、镉。银最高品位可达113.37克/吨。花墙磁铁矿，位于茅洋乡花墙村。探明C_1+C_2储量10.09万吨，含铁25%～35%；1958年大办钢铁时，开采矿石量约500吨。大溪蒋多金属矿，位于墙头镇大溪蒋村。矿化带长150米，宽2～10米，厚度0.93～5.05米。品位：铜0.56%～5.6%、铅0.1%～1.49%、锌0.38%～10.38%、银3克/吨。1958年大办钢铁时，该矿开采矿石量约2000吨。柴岙白钨矿，位于丹西街道珠水溪村，合计金属钨矿（WO_3）257吨。有三条矿（化）体：1号矿体长52米，平均宽度6米，WO_3平均含量1.724%，钨金属量123.81吨；2号矿化体长140米，平均宽度2.3米，WO_3平均含量1.166%，钨金属量119.51吨；3号矿体长110米，平均宽度0.71米，WO_3平均含量0.339%，钨金属量13.76吨。1988年，县矿业公司组织江西采矿队采出钨矿110吨，尚余147吨。花墙磁铁矿推断资源量10.09万吨。

第二节　非 金 属

珍珠岩（松脂岩）

2处，高塘岛珍珠岩矿，位于高塘岛乡龙珠村狮子山，探明D级储量502.85万吨，预测资源量45.36万吨，矿体长350米，平均厚度19米，膨胀倍数2~3.9之间。1978—1996年，高塘岛乡政府组织开采矿石5000余吨，后因销路不畅停开。杏八礁松脂岩矿点，资源量小。

叶蜡石

位于新桥镇海台村杨岙岭。该矿分上下两层，上层矿厚约8米，下层矿厚约6米，控制长度约50米。矿物成分以叶蜡石、高岭石和刚玉为主。1983—1986年，县矿业公司组织海台村开采叶蜡石约10000吨。

砩矿

有8处矿产地。杨大场砩矿，位于泗洲头镇杨大场村。该矿有两条矿脉，东矿脉长10米，宽1~1.5米；西矿脉控制长30米，局部厚1~1.2米，氟化钙含量74.73%，矿石质量较好，1991年，采出矿石600吨。木头岙砩矿，位于新桥镇木头岙村。矿化带长500米，工业矿体控制长780米，倾向（深度）控制35米，厚度1~2米，氟化钙含量75.86%~95.88%，平均88.925%，矿石质量较佳，1991年曾开采矿石600吨。其中，茅洋中型矿床详查资源量23.84万吨，已采尽。以上矿产由于种种原因，一是矿区资源储量不丰，二是目前无开采利用价值或受国家产业政策限制，现已停采或退出市场。

象山县矿产勘探情况表

表8-11

矿产地及矿种	规模	地质概况	矿体规模与质量	勘查程度与资源量
花墙磁铁矿	矿点	高中温热液型矿床，断裂构造控矿，围岩地层为J_3x	5个矿体，长150~350米，厚0.6米，TFe25%~35%	普查：推断矿石量10.09万吨
黄岙磁铁矿	矿点	火山沉积交代型，围岩地层为J_3x	矿体似呈状、团块状，长数~50米，厚一般2~3米，Tfe22.9%	踏　勘
白岩山镜铁矿	矿化点	中高温热液型矿床，断裂构造控矿，围岩地层为J_3x	脉状矿体，长20米，宽0.4~0.6米，Tfe22.17%	踏　勘
大雷山镜铁矿	矿化点	中高温热液型矿床，断裂构造控矿，围岩地层为J_3x	长约40米，宽3~5米，脉状，Tfe32.01%	踏　勘
陈山镜铁矿	矿点	中高温热液型矿床，断裂构造控矿，围岩地层为J_3x	10个矿体，长10~50米，厚0.1~0.7米，Tfe14%~24%，含少量Cu、Pb、Zn	检　查
沈山岙铅锌矿	小型	中高温热液型矿床，断裂构造控矿，围岩地层为K_1Lk	矿体脉状，透镜状，长305米，厚1.42米，Pb+Zn平均4.34%，含Cu、Ag	普查：推断金属量铅+锌0.78万吨，保有0.2278万吨
干门山岛铅锌矿	矿化点	火山热液裂隙充填型矿床，围岩地层为J_3x	矿脉长100米，厚0.2米，Pb1.29%~4.67%，Zn0.37%~5.89%	踏　勘
湖礁湾铅锌矿	矿化点	火山热液裂隙充填型矿床，围岩地层为J_3x	长25米，宽0.1~0.3米，Pb3%~4%，ZnS>5%	踏　勘
钱仓铅锌矿	矿点	中温热液型矿床，断裂构造控矿，围岩地层为J_3c	3个脉状矿体，长114~150米，厚1.73~2.32米，Pb+Zn2.11%~5%，Ag49~58.2克/吨	普查：预测金属量铅+锌0.38万吨，银5.7吨
沙塘湾铜矿	矿化点	火山热液裂隙充填型矿床，围岩地层为K_1g	脉状矿体，长5~10米，厚3~5米，Cu0.43%、Au0.19克/吨	踏　勘
铜关山铜矿	矿化点	火山热液裂隙充填型矿床，围岩地层为K_1g	矿体长150米，宽0.4~2米，Cu0.75%，含Pb	踏　勘

续表8-11

矿产地及矿种	规模	地质概况	矿体规模与质量	勘查程度与资源量
大溪蒋多金属矿	矿点	中高温热液型矿床，断裂构造控矿，围岩为 K_1Lk、J_3x	矿化带长 150 米，厚 0.93～5.05 米，Cu0.56%、Pb0.1%～1.49%，Zn0.38%～10.3%	踏　勘
中庄锰矿	矿化点	火山热液充填型矿床，围岩地层为 J_3x	矿体长 20～25 米，宽 0.2～0.25 米，Mn23.44%	踏　勘
东门岛锰矿	矿化点	火山热液充填型矿床，围岩地层为 J_3x	似层状多层矿体，长 5～10 米，单层厚 20 厘米，Mn5.42%	踏　勘
渔山锰矿	矿点	火山热液充填型矿床，围岩地层为 J_3x	矿化带长 30～100 米，宽 5～15 米，矿脉厚 2～3 厘米，局部 20～30 厘米，Mn15%～36%	踏　勘
里岙锰矿	矿化点	围岩地层为 J_3j 流纹岩，北北东向裂隙控矿	脉状矿体，长 20 米，宽 0.1～0.2 米，Mn26.29%	踏　勘
柴岙白钨矿	矿点	中高温热液型矿床，围岩为 K_1x	3 条矿体，长 70～52 米，厚 0.7～6 米，WO31.724%～1.166%	普查：矿物量 257 吨，已采出 110 吨
儒雅洋金矿	矿化点	中高温热液型矿床，围岩地层为 J_3x、J_3c	7 条石英脉含金，长不清，宽 1.2～8 米，人工重砂见金 1 粒～8 粒，Au0.12 克/吨	检　查
沙地岗铌钽矿	矿化点	风化壳型矿床，围岩为 K_1k	面积 0.2 平方千米，厚平均 4.7 米，铀铁钛矿 32.4 克/吨，铁钛金红石 130.4 克/吨	初　查
茅洋萤石矿	中型	火山热液充填型矿床，断裂构造控矿，围岩地层为 J_3c	2 条脉状矿体，长 310～350 米，厚 2.21～2.34 米，CaF2 平均 79.2%	详查：矿石量 23.84 万吨，已采尽
杨大场萤石矿	矿点	火山热液充填型矿床，断裂构造控矿，围岩地层为 J_3c	矿体长 > 50 米，厚 1～1.5 米，CaF274.73%	检查：预测资源量 1～2 万吨
木头岙萤石矿	矿点	火山热液充填型矿床，断裂构造控矿，围岩地层为 J_3x	矿体脉状、透镜状，单个矿体长 60～80 米，厚 1～2 米。CaF275.86%～95.88%	踏勘：已采出矿石 600 吨
龙洞山萤石矿	矿化点	火山热液充填型矿床，断裂构造控矿，围岩地层为 J_3c	3 个矿体，长 8～30 米，厚 0.1～0.3 厘米，CaF274.45%	踏　勘
筲箕塔萤石矿	矿化点	火山热液裂隙充填型矿床，断裂构造控矿，围岩地层为 J_3x	矿体透镜状，单体长 1.5～2 米，宽 0.1～0.2 米，CaF260%	踏　勘
下岙萤石矿	矿点	火山热液裂隙充填型矿床，断裂构造控矿，围岩地层为 J_3c	2 个矿体，长 25～50 米，宽 0.45～1.45 米，CaF285.62%	踏勘：已采出矿石 1000 吨
岭脚萤石矿	矿点	火山热液裂隙充填型矿床，断裂构造控矿，围岩地层为 J_3c	网脉状、团块状，长 12～30 米，宽 1～4 米，CaF260%～80%	踏　勘
南堡黄萤石矿	矿点	火山热液裂隙充填型矿床，断裂构造控矿，围岩地层为 J_3c	2 个矿体，长 15～30 米，宽 0.15～0.8 米，CaF260%	踏　勘
高塘珍珠岩	中型	火山热液蚀变型矿床，围岩地层为 J_3x	矿体长 350 米，平均厚 19 米，膨胀倍数 2～3.9	普查：推断资源量 502.85 万吨，预测 45.36 万吨
杏八礁松脂岩	矿点	火山喷溢相，围岩地层为 J_3x	似层状，矿体长 50 米，厚 10～30 米，膨胀倍数 12	踏　勘

续表8-11

矿产地及矿种	规模	地质概况	矿体规模与质量	勘查程度与资源量
平岩石灰岩	矿点	内陆湖盆相沉积，围岩地层为 K_1g	5层泥灰岩，单层厚0.2~3米，长大于200米	初查：预测 1000 万吨
沙地岗“白玉竹叶青”	中型	安山岩脉	暗绿色—灰绿色，白色斑点，1 * 0.7 * 0.7 荒料率 47%	检查：预测 324 立方米
东港“象山青”	小型	辉绿岩脉	深灰色，1 * 0.7 * 0.7 荒料率 57%	检查：预测 115 万立方米
石浦高岭土	矿点	产于西山头组与花岗岩接触带	矿体长 300 米，宽 10~13 米，厚 H15 米，Al_2O_3 13.15%，Fe_2O_3 1.07%	初　查
东溪龙洞高岭土	矿点	受东西向断裂控矿	矿体长 75 米，宽 30 米	初　查
上周岩头陈高岭土	矿点	受北东东向断裂控矿	矿化带长 500 米，AL2O314.2%~17.01%	初　查
洋北矿泉水	水点	火山岩裂隙水	偏硅酸 53.7mg/L~61.8mg/L，Sr0.29mg/L~0.31mg/L	日涌水量 10 吨

第三节　建筑石料

县域内由火山岩、花岗岩等组成的丘陵面积935平方千米，建筑石料资源潜力极大。以熔结凝灰岩为主的优质建筑石料资源丰富。2005年全县有采石场40家，年开采石料505万吨，产值5948万元。饰面板材有涂茨潘家坎、沙地岗2处矿地和“象山青”“白玉竹叶青”2个品种。涂茨潘家坎“象山青”，预测资源量115万立方米；沙地岗“白玉竹叶青”预测资源量324万立方米。荒料率为47%~57%。

黄沙，有河砂、海砂二类。海砂沿海岸港湾分布，主要有松兰山、皇城砂滩，未勘查。河砂分布山间小溪中下游，溪流短小，黄砂资源量小。

石灰岩主要分布石浦镇平岩村等地，属茶湾组湖相沉积夹层，岩性为泥灰岩，厚8~10米，长200~1000米，泥质含量较高，初查，预测资源量1000万吨。

2005年象山县建筑石料矿山情况表

表8-12

企业名称	生产规模（万吨/年）	产值（万元）
黄避岙鲁家岙村平岸山石场	—	—
黄避岙樟家坑石场	13	260
贤庠胜利轧石场	6	90

续表8-12

企　业　名　称	生产规模（万吨/年）	产值（万元）
贤庠平岭头石场	8	120
涂茨屿岙潘家塘石场	1	20
涂茨大岭头石场	6	90
西周文岙沙湾塘石塘	6	120
西周莲花石场	7	140
下沈老虎山石场	6	120
西周衣岩山石场	8	120
西周庆丰桥石场	5	50
墙头青嘴头石场	6	90
墙头花林山石场	10	150
墙头洋北石场	2	40
大徐下岙汤家山石场	30	420
长旗嘴山石场	90	900
爵溪公屿沙湾山石场	5	100
爵溪大湾塘百鸣石场	15	150
爵溪牛丈岙石场	15	60
龙洞岗石料场	49	340
东陈王家榄双渔柴前山捣臼岩石场	25	250
泗洲头万金山方亚石场	8	160
茅洋李家弄石场	10	150
东陈平安采石场	8	112
老虎洞石场	49	340
伟达滨海石场	6	120
东陈小峧山石场	6	40
新桥上盘小坑山石场	10	5
定塘目鱼山石场	3	38
祥龙石材厂	2	20
晓塘白岩山嘴石场	2	10
石浦长坑台山石场	10	150
石浦西岙联合石场	15	300
石浦王爷山石场	5	100
高塘苏顺采石场	15	300
高塘坑头山石场	15	40
高塘岛联合石场	10	200
高塘金高椅山石场	8	120

续表8-12

企业名称	生产规模（万吨/年）	产值（万元）
鹤浦前山石场	5	75
鹤浦水湖涂石场	5	38
合计	505	5948

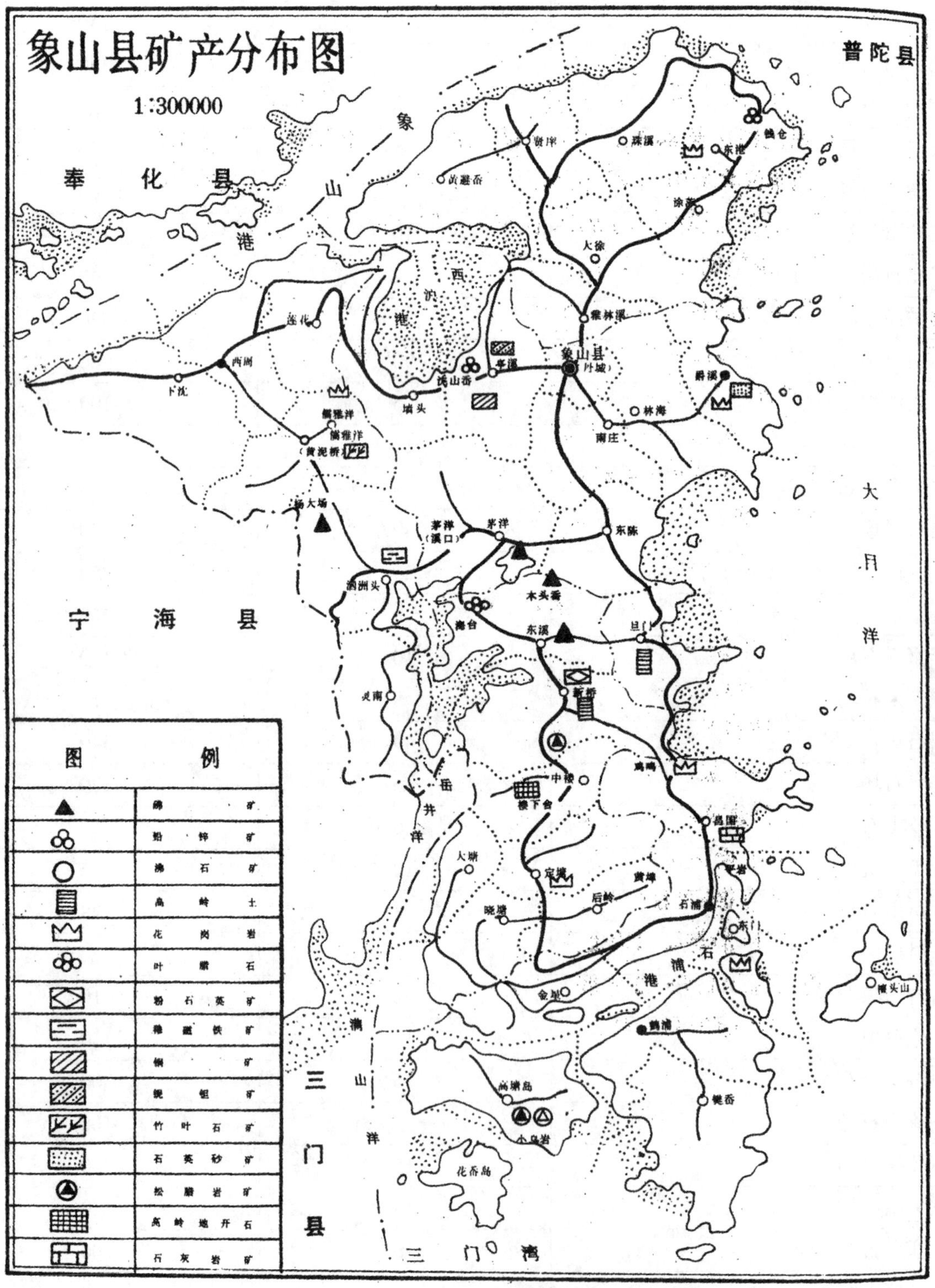

照 8-1　象山县矿产分布图

第四章　植　　物

象山属中亚热带常绿阔叶林北部亚地带，浙闽山丘，甜槠、木荷林区中浙东低山、丘陵、岛屿，甜槠木荷林分区。野生植物种类资源极为丰富。藻类 5 门 28 科 37 种；常见的菌类 2 纲 12 科 17 种；常见的蕨类植物 1 纲 1 目 3 科 3 种；裸子植物 4 纲 9 科 52 种，被子植物中单子叶植物共 8 目 11 科 95 种；双子叶植物共 38 目 91 科 601 种。共 154 科 805 种。1 科含 10 种以上的共 20 科，蔷薇科植物最多达 61 种，禾本科 52 种，豆科 39 种，芸香科 31 种。

第一节　藻类植物

象山主要的藻类植物（Algae）有 5 门 28 科 37 种，大多分布于淡水或海水的水域中，有食用或药用价值。其中，紫菜、海带、浒苔等为象山常见的海产品。

1.1　蓝藻门（Cyanophyta）

颤藻科　Oscillatoriaceae（1 种）

半丰满鞘丝藻　Lyngbya semiplena（C. Ag.）J. Ag. 食用。

胶须藻科　Rivulaiaceae（1 种）

苔垢菜　Calothrix crustacea Thuret. 有药用价值。

1.2　绿藻门（Chlorophyta）

刚毛藻科　Cladophoraceae（1 种）

斯氏刚毛藻　Cladophora stimpsonii Harv. 有药用价值。

礁膜科　Monostromataceae（1 种）

礁膜　Monostroma nitidum Wittr. 别名：青苔菜、苔皮，有药用价值。

石莼科　Ulvaceae（4 种）

盘苔　Blidingia minima（Nag. ex Kutz.）Kylin 别名：青苔，食用。

浒苔　Enteromorpha prolifera（Muell.）J. Ag. 别名：苔条、苔菜。食用。另详见本志“农业”篇第六章“园艺作物”。

蛎菜　Ulva conglobata Kjellm. 别名：海青菜。食用。

孔石莼　Ulva pertusa Kjellm. 别名：海条。有药用价值。

照 8-2　孔石莼

羽藻科　Bryopsidaceae（1 种）

羽藻　Bryopsis plumosa（Huds.）C. Ag. 食用。

四孢藻科　Tetrasporaceae（1 种）

四孢藻　Tetraspora sp. 有药用价值。

松藻科　Codiaceae（1种）

刺松藻　Codium fragile（Sur.）Hariot. 别名：刺海松。有药用价值。

照8-3　刺松藻

1.3　褐藻门（Phaeophyta）

海带科　Laminariaceae（1种）

海带　Laminaria japonica Aresch 食用。

水云科　Ectocarpaceae（1种）

水云　Ectocarpus arctus Kutz. 食用。

翅藻科　Alariaceae（2种）

鹅掌菜　Ecklonia kurome Okam. 有药用价值。

裙带菜　Undaria pinnatifida（Harv.）Sur. 食用。

照8-4　裙带菜

铁钉菜科　Ishigeaceae（1种）

铁钉菜　Ishige okamurai Yendo 有药用价值。

网地藻科　Dictyotaceae（2种）

网地藻　Dictyota dichotoma（Huds.）Lamx. 有药用价值。

厚网藻　Pachydictyon coriaceum（Holm.）Okam. 有药用价值。

萱藻科　Scytosiphonaceae（1种）

萱藻　Scytosiphon lomentarius（Lyngb.）J. Ag. 有药用价值。

黏膜藻科　Leathesiaceae（1种）

黏膜藻　Leathesia difformis（L.）Aresch. 有食用价值。

马尾藻科　Sargassaceae（3种）

瓦氏马尾藻　S. vachellianum Grev. 有药用价值。

羊栖菜　Sargassum fusiforme（Harv.）Setch. 别名：海大麦，食用。

铜藻　Sargassum horneri（Turn.）C. Ag. 有药用价值。

1.4　红藻门（Rhodophyta）

叉枝藻科　Phyllophoraceae（1种）

叉枝藻　Gymnogongrus flabelliformis Harv. 有药用价值。

海萝科（又名内枝藻科）　Endocladiaceae（1种）

海萝　Gloiopeltis furcata（Post. et Rupr.）J. Ag. 别名：红菜，鹿角菜，食用。

照8-5　海萝

海头红科　Plocamiaceae（1种）

海头红　Plocamium telfairiae Harv. 有药用价值。

红毛菜科　Bangiaceae（2种）

红毛菜　Bangia fusco purpurea 食用。

紫菜　Porphyra C. Ag. 食用，紫菜属中叶状藻体可食的种群。另详见本志“农业”篇第六章“园艺作物”。

红叶藻科　Delesseriaceae（1种）

顶群藻　Acrosorium yendoi Yamada 有药用价值。

江蓠科　Gracilariaceae（1 种）

江蓠　Gracilaria verrucosa（Huds.）Papenf. 别名：龙须菜，有药用价值。

茎刺藻科　Caulacanthaceae（1 种）

茎刺藻　Caulacanthus okamurai Yamada 食用。

松节藻科　Rhodomelaceae（1 种）

多管藻　Polysiphonia urceolata Grev. 有药用价值。

仙菜科　Ceramiaceae（1 种）

对丝藻　Antithamnion plumula（Ellis）Thur. 有药用价值。

杉藻科　Gigartinaceae（1 种）

小杉藻　Gigartina intermedia Suring. 别称：茶叶菜，有药用价值。

石花菜科　Gelidiaceae（2 种）

鸡毛菜　Pterocladia tenuis Okam. 有药用价值。

石花菜　Gelidium amansii（Lamx.）Lamx. 别名：食花草、海冻菜。食用可拌凉菜，制成凉粉；还可提炼琼脂。

1.5　黄藻门（Xanthophyta）

黄丝藻科　Tribonemataceae（1 种）

异丝藻　Papenfussiella kuromo（Yendo）Inagaki 有药用价值。

第二节　菌类植物

象山常见的菌类植物（Fungi）皆为真菌门（Eumycota），担子菌亚门（Basidiomycotina），共 2 纲 12 科 17 种。皆为陆生，大多数种是植物的专性寄生菌和腐生菌，有食用或药用价值。其中，鬼笔科的短裙竹荪、长裙竹荪，在象山境内发现并定名，为寄生于枯竹根部的一种隐花菌类，食药兼用，营养丰富，“草山珍”之一。

2.1 层菌纲（Hymenomycetes）

木耳科　Auriculariaceae（1 种）

木耳　Auricularia auricula（L. ex Hook.）Underw. 别名：黑木耳。食用。

银耳科　Tremellaceae（1 种）

银耳　Tremella fuciformis Berk. 别名：白木耳。食用。

侧耳科　Pleurotaceae（2 种）

凤尾菇　P. pulmonarius（Fr.）Qu. 食用。

侧耳　Pleurotus ostreatus（Jacg. ex Fr.）Kummer 别名：平菇。食用。

口蘑科　Tricholomataceae（3 种）

松茸　Tricholoma matsutake（S. Ito et Lmai）Sing. 食用，国家二级保护植物，分布于境内各地松林中。

金针菇　Flammulina velutipes（Fr.）Sing. 食用。

照 8-6　松茸

香菇　Lentinus edodes（Berk.）Sing. 食用。

蘑菇科　Agaricaceae（1 种）

双孢蘑菇　Agaricus bisporus（Lang.）Sing. 别名：白蘑菇、蘑菇。可食用，是世界性栽培和消费的菇类。

多孔菌科　Polyporaceae（2 种）

灵芝　Ganoderma lucidum（Leyss. ex Fr.）Karst 有药用价值。

茯苓　Poria cocos（Schw.）Wolf 有药用价值。

齿菌科　Hydnaceae（1 种）

猴头菌　Hericium erinaceus（Bull. ex Fr.）Pers. 有药用价值。

球盖菇科　Strophariaceae（1 种）

半球盖菇　Stropharia semiglibata（Batsch. ex Fr.）Quél. 别名：半球假黑伞。有药用价值。

鬼伞科　Coprinaceae（1 种）

粪鬼伞　Coprinus sterquilinus Fr. 有药用价值。

裂褶菌科　Schizophyllaceae（1 种）

照 8-7　粪鬼伞

裂褶菌　Schizophyllum commune Franch. 有药用价值。

2. 2　腹菌纲（Gasteromycetes）

鬼笔科　Phallaceae（2 种）

短裙竹荪　Dictyophora duplicata（Bosc）Fisch. 食用。

长裙竹荪　D. indusiata（Vent. ex Pers）Fisch. 食用。

竹荪，象山境内发现并定名，寄生在枯竹根部的一种隐花菌类，食药兼用，营养极丰，“草山珍”之一。

照 8-8　短裙竹荪

马勃科　Lycoperdaceae（1 种）

马勃　Lasiosphaera fenzlii Reich. 有药用价值。

第三节　蕨类植物

象山常见的蕨类植物（Pteridophyta）都属于真蕨亚门，薄囊蕨纲，水龙骨目，共 1 纲 1 目 3 科 3 种。这三种蕨类植物均为陆生草本，生长于山坡草丛或灌木丛中，有药用价值。

海金沙科　Lygodiaceae（1 种）

海金沙　Lygodium japonicum（Thunb.）Sw. 有药用价值。

鳞毛蕨科　Dryopteridaceae（1 种）

贯众　Cyrtomium fortunei J. Sm. 有药用价值。

里白科　Gleicheniaceae（1 种）

芒萁　Dicranopteris dichotoma（Thunb.）Bernh. 有药用价值，本地又称莨萁。大叶莨萁，其根即乌糯，揉碎可取淀粉，60 年代初困难时期，民众曾食用，味苦涩。

照 8-9　芒萁

第四节 裸子植物

象山的裸子植物共4纲9科52种，生长较有特点，其中种类最多、数量最多、影响生态环境最大的是松柏纲植物，分布全县，多作庭院绿化及造林树种。铁树纲在本地种类不多，生长亦不丰。银杏、红豆杉等植物是自然界的罕有珍稀植物，象山亦有生长，泗洲头镇苏岙村有一株银杏树龄近千年，依然生气蓬勃。县城生态环境适宜红豆杉生长，近年被引种。

4.1 松柏纲（Coniferopsida）

松科 Pinaceae（15种）

赤松 Pinus densiflora Sieb. et Zucc. 木本，多为材用。

湿地松 P. elliottii Engelm. 木本，多为材用。

马尾松 P. massoniana Lamb. 别名：松树 。木本，多为材用。

长叶松 P. palustris Mill. 木本，多为材用。泗洲头林场（今县林场）有引栽。

辐射松 P. radiata D. Don 木本，多为材用。

晚松 P. rigida Mill. var. serotina（Michx.）Loud. ex Hoopes。木本，多为材用。

火炬松 P. taeda Linn. 木本，多为材用。

黄山松 P. taiwanensis Hayata. 木本，多为材用。

黑松 P. thunbergii Parl. 别名：洋松 。木本，多为材用。

日本冷杉 Abies firma Sieb. et Zucc. 绿化观赏植物。

雪松 Cedrus deodare（Roxb.）G. Don. 绿化观赏植物。

华山松 Pinus armandi Franch. 绿化观赏植物。

日本五针松 P. parviflora Sieb. et Zucc. 别名：姬小松。绿化观赏植物。

短叶五针松 P. parviflora Sieb. et Zucc. var. brevifolia Mayr. 绿化观赏植物。

金钱松 Pseudolarix amabilis（Nelson）Rehd. 绿化观赏植物，国家二级保护植物，境内各地有栽。

照8-10 金钱松的簇生叶和球果枝

杉科 Taxodiaceae（6种）

杉木 Cunninghamia lanceolata（Lamb.）Hook. 别名：刺杉。木本，多为材用。

柳杉 Cryptomeria fortunei Hooibrenk ex Otto et Dietr. 木本，多为材用。

日本柳杉 C. japonica（Linn. f.）D. Don 木本，多为材用。

池杉 Taxodium ascendens Brongn. 绿化观赏植物。

落羽杉 T. distichum（Linn.）Rich. 绿化观赏植物。

水杉 Metasequoia glyptostroboides Hu et Cheng. 绿化观赏植物，杉科水杉属唯一现存种，

照8-11 水杉

中国特产的孑遗珍贵树种，第一批列为中国国家一级保护植物的稀有种类，有植物王国“活化石”之称。

柏科　Cupressaceae（21种）

中山柏　C. lusitanica Mill. cv. zhongshanbai. 木本，多为材用。

柏木　Cupressus funebris Endl. 别名：璎珞柏。木本，多为材用。

福建柏　Fokienia hodginsii（Dunn）Henry et Thomas 木本，多为材用。国家二级保护植物，象山县政府招待所（今象山宾馆）有栽。

金星柏　S. chinensis（Linn.）Ant. cv. aureo-globosa. 绿化观赏植物。

铺地柏　S. procumbens（Endl.）Iwata et Kusaka 别名：匍地柏绿化观赏植物。

翠柏　Calocedrus macrolepis Kurz 绿化观赏植物。

日本扁柏　Chamaecyparis obtusa（Sieb. et Zucc.）Endl. 绿化观赏植物。

云片柏　C. obtusa（Sieb. et Zucc.）Endl. cv. breviramea Dallimore et Jackson 绿化观赏植物。

凤尾柏　C. obtusa（Sieb. et Zucc.）Endl. cv. filicoides Dallimore et Jackson 绿化观赏植物。

孔雀柏　C. obtusa（Sieb. et Zucc.）Endl. cv. tetragona Dallimore et Jackson 绿化观赏植物。

日本花柏　C. pisifera（Sieb. et Zucc.）Endl. 绿化观赏植物。

绒柏　C. pisifera（Sieb. et Zucc.）Endl. cv. squarrosa Ohwi 绿化观赏植物。

刺柏　Juniperus formosana Hayata 绿化观赏植物。

侧柏　Platycladus orientalis（Linn.）Franco 别名：扁柏。绿化观赏植物。

洒金柏　P. orientalis（Linn.）Franco cv. aurea Nana 绿化观赏植物。

圆柏　Sabina chinensis（Linn.）Ant. 别名：桧柏。绿化观赏植物。

龙柏　S. chinensis（Linn.）Ant. cv. kaizuca Hort. 绿化观赏植物。

塔柏　S. chinensis（Linn.）Ant. cv. pyramidalis Carr. 绿化观赏植物。

北美圆柏　S. virginiana（Linn.）Ant. 别名：铅笔柏。绿化观赏植物。

北美香柏　Thuja occidentalis Linn. 绿化观赏植物。

千头柏　P. orientalis（Linn.）Franco cv. sieboldii Dallimore et Jackson 绿化观赏植物。

南洋杉科 Araucariaceae（1种）

南洋杉　Araucaria cunninghamii Sweet

4.2　铁树纲（Cycadopsida）

苏铁科　Cycaceae（2种）

华南苏铁　C. rumphii Miq. 绿化观赏植物，国家一级保护植物。

苏铁　Cycas revoluta Thunb. 别名：铁树 绿化观赏植物，国家一级保护植物。

照 8-12　（左：雄苏铁　右：雌苏铁）

4.3　银杏纲（Ginkgopsida）

银杏科　Ginkgoaceae（1种）

银杏　Ginkgo biloba Linn. 别名：白果树。绿化观赏药用植物，是现存种子植物中最古老的孑遗植物，国家一级保护植物，县境内有栽。

4.4　红豆杉纲（Taxopsida）

三尖杉科　Cephalotaxaceae（2种）

粗榧　C. sinensis（Rehd. et Wils.）Li. 木本，多为材用。分布于茅洋、儒雅洋、泗洲头等地溪边、山谷中。

三尖杉　Cephalotaxus fortunei Hook. f. 木本，多为材用。分布于茅洋、儒雅洋、昌国等地溪边、山脊处。

照8-13　红豆杉

罗汉松科　Podocarpaceae（3种）

罗汉松　Podocarpus macrophyllus（Thunb.）D. Don

短叶罗汉松　P. macrophylla（Thunb.）D. Don var. maki（Sieb.）Endl.

竹柏　P. nagi（Thunb.）Zoll. et Mor. ex Zoll.

红豆杉科　Taxaceae（1种）

红豆杉　Taxus chinensis Rehd. 木本，是世界上公认的濒临灭绝的天然珍稀抗癌植物，是经过了第四纪冰川遗留古老树种，有250万年历史。国家一级保护植物。引进后，石浦东门栽有3000亩。

第五节　被子植物

被子植物共46目102科696种，其中单子叶植物有8目11科95种，双子叶植物有38目91科601种。

5.1　单子叶植物纲（Monocotyledoneae）【百合纲（Liliopsida）】

共8目11科95种。象山的单子叶植物以禾本目与百合目为主，尤以禾本科中的竹类植物最丰富。

5.1.1　泽泻目（Alismatales）

泽泻科　Alismataceae（1种）

矮慈姑　Sagittaria pygmaea Miq.

5.1.2　棕榈目（Arecales）

棕榈科　Palmae（2种）

棕榈　Trachycarpus fortunei（Hook.）H. Wendl.

棕竹　Rhapis excelsa（Thunb.）Henry ex Rehd. 绿色观赏植物。

5.1.3　天南星目（Arales）

天南星科　Araceae（5种）

菖蒲　Acorus calamus L. 有药用价值。

石菖蒲　A. tatarinowii Schott 有药用价值。

天南星　Arisaema heterophyllum Blume 有药用价值。

普陀南星　A. ringens（Thunb.）Schott 有药用价值。

半夏　Pinellia ternate（Thunb.）Breit. 其块茎有药用价值。

照8-14　半夏

5.1.4 禾本目（Poales）

禾本科 Gramineae（52 种）

粉单竹 Bambusa chungii McClure

孝顺竹 B. multiplex（Lour.）Raeuschel ex J. A. et J. H. Schult.

凤尾竹 B. multiplex（Lour.）Raeusch. cv. fernleaf R. A. Young

撑篙竹 B. pervariabilis McClure

青皮竹 B. textilis McClure 中药“天竺黄”产自此竹的节间中。

小佛肚竹 B. ventricosa McClure 常作盆栽，以供观赏。

绿竹 Dendrocalamopsis oldhami（Munro）Keng f.

箭竹 Fargesia spathacea Franch. 分布于儒雅洋。笋供食用；竿劈篾供编织用。

箬竹 Indocalamustessellatus（Munro）Keng f. 分布于下沈、儒雅洋、石浦等地的山坡，尤其在海拔较高处。叶片大型，多用以衬垫茶篓或装作各种防雨用品，亦可包裹粽子。

苦竹 Pleioblastus amarus（Keng）Keng f. 别名：伞柄竹 。

斑竹 Phyllostachys bambusoides Sieb. et Zucc. f. lacrima-deae Keng f. et Wen 别名：湘妃竹，分布下沈的山谷、路边。竿粗大，竹材坚硬，篾性好，为优良用材竹种；笋味略涩；亦可栽培供观赏。

毛壳花哺鸡竹 P. circumpilis C. Y. Yao et S. Y. Chen

水竹 P. heteroclada Oliver 分布于儒雅洋的山坡。竹材韧性好，竹竿粗直，节平，宜编制各种生活及生产用具；笋供食用。

龟甲竹 P. heterocycla（Carr.）Mitford

红哺鸡竹 P. iridescens C. Y. Yao et S. Y. Chen 别名：红壳竹 。

刚竹 P. mitis A. et C. Riv.

紫竹 P. nigra（Lodd. ex Lindl.）Munro 禾。

灰竹 P. nuda McClure 别名：石竹，分布儒雅洋、墙头等地的山坡。笋质优良，壳薄肉厚别名“石笋”。

毛竹 P. pubescens Mazel ex H. de Leh. 象山西北部有大面积天然分布。清乾隆《象山县志》载，惟猫竹（毛竹）西乡最盛，山民恃以为业。毛竹竿型粗大，宜供建筑用，如梁柱、棚架、脚手架等，篾性优良，供编织各种粗细的用具及工艺品，枝梢作扫帚，嫩竹及竿箨作造纸原料，笋味美，鲜食或加工制成玉兰片、笋干、笋衣等。

早竹 P. praecox C. D. Chu et C. S. Chao

雷竹 P. praecox C. D. Chu et C. S. Chao f. prevernalis S. Y. Chen et C. Y. Yao

高节竹 P. prominens W. Y. Xiong

金镶玉竹 P. aureosulcata f. spectabilis C. D. Chu et C. S. Chao

金竹 P. sulphurea（Carr.）A. et C. Riv.

绿皮黄筋竹 P. viridis（Young）McClure cv. houzeau McClure 别名：碧玉间黄金

黄皮绿筋竹 P. viridis（Young）McClure cv. Robert Young McClure 别名：黄金间碧玉。

乌哺鸡竹 P. vivax McClure

黄竿乌哺鸡竹 P. vivax McClure f. aureocaulis N. X. Ma

茶竿竹 Pseudosasa amabilis（McClure）Keng f.

铺地竹 Sasa argenteastriatus E. G. Camus 西周有栽。供绿化与观赏用。

菲黄竹 S. auricoma E. G. Camus 用于地表绿化或盆栽观赏。

菲白竹 S. fortunei（Van Houtte）Fiori

野燕麦 Avena fatua Linn. 食用。一年生草本，粮食代用品，也是牛、马、羊的青饲料；又是造纸原料。

看麦娘 Alopecurus aequalis Sobol. 有药用价值。

荩草 Arthraxon hispidus（Thunb.）Makino 有药用价值。

稗 Echinochloa crusgalli（L.）Beauv. 有药用价值。

白茅 Imperatacylindrica（Linn.）Beauv. 有药用价值。

假稻 Leersia japonica（Makino）Honda 有药用价值。

狗牙根 Cynodon dactylon（L.）Pers. 低矮草本。可固地保土，常用以铺建草坪或球场；根茎可喂猪、牛、马、兔、鸡等；全草可入药，有清血、解热、生肌之效。

早熟禾 Poa annua L. 绿化观赏植物。

鼠茅 Vulpia myuros（L.）Gmel. 绿化观赏植物。

马唐 Digitaria sanguinalis（L.）Scop. 一年生草本。优良牧草。

牛筋草 Eleusine indica（L.）Gaertn. 一年生草本。全株可作饲料；可固地保土；全草煎水服，可防治乙型脑炎。

千金子 Leptochloa chinensis（L.）Nees 一年生草本，可作牧草。

柔枝莠竹 Microstegium vimineum（Trin.）A. Camus 一年生草本。可作饲料。

芒 Miscanthus sinensis Anderss. 多年生苇状草本。秆纤维用途广，作造纸原料等。

大米草 Spartina anglica Hubb. 多年生草本。为优良的海滨先锋植物，有较好的促淤、消浪、保滩、护堤等作用；秆叶可饲养牲畜，作绿肥、燃料或造纸原料等。繁殖能力极强，大米草造成严重的生态问题，已被归入中国外来入侵物种之列。

照 8-15 大米草

双穗雀稗 Paspalum paspaloides（Michx.）Scribn. 多年生草本。优良牧草。

芦苇 Phragmites australis（Cav.）Trin. ex Steud. 多年生草本。秆为造纸原料或作编席织帘及建棚材料，茎、叶嫩时为饲料；根状茎供药用，为固堤造陆先锋环保植物。

棒头草 Polypogon fugax Nees ex Steud. 一年生草本。饲用牧草。

鹅观草 Roegneria kamoji Ohwi 多年生草本。可作牲畜的饲料。

狗尾草 Setaria viridis（L.）Beauv. 一年生草本。秆、叶可作饲料，也可入药，治痈瘀、面癣；全草加水煮沸 20 分钟后，滤出液可喷杀菜虫；小穗可提炼糠醛。

灯芯草科 Juncaceae（4 种）

小花灯芯草 Juncus articulatus Linn. 有药用价值。

小灯芯草 J. bufonius Linn. 有药用价值。

灯芯草 J. effusus Linn. 有药用价值。

多花地杨梅　Luzula multiflora（Retz.）Lej. 有药用价值。

5.1.5　兰目（Orchidales）

兰科　Orchidaceae（4 种）

春兰　Cymbidium goeringii（Rchb. f.）Rchb. f. 多年生宿根常绿花卉。全草可入药。

墨兰　C. sinense（Jackson ex Andr.）Willd.

白及　Bletilla striata（Thunb. ex A. Murray）Rchb. f. 有药用价值。

石斛　Dendrobium nobile Lindl. 有药用价值。生长于珠山，数量很少。

5.1.6　百合目（Liliales）

百合科　Liliaceae（11 种）

菝葜　Smilax china L. 食用。

野葱　Allium chrysanthum Regel 别名：黄花韭。有药用价值。

薤白　A. macrostemon Bunge 别名：山蒜，小根蒜。有药用价值。

天门冬　Asparagus cochinchinensis（Lour.）Merr. 有药用价值。

玉竹　Polygonatum odoratum（Mill.）Druce 有药用价值。

黄精　P. sibiricum Delar. ex Redouté 有药用价值。

土茯苓　Smilax glabra Roxb. 别名：光叶菝葜。有药用价值。

萱草　Hemerocallis fulva（L.）L. 可绿化作观赏植物。花可食用，称金针，亦称黄花菜。

百合　Lilium brownii F. E. Brown ex Miellez var. viridulum Baker 绿化观赏植物。

小果菝葜　Smilax davidiana A. DC. 绿化观赏植物，分布于高塘岛等地的林缘。

黑果菝葜 S. glauco-china Warb. 可食用，分布于下沈、珠溪等地的山坡松林中。

照 8-16　黑果菝葜

石蒜科　Amaryllidaceae（4 种）

水仙　Narcissus tazetta L. var. chinensis Roem. 绿化观赏植物。

龙舌兰　Agave americana Linn. 绿化观赏植物。

石蒜　Lycoris radiata（L’Her.）Herb. 绿化观赏植物。

剑麻　Agave sisalana Perr. ex Engelm. 多年生叶纤维作物，也是当今世界用量最大、范围最广的一种硬质纤维。可广泛应用于渔航、工矿、运输等所需的各种规格绳索，同时剑麻还有重要的药用价值。

雨久花科　Pontederiaceae（1 种）

鸭舌草　Monochoria vaginalis（Burm. f.）Presl 水生草本。嫩茎和叶可作蔬食，也可做猪饲料。

5.1.7　鸭跖草目（Commelinales）

鸭跖草科　Commelinaceae（2 种）

鸭跖草　Commelina communis Linn. 有药用价值。

水竹叶　Murdannia triquetra（Wall.）Brückn. 可食用，有药用价值。

5.1.8　莎草目（Cyperales）

莎草科　Cyperaceae（8种）

两歧飘拂草　Fimbristylis dichotoma（Linn.）Vahl 有药用价值。

水虱草　Fimbristylis miliacea（L.）Vahl 别名：日照飘拂草。有药用价值。

扁穗莎草　Cyperus compressus Linn. 有药用价值。

异型莎草　C. difformis Linn. 有药用价值。

碎米莎草　C. iria Linn. 有药用价值。

白鳞莎草　C. nipponicus Franch. et Savat. 有药用价值。

香附子　C. rotundus Linn. 有药用价值。

牛毛毡　Heleocharis yokoscensis（Franch. et Savat.）Tang et Wang 有药用价值。

5.2　双子叶植物纲（Dicotyledoneae）【木兰纲（Magnoliopsida）】

共38目91科601种。其中，无患子目共含7科，其他各目皆含6科及6科之下。以蔷薇科61种居首，豆科39种次之。

5.2.1　木兰目（Magnoliales）

木兰科　Magnoliaceae（16种）

玉兰　M. denudata Desr. 别名：白玉兰。绿化观赏植物。

木莲　Manglietia fordiana Oliv. 木本，多为材用。

八角　Illicium verum Hook. f. 食用。

红毒茴　Illicium lanceolatum A. C. Smith 别名：莽草、披针叶茴香。有药用价值。分布于下沈山谷林中。

南五味子　Kadsura longipedunculata Finet et Gagnep. 有药用价值。分布于樊岙、下沈等地的山谷、山沟边等地。

华中五味子　Schisandra sphenanthera Rehd. et Wils. 有药用价值。分布于茅洋、下沈、儒雅洋等地的山谷中。

荷花玉兰　M. grandiflora Linn. 别名：广玉兰、洋玉兰。绿化观赏植物。

紫玉兰　M. liliflora Desr. 别名：辛夷。绿化观赏植物，丹城等地有栽。

白兰　Michelia alba DC. 别名：白兰花、白玉兰。绿化观赏植物。

乐东拟单性木兰　Parakmeria lotungensis（Chun et C. Tsoong）Law 绿化观赏植物。

天目木兰　Magnolia amoena Cheng 绿化观赏植物。分布于西周、大徐地区山谷林中。

凹叶厚朴　M. officinalis Rehd. et Wils. subsp. biloba（Rehd. et Wils.）Law 绿化观赏植物。国家二级保护植物，境内各地有栽。

含笑　M. figo（Lour.）Spreng. 绿化观赏植物。丹城等地有栽。

厚朴　Magnolia officinalis Rehd. et Wils. 有药用价值。国家二级保护植物。

鹅掌楸　Liriodendron chinense（Hemsl.）Sargent. 别名：马褂木 。木本，多为材用。国家二级保护植物，县林场等地有栽。

深山含笑　Michelia maudiae Dunn。木本，多为材用。丹城等地有栽。

5.2.2　樟目（Laurales）

樟科　Lauraceae（15种）

红果钓樟　L. erythrocarpa Makino 有药用价值。分布茅洋、儒雅洋、涂茨等地的阳坡、山麓中。

豹皮樟　Litsea coreana Lévl. var. sinensis（Allen）Yang et P. H. Huang 有药用价值。分布茅洋、儒雅洋等地山坡林中。

山鸡椒　L. cubeba（Lour.）Pers. 别名：山苍子，有药用价值。分布茅洋、下沈等地的阳坡、路边。

山胡椒　Lindera glauca（Sieb. et Zucc.）Bl. 有药用价值。分布茅洋、儒雅洋、下沈等地的阳坡、路边。

新木姜子　Neolitsea aurata（Hay.）Koidz. 有药用价值。

阔叶樟　Cinnamomum Platyphyllum（Diels）Allen 绿化观赏植物，石浦等地有引栽。

红脉钓樟　Lindera rubronervia Gamble 别名：庐山乌药。其他植物，落叶灌木或小乔木，分布茅洋、下沈、儒雅洋的山谷林中、竹林下。

薄叶润楠　Machilus leptophylla Hand. -Mazz. 别名：华东楠。其他植物。常绿乔木，分布东溪、儒雅洋、涂茨等地的沟谷林中。

绿叶甘橿　Lindera fruticosa Hemsl. 绿化观赏植物，分布儒雅洋海拔 380 米以上林下。

樟　Cinnamomum camphora（Linn.）Presl 别名：香樟 。木本，多为材用。国家二级保护植物，常绿乔木，象山古代主要乔木之一。

浙江天竺桂　C. japonicum Sieb. var. chekiangense（Nakai）M. P. Tang et Yao 别名：浙江樟 。木本，多为材用。分布下沈、珠溪的山谷林中。

红楠　Machilus thunbergii Sieb. et Zucc. 木本，多为材用，分布下沈、儒雅洋、茅洋、珠溪等地的沟谷林中。

浙江楠　Phoebe chekiangensis C. B. Shang。木本，多为材用，国家二级保护植物。分布涂茨、珠溪等地的沟谷林中。

紫楠　P. sheareri（Hemsl.）Gamble 。木本，多为材用，分布墙头、下沈、东溪等地的沟谷林中。

檫树　Sassafras tzumu（Hemsl.）Hemsl. 木本，多为材用，分布茅洋、墙头等地。

腊梅科 Calycanthaceae（1 种）

腊梅　Chimonanthus praecox（L.）Link 绿化观赏植物。

5.2.3　胡椒目（Piperales）

胡椒科　Piperaceae（1 种）

山蒟　Piper hancei Maxim. 有药用价值。分布儒雅洋、下沈、涂茨等地的沟谷溪边、岩石上。

5.2.4　毛茛目（Ranales）

毛茛科　Ranunculaceae（8 种）

女萎　Clematis apiifolia DC. 有药用价值。

山木通　C. finetiana Lévl. et Vant. 有药用价值。分布珠溪、涂茨等地的山坡草丛。

铁线莲　C. florida Thunb. 有药用价值。分布亭溪等地的路边。

圆锥铁线莲　C. terniflora DC. 别名：黄药子。有药用价值。分布莲花的溪沟边。

柱果铁线莲　C. uncinata Champ. 有药用价值。分布茅洋、下沈、儒雅洋、东港等地的山谷林中。

毛茛　Ranunculus japonicus Thunb. 有药用价值。

石龙芮　R. sceleratus L. 有药用价值。

牡丹 Paeonia suffruticosa Andr. 绿化观赏植物。

防己科 Menispermaceae（4种）

防己 Sinomenium acutum（Thunb.）Rehd. et Wils. 有药用价值。分布茅洋、昌国、鹤浦等地的沟谷、溪边竹林下。

木防己 Cocculus orbiculatus（Linn.）DC. 有药用价值。

千金藤 Stephania japonica（Thunb.）Miers 有药用价值。分布昌国、下沈等地的路边、村边墙坎上。

粉防己 S. tetrandra S. Moore. 有药用价值。分布茅洋、鹤浦等地的路边、沟边。

木通科 Lardizabalaceae（5种）

木通 Akebia quinata（Houtt.）Decne. 有药用价值。分布茅洋、儒雅洋、鹤浦等地路边、山坡溪边。

三叶木通 A. trifoliata（Thunb.）Koibz. 有药用价值。分布下沈山谷竹林中。

野木瓜 Stauntonia chinensis DC. 有药用价值。分布儒雅洋山谷林中。

大血藤 Sargentodoxa cuneata（Oliv.）Rehd. et Wils. 有药用价值。分布茅洋、儒雅洋等地的山麓、阳坡灌丛中。

钝药野木瓜 S. leucantha Diels ex Y. C. Wu 有药用价值。分布儒雅洋、茅洋、莲花、涂茨等地的林下。

清风藤科 Sabiaceae（6种）

鄂西清风藤 Sabia campanulata Wall. ex Roxb. subsp. ritchieae（Rehd. et Wils.）Y. F. Wu 有药用价值。分布茅洋、樊岙、珠溪等地的山谷、溪沟边。

尖叶清风藤 S. swinhoei Hemsl. ex Forb. et Hemsl. 有药用价值。分布下沈、儒雅洋的山谷林中。

笔罗子 Meliosma rigida Sieb. et Zucc. 有药用价值。分布儒雅洋、下沈、樊岙等地的山谷阔叶林中。

清风藤 S. japonica Maxim. 有药用价值。分布茅洋、昌国、樊岙、莲花等地的山坡、溪边、路边。

垂枝泡花树 Meliosma flexuosa Pamp. 木本，多为材用，分布下沈、儒雅洋的山谷林中。

红柴枝 M. oldhamii Maxim. 木本，多为材用，分布茅洋、儒雅洋等地的山谷林中。

小檗科 Berberidaceae（3种）

庐山小檗 Berberis virgetorum Schneid. 有药用价值。儒雅洋有栽。

十大功劳 Mahonia fortunei（Lindl.）Fedde 绿化观赏植物。

南天竹 Nandina domestica Thunb. 绿化观赏植物。

5.2.5 金缕梅目（Hamamelidales）

金缕梅科 Hamamelidaceae（4种）

枫香树 Liquidambar formosana Hance。木本，多为材用。

牛鼻栓 Fortunearia sinensis Rehd. et Wils. 有药用价值。分布儒雅洋的荒坡上。

檵木 Loropetalum chinense（R. Br.）Oliver 别名：坚漆树。有药用价值。

杨梅叶蚊母树 Distylium myricoides Hemsl. 绿化观赏植物，分布儒雅洋、涂茨等地山谷中。

悬铃木科　Platanaceae（1 种）

二球悬铃木　Platanus×acerifolia（Ait.）Willd. 别名：英国梧桐。绿化观赏植物。

5.2.6　杜仲目（Eucommiales）

杜仲科　Eucommiaceae（1 种）

杜仲　Eucommia ulmoides Oliver　有药用价值。

5.2.7　荨麻目（Urticales）

荨麻科　Urticaceae（3 种）

苎麻　Boehmeria nivea（L.）Gaudich. 别名：野苎麻。重要的纺织纤维作物。

紫麻　Oreocnide frutescens（Thunb.）Miq. 重要的纺织纤维作物。还可提取单宁；根、茎、叶入药行气活血。

荨麻　Urtica fissa E. Pritz. 重要的纺织纤维作物。全草入药，有祛风除湿和止咳之效。

桑科　Moraceae（13 种）

薜荔　Ficus pumila Linn. 有药用价值。

变叶榕　F. variolosa Lindl. ex Benth 有药用价值。分布墙头、下沈、茅洋、鹤浦的沟谷中。

葡蟠　Broussonetia kaempferi Sieb. 别名：藤葡蟠。落叶藤本，分布昌国、茅洋、儒雅洋、下沈的路边、山麓中。

无花果　Ficus carica Linn. 食用

构棘　Cudrania cochinchinensis（Lour.）Kudo et Masam. 别名：葨芝，有药用价值。分布茅洋、鹤浦等地沟谷林下、溪沟边。

珍珠莲　F. sarmentosa Buch. -Ham. ex J. E. Sm. var. henryi（King ex Oliv.）Corner 有药用价值。分布茅洋、儒雅洋等地的沟谷岩石上、树上。

印度榕　Ficus elastica Roxb. ex Hornem. 别名：橡皮树，绿化观赏植物。

楮　B. kazinoki Sieb. 别名：小构树。落叶灌木，分布下沈、茅洋等地路边、山坡处。

构树　Broussonetia papyrifera（L.）L'Hér. ex Vent 落叶乔木，分布鹤浦的山麓中。

柘树　Cudrania tricuspidata（Carr.）Bur. ex Lavallee 落叶灌木或小乔木，见于茅洋、墙头、下沈、鹤浦等地的路边、山麓。

天仙果　Ficus erecta Thunb. var. beecheyana（Hook. et Arn.）King 落叶小乔木或灌木，各地广泛分布，见于山坡、沟边、竹林下。

葎草　Humulus scandens（Lour.）Merr. 别名：拉拉藤。

桑树　Morus alba Linn.

榆科 Ulmaceae（9 种）

榔榆　Ulmus parvifolia Jacq. 绿化观赏植物。

刺榆　Hemiptelea davidii（Hance）Planch. 绿化观赏植物，见于茅洋、昌国、墙头等地的路边、山麓。

榆树　U. pumila L. 别名：白榆。绿化观赏植物。

山油麻　Trema cannabina Lour. var. dielsiana（Hand. -Mazz.）C. J. Chen 落叶灌木，分布下沈阳坡路边灌丛中。

糙叶树　Aphananthe aspera（Thunb.）Planch. 木本，多为材用，分布昌国、儒雅洋、墙头、鹤

浦、西周等地。

紫弹朴　Celtis biondii Pamp. 木本，多为材用，分布儒雅洋、下沈、鹤浦等地的山谷、山坡林中。

杭州榆　Ulmus changii Cheng 木本，多为材用，分布下沈、儒雅洋等地的路边、山谷林中。

大叶榉树　Zelkova schneideriana Hand. -Mazz. 木本，多为材用。国家二级保护植物，分布下沈、鹤浦山谷林中。

朴树　C. sinensis Pers. 别名：沙朴 。木本，多为材用。分布茅洋、昌国等地的村边、山坡林中。

5.2.8　胡桃目（Juglandales）

胡桃科　Juglandaceae（6 种）

枫杨　Pterocarya stenoptera C. DC. 别名：溪沟树。绿化观赏植物。

青钱柳　Cyclocarya paliurus（Batal.）Iljinsk. 木本，多为材用。

山核桃　Carya cathayensis Sarg. 食用。

薄壳山核桃　C. illinoensis（Wangenh.）K. Koch 别名：美国山核桃。食用，丹城有栽。

胡桃　Juglans regia L. 别名：核桃，食用，象山县林场牧童岙林区、樊岙等地有栽。

化香　Platycarya strobilacea Sieb. et Zucc. 落叶小乔木，境内各地广泛分布，见于松林下、灌丛中。

5.2.9　壳斗目（Fagales）

壳斗科　Fagaceae（14 种）

苦槠　C. sclerophylla（Lindl.）Schott. 木本，多为材用。

青冈　C. glauca（Thunb.）Oerst. 别名：青冈栎 。木本，多为材用。

石栎　Lithocarpus glaber（Thunb.）Nakai 木本，多为材用。

麻栎　Quercus acutissima Carruth. 木本，多为材用。

乌冈栎　Q. phillyraeoides A. Gray 木本，多为材用。

栓皮栎　Q. variabilis Bl. 木本，多为材用。

锥栗　Castanea henryi（Skan）Rehd. et Wils. 食用，分布儒雅洋、茅洋等地的山谷林中。

板栗　C. mollissima Bl. 食用，分布茅洋、鹤浦、昌国等地的山坡林中。

白栎　Quercus fabri Hance　绿化观赏植物。

云山青冈　Cyclobalanopsis sessilifolia（Blume）Schott. 别名：云山椆。绿化观赏植物，分布西周、珠溪的山谷林中。

灰柯　Lithocarpus henryi（Seem.）Rehd. et Wils. 别名：棉槠。绿化观赏植物分布泗洲头的山谷林中。

米槠　Castanopsis carlesii（Hemsl.）Hayata 别名：小红栲。木本，多为材用，分布儒雅洋、茅洋、墙头等地的常绿阔叶林中。

赤皮青冈　Cyclobalanopsis gilva（Blume）Oerst. 别名：赤皮椆 。木本，多为材用，分布茅洋、泗洲头、莲花等地的松林中。

小叶青冈　C. myrsinaefolia（Blume）Oerst. 别名：青栲。木本，多为材用，分布西周山坡林中。

桦木科　Betulaceae（1 种）

江南桤木　Alnus trabeculosa Hand. -Mazz. 木本，多为材用。

木麻黄科　Casuarinaceae（1种）

木麻黄　Casuarina equisetifolia Forst. 木本，多为材用。

5.2.10　石竹目（Caryophyllales）

石竹科　Caryophyllaceae（6种）

卷耳　Cerastium arvense L. 有药用价值。

簇生卷　耳 C. fontanum Baumg. subsp. triviale（Link）Jalas 有药用价值。

鹅肠菜　Myosoton aquaticum（L.）Moench 别名：牛繁缕，鹅儿肠。有药用价值。

繁缕　Stellaria media（L.）Cyr. 有药用价值。

雀舌草　S. uliginosa Murr. 有药用价值。

漆姑草　Sagina japonica（Sw.）Ohwi 有药用价值。

柽柳科　Tamaricaceae（1种）

柽柳　Tamarix chinensis Lour. 绿化观赏植物，东谷湖招待所（今东谷湖宾馆）、鹤浦等地有栽。

藜科　Chenopodiaceae（1种）

小藜　Chenopodium serotinum L. 有药用价值。

苋科　Amaranthaceae（4种）

刺苋　A. spinosus L. 有药用价值。

喜旱莲子草　Alternanthera philoxeroides（Mart.）Griseb. 别名：革命草。有药用价值。

凹头苋　Amaranthus lividus L. 别名：野苋。有药用价值。

皱果苋　A. viridis L. 有药用价值。

马齿苋科　Portulacaceae（1种）

马齿苋　Portulaca oleracea L. 有药用价值。

番杏科　Aizoaceae（1种）

粟米草　Mollugo stricta L. 有药用价值。

5.2.11　蓼目（Polygonales）

蓼科　Polygonaceae（8种）

萹蓄　Polygonum aviculare L. 别名：扁竹、竹叶草。有药用价值。

水蓼　P. hydropiper L. 别名：辣蓼。有药用价值。

羊蹄　R. japonicus Houtt. 有药用价值。

何首乌　Fallopia multiflora（Thunb.）Harald. 有药用价值。分布石浦等地的村边、墙壁上。

酸模叶蓼　P. lapathifolium L. 有药用价值。

大花蓼　P. macranthum Meisn. 有药用价值。

杠板归　P. perfoliatum L. 有药用价值。

酸模　Rumex acetosa L. 有药用价值。

5.2.14　山茶目（Theales）

山茶科　Theaceae（15种）

毛柄连蕊茶　C. fraterna Hance　别名：连蕊茶　。食用。

油　茶 C. oleifera Abel 食用。

茶　Camellia sinensis（L.）O. Ktze 别名：茶叶树，食用。

格药柃　Euya muricata Dunn 有药用价值。分布茅洋等地的山坡松林下。

杨桐　Adinandra millettii（Hook. et Arn.）Benth. et Hook. f. ex Hance 绿化观赏植物，分布儒雅洋、下沈等地的山谷林中。

浙江红山茶　Camellia chekiangoleosa Hu 别名：浙江红花油茶。绿化观赏植物。

茶梅　C. sasanqua Thunb. 绿化观赏植物。

微毛柃　Eurya hebeclados Ling 常绿灌木或小乔木，分布茅洋、樊岙、涂茨等地的山坡灌丛中。

窄基红褐柃　E. rubiginosa H. T. Chang var. attenuata H. T. Chang 常绿灌木或小乔木，分布儒雅洋、下沈、鹤浦等地的山坡灌丛。

岩柃　E. saxicola H. T. Chang 常绿灌木，分布鹤浦、樊岙、涂茨等地的山坡林下或灌草丛中。

山茶　C. japonica Linn. 别名：茶花。绿化观赏植物，分布墙头、涂茨、樊岙、高塘岛等地的阴坡山谷。

米碎花　Euya chinensis R. Br. 别名：海瓜子。绿化观赏植物，分布海岛、沿海迎风坡的灌草丛中。

浙江尖连蕊茶　Camellia cuspidata（Kochs）Wright var. chekiangensis Sealy 食用。分布儒雅洋的山谷阔叶林中。

厚皮香　Ternstroemia gymnanthera（Wight et Arn.）Beddome 有药用价值。分布西周的山谷林中。

木荷　Schima superba Gardn. et Champ. 木本，多为材用，分布茅洋、中楼、西周等地的山坡林中。

猕猴桃科　Actinidiaceae（4 种）

软枣猕猴桃　Actinidia arguta（Sieb. et Zucc.）Planch. ex Miq. 食用，分布茅洋、墙头、下沈等地的阴坡、沟谷处。

中华猕猴桃　A. chinensis Planch. 食用，分布下沈、儒雅洋、樊岙等地的阴坡、沟谷地段。

小叶猕猴桃　A. lanceolata Dunn 食用，分布儒雅洋、下沈等地。

阔叶猕猴桃　A. latifolia（Gardn. et Champ.）Merr. 别名：多花猕猴桃，食用。分布儒雅洋沟谷地、溪边。

藤黄科　Guttiferae（2 种）

小连翘　Hypericum erectum Thunb. ex Murray 有药用价值。

金丝桃　Hypericum monogynum Linn. 绿化观赏植物。

5.2.13　锦葵目（Malvales）

锦葵科　Malvaceae（6 种）

海滨木槿　Hibiscus hamabo Sieb. et Zucc. 别名：海槿，日本黄槿。绿化观赏植物。

木芙蓉　H. mutabilis Linn. 绿化观赏植物。

朱槿　H. rosa-sinensis Linn. 别名：扶桑。绿化观赏植物。

木槿　H. syriacus Linn. 绿化观赏植物。

紫花重瓣木槿　Hibiscus syriacus Linn. f. var. syriacus f. violaceus Gagnep 绿化观赏植物。

锦葵　Malva sinensis Cavan. 绿化观赏植物。

杜英科　Elaeocarpaceae（2 种）

杜英　Elaeocarpus decipiens Hemsl. 绿化观赏植物。

山杜英　E. sylvestris（Lour.）Poir. 绿化观赏植物，分布下沈、西周的山坡林中。

椴树科　Tiliaceae（2 种）

扁担杆　Grewia biloba G. Don 有药用价值。

华东椴　Tilia japonica Simonk. 木本，多为材用，分布珠溪的山谷林中。

梧桐科　Sterculiaceae（1 种）

梧桐　Firmiana platanifolia（Linn. f.）Marsili 分布茅洋、珠溪的山谷林中。

5.2.14　堇菜目（Violales）

堇菜科　Violaceae（1 种）

紫花地丁　Viola philippica Cav. 有药用价值。

大风子科　Flacourtiaceae（1 种）

柞木　Xylosma racemosum（Sieb. et Zucc.）Miq. 别名：蒙子树。绿化观赏植物，分布昌国、鹤浦、墙头、下沈、珠溪等地的山坡林中。

5.2.15　杨柳目（Salicales）

杨柳科　Salicaceae（7 种）

垂柳　Salix babylonica L. 绿化观赏植物。

银柳　S. argyracea E. Wolf. 绿化观赏植物。

腺柳　S. chaenomeloides Kimura 别名：河柳 。绿化观赏植物，分布儒雅洋、茅洋、鹤浦等地的河、溪边。

龙爪柳　S. matsudana Koidz. f. tortuosa（Vilm.）Rehd. 绿化观赏植物。

旱柳　S. matsudana Koidz. 绿化观赏植物，见于西周、高塘岛等地的河、溪边。

加拿大杨　Populus×canadensis Moench 别名：加杨，加拿大白杨绿化观赏植物西周、鹤浦等地有栽。

响叶杨　Populus adenopoda Maxim. 木本，多为材用。分布儒雅洋、下沈的路边、阳坡林中。

5.2.16　白花菜目（Capparales）

十字花科　Cruciferae（4 种）

碎米荠　Cardamine hirsuta L. 一年生小草本，全草可作野菜食用；也供药用，能清热祛湿。

荠　Capsella bursa-pastoris（L.）Medic. 有药用价值。

弯曲碎米荠　Cardamine flexuosa With. 有药用价值。

蔊菜　Rorippa indica（L.）Hiern 别名：野油菜。有药用价值。

5.2.17　蔷薇目（Rosales）

蔷薇科　Rosaceae（61 种）

垂丝海棠　Malus halliana Koehne 绿化观赏植物。

小果蔷薇　R. cymosa Tratt. 有药用价值。

野蔷薇　R. multiflora Thunb. 别名：多花蔷薇。有药用价值。

周毛悬钩子　Rubus amphidasys Focke ex Diels 有药用价值。分布茅洋、莲花、下沈等地的山谷、竹林下。

空心泡　R. rosaefolius Smith 别名：蔷薇莓。有药用价值。分布茅洋、樊岙、莲花、珠溪等地的阴坡沟谷处。

华空木　Stephanandra chinensis Hance 别名：野珠兰。有药用价值。布在下沈、茅洋等地的山谷、溪沟边。

照水梅　Armeniaca mume Sieb. var. pendula Sieb. 绿化观赏植物。

山樱花　C. serrulata（Lindl.）G. Don ex London 绿化观赏植物。

毛山樱　C. serrulata（Lindl.）G. Don var. pubescens（Makino）Yü et Li 绿化观赏植物。

皱皮木瓜　Chaenomeles speciosa（Sweet）Nakai 别名：贴梗木瓜。绿化观赏植物

西府海棠　M. micromalus Makino 绿化观赏植物。

梅　Armeniaca mume Sieb. 食用。

杏　A. vulgaris Lam. 食用。

桃　Amygdalus persica L. 食用。

蟠桃　A. persica L. var. compressa（Loud.）Yü et Lu 食用。

油桃　A. persica L. var. nectarina（Ait.）Maxim 食用。

樱桃　Cerasus pseudocerasus（Lindl.）G. Don 食用。

野山楂　Crataegus cuneata Sieb. et Zucc. 食用。

湖北山楂　C. hupehensis Sarg. 食用。

枇杷　Eriobotrya japonica（Thunb.）Lindl. 食用。

花红　Malus asiatica Nakai 食用。

苹果　M. pumila Mill. 食用。

李　Prunus salicina Lindl. 食用。

沙梨　Pyrus pyrifolia（Burm. f.）Nakai 食用。

掌叶覆盆子　Rubus chingii Hu 别名：牛奶母。食用。分布于莲花、下沈等地的路边、山麓。

蛇莓　Duchesnea indica（Andr.）Focke 有药用价值。

白鹃梅　Exochorda racemosa（Lindl.）Rehd. 有药用价值。分布于林海、樊岙、鹤浦等地的阳坡、路边灌丛中。

大叶桂樱　Laurocerasus zippeliana（Miq.）Yü et Lu 有药用价值。分布于儒雅洋、樊岙的山谷林中。

石斑木　Raphiolepis indica（L.）Lindl. 有药用价值。

硕苞蔷薇　Rosa bracteata Wendl. 有药用价值。分布于茅洋、昌国、儒雅洋等地的溪沟边、路边。

软条七蔷薇　R. henryi Bouleng. 别名：秀蔷薇 有药用价值。分布于儒雅洋、下沈、樊岙等地的沟边、林缘、荒坡。

金樱子　R. laevigata Michx. 有药用价值。分布于茅洋、鹤浦、下沈、莲花等地的路边。

寒莓　R. buergeri Miq. 有药用价值。

山莓　R. corchorifolius L. f. 有药用价值。

光果悬钩子　R. glabricarpus Cheng 有药用价值。分布于儒雅洋、下沈的山谷、溪边。

蓬蘽　R. hirsutus Thunb. 有药用价值。

复盆子　R. idaeus L. 有药用价值。分布于昌国、下沈、墙头等地的路边、荒坡。

高粱泡　R. lambertianus Ser. 有药用价值。

茅莓　R. parvifolius L. 有药用价值。

浅裂锈毛莓　R. reflexus Ker var. hui（Diels apud Hu）Metc. 有药用价值。分布于樊岙山麓灌丛中。

红腺悬钩子　R. sumatranus Miq. 别名：牛奶莓 有药用价值，分布于儒雅洋溪沟边。

寿星桃　Amygdalus persica L. var. densa Makino 绿化观赏植物。

碧桃　A. persica L. f. duplex Rehd. 绿化观赏植物。

垂枝碧桃　A. persica L. f. pendula Dipp. 绿化观赏植物。

重瓣榆叶梅　A. triloba（Lindl.）Ricker f. plena Dipp. 绿化观赏植物。

日本樱花　C. yedoensis（Matsum.）Yü et Li 绿化观赏植物。

海棠花　M. spectabilis（Ait.）Borkh. 绿化观赏植物。

小叶石楠　P. parvifolia（Pritz.）Schneid. 绿化观赏植物，分布于下沈、儒雅洋、茅洋、樊岙等地的山坡、路边。

石楠　P. serrulata Lindl. 绿化观赏植物。分布于茅洋、儒雅洋、下沈、涂茨等地的山谷林中。

紫叶李　Prunus cerasifera Ehrhart f. atropurpurea（Jacq.）Rehd. 绿化观赏植物。

月季　Rosa chinensis Jacq. 绿化观赏植物。

玫瑰　R. rugosa Thunb. 绿化观赏植物。

中华绣线菊　Spiraea chinensis Maxim. 绿化观赏植物。分布于茅洋、昌国、下沈等地的山坡林中。

单瓣李叶绣线菊　S. prunifolia Sieb. et Zucc. var. simpliciflora Nakai 绿化观赏植物。分布于茅洋、定塘、泗洲头等地的山坡路边。

平枝栒子　Cotoneaster horizontalis Dcne. 绿化观赏植物。分布于渔山列岛的山坡。

光叶石楠　Photinia glabra（Thunb.）Maxim. 绿化观赏植物。分布于儒雅洋、涂茨等地的山谷林中。

湖北海棠　M. hupehensis（Pamp.）Rehd. 绿化观赏植物。分布于儒雅洋、下沈等地的阳坡。

尾叶樱　Cerasus dielsiana（Schneid.）Yü et Li 绿化观赏植物。分布于下沈、儒雅洋的山谷林中。

榆叶梅　A. triloba（Lindl.）Ricker 绿化观赏植物。分布于鹤浦、儒雅洋等地山谷、沟边。

豆梨　Pyrus calleryana Dcne. 木本，多为材用。分布于涂茨、儒雅洋、昌国等地的山坡路边。

橉木　Padus buergeriana（Miq.）Yü et Ku 木本，多为材用。分布于涂茨、珠溪、儒雅洋的山谷林中。

虎耳草科　Saxifragaceae（5 种）

钻地风　Schizophragma integrifolium Oliv. 别名：小齿钻地风。有药用价值。分布于下沈、儒雅洋等地的沟谷、竹林下。

中国绣球　Hydrangea chinensis Maxim. 绿化观赏植物。分布于蒙顶山的山谷溪沟边。

绣球　H. macrophylla（Thunb.）Ser. 绿化观赏植物。

圆锥绣球　H. paniculata Sieb. 绿化观赏植物。分布于下沈、儒雅洋等地的山谷林中。

溲疏 Deutzia scabra Thunb. 绿化观赏植物。分布于儒雅洋、涂茨的山谷中。

景天科 Crassulaceae（1 种）

费菜 Sedum aizoon L. 别名：土三七。有药用价值。

胡颓子科 Elaeagnaceae（5 种）

蔓胡颓子 E. glabra Thunb. 别名：藤胡颓子，有药用价值。分布于墙头、儒雅洋、鹤浦、昌国等地的山谷林中。

胡颓子 E. pungens Thunb. 有药用价值。

大叶胡颓子 Elaeagnus macrophylla Thunb. 绿化观赏植物。分布于渔山列岛的崖壁上。

牛奶子 E. umbellata Thunb. 有药用价值。分布于西周、儒雅洋、昌国、鹤浦等地的路边、林缘、荒坡。

巴东胡颓子 Elaeagnus difficilis Serv. 别名：铜色叶胡颓子。有药用价值。分布于墙头山谷林中。

5.2.18 豆目（Fabales）

豆科 Leguminosae（39 种）

中华胡枝子 Lespedeza chinensis G. Don 有药用价值。广泛分布于儒雅洋、樊岙等地的阳坡松林下

浙江马鞍树 Maackia chekiangensis Chien 有药用价值。分布于莲花等地的沟谷、路边。

合欢 Albizia julibrissin Durazz. 绿化观赏植物。

紫荆 Cercis chinensis Bunge 绿化观赏植物。

美丽胡枝子 Lespedeza formosa（Vog.）Koehne 绿化观赏植物。

龙须藤 Bauhinia championii（Benth.）Benth. 有药用价值。分布于高塘岛的山谷荒坡上。

云实 Caesalpinia decapetala（Roth）Alston 有药用价值。分布于茅洋、鹤浦、林海等地的路边、林缘。

锦鸡儿 Caragana sinica（Buc’hoz）Rehd. 有药用价值。分布于西周、鹤浦等地的山谷林中。

香港黄檀 Dalbergia millettii Benth. 有药用价值。分布于鹤浦、墙头、昌国、珠溪等地的松林中。

小槐花 Desmodium caudatum（Thunb.）DC. 有药用价值。

假地豆 D. heterocarpon（Linn.）DC. 有药用价值。分布于茅洋、鹤浦等地的林缘、路边。

华东木蓝 Indigofera fortunei Craib 有药用价值。分布于儒雅洋的阳坡、路边。

浙江木蓝 I. Parkesii Craib 有药用价值。分布于儒雅洋的阳坡林中。

马棘 I. Pseudotinctoria Matsum. 有药用价值。分布于茅洋、昌国、下沈等地的路边、荒坡。

鸡眼草 Kummerowia striata（Thunb.）Schindl. 有药用价值。

截叶铁扫帚 L. cuneata（Dum. -Cours.）G. Don 有药用价值。

假地豆 D. heterocarpon（Linn.）DC. 有药用价值。分布于茅洋、鹤浦等地的林缘、路边。

铁马鞭 L. pilosa（Thunb.）Sieb. et Zucc. 有药用价值。广泛分布于茅洋、鹤浦、下沈、儒雅洋等地的林缘、路边。

香花崖豆藤 Millettia dielsiana Harms 别名：山鸡血藤 有药用价值。

网络崖豆藤 M. reticulate Benth. 别名：昆明鸡血藤 有药用价值。分布于茅洋、昌国、珠溪等

地的松林中。

含羞草　Mimosa pudica Linn. 有药用价值。

常春油麻藤　Mucuna sempervirens Hemsl. 有药用价值。分布于下沈、昌国、珠溪等地的山谷、沟边。

细长柄山蚂蝗　Podocarpium leptopus（A. Grag. ex Benth.）Yang et Huang 有药用价值。分布于儒雅洋、茅洋、樊岙、墙头等地的路边、溪沟边。

葛　Pueraria lobata（Willd.）Ohwi 别名：野葛，葛藤。有药用价值。

银荆　Acacia dealbata Link 绿化观赏植物。

山槐　A. kalkora（Roxb.）Prain 别名：山合欢。绿化观赏植物。

紫穗槐　Amorpha fruticosa Linn. 绿化观赏植物。

杭子梢　Campylotropis macrocarpa（Bunge）Rehd. 绿化观赏植物。分布于儒雅洋、鹤浦等地的松林下。

槐　Sophora japonica Linn. 绿化观赏植物。

龙爪槐　S. japonica Linn. f. pendula Hort. apud Loud. 绿化观赏植物。

紫藤　Wisteria sinensis（Sims）Sweet 绿化观赏植物。

黑荆　Acacia mearnsii De Wilde

花木蓝　Indigofera kirilowii Maxim. ex Palibin 落叶小灌木。分布于石浦的荒坡上。

多花胡枝子　Lespedeza floribunda Bunge 落叶小灌木。分布于渔山列岛的荒坡上。

田菁　Sesbania cannabina（Retz.）Poir.

黄檀　Dalbergia hupeana Hance。木本，多为材用。

刺槐　Robinia pseudoacacia Linn. 别名：洋槐。木本，多为材用。

花榈木　Ormosia henryi Prain 别名：花梨木。木本，多为材用，国家二级保护植物。

红豆树　O. hosiei Hemsl. et Wils. 木本，多为材用，国家二级保护植物，泗洲头林场、牧童岙林区有栽。

山皂荚　Gleditsia japonica Miq. 木本，多为材用。分布于儒雅洋的山谷林中。

5.2.19　桃金娘目（Myrtales）

桃金娘科　Myrtaceae（9 种）

红桉　E. rubida Decne et Maiden。木本，多为材用。

多枝桉　E. viminalis Labill. 木本，多为材用。

山桉　E. dalrympleana Maiden 木本，多为材用。

粉绿桉　tingiringi gum 木本，多为材用。

亮果桉　E. nitens Maiden 木本，多为材用。

野桉　E. rudis Endl. 木本，多为材用。

赤楠　Syzygium buxifolium Hook. et Arn. 绿化观赏植物。分布于茅洋、樊岙、珠溪、下沈等地的松林下。

赤桉　Eucalyptus camaldulensis Dehnh. 木本，多为材用，高塘岛有引栽。

桉　E. robusta Smith 别名：大叶桉 。木本，多为材用，丹城、东港、樊岙等地有引栽。

柳叶菜科　Onagraceae（1 种）

丁香蓼　Ludwigia prostrata Roxb. 有药用价值。

千屈菜科　Lythraceae（3 种）

节节菜　Rotala indica（Willd.）Koehne 食用。

水苋菜　Ammannia baccifera Linn. 有药用价值。

紫薇　Lagerstroemia indica Linn. 绿化观赏植物，

瑞香科　Thymelaeaceae（6 种）

芫花　Daphne genkwa Sieb. et Zucc. 绿化观赏植物。分布于鹤浦的山坡、路边。

毛瑞香　D. kiusiana Miq. var. atrocaulis（Rehd.）F. Maekawa 绿化观赏植物。分布于鹤浦、樊岙、涂茨等地的山坡林中。

瑞香　D. odora Thunb. 绿化观赏植物。

结香　Edgeworthia chrysantha Lindl. 绿化观赏植物。

了哥王　Wikstroemia indica（Linn.）C. A. Mey 别名：南岭荛花。有药用价值。分布于茅洋、樊岙、昌国、鹤浦的路边、林缘、荒坡。

多毛荛花　W. pilosa Cheng 别名：浙雁皮，有药用价值。分布于鹤浦的路边、田坎。

石榴科　Punicaceae（3 种）

石榴　Punica granatum Linn. 别名：安石榴，食用。

月季石榴　Punica granatum Linn. cv. nana Pers. 绿化观赏植物。

重瓣石榴　P. granatum Linn. var. pleniflora Hayre 绿化观赏植物。

5.2.20　檀香目（Santalales）

铁青树科　Olacaceae（1 种）

青皮木　Schoepfia jasminodora Sieb. et Zucc. 绿化观赏植物，分布于茅洋山坡林中。

5.2.21　卫矛目（Celastrales）

卫矛科　Celastraceae（11 种）

肉花卫矛　E. carnosus Hemsl. 绿化观赏植物，分布于茅洋、下沈、珠溪、儒雅洋等地的山谷，沟边。

白杜　Euonymus maackii Rupr. 别名：丝绵木。木本，多为材用。

短梗南蛇藤　C. rosthornianus Loes. 有药用价值。

扶芳藤　Euonymus fortunei（Turcz.）Hand. -Mazz. 有药用价值。分布于茅洋、儒雅洋等地的路边、岩石上。

雷公藤　Tripterygium wilfordii Hook. f. 有药用价值。分布于下沈、茅洋、鹤浦等地的山麓、路边。

卫矛　Euonymus alatus（Thunb.）Sieb. 绿化观赏植物，分布于茅洋山谷林中。

冬青卫矛　E. japonicus Thunb. 别名：大叶黄杨，正木，绿化观赏植物。

金边黄杨　E. japonicus Thunb. var. aurea-marginatus Nichols. 绿化观赏植物。

南蛇藤　Celastrus orbiculatus Thunb. 有药用价值。分布于茅洋、昌国、下沈、涂茨等地的山林中。

窄翅卫矛　E. streptopterus Merr. et Chun 有药用价值。分布于茅洋、樊岙、莲花、下沈等地的山谷、溪沟边。

福建假卫矛　Microtropis fokienensis Dunn 有药用价值。分布于儒雅洋的山谷林下。

冬青科　Aquifoliaceae（8 种）

亮叶冬青　Ilex nitidissima C. J. Tseng 有药用价值。分布于樊岙山坡林中。

短梗冬青　Ilex buergeri Miq. 别名：华东冬青，毛枝冬青 绿化观赏植物，分布于西周、涂茨等地的山谷林下。

冬青　I. chinensis Sims 绿化观赏植物。

枸骨　I. cornuta Lindl. et Paxt. 绿化观赏植物。

厚叶冬青　I. elmerrilliana S. Y. Hu 绿化观赏植物，分布于西周、茅洋等地的山坡林中。

全缘冬青　I. integra Thunb. 绿化观赏植物，分布于珠溪、涂茨、樊岙等地的山坡灌丛。

毛梗铁冬青　I. rotunda Thunb. var. microcarpa（Lindl. ex Paxt.）S. Y. Hu 绿化观赏植物，分布于昌国、莲花、茅洋、珠溪等地的山谷林中。

大叶冬青　Ilex latifolia Thunb. 木本，多为材用，分布于茅洋、莲花、儒雅洋等地的阴坡山谷林中。

5.2.22　大戟目（Euphorbiales）

大戟科　Euphorbiaceae（17 种）

重阳木　Bischofia polycarpa（Lévl.）Airy Shaw. 绿化观赏植物，鹤浦有栽。

乌桕　Sapium sebiferum（Linn.）Roxb. 木本，多为材用。

铁苋菜　Acalypha australis L. 有药用价值。

泽漆　Euphorbia helioscopia Linn. 有药用价值。

地锦　E. humifusa Willd. ex Schlecht. 有药用价值。

一叶萩　Flueggea suffruticosa（Pall.）Baill. 有药用价值。分布于珠溪的山谷灌丛。

算盘子　Glochidion puberum（Linn.）Hutch. 有药用价值。

杠香藤　M. repandus（Willd.）Muell. Arg. var. chrysocarpus（Pamp.）S. M. Hwang 别名：腺叶石岩枫 有药用价值。

叶下珠　Phyllanthus urinaria Linn. 有药用价值。

白木乌桕　Sapium japonicum（Sieb. et Zucc.）Pax et Hoffm. 有药用价值。分布于下沈的山谷林中。

白背叶　Mallotus apelta（Lour.）Muell. Arg. 绿化观赏植物。分布于茅洋、下沈、西周等地的路边、山谷林中。

青灰叶下珠　Phyllanthus glaucus Wall. ex Muell. Arg. 绿化观赏植物。分布于茅洋、儒雅洋等地的林缘、路边。

山麻杆　Alchornea davidii Franch.

油桐　Vernicia fordii（Hemsl.）Airy Shaw 落叶乔木。分布于儒雅洋山谷林中。

木油桐　V. montana Lour. 别名：千年桐。落叶乔木，墙头有栽。

野桐　Mallotus japonicus（Thunb.）Muell. Arg. var. floccosus（Muell. Arg.）S. M. Hwang 有药用价值。分布于茅洋、下沈、珠溪等地的山谷灌丛。

粗糠柴　Mallotus philippensis（Lam.）Muell. Arg. 木本。多为材用，分布于昌国村旁。

黄杨科　Buxaceae（4 种）

雀舌黄杨　Buxus bodinieri Lévl. 绿化观赏植物。

大叶黄杨　B. megistophylla Lévl. 绿化观赏植物。

黄杨　B. sinica（Rehd. et Wils.）Cheng 别名：瓜子黄杨，绿化观赏植物。

小叶黄杨　B. sinica（Rehd. et Wils.）Cheng var. parvifolia M. Cheng 绿化观赏植物。

5.2.23　鼠李目（Rhamnales）

鼠李科　Rhamnaceae（7 种）

枣　Ziziphus jujuba Mill. 食用。

圆叶鼠李　R. globosa Bunge 有药用价值。

冻绿　Rhamnus utilis Decne. 别名：鼠李。落叶灌木或小乔木，分布于茅洋、樊岙、珠溪、下沈等地的山谷、沟边。

长叶冻绿　Rhamnus crenata Sieb. et Zucc. 有药用价值。分布于茅洋、樊岙、下沈、莲花、珠溪等地的山坡、路边。

多花勾儿茶　Berchemia floribunda（Wall.）Brongn. 绿化观赏植物，分布于茅洋、樊岙、下沈、墙头、珠溪的山谷。

雀梅藤　Sageretia thea（Osbeck）Johnst. 绿化观赏植物。

枳椇　Hovenia acerba Lindl. 别名：南枳椇 。木本，多为材用，分布于下沈的山谷林中。种子为清凉利尿药，能解酒毒。

葡萄科 Vitaceae（12 种）

葡萄　Vitis vinifera L. 食用。

异叶地锦　Parthenocissus dalzielii Gagnep. 别名：异叶爬山虎。绿化观赏植物。

蓝果蛇葡萄　Ampelopsis bodinieri（Lévl. et Vant.）Rehd. 别名：蛇葡萄。有药用价值。分布于茅洋、莲花等地的路边、荒坡、林缘。

乌蔹莓　Cayratia japonica（Thunb.）Gagnep. 别名：五爪龙。有药用价值。

地锦　Parthenocissus tricuspidata（Sieb. et Zucc.）Planch. 别名：爬山虎。有药用价值。

广东蛇葡萄　Ampelopsis cantoniensis（Hook. et Arn.）Planch. 绿化观赏植物。分布于鹤浦、茅洋、莲花等地的路边、阳坡、沟边。

绿叶地锦　P. laetevirens Rehd. 别名：绿叶爬山虎。绿化观赏植物。

毛葡萄　V. heyneana Roem. et Schult 有药用价值。分布于樊岙的山谷灌丛中。

三裂蛇葡萄　A. delavayana Planch. 别名：三裂叶蛇葡萄。有药用价值。分布于鹤浦、樊岙等地的溪沟边、路边。

蘡薁　Vitis bryoniaefolia Bge. 有药用价值。分布于茅洋、昌国、珠溪等地的山谷、路边。

葛藟葡萄　V. flexuosa Thunb. 有药用价值。分布于昌国、儒雅洋等地的沟边、山谷林中。

菱叶葡萄　V. hancockii Hance 别名：山毛榉叶葡萄。有药用价值。分布于下沈、儒雅洋的山坡林中。

5.2.24　无患子目（Sapindales）

芸香科　Rutaceae（31 种）

枳　Poncirus trifoliate（L.）Raf. 别名：枸橘。有药用价值。

代代酸橙　Citrus aurantium L. cv. daidai 绿化观赏植物。

臭辣吴萸　Evodia fargesii Dode 别名：臭辣树。木本，多为材用。

日本夏橙　Citrus aurantium L. cv. natsudaidai 食用。

八朔　C. hassaky Hort. ex Tanaka 食用。

伊予柑　C. iyo Hort. ex Tanaka 食用。

柠檬　C. limon（L.）Burm. f. 食用。

四季橘　C. madurensis Lour. 食用。

柚　C. maxima（Burm.）Merr. 别名：文旦，抛。食用。

椪柑　C. poonensis Tanaka 食用。

柑橘　C. reticulata Blanco 食用。

朱红　C. reticulata Blanco cv. zhuhong 食用。

红橘　C. reticulata Blanco var. tangerine 食用。

甜橙　C. sinensis（L.）Osb. 食用。

瓯柑　C. suavissima Tanaka 食用。

早橘　C. subcompressa Tanaka 食用。

本地早　Citrus succosa Hort. ex Tanaka 食用。

日向夏　C. tamurana Hort. ex Tanaka 食用。

槾橘　C. tardiferax Tanaka 食用。

温州蜜柑　C. unshiu Marc. 食用。

金柑　Fortunella japonica（Thunb.）Swingle 别名：圆金橘。食用。

金橘　F. margarita（Lour.）Swingle 别名：罗浮。食用。

佛手　Citrus medica L. var. sarcodactylis（Noot.）Swingle 有药用价值。

酸橙　C. aurantium L. 有药用价值。

椿叶花椒　Zanthoxylum ailanthoides Sieb. et Zucc. 有药用价值。分布于昌国、墙头、儒雅洋的山麓、山谷林中。

野花椒　Z. simulans Hance 有药用价值。分布于茅洋的路边、山麓。

吴茱萸　Evodia rutaecarpa（Juss.）Benth. 有药用价值。分布于涂茨、定塘、下沈等地的山麓、路边、山谷。

竹叶花椒　Z. armatum DC. 有药用价值。分布于茅洋、鹤浦、下沈、珠溪的山坡、沟边。

花椒簕　Z. scandens Bl. 有药用价值。分布于下沈、墙头的山谷竹林下。

山橘　Fortunella hindsii（Champ. ex Benth.）Swingle 别名：山金豆。有药用价值。分布于茅洋、晓塘、鹤浦等地的荒坡、疏林中。

青花椒　Z. schinifolium Sieb. et Zucc. 别名：崖椒。有药用价值。分布于昌国、樊岙、墙头阳坡灌丛。

无患子科　Sapindaceae（2 种）

栾树　Koelreuteria paniculata Laxm. 绿化观赏植物。

无患子　Sapindus mukorossi Gaertn. 绿化观赏植物。有药用价值。

苦木科　Simaroubaceae（2 种）

苦树　Picrasma quassioides（D. Don.）Benn. 有药用价值。分布于下沈、樊岙、珠溪等地的山谷林中。

臭椿　Ailanthus altissima（Mill.）Swingle 绿化观赏植物，分布于茅洋、鹤浦、墙头等地的山麓林中。

楝科　Meliaceae（5 种）

楝　Melia azedarach Linn. 别名：苦楝。木本，多为材用。

香椿　T. sinensis（A. Juss.）Roem. 木本，多为材用。

川楝　Melia toosendan Sieb. et Zucc. 有药用价值。

米仔兰　Aglaia odorata Lour. 别名：碎米兰。绿化观赏植物。

红椿　Toona ciliata Roem. 别名：红楝子。木本，多为材用。国家二级保护植物。高塘岛、樊岙有栽。

槭树科　Aceraceae（9 种）

三角槭　Acer buergerianum Miq. 别名：三角枫。绿化观赏植物。分布于樊岙、莲花、涂茨、墙头等地的山坡、路边。

秀丽槭　A. elegantulum Fang et P. L. Chiu 绿化观赏植物。

梣叶槭　A. negundo Linn. 别名：糖槭。绿化观赏植物，儒雅洋等有引栽。

鸡爪槭　A. palmatum Thunb. 绿化观赏植物。

羽毛枫　A. palmatum Thunb. var. dissectum（Thunb.）K. Koch 绿化观赏植物。

红枫　A. palmatum Thunb. var. ornatum Andre 别名：红叶皱纹槭。绿化观赏植物。

茶条槭　Acer ginnala Maxim. 食用，分布于墙头、下沈、儒雅洋等地的溪沟边、山谷中。

天童锐角槭　Acer acutum Fang var. tientungense Fang et Fang f. 木本，多为材用。分布于下沈、珠溪的山谷林中。

青榨槭　A. davidii Franch.。木本，多为材用。分布于下沈、儒雅洋、西周、泗洲头等地的阴坡山谷中。

漆树科　Anacardiaceae（6 种）

南酸枣　Choerospondias axillaris（Roxb.）Burtt et Hill。木本，多为材用。樊岙、珠溪等地有栽。

黄连木　Pistacia chinensis Bunge 木本，多为材用。落叶乔木，分布于茅洋、昌国、儒雅洋等地的路边、山谷林中。

野漆　Toxicodendron succedaneum（L.）O. Kuntze 有药用价值。分布于茅洋的山坡松林下。

木蜡树　T. sylvestre（Sieb. et Zucc.）O. Kuntze 有药用价值。

漆 Toxicodendron vernicifluum（Stokes）F. A. Barkl. 可制涂料，液汁干后可入药。

盐肤木 Rhus chinensis Mill. 有药用价值。

省沽油科　Staphyleaceae（2 种）

野鸦椿　Euscaphis japonica（Thunb.）Dippel 有药用价值。

省沽油　Staphylea bumalda DC. 绿化观赏植物。分布于下沈山谷林中。

5.2.25　牻牛儿苗目（Geraniales）

牻牛儿苗科　Geraniaceae（1 种）

野老鹳草　Geranium carolinianum L. 有药用价值。

酢浆草科　Oxalidaceae（2 种）

山酢浆草　Oxalis acetosella L. ssp. griffithii（Edgew. et Hook. f.）Hara 有药用价值。

酢浆草　O. corniculata L. 有药用价值。

5.2.26　伞形目（Apiales Umbellales）

伞形科　Umbelliferae（4 种）

天胡荽　Hydrocotyle sibthorpioides Lam. 有药用价值。

破铜钱　H. sibthorpioides Lam. var. batrachium（Hance）Hand. -Mazz. ex Shan 有药用价值。

水芹　Oenanthe javanica（Bl.）DC. 别称：水芹菜。有药用价值。

积雪草　Centella asiatica（L.）Urban 有药用价值。

五加科　Araliaceae（4 种）

常春藤　Hedera nepalensis K. Koch var. sinensis（Tobl.）Rehd. 有药用价值。

楤木　Aralia chinensis Linn. 有药用价值。分布于墙头、茅洋、鹤浦、樊岙等地的荒坡、林缘。

刺楸　Kalopanax septemlobus（Thunb.）Koidz. 木本，多为材用。分布于墙头、儒雅洋、下沈的山谷林中。

五加　Acanthopanax gracilistylus W. W. Smith 有药用价值。分布于下沈山谷林中。

海桐花科　Pittosporaceae（2 种）

海桐　P. tobira（Thunb.）Ait. 绿化观赏植物。

海金子　Pittosporum illicioides Mak. 别名：崖花海桐。绿化观赏植物，分布于茅洋、下沈、莲花等地的山谷林中。

5.2.27　杜鹃花目（Ericales）

杜鹃花科　Ericaceae（7 种）

杜鹃　Rhododendron simsii Planch. 别名：映山红。绿化观赏植物。

白花杜鹃　R. mucronatum（Blume）G. Don 绿化观赏植物。

小果珍珠花　Lyonia ovalifolia（Wall.）Drude var. elliptica（Sieb. et Zucc.）Hand. -Mazz. 别名：小果南烛。有药用价值。分布于儒雅洋的山谷中。

羊踯躅　Rhododendron molle（Blum）G. Don 别名：闹羊花，黄杜鹃。有药用价值。分布于下沈阳坡灌丛。

江南越橘　V. mandarinorum Diels 别名：米饭花。有药用价值。分布于下沈、西周、墙头、珠溪等地的山谷林中。

马银花　R. ovatum（Lindl.）Planch. ex Maxim. 有药用价值。分布于茅洋、儒雅洋、下沈、莲花、珠溪等地的山谷林中。

南烛　Vaccinium bracteatum Thunb. 别名：乌饭树。有药用价值。

安息香科　Styracaceae（4 种）

赛三梅　Styrax confusus Hemsl. 别名：白山龙。有药用价值。

野茉莉　S. japonicus Sieb. et Zucc. 有药用价值。分布于下沈、涂茨、樊岙等地的山坡、山谷松林下。

小叶白辛树　Pterostyrax corymbosus Sieb. et Zucc. 木本，多为材用。分布于下沈的山谷林中。

栓叶安息香　Styrax suberifolius Hook. et Arn. 别名：红皮树。木本，多为材用。分布于茅洋、樊岙等地的山谷林中。

紫金牛科　Myrsinaceae（4 种）

紫金牛　A. japonica（Thunb.）Blume 有药用价值。

密花树　Rapanea neriifolia（Sieb. et Zucc.）Mez 有药用价值。分布于渔山列岛的悬崖上。

硃砂根　Ardisia crenata Sims 别名：珍珠伞。有药用价值。分布于昌国、茅洋、樊岙、墙头、珠溪等地的阴坡沟谷。

杜茎山　Maesa japonica（Thunb.）Moritzi. 有药用价值。分布于茅洋、昌国、樊岙等地的山谷林下、沟边。

5.2.28　柿树目（Ebenales）

柿树科　Ebenaceae（3 种）

柿　Diospyros kaki Thunb. 食用

野柿　D. kaki Thunb. var. silvestris Makino 木本，多为材用。分布于茅洋、鹤浦、樊岙、下沈、儒雅洋等地的路边、林缘、阳坡。

粉叶柿　Diospyros glaucifolia Metc. 别名：浙江柿。木本，多为材用。分布于茅洋、樊岙、珠溪等地的山谷林中。

山矾科　Symplocaceae（6 种）

老鼠矢　Symplocos stellaris Brand 其他植物，常绿乔木，分布于茅洋、莲花、下沈、珠溪等地的山谷林中。

薄叶山矾　Symplocos anomala Brand 有药用价值。分布于儒雅洋山谷林中。

白檀　S. paniculata（Thunb.）Miq. 有药用价值。

山矾　S. sumuntia Buch. -Ham. ex D. Don 有药用价值。

总状山矾　S. botryantha Franch. 有药用价值。分布于茅洋、东溪等地的山谷林中。

四川山矾　S. setchuensis Brand 有药用价值。分布于茅洋、鹤浦、下沈、涂茨等地的松林。

5.2.29　报春花目（Primulales）

报春花科　Primulaceae（2 种）

红根草　Lysimachia fortunei Maxim. 有药用价值。绿化观赏植物。

5.2.30　龙胆目（Gentianales）

马钱科　Loganiaceae（2 种）

醉鱼草　Buddleja lindleyana Fortune 绿化观赏植物。

蓬莱葛　Gardneria multiflora Makino 绿化观赏植物。分布于茅洋、昌国、下沈、珠溪等地的山谷岩石上。

夹竹桃科　Apocynaceae（5 种）

石血　T. jasminoides（Lindl.）Lem. var. heterophyllum Tsiang 有药用价值。

夹竹桃　Nerium indicum Mill. 绿化观赏植物。

白花夹竹桃　N. indicum Mill. cv. paihua 绿化观赏植物。

链珠藤　Alyxia sinensis Champ. ex Benth. 有药用价值。分布于茅洋的山坡灌丛中。

络石　Trachelospermum jasminoides（Lindl.）Lem. 有药用价值。

茜草科　Rubiaceae（16 种）

虎刺　Damnacanthus indicus Gaertn. f. 绿化观赏植物。分布于茅洋、樊岙、儒雅洋、下沈等地的山谷、竹林下。

猪殃殃　Galium aparine Linn. var. tenerum（Gren. et Godr.）Rchb. 有药用价值。

狭叶栀子　Gardenia stenophylla Merr. 有药用价值。

鸡矢藤　Paederia scandens（Lour.）Merr. 有药用价值。

茜草　Rubia cordifolia Linn. 有药用价值。

钩藤　Uncaria rhynchophylla（Miq.）Miq. ex Havil. 有药用价值。分布于樊岙、下沈等地的山谷、沟边。

白蟾　G. jasminoides Ellis var. fortuniana（Lindl.）Hara 绿化观赏植物。

大花栀子　G. jasminoides Ellis var. grandiflora Nakai 绿化观赏植物。

六月雪　Serissa japonica（Thunb.）Thunb. 绿化观赏植物。

金边六月雪　S. japonica（Thunb.）Thunb. cv. aureo-marginata 绿化观赏植物。

重瓣六月雪　S. japonica（Thunb.）Thunb. cv. pleniflora 绿化观赏植物。

浙皖虎刺　Damnacanthus macrophyllus Sieb. ex Miq. 别名：浙江虎刺，串珠虎刺。有药用价值。分布于儒雅洋的山谷常绿阔叶林中。

白花苦灯笼　Tarenna mollissima（Hook. et Arn.）Rob. 别名：密毛乌口树。有药用价值。分布于茅洋、下沈等地的山坡林中。

栀子　Gardenia jasminoides Ellis 绿化观赏植物。

风箱树　Cephalanthus tetrandrus（Roxb.）Ridsd. et Bakh. f. 有药用价值。分布于下沈、墙头、鹤浦、樊岙等地的沟边、山谷林中。

流苏子　Coptosapelta diffusa（Champ. ex Benth.）Van Steenis 有药用价值。分布于茅洋、下沈、涂茨等地的山谷林中。

5.2.31　茄目（Solanales）

茄科　Solanaceae（4 种）

曼陀罗　Datura stramonium L. 有药用价值。

枸杞　Lycium chinense Mill. 有药用价值。

小酸浆　Physalis minima L. 有药用价值。

龙葵　Solanum nigrum L. 有药用价值。

5.2.32　唇形目（Lamiales）

唇形科　Labiatae（10 种）

筋骨草　Ajugaciliate Bunge

细风轮菜　Clinopodium gracile（Benth.）Matsum. 别名：瘦风轮、剪刀草。

宝盖草　Lamium amplexicaule Linn. 别名：佛座。

野芝麻　L. barbatum Sieb. et Zucc.

益母草　Leonurus artemisia（Lour.）S. Y. Hu

薄荷　Mentha haplocalyx Briq. 别名：野薄荷。

石荠苧　Mosla scabra（Thunb.）C. Y. Wu et H. W. Li

紫苏　Perilla frutescens（Linn.）Britt. 一年生、直立草本，茎叶及籽实供药用；叶又供食用，与肉类同煮可增香味；种子油供食用，又有防腐作用，供工业用。

夏枯草　Prunella vulgaris Linn.

黄芩　Scutellaria baicalensis Georgi

紫草科　Boraginaceae（4 种）

紫草　Lithospermum erythrorhizon Sieb. et Zucc. 有药用价值。

附地菜　Trigonotis peduncularis（Trev.）Benth. ex Baker et Moore 有药用价值。

厚壳树　Ehretia thyrsiflora（Sieb. et Zucc.）Nakai 绿化观赏植物。分布于下沈、樊岙、渔山列岛等地的路边、荒坡。

勿忘草　Myosotis silvatica Ehrh. ex Hoffm. 绿化观赏植物。

马鞭草科　Verbenaceae（11 种）

兰香草　Caryopteris incana（Thunb.）Miq. 有药用价值。

臭牡丹　Clerodendrum bungei Steud. 有药用价值。分布于茅洋、昌国的村旁。

大青　C. cyrtophyllum Turcz. 有药用价值。分布于茅洋、鹤浦、下沈的荒地、路边。

赪桐　C. japonicum（Thunb.）Sweet 有药用价值。

豆腐柴　Premna microphylla Turcz. 有药用价值。

牡荆　Vitex negundo Linn. var. cannabifolia（Sieb. et Zucc.）Hand.-Mazz. 有药用价值。分布于西周、鹤浦、茅洋、涂茨等地的路边、荒坡。

华紫珠　Callicarpa cathayana H. T. Chang 绿化观赏植物。

杜虹花　C. formosana Rolfe 有药用价值。分布于茅洋、鹤浦、樊岙、下沈等地的林缘、荒坡。

海州常山　C. trichotomum Thunb. 有药用价值。分布于涂茨的山坡岩石丛中。

单叶蔓荆　V. trifolia Linn. var. simplicifolia Cham. 有药用价值。分布于西周、昌国、鹤浦的沙滩上。

白棠子树　Callicarpa dichotoma（Lour.）K. Koch 有药用价值。分布于儒雅洋的山坡、路边。

车前科　Plantaginaceae（1 种）

车前　Plantago asiatica L. 有药用价值。

5.2.33　玄参目（Scrophulariales）

木犀科　Oleaceae（18 种）

丹桂　O. fragrans（Thunb.）Lour. var. aurantiacus Makino 别名：红木犀。象山特有种。绿化观赏植物。

小叶女贞　L. quihoui Carr. 绿化观赏植物。分布于樊岙、墙头的山谷林下。

木犀　Osmanthus fragrans（Thunb.）Lour. 别名：桂花。绿化观赏植物。

华素馨　J. sinense Hemsl. 别名：华清香藤 有药用价值。分布于鹤浦、樊岙、涂茨的山谷林下。

水蜡树　Ligustrum obtusifolium Sieb. et Zucc. 有药用价值。分布于樊岙、儒雅洋、下沈、珠溪等地的山谷、沟边。

雪柳　Fontanesia fortunei Carr. 绿化观赏植物，分布于儒雅洋、茅洋等地的山谷溪沟边。

金钟花　Forsythia viridissima Lindl. 绿化观赏植物，分布于定塘、儒雅洋的溪沟边、路边。

美国红梣　Fraxinus pennsylvanica Marsh. 别名：毛白蜡。绿化观赏植物。

黄素馨　Jasminum floridum Bunge subsp. giraldii（Diels）Miao 别名：黄馨。绿化观赏植物。

迎春花　J. nudiflorum Lindl. 绿化观赏植物。

茉莉花　J. sambac（L.）Ait. 绿化观赏植物。

女贞　Ligustrum lucidum Ait. 绿化观赏植物。

小蜡　L. sinense Lour. 绿化观赏植物，分布于茅洋、樊岙等地的路边、海滩灌丛。

四季桂　O. fragrans（Thunb.）Lour. cv. semperflorens 绿化观赏植物。

金桂　O. fragrans（Thunb.）Lour. var. thunbergii Makino 绿化观赏植物。

尖叶白蜡树　Fraxinus chinensis Roxb. var. acuminata Lingelsh. 有药用价值。分布于儒雅洋、下沈等地的山谷、沟边。

苦枥木　Fraxinus insularis Hemsl. 木本，多为材用，分布于茅洋、儒雅洋的山谷林中。

清香藤　Jasminum lanceolarium Roxb. 别名：北清香藤，有药用价值。分布于下沈、茅洋等地的山谷、溪沟边。

玄参科　Scrophulariaceae（8 种）

白花泡桐　Paulownia fortunei（Seem.）Hemsl. 木本，多为材用。

毛泡桐　P. tomentosa（Thunb.）Steud. 木本，多为材用。

婆婆纳　Veronica didyma Tenore 食用。

长蒴母草　Lindernia anagallis（Burm. f.）Pennell 有药用价值。

母草　L. crustacean（L.）F. Muell 有药用价值。

陌上菜　L. procumbens（Krock.）Philcox 有药用价值。

通泉草　Mazus japonicus（Thunb.）O. Kuntze 有药用价值。

金鱼草　Antirrhinum majus Linn. 绿化观赏植物。

紫葳科　Bignoniaceae（3 种）

楸　Catalpa bungei C. A. Mey. 木本，多为材用。

凌霄　Campsis grandiflora（Thunb.）Schum. 有药用价值。分布于墙头的墙上、田坎上。

厚萼凌霄　C. radicans（L.）Seem. 别名：美国凌霄，有药用价值。

苦苣苔科　Gesneriaceae（1 种）

吊石苣苔　Lysionotus pauciflorus Maxim. 有药用价值。分布于下沈、珠溪等地的山谷岩石上。

5.2.34　桔梗目（Campanulales）

桔梗科　Campanulaceae（1 种）

半边莲　Lobelia chinensis Lour. 有药用价值。

5.2.35　川续断目（Dipsacales）

忍冬科　Caprifoliaceae（13 种）

蝴蝶戏珠花　V. plicatum Thunb. var. tomentosum（Thunb.）Miq. 别名：蝴蝶荚蒾。绿化观赏植物。

忍冬　L. japonica Thunb. 别名：金银花。有药用价值。分布于下沈、樊岙等地的山谷林中。

珊瑚树　V. odoratissimum Ker-Gawl. 绿化观赏植物。

接骨木　Sambucus williamsii Hance 有药用价值。

荚蒾　Viburnum dilatatum Thunb. 有药用价值。分布于茅洋、樊岙、鹤浦、下沈、珠溪等地的山坡松林中。

绣球荚蒾　Viburnum macrocephalum Fort. 别名：绣球。绿化观赏植物。

苦糖果　Lonicera fragrantissima Lindl. et Paxt. subsp. standishii（Carr.）Hsu et H. J. Wang 有药用价值。分布于樊岙、珠溪的山谷林中、石滩灌丛。

大花忍冬　L. macrantha（D. Don）Spreng. 有药用价值。

下江忍冬　L. modesta Rehd. 有药用价值。分布于下沈的山谷竹林下。

皱叶忍冬　L. rhytidophylla Hand. -Mazz. 有药用价值。分布于樊岙的路边、山坡草丛。

宜昌荚蒾　V. erosum Thunb. 有药用价值。分布于茅洋等地的山坡灌丛中。

浙江七子花　Heptacodium jasminoides Airy-Shaw 绿化观赏植物，国家二级保护植物。分布于下沈的山谷林中。

细毡毛忍冬　L. similis Hemsl. 别名：细苞忍冬，有药用价值。分布于渔山列岛的山坡灌丛。

5. 2. 36　菊目（Asterales）

菊科　Compositae（20 种）

马兰　Kalimeris indica（L.）Sch. -Bip. 别名：马兰头有药用价值。

加拿大一枝黄花　Solidago canadensis L. 别名：金棒草，绿化观赏植物已被归入中国外来入侵物种之列。

黄鹌菜　Youngia japonica（L.）DC. 食用，一年生草本，嫩叶可供食用或可作饲料。

黄花蒿　Artemisia annua Linn. 有药用价值。

艾　A. argyi Lévl. et Van. 别名：艾蒿。有药用价值。

青蒿　A. carvifolia Buch. -Ham. ex Roxb. 有药用价值。

牡蒿　A. japonica Thunb. 有药用价值。

石胡荽　Centipeda minima（L.）A. Br. et Aschers. 别名：球子草，鹅不食草。有药用价值。

蓟　Cirsium japonicum Fisch. ex DC. 别名：大蓟。有药用价值。

刺儿菜　C. setosum（Willd.）MB. 别名：小蓟。有药用价值。

小蓬草　Conyza canadensis（L.）Cronq. 别名：加拿大蓬、小飞蓬。有药用价值。

鼠麴草　Gnaphalium affine D. Don 有药用价值。

剪刀股　Ixeris japonica（Burm. f.）Nakai 有药用价值。

鳢肠　Eclipta prostrata（L.）L. 别名：旱莲草、墨菜。有药用价值。

一点红　Emilia sonchifolia（L.）DC. 有药用价值。

一年蓬　Erigeron annuus（L.）Pers. 有药用价值。

裸柱菊　Soliva anthemifolia（Juss.）R. Br. 有药用价值。

花叶滇苦菜　Sonchus asper（L.）Hill 别名：断续菊。有药用价值。

蒲公英　Taraxacum mongolicum Hand. -Mazz. 有药用价值。

苍耳　Xanthium sibiricum Patrin 其他植物。

5. 2. 37　杨梅目（Myricales）

杨梅科　Myricaceae（6 种）

杨梅　Myrica rubra（Lour.）Sieb. et Zucc. 食用。

水晶杨梅　M. rubra（Lour.）Sieb. et Zucc. var. alba Tsen 食用。

乌杨梅　M. rubra（Lour.）Sieb. et Zucc. var. atropurpurea Tsen 食用。

粉红杨梅　M. rubra（Lour.）Sieb. et Zucc. var. rosea Tsen 食用。

野杨梅　M. rubra（Lour.）Sieb. et Zucc. var. sylvestris Tsen 食用。

红杨梅　M. rubra（Lour.）Sieb. et Zucc. var. typica Tsen 食用。

5. 2. 38　山茱萸目（Cornales）

山茱萸科　Cornaceae（5 种）

青荚叶　Helwingia japonica（Thunb.）Dietr. 别名：叶上珠。有药用价值。分布于下沈的山谷、沟边。

灯台树　Bothrocaryum controversum（Hemsl.）Pojark. 绿化观赏植物。分布于下沈、儒雅洋的山谷林中。

尖叶四照花　Dendrobenthamia angustata（Chun）Fang 别名：狭叶四照花。绿化观赏植物。分布于儒雅洋的山谷林中。

毛梾　S. walteri（Wanger.）Sojak. 木本，多为材用，分布于茅洋、墙头等地的山坡、山谷竹林中。

梾木　Swida macrophylla（Wall.）Sojak. 木本，多为材用，分布于儒雅洋、下沈、昌国等地的山谷林中。

八角枫科　Alangiaceae（2 种）

毛八角枫　Alangium kurzii Craib 木本，根有药用价值。种子可榨油。

八角枫　Alangium chinense（Lour.）Harms 有药用价值。分布于茅洋、樊岙、下沈、儒雅洋等地的林缘、荒坡。

蓝果树科　Nyssaceae（2 种）

珙桐　Davidia involucrata Baill. 绿化观赏植物。国家一级保护植物。丹城、石浦有栽。

喜树　Camptotheca acuminata Decne. 别名：旱莲木。绿化观赏植物，国家二级保护植物。西周、大徐有栽。

第五章　动　　物

象山境内动物属东洋界动物区系，分布亚热带林灌、草地、农田动物群和近海动物群。动物资源种类丰富多样，常见的腔肠动物门、环节动物门、软体动物门、节肢动物门、棘皮动物门、两栖纲、爬行纲、鸟纲、哺乳纲动物共 692 种（此不计脊索动物门中的鱼纲动物，鱼纲动物单独列章）。其中，国家一级保护动物有虎、豹、黑麂、梅花鹿、白鹤，国家二级保护动物有穿山甲、真海豚、江豚、水獭、小灵猫、獐、角鸊鷉、黄嘴白鹭、岩鹭、鸳鸯、苍鹰、赤腹鹰、雀鹰、日本松雀鹰、松雀鹰、灰脸鵟鹰、白腹山雕、红隼、小杓鹬、草鸮、红角鸮、领角鸮、雕鸮、斑头鸺鹠、鹰鸮、短耳鸮、长耳鸮、玳瑁、虎纹蛙。历史上虎出没频繁，有多次虎灾记录，20 世纪 50 年代后，因人口增加，林木过度砍伐等，再无虎出现记录；野猪在 60—70 年代也很少出现，80—90 年代之后，因生态环境改善，已屡见不鲜。70 年代末期开始，成群大雁过境的景象很少见到，现今未见恢复。

第一节　腔肠动物门

主要的腔肠动物门（Coelenterata）[包括栉水母动物门（Ctenophora）] 共2纲21种。体呈辐射或两辐射对称，仅具二胚层，为最原始的后生动物。绝大部分海产，其中，以水螅纲18种最多。

1.1　水螅纲（hydrozoa）（18种）

锥形多管水母　Aequorea Conica Browne

薮枝螅水母　Obeliaspp.

不列颠高手水母　Bougainvillia Britannica（Forbes）

五角水母　Muggiaea atlantica Cunningham

拟细浅室水母　Lensia subtiloides（Lenset Van Riemsdijk）

双生水母　Diphyopsis chamissonis

华丽盛装水母　Agalma elegans（Sars）

性轭小型水母　Nanomia bijuga

两手筐水母　Solmundella bitentaculata（QuoyetGaimard）

四叶小舌水母　Liriope tetraphylla

双手外肋水母　Ectopleura Minerva Mayer

耳状囊水母　Euphysa aurata Forbes

嵴状镰螅水母　Zanclea costata Gegenbaur

黑球真唇水母　Eucheilota duodecimalis A. Agassiz

半球美螅水母　Clytia hemisphaerica（Linne）

卡马拉水母　Malagazzia carolinae（Mayer）

玛拉水母　Malagazzia carolinae（Mayer）

灯塔水母　Turritopsis nutricula McCrady

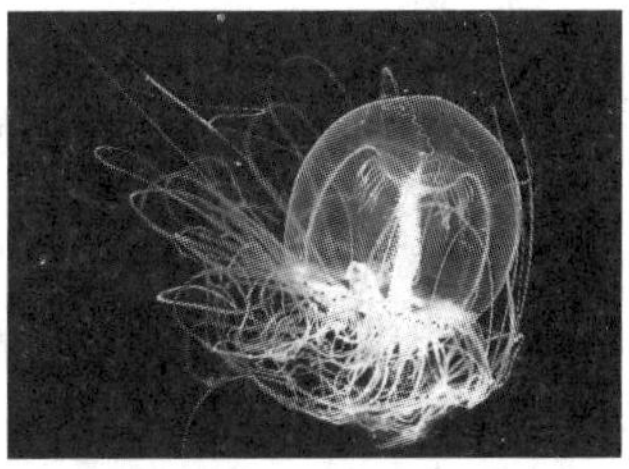

照8-17　灯塔水母

1.2　钵水母纲（Scyphozoa）（1种）

海蜇　Rhopilema esculenta Kishinouye 可供食用，并可入药。新桥镇已人工成功培育海蜇苗。

1.3　栉水母动物门（Ctenophora）（2种）

球型侧腕水母　Pleurobrachia globosa Moser

瓜水母　Beroe ovata Chamisso et Egsenhardt

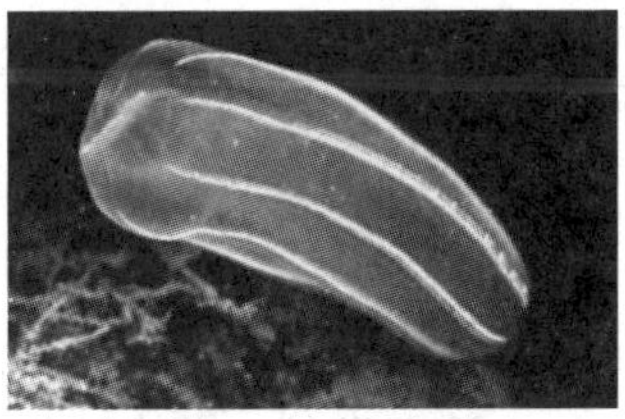

照8-18　瓜水母

第二节　环节动物门

主要的环节动物门（Annelida）共21科44种，其中多毛纲动物是海洋中极为常见的动物类群，为鱼类和其他食肉动物的饵料，是海洋生物资源的重要组成部分，也是海洋中尚待开发、利用、保护或防除的对象。蛭类的吸血习性，对人类和家畜危害很大，伤口血流不止，易感染细菌，引起化脓溃烂等。

2.1 多毛纲（Polychaeta）（16 科 39 种）

照 8-19 沙蚕

沙蚕科 Nereidae（4 种）
多齿围沙蚕 Perinereis Nuntia Savigny
双管阔沙蚕 Platynereis bicanaliculata（Baird）
双齿围沙蚕 Perinereis aibuhitensis Grube
沙蚕 Nereis sp. 常见于岩岸石块下、石缝中。
裂虫科 Syllidae（2 种）
棒格裂虫 Brania elavta（Claparede）
多毛自裂虫 Autotyus setoensis Imajima
鳞沙蚕科 Aphroditidae（2 种）
日本镖毛鳞虫 Laetmonice japonica（McIntosh，1855）
鳞沙蚕 Aphrodita aculeata（Linnaeus，1761）
吻沙蚕科 Glyceridae（3 种）
头吻沙蚕 Glycera capitata Oersted
长吻沙蚕 Glycera chirori
吻沙蚕 Goniadasp.
齿吻沙蚕科 Nephtyidae（5 种）
多鳃齿吻沙蚕 Nephtys polybranchia Southem
圆锯齿吻沙蚕 Dentine phtysglabra（Hartuman）
毛齿吻沙蚕 Nephtys ciliata（Muller）
双鳃内卷齿蚕 Aglaophamus dibranchis Grube
无疣卷吻沙蚕 Inermonephtys cf. inermis（Ehlers）
角吻沙蚕科 Goniadidae（2 种）
寡节甘吻沙蚕 Glycinde gurjanovae
日本角吻沙蚕 Goniada japonica
浮蚕科 Tomopteridae（1 种）
太平洋浮蚕 Tomopteris pacifica Lzuka
多鳞虫科 Polynoidae（1 种）
有齿软背鳞虫 Lepidonotus hetotypus（Grube）
海稚虫科 Spionidae（2 种）
奇异稚齿虫 Paraprionospio pinnata
后指虫 Laonice cirrata（Sars）
丝鳃虫科 Cirratulidae（3 种）
须丝鳃虫 Cirratulus cirratus（Müller）
须鳃虫 Cirriformia tentaculata（Montagu）
多丝独毛虫 Tharyx multifilis Moore

单指虫科 eossuridae（1 种）

双形拟单指虫 Cossurlla dimorpha

海女虫科 Hesionidae（1 种）

狭细蛇潜虫 Opniodronun angustifrons（Grube）

索沙蚕科 Lumbrineridae（4 种）

索沙蚕 Lumbrinereis sp.

异足索沙蚕 Lumbrineris heteropoda

西奈索沙蚕 Lumbrineris shiinoi Gallardo

长叶索沙蚕 Lumbrineris longiforlia（lmajimaethiguchi）

矶沙蚕科 Eunicidae（3 种）

巢沙蚕 Diapatra neapolitana Delle Chiaje

新三齿巢沙蚕 Di opatra neotridens Hartman

岩虫 Marphysa sanguinea（Montagu）

小头虫科 Capitellidae（4 种）

背蚓虫 Notomastus latericeus

异蚓虫 Heromastus filiforms（Claparede）

丝异蚓虫 Heteromastus filiformis（Claparede）

小头虫 Capitella Capitata（Fabricius）

不倒翁虫科 Sternaspidae（1 种）

不倒翁虫 Sternaspis sculata

2.2 寡毛纲（Oligochaeta）（2 科 2 种）

巨蠕蚓科 Megascolecidae（1 种）

直隶环毛蚓 Pheretima tschiliensis

仙女虫科 Naididae（1 种）

尾盘蚓 Dero sp.

2.3 蛭纲（Hirudinea）（3 科 3 种）

医蛭科 Hirudinidae（1 种）

日本医蛭 Hirudo nipponica 别名：小水蛭、蚂蟥。体型纤小，善叮人吸血，抗踩压，山麓冷水田最宜生长，塘田较少，农民在拔秧、耘田时，常以一竹管缚于小腿，内置食盐或盐卤，蚂蟥遇盐、卤即化。80 年代后，化肥、农药普遍使用，水田蚂蟥密度趋低。

照 8-20 蛭 类

水蛭科 Hirudinidae（1 种）

宽体金线蛭 Whitmania pigra 别名：蚂蟥。象山南乡人又称“大水蚂蟥”，体型比小水蛭大，叮人吸血能力不如小水蛭。

扁蛭科 Glossiphonidae（1 种）

扁蛭 Glossiphona sp.

第三节　软体动物门

象山主要的软体动物门（Mollusca）共4纲43科76种，多为经济种类。其中，腹足纲有20科32种，生活在海洋、淡水和陆地，分布较广。瓣鳃纲有16科33种，全部生活在水中，大部分海产，少数在淡水。多板纲4科4种，全部海产，在软体动物中较原始。头足纲有3科7种。

3.1　腹足纲（Gastropoda）（20科32种）

田螺科　Viviparidae（5种）

梨形环棱螺　Bellamya purificata（Heude）

铜锈环棱螺　Bellamya aeruginosa

双旋环棱螺　B. dispiralis（Heude）

方形环棱螺　Bellamya quadrata（Benson）

中华圆田螺　Cipangopaludina cahayensis

螺科　Hydrobiidae（1种）

中间拟滨螺　Littorinopsis inbermedia

椎实螺科　Lymnaeidae（1种）

尖萝卜螺　Radix acuminata Lamark

扁蜷螺科　Planorbidae（1种）

扁旋螺　Gyraulus compressus（Hütton）

滨螺科　Littorinidae（2种）

短滨螺　Littorina brevicula

粗糙滨螺　Littorina scabra（Linnaeus）

壳蛞蝓科　Philinidae（1种）

经氏壳蛞蝓　Philine kinglipini

笠贝科　Acmaeidae（1种）

史氏背尖贝　Notoacmea schrenckii

织纹螺科　Nassariidae（6种）

习见织纹螺　Nassarius dealbatus 无毒。

半褶织纹螺　Nassarius semiplicata 毒性不明，或为季节性有毒织纹螺。

秀丽织纹螺　Nassarius dealbatus

纵肋织纹螺　Nassarius variciferus（A. Adams）

照8-21　西格织纹螺

西格织纹螺　Nassarius siquinjorensis 毒性不明，或为季节性有毒织纹螺。

红带织纹螺　Nassarius succinctus 毒性不明，或为季节性有毒织纹螺。

注：多种织纹螺的毒性变化规律目前尚不清楚，人们应尽量避免食用织纹螺。

拟沼螺科　Assimineidae（2种）

堇拟沼螺　Assiminea violacea

绯拟沼螺　Assiminea laterericeaH. etA. Adams

囊螺科　Retusidae（1 种）

婆罗囊螺　Retusa borneensis

马蹄螺科　Trochidae（1 种）

单齿螺　Monodonta labio 别名：芝麻螺。多生活在潮间带中上区岩石上、石缝中或石块下。以海藻为食。

照 8-22　红带织纹螺

蛾螺科　Buccinidae（1 种）

褐管蛾螺　Siphondlia spadicea（Reeve）

核螺科　cancellariida（1 种）

丽核螺　Pyrene balla

光螺科　Melanellidae（2 种）

马丽亚光螺　Eulima maria（A. Adams）

双带光螺　Eulima bifascialis（A. Adams）

玉螺科　Lunatica（1 种）

微黄镰玉螺　Lunatica gilva

骨螺科　Muricidae（1 种）

疣荔枝螺　Thais clavigera Kuster 别名：辣玻螺、辣螺。

照 8-23　疣荔枝螺

三叉螺科　Triclidae（1 种）

圆筒原盒螺　Eocylichna braunsi

露齿螺科　Ringiculidae（1 种）

中华伪露齿螺　Pseudoringicula sinensis

汇螺科　Potamididae（1 种）

珠带拟蟹守螺　Cerithidea cingulata（Gmelin）

蜒螺科　Neritidae（1 种）

齿纹蜒螺　Nerita yotdia（Ritena）壳口如畚箕，别名：畚箕螺。分布于浙江省以南沿海，生活在潮间带中、低潮区的岩礁间，为常见的经济水产品。

3.2　瓣鳃纲（Lamellibranchia）（16 科 33 种）

贻贝科　Mytilidae（2 种）

湖沼股蛤　Limnoperna lacustris 又名：淡水壳菜。多见于最低水线以下水流较沼的流水环境。

短石蛏　Lithophaga curta

扇贝科　pectinidae（2 种）

德氏栉孔扇贝　C. teithardi（GrabauKing）

栉孔扇贝　Chlamysfarreri（Jonesetpresten）

蚌科　Unionidae（6 种）

圆顶珠蚌　Unio douglasiae 别名：田刀、蛤蜊、蚌蛤、杜氏蚌。

三角帆蚌　Hyriopsiscumingii 别名：河蚌、珍珠蚌、三角蚌。

照 8-24　栉孔扇贝

褶纹冠蚌　Cristaria plicata

剑状矛蚌　Lanceolaria gladiola 别名：盐条子、长蚌。

背角无齿蚌　Anodonta woodiana 别名：圆蚌。常栖息在江河、湖沼、沟渠中。

球形无齿蚌　Anodonta globosula

蚶科 Arcidae（2 种）

毛蚶　Scapharca subcrenata 别名：毛蛤、麻蛤。食用贝类。1988 年，上海甲型肝炎大流行主要由于食用 HAV 污染的毛蚶引起。

泥蚶　Taglarca granose 食用，壳可入药。

牡蛎科　Ostreae（4 种）

团聚牡蛎　Ostrea glomerata

褶牡蛎　Ostrea plicatula 别名：蠔、蚝、白蚝、海蛎子、蛎黄、蚵。为重要经济贝类，肉味鲜美，营养丰富。蛎肉还有一定的药用价值。壳可烧蛎灰。

僧帽牡蛎　Ostrea cucullata Born 别名：蛎黄。

棘刺牡蛎　Saccostrea kegaki

棱蛤科　Trapeziidae（1 种）

纹斑棱蛤　Trapezium liratum

薄壳蛤科　Laternulidae（2 种）

渤海鸭嘴蛤　Laternula marilina

薄云母蛤　Yoldia simili Kurodaet Habe（Ycddiisimilis）

竹蛏科　Solenidae（1 种）

缢蛏　Sinonovacula constrzcta（Lamarck）别名：蛏子。常见人工养殖，适宜生长于海水盐度低的河口附近和内湾软泥海涂中。

球蚬科　Sphaeriidae（1 种）

湖球蚬　Sphaerium lacustre 别名：饭蚬，为中国的特有物种。

蚬科　Corbiculidae（2 种）

河蚬　Corbicula flu-minea 别名：黄蚬、金蚶、扁螺。

黄蚬　Corbicula aerua Heude

樱蛤科　Tellinidae（3 种）

彩虹明樱蛤　Moerella iridescens（Benson）别名：梅蛤、扁蛤、海瓜子。

紫边白樱蛤　Pseudometis praerupta

樱蛤　Angulussp.

刀蛏科　Cultellidae（1 种）

小刀蛏　Phaxas attenuates

帘蛤科　Veneridae（3 种）

凸镜蛤　Dosinia derupta

青蛤　Cyclina sinensis 别名：赤嘴仔、赤嘴蛤、青蛤、海蚬。

菲律宾蛤仔　Ruditapes philippinarum（AdamsetReeve）别名：蛤蜊、花蛤。

胡桃蛤科　Nuculidae（1 种）

胡桃蛤 Nuculasp.

壳菜蛤科 Mytilidae（1 种）

黑荞麦蛤 Vignadula atrata

绿螂科 Glauconomitidae（1 种）

绿螂 Glaucomya chinensis（gray）

3.3 多板纲（Polyplacophora）（4 科 4 种）

隐板石鳖科 Cryptoplacidae（1 种）

红条毛肤石鳖 Acanthochiton rubrolineatus（Lischke.）

甲石鳖科 Loricidae（1 种）

朝鲜鳞带石鳖 Lepidozona coreanica

锉石鳖科 Ischonochitonidae（1 种）

花斑锉石鳖 Ischnochiton comptus

石鳖科 Chitonidae（1 种）

日本花棘石鳖 Liolophura japonica

照 8-25 朝鲜鳞带石鳖

3.4 头足纲（Cephalopoda）（3 科 7 种）

枪乌贼科 Loliginidae（2 种）

火枪乌贼 LoligobekaSasaki

莱氏拟乌贼 Sepioteuthis lessoniana

乌贼科 sepiidae（2 种）

曼氏无针乌贼 Sepiella maindroni

金乌贼 Sepia esculenta 别名：墨鱼、乌鱼。中型乌贼，可食用，干制品称“墨鱼干”或“北鲞”。雄性生殖腺干品叫乌鱼穗，雌性产卵腺干品叫乌鱼蛋，均为海味佳品。乌贼骨即中药海螵蛸。

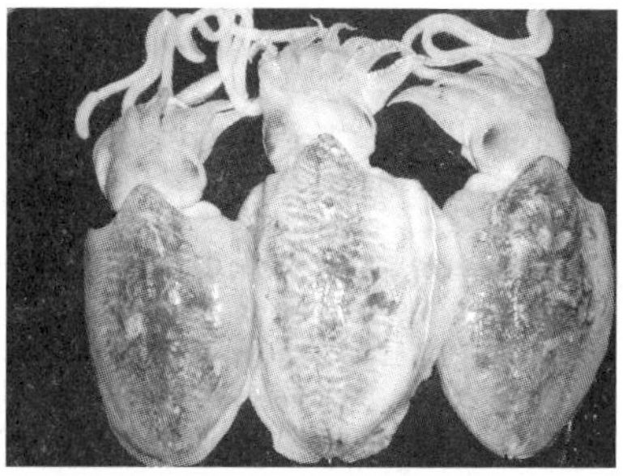

照 8-26 金乌贼

章鱼科 Octopodidae（3 种）

真蛸 Ooctopus ocellatus 别名：真章。

短蛸 Octopus ocellatus

长蛸 Octopus variabilis 别名：望潮。

照 8-27 左：长蛸；右：短蛸

第四节 节肢动物门

象山主要的节肢动物门（Arthropoda）动物共 5 纲 108 科 283 种。其中以昆虫纲最多，有害虫、益虫之分，数不胜计。明嘉靖县志载，虫之类 16 种：蚕、蛾、蜂、蚱蜢、蛴螬、蟋蟀、蝇、蝶、虻、蜻蜓、萤、螳螂、蚊、蝉、莎鸡、斑猫。现主要有 63 科 197 种。甲壳纲包括常见的虾、蟹、水蚤等，主要有 38 科 79 种。

4.1 肢口纲（Merostomata）（1 科 1 种）

鲎科 Limulidae（1 种）

中国鲎　Tachyleus tridetatus 别名：三刺鲎。暖水性近海名贵珍稀节肢动物，有“活化石”之称。体黄褐色而瓢状，全体覆硬甲，头胸部马蹄形，背隆起，腹凹陷，尾剑状，两侧具锐棘，血液蓝色。用鳃呼吸。栖息于沙质海底。

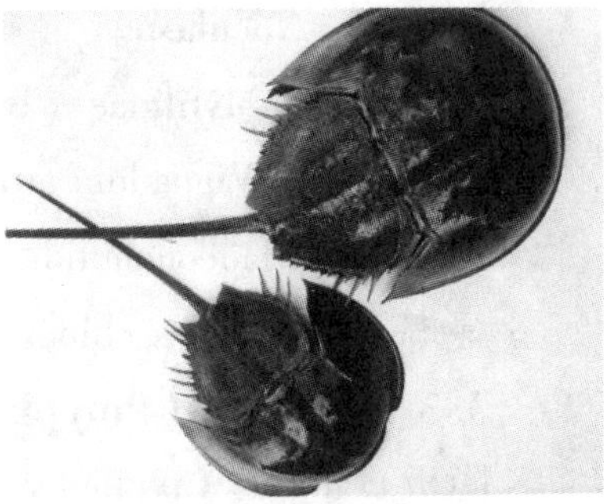

照 8-28　中国鲎

4.2　蛛形纲（Arachnoida）（4 科 4 种）

圆蛛科　Araneidae（1 种）

大腹圆蛛　Araneus ventricosus 常见于屋檐、庭园、树丛间结网。

跳蛛科　Salticidae（1 种）

黑色蝇虎　Plexippus paykulli

壁钱科　Urocteidae（1 种）

华南壁钱　Uroctea compactilis 别名：壁蟢、墙蜘蛛。

钳蝎科　Buthidae（1 种）

东亚钳蝎　Buthus martensii 别名：蝎子。常栖于山坡、墙缝、土穴等潮湿阴凉处。

4.3　甲壳纲（Crustacea）（38 科 79 种）

海蟑螂科　Ligiidae（1 种）

海蟑螂　Ligia exotica 别名：海岸水虱、海蛆。

莹虾科　Luciferidae（2 种）

莹虾　Lucifer larva

费氏莹虾　Lucifer faxoni Borradaile

磷虾科　Euphausiidae（2 种）

小型磷虾　Euphausianana Brinton

中华假磷虾　Pseudeuphausia sinica WangetChen

糠虾科　Mysidae（1 种）

短额刺糠虾　Acanthomysis brevirostris

藻虾科　Hippolytidae（1 种）

疣背宽额虾　Latreutes planirostris（deHaan）

樱虾科　Sergestidae（1 种）

中国毛虾　Acetes chinensis 别名：水虾。小型经济虾类。干制品称虾皮。

照 8-29　虾　皮

长臂虾科　Palaemonidae（3 种）

葛氏长臂虾　Palaemon gravieri（Yu）

脊尾白虾　Exopalaemon carinicaude（Holthuis）

锯齿长臂虾　Ralaemon serrifer（Stimpson）

鼓虾科　Alpheidae（3 种）

日本鼓虾　Alpheus japonicus

长指鼓虾　malataricusdolichodactylus de Man

刺螯鼓虾　Alpheus hoplocheles

照 8-30　钩　虾

钩虾科　Gammaridae（1 种）

钩虾 Gammarideansp.

玻璃虾科 Pasiphaeidae（1 种）

细螯虾 Leptochela gracilis Stimpson

藤壶科 Balanidae（1 种）

白脊藤壶 Balanus albicostatus

笠藤壶科 Tetraclitidae（2 种）

日本笠藤壶 Tetraclita japonica

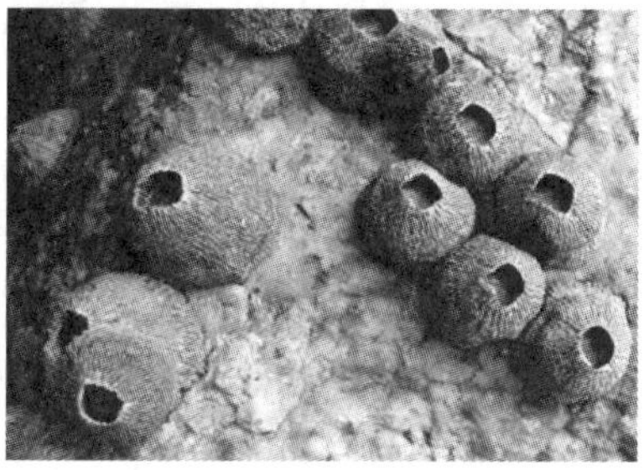

照 8-31 鳞笠藤壶

鳞笠藤壶 Tetraclita squamosa（Bruguiere）象山农村于 20 世纪 80 年代前，常以其壳作消除锅内饭焦等粘黏物的去除器用具。

虾蛄科 Squillidae（1 种）

蝎拟绿虾蛄 Cloridopsis scorpioLatreille 别名：虾蛄弹。

方蟹科 Grapsidae（13 种）

平背蜞 Gaetice deprssus（DeHaan）

斑点相手蟹 Sesarma pictumdeHaan

褶痕相手蟹 Sesarma pictum（deHaan）

红螯相手蟹 Sesarma haematocheir（deHaan）

无齿相手蟹 Sesarma dehaani H. Milne-Edwards

小相手蟹 Nanosesarma minutum（deMan）

肉球近方蟹 Hemigrapsus sanguineus（deHaan）

中华近方蟹 Hemigrapsus sinensisRathbun

长足长方蟹 Metaplax longipes

粗腿厚纹蟹 Pachygrapsus crassipes

伍氏厚蟹 Helice wuana Rathbun

四齿大额蟹 Metopograpsus quadridentatus Stimpson

绒螯近方蟹 Hemigrapsus peniciillatus（deHaan）

照 8-32 绒螯近方蟹

沙蟹科 Ocypodidae（4 种）

日本大眼蟹 Macrophthalmus japonicus

弧边招潮蟹 Uca arcuata

淡水泥蟹 Ilyoplax tansuiensis Sakai

宁波泥蟹 Ilyoplx ningpoensis

玉蟹科 Leucosiidae（2 种）

橄榄拳蟹 Philyra olivacea

豆形拳蟹 Philyra pisumdeHaan

馒头蟹科 Calappidae（1 种）

红线黎明蟹 Matuta planipes Fabricius

活额寄居蟹科 Diogenidae（1 种）

下齿细螯寄居蟹 Clibanarius infraspinatus

扇蟹科 Xanthidae（1 种）

特异大权蟹　Macromedaeus distinguendus（deHaan）
梭子蟹科　Portunidae（1 种）
钝齿短桨蟹　Thalamita crenata（Latreille）
长脚蟹科　Goneplacidae（1 种）
裸盲蟹　Typhlocariuusr nudus Stimpson
关公蟹科　Dorippidae（1 种）
日本关公蟹　Dorippe japonicavon Siebld
纺锤水蚤科　Acartiidae（2 种）
克氏纺锤水蚤　A. dausi Giesbrecht
太平洋纺锤水蚤　Acartia pacifica Steuer
哲水蚤科　Calanidae（4 种）
微刺哲水蚤　Canthocalanus pauper（Giesbrecht）
中华哲水蚤　Calanus sinicus Brodsky
普通波水蚤　Undinula vulgaris（Claus）
小哲水蚤　Nannocalanus minor
胸刺水蚤科　Centropagidae（5 种）
背针胸刺水蚤　C. dorsispinatus ThompsonetScott
中华胸刺水蚤　C. sinensis ChenZhang
腹针胸刺水蚤　Centropages abdominalis Sato
瘦尾胸刺水蚤　C. tenuiremis Thompsonet Scott
墨氏胸刺水蚤　Centropages mcmurrichi
伪镖水蚤科　Pseudoiaptomidae（2 种）
海洋伪镖水蚤　Pseudo diaptomusmarinus Sato
火腿许水蚤　Schmackeria poplesia Shen
角水蚤科　Pontellidae（6 种）
宽尾角水蚤　Pontellalatifurca ChenetZhang
阔节角水蚤　P. feraDana
双刺唇角水蚤　Labidocera bipinnata Tanake
真刺唇角水蚤　Labidocera euchaeta Gieshrecht
左突唇角水蚤　L. sinilobata ShenetLee
汤氏长足水蚤　Calanopiathompsoni A. Scott
剑水蚤科　Cyclopidae（2 种）
美丽大眼剑水蚤　Corycaeus speciosus Dana
长腹剑水蚤　Oithonasp.（Oithonasimilis）
歪水蚤科　Tortanidae（1 种）
捷氏歪水蚤　Tortanus derjugini Smironov
拟哲水蚤科　Paracalanidae（3 种）
针刺拟哲水蚤　Paracalanus aculeatus Giesbrecht

小拟哲水蚤 Paracalanus parvus（Claus）
强额拟哲水蚤 P. crassirostris Dahl
长腹剑水蚤科 Oithonidae（1 种）
拟长腹剑水蚤 Oithona similis Claus
大眼水蚤科 Corycaeidae（1 种）
近缘大眼猛水蚤 Corycaeus affinis Mcmurrichi
真哲水蚤科 Eucalanidae（1 种）
亚强真哲水蚤 Eucalanus subcrassus Giesbrecht
宽水蚤科 temoridae（1 种）
锥形宽水蚤 Temora turbinata
厚壳水蚤科 Scolecithricidae（1 种）
长刺小厚壳水蚤 Scolecithrix cellalongispinosa ChenetZhang
真刺水蚤科 Euchaetidae（2 种）
精致真刺水蚤 Euchaeta concinna Dana
平滑真刺水蚤 Euchaeta plana Mori
长猛水蚤科 Ectinosomatidae（1 种）
挪威小毛猛水蚤 Microsetella norvegica（Boeck）
盔头猛水蚤科 Clytemnestridae（1 种）
小盘盔头猛水蚤 Clytemnestra scutellata Dana

4.4 多足纲（Myriapoda）（2 科 2 种）

蜈蚣科 Psittacidae（1 种）
模棘蜈蚣 Scolopendra subspinipes 别名：中国红巨龙蜈蚣。
圆马陆科 Strongylosomidae（1 种）
约安巨马陆 Prospirobolus joannsi 别名：千足虫。

4.5 昆虫纲（Insecta）（63 科 197 种）

蟋蟀科 Gryllidae（2 种）
中华蟋蟀 Gryllus chinensis 常栖于砖石下、土穴及草丛中。
油葫芦 Gryllus testaceus
蝼蛄科 Gryllotalpidae（1 种）
非洲蝼蛄 GryllotalpaAfricana 别名：土狗。
斑腿蝗科 Catantopidae（3 种）
芋蝗 Gesonula punctifrons
中华稻蝗 Oxya chinensis 以卵在田埂、荒滩、堤坝等土壤中或杂草根际、稻茬株间越冬。
线斑腿蝗 Catantops splindens
斑翅蝗科 Oedipodidae（1 种）
红胫小车蝗 Oedaleus manjius
剑角蝗科 Acrididae（1 种）
中华蚱蜢 Acrida cinerea 别名：中华剑角蝗。常见于农田、沟渠的杂草丛生处。

蜚蠊科　Blattidae（2 种）
美洲大蠊　Periplaneta americana 别名：偷油婆。
黑胸大蠊　Periplaneta fuliginosa
螳螂科　Mantidae（1 种）
中华大螳螂　Tenodera sinensis 别名：中华刀螂。
蜓科　Aeschnidae（1 种）
蓝面蜓　Aeschna melanictera
蜻科　Libellulidae（1 种）
黄蜻　Pantala flavescens
蓟马科　Thripidae（1 种）
稻蓟马　Stenchaetothrips biformis
臭虫科　Cimicidae（1 种）
温带臭虫　Cimex lectularius
盲蝽科　Miridae（3 种）
绿盲蝽　Lygus lucorum
三点盲蝽　Adelphocoris fasciaticollis
中黑盲蝽　Adelphocoris suturalis 别名：中黑苜蓿蝽。
缘蝽科　Coreidae（3 种）
点蜂缘蝽　Riptortus pedestris
稻棘缘蝽　Leptocorisa acuta 别名：大稻缘蝽、异稻缘蝽。
纹须同缘蝽　Homoeocerus striicornis
蝽科　Pentatomidae（5 种）
辉蝽　Carbula obtusangula
硕蝽　Eurostus validus
二星蝽　Stollia guttiger
花壮异蝽　Urochela luteovaria admin 别名：梨蝽象、梨蝽。
稻缘蝽　Nezara viridula
飞虱科　Delphacidae（3 种）
褐飞虱　Nilaparvata lugens（Stal）别名：褐稻虱。
灰飞虱　Laodelphax striatellus 别名：灰稻虱。
白背飞虱　Sogatella furcifera 别名：褐斑飞虱 。
蝉科　Cicadidae（3 种）
黑翅红娘子　Huechys sanguinea
蚱蝉　Cryptotympana atrata 别名：黑蚱蝉。
蟪蛄　Platypleura kaempferi 别名：褐斑蝉。
叶蝉科　Jassidae（5 种）
黑尾叶蝉　Nephotettix cincticeps
电光叶蝉　Deltocephalus dorsalis

白翅叶蝉　Erythroneura subrufa

棉叶蝉　Empoasca biguttula 别名：棉叶跳虫、棉浮尘子。

小绿叶蝉　Empoasca flavescens 别名：桃叶蝉、桃小浮尘子。

蚜科　Aphididae（5 种）

桃蚜　Myzus persicae 别名：桃赤蚜、烟蚜。

棉蚜　Aphis gossypii

大豆蚜　Aphis glycines

萝卜蚜　Lipaphis erysimi 别名：菜蚜、菜缢管蚜。

麦长管蚜　Macrosiphum avenae

草蛉科　Chrysopidae（3 种）

中华草蛉　Chrysopa sinica

牯岭草蛉　Chrysopa kulingensis Nevas

大草蛉　Chrysopa septempunctata

麦蛾科　Gelechiidae（3 种）

红铃虫　Pectinophora gossypiella

甘薯麦蛾　Brachmia macroscopa

麦蛾　Sitotroga cerealella

刺蛾科　Limacodidae（7 种）

艳刺蛾　Arbelarosa rufotessellata

黄刺蛾　Cnidocampa flavescens 别名：黄刺毛、八角虫。

褐边绿刺蛾　Latoia consocia 别名：青刺蛾。

背刺蛾　Belippa horrida Walker

褐刺蛾　Setora postornata 别名：桑褐刺蛾。

刺蛾科　Limacodidae

扁刺蛾　Thosea sinensis 别名：黑点刺蛾。

螟蛾科　Pyralidae（11 种）

松梢螟　Dioryctria splendidella 别名：云杉球果螟。

稻巢螟　Ancyllomia japonica zeller

二化螟　Chilo suppressalis 别名：蛀心虫、蛀秆虫。

三化螟　Tryporyza incertulas 别名：钻心虫、蛀心虫。

纹歧角螟　Endotricha icelusalis Walker

红云翅斑螟　Nephopteryx semirubella

稻纵卷叶螟　Cnaphalocrocis medinalis

豆荚野螟　Maruca testulalis 别名：豆荚螟、豆卷叶螟。

玉米螟　Ostrinia nubilalis 别名：玉米钻心虫。

菜螟　Oeobia undalis 别名：萝卜螟、钻心虫。

瓜绢野螟　Diaphania indica 别名：瓜螟、瓜绢螟。

尺蛾科　Geometridae（2 种）

玉臂黑尺蛾　Xandrames dholaria
棉花大造桥虫　Ascotis selenaria 别名：棉尺蠖。
大蚕蛾科　Saturniidae（2 种）
蓖麻蚕　Samia cynthia ricina
柞蚕　Antheraea pernyi 别名：栎蚕、槲蚕。
蚕蛾科　Bombycidae（1 种）
家蚕　Bombyx mori 别名：桑蚕、蚕。
枯叶蛾科　Lasiocampidae（2 种）
马尾松毛虫　Dendrolimus punctatus
赭色松毛虫　Dendrolimus kikuchii 别名：思茅松毛虫。
天蛾科　Sphingidae（4 种）
平背天蛾　Cechenena minor
霜天蛾　Psilogramma menephron 别名：泡桐灰天蛾、梧桐天蛾。
旋花天蛾　Herse convolvuli 别名：甘薯天蛾、白薯天蛾。
豆天蛾　Clanis bilineata
毒蛾科　Lymantriidae（4 种）
肾毒蛾　Cifuna locuples 别名：豆毒蛾、大豆毒蛾。
黑褐盗毒蛾　Porthesia atereta
戟盗毒蛾　Porthesia kurosawai 别名：黑衣黄毒蛾。
叉带黄毒蛾　Euproctis angulata Matsumura，
夜蛾科　Noctuidae（11 种）
大螟　Sesamia inferens 别名：稻蛀茎夜蛾、紫螟。
银纹夜蛾　Argyrogrammaagnate 别名：豆银纹夜蛾、黑点银纹夜蛾。
斜纹夜蛾　Prodenia litura 别名：莲纹夜蛾。
棉铃虫　Helicoverpa armigera 别名：棉铃实夜蛾。
棉小造桥虫　Anomis flava 别名：小造桥虫、棉夜蛾。
劳氏黏虫　Leucania loreyi 别名：白点粘夜蛾。
黏虫　Pseudaletiaseparate 别名：夜盗虫、无色虫。
小地老虎　Agrotis ypsilon 别名：地蚕、土蚕。
大地老虎　Agrotis tokionis
水稻叶夜蛾　Spodoptera mauritia 别名：眉纹夜蛾。
鼎点金刚钻　Earias cupreoviridis 白天潜伏于棉叶背面及花蕾苞叶，夜晚活动。
灯蛾科　Arctiidae（5 种）
肖浑黄灯蛾　Rhyparioides amurensis
八点灰灯蛾　Creatonotos transiens
红腹白灯蛾　Spilarctia subcarnea
尘污灯蛾　Spilarctiaoblique 别名：尘白灯蛾。
星白雪灯蛾　Spilosoma menthastri 别名：黄腹灯蛾。

苔蛾科　Lithosiidae（1 种）
条纹艳苔蛾　Asura strigipennis 别名：条纹苔蛾。
凤蝶科　Papilionidae（5 种）
麝凤蝶　Byasa alcinous 别名：麝香凤蝶。
碧凤蝶　Papilio bianor 别名：乌鸦凤蝶。常见于林缘开阔地。
金凤蝶　Papilio machaon 别名：黄凤蝶、茴香凤蝶。
玉带美凤蝶　Papilio polytes Linnaeus，1758 别名：玉带凤蝶、白带凤蝶。
柑橘凤蝶　Papilio xuthus 别名：橘黄凤蝶、燕凤蝶。
粉蝶科　Pieridae（3 种）
黑脉粉蝶　Pieris melete 别名：黑纹粉蝶。
菜粉蝶　Pieris rapae 别名：菜白蝶、白粉蝶。
檗黄粉蝶　Eurema blanda 别名：黄粉蝶、小黄粉蝶。
眼蝶科　Satyridae（5 种）
白眼蝶　Melanargia halimede 别名：稻白眼蝶。
蛇眼蝶　Minois dryas 别名：二环眼蝶、四眼黑眼蝶。
云眼蝶　Hyponephele sp.
稻眼蝶　Mycalesis gotama 别名：稻眉眼蝶、日月蝶。
黑眼蝶　Ethope henrici
蛱蝶科　Nymphalidae（6 种）
苎麻黄蛱蝶　Acraea issorie 别名：苎麻斑蛱蝶。
美目蛱蝶　Junoniaalmanac 别名：美眼蛱蝶。
中环蛱蝶　Neptis hylas
云豹蛱蝶　Nephargynnis anadyomene
青豹蛱蝶　Damora sagana
斐豹蛱蝶　Argyreus hyperbius
丽金龟科　Rutelidae（3 种）
铜绿金龟子　Anomala corpulenta 别名：铜绿异丽金龟、铜绿丽金龟。
琉璃弧丽金龟　Popillia flavosellata 别名：琉璃丽金龟、拟日本金龟。
墨绿彩丽金龟　Mimela splendens 别名：亮绿彩丽金龟、墨绿彩异丽金龟。
鳃金龟科　Melolonthidae（4 种）
黑绒金龟　Serica orientalis 别名：黑绒鳃金龟、东方绢金龟。
茶色鳃金龟　Brahmina potanini 别名：波婆鳃金龟。
毛黄鳃金龟　Holotrichia trichophora 别名：毛黄脊鳃金龟。
华北大黑鳃金龟　Holotrichia oblita 别名：朝鲜黑金龟子、大黑金龟子。
花金龟科　Cetoniidae（1 种）
白星花金龟　Protaetia brevitarsis 别名：白星花潜。
瓢虫科　Coccinellidae（7 种）
异色瓢虫　Harmonia axyridis

龟纹瓢虫　Propylaea japonica

红褐唇瓢虫　Chilocorus politus

二十八星瓢虫　Henosepilachna vigintioctomaculata 别名：酸浆瓢虫、马铃薯瓢虫。

十二斑和瓢虫　Synharmonia bissexnotata 别名：十二斑巧瓢虫。

七星瓢虫　Coccinella septempunctata

隐斑瓢虫　Ballia obscurosignata

芫菁科　Meloidae（3 种）

芫斑芫菁　Mylabris phalerata 别名：眼斑大芫菁。

白条芫菁　Epicauta gorhami Marseul 别名：豆芫菁、锯角豆芫菁。

中华芫菁　Epicauta chinensis Pallas 别名：中华豆芫菁。

天牛科　Cerambycidae（12 种）

双条杉天牛　Semanotus bifasciatus Motschulsky

云斑天牛　Batocera horsfieldi（Hope）别名：白条天牛。

四星栗天牛　Stenygrinum quadrinotatum Bates 别名：拟蜡天牛。

裂纹绿虎天牛　Chlorophorus separatus Gressit t

金合欢天牛　Derolus volvulus

菊天牛　Phytoecia rufiventris phytoecia mfiventris Gaufie 别名：菊虎、蛀食虫。

松墨天牛　Monochamus alternatus Hope 别名：松褐天牛。

瘤胸簇天牛　Aristobia hispida 别名：瘤胸天牛。

星天牛　Monochamus alternatus Hope 别名：中华星天牛。

弧斑红天牛　Erythrus fortunei

苎麻双脊天牛　Paraglenea fortunei（Saunders，1853）别名：苎麻天牛。

橘褐天牛　Nadezhdiella cantori 别名：橘天牛。

豆象科　Bruchidae（3 种）

豌豆象　Bruchus pisorum（Linnaeus）别名：豌豆牛、麦牛。

蚕豆象　Bruchus rufimanus

绿豆象　Callosobruchus chinensis

负泥甲科　Crioceridae（1 种）

紫茎甲　Sagra femorata purpurea Lichtenstein，

铁甲科　Hispidae（1 种）

黑条龟甲　Cassida lineola Creutzer

叶甲科　Chrysomelidae（4 种）

银纹毛叶甲　Trichochrysea japana（Motschulsky）

黄守瓜　Aulacophora femoralis Motschulsky 别名：萤火虫。

榆紫金花虫　Ambrostoma quadriim prassum 别名：榆紫叶甲。

稻负泥虫　Oulema oryzae Kuwayama，1931

象甲科　Curculionidae（3 种）

大白带象　Crytoderma fortunei Waterhouse

玉米象　Sitophilus zeamais（Mostchulsky）别名：米牛、铁嘴。

米象　Sitophilus oryzae

三锥象科　Brenthidae（1 种）

甘薯小象甲　Cylas formicarius 别名：甘薯象甲、甘薯蚁象甲。

叶蜂科　Tenthredinidae（2 种）

小麦叶蜂　Dolerus *tritici* Chu 别名：小黏虫。

樟叶蜂　Mesoneura rufonota

姬蜂科　Ichneumonidae（1 种）

黏虫白星姬蜂　Vulgichneumon leucaniae

茧蜂科　Braconidae（3 种）

稻纵卷叶螟绒茧蜂　Apanteles cypris

螟黄足绒茧蜂　Apanteles flavipes 别名：白绒茧蜂。

三化螟茧蜂　Tropobracon schoenobii

赤眼蜂科　Trichogrammatidae（3 种）

松毛虫赤眼蜂　Trichogramma dendrolimi

稻螟赤眼蜂　Trichogramma japonicum

褐腰赤眼蜂　Paracentrobia andoi

蜜蜂科　Apidae（2 种）

中华蜜蜂　Apis cerana 别名：东方蜜蜂中华亚种。

意大利蜜蜂　Apis mellifera ligustica

蚊科　Culicidae（6 种）

中华按蚊　Anopheles sinensis

白纹伊蚊　Aedes albopictus 别名：麻蚊、花蚊、阴蚊。

褐尾库蚊　Culex fuscanus

暗脂库蚊　Culex hayashii 别名：林氏库蚊。

海滨库蚊　Culex sitiens

常型曼蚊　Mansonia uniformis

虻科　Tabanidae（2 种）

牛虻　Tabanus amaenus

中华斑虻　Chrysops sinensis

食蚜蝇科　Syrphidae（1 种）

黑带食蚜蝇　Episyrphus balteatus

蝇科　Muscidae（4 种）

白纹厕蝇　Fannia leucosticta

紫翠蝇　Neomyia gavisa

舍蝇　Musca domestica 别名：家蝇。

市蝇　Musca sorbens

寄蝇科　Tachinidae（2 种）

稻苞虫赛寄蝇　Pseudoperichaeta insidiosa
双斑截尾寄蝇　Nemorilla maculosa
丽蝇科　Calliphoridae（4 种）
巨尾阿丽蝇　Aldrichina grahami
紫绿蝇　Lucilia porphyrina
铜绿蝇　Lucilia cuprina
大头金蝇　Chrysomya megacephala
麻蝇科　Sarcophagidae（3 种）
黑尾黑麻蝇　Helicophagella melanura
立刺麻蝇　Sinonipponia hervebazini
褐须亚麻蝇　Parasarcophaga sericea
潜蚤科　Tungidae（1 种）
盲潜蚤　Tunga caecigena
蚤科　Pulicidae（2 种）
人蚤　Pulex irritans 别名：致痒蚤。
猫栉首蚤　Ctenocephalides felis
蝠蚤科　Ischnopsyllidae（1 种）
印度蝠蚤　Ischnopsyllus indicus
细蚤科　Leptopsyllidae（1 种）
缓慢细蚤　Leptopsylla segnis

第五节　棘皮动物门

象山的棘皮动物门（Echinodermata）动物都属于海参纲，主要有 3 科 5 种。全部海产，体壁厚的大型种类可食用。

阳遂足科　Amphiuridae（3 种）
阳遂足　Amphiura. sp.
薄倍棘蛇尾　Amphioplus praetans Koehler
滩栖阳遂足　Amphiura vadicola Matsumoto
尻参科　Caudinidae（1 种）
海地瓜　Acaudina molpadioides
沙鸡子科　Phyllophoridae（1 种）
沙鸡头　Phyllophorus ordinates Chang

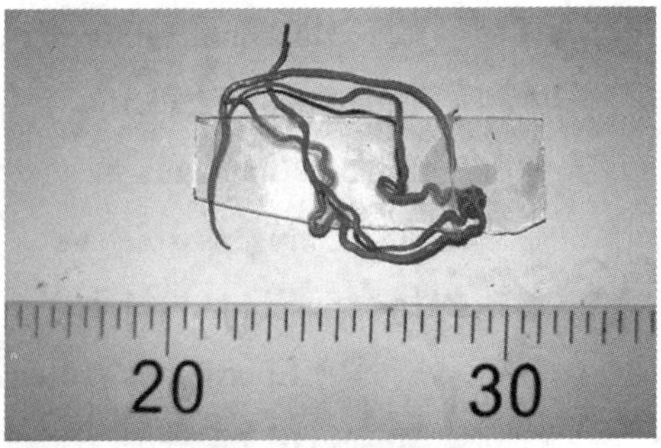

照 8-33　滩栖阳遂足

第六节　两栖纲

象山的两栖纲（Amphibia）动物以蛙类为主。明嘉靖《象山县志》虫之类载有鼁（蛙）。现主要有4科5属9种。

蟾蜍科　Bufonidae（1种）

中华蟾蜍　Bufo bufo gargarizans　别名：癞蛤蟆。浙江省一般保护陆生野生动物。栖息于泥穴、潮湿石下、草丛或水沟边。

树蟾科　Hylidae（1种）

中国树蟾　Hyla chinensis 别名：雨蛙。常见于灌丛、芦苇中，或塘边、稻田的杂草上。

树蛙科　Rhacophoridae（1种）

大树蛙　Rhacophorus dennysi　浙江省重点保护陆生野生动物。栖息于竹林或树林中

照8-34　大树蛙

蛙科　Ranidae（6种）

虎纹蛙　Rana tigrina rugulosa Wiegmann 别名：虎斑蛙、田鸡，国家二级保护野生动物。身体大而粗壮，栖息于水田、沟渠、水库、池塘及沼泽地等处。

黑斑蛙　Rana nigromaculata 别名：青蛙。浙江省一般保护陆生野生动物。栖息于稻田、池塘、水沟等水域附近的草丛中。

中国林蛙　Rana chensinensis David 栖息于阴暗、湿润的山坡林区及河沟。

泽蛙　Rana limnocharis 体小，栖息于稻田、沼泽及菜园附近。

金线蛙　Rana plancyi 栖息于开垦地的草泽环境中。

照8-35　棘胸蛙

棘胸蛙　Paa spinosa 别名：石撞。浙江省一般保护陆生野生动物。中国特有，栖息于山溪岩边。

第七节　爬行纲

象山的爬行纲（Reptile）动物以龟、鳖、蛇居多。明嘉靖县志载鼍、龟于甲之类，蜥蜴于药之类，蛇于虫之类，今均归为爬行纲。现主要有10科26属29种，以蛇为多，民间对王锦蛇等无毒又以老鼠为食的蛇类，作为鼠类天敌，多有主动保护之举。

平胸龟科　Platysternidae（1种）

平胸龟　Platysternon megacephalum 浙江省重点保护陆生野生动物。喜栖于多巨砾和碎石，且水流湍急的山涧草丛中。

眼镜蛇科　Elapidae（3种）

眼镜蛇　Naja atra 别名：犁头噗。浙江省重点保护陆生野生动物。剧毒蛇，生活于丘陵、山

野、田边及住宅附近。

银环蛇　Bungarus multicinctus 别名：团箕簇。浙江省一般保护陆生野生动物，剧毒蛇，常见于田边、路旁、坟地及菜园等处。

金环蛇　Bungarus fasciatus 剧毒蛇，栖息于丘陵、山野潮湿地区或水边。

游蛇科　Colubridae（11 种）

中国水蛇　Enhydris chinensis 别名：泥蛇，象山又称水蛇。多见于水田中。灰鼠蛇 Ptyas korros 别名：灰背蛇。浙江省一般保护陆生野生动物。无毒蛇，常见于溪流、水塘边的灌木及竹丛上。

王锦蛇　Elaphe carinata 别名：菜花蛇。浙江省一般保护陆生野生动物。无毒蛇，成体粗大，活动于河边、水塘边及库区等近水域地带，也常进入住宅区捕鼠。

水赤链游蛇　Sinonatrix annularis 别名：赤链华游蛇、水游蛇。中国特有，浙江省一般保护陆生野生动物。无毒蛇，栖息于山涧溪流及平原田野的河汊池沼中。

乌梢蛇　Zaocys dhumnades 浙江省一般保护陆生野生动物。无毒蛇，最大的可达 2.5 米以上。栖息于低山、丘陵的农田及河沟附近，亦见于村落中。

赤链蛇　Dinodon rufozonatum 别名：火赤链，象山又称火铁链。浙江省一般保护陆生野生动物。栖于田野、村庄及水源附近地带。

玉斑锦蛇　Elaphe mandarina 别名：玉带蛇。浙江省一般保护陆生野生动物。无毒蛇，栖息于山区林带、溪边及草丛，也见于居民区及其附近。

中国小头蛇　Oligodon chinensis 别名：秤杆蛇。无毒蛇，山区、平原均可见，偶见于住宅中。

红点锦蛇　Elaphe rufodorsata 别名：水蛇。无毒蛇，常见于河沟、水田、池塘及其附近。

虎斑颈槽蛇　Rhabdophis tigrinus 别名：虎斑游蛇 。微毒蛇，栖息于山地、丘陵地区的河流、水库、水渠及稻田附近。

草腹链蛇　Amphiesma stolatum 别名：花浪蛇、草游蛇。栖息于潮湿的树林、草丛和农垦地。

壁虎科　Gekkonidae（1 种）

多疣壁虎　Gekko japonicus 别名：壁虎、壁蜥。

鳖科　Trionychidae（1 种）

鳖　Pelodiscus sinensis 别名：甲鱼。栖江湖池沼。

淡水龟科　Bataguridae（3 种）

乌龟　Chinemys reevesii 别名：金龟、草龟。浙江省一般保护陆生野生动物。水栖龟类，常见于河、湖、沼泽、水库和山涧中。

黄喉拟水龟　Mauremys mutica 别名：水龟 。浙江省一般保护陆生野生动物。水栖龟类，栖息于河流、稻田及湖泊中，也常于附近灌木及草丛活动。

黄缘盒龟　Cistoclemmys flavomarginata 别名：黄缘闭壳龟、克蛇龟。浙江省一般保护陆生野生动物。半水栖龟类，栖息于丘陵、山区的林缘及杂草灌丛中。

海龟科　Cheloniidae（1 种）

玳瑁　Eretmochelys imbricata。国家二级保护野生动物。生活于海中，7~9 月上沙滩产卵。

蝰科　Viperidae（4 种）

尖吻蝮蛇　Deinagkistrodon acutus 别名：五步蛇、蕲蛇。浙江省重点保护陆生野生动物。剧毒蛇，栖息于山区、丘陵的林木茂盛阴湿地带，偶见于村宅。象山民间教育孩子，无论碰见什么蛇类，尽量避开，且不可用手去指点，说指点后，手指会生毒、手烂等。

短尾蝮蛇 Gloydius brevicaudus 别名：土丘子、草上飞、蝮蛇。浙江省一般保护陆生野生动物。剧毒蛇，常栖于丘陵、低山及田野溪沟的乱石堆下或草丛中。

原柔头蝮蛇 Protobothrops mucrosquamatus 别名：龟壳花蛇、烙铁头、笋壳蛇。浙江省一般保护陆生野生动物，剧毒蛇，栖息于山区灌木林、竹林溪边及住宅区附近的阴湿环境中。

竹叶青蛇 Trimeresurus stejnegeri 毒蛇，栖息于山区溪边草灌丛、岩壁石上、竹林、路边枯枝及田埂草丛中。

石龙子科 Scincidae（2 种）

铜蜓蜥 Sphenomorphus indicus 别名：铜石龙子。象山也称猪娘蛇、四脚蛇。生活于草丛、田埂及乱石堆。

中国石龙子 Eumeces chinensis 别名：四脚蛇。象山也称猪娘蛇、四脚蛇。栖于山野草丛中。

蜥蜴科 Lacertidae（2 种）

北草蜥 Takydromus septentrionalis 别名：草蜥，象山也称猪娘蛇、四脚蛇。栖居于山区、丘陵的农田、荒野、草丛及灌丛中。

丽斑麻蜥 Eremias argus 象山也称猪娘蛇、四脚蛇。栖息于半荒漠草原边及干草植物丛等。

第八节 鸟 纲

象山的鸟纲（Aves）动物分布广，种类多。候鸟、留鸟兼有。有山地鸟类、水域鸟类（游禽、涉禽）、平原鸟类。嘉靖《象山县志》载，禽之类 33 种：乌、鸦、鹊、鹳、鹰、鹞、鸠、雉、黄鹂、鸲鹆、青翠、郭公、画眉、黄鵐、白头翁、雀、啄木、婆饼焦、鹈鹕、鹭鸶、鸥、凫、鸳鸯、鸂鶒、鹘、百舌、鹡鸰、鸽、燕、姑恶、山鹊、子规、青鵐。另载鸡、鹅、鸭于畜之类，今归为鸟类。清康熙县志载，羽之属 7 种：雉、画眉、鸂鶒、鸳鸯、百舌、子规、白鹇。清乾隆县志载，禽之属 13 种：竹鸡、画眉、雪姑、黄鹂、山鷓（即山鹊）、海猫、绣鸟、郭公、鵁鶄、鹭鸶、凫、鸥、翠鸟。另载，婆饼焦、姑恶，本鸟声，旧志混作鸟属，误。清道光县志载，禽之属 38 种：乌、鸦、鹊、鹳、鹰、鹞、鸠、雉、黄鹂、鸲鹆、青翠、郭公、画眉、黄鵐、白头翁、雀、啄木、鹈鹕、鹭鸶、鸥、凫、鸳鸯、鸂鶒、鹘、百舌、青鸱、鹡鸰、鸽、燕、姑恶、山鹊、子规、青菜、绣鸟、巧妇、雪姑、山鷓、鹤。现主要有 44 科 109 属 187 种。

杜鹃科 Cuculidae（3 种）

大杜鹃 Cuculus canorus 别名：郭公、布谷、夏候鸟。浙江省重点保护陆生野生动物。常见于开阔林地及芦苇地。

四声杜鹃 Cuculus micropterus 夏候鸟。浙江省重点保护陆生野生动物。常栖于森林及次生林上层。

红翅凤头鹃 Clamator coromandus 夏候鸟。浙江省重点保护陆生野生动物。偶见于低矮植被丛中。

百灵科 Alaudidae（1 种）

小云雀 Alauda gulgula 留鸟。浙江省一般保护陆生野生动物。常见，栖于长有短草的开阔地。

鹎科　Pycnonotidae（3种）

黑鹎　Hypsipetes madagascariensis 留鸟。浙江省一般保护陆生野生动物。常见于乔木林的树冠上层。

黄臀鹎　Pycnonotus xanthorrhous 别名：黑头鹎。留鸟。浙江省一般保护陆生野生动物。常见，喜栖于林缘及次生林中枝叶稠密的树木。

白头鹎　Pycnonotus sinensis 别名：白头翁。留鸟。浙江省一般保护陆生野生动物。中国特有鸟种，常见于山地、丘陵等地的树木灌丛中。

照 8-36　白头鹎

伯劳科　Laniidae（3种）

红尾伯劳　Lanius cristatus 夏候鸟。浙江省重点保护陆生野生动物。栖息于山地小树或灌木的近顶枝干。

棕背伯劳　Lanius schach 留鸟。浙江省重点保护陆生野生动物，栖息于低山林间。

虎纹伯劳　Lanius tigrinus 夏候鸟。浙江省重点保护陆生野生动物。喜多林地带。

照 8-37　草鸮

草鸮科　Tytonidae（1种）

草鸮　Tyto capensis 别名：猴面鹰。留鸟。国家二级保护野生动物。中型猛禽，以鼠类、蛙、蛇及鸟卵为食。

鸱鸮科　Strigidae（7种）

雕鸮　Bubo bubo 别名：猫头鹰。留鸟。国家二级保护野生动物。最大型鸮类，栖息于山地森林、荒野、林缘灌丛、疏林、裸露高山及峭壁等。

鹰鸮　Ninox scutulata 别名：褐鹰鸮。夏候鸟。国家二级保护野生动物。中型猛禽，栖息于山地阔叶林及灌丛。

长耳鸮　Asio otus 别名：长耳猫头鹰。冬候鸟。国家二级保护野生动物。中型猛禽，常见于针叶林、针阔混交林和阔叶林等，也见于林缘疏林、农田防护林及城市公园林地。

短耳鸮　Asio flammeus 别名：短耳猫头鹰。冬候鸟。国家二级保护野生动物。猛禽，体矮，常见于低山、丘陵及湖岸等。

红角鸮　Otus scops 别名：夜猫子。冬候鸟。国家二级保护野生动物。小型猛禽，嘴暗绿色，下嘴先端黄色。栖息于山地林间。

领角鸮　Otus bakkamoena 留鸟。国家二级保护野生动物，小型猛禽，栖息于山地阔叶林和混交林，也见于山麓边缘和村庄附近树林。

照 8-38　红角鸮

斑头鸺鹠　Glaucidium cuculoides 别名：横纹小鸮，留鸟。国家二级保护野生动物。栖息于山地丘陵阔叶林、混交林、次生林及林缘灌丛，也见于村庄和农田附近疏林。

翠鸟科　Alcedinidae（2种）

翡翠　Halcyon pileata 留鸟。浙江省一般保护陆生野生动物。喜栖于河流两岸、河口及红树林。

普通翠鸟　Alcedo atthis 别名：钓鱼郎、水翠留鸟。浙江省一般保护陆生野生动物。常见于河溪、湖泊及灌溉渠等水域的灌丛或疏林。

戴胜科　Upupidae（1种）

戴胜　Upupa epops 别名：山和尚、呼呼嗦。留鸟。浙江省一般保护陆生野生动物。喜开阔潮湿地面。

反嘴鹬科　Recurvirostridae（1种）

反嘴鹬　Recurvirostra avosetta 冬候鸟。浙江省一般保护陆生野生动物。

海燕科　Hydrobatidae（1种）

照8-39　黑叉尾海燕

黑叉尾海燕　Oceanodroma monorhis 留鸟。浙江省一般保护陆生野生动物。成群栖息于五虎礁、南韭山、箬帽屿和油菜花屿等近陆岛屿上。

鹤科　Gruidae（1种）

白鹤　Grus leucogeranus 冬候鸟。国家一级保护野生动物。中国珍稀涉禽，国际一级稀有濒危动物，大型涉禽，栖息于沼泽、浅滩、草甸地带。

鸻科　Charadriidae（8种）

金眶鸻　Charadrius dubius 别名：黑领鸻。过境鸟。浙江省一般保护陆生野生动物。

凤头麦鸡　Vanellus vanellus 别名：田凫。冬候鸟。浙江省一般保护陆生野生动物，中型涉禽，栖息于江边滩地、沼泽、苇塘、田间等。

灰斑鸻　Pluvialis squatarola 冬候鸟。浙江省一般保护陆生野生动物。常见于潮间带的沿海滩涂及沙滩。

长嘴剑鸻　Charadrius placidus 冬候鸟。浙江省一般保护陆生野生动物。罕见，栖息于沿海滩涂、河流及湖泊。

蒙古沙鸻　Charadrius mongolus 过境鸟。浙江省一般保护陆生野生动物。

铁嘴沙鸻　Charadrius leschenaultii 过境鸟。浙江省一般保护陆生野生动物。

金斑鸻　Pluvialis dominica 过境鸟。浙江省一般保护陆生野生动物。

环颈鸻　Charadrius alexandrinus 别名：白领鸻。冬候鸟。浙江省一般保护陆生野生动物。常见于河岸沙滩、沼泽草地。

鹱科　Procellariidae（1种）

白额鹱　Puffinus leucomelas Temminck 留鸟。浙江省一般保护陆生野生动物。偶见于海滨一带，主要以鱼类、软体动物为食。

黄鹂科　Oriolidae（1种）

黑枕黄鹂　Oriolus chinensis 别名：黄莺、黄鸟。夏候鸟。浙江省重点保护陆生野生动物。栖于开阔林、人工林、园林、村庄及红树林。

鹡鸰科　Motacillidae（5种）

灰鹡鸰　Motacilla cinerea 冬候鸟。浙江省一般保护陆生野生动物。栖息于山区、河谷及池畔等。

黄腹鹨　Anthus rubescens 冬候鸟。浙江省一般保护陆生野生动物。

理氏鹨　Anthus richardi 夏候鸟。浙江省一般保护陆生野生动物。体大，喜栖于沿海或山区草甸、干稻田。

白鹡鸰　Motacilla alba 别名：白颊鹡鸰。冬候鸟。浙江省一般保护陆生野生动物。

树鹨　Anthus hodgsoni 冬候鸟。浙江省一般保护陆生野生动物，喜栖于有林地带。

鸠鸽科　Columbidae（4 种）

火斑鸠　Oenopopelia tranquebarica 留鸟。浙江省一般保护陆生野生动物。栖息于开阔林地和干旱沿海林地。

家鸽　Columba livia domestica 留鸟。浙江省一般保护陆生野生动物。

山斑鸠　Streptopelia orientalis 别名：斑鸠、棕背斑鸠。留鸟。浙江省一般保护陆生野生动物。常见于农耕区、村庄、寺院和小沟渠附近。

珠颈斑鸠　Streptopelia chinensis 别名：珍珠鸠、花斑鸠。留鸟。浙江省一般保护陆生野生动物。常栖息于跨空电线上、树林中。

卷尾科　Dicruridae（3 种）

黑卷尾　Dicrurus macrocercus 夏候鸟。浙江省一般保护陆生野生动物。栖息于山麓或沿溪的树顶及田野电线杆上。

灰卷尾　Dicrurus leucophaeus 夏候鸟。浙江省一般保护陆生野生动物。

发冠卷尾　Dicrurus hottentottus 夏候鸟。浙江省一般保护陆生野生动物。常见于山区、丘陵等地林区。

军舰鸟科　Fregatidae（1 种）

小军舰鸟　Fregata minor 夏候鸟。浙江省一般保护陆生野生动物。

蛎鹬科　Haematopodidae（1 种）

蛎鹬　Haematopus ostralegus 冬候鸟。浙江省一般保护陆生野生动物。中型涉禽，脚粉红色，栖息于海岸地区。

鸬鹚科　Phalacrocoracidae（1 种）

普通鸬鹚　Phalacrocorax carbo 冬候鸟。浙江省一般保护陆生野生动物。常见，渔民利用其捕鱼。

鹭科　Ardeidae（13 种）

大白鹭　Egretta alba 别名：白鹭鸶。夏候鸟。浙江省重点保护陆生野生动物。大型涉禽，栖息于海滨、河流、沼泽及水稻田等水域。

白鹭　Egretta garzetta 别名：小白鹭。留鸟。浙江省重点保护陆生野生动物。栖息于稻田、沼泽、池塘及海岸浅滩红树林。

夜鹭　Nycticorax nycticorax obscurus 留鸟。浙江省重点保护陆生野生动物。中型涉禽，栖息于丘陵地带的农田、沼泽、池塘附近大树、竹林。

紫背苇鳽　Ixobrychus eurhythmus 夏候鸟。浙江省一般保护陆生野生动物。栖息于湖泊、沼泽、芦苇草丛或林中湿地。

麻鳽　Botaurus stellaris 冬候鸟。浙江省一般保护陆生野生动物。栖息于水域附近沼泽草丛、芦苇丛中。

牛背鹭　Bubulcus ibis 别名：黄头鹭。夏候鸟。浙江省一般保护陆生野生动物。多见于山脚耕地、荒地及沼泽等处。常捕食家畜及水牛上的苍蝇。

岩鹭　Egretta sacra 过境鸟。国家二级保护野生动物。

黄斑苇鳽　Ixobrychus sinensis 夏候鸟。浙江省一般保护陆生野生动物。小型鹭类，栖息于泥塘、湖泊、河流等水域的沼泽地、芦苇丛及水稻田边。

苍鹭　Ardea cinerea 留鸟。浙江省一般保护陆生野生动物。大型涉禽，栖息于沿海河口、内陆湖畔、沼泽及水田等。

池鹭　Ardeola bacchus 别名：红头鹭鸶。夏候鸟。浙江省一般保护陆生野生动物。栖息于稻田、沼泽及池塘。

黄嘴白鹭　Egretta eulophotes 夏候鸟。国家二级保护野生动物。中型涉禽，栖息于海岸峭壁树丛、潮间带、盐田及内陆树林、河岸、稻田。

中白鹭　Egretta intermedia 夏候鸟。浙江省重点保护陆生野生动物。栖息于稻田、湖泊、沼泽及滩涂。

草鹭　Ardea purpurea 夏候鸟。浙江省一般保护陆生野生动物。主要以水边动物、昆虫为食。

鸥科　Laridae（17 种）

黄脚银鸥　Larus cachinnans（Pallas，1811）冬候鸟。浙江省一般保护陆生野生动物。

白翅浮鸥　Chlidonias leucoptera 冬候鸟。浙江省一般保护陆生野生动物。罕见，多栖息于沿海地区、港湾及河口。

粉红燕鸥　Sterna dougallii 夏候鸟。浙江省一般保护陆生野生动物。濒危动物，中型水鸟，罕见，栖于珊瑚岩和黄岗岩岛屿及沙滩。

黑枕燕鸥　Sterna sumatrana 夏候鸟。浙江省重点保护陆生野生动物。小型水鸟，具长叉形尾和枕部黑色带。罕见，多栖于沙滩及珊瑚海滩。

褐翅燕鸥　Sterna anaethetus 夏候鸟。浙江省一般保护陆生野生动物。中型水鸟，栖于外海。

白额燕鸥　Sterna albifrons 别名：小燕鸥。夏候鸟。浙江省一般保护陆生野生动物。常见，栖息于海岸、河口及沼泽。

大凤头燕鸥　Thalasseus bergii 夏候鸟。大型水鸟，常至远海，于海滩、海上浮标、钓鱼台或水上漂浮物歇息。浙江省一般保护陆生野生动物。

织女银鸥　Larus vegae 冬候鸟。浙江省一般保护陆生野生动物。

灰背鸥　Larus schistisagus 冬候鸟。浙江省一般保护陆生野生动物。

黑嘴鸥　Larus saundersi 冬候鸟。浙江省重点保护陆生野生动物。国际特别保护鸟种，中国特产。中型水鸟，罕见，栖息于河川、湖泊、沼泽地区。

须浮鸥　Chlidonias hybrida 冬候鸟。浙江省一般保护陆生野生动物。

普通燕鸥　Sterna hirundo 过境鸟。浙江省一般保护陆生野生动物。

银鸥　Larus argentatus 别名：鱼鹰子。冬候鸟。浙江省一般保护陆生野生动物。大型水鸟，栖息于港湾、岛屿、岩礁及近海沿岸。

红嘴鸥　Larus ridibundus 冬候鸟。浙江省一般保护陆生野生动物。中型水鸟，栖息于海岸和内陆河流、湖泊及池沼等处。

鸥嘴噪鸥　Gelochelidon nilotica 留鸟。浙江省一般保护陆生野生动物。罕见，多栖息于沿海河口。

黑尾鸥　Larus crassirostris 冬候鸟。浙江省重点保护陆生野生动物。栖息于近海岛屿和岩石裸露的海滨及内陆海域。

黑嘴端凤头燕鸥　Thalasseus bernsteini 又叫中华凤头燕鸥。夏候鸟。国家二级保护野生动物，浙江省一级保护陆生野生动物，全球极度濒危鸟种之一，中型水鸟，罕见，栖息于海岸岛屿。

黑嘴端凤头燕鸥，被称为“神话之鸟”，自1937年夏季在青岛有确切的记录后，在全世界失去踪迹63年。2000年6月，4对繁殖个体在台湾所辖的马祖列岛被重新发现。2004年8月，省自然博物馆研究人员在象山韭山列岛发现它的另一繁殖群体，约有20只中华凤头燕鸥混群在4000只大凤头燕鸥中繁殖。

照8-40　黑嘴端凤头燕鸥

潜鸟科　Gaviidae（1种）

红喉潜鸟　Gavia stellata（Pontoppidan，1763）冬候鸟。浙江省一般保护陆生野生动物。

雀科　Fringillidae（9种）

金翅雀　Carduelis sinica 别名：芦花黄雀。留鸟。浙江省一般保护陆生野生动物。常见于山地、丘陵的针叶树、阔叶树及灌丛中。

黄胸鹀　Emberiza aureola 过境鸟。浙江省一般保护陆生野生动物。

栗鹀　Emberiza rutila 过境鸟。浙江省一般保护陆生野生动物。

灰头鹀　Emberiza spodocephala 冬候鸟。浙江省一般保护陆生野生动物。常见于林缘、林地、芦苇地及灌丛。

三道眉草鹀　Emberiza cioides 留鸟。浙江省一般保护陆生野生动物。栖息于低山、丘陵的矮灌丛、岩石及草丛，或空旷地面及电线杆上。

栗耳鹀　Emberiza fucata 过境鸟。浙江省一般保护陆生野生动物。

小鹀　Emberiza pusill 冬候鸟。浙江省一般保护陆生野生动物。栖息于山地树林、灌丛、草地及农田。

白眉鹀　Emberiza tristrami 冬候鸟。浙江省一般保护陆生野生动物。栖息于山坡林下的浓密棘丛中。

凤头鹀　Melophus lathami 留鸟。浙江省一般保护陆生野生动物。常见于丘陵的开阔地面及矮草地。

山椒鸟科　Campephagidae（1种）

暗灰鹃鵙　Coracina melaschistos 别名：黑翅山椒鸟。夏候鸟。浙江省一般保护陆生野生动物。栖于开阔林地及竹林。

山雀科　Paridae（2种）

大山雀　Parus major 别名：白脸山雀。留鸟。浙江省一般保护陆生野生动物，常见于红树林、林园及开阔林地。

红头山雀　Aegithalos concinnus 别名：红头长尾山雀。留鸟。浙江省一般保护陆生野生动物。常见于开阔林、松林及阔叶林。

隼科　Falconidae（1种）

红隼　Falco tinnunculus 冬候鸟。国家二级保护野生动物。小型猛禽，常栖息于山区植物稀疏的混合林、开垦荒地及旷野灌丛草地。

鸵鸟科　Struthionidae（1种）

鸵鸟　Struthio camelus 现存体型最大而不能飞翔的鸟类。近年引进养殖。

文鸟科　Ploceidae（2 种）

麻雀　Passer montanus 别名：家雀、树麻雀、琉麻雀。留鸟。浙江省一般保护陆生野生动物。

斑文鸟　Lonchura punctulata 留鸟。浙江省一般保护陆生野生动物。常见于耕地、稻田、花园及次生灌丛等地的开阔多草地块。

鹟科　Muscicapidae（20 种）

北红尾鸲　Phoenicurus auroreus 冬候鸟。浙江省一般保护陆生野生动物。栖息于低山落叶矮树丛、耕地。

画眉　Garrulax canorus 留鸟。浙江省一般保护陆生野生动物，常见于低山浓密灌丛。

棕头鸦雀　Paradoxornis webbianus 别名：棕翅缘鸦雀。留鸟。浙江省一般保护陆生野生动物。栖息于低矮树丛。

强脚树莺　Cettia fortipes 留鸟。浙江省一般保护陆生野生动物。

极北柳莺　Phylloscopus borealis 过境鸟。浙江省一般保护陆生野生动物。

戴菊鸟　Regulus regulus 冬候鸟。浙江省重点保护陆生野生动物。常见于针叶林的林冠下层。

日本树莺　Cettia diphone 过境鸟。浙江省一般保护陆生野生动物。栖息于茂密的竹林、灌丛及草地。

远东树莺　Cettia canturians 夏候鸟。浙江省一般保护陆生野生动物。

淡脚树莺　Cettia pallidipes 留鸟。浙江省一般保护陆生野生动物。栖息于森林及次生灌丛的林下植被。

东方大苇莺　Acrocephalus orientalis 过境鸟。浙江省一般保护陆生野生动物。

黄眉柳莺　Phylloscopus inornatus 冬候鸟。浙江省一般保护陆生野生动物。常见于林区中上层。

紫寿带　Terpsiphone atrocaudata 过境鸟。浙江省一般保护陆生野生动物。

蓝矶鸫　Monticola solitarius 冬候鸟。浙江省一般保护陆生野生动物。

斑鸫　Turdus naumanni 冬候鸟。浙江省一般保护陆生野生动物。栖于开阔的多草地带及田野。

乌鸫　Turdus merula 别名：百舌、黑鸫。留鸟。浙江省一般保护陆生野生动物。栖于草地或园圃。

白颊噪鹛　Garrulax sannio 别名：土画眉。留鸟。浙江省一般保护陆生野生动物。栖息于山地林间及灌丛。

红胁蓝尾鸲　Tarsiger cyanurus 冬候鸟。浙江省一般保护陆生野生动物。栖息于湿润山地森林、次生林的林下低处。

黑背燕尾　Enicurus immaculatus 留鸟。浙江省一般保护陆生野生动物。栖于多砾石的溪流旁。

紫啸鸫　Myiophoneus caeruleus 留鸟。浙江省一般保护陆生野生动物。常见于河流、溪流或密林中的多岩石地带。

寿带鸟　Terpsiphoneparadise 别名：绶带鸟、练鹊、长尾鹟、一枝花。夏候鸟。浙江省重点保护陆生野生动物，著名观赏鸟类。常见于山区及丘陵地带的树丛或竹林间。

信天翁科　Diomedeidae（1 种）

黑脚信天翁　Diomedea nigripes 留鸟。浙江省重点保护陆生野生动物。偶见于海岛上，以鱼、软体动物为食。

绣眼鸟科　Zosteropidae（1 种）

暗绿绣眼鸟　Zosterops japonica 留鸟。浙江省一般保护陆生野生动物。常见于山地阔叶林、针叶林及竹林。

鸦科　Corvidae（6 种）

红嘴蓝鹊　Urocissa erythrorhyncha 留鸟。浙江省重点保护陆生野生动物。栖息于林缘及灌丛。

松鸦　Garrulus glandarius 留鸟。浙江省重点保护陆生野生动物。喜栖于落叶林地。

喜鹊　Pica pica 别名：鹊。留鸟。浙江省重点保护陆生野生动物。

灰树鹊　Dendrocitta formosae 留鸟。浙江省一般保护陆生野生动物。

灰喜鹊　Cyanopica cyana 别名：山喜鹊。留鸟。浙江省重点保护陆生野生动物。常见于道路、山麓、住宅旁、公园和风景区的稀疏树林中。

大嘴乌鸦　Corvus macrorhynchos 留鸟。浙江省一般保护陆生野生动物。

鸭科　Anatidae（19 种）

赤膀鸭　Anas strepera 冬候鸟。浙江省一般保护陆生野生动物。栖息于开阔的淡水湖泊及沼泽地带。

白眉鸭　Anas querquedula 冬候鸟。浙江省一般保护陆生野生动物。

青头潜鸭　Aythya baeri 冬候鸟。浙江省一般保护陆生野生动物。栖息于池塘、湖泊及缓水地带。

琵嘴鸭　Anas clypeata 冬候鸟。浙江省一般保护陆生野生动物。喜栖息于沿海浅滩、池塘、湖泊。

鸳鸯　Aix galericulata 冬候鸟。国家二级保护野生动物。小型游禽，偶见于山地河谷、溪流、湖泊等处。

绿翅鸭　Anas crecca 别名：八鸭、小水鸭。冬候鸟。浙江省一般保护陆生野生动物。小型鸭类，常栖息于湖面及沿海潮间带。

绿头鸭　Anas platyrhynchos 别名：野鸭。冬候鸟。浙江省一般保护陆生野生动物。大型鸟类，栖息于江河、湖泊的芦苇丛中。1995 年，宁波南方野生动物养殖有限公司开始驯养绿头鸭，至 1997 年形成规模养殖。

斑嘴鸭　Anas poecilorhyncha 留鸟。浙江省一般保护陆生野生动物。栖息于岸边水生植物或芦苇密生的湖泊、池塘及河流。2004 年，宁波南方野生动物养殖有限公司在黄避岙海涂捕得 10 余羽斑嘴鸭开始驯养。

赤颈鸭　Anas penelope 冬候鸟。浙江省一般保护陆生野生动物。常见于沼泽、湖泊、池塘、河流及海边。

白眼潜鸭　Aythya nyroca 冬候鸟。浙江省一般保护陆生野生动物。

豆雁　Anser fabalis 别名：大雁。冬候鸟。浙江省一般保护陆生野生动物。常见，多成群活动于河川、湖泊和沼泽。

凤头潜鸭　Aythya fuligula 别名：泽凫。冬候鸟。浙江省一般保护陆生野生动物。常见于湖泊及深池塘。

斑脸海番鸭　Melanitta fusca 冬候鸟。浙江省一般保护陆生野生动物。

普通秋沙鸭　Mergus merganser 冬候鸟。浙江省一般保护陆生野生动物。常见于湖泊及湍急河流。

罗纹鸭　Anas falcata 冬候鸟。浙江省一般保护陆生野生动物。

灰雁　Anser anser 冬候鸟。浙江省一般保护陆生野生动物。

针尾鸭　Anas acuta 别名：尖尾鸭。冬候鸟。浙江省一般保护陆生野生动物。钻水鸭类，喜沼泽、湖泊、大河流及沿海地带。

花脸鸭　Anas formosa 冬候鸟。浙江省一般保护陆生野生动物。

翘鼻麻鸭　Tadorna tadorna 冬候鸟。浙江省一般保护陆生野生动物。

燕鸻科　Glareolidae（1 种）

普通燕鸻　Glareola maldivarum 过境鸟。浙江省一般保护陆生野生动物。

燕科　Hirundinidae（2 种）

家燕　Hirundo rustica 别名：燕子。夏候鸟。浙江省一般保护陆生野生动物。

金腰燕　Hirundo daurica 夏候鸟。浙江省一般保护陆生野生动物。

秧鸡科　Rallidae（6 种）

白胸苦恶鸟　Amaurornis phoenicurus 别名：白胸秧鸡。夏候鸟。浙江省一般保护陆生野生动物。常见于湿润灌丛、湖边、河滩、红树林及旷野。

董鸡　Gallicrex cinerea 夏候鸟。浙江省一般保护陆生野生动物。栖息于芦苇沼泽地，偶至附近稻田取食稻谷。

黑水鸡　Gallinula chloropus 别名：红骨顶。留鸟。浙江省一般保护陆生野生动物中型涉禽，常见于湖泊、池塘。

白骨顶　Fulica atra 别名：骨顶鸡。冬候鸟。浙江省一般保护陆生野生动物。中型水禽，常见于池塘、沼泽等地。

普通秧鸡　Rallus aquaticus 冬候鸟。浙江省一般保护陆生野生动物。小型涉禽，常见于水边植被密处、沼泽及红树林。

紫水鸡　Porphyrio porphyrio 留鸟。浙江省一般保护陆生野生动物。甚罕见，多栖息于芦苇沼泽地及湖泊。

夜鹰科　Caprimulgidae（1 种）

普通夜鹰　Caprimulgus indicus 夏候鸟。浙江省一般保护陆生野生动物。栖息于开阔的山区森林及灌丛。

鹰科　Accipitridae（7 种）

雀鹰　Accipiter nisus 别名：鹞子。冬候鸟。国家二级保护野生动物。小型猛禽，常见于针叶林、混交林、落叶林等山地林带及林缘。

白腹山雕　Aquila fasciata 留鸟。国家二级保护野生动物。通常栖息于山区丘陵或开阔原野地区。

灰脸鵟鹰　Butastur indicus 过境鸟。国家二级保护野生动物。中等猛禽，栖息于开阔林区。

日本松雀鹰　Accipiter gularis 冬候鸟。国家二级保护野生动物。主要栖息于山地针叶林和混交林。

赤腹鹰　Accipiter soloensis 夏候鸟。国家二级保护野生动物。小型猛禽，栖息于山地丛林和林缘地带。主食蛙、蜥蜴等动物性食物，也食小型鸟类、鼠类和昆虫。

松雀鹰　Accipiter virgatus 留鸟。国家二级保护野生动物。小型猛禽，栖息于山地针叶林、阔叶林和混交林。

苍鹰　Accipiter gentilis 别名：鹰。冬候鸟。国家二级保护野生动物。中型猛禽，栖息于疏林、林缘及灌丛地带，也见于次生林。

雨燕科　Apodidae（1 种）

白腰雨燕　Apus pacificus 夏候鸟。浙江省一般保护陆生野生动物。常活动于开阔地区，于山洞或岩石峭壁上筑巢。

鹬科　Scolopacidae（21 种）

青脚鹬　Tringa nebularia 冬候鸟。浙江省一般保护陆生野生动物。中型涉禽，栖息于沿海和内陆的沼泽及林中泥塘。

白腰草鹬　Tringa ochropus 冬候鸟。浙江省一般保护陆生野生动物。小型涉禽，栖于小水塘、池塘、沼泽地及沟壑。

翘嘴鹬　Xenus cinereus 过境鸟。浙江省一般保护陆生野生动物。

红颈滨鹬　Calidris ruficollis 过境鸟。浙江省一般保护陆生野生动物。

弯嘴滨鹬　Calidris ferruginea 过境鸟。浙江省一般保护陆生野生动物。

小杓鹬　Numenius minutus 过境鸟。国家二级保护野生动物。

白腰杓鹬　Numenius arquata 冬候鸟。浙江省一般保护陆生野生动物。栖息于水边沼泽地带及湿地草甸和稻田。

斑尾塍鹬　Limosa lapponica 过境鸟。浙江省一般保护陆生野生动物。

丘鹬　Scolopax rusticola 冬候鸟。浙江省一般保护陆生野生动物。中型涉禽，多栖息于潮湿、稠密的混交林及阔叶林。

大滨鹬　Calidris tenuirostris 过境鸟。浙江省一般保护陆生野生动物。

尖尾滨鹬　Calidris acuminata 过境鸟。浙江省一般保护陆生野生动物。

大杓鹬　Numenius madagascariensis 过境鸟。浙江省一般保护陆生野生动物。

黑尾塍鹬　Limosa limosa 过境鸟。浙江省一般保护陆生野生动物。

翻石鹬　Arenaria interpres 冬候鸟。浙江省一般保护陆生野生动物。栖息于沿海泥滩、沙滩及海岸石岩。

红腹滨鹬　Calidris canutus 过境鸟。浙江省一般保护陆生野生动物。

黑腹滨鹬　Calidris alpina 过境鸟。浙江省一般保护陆生野生动物。

中杓鹬　Numenius phaeopus 过境鸟。浙江省一般保护陆生野生动物。

针尾沙锥　Gallinago stenura 过境鸟。浙江省一般保护陆生野生动物。

扇尾沙锥　Gallinago gallinago 冬候鸟。浙江省一般保护陆生野生动物。栖息于河岸湖泊边、沼泽及水田地带。

小滨鹬　Calidris minuta 过境鸟。浙江省一般保护陆生野生动物。

阔嘴鹬　Limicola falcinellus 过境鸟。浙江省一般保护陆生野生动物。

雉科　Phasianidae（3 种）

雉鸡　Phasianus colchicus 别名：环颈雉。留鸟。浙江省一般保护陆生野生动物。大型鸡类，丹城、大徐等地有饲养。

鹧鸪 Francolinus pintadeanus 留鸟。浙江省一般保护陆生野生动物。栖息于灌丛、低矮疏树山谷及丘陵石坡、沙坡。

灰胸竹鸡 Bambusicola thoracica 别名：竹鸡，留鸟。浙江省一般保护陆生野生动物。小型鸡类，以家庭群栖居，常见于矮树丛、竹林灌丛。

啄木鸟科 Picidae（1种）

黑枕绿啄木鸟 Picus canus 别名：灰头绿啄木鸟。留鸟。浙江省重点保护陆生野生动物。常见于浅山林间。

䴙䴘科 Podicipedidae（1种）

角䴙䴘 Podiceps auritus 冬候鸟。国家二级保护野生动物。种群数量少，栖息于溪流，主要以昆虫和小鱼等为食。

第九节 哺乳纲

象山的哺乳纲（Mammalia）动物多分布于低山丘陵地带。明嘉靖县志载兽之类12种：虎、豹、鹿、麂、狸、貉、狐、獭、猯猪、獾猪、鼠、狼；畜之类8种：马、牛、羊、驴、骡、猪、狗、猫。另载穿山甲于药之类，蝙蝠于虫之类，今均归哺乳类。清乾隆县志载兽之属10种：虎、豹、麋、鹿、獐、麂、豻（土名田狗）、山羊、野猪、豪猪。清道光县志载兽之属14种：虎、豹、鹿、麂、狸、貉、狐、獭、猪、獾猪、鼠、狼、麈、麖。现主要有15科31属38种。

鲮鲤科 Manidae（1种）

穿山甲 Manis pentadactyla 别名：鲮鲤。国家二级保护野生动物。已不多见。

兔科 Leporidae（2种）

短耳兔 Lepus sinensis 别名：山兔、华南兔。浙江省一般保护陆生野生动物。

草兔 Lepus capensis 别名：野兔。

鹿科 Cervidae1（4种）

獐 Hydropotes inermis 别名：牙獐。国家二级保护野生动物。

小麂 Muntiacus reevesi 别名：黄麂、角麂。浙江省一般保护陆生野生动物。

梅花鹿 Cervus nippon 国家一级保护野生动物。境内晓塘、贤庠、新桥有饲养。

黑麂 Muntiacus crinifrons 国家一级保护野生动物。境内西周等地可见。

照8-41 黑 麂

猫科 Felidae（4种）

虎 Panthera tigris 别名：老虎。国家一级保护野生动物。历史上多有记载，1947年10月31日《象报》报道：墙头西沪乡有虎出没。1949年3月9日《三门湾日报》报道：丹城农民于西门外太山猎获虎一只。

豹猫 Felis bengalensis 别名：狸猫。浙江省重点保护陆生野生动物。

家猫　Felis silvestris catus

豹　Panthera pardus 别名：金钱豹。国家一级保护野生动物。

鼠科　Muridae（4 种）

小家鼠　Mus musculus 别名：小鼠。

黑线姬鼠　Apodemus agrarius 别名：田姬鼠。

黄胸鼠　Rattus flavipectus 别名：黄腹鼠。主要家栖鼠种之一。

褐家鼠　Rattus norvegicus 别名：大家鼠、沟鼠。家、野两栖的人类伴生种。

蝙蝠科　Vespertilionidae（1 种）

东亚家蝠　Pipistrellus abramus 别名：日本伏翼。浙江省一般保护陆生野生动物。

海豚科　Delphinidae（1 种）

真海豚　Delphinus delphis 别名：海豚、海江猪。国家二级保护野生动物。象山海域偶有出现。

猪科　Suidae（1 种）

野猪　Sus scrofa 别名：山猪。浙江省一般保护陆生野生动物。1989 年，宁波南方野生动物养殖有限公司开始驯养野猪。

仓鼠科　Cricetidae（3 种）

黑线仓鼠　Cricetulus barabensis 别名：花背仓鼠。

鼢鼠　Myospalacinae 栖息于土壤潮湿、疏松的洞中。

黑腹绒鼠　Eothenomys melanogaster 别名：绒鼠。栖息于潮湿林区草甸。

灵猫科　Viverridae（2 种）

小灵猫　Viverricula indica 别名：香狸。国家二级保护野生动物。

花面狸　Paguma larvata 别名：果子狸、上树狸。浙江省一般保护陆生野生动物。

牛科　Bovidae（1 种）

山羊　Capra hircus 宋宝庆《四明志》卷二十一象山县志载，畜之品有白羊，府所以供御者，于邑取之。清道光县志载，乾隆十八年（1753），山羊入城者再，大如马。

犬科　Canidae（5 种）

狼　Canis lupus 别名：豺狼、灰狼。浙江省重点保护陆生野生动物。

赤狐　Vulpes vulpes Linnaeus 别名：竹狗 。浙江省重点保护陆生野生动物。

家犬　Canis lupus familiaris 别名：狗。

蓝狐　Alopex lagopus 别名：北极狐、白狐。1998 年，丹城、亭溪等地引入饲养。

貉　Nyctereutes procyonoides 别名：田狗 。浙江省重点保护陆生野生动物。常栖居于山地灌丛、土堤或海岸。

鼠海豚科　Phocaenidae（1 种）

江豚　Neophocaena phocaenoides 别名：江猪、海猪、海江猪。国家二级保护野生动物。见于象山港、石浦港。每年洋山季节，江豚从铜瓦门鱼贯进入石浦渔港，作跳跃状，民众多在鱼师庙前观看，传为“海江猪拜菩萨”，尔后，江豚转身向西游去，入三门湾出海，这种“拜江猪”现象，在 20 世纪 50 年代后再未见。清道光县志载：“石浦二湾头有鱼

照 8-42　江　豚

师庙。”

松鼠科 Sciuridae（3种）

赤腹松鼠 Callosciurus erythraeus

隐纹花松鼠 Tamiops swinhoei

松鼠 Sciurus vulgaris 别名：灰鼠 。

鼬科 Mustelidae（5种）

鼬獾 Melogale moschata 别名：山獾、白猸。浙江省重点保护陆生野生动物。

美洲水貂 Mustela vison 别名：水貂。1998年，丹城、亭溪引入饲养。

猪獾 Arctonyx collaris 别名：獾猪。浙江省一般保护陆生野生动物

水獭 Lutra lutra 别名：水狗。国家二级保护野生动物。

黄鼬 Mustela sibirica 别名：黄鼠狼。浙江省一般保护陆生野生动物。藏匿于住宅区的黄鼬常偷袭家禽，深受其害，危急时以放屁脱逃，其臭难闻，民间有“黄鼠狼三十六救命屁”之谣。

第六章 鱼 类

象山海域主体为等深线40米以内沿岸浅海，受入海陆源物影响，水质肥沃，饵料生物丰富。海淡水混合区域盐度适宜，是多种鱼类、虾蟹类产卵场，幼体肥育和索饵场所。台湾暖流与黄海中央冷水团都会影响本海域，底质结构大致以沙质和泥质为主，地势平缓处，成为优良底拖网作业渔场，岛礁又为适宜岛礁生态的鱼类提供生活场所，许多东海重要的渔业经济生物如黑鲷、鳓鱼、马鲛鱼等在象山港内产卵、索饵洄游，故种类多，资源丰富多样，但大多数鱼类密度不高，单一种类资源量不大，一些鱼类实际捕获机会很少。20世纪70年代后，沿岸浅海与近海鱼类捕捞过度，始开发外海渔场，外海中上层鱼类入舱。象山渔业捕捞区域则本非县境海域所限，也非传统县境外渔场所限，又兼外海渔场开发，今市场所见多有非象山海域乃至传统捕捞海域的鱼类。

宁波、象山历代志书对海洋鱼类多记极常见种类，仅20种（属）上下，民国《象山县志》与《象山县志》（1988）亦在百种左右，未能反映基本面貌。本次修志时亦未见象山海域系统调查资料。今所录鱼类，依据象山海况，整合前志，参考临近的舟山、上海、福建等南北海域鱼类调查成果，收录软骨鱼类28科69种，硬骨鱼类148科508种，共计176科577种（内含淡水鱼10科65种）。其中鲤科、科、虾虎鱼科、鲀科、虾虎鱼科、石首鱼科、鲹科、舌鳎科、鮨科、鲱科、鲭科、鲌科等11科的鱼类在10种以上。常见有大黄鱼、小黄鱼、黄姑鱼、带鱼、鮸鱼、梅童鱼、真鲷、黑鲷、青石斑鱼、银鲳、灰鲳、花鲈、刺鲳、黄点马鲛、鲐鱼、鳓鱼、鲥鱼、小公鱼、黄鲫、凤鲚、鲻鱼、棱鲻、四指马鲅、大弹涂鱼、金线鱼、日本方头鱼、绿鳍鱼、褐菖鲉、扁颚针鱼、龙头鱼、鱼鳗、双棘黄姑鱼、海鲂、灰星鲨、赤魟、半滑舌鳎、带纹条鳎、单角革鲀、日本䲢、刺鰕虎鱼、锯塘鳢、黑鮟鱇等40余种。

第一节　软骨鱼类

软骨鱼类（ Chondrichthyes）的内骨骼完全由软骨构成，有些部位钙化后也有一定的硬度，但不同于经过骨化形成的硬骨组织。象山的软骨鱼类共有 28 科 69 种，均分布于海洋。

虎鲨科　Heterodontidae（2 种）

狭纹虎鲨　Hetrerodontus zebra（Gray，1831）别名：虎鲨。

宽纹虎鲨　Heterodontus japonicus（Maclay et Macleay，1884）别名：虎鲨。

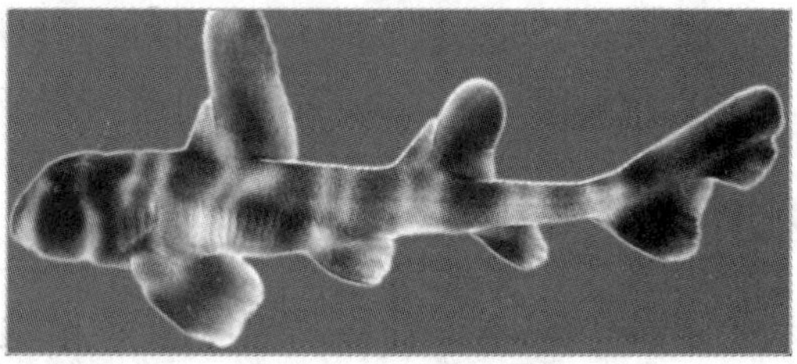

照 8-43　宽纹虎鲨

角鲨科　Squalidae（3 种）

白斑角鲨　Squalus acanthias（linnaeus，1758）别名：黄直鲨、角鲨。

长吻角鲨　Squalus mitsukurii（Jordan et Snyder，1901）别名：黄直鲨、角鲨、丰胴棘鲛。

短吻角鲨　Squalus megalops（Macleay，1881）别名：黄直鲨、角鲨。

真鲨科　Carcharhinidae（9 种）

暗体真鲨　Carcharhinus obscurus（Lesueur，1818）别名：真鲨。

侧条真鲨　Carcharhinus limbatus（Valenciennes，1839）又名黑边真鲨，别名：真鲨。

长吻基齿鲨　Hypoprion macloti（Muller et henle，1839）别名：基齿鲨。

短尾真鲨　Carcharhinus brachyurus（Gunther，1870）别名：真鲨。

黑印真鲨　Carcharhinus menisorrah（Muller et Henle，1841）别名：真鲨。

恒河真鲨　Carcharhinus gangeticus（Muller et Henle，1839）别名：真鲨、恒河鲨。

尖头斜齿鲨　Scoliodon sorrakowah（Cuvier）

阔口真鲨　Carcharhinus plumbeus（Nardo，1827）又名高鳍白眼鲛，别名：真鲨。

鼬鲨　Galeocerdo cuvier（lesueur，1828）

皱唇鲨科　Triakidae（4 种）

白斑星鲨　Mustelus manazo Bleeker，1857 别名：星鲨。

灰星鲨　Mustelus griseus Pietschmann，1908 别名：星鲨。

前鳍星鲨　Mustelus kanekonis（Tanaka，1916）别名：星鲨，又称灰貂鲨，别名沙条。

皱唇鲨　Triakis scyllium Muller et Henle，1841 别名：竹节鲨、九道箍。

锥齿鲨科　Carchariidae（1 种）

欧氏锥齿鲨　Eugomphodus taurus（Rafinesque，1810）别名：老鼠鲨、白甫鲨。

锯鲨科　Pristiophoridae（1 种）

日本锯鲨　Pristiophorus japonicus Gunther，1870 别名：老嘴鲨、长嘴鲨、锯鲨。

姥鲨科　Cetorhinidae（1 种）

姥鲨　Cetorhinus maximus（Gunner，1765）别名：姥鲛、赣鲨、蒙鲨、老鼠鲨、大鲨鱼。

照 8-44　姥鲨

鲸鲨科 Rhincodontidae（1 种）

鲸鲨 Rhincodon typus

照 8-45 鲸鲨

六鳃鲨科 Heaxanchidae（2 种）

扁头哈那鲨 Notorhynchus cepedianus（Peron，1807）别名：扁头鲨、平头鲨。

尖吻七鳃鲨 Heptranchias perlo（Bonnaterre，1788）别名：七鳃鲨。

猫鲨科 Scyliorhinidae（3 种）

虎纹猫鲨 Scyliorhinus torazame（Tanaka，1908）别名：猫鲨。

梅花鲨 Halaelurus buergeri（Muller et Henle，1838）

阴影绒毛鲨 Cephaloscyllium isabellum（Bonaterre，1788）又名头绒毛鲨。别名：绒毛鲨。

鲭鲨科 Isuridae（2 种）

灰鲭鲨 Isurus oxyrinchus（Rafinesque，1809）

噬人鲨 Carcharodon carcharias（Linnaeus，1758）别名：食人鲨、大白鲨。

扁鲨科 Squatinidae（1 种）

日本扁鲨 Squatina japonica（Bleeker，1858）别名：贴浪、琵琶鲨。

长尾鲨科 Alopiidae（1 种）

孤形长尾鲨 Alopias vulpinus（Bonnaterre，1788）别名：长尾巴鲨。

双髻鲨科 Sphyrnidae（2 种）

路氏双髻鲨 Sphyrna lewini（Griffith et smith，1834）别名：书生鲨、相公鲨。

锤头双髻鲨 Sphyrna zygaena（Linnaeus，1758）别名：书生鲨、相公鲨。

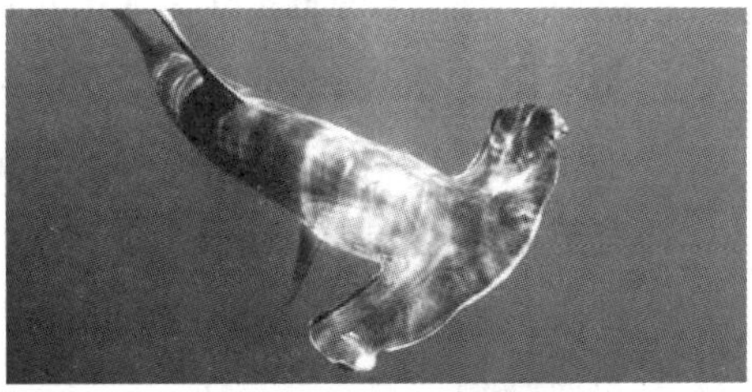

照 8-46 锤头双髻鲨

须鲨科 Orectolobidae（2 种）

日本须鲨 Orectolobus japonicus（Regan，1906）别名：须鲨。

条纹斑竹鲨 Chiloscyllium plagiosum（Bennett，1830）别名：斑竹鲨。

尖犁头鳐科 Rhynchobatidae（1 种）

及达尖犁头鳐 Rhynchobatus djiddensis（Forsskal，1775）别名：犁站鲨。

团扇鳐科 Platyrhinidae（1 种）

中国团扇鳐 Platyrhina sinensis（Bloch et Schneider，1801）别名：换糖流。

犁头鳐科 Rhinobatidae（3 种）

颗粒犁头鳐 Scobatus granulatus（Cuvier，1829）别名：尖犁头鳐。

斑纹犁头鳐 Rhinobatos hynnicephalus（Richardson，1846）别名：尖犁头鳐。

许氏犁头鳐 Rhinobatos schoegeli（Muller et Henle，1841）别名：尖犁头鳐。

照 8-47 尖齿锯鳐

锯鳐科 Pristidae（1 种）

尖齿锯鳐 Pristis cuspidatus（Latham，1794）别名：长嘴

鲨、小齿锯鳐。

单鳍电鳐科　Narkidae（1种）

日本单鳍电鳐　Narke japonica（Temminck et schlegel，1850）别名：麻则甫、电鳐。

照 8-48　日本单鳍电鳐

鳐科　Rajidae（5种）

斑鳐　Raja kenojei Muller et（Henle，1841）别名：蛮蛮、花鱼。

何氏鳐　Raja hollandi Jordan et（Richardson，1909）别名：蛮蛮、花鱼。

尖棘鳐　Raja acutispina（Ishiyama，1958）

孙鳐　Raja porosa（Gunther，1874）别名：蛮蛮、花鱼、老板鱼。

美鳐　Raja pulchra（Liu，1932）别名：花鱼。

圆犁头鳐科　Rhinidae（1种）

圆犁头鳐　Rhina ancylostoma（Bloch et Schneider，1801）别名：犁头鳐。

魟科　Dasyatidae（8种）

尖嘴魟　Dasyatis zugei（Muller et Henle，1841）

黄魟　Dasyatis bennetti（Muller and Henle，1841）别名：黄甫、白肉鯆、白玉鯆。

奈氏魟　Dasyatis navarrae（Steindachner，1892）别名：甫鱼。

中国魟　Dasyatis sinensis（Sterdachner，1892）别名：甫鱼。

光魟　Dasyatis（laevigatus Chu 1960）别名：黄鲼、滑子鱼。

赤魟　Dasyatis akajei（Muller et Henle，1841）别名：黄甫、鯆鱼、草帽鱼。

花点魟　Dasyatis uarnak（Forskal，1775）别名：花点甫。

小眼魟　Dasyatis microphthalmus

燕魟科　Gymnuridae（2种）

日本燕魟　Gymnura　japonica（Temminck et Schlegel）别名：腰肚鲂、片鲂、眉鲂、糠片。

双斑燕魟　Gymnura bimaculata（Norman，1925）别名：蝴蝶甫。

蝠鲼科　Mobulidae（3种）

日本蝠鲼　Mobula japanica（Muller et Henle，1841）别名：蝙蝠老鼠甫。

无刺蝠鲼　Mobula diabolua（Shaw，1804）别名：燕子花。

双吻前口蝠鲼　Manta　birostris（Walbaum，1792）别名：畚斗鲨、牛角甫。

照 8-49　双吻前口蝠鲼

鲼科 Myliobatidae（4种）

聂氏无刺鲼　Aetomylaeus niehofi（Bloch et Schneider，1801）别名：燕子甫。

花点无刺鲼　Aetomylaeus maculatus（Gray，1841）别名：燕子甫。

鸢鲼　Myliobatis tobijei（Bleeker，1857）别名：燕子甫。

鹰状无刺鲼　Aetomylaeus milvus（Muller et Henle，1841）别名：燕子甫。

鹞鲼科 Aetobatidae（2 种）

斑点鹞鲼 Aetobatus narinari（Euphrasen，1790）别名：燕子甫。

无斑鹞鲼 Aetobatus flagellum（Bloch et Schneider，1801）别名：燕子甫。

银鲛科 Chimaeridae（2 种）

黑线银鲛 Chimaera phantasma（Jordan et Snyder，1900）别名：银鲛。

曾氏兔银鲛 Hydrolagus ogilbyi（Waite，1898）别名：银鲛。

第二节 硬骨鱼类

硬骨鱼类（Osteichthyes）的形态多样，包括鱼类中的绝大多数种类。它们具有一些区别于软骨鱼类的共同特征：成体的骨骼大多为硬骨，体表大多被圆鳞或栉鳞，大多数具鳔，作为身体的比重调节器。象山的硬骨鱼类共有 158 科 508 种。鲤科 44 种为最多，主要分布于低纬度海洋，个别栖息于淡水。

鮟鱇科 Lophiidae（2 种）

黄鮟鱇 Lophius litulon（Jordan，1902）别名：结巴鱼、蛤蟆鱼、老头鱼、海蛤蟆、琵琶鱼。

黑鮟鱇 Lophiomus setigerus（Vahl，1797）别名：海蛤蟆。

蝙蝠鱼科 Oncocephalida（1 种）

棘茄鱼 Halieutaea stellata（Vahl，1797）别名：蝙蝠鱼。

躄鱼科 Antennaridae（2 种）

斑条躄鱼 Antennarius striatus（Shaw et Nodder，1794）别名：条纹躄鱼、黑躄鱼。

三齿躄鱼 Antennarius tridens（Temminck et Schlegel）

单棘躄鱼科 Chaunacidae（1 种）

单棘躄鱼 Chaunax fimbriatus Hilgendrot，1879

白鲳科 Ephippidae（1 种）

燕鱼 Platax teira（Forsskal，1775）

宝刀鱼科 Chirocentridae（1 种）

短颌宝刀鱼 Chirocentrus dorab（Forsskal，1775）别名：宝刀鱼。

豹鲂鮄科 Dactylopteridae（1 种）

吉氏豹鲂鮄 Dactyloptena gilberti（Snyder，1909）

照 8–50 吉氏豹鲂鮄

鲾科 Leiognathidae（4 种）

短棘鲾 Leiognathus equulus（Forsskal，1775）别名：扁占、鹿斑鲾。

黄斑鲾 Leiognathus bindus（Valenciennes，1835）

小牙鲾 Gazza minuta（Bloch，1795）别名：牙鲾。

颈斑鲾 Leiognathus nuchalis（Temminck et Schlegel，1845）别名：短吻鲾。

辫鱼科 Ateleopodidae（1 种）

紫辫鱼 Ateleopus purpureus（Tanaka，1915）别名：海弹涂。

鲳科　Stromateidae（3 种）

银鲳　Pampus argenteus（Euphrasen，1788）别名：鲳鱼、白鲳。

灰鲳　Pampus cinereus（Bloch，1795）别名：长鳞、婆子、燕尾鲳。

中国鲳　Pampus chinensis（Euphrasen，1788）别名：黑鲳。

长鲳科　Centrolophidae（2 种）

刺鲳　Psenopsis anomala（Temminck et Schlegel，1844）别名：刺鲳、海蜇眼睛、南鲳、瓜核、海鲳、肉鱼、肉鲫仔。

花鲳　Schedophilus maculatus Günther 纯淡水鱼类。

长尾鳕科　Macrouridae（4 种）

多棘腔吻鳕　Caelorinchus multispinulosus（Katayama，1942）

腔吻鳕　Coelorhynchus hige（Matsubara，1943）

台湾腔吻鳕　Caelorhynchus（formosanus Okamura，1963）

中间腔吻鳕　Caelorinchus（intermedius Chu et Lo，1963）

刺鲀科　Diodontidae（1 种）

六斑刺鲀　Diodon holacanthus（Linnaeus，1758）别名：长刺鲀、眶斑刺鲀、刺鲀。

照 8-51　六斑刺鲀

刺尾鱼科　Acanthuridae（2 种）

多板盾尾鱼　Prionurus scalprus（Valenciennes，1835）别名：多板盾尾鱼。

长吻鼻鱼　Naso unicornis（Forsskal，1775）别名：高鼻子鱼。

大眼鲷科　priacanthidae（3 种）

短尾大眼鲷　Priacanthus macracanthus（Cuvier，1829）别名：大眼鲷、大眼圈。

黑鳍牛目鲷　Cookeolus boops（Forster，1801）别名：大眼鲷。

日本锯大眼鲷　Pristigenys niphonia（Cuvier，1829）别名：大鳞大眼鲷、大眼鲷、大眼圈。

带鱼科　Trichiuridae（6 种）

卜氏深海带鱼　Evoxymetopon poeyi（Günther，1887）别名：叉尾带鱼、深海带鱼。

叉尾深海带鱼　Benthodesmus tenuis（Gunther，1877）别名：叉尾带鱼。

狭颅带鱼　Tentoriceps cristatus（Klunzinger，1844）别名：窄额带鱼。

带鱼　Trichiurus japonicus（Temminck et Schlegel，1844）别名：带鱼、白带鱼。

条状深海带鱼　Evoxymetopon taeniatus（Gill，1863）别名：叉尾带鱼、深海带鱼、细身叉尾带鱼，本种过去仅台湾海域有报道。

小带鱼　Eupleurogramusmuticus（Gray，1831）别名：带鱼。

弹涂鱼科　Periophthalmidae（4 种）

大弹涂鱼　Boleophthalmus pectinirostris（Linnaeus，1758）别名：弹鲴、跳跳鱼、弹涂鱼、跳鱼、泥猴。

大青弹涂鱼　Scartelaos gigas（Chu et Wu，1963）别名：弹鲴、跳跳鱼、弹涂鱼、跳杆。

青弹涂鱼　Scartelaos histophorus（Valenciennes，1837）

照 8-52　弹涂鱼

别名：弹鲥、跳跳鱼、弹涂鱼、跳杆。

弹涂鱼　Periophthalmus modestus（Cantor，1842）别名：花跳、弹鲥、跳跳鱼、弹涂鱼。

灯笼鱼科　Myctophidae（1 种）

长鳍底灯鱼　Benthosema pterotum（Alcock，1890）别名：七星鱼、七星梅子。

笛鲷科　Lutjanidae（3 种）

红鳍笛鲷　Lutjanus erythopterus（Bloch ，1790）

勒氏笛鲷　Lutjanus russelli（Bleeker，1849）

画眉笛鲷　Lutjanus vitta（Quoy et Gaimard，1824）

鲷科　Sparidae（9 种）

黄牙鲷　Dentex tumifrons（Temminck et Schlegel，1843）别名：黄鲷。

四长棘鲷　Argyrops bleekeri（Oshima，1927）

二长棘鲷　Parargyrops edita（Tanaka，1916）别名：棘鲷。

黄鳍棘鲷　Acanthopagrus latus（Houttuyn，1782）别名：黄鳍鲷。

平鲷　Rhabdosargus sarba（Forsskal，1775）

真鲷　Pagrosomus major（Temminck et Schlegel，1843）别名：铜盆鱼、真鲷。

黄鲷　Dentex tumifrons（Temminck et Schlegel）别名：齿鲷、黄加立、赤宗、波立。

黑鲷　Sparus macrocephlus 别名：海鲋、青鳞加吉、青郎、乌颊、牛屎鱲、乌翅、黑加吉、黑立、海鲫、铜盆鱼。

黑鲷　Acanthopagrus schlegeli（Bleeker，1854）别名：青郎。

照 8-53　黑鲷喜

鲽科　Pleuronectidae（9 种）

长鲽　Tanakius kitaharae（Jordan et Starks，1904）

虫鲽　Eopsetta grigorjewi（Herzenstein，1890）

高眼鲽　Cleisthenes herzensteini（Schmit，1904）别名：田鸡眼。

钝吻黄盖鲽　Pseudopleuronectes yokohamae（Gunther，1877）别名：黄盖鲽。

粒鲽　Clidoderma asperrimum（Temminck et Schlegel，1946）

尖吻黄盖鲽　Pseudopleuronectes herzensteini（Jordan et Snyder，1901）别名：赫氏黄盖鲽。

角木叶鲽　Pleuronichthys cornutus（Temminck et Schlegel，1946）别名：田鸡眼、本叶鲽。

亚洲油鲽　Microstomus achne（Jordan et Starks，1904）

圆斑星鲽　Verasper variegatus（Temminck et Schlegel，1846）别名：星鲽。

毒鲉科　Synancejidae（4 种）

单指虎鲉　Minous monodactylus（Bloch et Schneider，1801）别名：虎鲉。

玫瑰毒鲉　Synanceia verrucosa 别名：肿瘤毒鲉、毒鲉。

日本鬼鲉　Inimicus japonicus（Cuvier，1829）别名：海老虎、鬼鲉。

丝棘虎鲉　Minous pusillus（Temminck et Schlegel，1843）别名：丝鳍虎鲉、细鳍虎鲉。

杜父鱼科　Cottidae（3 种）

松江鲈　Trachidermus fasciatus（Heckel，1837）别名：松江鲈鱼、花鼓鱼、四鳃鲈、老婆鱼，

过河性洄游鱼类。

角细杜父鱼　Cottiusculus gonez（Schmidt，1904）别名：小杜父鱼。

细纹狮子鱼　Liparis tanakai（Gilbert et Burke，1912）别名：海泥鳅。

短鲬科　Parabembridae（1 种）

短鲬　Parabembras curtus（temminck et Schlegel，1843）别名：山肖鱼。

鳄齿鱼科　Champsodontidae（1 种）

鳄齿鱼　Champsodon capensis（Regan，1908）别名：鳄齿鰧。

发光鲷科　Acropomatidae（1 种）

日本发光鲷　Actopoma japonicum（Gunther，1859）别名：发光鲷

帆鲫鱼科　Histiopteridae（1 种）

帆鲫鱼　Histiopterus typus Temminck et Schlegel

翻车鲀科　Molidae（2 种）

翻车鲀　Mola mola（Linnaeus，1758）别名：月亮鲨、翻车鱼。

矛尾翻车鲀　Masturus lanceolatus（Lienard，1840）别名：翻车鲀。

方头鱼科　Branchiostegidae（2 种）

日本方头鱼　Branchiostegus japonicus（Houttuyn，1782）别名：马头鱼、方头鱼。

银方头鱼　Branchiostegus argentatus（Cuvier，1830）别名：马头鱼、方头鱼。

鲂鮄科　Triglidae（6 种）

岸上红娘鱼　Lepidotrigla kishinouyei（Snyder，1911）别名：尖棘红娘鱼、凯氏红娘鱼。

短鳍红娘鱼　Lepidotrigla microptera（Gunther，1873）别名：红娘鱼。

贡氏红娘鱼　Lepidotrigla guentheri（Hilgendorf，1879）别名：红娘鱼。

瑞氏红鲂鮄　Satyrichthys rieffeli（Kaup，1859）

翼红娘鱼　Lepidotrigla alata（Houttuyn，1782）别名：红双角鱼。

绿鳍鱼　Chelidonichthys kumu（Lesson et Garnot）别名：红娘鱼、黑角鱼。

飞鱼科　Exocoetidae（2 种）

真燕鳐　Prognichthys agoo（Temmincket Schlegel，1846）别名：飞鱼。

尖头文鳐鱼　Hirundichthys oxycephalus（Bleeker，1852）别名：飞鱼。

鲱科　Clupeidae（12 种）

斑鰶　Konosirus punctatus（Temminck et Schlegel，1846）别名：小鲥鱼、刺儿鱼、古眼鱼、磁鱼、油鱼、春鰶、姑罗、黄流鱼、扁鰶、气泡子、鲮鰶鱼、金耳环。

短鳍后鳍鱼　Opisthopterus valenciennei（Bleeker，1872）别名：大眼圈。

金色小沙丁鱼　Sardinella aurita

黄带圆腹鲱　Dussumieria elopsoides（Bleeker，1849）

鳓　Ilisha elongata（Bonnett，1830）别名：鳓鱼、香鱼、曹白鱼。

青鳞小沙丁鱼　Sardinella zunasi（Bleeker，1854）别名：沙丁鱼。

青鳞鱼　Harengula zunasi Bleeker 别名：青皮、青济、柳叶青、白羔。

中华青鳞鱼　Harengula nymphaea（Richardson）别名：青鳞、神仙青鳞鱼。

鲥鱼　Macrura reevesi（Richardson，1846）别名：鲥鱼、时鱼、三来、三黎鱼、迟鱼、鲥刺。

脂眼鲱 Etrumeus teres（De Kay，1842）

中华小沙丁鱼 Ardinella nymphaea（Richardson，1846）别名：沙丁鱼。

远东拟沙丁鱼 Sardinops melanostictus（Temminck et Schlegel，1846）别名：沙丁鱼、小鳄鱼。

革鲀科 Aluteridae（7 种）

高体副单角鲀 Paramonacanthus japonius（Tileius，1801）

单角革鲀 Aluterus monoceros（Linnaeus，1758）别名：剥皮鱼。

黄鳍马面鲀 Thamnaconus hypargyreus（Cope，1871）别名：马面鱼、剥皮鱼。

绿鳍马面鲀 Thamnaconus septentrionalis（Gunther，1874）别名：绿剥皮、马面鲀。

马面鲀 Thamnaconus modestus（Gunther，1877）别名：马面鱼、剥皮鱼。

密斑马面鲀 Thamnaconus tessellatus（Gunther，1880）别名：马面鱼、剥皮鱼。

丝背细鳞鲀 Stephanolepis cirrhifer（Temminck et Schlegel，1850）别名：冠鳞单棘鲀、丝背单角鲀。

狗母鱼科 Synodontidae（3 种）

长蛇鲻 Saurida elongata（Temminck et Schlegel，1846）别名：蛇鲻鱼。

大头狗母鱼 Trachinocephalus myops（Forster，1801）别名：花蛇鲻鱼。

花斑蛇鲻 Saurida undosquamis（Richardson，1848）别名：蛇鲻鱼。

海鲢科 Elopidae（1 种）

海鲢 Elops machnata（Forsskal，1775）

海龙科 Syngnathidae（8 种）

刺海马 Hippocampus histrix（Kaup，1853）别名：海马。

大海马 Hippocampus kelloggi Jordan et（Snyder，1901）别名：海马。

低海龙 Syngnathus djarong Bleeker

红鳍冠海龙 Corythoichthys haematopterus（Bleeker，1851）别名：海龙。

尖海龙 Syngnathus acus（Linnaeus，1758）别名：海龙。

锯粗吻海龙 Trachyrhamphus serratus（Temminck et Schlegel，1850）别名：海龙。

日本海马 Hippocampus japonicus（Kaup，1853）别名：海马。

舒氏海龙 Syngnathus schlegeli Kaup

海鳗科 Muraenesocidae（2 种）

海鳗 Muraenesox cinereus（Forsskal，1775）别名：狗鳗。

鹤海鳗 Muraenesox talabonoides（Bleeker，1853）别名：内江鳗、抱鳗。

海鲶科 Ariidae（2 种）

海鲇 Arius thalassinus（Riippell，1835）别名：老头鱼、赤鱼、青松鱼、成鱼、成仔、黄松、油松、尖珠、光鱼、骨鱼。

中华海鲇 Arius sinensis（Lacepede，1803）别名：老头鱼。

海鳝科 Muraenidae（2 种）

长体鳝 Thrysoidea macrura

网纹裸胸鳝 Gymnothorax reticularis（Bloch，1795）别名：海黄衣。

颌针鱼科　Belonidae（3 种）

黑背圆颌针鱼　Tylosurus melanotus（Bleeker，1850）别名：长嘴鱼。

尖嘴扁颌针鱼　Strongylura anastomella（Valenciennes，1846）别名：尖嘴带鱼、长嘴鱼。

横带扁颌针鱼　Ablennes hians（Valinciennes，1846）别名：尖嘴带鱼、长嘴鱼。

红鲬科　Bembridae（1 种）

日本红鲬　Bembras japonicus Cuvier et Valenciennes 别名：山肖鱼。

胡瓜鱼科　Osmeridae（1 种）

毛鳞鱼　Osmerus mordax

蝴蝶鱼科　Chaetodontidae（1 种）

朴蝴蝶鱼　Chaetodon modestus Temminck et（Schlegel，1884）别名：蝴蝶鱼、荷包鱼。

皇带鱼科　Regalecidae（1 种）

勒氏皇带鱼　Regalecus russelli（Shaw，1803）别名：皇带鱼。

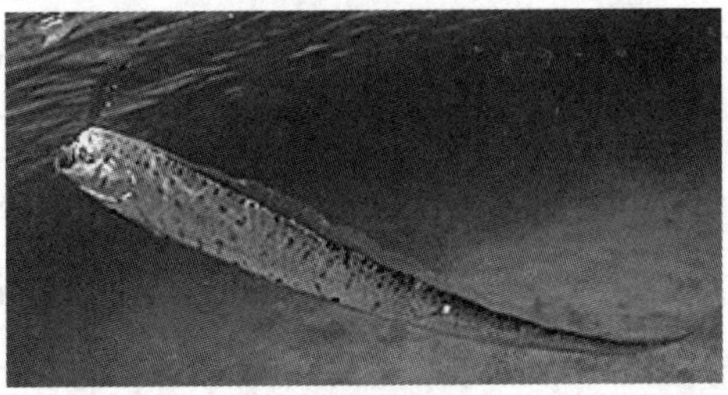

照 8-54　勒氏皇带鱼

黄鲂鮄科　Peristediidae（2 种）

东方黄鲂鮄　Peristedion orientale temminck et（Schlegel，1843）

短吻鮄　Peristedion brevirostre

鸡笼鲳科　Drepanidae（2 种）

斑点鸡笼鲳　Drepane punctata（Linnaeus，1758）别名：鸡笼鲳。

条纹鸡笼鲳　Drepane longimana（Bloch et Schneider，1801）别名：鸡笼鲳。

鮠科　Gireliidae（1 种）

斑鮠　Girella punctata（Gray，1835）别名：鮠鱼。

箭鱼科　Xiphiidae（1 种）

剑鱼　Xiphias gladius（Linnaeus，1758）别名：箭鱼、剑鱼。

金线鱼科　Nemipteridae（2 种）

金线鱼　Nemipterus virgatus（Houttuyn，1782）

日本金线鱼　Nemipterus japonicus（Bloch，1791）别名：金线鱼。

金钱鱼科　Scatophagidae（1 种）

金钱鱼　Scatophagus argus（Linnaeus）

锦鳚科　Pholidae（1 种）

云鳚　Enedrias nebulosus（Temminck et Schlegel，1845）别名：海泥鳅、银宝鱼。

军曹鱼科　Rachycentridae（1 种）

军曹鱼　Rachycentron canadum（Linnaeus，1766）

康吉鳗科　Congridae（5 种）

黑尾吻鳗　Rhynchoconger ectenurus（Jordan et Richardson，1909）

大奇鳗　Alloconger shiroanago major（Asano，1958）别名：奇鳗、大异糯鳗、大白糯鳗、拟穴奇鳗。

日本康吉鳗　Japonoconger sivicola（Matsubara et Ochiai，1951）别名：金丝鳗。

星康吉鳗　Conger myriaster（Brevoort，1856）别名：星鳗、沙鳗。

星鳗　Astroconger myriaster（Brevoort，1856）别名：海鳝。

蓝子鱼科　Siganidae（1 种）

长鳍蓝子鱼　Siganus canaliculatus（Park，1797）别名：黄斑蓝子鱼。

鲤科　Cyprinidae（43 种）

赤眼鲮　SquafIObarb us curriCulus（Richardson）别名：红眼鳟、参鱼。

鲤鱼　Cyprinus carpio 别名：鲤拐子、鲤子，淡水鱼类。

细鳞斜颌鲴　Xenocypris microlepis

青鱼　Mylopharyngodon piceus 淡水鱼类。

团头鲂　Megalobrama amblycephala 别名：团头鳊、平胸鳊，淡水鱼类。

三角鲂　Magalobrame Tarminalis （Richardson）别名：鲂鱼、平胸鲂、塔鳊、三角鳊、乌鳊，淡水鱼类。

草鱼　Ctenopharyngodon idella（Valenciennes）淡水鱼类。

鲢鱼　Hypophthalmichthys molitrix 别名：白鲢、水鲢、跳鲢、鲢子，淡水鱼类。

鳙鱼　Hypophthalmichthys nobilis 别名：皂鲢、黑包头鱼、胖头鱼、黑鲢、花鲢，淡水鱼类。

鲫鱼　Carassius auratus auratus 淡水鱼类。

照 8-55　鲫鱼

长春鳊　Parabramis pekinensis（Basilewsky）别名：鳊鱼、长身鳊、草鳊、油鳊，淡水鱼类。

白鲫　Carassius auratus cuvieri Temminck et Schlegel 淡水鱼类。

大眼华鳊　Sinibrama macrops（Gunther）别名：大眼鲂、大眼鳊 ，淡水鱼类。

翘嘴红鲌　Erythroculter ilishaeformis 淡水鱼类。

蒙古红鲌　Erythroculter mongolicus（Basilewsky）别名：红梢子、尖头红梢、红尾巴，淡水鱼类。

青梢红鲌　Erythrocu1ter dabryi dabryi （Bleeker）淡水鱼类。

红鳍鲌　Culter erythropterus（Basilewsky，1855）淡水鱼类。

圆吻鲴　Distoechodon tumirostris Peters 别名：鳍鱼、憨仔鱼、甘仔鱼，淡水鱼类。

黄尾密鲴　Xenocypris davidi Bleeker，1817 别名：鲅，淡水鱼类。

细鳞斜颌鲴　Plagiognathops microlepis（Bleeker）别名：沙姑子、黄尾刁、黄板鱼，纯淡水鱼类。

逆鱼　Acanthobrama simoni B1eeker 别名：刺鳊、扁脖子、浮鲢，淡水鱼类。

彩石鲋　Pseudoperilampus lighti Wu 别名：鳑鲏，淡水鱼类。

赤眼鳟　Squaliobarus curriculus（Richardson）别名：红眼棒、野草鱼、醉角眼、红眼鳟、红眼鲮，淡水鱼类。

高体鳑鲏　Rhodeus ocellatus（Kner）别名：鳑鲏、火片子、假鲫鱼，纯淡水鱼类。

兴凯刺鳑鲏　Acanthorhodeus chankaensis（Dybowsky）淡水鱼类。

中华鳑鲏　Rhodeus sinensis Günther 别名：鳑鲏，淡水鱼类。

大鳍刺鳑鲏　cnthorhodeus macropterus Bleeker 别名：猪耳鳑鲏，淡水鱼类。

麦穗鱼　Pseudorasbora parva（Temminck et Schlegel）别名：罗汉鱼，淡水鱼类。

银色颌须鮈　Gnathopogon argentatus（Sauvage et Dabry）别名：亮壳、亮幌子，淡水鱼类。

光唇蛇鮈　Saurogobio gymnocheilus Lo，Yao et Yang 淡水鱼类。

点纹颌须鮈　gnathopogon wolterstorffi（Regan）淡水鱼类。

细纹颌须鮈　gnathopogon taeniellus（Nichols）淡水鱼类。

嵊县胡鮈　Huigobio chenhsienensis（Fang，1938）淡水鱼类。

蛇鮈　Saurogobio dabryi Bleeker 淡水鱼类。

似鮈　Pseudogobio vaillanti（Sauvage）别名：马头鱼、大头马强。淡水鱼类。

厚唇鱼　Acrossocheilus（Lissochilichthys）labiatus（Regan，1908）淡水鱼类。

光唇鱼　Acrossocheilus fasciatus（Steindachner）淡水鱼类。

马口鱼　Opsariichthys bidens Günther 淡水鱼类。

捧花鱼　Abbottin arivularis（Basil.）淡水鱼类。

福建捧花鱼　A. fukiensis（Nichols）淡水鱼类。

华鳈　Sarcocheilichthys sinensis Bleeker 淡水鱼类。

荷包鲤　Cyprinus carpio var（wuyuanensis）淡水鱼类。

宽鳍鱲　Zacco platypus（Temminck et Schlegel）淡水鱼类。

丽鱼科　Cichlaidae（2 种）

莫桑比克罗非鱼　Oreochromis mossambicus（Peters，1852）别名：莫三鼻口孵鱼、罗非鱼，原产于非洲。

尼罗罗非鱼　Oreochromis niloticus（Linnaeus，1758）别名：罗非鱼，原产于非洲。

鳞鲀科　Balistidae（2 种）

宽尾鳞鲀　Abalistes stellatus（Bloch et Schneider，1801）别名：扁尾鳞鲀、扁尾皮剥鲀。

绿拟鳞鲀　Balistoides viridescens（Bloch et Schneider）别名：褐拟鳞鲀。

菱鲷科　Caproidae（1 种）

高菱鲷　Antigonia capros（Lowe，1843）

照 8-56　高菱鲷

六棱箱鲀科　Aracanidae（1 种）

箱鲀　Kentrocapros aculeatus（Houttuyn，1782）

六线鱼科　Hexagrammidae（2 种）

斑头鱼　Hexagrammos agrammus（temminck et Schlegel，1843）别名：花鲷。

大泷六线鱼　Hexagrammos otakii（Snyder，1908）别名：花鲷。

龙头鱼科　Harpodontidae（1 种）

龙头鱼　Harpodon nehereus（Buchanan-Hamilton，1882）别名：狗母鱼、虾鳎、龙头鲓、豆腐鱼、细血、狗奶。

隆头鱼科　Labridae（3 种）

蓝猪齿鱼　Choerodon azurio（Jordan et Snyder，1901）

花鳍副海猪鱼　Parajulis poecilepterus（Temminck et Schlegel，1846）别名：花鳍海猪鱼。

双带普提鱼　Bodianus bilunulatus（Lacepède，1801）别名：普提鱼。

鲈总科　Percoidea（1 种）

细条天竺鱼　Apogonichthys lineatus（Temminck et Schlegel）

鯥科　Pomatomidae（1 种）

短鳍鯥　Scombrops boops（Houttuyn，1782）

马鲅科　Polynemidae（3 种）

多指马鲅　Polydactylus indicus，河海洄游。

黑斑多指马鲅　Polydactylus sextarius（Bloch et Schneider，1801）别名：六指马鲅、多指马鲅。

四指马鲅　Eleutheronema tetradactylus（Shaw，1804）别名：马友、午鱼、牛笋、獐跳。

鳗鲡科　Anguillidae（5 种）

欧洲鳗鲡　Anguilla anguilla（Linnaeus，1758）别名：欧鳗。一种蛇状、兼性的降河回游产卵鱼类，在 IUCN 红色名录内列为极危物种。

美洲鳗鲡　Anguilla rostrata（Lesueur，1817）别名：美洲鳗、河鳗。

日本鳗鲡　Anguilla japonica Temminck et Schlegel 别名：鲥鳗、河鳗。

花鳗　Anguilla marmorata Quoy et Gaimard 降河性洄游鱼类，在海洋里产卵繁殖，鱼苗进入江河、水库等淡水中成长。

鳗鲡　Anguilla japonica Temminck et（Schlegel，1846- 47）别名：河鳗，过河性洄游鱼类。

鳗虾虎鱼科　Taenioididae（4 种）

红狼牙虾虎鱼　Odontamblyopus rubicundus（Hamilton）别名：红亮鱼、麻皮头、赤乃、瘦条、赤九、红鼻条、乃鱼。

孔虾虎鱼　Trypauchen vagina（Bloch et Schneider）别名：红涂调、赤鲶、红条、银珠笔、木乃、红九、红水官。

须鳗虾虎鱼　Taenioides cirratus（Blyth，1860）

中华栉孔虾虎鱼　Ctenotrypauchen chinensis Steindachner

鳗鲇科　Plotosidae（1 种）

鳗鲇　Plotosus anguillaris（Bloch）

绵鳚科　Zoarcidae（2 种）

长绵鳚　Zoarces elongatus（Kner，1868）别名：绵鳚、龙王椿。

绵鳚　Zoarces viviparous（Linnaeus）别名：光鱼、海鲶鱼、羊鱼、水岔、大头光、松鱼。

拟鲈科　Pinguipedidae（2 种）

六带拟鲈　Parapercis sexfasciata（Temminck et Schlegel，1843）

圆拟鲈　Parapercis cylindrica（bloch，1792）

拟三刺鲀科　Triacanthodidae（1 种）

拟三刺鲀　Triacanthodes anomalus（Temminck et Schlegel，1847）别名：原三刺鲀。

牛鼻鲼科　Rhinopteridae（1 种）

爪哇牛鼻鲼　Rhinoptera javanica（Muller et Henle，1841）别名：牛角甫。

糯鳗科　Congridae（1 种）

尖尾鳗　Uroconger lepturus 别名：尾糯鳗、尾鳗、长尾鳗、金丝鳗、狭尾糯鳗。

鲆科　Bothidae（9 种）

北原左鲆　Laeops kitaharae（Smith et Pope）

大斑鳒鲆　Psettina iijimae（Jordan et starks，1904）别名：鲆。

大菱鲆　Psetta maxima（Linnaeus，1758）别名：多宝鱼、左口鱼。

大牙斑鲆　Pseudorhombus arsius（Hamilton 1822）别名：斑鲆。

桂皮斑鲆　Pseudorhombus cinnamomeus（Temminck et Schlegel，1846）

褐牙鲆　Paralichthys olivaceus（Temminck et Schlegel，1846）别名：上船篮、牙鲆。

五眼斑鲆　Pseudorhombus pentophthalmus（Gunther，1862）

青缨鲆　Crossorhombus azureus（Alcock，1889）

纤羊舌鲆　Arnoglossus tenuis Gunther，1880 别名：细羊舌鲆。

旗鱼科　Istiophoridae（1 种）

平鳍旗鱼　Istiophorus platypterus（Shaw et Nodder，1792）别名：东方旗鱼、宽鳍旗鱼。

鲯鳅科　Coryphaenidae（1 种）

鲯鳅　Coryphaena hippurus（Linnaeus，1758）别名：鬼头月、獐跳。

前肛鳗科　Dysommidae（1 种）

前肛鳗　Dysomma anguillaris（Barnard，1923）

鲭科　Scombrida（12 种）

澳洲鲭　Scomber australasicus（Cuvier，1832）别名：青占鱼、花莲柱、狭头鲐、花腹鲭、花腹马鲛。

扁舵鲣　Auxis thazard（Lacepede，1800）别名：扁花鲣、炸弹鱼、洋包鱼。

圆舵鲣　Auxis tapeionosoma Bleeker 别名：黑洋包、炸弹鱼。

东方狐鲣　Sarda orientalis（Temminck et Schlegel，1844）别名：炸弹鱼、洋包鱼。

日本鲭　Scomber japonicus Houttuyn，1782 别名：鲐鱼、青占鱼。

金枪鱼　Thunnus thynnus（Linnaeus，1758）别名：炸弹鱼。

青干金枪鱼　Thunnus tonggol（Bleeder，1851）别名：金枪鱼、炸弹鱼。

鲐鱼　Pseumatophorus japonicus（Houlluyn）别名：青鲇鱼、花池鱼、花巴、花鳀、青砖、青占、花鲱、花生、花仙。

鲔　Euthynnus affinis（Cantor，1849）别名：炸弹鱼、洋包鱼。

斑点马鲛　Scomberomorus guttatus（Bloch et Schneider，1801）别名：马加鰆、白北。

朝鲜马鲛　Scomberomorus koreanus（Kinshinouye，1915）别名：条子马鲛。

蓝点马鲛　Scomberomorus niphonius（Cuvier，1832）别名：马鲛鱼、鲅鱼、条燕、板鲅、竹鲛、尖头马加、马鲛、青箭。

海鲂科　Zeidae（2 种）

日本海鲂　Zeus japonicus Valenciennes，1829

远东海鲂　Zeus faber（Linnaeus，1758）别名：太阳鱼、月亮鱼、日本海鲂。

绒皮鲉科 Aploactinidae（1 种）

虻鲉 Erisphex pottii（Steindachner，1897）别名：蜂鲉。

柔鱼科 Ommastrephidae（1 种）

太平洋褶柔鱼 Todarodes pacificus Steenstrup 别名：黑皮鱿鱼、太平洋斯氏柔鱼、柔鱼、鱿鱼。

蠕鳗科 Echelidae（1 种）

裸鳍虫鳗 Muraenichthys gymnopterus（Bleeker，1853）别名：虫鳗。

鱚科 Sillaginidae（1 种）

多鳞鱚 Sillago sihama（Forsskal，1775）别名：锤齿鱼。

舌鳎科 Cynoglossidae（15 种）

舌鳎 Cynoglossus cynoglossus（Hamilton-Buchanan）别名：比目鱼、鳎米、舌头、牛舌、鳎目、龙力、海秃、细鳞、塔西鱼、狗舌、鳎沙、牛目、鳎板、鞋底鱼、牙杈鱼、左口。

半滑舌鳎 Cynoglossus semilaevis（Gunther，1873）别名：舌鳎。

大鳞舌鳎 Cynoglossus melampetalus（Richardson，1846）别名：黑皮舌鳎。

焦氏舌鳎 Cynoglossus joyneri Günther 别名：牛舌、龙舌、鳊鱼、皇帝鱼、比目鱼。

短吻红舌鳎 Cynoglossus joyneri（Gunther，1878）别名：粗鳞舌鳎、短吻舌鳎、焦氏舌鳎、驹舌、乔氏龙舌鱼。

断线舌鳎 Cynoglossus interruptus（Gunther，1879）别名：舌鳎、沙鳎。

褐斑三线舌鳎 Cynoglossus trigrammus（Gunther，1862）别名：三线舌鳎。

黑尾舌鳎 Cynoglossus melampetalus（Richardson，1846）别名：罗氏三线舌鳎。

三线舌鳎 Cynoglossus trigrammus Gunther 药用名称：塔沙、马利、龙利。

短吻三线舌鳎 Cynoglossus abbreviatus（Gray，1834）别名：短吻舌鳎。

双线舌鳎 Cynoglossus bilineatus（Lacenede，1802）别名：舌鳎。产于南海、东海和黄海，舟山海域常见。

中华舌鳎 Cynoglossus sinicus（Wu，1932）别名：舌鳎。产于东海和南海，舟山海域偶见。

窄体舌鳎 Cynoglessus graclfls Glliither 别名：舌鳎、鞋底鱼。

紫斑舌鳎 Cynoglossus purpureomaculatus（Regan，1905）别名：细鳞舌鳎、紫斑三线舌鳎。

宽体舌鳎 Cynoglossus robustus（Gunther，1873）别名：粗鳞舌鳎、龙利、龙舌、牛舌、粗体舌鳎。沿海均产，舟山海域常见，具一定产量。

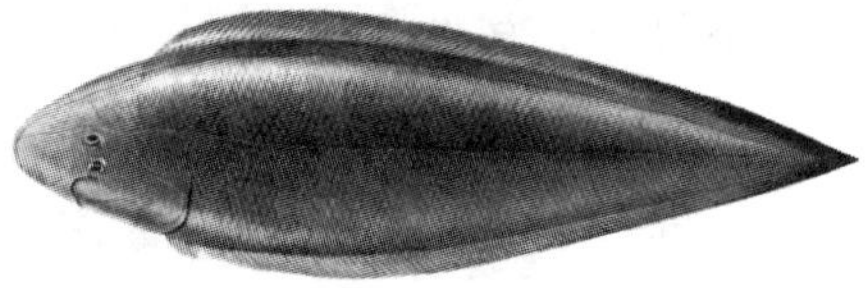

照 8-57 宽体舌鳎

蛇鳗科 Ophichthidae（5 种）

豆齿鳗 Pisoodonophis

尖吻蛇鳗 Ophichthus apicalis（Bennett，1830）别名：海黄衣。

大吻沙蛇鳗 Ophisurus macrorhynchus（Bleekder，1853）别名：海黄衣。

中华须鳗 Cirrhimuraena chinensis（Kaup，1856）别名：尖鳗。

食蟹豆齿鳗 Pisoodonophis cancrivorus（Richardson，1848）

蛇鲭科 Gempylidae（1 种）

短蛇鲭 Rexea prometheoides（Bleeker，1856）

蛇鳚科　Ophidiidae（1种）

仙鼬鳚　Sirembo imberbis（Temminck et Schlegel）

鲹科　Carangidae（17种）

白舌若鲹　Carangoides talamparoides（Bleeker，1852）

长吻丝鲹　Alectis indicus（Ruppell，1830）

短吻丝鲹　Alectis ciliaris（Bloch，1787）别名：短吻丝鲹。

高体若鲹　Kaiwarinus equula（Temmincek et Schlegel，1844）

沟鲹　Atropus atropus（Bloch et Schneider，1801）

颌圆鲹　Decapterus lajang（Bleeker，1855）别名：青占鱼。

黑纹条鰤　Zonichthys nigrofasciatus（Rüppell，1826）

红鳍圆鲹　Decapterus russelli（Ruppell，1830）别名：青占鱼。

黄尾鰤　Seriola lalandi（Valenciennes，1833）

及达副叶鲹　Alepes djeddaba（Forsskal，1775）

蓝圆鲹　Decapterus maruadsi（Temminck et Schlegel，1844）别名：三楞、池鱼、棍子、黄尾、刺巴鱼、巴浪鱼、棍子鱼、池鱼、黄鲇、池仔。

丽叶鲹　Atule kalla（Cuvier，1833）

六带鲹　Caranx sexfasciatus Quoy et Gaimard，1825

卵形鲳鲹　Trachinotus ovatus（Linnaeus，1758）

马拉巴若鲹　Carangoides malabaricus（bloch et Schneider，1801）

日本竹筴鱼　Trachurus japonicus（Temminck et Schlegel，1844）别名：黄占。

大甲鲹　Megalaspis cordyla 别名：铁甲鱼、黑面白鱼、甘贡、硬尾铅、八哥脚、蝉头。

石鲷科　Oplegnathidae（2种）

斑石鲷　Oplegnathus punctatus（Temminck et Schlegel，1844）别名：斑石鲷。

条石鲷　Oplegnathus fasciatus（Temminck et Schlegel，1844）别名：七色。

石鲈科　Pomadasyidae（6种）

大斑石鲈　Pomadasys maculatus（Bloch，1793）

横带髭鲷　Hapalogenys mucronatus（Eydoux et Souleyet，1850）别名：十六枚、海猴、黑鳍髭鲷、金鼓、打铁皮。

花尾胡椒鲷　Plectorhinchus cinctus（Temminck et Schlegel，1843）别名：包公鱼、虎斑鱼。

三线矶鲈　Parapristipoma trilineatum（Risso，1826）别名：鸡鱼。

斜带髭鲷　Hapalogenys nitens（Richardson，1844）别名：十八枚、花石鲈、少棘胡椒鲷。

纵带髭鲷　Hapalogenys kishinouyei（Smith et Pope，1906）别名：岸上氏髭鲷。

石首鱼科　Sciaenidae（19种）

白姑鱼　Argyrosomus argentatus（Houttuyn，1782）别名：白果子、白姑鱼、白姑子、白米子、白眼鱼、白鳖子、白果子、白梅、白花鱼、画仔鱼。

大黄鱼　Pseudosciaena crocea（Richardson，1846）别名：黄鱼、大王鱼、大鲜、大黄花鱼、红瓜、金龙、黄金龙、桂花黄鱼、大仲、红口、石首鱼、石头鱼、黄瓜鱼。

大头白姑鱼　Pennahia macrocephalus（Tang，1937）别名：白果子。

褐毛鲿　Megalonibea fusca（Chu，Lo et Wu，1963）别名：大鱼、毛鲿鱼。

黑姑鱼　Atrobucca nibe（Jordan et Thompson，1911）别名：黑喉咙。

黑鳃梅童鱼　Collichthys niveatus Jordan et（Starks，1906）别名：梅童鱼、梅子鱼、梅同、老鼠嘴、外洋梅同、大头仔、丁珠、梅子、大头宝、黄皮、吉头、蒙头。

红拟石首鱼　Sciaenops ocellata（Linnaeus，1766）别名：美国红鱼、眼斑拟石首鱼。

红牙鰔　Otolithes ruber（Bloch et Schneider，1801）

黄唇鱼　Bahaba taipingensis（Herre，1932）别名：大鱼、黄唇鱼、大鸥、白花。国家二级保护水生动物。

黄姑鱼　Nibea　albiflora（Richardson，1846）别名：罗鱼、铜罗鱼、花鰔鱼、黄姑子、黄鲞、皮鰔、春水鱼、黄婆鸡。

鮸　Miichthys miiuy（basilewsky，1855）别名：米鱼、鮸鱼。

尖头黄鳍牙鰔　Chrysochir aureus（Richardson，1846）别名：杂烩蒲荠。

鳞鳍叫姑鱼　Johnius distinctus（Tanaka，1916）别名：叫姑鱼。

皮氏叫姑鱼　Johnius belengeri（Cuvier，1830）别名：马拉格、高老婆子、小白鱼、赤头、黑耳津、叫吉子、小叫姑。

日本白姑鱼　Argyosomus japonicus（Temminck et Schlegel，1843）别名：白鮸。

双棘原黄姑鱼　Protonibea diacanthus（Lacepède，1802）

棘头梅童鱼　Collichthys lucidus（Richardson，1844）别名：细眼、大头梅童、小眼睛。

突吻叫姑鱼　Johnius coitor（Hamilton，1822）别名：叫姑鱼、浅色黄姑鱼。

小黄鱼　Pseudosciaena polyactis（Bleeker，1877）别名：黄花鱼、小黄花、小鲜、大眼、花色、小黄瓜、古鱼、黄鳞鱼、小春色、金龙、厚鳞仔。

鼠鱚科　Gonorynchidae（1 种）

鼠鱚　Gonorynchus abbreviatus（Temminch et Schlegel，1846）

松鲷科　Lobotidae（1 种）

松鲷　Lobotes surinamensis（Bloch，1790）

松球鱼科　Monocentridae（1 种）

日本松球鱼　Monocentrus japonicus（Houttuyn，1872）别名：松果鱼、松球鱼。

双鳍鲳科　Nomeidae（1 种）

鳞首方头鲳　Cubiceps squamiceps（Lloyd，1909）别名：方头鲳。

鳎科　Soleoidae（4 种）

褐斑栉鳞鳎　Aseraggodes kobensis（Steindachner，1896）

卵鳎　Solea ovata Richardson，1846

日本须鳎　Paraplagusia japonica（Temminck et Schlegel，1846）别名：舌鳎

条鳎　Zebrias zebra（Bloch，1787）别名：花舌鳎。

塘鳢鱼科　Eleotridae（2 种）

锯塘鳢　Butis koilomatodon（Bleeker，1849）

中华乌塘鳢　Bostrychus sinensis（Lacepede，1802）别名：涂鳗、乌塘鳢、蛸蚌虎。

鰧科　Uranoscopidae（5 种）

披肩鰧　Ichthyoscopus lebeck（Bloch et Schneider，1801）别名：鱼鰧、角鱼。

青鰧　Gnathagnus elongatus（Temminck et Schlegel，1846）。别名：角鱼。

日本鰧　Uranoscopus japonicus（Houttuyn，1782）别名：角鱼。

土佐鰧　Uranoscopus tosae（Jordan et Hubbs，1925）别名：佐七鰧、项鳞鰧、角鱼。

少鳞鰧　Uranoscopus oligolepis（Bleeker，1878）别名：角鱼。

鳀科　Engraulidae（10 种）

七丝鲚　Coilia grayii（Richardson，1844）别名：青鲚、白鼻、凤尾、马齐。

赤鼻棱鳀　Thryssa kammalensis（Bleeker，1849）别名：丁香鲚。

凤鲚　Coilia mystus（Linnaeus，1758）别名：凤尾鱼、鱼鲚、烤子鱼、黄鲚、子鲚。

黄鲫　Setipinna taty（Valeinciennes，1848）别名：王吉、麻口前、毛口鱼、黄鰶、鸡毛鳓、黄雀、赤鼻、黄尖子、白赤、茫口、簿鲫、薄口、油扣、鲚子鱼。

康氏小公鱼　Stolephorus commersoni（Lacepede，1803）别名：小公鱼。

日本鳀　Engraulis japonicus（Temminck et Schlegel，1846）别名：烂船钉、鳀鱼、海蜓。

印度小公鱼　Tolephorus indicus（van Hasselt，1823）别名：大海蜓。

中颌棱鳀　Thryssa mystax（Bloch et Schneider，1801）别名：丁香鲚。

中华小公鱼　Stolephorus chinensis（Gunther，1868）别名：小公鱼。

刀鲚　Coilia ectenes Jordan et Seale 为洄游性鱼类，平时生活在海里。每年二三月份成熟的个体，成群由海入江，沿江而上生殖洄游。

照 8-58　刀鲚

天竺鲷科　Apogonidae（4 种）

斑鳍天竺鲷　Apogon carinatus（Cuvier，1828）别名：天竺鲷。

半线天竺鲷　Apogon semilineatus（Temminck et Schlegel，1843）别名：天竺鲷。

四眼天竺鲷　Apogon quadrifasciatus（Cuvier et Valenciennes，1929）别名：天竺鲷。

细条天竺鲷　Apogon lineatus（Jordan et Snyder，1901）别名：海蜇眼睛。

鲀科　Tetraodontidae（23 种）

暗鳍兔头鲀　Lagocephalus gloveri（Abe et Tabeta，1983）别名：鬼鱼。

暗纹东方鲀　Takifugu obscurus（Abe，1949），别名：东方鲀、河鲀、鬼鱼。

斑带东方鲀　Takifugu bimaculatus（Richardson，1845）别名：东方鲀、河鲀、鬼鱼。

虫纹东方鲀　Takifugu vermicularis（Temminck et Schlegel，1850）别名：东方鲀、河鲀、鬼鱼。

淡鳍兔头鲀　Lagocephalus wheeleri（Abe，Tabetaet Kitahama，1984）别名：鬼鱼。

弓斑东方鲀　Takifugu ocellatus（Osbeck，1757）别名：东方鲀、河鲀、鬼鱼，过河性洄游鱼类。

河鲀　Tetraodon fluviatils Hamilton 别名：气泡鱼、吹肚鱼、河鲀鱼。

黑鳃兔头鲀　Lagocephalus inermis（Temminck et Schlegel，1850）别名：鬼鱼。

横纹东方鲀　Takifugu oblongus Bloch 别名：鬼仔鱼、黄天霸、鸡枪鱼、乖枪鱼。

红鳍东方鲀　Fugu rubripes（Temmincket Schlegel）别名：黑艇鲅、黑腊头。

黄鳍东方鲀　Takifugu xanthopterus（temminck et Schlegel，1850）别名：东方鲀、河鲀、鬼鱼。

假晴东方鲀　Takifugu pseudommus（Chu，1935）别名：东方鲀、河鲀、鬼鱼。

菊黄东方鲀　Takifugu flavidus Li（Wang et Wang，1975）别名：东方鲀、河鲀、鬼鱼。

密点东方鲀　Takifugu stictonotus（Temminck et Schlegel，1850）别名：东方鲀、河鲀、鬼鱼。

密沟圆鲀　Sphoeroides pachygaster（Muller et Troschel，1848）别名：鬼鱼。

铅点东方鲀　Takifugu alboplumbeus（Richardson，1845）别名：东方鲀、河鲀、鬼鱼。

双斑东方鲀　Takifugu bimaculatus（Richardson，1845）别名：东方鲀、河鲀、鬼鱼。

网纹东方鲀　Takifugu reticularis（Tien，Chen et Wang，1975）别名：东方鲀、河鲀、鬼鱼。

条纹东方鲀　Takifugu xanthopterus（Temminck et Schlegel）别名：黄鳍东方鲀、花艇巴、花腊头、黄天霸、青朗鸡、乖枪鱼、鸡抱鱼、红目乖。

星点东方鲀　Takifugu niphobles（Jordan et Snyder，1902）别名：东方鲀、河鲀、鬼鱼、艇巴、龟鱼、蜡头、花龟鱼。

月兔头鲀　Lagocephalus lunaris（Bloch et Schneider，1801）别名：鬼鱼。

紫色东方鲀　Takifugu porphyreus（temminck et Schoegel，1850）别名：东方鲀、河鲀、鬼鱼。

棕斑兔头鲀　Lagocephalus spadiceus（Richardson，1845）别名：鬼鱼。

鮀科　Kyphosidae（1 种）

低鳍鮀　Kyphosus vaigiensis（Quoy et Gaimard，1825）别名：短鳍鮀。

三刺鲀科　Triacanthidae（2 种）

短吻三刺鲀　Triacanthus brevirostris T（emminck et Schlegel，1846）别名：炮台鱼。

三刺鲀　Triacanthus biaculeatus（Bloch，1786）

鳂科　Holocentridae（1 种）

日本骨鳂　Ostichthys japonicus（Cuvier，1829）别名：金鳞鱼。

鳚科　Blenniidae（2 种）

带鳚　Xiphasia setifer（Swainson，1839）

八部氏鳚　Blennius yatabei（Jordan et Snyder，1900）别名：耶氏鳚、副鳚、八部副鳚。

乌鲳科　Formionidae（2 种）

乌鲹　Parastromateus niger（Bloch，1795）别名：黑皮鲳。

乌鲳　Apolectus niger 别名：黑鲳、假鲳、铁板鲳、乌鳞鲳。

乌鲂科　Bramidae（2 种）

日本乌鲂　Brama japonica（Hilgendorf，1878）

凹尾长鳍乌鲂　Taractichthys steindachneri（Doderlein，1884）别名：黑鳞乌鲳、粗鳞乌舫。

犀鳕科　Bregmacerotidae（1 种）

麦氏犀鳕　Bregmaceros macclellandii（Thompson，1840）别名：海鲫鳅。

虾虎鱼科　Gobiidae（22 种）

斑尾刺虾虎鱼　Acanthogobius ommaturus（Richardson，1845）别名：泥鱼、斑尾复虾虎鱼。

斑纹舌虾虎鱼　Glossogobius olivaceus（Temminck et Schlegel，1845）别名：泥鱼。

大鳞沟虾虎鱼　Oxyurichthys macrolepis（Chu et Wu，1963）

竿虾虎鱼　Luciogobius guttatus（Gill，1859）

凯氏细棘虾虎鱼　Istigobius campbelli（Jordan et Snyder，1901）

蝌蚪虾虎鱼　Lophiogobius ocellicauda（Gunther，1873）别名：睛尾蝌蚪虾虎鱼。

六丝钝尾虾虎鱼　Amblychaeturichthys hexanema（Bleeker，1853）别名：六丝矛尾虾虎鱼。

裸项栉虾虎鱼　Favonigobius gymnauchen（Bleeker，1860）

矛尾刺虾虎鱼　Acanthogobius hasta（Temminck et Schlegel，1845）别名：泥鱼、泥鱼猪。

矛尾虾虎鱼　Chaeturichthys stigmatias（Richardson，1844）别名：泥鱼。

犬齿背眼虾虎鱼　Oxuderces dentatus（Eydoux et Souleyet，1850）别名：中华钝牙虾虎鱼。

犬牙细棘虾虎鱼　Acentrogobius caninus（Valenciermes，1837）别名：云斑裸颊虾虎鱼。

乳色刺虾虎鱼　Acanthogobius lactipes（Hilgendorf，1879）别名：阿匍虾虎鱼。

舌虾虎鱼　Glossogobius giuris（Hamilton，1822）别名：泥鱼。

丝虾虎鱼　Cryptocentrus cryptocentrus（Valenciennes，1837）别名：点颊丝虾虎鱼、正丝虾虎鱼。

纹缟虾虎鱼　Tridentiger trigonocephalus（Gill）过河性洄游鱼类。

小鳞沟虾虎鱼　Oxyurichthys microlepis（Bleeker，1849）

小眼细棘虾虎鱼　Acentrogobius microps（Chu et Wu，1963）

溪栉虾虎鱼　Ctenogobius duospilus Herre 别名：庐山石鱼、春鱼、麦鱼、琴鱼。

髭缟虾虎鱼　Tridentiger barbatus（Gunther，1861）别名：老虎头泥鱼、髭虾虎鱼、钟馗虾虎鱼。

矛尾虾虎鱼　Chaeturichthys stigmatias（Richardson，1844）别名：泥鱼

克氏虾虎　R. cliffordpopei Nichols 纯淡水鱼类。

仙鱼科　Aulopodidae（1 种）

日本仙鱼　Aulopus japonicus（Gunther，1877）别名：大眼棍。

箱鲀科　Ostraciidae（3 种）

角箱鲀　Lactoria cornutus（Linnaeus，1758）别名：长尾牛箱鲀、角牛鱼、牛角。

粒突箱鲀　Ostracion tuberculatus（Linnaeus，1758）别名：箱鲀。

双峰三棱箱鲀　Tetrosomus concatenatues（Bloch et Schneider，1785）别名：三角箱鲀。

蝎鱼科　Scorpidae（1 种）

细刺鱼　Microcanthus strigatus（Cuvier，1831）别名：柴鱼。

照 8-59　细刺鱼

鳕科　Gadidae（1 种）

太平洋鳕　Gadus macrocephalus（Tilesius，1801）别名：大头鳕、明太鱼。

鲟科　Acipenseridae（1 种）

中华鲟　Acipenser sinensis（Gray，1834）别名：鲟鱼。

烟管鱼科　Fistularidae（1 种）

鳞烟管鱼　Fistularia petimba（Lacepede，1803）别名：烟管鱼。

眼镜鱼科　Menidae（1 种）

眼镜鱼　Mene maculata（Bloch et Scheider，1801）别名：眼睛鲳。

羊鱼科　Mullidae（3 种）

四带绯鲤　Upeneus quadrilineatus（Cheng et Wang，1963）别名：羊鱼。

日本绯鲤　Upeneus japonicus（Houttuyn，1782）别名：羊鱼。

条尾绯鲤　Upeneus bensasi（Temminck et Schlegel）

鮨科　Serranidae（14 种）

赤点石斑鱼　Epinephelus akaara（Temminck et Schlegel，1842）别名：石斑鱼、鸡鱼。

赤鯥　Doederodinia berycoides（Hilgendorf，1879）

点列石斑鱼　Epinephelus bontoides（Bleeker，1855）别名：石斑鱼、鸡鱼。

电纹石斑鱼　Epinephelus radiates（Day，1868）别名：石斑鱼、鸡鱼。

东洋鲈　Niphon spinosus（Cuvier，1828）

灰软鱼　Malakichthys griseus（Doderlein，1883）

姬鮨　Tosana niwae（Smith et Pope，1906）别名：姬花鲈。

宽带石斑鱼　Epinephelus latifasciatus（Temminck et Schlegle，1842）别名：石斑鱼、鸡鱼。

青石斑鱼　Epinephelus awoara（Temminck et Schlegel，1842）别名：石斑鱼、鸡鱼

石斑鱼　Epinephelussp. 别名：石斑、鲙鱼。

银光尖齿鲈　Synagrops argyrea（Gilbert et Gramer，1897）

中国花鲈　Lateolabrax maculatus（McClelland，1844）别名：鲈鱼、花鲈。

鳜鱼　Siniperca chuatsi（Basilewsky）纯淡水鱼类。

鲈鱼　Lateolabrax japonicus（Cuvier，1828）别名：花鲈、鲈板、花寨、鲈子鱼，纯淡水鱼类。

银汉鱼科　Atherinidae（1 种）

布氏银汉鱼　Allanetta bleekeri（Gunther，1868）

银鲈科　Gerreidae（1 种）

短棘银鲈　Gerres lucidus（Cuvier）别名：岩米鲫。

银鱼科　Salangidae（8 种）

安氏新银鱼　Neosalanx anderssoni（Rendahl，1923）别名：米条鱼、银鱼。

长鳍银鱼　Salanx longianalis（Regan，1908）

尖头银鱼　Salanx acuticeps Regan 别名：银鱼、乌尾银鱼、扁担鱼。

居氏银鱼　Salanx cuvieri（Valenciennes，1849）别名：米条鱼、银鱼。

有明银鱼　Salanx ariakensis（Kishinouye，1902）别名：米条鱼、银鱼。

中国大银鱼　Protosalanx chinensis（Basilewsky，1855）别名：大银鱼、米条鱼、银鱼。

大银鱼　Protosalanx hyalocranius（Abbott）别名：面条鱼、面丈鱼、泥鱼。在海水淡水中都有，分布自象山沿海和江河中下游及附属湖泊中。

太湖短吻银鱼　Neosalanx tangkehkeii taihuensis Chen 纯淡水鱼类。

鲬科　Platycephalidae（7 种）

斑瞳鲬　Inegocia guttat（Cuvier，1829）别名：山肖鱼。

大鳞鳞鲬　Onigocia macrolepis（Bleeker，1854）别名：山肖鱼。

大眼鲬　Suggrundus meerdervoortii（Bleeker，1860）别名：山肖鱼。

鳄鲬　Cociella crocodila（Tilesius，1812）别名：山肖鱼。

蓝氏棘鲬　Hoplichthys langsdorfii（Cuvier，1829）别名：山肖鱼。

日本瞳鲬　Inegocia japonica（Tilesius，1812）别名：山肖鱼。

鲬　Platycephalus indicus（Linnaeus，1758）别名：山肖鱼。

鲉科　Scorpaenidae（11 种）

斑鳍鲉　Scorpaena neglecta（Temminck et Schlegel，1843）别名：常鲉。

褐菖鲉　Sebastiscus marmoratus（Cuvier，1829）别名：虎头鱼。

棘鲉　Hoplosebastes armatus（Schmidt，1929）

锯棱短棘蓑鲉　Brachypterois serrulata（Richardson，1846）别名：锯棱短鳍蓑鲉。

勒氏蓑鲉　Pterois russelli（Bennett，1831）别名：肩斑蓑鲉。

裸胸鲉　Scorpaena izensis（Jordan et Starks，1904）别名：伊豆鲉、络鳃鲉。

美丽短鳍蓑鲉　Dendrochirus bellus（Jordan，et Hubbs，1925）

拟蓑鲉　Parapterois heterurus（Bleeker，1856）别名：截尾拟蓑鲉、异尾拟蓑鲉。

汤氏平鲉　Sebastes thompsoni（Jordan et Hubbs，1925）

无鳔鲉　Helicolenus hilgendorfi（Doderlein，1884）别名：外洋虎头、赫氏无鳔鲉。

许氏平鲉　Sebastes schlegeli（Valenciennes，1837）别名：黑鲪。

鼬鳚科　Ophidiidae（3 种）

黑潮新鼬鳚　Neobythites sivicola（Jordan et Snyder，1901）

棘鼬鳚　Hoplobrotula armata（Temminck et Schlegel，1846）

仙鼬鳚　Sirembo imberbis（Temminck et Schlegel，1846）

䲟科　Echeneidae（3 种）

短䲟　Remora remora（Linnaeus，1758）别名：䲟鱼、鞋底鱼。

白短䲟　Remorina albescens（Temminck et Schlegel，1845）别名：䲟鱼、鞋底鱼。

䲟　Echeneis naucrates（Linnaeus，1758）别名：䲟鱼、鞋底鱼。

魣科　Sphyraenidae（2 种）

日本魣　Sphyraena japonica（Cuvier，1928）

油魣　Sphyraena pinguis Gunther，1874

圆鳍鱼科　Cyclopteridae（1 种）

雀鱼　Lethotremus awae（Jordan et Snyder，1902）

月鱼科　Lamprididа（1 种）

斑点月鱼　Lampris guttatus（Brünnich，1788）

鱵科　Hemiramphidae（4 种）

黑尾鱵　Hemiramphus melanurus（Valenciennes，1847）别名：半嘴鱼。

间下鱵鱼　Hyporhamphus intermedius（Cantor，1842）别名：半嘴鱼。

日本下鱵　Hyporvphus sajori（Temminck et Schlegel，1846）别名：半嘴鱼。

乔氏鱵　Rhynchorhamphus georgii

鲻科　Mugilidae（3 种）

棱鲛　Liza carinata 别名：犬鱼、良背、际鱼、尖头西。

鲛　Liza haematocheila（Temminck et Schlegel，1845）别名：鲻鱼、黄眼睛。

鲻　Mugil cephalus（Linnaeus，1758）别名：乌鲻。具食用价值。

照 8-60　鲻

锥齿鲷科　Pentapodidae（1 种）

灰裸顶鲷　Gymnocranius griseus（Temminck et Schlegle，1843）

鯻科　Theraponidae（2 种）

细鳞鯻　Terapon jarbua（Forsskal，1775）

鯻　Terapon theraps（Cuvier，1829）

鎓科　Cirrhitidae（2 种）

花尾鹰鎓　Goniistius zonatus（Cuvier，1830）别名：花尾鹰斑。

素尾鹰鎓　Goniistius quadricornis（Gunther，1860）别名：背带隼、背带、素尾鹰斑。

鰤科　Calloinymidae（4 种）

绯斜棘鰤　Repomucenus beniteguri（Jordan et Snyder，1900）别名：本氏鰤、绯鰤。

丝背美尾鰤　Calliurichthys doryssus（Jordan et Fowler，1903）别名：丝鰭美尾鰤。

丝鰭鰤　Callionymus virgis（Jordon et Fowler，1903）别名：处女鰤。

香斜棘鰤　Callionymus olidus（Gunther，1873）别名：香鰤。

鳅科　Cobitidae（5 种）

泥鳅　Misgurnus anguillicaudatus（Cantor）常见于底泥较深的湖边、池塘、稻田、水沟等淡水水域。

花鳅　Cobitis taenia（Linnaeus）纯淡水鱼类。

中华花鳅　Cobitis sinensis 纯淡水鱼类。

大鳞副泥鳅　Paramisgurnus dabryanus Sauvage 纯淡水鱼类。

张氏薄鳅　Leptobotia tchangi 纯淡水鱼类。

雀鲷科　Pomacentridae（1 种）

尾斑光鳃鱼　Chromis notatus（Temminck et Sehlegel，1843）别名：斑鰭光鳃鱼。

平鰭鳅科　Balitoridae（1 种）

原缨口鳅　Vanmanenia stenosoma（Boulenger）纯淡水鱼类。

刺鳅科　Mastacembelidae（1 种）

刺鳅　Mastacembelus mastacembelus（Solander）纯淡水鱼类。

鲇科　Siluridae（1 种）

鲶鱼　Parasilurus asotus（Linnaeus，1758）纯淡水鱼类。

鲿科　Bagridae（3 种）

瓦氏黄颡鱼　Pseudobagrus vachelli（Richardson，1846）纯淡水鱼类。

光泽黄颡鱼　Pelteobagrus nitidus（Sauvage et Dabry）纯淡水鱼类。

黄颡鱼　Pelteobagrus fulvidraco（Richardson）别名：玩蚱、戈牙昂公、咯鱼嘎鱼、咯咯噎黄腊丁、鉠鰤、鉠鮰、黄骨鱼、电猫鱼。纯淡水鱼类。

照8-61　黄颡鱼

异鳉科　Adrianichthyidae（1种）

青鳉　Oryzias latipes（Temminck et Schlegel）别名：万年鲹、稻花鱼。纯淡水鱼类。

斗鱼科　Belontiidae（1种）

圆尾斗鱼　Macropodus chinensis（Bloch）　纯淡水鱼类。

合鳃鱼科　Synbranchidae（1种）

黄鳝　Monopterus albus（Zuiew）　纯淡水鱼类。

塘鳢科　Eleotridae（6种）

照8-62　黄鳝

葛氏鲈塘鳢　Perccottus glenii 纯淡水鱼类。

沙鳢　Odontobutis obscura（Temminck et Schlegel，1845）别名：塘鳢、蒲鱼、土步鱼。纯淡水鱼类。

塘鳢　Eleotris pisonis（Gmelin），纯淡水鱼类。

黑体塘鳢　Eleotris melanosoma（Bleeker 1852）纯淡水鱼类。

黄鲫　Epinephelus radiates 纯淡水鱼类。

尖头塘鳢　Eleotris oxycephala oxycephala Temminck et Schlgel 过河性洄游鱼类。

鳢科　Channidae（1种）

乌鳢　Channa argus（Cantor）别名：蛇头鱼、黑鱼、生鱼、乌鱼、乌棒、蛇头鱼、文鱼、才鱼。纯淡水鱼类。

香鱼科　Plecoglossidae（1种）

香鱼　Plecoglossus altivelis Temminck et Schlegel 过河性洄游鱼类。

赤刀鱼科　Cepolidae（1种）

克氏棘赤刀鱼　Acanthocepola krusensterni（Temminck et Schlegel，1845）别名：红带鱼、赤条。

粗鳍鱼科　Trachipteridae（1种）

石川氏粗鳍鱼　Trachipterus ishikawae（Jordan et Snyder，1901）别名：龙带、地震鱼。

宋元明清志书、笔记鱼类录

象山多产鱼，尤以海洋鱼类为盛，但历代志书收录有限，且咸水、淡水不分。时分类未审，亦多非鱼类滥入。鱼名中目、科、属、种混见，一名之下，或兼多种，实近科、属。鱼名多用时人地方称谓，地域性狭窄，部分名称今无法与现代鱼类名称相对应。不同时代鱼名字形多见变化，或音亦因时代而有异，少数鱼名今字存音亡。俗以方音命鱼名，多生僻字或字书不见的字。

1. 宋宝庆《四明志·水族之品》鱼类录

所录鱼类征引与描述兼具，为象山古代志书记鱼类所祖，明清志书皆难越其规模。鲨、魟等鱼类捕捞量未足轻重而记述特详，尤奇。至民国县志亦大体继述，稍有加增。

鲈鱼　数种。有塘鲈，形虽巨不脆。有江鲈，差小而味淡。有海鲈，皮厚而肉脆，曰脆鲈，味极珍，邦人多重之。

石首鱼　一名鯼。郭璞《江赋》曰：鯼鮆顺时而往还。注：《字林》曰：鯼鱼出南海，头中有石，一名石首，常以三月、八月出，故曰顺时。然俗呼冬天簖中者曰石首。三、四月业海人每以潮汛竞往采之，曰洋山鱼。舟人连七郡出洋取之者，多至百万艘。盐之可经年，谓之郎君鲞。

鯸鱼　一名河豚。“豚”又作“㹠”，江淮河皆有之。《本草》：鯸鱼肝及子有大毒，入口烂舌，入腹烂肠。肉小毒，人亦食之，煮之不可近铛，当以物悬之。一名鹕夷鱼，以物触之，即嗔腹，如气球，亦名嗔腹鱼。白背，有赤道如印目得合，与诸鱼不同。又名鲂鱼，又名吹肚鱼，又名鯱鱼，海中大毒者，惟橄榄木、鱼茗木解之，次用芦根、乌苉草根汁。一云独眼者，尤毒，腹多刺，去其头尾，取其身白肉，用橄榄、甘蔗煮之，橄榄以解毒，甘蔗以验其有毒，即黑。若其腹肉、肝、肠、膏肭与猫犬，随毙。昔永嘉有厨人，喜其肥美，窃食之，即仆，噤不语，欲绝，以黑豆、槐花研汁，搅不洁大药进之，久乃呕吐而活。

春鱼　似石首而小，每春三月，业海人竞往取之，名曰捉春，不减洋山之盛。冬天箫中有者，曰箫春。

鲵鱼　状如鲈而肉粗，三鳃曰鲵，四鳃曰茅鲵，小者曰鲵姑。

鲳鯸一名鲳鱼，身扁而锐，状若锵刀。身有两斜角，尾如燕尾，鳞细如粟，骨软，肉雪，白于诸鱼。甘美第一，春晚最肥。

鲨鱼　皮上有沙，故曰鲨。有白蒲鲨、黄头鲨、白眼鲨、白荡鲨、青顿鲨、乌鲨、斑鲨、牛皮鲨、狗鲨、鹿文鲨、鲼鲨、鲢鲨、燕尾鲨、虎鲨、犁到鲨、香鲨、熨斗鲨、髻鲨、剑鲨、刺鲨，其种类甚众。

比目鱼　《吴都赋》曰：双则比目，片则王余。注：比目，东海所出。王余鱼，其身半也。俗曰，越王食鲙鱼未尽，因以其半弃之，为鱼，无其一面，故曰王余也。今注：为鲽科鱼类，市面常见，民间很少读作比目鱼。

带鱼　《海物异名记》：修若练带，曰带鱼。

鳗　海中者极大，似蛇而色青白，齿锯利，冬晴鱐之，名风鳗。江湖河中者，曰慈鳗，小而色黄。《埤雅》曰：鳗有雄无雌，以影漫鳢而生子。今鳗腹自有子，未必皆漫鳢也。

华脐鱼　一名老婆鱼，一名寿鱼。“寿”一作“绶”。腹有带如帔子，生附其上，或云名绶者以此。《吴都赋》曰：琵琶鱼。注云：琵琶鱼，无鳞，其形似琵琶。冬初始出者，俗多重之，至春则味降矣。今注：黑鮟鱇。

鲟鳇鱼　极大而骨脆肉肥，亦可为鲊。今注：鲟鱼和达氏鳇两种鱼类总称，白垩纪遗留古老品种，1998年联合国华盛顿公约认定为濒危物种。

乌贼　《本草》云是鷃乌所化。今其口脚具存，犹相似尔。腹中有墨，今作好墨用之。陈藏器云：昔秦皇东游，弃算袋于海，化为此鱼，其形一如算袋，两带极长，墨犹在腹也。蜀本云：背上骨厚三四分。《日华子》云：又名缆鱼，须、脚悉在眼前，风波稍急，即以须粘石为缆。《图经》云：一名乌贼，能吸波潠墨，润水以自卫，使水匿不为人所害。又云：性嗜乌，每暴水，上有飞乌过，谓其死，便啄其腹，则卷而食之，以此为名，言其为乌之贼也。形若革囊，口在腹下，八足聚生。口旁只一骨，厚三四分，似小舟，轻虚而白，又有两须如带，可以自缆，故别名缆鱼。《南越志》云：乌贼有矴，遇风，便虬前须下矴而住。矴亦缆之义也。腹中血并胆，正如墨，可以书也。世谓乌贼怀墨而知礼，故俗谓之海若白事小吏。有最小者，俗呼墨斗。

章巨　大者曰石拒。居石穴，人或取之，能以脚粘石拒人，故名。亦曰章巨，次曰章举。石拒形似大算袋，八足，长及二三尺。足上突出磈礧，戢戢如钉，每钉有窍，浮于海沙，布形如死，乌乌啄之，卷以入水，嘘钉吸之，以此充腹。其次者曰章举，亦曰章鱼，以大小呼之。石拒如斗，章举如升。南方有石拒，此惟章举耳。章举之又小者，曰望潮，身一二寸，足倍之。又一种，曰锁管，亦其类，脚短无钉。

板身，多鲠，长不五六寸。味极肥腴，以糟浥之，可作汤。或同章举与虾合为鲊，谓之三和鲊，最美，可致远。《世说》晋虞啸父答晋帝云“天时尚温，鯯鲊未熟”，即此也。今注：未知今中文标准学名。

箭鱼　即江湖鲥鱼。海出者最大，甘肥异常。腹下细骨如箭镞别名箭鱼。味甘在皮鳞之交，土人和鳞煮供之，春晚与笋尤称。今注：斑鰶。

鮆鱼　子多而肥，夏初曝干，可以致远。郭璞《江赋》曰：鯼鮆顺时而往还。《山海经注》曰：鮆狭薄，而长大者长尺余，一名刀鱼，常以三月、八月出，故曰顺时。今注：刀鲚。

银鱼　口尖身锐如银条。又一种极小者，名面鱼。

身如膏髓，骨柔无鳞。

白鱼　板身，肉美。

梅鱼　首大，朱口金鳞。

火鱼　头巨，尾小，身圆，通赤，故以火名。又一种，名石勃卒。

短鱼　项缩而短，为鲞极美，色微红。

魟鱼形圆似扇，无鳞，色紫黑。口在腹下，尾长于身，如狸鼠。其最大曰鲛魟，即与鲛鱼可错靶者同，是鲛与魟，皆一类矣。其次曰锦魟，皮亦沙涩，擦去沙，煮烂，与鳖裙同。又次曰黄魟，差小，背黑，腹黄。其余有斑魟、牛魟、虎魟，皆凡鱼。

地青鱼　尾有刺，甚长，逢物则拨之，毒能中人。色白者曰池白，与魟相类。又名邵阳鱼、鼠尾鱼，可作鲞。

竹夹鱼　近鲂鱼，尾有硬鳞，色青黑，一名土鳢。

肋鱼　似箭鱼而小，身薄，细骨满肋。肥者仅充口，瘦即无所取。

马鲛鱼　形似鳙鱼，味似鲳鱼，品在鲳、鳙之间。

鲻鱼　似鲤，生浅海中，著底，专食泥。身圆口小，骨软肉松，甘平无毒，食之令人身健。吴王论鱼，以鲻为上。

形似魟，肉亦凡，唯以盐浥之，曝为鲞，名曰鱥鲞，俗又呼老鸦鲞。去皮，生擘成丝，供饤。今注：鱥仅见于宝庆《四明志》，古今字书皆未详读音。

吹沙鱼　《埤雅》曰：魦鮀，今吹沙小鱼，常开口吹沙，故曰吹沙鲨。性善沉，大如指，狭圆而长，有墨点，俗呼为新妇臂。味甘。今奉化鲒埼镇多有此，颇以为珍品。

泥鱼　似吹沙而首大，江河中皆有之。

箬鱼　其形似箬。又有极大者，曰鳎鳗。

黄滑鱼　似春鱼而肉细。又有一种曰乌眼、白眼，皆相类。

吐哺鱼　东湖有之。本名土附，以其附土而行也。

阑胡　形如小鳅，大者如人指，长二三寸许，头有斑点，簇簇如星，潮退，数千百万跳踯涂泥中。海妇挟畚取之，如拾芥。名曰阑胡，一名弹涂，以跳踯取名。土人芼以米脯辣煮之醒酒。然虽细物，以盂覆活者数百于地，旦起，发覆视之，骈首俱拱北，无一参差，亦异矣。

2. 元至正《四明续志·水族》鱼类录

大体承宝庆《四明志》规模，对鱼类性态或更详尽，有所发明。

鲈鱼　海中四腮鲈，皮紧而肉厚，呼曰脆鲈，邦人重之。有江鲈，差小，而两腮味淡。有塘鲈，形虽巨而不脆。

石首鱼　鱼首有魫，坚如石，故得名。冬月得之，又紧皮者良。三月八月出者次之。至四月五月，海郡民发巨艘入洋山竞取，有潮汛往来谓之洋山鱼，皮软而肉薄，用盐腌之。破脊而枯者曰鲞，全其鱼而腌曝者谓之郎君鲞，皆可经年不坏，通商贩于外方云。旧志、《尔雅翼》皆曰："一名鯼。"

䲅　䲅字或作鲑，一名河豚，腹下白，背上青黑，有黄文，眼能开能闭，触物辄嗔，腹胀如鞠，浮于水上，一名嗔腹鱼，味至美，其肝与子有大毒，食之杀人。其腹无胆，头无腮，故肝最毒。旧言甚于野葛，惟橄榄、木鱼、茗木解之。一云独眼者尤毒，腹多刺，去其头尾，取其身白肉，用橄榄、甘蔗煮之。橄榄以解鱼毒，甘蔗以验其有毒则黑。大抵出海中者大毒，江中者次之。又一等名白河豚，又名鲩鱼，其状相类，无毒。

春鱼　似石首而小，每春三月，业海人竞往取之，名曰捉春，不减洋山之盛。冬月簖中得者名簖春。

鮸状似鲈而肉粗，三腮曰鮸，四腮曰茅，鮸小者曰鮸姑。

鲳鯸一名鲙鱼，身扁而锐状，若锵刀。身有两斜角，尾如燕尾，细鳞如粟，骨软肉雪，白于诸鱼，味甘美，春晚最肥，腊而薨之良。

鲨鱼　皮上有沙，故曰鲨。有白蒲鲨、黄头鲨、白眼鲨、白荡鲨、青顿鲨、斑鲨、牛皮鲨、狗鲨、鹿文鲨、鲼鲨、鲨、燕尾鲨、虎鲨、犁头鲨、香鲨、熨斗鲨、丫髻鲨、剑鲨、刺鲨、锯鲨，其类甚多。

比目鱼　细鳞而身匾，若半片然，止一目，状比鲳鯸而小。舟人捉春时得之，则曝干为鳙，可致远。《尔雅》云：鱼以左右分，不比不行。

带鱼　无鳞，身似带，长可四五尺，故名。

鳗　有二种，生海中者如蛇形，其脊青而肚白，长可六七尺，冬月鳙之，名风鳗。江湖河生者小如鳝，曰慈鳗，色黄。

华脐鱼　一名老婆鱼，一名绶鱼，盖其腹有带如帔，子生附其上，故名绶。其形如蝌蚪，而大者如盘。《吴都赋》曰：琵琶鱼，无鳞而形似琵琶。冬初始出者俗多重之，至春则味降矣。

鲟鳇鱼　极大，而骨脆肉肥，可为鲊。

乌贼　贼字或作鲗。状如算囊，口旁两须若带，极长，风波稍急，以须粘石为缆，其腹有墨。《图经》云：一名乌贼，能噀墨溷水以自卫，使水匿不为人所害。然群行水中，人见墨水至辄可罛罗而得之。有骨，厚三四分，形如樗蒲子而长，清脆如通草可刻，名海鳔鮹，可入药。

章巨　大者名石拒，居穴，人或取之，能以脚粘石拒人，故名，亦曰章举，巨、举，声谐，本一物。形如大算袋，八足，长及二三尺，足上戢戢如钉，每钉有窍。又别一种者，生海涂中，名望潮，身一二寸，足倍之，土人呼为涂蟢。又一种曰锁管，脚短而无钉。

鯯鱼　板身多鲠，长不五六寸，味极肥腴，以糟浥之可作汤。《世说》：晋虞啸父答晋帝："天时尚温，鯯鲊未熟"，即此。

鲎鱼　鲎亦作鲚，前启切。又曰刀鱼，头狭薄，其腹背如刀刃，故名。其长大者可尺余，子多而肥。夏初曝干可以致远，又可为鲊，其子曝干，名寸金鲭子。郭璞《江赋》曰：鯼、鲎顺时而往还。盖常以三月、八月出，故名顺时。

银鱼　口尖，身锐如银条。又一种极小，名麫鱼。《尔雅翼》释鱼：王余，长五六寸，身圆如筯，洁白而无鳞，但目两点黑耳，即此类。然旧志在"比目"项下引《吴都赋》曰：双则比目，片则王余。注：比目，东海所出；王余，鱼其身半，俗曰越王食鲙鱼未尽，因以其半弃之，为鱼，无其一面，故曰王余。实附会之说，非也。

鳑鱼　身如膏髓，骨柔，无鳞。

白鱼　板身，肉美，江海俱有。

梅鱼　首大，朱口金鳞，长可三四寸。

火鱼　头巨尾小，身圆通赤，故以火名。又一种名竹夹，头身俱匾，微红而青色，形颇相类，或曰近鲂。有鲠鳞，色青黑，又名土鲤。

短鱼　项缩而短，色微红，为鲞极美。

魟鱼　形圆似扇，无鳞，色紫黑，口在腹下，尾长于身，如狐尾，其最大曰鲛魟，即与鲛鱼可错靶者同，是鲛与魟皆一类矣。其次曰锦魟，皮亦沙涩，擦去沙煮烂，与鳖裙同。又次曰黄魟，差小，背黑腹黄。其余有斑魟、牛魟、虎魟，皆凡鱼。魟字或作鯆。

鳓鱼　似箭鱼而小，身薄，细骨满肋，夏初多出。

马鲛鱼　形似鳙，其肤似鲳，黑斑最腥，鱼品之下。

鲻鱼　似鲤，生浅海中者肥，专食泥，身圆口小，骨软肉细。

鱵鱼　形似魟，肉亦凡，唯以盐浥之，曝为鲞，名曰鱵鲞，俗又呼曰老鸦鲞，去皮生擘成丝，充果饤。

吹沙鱼　《埤雅》曰鲨鮀。今吹沙小鱼常开口吹沙，故名。性善沉，大如指，狭圆而长，有黑点，俗呼为新妇臂，味甘。今奉化鲒埼镇多有此为珍。《尔雅翼》释鱼鲨即此。谓正月辄至，生流水中，非可畜于池沼者。

泥鱼　似吹沙而首大，江河中皆有。

箬鱼　其形似箬，又生海中，极大，名鳎鳗，取其形似，实非一种。

黄滑鱼　似春鱼而肉细，冬月得之，味美。又有一种乌眼白眼，皆相类。

吐哺鱼　东湖有之，本名土附，以其附土而行也。

阑胡　形如小鳅而短，大者如人指，长三寸许，潮退，数千百跳踯泥涂中，土民施小钩取之，一名弹涂，椒酱干腊之。

3. 明嘉靖《象山县志·物产·鳞之类》鱼类录

咸、淡水未分，31 种。若未稽前四明诸志，记录粗陋，如漏记带鱼，但有新种增加。

鲈鱼、鲻鱼、紫鱼（此鱼音鲚）、箬鱼、黄鱼、鲥鱼、鳑鱼、泥鱼、鮀鱼、乌贼、箭鱼、鲑鱼、白鳊、鲳鱼、鲨鱼、比目、鲂鱼、魟鱼、鳙鱼、马鲛、海鲫、弹涂、望潮、鲜鱼、鳗、鳢、河鲫、鳅、鳝、枫叶、鳜鱼。

4. 清乾隆《象山县志》鱼类录

记鱼类更陋于嘉靖志，仅记方鱼、石首鱼、鲂鱼三种。方鱼非编者所见之物，古书《述异记》谓出于象山，实编者恐亦未知其有无。

5. 清倪象占笔记《蓬山清话·话动物下·鳞之属》鱼类录

古代邑人于鱼类用力最勤研究成果，多旁征博引与亲闻亲见，对前人错误见解多有更正。亦有惑于前人见解者。望潮、章巨、乌鲗、沙蒜、水母诸物不当入鳞之属者亦入之。

吾乡以海鱼胜。闻之渔者云：海洋取鱼，虽浩渺空阔，自有潮水进退之路，习者知之。鱼各有顺逆之性，网亦因之而结。如以网围掩其群者，黄鱼也。它则张而下垂，俟其自入。若鳓鲚之类，腹多刺易挂，其触网也，宜进而愈退；鲳鳊之类，首尖身阔，触网宜退而愈进；魟触网，则以尾拨之，反胃焉。网之疏密，皆揣其性而从宜以取之云。予尝钓溪潭中，如鲫吞饵，则浮头转平，水面不动，如它鱼则拽之去矣。信乎历之乃知也。海中所获鱼，有翼如鸟者，有首如人而鱼身者，皆不敢食，或鱐之以示异。按《山海经》："赤鱬，状如鱼而人面，出英水，音如鸳鸯，食之不疥。""蠃鱼，鱼身鸟翼，见则大水，出濛水。""鲋鱼，状如鱼而鸟翼，见则大旱，食之可已痔衕．出子（于?）桐水。"凡此不一其类，若大海所出，则逐网而来，固不必有水旱之应，而可因状知名。及得所用以治疾，谅不异也。

石浦岛屿中有岩石，作小庙临海，海中大鱼群来向之，若朝然，然不能取也。人有射伤之者，尝不利。

鱼苗，三月初，在塘碶门出水处罾之。其种不一，既入淡水，至秋可取，谓之塘鱼。

郑夹祭注《尔雅》云：禽栖木，故其羽似木叶；兽宿草，故其毛似草莽。予尝云：鱼游水，故其鳞如水波，且性喜逆流而上者，正顺其鳞也。海中产物，似有地界不同，如香鲢与绿云菜之类，则宁波所属，他县皆无。亦有他县所有，而象山独无者，故不可不记以别之。

黄鱼　《尔雅》鲵也。象山谓之黄鱼，以鳞色如金也。亦曰石首，首石即其脑。常以三月八日，候潮信，出洋取之，一次二次，谓之头水、二水。来则成群，窃听水底，鸣如蛙声，乃下网，得者盈艘。用淡水洒之则不动。腌之为鲞，曰郎君鲞。取之伏天者曰伏鲞，尤佳。爵溪所人喜制此，故四远号爵溪鲞，与台州松门鲞埒。黄鱼类之小者，曰春鱼，俗曰黄花鱼，又曰小黄，取之曰捉春。又有更小长二三寸者，曰梅鱼，首大，朱口金鳞，味亦鲜别名黄梅童。又曰大头猫供，其曰蒲春者，所得不一种。以竹筏为帘箔，束底侈口，乘潮而张之曰张网，船曰蒲艘。鱼曰蒲货，亦曰捉春，大小鱼虾，各类俱有也。

鲥　亦海中未入江者，然不能多得。若过时而馁，勿弃之，即贮瓶中，数日化为膏油，点灯甚明。其类有鳓，味稍薄，或腌之为常食，亦三四月间取之。其首骨可凑成一玉色凤，身尾爪翼，宛颈作翔舞势也。

鯸鲳　一名鲳鯸，一名鲳，身扁而方，状若口刀，鳞细骨软，雪肉腴味，大者尺许。其稍小者名白扁，亦以其似缩项鳊也，味尤佳。象山每望墙头紫蝴蝶花开，则登市矣。又有小止方寸者，名枫叶，味劣，同形异种也。

鲻　身长而圆厚，多肉，骨鲠，重者五六斤不等，头更腴。其类有长三四寸者，曰豸鱼。出塘港者曰乌鱼，以海苗入淡水者也。乌鱼食泥，故有土气。此三种相似，腹皆有丁，故知一类也。

鮸最大，有重十数斤者。鳞色紫，状如鲈而肉粗。三鳃曰鳃，四鳃曰茅，不及斤许者鮸姑。

鲈　有塘鲈、海鲈，皆可斤许。虽不佳而较胜松江之鲈。松江四鳃鲈，长不过三四寸也。予尝谓物不必甚佳，古人偶以寄意，见之行墨间，则人争誉之矣，如松江鲈，以魏武、张翰诸人之思，遂擅名，多入吟咏。不知魏武以远地试左慈，张翰托言怀乡也。若千里蓴羹，近人乃置之为草具，其于鲈也，亦耳食耳。又陆机云：千里蓴羹，未下盐豉。千里当是干里之讹，盖金陵有大、小长干里也。

鲚　青鲚别名箭鱼，即鲚音转也。本曰刀鲚，身薄长尺许，尖尾，细骨满肋，味甚鲜。黄鲚稍小而味同。又有小者名鮆鱼，亦曰子鱼，干之可致远，俗谓之长毛鲚。

鲫　出河荡者色黑，大者重斤馀，出溪者三四寸。鳑鲏亦鲫类也，肉薄而不大又有玉筋，长者寸许。又俏尾亦寸许，绿鳞翠点，尾鬣赪色，飘扬如带，或即所谓斗鱼也，出河荡中。又石斑，长二三寸，有黑彪斑，与蝘蜓交。又红髻长二三寸，皆出山溪中。

香鱼　鳞细不腥。初春生，月长一寸，至冬月盈尺，则赴海旁生子，子已辄槁化。象山官山大溪有之。杨升庵《异鱼图赞》，谓之记月鱼。《雨航杂录》所谓雁山五珍之一也。

鳑　一名龙头鱼，大者长三五寸，身如膏髓，骨柔无鳞，味更鲜。鱐之曰龙头䰾。

鱼，鳞属也，无鳞亦谓之鱼者，若鳢、鳗、鲛、鲨不一，要多产自海中。鳢，名乌鳢、别名乌鱼，又名七星鱼，湖荡中偶有之。

土附　当即鲋，又名菜花鱼。

泥鱼　出海塘港，以钓得之，似土附而瘦。

弹涂　一名阑胡，长三寸，似鳢，鶡色，大头，目聚，口阔有齿，产海涂，能以翅行。取者以竹管插泥中如其穴，潮退则群出跳跃往来，惊之则误入竹管矣。聚畜器中，逾夜则首皆向北，亦一异也。其类有白夹，肉稍逊。又有杜望，如弹涂而肥大，长四五寸，名月边鱼，鳃旁有白痕如初月也。

乌鳢与弹涂之首北向也，犹鹧鸪之飞，必由南向起，盖物性然也。而说者谓《山海经》诸种类之言所向者，因图画之位，恐不足为定评也。观蛇之蟠者，首必向壬，可类推也。

鳆鱼　即河豚，有毒，人不贵之。海出者大，用作鲞，宜乳妇，其性煖云。中河豚毒，以橄榄解之，烹调宜用橄榄也。其毒在血与子，误食之，发胀害人。又江豚大如牛，海中有之，成群鼓浪，俗谓之拜江猪，见则必有大风。少食者，惟取油资用以织绸缎云。

鲨　皮上有沙。其类不一，宝庆郡志所载，有白蒲鲨、黄头鲨、白眼鲨、白荡鲨、青顿鲨、乌鲨、斑鲨、牛皮鲨、狗鲨、鹿文鲨、鲼鲨、鲭鲨、虎鲨、犁刀鲨、香鲨、熨斗鲨、丫髻鲨、剑鲨，大约味不甚佳，但多肉软骨耳。或云能变虎变鹿。其大者，翅鬣中细骨如晶丝，谓之鱼翅，乃今所行珍品也。随园《续新齐谐》云：象山志，里民渔于海，网得一雄虎，在网中犹活，出水即死，剖之腹中有二小虎。此盖鲨鱼感气而化者，未登陆即网获也，此条今志不见。

象所食皆海鱼，故如《毛诗》所咏鳣、鲔、鲦、鲿、鰋、鳢、鰋鲤等不多见，即鳞鲨之鲨，注者亦谓是吹沙小鱼，盖以类引观之，则非海中所谓鲨矣。它若鲟、鳜之种，出于江湖者皆少，以地阻也。

鹿鲛　小鱼也，长三四寸，首似鹿，有独角如锥，其皮可错物，甚坚利。

魟　形似团扇，无鳞，色有紫有青有黑，口在腹下，尾长于身，似鼠尾，其端有刺甚毒。用刺树木根，无不枯烂者。大者曰鲛魟，皮厚有粟文，可作错，并饰刀靶。有锦魟、黄魟、斑魟、牛魟、虎魟。又有地青魟，又名邵阳鱼。又鱵亦魟类。相传魟有大至亩计者，未见也。又爵溪渔舟得一鱼如魟，方而赤色，不甚大，其伏地，人力不能起云。东轩主人《述异记》：象山有渔家，获鱼正方，可三尺许，头有二角。按此或即鲫鱼，鲫鱼见木华《海赋》，然不云有角。

鳎鳎　似箬叶，有长一二尺者，薄身细鳞，背紫腹白，无鬐鬣，双目聚首，而口横首扁。亦有黄色彪黑文者。水行如魟。以其似人之袜底，故有婢屣、奴屩等名，俗谓小者为箬鳎婢。或谓是比目，相似而非也。

马鲛　无鳞，银色。大者重三五斤，味粗，最下品。

带鱼　无鳞，《海物异名记》曰：修若练带是也。鱼以天寒时发大海中，渔者连钓数千百，得饵则相续而上，盈艘连舳，无远不致。鲜者亦耐久，入春则味减矣。于绾山，在象山南海中，钓带鱼者多聚此。于绾盖唐时隐者。

鳗　海中者极大，无鳞，背青腹白，锯齿甚利别名狗头鳗，淡鱐之，味绝美。亦由钓得之。然钓带鱼者不利此，以鳗至则带鱼为所逐散也。闻有得大鳗长丈许者，渔人击杀之，纳鱼舱中，未几其伴启视之，则跃起而曳人入水矣。疑此蛟蜃类有神者也。其产河荡溪涧者，曰慈鳗，又曰鳗鲡，食之益人。《韩诗外传》南假子遇程本，本为之烹鲡鱼，南假子曰：闻君子不食鲡鱼。本子曰："此乃君子食也，我何与焉？"

鳝　别名黄鳝，生田塍河塘：一种有毒者，形色无别。惟夜试以灯火，昂首而咋者杀人。

鳝一名泥鳅，产河荡，以灯芯草煮之，味佳海鳝，大不可计。时有入港者，为人所取，其脊骨当臼，其肋骨当楣也。《庄子》以海潮长落为海鳝鳝出入之候．虽未必然，然其大固可想见矣。乾隆二十年，海鳝人岳头港，潮落不能去，人乃封其肉以熬油；其身陷于泥面，以长梯登之，其背多蛎房，累累如山石，其口可张盖而入，其修则未之计也。

虾　出海者，长二三寸。四五月曰梅虾，亦曰蚕虾，纪时也；熟之色白，首有丹鱿最佳。又一种长五六寸者，熟之色赤，干作对以致远，曰对虾。亦有尺许者。予又尝见虾首有大如三升器者，锋须突目，蚝赤色，中置烛耀之，俨然龙头也。小虾长寸许者，干之色黄白，名虾皮。有名金钱边者为上，盖厚而有肉也。又一种干而红者，味更甘。凡大虾干，用花椒同藏，既辟蛀，亦经久滋润如新。河中出者曰虾公。刘诚意多能鄙事，有玉钩虾鲊法，当即今之醉虾也。又塘田港中，有小虾如蚁，每秋冬间发，或云芦花入水所化，以布网叉取之，每盈肩归，作酱亦佳。虾姑出海中，如蜈蚣而阔。

虾蛇　水母也，生海水中，浑然凝合。大者如团箕，群虾附之，浮潮而行，虾惊则沉，昔人所谓水母目虾也。取时用绳网乘不意兜之，置地待水稍杀，其形如覆笠，亦皮亦肉，玉色厚数分。腹下如垂絮蚝赤。以糖醋香料缕切生食如鱼鲜，其字宜作鲊。楼宣献公所谓水母线是也。有用石灰腌之者，韧薄可积久致远。味苦加撮盐其上，逾时则淡。象山多用山矾叶腌之，黄晶如琥珀，味爽。其垂絮则谓之虾鲊头也。又其腌者，用沸汤过之便脆，若少停皆消为水矣。其名不一，见之它书者，曰海涉、曰海蜇、曰海䱥、曰海蜇、曰虾助、曰樗蒲、曰蚱、曰石镜，在《本草》曰蜡云。其性缓可治河鱼之疾。

沙噀　亦名沙蒜，生海涂中，块然无首尾皮骨，晶莹如小黄瓜，但能蠕动，触之缩如桃栗矣。揉去其涎，杂五辣煮之，脆美。

乌鲗　俗作乌贼，谓卷乌入水也。一名墨鱼，谓吐墨汁如墨也。又名逐夷。形如算袋，长五六寸，肉包一骨，足口眼皆聚于首。足即须也，有二足稍长，能系物以自固，不为风涛所逐。见人即吐墨以自溷，不知人实扦竹令系，向墨而擒也。中有二卵如肾，熟之片解，较馀肉更脆。在京时，山东日照蔡君振中，食予乌鲗酱，盖用其卵制者，象山不知也。惟多作鲞，曰明府鲞，以之致远。其字亦云螟脯。汲冢《周书·王会篇》有鲗鲗之酱。《北堂书钞》，汤赐伊尹鲗鲗酱，注：鱼名：罗愿《尔雅翼》谓即乌鲗也。其骨入药，名海鳔鮹。又一种小者，长一二寸，名计姑，以之下酒，绝品也。

章巨　首如鸡卵无骨，首旁即生八足，皆长尺许：足有圈丁匀排，粘于物甚有力之，取者不能骤举也。别名章邯，予有对云：鱼有章邯，蟹名彭越。

望潮　比章巨略小，味胜，喜逐夜潮而游。人候潮长，燕松明以取之。又一种小者，名涂蟢，足无丁。

民国志书鱼类录

1. 民国《象山县志·物产考》鱼类录

民国《象山县志》编纂于国民初步接触西方科学知识时代，但并未被编纂者深入接受，记鱼类依然大体继承传统方式。前志书中诸多神秘、非科学记载多有拆斥，部分描述略显科学气息，种类超前志。

旧志：鳞之属。案：鳞虫虽见于大小《戴礼》，鳞物亦见于《周礼》，但一类中亦有无鳞之物，不如从宝庆志直名以鱼。动物学脊椎动物，亦名鱼类。

鲻　宝庆志。案，至正续志：似鲤，生浅海中，食泥，身圆，口小，骨软，肉细。又《物产志［表］》：鲻，一作鲼，一作鲻。又《见只编》：蛇头鲤。别名海蔗子，今亦名子鱼。

鳙　宝庆志。《乐妙山居集》：邑产龙头鲜，或作鲚、鳙。案《温州府志》：岁进龙头鱼，张孚敬奏罢之。龙头鱼，一名鳙，骨柔无鳞，身如膏髓。

乌贼　宝庆志。乾隆志：乌贼稀则黄鱼旺，渔人谚云。案《酉阳杂俎》：乌鲗形如算袋，口旁两带极长，腹有墨，骨如通草，名海鳔蛸，入药。贼或作鲗。

带鱼　宝庆志。乾隆志作鳍，海鱼之多而美者。案：字书无鳍字。宝庆志引《海物异名记》：修若练带，或名裙带鱼，字自作带［鳍］。胡世安《异鱼图赞注》：小者为带丝。《物产表》：闽呼为杨妃带，小者曰带柳。

鲳鯸　宝庆志　名鳉鱼，嘉靖府志作鲳鱼，俗又呼娼鱼。案：鲳、鳉并见《广韵》。《正字通》：鲳，似鳊，身圆肉厚，骨软，可食。《六书故》作鳅。闽人讹为鲶鱼。

鲨　宝庆志　案成化志：鲨类甚多，有十九名。《见只编》：鱼犁头燕尾，有翅无鳞。《草木子》：鳞虫皆卵生，独海鲨胎生。今其字又作鲥，古作鲭。今鱼翅、鱼骨为一县特产。

比目　宝庆志。案《至正志》：比目状比鲳鯸而小。下有箬鱼，此比目非即箬鳎矣。《吴都赋》："双则比目，片则王余"。《尔雅》：鲽，比目鱼，注：以为王余鱼，非是。

鲂　宝庆志。乾隆志作肋鱼。案《至正志》：肋鱼似箭鱼而小，身薄细骨满肋。此鱼亦作鳓，今俗讹为鲤鱼，盐鲍糟鲊，皆可久藏。《物产表》：冬月出名雪映，味尤佳。

魟　宝庆志。案《至正志》：形圆似扇，口在腹下，尾长于身。大者鲛魟，次锦魟，又次黄魟，余有斑魟、牛魟、虎魟。字或作鲯。《本草拾遗》：鲯鱼或作烘鱼，又作鲆鱼。

竹夹　宝庆志。嘉靖志：竹筴鱼。案至正志：火鱼，又一种名竹夹，头微红而青色，又名土鲤。今别有竹夹鲔。《广韵》：鲔，海鱼，形似鞭鞘，实似竹刀鞘。

马鲛　宝庆志。案至正志：形似鳙，肤似鲳，黑斑，最腥。嘉靖志：一名社交。今又名网鲛。一作马皋，实即《广志》斑文鱼，《尔雅》之鲐鲛。

鳗　嘉靖志。案《尔雅》：鳖鲀。《集韵》鲀鳗，鲀鱼。《本草别录》：鳗鲡即鳗鲀，今有二种。至正志：生海中者可六七尺，冬月鳙之，名风鳗。宝庆志：又有慈鳗，则生河中者。

章巨　宝庆志。案《成化志》：章巨，大者名石柜，居石穴。人取之，能以脚拓石拒人，今又作章举。《本草》：章鱼似望潮，又似乌鲗。《闽书》作鳟鱼，今又名章干。

泥鱼　宝庆志：似吹沙而首大，江河中皆有之。嘉靖府志同。案《庄子》：鳌鱼，又云鳝，鳝鳅同，鯈与鳝异。刘基《苦斋记》言：斑文小鱼状如吹沙，味苦而微辛，食之可以消酒。是亦泥鱼之别种。若《尔雅》鳛，鳝，注：今泥鳝。则庄子所谓委蛇，非鳅矣。鳅又名鳌，亦曰参条鱼，即《尔雅》鲰，黑鲻，《广雅》醉鳌也。

箭鱼　宝庆志：即江湖鲥鱼，海出者最大，甘肥异常，腹下细骨如箭镞别名箭鱼，味甘在皮鳞之交。案《尔雅》：鳍当魱，注：海鱼似鳊而大，鳞肥美，多鲠，今江东呼其最大长三尺者为当魱，是出于江者当魱，出于海者鳍，亦有二名。《正字通》：鲥，体长色白，腹下有三角鳞如甲，肪在甲中，初夏时至，月余则无，故名鲥。

鲥　嘉靖府志。乾隆志：时鱼味腴美，较江鲜尤早。渔人谓由海入江，其信然矣。案：当合上箭鱼为一，今通名鲥，无箭鱼之名。

鮆　宝庆志：子多而肥，夏初曝干，可以致远。郭璞《江赋》曰：鳆，鮆，顺时而往还。

《山海经》注曰：鮆鱼狭薄而长，大者长尺余，一名刀鱼，常以三月、八月出，故曰顺时。乾隆志：刀鲚，味比江鲜。案《尔雅》：鮤鱴刀，注：今鮆鱼亦呼为魛鱼。《说文》：鮆魛鱼，饮而不食，九江有之。至正志：头狭薄，腹如刀刃，其长大者可尺余，子多而肥，夏初曝干可致远。又可为鲊，又糟之可作汤。今又名·鱼，亦名鰶鱼，又名鲚鱼，俗呼长矛鲚，又呼黄鲚，其大者名油鲚，音变作油鲇，非古鲇鱼。《物产表》：鮆鱼子曝干，曰寸金鲼子，象产。

短鱼　宝庆志：项缩而短，为羞极美，色微红。案：即《江赋》专鱼。注：其状如鲋，而彘尾。《南山经》作鱄鱼。郭注：昔如团扇之团，其形亦团。《宁波物产表》：短鱼即鳊鱼，象产。非也。鳊鱼自为鲂鲃，无此名。今所谓铜盘鱼者，正鱄之切音，铜盘又转音为铜盆。

吹沙　宝庆志。《埤雅》云：鲨鮀常开口吹沙，性善沉，大如指，狭圆而长，有黑点，俗呼为新妇臂。案《尔雅》鲨鮀注：今吹沙小鱼，今名吹沙郎。

鲈　宝庆志：有海鲈、塘鲈。案成化志：鲈产海中，四腮。有江鲈，差小而两腮，味淡。又有苍鲈，形巨，不渔。《六书》：故海鲈大者四、五尺，其肉麄，尤美。《物产表》：海鲈四腮者曰脆鲈。

地青　宝庆志：尾有刺甚长，逢物则拨之，毒能中人。色白者曰地白，与魟相类，又名邵洋鱼、鼠尾鱼。案：此实魟之别种。《物产表》：象产。

邵洋　嘉靖府志案：即地青，详前。

箬鱼　宝庆志、嘉靖志：即鳎。案：《成化志》作箬鳎，形似箬，生海中，极大，名鳎鳗。《闽中海错疏》：四明谓之江箬，又谓箬漯，以其形漯漯，故名。此鱼不必比目乃行，非即鲽也。《吴都赋》：片则王余。王余名鳎，作漯者讹。《乐妙山居集》：邑有篛鱼，一名箬挞，作挞，亦讹。《上林赋》亦以魼鳎为二，魼即《吴都赋》之两鲋，乃所谓比目鱼。

石首鱼　宝庆志、嘉靖志。乾隆志：石首鱼即黄鱼。《宋志》云：一名鮸。《字林》谓出南海，头中有石，一名石首鱼。三、四月间，舟人出洋网取，多至百万艘。腊之为郎君鲞。道光志：出三伏者尤佳。小者谓之黄花鱼。案：《能改斋漫录》引张勃《吴录》已有石首鱼云。至秋化为冠凫，头中有石。《尚书·大传》有鱼石，此鱼亦古矣。成化志：鱼首有魫，细如牙，坚如石。腊月则韧皮为良，三月、八月味次之。孟夏之交，缘海民以巨艘小舠竞入洋山海中捕取，潮汛往来有限，谓之洋山。鱼腹中膘［鳔］可作胶。《物产表》：洋山鱼，小满头水，端午二水，六月三水。头水者佳。

春鱼　宝庆志：似石首而小。案成化志：每春三月，业海渔人，竞以舟载竹·出海捕之，名捉春。冬月，簖中得者名簖春。《临海异物志》：石首小者名春来，今名小黄鱼。

阑胡　宝庆志：一名弹涂，俗呼跳鱼。嘉靖志：弹涂，一名阑胡，长二寸，似鳢。案至正志：形如小鳅而短，大者如人指。潮退，数千百跳掷泥涂中，土人使小钓取之，椒酱腊之。

鯢　宝庆志。案至正志：名河豚。《广雅》：鯸（鲐鲄。《北山经》：鲑，注：今名鯸鲐，为鲑鱼。《开宝本草》：石桂鱼，是鯢，即鲑，又作鲰、作鳜。《梦溪补笔谈》：规鱼，浙东人呼鳜鱼、吹肚鱼，非《本草》河豚。以腹胀如吹，故呼吹肚。其实即鲑，其肝与子有毒，杀人，惟橄榄、甘蔗、芦根、乌芨草根可解。邑人不知而误食，致毙者多。音变，又呼鲳鱼，出海中者名海鲳。

鮸　宝庆志。案《说文》：鲵鱼名雨航。《杂录》：鮸鱼，状如鲈而肉粗，小者曰鮸姑，三鳃曰鮸，四鳃曰茅鲵，一曰茅狂，是鳘鱼也。今音变如米，俗呼米鱼。

华脐　宝庆志：一名老婆鱼，一名寿鱼，一名琵琶鱼。案：琵琶鱼已见《吴都赋·文选》注：鱼无鳞，形似琵琶。《瓮牖闲评》：疑是鱴鱼，非是。今亦名花鱼。

鲟鳇　宝庆志。案《尔雅》：鳟，注：似鲟而短，今江东呼为黄鱼。《字林》：鲟，长鼻鱼，重千斤，亦名鲼鲟，其鳔为胶，美。

鮆　宝庆志案：此鮆非与鮆通作之鮆。《御览》引《临海异物志》：鮆鱼至肥，炙［炙］食甘美。《异鱼图赞》：鮆鱼之味，其美在额。

银鱼　宝庆志。案至正志：银鱼，口尖身锐如银条，又一种极小，名面鱼，今名面条鱼，其大者长尺余，名串子银鱼，极小，名银针鱼，又名玉筋鱼。

白鱼　宝庆志。案《说文》：鮊，《尔雅》：鱎，《玉篇》：鱎，并训白鱼，并非此白鱼。此白鱼今名苗鱼，杜工部所咏"白小"者。《浙江通志》：苗鱼小如针，撮之可得千余，名撮千鱼。《物产表》：白鱼，鱎也，一作鲌。象产而出于溥霸河者尤佳，又误。

梅鱼　宝庆志。案《海味索隐》：吾郡梅鱼比黄鱼，极小，肉与味正相似，闽人呼小黄鱼。《见只编》：梅鱼长不过五寸，类小黄鱼。《广韵》《玉篇》并有鰣鱼。今名黄鰣童。

火鱼　宝庆志。案至正志：火鱼，头巨尾小，身圆，通赤，故名。又有一种名竹麦鱼，头身俱扁，微红，其形颇相类。《物产表》：或曰近鲂，又名土鲤。一种名石勃卒，又一种曰竹夹头。

鱵　宝庆志。案至正志：又有·鱼，形似魟。以盐浥之曝为鲞，名鱵·鲞，又呼曰老鸦鲞。去皮，生擘成丝充果飣。今有此鲞，亦名魟鱼鲞。

黄滑　宝庆志。案至正志：似春鱼而肉细，冬月得之为美。又一种黑眼、白眼相类。今黄滑鱼亦名黄花鱼。别有一种黄·鱼，则似春鱼而肉粗，其首亦有石，即黄颡鱼。

吐哺　宝庆志：本作土附鱼。案成化志：杜部鱼出溪河，长四五寸。《浙江通志》：土步鱼，清明前佳。《杭州府志》：土鳖，或作吐哺。《演繁露》：庄周有道旁鲋鱼，今名土部。

鲊鱼　宝庆志。嘉靖府志：水母，一名鲊鱼，慈、奉、镇、象同。案《尔雅翼》：一名水母，又曰鲊鱼，又名樗蒲鱼。《本草图经》：鲊鱼，形如覆笠，腹下有赤血如芝谓之头。常泛海，有虾立其上。其白肉缕切，用矾浸，名水母线，可致远。《成化志》引《本草》作鮨，鲊之误也。《见只编》：名海蛰，亦作海蜇，又名海鞋，一名虾助。萨天锡有《虾助》诗。

鮀鱼　嘉靖府志。案：当合宝庆志吹沙。鮀又通鼍，不常见之物。

鲑鱼　嘉靖府志。案：当合宝庆志鳀。

白扁　嘉靖府志。乾隆志作鳊。案《尔雅》：鲂魾，注：江东呼为鳊，今呼白鳊，亦当合宝庆志：短鱼。

鳙　嘉靖府志。案《说文》：鳙，鱼名。《诗疏》：鱮，或名鳙，大头细鳞，似鲢而黑，今鱼有花鲢别名鲢胖头，与鱮之名胖头鱼者正相似，即鳙。亦名包头鱼。

海鲫　嘉靖府志。案《尔雅》：鳛鲢鳜鳎。《广雅》：鲼，鲋也。《北户录》引《证俗音略》：鲼，吴人呼为鲫。《说文》本作鳞，音变又作鲟作鲦。海所出者又名青鲦。

河鲫　嘉靖志：土人以手摆水即来，伏坎中，试之他处不可得。乾隆志：鲫，塘鱼之最肥者。案：河鲫最多，乌背者佳。又生于稻田中，甚小别名峭皮鱼。

望潮　嘉靖府志。乾隆志：望潮在介之属，误。案成化志：章巨，又别有一种，生海涂中名望潮，土人呼涂蟢。一种曰锁管，脚短无钉，不知即《江赋》蜛蝫。

鲟鱼　嘉靖府志：形似鲻鱼而小，首骨皆软，味亦甘美。案：即古鲟鱼。《广雅》：竹头也。《龙龛手鉴》但云鲟鱼名，不知即竹鱼。《岭表录异》：竹鱼，产江溪间，形如鳢鱼，青赤色，烹以为羹臛，肥而美。又《桂海虞衡志》：竹鱼，状似青鱼，味如鳜鱼，南中以为珍。此皆今之乌鲟，音变如豸，或作豸鱼，非是。或云：此鱼有乌精者，大为乌鲻；有黄精者，大为鲻鱼。

鳅　嘉靖府志。案《尔雅》：鳛鳝，注：今泥鳝。《广雅》：鳝鳅鳠，鳝也。今名泥鳅。锐首无鳞，身青黑色，以涎自染，滑不可握。

鳣　嘉靖府志。案《北山经》注：鳣鱼。《说文》亦云鳣鱼。《训纂》《纂文》并云蛇鱼。《大戴礼》：蛇鳣，以鳣如小蛇，黄质黑文。今别名黄鳝。

枫叶　嘉靖府志。案《海物异名记》：此鱼，枫叶入江所化。《赤城志》：枫叶鱼形小味珍，今名枫树叶。《吴兴掌故》：春三月，有一种小魛鱼名鳑沽，大者三寸，即此。

鰵　嘉靖府志。案当〈合〉宝庆志：鮸。《见只编》：鱼，大者重百斤。又《尔雅》：鱼有力者鳖，亦作鰵。

杜鱼　嘉靖府志：出江海涂，形如鲑鱼而稍长，有鳞，纹黑色，味甘。案即宝庆志上附［鲋］鱼。又《乌程志》：有逆鱼别名土鱼，形小而味甚美。梅水盛后始出，过黄梅，即不复见，或即此。杜鱼，其小者别名金刚脚指头。

石斑鱼　乾隆志：丹山溪流微赤，有石斑鱼，状如小鲈，色斑斓可爱。案《太平御览》引《临海水土记》：石斑鱼，长尺余，其斑如虎文蟠蝘螫，其子不可食。

方鱼　乾隆志。《述异记》云：出象山。案：今检《述异记》无此文。当任昉、祖冲之时，尚无象山县，诸书亦无说方鱼者，惟《兴化府志》有方头鱼，头方味美。今象山绝无。

香鱼　道光志：鳞细，不腥。春初生，月长一寸，至冬盈尺。象山官山土溪有之，杨升庵《异鱼图赞》谓之季月鱼。案：今检杨升庵《异鱼图赞》一百有六首，并无记［季］月鱼。惟冯时可《雨航杂录》云：雁山五珍有香鱼，鳞细，不腥，春初生，月长一寸，至冬月长盈尺，则赴潮际，子生辄稿［槁］，惟雁山溪涧有之，他无有也。一名季月鱼。

沙噀　宝庆志：块然一物，如牛马肠，藏头，可长五六寸许。胖然如水虫，无首无尾，无目，无皮骨，但能蠕动。触之则宿小如桃栗，徐复臃肿。土人以沙盆揉去其涎腥，杂五辣煮之，脆美，为上味。嘉靖府志：产象山。案旧志：在介之属，误。今移于此。《闽小纪》引《宁波志》同。《浙江通志》引《黄岩县志》：沙蒜，涂笋，入笋类，亦误也。《乐妙山居集》：沙噀，又名沙蒜，即《江赋》土肉。《闽小纪》：土笋，另一种名沙虫。《物产表》：俗呼海参，象产。今沙噀，小者又名涂蜕，极小者名涂葱。薛传均《疏证·说文答问》以为即杜诗"醉如泥"之泥。

岩蒜　案：此生于海山岩下，比沙蒜更洁而味美。

乌鳢　《诗》《尔雅》：鳢。《说文》：鱶《广雅》：鲡。《本草》：蠡鱼，并即今乌鱼别名乌郎膏。《永嘉县志》：乌郎膏即西施乳，味美，染尘不可食。《温州府志》：亦有乌郎之名，皆乌鳢音转。又《尔雅》：鲣大鲖小者鲵，注：今呼小鲡为鲵。今象山此鱼大小极多，亦名七星鱼。

海鳅　旧志：嘉靖廿七年，海鳅入蛎江桥，约重千斤。潮退，人取食之。又乾隆廿年，海鳅入岳头港，大如岛屿，四十九年，脔取者日数百人，肉可熬油，骨节如臼。仓所城外海涂上有鱼如鰌，长二丈，背上有穴如口，投以沙石，有气喷出。越日，随潮去。《宁波海产表》：海中大鱼海鳅，见镇象间，亦不常有。

蜛蛄　《乐妙山居集》：蜛蛄似章鱼而小。案《宁海县志》作纬骨，土名绩姑，與［与］章举不相似，似乌鲗而小。《临海异物志》：䲅鱼似乌鲗而肥，炙食甘美，引见《御览》。

海鲐　王阮亭《竹初诗抄》作海艳，李杲棠诗作海鰔，钱辛楣修《鄞县志》作海蝘。案《说文》有鲐，鱼名。

鹤嘴鱼《宁波物产表》：象、镇、定产。案：即鱵（鱼，一名铜哾鱼，鱼喙有一箴）。《广韵》：鱵，鱼名。

金鱼　《鼠璞》：金鱼惟杭州六和塔寺池有之。《桯（音 tīng）史》：今中都有豢鱼者，能变鱼作金色，饲之污渠小红虫，初白如银，次渐黄，久则金鱼。又别有雪质而黑章者曰玳瑁鱼，惟杭人能饵畜之。今象山亦有畜者，其色又有红白相错者，又有皉白者名玉鱼，亦有皉黑者。其种有金鲫、金鲤之异。

2. 民国《南田县志》鱼类录

南田县立于民国初年，《南田县志》成于立县不久，无前志，少借资，所录鱼类所录多为时人常见海物，鱼种类量少且粗疏，性状描述则多出己所见所知。

鲈

黄花鱼　一名石首。春夏之交，油菜花屿外最盛，凡三汛。虽四时皆有，惟伏天最肥美，晒伏鲞，首有细鳞贴，伏余则否。

鲳

马鲛　身圆而狭长，色斑无鳞。

鲻　又名脂鱼，在河者小，在海者大，随潮逐队。三、八月扦网于海涂以围之，一潮可得数十百尾不等，大者重十余斤。

鳓　一名白鱼，四月间为多，干曰鳓鲞。

鲨　有沙皮，可砺物，亦可饰器。其翅为食物上品。大者重二三百斤，肉可熬油。

鳐　身如膏髓，骨柔无鳞别名鼻涕鱼，渍以矾盐，曝干名龙头鲓。

带鱼　盛发时首尾相衔，钓得一尾，兼得数尾。钓期自九月至二月止，谓之渔汛。

鲊　水母也，以虾为目，又名海蜇，圆若盘，上白下红，随潮浮泛，有八足，张如肺叶，色若鸡冠，群虾附之，见人捞取，虾惊跳则沉伏。

虿　似魟而小，三月间盛发，名桃花虿。

鲥鱼

魟　胎生。圆如簸箕，尾长二三尺，如皮鞭，无鳞无鲠，仅脊骨一条，亦可煮食；尾根有刺一条，甚毒，肝可熬油。有锦、黄、黑、白数种，黄者尤佳。

箬鱼　其形如箬。

鳜　春初有，似黄花鱼而小。

鲤

鲗　一名墨鱼，又名乌鲗。

海鳅

鳎　小鱼也。

鲤　生水岸泥窟中，一作鳝。

鲦　形锐而长，若条然。

米鱼　似石首，色不黄，大者重数十斤。

银鱼　身细而小，洁白无鳞，目两黑点，在河者小，在海者略粗。

鲫　海鲫鱼大者十余斤。

鹳鱼　无鳞而小，嘴长如鹳，金漆门外有之。

章鱼　即蛣蛣，俗呼章鱼，又呼八带鱼，首圆如剥壳鸡蛋。

望潮　似乌贼而小，生海涂穴中，身一二寸，足倍之，一名涂蟢。

寄蛣　似乌贼而小，无口、目，背有粉红色及绿点。一种大者名锁管。

弹涂　常在泥涂中跳跃，见人则攒入穴中，一名跳鱼。

◆全国第二轮修志试点志书

◆浙江省第二轮修志创优工程试点志书

象山县志

XIANGSHAN XIANZHI

第二册

象山县地方志编纂委员会 编

方志出版社
Publishing House of Local Records

总 目 录

Content

第二册目录

第九篇　中国共产党

第十篇　人民代表大会

第十一篇　政　　府

第十二篇　人民政协

第十三篇　党派　社团

第十四篇　国土管理　环境保护

第十五篇　经济管理

第十六篇　财政　税务

第十七篇　民政事务　社会保障

第十八篇　劳动　人事

第十九篇　港澳台事务　侨务　外事

第二十篇　公安　司法行政

第二十一篇　检察　审判

第二十二篇　军　事

Volume II Content

Part IX The Communist Party of China

Part X The People's Congress

Part XI Government

Part XII The Chinese People's Political Consultative Conference

Part XIII Party & Social Group

Part XIV National Land Management & Environment Protection

Part XV Economic Management

Part XVI Finance & Tax Affairs

Part XVII Civil Affairs & Social Security

Part XVIII Labor & Personnel

Part XIX Affairs Related to Hong Kong, Macao, Taiwan and Overseas Chinese & Foreign Affairs

Part XX Public Security & Judicial Administration

Part XXI Procuratorial Work & Justice

Part XXII Military

第九篇
中国共产党

本篇目录

第一章　各时期中共象山组织

象山是宁波地区较早建立中国共产党组织的县。民国13年（1924），象山籍人士贺威圣在上海加入中国共产党。翌年，共产主义青年团在象山建立。民国15年，中共象山支部和中共象山独立支部建立，标志着象山人民开展革命斗争有了坚强的领导核心。后党组织虽遭多次破坏，仍领导象山人民继续开展革命斗争。中华人民共和国成立后，中国共产党成为执政党，象山党组织在曲折中不断发展壮大，成为领导全县各项事业的核心力量。

第一节　大革命时期党组织

民国8年（1919）5月4日，北京爆发五四运动。5月24日，象山县立高等小学学生贺威圣等联合师范讲习所学生，在丹城召开象山学生联合会成立大会。会后，400余名学生游行示威，声援北京学生爱国行动。不久，象山一批爱国青年赴上海、宁波等地求学，探寻救国救民道路。

照9-1　贺威圣烈士

民国9年（1920）春，贺威圣赴上海。民国12年，考入沪江大学，不久转入南方大学。民国13年，转入上海大学，在校务长邓中夏等著名共产党人培养教育下，接受马克思主义，加入中国共产党。12月，受团中央派遣，赴宁波协助共产党人恽代英、张秋人筹建非基督教大同盟，并回象山成立共青团外围组织——乐群学会，传播马克思主义，培养骨干，发展团员。民国14年2月，介绍杨白加入共青团。5月，上海五卅惨案发生后，贺威圣即将惨案真相电告杨白等青年，通知成立象山各界五卅惨案外交后援会，并组织旅沪、旅甬青年殷夫、沈本厚等返乡，向象山人民揭露日本帝国主义屠杀中国人民的罪行，集会声援上海工人反帝斗争，募捐慰问死难家属，鼓励抵制日货。7月22日至8月末，贺威圣到象山举办暑期讲习所，引导青年学习《新青年》《向导》等进步刊物，宣传马克思主义，并发展范船僧、王家谟、倪毓水等为共青团员，筹建团组织。10月，共青团象山支部在丹城成立，编为共青团宁波地委第七支部。

照9-2　王家谟烈士

民国15年（1926）2月，杨白等共青团员转为中共党员。5月，在丹城建立第一个党组织——中共象山支部，杨白任书记。6月，中共宁波地委将象山支部改为象山独立支部。7月，杨白、周宪章等奉命调离，象山独立支部暂由赖大滋负责。11月，宁波地委派姜冰生、方文熙到象山整顿象山独立支部，方文熙任书记，姜冰生、许福莹、冯志德任委员。12月，在鹤浦成立中共南田独立支部，王鸣皋任书记。民国16年2月，国民革命军进驻宁波，象山县、南田县国民革命在党的领导下迅速发展，工会、农会、妇女协会等群众团体纷纷成立。为加强南田独立支部的领导，宁波地委和国民革命军第十七军政治部派遣陈良义、吴德元等到南田开展工作，陈良义任书记，吴德元任副书记，叶刚、章福培、蒋静宇任委员。是月，象山独立支部改选，周宗文任书记，许福莹、冯志德任委员。5月末，象山独立支部由赖大滋负责。

民国16年（1927），蒋介石发动“四一二”反革命政变。5月22日，国民党宁温台防守司令部派遣百余武装人员，逮捕陈良义、吴德元、章福培等，南田党组织及农会、渔民协会、妇女协会、商会等群众团体遭破坏。6月，宁温台防守司令部下令通缉象山独立支部成员，查封象山县总工会、农会、妇女协会，象山党群组织活动被迫停止。

第二节　土地革命战争时期党组织

民国16年（1927）7月，中共宁波地委改名中共宁波市委，派市委委员沈本厚回家乡象山恢复党组织，在东陈岳头村秘密举行党员骨干会议。根据党员多隐蔽农村情况，会议决定将中共象山独立支部改建为中共象山区委，杨白任书记，赖大滋任副书记。11月，中共浙江省委机关被国民党破坏，省委代理书记王家谟被捕，全省党员名册、党组织通讯地址及《浙东暴动计划》落入敌手，象山区委遭破坏，王立钊、蒋正棣等6名党员被捕，大部分党员离开象山去外地坚持斗争。民国18年8月，在中共宁波特别支部领导下，中共象山支部重建。12月，杨白病逝，象山支部由赖大滋负责。民国20年7月，赖大滋在下沈里静被国民党逮捕，象山党组织活动停止。

第三节　抗日战争时期党组织

民国26年（1937）7月，日本帝国主义制造七七卢沟桥事变，抗日战争全面爆发。为恢复浙东各县党组织，民国27年春，中共浙东临时特委派詹步行到象山寻找失去组织联系的党员，试图重建党组织，因党员分散外地未果。

民国30年（1941）4月19日，日军从石浦登陆，石浦沦陷。日军所至，烧杀抢掠无恶不作。5月，日军在茅洋开设“华中矿业公司”，大肆掠夺碘矿资源。中共台属特委遵照省委书记刘英提出“坚持天台、巩固三门、开辟象山”的工作方针，为领导象山人民开展抗日救亡斗争，将象山党的工作划归台属特委领导。为推进抗日，在中共台属特委、宁波特委领导下，中共宁海桑州支部、东乡支部先后派林默之、谢时春、王式贵等多名党员参加象山县政治工作队（以下简称象山政工队），并在8月建立中共象山支部，林默之任书记，戴良和任副书记，谢时春、王式贵任委员。政工队在党支部推动下，组织歌咏队、宣传队，创办《战斗日报》，广泛开展抗日救亡活动。民国31年2月，为加强党的工作，中共台属特委派杨干、潘朝熙到象山，把中共象山支部改组为中共象山工作委员会，杨干任书记，林默之任副书记，潘朝熙任委员。

民国32年（1943）初，根据上级党组织指示，中共象山工委撤离象山，少数党员留在象山坚持斗争。是年年末，象山政工队自行解散。民国33年秋，为发展党员，推动海上抗日斗争，台属特委派遣三门县党组织负责人应为民参加海上武装——大南田抗日护航队。10月，建立中共大南田支部，应为民任书记。民国34年6月，应为民外调，3名党员组织关系转入中共三门县亭旁区委，大南田党支部撤销。

第四节　解放战争时期党组织

民国34年（1945）8月，抗日战争取得胜利，中国新民主主义革命进入新的历史时期。中国共产党为制止内战，巩固国内团结，保证国内和平，实现民主，改善民生，建立独立自主与富强的新中国，提出"和平""民主""团结"三大口号，与国民党举行重庆谈判，签订"双十协定"。民国35年6月26日，国民党撕毁"双十协定"，悍然进攻中原解放区，发动全面内战。

民国36年（1947）9月27日，中共台属工委书记邵明到南田开展工作。不久培养发展周象人（银）入党。10月23日，在邵明领导下，台属工委武工队和周象人（银）率领20余名青年击毙国民党南田区区长，缴获一批枪支弹药。后冲破敌人包围，到达三门湫水山区，不久，组建台属地区第一支革命武装，番号"铁流"部队。该部队后成为台属地区主力武装，参加解放三门、天台等战斗。

照9-3　山海楼

民国36年（1947）10月，中共杭州市工作委员会派顾荣生以"群报"记者身份到象山活动，发展史中平入党。民国37年2月，中共上海局外县工作委员会派唐侃、郝孝婉到象山，在灵照乡黄公岙山海楼与史中平接上关系，成立中共象山工作委员会，唐侃任书记，郝孝婉、史中平任委员。象山工委成立后，制定武装斗争计划，领导象（山）、宁（海）两县边区群众进行抗丁抗粮斗争。5月，郝孝婉调往宁波。6月，中共上海局外县工委驻宁波浙东沿海点线特派员陈嘉钦被捕叛变，宁波工委破坏，郝孝婉、史中平被捕，唐侃脱险后返回上海，象山工委随之亦遭敌破坏。7月上旬，史中平保释出狱，按原象山工委计划，继续发动象（山）、宁（海）边区群众坚持斗争。11月20日，史中平组织30余名青年群众袭击灵照乡乡公所，俘虏国民党自卫队队员1人，缴获枪支弹药一批。21日，在宁海道士岩成立"象宁人民抗暴游击队"，提出"抗丁、抗粮，反内战、反饥饿"口号。25日，"象宁人民抗暴游击队"冲破宁海县、象山县国民党武装的包围。不久，史中平率18名队员到达三门县南溪，编入"铁流"部队，称"两广"部队。

1949年7月8日，象山解放。8月，为筹建中共象山县委员会，建立中共象山县工作委员会，属中共浙江省第二地方委员会领导，下设机关组、公安组和东山、靖河、西沪3个工作组，王化祥任书记，李瑞三任副书记。

表 9-1

中华人民共和国成立前象山县党组织负责人情况表

时　　间	组织名称	驻　地	主要负责人	上级领导机关
1926.05—1926.06	中共象山支部	丹城	杨　白	中共宁波地委
1926.06—1926.07	中共象山独立支部	丹城	杨　白	中共宁波地委
1926.07—1926.11			赖大滋	
1926.11—1927.02			方文熙	
1927.02—1927.05			周宗文	
1927.05—1927.07			赖大滋	
1926.12—1927.02	中共南田独立支部	鹤浦	王鸣皋	中共宁波地委
1927.02—1927.05			陈良义	
1927.07—1927.09	中共象山区委	丹城	杨　白	中共宁波市委
1927.09—1927.11				中共宁波县委①
1929.08—1929.12	中共象山支部	丹城	杨　白	中共宁波特别支部
1929.12—1931.07		里静	赖大滋	中共宁波特别支部
1941.08—1942.02		丹城　西周	林默之	中共台属特委
1942.02—1943 年年初	中共象山工作委员会	下沈　关山	杨　干	中共台属特委
1944.10—1945.06	中共大南田支部	樊岙　四都	应为民	中共台属特委
1948.02—1948.06	中共象山工作委员会	黄公岙	唐　侃	中共中央上海局外县工委
1949.08—1949.09	中共象山县工作委员会	九顷	王化祥	中共浙江省第二地方委员会

第五节　中华人民共和国成立后地方党组织

1949 年 10 月 21 日，经中共浙江省委批准，建立中共象山县委员会，下设秘书室、组织部、宣传部、民运部，属中共宁波地委领导。至 1956 年 4 月，先后设办公室、统战部、文教部、城镇工作部、纪律检查委员会、财政贸易部、互助合作部、工业手工业部（后改为供销手工业合作部）、审干委员会、干部学校、象山报社等工作机构。

1955 年 5 月，中共象山县委设常务委员会，改属中共舟山地委领导。1959 年，根据省委通知，象山县委设立书记处（1962 年 4 月撤销）。1958 年 10 月宁海并入象山，县委机关驻地从丹城迁至沥洋，后迁至宁海城关，象山县委改属中共台州地委领导。1959 年 1 月，因台州地委撤销改属宁波地委领导。

①中共宁波市委党史研究室著：《中共宁波党史》（第一卷），中共党史出版社 2001 年版，第 389 页。

1961年8月，象山、宁海分治。9月，象山县委机关驻地从城关迁回丹城。1966年5月，“文化大革命”波及象山，县委及其工作机构开始陷于瘫痪半瘫痪状态。1967年5月，经中国人民解放军四三〇〇部队批准，象山县革命委员会成立，取代县委。10月，因造反派组织严重对立，县革委会解体。翌年11月，经省革委会批准，县革委会重新建立。1970年1月29日，建立县革命委员会党的核心小组。8月，改为中共象山县核心小组，属中共宁波地区革命委员会核心小组领导。12月，中共象山县第四次代表大会召开，决定恢复中共象山县委，选举产生中共象山县第四届委员会。1971年2月，中共宁波地委复建，象山县委复属宁波地委领导。1972年5月，县委设机关党委；1973年12月，恢复县委党校；1977年6月，恢复办公室、组织部、宣传部等机构。1981年7月，建政法委员会。9月，建党史资料征集领导小组（后改名党史资料征集研究小组）。1982年11月，恢复统战部。1983年7月，宁波地委撤销，实行市管县体制，象山县委划归宁波市委领导。1984年2月，恢复农村工作部。11月，成立老干部局。1988年5月，政法委员会改建为政法领导小组。1990年6月，政法领导小组又改为政法委员会。9月，建立计划工作委员会、经济工作委员会、农村经济工作委员会、财贸工作委员会、对外经济贸易工作委员会。1991年1月，党史资料征集研究小组改名为党史工作委员会。6月，设政策研究室。1994年6月，恢复象山报社，政策研究室职能并入办公室；台湾工作办公室挂靠统战部，统战部增挂侨务办公室、民族宗教事务办公室牌子；档案局与档案馆合并，划归办公室管理。1996年11月21日，撤销财贸工作委员会。1997年2月22日，撤销对外经济贸易工作委员会。

至2008年年末，象山县地方党组织设纪律检查委员会机关，县委内设办公室、政策研究室、农村工作办公室、组织部、宣传部、统战部、台湾工作办公室、政法委、直机关党工委、老干部局、党校、档案局（档案馆）、机构编制委员会、象山报社等工作机构。

中华人民共和国成立后象山县地方党组织机构情况表

表9-2

名称及时间	工作机构
中共象山县委 1949.10—1956.06	秘书室（后改办公室）、组织部、宣传部、民运部、统战部、纪律检查委员会、城镇工作部、工业手工业部（后改供销手工业合作部）、财政贸易部、文教部、审干委员会、干训班（后改干部学校）、象山报社
中共象山县委 1956.06—1959.12	办公室、政治研究室、组织部、宣传部、统战部、监察委员会（后改县委监察委员会）、文教部、互助合作部（后改农村工作部）、财政贸易部、工业手工业交通部（后改工业交通部）、渔盐部（后改渔业部）、审干委员会、机关党委、干部学校、象山报社
中共象山县委 1959.12—1963.02	办公室、政治研究室、组织部、宣传部、统战部、监察委员会、农村工作部、财政贸易部、工业交通部、渔业部、“五人小组”、党史领导小组、机关党委、干部学校（后改党校）、象山日报社
中共象山县委 1963.02—1967.05	办公室、组织部、宣传部、监察委员会、统战部、农业办公室、城镇工作部、党史领导小组、机关党委、党校

续表9-2

名称及时间	工作机构
象山县革命委员会党的核心小组 1970.1.29—1970.8	办事组、政工组、人民保卫组、生产指挥组
中共象山县核心小组 1970.08—1970.12	
中共象山县委 1970.12—1976.10	机关党委、党校
中共象山县委 1976.10—1978.12	办公室、组织部、宣传部、机关党委、党校
中共象山县委 1978.12—1984.06	办公室、组织部、宣传部、纪律检查委员会、政法委员会、统战部、农村工作部、党史资料征集领导小组（后改党史资料征集研究小组）、机关党委、党校
中共象山县委 1984.06—1987.04	办公室、组织部、宣传部、统战部、政法委员会、农村工作部、整党办公室、党史资料征集研究小组、机关党委、党校、老干部局
中共象山县委 1987.04—1990.04	办公室、组织部、宣传部、统战部、政法委员会（后改政法领导小组）、农村工作部、整党办公室、党史资料研究小组、机关党委、党校、老干部局
中共象山县委 1990.05—1993.12	纪律监察委员会、办公室、政策研究室、组织部、宣传部、统战部、政法领导小组（后改政法委员会）、党史资料征集研究小组（后改党史工作委员会）、老干部局、党校、机关党委
中共象山县委 1994.01—1997.12	办公室、纪律检查委员会、政策研究室、组织部、宣传部、计划工作委员会、经济工作委员会、统战部、政法委员会、党史工作委员会、老干部局、农村经济工作委员会、财贸工作委员会、对外经济贸易工作委员会、台湾工作办公室、侨务办公室、民族宗教事务局、档案局（档案馆）、党校、机关党委、象山报社
中共象山县委 1998.01—2003.01	纪律检查委员会、办公室、政策研究室、农村经济工作委员会（后改农村工作办公室）、组织部、宣传部、统战部、台湾工作办公室、政法委员会、机关党委（后改县直机关党工委和纪工委）、老干部局、党校、档案局（档案馆）、象山报社
中共象山县委 2003.02—2007.01	纪律检查委员会机关、办公室、政策研究室、农办、组织部、宣传部、统战部、台湾工作办公室、政法委员会、县直机关党工委及纪工委、老干部局、党校、档案局（档案馆）、象山报社、象山新闻中心
中共象山县委 2007.02—2008.12	纪律检查委员会机关、办公室、政策研究室、农村工作办公室、组织部、宣传部、统战部、台湾工作办公室、政法委员会、县直机关党工委、老干部局、党校、档案局（档案馆）、机构编制委员会、象山新闻中心

中华人民共和国成立后象山县地方党组织负责人情况表

表 9-3

届次及时间	职　务	姓　名	籍　贯	任　　期
1949. 10—1956. 06	书　记	念方之	平原堂邑	1949. 10—1950. 09
		傅坤墉①	贵　　州	1950. 09—1950. 12
		刘廷耀②	山东历城	兼，1950. 12—1951. 06
		梁玉如	山东肥城	1951. 06—1952. 08
		毕向荣	山东莱芜	1952. 09—1953. 06
		何志民	山东乐陵	1953. 06—1954. 08
		房家书	山东淄川	1954. 08—1956. 06
	副书记	梁玉如	山东肥城	1950. 05—1951. 06
		念方之	平原堂邑	1950. 09—1951. 06
		房家书	山东淄川	1953. 01—1954. 08
		王化祥	山东博山	1953. 07—1954. 09
		宋申鲁	山东滕县	1954. 09—1956. 06
第一届 1956. 06—1958. 10	书　记	房家书	山东淄川	1956. 06—1958. 10
	副书记	宋申鲁	山东滕县	1956. 06—1958. 10
		于华杰	江苏泗阳	1956. 06—1958. 06
		宋其茂	山东泰安	1957. 08—1958. 10
		王化祥	山东博山	1957. 08—1958. 10
		柴　及	山　　东	1957. 08—1958. 04
（宁象并县） 1958. 10—1959. 12	第一书记	冯书法	山东陵县	1958. 10—1959. 12
	书记处书记	房家书	山东淄川	1958. 10—1959. 12
		沈向权	山东利津	1959. 04—1959. 12
		宋申鲁	山东滕县	1959. 04—1959. 12
		张玉田	山东宁津	1959. 04—1959. 12
		吕纪堂	浙江余姚	1959. 10—1959. 12
		李伟志	山东莱芜	1959. 10—1959. 12
		张润生	山东莒县	1959. 10—1959. 12
第二届 1959. 12—1961. 08	第一书记	冯书法	山东陵县	1959. 12—1961. 08
	书记处书记	张玉田	山东宁津	1959. 12—1961. 08
		沈向权	山东利津	1959. 12—1961. 08

①傅坤墉为驻军团政委。
②刘廷耀为驻军团政委。

续表9-3

<table>
<tr><th>届次及时间</th><th>职　务</th><th>姓　名</th><th>籍　贯</th><th>任　　期</th></tr>
<tr><td rowspan="5">第二届
1959.12—1961.08</td><td rowspan="5">书记处书记</td><td>吕纪堂</td><td>浙江余姚</td><td>1959.12—1961.08</td></tr>
<tr><td>李伟志</td><td>山东莱芜</td><td>1959.12—1960.06</td></tr>
<tr><td>张润生</td><td>山东莒县</td><td>1959.12—1960.06</td></tr>
<tr><td>高佑淮</td><td>山东莱芜</td><td>1960.06—1961.08</td></tr>
<tr><td>周志恒</td><td>山　东</td><td>1961.04—1961.08</td></tr>
<tr><td rowspan="8">宁海、象山分县
1961.09—1963.02</td><td>第一书记</td><td>曹鸿声</td><td>山东莱芜</td><td>1961.08—1962.04</td></tr>
<tr><td>书　记</td><td>曹鸿声</td><td>山东莱芜</td><td>1962.04—1963.02</td></tr>
<tr><td rowspan="3">书记处书记</td><td>宋申鲁</td><td>山东滕县</td><td>1961.08—1962.04</td></tr>
<tr><td>王化祥</td><td>山东博山</td><td>1961.08—1962.04</td></tr>
<tr><td>吕纪堂</td><td>浙江余姚</td><td>1961.08—1962.04</td></tr>
<tr><td rowspan="3">副书记</td><td>宋申鲁</td><td>山东滕县</td><td>1962.04—1963.02</td></tr>
<tr><td>王化祥</td><td>山东博山</td><td>1962.04—1963.02</td></tr>
<tr><td>吕纪堂</td><td>浙江余姚</td><td>1962.04—1963.02</td></tr>
<tr><td rowspan="3">第三届
1963.02—1967.05</td><td>书　记</td><td>曹鸿声</td><td>山东莱芜</td><td>1963.02—1967.05</td></tr>
<tr><td rowspan="2">副书记</td><td>宋申鲁</td><td>山东滕县</td><td>1963.02—1967.05</td></tr>
<tr><td>吕纪堂</td><td>浙江余姚</td><td>1963.02—1966.04</td></tr>
<tr><td rowspan="3">象山县革委会党的核心小组
（后为中共象山县核心小组）
1970.01—1970.12</td><td>组　长</td><td>黄光旭</td><td>山东利津</td><td>1970.01—1970.12</td></tr>
<tr><td rowspan="2">副组长</td><td>韩芝亭</td><td>山东莱芜</td><td>1970.01—1970.12</td></tr>
<tr><td>宋申鲁</td><td>山东滕县</td><td>1970.10—1970.12</td></tr>
<tr><td rowspan="8">第四届
1970.12—1978.12</td><td rowspan="2">书　记</td><td>黄光旭</td><td>山东利津</td><td>1970.12—1975.06</td></tr>
<tr><td>宋申鲁</td><td>山东滕县</td><td>1977.07—1978.12</td></tr>
<tr><td rowspan="6">副书记</td><td>韩芝亭</td><td>山东莱芜</td><td>1970.12—1974.03</td></tr>
<tr><td>宋申鲁</td><td>山东滕县</td><td>1970.12—1977.07</td></tr>
<tr><td>林祥生</td><td>浙江象山</td><td>1972.04—1978.12</td></tr>
<tr><td>黄光旭</td><td>山东利津</td><td>1977.07—1978.12</td></tr>
<tr><td>宋琴堂</td><td>山东黄县</td><td>1977.07—1978.12</td></tr>
<tr><td>樊心慧</td><td>浙江象山</td><td>1977.07—1978.12</td></tr>
<tr><td rowspan="6">第五届
1978.12—1984.06</td><td>书　记</td><td>宋琴堂</td><td>山东黄县</td><td>1978.12—1984.06</td></tr>
<tr><td rowspan="5">副书记</td><td>黄光旭</td><td>山东利津</td><td>1978.12—1979.01</td></tr>
<tr><td>林祥生</td><td>浙江象山</td><td>1978.12—1984.01</td></tr>
<tr><td>樊心慧</td><td>浙江象山</td><td>1978.12—1984.01</td></tr>
<tr><td>张启楣</td><td>浙江绍兴</td><td>1984.01—1984.06</td></tr>
<tr><td>黄兴国</td><td>浙江象山</td><td>1984.01—1984.06</td></tr>
</table>

续表9-3

届次及时间	职　务	姓　名	籍　贯	任　　期
第六届 1984. 06—1987. 04	书　记	宋琴堂	山东黄县	1984. 06—1985. 09
		黄兴国	浙江象山	1985. 09—1987. 04
	副书记	张启楣	浙江绍兴	1984. 06—1987. 04
		黄兴国	浙江象山	1984. 06—1985. 09
		吴才增	浙江诸暨	1985. 09—1987. 04
		冯瑞峰	浙江杭州	1986. 04—1987. 04
第七届 1987. 04—1990. 04	书　记	黄兴国	浙江象山	1987. 04—1989. 07
		邵孝杰	浙江宁波	1989. 07—1990. 04
	副书记	张启楣	浙江绍兴	1987. 04—1988. 08
		吴才增	浙江诸暨	1987. 04—1990. 04
		郑友庆	浙江宁波	1988. 08—1990. 04
		邱永年	浙江余姚	1990. 01—1990. 04
		陈凤姣（女）	浙江象山	1990. 01—1990. 04
		毕祇源	浙江宁波	1990. 01—1990. 04
第八届 1990. 05—1993. 02	书　记	邵孝杰	浙江宁波	1990. 05—1992. 04
		郭正伟	浙江鄞县	1992. 04—1993. 02
	副书记	邱永年	浙江余姚	1990. 05—1993. 02
		陈凤姣（女）	浙江象山	1990. 05—1993. 02
		毕祇源	浙江宁波	1990. 05—1991. 06
		练兴常	浙江象山	1992. 11—1993. 02
		何康根	浙江奉化	1992. 12—1993. 02
第九届 1993. 02—1998. 01	书　记	郭正伟	浙江鄞县	1993. 02—1996. 01
		王同元	浙江慈溪	1996. 01—1998. 01
	副书记	练兴常	浙江象山	1993. 02—1995. 11
		何康根	浙江奉化	1993. 02—1995. 11
		王同元	浙江慈溪	1995. 05—1996. 01
		王仁洲	浙江鄞县	1995. 12—1998. 01
		郑金平	浙江象山	1995. 12—1997. 03
		张雪明	浙江宁波	1996. 03—1998. 01
		陈秀忠	浙江象山	1997. 09—1998. 01
第十届 1998. 01—2003. 01	书　记	王同元	浙江慈溪	1998. 01—2000. 07
		肖培生	浙江余姚	2000. 07—2003. 01
	副书记	王仁洲	浙江鄞县	1998. 01—1999. 09

续表9-3

届次及时间	职　务	姓　名	籍　贯	任　　期
第十届 1998.01—2003.01	副书记	张雪明	浙江宁波	1998.01—2003.01
		陈秀忠	浙江象山	1998.01—2001.10
		金俊杰	浙江宁海	1999.09—2002.10
		胡剑辉	浙江宁海	2001.10—2003.01
		周江勇	浙江鄞县	2002.10—2003.01
		徐才印	浙江宁海	2002.11—2003.01
		张良才	浙江新昌	2002.11—2003.01
第十一届 2003.01—2007.01	书　记	肖培生	浙江余姚	2003.01—2005.04
		周江勇	浙江鄞县	2005.07—2007.01
	副书记	周江勇	浙江鄞县	2003.01—2005.07
		张雪明	浙江宁波	2003.01—2003.03
		胡剑辉	浙江宁海	2003.01—2005.07
		徐才印	浙江宁海	2003.01—2007.01
		张良才	浙江新昌	2003.01—2007.01
		李关定	浙江余姚	2005.07—2007.01
		陈福生	浙江金华	2005.07—2006.09
		黄志明	浙江慈溪	2006.11—2007.01
第十二届 2007.01—	书　记	周江勇	浙江鄞县	2007.01—
	副书记	李关定	浙江余姚	2007.01—
		黄志明	浙江慈溪	2007.01—
		张世方	浙江象山	2007.05—

第二章　党的代表大会和重要决策

1949年10至1956年6月，中共象山县委委员以上职务均由上级党委任免。1956年6月，召开中国共产党象山县第一次代表大会，形成县委委员、县监察委员会委员由党代会选举产生的制度。从此，党的县级代表大会、县委扩大会议以及县委常委会议对象山各阶段的政治、经济以及社会事业发展作出重要决策，起到决定性的作用。“文化大革命”期间，全县各公社（镇）相继召开党的代表大会，形成党委委员由党代会选举产生的制度。改革开放以后，除党委委员由党代会选举产生外，还形成纪委委员由党代会选举产生的制度。

第一节　县级代表大会

1956 年 6 月至 2007 年 1 月，中共象山县代表大会共召开 12 次。

第一次代表大会

1956 年 6 月 8—14 日在丹城召开。大会正式代表 203 人，出席代表 201 人，代表全县 1820 名党员①，列席代表 32 人。会上，中共舟山地委常委许明传达毛泽东《论十大关系》讲话精神，县委书记房家书作县委工作报告，县委副书记宋申鲁作关于党的纪检工作总结报告。大会选举产生中共象山县第一届委员会委员 17 人、候补委员 4 人，中共浙江省第二次代表大会代表 6 人，并选举产生中共象山县监察委员会。

第二次代表大会②

1959 年 12 月 8—11 日在宁海城关召开。大会正式代表 422 人，出席代表 345 人，代表全县 9650 名党员③，列席代表 40 人。会上，县委第一书记冯书法作县委工作报告，县委监委副书记冯金玉作《关于党的监察工作的报告》。大会选举产生中共象山县第二届委员会委员 25 人、候补委员 7 人，中共浙江省第三次代表大会正式代表 8 人、候补代表 1 人。

第三次代表大会

1963 年 2 月 12—16 日在丹城召开。大会正式代表 300 人，出席代表 281 人，代表全县 5792 名党员，列席代表 32 人。会上，县委第一书记曹鸿声作县委工作报告。大会选举产生中共象山县第三届委员会委员 19 人、候补委员 3 人，中共浙江省第四次代表大会正式代表 4 人、候补代表 1 人。

第四次代表大会

1970 年 12 月 26—31 日在丹城召开。大会正式代表 504 人，出席代表 489 人，代表全县 6423 名党员，列席代表 50 人。会上，中共象山县革委会核心小组组长黄光旭作《高举毛泽东思想伟大红旗，开展斗私批修，争取更大胜利》工作报告。大会决定恢复建立中共象山县委，并选举产生中共象山县第四届委员会委员 32 人、候补委员 2 人。

第五次代表大会

1978 年 12 月 6—10 日在丹城召开。大会正式代表 453 人，出席代表 431 人，代表全县 11943 名党员，列席代表 14 人。会上，县委副书记宋琴堂作《总结经验、解放思想，为加速实现新时期总任务而奋斗》工作报告。大会选举产生中共象山县第五届委员会委员 26 人、候补委员 3 人，中

---

①中共象山县委：《关于召开中国共产党象山县第一次代表大会的通知》，1956 年 6 月 4 日；中共象山县委：《关于象山县党的第一次代表大会总结报告》，1956 年 6 月 18 日。

②这次党代会作出《关于以房家书同志为首的宗派主义反党集团的错误的决议》，点名批评县委书记处书记房家书、宋申鲁及副县长陈庆文等领导。会后，房家书调任高泥围塘指挥部指挥；宋申鲁任县委常委，并调去青珠农场；陈庆文调石浦搞渔业生产。1961 年 2 月 15 日，浙江省委常委、组织部部长郑平带领宁波地委书记王起等到象山县城关镇参加县级机关部、办、委负责人和县委组织部、监委部分干部会议，对中共象山县第二次代表大会上所出的《决议》提出严厉批评。1963 年 1 月、2 月分别召开的中共象山县第三次代表大会、中共宁海县第三次代表大会撤销了这一错误决议。

③中共象山县委办公室、中共象山县委党史研究室、象山县档案局（馆）编：《中国共产党象山县历次代表大会重要文献选编》第 29 页。

共象山县委纪律检查委员会委员 7 人。

第六次代表大会

1984 年 6 月 7—11 日在丹城召开。大会正式代表 400 人，出席代表 383 人，代表全县 14082 名党员，列席代表 34 人。会上，县委书记宋琴堂作《沿着十二大指引的道路，全面开创象山社会主义现代化建设新局面》工作报告，县委常委、纪委书记吴才增作县纪律检查委员会工作报告。大会选举产生中共象山县第六届委员会委员 25 人、候补委员 4 人，中共象山县纪律检查委员会委员 13 人，中共宁波市第六次代表大会代表 36 人、候补代表 4 人。

第七次代表大会

1987 年 4 月 21—24 日在丹城召开。大会正式代表 275 人，出席代表 265 人，代表全县 15816 名党员，列席代表 43 人。大会听取和通过县委关于《坚持四项基本原则，坚持改革开放搞活，努力推进全县社会主义物质文明和精神文明建设》工作报告和纪委关于《端正党风，严肃纪律，保证和促进全县两个文明建设健康发展》工作报告。同时，选举产生中共象山县第七届委员会委员 25 人、候补委员 4 人，中共象山县纪律检查委员会委员 13 人。

第八次代表大会

1990 年 5 月 4—7 日在丹城召开。大会正式代表 298 人，出席代表 281 人，代表全县 16978 名党员，列席代表 24 人。会上，县委书记邵孝杰作《坚持党的基本路线，全面加强党的建设，夺取我县社会主义现代化建设的新胜利》工作报告，县委常委、纪委书记吕东裕作《严明党纪，端正党风，保证我县改革开放和经济建设顺利进行》工作报告。大会选举产生中共象山县第八届委员会委员 25 人、候补委员 4 人，中共象山县纪律检查委员会委员 13 人。

第九次代表大会

1993 年 2 月 23—25 日在丹城召开。大会正式代表 299 人，出席代表 283 人，代表全县 18370 名党员，列席代表 26 人。会上，县委书记郭正伟作《进一步解放思想，下决心真抓实干，全面加快我县改革开放和经济建设步伐》工作报告，县委常委、纪委书记张雪明作纪检工作报告。大会选举产生中共象山县第九届委员会委员 25 人、候补委员 4 人，中共象山县纪律检查委员会委员 13 人。

第十次代表大会

1998 年 1 月 3—6 日在丹城召开。大会正式代表 299 人，出席代表 296 人，代表全县 21093 名党员，列席代表 39 人。会上，县委书记王同元作《把握跨世纪发展机遇，加快第二次创业步伐，为把象山建设成为社会主义现代化滨海城市而努力奋斗》工作报告，县委常委、纪委书记徐才印作纪委工作报告。大会选举产生中共象山县第十届委员会委员 26 人、候补委员 5 人，中共象山县纪律检查委员会委员 13 人。

第十一次代表大会

2003 年 1 月 16—19 日在丹城召开。大会正式代表 297 人，出席代表 293 人，代表全县 23433 名党员。会上，县委书记肖培生作《全面贯彻“三个代表”重要思想，为我县提前基本实现现代化而奋斗》工作报告，县委常委、纪委书记张良才作《认真贯彻落实党的十六大精神，努力开创党风廉政建设和反腐败工作新局面》工作报告。大会选举产生中共象山县第十一届委员会委员 27 人、候补委员 5 人，中共象山县纪律检查委员会委员 13 人。

第十二次代表大会

2007年1月26—29日在丹城召开。大会正式代表304人，出席代表302人，代表全县25154名党员。会上，县委书记周江勇作《牢固树立科学发展观，大力推进海陆一体化，为加快建设和谐新象山而努力奋斗》工作报告，县委常委、纪委书记董贵波作《全面履行党章职责，着力构建惩防体系，不断开创反腐倡廉工作新局面》工作报告。大会选举产生中共象山县第十二届委员会委员33人、候补委员6人，中共象山县纪律检查委员会委员21人。

照9-4　中国共产党象山县第十二次代表大会

象山县选举中共浙江省党员代表大会代表情况表

表9-4

序次	选举时间	代表人数	姓　名
二	1956.06	6（正式）	不详
三	1959.12	8（正式），1（候补）	不详
四	1963.02	4（正式），1（候补）	曹鸿声　熊巨生　王化祥 另正式、候补代表各1人，不详
八	1988.12	4（正式）	黄兴国　陈凤姣　应和平　张照银
九	1993.12	4（正式）	郭正伟　何康根　王琳和　叶顺武
十	1998.10	1（正式）	王同元
十一	2002.06	1（正式）	肖培生
十二	2007.05	2（正式）	周江勇　何利彩

象山县选举中共宁波市党员代表大会代表情况表

表9-5

序次	选举时间	代表人数
六	1984.06	36（正式），4（候补）
七	1989.08	31（正式）
八	1998.09	30（正式）
九	2002.06	27（正式）
十	2004.05	28（正式）
十一	2007.04	28（正式）

第二节 镇乡（公社）代表大会

“文化大革命”前期，全县大部分党委先后受到冲击，处于瘫痪或半瘫痪状态。1970年2月始，各公社（镇）革命委员会相继建立党的核心小组。7月，樊岙公社率先召开党员代表大会；9月，民主公社、涂茨公社相继召开党代会；10月，雅林溪、贤庠、黄避岙、南庄、东陈、亭溪、墙头、爵溪、莲花、泗洲头、新桥、定塘、大塘、晓塘、番头、昌国、鹤浦等17个公社召开党代会；11月，大徐、珠溪、林海、溪口、儒雅洋、马岙、东溪、后岭、金星、檀头山、高塘、丹城等12个公社（镇）相继召开党代会；12月，中楼公社召开党代会。翌年1—4月，西周、下沈、旦门、石浦等4个公社（镇）召开党代会。1972年4月，新建立的东门公社召开党代会。至此，全县38个公社（镇）都召开党代会，选举产生党委，党的核心小组自行终止。1976年、1980年、1983年、1987年、1990年、1993年、1995年、1999年、2002年、2006年，相继召开第二次至第十一次党代会，分别选举产生第二届至第十一届党的委员会。

1992年3月，各县属镇成立党的纪律检查委员会。5月，实施“撤区扩镇并乡”，37个镇乡扩并成19个。全县所有乡（镇）建立纪律检查委员会，街道建立纪检工作委员会。2001年6月，部分乡（镇）行政区域又作调整。2008年，全县设10镇、5乡、3街道。乡（镇）都召开党员代表大会，选举产生党的工作委员会和纪律检查委员会。街道召开党员会议，党的工作委员会委员和纪检工作委员会委员由上级任命。

第三节 重要决策

中共象山县历次代表大会、县委扩大会议以及县委常委会议，为象山政治、经济建设及社会事业发展作出重要决策。

农业、工业同步发展

1956年6月、1959年12月，县第一次、第二次党代会分别提出1956年和1960年农业、工业发展指标。1963年2月、1970年12月，县第三次、第四次党代会提出发展农业、工业的要求。1978年12月，县第五次党代会提出两步走战略：第一步，至1980年，农业基本实现机械化，农业、工业都有较大发展。粮食亩产1300斤，棉花亩产上“纲要”；林业基地和茶叶、柑橘、油桐等特产面积扩大，产量提高；生猪30万头，其他家禽家畜有较快发展；渔业总产量100万担（5万吨），海带、紫菜、蛏子等养殖业迅速发展；工业总产值达到1亿元，其中社队工业5000万元。第二步，至1985年，农、副、工综合发展，农业机械化水平进一步提高，山水田林路综合治理成效显著，旱涝保收，稳产高产，粮食亩产超“双纲”，棉花亩产“一纲半”。充分利用自然资源，多种经营全面发展。工业总产值达到2.5亿元，其中社队工业1.5亿元，提高工业在国民经济中的比重。

1986年11月，县委六届二次全委扩大会讨论制订《象山县国民经济和社会发展第七个五年计划1986—1990（草案）》，提出至1990年全县实现工农业总产值14亿元，比1985年增长84%，年均增长 12.97%的奋斗目标。

重点发展交通事业

1956 年 6 月，县第一次党代会提出发展交通事业“主要是继续修建象宁及象石公路”①。1978 年 12 月，县第五次党代会强调交通运输事业要协调发展。后历次党代会均十分重视交通设施建设。至 2008 年，先后投入 30 余亿元，全县砂石公路全部改建成水泥与柏油路面，盘山公路改通隧道，公路总里程达 1039.95 千米；桥梁 197 座，长达 6.76 千米，为全市第一；隧道 39 条，总长 13.02 千米，居全省各县市第一。详见本志“交通”篇。

发展经济九项政策

1980 年 10 月，根据中央指示，县委在全县农村普遍推行各种形式联产计酬责任制。至 1981 年年末，全县 94.5%生产队实行家庭联产承包制。为解决多余劳力出路，县委引导广大农民充分利用山海资源和专业特长，广泛开展多种经营，努力发展商品生产。1981 年、1984 年，召开有 350 余人参加的农村“两户一体”（专业户、重点户，联合体）会议。1984 年 2 月，县委出台九项政策：一是继续完善农工副各业承包责任制，延长承包期限，鼓励土地向种田能手集中；二是允许专业户、重点户承包荒山、荒水、荒涂、荒岛，从事开发性生产，保障开发者合法权益；三是允许专业户、重点户资金一定程度的自由流动和资金、劳力、技术、资源各种形式的结合，不受地区和行业限制；四是允许专业户、重点户依照中央一号文件规定，雇请一定数量临时帮手和带少量艺徒；五是允许专业户、重点户在农副产品完成国家统派购任务后自行加工、运销；六是允许专业户经过批准，经管商业、服务业，适当发展个体商业，积极发展各种服务业，大力发展购销专业户；七是允许专业户、重点户单独或联户购买汽车、机动船，从事营业性运输；八是允许专业户、重点户和家庭办厂、集资办厂；九是保障专业户、重点户合法经济利益不受侵犯。

工业生产“四轮”同转

1984 年 6 月，县第六次党代会指出：“乡镇企业是农村经济的一大支柱，必须放在突出的地位，扎实抓出成效。要坚持‘四个轮子（乡办企业，村办企业，合作办企业，个体办企业）一起转，集体个体一起上’的方针，充分调动各方面发展乡镇企业的积极性。②”大会还明确规定，联户、家庭企业，在人员组合、内部管理、利益分配等方面，有充分的自主权，谁投资，谁经营，谁得益。任何单位和个人不得以任何名义侵犯联户、家庭企业的财产。银行、财税部门贷款和税收，不得歧视联户与家庭企业。至 1985 年，全县乡镇工业企业增至 9478 个，务工人员 57573 人。工业总产值 38225 万元，乡镇工业占全县工业总产值 64.17%。总收入 24725 万元，占农村经济总收入 52.7%。详见本志“工业”篇。

发展外向型经济

1987 年 4 月，县第七次党代会指出：“大力发展外向型经济，增强出口创汇能力。这是经济发展中的一个方向问题。不论工业还是农业，都要增加出口创汇。至 1989 年，争取全县外贸收购总值达到 7000 万元。”翌年，开始实行外贸承包制，逐步形成以丹城、爵溪、石浦、西周为中心的粮油食品、针织、水产、机电四大出口基地。1989 年，全县外贸收购总额 1.8 亿元，比 1986 年

---

①中共象山县委办公室、中共象山县委党史研究室、象山县档案局（馆）编：《中国共产党象山县历次代表大会重要文献选编》，第 12 页。

②同上。第 185 页。

增长4倍。1990年5月，县第八次党代会在讨论制定1990—1993年奋斗目标中指出："坚定不移地贯彻中央制定的沿海经济发展战略，继续把开拓国际市场，扩大出口创汇，作为象山经济发展的突破口。通过开拓国际市场，扩大出口利汇，推进我县各业经济的发展。到1992年，力争全县外贸收购产值突破3亿元。"1992年，全县兴办中外合资企业57家，总投入6408万美元，协议利用外资1654万美元；外贸出口额突破1亿美元，比县第七次党代会提出的目标超2倍多。1993年，实现外贸出口2.2亿美元，绝对值跻身全市三甲，外贸出口总额占全县生产总值18.03亿元的70%。1997年，全县外贸出口交货值达到30亿元，比1992年增长3.3培。2006—2007年，象山连续两年获宁波市外资工作金奖，保持全省领先。"十一五"期间，全县共实现外贸进出口27.9亿美元，平均增幅保持在25%以上。至2008年，具有自营进出口资格企业750余家，贸易国家和地区达167余个。详见本志"商业"篇第七章"对外经济贸易"。

现代化滨海城市建设

1995年12月，县委九届七次全委扩大会制订《象山县国民经济和社会发展"九五"计划和2010年远景目标纲要（草案）》①，通过《象山县社会主义精神文明建设规划（1996—2000）》，提出今后15年把象山建成现代化滨海城市的奋斗目标。为实现这一目标，县委决定开展"第二次创业"，核心是实现"两个根本性转变"（转到依靠科技进步和提高劳动者素质上来，转到以经济效益为中心的轨道上来），具体分三步走：一是认真实施《象山县小康村建设三年规划（1994—1996）》，力争1997年全县实现小康生活水平；二是到2000年，实现综合实力较强、社会秩序良好、人民生活宽裕、环境比较优美的新兴滨海城市；三是到2010年，把象山建设成为现代化滨海城市。

旅游富民

1998年年末，县委、县政府作出全面发展海洋旅游的决策，制订《象山县旅游业发展"十五"规划》。1999年，全县共接待游客20万人次，旅游收入达1亿元。2000年11月，县召开第一次旅游工作会议，提出"大旅游、大产业、大发展"的新思路，把旅游业作为全县第三产业的先导和经济新增长点。2003年，象山初步形成"一带（即百里黄金海岸休闲旅游带）""三区（即松兰山休闲度假区、环石浦港休闲旅游区、大塘港生态影视文化休闲度假区）"旅游发展框架。2004年3月，县委提出"旅游富民"的发展战略；7月30日，县委十一届五次全体（扩大）会议确定：以象山港大桥建设为契机，以环保型临港产业为突破口，以滨海旅游业为重点，以海洋资源综合开发利用为基础，以科技进步和体制创新为动力，建设海洋经济强县，加快现代化生态型滨海旅游城市建设步伐；10月，县加快服务业发展大会提出把旅游业培育成为全县第三产业的主导产业和国民经济的支柱产业。2006年10月，县旅游工作会议提出旅游业要从观光型向休闲度假型发展。2007年，全县接待游客302.4万人次，旅游经济收入37亿元；2008年，接待游客534.82万人次，旅游综合收入达52亿元。详见本志"旅游业"篇。

"一体两翼"战略

1998年1月4日，县委提出以工业经济为主体，以海洋经济与建筑经济为两翼的"一体两翼"发展战略。经5年实施，全县国民经济快速健康发展，综合实力显著提高，再次跻身全国百

---

①1996年3月10日，《象山县国民经济和社会发展"九五"计划和2010年远景目标纲要》在象山县第十三届人民代表大会第四次会议通过。

强县。2002年，全县国民生产总值达到87.26亿元，5年年均递增12.4%，财政收入达到7.57亿元，是1997年的2.45倍。是年，“建筑之乡”品牌进一步打响，建筑年施工产值达到109.43亿元；渔业总产值达到30.86亿元；工业总产值达到88.43亿元。2008年，全县国民生产总值达到220.62亿元，比2002年增长152.83%；财政收入达到29.51亿元；工业总产值达到338.22亿元；渔业总产值达到41.67亿元；建筑施工总产值达到352.07亿元，实现利税19.2亿元，居宁波市首位，名列浙江省前茅。详见本志“财政　税务”“农业”“渔业”“工业”“建筑业”篇。

桥海兴县战略

2006年7月，县委十一届九次全委（扩大）会议审议通过《中共象山县委关于加快实施桥海兴县战略的决定》，提出桥海兴县战略。9月14日，象山港大桥工程奠基典礼在贤庠镇小蔚庄举行，万余群众参加。2007年1月，县第十二次党代会指出：实施桥海兴县战略是打造实力象山的根本支柱，坚持把象山港大桥建设作为“一号工程”。在桥海兴县战略指导下，临港产业快速崛起。2007年年末，全县临港投产工业企业总资产达到118亿元，全年完成产业84亿元。有海洋货运企业12家、运输船99艘，总运力33.3万吨，全年货物运输量、周转量分别达到1564万吨、193亿吨/千米。2000—2007年，货运量、货运周转量年均分别增长37.9%、42.2%。2008年，全年货物运输量1623万吨，货物周转量194亿吨/千米。详见本志“交通”篇。

第三章　党务工作

中共象山地方组织，是领导象山人民革命和建设的核心力量。民国15年（1926），党务工作随中共象山党组织成立而展开。在新民主主义革命时期，党的主要任务是动员、组织人民群众进行武装斗争，推翻帝国主义、封建主义和官僚资本主义。在社会主义革命和建设、改革开放和社会主义现代化建设时期，中共象山县委曾先后设立民运、城镇、互助合作、财政贸易、工业手工业、肃反、文教（卫）、渔盐、农村、象山报社、整党、计划工作、经济工作、农村经济工作、对外经济贸易工作、台湾工作、侨务、档案工作等机构，便于贯彻执行党的路线、方针、政策，落实县委工作部署，带领全县人民完成社会主义革命，推进社会主义建设，全面建设小康社会。这些都已分别载入本志民政、公安、军事、城乡建设、交通、农业、渔业、工业、商贸、教育、卫生、文化、档案、媒体等专篇。而党务工作中的纪律检查，已在本篇内单独列章。为此，本章仅记相关各专篇未记及的组织建设、宣传教育、统战、政法、政策研究、干部培训、党史研究、老干部管理等党务工作。

第一节　组织建设

1949年7月8日丹城解放前，象山县党组织处于地下斗争状态，经常遭到破坏，发展工作艰难，党员力量薄弱，最多一年仅28人。中华人民共和国成立后，象山县党组织稳定快速发展，党员从1949年10月的62人增至2008年的27548人。

党员发展

象山县党组织成立于民国15年（1926）5月，党员仅3人。6月，党员达到6人。12月，南田县党组织党员6人。民国16年，象山县党组织有党员28人，加上南田县党员，共40余人。民国19年8月至民国21年2月，象山县党组织党员仅8人。民国31年2—10月，有党员14人，其中发展象山籍党员3人①。民国22年10月至民国33年6月，南田有党员4人，其中发展象山籍党员3人。民国36年10月，象山县、南田区（属三门县）发展党员2人。民国37年4月，象山县党组织发展党员1人，党员达到4人。象山解放时，县大队、县工作大队进驻丹城，带来一批党员。是年10月，全县党员增至62人。在土地改革、镇压反革命和抗美援朝期间，吸收经过斗争锻炼的积极分子入党。1951年，全县有党员114人。1954年，全县党员增至797人。1955年，党员1115人。1960年，党员达到10226人②。

1961年，全县有党员5538人③。至1965年年末，党员达到5888人。1966年5月“文化大革命”爆发后，各级党组织活动开始处于瘫痪或半瘫痪状态，党员发展一度停止。

1970年2月，党组织开始恢复。之后，党员发展逐渐趋于正常。1974年春，在“批林批孔”运动中，“吐故纳新”，大搞突击入党、突击提干，把一些不符合入党或提干条件的人吸收入党或提拔到领导岗位。是年年末，党员骤增至9772人。1975年7月，全面审查“双突”中发展的党员，除名50人，清洗2人。至1976年，全县党员达到11127人。

1985年5月下旬，遵照中央、省委、市委部署，县级机关开始整党。至12月，先后扩大到乡（镇）、村党组织。这次整党历时两年，全县15066名党员（预备党员764名）参加。受党纪处分241人，其中开除党籍26人，除名、不予登记57人；缓期登记108人；培养发展1615人。

1996年，全县党员达到20486人。2008年，增至27548人。

基层组织

1949年10月，县委在东山、靖河、西沪建立3个区委，11月建立石浦区委。1956年，全县区党委6个、党委4个、党总支35个、党支部140个。1961年，区委7个、党委37个、党组1个、党支部700个。之后，区、公社（镇）党委及政权、军事系统、企事业单位党组织多次进行建、撤、并、分、升、降。至1965年，全县区委3个、公社（镇）党委38个、党组3个、党总支6个、党支部733个。

1967年年初，受上海“一月风暴”影响，全县掀起造反派夺权狂暴行动，造成严重社会动乱。党的基层组织陷入瘫痪状况。

1972年5月，建立县革委会机关党委和办事组、政工组、保卫组、生产指挥组党委。11月，恢复大徐、南庄、定山、石浦区委，新建西周区委。1976年，全县有区委5个、党委44个、党总支1个、党支部975个。

1978年，全县区委5个、党委42个、党组18个、党总支2个、党支部1014个。至1987年，全县有区委5个、党委67个、党组21个、党总支4个、党支部1396个。

---

①中共象山县委组织部、中共象山县党史工作委员会、象山县档案馆编：《中国共产党浙江省象山县组织史资料第一卷》第14页。

②此为宁海并入象山时的党员数。

③此为1961年宁海恢复县建制之后象山县党员数。

1992年5月，撤区扩镇并乡，撤销大徐、南庄、西周、石浦、定山5个区公所，全县37个乡镇调整为13个镇、6个乡。是年，全县有党委49个、党组28个、党总支13个、党支部1431个。至1996年，556个行政村达到小康村党支部标准，占总数78%。是年，全县有党委60个、党组33个、党总支23个、党支部1487个。1999年，开展以建设"六好"乡镇党委、"五好"村党组织为主要内容的活动。2003年，全面实施"先锋工程"建设，进一步深化这项活动。至2005年，全县农村"无女党员""党员年龄老化""三年未发展党员"党支部所占比例分别比1999年下降18.5%、14.6%、37.3%。至2008年，全县党委43个、党组41个、党总支53个、党支部1377个。

1949—2008年象山县党组织、党员情况表

表9-6

年　份	区委（个）	党委（个）	党组（个）	党总支（个）	党支部（个）	党员（人）
1949	4	—	—	—	4	62
1950	5	1	—	—	9	122①
1951	5	1	1	—	12	114
1952	7	2	1	—	18	201
1953	7	3	4	1	37	326
1954	7	3	1	—	85	797
1955	7	3	1	—	91	1115
1956	6	4	—	35	140	2842
1957	6	4	—	35	235	3152
1958	7	4	—	35	254	3212
1959	—	25	—	77	1226	9650
1960	—	23	—	36	1161	10226
1961	7	37	1	—	700	5538
1962	7	39	—	2	732	5795
1963	7	41	—	2	736	5863
1964	7	39	—	6	725	5946
1965	3	38	3	6	733	5888
1966	—	—	—	—	—	5891
1969	—	—	—	—	—	6306
1970	—	—	—	—	—	6423
1971	5	43	—	—	761	7168
1972	5	45	—	1	846	8012
1973	5	41	—	1	956	9413
1974	5	44	—	1	968	9772
1975	5	45	—	1	963	10397

①中共象山县委党史研究室著：《中国共产党浙江省象山县历史（1949—1978）》第二卷，第390页。

续表9-6

年　份	区委（个）	党委（个）	党组（个）	党总支（个）	党支部（个）	党员（人）
1976	5	44	—	1	975	11127
1977	5	41	2	2	990	11427
1978	5	42	18	2	1014	11943
1979	5	43	22	2	1082	12533
1980	5	43	27	2	1137	13162
1981	5	43	33	2	1172	13597
1982	5	44	32	2	1203	13873
1983	5	44	31	—	1218	14028
1984	5	61	18	—	1268	14357
1985	5	62	19	3	1311	15066
1986	5	65	25	4	1357	15816
1987	5	67	21	4	1396	16400
1988	5	65	20	7	1421	16726
1989	5	65	23	11	1416	16978
1990	5	65	26	14	1439	17331
1991	5	66	26	16	1435	17826
1992	—	49	28	13	1431	18376
1993	—	49	28	17	1462	18872
1994	—	57	28	23	1461	19230
1995	—	61	28	25	1473	19886
1996	—	60	33	23	1487	20486
1997	—	63	—	21	1507	21093
1998	—	66	30	18	1505	21459
1999	—	40	31	22	1512	22152
2000	—	40	34	20	1508	22595
2001	—	38	37	22	1518	23042
2002	—	37	37	27	1500	23433
2003	—	47	37	25	1474	23899
2004	—	49	39	42	1358	24679
2005	—	50	39	41	1335	25154
2006	—	50	41	54	1360	25855
2007	—	53	41	53	1372	26814
2008	—	43	41	53	1377	27548

说明：1967—1968年资料缺失。1959—1960年党组织和党员数为象山、宁海两县合并时总数

干部任免

中华人民共和国成立初，县委委员、部长和正副县长、公安局长、法院院长均由省委、省政府任命，副部长、干事、区委委员，县政府局、委、办正副职、正副区长由县委提名，地委批准任免。局股长、站长、公司经理、厂长则由县委任免。普通工作人员由县委组织部调配。1954 年 7 月，实行人民代表大会制度后，县、乡人民委员、正副县长、正副乡镇长按分级管理规定，由县管理部门考核审查，上报主管部门批准，经县委、乡（镇）党委向人民代表大会推荐候选人，再通过选举产生。县政府科（局）长，由县长向县人民委员会（人大常委会）提名，决定任免。20 世纪 50 年代中期始，县委正副书记、县长由省委、省政府任免，部委办局正职及相当于这一级的企事业单位负责人，由县委提名报地委批准任免，其余干部由县委组织部任免。

“文化大革命”期间，县革命委员会设政工组管理干部，仍按分级管理规定，考察审查，任免干部。

20 世纪 80 年代初，针对领导班子年龄老化、行政人员超编等问题，结合机构改革，调整各级领导班子，一批德才兼备年轻干部走上领导岗位。至 1987 年年末，全县县管干部 45 岁以下占 68%，具有大专以上文化程度占 17%。90 年代初，干部工作重点为改善领导班子整体结构。1995 年始，连续 3 年在全县范围内举行公开“推优”活动，结合领导班子换届和调整，选拔一批 35 岁左右优秀年轻干部，并初步建立一支数量充足、门类齐全、结构合理、素质较高的县级后备干部队伍。至 1997 年年末，县级机关和镇乡级班子成员平均年龄 40.4 岁，文化程度在大专以上占 50.3%。

1996 年，县级部门、乡（镇）机关全面推行中层干部聘任制。2001 年，组织 4379 名干部群众对部门和乡（镇）班子成员进行民意测验、民主评议。2004 年 5 月，在全省率先提出并实施初始提名民主推荐制。至 2008 年 8 月，49 名党政正职干部被初始提名。

2005 年年初，在全市率先开展无参考人选的“海推”提名，并将“公选”范围扩展到宁波市，引入群众评议、心理素质测试等办法。出台《进一步加强领导干部选拔任用和监督管理工作的若干意见》，开始全面、整体地推进人事工作制度改革。

2007 年始，全县探索创新“退二线”干部管理机制，制定《关于进一步加强调研员队伍管理工作的意见（试行）》，规范调研员的职责、任用、管理和考核，建立调研员工作联席会议制度，专门成立管理科室。至 2008 年，共选派 84 名县级部门调研员参加县委、县政府政策咨询、企业党建和发展顾问等 8 个工作组，为调研员发挥作用提供平台，其中 5 名副局级调研员因表现突出，被提为正局级调研员。为此，2008 年 9 月，中组部、省委、市委主要领导先后作重要批示，《新华社国内动态清样》《中华儿女》《浙江日报》《共产党员》等多家媒体报道。

第二节　宣传教育

中共象山县委宣传部成立后，在县委领导下，负责指导全县理论学习、理论研究和理论宣传，并根据不同时期的形势和政策负责对外宣传。

形势政策宣传

1950 年 1 月，全县先后开展土地改革、镇压反革命分子以及抗美援朝、保家卫国宣传。是年 10 月，掀起参军、支前和捐献热潮。翌年，5000 余名青年报名参军，批准入伍 1628 人。其中：

500余人出国参加抗美援朝，全县捐献飞机2架；建立宣传联络网，每个党支部设宣传员，县区领导机关设报告员。至1952年，全县有宣传员156人、报告员20余人。是年，在县城和各乡（镇）开展巩固和发展“三反”“五反”与增产节约运动的宣传活动，在农村开展爱国增产竞赛、争取农业丰收的宣传。1950年5月至1953年3月，建立《中华人民共和国婚姻法》宣传委员会，广泛宣传婚姻法，提倡婚姻自主、保护妇女儿童正当合法权益。1953年11月始，在全县范围内规模空前地进行党在过渡时期总路线总任务和粮食统购统销方针政策的宣传。1954年年初，进行工农联盟教育。1955年，开展贯彻《1956年到1967年全国农业发展纲要（草案）》（即“四十条”）精神宣传。1956年，开展辩证唯物主义宣传，参加宣传活动300人次。“八一台灾”后，开展“抗灾自救、重建家园”的宣传，推动灾区恢复生产。1958年，为配合城乡开展社会主义建设总路线、“大跃进”和人民公社化运动，各地举办报告会、展览会。仅6月，有13支宣传队、360余人参加宣传，受教育达2万余人。由于“左”倾路线的影响，提出“以钢为纲，全面跃进”“人有多大胆，地有多高产”等不切实际的口号，助长高指标、瞎指挥，刮起浮夸风和“共产风”。1959年年初，宣传《关于人民公社若干问题的决议》，纠正“平调风”和“左”倾思潮。1963年始，结合社会主义教育，宣传阶级斗争。1965年2月，宣讲《农村社会主义教育运动中目前提出的一些问题》（即“二十三条”），在城乡开展以“清政治、清经济、清组织、清思想”为内容的社会主义教育运动，至1966年5月“文化大革命”开始时结束。

1967年5月，县革命委员会成立，取代县委及其工作机构，县委宣传部撤销。1977年7月，县委宣传部复建，重点宣传揭批江青反革命集团的斗争。8月，恢复党的基本知识教育，组织全县党员、干部学习党的十一大精神和《党章》。1978年12月，中共十一届三中全会召开后，大力宣传新时期中心任务，在全县干部中开展真理标准问题的学习与讨论，宣传工作开始解放思想，拨乱反正。1979年，宣传工作结合政治学习进行党的传统教育。1981年，宣传农村联产承包责任制，并组织党员、干部学习中央《关于建国以来党的若干历史问题的决议》，进一步统一思想。1983年，开展“五讲、四美、三热爱”“文明礼貌月”“计划生育宣传月”以及创建文明村（单位）等活动。1990年年初，县委在农村开展党的基本路线教育，同时派工作组进驻县机械厂、毛纺厂，开展企业形势任务教育试点。2月始，在石浦、西周等地举行“苏联东欧形势和我们的基本看法”形势报告会32场，受教育达6000余人。1992年，组织学习党史、党建理论，并举办学习邓小平南方谈话和党史党建理论骨干培训班。

1994年6月，《象山报》复刊，县有线电视台开办自办节目和每周两档的象山新闻，同时为用户输送13套电视节目，丰富人民群众的文化生活。2006年始，加强街道镇乡和部门党委中心组理论学习指导，围绕一些重大学习专题搜集资料，编印《党委中心组学习参考资料》和学习动态。组织开展“书记讲党课”活动，并专门汇编党课参考教案，累计宣讲150余场次。发送《科学发展观学习读本》《理论热点面对面》等学习资料1.5万余册。开设“人文象山”论坛、“塔山讲堂”等。评选出《张苍水被执始末》等6篇优秀文章并进行表彰。先后组织策划象山立县1300周年、第九届中国开渔节、象山港大桥奠基典礼、海洋文化大县建设以及建党85周年、长征胜利70周年、象山“八一台风”50周年等重大主题宣讲活动。开设专栏，分阶段突出重点开展宣传报道。2007年，指导、协助开展非物质文化遗产普查，申报为国家级非物质文化遗产名录。陆续建成渔文化博物馆、谢才华剪纸艺术馆、东陈陈汉章先生故居和高塘岛张苍水纪念馆。完成儒雅洋、黄埠两个市级历史文化名村古建筑的维修。2008年，开展“迎奥运、讲文明、树新风”“奥运知识百题竞赛”“万名学子五环同画迎奥运”“迎奥运文艺会演”和“全民健身与奥运同行”等活动，挖掘宣传先进人物与事迹。全县18个街道镇乡20余个行政村，累计举办文化活动近50场次，放映电影3384场、演出戏剧90余场。通过专家论证，象山被中国民间文艺家协会授予“中国渔文化之乡”，并建立“中国渔文化研究基地”。“徐福东渡传说”“海盐晒制技艺”“渔民开洋、谢洋节”“石浦—富冈如意信俗”等被列入第二批国家级非物质文化遗产名录。象山国家级非物质文化遗产名录，详见本志“非物质文化遗产”篇。

对外宣传

在经济快速发展的同时，对外宣传呈现新突破。1990年，借助美国友人布莱恩·穆恩先生率团到象山举行“水下拍摄15号飞机残骸”活动之际，成功安排中美老人在象山第二次聚会。其间，分别宣传“八五”成就及“九五”目标，结合象山进入全国“百强”县，开展“超百亿、入百强”系列宣传报道；加强宣传“科教兴县”发展战略；运用石浦港、象山港地理优势，重点宣传创建渔业大县的优越环境；抓住石浦港对台优势，吸引台商、外商到象山观光、旅游、投资；宣传在象山改革开放、经济建设及精神文明建设中涌现出的先进典型，重点宣传报道“十大杰出女性”“十大优秀青年企业家”“十佳富民书记”等先进人物；宣传报道象山籍人士、全国道德模范孙茂芳先进事迹。同时，完成《象山画册》和电视教育片《可爱的象山》制作，提升象山的知名度。1997年，结合松兰山旅游景点开发，邀请有关中外专家、客商到象山考察、论证，宣传良好的投资环境和丰富的自然资源优势，为全县经济再上新台阶创造条件；与浙江电视台联办《欢乐时光》节目，宣传象山良好的自然环境、风土人情和经济建设成就。1998年，举办首届开渔节，宣传象山海洋产业优势。2007年，深入挖掘并推出全国优秀人民警察何利彩先进事迹，组织开展巡回报告，拍摄电影《温暖》。中央电视台“新闻联播”“焦点访谈”“法制在线”“东方时空”等栏目，中央人民广播电台、《光明日报》《科技日报》《解放军报》等12家中央新闻媒体、10余家省级媒体和几十家网络媒体作广泛报道。同时，邀请“和谐发展看宁波——全国知名网络媒体宁波行”的全国28家知名网站、45名记者实地采访，进一步提升象山知名度。

教育培训

1950年10月，举办土地改革宣传培训班，培训积极分子300余人。1963年10月，宣传发扬雷锋精神，开展学雷锋活动，把象山解放后形成的良好社会风气推向新阶段。组织全县干部群众学习毛泽东著作，在农村成立《毛泽东选集》学习小组3742个，2万余人参加。在丹城创办“阶级教育展览馆”，先后组织党员、干部、群众和学生10万余人参观。1964年，开展党员艰苦奋斗教育，广大党员节衣缩食，有的带头回乡务农，分担国家困难。20世纪80年代初，县委针对干部学历较低的实际，从干部学历教育入手，在县委党校办干部专修班，选送一批领导干部到市级以上大专院校培训，提倡和鼓励干部在职自学，函授进修，进一步促使干部队伍知识化。1983年，举办党员干部增强党性轮训班，组织科局以上党员干部学习党的十三大报告和《党章》，并作出《关于加强党员思想教育的决定》。1988年始，开展“创先进党支部，争当优秀党员”和“新时期共产党员形象”大讨论。同时，开展以党的路线方针政策和党章为主要内容的教育，受训党员和积极分子5万余人次。1993年始，编撰党员教育参考材料《适应农村新形势，再塑党员好形象》，组织党员、干部学习《邓小平文选》和党的十四届三中全会《决定》。1999年，举办各类培训班6期，受训达500余人。2001—2005年，举办领导干部培训班3期，妇女干部培训班、非党干部培训班各2期；成立全县党员教育宣讲团，深入基层宣讲中共十六大精神和“三个代表”重要思想、国际国内形势、党的方针政策、法律法规。县委中心学习组被评为2004—2005年度市级先进单位。2005年1月，根据党中央部署，县委成立保持共产党员先进性教育领导小组，在全县分三批开展保持共产党员先进性教育活动，历时1年半。2006年始，配合新农村建设，广泛开展基层党员、干部教育活动达700余场次，受教育10万人。至2008年，连续3年开展远程教育“推进日”活动，建立远程教育全面质量管理操作体系。

第三节　统一战线工作

1949年10月，中共象山县委成立，统一战线工作由县委宣传部兼理。1951年7月，县委统战部成立。从此，象山县委依靠运用统一战线这一法宝，团结一切可以团结的力量，凝聚人心，促进政党关系、民族关系、宗教关系、阶层关系、海内外同胞关系和谐，推动革命、建设和改革开放事业不断发展。1984年2月，县委统战部设民族宗教事务办公室，宣传党的宗教政策。

指导资本主义工商业改造

1953年6月，中共中央印发《关于利用、限制、改造资本主义工商业的意见》。县委成立私营工商业社会主义改造领导小组，并印发《关于全县资本主义工商业、手工业、交通运输业社会主义改造全面规划（草案）》。同时宣传贯彻工商业和平改造政策，联络各方顺利对279名私方人员进行团结、教育、改造。是年始，私方私股资产按国家利率年息5%提取。至1966年止，私方资金全部归还，私营企业主按照能力被接收为企业职员。

吸收民主人士参政议政

1953年下半年，在第一次普选中，推荐各界人士为乡（镇）、县人民代表与人民委员候选人。1955年3—4月，在县机关科长与镇委主要党员干部中进行统一战线的思想教育。翌年年末，根据县委意见，经考核推荐徐文铎等16名工商界党外人士任经理、厂长等职。7月，象山县第一届人民代表大会召开，4名民主人士当选人民委员。1958年10月，中国人民政治协商会议象山县委员会成立时，推荐各界民主人士57人为政协委员。12月，象山县政治学校成立，引导工商、宗教、医务界及华侨和社会人士学习毛泽东著作，树立无产阶级立场、观点，增强党的领导观念，调动积极因素，为社会主义建设服务。2008年，29名民主人士担任县人大代表与政协委员。

纠正平反冤假错案

1959年，根据中共中央指示精神，给予经过教育改造后表现好的“右派分子”，分期分批摘“帽”。1961年10月，县委成立“右派分子”摘“帽”工作小组。至1964年，先后分5批，摘“帽”81人。

1979年4月，县委统战部恢复后，召开座谈会，恢复与各界人士的统战联系，并贯彻中共中央“实事求是、有错必纠”方针，着手处理平反“文化大革命”期间和历史上遗留下来的冤假错案、清退查抄物资、为“文化大革命”中非正常死亡的民主人士平反昭雪，开始恢复停止活动的社会团体和组织。

1988年，摘掉原私营工商业者“帽子”（即废除“被监视”）。县内“右派分子”全部摘“帽”，并作出结论。全县共复查、平反、纠正、改正、落实各类统战问题710件。其中，政协委员36件，无党派成员1件，归侨侨眷和港澳同胞亲属90件，台胞亲属78件，宗教界35件，其他470件。改正错划“右派分子”125人；认定原工商业者为小商、小贩、小手工业者107人及原国民党起义投诚人员52人；退赔“文化大革命”中84户被查抄的物资及被占的私房32户、4052.5平方米，宗教团体房产20处、4207.84平方米；清理归侨、侨眷等统战对象档案材料51人。纠正其他政策性问题97人。同时，给定居在石浦、金星、定山、昌国等地的原国民党驻石浦盐务税警部队32名起义人员颁发《起义证书》。

宣传贯彻党的宗教信仰自由政策

1956年7月，县委统战部根据省、地统战部关于加强宗教政策宣传教育指示精神，在全县干部大会上报告党的宗教信仰自由政策，并要求各级党组织与党员干部加强调查研究，掌握全县宗教现状，引导信徒独立自主走爱国爱教道路。1981年12月，象山县基督教“三自”爱国运动委员会成立。1985年1月，丹城黄家桥基督教堂5间房产归还教会，恢复聚会。是年6月，等慈禅寺（西寺）列为县文物保护单位，县委统战部召集僧职人员，筹备成立“修复和开放等慈禅寺（西寺）工作领导小组”。1986年9月，县佛教协会成立。是年，县天主教爱国会筹备小组成立。1992年始，规范对宗教事务管理，县各爱国宗教团体先后依法登记寺庵教堂。2005年3月，全县寺庵教堂依《宗教活动场所管理条例》重新登记发证。截至2008年年末，依法登记批准一批寺庵教堂，其中佛教寺庵130处，天主教堂所8处，基督教教堂45处，基本满足信教群众正常宗教活动的需要。

建立统战组织机构

2008年，全县统战机构有台湾工作办公室、侨务办公室、民族宗教事务局、工商业联合会、归国华侨联合会。

成立统战社团

全县台胞、侨胞与港澳同胞较多，宗教、民间信仰广泛，故统战社团较多。至2008年，全县统战社团组织有：台胞台属联谊会，由去台人员亲属及回乡定居台胞组成的民间联谊组织；侨界联谊会，为侨联的延伸组织；少数民族联谊小组及青年联合会。宗教团体有佛教协会、天主教筹备小组、基督教“三自”爱国运动委员会和县基督教协会。这些团体在国家宪法和法律保护下，独立地组织宗教活动。

第四节 政法工作

1958年10月，成立县委政法部。1981年7月，成立象山县政法委员会（以下简称“县委政法委”）。根据各个时期党的路线、方针和政策，部署全县政法工作，围绕经济建设这一中心，积极履行“保护人民，打击敌人、惩治犯罪、服务四化”的职能，在加强政法队伍建设、打击刑事犯罪、维护社会稳定中发挥重要作用。2005—2008年，象山连续四年被评为省级“平安县”。

打击刑事犯罪工作

1959年6月，县委政法部协调政法各部门开展“侦破战役”，破获一批刑事案件。20世纪80年代始，按照党中央、全国人大常委会关于严厉打击严重刑事犯罪活动的决策和省市统一部署，依照“从重从快”“坚决打击、一网打尽”的方针，县委政法委协调政法各部门重点打击杀人、流氓、重大盗窃等七方面严重危害社会治安和人民生命财产安全的犯罪分子。1982年，破获刑事案445件，其中破获重特大案13件。1983年8月始，全县开展为期3年的“严打”斗争。经过“三个战役”的集中打击，全县搜捕、打击各类刑事犯罪分子1174人，促使社会治安根本好转。

1987年始，县委政法委协调各方职能，开展“禁赌”“反盗”等专项治理，维护社会治安。是年，批准逮捕、判决赌博案犯28人。翌年，逮捕、判决盗窃案犯143人。1990年始，先后开展禁赌、反盗、扫黄、打击欺行霸市，追捕逃犯、打团伙、清理“三无”（无船名船号、无船舶证书、无船籍港）船只、春季严打、夏季治安、百日攻坚战、禁赌禁毒及以“追逃犯、破大案、除丑恶”为重点的40余项“严打”整治斗争。共破获各类刑事案10900余件，其中，大案要案3590件，经济犯罪案件40件，依法判处刑事罪犯2700人；摧毁团伙186个（成员600余人）。先后破获陈某某持枪杀人案、邵某某特大盗窃案、石浦“1·11”抢劫轮奸案、“郎某被绑架杀人案”“1·1黄土岭凶杀案”和“施某某被绑架勒索案”等恶性大案；查处经济犯罪案件27件、32人。

2000年始，县委政法委协调各方职能，先后开展打拐与禁毒、打击流氓恶势力、“雷电行动”等30余个专项斗争。截至2008年年末，共破获各类刑事案17200件。其中，大案要案4600件，经济犯罪60件，依法判处刑事罪犯近4000人，摧毁团伙190个、成员近1000人。

维护社会稳定工作

1990年，县委政法委以“稳定压倒一切”“竭尽全力维护社会稳定”为目标，开展社会稳定基础调查，将维护象山社会政治稳定摆到工作首位。是年，组织突发事件机动小分队，会同当地党委、政府妥善处理16起群众性闹事事件。翌年，协调政法各部门解决8起重大疑难经济、刑事和民间债务案件。1992年，143家基层法律顾问调处民间纠纷230件。1993—1995年，全县基层调委会共调解民间纠纷8200余件，成功率达93%以上。对此，省、市法制报均在头版头条报道。1994年，成立县与镇乡两级处置突发事件领导小组，制定预案。是年5月，中共中央办公厅转发象山县敏感期维护社会稳定工作有效做法。至1995年，发现和掌握重点可疑线索数十条，发现间谍嫌疑分子10余人，破获一批间谍案件。1996年，出台《关于做好当前稳定工作的具体意见》。两年后，县、镇两级调整充实维护社会稳定工作领导机构。2002年，县委维稳领导小组与各街道镇乡签订《维稳工作责任状》，建立维稳工作会议、领导干部包片包案与督办制度。2004年，建立后备干部到政法委挂职与处理信访突出问题及群体性事件联席会议制度，并印发《关于积极预防化解信访突出问题和妥善处置群体性事件的实施意见》。2005年，明确县重点部门“一把手”为维稳分管领导，配备街道镇乡维稳专职人员，建立矛盾纠纷责任分解落实报告制度。逐渐完善县领导接访包案、政法部门领导接访和街道镇乡党政领导轮流接访制度。2007年始，落实预警措施，完善重大不稳定因素评估制度。

社会治安综合治理工作

1991年，确立全县抓五镇（丹城、石浦、西周、爵溪、鹤浦）、突出抓两镇（丹城、石浦）工作思路，以五镇带动和促进全县社会治安综合治理。组织5个执法检查小组，抽查全县21个治保列管单位，并组织工作组对石浦镇开展重点整治。翌年，抽调74名干部组成工作组，帮助丹城镇建立社会治安综合治理组织网络，健全社会治安综合治理各项规章制度，落实社会治安综合治理各项安全防范措施。1993年，在西周镇开展治理，建立健全规章制度，32个企事业单位配备专兼职治安保卫员78人。在农村和居民区推行“十户联防”制度，专项治理旅馆、建筑、文化市场、集贸市场和废旧物品回收行业，共查处93起打架事件。全面清理和检查26个废旧物品回收经营网点，有效堵塞盗窃物品收赃、销赃漏洞。1994年，全县开展农渔村社会治安整治，共挖出各类犯罪团伙20个、91人；破获各类刑事案723件，其中大案要案180件；抓获各类违法犯罪分子394人，缴获赃款赃物价值人民币73万余元。为加强对外来人口管理，配备外来人口专管员67人。1995年，开展“整治农村治安第二次集中行动”。开展外来人口专项整治，通过清查公共场所、企业出租房和私房，查处治安案件264起，处罚537人，破获刑事案251件。1997年，县综治委组织实施外来人员统一登记、收费、管理、教育、服务的“五统一”工作制度，全县暂住登记率达100%，外来务工经商人员证卡合一率达85%。

政法队伍建设

1991年，成立政法口思想政治领导小组，由县委政法委任免或提名公、检、法、司各部门机关股、科、室正职负责人；协助县委做好政法系统县管干部的思想政治工作；协助县委组织部做好政法系统县管后备干部的培养考察工作，使干部管理逐步制度化、正规化。1993年，全县政法机关共有33个部门和173名干警立功受奖，其中公安机关叶顺武勇擒持枪杀人犯，被省公安厅记个人一等功。1994年，县委政法委与县委组织部联合印发《关于进一步加强政法队伍干警管理的通知》，全年共有20个单位和320人次立功受奖。2000年，开展“三讲”教育和“警示”教育，涌现一批“双十佳”政法单位和干警。2004年，在《今日象山》创办“政法周刊”，开设电视“说法时间”普法栏目。2005年后，相继开展保持共产党员先进性教育、“规范执法行为，促进执法公正”专项整改、“双服务”评议、“作风建设年”“百警联百村、百村带百片”“争创何利彩式先锋岗、争做何利彩式好干警”和“政法部门开放日”等活动。

基层综治组织建设

1990年，县政法系统开展群防群治队伍建设，充实调整基层治保干部914人。全县设治保会1141个，配备治保员2873人；整顿740个行政村、31个居民委员会（简称“居委会”）和883个调解委员会（简称“调委会”），一类调委会增至523个；组建4支专职联防队、6支义务联防队，全县专职联防队增至10支、53人，义务联防队增至29支、220人。全年共调处各类民间纠纷7044件，调处成功率达89.7%。翌年，新组建护厂、护村、护楼等群防群治及季节性联防组织201个、821人，邻里互照互防小组341个，帮教小组635个、1455人，全县初步形成社会治安综合治理网络。1994年，全面推行社会治安群防群治自治小组，在全县农村基本形成以党支部为核心、以群防群治小组为基础、以政法基层组织为骨干的保一方平安的综治机制。1999年，在大徐镇开展学习推广“枫桥经验”试点，群防群治队伍扩大，全县落实治保调解员2934人、护村队399个、兼职义务夜巡队19个，丹城、石浦两镇建立公安司法调解中心。尔后，组建370余个护村队和50余个护校队等群防群治组织。2006年，县委办公室、县政府办公室印发《关于进一步规范镇乡街道综治工作中心的意见》，加强基层综治组织建设，完善工作制度和工作规程。是年，全县配备综治中心工作员158人，其中综治专职员98人，建成内设公安警务室的综治中心8个。全县40%村建立综治工作室，街道根据要求建立示范综治工作室。

平安象山创建

2004年，按照“平安宁波”二号行动方案要求，象山从8月末开始部署、实施以排查安全隐患，加强队伍建设和安全生产宣传的“平安象山”二号行动。通过近3个月活动，全县18个街道镇乡和消防、交通、旅游、建设、海事、质监等重点部门共查出较为严重事故隐患1334个。在各级党委、政府领导下，创建平安镇乡、平安街道、平安社区，严厉打击各类犯罪，维护社会治安，完善安全生产管理制度，狠抓安全责任制落实。2005，全县建设“平安象山”暨信访工作会议召开，要求深入建设“平安象山”，努力构建和谐社会。象山开发区推出《平安园区创建实施意见》，落实“创安”单位，开展基层“创安”活动。2006年，县妇联印发《象山县“平安象山”创建活动实施意见》，并选定部分街道镇乡和乡村及企业、学校等单位开展首批创建试点，创设载体，开展活动。“平安乡镇”普遍展开。县委政法委、县公安局、县综治办、县教育局联合组成“平安校园”考评专家组深入学校，县“电大”等学校通过验收。2007年，县平安建设领导小组在开展平安社区、平安企业、平安市场、平安学校建设的同时，重点开展平安医院、平安村和平安渔船建设，为全市制定“平安村”考评标准提供参考依据。是年，全县建“平安村”470个，“平安社区”21个，“平安企业”79家，“平安校园”53所，“平安医院”3家。全县所有街道镇乡，都建成“平安街道镇乡”。2008年7月31日，省卫生系统组织全市各县（市区）卫生部门领导及有关人员，到象山召开现场会，县第一人民医院首创“平安医院”经验受好评。市委办公厅于2008年《工作交流》第28期刊发《象山构建陆港联动体系，创建平安港湾》一文，《长安》杂志、《浙江法制报》对象山创建“平安港湾”作报道。

第五节　政策研究

1991年5月，县委政策研究室成立，基本职能是：围绕县委中心工作，进行调查研究，提出意见和建议，供县委决策参考；研究国际国内政治经济社会发展趋势及对象山的影响，进行比较分析；收集、整理和开发信息资源，为全县经济社会发展提供依据；指导乡镇和县级机关各部门的调研，健全网络，落实调研课题，组织调查研究。至2008年年末，县委政策研究达43项，涵盖政治、经济、文教等各个方面。

象山县委政策调研主要成果情况表

表9-7

年份	调　研　项　目
1991	《明确出发点，找准结合点，抓住着力点，县级机关要围绕经济建设，搞好大合唱》《深化农村改革，发展集体经济，使农村社会主义思想教育收到实效》《积极争取开辟“石浦——台湾海洋渔业试验区”，推动石浦经济开发》《关于村级集体经济发展情况的调查报告》《完善村办企业经济体制，壮大村级集体经济》
1992	《提高农村党支部书记素质的三条途径》《关于加强领导班子团结问题的几点认识》《关于农业综合开发的几点思考》《关于调整海岛行政区划设置的设想》《把握渔业未来，积极发展海水养殖》《关于县级机构改革的情况调查》《关于加快第三产业的调查》
1993	《转换承包体制、搞活大田承包体制的情况调查》《爵溪镇推行股份合作企业的调查》《石浦港在甬台经贸合作中的优势分析及前景展望》《适应社会主义市场经济，改革农村干部体制》《象山县国有商业试行“国有民营”的现状及完善对策》
1994	《“复关”前思考》《抓住机遇，奋力争先，促进外向型经济再上一个新台阶》《浅谈加快建设全国“建筑强县”的思路与对策》《抓领导干部廉洁自律，促机关党风廉政建设》《海洋渔业现状及发展对策》《适应企业机制转换、深化社会保险制度改革》
1995	《试论象山港港口开发的必然性和发展目标》《我县粮食生产持续发展的对策》《关于我县针织工业技术改造及其发展的探讨》《对我县乡镇企业转制工作的调查》《关于我县经济区域和经济中心的思考》《当前我县社会治安中存在的主要问题、原因及其对策》

续表9-7

年份	调　研　项　目
1996	《关于加快推进经济增长方式转变的调查》《关于加快农业和农村现代化建设问题》《关于进一步实施外向带动发展战略，继续加快发展外向型经济的调查》《关于“平安社区”和“平安工程”的实施》
1997	《关于象山县今后五年经济发展战略的几点思考》《关于加强新时期政法队伍建设的几点思考》《关于加快我县海洋经济发展的几点思考》《关于切实加强我县农村卫生工作的几点思考》《关于加强灾后生产自救工作的几点思考》
1998	《加快农业发展步伐，推进传统农业向现代化农业转变》《关于加快我县第三产业发展的思考》《关于我县非公有制经济发展的情况调查》《关于我县农产品卖难情况的调查与思考》《关于我县建筑企业产权制度改革情况调查》《关于加快我县文化发展的几点思考》《反腐败坚持标本兼治的实践与思考》
1999	《干部工作中贯彻群众公认原则的实践和几点思考》《关于加快我县农副产品流通的几点思考》《关于我县高标准海塘建设和管理的思考》《探索“以莱兴农”之路的成功实践》《深化实施“一体两翼”战略建议，打好“上海牌”》《立足区位优势，大力发展工业经济》《旅游业应当是象山县新的支柱产业》《关于提高我县镇乡领导干部素质的几点思考》
2000	《关于加强全县道路客运市场管理的几点思考》《加快推进城市化，为提前基本实现现代化提供强大动力》《关于进一步发挥中国水产城作用的调查与思考》《象山建筑与西部大开发的调查与思考》《加入WTO后对我县经济的影响及对策》《关于丹城镇居委会建设的调查与建议》《关于我县港口开发的调研与思考》《关于加快我县工业园区建设的几点思考》
2001	《关于创建我县生态示范区的思考》《关于我县建设现代化滨海生态城市的思考》《我县城市化进程中的社会治安问题及对策》《加快干部使用制度改革，为实现“十五”计划提供组织保证》《关于加快我县人才资源开发工作的思考》《有效遏制刑事案件多发的对策措施》《关于我县企业上市情况的调查》《关于进一步强化我县党政领导干部经济责任审计工作的思考》
2002	《关于农村基层民主政治建设的思考》《关于优化渔业结构的调查研究》《关于水资源问题的调查研究》《关于未来滨海工业园区可行性研究》《关于加入WTO后干部和人才队伍建设问题》《关于推进我县水产品加工业发展的思考》《关于加强我县文化大县建设的思考》
2003	《加快调整交通格局，推进我县城市化进程的几点想法》《我县房地产市场存在的问题及对策思考》《我县发展休闲渔业的思考》《关于对中心城区房地产市场的调研》《关于完善中心城区土地征用工作的思考》《我县台资企业存在的问题及发展对策》《关于我县建筑工业项目经理问题的调研报告》《全县推进农村税费改革切实减轻农民负担》《对优化我县经济发展法制环境的思考》《创建国家级生态示范县的探索与思考》
2004	《接轨上海争先机，融入发展创特色》《关于进一步加快石浦镇发展》《关于设立象山港口管理局的思考和建议》《象山县人员及企业在外投资基本情况的调查报告》《象山相关情况介绍》《2003年象山接轨上海工作总结》《关于推进机关效能建设、创建服务型政府的意见》《关于进一步加快建筑经济发展的若干意见》《关于加快全县工业经济发展的若干意见》《关于行政村规模调整工作的若干意见》
2005	《关于突破临港工业的思考》《主动适应抓机遇，攻坚克难谋发展——关于正确把握宏观调控政策的思考》《以工促农、以城带乡，有效破解“三农”难题》《以科学发展观为统领，推动工业经济和开放型经济发展新跨越》《振奋精神，迎难而上，全力保持经济较快稳定发展》《加快建设法治象山，努力构建和谐社会》

续表9-7

年份	调　研　项　目
2006	《关于加快培育建筑强县的若干意见》《关于增强自主创新能力，加快工业经济发展的若干意见》《关于全面推进社会主义新农村建设的若干意见》《关于推进海洋文化大县建设的决定》《关于加快实施桥海兴县战略的决定》
2007	《加强宁波基层民主建设研究》《当前农村社会结构研究》
2008	《实施四大行动计划，全面改善民生事业，加快和谐新象山建设步伐》《构建公共财政体系，保障民生事业发展》

第六节　干部培训

1949年11月，县委举办干部训练班。1952年，干训班改为县学习委员会。1954年，更名为县干部学校。1959年6月，改称中共县委党校，负责全县党员、干部培训和教育。

县委党校建立初至20世纪60年代中期，主要为干部短期轮训，对象是农村党团组织领导、青年干部、党团骨干及各类积极分子。学习内容是围绕县委中心工作，开展党的理论、路线、方针、政策教育，突出干部队伍思想建设。至1965年，共举办各种培训班60期，学员23637人次。

照9-5　位于城隍庙内的中共象山县委党校旧址

1967年5月，县委党校工作停顿。1973年12月，县委党校恢复。1975年3月，举办无产阶级专政理论学习班，参加对象为有关局、地方国营工厂、县属手工业工厂等单位党员、骨干。4月，举办文教卫生系统无产阶级专政理论学习班，县属医疗系统有关负责人及理论骨干等参加。1976年后期举办的培训班，主要对象是农村党支部书记。至1977年，共举办培训班62期，学员24115人次。

中共十一届三中全会后，县委党校认真贯彻执行中共中央文件精神，不断开拓进取，干部教育向经常化、规范化、制度化发展。这一时期，县委党校硬件设施、师资队伍、管理体制、办学形式、教学质量都有长足进步与发展。

1984年，始办脱产中专班。县委党校以此为契机，深化教育改革，通过自办和联办方式，逐步形成以干部短期轮训班为主、长短结合的干部教育格局。

干部短训班是党校主体班次，是党校教学主要任务。按不同班次干部特点与培训要求安排教学内容，选聘授课教师，并聘请县委领导、县级部门领导以及有关专家到校讲课。

干部学历教育始于1984年7月。1986年12月，中专班首期41名学员毕业。20世纪90年代后，随着改革开放深入，经济建设步伐加快，县委党校紧紧围绕经济建设，与浙江大学、县多家大企业多次举办企业干部专业知识培训班、党政干部计算机培训班、职业高中班及研究生课程进修班。至2008年，共举办各种培训班243期，学员达43614人次。

象山县委党校干部教育培训情况表

表 9-8

年份	对　　象	期数	人数	内　　容
1952	农村青年干部积极分子	1	500	形势和任务、共产主义思想、党的基本知识
1955	农业社委员、信用社、手工业社骨干、党团支部书记及妇女主任	5	1637	第一个五年计划、毛泽东关于农业合作化问题指示、党在过渡时期的总任务等
1958	党政机关干部，部门、工厂、企业的青年干部，财贸干部、正副乡长、乡文书，农会主任、治安主任、民兵队长	2	1000	政治时事、党的方针政策以及《关于整顿党的基层组织的决议》《1956 年到 1967 年全国农业发展纲要（草案）》（“四十条”）等
1961	会计、农村大队党支部正副书记、生产队长、脱产干部、中小学正副校长及党员、卫生系统党员骨干、新办工厂党支部委员	10	4300	《农村人民公社工作条例》《关于农村人民公社当前政策问题的紧急指示信》、发展国民经济的总方针等
1965	农村大队党支部正、副书记、民兵连长，财贸、工交一线的党员	3	472	党的八届十中全会公报、《国营工业企业工作条例（草案）》《关于改造商业工作的若干规定（试行草案）》等
1979	县级机关、区、公社、工交、财贸、文教、卫生等部门脱产干部，农村大队党、团支部书记	4	1317	邓小平《在党的理论工作务虚会上的讲话》、华国锋《在五届人大二次会议上的政府工作报告》、十一届三中全会文件等
1984	区镇乡党委宣传或组织委员、部、委办及各局分管政工的负责人，县属企事业单位党支部副书记	1	152	《党员必读》、中共中央〔1984〕1 号文件
	区镇乡党委组织委员、纪检委员、部、委办及各局负责组织、纪检、人事的负责人	1	100	《关于城市经济体制改革的决定》《中共中央关于整党的决定》《关于建国以来党的若干历史问题的决议》《邓小平文选》
1989	县级机关参加形势教育的工作人员	1	175	中共中央〔1989〕11 号文件、有关领导讲话
	全县区镇乡党委书记、县级机关党组织负责人	1	96	党委工作“两手抓”方针、党的宗旨、角色意识
	渔业、水产养殖较好的村支部书记	1	68	党的十三届四中全会精神、党的基础知识，渔政法与海涂养殖技术等
	县级机关部、委、办、局党委（组）书记	1	76	党的十三届四中全会公报，邓小平、江泽民、李鹏在党的十三届四中全会上的讲话
	“开发农业”及办企业较好的村支部书记	2	140	党的十三届四中全会精神、党的基本知识、土地法和森林法、合同管理及水果种植
1993	县级机关政工负责人、机关副职及镇乡党群书记	2	120	建设有中国特色社会主义理论、社会主义市场经济理论及关贸总协定
	离退休干部	1	160	建设有中国特色社会主义理论等
	县级机关、镇乡非党员股级及以上干部	1	52	建设有中国特色社会主义理论、统战政策等

续表9-8

年份	对　象	期数	人数	内　容
1996	镇乡领导干部	1	81	“领导干部一定要讲政治”材料
	镇乡、县属单位、学校团组织负责人	1	82	邓小平理论和共青团业务知识
	县级机关政工负责人，镇乡党委副书记、镇乡副镇乡长	2	147	党的十四届六中全会《决议》
2000	部门、镇乡政工负责人	1	70	“三个代表”重要思想
	机关、镇乡中层以上干部	1	41	“三个代表”重要思想、邓小平理论及依法治国、加入WTO对象山县经济的影响
	基层党校校长	1	25	基层党校如何加强政治理论教育
	20世纪70年代出生、90年代大学毕业且在机关、事业单位工作的干部	1	65	“三个代表”重要思想、邓小平理论与依法治国、领导科学、国防教育
	非公有制企业党务干部	1	40	“三个代表”重要思想、企业思想政治工作、非公有制经济发展的现状及趋势
	全县离休干部、副局级及以上退休干部	1	220	“三个代表”重要思想、党的十五届五中全会精神、台海形势
	全县农村党支部书记	1	712	基层组织建设、依法治村
2005	新任县管领导干部	1	44	党执政能力建设、县域经济发展、统战理论、党的先进性教育、信访条例、人口与计生
	政法部门中层以上领导干部和街道镇乡政法副职	1	57	党执政能力建设、党的先进性、和谐社会、国际国内形势、反邪教教育等
	农村指导员	1	54	指导员制度对“三农”工作的重要意义、农村基层组织建设等
	各产业、街道镇乡工会干部及局、县直机关基层工会干部	1	100	党的先进性教育、工伤保险、职工医疗互助、经济技术创新与劳动保护、工会组织建设等
	各镇乡人大专职主席、副主席、秘书	1	53	中共中央文件和人大制度理论、县域经济发展、政治文明建设和地方组织法、选举法辅导等
	县直机关党支部书记	1	163	当前中国政治经济走势、新时期如何加强党员教育、县级机关党建工作现状及努力方向等
	全县离休干部、副局级及以上退休干部	1	180	经济形势与国际国内形势、党的先进性建设
	街道镇乡远程教育专管员、大学生志愿者和村级专管员	1	44	电脑常规操作和农村信息化建设知识、软硬件准备与安装等
	街道镇乡妇联主席、副主席，县直机关妇委会主任、副主任	1	78	妇女权益保障法、党的十六届五中全会精神、基层妇女工作、领导科学等

续表9-8

年份	对　　象	期数	人数	内　　容
2008	全县县管领导干部	1	650	党的十七大精神
	市、县派出的农村工作指导员和科技特派员	1	87	党的十七大精神、新农村建设、农村指导员工作业务、换届后村级班子建设、村委会换届业务
	镇乡团委、街道团工委、有关县直属团组织负责人	1	77	党的十七大精神和象山县情和经济社会发展战略、团务知识
	街道镇乡专职信访干部，有关县级部门信访干部	1	34	党的十七大精神、信访接访、信访条例和当前信访形势、信访复查复核工作等
	各街道镇乡妇联主席（副主席）、县级有关部门妇委会主任	1	54	党的十七大精神、信息工作、新闻宣传、领导力和执行力、打造幸福生活，构建和谐家庭等
	市、县、街道镇乡级非公有制企业党建工作示范点党组织负责人	1	48	党的十七大精神、工会组建与民主管理、非公企业党建、基层党建实务案例、非公企业有关法律知识
	2007年5月至2008年5月期间部分提任的县管领导干部	1	58	国防形势教育、《干部选拔任用工作条例》、“四大战略”与县域经济社会发展
	全县新任村党支部书记、村委会主任、村经济合作社社长、国土专管员	7	1112	农村基层组织建设、社会主义新农村及农村精神文明建设、村民自治机制等
	县级政协委员中副局级以上人大代表、无党派人士及部分无党派高级知识分子	1	60	党的十七大精神与经济社会发展、象山县情与经济社会发展战略、无党派人士历史发展与新世纪新阶段地位作用等
	街道镇乡、县级有关部门部分县管领导干部	1	65	党的十七大精神、象山县情与经济社会发展战略、平安象山建设、推进行政管理体制改革等
	2008年各街道镇乡新录用农村（社区）大学生工作者	1	197	党的十七大精神、农村工作、科学发展观与象山经济社会发展、社会主义新农村建设、村级财务管理等
	政法各部门中层正职干部、街道镇乡综治办副主任	1	91	维稳、反邪教形势通报、物权法贯彻
	全县离休干部，副局级以上退休干部		280	党的十七届三中全会精神、全县重点工程建设、经济形势

第七节　党史工作

1962年1月，建立党史领导小组。1981年9月，建立党史资料征集领导小组，1984年3月，称党史资料征集研究小组。后成立县委党史办公室。1992年，改名县委党史研究室。2004年11月，改名为县委党史办公室。主要开展党史编纂研究、宣传教育以及史料征集等工作。

党史研究、编纂

1981年始，创办《象山党史资料》，至1992年共出版25期，刊发文章155万字。1996年，《象山党史资料》改名《象山党史》，截至2008年共出版32期，刊发文章近200万字。

1985—2008年，出版党史书籍19种。

1985—2008年象山县党史书籍出版情况表

表9-9

时间	书　　名	承　编　单　位
1985.05	《象山县革命烈士事迹》	县民政局
1992.09	《中共象山县党史大事记》(1919.05—1949.07)	县委党史资料征集小组、县委党史研究室
1993.07	《中国共产党浙江省象山县组织史资料》(1926.05—1990.04)	县委组织部、县委党史工作委员会、县档案局
1994	《中共象山县党史大事记》(1949.07—1989.12)	县委党史研究室
1996.08	《海角肃匪记——象山县剿匪肃特纪实》	县委宣传部、县委党史工作委员会、县公安局
1998.04	《象山暴动》	县委党史研究室
1998.12	《象山改革开放二十年》	县委宣传部、县委政策研究室、县委党史研究室
2000.08	《象山英烈》	县委党史研究室
2001.03	《喋血高塘岛》	县委党史研究室、新港小学
2001.11	《王家谟纪念文集》	县委党史研究室
2002.06	《南田暴动》	县委党史研究室
2002.12	《贺威圣纪念文集》	县委党史研究室
2003.02	《张任伟纪念文集》	县委党史研究室
2003.03	《吴烨烈士纪念文集》	县委党史研究室
2004.05	《中国共产党象山历史大事记》(1949—1999)	县委党史研究室
2004.07	《中共象山县委文件选编》(1949—1956)	县委党史研究室、县档案局
2005.10	《中国共产党象山历史专题集（一）》	县委党史办公室
2006.10	《半岛英魂——王家谟纪念文集》	县委党史办公室
2008.12	《象山改革开放三十年》	县委宣传部、县委政策研究室、县委党史办公室

修建修缮纪念馆（碑亭）和烈士故居

1957年，动工修建位于县委大楼东侧的象山县革命烈士纪念馆。1998年后，多次整修扩建。

1991年，修缮位于大徐镇大徐村的殷夫故居。

1996年10月，修建位于茅洋乡茅洋村的日本侵略军在象山罪行陈列馆。在万人坑遗址内建“毋忘碑”一块，原中共浙江省委书记铁瑛题写碑名。

1998年9月，为纪念中共象山工委成立50周年，修缮位于新桥镇黄公岙村山海楼的中共象山工委旧址，在二楼开辟中共象山工委史迹陈列室。

1999年7月，为纪念象山解放50周年，修缮茅洋乡革命烈士纪念碑。

2001年3月，修建新桥镇革命烈士纪念碑。11月，修缮涂茨镇革命烈士纪念碑。

2002年12月，修缮位于定塘镇下营乌岩垄村的陈照华烈士故居。为纪念南田暴动50周年，修缮位于南田樊岙村的南田暴动纪念碑、纪念亭。为纪念贺威圣烈士100周年诞辰，修缮位于贤庠镇海墩村的贺威圣烈士故居，并在该村建造贺威圣烈士纪念碑。

2006年，为纪念王家谟烈士100周年诞辰，修缮位于丹西街道北山路14号的王家谟故居。

资政育人

利用召开座谈会、庆祝会、纪念会等形式资政育人，弘扬革命精神。1984年7月，县委召开纪念象山解放35周年座谈会；9月，县委召开象山解放后历任县委书记、县长座谈会；11月，县委、县政府召开在京象山籍人士座谈会。1995年8—9月，县委党史研究室配合县委宣传部开展纪念抗日战争胜利50周年活动。1998年10月，县委召开纪念中共象山工委成立暨象山暴动50周年大会和座谈会。2001年3月，县委召开纪念高塘岛战斗50周年座谈会。2002年10月，县委召开纪念南田暴动55周年大会及座谈会；12月，县委召开纪念贺威圣烈士100周年诞辰大会。2003年3月，县委先后召开纪念吴烨烈士90周年诞辰和杨白烈士100周年诞辰座谈会；9—12月，县委宣传部、县委党史研究室策划并组织开展纪念毛泽东110周年诞辰活动。2004年7月，县委党史研究室策划并组织开展纪念象山解放55周年活动。2005年9月，县委召开纪念抗日战争胜利60周年座谈会。2006年12月，市委、省委党史研究室、县委召开纪念王家谟烈士100周年诞辰大会，举办有关纪念活动。是年，县委党史办公室举办纪念吴德元烈士100周年诞辰活动。2007年3月，县委党史办公室举办纪念沈本厚烈士100周年诞辰活动。

利用报纸杂志、图片展览、广播电视宣传党的历史和光荣传统。1984年9月，党史部门举办纪念中华人民共和国成立35周年图片展。1995年，县委党史办公室配合县委宣传部、县档案局、县文广局举办象山县档案事业成就图片展。2001年11月，县委党史研究室、县文管会办公室举办王家谟烈士史迹图片展。2003年12月，县委宣传部、县委党史研究室、县文联举办纪念毛泽东110周年诞辰图片展。2004年8月，县委党史办公室举办纪念邓小平诞辰100周年图片展。2006年12月至2007年12月，县委宣传部、县委党史办公室、丹西街道党工委、县文管会办公室在全县有关部门和18个街道镇乡展出王家谟烈士史迹图片。

2005年8月，县委党史办公室与宁波电视台联合拍摄《滴血碲石》，片长20分钟，在宁波电视台播放。2006年10月，县委党史办公室、浙江广播影视资源研究开发中心拍摄《半岛英魂——献给革命战争时期牺牲的王家谟烈士》电视专题片，片长45分钟，分别在浙江电视台、宁波电视台和象山电视台播放。

第八节　老干部工作

1984年2月，县委组织部设老干部办公室。是年11月，建立县委老干部局。1991年4月，成立县老干部工作领导小组。县委老干部局落实离休干部政治、生活两项待遇，逐步建立和完善离休干部离休费、医疗费保障机制和财政支持机制。

政治待遇

老干部局成立后，在政治待遇上，坚持每月一次离休干部政治学习制度，阅读文件、听取县领导情况通报。2006年始，每年组织离休干部和有级别老领导到县内外考察工农业生产建设基地。是年4月，组织80余人参观乌沙山电厂、华翔集团公司。2007年7月，组织80余人参观上张水库、象山港大桥建设工地。2008年，先后两次组织100余人参观杭州湾大桥。老干部活动中心开通电子阅文室，举办干部远程教育，使老干部理论学习与政治教育同步进行。

生活待遇

1997年年初，在全社会统筹企事业单位离休干部离休金与医疗费。至2007年，离休干部无固定收入配偶、遗属生活费和医疗费统筹结束。2005年，县委、县政府作出决定，离休干部和副县级以上退休干部每年补贴费不少于3600元。2008年，县政府制定《关于印发象山县离休干部住房补贴实施意见的通知》，优先落实离休干部货币分房政策。

生活服务

根据离休干部处于“双高期”（高龄期、高发病期）特点，开展老干部服务工作。每年元旦、春节期间，县四套班子成员分别上门慰问老干部，为老干部解决治病住院等实际困难。2006年始，为每位老干部安装宁波市“81890”服务电话。2007年，发放“温情提示卡”200张，贴在老干部家中显眼处，提醒注意保暖消暑、及时关闭煤气和水电开关等。为满足精神文化生活需要，建立老干部文艺队、门球队、腰鼓队和书画协会等兴趣小组。兴趣小组坚持室内和室外活动结合、重大节日和传统佳节结合、自娱自乐和社会活动结合的方式开展各项活动。老干部文艺队为配合县中心工作，每年自编自演，送戏进农村、海岛，深受群众欢迎。举办老干部书画展16期，多次参加省、市离退休干部书画展，并获奖。

第四章　纪律检查

中华人民共和国成立初期，县纪检组织机构设在县委内。1984年始，党的代表大会选举产生县纪律检查委员会，实行常委制，机构单列，由同级党委和上级纪委双重领导。县纪委负责党内违纪案件查处和党风廉政建设。

第一节　组织机构

1952年1月，建县委纪律检查委员会，为县委工作机构，纪委书记和6名委员均兼职，日常工作由县委组织部兼理。1956年6月，中共象山县第一次代表大会选举产生中共象山县监察委员会。1958年6月，改称县委监察委员会（简称“县委监委”）。1966年夏受“文化大革命”冲击，县委监委开始处于瘫痪半瘫痪状态。1967年5月，县委监委撤销。1978年12月，中共象山县第五届委员会第一次全委会，选举产生县委纪律检查委员会，为县委工作机构。1984年1月，县纪律检查委员会实行常委制，单独设置。中共象山县纪律检查委员会受同级党委和上级纪律检查委员会双重领导。1987年后，每届县纪律检查委员会在县党员代表大会选举产生。县纪律检查委员会设办公室、党风廉政建设室、纪检监察室、案件审理室、信访室、执法监察室。

1992年3月，县属镇率先成立党的纪律检查委员会。6月，镇、乡成立纪律检查委员会。

象山县纪检监察机构书记名录

表9-10

组织名称	姓名	任职时间	备注
县委纪律检查委员会	王化祥	1952.01—1955.01	兼职
	宋申鲁	1955.01—1956.06	兼职
县监察委员会	宋申鲁	1956.06—1958.10	—
县委监察委员会	熊巨生	1961.09—1963.02	兼职
	王化祥	1963.02—1967.05	—
县纪律检查委员会	吴才增	1978.12—1981.07	兼职
	樊心慧	1981.07—1984.01	兼职
	吴才增	1984.01—1987.02	—
	吕东裕	1987.02—1992.01	—
	张雪明	1992.11—1996.03	—
	张爱琴（女）	1996.03—1997.09	—
	徐才印	1997.09—2002.11	—
	张良才	2002.11—2006.12	—
	董贵波	2006.12—	—

第二节　纠风查案

违纪案件受理和查处是县纪律检查和监察机构的重要工作。在各个时期，案件查处重点略有不同。在案件查处同时，纪律检查和监察机构还加强治理不正之风，并取得一定成效。

案件查处

1954年10月，查处违反粮棉统购统销政策案26件。1956年，查处各类坏分子、丧失阶级立场分子案33件。1957年，查处少数干部压制民主、强迫命令、打击报复以及各类违法乱纪案56件，处分区级以上干部10人。1958年，处分违纪党员、干部190人，其中区级党员、干部38人。至1962年12月，甄别在运动中受批判、处分的党员干部2380人，其中1451人获平反、纠正，恢复党籍21人。

1963—1965年，坚持以“阶级斗争为纲”，开展清政治、清经济、清组织、清思想的“四清”运动和反对贪污盗窃、反对投机倒把、反对铺张浪费、反对分散主义、反对官僚主义的“五反”运动。全县37个公社揭露违纪案188件，配合有关部门查处违纪案93件，按照“教育为主，处分为辅”原则处分党员、干部34人。

县委监委撤销后，纪律检查工作由县革委会政工组接替。受极“左”路线和派性干扰，一批党员、干部、群众遭迫害。1977年始，县委设立“一批双打”办公室，24个工作组、1433人进驻170个生产大队、71个单位进行查案工作。至1978年年末，揭露有经济问题6370人，金额217.15万元，退赔118.2万元。其中，处分党员86人，开除党籍31人。

中华人民共和国成立至1978年，县纪检、监察机关共查处反对、阻碍党的路线方针政策等贯彻落实及违法乱纪案891件，处分党员、干部693人。其中，开除党籍275人，留党察看117人，撤销党内职务55人，开除公职97人，撤销行政职务20人。

1978年12月，县委纪委重建，重新审理与江青反革命集团有牵连的党员干部，原作党纪处理41人被审理后维持原处理意见的17人，改变或取消处分的23人；复查、平反“文化大革命”期间冤假错案2071人，纠正错案61人；错划“右派分子”125人与“反社会主义分子”29人先后摘帽、改正。至1992年年末，受理信访举报党员干部贪污贿赂、挪用公款、腐化堕落、赌博等和不服党纪处分申诉共计8499件。立案查处违纪违法案1287件，处分党员1143人。其中，开除党籍255人，留党察看251人，移送司法机关处理52人。同时，为国家和集体挽回经济损失467.4万元。

1980—1984年，共复查“文化大革命”中受处理案和历史遗留案518件，减轻或撤销原处分93人，恢复党籍24人。

1982年4月，县委纪委设立打击经济领域犯罪活动人员专门机构，承担部署、动员、协调办案等工作。至1987年年末，处查打击走私贩私、行贿受贿、投机倒把、贪污盗窃等违纪违法案323件，涉案417人，追缴赃款201.2万元，涉及党员73人，其中开除党籍26人。

1993年3月，纪检、监察机关合署办公，以党政机关、行政执法机关、司法机关、经济管理部门滥用职权收受贿赂案件为重点，加大对房地产、建筑工程、土地批租出租、企业转制，利用权力谋取私利案件的查办力度。至2008年年末，受理党员群众信访案1385件；立案1090件，处分党员、干部1067人。

纠风治乱

1982年7月始，查处党员、干部建房和分房不正之风。其中，查处违规建房、分房案13件。查处副局级以上干部住房超面积23人、部门违纪建私房38件。1989年8月，成立清房领导小组，全面清理、整治违反规定建房、分房。至1990年12月，查纠66个县级机关、部门和42个区乡（镇）机关646名干部住房违规，其中处分6人。

1990年，狠刹吃喝风，清退公款吃喝款9752元。至1998年，300余名县管干部退还或上交礼券、礼品，价值40万元。

1991年，清理党政干部用公款安装家庭电话共计244部，按规定拆除或转为自费。其中，正局级以上干部96部，副局级干部67部，股（科）级干部41部；区乡（镇）党政正级15部，副级15部，一般干部10部。

1992年，集中清理、整顿村级财务，收回717名村干部长期动用、借支的26.7万元集体资金。

纪检、监察机关合署后，通过整治不正之风、专项清理和行风评议，行业和部门不正之风得到有效纠正。1994年5月开展纠风治乱后，共查处728个村与32家企业不合理收费、资金摊派53.68万元；查退中小学不合理收费156万元；查处违反规定用公款出国（境）考察旅游75人，收缴应由个人支付费用14万元；查处预算外违规资金上千万元，落实预算外资金存储由银行“收支两条线”管理规定；协助治理公路“三乱”，撤除收费检查站1个；检查土管、城建、计生、教育、民政、电力部门涉农收费，取消收费项目30个，降低收费标准5项；审计核减建造高标准海塘、水库工程项目资金1200万元。

2005年，继续整治群众反映热点问题，查处党政干部到企业兼职118人；收回党政干部拖欠公款169.2万元；查处6所学校违规资金30余万元；开展专项执法检查，取消、暂停行政事业单位职工技术协会6家，取消收费项目14个；查处不符合规定的固定资产投资项目12个。是年，行政效能监察投诉中心累计受理影响经济发展投诉信访384件。查处乱收费，退还资金90.8万元。

2007年，纠正医药购销和医疗服务不正之风，全县医疗机构全部实行药品集中招标采购，金额3.63亿元，占医院购药金额的78.4%，并查处医药购销领域的商业贿赂案10件；取消涉农涉企收费127项，减少农民、企业负担1700万元；规范教育收费行为，清退违规收费60余万元。

第三节　党风廉政建设

为预防党员违纪，县纪委和监察机关除加强党员党性教育外，还从制度建设着手，建立以党风责任制为重点的廉政制度。

开展共产党员标准教育

1953年6月，全县开展共产党员标准教育，批判官僚主义作风和工作中强迫命令、压制批评、打击报复、违纪违法等行为。1963年后，全县开展“五反”“四清”运动，纠正干部多吃多占、欺压群众、强迫命令等作风。由于受“阶级斗争为纲”、“左”比“右”好思想影响，伤害许多党员、干部和群众，造成一批冤假错案，使党内正常民主生活遭到破坏。1979年，清理“左”的思想影响，督促党员认真学习中共中央文件，切实保证《党章》《关于党内政治生活的若干准则》的贯彻执行。1983年4月，在后岭公社开展党的十二大《党章》教育试点工作，143名党员受教育，并建立了“三会一课”（党支部党员大会、党支部委员会、党小组会，党课）制度和党员联系户制度，后全县推广。

建立落实党风责任制

1984年3月，全县开展整党工作，进行党性、党风和党纪教育。1986年5月，县委作出《关于进一步严肃端正党风的若干规定》；6月，采取“自我教育、自我总结、自我检查”为主的方法，在全县区乡（镇）机关和县属企业单位192个党组织，开展党风党纪大检查。1987年5月，在石浦镇进行建立党风责任制、党委议事等十一项制度试点工作，后向全县推广；6月，县纪委组织46名干部，调查28个局级单位、23个区乡（镇）党委及其领导成员的作风状况。是月，印发党员犯赌博错误处分7条规定，后在全县党员中开展查禁赌博活动。1989年8月，县委、县政府在党风廉政建设中提出五点要求：坚决制止请客送礼，严禁党政机关和党员干部经商办企业，坚决清理和制止党政机关违法违章违纪建私房，严格控制党政干部公费安装家庭电话，严肃查处违法违纪案件，从而使全县逐步形成各级党委抓党风廉政建设的机制。

开展廉政主题教育

1990年始，摄制以惩腐倡廉为主题的《伸手必被捉》《绿叶的风范》《永不褪色的警戒线》电视专题片，编发《廉政之声》，开通“象山半岛廉政网络”，组织看“惩腐倡廉”图片展和电视录像，开展党纪条规知识竞赛、廉政文艺演出及“内廉助”等活动，出版廉政教育读物《历代廉吏剪影》。举办“廉政剪纸大赛”。至2008年，全县开展廉政主题教育855次，举办党训班68期，上党课256次，总结廉政建设典型23件，剖析典型案例21件，播放党纪教育片86场，共有19200人受教育。

建立询问、质询制度

2004年5月，首次实行纪委委员询问与质询制度。是年，两次召开县纪委委员质询会，对财务和政府采购进行面对面质询。这项工作当年获宁波市纪委工作创新奖，《人民日报》、中纪委网络信息版、新华社《浙江内参》等媒体作专题报道。贯彻《建立健全教育制度，监督并重的惩治和预防腐败体系实施纲要》，推进源头治腐工作。至2007年，先后有41名县纪委委员对财务管理、公款旅游、党员干部参与赌博、政府采购、国有资产管理和公车管理等问题提出询问，涉及单位28家。2008年4月，在省内首家成立预防腐败室，主要职能是负责全县预防腐败工作的组织协调、综合规划、政策制定和检查指导，党风廉政宣传教育，指导协调惩治预防腐败体系建设和全县廉情预警机制建设。

第十篇
人民代表大会

本篇目录

第一章　县各界人民代表会议

中华人民共和国成立初，百废待兴。为巩固政权，发展生产，振兴经济，改善民生，根据中央文件精神，召开县各界人民代表会议，会议代表由社会各界协商产生。在县人民代表大会召开以前，代行人民代表大会职权。通过代表会议，传达贯彻党的方针、政策，共商地方大事，协助政府开展各项工作。1951 年 4 月至 1954 年 7 月，为县各界人民代表会议届期。1954 年 7 月，县人民代表大会召开后，县各界人民代表会议完成历史使命。

第一节　代表产生

中央人民政府颁布的《县各界人民代表会议组织通则》规定：县各界人民代表会议参加单位及代表名额分配，由县人民政府决定。农民代表，由乡（行政村）农民代表大会或农民大会产生，亦可由区或县农民代表会议产生。县人民政府的代表，由县长、副县长等担任。各民主党派（已有组织者）、各人民团体、驻该县的各机关及部队的代表，由各党派、团体、机关及部队自行选派。其他方面代表，由县人民政府决定邀请。当选的代表具有广泛性、代表性。1951 年 3 月 28 日，县人民政府邀请有关部门人员及各界人士 23 人，召开第一次筹备委员会会议，讨论各界人民代表会议准备工作，确定各界人民代表名额分配与产生办法。

代表名额

县一届一次各界人民代表会议代表名额 167 人。代表政治状况：中共党员 16 人，青年团员 8 人，工人、农民 87 人，文教、工商界 16 人，开明绅士 6 人，其他 34 人。

一届二次会议确定代表名额 250 人，实际出席代表 226 人。其中，出席第一次会议代表 131 人，新选代表 119 人。

一届三次会议实际出席会议代表 195 人。其中，出席第二次会议代表 116 人，新选代表 79 人。

一届四次会议实际出席会议代表 188 人。其中，出席过第三次会议代表 142 人，新选代表 46 人。列席代表 30 人。

一届五次会议实际出席会议代表 159 人。其中，出席第四次会议代表 108 人，新选代表 51 人。列席代表 8 人。

代表构成

县各界人民代表会议代表由工人、农民、烈军属、青年学生、妇女、文教界、工商界、开明绅士、盐民、渔民、党政军等 12 个界别代表构成。名额分配，以工人、农民和其他劳动人民为主体，党政机关、部队、青年、妇女、工商界、文教界和民主开明人士均有一定数量代表。

出席象山县各界人民代表会议代表情况表

表 10-1 单位：人

界别＼届次	一届一次	一届二次	一届三次	一届四次	一届五次
工　　人	9	21	16	—	17
农　　民	78	103	—	—	84
烈 军 属	3	10	—	—	5
青年学生	5	3	—	—	3
妇　　女	15	25	—	—	10
文 教 界	5	5	—	—	3
工 商 界	11	15	—	—	9
自由职业	2	2	—	—	4
开明绅士	6	6	—	—	—
盐　　民	3	5	—	—	3
渔　　民	8	10	—	—	6
党 政 军	22	16	—	—	4
合 作 社	—	5	—	—	—
区　　域	—	—	—	—	9
特　　邀	—	—	—	—	2
合　　计	167	226	195	188	159

第二节　一届历次会议

县各界人民代表会议仅历 1 届，召开会议 5 次。

第一次会议

1951 年 4 月 1—3 日在丹城举行，到会代表 167 人。会上县长念方之作《关于政府十七个月来工作报告》；县委副书记梁玉如作《关于形势和今后任务的报告》，提出完成土地改革、搞好生产、开展抗美援朝、坚决镇压反革命分子等 4 项任务，会议通过《象山县各界人民爱国公约》，选举产生县各界人民代表会议常务委员会，常委会由 27 名委员组成，念方之任主席，梁玉如、张侃、徐文铎、林柏年任副主席。

第二次会议

1951 年 7 月 22—25 日在丹城举行，代表名额增至 250 人，到会代表 226 人。代县长岳凤展作《关于目前形势的报告》和《关于三个半月来工作及今后任务的报告》，会议讨论爱国增产工作，修订通过《象山县各界人民爱国公约》，会议决定捐献飞机 2 架。

第三次会议

1951 年 12 月 10—12 日在丹城举行，到会代表 195 人。代县长、县粮食局局长李瑞三致开幕词，并作《一年来工作情况》报告，县委书记梁玉如作《关于当前形势和今后任务的报告》，通过关于政府工作、评定1951年粮食产量、1952年文教工作等3项决议。

第四次会议

1952年3月27—29日在丹城举行，到会代表188人。县委书记梁玉如作《关于开展丰产竞赛运动的报告》，县公安局局长张志怀代表县政府作《关于三个月的工作报告》。

第五次会议

1952年11月10—12日在丹城举行，到会代表159人。县长李瑞三致大会开幕词，并作《关于六个月来工作总结及今后任务的报告》和《关于查田定产的报告》，会议审查通过1952年度征收水利受益田亩费草案，选举出席浙江省第二届各界人民代表会议代表4人。

象山县选举浙江省各界人民代表会议代表情况表

表10-2

界　次	选　举　时　间	代　表　姓　名
一届一次	1950.05	吴祖凤、林柏年、念方之
一届二次	1951.09	李瑞三、林柏年
二届一次	1952.11	李瑞三、周保妹（女）、徐瑞满、谢世法

第三节　常务委员会

《县各界人民代表会议组织通则》第十条规定，县各界人民代表会议休会期间，设常务委员会，由主席1人、副主席及委员若干人组成。时常务委员会未设置专门工作机构和配备专职工作人员，也未制定相应工作制度。常务委员会也是县人民民主统一战线组织。

委员产生

1951年4月3日，县第一届第一次各界人民代表会议，推选出本届代表会议常务委员会委员27人。尔后，由常务委员会全体成员推选主席1人，副主席4人。念方之任主席。常务委员会组成人员中，中共党员10人，青年团员1人，由14个界别组成。

1952年3月29日，县一届四次各界人民代表会议因念方之调离，补选梁玉如为常务委员会主席。是年3月，三门县南田区划归象山，原三门县南田区各界人民代表会议常务委员会2名委员，改任象山委员。1952年11月12日，毕向荣任主席。

常务委员会会议

县各界人民代表会议常务委员会，自1951年4月成立至1954年7月，先后召开常务委员会会议5次。

1951年5月17—18日，常务委员会召开第一次会议。中心议题是检查县一届一次各界人民代表会议以来工作情况以及决议执行情况，研究布置今后工作任务。

1952年8月23—24日，举行常务委员会扩大会议。中心议题是听取一届四次各界人民代表会议4个月来工作报告，研究今后工作任务。

1952年10月25—26日，县各界人民代表会议常务委员会与县抗美援朝分会举行联席会议。中心议题是根据中国人民抗美援朝总会和浙江省分会的通知精神，在全县范围内广泛宣传两年来抗美援朝伟大胜利和当前任务，宣传正在北京召开的亚洲及太平洋区域和平会议成就。

1953年3月26日，召开常务委员会会议，中心议题是研究布置春耕生产、反对官僚主义、贯彻《中华人民共和国婚姻法》等。

1954年1月3—6日，常务委员会举行扩大会议。中心议题是进一步学习和贯彻国家过渡时期总路线、总任务，提高社会主义思想觉悟，积极搞好冬季生产，坚决执行并完成征购任务，开展增产节约运动等，动员全县人民为实现过渡时期总路线、总任务而奋斗。

第二章　县人民代表大会

1954年7月，象山县第一届人民代表大会第一次会议召开，县人民代表大会选举地方国家机关领导和上级人民代表大会代表，审议行政、审判、检察机关工作，保证宪法、法律、行政法规和上级人民代表大会及其常务委员会决议的遵守和执行，作为地方国家权力机关，开始行使宪法赋予的职权。根据宪法和不同时期地方组织法规定，县人民代表大会第一届至第八届，每届任期2年；第九届至十二届，每届任期3年；第十三届后，每届任期5年，其中第十五届任期4年。至2008年，县人民代表大会举行16届，召开会议41次。

第一节　人大代表

县人大代表由辖区选民投票选举产生，代表选区人民在会议期间反映社情民意，行使代表法律赋予的各项权力。

代表产生

根据1953年《中华人民共和国全国人民代表大会及地方各级人民代表大会选举法》和1979年《中华人民共和国全国人民代表大会及地方各级人民代表大会选举法》规定，县人民代表大会代表选举，先后经历从间接选举到直接选举两个阶段。1954年，县第一届至1966年县第六届人大代表选举为间接选举，由各乡镇（公社）人民代表大会等额选举产生。受“文化大革命”影响，县第七届人民代表大会代表未进行选举。县第八届人民代表大会代表由公社、镇革命委员会扩大会议选举产生。1980年，县第九届至第十六届人大代表为直接选举，由选民差额选举产生。驻象山部队历届人大代表由部队单独选举产生。

象山县历届人民代表大会代表选举情况表

表 10-3　　单位：人

届别	选举时间	选民人数	参选人数	参选率%	当选代表
1	1953.10—1954.03	145325	114225	78.6	245
2	1956.10—1957.01	—	—	—	281
3	1958.01—1958.05	158652	148888	93.8	282
4	1960.11（中途停止） 1961.10—1962.5	161674	156011	96.5	295
5	1963.03—1963.06	166117	153420	92.4	347
6	1966.02—1966.04	—	—	95.0	351
7	1968 年 11	—	—	—	450
8	1978.05—1978.12	—	—	—	505
9	1980.09—1980.11	273720	268661	98.1	241
10	1984.04—1984.07	311474	301436	96.8	292
11	1987.01—1987.03	333439	292927	87.8	277
12	1989.11—1990.03	356422	312884	87.9	300
13	1992.10—1993.01	370429	322332	87.6	301
14	1997.09—1998.01	395333	364882	92.3	243
15	2002.09—2003.01	435137	395042	90.8	246
16	2006.09—2006.12	467000	398000	85.2	245

根据不同时期法律规定和上级有关要求，历届县人大代表由工人、农民、党政干部、驻象山部队等界别构成。代表中非中共党员、妇女和党政干部均占一定比例。

象山县历届人民代表大会代表结构情况表

表 10-4　　单位：人

届别	代表数					代表组成							青年数	大专及以上学历
	总数	其中				工人	农民	干部	知识分子	驻象山部队	爱国民主人士	其他		
		妇女	%	非中共党员	%									
1	245	43	17.6	139	56.7	16	158	27	—	5	14	25	63	—
2	281	61	21.7	—	—	—	—	—	—	—	—	—	61	—
3	282	—	—	—	—	—	—	—	—	—	—	—	—	—
4	295	57	19.3	134	45.4	—	—	—	—	—	29	—	—	—
5	347	68	19.6	165	47.6	—	—	—	—	—	36	—	—	—
6	351	71	20.2	169	48.1	—	—	—	—	—	—	—	—	—

续表10-4

届别	代表数					代表组成							青年数	大专及以上学历
	总数	其中				工人	农民	干部	知识分子	驻象山部队	爱国民主人士	其他		
		妇女	%	非中共党员	%									
7	450	1968年11月，“文化大革命”前期，经各派协商推荐的450名代表参加县革命委员会成员大会，无代表名单												
8	505	127	25.1	198	39.2	91	223	105	39	10	15	22	157	—
9	241	34	14.1	57	23.7	32	114	58	24	5	6	2	55	—
10	292	65	22.3	148	50.7	28	84	82	60	7	29	2	88	53
11	277	41	14.8	71	25.6	28	113	72	47	6	7	4	71	43
12	300	75	25.0	117	39.0	19	144	74	42	5	8	8	40	37
13	301	76	25.2	101	33.6	166		69	56	4	3	3	14	60
14	243	56	23.0	77	31.7	98		71	61	4	2	7	13	78
15	245	52	21.2	82	33.5	132		68	25	3	1	16	44	103
16	245	54	22.0	85	34.7	110		69	57	3	1	5	51	140

议案（提案）建议

在县人民代表大会上提出议案（提案）及建议，是县人大代表根据宪法和法律赋予职权，是履行代表职务，参与管理地方国家事务的重要方式。1954—1983年，召开9届16次县人民代表大会会议，共收到代表提案5588件；1984—2002年，召开5届16次县人民代表大会会议，共收到代表议案（提案）1153件，代表建议2597件。2003—2008年，召开2届县人民代表大会会议，共收到代表议案建议1272件。

历届县人民代表大会通过的关于代表议案（提案）和建议的办理办法，对议案（提案）及建议审查、交办、承办等均作出明确规定。

人代会后，县人大常委会研究确定若干件重点议案，后改称代表建议重点督办件，交由县政府分管副县长领办，重要的则列入县人大常委会审议议题。其他的代表建议，通过交办会议，分解到各有关单位和组织办理。办理代表议案（提案）及建议工作，分交办、承办和督办等环节，通常在交办日后3个月内，书面答复领衔代表和附议代表。

代表联系制度

1981年6月，县人大常委会通过《关于建立人大代表小组及其联系制度问题的决定》后，全县建立县人大代表小组32个。2007年2月，县十六届一次会议后，全县建立县人大代表小组24个。县人大常委会通过代表小组加强与代表联系，开展闭会期间代表活动。县人大代表小组开展闭会期间活动，每年4次以上。小组活动形式主要有学习、视察或调查、走访选民等。

第二节　历届会议

1954年7月至2008年年末，县人民代表大会历16届，召开代表会议41次。

第一届人民代表大会

第一次会议　1954年7月10—14日在丹城举行，出席代表221人。会议学习《中华人民共和国宪法（草案）》，以“总路线”为精神，总结政府过去的工作，确定全县今后任务是进一步开展以互助合作为中心的大生产运动。会议选举省人民代表4人。收到代表提案301件。根据中央政务院《关于省、市、县本届人民代表大会不在首次会议选举其本级人民政府》决定，会议未选举县长、副县长。

第二次会议　1955年11月10—14日在丹城举行，出席代表195人。会议中心议题是贯彻国家第一个五年计划和毛泽东主席关于农业合作化的指示，进行社会主义前途教育，部署开展以互助合作为中心的爱国增产运动。选举县长1人、副县长2人、委员14人、县人民法院院长1人。收到代表提案319件。

第三次会议　1956年7月2—7日在丹城举行，出席代表169人。会议主要内容是进一步动员全县人民充分运用与发挥各方面的积极因素，为完成1956年的任务而奋斗。会议提出，在农（盐）业社会主义改造中整顿巩固合作社，进一步贯彻勤俭办社方针。同时，会议宣传高级社的优越性和政策。增选副县长3人。收到代表提案276件。

第二届人民代表大会

第一次会议　1957年3月6—10日在丹城举行，出席代表221人。会议要求：团结一切可能团结的力量，发挥一切积极因素，开展更广泛更为踏实的大生产运动，为完成第一个五年计划而努力。会议选举县长1人、副县长2人，委员15人。收到代表提案396件。

第二次会议　1957年12月29日至翌年1月3日在丹城举行，出席代表215人。会议讨论关于落实《全国农业发展纲要（四十条）》，研究1958年工作任务。收到代表提案191件。

第三届人民代表大会

第一次会议　1958年6月7—10日在丹城举行，出席代表243人。会议确定：1958年工作任务是将整风运动进行到底，坚持执行以技术革命、文化革命为中心的社会主义建设总路线，破除迷信，解放思想，千方百计完成各项生产计划和任务，保证实现粮食亩产800斤，并争取实现“千斤县”。选举县长1人、副县长2人，委员18人、县人民法院院长1人。选举省人大代表5人。收到代表提案385件。

第二次会议　1960年2月2—5日在宁海城关镇举行，与县一届政协一次会议同时召开，出席代表343人。因象山、宁海两县合并为象山县，大会重新选举产生县第三届人民委员会县长1人、副县长5人、人民法院院长1人。收到代表提案671件。

第四届人民代表大会

第一次会议　1962年8月25—29日在丹城举行，出席代表240人。会议总结一年来生产自救，克服困难，取得春粮、早稻连续丰收的经验，要求争取晚秋作物全面丰收，进一步改变工业、农业、市场三个局面。选举县长1人、副县长4人、委员20人、县人民法院院长1人。收到代表提案 566 件。

第五届人民代表大会

第一次会议　1963 年 12 月 27—31 日在丹城举行，出席代表 269 人。会议提出鼓足干劲，树立雄心壮志，采取坚决而有力措施，努力完成两亿斤粮食任务，并把以粮食为中心的农、林、渔、牧、副全面跃上去；搞好工业、市场和其他各项社会主义建设事业，争取出现更好的形势。选举县长 1 人、副县长 4 人、委员 20 人、县人民法院院长 1 人。收到代表提案 643 件。

第二次会议　1964 年 8 月 16—18 日在丹城举行，出席代表 272 人。会议总结上半年工作，确定下半年要以“阶级斗争为纲，开展城乡社会主义教育运动，紧紧抓住以生产为中心，开展秋季增产节约运动，同时做好其他各项工作”的工作任务。选举省人大代表 5 人。收到代表提案 278 件。

第六届人民代表大会

第一次会议　1966 年 4 月 29 日至 5 月 2 日在丹城举行，出席代表 265 人。会议要求：高举毛泽东思想伟大红旗，动员全县人民活学活用毛泽东著作，坚持以阶级斗争为纲，全面开展社会主义教育运动。选举县长 1 人、副县长 5 人、委员 20 人、县人民法院院长 1 人。收到代表提案 683 件。

第七届人民代表大会

“文化大革命”期间，县人民委员会机构瘫痪，无法行使职权，县第七届人民代表大会未能召开。根据 1977 年 10 月中共中央召开的省、直辖市、自治区组织部长、统战部长会议精神，多地将 1967 年、1968 年间成立的革命委员会，作为一届人民代表大会计算。象山县也将 1968 年 11 月成立的象山县革命委员会被列为县七届人民代表大会排序。

第八届人民代表大会

第一次会议　1978 年 12 月 17—20 日在丹城举行，出席代表 487 人。会议同意政府工作报告所提出加快社会主义经济建设和文化建设的初步规划。要求把工作重心转移到加速实现四个现代化的轨道上来，以技术革命为中心，相应进行生产关系与上层建筑的变革。选举县革命委员会主任 1 人、副主任 6 人、委员 28 人、县人民法院院长和县人民检察院检察长各 1 人。

第九届人民代表大会

第一次会议　1981 年 1 月 3—8 日在丹城举行，出席代表 238 人。会议要求：发扬勤俭建国、艰苦奋斗精神，努力完成政府工作报告提出的经济文化建设任务。选举县人大常委会主任 1 人、副主任 5 人、委员 11 人。选举县长 1 人、副县长 5 人、县人民法院院长和县人民检察院检察长各 1 人。收到代表提案 471 件。

第二次会议　1982 年 4 月 5—7 日在丹城举行，出席代表 204 人。会议提出 1982 年工作任务：经济上要围绕提高经济效益，发展工农业生产，坚决控制人口出生；政治上要狠煞歪风，争取社会风尚和社会治安有根本性好转。收到代表提案 260 件。

第三次会议　1983 年 3 月 17—19 日在丹城举行，出席代表 206 人。会议指出，“改革要坚决，经济要抓紧”，打破“大锅饭”，扩大企业自主权，搞活经济。选举省人大代表 6 人。收到代表提案 170 件。

第四次会议　1983 年 9 月 17—19 日在丹城举行，出席代表 201 人。会议提出，今后一个时期要集中财力、物力保证重点建设；严厉打击刑事犯罪活动，争取社会治安的根本好转。选举市人大代表 38 人。

第十届人民代表大会

第一次会议　1984年8月25—29日在丹城举行，出席代表286人。会议要求：以经济建设为中心，加快经济体制改革步伐。会议选举产生县人大常委会主任1人、副主任3人、委员13人。选举县长1人、副县长4人、县人民法院院长和县人民检察院检察长各1人。收到代表提案和意见366件。

第二次会议　1985年3月20—22日在丹城举行，出席代表289人。会议提出重点抓好工商企业和农村产业结构改革。收到代表提案和意见200件。

第三次会议　1986年4月5—8日在丹城举行，出席代表261人。会议提出保持经济发展速度，正确处理改革和建设的关系；审查批准《关于象山县国民经济和社会发展第七个五年计划的决议》(1986—1990)。补选县常务委员会委员3人。收到代表提案和意见244件。

第十一届人民代表大会

第一次会议　1987年5月4—9日在丹城举行，出席代表273人。会议指出，加强农业基础，发展科教文卫事业，控制人口增长。选举县人大常委会主任1人、副主任4人、委员12人。选举县长1人、副县长5人、县人民法院院长和县人民检察院检察长各1人。收到代表议案和意见253件。

第二次会议　1988年3月25—29日在丹城举行，出席代表235人。会议回顾总结1987年全县经济和社会发展情况，提出1988年工作目标和任务。选举市人大代表33人。收到代表议案和意见建议157件。

第三次会议　1989年4月2—5日在丹城举行，出席代表241人。会议提出“坚持发展商品经济和思想政治工作两手抓的方针，保持经济稳定增长和社会各项事业协调发展”。补选县长、县人大常委会委员各1人。收到代表议案和意见建议103件。

第十二届人民代表大会

第一次会议　1990年5月22—26日在丹城举行，出席代表294人。会议提出全县经济建设和社会各项事业取得新进展，提前一年实现“七五”计划奋斗目标。选举县人大常委会主任1人、副主任4人、委员13人。选举县长1人、副县长5人、县人民法院院长和县人民检察院检察长各1人。收到代表议案和意见建议391件。

第二次会议　1991年3月20—23日在丹城举行，出席代表286人。会议原则通过《象山县国民经济和社会发展十年规划和“八五”计划纲要》。补选县人大常委会委员1人。收到代表议案和意见、建议268件。

第三次会议　1992年2月20—22日在丹城举行。会议指出，继续按照“抓基础、抓基层、抓落实”要求，加速科技进步，抓紧结构调整，加强科学管理。共收到代表议案和意见建议119件。

第十三届人民代表大会

第一次会议　1993年3月9—14日在丹城举行，出席代表290人。会议提出，到1997年，全县人民生活基本实现小康水平。会议调整国民经济和社会发展十年规划及“八五”计划主要指标。选举县人大常委会主任1人、副主任5人、委员15人。选举县长1人、副县长7人、县人民法院院长和县人民检察院检察长各1人。选举市人大代表34人。收到代表议案、建议216件。

第二次会议　1994年2月2—4日在丹城举行，出席代表262人。会议提出着重抓好外向型经济、个体私营经济与海洋经济、重点骨干企业。会议补选县人民检察院检察长1人。收到代表议案、建议115件。

第三次会议　1995年1月19—21日在丹城举行，出席代表249人。会议提出努力促进第三产业，加强城乡基础设施建设，全面推进各项社会事业。增选市人大代表3人。收到代表议案、建议111件。

第四次会议　1996年3月9—13日在丹城举行，出席代表265人。会议提出认真实施“科教兴县”战略，加强社会主义精神文明和民主法制建设。会议原则通过《象山县科技发展“九五”计划和到2010年长期规划》的决议；补选县人大常委会主任、副主任各1人，委员5人。收到代表议案、建议168件。

第五次会议　1997年1月27—30日在丹城举行，出席代表273人。会议要求确立以工业经济为主体，海洋经济与建筑经济为两翼的“一体两翼”经济发展格局。补选县长1人。收到代表议案、建议122件。

第十四届人民代表大会

第一次会议　1998年2月16—20日在丹城举行，出席代表238人。会议要求深入实施“一体两翼”发展战略，实现经济和社会事业全面协调发展。选举县人大常委会主任1人、副主任4人、委员16人。选举县长1人、副县长5人、县人民法院院长和县人民检察院检察长各1人。选举市人大代表30人。收到代表议案、建议177件。

第二次会议　1999年1月27—29日在丹城举行，出席代表232人。会议强调，加强农业基础，深入实施“一体两翼”发展战略，优化发展环境，推进依法治县。收到代表议案、建议196件。

第三次会议　2000年1月15—18日在丹城举行，出席代表212人。会议提出高举邓小平理论伟大旗帜，围绕提前基本实现现代化的目标，加大结构调整力度，加速城市化进程。补选县长、县人民法院院长各1人。增选市人大代表1人。收到代表议案134件、建议48件。

第四次会议　2001年1月16—18日在丹城举行，出席代表229人。公民12人首次列席旁听。会议提出高举邓小平理论伟大旗帜，学习贯彻“三个代表”重要思想。会议提出依靠体制和科技创新，努力实现“十五”计划的良好开局。会议原则通过《象山县国民经济和社会发展第十个五年计划纲要》，并作出决议。收到代表议案113件、建议63件。

第五次会议　2002年1月22—25日在丹城举行，出席代表238人。会议提出主动应对加入世贸组织的变化，提高经济素质，为建设现代化生态型滨海城市奠定良好基础。会议补选县人大常委会委员6人。收到代表议案148件、建议32件。

第十五届人民代表大会

第一次会议　2003年2月22—26日在丹城举行，出席代表241人。会议总结过去五年工作，提出今后五年经济和社会发展的总体目标，加快现代化生态型滨海城市建设。会议原则通过《关于创建全国生态示范县的决议》。选举县人大常委会主任1人、副主任4人、委员17人。选举县长1人、副县长5人、县人民法院院长和县人民检察院检察长各1人。选举市人大代表32人。收到代表议案171件、建议43件。

第二次会议　2004年2月10—13日在丹城举行，出席代表246人。会议要求：调动各方面积极性，努力实现国民经济持续协调发展和社会全面进步。补选县人大常委会副主任1人。收到代表议案143件、建议65件。

第三次会议　2005年11月21—23日在丹城举行，出席代表246人。会议指出，全县上下要牢固树立科学发展观，深入实施工业强县、旅游富民、海洋开发、生态立县战略。补选县人大常委会委员1

人。收到代表议案154件、建议52件。

第四次会议　2006年1月19—21日在丹城举行，出席代表246人。会议提出至“十一五”末，全面建成小康社会，形成现代化生态型滨海旅游城市框架；原则通过《象山县国民经济和社会发展第十一个五年总体规划纲要》《关于建设法治象山的决议》。选举县长1人。收到代表议案2件、建议189件。

照10-1　象山县第十五届人民代表大会第四次会议在象山剧院召开

第十六届人民代表大会

第一次会议　2007年2月6—10日在丹城举行，出席代表245人。会议总结过去四年工作，部署今后五年工作目标和任务，提出2007年实施桥海兴县、工业强县、旅游富民、和谐惠民四大战略。选举县人大常委会主任1人、副主任5人、委员19人。选举县长1人、副县长5人、县人民法院院长和县人民检察院检察长各1人。选举市人大代表33人。收到代表提出的议案、建议245件。

第二次会议　2008年1月24—26日在丹城举行。出席代表240人。会议总结2007年工作，指出2008年全县要以象山港大桥建设为契机，深入实施四大战略，深化和谐新象山十大工程建设，促进海陆一体，关心民计民生，推动经济社会又好又快发展。会议通过《象山县人民代表大会议事规则》。收到代表议案、建议204件。

象山县选举全国人民代表大会代表情况表

表10-5

界　别	选举时间	代　表　姓　名
五届	1978.02	周开彪

象山县选举浙江省人民代表大会代表情况表

表10-6

届别	人数	选举时间	代　　表　　姓　　名
一届	4	1954.07	朱金花（女）、宋其茂、董聿茂、谢世法
二届	5	1958.06	王长凤、朱丁辛、宋其茂、董聿茂、谢世法
三届	5	1964.08	李恩良、宋申鲁、夏正才、夏重宜（女）、谢世法
四届	—	—	—
五届	8	1978.05	刘玲娣（女）、杨金弟、宋申鲁、金良福、郑阿二（女）、盛大春、阎玉梁、郑宝娣（女，金华选出，调象山任教）
六届	6	1983.03	岑亚婷（女）、陈兆皋、金良福、盛智煜（女）、楼松炎、樊心慧
七届	6	1987.12	吴兴华、陈兆皋、周小芳（女）、郑瞻德、樊心慧、潘仁恩
八届	5	1992.11	郑瞻德、练兴常、徐明奎、盛松林、蒋云琴（女）
九届	3	1998.01	王同元、朱爱玉（女）、郑世伟（2001年5月罢免）

续表10-6

届别	人数	选举时间	代表姓名
十届	3	2002.11	陈　照、周晓芳（女）、胡锡海
十一届	3	2007.04	杨永明、陆振一、徐才印

象山县选举宁波市人民代表大会代表情况表

表10-7

届别	人数	选举时间	代表姓名
八届	40	1983.09	王连红、王德泉、计维荣、尹礼宗、冯象贤、朱宗俊、苏冰芬（女）、李令红、李亚芬（女）、李宗耀、杨金弟、吴秀清（女）、吴昌兴、何　和（女）、宋申鲁、张式贞（女）、张祥荣、张照银、陈阿翠（女）、陈官浩、陈春福、林大毛、林祥生（1984年2月止）、金修康（女）、周开彪、周阿富、周根苗（女）、周雅芳（女）、郑方曹、郦伟山、娄月娥（女）、翁在沼、黄根元、章国枢、蒋云琴（女）、蒋明木、赖根兰（女）、潘秀菊（女）、张适春（女）、宋琴堂（1986年2月补选）
九届	34	1988.03	王永杰、王爱芬（女）、尹礼虎、尹礼宗、叶信虎、包祖行、朱金利、朱道林、朱鹏飞、孙晓芬（女）、牟高望、李根娟（女）、肖云喜、吴安平、吴秀清（女）、宋琴堂、张亚萍（女）、张启椐（1991年2月终止）、张照银、陈秀忠、陈阿翠（女）、陈春福、林祖水、罗浚清、周金梅、郑友庆、钟善文、俞根法、徐明奎、黄菊英（女）、蒋云琴（女）、蒋明木、韩荷玉（女）、邱永年（1991年5月补选）
十届	38	1993.03	王永杰、王性成、尹礼宗、叶信虎、毕祗源、朱金利、朱鹏飞、牟高望、孙燕青（女）、杨　鸣（女）、李阿会、吴才增、吴安平、串　玲（女）、张亚萍（女）、张德华、陈凤姣（女）、陈继武、林祖水、林祥生、范保华、周金梅、郑善女（女）、贺华源、柴常春、郭正伟、黄菊英（女）、龚雅芬（女）、韩荷玉（女）、韩振富、蒋明木、蒋喜春（女）、赖振元、鲍先江、任和君、张德兴、陈积瑞（1995年1月增选）、胡锡海（1996年7月补选）
十一届	34	1998.02	王仁洲、王永荣、王同元（2000年7月终止）、石金根、朱建新、刘晓明、汤黎路、杨继光、励慧芳（女）、陆亚莲（女）、陈凤姣（女）、陈积瑞、陈爱菊（女）（1998年4月罢免）、陈益洪、陈继武、林庠妹（女）、周　洪、周全国、周国鸣、周敏峰、郑宏舫、郑明增、胡建萍（女）、胡锡海、贺华源、黄益平、韩振富、彭超英、赖振元、潘国昌、陈艳华（女）、盛昌黎、金俊杰（2000年1月增选）、肖培生（2000年11月补选）
十二届	32	2003.02	丁丹峰、王星平、王雪霞（女）、叶国营、史盛夏（女）、朱建新、刘晓明、李万春、杨永明、励慧芳（女）、肖培生、陈　再（女）、陈凤姣（女）、陈艳华（女）、陈继武、陈积瑞、欧夏雨、周江勇、周敏峰、郑宏舫、郑培东、郑瑞法、封占勇、胡锡海、柯建国、贺华源、黄益平（2003年3月辞职）、韩荷玉（女）、韩振富、赖振元、蔡爱芳（女）、潘国昌
十三届	33	2007.02	丁丹峰、王雨芬（女）、王星平、史盛夏（女）、孙黎明、李万春、李关定、李红蓥、李保卫、励志纲、励茂平、何乐君、张承志、陈云勤、陈海林、陈继武、邵孝杰、林　亚（女）、卓祥騋、罗来兴、周江勇、周敏峰、郑宏舫、封占勇、胡家定、施文娟（女）、袁廷春、钱　政、徐才印、徐明夫、谢定飞、楼小龙、赖振元

第三章　县人大常委会

1981 年 1 月 8 日，县第九届人民代表大会根据《中华人民共和国地方各级人民代表大会和地方各级人民政府组织法》规定，始设象山县人民代表大会常务委员会（简称“县人大常委会”）由各级人民代表大会在代表中产生。县人大常委会是县人民代表大会的常设机关，对本级人民代表大会负责并报告工作，是地方国家权力机关的组成部分。人大常委会会议由常委会主任召集，每两个月至少举行一次会议，听取县人民政府和法院、检察院工作报告，讨论、决定本县有关重大事项，实施法律监督和工作监督，任免国家机关工作人员等。自 1981 年 1 月至 2008 年 12 月，共召开常委会会议 210 次。

第一节　历届常委会

根据《中华人民共和国地方各级人民代表大会和地方各级人民政府组织法》规定，县人大常委会依法行使 14 项职权，主要是决定权、监督权和人事任免权。举行常委会会议是县人大常委会行使法定职权的基本形式。

九届人大常委会

1981 年 1 月 8 日，县九届人大一次会议选举产生，至 1984 年 8 月 29 日任期届满。其间，共举行常务委员会会议 19 次，听取和审议“一府两院”及政府部门工作报告 30 个，并就重大事项作出决议、决定或规定 21 项，依法任免地方国家机关工作人员 119 人次，接受辞职 3 人次。1983 年 8 月 28 日，第十四次会议通过《关于严厉打击刑事犯罪活动的决议》，要求全县政法公安机关和干警，依法从重、从快惩处严重的刑事犯罪分子。

十届人大常委会

1984 年 8 月 29 日，由县十届人大一次会议选举产生，至 1987 年 5 月 8 日任期届满。其间，共举行常务委员会会议 21 次，听取“一府两院”及政府部门工作报告 52 个，并就重大事项作出决议、决定或规定 27 个，依法任免地方国家机关工作人员 90 人次，接受辞职 2 人次。1985 年 5 月 8 日，第六次会议通过《关于在全县开展法制宣传教育普及法律常识的决定》，要求用 5 年时间，向全体公民普及法律常识（称“一五”普法）。

十一届人大常委会

1987 年 5 月 8 日，县十一届人大一次会议选举产生，至 1990 年 5 月 24 日任期届满。其间，共举行常务委员会全体会议 23 次，听取和审议“一府两院”及政府部门工作报告 76 项，并就重大事项作出决议、决定或规定 20 个，依法任免地方国家机关工作人员 153 人次，接受辞职 2 人次。

十二届人大常委会

1990 年 5 月 25 日，县十二届人大一次会议选举产生，至 1993 年 3 月 12 日任期届满。其间，共举行常务委员会会议22次，听取“一府两院”及政府部门工作报告61个，并就有关重大事项作出决议、决定或规定19个，依法任免地方国家机关工作人员143人次，接受辞职5人次。

十三届人大常委会

1993年3月13日，县十三届人大一次会议选举产生，至1998年2月19日任期届满。其间，共举行常务委员会会议38次，听取“一府两院”及政府部门工作报告81个，并就有关重大事项作出决议、决定或规定38个，依法任免地方国家机关工作人员280人次，接受辞职13人次，撤销职务3人。1997年9月3日，第三十三次会议通过《关于大力开展抗灾自救、发展经济的决议》，要求全县人民艰苦奋斗，自力更生，大灾面前团结一致，重建家园。

十四届人大常委会

1998年2月20日选举产生，至2003年1月任期届满。其间，共举行常务委员会会议40次，听取“一府两院”及政府部门工作报告85个，并就有关重大事项作出决议、决定或规定55个，依法任免地方国家机关工作人员252人次，接受辞职12人次。2001年4月20日，第二十六次会议通过《关于同意调整部分乡镇行政区域的决定》。决定设立：丹东、丹西、爵溪3个街道，撤销原丹城镇、爵溪镇；设立新的石浦镇，撤销原石浦镇、昌国镇；设立新的西周镇，撤销原西周镇、下沈镇。8月24日，县十四届人大常委会第二十九次会议通过《关于进一步加强殡葬改革的决议》，决定从2001年11月1日零时起，全县实行遗体火葬。

十五届人大常委会

2003年2月26日选举产生，至2007年2月任期届满。其间，共举行常务委员会会议35次，听取“一府两院”及政府部门工作报告68个，并就有关重大事项作出决议、决定或规定29个，依法任免地方国家机关工作人员169人次，接受辞职8人次。根据县政府提请，于2005年8月18日第二十五次会议决定：授予周文杰、王嗣芬（女）、黄晋伟、吉本正、柯宋丽华（女）为“荣誉象山人”称号，授予王忠根“爱乡楷模”称号。2008年8月27日，县十六届人大常委会第十次会议决定：授予水耀敏（香港籍）、OSATOMAMORU（大里卫，日本人）、胡建雄（德国华人）、조윤길（赵润吉，韩国人）为“荣誉象山人”称号。

十六届人大常委会

2007年2月10日选举产生，至2008年12月任期届满。其间，共举行常务委员会会议12次，听取“一府两院”及政府部门工作报告35个，并就有关重大事项作出决议、决定或规定16个，依法任免地方国家机关工作人员117人次，接受辞职5人次。

第九届至第十六届象山县人大常委会会议情况表

表10-8

届别	任　期	常委会会议（次）	听取和审议工作报告（件）	通过决议、决定、规范性文件（件）	任免干部（人）	接受辞职（人）	撤职（人）
九	1981.01—1984.08	19	30	21	119	3	—
十	1984.08—1987.05	21	52	27	90	2	—
十一	1987.05—1990.05	23	76	20	153	2	—
十二	1990.05—1993.03	22	61	19	143	5	—
十三	1993.03—1998.02	38	81	38	280	13	3
十四	1998.02—2003.02	40	85	55	252	12	—

续表10-8

届别	任　　期	常委会会议（次）	听取和审议工作报告（件）	通过决议、决定、规范性文件（件）	任免干部（人）	接受辞职（人）	撤职（人）
十五	2003.02—2007.02	35	68	29	169	8	—
十六	2007.02—2008.12	12	35	16	117	5	—

第二节　县人大常委会主要工作

县人大常委会重要日常工作有调查视察、执法检查、“一府两院”工作评议、受理申诉控告、接待来信来访及举行主任会议、指导乡镇人大工作。

调查视察

县九届至十五届人大常委会任期内，由常委会或有关工作委员会组织开展的集中视察和专题调查视察活动共125次，主要是社会治安、食品卫生、土地管理、交通管理、义务教育、环境卫生、重点工程。通过听取有关部门或基层组织负责人工作汇报、进行实地检查察看、组织座谈讨论、查阅资料案卷等，形成书面调查情况或视察意见，督促“一府两院”及有关部门改进工作。

党的十一届三中全会后，为改变交通滞后状况，县人大常委会每年听取重点交通实事工程建设报告，组织调研、视察等，要求加快全县交通基础设施建设。

20世纪90年代，丹城、石浦等地一度供水紧缺。县人大常委会组织驻会组成人员和代表深入实地考察，广泛征求有关专家意见，提出开挖茅洋大口井等工程建议，要求集中财力加快开发利用水资源。此后，溪口水库、平潭水库、隔溪张水库等陆续建成。为从根本上解决供水问题，县人大常委会组织专家多方论证，积极支持建设上张水库和白溪引水工程，并提出要加快农村二次改水步伐。2008年1月，在县十六届人大二次会议上，数位代表提出“要求实行城乡区域联网供水”。常委会将此列为重点督办件，多次组织调研、视察。

执法检查

自1986年8月始，县人大常委会组织执法检查组，检查执法单位开展专项执法检查活动和执法机关贯彻实施法律法规情况。1991年后，县人大常委会重点围绕检查单项性法律法规实施，配合上级人大常委会组织开展联动执法检查，计70余次；检查《中华人民共和国刑法》《中华人民共和国食品卫生法》《中华人民共和国建筑法》《中华人民共和国环境保护法》《中华人民共和国劳动法》《中华人民共和国安全生产法》等96部法律法规实施情况。通过执法检查，督促法律实施主管机关严格执法，切实纠正违法行为，促进依法行政、公正司法，推动宪法和法律法规的贯彻落实。

1995年，《中华人民共和国食品卫生法》颁布后，县人大及常委会将食品安全列入重要审议议题。1998年5月中旬至6月上旬，县人大常委会检查全县执行《中华人民共和国食品卫生法》情况，促使相关执法部门专项整治夜排档、流动摊贩、豆制品制作场所。随后，有关部门在全县实施农村食品放心工程，要求豆制品集中加工、建立县食品安全检测中心、组建卫生监督分所。翌年5月上旬至6月上旬，县人大常委会检查组召开5次不同类型座谈会，分别查看40余家副食品厂店、豆制品制作店、饮食快餐店、学校食堂及夜排档的食品卫生。

"一府两院" 工作评议

1992—2004年，县人大常委会先后组织县人大代表，开展11次执法评议活动，分别评议县财税局、工商局、土管局、卫生局、公安局、交通局、建设局、劳动局、教育局、民政局、环保局、海洋与渔业局、县人民法院、县人民检察院等18个行政、司法机关的执法工作。共组织开展述职评议7次，共评议县人大常委会任命的22个政府组成部门的24名主任、局长和县人民法院、人民检察院9名副职。2007—2008年，县十六届人大常委会先后对县人事局、交通局、规划局、民政局、教育局、农林局等单位进行评议。内容主要有依法行政、为民办事、执行县人大及其常委会有关决议、决定、廉洁从政、队伍建设和作风建设等。

受理申诉控告　接待来信来访

县人大常委会建立常委会领导分管，常委会办公室、信访室具体办理，各工作委员会分线督办的信访工作制度。接待来访人员时，除耐心倾听意见和要求外，尚编号登记信访件。重要信访件和代表信访件，实行领导阅批制度，由常委会领导亲自接待或审阅，再批转有关职能部门或人大工委办理，并报告结果。

第九届至第十六届象山县人大常委会接待办理人民来信来访情况表

表10-9

届　别	来信来访总数（件次）	其　中		备　注
		来信数（件）	来访数（人次）	
九届	1968	690	1278	人大直接处理34件
十届	—	—	—	未统计
十一届	2738	438	2300	其中人大代表来信30件
十二届	2520	852	1668	其中人大代表来信、来访16件次
十三届	2770	927	1843	—
十四届	3000	932	2068	—
十五届	2747	1179	1568	—
十六届	919	326	593	至2008年

举行主任会议

县人大常委会先后4次对《主任会议议事规则》作出规定。主任会议通常每半月举行一次，必要时临时召开。县人大常委会从1983年始召开主任会议，至县十五届人大常委会任期届满，共召开主任会议542次。主要研究和处理县人大常委会年度工作要点和阶段性工作安排；部署县人民代表大会会议各项筹备工作；初审"一府两院"有关人事任免议案；提出县人大常委会各办事机构和工作机构负责人任免人选名单；听取、讨论县人民政府及其职能部门、县人民法院、县人民检察院专题工作汇报；安排常委会调查视察、执法检查、工作评议活动；研究决定县、乡镇人民代表大会代表换届选举工作有关事项；研究县人大代表议案、建议的办理等重要日常工作。

指导乡镇人大工作

县人民代表大会及其常务委员会与乡镇人民代表大会及其主席团是法律上的监督与被监督、工作上的指导关系。自1954年第一次基层普选制度建立，至1990年4月，乡镇人民代表大会活动均在会议期间进行。县人大常委会主要是指导依法开展乡镇人大代表换届选举和召开乡镇人民代表大会会议。1989年12月，设立各区（镇）人大工作联络员，县人大常委会指导乡镇人大工作，着重在建立和健全工作机构和配置工作人员，依法搞好乡镇人大换届选举和开好人民代表大会会议。1992年5月后，县人大常委会通过与乡镇人大主席团和人大主席（主席团常务主席）、副主席联系、组织代表培训、开展代表评议和视察等活动，制定和完善工作制度、总结交流经验等，进行督促、帮助和指导，使乡镇人大工作逐步经常化、制度化、规范化。

第九届至第十六届象山县人大常委会组成人员情况表

表10-10

届别	人大常委会				委员（人）
	主任	任职时间	副主任	任职时间	
九届	樊心慧	1981.01—1984.08	董万祥 张式贞（女） 沈庆贵 张金胜 沈仁淦	1981.01—1984.08 1981.01—1984.08 1981.01—1984.08 1981.01—1984.08 1981.01—1984.08	11
十届	樊心慧	1984.08—1987.05	张式贞（女） 沈庆贵 沈仁淦	1984.08—1987.05 1984.08—1986.02 1984.08—1987.05	13
十一届	樊心慧	1987.05—1990.05	徐明奎 许祖黄 孙　苗 张志相	1987.05—1990.05 1987.05—1990.05 1987.05—1990.05 1987.05—1990.05	12
十二届	吴才增	1990.05—1993.03	徐明奎 张志相 许祖黄 陈兆皋	1990.05—1993.03 1990.05—1993.03 1990.05—1993.03 1990.05—1993.03	14
十三届	吴才增 胡锡海	1993.03—1996.03 1996.03—1998.02	徐明奎 张志相 葛　铭 许祖黄 曹明霖 俞明振	1993.03—1998.02 1993.03—1996.03 1993.03—1998.02 1993.03—1998.02 1993.03—1998.02 1996.03—1998.02	15
十四届	胡锡海	1998.02—2003.02	丁福生 葛　铭 曹明霖 俞明振	1998.02—2003.02 1998.02—2003.02 1998.02—2002.05 1998.02—2003.02	16
十五届	胡锡海	2003.02—2007.02	丁福生 董也琴（女） 俞明振 包祖行 陈晓发	2003.02—2007.02 2003.02—2007.02 2003.02—2007.02 2003.02—2007.02 2004.02—2007.02	17
十六届	徐才印	2007.02—	包祖行 董也琴（女） 陈晓发 郑亚红（女） 林胜国	2007.02— 2007.02— 2007.02— 2007.02— 2007.02—	25

第四章　乡镇人民代表大会

乡镇人民代表大会是全国人民代表大会的重要组成部分，是最基层的地方国家权力机关，在乡镇建设中肩负着重要职责。乡镇人大工作严格按照法律，健全组织机构，举行换届选举，使广大人民群众行使当家做主的民主权利。至2008年，全县乡镇人民代表大会共举行15届，通常安排在县人民代表大会召开之前。

第一节　乡镇历届人民代表大会

1950年7月，县人民政府发布《关于废除保甲制度建立新的人民民主政权的通知》，全县相继设置7区2镇75个乡，陆续建立健全新的民主政权，组建乡镇人民政府，并由上级任命乡镇长、副乡镇长。1952年冬至1953年春，整顿全县乡镇人民民主政权，南庄、桥头林乡先行试点，尔后逐步推及全县。至1954年3月，全县82个乡、3个镇，先后选出第一届乡镇人民代表大会代表，并相继召开第一届乡镇人民代表大会第一次会议，选举乡镇人民政府委员会组成人员和县第一届人民代表大会代表。

1956年年初，全县撤区并乡，85个乡镇撤并为28个乡、3个镇。是年2月20日，改乡镇人民政府为乡镇人民委员会。各乡镇先后召开本届乡镇人民代表大会会议，选举产生新的乡镇人民委员会组成人员。

1957年第一季度，各乡镇先后召开第二届乡镇人民代表大会。

1958年3月中旬至5月，在完成基层换届选举工作后，各乡镇先后召开第三届乡镇人民代表大会；9月，撤销区、镇、乡建制，成立9个大公社，原37个乡镇析为73个大队或管理区（行使部分原乡镇职权）；10月，象山县与宁海县合并。1959年8月，丹城、石浦恢复镇建制。人民公社实行“政社合一”体制，设立社员代表大会和管理委员会。

1961年8月，宁海、象山分县，撤销9个大公社和大队、管理区建制，建立以原乡镇为基础的人民公社管理委员会。县人民委员会重新部署全县基层选举工作，35个公社、2个镇完成换届选举。至1962年5月，各地选出新一届乡镇人民代表大会代表后，召开第四届乡镇（公社）人民代表大会（社员代表大会），听取审议公社（镇）管理委员会工作报告及其他有关报告；选举公社管理委员会主任、副主任、委员和镇长、副镇长，选举县第四届人民代表大会代表。

1963年6月，县第五届基层选举工作先后结束，35个公社、2个镇也相继召开第五届人民代表大会（社员代表大会），听取审议公社（镇）管理委员会工作报告及其他有关报告，选举公社管理委员会主任、副主任、委员和镇长、副镇长，选举县第五届人民代表大会代表。

1966年6月，“文化大革命”开始，乡镇人民代表大会于六届一次会议举行后不久便中止活动。

1968年3月至1969年4月，全县陆续成立以“造反派”代表为主体、人武部长为主要负责人

“三结合”的公社（镇）革命委员会（后作为第七届入乡镇人民代表大会序列）。

1980年下半年，开展县、公社（镇）两级人民代表大会代表直接选举工作。自12月至次年上半年，全县36个公社、2个镇，陆续召开新一届（第八届）公社、镇人民代表大会，听取审议公社、镇革命委员会工作报告及其他有关工作报告，并通过相应决议；依法设立公社管理委员会、镇人民政府，取代公社、镇革命委员会，并选举产生公社管理委员会主任、副主任、委员，镇人民政府镇长、副镇长。

1984年7月、1987年4月、1990年4月、1992年5月、1993年1月、1996年1月、1999年1月、2002年1月、2007年1月，分别召开九届至十六届乡镇人民代表大会，大会主要议程是各乡镇人民代表大会代表换届选举，听取审议乡镇政府工作报告，选举乡镇长和乡镇人大主席，并通过相应决议。

以上涉及行政区划变动的详情，见本志《建置》篇，第四章“行政区划”，第三节“中华人民共和国成立后区划”。

第二节　乡镇人大组织及活动

根据《浙江省乡镇人民代表大会主席团组织条例》规定，1990年上半年，各乡镇人民代表大会换届后，均成立常设性乡镇人民代表大会主席团，配备主席团主席。1995年2月，修改后《中华人民共和国地方各级人民代表大会和地方各级人民政府组织法》第14条规定，乡、民族乡、镇人民代表大会设主席，并可以设副主席1~2人，从代表中选出，任期与本级人民代表大会每届任期相同。全县乡镇人民代表大会均选举乡镇人民代表大会主席或副主席，取代原乡镇人民代表大会主席团常务主席或常务副主席。

乡镇人大正副主席（团）设置

1990年4月，全县乡镇人民代表大会第一次会议推选出乡镇人民代表大会主席团常务主席，成员若干名。其中，丹城、石浦、东港、金星4个乡镇配备专职常务主席，其他33个乡镇配备兼职常务主席。全县32个乡镇陆续配备乡镇人大主席团联络员。此后，雅林溪、灵南、定塘、昌国、高塘岛5个乡镇配备专职常务主席，13个乡镇配备专职常务副主席。

1992年5月，全县乡镇从37个合并为19个。全县乡镇召开人民代表大会会议依法推选出主席团常务主席，成员若干名。其中，专职常务主席17人。

1995年2月，全县乡镇人民代表大会第三次会议，选举产生人大主席、副主席，成员若干名。其中，专职人大主席15人，专职人大副主席4人。

1999年1月，全县19个乡镇除丹城、石浦两镇配备专职人大主席外，其余17个乡镇的人大主席均由乡镇党委书记兼任。同时，每个乡镇都配备专职人大副主席1人。

2001年6月，部分乡镇调整行政区域，全县设置10个镇、5个乡、3个街道。除街道人大组织的负责人由县直接任免外，其余镇乡人大组织负责人均由镇乡人民代表大会会议选举产生。其中，专职人大主席8人，专职人大副主席13人。至2007年1月换届，全县各镇乡人民代表大会选举产生人大主席、副主席和成员若干名。其中，专职人大主席12人，专职人大副主席16人。

乡镇人大主席团活动

1991年11月19日，县十二届人大常委会第十一次会议，通过《象山县乡镇人民代表大会主席团工作暂行办法》，规定乡镇人大主席团会议每三个月至少举行一次，主要是讨论乡镇人大的重要日常工作，研究部署开展阶段性的重大活动，听取和讨论乡镇政府或部门的专题工作汇报，制定或修订有关工作制度。

乡镇人民代表大会主席团在闭会期间的活动主要有：检查、监督乡镇人民代表大会决议、决定贯彻执行情况；检查、监督代表议案和建议、意见的办理落实情况，并向代表通报；向政府及有关部门反馈代表和选民的意见。

第十一篇　政　府

本篇目录

第一章　唐至清代县政权

唐神龙二年（706），象山立县，县署位于“象山”南麓。至清代，县署虽几经修缮，未见搬迁。唐至宋官制，县置令、丞、簿、尉。元置达鲁花赤，又有尹、丞、尉，后更设典史为首领官。明设知县、丞、主簿。清沿明制。官员任免权率归中央王朝。

第一节　官　　制

唐神龙二年（706），象山立县，辖二千户以上，为中县，置令、丞、簿、尉各1人。下置，录事、司户佐、司法佐、典狱、问事、白直、市令、仓督、博士、助教等。首任县令徐旃，奉化小万竺人。停官后定居象山大徐。

宋初，降为下县，官无令、尉，以主簿为治。至庆历（1041—1048）初始有县令。尉始属文官，南宋建炎（1127—1130）后，以武臣为尉，监酒税事。乡有耆长，逐捕盗贼，副以弓手、壮丁。有里正，课督赋税，副以户长、乡书手。熙宁二年（1069），立保甲法，保设保长、都保正。

元代置达鲁花赤，蒙语音译，意为掌印者，或总辖者，掌县内最高权力，以蒙古人担任。又有县尹，县行政长官，相当于县令，大多由汉族人担任。下设主簿、尉、教谕、书院山长。至元七年（1270），村50家立一社，象山县仅设弓手，无社长。

明置知县，掌一县之政，下置丞、主簿分管粮马巡捕之事。另有典史、教谕、训导各1人。洪武四年（1371），设正、副粮长，掌收民租。洪武十四年，乡村设里长。

清沿明制，置知县、县丞、典史、教谕、训导各1人。顺治十六年（1659），裁训导，康熙四年（1665）复置。其年，裁教谕，至康熙十四年重设。雍正三年（1725），革里长，代以保长。雍正四年，县丞因邑小事简而裁。乡村设牌头、甲头，后立里、社，有里长、社长。选立族正。雍正七年，又立社仓，设社长。光绪三十二年（1906），创地方自治，曰保安公所，置社董、村董、区董、总董。宣统元年（1909），颁行自治法，有乡董、乡佐、村董、村佐。

第二节　县官名录

历代职官，史料多缺。唐代县令任职时间较长。自唐立县至唐末，可知者有唐县令4人。五代战乱多，常以武将兼管县事。宋代重视县令的选拔，多以进士知县事。宋主簿兼知县事21人、令兼簿尉2人、县令83人。元达鲁花赤17人，全为蒙古人，县尹18人，多用汉人，兼有蒙人。明知县73人，多有贡生、举人以上功名。清知县116人。自唐至清代县主官任职合计334人（含回任）。其中，本届修志补明代知县陈讷1人、元代县尹18人、清代知县1人（冯国璋，据“瑶池冰雪”坊补）。

唐至清代象山县主官任职情况表

表 11-1

朝代	姓　名	籍贯　出身	上任时间	备　　注
唐	徐　旃	浙江奉化	神龙二年（706）	县令
	杨弘正	—	大中元年(847)	县令,乾隆《象山县志》作杨宏正
	厉铎皇	—	咸通年间(860—873)	县令
	张　夔	—	—	县令
宋	陈　偓	—	太平兴国三年(978)	万历《象山县志》作县令,名陈握
	李士龙	—	太平兴国年间(976—983)	万历《象山县志》作县令
	谯居实	—	端拱元年(988)	令兼簿、尉
	阎道化	—	淳化二年(991)	主簿兼知县事
	宋去华	—	淳化四年(993)	令兼簿、尉
	杨逢奖	—	淳化五年(994)	主簿兼知县事
	李　显	—	至道二年(996)	同上
	朱　照	—	咸平元年(998)	同上
	何　肃	—	咸平三年(1000)	同上
	胡　昼	—	咸平六年(1003)	同上
	司空禧	—	景德二年(1005)	同上
	张　陶	—	景德三年(1006)	同上
	董　京	—	大中祥符元年(1008)	万历《象山县志》作董景、景德四年任
	朱文郁	—	大中祥符四年(1011)	同上
	赵可及	—	大中祥符六年(1013)	同上
	李士宁	—	大中祥符九年(1016)	同上
	邢　諆	—	天禧三年(1019)	同上
	郭昭华	—	乾兴元年(1022)	同上
	杜　宏	—	天圣三年(1025)	同上
	杨圭质	—	天圣七年(1029)	同上
	宁　轲	—	明道元年(1032)	同上
	陈　良	—	景祐二年(1035)	同上
	慎　晏	—	宝元元年(1038)	同上
	东方觐	—	康定元年(1040)	同上
	李　符	—	庆历元年(1041)	改置县令
	任永德	—	庆历四年(1044)	同上
	张　积	—	庆历八年(1048)	同上
	郎　洞	临安	皇祐二年(1050)	《临安县志》作郎渭,庆历六年任
	魏师中	—	皇祐五年(1053)	同上
	张仲羲	—	至和二年(1055)	同上
	顾　方	丹阳进士	嘉祐三年(1058)	同上

续表11-1

朝代	姓　名	籍贯　出身	上任时间	备　　注
宋	陈　玠	—	嘉祐六年(1061)	同上
	林　旦	长乐	治平元年(1064)	同上,一说嘉祐八年任
	江　朴	—	治平四年(1067)	县令
	黄　颜	—	熙宁二年(1069)	同上
	杜　调	—	熙宁六年(1073)	同上
	滕宝臣	—	熙宁九年(1076)	同上
	程　渐	—	元丰二年(1079)	同上
	苏　澥	—	元丰五年(1082)	同上
	叶　授	成都	元祐元年(1086)	宝庆《象山县志》作叶绶
	彭　育	—	元祐四年(1089)	同上
	董允文	—	元祐七年(1092)	宝庆《象山县志》、万历《象山县志》作章允文
	丁执文	—	绍圣三年(1096)	同上
	裴公冕	—	元符元年(1098)	同上
	祝　粹	—	元符三年(1100)	同上
	王　邵	—	崇宁元年(1102)	万历《象山县志》、乾隆《象山县志》邵作劭
	徐敏求	金陵	崇宁元年(1102)	同上
	朱　戬	—	崇宁四年(1105)	同上
	李　崌	—	大观二年(1108)	万历《象山县志》:三年任
	李　承	—	大观三年(1109)	万历《象山县志》:五年任
	江　翃	—	政和二年(1112)	嘉靖《象山县志》翃作翊
	翁　范	—	政和七年(1117)	同上
	张文林	湖州	政和年间(1111—1117)	同上
	钱　塘	—	宣和元年(1119)	以丞摄任
	彭　洵	—	宣和七年(1125)	县令
	王　治	—	建炎二年(1128)	同上
	周　秘	—	建炎三年(1129)	同上
	赵举之	—	建炎四年(1130)	同上
	毛　柽	—	绍兴三年(1133)	同上
	宋　砥	蒲阳	绍兴七年(1137)	同上
	王　萃	—	绍兴十年(1140)	宝庆《象山县志》作王莘
	马希哲	—	绍兴十三年(1143)	同上
	左　绍	—	绍兴十六年(1146)	同上
	谢　徽	—	绍兴十九年(1149)	宝庆《象山县志》作谢绍徽
	慎知柔	—	绍兴二十三年(1153)	民国《象山县志》作二十二年
	沈元寿	—	绍兴二十五年(1155)	同上
	俞光凝	嘉兴进士	绍兴二十八年(1158)	同上
	范嗣蠡	兰溪进士	绍兴二十九年(1159)	以司户摄任

续表11-1

朝代	姓　名	籍贯　出身	上任时间	备　注
宋	晏　解	—	绍兴三十年(1160)	县令
	胡　琦	—	隆兴元年(1163)	同上
	潘　旦	—	乾道元年(1165)	同上
	叶　榆	—	乾道二年(1166)	同上
	褚伯起	—	乾道五年(1169)	同上
	张安中	—	乾道八年(1172)	同上
	高子莫	—	淳熙二年(1175)	同上
	苏　森	—	淳熙五年(1178)	以定海尉摄任
	许知新	仁和进士	淳熙五年(1178)	县令
	蒋　鹗	临海进士	淳熙九年(1182)	民国《象山县志》作蒋锷
	徐　榕	—	淳熙十一年(1184)	同上
	王　椿	—	淳熙十二年(1185)	同上
	胡　榘	庐陵	淳熙十四年(1187)	以监比较务摄任
	李孟传	上虞进士	淳熙十五年(1188)	以浙东常平使贬官知象山县事
	朱光朝	—	绍熙二年(1191)	县令
	唐士烈	—	绍熙五年(1194)	以监昌国盐场摄任
	赵善与	进士	庆元元年(1195)	县令
	沈　球	—	庆元三年(1197)	以监比较务摄任
	韩元礼	开封雍邱	庆元四年(1198)	以承直郎知县事
	赵潭夫	—	嘉泰元年(1201)	县令
	张　栻	—	嘉泰四年(1204)	宝庆《象山县志》作拭
	闻　韶	光州	开禧年间(1205—1207)	同上
	周衰然	—	开禧三年(1207)	宝庆《象山县志》衰作褒
	施季豹	—	嘉定三年(1210)	同上
	袁一之	—	嘉定五年(1212)	同上
	王　怿	—	嘉定七年(1214)	以定海丞摄任
	汪举贤	—	嘉定八年(1215)	县令
	赵崇贺	—	嘉定十年(1217)	以定海丞摄任
	赵善晋	进士	嘉定十一年(1218)	县令
	王　度	—	嘉定十五年(1222)	同上
	赵希鲁	—	嘉定十六年(1223)	以昌国簿摄任
	季齐愈	—	嘉定十七年(1224)	县令
	李仁明	—	宝庆三年(1227)	同上
	曹　泳	瑞安进士	绍定元年(1228)	以司法摄任
	毛遇顺	余姚进士	绍定元年(1228)	县令
	毛　洪	—	景定元年(1260)	同上
	陈复明	—	咸淳二年(1266)	同上
	徐文凤	寿昌	咸淳年间(1265—1274)	同上

续表11-1

朝代	姓　名	籍贯　出身	上任时间	备　　注
元	韩秉彝	—	至元十五年(1278)	县尹
	阿都蛮	—	至元二十三年(1286)	达鲁花赤
	高　珪 (一名穆卜帖儿)	—	至元二十九年十二月(1292)	县尹、延祐庆元志载 “高珪”,与康熙郡志有异
	阿　里	—	至元三十一年(1294)二月	达鲁花赤
	阿　散	—	至元年间(1264—1294)	达鲁花赤
	李时义	—	至元年间(1264—1294)	县尹
	乌古伦	—	至元年间(1264—1294)	县尹
	迷里沙	—	元贞三年(1297)二月	达鲁花赤
	张　贞	—	大德三年(1299)二月	县尹
	答失蛮	—	大德五年(1301)十月	达鲁花赤
	李天祐	—	大德五年(1301)四月	县尹
	山　斌	—	大德八年(1304)四月	县尹
	岳合难	—	大德十年(1306)二月	达鲁花赤
	程　珪	—	大德十一年(1307)三月	县尹
	刘守正	—	至大四年(1311)十二月	县尹
	桑哥哈剌	—	至大年间(1308—1311)	达鲁花赤
	白帖木	—	皇庆年间(1312—1313)正月	达鲁花赤
	撒的迷失	—	延祐二年(1315)正月	达鲁花赤,忠显校尉
	张　珪	—	延祐五年(1318)四月	县尹,承务郎
	钦　察	—	至治元年(1321)正月	达鲁花赤,承务郎
	哈答不花	—	至治二年(1322)六月	达鲁花赤,忠显校尉
	焦　泽	—	至治三年(1323)	县尹,承务郎
	铁　闾	—	泰定二年(1325)	达鲁花赤,承务郎
	白有邻	—	泰定三年(1326)六月	县尹,承务郎
	暗都剌阿昔思	—	致和元年(1328)六月	达鲁花赤,忠显校尉
	贾邦杰	—	致和元年(1328)八月	县尹,万历志为天历间任
	哈　散	—	至顺二年(1331)五月	达鲁花赤,昭信校尉
	蛮　子	—	元统二年(1334)四月	达鲁花赤,昭信校尉
	信思敬	—	元统二年(1334)四月	县尹,承事郎
	庞思忠	—	至元二年(1336)二月	县尹
	萨的弥实	—	至元四年(1338)十二月	达鲁花赤,忠显校尉
	穆卜颜帖木儿	—	至元六年(1340)九月	县尹,承务郎
	倒剌的牙儿	—	至正元年(1341)十二月	达鲁花赤,承务郎
	杨用可	—	至正十二年(1352)	县尹,民国 《象山县志·名宦传》
	胡　立	—	至正二十五年(1365)	县尹

续表11-1

朝代	姓名	籍贯 出身	上任时间	备注
明	孔立	庐州秀才	洪武元年(1368)	知县
	刘思齐	彰德人才	洪武七年(1374)	同上
	陈讷	广东顺德人	洪武中	由吏员授典史,以从征交趾功升知县卒于任上
	罗贵	—	永乐九年(1411)	同上
	陈思敬	—	永乐年间(1403—1424)	同上
	徐复修	—	正统元年(1436)	同上
	孙枢	武进岁贡	正统年间(1436—1449)	同上
	傅显	举人	景泰六年(1455)	同上
	韩禧	深州举人	天顺三年(1459)	同上
	何观	晋江举人	天顺八年(1464)	同上
	徐贵	广信举人	成化四年(1468)	同上
	靳鋐	真定举人	成化十二年(1476)	同上
	凌傅	句容举人	成化十七年(1481)	同上
	邢春	举人	成化二十三年(1487)	名据月楼岙《黄氏宗谱》补
	郑琳	举人	弘治四年(1491)	知县
	蒋隆	监生	弘治十四年(1501)	同上
	任钺	瓯江	弘治十六年(1503)	民国《象山县志》作瓯宁人
	马思聪	莆田进士	正德元年(1506)	同上
	李复	监生	正德三年(1508)	同上
	萧异	江西举人	正德六年(1511)	同上
	徐相	江西举人	正德九年(1514)	同上
	周文凤	南海举人	正德十二年(1517)	同上
	王世禄	广德进士	嘉靖元年(1522)	同上
	史篚	溧阳举人	嘉靖二年(1523)	同上
	夏津	昆山举人	嘉靖八年(1529)	同上
	梁载	番禺举人	嘉靖十一年(1532)	同上
	廖思	西安监生	嘉靖十四年(1535)	同上
	何荣	茂名监生	嘉靖十五年(1536)	同上
	谢宽	长乐举人	嘉靖十八年(1539)	同上
	吴允裕	南海举人	嘉靖二十年(1541)	同上
	蒋三才	泉州举人	嘉靖二十四年(1545)	万历《象山县志》作全州人
	朱铄	歙县举人	嘉靖二十六年(1547)	同上
	喻松	新建	嘉靖二十八年(1549)	由松门经历署任
	毛德京	富川举人	嘉靖三十年(1551)①	知县
	王晌	丹徒举人	嘉靖三十五年(1556)	万历《象山县志》作丹阳人

①此任职时间据民国《象山县志·名宦传·明·毛德京》:“年十九登乡荐,二十九任知县,时嘉靖三十年。”民国《象山县志·职官表》则作:毛德京:“二十九年任”。查嘉靖《象山县志·历宦纪·国朝·毛德京》,作:“十九登乡荐,二十九来任县令。”

续表11-1

朝代	姓　名	籍贯　出身	上任时间	备　　注
明	吴　铸	长乐举人	嘉靖三十八年(1559)	同上
	梁绍引	—	嘉靖三十九年(1560)	以通判署任
	游　泮	婺源举人	嘉靖四十一年(1562)	知县
	林　森	长乐举人	嘉靖四十二年(1563)	同上
	姚鸣佩	莆田举人	嘉靖四十三年(1564)	同上
	唐继贤	练水举人	嘉靖年间(1522—1566)	同上
	徐廷龙	莆田举人	隆庆二年(1568)	同上
	方云德	巴陵岁贡	隆庆五年(1571)	同上
	周光镐	潮阳	隆庆六年(1572)	同上
	陈思爱	德化举人	万历元年(1573)	同上
	曾学孔	南城举人	万历五年(1577)	同上
	唐师锡	莆田	万历九年(1581)	同上
	陈天祥	福清举人	万历十三年(1585)	同上
	崔振臬	番禺	万历十六年(1588)	同上
	李多见	莆田进士	万历二十一年(1593)	同上
	朱自新	萧县岁贡	万历二十二年(1594)	同上
	罗　彦	南海	万历二十三年(1595)	同上
	倪甫英	上海	万历二十五年(1597)	同上
	陈梦斗	南海举人	万历二十七年(1599)	同上
	周　官	彝陵举人	万历三十年(1602)	同上
	吴学周	崇顺选贡	万历三十四年(1606)	同上
	宋国守	晋江	万历三十九年(1611)	同上
	许文俊	闽县	万历四十四年(1616)	同上
	熊镇闳	夔州	万历四十八年(1620)	同上
	苏万邦	南海	天启三年(1623)	同上
	周崇极	麻城	天启四年(1624)	同上
	吴士忠	歙县举人	天启五年(1625)	同上
	吴会斗	湖口举人	天启六年(1626)	同上
	潘起鹏	新会举人	天启七年(1627)	同上
	商国统	山西	崇祯六年(1633)	同上
	陈　美	江西举人	崇祯七年(1634)	同上
	林尧斌	龙溪举人	崇祯八年(1635)	同上
	汤惟岳	临川举人	崇祯十一年(1638)	同上
	黎民化	广东举人	崇祯十三年(1640)	同上
	史献家	金坛岁贡	崇祯十四年(1641)	同上
	黄开先	邵武举人	崇祯十五年(1642)	同上
	孙敷华	江南举人	崇祯年间(1628—1644)	同上
	姜　圻	莱阳贡生	崇祯十七年(1644)	同上

续表11-1

朝代	姓　名	籍贯　出身	上任时间	备　　注
清	陈舜钦	江南	顺治三年(1646)	同上
	郭　方	山西进士	顺治五年(1648)	同上
	陈白辂	江南贡生	顺治六年(1649)	同上
	王廷举	辽东	顺治七年(1650)	同上
	顾　昱	无锡进士	顺治九年(1652)	同上
	陈　黉	福清进士	顺治十一年(1654)	同上
	董醇生	河间贡生	顺治十七年(1660)	同上
	刘希孔	咸宁举人	康熙元年(1662)	同上
	黄瑞奎	福建举人	康熙四年(1665)	同上
	马鲲(騉)	仪封进士	康熙九年(1670)	遭曾养性乱,被执,遂罢。
	李　郁	大同拔贡	康熙十五年(1676)	知县
	汪大润	大冶岁贡	康熙二十一年(1682)	同上
	刘廷谏	奉天生员	康熙二十三年(1684)	同上
	胡祚远	奉天贡生	康熙二十八年(1689)	同上
	韩寅光	博罗举人	康熙四十六年(1707)	同上
	袁孟渊	曹县拔贡	康熙四十八年(1709)	同上
	萧世衡	邛州举人	康熙五十一年(1712)	同上
	马受曾	溧阳进士	康熙五十七年(1718)	同上
	张人崧	山东堂邑进士	雍正八年(1730)	同上,雍正宁波府志及西城杂录有载
	张　珽	直隶磁州生员	雍正九年(1731)	同上
	李仙洲	江南沛县拔贡	乾隆二年(1737)	同上
	张人崧	山东堂邑进士	乾隆五年(1740)	《爵溪镇志》载:有匾两块,任职为雍正九年
	张　绣	甘肃固原州进士	乾隆八年(1743)	知县
	何　升	—	乾隆十二年(1747)	同上
	王　伸	诸城举人	乾隆十二年(1747)	同上
	恽良瀚	武进举人	乾隆十三年(1748)	同上
	尤锡章	镶蓝旗举人	乾隆十七年(1752)	同上
	张肇扬	山东莒州监生	乾隆十八年(1753)	同上
	曹　鋆	广西全州举人	乾隆二十年(1755)	同上
	史鸣皋	江苏如皋	乾隆二十一年(1756)	同上
	赵民洽	山西举人	乾隆二十六年(1761)	同上
	商　皓	—	乾隆三十年(1765)	由鄞县县丞署任
	曾光先	长沙	乾隆三十一年(1766)	知县
	钱　曜	金匮举人	乾隆三十一年(1766)	同上
	商　皓	—	乾隆三十四年(1769)	同上
	鞠毓蕤	山东	乾隆三十八年(1773)	同上
	吴　越	—	乾隆四十年(1775)	由慈溪县丞署任
	华瑞璜	金匮	乾隆四十四年(1779)	知县

续表11-1

朝代	姓　名	籍贯　出身	上任时间	备　　注
清	冯国璋	—	乾隆四十五年(1780)	知县,据“瑶池冰雪”坊补
	叶　瑶	广东	乾隆四十五年(1780)	知县
	李自昌	—	乾隆四十六年(1781)	由山阴县丞署任
	侯之甲	广西解元	乾隆四十七年(1782)	知县
	袁淑先	湖北举人	乾隆四十八年(1783)	同上
	阎安寅	山西解元	乾隆五十五年(1790)	同上
	叶和侃	江西新建副贡	乾隆五十五年(1790)	同上
	张吉安	江苏举人	嘉庆二年(1797)	同上
	黄敬修	宛平	嘉庆三年(1798)	绍兴府经历署任
	徐元梅	河南罗山进士	嘉庆三年(1798)	知县
	王大任	陕西举人	嘉庆六年(1801)	同上
	周兆增	江西举人	嘉庆八年(1803)	同上
	孙泉雯	徽州举人	嘉庆十二年(1807)	同上
	梁伟业	直隶拔贡	嘉庆十三年(1808)	同上
	葛建椿	山东曹州	嘉庆十四年(1809)	同上
	孙荣绩	四川举人	嘉庆十八年(1813)	同上
	黄兆台	湖北举人	嘉庆十九年(1814)	同上
	周　楷	江南举人	嘉庆二十年(1815)	同上
	葛建椿	山东曹州	嘉庆二十年(1815)	知县,回任
	林芝英	山东拔贡	嘉庆二十四年(1819)	知县
	孙廷松	江苏上元进士	道光元年(1821)	同上
	刘嘉会	山西太平庶吉士	道光二年(1822)	同上
	吴锡畴	福建崇安举人	道光五年(1825)	同上
	童立成	江苏举人	道光八年(1828)	同上
	吴锡畴	福建崇安举人	道光十二年(1832)	知县,回任
	姚怀祥	侯官举人	道光十五年(1835)	知县
	范先达	大兴供事	道光十九年(1839)	同上
	田瑞廷	崇庆州监生	道光二十二年(1842)	同上
	吴锡畴	福建崇安举人	道光二十三年(1843)	知县,回任
	徐延勋	—	道光二十四年(1844)七月	知县,署任
	谭承礼	南丰进士	道光二十四年(1844)十月	知县
	孙熙祖	—	道光二十六年(1846)七月	知县,署任
	郑廷珪	长乐进士	道光二十六年(1846)十一月	知县
	胡泽沛	举人	道光二十八年(1848)	同上
	沈维祺	番禺举人	道光三十年(1850)	同上
	刘国观	南丰内阁供事	咸丰元年(1851)十二月	知县,署任
	何福恩	灵石举人	咸丰四年(1854)	知县
	孙绍芬	常州监生	咸丰五年(1855)十一月	知县,署任
	张日新	举人	咸丰五年(1855)十二月	同上

续表11-1

朝代	姓　名	籍贯　出身	上任时间	备　　注
清	曹建春	任邱举人	咸丰六年(1856)	同上
	支恒春	常州附贡	咸丰七年(1857)	知县,署任。民国《象山县志》春作椿
	林恒鸾	—	咸丰八年(1858)	同上
	孙绍芬	常州监生	咸丰九年(1859)八月	知县,复任
	严家承	吴县举人	咸丰九年(1859)八月	知县
	王嘉福	溧阳监生	同治二年(1863)二月	知县,署任
	朱日升	武进监生	同治三年(1864)六月	知县
	李炳厚	昆山副贡	同治四年(1865)七月	同上
	黄丙坤(堃)	秀山监生	同治四年(1865)八月	同上
	刘定国	广东吏员	同治八年(1869)三月	知县,署任
	王承馨	—	同治十年(1871)	知县
	林尔康	福建举人	同治十二年(1873)	同上
	邵正寅	直隶举人	光绪元年(1875)	同上
	朱懋清	江苏监生	光绪二年(1876)十一月	同上
	忠　满	满洲人	光绪四年(1878)	知县,署任
	沈钟瑞	—	光绪四年(1878)	知县
	秦大奎	—	光绪五年(1879)五月	代理
	李　淮	—	光绪五年(1879)六月	知县,署任
	安培志	—	光绪五年(1879)十一月	知县
	沈钟瑞	—	光绪六年(1880)	知县,回任
	吴　俊	—	光绪七年(1881)	知县,署任
	宋炽曾	—	光绪九年(1883)	知县
	邹文沅	无锡监生	光绪十年(1884)十二月	知县
	史恩纬	溧阳监生	光绪十五年(1889)九月	知县,署任
	刘宗藩	阳湖附贡	光绪十七年(1891)五月	知县
	史悠扬	江苏	光绪二十二年(1896)	知县,署任
	杨炳灼	遵义举人	光绪二十三年(1897)七月	知县
	邵同珩	湖北监生	光绪二十四年(1898)十一月	同上
	陈凤诰	桂平举人	光绪二十五年(1899)六月	同上
	徐思敫	直隶监生	光绪二十六年(1900)七月	同上
	龚泰葑	江苏长洲	光绪二十七年(1901)十月	由石浦同知代理
	戈石麟	保山副贡	光绪二十八年(1902)三月	知县,署任
	陈承澍	青浦优贡	光绪三十一年(1905)十月	知县
	萧福清	—	光绪三十二年(1906)正月	由宁波通判代理
	黄羡钦	湖北举人	光绪三十二年(1906)四月	知县
	程　和	奉贤进士	光绪三十三年(1907)七月	同上
	胡远芬	怀宁举人	宣统元年(1909)正月	知县,署任
	邓嘉禾	江苏举人	宣统元年(1909)十月	知县
	周传义	湖北监生	宣统三年(1911)八月	同上

第三节　主要政事[①]

唐·五代

神龙二年（706）立县，建城隍庙。会昌六年（846），“至圣文宣王庙与县学同建”，乡贡三传王关撰《象山始建学校碑》（宋宝庆《四明志》）。大中元年（847），令杨弘正告于明州刺史李敬方重修蓬莱观。大中二年，观成，立唐蓬莱观碑。此后，令扬弘正于观旁建蓬莱书院。唐时开辟上洋塘，筑朝宗碶、理川碶、灵长碶、会源碶，碶内负郭之田六万余亩。而朝宗碶（今丹东街道大碶头）“尤为诸汇之要”。旧称“东会源，中朝宗，西灵长”。另有两堰：“洪家河东者为苏堰，其稍西横塘河南堤者约五里曰城隍堰，障上洋之水不得泄于下，诸田灌溉赖之。”

宋

兴修水利　宋辟下洋塘。庆历四年（1044），县令任永德“治石碶以御海塘”。皇祐二年（1050），县令郎渭“浚河蓄水，以待旱岁”[②]。治平年间，县令林旦修木闸以时启阖。元祐年间，县令叶授易木以石，自是水旱无忧。绍兴年间，县令宋砥“以次修举朝宗及理川、灵长、会源碶”“浚流泉，增堤防”[③]。绍兴三十年（1160），赵彦逾“捐俸修朝宗碶，露处规划，置碶屋，遣役居之，视水旱为启闭”，并开河，后人称“主簿河”。淳熙五年（1178），县令许知新“开千丈、马岗、瑞龙三河，以灌下洋田”[④]，开河以利民，并建秀才碶、永丰碶。

兴学　宋嘉祐中，县令顾方“修缮县学，亲为讲解，诱掖，使进于学”。治平中，县令林旦“恢学宫”“堂宇壝埒皆应古典”。隆兴元年（1163），县令胡琦重建学宫。庆元六年（1200），县令韩元礼复修学宫，“刻桐阴《韩氏家问》以教士”。嘉定十一年（1218），县令赵善晋重修大成殿。嘉定十六年，赵希鲁以主簿摄邑事，创攀桂亭。咸淳四年（1268），县令陈复明重建明伦堂。明年重建大成殿[⑤]。

兴利　治平年间，县令林旦“通西沙港以道利涉海者”；板筑县城，修治西谷，益植花卉，建筑亭榭。绍兴三十年（1160），主簿赵彦逾造陈山渡官船两艘，民旅无虞。庆元四年（1198），县令韩元礼鸠工度材为陈山渡先造一新船，后葺治旧船，“去朽易坚，色色鼎新，几于改作”[⑥]。

善政　绍兴七年（1137），县令宋砥以邑时征徭无度，“悉厘正之”，并锄奸豪，教民以孝悌。绍兴三十年，主簿赵彦逾“视贪墨若仇。事至即决，狱无免滞”。淳熙九年（1182），明州通判方崧卿主象山，“行荒政，独无饥民”。庆元初，县令赵善与免爵溪、赤坎、后陈商税。嘉定六年（1213），主簿赵善瀚，“建义廪于三乡以备赈济”“罢土豪杨圭私置税局，除分布爪牙，毁其五都团屋，版榜示民”。咸淳四年（1268），县令陈复明“为民代输奇零苗税，三年无一囚系狱者”[⑦]。

---

①资料辑录自宋宝庆《四明志》、明嘉靖《象山县志》、民国《象山县志》等。本节内容，与本志“民政事务　社会保障”“财政　税务”“军事”“围垦　水利”“教育”“人物传”“丛录”等篇相关资料互见。

②民国陈汉章《象山县志》卷二十一“名宦传上·宋·郎渭”。

③民国陈汉章《象山县志》卷二十一“名宦传上·宋·宋砥”。

④民国陈汉章《象山县志》卷二十一“名宦传上·宋·许知新”。

⑤民国陈汉章《象山县志》卷二十一“名宦传上·宋·陈复明”。

⑥民国陈汉章《象山县志》卷二十一“名宦传上·宋·韩元礼”。

⑦民国陈汉章《象山县志》卷二十一“名宦传上·宋·陈复明”。

元

至元二十九年（1292），县尹高珪（一名穆卜帖儿），推行“至元钞”。见象山“正供之米，视所出而输，水行则渡东宿，寄命于一苇之航；山行则道宁海，与豺虎出入”，遂决定“听民随米值准币上送，于路官自任责，民不与焉”。数百年水陆运输正供之米积弊，一朝而革。大德五年（1301），县尹李天祐劝农事，“县有豪民二十余，表号龙虎，张其声威，虐民蠹政，天祐捕置于法”，严惩不贷。海上匪盗出没，剽掠行旅，李亲率骁勇，“悉擒捕之”。“又与达鲁花赤答失蛮重修县学”，重视教化。李天祐对“民有亲丧久不葬者，以礼劝谕。或贫不克举者，分俸助之。谕民孝悌忠信，祭其勤惰而赏罚；帅僚吏入学听师生讲说经训，使知礼义廉耻”。至元二年（1336），县尹庞思忠创立棂星门。至元六年，县尹穆卜颜帖木儿捐俸修理殿宇、仪门、廊庑、斋舍、厨库，内外一新。又甃砌地坪，重置祭器，于学前建东西街坊巷二座：一名宣化，一名文明。至正二十年（1360），县尹杨用可组织核田，挑选人之有物力者，“为书算，为保长，各司其局。谕晓有田之户，细计步亩，自占其业，而又躬自履亩，覆验其实，疏纷雪讼，除旧合新。官备纸墨，工绘原隰，曰鱼鳞图；亩班号字，次第循序，曰流水册。田给由券，赋随其产”。消除“其田惟上下，其赋错上中。前代以降，载籍无稽，隐陋（漏）泯绝，视而弗理”① 之乱象。

明

兴修水利　洪武初，明首任知县孔立浚玉带溪。洪武间，诏工部发宁海县民2万人东集象山，筑堤浚河，宁海丞周公辅以死争之，事载公辅传②。永乐二年（1404）诏修象山茭湖塘岸。成化十七年（1481），知县凌傅留心水利，筑岳头、岑崀两塘，得田3万余亩，又浚东河、中河、西河，筑（东）高平、（中）庆丰、（西）岳头3碶。正德元年（1506），马思聪知象山县，“复二十六渠，溉田万顷”③。嘉靖八年（1529），主簿杨格亲坐街中，立命拆去民屋，疏浚玉带溪。知县夏津建南塘碶（南盘港碶）。万历三十四年（1606），知县吴学周浚南大河，溉田6万亩。

抗倭　建文三年（1401），倭犯钱昌，登劫汤岙、潘家坎，千户易绍宗，密令游兵间道焚贼舟，并与敌格战，追至海岸，陷淖中，手刃数十贼，遂亡。永乐二十年（1422），县丞宋寘与民同安危，手执长竿与敌斗，杀敌数人，匕首中胁而亡。永乐二十二年教谕蔡海厉声骂倭，饮刃而亡。嘉靖二十五年（1546），漳寇大发，劫石浦城，掳备倭把总白濬、巡检汤英，沿海焚掠殆尽。知县蒋三才倡立父子乡团兵，互相策应，以防犯境之海陆诸寇。嘉靖三十年，毛德京知象山县，毅然治战。建县城（改土城为石城），不避劳苦，工竣，得以凭城固守，又“饬田保，戒守望”，倭寇不敢入境。嘉靖三十五年，王厢知象山县，时总兵俞大猷击舟山倭寇，平徐海余党。王厢招抚以数千计。嘉靖三十八年五月，副使刘存德、参将张鈇令、把总任锦“设伏石所港口，而自引兵进剿，贼即逃出洋，伏兵击败之”。嘉靖三十九年，典吏张达，闻倭寇攻城急，“乃擐甲，鼓勇率数骑，效死坚守”④。寇知有备，散去。

兴学　洪武三十一年（1398），县丞丁汝器修学、补祭器。正统年间，知县孙枢修大成殿，建文昌祠。丞马俊修明伦堂及两庑。成化年间，知县凌傅“修学宫，拓其旧址，更新廨宇”。嘉靖五年（1526），知县史簠重修学宫。嘉靖二十八年，喻松署县事，修两庑。嘉靖二十九年，教谕杨继

---

①民国陈汉章《象山县志》卷二十一“名宦传上·元·杨用可”。
②此见乾隆《象山县志》。明崇祯《宁海县志》有关此事记载，见本志“大事记”明代部分。
③民国陈汉章《象山县志》卷二十一“名宦传上·明·马思聪”。
④民国陈汉章《象山县志》卷二十一“名宦传上·明·张达”。

宗“创礼门、浚泮池，跨以石桥”。万历五年（1577），教谕郭立之捐俸修斋舍、廊庑、垣墙、阶彻旁及器皿几榻。万历七年，知县曾学孔创教谕宅，训导宅。万历十六年，知县陈天祥，重修“庙庑、斋舍，于启圣祠前增号舍三间”。万历三十二年，知县周官“扩其地，周以墙，收玉带溪于县学墙内”。万历三十五年，知县吴学周重修殿堂两庑。崇祯六年（1633），知县陈美重修被飓风损坏学宫。崇祯十一年，知县汤维岳又修之①。

轻徭薄赋　嘉靖四十二年（1563），知县林森“正版籍，均徭役”。万历九年（1581），知县唐师锡，面对督饷者“让以慢期”，曰：“吾忍以敲扑残民命耶？宁坐催科政拙耳。”万历二十年，知县倪甫英见“邑赋役故弊薮，奸胥为政”，乃校定《经赋全书》，宿蠹为之一洗，上下皆便。天启五年（1625），知县吴士忠“仁恕廉明，革冗差夫马”。崇祯八年（1635），知县林尧斌“清廉自持，革除仓库陋规，严惩积蠹”。崇祯十七年，知县姜圻见“征求日繁，民不聊生”“疏上监国鲁王，免诸横税”②。

省刑罚　弘治四年（1491），知县郑琳执法不阿，“豪有力者，莫敢以私干”。时人呼为“郑硬头”。正德元年（1506），知县马思聪莅任，部使者遣胥督责吏案。胥因缘为奸，直犯公庭，追呼逮系。思聪上疏其状，“请当道期会以戢吏胥”。嘉靖十五年（1536），知县何荣莅事，“公明勤于案牍，狱无留滞”。嘉靖年间，知县喻松“剔里役宿弊，清革戢绥，心力殆尽”。嘉靖四十二年，知县林森“清囹圄，省刑罚，招抚逃亡，除土寇以安民”。万历二十一年（1593），知县李多见“发奸适伏，平讼以息争”。万历二十三年，知县罗彦“绳奸宄，清讼狱”。民谣曰：“冷面阎罗，拨雾澄波，抚字催科，天如祚我，老此若何。”崇祯十七年（1644），县丞蒋懋靖暴安民。知县姜圻面对“悍卒乘机为乱，刈民如草”，捕首恶诛之，“严缉客兵，和好诸帅，一以诚相感，使民如赤子之戴其父母，虽兵荒交迫而未尝少贰也”③。

善政　正统八年（1443），知县孙枢在昌国卫、爵溪、钱仓、石浦 4 地建广积仓。正统十三年，改隶本县，又建预备仓两所，东仓在十八都，西仓在十七都。“或官出籴本，或人赎锾，或富民均输，一遇岁歉，平价以粜，或贷贫民”。嘉靖二十年（1541），知县吴允裕洁己奉公，“一夕，山贼窃发，掠库银而去。允裕罄俸以偿，不足者尚过半，民竞捐资代偿”。嘉靖三十年，知县毛德京辟圆峰庙，“于勗勤中纂辑成书（县志），文献赖以有征”。万历元年（1573），知县陈思爱“夷治昌国、石浦诸孔道，以便行旅”。万历十九年，训导金可久“资俸所入，多以周贫士婚葬”。万历二十五年，知县倪甫英“置田以赡学，积谷以备荒，练兵以振武”。万历二十七年，知县陈梦斗“节爱恤民”。万历三十四年，知县吴学周“于港（象山港）外凿山成径”，方便邑人渡海赴郡，时人称为“吴公渡”，并“纂修邑乘（万历《象山县志》），广为搜辑”④。

清

兴修水利　康熙十五年（1676），知县李郁易碶以坝，为不谙水利之为，后人认为害不可言。康熙二十一年，知县汪大润筑岑崁塘。康熙五十七年，知县马受曾“复浚南大河，将及子河，卒因循未果”。乾隆三年（1738），知县李仙洲仿宋吴潜水则立石，镌三分、二分、一分六字，过三分当泄，至三分当闭，为诸碶蓄水之准。乾隆九年，知县张绣清马岗河界。乾隆十九年，知县张

---

①民国陈汉章《象山县志》卷二十一“名宦传上・明・汤维岳”。
②民国陈汉章《象山县志》卷二十一“名宦传上・明・姜圻”。
③民国陈汉章《象山县志》卷二十一“名宦传上・明・姜圻”。
④民国陈汉章《象山县志》卷二十一“名宦传上・明・吴学周”。

肇杨“议浚支河较深一尺，庶水不尽泻大河。保里绘图进，复身履其地，以一衿一耆督一河，河分以丈工准，以田滨河一丘者功倍，二丘者功半”。乾隆二十一年，知县史鸣皋“甫至任，即躬历原隰，议浚河道，修会源、贤昌诸碶闸以资蓄泄”。嘉庆三年（1798），知县黄敬修督浚凤跃、玉带二溪，民赖其利。嘉庆十六年，知县葛建椿谕首事陈亨吉、蒋杰等派资开港造碶二，接朝宗碶、倪家河入海。嘉庆十八年，邑人陈其钰、姜人宽等因庆丰碶港淤塞多年，每遇霖雨，永丰、灵长二碶之水灌入庆丰碶、仇家山、洋心一带，塘田俱遭湮没，呈明知县葛建椿“于庆丰碶下开港立碶，名曰会通，以泄灵长、永丰之水”。道光元年（1821），知县孙廷松“浚大河”。道光八年，知县童立成“浚城中河道”。光绪三十三年（1907）里人萧大照、贺璜黼等呈请知县程和重修岑兆碶。翌年，叶元芳于石浦九浚九曲溪，又于城西门凿一大池，储山水以济民。民德之，号曰“叶公流芳池”①。

兴学　顺治十一年（1654），知县陈黉重建孔庙明伦堂。康熙十二年（1673）（另说康熙十七年），训导程士栻偕诸生捐资重修孔庙大成殿。康熙二十四年，知县刘廷谏、教谕沈用将、顾尔敏成之。康熙二十六年，副将汪国祥重建孔庙两庑，以武将而有志学校，复设书院以课士，实属罕见。康熙三十四年，教谕姚廷杰重修孔庙。雍正三年（1725），知县马受曾修葺孔庙，同城文武、绅士协力捐助，自正殿、两庑、棂星门、戟门，以至明伦堂、礼门皆购料重建，逾岁始工成，旧制一新。乾隆十年（1745），教谕庄鎔、训导周熙文修崇圣祠，邑人史绪善修泮池。乾隆二十三年，教谕连声献、简发，训导吴条重修学宫，知县史鸣皋主持完成。并“设田为士子应试公费，名科举田”。乾隆四十六年，教谕孙鲲化改建文昌阁，邑人吴山潮、邓炳、俞凤姿捐资，分别修崇圣祠、昌黎伯祠、忠孝祠，袁乔年修学宫围墙。乾隆五十五年，知县袁淑先修大成殿，砌黉墙。嘉庆五年（1800），训导温纯倡建姜忠肃公祠（姜忠肃公祠自雍正三年借为训导署）。嘉庆十年，知县周兆增捐修孔庙大成殿暨大成门。改崇圣祠为昌黎伯祠，改昌黎伯祠为名宦、乡贤祠，移崇圣祠建于射圃旧地。道光五年（1825），知县孙廷松建尊经阁，铺砌明伦堂，书《大学》圣经竖于堂。移前明刘文肃八分书圣经于阁。道光六年，知县吴锡畴重修孔庙明伦堂。道光十八年，知县吴锡畴及邑人马丙书等募捐撤建明伦堂五间。道光二十二年，知县范先达，训导丁大椿及邑人马丙书等协力募捐，撤修孔庙大成殿东西两庑、大成门、泮池，明伦堂改为崇圣祠，崇圣祠改为尊经阁。同治三年（1864），教谕林銮及邑人姜鸿滩等募捐重修孔庙殿堂。同治六年，教谕阮泰恩捐修孔庙棂星门。同治七年，知县黄丙坤（堃）捐修两庑②。

赈灾　康熙二十八年（1689），知县胡祚远，捐米赈饥。康熙三十三年，副将张进设义冢，岁修桥梁及路，给衣以衣寒者，施棺掩骼，惠甚溥。康熙六十年，知县马受曾“开粥厂十座。迨癸卯岁又饥，且较前倍”，并“哀恳二台、督抚以状闻于朝，奉敕发常平仓粟赈之。爰设粥厂二十七座，令各村堡，家出少壮一人，持筹赴厂，饲以粥，余计口数给米，俾携归，老弱妇女悉免行”。“及奉赈粟尽，复捐俸继之，俟二麦登乃毕，计全话十万二千五百人有奇”。雍正二年（1724）颁行社仓法：县令遴选里中绅衿，给以印簿，听愿输者不拘升斗。十石以上者给花红，三十石以上者给匾额，五十石以上者报上司奖励。历年乐输者多至三四百石者奏闻，奖以八品顶戴。其米谷暂存公所，俟积久数多，仿朱子社仓例成造仓廒。每年春夏之交，借与乏食之民，游手好闲者不

①民国陈汉章《象山县志》卷二十一“名宦传上·清·叶元芳”。

②民国陈汉章《象山县志》卷十四“教育考·儒学·清”。

得与。凡借谷一石，年丰加利二斗，稍歉半之，大歉仅收谷本，秋成还仓，若实不能偿者缓之。雍正二年至六年，共捐本谷六十五石二斗三升。乾隆五年（1740），知县张人崧“岁歉，市无米，力疾复郡告籴，比归，卒于官”。乾隆十六年，玉泉场大使邓曰琏逢大祲“设粥赈饥、延医施药，灾黎以苏”。乾隆十九年，奉文豁免贫民力不能完原借口粮谷九百四十石二斗四升，乾隆二十年，奉文准销碾给昌石汎损失兵米谷五百九十九石四斗七升四合、存谷三万八千一百二十四石三斗五升四合八勺。光绪六年（1880），知县沈钟瑞奉文捐设社仓，计城乡一百三十一仓，仓各有所，所各有号。积谷得一百六十余万斤①。

利民　顺治六年（1649），知县陈白辂值鼎革之初，“阁民疮痍，尤急抚字，缓催科，曲加轸恤，每事必从节省，虽暴兵悍弁需求百端，勿顾也”。“秋毫不以犯民”“苞苴往来，谢绝”。顺治七年，教谕董治向巡视地方官员陈说有利国家，合乎事宜意见八条。其中，认为“飞山”（山粮飞洒者，即任意摊派）、“涂田”（涂田为塘田之升科者）是“最不便民者”“特疏请免，百姓重困始苏”。康熙二十六年（1687），“轮修战船，民甚苦之”，知县刘廷谏“力请当道”，使役工豁免。康熙三十三年，副将张进见“邑西黄溪渡口雨夜登舟多苦泥淖”“于两岸并筑石为康衢”。康熙五十一年，知县萧世衡豁免屯米二十一石。乾隆八年（1743），知县张绣“禁赌博，禁焚山林，绳之以法，山复苍翠，彻夜巡警”。乾隆二十一年，知县史鸣皋“砌海浜砐硌路，名之曰交绾路”。乾隆四十八年，知县袁淑先讯案明辨是非曲直，一海盗案发，累及市户，淑先讯辨其诬，“以数语决之”，父老送“明镜”匾额颂之。道光元年（1821），知县孙廷松“修黄溪渡成坦道”。同治四年（1865），知县黄丙堃“建育婴堂，捐金为土民倡”。

修志　康熙十一年（1632）知县马騉（鲲）主修县志4卷，适耿精忠反，被执，志稿未刊。康熙二十一年，知县李郁重修县志，总16卷，世称“李志”。康熙三十七年，知县胡祚远主修县志，成志16卷，为“胡志”。雍正七年（1729），知县马受曾主修县志，成42卷，为“马志”。乾隆二十一年（1756），知县曹鋆请姜炳璋总修县志，因曹去官志未成编。乾隆二十三年，知县史鸣皋复开局主修，姜炳璋、冒春荣同纂，共12卷。道光十一年（1831），知县童立成主修，宁波府学教授冯登府总纂县志，成志22卷。称为“道光志”。同治七年（1868），知县黄丙坤（堃）邀人同纂象山县志，共十二卷，无序、跋，未刊，有传抄本②。

第二章　民国时期县政权

民国元年（1912），象山设县公署。民国16年改组为政府。县长官先称知事，后谓县长。抗日战争时期丹城沦陷，县政府一度迁往西周。县政府下设科室，名称时有变化；基层设区、乡镇公所，下行保甲制。象山南部南田地区，民国元年设南田县。民国29年，撤南田县，并入三门县。抗日战争期间，日军侵占象山，沦陷区建汪伪象山县政府与南田县政府，抗日战争胜利后消亡。

①民国陈汉章《象山县志》卷十三“实业考·十一、积贮”。
②民国陈汉章《象山县志》卷十八“艺文考·附：旧志考略·同治志稿”。

第一节　民国县政府

民国元年（1912）至民国17年，为中华民国临时政府、中华民国北洋政府时期；民国14年至民国38年，为国民政府时期。

政府机构

民国元年（1912），县直隶于省。始设县知事公署，县长官称知事。下设政务主任、财政主任、承审员、视学员。民国5年，改设4科，政务主任改任第一科长，办理行政事务；财政主任改任第二科长，办理财政事务；承审员改任第三科长，办理司法事务；视学员改任第四科长，办理教育事务。民国8年9月，徐世昌公布《县自治法》，县分为自治议决机关及执行机关。议决机关为县议会，执行机关为县参事会，参事会会长一人，县知事充任。参事名额4~6人，半数由县议会选举，半数由县知事委任。

民国16年（1927）6月7日，县知事公署改组为县政府，知事改称县长。设总务、民治、财政、建设4科。是年，成立县公安局，改城区、昌石两警察所为城区第一公安局、石浦第二公安局。民国18年6月5日，增设秘书1人，民治、财政、建设、总务4科改称一科、二科、三科、四科，县政府下设公安、教育两局。民国19年6月，县政府实行改组，设秘书1人，第一、四科并设总务科，第二、三科改设财政科、建设科，仍置公安、教育两局，又置承审员1人。后增设民政科。11月，设县仓管理委员会，由县长任主席，聘士绅多人为委员。民国24年5月，公安、教育两局裁撤改科；7月改组，设1室（秘书室）、5科，合署办公，第一科理民政保甲，第二科管财政土地，第三科管公安，第四科理教育，第五科掌建设。民国25年11月，县司法处成立。民国26年7月，县成立抗日自卫委员会；9月县政府改组，设秘书处（分统计、建设、机密、总务4股）、教育科（分学校教育、社会教育2股）、财政科（分会计、稽核、财务行政3股）、民政科（分保甲、警卫、自治3股）、公安科、警察大队，城区公安局合并为警察局（设总务、行政、司法3科及督察室），司法科长由局长兼任。

民国27年（1938）1月，依浙江省战时各县政府组织暂行规则，设秘书室、会计室和第一、二、三科。第一科掌民政兵役军法及自卫团队，第二科掌财政建设，第三科掌教育及战时宣传训练，另设技士和军法承审员各1人。3月1日，奉令成立“象山自卫团队指挥部”。翌年1月，旋改设民政、财建、教育、军事、兵役5科。10月，财建分设财政、建设两科。民国29年，实行新县制，民政科职掌县以下机关和各级组织，整理县乡镇财政等事项。民国30年，置秘书、会计、军法、政工、指导5室及民政、财政、教育、建设、兵役5科。翌年增设粮政科。民国32年4月，施行改组，设秘书室、会计室，又依民政社会、财政粮政、教育建设、兵役军事，分别设第一、二、三、四科，科室下分股，另置军法承审员。

抗日战争胜利后，县政府于民国34年（1945）11月，恢复原编制，设民政、财政、教育、建设、社会、军事6科，秘书、合作、会计3室。翌年又增田粮科、统计室等。民国36年9月，改设秘书处、民政科、财政科、教育科、建设科、田粮科、社会科、军事科、合作室、会计室。

基层政权

民国前期，沿袭清自治体制。民国18年（1929）年初，始行村里制，村里之下设闾邻。7

月，奉省民政厅《关于厘定县界办法及各县划区办法》，将原县属12自治区编并5区、133村里。翌年6月，区成立区公所。民国21年，改村里为乡镇，并成立乡镇公所。民国25年2月，实施保甲制。

区级政权先后有区公所、区署两种形式，均代表县政府督导各乡、镇办理各项行政及自治事务。区公所、区署未设前，则由县政府委派督导员或指导员执行督导任务。

民国19年（1930）五六月间，第一、第二、第三、第四、第五区相继成立区公所，所址分别设大碶头、珠溪、儒雅洋、东溪、石浦。各区署区长1人。其中，第五区为二等区，区公所内分第一、第二两股，分别办理乡镇自治和总务；第一区为四等区，第二、三、四区为五等区，区公所均未分股，仅各设助理员1人。民国23年12月间，区公所裁撤，改督导区，派置保甲巡回督导员。民国28年1月，督导员指定督导区内适中乡镇附设通讯处。第一督导区附设于丹城镇公所，第二督导区附设于儒蕉乡公所，第三督导区附设于石浦镇公所。民国30年后，鉴于原督导区指导不灵，遂于2月制定《象山县各区乡镇保甲调整编制方案》，废督导区名义，仅设石浦区，其余乡镇仍直辖县政府，分别划为三指导区，称象东区、象南区、象西区。七八月间，分区设立县政督导处，各置县政督导处主任1人，石浦区另设助理1人。县政督导处办公地址：象东区在五汉乡着衣亭，象南区在丹城镇公所，象西区在儒蕉乡儒雅洋，石浦区在峰北乡公所。民国31年年初，先后设立象西、象东、下南3区区署，仅剩上南区各乡镇直属县政府，由县政府派区指导员督导。不久，县城沦陷，县政府西迁，上南区各乡镇几与县政府隔绝。为谋取沦陷区政权，乃经县政府督饬，于民国32年3月组织成立上南区区署。各区署驻地：上南区驻南庄小厅，象东区驻珠溪，象西区驻西周，下南区驻黄公岙。区署等级，下南区为乙，余皆为丙。翌年，各区署设区长1人、指导员2人、技佐1人、会计员1人、事务员2人、雇员2人、区丁3人。各区设区建设委员会，为区内乡村建设、研究、设计、协助、建议之机构。民国34年6月，奉民政厅电令，裁撤上南区区署，由县政府派指导员常驻督导。10月撤象东区区署，12月撤象西、下南区区署，均分派指导员常驻督导，恢复督导区名义。民国38年1月，成立石浦区区署。

乡镇政权于民国21年（1932）筹建，即将里村改变为乡镇，设乡、镇公所。民国24年，全县设乡公所62个，各置乡长1人、副乡长1~3人（1人者41乡、2人者19乡、3人者3乡）；设镇公所3个，各置镇长1人、副镇长1~4人（丹城镇4人、金山镇2人、东来镇1人）。民国26年12月，鉴于乡镇数量过多，组织概不健全，县政府制定《象山县调整乡镇机构办法》，于翌年3月，归并为25乡、2镇，分属3督导区管辖。各设乡镇公所，置乡镇长1人，副乡长1~2人、副镇长3~4人（丹城4人、石浦3人）、事务员1人、乡镇丁1~2人。民国30年2月，县政府制定《象山县区乡镇保甲调整编制方案》，以每乡镇辖6~15保为度，12月调整为30乡镇。设乡镇长1人、副乡镇长1~2人。乡镇公所辖10保以上者设民政、警卫、经济、文化4股；辖10保以下者则设民政警卫和经济文化2股。各股设主任1人，分别由副乡镇长、乡镇财务保管委员会主任委员、乡镇中心学校或保国民学校校长、乡镇队附兼任。设干事、事务员、书记、乡镇丁若干人。民国34年11月，编制缩小，裁撤部分专任人员，乡镇公所编制分甲、乙两种。甲种18乡镇，乙种12乡镇。甲种乡镇，专任人员计乡镇长1人、事务员1人、书记1人、乡镇队附1人、乡镇丁1人，非专任人员计副乡镇长2人、股主任4人、干事4人。乙种乡镇，专任人员计乡镇长1人、事务员1人、乡镇副1人、乡镇丁1人，非专任人员则副乡镇长1人、股主任2人、干事2人。民国36年年初，调整乡镇区划，为18乡、2镇，乡镇公所内增设幕僚长，余未变化。

民国23年（1934）末，行保甲制度，全县开展保甲编组工作，实行联保联坐。民国25年2月编制完成。以10户为甲，10甲为保，全县计511保、5094甲。保设保长、甲置甲长。保长一般由保民公推，也有乡镇长推荐。民国27年，设保长办公处，置保长1人、副保长1人。民国30年后，保长办公处渐增设保队附、民政、警卫、经济、文化干事及保丁等。民国37年11月，筹置乡镇联保办公处，于翌年1月相继成立。各推首席保长1人，设专任保干事1人。全县计282保、95所乡镇联保办公处。

知事、县长名录

民国初期，设县公署，后期改组为政府；长官先为知事，后称县长，共30任、28人（2人为复任）。其间，长官频繁变换，最短掌政仅10天。

民国期间象山县知事、县长情况表

表11-2

官职	姓　名	籍　贯	任　　期	备　注
知事	周传义	湖北	1912年1月1日—2月1日	—
	杜棣华	浙江临海	1912年2月1日—8月1日	—
	许德芬	浙江杭县	1912年8月1日—1913年1月1日	—
	蔡裔麟	浙江宁海	1913年1月1日—1914年3月28日	—
	陈亚春	江苏丹徒	1914年3月28日—7月1日	—
知事	张鹏霄	江西萍乡	1914年7月1日—1916年1月13日	—
	廖立元	江苏兴化	1916年1月13日—6月1日	—
	张鹏霄	江西萍乡	1916年6月1日—1917年10月14日	复任
	汪东宝	江苏吴县	1917年10月14日—1918年9月19日	—
	李　芳	江苏高邮	1918年9月19日—1919年10月11日	—
	刘蔚仁	福建宛平	1919年10月11日—1920年12月2日	—
	李　沭	湖南衡山	1920年12月2日—1923年3月27日	—
	李　芳	江苏高邮	1923年3月27日—1924年8月18日	复任
	曾毓骧	福建	1924年8月18日—1925年9月13日	—
	劳纬章	浙江桐乡	1925年9月13日—1926年9月13日	—
	郑　迈	浙江永嘉	1926年9月13日—12月1日	—
	罗士筠	江西高安	1926年12月1日—1927年4月1日	—
	孙　鹏	浙江富阳	1927年4月1—11日	—
	唐世潍	—	1927年4月11日—6月7日	—
县长	唐世潍	—	1927年6月7日—11月16日	—
	徐　倞	浙江富阳	1927年11月16日—1929年2月18日	—
	张周汶	浙江临海	1929年2月18日—1933年12月10日	—
	李学仁	浙江临海	1933年12月10日—1935年8月25日	—

续表11-2

官职	姓名	籍贯	任期	备注
县长	胡鼎仁	浙江临海	1935年8月25日—1937年11月5日	—
	盛世馨	辽宁复县	1937年11月5日—1941年7月23日	—
	苏本善	湖南湘潭	1941年7月23日—1945年4月1日	—
	贝再然	浙江上虞	1945年4月1日—1946年8月20日	—
	孟　铸	江苏泰县	1946年8月20日—1947年9月1日	—
	梁尚勤	湖南长沙	1947年9月1日—1948年9月30日	—
	周文战	浙江遂昌	1948年9月30日—1949年5月6日	—
	王绍荫	湖南	1949年5月6日—7月6日	—

民国南田县政府

清光绪元年（1875），南田开禁。光绪四年，设南田垦务保甲局，属宁波府，首任垦务委员杜冠英。宣统元年（1909），南田设抚民厅。民国元年（1912），置南田县，辖南田、高塘、花岙、檀头山、对面山、坦塘、南渔山、北渔山8岛，为宁波府属县。初设桃源区（南田岛）、蓬莱区（高塘、花岙2岛）、三山区（檀头山、南渔山、北渔山、对面山）、瀛洲区（坦塘岛）4自治区。县治设樊岙，首任县知事孙乃泰。是年，象山县东溪岭以下划入南田县，县治移石浦，增设城区及延昌、卫安、金城、灵照4乡。翌年，取消划并，县治迁回樊岙。民国19年，分设4区10都、3里、28联村。民国《南田县志》“南田县政府房屋平面图”所示，设有第一、二科，建设室、秘书室、财政科、司法科、书记室及公安局等。民国29年，南田县撤，辖地为台州府三门县南田区，辖6乡、镇。

民国期间南田县知事、县长情况表

表11-3

官职	姓名	籍贯	任期
知事	孙乃泰	浙江宁海	1912年2月—1913年10月
	方从矩	浙江杭县	1913年10—12月
	李　沭	湖南衡山	1914年1—4月
	平智础	浙江绍兴	1914年4月—1915年1月
	姚鸣楷	河北深县	1915年1—5月
	吕耀钤	江苏武进	1915年5月—1920年4月
	陈延昌	江苏扬州	1920年4—12月
	陈炳业	湖南长沙	1920年12月—1925年8月
	朱锡康	浙江海盐	1925年8月—1927年2月
	张鸣皋	浙江象山	1927年2—3月
	刘　炯	湖南	1927年3—5月
	郭庆章	广东	1927年5—6月

续表11-3

官职	姓　名	籍　贯	任　　期
县长	郭庆章	广东	1927年6—8月
	纪　敬	浙江象山	1927年8月—1928年4月
	毛皋坤	浙江江山	1928年5月—1930年6月
	厉家祯	浙江杭县	1930年6月—1936年11月
	梁翼镐	江西南昌	1936年12月—1940年6月

说明：张鸣皋未经正式委任，旋因劫狱放犯，被省政府通缉

汪伪象山县政府

民国30年（1941）4月，日军石浦登陆，继占茅洋，窜扰县城，拉失意政客，纠合劣绅流氓，扶植傀儡政权。初，县城组织“象山乡镇联合会”，之后，于民国32年6月成立汪伪“象山县政府”。徐梅初（无锡人）、饶谦（建德人）先后任伪县长，隶伪浙东地区行政督察专员公署。设秘书处、税务处、司法处、粮政科、民政科、财政科、建设科、教育科等。下设县警察局、爵溪警察分所。另设营业税征税局、烟酒特税局、盐务管理局。溪口、延昌设伪区署。

汪伪南田县政府

成立于民国33年（1944）1月，伪县长胡常英（宁海人）。县治设石浦。设秘书、第一科、第二科、第三科、司法科、警察局。下分第一区（象山下南区及舟山列岛），驻石浦；第二区（三门县南田区，含渔山列岛），驻南田；第三区（宁海县水车区及象山溪口、泗十二乡），驻宁海岳井。

第二节　议政机构

民国期间，县设议会、参事会、参议会、乡（镇）民代表会组织。沿清末体制，参选省议员、省参议员。

县议会　参事会

民国元年（1912）2月，浙江省颁布《浙江省自治章程》。是年，象山县议会成立，由20人组成。议长谢补衮，后辞职由屠耀台继任。民国3年3月，县议会取消。民国11年5月15日，象山县恢复县议会，由11人组成，议长谢琦。6月20日，县议会选举成立县参事会，设会长1人、参事4人。县知事李洣兼任会长，参事或由议会选举，或由会长委派。后议会、参事会均停止活动。

参议会

民国元年（1912），县参议会成立，选举姜颖芬等4人为参议会议员。民国3年，与议会同时停止活动。民国33年11月11日，依照国民党浙江省执行委员会训令，筹组县临时参议会，有临时参议员20人，候补参议员6人，周凯旋任临时参议长，姜绍祖任临时副参议长。民国34年1月10日，县临时参议会在下沈大庙举行成立大会，并召开第一次临时参议会会议，选举组成县临时

参议会驻会委员会，为县临时参议会的常设机构，由周凯旋、谢略、顾树棠、姜绍祖、林西村、何本芬、顾鹏程等7人组成。8月17日，县城收复，翌日，县临时参议会迁返城区办公。至翌年6月，县临时参议会共召开1次参议会会议和2次临时大会。

民国35年（1946）4月14日下午，全县各地同时举行县参议员选举。参议员名额为40人，候补参议员40人，分配各区、职业团体，采用复选制或直接选举产生。参议员中有国民党员31人。6月23日，县长贝再然召集举行参议会第一届第一次会议，选举郑文彬为议长，何敏求为副议长（不久辞职）。民国36年1月，县参议会第三次会议补选王立铮为副议长。3月5日，县参议会召开临时大会，大会讨论提案两项，其一，县长孟铸玩忽县政、蔑视民意、纵匪殃民，电请省府撤换；其二，县预算审查委员会审查民国36年度县岁出入概算时，县府会计室主任江意城、田粮科长杨敬舆阻止增删，态度傲慢，电请省府撤换之。4月5日，参议会第四次会议，通过《县政检讨委员会组织规程》，成立县政检讨委员会，委员7人。县第一届参议会共举行11次会议、一次临时大会和12次县政检讨会。

乡（镇）民代表会

民国时期，县以下设乡（镇）民代表会和保民大会。民国28年（1939）末，各乡（镇）民代表会相继召开第一次会议，由乡镇长、副乡镇长及保长、保乡民代表参加，每乡（镇）人数约45名。保乡民代表由各保保民大会推选，每保2人。乡（镇）民代表会议，议决本乡（镇）自治事务。抗日战争时象山沦陷后，乡（镇）民代表会自动解散。抗日战争胜利后，又分别举行保民大会，选举代表，报县政府核定，发给当选证书，任期2年。各乡（镇）民代表会先后恢复，并分别召开成立大会。

省议员　省参议员

为清末体制，民国延续。清宣统元年（1909）10月，浙江省咨议局成立。象山选举王予衮为省咨议局议员。

民国2年（1913），选举史华藻、丁镕为浙江省议会议员。民国35年8月22日，选举周凯旋为浙江省参议会参议员，翁鲲为省候补参议员。

第三节　主要政务

辛亥革命成功后，中华民国政府成立。前期，县署主要处理石浦划入南田县之争外，以办理教育、处理灾害、防止匪盗、征收赋税、为军队筹集粮饷事务等。国民政府成立后，开始转入较有计划的经济、文化、教育等各项事业建设，但时间短促，乏善可陈。民国26年（1937）“卢沟桥事变”后，尤其是象山沦陷后，县署立即开展抗日战争宣传，组织武装，抗击日伪军，并组织地下工作队，潜入沦陷区惩处汉奸。同时，又忠实执行国民党反共政策，限制共产党活动，破坏国共第二次合作。抗日战争胜利后，于民国34年9月拟定《象山县整理办法》，11月，县政府奉令恢复原编制，接受日伪财产，缉捕汉奸；12月，成立象山县社会救济事业协会。翌年5月，成立象山参议会；6月成立象山县自治委员会。各项民间社团、供销合作社活动等逐渐恢复。民国政府在推广合作事业、指导农业技术、测量土地、整理赋籍、复苏商业、平抑物价诸方面做了一定工作。民国36年后，县政府秉承国民政府“戡乱建国”旨意，加强“剿共”。民国37年5月，县成立“象山县戡乱建国动员委员会”，以“反共、剿共”为宗旨，镇压民众，对抗历史潮流。象山解放后，民国县政府覆亡。

民政

象南划并南田县事件处理　民国元年（1912）4月30日，象山县昌石镇自治会议长秦英鉴等呈请省临时议会，将石浦并入南田，推派代表，赴省请愿，并送地图一幅。省临时议会依据省民政长褚辅成之调查，议决将象山县奠南乡、昌石镇划归南田。10月，南田迁县治于石浦。象山东溪岭以南皆入南田县。象山议会起而力争，推派陈汉章、仇以炯为代表，赴省请见都督朱瑞及民政长屈映光，面陈利害，但省民政长坚持前议，并电令象山县知事许德芬，5日内将昌石、奠南户册割交南田县，如违即行撤任。许知事抗不割交，缴印而去。于是陈、仇入京都，上书大总统、国务院、参议院，浙江省议会始行调查。其时南田代表叶桐封、施仁纬亦上书朱瑞，认为“将石浦划归南田”与“南田设县之本意失”，陈请还治南田。象山与南田两县议会协商，以南田人民亦不愿隔海隶石浦合电省议会。民国2年5月，省议会据民意复议，象山区域得不变更，取消划并。10月，南田县治还治樊岙。

慈善赈灾　建磐安乡私立育婴所，丹城城隍庙设佛教孤儿院。组织粮食调剂委员会，争取省赈务会拨给赈款并募捐、救济抚恤灾民。民国11年（1922），石浦时疫流行，士绅集资，关帝庙开设施医局，灾年取缔囤积居奇。民国32年，成立“象山县平粜委员会”，实行平粜，政府发放农贷恢复生产，虽杯水车薪，但起缓解作用。

治安管理　禁止种植鸦片，禁吸鸦片，禁赌。办理户籍登记。民国20年（1931）8月，训令“破除迷信，改良风俗”，严禁蓄婢养妾，禁领童养媳，取缔典妻及废除跪拜礼等。防海盗匪患。

经济建设

农业　民国2年（1913），南田清丈缴价以国有土地改为民有，凡属领垦成熟田、地、山，均分别升料输赋。民国10年，象山知事李佩秋开办桑蚕传习所。20世纪20年代中期，调解佃户与业主关系，西周等地实行“二五减租”。民国28年春，辟中山公园及县署东首苗圃育苗木；民国29年5月，建县农林场于丹城东门；民国35年，于白鹤庙辟农业推广所，培育良种，推广农业技术。

水利　民国11年（1922），台风登陆象山，县城东、南、西3城楼被摧，海水进南门，直达行宫，可行河船。民国17年7月30日，洪潮溢入，南庄沦为水域，深达1米，海塘尽毁，民国县政府均组织修治。民国27年，新开南庄下余横河；民国34年，靖南三乡浚岳头、金井头、中央港3河及南盘港；民国36年，县政府疏浚东大河，河分8段，乡镇长负责1～4段，下按保甲编组。

南田县政府于民国21年（1932）11月，疏浚小湾塘河。

工商　民国14年（1925），宁海、温岭、台州、礼安等渔会公推象山县渔会会长领衔致电北京执政府，反对将沿海省渔税押抵外债。民国21年，建南田县农民借贷所。是年，中国银行在石浦设特约机构“石浦寄庄”。民国23年，国民政府颁布《合作社法》，翌年，象山倡行合作运动。民国25年，创立第一个合作社。民国29年，修订《战时合作社推进计划》。民国34年，筹建象山县银行。民国35年，成立“南韭山渔业产销供运合作社”。

交通　民国2年（1913）、9年，分置石浦邮局、象山邮局。民国21年，筹建西泽至县城公路，民国24年建成，称“象西国防公路”。

民国22年（1933）11月，建成宁海经象山县城至石浦长途电话线路。

文教卫生

民国2年（1913），改行新学制（初小4年，高小3年），实施劝学，建立“学堂”，督导私塾改良。民国9年，举办“国语注音字母讲习所”，强调语体文字皆须注音。鼓励举办私立小学、中学（立三中学）。抗日战争时期，县长苏本善创建象山县立初中（定象联中），设短期小学保国民学校（村办初小）和区乡中心国民学校。民国34年，实行“强迫教育”，意欲提高学龄儿童入学率。设县民众教育馆，推广民众学校，开展肃盲工作。教育建立督导制度。举办艺术展览会，首届春季体育大会。其间，宣传清洁卫生和防疫，组织开展大扫除、卫生检查。设防疫委员会，警察局设卫生警察。设立公立医院，创县卫生院，崇尚西医。

抗战

民国26年（1937），“卢沟桥事变”爆发。7月，象山成立抗日自卫委员会（后改为象山县动员委员会），创办《抗日旬刊》。翌年，枪决日本间谍刘春山。成立象山自卫队指挥部，县长盛世馨兼任指挥官。石浦各界千余人集会纪念戚继光，誓以戚继光抗倭精神，抗战到底。民国27年11月，南田县国民抗日自卫队独立中队成立。民国30年5月，沦陷区文化教育工作队成立。6月，成立象山县“战地工作队”，县长苏本善兼任象山国民兵团团长、“三象”地区指挥官，带领民众开展抗日斗争。详见本志“军事”篇。

第三章　县人民政府

1949年10月21日，象山县人民政府成立。1955年11月，县政府改名县人民委员会。1958年10月，宁海县撤销建制，并入象山县，成立象山县人民公社联合社委员会。翌年4月，恢复县人民委员会。1961年8月，宁象分县。1966年“文化大革命”开始，政府机构渐趋瘫痪。1967年5月，成立县“抓革命、促生产”第一线指挥部（10月改名县人武部生产办公室）；5月成立县革命委员会，10月解体。1968年10月，经省革委会批准重建县革命委员会。11月5日召开成立大会，宣布成立县革命委员会。1981年，恢复成立县人民政府。县政府所在地除宁海并入象山时迁至宁海沥洋、城关外，均在丹城。

第一节　县政府机构

中华人民共和国成立初期，县级政权机构较少，后根据工作需要机构不断增加。其间，机构撤并频繁，虽实行“精兵简政”及多次机构改革，但各种机构仍较多。

机构沿革

中华人民共和国成立初，为建立与巩固人民政权，县人民政府机构设置重点放在治安和财粮工作上，设秘书室、民政科、财粮科、建设科、文教科、公安组、粮食局等，并设东山、靖河、丹城 3 个工作组。1950—1953 年，设秘书室、人事科、监察委员会、统计科、民政科、盐场管理处、财粮科、渔业生产指挥部、建设科、农林科、工商科、文教科、公安组（后改为公安局）、粮食局（曾改为中央公粮象山县分库）、税务局、企业科、人民银行、卫生科，并成立县财政经济委员会。

1955 年 11 月，县人民政府改为县人民委员会。翌年，进一步加强县级政府机构建设。1954—1957 年，设秘书室（不久改办公室）、人事科、计划委员会、民政科、财粮科、农业科（曾改为山林科）、渔业生产指挥部、计划统计科、手工业联合社理事委员会、商业局（前为工商科、企业科）、交通建设科（后改为工业科，再改为工业手工业科）、文教科（后改为文教局）、卫生科、水产科（后改为水产局）、农林水利局（曾改为农业水利局，后析建农业局、水利局）、公安局、粮食局、税务局、盐场管理处（后改为盐业科，再改为盐务管理局）、技术指导站及县供销总社、体育运动委员会（后撤销）、邮电局、人民银行。

1958 年 10 月，为适应人民公社发展形势，重新调整政府机构，实行“政社合一”，并与县委部分机构相统一。县人民委员会改为县人民公社联合社委员会，设办公室（由县委办合并组成）、计划委员会、人民公社管理部、政法部（对外仍保留公安局、人民法院、人民检察院名义）、人民武装部、重工业部、轻工业部、交通邮电部、农业生产部、水利电力部、林牧特产部、渔业部、渔业生产指挥部、贸易部、文教卫生部、劳动工资福利部、科学研究所。

1959 年 4 月，恢复县人民委员会机构，并增设部分科局组织。机构有：办公室、监察委员会、财政局、商业局、粮食局、工业局、交通局、邮电局、农业局、水利电力局、特产局、文教局、卫生科、水产局、兵役局、公安局、民政科、计划委员会、科学研究所、福利委员会办公室及人民银行、人民法院、人民检察院。1962 年 5 月，实行“精兵简政”，撤并、调整县级机构，县人委设办公室、人事科、民政科、卫生科、计划委员会、公安局、林业科、农业水利局、渔业生产指挥部、水产局、工业交通管理局、手工业管理局、手工业联合社、粮食局、税务局、财政局、商业局、文教局、工商科、人民银行。至 1966 年上半年，设办公室、计划委员会、人事科、民政科、手工业联社、工业手工业交通管理局、渔业生产指挥部、计划生育委员会、农业水利局、林业特产局、统计局、财政税务局、商业局、粮食局、物资局、水产局、文教局、卫生科、公安局、人民银行。

照 11-1　20 世纪 50 年代的象山县人民委员会大门

1967 年 5 月，成立县革命委员会，设政治部和“抓革命、促生产”第一线指挥部。原人委机构未作大变动，仅在各科、局名称前冠“象山县革命委员会”。1968 年 11 月，提出“一切权力归革委会”，将原县委、县人委所属机构分属办事组、政治工作组、生产指挥组、人民保卫组。各科、室、委、局陆续成立革命委员会或革命领导小组。

1981 年 1 月，撤销县革命委员会所属机构，建立县政府机构：办公室、人事科、计划委员会、台湾事务办公室、经济协作办公室、科学技术委员会、计划生育委员会领导小组、农业办公室、工交办公室、财贸办公室、民政局、公安局、农业局、水利电力局、渔业生产指挥部、水产局、林业特产局、工业局、第二工业局、手工业（社队企业）管理局、交通局、盐业局、劳动局、物资局、基本建设局、财政税务局、粮食局、商业局、工商行政管理局、供销合作社、文教局、卫生局。邮电局、人民银行、农业银行、建设银行实行上级对口部门和县人民政府双重领导。

1983年年末至1984年2月，县级机构进行改革。1984年2月，县政府机构有：办公室、民政局、公安局、司法局、劳动局、人事局、计划委员会、经济委员会、科学技术委员会、城乡建设环境保护局、物资局、统计局、交通局、农业局、林业局、水利局、渔业生产指挥部、水产局、监业公司、乡镇企业管理局、财政税务局、商业局、粮食局、工商行政管理局、物价管理局、教育局、文化广播电视局、卫生局、计划生育委员会领导小组、体育运动委员会、审计局、信访办公室、多种经营办公室。此外，县政府办公室设蔬菜办公室，县计委设经济技术协作办公室，县经委设职工教育办公室，县政府设县民族宗教事务办公室与侨务办公室。实行政企分开，政府机构之外，建立机电重化工业公司（局）、轻工纺织工业公司、二轻工业公司、建筑材料工业公司（局）、农业机械管理总站，实行企业化管理。供销社联合社也改为经济实体，列政府工作部门序列之外。7月，恢复财贸办公室。

1990年7月，撤销对外经济贸易局，设对外经济贸易委员会。1991年4月，设外事办公室。1993年4月，设口岸办公室。1994年11月，设国家税务局、地方税务局和财政局，撤销财政税务局。

1996年6月，实施机构改革，商业局、物资局、二轻工业总公司、工业公司、盐业公司转为经济实体；口岸办公室挂靠县政府办公室，经济体制改革办公室职能并入县政府办公室（挂牌），财贸办公室改为内贸局，信访办公室、外事办公室、内贸局为县政府办公室挂牌单位；财政局与地方税务局合署办公；人事局与机构编制委员会办公室合署办公；监察局与县纪律检查委员会合署办公；城乡建设环境保护局改为城乡建设委员会；撤销经济技术协作办公室；撤销文化广播电视局，建立文化局、广播电视中心，广播电视中心为县政府直属事业单位，挂广播电视局牌子；对外经济贸易委员会改为对外贸易经济合作局；体育运动委员会改为体育管理中心，为县政府直属事业单位，保留体育运动委员会牌子；林业特产局改为林业局；建立环境保护局；档案局与档案馆合并，归县委办公室管理；政府台湾事务办公室挂靠县委统战部，侨务办公室、民族宗教事务办公室为县委统战部挂牌单位；乡镇企业管理局改为乡镇企业局。是年10月，县委、县政府信访办公室改为县委县政府信访局。11月，农业机械管理总站转为事业单位。

1997年4月，县政府行政科改为县级机关事务管理局，为副科级事业单位；7月，成立气象局，为上级气象部门管理的正科级事业单位；12月，成立招商中心，挂外商投资事务管理局牌子，为县政府直属事业单位。1998年5月，成立旅游局，挂旅游开发有限公司牌子，为县政府直属事业单位。

2002年3月，根据《中共宁波市委、宁波市人民政府关于象山县机构改革方案的通知》，县委、县政府改革县级机构。改革后县政府机构有：办公室、发展计划局、经济贸易局、教育局、科学技术局、公安局、监察局、民政局、司法局、财政局、人事局、劳动和社会保障局、建设局、环境保护局、交通局、国土资源局、对外贸易经济合作局、农林局、水利局、文化体育局、卫生局、计划生育局、审计局、海洋与渔业局、信访局；直属机构有：规划局、旅游局、农业机械管理总站、城市管理局、广播电视中心、便民服务中心、经济开发区管理委员会、工业示范园区管理委员会、中国水产城管理委员会、大目涂经济开发管理委员会、供销合作社联社、盐业管理局；

双重管理机构有：邮政局、供电局、国家税务局、电信局、宁波市工商行政管理局象山分局、质量技术监督局、烟草专卖局（浙江省烟草公司象山县公司）、气象局、药品监督管理局、海事处、宁波市国家安全局象山工作站。

2004年2月，撤销象山报社，成立象山新闻中心；3月，建立产业区管委会；6月，建立安全生产监督管理局；10月，成立城市新中心区建设领导小组办公室。2005年4月，发展计划局改为发展和改革局，经济贸易局改为经济发展局，计划生育局改为人口和计划生育局，广播电视中心改为广播电视台；5月，文化体育局改为文化广电新闻出版局（体育局）。2006年3月，成立象山港大桥及接线工程建设象山指挥部；6月，城市新中心区建设领导小组办公室，改为公共建设管理中心；12月，工业示范园区管理委员会改为经济开发区管委会。2007年12月，便民服务中心改为行政审批管理办公室。2008年5月，住房基金管理中心改为宁波市住房公积金管理中心象山分中心，为县政府办公室下属正局级事业单位；是月，建立石浦渔港旅游开发管理委员会；7月，旅游局改为风景旅游管理局。

照11-2　位于丹东街道后堂街21号的象山县人民政府门景

至2008年年末，县政府机构有：办公室、宁波市住房公积金管理中心象山分中心、发展和改革局、经济发展局、教育局、科学技术局、公安局、民政局、司法局、财政局、劳动和社会保障局、人事局、国土资源局、环境保护局、规划局、建设局、交通局、水利局、农林局、贸易与粮食局、文化广电新闻出版局（体育局）、卫生局、人口和计划生育局、审计局、海洋与渔业局、统计局、食品药品监督管理局、安全生产监督管理局。其中监察局与纪律检查委员会合署办公，民族宗教事务管理局与县委统战部合署办公，列入县政府工作部门。直属单位和派出机构有：对外贸易经济合作局、公共建设管理中心、城市管理局、风景旅游管理局、广播电视台、新闻中心、农业机械管理总站、供销合作社联合社、公共资源交易工作管理委员会办公室、行政审批管理办公室（公共资源交易中心）、象山经济开发区管委会、象山产业区管委会、中国水产城管理委员会、大目涂经济开发区管理委员会、象山港大桥及接线工程建设象山指挥部、石浦港旅游开发区管委会。双重管理机构有：烟草专卖局（宁波烟草公司象山营销部）、农村信用合作联社、气象局、浙江省象山县盐务管理局（盐业公司）、供电局、邮政局、国家税务局、电信局、宁波市工商行政管理局象山分局、县质量技术监督局、海关、出入境检验检疫局、海事处、宁波市国家安全局象山工作站、中国银行业监督管理委员会宁波监管局宁海象山监管办事处。

历任领导

1949年10月至1955年11月，县人民政府县长、副县长由上级政府任命。1955年11月至2008年12月，县人民政府（人委、革委会）共16届。其间，除1967年5月至1978年12月期间的县革命委员会主任、副主任，由上级任命外，县长、副县长由人民代表大会（会议）选举产生。届期内，代县长、副县长由上级政府任免。

象山县人民政府（人委、革委会）县长（主任）、副县长（副主任）任职情况表

表 11-4

名　称	职　务	姓　名	籍　贯	任　　期
县人民政府（1949.10—1955.11）	县长	念方之	平原省堂邑	1949.10—1951.07
	代县长	岳凤展	平原省冠县	1951.07—1951.11
	县长			1951.11—1951.12
	县长	梁玉如	山东肥城	1951.12—1952.08
		李瑞三	山东博山	1952.08—1955.05
		宋其茂	山东泰安	1955.05—1955.11
	副县长	郝德生	山东	1953.07—1954.07
		宋其茂	山东泰安	1954.03—1955.05
		于华杰	江苏泗阳	1955.05—1955.11
		沈兴土	浙江象山	1955.05—1955.11
县第一届人民委员会（1955.11—1957.03）	县长	宋其茂	山东泰安	1955.11—1957.03
	副县长	于华杰	江苏泗阳	1955.11—1957.03
		沈兴土	浙江象山	1955.11—1957.03
		陈庆文	山东历城	1956.02—1957.03
		杨潘泗	山东寿光	1956.06—1957.03
		吴家会	浙江象山	1956.06—1957.03
县第二届人民委员会（1957.03—1958.06）	县长	于华杰	江苏泗阳	1957.03—1958.06
	副县长	陈庆文	山东历城	1957.03—1958.06
		倪　歧	江苏邳县	1957.03—1958.06
县第三届人民委员会（1958.06—1962.08）	县长	宋其茂	山东泰安	1958.06—1958.10
		房家书	山东淄川	兼，1958.10—1960.02
		张玉田	山东宁津	1960.02—1961.08
		宋申鲁	山东滕县	兼，1961.08—1962.08
	副县长	倪　歧	江苏邳县	1958.06—1959.03
		陈庆文	山东历城	1958.06—1960.08
		陈　星	浙江宁海	1958.10—1961.09
		罗　扬	浙江余姚	1959.04—1961.09
		赵曰贵	山东商河	1959.04—1961.09
		宋琴堂	山东黄县	1959.11—1961.09
		周联娥（女）	浙江嵊县	1961.09—1962.08
		宋琴堂	山东黄县	1961.09—1962.08
		马连生	安徽怀县	1961.09—1962.08
		王兴勃	河北沧县	1961.09—1962.08
		刘子宝	山东新泰	1962.02—1962.06

续表11-4

名　称	职　务	姓　名	籍　贯	任　　期
县第四届人民委员会（1962.08—1963.12）	县长	宋申鲁	山东滕县	1962.08—1963.12
	副县长	周联娥（女）	浙江嵊县	1962.08—1963.12
		宋琴堂	山东黄县	1962.08—1963.12
		马连生	安徽怀县	1962.08—1963.12
		李明华	山东临邑	1962.08—1963.12
县第五届人民委员会（1963.12—1966.05）	县长	宋申鲁	山东滕县	1963.12—1966.05
	副县长	马连生	安徽怀县	1963.12—1966.05
		周联娥（女）	浙江嵊县	1963.12—1966.05
		宋琴堂	山东黄县	1963.12—1966.05
		李明华	山东临邑	1963.12—1966.05
县第六届人民委员会（1966.05—1967.05）	县长	宋申鲁	山东滕县	1966.05—1967.05
	副县长	林祥生	浙江象山	1966.05—1967.05
		周联娥（女）	浙江嵊县	1966.05—1967.05
		宋琴堂	山东黄县	1966.05—1967.05
		李明华	山东临邑	1966.05—1967.05
		谢忠年	浙江象山	1966.05—1967.05
县革命委员会（1967.05—1978.12）	主任	黄光旭①	山东利津	1967.05—1967.10 1968.11—1975.06
		宋申鲁	山东滕县	1977.07—1978.12
	副主任	宋申鲁	山东滕县	1967.05—1967.10 1970.10—1977.07
		伯玉华②	山东	1967.05—1967.10
		吴明哉	浙江象山	1967.05—1967.10
		徐根全	浙江象山	1967.05—1967.10
		张克金	浙江象山	1967.05—1967.10
	第一副主任	韩芝亭	山东莱芜	1968.11—1974.03
	副主任	黎殿桂③	山东博兴	1968.11—1975.06
		谢忠年	浙江象山	1968.11—1978.09
		周祥生	浙江象山	1968.11—1978.12
		肖康丰	浙江象山	1968.11—1978.12
		陆银奎	上海金山	1968.11—1977.07
		林祥生	浙江象山	1972.04—1978.12
		乔安林	山东莱阳	1972.05—1978.12

①军代表。
②军代表。
③军代表。

续表11-4

名 称	职 务	姓 名	籍 贯	任 期
县革命委员会（1967.05—1978.12）	副主任	李东昌	山东陵县	1973.02—1978.12
		宋琴堂	山东黄县	1977.07—1978.11
		樊心慧	浙江象山	1977.07—1978.12
		徐阿林	浙江象山	1977.07—1978.12
第八届县革命委员会（1978.12—1981.01）	主任	林祥生	浙江象山	1978.12—1981.01
	副主任	樊心慧	浙江象山	1978.12—1981.01
		乔安林	山东莱阳	1978.12—1979.09
		徐阿林	浙江象山	1978.12—1981.01
		张式贞（女）	浙江象山	1978.12—1981.01
		董万祥	山东沂南	1978.12—1981.01
		郑友庆	浙江宁波	1978.12—1981.01
		董鹤鸣	浙江鄞县	1980.06—1981.01
县第九届人民政府（1981.01—1984.08）	县长	林祥生	浙江象山	1981.01—1984.01
	代县长	张启楣	浙江绍兴	1984.01—1984.08
	副县长	郑友庆	浙江宁波	1981.01—1984.08
		董鹤鸣	浙江鄞县	1981.01—1984.01
		徐阿林	浙江象山	1981.01—1984.01
		沈允法	浙江象山	1981.01—1984.01
		高明峰	安徽含山	1981.01—1984.08
		徐明奎	浙江慈溪	1984.01—1984.08
		张开昌	浙江定海	1984.01—1984.08
县第十届人民政府（1984.08—1987.05）	县长	张启楣	浙江绍兴	1984.08—1987.05
	副县长	郑友庆	浙江宁波	1984.08—1987.05
		高明峰	安徽含山	1984.08—1987.02
		张开昌	浙江定海	1984.08—1984.12
		徐明奎	浙江慈溪	1984.08—1987.05
		濮振华	浙江吴兴	1985.03—1987.05
		练兴常	浙江象山	1986.07—1987.05
县第十一届人民政府（1987.05—1990.05）	县长	张启楣	浙江绍兴	1987.05—1988.07
	代县长	郑友庆	浙江宁波	1987.10—1989.03
	县长	郑友庆	浙江宁波	1989.03—1990.03
	代县长	邱永年	浙江余姚	1990.03—1990.05

续表11-4

名　称	职　务	姓　名	籍　贯	任　　期
县第十一届人民政府（1987.05—1990.05）	副县长	郑友庆	浙江宁波	1987.05—1987.10
		蔡明德	浙江象山	1987.05—1990.05
		濮振华	浙江吴兴	1987.05—1990.05
		练兴常	浙江象山	1987.05—1990.05
		王庆祥	浙江象山	1987.05—1990.01
		欧绪坤	浙江象山	1987.10—1990.05
		包国民	浙江象山	1989.07—1990.05
		邱永年	浙江余姚	1990.01—1990.03
		陈有华	浙江象山	1990.01—1990.05
		朱晋复	浙江象山	1990.03—1990.05
		陈世灿	浙江绍兴	1990.03—1990.05
县第十二届人民政府（1990.05—1993.03）	县长	邱永年	浙江余姚	1990.05—1993.03
	副县长	包国民	浙江象山	1990.05—1993.02
		练兴常	浙江象山	1990.05—1992.11 1993.02—1993.03
		陈有华	浙江象山	1990.05—1993.03
		朱晋复	浙江象山	1990.05—1993.02
		陈世灿	浙江绍兴	1990.05—1993.03
		裘愉昌	浙江绍兴	1992.07—1993.03
		王仁洲	浙江鄞县	1992.11—1993.03
县第十三届人民政府（1993.03—1998.02）	县长	郭正伟	浙江鄞县	1993.03—1996.04
	代县长	王仁洲	浙江鄞县	1996.04—1997.01
	县长	王仁洲	浙江鄞县	1997.01—1998. 02
	副县长	练兴常	浙江象山	1993.03—1995.11
		陈有华	浙江象山	1993.03—1997.04
		陈世灿	浙江绍兴	1993.03—1996.04
		王仁洲	浙江鄞县	1993.03—1997.01
		裘愉昌	浙江绍兴	1993.03—1995.06
		奚际斌	浙江象山	1993.03—1997.09
		胡剑辉	浙江宁海	1993.03—1998.02
		梅凯先	浙江杭州	1996.01—1998.02
		董也琴（女）	浙江象山	1996.04—1998.02

续表11-4

名　称	职　务	姓　名	籍　贯	任　　期
县第十三届人民政府（1993.03—1998.02）	副县长	胡望真	浙江象山	1997.04—1998.02
		金俊杰	浙江宁海	1997.09—1998.02
		李阿会	浙江象山	1997.09—1998.02
县第十四届人民政府（1998.02—2003.02）	县长	王仁洲	浙江鄞县	1998.02—1999.09
	代县长	金俊杰	浙江宁海	1999.09—2000.01
	县长	金俊杰	浙江宁海	2000.01—2002.10
	代县长	周江勇	浙江鄞县	2002.10—2003.02
	副县长	金俊杰	浙江宁海	1998.02—1999.09
		胡剑辉	浙江宁海	1998.02—2001.10
		董也琴（女）	浙江象山	1998.02—2002.11
		胡望真	浙江象山	1998.02—2001.06
县第十四届人民政府（1998.02—2003.02）	副县长	李阿会	浙江象山	1998.02—2002.11
		励志武	浙江象山	1999.10—2003.02
		陈　浩①	浙江永康	1999.12—2001.07
		白国璋	浙江象山	2001.07—2003.02
		金红旗	浙江象山	2001.10—2003.02
		张世方	浙江象山	2002.11—2003.02
		戴　瑜（女）	江苏海门	2002.11—2003.02
县第十五届人民政府（2003.02—2007.02）	县长	周江勇	浙江鄞县	2003.02—2005.07
	代县长	李关定	浙江余姚	2005.07—2006.01
	县长	李关定	浙江余姚	2006.01—2007.02
	副县长	励志武	浙江象山	2003.02—2006.12
		白国璋	浙江象山	2003.02—2007.02
		金红旗	浙江象山	2003.02—2007.02
		张世方	浙江象山	2003.02—2006.12
		戴　瑜（女）	江苏海门	2003.02—2006.12
		王惠良②	浙江海盐	2003.07—2006.01
		陈永忠	浙江象山	2006.12—2007.02
		王安静（女）	浙江象山	2006.12—2007.02
		俞　骏	浙江象山	2006.12—2007.02

①挂职。
②挂职。

续表11-4

名　称	职　务	姓　名	籍　贯	任　　期
县第十六届人民政府（2007.02—　　）	县长	李关定	浙江余姚	2007.02—
	副县长	白国璋	浙江象山	2007.02—2008.01
		金红旗	浙江象山	2007.02—2008.01
		陈永忠	浙江象山	2007.02—
		王安静（女）	浙江象山	2007.02—
		俞　骏	浙江象山	2007.02—
		阮　啸①	浙江杭州	2007.04—
		卢　敏	浙江象山	2008.01—
		孙小雄	浙江象山	2008.04—

说明：1. 本表格“名称”栏，“县第一届人民委员会”至“县第六届人民委员会”名称，皆据《中国共产党浙江省象山县组织史资料（1926.05—1990.04）》。2.《中国共产党浙江省象山县组织史资料（1926.05—1990.04）》第380—381页载：县革命委员会，1967年5月成立，取代县人委，正副主任由上级任命，10月解体。1968年11月，县革委会成立，共450名代表参加。为延续历史，这次大会作为象山县第七届人民代表大会，宣布县革委会组成人员名单。3.“第八届县革命委员会”名称见《中国共产党浙江省象山县组织史资料（1926.05—1990.04）》第418页。4.“县九届人民政府”至“县第十一届人民政府”名称见《中国共产党浙江省象山县组织史资料（1926.5—1990.4）》第430、443、452页。其后各届名称，据上类推而来

第二节　区镇乡（公社）政府机构　街道办事处

1949年10月，沿用中华人民共和国成立前行政区域名称，建立东山、靖河、西沪3区；11月，建立石浦区。区镇乡均称人民政府。1950年6月，区人民政府改称区公所；7月，县人民政府发布《废除保甲制度，建立新的人民民主政权的通知》，全县陆续建立健全乡、村民主政权。是月，从西沪、石浦两区析建新桥区。9月，成立石浦盐特区，东山、靖河、西沪区分别改称大徐、南庄、墙头区。10月，丹城镇改为县直属镇。11月，石浦区改为昌国区，石浦盐特区改为石浦区。是年，土地改革，全县陆续建立镇乡人民政府。镇乡人民政府通常由1名乡镇长，1~3名副乡镇长和1名文书组成。乡行政委员会委员由9~11人组成。下设村行政委员会，委员7~9人，配正副主任委员（不脱产）。乡政府设调解委员会，乡长、农会主任兼正副主任委员。1951年年初，20个乡镇析为75个乡镇。1952年3月，南田区从三门县划入象山。1953年8月，昌国区改为定山区。1954年1月，石浦、爵溪改为县直属镇。

1952—1953年春，整顿乡镇人民民主政权。1954年3月，县人民政府发出《关于健全乡政权组织的指示》。在普选基础上，建立乡人民代表大会、人民政府委员会制度，按生产合作、文教卫

①挂职。

生、治安保卫、人民武装、民政、财粮、调解分设工作委员会。自然村、选区或行政村的乡人民代表则推举代表主任，接事村一级行政工作。1955 年 12 月，乡镇人民政府改为乡镇人民委员会。全县有 7 个区公所、3 个县属镇人民委员会、82 个乡人民委员会。

1956 年年初，调整区乡建制，撤销大徐、南庄、墙头、石浦 4 区，保留新桥、定山、南田 3 区，82 个乡撤并为 28 个乡；5 月，恢复墙头区；7 月，恢复涂茨、雅林溪、下沈、中屿、东门、檀渔 6 乡；8 月，恢复南庄区。1957 年 2 月，恢复大徐区。是年末，全县有 6 个区公所、3 个县属镇人民委员会、34 个乡人民委员会。

1958 年 9 月，大办人民公社，撤销区镇乡建制，全县成立丹城（象山）、民主、岑兆、西周、新东、新兴、定山、南田、石浦 9 个人民公社（相当于区一级单位），实行政社合一。配管理委员会主任、副主任，设办公室和农业、渔业、工交建设、财经贸易、武装保卫、文教卫生、山林畜牧、劳动工资福利、计划统计、调解处理委员会、科学研究所。37 个乡镇析为 73 个大队（相当于乡一级单位），后改为大队管理区。10 月，宁海县并入象山县，大队增至 171 个。1959 年 4 月始，171 个大队先后撤并为 103 个；8 月，丹城、石浦、城关 3 个大队复为县直属镇；11 月，103 个大队撤并为 79 个管理区和 1 个县属大队。至 1960 年 1 月，全县共 21 个公社、3 个县属镇、73 个管理区。

1961 年 8 月，恢复宁海县建制，宁海、象山分县。10 月，象山撤销所辖 9 个大公社，重建大徐、南庄、墙头、新桥、定山、石浦、南田等 7 个区，以 34 个乡为基础，成立人民公社。1962 年 1 月，增建檀头山公社，属石浦区。1963 年 2 月，撤南田区，所属并入石浦区。1965 年 5 月，撤大徐、南庄、新桥、定山等 4 个区。至 1966 年 5 月“文化大革命”前，全县共 3 个区公所、2 个县属镇人委、35 个公社管理委员会。1967 年 1 月，撤销石浦区。1972 年 4 月，增建东门公社革命委员会。11 月，恢复大徐、南庄、定山、石浦 4 区，新建西周区，撤销南田区，所属公社并入石浦区。

1968 年 3 月至 1969 年 4 月，墙头区和各镇、公社管理委员会先后被镇、公社革命委员会取代，各生产大队也先后成立革命委员会。

1980 年 12 月至 1981 年 7 月，撤销公社革命委员会，恢复公社管理委员会。1983 年 7 月，爵溪公社改建为县直属镇。是月始，废除“政社合一”体制，实行政社分设。1984 年 3 月，重设区公所；5 月，所有公社均改为乡、镇，成立乡、镇人民政府；6 月，西周、鹤浦两乡改为县直属镇，并撤销番头乡建制。1987 年 1 月，贤庠、墙头、泗洲头、定塘、昌国等 5 个乡，改为区属建制镇。至此，全县共有 5 个区公所、5 个县属镇人民政府、32 个乡、镇人民政府。

1992 年 5 月，撤区、扩镇、并乡，撤销 5 个区，原 37 个乡镇撤并为 19 个镇乡（13 个镇、6 个乡）。1995 年 12 月，下沈乡改为建制镇。2001 年 6 月，撤销丹城镇，新建丹东街道和丹西街道；撤销爵溪镇，新建爵溪街道；撤销昌国镇建制，并入石浦镇；撤销下沈镇建制，并入西周镇。至 2008 年年末，全县基层政权组织共 18 个：丹东、丹西、爵溪 3 个街道；石浦、西周、贤庠、鹤浦、定塘、墙头、泗洲头、涂茨、大徐、新桥等 10 个镇；东陈、晓塘、黄避岙、茅洋、高塘岛等 5 个乡。

街道为县政府派出机构，设办事处，主任 1 人，副主任若干，由县政府任免；镇乡政府配镇乡长 1 人，副镇乡长若干人，由镇乡人民代表大会选举产生。街道办事处、镇乡政府设有办公室以及工贸经济、农业经济、渔业经济、社会事务、政法民政、社区管理、城市管理、村镇建设等科室。

中华人民共和国成立后象山县行政区划内容，详见本志“建置”篇第四章“行政区划”，第三节“中华人民共和国成立后区划”。

第三节　政务运作

县人民政府运作，通过自身行政管理行为对社会事务实施协调管理，并输出公共产品和公共服务。其日常政务工作包括学习贯彻上级文件、接待信访、考察调研、研究决策、检查汇报、会议部署、协调统筹、公文办理、督查奖罚、评估总结等。

会议

县政府会议类型有政府全体会议、政府常务会议、县长办公会议、各种专题会议等，根据需要召开。初时会议未形成规则和制度，其后在实践中不断完善。会议制度经过多次更改，逐渐形成政府工作规则。

政府全体会议　由县政府组成人员组成，包括县长、副县长、县政府各委员会主任、办公室主任、各局局长参加，并由县长或受县长委托常务副县长召集和主持。主要任务是传达和研究贯彻党中央、国务院、省委、省政府、市委、市政府及县委的指示、决定、会议精神与县人大及其常委会的决议；讨论决定县政府工作中的重大事项；研究部署政府重要工作；通报有关重要情况；讨论决定其他需由县政府全体会议决定的事项。政府全体会议每半年召开一次，根据需要还安排有关部门、单位负责人或邀请有关人员列席会议。

政府常务会议　由县长、副县长和县政府办公室主任参加，并由县长或受县长委托的常务副县长召集和主持。主要任务是传达和研究贯彻党中央、国务院、省委、省政府、市委、市政府和县委的指示、决定和会议、文件精神及县人大及其常委会的决议；讨论决定县政府工作中的重大事项；研究部署县政府阶段性工作和相关重要举措；审议政府规范性文件；讨论县政府报请县委决定、上级机关批准或提请县人大及其常委会审议的重要事项；讨论决定其他由县政府全体会议决定的事项。县政府常务会议每月一次以上。根据需要还安排有关部门、单位负责人或邀请有关人员列席会议。2008 年，县政府常务会议共召开 8 次，均形成纪要。

县政府专题会议　由县长、副县长召集和主持，或委托县政府办公室主任、副主任召集和主持。主要任务是研究处理属于县政府领导分管职责范围、需要统筹协调的业务事项；研究突发性事件的处理；研究贯彻落实上级领导或县委、县政府领导所作的批示、指示；研究处理重大活动、重要工作的实施事项；研究处理县政府日常工作中的其他事项。县政府专题会议根据需要不定期召开，安排相关部门和单位负责人参加。报请县政府专题会议讨论的议题，由县政府办公室协调提出，报会议召集人确定。会议组织工作由县政府办公室具体落实，会议文件和议题于会前送达与会人员。1993—2008 年，县政府专题会议共召开 96 次，均形成纪要。

县长办公会议　会议平均一月一次。通常由县长和副县长及办公室主任参加，并由县长或受县长委托的常务副县长召集和主持。主要任务是传达和研究重要工作会议精神；研究确定县政府日常工作中需要统筹安排的事项；研究全县性重要会议的准备事项；研究提交政府全体会议、县政府常务会议讨论的事项；讨论决定县政府各部门及下级政府请示并急需议决的重要事项；研究县政府日常工作中的其他重要事项。1981 年 1 月 8 日下午，首次县长办公会议在东谷湖宾馆召开。2007 年，县长办公会议取消。

公文

中华人民共和国成立初，公文用纸无严格规定，沿袭旧规，采用竖式直排，从右到左。1956 年 1 月，公文采用横式横排，从左到右。2001 年 3 月，公文用纸由 16k 调整为国际标准 A4 型（210 毫米×297 毫米）用纸。是年，印发《县政府办公室关于贯彻执行国家行政机关公文处理办法的意见》，明确公文种类、行文方式、公文分类、公文格式、公文起草程序及注意事项，规范公文处理办法。1999 年 11 月，公文由专人分送邮政局寄发。1999 年 12 月，县级机关公文统一到县政府公文交换中心交换。2003 年 1 月，公文开始采用电子化收发，部分重要公文同时发送纸质文件。

政府公文有文件、通告、公告、纪要、请示、函、令等。文件分上行、下行、平行 3 种行文方向。县政府行文以下行文为主。

县委、县政府联合文件　中华人民共和国成立初，由县委与县政府分别单独发文。1955 年 11 月后，县委与县人委也均单独发文。“文化大革命”始，县委及政府机关被冲击。1967 年 5 月，成立县革命委员会，并由其发文。1981 年 1 月，县政府恢复与县委联合发文，主要内容有共同研究的关系全县重大事项的决定、意见、政策等，发文编号为县委文件号。

县政府文件　由县政府名义单独发文。县政府发出第 1 号文件是 1949 年 10 月 21 日“人字第 1 号”《象山县人民政府成立通知》。1981 年 1 月，县政府恢复后，单独发文。“象政”公文用于上行文，“象政发”公文用于下行文，“象政函”公文用于平行文、下行文。2008 年，共发“象政发”文件 184 件。

县政府办公室文件　县政府办公室文件为县政府处理日常事务公文，有的代行县政府文件功能。县政府办公室“象政办”字号文件，用于上行文与较重要的政策性文件发布；县政府办公室党组“象政办党”字号文件，用于干部任免通知；县政府办公室“象政办发”字号文件，用于普发范围的下行文；县政府办公室“象政办函”字号文件，用于部分或个别单位受文的下行文或平行文；县政府办公室“象政办会”字号文件，用于会议通知；县政府办公室“象政专办”字号文件，用于县政府专题会议纪要。2008 年，县政府办公室发出“象政办发”文件 271 件、“象政专办”文件 96 件。

督查

县政府为维护决策权威，确保政府各项工作部署得以全面落实，进一步提升行政效能，常开展政务督促、监察工作。20 世纪 80 年代中期前，政府根据需要开展的政务督查工作，但无完整的政务督查制度。80 年代中后期，政务督查开始列入县政府工作规则的重要内容。1992 年，明确由县政府办公室负责督查、催办和反馈。2001 年，政府督查制度进一步完善，明确督查任务、工作程序和组织领导。2002 年，设立县政府督查室，为政府办公室内设机构。主要督导职能为上级机关要求督查以及上级领导批示需要督办的事项；县政府领导重要批示以及要求督办的事项；年度政府工作任务包括重点、实事工程责任分解的贯彻落实情况；有关政策的执行情况、有关工作部署的推进情况、有关专题会议议定事项的再落实情况；有关督查后整改事项的再落实情况；各线提出要求督查的其他事项。

政府督查工作，先由督查科汇综政府主要领导及分线领导要求重点督查事项，形成月度督查计划，然后由督查科根据职责分工，落实到各线各科室进行督查，必要时由政务督查员牵头进行专题督查。督查分书面、实地、联合、跟踪 4 类。督查事项办结后，各督查组于 3 天内形成督查报告或督查通报上报督查科，经督查科汇总整理后通过《政务督查》上报县政府主要领导或分管领导；下发有关街道镇乡和部门，进行反馈。政府督查工作列入各街道镇乡、各部门年度目标考核。

表 11-5

2007 年、2008 年象山县人民政府督查情况表

项目 / 年份	督办领导批示（件）	发布政务督查通知单（份）	编写《政务督查》（期）	办理建议（件）	办理提案（件）
2007	33	7	16	244	227
2008	46	6	5	205	180

奖惩

县人民政府为调动人民群众生产积极性，组织各种劳动竞赛，进行全县性各行各业评比、奖励活动。1953 年 1 月，县政府首次召开农业劳动模范代表大会。至 1963 年统计，共评出先进集体 55 个，先进（工作）者 564 人。“文化大革命”中，政府机构遭到冲击。“文化大革命”结束后，县政府恢复评选，表彰县级先进集体、先进生产（工作）者和县级劳动模范。其间，政府机关中，开始评选十佳人民满意公务员、优秀公务员，并给予立功受奖。同时，县政府强化公务员自律和纪律监督、行政监察，对一些违纪、违法者警告、记过、记大过、降级、撤职、留用察看、开除等行政处分。

第四节　施政纪要

中华人民共和国成立初，县人民政府接管民国旧政府，废除保甲制度，建立区乡基层新政权。1953 年始，注重发展国民经济及社会事业。1978 年中共十一届三中全会后，坚持以经济建设为中心，深化改革，扩大开放，加快工业化、城市化步伐，全面建设小康社会，推进全县社会主义现代化进程。

发展国民经济

1952 年，开始编制象山县国民经济发展第一个五年（1953—1957）计划，翌年正式实施。1950—1957 年，县人民政府开展剿匪、反霸、减租减息，实行土地改革，镇压反革命，抗美援朝，成立互助组，建立农业合作社，掀起合作化高潮等一系列重大活动。全县国内生产总值从 1949 年的 1602 万元增长到 1957 年的 3206 万元。其中，1950—1952 年三年恢复时期，国内生产总值年均递增 11. 19%；国民收入年均递增 11. 84%。1953—1957 年，国内生产总值年均递增 7. 8%；国民收入年均递增 7. 45%。

1957 年，制定象山县《1957—1967 年经济计划十年远景初步规划的报告》。1958 年，制定《象山县国民经济和社会发展第二个五年计划（1958—1962）》，五年计划内容从单一经济扩大至教育、卫生等社会事业领域。但第二个五年计划期间，县人民委员会受“左”倾思潮的影响，不适当地发动“大跃进”和人民公社化运动，导致“一平二调”共产风，高指标、高征购的浮夸风和瞎指挥风泛滥，农业经济遭受严重挫折，国民经济比例关系严重失调，市场供应全面紧张，人民生活十分困难。① 5 年中，全县国内生产总值从 1957 年的 3206 万元增长到 1962 年的 3470 万元，

---

①材料源自县统计局《象山在前进（1949—1988）》中“曲折的历程”第 5 页，“粮食亩产千斤县”第 786 页。

年均递增仅 1.60%；国民收入年均递增也仅 1.50%。工农业总产值不仅没有增加，反而下降 4.85%。1960—1962 年，国民经济更是出现“三年困难”时期。1961 年，粮食总产量比上一年减少 3.54 万吨，1962 年比 1960 年又减少 3400 吨。其他各种农产品和畜牧、水产品产量亦普遍下降。

1963—1965 年，为国民经济调整时期，没有编制计划。县人民政府贯彻执行“调整、巩固、充实、提高”国民经济八字方针，大力加强农业生产，调整农村生产关系，落实各项经济政策，纠正“五风”（共产风、浮夸风、命令风、干部特殊风、生产瞎指挥风），扭转经济困难局面，工农业生产得到恢复。全县国内生产总值从 1962 年的 3470 万元，增长到 1965 的 5282 万元，年均递增 15.03%；国民收入年均递增 16.71%。粮食总产量从 1962 年的 93098 吨，增长到 1965 年的 113675 吨，增长 22.1%；棉花、油菜籽、茶叶、蚕茧、水果、畜牧、水产及大部分工业产品都有不同程度增长，国民经济出现稳步发展的好势头。

1966 年，制定《象山县国民经济和社会发展第三个五年计划（1966—1970）》。1970 年，制定《象山县国民经济和社会发展第四个五年计划（1971—1975）》。由于“文化大革命”开展，县人民政府被县革命委员会所取代，严重干扰计划的编制与执行。第三个五年计划期间，全县国内生产总值年均递增 6.74%；国民收入年均递增 7.12%。第四个五年计划期间，全县国内生产总值年均递增 6.18%；国民收入年均递增 6.31%。10 年里，有 6 年粮食总产量下降，有 8 年棉花产量下降。1976 年生猪饲养量和存栏量比 1965 年分别下降 6.62%和 14.8%。大部分工业产品产量有升有降，徘徊不前。

1976—1980 年，未编制象山县国民经济和社会发展第五个五年计划，以年度计划代替。1977—1978 年，由于指导思想没有摆脱“左”的影响，国民经济比例关系尚未完全理顺，虽然生产得到恢复，但全县工农业总产值递增率仅 8%，发展速度未恢复到 1957 年水平。1979 年，全县开始把工作重点转移到社会主义现代化建设上来。1980 年 10 月，贯彻中央“进一步加强和完善农业生产责任制的几个问题”，开始推行联产计酬责任制、极大地调动农民生产积极性。许多农民跳出单纯经营农业范围，开始进入加工、运输、建筑、商业、服务业等领域，拉开全县经济建设序幕。1976—1980 年，全县国内生产总值年均递增 10.62%；国民收入年均递增 11.12%。

1981—1985 年，未制定象山县国民经济和社会发展第六个五年计划文本，仅制订简易计划表格草稿。1981 年，县人民政府深化以家庭联产承包责任制为内容的农村改革。同时开始以放权让利为主要内容的企业改革，不断扩大企业财权和经营自主权，在国有企业实行利税改革。1984 年 5 月，印发《关于发展城镇集体工业经济若干决定》，引导、鼓励、支持发展工业经济。1985 年，全县国内生产总值 47298 万元。

1987 年 4 月，编制完成《象山县国民经济和社会发展第七个五年计划（1986—1990）》，由县第十一届人民代表大会第一次会议批准通过。1987 年始，全县工商企业普遍推行各种形式承包经营责任制、厂长（经理）负责制和任期目标制，尝试租赁制、公开拍卖、兼并等形式，实行招标承包、抵押承包等措施，鼓励企业开展各种形式和层次横向经济联合，培育个体私营经济，大力发展商品经济。1990 年，全县国内生产总值 90063 万元。第七个五年计划期间，全县国内生产总值年均递增 13.75%。

1991 年年末，制定《象山县国民经济和社会发展十年规划和“八五”（1991—1995）计划纲要》。1996 年年末，制订“九五”计划（1996—2000）文本。1991—2000 年，是象山“八五”计划、“九五”计划时期，以 1992 年邓小平南方谈话和中共十四大召开为标志，掀起新一轮深化改革、扩大开放、加快发展的热潮。县政府继续加快农村改革，开展第二轮土地承包和农村税费改革，着手探索土地使用权流转机制，培育在市场经济条件下粮食生产主体和农业现代化载体。1993年1月，全县范围内开放粮食购销价格，逐步实现粮食商品化和经营市场化。并制定一系列农村经济政策，发展“一优二高”（优质，高产、高效）农业，引导调整耕地种植结构，推进科教兴农，实施种子育苗工程，进一步推动农田水利建设，加快土地平整力度，建设养殖基地。1993年，县政府以推行现代企业制度为方向，以产权制度改革为核心，全面落实企业14条自主权，鼓励企业开展股份制、股份合作制与兼并、拍卖、破产、租赁、联合、转让、承包及公有民营等改革。1995年，开展“五改一加强”（改组、改制、改造、改进、改善，加强企业内部管理），深化企业改革。“八五”计划期间全县国内生产总值年均递增36.7%；“九五”计划期间年均递增11.47%。2000年，预算内财政收入42138万元，农民人均收入4470元，城镇居民人均可支配收入9761元。

2001年7月，完成编制《象山县国民经济和社会发展第十个五年计划（2001—2005）》。至2005年，全县实现国内生产总值137亿元，财政预算收入15亿元。“十五”计划期间，全县国内生产总值年均递增13.15%。

2006年，编制《象山县国民经济和社会发展第十一个五年计划（2006—2010）》。至2008年，全县实现国内生产总值220亿元，财政一般预算收入27.3亿元，城镇居民人均可支配收入24066元，农渔民人均纯收入10202元。农业总产值59.3亿元，农业主导产业机械化率达到90%。社会消费品零售总额达到78.9亿元，集装箱运力居全省首位，建筑业施工产值达到352亿元。2006—2008年，全县国内生产总值年均递增17.10%。

本目内容与本志《经济管理》篇，第一章“计划”，第一节“计划编制及实施”内容互见。

实施发展战略

中共十一届三中全会前，县人民政府在各项运动中常以口号作为奋斗目标。改革开放后，制定不同时期发展战略，推进了象山社会主义现代化建设。

粮食亩产“千斤县”　1958年6月7—10日，在丹城举行象山县第三届人民代表大会。大会提出破除迷信，解放思想，千方百计完成各项生产计划和任务，保证实现粮食亩产800斤，并争取实现粮食亩产“千斤县”。6月26日，县委、县人委组织各区乡及机关部门、企事业单位举行“超规划”誓师大会，并动员10万多民众收听会议实况广播。县委书记房家书在动员报告中提出“苦战100天，力争粮食产量翻一番，为实现双千斤县而努力”的口号，号召全县人民鼓足干劲，力争上游，把全县“超规划”运动推向高潮。在“大跃进”和高指标压力下，干部浮夸风开始滋长和蔓延。上报数据统计，1958年，全县早稻总产量为1.64亿斤，亩产为746.06斤，比上年增加37%。7月8日，县委又下发关于晚稻超早稻计划，提出“苦战三个月，确保全县晚稻总产12亿斤，实现亩产三千斤县”的奋斗目标①。这一脱离实际的发展目标，一直延续到1960年。县委制定的《1960—1962年国民经济发展规划》，提出粮食总产量1960年计划达到443000吨，争取达到550000吨，比上年增加76.2%；水稻平均亩产确保569公斤，争取达到705公斤；1962年，亩产规划达到1000公斤，争取达到1250公斤。1959—1961年，全县各地出现历史罕见的饥荒。人民公社“一大二公”体制，加上“五风”盛行，严重挫伤社员生产积极性，使1958—1961年粮食

①县统计局数据：1958年全县早稻总产量为47261吨，亩产为212公斤；晚稻耕种面积28.74万亩，亩产104公斤，总产量29940吨。

连年减产。尤其1961年，象山遭遇严重旱灾和强台风袭击，加上人为因素，粮食减产更为严重。1961年，全县粮食总产量仅61097吨，比1957年的96552吨锐减35455吨，减幅为36.72%；水稻平均亩产从249公斤跌至161公斤，为象山解放以来产量最低。①

建设“大寨县” 象山县“农业学大寨”运动始于1965年。时仅作一般号召，未造成声势。1968年2月，县革命委员会首次召开全县“农业学大寨”誓师大会，1400余人参加。全县各地先后举办“农业学大寨毛泽东思想学习班”725期，参加学习5.45万人次。学大寨主要是推行大寨一些做法：劳动计酬过分强调发扬共产主义风格，“讲政治评分”，搞平均主义；生产经营“以粮为纲，全面砍光”，把多种经营当作资本主义批判；家庭副业被视为“资本主义尾巴”，并受到种种限制，提出所谓“堵不住资本主义的路，就迈不开社会主义的步”。这些做法，严重挫伤农民生产积极性。农民稍有怨言，便被扣上“反对学大寨”的帽子而加以批判甚至处置。1971年1月，召开第二次全县“农业学大寨”誓师大会，并组织毛泽东思想宣传队进驻10个公社2个镇。1972年1月，三级干部大会通过全县“农业学大寨总体规划目标”，提出“奋战三五年，建成大寨式县”的要求。1973年1月，全县召开学大寨工作会议；2月，召开“农业学大寨”经验交流会，1500人参加。会议号召“以大寨精神学大寨，以昔阳经验赶昔阳”，把农业学大寨推向前进。1975年11月，召开四级干部大会，再次提出“苦战五年，把象山建成大寨县”目标，要求各行业牢固地树立“以农业为基础”思想，把工作纳入普及大寨县和实现农业机械化的轨道。1976年5月，县委召开农业学大寨经验交流会，会上评出10个大寨式典型。1977年1月，县委传达第二次全国农业学大寨会议精神，要求全县各条战线工作都纳入建设大寨县轨道。1978年上半年，还提出“学大寨，超黄岩，苦战三年，大见成效”的要求。12月20日，县八届人民代表大会号召：为尽快建成大寨式县做出贡献。运动中，学习大寨人自力更生、艰苦奋斗、治山治水与自然灾害作斗争的精神。从这一指导思想出发，县革命委员会在全县树立不少“大张旗鼓学大寨，全心全意搞生产”“学习大寨精神，发展集体经济”的先进典型。②

科教兴县战略 1992年，县第十二届人民代表大会第三次会议审议并通过的《政府工作报告》首次提出实施“科技兴县”发展战略。要求“重视科技进步，办好教育事业”，做好“科技兴农”“科技兴工”工作。是年，县政府印发《关于依靠科技进步，推进全县经济建设的决定》；成立科技工作领导小组，由县长任组长。1993年，县第十三届人民代表大会第三次会议审议通过的《政府工作报告》进一步提出实施科技兴县发展战略，把经济建设转移到依靠科技进步和提高劳动者素质的轨道上来。是年，县科委制定19项农业科技计划。1994年，县人大审议县政府关于贯彻实施科技兴县战略和《中国教育改革和发展纲要》的情况。1995年5月，象山县通过省政府“基本普及九年义务教育、基本扫除青壮年文盲”评估验收。1996年，开始创建全国科技工作先进县。县人大专门听取县政府关于科教兴县战略实施情况汇报，审议批准《象山县科技发展“九五”计划和到2010年长期规划》。1999年，县政府成立科技创新与技术改造领导小组，由县长任组长。是年，县委、县政府印发《关于加快高新技术产业发展的若干意见》。由此，科技工作逐步

---

①材料源自《象山县志（1988）》大事记“1958年5月”条及县委书记房家书在1958年6月18日—22日在县、区、乡三级干部大会作《关于贯彻社会主义建设总路线动员报告》，见《中国共产党浙江省象山县历史》第二卷（1949—1978）第190页。

②材料源自《象山县志（1988）》大事记“1975年11月”条；第13章《农业》第一节“发展概况”“人民公社”一目中第208页；《中国共产党象山历史专题集（一）》“象山农业学大寨运动”第118页。

转向“产业科技”，攻克一大批关键技术和共性难题。1999 年与 2000 年，象山县连续两年被评为全国科技进步先进县。2005 年 12 月，象山县通过省政府教育强县评估验收。至 2008 年，机电一体化、电子通讯、海洋生物、船舶制造等四大类产业产值超亿元的高新技术产业集群形成。是年，高新技术企业 9 家，实现高新技术产值 21.1 亿元，是 2000 年 3.5 亿元的 6.03 倍。1995—2008 年，共获得国家授权专利 1053 件。

“一体两翼”战略　1998 年，县政府在县第十四届人民代表大会第一次会议作的《政府工作报告》中，提出全面实施“一体两翼”（即以工业经济为主体，以海洋经济和建筑经济为两翼）的经济发展战略。县委、县政府印发《关于进一步扶持建筑经济发展的若干意见》。2000 年，县委、县政府印发《关于加快全县工业经济发展的若干政策意见》。至 2004 年年末，“一体两翼”战略取得明显成效，全县形成以针纺织、机械、电子、水产品加工为支柱，爵溪、丹城、西周、石浦等工业强镇为重点发展区域，天安、华翔、巨鹰、甬南、申菱等重点企业为龙头的工业经济发展格局。工业企业 4200 余家，从业人员 11.5 万余人，工业总产值逾 262.6 亿元。以海洋捕捞业和海水养殖业为标志的海洋渔业经济快速发展，养殖面积达 25 万亩，水产品总量 56 万吨。临港工业、海洋运输、海洋旅游业强劲崛起，临港船舶制造业完成产值 2.5 亿元；海上运输业总运力 21.5 万吨，营业额 3 亿元；全年接待游客 170 余万人次，旅游经济总收入 10 亿元。建筑业呈现稳健发展态势，实现建筑企业总产值 240 亿元，建筑施工总产值 227 亿元，利润 6.26 亿元，税收 5.97 亿元。

工业强县、桥海兴县、旅游富民、和谐惠民四大战略　2004 年 2 月 10 日，县第十五届人民代表大会第二次会议审议通过的《政府工作报告》提出实施“工业强县、旅游富民、海洋开发和生态立县战略”。2006 年 1 月 19 日，县第十五届人民代表大会第四次会议审议通过的《政府工作报告》作出调整，提出实施“工业强县、桥海兴县、旅游富民、和谐惠民”四大战略。

工业强县，要求坚持工业发展和生态建设并举，走高科技、生态化、滨海特色的新型工业道路。突出临港工业的战略地位，按照适当区域发展适当产业原则，合理布局临港工业发展空间；突出传统产业优化升级，按照“产业引导、存量优化、突出重点”原则，强化科技创新、管理创新和制度创新，培育具有核心竞争力的产业集群；突出园区开发建设，按照“适当集中、形成规模、体现特色”要求，建设有较强竞争力的平台。以象山经济开发区为龙头，以象山产业区建设为契机，整合园区资源，推进产业集聚，加大技改投入，扩张工业总量，培育新兴产业；以科技创新提升产业素质，优化工业结构，转变增长方式。加强自主创新，推进工业经济跨越式发展。为加快工业强县建设步伐，县委、县政府先后印发《关于深入推进创业创新，实现工业经济又好又快发展的意见》《关于进一步加快船舶工业转型提升的若干意见》《关于进一步加快针织工业自主创新转型升级的若干意见》等文件。实施“大企业集团培育工程”“中小企业成长计划”。2008 年，规模以上工业企业完成产值 338.22 亿元，比 2004 年增长 172.74%。

桥海兴县，要求举全县之力服务象山港大桥建设，充分发挥大桥建设效应，高起点规划资源开发、产业布局和城镇建设。有序开发港口、岸线、土地、旅游资源，全力构建大桥经济圈，使之成为拉动县域经济跨越式发展的“主引擎”。确立北接南聚、海陆并举的空间发展导向。以象山港大桥为纽带，向北融入宁波大都市区，带动象山全面接轨长三角经济圈和城市群整体发展；南部进一步增强石浦集聚、带动作用，加快形成环石浦经济圈；南北区域呈现联动发展、相向发展趋势。大力发展大桥经济，积极推进海洋开发，实现陆海联动，优化开发陆域，突破开发海洋，合理布局海陆空间，形成“以陆促海、以海补陆、海陆互动”的发展大格局，促进空间、产业、资源融合，全面推进海陆一体。加快建设海洋经济强县。以发展循环经济为着力点，努力提高临港产业、旅游业、渔业、水产品加工业发展水平。2008年，临港工业产值120亿元，比上年增长33.4%；海洋运输总运力41.2万吨，集装箱运力居全省首位。渔业总产值42.9亿元，水产品总产量44.88万吨，海洋渔业产量居全国第5位、全省第2位。全县水产品加工企业161家，其中，规模以上企业38家，规模以上企业产值22.1亿元。

旅游富民，要求“发展大旅游，完善大配套，形成大产业”，尽快做大做强滨海旅游业。合理配置和有机整合全县旅游资源，构建以百里黄金海岸旅游带为核心的旅游经济区，重点推进三大核心功能区建设；积极推进象山旅游与周边区域旅游联合，打响象山旅游品牌。充分发挥旅游业强大的综合带动作用，推动全县服务业快速发展和人民生活水平的提高。2006年，全县旅游工作会议提出象山旅游业从观光型向休闲度假型发展的要求。2007年，县政府印发《关于创建旅游强县打造休闲象山的若干意见》。2008年，象山接待国内外游客534万人次，旅游经济收入从2000年1亿元增加到52亿元，成为首批“浙江省旅游经济强县”“中国最佳休闲旅游县”“中国生态旅游百强县”。

和谐惠民，要求以民主法制健全、社会文明进步、人民安居乐业为基本目标，努力构建和谐社会，让改革开放成果惠及人民群众。加快城镇化步伐，推进社会主义新农村建设。大力弘扬象山精神，繁荣发展海洋文化，不断增强经济社会发展原动力。加快发展公共事业，满足人民群众日益增长的公共服务需求。健全与社会保险、社会救助、社会福利、慈善事业相衔接的社会保障体系，养老、失业、工伤、医疗、生育保险覆盖面，年均扩大10%。2007—2008年，县政府把新增财力的70%以上用于保障和改善民生。2008年，县委、县政府印发《关于全面改善民生促进社会和谐的决定》。是年末，城镇居民人均可支配收入24066元，农渔民人均可支配收入10202元；基本养老保险参保106847人，基本医疗保险参保69665人，农村新型合作医疗参保率达到96.5%；15年教育普及率95.2%；人均公共体育场地占有率超过12平方米，全县国民体质监测合格率在80%以上。

重大工程①

中华人民共和国成立后，县政府致力于水利、围垦、交通等方面重大工程建设，促进经济社会发展。改革开放后，重大建设工程进一步扩大到教育、文化、卫生、体育、市政等民生实事。

东谷湖水库工程　1952年兴建，为县内第一座水库，初蓄水18万立方米，后不断加高，扩容，为城区骨干工程。原作农业灌溉，后以城区观光休闲功能为主。

门前涂海塘工程　1956年“八一台灾”发生，门前涂海堤全线崩溃，海水涌入，南庄平原一片汪洋，村毁、田淹、人亡。8月7日，县成立抢修门前涂海塘指挥部，召集民工4000余人抢修，恢复门前涂海堤2000余米。该海堤成为当时保护人民生命财产的“生命线”。

宁象公路工程　1958年3月动工，11月7日竣工通车。自丹城越西溪岭至宁海城关，全长78.6千米。时为县内最长公路主干线。

仓岙水库工程　1958年10月始建。1978年8月，基本竣工蓄水，库容1065万立方米。时为县内最大水库。初为农业灌溉，后为饮用水源。

大塘港堵港工程　1969年春动工，1973年12月基本完工。由4条堵口土坝和二座排水闸组成，蓄水2600万立方米，灌溉8个乡镇94个行政村农田74000亩，提高抗旱能力20余天，为县

①重大工程布局及管理详见本志“经济管理”篇。

内首个较完整的电力排灌系统。

西周11万伏变电所工程　1972年7月建成，为全县首座变电所。华东电网开始入境。

丹城千丈岩电视差转台工程　1973年5月建成，为县内首家电视差转台。

丹城城区建设路工程　1981年6月始建，砼路面，1986年竣工，自西门汽车站至东谷湖西，全长2020米，宽24米。为市政建设首条汽车双向行驶街路。

自动电话工程　1984年12月15日，2000门自动电话开通。1991年，市话交换机容量增至8000门。结束象山无程控电话历史。

西泽轮渡汽车码头工程　1988年7月26日，西泽汽车轮渡码头建成通航，象山西泽与鄞县横山汽车通过轮渡直达。

彭姥岭隧道、蚶岙岭隧道、县汽车客运中心工程　彭姥岭隧道工程开工于1987年10月，蚶岙岭隧道及县汽车客运中心工程开工于1991年5月。1992年11月11日，3工程同时竣工启用。

蛎门港跨海大桥工程　1994年6月8日动工，1995年9月18日竣工。连接南田、高塘两岛，单跨悬臂式桥面长150米，为县内首座跨海大桥。

象山中学新校舍工程　1996年9月1日落成启用。占地面积86670平方米，建筑面积38279平方米。

甬台温高速象山连接线工程　连接线工程全长50.7千米，县境内31.5千米。1998年6月28日动工，改建境内段，总投资2.57亿元。1999年12月29日通车。

隔溪张水库工程　1997年12月20日动工，2001年12月28日竣工，总投资6600万元。水库集雨面积10.6平方千米，总库容1050万立方米。

县体育馆工程　2001年12月26日竣工。占地面积17994平方米，建筑面积5827.6平方米，2415个座位，系集篮球、排球、羽毛球、乒乓球运动为一体的多功能场馆。

人民广场工程　2000年12月1日动工，2002年2月26日落成，总投资5000万元，占地面积134568平方米。

县第一人民医院工程　2003年6月28日落成开业。占地面积12万平方米，建筑面积6.8万余平方米。拥有门诊楼、住院楼、急救中心等各种建筑设施，系集医疗、教研为一体的三级乙等综合性医院。位于象山港路与东谷湖路交界处。

象山港路工程　东起巨鹰路，西至环城西路，全长4.11千米。1999年6月动建，2002年7月竣工通车，总投资5420万元。时为县中心城区最宽最长市政道路。

象山沿海南线工程　北与盛宁线丹城段相接，经石浦，过台宁渡与沿海南线宁海段相接，县境内全长48.52千米。2004年12月28日全线告竣，总投资3.56亿元。

教育园区工程　2001年3月动工，2004年3月竣工，总投资1.6157亿元，占地面积24万平方米。建有职业高职中学、电大、教科研中心、图书馆、招生办等单位。

象山影视城工程　2002年9月16日动工，2005年1月10日竣工。占地72.67万平方米。系象山文化建设标志性工程。

溪口至石浦供水工程　2005年2月4日，茅洋溪口至石浦全长35千米供水工程竣工并通水。千百年来，石浦地区人民吃水难问题得以解决。

白溪水库引水工程　2005年4月26日动工。2008年9月5日象山段全线贯通。自宁海白溪水库引水连接县内平潭、隔溪张、上张、仓岙4座水库，日供水11万立方米。

县管道燃气工程 2004年11月动工，2005年12月25日供气点火试运。至2008年5月，主管道安装长度为14.42千米，住宅小区入户官网安装长度为41.30千米，管道燃气入户数5110户。

中心城区污水处理厂工程 2006年9月8日建成并投入使用，日处理污水能力2.5万吨。

象山港大桥及接线工程 始于宁波绕城高速云龙直通，接线长40.17千米，其中象山段15.08千米，鄞州段25.09千米。项目实际投资约75亿元。2008年12月30日动建，2012年12月29日正式通车。

石浦港疏浚工程 于石浦港沿岸3.7千米岸线范围内52座码头区域实施，疏浚土方40万立方米，2006年12月6日通过验收。

天安路延伸工程 2007年12月5日举行通车仪式，系县中心城区主轴线。

三门口跨海大桥工程 2002年10月13日动工，2008年9月19日通车，总投资1.8亿元，其中大桥1.5亿元。由北门桥、中门桥和南门桥组成，全长1.472千米。该工程使高塘岛、南田岛告别靠渡船进出岛的历史。跨石浦港三门口海峡，由北岸引线和大桥主体两部分组成。大桥全长1.47千米，由北、中、南3座特大桥组成。

大目涂二期围垦工程 2004年6月28日动工，2008年7月9日竣工。大坝全长3.28千米，建设标准为50年一遇三级海塘，围涂面积10.4平方千米。

重大工程详况见本志《城乡建设》《供水　燃料　电力》《交通》《围垦　水利》《旅游业》《教育》《医疗　卫生》《体育》等篇。

第五节　行政管理体制改革

1949年10月21日，县人民政府成立，废除民国政府旧行政制度，确立人民政府新管理体制。在县人民政府到县人民委员会、县革命委员会的30余年中，县级政府机构虽历经变化，但未有真正意义上的行政管理体制改革。1981年1月，县革委会及所属机构撤销，县人民政府恢复后，逐步进行行政管理体制改革：转变政府职能，提高行政效率，建立服务型政府；实行政务公开，进行多轮次审批制度改革；组建县便民服务中心，实行集中式管理，窗口式办公等。

政府职能转变

1992年2月，县政府印发国家体改委《关于1992年经济体制改革要点的通知》。从此，县政府及各经济管理部门对企业的直接管理转为间接管理，主要管理统筹规划、信息引导、组织协调，为企业营造宽松的经济发展环境由原来下指标、管任务，转到确定国民经济及社会发展战略，宏观调控全县经济结构、产业结构、工业结构、产品结构和重点建设。强化以企业为投资主体，着重投资地区性基础设施建设。执行新的财税制度，培植地方财源，坚持依法治税，减轻企业负担。着力增加城乡储蓄，扩大贷款规模，拓展融资渠道，引进项目资金，提高资金使用效益。同时，加强财税、银行、审计、统计等监督力度，逐步形成较完善的调控管理体系，不断强化政府对区域经济监督管理和调控能力。政府通过转变行政职能，区分国有资产所有者职能与社会经济管理者职能，做好国有资产保值与增值，减少国有资产流失。2004年，县政府提出树立“有限政府”观念。2008年，注重履行社会管理和公共服务职能，加快自身职能转变。

政务公开

1992年始，各级政府和基层、执法、公用事业单位普遍执行“两公开一监督”（政务规定公开、结果公开，社会监督）制度。1993年，深入开展纠正行业不正之风和治“三乱”（乱收费、乱罚款、乱摊派）工作。2005年，建立政府信息公开制度，提高政府工作透明度。2006年，出台县政府信息公开办法。是年年末，全县43家直属单位和18个街道镇乡在中国象山港网站建立政府信息公开网页，建立重大行政决策前网上公示制度。2008年1月，《象山县人民政府公报》发行，发至政府机关、居委会、村委会。

审批制度改革

照11-3　2000年象山县便民服务中心授牌仪式

1994年，县委、县政府印发《关于加快企业产权制度改革的若干意见》。1995年，县成立国有、城镇集体企业转制领导小组及办公室。2000年，进行第一轮行政审批制度改革。8月28日，成立宁波市首家便民服务中心，汇集26个县级职能部门31个对外服务窗口，涉及审批、办证等336项，基本涵盖企业经营和群众生产、生活所需的重要审批事项。2002年，减少行政审批事项687项，减幅74.2%，减负1.8亿元。2003年，推行第二轮行政审批制度改革，街道镇乡基本建成便民服务站。2004年，贯彻实施《中华人民共和国行政许可法》，全面开展行政许可清理，进一步规范行政审批行为。同年，在行政许可保留252项、待定审批项目42项基础上，保留县级审批和初审232项，缩减62项，缩减率为21.1%；非行政许可在162项基础上缩减41项，保留121项，缩减率为25.3%。是年，认定具有行政许可实施资格的机关50家。2005年，县政府出台《进一步深化行政审批制度改革实施意见工作方案》，成立县审批制度改革暨政务公开领导小组办公室，在行政许可管理、改革投资项目审批运作制度、便民服务中心建设、政务信息公开、培育和规范行业组织与中介机构、完善集中统一的招投标服务平台、建设网上行政服务平台和健全行政许可审批责任、追究制度等方面作出规范。规范性文件清理121件，保留56件，废止38件，修改27件，废止、修改合计占53.7%。2006年6月末，全县33个具有行政许可权单位在坚持编制数、内设机构数、中层领导职数不增加前提下，采用“撤一建一”“并一建一”“挂牌”①途径，成立行政许可科并统一进入便民中心办公。各部门行政许可事项由行政许可科统一受理、送达，实行“一个窗口对外”。通过改革，纳入行政审批的便民中心244项、分中心82项，合计326项。承若件总承诺时间从法定的7063个工作日，缩短到2769个工作日，缩短率为61%，办件量比例上升到84%。窗口从19个增至23个，综合窗口成员单位8个。中心窗口从80人增至111人。23名行政许可科科长、副科长进驻窗口工作。保留劳动保障、交警大队、农机局分中心，撤销交通运输管理、公路段分中心。是年，宁波市行政中心现场会、浙江省行政审批改革现场会相继在象山召开。

---

①“撤一建一”指行政许可职能由两个及两个以上科室承担的部门，其内设机构及工作职能应进行分类、归并、调整，撤销1个原有科室，单独设立行政许可科；“并一建一”指因工作性质特殊，撤销1个原有科室确有困难的，可合并原有科室、保留原科室名称，单独设立行政许可科；“挂牌”指行政许可职能由1个科室承担，或者行政许可办件量少的部门，单设行政许可科确有困难的，可在原有科室挂行政许可科牌子。

2007年，县法制办联合行政审批管理办公室等单位全面清理全县行政规范性文件，共梳理县政府或县府办发布的文件500余件，纳入清理范围281件，保留140件，废止91件，修改50件，废止、修改面50.2%。县政府各部门和街道镇乡清理现行规范性文件542件。其中，保留270件，占49.8%；废止247件，占45.6%；修改25件，占4.6%。县政府出台《象山县项目联合审批实施办法》。规定纳入县行政服务中心联合审批从原8项扩大至24项。全年共召开联审会议132次，组织联合踏勘512次，办理联合审批297项。12月13日，县便民服务中心改为县行政服务中心。其管理机构名称规范为"象山县行政审批管理办公室"，为县政府派出机构。县招标、投标交易中心更名为"象山县公共资源交易中心"，主要承担全县公共资源市场化配置工作的交易办理职能。2008年，推进联合审批和网上审批，审批程序进一步简化和规范。

依法行政

1954年6月，《中华人民共和国宪法（草案）》公布。7月始，县人民委员会开展广泛的宪法宣传。时全民宪法意识较淡薄。"文化大革命"期间，县政府机关处于瘫痪、半瘫痪状态，依法行政受阻。中共十一届三中全会后，正本清源，法制逐步恢复。1981年1月3日，县政府在县第九届人民代表大会上提出"建设社会主义法制"要求。1985年，县九届人大二次会议提出加强法制宣传，增强全县人民法制观念，保证国家法律、法规贯彻执行。1994年，县政府提出"加强依法行政工作，推行依法治县"要求。此后，政府法治机构建设、依法治县规划、行政执法责任制、规范性文件监督管理制度、清理登记行政许可主体和行政许可项目、行政复议和行政应诉等全面推进。

法治机构建设　1993年12月，原县司法局管理的县政府法制科重新划归县政府管理，对外分别称县政府法制科和县行政复议办公室。1997年12月，县法制科改挂县政府法制局牌子。2005年，设置县政府法制办公室，与县政府办公室合署办公。其主要职能是：负责征求对上级立法机关立法草案的意见；负责监督检查行政执法机关执法和行政审批行为，监督管理行政机关执法证件，对行政执法主体资格进行审查；负责行政复议和行政应诉案件；负责各镇（乡）政府和县政府各部门规范性文件及重大行政行为的备案审查；组织清理县政府规范性文件；负责行政执法人员培训、法律法规宣传和行政执法考核；承担全县法制建设综合调研。

制定法治规划　1994—1997年，全县实施依法治县第一个四年规划。2005年，县政府印发《象山县人民政府关于贯彻落实全民推进依法行政实施纲要的实施意见》，建立依法决策、依法行政及行政执法监督机制。2007年，县政府调整全面推进依法行政工作领导小组。

推行行政执法责任制　1999年6月，县政府制定《象山县行政执法责任制暂行规定》。1999年9月，乡镇开展执法检查，实行行政执法责任制。2000年11月，建立《象山县统计行政执法过错责任追究制度》。2006年，制定《象山县行政执法责任制目标管理考核办法（试行）》和《关于进一步深化完善行政执法责任制的实施意见》，规范全县具有行政执法主体资格的行政机关和法律、法规授权的组织做好依法界定执法职责、依法追究行政执法过错责任。2007年起，全县街道镇乡及县政府各部门进行年度行政执法责任制目标管理考核，并将政府行政执法责任制纳入依法行政考核范围。

建立规范性文件监督管理制度　1994年8月，印发《象山县人民政府规范性文件制定程序规定》。1997年11月，全面清理1996年后县政府及其办公室发布的规范性文件。2007年、2008年，先后清理行政规范性文件，废止部分规范性文件。

贯彻实施行政许可法　2004年，为贯彻实施《中华人民共和国行政许可法》，县政府召开全县贯彻实施行政许可法暨行政许可法培训工作会议，成立贯彻实施行政许可法工作领导小组，并

印发贯彻实施行政许可法工作方案的通知。2004 年 3 月，召开依法行政工作座谈会，依法清理、登记和审核县级行政许可实施主体。2005 年，检查《中华人民共和国行政许可法》贯彻实施情况，并印发《关于贯彻落实全民推进依法行政实施纲要的实施意见》，同时对贯彻实施行政许可法检查情况进行通报。2007 年，印发《关于重新核定行政许可项目、行政许可初审项目、非行政许可项目的通知》。

贯彻实施行政复议法 1994 年，县政府印发《关于贯彻实施〈浙江省行政复议实施办法（试行）〉的通知》。1999 年 9 月，开展《行政复议法》宣传活动。2007 年，成立县行政复议委员会，推进行政复议工作制度化、规范化建设；印发《关于进一步加强行政复议和行政应诉工作的意见》，并每半年统计上报行政处罚、行政复议和行政应诉案件数量。

第六节 信　　访

1953 年 2 月 20 日，成立县处理人民来信委员会，下设办公室。1961 年 10 月，县委信访办公室对外称县人民来信来访接待室。1977 年 12 月，县委办信访室设专职干部 3 人，统一受理县委、县政府信访工作。1978 年后，县公安局、检察院、法院、司法局和区、镇政府均设信访室，配专职干部，其余县直属单位和公社（乡）确定专职或兼职信访干部。1995 年，信访办划归县政府办公室。翌年 10 月，对外称县委、县政府信访局，为副局级编制。2002 年 4 月，县信访局为局级编制，列政府序列。2006 年 10 月 24 日，县长电话办公室划归信访局。2008 年，全县基层信访组织 33 个，专兼职信访干部 35 人。

信访受理

20 世纪 50 年代，多数信访为来信，主要揭发干部官僚主义、违法乱纪、命令主义及检举控告反革命分子及其他坏分子，为顺利完成“三反”“五反”运动及社会主义工商业改造任务、密切党群关系，巩固人民政权起到重要作用。60 年代三年经济困难时期，信访主要反映缺粮、生活困难、精减职工回乡安置、农村经济分配体制及党员干部队伍建设等问题。1962 年，信访 824 件次，其中要求解决户粮及生活困难 271 件，有要求生产队为基本核算单位及反映贯彻执行“六十条”、支农物资落实等情况。信访工作进行思想安抚、解决信访者实际诉求，为县委、县政府掌握情况，贯彻执行中央“调整、充实、巩固、提高”八字方针和“大办农业、大办粮食”，顺利度过困难时期，发挥积极作用。“文化大革命”中，信访接待处理无法正常进行，造成大量积案。

中共十一届三中全会后，信访量激增，1979 年达 3893 件，多为要求处理历史遗留问题，纠正冤假错案。之后，信访主要为农村土地、山林承包合同纠纷、工商企业转制后职工安置等。1997 年 4 月，县信访局编发《信访反映》（第 31 期）反映企业转制后党员管理问题，省委书记李泽民作重要批示。1998 年 3 月，县信访室被授予省首批“文明接待室”。翌年，县委、县政府被评为“市信访工作先进单位”。2004—2006 年，全县发生集体上访 461 批、7189 人次，越级上访 77 批、590 人次。其中，赴京 47 批、109 人次，赴省 11 批、123 人次，赴市 19 批、358 人次。县委、县政府坚持解决实际问题与教育疏导相结合原则，采取领导包案、归口处理等措施，妥善化解大量矛盾。2007 年 1 月 1 日，县信访局与省、市信访信息系统联网办理信访事项。2008 年始，县 15 个信访重点部门与 18 个街道镇乡的信访信息网联网运行。截至 2008 年 10 月 21 日，全县网上流转信访总量达 2921 件。

复查旧案

1982年7月，贯彻省信访落实政策会议精神，开始在文教系统中试点旧案复查，共复查117件，错案改正25人（复职14人、退休8人、退职3人），维持原结论92人。不久，开展复查中华人民共和国成立初至“文化大革命”前的历史旧案379件，恢复公职49人、恢复党籍10人，办理离休4人、退休52人、退职69人，发生活补助费15人、丧葬费6人，其他补助4人，维持原结论176人。

“文化大革命”期间，丹城、石浦、爵溪、西周等地347户私房921间、13815平方米，被群众组织“接管”。1980年，政府按政策处理，原房退还286户、8877.87平方米；纳入房改61户、4937.13平方米。1982年，县政府清理“私房改造”历史遗留问题，退还47户、3565.97平方米；列入继续改造14户、1371.16平方米。同时，处理“私房改造”164户、634.5间、13696.06平方米。按象政〔1982〕82号文件规定，不到改造起点的122户、411.5间、8511.25平方米房子悉数退还到户。继续改造42户、223间、5184.81平方米，付给定租资金29871.69元。在“民改、渔改”“小四清”“一批双打”等运动中被重新没收的，被区乡级政府、房管所、供销社挤占调换的，及其他原因涉及房屋产权申诉的，均以土地改革时确权为准，“原房在的还原房，原房不在的折价补偿”，全县共处理“房改”遗留问题412户、1944.5间。

按省委办公厅〔1980〕31号文件规定，批准精减下放对象“农转非”2522人。同时，给体弱、生活困难的173名老职工发放生活费。乡镇政府与有关部门采用自理口粮、落实生产队等办法，解决长期以来户粮不落实者1184人。

建章立制

1966年1月，建立县长接待日制度，每逢农历初一、十六日，在丹城、石浦接待来访群众。“文化大革命”期间停止。1981年4月5日恢复，每月一次，逢农历初一日接访。1983年7月，改为党政领导接待日，县委、县人大、县政府、县政协、县纪委的正副负责人轮流接待上访者，县委、县政府所属部门负责人轮流参与。2004年，接访日期改为公历每月16日。2007年始，除党政领导接待日接访外，县级各部门、街道镇乡，也于同日安排党政领导接待群众。每月6日，县政府各部门安排3名负责人，在县信访局联合接待上访者；每月26日，由县委政法委牵头公安局、检察院、法院、司法局负责人，在信访局接待涉法涉诉来访。是年1月始，县党政接待日安排部分律师协同领导接待来访者。自1981年4月至2008年12月，党政领导共接待上访群众5436批、13161人次。

1995年年初，县委书记、县长与19个镇乡、16个县级重点部门党政主要领导签订《信访工作目标管理责任书》。年末，县信访局会同有关部门考评镇乡与部门信访工作成绩与年度奖金挂钩。

2004年9月，建立由县委、县政府领导牵头，有关部门负责人参加的集中处理信访突出问题及群众性事件联席会议制度。县委常委、常务副县长为召集人，会议成员由县委办公室，县政府办主任以及公安局等18个部门负责人组成。设办公室，由信访局领导任正副主任。并选配38名干部，根据职责范围划分“农村土地征用、城区改造建设、涉法涉诉、社会劳动保障、转业复退军人”5个工作小组，明确时限，责任到人，专项处理信访突出问题。历经半年，办结和调处矛盾纠纷131起。

2005年1月7日，县委办印发《关于实行县党政领导包案调处重大信访问题的通知》，县党政领导实行跨地区、部门重大信访和越级、集体上访事项包案处理。是年，排查类似信访33件，确定相关街道镇乡部门主要领导为责任人，由县领导包案督办，集中一个月妥善解决“老大难”

问题。

2007年6月，县委选派2名局级干部到信访局任信访维稳工作督导员，加大信访工作督查力度。

1951—2008年象山县信访情况表

表11-6

年份＼项目	来信（件）	来访（人次）	年份＼项目	来信（件）	来访（人次）
1951	155	—	1980	1152	824
1952	117	—	1981	1128	717
1953	168	—	1982	1909	585
1954	63	—	1983	1116	599
1955	—	—	1984	1259	735
1956	13	—	1985	1068	678
1957	—	—	1986	1132	399
1958	71	—	1987	1159	522
1959	219	—	1988	1358	752
1960	432	—	1989	1161	626
1961	—	—	1990	1030	412
1962	—	—	1991	855	568
1963	798	55	1992	536	547
1964	346	38	1993	509	755
1965	969	324	1994	338	595
1966	720	384	1995	209	766
1967	477	251	1996	145	916
1968	181	74	1997	171	1148
1969	760	436	1998	130	1496
1970	1206	335	1999	127	2428
1971	991	203	2000	145	2760
1972	789	127	2001	135	1846
1973	762	285	2002	269	3120
1974	806	295	2003	319	2553
1975	1003	304	2004	233	3553
1976	567	147	2005	291	4053
1977	797	174	2006	322	2713
1978	2289	—	2007	427	2911
1979	2693	1200	2008	459	3972

第十二篇
人民政协

本篇目录

第一章　政协象山县委员会

1960年2月，中国人民政治协商会议浙江省象山县第一届委员会（简称“县政协”）成立。翌年8月，象山、宁海两县分治而终止。1984年8月，县政协恢复。至2008年12月，历8届，召开全体会议26次，委员从第一届14个界别93人增至第八届19个界别221人。

第一届县政协未设办事机构，日常工作由县委宣传部分管统战工作人员兼理，其余7届均设立工作机构。至2008年年末，县政协设办公室、4个专门委员会和9个联络工作委员会。

第一节　委员会组成

政协委员由各界别民主推荐、协商产生，界别与委员数历届均有变动。委员在参加政协全体会议中选举产生各届政协领导成员，并在届期内参政议政。

1959年5月，县政协第一届委员会始筹建（时宁海、象山合为象山县），11月提出组建方案，12月个别修正，经中共宁波地委批准，界别15个，委员97人。第二届，界别扩大至19个，委员增至109人。第五届界别最多，为20个；第八届委员数最多，达231人。

象山县历届政协委员组成情况表

表12-1　　单位：人

界别＼届次	一	二	三	四	五	六	七	八
中国共产党	9	7	9	10	14	16	18	18
无党派	—	—	—	—	—	—	—	7
总工会	4	4	4	6	6	6	7	7
中国共产主义青年团	3	3	3	3	4	4	5	7
妇女联合会	3	4	4	4	4	5	6	7
农民、渔民	4	—	—	—	—	—	—	—
工商界	7	—	—	—	—	—	—	—
科学技术界	4	19	20	18	13	12	14	15
教育界	7	12	12	12	11	10	13	11
医药卫生界	6	7	7	7	6	6	8	8
文化艺术界	3	2	3	3	3	—	—	—
新闻界	1	1	1	1	2	3	4	11
侨眷归侨	2	4	8	8	—	—	—	—

续表12-1

界别 \ 届次	一	二	三	四	五	六	七	八
宗教界	3	3	5	5	5	—	—	7
特别邀请人士	37	18	22	21	22	26	26	25
商业、县社	—	6	—	—	—	—	—	—
社会科学界	—	1	1	2	3	4	5	10
农林渔业	—	9	9	13	—	—	—	—
体育界	—	3	3	3	3	—	—	—
社会救济福利	—	1	1	2	2	2	5	10
少数民族	—	1	1	1	2	—	—	—
台属、回归人员	—	4	—	—	—	—	—	—
工商界（包括个体商业和乡镇企业）	—	—	16	—	—	—	—	—
工商联合会	—	—	—	16	13	15	21	21
归国华侨联合会	—	—	—	—	8	6	6	7
科学技术协会	—	—	—	—	9	7	7	7
农业界	4	—	—	—	12	14	15	15
经济界	—	—	—	—	10	21	23	27
文艺体育界	—	—	—	—	—	7	8	11
民族宗教界	—	—	—	—	—	6	7	—
界别数	15	19	18	18	20	18	18	19
总人数	97	109	124	135	152	170	198	231

第二节　历届全体会议

1960年2月，县第一届政协全体会议召开，至2008年年末，历8届，共召开全体会议26次。

第一届委员会（1960.02—1961.10）

1960年2月2—5日，县政协第一次会议在宁海城关镇举行，出席委员93人。会上，副县长陈星作县政协筹备工作情况报告并致开幕词。与会委员列席县人大三届二次会议，听取和讨论县长张玉田《关于县第三届人民代表大会第一次会议以来县人民委员会的工作报告》和其他报告。会议还选举产生第一届象山政协常务委员会委员29人，其中主席1人、副主席4人、秘书长1人（由一名副主席兼任）；通过《政协象山县委员会工作组组织简则》。县政协一届委员会成立后，未设办事机构，在县委宣传部配一专职统战工作干部兼理。翌年8月，宁海、象山分县，政协活动停止。此后，象山政协委员多为县人民代表。

第二届委员会（1984.08—1987.05）

第一次会议　1984年8月23—27日在丹城召开，出席委员109人。会议学习全国政协主席邓颖超在政协全国六届二次会议上讲话；听取和讨论县委书记宋琴堂讲话和县政协常委会工作报告；通过决议。与会代表列席县人大十届一次会议，听取和讨论县长张启楣所作政府工作报告及其他报告。会议选举产生政协象山县第二届常务委员会委员19人，其中主席1人、副主席4人、秘书长1人。会议提交提案131件。

第二次会议　1985年3月19—21日在丹城召开，出席委员111人。会议传达贯彻省、市政协工作会议精神；听取和讨论县委书记宋琴堂讲话、政协主席董鹤鸣所作常委会工作报告；通过决议。与会代表列席县人大十届二次会议，听取和讨论县长张启楣所作政府工作报告及其他报告。会议提交提案103件。

第三次会议　1986年4月4—7日在丹城召开，出席委员114人。会议听取和讨论县委主要负责人所作《关于1985年我县经济建设成就和1986年任务的报告》、政协主席董鹤鸣所作常委会工作报告和政协秘书长孙祥富所作提案工作报告；通过决议。与会代表列席县人大十届三次会议，听取和讨论张启楣县长所作政府工作报告及其他报告。会议提交提案130件。

第三届委员会（1987.05—1990.05）

第一次会议　1987年5月3—8日在丹城召开，出席委员129人，列席9人。会议听取和讨论县委主要负责人讲话、政协主席林祥生所作常委会工作报告和政协副主席盛明山所作提案工作报告，并通过决议。与会代表列席县人大十一届一次会议，听取和讨论县长张启楣所作政府工作报告及其他报告。会议选举产生政协象山县第三届常务委员会委员22人，其中主席1人、副主席3人、秘书长1人。会议提交提案130件。

第二次会议　1988年3月24—27日在丹城召开，出席委员130人，列席8人。会议传达学习中共中央总书记视察沿海地区重要讲话和中央〔1998〕1号文件，听取和讨论县委主要负责人讲话及代县长郑友庆关于发展外向型经济、尽快建成石浦对台贸易区、改造和建设邮电通信、海陆交通设施等情况通报，并通过决议。会议提交提案69件，8名委员在会上或书面作参政议政发言。

第三次会议　1989年3月31日至4月3日在丹城召开，出席委员135人，列席5人。会议听取和讨论县委主要负责人讲话、政协主席林祥生所作常委会工作报告和政协副主席盛明山所作提案工作报告，并通过决议。与会代表列席县人大十一届三次会议，听取和讨论县长郑友庆所作政府工作报告及其他报告。会议提交提案96件，9名委员在会上或书面作参政议政发言。

第四届委员会（1990.05—1993.03）

第一次会议　1990年5月21—25日在丹城召开，出席委员135人，列席18人。会议听取和讨论县委书记邵孝杰讲话、政协副主席陈继武所作常委会工作报告和政协副主席盛明山所作提案工作报告，并通过决议。与会代表列席县人大十二届一次会议，听取和讨论县长邱永年所作政府工作报告及其他报告。会议选举产生政协象山县第四届常务委员会委员23人，其中主席1人，副主席4人，秘书长1人。会议提交提案116件，8名委员在会上或书面作参政议政发言。

第二次会议　1991年3月18—21日在丹城召开，出席委员139人，列席35人。会议听取和讨论县委书记邵孝杰讲话、政协主席欧绪坤所作常委会工作报告及政协副主席盛明山所作提案工作报告，并通过决议。与会代表列席县人大十二届二次会议，听取和讨论县长邱永年所作政府工作报告，并参与讨论县国民经济和社会发展十年规划、“八五”计划纲要。会议提交提案107件，

13 名委员在会上或书面作参政议政发言。

第三次会议　1992 年 2 月 18—21 日在丹城召开，出席委员 140 人，列席 43 人。会议听取和讨论县委书记邵孝杰讲话、政协主席欧绪坤所作常委会工作报告和政协副主席盛明山所作提案工作报告，并通过决议。与会代表列席县人大十二届三次会议，听取和讨论县长邱永年所作政府工作报告和其他报告。会议提交提案 97 件，13 名委员在会上或书面作参政议政发言。

第五届委员会（1993. 03—1998. 02）

第一次会议　1993 年 3 月 7—11 日在丹城召开，出席委员 152 人，列席 33 人。会议听取和讨论县委书记郭正伟讲话，政协副主席盛明山所作常委会工作报告和提案工作报告，并通过决议。与会代表列席县人大十三届一次会议，听取和讨论县长邱永年所作政府工作报告及其他工作报告。会议选举产生政协象山县第五届常务委员会委员 27 人，其中主席 1 人、副主席 4 人、秘书长 1 人。会议提交提案 127 件，14 名委员在会上或书面作参政议政发言。

第二次会议　1994 年 1 月 31 日至 2 月 3 日在丹城召开，出席委员 154 人，列席 29 人。会议听取和讨论县委书记郭正伟讲话、政协主席王庆祥所作常委会工作报告和政协副主席盛明山所作提案工作报告，并通过决议。与会代表列席县人大十三届二次会议，听取和讨论县长郭正伟所作政府工作报告及其他报告。会议提交提案 120 件，10 名委员在会上或书面作参政议政发言。

第三次会议　1995 年 1 月 17—21 日在丹城召开，出席委员 170 人，列席 59 人。会议听取和讨论县委书记郭正伟讲话、政协主席王庆祥所作常委会工作报告及政协副主席盛明山所作提案工作报告，并通过决议。与会代表列席县人大十三届三次会议，听取和审议县长郭正伟所作政府工作报告及其他报告。会议提交提案 51 件，12 名委员在会上或书面作参政议政发言。

第四次会议　1996 年 3 月 9—12 日在丹城召开，出席委员 183 人，列席 60 人。会议听取和讨论县委书记郭正伟讲话、政协主席王庆祥所作常委会工作报告和政协副主席盛明山所作提案工作报告，并通过决议。与会代表列席县人大十三届四次会议，听取和讨论县长郭正伟所作政府工作报告及其他报告。会议提交提案 117 件，12 名委员在会上或书面作参政议政发言。

第五次会议　1997 年 1 月 26—29 日在丹城召开，出席委员 187 人，列席 74 人。会议听取和讨论县委书记王同元讲话、政协主席王庆祥所作常委会工作报告和政协副主席盛明山所作提案工作报告，并通过决议。与会代表列席县人大十三届五次会议，听取和讨论代县长王仁洲所作政府工作报告及其他报告。会议提交提案 120 件，12 名委员在会上或书面作参政议政发言。

第六届委员会（1998. 02—2002. 01）

第一次会议　1998 年 2 月 15—18 日在丹城召开，出席委员 170 人，列席 71 人。会议听取和讨论县委书记王同元讲话、政协常务副主席陈世灿所作常委会工作报告和政协副主席盛明山所作提案工作报告，并通过决议。与会代表列席县人大十四届一次会议，听取和讨论县长王仁洲所作政府工作报告及其他报告。会议选举产生政协象山县第六届常务委员会委员 33 人，其中主席 1 人、副主席 5 人、秘书长 1 人。会议提交提案 114 件，17 名委员在会上或书面作参政议政发言。

第二次会议　1999 年 1 月 26—28 日在丹城召开，出席委员 172 人，列席 83 人。会议听取和讨论县委书记王同元讲话、政协常务副主席陈世灿所作常委会工作报告和政协副主席盛明山所作提案工作报告，并通过决议。与会代表列席县人大十四届二次会议，听取和讨论县长王仁洲所作政府工作报告及其他报告。会议提交提案 96 件，17 名委员在会上或书面作参政议政发言。

第三次会议　2000 年 1 月 14—17 日在丹城召开，出席委员 176 人，列席 82 人。会议听取和讨论县委书记王同元讲话、政协常务副主席陈世灿所作常委会工作报告和政协副主席盛明山所作提案工作报告，并通过决议。与会代表列席县人大十四届三次会议，听取和讨论县政府工作报告及其他报告。会议提交提案 112 件，17 名委员在会上或书面作参政议政发言。

第四次会议　2001 年 1 月 15—18 日在丹城召开，出席委员 185 人，列席 89 人。会议听取和讨论县委书记肖培生讲话、政协常委副主席陈世灿所作常委会工作报告和政协副主席陆传明所作提案工作报告，并通过决议。与会代表列席县人大十四届四次会议，听取和讨论县政府工作报告和其他报告，讨论《象山县国民经济和社会发展“十五”计划纲要》。会议提交提案 125 件，17 名委员在会上或书面作参政议政发言。

第五次会议　2002 年 1 月 21—24 日在丹城召开，出席委员 183 人，列席 84 人。会议听取和讨论县委书记肖培生讲话、政协常委副主席陈世灿所作常委会工作报告和政协副主席陆传明所作提案工作报告，并通过决议。与会代表列席县人大十四届五次会议，听取和讨论县政府工作报告和其他报告。会议提交提案 211 件，24 名委员在会上或书面作参政议政发言。

第七届委员会（2003. 02—2007. 02）

第一次会议　2003 年 2 月 21—25 日在丹城召开，出席委员 198 人，列席 97 人。会议听取和讨论县委书记肖培生讲话、政协主席张雪明所作常委会工作报告与提案工作报告，并通过决议。与会代表列席县人大十五届一次会议，听取和讨论代县长周江勇所作政府工作报告和其他报告。会议选举产生政协象山县第七届委员会常务委员会委员 31 人，其中主席 1 人、副主席 5 人、秘书长 1 人。会议提交提案 171 件，10 名委员在会上或书面作参政议政发言。

第二次会议　2004 年 2 月 9—11 日在丹城召开，出席委员 175 名，列席 79 人。会议听取和讨论县委书记肖培生讲话、政协主席张雪明所作常委会工作报告以及提案工作报告，并通过决议。与会代表列席县十五届人大二次会议，听取和讨论县长周江勇所作政府工作报告及其他工作报告。会议提交提案 206 件。

第三次会议　2005 年 1 月 19—22 日在丹城召开，出席委员 196 人，列席 94 人。会议听取和讨论县委书记肖培生讲话、政协主席张雪明所作常委会工作报告以及提案工作报告，并通过决议。与会代表列席县十五届人大三次会议，听取和讨论县长周江勇所作政府工作报告及其他报告。会议提交提案 187 件，12 名委员在会上或书面作参政议政发言。

第四次会议　2006 年 1 月 18—20 日在丹城召开，出席委员 197 人，列席 99 人。与会代表听取县委书记周江勇讲话、县政协主席张雪明所作常委会工作报告以及提案工作报告，并通过决议。与会代表列席县十五届人大四次会议，听取并讨论县长李关定所作政府工作报告及其他报告。会议提交提案 195 件，14 名委员作参政议政发言。

照 12-1　中国人民政治协商会议象山县第八届委员会第一次会议

第八届委员会（2007. 02—　　　）

第一次会议　2007 年 2 月 4—8 日在丹城召开，出席委员 212 人，列席 112 人。会议听取县委书记周江勇的讲话、政协主席张雪明所作常委会工作报告和政协副主席陆传明所作提案工作报告，并通过决议，与会代表列席县人大十六届一次会议，听取和讨论县长李关定所作政府工作报告及其他报告。大会选举产生政协象山县第八届委员会常务委员会委员40人，其中主席1人、副主席5人、秘书长1人。会议提交提案227件，15名委员在会上或书面作参政议政发言。

第二次会议　2008年1月22—25日在丹城召开，出席委员207人，列席121人。会议听取和讨论县委书记周江勇讲话、政协副主席陆传明所作常委会工作报告和政协副主席吴安定所作提案工作报告，并通过决议。与会代表列席县人大十六届二次会议，听取和讨论县长李关定所作政府工作报告及其他报告。会议改选县政协主席，提交提案183件，12名委员在会上或书面作参政议政发言。

第三节　工作机构　联谊组织

根据政协章程规定，县政协设置专门委员会（工作组）、联络委员会（组），还建立象山书画院、政协之友联谊会及缨溪诗社3个联谊组织。

专委会　联络委

1984年10月，二届二次常委会议决定成立工交、农林、医卫、民族宗教、文体、教育、经济、对台侨务8个工作组。翌年9月，县政协二届七次常委会议决定增设文史资料委员会和提案工作委员会。之后，政协工作组和专门委员会进行多次调整。1988年始，在部分镇乡建立委员联络组（后改为联络工作委员会）。至2008年，全县所有街道镇乡都建立政协联络工作委员会。县政协各专门委会、联络工作委员会的工作，是县政协工作重要组成部分。

象山县历届政协常委会各专委会、联络委设置情况表

表12-2

届次	专委会、联络委设置	备　　注
二届	工交、农林、医卫、民族宗教、文体、教育、经济、对台侨务8个工作组	1985年9月，二届七次常委会议决定增设文史资料委员会和提案工作委员会
三届	工交、农林、医卫、民族宗教、文体、教育、工商经济、侨务、祖国统一9个委、组	1988年3月，三届五次常委会议决定成立石浦镇委员联络组。7月，祖国统一委员会改为祖国统一联谊委员会
四届	学习、提案、文史资料、祖国统一联谊4个委员会；农业、工业、工商经济、教育、医卫、文化体育、民族宗教7个工作组；石浦、鹤浦、爵溪、西周4个委员联络组	1990年11月，四届三次常委会议决定，增设社会法制工作组和丹城镇委员联络组。翌年2月，四届八次常委会议决定，撤销农业工作组，建立农业发展委员会；撤销工业、工商经济工作组，建立经济建设委员会；撤销教育、医卫、文艺体育工作组，建立教文卫体委员会；撤销社会法制、民族宗教工作组，建立社会法制委员会
五届	学习、提案、文史资料、祖国统一联谊、农业发展、经济建设、教文卫体、社会法制8个专门委员会；丹城、石浦、爵溪、西周、鹤浦、贤庠、墙头、定塘8个镇委员联络组	1994年1月，五届五次常委会议决定改祖国统一联谊委员会为“三胞”联谊委员会

续表12-2

届次	专委会、联络委设置	备　注
六届	提案工作、学习文史、农业发展、经济建设、教育文体、医药卫生、社会法制、“三胞”联谊 8 个专门委员会；丹城、石浦、爵溪、西周、鹤浦、贤庠、墙头、定塘等 8 个镇委员联络组	2000 年 4 月，六届十二次常委会议决定，政协镇联络组改为政协镇联络工作委员会。12 月，六届第十六次常委会议决定，设提案工作、文史资料、农业发展、经济建设、教文卫体、社会法制、资源环境、“三胞”联谊 8 个专门委员会
七届	提案工作、学习文史、资源环境、农业和农村工作、经济建设、教育、文卫体、社会法制、“三胞”联谊 9 个专门委员会；丹东街道、丹西街道、爵溪街道、石浦、西周、鹤浦、贤庠、墙头、定塘等 9 个联络工作委员会	2005 年 10 月，改为提案工作、经济科技和城建资源环境、教文卫体和文史资料、社会法制和港澳台侨 4 个专门委员会
八届	提案工作、经济科技和城建资源环境、教文卫体和文史资料、社会法制和港澳台侨 4 个专门委员会；全县 18 个街道镇乡都建立政协联络工作委员会	2011 年 11 月，增设泗洲头、涂茨、大徐、新桥、东溪、晓塘、黄避岙、茅洋、高塘岛 9 个联络工作委员会

联谊组织

政协之友联谊会　1990 年 12 月 28 日，县政协之友社召开成立大会，成员由省、市、县历届退下的政协委员和社会有关人士组成。之友社选举产生名誉理事长 2 人，理事长 1 人，副理事长 3 人，总干事 1 人，理事 5 人，会员 38 人。1995 年 3 月，改称政协之友联谊会。至 2008 年，历经 5 届，会员 90 人。在各尽所能、竭诚全力、为促进改革开放和社会主义现代化事业添砖加瓦思想指导下，根据“老有所为，老有所乐”精神，开展理论学习、建言献策、交流信息、联络感情、参观访问等活动。1998 年 7 月，创办《联谊通讯》不定期内部刊物。至 2008 年，共刊出 90 期。

书画院　1987 年 9 月 16 日，书画院召开成立大会。大会通过《象山县书画院章程》；选举产生第一届理事会，设名誉院长 1 人，院长 1 人，副院长 2 人，秘书长 1 人，会员 36 人。至 2008 年，历经 5 届。

缨溪诗社　1992 年 10 月 4 日，缨溪诗社召开成立大会。文广局、文化馆干部及教育界、医学界年事较高、诗词爱好者 13 人参加，其中政协委员 3 人。会议通过《缨溪诗社章程》；选举产生第一届社务委员会，设顾问 1 人，社长、副社长各 1 人，秘书长 1 人，社员 13 人。建社初，旨在继清咸丰年间象山红木樨诗社余绪，补县内无诗社组织之阙，寄高雅生活情趣，充实业余生活。1994 年 12 月，归属县政协。至 2008 年，历经 3 届，社友 25 人。1992 年 10 月，创办《象山诗讯》，1994 年 12 月改名《缨溪》，为不定期内部诗刊。至 2008 年，共刊出 93 期。

第二章　政协常委会

县政协设常务委员会，主持日常工作。1960 年 2 月至 2008 年 12 月，政协常委会会议共召开 137 次。会议内容有：学习中央及上级重要文件和统战理论，讨论和关心国家政策方针，议论地方重要事务，并决定县政协重大工作事项。根据会议内容，邀请县委、县人大、县政府领导及党政机关各部门、政协机关、组委会负责人参加、列席会议。

第一节　历届常委会组成

1960 年 2 月 6 日，县政协一届一次会议选举产生一届政协常务委员会，县委第一书记冯书法兼任主席，张玉田、樊心慧、陈星、应可铭任副主席，樊心慧兼秘书长，张振清、李森、周娟文（女）等 24 人为常务委员。翌年 8 月，宁海、象山两县分治，政协活动停止。1984 年 8 月 27 日，恢复县政协。至 2008 年年末，县政协常务委员会均由县政协全体会议选举产生，每届设主席 1 名，副主席、常务委员各若干名，秘书长 1 名。

象山县历届政协主要领导情况表

表 12-3

届别	时　间	主　席	副　主　席	秘书长	备　注
一	1960.02—1961.09	冯书法	张玉田、樊心慧、陈　星、应可铭	樊心慧	—
二	1984.08—1987.05	董鹤鸣 林祥生	沈允法、许祖黄、陈兆皋、陈继武	孙祥富	1986 年 4 月，林祥生任主席
三	1987.05—1990.04	林祥生	沈允法、陈继武、盛明山	任慕熙	—
四	1990.05—1993.03	欧绪坤	濮振华、陈继武、盛明山、曹明霖	任慕熙	—
五	1993.03—1998.02	王庆祥 王同元	俞斌兆、盛明山、郑瞻德 董也琴（女）、陈世灿、王丰乐 陈德安	邱凯旋	1996 年 3 月，王同元任主席，增选陈世灿、王丰乐、陈德安为副主席
六	1998.02—2003.01	张雪明	陈世灿、盛明山、沈佳雨、郑瞻德 陈德安、陆传明、吴安定	邱凯旋 赖明和	2000 年 1 月，增选陆传明为副主席。翌年 1 月，补选吴安定为副主席，赖明和为秘书长
七	2003.01—2007.02	张雪明	陆传明、李阿会、沈佳雨 吴安定、郑瞻德	赖明和	—
八	2007.02—2008.12	张良才 白国璋	陆传明、吴安定、周平飞 赖明和、胡建萍（女）	张　敏	2008 年 1 月，白国璋任主席

第二节　历届常委会会议

县政协常委会会议通常每 3 个月召开 1 次。会前由主席会议拟定议程，提请常委会决定。会议讨论决定县政协及常委会会务和重大工作事项；听取县委、县政府及其下属部门有关全县大政方针以及重大问题报告或说明，并进行协商讨论，提出建议和意见。至 2008 年，常委会会议共召开 137 次。

第一届常委会会议

1960 年 2 月至 1961 年 10 月，常委会共举行会议 1 次。会议于 1960 年 2 月 6 日召开，出席常委 18 人，会议讨论贯彻县政协一届一次全会和县人大三届二次会议精神；讨论通过《政协象山县委员会工作组组织简则》。

第二届常委会会议

1984 年 8 月至 1987 年 5 月，常委会共举行会议 15 次。第一次会议于 1984 年 8 月 28 日召开，出席常委 18 人。会议学习政协章程，研究常委会分工。第二次会议于 1984 年 10 月 9—10 日召开，出席常委 19 人。会议决定政协工作组组长人选；研究建立“华建公司”“对台贸易公司”，开办高考文化补习班等。第三次会议于 1984 年 12 月 10—11 日召开，出席常委 15 人。会议学习中共十二届三中全会《关于经济体制改革的决定》，研究 1985 年上半年政协工作。第四次会议于 1985 年 1 月 31 日至 2 月 1 日召开，出席常委 25 人（含工作组正副组长）。会议传达中共中央政治局委员、书记处书记习仲勋在沿海开放城市和经济特区统战、政协工作座谈会上讲话等。第五次会议于 1985 年 3 月 6 日召开，出席常委 14 人。会议研究二届二次会议有关筹备事项，讨论常委会工作报告。第六次会议于 1985 年 6 月 20—21 日召开，出席常委 25 人（含工作组正副组长）。会议通报县级机关整党部署；汇报赴天台、绍兴、慈溪、奉化 4 县政协学习取经情况。第七次会议于 1985 年 9 月 23—24 日召开，出席常委 15 人。会议讨论增设文史资料委员会、提案工作委员会，对台侨务工作组分设“祖国统一工作组”“侨务工作组”。第八次会议于 1985 年 11 月 5—6 日召开，出席常委 14 人。会议通过副秘书长人选。第九次会议于 1986 年 1 月 6 日召开，出席常委 12 人。会议研究对台宣传和侨务及文史资料工作。第十三次会议于 1986 年 10 月 13—14 日召开，常委和部分委员出席，会议协商讨论《象山县国民经济和社会发展第七个五年计划》。第十五次会议于 1987 年 4 月 13—14 日召开，出席常委 15 人。会议讨论县第七次党代会报告和县二届政协常委会工作报告，协商三届政协委员会名单。

第三届常委会会议

1987 年 5 月至 1990 年 5 月，常委会共举行会议 16 次。第一次会议于 1987 年 5 月 9 日召开，出席常委 15 人。会议学习政协章程和全国政协常委会会议精神，讨论建立学习委员会、祖国统一委员会，调整文史资料委员会成员，成立工交等 9 个工作组，通过政协副秘书长人选。第二次会议于 1987 年 7 月 3—4 日召开，出席常委 16 人。会议学习传达中央 16 号文件、省委 17 号文件和省政协工作会议精神，交流研究工作组工作；决定成立书画院并任命院长、副院长和增补政协副秘书长人选。第五次会议于 1988 年 3 月 27 日召开，出席常委 15 人。会议决定成立石浦镇委员联络组。第六次会议于 1988 年 7 月 6 日召开，出席常委 16 人。会议审议通过《政协象山县委员会常务委员会工作规则》《政协象山县三届委员会工作组（委）组织通则》，决定祖国统一委员会改为祖国统一联谊委员会。第九次会议于1989年3月8—9日召开，出席常委18人。会议协商县政府工作报告及有关部门报告，讨论县政协三届常委会工作报告，通过县政协三届三次会议有关事项，增补委员1人。第十四次会议于1989年10月13—14日召开，出席常委16人。会议学习中共中央总书记江泽民在庆祝中华人民共和国成立40周年大会上讲话，并作出学习决议；通过《县政协机关加强廉政建设的规定》。第十六次会议于1990年4月12—14日召开，出席常委16人。会议学习中共中央《关于中国共产党领导的多党合作制和政治协商制度的意见》《加强党同人民群众联系的决定》；协商通过县政协四届委员会名单及换届工作有关事宜。

第四届常委会会议

1990年5月至1993年3月，常委会共举行会议17次。第一次会议于1990年5月26日召开，出席常委21人。会议研究设置4个委、7个工作组、4个联络组和书画院，组建“象山政协之友社（筹）”；通过2名副秘书长人选，通报县人大选举事项。第二次会议于1990年8月13—14日召开，出席常委20人。会议讨论通过《政协象山县委员会关于政治协商、民主监督的暂行规定》《政协象山县委员会常务委员会工作规则》《专门委员会、工作组组织通则》等文件。第三次会议于1990年11月26—27日召开，出席常委21人。会议通过增补委员4人；成立社会法制工作组、丹城镇委员联络组。第四次会议于1991年2月6—7日召开，出席常委16人。会议审议县政协四届常委会工作报告和提案工作报告；决定撤销原各工作组，建立农业发展委员会、经济建设委员会、教文卫体委员会、社会法制委员会。第六次会议于1991年6月6—7日召开，出席常委16人。会议审议通过《政协象山县委员会提案工作实施办法》《政协象山县委员会专门委员会组织通则》；形成《关于发展职业技术教育问题的建议案》。第十四次会议于1992年10月5—6日召开，出席常委18人。会议通报政协换届原则意见，协商换届人事安排方案，通过《县政协第五届委员会参加单位和委员名额决定》。第十五次会议于1992年10月31日召开，出席常委17人。会议传达学习中共十四大会议精神，通过《认真学习中共十四大会议精神的通知》。第十六次会议于1992年12月11日召开，出席常委17人。会议通过增设“经济界别”的决定。第十七次会议于1993年2月2—3日召开，出席常委20人。会议审议县政协四届常委会工作报告和提案工作报告，讨论决定政协五届一次会议事项。

第五届常委会会议

1993年3月至1998年2月，常委会共举行会议27次。第一次会议于1993年3月11日召开，出席常委18人。会议决定委、组设置，主席、副主席、秘书长分工及副秘书长人选。第二次会议于1993年5月22日召开，出席常委18人。会议传达全国政协八届一次会议和市政协十届一次会议精神，通过《加强专门委员会工作的决定》。第四次会议于1993年12月21—22日召开，出席常委21人。会议通过增补委员1人、开展政协委员持证视察工作的决定，决定县政协五届二次会议事项。第五次会议于1994年1月30日召开，出席常委22人。会议通过县政协常委会工作报告和《祖国统一联谊委员会更名“三胞”联谊委员会的决定》。第六次会议于1994年3月24—25日召开，出席常委20人。会议通过县政协《学习实施中国人民政治协商会议章程的决定》，确定1994年参政议政调研课题及分工。第九次会议于1994年11月15—17日召开，出席常委23人。会议通过增设港澳界别及增补委员决定和政协五届三次全会有关准备事项。第十一次会议于1995年3月29—30日召开。会议提出《稳粮五策》建议案，通过县政协1995年工作要点和《建立

“三三制”委员联系制度的决定》。第十三次会议于1995年9月6—7日召开，出席常委24人。会议传达市政协工作会议精神，通报市场物价情况，形成《抑制通货膨胀、控制物价上涨建议案》。第十四次会议于1995年11月7—8日召开，出席常委21人。会议传达学习中共十四届五中会议精神，审议通过《政协象山县委员会关于政治协商、民主监督、参政议政的若干规定》《政协象山县委员会提案工作规则》。第十五次会议于1996年1月31日召开，出席常委22人。会议传达县委批转县政协党组《召开政协象山县第五届委员会第四次会议的报告》的通知，并通过相关决定；审议政协常委会工作报告和提案工作报告；协商通过增补委员12人，免去委员10人。第十六次会议于1996年3月7日召开，出席常委23人。会议协商通过增补委员9人，通过县政协五届四次会议有关事项。第二十一次会议于1996年12月25—26日召开，出席常委28人。会议通过政协五届五次会议决定、五届常委会工作报告和提案工作报告；协商通过增补委员4人。第二十三次会议于1997年6月26—27日召开，出席常委35人。会议通过《设立县政协专委会综合办事机构的决定》，增设县政协经济工作室、社会工作室。第二十七次会议于1997年12月30日召开，出席常委30人。会议通过政协经济工作室和社会工作室任命事项；通过五届常委会工作报告和提案工作报告，协商六届政协人事安排。

第六届常委会会议

1998年2月至2003年2月，常委会共举行会议30次。第一次会议于1998年2月18日召开，出席常委33人。会议通过设立提案工作等8个委员会及丹城等8镇委员联络组，通过县六届政协副秘书长等人事任命以及1998年工作要点。第二次会议于1998年5月11—12日召开，出席常委32人。会议通过《发展我县非公有制经济的建议案》以及委员等人事任免。第四次会议于1998年10月21—22日召开，出席常委38人。会议通过《加快发展我县中部地区农村经济的建议案》以及委员等人事任免。第十次会议于1999年12月22日召开，出席常委27人。会议通过政协常委会工作报告、提案工作报告以及六届三次会议有关事项。第十二次会议于2000年4月26日召开，出席常委23人。会议就推进城市化建设与石浦、西周次中心城镇建设等参政议政发言，通过《镇联络委员会的工作规则》《联络员工作职责》。第十三次会议于2000年7月31日召开，出席常委25人。会议通过《政协象山县委员会提案工作条例》，增补委员3人。第十六次会议于2000年12月27日召开，出席常委25人。会议讨论《象山县国民经济和社会发展“十五”计划纲要》，通过增补委员7人和副主席、秘书长候选人建议名单，通过专委会调整设置方案以及《召开象山县政协六届四次全体会议的决定》，审议常委会工作报告和提案工作报告和2001年工作要点。第十九次会议于2001年4月3日召开，出席常委28人。会议通过丹城、爵溪两镇合并建立象山中心城区与石浦、昌国两镇合并新建石浦镇及西周、下沈两镇合并新建西周镇的建议。第二十次会议于2001年5月8日召开，出席常委27人。会议决定开展新世纪政协委员形象大讨论活动，13名委员围绕工业强县战略参政议政发言。第二十二次会议于2001年9月20日召开，出席常委27人。会议围绕“三农”等问题参政议政。第二十四次会议于2001年12月31日召开，出席常委27人。会议协商《政府工作报告（征求意见稿）》；听取县委组织部有关人事说明；通过召开县政协六届五次会议有关事项。第二十六次会议于2002年4月29日召开，出席常委26人。会议围绕加快第三产业和旅游业发展参政议政发言，原则通过《加快我县第三产业发展的建议案》。第二十九次会议于2002年12月10日召开，出席常委32人。会议通报县政协象山县第七届委员会人事安排方案。第三十次会议于2003年1月14日召开，出席常委33人。会议协商《政府工作报告（征求意见稿）》，审议通过县政协七届一次会议有关事项。

第七届常委会会议

2003年2月至2007年2月，常委会共举行会议21次。第一次会议于2003年2月25日召开，出席常委36人。会议协商通过县政协副秘书长任命，通报县七届政协主席、副主席、秘书长工作分工。第二次会议于2003年4月28日召开，出席常委38人。会议就农渔业实行组织化、市场化作参政议政发言。第四次会议于2003年10月22日召开，出席常委35人。就县新型工业化发展专题作参政议政发言。第五次会议于2003年12月31日召开，出席常委38人。会议协商《政府工作报告》，通过县政协七届二次会议有关事项。第七次会议于2004年4月9日召开，出席常委37人。会议审议通过《关于常委会议期间常委会组成人员请假的规定》。第九次会议于2004年11月2日召开，出席常委38人。会议围绕“生态立县”战略作参政议政发言。第十次会议于2004年12月21日召开，出席常委35人。会议听取县政府办公室关于提案办理情况报告，通过县政协七届三次会议有关事项。第十一次会议于2005年1月9日召开，出席常委36人。会议听取县委组织部关于县政协八届委员会领导班子和大会主席团成员等建议名单安排说明，通过县政协八届一次会议有关事项。第十二次会议于2005年5月31日召开，出席常委37人。会议就水、电、房、煤气等行业管理和服务质量进行政情交流。第十四次会议于2005年10月13日召开，出席常委36人。会议围绕“统筹城乡发展”作参政议政发言。第十五次会议于2005年12月27日召开，出席常委37人。会议听取县政府办公室关于提案办理情况报告，通过县政协七届四次会议有关事项。第十七次会议于2006年5月30日召开，出席常委38人。会议对教育、卫生、文化广播电视等行业进行政情交流。第二十一次会议于2007年1月9日召开，出席常委36人。会议通过县政协八届委员会领导班子、界别组成、委员名额及人选与八届一次会议有关事项，协商县政府工作报告。

第八届常委会会议（至2008年年末）

2007年2月至2008年12月，常委会共举行会议10次。第一次会议于2007年2月8日召开，出席常委37人。会议决定各专委会、联络委组成人员名单，通报八届政协主席、副主席、秘书长工作分工情况。第二次会议于2007年6月28日召开，出席常委38人。召开“我与和谐城市同行”政情交流会，11名居民代表旁听。第四次会议于2007年11月22日召开，出席常委37人。会议听取县政协2007年重大调研课题“发挥城镇区域中心带动作用，推进社会主义新农村建设”汇报。第五次会议于2008年1月8日召开，出席常委38人。会议协商《县政府工作报告（征求意见稿）》。第八次会议于2008年8月22日召开，出席常委38人。会议就《中华人民共和国劳动合同法》贯彻实施情况与丹城至涂茨和产业区联网供水施工情况听政。第九次会议于2008年10月29日召开，出席常委40人。会议就《加快发展我县农村集体经济的对策思考》《我县临港工业发展面临的问题与对策》《关于大力推进我县文化创意产业发展的建议》《关于进一步加强小区物业管理的建议》等议题进行发言。第十次会议于2008年12月29日召开，出席常委40人。会议听取县政协八届二次会议提案办理情况的通报，协商讨论县政府工作报告（征求意见稿）和县财政预算安排，审议通过关于召开政协八届三次会议的决定（草案）及有关人事任免事项。

第三章　职能履行

1984年8月，县政协恢复后，其工作纳入县委、县政府决策程序，逐步走上规范化、制度化、程序化轨道。县历届政协按照“长期共存，互相监督，肝胆相照，荣辱与共”方针，根据协商内容与不同层次，逐步形成整体协商、专题协商、对口协商格局；针对有关大政方针及政治、经济、文化和社会方面重要问题，坚持“三在前”“三在先”（坚持重大问题协商在党委决定之前，人大通过之前，政府实施之前；制定经济和社会发展中长期规划、地方政策法规，重要人事安排和决定人民生活中的重要问题，先协商后决定）原则办理。政治协商、民主监督和参政议政，使全县各级党委、政府决策进一步民主化和科学化。

第一节　政治协商

县政协通过全体会议、常委会议、主席会议等形式开展政府各项重大举措和决策协商。

整体协商

每年一次政协全体会议和每季度一次政协常委会议，是县政协整体协商主要形式。县政协委员每年列席县人大会议，协商象山经济社会发展总体规划和重大举措，对政府工作报告、财政预算安排等提出意见。1960年2月3日，讨论县人民委员会工作报告。1985年8月，帮助县委整党，改正工作作风。1986—2008年，每年列席县人大历届历次会议，分别听取和讨论县政府工作报告，并提出意见和建议。

专题协商

参加政治、经济、文化和社会方面重大举措协商与决策，是县政协一项重要工作。至2008年年末，县委、县政府先后就国民经济和社会发展、发展农业生产、建设渔业大县、依靠社会力量办学、深化国企改革、发展外向型经济、旅游事业、精神文明建设、人事变动等，召开专题协商讨论会，广泛征求政协委员意见。县政协就“七五”计划修改、发展农业生产、党代会工作报告、发展外向型经济、“八五”计划纲要、“撤扩并转”方案、建设渔业大县、乡镇企业发展、政协换届方案、城乡住房改革实施方案、县级机构改革方案、“九五”计划和2010年长远规划纲要、县级领导人事变动、松兰山旅游区开发、农业现代化实施计划、县城总体规划、乡镇换届人事安排、基本实现现代化建设纲要、“十五”文化发展规划、“十五”计划纲要、中心城区总体规划、开发海洋经济、基本医疗保险暂行规定、“十一五”计划纲要、国民经济和社会发展、城乡教育均衡发展、《中华人民共和国劳动合同法》贯彻实施等重要议题，开展专题协商，提出意见和建议。

对口协商

县政协重视发挥各专门委员会作用，加强各专门委员会与县委、县政府对口部门联系，开展协商活动，有利于知情出力，协商于决策之前，监督于实施之中，使政协工作更加规范化、制度化。1984年10月，县政协按委员界别编为农林、医药卫生等8个工作组，进行对口联系或对口座谈，协商解决有关问题。1991年始，先后建立农业发展、经济建设、教文卫体等8个专门委员会。县委、县政府工作部门加强同县政协各专门委员会联系、协商，发挥专委会在决策咨询中的作用。县委、县政府有关部门制订重要计划、方案和措施，向县政协对口委员会征询意见或共同研讨。至2008年，县政协就发展优质米生产、解决种粮大户具体困难、处理委员提案、综合治理"菜篮子"工程、"一优两高"农业、工业经济和商贸改革、"二区开发"、交通、工业强县战略、农渔业组织建设、统筹城乡发展等重要议题，开展对口协商，并提出意见和建议。

第二节　民主监督

民主监督是人民政协重要职能，对国家宪法、法律、法规实施和重大方针政策贯彻执行、国家机关及其工作人员的工作，通过建议和批评进行监督。县历届政协重视并探索民主监督渠道与形式，通过专题视察，提案督办、听政评议、委员约谈、调查社情民意和担任部门义务行风监督员等，推动国家机关及其工作人员加强廉政建设，克服官僚主义，提高工作效率。

提案督办

自1960年2月召开第一届政协全体会议至2008年年末，县政协历8届，共召开26次全体会议，收到委员提案3089件。其中第六届召开5次全体委员会议，收到提案658件，为历届之最。在历届会议提案办理中，县政协办公室对重点提案提出意见，交付承办，分工负责，专项督办。1990—1992年，县第四届政协选择影响大、群众反映强烈的重点提案和多年未能解决的难点提案，跟踪督办或提请党政领导办理。重点提案重点办，使不少涉及单位、部门较多和难度较大的提案得以办理。2000年，督促未列入议事日程提案列入实施。"机关干部和中级以上职称中老技术干部体检"提案实施后，共体检9899人。事关发展全局和民生热点、难度较大提案，力求起步。有关改革开放和经济社会发展提案，经专题座谈、实地考察和组织协调，检查承办单位、部门办理情况，提高办理质量。"开辟无公害蔬菜基地和销售摊位"提案，经跟踪督办使石浦新港区鱼粉厂搬迁，建立县级800亩无公害蔬菜基地，设立丹城汪家河菜场30个无公害销售摊位。有关卫生、餐饮、教育、工商等方面提案提出的问题，通过与相关单位、部门专题协商，落实措施，得到妥善解决。

提案采纳

1960年2月至2008年12月，县政协大量提案被采纳并实施。

象山县政协部分提案情况表

表12-4

届别	时　间	内　　容
一届	1960.02-1984.08	1. 照常通行象山至东仓汽车班；2. 修建城关南门溪桥以便行旅而无危险；3. 城关镇月带河一带整修；4. 拆除城关大道旁零星厕所，建造公共厕所
二届	1984.08-1987.04	1. 治理通用机械厂、食品厂、啤酒厂、制药厂、皮革厂等单位排放烟尘；2. 治理南大河污染；3. 西泽轮渡建设；4. 招工分数线男女同等对待；5. 丹城小菜场建设；6. 取消重点中学重点招生办法

续表12-4

届别	时间	内容
三届	1987.05-1990.04	1. 宣传实施“浙江省保护妇女儿童合法权益若干规定”和“拯救女婴”；2. 保证丹城居民用电用水；3. 改变丹城、石浦环境卫生；4. 抓紧治理西澄河；5. 县领导与人民协商对话，设立县长监督电话；6. 搓麻将已带进学校；7. 表扬讲实话，反映实际情况，提倡实事求是
四届	1990.05-1993.03	1. 综合治理石浦港淤积；2. 解决石浦高位住宅供水；3. 加强渔业领导和资源保护；4. 加强监督检查，稳定物价；5. 加强交通安全管理，严防车祸事故发生；6. 解决村电费收取不一或过高现象和安装区校边排洪桥路灯；7. 加强渔业生产领导；8. 收拢和精简有关组织，发挥虚设组织作用；9. 新建南大河东面五座碶闸，防止该河污水扩散
五届	1993.03-1998.02	1. 加强对外来人口登记管理；2. 改造立交桥东端岔道，避免车祸发生；3. 清算石鹤高航线客班侵吞石南高工程集资款；4. 测定鹤浦公路桥承载力；5. 狠刹公款消费；6. 尽快搬迁丹城垃圾中转场
六届	1998.02-2002.12	1. 为失业、下岗职工办实事；2. 加强渔业生产要素市场管理；3. 解决农技人员养老保险；4. 加强丹城城区管理；5. 管理好东陈乡水桶岙垃圾填埋场；6. 禁止初中段分快慢班
七届	2003.01-2007.02	1. 启动产业区建设；2. 制订象山港沿港岸线开发规划；3. 发展绿色农业
八届	2007.02-2008.12	1. 加强规划，科学布局，加快推进城乡供水一体化；2. 增加政策性农业保险品种；3. 帮助中小企业创新

2005—2008年象山县政协重点提案情况表

表12-5

年份	提案者	议题	内容
2005	朱爱春 周学群	关于进一步加快各类学校食堂卫生设施的改造建议	1. 财政局加大对学校食堂改造专项资金投入；2. 教育局制订学校食堂改造计划，在2年内完成所有学校食堂改造；3. 短期内无法改造的学校须落实基本卫生措施；4. 卫生部门加强技术指导和督促，按食品卫生量化分级管理，建立长效监管机制
	政协经济建设委员会 资源环境委员会	对全县主要污染企业加强在线监测的建议	2003年，工业污水排放量达665万吨，占全县污水排放总量48%，工业废气排放总量达155611万标立方米。大量废水和废气排放给全县生态建设带来较大影响，建议县政府有关部门对主要污染工业企业安装在线监测设施，以保证主要污染企业环保设施能全时段投入使用，尽量减少工业污染源的产生和分废气排放
	政协爵溪街道联委会 董连胜 陆华良	善待民工，解决“民工荒”的建议	1. 政府和部门要高度重视，采取多种措施帮助企业解决用工紧缺问题；2. 改革考核办法，把解决就业、净增就业岗位放在前位，促进乡镇之间相互合作；3. 加大劳动监督执法力度，进一步完善职工养老保险制度；4. 把农民工纳入公共财政预算范围；5. 把人才市场和劳动力市场作为县企业招工主要渠道；6. 重视企业工会建议，协调好劳资关系

续表12-5

年份	提　案　者	议　　题	内　　容
2006	政协定塘镇联委会	关于清理整顿规范农资供应网络的建议	1. 清理整顿现有经营网点，重新布设经营网点，全县总数应控制在100家之内。2. 县设农资配送中心，下设农资放心店，实行进货、配货价格、店面台账、培训“六统一”
	黄　燕 王成萍	完善城区交通网络，提升交通服务质量	1. 交管部门应加强对驾驶员和售票员职业道德教育；2. 开设便民工作、学习、休闲购物方便路线；3. 公交车严格按路牌站点上下车
	周学群 朱爱春	关于加强农村村级水站饮用水净化消毒管理的建议	1. 政府进一步加大对农村改水特别是二次改水的投入力度；2. 水利部门在农村自来水工程改造中落实净化消毒设施；3. 乡（村）落实专人管理；4. 卫生部门做好监测，加强业务指导
	县政协经济科技和城建资源环境委员会	关于加大水桶岙垃圾填埋场污水处理设施投入的建议	1. 统筹协调解决填埋场污水处理设施的规划、设计以及资金落实，争取该项目在年内兴建；2. 县环卫处应采取应急措施，努力降低污水COO指标值，县政府要增加垃圾填埋场污水处理经费投入；3. 统筹考虑填埋场扩建和改造工作，保证全县未来垃圾处理需要
2007	政协爵溪街道联委会	关于进一步加快爵溪循环型经济园区建设的建议	1. 制定政策，出台相应激励机制；2. 按照方案要求，有计划地实施项目；3. 建立政府部门之间、区域之间废旧品处理机制，加强协调
	刘长军、奚海宏 吕　彤、江财国	加快渔业防台抗灾设施建设，保障渔民生命财产安全的建议	1. 尽一切力量清理岳井洋、蟹钳渡等航道养殖网架；2. 按街道镇乡重新划分避风海域；3. 由县政府牵头，海洋与渔业局召集，再次明确船业避风海域
	陈仁海 钱　雄	关于进一步加快再生资源交易市场建设的建议	1. 加强领导，成立再生资源市场建设领导小组；2. 制订再生资源回收管理办法和城镇流动收购人员管理办法；3. 在城区设立封闭式绿色、环保收购站
2008	黄劲松	加强规划、科学布局、加快推进城乡供水一体化	1. 以丹城、石浦、西周、贤庠等4个镇为框架，进一步扩大供水网络；2. 成立水务公司，发挥供水管理中心集中供水优势，将其他街道镇乡逐步纳入水务公司管理，真正实现全县城乡一体化供水
	胡家锡、林庆双 赖朝晖、王久松 乐伟康等	关于加强建筑人才培养的建议	1. 企业层面：真正树立“以人为本”的人才观念，通过待遇、感情、事业、文化招徕人才，留住人才；2. 政府层面：（1）调整人才引进政策；（2）引导企业强化“以人为本”管理理念；（3）加强与高校、科研院所合作
	江财国	关于加快船舶配套产业发展的建议	1. 着眼长远，制定规划；2. 加强引导，全面实施；3. 政策扶持，健康发展
	县政协社科社福社保界赖伟杰	关于增加政策性农业保险品种的建议	1. 把大棚蔬菜、柑橘、生猪、对虾等品种作为县政策性农业保险品种；2. 明确责任部门，强力推进政策性农业保险；3. 确定参保品种，核准大户基数，制定实施方案，落实财政补贴

听政评议

1995—2002年，县政协在主席会、常委会和各专委会会议上与联络委（组）开展活动时，听取政府职能部门和街道镇乡有关工作通报，提出监督意见与建议，收到较好效果。

1995年6月，石浦镇联络组部分委员参与镇人大召集的城建分局、广播电视站、自来水厂的评议会，提出意见与建议，并予以亮分。7月，县政协会同丹城、西周联络组视察丹城派出所和西周法庭，就文明办案、依法行政提出意见和建议，评议后两单位均作整改落实。1996年，考评县邮电局、供电局行风建设情况。翌年，向墙头镇春耕生产和派出所工作情况提出意见和建议。1996年5月，就新标准海塘建设质量、进度等提出意见和建议。11月，西周联络组参加西周镇13个部门行风建设评议。1998年、1999年，爵溪联络组与人大代表参加爵溪镇16个部门评议，提出整改意见和建议。2000年4月，县政协主席会议听取县城乡建委负责人通报交通工程建设情况，提出意见和建议。2001年、2002年，对成人职业教育发展、城镇和农村最低生活保障工作提出意见和建议。2007年6月，对县公安、城管、环保、建设、工商部门所提出意见分别作说明。2008年7月，听取县重点办工作汇报，与重点办、建设局、交通局、文化广播电视出版局、旅游局、水利局、供电局、大目湾管委会、产业区管委会、象山港大桥建设指挥部等10个责任单位负责人开展双向政情交流。

委员视察

委员视察是政协实施民主监督的有效形式。1984年始，每年针对不同情况进行视察。1984年就城镇建设、社会治安、对台工作等进行5次视察。1990—1992年，先后组织20余次视察活动，参加130余人次。1993—1997年，组织专题视察20余次，参加150余人次。1998年，先后视察门前涂、白岩山、旦门、昌国、爵溪等地，参加100多人次。1999年，视察20余次，提出意见、建议50余条。2000年，组织近百人次委员进行专题视察6次。2002年，组织视察活动4次，就学校开学、巨鹰集团和天安集团发展、沿海南线工程建设、旅游风景区开发及土地整理等提出意见和建议。2008年，先后就文峰教育集团运行、城区联网供水实施和宅基地整治利用开展3次专题知情性视察，形成3份主席会议建议案，报至县政府。

照12-2　2005年政协委员在鹤浦开展知情性视察

第三节　参政议政

县政协利用全体会议、主席会议和常委会会议等多种形式，围绕县委、县政府中心工作，选取事关经济、政治、文化和社会各项事业发展、人民群众关心的难点、热点，组织委员有针对性地进行调查研究，向党政机关提出意见与建议。至2008年，共形成各类参政议政发言稿300余篇，调研材料100余份，其中以常委会议、主席会议审议上报建议案30余件，为县委、县政府和有关部门决策民主化、科学化提供参考。

象山县政协参政议政调研情况表

表 12-6

类　　别	时　　间	内　　　　　容
农业经济发展	1990.12	促进山区经济发展
	1991.08	发展外海渔业生产
	1994.05	土地流转机制和规模经营
	1994.05	调整农业生产结构、发展“一优两高”农业
	1994.05	发展海洋渔业
	1996.08	推行“两田制”
	1999.05	二轮土地延包
	1999.06	开发海岛　促进农渔民增效增收
	2001.01	农业创新
工业经济和第三产业	1989.06	发展乡镇工业
	1991.06	爵溪镇镇办企业工资情况
	1992.08	乡镇企业上新台阶
	1994.08	第三产业发展思路
	1996.06	宏观经济管理和确立工业主体地位、加强科技与工业经济结合
	2001.09	抓好县工业示范园区建设
教育文化发展	1989.04	调整高中布局
	1989.12	县聋哑学校建设
	1990.05	发展职业技术教育
	1997.01	实施素质教育
	1998.04	社会力量办学
	2001—2002.01	实施现代化教育
城市建设与管理调研	1989.05	解决电力供需矛盾
	1992.02	丹城地区近远期供水
	1995.01	丹城镇供水发展思路
	1996.03	水电路基础设施建设
	1998.06	开展旧村改造
	2000.04	推进城市化建设

续表12-6

类　　别	时　　间	内　　　　　　容
精神文明和社会保障	1990.05	加强老龄工作
	1995.01	建立完善城乡社会保障体系
	1997.06	青年思想道德建设
	2001.06	防止青少年违法犯罪
	2002.07	农村村民、城镇居民最低生活保障
前瞻性专题	1988	西沪港综合开发
	1991.01	加强石浦镇建设
	1991	海洋资源综合开发
	1994.07	海洋渔业发展
	1994.09	构建“三条经济带”
	1995.01	交通基础设施建设
	1996.10	未来象山港市形象
	1997.05	海水养殖业持续发展
	1998.10	加快中部地区农村经济发展
	2002.04	建设滨海工业园区
	2004	生态立县
	2006	现代滨海新城建设
	2008.07	区域联网供水实施

建言献策

1987年，县政协分别就农业、工业、建筑业、商贸、教育文化、卫生体育、城市建设与管理、精神文明建设和政府有关工作等提出意见与建议。其中，1987—1989年，经主席会议审议，建议案11件；1990—1992年，经主席会议审议，建议案9件；1993—1997年，经常委会会议、主席会议审议，建议案11件；1998—2008年，提出意见、建议近千条，建议案23件。

象山县政协建言献策情况表

表12-7

类　　别	时间	内　　　　　　容
经济发展与体制	1988.03	发展外向型经济
	1990.06	扩大石浦对外（对台）开放
	1992.02	推动非公有制经济发展
	1992.02	重大建设项目规范化决策程序
	1993.03	以民营经济为先导推进行业管理
	1994.08	台资企业现状与对策

续表12-7

类　别	时间	内　容
经济发展与体制	1998. 05	解决中小型企业和私营个体企业贷款难
	1998. 05	发展非公有制经济
	1999. 01	规范股份制企业运行机制
	1999. 04	建立中小企业担保组织
	2000. 01	利用外资
	2001. 02	加快信息化建设
	2001. 07	办好中小企业信用担保中心
	2002. 03	打造信用象山
	2002. 12	实事工程建设
农渔业水利	1988. 08	丹城、南庄平原排涝
	1989. 06	收足管严用好农业发展基金
	1989. 12	完善农资专营工作
	1990. 08	建造官司塘水库
	1990. 11	万寿塘水库退库还耕
	1991. 08	农业上新台阶
	1992. 02	南庄平原排涝
	1993. 03	建好乡镇农技队伍
	1994. 06	加速土地流转适度规模经营
	1995. 03	稳定粮食生产
	1996. 11	发展柑橘生产
	1997. 03	加快发展海水养殖业
	1998. 07	大塘港水库污染防治
	1998. 08	“8·18”台灾受害土地利用
	1999. 01	发展水产品加工业
	2000. 09	加强农业结构调整
	2001. 01	扶贫工作
	2001. 09	推进农业产业结构调整促进农业增效、农民增收
	2002. 08	大力发展毛竹加工业
	2008. 05	宅基地整治
工业建筑业	1994. 02	“建筑大县”建设
	1995. 06	提高工业经济运行质量
	1996. 07	建立针织行业管理协会
	1997. 08	加强工业企业行业管理
	1999. 09	发展高新技术产业
	2000. 01	“入世”后针织业发展

续表12-7

类　别	时间	内　　容
第三产业	1991.03	发展国营、合作商业
	1994.07	保护消费者合法权益
	1995.08	抑制通货膨胀、控制物价上涨
	2000.01	完善“中国水产城”功能
	2002.04	加快第三产业发展
	2002.09	整顿和规范市场经济秩序
旅游开发	1994.08	兴建松兰山天安度假村设想
	1994.09	开发游仙游览区
	1995.09	辟设高妙兰纪念室
	1996.10	建立松兰山旅游区
	2002.02	建立“八一台灾”纪念碑
	2002.08	建立象山人民营救美军飞行员纪念碑
教育文化	1988.08	继续举办高中文化补习班
	1990.11	举办文化技术补习班、建立办学基地
	1991.03	发展教育文化事业
	1993.09	推进象山中学综合改革
	1994.08	初中教育
	1999.01	“国有民办”办学体制改革
	1999.01	实现广播电视村村通
	2001.01	加强海外留学人员管理
	2002.01	建设文化大县
	2008.05	集团化办学
卫生体育	1990.06	建造县中医院住院部
	1991.03	发展卫生体育事业
	1992.02	初级卫生保健
	1994.10	医疗体制改革
	1999.10	卫生体制改革
城市建设与管理	1987.07	仓岙水库供水
	1988.04	丹城新建浴室
	1988.10	拓宽石浦渔港路卡口
	1989.10	综合治理“菜篮子”工程
	1991.11	丹城镇城镇建设
	1993.09	丹城镇交通综合管理
	1998.11	整治汪家河菜场脏乱差
	2001.04	丹城与爵溪、石浦与昌国、西周与下沈镇合并建设象山中心城区、石浦镇、西周镇

续表12-7

类　　别	时间	内　　　　　　　　容
社会法制与廉政道德建设	1997.01	依法治县
	1997.01	加强社会公德、职业道德、家庭美德教育
	2002.06	赴上海等地考察社会稳定报告
	2008.06	贯彻实施《劳动合同法》
社会保障与统战	1988.04	改善台胞回乡探亲接待工作的建议
	1991.03	老龄、妇女工作
	1991.03	台胞回乡探亲接待工作
	1998.06	建立完善社会保障体系
	1999.01	成立民主党派组织
	2001.08	做好第二代台胞工作
	2004.07	实施被征地人员养老保障制度

社情民意

1996年5月，在政协委员中确定信息员43人。是年始，县政协把反映社情民意作为履行职能基础性、经常性工作，并列为岗位责任考核内容。1998年，信息员45人，特邀信息员5人。2008年，全县信息员32人。创办《社情民意》《参政议政》期刊。至2008年年末，收到信息员投稿380余篇，编发《社情民意》146期、《参政议政》143期。

第十三篇
党派　社团

本篇目录

第一章　党　　派

境内清末有否反清复明会党，无考。清光绪、宣统年间，有邑人加入同盟会、光复会，但未成立地方组织。民国15年（1926），中国共产党象山县支部成立。之后，中国共产党象山县地方组织不断发展。翌年，国民党象山县党部成立，国民党南田县支部同时成立。民国29年，南田划归三门县。国民党象山县地方组织的活动持续到象山解放。民国29年，中国青年党在境内发展组织，活动持续到1949年年末。中华人民共和国成立后，中国共产党成为执政党，中国共产党象山县地方组织领导人民建设新象山，取得伟大成就。中国民主同盟于1999年在象山建立支部委员会，成为参政议政、民主监督的力量。中国共产党象山县地方组织，已设专篇，本篇不述。

第一节　中国国民党

清光绪三十一年（1905），孙中山于日本东京成立同盟会，县人董梦蛟、董湘坡加入。宣统元年（1909），重组光复会，昌国秦英鉴、石浦王保诚及张乃文、范肇基、许乃泰等为会员。民国15年（1926），国共合作，共产党员有以个人名义参加国民党组织。是年秋，中共宁波地委书记赵济猛，以“国民党宁属指导员”身份，指定共产党员姜冰生、许福莹、方文熙，组成国民党象山县党部筹备小组，许福莹为召集人，筹备小组设于丹城孔庙尊经阁。民国16年1月，北伐军入浙，国民党象山临时县党部成立，移址“大人衙门”，推许福莹为常务委员，主持党务。下设组织、宣传、工人、农民、商人5部，党员百余名。是年3月18日，赵济猛以国民党省党部代表身份到县。翌日，召集区党部会议，到会40余人，正式成立国民党象山县党部。选举黄选青、冯子德、朱润棠、许福莹、王久生、王立铮、辛玫君、周岳西等人为执行委员，以黄选青为常务执行委员。设组织、宣传、工人、农民、商人、青年、妇女7部。许福莹任国民党象山县党部书记。

国民党象山县党部首届执监委员情况表

表13-1

1927年1—3月		1927年4—5月	
职　　务	姓　　名	职　　务	姓　　名
常务委员兼宣传部部长	许福莹	常务委员兼宣传部部长	黄选青
执行委员兼组织部部长	姜冰生	常务委员兼组织部部长	许福莹
执行委员兼农民部部长	冯子德	常务委员兼农民部部长	冯子德
执行委员兼商人部部长	方文熙	常务委员兼工人部部长	朱润棠
—	—	常务委员兼商人部部长	王久生
—	—	常务委员兼青年部部长	王立铮

续表13-1

1927年1—3月		1927年4—5月	
职务	姓名	职务	姓名
—	—	常务委员兼妇女部部长	辛玫君

“四一二”反革命政变后，国民党实行“清党”，大肆捕杀共产党人。“省特派员”章昌琛主持象山“清党”工作。县党部改组，设组织、宣传、训练3部，许福莹等人遭通缉。此后，国民党员发展至千余人，充实各区党部。民国18年（1929）4月后，县党部重新实行常务委员制，由全县党员代表大会选举产生委员。经省党部圈定，叶俊卿为常务委员。民国19年5月，因下属区党部组织不健全，撤销县党部，改为省党部直属象山区党部。6月，恢复县党部。省党部执委会议圈定章昌琛、潘乃恩、叶秀（叶俊卿）为县党部执行委员。翌年9月，召开县第四次党员代表大会，叶秀当选为常务委员。后改行“执行、监察委员会常务委员制”。民国22年5月，召开第九次党员代表大会，郑文彬当选为常务执行委员，顾鹏程为常务监察委员。民国26年，恢复“特派员制”，由孔祥和任特派员。民国27年，全县设区党部3个、区分部9个。翌年12月，县党部始行“书记长制”，姜伯喈为首任书记长。改设组训、宣传、民运、总务4股。民国29年11月，章昌琛继任县党部书记长，时党员991人。

民国30年（1941）4月，日军侵占石浦，县党部迁至西乡庆丰桥。7月，移驻儒雅洋。8月中旬回丹城。翌年3月，丹城沦陷，县党部退至宁海茶院。5月，迁回本县西乡牌头、关山，在柴溪设通讯处，各区党部、区分部活动大多停顿。此后，以乡镇设立区分部，各保成立小组。全县计有区分部22个，小组240个，党员826人。民国32年，依行政区划建地区、象东、象西、上南、下南5党务督导区，实行分区督导，并以乡、镇为单位，清理党籍。翌年1月，全县区党部3个、直属区分部10个、区分部24个、小组33个，共有党员1323人。民国34年5月，区党部3个、区分部24个、直属区分部12个、小组406个，党员增至3568人。

民国34年（1945）8月，县党部返回丹城老当店弄，遂广征党员。至年末，共新征党员1054人。凡党员5名以上乡镇，置区分部；机关、学校设直属区分部。翌年2月，建立第四区党部，所属丹城、靖南一、靖南二、靖南三，爵溪5乡镇同时改组为5个区分部。全县党员4325人，设区党部4个、直属区分部12个、区分部30个。4月，召开县第十四次党员代表大会，欢庆抗日战争胜利，并发表大会宣言。出席代表46人，选举周凯旋、武嘉秀、穆仲华、励乃勤、谢略、徐素韵为执行委员，顾树棠、欧乃斌、吴保宗为监察委员。经省党部核定，周凯旋为书记长。6月，成立执委会。7月，成立监委会，顾树棠为监委常委。4个区党部分别改称象东、象西、上南、下南区党部。象东区党部辖虎山、涂茨、钱仓、林溪、五汉、磐安6个区分部；象西区党部辖沪东、沪西、儒蕉、淡港、溪口、十里、西瀛、西陲、泗灵9个区分部；上南区党部辖丹城、靖南一乡、靖南二乡、靖南三乡、爵溪5个区分部；下南区党部辖东麓、高桥、峰北、定塘、月华、金星、昌国、延昌、石浦、东门10个区分部。另有玉泉盐场、警察局、县税处、卫生院、立三中学、县立中学、始达小学、县立简师、县政府、县党部、中心小学、民教馆、县司法处、县参议会14个直属区分部。11月，党员清查完毕。全县4042名党员中，2248名未换领党证，实存1794人。时县党部执行委员5人，内常务委员即书记长1人；监察委员3人，内常务监察委员1人；常务计划委员11人。

民国36年（1947）2月，周凯旋调离，武嘉秀兼任书记长。3月，区党部撤销，区分部不设监察员。6月1日，国民党象山县第十五次党员代表大会召开，出席代表56人，选举欧乃文、王漫川、史致圻、吴祖麟、穆仲华、王德胤、郑文彬为执行委员，何敏求、欧乃斌、励乃勤为监察委员。经省党部核定，倪鸿梁为监委。8月11日，执委会第一次会议选举郑文彬为常务委员。10月，国民党与三民主义青年团（简称“三青团”）合并，成立象山党团统一委员会，委员5人。县党部执行、监察委员与三青团象山分团筹备处合并，仍以县党部执行委员会名义行文。原县党部书记长郑文彬连任，原三青团筹备处主任傅雪岩任副书记长。三青团员集体加入国民党。11月21—23日，县举行选举国民大会代表活动。依照选举法规定，全国各县选出代表1人。参加国大代表竞选有徐培根、翁鲲、励乃骥、赖云章4人。27日选举揭晓，徐培根票数最多，当选为国民大会代表；励乃骥为候补国大代表。12月中旬至翌年1月，党团员重行登记。大批党团员因国民党失民心而未参加登记。民国37年5月，党员仅815人。不久，党团合并结束，党团统一委员会撤销。翌年1月，穆仲华接任县党部书记长，励乃骥为常务监察委员。时因人心浮动，经费不足，党务几乎停止。7月8日，象山解放，县党部及其下属组织解体。

民国20年至民国38年间部分年份国民党象山县党部党员、组织情况表

表13-2

年份（民国）	党员人数（人）					下属组织（个）			
	总数	其中				区党部	直属区分部	区分部	党小组
		男	女	城镇	乡村				
20年	—	—	—	—	—	3	—	9	—
29年	991	—	—	—	—	—	—	—	—
30年	—	—	—	—	—	—	—	21	—
31年	826	—	—	—	—	—	—	22	240
32年	1204	1170	34	60	1144	—	23	—	53
33年	3480	3370	110	220	3260	3	10	20	386
34年	3866	3729	137	312	3554	3	13	25	418
35年	4125	—	—	—	—	5	—	42	412
36年	4042	—	—	—	—	4	—	39	—
37年	815	—	—	—	—	—	—	—	—
38年	4195	—	—	—	—	—	—	—	—

中国国民党南田县地方组织

民国16年（1927）2月，国民党南田县党部成立，王鸣皋为主任，陈良义为副主任兼秘书长。四一二反革命政变后，陈良义、吴德元、章福培被捕，县党部解散。5月，成立筹备处，后因经费无着而停止。7月，省派“清党”兼改组指导员胡福渊组建改组委员会，胡福渊、洪萍洲、林熊、管鸣雷、江梦周5人为委员，兼办“清党”事宜。时党员27人，设3个区分部，旋改直辖区党部。委洪、管、林3人为执委，谢国雄为监察委员。未几，改选林、洪及朱颂和为执委，王瑞喜为监委，后相继辞职。11月26日，召开党员大会，选出谢鼐、朱颂和、袁少侠、汪祥、冯育培为执委，薛昌文、王瑞喜为监委。民国17年8月25日，省派指导委员郑鹤俸接收，成立南田登记处，办理登记事宜。经审查，党员35人，全县设5个区分部。翌年1月15日，召开党员大会，选举叶青、冯育培、蔡槐卿、袁少侠、谢侠为执委，张绿筠为监委。分别推定叶、谢、冯、袁、蔡为常务委员、组织委员、训练委员、宣传委员、民众训练委员。17日，接收前登记处，成立区党部。9月，改为直属区党部。民国19年2月16日，委员任期满，即召开党员大会，选叶青、王瑞喜、冯育培为执委，袁少侠为监委，叶仍为常务委员，冯任组织兼训练委员，王任宣传委员。中华人民共和国成立后停止活动。

第二节　中国民主同盟

1999年11月30日，中国民主同盟在象山建立支部委员会（简称“民盟象山支部”）。2001年4月19日，经民盟宁波市委员会研究决定，民盟象山支部由赵光辉主持。2004年10月14日，民盟象山支部换届，由韩利诚、周敏峰等5人组成支部委员会，选举韩利诚为支部主任委员，周敏峰为副主任委员。2005年，成立民盟象山支部石浦工作小组。2006年8月21日，民盟象山支部二届二次会议召开。增选胡建萍为支部委员、主任委员，周敏峰为副主任委员。2008年12月25日，民盟象山支部三届会议召开。选举支委6人，胡建萍为主任委员，周敏峰为副主任委员。

民盟象山支部，围绕县委、县政府工作中心，积极开展参政议政活动。2004—2008年，在县政协全会和宁波市人大、政协会议上，周敏峰《关于尽快统一劳动法规兼顾劳动争议双方合法权益的议案》、周良华《对建设学习型社会的几点感想》两文受到关注与好评。

2001年，发展新盟员3名。至2005年，支部盟员有18人。2006年，发展教育、卫生系统新盟员6名，其中2名为硕士，1名为中学高级教师，3名为主任医生。2008年年末，全县盟员30人，高级职称占92%。

第二章　工人团体

“五卅”惨案发生后，为声援上海工人反帝斗争，迎接北伐，由共产党人贺威圣等发起，于民国15年（1926）成立“百作工会”。工会成员分头赴农村开展宣传，以醒民众；在县城斗争恶讼，维护工人正当权益。民国16年2月，象山县总工会成立，200余名百作工会会员，参加成立大会。4月，四一二反革命政变后，大肆逮捕屠杀共产党人。6月，宁台温防守司令部下令通缉中共象山独立支部成员，查封县总工会，工人运动被迫停止。同时，国民党象山县党部设立县工人联合会，境内共产党领导的工人运动趋于低潮。1951年3月，象山县总工会筹备委员会成立。1953年8月，改名为象山县工会联合会筹备委员会。1954年10月，召开县首届工人代表大会，象山县总工会成立。改革开放后，象山工业迅猛发展，工人队伍日益壮大，总工会为维护工人权益，解决劳资纠纷等发挥着重要作用。

第一节　百作工会

民国14年（1925），上海发生“五卅”惨案后，共产党员贺威圣在沪电告象山杨白等青年，成立“象山各界五卅惨案外交后援团”，并组织旅沪旅甬青年殷夫、沈本厚等返乡向民众揭露日本帝国主义屠杀中国人民罪行，举行集会声援上海工人反帝斗争，鼓励抵制日货，募捐慰问死难家属。翌年5月，贺威圣在丹城西桥头王家弄王善香、王小香姐妹家召开会议。会后，中共象山党组织成员分头发动丹城手工业工人组织工会。6月，为迎接北伐，经共产党人宣传发动，以丹城为主，先后成立木匠、箍匠、泥水匠、石匠、篾匠、裁缝、棕棉、铁匠、厨师、漆匠、理发等11家行业工会，俗称“百作工会”①。各工会纷至农村宣传国民革命，抵制敌货。民国16年2月，各工会出工、集资修缮鲁班殿作为工会活动场所。是年秋，成立百作工会，推选何正兴为会长。后200余名百作工会会员聚集于丹城等慈禅寺（西寺）成立象山县总工会，推选蒋正棣为会长。县总工会成立不久，中共宁波地委王家谟、张斌华于象山培本小学召开会议，会后组织上街游行，进行演讲，发动募捐支前，焚毁查获外国香烟，反帝爱国热情高涨。后象山绸布店员工会等相继建立。3月20日，“店员总工会”在县立高小（后名培本学校）尊经阁成立，各业店员工会300余名会员参加成立大会。公推方文会为主席，暂借青年娱乐社为办事处，提出加薪等要求，由各业起草呈商会限期解决。四一二反革命政变后，工会组织渐遭破坏。6月，国民党宁台温防守司令部下令查封县总工会，各业工会停止活动。

民国26年象山县丹城各行业工会情况表

表13-3

工　会　名　称	会　　长	会　　址
木匠业工会	何正兴	长寿庵
箍桶业工会	戴世法	鲁班殿
泥水业工会	倪阿茂	宝梵讲寺（东寺）
石匠业工会	仇宝生	宝梵讲寺（东寺）
篾匠业工会	张阿法	三官堂东
理发业工会	侯根荣	石屋
裁缝业工会	宋再清	三官堂
铁匠业工会	夏仁山	西坛庵
棕棉业工会	不详	不详
厨师业工会	不详	不详
漆匠业工会	不详	不详

①百作工会成立时间和情况，此说与本志大事记中的说法有异。大事记民国15年（1926）所载百作工会成立有关内容，据《象山县志（1988）》，此处据民国档案，但未查到。

第二节　工人联合会

民国16年（1927）6月，成立县工人联合会。初属国民党县党部工人部管辖，后改属县政府社会科，以争取“改善劳动条件”，提高“福利”为宗旨。民国时期一些“黄色工会”往往被利用，起到瓦解工人斗志作用。民国18年4月14日，国民党县党部成立轿夫工会，出席者63人，选举周芝青为工会主席，徐小来等5人为理事，会址城西营祠庙内。民国35年3月，核准在册工会组织10个、会员1567人。中华人民共和国成立后自行解散，历时22年。

民国35年象山县工人联合会职业工会情况表

表13-4

工会名称	会长	会员（名）	会址
象山县木业职业工会	杨家伟	98	县城
象山县泥水业职业工会	虞世茂	42	县城
象山县篾业职业工会	陈茂路	93	县城
象山县下南区篾业职业工会	史致松	25	东溪
象山县成衣业职业工会	不详	不详	不详
象山县石浦镇脚夫业职业工会	柯鸿亮	67	石浦
象山县石浦镇码头业职业工会	葛化玉	31	石浦
象山县石浦镇驳船业职业工会	陈少财	46	石浦
象山县盐业产业工会	王孝南	1065	不详

说明：象山县工人产业工会共10个，会员1567名。具体资料不详

第三节　总工会

中华人民共和国成立后，先后在丹城、石浦两镇建立行业工会，行业工会组织与资方建立协商机制，本着劳资两利的原则，协商解决企业重大问题。千方百计组织生产，帮助工人就业，并教育职工树立主人翁责任感，克服困难，维持正常经营，甚至自动减薪。1951年，抗美援朝，保卫新政权，丹城、石浦37名青年职工，响应工会号召，报名参加中国人民志愿军。

1951年3月24日，象山县工人代表会议在丹城西门周家祠堂召开，成立县总工会筹备委员会，筹备委员23人，常务委员9人，主任由县委副书记梁玉如兼任，张云祯主持日常工作，隶属于宁波地区工会办事处。1953年8月，象山县总工会筹备委员会改名为象山县工会联合会筹备委员会。1954年10月，象山县第一次工会会员代表大会在丹城召开，出席大会正式代表69人，选举常务委员5人。1956年12月11日，召开第二次工会会员代表大会。1959年11月22日，象山县工会联合会改名象山县总工会。1963年2月25日，召开第三次工会会员代表大会。

1966年5月，“文化大革命”开始，县总工会被工人造反派组织取代。1968年2月18日，县首届工人革命派代表大会召开。出席代表549人，成立“象山县工代会”，选举委员37人，常委13人。

1973年，象山县工会筹备领导小组成立。11月22日，县总工会第五次工会会员代表大会在丹城召开，出席代表321人，代表全县7584名职工。选举产生县总工会第五届执行委员会委员34人，推选出常委14人。1979年1月12日、1982年11月16日、1985年12月19日、1988年12月13日、1992年9月28日、1997年10月11日、2002年8月26日、2007年9月27日，分别召开第六次至第十三次工会会员代表大会，分别选举产生第六届至第十三届执行委员会。2008年，全县有基层工会1054个，会员114586人。

帮困扶贫

1956年8月1日，超强台风在象山登陆，多处海塘冲毁，死亡3400余人，受伤5600余人。县工会联合会根据县委、县政府和上级工会指示，慰问受灾职工。紧急救助职工229人，发放救助金6255元；发动会员支援灾区，组织生产自救。并发挥各级工会的互助合作储金会作用。1955—1956年，补助职工6694元。1964年，补助职工4.8万元。1981—1982年，补助职工29.06万元。1997—2007年10年间，县总工会共慰问困难职工4746人次，帮扶金额达220.66万元。全县各级工会共慰问困难职工20665人次，帮扶金额达745.28万元。2008年，全县各级工会走访慰问困难职工、困难劳模732人，分发慰问金35.93万元；救助困难职工102人次，提供帮扶资金8万元。

再就业帮助

1996年，为维护转制企业职工合法权益，县总工会派员参加“象山县经济体制改革办公室”工作，履行工会的社会职能。县总工会为帮助下岗职工再就业，设立“象山县总工会职工职业介绍所”，开展职工就业介绍服务活动。10年中推荐劳动岗位14064个，介绍就业5497人次，其中425名困难职工得到免费介绍就业。2005年，县总工会职工职业介绍所，被宁波市总工会评为“五一文明岗”。

维权

2003年6月18日，设立“象山县总工会职工维权服务中心”。9月22日，聘请11人为县总工会顾问，成立工会工作顾问团。翌年9月24日，设立“象山县总工会职工权益法律援助站”。2005年9月20日，成立“象山县工会维权工作领导小组”。11月3日，成立“象山县总工会人民调解委员会”。2006年3月3日，县总工会内设职能机构“权益保障部”，对外挂“县总工会职工维权服务中心”牌子，在全县开展职工维权工作。

职工教育

1951年，县工会（筹）在丹城创办第一所工人业余夜校，首批招收学员126人。1952年，办速成识字班。1953年，固定办学地点，收学员308人。1958年10月，撤宁海县并入象山县，全县形成群众性的扫盲运动。1961年10月，宁、象分县后，象山全县职工业余教育继续开展，单位自办，区域联办，形式多样。至1966年，受“文化大革命”冲击，职工业余教学停止。

1981年9月，县总工会租用丹城一小校舍开设职工业余夜校。是年，全县各单位兴办业余夜校36所、72班，学员2712人。1981—1986年，开设167班，学员3540人；岗位培训9期，学员442人，均获上岗证书。1988年，县总工会与有关单位和大专院校联办职工学校，设全日制班。

开设职业证书班、专业证书班、成人高中班与函授网络教育，累计招收学员 7692 人，其中函授大专班 362 人，网络本科班 42 人；举办各种短期培训班 44 期、学员 1591 人，其中为下岗职工免费培训 12 期。1995 年，象山县总工会职工学校被市教委、市劳动局、市总工会联合评为“先进职工教育学校”。校长陈成余，于 1994 年、1997 年二度被省总工会评为“浙江省优秀工会职工教育工作者”。1983 年，教师鲍斯锌被评为“全国工会系统职工教育先进个人”。

物价计量监督

1986 年 6 月，县总工会会同县物价局设立“象山县职工物价计量监督总站”，并于丹东、丹西、石浦、西周、爵溪、4819 工厂等地建立分站，以职工群众直接参加国家经济事务管理的形式，监督检查市场经济秩序，规范市场价格行为和维护消费者利益。自建站始，共出动督查 6.7 万余人次，检查摊位店家 13.2 万家，查处各类违纪违法事件 2600 多件，收缴不合格计量器具 800 余件，罚没款 7.9 万余元，退还消费者不合理货款 1.29 万元。2001—2004 年，连续 4 年被宁波市评为“先进县职工物价计量监督总站”。

第三章　农渔民团体

象山农渔民自发维权斗争，最早系唐大中十三年（859）十二月，东乡盐民不堪官府压榨，裘甫率领百余人，在象山港一带起事。后各朝均有农、渔民自发组团，为维权而斗争。民国 15 年（1926）、民国 16 年，分别成立象山县农民协会和南田县农民协会。民国 21 年，象山渔会在石浦成立。1950 年、1951 年，先后成立县农民协会和县渔民协会。1960 年年初，县贫下中农协会、县贫代会曾发挥过一定作用。

第一节　农民团体

民国期间，象山建有农民协会。中华人民共和国成立后，建立县农民协会。20 世纪 60 年代中期，建立县贫下中农协会。“文化大革命”期间，建立县贫代会。这些农民组织，在当时历史背景下，多偏重于政治斗争，也做了不少有益于农民的事情。

县农协会

民国 15 年（1926）3 月上旬始，中家河、牛丈岙、赵岙等村成立农民协会（简称“农协会”），此后各地亦相继成立。是月 27 日，于丹城鲁班殿召开全县农民代表大会，到会 300 余人，正式成立县农民协会，推选施柯为会长。翌年 2 月，受中共宁波地委农运委员会领导，开展减租减息、反对拔田、斗争劣绅等活动。四一二反革命事变后，国民党象山县党部下令解散，共产党员冯子德等坚持斗争。6 月，因遭通缉，农民协会被迫停止活动。民国 16 年 2 月，在中共南田支部领导下成立南田县农民协会，会长章福培。5 月解散。

县农会

民国27年（1938），国民党象山县党部根据上年国民政府修正公布的《农会法》和《农会法施行法》，先行组织乡农会，由过半数乡农会同意，成立县农会，会员大会选举干事长、副干事长各1名、干事5名。县农会以发展农民经济，增进农民知识，改善农民生活，冀图农业发达为宗旨；以指导下级农会并协助政府或自治机关，分别进行土地水利改良、种子肥料及农具改良、森林培植及保护、水旱虫灾之预防及救济、粮食储积及调剂、农业教育及农村教育推进、治疗所、托儿所及养老济贫事业举办、公共图书室阅报室设置、公共娱乐举办、农业及农民调查统计、政府机关咨询及委托、其他关于农业发展改良推广等事项为主要任务。象山沦陷后，县农会解体。民国32年4月，县党部为加强战时人民团体组织，致力敌伪斗争，委派农会整理委员，于民国35年1月，重新成立县农会，设理事长等职，各乡农会也于是月先后成立。中华人民共和国成立后解散。

县农民协会

1950年10月31日，县农民代表大会召开，成立县农民协会。出席代表475人，选举产生县农民协会委员会委员23人，主任梁玉如。县农民协会提出“一切权力归农会”口号，要求全县农民搞好生产，保护土地和耕牛等生产工具，迎接土地改革，严防敌人破坏。年末，全县262个村成立农会。次年春，全县所有村均成立农会。各级农民协会在减租减息、征粮、土地改革、爱国增产竞赛及农业生产互助合作运动中发挥重要作用。1954年5月，中共象山县委农业生产互助合作部成立后，县农民协会解散。

县贫下中农协会

1965年2月18日，县第一次贫下中农代表大会召开，成立县贫下中农协会。出席代表3078人，选举产生县贫下中农协会委员会委员9人，主席宋申鲁。7月，全县37个公社、799个大队均建立贫下中农协会。是年9月15日，县第二次贫下中农代表大会召开。到会936人，其中，代表836人，公社以上脱产干部100人。1966年3月15日，县第三次贫下中农代表大会召开。到会代表869人，其中妇女代表91人。是年7月15日，县第四次贫下中农代表大会召开。应到会代表821人，实到会654人。“文化大革命”期间，县贫下中农协会被县贫代会取代。

县贫代会

1968年1月22日，成立县贫下中农代表大会（简称“县贫代会”）筹备委员会。次年2月27日，成立县贫下中农代表大会委员会，选举产生县贫代会委员59人，主任肖康丰。到会贫下中农代表和列席代表1200余人。“文化大革命”期间，组织贫下中农宣传队，领导农村斗、批、改。至1970年1月，全县37个公社及县良种繁育场、县林场均建立贫代会组织。县贫代会成立后，曾召开县第二届贫下中农代表大会及多次全委会或全委扩大会议。后随造反派组织解体而解散。

第二节　渔民团体

清代中叶盛行帮会，浙江沿海渔区多建有渔帮组织。清乾隆后，石浦、爵溪等地开始建立渔业公所。民国时期，建象山渔会，多由渔霸和地方势力操纵。中华人民共和国成立后，建县渔民协会，以保护渔民利益。

渔业公所

清乾隆元年（1736），东门岛渔民时有大捕船80余艘，在岱山成立太和公所，为省内最早渔业组织之一。咸丰元年（1851），南田有张网船40余艘，在石浦成立南安公所。光绪二年（1876），爵溪在宁波江厦街成立爵溪渔业公所。光绪二十二年，象山帮在岱山、衢山成立安澜公所，有大捕船120艘，董事蒋寿铭。渔业公所的主要作用是消除同业之间竞争，保护本组织不受外部侵犯，但实际上，并不能使渔民受益。爵溪渔业公所，多由渔霸与地方势力操纵。民国10年（1921），成立普安公所，公所设董事及董事长，聘用账房、工役等人。负责调解处理渔捞、海事纠纷，代办渔盐、牌照手续，组织民团护渔，照顾伤病死亡渔民善后，参与议定鱼价。东门帮之太和公所有木壳护航船2艘，每汛收保护费300元。民国21年，政府组织渔会以期取代而不能。

县渔会

民国21年（1932）9月，县渔会在石浦成立，负责人许焕文，会员109人。南田县也在金漆门成立渔会，会员156人。象山沦陷后，自行解散。民国35年3月，县渔会恢复，仍设石浦，下有爵溪、旦门等3分会，各有理事、监事、理事长等。是年5月后，象山渔会在爵溪、钱仓、旦门分别建立分会。中华人民共和国成立后解散。

县渔民协会

1951年秋，县渔民代表会召开，随后，区、镇、乡各级渔民协会纷纷成立。翌年秋，区级渔会1个、会员858人，镇渔会2个、会员1322人，乡渔会3个、会员376人，全县共计会员2556人。1953年，成立县渔民协会，有关乡、镇设分会，会员约3500人。后渔业指挥部的职能加强，互助合作运动发展，县渔民协会逐渐失去作用，互助合作化后名存实亡。

1984年，随渔村生产责任制实施，爵溪镇率先组织成立小机流渔民协会，计有渔船192艘。翌年，涂茨、东港两乡也先后组织小机流渔民协会，计有渔船45艘。2001年，旦门、松岙自行组织小机流协会，渔船299艘、会员1300余人。各协会设专职办事人员，办理后勤服务，沟通生产信息，处理渔捞纠纷等。协会一年召开一次会员大会，商议协会诸事。

第四章　工商团体　侨联　台联

民国8年（1919）2月，县商会成立。民国23年后，各同业公会在县内陆续成立。民国26年，南田成立商会。中华人民共和国成立后，县商会和同业公会解散，由城区工商联（筹）、同业公会（筹）等代替。1957年6月，召开县工商联第一届会员代表大会，选举产生县工商联第一届执行委员会。20世纪80年代中后期，随着个体工商事业、民营企业的发展，陆续成立县个体劳动者协会、民营企业家协会。1991年6月，召开工商联第五届会员代表大会暨象山县商会成立大会。至2008年，共召开8次会员代表大会，选举产生8届执行委员会。2008年年末，县工商业联合会（县商会）拥有977家（个）会员，辖13个基层商会、2个行业商会。

1980年12月，县归国华侨联合会成立。1988年1月，县台属台胞联谊会成立。按照各自职能开展活动。

第一节 商 会

清宣统二年（1910），县工商会在丹城成立，首任总理许承勋。石浦地区工商会始于清咸丰初年，萧树赏首任石浦工商会总理。民国5年（1916），奉工商部令改“工商会”为“商会”，总理改称会长。民国13年6月，石浦镇商会成立，会址设中街谢家弄，会长江为德，副会长史志藩。

民国8年（1919）2月，县商会正式成立，会长萧志鸿，副会长邵东初，会址设丹城。民国18年6月、民国20年3月两次改选，民国20年曾改组。民国27年，丹城地区同业公会选举县商会执行委员15人、常务委员5人，推选主席1人，另选监察委员会委员7人。民国31年3月11日，象山县城沦陷，县商会随县政府外迁，商会形同虚设。民国32年4—8月，国民党县党部委派整理委员，征集会员，组织县商会，会员计个人411人，团体（公司行号或工厂）411户，会员代表230人。采用通信选举办法，选出商会理事长1人、常务理事2人、理事4人，常务监事1人、监事2人。每月召开1次理事会议。抗日战争胜利后，商会迁回县城。

民国23年（1934）始，同业公会在县内成立。至象山解放，全县工商界同业公会，经不完全统计共有45家，其中，城区18家，石浦25家，延昌2家。同业公会时建时散，兴衰无常。

中华人民共和国成立后，石浦旧商会向石浦区人民政府上缴马步枪32支、银圆350元、铜锡2吨、轮船2艘、骡马各1匹。1950年，象山城区工商联筹备会接管旧商会人、财、物。1951年年初，石浦旧商会由石浦工商联（筹）接管、改组。

自清宣统二年（1910）至1950年，象山商会曾参与建火警楼、凿饮水井、铺路修桥、资助办学、护渔护商等社会活动。民国14年（1925）春夏之交，号召全县工商界同仁并以商会决议形式，抵制英日货币、货物入邑境，声援“五卅惨案”发生后上海工人的正义斗争。抗战期间，发动工商界捐款捐物，支持前线，购买救国公债，协助国民政府处理城区遭日机轰炸善后事宜。民国28年秋，以大商号资产抵押，印发分、角、元“代用券”“临时券”的“商会票”，以抵制日元和汪伪经济的渗透。发展民族工商业，整饬市场市容，募股创立县公立医院和银行。中华人民共和国成立后，协助县人民政府恢复生产、稳定市场。

改革开放后，按传统并与国际接轨，于1991年5月，县人民政府批准成立象山县商会，与县工商联并行，实行一套班子、两块牌子，并在县工商联第五次会员代表大会上举行授牌仪式。县工商联第五届主任委员何永林任县商会会长。1999年5月12日，县商会更名为象山县总商会，职能不变。

象山县商会成立后，健全自我管理、自我服务、自我协调、自我完善、自我约束工作机制；整合全县民营企业的群体优势、凝聚行业力量，为政府制定政策、法规提供建议；组织会员举办和参加国内外各类展销会、博览会、经济论坛、管理经验交流、商务考察活动、经贸技术合作；帮助商会会员拓展国际市场和应对国外贸易争端；开辟融资渠道，帮助会员获得贷款和授信额度；为企业申报科技成果、专利产品、技术职称。至2008年，共接待外商与港台商64批、115人次，达成经贸6次，贸易额950万美元，引进外资、港台资项目12项，利用合同资金807万美元；组织6批、26名企业家出国考察；为18家非公有制企业25名人员申报出国（境）政审和代办因私护照。

2007年年末，启动象山商会大厦筹建工作，选址县城滨海大道与天安路西北交汇处，占地面积30845平方米，总建筑面积133947平方米，总投资约6亿元。

表13-5

民国时期象山县丹城、石浦同业公会情况表

时间（民国）	名　　　称	商号（家）	会员（人）
23年	石浦镇肉业、烟酒与南北货同业公会	47	223
23年7月	石浦镇烟业同业公会	22	76
25年12月	石浦镇蛋业同业公会、石浦镇药业同业公会	18	83
26年9月	石浦镇酒业同业公会	74	
27年3月	石浦镇鲜咸腌腊业同业公会、	53	—
27年9月	丹城镇华洋杂货业同业公会		
28年	石浦镇绸布商业同业公会	—	—
29年1月	丹城镇有华洋杂货、绸布业、烟纸业、米业、柴炭业、药业、蛋业同业公会	85	—
29年5月	石浦镇炭业同业公会	7	—
35年3月	丹城镇有布业、药业、五金业、烟酒业、南货业、广货业、纸业同业公会	—	—
35年6月	石浦镇有绸布业、酱制业、国药业、百货业、卷烟业、酿酒业、南北货业、牙行业、土烟、纸业同业公会	—	152
36年6月	石浦镇理发业同业公会	14	—
36年8月	石浦镇轮船业、蛋业、茶馆业、铜铁锡业同业公会	—	—

南田县商会

民国15年（1926）11月，南田县商会成立，选举委员9人，常务委员3人，主席1人及监察委员3人。拥有会员87家。抗战期间解散。

象山县商团

民国5年（1916）6月，因境内匪患多事，象山县商会为保护商铺营业及货物运输安全，招募青壮年20人组成武装商团，巡护商店及白墩码头至丹城路段。民国24年解散。后建渡口水警队，维护渡口和渡船行驶安全，直至象山解放。

第二节　工商业联合会

1950年11月，县城区工商业联合会筹备委员会，由22个同业公会筹备会和有关组织共同发起成立，受命接管旧商会与旧同业公会的人、财、物，行使全县各地筹建工商联组织任务与职能。组织全县工商业者、手工业者学习《中国人民政治协商会议共同纲领》，贯彻“发展生产、繁荣经济、公私兼顾、劳资两利”的方针。在工商业界中开展“抗美援朝”，捐献飞机大炮折合人民币23亿元（第一套人民币币额）；组织国有企业会员和工商业、手工业主开展反行贿、反偷税漏税、反盗窃国家资产和经济情报、反偷工减料的“五反”运动；协助县人民委员会（县政府）调整工商关系、私资重估和工商登记工作，评税、征税、护税，平抑物价、稳定市场。全县兴办工商企业比中华人民共和国成立前新增76家。

1952年8月，南堡成立工商联组织。大徐、定山、新桥、涂茨、东港、泗洲头、墙头、南庄、昌国、金星等区、镇（集市地）相继建立工商联筹备会或筹备小组，同时建立40多家同业公会。

1953年，保留城区工商联，又新成立县工商联筹备会。原属城区工商联（筹）管理职能划归县工商联（筹）。县工商联开展过渡时期总路线（“一化三改造”）宣传，教育和推动私营工商业者自觉接受党对资本主义工商业的社会主义改造。1953—1956年年末，协助政府把55家私营工业与1998户（2507人）私营商业纳入国家资本主义初级形式轨道。

1957年年初，全县资本主义工商业实行公私合营后，工商联原有职能大多消失，实际上成为主要由原工商业者组成的以自我教育为主要作用的人民团体，重点做好参政议政和自我改造工作。6月17日，召开全县工商界人士（代表）大会，宣布县工商联组织正式成立，并选举产生县工商联第一届执行委员会，徐文铎当选主任委员。辖石浦、爵溪、定山、涂茨、南田、墙头、泗洲头、新桥、西周、东港等12个区镇工商联和丹城城区工作委员会，会员482户、工商业1499户（厂店748户、摊贩751户），私方从业人员2687人（厂店1762人、摊贩925人）。

1966年，“文化大革命”开始，县工商联工作停止。

1988年年初，经县委批准，市、县编委核准，工商联为正科级，行政编制4名，机构改革增2名，共6名。9月，象山县工商联第四次会员大会举行，中断25年的县工商联组织正式恢复建立。

从1991—2008年，象山县工商联依次召开第五、第六、第七、第八次会员代表大会。

至2008年年末，全县14个街道镇乡建立基层工商联（商会）组织，分别是丹东街道、爵溪街道、石浦镇、西周镇、鹤浦镇、贤庠镇、墙头镇、泗洲头镇、涂茨镇、大徐镇、新桥镇、东陈乡、晓塘乡、茅洋乡。

象山县历次工商联代表大会情况表

表13-6

次序	召开时间	会议地点	代表数（人）	执委数（人）	备　　注
一	1957.06	丹城	105	27	—
二	1959.08	宁海沥洋	99	51	代表人数为原象山地区
三	1962.04	丹城	125	31	—
四	1988.09	丹城	148	27	—
五	1991.06	丹城	250	33	—
六	1994.07	丹城	200	39	—
七	1999.06	丹城	200	46	—
八	2004.06	丹城	200	59	—

职能转变

1991年7月，中共中央批转中央统战部《关于工商联若干问题的请示》，明确新时期工商联性质、任务和组织结构。象山工商联贯彻落实文件精神，全面启动职能调整，性质从倾斜于经济性向统战性转变，工作对象从公有制经济向非公有制经济转变，工作内容从软任务向硬任务转变。同时，承担非公有制企业人员职称评审牵头管理、出国（境）政审、质量计量标准化监督审批申报、自办经济实体、咨询培训等多项新的中介职能。

参政议政

县工商联是县政协组成单位之一，承担引导非公有制经济人士有序参与政治、经济和社会事务重要任务。1990—2008年，共推荐非公有制人士担任县政协委员71人次，县第十二、十三、十四届人大代表候选人6名。提交政协提案112件，其中，工商联团体17件，参政议政专题发言7次。开展民主监督活动。开展听政评议活动，加强行风监督。开展调查研究活动，做好献计献策。

服务社会

2000年，县委下发《关于做好非公有制经济人士思想政治工作的若干意见》，由县工商联具体实施。创新思想政治工作方法，在会员中组织开展“树形象、比贡献”“爱国、敬业、守法”“立大志、创大业，争做中国特色社会主义事业优秀建设者”等多个主题活动。结合县政府“百村千户扶贫攻坚计划”，开展“光彩事业”活动。1994—2000年，非公有制企业共吸纳1350名农村富余劳动力就业，吸纳下岗工人9500多名；培训农村急需水电工65名；扩散产品加工计1036万元；支持贫困乡村，改造水、电、路和学校学舍107万元。支持中西部建设13项，总投资17亿元。设立人民教育基金1400万元，设立企业冠名基金5590万元。四川汶川大地震县工商联全体会员捐资捐物共计1485.15万元，通过县慈善机构捐给灾区人民。

学习培训

重点做好500万以下企业的工商专业人才培训。1991年始，组织72名私营企业主参加清华大学、杭州大学在职经济管理专业大专班学习深造，获大专证书，其中部分学员继续攻读MBA课程。破格晋升39名具有资格和条件的企业主为工程技术、机械电气专业工程师，确认327名非公有制企业管理人员为助理工程师，102名为技术员，30名为工艺美术师。组织231名中小企业经营者参加全国经营师任职资格培训，通过半年学习，160人获得高级经营师资格，17人取得TS16949汽配质量体系内审员证书。同时，邀请教授、专家和企业成功人士举办各类专题讲座35期，全县累计250多家企业，1.5万人次企业负责人及员工参加学习。

资金互助

1993年2月，县工商联石浦镇分会，在宁波市工商联系统组建第一家“石浦镇商会基金会”。基金会从初期的14家、基金19.5万元，至1996年扩展至47家、146万元，企业余缺调剂523万元，放贷周转总额2000万元，业务收入37.3万元。1995年4月15日，象山丹城糖烟酒副食品同业公会建立“象山县商会行业融通基金会”，分别于1998年10月和1999年12月还本付息，分配红利后，停止运作。2006年10月，大徐商会27家会员出资150万元，周转38次，周转金额2700万元。2007年2月，西周商会19家会员出资568万元，拆借989万元，当年周转200次，周转金额14671万元。2008年9月，晓塘商会46家企业出资1109万元，周转金额24500万元。2008年11月，新桥商会49家会员出资274.68万元，周转金额3300万元。

壮大组织

2004年9月，县工商联维权中心挂牌成立，增配2名事业编制专职工作人员，落实20名律师义务联系服务61家非公有制企业，增强非公有制经济、法律层面上的抗风险能力，代表会员参与协调劳动关系三方机制，初步创建全县劳动关系协调机制。另外，维护会员合法权益，全面推进和谐劳动关系。2005年7月21日，县政府授权工商联为基层商会、同业公会等社会团体业务主管单位。2008年，县委出台《进一步加强基层商会建设的实施意见》。全县14个街道镇乡组建商会组织，行业商会稳步发展，异地商会实现零突破。

第三节　个体劳动者协会

1984年5月后，区、镇相继成立个体劳动者协会。7月，县个体劳动者协会成立，区、镇个体劳协为分会。翌年末，区、镇个体劳协分会各5个，设办事组12个，会员5837户（人），占全县个体工商业户84.8%，占个体工商业者44.5%。其中，工业手工业583户（人），交通运输业108户（人），房屋修缮业2户（人），商业3695户（人），饮食业477户（人），服务业426户（人），修理业490户（人），其他行业56户（人）。个体劳协按行政区域组建，按行业、乡村分组活动，受同级工商行政管理部门指导。

1987年6月15日，县个体劳动者协会召开第二次代表大会。选举主席1人、副主席3人、委员13人。1990年5月，县个协、私协委员会改称理事会。至2008年，共召开6次代表大会，选举产生6届理事会。县个体劳动者协会成立后，根据自身特点，发挥自我教育、自我管理、自我服务作用，为促进象山个体经济的健康发展，做出一定贡献。1995年后，连年被市个体劳动者协会评为先进集体。2003—2004年度，被省个体劳动者协会评为先进集体。

自我教育

个体劳动者协会经常开展政治、经济形势和职业道德教育，宣传党和国家的路线、方针、政策；组织学习中央文件及各级党委、政府关于个体私营经济政策。1988年3月24日，县个协在县委党校举办为期5天的个协干部理论培训班，各分会党支部书记、正副主任、有关人员56人参加，学习中共十三大精神。翌年2月中旬至4月初，全县9402名个体、私营企业经营者，集中开展政治形势教育，各地以乡镇为单位召开大会，宣传党的个私经济政策。7月，集中组织学习中共十三届四中全会精神，号召个私会员坚持“四项基本原则、反对资产阶级自由化”。是年，全县共召开150余次大小会议，受教育11800人次。1990年2月中旬，全县个私经济工作会议召开，个私企业300余人参加。大会表彰48名先进个体劳动者、30家先进私营企业。

1992年5月，“五好”活动全面开展，评出“五好经营户”378名，李悌德、孙文魁被评为省级“五好经营户”，并于1993年1月召开的全县个体私营经济工作会议上受到表彰。1993年，评出县级“五好经营户”378户。翌年，评出县级“五好经营户”369户，市级43户，李悌德、陆丽丽、周来栋被评为93年度至94年度省级“五好经营户”。1995年7—8月，对12个乡（镇）所在地161户“五好经营户”，进行为期9天的回访检查，逐户打分，评选“五好经营户”380户。1996年，评出县级“五好经营户”356户，31名会员被评为1995—1996年度市级“五好经营户”。1997—1998年评出县级“五好经营户”339户，市级47户，周青法、李悌德、陆丽丽评为

1995—1997 年度省级“五好经营户”。

2000 年 2 月，评选产生“十大私营企业家”“十佳个体户”，受到县委、县政府表彰奖励，并向全县个体劳动者发出向“十大私营企业家”“十佳个体户”学习号召。全县深入开展“五好经营户”“诚信经营户”等竞赛评比活动。

2004 年 10 月，评选出县级“诚信企业”50 家，“诚信经营户”22 家，推荐省、市级“诚信企业”6 家，“诚信经营户”8 户。至 2007 年，全县共有省、市级诚信企业 24 家，“诚信经营户”34 户。

自我管理

1986 年，全县共设自我监督管理大组 9 个，小组 30 个，义务监督员 369 人。开展个体工商户物价大检查活动。1988 年，县个协被评为县计生工作先进集体。1989 年，自我监督组织调整为大组 9 个，小组 50 个，义务监督员 317 人。1992 年 4 月 17—18 日，义务监督员在县委党校举办自我监督管理研讨会，交流经验，并请党校老师辅导。1994 年 4 月下旬至 5 月末，自我监督管理组织开展物价大检查自查活动，检查个体户 2472 户。2008 年，流动人口计划生育等工作，仍靠自我监督发挥作用。县个体劳动者协会还建立党、工、团、妇组织，并各自开展工作。

1998 年 4 月，县个体劳动者协会美容美发行业协会成立。1999 年 12 月 22 日，县个体劳动者协会通讯行业分会成立。2001 年 10 月后，县个体劳动者协会化妆品行业分会、服装干洗行业分会、沐浴行业分会相继成立；渔需品行业分会、制冰行业分会等一批行业协会也在石浦、鹤浦等地相继成立。这些行业协会在组织行业技术交流、参加技术竞赛活动、配合政府部门管理和加强自身规范经营等方面发挥重要作用。

自我服务

1984 年 7 月，县个体劳动者协会成立后，为帮助解决个体户进货难的实际，在丹城设立象山县购销公司。1985 年，1 月，泗洲头、大徐、涂茨等相继成立联购分销经营部；2 月，鹤浦成立联购分销经营部；6 月，定山、石浦镇、石浦区、西周、南庄、爵溪等都设立联购分销组织，方便个体工商户进货。县个协协调粮食部门，为 821 户个体饮食业户每户每月 10 斤食油按调拨价供应。1986 年，茅洋、墙头等地设立联购分销经营部。1988 年，5 月，象山绿叶工贸有限公司成立；7 月，在高塘设立联购分销服务部。1989 年，按照治理整顿要求，除保留西周、爵溪、茅洋、定山等联购分销经营部外，泗洲头、大徐、墙头、鹤浦、石浦等被注销或转制，绿叶工贸有限公司也转个体经营。至 1990 年 5 月，保留西周联购分销，其他均转个体。1996 年 7 月，象山个协在中国个协秦皇岛会议上，向全国个协组织兴办经济实体经验交流会的与会代表作经验介绍。

1987 年，县个协联合科委、工商局等部门，首次开展服装、理发、烹调三行业职业技能培训考核，评定四级理发师 4 人、五级 5 人，三级裁缝师 6 人，四级厨师 7 人，五级厨师 12 人。1988 年 11 月，举办理发、服装、烹调、家电四项技术培训考核，141 名个体户获技术职称，164 名获结业证书。1989 年 8—9 月，组织全县家电维修个体会员 88 户集中培训 45 天，均获得技术合格证书。1989 年 6 月，举办第二期个体私营家电维修技术培训班，历时 3 个月，55 名个体户获职业合格证书。1990 年，县个体私营企业职业技术培训中心成立，当年培训学员 48 人。1992 年 6 月，会同县科委在定山开展个体烹调技术培训和考核，19 名合格。随后，县个私协开展了摩托车、电视机、制冷技术、美容美发等行业培训。

1993 年 5 月，县个私协正式聘任律师担任常年法律顾问。2000 年 7 月，成立“象山县个私经济法律服务中心”“象山县个私经济维权服务中心”，下设 7 个维权联络站。2004 年，又在 140 家个体私营企业中设立维权信息监察点。为个体、私营企业维护合法权益提供帮助，通过维权宣传、维权活动提高会员的自我保护意识，扩大协会组织的社会影响。2001年，县个私协维权服务工作，连续被市协会评为先进集体，维权实例入选浙江省民个协《维权案例选编》一书。至2007年，全年共发放维权服务卡12000张，举办“五五”普法培训14期，开展“同心创和谐、维权在协会”为主题的第三次维权服务月宣传活动。全年共受理侵权案件64件，处理54件，挽回损失189.1万元，接受咨询2861人次。

第四节 民营企业协会

1989年4月，县私营企业协会在省内率先成立。2005年1月，更名为县民营企业协会。1995年5月、2000年6月、2005年7月分别召开第二、第三、第四次代表大会，选举产生第二届至第四届理事会。县民营企业协会设会长1人，副会长若干人。1991年，县私营企业协会与县个协合署办公。1992年年初，分设办公室。1995年，县私营企业协会与县个协又合署办公。

1992年7月，县私协为私营企业税收、贷款，邀请分管工业副县长、县府办、县委政策研究室、工商局、财税局、绿叶城市信用社等部门单位领导，召开对话会。11月，县私协组织8名私营企业主赴新马泰等地商务考察，历时17天。是年，县私协建立税务代理机构。后委托象山会计事务所代理，并在丹城、爵溪等8个乡镇设立中介服务组织。为400多家小规模私营企业开展税务代理服务。当年，县私协与金融部门联系，为企业融资1272万元。至1994年，县内各大银行共发放私营企业贷款3.1亿元，其中绿叶城市信用社达1.8亿元。

1993年3月，象山石浦第一建筑工程队获首批市级先进私营企业。1994年，县私协成立“民营经济税务代理服务部”，开展代记账、代开票、代纳税服务。在全县征用土地300余亩，开办7个私营开发区。1996年4月，组织4名私营企业家，参加宁波市私协组织的赴东南亚考察。6月，组织6名企业家赴广东、海南、三峡等地考察。1997年，县私协3次组织私营企业，参加市政府举办的“宁波食品企业赴沪产品展销会”和省市协会举办的“名特优新产品展销会”。组织8家企业参加宁波市大中专学生招聘会。1998年，宁波长城汽塑装潢有限公司和宁波梅银建贸有限公司，被省私协评为“浙江省热心社会公益事业先进单位”。

2003年7月，象山盛和灯饰有限公司荣获浙江省百家“诚信企业”示范单位。是年，县私协与宁波保税区私协，在松兰山联合举办工贸洽谈会，两地共70余家企业参加。龙元建设集团股份有限公司以30.87亿元，名列浙江省百强非公（民营）企业第14位。

2004年，县私协启动浙江省私协实施的“5511”培训工程。3月29日，邀请英国WALES大学客座教授、资深企业咨询师李德教授，在东谷湖宾馆作《企业组织执行力再造》讲课。是年，与象山电大联合举办EMBA培训班，35名企业高级管理人员，参加为期2年的学习。此后，县民协每年都邀请专家教授到象山为企业家和企业管理人员培训。仅2007年，各级协会共举办各类培训35期，1600余人参加培训。

2006年，龙元建设集团股份有限公司和宁波华翔集团有限公司荣获浙江省“百强民营企业”称号，分列第30位和第67位。至2007年，县民协连续4届，每届组织10余名民营企业家，参加由浙江省私营（民营）企业协会和中国民营经济研究院主办的“浙江（中国）民营企业峰会”。

第五节　归国华侨联合会

县归国华侨联合会（简称“县侨联”）系全县归侨、侨眷组成的人民团体。1980年12月8日，县归国华侨联合会成立，设主席1人，副主席2人。1988年始，设秘书长1人。1990年，丹城、石浦建立“三胞”亲属联络小组。2002年，成立丹东街道归国华侨联合分会。2003年，成立丹西街道归国华侨联合分会（筹）。2006年，成立石浦镇归国华侨联合分会。至2008年12月，全县共召开归侨、侨眷和港澳同胞亲属代表会议8次，选举产生理事会8届。

侨胞接待

1990年，接待回乡探亲、洽谈业务的港澳同胞28批57人次；为经贸合作牵线5次；港澳同胞捐资兴办公益事业10项，计25.4万元，侨汇总数达120.5万元。办理海外来信15件次，为侨胞办理实事42件。设立5项奖学基金、4个奖学基金会。1991—2008年间，接待华侨、港澳同胞来访280余批、1000余人次。

联谊宣传

1997年7月1日，香港回归祖国，侨联以此为主题，向社会各界宣传《香港特别行政区基本法》，宣传香港回归的重大意义，编印各种宣传资料，通过国内眷属向香港同胞进行宣传和联络，增强爱国情怀。1999年，澳门回归祖国，侨联组织又开展澳门回归祖国的宣传活动，走访澳门同胞亲属，向基层侨联发放有关澳门回归宣传资料。2006年始，连续3年在北京、上海、杭州等象山籍归国人士聚集较多的城市举办新春团拜会，增进与归国人士、留学人员的感情联络。

助推新农村建设

2006年后，县侨联与侨界人士协商，围绕县新农村建设主题，多次召开座谈会，先后7次听取侨胞侨眷、留学人员，对县“十一五”期间新农村建设意见，引导侨资企业支持农村发展。至2008年，共筹集建设资金100万元，分别完成泗洲头镇苏岙村老年活动中心、丹西街道珠水溪村和北门村道路修建、涂茨镇中心小学综合楼、新桥镇七里村道路改造、茅洋乡茅洋村二次改水等项目建设。

第六节　台属台胞联谊会

县台属台胞联谊会（简称“县台联”），由定居台湾台胞及其亲属组成的民间组织。1988年1月9日，县台属台胞联谊会成立，设会长1人，副会长2人，秘书长1人。至2008年年末，共召开5次台属台胞代表会议，选举产生5届理事会。

台胞接待

1988—2008年，累计接待探亲访友、旅游考察、祭祖扫墓、回乡定居台胞3345人次。其中，2008年9月14—16日，由台湾台东县副县长彭德成为团长，带领政府、议会及富冈新村（又称小石浦村）部分村民组成的台东县民间文化交流团一行168人，应邀参加第11届中国开渔节，成为象山接待的最大一个台湾团组。

排忧解难

2002年、2003年，县台联为解决台属姚女士丈夫病逝，两孩子上大学生活困难，从台属台胞子女奖助学基金中提取部分援助资金，副会长闻笑燕还资助其大学期间学费。2003年，县台联帮助在宁波工作的继承人谢氏，顺利领到台胞谢先生在台湾病故留下的90万新台币遗产。至2008年年末，县台联为台属台胞排忧解难160起，帮助寻找联系亲人180人次，慰问资助生活困难台属台胞517人次，累计发放慰问金85万余元。协助台北市象山同乡会及陈先生、贺先生，设立台胞台属子女奖助学基金和三中绩优学生奖助学基金，累计发放奖助学金2.75万元。

捐赠受理

1993年，象山籍台胞张沛霖先生捐献18万元，用于黄避岙龙屿村自来水工程改造。1994年，台北市宁波同乡会向县残疾人联合会捐赠残疾人轮椅85把，价值6万元。是年，该会赠送县第二人民医院（石浦台胞红十字医院）救护车1辆，价值15万元。2003年，鄞县籍台胞王文通先生捐给县第二人民医院救护车1辆，价值14万元。至2008年年末，象山共受理台胞捐赠项目83个，接受捐款和物资折合人民币205万余元。

第五章　青少年组织

象山青少年组织，先后有童子军、儿童团、三民主义青年团、共产主义（新民主主义）青年团、中国少年先锋队、青年联合会。民国13年（1924），中国共产主义青年团（简称“共青团”）成立。翌年，共青团象山支部成立。民国35年，共青团改名为中国新民主主义青年团，1957年，恢复原名。民国28年，三民主义青年团成立，翌年，团员集体加入国民党。民国28年，童子军建立，前后历10年。儿童团存在于中华人民共和国成立初土地改革时期的农村。1950年中国少年先锋队成立。1994年6月，县青年联合会成立。至2008年，境内主要青少年组织有共青团、少先队和县青联，各自发挥带头作用。

第一节　中国共产主义青年团

民国13年（1924）12月，贺威圣受团中央派遣到宁波筹建“非基督教大同盟”。是月，回象山成立中国共产主义青年团外围组织“乐群学会”，培养进步青年。民国14年春，杨白（杨永清）加入共产主义青年团。后发展王家谟、范船僧（范有生）、赵文光、倪毓水4名小学教员为团员。10月，共青团象山支部成立，称宁波地委第七支部，杨白任书记，王家谟任组织委员，范船僧任宣传委员，赵文光为联络员。翌年5月，杨白等4名团员转为党员，团支部即改为党支部。民国35年10月，中国共产主义青年团改名为中国新民主主义青年团。

1950年5月，建立新民主主义青年团象山县工作委员会，县委组织部部长岳凤展兼任书记，配专职书记1人。此后开展建团工作，至1951年，全县发展团员916人，建59个乡团支部。1956

年6月，召开青年团象山县第一次代表大会，选举产生团县委。时有团员6837人，建团支部354个。1957年7月，中国新民主主义青年团象山县工作委员会改名为中国共产主义青年团象山县委员会。乡镇配专职团干部19人，兼职13人。翌年8月至1966年10月，先后召开第三、第四次县团代会。“文化大革命”中，团组织瘫痪。1970年8月，成立整党建团办公室。翌年12月，召开县第五次团员代表大会，选举成立团县委。至2008年，共召开十六次县团员代表大会，选举产生十六届县团委。

表13-7

1952—2007年间部分年份象山县共青团组织情况表

年份	基层团委（个）	团总支（个）	团支部（个）	团员（人）	其中，女团员（人）	离团人数（人）	入党人数（人）	被开除数（人）	备　注
1952	—	12	92	1327	—	—	—	—	—
1953	4	35	222	2453	698	—	—	—	—
1961	—	—	1206	16582	—	—	—	—	—
1972	37	—	889	7352	870	840	263	—	—
1977	—	—	1028	17506	6431	962	94	12	—
1978	—	—	1082	18041	6541	1493	188	1	—
1979	43	12	1162	18456	7070	2065	146	2	第7届
1982	53	—	1167	16892	6429	2156	67	2	第8届
1985	54	17	1253	17681	6981	1974	238	1	第9届
1988	52	21	1203	18108	7349	2101	256	2	第10届
1991	49	22	1156	18534	7721	2305	274	3	第11届
1994	53	26	1121	19212	8018	1972	298	1	第12届
1997	53	28	1015	20522	8453	2088	354	5	第13届
2000	51	31	815	21419	8954	2157	389	7	第14届
2003	53	29	703	22353	10117	2257	405	3	第15届
2007	49	5	703	26422	10352	2652	459	5	第16届

说明：1982年支部数内含总支数

组织建设

1979年1月，共青团象山县第七次代表大会召开。翌年，新建团委2个，调整、新配公社（镇）团委书记19人；整顿、完善支部598个；吸收新团员2110人，办理超龄团员离团1591人，93名团员加入中国共产党组织；向各级党政部门输送团干部36人；评选先进团支部33个、优秀团员56人；培训团干部19期、950人；主办团夜校384所，建图书室172个。1983年，整顿团支部778个，新建团支部72个，发展新团员2552人；办理超龄团员退团手续2065人，新配专职团干部26人。年末，全县共有乡镇团委38个，机关团委10个，直属团总支8个，团支部1157个。1986年6月21日，在爵溪镇开展整党带团建试点工作，后在全县各乡镇推行。1993年，提出

“强化组织基础，启动整体工作”方针，制定《象山县农村团组织整体化三年规划》，创青年文明岗32家、岗位标兵48人。是年，召开“撤扩并”后首次团员代表会议。18个镇乡选举产生新一届团委委员151人，新配团支部书记376人。1994年5月，开展农村“团建月”活动，历一个半月，整顿支部48家，新建支部86家，发展新团员1247人，推优入党230人。1995年，整顿团支部186个，新建团支部116个，发展新团员840人，推荐村级后备干部157人、建党对象360人、岗位标兵54人。同年，于“爱国主义教育活动月”期间，在大徐镇殷夫烈士故居举行宁波市爱国主义教育基地挂牌暨百名新团员入团宣誓仪式。300余名团员青年、700余名中学生参加象山县首次18周岁青年成人宣誓仪式。2000年，全年举办团干部培训班5期，培训400人，推选优秀团员139人。其中，48人列入考察对象，13人成为预备党员，3900名优秀青年加入团组织。2000年5月，在爵溪镇开展共青团队伍建设试点的基础上，在全县177家符合建团条件的非公有制企业中，建立团组织169家。至2006年，非公有制企业建团率达100%。2008年，成立象山青年创业创新专家导师团，在社区、街区、非公有制企业及村企团组织建立联合团支部。

社会活动

中华人民共和国成立初，团员青年带头参加镇反、剿匪、土地改革和爱国生产活动。1950年，开展土地改革运动，团干部参加训练班、土地改革工作队。全县团员、青年带头分田分地、斗争恶霸地主。是年10月，全国掀起大规模抗美援朝运动，至1951年年末，全县1500名团员青年报名参军。1954年秋，团员带头参加合作社。丹城64名团员、青年首批参加墙头区蒙顶山农林牧生产合作社，全县3321名农村团员中，2988人参加农业合作社，成为生产和管理骨干。1956年，建民校906所，700名小学教师自觉参加扫盲运动，14816名团员、青年入学接受扫盲。至1958年7月，全县49800名青壮年摘掉文盲帽子，被团省委授予“青年无盲县”红旗，成为全省第一个“青年无盲县”。1980年初，青工线开展“立功夺旗”活动，激发青年在“四化”建设中建功立业，做“四有”新人。1983年，组建1396支学雷锋小分队、296支青年服务队、500支环境卫生队，84500名团员、青年义务为群众做好事；发动33800名团员、青年组成350个青年绿化突击队，参加植树造林；由1500人组成181个青年助耕队，帮助困难户翻耕水田。1987年，开展“双增双节”“岗位成才”和科学扶贫技术帮助活动。举办实用技术培训班423期，近2万名团员青年参加。1989年，开展争创青年示范岗位，争当青年示范标兵“双争”活动。1995年8月，实施“510”工程：创建100个小康村团支部，树立10个红旗团支部；培养100名县级青年星火带头人，树立10个青年示范基地；培养100名青年岗位标兵，树立10个青年示范岗位；助建10个村团支部“希望书库”；命名10个青少年爱国主义教育基地。进入21世纪，举办农村青年养殖技术培训班30期，培养县级青年星火带头人30人、青年岗位新手17人，市级青年岗位新手5人；举办农民创业就业培训班15期，受训2500人，安排就业岗位100个。成立“象山县青年农民培训基地”，培训57期、3197人。发职业证3805本。会同宁波市农民促进会水产养殖培训25期、2000余人。

希望工程援建

1997年10月，筹资20万元，在高塘岛乡大乌岩村建立全县第一所“共青希望小学”，改善200名学生学习环境。是年，结合贯彻团中央“服务万村”行动，在定塘镇宁波站村挂牌建立首个村级“希望书库”，赠书1500册，订报纸杂志9份；团中央和省青基会有关领导考察鹤浦镇小网巾小学，拨款20万元，建“福和希望小学”，为全县第一所国家援建的“希望小学”。至1998

年，共引进专项资金180万元，援建“希望小学”8所、“共青希望小学”1所，累计发放助学款40余万元，结对贫困学生590人。

青少年宫建设

1986年，县青少年宫建成，址在丹城园西路12号，内设培训、活动、宣传3部。青少年宫面向学校、社会，面向青少年儿童，开设舞蹈、美术、钢琴、文学、书法、二胡、笛子、扬琴等14门课程。1988年，创办《象山青少年宫报》，与县少工委合编《半岛青少年》《象山少先队》等通讯刊物，为丰富青少年文娱生活，在少年宫内置卡拉OK演唱厅、歌舞厅。1989年始，青少年宫先后举办集邮展览、青少年歌手大奖赛和少儿文艺专场演出。1990年2月，举办少年英雄“赖宁事迹”展览，吸引全县万余学生与群众观看。1993年，扩建艺术幼儿园，首期招生88人，翌年评上一级标准。是年8月24日，日本日中农交会爱媛县吉田支部友好访华团10人参观青少年宫，与师生举行联欢晚会。2007年，青少年宫培训学生2000人，创历史新高。乐器班参加全国民乐考级获十级10人，六至九级15人，7名学员考入艺术院校与师范。是年，创办流动青少年宫，至2008年，流动青少年宫为半河民工子弟学校、西周等农村学校教授美术、音乐、舞蹈课程及演出文艺节目，两年中，下农村、企业、学校演出10余场次，参加活动者1万余人次。

第二节　三民主义青年团

三民主义青年团系中国国民党领导的青年组织。民国28年（1939）11月，中国三民主义青年团（简称“三青团”）浙江支部鄞县分团筹备处主任俞济民通报象山，聘县长盛世馨、中国国民党象山县党部书记长姜伯喈及县警察局局长沈贵德为筹备员，成立鄞县分团象山筹备员办公处。沈贵德为主任，办公处设县警察局内。民国33年11月，办公处改为办事处，随县党部迁至下沈杰岙，县长苏本善兼主任，副主任张伯安。此后，在定象联中和县训练所征集团员，建立第一个区队。民国34年4月，县长贝再然接任办事处主任。9月，办事处迁回丹城，设址于西街李氏宗祠。翌年1月，办事处撤销，建三青团象山分团筹备处，调傅雪岩任主任。翌年，调倪孔锋任书记兼干事。下设总务、组训、宣传3股，鲍润堂、金崇焕2人为股长。以“发动优秀青年协助政府完成国家建设大业”为口号，鼓励青年入团。民国36年，补充干事魏城、何敏求、何本烈、郑光补、黄际凤5人。团员增至300余人，全县分11个区队、28个分队（1区队在丹城；2区队在象中；3区队在立三中学，下辖4分队：4区队在石浦，下辖3分队；5区队在爵溪，下辖3分队；6区队在延昌，下辖3分队；7区队在金鸡山，下辖4分队；8区队亦在金鸡山，下辖4分队；9区队在华塘；10区队在昌国，下辖3分队；11区队在峰北，下辖4分队），另有靖河、东溪、东港、涂茨分队为直属分队。11月，党团合并，团员集体加入国民党。三青团组织随之取消，活动停止。

三青团象山分团在建立期间开展的主要活动：民国35年（1946）3月29日，纪念青年节与革命先烈活动，召开纪念大会、游行、宣讲，办丹城和石浦壁报；建“荒岛文化服务社”，创办《象山港》周刊与《象报》；成立三青团象山青年服务社与生产合作社两组织。

第三节 青年联合会

1994年5月4日，象山县青年联合会成立。1998年5月4日、2000年6月29日、2003年6月26日、2006年10月25日，分别召开第二次至第五次委员代表大会，选举产生第二届至第五届委员会。青年联合会以教育青年奋发有为、努力成才、服务大局、报效祖国为宗旨，为象山社会各业和经济发展做贡献。

组织建设

1994年6月，青年联合会召开一届二次常委会，制定《象山县青联常委会工作制度》《象山县青联活动组工作制度》。1995年3月，第三次常委会提出青联要发挥组织优势，为青年成才创造良好社会环境；服务大局，为象山经济做贡献；扩大交流，加强对外联谊；加强组织自身建设，大力开展宣传工作。把评选“十佳青年”活动作为县青联争创一流工作的重点，坚持每年开展。1997年，确定每年四月为“爱国主义教育月”；每年“五四”期间，举行18周岁青年，在国旗下成人宣誓仪式，鼓励青年勤勉自律、奋发有为，参加宣誓青年上万人。1997年5月4日，县青年联合会二届会议号召全县青年坚定信心，艰苦创业，发奋成才，报效祖国，把自己培养成为跨世纪合格建设者，成为有道德、有理想、有文化、有实践的“四有”接班人。全年召开8次读书会，学习党的十五大精神和邓小平理论。进入21世纪，举办中共十六大、十七大精神培训班、科学发展观读书会，提出以新的实践、新的创造、新的奉献、新的作为，为象山提前实现现代化再立新功。率先在县财政局、国税局建立“青年工作委员会”，吸引企业加盟“相约星期六”活动，开拓青联组织新模式。

社会活动

1997年，举办知识竞赛，举行干部职业道德建设大讨论，开展“知我象山、爱我中华”“庆五四·迎回归”系列纪念活动和“百年恩来”座谈会。2000年，开展纪念杨白100周年诞辰以及学习殷夫、贺圣威、吴烨烈士事迹活动，激发青年爱国热情；开展青年科技创新、创效活动，引导青年奋发进取；培植青年典型，举荐优秀人才，增强青联组织服务功能。2003年，落实十六大精神，为象山提前实现现代化再立新功，举办绿色证书培训、农民大专班、职业技术培训班48期，培训农民3150人次；新增国家级“青年文明号”1家、市级3家；加强青少年“四五”普法教育和“五五”普法研究，新增省级“优秀青少年维权岗”2家。2008年，制定《关爱留守未成年人工作计划》，在18个街道镇乡成立服务站；与番头小学、半河农民工子弟学校开展“手拉手”弱势群体帮扶活动，送学习用品与慰问金。“1+1”爱心助学结对130人，发放助学款3万元。

至2008年，举办实用技术培训155期，企业后备人才培训6期，受训人员5000余人次。协助团县委开展助学帮困、青少年维权、青年志愿者行动、青年文化活动、“青年文明号”创建、青年人才开发活动。结对中、小学生，农民工子女，资助贫困大学生436人次，发放助学款近10万元；建立青年志愿者服务站55个，注册志愿者29000人；组建大学生实践小分队30支、150余人次；开展“科技、文化、卫生三下乡”等系列文化活动，协助开办农业职业培训班48期、3150人次，培训失业青年1000人次；推进青年星火带头人、农业产业化带头人、农业营销人员3支队伍人才的培养。

“青年文明号”创建

1994年始，全县实施创建“青年文明号”活动。1995年，创县级20家、市级3家。1996年，制定《象山县青年文明号试行办法》，在全县105家单位（集体）开展创建活动。1997年，180家单位（集体）、2500余人参加活动，共创县级单位45家，市（省）级11家。1999年，13个行业系统、190家集体3000余人参与创建活动。丹城派出所等13家单位新获县“青年文明号”称号，丹城交警中队等6家单位获市“青年文明号”称号；国税爵溪分局创全国“青年文明号”；爵溪镇“镇前街”获全国首批“青年文明一条街”称号。2002年6月，全市“青年文明号”创建现场会在象山召开，推动全县创建活动的深入发展。是年，全县“青年文明号”国家级单位2家，省市级33家，县级55家。2004年，“青年文明号”国家级单位2家，省市级34家，县级99家。至2008年，全县拥有“青年文明号”国家级单位4家，分别是象山县国家税务局丹城分局、县地税局爵溪分局、县便民服务中心、爵溪边防派出所；省市级50家；县级83家。

第四节　少年儿童团体

民国28年（1939）11月11日，石浦中心小学建立“石浦小学童子军团”，报中国童子军总会登记。12月1日、17日，县立丹山中心小学、县私立果育小学亦申请建团。后，县立三中学、定象联中等全县建童子军团共8家。校建童子军团，校长兼团长，教练员任副团长。班设中队，下设小队，学生悉数参加。童子军由民间组织逐渐成为国民党辖属青少年组织，训练科目设急救、露宿、测量、绘图、缝纫、烹饪等。至象山解放时，童子军组织撤销。

1950年10月，在丹城小学、象山初级中学建立少年儿童队。翌年，大徐、南庄、石浦、昌国等乡镇中心校亦相继建立儿童队组织。全县首批发展队员850名，协助民兵站岗放哨查问行人。

1953年6月，中国少年儿童队改名中国少年先锋队。设大队、中队、小队，大队、中队各设辅导员，聘学校教师或解放军战士担任。大队每学期活动一二次，中队隔周一次，开展思想道德或文体活动。1956年，积极发展少先队组织，每乡建队。翌年，少先队员增至11296人，其中学校10655人、校外641人，辅导员398人。1960年2月，召开县第一次少先队员代表大会。1963年，号召少先队员“向雷锋同志学习”，开展“争做雷锋式学生”活动。

“文化大革命”开始后，少先队停止活动，由“红卫兵”“红小兵”组织替代。

1978年，少先队恢复，辅导员增至837人。1984年10月，全县聘请区、镇、乡中心校辅导员41人，各完中总辅导员9人，建立起1655人的辅导员队伍。1985年5月，召开县第二次少先队员代表大会，选举成立县少年先锋队总部。2008年，全县少先队大队30个，中队524个，少先队员24187人，少先队辅导员30人。至2008年，县少年先锋队共召开7次县代表大会，选举产生7届工作委员会。

全童入队

1979年12月，召开全县少先队工作会议。贯彻团中央、团省委少先队工作会议精神，最大限度地把少年儿童组织起来。1981年，贯彻团中央“把全体少年儿童组织起来”号召，大力发展少先队组织。开展“红花少年”、人人争当“小红花”活动。全县70435名在校儿童，61375人戴上红领巾。西周、大徐、南庄、定山4区实现“红领巾区”。1982年，遵照团中央“以团带队组织起来受教育”

指示，全县少先队员增加至84374人，占在校少年儿童九成以上，基本达到“全童入队”。

组织建设

1985年5月，县少年先锋队总部成立。1986年，各校建立“少代会”制度。至1989年，继续开展“以团带队”工作，全县12所学校建“少先队室”。1990年，全县建“少先队室”的小学有310所，25所中学有17所建立“少先队室”。1994年始，成立乡镇少工委。1996年6月，组建“雏鹰假日小分队”，到社区开展活动。1999年，为庆祝中国少年先锋队建队50周年，全县建立少年警校2所、消防警校1所、少年军校4所、儿童军校1所。

社会活动

1993年，围绕“在党旗下茁壮成长，做红色少年”主题，成立学雷锋、学赖宁小组613个，义务服务队375个，做好人好事53567件，捐款5.8万元；成立特色少科院和农业实验小组，开展“培育蓖麻王为祖国献宝”活动，林海小学、高塘小学分别获宁波市特等奖和一等奖；开展“红领巾读书读报”活动，87名队员获全国、全省奖章，林海小学三乙中队获全国小学生“我爱中国共产党”知识竞赛优秀奖。1994年，实施全国少工委《中国少年生存与发展行动计划》，鹤浦大湾塘小学与宁波江北泗洲路小学、西周小学与宁海梅林小学、丹城三小与井冈山夏坪小学结对，被团中央、文化部评为全国先进“手拉手”联谊学校。2000年，争创优秀“青少年维权岗”，开展“警军行动”，集中60所中小学1万余名学生普法教育，获“全国雏鹰红旗大队”1家，省、市4家，1000多名队员获县级雏鹰奖章。2003年，县实验小学举行“善待海洋，从我做起”活动。2004年，开展少先队“基础建设月”活动，建红领巾广播站、电视台、大中队网页、“小螺号”栏目。2005—2008年，开展校外“亲近大自然绿色行”、校内“绿色生态责任中队”、家庭“环保宣传监督员一助一”系列活动，增长少年儿童环保意识；开展争做“五小”（小制作、小发明、小革新、小实验、小论文）活动、“平安自护夏令营”活动、“预防校园侵害，创建平安校园”行动和创建“中国少年儿童平安行动”示范学校（社区），提高少年儿童自身安全防范意识；创建“校园廉洁文化”教育，开通“小学生廉洁文化网”；开展“学文明礼仪，促和谐校园”主题活动和每学期第一个月“修身”教育，培养少先队的礼仪道德和从小清正廉洁。在“中国少年儿童海尔科技奖”比赛中，荣获全国一等奖；获第二十一届全国青少年科技大赛二等奖和“茅以升科学奖”；200余人获市“学礼仪，争奖章，快乐和谐成长”活动三星级奖章；在宁波市第三届中小学生科技节活动中，获奖151个，其中一等奖33个。

第六章　妇女团体

象山妇女运动，始于民国12年（1923）县女权运动团之成立。“四一二”反革命政变后，妇女组织遭破坏，妇女运动跌入低谷。民国20年，成立妇女会，一直受控于国民党县党部。抗日战争爆发后，象山妇女成立抗日救亡妇女协会等组织，积极投入抗日工作。中华人民共和国成立后，中共象山县委配备专职妇女干部，开展妇女工作。1951年年末，组建县妇女联合会筹委会。1953年第一次县妇女代表大会召开至2008年，共召开代表大会14次，选举产生妇女联合会委员会14届。

第一节　民国时期妇女团体

民国时期，象山妇女团体较多，在维护妇女权益、开展反帝爱国斗争中做了大量工作。抗战时期，成立抗战妇女协会、战地服务队等组织。

女权运动委员会

民国12年（1923）5月，象山县立女子小学校长傅规清发起成立“象山女权运动团”，发动师生开展反帝爱国宣传活动。民国14年春，在大革命浪潮影响下，以女权运动团为基础，成立“象山女权运动委员会”（女权运动会），址设县立女子小学内。公推傅规清为会长，委员林友梅、徐九英、辛枚君等20人，宣传男女平等、婚姻自由，反对纳妾，禁止童养媳，发动妇女放足剪发，投身社会、力争女权，并创办一所妇女夜校。

各界妇女联合会

民国14年（1925），“五卅”惨案爆发。女权运动委员会傅规清、林友梅、徐九英、辛枚君等发动各界妇女，于丹城孔庙明伦堂成立“象山各界妇女联合会”（象山女界联合会），带领各界妇女积极参加“五卅”反帝爱国斗争。6月4日，各界妇女代表集合于教育会文馆，发动200余名妇女报名参加外交后援会。6日，外交后援会成立，组织县立女子小学、淑德女子小学和崇德小学等600名师生上街游行。11日上午，学校教师和县各群团2000余人集会东岳宫，举行“祭奠死难烈士、收回租界、取消领事裁判权声讨会”。晚上，女校师生在姜殿庙义演《恶魔》《英雄侠骨》等文艺宣传节目。七八月间，林友梅、徐九英带领县各界妇女联合会成员，组成宣传队分赴东西乡巡回演出，并募捐救济上海罢工死难的工人家属。民国16年2月，南田县在中共南田支部领导下，成立县妇女协会，会长王醉霞，会员300余名。3月6日，南田妇女协会会同南田县农民协会，发动民众3000余人，在鹤浦鸭嘴头街活捉恶霸何苇渡，将囤积粮食开仓平粜受灾农户。5月，南田县妇女协会解散。是年，“四一二”反革命政变后，象山各界妇女联合会活动停止。

妇女会

民国20年（1931），县设妇女会，时建时散，并为国民党县党部所掌控。民国26年10月，丹城短期小学校长章德发起，又在县城成立妇女会，会员20人。民国32年下半年，隶县政府社会科，受县党部监督。翌年，经县党部整顿，会员120人。民国35年2月解散，3月又组建，6月成立，选理事7人、监督2人，设总务、宣传、组训、救济4股。中华人民共和国成立后解散。

抗日救亡妇女团体

民国26年（1937）12月，象山成立抗日救亡妇女协会，王觉向、叶春行、姜韵卿、陈逸心、章德5人任理事会理事。演出抗日剧目，张贴抗日标语，募捐银洋、衣服，支援抗日前线将士。翌年夏，在县立女子小学，成立“青年救亡室”。开展军事训练，传授急救护伤知识，学员20余人。在节孝祠（县府旁边）办战时妇女夜校，每期学员四五十人。教师由妇女协会理事轮流兼任，分批培训女青年投入救亡斗争。民国30年5月，方纪兰等妇女，参加“陷区文化教育工作队”“战地服务队”，动员民众抗日，慰问受害者家属，散发抗日传单，得到县长盛世馨支持。是年，王缦红、吴珊珍、沈文影等参加“战时政治工作队”。政工队内部由中共象山工委领导，赴儒雅洋、西周、下沈、官山、牌头等地演出抗日话剧，教唱革命歌曲，宣传《抗日救亡十大纲领》。民国31年3月11日，县城沦陷，政治工作队员们冒险进入敌占区散发传单，张贴标语，刺探敌情，捕捉汉奸。其间，吴珊珍、沈文影等一批女青年工作突出，经组织批准加入中国共产党。

第二节　妇女联合会

中华人民共和国成立初，县委配备专职妇女干部3人。之后，在区、乡相继配妇女干部。至1950年9月，全县20个乡镇、511个行政村，其中52个村建立妇代会。10月，县委在雅林溪乡搞土地改革试点，雅林溪、虎啸铺等10个行政村建立村妇女会。11月，土地改革结束，雅林溪乡妇女代表大会选举产生乡民主妇女联合会。1951年12月，县召开妇女代表会议，出席代表414人，建立县民主妇女联合会筹委会，周联娥为主任。1952年7月，三门县南田区划入象山，全县7区、3镇、82乡、744行政村建立妇代会。1953年4月，县第一次妇女代表大会选举成立县民主妇女联合会，由主任、副主任和委员27人组成，内设办公室与儿童少年工作部。基层逐步建立乡（镇）妇联。1959年5月，召开县第四次妇女代表大会，县民主妇女联合会改名县妇女联合会。公社化后，基层设公社妇联和大队妇女工作委员会。

“文化大革命”期间，妇女组织处于瘫痪状态。1973年春，恢复妇女组织。是年6月17日，县第六次妇女代表大会后，全县2镇36公社相继成立“革命妇女委员会”，799个生产大队成立“革命妇女小组”。1974年，公社恢复“妇女联合会”，大队取消“革命妇女小组”，恢复“妇代会”组织，以生产队为单位建立妇女代表小组。“文化大革命”后，整顿调整基层妇女组织，充实一批年轻、有文化妇女骨干力量。1987年，全县5区、5直属镇与32乡镇建有妇女联合会、739个村建立妇代会。

1992年5月，根据中共浙江省委、省人民政府统一部署，撤区扩镇并乡。1993年9月，第十一届执行委员会主任改称主席。至年末，全县有19个镇乡妇女联合会，739个行政村、34个居委会妇代会。

至2008年，全县18个街道镇乡均建立妇女联合会，720个行政村经撤扩并为490个行政村，也建立妇女代表会；机关、企事业单位建妇女委员会57个。1953—2008年，共召开14次妇女代表大会，选举产生14届妇女联合会。

社会活动

1950年，朝鲜战争爆发。翌年，“三八”“五一”期间，约4万名妇女上街游行，抗议美军入侵朝鲜，9366名妇女在“拥护世界和平宣言”上签名，3531人写决心书。8月23日，召开妇女代表会议，号召全县妇女学习亭溪乡大溪蒋村第六组妇女，制订“爱国公约”。大会后，全县7720名妇女在抗美援朝运动中，募集人民币（第一套）254.92万元，年糕、蛋、鸡、鱼、肉等计币价值181.34万元，鞋564双、慰问袋1867只、慰问信19875封，慰赠朝鲜难胞；积极参加捐献飞机大炮活动，捐款34.44万元，捐献戒指、耳环、首饰等物；春节期间，各级妇联组织慰问团，向烈军属拜年、送礼品，帮助洗被、打扫卫生；动员亲人参军，其中，送丈夫参军28人、未婚夫参军15人、兄弟参军69人、儿子参军103人。县人民医院姚亚凤等4名医生，经中国红十字会批准，赴朝鲜战场参加医护工作。为预防美帝国主义对中国发起细菌战，在全县开展灭苍蝇、蚊虫、臭虫、老鼠、跳蚤，净食物饮水、小孩身体、房屋天井、牛棚猪圈、道路墙弄的“五灭五净”爱国卫生运动。

1952年，象山妇女积极参加爱国生产和互助合作运动。消除“妇女下田没米过年，女做男工败坏门风”的封建、迷信观念。全县妇女参加互助组与男人一起生产劳动，积极性高涨。年末，全县评上乡级女劳模70人，单项模范13人，出席县劳模代表大会18人。朱金花、王桂芬被评为省级劳动模范，出席省劳模代表大会。1956年，全县有39500名妇女下田插秧，其中150名妇女首次参加大田劳动。1960年，有95700名妇女经常下田劳动，占妇女劳力95%；建妇女试验田19038亩、畜牧场480个。妇女在参加社会主义建设中，涌现一批先进模范人物和集体。至1985年，评上全国“三八红旗手”8人、集体1个；省劳动模范2人、省社会主义建设积极分子14人、省“三八红旗手”8人、集体2个；市“三八红旗手”46人、集体30个。23名女代表，分别出席省党代会、人代会、妇代会。

1989年，县成立“双学双比”（学文化、学技术，比成绩、比贡献）竞赛活动协调小组。9月，在全县农村开展“双学双比”竞赛活动。1994年，县妇联按照“重双学、重竞赛、兴基础、强服务”总体目标，召开“智多星”座谈会。全县营造绿色工程林8个、23公顷，1557名妇女参加义务植树。1996年，调整县“双学双比”成员单位，由17个部门、105人组成。全县举办实用技术培训班63期，农函大21班、学员590人。培养出一批柑橘、草莓种植业和养殖业带头人及妇女生产骨干。全县年销农副产品10万元以上妇女营销户196人，100万元以上6人。至2000年，举办白鹅饲养班3期，妇女学员1000人；蚶子养殖等科普培训228期，妇女学员14416人；参加农函大和绿色证书培训617人，272人获得证书。2001年，举办花卉、大棚蔬菜、大黄鱼养殖、实用技术培训班102期，参加妇女6080人。2002年，涂茨镇妇联在县城首办“勤女人”家政服务部，1500名妇女先后进城就业。2004年，40名农村妇女参加家禽饲养技术与“双学双比”女能手上网操作技术培训班。2006年，送科技下乡（村）活动66次，服务农民15526人，培训农业专业技术人员17250人次。自开展“双学双比”活动始，评上市级以上先进集体23家，先进个人52人。

照13-1　全县巾帼创业创新暨“双学双比”活动推进会

权益保障

中华人民共和国成立后，政府提倡“男女平等”，女子入学率提高。1950年，宣传《中华人民共和国婚姻法》，反对包办买卖婚姻。1952年元旦，新桥区9对新婚夫妻举行集体结婚，寡妇改嫁82人；调解离婚218对，其中，童养媳解约158人，经调解或法庭判决155对。1月，全县新结婚登记442对，其中自由恋爱248对。经过3年宣传贯彻婚姻法，包办强迫、买卖的封建婚姻制度逐步解体，自由恋爱、婚姻自主、婚礼简化，民主和睦的家庭风气逐步形成。

象山县宣传贯彻《中华人民共和国婚姻法》情况表

表 13-8

事　　由	1951 年	1952 年 1—6 月	1953 年 1—6 月
离婚（对）	53	206	254
解除婚约（对）	33	90	216
自由恋爱（对）	83	1705	2715
寡妇改嫁（人）	44	161	229
童养媳回娘家（人）	62	281	177
还俗结婚（人）	12	35	45

1983 年 7 月，开展以维护妇女儿童合法权益为主要内容的法制宣传。是年，县妇联受理有关家庭婚姻、虐待妇女信访 26 件。1985 年，共接待妇女来信来访 659 件，处理 572 件。案件中，遗弃、包办、干涉婚姻自由占 20%，第三者插足闹离婚 30%，虐待妇女 8%，要求解决赡养、抚养、继承权 12%，要求解决福利、工资报酬 30%。1992 年 6 月 17 日，对 65 名在押女犯进行“四自”（自尊、自信、自立、自强）教育。1993 年，举办维护妇女权益知识培训 18 期，参训 3600 余人；为 678 名村妇女主任落实工资报酬；为 230 名女干部办理养老保险。1994 年 5 月，成立县妇女权益保障委员会。各镇乡也相继成立妇女权益保障小组。2001 年，开展“维护妇女家庭权益维权岗”活动。2002 年，开展“三八”维权岗法律咨询，为上千名妇女提供婚姻法、劳动法、妇女保护法咨询。2004 年 3 月，联合县综治委在文峰、丹峰、瑶琳、蓬莱 4 社区进行“不让家庭暴力进社区（村）”试点。各街道镇乡主管领导、派出所、法庭负责人现场观摩。是年，开设妇女法律援助信访接待日，制定《象山县关于预防和制止家庭暴力的实施意见》。2007 年，会同公、检、法、司等 11 家单位开展妇女维权咨询。2008 年，县妇联系统共接待来访 432 件、600 余人次，结案率达 96%。

巾帼建功

1991 年，县成立“巾帼建功”活动协调小组。在全县妇女中开展学政治、学文化、学科学、学技术、学管理，比思想、比质量、比服务、比成绩、比贡献的“巾帼建功”活动，创导妇女爱岗敬业、成才建功，为改革开放、社会主义现代化建设做贡献。1994 年，全县开展以岗位练兵、岗位成才、岗位奉献为主要内容的“巾帼示范岗”创建活动。县百货大厦日化柜组、第一人民医院住院部少儿内科，被评为宁波市最佳巾帼示范岗。1996 年，县妇联创建手拉手巾帼扶贫活动，全县结成手拉手扶贫对子 262 对。1997 年，巾帼示范岗更称巾帼文明示范岗。创建范围扩大至企业单位，全县 63 家单位 9446 人参赛。1998 年“三八”妇女节前夕，响应全国妇联提出“妇女·家庭·环境”巾帼建功活动，组织机关及丹城镇妇联近千人上街打扫卫生。全县创“巾帼文明示范岗”市级 8 家、县级 24 家、镇级 20 家。结对扶贫 690 村、脱贫 267 户，帮困助学学生 145 人。2000 年，浙江巨鹰集团成衣一公司二分厂获“全国巾帼文明示范岗”，县便民服务中心获“浙江省巾帼文明示范岗”。全县 7 家单位获市级“巾帼文明示范岗”。

2001 年，组建“中华巾帼志愿者”组织，开展“走千户、访万家、送温暖”活动。扶贫帮困 7763 人，扶贫结对 589 对，送慰问礼金、礼品 71780 元。县社会福利院、国税征收分局征收大厅被评为省"巾帼文明"示范岗，市级"巾帼文明示范岗"增至20家。林春绵被评为省"巾帼建功活动"先进工作者。2002年，举行"伸出你的手、温暖我的心"爱心捐赠，现场捐款物计币6万元。2003年，向社会捐款捐物27.53万元，新增帮困结对252对，其中学生181对，发放助学金7万余元。培训下岗失业、农村失地妇女1400人次，帮助380名妇女解决再就业。2005年3月4日，联合县社会劳动保障局举办"庆三八·搭金桥"女性就业洽谈会，帮助1152名失业失地妇女达成就业意向。举办就业培训86班次，创业培训23班次，劳动力转移培训42班次，培训妇女9921人，其中3968人向二、三产业转移。2006年，举办女性就业专场洽谈会19场，提供岗位2165个，参与妇女3233人，达成意愿1294人。发动40家商店企业爱心义卖，募集关爱资金8万余元。文峰学校、鹤浦工商所注册厅评上浙江省"巾帼文明示范岗"先进集体。2007年，全县22个机关妇委会与22个首批创建和谐新农村结对，提供资金、项目、技术帮扶。2008年，开展"巾帼助推美化家园"活动，组织18个机关妇委会，为结对村提供信息、资金、技术、项目帮扶；举办"好阿姨"巾帼家政培训班，新培训合格月嫂65人。截至2008年年末，全县有"中华巾帼志愿者"945人，其中固定志愿者747人。创市级以上"巾帼文明示范岗"157家，先进个人31人。

第七章　社会救助团体　社会关爱团体

20世纪80年代中后期，县内关心老、少、残社会救助、关爱团体陆续成立，全社会对弱势群体及下一代的关爱受到空前重视。1985年，县老龄委员会成立，旨在发挥老年人作用、保护老年人合法权益、为老年人服务。1988年，县红十字会成立。1989年，县关心下一代工作委员会、县残疾人联合会相继成立。2001年5月，成立县慈善总会，开展慈善援助活动。至2008年年末，各团体组织进一步发展，关爱、帮扶、维权、慈善救助等各项工作有效开展。

第一节　红十字会

1988年2月25日，象山县红十字会成立。首任会长王庆祥，理事15人，办公室设县卫生局内。1991年3月27日，调整县红十字会组成人员，会长徐明奎，理事13人。2004年9月12日，调整县红十字会组成人员，会长戴瑜，理事37人。

红十字会成立后，先后发展红十字会会员单位71个，拥有会员6004人。募集资金、物资，开展救助。2004年，落实角膜捐献者1人，开创象山遗体捐献工作先河；为文峰、蓬莱社区服务站授牌，建立健康档案和家庭病床，救助112名精神病患者门诊费及重病住院费共计167200元；全年无偿献血者2997人，累计献血75.3万毫升。2005年，发起印度洋海啸捐款活动，组织"麦莎""卡努"台风救灾活动，发放大米、运动鞋、衣服，计币282997元；消毒药品计币11250元。开展红十字博爱送万家和健康援助进农家等活动，捐赠毛毯、毛巾被、运动鞋、衣服、电视机等，受益群众5000余人。2006年，发展红十字志愿者20人；开展"红十字博爱周"活动；落实遗体捐献者3人，角膜捐献者2人。进入中华骨髓干细胞资料库志愿者263人，报名22人；驻象山某部王成为宁波市首位骨髓干细胞捐献者；开展小区和海岛群众免费体检3000人，捐赠困难学生和群众衣物，为台胞寄信件、物品、就医通电话提供帮助。2007年，开展机动车辆驾驶员卫生救护技术培训、消防兵和渔民安全自救技术培训19360人次；救助困难群众和学生，钱和衣物计36万元；教育系统红十字会救助3名特殊病例学生，无偿献血3688人次。2008年，县红十字会开展“红十字博爱周”活动，为鹤浦、高塘、茅洋3镇乡老人、群众开展义诊和免费体检；组织汶川大地震募捐资金140万元，物资50万余元；学校红十字会为6名白血病学生患者救助7万元。

县红十字会，2002年度荣获“宁波市红十字会先进集体”称号。2004年，荣获宁波市献血管理工作先进单位，并连续4年获省无偿献血先进县称号；48名志愿者获省无偿献血奉献奖。

第二节 慈善总会

县慈善总会前身系县民政局社会救济科。2000年年初，县筹建慈善总会。2001年5月28日，在象山宾馆召开第一次会员代表大会，会员代表110人（团体代表66人、个人44人），出席代表95人。选举产生第一届理事会理事，理事会设会长1人，副会长5人，理事、常务理事39人。监事会成员11人。聘名誉会长4人、顾问4人。王庆祥任会长。通过《关于开展2001年“慈善一日捐”活动的决定》。县慈善总会地址在丹城上进路21号，下设办公室、劝募部、援助部。是年，分别在全县镇乡建立慈善联络站。

2007年5月22日，在象山宾馆召开第二次会员代表大会。会员代表169人，其中工业企业会员代表23人，建筑企业会员代表13人，其他企业会员代表11人，社会组织会员代表15人，县直机关会员代表16人，街道镇乡会员代表18人，各界个人会员代表14人，慈善机构会员代表49人，特邀会员代表10人。出席代表160人。选举产生第二届理事会理事，俞明振任会长；设立监事会，县审计局局长张启表任监事长；各街道镇乡取消慈善联络站，设立慈善分会；授予孙茂芳“象山慈善大使”荣誉称号、王庆祥“永久荣誉会长”。

照13-2 象山县慈善总会

县慈善总会成立后，受到社会各界广泛关注，全县机关、企事业单位和个人纷纷捐钱捐物。2001年始，全县每年开展“慈善一日捐”活动。2005年设立“慈善冠名基金”，先后开展“慈善安居工程”“慈善助学”“慈善关顾特殊病患工程”等帮困工作。

慈善募捐

2000年年初，县慈善总会筹委会成立时，县民政局、残联各捐10万元，成首批团体创始会员。9月底，全县88个机关部门、直属事业单位、19个镇乡干部职工以及教育系统学校教职员工、卫生系统医务人员共8700余人，捐款总额达90余万元。其间，县农业银行和中国银行单位捐款均5万元以上，成为团体创始会员。至县慈善总会正式成立前，总会拥有创始会员团体23家、个人28人，筹委会共募集善款5738.1万元及针织企业捐赠的针织内衣等物。2001年始，每年开展一次“慈善一日捐”活动。至2008年，共募捐爱心善款6484.2万元，其中为四川汶川抗震救灾专项募捐2260.7万元，历届参与募捐民众达123920人（次）。2005年6月，宁波龙元建设工程有限公司率先设立定名为“龙元慈善冠名助困济金”50万元（5年，每年10万元）。2008年年末，全县共有24家企业及单位设立“慈善冠名基金”，合计基金4900万元，每年收基金496万元。

表13-9

2001—2008年象山县“慈善一日捐”情况表

时　间	募集善款（万元）	参与人数（人）
2001.05	186	5100
2002.09	554	13000
2003.09	504	11000
2004.09	528	13000
2005.09	541	16000
2006.09	380	11000
2007.05	597	18000
2008.05	3195	36800

说明：2008年5月募集善款数中，含专为四川汶川抗震救灾募集款2260.7万元

慈善援助

2002年8月至2004年7月，向全县推出“慈善安居工程”。先后援助“特困户”新建住房、修复危房或购房安置631户，其中建造新居或维修和购置住房，总面积达31059平方米，受益人数1143人。2004年下半年始，结合慈善赈灾，零星援助台风受灾倒房户、火灾重灾户以及新发现的危房户等维修或新建住房84户。2005年5月，援助由象山对口帮扶的贵州省黄平县野洞河乡龙角村37户苗族贫困农户，实施“慈善安居工程”，为他们建造新居或维修住房。此项目实施过程中，省、市及全国主流媒体曾多次报道，并收录于2003年度《中华慈善年鉴》，以“象山全面实施‘慈善安居工程’”为题，向全国各地推荐。2007年1月，被中华慈善总会授予“中华慈善事业突出贡献奖（项目奖）”。

2003年5月，县慈善总会与宁波滨海学校签订联合培养“向慈学生”协议，并推出慈善助学项目。下半年，滨海学校向全县招收“经济最困难、遭遇最不幸、社会最同情”小学、初中在校学生（称“向慈学生”），实行全免费、全寄宿、分年级插班就读，直至完成九年制义务段学业。县慈善总会每年度拨付学生伙食费及设备购置费24.75万元。滨海学校则免除“向慈学生”各类规费（包括被服费）等，每年约40万元。2004年8月，慈善总会启动“慈爱孤儿工程”，资助40名大学贫困孤儿新生和18名在读贫困孤儿学生。9月，分别对364名小学一年级至高中三年级贫困孤儿学生，实行“一年一定，分等助学”，并给35名学前贫困孤儿发放生活补助金。至2008年，“慈爱孤儿工程”总支出406.6万元，受助孤儿达4363人次。

2007年6月5日，县慈善总会实施“慈善关顾特殊病患工程”，对肝脏移植、恶性肿瘤、心脑血管疾病及心脏手术治疗的患者，根据手术治疗、医疗费使用情况、家庭困难程度，分设甲、乙、丙三等级，一次性资助3000~20000元不等。至2008年，共支付援助金91.68万元，受助患者158人。

第三节　残疾人联合会

1989年11月13日，县第一次残疾人代表大会在县政府招待所召开。正式代表120人，其中，各区、镇78人，县属机关部门21人，4819工厂象山修船厂7人，县属福利企业6人，特邀代表8人。选举产生象山县残疾人联合会执行理事会，设理事长、副理事长、执行理事。执行理事会下设办公室，负责劳动康复、宣传教育、群众工作、基金管理等日常工作。1991年年末，全县37个乡镇均组建残联。1995年，残疾人联合会组建到村。1995年10月18日、2001年10月15日、2007年4月26日，县残疾人联合会分别召开第二、第三、第四次代表大会，产生第二届至第四届执行理事会。

康复事业

1996年4月，象山县残疾人康复中心动工，翌年4月建成并投入使用。造价246万余元，其中，外资7.8万美元，政府拨款与社会筹资180万元。康复中心建筑面积1800平方米，建有无障碍设施残疾人职业培训室、康复健身房、舞蹈训练房、图书阅览室（有盲人读物）、棋类室、乒乓球、台球等文娱活动场所。康复中心面向残疾人开展各类活动，年可培训残疾人300人，供健身锻炼、文娱活动2万人次。2002年，引进超声乳化等先进医疗设备。2003年，进行各类康复训练66人，聋儿语训5人。

1995年，确定三项（眼睛、儿麻、聋儿）康复定点医院3家。县第一人民医院为儿麻矫治和指导医院，县第二人民医院为儿麻矫治医院，县中医院为白内障复明及指导医院。建立社区康复站2个，低视力门诊室1个。是年，共做白内障复明114人，儿麻矫治25人，低视力配镜50人，聋儿语训5人。1999年5月21日，邀请市二院、江东眼科医院、江北光明眼科医院7名眼科专家，组成市防盲指导组到象山，免费为142名白内障患者施行摘除手术。2001年2月15—16日，县残联会同石浦中心卫生院，组织专门力量赴鹤浦、高塘岛回访白内障手术者，脱残率均在98%以上。2002年，共手术267人次，脱盲率98%，脱残率95%。2003年，完成低视力配镜20人，配戴助听器10人，安装假肢、矫形器26件，供应残疾人用品用具587件。2007年，免费上门训练指导中风偏瘫病人26人。

2003年，县残联投入配套资金8.7万元，会同世界轮椅基金会，向全县347名下肢残疾人无偿赠送轮椅车。2006年，县残联资助25名聋儿、弱智儿童进行康复训练；资助8名肢残人安装假肢；为丹西街道敬老院10余名老人测试听力，并为4名老人赠送助听器。2007年，为17名脑瘫儿童、聋儿和86名弱智儿童，提供机构康复训练补助；为32名精神病患者提供住院药费补助，发放精神门诊助医卡220本，发放轮椅98辆，安装假肢14条，矫形器3只，助听器5只，人工耳蜗1只，以及各类用品用具100余件，共计支出资金49万余元。2008年，集中托养脑瘫儿童、聋儿和弱智儿童25人，白昼照管12人，居家安养91人；完成白内障手术100例，验配助听器90台，助视器23只，安装假肢30条，共计支出资金119.22万元。

残疾人就学就业

残疾人就学　1995年，首招聋哑学生8人。2008年，在校残疾学生总数86人，全县盲童入学率44.4%；全县弱智儿童随班就读得到解决，入学率75.56%；肢体残疾儿童入学率61.39%。

2003年始，向考入大中专院校25名残疾学生以及残疾人子女，给予3000元、2000元补助；给小学、初中、高中段的130名残疾学生，每学期给予200元、300元、500元补助，两项累计达10万余元。2005年，实施在读普通小学至高中段，特殊学校贫困残疾学生及贫困残疾子女学费补助。2007年，向全县1338名贫困残疾人学生及残疾人子女学费补助，资金达86.5万元，向52名应历届大中专院校的残疾学生及残疾人子女学费补助资金16.9万元。2008年8—9月，补助122名应历届接受高等教育的贫困残疾学生和贫困残疾人子女，每人3000~5000元，计46.5万元。至2008年，累计补助学生4298人次，补助资金293万元。

残疾人就业　1995年，创办福利企业8家，安排残疾人就业25人。10名残疾人选择从事个体就业。至2001年，全县开办以安置残疾人为主福利企业30家，安置残疾人522人。残疾个体就业350余人。农村就业率60%，城镇就业率80%以上。2003年，集中安置残疾人就业126人，分散按比例就业14人，个体就业34人。2006年，集中安置残疾人就业43人，分散按比例安置就业56人，个体就业28人。翌年，集中安置残疾人就业56人，分散按比例安置就业48人，个体就业22人。2008年，集中安置残疾人就业23人，按比例分散安置残疾人就业70人，个体就业22人。至年末，全县已安置残疾人972人，自行就业335人。

残疾人培训　1995年，首启弱智儿童家长培训工作，是年培训10人。后转为直接培训残疾人办法。1998年，县残疾人劳动就业服务所首次输送6名盲人分别参加省、市盲人按摩培训班，其中周立志参加全国盲人按摩大专班学习。2003年，输送省市职业培训58人（盲人按摩师29人），农村种养业培训232人。2006年，收取行政事业单位残保金50家30余万元，开展先培训后就业和边培训边就业工作，采取实惠、实用、实地培训方法，职业培训25人（盲人按摩14人），农村种养业培训4期257人次。翌年，职业培训45人（盲人按摩8人），农村种养业培训395人次。2008年，职业培训47人（盲人按摩师5人），农村种养业培训183人次。至年末，全县残疾人就业职业培训1059人（盲人按摩师251人），农村种养殖业培训3152人次。

扶贫解困

1995年5月21日，全国第五次法定助残日，开展“一助一，送温暖”活动，帮助解决6个特困残疾人家庭吃粮、穿衣等困难，175户困难残疾人结上“一助一”对子，解决后顾之忧。2001年，县残联陆续无偿向全县114户贫困残疾人家庭发放鹅苗5700羽。翌年，县残联投入扶贫资金73.2万元，无偿为380户贫困残疾人家庭发放鹅苗12000羽、波尔山羊192只、鸡3600只、猪80头、鸭3000只，化肥农药50吨。2003年，全年完成“一助一”182对，投入扶贫资金62万元，发放波尔山羊80只、小猪84头、白鹅苗1600只、鸭苗2.3万只，与宁波南方野生动物养殖有限公司合作，推出灰鹅养殖项目，共发放灰鹅3.8万只，163户残疾人养殖户增收68.5万元，户均4200元。县残联下拨10.8万元残疾人临时困难补助资金，为遭遇突发性灾害、大病等困难残疾人解燃眉之急。2006年3月1日，县残联在全县范围内开展“访百家贫”“助百家医”“解百家困”“致百家富”“评百家优”“五个百”扶贫帮困活动。5月12日，县残联挨户为残疾人赠送、安装墙体扶手、座便椅、沐浴椅、四角拐、床式医用气垫等一批生活辅助器具。翌年，投入扶贫资金78万元，为362户贫困残疾人家庭，发放灰天鹅苗94000只，小猪26头，食用菌棒28000支。为200户残疾人发放农药化肥100吨，为296户低保及低保边缘残疾人发放生活补助卡、实施57户贫困残疾人安居工程，三项资金共68万元。并为700名贫困残疾人发放助残金28万元，下拨生活困难临时救助金20万元。2008年，实施残疾人安居工程，投入资金93.2万元，改造和新建住房面积2670平方米，受益家庭89户；发放残疾人生活补助卡对象增加361户。在春节和助残日，为700户贫困残疾人发放助残金28万元，向各街道镇乡残联下拨生活困难临时救助金20万元；发放精神病助医卡400本（每本含医疗救助金600元）；全年共向扶贫基地投入扶贫资金105.6万元，惠及1036户贫困残疾人家庭，发放灰天鹅苗21000只、白鹅苗23300只、苗鸡51000只、食用菌棒54000支、赠送化肥农药100吨；为363名低保或低保边缘残疾人实施医疗救助，提供资金83.6万元。

信访接待

1995年，接待信访200余人次（件），复信78次，结案率98%。2003年5月，县残联会同县司法局，于残疾人法律援助网络上建立"维护残疾人权益法律援助站"，为残疾人提供法律咨询、诉讼代理等各种法律援助。是年，处理信访件127件次。县残联配合镇政府处理鹤浦镇残疾人车营运问题，本着"控制总量、平稳过渡、逐步淘汰"原则，重点清理健全人开残疾车营运的现象，既整顿营运市场，又维护残疾人合法权益。2007年，接信访97件（次），办结97件（次）。2008年8月，协助石浦渔港管委会，上门劝导3户残疾人拆迁户，并协调落实安置房，顺利完成拆迁任务。全年接待来信89件（次），办结89件（次）。

发放残疾人证

1997年9月24日，举行残疾人证首发式，首批122名残疾人获新证。同年10—11月，分别到17个镇乡为残疾人发证，元旦前，为全县四级以上8690名残疾人发放残疾证。2008年9月16日，换发第二代残疾人证，2月内，为二级以上残疾人换发第二代残疾人证3740本。

竞技运动

1998年5月，县残联先后组织近20名残疾人运动员，参加宁波市第四届伤残人运动会田径、乒乓、游泳等项目比赛，夺得14金、5银、5铜优良成绩。7人9次打破运动会记录；取得田径比赛第一名，乒乓球比赛第五名，游泳比赛第三名，列团体总分第三。2000年，郑德仁在第五届全国残疾人运动会上，摘取A6A8级4人100米接力赛金牌，入选象山县2000年度精神文明建设十件新事，被县委宣传部、共青团县委评为县十大优秀青年。2002年，29名残疾人运动员在第五届宁波市残运会上荣获金牌24枚，列团体总分第三名。朱勇在全国残疾人游泳锦标赛上夺得1金1银。翌年，15名残疾人运动员在省第六届残运会上夺得9金1银2铜，在全国第六届残运会上又获得2银2铜。2006年7月28—30日，16名残疾人运动员参加宁波市第6届残疾人运动会，获得15金9银7铜。翌年，在第七届全国残疾人运动会上，朱勇等3名运动员共夺得1个第二名，3个第六名。2008年7月，象山5名残疾人运动员参加嘉兴浙江省第二届聋人运动会田径、游泳、羽毛球、篮球等比赛，获8金2铜。是年8月，宁波市青少年田径、游泳锦标赛，8名运动员获8金6银4铜，并破省纪录1项、市纪录8项。聋人运动员李科杰入选宁波市2008年北京奥运火炬手。

第四节　关心下一代工作委员会

为贯彻执行《中华人民共和国未成年人保护法》，保护未成年人的合法权益，教育挽救失足青少年，1989年12月，县关心下一代协会成立，樊心慧任会长。1991年11月，更名为关心下一代工作委员会，简称"关工委"，下设办公室。设主任1人、副主任17人、委员46人。1997年，设主任1人、副主任20人、委员64人。2002年5月，主任1人、常务与驻会副主任各1人，副主任27人，委员56人。2007年7月，关工委班子调整，沈佳雨担任主任，设常务副主任1人，副主任27人，委员38人。县教育局、县政法委、团县委、县妇联、县公安局、县卫生局、机关党工委等部门先后成立关工委。全县18个街道镇乡、23个社区、54所学校及300余个行政村也成立关工委。街道镇乡配一名局（乡镇）级调研员担任关工委常务副主任。截至2008年年末，全县关心下一代工作委员会组织共508个，形成县、街道镇乡、农村（社区）3级网络，1300余名“五老”（老干部、老战士、老专家、老教师、老模范）分别担任宣讲员、校外辅导员、教育基地讲解员、关爱工作员、网吧义务监督员、科技辅导员、失足青少年帮教员、心理健康咨询员。1998年，县关工委被评为省级先进集体。

教育

1991年9月，县关心下一代协会组建社会主义教育宣讲团，下设社会主义、爱国主义、革命传统与民主法制4个宣讲组。1992年清明节期间，县关工委组织22名离退休老同志到县革命烈士纪念馆，分组为青少年进行革命传统教育。清明节革命传统教育宣讲即成为关工委重要工作内容。1995年5月，县关工委成立宣传教育、法制帮教、科技、校外辅导与爱心实事5个小组。各级关工委组织利用“五老”（老干部、老战士、老专家、老教师、老劳模）队伍优势，发挥关工委各宣传教育与关爱组织的作用。每年清明节、六一节、国庆节期间，组织开展形式多样的爱国教育活动。结合中国共产党建党、红军长征胜利、抗日战争胜利与世界反法西斯战争胜利、象山解放、象山“八一台灾”等纪念日以及香港澳门回归、北京奥运、抗震救灾等重大事件，采取报告会、座谈会、图片展、参观体验、读书征文、演讲比赛以及暑期校外活动等形式，开展对青少年教育。2005年，纪念抗日战争胜利60周年期间，县关工委联合县教育局，组织5669名中小学生参加知识竞赛。2006年，县关工委向10所中小学学生发放印有中共中央总书记胡锦涛“八荣八耻”内容的书签近2万枚。2008年，开展“与灾区人民同心、与北京奥运同行、与改革开放同进”主题教育活动，举办“向抗震救灾小英雄学习，争做新时代四有新人”宣讲比赛，举行“迎奥运、讲文明、树新风、万名学子签名”活动等。编写改革开放30周年宣讲资料，发至各街道镇乡，并到单位、学校、社区宣讲。全年，先后组织500余名“五老”作大小报告3000余场，受教育青少年50余万人次。

照13-3　象山县关心下一代协会成立

关爱

2006年7月，新桥镇关爱老少服务站成立。服务站组织23名“五老”与4所中小学的35名特困单亲学生进行“一对一”“一对二”结对；邀请131名留守学生与94名单亲学生到服务站做客、座谈；筹集善款4.5万元，资助贫困学生104人次。2008年5月，在新桥镇召开“象山县关心下一代工作新桥经验现场交流会”，向全县推广。8月，县关工委与各街道镇乡关工委成立关爱工作团，开展“五老”与“留守学生”结对帮教等活动。至2008年，为青少年办实事1800余件，资助金额170余万元，受助1824人。是年，新桥镇关爱老少服务站被市关工委命名为首批“宁波市关心下一代校外教育阵地”。

帮教

成立法制教育宣讲组和政法系统退休干部关爱工作团，深入学校、社区、农村，通过法制讲座、现身说法、案例剖析、结对帮教等，引导失足青少年树立“以遵纪守法为荣，以违法乱纪为耻”观念。全县中小学校建立法制学校40所，设立帮教小组169个，564名“五老”开展帮教233名失足青少年与“两劳”回归人员工作。县关工委先后19次会同有关部门，赴省少管所探望象山籍失足青少年，播放县领导、亲人们讲话录音及象山经济发展影像，教育鼓励他们努力改造。工作团还经常到县看守所看望在押青少年，教育谈话200余人次；配合法院参与失足青少年的庭中教育30余人次。2001年，县关工委老同志参与电子游戏机室监督。2005年，县关工委联合县文化广播新闻出版局，确定“五老”网吧文明督导员，规范网吧经营行为，监督防范未成年人进入网吧。

基地建设

1995年9月，经县委同意，县关工委在茅洋碘矿动工建设爱国主义教育基地，筹集单位和个人捐款15余万元。1996年6月，茅洋“万人坑”遗址“毋忘碑”落成。1997年8月，“日本侵略军在象山罪行陈列馆”在茅洋落成，并对外正式开放，为宁波市级爱国主义教育基地。陈列馆建筑面积400平方米，占地5333平方米，馆名由原浙江省委书记铁瑛题写。2005年，县政府拨款20万元，重新装修陈列馆，更新版面图文，增添侵华日军罪行实物。翌年，被市委宣传部评为2006年度全市爱国主义教育基地“展出陈列创新奖”。陈列馆由县关工委管理，免费向全社会开放。至2008年，已接待省内外参观者10余万人次。

第五节　同乡会组织

同乡会组织，为清中叶后社会政治、经济、文化变迁产物。象山地处东南沿海，多港湾，水路交通便捷，闽广台温渔、商、民往来者众，多有迁居、定居者。象山籍人士也有赴甬、杭、沪求学、工作、定居者。为联络乡谊，提供乡人间互帮互助，求得共同的精神寄托和生活依靠，遂组织同乡会。有的甚至建立会馆，维护集体利益，调解土客、客客之间矛盾，开展救助善举，共同举行祀神等活动。

县内同乡会组织

石浦等地处浙中沿海港口，领风气之先，域内多有闽广、温台迁居者，故其地同乡会组织最早，亦多于他处。改革开放后，成立了许多新同乡会组织参与支持家乡社会主义建设。

清至民国期间象山县石浦同乡会情况表

表13-10

名　称	建立时间	地　　址	备　　注
闽广会馆	康熙年间	石浦南关桥外天后宫	王廷风，福建晋江县人，康熙年间任定海镇，每岁巡哨，泊舟石浦，捍卫地方。又创捐重修天后宫，民感其德，置像于天后宫后殿祀之。民国时会馆主任佘耀宜

续表13-10

名　称	建立时间	地　址	备　注
三山会馆	嘉庆九年（1804）	延昌街三山天后宫	福建寓户黄其鸣等捐建。今馆内有《勒石永禁》碑，乃福建闽县举人陈敬丹等呈请浙海关印务，严禁官吏勒索渔民
泉州会馆	清	延昌铜关路	即今保生大帝庙，保存完整
兴化会馆	咸丰五年（1855）	延昌和兴街西口（今朝航路西口）	俗称盉盉庙，又作兴化天后宫，民国7年（1918）修。遗址尚存
崇武会馆	始建不详，光绪十六年（1890）重修	延昌铜关天后宫	占地3亩，规模较大，俗称铜关庙。三进两横，今存前殿后庵。民国时会馆主任李仕
台州七邑同乡会馆	清	石浦二湾台	时有会员千余户，民国时会员有卢厥民、戴华堂、林伯州、周振德、王宁适等79人
宁波（石浦）同乡会	民国	石浦北门药局	为宁波人在石浦同乡组织。不详

象山渔业生产著名，邑内外渔业生产者同乡组织于清末、民国期间多有存在。中华人民共和国成立后，渔业同乡会组织不再活动。

清至民国时期在象渔业同乡会情况表

表13-11

名　称	建立时间	地　址	渔　帮	备　注
南安公所	清咸丰元年（1851）	象山石浦	南田帮	张网船40余只
三门湾渔业公所	民国初年	三门湾（金七门）	宁波、临海、象南各帮	渔船渔商
玉环北渔业公所	清光绪	象山爵溪	玉环北	渔船渔商
玉环南渔业公所	清光绪	象山爵溪	玉环南	渔船渔商
东清渔业公所	清光绪	象山爵溪	东清帮	渔船渔商
普安公所	民国10年（1921）	象山石浦	象山帮	渔船渔商

县外同乡会组织

清末、民国，象山人外出杭州、上海、宁波渐多，亦在杭、沪、甬先后建立同乡会组织。

象山试馆（象山会馆）　建于光绪十三年（1887），东陈孔粹贞建。地点在杭城文龙巷。孔丈夫为廪生陈素涛，字白山，光绪三年（1877）亡故。生前常念象山诸生赴省城乡试者，跋山涉水，苦无同乡馆舍，每挟行李强忍疲劳寻觅客栈之苦，夙具建会馆于省城之念。为实现丈夫遗愿，孔于光绪十二年独自出资二万余金，建馆室99间，厨房、浴室、器具皆备。翌年竣工。光绪十九年，朝廷施“乐善好施”匾。德清俞樾为作《象山试馆碑记》记其事。试馆初为乡试而设，为象山考生栖息之所，得预备临场。后渐演变为象山会馆。

象山旅杭同学会　建会约在清末民国初。为象山旅杭学界同人组织。民国元年（1912）6月8

日，为象山下南乡割隶南田事作《象山旅杭同学会敬告同乡父老书》，分析利弊，呼吁全县父老切勿袖手旁观，勿抱消极主义，云“窃思独木难支，众擎易举事关全邑”。撰稿人为象山郑光曾。旅杭同学会为象山下南乡割隶奔走呼号，《敬告同乡父老书》梓印千份，寄由县议会分送各界，出力不少。同学会组织情况及后续活动不详。

象山旅甬同乡会　清末、民国初，象山旅甬同乡有3000余人，以劳动界最多，占百分之八十。清末，甬上有象山会馆，专供旅甬象籍贫穷者住宿之用，形同客栈，由参议两会主持。馆之常住人员，由县两会决定，不由旅甬象人公选。故旅甬象民缺少联络也持旁观态度，无由介入。民国15年（1926），由热心象山公益人士发起，联络乡人，筹建象山旅甬同乡会，并于阴历九月十八日召开成立大会。其后活动不详。

象山旅沪同乡会　民国24年（1935）8月，象山旅沪同乡刘志山、林美钧、吴春林诸君发起成立象山旅沪同乡会。同年10月成立，旋因种种困难，会务停顿。翌年3月，任啸菊、张介眉等人发议恢复，在南市外马路福美里一号设临时会所，不久解散。民国28年，象山旅沪同乡已有2万余人。时陈汉章女婿姜梅坞在沪治病期间，借八仙桥青年会九楼宴请旅沪同乡，讨论募捐象山水灾办法，且决定改组原象山旅沪同乡会，推选姜梅坞、贺凤来、梁卓人、伊鹤甫、严挺、郑圣鋆、鲍永成、胡蔚然、周迪斐9人为筹备委员。翌年1月22日，加推许兴馥、楼崇德、王俊卿、张质斋连前13人为改组委员，负责改组事宜，征求会员。由梁卓人向宁波同乡会接洽拨用会所，及向工部局申请登记。5月19日，借宁波同乡会4楼召开改组成立大会，推选姜梅坞、贺凤来、郑圣鋆、伊鹤甫、严挺、王俊卿、梁卓人等21人为监察委员。贺凤来、伊鹤甫、许兴馥等3人兼任基金委员。执行委员中姜梅坞、梁卓人、陈丕杰、伊鹤甫、陈兴昌、张质斋等7人为常务委员，姜梅坞为主席委员，聘梁卓人兼任会务主任，即日就职工作，干事1至3人，处理日常会务。

旅沪同乡会活动情况　象山旅沪同乡会成立后，至年末，仅7个月，做了大量工作。一是募集水灾捐。民国28年（1939）秋，象山城乡秋雨连绵，山洪暴发，大水泛滥成灾；全县28个乡镇半数殃及，人畜农作、建筑受损不胜计数，为数十年之稀有。同乡会得知，即召集讨论救济办法。推定贺凤来、梁卓人伊鹤甫等20人分头劝募，并决定举行象山水灾赈款劝募游艺大会，由梁卓人负责筹备。梁君奔走接洽，吁请慈溪虞洽卿、镇海方椒伯、袁履登为游艺会赞助人，5月24日，借宁波旅沪同乡会二楼举行游艺大会。总计收入票款国币2817元，除开支净收入2536元，连同贺凤来筹劝募捐款3262元，公债券2000元，先后汇交象山水灾救济会，放赈济灾。二是商拔会所。同乡会筹备时，暂借贵州路宁波公报馆内办公。后经函请宁波旅沪同乡会援照镇、奉、定各同乡会先例，分拨劳合路宁波里四号楼为永久会所。由梁卓人面商宁波旅沪同乡会，邀约定海同乡会代表，会同洽定以东厢三分之一前间为会所，中央宗堂楼共用。于民国29年12月23日修理完竣后迁入办公。三是征求会员。参照宁波同乡会征求会员办法，采取分队征求制，聘姜梅坞为总队长，贺凤来、伊鹤甫为副总队长，陈丕杰为副总参谋，蔡建民、王泰华等124人为各队队长，分头征求。民国29年6月15同，召开首次征求队联席会议，决定征求目的为一万分，分6月底、7月底、8月底3次揭晓。计得永久会董9人，基本会员11人，赞助会员61人，维持会员277人，特别会员536人，普通会员39人，总共会员933人，分数1974分，与预定分数相差尚远。四是协助家乡米荒救济。民国29年，宁属各县因受战事及旱灾影响，造成空前米荒，而以象山为最重，贫民饿毙或自杀者甚众。为协助乡里米荒救济，宁波旅沪同乡会组织成立甬属平粜捐款劝募委员会，募集捐款百余万元，选后购办大批米粮，运用平粜。象山旅沪同乡会与象山赈济会向宁波旅沪同乡会报告，请求拨分平粜，终因交通阻隔作罢。由宁波同乡会在平粜捐救济赞中拨发国币5万元，汇象山作补助平粜费用，后又拨2万元救济象山饥民。

平素，象山同乡会每隔一段时间，举行聚餐，以联络同乡情谊。又以同乡会名义，发给通行证明书，便利乡人往返，得到乡人嘉许。

清代建立的县外渔业同乡会，史料记载不多，中华人民共和国成立后也不再活动。

象山县县外渔业生产同乡会情况表

表13-12

名　称	建立时间	地　址	渔　帮	备　注
大和公所	清乾隆三年（1738）	岱山	象山东门帮	大捕船80余只
爵溪公所	清光绪二年（1876）	鄞县江厦街	象山爵溪帮	渔商
安澜公所	清光绪二十二年（1896）	朐山	象山帮	大捕船120只

第八章　科技团体　文艺团体

1957年，县科学技术协会成立，主要任务是科学普及。20世纪70年代末，县科学技术委员会成立，重在科技管理和科技推广，而科协仍以科学普及、学术交流及为科技工作者维权等为主。1986年，县文学艺术界工作者联合会成立。科协、文联旗下有众多学会、协会，人才荟萃。

第一节　科学技术协会

民国时期，县建有中医学会和中医师公会，中华人民共和国成立后停止活动。中华人民共和国成立后建立的县科学技术协会，在促进象山科学技术推广方面发挥积极作用。

组织

民国28年（1939）、民国35年，象山建有中医学会和中医师公会，是全县仅有由医学卫生界自行组织建立的科协组织，会员分别为58人、93人，先后于民国35年、民国38年停止活动。1957年2月，县第一届科学技术普及协会成立，1959年改为县科学技术协会（简称“县科协”），开展科学普及工作。“文化大革命”开始后，县科协活动停止。1978年，县科学技术委员会成立，成为科技管理机构和科技推广机构。2003年10月，县科协独立建制。至2008年，共召开代表大会7次，选举产生县科协委员会七届。

县科协下属学（协）会共有36个。正常开展工作的有：自然科学学会、药学会、财政学会、农学会、会计珠算学会、海洋与水产学会、中医药学会、农机学会、医学会、税务学会、畜牧兽医学会、质量标准计量学会、电子信息学会、建筑学会、农村金融学会、档案学会、秘书学会、野生动植物保护协会、风景园林协会、杨梅专业协会、青少年科技教育协会、紫菜专业技术协会、养鸡专业技术协会、养鹅专业技术协会、养猪专业技术协会、农业生产资料行业协会、癌症康复协会、检验检疫学会、国际税收研究会、青少年科技活动中心、科技人才俱乐部、养蜂专业技术协会、老科技工作者协会33个。

1988年，大塘、下沈、泗洲头、茅洋、定塘、墙头、西周、东陈、大徐9个镇乡成立科协后，全县其他镇乡陆续成立科协。截至2008年年末，全县18个街道镇乡成立科协组织，工作步入规范化。

主要工作

2004年始，科普下乡，共发科普宣传资料、图片、小册子等9.5万册（张），受教育15万余人次。是年夏天，县科协联合有关部门在社区开展主题科普活动。2005年，县科协与县文明办举办“科普与文明”主题活动，内容包括广场文艺演出、大型主题画板展示、青少年主题绘画比赛、社区纳凉晚会、社区健康讲座、社区咨询活动等，持续时间达3个月，参加群众2万余人次。2006年夏，县科协与县环保局组织开展以“环保与科普”为主题及“环保与科普倡议”活动。2007年8—9月，与县卫生局开展“健康进万家”社区系列主题活动，发放资料1.2万份，参加人数2万余人次。

2004—2008年，每年4—5月份，在全县开展科技活动周系列活动。内容包括农技、水产等专家实地授课、培训；县科协与县委宣传部联合开展“文化、科技、卫生”三下乡活动，内容包括义诊、科技咨询等，在社区举办科普讲座。每年9月第3个周末确定为全国科普日，每年全国科普日都确定一个主题。2007年，先后举办4次普及计算机网络知识教育工程（普网工程）培训，在街道镇乡各培训点，培训学员8000人次。是年，县科协荣获省级“全国科普日活动”优秀组织奖。

开展青少年科普教育和科技创新活动。举办一年一度的县中小学生科技节，开展校园科技活动。组织中小学生参加科普夏令营、军事科普夏令营活动。2004—2007年，在参加省级科技创新大赛中共获一等奖13项、二等奖16项，4个项目在全国创新大赛中分获二等奖、三等奖。

2006年始，共组织7批、71人次的县名医赴海岛、渔村、偏远山村开展义诊、咨询，累计送去常用药品4万元。

至2008年，全县建立市级科普教育基地2个，市级科普教育示范学校3所，县级科普教育示范基地4个，县级科普教育示范学校3所。创建省级科普乡镇3家、科普村1家，市级科普乡镇8家、科普街道2家、科普村21家、社区9家。全县共设科普画廊511座，其中长10米以上标准科普画廊131处，基本实现村村有科普画廊目标。县科协分别开展自然科学、涉医、涉农、财政等课题调研和论文收集活动，共收到各类调研文章1000余篇。县科协会员在市级以上刊物发表论文1250篇，其中国家级杂志发表250篇。县科协每两年开展一次优秀科技论文评选，并向省、市科协推荐优秀科技论文40余篇，获省、市优秀论文13篇。

象山县科协历次代表大会情况表

表 13-13 单位：名

次别	召开时间	代表数	选举产生			
			主席	副主席	委员	常委
一	1957.02.17	72	1	—	15	—
二	1979.01.10	85	1	6	38	8
三	1984.07.24	101	1	2	23	9
四	1988.11.29	114	1	2	39	11
五	1992.11.24	130	1	2	41	13
六	1998.10.28	106	1	2	37	13
七	2004.07.15	110	1	4	39	19

第二节　文学艺术界联合会

1986年4月，县文学艺术界工作者联合会（筹）成立。12月13日，县文学艺术工作者首次代表大会召开，正式成立县文学艺术工作者联合会（简称“县文联”），选举产生县文联第一届委员会。1990年8月8日、1994年11月5日、1999年11月12日、2005年11月4日分别召开第二次至第五次代表大会，选举产生第二届至第五届委员会。

1989年，县文联会员发展到502人，比成立时增加152人。其中，国家级会员2人、省级会员20人、市级会员82人。1996年11月，县文联转为事业单位，下设艺术创作室，为县文联直属事业单位。

象山县文联历次代表大会情况表

表 13-14 单位：名

次别	召开时间	代表数	选举产生		
			主席	副主席	委员
一	1986.12.13	95	1	1	21
二	1990.08.09	119	1	2	27
三	1994.11.05	126	1	2	24
四	1999.11.12	123	1	1	26
五	2005.11.04	171	1	3	27

1952年7月，县成立曲艺工作者协会，后解体，1981年6月重建。截至2008年年末，县文联所属有曲艺、摄影、书法、文学、美术、戏剧、舞蹈、音乐、工艺美术家协会9个，共有会员701人。其中，国家级会员15人，省级会员69人，市级会员133人。

2008年象山县文联所属协会情况表

表13-15

名　称	成立时间	会员数	其　中		
			国家级	省级	市级
曲艺家协会	1981.06.18	52	1	8	20
摄影家协会	1986.03.30	77	3	13	18
书法家协会	1986.05.25	66	2	11	34
作家协会	1986.06.22	80	2	11	—
美术家协会	1986.06.20	88	1	9	30
戏剧家协会	1987.06.22	118	1	8	14
舞蹈家协会	1986.06.22	56	—	4	12
音乐家协会	1986.08.29	56	2	5	5
工艺美术家协会	1988.12.16	108	3	—	—

县文联成立后，举办各类培训会70余期，受训2000余人次；评出优秀作品奖17个、作品奖90个、新秀奖2个。每年台风季节，县文联组织文艺工作者与到石浦港避风的台湾渔民一起联欢，为台胞演出文艺节目，赠送书画作品。1990年后，配合县有关部门组织文化演出、文艺交流和图片展览，引导会员进行文艺创作。

文艺交流

1987—1989年，邀请国内、省内著名作家和艺术家及杂志社主编、编辑等80余人，到象山开展座谈、采访、创作等活动，联络感情，增进友谊。2006年，邀请著名文化学者余秋雨、北京《荣宝斋》杂志编辑部主任、著名画家徐鼎一、浙江师范大学教授王义、宁波大学教授王大平和著名油画家骆建钧到象山讲座，与文艺爱好者交流座谈。是年，邀请上海市作协诗歌委员会副主任朱金晨、浙江省作协诗歌委员会主任张德强等，到象山交流诗歌创作。2007年，邀请玛拉沁夫、蒋子龙、李敬泽、胡平等著名作家到象山采风讲学，与象山文学爱好者交流沟通。2008年，邀请著名作家夏真到象山作《读书·写作·人生》报告。

演出　展览

1987—1989年，县文联组织大型演出活动15次；100余名会员举办不同类型的集体、个人书画展览45期，展出书法、美术、摄影、工艺美术作品2500余件。1990年始，县文联配合县总工会、团县委、妇联等群众团体，举办“情系灾区”义演活动，收到捐款4万余元，由县民政局送往灾区；在毛泽东100周年诞辰时，举办“毛泽东像章展览”，展出各式像章2000余枚；赴杭州举办青年书法作品展、个人国画展、漫画作品展。1994年后，县文联与所属9个协会共同举办庆“七一”文艺专场演出、大型赈灾义演、宁波市六县（市）“渔港杯”卡拉OK戏曲大赛。举行象山县古今民间工艺美术精品展和“新貌、新街、新居”摄影作品展，与宁波市美协联合举办“宁波市首届水彩水粉画展”，与有关部门举办“世妇会、庆六一”家庭书画大赛，与政协联合举办“象山县迎香港回归书画展”等活动。至1999年，共举办各类大小展出60余次。2000年后，县文联结合庆祝建党80周年活动，征集各时期反映象山建设成就老照片260余张，并公开展出。利用公园橱窗，展览各类图片达70余次。还组织文艺骨干赴山区、海岛为群众提供春联、书画、剪纸等作品。2006年，举办廉政“剪纸、竹根雕、农民画”作品展和“共创和谐”统一战线摄影剪纸作品展，展出作品200幅（件）。2007年，为县党代会展出“回顾与展望”图片展。2008年，选送美术和摄影精品赴4805工厂象山修船厂、象山二中和茅洋民俗文化村等地展览。

著书

1987—1989年，象山文艺作品有51人70余件在国家、省、市获奖。在市级以上报刊媒体登载、广播的文艺作品达2200件。1990—1994年，文学作品不断增加，其中有小说11篇、散文30余篇、诗歌20余首在国内杂志发表并获奖。1994—1999年，文艺创作在全国和省、市公开出版、发表各类艺术作品有1500件，获全国、省、市奖作品140件。其间，县文联还编撰完成象山高标准海塘建设纪实性资料集《抗台壮歌》。2005年后，县文联编辑出版《海山仙子国——象山》《象山览胜》《古今象山》《中国象山竹根雕》《象山开渔节摄影画册》等，介绍象山经济发展、自然风光和风土人情。2006年，组织编撰出版《陈汉章全集》《国学大师陈汉章》《海魂——象山抗击八一台风50周年记》。2007年，编辑出版《象山竹根雕》画册。

宣传象山

1978年，县文联出版第一本宣传象山12位先进人物的报告文学集《路！越走越宽广》，并配合完成《情系山海》《志在山海》报告文学集。1988年，利用电视宣传象山，创作反映象山交通发展的《闭塞已成为历史》，反映象山针织企业发展的《走向未来》及反映爵溪乡镇企业发展的《爵溪在前进》等电视文稿，分别由省、市电视台拍摄播映。拍摄制作《石浦画册》，宣传石浦建设新貌和风土人情，吸引海外同胞投资。2001年，为宣传反映各条战线上默默奉献的共产党员精神风貌，撰写完成《美丽无言》报告文学。2003年，为加强对外宣传，会同县委宣传部等单位，举办“天安杯·生态象山”摄影大赛，征得作品200余件，并在各地展出。2004年，为县政府撰写设计在宁波举办农展会的渔文化版面图文。2008年，完成外宣片《中国名雕——象山竹根雕》拍摄制作。

第十四篇
国土管理　环境保护

本篇目录

第一章　土地管理

宋代之前，县无土地管理专门机构史料。宋有土地丈量，设户籍、地籍，主簿兼管土地等记载。明清时期，土地管理日臻完善。民国期间，先后由田粮科、地政科、田赋粮食管理处等兼管土地，从事地籍整理。中华人民共和国成立后，由财粮科、民政科、农业局兼管。1987 年，成立县土地管理办公室。翌年，成立土地管理局，统一管理地政，依法实施国土管理。后逐步形成并完善县、街道镇乡、村三级土地管理网络，开创国土管理保护新局面。

第一节　土地规划

中华人民共和国成立后，在制定全县国民经济五年发展规划时，各部门均有用地需求，但缺少专项用地规划。1978 年后，全县用地需求激增，遂重视制定总体和专项用地规划。1979 年后，陆续完成丹城、石浦两镇总体规划、农业区划、基本农田保护区规划和县级土地利用总体规划的制定工作。

城镇建设用地规划

1979—1980 年，完成丹城、石浦两镇总体规划编制。1984 年，石浦镇总体规划通过会审。1985 年，丹城镇总体规划通过会审后，提交县人大常委会审议通过，经宁波市政府批准实施。1986 年 11 月，爵溪、西周、鹤浦 3 镇总体规划通过鉴定，经县政府批准实施。10 月，岑晁、涂茨、墙头、大碶头、泗洲头、新桥、定塘、昌国等 8 个集镇总体规划通过技术鉴定，并于 12 月经县政府批复实施。

1990 年后，全县城镇（集镇）建设步伐加快。至 1995 年，基本完成“八五”期间城镇建设总体规划目标。1993—1996 年，先后完成丹城、石浦、爵溪等 12 个镇乡城镇（集镇）建设总体规划。丹城镇、石浦镇总体规划，由县城乡建设环境保护局及石浦分局分别与同济大学城市规划系共同编制，于 1993 年 12 月和 1994 年 12 月完成，并通过评审，报经县人大常委会审议同意后实施。至 2010 年，全县规划用地总面积 2568.68 公顷。10 个建制镇总用地 2528.67 公顷，人均 81.18 平方米。其中，丹城总用地 800~1000 公顷；石浦镇总用地 705.68 公顷。

农业区划

1982 年 6 月，县成立农业区划办公室，开展农业资源调查和农业区划制订工作。1984 年年末，完成《象山县综合农业区划》，并通过市级鉴定验收。《象山县综合农业区划》获浙江省农业区划委员会科技成果二等奖、宁波市区划工作成果二等奖。

根据地域分异规律、自然条件和社会经济技术条件、农业发展途径和措施，区分差异性，归纳相似性，将象山划分成三个综合一级农业区。

西部丘陵、低山——林、特、粮、畜区　位于县境西部，含 99 个行政村。属西周镇、下沈、莲花、儒雅洋、泗洲头等5个镇乡和1个县林场，面积230.4平方千米，占全县总面积19.6%。全区山多地少，山地资源开发潜力大。土地23042.66公顷，其中，低山占1.38%，丘陵占67.82%，平原占30.8%。林业用地16100.46公顷、耕地3101.26公顷、内陆水面151.33公顷、海涂836.66公顷。

农业发展方向，调整林种结构，增加森林覆盖率，经营好竹林，建笋用林和竹笋两用林基地，营造杉木、柳杉、国外松、香樟等速生用材林，建成护岸林带及平原农田林网，发展板栗、银杏等经济林，提高茶叶品质和单产，发展盆景、苗木生产，利用沿海小气候，发展水果生产。

东北部丘陵、平原——粮、畜、果、渔区　位于县境东北及中部地区，含392个行政村。从属黄避岙、贤庠、珠溪、东港、涂茨、大徐、雅林溪、林海、南庄、东陈、亭溪、墙头、茅洋、东溪、新桥、旦门、爵溪、丹城等18个镇乡和1个县农场，面积578.8平方千米，占全县总面积49.2%。全区丘陵、平原相间，浅海滩涂资源丰富。平原占56.7%，丘陵占43.3%，为县内主要商品粮、油基地之一。全区水田10346.66公顷，林业用地30391.53公顷，海涂8200公顷。

农业发展方向，根据全区沿海港湾、浅海滩涂、丘陵平原相间多层次结构和多宜性，在平原宜粮地区，继续改善农田排灌条件，科学配方施肥，改良土壤结构，提高土地肥力，建设好南庄、珠溪、贤庠等平原粮、油生产基地5333.33公顷。继续围垦开发，增加耕地面积。

南部丘陵、平原、海岛——粮、渔、果、盐、棉区　位于象山半岛南端，由半岛南部和沿海诸岛组成，含253个行政村。属灵南、中楼、昌国、定塘、晓塘、后岭、樊岙、高塘、金星、大塘、檀头山、东门、鹤浦、石浦等14个镇乡和1个柑橘场，面积365.9平方千米，占全县总面积31.1%。全区属陆地、海岛及丘陵、平原滨海水网地带。平原24273.33公顷，占66.35%；丘陵12313.33公顷，占33.65%。其中大小岛屿73个，面积16200公顷，占44%。全区旱涝保收田面积3146.66公顷。

农业发展方向，继续建设好定山平原近5333.33公顷粮、油、菜生产基地和1333.33公顷新围涂棉田，围涂造田，增加耕地面积。

基本农田保护区规划

1991年，象山开展划定基本农田保护区工作，1993年7月完成，并通过市级验收。1995年，调整各项指标。

2000年4月，开展基本农田保护区划区定界工作。县政府成立以分管副县长为组长，县府办、土管、计委、城建委、财政、林业、农业、水利等部门为成员的县基本农田划区定界工作领导小组，下设办公室。21日，召开全县基本农田划区定界工作会议，布置任务。次日，在丹城镇试点，6月在全县范围内推开。8月初，全面完成内业和外业工作。县土地管理局会同县农业局，18个镇乡基本农田划区定界工作内业和外业验收，合格率达100%。8月中旬，市土地管理局和市农业局组织人员到象山抽查验收，抽查率30%以上，合格率达100%。8月末，基本农田保护区划区定界工作基本结束，划定基本农田保护区面积23070公顷，保护率为86.73%；编制完成全县基本农田保护区划区定界工作报告与技术说明、全县基本农田保护区规划图和成果草图、全县基本农田保护区划区定界表册；县与各镇乡签订基本农田保护责任书19份，各镇乡与各村订立基本农田保护责任书729份；埋设基本农田保护界桩659根、基本农田保护牌23块。9月，成果资料上报省、市政府审批备案，成为全省首个全面完成县级基本农田划区定界工作。

2001年8月，鹤浦、墙头、定塘、东陈、高塘岛等5个镇乡，为丹城镇跨镇乡等代保基本农田360公顷。2002年4月，为镇海区代保基本农田333.33公顷；丹东、丹西、爵溪等3个街道新增基本农田集中置换106.91公顷。是年8月，为鄞州区代保基本农田266.67公顷。2003年11月，丹东、丹西与爵溪街道及西周镇，新增基本农田集中置换469.75公顷。2003年11月至2008年4月末，全县停止审批所有涉及基本农田划区定界工作。

土地利用总体规划

1994年6月，根据《国务院办公厅转发国家土地局关于开展土地利用总体规划工作报告的通知》精神与省、市部署，县开始制订土地利用总体规划工作。至1995年11月，完成规划编制，12月5日，通过市级评审。

规划目标，提高土地利用率，基期年1990年为75.14%，规划2000年为83.6%，2010年85.2%；保护基本农业用地，稳定粮、菜、经济作物布局。耕地面积，2000年与2010年不少于27661公顷和26866公顷；稳定园地面积，主攻内涵挖潜，调整林种结构，扩大经济林、防护林，全面绿化大地；利用沿海滩涂、浅海及淡水水面，扩大水产养殖面积；加强建设用地管理，重点保证丹城、石浦水、电、路及5个中心镇建设用地需要；开发土地后备资源，增加耕地面积，努力实现耕地动态平衡。

土地利用规划分6区：农业用地区，分布于丹城、东陈、贤庠、黄避岙、涂茨、西周、下沈、定塘、晓塘等沿港（海）平原及鹤浦、高塘岛海岛平原，共11个镇乡，土地82841公顷，占全县土地总面积59.8%，其中耕地19780公顷，占全县耕地66.82%；园地用地区，分布于丹城、泗洲头、西周、贤庠、墙头、东陈、新桥、晓塘、定塘、石浦、鹤浦、高塘岛等12个镇乡，面积7774.83公顷，占全县园地面积82.22%、种植业用地25.74%；林业用地区，覆盖全县各镇乡计46410公顷，占全县土地总面积39.02%；水产养殖用地区，以滩涂利用为主，重点分布于墙头、黄避岙、涂茨、东陈、新桥、泗洲头、高塘岛及鹤浦等8个镇乡，全区海涂15698公顷，占全县海涂80.12%，已养殖面积4843公顷，占全县可养殖面积90.8%；城镇建设用地区，重点分布于北部副中心城市规划区丹城，南部小城市规划区石浦与西周、爵溪、鹤浦、贤庠、定塘等区域中心城；能源基地用地规划区，象山港中部，位于西周镇乌沙村境内的乌沙山热电厂工程用地，总需用地581.69公顷。

1998年9月，县开始编制1997—2010年土地利用总体规划，1999年12月完成，并于当年实施。1999年，主要控制指标有所调整。2007年4月12日，省政府批复，原则同意修改后县中心城区（丹东、丹西和爵溪街道）土地利用总体规划（2007—2010年）。6月13日，省政府批复，原则同意修改后西周镇土地利用总体规划（2007—2010年）。

主要控制指标：建设留用地面积524.73公顷，生态退耕面积1202.27公顷，基本农田面积23070公顷，补充耕地面积1088.33公顷，耕地保有量25544公顷。

规划实施：2002年11月，浙江省国土资源厅批准象山县滨海大道工程，上报土地利用总体规划局部调整方案，其中建设占用耕地指标34.86公顷。2004年9—12月，国土资源部批准象山县上张水库、爵溪军民塘引水工程、白溪水库引水工程、海军4805工厂、象山修船厂扩建工程等4个建设项目，上报土地利用总体规划局部调整方案，其中占用耕地指标分别为2.04公顷、91.78公顷、0.59公顷、12.28公顷。2007年8月，国土资源部批准浙江大唐乌沙山发电厂工程建设项目，上报土地利用总体规划局部调整方案，其中占用耕地指标4.25公顷。

第二节　地籍管理

唐代，仅记载户口、徭役，租税按册上编定户口数摊派。宋有丈量土地，户籍、地籍分设管理等记载。元、明、清户口登记、地籍图册管理日臻完善。据旧志记载，宋代，丈量土地至少1次，元代2次，明代11次，清代6次。

民国期间，开展地籍整理，包括土地查丈、登记、发证、变更及地籍总归户等内容，并设置地政机构。民国18年（1929），进行土地整理，由浙江省土地局与浙江省民政厅地籍测量，至民国21年相继完成。民国32年，县田赋粮食管理处主办土地编查，乡镇设立土地陈报编查分队办事处。遵照《浙江省陈报办法》，派员分赴各乡镇，划界分段、分段测丈、绘图编查、业户陈报、造册发证，按保、甲、户顺序逐户调查，按丘标签填记。

中华人民共和国成立后，地政由部门分管。初时，城镇举办房地产登记、发证，农村结合土地改革整理地籍，颁发私有房屋土地所有权证书。此后，进行土壤普查、土地利用概查。

1959年1月20日，县成立土壤普查土地规划工作委员会，抽调农业、水利电力、林业特产等有关部门负责具体事项，公社、大队分别成立工作委员会和普查工作小组。参加普查工作有县级机关、省级机关、浙江农学院、台州农校、宁波农校和杭州水利学校共76人，历时105天，动员万余群众参加。

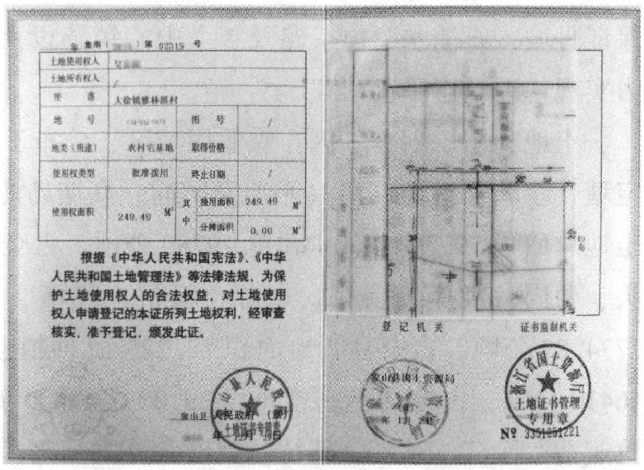

照14-1　集体土地建设用地使用证（内页）

1989年10月，县成立土地资源调查办公室。从县土地管理局、农业局、水利局、多种经营办公室抽调技术人员，组成土地详查专业队，开展土地资源的调查工作。专业队野外实地调绘航片204张，填写地类记载表6018张；内业转绘到地形图，量算检查全县73幅底图，合格率100%。调查工作1993年1月完成。2003年4月，由宁波市国土资源局统一招标，江西省地矿局赣西地调大队承接象山县更新调查和数据库建设项目，于2005年10月通过省级验收。2007年9月，全县开展第二次土地调查，由象山县土地勘测规划设计所承办，江西煤田地质局测绘大队技术协作。

土地登记发证

民国18年（1929），县土地陈报办事处查丈土地，取得较完整地籍资料。民国25年12月，县地政处实施户地编查，至民国27年3月完成。民国31年10月，县田赋粮食管理处（田粮处）接收县推收所的地籍图表册籍清单。此次户地编查5个区64个庄，有庄册616本、户结484本、641段、图幅3240幅、地籍表562张、未领庄册41本。民国32年，县田粮处依据27年3月土地编查成果，接办发证，已领证者予以切实整理，未领执照者查明补发。

1951年土地改革结束后，对已确定土地房产所有权者，不分原有与分得的土地房产，均发给土地房产所有证，原有土地契约作废。

山林权属发证

为稳定山权、林权，划定自留山，建立林业生产责任制（简称“林业三定”），1981 年，根据省政府有关规定，县成立林业定权发证办公室。至 1984 年年末，全县 38 个乡镇、745 个行政村，确定山林所有权（不包括山地所有权、使用权），发放山林证 964 张。

浅海滩涂定权发证

1984 年，根据省政府《关于确定浅海滩涂使用权问题的通知》精神，县成立浅海滩涂定权发证办公室。是年，滩涂定权发证 86 户、610 块、6707.33 公顷。1993 年，浅海定权发证 23895.67 公顷。

外荡水面定权发证

1985 年上半年，县成立外荡水域定权发证办公室。6 月在中楼乡进行试点，9 月召开由有关乡（镇）渔业干部或多种经营干部参加的多种经营暨淡水水域定权发证会议。定权发证到乡镇，填写《外荡水域定权发证登记表》，写明四至、面积，两村、两乡镇交界水面互签认定书。各乡镇核实、汇总向发证办公室申请授证，经审核验收，由县政府颁发使用证，长期不变，受法律保护。翌年 10 月基本结束，全县颁发使用权证 165 份，面积 1017.52 公顷。

全县土地所有权界线确认

1993 年，全县开展土地详查工作。土地所有权确定由外业实地调查中双方指界人到现场确认，调查员在航片上勾绘国有土地所有权、集体土地所有权权属界线，完成境界、权属界调查记载表 2534 张。明确与宁海县约 46 千米陆地边界走向，并签订境界接边协议书 38 份，与台州市三门县，宁波市宁海县、奉化市、鄞县，舟山市普陀区分别签订海域境界面积接边认可协议书。甄别全县 739 个行政村、11 个农场、林场、橘场、独立工矿、养殖场、水库等集体土地所有权、国有土地使用权之间各单位土地权属界线，签订各类土地权属界接边协议书 2268 份。

建设用地使用权登记发证

1989 年，在丹城、石浦两镇开展城镇土地权属调查和地籍测量试点。年末，核发土地使用权证 232 本。1991 年，在西周镇琴诗岙村，开展农村建设用地使用权登记发证试点。1995 年，10 个镇土地初始登记完成，累计发证 24112 本，其中，“国有土地使用证”11142 本，“集体土地使用建设用地使用证”12970 本。2000 年，为方便群众办事，县国土资源局在便民中心设立服务窗口，受理丹城城区的所有土地登记事项。截至 2008 年年末，全县累计发证 185804 本，其中，国有土地使用权证 62301 本，集体土地使用权证 123503 本；他项权抵押证登记 10342 本。

集体农用地所有权登记发证

2005 年年末，根据省政府发布的《关于开展集体农用土地所有权登记发证工作的通知》精神，县政府成立领导小组，在茅洋乡开展试点，历时半年，基本完成登记工作。2006 年 7 月，全县组建 120 人参加作业队伍，分 15 个组外业调查。2007 年 11 月，完成集体农用地（除林地）所有权登记发证工作，并通过市级验收，15 个乡镇（丹东、丹西、爵溪暂不发证），429 个行政村，登记发证 1409 本，发证面积 32563.12 公顷。

第三节 用地管理

用地管理是指土地征收和土地使用审批。1992年始，改革土地使用制度，土地出让采用协议出让和招标拍卖两种形式。

土地征收

国家为公共利益需要，依照法定程序，将农村集体所有的土地转变为国家所有，并依法给予被征收土地所有权人，一定经济补偿。此权力属于国务院和省级政府。征收基本农田、基本农田以外耕地超过35公顷或其他土地超过70公顷的，由国务院批准，征收除此以外土地，由省政府批准并报国务院备案。征收土地由县政府组织实施。

征地程序　国家征收土地，依法定程序批准后，由县政府予以公告。被征地单位和个人，在公告规定期限内办理征地补偿登记。征地补偿安置方案确定后，由县国土资源局予以公告。在听取被征地单位和个人意见后，报县政府批准，由国土资源局具体实施征地补偿。

征地补偿　2002年4月11日，县政府印发《象山县丹城城区土地征用补偿安置暂行规定》，明确丹城城区土地分3类，征收一类地块耕地，补偿标准每亩40000~53000元，其中，土地补偿费每亩19000~21000元，安置补助费21000~32000元；征收二类地块耕地，补偿标准为30000~43000元，其中，土地补偿费每亩17000~19000元，安置补助费13000~24000元；征收三类地块耕地，补偿标准为每亩30000元以下。征收未利用地，补偿安置费按该地块所在耕地补偿标准的50%进行补偿。青苗按“有苗补苗，无苗不补”原则补偿。地上附着物按实补偿。

2003年12月25日，县政府印发《象山县土地征用暂行办法》，规定征收土地补偿实行区片综合价。全县土地分4个区片补偿：I级区片丹城城区，补偿标准按《象山县丹城城区土地征用补偿安置暂行规定》执行；Ⅱ级区片原石浦镇城区、东陈乡、爵溪城区，规划区内耕地区片价22000~28000元/亩，规划区外耕地20000~22000元/亩；Ⅲ级区片西周、墙头、大徐、石浦镇昌国和金星片、爵溪公屿和白沙湾片，规划区内耕地区片价18000~23000元/亩，规划区外耕地区片价16000~20000元/亩；Ⅳ级区片贤庠镇、涂茨镇、新桥镇、泗洲头镇、鹤浦镇、定塘镇、黄避岙乡、晓塘乡、茅洋乡、高塘岛乡，规划区内耕地区片价18000~20000元/亩，规划区外区片价16000~18000元/亩。征收耕地以外农用地，补偿费按耕地补偿标准50%计算。征收未利用地的，其土地补偿费和安置补助费按耕地标准50%计算。青苗补偿按“有苗补苗，无苗不补”原则，以当季所种作物产值为标准予以补偿。截至2008年年末，征地补偿标准未变。

土地审批

国家建设用地审批始于1953年，村集体与个人建设用地审批始于1982年。审批程序，按省人委、国务院有关法规与国家土地管理法有关规定施行。

国家建设用地审批　1953年12月5日，政务院《关于国家建设征用土地办法》规定：用地不足66.67公顷，或迁移居民不足50户，由县政府批准。1958年1月6日，国务院修正《国家建设征用土地办法》，规定建设工程用地在20公顷和迁移居民30户以下，可向土地所在县人民委员会申请核拨。1963年4月1日，省人民委员会下发《国家建设征用土地审批监督办法的规定》：国家建设征用土地，统一归省人民委员会审批。1971年，县革命委员会《关于节约国家建设和社员建房用地的通知》，规定属生产性建设、征用耕地0.07公顷、非耕地0.2公顷、迁移居民5户以下，由县革命委员会批准；属非生产建设用地，不论征地数量多少，经县革命委员会审查后，报省革命委员会批准。1981年3月9日，省人大《浙江省关于国家建设征用土地和农村社队建设用地管理办法（试行）》规定：国家建设用地，耕地0.07公顷和非耕地0.2公顷以下，由县土地管理部门（农业局）审查，县人民政府批准。1983年7月17日，省人大《浙江省城乡建设用地管理办法》规定：征用耕地0.07公顷和非耕地0.2公顷以下，由县土地管理部门审查，县政府批准。1984年9月6日，省人大修改《浙江省城乡建设用地管理办法》，规定各项建设用地征用耕地0.13公顷和非耕地0.33公顷以下，由县土地管理部门审查，县政府批准。1987年1月20日，省人大《浙江省土地管理实施办法》规定：征用耕地0.2公顷和非耕地0.67公顷以下，由县土地管理部门审查，县人民政府批准，报省、市土地管理部门备案。1988年后，随着非农建设用地急增，审批程序日趋严格和完善。根据省政府有关土地法规的规定，建设单位需征用或划拨土地，须持县级以上计划部门批准的建设项目文件，向县土管局提出征地书面申请。县土管局审查同意后，会同有关部门选址，核定用地面积，并征求有关部门意见。1990年起，建设单位先向城市规划部门领取“建设用地规划许可证”，向县土管局申请，由县土管局主持，有关单位按规定签订征地协议书。1991年10月，县属范围内征用土地，由县统一征地事务所与村民委员会签订征地协议书，依法办理。1998年8月29日，第九届全国人民代表大会常务委员会第四次会议修改通过《中华人民共和国土地管理法》，于1999年1月1日起执行，新法规定国家实行土地用途管制制度，编制土地利用总体规划，规定土地用途，将土地分为农用地、建设用地、未利用地。建设占用土地涉及农用地转为建设用地的，按照法定程序，依据土地利用总体规划和土地利用年度计划，办理农用地转用手续，再由有批准权的一级政府办理具体项目供地手续。征收基本农田、基本农田以外的耕地超过35公顷、其他土地超过70公顷，由国务院批准，此外土地全由省政府审批。象山县具体建设项目供地审批权限为，2公顷以下建设项目用地，由县国土资源局审核，报县政府批准，并报宁波市国土资源局和浙江省国土资源厅备案；2公顷以上6公顷以下的建设项目用地，由宁波市国土资源局审核，报宁波市政府批准，并报浙江省国土资源厅备案；6公顷以上的建设项目用地，由省国土资源厅审核，报省政府批准。1999年，贯彻执行《中华人民共和国土地管理法》，建设占用土地涉及农用地转为建设用地，按照法定程序办理。2002年，贯彻执行国土资源部《招标拍卖挂牌出让国有土地使用权规定》。2006—2007年，贯彻执行《国务院关于加强土地调控有关问题的通知》、国土资源部《招标拍卖挂牌出让国有建设用地使用权规定》，国有建设用地使用权必须实行招标拍卖挂牌方式出让。

集体建设用地审批　1982年7月1日，省政府《贯彻执行国务院〈村建设用地管理条例〉的实施办法》规定：社队兴办企业、事业和公共设施需占用土地，经社员大会或社员代表大会讨论通过，向县以上政府提出申请。占用耕地、园地0.07公顷以下，由公社（镇）审查，报县土地管理部门批准；0.07公顷以上、不足0.13公顷，由县政府批准；占用非耕地0.27公顷以下，由县土地管理部门审查，报县政府批准。1983年7月17日，省人大《浙江省城乡建设用地管理办法》规定：农村集体建设（包括兴建、扩建社队事业、公用设施）用地审批权限按国家建设征用土地规定执行。1987年1月21日，省人大《浙江省土地管理实施办法》规定：乡（镇）村企业建设用地，按国家建设征用土地审批权限办理。乡（镇）村公共设施、公益事业建设用地，经乡（镇）政府审核，向县土地管理部门申请，报县政府批准。1999年1月1日，执行《中华人民共和国土地管理法》，规定国家实行土地用途管制制度，编制土地利用总体规划，规定土地用途，将土地分为农用地、建设用地、未利用地。建设占用土地涉及农用地转为建设用地的，按照法定程序，依据土地利用总体规划和土地利用年度计划，办理农用地转用手续，再由有批准权的一级政府办理具体项目供地手续。

农村个人建房用地审批　农村实行集体土地所有制后，农村个人建设用地，经社员大会讨论通过，报人民政府批准即可无偿使用，面积不限。1963 年 3 月 20 日，中共中央批转国务院农村办公室《关于社员宅基问题》，规定社员需建新房又无宅基地时，由本户申请，经社员大会讨论，生产队统一规划解决，尽可能利用闲散地，不占用耕地。须占用耕地，应报县人民委员会批准。社员新建住宅占地，无论是否耕地，一律不收地价。1982 年 7 月 1 日，省政府《贯彻执行国务院（村镇建房用地管理条例）的实施办法》规定：社员建房宅基地用地限额（包括原有住房面积在内），每人 18~25 平方米，小户（3 人以下）不超过 75 平方米，中户（4~5 人）不超过 110 平方米，大户（6 人以上）不超过 125 平方米。1985 年，县政府发布《贯彻浙江省城乡建设用地管理办法若干规定》：各户因生产用房需要，可增加 10~15 平方米。1987 年 4 月，县政府下发《贯彻浙江省土地管理实施办法的若干规定》：农村居民建房宅基地最高标准（包括附属用房、庭院用房）、使用耕地的，大户 125 平方米、中户 115 平方米、小户 100 平方米；使用非耕地的，大户 140 平方米、中户 125 平方米、小户 110 平方米。独生子女可增加 1 人建房面积，超计划生育人口不计建房面积。1988 年 12 月 29 日，全国人大修正的《中华人民共和国土地管理法》规定：农村居民建住宅，应使用原有宅基地和村内空闲地。1990 年后，统一实行村镇建房“建设许可证”，未领许可证的属违章建筑。建房户须向乡（镇）城建部门缴纳基础设施配套费、规划管理费、“建设许可证”工本费等，领取“建设用地许可证”后，凭“私人建房用地呈报表”，向土地管理部门办理审批手续。1999 年，农民住宅用地占用农用地，按照《中华人民共和国土地管理法》有关规定，办理农用地转用手续。

土地出让

1992 年 11 月，开展城镇国有土地使用制度改革。2007 年 9 月，县政府颁发《象山县工业用地国有土地使用权招标拍卖挂牌出让实施细则（试行）》，国有土地使用权出让方式发生根本性改变。城镇国有土地使用权出让，主要采用协议出让、招标、拍卖或挂牌方式出让。2007 年 6 月 30 日前，工业用地以协议出让为主，2007 年 7 月 1 日后，以招标、拍卖或挂牌方式为主。

协议出让　1992 年年末，在向大目涂开发总公司等 47 家经营性行业供地中，试行协议出让。1993 年，土地出让逐步推开。1994 年 1 月，改原划拨供地的行政事业单位经营性用地为出让供给。是年 3 月，允许私营工商业通过出让途径获得土地使用权。2005—2007 年，共办理协议出让 416 宗，出让建设用地面积 815.7 公顷，合同出让金额 259475 万元。2007 年后，无协议出让。

拍卖出让　1992 年 9 月 5 日，县土地管理局在墙头镇举行全县首次国有土地使用权拍卖会，拍卖地块位于墙头镇新规划区，面积 1930 平方米，规划建成街面综合楼，出让期限 70 年。48 名个人报名竞买，41 块土地使用权被 32 名竞买者购得。最高地价每平方米 475 元，获出让金 50 万元。11 月 17 日，县土地管理局拍卖丹城镇小白象东北侧一块临街土地，底价为每平方米 2000 元，总面积 594 平方米，参加竞拍个人 26 人、单位 4 家。最高成交地价每平方米 4250 元，平均成交地价 3750 元，2 家单位和 2 名个人买到土地使用权，政府获地价收益 219 万元。1995 年 10 月 10 日，县土地管理局在石浦拍卖一块土地，获地价收益 363.4 万元。截至 1995 年年末，全县以拍卖方式出让土地9块、2.08公顷。

2002年6月，县成立土地储备交易中心。是年7月1日起，对商业、旅游、娱乐和商品住宅等各类经营性用地土地使用权均实行招标、拍卖或者挂牌出让，由县土地储备交易中心统一负责。2002—2007年，共招标、拍卖或挂牌出让国有土地使用权80宗、468.3公顷，政府获出让金403132万元。

第四节　土地市场

为加强国有土地资产管理，优化土地资源配置，规范出让国有土地使用权行为，根据《中华人民共和国城市房地产管理法》《中华人民共和国土地管理法》和《中华人民共和国土地管理法实施条例》，县政府依法管理土地市场。

土地一级市场

根据国有土地有偿使用制度，国家通过招标、拍卖、挂牌方式出让土地使用权形式的市场，为土地一级市场。2001年8月，县成立土地储备管理委员会并成立土地储备交易中心。交易中心主要职责：根据收购计划，对企事业单位需盘活的和其他需调整的存量国有建设用地及在城镇规划区内的增量国有建设用地，适时进行收回、收购、征收，并根据年度出让计划，做好储备土地前期开发等工作，适时推出招标、拍卖、挂牌出让，增强政府对土地供应的调控力度。

2003—2008年象山县土地公开出让情况表

表14-1

年　份	数量（宗）	面积（平方米）	成交额（万元）
2003	7	298560	53401
2004	13	187007	34993
2005	9	579027	16941
2006	23	1028715	80087
2007	26	590309	147166
2008	11	146239	44836

土地二级市场

土地二级市场为土地使用权作为商品进入市场后，在市场上的流转交易活动，包括土地使用权转让、租赁与抵押等。1993年，县政府制定《象山县划拨土地使用权管理办法》。划拨土地转让补办出让手续，按地价40%补交出让金；出让土地转让，缴纳土地增值费。1994年，县土地管理局、财税局联合发文，制止不办土地转让手续，直接办理契税过户行为。此后，县政府发文，土地转让实施两级管理：单位与单位之间、单位与个人之间土地使用权转让，由县土地管理局办理；个人与个人之间土地使用权转让，委托镇乡土管所受理，报县土地管理局确认。

城镇土地使用权出租　1994年6月10日，县政府颁布《关于丹城镇划拨土地使用权从事商业、服务业、金融业的管理办法》，在城区内原商业、服务业、金融业划拨土地，实行有偿出让使用。是年8月5日，县政府发布《关于丹城镇从事商业、服务业、金融业的划拨土地使用权实行出让的通告》，规定自1994年始，丹城镇原从事商业、服务业、金融业划拨土地实行有偿使用，须补办手续，补交出让金。收费范围主要为商业服务、金融保险业等营业用地，土地出让金补交标准分地段定价。1994年8月5日，县土地管理局关于丹城镇划拨土地使用权从事商业、服务业、金融业地段类别及出让金，划分两类区段。一类区段：南街、南河路、建设路、文昌街、上进路、园西路，年出让金为48元/平方米；二类区段：南河路、建设东路、建设西路、金鹰路、上进路，年出让金为30元/平方米。是年，73000平方米行政划拨土地办理一年期出让手续，计770块，共收土地出让费130万元。翌年，70000平方米行政划拨土地办理出让手续，计803块，共收土地出让费135万元。

企业转制土地资产流转　1994年，石浦镇办企业宁波工程液压厂转制成功，土地使用权经评估后随之转移，补办出让手续，补交出让金34.8万元。翌年，县政府《关于乡镇企业转换经营机制工作的若干补充意见》规定，以行政划拨方式取得土地使用权的企业，转制时需转移土地资产，至县土地管理局办理变更登记，补办出让手续，出让金按评估地价10%缴纳。特困企业经县土地管理局审核和县政府批准，可免缴出让金。改变土地用途，按规定缴纳出让金。是年末，二轻局转制企业40余家，占二轻企业总数50%以上，评估土地资产12万平方米，土地资产总额2.2亿元，向政府补交出让金98.43万元。

转让国有土地使用权　宁波市土地管理局发文规定，以拍卖（招标）方式转让国有土地使用权行为，须经国土管理部门核准，方可办理土地使用权变更登记。截至2008年年末，共核准办理土地使用权变更119宗，土地使用权面积33.67公顷。

土地评估

清代征收田赋，按土地肥瘠分三等九则作为税率。民国初期沿袭清制，由民众申报地价，政府估定，每年征收地价税；政府收买土地和征收土地增值税，依民众申报的地价为标准。民国26年（1937），政府重新规定以申报地价为法定价，申报前由地政机关参照最近5年土地收益及市价，调查制定标准地价，民众申报时照标准地价百分之十以内增减。民国33年，由县地籍整理机关、农会、工会、商会、教育会、征税机关代表、县参议会代表7人组成评议委员会，负责评定全县标准地价。民国35年，修改为地价调查以抽查最近2年内土地市场价或收益价格，作标准地价依据。

根据1988年修改的宪法，规定土地使用权可依法律规定转让。国家土地使用权由无偿、无限期、无流通，转为有偿、有限期、可流通使用，并进入土地市场。1989—1995年，测算各镇乡建成区的商业、住宅、工业用地基准地价，总面积29平方千米，报省、市确认后，由县政府公布实施。1994—1996年，评估企业转制出让、出租、入股土地，包括新设股份有限公司或有限责任公司及破产、兼并、嫁接企业、外资合营、联营企业、临街土地拍卖、涉及养殖业、围垦海塘等土地评估304宗、164万平方米，资产3.48亿元。1995年6—10月，免费评估全县208家单位、320家企业土地资产，面积149.65万平方米，评估额2.24亿元。至1996年年末，凭土地使用证书评估宗地425宗、166.74万平方米，土地资产2.28亿元。繁华区域丹城天安路（原南河路）、步行街、老农贸市场、汽车客运中心、豪门商厦等原二级土地区域，调整为一级土地区域，更新宗地地价评估标准，商业基准地价从每平方米1553元调至2351元，住宅基准地价，从每平方米240元调至282元，工业基准地价，从每平方米152元调至188元。

第五节　土地监察

历代制定律例，保护耕地不受侵犯。民国期间，中央政府颁发《土地法》。中华人民共和国成立后，为保护和利用土地，国家陆续发布土地法规，并依法开展土地监察活动。1988 年 3 月，县土地管理局设地政监察股。是年 12 月，设土地监察中队。1999 年 10 月，设监察大队，下设 3 个中队，在全县重点村庄聘用土地监察协管员 100 人，形成县、镇乡、村三级土地监察网络，受理、查处土地违法案件。

行政监察

1982 年 4 月，根据《浙江省城乡建设用地管理实施办法》，清查 1979 年后干部、职工建房和国家、集体、个人建房情况。查明干部、职工违章建房 201 户、18758. 3 平方米，违法占地 12073. 9 平方米；农村干部 266 户、44450. 25 平方米，违法占地 32276 平方米。是年年末，发文处理违法建房 126 户（不含公社处理数），其中单位 1 家、干部 4 户、职工 26 户、农民 95 户，折价归公 1 户、拆屋还地 5 户、拆除墙基还地 18 户，罚款 102 户、金额 38424 元。

1985 年，全面清查乱占滥用耕地。清查 1984 年后城乡建设用地，全县 33 个镇乡新建房 9094 户（个），占地 79217. 8 公顷，批准 35530. 2 公顷，未批 43687. 6 公顷，占 55%，查而未处理。1986 年，组织县、镇乡、村干部 1325 人，其中乡以上干部 444 人，清查处理 1979—1985 年土地违法案件，查处违法占地 8308 起、45489. 4 公顷，其中耕地 26843. 6 公顷。国家集体单位违法建房 55 户，处理个人建房 6512 户、52. 1 公顷，其中拆基还耕 109 户、1. 11 公顷，补办手续 343 户、5. 27 公顷，罚款 6060 户、26. 5 万元。1987 年，清理 4818 户，并专项调查丹城镇、林海乡、大徐乡，国家、集体建设用地，有 17 个单位违法占地 3. 58 公顷，12 个单位抛荒 6 个月以上土地 2. 81 公顷。农村个人违法建房均依法处罚，国家、集体建设单位查而未罚的现象亦有发生。

1988 年 6—8 月，县土地管理局组织各镇乡突击检查农村个人违法建房，清理未批先建 205 户、1. 73 公顷，少批多建 1445 户、4. 41 公顷，毁地挖沙取土 35 起、0. 47 公顷。经处理，拆除 135 户、5580 平方米，没收 23 户、1621 平方米，罚款 1300 户、36 万元，退耕 177 户、0. 92 公顷，各地直接制止始发违法行为 201 起。

1989 年 8 月，县成立清房领导小组，查处党、政机关干部 1986 年 11 月 12 日后的违法、违章、违纪（以下简称“三违”）建私房案件。1990 年 12 月，清查建私房干部 196 人，其中，县级机关 45 人，区、镇乡机关 151 人，有“三违”问题 66 人，占建私房人数 33. 7%。其中，副乡长以上干部 23 人，一般干部 43 人，“三违”占地 4200. 38 平方米，24 人未批先建、2621. 5 平方米，39 人少批多建、1122. 98 平方米，2 户非法买卖、395. 6 平方米，非法转让 1 人、606 平方米。1990 年 5 月，处理 64 人，其中，拆除 4 户、82. 7 平方米，没收 4 户、366. 6 平方米，没收 2 户非法买卖、395. 6 平方米、5638 元，罚款 23 人、483. 2 平方米、7297. 85 元，收回违法占用土地 1635 平方米，补办手续 20 人、1988. 49 平方米、补办费 1169. 10 元，拆除围墙 11 户、侧面积 433 平方米，党、政纪处分 4 人。

1988—1991 年，查处农村个人建房违法占地案件 4223 起，收回土地 40670 平方米，其中，拆除房屋1038间、25270平方米，没收房屋436间、10380平方米，拆除围墙114堵、3370平方米，收缴罚没款81.5万元。土地监察力度加强，土地违法案件逐年下降。1988年，个人建房少批多占户均超33平方米，1989年超10平方米，1990年降至2.75平方米，1991年仅1.85平方米。1993年下半年后，农村个人建房少批多占、擅自搭建小屋等违法案件重新抬头蔓延。翌年6月，清查全县19镇（乡）、276个行政村。1993年，1496户个人新建房屋，其中占用耕地690户，查处少批多占735户、6637平方米，户均超9平方米。其中耕地5037平方米，未批准搭建小屋187间、2244平方米，砌建围墙12户、1645平方米。收回违法占地4800平方米。至年末，查处违法用地案47起、18.51万平方米，结案42起。其中拆除325平方米，收回土地使用权3.98万平方米，罚没款15.16万元；处理权属纠纷10起，专项检查抛荒单位22家、18.45万平方米，收取抛荒费11.98万元。1995年，查处75起、138054平方米，其中拆除33起、3131平方米，没收866平方米；收取11家、62789平方米抛荒费4.4万元；罚款后补办用地手续17起、54798平方米；收回土地使用权5起、16470平方米。

2005年4—11月，查明中心城区除老城区外的66个行政村中，有违建村43个，违法建房471户。较严重有丹东街道田洋里、大碶头、高俞、赵岙和丹西街道上吴、白石、珠水溪、路下林等15个行政村。至2007年年末，共制止违法占地建房131起、2.4万平方米。其中：强制拆除41起、10930平方米；自拆9户、1440平方米；助拆6户、689平方米；没收处理160户、10800平方米；补办手续5户、720平方米；暂缓处理101户、6625.5平方米。在分管县长组织下，开展大规模集中拆建6次，拆除违章建筑29家、4404平方米，没收处理160户、10880平方米，收缴罚没款46.8万元。

专项治理

20世纪80年代始，土地管理部门集中人力、物力，专项整治瓦窑用地、临时用地、坟墓用地、开发区用地等。2006年，开始使用卫星遥感手段实施土地使用状况动态监察。通过卫星遥感图片中各点，组织力量，逐个认对、核查，找出违法用地地点、面积、数量、土地性质、违法类别等情况实施监察。至2008年，共查处违法用地260宗、335.6公顷，全部作出处罚，杜绝各地违法用地瞒报、虚报、漏报现象。

开发区用地治理　1993年3月，县土地管理局清查各类经济开发区和工业小区11个，经县政府批准5个。规划建设用地729.27公顷，其中耕地417.6公顷。首期开发77公顷。擅自预征土地113.52公顷，实际使用面积48.2公顷，未经批准38.67公顷，占总用地80%。县政府采取限期补办手续、整改抛荒建设单位收取抛荒费或收回土地使用权等措施进行。

砖瓦窑用地治理　20世纪80年代，县组织有关部门两次清理整顿砖瓦窑，第一次关闭6家，处罚一批。第二次1989年3月，清理36个乡镇砖瓦窑、陶制厂及水泥预制品场用地。全县大小砖瓦窑、陶制厂112家，占地115.67公顷。因历史原因，有的建窑较早，大部分未办用地审批手续，用地不受限制，取土毁田严重。全县砖瓦窑取土面积约80公顷，有近33.33公顷土地因取土被毁。因企业不景气等，违法用地未得到纠正。90年代，城镇建设发展，开发区兴起，基建投资迅速增加，出现“砖瓦窑热”，乱占土地，毁田取土严重。1991年。清理42家砖瓦窑，罚款、退耕部分土地，取土挖沙4.67公顷退耕还田。1995年4月，县成立清理整顿砖瓦窑领导小组，开展清理整顿工作。关闭或限期拆除18家，划定取土范围48家；补办66家布局合理、泥源充足、不破坏耕地的砖瓦窑用地手续；责令取土单位领取《取土许可证》，办理用

地审批手续。

临时用地治理 1985 年，对专业生产、经营需要，原则不通过征用，临时使用集体土地的单位和个人，始行审批制度。1991 年 9—10 月，清查临时用地 662 家、71085 平方米。其中，违建拆除或没收 47 家，补办手续 500 多家。1993 年 7 月，开展清理临时用地单位，累计 1000 余家，占地 4 万平方米，涉及饲养、养殖、经商、加工、饮服等行业。其中，到期或逾期 430 家，以征用出让方式，续办临时用地有偿使用手续 386 家。1995 年，清理全县临时用地 596 家、79267 平方米。其中，办理续用手续 263 家、28936 平方米；转为出让手续 61 家、13307 平方米；转为住房手续 6 家、715 平方米；待办或不能办理 117 家、26301 平方米；未到期 89 家、10008 平方米；拆除 220 家、17563 平方米；自行消失 95 家、17268 平方米。

坟墓用地治理 1990 年冬，县政府印发《关于坚决制止乱建坟墓的布告》，成立县制止乱建坟墓工作领导小组。至 1991 年 5 月，先后派出 18 人，4 次拆除或部分拆除违建坟墓 212 座，退耕 398 平方米。1991 年 3 月，县政府印发《关于推行土葬改革，加强公墓建设管理的通知》，改革土葬制度。是年，经县民政局批准，全县 35 个镇乡、556 个行政村建立公益性公墓区，占全县行政村 74.8%，丹城、石浦两镇，利用荒山瘠地营建经营性公墓区各 1 处，占地约 3.33 公顷。

第二章 海洋管理

历代象山境内无海洋管理专门机构。中华人民共和国成立后，随着渔业生产、航海运输、围海造田产业发展，县政府始分工海洋管理职责，渔业生产由县水产部门管理，航运业由港航、海事部门管理，围海造田由水利土地等部门管理。2002 年 1 月 1 日《中华人民共和国海域使用管理法》颁布施行。是年 5 月，县成立海洋与渔业局，实施全县海域和海洋渔业依法实施监督管理。

第一节 海域勘界

2003 年 5 月 19 日，县政府成立海域勘界工作领导小组，负责全县海域勘察、勘界工作。

按历史上渔民传统习惯线走向测算，共有大拐弯点 58 个，小拐弯点 570 个，涉及县（市）区界线 5 条、98 千米。其中，宁海县 60.8 千米（含象山港 16.6 千米），奉化 20.8 千米，北仑 3.3 千米，鄞州区 13.1 千米，领海浅涂 70 千米。市际浅涂 102 千米，其中，甬舟线 35 千米，甬台线 67 千米，合计长约 300 千米，海域面积为 5300 平方千米左右。历史上未划定海域行政区域界线，相邻市县渔民多在海域穿插作业，有手捕、养殖，造成浅海滩涂纠纷屡屡发生，甚至出现械斗。2004 年 8 月 8 日，县政府提出全县海域界线主张线，上报省、市有关部门批准。省、市海域勘界办公室派员进行实地踏勘，分段协调有争议的海域地段岸线。其间，解决宁海县大佳何镇与象山县西周镇柴溪村的老鼠山岛权属之争，老鼠山权属划归象山。

2006年1月8日，宁波市政府、象山县政府与台州市政府、三门县政府在杭州之江饭店签署甬—台线海域行政区域界线协议书；与舟山市政府、普陀区政府签署甬—舟线海域行政区域界线协议书。2月23日，象山县政府在宁波饭店分别与宁海县政府、奉化市政府、鄞州区政府、北仑区政府签署象—宁（象山港）北线、象—宁（白礁水道）南线、象—奉线、象—鄞线、象—北线海域行政区域界线协议书。勘定后象山县海域总面积为6618.17平方千米，占宁波市总面积80.39%。象山县滩涂面积为160.3平方千米。-10米等深线浅海面积为1533.3平方千米。象山港总面积为563.3平方千米，象山县所属为280平方千米，其中西沪港为50.7平方千米（水域18平方千米，滩涂32.7平方千米）。象山港岸线长280.5千米，其中象山县104.7千米（西沪港岸线长39.6千米）。石浦港总面积为27平方千米，主中心线长18千米，岸线长77千米（陆域岸线长26千米，岛屿岸线51千米）。象山县海域界线总长度为347.12千米，其中：象山—宁海（象山港）8.8千米；象山—奉化20.9千米；象山—鄞州15.83千米；象山—北仑3.04千米；象山—宁海（三门湾）17.17千米；甬—舟线（象山段）98.19千米；甬—台（象山段）87.25千米；领海线95.94千米。象山县海岸线总长度924.67千米，其中陆域岸线长348.73千米，岛屿岸线长575.94千米。域内岛、礁总共为656个，500平方米以上岛为452个，礁石204个。

勘界后县海域东、南、西、北四至界线、经纬度为：

东：甬—舟线终点，北纬29°32′24″、东经122°51′48″。

南：甬—台线终点，北纬28°45′22″、东经122°26′47″。

西：象—宁线起点〈象山港〉，北纬29°15′00″、东经121°47′48″。

北：象—北线终点，北纬29°43′11″、东经121°55′49″。

海域南北长118.4千米，东西长126千米。

象山海域界线界点情况，详见本志“建置”篇。

第二节　海洋功能区划

2001年编制《象山县海洋功能区划》，将全县海域划分为开发利用、治理保护、自然保护、保留和特殊功能等5类。其中，开发利用类67个功能区、治理保护类44个功能区、自然保护类47个功能区、保留类10个功能区、特殊功能类14个功能区。2006年始，修编《象山县海洋功能区划》，至2007年完成。调整后区划分为9个一级区、28个二级区、211个功能区。

港口航运区

设26个功能区。其中，港口区5个：外干门港口区、贤庠港口区、西周乌沙山港口区、石浦港口区、鹤浦金七门港口区；航道区16个：近海航道区、象山港北部进港航道区、象山港中部航道区、象山港内航道区、三门湾航道区、象山港外航道区、牛鼻山航道区、石浦港航道区、满山岛航道区、石浦港铜瓦门航道区、石浦港东门航道区、石浦港下湾门航道区、石浦—南田鹤浦高塘汽车轮渡航道区、高金车客渡航道区、高塘—花岙车客渡码头航道区、象山港汽车轮渡航道区；锚地区5个：象山港口南侧锚地区、西沪港锚地区、石浦港锚地区、石浦港外锚地区、岳井洋渔业避风锚地区。

渔业资源利用和养护区

设40个功能区。其中，渔港和渔业资源设施基地建设区4个：石浦中心渔港区、鹤浦渔港区、爵溪渔港区、龙洞门渔港区；养殖区21个：西周围塘养殖区、道人山围塘养殖区、大目涂围塘养殖区、仁义涂围塘养殖区、新桥围塘养殖区、南田涂围塘养殖区、长大涂围塘养殖区、鹤浦镇小岙涂围塘养殖区、鹤浦水湖涂围塘养殖区、高涂岙围塘养殖区、花岙二期围塘养殖区、西沪港滩涂养殖区、白墩港滩涂养殖区、高塘滩涂养殖区、蟹钳港滩涂养殖区、黄避岙浅海养殖区、西沪港口南侧浅海养殖区、新桥浅海养殖区、南田涂浅海养殖区、高塘东南浅海养殖区、花岙西北浅海养殖区；增殖区7个：象山港口中部增殖区、西泽增殖区、象山港口南部增殖区、西沪港口西部增殖区、西沪港放流增殖区、渔山列岛放流增殖区、韭山列岛增殖区；捕捞区8个：大目洋捕捞区、外旦门附近捕捞区、旦门山附近捕捞区、猫头洋捕捞区、花岙捕捞区、南田西南捕捞区、象山沿岸岛礁渔业区、象山沿岸港湾渔业区。

旅游区

设14个功能区。其中，风景旅游区11个：中国渔村风景旅游区、石浦滨海风景旅游区、花岙风景旅游区、红岩风景旅游区、檀头山风景旅游区、渔山列岛风景旅游区、风门口风景旅游区、韭山列岛风景旅游区、半边山风景旅游区、道人山风景旅游区、清水湾风景旅游区；度假旅游区3个：松兰山度假旅游区、北黄金海岸度假旅游区、金沙湾度假旅游区。

海水利用区

设功能区8个。其中，盐田区4个：旦门盐区、新桥盐区、昌国盐区、花岙盐区；特殊工业用水区3个：象山港海水淡化区、鹤浦金七门海水淡化区、高塘珠门海水淡化区；一般工业用水区1个：乌沙山电厂用水区。

海洋能利用区

设功能区10个。其中，潮汐能区1个：石浦港南田岛潮汐能区；波浪能区2个：韭山列岛波浪能区、渔山列岛波浪能区；风能区7个：涂茨大港口风能区、南田岛风能区、檀头山风能区、花岙风能区、近海风能区、渔山列岛风能区、韭山列岛风能区。

工程用海区

设功能区89个。其中，海底管线区4个，围海造地区3个，海岸防护工程区82个，

海洋保护区

设功能区6个。其中，海洋和海岸自然生态保护区2个：西沪港湿地和沼泽地生态系统自然保护区、韭山列岛海洋生态自然保护区；自然遗迹和非生物资源保护区3个：红岩县级自然保护区、花岙岛县级自然遗迹保护区、爵溪大螺池沙堤型海滩岩自然遗迹保护区；海洋特别保护区1个：渔山列岛海洋特别保护区。

特殊利用区

设12个功能区。其中，科学研究试验区2个：县海水网箱标准化养殖示范基地科学研究实验区、乌沙山热电厂附近海域科学研究试验区；特殊用海区3个：乌沙山北部特殊用海区、西沪港特殊用海区、鹤浦小网巾特殊用海区；排污区6个：象山港东部大目洋排污区、爵溪排污区、象山产业区排污区、石浦港排污区、西周排污区、白岩山排污区；倾废区1个：石浦檀头山临时海洋倾倒区。

保留区

设功能区6个。其中，预留区5个：象山港岸线资源预留区、中街山跨海大桥工程预留区、白墩围海造地预留区（蓄淡水库）、西沪港大桥工程预留区、鹤浦排污预留区；待定区1个：对面山东部待定区。

第三节　海洋开发

象山海洋开发历史悠久。中华人民共和国成立前，沿海岸线多建码头、道头；通过海涂围垦不断获取土地资源。中华人民共和国成立后，随着社会经济发展，土地围垦力度加大，海域、海岸线开发和利用愈加深入。

土地围垦

象山陆域面积相当一部分由围海取得。民国县志记载海涂围垦393处，单塘面积多数均不大。中华人民共和国成立后，围垦成为政府拓展百姓生存空间及发展社会经济重要措施，成为浙江"东部造田区"。2008年，全县累计围垦海涂面积约300平方千米，其中中华人民共和国成立后围塘215处、103平方千米，占现有陆域面积的四分之一。

海岸带开发

象山海岸线总长924.67千米。其中，陆域岸线长348.73千米，岛屿岸线长579.94千米。经勘察，可利用港口建设岸线61.3千米，已利用港口建设岸线21.45千米。2005年前，全县码头134座，泊位184个，水上排筏码头4座。2006年后，新建码头29座，泊位74个。临港工业利用岸线9.43千米。其中，石浦临港海岸线2.53千米，鹤浦临港工业用海岸线4.25千米，高塘岛0.5千米，涂茨1.2千米，爵溪1千米。旅游开发利用海岸线8.25千米。其中，松兰山沙滩2千米，皇城沙滩1.8千米，檀头山大沙头滩1.5千米，花岙石林景区岸线1千米，白沙湾沙滩0.8千米，旦门山岛沙滩0.15千米，红岸景区岸线0.5千米，北渔山岛景区岸线0.5千米。

依法用海

2000年，县海洋与渔业局抽调专门人员，组织工作班子，调查全县已使用海域码头用海、临港工业用海、排污口用海、旅游用海、围垦养殖用海等，各项用海分类登记造册，为全面推行依法用海有偿用海作准备。2002年1月1日，《中华人民共和国海域使用管理法》正式施行。县海洋与渔业局对全县海域依法施行监督管理，施行海域使用权证，海域使用权证年审，收取海域使用金制度。2006年，发放海域使用权证7本，收取海域使用费578621元。2007年，发放海域使用权证8本，收取海域使用费1183789元。2008年，发放海域使用权证3本，收取海域使用费477568元。

第四节　海洋保护

1984年5月始，全县开展海域岛礁普查，2005年，根据《中华人民共和国海洋环境保护法》等有关文件、法规，县内制定《象山县海洋环境保护与建设规划》。通过投放人工鱼礁、放流大黄鱼苗种、开展重点水生动物及海水环境保护等措施，加强海洋保护。

岛礁地名普查

1984年5月，县成立沿海海礁地名普查和标准化处理工作领导小组及办事机构，开展沿海海岛海籍地名调查。组长由副县长徐明奎担任。县政府和驻象山部队通力协作，组织力量，下海上岛，获近100万字海域自然地理实体资料。1984年12月，象山在全国沿海岛礁地名普查工作座谈会上作经验介绍。1985年12月，普查工作结束，象山获全省沿海岛礁地名普查成果优秀奖。

海洋保护建设规划

2005年，为保护海洋资源，改善海洋环境，防治污染损害，维护生态平衡，保障人民健康，促进经济和社会可持续发展，根据《中华人民共和国海洋环境保护法》等文件、法规，制定《象山县海洋环境保护与建设规划》。海洋保护区分海岸自然生态保护区，自然遗迹和非生物资源保护区及海洋特别保护区，主要控制污海物排放总量，保护和修复海洋生态环境，合理利用海洋资源，提升海洋保护区管护能力，强化海洋环境管理和监督执法。

投放人工鱼礁

建筑“人工鱼礁”，提供鱼儿生息繁殖场所，有利于鱼、虾、贝、蟹、藻等水生生物生长，增加鱼类、贝类食物来源。2003年年初，省、市海洋与渔业局组织科技人员，到象山调查人工鱼礁投点，确认渔山列岛、韭山列岛海域适宜投放人工鱼礁。2004年，县海洋与渔业局制定“渔山列岛人工鱼礁投放（试验性）计划”。市政府拨款85万元，用于人工鱼礁一期工程建设。是年，宁波市海洋与渔业局首次在渔山列岛附近海域，投放由7艘报废渔船改造而成的人工鱼礁。其中，2座钢质、5座木质，共计5000立方米水体。按照人工鱼礁工艺程序进行船体修补：安装阀门、拆除机器、清除油污、拖运等。船体上层设计：石块压舱，甲板装置钢筋水泥块礁体。

照14-2 渔山海域投放人工鱼礁

保护海洋生物

全县自然分布的国家一级重点水生保护动物有中华鲟、白鲟、白鳍豚、中华白海豚；二级水生保护动物有疣螈、大鲵、江豚、克氏海马、松江鲈鱼、胭脂鱼、黄唇鱼、海龟、棱皮龟、太平洋丽龟、花鳗鲡、鳗鲸、小温鲸、长须鲸、灰鲸、獭斑海豹、宽海豚等。2000年11月，在象山港误捕玳瑁1只，重约20公斤，送宁波动物园。2001年6月，误捕中华鲟2条，玳瑁1只、绿海龟3只，放生。2002年，在渔山海域误捕达氏鲟1条，重8公斤，放生。2003年，在象山港误捕中华鲟1条，放生。以后，每年从南韭山海域、象山港误捕到江豚、长须鲸、玳瑁等放归大海。2006年，在象山港海域搁浅江豚数条，2条放生，7条死亡送交有关部门作标本；在渔山误捕中华鲟1条，放生，发现死亡长须鲸、虎鲸各1条，送有关部门处理。2007年，误捕玳瑁2只，放生；在172海区误捕重300公斤中华鲟1条，死亡，送上海研究所作标本；在石浦水产城发现3.3公斤中华鲟1条，放生。在大目涂误捕80公斤江豚，放生。2008年，石浦渔民在外海误捕5000公斤鲸鱼1条，送交北京渔政处。在象山港误捕江豚1条、在南韭山海域误捕江豚1条、在石浦发现50公斤重绿海龟2只，均放生。

大黄鱼增殖流放

为改变大黄鱼日益稀少濒临绝迹的现状，1998—2008年间，在象山海域共流放各种规格大黄鱼苗1500万尾。详见本志“渔业”篇。

查处违法用海

2001年，查处违法用海案件1起，罚款26200元。2002年，查处违法填海、污染海域等案件3起，罚款25180元。2004年，查处违法用海、填海等案件7起，罚款132465元。2005年，查处违法填海、污染海域案件5起，罚款1164272元。2006年，查处违法用海案件17起，罚款1809813元。2007年，查处违法用海案件6起，罚款628857元。2007年，查处违法用海案件3起，罚款128468元。违法用海行为均责令当事人恢复海域原状。

第三章　环境保护

20世纪60年代前，境内农业化肥使用量少，工业企业数量不多，规模亦小。70年代始，由于兴办中小型工业企业，城镇人口集聚，企业生产和居民生活所产生废气、废水、废渣、粉尘与垃圾等物质和噪声对环境污染与日俱增。1984年2月，成立县城乡建设环境保护局，是年12月，设立县环境保护监测站，监管保护自然环境。1996年6月，成立象山县环境保护局，下辖县环境保护监测站（挂县环境监理站牌子）。2003年12月，设立石浦环境保护工作站。2007年，设立西周环境保护所。2005年10月，象山被国家环保总局授予“全国生态示范区”。2008年8月，象山被宁波市政府评为环保“一控双达标”（污染物总量控制，工业污染源污染物排放标准、空气和地面水环境质量达标）工作先进单位。

第一节　环境质量

环境质量包括水环境、空气环境、酸雨、噪音、近海水域环境等。1984年12月，设立县环境保护监测站，次年开始监测水环境。1997年，开始监测空气环境及声环境，为环境保护提供科学依据。至2008年，全县饮用水源水质良好，地表河网水质及海域水质污染严重；城区空气质量总体优良；县城噪声污染维持在一般水平。

水环境质量

1985年，县环境保护监测站开始水环境监测。主要监测对象为河网水系及饮用水库。全县饮用水质比较稳定，能满足水环境功能水质目标要求；地表水污染严重，不能满足水环境功能水质目标要求。

饮用水水环境质量　1997—2008年，饮用水源地逢单月监测，监测的各饮用水库水质比较稳定，基本满足水环境功能水质目标要求。

1997—2008年象山县主要饮用水源地水质达标率情况表

表14-2

名称	GB5749-85标准评价								GB3838-2002标准评价															
	1997		1998		1999		2000		2001		2002		2003		2004		2005		2006		2007		2008	
	水质	达标率	水质	达标率	水质	达标率	水质	达标率	水质	达标率	水质	达标率	水质	达标率	水质	达标率	水质	达标率	水质	达标率	水质	达标率	水质	达标率
仓岙水库	Ⅱ	92.5	Ⅱ	94.4	Ⅱ	94.2	Ⅲ	88.5	Ⅱ	100	Ⅲ	97.6	Ⅱ	100	Ⅳ	94.4	Ⅰ	100	Ⅳ	93.4	Ⅰ	100	Ⅱ	96.2
大塘港水库	Ⅳ	84.9	Ⅳ	88.9	Ⅳ	84.6	Ⅴ	85.7	Ⅲ	100	劣Ⅴ	100	Ⅴ	90.4	Ⅳ	85.2	Ⅲ	93.1	Ⅳ	83.0	Ⅳ	80.0	Ⅲ	81.8
三家村水库	—	—	—	—	—	—	Ⅱ	100	Ⅰ	100	—	—	—	—	Ⅱ	100	Ⅱ	98.3	Ⅰ	99.1	Ⅰ	100	Ⅱ	99.1
利民水库	—	—	—	—	—	—	Ⅱ	100	Ⅱ	100	—	—	—	—	Ⅲ	86.4	Ⅲ	96.6	Ⅱ	92.5	Ⅱ	90.9	Ⅱ	92.2
溪口水库	—	—	—	—	—	—	Ⅲ	95.5	Ⅰ	100	Ⅲ	94.7	Ⅲ	96.2	Ⅳ	92.6	Ⅱ	96.6	Ⅱ	97.2	Ⅰ	83.3	Ⅰ	97.2
燕山水库	—	—	—	—	—	—	Ⅱ	100	Ⅱ	100	—	—	—	—	Ⅱ	95.5	Ⅱ	96.6	Ⅱ	98.1	Ⅱ	99.1	Ⅱ	98.3
九顷水库	—	—	—	—	—	—	Ⅱ	100	Ⅱ	100	—	—	—	—	Ⅲ	95.5	Ⅱ	98.3	Ⅱ	94.3	Ⅱ	93.6	Ⅱ	94.0
南盘水库	—	—	—	—	—	—	—	—	—	—	—	—	—	—	Ⅲ	100	Ⅱ	98.3	Ⅱ	95.3	Ⅱ	97.3	Ⅱ	99.1
岩头陈水库	—	—	—	—	—	—	—	—	—	—	—	—	—	—	Ⅱ	95.1	Ⅱ	96.6	Ⅱ	98.1	Ⅱ	99.1	Ⅱ	98.3
樊岙水库	—	—	—	—	—	—	—	—	—	—	—	—	—	—	Ⅱ	100	Ⅱ	98.3	Ⅱ	95.3	Ⅱ	97.3	Ⅱ	99.1
隔溪张水库	—	—	—	—	—	—	—	—	—	—	—	—	—	—	Ⅳ	94.3	Ⅱ	98.3	Ⅰ	99.1	Ⅱ	94.5	Ⅱ	94.9
平潭水库	—	—	—	—	—	—	—	—	—	—	—	—	—	—	Ⅳ	94.3	—	—	—	—	Ⅱ	96.4	Ⅱ	93.0

主要水系水环境质量 1997—2008年，监测河网主要为大塘港流域、南大河流域及淡港。根据历年地表水监测数据分析，全县地表水污染仍属典型有机污染，高锰酸盐指数、生化需氧量、氨氮是主要污染指标。南大河流域和上湾污染比较严重，多为Ⅴ类或劣Ⅴ类水质，不能满足水环境功能水质目标要求。

1997—2008年象山县各水系水质达标率情况表

表14-3

年份	GB3838-88						GB3838-2002						达标率
	Ⅰ类	Ⅱ类	Ⅲ类	Ⅳ类	Ⅴ类	劣Ⅴ类	Ⅰ类	Ⅱ类	Ⅲ类	Ⅳ类	Ⅴ类	劣Ⅴ类	
1997	—	25.0	—	25.0	—	50.0	—	—	—	—	—	—	25.0
1998	—	25.0	—	25.0	25.0	25.0	—	—	—	—	—	—	25.0
1999	—	25.0	—	25.0	—	50.0	—	—	—	—	—	—	25.0
2000	—	—	25.0	25.0	25.0	25.0	—	—	—	—	—	—	—
2001	—	—	—	—	—	—	—	25.0	25.0	50.0	—	—	50.0
2002	—	—	—	—	—	—	—	—	33.3	—	—	66.7	16.7
2003	—	—	—	—	—	—	—	12.5	—	12.5	25.0	50.0	12.5
2004	—	—	—	—	—	—	—	12.5	—	25.0	12.5	50.0	12.5
2005	—	—	—	—	—	—	14.3	14.3	14.3	—	—	57.1	42.9
2006	—	—	—	—	—	—	—	—	—	42.9	—	57.1	0
2007	—	—	—	—	—	—	14.3	—	14.3	14.3	14.3	42.8	28.6
2008	—	—	—	—	—	—	9.7	67.7	9.7	3.2	—	9.7	87.1

近岸海域水环境质量 2004年，近岸海域无机氮、无机磷污染严重，富营养化问题比较突出。2007年，象山近岸海域水质监测项目18个，其中3个监控区域全为劣四类海水，超标指标主要是无机氮和活性磷酸盐，海域水质均属营养型。2008年，海洋环境监测50次，象山港海域和石浦港海域水质类别分别为劣Ⅳ类、劣Ⅲ类，重点海水养殖区水质为劣Ⅳ类。

2008年象山县海域环境质量情况表

表14-4

项目/地点	监测时间	水质类别	污染因子
象山港	8月	劣Ⅳ类	无机氮、无机磷
石浦港	8月	劣Ⅲ类	无机氮、石油类
三门湾	8月	劣Ⅲ类	无机氮、无机磷
韭山列岛海域	8月	劣Ⅲ类	无机氮
渔山列岛海域	8月	劣Ⅱ类	无机氮

2008 年象山县重点海水养殖区水质情况表

表 14-5

项目 养殖区名	监测时间	水质类别	污染因子
西沪港	4—10 月	劣Ⅳ类	无机氮、无机磷
三门湾	4—9 月	劣Ⅳ类	无机氮、无机磷
大目涂	4—10 月	劣Ⅳ类	无机氮、无机磷
岳井洋	4—10 月	劣Ⅳ类	无机氮、无机磷

空气环境质量

1997—2004 年，采用人工采样监测空气。2005 年，建成第一座环境空气自动监测站，每日报送中心城区空气质量。是年，全县二氧化硫、二氧化氮、总悬浮颗粒物年日平均值分别为 0.015 毫克/立方米、0.021 毫克/立方米、0.085 毫克/立方米，城市环境空气质量总体处于优良水平。2006 年，城区环境空气污染物年均值达到国家二级标准以上，多数为国家一级标准，酸雨污染严重。2008 年，全年环境空气质量平均优良率占 95.5%，比上年有所提高。

二氧化硫　1997—2008 年，空气中二氧化硫年日均值均未超国家一级标准，在 0.003～0.03 毫克/立方米之间，最大值出现于 2007 年，最小值于 2001 年。2008 年，中心城区二氧化硫年平均浓度 0.027 毫克/立方米。空气质量 API 指数达到Ⅰ级 123 天，Ⅱ级 209 天，Ⅲ级及以上 12 天，全年优良率 96.5%。

氮氧化物　氮氧化物主要是一氧化氮和二氧化氮。氮氧化物污染与采用矿物燃料作能源有关，汽车数量日增，氮氧化物成为城市空气主要污染物之一。1997—2008 年，全县空气中氮氧化物/二氧化氮年日均值均未超国家一级标准。1997—2008 年，氮氧化物年日均值范围是 0.008～0.028 毫克/立方米，最大值出现于 1998 年、2007 年，最小值于 2001 年。

总悬浮颗粒物　总悬浮颗粒物是指悬浮于空气中粒径小于 100 微米的微小固态颗粒和液粒，其主要来源有工业生产过程中产生的烟尘、粉尘和风沙扬尘，还有气态污染物经过物理化学反应在空气中产生的盐类颗粒。1997—2008 年，全县空气中总悬浮颗粒物年日均值范围是 0.07～0.261 毫克/立方米，1998 年数值最大，2007 年、2008 年数值最小。除 1998 年总悬浮颗粒物年日均值超国家二级标准外，其余年份总悬颗粒物年日均值未超国家二级标准。

降尘　1997—2007 年，全县降尘年月均值范围是 2.25 吨/平方千米·月～5.32 吨/平方千米·月，最大值出现于 2001 年，最小值出现于 1997 年，均未超省级标准 8 吨/平方千米·月。

酸雨　象山属燃煤、燃油过渡性酸雨。1997—2008 年间，全县降水 pH 值年均值 4.05～7.73，最高值出现于 1999 年，最低值出现于 2008 年。2008 年，降水 pH 值为 3.89～5.41，平均值为 4.05，酸雨频率高达 100%，酸雨强度等级为Ⅴ级，属重酸雨区。

1997—2007 年象山县空气质量情况表

表 14-6

年份＼项目	二氧化硫（毫克/立方米）	氮氧化物（毫克/立方米）	总悬浮颗粒物（毫克/立方米）	降尘（吨/平方千米·月）	酸雨（PH）
1997	0.013	0.018	0.148	2.250	4.87
1998	0.010	0.028	0.261	3.213	4.58
1999	0.010	0.026	0.129	3.980	7.73
2000	0.004	0.021	0.092	4.753	4.82
2001	0.003	0.008	0.081	5.320	4.68
2002	0.005	0.011	0.103	4.307	4.56
2003	0.011	0.021	0.119	3.770	4.50
2004	0.008	0.020	0.109	4.120	4.29
2005	0.015	0.021	0.085	3.335	4.35
2006	0.011	0.012	0.090	2.980	4.29
2007	0.030	0.028	0.070	3.610	4.28
2008	0.027	0.025	0.070	—	4.05

说明：空气环境质量评价标准采用国家《环境空气质量标准》GB3095-1996 中二级标准、省定标准和《环境质量报告书编写技术规定》中建议标准，评价方法采用《质量报告编写技术规定》中污染综合指数法和空气污染指数法（API）

声环境质量

2008 年，县城噪声污染维持在一般水平。高空噪声、混合区和工业区噪声状况较好，昼间和夜间均值都达标；部分居民区昼间和夜间噪声均值超标；交通干线两侧噪声均值达标，夜间噪声均值部分超标。

功能区噪声及高空噪声　1997—2008 年，县居民区噪声呈下降趋势，混合区和工业区基本持平，交通干线两侧噪声状况则较差，夜间均值均超标。

道路交通噪声　1997—2002 年间，随着道路条件改善、禁鸣区建设和“畅通工程”深入开展，城区道路交通噪声显著改善，测点达标率和路段达标率均有所提高。2003 年始，城区机动车保有量和车流量大幅度增长，道路交通噪声测点达标率和路段达标率略有下降。1997—2007 年，全县道路交通噪声呈波浪状变化。

1997—2007 年象山县不同功能区环境噪声情况表

表 14-7　　　　单位：分贝

年份	功能区									
	居民区		混合区		工业区		交通干线两侧		高空混合区	
	昼间	夜间	昼间	夜间	昼间	夜间	昼间	夜间	昼间	夜间
1997	49.8	37.7	55.4	40.7	62.2	51.6	66.5	57.6	—	—
1998	51.8	38.9	56.2	42.7	59.1	47.3	71.1	58.4	—	—
1999	52.6	38.4	56.6	42.9	61.0	50.8	68.7	57.3	58.5	45.2
2000	64.0	46.0	63.2	48.7	64.8	59.2	69.6	63.8	—	—
2001	57.6	48.0	60.1	53.6	63.8	50.3	66.4	61.4	—	—
2002	58.6	48.0	57.1	45.5	59.8	52.4	66.4	58.2	63.4	47.8
2003	56.0	53.7	51.9	47.3	58.7	47.5	65.5	62.7	50.3	45.0
2004	57.0	47.3	56.2	40.7	60.1	48.6	64.7	59.7	53.6	49.1
2005	55.1	42.5	56.5	47.6	69.0	62.1	71.3	61.4	51.2	44.8
2006	53.1	42.9	60.0	44.9	54.9	46.3	69.5	60.1	56.9	50.1
2007	66.3	54.8	55.4	41.7	55.0	49.9	68.0	61.9	40.9	35.1

说明：噪声评价标准执行 GB3096-93《城市区域环境噪声标准》

第二节　环境污染治理

随着民众环保意识增长，政府加大对环保基础设施投入，采取专项环境整治等措施，使全县水环境、空气环境、声环境得到有效改善。

环境保护基础设施建设

1995 年，投资 5000 万元，在东陈乡松岙村水桶岙建设生活垃圾填埋场，设计日处理生活垃圾 600 吨。2007 年，投入 2000 万元，建成水桶岙填埋场渗滤液处理厂，用于填埋场扩容。

2004 年，象山县环境在线监测监控中心建成，在正源热电厂、新光针织印染有限公司、天安集团电镀厂（原称表处分厂）、三友印染有限公司安装在线监测设施。

2005 年，投资 6000 万元，建成爵溪污水处理厂，日处理污水能力 50000 吨。2006 年，投资 2.75 亿元，建成县城市污水处理厂，日处理污水能力 25000 吨。2007 年，投资 2500 万元，建成石浦水产品加工园区污水处理厂，日处理污水能力 5000 吨；西周生活污水处理厂动建。

工业污染治理

1996 年，全县共有污染工业企业 229 家，其中省控以上污染企业 12 家，市控污染企业 14 家。1997 年，宁波市环境保护局下发限期治理通知书，将县内 3 家企业列入治理名单。1999 年，县内 11 家企业列入限期治理名单。2000 年，对县内 2 家企业下达限期治理废气通知。为有效开展治理，全县共投入治理资金 4650 万元，限期治理 159 家污染企业。至 2000 年 8 月，实现达标排放

172家（自行治理13家），自行停产53家，被责令停产4家，使县域工业污染源全部提前实现达标排放。达标后化学耗氧量排放总量削减79.4%，石油类排放总量削减75.6%，六价铬排放总量削减6.7%，工业废水排放总量削减12.4%，二氧化硫排放总量削减43.5%，烟尘排放总量削减44.6%，粉尘排放总量削减90.2%，工业废气排放总量削减36%，工业大气污染源排放达标率100%。

工业废水治理　1997—2001年，爵溪镇投资300万元，迁宁波东兴有限公司至北塘，被印染废水污染的腾蛟河恢复原貌。爵溪工业区有限公司、巨鹰集团、宁波海达印染厂、宁波甬南针织有限公司、象山恒大印染有限公司、宁波和利印染有限公司等单位联合投资，于2003年建造爵溪污水处理厂，将各家漂染厂污水集中处理排放，为县内最大企业组合污水处理工程，总用地面积达4.9公顷，工程总投资6000万元，日处理污水5万吨。其他印染企业也纷纷投入资金，自建污水处理设备。2005年，宁波三友印染有限公司投入400万元，新建日处理污水500吨技改项目，实现印染废水达标排放。

2005年，依法作出限期治理丹城电镀厂、二轻电镀厂、杨家电镀厂、石浦金属电镀厂和象山制阀有限公司5家污染严重电镀企业的决定，杨家电镀厂因治理污染不达标而被关闭。

工业废气治理　2001年，调查全县13家鱼粉企业，后下达限期治理通知书。2003年6月，竣工验收8家完成治理企业的环保设施，对环保设施未通过验收的4家企业下达行政处罚通知书，1家企业自动关闭。同时，经县环境保护部门同意，在石浦水产品加工园区，建象山合力海洋生物有限公司和象山科海生物化工厂，专业生产甲壳素，使资源得到合理利用。至2006年，分布在石浦水产品加工园区周围的14家鱼粉企业，投入400万元，全面改造设备，全部建成废气处理设施。

工业粉尘、废渣治理　2004年，开展烟尘控制区环境整治，重点整治沿海南线、象西线、盛宁线两侧1千米范围内的炉、窑、灶，采取就地治理、搬迁、关闭或改用清洁能源等措施，实现烟尘达标排放。

2006年始，投入187万元，改造茅洋22家铸造企业的除尘设施，淘汰工艺落后、烟尘污染严重11台摇扬炉，改用符合环保要求中频炉或冲天炉。征用土地5亩，设置工业垃圾填埋场，集中统一填埋铸造行业的废渣垃圾。

农业污染治理

农业污染治理，主要是减少化肥、农药使用量，专项治理畜禽养殖业环境污染。2005年，在晓塘乡投入100万元，建造8只沼气池及日处理能力40吨无动力生化污水处理系统，减少畜禽粪便对环境的污染。至2006年，全县规模养殖场已建200立方米沼气池48只，其中38只通过县级验收。

2007年，调减海水池塘养殖面积133.33公顷，推广使用配合饲料1800余吨，有效减少养殖污染物排放量。

生活污染治理

在生活污水集中处理的同时，还开展以生活垃圾和人粪尿处理为重点的生活环境整治，改善城乡居民生活环境。

生活环境整治　1995年，关闭在水源地集雨范围内畜禽养殖场，清理水源地附近生活垃圾，迁移露天粪坑。

2001—2002年，根据《宁波市饮食娱乐服务企业环境保护管理办法》，实施丹城中心城区和石浦城区餐饮业油烟整治，要求安装油烟净化器。两年安装净化装置的餐饮业70家；2003—2004

年，全县机关事业单位食堂安装油烟净化装置23家。

2006年8月，专项整治石浦军民路一带海塘边生产加工甲壳素企业12家，并作出行政处罚，促使整改，不达标则令其停业。

生活污水处理　2006年，投资2.75亿元，建成县污水处理厂，占地面积57640平方米，日污水处理能力25000吨。至2008年4月，共铺设污水管道60000米，铺设中水管道30000米。2007年，投入资金600万元，完成西周镇官山村、鹤浦镇马小坦村、墙头镇方家岙村、泗洲头镇泗洲头村、大徐镇海口村、新桥镇板岭村、东陈乡西庄村、晓塘乡西边塘村、黄避岙乡龙屿村和高塘岛乡江北村10个生活污水净化处理项目建设，部分投入运行。是年，中心城区污水处理厂全年处理污水900余万吨。

生活垃圾处理　1995年，在东陈乡松岙村水桶岙建设生活垃圾填埋场，承担全县生活垃圾填埋任务。2007年，填埋场扩容，建成水桶岙填埋场渗滤液处理厂，提高保洁质量。2008年，改造填埋场，扩建管理用房，平整填埋区，筑挡土墙，置7支焚烧烟囱等，提高垃圾填埋处理能力。

1997年1月，在丹城体育场路建造第一座压缩式生活垃圾中转站。2003年，在农村投放垃圾箱3862只，配备卫生保洁员997人，全县650个村实现垃圾集中清运。2007年，在西周镇、鹤浦镇、贤庠镇、墙头镇、定塘镇、涂茨镇、大徐镇、晓塘乡、茅洋乡和高塘岛乡建垃圾中转站，基本建成覆盖农村生活垃圾三级网络体系，全县生活垃圾处理率达到80%。至2008年，全县压缩式垃圾中转站增加到19座，其中，中心城区3座，各街道镇乡16座。中心城区3座垃圾中转站，日均中转生活垃圾250余吨。

人粪尿处理　20世纪50年代，人粪尿为农业生产主要肥料，城区人粪由环卫部门上门采集后供周边农村使用。90年代后，新建住宅内配有卫生设施，住宅老区也进行厕所改造，人粪尿经化粪处理，不再用于农业生产，成为生活污水。1999年2月，投资200万元，在县城建成粪便净化中心，集中处理中心城区公厕粪便，中心场内有预处理池、厌氧消化池3只，厌氧过滤池、厌氧侧流池、曝气池、生物过滤池各1只。日处理粪便能力达50吨，粪便污水排放达到环保要求。

2003年，在农村清除露天粪坑5.2万只，建造三格式化粪池1226只、公厕329座，556个村（行政村撤并前）清除露天粪坑。

2005年，全县实施“千村整治、百村示范”工程，投资130万元，开展农村公厕无害化改造。是年，清除露天粪坑709只，新建公厕10座、倒粪池10只，新建卫生户厕2212只，卫生厕所普及率达78.2%。

第三节　环境监测

1985年，县建立环境保护监测站，县境内地面水、近海海域、大气、噪声纳入监测。2007年，县海岸带管理中心建成，提升海洋环境监测能力。

监测站位设置

全县设立地面水监测站位18个、近海海域监测站位3个、大气监测站位9个、噪声监测点位6个、道路交通噪声监测点20个。

地面水监测站位　1997年，在仓岙水库、大塘港水库等处设立监测站位6个；2000年，地面水监测站位增至10个。2008年，全县地面水及饮用水水源地监测站位达31个。

1997—2008年象山县地面水及饮用水水源地监测站位分布情况表

表14-8

年份	站位数	站位名称	备注
1997	6	上湾、翻水站、李家桥、仓岙水库、三家村水库、利民水库	—
1998	6	上湾、翻水站、李家桥、仓岙水库、三家村水库、利民水库	—
1999	6	上湾、翻水站、李家桥、仓岙水库、三家村水库、利民水库	—
2000	10	上湾、翻水站、李家桥、仓岙水库、三家村水库、利民水库、溪口水库、半路亭水库、燕山水库、九顷水库	增加溪口水库、半路亭水库、燕山水库和九顷水库站位
2001	9	上湾、翻水站、李家桥、仓岙水库、三家村水库、利民水库、溪口水库、燕山水库、九顷水库	取消半路亭水库
2002	12	上湾、翻水站、李家桥、淡港、东大河、仓岙水库、三家村水库、利民水库、溪口水库、樊岙水库、燕山水库、九顷水库	增加淡港、东大河和樊岙水库站位
2003	16	上湾、翻水站、李家桥、淡港、东大河、西大河、横河、仓岙水库、三家村水库、利民水库、溪口水库、樊岙水库、燕山水库、九顷水库、南盘水库、岩头陈水库	增加西大河、横河、南盘水库和岩头陈水库站位
2004	18	上湾、翻水站、李家桥、淡港、东大河、西大河、横河、仓岙水库、三家村水库、利民水库、溪口水库、樊岙水库、燕山水库、九顷水库、南盘水库、岩头陈水库、平潭水库、隔溪张水库	增加平潭水库和隔溪张水库站位
2005	16	上湾、翻水站、李家桥、淡港、东大河、西大河、仓岙水库、三家村水库、利民水库、溪口水库、樊岙水库、燕山水库、九顷水库、南盘水库、岩头陈水库、隔溪张水库	取消横河和平潭水库站位
2006	18	上湾、翻水站、李家桥、淡港、东大河、西大河、仓岙水库、三家村水库、利民水库、溪口水库、樊岙水库、燕山水库、九顷水库、南盘水库、岩头陈水库、隔溪张水库	增加仓岙水库和溪口水库站位
2007	18	上湾、翻水站、李家桥、淡港、东大河、西大河、仓岙水库、三家村水库、利民水库、溪口水库、樊岙水库、燕山水库、九顷水库、南盘水库、岩头陈水库、隔溪张水库	增加仓岙水库和溪口水库站位
2008	31	淡港、前岙、东大河、西大河、龙翔、浮礁渡、溪口水库、洪山庙水库、东坑里、军民塘、仓岙水库、隔溪张水库、南盘水库、岩头陈水库、三家村水库、利民水库、樊岙水库、燕山水库、九顷水库、方家岙水库、小百丈水库、新民水库、金架山水库、珠溪水库、塘岙水库、龙角岩水库、思娘岙水库、平潭水库、大斜桥水库	增加仓岙水库和溪口水库站位

说明：上湾、翻水站、李家桥和仓岙水库站位为市控站位

近海海域监测站位　为科学评价近岸海域环境功能区水质，宁波市共设16个监测站位，其中象山设有爵溪、大目洋、石浦港3个站位。

象山县近岸海域功能区水质监测站位分布情况表

表 14-9

功能区名称	监测站位	监测范围	
		E 经度（°）	N 纬度（°）
大目洋	ZJ0261 爵溪	122.0041	29.4452
	ZJ0262 大目洋	122.0102	29.1977
石浦港	ZJ0263 石浦港	121.9164	29.1800

大气监测站位　1997—1999 年，分别于县环境保护监测站、原丹城镇人民政府和象山县缸垫厂内设空气环境监测站位。2002 年始，空气环境监测站位仅县环境保护监测站位 1 个。2005 年，文峰学校建立第一座环境空气自动监测站。2007 年，石浦新港小学增设空气自动监测站。

噪声监测点位　1997—2008 年，共设 5 个功能区噪声监测点位。其中，居民区、混合区、工业集中区各设 1 个点，交通干线两侧区设 2 个点。

照 14-3　文峰学校内的大气自动检测站

象山县功能区噪声及高空噪声监测点位分布情况表

表 14-10

项目	一类标准区	二类标准区	三类标准区	四类标准区	高空噪声
功能区	居民区	混合区	工业区	交通干线两侧	高空（混合区）
点位名称	县环境保护局	第三小学	彩灯厂	煤气公司、建材宿舍	工商局

道路交通噪声监测点位　1997—2008 年，象山城区交通噪声监测路段 8 个，共设监测点位 20 个。其间，由于城区建设扩展，部分监测点位名称有些变化。

象山县城区道路交通噪声监测点位分布情况表

表 14-11

路段名称	路段总长（米）	路段宽（米）	测　点　名　称
建设路	1963	24	新光大、丹城公园、原水利局、原煤气公司
靖南路	2915	32	蓬莱小区、邮政局、保险公司、公安大楼
丹峰路	3903	26	丹城中心卫生院
东谷路	1623	38	县基础公司
育才路	1055	24	海军专家楼
新华路	1415	30	县交通局、华锦公司、

续表14-11

路段名称	路段总长（米）	路段宽（米）	测　点　名　称
天安路	1358	24	姜毛庙
		40	象山港商厦、客运中心、中国银行象山支行
新丰路	1534	40	丹城第二中学、欧亚宾馆、新华实业

说明：根据县环境保护局提供数据编制

监测技术

1997—2008年，县环境保护监测站根据《水和废水监测方法》《空气和废气监测分析方法》要求，采用国家规定现行有效监测技术，常规监测环境中的水质、大气、酸雨、噪声四要素。2004年后，采用监测技术得到浙江省质量技术监督局评审认可。2007年，象山县环境监测站拥有石墨炉原子吸收光谱仪、离子色谱仪、原子吸收分光光度计、原子荧光光度计、大气自动监测系统、烟气测试仪、紫外分光光度计、红外测油仪、便携式辐射测量仪等新型精密监测分析仪器设备共计80台（套），总价值近300万元。

监测项目

地表水监测　监测项目按照GB3838-88《地表水环境质量标准》（2001年前）、GB3838-2002《地表水环境质量标准》实施，根据全县地表水特点和监测站实际情况，适当作部分调整。

2001年前（包括2001年），地面水监测频率为平（4月）、丰（7月）、枯（12月）3期，每期采样1次。饮用水水源地逢双月监测1次，全年共计6次。2002年后，常规地面水及饮用水监测频率为一年6次，单月监测。

1997—2008年象山县地表水监测项目情况表

表14-12

项目＼年份	1997	1998	1999	2000	2001	2002	2003	2004	2005	2006	2007	2008
水温	*	*	*	*	*	*	*	*	*	*	*	*
透明度	—	—	—	*	—	—	—	—	—	*	*	*
pH	*	*	*	*	*	*	*	*	*	*	*	*
溶解氧	*	*	*	*	*	*	*	*	*	*	*	*
高锰酸盐指数	*	*	*	*	*	*	*	*	*	*	*	*
氨氮	*	*	*	*	*	*	*	*	*	*	*	*
硝酸盐氮	*	*	*	*	*	*	*	*	*	*	*	*
氟化物	*	*	*	*	*	*	*	*	*	*	*	*
总磷	*	*	*	*	*	*	*	*	*	*	*	*
总氮	*	*	*	*	*	*	*	*	*	*	*	*
六价铬	*	*	*	*	*	*	*	*	*	*	*	*
挥发酚	—	*	*	*	*	*	*	*	*	*	*	*

续表14-12

项目 \ 年份	1997	1998	1999	2000	2001	2002	2003	2004	2005	2006	2007	2008
五日生化需氧量	—	—	—	*	*	*	*	*	*	*	*	*
石油类	*	*	*	*	*	*	*	*	*	*	*	*
锌	—	—	—	—	—	—	—	—	*	*	*	*
叶绿素 a	—	—	—	—	—	—	—	—	*	*	*	*
砷	—	*	*	—	—	—	—	—	—	*	*	*
硒	—	—	—	—	—	—	—	—	—	*	*	*
汞	—	—	—	—	—	—	—	—	—	*	*	*
铜	—	—	—	—	—	—	—	—	—	*	*	*
铅	—	—	—	—	—	*	*	*	—	*	*	*
镉	—	—	—	—	—	—	*	*	—	*	*	*
阴离子表面活性剂	—	—	—	—	—	—	—	—	—	*	*	*
氰化物	*	—	—	—	—	—	—	—	—	*	*	*
总硬度	*	*	*	*	*	*	*	*	—	—	—	—
亚硝酸盐氮	*	*	*	*	*	—	—	—	—	—	—	—
总铬	*	*	*	*	*	*	*	*	—	—	—	—
氯化物	—	*	*	*	*	*	*	*	—	—	—	—
电导率	—	—	—	*	*	—	*	*	—	—	—	—
粪大肠菌群	—	—	—	—	—	—	—	—	—	—	*	*
硫化物	—	—	—	—	—	—	—	—	—	—	*	*

说明:“*”表示在测项目

近海海域监测　近海海域监测频率为一年 3 期，时间分别为 4 月、7 月、10 月。具体监测项目为水温、PH、化学需氧量、生化需氧量、硝酸盐氮、亚硝酸盐氮、溶解氧、悬浮物、氨氮、活性磷酸盐、石油类、铜、锌、铅、镉、砷、汞等 17 项。

2004 年 5 月，建立沿海赤潮监视志愿者网络组织，每天经常性监视分管海域，收集赤潮信息向县海洋环境监测站报告，全年编发赤潮报告 14 期。至 2008 年，共编发赤潮报告 60 余期。

2006 年，县海洋环境监测站全潮监测石浦港 8 航次，赤潮监测 15 航次，海水浴场监测 1 航次，养殖区监测 4 航次，发布监测简报 18 期；开展海水监测 3 期，3 个站位获有效数指 153 个。2007 年，完成各类监测 39 航次，编发监测简报 21 期，首次对外发布《象山县海洋环境公报》。

大气酸雨监测　2005 年，采用空气地面自动监测系统，每天 24 小时连续自动监测。降尘每月采样 1 次，每次连续采样 1 个月。空气降水逢雨（雪）必测 PH、电导率，每月至少选择 1 次降水，测定 F^-、SO_4^{2-}、NO_3^-、CL^-、NH_4^+、K^+、Na^+、Ca^{2+}、Mg^{2+}等离子浓度。

1997—2007 年象山县大气监测项目、频次情况表

表 14-13

<table>
<tr><th colspan="2">年份
监测项目</th><th>1997</th><th>1998</th><th>1999</th><th>2000</th><th>2001</th><th>2002</th><th>2003</th><th>2004</th><th>2005</th><th>2006</th><th>2007</th><th>2008</th></tr>
<tr><td rowspan="5">大气</td><td>二氧化硫</td><td colspan="3" rowspan="3">每年1、4、7、10月中旬进行监测，各点连续监测5天，每天间断采样4次</td><td colspan="7" rowspan="2">每周连续监测3天，每次连续24小时采样</td><td colspan="2" rowspan="2">采用大气地面自动监测系统</td></tr>
<tr><td>氮氧化物</td></tr>
<tr><td>总悬浮颗粒物</td><td colspan="7">每周连续监测2天，每次连续24小时采样</td><td colspan="2">—</td></tr>
<tr><td>可吸入颗粒物</td><td colspan="12">2007年开始采用大气地面自动监测系统</td></tr>
<tr><td>降尘</td><td colspan="12">每月取样1次，每次连续采样1月</td></tr>
<tr><td rowspan="11">酸雨</td><td>pH</td><td colspan="12" rowspan="2">每月逢雨（雪）必测</td></tr>
<tr><td>电导率</td></tr>
<tr><td>SO42-</td><td colspan="7" rowspan="4">每月至少选择1次降水送市中心站测定</td><td colspan="5" rowspan="4">每月至少选择1次降水测定</td></tr>
<tr><td>NO3-</td></tr>
<tr><td>CL-</td></tr>
<tr><td>F-</td></tr>
<tr><td>NH4+</td><td colspan="12">每月至少选择1次降水测定</td></tr>
<tr><td>Ca2+</td><td colspan="7" rowspan="4">每月至少选择1次降水送市中心站测定</td><td colspan="5" rowspan="4">每月至少选择1次降水测定</td></tr>
<tr><td>Mg2+</td></tr>
<tr><td>K+</td></tr>
<tr><td>Na+</td></tr>
</table>

噪声监测 根据国家和省噪声监测网络规定，城区重点开展功能区噪声定期监测和高空噪声监测，每年监测1次，每次连续监测24小时；道路交通噪声监测，每年监测1次，每个测点监测20分钟，测试时段选在白天正常工作时间内。2007年，城区道路交通噪声9个监测路段20个测点，测点达标率为55%。2008年9月，对城区噪声按照250米划分100个网格，进行昼间10分钟监测，取得有效数据100组。79个测点符合《声环境质量标准》Ⅰ类昼间标准；21个测点符合《声环境质量标准》Ⅱ类昼间标准。是年，城区道路交通噪声由上年的9个监测路段，增加至11个监测路段，监测点增加14个，测点昼间达标率为52.9%，比2007年有所下降。

第四节　环境监管

20世纪90年代，开展境内水资源、噪声、放射性废弃物和污染企业管理。1997年始，象山实施排污申报登记与许可证制度。

环境监察执法

污染企业治理 1997年始，开展工业固体废物检查，整治老污染源。查处固体废弃物污染单

位15家。1999年，监督管理15家重污染企业和148家轻污染企业达标治理工作。检查9家电镀企业的废水治理设施，6家企业废水排放基本达标。2000年，监理重点污染源企业26家，其中4家停业关闭，20家企业废水治理设施运行正常，2家企业废气治理设施运转正常并达标排放。为督促企业加快治理进度，确保如期完成，于1月1日、3月31日与6月30日零时开展3次环保“零”点行动。电视、报纸曝光废气治理进展缓慢的企业，责令废气治理尚未达标的象山罐头厂停产，处罚企业10家，作出行政处罚25件。

根据《宁波市人民政府关于禁止销售和使用含磷洗涤用品的规定》，2002年2月、6月，检查商场、宾馆饭店、企事业、个体工商户销售和使用洗涤用品单位25家，依法处罚未执行“禁磷”规定单位。是年3月，开展全县7家工业园区环境状况环保基本情况调查。全县污染企业现场执法检查150家次，查处环境违法行为50起，批评教育16起，依法处罚34起。其中，查处未批印花项目9个，小印花污染得到有效控制。

2003年7月，检查全县各排污企业，查获并罚款处理漏排和未经环境保护部门审批，擅自开工企业3家。现场执法检查全县污染企业600家次，依法行政处罚25起。实地检查73家可能有危险废物的单位，基本摸清危险废物产生量和处置情况。

2005年，通过“12369”环境热线举报电话，经常、突击、利用夜间进行监督检查和现场执法。全年现场监察企业600余次，立案查处企业32家，限期治理企业1家，责令停止生产企业26家，限期整改企业29家，处罚金额78000元。

2006年，检查污染源企事业单位300余家次，查处环境违法案61件，责令企业停止生产32家。

2007年8月，根据宁波市环境保护局《关于2007年“绿剑4号”工业园区专项行动的通知》，检查企业239家，发现违法企业32家，立案21起，处罚17家，罚款金额110万元，责令限期补办环评审批企业15家。

水资源治理　2002年4月，全面检查全县7个集中式饮用水源保护区和正在创建保护区的溪口水库、隔溪张水库、大塘港水库的水源保护和污染防治工作。

2007年6月，专项检查全县43个饮用水源，其中，重点饮用水源11个，乡镇级饮用水源32个，发出整改通知5份。

噪声治理　1998年，为巩固丹城镇噪声达标区成果，加强噪声日常管理力度，查处饮食、娱乐、商店、装潢、建筑、锯板及针织等企业排放噪声、污染环境单位20家。

1999年7月1日起，在丹城城区禁止车辆鸣喇叭，禁止拖拉机通行。

2001年，开展“绿色护考”活动，使中、高考学生有一个安静迎考环境。6月中旬，向全县发布中、高考期间加强环境噪声监督管理通知，停止城镇范围内夜间建筑施工审批手续。组织专人现场检查各考点周围，受理“绿色护考”举报电话10次。

放射性废源、废物治理　2003年，开展放射性废源、废物专项调查，全县查处水泥厂放射性废物4只。

2004年4月，检查9家医院医疗废物处置情况，落实有关措施，使医疗废物得到统一处置。

2006年7月，根据宁波市环境保护局《关于开展全市化工行业危险废弃物及废弃危险化学品处置专项整治工作的通知》精神，成立专项整治工作小组，检查企业25家，立案处罚企业3家，罚款14万元。

排污费征收

1997年，排污费征收从1996年120家扩大至413家，征收额从86万元增至145万元。1998年，除正常性征收原有工业污染物超标排放排污费外，并收取建筑业、冷冻业、餐饮业、娱乐业等行业排污费。1999年，快餐行业征收排污费。2004年7月1日，开征氮氧化物排污费。2006年始，征收乌沙山电厂排污费。

1997—2008年象山县排污企业数及排污费征收情况表

表14-14

年份	排污企业数（家）	排污费（万元）	年份	排污企业数（家）	排污费（万元）	年份	排污企业数（家）	排污费（万元）
1997	413	145	2001	280	250	2005	347	473
1998	410	150	2002	295	310	2006	214	1074
1999	265	190	2003	381	502	2007	180	1861
2000	275	200	2004	368	406	2008	130	2009

排污申报登记与许可证制度

排污申报登记制度　指由排污者向环境保护行政主管部门，申报其污染物的排放和防治情况，并接受监督管理的法律规范构成的规则系统。申报主要内容：排污者基本情况，正常生产和实际作业条件下排放污染物种类、数量、浓度、处置及排放去向、地点和方式，污染治理和三废综合利用等状况，是排污费征收工作重要环节。实行排污申报登记制度，有利于环境保护行政主管部门，及时准确地掌握有关污染物排放和污染防治情况准确信息，为环境管理提供依据。1997年8月，根据上级环保部门统一部署，全县开始实行排放污染物申报登记。是年，申报登记单位413家。至2008年，全县申报登记单位仅130家。

排污许可证制度　是以污染物排放总量控制为基础，由环境保护行政主管部门对企业排污的种类、数量、性质、去向、方式等实行审查许可制度。排污单位须持有排污许可证，按许可证规定范围和要求排污。2002年，为加强对工业污染源的长效管理，保证污染物排放长期稳定达标，排污许可证制度开始实施。是年，核发排污许可证28家，2003年7家，2004年2家，2005年14家，2006年6家，2007年30家，2008年31家。

环保评估和审批

环境影响评估制度，是建设项目环境保护管理工作中一项重要制度。1990年年初，全县始实行环境影响评估制度。20世纪90年代中期，环境影响评估制度逐步普及到新建企业。

建设项目环境评估　1990年年初，象山实行环境影响评估制度，时仅限于大项目、重污染项目。大目涂围垦一期工程，在项目建设前就将功能定位为围涂养殖、农业开发。

1999年，国家环境保护总局发布《建设项目环境保护分类管理目录（试行）》。2001年，重新修订并印发《建设项目环境保护分类目录》。县环境保护局通过环评和预审建设项目，控制源头和布局，先后否决部分重污染和选址不当项目。

2005年年初，县环境保护局印发《宁波市建设项目环境影响评价文件分级审批管理规定（草稿）》，进一步明确市、县两级环境保护部门审批权限，规范审批程序，并建立对违规审批项目予以撤销行政许可，并通报批评制度。是年2月，全县开展“环保风暴”行动，严肃查处环境违法违规建设项目，查处19家严重违反《中华人民共和国环境影响评价法》和《建设项目环境影响保护管理条例》，在未报批环境影响评价，擅自开工建设项目。

建设项目环保审批　1990年后，象山加大开发建设项目环保审批力度。环保审批，建立“三同时”（新建、改造、扩建工程污染治理设施必须与主体工程同时设计、同时施工、同时投产）制度。2007年，环评执行率和“三同时”执行率均为100%。为确保“三同时”制度落实，加强环保竣工项目验收，并检查建设项目“三同时”执行情况。1997—2008年，累计检查项目500余个，发出限期验收通知书10余份。

1993年，根据宁波市环境保护局《开发建设项目审批程序》和《开发建设项目环境保护审批原则》，明确开发建设项目建议书、可行性研究报告、设计、施工和竣工验收等不同阶段环保审批程序要求，提出不同类别项目审批有关原则，规范审批制度，增加审批透明度，提高办事效率。

1997年始，总量控制12项污染物，其中：废水8项，分别为汞、镉、铅、砷、六价铬、氰化物、COD、石油类；废气3项，分别是二氧化硫、粉尘、烟尘；固废1项。在项目审批中严格执行排污总量控制指标要求，做到增产不增污，增产要减污，发挥环境容量指导建设项目审批管理的作用。

2005—2008年，共完成建设项目环评审批971件，其中，工业企业444件，房地产项目36件，社会事业158件，“三产”服务263件，矿产70件；否决污染严重或选址不合理项目150个。

2005—2008年象山县建设项目环评审批情况表

表14-15　　单位：件

项目 年份	审批数						否决数
	合计	工业企业	房地产	社会事业	三产服务	矿产	
2005	252	176	17	18	41	—	30
2006	282	122	—	55	64	41	60
2007	194	58	—	48	81	7	30
2008	243	88	19	37	77	22	30

第五节　生态建设

2001年9月4日，县成立创建生态示范区建设领导小组，开展创建国家生态示范区活动。2003年始，开展创建生态街道镇乡和生态村活动。2004年，编制《象山生态县建设规划》，根据生态县建设6项基本条件和国家指标，制订2005—2007年生态县建设任务书。是年12月，象山被国家环保总局命名为国家级生态示范区，并通过设立自然保护区，带动全县创建生态街道镇乡、生态村工作。

自然保护区建设

2002年，境内始设自然保护区。至2008年，全县建成国家级、省级自然保护区各1家，县级自然保护区4家。

渔山列岛国家级海洋生态特别保护区　2008年8月，渔山列岛被国家海洋局批准为国家级海洋生态特别保护区。岛上设有保护区工作站，常年有工作人员守护。

保护区位于象山半岛东南、猫头洋东北，距石浦铜瓦门山47.5千米。渔山列岛由13个岛41个礁组成，岛礁总面积约2平方千米。独特的自然环境以及丰富的岛礁资源使得渔山列岛及其周围海域成为多种海洋生物资源的集聚地，共有浮游植物135种、浮游动物65种、底栖生物119种，潮间带野生贝藻资源丰富。

保护区分为资源保护区和开发利用区两个功能区块。伏虎礁领海资源和无居民海岛划为资源保护区，进行季节性保护。人工鱼礁增殖放流区、生态养殖区、海岛生态旅游区划为开发利用区，以开发为主，利用保护区现有的环境条件，对旅游资源、养殖环境等进行适度开发利用。

韭山列岛省级海洋生态自然保护区　2003年，韭山列岛被省政府批准为省级海洋生态自然保护区。保护区位于舟山群岛最南端，是浙江中部沿海的一个著名列岛，以主岛南韭山岛而得名。东临东海，西隔牛鼻山水道与大陆相望，距大陆最近点爵溪街道所辖之长嘴头18.5千米，由76个岛礁组成。

照14-4　南韭山自然保护区

韭山列岛及其附近海域生物类群丰富，具有珍稀、典型、濒危国家级、省级海洋保护生物。整个岛礁呈弧形分布环状区域及其周围海域，是国家二级保护动物江豚较大种群分布区；列岛附近海域特别是南韭山岛周围海域，为大黄鱼主要产卵场所及其苗种资源主要保护区；列岛以东是带鱼主要产卵场；列岛北部海域为曼氏无针乌贼产卵，索饵及其幼体保护区。韭山列岛是浙江省比较重要水鸟繁殖和停息点，有国家二级保护鸟类1种、省重点保护鸟类7种，其中黑尾鸥、中白鹭在此形成较大繁殖种群。积谷山、官船岙等8个岛礁为韭山列岛岛礁保护区，区域内有良好生态系，是各种潮间带生物和岩礁性鱼类栖息优良天然场所，也是各种鱼类和软体类动物的天然隐蔽和产卵育幼场所。保护区以韭山列岛为中心，设立核心区、缓冲区、实验区，总面积为1149.5平方千米。其中，核心区由南韭山小东岩、官船岙、黄礁、上竹山、麒麟头、大青山、将军帽、南耳朵、马补山、蚊虫山小礁、南韭山乌贼山嘴西侧连线组成的范围，面积为58.84平方千米，占区域面积5.1%；缓冲区为核心区外3千米海域范围，面积为113.5平方千米，占区域面积的9.9%；实验区为976.91平方千米，占85%。保护对象为大黄鱼、曼氏无针乌贼、江豚、黑尾鸥以及岛礁生态系。

红岩县级自然保护区　2002年，被县政府批准为县级自然保护区。保护区位于东陈乡东旦村一带，北距丹城15千米，南离石浦12千米，面积4.6平方千米。主要保护对象为海蚀地貌、沙滩、卵石滩。区内以自然景观为主，尤以海蚀地貌景观更为突出，地质构造复杂，岩石变化奇特，层次丰富、清晰、色泽多样，构成绚丽多彩的黄金海岸线，更荟萃千姿百态的“岩雕”，堪称地质奇观，还有五彩卵石，金沙碧海，苍翠岛屿，保护良好。

灵岩山县级自然保护区　2002年，被县政府批准为县级自然保护区。保护区位于泗洲头镇境内，面积10.5平方千米，主要保护对象为千丈岩和不落叶乔木林。主峰千丈岩绝壁，立马横空，俗称“千丈岩”，雄伟无比，北坡的不落叶乔木林为灵岩山特有的常绿阔叶乔木林林态，灵岩山区植被保护良好，自然景观和森林资源各有特色。

檀头山县级自然保护区　2002年，被县政府批准为县级自然保护区。保护区位于石浦镇东部大目洋与猫头洋交界洋面上，北距县城37.5千米，离石浦8千米，面积80.3平方千米，重点保护外沙头、里沙头、大王宫木结构瓦房。山体、水体、岛礁、滩涂和植物各具特色，檀头山岛山谷海湾，岸线曲折。其中，大沙、小沙沙滩，坡面低缓，沙质纯净，终日排波层叠，气势宏伟，有“东海第一滩”美誉。檀头山岛有历史遗址，清道光年间，在岛南修造一间被称为“大王宫”的木结构瓦房，传与蔡牵有关，一直留存至今。

花岙岛县级自然保护区　2002年，建立花岙岛县级自然保护区。保护区位于高塘岛乡境内，距县城39.8千米，面积54.9平方千米。主要保护对象为海蚀地貌，卵石滩、花岙沙滩。花岙山有秀美海岛风光，礁岩地貌。花岙结晶体石林气势雄伟壮观，布列近一千米的海岸上，石林中心区石柱雄伟，总数在120万根左右，有“海山奇观”之誉。花岙山清水澳与天作塘，为卵石滩，清水澳在花岙岛东侧，龙洞嘴与芝萁山嘴间，近岩有一鹅卵石滩，长500米，宽40米，五色玲珑；天作塘在南田湾内湾，花岙岛东岸南部，沿岩有鹅卵石堆积成的形若塘岸的天然石坝，遇大风毁坍，亦能凭湖流自动筑回，周而复始，近岩石滩约500平方米，如斗、如拳、如豆，圆润玲珑，五彩缤纷。

生态县建设

2001年9月4日，象山县成立创建生态示范区建设领导小组。是月，象山县被省环保局列为省级生态示范区建设试点县。2002年6月，被国家环境保护总局列为全国第七批生态示范区建设试点县。2004年12月，被国家环境保护总局命名为全国第三批国家级生态示范区。翌年10月25日，正式授牌。2005年，完成创建市级生态示范村4个。2008年，全县共创建市级生态村40个。

建设　保护　建设生态公益林3.48万公顷，水源涵养林1.03万公顷，森林覆盖率达57.5%。投资1.3亿元，实施县中心城区南大河景观绿地、滨海大道绿化、县前街广场绿化等市政绿化项目，城区新增绿地面积1.4平方千米。大幅度提高城市公共绿化面积，中心城区绿化率为30%，人均公共绿地达8平方米。

建成无公害农产品基地10个，海水生态养殖示范基地2个、面积8000公顷，其中国家绿色食品基地200公顷。实施农业标准化生产，获国家级绿色食品称号1个，国家级首批无公害食品4个，省级绿色农产品14个，市级9个。生态型工业开局良好，宁波兴华化学有限公司成为全县首家通过ISO14001环境管理体系认证企业。大力发展高新技术产业，2008年年末，全县拥有市级以上高新技术产业企业12家，其中国家级1家。生态旅游蓬勃发展，投入10多亿元，重点建设松兰山旅游度假区、中国渔村、影视城等一批旅游项目，初步形成“山、海、岛、崖、滩、鱼”为特色、南北相呼应百里黄金海岸生态旅游带。

控制　整治　县中心城区烟尘控制区，在原创建4.8平方千米基础上，扩大至34.5平方千米，石浦镇由3.5平方千米扩至10.6平方千米。象西线、沿海南线、盛宁线等公路主干道两侧，各1千米可视范围划为烟尘控制区。

城区保洁面已达2.5平方千米，垃圾袋装化覆盖率和生活垃圾无害化处理率均达100%。餐饮业统一推广安装油烟净化器，集中建设花岗岩市场，开展占道经营、违章停车、乱张贴等专项整治。

生态街道镇乡、生态村建设

2008年，全县省级生态镇乡6个、市级生态街道镇乡11个、县级生态镇乡5个；市级生态村40个、县级生态村146个。

省级生态镇乡　2005年，定塘镇顺利通过省级生态示范镇创建验收乡。至2008年，全县省级生态镇乡6个：定塘镇、泗洲头镇、新桥镇、晓塘乡、黄避岙乡、高塘岛乡。

市级生态街道镇乡　2005年，墙头镇、高塘岛乡通过市级生态镇创建验收。至2008年，全县市级生态街道镇乡11个：墙头镇、爵溪街道、西周镇、鹤浦镇、贤庠镇、涂茨镇、大徐镇、新桥镇、东陈乡、黄避岙乡、茅洋乡。

县级生态街道镇乡　5个：丹东街道、丹西街道、石浦镇、大徐镇、茅洋乡。

市级生态村　40个。其中，2004年完成西周镇官山村、墙头镇方家岙村、定塘镇定山村、高塘岛乡江北村4个；2005年，完成贤庠镇碶头陈村、岑晁村、墙头镇墙头村、泗洲头镇下马岙村、新桥镇溪东村、板岭村、晓塘乡西边塘村7个；2006年完成贤庠镇盐厂村、沈家洋村、泗洲头镇泗洲头村、定塘镇礁横村、涂茨镇钱仓村、东陈乡旦门村、西庄村、黄避岙乡龙屿村、茅洋乡兴坑村9个；2007年，完成丹西街道九顷村、鹤浦镇小网巾村、马小旦村、贤庠镇民洋村、贤庠村、墙头镇舫前村、溪里方村、定塘镇宁波站村、涂茨镇中堡村、大徐镇下院村、新桥镇下七里村、高塘村、晓塘乡中央攍村、黄避岙乡大林村、茅洋乡文山村15个。2008年，完成贤庠镇西山下村、墙头镇盛王张村、黄溪村、晓塘乡黄埠村、茅洋乡李家弄村5个。

县级生态村　146个。其中，2007年完成96个：丹东街道1个，丹西街道2个，爵溪街道1个，石浦镇4个，西周镇9个，鹤浦镇3个，贤庠镇4个，墙头镇6个，泗洲头镇10个，定塘镇10个，涂茨镇6个，大徐镇6个，新桥镇7个，东陈乡2个，晓塘乡6个，黄避岙乡5个，茅洋乡5个，高塘岛乡9个。2008年，全县完成50个。

第十五篇
经济管理

本篇目录

第一章　计　　划

中华人民共和国成立前，象山经济社会发展无专门计划部门统筹。中华人民共和国成立后，逐步建立计划机构，编制国民经济和社会发展年度计划和中长期计划，并与国家计划相衔接。1953年始，国家实施第一个国民经济发展五年计划，内容由单一的农业逐步扩大到工业、商业、交通邮电等各个方面；由单一的经济发展计划逐步扩展到教育、卫生等社会事业发展的多个领域。1954年11月，县计划委员会成立，负责全县国民经济发展计划的编制、实施和管理。

第一节　计划编制及实施

1952年前，象山无经济社会发展计划编制。统计数据显示，至1952年年末，全县总户数由1949年67447户增至69116户，总人口由248250人增至252935人。地方财政收入从1950年232万元增至1952年364万元，增加56.9%。银行存款年末余额从1950年5.2万元，增至28.5万元，其中城镇储蓄由0.2万元增至3.3万元。

1963—1965年，为国民经济调整时期，其间未编制计划，经3年努力，国民经济逐渐恢复并得到发展，各项经济指标增速回升。工业总产值增长4.19%；农业总产值增长9.64%；地方财政收入增长3.44%，地方财政支出继续缩减；银行年末存款余额增长11.92%，年末贷款余额增加23.55%。自1952年编制“一五”计划至2008年年末，共编制11份国民经济发展“五年计划”。

此《计划编制及实施》节，内容与本志《政府》篇，第三章“县人民政府”，第四节“施政纪要”，目“发展国民经济”内容互见。

“一五”计划（1953—1957）

1952年编制，1953年实施。至1957年年末，工农业总产值6852万元，比1952年的4553万元，增长50.49%，平均递增率为8.52%。其中，工业总产值由1952年的466万元，增至1359万元，增长291.63%，平均递增率为23.87%，为计划1100.8万元（折1980年不变价格）的123.46%；粮食总产量96552吨，完成计划86750吨的111.3%。“一五”期末，基本完成教育计划。其中：高中、初中招生数及高、初中在校学生数，均超额完成计划；小学在校学生数仅为计划目标的90.54%。社会商品零售总额1987万元，比计划目标1880万元增长5.69%；比“一五”计划前1952年的927万元增长214.35%，平均递增率为16.47%。银行年末存款余额由1952年的28.5万元，增至183万元，增长542.11%，年平均递增45.05%。其中，城镇储蓄由3.3万元增至30.8万元，增长8.3倍，平均年递增56.32%。生猪饲养量由1952年的65773头增至129116头，增长96.31%。生猪年终存栏数由1952年的37217头增至69280头。牛存栏数由1952年的20449头，减至17241头。畜牧业生产未达到计划目标。水产品总产量由5911吨增至17098吨，完成计划的119.02%。互助合作运动目标，1953年，要求参加多种互助合作形式农户达24184户，至年末，实际达到38278户；至1957年年末全县参加高级农业生产合作社农户58040户，占总农户数的94.67%。

“二五”计划（1958—1962）

1958年编制的“二五”计划及先前编制的《象山县1957-1967年经济计划十年远景初步规划的报告》，因指导思想犯急于求成的“左”倾错误，致使计划指标过高，超越实际县力，各项分解指标多变。1960年冬，开始纠正农村工作中“左”倾错误。“二五”计划期间，遇上3年困难时期，各项经济指标均未达到计划要求。1962年，工农业总产值仅为1958年的78%，出现了负增长。其中：实现工业总产值1588万元，平均年递增率仅为3.16%；农业总产值平均递增为-2.13%，粮食总产量比期初锐减近14%。地方财政收入由1958年的7563万元减至6126万元，减少19%，地方财政支出却递增3.66%。银行年末存款余额递增率10.46%，银行年末贷款余额递增率13.83%。居民消费品零售额比期初下降5.42%，平均递增率仅2.29%。

“三五”计划（1966—1970）

由于“文化大革命”，“三五”计划编制与执行遭受严重干扰。计划管理工作程序完全被打乱，一切工作均以“阶级斗争”为纲，经济建设为“阶级斗争”所取代。计划涵盖的范围和内容大大减少，计划已失去指导性和严肃性。这一时期许多国民经济计划资料，已无法查考。

“四五”计划（1971—1975）

“文化大革命”期间，经济管理机构和正常工作程序被打乱，国民经济计划资料无法查考。1966—1975年10年，国民经济主要指标平均递增率：工业总产值12.77%，农业总产值0.3%，社会商品零售总额7.88%，地方财政收入与支出分别为6.03%、13.07%，银行年末存款余额14.94%。其中，城镇储蓄9.47%，银行年末贷款余额8.42%。

“五五”计划（1976—1980）

未编制五年发展计划，由年度计划代替。计划内容甚粗，范围不广。1976年10月前，国民经济运行仍受“江青反革命集团”干扰，计划执行情况不理想。10月，粉碎江青反革命集团，国民经济始逐步调整、恢复。“五五”期间，国民经济主要指标递增率：工业总产值17.11%，农业总产值3.99%，社会商品零售总额13.36%，生活资料消费品13.62%，生活资料人均消费水平11.69%，银行存款年末余额14.16%。其中，城镇储蓄22.29%，银行贷款年末余额19.23%，地方财政收入及支出分别为7.22%、8.08%。

“六五”计划（1981—1985）

“六五”计划期间无五年计划文本，仅有简单计划表格草稿，涵盖工业、农业、基本建设投资和城镇劳动力、人口等。工业总产值，指标为2亿元，实际完成5.96亿元，5年平均递增率为35.25%。农业总产值同样提前完成计划。计划期间，平均递增率为6.77%。其他指标递增率为：地方财政收入及支出分别为16.28%、11.12%，社会商品零售总额12.96%。其中，生活消费品零售总额14.77%，人均消费品消费水平13.74%，银行存款年末余额20.89%。其中，城镇储蓄30.4%，银行贷款年末余额17.41%，普通中学及小学教育与“五五”期间比较呈负增长，幼儿教育发展加快，入园幼儿比“五五”期间增长48.87%，平均递增率8.28%，文化、卫生事业得到发展。其间，建筑业异军突起，超越货运、邮电、商业、饮食业等行业，成为全县经济的重要组成部分。

“七五”计划（1986—1990）

第一个较全面的经济和社会发展五年计划。按照决策民主化、科学化、法制化要求，从1984年7月开始编制，七易其稿，于1987年4月完成。计划期间，开始进行计划体制改革，缩小指令性计划范围，逐步扩大宏观经济调控和管理。由于计划目标制订比较切合实际，经济发展速度较快。综合指标计划的目标，除农业总产值未完成外，均提前完成，特别是固定资产投资总额。主要指标的平均年增长率：工农业总产值14.47%，比计划递增率12.97%，高出1.5个百分点。其中，工业总产值17.22%，比计划高出2.2个百分点，农业总产值未完成计划目标，增长1.39%。国民生产总值增长13.79%，财政收入增长15.87%，社会商品零售总额增长14.72%。

“八五”计划（1991—1995）

1991年9月，完成《象山县国民经济和社会发展十年规划和“八五”计划纲要》，按照全县国内生产总值在1990年的基础上，至2000年再翻一番目标编制，年度计划亦依此编制。至1995年，主要经济和社会发展主要指标平均递增率：国内生产总值36.09%，第三产业增加值40.22%，工农业总产值50.51%（工业总产值49.10%，农业总产值59.64%），全社会固定资产投资额（五年合计）30.11%，财政收入20.05%，全社会外贸出口交货总值52.13%，金融系统年末存款余额36.76%（城乡居民储蓄38.67%），金融系统年末贷款余额23.84%，农渔民人均纯收入24.44%。教育事业持续发展，普通中学招生数8.9%，在校学生数递增率4.56%，毕业人数递增率7.77%，小学在校学生数递增率0.94%，毕业人数递增率4.64%。

“九五”计划（1996—2000）

“九五”计划期间未重新编制五年计划文本。计划期间，坚定不移地推进改革开放，一些限制经济发展的瓶颈得到较好解决，经济发展速度明显加快。国民经济主要指标平均递增率：国内生产总值10.91%，其中，第三产业增加值15.68%，农业总产值5.33%，工业总产值18.92%；全社会固定资产投资额增长83.81%；建筑业总产值11.86%；财政收入17%；全社会外贸出口交货总值16.53%；金融系统年末存款余额21%，其中城乡储蓄22.41%；金融系统年末贷款余额14.53%；农渔民人均纯收入6.49%。

“十五”计划（2001—2005）

编制工作自2001年1月始，7月末完成编制任务。国民经济主要指标平均递增率：国内生产总值135.87亿元，未完成计划，平均递增率13.94%，其中，第三产业增加值17.69%，农业总产值7.85%；水产品总产量56.67万吨，完成计划的86.15%，递增率1.16%；规模以上工业产值23.9%；全社会固定资产投资（五年累计）21.14%；建筑业总产值增长3.93倍，年平均递增率31.52%；财政收入增长3.58倍，年递增率28.97%；自营出口额增4.34倍，平均递增率34.12%；金融系统年末存款余额20.94%，其中城乡储蓄存款17.32%；金融系统年末贷款余额22.41%；农渔民人均纯收入7.77%；城镇居民人均可支配收入10.88%。

“十一五”计划（2006—2010）

是在“十五”计划主要目标完成或超额完成情况下，由县政府和省发展规划研究院合作编制。其间，贯彻落实科学发展观，深入实施“桥海兴县、工业强县、旅游富民、和谐惠民”四大战略，积极应对国际金融危机挑战，经济和社会发展取得重大成绩，综合实力进一步增强，滨海产业体系基本形成，城乡面貌持续改观，民生事业全面进步，改革开放不断深化。

第二节　计划管理

1952年后，国民经济实行计划管理，计划管理初期学习苏联的体制和方法。1956年，对资本主义工商业社会主义改造基本完成后，形成一套以行政管理为主要特征、高度集中的中国计划管理体制和方法。随着各个时期的经济形势和政策体制的变化，计划编制、管理内容及权限划分与计划方法也有不少变化。

20世纪50年代，各种产品严格按指令性计划生产，而各类物资均凭票供应或按调拨计划执行。至60年代初，根据“农业为基础，工业为主导”方针，加强农业，各行各业支援农业；发展与人民生活密切相关的轻工日用品；增加支援农业产品的生产，市场商品有所增加，市场供应开始好转，凭票供应商品有所减少；基本建设增加用于农业项目、支援农业项目和轻工业项目投资比重。尔后，随着改革开放逐步深入，指令性计划被指导性计划所取代，宏观计划取代繁琐、具体计划，计划管理更具科学严谨。

农业生产计划管理

1953年11月19日，政务院印发《关于实行粮食计划收购和计划供应的命令》。在管理体制上，严格实行统一领导、分工负责。由此开始，国家对粮食等关系国计民生的重要农副产品实行统购统销。1954年，县计划委员会成立，对农业生产实行全面的计划管理。根据“基本保证满足人民生活和国民经济发展需要，并略有积余”的要求，实行主要农副产品严格的指令性计划管理。纳入指令性计划管理的项目主要有：粮食、大豆、棉花、蚕茧、油菜籽、麻类、甘蔗、水果、茶叶、猪、牛、羊、兔、鸡、鸭、鹅等畜禽产品，海淡水产品、造林、封山育林、木材采伐等方面。1985年，不再下达指令性计划，改为指导性计划。2001年始，农业生产按市场需要自行调节。

工业生产计划管理

工业生产计划管理时间，稍后于农业生产计划管理。1957年，始有简单的工业生产指令性计划，后逐步增加内容。列入计划管理的经济技术指标主要有：总产值、净产值、固定资产原值、净值、利润、企业亏损额、销售收入、产品销售税金、劳动生产率、单位生产总值能耗等。1970年前，列入指令性计划的工业产品品种有：发电量、铁制小农具、木制小农具、竹制小农具、工业用植物油、黄酒、白酒、原盐、硼石、水利启闭机、碾米机、皮草等。1970年后，增加淀粉机、水泵、碘、海藻胶、交流电动机、汽车配件、电子、电机、水泥、红砖、纤维板、塑料制品、液压元件、机制纸及纸板、合成氨、氮肥、成品钢材、玻璃制品、化学纤维等100余个品种。1986年始，纳入指导性计划管理的工业产品品种减至19个：化学纤维、棉布、棉纱、丝织品、罐头、啤酒、原盐、茶叶、液压泵站、液压元件、气动元件、气缸垫片、超高温瞬时灭菌机、小型电机、水泥、红砖、耐火材料制品、花岗岩板材、机制纸及纸板。

固定资产投资计划管理

固定资产投资计划，原名为基本建设投资计划，1996年改名。20世纪50年代末，逐步纳入计划管理。固定资产投资管理权限，集中于中央和省两级。县管理权限，由省（后为市）授予。所有纳入基本建设计划项目，均由上级审批部门拨给资金和物资，县计划委员会无审批权。1962年，下放部分基建计划权限，县计划委员会可审批不占用农用土地、投资1万元以下、无土建工程的竹、木、棕、草类等原料基地项目。自此，县计划委员会获零星基建计划审批权。1979 年，省计划委员会制定《关于试行一九七五年基本建设计划管理的几点补充规定》，县计划委员会审批零星基建的权限，增至 5 万元以下（不含 5 万元）。1981 年 3 月 3 日，国务院发布《关于加强基本建设计划管理、控制基本建设规模的若干规定》指出："基本建设计划的审批权集中在中央和省（市）、自治区两级，州、县无权批准基建计划。"为此，省计委于是年 4 月，发布《关于当前基本建设计划管理中若干问题的意见》，要求压缩基建规模，缩小基建战线，赋予县计划委员会对二轻系统以外，属县管辖的生产性建设和社队企业的基建项目审批权。是月，县计划委员会按国家要求，重申并严格执行"三同时"（防止污染和其他公害的设施，必须与主体工程同时设计、同时施工、同时投产），防止和改善环境污染。随着改革开放深入，投资计划管理亦发生改变。1983 年，由原直接控制投资额度，改为控制投资规模和贷款额度。1984 年，国务院批转国家计委《关于改进计划体制的若干暂行规定》："为了控制基本建设总规模，引导自筹资金的使用方向，当年使用的自筹投资，要做到提前半年存入建设银行。"1985 年始，凡由国家预算内投资安排的建设项目，都改为银行贷款。1986 年，国务院颁发《关于控制固定资产投资规模的若干规定》，总投资 50 万元以下小型项目，由县计划委员会审批。1989 年，县计划委员会审批权限增至 50 万元。2005 年，县政府印发《象山县政府投资项目管理办法》，全面管理政府基础性投资、公益性项目及技术进步、高新技术等重点扶持的产业发展项目。

物资计划管理

1958 年，县计划委员会始设物资调拨组，管理计划物资统筹分配。根据各时期经济形势，物资分配管理范围亦有不同。初期，纳入计划分配物资有钢材、木材、水泥、煤炭、机电产品、化工产品及有色金属等国家统配物资。按"条块结合、统筹安排"原则，将计划分配物资指标下达给各主管部门与乡镇（公社），再由各主管部门与乡镇（公社）按计划分配至生产单位（用户）。随着经济的发展，国家统配物资种类和数量亦有增加。国家统配的计划物资，最多时有木材、煤炭、金属产品、石油产品、汽车产品、机电产品、水泥制品、建筑材料、化工产品、中小农具、危险品、废旧汽车回收（包括其他废旧钢铁）等 12 大类 40 余个品种。1980 年后，进行经济体制改革，上述物资逐步实行"双轨制"，缩小计划统配量，扩大市场调节量。1986 年，除煤炭、石油产品仍以计划管理为主外，钢材、水泥、机动车辆、化工产品等，仅有小部分实行计划管理，绝大部分物资通过市场调节解决。1996 年 11 月，物资供应全部实行市场调节。

第二章　统　　计

统计，历朝均有。旧时统计对象单一，多为人口、土地、税赋等。民国 32 年（1943），县府配统计人员，后在各乡设兼职调查员，统计对象扩大。

1951 年，县政府办公室内设统计组。1952 年，向宁波专署、浙江省民政厅呈报县土地面积、人口数等报表。1953 年 8 月，设统计科。1954 年 5 月，县政府制定《象山县人民政府建立统计工作基点计划（草案）》。1958 年 6 月，中共象山县委批转统计科《关于迅速建立基层统计组织意见的报告》，在各区、乡、社、队建立统计网。为使统计数据真正起到推动生产的目的，要求统计工作做到“五化”（报表自动化、统计图表化、统计制度化、检查评比正常化、生产进度快报化）。是年9月15日，省召开“统计工作大跃进会议”，并制定《浙江省统计工作大跃进规划》。宁象合并时，县计划委员会设统计组。1963年6月，成立县统计科，实施统计报表编制，进行统计调查。“文化大革命”期间，统计机构撤销，统计工作停滞。1980年，在县计委设立统计科。1984年，县级机构改革时成立统计局，统计工作逐渐恢复正常。

第一节　国民经济核算制度

中华人民共和国成立至改革开放初，全国国民经济核算采用原苏联、东欧国家的物质产品平衡表体系（MPS）。20世纪80年代中期后，逐步引进发达市场经济国家广泛采用的国民账户体系（SNA）。

1984—1992年，国家统计局会同有关部门制定《中国国民经济核算体系（试行方案）》。1992年8月，国务院发出《关于实施新国民经济核算体系方案的通知》，要求在全国范围内实施。1999年，国家统计局决定修订“试行方案”，形成《中国国民经济核算体系（2002）》。新方案中，基本核算表和国民经济账户通过不同方式全面描述国民经济运行过程及结果，所有的基本核算表构成一个有机的整体，全面核算国民经济活动，各个国民经济账户按生产、收入分配、消费、储蓄、投资和融资等环节设置，相互之间通过平衡项来衔接，系统地反映经济循环过程中每个环节的基本内容，并反映各环节之间的有机联系。

1984年，县统计局成立后，先从工农业总产值核算扩大到工业、农业、建筑业、交通运输业和商业五大物质生产部门总产值，即社会总产值核算，逐步实施国家国民经济核算制度开展生产总值核算，核算制度随着国家核算制度变化而变化。现行核算方法主要使用生产法和收入法核算地区生产总值。生产法国内生产总值表的主栏为国民经济行业分类，按3个层次划分，第一层为三次产业分组，第二层把三次产业进一步划分为21个次级产业部门，第三层又在第二层分类的基础上再细分出9个次级产业部门。宾栏为增加值、总产出、中间投入，三者之间的关系为：增加值=总产出-中间投入，各产业部门增加值合计为国内生产总值。生产法国内生产总值表直观地反映按生产法计算的各产业部门增加值和国内生产总值，能够全面地反映国民经济各产业部门的生产成果及其在国民经济中所处的地位，以及不同产业部门的投入产出情况。收入法国内生产总值=劳动者报酬+生产税净额+固定资产折旧+营业盈余。收入法国内生产总值表的主栏与生产法国内生产总值表一样，也是国民经济行业分类和相应的分组；宾栏为增加值、劳动者报酬、生产税净额、固定资产折旧和营业盈余；宾栏各指标之间的关系为：增加值=劳动者报酬+生产税净额+固定资产折旧+营业盈余，各产业部门增加值合计为国内生产总值。收入法国内生产总值表直观地反映按收入法计算的各产业部门增加值和国内生产总值及其构成情况。不变价国内生产总值核算的目的是剔除按现期市场价格衡量的国内生产总值中的价格变动因素，以反映一定时期内生产活动最终成果的实际变动。

其他各专业统计报表制度不断变革，工业报表制度从20世纪80年代实施乡及乡以上工业企业报表制度。1997年始，实施国有及年销售收入500万元以上工业企业报表制度。

第二节　统计报表

中华人民共和国成立初期，县政府统计科根据政务院、省政府、省统计局规定，先后统计调查农业、林牧业、水利气象、渔业生产、盐业生产、工业生产、商品流转、行政物价、财政金融、交通邮电、文教卫生等情况，分别整理、编制月季主要指标统计报表。

1958年，国家规定统计报表定期报告制度。为贯彻落实“鼓足干劲，力争上游，多快好省地建设社会主义”总路线，实行生产速度快报化。为快速反应生产建设、流通领域“大跃进”进展情况，有组织地按月统计、编报主要工业产品、农副产品收购等项目。

“文化大革命”期间，月季统计资料编印时断时续，直至20世纪70年代中后期，才逐步恢复正常的月季统计资料编印。

1978—1988年，月季统计资料的编印更及时、详尽，保管更完好。其中，编印成册有：工、农、商贸、财政、金融、交通、能源、城乡家庭收支等各行业的月季生产情况和发展现状，各行各业的发展上下月月比，上年全年的同月比、同季比，兼有文字说明和表式数据等；月季资料编印中常附月季各行各业发展变化的情况分析材料、评估材料、统计调查心得体会、月季总结、下个月季的工作意见等。

1988—2008年，随着新项目增加，统计资料新增：外出及外地进入人口、计划生育、小城镇建设、第三产业、产业结构调整、交通、旅游、饮食服务业、建筑业、商业发展现状、城乡居民家庭收支和消费指数、固定资产投资等项目。2006年，随着计算机等高效处理设备普遍应用，统计报表汇总处理工作效率提高，专业数据得以快速、便捷统计。

第三节　统计调查

中华人民共和国成立后，尤其是改革开放以来，象山统计机构采用普查、抽样调查等方法，先后进行人口与劳力、工农业生产、商品物流、行政物价、财政金融、交通邮电、文教卫生等多方面统计调查，并形成各种调查报告。

人口普查

第一次全国人口普查　1953年，全县仅调查登记人口，以确定合法选民人数。登记项目有姓名、性别、年龄、民族四方面内容，普查工作于6月30日结束。

第二次全国人口普查　项目与前次比较，增加本人成分、文化程度、职业3个项目。1964年6月30日为调查标准时间。

第三次全国人口普查　1982年7月1日零时为调查标准时间，普查内容分户记录和人记录二类，户记录有户别（家庭户和集体户）、本户人数、本户1981年出生人数、死亡人数、有常住户口外出一个以上人数等。人记录有姓名、与户主关系、性别、年龄、民族、常住人口户口登记状况、文化程度、行业及在业人口状况、婚姻状况、生育子女总数和存活子女总数、1981年生育状况等。

第四次全国人口普查　1990年7月1日零时为调查标准时间。人口普查数据首次用电子计算机汇总，普查资料准确、全面。项目增加改革开放后，象山外出省外、市外、县外务工、经商、从事建筑、运输业等项人口情况。人口普查中增加《浙江省外出人口登记表》，取得详细的资料数据。编印本增加《户籍管理人口》内容。

第五次全国人口普查　2000年11月1日零时为普查登记的标准时间。普查项目比以往几次更全面、更详细。

农业调查

农业调查采用全面调查与抽样调查两种形式。1965年4月，为系统、全面地反映象山解放后，历年来国民经济发展变化情况，编印《1949—1962年象山县国民经济统计资料》。其中，第二部分就是农业生产的统计调查，有以下方面内容：1962年年末人民公社基本情况，分地区基本情况，农业互助合作发展情况，人民公社基本情况，人民公社各级组织规模分组，粮食总产量增长，农业总产值及其比重，粮食作物面积产量，棉花生产，麻类生产，花生、芝麻生产，油菜籽、烟叶生产，甘蔗、蔬菜生产，绿肥生产情况，分地区生猪存栏头数，分地区耕牛存栏，分地区家畜存栏，生猪发展，牛、羊年终存栏，家畜家禽存栏等情况，农业收益分配——现金部分，农业收益分配——粮食部分。

农业统计调查项目具体有：全县农村劳动力与耕地面积，乡村劳动力结构，农业总产值，种植业11项产值，现价农业总产值，现价农村社会总产值，现价农业净产值，农作物播种面积，粮食作物面积产量，棉、油、麻、蔗面积产量，全县畜牧业情况，猪牛羊肉产量，造林、育苗、茶叶、蚕茧、水果产量，水产品总量，农渔业收益分配，农村经济收益分配，渔业经济收益分配，分乡镇农业总产值，劳动力、耕地面积，工业总产值，粮食总产量，棉花总产量，油菜籽总产量，农民、渔民人均收入等内容。

调查数据反映，自1984年始，象山单位面积农产量均呈上升趋势，农渔民家庭生活水平逐年提高，农村社会经济明显增长。

农业普查

第一次全国农业普查　1996年12月31日为普查标准时点。普查对象为县内各种类型的农业生产经营单位、农村住户、乡镇企业、行政村与乡镇，共有38个调查项目、687个指标。县、乡（镇）、村创建一套完备的组织和工作网络，选聘和培训3000余名普查员、普查指导员。通过普查，基本摸清象山农业和农村经济家底，进一步了解农村社会经济运行状况，掌握全县农业和农村生产经营单位数量和结构；农村从业人员数量、素质和行业地域分布，主要农业机械和设备数量、质量；耕地的数量、质量和结构情况，农作物种植规模和结构；乡村社区环境和基础设施状况；建制镇规模和社会经济状况。

第二次全国农业普查　2006年12月31日为标准时点。普查对象为县境内农村住户、城镇农业生产经营户、农业生产经营单位、村民委员会和乡镇人民政府。普查的主要内容包括：农业生产条件、农业生产经营活动、农业土地利用、农村劳动力及就业、农村基础设施、农村社会服务、农村居民生活以及乡镇、村民委员会和社区环境等方面的情况。农业普查采用全面调查方法，所有普查对象由普查员逐个查点和填报。全县共组织动员普查员、普查指导员和各级普查机构工作员近3000人，填报普查表18万余张。通过普查，掌握象山有关农业、农村、农民基本情况。

工业普查

第一次全国工业普查 主要任务是了解中华人民共和国立初期，国家工矿企业基本情况，以此作为恢复和发展工业生产的依据。因象山刚解放，未赶上工业普查，故无普查资料。

第二次全国工业普查 时期指标是1985年全年局部，时点指标是年末情况。普查对象为全部工业企业，其中乡及乡以上独立核算工业企业全面调查，其他工业企业简易调查。普查基本任务，除调查1985年工业产、供、销、人、财、物基本情况外，重点调查工业装备技术状况、经济效益、工业内部结构与职工素质。1986年6—12月，普查资料汇总整理和分析，汇总报表5张，编印《象山县工业普查资料汇编》。其间，共收到基层企业和主管局写的分析文章42篇。

第三次全国工业普查 1995年1月，国务院发布《关于进行第三次工业普查的通知》。是年3月，省人民政府通知各市、县开展普查。工业普查对象是县内全部工业企业和附营工业生产活动单位，包括乡及乡以上独立核算工业企业的附营工业生产单位、村办工业、私营工业、合作经营工业与个体工业。通过普查，摸清全县工业企业，重点是国有工业企业、乡镇工业和“三资”工业企业家底；清查主要产品、产量、生产能力及其利用状况、资源配置、市场容量与供需平衡状况；查清主要生产设备数量、工艺装备及其技术状况与主要工业产品成本，价格、盈利等情况。1996年9月中旬，普查成果汇编成《象山县第三次工业普查资料》。

经济普查

2004年，第一次全国经济普查。为集工业、建筑业、第三产业和基本单位普查于一体的重大国情、国力调查。调查范围为象山境内从事第二产业和第三产业的全部法人单位、产业活动单位和个体经营户。经济普查标准时点为12月31日，时期资料为2004年度。普查采用GB/T4754—94国民经济行业分类标准为标准，普查成果汇编于《象山经济普查年鉴》。

商贸物资调查

每5年调查1次，分社会商品零售总额、社会主要农副产品采购量、国营和集体所有制商业情况、社会商品购买力、外贸收购实绩、外向型经济发展情况等内容。分别汇编于《象山在前进（1949—1988）》《象山县“七五”国民经济统计资料》《象山国民经济统计资料（1991—1995）》《象山统计年鉴（2000）》《象山统计年鉴（2005）》等资料中。

交通邮电调查

1949—1988年，象山交通邮电统计调查内容项目有货物运输量和周转量、客运量和旅客周转量、交通运输部门运输货物分类、沿海航运货物发出量，县境内公路、沿海港口码头一览表、邮电局所及服务网点、邮电网路、邮电运输设备、长途报话主要设备、农村电话主要设备、邮电业服务量等。1990年始，每5年调查统计1次。是年，调查项目有全社会货物运输量及周转量、全社会客运量及周转量、独立核算运输企业主要财务指标、邮电事业基本情况、邮电业务基本情况。1995年，调查项目有全社会民用机车拥有量、全社会民用船舶拥有量、全社会客货运输量、邮电事业基本情况、邮政事业基本情况。2005年，调查项目有全社会客货运输及运输船舶拥有量、年末公路交通运输工具拥有量、邮政业务基本情况、电信业务基本情况。

财政金融调查

1949—1962年，县财政金融调查有18种（个）表式项目内容：财政收支平衡表、财政收入、财政支出、企业收支、各项税收、社会文教费类支出、经济建设费类发展、基本建设投资、信用合作社发展、银行存取款业务、银行存款、银行取款、银行现金收入及支出、城镇居民储蓄、农村储蓄、国家银行对企业生产发放贷款、国家银行对农业基建发放贷款、公债发行兑付情况。1949—1988年，调查表式简略仅5种：地方财政收入、地方财政支出、银行现金收入、现金支出、存贷款年末余额。1986—1990年，调查表式：地方预算内财政收入、地方预算外财政支出、金融系统存贷款年末余额、银行存贷款、现金收支、信用社存贷款、现金收支、城市信用社现金收支与保险业务情况9种。县财政金融调查表式，在每个国家五年计划中略有变化，其中“八五”期间的财政金融统计调查表式，有象山县1995年财政收入决算表、象山县1995年财政支出决算表、象山县1995年财政预算外收支决算表、全县金融系统存贷款余额、全县银行系统存贷款余额、全县银行现金收入和现金支出、保险业务情况。“九五”期间的2000年，县财政金融统计调查表式有地方财政一般预算收支决算情况、金融机构信贷收入金额、银行系统存贷款金额、全县银行现金收入和现金支出、保险业务情况。“十五”期间的2005年，县财政金融的统计调查表式有财政一般预算收入、支出、财政基金收支情况、金融机构人民币信贷收支金额、人民币现金收支情况、外币信贷收支余额。以上材料分别汇编于《象山县国民经济统计资料》《象山在前进》《象山县“七五”国民经济统计资料》中。

固定资产调查

1956—1988年，全县固定资产投资的统计调查项目有全民基本建设投资额和新增固定资产、全民更新改造投资和新增固定资产、城镇集体投资额和新增固定资产、全民基本建设投资额及全民更新改造投资按国民经济行业分别、城镇集体投资额按国民经济行业分别、新（增）生产能力，基本建设房屋竣工面积，1980年始城镇公私人建房情况，1982年始农村集体固定资产投资完成情况，全民更新改造房屋竣工面积、城镇集体房屋竣工面积等内容。1990年，象山固定资产投资调查范围：固定资产投资完成情况、全民固定资产投资构成及新增固定资产、城镇集体固定资产投资构成及新增固定资产、固定资产投资分行业、全民固定资产投资财务拨贷款、城镇集体投资财务拨贷款和农村集体投资、房屋施工、竣工面积情况、全民、集体建设规模及新增生产能力。1995年，象山固定资产调查内容：全社会固定资产投资完成额、按国民经济行业分投资情况，房地产投资分组汇总表、施工和竣工房屋面积及造价、固定资产投资资金来源、建筑业主要指标。2000年，象山固定资产投资调查项目：全社会固定资产投资完成额、按国民经济行业分投资情况、房地产投资分组汇总情况、施工和竣工房屋面积及造价、固定资产投资资金来源、建筑企业生产、建筑企业财务、建筑企业生产（45家企业按施工产值排序）、建筑企业效益情况（45家企业按利润总额排序）。2005年，象山固定资产投资调查项目：全社会固定资产投资完成情况、城镇集体以上固定资产投资完成情况、农村非农户投资完成情况、房地产开发投资及经营情况、建筑企业生产情况、建筑业财务状况。

价格调查

1957年12月，省统计局制定《浙江省物价统计报告制度》，分别布置省统计局和市县统计部门编制各种物价指数及文字分析任务。1966—1976年，先是简化物价统计报表，后取消高价、议价和平价商品统计，仅要求统计国营牌价。1979—1995年，为价格改革时期，省编制的物价统计报表有月（季）报表，包括《零售商品牌价指数、服务性支出价格指数》《集市贸易价格指数》《主要商品零售价格调查调整情况》，年报表有《零售商品牌价指数、服务性支出价格指数》《主要商品零售混合平均单价》《物价变动影响职工生活支出计算表》《商品物价调查表》《集市贸易价格指数》等。1995年，编制的消费价格指数报表有《居民消费价格指数年、月报》《商品零售价格指数年、月报》《县农业生产资料价格指数年、月报》《城市农贸市场农产品成交价格指数年、月报》《城市居民基本生活费用价格指数年、月报》5种。主要内容有居民消费价格指数、商品零售价格指数、农业生产资料零售价格指数、城市居民基本生活费用价格指数。

文卫科技调查

中华人民共和国成立至1962年，文化统计分文化事业、电影事业、戏剧事业等，后又增加广播、电视、艺术等。文化事业统计调查项目与内容有文化馆、站、俱乐部（剧团）、有线广播部、报社、新华书店等有关单位从业人员数，出售发行数、出版发行量等。其中，新华书店与报社、电影事业、戏剧事业包括电影管理站、放映队、剧院等从业人员数与放映场次、剧院座位数、演出场数、观众人次、演职员人数等；广播事业调查有广播播出数、乡镇广播站数、广播村数、广播喇叭数、广播覆盖率、专线路线；电视事业统计调查对象有有线电视台数、乡镇电视转播站数、通电视村数、电视覆盖率、有线电视用户，电视网络总长与广播混合、电缆与光缆长度；艺术调查包括艺术表演团体、艺术表演场次、观众人次。

教育方面统计调查分中学、小学、幼儿教育事业发展情况及其他教育事业。中小学调查内容有学校数、班级数、学生数、招生数、毕业生数、教职员工数，中小学普及率、幼儿教育调查包括园数、班数、入园幼儿数、教职员工数（包括教养员）；其他教育事业调查内容有师范班、卫生班、工技班、水产班、林业班及农业中学学校数、学生数、教职员工数。

卫生系统调查统计项目，20世纪60年代有卫生事业机构、床位、工作人员、医疗设备、卫生技术人员分类情况等。卫生机构包括县级、区级、乡级医院、区镇联合诊所、县防疫站、县妇幼保健站等，后增加县医院、农村卫生院；卫生事业床位数包括每千人拥有总床位、病床使用率、病床周转次数；卫生工作人员数包括卫生技术人员、其他技术人员、管理人员、工勤人员；医疗设备包括病床、显微镜、氧气瓶、X光及现代最新医疗技术设备软件、硬件等。

科学技术方面统计调查，1988年《象山在前进》第十部分列有科学技术人员及1979—1988年，象山获国家、省、市级科技成果奖项目表。1995年，改为科技基本情况与大中型工业企业科技活动情况调查内容。2005年，为科技基本情况和规模以上工业企业科技基本情况。

住户调查

民国时期称之为“农家收支”调查。20世纪50年代称为农民家计调查。60年代，农村实行公社化后，改称社员（农民）家庭收支调查。1984年始，称农村住户调查。

1958年下半年，住户调查中断。1962年恢复，“文化大革命”期间又中断。1980年，再次恢复调查。1984年后，住户调查由农村扩大到城镇，统称为城乡住户调查。农村住户调查内容有农村住户社区情况和农村住户家庭情况，前者包括社区地势、所在村的通电话、通公路、建学校和卫生站等情况，后者包括家庭成员、人口、文化程度，以及拥有生产性固定资产和耐用消费品、经营耕地、山地、水面和住房等情况；农业生产、产品出售情况，包括农业生产、住户出售产品，以及住户粮食收支平衡等情况；农村住户收入、支出及消费情况，包括农村住户总收入和纯收入、总支出和现金收支。消费支出分食品、衣着、家庭设备用品及服务、医疗保健、交通通信、文教娱乐用品及服务等；农村住户购买商品及对主要商品需求量情况，包括购买生活资料和生产资料数量及现金支出金额等指标，农村住户对购买生产资料、建房用建筑材料、耐用消费品等；农村住户食品消费和营养情况，包括分品种主要食物，如粮食、豆类、蔬菜、水产品等实物消费数量；农村住户价格调查，包括农村住户出售产品价格、购买农业生产资料价格等；农村住户主要指标预计，包括常住人口，全年纯收入，全年现金收入等指标。

城镇住户调查初称职工家计调查，调查对象仅限于家庭（非职工家庭、意向职工不列入调查范围），调查户采用单位抽选，在全民所有制和集体所有制单位中，选择部分固定职工家庭作为常年记账户。1985年始，调查范围从职工家庭扩大到城镇非农业居民家庭，调查工作名称也由职工家计调查改称为城市住户调查。1987年，调查对象扩大至单身户，包括城镇各行业职工户和非职工户，不包括农村居民户、农场职工工资户、外国人住户、集体户口中的单身者、住在军营的军人住户、家属为农业户口工农收入分不开的工农结合户。1981年，职工调查表式比较简单，指标较少，仅5张表：《职工家庭基本情况表》，主要内容为家庭人口及其就业情况、生活费收入、耐用消费品拥有量，共31个指标；《职工家庭基本情况表附表》，包括家庭居住情况，共28个指标；《职工家庭现金收支表》，共32个指标；《职工家庭生活费支出表》，共31个指标；《职工家庭购买主要商品情况表》，调查60种主要商品购买量。1983年9月，国家统计局制定新《城市职工家计调查方案》，青工结构和指标内容作较大修改、合并，主要报表有《职工家庭基本情况和现金收支调查表》《职工家庭购买食品情况调查表》《职工家庭购买非食品情况调查表》与《职工家庭购买鲜菜情况表》。要求每年整理分户资料，综合表要求按收入分组汇总。为了解城镇住户实物收支，全面反映家庭生活情况，1985年，增加《城市住户实物收支调查》和《城市住户生活支出月报表》。1992年，城市住户调查表式修改，原《城市住户基本情况和现金收支调查表》拆分为《城市住户基本情况调查表》《城市住户现金收支调查表》两表，指标基本不变。《城市住户购买食品情况调查表》与《城市住户购买非食品情况调查表》，合并为《城市住户消费支出调查表》。消费支出要求按用途和性质划分，不再区分商品支出与非商品支出。

第四节　统计资料汇编

唐之前不甚详。宋至民国时期，统计信息愈后愈丰富。清以前主要在各朝代志书中，民国时期，因留下大量档案，故较丰富。中华人民共和国成立后，随着统计报表制度建立和统计专项调查开展，县统计部门根据统计资料分析研究并汇编成册。1984年后，统计成果明显增多，统计信息、咨询和监督的整体功能得到较好发挥，成为政府指导、管理、调控国民经济和社会发展的重要依据，为社会公众了解情况，参政、议政，开辟重要信息渠道。

月季统计资料编印

1958—1965年，按月统计、编印主要工业产品、农副产品收购等项目内容。“文化大革命”期间，月季统计资料编印时断时续。20世纪70年代中后期，恢复正常月季统计资料编印。

1984年，县统计局成立后，编印成册的内容有工、农、商贸、财政、金融、交通、能源、城乡家庭收支等各行业的月季生产情况与发展现状。月季资料编印中常附月季各行各业发展变化的情况分析材料、评估材料、统计调查心得体会、月季总结、下个月季工作意见等，供政府机关领导参阅，为经济发展服务。

1988—2008年，统计资料中增加月季外出、外地进入的人口流动，小城镇建设，第三产业统计和县内产业结构调整，交通新气象，旅游、饮食服务业，象山建筑强县方面，商业发展现状，城乡居民家庭收支和消费指数，固定资产投资等。坚持月季统计资料整理、编印、装订、入库保存，为象山统计年鉴编纂提供详尽而确凿原始材料。

综合统计资料编印

综合统计资料包括年度综合资料与若干年一汇总历史综合资料。1965 年 4 月，编印《象山县国民经济统计资料（1949—1962）》，为象山第一册综合统计资料汇编本，共分 12 个部分、276 个项目。改革开放后、随着县统计机构的设立和人力、财力、物力不断充实，统计资料信息和服务功能随之加强。后每年度均汇编一册《国民经济统计资料》，发给政府部门和有关单位，开展统计资料利用服务。1996 年，《国民经济统计资料》更名为《象山统计年鉴》。

象山县综合统计资料汇编情况表

表 15-1

资料名称	资料年度	出版时间	编印出版单位
国民经济统计资料	1949—1962	1965.04	县统计局
国民经济统计资料	1963	1964.07	县统计局
国民经济统计资料	1964	1965.04	县统计局
国民经济统计资料	1965	1966.04	县统计局
国民经济统计资料	1966	1967.10	县统计局
国民经济统计资料	1967	1968.08	县统计局
国民经济统计资料	1966—1970	1972.05	县计划办公室
国民经济统计资料	1971	1972.05	县计划办公室
国民经济统计资料	1972	1973.06	县计划办公室
国民经济统计资料	1973	1974.03	县计划办公室
国民经济统计资料	1949—1974	1975.03	县计划办公室
国民经济统计资料	1975	1976.03	县计划办公室
国民经济统计资料	1976	1977.04	县计划委员会
国民经济统计资料	1977	1978.04	县计划委员会
国民经济统计资料	1978	1979.03	县计划委员会
国民经济统计资料	1979	1980.03	县计划委员会
国民经济统计资料	1949—1979	1980.05	县计划委员会
国民经济统计资料	1980	1981.03	县计划委员会
国民经济统计资料	1981	1982.03	县统计科
国民经济统计资料	1982	1983.03	县统计科
国民经济统计资料	1983	1984.03	县统计局
国民经济统计资料	1984	1985.05	县统计局
国民经济统计资料	1981—1985	1986.05	县统计局
国民经济统计资料	1986	1987.04	县统计局
国民经济统计资料	1987	1988.05	县统计局

续表15-1

资　料　名　称	资料年度	出版时间	编印出版单位
国民经济统计资料	1988	1989.09	县统计局
象山在前进	1949—1988	1984.07	县统计局
国民经济统计资料	1989	—	县统计局
国民经济统计资料	1990	—	县统计局
象山县“七五”国民经济统计资料	1986—1990	1991.07	县统计局
国民经济统计资料	1991	1992.08	县统计局
国民经济统计资料	1992	1992.08	县统计局
国民经济统计资料	1993	1992.08	县统计局
国民经济统计资料	1994	1995.10	县统计局
国民经济统计资料	1995	1995.10	县统计局
象山辉煌的“八五”	1991—1995	1997.03	—
象山统计年鉴	1996	1997.07	县统计局
象山统计年鉴	1997	1998.05	县统计局
象山统计年鉴	1998	1999.07	县统计局
象山统计年鉴	1999	2000.05	县统计局
象山统计年鉴	2000	2000.05	县统计局
象山“九五”统计资料	1996—2001	2001.06	县统计局
象山统计年鉴	2001	2002.06	县统计局
象山统计年鉴	2002	2003.06	县统计局
象山统计年鉴	2003	2004.05	县统计局
象山统计年鉴	2004	2005	县统计局
象山统计年鉴	2005	2006.06	县统计局
象山“十五”统计资料	2001—2005	2006.08	县统计局
象山统计年鉴	2006	2007.06	县统计局
象山统计年鉴	2007	2008.06	县统计局
象山统计年鉴	2008	2009.07	县统计局

第三章　审　　计

民国时期，县无审计监督机构。中华人民共和国成立到改革开放初期，仍无独立审计机构，国家机关、企事业单位财政、财务收支与经济活动，由财务、税务、银行等专业部门监督。1983年9月，国家成立审计署。1984年2月21日，县审计局成立。2003年9月15日，县固定资产投资项目审计中心成立，与县审计局基建审计科合署办公。至2008年年末，全县共有18个街道镇乡、24个部门、23个企业设立内审机构，配备内审员142人。其中，专职内审员28人，具内审资格证书150人。

第一节　国家审计

国家审计（政府审计）是指国家审计机关所实施的审计。审计机关依照法律规定独立行使审计监督权，不受其他行政机关、社会团体和个人干涉。1984年2月，象山县审计局成立后，开始对本级预算执行情况、县领导干部经济责任、固定资产投资、企业转制等项目开展国家审计。

本级预算执行情况（同级审）审计

1995年始，开展本级预算执行情况（同级审）审计。1996年，清查财政部门银行开户，撤销不合规账户8个。1997年，清理财政周转金，县财政局根据审计意见制定《象山县财政周转金管理办法》。1998年、1999年，连续两年着重审计建筑企业降率减征企业所得税与11家实力型、潜力型企业各项税费入库率，发现企业税费入库率低于全县平均水平，县人大要求县财政加大依法治税力度。2000年，县政府制定《关于加快乡镇财源建设和加强乡镇财政管理的若干意见》，抽查6镇乡财政“消赤”情况。2004年，围绕预算执行主线，开展审计县科技局、环保局等10个参与预算执行的部门及单位。2005年年初，把预算执行、财政决算、乡镇财政、转移支付、政府负债、财政投资绩效、部门预算等审计有机结合，形成财政审计一体化的格局。2006年，审计重点是预算分配与支出，审计调查民政、水利、教育等专项资金，关注资金经济与社会效益。县财政局根据审计部门同级审中提出建立科学合理的支出标准和预算定额，制定三项制度，加强行政事业单位财务管理。2007年，贯彻《中华人民共和国人大监督法》，按照上级审计机关“审计转型年”要求，深化财政预算执行审计，审计内容涵盖一般预算、基金预算、预算外、专项、社保等资金与政府性负债。2008年，以全部政府性资金为主线，开展审计调查，主要审计县财政局具体组织的本级预算执行情况、转移支付资金管理使用情况、全部政府性资金总体规模等内容。同时，审计或审计调查财政存量资金、科技经费、乡镇负债、农业开发、五项社保、重点生态公益林、促进再就业、新型农村合作医疗等专项资金和项目。先后走访县财政局、科技局、劳动局、农林局及相关的街道镇乡。运用检查、查询、计算、分析性复核等方法，着重调查、分析专项转移支付资金的预决算管理、拨付使用和投资绩效，摸清资金归集、管理和使用情况，提出专项资金在归集、管理和使用中存在问题，促使政府预算透明、规范。

领导干部经济责任审计

1987年始，开展厂长（经理）离任经济责任审计。1996年，党政领导干部离任，实施经济责任审计。1999年6月，成立由县纪委、县委组织部、县审计局、财政局等单位组成的经济责任审计协调小组。并建立联席会议制度，先后召开7次联席会议，明确各自职责。2000年，审计县劳动局局长任期经济责任，县长、分管县长就审计报告中反映的违规违纪问题分别作出批示，责成县劳动局按审计意见立即整改。2001年，县委办、县府办联合印发《象山县党政领导干部任期经济责任审计联席会议工作制度》与《象山县党政领导干部任期经济责任审计实施办法》。2002年，“两办”又联合印发经济责任审计预告、承诺、回避、审计结果执行回访4项制度，规范经济责任审计工作。2004年，县经济责任审计领导小组召开两次联席会议，研究、部署工作；制定《象山县领导干部任期经济责任审计分类管理实施办法》与《象山县领导干部廉政监督卡管理办法中有关审计结果的具体扣分细则》，规范经济责任审计操作。重点审计县民政局、水利局、外经贸局、县残联4个部门和3个镇乡行政负责人任期经济责任，并作出审计评价，督促纠正。2005年2月2日，县委办公室、县政府办公室联合签发《象山县党政领导干部离任经济事项交接制度》。2006年，采取压数量、保重点，抓质量、上水平，继续加大监督领导干部经济权力。运用审计成果，9名责任领导有关问题由县纪委按规定记入干部廉政监督卡。县委办公室、县政府办公室联合制定《象山县党政领导干部经济责任审计结果利用办法》。完成县质监局、县社、新桥镇、大徐镇等单位行政主要负责人任期经济责任审计和相关财政财务收支审计。其间，还制定《象山县党政领导干部经济责任审计评价暂行办法》《象山县党政领导干部经济责任审计操作规程》。2007年，安排领导干部经济责任审计项目11个，并审计4个街道镇乡领导干部的经济责任。2008年，分别审计农林局、西周镇、定塘镇、大徐镇和黄避岙乡行政负责人任期经济责任履行情况。1984—2008年，共完成经济责任审计项目185个，其中企业领导47个，党政领导127个。

固定资产投资项目审计

1998年，审计高标准海塘、沿海国道象山连接线、学校、医院等县重点工程项目。2000年年初，审计1997年竣工的交通、城建、水利、教育等工程项目60余个，针对审计发现问题，形成《从审计看当前基建工程管理中存在的一些问题》专题报告。县委书记作“对政府投资项目要实行审计，严肃法纪，对已暴露的重点问题，请政府分管领导督查”批示。是年11月，制定《象山县固定资产投资审计监督暂行办法》，加强基建项目审计监督力度。2002年，专项审计调查县医疗中心、体育馆等10个在建工程项目投资计划执行、工程招标、设备采购、合同签订、设计变更、监理作业、建筑业税费计缴等，部分项目投资概算编制不合规、造价结算存在疏漏、监理不到位、漏缴税费等违规事项，及时与项目管理单位交换意见，帮助整改，并就倾向性问题向县政府提交专项调查报告，以供决策参考。2004年，针对建设项目存在工程变更签证随意、金额大而造成损失浪费现象严重等问题，县政府制定《象山县政府性建设项目工程变更签证规定》，从而严格建设项目工程变更审批管理，规范工程变更程序，完善变更手续。是年，县固定资产投资项目审计中心正式运行，陆续开展县中心城区引水、西大河防洪、象山港路、象山南线公路连接线两侧绿化等11个项目审计，核减工程款428万元。2005年，全县政府性投资项目222个，总投资额22.52亿元，已竣工203个，涉及投资额17.57亿元，已送审115个，占应送审数58%。跟踪审计上张水库、三门口大桥、污水处理工程、环城西路、大目涂二期等工程，杜绝签证随意性；开展丹东安置房、爵溪引水工程、文峰学校、高教园区、医疗中心、黄避岙沿海公路等11个项目的决算审计，审计投资额9.62亿元，审计核减造价2850万元。2006年，审计广电大楼、滨海大道、人民广场、实验小学等工程项目12个，核减工程造价1442万元；跟踪审计天安路延伸、大目涂围垦、白溪水库引水等工程项目10个，促使有关单位自觉地执行国家政策、法规。2007年，审计天安路延伸段d标、象山港路爵溪延伸段、象山港一级公路、石浦新港幼儿园、蓬莱路市政、产业区路基平基、县城（天安路段）污水处理等工程项目7个，核减工程项目4个造价161万元。跟踪审计象山产业区、上张水库、滨海水厂等工程项目6个。2008年，审计石浦皇城大道、疾控中心办公用房装修、城南学校、产业区经六路便道等12个标段平整、第一人民医院住院部九楼装修、石浦渔港中路改造工程及石浦休闲廊景观、产业区经六路景观桥梁、经济适用房首期、产业区C区二个路基处理、下沈海塘维修加固、海岸带管理中心建设、产业区C区二期B地块路基处理Ⅰ标和Ⅱ标、浙江大目洋光电科技投资项目在建、天安路延伸工程A标等、东陈乡岳头村村委会办公楼、县滨海工业园二期路基处理Ⅱ标等基建工程项目16个，共核减工程造价1409.19万元。1996—2008年，共完成固定资产投资项目126个，核减工程款11105万元。

转制企业审计

1998年始，全县国有、集体企业转制281家。按照县政府要求，县审计局发挥内审及中介机构作用，重点审计亏损严重、群众反映大的15家国有企业，查出违规违纪金额7153万元，挽回经济损失672万元，3名违纪人员移送纪委、检察机关处理。其中，县航运公司经理在1997年1月至2000年3月任职期间，企业亏损达1276万元，存在费用报支严重问题，公司经理被判处有期徒刑5年，副经理受行政撤职处分。

撤并单位清产核资审计

2002年，按照县委组织部年初建议，审计局清产核资审计原物价局、农业局、林业局、工业局、乡镇局、商贸局、商业局、二轻局、体委、文化局撤并单位，分清责任，为机构撤并和新老单位顺利交接创造条件。主要审计撤并单位财政财务收支、资产真实性、合法性，领导干部任期内重大经济决策及其产生的经济效益、社会效益、主要经济指标完成、领导干部个人廉政等情况。严肃查处趁改革之机打“擦边球”，突击化钱、消费或转移国有资产等违规违纪行为。

国有资产审计

2008年，根据上级审计机关的统一部署和安排，专项审计调查象山县大目涂经济开发总公司、象山县地产房产开发总公司等5家国有企业2007年度国有资本经营收益情况。通过审计调查，5家国有企业存在对外投资金额较大、立项把关不严、效益不佳、部分投资亏损严重等问题，出具《象山县审计局关于象山县五家国有企业2007年度国有资本经营收效的专项审计调查报告》，县委书记、县长、县纪委书记分别作出批示。

重点专项资金审计

专项审计县职工养老、失业保险基金、教育经费、慈善募捐专项基金、科技经费、环保资金、外贸发展基金与“中国开渔节”等重点专项资金的筹集、管理、使用情况，确保专款专用。在收缴、管理方面存在出借、缓交养老金、自身经费借用专款等违规问题，提出建议并责成纠正。

村级财务收支审计

2000年，县审计局审计爵溪农村近10年的财务，查出村主要干部违法违纪问题，为集体追回购房款等68.8万元，村党支部书记被判处有期徒刑2年。审计西周杨岙村、东陈南堡黄村、石浦延昌村、丹城上吴村、爵溪渔村的财务情况，维护农村稳定。2008年，审计调查东陈岳头村办公楼工程招投标、结算造价和工程质量等存在问题，并作出审计报告，赢得村民的信任。

第二节　内部审计

1985年5月，全县18个部门和单位建立内审机构，落实内审员27人。1992年，19个乡镇全部建立内审机构，配备内审员65人，其中专职19人。至2008年，全县共65个单位设立内审机构，配备内审员142人。其中，专职28人，有内审资格证书150人。1985—2008年，共完成内审项目8447个，查处损失浪费金额40331万元，纠正违规金额125974万元，促进增收节支7237万元，提出建议意见被采纳4871条。

内审业务培训

县审计局作为内审业务指导部门，平时加强与内审部门的联系和业务指导，每年1至2次到内审部门和乡镇审计室调查情况，听取意见。每年举办培训班1期，并组织内审人员参加省审计厅、市审计局有关培训。组织典型试审和联合审计，在实践中训练内审人员。1986年，组织内审人员在县邮电局开展试审实践，摸索经验。1987年5月，在商粮贸和工交企业中选定代表性项目2个，组织联合审计，使内审人员掌握审计程序和方法。1999年7月，县审计局召开二轻、商业、县社等22个部门内审机构负责人、内审人员业务培训，学习中办国办《国有企业及国有控股企业领导人员任期经济责任审计暂行规定》。是年，县审计局制定《内部审计工作考核暂行办法》。各部门根据本行业、本系统特点，制定内审工作规范、管理办法和规章制度。2004年，县审计局专题调研全县内部审计工作，形成调研报告。县政府为此印发《关于进一步加强和完善内部审计工作的通知》。2006年，县委、县政府首次将内审工作列入各街道镇乡、部门工作目标考核内容，使该项工作真正摆上位子。2007年，贯彻落实审计署4号令和《内部审计准则》规定要求，建立制度，强化培训，全面提高内审人员素质。

县属企业改革审计

1998年、1999年是县属企业改革、转制关键年。两年中，20个主管局内审部门对下属104家转制企业，实施独立审计近30家，配合工作组完成企业转制工作40余家。内审人员积极参与企业改革，核实企业资产负债、所有者权益，摸清家底，界定资产，揭露问题，提出建议，有效地防止国有、集体资产流失，同时为各级领导的决策提供事实依据。县二轻局内审室配合完成转制企业审计38家，并根据审计结论，提出不同对策。县粮食局下属石浦粮油厂转制前，企业严重资不抵债，内审人员到厂全面审计，清点核实企业资产、负债情况。并就企业存在内控不力、账物长期不符、车间实行承包经营期间存在问题提出建议意见。

任期经济责任审计和离任审计

按照中办国办关于《国有企业及国有控股企业领导人员任期经济责任审计暂行规定》和《宁波市国有企业厂长（经理）离任经济责任审计监督条例》，各内审机构开展任期经济责任审计和离任审计。2007年，县教育局审计离任或任期满3年校长经济责任。完成番头小学等7所学校在任校长任期经济责任审计和象山中学等8所学校校长离任审计项目。审计涉及资金1.23亿元，查出账务处理不当资金104.3万元，违规及管理不规范资金47.4万元，向被审计学校提出审计建议

58条。为深化教育改革、促进廉政建设、加强财务管理、提高教育经费使用效益等方面起到积极作用。

财务收支审计

2005年，县卫生局审计室审计大徐镇卫生院2002—2004年度财务收支。发现该院财务内控制度混乱。盘存现金时发现公、私款混放现象，且出纳人员从未和银行对账。针对上述问题，审计组着重审计资金收入、支出，详尽分析比较和审查财务资料。2002—2004年，涉嫌通过虚造、冒领职工奖金补贴款项合计34340元，另采取以单位投币电话收入、疫苗接种收入、废品收入不入账形式截留资金2073元，两项共计36413元。经县检察院立案，县人民法院依法判决原院长徐某有期徒刑6年、原出纳朱某有期徒刑3年（缓刑3年）。

经济效益审计

县乡镇局、县供销社、县粮食局在开展经济效益审计中，发现一些企事业单位经济效益差、内部管理制度不够完善、费用开支随意性大、缺乏必要约束机制等问题，内审人员向单位领导提出加强内部管理，促进增收节支等审计意见及措施，均被单位领导所采纳。县供销社通过审计，发现有些企业电话费开支过大，企业负责人工资奖金过高，滥发加班费等问题后，下发电话费包干使用、企业负责人实行年薪制并由县供销社发放、加班费发放需经审批和清退临时工等文件4个，收到较好效果。

村级财务审计

2001年，全县18个街道镇乡建立村会计代理制度，招聘52名具有一定专业知识和专业技能会计人员，711个村实行会计代理，加强会计核算和监督管理。建立村账街道镇乡审计制度，把村级财务收支列入街道镇乡审计室审计对象，开展村级财务收支审计、村主要干部经济责任审计、投资审计、专项审计等，全面履行街道镇乡审计室监督职能。

基建项目工程预决算审计监督

为防止和纠正基建工程项目预决算中不正之风和违法违纪行为，维护国家经济秩序和建筑市场秩序，有关内审机构加大内部监督力度，及时审核，严格把关。1999年，县教委审核基建项目28个，审核资金3300余万元，核减资金260万元，有效减少决策失误与损失浪费。

金融系统各项稽核审计

县人行为加强金融监管，成立内审室。制定《象山县金融机构内部控制制度考核评价实施办法》《支行内审非现场监督资料报送办法》；建立每月1次金融监管网络联席会议制度，推动内审工作开展。

第三节　社会审计

社会审计也称注册会计师审计或独立审计，是指注册会计师依法接受委托、独立执业、有偿为社会提供专业服务的活动。社会审计产生源于财产所有权与管理权分离。1987年12月，县审计事务所成立，为全民事业单位，隶属于县审计局。服务对象主要是股份有限公司、有限责任公司、国有企业、集体企业、股份合作制企业、联营企业、私营企业、港澳台投资企业、外商投资企业、行政事业单位和社会团体。业务范围：审查企业会计报表，验证企业资本，合并、分立、清算中的审计业务，司法会计鉴定，承办资产评估，企业财务管理、税务咨询，设计会计制度，担任常年会计顾问。1999 年 10 月，审计事务所与县审计局脱钩，转为合伙制，象山县天象会计师事务所，职工 15 人。至 2008 年，承办资产评估、审计等项目 6000 余件。

第四章　物　　价

民国时期，象山无物价管理机构。中华人民共和国成立后，按“计划经济为主，市场经济为辅”原则管理物价。实行价格调整权集中于省一级，地区差价服从质量差价的高度集中管理体制。改革开放后，随市场经济确立，开始进行价格管理体制改革，采取调、放、管相结合，多数价格放开。大批农产品提高收购价。1984 年 2 月，成立县物价局，设立县物价检查所，实行物价管理，并开展价格督查服务。

第一节　价格监管

民国初，关系民生的主要消费品由同业公会实行同行议价，一般商品由各商店自行定价。至抗战前，物价相对稳定。民国 16 年（1927），大米价格每石（60 公斤，下同）多在 5 元左右，翌年岁大旱，涨至 15 元。民国 18 年至民国 24 年，大米价格稳定，每石 7 元。民国 27 年 11 月，县成立战时物价评定委员会，县长任主任委员，粮食、食盐、柴炭、煤油、布匹等生活必需品及其他日用品实行平价。抗日战争开始，国土日蹙，财源枯竭，国民政府滥发纸币，物价骤涨。民国 34 年，大米每石 3000 元，比抗日战争时上涨 400 余倍，后通货继续膨胀，物价涨风变本加厉。民国 35 年 1 月，中熟米每石 6750 元，2 月涨至 11500 元，3 月 21000 元，7 月 40333 元，达顶峰。民国 37 年 8 月，“金圆券”发行后，实行全国限价，不到 3 个月限价失败。11 月 1 日取消限价，物价涨势更剧，导致经济崩溃。

中华人民共和国成立后，人民政府废除旧币，发行人民币。加强市场管理，打击投机倒把行为，国营经济成主导地位，1950 年 5 月，市场物价迅速下降。1953—1954 年，国家先后实行粮食、油料、棉花、棉布等商品统购统销。1955 年，生猪等一些重要农副产品实行派购，烟酒实行专卖。

1957 年 9 月，设县物价委员会。翌年 2 月，按照“发展经济、保障供给、稳定物价、稳定市场”方针，商品价格实行高度集中管理。县级政府基本没有定价权，工商企业也无权自行定价。

1959—1961 年，三年困难时期，国家采取措施稳住 18 类人民生活必需品价格，提高部分农副产品收购价格，开放农村自由市场，部分消费品实行高价供应。1962 年 8 月，县物价管理委员会成立。1965 年 1 月，象山实行价格分级管理的农副产品有 310 种（类），其中属中央、省管理 206 种（类），专区管理 104 种（类）。实行价格共管的工业品 324 种（类），其中中央、省管理 144 种（类），专区管理 180 种（类）。之后，管理的品种稍有增减。

1979年年初，实行“调、放、管”相结合物价管理办法。4月，提高农产品收购价，提价幅度在20%~50%之间。11月，提高8种副食品零售价格。1980年，调整工业生产资料价格，允许完成统派购任务后上市的一、二类农产品和部分三类产品实行议价；机械、电子产品实行浮动价格。翌年11月，调整烟酒类价格。1983年，改革物价管理体制，由单一国家定价改为国家统一定价、浮动价、工商企业协议价和集市贸易价等多种价格并存。定价放开日用小商品价格9类、622种商品，由企业自行定价。1984年2月，成立县物价局，7月，设立县物价检查所。1986年6月，成立县职工物价监督站，下设3个分站，全县义务监督员52人，物价管理进一步纳入轨道。是年8月，根据省物价局等10个部门《关于转发国家物价局等部门关于改进农产品价格管理的若干规定》，省管国家定价商品减少到29种，其中收购价格13种，销售价格16种；省管国家指导价34种，其中收购价格26种，销售价格8种；县管国家定价减少至16种，国家指导价6种。之后，又放开自行车、电冰箱、洗衣机、黑白电视机、收录机、80支以上纯棉纱及其织物，中长纤维织品，电风扇、电筒、电池、布鞋、皮鞋、服装、剪刀、锁、名酒与卷烟价格。1988年下半年，物价上升，通货膨胀。1989年4月，零售物价指数比上年同比上升14.5%，6月上升20.9%，7月上升29.6%，8—12月上升30%左右。县政府多次组织物价大检查，采取措施控制物价上涨。至1989年下半年，物价渐稳。1990年下半年，推行《企业定价许可证》制度，当年零售商品物价指数比上年仅上升3.8%，集市贸易商品价格比上年有所下降。

2008年，大部分商品与服务价格放开，实行市场调节，仅少数关系国计民生商品，以及重要公用事业、公益性服务、电信和邮政基本业务、交通客运、重要药品、医疗服务、有线电视服务、保障性住房、部分中介服务等商品或服务，实行政府定价或国家指导价格。

第二节　农副产品价格

农副产品是指来源于农业的初级产品，政府重点管理的有粮、棉、油、猪、禽、蛋等。

米粮

民国元年（1912）至民国10年，早籼米销售价每石（60公斤，下同）5~6.50元（据宁波城区价格推算）。4月、5月，价格较高，新谷登场价降低，相差15%~30%。日军入侵时，米价升，至民国30年上涨10余倍。解放战争开始，米价又涨。民国37年“819”限价，11月1日失败，至翌年5月，比战前上涨600余万倍。中华人民共和国成立初，粮价混乱，变动频繁。1953年4月，实行统一粮价，早籼谷每50公斤收购价6.75~7.00元，早籼米每0.5公斤零售价0.0985元。是年11月，实行“统购统销”，每50公斤统购价：早籼谷6.75元，晚粳谷8.20元；每0.5公斤统销价：早籼米0.1015元，晚粳米0.117元。之后，几次调整粮价，但销价变动不大，产生购销价格倒挂现象。1985年4月，调整粮食购销政策，改统购为合同定购，实行购销同价，并逐步理顺粮食购销价格关系。是年，收购价（比例价）每50公斤早籼谷15.40元，晚粳谷18.80元；零售价每0.5公斤早籼米0.22元，晚粳米0.26元。之后，合同定购（订单）价格多次调整。1993年始，粮食销售价格放开。至2008年，订单收购价（含价外补贴）每50公斤早籼谷102元、杂交谷109元、晚粳谷110元；市场零售价每0.5公斤早籼米1.38~1.42元，杂交米1.66元，晚粳米1.53~1.55元。

棉花

民国11年（1922）至25年，7/8″中级细绒皮棉收购价格每担（50公斤，下同）30~35元，可换早籼米200~285公斤。民国30年至民国33年，担棉换米约100公斤。20世纪50年代，每担棉花收购价85~90元。1954年9月，棉花实行“统一收购”，私营棉花经营一律纳入国营花纱布公司经营轨道。7/8″中级细绒皮棉每担统购价格为86.50元，规定棉花与粮食比价为每公斤皮棉收购价格相等于7.4~8.5公斤大米价值，时每公斤皮棉可换大米7.8公斤。后8年收购价格未变。1972年，棉花收购提价17.1%，并改革棉花收购等级差率，由原英制，即7/8″五级皮棉改为公制三级27毫米为标准，提价4.14%。1978—1980年，连续三年提高棉花统购价格。1980年，每担为145.80元，完成统购任务后投售棉花再加价奖励30%，每担为189.50元。1984年，棉花丰收，收购价格改为不分统购与超购一律按统购价占60%、超购价占40%，即“顺四六”比例计价，每担收购价163.30元。1985年，调整农产品购销政策，取消棉花统购，改为合同定购，每担收购价163.30元，合同定购外按原统购价每担145.80元收购。1986年，棉花供求紧张，一律以每担163.30元收购。1987年，为“倒三七”比例定价每担176.40元。另再给予价外补贴每担15元与化肥奖售，但棉花播种面积继续减少。1988年，价外补贴增至每担35元，奖售产品又增加粮食和柴油。翌年，收购价格每担提高为236.42元，价外补贴加至76元。1990年，收购价格每担提高为300元。另，每50公斤皮棉临时补助50公斤化肥（标准氮肥）或30公斤粮食，或折现金30元。2000年，棉花收购价格完全放开。

食油

民国时期，食油主要从东北等地调运。民国11年（1922）前后，花生油、菜籽油每担（50公斤，下同）销售价格15~19元。民国20年，日军侵占东三省，油价上升至每担20~25元。民国31年3月6日，每0.5公斤生油涨至6元（法币，下同）、菜油5.90元。37年“819”限价，每担生油71.50元（金圆券，下同）、菜油55元。11月1日，限价失败，油价猛涨，至翌年5月，每担生油涨至88000万元，菜油73600万元。1956年，象山油脂分公司实行食油计划供应。1958年1月15日，食油实行定量凭票供应，城镇居民每人每月3市两（16两制，下同），乡村居民每人每月2两。4月，改城镇居民人均4两，乡村人均3两。后又改为6两、4两。1965年10月1日，城乡不产粮户食油定量调整为每人每月4两（10两制，下同）。1979年4月，居民每人每月定量降至2两。翌年1月，改为3两。行业用油减半，其他用油停供。1981年6月，居民与发农经油票人口，先后增发临时补助食油票1.5公斤。国庆、春节另发节日油票。1985年3月，调整食油供应政策，原按统销价供应农业人口，改为按比例价供应。8月，“自理口粮”人员按议价供应，城镇定量人口按原统销价供应不变。1988年7月，计划内行业及部分其他用油改按优惠价供应。全省统一每50公斤菜油200元，茶油210元，棉籽油（精炼）150元。1990年4月1日，农业人口用油按优惠价供应。1994年，城镇居民食油凭证供应，每人每月0.5公斤，价格每公斤7元，隔月作废。其余继续放开价格，按每公斤7.60元销售。至2007年，价格均随行就市，自由购销。

蚕茧

象山县蚕茧产量，旧时占宁波市比重较大，民间收购或送外地投售，收购价格不详。中华人民共和国成立后，蚕茧属派购商品，价格由省统一规定。1958年，每50公斤由83元调整至100元。1979年，提高为140元。1980年，规定春茧每担加价5元。1983年，改为按牌价65%，加价

35%比例计价，原定价外补贴5元仍保留，实际收购价为152.50元。1985年，改革农产品统派购制度时列为指导性价格。后因出现抬价抢购蚕茧，由丝绸工业公司统一经营改为国家定价。1987年，价外补贴每50公斤平均30元。1988年，收购价调整为每50公斤175元，价外补贴春茧每50公斤60元，夏、早秋茧每50公斤30元，中、晚秋茧每50公斤50元，实际收购价达300~400元。7月中旬，改为夏、早秋茧每50公斤收购价370~400元，中、晚秋茧480~500元。8月中旬，又分别提高为450~480元与530~550元。9月下旬，中晚秋茧又调低为480元。此年，实际平均收购价每50公斤532.60元。1989年3月上旬，规定鲜茧最高收购限价为480元，实际平均收购价为504.90元。1990年，平均收购价498.90元，接近规定价格。2000年，全县放开蚕茧收购价格。

生猪　猪肉

民国19年（1930），猪肉零售价每0.5公斤0.30元左右。民国23年，价最低，0.5公斤仅0.20元。民国37年1月，每0.5公斤29000元，至6月涨至44000元，涨幅1.5倍。民间生猪收购价不详。1954年，猪肉零售价0.5公斤0.44元。1955年12月，生猪派购每0.5公斤白肉0.50元。三年困难时期，凭票供应价每0.5公斤0.73元。集市价每0.5公斤约5元，牌价与市价相差5.8倍。1964年4月至1967年1月，生猪增产，外调减少，节日期间或生猪上市旺季，猪肉多次降价，以规定价格八折至七二折销售。1968—1978年，猪价、肉价保持稳定，丹城每0.5公斤0.66元。猪肉产量1972—1975年较高，其余年份均较低，市场猪肉供应多数凭票限量。1979—1985年，3次提高收购价格，幅度为73.5%，猪肉零售价也3次提高，幅度为98.6%。1985年1月，生猪收购取消“派购”制度，收购价格由计划价改为国家指导价，每年由省有关部门下达，具体价格由各地自定。1988年，全省统一提高生猪收购价格，改财政“暗补”为“明补”，紧缩购销差，提高猪肉零售价格，并发给每个职工每月10元副食品价格补贴。生猪收购价格每50公斤140元，猪肉统货零售价每0.5公斤2.25元，分别比1985年12月增加40%与63%。1989年7月，生猪收购价格提高到每50公斤220元。1990年，生猪饲养与肉猪投售量均比上年增加。收购价格适当降低。1994年，猪肉销售价实行最高限价，1998年改为国家指导价，1999年猪肉价格放开。

禽

民国时期，象山家禽收购、销售均为民间自行交易。民国23年（1934）至民国25年，母鸡0.5公斤售价0.30元左右。1956年，根据军需与出口需要，国营食品公司收购家禽，统一规定收购价0.5公斤为0.60元。1980年9月，家禽价格放开，随行就市，市场零售价每斤1元左右。节日期间，食品公司以优惠价格凭证定量供应城镇居民。麻鸭价格比母鸡低廉。

蛋

民国22年（1933）至民国25年，鸡蛋零售价0.5公斤0.15~0.20元之间。1956年，国营食品公司收购鲜蛋，每50公斤鸡蛋约40元，鸭蛋38元左右。零售价鸡蛋每0.5公斤约0.55元，鸭蛋价约0.50元。1983年，价格放开，实行议购议销，鸡、鸭蛋每50公斤80~90元，鸭蛋比鸡蛋每公斤便宜4~5元。

海水产品

海水鱼价格，随渔产丰歉与产销地不同差价较大。20世纪30年代初中期，带鱼批发价按规格不同，每50公斤7~16元，大黄鱼批发价每50公斤6~40元。零售价按比例加价。中华人民共和国成立初，水产管理机制尚未建立，为促进渔业生产发展，国家鼓励渔行（栈）私营业主，积极收购鱼货，收购价格随行就市。1952年4月，国营鱼市场成立，石浦、爵溪两地鱼货交易，鱼价由鱼市中介人参考市场价格议定。50年代中期，爵溪大黄鱼批发价每50公斤15元左右，带鱼约20元。1953—1960年，鱼货收购价格，由县渔业生产指挥部拟定。其中，1956年始，水产品销售与调拨，均由国家核定主要品种，按地区差价、购批差价、批零差价、季节差价和品质规格差价等执行。产区的购差率不超过30%，批发与零售一般设定在20%~40%之间。调拨价系水产公司内部鱼货调拨价格，由分级公司拟定，省际调拨执行总公司制定价格，省内调拨按省规定，其计价办法，以收购价加调拨费用，经营费用加税利计价。1979年，由于水产品供需矛盾突出，鱼价涨势过快，为稳定鱼货市场，节日鱼货供应由水产公司实行优惠，凭票证定量供应鱼货，其销售亏损部分由地方财政补贴。1961年后，鱼货收购价格由国家物价委员会拟定，大黄鱼、带鱼购销价涨幅很小，有些年份反跌。1985年后，鱼货价格放开，有议购价、补贴平价柴油、随行就市，实行市场调节，鱼价上涨。2008年，野生黄鱼市场极少看到，价格每公斤近1000元，养殖黄鱼平均价格每公斤38~42元；网带34~36元，鲳鱼90~100元。

第三节　工业品价格

工业品价格分工业消费品与工农业生产资料两大类，价格关系民生与工农业生产建设。

工业消费品

民国早中期，工业消费品价格比较稳定。民国25年（1936）与民国19年比较，主要工业消费品中，毛线、毛巾、袜子、肥皂、胶鞋等8种商品零售价格下降20%~32%；食糖、煤油、卷烟、火柴等6种商品零售价提高，其中，食糖提高82.7%，火柴63.2%，煤油27%，卷烟2.1%。抗日战争开始后，工业消费品价格上涨。民国30年3月23日与民国26年比较，白砂糖50公斤由21.25元涨至232元，上升9.9倍；煤油15公斤由4.24元涨至46元，上升9.85倍；火柴每封由0.072元涨至1元，上升12.9倍。民国34年8月25日与民国31年6月比较，白细布涨4630倍，白砂糖涨4482倍，肥皂涨3792倍，火柴涨2156倍。民国37年8月19日，全国限价时与民国34年10月比较，煤油涨3665倍，白砂糖涨1671倍，“祥茂”肥皂涨3881倍，火柴涨1380.8倍。民国38年5月22日与民国37年8月19日比较，煤油涨923万倍，白砂糖涨779.2万倍，“祥茂”肥皂涨1061.4万倍，火柴涨903.6万倍。

1952年始，大多数工业消费品价格较稳定。1960—1962年，18类人民生活必需品平价供应，部分高档烟、酒、食糖、高档糕点、糖果、自行车、手表、针棉制品等高价敞开供应。与平价比，白砂糖高4.67倍，糕点高3.7倍，糖果高3.55倍，28吋天津产自行车高2.94倍，沪产手表高1.4倍。1965年5月15日，调整棉纱、棉布等58种商品价格，提价幅度2%~15%；降价25种，降价幅度2%~10%；持平未动11种。是年8月，停止高价商品供应。1967年8月20日，开始冻结物价。1983年1月20日，调整针纺织品价格。1982—1983年，相继放开百货、针棉织品、五金交电、小副食品等10类622种小商品价格。1985—1986年，价格调放结合，提高自行车、电冰箱价格。1986年，放宽外来工业消费品定价，除盐、糖、肥皂、卷烟、火柴、散装黄酒、煤油、煤球、药品、彩电等10种商品外，按实际进价加2%~4%进销差、地区差与批零差定价，最高不得超过国家规定牌价10%。1987年，实行电冰箱、洗衣机等大件商品提价申报制度，其他开放商品

（除小商品）扩大地区差3%、进销差2%、批零差5%。

1988年2季度始，价格逐步提高，4月20日，针纺织品价格提高20%~30%；6月，搪瓷制品提价40%左右，铝制品提价约25%；7月1日，食糖提价50%，糖果、糕点相应提高20%~30%；7月28日，13种名烟、名酒价格放开，提高3至4倍，0.5公斤装贵州茅台由每瓶35.40元提高至160元，中华牌嘴烟每包1.81元提至7.15元，其他高档烟酒零售价提高30%~70%。1990年，全国统一调整部分商品价格，改进作价办法，调整经营差率。企业向外地调入工业消费品零售价格可以按实际进价加2%~4%进销差率执行，适当扩大部分工业品的地区差率。

食盐　1952年11月，原盐收购价格每担（50公斤，下同）1.43元。1953—1966年，原盐收购提价5次。1979年，每担由2.20元提至2.50元。1984年，省政府规定每担原盐价外补贴1元，实际收购价格为3.50元。1985年，每担调整为3.85元，实际收购价格为4.85元。1987年，价外补贴改为1.10元，实际收购价格为4.95元。1988年9月3日，省政府办公厅批转省物价局等4单位的报告，每担提价3.25元，实际收购价格为8.20元。

食盐销售价，1949年7月1日，批发市价每担0.42元（第一套人民币，下同），12月30日涨至7.50元，1950年3月6日，涨至最高峰每担33.50元，9个月上涨38倍多，涨幅超过粮、油、糖等主要民生食品。1950年4月10日，国营盐业公司成立，5月1日盐价回落，盐业公司牌价每担为19.80元。之后，市场盐牌价、市场差价由10%降为5%。是年6月1日，国家降低盐税，每担征税由13.50元减为7元，食盐批发牌价每担由18.30元降为12.25元。后，批发牌价每担在12元上下，零售价格每0.5公斤0.13元左右。1957年1月1日，统一调整盐价，每50公斤批发价由10.65元调整为11.90元，零售价每0.5公斤由0.12元调整为0.135元。1992年9月，提至每0.5公斤0.27元。后又陆续提价，至2008年10月，0.5公斤盐价1.56元。

食糖　20世纪50年代，食糖由国营专业公司统一调拨分配，价格变动较多。1953年，每0.5公斤为0.60元左右，1954年为0.60~0.68元，1955年为0.75元。1965年11月1日，统一调低糖价，一级榴花砂白糖每0.5公斤由0.88元降至0.79元。之后，20余年未变，仅货少时凭票，货充裕敞开供应。1985—1987年，糖源充沛，许多企业低于规定价格推销。1988年，分配给国营食品厂计划用糖仅占其耗用量50%，集体厂只占20%，不足部分从计划外补充。计划外白砂糖0.5公斤约1.50元。是年7月1日，调整食糖销售价格，0.50公斤由0.78元提高为1.18元。1990年11月1日，再次提高食糖销价，零售价0.5公斤调整为1.78元。后糖源多，零售价格均低于规定价格出售。

针纺织品　1955年12月，白细布每市尺零售价为0.285元，1965年为0.28元，1983年为0.34元，1987年12月提高至0.363元，比1955年上升27.4%。被单斜纹布每市尺零售价，1965年5月0.54元，1983年1月0.64元，1987年12月提高至0.79元，比1965年上升46.3%。91G涤棉夫绸，1987年12月，每市尺零售价0.823元，1990年为1.57元。沪产全毛华达呢，1955年12月，每公尺零售价28.50元，1965年5月为32.10元，1987年12月为36.40元，1990年达67元。杭纺每市尺零售价，1955年12月为1.32元，后稳定在1.89元上下，1987年12月调至2.23元，1988年为2.85元，比1955年上升115.9%。软缎被面1955年12月每条15.50元，1987年为18.84元，1990年为46.25元。414钟牌毛巾每条零售价，1954年0.84元，1965年0.88元，1985年1.07元，1987年1.38元，1990年为2.58元。甬产90厘米本白男棉毛衫，1954年每件零售价2.83元，1987年为3.56元，1990年达6.10元。沪产全毛中粗毛线，1954年每0.5公斤零售价

14.69元，1988年为30.40元，1990年达46元。

日杂用品　1990年，“西湖”牌肥皂零售价每条0.88元，与1953年相比，涨0.30元；“童车”牌火柴每封0.55元，涨0.17元；“白玉”牙膏每支0.76元，涨0.42元；34厘米全白面盆每只4.27元，涨2.83元；22厘米砂光铝高压锅每只10.90元，涨6.76元。日用杂品价格，1990年，蓝边瓷饭碗零售价每只0.37元，与1957年相比，涨0.18元；尺四铁锅每只2.70元，涨0.64元；富阳四级坑边草纸每刀0.32元，涨0.17元；民用煤饼50公斤3.28元，涨2.57元。

家电产品　自行车28吋“永久”12型男车，1952年7月每辆180元，1987年6月184元。“新乐”牌单缸洗衣机，1982年每台215元，1988年7月为238元，11月为258元。XPB20-25双缸洗衣机，1982年为325元，1988年11月为366元。14吋“金星”黑白电视机，1984年为452元，1988年8月为515元；17吋“金星”黑白电视机1983年为568元，1987年7月为602元，1988年3月为643元，8月为724元；18吋“上海”牌彩色电视机，1983年为1350元，1988年7月调至1868元，1989年2月再次调高为2768元。甬产116升“凤凰”牌单门双温电冰箱，1983年为618元，1984年6月为645元、1986年10月调至674元；170升“凤凰”牌双门双温电冰箱，1986年1月价1944元，1990年12月为1690元。3-10A单相电度表，1965年每只为46.38元，后4次降价，至1981年为21.40元。15~40瓦电灯泡，1952年每只0.48元，后4次降价，1987年为0.45元。

工业生产资料

中华人民共和国成立后，主要工业生产资料列为中央部管统配物资，由物资部门按国家牌价计划分配，价格较稳定。1979年始，能源、原材料及初级产品价格陆续调整。1984年5月，计划外生产资料按统一定价上浮20%。翌年，价格实行计划内外“双轨制”。1988年，黑色金属、煤炭、水泥计划价提高，提价幅度为，煤炭1.2~1.3倍，水泥38%，生铁1.8倍，线材1.6倍。化肥、农药、农用薄膜专营。计划外黑色、有色金属实行最高限价。

煤炭　1959年始，用煤价格分工业、市场两种。是年，大同统煤，工业用吨价37.20元，市场用44.50元；阳泉统煤吨价，工业用36.60元，市场用41元。1964年4月，大同煤吨价，工业用37.70元，市场用40.70元；阳泉煤吨价，工业用39.10元，市场用42.10元。后市场用煤价格未动，供应范围缩小。1982年，仅限饮食服务、粮食制品、糖果糕点等11个行业。1987年，缩小至居民生活（凭票定量）、集体单位生活、饮食服务业用煤。1984—1987年，大同煤吨价分别为75元、80元、83.50元、86.20元；阳泉煤吨价为68元、73元、76.20元、78.90元。计划外价格比计划内高约20元。1988—1990年，大同统煤吨价分别为205元、255元、280元，后逐年又涨。2008年，大同、阳泉煤吨价达500余元。

石油　计划供应价格20世纪50年代初至70年代初逐年降低，0号柴油供应价，1952年吨价约475元，至1970年吨价降至405元。1983年年初，始供应计划外“高价油”，0号柴油每吨1003元，为牌价1.74倍；灯用煤油每吨为1013元，比牌价高74.0%；70号汽油每吨1023元，比牌价高40.5%。1983年9月、1984年6月，高价柴油两次调低，0号柴油每吨分别为893元、790元。1985年下半年始，计划外石油产品供应市场，计划内石油产品供应逐步减少。1998年6月，不分计划内外，实行政府指导价管理，即定中准价，企业可上下浮动5%。2001年10月，上下浮动幅度改为8%。2008年12月，成品油税费改革，取消公路养路费等6项收费，提高成品油消费税（含在价格之内），成品油价格改为最高限价。

钢材　列入国家计划，钢材、生铁实行单一国家计划价。1984年，实行部、省、地方（地方生产钢材）3种定价。综合平均价，1984年6.5毫米线材每吨815元，1987年为829元。计划外价格，1984年6.5毫米计划外线材每吨1410元，1990年为1800元，比计划内供应价高28%。

水泥　425号普通硅酸盐水泥，部定出厂价，1973年每吨52元，1983—1985年分别为56元、72元、90元，1987年为95元。丹城供应价，1973年每吨65.60元，1983年、1984年与1985年分别为72元、88.70元、112.40元，1987年120.60元，比1973年上升84%。1990年出厂价145元，供应价188元。425号矿渣硅酸盐水泥部定出厂价，1973年每吨47元，1983年、1985年分别为52元、85元，1987年90元，比1973年上升92%。丹城供应价，1973年每吨60.40元，1983年、1985年分别为68元、107.20元，1987年115元，比1973年上升91%。1990年，每吨出厂价140元，供应价182元。

木材　1954—1983年木材统配，按国家计划牌价销售。1953年，丹城计划木材批发价，杉原条（二等）每立方米，75.20元，1955年、1960年、1973年分别为78.30元、73元、77元，1979年为100元，比1953年上升33%。杉原木（二等），1952年为74.20元，1953年、1955年、1960年、1964、1973年分别为95.70元、100.40元、97元、95元、94元，1979年为124元，比1952上升67%。松原木（二等）1952年为53元，1953年、1955年、1973年分别为61.90元、63元、68元，1979年95元，比1952年上升79%。1984年，始供应议价木材，杉原条（二等）每立方米价，1985年、1987年分别为560元、900元，1989年1200元。杉原木（二等）1985年、1987年分别为540元、900元，1989年1200元。松原木（二等）1985年、1987年分别为290元、460元，1989年为588元。进口议价木材价，花旗松，1986年9月450元，1987年680元，1990年908元；山樟克隆杂木，1986年480元，1987年950元；柳安原木1985年480元，1986年710元；柳安三夹板，1986年每块17.70元，1987年26元，1990年29元。

农业生产资料

20世纪50年代始，国家对农业生产资料价格实行保本薄利，或赔本经营。地产化肥、农药、农用薄膜、农机具等价格，较长时期由地方财政贴补。农用电、农用柴油等均以较低价格供应。农业用柴油，60年代每吨优惠50~90元，1972年8月，每吨优惠125元。化肥、农药，60—70年代长期稳定，有些价格下降。竹、木、铁制中小农具价格保本微利供应。1963年9月，重新审定成本，销售价格平均比1962年下降20%。1965年8月，再次降低中小农具销售价格，幅度约10%。1975年，18类中小农具价格实行保本供应，销售价格维持1966年水平。1980年7月，贯彻省政府“适当调整中、小农具价格”通知，在1966年价格基础上，铁制农具提高12%，木制农具提高19%。1981年，2月竹制农具价格提高25%，8月又适当提高部分小农具价格。1982年11月，取消农用柴油减价优待，部分化肥、农药提价。

第四节　非商品收费

1957年开始，全省性非商品收费价格由省政府统一制定，地方性收费价格由市政府制定。1986年，省管全省性公路、内河客货运价，县及县以上医疗机构医疗收费、中小学学杂费、电影票价、旅馆收费、饮食行业毛利等59个收费项目；市管老市区公共汽车票价、理发、浴室、照相、托儿所等收费项目41个。

交通运输收费

公路货运　1950年，按路况每吨千米0.22~0.32元，1956年0.24元。零担托运由加价10%降至5%。1965年，每吨千米0.20元，1966年11月0.17元，同时恢复加价10%。1989年8月0.28元，1990年0.29元，2000年0.38元，2008年0.54元。

公路客运　1953年，每人每千米0.032元，1958年5月0.025元，1961—1966年7月0.024元，1989年0.033元，1990年0.036元，2000年0.26元，2008年0.29元。

公共汽车　1997年，县中心城区公共汽车收费，老城区每人1元，城郊票价1元、1.50元、2元不等。2008年，实行每人每票1元。

轮船客运　象甬航线：白墩至宁波轮船票价每座，1947年7.50元，1949年1.65元。象沪航线：1988年，西泽至上海芦潮港快艇票价，上舱每座74元，中舱64元。石沪航线：1989年，石浦至上海十六铺三等舱票价，每座43元。石三航线：1989年，石浦至海游船票价，每座6.10元。

医疗文教收费

医疗收费　1955年5月，始定收费标准。挂号费：西医初诊1955年0.10~0.20元，1966年0.10~0.15元，复诊0.05~0.10元。中医初诊0.30元，后改0.10~0.15元；复诊0.30元，后改0.05~0.10元。1988年7月后，中西医初复诊均0.20元。1987年，名老中医门诊挂号1元，1990年7月后为2元。普通门诊：1991年0.20元，1996年1元，2005年1元；急诊：1991年0.40元，1996年1.50元，2005年2元；专家门诊：1991年2元，1996年3~4元，2005年5~7元。注射费：肌肉注射，1955年0.10元，1966年0.05元，1988年7月0.10元，1990年7月0.20元，1996年0.40元，2005年1.20元；大输液：1955年0.50元，1966年0.30元，1988年7月0.40元，1990年7月0.80元，2000年1.60元，2008年2.30元。肝功能化验费：1955年0.55元，1988年7月1.10元，1990年7月1.50元，2005年31元。胃切除：1966年20元，1988年7月45元，1989年10月70元，1990年80元，1991年80~150元，1996年270~450元，2005年1170~1980元。阑尾炎切除：1955年25~36元，1988年7月18元，1989年10月30元，1990年40元，1996年150元，2005年410元。住院：大病房每人每天0.30~0.40元，1984年0.50元，1988年7月1.80元，1990年7月2元。1991年2.50元，1996年9元，2008年24元。

学费　幼儿园：1956年每学期5元，1961年2.40元，1962年3元，1966年降至2.40元，1988年4元。小学：1951年每学期低年级5元、中年级6元、高年级7元。1956年各降低1元。1961年，低年级2.40元，中、高年级3.60元，1962年分别为3元、4元。1964年分低、中、高年级，分别为2.40元、3元、4元。1966年改低年级2元，中、高年级3元。1984年均为4元。1988年低年级7.50元，中、高年级9元。1992年均为14元，1994年均为30元，1995年均为35元，2000年均为55元，2001年均为55元。初中：1951年，每学期10元，1956年9元，1961年7元，1966年降至5元，1984年仍为7元，1988年15元。1992年25元，1994年45元，1995年60元，2000年85元。高中：1951年每学期12元，1956年10元，1961年8元，1966年降至6元，1984年8元。1988年，普通中学初中15元，高中30元，重点中学40元。1992年，高中35元，重点中学75元。1994年，高中120元，重点中学140元。1995年，高中150元，重点中学220元。2000—2001年，高中700元，重点中学1150元。

电影票　戏票　16毫米电影普通片，1953年，农村包场票价大人0.05元，学生、儿童0.03

元。丹城电影院票价，1966 年每张 0.10 元，1986 年 7 月 0.20 元，1988 年，按不同电影、放映时间，收 0.60~1.00 元。20 世纪 90 年代 10~15 元，2008 年 25~30 元。戏票（越剧），1954 年，每张 0.30 元，1955 年 0.35 元，1971 年 0.25 元，1985 年，价格放开后为 2~3 元不等。

服务业收费

理发　男子理发（乙级）：1952 年，每人 0.25 元，1966 年 0.10 元，1985 年 0.45 元，1989 年 1.10 元。20 世纪 90 年代 1.50~1.80 元，2000 年 2~5 元。女子烫发（甲级）：1962 年每人 0.90 元，1966 年 0.80 元，1985 年 3 元，1989 年 4.30 元。90 年代 5~8 元，2000 年 8~12 元。

洗澡　男子洗澡（大池）：20 世纪 60 年代每人 0.12 元，70 年代 0.15 元，80 年代 3 元。90 年代 5 元，2000 年 6~10 元。女子淋浴：80 年代每人 3 元，90 年代 5 元，2000 年 6~10 元。

旅馆住宿　普通旅馆（双铺）：20 世纪 50 年代，每人每日 0.20~0.50 元。60 年代 1.00~1.50 元。80—90 年代 3.00~3.50 元。2000 年 5~10 元。高档宾馆（双铺）：60 年代 1.00~1.20 元。70—80 年代 10~15 元。1990 年 20~25 元。2000 年 90~100 元。

民用水、电、气价格房租

自来水　20 世纪 60 年代每吨 0.30 元，70 年代 0.25 元，80 年代 0.30 元，90 年代 1 元。2000 年 1.80 元。

电　20 世纪 50 年代每度电 0.30 元，70 年代 0.22 元，80 年 0.20 元，90 年代 0.53 元。2000 年 0.558 元。

液化石油气　象山液化石油气供应始于 1985 年，每瓶（15 公斤）收费 13.50 元。20 世纪 90 年代 35~70 元。2000 年每瓶 82 元。

管道燃气　县中心城区始于 2005 年 12 月，每立方米 6.80 元。

居民房租　旧时，象山流动人口少，故少有租屋者。丹城 20 世纪 50—60 年代，按质量、结构、地段，每间每平方米租金 0.03~0.08 元，80—90 年代，每间每平方米租金 0.50~0.80 元。

第五节　价格督查

价格督查是物价管理工作的一项重要职能，建有较完整的价格调整和价格执行情况检查制度。1960 年前后的三年困难时期，市场出现变相涨价与擅自提价现象。1979 年，价格改革开始，不少企业趁机自行提价。1988 年下半年，出现通货膨胀，政府审时度势，及时督查、处罚价格违法。

政府监督

1964 年，根据国务院审价工作指示，全县开展审价工作。改革开放之初，市场物价一度混乱。1980 年，县政府根据中央文件精神，成立物价大检查领导小组，发动各系统各单位自查互查，并抽查重点单位。1982 年，于五一、国庆、春节三大节日前后，开展物价大检查。1983 年，县政府成立物价检查办公室，自查、复查生产资料乱涨价与向建设单位乱摊派费用等情况。1985 年，全县开展自 1980 年后第二次市场物价大检查。是年，共检查工、商、企事业单位（包括个体户）450 家，查处违纪事件 116 起，收缴非法收入 74982.58 元，罚款 1516 元。

20 世纪 80 年代后期，经济出现通胀。1988 年 10 月，县政府成立市场物价大检查领导小组，县长任组长，邀请县人大代表、政协委员参加监督检查，并召开各部门、主要企业领导参加的价格违法案件通报会。至翌年5月，全县共查处违法案件108起，罚没款16.7万元。后多数工业品供求开始缓和，市场物价逐步趋于稳定。1996年始，每年开展一次物价大检查，专项检查粮油、电力、石油、教育收费、医疗收费、邮电、客运票价及生产资料等乱涨价、乱收费现象；经常性检查涉及居民生活的“米袋子、菜篮子、火炉子”价格。在国庆、元旦、春节期间，采用普查与针对性检查形式，在春耕、夏种期间，重点检查化肥、农药和农用电价等涉农价格与收费。此后，物价检查着力于“清费、治乱、减负”，坚持开展经常性专项检查行政性收费、农资供应、粮油收购、医疗药品等价格以及餐饮、娱乐业经营毛利率。1985—2008年，全县共查处价格违纪、违法案件3836件，经济制裁总额1368.18万元，上缴财政725.14万元，退还用户643.04万元。

1985—2008年象山县物价督查处罚情况表

表15-2

年　份	查处价格违法案件（件）	经济制裁总额（万元）	上缴财政（万元）	退还用户总额（万元）
1985—1990	1435	99.89	93.67	6.22
1991	464	35.08	34.48	0.60
1992	70	8.36	8.36	—
1993	146	7.38	5.76	1.62
1994	467	58.61	40.78	17.83
1995	128	37.60	24.60	13.00
1996	168	13.86	13.86	—
1997	298	113.67	37.39	76.28
1998	370	151.40	60.50	90.90
1999	45	116.40	89.70	26.70
2000	47	22.00	22.00	—
2001	38	114.11	28.11	86.00
2002	24	47.92	35.53	12.39
2003	21	61.62	39.12	22.50
2004	50	51.84	30.37	21.47
2005	15	33.20	33.20	—
2006	20	330.26	81.20	249.06
2007	18	42.99	27.67	15.32
2008	12	21.99	18.84	3.15
合　计	3836	1368.18	725.14	643.04

1985年，全县所有经营企业实行商品明码标价（亮证收费）。1986年，实行全国统一规格红、蓝、绿三色商品标价签。红色代表国家定价，蓝色代表国家指导价，绿色代表市场调节价。翌年，加强农村黄酒、白酒、啤酒价格检查管理。监制黄酒、白酒、啤酒标价牌1900余份，标明各种牌号与当地的零售价，张贴至各乡、镇政府所在地与主要集市及每家酒烟商店。2001年，在丹城南街至天安路两旁商店、石浦镇人民路两旁商店开展“明码标价一条街”示范试点活动，并要求全县镇乡商店经营户做到有货有价、一货一签，经检查，明码标价率达90%以上。

职工监督

1986年6月，象山县职工物价监督总站成立，人员由县总工会、物价、计量、工商等单位部门派员组成。7—8月，先后成立丹城、石浦、4819工厂3个分站，聘请52名企事业单位人员作义务监督员，邀请2名退休干部为办事员。物价检查以专业检查与群众检查相结合，定期或不定期监督检查农贸市场、饮食行业中主要副食品价格，纠正、处理擅自提价、短斤缺两、掺假使杂、偷工减料等违法违纪行为。至2008年年末，共检查6.7万余人次，检查摊店13.2万余家，查处违纪违法案件2600余起，收缴不合格计量器具800余件，罚没款7.9万元，退还多收消费者货款1.29万元。1991—1994年，县职工物价监督总站，连续4年被宁波市职工物价监督总站评为先进单位。2001—2004年，连续4年被宁波市政府评为先进单位。

基层监督

1990年始，全县18个镇乡先后建立物价监督管理站，由副镇（乡）长兼任站长，下属办公室人员兼任管理员。各镇乡物价监督管理站业务由县物价局指导，遵照“维护农村物价稳定，规范农村价格秩序，解决农村价格矛盾，促进农村经济持续发展”的指导方针开展工作。2001年始，全县781个行政村设立涉农价格与收费公示牌781块，及时更新公示内容，规范涉农价格与收费行为。2006年5月始，为确保活动长期有效有序开展，成立以常务副县长为组长的活动领导小组，推进价格服务进社区、进农户、进学校、进医院、进企业、进商场、进景区，在18个街道镇乡、23个社区、47所学校、15家商场、23家医院、7个景区、20家企业设立价格监督管理站与价格监督联络站，聘请义务价格监督员和联络员160人，更新和制作涉农渔、教育、医院、商场、景区、企业等各类价格及收费公示牌619块。

第六节　价格服务　价格鉴证

1992年，县价格事务所成立。2002年12月，县价格事务所更名为象山县价格认证中心。认证中心具有刑事、民事、经济、行政以及仲裁案件涉及的各种扣押、追缴、没收及纠纷财物的价格鉴定；价格行为合法性和价格水平合理性认证；价格纠纷调解的资质。

价格服务

县价格事务所成立后，为企业开展价格信息、咨询、评估、认证、业务培训等价格事务服务工作。1993年，提供各种价格信息资料50256份，帮助企业制定企业定价商品价格300余项。1995年，向各企事业发行价格信息35600余份。1996年，向企业提供价格信息28000余份、信息资料14000余份。1991—2008年，每周1至2次，向县新闻媒体单位提供菜市场肉类、蔬菜、副食品等零售价格监测信息资料，共计1560次。1998—2008年，向企事业单位及个体零售商店提供商品明码标价签和明码标价咨询服务，共发放商品标价签260万张。

价格鉴证

1992年，价格事务所和价格认证中心受理价格评估事务3件、26项，价格认证4件、34项。1993年，受理价格评估事务500余项。1995年，价格评估60余起，价值60余万元。1996年，评估赃物127起，价值100万元。1997年，受理赃物和经济涉案物品价格评估业务150起，评估价值200万元。1999年，受理价格案850起，价值总额4200万元。2000年，受理价格评估543起，受理涉案资产、物品价格鉴证案件502起。2001年，受理价格评估、鉴证案件1040件，金额4848.72万元，受理各类涉案物品价格鉴证案件443件、事故车辆价格鉴证案件578件。1998—2002年，为交警部门评估鉴证资产、物品价格、事故车辆价格鉴证3956件，评估认证金额9048.72万元。2003—2008年，评估地招投标、建筑物拆建及民间纠纷、司法鉴证4311件，评估认证金额157458.55万元。

第五章　工商行政管理

汉代象山实行盐铁官营。北宋时官定灶丁，立灶籍，设盐官、酒务监官。管理盐、酒专卖及征税。明清时，市场商品交易场所，均设有管理机构或派人专司其职，唯名称不同。民国时期，制有《交易所法》《商标法》《商业登记法》《工厂登记法》等。中华人民共和国成立后，国家发布的工商行政管理法规有企业登记管理，个体私营经济管理，市场、合同、商标、广告等管理以及经济检查、保护消费者权益等法规性文件，基本形成工商行政管理的法制体系。

第一节　企业登记监管

明制，凡买卖奴隶、牲畜行业，须报官立契。明至清时规定：机户牙人须向官府登记取帖，无帖者禁。清末光绪时期海禁既开，乃有《商人通则》《公司律》《破产律》等管理法规，正式推行企业登记制度。中华人民共和国成立后，政府设立专门机构加强工商企业的登记和监管，形成一系列登记监管制度。

企业登记

内资企业登记　民国18年（1929），县始置建设科，办理农、工、商业承转注册。民国22年，实行化学肥料零售商店登记发证。翌年，组建审查委员会，公告商业登记审查程序，督促登记。至民国25年，全县登记商店588家。民国33年为890家。民国37年增至895家，另有公司1家。

1950年9月，县设工商科。翌年，开展私资重估与登记发证，登记工商业1616户。1956年9月，建商业局，内设行政管理股。1963年成立工商局。翌年7月，工商企业全面登记发证。至9月末共登记614户，均为手工业企业。

“文化大革命”期间，工商管理陷于停顿。1979 年 3 月，恢复县工商行政管理局，下辖丹城镇、石浦镇、南庄区、大徐区、西周区、定山区、石浦区 7 个工商管理所，恢复工商企业登记发证。1984 年，增爵溪、鹤浦、泗洲头、涂茨 4 个工商所，并简化登记发证手续。

1985 年，全县登记工商企业 1948 家，其中乡镇企业 1078 家。至 1991 年年末，全县共有各类工商企业 1430 家，营业机构 2151 家。翌年，推出“放宽登记条件、简化登记程序”措施，改定期审批为随到随批。是年，全县新核准登记企业法人 401 家、营业单位 298 家，比上年分别增长 47.6%、17.4%。1993 年，新办第三产业企业与无主管部门股份合作制企业，由投资人直接向登记机关申请登记注册。1994 年，重点加强新办企业投资主体和章程审查，实行新办股份合作制企业、有限责任公司及法人企业、开办非独立核算分支机构，直接申请登记。1997 年，按照“提高登记质量，依法确认主体；支持企业改革，促进结构调整；完善内部制度，加大监管力度”的要求，开展企业转制调研，重新办理注册。至年末，全县乡镇、工业、二轻系统 75%工业企业完成改制。其中，乡镇集体企业 343 家，转制 286 家，占 83%；国有城镇集体企业 91 家，转制 62 家，占 68.1%。年末，实有各类企业 4983 家。1998 年，放宽改制企业登记实体条件，结合审批制度改革和政务公开，简化、规范企业登记审批程序，取消前置审批项目 36 项。随着企业逐步私营化，新办企业连续 3 年下降。是年，共办理企业法人开业 43 家、营业单位 133 家，同比分别减少 62.2%、52%。2002 年，推出新设企业提示制，方便企业。2004 年，随着象山旅游业兴起，新注册登记旅游业企业法人 6 家。2006 年，深化亲情服务，推行“一字工作法”，登记质量提高。随着传统优势产业、临港型工业、船舶工业等产业兴起。截至 2008 年年末，全县内资企业增加至 1262 家，其中企业法人 583 家，注册资本 65.26 亿元。

外商投资企业登记　1987 年 11 月 14 日，由爵溪镇象山化纤针织厂、宁波市纺织品进出口公司、象山对外贸易公司、澳门南光纺织品有限公司合营开设宁波甬南针织有限公司，成为象山县第一家中外合资企业，注册资本 400 万元人民币，中方出资 300 万元，外方出资 100 万元，合营期至 2015 年 11 月 13 日。1990 年 9 月 10 日，宁波市政府作出《关于设立外商投资企业基本程序的规定》。翌年 8 月 10 日，为进一步改善外商投资软环境，宁波市政府办公厅转发市工商局、计委、外资局《关于工商行政管理机关参与外商投资项目立项审批的意见》。此后，外商投资企业不断涌入象山。2008 年年末，全县外商投资企业及其分支机构 276 家，其中，分支机构 51 家，企业投资总额 78358 万美元，注册资本 47641 万美元，外方认缴 34498 万美元；31 家外资企业投资总额在 1000 万美元以上，1 家外资企业投资总额达 5000 万美元。外商投资企业法人按类型分，有中外合资企业 107 家；台、港、澳与境内合资 76 家；外国法人独资 15 家；外国自然人独资和台、港、澳自然人独资均为 5 家；中外合作和台、港、澳与境内合作均为 2 家；台、港、澳与外国投资者合资为 1 家；台、港、澳法人独资 12 家。

私营企业登记　中共十一届三中全会以后，象山县一批能生产、会经营的城乡个体工商户，逐步扩大生产和经营规模，转变成私营企业。1988 年 7 月 1 日，爵溪镇戴炳章开办“宁波市锡麟电子有限公司”获宁波市工商局核准注册，成为首家挂市牌私营企业。翌年初，全县私营企业 778 家，投资者 1699 人，从业 9295 人，注册资金达 7257 万元，均居宁波市首位。1991 年 6 月，全县私营企业减少至 629 家，年末减少 221 家。1992 年，象山出台《关于发展个体私营经济的十五条意见》，放宽登记条件，简化手续，减少程序，并允许机关事业单位分离人员、企业富裕（失业）人员、离退休人员经商办企业，全县私营企业恢复至 511 家。翌年，县委下发《关于进一步发展个体私营经济的若干意见》，全年新发展私营企业124家。1994年，私营企业发展速度加快，年末私营企业达900家。其中，独资企业352家，合伙企业267家，有限责任公司281家。1997年，私营经济发展势头趋缓，全年新发展216家，歇业注销180家，净增36家。1998年，全年新发展私营企业242家，歇业注销354家，净减112家。

2000年1月1日，《中华人民共和国个人独资企业法》实施，象山个体私营经济发展掀起新高潮。至年末，全县私营企业达到1448家，其中，独资707家，合伙企业153家，有限责任公司588家。2002年，全县私营企业保持良好发展势头，当年私营企业达到2243家，其中新开业519户。2003年，全县私营企业2698家，比上年增长20.29%。2008年，全县私营企业户数达到4808家，比2000年增长232.04%。

企业监管

内资企业监管　1985年，清理无资产、无场地、无设备与无固定从业人员的“皮包公司”。依据《公司登记管理暂行条例》和《工商企业名称管理暂行规定》，100家公司被重新审核名称；180家资金、场地和经营不具备公司条件的，改为店、场或服务部；依法变更或吊销96家注册资金不实，或无资金或领取执照长期不开业的公司；党政机关或社会团体干部兼职法定代表人，按有关规定予以变更，重新换发营业执照。至1987年，共查处违章企业982户次，罚款14.8万元。主要违章行有未经登记核准，擅自开业或设立门市部等分支机构；复制或涂改以及转让、出租营业执照；超越经营范围，销售和假冒他人注册商标；到期未办换照手续，擅自变更名称、转产、歇产等。1988年10月后，遵照中共中央、国务院《关于清理整顿公司的决定》，68家公司及时办理注销登记，其他公司一律重新登记注册，并建章立制，进行法规培训。同时，还原180余家挂靠集体的“红帽子”企业。1993年，根据中共象山县委《关于大力推进乡镇企业大发展、大提高的若干意见》精神，清理各类许可证，促使企业“一业为主、兼营他业”等经营机制转换，并参与乡镇企业股份制试点。1996年3月，贯彻国家工商总局《关于贯彻执行国务院〔1995〕54号文件精神，清理不良文化的通知》精神，开展清理企业名称中不良文化现象工作。至5月上旬，共清理无资本、无经营场所、无机构与从业人员“三无”公司140家，注销102家，责令变更4家，限期整顿34家。1997年，县工商部门联合县人民银行整治全县三大行业178家企业金融、保险、期货经纪行业。6—7月，专项检查181家公司注册资本，其中查处10家公司，罚款21000元。8月，检查丹城、石浦30家中介机构，依法处理5家，罚款5000元；并调查130家（私营7家）注册资本超500万元法人企业。翌年，又检查商贸、房地产、集团公司等96家注册资本500万元以上、自然人出资200万元以上公司，审查22家煤炭、煤制品企业经营资格。1999年，查处非法经营粮食案件55件、90000公斤，罚款15万元。查处非法经营农资案件20起。2001年，全县80%以上企业纳入经济户口管理。翌年上半年，联合检查成品油、易燃易爆、化学危险品、压力管道等行业生产、经营企业及各类市场主体2000家（户），规范80余家定牌加工生产企业，取缔、合并网吧32家。2003年，检查89家加油站，查处无证、无照企业8家。2005年3月始，联合县公安、文化、环保、卫生、消防等部门，参与各类执法检查，出动执法人员1848人次，检查企业6500家（户），市场125个（次），取缔无照89户，新办登记314户，查处各类案件486件，罚没金额30.25万元。2006年，联合县文化等部门，取缔无照经营网吧5家，规范整顿8家。参与安全生产执法检查1174人（次），检查商场21个，宾馆、饭店287家，发放《安全生产读本》200本、宣传资料1200份，发出整改通知12份。2007年，县工商部门协同县文化、公安、建设、规划、环保等部门，向网吧、烟花爆竹、化学危险品、加油站、黏土砖瓦等行业，发出整改通知书100份，立案85起。2008年，查处企业违章违法案件119起，罚款112.4万元。

1982年12月始，办理内资企业年检工作。1989年3月，全县企业全部参加年检并重新登记。对1986年下半年后新办各类公司，重新换发营业执照。至1991年年初，完成1430家企业、2151家营业机构年检、换照工作。1992年，企业直接向工商行政管理部门提交年检报告书。是年，年检重点是擅自歇业和查无下落企业。1993年，党政机关所办企业及挂靠企业重点年检。1995年，重点督促已转制乡镇企业依法办理变更登记与查处违章违法企业，列出400家注册资金严重不实企业名单，清理300家“三无”企业。1996年，全年完成企业年检5396家，核定B级30家。1998—2000年，企业年检以公司注册资本监管为重点。全县实检企业11600余家，确定为B级21家。查处各类违章违法企业15家，罚款3万元；处罚逾期年检企业183家，罚款近5万元；查处违章违法30起，罚款1.4万元。2001年，全县应检企业3583家，年检率90%。确定B级5家，查处违章违法案件21起，罚款1.5万元。2003年，全县应检内资企业1618家，年检率98%，认定B级6家。2008年，全县应年检内资企业1262家，年检率91%。

私营企业监管　1992年，查处各类违章违法私营企业25家。1996年，执行一年两次回访检查制度，注销登记停业6个月以上，仍无法继续恢复生产经营企业203家。查处违章违法企业55家，罚款55万元。翌年7月，集中检查全县42家印制商标私营企业，并帮助建章立制；8月，专项检查自然人组成、个人投资100万元以上公司479家，查处注册资金不实或抽逃注册资金案32起。1998年，帮助动员33家私营水产养殖户悉数注册商标。2000年，查处企业违章违法案件115起，罚款40万元。2001年，加大监督管理力度，查处违章违法案件454起，其中68家水产养殖户，被罚款30.35万元。帮助53家私营企业建立企业数据库。当年新办企业回访率100%。2003年，企业档案输入计算机，实现经济户口管理信息化，查处企业违章违法案件127起；集中培训146家企业工商联络员，并发放合格证书。2004年，查处违章违法案件86起。2006年，企业违章违法案件上升，达420起，主要违法行为有虚假出资，经营地址、范围变更等。2008年，查处20起抽逃资本、虚假出资案，共罚款170余万元，其中1起抽逃资本案罚款50万元，为历年最高。

1989年始，实行私营企业年度检验工作。翌年末，全县注册登记的私营企业全部参加年检。1991年，应检714家，年检率99%。1992年，应检582家，年检率86%，逾期未年检企业被注销48家。1993年，应检企业降至511家，年检率上升为95%。1995年，应检企业上升至900家，年检率98%。1996—2000年，年平均应检企业1231家以上，平均年检率94.6%。1996年，企业应检数1325家，年检率达98.8%。2001年，企业注册资本到位率达110%，总额为234666万元，实现税后利润9511万元，私营企业发展势头良好。2003年，应检私营企业首次超过2200家。2005年，应检3000家，年检率100%。2008年，应检4808家，年检率91%。

第二节　个体私营经济管理

明清时，商人入“市籍”、手工业入“匠籍”，且行世袭，父亡子顶。盐、茶、硫磺等产品，向官府领取“引票”（运销票据），方可经营。晚清有商会、同业工会后，开设一般商号、店铺，须经其同意，报官府备案。开设牙行、典铺，必须向户部请帖。民国，象山丹城老城区商贩由县警察局登记管理。旧货业、饮食业等行业摊贩须经警察局换发营业许可证方能营业。

1951年，开始登记个体工商业户，全县计923户，行商224户。1953年，采用经销、代销、联购分销等方式，加强个体商贩归口领导，分别纳入公私合营、合作商店或合作小组。至1958年年末，个体商贩仅占私商从业人员数4%。

“文化大革命”时，个体经营被视为“资本主义尾巴”而禁止。1974年，个体商贩、小商小贩组建代购、代销、代营商店、合作商店或合作小组。

1979年，恢复个体工商户登记发证，计14户、资金870元，年营业额8700元。1982年，增至286户，营业额60万元。翌年2351户，开始出现个体运输业户。1985年，个体工商户增至6881户，其中个体运输214户。1987年9月1日，国务院发布《城乡个体工商户管理暂行条例》正式施行。全县采取多种形式进行宣传、发动、贯彻，受到省市工商局肯定，并总结推广。截至1988年11月末，全县个体工商户达13497户，从业18030人。1989年，流通领域出现无序状况，县工商部门制定文件，规定生铁等32种商品不允许个体工商户、私营企业经营；食盐等18种商品只许零售不得从事批发经营。还规定冰箱、酒类等三大行业暂停审批，屠工屠商等5个行业严格控制审批。是年，个体工商户数量明显下降。1990年，鼓励发展服务业、修理业等7个行业，邮电、通讯等67个行业与商品不准生产、经营，食盐等23种商品允许零售不准批发，酒类等28个行业暂停发展，酒吧、咖啡馆等11个行业从严控制审批。1991年6月，全县城乡开展“五好经营户”竞赛活动。11月，在西周开展1个月个体私营经济社会主义思想教育试点，后全县推广。至年末，全县个体工商户数达到14410户，从业18844人，注册资金9220万元。

1992年2月，县工商局制定《关于发展个体私营经济的十五条意见》，放宽登记条件、简化手续、减少程序，允许一人多照、多项经营、批发代销，理烫发、冷饮等6种行业审批权下放各工商所代办。是年，全县新发展个体工商户3497户、5246人，分别占总户数、总人数21.8%与23.8%。1993年县委《关于进一步发展个体私营经济的若干意见》与1994年宁波市委《关于进一步发展个体私营经济的意见》先后下发，明确发展政策、权益保护、法律地位三个方面“长期不变”，鼓励个体私营经济发展。1994年年末，全县个体工商户与从业者达到20180户、27910人。1995年，分别达到20529户、28817人，为历史之最。2002年、2003年，县工商部门先后制定《关于下岗失业人员从事个体经营有关收费优惠政策的通知》与《关于加快发展个体私营经济的实施意见》，提出三年内免收管理费，并建立下岗失业人员注册登记绿色通道。

个体工商户验照换照工作始于1983年，每年验照1次。翌年1月1日始，全县换发全国统一《个体工商业执照》和《个体工商业临时营业执照》，新执照有效期5年。1991年5月，县工商部门联合县财税、公安、卫生、物价、文化、计量、个协等部门和丹城镇政府，抽调58名干部，在丹城集中开展为期1个月清理无照经营整顿试点。随后以区、镇为单位，抽调200余人组成9个检查小组，集中清理整顿（除檀头山外）36个乡、镇个体工商户，历时1个月。检查个体工商户7959户，占应检查户数的66.3%。查处无照经营295户，超范围经营98户；经营食油、柴油、水产冷冻等不允许经营项目5户；擅自变更地址、方式、转让82户；出租、转借、转卖执照7户。依法批评教育67户，停业整顿25户，吊销执照3户，移送司法机关3人，没收非法所得1.8万元，罚款2万元。1993年6月，县工商部门联合县公安，专项清理、整顿丹城、石浦两地366家理烫发、美容行业。1995年，依法加强监管力度，清理无照经营460户，疏导登记438户，取缔28户，罚款3.2万元，亮照经营率从60%提高到90%以上。帮助饮食、修理、服务等行业制定

《行业管理规定》《从业人员职业道德规范》。1996 年，专项整治饮食业、美容美发业、商业、服务业。全年共清理无照经营 422 户，疏导登记 377 户，取缔 74 户，查处各类违章违法 988 户。翌年，查处转让、出租《营业执照》违法户 36 户，罚款 1.28 万元；清理无照经营 460 户，办理登记 370 户，取缔 40 户。1999 年，工商部门联合公安、文化等部门专项检查文化娱乐、美容美发、保健等行业 570 户，清理整顿无照经营 820 户、超范围经营 30 户。2000 年 6 月，开展夏季饮品市场专项检查、劳动用工和劳动保护大检查。查处违章违法案件 2575 件，罚款 40.85 万元，没收非法所得 4.27 万元，清理无照 920 户，补办营业执照 820 户，取缔 42 户。2003 年 1 月 10 日，首次采用“滚动验照换照工作方法”（按营业执照注册号尾数确定验照换照月份），开展验照换照工作，全年开展两次清理无照经营活动，出动 3016 人次，检查各类市场主体 6554 家。2004 年 1—9 月，工商部门出动 1848 人次，检查 6500 户、125 个（次）市场，查处各类案件 486 件。是年 11 月，进行网吧专治整治，取缔 6 家，处罚 11 家。2006 年，应验照换照个体工商户 13272 户，实际验照换照 11599 户，查处违章违法案件 392 起。翌年，全县应验照换照个体工商户 13086 户，实际验照 11082 户，查处违章违法案件 440 件。2008 年，全县应验照换照个体工商户 17113 户，实际验换照 14267 户，全年查获无照经营 378 家，取缔 113 家，引导登记 250 家。

1993—2008 年部分年份象山县个体工商户监督管理情况表

表 15-3

年份	应验换照（户）	实验换照（户）	验换照率（%）	违章违法（户）	无照经营（户）	取缔（户）	罚款（万元）
1993	15808	15236	96.38	128	151	—	—
1996	18270	17357	95.00	988	422	74	—
1999	13370	12956	96.90	14	820	—	8.80
2001	16728	16410	98.10	1554	—	—	67.98
2003	16193	16048	99.10	—	—	—	—
2005	13716	12723	92.76	211	503	107	84.55
2008	17113	14267	83.37	119	378	113	120.00

1984 年 7 月 1 日，县个体劳动者协会成立，贯彻自我管理、自我监督、自我服务“三自”方针，发展会员 4611 人。1995—2008 年，县个协连续被市个协评为先进集体。2003 年、2004 年被省个协评为先进集体。2005 年 1 月 20 日，经县民政局核准，个体劳动者协会更名为县民营企业协会，继续开展内部管理、服务工作。

第三节　市场管理

集市贸易即集市形式进行的商品交易活动，是传统商品交换主要形式，对于繁荣农村经济，促进农副业生产发展，满足农民生产生活需要，改善城市部分农副产品供应，均具重要作用。

集贸市场

宋宝庆年间至明成化四年（1468），象山集市1个，名称、坐落无考。明嘉靖间（1522—1566），县有弦歌（丹城）、墙头、南堡、溪口、泗洲头5个集市，5日一市。清康熙二十二年（1683），增加至7个。民国15年（1926），全县集市44处：西乡5区、14处，东乡3区、8处，南乡3区、22处。西周、昌国卫、延昌前、石浦、爵溪5处，每日有早市。上市商品以农、畜、土产为主。民国35年，县政府调整丹城市场，分菜行、粮行、竹木行、柴行等，划段就市。是年12月，拆东门城楼，移建南门朝天园菜场。

中华人民共和国成立后，集市数迭有变更。1951年2月，丹城、石浦、泗洲头先后举办市场物资交流大会，参加人数约7万，成交额88599万元（第一套人民币）。1953年，实行粮食统购统销，禁入集市。1956年，恢复自由市场，全县专设小猪贸易市场15处。1959年始，生产不振，集市衰弱，即使有产品上市投售，亦价格偏高，成交甚少。1961年，全县集市40处。

“文化大革命”期间，粮食、芝麻、水产品、茶叶、毛竹、木材禁入集市，且不准向生产者采购。1968年，县成立打击投机倒把办公室，在石浦设港口监督委员会，打击投机倒把，取缔无证商贩。1973年，设丹城、南堡、石浦、泗洲头、定塘5个粮食市场，不久停闭。1979年，贯彻“对外开放，对内搞活”和“管而不死，活而不乱”原则，集市恢复至44处，并开放10个粮油市场。工商所分别建立市场服务部，开办“代售包装袋”“代贮鲜活产品”等服务项目，改变以前“只收费不管理，只管理不服务”状况。

1980年始，多方筹资，改建、扩建和新建简陋市场。至1984年年末，全县城乡集贸市场57个，比1979年增加13个，总面积9.29万平方米。路边露天市场逐渐被有棚顶与室内市场所代替，市场经营主体多元化，商品交易市场初具规模。

1991年，新建市场5个，总投资250万元，面积1.4万平方米。翌年4月9日，1万平方米定山果蔬批发市场建成开业。是年8月，创办象山县船舶交易市场，至年末成交额6000万元。1993年，全县投入资金720万元，新建、改建和扩建市场11个，面积2.5万平方米，年末，全县市场增至74个，总面积12.8万平方米，商品成交额3.75亿元。1995年，全县市场成交额为7.845亿元，其中集贸市场成交额6.8437亿元，尤以水产品、干鲜果品类增幅最大。全县76个市场中，成交额超亿元市场2家（汪家河菜场1.4亿元、象山县船舶交易市场1亿元）。

1996年，全县市场成交额达13.94亿元，比上年增长77.7%，其中集贸市场成交额13.1173亿元，比上年增长91.67%。粮食、水产、干鲜果品、工业品类均有较大幅度增长，成交额增长率均在100%以上。其中，汪家河菜场成交额3.014亿元，中国水产城成交额1.38亿元。

2007年，全县商品交易市场56家，占地面积33万平方米，建筑面积25万平方米，市场商铺、摊位13560个，交易额56.76亿元。其中，浙江水产城、汪家河菜场、蓬莱菜场、石浦菜场、船舶交易市场成交额均超亿元。2008年，全县投入市场建设资金7300万元，年市场成交额69.21亿元。其中，成交额上亿元市场有浙江水产城、汪家河菜场、蓬莱菜场、石浦菜场、船舶交易市场、万象装潢市场6家。

市场管理

旧时市场基本上是消费品市场，并以集市形式存在。官府设置专门机构和官员，监督管理市场交换活动。

中华人民共和国成立后，市场管理日趋规范。1953年，粮食、棉花等先后实行统购统销和派购。1956年，先后开放自由市场，允许农产品在完成统购任务后上市交易。1958年“大跃进”“人民公社”时，市场供应紧缺，限制、取缔集市贸易。

1979年始，政策逐步放开，允许个人自销海（水）产品、农产品及其制品上市，允许个体商贩贩运鲜活商品、土特产品，城乡市场恢复发展。1982年后，允许长途贩运。

1985—1994年，工商行政部门围绕“放而有度、管而有法、治而有序”，大力开拓发展市场，开展创建文明集贸市场活动。汪家河菜场连续多年被评为全国文明集贸市场、省级“五好市场”、省级文明集贸市场、市级文明集贸市场规范化市场；石浦菜场也被评为1990—1992年度市级文明集贸市场规范化市场，1991年、1992年度省级文明集贸市场。

1995年，进一步加强市场管理，取缔无证413起，缺斤少两313起，掺杂使假16起，欺行霸市23起，处以停业整顿9起，吊销营业执照1起。没收市场销售的假药材、青蛙，并收缴不合格杆秤280余支。是年，石浦菜场被命名为第一批省级规范化市场、1994—1995年度宁波市文明市场；浙江水产城、石浦菜场、汪家河菜场、小商品市场、鹤浦综合市场、爵溪综合市场被命名为1995年度宁波市规范化市场。浙江水产城、汪家河菜场、小商品市场、鹤浦综合市场、爵溪综合市场被命名为第二批省级规范化市场。全县16个市场管、办分离，并成立象山县市场开发建设服务中心，参与市场摊位招标、市场建设维修、市场水电物业管理等工作。

1997—2001年，汪家河菜场、石浦菜场、浙江水产城、爵溪综合市场、蓬莱菜场陆续被评为浙江省一星级文明规范市场、宁波市创建星级文明规范市场达标单位。

2002年，蓬莱菜场被评为浙江省二星级文明规范市场。2003年9月，县工商部门专门配备流动检测车辆，开展全县各大集贸市场商品检测工作，加大副食品商店、果蔬菜市场、水产品市场及较大规模超市监管力度，开展甲醛、二氧化硫、过氧化氢、农药残留、亚硝酸盐及吊白块成分定性检测工作。2005年，检测各类商品4362批次，检测合格率80%，销毁不合格商品13553公斤。2007年，完善商品检测中心、检测车、检测点、检测箱四位一体检测体系，检测各类商品19270批次，检出有问题商品824批次，销毁不合格商品3825公斤。2008年，共查处违章违法案件183件，罚没款27.73万元。

照15-1　1996年工商执法人员在执法检查

1995—2008年象山县查处市场违章违法案件情况表

表15-4

年度	查处案件总数（件）	其中：万元大案（件）	罚没款（万元）
1995	1110	—	2.50
1996	1164	—	3.06
1997	1357	2	5.54
1998	1426	2	4.93
1999	1178	1	2.80

续表15-4

年度	查处案件总数（件）	其中：万元大案（件）	罚没款（万元）
2000	1355	10	17.90
2001	1119	46	53.00
2002	1191	—	8.26
2003	735	—	6.95
2004	—	—	—
2005	50	—	6.50
2006	105	—	18.42
2007	145	—	12.67
2008	183	—	27.73

第四节　合同、商标、广告管理

合同管理

合同作为人与人、组织与人、组织与组织之间进行经济交往形式，历代存在。旧时合同，形式单一，有书面契约和口头协定。中华人民共和国成立后，政府重视经济合同管理，并以法律形式，确保合同双方经济利益，并督促各方履行。

1952年6月，全县物资交流会曾签订协议合同143起，因无鉴证机关，无法监督。1958年合同废，1962年恢复。“文化大革命”期间停止。1981年合同恢复后，共办合同鉴证91份，合同金额128万元。1982年7月1日，实施《中华人民共和国经济合同法》，从法律上确立合同管理制度。是年，鉴证合同146份，合同金额220万元。1983年5月，在工商局内设经济合同管理股，专事合同管理鉴证工作。1984年5月，成立经济合同仲裁委员会，至年末，鉴证合同221份，合同金额1564.59万元。至1995年9月，仲裁法施行，全县共受理办结各类经济合同纠纷案件3572件，合同金额2908万元，解决争议金额2185万元。1996年年末，办理企业动产抵押合同90份，为企业争取银行贷款8335.27万元，其中抵押物总金额12313.88万元。2000年，全县检查各类合同1033份，总金额20336万元，发现不规范合同90份，金额1123万元；为各类企业解决困难36次，进行工商法规咨询78次，开展合同法培训4期，免费鉴证合同28份，及时调解合同纠纷7起，为企业挽回和避免经济损失76万元，追讨货款23.6万元。

2002年11月，国务院发布《关于取消第一批行政审批项目的规定》，合同鉴证取消。2003—2006年，继续开展“重合同、守信用”活动与合同帮扶工作，依法打击合同欺诈，监管动产抵押物登记与拍卖业。2006年，受理调解合同争议44件、442万元，解决争议43件、438万元；办结虚构合同主体案件3起，罚款1.2万元；办理企业动产抵押登记70份，抵押物价值34032万元、主债权金额13879万元；办理抵押注销35件，主债权金额4518万元；备案拍卖委托书109份，金额42768万元；备案拍卖确认书53份，金额19277万元；现场监拍38次，查处拍卖公司未办理备案手续擅自开展拍卖活动案件 2 起，罚款 1500 元。是年，经省工商局认定信用 AAA 级拍卖企业单位 11 家，市局认定 AA 级单位 19 家，认定为 A 级单位 106 家。2008 年，检查各类合同 1420 份，被查合同金额 8012 万元。检查和回访企业合同签订情况，查处违法合同 3 份，违法金额 3 万元，处罚款 3000 元。组织发动“守合同、重信用”申报和考核认定，全县“守合同、重信用”企业 131 家。其中，国家级 1 家，省级 11 家，市级 18 家，县级 101 家。

1996—2008 年象山县办理企业抵押物登记情况表

表 15-5

年份	份数（份）	抵押物价值（万元）	主债权数额（万元）	注销登记		
				份数（万元）	抵押物价值（万元）	主债权金额（万元）
1996	90	12313	8335	—	—	—
1997	64	6647	6381	9	—	844
1998	93	10685	6441	18	—	1906
1999	84	6549	3557	28	3443	1633
2000	119	14754	8583	16	2508	1917
2001	118	14334	8607	28	4084	2043
2002	132	24711	10180	40	2708	3840
2003	110	18971	12142	46	4666	2654
2004	91	17671	11025	42	9647	4232
2005	70	25953	13770	35	11461	5357
2006	70	34032	13879	35	11233	4518
2007	52	60128	31619	—	—	—
2008	53	—	24946	21	—	9774

1995—2008 年象山县经济合同鉴证、监督检查情况表

表 15-6

年份	鉴证		查处合同违法案件				合同纠纷（争议）				检查合同									
							受理		解决				不合格		到期未履约		发现违法合同		解除合同	
	份数（份）	金额（万元）	件数（件）	合同金额（万元）	罚没款（万元）	挽回金额（万元）	件数（件）	合同金额（万元）	件数（件）	合同金额（万元）	份数（份）	金额（万元）	份数（份）	金额（万元）	份数（份）	金额（万元）	份数（份）	金额（万元）	份数（份）	金额（万元）
1995	48	1146	—	—	—	—	—	—	—	—	4759	23834	224	997	—	—	—	—	—	—
1996	19	336	4	4	0.09	1	1	2	1	2	5679	29816	276	401	—	—	—	—	—	—
1997	89	513	16	421	1.22	—	—	—	—	—	2376	10670	80	412	56	179	66	399	12	57
1998	339	7448	12	426	0.58	120	20	180	16	143	711	7357	36	117	—	—	—	—	—	—
1999	771	7592	6	21	0.85	135	21	238	19	236	1025	8300	131	1329	66	473	—	—	8	17
2000	1232	12693	13	3855	7.90	96	26	241	21	152	1033	20336	90	1123	—	—	14	3894	—	—
2001	1703	46013	17	380	91.33	—	41	218	35	132	1243	2636	110	240	—	—	3	10	34	265
2002	2677	23457	6	9	3.15	—	38	105	33	75	967	1291	153	212	—	—	—	—	—	—
2003	2848	24560	5	502	10.55	—	40	125	36	121	924	2487	61	98	61	205	—	—	15	50
2004	—	—	2	9	0.20	—	19	66	16	56	6816	65325	70	4121	215	293	—	—	27	113
2005	—	—	2	7	0.60	—	8	280	6	11	4529	15870	12	52	67	634	—	—	24	70
2006	—	—	3	1	1.20	—	44	442	43	438	2711	26762	20	401	105	2014	3	—	30	256
2007	—	—	3	6	0.63	—	25	178	23	161	3253	35642	38	1256	238	4826	3	6	69	1375
2008	—	—	3	3	0.30	—	—	—	—	—	1420	8012	—	—	98	1725	3	3	76	987

商标管理

清光绪三十年（1904）八月，颁布《商标注册试办章程》。民国12年（1923）5月，北洋政府设立商标局，隶属农商部，颁布《商标法》和《商标法施行细则》。民国16年11月，南京国民政府在工商部设立全国注册局，发布《注册条例》，办理公司、盐商、商标、矿业等注册事宜。民国19年5月6日，国民政府公布《商标法》40条，翌年1月1日起施行。

中华人民共和国成立后，商品统购统销，多不用商标。1971年11月，恢复商标统一注册。翌年，全县清理出注册商标18件，呈报中央工商行政管理总局审批，核准2件。又自行设计商标13件报核。1985年1月10日，县工商局内设经济合同、商标、广告科。年末，全县累计注册商标101件，并确定县印刷厂、丹城北门机电塑料厂、石浦区化工印艺制品厂为印刷商标标志定点企业。1990年，全县工商系统开展为企业设计商标，上门办理商标注册等服务项目，申办商标注册企业激增。1992年，宁波市商标事务所成立，在象山县设立商标代办处，商标注册工作开始从核转制过渡到代理制，由商标事务所为企业代理商标申请、转让、续展、变更注册人名义等商标注册业务。1995年，开展"知识产权暨商标法培训班"，通过《商标法》宣传，企业商标意识增强，"甬南""天安""巨鹰"等公司向国家商标局注册申请1类—42类商品和商标注册申请，象山县防御商标实现零突破。1998年，象山兄弟工艺竹席厂"兄弟"商标被评为浙江省著名商标，象山县著名商标实现零突破。2000年，20件当地特色农副产品商标办理注册申请。2002年，宁波戴维医疗器械有限公司"戴维"商标获省著名商标认定；宁波兄弟竹业有限公司"兄弟"商标通过延续认定；宏润建设集团"宏润"商标、宁波天安集团"天安"商标获初审认定。巨鹰商标1999年、2002年、2006年连续3次被评为"浙江省著名商标"（有效期3年），2007年被认定为"中国驰名商标"。2003年，全县商标申请注册上报180件，经国家商标局核准注册商标74件。2005年，重点保护注册商标专用权，严厉打击商标侵权假冒行为，开展保护商标注册专用权专项行为，全年查处商标侵权案件46起，罚没款72万元。2007年，全县累计注册商标1387件，其中农产品商标250件，服务商标126件，涉外商标138件；中国驰名商标3件，浙江省著名商标13件，宁波市知名商标31件。商标印制企业增加22家。2008年，全县累计注册商标1648件，涉外商标注册数达到203件，农副产品商标注册数为456件；累计司法认定驰名商标6件，省著名商标13件，宁波市知名商标37件。

1996—2008年象山县商标注册情况表

表15-7　　单位：件

年份	申请注册商标数	核准注册商标数	年末注册商标总数
1996	50	113	647
1997	77	142	779
1998	65	38	732
1999	80	65	797
2000	95	53	871
2001	82	112	931
2002	139	50	979
2003	132	73	1062

续表15-7

年份	申请注册商标数	核准注册商标数	年末注册商标总数
2004	102	108	1170
2005	60	107	1277
2006	93	55	1325
2007	296	52	1387
2008	186	256	1648

1996年，象山铸管厂“荔港”商标和象山灯泡厂“沪迪”商标分别被温州瑞安和海宁等地灯泡厂侵权，象山石浦工商分局和定山工商所，与企业一起到商标侵权地处理侵权行为，在当地工商部门配合下，两起商标侵权案及时得到查处，并给予经济赔偿。1999年，查处宁波某某电器有限公司“×”（图形）未注册商标冒充注册商标案，处罚款2万元；查处生产假冒上海大众汽车有限公司标有“×”商标桑塔纳汽车配件案，处罚款5万元。

2001年4月，查处3家印制企业未按规定印制商标标识行为，涉案商标标识80余万只；查获侵害县内品牌“巨鹰”商标案1起，对当事人处以7.4万元罚款。2005年，宁波某某服饰有限公司，擅自生产标有“ABERCROMBIE”商标男长裤，被处罚50万元。2007年，象山某某电子有限公司，擅自生产标有“NOKIA”字样诺基亚系列手机外壳，被分局查获，没收模具等，并罚款114万元。2008年，共立案查处商标侵权假冒违法案件33起，其中违法使用奥林匹克标志案件5起，涉外案件2起，罚款86.39万元，没收、销毁侵权商品3290件及商标标识19050件。

表15-8

1995—2008年象山县商标违法案件查处情况表

年份	案件总数（件）	罚款（万元）	收缴和消除商标标识（件）	销毁物品（件）	一般违法		侵权、假冒商标	
					案件数（件）	罚款（万元）	案件数（件）	罚款（万元）
1995	4	6.04	13400	13400	—	—	—	—
1996	11	0.55	36050	—	—	—	—	—
1997	12	2.22	250000	15000	7	1.55	5	0.67
1998	17	1.75	75000	—	—	—	—	—
1999	68	36.19	300000	—	20	0.19	48	36.00
2000	68	13.59	279860	—	42	6.73	26	6.89
2001	64	22.58	580000	—	22	4.20	42	18.38
2002	67	152.58	45000	—	19	4.58	48	148.00
2003	60	27.10	26279	—	2	1.04	58	26.06
2004	43	20.00	—	—	3	1.00	40	19.00
2005	46	72.00	2800	—	—	—	46	72.00
2006	52	56.00	114260	478	47	14.00	5	42.00
2007	36	29.00	296250	—	6	8.00	30	21.00
2008	33	86.39	19050	3290	7	2.00	26	84.39

广告管理

民国时期，广告在商业中应用，已见于报刊中。1982 年，国务院公布《广告管理暂行条例》，核发 3 家经营广告单位营业许可证。1984 年，根据省、市通知精神，检查经营广告业务单位 4 家，并统一收费标准。

1987 年 10 月 26 日，国务院发布《广告管理条例》，允许个体户经营广告业务。1993 年，市工商局下放广告经营单位审批权，象山广告业快速发展。1997 年，全县核准注册广告经营单位 33 家、146 人，年营业额 1016 万元。2003 年，取消广告经营许可证制度，放低广告经营单位准入门槛，广告经营单位数量迅速增加。是年，全县广告经营单位 55 家，从业 251 人，比 2002 年增长 25%，广告营业额 2027 万元。全年查处广告违法案件 190 件，罚款 11 万元。2006 年，全县广告经营单位增至 101 家，从业人员 1021 人，广告经营额 1625 万元。2007 年，象山县有省广告诚信企业 AAA 级 1 家、AA 级 3 家、A 级 4 家。广告媒介日益丰富，有电视、广播、报刊、网络、电子屏、车载、户外移动、印刷品等。2008 年，全县广告经营单位 152 家，从业 8465 人，广告经营额 912 万元。其中，户外广告经营单位 64 家；户外广告展示牌 261 个，电子显示装置广告 405 个，公交载体 425 个，灯箱 3989 个，其他 1258 个。全年出动执法人员 151 人次，监察各类广告共计 63 家次，查处违法广告 126 件，罚没款 33.3 万元。

1996—2008 年象山县广告业发展情况表

表 15-9

年份	经营单位数（家）	从业者（人）	广告经营额（万元）	违法事件（件）	罚没款（万元）
1996	28	128	839	17	1.53
1997	33	146	1016	33	2.59
1998	31	135	1020	44	3.00
1999	35	187	1200	70	5.00
2000	37	197	1561	109	11.70
2001	44	208	1800	119	8.54
2002	44	218	1868	142	10.00
2003	55	251	2027	190	11.00
2004	41	247	2250	137	35.00
2005	63	378	2500	139	20.00
2006	101	1021	1625	145	24.00
2007	138	1118	805	115	16.00
2008	152	912	8465	27	38.20

第五节 经济检查 消费维权

经济检查和消费维权是工商管理部门的两项重要职能。经济检查，是指工商行政管理机关依据工商行政管理法规和政策，通过国家行政权力，强制性管理社会经济活动中违法、违章行为。保护消费者合法权益，是指消费者为生活消费需要购买、使用商品或者接受服务时，其合法权益应当受法律保护。

经济检查

明清时，盐、铁、米粮、硫磺等实行禁、榷制度，商品运销须凭官府制发引票、印照方可进行。中华人民共和国成立后经济检查工作，从1968年成立打击投机倒把办公室开始，专事打击投机倒把活动，将无证经营、违反市场管理上升为投机倒把行为，并进行打击，造成错案。十一届三中全会后，经济检查工作发生根本性变化，其主要任务由打击投机倒把转为监督检查不正当竞争、垄断、走私贩私与其他违法、违章等活动。

1993年12月1日、1994年1月1日，先后出台并实施《中华人民共和国反不正当竞争法》《消费者权益保护法》。其间，全县查处案件452起，其中大要案5起、投机倒把案件12起，罚没款11万元。1997年，县经济检查大队成立。1998年，“96315”举报投诉中心成立，根据举报投诉开展检查整治。2004年，经检业务线继续实施“打假保节日”“打假保春耕”“打假保健康”为主题执法行动，整治食品等重点商品经营行为，实施商品准入工程和“百县万村放心店”工程，维护市场经济秩序。2007年，联合公安部门查获“新智网”“永乾”“九亿商务”等涉嫌传销大案，涉案金额4000余万元，涉案人员1300余人，罚没款70万元，刑事拘留8人，维护地方稳定。2008年，出动执法人员7074人次，检查企业、个体工商户11200家，立案查处各类违法违章案件878件，其中不正当竞争案件46件、制售假冒伪劣商品案件186件、无照经营案件327起；查处大案362件，案件总值13521.96万元，罚没款总额802.11万元。

1991—2008年象山县查处经济违法案件情况表

表15-10

年份	案件数（件）		罚没金额（万元）
	合计	其中：大案	
1991	210	—	45.50
1992	365	—	16.40
1993	452	5	11.00
1994	345	10	34.70
1995	314	21	81.10
1996	424	22	94.40
1997	597	13	95.70
1998	607	21	95.00
1999	886	31	142.50
2000	930	53	154.70

续表15-10

年份	案　　件　　数（件）		罚没金额（万元）
	合计	其中：大案	
2001	1386	93	243.00
2002	1195	126	354.40
2003	1382	139	446.24
2004	1274	215	401.22
2005	1295	249	496.00
2006	985	289	503.10
2007	834	299	567.03
2008	878	362	802.11

消费维权

1993年10月31日，《中华人民共和国消费者权益保护法》通过，并于翌年1月1日起施行。县工商部门随即举办业务培训和知识竞赛，推动学法用法。1997年，以“讲诚信、反欺诈”作为“3·15”宣传主题，分别对消费者与经营者开展依法护权和消费知识宣传、法律法规知识培训和职业道德教育。在集市设立“3·15”咨询服务台，现场受理消费纠纷投诉25件；接待消费者各类咨询2700余人次，分发各种宣传资料3200余份，展出宣传图板80块；帮助消费者识别假冒伪劣商品6大类52个品种；在各主要街道悬挂宣传横幅56幅。以座谈会、培训会等形式，组织经营户学习消费者权益保护法、新“三包”、《欺诈消费者行为处罚办法》与《宁波市制止牟取暴利实施细则》等，受训人员400余人次。

1999年，象山开通“96315”消费维权热线电话，当年接受电话1350个，处理1280件，其中立案286件，案件总值26万元，罚没款19.5万元。2000年4月，“96315”机构名称更改为“12315”消费者申诉举报中心，并将热线电话“96315”改为全国统一的“12315”。2001年，开展省级文明维权窗口创建活动，建立健全工作制度，制定《“12315”消费者举报投诉中心制度汇编》，使“12315”举报中心软硬件不断完善。是年，于县城3所学校建立“青少年维权岗”。2003年，以建“红盾风采——文明规范窗口”为契机，畅通机制，规范动作，提高效率。在全县1/3以上行政村建立举报投诉网络，同时聘任200余名乡村干部、人大代表、政协委员为工商维权联络员，调动全社会消费维权积极性。翌年，接受电话2456个，为消费者挽回经济损失25.2万元，处理投诉涉及金额82.5万元，立案查处142起，罚没款47万元。

2008年，县建有“12315”消费者举报申诉中心1个，所级“12315”工作站7个，街道镇乡级“12315”消费者监督联络站16个，流通领域商贸企业“12315”消费者监督联络站33个，专兼职工作人员62个。至年末，共受理举报申诉案件4025起。其中，申诉2464起，涉及金额507.2万元，为消费者挽回损失320万元；举报1561起，案值5645.4万元，罚没款508.17万元。

照15-2　开展消费者权益宣传咨询活动

第六章　标准计量

民国时期，县设度量衡检定分所，由县政府建设科兼管。1959 年，建立象山县计量检定所。1974 年 4 月，建立县计量所。1990 年 6 月，县计量所挂县计量局牌子。1997 年，成立县技术监督局（后改名为质量技术监督局），实施监督管理境内标准计量和质量技术工作。

第一节　计量制度

清光绪二十四年（1898），度以营造尺（合 32 厘米）、量以漕斛（斗）、衡以库平为标准。光绪三十四年，清廷规定度量衡主单位为尺、升、两。民国 17 年（1928），政府颁行《权度标准方案》，标准制与市制关系为：1 公升 = 1 市升，1 公斤 = 2 市斤，1 公尺 = 3 市尺。称为“123”制。民国 19 年，实施全国度量衡划一程序，推行市制，采用公制，度量衡器统一采用市尺，市斛与市秤（16 两）。象山虽于民国 22 年推行此方案，然旧制沿用已久，积习难改，划一期限，一再推移，延至中华人民共和国成立初期，市制仍未完全确立，公制、英制、旧制多制并存。

1951 年，县城市场废止斗、升等木制量器，统一按重量（市斤）计价贸易，但农村一部分仍然保留使用斗、升等木制量器。1952 年，部分单位、企业逐渐引入公制计量。1956 年，商店出售煤油统一以市斤计量。1959 年 6 月，国务院发布《关于统一计量制度的命令》，规定国际公制为基本计量制，市制（须十进位制）为辅，取消以“斤”为计量单位的量提，酒类及液体调味品零售以毫升为单位，是年，衡器 16 两制改为 10 两制。全县改革市制，限制英制，废除旧制（木制量斗），市制由于习惯力量，仍旧沿用。

1972 年，液体商品开始统一使用容量计量单位，“升”被“斤”取代作价。1978 年 12 月，全县中医药销售（处方）取消两、钱、分计量，实行公制克、毫克计量。

1984 年 2 月，国务院发布《关于在我国统一实行法定计量单位的命令》，规定“我国的计量单位一律采用《中华人民共和国法定计量单位》”，即以国际单位为法定计量单位。并规定“1990 年年底以前要完成向国家法定计量单位的过渡”。是年，电子计价秤已经在商店广泛使用。1985 年 9 月，《中华人民共和国计量法》颁布。1986 年起，全县逐步推行国家法定计量单位。质量计量单位“公斤”改制为“千克”，在流通领域废止用于贸易结算的市斤秤，推广使用千克秤。长度单位废止市尺，使用米尺。体积（容量）计量单位“公升”“市升”改制为“升”。医用剂量单位“CC”改制为“毫升”。压力计量单位“（千克·力）/每平方厘米”改制为“兆帕斯卡”。医用血压计计量单位“毫米汞柱”改制为“千帕斯卡”等。法定计量器具应用于相关行业，至 1990 年年末，全县法定计量单位改制工作基本完成。

第二节 计量管理

清代，象山通用度量衡制为“营造尺库平制”。1986 年，县内尚存清光绪二十七年（1901）高万春办库平 250 斤至 1200 斤、漕平 20 斤至 75 斤标准秤各 1 支。民国时期，所有商业度量衡由县政府建设科兼办管理。民国 22 年（1933），县度量衡检定分所，办理度量衡器登记发证。民国 24 年，县参议院召开代表大会，讨论通过提案，划一全县度量衡工作，由县政府按照法规形式实施。要求每年检查度量衡 1~2 次（丹城、石浦），行业度量衡平时由各地商会、工会检查。但由于政府财经困难，没有落实专职人员，没有一套尺、斗、秤、砝码等标准器，划一工作处于空转。

中华人民共和国成立后，商业计量由县商科（局）兼管，配备各种规格标准砝码，组织各专业公司定期检查商业衡器质量。1959 年，建立县计量检定所，配合商业部门，每年检查 2~3 次。1978 年，象山县标准计量管理所成立后，开始系统管理度量衡器，建立周期检查制度。

商业计量管理

1982 年，县标准计量管理所组织人员，携带标准砝码，普检、普修全县商业市场使用的衡器。检查 4 区、2 镇共 195 个单位木杆秤、台案秤 1192 台（支），合格 915 台（支），与 1979 年相比，合格率从 49%上升到 76.6%。不合格修理合格后才准使用，维护国家、集体、个人三者利益。商业系统各专业公司、商店（站）配备兼职计量人员，配备标准器，建立商业衡器检修网点。1983 年，遵照国务院颁发的《城乡集市贸易管理办法》中有关计量管理规定，与工商行政管理部门一起，采取正常检查与突击检查相结合方法，共同做好集市贸易计量器具使用、维护和保养工作。1981 年，抽查丹城市场 7 次，检查木杆秤 895 支。其中，合格 601 支，修理 179 支，报废 115 支，合格率 67.5%。1984 年，抽查丹城市场 11 次，检查木杆秤 1134 支。其中，合格 1077 支，合格率上升至 95%。丹城工商部门配备标准器砝码，建立公平秤，便于群众监督。

1979 年、1982 年 3 月、1984 年 5 月，共 3 次开展衡器制修单位及个人有关法规教育与计量技术考核，考核合格后才准予登记开业。1986 年 7 月 1 日，《中华人民共和国计量法》颁布，县计量管理工作开始纳入法制管理轨道，法定计量单位开始在全县推广应用，传统的市制单位逐步被取消。2004 年，全年完成计量器具检修 2785 台（件），非强检计量器具检修 1304 台（件）。并开展全县医疗卫生系统和眼镜配量场所在用计量器具强检。是年，根据《宁波市餐饮业质量技术监督管理规定》，走访全县有一定规模酒店 16 家，督促餐饮业经营主建立计量管理制度，规范从业计量行为。2005 年，完成强检计量器具检修 6370 台（件），非强检计量器具检修 1912 台（件），全面实施餐饮业计量监督活动。2006 年，完成计量器具检定 8731 台（件），其中强检计量器具 7127 台（件），非强检计量器具 1604 台（件），初步建立检验检定台账。2007 年，完成强检计量器具 12683 台（件），非强检计量器具 2116 台（件），其中加油机 313 台，压力表 7340 只，台秤 556 台，砝码 698 只，水表 1008 只，交直流电表 482 只，卡尺 674 支；开展城区五大农贸市场在用电子计价秤强检行动，检定 1772 台，合格率 93%，并建立原始记录台账。2008 年，开展“民生计量”专项检定，强检全县 22 个农贸市场 2811 台（件）在用计价秤进行，检定率达 97%，合格率 96.7%；强检 230 家医疗单位血压计、138 件在用辐射与化学器具以及邮电系统 22 家单位 50 台在用秤，完成中心法定计量检定机构复查；完成计量器具日常检修 15314 台（件），其中强检

13221 台（件）。

工业计量管理

工业计量管理是检查、检定、修理厂矿企业生产所用计量器具，协助企业建立健全量具管理和检测制度，使量具得到正确使用，促使企业提高产品质量与经济效益。1980 年 4 月，县标准计量管理所联合县工业局、二轻局，组织 31 人次，普查 28 家工业企业三大类量具，共检查各种量具 780 支（台），其中合格 492 支（台），合格率为 63.9%。是年 6 月 18 日，宁波地区计量部门对象山县机械厂进行量具复查、抽查，抽查 31 支，合格 24 支，合格率从 1978 年的 20% 上升至 77.4%。并先后举办两期计量培训班，统一计量单位、量值和检定手段。至 2004 年，全县已有 19 个企业建立计量室，配备专兼职计量人员 28 名。

1983 年 6 月，县标准计量管理所会同县经济委员会，组织有关人员监督管理象山煤耗大户国营象山化肥厂、水泥厂等单位能源计量。各厂成立能源计量管理领导班子，配备计量管理人员，并绘制能源计量器具配备规划网络图，建立了计量器具周期检查制度。经宁波地区计量部门验收、考核，象山化肥厂合格后，发给能源计量合格证书。1980—1981 年，普查卫生系统血压计，共检 223 只，合格 149 只，不合格予以修复。

20 世纪 80 年代后期至 90 年代初，县标准计量管理所开展企业量值传递标准器三级计量升级考核。全县 106 家企业取得三级计量合格证书，100 余人取得计量检验员证。90 年代后期，县标准计量所开始帮助企业制订计量体系文件，做好企业量值传递，方便企业计量工作。2004 年，完成企业最高计量标准复查考核 5 家、15 项，三级计量水平确认 5 家。2005 年，完成 5 家企业最高计量标准复查考核共 12 项；开展二级计量水平确认 2 家，三级计量水平确认 1 家；组织 53 家企业、128 人次参加计量培训。2006 年，完成 7 家企业计量管理体系确认，组织 27 家企业、53 人参加省市计量培训。

第三节　计量标准化

县标准计量管理所成立后，开展标准化宣传贯彻工作。1992 年 3 月 12 日，举办全国标准化函授象山函授班，129 名厂长、经理、工办主任、企业标准化操作人员、质量管理人员参加培训。2002 年，象山举办省标准化函授象山函授班，69 名厂长、经理、企业标准化人员、质量管理人员参加学习培训，经考试合格领取结业证书，为企业技术进步和经济发展奠定基础。

工业标准化

1980 年前后，企业标准化工作多由企业设计、工艺部门兼管，企业根据各自生产需要和产品开发，进行标准化管理。时有国家标准、部颁标准、省颁标准、企业标准，尚有部分企业生产无标准。1984 年，市标准化协会成立。翌年，开展企业标准化单项验收工作。同年，市地方企业标准改称市地方标准，代号浙甬 B。1986 年，开始批准发布市对外贸易产品标准，代号浙甬 BW。1987 年始，象山县标准计量管理所先后组织宣传贯彻 GB7718《食品标签通用标准》、GB10344《饮料酒标签标准》、GB13432《特殊营养食品标签》及酱油、食醋、饮料、棉针织内衣、饮用水、饮用天然矿泉水、铝压锅、插头插座，烧结普通砖、公共信息标志用图形符号、消防安全标志、城市街容达标、红木家具产品标识规定，GB/T 19000—ISO 9000 质量管理和质量体系保证等强制性标准。

1988年8月18日，县质监部门首次确认象山电子元件厂为采标验证企业。至2000年，县内企业的棉针织内衣、针织T恤衫、糖水橘子罐头、珠茶、425普通硅酸盐水泥、液化石油气瓶阀、氧气瓶阀、输送用平顶链、射钉工具器、卤钨灯具、户外交流TC压接式条形连接器、BCK22-1开关电源变压器、陶瓷棉制品、岩棉制品、φ6、φ10通径电磁换向阀、C135输送用平顶链、FN5-10户内高压负荷开关、户外交流高压跌落式熔断器、手提贮压干粉灭火器等77项产品先后通过采标验证确认。

1991年始，根据国家技术监督局《企业标准化水平考核暂行规定》及《企业标准化水平考核暂行规定实施细则》，考核象山高压电器厂、浙江巨鹰集团股份有限公司、宁波甬南针织有限公司、象山东风针织总厂、象山县海达针织印染有限公司、象山制阀厂、象山液压元件厂、象山机械厂、象山缸垫厂、象山水泥厂、宁波食品设备制造总厂、象山消防器材厂等78家企业，使之达到四级企业标准化水平。1997—1998年期间，象山成立"消灭无标准生产工作领导小组"，先在爵溪镇的企业中进行消灭无标生产工作试点。1999年，全县普开。是年6月18日，象山县消灭无标生产工作通过省级考核验收。

2000年，按照浙江省质量技术监督局提出，用3~5年时间，完成治理无标生产行业，全县646家企业领取执行标准登记证，备案标准1016只。2004年，按照《浙江省企业产品标准备案管理办法》，复查和重新备案到期企业标准，全年完成企业标准备案107只。2005年，完成122个企业标准备案工作；举办标准化管理培训班1期，培训人员69人。2006年，完成125个企业产品标准备案工作，组织企业参与国际标准、国家标准、行业标准制定，完成采标12项。2008年，全县强化企业标准化意识，提高质量水平。名牌产品销售额占全县规模以上企业销售额32.1%，显现名牌产品集聚效应。

农业标准化

1975年，象山开始进行上层土壤环境速测（氮、磷、钾、水分、HP）和植株营养诊断，为土壤普查与科学施肥标准制订提供实际依据。1981年，宣传贯彻《中华人民共和国主要农作物种子检验办法》《中华人民共和国主要农作物种子分级检验规程》《中华人民共和国主要农作物种子分级标准》三项国标。修订《浙江省主要农作物种子分级标准》及相应价格和粮食政策，明确种子分级以品种纯度、净度和发芽率为主要定级项目，其中品种纯度为主要定级依据。制定分级标准有良种经营、调剂和贮藏、运输、包装等，并于1982年实施这些标准。1986年，市农业局种子公司起草《籼型杂交水稻汕优六号三系原种生产规程》（浙甬B/160—86），成为各县农业部门执行标准。象山于1997年开始制定农业地方标准6项，占全市11项的54.5%。1997—2001年，县质监部门共发布农业地方标准20项。其中2000年，县技术监督局为宁波南方野生动物养殖有限公司起草的"特种野猪"农业地方标准，为该公司获准中国"特种野猪"种源基地创造必备的条件。是年，"特种野猪"创宁波市农业名牌。2004年，清理全县2001年以前农业地方标准，制定清理标准目录，修订完成1项，保留6项，注销4项，发表新农业标准6项。2005年，清理2002年制定7个农业地方标准，修订完成新地方农业标准2个，发布新标准2个。2006年，进一步开展农业生产综合标准化建设，清理整顿2003年农业地方标准，重新备案、作废、审查和修订食品标准160个。

象山农业地方标准产品"特种野猪"、象山大黄鱼、浙东大白鹅、"象山红"柑橘、象山港梭子蟹、永成杨梅酒、老谢琼醋、"天子"营养蛋均创宁波市名牌产品。2007年，创建7个市级农业标准化示范区。2008年，创建11个农业标准化示范区。其中，国家级标准化示范区3个，省级标准化示范区2个，市级标准化示范区6个。农业标准化示范区数量名列全市前列。

2008年象山县农业标准化示范区建设情况表

表15-11

级别	项目名称	创建单位
国家级	特色畜禽标准化示范园区	宁波南方野生动物养殖有限公司
	特色畜禽标准化示范园区	宁波南方野生动物养殖有限公司
	象山县海水鱼类养殖产业基地	象山宁港水产养殖有限公司
省级	欧洲香葱标准化种植推广示范区	宁波能大食品有限公司
	海水鱼类养殖标准化养殖基地建设推广示范区	象山宁港水产养殖有限公司
市级	象山县乌紫杨梅生产基地标准化示范区	象山县林特服务中心
	大塘港灌区南美白对虾标准化示范区	象山县石昌南美白对虾养殖合作社（石昌鱼种场）
	南部沿海紫菜产业基地标准化示范区	浙江申福食品有限公司（高塘岛龙泉岛紫菜合作社）
	石浦镇昌国獭兔养殖标准化示范区	石浦方圆獭兔场
	墙头镇宏森源果蔬栽培标准化示范区	象山宏森源农产品开发有限公司

第四节　质量技术监督

1997年前，质量技术监督管理职能归口县经济委员会。1998—2000年，质量管理职能由县经济委员会与县质量技术监督局互相配合承担。2000年年末，县市机构改革后，质量技术监管职能，由县质量技术监督局承担。随着市场经济发展，政府质量技术监督管理认识不断提高，质量技术监管力度不断加强。

质量监督

照15-3　2001年质监人员在执法检查

象山质量检测工作始于20世纪80年代初。1983年，测试和抽样检查有关工厂的工业产品。象山缸垫厂生产的气缸垫经测试后，质量提高，连续三年被评为省优质产品；象山电子元件厂K23D系统光导电磁阀进行气性能测试，被评为省优质产品，零部件质量列全国第二；县消防器材厂1211型灭火器，经全性能测试，合格率从1982年38%提高至97.98%。1982—1984年，产品抽样检验，其中磷肥7样次、小水泥6样次、罐头食品21样次、饮料26样次、酱油18样次。1991年8月，县产品质量监督检验所成立，建实验室用房90平方米。1998—2000年，监督检查黄酒、白酒、酱油、食醋、碳酸饮料、罐头、建材等193批次。2004年5月，县质量技术检测中心成立，为象山依法设立具有独立法人资格第三方公正计量检定和产品质量监督检验机构，内设计量室、理化室、室内环境检测室和建材检测站等4个专业检测室站，形成食品、饲料、室内空气、建筑材料等85个检测项目，180余个参数综合检测能力，及对长度、力学、热工等3大类、13项计量标准，

28余种计量器具检定、核准能力。2005年，开展鱼粉、烧砖等产品省级定期监督抽查，共检鱼粉12批次、烧砖31批次，出具检验报告481份。2006—2008年，抽检地产食品301批次。

技术监督

1997年8月8日，县技术监督行政执法稽查队成立。是年，查处农药、化肥、种子、饲料、食品、药品、水产品等案件80起。后每年都开展打假专项治理活动。2004年，开展打假保春耕、打假保健康、打假保建设等系列打假行动18次，抽查白酒、化肥、水泥、PVC管等产品（商品）80批次，查处各类违法案件137起。2005年，出动执法人员2466人次，查处各类违法案件214起，现场处罚176起，立案38起，万元以上大案24起，涉案物品标值387.42万元。2006年，开展“查农资，保春耕”“查食品，保健康”“查建材，保建设”“查市场，保安全”专项行动；办理万元以上大案21起，罚款120万元。2007年，开展“六查六保，打假治劣”专项行动，出动稽查人员1800人次，检查生产企业1500家、流通企业600家，现场处罚21起，立案查办129起，办理万元以上大案25起，罚没款项132万元，销毁伪劣产（商）品21.7万元。2008年，开展“十小”行业质量安全整治与规范行动，全年出动稽查人员3383人次，检查生产企业1241家次，流通领域460家次，查办违法案件191起，现场处罚106起，办理万元以上大案36起，处理消费者投诉18起。

特种设备安全监察

2003年，查实象山有锅炉使用单位295家，在用锅炉336台，压力容器使用单位238家，在用压力容器1710台，特种设备使用单位258家，在用特种设备482台。

2004年，开展特种设备安全生产大检查6次，检查单位615家，排查安全隐患12个，取缔非法使用设备12台。开展锅炉、电梯、压力容器、起重机械等特种设备定期检验，其中锅炉内检150家，举办司炉工和起重机械操作工培训各1期，督促行车使用单位报检120家，督促电梯使用单位落实专业维保10家。特种设备定检率达95%，特种设备作业人员上岗率95%以上。开展四项特种设备专项整治，全面检查简易升降机，查封未经改造简易升降机6台，办理报停24台，督促67家无证使用单位限期整治；重新评估185家冷库、1350台压力容器安全状况；普查登记工业压力管道1152千米；整治液化气钢瓶，全年完成气瓶产权转移42447只，托管72477只。

2005年，开展特种设备安全生产大检查6次，检查单位579家，排除安全隐患11个，取缔非法使用设备11台。定期检验锅炉、电梯、压力容器、起重机械等特种设备，锅炉内检173家，举办司炉工和起重机械操作工培训各1期，督促行车使用单位报检93家，督促电梯使用单位落实维保12家。特种设备定检率与特种作业人员持证上岗率继续保持95%以上。

2006年，建立健全特种设备数据库，按街道镇乡，分类型登记造册特种设备，实施动态监管。是年，现场监察特种设备使用单位350余家，安全监察各类电梯298台，各类起重机617台，清理到期未检锅炉122台，检验化工、印染企业在用压力容器120台（套），配合市特检中心定期监督检验在用锅炉116台，举办锅炉操作工、起重机司机培训班各1期，培训人员123人。

2007年，专项整治特种设备锅炉、鱼粉企业在用鱼粉蒸干机、鱼粉蒸煮机、起重机械，完成5000余个工业气瓶使用登记证发放工作，登记民用燃气瓶23000余只，查处“三无”（无生产厂名、无生产厂址、无生产卫生许可证编号）产品，特种设备现场监察率12%、压力容器定检率97.5%、锅炉定检率97%、电梯定检率96%、起重机定检率89.6%，各类特种设备操作人员持证上岗率100%，隐患整治率达100%。

2008年，全县共有特种设备7300台，其中，起重机械2435台，电梯1531台，大型游乐设施9台，厂内机动车261辆，锅炉380台，压力容器2684台。现场监察特种设备使用单位110家，现场检查率12%。特种设备注册登记率93%。完成706台到期特种设备定检工作，锅炉定检率99%，电梯定检率96%，压力容器定检率100%，起重机械定检率92%，持证上岗率98%，隐患整治率93%，组织培训班7期，培训管理技术人员454人次。

第七章　海关　口岸

清康熙二十四年（1685），建浙海关，宁波设海关行署，附设关口15处（《宁波市志（1995）》称17处），其中境内沿海有象山口（石浦），旁口一：泗洲（泗洲头）。鸦片战争前夕，海关（关口）仅稽征国内进出口商船。民国19年（1930）3月，原浙海关监管所辖50里外常关分口象山等12处及所属24旁口分卡，划归浙海关税务司（新关）。翌年3月，象山等50里外之常关分口与常关子口撤。民国29年5月，浙海关设分关于石浦，下置墙头、陈山、爵溪、西周与泗洲（头）5分卡。后因战乱撤。

第一节　海　　关

2003年12月28日，经海关总署批准正式成立象山海关。翌年3月开关，对外工作，是宁波海关垂直管理正处级行政执法单位，设一室一科，在岗13人。管辖范围涵盖象山县行政区域，设黄避岙和石浦2个监管点，1个保税仓库特殊监管区域。海关址设象山港路515号，建筑面积5380平方米。2004—2008年，象山海关共监管进出口货物185万吨，货值6777.63万美元；办理加工贸易合同备案手册925份，备案金额2.1亿美元；征收辖区内企业关税1208.2万元、代征进口环节增值税2449.1万元；办理企业减免税货物316票，减免关税5270.6万元、减免进口环节增值税1.3亿元。

进出口监管

象山海关主要负责辖区内加工贸易和保税监管业务、减免税业务以及相关监管通关业务，监管进出境货物、物品、运输工具和海关监管场所。

照15-4　象山海关人员在执法监管

2004年4月始，象山海关履行监管进出境货物业务。2005年，继续“多点报关，口岸放行”监管模式，制定措施支持促进地方经济发展，拓展二类口岸进出口货运业务。实施预约通关服务制度，加强船舶监管同时，允许其先出口后报关，以促进地方特色经济发展。翌年，海关与宁波巨鹰国际经贸有限公司等9家企业，签订规范企业进出口经营行为合作谅解备忘录。

2007年，以企业为单元，加强符合加工贸易条件企业联网监管，化被动管理变为主动管理，1—10月，监管进出境船舶259艘次，增长100%；办理通关业务456票，增长34.5%。2008年，推广电子化手册，手册报核率与结案率均达到100%。

2004—2008年象山县海关监管进出口货物情况表

表15-12

年 份	2004	2005	2006	2007	2008	合计
货运量（吨）	912	4607	2783	5968	4244	18514
货值（美元）	3926425	14500957	11423731	19939839	17985359	67776311

企业注册登记　受理辖区进出口企业报关注册登记，2004年，在象山海关注册登记企业77家。2005年，海关注册登记企业增至90家，为象山海关开关5年中注册企业最多一年。2008年，县内在象山海关注册登记企业达395家。

加工贸易合同备案　2004年4月，象山海关始受理加工贸易合同备案。是年，办理加工贸易合同备案手册168份，备案金额1544.8万美元。翌年，设立"共产党员模范示范岗"与加工贸易咨询岗，推行加工贸易联网监管，实现网上审批、变更、核销，通关工作效率大为提高。2008年，推广电子化手册，完善加工贸易管理评估工作，有序开展加工贸易核查强化实际监管，简化纸面单证操作。是年，结案加工贸易纸质手册213份、5334万美元，加工贸易手册报核率与结案率均达100%，未出现加工贸易企业倒闭破产导致遗留手册情况。

对台小额贸易　象山对台小额贸易始于1985年。2005年，贸易额61.4万美元。翌年，象山海关跟踪和研究国家对台贸易有关政策与规定，完善《对台小额贸易监管操作规程》，简化有关手续，规范码头监管。是年，象山口岸对台小额贸易出口额180.5万美元，增长193.9%；对台小额贸易出口量868.8吨，增长21.06%。2007年，海关完善对台小额贸易监管点电子监控管理，实行船舶电子监控从申报时间预设、渔船靠泊及渔船离开码头一船一光盘备存，及时掌握对台船舶相关信息。是年，象山口岸共监管对台小额贸易进出船舶73航次，监管对台小额贸易出口水产品2576吨，货值671.3万美元；同时拓展对台小额贸易进出口监管业务，监管进口货物477吨水产品，货值36.5万美元。2008年，象山海关实施对台小额贸易进出口货物预约通关服务制度，开辟活、鲜、冰、冻水产品进出口船舶申报与货物验放快速通道，完善贸易电子监控管理，掌握通关全过程。

2005—2008年象山县海关办理对台小额贸易情况表

表15-13

年份	进出口（艘次）	贸易额（万美元）	货运量（吨）
2005	19	61.4	714.5
2006	21	180.5	868.8
2007	73	707.8	3053.0
2008	7	74.2	900.0

征收关税

2004年，共征收关税、代征税72.9万元。2005年，组织企业座谈，宣传海关征收出口关税、纺织企业纺织品出口等政策，资料分发面加工贸易企业达100%，其他乡、镇及企业80%。2006年，风险控制通关接单、征税等高风险环节，做到税款应收尽收。2008年，象山海关实现税收480.1万元，其中，关税155.4万元，代征进口环节增值税324.7万元。

减免税费

2004年，减免汽车零配件类企业税收636万元，减免关税、代征税共计2794.8万元。2005年，向重点行业、重点企业，并分析各类数据，专项稽查浙江巨鹰集团股份有限公司、宁波华翔进出口有限公司、宁波卜赛特（宁波）化工有限公司等企业，同时组织开展减免税和加工贸易的后续核查等，6家企业主动申报补税35万元。翌年，走访调查10余家大中型企业，重点企业重大项目实行联系人制度，介入产业区和经济开发区外商引资前期海关政策咨询，加强减免税审批权限调整后的协调与指导工作，加强减免税后续管理。2007年，定期业务自查，及时发现问题并补税21.8万元。是年，审批减免税证明55份，减免税额2096.8万元。2008年，象山海关主动走访企业，尤其因金融危机导致减免税货物闲置企业，引导需要提前解除监管企业及时办理补税手续，避免违法违规情事发生，缩短减免税货物备案审批及解除监管的办理时限，减免税款共计1982.4万元。2004—2008年，共减免代征税12953万元。

稽查

2004年，象山海关向宁波海关缉私局移交倒卖保税料件1起，涉案案值145.81万元，漏缴税款49.94万元。2006年，稽查工作实行专人负责，加强稽查工作与企业规范行为结合，并集中力量开展中小型企业重点稽查和专项商品稽查，实施稽查非案补税67.7万元，向缉私局移交倒卖保税料件案件10起。2007年，象山海关稽查企业15家，其中常规稽查企业9家，覆盖面10.9%，查发率33.3%，限期整改2家，移送缉私1家，初步核算涉案金额约210万元，涉税约9.3万元；专项稽查5家，限期整改1家，补税1家，查发率40%。2008年，稽查企业11家，其中，查获限期整改1家，补税1家。

第二节　口　　岸

1993年3月，经省政府批准，对外开放石浦港二类口岸。由于网箱养殖活鱼出口需要，1997年12月，经省政府批准又开辟黄避岙国轮外贸运输起运点。1999年，根据《国务院清理整顿二类口岸的通知》和《海关总署关于在浙江等四省（区）清理整顿二类口岸的函》精神，清理整顿二类口岸，黄避岙鲜活水产品起运点合并入石浦港二类口岸，合称为象山二类口岸。2006年，海关总署关于报批《国家“十一五”口岸发展规划》，报有关方面同意，并入宁波一类口岸。

象山口岸开放近20年，口岸吞吐量，从小到大，逐步发展，口岸功能得到充分发挥。从单一冰鲜鱼出口，发展到网箱养殖活鱼出口、远洋运输、劳务输出、对台贸易、液化气进口等，直接与日本、韩国、印尼等国家和中国台湾地区的市场接轨，为县外向型经济发展起到积极推动作用。自口岸开放，已查验进出境船员30000余人次，查验进出境船舶3200余艘次，查验进出境货物水产品12万吨，销售额达20亿元，创汇3亿美元，累计进出口货物15万吨。2007年后，石浦口岸成为全国首批实行对台小额贸易开放管理措施5个试点口岸之一。

第三节　出入境检验检疫

2002年5月13日，象山出入境检验检疫局经中央编制委员会与国家质量监督检验检疫总局批准成立。为宁波局业务全下放试点局。之前，象山船舶检验检疫由宁波商检局行施。2003年12月29日，象山出入境检验检疫局正式开检，承担象山辖区所有出口货物产地检验检疫和所有在境内使用的入境货物检验检疫工作。

出入境商品检验检疫

2004年1—10月，受理出入境货物报检3619批、8809万美元。其中，受理出境货物3566批、8459万美元，入境货物53批、350万美元。签发通关单2915份，签发换证凭单790份，签发普惠制产地证1732份、4474万美元，签发一般产地证468份，签证金额1285万美元。2005年，各项业务指标持续增长，1—10月，完成检验检疫货物4869批、14202万美元。其中，检验检疫出境货物4776批、12953万美元，出口工业产品2349批、3885万美元。批次同比增长23.5%，货值同比增长25.6%；出口农副产品2447批、9031万美元，批次同比增长45.9%，货值同比增长68.5%；检验检疫入境货物93批、1249万美元，批次同比增长75.5%，货值同比增长256.8%；签发出入境货物证单5839份，其中，签发出境货物证单5635份，入境货物证单204份。签发普惠制产地证2107份、6592万美元，同比分别增长21.6%、47.3%；一般产地证749份、2254万美元，同比分别增长60%、75.3%。截至2006年10月30日，完成检验检疫货物6321批、19681万美元。其中，检验检疫出境货物6123批、17279万美元，批次同比增长29.29%，货值同比增长37.98%；检验检疫入境货物198批、2402万美元，批次同比增长104.12%，货值同比增长87.44%。2007年10月31日，完成检验检疫货物7193批、22294万美元，同比分别增长13.71%、13.23%。其中，检验检疫出境货物6308批、21210万美元，批次同比增长14.08%，货值同比增长22.69%；检验检疫入境货物202批、1084万美元，批次同比增长2.02%，货值同比减少54.89%。2008年，完成检验检疫货物6823批、28431万美元，同比批次减少5.1%，货值增长27.6%。其中，检验检疫出境货物6622批、26709万美元，批次同比减少5.3%，货值同比增长26%；检验检疫入境货物201批、1723万美元，批次同比减少0.5%，货值同比增长59%。检出不合格货物51批、227万美元，同比分别减少55.3%、36.6%；出境不合格货物35批、183.5万美元，同比分别减少56.8%、21.2%；入境不合格货物16批、43.6万美元，同比分别减少51.5%、65.1%。

检验监管

2004年，推行机电轻工产品过程监管新模式，帮助1家二类管理企业升为一类管理企业，实现象山辖区一类管理企业零突破，并新增1家二类管理企业。试行诚信协议制度，在长期遵守检验检疫法规、出口产品风险较低、质量检查稳定可靠的3家企业开展试点，在法律和规程允许的范围内适当降低抽查比例。提高工作效率，加快企业通关速度，减轻企业负担。2005年，3家水产加工企业（2家为欧盟注册企业）和1家机电企业采用电子视频监管系统。实施出口企业风险分类管理，一类管理1家，二类管理3家。是年1—10月，检验检疫不合格出入境货物为23批、货值106万美元，批次同比增长109%，货值同比增长186%，检出率大幅度提高。立案查处2家企业进口商品未经检验擅自使用案件，涉案金额50余万美元，经调查证实，分别给予相应行政处罚，共收缴罚款40余万元人民币。2006年，推行“公司+基地”出口食品生产加工管理模式，支持农产品出口企业建立自有种养殖基地。2008年1—10月，经检验检疫输往台湾地区小额贸易水产品11批次、2649.6吨，金额283.5万美元。

检测实验室

2004年3月1日，象山检验检疫微生物实验室正式运行检测。至2006年，检测实验室建筑面积1000平方米、检测仪器设备价值800万元。至10月30日，成功检测1938批次，与2005年同期相比大幅度提高。2006年4月至10月30日，与县工商局协作，食品检测230批次。经与宁波技术中心协商，采用企业一次送样，内部送检的新方法，方便企业送样检测，缩短时间，减轻企业负担。象山县食品安全检测中心落户象山商检局综合实验室，承担象山地区进出口农副产品与县境内流通食品安全检测。与宁波大学科研教学合作，将综合实验室作为宁波大学正式校外实践教学基地，推动象山局实验室建设管理改革，推进产学研结合，提高检测水平。2007年8月始，检测实验室承担象山县食品安全评估性检测任务，历时5个月完成全县蔬菜、豆制品、食用油、熟食、水产品等抽查。检测项目涉及50个指标、250余个样品。2008年，针纺织品检测中心试运行，受理检测业务，为当地针纺织品企业实现“家门口”便捷检测服务。

第八章　重大工程布局　重大工程管理

中华人民共和国成立前，象山重大工程不多，主要在围塘造田与军事筑城两方面。民国期间，有交通、文化等工程。中华人民共和国成立后，以20世纪80年代为界，前期工程主要集中在农业、渔业、工业，以及交通与水利方面。后期工程以工业发展为主，项目遍及全县，在空间布局上以丹城与石浦为多。西周近30年内，因汽车工业和大唐乌沙山电厂落户，发展趋势赶超石浦。工程管理则因工程数量增加和规模扩大，由相应专门管理机构参与，管理更趋精细、严密。

第一节　重大工程布局

宋元后，重大工程布局，与国防需要、粮食生产关系密切。明始，象山海防地位突出，重大工程多布局于依山面海、临港湾、舟楫出入方便，能眺远、易守难攻的地区。如昌国卫和其他千户所、巡检司、寨堡、烽堠等。这些国防工程，以国家力量为主。明代以后，象山作为有大量滩涂资源可以利用的地区，吸引外来谋生人群，人口增加趋势明显，为获取耕地资源，滩涂被持续围垦，成为今日优质的耕地和居住用地，围垦依然是象山重大工程最集中的地方。民国时期，出于军事需要，建造象西国防公路，成为这个时期最大工程。

20世纪60年代后，重大工程数量增多，规模增大。除水、电、路、海塘等传统的重大基础工程外，工业化过程中的工程建设项目不断增多。

中华人民共和国成立后重大工程内容，详见本志“政府”篇第三章“人民政府”。

工程事业布局

水利工程布局 中华人民共和国成立后至20世纪70年代，重要工程是兴建水利，其间建造一批水库，主要工程有塘岙水库、北面洋水库、赤坎水库、大乌岩水库、岩头陈水库、樊岙水库、小百丈水库、溪口水库、南盘水库等。80年代之后，建造上张水库、隔溪张水库、平潭水库，库容皆在千万立方米以上。另有三次修理和加固修海堤活动，一是1956年“八一台灾”，损毁海堤191条63.38千米。1974年强台风损毁海堤131千米，1997年强台风损毁165千米。当年投工37万工，修复加固海堤140条，84千米。二是1974年强台风后，修建标准海塘。三是1997年强台风后，修建高标准海塘，投入资金超6亿元。

交通工程布局 1957年，丹城至蟹钳渡公路建成；1958年，宁象公路竣工，全长78.6千米。1969年，茅石公路全线通车，改变了南北交通落后状况。2000年后，以桥梁和隧道取代以前道路绕弯、爬山过岭状态。

电力工程布局 20世纪80年代后，丹城、昌国、象北、爵溪输变电工程等相继建成。另有大唐乌沙山火力发电厂建成，为电力发展最快最好时期。

工业工程布局 工业生产在原乡镇企业基础上，形成纺织、汽车、电力、磨具、船舶制造等特色产业，建成天安、华翔、巨鹰等集团企业。建成新乐船舶、海山纸业等生产项目。象山百货大楼、供销贸易中心、水产城、蓬莱菜场、针织品市场等商贸项目纷纷建立，促进象山城市的飞速发展。

民生工程布局 20世纪90年代后，建成住宅小区50余个。2001年后，迁建的象山县人民医院、县中医住院大楼等工程，投资均在千万元至上亿元，极大改善象山的医疗条件。象山中学、丹城中学、文峰学校等项目投资均在2000~6000万元，高教园区投资近1亿元。松兰山、影视城、中国渔村、皇城沙滩等一批旅游项目开发，改变象山旅游环境。

“十一五”计划期间，工程布局大致分农林水利、交通港口、工业制造、城乡建设、社会事业、旅游开发及其他服务业，重大工程114项。

工程空间布局

中华人民共和国成立后，早期工程布局除修路等全局性、跨地域工程，造水库、围垦等工程外，工商业为主的重大工程主要集中在丹城、石浦两地，与中华人民共和国成立前无大差别。20世纪70—80年代，乡镇企业崛起，工业类工程受引进工程建设企业家的户籍身份与地域限制，通常把工程产业放在户籍所在地，故工业工程布局非常扩散。进入90年代，产业发展，工程规模扩大。在布局上尤其重视交通、水电、土地成本等要素，重大工程向县城（中心城区）集中。随着象山经济开发区、象山产业区等产业平台的建成，在政府引导下，重大工程逐渐向这些区块集中。少数优势产业亦在本地建产业园区，如西周以汽车为主的产业园区就此建成。至2008年，在整体规划指导下，县域分4大区块，重大工程在4大区块布局中略有侧重。

中心城区 包括外围区东陈、涂茨、大徐、墙头、茅洋5个片区，其综合性功能区表现突出，有金融、商贸、文教卫生、信息科技、旅游等现代服务业和纺织、机电等特色制造业，是重要工程投资最集中区域。各类政府机关团体的大楼在本区域最为集中。百货大楼、蓬莱菜场、家具城、综合市场、精品商厦、步行街、家具交易市场皆为县内规模和投资最大或较大的项目。至2008年，工业重大工程在本区块共落户470余家，其中丹东、丹西310余家；爵溪街道近90家；东陈、涂茨、大徐、墙头、茅洋等外围区70余家，占全县重大工业工程的67%强。资产总额在2亿元以上的投资有：宁波天安集团股份有限公司的配电或电器控制设备，投资金额23.86亿元；浙江巨鹰集团股份有限公司的针织钩编织物，投资金额9.15亿元；宁波宏利针织有限公司的针织服装，投资金额3.26亿元；宁波博大电子有限公司的智能化网络综合布线产品，投资金额3.18亿元；宁波鹰星针纺有限公司的漂白布，投资金额3.12亿元；宁波甬南针织有限公司的针织钩编织物，投资金额2.88亿元；象山海山纸业有限公司的AA高强瓦楞原纸，投资金额2.85亿元；宁波天安集团高压电器有限公司的高压电器，投资金额2.79亿元；象山天安特种变压器有限公司的特种变压器，投资金额2.70亿元；宁波天元电力设备有限公司的电力设备，投资金额2.45亿元；日升集团有限公司的熔断器设备，投资金额2.43亿元；象山县自来水有限公司的针织服装，投资金额2.41亿元；宁波海达针织印染有限公司的漂白布（针织坯布），投资金额2.34亿元；宁波正源电力有限公司的热力生产和供应设备，投资金额2.22亿元；宁波福甬印花有限公司的印花产品，投资金额2.17亿元；宁波富宏针织公司的针织服装，投资金额2.16亿元；浙江万洋纺织有限公司的针织服装，投资金额2.07亿元。投资金额在1~2亿元的有象山东风集团有限公司（本部）、宁波雷其蒙纺织品有限公司、宁波三浪润滑组件有限公司、象山义超茶叶有限公司、宁波创裕制衣有限公司、宁波合力模具科技股份有限公司、宁波健鹰针织公司、宁波顺声通讯设备有限公司、宁波兄弟服饰有限公司、宁波大宇食品有限公司、宁波天韵食品有限公司、宁波赛德森减振系统有限公司、宁波茂宁制衣有限公司、宁波中源模具有限公司、象山县天福电器有限公司、象山华佳针织厂、象山县海联染整有限公司、浙江华天电源科技有限公司、宁波谊胜针织有限公司、宁波克浪机械制造有限公司、象山县爵溪自来水有限公司、宁波和利纺织有限公司、宁波华毅水产食品有限公司、宁波恒大针织有限公司等。

县南环石浦港区　区域以石浦为中心，以海洋水产为重点，是重大工程建设重要投资区域。20世纪50年代改建达兴码头。60年代天妃宫前劈山填海，建第二码头。70年代建石浦自来水厂、渔港招待所，以及投资1000万元以上的水产公司冷库等，均直接围绕海洋水产开展。80年代建石浦新港区码头、对台码头、台胞接待站、台胞医院等，石浦作为大陆唯一对台窗口，吸引新一轮投资热潮。由此带动当地其他经济产业发展，时有合成氨化肥厂（象山化肥厂）、象山县水泥厂落户石浦。渔港剧院、阳明山庄、凤栖住宅小区、凤凰新城、石浦渔港路等民生工程与商贸文化工程也应时而兴。90年代后，旅游业飞速发展，旅游业重大工程重点投资皆在这个区域，中国渔村、渔港古城、花岙岛三大景区相继建成开业，成为该区亮点。

2000年后，鹤浦镇造船业异军突起，至2008年浙江宏德船业有限公司资产总额达11.14亿元，成为县内第三大企业。浙江振宇船业有限公司、浙江东红船业有限公司、宁波博大船业有限公司的资产总额均在2亿元以上。象山华洋机床附件厂、宁波金宝达工艺品公司、宁波振国制药有限公司、宁波永泉制药有限公司等资产总额也在千万元以上。2008年，石浦镇有重点工业企业近70家，主要为水产品加工、电梯配件以及医疗器件等，资产总额在亿元以上有浙江神洲船业有限公、宁波申菱电梯配件有限公司、浙江金川船业有限公司、宁波戴维医疗器械有限公司、宁波飞日水产实业有限公司、宁波东和船舶修造有限公司、象山石浦东方水产有限公司、象山石浦自来水有限公司、宁波贝特机电有限公司、宁波正业工贸发展有限公司、宁波飞宏水产有限公司、象山南方水产食品有限公司、象山超星海洋生物制品有限公司等13家。1997年，象山确立发展旅游产业策略，环石浦港区成为旅游投入最大区域，在20年内中国渔村、渔港古城、花岙岛三大景区相继建成开业，成为本区亮点。

县北沿象山港区　包括西周、贤庠、黄避岙片区。西周镇有成熟的汽车零部件产业。2008年，宁波华翔电子股份有限公司资产总额188.33亿元，约占象山规模企业资产总额的40%。其他资产总额亿元以上的有宁波华众塑料制品有限公司、宁波乐惠食品设备制造有限公司、宁波俊明金属压延有限公司、宁波合诚制管有限公司、宁波威霖塑料制品有限公司、宁波玛克特汽车饰件有限公司、宁波维斯奥克华翔汽车镜有限公司、宁波华翔日进汽车零部件涂装有限公司、宁波诗兰姆汽车零部件有限公司、宁波奔腾塑业有限公司、宁波彩家家居用品有限公司、宁波鹿剑复合材料有限公司、宁波华峰橡塑件有限公司等10余家。随着象山港大桥开通，这个区块规划为临港工业及仓储物流企业聚集区。

县西沿蟹钳港与岳井洋区　含新桥、定塘、晓塘、泗洲头等镇乡。2003年，在新桥建象山影视城拍摄基地，占地千亩，成为国内影视旅游效益最好企业之一。本区域主要有果蔬种植加工、绿色农副产品生产和加工等项目。宁波能大食品有限公司、宁波锦和食品有限公司、象山家园纺织助剂厂、宁波海宝宝水产食品有限公司成为县内重要农副产品生产和加工企业。2000年后，针织业发展较快，宁波钰烯阴极保护材料有限公司的高科技产品，在国内有影响。本区域重大工程不多，资产总值千万元以上的仅10余家。

第二节　重大工程管理

中华人民共和国成立前，重大城防工程由当地驻军的上级部门管理，地方作用不大。明嘉靖年间筑县城，由县令毛德京主持，部分经费拨自上级军事机构，大部分经费靠县内财政和民间集资。重大围塘工程，明代由县令凌傅组织实施。清光绪元年（1875），南田开禁，设南田垦务保甲局，负责围垦事务，筑成鹤浦大塘与龙泉塘。民国时期建象西公路，时为国防工程，地方政府协助。民国16年（1927），县政府设建设科，专门管理工程建设。

中华人民共和国成立后，重大工程皆由政府组织和管理，由相关部门直接负责。20世纪60—70年代围垦大塘港工程，县政府专门成立大塘港指挥部。1978年，为适应城乡建设突飞猛进，重大工程归口县计划委员会，计划委员会下设职能部门具体负责。1980年2月，县成立基本建设局，职能有：编制全县城乡建设发展规划和年度计划；组织和指导规划实施；参与基建项目审批、选址、设计会审、竣工验收；施工和房地产管理；参与配合县内国家重点工程项目建设。

20世纪90年代之后，重大工程大量增加，管理难度增大。1996年，成立城乡建设委员会，协助有关部门管理城镇建设规划范围内的建设用地，参与县内重大建设项目、重要小型项目审批和选址，组织建设工程招投标，开展安全监督检查，监督建筑安装工程的质量，材料、桩基检测，竣工工程的验收评定，质量事故查处等。1997年，县政府颁布《象山县重点工程项目管理办法》。2007年，重新制定《象山县重点工程项目管理办法》，建立县重点工程领导小组作为全县重点工程工作的领导机构，负责全县重点工程项目的统筹安排、综合管理、指导和协调工作。规定县大中型基本建设计划中对本县国民经济和社会发展有重大影响的下列骨干项目为重大项目，包括工业、能源、交通运输、现代物流网络、农业水利建设、生态环境保护、城市基础设施建设、文教卫体、旅游商贸建设、区域经济发展建设，以及在县区域内的国家、省和市重点工程项目。县重点工程领导小组部署全县重点工程项目的规划和任务；初审年度县重点工程项目；审定县为主建设的重点工程项目筹建和现场指挥领导班子及其机构的组成；协调平衡县重点工程项目的财政性资金安排，及有关人力、物力的配置；处理或协调重点工程项目涉及的有关政策问题；指导、督促、检查重点工程项目招标、工程咨询、监理、质量和安全管理及负责组织项目竣工验收及后评价工作。建设、城管、交通、水利、规划、财政、审计、国土、技监、环保、档案、消防等有关部门和乡镇政府，按照各自职责和有关法律、法规及本办法的规定，做好县重点工程项目的相关管理、监督、服务工作。

项目管理程序

县重点工程项目管理程序：县有关部门、镇乡于每年第三季度向县重点办上报列入下一年度县重点工程项目的书面申请；县重点办经综合平衡后，提出年度县重点工程项目初选名单，召集县相关单位组织对接，报县重点工程领导小组初审，分管副县长审阅，县政府常务会议审核和县委常委会审定，经县人民代表大会审议通过；后由县发展和改革局发文公布。凡符合县重点建设项目标准，县有关部门、镇乡人民政府未予申报的，县重点办在征求县有关部门、镇乡人民政府的意见后，可以直接将其列入初选名单，并按相关程序和流程审定。当年产生的县重点工程项目，报县政府常务会议同意后，可增列为县重点工程项目。县重点工程项目因前期筹备、建设实施过程中有重大变更并已失去县重点工程项目条件的，报县政府常务会议同意，由县发展和改革局撤销列入。增列或撤销的县重点工程项目应报县人大常委会备案。申请列为国家、省、市重点建设项目的，由县重点办在征求有关部门意见后，按照国家有关规定向上级重点办申报。县重点工程项目前期工作文件的拟定和有关部门对上述事项的审批，必须按照国家和省、市、县的基本建设程序，以及规划、国土、环保、消防等有关法律、法规办理。任何单位、个人不得擅自增加审批程序和环节。县重点工程项目实行项目法人制。重点工程项目建设单位应当在项目批准立项前，完成项目法人的组建工作。项目法人对项目的筹划、筹资、建设管理、生产经营、债务偿还及资产的保值、增值实行全过程总负责。县重点工程项目实行招标投标制。项目法人应当按照国家、省、市有关规定，建立招标领导小组，依法招标重点工程项目招标代理机构，以及项目涉及的勘察、设计、施工、监理、材料设备采购、工程总承包及代建单位招标。依法不宜公开招标或不宜招标的工程项目，报县重点工程领导小组批准，可以实行邀请招标或不进行招标。县重点办全过程监督管理县重点工程项目招标投标工作。县内的国家、省、市重点工程项目，按照国家、省、市重点工程招投标有关规定执行。县重点工程项目实行工程监理制。监理单位受项目法人的委托，依据批准的工程项目建设文件和有关工程建设的法律、法规、技术标准的规定和合同约定，开展监理工作。工程监理实行工期、质量、投资三大控制，并承担相应责任。县重点工程项目实行合同管理制。项目法人与单位应当依法与勘察、设计、施工、监理、材料设备供应、供电、供水（热、气）等有关部门订立书面合同。工程合同应当明确承包范围、质量标准、工期和合同价款等内容，并约定双方的权利、义务及其履约保证的要求。订立的书面合同应当经过鉴证或公证。县重点工程项目实行廉政责任制。签订工程合同的同时按照有关规定要求，签订《廉政责任合同》。县重点工程项目实行工程质量负责制。项目法人、勘察、设计、施工、监理、材料设备供应等单位应当按照国务院《建设工程质量管理条例》以及其他有关法律、法规的规定建立严格的质量保证体系。对关系到公共安全的工程主体结构如大坝、大堤、大桥等设计实行复核制度。工程质量实行终身负责制，不因当事人或相关责任人工作单位或职务变动、退休或退职等原因而免除。工程质量监督管理部门、工程质量监督专家组应依法监督检查工程质量，定期或不定期指导重点工程质量管理。县重点工程项目应建立健全社会监督制度。县重点工程项目应在施工现场挂牌，标明项目的主管部门、项目法人、勘察设计、施工、监理等单位的名称和责任人姓名，以及工程质量监督电话。所有单位、个人和新闻媒体都有权向县重点办以及项目主管部门等举报和揭发县重点工程质量问题。

协调机制

县重点工程项目根据项目协调性质及难易程度建立分级协调机制。县重点办负责综合协调县重点工程项目前期及建设工作中的相关问题。项目分管副县长综合协调项目前期工作和建设过程中涉及的重大问题，以及县重点办提请协调的问题等。县重点工程领导小组协调重点工程项目涉及的全局性问题、有关政策问题、财政性资金安排问题，以及项目分管副县长和县重点办提请协调的问题等。县长协调重点工程项目涉及的全局性重要问题、重大政策问题、数额较大的财政性资金安排问题，以及县重点工程领导小组和项目分管副县长提请协调的问题等。县重点工程项目需要协调解决的问题，在协调前，各部门可根据各自职责提出意见和建议，但通过协调会议形成统一意见后，应予贯彻落实。县重点工程项目涉及的建设资金以及有关人力、物力的配置，各有关部门应当给予优先保证。电力、供水、国土、通讯、公安、交通等有关部门应优先保证县重点工程项目建设的相关需要。禁止任何部门巧立名目向重点工程项目单位乱收费、乱摊派。县重点工程建设项目的建设单位应当每月定期向县重点办报送项目的前期工作和建设实施的进展情况。县重点办每月向县委、县政府领导和上级有关部门报送情况报表。

验收和稽察

县重点工程实行竣工验收制度。县重点工程项目按批准的初步设计文件内容完成后，项目法人组织初步（交工）验收。初步验收合格的，应当向发改部门提交初步验收合格报告和竣工验收申请。消防、规划、环保、人防、档案、技监、劳动安全、水土保持等专项验收，由法律、法规规定的相关行政主管部门依法验收。县重点工程项目在初步验收合格并按规定经过试运行后，具备竣工验收条件的，由发改部门组织有关部门进行竣工验收。初步验收不合格的不予验收，并提出遗留问题具体解决意见，责成有关单位整改，限期完成。重点工程项目竣工验收应具备下列条件：完成建设项目设计文件和合同约定的各项内容；有完整的工程档案及档案验收合格文件；有工程使用的主要建筑材料、建筑配件和设备的合格证明或进场试验报告；有勘察、设计、施工、监理、质监等单位分别签署的质量合格文件；有消防、规划、环保、人防、档案、技监、劳动安全、水土保持等行政主管部门签署的专项验收合格文件；有经发改、财政、审计等行政主管部门或其认定的社会中介机构审验的竣工结算和财务决算文件；有施工单位签署的工程保修书；法律、法规规定的其他条件。县重点工程项目实行后评价制度。项目竣工验收合格，投入使用并经过一段时期运营后，应当对该项目立项决策、建设实施、工程质量、投资效益和环境影响等状况进行评价，并将评价结果向发改部门报告。非经营性项目可有选择地进行后评价。上级有关部门已经进行后评价的重点工程项目不重复进行后评价。县重点办应依法稽察监督重点工程建设项目的资金使用和管理、建设标准和规模控制、招标投标工作实施、合同订立和履行、工程质量管理、工程监理。县重点办可以组织稽查组开展县重点工程稽查监督工作。稽查组人员由县发展和改革局、监察局、财政局、审计局等部门人员组成。稽查组可以采取下列措施：要求被稽察单位提供与稽察事项相关的文件、合同、账册及其他有关资料；要求有关人员就稽察事项作出陈述和说明；进入施工、办公、仓储等与项目建设有关的场所进行检查或调查取证；法律、法规规定的其他措施。有关单位和个人应支持与配合稽察监督工作，不得拒绝或阻碍稽察监督人员依法执行公务。稽察监督人员应忠于职守，秉公办事，勤政廉洁，依法执法。稽察监督人员不得泄露在稽察中知悉的被稽察单位的商业秘密或技术秘密。稽查组在稽查工作结束后，应该及时递交稽查报告。稽查报告的内容包括：建设项目是否履行法定审批程序，建设资金使用、概算控制的分析评价、招标投标、工程质量、进度情况的分析评价，建设项目存在的问题及处理建议，及县政府要求报告的其他事项。重点项目管理和稽察工作所需经费由县财政纳入年度预算。

考核奖惩

县重点工程项目根据《象山县重点工程立功竞赛实施细则》，围绕质量、投资、工期、文明等内容开展立功竞赛活动。依据《象山县重点工程考核试行办法》实行考核奖励。县重点工程项目因管理不善造成质量低劣、工期拖延、严重超概算、重大损失浪费或前期工作目标责任落实不力的，给予通报批评，并视情节轻重，对主要负责人给予必要的纪律处分；情节特别严重的，依法追究法律责任。对故意设置障碍，严重影响县重点工程项目前期和建设的单位和主要当事人，应依法追究相关责任；对重点工程项目建设中的违法行为，法律、法规已有处罚规定的，依其规定。重点工程项目前期工作、建设等方面有关情况，视情编入《象山县重点工程简报》，在一定范围内予以公告。

第十六篇
财政　税务

本篇目录

第一章 财 政

历代，财权集中；至民国24年（1935）前，财权集中于中央。后，分中央、省、县三级财政，始编制收支预决算。象山因财力贫乏，收不抵支，政府依赖上级补助，开征一些地方捐税及募献维持。中华人民共和国成立后，县级财政实行统收统支。1953—1980年，实行多种体制，县财政收支平衡。1980年后，实行“分灶吃饭”体制，县财政可用财力仍有限。1994年，实行中央和地方分税制，可用财力逐年增长。同时，县政府加强财政收支管理，将可用资金较多地投放到社会建设及民生项目，促进象山各项事业的发展。

第一节 财政体制

清前，赋税定于朝廷，财权集于中央，经费统一报领。民国期间，确立中央、省、县三级财政。中华人民共和国成立后，逐步改革财权，实行分级包干，结余留成，调动地方创收积极性。

唐至清代财政体制

地方财政统收统支。象山县赋税由县征收上解，县吏俸给、政费依定制存留、请领。盐税设盐课司，置监盐官。酒设酒务，置监酒官。清光绪三十四年（1908）秋，因推行预备立宪，朝廷订颁国家税、地方税章程，财政体制有所改变。清末，成立清理财政局，划分国家、地方收支范围。

民国财政体制

民国初，承清制，但亦有所变。将“地丁银”分作三个方面：地丁银正税（国家税）、粮捐（省税）、特捐（地方税）。时，象山田赋、税课收入悉数上解，俸给、政府费用均由省财政拨款；事业经费来自单位杂捐，地方公产亦系自收自支。民国6年（1917），县署财政科仅以地丁、抵补金（抵南米）之附加税收入，及征收费支出编制财政收支决算书。民国18年，改称财务局。民国24年，始确立中央、省、县三级财政管理体制，县级财政依赖省款补助和地方捐税。各单位自收自支的杂捐收入列入县政府预算，统一收支，专款专用，支用不足由省补助。民国29年，省财政厅制定划分省、县财政分成办法，象山为省、县财政划分县。屠宰税全额留县，印花税、普通营业税与牙行营业税、田赋收入按三、二、五分成留县。翌年，财政部改定《财政收支系统法》，分国家财政（含省）与县自治财政（含乡镇）。民国31年，局改称财政科，省取消补助，从国税中拨一部分给地方。民国35年7月，恢复中央、省、县三级财政。县税归域地，国税分成，取消印花税，增加营业税与遗产税的分成比例。县因贫瘠，财政仍收不抵支，县政府开征特产捐、冰桶捐，并随田赋带征乡、镇自治经费与教育经费。民国36年，省从财政充裕县，调剂102000万元（法币）支援象山。

中华人民共和国成立后财政体制

财政体制和制度时有改革，财政和税务机构时有分合。财政体制主要经历四个时段：高度统收统支体制；统一领导，划分收支，分级管理体制；划分收支，分级包干体制；分税制财政体制等。在四个不同财政体制时段中的不同年份里，对于体制的表述和做法虽有变动，但本质上并未脱离所属时段的财政体制。

高度统收统支体制（1950—1952） 中华人民共和国成立初，政府军事化程度较高，实行“高度集中，统收统支”的财政体制。1949—1951 年，全县各项收入悉数上解，地方工作人员经费按供给制标准向宁波专员公署报领，月编经费报表书。1952 年，划行政、公安罚没收入、规费收入、县公产收入、其他收入及工商业税附加收入归县；支出为文教、卫生、社会、民主党派及人民团体补助、行政机关管理、政治业务、公安、司法、检察及财务和预备费等 9 项。收支不足，由省补助。农林、水利、社救抚恤等费用，按编报计划，由省下拨，称“半级财政”。

分级管理体制（1953—1979） 1953 年，国家实施第一个五年计划，为发挥地方积极性，财政体制由“高度集中，统收统支”，改为中央领导下的“划分收支，分级管理”，实行中央、省、县（市）三级财政体制。县级总预算负责编制年度收支计划和年终决算，原缴镇地方附加税并入财政预算内，划印花税、利息所得税、屠宰税、牲畜交易税、文化娱乐税、车船使用牌照税、契税、企业收入及其他收入 9 项，列为县财政收入；支出分经济建设、社会文教、行政管理、总预备费和其他 5 大类。

1954—1957 年，实行“收入分类分成，一年一定”的体制，重新划分中央与地方的收入范围。地方收入分为固定收入、固定比例分成收入、调剂收入三类。固定收入与 1953 年基本相同，调剂收入有商品流通税、货物税。固定收入和调剂收入的比例，视各年度支出情况，由省核定。1955 年起，原划归省收入的农业税，实行省、县分成。1956 年，原全部上解中央的公债收入，实行中央和地方分成。

1958 年，县成立财政局，管理实行“固定收入，固定分成，调剂分成，以收定支”的体制。县财政固定收入有：印花税、屠宰税、牲畜交易税、个人所得税、文化娱乐税、筵席税、车船使用牌照税和企事业收入、其他收入；固定分成收入有地方工业、地方商业和粮食企业收入，省、县之间五五分成；调剂分成收入为工商统一税、工商所得税、农业税、林业企业收入、中央商业企业收入、公债收入的 20%。财政支出有正常支出和专项拨款支出。地方在划定的收支范围内，可自行安排。收支不足部分由省补助。专项拨款年终结余留归地方。体制原定 5 年不变，因人、财、工、商四权下放过快，实际执行仅 1 年。

1959 年，改为“总额分成，一年一定”的体制。按县各项税收和县管理的企事业及其他收入，除附加及自筹收入外，均作为地方预算收入。县地方财政性各项支出，包括基本建设和增拨企业流动资金在内，均作为地方预算支出。由省核定预算收入任务和支出数，以支出占收入的比例确定总额分成比例，超收分成比例按总额分成比例计算。中央采取集中财权，加强管理等一系列措施，把粮食、卫生、邮电的收入以及商业企业的高价酒、高价食品等收入上划中央；国家支援人民公社的投资等改由省拨专款，年终结余全部上交；农业税征收数调降，减轻农民负担；处理以前年度财政收支上的遗留问题，包括对“一平二调”（人民公社内部实行平均主义供给制、食堂制，生产队的劳力、财物无偿调拨）的退赔。县和公社的财权适当缩小。县总额分成比例：1959 年 37.26%，1960 年 32.27%，1961 年 27.07%。

1962—1973 年，实行“核定比例，定收定支，收支挂钩，超收分成”体制。核定分成比例各年不同，超收分成分为地方固定收入超收分成和一般收入分成，每年分成比例由省确定。

1974年，试行“收入按固定比例留成、超收另定比例分成，支出按指标包干，结余留归地方”的体制。象山县固定留成18%，超收分成10%，调度比例82%。1975年，仍按此执行。1976年，取消固定留成比例，超收分成为15%，调度比例为54%。1977年，超收分成22%，调度比例依旧。

1978—1979年，实行“比例分成，超收分成，差额补助”的体制。一是把原超收基数按计划数计算，改按以上年实绩为基数；二是将其他工商税中的屠宰税、牲畜交易税、集市交易税、车船使用牌照税作为地方固定收入，留归县财政。1978年，县收入减去其他工商税（不包括打击投机倒把补税罚没收入）后，按收支指标计算，分成比例为49%，增收分成比例为17%。1979年，将分成比例改为调度比例，其比例核定为40%，增收分成为23%。

分级包干体制（1980—1993）　1980年始，中央实行“划分收支，分级包干”，时称“分灶吃饭”的体制。新体制规定：国家预算分为“中央预算固定收入”“地方预算固定收入”“中央对地方的调剂收入”三种。象山属固定收入大于包干基数之县，故无调剂收入，此体制执行至1984年。地方固定收入有地方国有企业收入（所得税、调节税和承包费）、集体企业工商所得税、盐税、农业税、其他工商税（屠宰税、牲畜交易税、车船使用牌照税、税款滞纳金、补税罚款收入）和其他收入。地方固定收入超收，县留成70%。工商三税（产品税、增值税、营业税）由省确定比例留成。建筑税、能源交通建设基金、国库券以及中央企业的工商税，分别上交中央库和省库，县不分成。地方支出，除不宜实行包干的专项支出仍采取专案拨款外，其余均列入包干范围。1980年，象山县收入基数923万元，支出基数799万元，定额上交124万元。翌年，因气象与边防派出所上划，调整收入与支出的包干基数，增加定额上交8万元。1983年，象山水产公司下放，取消农业柴油补贴，军转干部安置和新增财税干部，调增收入包干基数965万元，支出包干基数804万元，上缴基数161万元。

1985年，改为“划分税种，核定收支，分级包干”的体制，象山县以1983年的决算收入为基数，按照收入划分范围和第二步利改税的税利转移情况，核定每年收入基数为1392.2万元，定额上交156.6万元。并规定，地方收入超过收入包干基数，30%上交省，70%留县。县留成收入的计算：以当年地方财政收入减按体制规定，上交数（156.6万元）和应交省增收的30%部分，计算得出地方固定收入，再加52%的奖金税和工资调节税（乡镇企业奖金税100%）、全额的城市维护建设税、专款收入和1987年40%的耕地占用税为县应得收入。支出的包干基数，按1983年决算支出数和原省财政体制规定的办法，计算应得的地方财力，并剔除上交中央财政资金和上划、转移等因素，确定每年为1236.6万元。另，1986年、1987年，省对工商三税的增收分成比例15%，分别为97.4万元、141.7万元，集贸工商三税增收分成比例为40%，分别为46.4万元、96.2万元，省以作其他补助形式给县。

分税制财政体制（1994—2008）　1994年1月1日始，实行国务院颁布的“中央和地方分税制”的财政管理体制，同时进行税收体制改革，至2004年。按此体制，地方财政主要承担本地区政权机构运转所需支出以及本地区经济、事业发展所需支出。具体包括地方行政管理费、公检法支出、民兵事业费、地方统筹的基本建设投资、地方企业技术改造投资和技改贴息、新产品试制费和贴息、支农支出、城市维护和建设经营、地方教育、卫生、文化、抚恤和社救费、农、林、水等各项事业费、价格补贴支出及其他支出。地方财政收支以1993年决算为基数，按“分税制”税种划分变化调整后确定，核定象山县税收返还基数7818万元，地方收入基数5278万元。

2005年始，实行新一轮财政体制。县级收入分固定收入、专项分成收入、基金收入、县分成

(共享) 收入。为调动地方创收积极性，市对县实行超收奖励办法。

乡（镇）财政体制

乡（镇）财政始于清末。至民国28年（1939），国民政府颁布《区、乡（镇）自治试行办法》，对乡（镇）经费的类别、来源、预决算编制、收支管理等都作出规定，但均未落实。乡（镇）经费籍摊派、自筹维持。抗日战争期间，乡（镇）奉行战事政令，编制扩大，人员增多。民国32年，浙江省政府以乡（镇）捐、劳务捐、荒地取缔捐三种税捐为乡（镇）事业费法定收入，行政经费由县按标准编入县总预算内。因县城被日军占领，上述规定未实行。民国36年起，规定县（乡）自治经费及教育经费，对列县预算不足部分，以田赋为标准酌情征收。当年，乡（镇）自治经费征稻谷4567.3石、教育经费7992.77石，民国37年分别为6085.37石和7745.11石。

1950年后，按政务院规定，乡（镇）村各项经费，包括乡（镇）小学、文娱活动、优待革命军人家属、民兵训练等经费，由按国家公粮的15%，地方附加公粮筹集。1953年后，乡（镇）支出列入县总预算内。乡（镇）政府工作人员薪酬补贴，由县财政按国家规定标准核拨。公用经费包干使用，结余留用，超支不补，乡（镇）一切事业经费，均由县主管部门条条管理，直接与事业单位建立财务关系。

1986年，象山县除檀头山乡外，均建立乡（镇）财政，实行“定收定支，超收分成，超支不补，结余留用，一年一定”财政体制。1987年，改为“核定收支，收支挂钩，超收分成，超支不补”体制。1993—1995年，按“稳定、完善、兼顾、发展”原则，确定新一轮镇（乡）财政体制。1998年后，乡（镇）政府实行“递增包干”财政体制。县财政5年安排支出2100万元，帮助乡（镇）专项用于“消赤减债”。2004年始，县实行乡（镇）财政收入超收分成。2007年，县下达新一轮财政收入基数。2008年，县财政专门安排500万元，予以补贴财力特别困难乡（镇），并奖励管理规范的乡（镇）。

第二节 财政收支

历代赋税以征收农副产品实物为主，支出以官吏薪俸为主，兼办部分公益。民国及中华人民共和国成立后，收入不再征收实物，改以货币为主。征税范围扩大，财政收入和支出同时增加。

宋至清代财政收支

宋乾道年间（1165—1173），夏税绢927匹，绸201匹3丈。绵3044两，秋税苗麦3497.16石。宋宝庆年间（1225—1227），夏税：岁入绢2727匹3丈9尺，绸718匹2丈6尺，绵5592两；秋税：苗米3497石1斗5升九合三勺。

元延祐年间（1314—1319），夏税钞153锭19两6钱；秋锐钞16锭37两2钱，米3920石1斗3合。支吏役钱5168贯434文，职田米177石1斗2合，知县108石5斗1升4合，主簿31石6合，县尉29石2升，司户7斗，奉化县丞7石8斗6升2合。

明嘉靖年间（1552—1566），夏税：麦5458石7斗3升4合，钞173锭4贯25文；秋税：米5312石9斗9升2合，钞402锭23文。岁解京银1143两2钱2厘，解司银924两9钱5分9厘，解府银4392两6分。盐课解运司银1008两7钱6分4毫。存县支给银3517两4钱5分4厘。支知县一员，月支俸七石五斗，其中米二石，另折钞合二十二锭；县丞月支俸六石五斗，其中米二石，另折钞合十八锭；主簿月支付俸五石五斗，其中米二石，另折钞合计一十四锭；典史月支俸三石，其中米一石，另折钞合计八锭；司吏七名，每人月支俸一石其中米三斗，另折钞合计二锭四贯；所属巡检四员，每员月支俸五石，其中米一石，另折钞合计一十六锭；军储仓大使四员，每员月支俸三石，其中米一石，另折钞合计八锭；玉泉大使一员，月俸三石，其中米一石，另折钞合计八锭；儒学教谕一员，实俸支米二石，廪米一石；训导二员实支米二石；廪膳生员二十名，每名月支廪米一石；司吏一名，月支食米三斗。朔望，香烛米三斗。年存留支银3517两4钱3分4厘4毫。

清雍正年间（1723—1735），实征银9686两4钱3分8厘6毫，岁解布政司银8576两8钱5分5厘，解粮储道银361两5钱3厘1毫，解盐道抵课水手银15两8分3毫，解本府银8两8钱4分1厘7毫。支知县员下匀摊补荒俸银36两5钱4分6厘2毫，门子2名、皂隶16名（雍正六年奉裁2名，设正仵作1名，副仵作2名）、马快8名、民壮27名、禁卒8名、轿伞扇夫7名、库子4名、斗级4名，共银542两4钱；典史员下并补荒俸银31两5钱4分，门子1名、皂隶4名、马夫1名，共银36两；赵岙、石浦巡检员下并补荒俸银36两4分，石浦司皂隶2名、弓兵11名，共银51两6钱；儒学教谕、训导员下并补荒俸银31两5钱2分，又加俸动支地丁银48两4钱8分，门斗2名、斋夫3名，共银50两4钱；廪生20名，并补荒廪粮银64两，廪膳并补荒银40两；玉泉场盐课使员下俸银31两5钱2分，皂隶2名，工食银12两；县祭祀并补荒银128两1钱3分8厘，拜贺习仪银、文庙香烛银、乡饮酒银、迎春芒神、春宴酒醴银共7两2钱8分5厘；公署门子工食钱1两4钱6分7厘；巡盐应捕5名、铺兵30名、碶夫16名、孤贫14名，共银262两8钱；重囚口粮银23两6钱2厘，武庙三祭银60两，厉坛致祭米折银4两5钱6分6厘；岁贡旗匾银6两2钱9分7厘；科举路费银31两2钱；加闰银250两4分2厘；县耗羡支销，知县每年额设养廉银500两，典史、巡检三员每员每年养廉银180两，浮额孤贫口粮银19两6钱7分2厘。

清乾隆年间（1736—1795），每年实征田地山丁口银11033两7钱1分2厘5毫，征米1338石9斗1升7合。解布政司银增至9712两7钱3分4毫，解粮储道银361两5钱3厘1毫，解盐道抵课水手银16两4钱2分7厘3毫。支知县员下匀摊补荒俸银36两5钱4分6厘2毫，门子2名、皂隶16名（雍正六年奉裁2名，设正仵作1名、副仵作2名）、马快8名、民壮27名、禁卒8名、轿伞扇夫7名、库子4名、斗级4名，共银542两4钱；典史员下并补荒俸银31两5钱4分，门子1名、皂隶4名、马夫1名，共银36两；赵岙、石浦巡检员下并补荒俸银63两4分，石浦司皂隶2名、弓兵11名，共银51两6钱；儒学教谕、训导员下并补荒俸银31两5钱2分，又加俸动支地丁银48两4钱8分，门斗2名、斋夫3名，共银50两4钱；廪生20名，并补荒廪粮银64两，廪膳并补荒银40两；玉泉场盐课使员下俸银31两5钱2分，皂隶2名，工食银12两；县祭祀并补荒银128两1钱3分8厘，拜贺习仪银、文庙香烛银、乡饮酒银、迎春芒神、春宴酒醴银共7两2钱8分5厘；公署门子工食钱1两4钱6分7厘；巡盐应捕5名、铺兵30名、碶夫16名、孤贫14名，共银262两8钱；重囚口粮银23两6钱2厘，武庙三祭银60两，厉坛致祭米折银4两5钱6分6厘；岁贡旗匾银6两2钱9分7厘；科举路费银31两2钱；加闰银250两4分2厘；县耗羡支销，知县每年额设养廉银500两，典史、巡检3员每员每年养廉银180两，浮额孤贫口粮银19两6钱7分2厘。

清道光年间（1821—1850），年通共实征银12373两6钱1分5厘；征米1558石4斗3升9合。岁解布政司起运地丁银10614两3钱4分3厘、杂款银209两7钱6分5厘；解粮道漕折月粮银7分、给军银、浅船银、贡具银共计889两7分。支忠孝祠、邑厉坛、先农坛、节义祠、常雩坛等祭祀银128两1钱3分8厘（实给银102两9钱1分4厘，内拨补不敷银25两2钱2分4厘，另文赴司请领）；支武庙、文（昌）庙祭祀银80两；支祭厉坛米不敷银、文庙香烛银、拜贺习仪银、迎春银共7两5钱4分2厘；支知县俸银34两4钱8分3厘，门子工食银12两，仵作工食银84两，民壮工食银162两，马快工食银48两，库子工食银24两，斗级工食银24两，禁卒工食银48两，轿伞扇夫工食银42两，盐捕工食银36两，铺兵工食银180两，碶夫工食银48两，孤贫口粮银58两8钱，囚粮银26两1钱8分8厘；支儒学俸银80两，门斗工食银14两4钱，斋夫工食银36两，廪粮银64两，膳夫银40两；支玉泉场俸银31两5钱2分，玉泉场皂隶工食银12两；支赵岙司俸银31两5钱2分；支石浦司俸银31两5钱2分，皂隶工食银12两；典史俸银31两5钱2分，门皂、马夫工食银36两。额征耗羡除协济无耗外，共银13026两5钱8分5厘，每两随征耗羡银9分，共银1172两3钱9分2厘。支文庙香烛银5钱，浮额孤贫口粮银19两6钱7分2厘，解漕折月粮7分，给军、浅船、贡具等银71两1钱3分6厘，支漕项解费银8两8钱9分1厘，解地丁耗羡银450两6钱2分3厘，解饷余银60两9钱1分6厘，支地丁解费银53两2钱2厘，解节省解费银7两4钱6分2厘。

民国财政收支

民国初，田赋、契税、盐税等正税，由各征收机关征解中央、省库。县行政、司法费由省财政核定月支银，并报省核销。警察经费、文教卫生事业费，由用款单位按呈准捐税自收自支。地丁、漕粮米抵补金之征收费用，于征收正税时附加征收费列支。民国6年（1917），县财政始编地丁、漕粮米、抵补金附加税与征收费收支预决算。是年，经常门：象山县3461元，南田县933元；临时门：象山县3783元，南田县25元。县公署经费省核定月支银620元：俸薪知事240元；掾属232元；役食60元，其中公邑7名42元，厨夫、茶炉工3名10元；办公费88元，支付文具纸、邮电、购置及杂支费用。司法经费省核定月支银300元：薪俸承审员40元；司书、检验吏、管狱员44元，法警2名72元，办公杂费文具纸、邮电、递解等支出39.46元，监狱、狱卒6名俸薪72元，囚粮82.54元。不敷银50元，呈准省高审厅于司法收项中列支。

民国24年（1935），建立县财政，税课收入57863元，占83.12%（12种田赋附加收入19751元，19种杂捐收入39112元）；地方财产收入4702元，占6.75%；地方行政事业收入3066元，占4.41%；省款补助收入3987元，占5.72%。翌年，县财政总收入117384元，比上年增长68.62%。主要是税课收入增长71.31%，省款补助收入增加67.77%，纯增其他收入4338元。县财政收支划分经常门、临时门，实行预算管理。至民国26年，财政支出属经常门26.34万元：公安保卫费10.70万元，占40.62%；党务费及行政、自治费6.91万元，占26.23%；教育文化费4.49万元，占17.05%；财务费2.47万元，占9.38%；卫生费、经济建设费、社会救恤费及其他各项费用（含预备费），计1.77万元，占6.72%。临时支出4.19万元，主要用于地政费与党务行政、自治费支出。

民国27年（1938），县财政收入锐减，总收入61125元，不到26年125776元半数。主要是税课收入中，治安户捐及壮训户捐比26年27585元减少40.81%，自治户捐比26年30218元减少63.67%，省款补助也比26年21150元减少67.07%。翌年，县财政收入增加，课税增收32037元，其中，保安户捐与壮丁户捐增收16964元，置产税增收6306元，屠宰附捐赠1125元，其他收入增收28480元；省款补助增加30286元。民国28年至民国29年，县财政的经常门支出36.15万元：党务、行政、自治费12.48万元，占34.52%；公安保卫费9.92万元，占27.44%；教育文化费5.71万元，占15.80%；财务费1.57万元，占4.34%；经济建设费，卫生费，社会救恤费及债务支付共1.94万元，占5.37%；其他支出4.53万元含军训费3.82万元，占12.53%。临时门支出7.78万元，主要用于军训费、地政费、行政费。

民国30年（1941）4月，日军占领石浦。翌年3月，县城沦陷。物价暴涨，币值日跌，财政收入依升腾物价增至827637元，县自治财政窘迫。民国32年，开征地方捐献与赠予收入370807元，又增积谷收入462123元，占当年财政总收入2154169元的38.67%。翌年，收不足支，呈准开征山地收益捐。至民国34年，县自治财政总收入4195.51万元，地方各税收入1038.2万元，占24.74%；国税分成收入411.93万元，占9.82%；地方捐献及赠予收入854.62万元，占20.37%；积谷收入573.40万元，占13.67%；其他县地方财政收入1317.36万元，占31.4%。民国30年至民国34年间，日军先后侵占檀头山、石浦、延昌、昌国、茅洋、丹城等地，县政府增列抗日战时服务费和人民伤亡救恤费于行政费中列支，又紧缩党务、行政、自治费用，增加卫生费及社会救恤费，以适应抗战时局。其间，又通货膨胀，货币贬值，支付费用提高，县财政支出属经常门的增至3662.98万元。其中，公安保卫费838.16万元，占22.88%；教育文化费610.17万元，占16.66%；党务、行政、自治费383.79万元，占10.48%；卫生费312.49万元，占8.53%；财务费196.50万元，占5.36%；社会救恤费426.59万元，占11.65%；杂项支出与员工生活补助725.88万元，占19.82%；其他支出169.40万元，占4.62%。临时门支出203.27万元，用于调训人员川旅费、职员生活补助费、机关员工津贴、解区递步哨经费等杂项支出127.83万元，占62.88%；文教文书费48.13万元，占23.68%；行政、自治费24.45万元，占12.03%；地政费、财务费、公安保卫费共2.86万元，占1.41%。

民国35年（1946），财政收入28236.61万元，比民国34年增10.62倍。翌年，递增12.47倍。民国37年，递增3.87倍。3年累计财政收入1743390.26万元。财政成倍增收，纸币贬值更速。是年7月1日，市场猪肉牌价涨至24万元1斤。县财政收入1363009.66万元，仅值百斤猪568头。民国35年至民国37年，通货膨胀，物价一日数涨，县财政以公教人员生活补助费为支出大宗，高达754998.22万元，占县财政总支出1128733.76的66.89%，县财政极度困难。民国38年5月，税收改征银圆，或比照市面折收食米，或取其相当价格之日用物品。

中华人民共和国成立后财政收支

1950—1952年，县财政全额预算收入为775.62万元。其中，农业税506.60万元，工商税147.20万元，盐税113.02万元，其他收入8.80万元，均归中央收入。1953—2003年，县预算内总收入321542.4万元（由税收收入、预算内可用资金收入和体制外收入组成）。按体制规定，县分成收入274063.2万元，占85.23%，中央、省（市）分成收入47479.2万元，占14.77%。1993年，县财政收入13867万元，跨入全省收入亿元县行列，并每年递增。2008年，地方财政一般预算收入达168617万元。

照16-1　位于象山港路505号的象山县国税报税中心服务窗口

县财政支出分两大部分：一是预算内财政支出，1950—1952年，三年经济恢复时期，财政支出172.70万元。1953—2008年，共支出1116238.5万元。其中，经济建设支出153075万元，占预算总支出 13.71%；文化（体育）、教育、科技、卫生支出 355700.7 万元，占预算内总支出的 31.87%；抚恤、社救支出累计 37105.8 万元，占预算内总支出 3.32%；行政和公检法支出 175650.9 万元，占预算内总支出的 15.74%；支援农业支出累计 93580 万元，占预算内总支出的 8.38%。以 1953 年支出 81 万元为基数，到 1979 年支出 1110.1 万元，26 年支出增长 13.7 倍。1980—1993 年，支出超亿万元（10100 万元），14 年支出增长近 10 倍。1994—2008 年，支出 240921 万元，15 年支出增长近 24 倍，为 1979 年的 217 倍，1953 年的 2974 倍。二是预算外财政支出，1956—2003 年，累计支出 9458.5 万元，其中，经济建设类支出 1117.7 万元，社、教、文、科类支出 149.4 万元，行政事业类支出 4336.5 万元，城市维护建设 100.9 万元，纳入预算内 1109.9 万元，其他支出 2644.1 万元。2004—2008 年，累计支出 192453 万元。其中，一般公共服务支出 39646 万元，国防支出 377 万元，公共安全支出 1018 万元，教育支出 39797 万元，文化体育与传媒支出 16284 万元，社会保障和就业支出 2826 万元，医疗卫生支出 11240 万元，环境保护支出 3842 万元，城乡社区事务支出 19036 万元，农、林、水事务支出 3485 万元，交通运输支出 28154 万元，工业、商业、金融等事务支出 917 万元，其他支出 832 万元，转移性支出 24999 万元。

预算外基金支出，1956—2003 年，累计支出 15742 万元。其中，支持外贸经济发展，设立外贸基金支出 1512 万元；支持旅游发展的支出 140 万元；文教支出 3046 万元（农村教育附加支出 2533 万元，文化事业建设支出 210 万元）；农业支出 5628 万元（水利建设支出 5532 万元）；土地有偿使用支出 1143 万元（城镇土地开发支出 373 万元，耕地开发支出 770 万元）；财政税费附加支出 1524 万元；上解支出 959 万元；调出资金 636 万元；其他支出 1154 万元。2004—2008 年，累计支出 204084 万元。其中：外贸发展基金支出 496 万元；文化事业建设费支出 556 万元；育林基金支出 31 万元；地方水利建设基金支出 24415 万元；中央水利建设基金支出 10 万元；农业发展基金支出 928 万元；残疾人就业保障金支出 3081 万元；养路费支出 1347 万元；墙体材料专项基金支出 129 万元；公路客货运附加费支出 131 万元；地方教育附加费支出 8981 万元；农业土地开发支出 2806 万元；国有土地使用权出让金支出 150588 万元；新增建设用地有偿使用费支出 6868 万元；大中型水库移民后期扶持基金支出 226 万元，彩票公益金支出 363 万元；其他政府性基金支出 3128 万元。

1950—2008 年象山县财政收支情况表

表 16-1

单位：万元

项目/年份	财政收入							财政支出					
	预算内					预算外收支及上年结余	基金收入	预算内				预算外支出	基金支出
	合计	上年结余	地方财政收入	上级补助收入	其他收入			合计	一般预算支出	上解支出	其他支出		
1950	50.0	—	—	—	—	—	—	50.0	—	—	—	—	—
1951	—	—	—	—	—	—	—	—	—	—	—	—	—
1952	—	—	—	—	—	—	—	—	—	—	—	—	—
1953	92.6	5.0	21.6	66.0	—	—	—	81.0	81.0	—	—	—	—
1954	99.5	11.6	64.3	23.6	—	—	—	89.1	89.1	—	—	—	—
1955	126.0	10.4	85.9	22.7	7.0	—	—	110.3	110.3	—	—	—	—
1956	266.9	8.7	104.8	148.4	5.0	2.6	—	225.9	225.9	—	—	1.1	—

续表16-1

项目 年份	财政收入							财政支出					
	预算内					预算外收支及上年结余	基金收入	预算内				预算外支出	基金支出
	合计	上年结余	地方财政收入	上级补助收入	其他收入			合计	一般预算支出	上解支出	其他支出		
1957	282.9	36.0	150.3	96.6	—	6.2	—	255.0	255.0	—	—	5.9	—
1958	708.1	31.0	419.8	257.3	—	79.3	—	602.6	599.6	—	3.0	79.3	—
1959	683.4	105.5	516.1	23.2	38.6	38.6	—	669.7	585.1	84.6	—	21.5	—
1960	806.3	13.7	428.9	288.4	75.3	89.0	—	800.0	800.0	—	—	30.2	—
1961	354.7	3.2	142.5	194.5	14.5	17.7	—	310.3	310.3	—	—	12.3	—
1962	291.4	44.4	182.6	69.8	-5.4	27.8	—	283.5	269.1	—	14.4	22.4	—
1963	285.2	7.9	176.3	101.0	—	42.3	—	260.8	260.8	—	—	31.6	—
1964	348.7	24.4	222.4	97.2	4.7	39.7	—	306.8	306.8	—	—	12.4	—
1965	267.5	41.9	195.8	29.8	—	57.2	—	241.9	241.9	—	—	30.0	—
1966	307.2	25.6	226.4	55.2	—	65.2	—	266.3	266.3	—	—	34.9	—
1967	372.3	40.9	201.9	113.4	16.1	62.8	—	347.7	347.7	—	—	39.9	—
1968	417.0	24.6	210.2	182.2	—	61.5	—	373.6	373.6	—	—	53.4	—
1969	602.7	43.4	239.7	319.6	—	51.6	—	524.9	524.9	—	—	43.3	—
1970	536.5	77.8	243.4	210.1	5.2	54.0	—	465.3	465.3	—	—	49.4	—
1971	646.1	71.2	447.2	125.7	2.0	37.9	—	602.7	602.7	—	—	33.9	—
1972	724.9	43.5	594.4	87.0	—	59.0	—	691.8	691.8	—	—	35.9	—
1973	1025.9	33.1	771.7	221.1	—	63.7	—	964.2	964.2	—	—	46.3	—
1974	939.4	61.7	882.5	-4.8	—	80.7	—	852.4	845.0	7.4	—	70.3	—
1975	1086.4	87.0	986.0	13.4	—	58.9	—	1023.1	883.8	139.3	—	44.7	—
1976	849.9	63.3	688.6	84.2	13.8	73.4	—	724.0	724.0	—	—	40.6	—
1977	876.0	125.9	907.8	-157.7	—	155.6	—	711.5	711.5	—	—	95.3	—
1978	1104.8	164.5	936.3	4.0	—	146.2	—	996.7	996.7	—	—	63.2	—
1979	1234.8	108.1	710.0	416.7	—	174.0	—	1110.1	1110.1	—	—	78.6	—
1980	1280.8	124.7	811.8	344.3	—	231.3	—	1233.4	1233.4	—	—	111.1	—
1981	1322.8	47.4	834.4	441.0	—	304.3	—	1215.2	1139.4	—	75.8	220.4	—
1982	1616.6	107.6	1103.0	405.1	0.9	218.4	—	1458.2	1408.2	—	50.0	175.3	—
1983	1757.0	158.4	1213.1	381.2	4.3	174.1	—	1539.0	1493.2	—	45.8	151.2	—
1984	1969.6	218.0	1389.9	353.7	8.0	178.0	—	1859.7	1821.0	—	38.7	122.7	—
1985	2331.3	109.9	1637.0	571.2	13.2	191.9	—	2218.2	2218.2	—	—	101.8	—
1986	2825.9	113.1	2043.2	664.2	5.4	194.1	—	2518.0	2488.4	—	29.6	97.1	—
1987	3204.4	307.9	2086.0	747.6	62.9	296.0	—	2912.0	2673.9	5.7	232.4	177.3	—
1988	7333.9	292.4	6199.5	839.0	3.0	490.3	—	7030.8	4100.8	2922.1	7.9	296.2	—
1989	8695.5	303.1	7263.3	1028.4	100.7	616.4	—	8159.2	4995.3	3146.7	17.2	398.4	—
1990	9384.2	536.3	7742.1	1005.5	100.3	632.0	—	8837.7	5261.5	3518.6	57.6	348.0	—
1991	10045.0	546.5	8683.9	714.6	100.0	787.5	—	9674.9	5904.7	3760.6	9.6	532.6	—

续表16-1

项目 年份	财政收入							财政支出					
	预算内					预算外收支及上年结余	基金收入	预算内				预算外支出	基金支出
	合计	上年结余	地方财政收入	上级补助收入	其他收入			合计	一般预算支出	上解支出	其他支出		
1992	13708	370	9614	999	2725	926	—	13403	6856	4032	2515	712	—
1993	18605	305	13867	848	3585	1729	—	18132	10100	4676	3356	1456	—
1994	21710	473	6745	9120	5372	1487	—	22471	11910	5486	5076	1264	—
1995	24057	-761	10167	10304	4347	2334	—	23075	13617	6025	3433	1826	—
1996	28366	982	11931	9927	5526	12113	—	27510	17216	6755	3539	10170	—
1997	30873	856	13068	15823	1126	18026	1962	27226	20488	6735	3	17261	1363
1998	40607	3647	15554	17051	4355	19842	3040	36768	27317	6651	2800	18443	1444
1999	44453	3839	18620	15956	6038	24501	3893	40442	29318	6824	4300	21975	2328
2000	48262	4011	23470	19214	1567	35233	7101	43377	35141	7336	900	31983	4900
2001	62045	4885	35473	19647	2040	17175	3489	55522	45982	7500	2040	15272	1322
2002	75732	6523	38216	29993	1000	23269	3655	67481	58502	7979	1000	19813	1155
2003	96944	8251	46678	37655	4360	30882	7869	89239	76440	8439	4360	29202	3230
2004	110538	7705	53701	46908	2224	30939	9301	95614	84178	9212	2224	28552	4300
2005	136884	14924	70182	51078	700	39045	29007	120066	104556	14810	700	34940	21563
2006	166689	16818	87820	60171	1880	38863	45718	139342	120878	16584	1880	35662	38466
2007	215104	27347	113490	73807	460	59264	32301	185620	164438	20722	460	48782	22847
2008	295161	29484	148420	117197	60	44953	184046	267828	240921	26847	60	44517	170434

说明：1951 年、1952 年数据缺失。1957 年、1958 年、1961 年、1972 年、1992 年预算内上年结余数有调整

第三节　财政管理

唐至清代，县财政、财务管理记载不详。民国期间虽有记载，但无完备管理制度。中华人民共和国成立后，在不同时期建立起与其相适应的财政、财务、财产管理制度，并在实施中不断调整、完善。管理所涉对象有机关事业单位、各类性质企业、农业及社会保障等方面。其间，除正常性的财政、财务管理外，对基建等较大项目资金进行专题预决算管理和财政监督。

预算外资金管理

中华人民共和国成立初期，地方附加税纳入财政部门预算外管理。机关生产收入的“小公家”收入和乡自筹收入，不纳入财政部门预算外管理，由机关和乡自行管理。1952 年，清理“小公家”，上缴财政数不详。至 1955 年，全部纳入预算内。1956 年，省财政厅把破旧废损物资变卖收入、职工宿舍房租收入、机关从事农业生产收入及其他杂项收入，作为特殊允许资金，实施机关特种资金管理。1961 年 8 月，省财政部印发《浙江省预算外资金管理办法》，把财政资金划分

预算内外分别进行管理。1962 年，清理“小公家”资金存款 56244.98 元。1978 年，按省财政厅要求，县行政事业单位预算外资金收支决算表开始编制上报，主要有事业单位的宾馆、招待所，作为预算安排指标的参考。1978 年后，实行计划管理、综合平衡。1983 年，开始把国营企业及主管部门管理的各种专项资金，也纳入预算外资金收支决算汇总。1986 年，国务院《关于加强预算外资金管理的通知》，明确规定预算外资金的所有权与使用权归属地方部门和单位，形成事实上的国家预算“双轨制”。是年，清理“小钱柜”上缴财政 53290.87 元。此后，县内有预算外资金的单位基本上纳入计划管理。1988 年，根据加强预算外资金管理规定，行政事业单位预算外资金，由县财政部门集中，采取“财政代管、政策引导、监督使用”的管理办法，实行收入上缴、支出下拨，各单位设“收入”“支出”两账户，分别核算。1989 年 12 月，结合财务、税收、物价检查，清理检查“小金库”，共查补入库 133.5 万元，其中属“小金库”4.6 万元。1990 年后，预算外资金管理逐步转入规范化轨道。是年，国务院颁发《关于加强预算外资金管理的决定》，提出预算外资金收取要进行清理，财政要加强预算外资金的监督管理。1996 年，县政府印发《关于加强预算外资金管理的实施意见》，单位预算外资金按性质分期分批纳入财政专户储存。纳入后，先按收入总额集中 15%，由县统筹安排用于社会公益事业。各单位经常性支出，按人均定额一次性下达，分月拨款。专项支出，由各主管部门提出，财政部门根据资金用款方向和额度进行审核，报县政府批准后执行。纳入财政专户存储单位，实行“全额缴存，收支两条线”管理。第一批纳入财政存储的单位 38 家，1997 年增加 12 家。

机关单位财务管理

财务制度　1988 年 9 月，财政部制定《事业行政单位预算会计制度》，翌年 1 月 1 日起实行。规定各类行政事业单位，按各级单位预算同各级财政总预算缴拨款的关系，分为全额预算管理（简称“全额单位”）、差额预算管理（简称“差额单位”）和自收自支预算管理（简称“自收自支单位”）3 种预算管理方式。根据机构建制、经费领报关系或财务隶属关系，一般分主管会计单位、二级会计单位和基层会计单位三级，统称预算会计单位。事业行政单位会计核算一般实行“收付实现制”。简单的成本费用核算的会计事项，可用“权责发生制”。1997 年，财政部相继颁发《财政总预算会计制度》《事业单位会计准则（试行）》和《事业单位会计制度》《行政单位会计制度》等新预算会计制度及相关财务规则，从 1998 年 1 月 1 日起实行。新制度预算管理形式，不再分全额单位、差额单位和自收自支单位，实行行政财务与事业财务分开核算，统一管理。2000 年，县开始实施会计人员委派制度，各派驻单位先后建立国有资本管理制度。

经费管理　中华人民共和国成立初期，实行机关工作人员办公费用每人每月定员定额开支，规定普通纸 50 张，煤油 0.5 斤，统一使用。事业单位，经费由人民政府统一造预算，按月下拨。

1953 年，县级行政事业单位预算逐步建立，由县财政局按国家、省制定的开支标准，进行管理和监督。全县执行统一开支标准，经费实报实销。1954 年，改为规定开支标准范围内，按年度计划严格控制，实报实销。

1981 年，按省规定．实行行政事业单位收支预算包干管理。按预算单位不同性质、条件，分为全额预算单位、差额预算单位、自收自支三种类型，分别进行管理。县行政事业单位实行经费包干后，多有结余，1981 年 7.5 万元，1982 年 9.1 万元，1983 年 53.7 万元，1984 年 35.2 万元，1985 年 81.6 万元，1986 年 130.3 万元，1987 年 88.5 万元。

1988 年，行政事业单位实行“核定收支、定额和定项补助、超支不补、结余留用”的预算管理形式，单位预算内外资金分开管理。

1994年，实施“分税制”财政体制，对行政事业单位实行“核定收支、定额定项补助、超支不补、结余上缴”管理办法，部分基金如排污费、教育费附加纳入预算管理。

2000年，根据上级要求，在科委和教委两单位试编部门预算。2002年，全县各部门全部实行预算管理。

财产物资管理　中华人民共和国成立后，行政事业单位固定资产实行无偿调拨。1979年起，行政事业单位固定资产改无偿调拨为有偿调拨。

1988—1996年间，根据固定资产核算和管理要求，对单价50元以上、耐用年限1年以上财物进行清理、登记、造册、入账，规定每年年末，单位财务决算时均须进行一次清理、盘点。

1997年，新行政事业财务准则出台后，调整固定资产管理起点定额，单价一般设备500元、专用设备800元，作为固定资产入账。

1998年年末，县文教、卫生、科学事业、行政、公检法等单位固定资产核实原值62452万元，房屋建筑物2254367平方米。2000年年末，上述单位固定资产原值增至88147元，房屋建筑物3112635平方米。

人员经费管理　中华人民共和国成立后，人员待遇分供给制、薪给制两种。供给制人员执行政务院颁布的供给标准，其个人生活费部分分菜金及燃料、食粮、服装费、津贴费、过节费、保健费等6项，按实物计算发给，其中菜金及燃料按干部职级分大灶、中灶、小灶三等。薪给制人员以折实单位为基数，折币发给（1950年，折实单位平均值0.483元）。乡干部实行半脱产、生活费每人每月大米60公斤。

1952年，改供给制为包干制，实物均归自理。供给标准改为工资分：大灶每人每月73个工资分，中灶98个工资分，小灶123个工资分。

1955年7月，国家工作人员全部实行职务等级工资制，改行货币工资。

1985年，工作人员的工资试行基础工资、职务工资、工龄津贴及奖励工资4个部分构成的工资制。

1993年，调整行政事业单位人员工资、福利。按事业单位特点和经费来源不同，对全额拨款、差额拨款、自收自支不同类型，实行不同工资分配管理。

1997年，开始实行住房公积金缴存制度，机关事业单位、社会团体职工分别按不低于职工月工资总额5%比例缴存。

公用经费管理　公用经费，包括公务费、修缮费、设备购置费、业务费、招待费、其他费用。中华人民共和国成立初期，国家财政部和省人民政府制定统一开支标准：1950年，以实物为标准，折币计发，县级每人每月办公费油光纸15~20张，米5斤，煤（或木柴）10斤，用电每人每月1.8度（或煤油10两），薪给制减发三分之一。1952年，改按工资分计算，每人每月办公费8分，区级6分，住勤费、途中伙食补贴、车船费、会议费等，按省统一标准执行。

1953年起，公用经费改按人民币计算，开支标准由各级政府在上级规定的标准范围内自定，节约使用，实报实销。

1955年9月，省人民政府修订国家机关行政经费开支标准，办公费每人每月4.20元，自行车修理费每辆每月2.50元，住勤费按出差地区分别为0.05~0.20元，车船费、旅馆费按职级标准凭据报销，通宵乘车（船）另予补贴。1960年始，县级机关各部门行政经费，由县政府办公室集中管理，部分基层单位试行综合包干，调度使用，超支不补、节余留用。

1995年，规定会议伙食费就餐标准每人12元，实行分菜制和快餐制。

1996年，实行县内出差人员差旅费每人每天5元定额包干。

2001年1月1日，移动电话话费采用限额报销，正局级在职领导干部每人每月200元，副局级在职领导干部每人每月150元，住宅电话正局级每人每月60元，副局级每人每月50元。

基本建设财务管理　1996年始，先后出台和制定县预算外资金用于基本建设的有关规定，县基本建设资金在50万元以上工程纳入基本建设管理，政府投资项目做好事前、事中、事后全过程跟踪管理与监督。1996年10月至2008年，县财政局基建预算科先后审查1597个建设项目的概预算和竣工财务决算，核减投资额2.54亿元。

企业财务管理

财政部门对企业的财务管理，重点在于贯彻财务会计法规和上级财政部门指示，会同企业主管部门，具体帮助企业加强财务管理，提高经济效益。中共十一届三中全会后，落实经济效益为中心的企业管理自主权，实行经济责任制和利改税等改革措施。随着新的财务制度贯彻和更好适应市场经济，转入以产权和职工身份的“双置换”改革。至2001年，财务管理全部由企业负责。

利润分配　中华人民共和国成立后，国营企业实现的利润，均是以“上缴利润”形式上缴给国家，这种形式与财政上实行统收统支相联系。企业实现的利润，不论多少，全部上缴国家，企业发生亏损，由国家拨给。20世纪60年代初，实行国营企业利润留成制，企业当年实现的利润，可按规定留成比例计提企业利润留成。其中，大部分作企业发展基金，小部分作企业职工奖励基金和福利基金。后在计划亏损企业实行减亏分成。1962年，取消地方国营企业留成制度。1963年，恢复国营企业利润留成制度，一直沿用到实行利改税后止。

1983年1月1日，在全国范围内实行第一步利改税。象山第一步利改税时，预算内国营企业54家，除农村粮食企业9家外，其余全部实行利改税。1984年10月1日，第二步利改税政策出台后，县内小型盈利企业新划定为35户。翌年，按新8级超额累进税率缴纳所得税。第二步利改税，改进第一步利改税设置的所得税和调节税，增加资源税、城市维护税、房产税、土地使用税和车船使用税。国营企业应上缴财政收入，分别按11个税种向国家上缴。1985年1月1日始，粮食系统所属加工、饲料企业等，试行利改税办法。

1987年始，国有工业、流通企业在原利改税基础上，实行第一轮经营承包责任制，缴库利润试行“核定基数和递增比例、超收分成、歉收赔补”的办法。1991—1993年，实行第二轮承包责任制，承包内容是“二包一挂”（工交企业包上缴利润和技术改造，流通企业包上缴利润和资产增值；工资总额与经济效益挂钩），全县签约企业33家。为调动全民所有制企业承包经营者的积极性，县政府还制定承包经营奖赔考核办法。

资金管理　1950—1958年，国有企业流动资金实行“双口供应，分别管理”，企业再生产必需部分的资金由财政核定定额拨款供应，季节性或其他原因临时性需要部分，由银行贷款。1961年7月1日始，流动资金核定，其中80%由财政部门通过企业主管部门拨给，作为企业自有流动资金，20%由银行定额放款。

1981年1月1日，国营工业企业国拨自有流动资金，实行有偿占用办法，缴纳流动资金占用费。1983年7月1日，改由县人民银行统一管理，国拨资金部分仍留给企业，需增加，改由银行贷款。1990年始，向国营企业征收国家流动资金保值费，至1993年7月1日停征。

固定资产管理　1952年，财政部规定，企业拥有的劳动资料单价超100元，使用年限1年以上，作为固定资产。1957 年，固定资产改为单价超 200 元，使用年限 1 年以上。1973 年，财政部规定，国营工业交通企业按生产规模确定固定资产。固定资产单价限额，分为 500 元或 200 元以上两种。20 世纪 70 年代，国营企业固定资产投资，全部由财政无偿拨款。

1979 年，国务院决定改革基本建设投资管理体制，对国家预算内投资有偿还能力项目逐步实行“拨改贷”，由财政拨款改为银行贷款，改无偿占用为有偿占用。是年 7 月 1 日始，对国营企业间固定资产实行有偿调拨。1983 年，推行投资包干制，包干单位向国家实行“五包”（包投资总额、生产能力、建设工期、工程质量、设备材料）。

1985 年，为加快推行“拨改贷”，基本建设投资全部改为贷款。1986 年，又恢复财政拨款和银行贷款平行的“双轨制”，并辅以财政贴息贷款。

1990 年，工业企业固定资产单价限额统一提高为 800 元。1992 年 7 月起，工业企业固定资产价值，由 200 元、500 元与 800 元，分别提高至 1000 元、1500 元与 2000 元；国营企业、粮食、外贸企业由 800 元提高至 1500 元。1993 年 7 月，执行《企业财务通则》，固定资产划分执行新标准，符合下列两条件之一的劳动资料均列为固定资产：使用年限超过 1 年的房屋及建筑物、机器、机械、工具等；不属于生产经营主要设备，但单位价值 2000 元以上，并且使用年限超过 2 年的物品。

基本折旧基金管理　1950—1966 年，按个别折旧率计提折旧，基本折旧基金全部上缴财政。1967 年，基本折旧基金与大修理基金实行分提合用，固定资产更新和技术改造资金国家不再拨款，全部由基本折旧基金提留。1968 年，调整提留比例，企业留 70%。1969 年，折旧费全部留给企业。企业的折旧方法和折旧年限确定，不得随意改变。

专用基金管理　专用基金管理，一是规定来源渠道、核定提取比例；二是核定使用范围，监督使用。1952 年，企业奖励基金主要用于支付先进工作者、劳动模范奖金、职工特殊困难救济和集体福利费用。1958 年，企业利润留成主要用于发展生产，适当用于职工福利和奖励。1978 年，专用基金主要用于职工集体福利设施，举办农副业，弥补职工福利基金不足以及发给职工社会主义劳动竞赛资金。

社会保障财务管理

中华人民共和国成立初期，在党政机关系统内实行公费医疗制度。20 世纪 90 年代，建立企业、行政事业单位退休养老金制度，实行养老金全社会统筹，后逐步扩大到生育、工伤、失业等保险领域。财政部门负责对这些基金实行监督管理。1998 年 10 月前，由各类社会保障管理机构各自负责征收、管理和使用社会保障基金。之后，按国家、省、市实行收支两条线管理和宁波市财政局《社会保障基金财政专户会计核算》要求，在工商银行开设社会保障基金专户。建立的基金账户有：企业职工养老保险基金、失业保险基金、医疗保险基金、工伤保险基金、下岗职工再就业和再就业专项经费、事业单位失业保险基金、大病统筹基金，陆续进入社会保险财政专户，财政局综合科专人负责管理。2004 年，纳入残疾人就业基金、兵役义务费、生育保险基金、农村村民最低生活保障基金与救助资金，由民政局管理；离休人员“两费”（离休费、医疗费），财政于每年初按上年实际支出安排，年终对不足部分予以追加，由县老干部局统筹管理。

公费医疗经费　中华人民共和国成立初，党政文卫系统工作人员医疗费，向财粮科统一报销。1954 年，象山实行公费医疗制度。1961 年 9 月，省卫生厅、财政厅修订《浙江省公费医疗预防实施办法》，1964 年 2 月作修正补充。1977 年 12 月，卫生部、财政部、国家劳动总局，对享受公费医疗、劳保医疗人员自费药品范围作了规定，县于 1978 年转发贯彻。是年 12 月，全部调换公费医疗证，翌年1月1日起，凭新证就诊。原列卫生事业费中，公费医疗经费划出，县成立直属公费医疗管理委员会，财政列专款，便于核算监督。同时实行定点医疗，在非定点医疗单位就诊医药费，由本人先付现金，后凭据向县医管会报销。这项规定，经半年多实践，因办法尚不完善，于1979年8月停止。尔后，实行定额拨给部门包干使用，超支部分，年终视单位实际情况和财力，财政酌情补助，单位结余，结转下年使用。因公费医疗，历来凭证就诊、实报实销，无严格控制措施，浪费严重，漏洞较多，超支惊人。

1980年1月1日始，一律改为凭贴有核对证的公费医疗证就诊。1981年7月1日始，试行经费定额管理，享受公费医疗待遇人员，年人均定额45元，以30%留县统筹，70%发各部门包干使用。1983年，财政、卫生、劳动局重新明确公费医疗、劳保人员自费药品的范围。1984年6月1日起，实行门诊医疗费“定额包干”，县核定门诊医药费全年每人48元，单位按75%发给个人，包干使用，节约归己。另25%由单位集中统一调剂，节余留下年度使用。1998—1999年，医疗费包干提高至每年每人480元。门诊中个人如有超支，退休人员700元以上部分，工龄在10年以下按70%报支，10~30年按90%报支，30年以上按95%报支；在职人员800元以上部分，按工龄情况按比例结报。住院的医疗费自负额600元以上部分可报支。享受单位按超支人数人均200元负担，其余部分由享受单位与县统筹经费各负担50%。

2002年，县政府决定把公费医疗管理机构和职工医疗保险机构合并，统称城镇职工医疗保险。是年，建个人账户。职工大病统筹及原单位自负部分均由公费负担，财务当年多支出1000余万，2003年，支出比2002年略有下降。

2004年11月22日，县政府发文开始实行新型农村合作医疗制度，资金由个人、各级政府按比例统筹。2008年，人均统筹标准从2004年的55元提高至175元。是年，407873人参加农村合作医疗，筹资金额6526万元，支出4355万元。

2007年始，企业职工（包括退休人员）参加基本医疗保险，发放医疗卡。

2008年8月1日始，城镇居民开始办理医疗保险，经费由个人和财政统筹解决。

工伤医疗保障基金　主要有劳动部门管理的企业职工社会养老保险基金，生育、工伤保险基金，失业保险基金；人事部门管理的事业单位职工养老保险基金，事业保险基金；民政部门管理的抚恤社救资金，残疾人就业保障基金，农村养老保险基金。财政部门负责社会保障资金补助和财务管理及监督使用。

国有资产管理

实行清产核资办法。20世纪90年代后，清产核资、产权登记、资产评估共用，管理国有资产。1992年4月29日，县政府发布《象山县人民政府关于县属企业深化改革转化经营机制的意见（试行）》，开展企业劳动人事、工资分配和社会保险三项制度及企业经营、价格、用工、分配四放开改革。1998年下半年开始，企业改革全面铺开，全县281家国有、城镇集体企业通过“双置换”（即企业产权置换，职工身份转移）改革，至2001年基本结束。2005—2008年，共转让国有资产82笔，交易金额42188万元；招租20笔，金额476.78万元。

清产核资　1959年始，清理国有企业资产；1986年，对集体企业进行清产核资工作，分别清理核实各自的资产，摸清家底。

1959年，清产核资国有企业。核定全县工业、交通、邮电、林业4个系统的定额流动资金为85万元。1961—1962年，工交系统关停企业7家，有铁矿、硑石矿、铅锌矿、石浦化工厂、石浦玻璃厂、石浦渔肥厂、工交局供销经理部，共有固定资产净值49.16万元，流动资产26.03万元。1962年3月，遵循中共中央“全面、彻底、统一、合理”的指示，成立清产核资办公室。12月，除部分物资尚待继续处理，其余清理结束。清理出损失161.7万元，其中，工业24.92万元，商业69.5万元，供销总社31.65万元，粮食工业9.82万元，水产企业19.33万元，林业1.24万元，中西药公司2.31万元，新华书店1.84万元，粮食商业1.09万元。至1972年，国有工业企业清产核资完成。

1992年，分阶段开展行政事业单位清产核资工作，至年末，共清产核资320家单位。其中，行政单位93家，事业单位227家。清查后核实全部资产38441万元，比清查前账面数增加4156万元。其中，固定资产27350万元，比清查前增加（盘盈）4115万元，由于固定资产标准提高而调减107万元，使用国有土地面积1678万平方米。

1995年，开展国有企业和企业化管理事业单位清产核资，清产核资单位107家。3月末，核实全部资产208140万元（含固定资产57842万元，流动资产116953万元），负债总额145688万元，国有资产价值总额62452万元（含国家资本金28179万元，土地估价232714万元）。核实企业单位全部土地面积5254367平方米，核销资产损失和潜亏挂账4315万元。

1986年，开展集体企业清产核资，县二轻局下属20家企业和县信用社下属25家基层信用社试点清查。翌年3月末，试点企业的全部资产为325618万元。是年，扩大到县供销社、商业局和部分二轻企业共50家。1998年，城镇集体企业清产核资工作全面展开。城镇集体企业173家，核实资产总额为483523万元，负债422309万元，所有者权益61214万元，资产负债率87.34%。

产权登记　1992年，县首次实行国有企业资产产权登记，登记企业107家。其中，农林水企业11家，工业企业28家，交通运输企业4家，商业物资流通企业47家，公用事业、咨询服务企业13家，其他企业4家。国有资产总额28433万元，国有资本20784万元。1996—1999年，注销登记企业12家，企业年检103家，年检国有资产总额95032万元，其中国家资本26563万元。

1995年，开展行政事业单位国有资产产权登记。2000年，实施会计人员委派制度，各派驻单位先后建立国有资本管理制度。

资产评估　1992年6月，国务院发布《国有资产评估管理办法》，由象山会计师事务所开展整体资产评估、单项资产评估和资产评估咨询服务。1992—2003年年末，立项评估项目305个，评估增值47597万元，增值率18.16%。

会计代理服务　会计代理服务始于1999年，原先从属于县财政局审计事务所，后脱钩改制成为独立法人单位。会计事务所有海信、天象、众佳、享达4家，相互之间保持良性竞争关系。事务所经营业务基本一致，主要承办各类经济组织、企业事业单位、社会团体及其他单位和个人委托的业务。

2008年象山县会计事务所情况表

表16-2

单　　位	建立时间	备　　注
象山海信会计师事务所	1999	改制。拥有中国注册会计师、注册评估师7人，中级专业技术职称占80%
天象联合会计师事务所	1999.11	中级专业技术职称占60%以上
象山众佳联合会计师事务所	2003.12	拥有中国注册会计师3人，注册评估师2人，中级专业技术职称占60%以上
象山亨达联合会计事务所	2004.11	改制。私营企业

乡（镇）财政财务管理

1998年7月，县委、县政府下发《关于进一步加强乡（镇）财政建设和管理的意见》，是年8月，财政局印发《象山县乡（镇）财务管理办法》，对乡（镇）财政职能、预决算制度、财务收支、资产管理、目标考核、财务监督等作出明确规定，健全和规范乡（镇）的财政财务。2000年3月，县委批转《关于乡（镇）级行政事业单位会计集中核算的意见》，乡（镇）政府本级、环卫、城管及乡（镇）属中小学校等所有行政事业单位，实行“单一账户、集中支付、统一核算”的管理办法。

财政监督

主体是财政机关，依法监督、检查域内行政机关、企事业单位及其他组织执行财税法律、法规和政策情况，以及对涉及财政收支、会计资料和国有资本金管理等事项进行监督，并作出结论。

20世纪80年代，财政监督管理松弛。90年代，党中央、国务院发布一系列加强预算外资金管理的文件和通知，明确“预算外资金属财政性资金，而不是部门和单位的自有资金”，财政监督管理得以加强。1990年4月，成立由财政、银行组成的清理账户领导小组，清理银行账户305户，取消42户。预算外资金实行财政专户储存，按“收支两条线”管理要求，开设收、支账户。10月，结合财政税收、物价大检查，开展行政事业单位财政、财务专项检查，至1991年，查出违纪金额50多万元。1993年，始行清理“乱收费、乱摊派、乱罚款”，开展“三乱”整顿。1997年，全县范围内开展预算外资金财务收支检查，查出违纪金额80多万元。

1998年12月，县财政局设立财政监督科。翌年，重点检查全县50家行政事业单位的资金管理、使用及财务会计制度执行情况。1999—2008年，共查出违纪金额27256万元。

1999—2008年象山县财政监督情况表

表16-3

年份	监督数（家）	查出违纪金额（万元）	备注
1999	32	3726	入库324.85万元
2000	35	6162	其中隐瞒、截留与预算外资金收入393.98万元，违反政府采购84.11万元
2001	20	1600	—
2002	16	2041	其中账外账395.9万元，挤占专项资金327.16万元，预算外资金未列入管理27.7万元
2003	15	1263	其中13家单位挤占挪用专项资金525万元
2004	30	2572	—
2005	16	2315	入库税款25万元
2006	15	2606	—
2007	—	2576	查纠引水工程、旧城改造、经济开发区、绿化等专项资金
2008	14	2395	—

第四节　财政项目建设

历朝多重视学校建设和公益事业。宋代建设较多，教育家李觏在《袁州学记》中有述“象山诸今代修学校，亦贤矣哉”。丹山书院建于宋代。建中元年（1101），就空闲民居建“居养院”，至崇宁四年（1105），因其地较远而迁移到东亭庙西南。明代时，朝廷“今天下置养济院，以处孤贫残疾无依者”①。嘉靖五年（1526），将养济院迁到城隍庙前，即现汪家河菜场一带，至嘉靖三十五年，从7间用房发展到15间。宣德二年（1427），于县前街设立惠民药局，“令天下军民贫病不能自备药饵者，令惠民药局给予医药”②。

宋后至民国政府建设记载不详。中华人民共和国成立，尤改革开放后，象山的社会、经济、文化各业发展较快，财政收入也得到同步提增，人们对公共基础设施和社会事业的要求日益提升。1997—2003年，县财政资金投资的重大工程项目繁多，资金来源除中央、省、市补助，镇乡自筹和预算内外可用部分安排外，不足部分向银行贷款筹资解决。

实事工程

1996年始，完成的主要实事工程有：高标准海塘（海堤）大坝建设，共投入资金53418万元；人民广场建设，投资5950万元；城乡居民供水工程，投资68492万元（含丹城靖南水厂8785万元、石浦水厂13472万元、鹤浦水厂1038万元、涂茨水厂788万元、丹石供水联网5909万元、白溪引水工程38500万元）；象山殡仪馆建造，投资1558万元；污水处理工程建设，投资33288万元（含中心城区污水处理28988万元、爵溪污水处理4300万元）；旅游开发，投资29515万元（含松兰山海滨旅游区7015万元、皇城沙滩基础建设施配套工程3000万元、县影视城13000万元、渔港古城建设6500万元）；中心城区管道煤气工程建设，投资3922万元；垃圾压缩中转站建设，投资5000万元；蓬莱菜场建设，投资3271万元；路灯改造工程建设，投资2500万元；沿海防护林建设，投资1250万元；粮田治理改造工程建设，投资5800万元；海涂围垦工程建设，投资27875万元；乌沙山火力发电厂建设，投资100亿元。

基础建设

主要投资县城道路、河道改建和城区绿化项目。投资象山港路6502万元，环城东路3922万元，滨海大道18633万元，东河花园一期、二期河道改造、桥梁及道路建设23335万元，丹城镇绿化1.3亿元，城区改造拆迁投资545万元。

水利建设

主要投资水库河道加固改造工程。投资隔溪张水库6200万元，上张水库45000万元，平潭水库2946万元，西大河改造2581万元。

交通建设

主要投资路、桥及码头设施工程。投资石浦东门陆岛工程3600万元，沿海国道象山连接线（含隧道）5892万元，宁波沿海线象山段37800万元，三门口跨海大桥18033万元，浮礁渡大桥

①明嘉靖《象山县志》卷之五“版籍纪·劝分·养济院”。
②明嘉靖《象山县志》卷之五“版籍纪·劝分·惠民药局”。

700 万元，鹤高公路（合轮渡及码头设施）489 万元，西泽码头 9257 万元。

教育设施

主要投资中小学新建、改建工程。投资文峰学校新建 814 万元，丹城中学迁建 3700 万元，实验小学迁建 4287 万元，象山荔港中学扩建 805 万元，象山中学扩建 2000 万元，教育园区工程（包括象山职业高中、象山电大、象山成人学校、象山县图书馆、象山县教研中心、县招考中心、县勤工俭学办等）11000 万元，县技工学校建造 2239 万元，县第二中学（石浦中学）扩建 565 万元，象山三中扩建 773 万元。

文化事业

主要投资报社、广电大楼和体育馆建设。投资建造象山报社大楼 341 万元，建造象山体育馆 2390 万元，建造广电大厦 5000 万元。

卫生事业

主要投资医疗机构建设。投资建造县中医院住院大楼 2000 万元，象山县人民医院迁建 13000 万元，妇幼保健院迁移改造 461 万元，计划生育楼辅导站业务用房建造 890 万元。

第二章　税　　务

旧时，税权集于中央。明代前主要行两税法，明、清为赋，名目繁多。民国元年统称捐，并陆续开征多种税种。象山的赋税除征收农副产品外，征收海盐与海产品是一特色。中华人民共和国成立后，统一全国税政，立法权集于中央。1952 年，修正工商税制。1972 年，合并简化税种。1978 年，改革工商税制。1984 年，实行第二步利改税。1979 年，县内开征的工商各税有 24 种。1994 年，财税机构改革。是年 9 月，象山县国税局成立，负责增值税、消费税、金融保险营业税、中央企业所得税、非银行系统金融企业所得税、涉外企业所得税的征收管理和稽查工作。

第一节　税　　制

古代税制着重于赋与税①，赋与税内容不同，目的也不同，后合而为一。象山税制历代同样侧重赋与税制的实施。赋、税与人口的多少有关联，历代县域史料中对于人口记载显得格外的周详。

清代前税制

唐代行租、庸、调法，授口分田，丁岁输粟，丁随乡所出，岁输绢、绵或布、麻；用人之力，

---

①《汉书·食货志》“有赋有税。税谓公田什一及工商衡虞之入也。赋共车马甲兵士徒之役，充实府库赐予之用。税给郊社宗庙百神之祀，天子奉养百官禄食庶事之费。……此先王制土处民富而教之大略也。”在《汉书·刑法志》中有记：“因井田而制军赋……有税有赋，税以足食，赋以足兵。”

丁岁服役，不役者，日纳庸绢或布。除租、庸、调外，正税尚有地税粟（义仓米）、户税钱。建中元年（780），行两税法，以资产为宗，不以丁岁为本，按资产多寡、定税的轻重。定居者，分夏秋两次纳税，夏税不过六月，秋税不过十一月。不居而行商之人，在所在州县税三十分之一（后改为十分之一）。两税以户纳钱，依田赋纳米粟。其租庸杂徭悉省，而丁额不废。象山立县之初，行租庸调法，改隶明州后，行两税法。

宋行两税法，又有赋役。税有正税、和买，又分折变、本色。和买，始于大中祥符四年（1011），岁首官出借贷予农户，候蚕熟丝贱时收绢绸。明州绸绢之额加于正税者半，象山则绢加绸未加。折变，以夏税绢、绸、绵部分折为银两，谓折帛钱。亭户以两税之地煎煮（晒盐），则有折盐。夏税或折麦，秋税，或折糯者，皆名折变。象山折帛、折盐，亦折麦、折糯。两税外之徭役，有丁口之赋。有免役赋。杂税，象山有酒务税、海涂赋、河渡赋、濒海操网捕至征河岸租。买卖田宅者征契税。盐税，亭户所缴折盐称灶课，盐丁领取工本，替官制盐，按丁交官，称盐课，所产食盐作盐课征收。

元行税粮。税粮为丁税、地税之法。象山按地不按丁征收。民田，秋税征粮征钞，夏税以粮额科征中统钞。至元十八年（1281），海涂田计亩起租，税课有酒醋课钞、茶课钞、河岸钞。明代赋税，夏税征麦、征钞，秋税征米、征钞。夏税无过八月，秋税无过翌年二月，赋税所涉有方物、额办、坐办、杂办和额征5种①。于明泰昌元年（1620），遵行一条鞭法②，即合并各税一并征收。随田赋征银，依银科征田赋附加税：火耗。两税之外的税课，有捕鱼船课钞、渔业课钞、商税钞、同课钞、房地赁钞、沙岸租钞，盐丁办盐引等。清沿明制，后革去额办、坐办、杂办及方物，只存额征，征银米。顺治三年（1646），颁赋役，田赋为地、丁两项。康熙五十一年（1712），颁永不加赋之诏，以康熙五十年丁册为常额，续生人丁永不加赋。雍正六年（1728）始，丁口随田地起科，还加收颜料、蜡、茶、药材时价银、匠班银、商钞银、渔业课银，均加入田地征办。盐税，向盐户征收的称灶课，按灶地征税；向运销商人征收的称引课，又称正课；附加税、杂捐、规费等统称杂课。杂税有契税、牙税、当税、牛税与学租。

民国税制

民国元年（1912），改变税制，田赋分地丁、抵补金两项，地丁分国税（征税）、省税（粮捐）、特捐（地方税）三项。民国17年，田赋划归省，国税、省税合并，统称正税。民国21年，废地丁、抵补金名称，改称上（原地丁）、下（原抵补金）期田赋，又改银两计征为银圆计征。民国30年始，改征实物（稻谷），有特殊情况，经行政院批准，可按市价折征国币。

民国元年（1912），厘金改称统捐。民国2年，开征印花税，凡银钱收据、人事凭证均须贴印花。由县知事负责经征，县商会推销发行。是年，颁布《盐税条例》，两浙属第二区。民国3年，开征烟、酒、牌照税，整顿牙贴捐税和当贴捐税。民国4年，实行烟酒公卖，与烟酒税并征，名

---

①所征方物有：虾米、泥螺、鳖鱼、鲻鱼、鲈鱼、海鲫、龙头鱼，果品金豆；额办有黄麻、鱼胶、鱼油、鱼鳔、貉皮、鹅翎，箭，药材香附子，桑穰；坐办有水牛皮、夏衣绫绸、婚礼衣服、苎丝等；杂办有春秋祭祀文庙银、圣公祠银、社稷山川坛银、邑厉坛银、宦乡贤祠银、锯门龙潭银、乡饮酒礼银、孤老衣薪银等；额征，沿用两税法，官民田、地、山，赋则米、麦、盐，折色银，以征收实物为主。

②《明史·食货志》："一条鞭法者，总括一州之赋役，量地计丁，丁粮毕输于官，一岁之役，官为佥募，力差则计其工食之货，量为增减，银差则计其交纳之费，加以增耗。凡额办、派办、京库岁需与存留供亿诸费，以及土贡方物，悉并一条。皆计亩征银折办于官，故谓之一条鞭法。"

为专卖，实为包税。是年，开征屠宰税。民国5年，房捐改称住房捐。民国11年，开办卷烟盐特税。民国13年7月，开征煤油补征捐，民国16年改称煤油特税。

南京国民政府成立后，按税种划分中央收入和地方收入。属于中央收入的，前期主要有关税、盐税、统税等。抗日战争后主要有关税、盐税、货物税、直接税等；属于地方收入的，主要有营业税、屠宰税、房捐、营业牌照税、使用牌照税、筵席和娱乐税、警捐等。民国16年（1927），浙江省将卷烟特税改为公卖。民国17年，江苏、浙江、安徽等省免除小麦厘金，改为麦粉特税。民国18年1月，开办棉纱、火柴、水泥统税。民国20年1月1日始，全国实行裁厘。是年6月，开征营业税。民国22年7月，烟酒税改为土烟特税和土酒定额税。民国24年7月，确立营业牌照税、使用牌照税税目。民国25年10月，开征公务员薪给报酬所得税。民国28年1月，开办非常时期过分利得税。民国29年7月，开征遗产税。民国36年5月，开征特种营业税，收入归中央。民国37年3月，特种营业税划归地方，改普通营业税办理。8月26日，修订各类所得税、遗产税、印花税的起征点和税率。

中华人民共和国成立后税制

中华人民共和国成立后，中央对新解放区的税收原则：暂沿用旧税法，部分废除，在执行中逐步整理。华东区税务管理局、浙江省人民政府税务局在旧税法基础上，先后修订某些税种，作为区域性的权宜征收办法。象山开征营业税和屠宰税。

1950年1月30日，政务院通令颁布《关于统一全国税改的规定》，发布《全国税政实施要则》《工商业税暂行条例》《货物税暂行条例》。是年4月2日，财政部发出《关于印花税、利息所得税、特种消费税、使用牌照税、屠宰税五种税的暂行条例的通知（草案）》。12月19日，政务院公布《屠宰税暂行条例》《印花税暂行条例》《利息所得税暂行条例》。1951年1月16日，政务院公布《特种消费税暂行条例》，9月20日，公布《车船使用牌照税暂行条例》。是年4月1日，财政部公布《棉纱统销税征收方法》。其间，县开征货物税、工商业税、存款利息所得税、印花税、屠宰税、特种消费行为税、车船使用牌照税7个税种。其中货物税、工商业税、屠宰税为象山县主要税源。1952年12月31日，《商品流通税试行办法》公布。

1963年4月，国务院颁布《关于调整工商所得税负担和改进征收办法的试行规定》，对手工业合作社、交通运输合作社实行8级超额累进税率。合作商店，仍按省规定全额税率并分别等级加成征收。时，全国工商税9种。象山县征收的有工商统一税、工商所得税、盐税、屠宰税、车船使用牌照税等5个税种。

1972年3月30日，财政部报经国务院批准，颁布《中华人民共和国工商税条例（草案）》，全国试行。1978年，象山县按税制改革部署，开征税收有农业税、农林特产税、耕地占用税、渔业税，盐税、产品税、增值税、营业税、工商统一税（限中外合资企业适用），城市维护建设税、车船使用税、建筑税、印花税、屠宰税、筵席税、国营企业奖金税、事业单位奖金税、集体企业奖金税、粮食附加税、土地使用税、国营企业所得税、集体企业所得税、私营企业所得税、城乡个体工商业户所得税、中外合资企业所得税、国营企业调节税、个人收入调节税、契税、房产税及由税务机关征收的国家能源交通建设基金和教育费附加。

1980年9月10日，经全国五届人大三次会议通过，公布施行《中华人民共和国中外合资经营企业所得税法》和《中华人民共和国个人所得税法》，分别规定：对境内的中外合资经营企业从事生产经营所得和其他所得，开征中外合资经营企业所得税；对境内居住的个人，就工资、薪金、劳务报酬、特权使用费、利息、股息、红利、财产租赁以及确定要征税的其他所得，开征个人所得税。1982年4月，为合理使用能源，促使企业节约用油，并加速以煤代替烧用石油的进程，国务院批转财政部《关于征收烧油特别税的试行规定》，从当年7月1日起，对用于锅炉以及工业炉、窑烧用的石油、重油开征烧油特别税。是年4月19日，财政部公布《增值税暂行办法》，从7月1日起，对工业企业生产的农业机具及其零配件、机器机械及其零配件、缝纫机、自行车、电风扇，在原来工业环节缴纳的工商税，改为征收增值税，先在部分地区试点。1983年1月1日全面推行。1983年1月1日，恢复征收牲畜交易税。9月20日，开征建筑税。1984年，实行第二步利改税。工商税划分为产品税、增值税、营业税和盐税，并调整税率，改进征收方法。1986年10月，恢复征收房产税、车船使用税。1987年1月，开征个人收入调节税。至此，县内开征的工商各税有产品税、增值税、营业税、工商统一税（只适用中外合资经营企业）、国营企业所得税、国营企业调节税、集体企业所得税、城乡个体工商业户所得税、个人所得税、个人收入调节税、中外合资经营企业所得税、城市维护建设税、城市房地产税、屠宰税、牲畜交易税、车船使用税、国营企业奖金税、国营企业工资调节税、事业单位奖金税、集体企业奖金税、建筑税、盐税、契税、耕地占用税（不包括农业税）等24种。1988年10月，恢复开征印花税；11月，开征城镇土地使用税。1989年，开征特别消费税。

1999年1月，开征固定资产投资方向调节税，同时废止建筑税。2000年1月，对娱乐场所实行费改税。2001年1月，对个人独资企业和合伙企业的经营所得，征收个人所得税。2002年4月20日，停止征收屠宰税。2003年，免征农林特产税。翌年，取消该税种。2006年1月1日起，取消农业税。

第二节 税种 税负

封建社会赋税多，以丁税和田赋为主。清代，丁税并入田赋，称皇粮国税。民国起，出现新的税种，有些大的税种下尚有不同子目。中华人民共和国成立初期，农业税、盐税仍占重头。后各业发展，税种拓展。新出现的流转税就包括货物税、矿产税、营业税、工商业税、商品流通税、增值税、消费税、市场交易税等。1990年后，农业税、盐税、渔业税等传统税种所收的税负占总量的比重日小，至2006年，免缴农业税，打破千年亘古不变定律。

户口赋

清之前重要税种，按户按丁征收。唐代，丁口无考。元前文献只记人口数，无征税数额。最早记载征额为明嘉靖《象山县志》。明万历三十年（1602）始见税率。

宋太宗朝（976—997），象山人口：主10878户，客16803户。天禧中（1017—1021），主总104725户，客总31347户。元丰中（1078—1085），主57874户，客57334户。政和六年（1116），主总94574户，客总29118户。乾道四年（1168），主104725户，客31340户。宝庆年间（1225—1227），主户9756，口28928；客户3624，口14892。元代户口失载。

明洪武二十四年（1391），户11583，口44470。永乐十年（1412），户7304，口22183。正统七年（1442），户6905，口19371。景泰三年（1452），户6711，口16953。天顺六年（1462），户6798，口18459。成化八年（1472），户4534，口16983。成化十八年，核逃绝户，编畸零，并为

32里，计户3802，口17812（丁11061，口6751）。弘治、正德、嘉靖年间并同。万历三十年（1602），户3802，口13138。市民人口2762，每口科盐钞1分2厘5毫，遇闰加银1厘4丝零；乡民人口10376，每口科盐米本色6合9勺，科盐折银2分9厘4毫，遇闰加银1厘7毫零。

清康熙二十年（1681），实在人丁11315，丁税9分3厘①。自雍正六年（1728）始，丁口随田起科，称地丁银。

田土税

古代至民国税种。唐之田赋，邑旧志不详。自宋以降，田分官田、私田，官田纳租，私田纳税。明初沿袭旧制，官田、私田异其税率。万历九年（1581），推行“一条鞭法”，量地计丁（地包括田、地、山、荡等，丁为人丁），从此各地赋役，不计田额而以赋为标。雍正六年（1728）始，丁口随田起科，称地丁银。

宋乾道年间（1066—1070），夏税绢727匹5寸，绸201匹3丈3寸，绵3044两2钱9分。秋税苗米3497石1斗5升9合。宝庆年间（1225—1227），象山民田（田、地、山）131920亩。夏税绢2727匹3丈9尺，绸718匹2丈6尺，绵5592两。除折变绢、绸、绵（含亭户）折帛钱，实催本色绢2069匹2尺8寸，绸267匹，绵3035两8钱。秋税苗米3497石1斗5升9合，除折变亭户折盐外，实催本色3366石4斗5升7合。

元延祐间（1314—1320），田地山4762顷21亩，夏税钞153锭19两6钱，秋税钞16锭37两2钱，米3920石1斗3合。至正年间（1341—1360），象山田土2031顷9亩6分，（嘉靖《象山县志》：元至正间丈量核计田地山5659顷7亩。）秋税实征粮米3920石1斗3合，钞16锭37两2钱，夏税依验粮额科征每民苗米1石，带征中统钞3两。

明代，田分五等，地分平原斜峻，以亩为单位。洪武二十四年（1391），官民田地山5659顷7亩。夏税钞86锭4贯142文，夏麦6333石6斗5合；秋税钞402锭3贯921文，秋粮米8882石7斗5升7合。永乐十年（1412），官民田地山5113顷32亩，征夏税钞164锭3贯450文，夏税麦191石5斗7合，夏租麦3127石3升6合，苗麦3309石8斗3升4合；秋税钞396锭2贯107文，秋粮米6155石3斗3升6合。

清雍正九年（1731），田地山、屯田地2737顷47亩，额征银8964两1钱6分5厘，征米1227石7斗9升6合，遇闰加米50石。道光年间（1821—1850），年通共实征银12373两6钱1分5厘，征米1558石4斗3升9合。同治六年（1867），通共实征银12513两3钱2分8厘，征耗羡银1183两7钱1分，通共实征米1564石5斗7升8合。宣统二年（1910），全年实征银12395两8分8厘，实征南米1109石6斗8合。

民国元年（1912），改定税则，分国家税、粮捐、特捐三项，其征收皆以洋圆计算。当年征地丁银13261两8钱4分5厘，每两征收地丁正税1元5角，粮捐3角，特捐8角3分。后每年均额征地丁附加税。民国12年，公署报省地丁附加税3830元，额征银13260两零，实征银12768两零，又三成警捐2988元。

---

①民国《象山县志》卷十一引：康熙五十二年（1713）谕，海宇承平日久，户口日繁，地亩并未加广，宜施宽大之恩，共享恬熙之乐。嗣后各省地方官遇编审之期，察出增益人丁，只将实数另造清册奏闻，其征收钱粮但据康熙五十年丁册为常额，续生人丁，永不加赋。五十五年，户部咨开浙省丁粮从田加赋，宁绍台三府属，既有开垦荒弃田地，即应有招复人丁，相应行令该抚将前项招复人丁，仍照旧例升科，俟额数现足，再有新增，即应遵照恩诏，概入盛世滋生册内，免其加赋。

民国2年（1913），奉令南米改为抵补金，其征收皆以洋圆计算，1年份抵补金系于2年补征，国家税每石3元，省税自3年起征收，每石2元。民国12年，为县议会费加赋，按银每两加征洋银1角。民国13年，为巡缉队加赋，按银每两加征洋银3角，由是田赋银每两增至3元1角9分2厘，大大超过正税。

农业税

1949年10月，将田赋公粮及乡村经费等合并，统一征收，称为农业税。它以土地为依据，以其收益为对象，收益人均须按规定缴纳农业税。象山县按土地优劣、产量多寡、每户占地多少，分16级，分别规定每亩应纳税额，不足2亩田者免征，2亩以上不足3亩者，甲等田每亩负担50斤、乙等田41斤、丙等田32斤、丁等田22斤。50亩以上者，甲等田每亩负担245斤、乙等田200斤、丙等田155斤、丁等田110斤。旱地、山、荡有收益者，折成田亩，以稻田为标准，统一计算负担，当年计征任务3000万斤，因乡镇残匪作乱，实际征987万斤。

1950年，县土地改革工作尚未开展，采取差额较大累进税制，税率分40级，规定以户为单位，按农业人口人均全年农业收入累进计征，每户人均收入在150市斤以下者免征，151~190市斤者，税率3%，最高为人均全年农业税收入在3411市斤以上者，税率为42%。

1952年，实行差额较少的全额累进制，税率改为24级。1952—1957年，县计征任务稳定在2300~2600万斤之间。

1956年，采用以农业合作社为单位，汇总全社各户农业的耕地面积、常年产量和计征税额，作为全社应征收基数。高级社由集体缴纳，并给予5%减征照顾，初级社由集体缴纳，社员分别负担。

1958年，国家颁布《中华人民共和国农业税条例》，废除累进税制，实行比例税制。按正常年景产量，评定计税产量，依率计征，依法减免。全国的农业税平均税率为15.5%。象山县应征2854.8万斤，平均税率15.7%。

1961年，由于困难时期影响，造成农业严重减产。为减轻农民负担，休养生息，浙江省委决定农业税负不得超过10%，象山县为8.85%，附加从原12%降为10%。1962年，农业税负担增至9.53%。1963—2003年，象山县农业税一直在10.3%上下，保持稳定。

2003年，县缓征农业税。2006年1月1日始，象山与全国一样，取消征收农业税。

农业税所征土地面积、粮食数量考 象山县农业税所征土地面积年有变化，所征实物数量起落较大。所涉计征面积，1952—1957年，约39万亩。1958年，因大跃进增加至41.8万亩。1959年最高，达43万亩。1960年，因困难时期，降至37.5万亩。是年，按中央实行自留地政策，仅30.7万亩。1962年有所增加，为32.9万亩。1963—1994年，计征面积基本稳定，在35~36万亩之间。1995年后，每年有递减。2002年，仅31.5万亩。2003年，对历年公益事业的水利工程、交通道路等建设用地，核减计征面积1.9万亩，实征面积降至29.6万亩，比1989年减少6万余亩。

农业税以征收实物为主，征收部门委托粮食部门接收入库。1980年后，始实行“实物征收、货币结算”办法。1952—1957年，粮食计征任务约2700万斤。1958—1959年，因大跃进，各增约100万斤。1960年，降为2576万斤。1961年，因困难时期和实行自留地政策，降至1815万斤。1963—1988年，维持在2100万斤左右。1989年，因建设用地、企业基建用地、农民建房用地、农田水利工程用地、机耕路用地以及退耕还林等，减少计征任务，降至约1000万斤。1995年、

1996年，降至900万斤。至2002年，15年共减少计征农业税1800万斤。2003年，农业税计征任务789万斤，县执行缓征政策，实际征收农业税93万斤，仅占当年计征任务的11%。

地方附加税

为适当解决地方建设资金需要，1950年始，随正税征收一定比例的附加税。附加收入按省、地、县一定比例分解。县地方附加：1950年为农业税的15%，1951年为20%，1952—1953年免征，1954年为7%，1955年为9.45%，1956年为12%（含省附加5%、县乡7%），1957年为10.87%，1958年为11.95%，1961—1963年为10%，1964年后一直为14.74%。

农林特产税

按列举农林特产产品收入征收，简称“农特税”。中华人民共和国成立后，对种植经济作物的农林特产土地，县按其邻近一般土地折成田亩计征农业税。之后，改按其所产主要物品与当地粮食价格折成主粮，评定常年应产量，计征农业税。1955年始，列举品目征收农特税，单独作为一税种，随售随征。主要品目有竹木、茶叶、木本油料、水产品、柑橘等。

1955—1988年，实征农特税2551173元。1989年，征收范围分海水养殖等9类，税率5%-15%。1990年，减半征收春茶、夏秋茶的农特税。食用菌类蘑菇的计征价格可按出售价格的50%计征。1993年，调整农特税税率。翌年，浙江省颁布实施《国务院关于对农业特产收入征收农业税的规定办法》，重新规定农特税的征收范围和适用税率，农特税地方附加停止征收。1995年，对收购牛、羊皮的单位和个人，于1994年、1995年两年内，减按5%税率征收。是年，县政府同意暂缓征收海水捕捞水产品生产者的农特税。1997年，收购毛茶的单位和个人适用税率，由16%调整为12%。1997年，单位和个人收购猪皮，暂停征收农特税。2003年，全县农特税缓征。2004年，农特税取消。

竹木　1955年12月10日，原木始随售随征，按10%税率征收农特税。1961年5月30日始，山区农民出售竹木收入，扣除运输和加工费用计算征收。是年9月，税率降至8%。1963年起，实行差别税率，投售国家的税率8%，在市场出售的生产队按9%征收，社员个人加征5成。翌年8月，简化运输加工费用扣除计算方法，在丹城、南堡、泗洲头主要竹木交易市场出售的竹木，按出售收入扣除20%，换算成7%税率征收。1966年5月，改按收购价打5折计算征收。1979年，投售国家，按收购价4折计税；直接出售使用单位和个人的，按实际售价收入计算征收。1981年8月1日，包括地方附加在内，木材按实际收购价款8%征收，原竹按实际收购价款3%征收。

茶叶　宋宝庆年间（1225—1227），全县年课茶租钱197贯784文。元延祐、至正年间（1314—1368），年茶课钞3锭5两6钱4分。明清时，年茶课米折钞1贯750文。中华人民共和国成立后，1955年，始从价7%课征茶叶农特税。1959年8月1日，改按9%税率征收。1961年9月，复按7%税率征收。1980年，实行减税加价（减征茶叶收购环节应纳工商税，所减税金转为加价），免征加价之款农特税。1983年，改春茶减税加价。翌年初，依精制茶实际售价收入（花茶折算成精制茶收入），按4%换算税率征收；夏茶不减税加价，按实际收购价款8%税率征收；公社新办茶厂出售的春茶、毛茶，也按收购价款8%征收。1988年，茶园19550亩，产茶叶25320担，征收农特税32377元。

木本油料　1955年，开征桐籽、柏子农特税，依实际售价收入计算征收，税率：桐籽8%、柏子6%。1959年8月1日，税率改为7%。是年，油茶籽也按7%税率征收。1979年5月1日起，减按1%税率征收。乌桕衰飒，从中华人民共和国成立初千余担锐减至百余担，税收甚微。

水产品　分海水、淡水两种。海水养殖为象山特色产业。宋宝庆年间（1225—1227），海涂课税150文。20世纪20年代，全县开始大面积养蛏。2003年，全县水产品养殖面积24.2万亩（其中海水滩涂面积20万亩、淡水面积4.2万亩），水产品产量达11万吨，产值162282万元。税率5%~15%

柑橘　1988年，按柑橘栽种时间定额加征农特税，第8~10年，每亩加征30元；第11~12年，每亩加征40元；第13年始，每亩加征60元，实行“源头”征收。年征税297444元。西瓜亦于是年开征，亩征15元。

1989—2002年象山县农林特产税征收情况表

表16-4　　　　单位：万元

年份	实征数	年份	实征数	年份	实征数
1989	111	1994	435	1999	594
1990	133	1995	251	2000	868
1991	159	1996	141	2001	678
1992	167	1997	716	2002	767
1993	137	1998	186	—	—

契税

北宋中期，象山已征收契税。宋庆历四年（1044），典卖田宅，每贯收印契银40文。元时，官降契本，每本收钞1两5钱。清时，民间买卖田宅，皆注书契纳税于官，每买产银1两，征税银3分。

民国沿清制。旧契重验注册，换发新契纸，每张收费1元，注册费1角。契价30元以内者，只收注册费。举办不动产登记时，兼征税转税，卖契2%、典契1.5%。之后，屡更税率。民国6年（1917）3月1日始，不分新旧契据，一律按卖6元。民国13年始，按卖九典六征收。民国31年5月，卖契、赠予契税率10%，典契6%，交换契4%。领用官契纸，每张2元。民国32年5月，国民政府颁布《契税条例》，卖契、赠予契、占有契15%，典契10%，交换、分割契6%。民国35年11月，调整为卖契、赠予契、占有契6%，典契4%，交换、分割契2%。民国元年至民国18年，象山县征收契税98896元，南田县征收10692元。民国31年至民国37年，象山征收50738.71万元。

中华人民共和国成立后，契税从价计征，买契6%，典契3%，赠予契6%。交换土地、房屋，双方价值不等者，其超过部分也按卖契税征收。契税于完成土地改革后开征。1952年，全县87个乡完税86乡，填发印契11851张，征收契税10433.84元。社会主义改造完成后，城乡房屋买卖减少，税收锐减。1978年，城乡房屋买卖活跃，1983—1988年，契税入库470100元。1989年，实行住房改革的城镇、单位、职工个人（家住城镇有正式城镇户口），第一次购买公有住宅免缴契税。1990年，行政、国营企事业和县大集体以上单位正式职工购买商品房，可在成交价40%幅度内给予照顾。

中华人民共和国成立初至1994年，县契税收入不多，共征收254.7万元。1995年，收入102万元。1996年后，由于城镇居民购房大量增加和二手房交易活跃，契税成为地方财政收入重要来源，收入呈上升趋势。1997 年，购买内、外销商品住宅以及进行存量房交易中，购进用以自住的房屋契税，按实际成交 6%计征，其中 3%的部分由地方补贴。1997 年 10 月 1 日，《中华人民共和国契税暂行条例》实施，原《契税暂行条例》废止。新契税条例恢复对土地权属转移征收契税，取消房屋典当征收契税。2003 年，全县契税收入 3208 万元，为近几年正常年份农业税收入的 5 倍。

耕地占用税

1987 年开征。国家和集体所有的种植农作物的土地（包括菜地、苗圃、花圃、茶园、果园、桑园、竹园、鱼塘、种植经济作物及其他农用土地），用于建房或从事其他非农业建设的，均应缴纳耕地占用税。征收标准：丹城、石浦、鹤浦每亩 4000 元，其余乡镇每亩 3000 元，农村居民建房减半征收。1992 年，统一按 7.5 元/平方米计征，即每亩 5000 元。个人新建住宅占用耕地，非农业户按 7.5 元/平方米计征，农业户减半征收，公路建设用地按 2.00 元/平方米计征。1994—2002 年，共实征耕地占用税 1146.48 万元。耕地占用税收入，实行中央和地方分成，分成比例，上缴中央 50%、省 10%、县留 40%。1989 年，改为上缴中央 30%、市 10%、县留 60%。县留成部分作为农业发展专项资金的主要来源，用于开垦土地、围垦造田、改造低产田、改善农田水利设施和改良土壤。

盐 税

为历代政府的重要财源之一。唐代，盐户以盐代租。前期食盐实行民制、官收、官运、官销专卖制；后期实行就场专卖制，实施商运、商销法则。宋代，行引法，向商发行，为盐课。清时，丁盐交官制尽废，灶课名目不一。民国初，仿“一条鞭法”，名曰盐税。中华人民共和国成立前盐税详见本志“盐业”篇第三章“盐业管理”第四节“盐税征收”。

中华人民共和国成立后，废除旧灶课制，以盐销售数量为征税依据。1949 年 10 月，统一全国税率，定盐税为“斤粮斤盐、担米担盐”（市斤、市担）税率标准。渔盐按 30%计征。

1950 年 3 月 14 日，财政部门公布《关于实行统一盐税税额办法的决定》，规定华东地区海盐每担按当地主粮 100 市斤，折合人民币 13.50 元计征，渔业用盐按食盐税率 30%征收，税额随米价升降而调整。6 月 1 日始，盐税减半征收。象山食盐每担按 7 元征收，渔盐按 2.10 元征收。是年，全县收盐税 1.02 万元，私漏较多。翌年，增至 40 万元。1952 年为 71.1 万元。1954 年 1 月，浙江省规定：直接从事制盐职工食用盐限额 8 公斤免税，其邻近居住直系亲属依例免征。

1956 年 5 月，国务院通知，农牧用盐不再免税，改按食盐税额 40%征收。翌年 1 月始，浙江省食盐每吨增税 32 元，农牧业用盐增税 12.80 元，渔盐税不变。是年，征盐税 102.4 万元。翌年，产盐 10335 吨，共征盐税 116.3 万元。

1958 年 7 月 1 日起，盐税征收由盐业部门改税务机关办理。盐税稽征管理，仍按从量核定，就场征收，税不重征。是年，象山产盐 11306 吨，盐税收入 67.45 万元。翌年，省定县内食盐每吨减税 22.20 元，渔盐减 14 元，农盐减 18 元。

1966 年 6 月 1 日起，食盐税额每吨减少 4 元。1979 年，全县 5 个新建集体盐场减免盐税 3 年，计 313.96 万元，用于盐场建设和偿还贷款。是年，实行地方财政包干，盐税核定基数包干上交。全县盐田面积新增 19077 亩，年产盐 5 万吨，为浙江省重点产盐县之一。1982 年，免税期满，盐税收入增至 425 万元。

1984 年 10 月，制皂革、酸碱等工业用盐定额征税，每吨按 13 元征收。翌年，全国渔业、农牧业用盐税与食盐税额同等征收。1986年7月，按现税额每吨减少7元，降税得利部分让给零售企业和个体经营者。是年，盐税收入增至538.92万元。1950—1992年，共计收盐税7712.49万元，其中1988年盐税收入581.5万元，为历史最高年。1990年，省定食盐、农牧、渔业用盐盐税改每吨101元为100元，沿至1992年不变。1993年后，税制改革，盐税并入资源税。

渔业税

宋代，对濒湾操网罟资以卒岁之细民业渔，征沙岸租，淳熙四年（1177）罢。嘉定四年（1211），征海涂税钱150贯350文。宝祐四年（1256），复征沙岸租，六年以扰民奏寝。元延祐年间（1314—1320），置沙岸所，于石坛山、杉木洋、新妇忝三处征赡学沙岸钞，年征中统钞2锭40两，并额办鱼鳔40斤。至正年间（1341—1367），增至6锭28两，鱼鳔依旧。明朝，纳贡赋，方物有虾米、泥螺、鳖鱼、鲈鱼、鲻鱼、海鲫、龙头鱼；额办为鱼油、鱼鳔，折银征收。洪武二十四年（1391）至永乐十年（1412），年征沙岸租2锭3贯120文。正德、嘉靖年间（1506—1522），有渔户114户，设象山河泊所于县东南70里，征捕鱼船课钞462锭700文，征渔业课钞171锭800文。清代，河泊所裁革，仍征渔课，并新加路费银17两8钱4分1厘零。雍正元年（1723）始，渔课银9两4分1厘1毫8丝8忽9微摊入地亩编征。

民国时期，象山海洋捕捞渐兴。民国16年（1927）11月18日，财政部公布《修正江浙渔业事务局章程》，渔税按价值5%税率征收。民国17年，财政部江浙渔业事务局颁《江浙渔业税务例》，按部定每百斤估价8元，依2.5%税率计征，不足100斤及肩挑负贩者，概不征税。是年，江浙渔业事务局在石浦设办事处。民国22年10月30日，民国政府实业部公布《实业部渔业建设费征收暂行规定》，征收渔业建设费。

中华人民共和国成立后，省人民委员会颁发《浙江省渔业税征收暂行办法》。1956年4月，象山县就海洋捕捞销售的鱼、虾、蟹、海蜇四种海水产品征收渔业税。税率：渔业生产合作社（组）、国营、公私合营水产企业按8%征收；个体渔、农产按9%征收。是年11月22日始，税率统一减按3%征收。1958年3月1日起，调整为5%。翌年5月20日始，又恢复8%税率。1966年，省财政厅调整税率，8月1日始，卖给国营水产公司应税鱼货，减按5%税率征收。是年9月始，卖给供销合作社和接受国家委托或国家指定可以收购海产品的合作商店，其渔业税也减按5%税率征收。1979年4月1日始，国营、集体渔业生产单位和渔民个人销售应税海水产品，不分销售对象，一律减按3%税率征收。1995年，象山县征收渔业税实行源头扣税办法，按渔船的马力计算税额，税率为3%，由渔民向所在乡镇财政缴纳。1997年，远洋捕捞的渔业税，改为实行农业特产税源头征收，征收办法仍按渔船马力计算税额，税率为3%。2003年，为减轻渔民负担，停征农业特产税（远洋捕捞渔业税）。1956—1996年年末，共征收渔业税2629万元。

流转税

货物税　烟酒捐属货物税。宋宝庆元年（1225），县内设酒务署，岁额钱542贯51文。元代，设税局，酒醋课岁额96锭1两2钱。清代，酒醋课岁额45锭1贯400文。

民国元年（1912）2月，浙江省废烟酒厘，改征烟酒捐。象山、南田两县征酒捐，由商人认办。民国2年，由鄞县货物税分局派员到象山、南田办理编查，定额征收。土黄酒每百斤2角5分5厘，糟烧4角4分，生酒1角2分。象山编查60万斤，征酒捐302400元；南田编查67万斤，征酒捐338688元。民国25年，象山设烟酒稽征分局，区设酒类稽征所，按核定完税价格40%征收。民国35年，国民政府修正货物税条例，县内征收货物有烟丝（税率30%）、土酒（税率

80%）、茶叶（税率10%）、皮毛（税率25%）、锡箔及宗教用纸（税率60%）。列举之毛竹亦从价征收10%货物税。酒税为收入大宗，年征酒税约占货物税95%。

1950年4月始，县内开征应税货物有酒、水产品、原木、原竹、土烟丝、饴糖、鱼肚、宗教用品、乙类纸和棉布等10种。并办理前3个月应税酒、糖和棉布存货登记，补征税款3.53万元。1952年，编查商酿酒9227担，家酿酒449担，征税91449元。翌年，县内征收的品目调整有烟丝、水产品、粮食、焚化品、饴糖、茶叶、砖瓦陶器、普通纸、植物油、原竹、鱼肚等11种。水产品、粮食为货物税大宗。1951—1957年，共征货物税112.8万元。1958年10月1日后，货物税并入工商统一税。

矿产税 民国时期属货物税，单列税种征收。民国21年（1932），砩矿石每吨征银3角5分。1958年，年开采砩石4000吨，按工商统一税7%征收。1984年，开采总量14097吨，是年10月1日起，按产品税矿产品类非金属矿采选产品税目8%税率征收。

营业税 民国20年（1931）6月，国民政府公布营业税法，通令裁撤厘金，指定以营业税抵补。浙江省规定制造业、醋坊业、堆栈业等按营业资本额计征，物品贩卖业、粮食业、油盐店业、竹木业、腌腊鱼鲞业、海味业、砖瓦、蛎灰业等按营业总收入计征。至年末，象山征收28365元零8分6厘。原南田县征营业税160元8角1分3厘。翌年，象山县征收9358元9角零6厘，南田县征收528元1角7分4厘。民国30年，国民政府废除省税制度，营业税列属国家税课。是年，征营业税102501237元5角。

牙行营业税，属营业税中的一个独立税种，向代客买卖收取佣金之牙行征收，前称牙帖捐税。清时，县内分三则征收。上则10户，户征银8钱；中则4户，户征银6钱；下则19户，户征银4钱，年征牙税银18两。民国时期，牙帖分长期（10年1换）、年换、季换三种，象山牙行无季换。帖捐于换帖时缴纳，税银每年清缴。捐税分繁盛、偏僻定则。民国20年（1931），国民政府公布营业税法，牙贴捐税改征牙行营业税，不分繁盛、偏僻，按买卖额或取佣收入定等级征收。象山县征银1950余元，南田县征银190元。民国27年，提高牙行营业税税率，象山牙税银增至3136元，南田县增至594元。民国32年始，按营业总额6%征收营业税。

典当营业税，前称当税。清康熙五年（1666）开办，当铺1户。道光九年（1829），新增1户，当税银每户征银5两。民国20年（1931），国民政府举办营业税，当税改征典当营业税。民国24年，修正税率，象山年征典当营业税银洋240元。民国30年，改按营业资本额4%征收。

1950年1月，政务院颁布《工商税暂行条例》。工商税包括坐商、行商、摊贩之营业课税和所得课税，作为工商业税一个组成部分征收。1958年，营业税部分并入工商统一税，所得税另立一个税种。1984年9月，营业税又从工商税中划分出来，作为一个独立税种征收。1984—2003年，共征收营业税73933万元。

营业牌照税 民国2年（1913），开征烟酒牌照税。是年，县内征收烟酒牌照税478元。民国9年，增至2520元。民国17年3月，财政部修改烟类营业牌照税税率，改半年征为季征。民国27年，专营或主营烟酒者牌照税率增加两倍，余增加五成征收。是年下半年，征烟酒牌照税5090元。民国29年7月，改行普遍营业税，按营业收入课征。民国31年1月，国民政府公布营业牌照税征收通则，象山依规定税率开征，征收26105元。民国33年2月，颁布营业牌照税法，是年，征收184767元。民国35年12月5日，国民政府修订营业牌照税法，不分行业，一律课征，是年，征收税款6630996元。民国37年，县政府提经参议会议决，各种商业均按资本额2%征收，共征

收营业牌照税442924581元8角8分。

工商业税　1950年1月30日，政务院公布《工商业税暂行条例》，向境内工商营利事业，按其营业额和所得额征收工商业税。是年，象山征收营业税62578元，所得税17042元。翌年，征收营业税169937元，所得税32740元。1953年1月，修正税制，凡已纳商品流通税商品，不再征收营业税，已纳货物税产品，在工业环节不征营业税。同时，将营业税附加和印花税并入营业税，按合并后税率计征，所得税也与地方附加合并征收。固定或流动经营的零售摊贩征收摊贩业税。1950年，全县摊贩153户，年征税241元。1951年，征收摊贩业营业税5041元。1953年1月，修正税制，并入营业税。1958年9月，改革工商税制时，工商业税的营业税部分，并入工商统一税；工商业税的所得税部分，作为工商所得税独立税种。1950—1957年，征收工商业税451.8万元。

商品流通税　1953年1月，县内开征商品流通税。征税品种：酒类、原木、麦粉。商酿酒为商品流通税主要收入，当年课税酒约2万担。原木年税款2万余元，其他各税不上千元。1958年9月，商品流通税纳入工商统一税。1953—1957年，征收商品流通税85.4万元。

工商统一税　1958年10月1日，县内开征工商统一税。征收工商统一税的主要品种有粮食、茶叶、原竹和海水产品。1966年，浙江省试行国营粮食工业企业工商税。丹城、岑晁、墙头、石浦、定山、南田6家粮食加工厂，至1971年，征收工商税13.5万元。1970年，改革工商税制，国营企业合并税种，改征国营企业综合税。1972年，恢复按工商统一税规定征收。两年征收国营企业综合税319.9万元。1958—1993年，征收工商统一税11846.7万元。

工商税　1973年1月1日，试行工商税。同时废止工商统一税及其有关规定，合并原工商统一税及其附加、车船使用牌照税、盐税，屠宰税简化征收。1978年后，乡镇企业异军突起，象山经济突飞猛进。至1983年，全县工业总产值21286万元，比1978年8902万元增长139.11%。其中乡镇企业8969万元，超过全县1978年工业总产值，比1978年产值2850.65万元增长214.63%。工业生产发展，县地方财政收入由三税（工商税、盐税、农业税）鼎立转向以工商税为主体。至1984年，征收工商税13265万元。1984年，改革工商税收，10月1日始，停止执行工商税条例。

产品税　1984年10月1日，象山开征产品税。是年，征收品目105个，征税115779元，占同期工商税总收入52.13%，为县内主要税收。1984—1993年，共征收产品税7578万元。翌年，产品税取消。

增值税　1983年1月1日，象山试行增值税。是年，共征收增值税341907元。1984年10月1日，增值税在象山全面执行。1988年，县内征收增值税品目62个，以纺织印染、建筑材料、食品和机械工业为大宗。全年征收增值税1988.2万元，占工商税收入32.18%，为县重点经济税源主要税种之一。1983—1994年，征收增值税30187万元。

消费税　1994年1月1日开征。征收范围，分5类11种：特殊消费品（烟、酒、鞭炮焰火）；奢侈品、非生活必需品（贵重首饰、化妆品）；高能耗及高档消费品（小汽车、摩托车）；不可再生、不可替代的石油类消费品（汽油、柴油）；具有一定财政意义的消费产品（汽车轮胎、护肤护发品）。1994年，县消费税收入511万元。

牲畜交易税　1953年11月开征，仅征收牲畜牛一种，年征收交易税额约万元。1959年9月停征。1982年3月，县恢复征收牲畜交易税，向购买者征收。商业部门收购菜牛，征工商税。恢复牲畜交易税后，丹城、定山耕牛交易市场内成交者甚少，多在场上定价，场外成交。至1988年年末，共征收3317元。

集市交易税 1962年1月11日，在丹城、石浦试点征收，2月11日，全县开征。征收税目：畜禽类，牛、猪、羊、兔；肉类，猪肉、羊肉、牛肉；禽蛋类，鸡、鸭、鹅及其蛋；淡水产品类，淡水鱼、虾、蟹；干鲜果类，柑橘、枇杷、杨梅、西瓜、甜瓜、脆瓜、菱角、甘蔗；其他类，鲜笋、笋干、生姜、花生、蜂蜜、生皮、棕片、蚕茧、麻。1965年9月15日停征，共征收44万元。

粮食附加税 1987年12月1日，县开征乡镇集体企业、个体工商户及家庭联户粮食附加税。从事工业、建筑安装、交通运输的区、乡、镇、村办企业，个体工商户、家庭联户、乡镇与不同经济性质联办的企业，乡镇企业管理局所属企业等为粮食附加税纳税人。粮食附加税所征税额，纳入县财政预算外收入，专用于国家收购粮食、棉花价格过低的补偿和增加农业投入，不移作他用。1988—2002年，粮食附加税收入3890万元。

收益税

工商所得税 1950年1月30日，象山奉令开征工商所得税，实行14级全额累进税率。是年12月，执行21级全额累进税率。

手工业与交通运输业合作社所得税 1961年8月以前，按21级全额累进税率征收。是年8月，改按城乡人民公社办企业税率征收。翌年7月始，复按21级全额累进税率征收，并加征地方附加税15%。1963年4月，实行8级超额累进税率征收。

社队企业（后称乡镇企业）所得税 1961年，社办商业企业按手工业社8级超额累进税率征收。1982年，丹城、石浦和其他建制镇社队企业，生产销售烟、酒、糖等20种产品的企业，改按手工业社8级超额累进税率征收。1984年1月始，乡镇（社、队）企业改按8级超额累进税率征收。

供销合作社所得税 1956年以前，按21级全额累进税率征收。1956年始，采取随同所得税附征办法。1957年，改按5级综合计算率。1958年，供销社并入国营商业。县社从4月1日，基层社从10月1日始，停征所得税，改为上缴利润。1961年，供销社从国营商业中划出，恢复征收所得税，仍适用5级综合计算率。1962年1月始，基层供销社恢复征所得税。1966年，县级社恢复上缴利润。1970年1月始，基层社也改上缴利润。1983年1月，恢复征收。1984年，改按8级累进税率计征，1985年，改按集体企业征收所得税。

合作商店所得税 1961年前，按21级全额累进税率征收。1961年始，改按3级全额累进税率计算征收。1962年6月始，按所得额级距，加征3~9成。1978年始，按9级超额累进税率并加成征收。翌年1月，取消加成征收。为平衡工商企业税收负担，1980年1月始，改按手工业社8级超额累进税率征收。

个体工商业户所得税 1961年8月前，按21级全额累进税率征收。之后，个体小商小贩所得税，改按3级税率加3成征收。翌年6月，改按6成至1倍加征。1963年4月，个体经济（含小商小贩、个体手工业者、个体运输业者、个体艺匠）所得税，按14级全额累进税率征收。1981年10月，改按城镇集体企业8级超额累进税率计征。

国营企业所得税 1983年起征，是年征收385.74万元。翌年征收524.8万元。1985年，按新核定调节税税率、小型企业划分的新标准和新8级超额累进税率，征收国营企业所得税。1984—2003年，共征收国营企业所得税7199.5万元。

国营企业调节税 国营企业实行利改税时设置，对税后利润超过企业合理留利的国营大中型企业征收。1985—1992年，征收国营企业调节税308.8万元。

中外合资企业所得税　中国和外商合资经营的企业，就其生产经营所得和其他所得依规定税率征收。1991—2003年，共征收6575.2万元。

集体企业所得税　对集体所有制企业生产经营所得和其他所得征收。1986—2003年，征收集体企业所得税37307.8万元。

私营企业所得税　私营企业所得税征税对象为应纳税所得额，包括来源于中国境内外全部生产经营所得和其他所得。象山从1988年开始征收。私营企业所得税，按年计算，分月或分季度预缴，年终汇算清缴，多退少补。

城乡个体工商户所得税　象山从1986年起征收。1986—2003年，共征收城乡个体工商户所得税（包括私营企业所得税）8558.3万元。

个人收入调节税　1987年，象山始征个人收入调节税。征收办法：一由收入支付单位扣缴；二由纳税人自行申报纳税；三由税务机关依销售代征。1989—1993年，征收个人收入调节税269.6万元。

个人收入所得税　民国10年（1921）1月6日，财政部通令按新检发所得税税目表，先行征收官吏俸给，公司、银行、工厂等法人所得，商号、行栈、银号、钱庄、金店、银楼及普通商店资本2万元以上之所得。象山仅征收官吏之薪俸所得税，由县政府代为办理。民国25年，公布所得税暂行条例施行细则，分营利事业所得、薪给报酬所得、证券存款利息所得三类，先就公务员薪给报酬所得及证券存款利息所得征收。是年下半年，宁波等地遭日机轰炸，薪给报酬所得税随之停征。民国32年，国民政府公布财产租赁、出卖所得税法，分五类。是年，县内开征财产租赁、出卖所得税。翌年，中央始拨给县分成收入2万元。民国35年4月16日，修正所得税法，停征财产出卖所得税。

中华人民共和国成立后，1980年9月10日，开征个人所得税。个人所得税以个人取得的各项所得为征税对象，列举劳务报酬所得；特许权使用费所得；利息、股息、红利所得；财产租赁所得和财政部确定征税的其他所得等6项课税收入。1987年始，改征中国公民个人收入调节税。个人所得税以支付应税所得的单位为扣缴义务人，没有扣缴的由所得人自行申报纳税。1994—2003年，全县共征收个人所得税28370.2万元。

利息所得税　1950年12月，象山县开征利息所得税。主要由人民银行对存款利息按5%税率代征扣缴。1954—1958年，征收利息所得税5300元。1959年1月1日，停征利息所得税。1999年11月1日，恢复征收，利率为利息所得的20%。2007年8月，税率调减为5%。

企业所得税　1994年起征收。2000年10月1日始，对个人独资企业、合伙企业停止执行，投资者的所得，比照工商户的经营所得征收所得税。从2001年1月1日，象山企业所得税实行核定征收，而对针织行业、冷冻企业，继续实行带征所得税。1994—2003年，全县企业所得税收入93388万元。

土地增值税　1995年开征。征收范围：有偿转让国有土地使用权、地上建筑物及其附着物并取得收益的单位和个人。不包括无偿转让、继承、赠予房地产的行为。1995—2003年，全县土地增值税收入1212万元。

财产税

房地产税　始于清光绪二十七年（1901），时称房捐。向铺户行店屋主、租户，按租价抽收十分之一。月租3000文或银币3元以内，免捐。民国期间，仍按租价征收10%，后改称店屋捐，由警察机关征收，充警察经费。象山年可收银约1400元。民国17年（1928）7月，省政府修订店屋捐税率，按租额或可租额征收15%。并开征民房住屋捐，城镇及驻有警察之乡村，供居住房屋，按租额或可租额征10%，租赁者减半。原南田县亦奉令开征。象山可征2400余元，南田230余元。民国24年，改由县政府统一征收，拨充警察经费。民国32年7月，店、住屋捐合并征收，统称房捐。民国37年，征收房捐50631200元。

中华人民共和国成立后，在丹城、石浦两镇开征房捐，至1950年上半年，共征房捐税款13922元，后停征。1987年1月1日，在丹城、石浦、西周、爵溪、鹤浦5个建制镇开征房产税。1989年起，向县城、建制镇范围内使用土地的单位和个人开征土地税。1987—2003年，共征房地产税6400.6万元。

遗产税 民国27年（1938）10月6日，国民政府颁布《遗产税暂行条例》，于民国29年7月1日起开征。象山由直接税局鄞县分局征收，上缴中央。纳税义务人为遗产继承人或受遗赠人，按超额累进税率课征。民国31年3月，县内遗产税划归宁海分局征收。中华人民共和国成立后，保留遗产税种，暂缓开征。

行为税

屠宰税 始于清代。民国元年（1912）称白肉捐。民国7年，象山和原南田县仅开征猪屠宰税一项，由屠商或地方绅士认办。象山县年征1700元，南田县不足百元。民国21年7月，改征屠宰营业税。民国37年，征屠宰税129869.65万元（法币）。

中华人民共和国成立后，暂沿用旧法征收猪屠宰税。1951年，征税款36507元。1973年1月起，原在收购环节由收购单位缴纳的屠宰税，改征工商税，只就生产队、社员、居民及集体伙食单位出售的征收屠宰税，年征收额减至2000元。县内农民饲养猪、牛、羊极不稳定，屠宰税收入波动较大。1950—2002年，征收屠宰税779.5万元。2002年4月2日，停止征收屠宰税。

印花税 民国元年（1912）10月，《印花税法》颁布，翌年4月县内开征。印花税票，由当地邮局代售。财务成交所有各种契约簿据，可作为凭证者，均须贴用印花，方为合法。应贴印花契约簿据，分2类26种，逐种设计印花税额。省年派额2000元，实际销售约750元。民国32年8月至民国34年4月，改由当地税务机关销售。民国36年7月3日，行政院重颁印花税法，应贴印花税票的契约、簿册、凭证，分为商事、产权、人事、许可凭证类及其他五类；发货票、账单、簿摺、合同、契约、账册、股票、债券、娱乐票、婚姻证书、毕业证书、旅行护照、营业许可证等36种，均应贴花。因货币贬值，税额再次提高，多采用比率贴花，少数定额贴花。县内委托当地银行代售，年销售法币40万元。

1951年1月1日，象山开征印花税。是年，征税16747元。1953年1月，修正税制，发货票、银钱收据、佣金收据等分别并入商品流通税、货物税、工商业税及屠宰税征收，从25个税目减至16个税目，年税额减至11641元。1956年1月，又减至10个税目。是年，征税28362元。1957年1月，单位所立簿摺、借据、合同等一切凭证，均不再贴用印花税票。1958年9月，改革工商税制，印花税并入工商统一税。1951年至1958年8月，征收印花税14.4万元。1988年8月，国务院重新颁布《中华人民共和国印花税暂行条例》，恢复印花税种，10月1日起，县内施行。1988—2003年，征收印花税1973.7万元。2005年7月1日起，购销合同印花税实行核定征收。

筵席税 民国24（1935）5月，开征筵席捐。所征捐额，除县政府提支1成征收公费，悉数拨充救济院经费。是年，仅征收国币7元，翌年增至55元。民国37年，征收118.2万元。

1951年1月16日，政务院公布《特种消费行为税暂行条例》，筵席税按每次消费金额计征，县内几家小型菜馆税收甚微。1953年修正税制，奉令停征特种消费行为税。

文化娱乐税　民国时期，始为戏捐、娱乐捐。戏捐，民国元年（1912）开征，由警察局自收自用。民国24年9月，由县统一征收，充警察、教育经费。娱乐捐，民国24年1月开征，由县教育款产委员会派员征收，拨充教育经费。民国31年，戏捐、娱乐捐与筵席捐合并，称筵席及娱乐税。县内平时锣鼓声少闻，戏捐与娱乐税极微。

1953年，征收电影和其他戏曲娱乐税，年征4837元。1956年5月停止征收。1963年2月恢复。1965年8月始，仅征丹城、石浦两镇电影放映收入税。1966年10月，奉令停征。

车船使用牌照税　民国23年（1934）元月始，征收车船使用牌照税，用于维修县内道路。民国32年8月始，按季定额征收人力和畜力驾驶的车、船、肩舆使用牌照税。

1950年下半年起，象山开征车船使用税，征收甚微。翌年，就石浦、南田两地征收车船使用牌照税，征税724元。1956年10月全县开征。翌年，使用牌照税收入增至6022元。1973年，改革工商税制，企业原缴纳的车船使用牌照税并入工商税。翌年，农村社队对外营运车船，改按工商税征收，只征个人车船使用牌照税。1984年1月，开征个人自有自用摩托车牌照税。1986年9月15日，国务院发布《中华人民共和国车船使用税暂行条例》。翌年1月1日起，县内对拥有并且使用车船的单位和个人，按车辆、船舶种类定额征收。1953—2003年，征收税款1016.9万元。

特定目的税

建筑税　1983年10月1日，县内开征建筑税。国营企事业单位、机关团体、部队、地方政府及所属城镇集体企业，使用国家预算外资金、地方机动财力、企事业单位留用的各种自有资金、银行贷款及其他自筹资金，安排自筹基本建设投资、更新改造措施项目中的建筑工程投资及按规定不纳入国家固定资产投资计划的建筑工程投资，以自筹基金建设的全部投资额和更新改造措施项目中的建筑工程投资额，作为计税依据征收。至1988年年末，实际征收税款80.6万元，1991年，改称固定资产投资方向调节税。

固定资产投资方向调节税　国务院发布《中华人民共和国固定资产投资方向调节税暂行条例》，自1991年1月1日起施行。2000年1月1日起暂停征收。1992—1999年，象山固定资产投资方向调节税收入1637.5万元。

奖金税　1984年，象山开征国营企业奖金税。1994年，实行新税制，国有企业奖金税停征，全县累计征收奖金税83.1万元。1985年，开征事业单位奖金税，年终一次征收。1985—1988年，实际征收事业单位奖金税1.1万元。1985年，象山开征集体企业奖金税，1994年停征。1985—1993年，实征集体企业奖金税37.4万元。

城市维护建设税　1985年，开征城市维护建设税以实际缴纳的产品税、增值税、营业税税额为计税依据征税。税款由地方人民政府安排使用，专门用于城市公用事业和公共设施的维护建设。1985—2003年，全县征收城市维护建设税13390万元。

资源税　1984年，开征石灰石、石英砂、萤石、硃石、花岗石资源税。

特别消费税　1989年2月1日，开征国内生产和进口的轿车、彩色电视机。1994年1月，特别消费税并入消费税。

基金及附加

国家能源交通重点建设基金　1982年12月，国务院颁发《国家能源交通重点基金征集办法》。翌年1月，象山开征能源交通重点建设基金。地方预算外收入、国营企业、事业单位按税后利润（收入）10%征集。1987年，扩大到城镇集体企事业单位，按税后利润7%征集。1983—1994年，共征集国家能源交通重点建设基金2307万元。1996年停征。

农村教育事业费附加　1993年开征，按县城缴纳产品税、增值税、营业税税额1%缴纳。1993—2003年，共征收农村教育事业费附加12046万元。

教育费附加　1986年4月28日，国务院发布《征收教育费附加暂行规定》。是年7月1日，象山开征教育费附加。按国营、城镇集体企业、事业单位、社会团体等单位应缴纳增值税、消费税、营业税的3.5%缴纳。1997年提高至4%。城镇教育费附加收入总额的72%留归当地财政，用于改善中小学教育设施和办学条件，其余上交国库。1986年7月至2003年，全县共征集教育费附加收入15042万元。

烟酒专项收入　1988年7月28日始，征收烟酒提价部分专项收入。至1990年，全县共征收17万元。1991年后取消。

国家预算调节基金　1989年6月，国务院发布《国家预算调节基金征集办法》，是年1月1日起施行。征集对象：凡有预算外收入的国营企事业单位、机关团体、部队和各级地方政府；集体企业事业单位、私营企业、个体工商户。征集范围：地方财政的预算内外资金；事业行政单位的预算外资金；国营企业及其主管部门提取的各项专项资金；其他没有纳入预算管理的资金；集体企业、私营企业以及个体工商户缴纳所得税后的利润。调节基金的征集任务，由各级政府分配。调节基金收入，中央和县各得50%。1989年6月至1994年，全县征集国家预算调节基金905万元。1995年停征。

粮食补偿金　1986年6月1日，浙江省政府印发《关于开征粮食补偿金的通知》，是年4月1日开征。征收范围：除已缴纳粮食附加税的企事业单位和个人外，其余企业（包括三资企业）、事业单位和非农业户口的个体工商户。征收标准：除个体工商户按从业人员每人每月5元外，其他单位按在册职工每人每月3元缴纳。1989年4月至2003年，全县征集粮食补偿金2249万元。

农业发展基金　1988年，县政府颁发《关于建立县农业发展基金的若干规定》，开始征集农业发展基金。基金来源：县财政新列农业发展项目，每年安排20万元；县财政每年从地方可用资金新增部分提取2%；土地管理部门造田费留用部分；粮食附加税留县部分；耕田占用税留县部分；违反土地管理法罚没款上缴留县部分的50%；国营、集体企业招用的农民合同工（不含土地征用工），由企业按每人每月3元缴纳；柑橘收购经营或加工生产单位和个人，县内每百斤缴纳1元，县外2元，国营柑橘场按每年实现利润10%缴纳；生猪收购经营单位和个人，每收购1头猪缴纳1元及屠宰税调整后增收部分；白鹅收购经营或加工生产单位和个人，县内每只缴纳0.10元，县外每只缴纳0.30~0.50元；茶叶加工经营单位按税后利润的5%缴纳；对虾收购加工单位按每百斤缴纳0.20元；其他可以列入基金筹集范围的部分。1988—2003年，全县累计筹集农业发展基金8673.9万元。

水利建设专项资金　1994年6月开征。工业按销售额2‰，商业流通企业按销售额或营业额1‰，私营企业和个体户按营业额3‰，金融企业按利息收入2‰，保险按收入1‰征收。2001年费率有调整。1994年6月至2003年，共征集水利建设专项资金7256万元。

兵役义务费　1996年，县政府发布《象山县兵役义务费统筹办法》。1997年1月1日，开征兵役义务费。工业、建筑业按销售收入1.5‰，流通企业0.8‰征收。1997—2002年6月，全县征收兵役义务费2228万元。2002年7月1日停征。

残疾人基金　1998年4月29日，县政府颁发《关于推行按比例分散安置残疾人劳动就业的通知》。是年1月1日始征收。全县企业按从业人数每人每月5元缴纳残疾人基金，年终按上年度职工平均工资×1.5%调整。年终，安置残疾人就业的企业，按安置情况计算退还。1997—2003年，共征收残疾人基金979万元。

文化事业建设费　1997年6月17日，财政部、国家税务总局制定《文化事业建设费征收管理暂行办法》。翌年，象山开征文化事业建设费。按娱乐业、广告业营业税的3%计征。1998—2003年，共征集265万元。

产业结构调整基金和企业发展基金　1990年，宁波市政府发布《关于开征产业结构调整基金》。翌年，象山开征。按工业企业销售收入1%，流通企业按销售额0.8%计征。1997年停征，改征企业发展基金。企业发展基金翌年停征。1991—1996年，共征产业结构调整基金706万元。1997年，企业发展基金征收250万元。

发展新型墙体材料专项用费　1997年开征，按建设单位和个人每平方米建筑面积10元缴纳，不能按建筑面积计算的建筑物，以实际用砖每块0.06元缴纳，按规定使用新型墙体材料后的建设单位和个人可予退还。专项用费由县计委（发改委）征集。1997—2003年，全县共征集发展新型墙体材料专项用费结余300万元。

1995—2008年象山县国税征收税种情况表

表16-5　　单位：万元

年份	增值税	消费税	营业税	企业所得税	涉外所得税	个人所得税	合　计
1995	12500	107	—	81	254	—	12942
1996	14022	87	—	143	759	—	15011
1997	14856	93	272	176	534	—	15931
1998	17034	77	451	124	743	—	18429
1999	20578	68	519	69	795	3	22032
2000	25251	35	566	156	862	434	27304
2001	33505	25	523	84	1743	694	36574
2002	41057	71	287	368	827	850	43460
2003	48399	78	46	640	1427	827	51417
2004	53442	90	—	1665	1764	955	57916
2005	68199	79	—	2364	2045	947	73634
2006	75933	107	—	3203	2794	1235	83272
2007	95660	130	—	10716	4481	1353	112340
2008	111117	133	—	9634	5433	649	126966
合计	631553	1180	2664	29423	24461	7947	697228

第十七篇
民政事务　社会保障

本篇目录

第一章　拥军　优抚

民国 17 年（1928）、民国 27 年，国民政府公布残废军人与军属优待条例细则，实施情况不详。中华人民共和国成立后，拥军优属成为党和政府的一项重要工作。采取国家抚恤和群众优待相结合的方针，对烈军属、复员退伍军人、残疾军人及其家属，提供抚恤金、优待金、补助金及安置退役军人。1990 年，象山开始创建全国“双拥”（拥军、拥政）模范县。2000 年，首获“全国双拥模范县”荣誉称号，至 2007 年实现三连冠。

第一节　创建全国“双拥”模范县

县委、县政府历来重视拥军工作。1969 年 10 月，县建立军需供应站，负责驻象山部队军粮和其他军需物品供应。1971 年，建粮食储备洞库、战备仓库，专门储存军粮。1982 年 10 月，开展军民共建精神文明活动，涌现出文明岛、文明村、文明店、文明站 55 个。爵溪公社、东门公社渔业大队、檀头山公社前卫大队被评为省“双拥”先进集体。1991 年，县委、县政府和驻象山部队，按照有关“双拥”工作要求，根据象山地处海防，驻军多、海训部队多等特点，联合提出军民共创“‘双拥’模范县”目标，制订工作方案，开展形式多样的创建活动。1994 年，调整充实县“双拥”领导小组成员单位，由 24 个增至 31 个，并制定《象山县“双拥”工作领导小组成员单位工作职责》。2000 年，象山首获“全国‘双拥’模范县”称号。2001 年，修改完善《象山县“双拥”工作三年规划》和《象山县拥军优属工作规定》，为“双拥”工作走上社会化、经常化、法制化奠定基础。2004 年，象山蝉联“全国‘双拥’模范县”称号。2007 年，军民共建文明点 67 个，参与人数 2.2 万。是年，象山再次获“全国‘双拥’模范县”，实现三连冠。石浦镇、鹤浦镇、墙头镇、西周镇、茅洋乡、丹东街道、丹西街道、爵溪街道先后被评为宁波市“双拥”模范街道镇乡，其中，墙头镇六连冠，石浦镇、鹤浦镇五连冠。

拥军

开展全民国防教育。县委、县政府把国防教育纳入全民教育规划，纳入各级党委理论学习计划、干部培训、学生教育、民兵政治教育范畴。确定每年 8 月为“双拥”国防宣传月，集中开展多种多样的国防教育活动，确保全县国防教育覆盖面在 90%以上。在中心城区安装 16 块国防知识广告牌。广泛开展“军营一日”体验活动，鼓励机关、学校、企事业单位党员、干部、学生、职工到部队体验军营生活。至 2008 年，全县参加“军营一日”体验生活达 3.5 万人次。实施国防教育书架工程，发放国防教育书籍 12500 册。

每年元旦、春节、八一建军节期间，县领导率有关单位负责人赴海岛、高山、边防走访慰问驻防或海训部队，帮助解决困难。对部队基础设施建设项目，县委、县政府采取一事一议，召集相关单位现场办公，做到随提、随议、随决。1996 年，拨出 90 万元，为所在地部队铺设供水管道，修建道路，解决吃水、交通困难。翌年，结合建军70周年纪念活动，邀请“京城活雷锋”孙茂芳到象山作先进事迹报告，激发广大干部群众拥军优属热情，进军营、军属家做好事、办实事。是年，为驻军做好事15件，帮助军属办实事20件，落实10名随军家属户粮，安置7名就业。2000年，县委、县政府表彰24个“双拥”工作先进集体、36名先进个人。春节、元旦、建军节，拨出慰问金慰问当地驻军。2001年，将92815部队百余户随军家属户口迁入县城区，并落实子女入学。2004年，落实县人武部训练靶场用地及海军4819工厂扩建工程用地；租借海岛予某集团军建立海训基地；筹措资金700万元，资助军队“平安军港”与“营区封闭”建设；将县城中心一块绿地，调整为部队扩建专家楼建设用地；安排县城中心小区40套（75平方米/套）住房为部队宿舍；落实土地为海军4805工厂建家属楼；铺设管道、电缆，给边远海岛部队供水、供电、输送有线电视讯号；在邮政不便的军营开设邮政所。至2008年，共拨付慰问金520万元，慰问驻军、海训部队；为部队解决实际困难360余件，为烈军属做好事2万余件。

象山山海自然条件优越，每年有大批部队到象山海训。县委、县政府为做好保障工作，专门成立领导小组，各镇乡也成立相应组织，落实专人协调解决海训相关问题，形成有力的后勤保障网络。如为驻训部队免费安装有线电视接头，新装IC卡电话，修整线路，铺设临时供水管道，安排厂房、楼舍、民房，免费供水、供电。每年建军节期间，爵溪街道和民间团体都坚持向海训部队送猪肉、鸡蛋、内衣等慰问品。

发挥地方科技、文化资源优势，开展知识拥军、科技拥军、文艺拥军。20世纪80年代开始，县图书馆组建流动图书站，常年坚持向高山、海岛部队官兵送书，开展读书交流活动；石浦财税分局为部队岸勤处官兵培训电脑；县广电新闻出版局组建文艺拥军小分队，经常为驻守海岛、高山官兵演出；丹东街道把200余册图书赠送给县武警中队。至2008年，共建流动图书站6个；文艺演出75场次；为军人培训，使他们取得财会合格证书。

拥政爱民

驻象山部队、海训部队视象山为故乡，积极参与地方建设和抗灾救灾。2003年旱灾，鹤浦、高塘岛居民饮水困难，海军91681部队专门派出200吨船只运水。2006年，台风“麦莎”袭击，海训部队300余名官兵冒着生命危险，连续6小时奋战在被洪水冲垮的大引河海堤，在海水涨潮前，成功堵住6个大缺口，保护堤内2000余村民的生命财产安全；配合地方建立军民共建文明点69个，参与3.8万人；主动协助机关、学校、企业开展军事训练，受训3.5万人；整修道路5000余米，清理垃圾500多立方米，义务巡诊326人次。驻象山部队主动配合象山乌沙山电厂、象山港大桥等大型工程项目建设，确保工程顺利动建。在重大节庆活动，协助地方做好秩序维护工作，为“平安象山”建设做出贡献。2004—2008年，共出动兵力1.3万人次、车辆1530辆，扑灭火灾186次，抢险救援510次，救助受灾群众9600人，抢救财产4万吨；出动兵力1万人次、车辆1200辆次，参加地方建设，并捐赠资金25万元。

照17-1　2005年驻象山海训某部在西周镇虎山村抗洪抢险

第二节 复退军人安置

民国时期，兵员退役无安置。中华人民共和国成立后，解放军兵员退役均有妥然安置。1952年元月，县成立转业建设委员会，各镇乡也成立相应机构，办理复退军人安置工作。至1955年，全县共接收复退军人1112人。其中，安置在县企事业单位109人，手工业企业21人，介绍外地就业46人，回乡参加农业生产898人。1958年，县成立退伍安置领导小组，下设办公室于民政科内，办事人员由民政科和兵役局为主，区、公社、镇人武部部长兼管，制定相应安置政策。1980年后，原退伍安置领导小组，更名为县退伍军人和军队退休干部安置领导小组。至1984年，全县共接收复退军人11202人。其中，安置在全民和集体企事业单位3029人，回乡参加农业生产817人。1985年，62名参加对越自卫反击战农村籍退伍军人，被安排在县企事业单位工作。1997年，城镇退伍军人实行“按系统分配任务，包干安置”办法，农村退伍兵按“立足农村，面向市场”，推荐担任基层干部或经商、务工。一次性发给符合条件自谋职业的退伍军人就业补助金1万元、志愿兵2万元。是年，指令性安置退伍军人73人。2000年，安置工作实行指令性安置与市场机制相结合，采取双向选择，有偿转移，鼓励退役士兵和士官到非国有经济单位就业和自谋职业。满3年发放补助金2000元，3年以上每年增发2000元；士官满13年发40000元，13年以上以每超服1年增发2000元。2002年，退伍安置实行“自谋职业”办法，进行货币安置，发给一次性经济补助，义务兵、复员士官每人10000元，转业士官每人20000元；城镇退伍兵分复员、转业士官，每人发1500元待业生活补助金。自谋职业退役士兵，城镇户籍，服役满2年，发给经济补助金18000元，每增加一年加2000元，转业士官10年为45000元，每增一年加2000元。是年，共发放自谋职业和待业安置期间生活补助费127.8万元。2003年，继续执行“自谋职业，货币安置”政策，发放自谋职业补助金和安置期间生活补助金共177.8万元。2008年，政府安排荣立二等功或三等功以上士官工作。5~10级残疾军人享受抚恤金。是年，发放自谋职业补助金179.24万元，生活补助金7.4万元。2000—2008年，共接收安置复退军人2056人，复员士官87人，发放自谋职业补助金1161.82万元。

1986年，成立军队离退休干部服务管理站，1989年，更名为象山县军队离退休干部休养所。址在丹城金鹰路20号，占地面积167.17平方米，建筑面积244.70平方米，设有图书室、活动室、报刊室、会议室、办公室等。至2008年年末，共接收军队离退休干部19人，其中，离休团级7人、连级1人，退休连营团级11人；接收离退休干部无工作家属7人；接收无军籍退休职工14人、无工作家属6人。

2002—2008年象山县军队离退休干部经费支出情况表

表17-1 单位：万元

年份	离休金	退休金	无军籍职工退休金	其他费用	遗属补助金	合　计
2002	12.89	9.98	13.00	6.26	0.99	43.12
2003	16.02	10.67	17.56	2.91	0.48	47.64
2004	21.00	11.10	18.70	3.30	0.50	54.60

续表17-1

年份	离休金	退休金	无军籍职工退休金	其他费用	遗属补助金	合　计
2005	25. 20	13. 60	24. 00	9. 20	0. 70	72. 70
2006	27. 10	31. 60	24. 00	12. 40	—	95. 10
2007	28. 90	38. 20	24. 00	20. 40	2. 50	114. 00
2008	23. 00	36. 10	21. 80	30. 60	2. 60	114. 10

第三节　国家抚恤　国家补助

民国17年（1928）、民国27年，国民政府制定公布残废军人、军属优待条例细则，实行伤残军人、阵亡将士及其家属优待抚恤制度，实施情况不详。中华人民共和国成立后，中央人民政府制定一系列优抚工作法规，明确规定“国家和社会保障革命残废军人的生活，抚恤烈士家属，优待军人家属”。象山县认真执行国家规定，以保障革命残废军人、烈士家属、现役军人家属的生产生活。

国家抚恤

分死亡抚恤和伤残抚恤两类。牺牲、病故军人，由民政局代政府按规定向死难家属一次性发放抚恤金。1953年前发抚恤粮，后改发抚恤金。1955年，牺牲3人，抚恤金每人510元。1979年，对越自卫反击战牺牲1人，抚恤金500元，1980年，追补抚恤金300元。1984年，因公牺牲3人，病故1人，抚恤金3200元。1985年，牺牲、病故6人，抚恤金6000元。2007年，因公牺牲1人，抚恤金12780元。2008年，发放抚恤金2. 5万元。

革命残废人员抚恤金和烈属、牺牲、病故军人家属定期抚恤金，按残废等级规定发放。1953年，全县残废军人45人，残废民兵、民工3人。其中：二等甲、乙级8人，三等甲、乙级40人。1965年始，在乡三等残废军人，由原来一次性抚恤改为长期抚恤。1984年，全县革命残废军人177人。其中，在职133人，在乡44人；特等1人，一等2人，一等甲级14人，乙级28人；三等甲级68人，乙等64人，共发放抚恤金1. 73万元。1994年，全县革命残废军人194人。其中：在职142人，在乡52人。特等1人，一等2人，一等甲级18人，乙级31人，三等甲级71人，乙等71人。共发放抚恤金2. 4万元。2004年，民政部颁发《军人残疾等级评定标准的通知（试行）》，全县181名伤残军人，按标准套改，发放抚恤金51. 8万元。2005年2月，全县188名伤残军人套改，发放抚恤金81万元。2008年，全县残疾军人186人。其中，在职67人，在乡119人；一级1人，三级2人，五级20人，六级35人，七级53人，八级74人，九级1人。共发放抚恤金141万元。

国家补助

分定期定量补助和临时补助两种。1950年，全县烈、军、工属24户，其中，急需照顾7户，生活困难13户。共发放优抚补助粮680公斤、优抚补助款1500元，补助73人次。1954年后，部队干部和国家机关工作人员实行薪金制，农村无劳动力的烈军属享受代耕优待。1956年，烈军属58户，其中生活困难35户，发放定期定量补助和临时补助款2100元。1958年人民公社化时期，烈军属实行优待劳动日制度，享受定期定量补助对象减少，优抚费主要用于临时补助。1955—1975年，全县共发放优待款27231.352元。1979年3月，全县优抚对象361户。其中，烈属20户，军属30户，残废军人11户，复员军人171户，退伍军人129户。享受定期定量补助361户、369人。1984年，国家调整优抚对象定补范围和标准，凡无劳动力，无固定收入的烈属、病故军人家属、军属和老复员军人均享受定期定量补助。1985年，改烈士家属、因公牺牲军人家属、病故军人家属定量补助为定期抚恤，并提高抚恤金。是年，烈士家属、因公牺牲军人家属49人，乡村每人每月39~49元，孤老59元；城镇49元，孤老64元；病故军人家属24人，乡村每人每月34~44元，孤老49元；城镇44元，孤老59元。

1992年，部分优抚对象享受粮价补助，烈属、因公牺牲军人家属、病故军人家属，月人均补3元，乡村伤残军人5元。1995年，调整定期抚恤标准，从每月63.50元增至118元，老复员军人由53元增至87元，乡村伤残军人抚恤金和在职伤残人员保健金亦作调整，农村14人，从95元调整为100元；城镇3人，从105元调整至115元。1998年1月，又作调整，烈士家属、因公牺牲家属，城镇由月165元（孤老185元）调整为月173元（孤老193元）；乡村由月155元（孤老175元）调整为月163元（孤老183元）。病故军人家属，城镇由月135元（孤老165元）调整为月143元（孤老173元）；乡村由月125元（孤老145元）调整为月133元（孤老153元）。全年发放抚恤补助金50.72万元。

2001年，全县621名老复员军人、带病回乡退伍军人和定补“三属”（烈属、军属、工属）人员，人均每月提高补助金26.50元。2004年，206名重点优抚对象实行医疗费30%~50%补助，计23.1万元，全年发放定期补助金276万元。2007年，印发《象山县关于调整部分优抚对象抚恤和生活补助的通知》，在乡伤残军人、“三属”、在乡老复员军人、带病回乡退伍军人补助金再次提高。其中，“三属”、伤残、带病回乡退伍军人，从2006年4364元提高至4928元；在乡老复员军人，从4911.20元提高至5802.50元。同时，又印发《象山县优抚对象医疗保障实施办法》，全县296名优抚对象医疗费补助，提高至50%~80%。是年，发放医疗补助金52.87万元。

1953—2008年象山县优抚款支出情况表

表17-2　　单位：万元

年份	优抚款	年份	优抚款
1953	0.91	1962	4.10
1954	1.04	1963	2.80
1955	3.24	1964	4.10
1956	4.00	1965	4.60
1957	4.62	1966	5.10
1958	3.64	1967	6.30
1959	3.78	1968	5.93
1960	2.20	1969	4.47
1961	4.20	1970	5.90

续表17-2

年份	优抚款	年份	优抚款
1971	4.50	1990	56.90
1972	5.00	1991	61.00
1973	5.40	1992	64.00
1974	6.50	1993	75.20
1975	6.20	1994	130.00
1976	7.70	1995	130.30
1977	11.00	1996	135.60
1978	9.80	1997	138.40
1979	11.90	1998	170.90
1980	17.60	1999	190.90
1981	15.50	2000	214.00
1982	14.20	2001	290.53
1983	12.40	2002	298.22
1984	17.00	2003	742.26
1985	18.60	2004	816.20
1986	37.80	2005	873.40
1987	35.50	2006	1204.00
1988	43.60	2007	1296.80
1989	57.20	2008	1704.20

第四节　优　　属

历届县委、县政府重视拥军优属工作，广泛开展拥军优属活动，逐渐形成拥军优属经常化、制度化、群众化的社会新风尚。

1950年春节期间，县拥军优属委员会成立，各乡镇成立拥军优属组织，开展拥军优属活动。春节组织拜年组，由县委书记、县长带领机关干部和各界代表，向当地烈、军、工属拜年慰问。群众捐献大米、猪肉、鲜蛋、年糕等物品，敲锣打鼓上门慰问。抗美援朝初期，县委、县政府领导全县人民广泛开展拥军优属活动，组织拥军优属慰问团到驻象山部队巡回慰问；召开军民联欢会，走访伤病员，赠送慰问品。农村土地改革后，烈、军、工属和复员军人分得土地，部分因无劳动力，耕种发生困难，县政府及时推行代耕制度，各镇乡以行政村为单位，发动农民组成帮工组，不取任何报酬，帮助无劳力或缺劳力的优抚对象代耕代种。全县享受代耕有1588户、4877人，代耕水田5340亩、旱地780亩。1956年，农村合作化高潮时期，农业社、生产队以工分优待烈军属。1959年后三年困难时期，群众生活艰苦，但仍保证义务兵家属优待标准不低于同等劳动力收入的二分之一。1978年后，农村实行家庭联产承包责任制，优待劳动日改为优待现金。1983年，农村1150人享受优待，年均优待现金186元。1984年，推行乡镇统筹优待。翌年，34个乡镇付诸实施，人均优待234.38元。1985年，县领导逐户走访慰问25名参加对越自卫反击战的军人家属，并给前线战士寄发慰问信。1986年后，实行义务兵家属普遍优待，城镇的义务兵家属开始享受经济优待。服役期间，凡从工作单位应征入伍的，由原工作单位每月发优待金30~40元，无工作单位的，则由镇、乡政府每月发优待金30元。同时，对戍边及在部队立功受奖军人的家属，分别提高优待金和奖金。1990年，26个居委会成立拥军优属服务小组，帮助8名随军家属落实户粮关系，安排4人就业，并向边防哨所赠送钢笔470支。同年，农村义务兵家属1215人享受优待金，人均年优待金520元；城镇享受优待金义务兵家属163人，人均年优待金620元。2000年后，随着经济快速发展，优待金标准相应提高，农村人均年优待金3500元，城镇4000元。2001年，全年发放义务兵家属优待金263.4万元。2006年，义务兵优待金从4200元提高至户均4800元，给在部队立功人员增发奖金6000元。2007年，义务兵优待金调至户均7300元。给去西藏当兵的增发2倍优待金，青海1倍，新疆、甘肃0.5倍，荣获大军区以上荣誉称号的增发5000元，荣立一等功、二等功、三等功分别增发3000元、1000元、500元优待金。同年，发放义务兵优待金355.2万元，发放奖励优待金8500元。2000—2008年，全县享受义务兵优待金对象5684户，共发放优待金2670.13万元。

2000—2008年象山县优待金发放情况表

表17-3

年　份	人　数（人）	优　待　金	
		正常（万元）	奖励（万元）
2000	726	254.10	—
2001	712	263.44	—
2002	686	267.54	—
2003	675	271.03	—
2004	628	290.64	—
2005	608	268.80	—
2006	572	329.28	0.50
2007	592	355.20	0.85
2008	485	370.11	1.60

第二章　烈士褒扬

民国14年（1925），中共象山党组织成立，至2008年，在抗日战争、解放战争和土地革命、社会主义事业建设中，经确定象山籍革命烈士141人，其中牺牲于中华人民共和国成立前24人。为缅怀先烈，继承革命精神，县人民政府修建“象山县革命烈士纪念馆”和“烈士公墓区”，并将烈士遗物和英雄斗争事迹存放在纪念馆中，每到清明节，各级领导和人民群众到革命烈士纪念馆和烈士公墓区敬献花圈，开展纪念活动。

第一节　纪念性建筑修建

1983年2—4月，革命烈士证书换发补证。是年，象山籍革命烈士143人，有直系亲属75人、旁系亲属63人，无亲属5人，经审核应换、补证烈属71户，实际换发补证64户。2008年，象山籍革命烈士146人。为褒扬革命烈士，发扬光荣传统，教育子孙后代，县委、县政府分别修建“象山县革命烈士纪念馆”和“烈士公墓区”，供人民群众缅怀、瞻仰。

照17-2　象山县革命烈士纪念馆

象山县革命烈士纪念馆

位于丹城东澄河路，为坐北朝南的园林建筑。始建于1957年，原为纪念在1956年“八一台灾”抗台中牺牲的50名烈士。后多次对纪念馆进行改造扩建，并充实有关革命史迹的内容。今烈士事迹陈列大厅陈列着大革命以来166名烈士的照片及实物、手迹。为象山县重点文物保护单位、宁波市爱国主义教育基地。详见本志“文物　名胜”篇第五章“德育基地　革命胜迹”。

烈士陵园　烈士墓

烈士陵园　前山革命烈士陵园，1957年修建。原址在宝梵讲寺（东寺）后坡地，占地350平方米。2007年，因墓在寺后不利缅怀和保护，县政府选址普明公墓前山山顶重建，占地面积2670平方米，总投资130万元。安葬58名烈士。另有爵溪大燕山五烈士陵园、石浦延昌柑橘场烈士陵园、鹤浦镇革命烈士陵园、涂茨镇革命烈士陵园、东陈乡革命烈士陵园等。

照17-3　1957年建的抗台烈士公墓

烈士墓　修建贺威圣烈士墓、王家谟烈士墓、吴德元烈士墓、杨白烈士墓、郑光祖烈士墓等。详见本志“文物　名胜”篇第五章“德育基

地　革命胜迹”。

表 17-4

象山县烈士陵园、纪念碑情况表

名　　称	坐落地址	修建修缮情况
爵溪街道大燕山革命烈士陵园	大燕山	1982 年建
石浦镇延昌柑橘场烈士陵园	延昌柑橘场内	1951 年建
鹤浦镇革命烈士陵园	鹤四村东南面山岗	1997 年 2 月建
涂茨镇革命烈士陵园	东港村潘家坎	20 世纪 60 年代建。1982 年修缮。2001 年 11 月扩建、重修
东陈乡革命烈士陵园	丹石沿海公路松岙隧道口西侧	1995 年建成。1951 年建有烈士纪念碑
高塘岛乡革命烈士陵园	孝贤湾乌龟山。	1992 年 3 月建
新桥镇革命烈士纪念碑、纪念亭	关头村西首馒头山	2001 年 3 月建纪念碑，2007 年 10 建纪念亭
茅洋乡革命烈士纪念碑	茅洋村金山头	1978 年建。1999 年修缮
贺威圣烈士纪念碑	海墩村老年活动中心广场	2002 年 12 月建

烈士故居

中华人民共和国成立后，县人民政府保护、修建贺威圣、王家谟、殷夫、史奇涛、吴烨、陈照华、盛城等烈士故居。有的烈士故居建有烈士事迹陈列室，成为市、县德育教育基地。殷夫故居是市爱国主义教育基地。详见本志“文物　名胜”篇第五章“德育基地　革命胜迹”。

第二节　革命烈士英名录

2008 年，经县民政部门认定的象山籍革命烈士共 141 人，其中牺牲于中华人民共和国成立前 24 人。1983 年，根据国务院 1980 年 6 月 4 日颁发的《革命烈士褒扬条例》的规定，2 人被撤销烈士称号。2006 年，2 人被撤销烈士称号，1 人被认定为慈溪籍烈士。

象山客籍革命烈士英名收录解放象山、象山剿匪及“八一台灾”牺牲的有资料记载的烈士 56 人。

象山县县籍革命烈士情况表

表 17-5

姓名	性别	出生年月	籍贯	是否党团员	牺牲年月	牺牲地点	牺牲时所在单位	备注
贺威圣	男	1902.07	东乡海墩	党员	1926.11	杭州梅东校场	中共杭州地委	书记
陈良义	男	1905.11	南田高塘	党员	1927.06	宁波府后山	中共南田独立支部	书记
吴德元	男	1906.12	南田鹤浦大百丈	党员	1927.06	宁波府后山	中共南田独立支部	宣传委员
王家谟	男	1906.12	丹城西桥头	党员	1927.11	温州东门外狮虎山	中共浙江省委	常委、组织部主任
杨白	男	1903.03	丹城县前街	党员	1929.12	丹城	中共象山区委	书记
叶刚	男	1908	南田樊岙螺丝礁	党员	1930.08	南京市雨花台	南京晓庄师范学校	中共晓庄师范支部委员
殷夫	男	1910.06	东乡大徐	党员	1931.02	上海市龙华	中国左翼作家联盟	成员（发起人之一）
沈本厚	男	1907	石浦	党员	1931.春	浙江省陆军监狱	中共宁波县委	书记
郑光祖	男	1908.02	林海大碶头	党员	1932.05	南京市陆军第一监狱	南京军官学校督察科	中共地下工作者
史奇涛	男	1915.09	新桥关头	党员	1940.07	江苏省丹阳访仙桥	中共丹北中心县委	宣传部部长
吴烨	男	1913.03	东溪洋坑	党员	1941.03	福建省崇安县岚谷岚头	中共上饶中心县委	副书记兼宣传部部长
史定振	男	1923.03	新桥关头	党员	1942	金华与江西省交界处	新四军一支队二团	文化教员
张在法	男	1917.08	丹城西门	党员	1946.06	山东省泰安县	华东野战军一纵三旅九团三营六连	指导员
俞修贵	男	1922	珠溪程家屿	—	1946.12	江苏省宿迁县	华东野战军一纵三旅七团三营二连	战士
周象花	男	1914.07	南田樊岙	—	1948.05	台州黄岩县上郑	浙东游击纵队四支队三大队二中队	侦察员
李永满	男	1925	南田樊岙	—	1948.09	山东省济南	—	—
张吉满	男	1929.12	大塘宁波站	—	1949.03	台州天台县县城	浙江省军区第二军分区警卫连	战士

续表17-5

姓　名	性别	出生年月	籍　贯	是否党团员	牺牲年月	牺牲地点	牺牲时所在单位	备　注
陈照华	男	1925	定塘地垄	党员	1949.05	宁海县长街	新桥黄公岙小学	教师,中共地下工作者
盛　城	男	1924.10	灵南大麦塘	—	1949.05	宁海县长街	大麦塘	中共地下工作者
梅有金	男	1928	南田高塘	—	1949.05	金华永康coherent	浙江省军区第八军分区警卫团	战士
宋无畏	男	1924.01	南庄洋心	—	1949.07	舟山定海城关西门蔡家弄	—	中共地下工作者
桂礼俊	男	1923.05	大塘中站	—	1949.07	舟山定海城关西门蔡家弄	丹城始达小学	教师
胡善继	男	1926.03	丹城北门	—	1949.07	舟山定海城关西门蔡家弄	国民党象山县自卫总队	中共地下工作者
戴正之	男	1925.03	晓塘金家	党员	1949.08	台州临海县双头门	浙江省军区第六军分区二支队天台县六团	见习干事
许生根	男	1922.02	爵溪四村	—	1949.10	舟山桃花岛	—	支前船工
徐茂会	男	1914	旦门松岙	—	1949.10	舟山桃花岛登步岛	—	支前船工
俞阿兴	男	1921	爵溪二村	—	1949.10	舟山桃花岛登步岛	—	支前船工
周祖柏	男	1896	林海赤坎	—	1949.11	舟山桃花岛登步岛	—	支前船工
鲍家田	男	1927.04	南田高塘杏八	—	1949.11	台州三门县蛇蟠洋	浙东游击纵队第四支队“铁流”大队	中队长
黄阿冬	男	1920	南田樊岙南五	—	1950.01	高塘岛花店洋	三门县南田区中队	战士
屠阿昌	男	1926	南田樊岙南五	—	1950.01	高塘岛花店洋	三门县南田区中队	战士
李老达	男	1926.02	南田樊岙	—	1950.01	高塘岛花店洋	三门县南田区中队	战士
林顺来	男	1923	南田樊岙	—	1950.01	高塘岛花店洋	三门县南田区中队	战士
石友金	男	1910	大徐林善岙	—	1950.01	墙头盛王张	县委工作队	通讯员
郑和浒	男	1922.10	黄避岙	—	1950.02	黄避岙杨庙跟	着衣亭小学	教师

续表17-5

姓名	性别	出生年月	籍贯	是否党团员	牺牲年月	牺牲地点	牺牲时所在单位	备注
鲍于兴	男	1910.04	东陈樟岙	—	1950.03	东陈樟岙	樟岙村	农会副主任
周财宏	男	1929.05	南田鹤浦	—	1950.02	台州临海县杜下桥	浙江省军区第六军分区警备团一营三连	班长
何亚韵	女	1925.08	泗洲头后王	—	1950.04	泗洲头后王小学	泗洲头后王小学	教师,中共地下工作者
虞华世	男	1908	南庄新碶头	—	1950.04	南韭山	新碶头村	农会武装委员
祝斯香	男	1888.09	溪口小白岩	—	1950.04	溪口杨岙上岭岗	溪口乡政府	乡农会副主任
干守池	男	1930.04	灵南大麦塘	团员	1950.05	舟山定海西码头	西南干部学校靖海乡工作队	队员
董礼富	男	1903.05	南庄山头董	—	1950.05	舟山定海西码头	靖海乡政府	炊事员
吴存位	男	1925.01	南庄上吴	—	1950.06	奉化县翔鹤潭海面	县公安队	副班长
韩正裕	男	1927	南庄小河头	—	1950.06	西周蒙顶山	县公安队	战士
金士祥	男	1926	爵溪白沙湾村	—	1950.06	舟山定海洋面	解放军第二十一军六十一师政治部	战士
戴士云	男	1925.03	东乡汤岙	—	1950.10	涂茨汤岙村	汤岙村	民兵
周根木	男	1913.08	东乡汤岙	—	1950.10	涂茨汤岙村	汤岙村	民兵
莫定会	男	1919	东乡汤岙村	—	1950.10	涂茨汤岙村	汤岙村	民兵
蒋羽	男	1926	丹城南街	党员	1950.11	朝鲜	志愿军第二十军五十八师一七三团	统计干事
王贤定	男	1925.08	贤庠珠山岙	—	1950.11	广西上林县寨芦	解放军第四十五军一三三师三九八团三营七连	战士
张家根	男	1922.08	南庄新碶头	—	1950.11	东陈南堡	新碶头村	农会武装委员
张玲忠	男	1929	西周	—	1950.11	朝鲜德川	志愿军第四十二军一二五师三七四团二营六连	班长
王志永	男	1924.10	丹城后堂街	—	1950.12	朝鲜咸境南道	志愿军第二十六军七十六师二二七团二营四连	副排长

续表17-5

姓　名	性别	出生年月	籍　贯	是否党团员	牺牲年月	牺牲地点	牺牲时所在单位	备　注
郑晁才	男	1905	溪口南充	党员	1950.12	南充村	南充村	农会主任
柯可富	男	1928	南田四都	—	1951.01	台州温岭县龙门山	解放军第一〇四师三一〇团三营八连	战士
李修云	男	1926	南田鹤浦	—	1951.01	朝鲜京畿道	志愿军第五十军一四八师四四四团三营八连	战士
康吉生	男	1927	旦门松岙	党员	1951.02	朝鲜江原横城红桃山	志愿军第六十六军一九七师五八九团三营八连	战士
吴忠良	男	1922.02	东溪洋坑	—	1951.02	朝鲜京畿道鹤里	志愿军第五十军一四九师四四五团二营三连	战士
史宝根	男	1928	南庄九顷	—	1951.02	朝鲜兄弟峰	志愿军第五十军一四九师四四七团二营二连	保管员
蒋阿富	男	1916.01	南田高塘龙潭坑前	—	1951.03	高塘岛杏港村	高塘岛杏港村	民兵队长
金　鑫	男	1929	石浦中街	—	1951.05	朝鲜江原道	志愿军第十二军三十四师一〇〇团三营八连	战士
伊明孝	男	1924.03	莲花伊家	—	1951.05	朝鲜芦洞里	志愿军第二十军五十八师一七二团	战士
周　彪	男	1926.08	丹城西门	党员	1951.06	朝鲜芦洞里	志愿军第二十军六十师一七八团一营三连	副连长
汤渭泉	男	1931.09	丹城东街	—	1951.07	辽宁省沈阳	志愿军空军第二四九部队油库	保管员
赖士友	男	1929.10	儒雅洋尖岭头	—	1951.07	尖岭头	儒下洋乡尖岭头村	民兵队班长
叶亦根	男	1928	儒雅洋尖岭头	—	1951.07	尖岭头	儒下洋乡尖岭头村	民兵
周开兴	男	1916.11	南庄潘家桥	—	1951.08	朝鲜金城	志愿军第二十七军八十师二三八团	战士
周星宝	男	1923.08	丹城东门外	—	1951.09	朝鲜车辇里	志愿军后勤五分部辎重第十一团一营一连	战士
李阿义	男	1931	南田樊岙	—	1951.09	南田杨柳坑	三门县南田海防大队	民兵
杨道友	男	1922.09	南田樊岙杨柳坑	—	1951.09	南田杨柳坑	三门县南田海防大队	民兵
史久新	男	1928	丹城小河头	—	1951.10	朝鲜龙城车站花果里	志愿军后勤部辎重第十一团一营三连	战士

续表17-5

姓名	性别	出生年月	籍贯	是否党团员	牺牲年月	牺牲地点	牺牲时所在单位	备注
张贵宝	男	1921	石浦营房街	—	1951.11	三门县田湾	—	支前船工
张星初	男	1926.11	西周庆丰桥	—	1951.11	朝鲜平壤龙城里	志愿军后勤部运输五分部辎重第十一团一营四连	战士
俞照根	男	1918	昌国卫	—	1951.12	朝鲜上甘岭	志愿军第二十七军八十师二三八团一营一连	战士
虞友林	男	1928	珠溪一村	—	1951秋	贵州省贵阳市	西南干部学校	学员
朱红世	男	1930.10	林海桥头胡	—	1952.06	舟山岱山大衢	海军舟山基地	战士
倪新木	男	1929.01	林海大碶头	—	1952.06	舟山岱山大衢	海军舟山基地	战士
鲍如良	男	1930.06	茅洋乌石岐	—	1952.06	朝鲜铁原郡西镇	志愿军第三十八军一一三师三三九团一营一连	通讯员
俞　龙	男	1923.09	晓塘中岙	—	1952.06	朝鲜江原道	志愿军第三十九军一一七师三四九团二营机炮连	战士
郑裕满	男	1928	儒雅洋西岙郑	—	1952.06	朝鲜平壤龙城	志愿军后勤部五分部辎重第十一团一营三连	战士
陆林木	男	1923.08	丹城东街	—	1952.07	朝鲜上浦房	志愿军第三十九军一一五师三四三团三营九连	战士
罗宝贝	男	1923.02	大塘金牛港	—	1952.07	朝鲜上浦房	志愿军第三十九军一一五师三四三团一营二连	战士
萧金富	男	1928.01	下沈利山	—	1952.08	朝鲜安州	志愿军后勤部五分部运输第十一团	战士
姜才有	男	1923	昌国卫	—	1952.09	朝鲜五圣山	志愿军第十五军四五师一三四团二营六连	班长
葛加金	男	1925	石浦向浦	—	1952.10	台州玉环县冠鸡山岛	华东公安第十七师五十团三营九连	炊事员
滕　洪	男	1924	鹤浦南田墩	—	1952.10	朝鲜平安南道价川郡	志愿军第四十六军一三三师三九八团二营四连	班长
林回春	男	1926	丹城东澄河	—	1953.02	朝鲜平壤龙城里	志愿军后勤五分部二十二大站辎重第十一团一营一连	班长
徐　勇	男	1924	南田鹤浦	—	1953.03	朝鲜上甘岭	志愿军第二十四军七十四师二二二团重炮连	副班长
江久林	男	1929	石浦东门岛	团员	1953.05	台州玉环县羊屿山	华东公安第十七师五十团三营九连	战士

续表17-5

姓　名	性别	出生年月	籍　贯	是否党团员	牺牲年月	牺牲地点	牺牲时所在单位	备　注
倪大根	男	1921	珠溪下庄	党员	1953.07	朝鲜江原道	志愿军第二十三军六十七师一九九团二营六连	排长
朱顺国	男	1928.05	林海赤坎	—	1953.07	朝鲜上甘岭	志愿军第四十六军一三六师四〇六团一营二连	战士
蒋文云	男	1918.10	墙头	—	1953.07	朝鲜紫霞洞	志愿军第二十四军七十四师二二〇团六连	班长
许善巨	男	1930.01	涂茨下盆岙	—	1953.09	朝鲜咸境南道	志愿军第二十一军六十一师一八二团三营九连	战士
邵玉夫	男	1924	丹城南门	—	1955.02	江西省泰和县志愿军72预备医院	—	战士
黄顺国	男	1928	珠溪下庄	—	1955.07	福建省建瓯	福建省军区第四十一支队	战士
朱觉秀	男	1930	下沈关山	—	1956.04	四川省邓柯县	四川邓柯县兵役局	助理员
黎　佩	男	1925	石浦中街	—	1956.08	林海门前涂	县人委财粮科	办事员
倪德昭	男	1933.01	石浦南关桥	—	1956.08	林海下余村	县人委财粮科	办事员
陈承葆	男	1912.09	丹城东街	—	1956.08	林海门前涂	定山区农技站	站长
钱　文	男	1921.09	丹城西街	—	1956.08	林海门前涂	县农林水利局	办事员
张克坤	男	1917.12	丹城南门	—	1956.08	林海门前涂	县人委财粮科	办事员
钱耀璋	男	1934.09	丹城西街	—	1956.08	林海门前涂	林海乡大碶头供销部	营业员
李永章	男	1936.04	黄避岙龙屿	—	1956.08	林海门前涂	县农林水利局	办事员
林凤英	女	1934.05	黄避岙大林	党员	1956.08	林海门前涂	县农林水利局	办事员
郑家常	男	1917	东乡萧家	—	1956.08	林海门前涂	县农林水利局	技术员
仲纪成	男	1917	东乡汤岙	—	1956.08	南庄粮站	县粮食局	仓库保管员
袁明通	男	1925.11	东乡涂茨	党员	1956.08	南庄新碶头	定山区公所	区长

续表17-5

姓名	性别	出生年月	籍贯	是否党团员	牺牲年月	牺牲地点	牺牲时所在单位	备注
王其星	男	1921.03	大徐甲田弄	—	1956.08	南庄新碶头	墙头区税务所	所长
石根才	男	1926.01	东陈	—	1956.08	林海门前涂	东陈乡政府	副乡长
金立南	男	1926	林海下余	党员	1956.08	林海下余村	共青团林海乡总支	书记
张秀昌	男	1927.02	林海上余	—	1956.08	林海门前涂	县供销合作总社	技术员
钱素妙	女	1933.06	林海大碶头	团员	1956.08	林海乡西林村	林海乡政府	副乡长
史济清	男	1930.01	南庄冷水潭	党员	1956.08	林海门前涂	林海乡政府	副乡长
陈名武	男	1927.03	溪口里塔亭	追认党员	1956.08	林海门前涂	县人委交通科	副科长
何双林	男	1932.03	墙头镇下沙	党员	1956.08	林海门前涂	县委组织部	干部
方文俊	男	1926.01	墙头溪里方	—	1956.08	林海门前涂	县人委财粮科	工作人员
何积雍	男	1929.11	西周儒雅洋	团员	1956.08	林海门前涂	县人委交通科	办事员
黄志坚	男	1923.02	灵南上马岙	—	1956.08	林海门前涂	县人委工商科	科员
顾文俊	男	1926.01	东溪井头	—	1956.08	林海门前涂	县农林水利局	办事员
史悠裕	男	1922.08	新桥黄公岙	党员	1956.08	林海下余村	县委组织部	组织员
邱冬林	男	1921.02	大塘蒲白墩	—	1956.08	林海门前涂	县人委水产科	办事员
马桂林	男	1927	石浦五眼桥	团员	1956.08	林海门前涂	县委手工业部	干事
许采梁	男	1928.11	昌国卫	—	1956.08	南庄新碶头	县农林水利局	技术员
黄传明	男	1932.04	珠溪	—	1957.03	解放军第九十六医院	解放军9446部队2分队	战士
计志友	男	1909.06	岑兆计家	—	1957.08	舟山嵊泗县	嵊泗县“曙光”交通轮	船员

续表17-5

姓　名	性别	出生年月	籍　贯	是否党团员	牺牲年月	牺牲地点	牺牲时所在单位	备　注
戴道银	男	1934.08	昌国卫	团员	1958.07	金华汤溪县	解放军第十二军十五师一〇四团无坐力炮连	战士
袁大宝	男	1933	东乡萧家	—	1959.04	江苏省吕泗洋	民主公社	渔业干部
屠益成	男	1935.03	溪口屠家园	—	1959.04	江苏省吕泗洋	解放军 9099 部队后勤连	中士班长
俞保才	男	1935	东溪洋坑	—	1959.04	江苏省吕泗洋	解放军 9099 部队后勤连	副班长
林泽芳	男	1932	新桥黄公岙	—	1959.05	衢州机场	空军 2732 部队 3 支队 1 分队	飞行员
王如根	男	1943.10	灵南对岙王	—	1965.07	江苏省泰州市红旗农场	解放军 6325 部队 61 分队	战士
朱人忠	男	1948.11	泗洲头下西庄	党员	1969.09	慈溪县邱洋	海军航空兵第四师后勤部 9211 部队	班长
王丰平	男	1949.06	东乡毛湾	团员	1969.10	辽宁省旅顺市	海军第 9357 部队	战士
陈维助	男	1952.11	东陈	团员	1971.07	安徽省合肥市	安徽省军区独立师直属警侦连	战士
赖小亦	男	1949	儒雅洋尖岭头	—	1971.08	安徽省	解放军 6476 部队 12 分队	战士
陈增木	男	1950.09	灵南上马岙	党员	1973.12	杭州市笕桥闸弄口	解放军 6556 部队 1 分队	战士
蒋金志	男	1956.04	中泥下灶	团员	1976.08	辽宁省大连市	解放军 37001 部队后勤部 93 路油库	战士
汤伟国	男	1960.07	泗洲头何婆岭	团员	1979.02	中越边境	解放军 33722 部队 62 分队	战士
徐惠友	男	1951.03	东陈南堡	追认党员	1985.03	山东省青岛附近海域	北海舰队 37106 部队	副中队长
章满生	男	1985.08	南庄路下林	—	1998.06	松兰山沙滩海滨	丹城白石小学	学生
林关仁	男	1985.02	石浦鸡鸣	党员	2007.09	金华高速公路	温州市泰顺县武警中队	司务长

象山县部分客籍革命烈士情况表

表 17-6

姓　名	性别	出生年月	籍　贯	是否党团员	牺牲年月	牺牲地点	牺牲时所在单位	备　注
王　辉	男	—	山东省胶州	—	1949.07	蛎港埠	解放军第二十一军六十一师一八二团三营	营长
傅金星	男	—	贵州省本溪县	—	1949.07	蛎港埠	解放军第二十一军六十一师一八二团三营二连	排长
陈希贵	男	1923	浙江省温岭县	—	1949.07	舟山定海西门蔡家弄	国民党象山县政府税务处	中共地下工作者
陈双辉	男	1922	浙江省永嘉县	—	1949.07	舟山定海西门蔡家弄	国民党象山县政府	秘书,中共地下工作者
潘万火	男	1924	浙江省宁海县	—	1949.09	宁海县岳井后洋赖家大院	象宁人民抗暴游击队	战士
卓天佑	男	1925	浙江省奉化	—	1949.09	东乡黄家塘后华山嘴	县大队	侦察员
王希臣	男	1930	山东省泰安县	团员	1950.03	舟山定海	靖海乡	乡长,靖海乡工作组组长
刘当熙	男	1929	江苏省镇江	—	1950.03	东陈乡	—	靖海乡工作组成员
杨　涛	男	1930	山东省潍县	—	1950.03	东陈乡	—	靖海乡工作组成员
葛兴曹	男	1925	浙江省宁海县	—	1950.03	丹城	县大队	司务长
杨宏能	男	1931	浙江省三门县	—	1950.04	泗洲头沈家大屋	县大队	机关枪枪手
郑慈宝	男	1932.07	浙江省鄞县	—	1950.04	墙头舫前高架岭脚	象山县大队	战士
周金全	男	1921	浙江省宁海县	—	1950.06	西周大湾山	县大队	战士
聂延忠	男	1925	山东省莱芜县	—	1950.07	爵溪乡乡公所	靖河区委	组织委员,爵溪乡乡长
江荣富	男	1927	山东省莱芜县	—	1950.07	爵溪乡乡公所	县大队	侦察员
李忠贤	男	1930	浙江省宁海县	—	1950.07	晓塘胡家寺	县大队	战士
蒋头奶	男	1920	浙江省宁海县	—	1950.07	晓塘胡家寺	县大队	战士
周德文	男	1928	山东省五连县	党员	1949.08	樊岙乡四都	浙江省第六军分区警备六团三营三连六排	班长

续表17-6

姓 名	性别	出生年月	籍 贯	是否党团员	牺牲年月	牺牲地点	牺牲时所在单位	备 注
郭仁荣	男	1925	山东省蒙沂县	党员	1951.01	爵溪大岩洞	解放军第二十二军一九八团机炮连	指导员
李继浩	男	1926.11	浙江省余姚县	党员	1951.07	东搬山二十四堡	县大队	侦察班班长
王端敬	男	1931	山东省莱芜县	—	1951.09	石浦海面	解放军第一〇五师三一四团后勤机帆船队	班长
王久贤	男	1931	浙江省湖州南浔	—	1951.09	石浦海面	解放军第一〇五师三一四团三营八连	战士
丁金鸿	男	—	上海市	—	—	—	解放军6464部队3分队	文书
韩尚华	男	—	安徽省阜浦县	—	—	—	解放军6464部队3分队	战士
秦德禄	男	—	察哈尔省河南县	—	1951.03	高塘岛	解放军第一〇四师三一一团三营七连	战士
张乐生	男	—	浙江省义乌县	—	1951.03	高塘岛	解放军第一〇四师三一一团三营七连	战士
方金森	男	—	浙江省义乌县	—	1951.03	高塘岛	解放军第一〇五师三一四团三营八连	战士
杨彝龙	男	—	四川省江津县	—	1951.03	高塘岛	解放军第一〇五师三一四团三营八连	战士
王谋和	男	—	山东省淄川县	—	1951.03	高塘岛	解放军第一〇五师三一四团三营八连	班长
周培福	男	—	山东省泰安县	—	1951.03	高塘岛	解放军第一〇五师三一四团三营七连二排机枪班	副班长
赵荣均	男	—	上海市	—	1951.03	高塘岛	解放军第一〇五师三一四团三营八连	战士
叶志红	男	1927.08	浙江省台州椒江	—	1951.03	高塘岛	三门县南田区湾塘乡土改工作队	民运股副股长
韩桂秋	男	1921.11	山东省泰安县	党员	1956.08	林海门前涂龙王庙	县委宣传部	部长
彭玉文	男	1926.09	山东省峄县	党员	1956.08	林海门前涂	县卫生科	科长
李文华	男	1919.04	山东省泰安县	党员	1956.08	林海下余村	县民政科	科长
王庆样	男	1924	山东省莱芜县	党员	1956.08	林海门前涂	县工业科	科长
李 彬	男	1926	山西省安邑县	党员	1956.08	林海下余村	县统计科	科长

续表17-6

姓　名	性别	出生年月	籍　贯	是否党团员	牺牲年月	牺牲地点	牺牲时所在单位	备　注
陈　龙	男	1925	浙江省兰溪县	团员	1956.08	林海门前涂	县文教科	副科长
翟汝佐	男	1922	河北省宁河县	—	1956.08	南庄新碶头	县工业科	副科长
金怀谷	男	1927	浙江省富阳县	党员	1956.08	南庄新碶头	县第一初级中学	负责人
诸沛霖	男	1907	浙江省绍兴县	—	1956.08	林海门前涂	县政府	事务长
刘连荣	男	1924	山东省掖南县	—	1956.08	林海门前涂	县民政科	科员
徐　甦	男	1913	浙江省宁海县	—	1956.08	林海门前涂	县民政科	科员
赵启亮	男	1928	浙扛省兰溪县	团员	1956.08	南庄新碶头	县文教科	科员
汤　苏	男	1933	浙江省武义县	团员	1956.08	林海门前涂	农林水利局	副股长
周澄明	男	1926	浙江省定海县	—	1956.08	林海下余村	县水产科	科员
胡云程	男	1931	浙江省仙居县	—	1956.08	林海门前涂	农林水利局	干部
陈定华	男	1915	浙江省桐庐县	—	1956.08	林海下余村	县交通料	技术员
徐勉礼	男	1925	浙江省余姚市	团员	1956.08	赴定山抗台途中	县粮食加工公司	文书
张仁根	男	1911.05	浙江省温岭县	—	1956.08	林海门前涂	石浦航管站	业务员
林幼豪	男	1926	浙江省定海县	—	1956.08	林海门前涂	县文化馆	文艺干事
施有定	女	1934.04	浙江省宁波市	—	1956.08	林海门前涂龙王庙	县新华书店	会计
周定华	男	1935.08	浙江省余杭县	—	1956.08	林海门前涂	县文化馆	文艺干事
虞鼎丞	男	1935	浙江省萧山县	团员	1956.08	林海门前涂	县人民医院防疫站	防疫员
任显庭	男	1920	浙江省镇海县	—	1956.08	林海门前涂	县新华书店	—
何文斌	男	—	山东省	—	1956.08	林海门前涂	解放军第二十二军一九一团三营七连	战士

第三章　社会事务管理

社会事务管理，明清设户房，承办丁册、荒政、赈灾、徭役等事务。民国5年（1916），县设第一科，理民政。民国29年，改称民政科，职掌县以下民意机关、警政、查禁烟毒、户籍、救济、施赈、仓储、优抚、壮丁调查抽签暨免缓役审查等。1949年10月，县设民政科。负责废除旧保甲制度、民主建政、行政区域调整、户籍、民工动员、宗教事务、拥军优属、救荒、救灾、救济、婚姻宣传及复退军人安置等。此后，部分职能划归其他部门，民政机构屡有改变。“文化大革命”期间一度撤销。1970年，县设内务办公室。1977年11月，称内务局。1979年5月，改称县民政局。2002年，机构改革后，民政职能趋于稳定，主要有优抚安置、社会救济以及社会事务管理。社会事务主要有：基层政权和群众自助组织建设、行政区划事务、社会团体管理、移民安置、婚姻登记、老龄工作、殡葬管理等。

第一节　基层政权建设　自助组织建设

唐代，县下设乡，乡下设里，乡管里，里管百家。宋代，乡演变为保甲制，10家为保，5保为大保，10大保为1都保，延至清中叶。其名称、形式不同，宋称保甲，元称村社，明称里甲，清称保甲、里甲。民国时期，乡制发生变化，始办理地方自治，乡下设保甲。中华人民共和国成立后，象山实行乡镇制。组织机构实行乡镇人民代表大会和街道居民代表大会制。

基层政权组织

清代基层政权组织　清宣统元年（1909），奉旨颁行地方自治法。翌年，全县划为12自治区，除丹城城区外，余皆为乡制。

民国时期基层政权组织　民国前期，沿袭自治体制。民国18年（1929）初，始行村里制，村里之下设闾邻，全县设12区计8里、125村、5003邻。是年7月，奉省民政厅《关于厘定县界办法及各县划区办法》，将原县属12自治区撤并为5区、133村里。翌年6月，成立区公所。民国21年，改村里为乡镇制，成立乡镇公所。民国25年2月，实施保甲制至象山解放。

民国推行地方自治，实施选举。先后颁布《内务部组织法》《乡镇闾邻选举暂行规定》《县参议员选举条例》等。规定选民，必须是中华民国公民，在乡镇区域居住一年以上，年龄20岁以上有选举权，精神病患者、被剥夺公民权及受刑罚入狱者无选举权。同时规定：在选举前公民要誓心迹（宣誓），后将姓名登记造册，享受被选举权的公民，须年满25岁，中等学历，经考试合格者，可申请公职候选人，合格者可作县参议员；小学学历，经考试合格者，可申请作县代表、保长、副保长候选人。

县以下有乡镇民代表会和保民大会。民国28年（1939）年年末，各乡镇民代表会相继召开第一次会议，由乡镇长、副乡镇长及保长、保乡民代表参加。保乡民代表由各保保民大会推选，每保2人。乡（镇）民代表会议决本乡（镇）自治事务。是年，乡镇成立保民大会，每年召开一次。沦陷后，乡镇代表会无形解散。抗日战争胜利后，恢复保民大会，选举代表，报县政府核定，发给当选证书，任期2年。详见本志“建置”篇。

中华人民共和国成立后基层政权组织　初期，基层政府由区、乡（镇）人民代表大会和区、乡（镇）人民政府组成。1949年11月17日，浙江省人民政府发布《关于农村建立乡村政权》文件，县人民政府派出工作组赴东山、靖河、西沪三区开展反霸减租建立乡村政权工作。先后成立大徐（原名东山）、南庄（原名靖河）、墙头（原名西沪）、石浦4区政府。1950年9月，建立新桥区政府。是年，全县相继建立乡镇人民政府，下设行政村、行政小组。1954年3月，县人民政府发出《关于健全乡政权组织的指示》。在普选的基础上，建立乡人民代表大会和乡人民政府委员会制度，召开人民代表大会，选举成立乡、镇人民委员会。1958年9月，撤销区、镇、乡、村建制，实行“政社合一”。1983年9月，实行“政社分设”，公社改为乡、镇。1992年5月，撤区、扩镇、并乡。2001年6月，撤销丹城、爵溪镇建制，建立丹东、丹西、爵溪3街道。至2008年，全县共设3街道、10镇、5乡、490村、25社区、19居委会。详见本志“建置”篇。

县乡（镇）人民代表均由选举产生。选举时，县乡（镇）成立选举委员会和选举领导小组，实施对选举工作的领导。开展人口普查、划分选区、选民小组、选民登记、选民资格审查，协商提出候选人名单，然后选举县乡代表，选举采用直接与差额方式进行。详见本志“人民代表大会”篇。

基层自治组织

居民委员会　中华人民共和国成立后废除保甲制度，由非农业户组建居民委员会，为群众自治组织。1953年，石浦镇政府通过宣传教育、发动群众，率先将原9个村改为9个居民区，并通过推选组成9个居民委员会。1955年，爵溪城里8个村改为8个居民区，成立8个居民委员会。1962年，丹城11个大队析出非农业户，建立5个居委会。是年，全县有居委会22个。尔后，随着经济发展和社会事业发展需要，各乡镇分别成立非农户组成的居委会，至1992年，全县有居委会55个。至2000年，全县有64个居委会。2001年9月，丹东街道撤销12个居委会，合并建立东街、公园、丹峰、文峰、塔山、新华、金秋7个社区居委会。丹西街道撤销11个居委会，合并成立北路、新建、文昌、蓬莱、瑶琳5个社区居委会。2002年9月，爵溪街道撤销4个居委会，合并成立龙溪、玉泉、瀛海3个社区居委会。2004年10月，撤销爵溪农村、渔村，并入3个社区。2004年4月，石浦镇撤销23个居委会，合并成立海宁、凤凰、金屏、荔港、文澜、九市曲、延昌、塘头港8个社区居委会。2005年8月，丹西街道撤销潘（潘家桥）、南（南仓）、黄（黄家塔）村，成立白鹤社区。2008年10月，新建梅园社区居委会。是年年末，全县共有25个社区居委会、19个居委会。各社区界址、社区居委会、各镇乡居委会办公地址等详见本志“建置”篇。

每个社区居委会，设主任1人，副主任1~2人，委员3~5人，由居民代表选举产生，任期3年。

2004年5—8月，全县居委会进行第一届选举（全市第六届）。采用居民代表选举方式产生，各居民小组民主推选代表1199人，参加投票选举1139人，参选率为94.99%，选出社区居委会成员115人。其中，主任23人，副主任12人，委员80人。居委会成员中，党员65人，占56.52%；女性76人，占66.08%。

2007年4—8月，全县居委会进行第二次换届选举，除文峰社区居委会直选外，其余均为居民代表选举产生。22个社区居民推选出代表1190人，参加投票代表1091人，参选率为91.7%，选出居委会成员123人。其中，主任23人，副主任12人，委员89人。居委会成员中，党员64人，占76%；女性93人，占76%，大专以上学历70人，占57%。

2008年象山县社区居委会情况表

表17-7

街道镇名称	社区居委会名称	户数（户）	人口数（人）
丹东街道	公园	1472	3558
	东街	1568	3078
	金秋	2351	5179
	丹峰	1342	3513
	文峰	1137	2973
	新华	1484	3420
	塔山	4623	11559
	梅园	356	927
丹西街道	北路	1373	2841
	新建	1680	3885
	文昌	1951	4617
	蓬莱	2220	5433
	瑶琳	657	1555
	白鹤	318	1088
爵溪街道	龙溪	1445	2190
	玉泉	4750	3090
	瀛海	4385	3578
石浦镇	海宁	648	2815
	凤凰	934	5828
	金屏	774	3958
	荔港	1396	3352
	文澜	2283	5785
	九市曲	2625	6230
	延昌	1782	4589
	塘头港	1132	2363

2008年象山县镇乡居委会情况表

表17-8

镇乡名称	居委会名称	户数（户）	人口数（人）
石浦镇	大明	296	401
	东门	270	500
西周镇	振瀛	300	1027
	兴瀛	290	950
	下沈	191	234
	黄家塘	596	1281

续表17-8

镇乡名称	居委会名称	户数（户）	人口数（人）
鹤浦镇	兴鹤	229	498
	仙鹤	161	359
	振鹤	204	749
	松鹤	231	434
贤庠镇	贤庠	971	1127
定塘镇	定塘	1077	1378
墙头镇	墙头	169	405
泗洲头镇	泗洲头	183	775
涂茨镇	金鸡	903	947
大徐镇	龙溪	432	451
新桥镇	新东	473	553
东陈乡	东旭	502	511
高塘岛乡	高塘街	278	510

村民委员会　中华人民共和国成立初，象山进行清匪反霸和土地改革，废除保甲制度，设立乡（镇）人民政府，建立行政村。行政村设村长、副村长，下设若干村民小组。1954年，农业合作化，行政村村长改称村主任。1958年，人民公社实行政社合一，公社取代乡政府，生产大队、生产队取代行政村和村民小组。“文化大革命”期间，生产大队曾一度改称革委会或领导小组。

1982年后，经济体制改革，实行承包制。1983年9月，政社分设，以社建乡（镇），以大队建村，设立村民委员会。至1991年，全县建村民委员会742个。1992年5月，撤区扩镇并乡，至1996年年末，全县设732个村委会。

2004年7—9月，全县调整行政村规模，对规模较小（100户以下）、村集体经济薄弱（万元以下），采用“就近、就缘、就富、农渔合一”原则调整。是年始，全县村委会组织调整为490个。

村民委员会不同于中华人民共和国成立初期的行政村和人民公社时的生产大队，它是自我管理、自我服务的基层群众自治组织。村民委员会设主任1人、副主任1~2人、委员3~7人，每届任期3年。村委会成员产生方法，大多由村民推选代表，召开村民代表大会选举产生，也有村民直接选举产生。

1987年、1990年、1993年、1996年、1999年、2002年、2005年、2008年，分别举行一届至八届村民委员会换届选举。选举产生村委会成员和村委会负责人。

五至八届象山县村民委员会选举情况表

表17-9

届别	时　　间	选民人数（人）	参选人数（人）	参选率（%）	当选成员
5	1999年3—7月	312297	299146	95.79	2136
6	2002年3—8月	338756	304543	89.90	2147
7	2005年3—10月	318153	254621	83.03	1526
8	2008年3—8月	353889	338871	95.76	1844

2008年象山县村民委员会情况表

表17-10

街道镇名称	村委会数(个)	户数(户)	人口数(人)	街道镇乡名称	村委会数(个)	户数(户)	人口数(人)
丹东街道	26	7881	21571	泗洲头镇	21	5892	17923
丹西街道	29	8168	22875	涂茨镇	21	7596	21288
爵溪街道	6	1371	3713	大徐镇	24	6135	19188
石浦镇	54	18908	50818	新桥镇	28	8536	24154
西周镇	74	14857	42678	东陈乡	20	7124	21723
鹤浦镇	34	8975	28713	晓塘乡	19	5718	17464
贤庠镇	28	9422	28681	黄避岙乡	16	4440	13397
定塘镇	28	7973	25021	茅洋乡	21	4468	14028
墙头镇	23	7430	19866	高塘岛乡	18	5906	18891

说明：村委会名称详见本志“建置”篇，各街道镇乡人口详见本志“人口　家庭”篇

第二节　行政区划事务

象山立县后，历代史志留有象山县境域资料，境域未见大变。边界勘定及管理则在20世纪90年代后。镇乡行政区划变化较大，1992年全县撤区、扩镇、并乡后行政区划调整逐趋稳定。

地名管理工作始于20世纪80年代，2008年始，实现规范化。

县域边界勘定

陆域界线　1998年10月，象山完成与宁海县陆上界勘定。两县陆界总长60.16千米，起自象山县西周镇万金山村与宁海县大佳何镇井栏村交界的象西公路涵洞出海口西北侧突兀岩石；止于定塘镇蒲白墩村与宁海县长街镇隔洋塘村交界处原大塘港大坝上。两县陆域界线大体呈西北—东南走向。两县界线共设定界点7个，其中立桩5个。

海域界线　2006年2月，完成海域勘界工作。象山海域行政区域界线可分北线（含象山港）、西南线（含白礁水道）、东海领海外部界线三部分，总长347.12千米。其中，涉及宁海25.97千米（北线8.80千米、西南线17.17千米），奉化市20.9千米，鄞州区15.83千米，北仑区3.04千米，宁波、舟山市际线象山段98.19千米，宁波、台州市际线象山段87.25千米，东部领海外部界限线95.94千米。详见本志“建置”篇。

镇乡行政区划事务

象山立县时设5乡，宋设3乡至清中叶。民国时在县、乡间增设区至象山解放。中华人民共和国成立后，镇乡机构撤并较多，直至1992年“撤区、扩镇、并乡”，机构逐趋稳定。2008年，全县设3街道、10镇、5乡，下辖490个行政村、25个社区委员会、19个居委会。详见本志“建置”篇。

地名管理

1981年年初，县成立地名普查领导小组，抽调县民政、公安、林特、土地、建设、交通、计委、水利、港务、文物、渔业等单位人员组成工作班子。是年5月，会同区、镇、乡干部参与贤庠乡地名普查试点。6月中旬，全面开展行政区划、聚落、名胜古迹、人工建筑物、企事业单位、

自然地理实体等名称普查。1982 年 2 月，县政府首次公布丹城老城区街、路、巷、弄名称。是年，又命名建成区新增 13 条街路、1 条巷弄名称。至是年 8 月，查明各类地名 3794 条，其中，政区地名 810 条，自然聚落地名 1062 条，独立存在具有地名意义的企事业单位名称 135 条，人工建筑名称 228 条，自然地理实体名称 1351 条，名胜古迹地名 4 条，其他地名 204 条。标注五万分之一县地名图 1 份，其中：增补地名 221 条，删去地名 61 条，修正标准移位地名 8 条，修改地名错字、别字 254 条；更名命名 103 条，更改重名公社（马岙、溪口、民主）3 条，重名大队更名 82 条；绘制丹城、石浦两镇地名图 2 份。

1984 年 5 月，县成立沿海岛礁地名普查和标准化处理工作领导小组，抽调县民政、国土、渔业、交通、港航、人武部及海军驻西沪港、小网巾、石浦等部队技术人员组成工作班子。是年 12 月，象山在大连举办的全国海域地名普查工作会议上作典型发言。经当地乡镇及各单位通力协作与登岛实地踏勘，至 1985 年 12 月，查明海域地名 839 条，其中，海 3 条，海湾 66 条，港湾 4 条，水道 33 条，列岛 6 条，群礁 6 条，500 平方米以上有植被岛 236 条，无植被礁 372 条，涂滩 22 条，岬角 91 条，拍摄照片 430 余张。查明全县岛礁总数 608 个，数量之多，居全省之首。按标准化要求，重名更名 54 条，无名命名 77 条，以群众习称定名 147 条，纠正图上错位 5 条，改正错别字 48 条，绘制五万分之一海图 5 套。普查成果获“省优秀成果奖”。

1987 年 5 月，县政府成立《象山县地名志》编纂委员会，组织力量，全面考查，核实全县山川、水利、围垦、交通、名胜古迹及企事业单位等地名。尤重聚落形成年代、建筑形式、始祖来历及地理环境、经济情况等考证。该书 1993 年 5 月正式出版。

1990 年，撤县地名普查领导小组，成立县地名委员会。是年年末，根据省市关于设置地名标志通知要求，县地名标志设置工作在爵溪镇建成区试点，翌年 6 月结束。共设置街路牌 108 块，巷弄牌 56 块，幢牌 22 块，单元牌 56 块，门牌 6100 块。1991 年 7 月，抽调人员在墙头镇开展地名补查和资料更新试点工作；9 月，全县全面进行政区、聚落、农点、渔点、山、峰、山口、河流、道路、桥梁、水库、海塘、碶闸、台站、厂矿、寺庵、古迹等资料更新。至 1993 年 12 月，补查更新地名 4500 条，积累资料 450 万字，拍摄村委会驻地照片 1200 余张。

2004 年，沿海岛礁补查，按 500 平方米以上有无植被均作岛计，共有岛 416 个，礁 192 个。2008 年 9 月，由县民政局、海洋渔业局等单位及街道镇乡人员参与开展无居民海岛调查及名称标准化处理工作。查清全县有岛礁 656 个。其中，在大潮潮位线出露 500 平方米以上有人岛 16 个，无居民岛 436 个，500 平方米以下礁石 204 个。所有岛礁，详见本志“海洋环境”篇第五章“岛礁”。标准化处理重名（同音）岛屿 32 个，命名 77 个。绘制一比一万地形图 3 套 300 幅，文字 12 万字，照片 400 余张。

1982 年象山县 80 个生产大队更名情况表

表 17-11

原镇、公社名称	原大队名称	更改后名称	原镇、公社名称	原大队名称	更改后名称
丹城镇	东门	城东	贤庠公社	红卫	岑晁东
	三叉路	起春		红建	岑晁西
	红卫	樟木境		新建	官司塘
大徐公社	毛洋	梅洋		大岙	花园弄
	沙地	沙田			

续表17-11

原镇、公社名称	原大队名称	更改后名称	原镇、公社名称	原大队名称	更改后名称
雅林溪公社	后岭	后林	南庄公社	新建	下张家
涂茨公社	金星	泊戈洋		孙家	周建
	光明	下陈	亭溪公社	毛洋	毛洋岭
东港公社	红星	前山姚		大岙	亭岙
珠溪公社	前进	常乐		渡头	黄溪渡
	盐厂	沿洋		山根	玉山
	大碶头	东碶头	墙头公社	下山	西沪
林海公社	东岙	东塘	下沈公社	红岩	仙人岩
	下山	梅岙	东溪公社	横山	黄山
东陈公社	山头	武家山	新桥公社	外岙	石柱外
茅洋公社	新建	外塔亭		里岙	石柱里
	里岙	里塔亭		大岙	双岙
	韩家	韩郑			
	东岙	溪东	定塘公社	杨岙	洋岙
	大坑	兴坑		上岙	定上
泗洲头公社	东岙	东联		勤俭	葫芦门
	岭脚	凤村	中楼公社	里岙	小灵岩
儒雅洋公社	上岙	上芭蕉	大塘公社	白墩	蒲白墩
	下岙	下芭蕉		胜利	后蒋家
	利民	金竹坑	晓塘公社	东升	九龙江
西周公社	司前	西前		合心	顾家
	沙地	沙泉		向阳	新厂
金星公社	上塘	上金鸡	高塘公社	红星	孝贤湾
	下塘	下金鸡		东升	杏十三
	东山	雷公山		胜利	珠门
	朝东	朝天门		劲松	大乌岩
昌国公社	岳头	新鹤		红旗	大塘里
	大湾	田下岭		永红	渔潭
	下岙	向浦		跃进	沙帽绿
鹤浦公社	小湾塘	湾塘		朝阳	碶门头
	鱼山	小鱼山		高三	龙珠
	岳一	黄金坦	檀头山公社	东升	双前
	岳二	蟹厂	石浦镇	北门	城北
	东江	前龙头	番头公社	东升	中央塘
高塘公社	中心	百家徐		红星	邬家
	建设	仰天塘		上山	凤上山

表 17-12

1991 年象山县部分村委会更名情况表

所属乡镇	原　名	更改后名称	备　　注
珠溪乡	珠溪一村	珠西村	在珠溪西部
	珠溪二村	珠南村	在珠溪南部
	珠溪三村	珠北村	在珠溪北部
	珠溪四村	珠东村	在珠溪东部
	溪沿一村	溪上村	在溪沿上首
	溪沿二村	溪中村	在溪沿中部
	溪沿三村	溪下村	在溪沿下首
涂茨乡	涂茨一村	涂茨村	以村得名
	涂茨二村	涂东村	在涂茨东首
	道人山村	涂西村	在涂茨西首
	鸡笼山村	骑龙山村	原村名不雅，改以神话传说得名
东门乡	东三村	东墈村	以乡驻地墈头得名
西周镇	西六村	瀛广村	西周昔称瀛洲，近工业崛兴，前景广大，故名
	西七村	东瀛村	在西周东首
	西八村	弘瀛村	取弘扬瀛洲
	西九村	瀛洲村	以原西周别名得名
	车一村	庆丰桥村	以桥得名
	车二村	车岭村	以片村名得名
昌国镇	昌六村	大桥村	以境内大桥得名
	昌一村	金丰村	以境内金丰桥得名
	昌二村	昌明村	昌国、大明山各取一字组合
	昌三村	昌桥村	昌国、大桥头各取一字组合
	昌四村	九井村	境内有水井九口，故名
	昌五村	东卫村	在昌国卫城东首，故名
晓塘乡	晓一村	晓塘村	沿用自然村名
定塘镇	后一村	后洋塘北村	在后洋塘北首
	后二村	后洋塘南村	在后洋塘南首
茅洋乡	庙山村	庙山头村	与定塘镇庙山村重名，故改名
大徐乡	大徐一村	大益村	殷夫烈士为人民做出有益贡献，故名
	大徐二村	大义村	殷夫烈士大义凛然，故名
	大徐三村	大山村	殷夫烈士之死重于泰山，故名
鹤浦镇	鹤三村	鸭嘴头村	以鹤浦别称鸭嘴头得名
	鹤四村	鹤翔村	喻鹤浦经济起飞
	鹤五村	鹤进村	喻鹤浦经济不断发展前进
高塘岛乡	高一村	江北村	在中心江北，故名
	高二村	江南村	在中心江南，故名

续表17-12

所属乡镇	原　名	更改后名称	备　　注
樊岙乡	四都村	大南田村	恢复旧村名
	三角坦村	小南田村	恢复旧村名
金星乡	树桥头农村	树桥头村	两村合并
	树桥头盐村		
	晓湾农村	晓湾村	两村合并
	晓湾盐村		

1991 年象山县部分居民委员会更名情况表

表 17-13

所属镇	原　名	更改后名称	备　　注
西周镇	第一居委会	振瀛居委会	瀛洲为西周别称，取振兴瀛洲义
	第二居委会	兴瀛居委会	取振兴瀛洲义
昌国镇	昌国居委会	大明居委会	以境内大明溪得名
鹤浦镇	第一居委会	兴鹤居委会	取振兴鹤浦义
	第二居委会	仙鹤居委会	喻鹤浦长盛不衰
	第三居委会	松鹤居委会	以松鹤遐龄喻长盛不衰
	第四居委会	振鹤居委会	取振兴鹤浦义

1991 年象山县重名自然村更名情况表

表 17-14

所属镇乡	原　名	更改后名称	备　　注
鹤浦镇	外湾	小外湾	属小湾塘村，与凤凰头村外湾重名，故冠以“小”字
	下坦	大下坦	属大湾塘村，与下坦村重名，故冠以“大”字
茅洋乡	朱家	下茅洋	属茅洋村，与朱周村朱家重名，故以俗称定名
	杨家	杨家庄	属杨家岙村，与杨家村重名，故以俗称定名
旦门乡	岭脚	柏树脚	属松岙农村，与王家村岭脚重名，故以俗称定名
大徐乡	西岙	铁西岙	属铁丈岙村，与下院西岙重名，故冠以“铁”字
樊岙乡	小岙	水湖涂岙	属水湖涂村，与小岙村重名，故以片村名加“岙”字
	外湾	老潘湾	属樊岙村，与外湾村重名，故以俗称定名
高塘岛乡	碶门头	碶门脚	属大塘里村，与碶门头村重名

第三节　社会团体管理

民间组织是由民间自发、自愿参加的社会组织，称“第三部门”，又称“志愿部门”。一般按行业、职业、爱好不同组建，具有不以营利为目的、致力于社会公益、志愿者广泛参与等特点。

象山民间组织有社会团体与民办非企业二类。

社会团体登记

象山有记录的社会团体活动始于20世纪70年代末、80年代初，时有县医学会、县建筑学会、县农学会、县个体劳动者协会等一批社会团体。1990年10月，县成立民间组织管理办公室，开展清理整顿和复查登记原社会团体。1991年6月，全县符合登记要求各类社会团体51个。1992年，登记在册社会团体61个。1997年，全县103个社会团体参加检查，经审核准予重新换证登记101个，注销2个。1998年10月，国务院修订颁布《社会团体登记管理条例》，取消非法人社会团体，并规定新条例施行前已经成立社会团体进行重新登记。至2008年年末，共有社会团体109家，单位会员7000余家次，个人会员15万余人次。

表17-15

2008年象山县社会团体情况表

团体名称	性质	地址	会长	秘书长	业务主管单位	成立时间
县税务学会	学术	丹城塔山路299号	章　程	林春绵	科办	1995.08
县建筑学会	学术	丹城城站路11号	王忠凯	蒋建忠	科办	1980.12
县财政学会	学术	丹城丹峰西路163号	陈柳松	励茂良	科办	1988.03
县农学会	学术	农林局内	黄岳芳	方博云	科办	1982.02
县标准计量学会	学术	技监局内	魏四宝	沈阿毛	科办	1988.04
县档案学会	学术	档案局内	翁华清	张选挺	科办	1989.09
县钱币学会	学术	丹城广场路11号	胡佩佩	贺俊彦	人民银行	1993.07
县教育学会	学术	丹城丹南路教育园区内	邱争光	韩国存	教育局	1986.02
县秘书学会	学术	县委办内	朱约余	徐颖峰	科办	1989.05
县医学会	学术	丹城塔山路39号	鲍春华	王　健	科办	1979.11
县农村金融学会	学术	丹城靖南路218号	谢良江	杨宏明	科办	1986.11
县海洋与水产学会	学术	石浦金水路12号	郑岳夫	余亚宏	科办	1986.01
县中医学会	学术	丹城建设路110号	蒋杰峰	张海波	科办	1987.04
县畜牧兽医学会	学术	农林局内	陈维虎	鲍明道	科办	1980.10
县气象学会	学术	丹城东谷路69号	黄裕火	蔡春裕	科办	1981.05
县电子信息学会	学术	丹城后堂街21号	屠金全	韩晓群	科办	1994.12
县自然科学学会	学术	科技局内	边少卿	林慧琴	科办	2001.07
县药学会	学术	食品药品监管局内	卢　杰	沈吉通	科办	2002.12
县会计珠算学会	学术	财政局内	郑　勇	黄性才	科办	2003.11
县渔文化研究会	学术	丹城广场路17号	洪贤兴	郦伟山	文体局	2004.05
县工商行政管理学会	学术	丹城天安路33号	郑长根	陈海松	工商局	2004.09
县国际税收研究会	学术	丹城丹峰西路163号	王其伟	励茂良	科协	2006.12
县农机协会	学术	农机局内	周　明	仇伟传	科协	1989.01

续表17-15

团　体　名　称	性质	地　　址	会　长	秘书长	业务主管单位	成立时间
象山县林业园艺学会	学术	丹城来薰路15号	周善彪	俞茂昌	科协	2007.12
象山县新四军历史研究会	学术	丹城金辉路7号	沈佳雨	朱华庭	县委办	2007.12
县消费者协会	专业	丹城天安路33号	石云星	林　芝	工商局	1988.08
县个体劳动者协会	专业	丹城天安路33号	章国乾	虞林梅	工商局	1984.07
县老年人体育协会	专业	丹城起春路4号	张式贞	黄金园	文体局	1986.12
县佛教协会	专业	丹城西街80号	释莲智	照　力	民宗局	1986.09
县计划生育协会	专业	丹城新华路228号	陈世灿	周旭初	计生局	1989.02
县集邮协会	专业	丹城金辉路1号	欧黎明	秦云坚	邮政局	1986.10
邮政职工基金管理协会	专业	邮政局内	顾荣辉	陈友土	邮政局	1998.10
县钓鱼协会	专业	象山环卫处内	章才德	贺师堂	文体局	1987.04
退休教育工作者协会	专业	丹城金声路7号	钱退令	周义华	教育局	1991.09
县足球协会	专业	丹城新华路30号	周岳利	徐海威	文体局	1991.09
县职工技术协会	专业	丹城广场路19号5楼	林胜国	连才友	科协	1992.05
县砖瓦协会	专业	丹城天安路155号	胡珂祥	邓世民	经济发展局	1988.07
县门球协会	专业	丹城金辉路7号	徐根全	姜　震	文体局	1999.04
县篮球运动协会	专业	丹城建设路282号	董再跃	陈行祖	文体局	1991.11
县田径协会	专业	象山中学内	马冬花	郑乃春	文体局	1986.11
县养鹅专业技术协会	专业	丹城宾阳路3号	吴声祥	李振良	科协	2001.01
县乒乓球运动协会	专业	天安集团内	李荣明	仇家明	文体局	1992.07
县养猪专业技术协会	专业	农林局内	俞照正	方瑞娟	科协	1994.03
县棋类协会	专业	丹城起春路71弄8号二楼	魏立人	仇孝楠	文体局	1994.05
县养鸡专业技术协会	专业	农林局内	罗志豹	王亚琴	科协	1997.03
县基督教协会	专业	丹城西谷路88号	黄伟光	潘安平	民宗局	1997.08
县登山协会	专业	丹城天安路56号	张厚荣	姜　震	文体局	1997.08
县企业家协会	专业	经济发展局内	应伟刚	刘亚烈	经济发展局	1988.05
县风景园林协会	专业	丹城丹东小区1号楼5楼	石华云	张建军	科协	1984.09
天安集团科学技术协会	专业	丹城大碶头	蒋善定	谢惠萍	科协	1994.11
县健身协会	专业	丹城城南路南康弄9号	陈志成	蒋赋梅	文体局	1997.07
县民营企业协会	专业	丹城天安路33号	章国乾	虞林梅	工商局	1989.04
县桥牌协会	专业	丹城靖南路	杨伟仁	欧　勤	文体局	1988.06
县体育总会	专业	丹城顺达路177号	范光辉	应才亮	文体局	1994.06

续表17-15

团体名称	性质	地址	会长	秘书长	业务主管单位	成立时间
县羽毛球协会	专业	实验小学体艺馆内	冯伟剑	王文一	文体局	2000.10
县野生动植物保护协会	专业	丹城来熏路15号	林宇皓	顾生鸿	科协	1996.11
县杨梅专业技术协会	专业	丹城来熏路15号	周善彪	陈志敏	科协	2001.12
县福利企业协会	专业	丹城丹峰东路125号	周彩娟	金伟挺	民政局	2002.01
县协税护税协会	专业	丹城塔山路119号	俞明振	洪昌伟	国税局	2003.11
县青少年科技教育协会	专业	教科研中心内	邱争光	杨永安	科协	2004.02
县职成幼教协会	专业	教育局内	何将常	潘永毅	教育局	2005.04
县劳动模范协会	专业	丹城广场路19号4楼	丁丹峰	连才友	总工会	2005.05
县跆拳道协会	专业	丹城靖南路720号	王齐鑫	连才友	文体局	2005.06
县环境卫生协会	专业	环境卫生管理处	陈建设	马鲁平	城管局	2005.06
县福利彩票协会	专业	丹城丹峰东路125号	史久根	沈传智	民政局	2006.07
县水上运输协会	专业	石浦	王周森	付旭伟	交通局	2006.08
县市场协会	专业	丹城天安路33号	朱英乾	黄惠民	工商局	2001.08
县农村放心店协会	专业	丹城天安路34号	石云星	陆　俊	工商局	2007.06
象山县建筑业协会	行业	丹城丹峰东路443号	吴松土	顾武杰	建设局	1996.03
县针织行业协会	行业	经济发展局内	邱金岳	干国华	经济发展局	1997.12
县船舶协会	行业	石浦凤栖路	王周良	胡敏辉	经济发展局	1999.10
县水产行业协会	行业	石浦金水路12号	谢定飞	张显划	海洋渔业局	1999.08
象山县贤庠模具协会	行业	贤庠政府内	乐美忠	朱小阳	经济发展局	2001.10
县餐饮协会	行业	丹城宾阳路35号	丁丹峰	朱财旭	贸粮局	2002.01
县紫菜产业协会	行业	丹城东谷湖69号	王常青	张文剑	海洋渔业局	2002.04
机动车维修配件行业协会	行业	公管所内	费继军	郭令旺	交通局	2002.07
县印刷行业协会	行业	丹城南街12号	陈海林	谢绍其	文体局	2002.12
县道路运输协会	行业	公管所内	盛安中	姚虞康	交通局	2003.04
县农业生产资料行业协会	行业	丹城南街19号	张亚莉	应永明	科协	2003.07
县成品油行业协会	行业	贸粮局内	洪云来	孙胜平	贸粮局	2003.10
县汽车工业行业协会	行业	经济发展局内	周辞美	刘亚烈	经济发展局	2004.05
县旅游行业协会	行业	旅游局内	陆吉良	何也辉	旅游局	2004.08
县竹根雕家具联合艺术协会	行业	丹城天安路117号	石永生	邓世民	经济发展局	2004.09
县房地产业协会	行业	丹城塔山路41号	俞志兴	薛歆旸	建设局	2005.05
县再生资源行业协会	行业	丹城宾阳路35号	钱　雄	杨伟成	贸粮局	2005.07
县殡葬行业协会	行业	丹城塔山路288号	陈国富	林冬琳	民政局	2005.07

续表17-15

团 体 名 称	性质	地 址	会 长	秘书长	业务主管单位	成立时间
县网吧行业协会	行业	丹城步行街	林振刚	郑 健	文体局	2007.04
县政协之友联谊会	联合	丹城起春路4号	陈世灿	林大水	政协	1994.07
县基督教三自爱国运动委员会	联合	丹城西谷路88号	盛明山	史奇妙	民宗局	1982.12
县卫生系统思想政治工作研究会	联合	卫生局内	孔森山	林 辉	卫生局	1992.04
县太极拳社	联合	丹城丹峰路195号	陈照才	董诚忠	文体局	1989.11
县留学人员和亲属联谊会	联合	县委统战部内	张继锋	吴永建	县侨联	1996.06
象山县慈善总会	联合	丹城东街上进路	俞明振	郑国平	民政局	2001.06
县爵溪街道商会	联合	爵溪街道办事处	陈 照	谢立光	工商联	2003.12
爵溪街道巾帼管理者联谊	联合	爵溪巨鹰宾馆3楼	王细亚	陈淑萍	爵溪街道	2004.05
县癌症康复协会	联合	丹城金辉路7号	邓绪田	吴昌业	科协	2005.08
县眼镜手机照相综合行业商会	联合	丹城天安路2号	余云兴	朱永平	工商联	2005.12
县外商投资企业协会	联合	丹城绿叶大厦11楼	陈方平	杨雄波	外贸局	2006.09
县东陈乡商会	联合	工业园区沿区路18号	王星平	姜勤俭	工商联	2006.02
县科技人才俱乐部	联合	教育园区内	蒋善定	顾正葆	科协	2006.05
中国国际贸易促进委员会象山县支会及中国国际商会象山县商会	联合	外贸局内	陈方平	欧世新	县府办	2002.12
县西周商会	联合	西周华翔山庄	周辞美	郑慈松	工商联	2006.12
县机动车驾驶员协会	联合	丹城新华路83号	孙 雄	林伟大	公安局	1996.03
县志愿者协会	联合	丹城后堂街21号	蒋凌燕	倪映雪	团县委	2007.06
县文化产业发展促进会	联合	丹城顺达路177号	吴开方	史迪钢	文体局	2007.07
县墙头商会	联合	墙头镇政府内	朱旌铭	冯建峰	工商联	2007.08
县农民专业合作社联合会	联合	丹城象山港西路442号	冯宗和	张明芳	农林局	2007.09
县贤庠商会	联合	贤庠镇政府内	沈永平	乐美忠	工商联	2007.11
象山县女企业家协会	联合	丹城新华路39号	李淑一	杜江桥	经济发展局	2007.12

民办非企业单位登记

指企事业单位、社会团体和其他社会力量及公民个人利用非国有资产举办的从事非营利性社会服务活动的社会组织。2001年，根据中共宁波市委办公厅、宁波市政府办公厅发出《关于印发〈宁波市民办非企业单位复查登记工作实施意见〉的通知》，明确民办非企业单位复查登记对象、业务主管单位、登记管理机关、名称规范等9项操作性问题。在教育、卫生、文化、体育、劳动等业务主管部门和财税、公安、质监、银行等有关部门、单位配合下，开展复查登记工作。至6月末，全县复查登记民办非企业单位120家。2004年4月，由县民政局牵头，调查摸底现有民办非企业单位，主要是教育、卫生、文化、科技、体育、劳动、民政等9大业务领域内的民办非企业单位。至2008年年末，全县登记在案的民办非企业单位共125家。

象山县民办非企业单位情况表

表 17-16

单位名称	单位地址	负责人	主管单位
丹城镇培新幼儿园	丹城象山桥路 34 号	吴春兰	教育局
丹城镇旺旺幼儿园	丹城南洋路 54 号	钱亚嫦	教育局
西周镇春天幼儿园	西周嵩溪路 186 号	张杏娟	教育局
西周镇培育幼儿园	西周安路 80 号	周培飞	教育局
石浦镇宝宝幼儿园	石浦后街 44—1 号	佘玲玲	教育局
石浦镇兴浦幼儿园	石浦火炉头路 210 号	叶维芳	教育局
社会职业学校	丹城西澄河路 90 号	许根勇	教育局
丹城镇曙东幼儿园	丹城三叉路 35 弄 11 号	陈再芬	教育局
石浦镇小星星幼儿园	石浦玉泉路玉泉别墅小区内	叶赛月	教育局
石浦镇延昌小精灵幼儿园	石浦大华路 142 号	陈爱飞	教育局
石浦镇新佳幼儿园	石浦大庆路 1 号	刘夏月	教育局
丹城镇小乖乖幼儿园	丹城西谷湖路 11 号	俞筱琴	教育局
丹城镇苗苗幼儿园	丹城下岭路 15 号	史映月	教育局
石浦镇珍英幼儿园	延昌华东巷 41 号	金珍英	教育局
西周镇中心幼儿园	西周小学西侧	金宏雄	教育局
石浦镇春辉幼儿园	石浦金山路 212 号	陈亚莲	教育局
石浦镇文港青菊幼儿园	石浦文兴路 47 号	刘青竹	教育局
石浦镇爱乐幼儿园	石浦人民路 183 号	陈惠英	教育局
社区教育中心	丹城体育场路 8 号	刘国芳	教育局
丹城镇欣欣幼儿园	丹城紫竹路 9—4 号	姜玉卿	教育局
丹城镇东风幼儿园	丹城东风路 85 号	余建英	教育局
丹城镇南庄七巧板幼儿园	丹西街道杨家村	杨吉志	教育局
丹城镇创佳幼儿园	丹城白象路 22 弄 17 号	俞彩敏	教育局
大徐镇甜甜幼儿园	大徐东昭路 47 号	王赟颖	教育局
丹城镇春旭幼儿园	丹城顺达路 130 号	练　颖	教育局
定塘镇小太阳人幼儿园	定塘漕前村	潘恩慧	教育局
西周镇莲花新星幼儿园	西周莲花渡头街昌盛路 32 号	郑松霞	教育局
丹城镇盈门幼儿园	丹城营门路 22 号	周爱娟	教育局
丹城大风车幼儿园	丹城起春路 77—3 号	黄灵芬	教育局
石浦镇大庆幼儿园	石浦大庆路 21 号	庞俊巧	教育局
石浦镇欢乐幼儿园	石浦荔港路 106 号	洪雪莲	教育局

续表17-16

单　位　名　称	单　位　地　址	负责人	主管单位
丹城镇东旭幼儿园	丹城范家弄 23 号	张美萍	教育局
石浦镇申宁幼儿园	石浦申宁巷 9 号	李　敏	教育局
丹城镇童谣艺术幼儿园	丹城新丰路 165 号	应小红	教育局
丹城镇小铃铛幼儿园	丹城塔山路 20 弄 10 号	林秀琴	教育局
大徐镇春美幼儿园	大徐虎啸铺村	钱美娟	教育局
石浦镇他新幼儿园	石浦邬家村红星巷 18 号	鲍素珍	教育局
丹城育峰幼儿园	丹城起春路 61 弄 6 号	吴小红	教育局
丹西街道南庄安琪幼儿园	丹城六升村	朱雅丽	教育局
西周镇一休幼儿园	西周锦港路 26 号	胡丽萍	教育局
石浦镇兴丰幼儿园	石浦新港路兴丰巷 1 号	杨丽斐	教育局
石浦镇邬家村幼儿园	石浦红星巷 132 号	金理燕	教育局
丹城蓬莱幼儿园	丹城蓬莱小区 7 号楼 104 室	郑雪敏	教育局
丹城范兴幼儿园	丹城宾阳路 251 号	何云兰	教育局
塔山幼儿园	丹城塔山路 180 号	虞小亚	教育局
定塘心园学校	定塘渡头街	李国良	教育局
丹西蓬莱少年科艺培训学校	丹城蓬莱社区居委会	林　琳	教育局
协华外国语咨询培训中心	丹城广场路 11 号	奚春芬	教育局
剑桥外国语培训中心	丹城靖南路 198 号	王海燕	教育局
丹西街道丹瀛幼儿园	丹城瀛洲小区	李　今	教育局
宁波滨海学校	丹城天安路	郑　敏	教育局
丹城东方幼儿园	丹城丹峰小区	白银玲	教育局
高塘岛凌雁幼儿园	高塘港口	卢燕红	教育局
奥林匹克培训学校	丹城新华路 119 号	潘丕根	教育局
一泓音乐器乐培训学校	丹城育才路 80 号	陈　泓	教育局
丹城育才社区培训学校	丹城育才路 6 号	陆绥华	教育局
西周少儿艺术培训学校	西周嵩溪路 132 号	赖桂梅	教育局
华焌外语外事培训学校	丹城东谷路 69 号	石海燕	教育局
丹城小星星英语培训学校	丹城靖南路 255 号	虞　琦	教育局
文化艺术培训学校	丹城新华路 12 号	纪云飞	教育局
学生假日活动服务中心	丹城育才路 3 号	刘国芳	教育局
丹城亲宝宝早教园	丹城塔山路 280 号	曹玲娟	教育局
李石开·爱丽贝素质教育学校	石浦新浦路 5 号	李石开	教育局

续表17-16

单 位 名 称	单 位 地 址	负责人	主管单位
象山港书院	丹城靖南路	章华勇	教育局
丹城春蕾幼儿园	丹西街道白石村	雷月琴	教育局
丹西童声幼儿园	丹西街道樟树下村	黄秀莲	教育局
高塘 ABC 幼儿园	高塘岛江南路 12 号	李玲斐	教育局
海韵幼儿园	文峰学校西首	欧赛萍	教育局
丹城爱弥儿幼儿园	丹城建设东路 337 号 2 弄	余林贤	教育局
阳光育英培训学校	丹城金声路 7 号	章　敏	教育局
贤庠镇乐方幼儿园	贤庠珠溪南村	杜旦丹	教育局
快乐英语培训学校	丹城西街 21 号	张正菲	教育局
社区培训中心	丹城西街 97 号	仇维荣	教育局
贝立兹英文培训学校	丹城丹阳新村内办公室二楼	陈玲玲	教育局
下沈欣天幼儿园	西周下沈新房弄 3 号	叶海芬	教育局
丹城贝特外语培训学校	丹城新丰路 218 号	仇坚勇	教育局
定塘镇中心幼儿园	定塘泥礁路中心卫生院边	陆文光	教育局
鹤浦镇天天文化艺术培训学校	鹤浦浦港西路 23 号	俞　梅	教育局
新时代艺术培训学校	丹城靖南路 419 号	方王春	教育局
滨海幼儿园	丹城瑶琳路	陈志宏	教育局
丹城瑶琳幼儿园	丹城新峰小区 14 幢	潘安芬	教育局
丹西街道象山港艺术幼儿园	丹城丹阳小区综合七楼一楼	陈海清	教育局
石浦恒佳外语培训学校	石浦大庆路 215 号	黄思源	教育局
象山港特色培训学校	丹城靖南东路文韵 10 号	孙永祥	教育局
丹城天天培训学校	丹城新丰路 165 号北首	闻小水	教育局
石浦童韵幼儿园	石浦荔港路房院弄 2 号	辛静静	教育局
鹤浦镇大南田幼儿园	鹤浦大南田村	梅超男	教育局
文海培训学位	丹西街道樟树下村 34 号	项全海	教育局
石浦文心培训学校	石浦大庆路 25 号	吴立常	教育局
家庭教育培训中心	教科研中心内	郑冬根	教育局
丹山幼儿园	工业园区商业街 322—330 号	陈冬菊	教育局
丹城格治幼儿园	丹城阳明花园 13 号楼	李益琪	教育局
国际海运职业技术学校	石浦中学内	毛文晖	教育局
丹东街道文峰幼儿园	丹城塔山路 237 号	邵红霞	教育局
丹东街道梅溪学校	丹东街道梅溪村	周新建	教育局

续表17-16

单 位 名 称	单 位 地 址	负责人	主管单位
石浦镇向阳花幼儿园	石浦延昌橘场路别墅第4幢	吴慧慧	教育局
德和根艺美术馆	丹城东谷湖边	张德和	文联
丹东街道文峰社区文艺俱乐部	丹城文峰小区42幢	林小芳	文体局
滨海艺术团	丹城新丰路369号	陈志宏	文体局
民俗文化村	茅洋碶石矿内	郑振本	文体局
科技服务中心	丹城天安路153—161	陆传国	科协
青少年科技活动中心	丹城实验小学内	岑忠卿	科协
科普活动中心	丹城实验小学内	岑忠卿	科协
浙江大唐乌沙山发电有限责任公司科技活动中心	西周乌沙山发电有限责任公司内	王东禹	科协
凯旋跆拳道俱乐部	丹城靖南路东南侧综合楼	杨亦军	文体局
国贸电脑培训部	丹城新华路55号	黄素娣	劳动局
国穗培训学校	丹城育才路51号	周秋霜	劳动局
至高职业培训学校	丹城靖南路304号	陈林德	劳动局
摩托车驾驶员培训学校	大徐新凉亭	罗云飞	劳动局
海洋技术培训学校	石浦建业路18号	陈军岸	劳动局
西周镇小康电脑培训学校	西周方井路28号	夏小康	劳动局
汇兴职业技能培训学校	丹城汇兴路20号二楼	练　洁	劳动局
富宏职业培训学校	工业园区沿区路18号	王星平	劳动局
励民推拿培训学校	丹城育才路82号	励志敏	劳动局
西周信息技术培训学校	西周西瀛大街208号	吴华财	劳动局
针织服装培训学校	爵溪街道镇前街10号	冯成达	劳动局
诚信数控模具设计培训学校	丹城育才路191号	林　龙	劳动局
农业机械化技术培训学校	丹城新丰路368号	马家佃	劳动局
新职业培训学校	丹西街道洋心村	韩康林	劳动局
滨海电力职业培训学校	丹城城西路电力局内	夏泉海	劳动局
杰鑫针织服装职业培训学校	新桥东溪村	励茂杰	劳动局
现代职业技能培训学校	教育园区内	赖国爱	劳动局
巨鹰职业培训学校	爵溪街道游仙路16号	周金梅	劳动局
石浦镇海宁社区服务站	石浦万丰街16号	汤爱华	石浦镇
爱心驿站	丹城西澄河路90号	励文霞	县残联

第四节　移民安置

为改善高山、海岛居民生活条件，提高生活质量，县政府有计划、有组织、有步骤地实施高山、海岛扶贫移民，兴建水库工程移民及灾后重建，并承担县外建设大工程的移民安置。

本地移民安置

水库移民安置　20世纪50年代至2008年，全县共为10个水库建设工程组织移民，总计22个村、1744户、5570人。

表17-17　**1958—2005年部分年份象山县水库移民情况表**

年份	水库名称	所在乡镇	迁出村名	户数（户）	人口（人）	迁入乡镇	迁后村名
1958	岩头陈	新桥镇	岩头陈、洞墙、碾坑	67	253	东陈乡东岙村	东升
	番头岙	石浦镇	铜桥九坑岙	12	41	石浦镇番头岙	—
1965	刘家岙	丹东街道	刘家岙	20	62	丹东街道河东村	—
1968	仓岙	墙头镇	戴家、章家	153	510	墙头镇、湖莱港	戴港
						丹西街道潘家桥村东	南仓
1970	溪口	茅洋乡	溪下郑、里塔亭、外塔亭	245	932	东陈乡万金山南麓	立新
						丹西街道下张家西侧	新建里新
						茅洋乡花露山、庙山	花露山 庙山
1984	樊岙	鹤浦镇	北龙塘、南龙塘	36	133	鹤浦镇樊岙、南田墩2村	—
1986	三家村	石浦镇	白龙潭、三家村轧门、三坪头、天灯盏	110	314	石浦五眼桥、西北汝溪边	三家村
1990	仓岙	墙头镇	沙家厂、排其、峧头	176	605	丹西街道杨家村北侧	南沙
2000	平潭	西周镇	平潭	20	67	西周镇下沈村南岙口	平潭
2005	上张	西周镇	蔡家田、伊家、谢圣岙	905	2653	西周城区	蔡家田、谢圣岙、伊家

高山、海岛移民安置　为彻底改变恶劣居住环境，尽快使居民脱贫致富，由政府组织、部署移民。此项工作始于20世纪80年代末至2004年，全县共迁移37村、7687户、8859人。（2002年，新桥镇丁家塘村。2003年，东陈乡捣臼岩、鸡窠岭脚等3村户数、人口数资料缺失，未计在内。）

1989—2004年部分年份象山县高山海岛扶贫移民情况表

表17-18

年份	所在乡镇	迁移村名	户数（户）	人口（人）	迁移地址	迁后村名
1989	西周镇	仙人岩	31	113	关山	—
1990	西周镇	见位	4	20	金竹坑	—
		大平头	12	39		—
1992	西周镇	白岩后	57	221	下沈长庆桥西	百贤
	鹤浦镇	龙头背	10	27	樊岙村南	
1993	石浦镇	半边山	170	660	石浦城区金山路	金山渔村
	西周镇	外静	140	480	下沈长庆桥西	荷欣
		里静	139	415		
		普塘	115	364	象西公路南侧，下沈与西周之间	寿丰
		万金山	27	95	梅丹公路北侧	—
		扫底湾	30	98	下沈东岙口	—
1994	石浦镇	檀头山前卫、双前、长坑、六股头、大沙、小沙、小宫后、东卫	953	3136	石浦城区葛峙山	檀兴渔村
1996	石浦镇	渔山大岙、小岙	96	290	石浦城区	渔山渔村
1996	西周镇	山头	70	217	西周城区北侧	望港
1999	西周镇	伊家山	66	201		伊家山
		羌平	20	44		—
2001	西周镇	沙泉（沙地）	93	293	西周城区	沙泉
		山顶岭	109	359		—
		防东	22	66		—
		大岙	67	236		—
		田岙	208	668	西周城区东岙口	—
2001	新桥镇	丁家塘	—	—	高湾村	—
2003	东陈乡	捣臼岩	—	—	旦门村	—
		鸡窠岭脚	—	—		—
2004	西周镇	半坑于	28	94	西周城区	—
		尖坑	40	146		—
		尖岭头	128	429	西周城区东岙口西	尖岭头
		大竹园	46	126	—	—
		田鸡山	6	22	—	—

灾后移民安置　规模较大有5次，分别是：1956年9月，亭溪乡周家路（今属墙头镇）部分村民迁入台灾被毁之南庄孙家、上张家村址，村仍名孙家（今属丹西街道）；1958年，南庄乡芭龙头部分村民迁虞家村旧址重建，1983年，改称新虞（今属丹西街道）；1960年，溪口公社东岙村部分村民迁杨家旧址（在下余之西，非上吴之东的杨家）建村，村名东岙（今属丹东街道）；1962年，爵溪部分居民迁原下张家村旧址建村，村名新建，1982年，复改称下张家村（今属丹西街道）；1964年，雅林溪公社陈山村部分居民，迁李家村旧址建村，村仍名李家（今属丹东街道）。

移民安置政策

生产用地以安置村农民人均占有耕地面积安排，在机动土地或已承包集体土地中解决，要求相对集中，有相应的水利配套设施。移民建房在符合土地利用规划和村镇建设规划前提下，统一选址，统一办理手续，房屋由移民自建或联建。施工单位等均由自主签订合同，自主监检质量。移民建房的"三通一平"（通电、通水、通路，平整）由安置地镇乡村负责解决。移民购、建安置房免征一切税费，承包耕地免缴农业税3年，免缴村提留3年，2年内不承担集体分摊义务工。有线电视信号由广电部门负责接通，免初装费和2年收视费。就医及子女入学，与安置地村民一视同仁，2年内免缴杂费，3年可免费参加农业生产技术培训和就业培训。有关部门免除办理户籍迁移，土地承包，义务教育，社会福利等费用。移民安置后享受安置地村民及社员待遇。宁波市政府对移民人均补助3000元、县财政再补助人均3000元。对安置村的经济补偿，移民购买闲置房，自建住房，按人均2800元标准补助。实行生活困难移民生活补助；建房困难者，在原基础上再补助5000元。同时，发给移民过渡期生活补助费18个月，每人每月900元。

外地移民安置

2003年，接收丽水市青田县滩坑水电站移民安置任务500人。按照《浙江省人民政府关于切实做好滩坑水电站水库区移民安置工作通知》，实行"有土安置，相对集中，分散安置与严格执行补偿政策"原则。是年6月，县政府办公室印发《关于滩坑水电站水库区移民安置工作实施意见》，将移民安置在土地资源相对宽裕，交通方便，自然条件较好，民风淳朴的12个镇乡的17个行政村。通过三个水平年安置，实际安置滩坑移民498人。

象山县滩坑移民安置情况表

表17-19

第一水平年				第二水平年				第三水平年			
镇乡	村	人数（人）	备注	镇乡	村	人数（人）	备注	镇乡	村	人数（人）	备注
贤庠镇	盐厂	29	—	石浦镇	横路桥	43	—	定塘	金牛港	72	其中非农2人
	岑晁	31	—	泗洲头镇	塘岸	34	—	晓塘	美礁碶	61	—
墙头镇	溪里方	17	—	新桥镇	新桥	19	—	—	—	—	—
	大溪蒋	12	—		关头	38	—	—	—	—	—
涂茨镇	钱仓	28	—	东陈乡	南堡	35	其中非农1人	—	—	—	—
大徐镇	后岭	11	—	茅洋乡	郑家庄	19	—	—	—	—	—
	下岙	11	—	—	—	—	—	—	—	—	—
	三角地	13	—	—	—	—	—	—	—	—	—
黄避岙乡	龙屿	25	—	—	—	—	—	—	—	—	—
小　计		177	—	小　计		188	—	小　计		133	—

第五节 婚姻登记 子女收养登记

旧时，男女婚姻均为“父母之命，媒妁之言”，子女无权选择，女子更甚。中华人民共和国成立后，国家颁发《中华人民共和国婚姻法》简称《婚姻法》，严格实行婚姻登记制度，婚姻得到国家法律保护。

婚姻制度

婚姻登记，始于清咸丰三年（1853）。太平天国《天朝田亩制度》规定：“男妇婚姻自主”，婚时由乡官颁发“合挥”。民国时，行过申请登记和申请撤销婚姻，但未能实施。五四运动后，青年男女提倡自由恋爱，婚姻自由，城镇出现自由婚姻，但仍需父母同意，媒人介绍，谓之“现行媒”，妇女始有离婚权。但一般妇女受封建思想束缚，特别是农村妇女视离婚为“丑事”，宁肯受尽欺辱，也不愿离婚再嫁。真正实行婚姻依法登记制度，则在中华人民共和国成立之后。

1950年4月，中央人民政府颁发《婚姻法》。1951年，县农会、工会、团委、妇联和各界人民学习宣传《婚姻法》，得到全县人民拥护。1953年3月，全县开展宣传贯彻《婚姻法》运动月，成立贯彻婚姻法运动委员会，下设办公室，各镇乡分别建立支会。全县从机关、学校、团体抽调干部、教师和党员、团员、工农积极分子60余人，组成婚姻法宣讲团，分组进入农村和居民区，向人民群众宣讲《婚姻法》。是年，全县51000户、20万余人受到教育，占全县总人数的98%。1980年9月10日，五届全国人民代表大会审议通过新《中华人民共和国婚姻法》后，县委宣传部、县司法局、人民法院、民政局及工会、团委、妇联等部门紧密配合，进行广泛宣传，提倡婚事新办，反对铺张浪费，限制承办婚筵，严禁公车出借。1986年3月，根据民政部发布新《婚姻登记办法》精神，县民政局指导各镇乡全面清理未办理结婚登记的同居者。是年，补办婚姻登记340对。1990年，县政府规定每年6月为新婚姻法宣传月，制定宣传活动计划，针对社会上存在旧观念、旧传统、旧婚俗，展开新婚姻法的宣传贯彻、咨询、服务活动。县民政局联合团县委、妇联等单位，在街头举行婚姻讲座、知识竞赛、服务咨询活动。是年，印发各类宣传资料28000余份。2000年，县民政局联合县司法、妇联、计生、团委等部门在城乡摆摊宣讲，进行法律咨询，印发各类宣传资料32000份。

婚姻登记

民国时期，政府要求男女结婚向乡、镇公所登记，领取结婚证，违反者则处以罚款，但未能全面实行。

1950年4月，《婚姻法》公布施行后，确定婚姻登记为婚姻关系的法定程序。凡是男女双方自愿建立或解除婚姻关系，必须依法实行婚姻登记。婚姻登记程序由申请、审查、登记组成。男女双方自愿结婚、离婚、复婚，必须由双方亲自到一方户口所在地婚姻登记机关提出申请，经婚姻登记机关审查，符合婚姻法登记条件，准予登记，并发相应证书。1951年，全县自由结婚197对，离婚175对。1952年1—6月，全县自由恋爱结婚1878对，寡妇改嫁229名，尼姑结婚46名，离婚665对，解除婚约（包办）89个，童养媳回娘家201名。1955年6月，内务部公布的《婚姻登记办法》中规定办理婚姻登记机关，在城市是街道办事处，在乡村为各乡镇政府，离婚、复婚仍由县民政局办理。1981年，新《婚姻法》公布施行，将离婚、复婚登记由县民政局移交乡镇政府办理，中国公民与外国人婚姻登记，华侨同国内公民、港澳同胞与国内公民婚姻登记，由宁波地区民政局直接办理。1985年，全县共办理结婚3243对，离婚75对。1986年3月，民政部颁布《婚姻登记办法》，规定婚姻登记机关的登记员，应由县级以上民政部门进行业务培训，考核合格并取得婚姻登记员证书的人担任。1990年，各镇乡婚姻登记员参加市民政局进修班学习。1991年12月，县民政局被评为省、市婚姻登记管理先进单位。2004年7月，县设婚姻登记处，址在塔山路298号，配专职人员5人，实施全县婚姻集中登记。为配合婚姻登记，卫生部门在此专门开辟婚检室。2004—2008年，全县结婚登记25792对，离婚4458对，补领结婚证5805本，出具无婚姻登记证明10023份。2008年，县婚姻登记处被评为“全国婚姻登记规范化单位”。

1951—2008年部分年份象山县婚姻登记情况表

表17-20

年份	结婚（对）	离婚（对）	复婚（对）	补领结婚证（对）	出具无婚姻证明（份）	涉外婚姻（对）
1951—1953	6831	2310	—	—	—	—
1979	1876	66	—	—	—	—
1980	4452	45	—	—	—	—
1981	4695	29	2	—	—	2
1983	4107	36	14	—	—	—
1984	4032	61	5	—	—	2
1985	3243	75	—	—	—	1
1986	4012	61	—	—	—	—
1987	3845	70	—	—	—	—
1988	3958	63	—	—	—	—
1989	3742	62	—	—	—	—
1990	3636	55	—	—	15	—
1991	3260	87	—	—	—	—
1992	4438	129	—	—	61	3
1993	3941	176	—	—	—	—
1994	4792	231	—	—	—	—
1995	3977	206	—	—	—	—
1996	4668	278	—	—	—	610
1997	3761	319	—	—	—	—
1998	4725	395	—	—	298	—
1999	4711	390	—	—	—	—
2000	4585	427	—	—	—	—
2001	3374	442	—	—	—	—
2002	5575	410	—	—	199	—
2003	3418	492	—	—	250	—

续表17-20

年份	结婚（对）	离婚（对）	复婚（对）	补领结婚证（对）	出具无婚姻证明（份）	涉外婚姻（对）
2004	5205	609	—	96	264	—
2005	4319	774	—	194	231	—
2006	5667	906	—	634	2180	—
2007	4719	969	—	1246	3631	—
2008	5882	1200	—	3635	3717	—

说明：部分年资料缺失

子女收养登记

历代均有收养，但无明确法律保护。中华人民共和国成立后制定《婚姻法》，明确规定子女收养条件。

1992 年 4 月，民政部发布《中国公民办理收养登记的若干规定》《外国人在中华人民共和国办理收养登记若干问题的通知》，明确中国公民办理收养登记机关是县级以上民政部门，外国人办理收养登记机关为省级民政部门指定的收养登记机关。1998 年，全县清理非法收养 424 人，其中符合收养条件办理登记 232 人。2000 年，又清理非法收养 102 人，经审查合格，办理登记 84 人。

1999 年 4 月 1 日起，协议解除收养关系的，由县民政部门办理解除收养关系证明。

2000—2008 年象山县办理收养登记情况表

表 17-21

年份	办理（件）	收养人来源（人）	
		社会福利院弃婴	社会弃婴
2000	147	—	—
2001	13	1	12
2002	27	3	24
2003	148	5	143
2004	56	2	54
2005	53	0	53
2006	54	2	52
2007	70	3	67
2008	81	4	77

第六节　老龄工作

1985 年 12 月，县成立老龄委员会，为非常设机构，下设办公室，址在县委老干部局内。1991 年 3 月，县老龄委员会办公室改为常设机构，办公迁至丹城起春路 4 号。2002 年 11 月，县老龄委员会改称县老龄工作委员会。至 2008 年，全县建老年大学（学校）5 所，老年文宣队 42 个，老年书画社8个。全县20个社区、35个行政村建有老年电大教学点，老年电大招生达3500人。

1996年始，每年10月定为《中华人民共和国老年人权益保障法》宣传月。是年，印发《中华人民共和国老年人权益保障法》150份、宣传资料3000份。全县各地召开大会，30000余人参与宣传活动，张贴标语6000张，之后形成制度。2001年，全县举行两法（《中华人民共和国老年人权益保障法》和省《实施办法》）宣传活动。通过县老年大学、街道镇乡老年电大教育点、社区、村老协会等，开展老年法律法规和敬老助老教育，提高公民尊老敬老意识；发挥老年人在关心教育下一代、维护社会稳定等方面的作用。

老年协会建设

镇乡按照省老龄工作规范化建设标准要求，开展创建老龄工作规范化社区活动。21世纪初，确定塔山、丹峰、文峰、金秋、公园、新华、东街、瑶琳、蓬莱、文昌、新建、北路、瀛海、龙溪、玉泉、文澜、九市曲、延昌18个社区为省规范化达标社区，达标率72%；全县开展农村老年人协会骨干培训，18个街道镇乡分批次组织培训490人次；推进农村老年人协会规范化建设，全县439个老年协会达到规范化建设标准。至2008年，全县18个街道镇乡建有老年协会的村落有731个。

2008年象山县街道镇乡、村老龄委基本情况表

表17-22

名　称	建立时间	活动场地（平方米）
丹东街道	2002	11200
丹西街道	1998	2400
爵溪街道	1991	28362
石浦镇	2002	12772
西周镇	1992	39804
鹤浦镇	1992	1846
贤庠镇	2000	15000
定塘镇	1992	11500
墙头镇	2000	2176
泗洲头镇	2000	4068
涂茨镇	1991	3500
大徐镇	1992	430
新桥镇	1995	4300
东陈乡	1992	2304
晓塘乡	1987	3515
黄避岙乡	1985	8050
茅洋乡	1985	21000
高塘岛乡	1985	8796

老年服务工作

办实事　2001年，县民政局为县内8名百岁老人，每年每人补助1200元，还为60周岁以上农村老人发放基本生活费与报销部分医药费。2003年3月5日，县政府发文《关于象山县农村村民最低生活保障办法有关文件的补充通知》，规定农村村民最低生活保障标准。至2003年，18个街道镇乡均建有敬老院。全县特困老人3000人，全部纳入低保。2004年始，百岁老人生活津贴由100元/月，提高至200元/月，年龄由100周岁放宽到100虚岁；70周岁以上老人免费享受景点游览。

维权　1991年，全县开展评选“尊老爱媳”十佳活动，74名先进个人在县庆祝老人节大会上受到表彰。1994—1997年，共表扬好媳妇、好儿媳1873人。1994年，落实老人赡养2730人，处理打骂虐待老人纠纷案18件，建立来信来访接待日，全年接待信访107人次。1995—1996年，共调解赡养纠纷问题234起。1999年，解决赡养纠纷227起，其中，虐待纠纷4起，依法处理伤害纠纷2起。2007年，调解涉老纠纷案5件。2008年，县法律援助中心接受老年人法律援助18件，调解涉老纠纷案10件；全县老龄系统接待老年人来信来访30件，件件得到落实；市县财政安排60万元资金，资助30个村创建老年活动室，全县老年活动室（中心）增至589个。

老年活动

1990年，县劳动局投资60万元，购置并装修县技工学校老校舍（址在丹城起春路4号），建县退休干部职工活动中心，建筑面积1500平方米。翌年9月，投入使用。一至三楼为阅览室、舞蹈室、棋牌室、乒乓室、飞标室等，四楼为办公室。另建100平方米门球场一个。活动对象为丹城地区机关、事业及企业单位退休人员。县老龄委员会业务指导，县人事局、总工会协管。活动经费：行政事业单位按退休人员实有人数定额上交；企业单位按企业全部职工工资总额比例提取。活动器具，向各单位筹集购置。

1991年，第二届老年运动会举行，组团18个，100余人参加。1996年老人节，举办第三届老年运动会，运动员500人。1997年，12个镇乡举行老年人体育比赛，比赛项目有乒乓、象棋、门球、拔河、钓鱼等，参赛2323人。1998年，在市第三届老年运动会上，象山获市乒乓球团体冠军，单打冠、亚军，太极拳、太极剑团体、个人亚军。1999年11月中旬，举行第四届县老运会，运动员2000余人，参赛人数为历届最多。2002年，近400名退休老人参加门球、乒乓球、象棋、飞镖、套圈、投篮、踢毽子、竞走、钓鱼等项比赛。2003年10月，举办第五届老运会，参赛近700人。2004年6月上旬，县老协会组织开展“万人健步走”活动，全县14000名老年人参加。2005年，在市第六届老年人运动会上，象山获最佳组织奖和体育道德风尚奖。2006年，组织老年人健身走，18636人参加活动。至2008年，举办老年运动会6次，参加者1万余人次。

1992年，县老龄委文宣队成立。1998年老人节前后，文宣队开展“不分年龄，人人共享”和“家家有老人，人人都要老”宣传活动，还进行“夕阳红”文艺汇演。2003年，县文宣队为老年人专场演出38场，舞蹈《渔港渔家女》获省文艺汇演一等奖。

第七节　殡葬管理

旧时，死者入土为安，土葬于山坡荒丘。全县各乡镇多建有义冢，小儿夭折，投入孩儿塔。民国时期，曾提倡公墓制。民国23年（1934）至民国24年，开辟荒坡地400余亩建公墓，葬者无几。中华人民共和国成立后，实行殡葬改革。2001年11月1日零时始，象山实行火葬。

修建公墓区

1950年始，殡葬迷信活动减少。1958年，全县各村统一划出山坡地、荒地集中建造坟墓，安葬从原田间、地头坟墓迁移出来的遗骨，有些采取深埋。1988年6月，县政府投资40万元，建成丹城普明、石浦西岙两处经营性公墓区。

坟墓整治

1990年，县政府成立制止乱建坟墓领导小组，颁布制止乱建坟墓布告。是年，全县拆除坟墓288座，其中，平毁29座，自行拆除40余座，680个行政村相应开辟山坡荒地建墓区，占全县739个行政村的92%，坟墓统一按单穴10平方米，双穴15平方米建造。1996年年初，县政府组成工作班子专项整治坟墓，至5月共清理坟墓153座。其中，平毁34座，拆除119座。全县绿化坟墓2463座。

推行火葬

照17-4　象山殡仪馆

2001年10月，县政府发布《关于推行殡葬改革的通告》，规定于2001年11月1日零时始，象山县行政区域内推行火葬制。规定凡在实行火葬区内的常住人员死亡的、在火葬区内人员在外地死亡的、外来人员在实行火葬区内死亡的，一律实行火葬。是年，在三岔路村柴岙山脚，兴建园林式现代化殡仪馆，绿化率49.1%。殡仪馆占地面积33347平方米，建筑面积4780平方米，内设6个大小遗体告别厅、7间遗体停放室、9间丧户休息招待所、火化厅、治丧餐厅、办公楼、骨灰寄存楼等，配遗容床9张、接尸车8辆、火化机6台、冷藏柜15台。殡仪馆工作人员38人。自11月1日至12月30日，全县共印发宣传资料等16万册；在墙报、村务栏刊登宣传文章1.5万篇；电视、广播滚动宣讲殡葬改革政策；6400人在《实行火化，功在千秋》横幅上签名，年纪最大为98岁。各镇乡还专门成立殡葬管理所，确定专职人员，各行政村、居委会配备殡葬协管员，各村民小组配备殡葬信息员。至翌年10月31日，全县火化遗体3404具，火化率达100%。至2008年，全县共火化遗体25141具，其中，本县行政区域内24398具，外地743具，火化率均保持100%。同时，全县建有骨灰存放处35个，建筑面积6120平方米。

2001—2008年象山县遗体火化情况表

表 17-23　　单位：人

年份	合计	其中		
		男	女	外地
2001	567	286	281	11
2002	3460	1735	1725	61
2003	3566	1782	1784	79
2004	3320	1657	1663	102
2005	3700	1840	1860	102
2006	3466	1733	1733	110
2007	3531	1767	1764	141
2008	3531	1765	1766	137
总计	25141	12565	12576	743

第四章　社会保障

中华人民共和国成立前，社会保障以济贫助困、赈灾救荒为主；民间办学、修亭、造桥、铺路之风盛行。中华人民共和国成立后，县设民政科，实施灾荒、医疗、社会困难户救济。对农村丧失劳动能力、生活无依靠的孤、老、残、幼者采用“分散与集体供给，辅以国家必要救抚”办法，享受社会福利。

20世纪80年代始，逐步在全县建立以养老、医疗、生育、失业、工伤5大保险为主体的覆盖广、多层次、多渠道社会保障体系；建立和完善政府扶助和社会救济相结合的赈灾救济体系；建立以城乡最低生活保障、农村“五保”（吃、穿、住、医、葬）和城镇“三无”人员（无法定扶养义务人或者虽有法定扶养义务人但义务人无扶养能力、无劳动能力、无生活来源的人员）集中供养为基础的新型社会救助体系。社会保障和社会福利事业稳步发展。

2003年，有关街道镇乡成立志愿者服务中心，开展为老人、残疾人、优抚对象服务。至2008年，全县有社区服务中心20个，志愿者达5万人。

第一节　社会保险

社会保障制度是广大人民群众共享经济社会发展成果的重要体现。经过长期的改革探索和实践，象山已建立职工基本养老保险、失业保险、医疗保险、工伤保险、生育保险、被征地人员养老保障等社会保险体系框架。

中华人民共和国成立初，县民政科兼理劳动保障。20世纪80年代始，由县劳动局负责办理职工社会养老保险和职工失业保险。1995年，实行农村养老保险。2004年2月，实行被征地人员养老保障制度。2008年，实行外来务工人员社会保险。

养老保险

城镇职工基本养老保险　1986年，始实行城镇职工基本养老保险制度，养老保障统筹范围和对象仅局限于国有、城镇集体企业及其职工。1987年，全县参保企业289家，参保职工19296人。随着经济社会的发展和广大群众对社会养老保险要求的逐步提高，1998年，县政府印发《关于个体、私营企业及其职工基本养老保险制度的实施办法的通知》，参保范围和对象扩大至全县镇乡、个私企业。至2008年，全县养老保险参保106847人（含低标准养老保险11710人），领取养老金的离退休人员10901人，发放养老金1.83亿元。养老保障基金静态支付能力达到18.1个月。

农村社会养老保险　1995年，县民政局创办农村社会养老保险，全县参保农民8.14万人。2004年5月，农村社会养老保险成建制划归劳动部门管理，与被征地人员养老保障管理中心合署办公。是年年末，全县农村社会养老保险81323人。

1995—2004年象山县农村社会养老保险参保情况表

表17-24

年份	参保人数（人）	年份	参保人数（人）
1995	81400	2000	891
1996	57779	2001	872
1997	9700	2002	709
1998	4561	2003	174
1999	1119	2004	60

被征地人员养老保障　2004年3月，东陈乡西庄村试点被征地人员养老保障，参保23人。参保人员分五档缴费、享受相应的保障待遇。6月，丹东、丹西街道也展开被征地人员养老保障。是年，全县共参保893人。后历年参保人数：2005年562人；2006年970人；2007年787人；2008年为最多，达7418人。

2005年1月始，县劳动和社会保障局会同县财政局联合发文，调整被征地人员养老保障缴费标准，并相应提高保障待遇。2007年1月，缴费标准和保障待遇再次调整，每人每月享受保障待遇提高15元。2008年1月，《象山县被征地人员养老保障实施办法》施行。参保对象从以户70%征地，放宽至以户60%征地的农户；参保人员享受2100~6640元不等的政府补贴。2008年前参保人员，1~3档的每人每月生活费增发40元，4~5档的每人每月增发30元。

医疗保险

1984年5月，县公费医疗管理委员会成立。公费医疗推行“系统管理、定额到人，超支按比例结报”的办法管理。1993年10月，全县开展企业职工大病医疗统筹试点，为宁波市首家实行大病医疗统筹试点县。全县企业约有24000人参加大病统筹。至2002年9月，实施城镇职工基本医疗保险制度。2003年5月，企业职工基本医疗保险代替原大病统筹，城镇职工基本医疗保险全面推开。2004年，新增医疗保险人员3500人，全县参加医疗保险人员累计达33941人。2005年1

月，县新型农村合作医疗结报划归医保中心管理。2007 年 7 月，印发《象山县城镇职工基本医疗保险实施意见》，原缴费办法和待遇标准作调整，首次为企业职工建立个人账户，并实施门诊医疗统筹。至 2008 年，全县参加基本医疗保险达 82751 人，其中，职工 69665 人，城镇居民 13086 人。

1994—2002 年象山县职工大病医疗参保及基金收支情况表

表 17-25

年 份	参保企业（家）	参保数（人）	收缴基金（万元）	拨付基金（万元）
1994	293	27097	271. 32	344. 87
1995	371	23798	317. 00	412. 00
1996	364	23452	352. 00	421. 00
1997	295	20912	321. 37	218. 83
1998	310	50053	429. 71	194. 73
1999	320	19718	810. 00	415. 00
2000	396	23826	1550. 00	504. 50
2001	206	18142	585. 00	696. 00
2002	206	18148	925. 00	594. 00

2003—2008 年象山县职工医疗保险参保人数情况表

表 17-26

年份	参 保 数（人）						合计
	公务员（含参照单位）			企业（含个体户）			
	在职	退休	小计	在职	退休	小计	
2003	11244	2743	13987	9746	5270	15016	29003
2004	12245	3219	15464	12426	6051	18477	33941
2005	12513	3501	16014	13873	7259	21132	37146
2006	12619	3706	16325	18570	7963	26533	42858
2007	13359	4084	17443	24393	8507	32900	50343
2008	13445	4386	17831	42607	9227	51834	69665

2003—2008 年象山县医疗保险基金收入、结余情况表

表 17-27 单位：万元

年份	基 金 征 缴 收 入								基金结余	
	公务员（含参照单位）					企业人员（含失业、灵活就业、个体）			当年	累计
	个人	单位	大病救助金	公务员补助金	小计	单位	大病救助金	小计		
2003	436. 52	1747. 99	74. 12	1879. 11	4137. 74	395. 18	22. 99	418. 17	1701. 06	1701. 06
2004	495. 57	2004. 89	72. 75	2184. 88	4758. 09	1749. 30	99. 47	1848. 77	1642. 59	3343. 65

续表17-27

年份	基金征缴收入								基金结余	
	公务员（含参照单位）					企业人员（含失业、灵活就业、个体）			当年	累计
	个人	单位	大病救助金	公务员补助金	小计	单位	大病救助金	小计		
2005	553.80	2230.05	75.70	2454.82	5314.37	2181.49	117.20	2298.69	1900.72	5244.37
2006	593.38	2393.61	76.87	2666.38	5730.24	2762.33	140.91	2903.24	1932.65	7177.02
2007	801.55	3683.33	103.99	2936.03	7524.90	3734.83	121.46	3856.29	5878.18	13055.20
2008	1008.78	4286.46	106.59	3833.72	9235.55	7306.07	375.11	7681.18	12564.91	25620.11

工伤生育保险

职工工伤和生育保险，20世纪80年代仅局限于国营和大集体企业。1990年始，工伤和生育保险覆盖范围不断扩大，参保人数、基金规模不断提高。至2007年年末，工伤、生育保险的参保人数分别为70858人、21208人，基金规模分别为694.12万元、568.89万元。工伤保险和生育保险保障待遇支付、分散用工风险等制度功能逐步体现。2008年，全县享受工伤、生育保险待遇的分别为1979人次、320人次，支付工伤、生育保险分别为500万元、300万元。

失业保险

1986年10月1日，全县实施职工待业保险，参保范围为国营企业（含企业性公司）、机关、团体、事业单位中合同制工人，县属大集体（合作工厂）企事业单位，以及在象山的部属企事业单位与驻象山部队所属独立核算、自负盈亏企业中固定职工、合同制工人。1994年3月，待业保险改称失业保险。1996年1月1日，参保对象扩大至国有、集体、股份制、联营、合作、私营、外商投资企业等合同制工人。1999年1月1日，事业单位也纳入参保范围。

参保初期，基金缴费比例为每月按企业全部职工工资总额0.7%。1996年改为1%，职工个人按本人工资总额0.5%缴纳。1998年7月1日，失业保险基金缴费标准由原来1.5%提高至3%，其中，单位承担2%，个人承担1%。

1996年，启动大龄失业人员再就业援助补贴：职工失业前连续工作时间，女满30年，男满35年，失业后未能再就业，其失业救济金领取期限可至法定退休年龄。2000年6月，停发上述人员失业救济金，之前上述人员失业救济金，由失业保险基金支出。2004年1月1日始，凡符合“领取失业保险金期满时，距法定退休年龄不足2年，未能重新就业”条件的失业人员，与2003年12月31日前，已按此条件认定的失业人员，可参照失业保险发放标准，享受再就业援助补贴至其法定退休年龄。再就业援助补贴由县财政支出。2004年，新增参加失业保险人员3753人，年末，全县参加失业保险的人员增加到51642人。至2008年，全县参加失业保险人员达68152人，比2004年增加31.97%。

1996—2007年间部分年份象山县失业保险金发放情况表

表17-28　　单位：元

时间	发放标准	时间	发放标准	时间	发放标准
1996.01	196	2001.04	308	2005.12	469
1996.10	216	2004.01	364	2006.09	525
1997.10	280	2004.10	434	2007.09	595

1987—2008年象山县失业保险参保及基金收支情况表

表17-29

年份	参保单位（家）	参保人数（人）	收缴基金（万元）	拨付基金（万元）	发放失业金人数（人/次）	办理失业人数（人）
1987	309	21366	20.10	—	—	—
1988	327	24720	26.11	—	—	—
1989	338	29200	46.39	14.98	111	—
1990	338	29200	39.82	14.94	81	—
1991	438	30200	43.26	15.39	116	—
1992	438	24619	56.85	30.99	112	—
1993	389	32270	91.90	31.62	280	—
1994	389	32270	153.30	99.44	3770	—
1995	381	30547	187.36	150.10	5602	—
1996	386	30770	290.49	233.65	6559	—
1997	326	25820	303.88	284.83	7365	—
1998	326	25820	348.06	314.99	11249	—
1999	686	39200	645.20	649.54	20047	—
2000	699	44106	950.36	1513.37	46697	—
2001	716	47558	1021.00	2128.94	59792	2891
2002	725	48350	1247.23	1917.91	52202	1578
2003	790	48616	1302.48	1599.00	32013	1068
2004	912	51642	1586.83	862.82	27705	978
2005	997	54672	1949.21	994.69	16667	1156
2006	1071	55199	2173.31	1053.90	14989	1369
2007	1184	57225	2537.98	987.42	11423	1098
2008	1784	68152	3131.72	930.22	8016	876

外来务工人员社会保险

2008年1月1日始，象山施行《宁波市外来务工人员综合社会保险》，把养老、失业、工伤、大病医疗和生育五大保险绑成“套餐”，使外来务工人员个人不缴费，企业缴费大幅度减少，进而把全县外来务工人员全部纳入社保体系，有效破解全民保险的难题。至年末，全县共有15747名外来务工人员参保。

第二节　社会救济

旧时，地方受灾，朝廷多以减免税实施救灾。宋淳熙九年（1182）壬寅秋，宁波通判方崧卿主象山荒政，象山“独无饥民”。嘉定六年（1213）县主簿赵善瀚建义廪于三乡以备赈济。元泰定二年（1325）二月，庆元路象山县饥，赈粮二月。明正德六年（1511）十二月，以旱免象山县暨昌国卫税粮。七年，以水旱免宁波属县税粮。十一年又免宁波五县秋粮。明嘉靖五年（1526）宁波大饥。十月，免宁波各县税粮。三十八年，免宁波各县被灾者税粮。隆庆三年（1569）以水灾免象山存留秋粮。万历二十六年（1598）九月，象山被灾八分，准免五分于当年存留粮内照数豁免。

清康熙年间，数次通免各省钱粮。《宁波府志》载：国朝恩赦，六县同。二十八年轮赦，四十四年全赦，四十七年赦丁粮，四十八年全赦，五十五年全赦。另设粥厂，救济穷困。

民国11年（1922），成立“华洋之赈支会”。民国26年，成立“非常时期难民救济支会”“象山县空袭紧急救济联合办事处”。民国28年，成立“象山县赈济会”。民国30年，成立“象山县荒粮救济委员会”。民国34年，成立“象山县社会救济事业协会”。这些机构在社会救灾中均发挥过一定作用，多因灾重款少，真正能发到灾民手中财物甚少，发挥的作用甚微。

中华人民共和国成立后，党和政府重视赈灾救济工作，逐步建立和完善政府扶助和社会救济相结合的赈灾救济体系。

灾害救济

自然灾害救济　清康熙六十年（1721），大旱民饥，知县马受曾奉命蠲地丁十分之三，设粥厂10所以赈。浙闽总智觉罗满保运米万石，至县平粜。雍正元年（1723），岁又饥，较前倍。知县马受曾发常平仓赈之，又设粥厂27所。清同治年间（1862—1874），邑内各乡镇多设有公益机构，有公益田，置义仓，屯粮救灾。民国33年（1944）遇干旱虫灾，民食几罄。乡公所向各大户劝募粮米，公所出社仓米，开舍施粥，至早谷登场。民国37年，县内多地粮荒，县积谷保管委员会将积谷775石按灾情分发各乡镇。

中华人民共和国成立后，凡遇重大灾情，县委、县政府均投入大量人力、物力、财力，以确保人民群众生命安全和开展生活生产自救。1956年“八一台灾”，南庄平原一片汪洋，损失惨重。灾后，县委、县政府立即组织抢险救灾，处理善后，安排灾民生活。省、地区多次派出慰问团、医疗队，安抚、医疗灾民；派飞机空投物资、食品、药品；3次送捐赠衣物62100件、棉被668条；拨出救灾款113.02万元，其中县政府拨款48.02万元。全县投工180万工，兴修水利299处。修复房屋37626间，重修30146间。又减征少购粮食10255吨。安置灾民11752人，使灾区很快重建家园，恢复生产。至1984年，共拨出自然灾害救灾款167万元。1993年6月10日，省民政厅印发《浙江省民政厅关于报灾、核灾和申拨救灾款物试行办法》。翌年，采取确定灾害等级，划分县、镇乡救灾责任，设立自然灾害救济事业费等办法，推进灾害求助体制改革。1996 年，县财政落实救济事业费 70 万元，各乡镇设立地方自然灾害救济事业费，用于抗灾救灾，确保灾区社会稳定。1997 年“八一八”台灾，县委、县政府与当地驻军组织指战员、民兵深入救灾第一线，紧急转移安置灾民 9 万余人，发动 30 万人次抢修海塘堤坝、公路桥梁，拨款 551 万元，调拨粮食 250 吨，及时发放 109 万元捐款与 81 万元物资。2000 年，县、镇乡设立二级自然灾害事业费预算，资金总额 150 万元，其中县级财政 100 万元。2005 年，县拨款 170 万元，建成 25 个避灾中心、471 个避灾点，可安置灾民 12. 38 万人。2007 年，为完善自然灾害求助体系，有效预防、妥善处理自然灾害突发事件，全县街道镇乡、村避灾中心和避灾点配备信息员，配置应急草包麻袋、衣被、毛毯、雨衣、照明灯等必需品。是年 9 月 18 日，13 号台风“韦帕”袭击前，动用 25 个避灾中心和 292 个避灾点，安置避灾人员 25800 余人；10 月 6 日，16 号台风“罗莎”侵袭，紧急转移危险地区群众 11489 人，灾后拨放救灾款 680 万元，其中宁波市政府拨款 200 万元，安置灾民，恢复生产生活。1988—2008 年，共发放救灾款 1595. 22 万元。

2008 年，排查避灾中心、避灾点安全隐患，撤销不符合要求的避灾点 13 个，合并 5 个，新建 3 个。至年末，全县有避灾中心 25 个，避灾点 481 个，救助场地可用面积 32. 5 万平方米，可一次安置灾民 10. 8 万人。

1986—2008 年部分年份象山县政府重大救灾情况表

表 17-30

年份	灾害类别	次数	灾民数（人）	救灾款（万元）	救 灾 物 资
1986	台灾	1	2960	14. 00	水泥 252 吨，钢材 5. 6 吨
1987	台灾	2	6112	6. 10	水泥 200 吨，小梁 2000 根，大米 50 吨，柴油 3 吨，玻璃 10 标箱
1988	台灾	1	2000	15. 00	水泥 70 吨，钢材 5 吨，木材 40 立方米，衣被 1. 11 万件
1990	旱 台灾	2	—	15. 00	水泥 200 吨，钢材 10 吨，粮食 1351 公斤
1993	台灾	2	—	21. 62	—
1994	旱 台灾	3	—	24. 50	捐款 49884. 12 元
1996	台灾	1	6300	23. 00	—
1997	台灾	1	236000	551. 00	粮食 250 吨，棉被 231 条
2003	高温 干旱	1	40000	100. 00	棉被 265 条
2004	台灾	2	—	310. 00	—
2007	台灾	2	90000	480. 00	—
2008	低温 雪灾	1	—	35. 00	—

2008 年象山县自然灾害救助应急避灾安置场所情况表

表 17-31

单　　位	避灾中心（点）（个）	面积（平方米）	容纳数（人）
丹东街道	21	41100	13590
丹西街道	28	20940	6950
爵溪街道	10	34250	12850
石浦镇	53	15240	4430
西周镇	50	18300	5980
鹤浦镇	40	10170	330
贤庠镇	32	17130	5660
墙头镇	23	33750	11120
泗洲头镇	22	12830	4205
定塘镇	28	25720	8515
涂茨镇	21	13450	4450
大徐镇	28	23730	7950
新桥镇	29	11500	3840
东陈乡	21	10800	3580
晓塘乡	19	21100	7010
黄避岙乡	16	4940	1620
茅洋乡	19	3820	1315
高塘岛乡	21	6000	2015
合　　计	481	324770	108410

火灾救济　火灾救济历有善举。中华人民共和国成立后，各级政府关心人民疾苦，本着“依靠集体，发动群众，国家给予必要救济扶持”的办法，每年按受灾程度和次数，在常年救济款中拨出一定数额进行救济。至 2008 年，累计发放火灾救济款 68 万元。

困难救济

贫困救济　1950 年，全县贫困户 4300 户、14100 人，县政府贯彻“以生产为主，群众自救，社会互济，政府协助”方针和《生产度荒救济暂行办法》，开展各种形式的生产自救，以解决部分贫困户的生活来源，度过暂时困难。1951 年，县政府发放棉衣 60 件、棉被 30 条、粮食 600 公斤、救济款 9000 元。是年，向贫苦农民发放粮种 300 公斤、春夏荒急救大米 4.5 吨，发放救济款 1.2 万元。1955 年，发放救济款 1 万元。1962 年，发放棉衣 495 件、棉被 500 条、救助款 3.4 万元。1960—1962 年春的三年困难时期，政府每年拨救济款 3.8 万元救助特困户。1979 年，发放救济款 7.8 万元，救助 1764 户困难户、784 户五保户及 263 名孤寡老人。20 世纪 70 年代，冬令春荒救济每年发放棉被 250 条、棉衣 400 件、粮食 1500 公斤，发放救济款 4 万元。80 年代，冬令春荒救济标准提高，每年拨出3万元，集中置办棉衣700件、棉被500条，发放救济款4.5万元。1990年，全县困难户1781户，其中，定期救助1675户、3502人，临时救助106户、351人，发放社会救济款12万元。1991年，发放冬令救济款30万元、棉被150条、棉衣300件。2000年，冬令救济标准再次提高，发放冬令救济款30万元、棉被280条。2001年后，救济对象发生变化，重点为因主劳力生病或死亡造成生活困难户及五保户、残疾家庭和孤寡老人。2005年，县政府出台物价动态补贴政策。2008年，发放冬令救济款达100万元。至2008年，共计发放各种救助款和物价补贴6693.36万元。

贫病救济　1957年，贫病救济598人，支付救济款13234元。1961—1964年，累计发放贫病救济款59025元。1971年、1985年、1989年，贫病救济款分别为16252元、36500元、66800元。2000年，改为医疗救助，支付医疗救助款10.1万元。2007年为12.75万元。2008年达63.57万元。

2000—2008年象山县困难救济情况表

表17-32

年份	定期救助			临时救助		物价补偿（元）	合计	
	户数（户）	人数（人）	救助金额（万元）	人数（人）	救助金额（万元）		人数（人）	救助金额（万元）
2000	1802	2265	81.51	74	6.12	—	2339	87.63
2001	1821	2278	92.66	102	7.31	—	2380	99.97
2002	3439	4300	182.35	151	9.28	—	4451	191.63
2003	5832	7293	350.34	207	10.21	—	7500	360.55
2004	6504	8134	646.02	246	13.69	—	8380	659.71
2005	7302	9128	795.01	264	15.54	54.41	9392	864.96
2006	6821	8618	975.14	285	18.25	—	8903	993.39
2007	7914	13213	1213.53	348	24.69	242.50	13561	1480.72
2008	7260	11393	1437.98	537	45.75	474.07	11930	1957.80

城乡居民最低生活保障

1997年，县政府印发《象山县城镇居民最低生活保障暂行办法》。1998年，发布《象山县农村村民最低生活保障暂行办法》，农村城镇实施最低生活保障，经费由县、镇乡、村三级承担。2002年，改为县、街道镇乡两级财政承担。城镇居民低于当年平均工资40%，农村村民低于农村60%的困难户，实行最低生活保障，发给一定经济补助。2004年12月，按城乡一体化推进原则，出台《象山县城乡最低生活保障实施办法》，确定城镇居民以当地上年最低工资40%，农村以城镇居民最低标准60%为标准发放经济补助。是年至翌年6月，全县低保户7369户、18593人，其中城镇353户、516人，农村7369户、8987人，发放保障款1197.9万元。2007年7月，县政府调整最低生活保障标准，城镇每人每月250元，农村每人每月150元，比上年分别提高19%与50%。2008年，全县有最低生活保障户7212户、11375人，其中，城镇413户、734人，农村6799户、10641人，发放保障款1413.03万元。

1953—2008 年象山县社会救助款支出情况表

表 17-33　　　　单位：万元

年份	金额	年份	金额
1953	2.30	1981	28.10
1954	4.59	1982	24.50
1955	6.04	1983	32.10
1956	48.02	1984	33.00
1957	56.68	1985	25.00
1958	4.74	1986	49.60
1959	10.63	1987	28.80
1960	4.80	1988	50.30
1961	19.60	1989	66.20
1962	8.90	1990	58.30
1963	8.60	1991	58.30
1964	30.50	1992	59.00
1965	10.00	1993	58.00
1966	9.20	1994	75.30
1967	9.60	1995	114.20
1968	20.11	1996	106.30
1969	10.18	1997	465.40
1970	10.80	1998	305.30
1971	12.10	1999	227.50
1972	27.00	2000	280.20
1973	14.10	2001	302.98
1974	21.60	2002	305.20
1975	26.20	2003	332.55
1976	19.40	2004	1152.60
1977	24.90	2005	1640.50
1978	28.80	2006	1098.50
1979	38.40	2007	2062.20
1980	17.60	2008	2245.20

对口帮扶

1983 年，采取“结对帮包，扶志扶本，政府扶助”办法，由比较富裕且有农作经验的农户（小组）与贫困户结对，给予生产技术、生产管理、种子优选帮助；政府拨给资金，信用社发放农贷，帮助发展家庭副业，增加收入；免收书簿学杂费、门诊挂号费、注射手续费，减免医疗费。1985 年，全县有严重贫困户 4350 户、14252 人，累计扶持 1267 户，脱贫 587 户，占总数 46.3%。

1986年，向1096困难户发放化肥70吨。1992年，成立县扶贫开发领导小组，扶贫工作从原单一的经济补助向高山海岛移民、农村基础设施建设、危房改造、集体资金项目开发、低收入农户扶助与大中小学生救助等方面延伸。1995年，县财政安排专项资金，用于贫困村资源开发和基础设施建设。1996年，市工商银行、市中房公司、市中农信（后改市规划局）、市中行、市外经贸委、市财办及江东区福明乡政府、东郊乡政府等单位与象山36个经济薄弱村7164户、23137人对口帮扶。1997年“八一八”台灾后，全县农村损失惨重，很多原先经济尚可的村变成贫困村，有些农户变成赤贫户。全县百户万元以下收入的贫困村增至217个，人均年收入在1000元以下的贫困户2975户、9521人。通过救灾救济和帮扶，至1998年，全县贫困村减至111个。其间，全县实施“百村千户”扶贫工程，79个县级机关、部门和38个企事业单位参与结对帮扶。2001年，县财政落实扶贫资金40余万元；各挂联单位、社会团体、个人捐助资金、实物折价，共计110万余元；市挂联单位捐助20万元，市老区办补助12万元，全面帮扶贫困村、贫困户发展生产。2005年，全县开展部门联动帮扶贫困户活动，2800余名干部结对1000多贫苦户，县财政落实扶贫资金500多万元，解决困难群众的实际问题。2006年，全县开展“百企联百村（贫困村），百（工商）户联百户（贫苦户）”活动，全县221个工商户与107个贫困村联姻，与59户贫苦户、147名贫困学生结对帮困、助学；累计投入资金850万元，实施高山移民602户、1869人，并改造贫困村基础设施等项目。2007年，市县出资326.35万元，安置高山移民429户、1330人；出资996万元，其中市补助183.6万元，完成306户危房改造；出资273万元，改造、新建欠发达村内道路21千米；出资806万元，其中市级132万元，新建机耕路29.9千米；投放552万元，其中市级176万元，扶助村级集体经济发展项目4个。是年，还对110户低收入农户，每户发放补助金2000元，救助小学生4385人、初中生1913人、高中生136人、大学生141人，发放救助款227.4万元。2008年，全面调查低收入农户状况，建立电子文档，全县年收入在2500元以下的贫苦户仍有11445户、22977人。是年，投资1300万元，完成450户危房改造；投资724万元，其中市级173万元，修建机耕路15条、38.5千米；投入726.6万元，其中市级63万元，14个村的道路得以改造；投资1132.3万元，其中市级286万元，发展强村项目5个，使21个村集体经济经营项目收入增加1.2万元。1996—2008年，全县累计改建、新建机耕路128千米，改造欠发达村村内道路112千米，扶助经济薄弱村集体经济项目32项，救助贫困生9475人，脱贫致富12536户、43876人。

对口帮扶贵州黄平县

1996年，按宁波市统一部署，象山县与贵州省黄平县对口帮扶，县政府先后出资826.5万元，实施帮扶项目66项。同时，发动社会力量，多渠道推进帮扶。浙江天元建设集团开展党员募捐，筹集资金20万元，在黄平县最贫困的万丈村兴建天元希望小学；象山慈善总会出资18.2万元，在该县野洞河乡龙角村实施慈善“安居工程”，拆建、维修房屋1820平方米，受助特困对象37户、137人，并捐赠纯棉内衣、鞋158箱，折合人民币18万元。2004年，在县职业高中开设黄平班和黄平分校；出资228万元，实施发展经济项目19项，建成基地9个，种植雷竹13.3公顷，“象山红”优质橘子16公顷，杨梅生产和特种养殖都取得一定成效；出资154.5万元，资助学校建设11项，其中，新建希望小学3所、农技培训学校1所，救助失学儿童2850人；培训副县级干部2人，机关乡镇干部300人次；帮扶改善农村基础设施，兴建人畜饮水工程、沼气工程、防洪坝工程、通村公路、文化娱乐设施、卫星接收站等，使村民生活条件改善，生活质量提高。

第三节　慈善事业

象山人乐于趋义，善举甚多。宋建中靖国元年（1101），以绝户民缪贵屋建养济院。崇宁四年（1105），移置县东一里，东亭庙西偏。明嘉靖五年（1526）：知县史篚移置东北旧城隍庙之前，屋七间。嘉靖三十五年，知县毛德京又砌屋八间，以居诸贫民。

明有惠民局，址县治前二十四步。宣德二年（1427），令天下军民贫病不能自备药饵者，令惠民药局给予医药。另设漏泽园、义冢。

清有育婴堂，在城南慕勋祠下，道光年间被火，原址建普济堂。同治七年（1868），邑令黄丙堃复之。首捐廉钱一百千文，置活契田三亩，并移拔养济院大泥塘田一百亩，先后由邑人助田二百七十六亩五分八厘，又地三亩五分。光绪七年（1881），里人黄炳然、黄旭峰、黄渭文、陈鼎新等捐资在东乡珠溪创设普济堂，置有田产四十八亩。

民国9年（1920），磐安乡沈家洋度济岭育婴所成立，建屋5间为所址，施氏兄弟助田50亩，以产息充作常费。

照17-5　西沙岭半山亭石刻捐柱

民国17年（1928）9月，由原育婴、普济两堂改办县救济院，院址丹城南大街，占地四分二厘，院长史翰章。民国28年，院设养老、孤儿、残废、育婴、施医、贷款、妇女教训与贫民习艺等所，兼办掩埋。因经费有限，育婴所除雇乳妇2人外，余均贴资领养。施医所聘义医3人，有义务小学1所，后又增设赈济会、普济所与义民救济所。民国35年，设院长1人，育婴员1人，会计、书记兼庶务各1人，工役3人，雇乳妇2人。院田614亩，年收租金80万元，租谷4.5万斤。年支出米200石（3万斤）、管理费30万元、衣被40万元、卫生10万元。

民国17年（1928），僧传常出资筹建象山佛教孤儿院，民国23年开院抚孤。址在丹城城隍庙，面积3960平方米。主要从事孤、残儿童收养、救济、教育培养。内设教育、卫生、抚养、衣食、会计与总务等部。入院儿童以16岁为度，满16岁自力。其中健康、成绩优秀者资助继续深造。有田1198.85亩，地33.9亩，山90亩，以出租等收益维持日常开支。是年，收养残疾人8人，儿童88人。

建义馆、义祠、义冢、路亭等，向为民间慈善事业。明嘉靖三十四年（1555），邑人钱完建义馆，有厅3间、廊房12间。清乾隆四十四年（1779），里人董物隆等捐建义祠，置田12亩。民国《象山县志》载，明清期间义冢50余处，茶会40余处，分布全县各地。另，水龙局8处，义渡、道头、灯塔、道路无数。

中华人民共和国成立后，民间慈善多以邻里、村落、社区、单位间互帮形式。县人民政府接管佛教孤儿院后，时有孤儿5人。1951年8月，孤儿院尚有37人，其中，职工5人，僧人6人。职工、僧人分得田地自力，孤儿入公办小学继续念书，发给生活补助。1994年2月，在塔山路288号建县福利院，占地面积8106平方米，建筑面积3436平方米，1997年5月竣工。是年11月

26日开业，入院4人，翌年增至8人，至2000年入院50人。后要求入院者逐年增多，因床位有限无法接纳。2006年10月，扩建综合楼2800平方米，2007年11月竣工，建筑面积增至6200平方米。有卧室110间、206床位。设有全护室、文娱室、医疗保健室、餐厅、洗涤沐浴房。配员工24人，其中医务人员3人，护卫员10人。福利院对入院老人建有健康档案，实行定期体检，组织健身活动。2008年，床位利用率100%，入院老人915人次。前后总投资1200万元。

2000年年初，县建慈善总会，开展慈善援助工作。2001—2008年，共接收慈善募捐款3195万元。推出慈善安居工程，援助住房特困户、危房户、受灾户等。推出慈爱孤儿工程，资助贫困孤儿学生。培养“向慈学生”，解决贫困学生伙食和学习用品等费用。推出慈善关顾特殊病患工程，援助恶性肿瘤等重症病患人员。详见本志“党派　社团”篇第七章“社会救助团体　社会关爱团体”第二节“慈善总会”。

第四节　福利企业　助残事业

中华人民共和国成立后，县政府重视福利事业和福利生产，组织盲、聋、哑、残人员适当参与生产劳动，兴办、改造旧时公益和慈善事业。1989年11月，成立县残疾人联合会。至1995年，全县已建立县、镇（乡）、村三级残疾人救助网络，开展残疾人康复、求学、求业、帮困等各项工作。

福利企业

1971年，利用丹城西寺创建地方国营“象山纺织厂”，后迁城西路9号。1978年，在西丹路8号筹建地方国营“象山县化纤厂”，1980年4月投产。1985年，又分别建成“象山民政毛毯厂”“南庄日用化妆品福利厂”等15家福利企业，共有职工296人，其中“四残”（盲、聋、哑及肢体残疾）职工106人，社会救济对象148人，优抚对象42人。年生产总值150.2万元，利润9.7万元。

2000年，县政府先后出台关于企业安排四残人员给予税收优惠的政策文件，其中安置一定劳动能力的残疾人占企业生产人员总数的35%以上，可以全额减免增值税、所得税。2007年7月1日后，按《财政部国家税务总局关于促进残疾人就业税收优惠政策的通知》，县政府作相应调整，规定企业单月平均实际安置残疾人占单位职工总数比例高于25%，增值税为即征即退。单位支付残疾人工资在企业所得税前按实扣除。2000—2008年共减免退税1.8亿元。

象山县纺织厂　1971年11月，民政局投资13.24万元，在丹城西寺建县纺织厂。翌年10月投产，职工40人，设有机修车间、纺织车间，配有14台仪表车，3台梳棉机，1台併条机，1台粗纱机。1974年，增梳棉机6台，粗纱机1台，职工144人。1975年，征丹城五丰村土地16.4亩，修建厂房和织布车间。1977年9月，西寺厂房火灾，毁厂房14间、3千瓦电动机17台、各类大型设备13台，工厂停产。同年11月，在城西路9号建新厂，占地面积10939平方米，建筑面积8700平方米。原厂设备搬迁新厂，恢复生产。1986年，全厂职工404人，其中，“四残”人员35人，优抚对象208人。设有纺纱、织布、机修、服装4个车间，配有织机59台，细纱机7台（2816锭），与其他设备，固定资产149.15万元，年产纺纱250吨，织布140万米。1999年，企业改革，职工分流，自主组建或自谋职业。

象山化纤厂　1979年，民政局投资54万元，在丹城西丹路8号建象山化纤厂，建筑面积4608平方米，其中化纤车间2286平方米，计划年产喷丝150吨。是年，产喷丝75吨。1980年，与墙头公社墙头大队合办年产300吨漂染车间。1985年，职工252人，其中四残人员98人，年产值239万元。1999年，企业改革，职工分流，自主组建或自谋职业。

表17-34

1971—2008年部分年份象山县福利企业情况表

年份	企业数（家）	职工总数（人）	其中残疾职工人数（人）	产值（万元）	减免退税（万元）
1971	1	40	18	30	—
1980	2	490	106	357	25
1990	16	1305	437	4690	187
1998	35	1459	605	8661	360
2000	34	1447	600	22223	2303
2006	21	1263	449	41158	5452
2008	20	1402	465	31633	1754

助残事业

1989年11月，成立县残疾人联合会。1991年，全县37个乡镇均组建残联。1995年，残疾人联合会组建到村。1997年4月，县残疾人康复中心建成。为眼疾儿童、少儿麻痹症患者、聋哑儿童确定康复定点医院，并建立社区康复站2个。联合世界轮椅基金会，向下肢残疾人免费赠送轮椅；资助弱智、精神病患者，托养脑瘫儿童、弱智儿童和聋儿；资助残疾人就学，安置和帮助残疾人就业。详见本志“党派　社团”篇第七章“社会救助团体　社会关爱团体”第三节“残疾人联合会”。

第五节　五保　敬老

中华人民共和国成立后，鳏寡老人列入“五保户”，由政府供养。政府救济退职老职工。倡导敬老，建县福利院，街道镇乡敬老院，优待普通老人，发放百岁老人补助费。

供养五保户

分散供养　1958年，全县“五保户”967人，采用分散供养方式，所需物品由人民公社生产队供给。1961—1963年，少数尚有一定劳动能力的“五保户”，根据其意愿，安排参加适当的、力所能及劳动，记工分，年终参加分配。部分经济困难、生产队保而不足的“五保户”，政府给予临时救济。1963年年末，全县“五保户”年人均口粮240斤，零花钱32元。20世纪70年代，采用集体供养、分散居住、村供亲养办法，村集体负责粮、款、物，并发给生活零花钱。1982年，县委、县政府决定，将“五保”与扶贫工作列为完善农业生产责任制内容，规定“五保户”不负担种植口粮田，并制定供养标准、定人管理、定期检查的“三定”制度，保证做到“五保户”住房不破漏、常有替换衣服被褥、生活必需品齐全，不低于当地一般社员生活标准，有病及时治疗。生活不能自理的“五保户”，有专人照料。孤儿到学龄时能按时上学。1983年，全县“五保户”751户、836人，其中分散供养393户、426人。年均供养标准250元（不含穿衣、修房、医药费)，比1980年提高30.5%。分散供养的“五保户”，由村委会帮助修缮房子，县民政局按标准给予添置衣被。

集中供养 由县、街道镇乡或村集体经济组织兴办敬老院，让“五保”老人居住一起的供养方式。1958年，全县各公社举办过敬老院，不久解散。1984年，定塘镇在葫芦门拆红庙创建全县首个敬老院，尔后，晓塘、旦门相继建成敬老院。是年，入院老人17人，人均年供给标准195元。翌年，县民政局拨出社会救济款1.6万元，帮助金星、高塘、下沈等地建敬老院。1989年，丹城镇政府投资220万元，分别建赤坎、樟树下敬老院，占地面积分别为3000平方米、3330平方米，建筑面积分别为2000平方米、1300平方米。设活动室、电视室、卧室、餐厅等。1990年后，“五保户”生活供养已从过去温饱型，始向福利型转变。2000年，全县“五保老人”推行敬老院集中供养制。各镇乡先后办起敬老院，有条件的行政村也先后仿效。每逢中秋、重阳、春节等节日，各级党政领导登门看望慰问“五保”老人，并送去慰问品。

精简退职老职工救济

20世纪60年代初，国民经济困难时期，部分职工精简退职回乡。为解决这部分人生活困难，对1957年年末以前参加工作的老弱病残、生活确有困难的职工，享受原标准工资的30%救济待遇。对1957年以前参加工作、1961年至1965年6月期间精简退职老弱残员工，大部丧失劳动力、生活无依无靠者，发给本人原工资60%救济款，并补助本人三分之二医药费。2003年始，按当地年平均工资，适时调整精简退职职工生活困难补助标准。

建立养老机构

1994年10月，在丹东街道塔山路288号建立象山县社会福利院，1997年5月竣工。2006年10月，福利院扩建。建设规模及休养人员情况见本篇第四章。县社会福利院是“三无”（无劳动能力、无经济收入来源、无法定扶养义务人）收养与自费休养的县级福利事业单位，隶属县民政局，面向全社会开展社会保障、社会救济、社会福利三位一体、三情合一的综合服务。收养、代养有子女但无法照料的老人，内设孤儿教育等项目。

照17-6 象山县社会福利院

1984年1月，晓塘乡首建敬老院。至1990年，全县镇乡新增养老院4家，占地面积14600平方米，建筑面积6250平方米，设床位353张；1991—2000年，又建成养老院5家，占地19450平方米，建筑面积9200平方米，设床位495张；2001年后，各地纷纷建立乡镇级集体性质的养老院。2008年年末，全县街道镇乡集体办敬老院共18家，占地面积77175平方米，建筑面积36591平方米，床位1720张，入住供养939人。村办、私人办养老院迅速增加，基本满足普通居民的养老需要。

照17-7 泗洲头镇敬老院

表 17-35

2008 年象山县福利院、敬老院情况表

名称	地址	开业时间	占地面积（平方米）	建筑面积（平方米）	床位（张）	入住数（人）	
						开业入住	2008 年入住
县社会福利院	丹东街道塔山路 288 号	1994.10	8106	6268	197	50	112
晓塘乡敬老院	晓塘乡三眼碶村	1984.01	2600	1750	100	24	33
定塘镇敬老院	定塘镇元亨路	1984	7000	2700	140	23	75
丹西街道敬老院	丹西街道樟树下村	1988.10	3000	800	40	20	26
丹东街道敬老院	丹东街道赤坎村	1990.01	2000	1000	73	30	36
涂茨镇敬老院	涂茨镇涂茨村	1991	5000	1100	48	27	40
高塘岛乡敬老院	高塘岛乡江北村	1992	2000	1070	64	31	48
鹤浦镇敬老院	鹤浦镇小百丈村	1993.01	2500	1200	120	40	78
西周镇敬老院	西周镇迎宾东路 1-9 号	1995.12	3450	2837	142	20	78
爵溪街道敬老院	爵溪街道龙山路 1 号	2000.12	6500	3000	122	45	88
新桥镇敬老院	新桥镇新桥村	2002.12	3000	1590	80	22	42
茅洋乡敬老院	茅洋乡李家弄村明相庵	2003.02	3996	2826	100	23	40
黄避岙乡敬老院	黄避岙乡黄避岙村	2003.09	1600	886	100	17	18
贤庠镇敬老院	贤庠镇岑晃村迎紫路 1 号	2003.12	1100	960	60	26	50
墙头镇敬老院	墙头镇墙头村大雷庙边	2004.03	8000	2700	141	62	115
东陈乡敬老院	东陈乡南堡村金山路 2 号	2004.10	10165	2992	100	22	41
泗洲头镇敬老院	泗洲头镇泗洲头村盛州路 55 号	2004	3500	1180	78	35	45
石浦镇敬老院	石浦镇三家村	2007.10	6670	3800	100	20	30
大徐镇敬老院	大徐镇相思岭村	2008.08	13200	4200	112	56	56

优待普通老人

1985 年 12 月，县成立老龄委。1991 年，建老年活动中心。其间，各镇乡分别成立老年协会，各行政村也建立老年活动中心，每逢农历九月九日（重阳节）老人节，各地举办登山、文艺、书画、体育等各种敬老爱老活动。经济富裕村，每月向老年人发放 50~200 元不等生活费，并组织老年人外出旅游。2008 年，县政府作出决定，全县 70 周岁及以上老人，凭老年证免费在城区乘坐公共汽车。

发放百岁老人补助费

百岁老人旧志记载极少。中华人民共和国成立后，特别是改革开放后，随着经济社会发展，百岁老人明显增多。百岁以上老人，1985 年 1 人、2000 年 4 人、2004 年 16 人、2008 年达 22 人。百岁寿星，一般由子女照料，县、街道镇乡、村给予适当补助，少数无依无靠者则入敬老院、福利院或由村安排专人服侍生活起居。

20 世纪 80 年代，政府每月发给百岁老人长寿保健补助费 25 元。1997 年，提高为每月 100 元。2003 年，调整为每月 200 元。2007 年始，调整为每月 300 元。

2008 年象山县百岁老人情况表

表 17-36

姓　名	出生时间	性别	住　　址	备　　注
周引弟	1907. 07. 04	女	丹东街道后堂街	—
吴福寿	1908. 02. 12	女	丹西街道杨家村	—
朱荣昆	1908. 03. 08	男	丹西街道南仓村	2008 年 8 月去世
石兰英	1909. 02. 23	女	丹西街道文昌街	—
陈桂妹	1906. 11. 02	女	石浦镇延昌社区	2008 年 4 月去世
郑桂梅	1908. 04. 30	女	石浦镇九市曲村	—
包秀英	1908. 06. 09	女	石浦镇蓝家村	—
杨金根	1908. 10. 17	女	石浦镇城北村	2008 年 7 月去世
朱荷英	1907. 10. 25	女	西周镇龙翔村	—
陈桐中	1908. 01. 24	男	西周镇柴溪村	—
翁凤英	1908. 09. 27	女	西周镇东瀛村	—
沈英友	1906. 02. 28	男	鹤浦镇南田墩村	—
欧秀英	1906. 11. 26	女	贤庠镇着衣亭村	—
黄玉香	1907. 07. 24	女	贤庠镇珠溪村	—
黄夫贵	1908. 03. 10	女	涂茨镇屿岙村	2008 年 3 月去世
黄彩英	1909. 06. 12	女	涂茨镇汤岙村	—
汪应才	1906. 05. 12	男	高塘岛乡三五村	—
吴福善	1906. 11. 08	女	新桥镇东溪村	2008 年 9 月去世
徐冬兰	1905. 11. 10	女	晓塘乡新厂村	2008 年 2 月去世
俞友火	1909. 08. 21	男	黄避岙乡塔头旺村	—
易阿香	1909. 12. 30	女	黄避岙乡大林村	—
胡梅兰	1909. 11. 17	女	泗洲头镇下峙后村	—

说明：百岁老人以虚岁统计

第六节　收养　收容

中华人民共和国成立前，县有官办、民办救助机构，接纳孤儿、流浪人员。中华人民共和国成立后，弃婴由福利院收养；麻风病患者由政府发放救济金；流浪乞讨者由县遣送站、救助站负责收容、救助、遣送。

弃婴收养

1997 年前，象山无福利院，乡镇政府将弃婴直接送宁波福利院收养。未送前委托他人抚养的，月拨给抚养费20元。1997年5月，建成象山县社会福利院，弃婴由县福利院收养。2002—2008年，共收养弃婴23人。

收容救助

麻风病患者救济　1979年始，救济境内2名麻风病患者，每人每月12元，至1987年调整为每人每月27元。2008年，调整为每人每年1万元。

流浪乞讨者遣送　收容遣送始于中华人民共和国成立初期，政府建立遣送站，对社会上流浪乞讨者，采取救助与遣送相结合办法。20世纪50—80年代，共收容遣送458人。改革开放后，流浪乞讨者中，真正生活困难、无家可归者大减，多为残疾人、家庭纠纷出走妇女、逃学儿童等，且比例逐年上升，有些还是解除劳教、逃跑以及偷窃诈骗流窜等违法者。1993年12月，贯彻省收容遣送工作会议精神，采取快审、快收、快遣成年流浪乞讨者。盲流人员，凡符合条件的给予生活救助、遣送。翌年，全县遣送271人次。2003年6月20日，国务院公布《城市生活无着的流浪乞讨人员救助管理办法》后，原有收容遣送相关条例和制度陆续废止。遣送站更名为救助站。至2008年，共救助191人次，发放救助款8940元。

第十八篇
劳动　人事

本篇目录

第一章　劳　　动

民国时期，劳动者以自谋职业为主。中华人民共和国成立后，劳动用工纳入国家计划。改革开放后，计划招工逐渐减少，劳动就业实行市场化运作，用人单位与劳动者互相选择、签订劳动合同。2000年始，县政府把就业、再就业这项民生工程作为促进社会和谐稳定的重要任务，贯彻落实《中华人民共和国就业促进法》，完善工作机制，提升服务水平，扎实推进城乡统筹劳动就业工作。同时，为劳动者建立各项劳动保障基金，确保劳动者合法权益。

第一节　劳动就业

民国时期，用工多为雇佣制，工人、店员、童工、学徒受雇于老板，去留无定。学徒工3年满师，方可升级任用或自立门户。中华人民共和国成立后，劳动用工一度实行计划管理。改革开放后，劳动力市场化运作，劳动者与企业签订劳动合同，劳动者受到法律保护。

用工制度

中华人民共和国成立初期，机关和企事业单位招工，多由区（镇）乡政府及私人介绍，无统一用工计划。1958年，始统一招工，以国家计划招收固定工为主，辅以临时工、合同工、季节工。各工矿企业也招收学徒工，学徒期3~4年。

1962年，临时工、季节工限制招用，一概纳入劳动工资计划，由各主管部门综合编制，用期一般不超过3个月。1971年，按国家下达计划，统一招工，对象为下乡锻炼2年以上知识青年。1975年，招收城镇待业青年。1979年，实行公开招工考核，择优录用。20世纪80年代初，按照市场经济的要求，进行劳动制度改革，县劳动部门不再下达企业招工计划和办理招工手续，全民和集体企业均可根据生产情况，自定招工计划和招工条件，自行或委托劳务市场办理招工事宜，劳动部门只负责合同签证。同时，企业员工的流动由企业和劳动者协商决定，劳动部门不再办理调动手续。1984年，试行劳动合同制，由劳动部门分配指标，劳动者与企业签订合同，为合同制职工。1986年，全县普遍实行“面向社会、公开招收、全面考核、择选录用”和“先培训、后就业”方针，推行用工单位和待业人员“双向选择”制度。90年代始，境内固定工逐步转为合同制工人。

招工就业

民国10年（1921）后，丹城、石浦始有电力、纺织、印刷等业，职工甚少。民国30年，县民生布厂曾招收工人135人。至民国末年，县有粮食加工厂30家、职工160余人，盐民1129人，手工业工人4000余人。

1949年年末，县属工业企业职工180人，其中产业工人122人、职员58人，另有学徒工5人。1956年，县属工业企业职工603人、手工业企业职工3746人。

1958年，大批农村劳动力涌入工厂，全民所有制企业职工达6986人。1961年，调整国民经济，精简职工，充实农业生产第一线。1964 年 7 月，县成立“动员城镇人口回乡、下乡安置工作领导小组”。翌年，动员安置本县和外地回乡、下乡人员 15099 人。1963 年，手工业系统一批长期临时工转为固定工。“文化大革命”期间，大批知识青年上山下乡。1972—1975 年，先后两次将全民、集体 3185 名长期临时工转为固定工。

1978 年后，劳动部门加强行业安置工作，鼓励自谋职业。1979 年，县成立劳动服务公司，设丹城、石浦两分公司。是年，考试招收全民所有制职工 444 名、集体所有制职工 855 名。至 1980 年，共安置城镇待业人员 6272 人。翌年，全县 776 名待业青年，721 人安置就业。其中，街道和劳动服务公司安置 134 人，自谋职业 95 人。至 1983 年，劳动服务公司及新办集体企业发展至 46 家，安置待业青年 1721 人。

1984 年，实行劳动用工合同制。是年，安置就业 1154 人，1982 年招收的 275 名计划外用工，转为合同制长期工。全县各系统和集体企业新建劳动服务公司及新办集体企业 84 家，安置就业 686 人。翌年，待业人员 1962 人，安置就业 1007 人。

知青安置

1962 年，象山县动员知识青年上山下乡。至 1966 年，886 名城镇知青去林海、儒雅洋、高塘岛、马岙、东陈等地插队落户。1969 年，28 名高、初中毕业生去黑龙江支边。翌年 5 月，148 名知青去温岭支农。1974 年 5 月，县成立知青办公室，城镇知识青年定位、定向下放，按“统一规划，城乡配合，厂社挂钩，集体安置”原则，动员 1006 名知青下乡。翌年，建立知青点 14 个，集体安置 566 人，其中住房补助 573 人，生活补助 725 人，计币 15. 66 万元。至 1978 年年末，全县先后动员 3473 名知青支农、支边；安置上海、宁波等外来知青 461 人。1974—1979 年，全县发放知青安置费 74. 6 万元。

1972 年，通过招工、招生、招干，逐步安置下乡劳动 2 年以上知青就业。至 1976 年，共招工安置 440 人。1978 年，招工 1187 人，顶替 88 人。1985 年，分 4 批将 508 名下放知识青年转为非农业户口，解决知青安置遗留问题。

1975—1996 年象山县招收工人情况表

表 18-1　　　　单位：人

年份	安置待业人员	全民单位招工	集体单位招工	新办及各类集体单位	个体、私营企业	临时工
1975	548	316	232	—	—	—
1976	719	125	594	—	—	—
1977	1321	344	977	—	—	—
1978	1961	282	1679	—	—	—
1979	3395	1661	1734	—	—	—
1980	2076	907	1169	—	—	—
1981	911	554	357	—	—	—
1982	500	409	91	—	—	—
1983	587	303	284	—	—	—

续表18-1

年份	安置待业人员	全民单位招工	集体单位招工	新办及各类集体单位	个体、私营企业	临时工
1984	1077	767	310	—	—	—
1985	1379	499	880	—	—	—
1986	1092	518	128	98	56	119
1987	934	447	217	134	79	153
1988	1179	456	170	165	83	260
1989	1132	638	140	104	33	217
1990	1185	506	569	70	24	116
1991	1109	508	507	10	21	63
1992	866	278	234	152	152	50
1993	714	516	—	51	51	136
1994	929	348	204	—	—	—
1995	669	384	151	—	—	—
1996	1002	283	129	324	324	—

说明：1997 年后，不再统计招工数

第二节 劳动保护

中华人民共和国成立后，为保障劳动者在生产过程中的安全与健康，促进劳动生产率提高，保证社会主义建设顺利进行，县人民政府制定了各种规章和措施。

安全生产

1951 年，在公、私工（手工）业企业摸底登记时，即有职工伤亡报告要求。1960 年 1 月 24 日，县人民委员会发出《象山县 1960 年劳动保护工作计划》，提出在全县工业系统中开展以防伤、防病、防暑、防冻、防尘、防毒、防潮七防为重点的劳动保护工作。同时，制定企业安全措施；企业内部成立劳动保护小组，由主要领导担任组长；广泛开展宣传教育工作；改进、添置劳保设备和个人防护用具；企业车间、班组设不脱产安全员；80 人以上企业设保健室，重点强调女工劳动保护；订立安全制度和操作规程，克服困难投入劳动安全资金；建立定期检查、汇报制度等。1965 年 2 月 16 日，县人民委员会人事科发文要求：凡国营、地方国营、合作社营（集体）和公私合营的工业、交通运输业、建筑业、伐木的企业，地质和水利系统的工程单位，国营农场和农机等单位，于每月终后 5 日内上报“伤亡事故月报表”。发生死亡、重伤事故需及时上报，15 日内将事故调查完毕后填报“死亡、重伤事故调查报告书”。至 1981 年年末，全县 18 个部门，118 个工、矿企业单位分别建立安全生产领导小组，落实专职或兼职安全员 220 人。1980 年，成立县安全生产、交通安全委员会，原县交通安全委员会撤销，下设安全生产与交通安全两办公室。同时，建立相应例会制度。后改设安全生产委员会，下设办公室。实行劳动安全卫生设施与主体工程设施同时进行制度；重大伤亡事故立案侦查制度。建筑施工企业，发放“施工许可证”。1980—1984年，每年开展一次“安全月”活动，进行安全教育，检查事故隐患。1986年，安全生产指标列入区、镇（乡）干部年终考核。1989年，贯彻《浙江省劳动保护条例》，重点检查危险行业和特殊工种设备，以减少工伤事故。20世纪90年代始，由县统一协调开展各项安全生产活动，避免生产事故发生。1995年9月，全县检查整顿露天采石场180个，完善“五证一照”（采矿许可证、安全生产许可证、爆炸物品使用许可证，矿长安全生产许可资格证、安全管理人员资格证，营业执照）。

安全卫生

为保障职工卫生健康，自1951年始，实行8小时工作制。1954年，全县企业建立安全卫生制度。1960年1月，县人民委员会提出“生产必须安全，安全为了生产”与“卫生为生产，生产讲卫生”，要求全县各厂矿企业在“五一”节前实现消灭“四害”，预防职业性中毒与职业病。对接触尘毒（矽尘、棉尘、铅尘）的职工进行健康体检，及时做好预防和治疗工作。1979年，全县开展职业病普查，并给予患病职工治疗和营养补贴。1984年始，定期定点检测镇乡以上水泥厂尘毒，责令限期整改不符合卫生标准企业。

安全监察

20世纪50年代，锅炉压力容器使用管理，列入劳动保护范畴。之后，建立锅炉事故报告制度，推行司炉工技术培训、考核和发证制度，并对锅炉进行技术改造，淘汰部分耗煤高、危险性大、操作笨重手烧锅炉。1981年，检验轻工、重化、机械、纺织、商业、医药、二轻等行业数十台锅炉，部分作报废更新、停炉大修，并开展锅炉普查登记、建档工作，发放“锅炉安全使用证”。专业培训和考核发证司炉工百余人。全县实行锅炉和压力容器设计、制造、安装、使用、检验、修理、改造七环节全面监察。颁布《象山县锅炉管理办法》，编制“运行锅炉安全检查表”“锅炉、压力容器事故报告书”。1988年始，每年例行检验锅炉、压力容器、电梯等，定检率90%以上。

同时，实施《矿山安全条例》和《矿山安全监察条例》，配备矿山安全监察员。培训爆破工、信号工等特殊工种人员，严格实行持证作业；给予管理混乱、无安全设施的矿山，限期整顿和停止开采处理；发予安全生产条件好、有开采价值矿山“开采证”。1985年，建立集体（个体）矿山安全卫生卡。1989年7月，成立县矿山安全监察机构。1993年，加强矿山安全监察，全县镇（乡）、村矿山采取分片管理。2004年，检查用人单位864家次，涉及劳动者3.44万人次。开通“12333”举报专线，形成与省、市及各县（市）连通的举报网。是年，接待信访3500余人次，受理举报投诉337件。其中，查处35件，案外调解302件，受理案件结案率100%。2008年，加大日常巡查力度，开展“春雨”“春苗”“春雷”等各类专项监察活动，并加强执法网络体系建设与年度审查，年检非公有制企业4266家。

女工特殊保护

1956年始，全县实行《女工保护条例》，特别保护女职工孕期、产期、哺乳期、经期，做到孕期工种调轻不调重，哺乳期班次调昼不调夜，经期岗位调干不调湿，力求适应女工生理特点。1960年1月24日，县人民委员会发出《象山县1960年劳动保护工作计划》，要求加强女工劳动保护，除实行条例外，要求各有关企业、单位增添必要的女工卫生设备。女工多的企业设立女工卫生室。改革开放后，制定各项女工保护措施；不从事负重或高温条件下作业；加强经期、孕期、产后期、哺乳期的保护；产期增至6个月；有未满一周岁婴儿的女工，不安排夜班，每班给予两次喂奶时间等。1990 年，全县已退休的 60 周岁妇女，进行常见病多发病的诊断与治疗。

劳动争议仲裁

民国时期，浙江省人民政府颁发《解决劳资争执暂行条例》令各县遵照执行。中华人民共和国成立初，劳资双方代表组成劳资协商会议，根据国家“公私兼顾、劳资两利”原则协商处理。1950 年 9 月，改称劳资关系委员会，协商签订劳资集体合同和手工业师徒合同。至 1952 年，共建劳资协商会 70 余个，30 余个行业签订劳资集体合同。翌年，增设县劳资关系调处核心小组。1956 年，县劳资关系调处机构撤销，改由协商、调解等行政手段处理。1978 年后，随着劳动制度改革，劳动关系渐趋复杂，劳动争议增多。1986 年，由县总工会、县劳动局与县个体工商协会组建成立县劳动争议仲裁委员会，分管副县长兼任主任。下设办公室于劳动局内。各企业主管部门设兼职仲裁员。后由县劳动局局长兼任仲裁委员会主任。至 1994 年，全县配备专职仲裁员 5 人、兼职仲裁员 36 人，90%以上企业成立劳动争议调解组织，处理解决各种劳动纠纷。劳动争议案件逐年上升，2004 年，全县劳动争议案件立案 294 件，结案 286 件，结案率达 97.3%。另外，全县镇乡协调机构处理劳动争议案件 203 件。2005 年 5 月 10 日，成立县劳动仲裁院，隶属县劳动局。2008 年，调解结案与经调解申诉人主动撤诉案件占全部案件数的 82.9%以上。

第三节 劳动力管理

中华人民共和国成立前，劳动力无专门机构管理。中华人民共和国成立后一段时期内，实行严格的计划管理。改革开放后，出现多种经营体制，劳动力计划管理开始松动。1990 年后，劳动力进入市场化运作，政府开始加大对职工职业培训力度，同时加强劳动力市场和劳动力价格的管理。

劳动力市场管理

1992 年之前，镇村办企业，私营、个体企业发展已达一定规模，其劳动用工均由企业自行招收。1988 年，爵溪镇的象山荣达针织联营厂首次从江西省万年县招收 60 名合同工，开创象山县乡镇企业向外招收工人之先河。全民、大集体单位用人，多由劳动部门统一安置，个别较大私营企业招工，亦由劳动部门统一组织劳务输入或输出，劳动力自发流动较少。县就业管理服务处首开劳务输出，全年组织劳务输出 4 批、74 人次。其中，宁波人丰布厂 3 批、68 人次，浙江腈纶厂 1 批、6 人次。后，县内建立劳动力市场，为供需双方提供服务。

1993 年 10 月 28 日，县劳务市场建立。是日，就管处 110 平方米的劳务交流场所，有 17 家单位进场招工，参加交流人员共 482 人次，当场签订劳动合同 85 人，达成招工意向 127 人，办理招工手续 17 人。是年，发布境外劳务信息 5 次，报名 85 人（赴美国塞班岛 84 人，赴新加坡 1 人），进入劳务市场咨询境外劳务输出、求职登记者 500 余人。1994 年，为企业发布招工信息 38 次；核准各类国有、集体、乡镇企事业单位和私营企业招工广告 412 份；发布境外劳务信息 6 次，报名 151 人，并于 12 月，首次向美国塞班岛输送针织女工 7 人；在 4819 工厂、惠诚针织厂建立电子操作工和针织工劳务基地。1995 年，审核发布用工信息 350 条，为 2360 人办理求职登记，介绍社会劳动力就业 728 人次。1996 年，277 名失业职工实现再就业。

随着国有企业转制，私营、民营、外资企业的逐渐壮大，企业用工需求急剧上升，原劳务市场已不能满足劳务交流需要。1997 年，动工新建劳动力交流市场。1998 年，推出“下岗、失业职工只要不挑不拣，保证3天内上岗”承诺服务制度，并每月定期举办2次劳动力交流会。2001年，通过劳动力市场交流，1988名城镇失业者与6410名农村、外来劳动力实现就业，形成“要招聘，找市场，要就业，到市场”的新型就业观念。2002年，每星期五定期举办劳动力交流会。2003年年末，全县18个街道镇乡成立劳动和社会保障综合服务中心，之后，还成立村(居委会)、社区劳动和社会保障服务室，逐渐形成市、县、街道、社区（行政村）劳动力市场4级网络体系。

照18-1　县人力资源市场招聘现场

2007年11月28日，劳动力市场更名为人力资源市场。人力资源市场服务范围在劳动力市场基础上逐步拓展延伸到大中专毕业生、经营管理人员、专业技术人员，市场功能与服务层次范围得到更大提升。

1998—2008年象山县人力资源定期洽谈会情况表

表18-2

年份	洽谈会（次）	进场人数（人）	参加单位（家）	提供岗位（个）	再就业（人）	下岗分流（人）
1998	10	13365	—	2405	1765	3496
1999	22	7837	398	4936	1412	2226
2000	—	8086	639	5933	2230	404
2001	31	28931	680	14359	2371	912
2002	47	33830	3334	18279	1684	—
2003	40	34575	1783	15603	1541	4650
2004	48	30906	1677	15873	4675	—
2005	46	15717	1242	13941	4972	—
2006	47	14365	1598	19188	3622	—
2007	45	16727	1561	19717	3625	—
2008	55	19126	1558	10628	7695	—

职工培训

20世纪50年代，开办农业中学，在县级中学兼办卫生、技工职业班，一年后停办。1978年，石浦航管站始培训渔船老大。1980年，开办县技工学校。1981年，县工会开办职工业余学校，招收机械制图班62人。翌年，开办职工业余夜校3所。53个基层单位自办夜校，学员2802人。1984年，开办县水产技术学校，石浦、爵溪、大塘诸中学增设财会、无线电、纺织、饲养职业班。1985年，有中学职业班12班。至此，全县共培训柑橘、农机、机械制图、电工、水产等各类技术人员1300人。

1990年，劳动部门着手抓劳动力培训工作，首次开设轻纺专业培训班，学员培训4个月后分配到8家企业，受到好评。1991年，县就业培训中心成立，主要开展就业前培训和上岗培训。此后，陆续开设会计、统计、电脑、采矿、全日制财会、机械加工、电子机械、计算机、针织打样、服装裁剪、宾馆服务、文档、烹饪、商品营业、市场营销等20余个培训专业，受到企业普遍欢迎。1991—1995年，共培训学员1200余人，每年培训就业率保持在75%以上。

1992年，县就业培训中心成立，划归象山县就业管理服务处，属两块机构一套班子，主要承担下岗失业职工再就业培训。同时，开设全日制成人高中学历教育，开创以长班养短班的模式，开设厨师、服装设计、财务会计3专业，学制2年，在校生多时达350人。1996年，县就业培训中心被评为省优秀就业训练中心。1998年，举办10期29个长短培训班，培训各类人员2846人，其中，下岗职工转岗培训502人，失业职工转岗培训1804人，失业人员就业前意识培训272人，其他人员培训268人。开设电脑、财会、宾服、保安、收银员、服务员、烹饪、商品营业、市场营销、实用营销等10个专业，培训合格率96.1%，培训后就业率72%。培训劳资干部100余名。1999年始，培训中心主要开展失业人员再就业培训活动。2004年7月，县职业技能鉴定中心开始举办农民转岗培训及被征地人员培训。是年，于新桥镇设立农民转岗针织培训基地，培训并推荐就业当地农民妇女260人。2004—2006年，县就业训练中心连续3年被县政府评为农村劳动力转移先进单位。2007年年初，在定塘镇设立农民转岗针织培训基地。2008年，全县培训职工8088人，其中，下岗职工培训1357人，农民转岗技能培训3058人，外来工技能提升培训3673人。

1997—2008年象山县职工培训情况表

表18-3　　单位：人

年份	下岗失业职工培训	农民转岗技能培训	外来工技能提升培训
1997	354	—	—
1998	2204	—	—
1999	1919	—	—
2000	1253	—	—
2001	1516	—	—
2002	1921	—	—
2003	1590	—	—
2004	1216	3665	—
2005	1232	3619	—
2006	1360	3839	2976
2007	1348	3061	3774
2008	1357	3058	3673

工资福利

中华人民共和国成立前，职工工资无专门机构管理。中华人民共和国成立后，政府建立劳动管理机构，严格管理职工的工资和福利。改革开放后，工资福利由市场进行调节，国家实行工资指导，并出台最低工资制度。

工资　民国时期，工人、职员工资由经理、店主订定。工人月工资10元左右，店员6~10元。

中华人民共和国成立初，职工工资以计时、计件为主，留用旧职人员照发原薪。一些企业始对超额完成生产任务者给予少量实物奖励。1954年，过渡为八级工资制。1956年9月，工资改革，企业普遍设立定额超产奖、节约奖、质量奖、新产品试制奖。1959年，工交系统实行综合性奖励制度，奖金按职工月标准工资7%提取，以产量、质量、节约、安全生产为评比条件，有季奖或月奖。1963年，调整部分职工工资，人均月工资由41.30元增至44.33元。建奖范围扩大至商业、财贸系统，并开始实行海岛津贴。“文化大革命”期间，取消奖金，归并为附加工资，每人每月2.30元至3.80元不等。1971年、1977年，两次给部分低工资职工升级，共4385人，占职工总数的53.9%，人均月工资增加5.05元。1978年，给2%职工调整工资，并逐步恢复企业奖励制度，有经常性生产奖、劳动竞赛奖、节约奖、增收节支奖等形式。年企业建奖职工4229人，人均23.99元。尔后，奖金一度滥发。1981年，控制建奖企业，全年人均94元，次年增至96元。1983年，普遍调整工资，同企业经济效益和个人劳动成果挂钩，全民所有制企业职工4549人，人均增资级差7.28元；县属集体企业6628人，人均级差7.31元。翌年，实行利改税和奖金税制度。1985年上半年，实行考核定级，提高定级工资。下半年，进行工资套改，全民所有制单位职工7967人，月平均工资由46.87元增至63.58元，集体所有制单位职工中8974人，月平均工资由48.59元增至64.90元。是年，全民所有制单位人均奖金173元。后，国家不再规定企业奖金数额，由企业按经济效益情况发放。

福利　1953年，县粮食系统、百货公司、水产公司、航管站等，开始实行《劳动保险条例》（简称“全劳保”）。1958年5月，新建工矿企业实行《关于县以上新建工矿企业劳动福利待遇的试行方法》（简称“新劳保”）。1975年，全民所有制企业统一实行“全劳保”制。是年，全县劳保福利费总额69.82万元，其中用于集体福利设施3.81万元。1978年，全民所有制单位劳保福利费总额104.86万元，1985年达501.39万元。1985年后，国家不再规定企业劳保福利数额，由企业按工作需要自行决定发放。

第四节　劳动模范

中华人民共和国成立后，各级评选劳动模范。至2008年，全县荣膺由中共中央、国务院召开会议或授予称号的全国劳动模范5人，由中央各部委召开会议或授予称号的部级劳动模范15人，由省委、省政府召开会议或授予称号的省级劳动模范23人，由行政专署或地市委、市政府召开会议或授予称号的地市级劳动模范94人。

照18-2　1957年2月象山县出席浙江省第五届农林渔牧盐业水利劳动模范全体代表

象山县国家级劳动模范情况表

表 18-4

姓名	出生年月	性别	籍贯、住地	文化	党派	单位	职务	备注
潘阿耀	1909	男	西周潘埠村	不详	中共党员	永鑫五金制造厂	技工	1950 年全国劳模，1982 年逝世
柯位康	1932	男	石浦镇	不详	中共党员	石浦农业机械公司	不详	1956 年全国先进生产（工作）者，1994 年逝世
顾满银	1928	男	石浦镇	不详	中共党员	第二运输公司	支部书记	1959 年出席全国群英（劳模）大会，1994 年逝世
柳建成	1964.04	男	泗洲头镇	初中	中共党员	县邮电局	乡村邮递员	2000 年全国劳模
方瑞娟	1957.06	女	丹东街道	初中	非党	繁兴畜禽场	场长	2005 年全国劳模

象山县部级劳动模范情况表

表 18-5

姓名	出生年月	性别	籍贯、住地	文化	党派	单位	职务	备注
林善山	1928	男	丹城人	初中	非党	县总社	股长等	1956 年全国供销系统先进工作者，2003 年逝世
张信芳	1936.05	男	黄避岙乡周家村	高中	中共党员	县法院信访科	科长	1959 年全国公检法系统先进工作者
骆宝仁	1943.07	男	贤庠镇蒲门村	高中	非党	爵溪财税所	所长	1988 年全国五一劳动奖章获得者
娄月娥	1934.07	女	石浦镇	初中	非党	石浦小学	小学高级教师	1989 年全国教育系统劳模
许定松	1940.06	男	涂茨镇下盆岙村	高中	中共党员	象山建筑安装实业公司	经理	1990 年建设部劳模
章杏根	1938.10	女	贤庠镇蒲门村	高中	中共党员	珠溪信用社	主任	1992 年全国金融系统劳模
刘梦忠	1938.03	男	陕西省兴平市	中专	中共党员	县计委	副主任	1993 年全国发展散装水泥先进工作者
蒋保民	1936.07	男	丹东街道蒋家村	高级经济师	中共党员	天安集团	董事长	1994 年全国机械工业劳模
应惠娟	1955.08	女	黄避岙乡	大专	中共党员	县档案局	局长	1995 年全国档案系统先进工作者

续表18-5

姓　名	出生年月	性别	籍贯、住地	文化	党　派	单　　位	职　务	备　　注
韩士庆	1963.01	男	定塘镇田洋湖村	初中	中共党员	田洋湖养护站	站长	2001年全国交通系统劳模
张智群	1955.07	男	山东省泗水	大专	中共党员	县科技局	局长	2004年全国科技管理系统先进工作者
王星平	1962.07	男	丹东街道	大专	中共党员	富宏针织有限公司	董事长	2006年全国纺织系统劳模
干国富	1960.04	男	爵溪街道	大专	中共党员	巨鹰集团	副总经理	2006年全国纺织系统劳模
何利彩	1960.10	女	丹东街道	大学	中共党员	县公安局	派出所所长	2007年全国五一劳动奖章获得者
俞国平	1959.06	男	新桥镇山头王村	大学	中共党员	县府办	副主任	2008年全国商务系统先进工作者

象山县省级劳动模范情况表

表18-6

姓　名	出生年月	性别	籍　贯	文化	党　派	单　　位	职　务	备　　注
方金火	1903	男	爵溪街道三村	不详	不详	木工	—	1951年省农业三等劳模，1969年逝世
徐金木	1917	男	大徐镇大一村	高小	中共党员	务农	支部书记	1955年省农林牧副渔劳模，2000年逝世
孙吉春	1920	男	新桥镇外岙村	初识	中共党员	务农	支部书记	1956、1957年省农业劳模，1980年逝世
张利员	1918	男	西周镇赖家村	初小	中共党员	务农	社主任	20世纪50年代省劳模，1968年逝世
朱丁辛	1912	男	西周镇关山村	初小	中共党员	务农	公社副社长	20世纪50年代省劳模，1969年逝世
陈财林	1930.03	男	墙头镇洋北村	初小	中共党员	县农资公司	船长	1979年省劳模，逝世
吴成南	1924.10	男	丹东街道后洋村	初识	中共党员	务农	大队长	1982年省劳模，2004年逝世
杨金弟	1931.11	男	石浦镇东门渔村	初小	中共党员	务农	副大队长	1982年省劳模，2005年逝世
盛起浩	1929.11	男	墙头镇盛王张村	初小	中共党员	县林业局	场长	1982年省劳模，逝世
潘仁安	1934.03	男	定塘镇斜岙村	初小	非党	务农	专业户	1982年省劳模
钟杏梅	1940.01	女	贤庠镇新丰村	初识	中共党员	务农	妇女主任	1982年省劳模

续表18-6

姓　名	出生年月	性别	籍　贯	文化	党　派	单　　位	职　务	备　　注
周小芳	1961.03	女	丹西街道	初中	中共党员	县针织厂	工人	1985年省劳模
吴昌兴	1941.03	男	鹤浦镇水湖涂村	初中	非党	务农	—	1986年省劳模
王增田	1952.11	男	爵溪街道	大专	中共党员	镇针织厂	厂长	1987年省劳模
杨永明	1954.01	男	丹东街道杨家村	初中	中共党员	南方野生动物养殖公司	董事长	1994年省劳模
徐根法	1937.10	男	晓塘乡九龙江村	初中	中共党员	东海牧禽蛋合作社	董事长	1995年省劳模
顾洁民	1946.02	男	江苏无锡	大学	中共党员	县水利局	副局长兼总工程师	1995年省抗洪救灾模范个人
赖振元	1940.01	男	西周镇赖岙村	大学	中共党员	龙元建设集团公司	董事长	1999年省劳模
毛道明	1943.03	男	石浦镇	大专	中共党员	县中医院	副主任医师	1999年省劳模
蒋成祖	1956.07	男	大徐镇	高中	中共党员	县供电局	站长	1999年省劳模
黄根元	1955.08	男	泗洲头镇	大专	中共党员	县农业局	站长	1999年省劳模
金红旗	1960.01	男	涂茨镇	大学	中共党员	县政府	副县长	2001年省千里海塘建设先进个人（省级）
陈　照	1956.05	男	爵溪街道	大学	中共党员	巨鹰集团公司	董事长	2004年省劳模

象山县地市级劳动模范情况表

表18-7

姓　名	出生年月	性别	籍贯	文化	党　派	单　　位	职　务	备　　注
谢世法	1922	男	爵溪镇五村	小学	中共党员	渔业合作社	社长	1953年省水产劳模，1981年逝世
周法根	1933	男	丹西街道	初中	中共党员	县食品公司	经理书记	1956年省先进生产(工作)者
吴富豪	1924.06	男	丹东街道	小学	非党	县食品公司	不详	1956年省先进生产(工作)者
史俊旺	1930.07	男	新桥镇关头村	初识	中共党员	县粮食局	粮站职工	1956年省先进生产(工作)者
史久才	1932.08	男	丹西街道	小学	中共党员	县粮食局	粮站职工	1956年省先进生产(工作)者
石克营	1933.01	男	贤庠镇珠一村	初中	中共党员	县邮电局	乡村邮电员	1956年省文教战线先进生产(工作)者

续表18-7

姓　名	出生年月	性别	籍贯	文化	党　派	单　　位	职　务	备　　注
沈贤本	1926.12	男	贤庠镇溪三村	初小	非党	县粮食局	粮管所长	1957年省先进生产(工作)者,2006年逝世
郑和宗	1932.02	男	丹西街道山头董村	初小	中共党员	乡镇企业	支部书记	1957年省先进生产(工作)者,2006年逝世
王碧蓉	1933.07	女	杭州市	大学	中共党员	县第一人民医院	院长	1957年省先进生产(工作)者
徐寿昌	1931.01	男	绍兴市	大学	非党	县人民医院	副主任医师	1958年省文卫战线社会主义建设积极分子,逝世
鲍会春	1930.02	男	东陈乡樟岙村	高小	中共党员	县粮食局	粮管所副所长	1958年省先进生产(工作)者,逝世
张玲香	1928.12	女	贤庠镇贤庠村	初识	中共党员	村委会	妇女主任	1958年省先进生产(工作)者
陈如刚	1920.11	男	定海县	高小	非党	石浦电厂	副厂长	1958年省先进生产(工作)者
叶悦英	1933.04	女	石浦镇九村	小学	中共党员	镇街道办事处	主任书记	1958年省社会主义建设积极分子
林永银	1925.11	男	宁海县涨坑村	大专	中共党员	合纤厂、化纤总厂	总工程师	1958年省先进生产(工作)者
钮长松	1929.12	男	爵溪街道	初中	中共党员	县农行	助理经济师	1958年省先进生产(工作)者
周翔蓉	1936.12	女	丹东街道	大专	中共党员	象山中学	中学高级教师	1958年省社会主义建设积极分子
余明成	1930.07	男	爵溪街道	初小	中共党员	石浦小学	小学高级教师	1959年省社会主义建设积极分子
谢思练	1928.12	男	三门县	高中	中共党员	樊岙中心小学	校长	1959年省文卫战线先进工作者
潘锦土	1933.04	男	石浦镇	高小	中共党员	石浦镇政府	副局级	1959年省社会主义建设积极分子
阮宏西	1931.07	男	丹东街道	高小	中共党员	县农机厂	工人	1962年省先进生产(工作)者,1997年逝世
胡纪瑜	1918.01	男	丹东街道	小学	非党	县招待所	厨师	1959年省工业基建交通社会主义建设积极分子,逝世
翁林祥	1928	男	西周镇杨岙村	初中	非党	县卫生局	卫生院长	1959年省先进生产(工作)者,2005年逝世

续表18-7

姓　名	出生年月	性别	籍贯	文化	党　派	单　　位	职　务	备　　注
罗宝兰	1915	男	石浦镇番头	初识	中共党员	西边盐业大队	支部书记	1963年省先进生产(工作)者,1995年逝世
陈长寿	1933.01	男	石浦镇	高小	中共党员	和丰纱厂	支部书记	1962年省先进生产(工作)者,2006年逝世
林传法	1928.09	男	高塘岛乡江北村	初识	非党	高塘岛供销社	职工	1962年省先进生产(工作)者,2008年逝世
屠德培	1932.06	男	贤庠镇乌屿山	小学	中共党员	县财税局	税务所长	1962年省先进生产(工作)者
吴祖德	1928.03	男	贤庠镇着衣亭村	高小	非党	县粮食局	粮站职工	1962年省先进(生产)工作者
周如江	1928.01	男	西周镇西八村	初小	中共党员	县第一运输公司	书记	1963年省先进生产(工作)者
陆阿根	1927.08	男	丹东街道	高小	中共党员	丹城酒厂	厂长	1962年省先进生产(工作)者
王世文	1935.01	男	象山县	不详	中共党员	省地质队	队员	1962年省先进生产(工作)者
龚先礼	1934.11	男	西周镇蚶岙村	小学	中共党员	西周公社	副书记、副主任	1962年省先进生产(工作)者
王美姣	1922.11	女	东陈乡沙岗村	小学	非党	县供销社	职工	1962年省先进(生产)工作者
林昌富	1930.03	男	涂茨镇	高小	中共党员	涂茨建筑社	职工	1963年省先进生产(工作)者
陈能忠	1914.12	男	高塘岛乡	初小	中共党员	县粮食局	职工	1963年省先进生产(工作)者,1991年逝世
张全贵	1923	男	丹东街道小厅村	初中	中共党员	务农	—	1963年省先进生产(工作)者,逝世
郑锡清	1931.10	男	爵溪街道	初中	中共党员	县海运公司	经理书记	1963年省先进生产(工作)者
陈岩西	1935.07	男	石浦镇	高小	中共党员	县农行	石浦办事处主任	1963年省财贸系统先进工作者
许常明	1920.01	男	丹西街道	初中	非党	糖烟公司	副经理	1984年市劳模,2001年逝世
陈义杰	1947.09	男	象山县	高中	中共党员	汽车修配厂	副厂长	1985年市劳模
洪财世	1942.04	男	大徐镇下院村	初中	中共党员	下院村	支部书记、主任	1986年市劳模

续表18-7

姓　名	出生年月	性别	籍贯	文化	党　派	单　　位	职　务	备　　注
俞根友	1953.09	男	丹城镇	大专	中共党员	原亭溪农机厂	生产组长	1986 年市劳模
林宏生	1937.02	男	石浦镇鸡鸣村	大学	中共党员	县广电局	总工程师	1987 年市劳模
吴秀清	1949.03	女	定塘镇	中专	中共党员	老干部局	局长	1988 年市劳模
胡家定	1950.02	男	丹西街道	大专	中共党员	中达建设集团公司	董事长	1988 年市劳模
王成西	1929.03	男	丹城	初小	非党	水果贩运	专业户	1989 年市劳模
张照银	1940.11	男	西周镇	初中	中共党员	县二轻局	副局长、高级经济师	1989 年市劳模
钟善文	1943.01	男	涂茨镇中堡村	初中	中共党员	中堡村	村主任	1989 年市劳模
胡善杰	1931.03	男	象山县	初中	非党	合作商站	主任	1989 年省商业系统劳模
葛永生	1958.09	男	丹东街道梅溪村	高小	中共党员	大棚蔬菜	种植大户	1989 年市劳模
林永法	1951.04	男	石浦镇	高小	中共党员	渔业	船长	1990 年市劳模
颜春林	1950.01	男	西周镇	初中	中共党员	西周食品厂	厂长	1990 年省粮食系统劳模
伊素珍	1963.11	女	西周镇	高中	中共党员	原莲花乡政府	计生干部	1991 年省生计系统劳模
汪世达	1953.03	男	丹西街道北门人	初小	非党	北门村	种粮大户	1991 年市劳模
翁在声	1954.10	男	鹤浦镇	师范	中共党员	高塘岛乡初中	校长	1992 年市劳模
林锦盛	1952.09	男	石浦镇	初中	中共党员	金明外贸冷冻厂	厂长	1992 年省商业系统劳模
赖祖恩	1933.10	男	象山县	初中	中共党员	县粮贸公司	经理书记	1993 年省粮食系统劳模
周先也	1945.02	男	西周镇东瀛村	中专	中共党员	盛和灯饰公司	董事长、总经理	1993 年市劳模
王性成	1937.02	男	爵溪街道	大学	中共党员	县水利局	副局长、总工程师	1993 年市劳模，2007 年逝世
陈阿福	1925.01	男	石浦镇	高小	非党	县医药公司	职工	1993 年省先进生产（工作）者，2002 年逝世
盛松林	1959.05	男	丹东街道	中专	中共党员	县公路运输总公司	驾驶员	1993 年市劳模
杨　鸣	1957.08	女	丹西街道	初中	中共党员	百货公司	柜组长	1993 年市劳模
陈吉林	1938.01	男	石浦镇五爱桥	高小	非党	县副食品商店	经理	1995 年市劳模

续表18-7

姓　名	出生年月	性别	籍贯	文化	党　派	单　位	职　务	备　注
林杏珠	1944.12	女	石浦镇半岭村	高小	中共党员	石浦小学	小学高级教师	1995年市劳模
彭亚芬	1950.10	女	丹东街道	小学	中共党员	丹城养护站	站长	1995年市劳模
袁寿年	1942.10	男	宁海县	大学	中共党员	县制药厂	高级工程师	1995年市劳模
周文德	1956.12	男	鹤浦镇前龙头村	小学	中共党员	前龙头村	支部书记	1995年市劳模
汤自强	1949.07	男	江苏省南京市	大专	中共党员	宁波正源电力有限公司	副总经理	1995年市劳模
蒋连红	1964.06	女	西周镇	大学	中共党员	西周镇政府	计生干部	1995年省生计系统劳模
陈爱生	1954.01	男	石浦镇	中专	中共党员	供销大厦	总经理	1995年省供销系统劳模
周禄定	1942.05	男	丹东街道洋心村	高中	中共党员	种粮专业户	农民技术员	1997年市劳模
蔡国民	1964.05	男	定塘镇下灶村	高中	中共党员	宏润建设集团	项目经理	1997年市劳模
蒋善定	1961.04	男	丹东街道	大专	中共党员	天安集团公司	总工程师	1997年市劳模
李悌德	1948.03	男	浙江苍南人	初中	中共党员	自行车修理	个体户	1997年市劳模
郑继刚	1963.07	男	丹东街道	高中	中共党员	县商业局	仓储科长	1998年省商业系统劳模
蔡　岳	1945.05	男	丹东街道	大学	中共党员	县第一人民医院	院长	1999年市劳模
杨慧丽	1952.09	女	丹东街道	中专	中共党员	县国税局	票管员	1999年市劳模
韩荷玉	1954.07	女	丹东街道	中专	非党	县第一人民医院	副主任护师	1999年市劳模
庄育健	1976.06	男	福建省惠安县	初中	非党	爵溪福甬公司	市场经理	1999年市劳模
姜　奋	1965.11	女	丹西街道	大专	中共党员	县人行	助理经济师	2001年市劳模
金国恩	1957.01	男	定塘镇礁横村	初中	非党	定塘蔬菜基地	农产品推销员	2001年市劳模
丁丹峰	1960.05	男	丹东街道	硕士研究生	中共党员	县烟草公司	经理	2001年市劳模
马张岳	1947.10	男	绍兴市	大专	中共党员	县检察院	检察官	2001年市劳模
王为森	1955.09	男	丹东街道	大学	中共党员	县财税局	信息中心主任	2004年市劳模
卢国平	1952.10	男	石浦镇平阳村	大专	中共党员	申菱电梯配件有限公司	董事长	2004年市劳模
周晓峰	1969.11	男	西周镇	大专	中共党员	华翔集团公司	经济师	2004年市劳模
吴声祥	1950.08	男	丹西街道珠水溪村	初中	非党	白鹅生产合作社	董事长	2004年市劳模
李建安	1960.04	男	丹东街道	大学	中共党员	县人民法院	司法警察大队长	2004年市劳模
王祉綐	1948.03	男	贤庠镇木瓜村	大专	中共党员	华丰建设集团公司	董事长	2007年市劳模

续表18-7

姓　名	出生年月	性别	籍贯	文化	党　派	单　　位	职　务	备　　注
严兴国	1956.08	男	黄避岙乡高泥村	初中	中共党员	高泥村	支部书记	2007年市劳模
徐慧波	1961.11	女	丹东街道	大学	非党	象山中学	中学高级教师	2007年省五一劳动奖章获得者
张德和	1955.12	男	西周镇	初中	非党	德和艺术馆	竹根工艺大师	2007年市劳模
吴寿国	1958.04	男	东陈乡旦门村	大专	中共党员	旦门村	村支部书记、健鹰公司经理	2007年市劳模
陆春土	1969.11	男	丹东街道陆家村	大专	中共党员	天安集团公司	生产总部调度	2007年市劳模

第二章　人　　事

中华人民共和国成立初，县民政科兼管人事。1953年2月，县设人事科。“文化大革命”期间人事工作由政工组兼管。1979年，复建人事科。1984年2月改为人事局，专管行政、事业干部人事工作。按照“任人唯贤”干部路线、“德才兼备”干部标准、“党管干部”原则，逐步形成干部选拔、配备、管理等一系列制度。1993年，国务院发布《国家公务员暂行条例》，行政机关干部陆续过渡为公务员，并对公务员进行考核。企事业单位开展专业技术人员的职称考评和聘任工作，人才资源全面得到开发和拓展。

第一节　干部编制

1950年6月，全县干部292人，多为南下和部队转业干部，并吸收部分学生和乡村积极分子。1984年，改革干部管理制度，实行选聘、解聘制。至翌年，选聘事业单位干部55人，区、乡（镇）干部79人，全县干部合计5525人。

1986年6月26日，为加强对全县行政事业单位机构及编制的管理，县成立编制委员会，由县长或县委党群书记任主任，成员由县委组织部、县委办、县府办、县财政局与县人事局等部门主要领导参加，办公室设在县人事局。同时规定，凡增设或调整党政群机构（包括内部股室的设置）和事业机构，都必须写专题报告，由县编委审核。分管编制的领导签署意见后，按照审批权限分别报县委、县府或上级党委、政府批准，其他任何部门不得审批。党政机关各部门和机关内部中层以上领导干部必须按规定职数配备。

1987年，省编办核定象山区、乡、镇党政机关人员编制共745人，按规定计划生育专职人员事业编制可使用43人，经县委常委扩大会议决定核定全县47个区、乡、镇党政机关人员编制共788人，编外7人。并全面整顿全县100多个事业单位编制，是年末，全县事业单位编制2147人，实际使用1910名，节余237人，有效控制人员编制膨胀。1988年年末，全县行政机关定编611人，实际在编605人；政法部门定编400人，实际在编362人；区镇乡机关定编788人，实际在编763人；事业单位（除学校、医院外）定编2310人，实际在编2163人。

1989年5月，在全县区、镇、乡机关（不含石浦镇）实行编制包干制度，编制包干单位均以编委核定编制为基数，采取增人不增资，减人不减资，节编受奖，超编受罚办法。至1990年，全县区、镇、乡机关（不含石浦镇）共节编528人，应兑现奖金44717元，4乡镇岗位责任制考核未达到基本分，3个乡镇擅自增加部门自配人员受罚，实际兑现奖金42240元。翌年，继续实行编制包干，节约编制48人。1991年下半年开始，全方位冻结机关事业单位编制，同时理顺乡镇机关内部机构设置，清退和核减乡镇自聘人员119人。

1992年，按省、市统一部署，全面开展撤区扩镇并乡工作。把原有37个乡镇撤、扩、并成19个镇乡。全县镇乡机构设置、定编设岗和人员分流工作即全面铺开，19个镇乡分流人员406人，其中，分流到经济实体220人，下村、下企业任职97人，其他89人。

1993年，将事业单位分为企业化管理的事业单位、自收自支的事业单位、差额预算（差额补助）事业单位、全额预算（全额拨款）事业单位，机构编制实行分类管理。同时允许党政机关工作人员以带薪留职、停薪留职、辞职等方式从事全民、集体、个体、私营等企业工作，是年48名党政干部加入经济建设第一线。其中，市管干部2人，县管干部9人，股级干部11人，县级机关一般干部20人，乡镇机关一般干部6人。

1995年年初，建立机构改革领导小组，下设办公室，开展日常工作。机构调整后，县级党政机构37个，比现有党政机构48个减少11个，精简22.9%。县级机关行政编制720名，比现有876人减少156人，精简17.8%，机构和人员精简比例，基本符合中发〔1993〕7号文件要求。1996年10月，全县党政机构改革方案开始全面实施。上级核定全县机关编制720人，县级领导保留34人，其余686人按党、政、其他15∶77∶8比例分配。

1997年，完成45个党政群团和7个正科级事业单位的“三定”方案批复工作，推行县级机关中层干部聘任制，聘用中层干部268人，其中，续聘187人，新聘81人，落聘65人，中层干部内部换岗交流51人，跨系统换岗7人，任命为临时负责人13人。1999年，全县365家事业单位实行聘用制管理，签订聘用合同8300余人。翌年，签聘用合同8800余人，缓签聘用合同160余人，下岗待聘20余人。另，县种苗场、县林场、县良种场、县电影公司4家单位先后完成转制工作，236人在职员工与原单位解除劳动关系。

2001年12月，根据宁波市委、市人民政府《关于象山县机构改革方案的通知》精神，象山县实施机构改革。机关行政编制由682人（不含实行市以下垂直管理的工商行政管理部门、质量技术监督部门、药品监督管理部门上划编制47人）减为545人，减少137人，精简20%。单列管理的政法机关专项编制，其中：法院机关编制由99人减为93人；检察院机关编制由67人减为60人；公安机关编制由318人减为315人；司法机关编制由55人减为49人。乡镇机关行政编制由893人减为688人，精简23%。一次性定编定岗，3年完成人员分流任务。这次机构改革，县级机关分流行政编制42人，事业编制64人，其中，提前退休3人，离岗退养63人，其他40人。

第二节　干部结构

中华人民共和国成立初期，干部大多为随军南下和部队转业，另有学生和农村积极分子。1956年6月，干部292人，其中南下干部98人，文化程度普遍较低。乡村干部由政府委派。1953年，实行选举。1956年后，实行干部试用考核，干部素质不断提高。1975—1985年，接收军队转业干部共502人。是年，全县干部总数5525人。1993年，国务院发布《国家公务员暂行条例》，行政机关干部中符合条件的，陆续转为国家公务员。1994年年末，全县国家干部8552人，其中，机关干部2314人，事业单位干部5090人，企业单位干部1148人。1999年年末，全县国家公务员2223人，至2008年年末，2359人。

1994—1998年象山县干部情况表

表18-8

<table>
<tr><th colspan="2">年份
项目</th><th>1994</th><th>1995</th><th>1996</th><th>1997</th><th>1998</th></tr>
<tr><td colspan="2">总计</td><td>8552</td><td>8851</td><td>9549</td><td>10043</td><td>10268</td></tr>
<tr><td rowspan="2">其中</td><td>女</td><td>2993</td><td>3169</td><td>3597</td><td>3814</td><td>3940</td></tr>
<tr><td>少数民族</td><td>0</td><td>0</td><td>5</td><td>5</td><td>7</td></tr>
<tr><td rowspan="4">文化程度</td><td>大专以上</td><td>2625</td><td>2880</td><td>3360</td><td>3716</td><td>3922</td></tr>
<tr><td>中专</td><td>3182</td><td>3421</td><td>3695</td><td>3929</td><td>3974</td></tr>
<tr><td>高中</td><td>1232</td><td>1209</td><td>1257</td><td>1200</td><td>1249</td></tr>
<tr><td>初中及以下</td><td>1513</td><td>1341</td><td>1237</td><td>1198</td><td>1123</td></tr>
<tr><td rowspan="3">政治情况</td><td>共产党员</td><td>3267</td><td>3015</td><td>3295</td><td>3598</td><td>3607</td></tr>
<tr><td>共青团员</td><td>1768</td><td>1664</td><td>2263</td><td>2581</td><td>2833</td></tr>
<tr><td>其他</td><td>3517</td><td>4172</td><td>3991</td><td>3864</td><td>3828</td></tr>
<tr><td rowspan="6">年龄</td><td>25岁及以下</td><td>1654</td><td>1823</td><td>2011</td><td rowspan="2">5447</td><td rowspan="2">5581</td></tr>
<tr><td>26至35岁</td><td>2543</td><td>2643</td><td>3045</td></tr>
<tr><td>36至45岁</td><td>2301</td><td>2342</td><td>2376</td><td>2453</td><td>2533</td></tr>
<tr><td>46至54岁</td><td>1587</td><td>1592</td><td>1662</td><td>1690</td><td>1702</td></tr>
<tr><td>55至59岁</td><td>458</td><td>446</td><td>452</td><td>448</td><td>452</td></tr>
<tr><td>60岁及以上</td><td>9</td><td>5</td><td>3</td><td>5</td><td>0</td></tr>
<tr><td rowspan="3">分布</td><td>国家机关</td><td>2314</td><td>2124</td><td>2142</td><td>2226</td><td>2217</td></tr>
<tr><td>事业单位</td><td>5090</td><td>5673</td><td>6312</td><td>6736</td><td>6949</td></tr>
<tr><td>企业单位</td><td>1148</td><td>1054</td><td>1095</td><td>1081</td><td>1102</td></tr>
</table>

1999—2008 年象山县国家公务员情况表

表 18-9

项目 \ 年份		1999	2000	2001	2002	2003	2004	2005	2006	2007	2008
总计		2223	2213	2230	2215	2204	2345	2352	2349	2357	2359
其中	女	421	401	414	416	433	499	507	509	502	503
	少数民族	0	0	0	0	0	2	2	2	2	3
	共产党员	1718	1766	1761	1742	1822	2071	2063	2064	2068	2079
文化程度	研究生	2	3	2	1	2	46	48	49	50	53
	大学本科	225	244	262	372	498	1419	1432	1435	1436	1439
	大学专科	797	810	864	888	1001	639	648	645	647	649
	中专（高中）及以下	1199	1156	1102	954	603	241	224	220	224	218
年龄结构	35 岁及以下	917	834	774	740	713	669	675	679	680	684
	36 至 40 岁	427	436	472	491	479	339	349	357	359	358
	41 至 45 岁	343	369	389	403	411	422	431	424	425	422
	46 至 50 岁	231	250	268	275	305	402	379	382	380	388
	51 至 54 岁	170	166	149	181	170	326	309	316	318	316
	55 至 59 岁	135	157	178	125	126	187	209	191	195	191
	60 岁及以上	0	1	0	0	0	0	0	0	0	0
分布	机　　关	1520	1512	1649	1613	1632	1850	1849	1845	1848	1846
	街道镇乡	703	701	581	602	572	495	503	504	509	513

第三节　工资福利

中华人民共和国成立初，干部工薪实行供给制与薪给制并存，以供给制为主。后实行包干制，伙食衣服折币发给，一般干部月得 26 元至 28 元，区级以上干部约 42 元，乡干部月薪大米 80 斤，40 斤作办公费，后改为 120 斤，折币 16.69 元发给。1952 年 10 月，国家机关工作人员第一次定级，县级以上干部定为 14~17 级，区级以上 17~21 级。翌年 11 月，部队转业人员、学校毕业生、试用人员也评定等级。1954 年 6 月，工资部分调整。翌年 7 月始，全部实行工资制。

1956 年，根据中共中央、国务院规定，进行中华人民共和国成立后的第一次工资改革，调升部分干部工资，同时评定乡、镇干部工资，并规定不同升级面。1971—1979 年，先后两次为低工资和有显著贡献干部增加工资。1979 年，40%干部调升。1982 年普遍晋升一级。

1985 年，进行第二次工资改革，企业工资制度与机关事业单位的工资制度分离，企业工资与经济效益挂钩，内部分配自主，在机关事业单位建立以职务工资为主的结构工资制。按职能不同，分基础工资、职务工资、奖励工资和工龄津贴 4 部分。全县 6347 名干部参加工改，人均月增资

16.93元。

1985年工资改革后，分别于1987年1月、1988年11月、1989年12月、1990年4月，按文件规定调整工资。

1993年10月，根据国家政策，机关事业单位工资制度进行第三次改革。这次工资改革，机关建立国家公务员工资制度，即职级工资制；事业单位根据教育、科研、卫生、测绘、交通、海洋、水产、文化艺术、体育运动员及金融等不同类型，分别实行专业技术职务等级工资制、专业技术职务岗位工资制、艺术结构工资制、体育津贴奖金制和行员等级工资制。事业单位管理人员实行职员等级工资制；机关事业单位工人也分别设置工资标准。至1994年，全面完成工资改革，全县10057名机关、事业单位工作人员的月增资总额和人均增资额分别为166.62万元、166元；1638名离退休人员的月增资总额和人均增资额分别为19.33万元、118元。是年，机关事业单位人均月工资为537元。为适应经济发展，先后又于1997年7月、1999年7月、2001年1月、2001年10月和2003年7月，调整机关事业单位工作人员工资标准，使机关事业单位工作人员工资随着经济发展逐步增长。

2006年7月，经党中央、国务院批准，再次改革工资制度，实行国家统一的职务与级别相结合的公务员工资制度，完善机关工人工资制度，形成科学合理的工资水平决定机制和正常增长机制。事业单位根据中共十六大关于推进事业单位收入分配制度改革的精神，适应深化事业单位改革的要求，建立符合事业单位特点、体现岗位绩效和分级分类管理的收入分配制度。翌年，按照国家统一部署，象山工改全面展开。机关公务员的基本工资由原来的职务工资、级别工资、工龄工资和基础工资四项调整为职务工资和级别工资两项。事业单位实行岗位绩效工资制，由岗位工资、薪级工资、绩效工资和津补贴组成，其中，岗位工资和薪级工资为基本工资。全县12000余名机关事业单位工作人员进行工资改革，人均月增资约200元。

第四节　人事管理

人事管理主要是干部管理，包括行政干部的录用、监督、考核、奖惩；专业技术干部的考评、继续教育；军队转业干部和离退休干部的管理，并建立社会养老保险。

行政干部管理

干部录用　象山解放时，全县干部69人（新分配学生和本地新招收19人，调入2人，旧政府留用7人，县工作大队41人），面对剿匪反霸、征粮征船、支援解放舟山、稳定社会等诸多工作，本地干部严重缺乏。县委通过剿匪反霸斗争与征粮征船等工作，举办短训班，在工人、农民积极分子和社会青年、知识分子中择优招收干部，并接收华东“革大”“浙干”和省、地干校学员和旧政府职员中优秀者为干部。至1949年年末，全县干部增加至156人。

1950—1951年，全县共招收乡干部259人，其中女干部34人。在城镇，经过社会改革、镇反与“三反”“五反”运动，先后吸收部分优秀工人、居民、职员为脱产干部，充实到财经、粮食、供销社系统工作。1953年，为贯彻中央、省委大胆大量提拔干部方针，建立干部选拔任用制度。党和国家有计划地统一培养干部和专业人才，新干部文化素质相应提高。是年，全县共有干部732名，其中，大专以上5人，高中文化83人，初中程度260人，小学以下384人。1954年始，干部实行选举和任命制。县政府县长、副县长与法院院长、检察院检察长由县人代会选举产生；乡（镇）人民政府正副乡（镇）长，由乡人代会选举产生；县政府各办、委、局正职，由县人代会常委会任命，副职由县人民政府任命。各部门党委（党组）书记由县委任命。截至1954年年末，全县干部954人。其中，南下干部90人，地方干部16人，军队转业干部46人，旧政府留用人员40人，新招收干部714人。财政、金融、商业、供销社4系统576名干部中，新干部518人。

1956年，全县干部增至1459人，其中女干部188人。是年，始实行干部考核制度。1957年，全县有干部1764人。1958年，根据中央整风运动步骤，紧缩机构，全县配备干部1273人。同年，为迎合"大跃进"需要，县委抽调149名机关干部到基层挂职工作。1962年1月，全县干部4160人，通过机关、团体、企事业单位整编精简，至10月，干部减少1408人。其中，开除、死亡5人，退职、退休回乡789人，转人武干部32人，转全民所有制厂矿工人8人，转集体所有制员工286人，1958年新招收的288人全部清退。在清退人员中，国家干部减少539人。精减后，省、地分配下放干部202人。是年，全县共有干部2954人，占计划保留数的92%。

"文化大革命"期间，干部制度严重破坏，干部使用出现"以工代干"现象。大部分机关干部被抽调参加"五七"干校和农场或农村（大塘港）劳动，干部调配录用工作正常秩序打乱。1972年始，从农村吸收23名积极分子，充实人民公社领导力量。1974年，"批林批孔"运动期间，从农村陆续招收"补贴干部"。1975年，按中央部署，成批接收军队转业干部。

1976年10月，整顿各级领导班子，落实老干部政策，提拔优秀中青年干部。至1978年，全县干部3587名，高中以上文化占41.5%，年龄45岁以上占34.3%。1979年始，干部调配录用工作趋向合理化、正常化、规范化。同时，专业技术干部调配列入工作重点。1983年，整顿行政机关、企事业单位中的"以工代干"人员，转干155名。1984年，按照干部队伍革命化、年轻化、知识化、专业化要求，55周岁以上县、区领导干部大多退居二线，改任巡视员、调研员、协理员等。是年，干部录用实行自愿报名、文化考核、政治审查、体格检查、公开招收办法，并在选拔乡镇干部中推行聘用合同制，招聘102人。至年末，全县干部5170人，其中，高中以上文化程度占59.2%，年龄35岁以下的占43.2%，26~45岁年龄段干部占76.9%。1988年，录用干部名额、招考范围、条件、方法及录用结果均向社会公开，并由人大常委会等部门监督。同年，由县人事局分配的大专毕业生179人中，有54人分配到企事业基层单位，占30%。1990年，全县共接收分配大中专毕业生267人。1997年始，面向社会公开招聘国家公务员，截至2008年年末，全县共招聘公务员360人。2008年11月，全县具有大专以上文化程度县管干部630名，占94.3%，比1988年的16%提高78.3个百分点。其中，具有大学本科学历410人，研究生以上学历9人。

干部监督　中华人民共和国成立初期，干部监督是在上级组织管理监督基础上，发挥人民群众民主监督作用。1952年，全县收到人民来信117件，其中，检举、揭发信74件（批评揭发干部官僚主义、违法乱纪、强迫命令45件，检举控告混入革命队伍的反革命、坏分子29件），占总数的63.25%。对推进"三反""五反"运动的深入开展，改进领导作风、密切党群关系起到重要作用。同时，揭露和清除一批混入乡、村政权中的反、坏分子和不法分子，纯洁革命队伍，为巩固人民民主专政奠定坚实的基础。1960年后，继续采取组织与群众监督相结合办法。2003年，县委约谈下属机关"一把手"97人次；完成对行政"一把手"7人的离任审计和6个单位财务收支审计工作。2003年后，县委先后出台《关于进一步加强领导干部选拔任用和监督管理工作的若干意见》《象山县党内监督九项制度的实施办法》《关于干部提拔任用实行党风廉政建设"一票否决制”的实施意见》等一系列管理监督制度，进一步完善“强化预防，及时发现，严肃纠正”的干部监督机制，强化对领导班子特别是“一把手”的监督，确保权力正确行使。实施对主要领导干部的全程监督，主要有任前、任内、离任等方面监督内容。2004年，53名领导干部接受经济责任审计，61名领导干部办理离任经济事项交接，清理企业兼职党政领导88人。是年，实行领导干部个人家庭财产登记，至年末，112名领导干部申报个人家庭财产。2007年，又扩大家庭财产申报范围。

2008年始，评优、拟提拔对象试行公示到社区，让更多群体参与监督。推进行政监察工作，开展公用事业单位行风评议，重点检查机关工作人员执行“四条禁令”和“八项制度”情况。

公务员考核　1994年11月，省委组织部、省人事厅联合转发人事部是年3月印发的《国家公务员考核暂行规定》。此后，全县国家公务员考核均依法实施。党委、人大、政协、法院、检察院和群众团体机关工作人员的考核，参照《考核暂行规定》执行。机关工勤人员、事业单位工作人员的考核，参照《考核暂行规定》原则精神，由各主管部门制定具体考核办法施行。

国家公务员考核标准，以职位职责和所承担的工作任务为基本依据，把考核结果分为优秀、称职、不称职3个等次。2000年始，在“称职”等次后增设“基本称职”等次。

公务员奖惩　奖励惩罚是公务员制度的重要组成部分。《公务员法》规定，国家行政机关对在工作中表现突出，有显著成绩和贡献以及有其他突出事迹的公务员或公务员集体给予嘉奖，记三等功、二等功、一等功，授予荣誉称号三种奖励，同时给予奖金或奖品，授予省部级以上劳动模范、先进工作者等称号可以晋升职务工资和奖金。公务员有违纪行为，尚未构成犯罪的，或者构成犯罪，但依法不追究刑事责任的，根据错误事实，情节轻重，可以给予警告、记过、记大过、降级、撤职或开除处分。公务员在受记过、降级、撤职期间，不得晋升职务和级别，并不得晋升工资档次。

公务员流动　考虑到干部夫妻两地分居和工作需要等原因，根据省市各相关规定，进行单位间流动。办理干部调配的基本程序：本人申请、组织审定、调出调入单位人事部门双方协商、办理调动手续。

2006年12月，县委、县政府出台《关于建立机关中层及一般干部交流制度的意见》后，全县共有54名机关中层及一般干部跨部门、街道镇乡交流到新岗位。

非领导职务审批　1997年始，公务员非领导职务审批工作开始成为例行审批，至2008年，共审批835人。其中，主任科员146人、副主任科员689人。

1997—2008年象山县非领导职务任职审批情况表

表18-10　　单位：人

年份	审批数	主任科员	副主任科员
1997	263	12	251
1998	122	28	94
1999	40	4	36
2000	68	10	58
2001	55	11	44
2002	25	—	25

续表18-10

年份	审批数	主任科员	副主任科员
2003	20	2	18
2004	31	3	28
2005	82	42	40
2006	47	17	30
2007	43	14	29
2008	39	3	36
合　计	835	146	689

专业技术干部管理

职称管理　1987 年始，全县实行专业技术职务聘任制度，根据县职称改革领导小组决定，全县 14 个专业技术职务系列的聘任工作由县教育局等部门主管负责，同时，相应建立各类初级职务评审委员会，并明确各系列专业技术职称评定委员会的组成及职权分工，专业技术职称开始正常的评定晋升工作。截至 2007 年 12 月，全县共有各类专业技术人员 23263 人。其中，取得高级专业技术职务资格 807 人，中级专业技术职务资格 6809 人，初级专业技术职务资格 15647 人。

1994—2007 年象山县专业技术人员职称情况表

表 18-11　　单位：人

年份	高级	中级	初级	人数合计
1994	120	1463	7907	9490
1995	126	1747	8348	10221
1998	185	2286	9063	11534
1999	228	2735	9832	12975
2000	270	3049	10431	13750
2001	314	3376	11340	15030
2002	425	3884	12568	16877
2003	520	4410	13350	18280
2004	602	5202	13608	19412
2005	662	5657	14267	20586
2006	767	6200	15148	22115
2007	807	6809	15647	23263

2007年象山县专业技术职务高、中、初级人员情况表

表 18-12　　　　单位：人

系列 级别	高校教师	自科研究	社科研究	实验技术	中专教师	中学教师	小幼教师	技校教师	工程技术	农业技术	经济	会计	统计	卫生技术	政工	新闻	翻译	播音	出版	文物博物	图书资料	档案	工艺美术	艺术	律师	船舶技术	电影放映	合计
高级	3	3	3	—	5	300	29	3	212	20	71	14	—	125	4	1	—	—	—	5	1	2	2	3	—	1	—	807
中级	12	1	—	5	7	1338	1131	35	2532	67	389	436	22	690	35	8	—	2	—	18	21	17	14	7	6	14	2	6809
初级	4	2	5	6	24	1183	1011	14	9242	153	700	955	43	1743	9	17	1	7	—	17	24	53	36	14	17	363	4	15647
合计	19	6	8	11	36	2821	2171	52	11986	240	1160	1405	65	2558	48	26	1	9	—	40	46	72	52	24	23	378	6	23263

事业人员聘用　1999年，实施县、镇（乡）所属国有、集体事业单位及正式在编人员与县、镇（乡）二级机关和社会团体中正式在编工人身份人员聘用制改革。全县共有365家事业单位实行聘用制管理，签订聘用合同8300余人，在事业单位中建立竞争机制，以调动事业单位工作人员积极性。

继续教育　1995年后，国家、省、市各级部门相继下发《全国专业技术人员继续教育暂行规定》《浙江省专业技术人员继续教育规定》《宁波市人事局关于进一步加强我市专业技术人员继续教育工作的若干意见》，经过10余年探索、实践，全县专业技术人员继续教育工作不断规范完善，逐步形成制度，走上稳定发展的轨道。至2007年年末，全县共有38653人次，分别参加《WTO基本知识》《创造学》《计算机应用能力（三级）》《计算机应用能力（初级）》《全国专业技术人员计算机模块考试》等培训考核。

专家管理　1992年5月，省人事厅印发《浙江省1992年特殊津贴工作实施细则》，全省始开展享受特殊津贴高级知识分子的选拔、推荐、和特殊津贴的发放工作。至2007年，全县共选拔陈维虎、郑岳夫、华锦耀、董全根等4名有突出贡献人员，享受政府特殊津贴。同时，陈维虎还入选省“151人才工程”。为配合国家“百千万人才工程”及省“151人才工程”，于市经济和社会发展影响重大的自然科学和社会科学领域里，培养和造就一批不同层次的跨世纪学术和技术带头人。根据《宁波市“4321人才工程”实施方案》，自1997年后，全县共选拔人才6人。

军队转业干部管理

1986—2008年，象山共接受安置军转干部363名，其中团级41人、营级118人、连级133人、排级4人、技术干部67人。

20世纪90年代前，大量军队转业干部充实到地方各部门工作。至90年代，国有企业进行体制改革后，部分企业军转干部下岗，工作和生活发生困难。2005年，政府开始对企业退休（退职）军转干部实施补贴：原正团级职务每月补贴400元（退职360元）；原副团级职务每月补贴360元（退职330元）；原营级职务每月补贴320元（退职290元）；原连、排级职务每月补贴300元（退职270元）。企业退休（退职）军转干部每人每月发放30元医疗补贴费。2008年，根据省市相关文件，调整企业退休（退职）军转干部补贴。按人均200元额度增发企业退休军转干部生活补贴。门诊医疗补贴不变。

2007年春节，为改善企业退休（退职）、失业军转干部生活，政府给205名企业退休（退

职)、失业军转干部每人发给1200元慰问金。2008年，为183名企业退休（退职)、失业军转干部每人发给1800元春节慰问金。

1986—2008年象山县军队转业干部安置情况表

表18-13

级别 年份	排级	连级	营级	团级	技术级	合计
1986	—	42	22	2	10	76
1987	—	28	14	1	7	50
1988	—	10	5	1	0	16
1989	2	3	3	—	3	11
1990	1	2	4	—	3	10
1991	—	2	4	—	5	11
1992	—	4	1	2	—	7
1993	—	2	5	3	3	13
1994	—	3	6	1	2	12
1995	—	3	4	2	3	12
1996	—	4	6	—	—	10
1997	—	2	—	2	5	9
1998	—	2	4	—	1	7
1999	—	2	8	5	9	24
2000	—	5	5	5	6	21
2001	—	1	2	2	—	5
2002	1	3	3	—	1	8
2003	—	2	3	2	—	7
2004	—	4	2	1	1	8
2005	—	6	5	2	—	13
2006	—	1	6	5	4	16
2007	—	1	1	—	2	4
2008	—	1	5	5	2	13
合　计	4	133	118	41	67	363

退休干部管理

2007年年末，全县共有离退休干部3980余人。全县退休干部实行县人事局综合管理、原工作单位直接管理和退休干部自我管理相结合的三级管理体制。平时经常性活动由丹城地区退管会、各街道镇乡退管会和教育局退管会组织。全县每年组织一次由老年人参加的运动会，做到老有所养、老有所学、老有所乐、老有所为。

计划外用工管理

计划外用工，又称临时工、编制外用工等，一般指机关事业单位自聘、返聘、借用人员。1989年，据省、市文件精神，全县清退计划外用工225人，完成市定计划190人目标。并规定计划外用工日工资为3.50元，城镇和农村的计划外用工分别加0.90元和0.70元生活补贴，每月按

25.5天计，不足一月按实际天数计。翌年，完成省、市下达计划外用工控制使用数315人目标。

1991年，县人事局会同劳动、计划部门下达各单位年内计划外用工使用控制数。是年，全县927名机关事业单位集体混岗人员转为全民固定工或全民合同工。1993年9月，采取“一刀切”和一次性经济补偿措施，清理142名乡镇自聘人员，办理解聘合同4人。

1998年始，全面清理和清退机关事业单位临时用工和计划外用工，所有临时用工经费由各单位预算外经费开支，月工资总额原则定于500元以下。是年，共清退286人（不包括教委、卫生系统）。2001年，再次清理整顿，机关事业单位临时工从清退前794人压缩至622人。

2003年3月，扩大“凡进必考”范围，部分行政事业单位长期编制外用工实行招考。是年，县规划局考录地管员6人。2004年，开展机关团体和事业单位编制外用工情况摸底检查，编制外用工的养老和失业保险参照城镇企业职工社会保险规定执行（医疗、工伤、生育保险暂不执行），用人单位须向劳动保障部门办理保险登记。编制外用工经费来源主要按单位拨款性质来区分，行政机关、团体、全额拨款事业单位按1.2万元/人/年，由县财政划拨经费；差额拨款和自收自支事业单位由各单位自筹解决。2005年年末，县机关事业单位和社会团体编制外用工登记在册1924人，翌年增至2178人。2008年，全面清理整顿全县机关事业单位的编制外用工，核准编制外用工1901人。其中，县级各部门925人，乡镇336人，卫生系统640人。全县88个用工岗位以劳务派遣方式转移至县内劳务公司，271人按规定予以清退。

因私出国（境）管理

2004年始，国家工作人员因私出国、出境的人数开始增加，所涉及国家和地区也逐年扩大。2004年，出国、出境9人次，至2008年，全县因私出国、出境人数共196人次。其中，2007年最多，目的地除中国港澳地区外，扩大至10余个国家和地区。

2004—2008年象山县因私出国、出境人员情况表

表18-14　　　　单位：人次

年份	数量	出国					出境
		日本　韩国	东南亚诸国	欧洲诸国	美洲诸国	其他国家和地区	中国港澳
2004	9	2	1	1	—	—	5
2005	12	1	2	1	—	1	7
2006	18	1	3	—	—	—	14
2007	115	6	31	4	5	2	67
2008	42	—	6	—	—	6	30

事业单位登记管理

1994年10月，县人事局调配编制科增挂象山事业单位法人登记办公室牌子。翌年，建立事业单位法人登记制度和颁发统一代码证书，共231家法人事业单位、94家非法人事业单位进行登记、通告、发证。1997年，全县353家事业单位法人完成年检登记。

2001年3—6月，为2000年年末前办理登记注册的法人事业单位换发新证174本，并开展事业单位登记管理执法检查。2002年检查182家，办理变更手续12家，2家不合格。2003年，180家事业单位参加年检，办理登记管理14家，变更40家，注销8家，合格率100%。开展事业单位组织机构代码证清理工作，会同质量技术监督局，清理全县36家已撤销、合并、转制等事业单位及社会力量办学机构。

2004年上半年，将服务窗口建于各主管部门，上门年检涉及教育、卫生、农林、建设等13个部门共180家事业单位，年检率达到91.4%。是年11月，成立象山事业单位登记管理局，翌年12月，依照国家公务员制度进行管理。2005年10—11月，事业单位法定代表人分别于宁波翔鸿山庄和镇海九龙山庄举办第一、二期培训班。2006年，全县共185家事业单位参加年检，变更12家，注销6家。

机关事业单位社会保险

1994年10月，县成立机关事业单位社会保险办公室，开展调研、测算、制订机关事业养老保险实施方案等准备工作。1995年7月，在宁波市内率先建立企业化管理事业单位和事业合同制工人的养老保险。是年，3600余在职职工和680余离退休人员参加养老保险。

1996年1月，全县11520人参加养老保险，其中，在职职工9770余人，离退休人员1750余人。1999年10月，为配合事业单位改革，经县政府同意，24家企业化管理事业单位养老保险，移交劳动局社会保险管理中心管理。

2002年5月，宁波市政府统一安排，公务员和参照公务员管理的人员暂停缴纳养老保险。至2007年年末，全县事业单位在职职工9330人、离退休人员2671人参加社会养老保险。

第五节　人才资源开发

1999年，加大引才留才经费投入，规定在全县工业企业工作满5周年、具有学士学位的普通高校本科毕业生，发给住房补贴2万元，至2004年废止。是年规定，5月后引进至企业工作的人才，符合条件者由人事局会同劳动局审核后住房补贴一次性下拨给企业。2002年始，分别在白沙湾、中国渔村、金沙湾度假村、象山影视城等地举办“相约金秋”青年科技人才联谊活动，每年约有160余名单身科技人员参加。2005年11月，成立科技人才俱乐部，组建读书、摄影等兴趣小组，吸收会员165人。2007年会员发展至211人。

毕业生就业

20世纪80年代，全县实行毕业生指令性分配计划，凡已取得毕业资格，服从国家需要，都给予工作安排。属国家分配的毕业生，实行按计划为主的办法分配工作，计划内招收的自费、电大等普通专科班毕业生，国家不负责分配。

1986—1991年象山县大中专毕业生分配情况表

表18-15　　单位：人

年份	分配人数	其中	
		高校毕业生	中专生
1986	146	63	83
1987	255	132	123
1988	242	110	132
1989	370	136	234
1990	380	160	220
1991	248	89	159

1992年后，在计划分配前提下，实行“供需见面、双向选择”分配方法。1998年，完全实行市场化就业，全县接收毕业生总数逐年增加。

1992—2008年象山县接收大中专毕业生情况表

表18-16　　单位：人

年份	接收人数	其中	
		高校毕业生	中专生
1992	335	132	203
1993	529	201	328
1994	401	203	198
1995	731	352	379
1996	870	417	453
1997	838	389	449
1998	820	347	473
1999	616	314	302
2000	499	212	287
2001	516	259	257
2002	608	315	293
2003	1357	607	750
2004	1176	668	508
2005	1301	1055	246
2006	1522	1438	84
2007	2000	1946	54
2008	2068	2043	25

人才招聘

1992年，县内人才引入竞争机制。是年，参加“供需见面，双向选择”的毕业生144人（不含教育、卫生），达成意向81人。之后每年举办一场洽谈会。2001年始，每年举办春夏两场人才招聘会，入场单位和应聘个人需交纳入场费用。2002年之后，应聘者免入场费，并对应届非象山籍大中专毕业生发放交通补贴。2005年，免收单位摊位费。

1999年，人才市场每月定期举办人才集市，人才需求信息于每月15日在《象山报》刊登；累计百余家单位入场招聘，入场应聘1400余人次。2001年6月，象山人才网运行。2004年8月，改版增加人才信息搜索和网络咨询功能，逐渐取代人才集市，成为主要招聘方式。

县外引才始于1993年。是年3月中下旬，参加全国首届科技人才交流会，与60名外地专业技术人员达成到象山工作意向；9月初，参加“浙大93届毕业生双向选择、供需见面洽谈会”，当日达成意向93人。1994年3月，针对建筑企业人才紧缺，从安徽建工学院、安徽大学、江西大学引进工民建、新闻等专业的应届毕业生36人，分配到象山龙元、宏润、中达等公司工作，6名新闻专业毕业生到文广系统工作。1995年4月，组织二轻局、乡镇局及龙元、宏润、中达等7家建筑企业，从合肥市人才市场、安徽建工学院引进中高级建筑专业技术人才，共洽谈450余人次，其中中高级人才150余人次。13名专业技术人员和35名毕业生到象山工作，其中刚退休高级会计师 2 名到龙元和宏润公司工作。1996 年 4 月，为爵溪纺织企业从湖南湘潭纺织学院引进专业人才 20 余人，分配在甬南等公司工作。2000 年始，县政府每年组团赴省外招聘人才。

2000—2008 年象山县省外招聘人才情况表

表 18-17

时　间	招　聘　会	招　聘　情　况
2000. 05	西安人才市场招聘专场	进场人数 2400 余人，达成意向 294 人
2001. 03	重庆招聘专场	进场应聘人数达 4500 余人
2002. 04	兰州人才市场和兰州大学招聘专场	进场应聘共 3500 余人，其中学生约 1500 人，65 人签订聘用协议
2003. 04	成都人才市场和四川大学招聘专场	应聘人员 3900 余人，达成意向 787 人，当场确定聘用协议 35 人
2004. 04	西安工业展览馆专场招聘	5100 余人应聘
2005. 03	武汉・象山人才招聘专场	5000 余人应聘
2006	西安象山人才招聘专场	7000 余人应聘，800 余人达成意向，75 人签订聘用协议
2007. 03	湖南省春季大型人才招聘会	900 余人应聘，80 余人签订聘用协议
2008	广州中国南方人才市场招聘会 “武汉・宁波周人才招聘会”	设摊企业 16 家，大场应聘 5000 余人，430 人达成意向，75 人签订聘用协议

国外智力引进

引进国外智力花钱少、见效快、效益高。1992 年，县机械厂硬齿面减速器热处理工艺、象山针织厂大圆机织品开发、象山全价饲料厂全价配合饲料配方及生产工艺改进等项目，被国务院国外智力办公室立项。1995 年，日本专家古藤实先生为县狮子山柑橘场引进早生枇杷、白桃、葡萄、柑橘等 5 个品种，现已栽培；德国专家卡尔・博登豪森先生帮助宁波高频瓷厂解决卤钨灯管质量问题，使灯管光通亮提高，寿命延长，达到欧洲 VDE 标准。1997 年，以色列柑橘专家到象山指导讲课，引入 10 个新品种；德国专家默勒博士到天安集团帮助工作，改进天安变压器浸漆生产工艺，提高产品档次；德国专家威廉・施密特先后三次到华翔集团指导工作，为制定汽车模具标准做出贡献。2001 年，宁波市政府授予华翔公司“茶花奖”，威廉・施密特个人也荣获“茶花纪念奖”，并应邀出席省政府国庆招待会。2006 年 8 月，日本专家林英一先生帮助象山博海藻类技术开发有限公司解决坛紫菜加工部分技术难题，完善坛紫菜成套加工设备各项指标，帮助坛紫菜韩、日口味的开发，提高坛紫菜市场竞争力。以后，每年都引进数量不等的国外专家、智力项目，为所在企业带来良好的经济效益和社会效益。

人事代理挂靠

1991 年 3 月，统一流动人员档案保管制度，规定人事档案管理为有偿服务，费用用于管理业务开支。1993 年，申请一个集体户口专供外地到象山技术人员落户。是年，代管停薪留职人员 23 人，办理挂靠“中心”手续专业技术人员 16 人（转正定级 12 人），辞职人员 19 人，解决支乡人员“农转非”1 人。1997 年，出台《象山县关于挂靠县人才服务中心人员人事管理暂行规定》，规定挂靠人员户粮关系、养老金等事宜。2001 年 11 月，放宽集体户入户限制，不再局限外地到象山人才。截至 2006 年，人才中心集体户已接收县内外毕业生 2200 余人，属丹东街道公园社区。

1999年3月，据县委组织部要求，清理和整顿流动人员人事档案。是年，天安集团、正源电力、天元、消防厂、地产公司、审计事务所等9家单位实现建制代理。2001年12月，重新制定挂靠中心人员养老保险问题的处理意见。翌年，自查清理现有挂靠人员养老保险缴费情况和人事档案，中心档案室顺利通过人事档案二级验收。2005年，实行引进人才居住证制度，有效期限为1年、2年、3年，取得居住证的科技人才享受本地居民同等待遇。

第十九篇
港澳台事务　侨务　外事

本篇目录

第一章 对台事务

1957年，县委始开展涉台事务工作。1959年1月，县委成立对台工作组，处理对台事务。1961年10月，县委统战部与宣传部合署办公，配备对台工作专职干部1名。“文化大革命”期间，机构撤销。1976年8月，设立县委对台工作组办公室，归县委办公室领导。1978年3月，设立象山台湾渔民接待站，负责台湾渔民接待工作。1980年，县委对台工作组办公室划归县委宣传部领导。1983年2月1日，建立象山县人民政府台湾同胞接待办公室，与县委对台工作组办公室合并，一套班子两块牌子，隶属县委统战部。1985年2月，石浦台湾渔民接待站改名石浦台湾同胞接待站。1986年10月，象山县人民政府台湾同胞接待办公室更名为象山县人民政府台湾事务办公室。1993年4月5日，中共象山县委对台工作组办公室更名为中共象山县委台湾工作办公室。1999年7月23日，中共象山县委台湾工作办公室机构单独设置，为县委单独工作部门，同时挂“象山县人民政府台湾事务办公室”牌子。原隶属于县委统战部管理“县石浦台湾同胞接待站”与“县台属胞台联谊会”同时划归县委台湾工作办公室管理。

第一节 台胞台属

1949年前后，县人居住台湾约1361户、2931人（含已知在台出生和已移居国外）。其中，1945年日本投降后，受国民政府派遣去台湾接管的有36人；中华人民共和国成立前夕，随国民党撤退去台的党政军界人士477人，其中党政学界62人、军政界351人、科技知识界35人、实业界29人；中华人民共和国成立初期随国民党军队撤往台湾664人。1992年始，象山女性先后出嫁台湾95人，台湾女性嫁县人2人。1985年，县有台属1425户、6954人。2008年，有台属5514户、19300余人。

1954—1956年，开展对国民党军政人员家属、亲友宣传教育，不少台属、亲友向在台人员写信，沟通海峡两岸亲人联系。1957—1965年，进行争取和平解放台湾方针政策宣传，促进大陆人民与台湾同胞的相互了解。“文化大革命”开始，对台工作处于停顿状态。中共十一届三中全会后，对台工作形势、任务、对象发生很大变化，除继续进行对台方针政策的宣传教育，落实党对台属、投诚起义人员的各项政策外，还开展对台通信和境外会亲工作，接待安置台湾回乡定居人员，逐步开展对台小额贸易。1982年后，去台人员陆续回乡定居76人。其中，江秋根、金仁田、金乃尔、朱兴才从第三地绕道回乡定居；经美国、日本、中国香港等地回乡探亲、观光6人。多数在台人员家庭与大陆亲人取得通信通汇联系。石浦四村吴舜华和高塘岛乡高二村王爱月2名70余岁老人经台湾当局准许，经香港到台湾与亲人团聚。

第二节　对台工作

照 19-1　位于渔港北路 62 号的石浦台胞接待站

石浦港是天然避风良港。中华人民共和国成立后，台湾渔船遇台风进港避风。20 世纪 80 年代，石浦设立渔民接待站后，台湾渔民进港避风、补充给养、维修机器日渐增多，带动两岸小宗货物贸易。现象山已成为全省对台工作和对台贸易的重点县。

渔民接待

1965 年 5 月，“福利二号”台湾木质渔轮因航道不熟，在渔山小港触礁，船员弃船返台。尔后，常有台湾渔轮进港避风。1970 年 10 月，县政府确定樊岙乡南山为台湾渔轮停泊点。1973 年始，正式接待台湾渔民，是年计 6 艘次。1974 年 2 月，台湾渔轮停泊点移至高塘岛乡金高椅（即珠门港）。1976 年 6 月，增设鹤浦港停泊点，至年末，台湾渔轮停港 21 艘次。1978 年 10 月，新辟石浦港延昌锚地为停泊点。台风期还允许进入鹤浦港海域（至三门口）停泊。1984 年，台湾渔轮进港停泊增至 263 艘次。2006 年 6 月，增设新桥崇塘塊为停泊点。1973—2008 年，累计接待台湾渔轮 12736 艘次、84560 人次，其中 1987 年接待 1921 艘次、15000 人次，分别占全国和全省接待总量 40%、70%。

照 19-2　台湾渔船在石浦港锚地避风

台湾渔船进港期间，县有关部门积极做好接待服务工作，为台胞修理机器、治病送药、补给蔬菜、供应淡水、组织参观、转信通电、寻找亲人等。1976 年 5 月 2 日，“富昌一号”船在五虎礁触礁沉没，船员获救，后接送到县政府招待所食宿 15 天返台。10 月，“顺展一号”船因机械故障进鹤浦港修理。1977 年 2 月 26 日，“新富盛”船一船员在县有关部门帮助下，与江苏省江阴的胞弟会面。1979 年 1 月 17 日，县对台办和宁波地委对台办组织人员，去渔山洋面慰问“新永兴”“信发五号”船台湾渔民。1980 年 9 月 20 日，“志和十一号”船，因海损纠纷，经批准引入石浦港延昌锚地，全体船员 11 人经安排去杭州、宁波等地参观。1985 年 10 月 18 日，台湾高雄港“大洋二号”渔船船员黄永昌，作业时右脚粉碎性骨折，石浦台胞接待站即送县第二医院抢救，后送宁波第二医院做接肢手术，两月痊愈。1986 年 8 月 27 日，365 艘台湾渔船同时进入石浦港避风，台湾《联合报》《自立晚报》与香港《中报》均发布消息。

对台贸易

1983 年 4 月 14 日，台湾商人首次抵石浦从事贸易。是年，小宗贸易 13 艘次，成交额 11.07 万美元。1984 年增至 29 艘次，成交额 43 万美元。贸易商品主要有黄鱼、鲳鱼、鲵鱼等水产品。

1985年，县华源贸易公司成立，专司对台贸易。当年接待台湾贸易船12艘次，成交额3.1万美元。至2008年年末，累计实现小宗贸易额1130万美元。

劳务输出

1989年下半年至2008年年末，宁波象山对外经济技术合作有限公司、象山海峡经济技术合作有限公司，先后向台湾渔轮公司派遣劳务人员8752人次，创汇650万美元。

台商投资

1987年10月，象山籍台胞崔以来出资34万美元，设立象山首家台资企业——台通饭店。后陆续有台资企业落户象山。至2008年年末，累计在象台资企业达20家，协议总投资11400万美元，注册资金10500万美元，实际到位台资5009万美元。其中，1992年11月，批准设立的宁波威霖住宅设施有限公司，经多次增加投资，总投资达2300万美元。占地面积10万平方米，员工900余人，年产值3200万美元，年利税450万美元，为县内最大台资企业。

两岸人员交往

2001年9月19日，以县委副书记陈秀忠为团长的象山农业考察团一行7人，赴台湾考察。至2008年12月，象山共组团入岛交流13次、136人。

2002年秋，台湾珠宝同业工会30余名会员，由总裁陈瑞林带队到县考察。2006年9月15日，象山县和台湾台东县，在丹城德和根雕美术馆联合召开象台文化交流会。县台办认真谋划，完成3次组团入岛交流。2008年6月17日，以副县长王安静为团长的象山文化考察团专程拜会台东县议会和县政府，就台东县政府、县议会应邀组团参加第十一届中国开渔节、组织富冈新村妈祖文化交流团到象山交流等事宜进行磋商，并达成初步意向。7月4日，由县长李关定率领象山县经贸考察团拜访台东县政府，就象山与台东在文化、经贸、旅游、农（渔）业等领域开展全面合作问题交换意见，就两县双向对接交流问题进行规划和探讨。10月15日，石浦镇党委书记励志纲率经贸考察团赴台回访小石浦村乡亲，并拜访台东县的台东市政府，旨在加强石浦镇与台东市的交流交往。是年，台东县副县长彭德成率政府、会议政要代表30人、富冈新村村民代表及阿美蓝星文化艺术团表演人员近200人，应邀参加2008年第十一届中国开渔节，并参加“象山—台东中秋联谊晚会”。石浦渔民与台东的富冈新村村民，还共同举行妈祖、如意省亲迎亲活动。

2008年象山县台资企业情况表

表19-1

名　　称	负责人	地　　址
宁波正源电力有限公司	张勤乐	爵溪街道正源路66号
宁波雷其蒙纺织品有限公司	张勤乐	爵溪街道正源路66号
宁波森林服饰有限公司	林文金	丹东街道桥头林村
宁波亚大纺织品有限公司	陈瑞飞	丹城西谷湖路313号
宁波天美针织有限公司	黄惠国	爵溪街道
宁波威霖住宅设施有限公司	沈亚威	西周镇下沈工业区
宁波吉祥电力机具有限公司	林吉翔	石浦工业园区
象山恒峰汽车零部件有限公司	罗增良	工业园区沿区路26号
宁波瑞星制衣有限公司	刘庆华	定塘农副产品加工区

续表19-1

名　　称	负责人	地　　址
宁波中亚同和纸业有限公司	伊兰芬	工业园区山河西路508号
宁波统富制衣有限公司	练仁嗣	丹城百花路66号
宁波申发针织有限公司	朱国强	工业园区园中路166号
宁波龙泰塑胶实业有限公司	黄晋威	工业园区沿区路
宁波秀秀工艺服饰有限公司	邬秀定	爵溪街道北塘
宁波台港水产有限公司	陈继尧	石浦镇金星路80号
宁波松兰山海景大酒店有限公司	张　盛	松兰山滨海旅游度假区

第二章　港澳事务　侨务

1949年10月，县人民政府成立初，由县民政科兼管侨务、港澳事务。1956年11月，县委设侨务工作小组。1979年4月，县革命委员会侨务办公室成立。1981年4月，改名县人民政府侨务办公室，专司华侨事务，兼理港澳工作，与县委统战部合署办公。2002年6月，县侨务办公室列县人民政府序列，仍与县委统战部合署办公。县各级政府重视做好华侨和港澳同胞的联系和服务工作，促进对外交流合作和改革开放，促进国家繁荣和统一。

第一节　华侨　港澳同胞

清末民初，县人始赴海外营生，以美国为多。此后，随社会发展，旅居海外人数逐年增加。

华侨侨眷

清末民初，县人始有出洋侨居，之后人数续有增加。至1985年，全县华侨计258户、933人。其中，美国136户、535人，日本27户、92人，加拿大16户、49人，联邦德国15户、41人，泰国12户、41人，新加坡11户、38人，巴西、法国、荷兰、朝鲜、缅甸、马来西亚、澳大利亚、文莱、印度、印度尼西亚和尼日利亚等国家均有本县侨民。2008年，计有439户、1587人。其中，美国243户、905人，日本62户、201人，加拿大18户、55人，德国11户、27人，泰国29户、72人，新加坡30户、81人，其余分布在巴西、法国、荷兰、朝鲜、缅甸、马来西亚、澳大利亚、文莱、印度、印度尼西亚和尼日利亚等国家。全县现有归侨7人，侨眷近3000户、4000余人。

港澳同胞

1985年，县人旅居香港216户、720人，澳门3户、6人，全县有港澳同胞亲属205户、899人。2008年，旅居香港265户、883人，澳门12户、25人，全县港澳同胞亲属增加到1540户、2500余人。

第二节　侨务　港澳事务

侨务工作小组在县历届人民代表选举中，配合有关部门了解归侨、侨眷（包括港澳亲属）基本情况，妥然安排人事。每年召开一次全县归侨、侨眷座谈会。严格执行“一视同仁，不得歧视，根据特点，适当照顾”原则。在土地改革、私营工商业改造和私房出租改造中，按规定照顾归侨、侨眷和港澳同胞亲属，并在生活物资供应、招工、入学、参军、住房分配等予以优惠。1954年4月，县人民政府妥善安置中华人民共和国成立后第一批回象山印尼华侨林秀英一家6人。1956年，创侨汇26423元。翌年9月，首次召开县归侨、侨眷及各界知名人士代表会议。1960年3月，施行浙江省颁发的侨汇物资供应券，优待供应猪肉、糖、蛋、粮油、棉布等紧俏商品。1961年11月，通过走访、调查，建立《象山县海外华侨及香港、澳门同胞登记名册》。1978年，增加建筑材料供应，其中，钢材162吨，木材321立方米。同年，侨汇增至58400元，1979年升为111000元。1981年11月，召开县第二次归侨、侨眷、港澳同胞亲属代表会，成立象山县归国华侨联合会，设主席1名，副主席2名，委员8名。1984年，召开第三届归侨联合会，全县乡镇设立侨联小组29个。在县侨办、侨联牵头组织下，集资兴办县华建公司，政治上享受同等待遇。旅美华侨伊云波在上张水库库区有3间96平方米的祖屋，要求帮助其在伊家村的房产置换一事，县侨办多次与上张水库工程指挥部协调，使问题得到圆满解决。是年，按照党的侨务政策，接待走访海外华侨华人、港澳同胞和留学人员26批、210余人次，发送电子邮件1900余封；向海外寄发节日贺卡230余封，开展各类联谊活动7次。1985年，共供应侨汇建材红砖50万块、水泥595吨，创侨汇390679元。改正“文化大革命”中对归侨侨眷和港澳同胞亲属的不公正待遇，平反冤假错案13件，退还13户被查抄财物，处理落实历史遗留私房政策17户，计101间、3025平方米。党的十一届三中全会后政策全部落实，县人民政府以优惠条件扶持归侨侨眷和港澳同胞亲属发展生产。至2008年，侨眷和港澳同胞亲属担任局级以上干部15人，县人民代表10人，县人大常委会委员2人，县政协副主席1人、委员7人，省人民代表1人，市政协委员2人。

第三节　侨胞、港澳同胞捐赠

1980年始，县侨务部门共引进捐赠项目90多个，资金1600多万元。香港荣华纺织有限公司董事长、爱乡楷模赵安中，于1994—1998年，先后为鹤浦中学、象山第二中学、泗洲头初级中学、墙头下沙小学、晓塘乡中心小学、涂茨镇毛湾小学、黄避岙乡中心小学和贤庠镇中心小学8所学校捐资200多万元，并捐建以“林杏琴”命名的教育楼。印尼华人樊恭熛，出资10万美元，合资兴办象联化工公司，并捐资15.4万元，支援家乡公益事业。旅日华侨王家福捐资34余万元，支持家乡公益事业，新建象山图书馆，并建立象山第一中学王家福奖学金。旅日华侨王忠根出资30多万元，新建亭溪中学教育楼，并建立奖学基金。香港同胞沈炳麟和陈志耀分别捐资32万、30万元，支援家乡公益事业。1997年“八一八”台风灾害后，香港同胞和社团共捐款670万元，修造12所中小学校舍、2所卫生院、2座桥梁和2条海塘大坝。香港同胞邵逸夫自1997—2004年，共5次捐赠人民币200多万元，资助有关乡镇建造教学楼。2005年，香港同胞邹星炳，捐赠300万元人民币，资助晓塘乡中心校建造“捷达”教育楼。2008年，由香港安泰集团主席黄庆苗和宁波正源电力有限公司董事长王传麟（台胞）各出资15万元，助建泗洲头镇老年活动中心。香港甬港联谊会邹星炳和吴剑鸣（女）资助14万元，在春节前发至全县148户困难家庭，并资助象山中学和晓塘小学11名贫困学生助学金1.9万元。

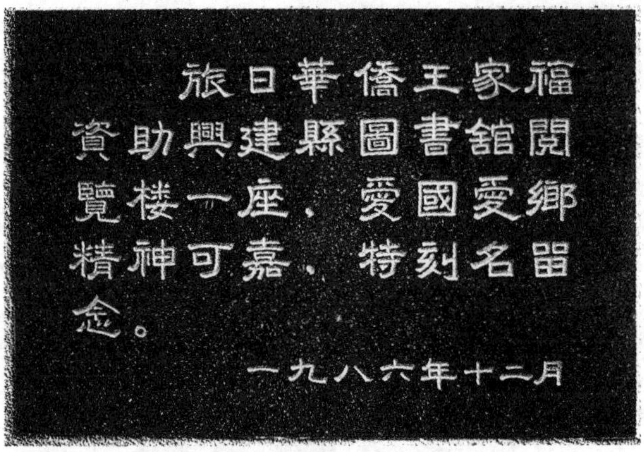

照19-3　象山县图书馆刻名留念碑

华侨、香港同胞从20世纪80年代始，开始捐资象山建设，多数为捐资兴学。详见本志“教育”篇第九章“教育经费　教育设施”第四节“捐资兴学”。

第三章　外事活动

1991年3月，县人民政府外事办公室成立，为县政府办公室内设机构。1992年11月7日，始承办县内部分出国手续。1999年，象山县人民对外友好协会成立，协会日常工作由外事办兼理。2000年10月，外事办与县外经贸局、县招商中心合署办公。2002年3月，外事办仍为县政府办公室的内设机构。

第一节　历代交往

大徐镇新罗岙村，传有新罗人泊舟于此，故名。宋宝庆《四明志》载：“相传新罗国人泊舟于此”。

北宋元丰三年（1080），高句丽文王徽以礼部侍郎与户部尚书柳洪奉使如宋，朴寅亮为柳洪副使。朴至象山，献日本车一乘，县尉张中以诗回赠①。

南宋理宗赵昀开庆元年（1259），有日僧南浦绍明入京，随象山籍临济宗著名禅僧虚堂智愚（今丹西街道黄土岭北麓西侧坎头村人氏，俗姓陈）在净慈、径山寺学法。

明代，永乐四年（1406），礼部侍郎俞士吉（象山人），奉旨出使日本。于石浦南关桥启程，抵日本，受到举国欢迎，传谕封其国之山为“寿安镇国之山”②。

①《宋史·高丽传》：元丰二年（1079）（误，元丰三年），徽又使柳洪来访，寻献日本车一乘。

②《明史·日本传》：明永乐四年（1406）正月，又遣侍郎俞士吉赍玺书褒嘉，赐赉优渥。封其国之山为寿安镇国之山，御制碑文立其上。《明史·附夏原吉传》：俞侍郎出使日本由象山故里启行。

清乾隆二年（1737）6月28日，琉球中山国粟米、棉花两商船，遭飓风飘至象山，船上40余人，蓄发剃顶，穿花布大袍，跣足蓬面。知县传通事（翻译）询，即报浙江布政使张若震。张与大学士嵇曾筠商定，即命象山县知县查明人数，资助给衣粮，修缮船只器具，安顿馆驿，并具奏请旨。乾隆得悉，即御笔批示："朕思沿海地方，常有外国船只遭飓风，朕胞与为怀，岂可令一夫之失所，嗣后如有似此漂泊之船，着该督抚率有司加意抚恤，动用公存银两，赏给衣粮，修理舟楫，并将货物查还，遣归本国，以示朕怀柔远人之至意，将此永著为例。"此后，清建立以库银抚恤沿海难民之制度。

第二节　到　　访

20世纪50—80年代，象山对外交往不多。改革开放后，外国友人访问象山增多，主要就经济、科技、文化等方面进行合作交流。

1990年3月31日至4月3日，经日本日中农林水产交流协会副会长、爱媛县日中农林水产交流协会会长田中恒利介绍，上海市农业厅对外经济处联系象山县政府，日本爱媛县日中农林水产交流协会理事吉田町议会会员吉本正与宇和青果农业协同组合企画部部长山下重政两人访问象山，考察交流柑橘种植事宜。受到县委、县政府热情接待。双方达成协议：象山每年派10～20名柑橘研修生赴日本吉田町学习，时间9个月，采用与农户同吃、同住、同劳动形式进行。此为象山与日本吉田町友好交往的发端。

1994年4月27日，由穆恩·亨利率领美国探险队一行19人到象山，县委、县政府热情接待，并安排赴檀头山南海面探寻二战时坠落飞机残骸6天，无果。4月30日，穆恩、亨利波特等8名美国友人，由省、市、县外事办人员陪同，赴爵溪了解二战时6号机坠降牛门情况，查勘2名罹难飞行员原葬地。此后，参观爵溪多家企业。5月4日，在东谷湖宾馆与当年象山参加营救美飞行员10名老人或遗属会面，穆恩向他们赠送纪念章。

1995年4月，象山县与日本吉田町首建友好城市关系。2004年10月，又与韩国仁川市瓮津郡建立友好交流关系。建立友谊关系后，每届中国（石浦）开渔节时，两地友谊城市均组团到象山参加活动。

2001年，巴布亚新几内亚驻华大使隆盖普夫妇、斐济驻华大使拉把克夫妇、瓦努阿图驻华名誉领事罗治伟夫妇，到象山参加中国开渔节主要活动。2002年，第五届开渔节，邀请日本吉田町友好访问团参加活动。

2005年6月8日，密克罗尼西亚联邦波纳佩州州长约翰·大卫，在参加宁波"浙洽会"之际访问象山，交流两地渔业、海水养殖、旅游等事项。

2006年8月，县政府邀请韩国仁川广域市瓮津郡郡守朴相敦一行5人访问象山，就经济、科技、文化等方面进行合作交流。

2008年11月22日，葡萄牙欧维治基金会行政委员韦奇立，应邀到象山友好访问。12月25日，日本亚洲文化交流中心早川雅映、金井文宏、小山丰弘、仓石宽一行4人，到象山考察，就两地农业和水处理合作交流达成共识。

1990—2008年，应邀到象山访问考察的国外团组达51次、380余人。

1990—2008年国外访问团到象山访问情况表

表19-2

时　间	人数	团　长	国　别	活　动　内　容
1990.03	2	吉本正	日本	由沪顺访象山，初步达成向日本派遣柑橘研修生意向
1990.08	16	吉本正	日本	达成吉田町长访问象山及象山派柑橘研修生事宜
1990.10	6	儿玉武夫	日本	签订吉田町与象山县友好合作关系协议等
1991.02	3	幸文雄	日本	就象山县派柑橘研修生达成协议
1991.10	8	清家薰	日本	柑橘栽培技术交流
1992.04	19	大西俊雄	日本	柑橘考察团顺访象山
1992.04	21	正本满夫	日本	应上海农业局邀请顺访象山
1992.09	8	土居邦雄	日本	柑橘交流考察
1992.10	19	赤松泰	日本	柑橘等交流考察
1993.08	10	鸟羽良介	日本	赠送象山消防车一辆
1993.09	13	—	日本	应中国农学会邀请，以柑橘生产等技术交流
1993.10	8	儿玉武夫	日本	柑橘栽培技术交流研修生事宜
1994.10	5	儿玉武夫	日本	派遣赴日研修生事宜
1994.11	—	日下武一	日本	关于开发竹炭事宜
1995.10	5	福冈仪治	日本	签订赴日研修生事宜
1996.03	—	—	日本	驻上海总领事小林二郎到县出席康复中心项目援助合同签字仪式
1996.10	8	儿玉武夫	日本	签订长期友好协议书
1997.01	2	—	日本	山本久和山本须磨子考察回国柑橘研修生情况
1997.09	2	—	日本	盐见龙马、盐见汉子考察农业、商业及农业研修生情况
1997.10	—	日下武一	日本	经济技术合作
1997.10	6	那须努	日本	签订象山赴日研修生协议
1998.10	13	那努力	日本	经济考察
1999.09	7	清家文男	日本	配合99省友城大联欢活动，应邀访问
1999.11	5	清家文男	日本	海水养殖等经济合作
2000.03	2	校长雪谱·约翰逊、教爱雪丽	美国	考察教育
2000.11	17	清家文男	日本	到象山庆祝与吉田町建立友好关系30周年
2001.09	5	真田昭文	日本	应邀参加四届开渔节
2001.09	—	斐济、瓦努阿图三国使节团	巴布亚新几内亚等	参加开渔节
2001.11	8	清家文男	日本	赴日研修生事宜
2002.07	7	清家文男	日本	友好访问
2002.08	6	贺山美希	日本	暑期学习交流，生活体验

续表19-2

时 间	人数	团 长	国 别	活 动 内 容
2002.09	4	竹本敏美	日本	赠送水产饮料加工生产线、网箱养殖交流
2002.09	8	—	法国	准备中法渔业研讨
2004.07	7	浅野修一	日本	农渔业协作考察
2004.09	25	林钟洙	韩国	仁川市翁津郡副郡守访问
2005.06	7	韩·大卫	密克罗尼西亚联邦	考察海水养殖等
2005.09	—	驻沪领事朴焕	韩国	应邀，参加八届开渔节
2006.04	24	赵健镐	韩国	友好访问、足球友谊赛
2006.07	—	—	塔吉克斯坦	驻华大使拉希德·阿利莫夫，考察旅游与企业
2006.09	8	石桥宽久	日本	柑橘、文化教育等交流
2006.09	—	翁津郡副郡守朴相敦	韩国	经济、科技、文化交流
2007.06	7	诺丁汉市政府访问团	美国	考察华翔
2007.06	9	伊美林	美国	考察乐惠公司
2007.08	20	驻沪领事馆	俄罗斯	考察松兰山海滨度假区
2007.10	—	拉尔市市长	德国	考察华翔集团等
2007.11	—	赵润吉	韩国	访问象山
2008.08	—	中日江南沿海民俗考察团	日本	到石浦等地考察
2008.09	—	吉本亚	日本	参加开渔节
2008.11	—	恩亚木软达应	坦桑尼亚	畜牧渔业组织考察象山
2008.11	—	国家青年队	哥伦比亚	参加乒乓球友谊赛
2008.11	—	韦奇立	葡萄牙	应邀访问
2008.12	—	早川雅映	日本	亚洲文化交流中心到象山考察

第三节 出 访

20世纪80年代，象山派员到日本进修柑橘栽培技术。90年代，县政府组团访问日本、韩国，推动象山柑橘生产。同时，与两国相关城市建立友好关系，并将出访考察扩大到建筑、城市管理、旅游等项目。

组团出访

1991—2008年，县政府组团出访日本、韩国达30次，推动象山柑橘栽培、品种改良、食品加工、海水养殖及新农村建设。

1992年3月16日，与斯里兰卡国际多边贸易有限公司建立友好协作关系。7月上旬，组团赴斯里兰卡实地考察，并签署建筑开发项目。

1995 年 7 月，由 7 家建筑业 27 人组成的考察团，赴美国参加洛杉矶国际建筑业展览会，并考察美国高速公路、桥、港口等基础设施建设。

2000 年 5 月，县政府组团赴美国考察教育。2004 年，又组团访问美国，进行文化、教育交流、重点学校教育设施和管理制度考察。

2004 年 2 月、9 月，县政府两度派遣考察团，赴荷兰、法国考察旅游业。引进荷兰胡氏集团公司 4130 万欧元，兴建白沙湾度假村。2005 年 10 月、2006 年 10 月，县政府两次组建考察团赴澳大利亚、新西兰、泰国、马来西亚、柬埔寨考察旅游业。

2004 年始，3 次组团赴德、英等国考察访问，拓展电机汽配行业业务渠道。

2005 年 9 月、10 月，县政府组团考察访问美国、加拿大、阿根廷、巴西等国的海岸带管理先进技术和管理经验。

2006 年 3 月，县政府组团赴泰国考察境外建筑市场。

2007 年，出访法国、奥地利、英国、丹麦、瑞典、美国、日本、韩国、埃及、阿联酋等国，考察农业、工业、信息技术及海洋旅游事宜。

2008 年，出访日本、韩国、俄罗斯、捷克、瑞士、德国、比利时、法国、美国、加拿大等国考察经济和环境保护等。

1991—2008 年象山县政府组团出访国外考察情况表

表 19-3

时　间	人数	团　长	出 访 国	考　察　内　容
1991. 04	10	朱晋复	日本	柑橘栽培
1991. 10	6	包国民	日本	柑橘栽培
1992. 06	10	陈世灿	日本	柑橘栽培
1992. 07	5	邱永年	斯里兰卡	考察投资
1993. 04	6	胡剑辉	日本	柑橘栽培
1993. 07	6	郭正伟	日本	柑橘栽培
1994. 06	4	陈有华	日本	国际海运
1994. 09	6	练兴常	日本	研修生事宜等
1995. 09	6	张雪明	日本	研修生事宜等
1996. 09	6	奚际斌	日本	研修生事宜等
1996. 12	6	徐明奎	日本	研修生事宜等
1997. 06	7	丁福生	日本	研修生事宜等
1997. 09	7	董也琴（女）	日本	研修生事宜等
1998. 07	6	金俊杰	日本	考察建筑、农机等
1998. 10	6	王剑侯	日本	水产加工等
1999. 03	7	王仁洲	日本	考察农渔协会等
1999. 11	12	王同元	日本	水产养殖、加工

续表19-3

时　间	人数	团　长	出访国	考　察　内　容
2000.05	6	张雪明	美国	教育考察
2000.10	8	肖培生	日本	柑橘水产加工等
2001.04	8	张松才	日本	研修生事宜、参加象山与吉田町建立友好关系10周年活动
2002.10	11	王同元	日本、韩国	考察农、林、水果等
2003.03	8	周　捷	日本	水产品养殖及水产品场所
2003.08	8	肖培生	瑞典、丹麦、挪威、荷兰	环保与海洋旅游等
2003.09	8	周江勇	日本、澳大利亚	城市规划，政府服务；吉田町，延续关系等
2003.12	8	胡剑辉	澳大利亚、新西兰	关于潘仁湖博士的技术引进等
2004.03	7	陈世灿	荷兰、瑞典	旅游项目引资
2004.04	8	戴　瑜（女）	日本、新加坡	文化教育部门交流
2004.08	6	周江勇	德国、英国	汽车工业及旅游开发等
2004.08	7	白国璋	日本	水产市场考察
2004.08	7	俞　骏	荷兰、法国	旅游业考察
2004.11	9	周江勇	韩国	造船业引入象山事宜
2005.04	9	王惠良	日本、韩国	信息技术考察
2005.06	9	郑汉琪	日本、韩国	农村建设、水产养殖
2005.08	10	张世方	柬埔寨、泰国	投资与贸易考察
2005.09	8	胡剑辉	美国、加拿大	渔业考察
2005.09	8	张雪明	澳大利亚、新西兰	环保、旅游考察
2005.10	6	周江勇	阿根廷、巴西	经济开发考察
2005.11	13	张世方	美国	参观汽车配件展览
2006.02	6	周良虹	澳大利亚、新西兰	金融考察
2006.03	10	李关定	日本、泰国	建筑业境外工程调研等
2006.04	8	张良才	美国	参观国际时装展
2006.10	7	周江勇	柬埔寨、马来西亚、泰国	旅游考察
2006.12	23	金红旗	印度	参加中国商品展览会
2007.05	7	金红旗	法国、奥地利	鹅肥肝产业考察
2007.05	9	李关定	英国、丹麦、瑞典	工业制造业考察
2007.08	8	徐才印	美国	参加国际服装会
2007.08	20	董贵波	日本、韩国	信息技术考察

续表19-3

时　间	人数	团　长	出访国	考　察　内　容
2007.10	8	周江勇	南非、埃及、阿联酋	海洋旅游
2008.04	11	黄志明	日本、韩国	农村建设
2008.04	5	周江勇	俄罗斯、捷克、瑞士	考察经济
2008.08	24	陈永忠	德国、比利时、法国	针织
2008.09	6	卢　敏	美国、加拿大	城市建设
2008.10	6	李关定	美国、加拿大	环保

赴日研修

1981年，中国全国青联选派象山干部俞明振赴日本吉田町学习日本先进的柑橘栽培技术，为柑橘研修生。

1991年，象山首次选派赴日本爱媛县吉田町柑橘栽培、食品加工研修生13名。至2008年，象山选派赴日本吉田町（2005年9月并入宇和岛市）柑橘栽培、海水养殖与食品加工研修生达18批、275人。

1991—2008年象山县组团赴日本柑橘研修生情况表

表19-4

年份	人　数	团　长	年份	人　数	团　长
1991	13	钱皆兵	2000	20	严海云
1992	9	叶迎宵	2001	19	郑志国
1993	10	吴才有	2002	18	陈小芬（女）
1994	20	黄永忠	2003	17	郑亚红（女）
1995	20	毛美余	2004	14	张海英（女）
1996	20	朱吉才	2005	17	陈喜娜（女）
1997	20	陈爱娟（女）	2006	10	吴荷女（女）
1998	20	林梦梦（女）	2007	5	沈慧萍（女）
1999	20	王瑞满	2008	3	谢仙子（女）

赵小宝访美

1990年10月，美国北航空公司原副总裁布莱恩·穆恩率团到象山，考察二战时杜利特尔轰炸机坠毁与飞行员营救情况。鹤浦镇召集当事人许尚标、赵小宝母子与穆恩相见。1992年3月，布莱恩·穆恩邀请当年营救美国飞行员的赵小宝等5名浙江老人，赴美国参加“杜利特尔轰炸机队执行轰炸日本本土任务50周年”纪念活动，受到美国国防部长切尼接见，总统布什表示感谢，被授予“雷德温市荣誉市民”，被媒体赠誉“世界公民”称号。2002年，赵小宝又被邀请参加在美国华盛顿举办的“历史记忆”大型图片展和纪念活动。当地时间10月18日下午，她在威尔逊展览现场与当年杜利特尔轰炸机队的3名飞行员相聚。

第二十篇
公安　司法行政

本篇目录

第一章　公　　安

清光绪三十年（1904），象山始建警察机构，设正、副巡官，直属省警察总局警务处。宣统元年（1909）四月初一，创办巡警训练所，知县吴达生自任总办。八月，成立县巡警总局，址设丹城大慈堂，由巡官主事。翌年九月，石浦设巡警分局，址二府衙署，副巡官主事。

民国元年（1912），巡警总局改为警察署，设署长；石浦分局改为分署，设分署长，警务属省警察局，南田县警察机构亦同年设立。翌年，警察署改称城区警察所，分署改称昌石警察所，增设墙头警察所，警务隶属于省警察厅。民国16年，县设公安局，警务改属省民政厅。

1949年7月8日，象山解放。9日，组成以徐振为班长、王立庚为副班长的7人公安班，受解放军象山县工作大队委派接管旧警察局，开辟人民公安保卫工作。10月，公安班改称公安组。翌年5月，建立县公安局，主要工作任务是打击敌人、惩治犯罪、保护人民，业务隶属于宁波专署公安处。1954年4月，公安业务改属舟山专员公署公安处。1958年10月，宁、象两县合并，公安业务改属台州专员公署公安处。11月，公、检、法合并为政法部，增设丹城、宁海两个公安分局。1959年4月，恢复公安局，业务转属宁波专员公署公安处。

1966年5月，“文化大革命”开始波及象山。翌年3月，公、检、法实行“军管”，称“公安机关军事管制委员会”，继称“公安机关军事管制组”。1968年11月，县革命委员会人民保卫组成立，行使公、检、法机关职能。

1973年4月，重新恢复县公安局。1983年秋，宁波地、市合并，称宁波市，业务转属宁波市公安局。1985年10月，政保委析出，单独成立县国家安全组，主管反间谍、防特务及情报工作。1986年7月，县国家安全组改名为县国家安全局。

中共十一届三中全会后，公安工作重点转向保卫改革开放和服务经济建设。从1988年开始，开展依法惩治严重刑事犯罪的斗争。同时加强公共场所、特种行业、危险物品、交通、消防、出入境等方面的治安行政管理。全力维持社会治安，为改革开放和经济建设保驾护航。

第一节　剿匪　肃反

中华人民共和国成立初期，公安工作主要任务是剿灭土匪、肃清反革命活动，巩固新生政权，保持社会稳定。20世纪80年代“呼喊派”邪教组织活动猖獗，县政府发出通知，予以打击取缔。

剿匪

1949年7月8日象山解放，至1955年2月13日，渔山列岛解放，县公安机关在县委、县政府领导下，配合人民解放军积极投入剿匪斗争。详见本志“军事”篇。

肃特反特

1949年11月16日，在梅溪村捕获“象山县自卫总队”任总队副的军统特务胡涌贤。1950年

3 月，破获设在石浦匪“东南人民反共救国军宁象纵队”情报站，捕获站长叶松涛及组长级特务 2 人、特务 18 人。5 月 3 日，在寿岙山中捕获国民党中统局“京沪杭铁路局特别党部调查统计室”情报科长、潜伏特务翁鲲。是月 5—6 日，在丹城捕获提供情报给股匪活动的常乐文、穆仲华、武嘉秀、邓绪铭、王乃模、姜树杰等中统、军统特务 6 人。8 月，破获以运输行业为掩护、搜集丹城军政情报匪“浙江四区人民反共自卫游击纵队”情报组织，抓获联络员黄德茂等特务 7 人。1955 年 1 月 3 日，破获台湾国民党“大陈防守部二处特勤大队”在石浦、南田特务组织，先后捕获从渔山派遣的特务潘华光和被“特勤大队”特务机关发展的谢田宝、周才贵等 5 人。1955 年，抓获国民党“大陈防守部二处”于 1950 年间派遣到南韭山岛上潜伏特务刘芳庭。是年 9 月 9 日，破获国民党保密局于 1950 年 5 月派遣的潜伏文山村的“江浙沿海工作队”政工室主任特务案，抓获特务石南方。翌年，特高科、军统、中统、中美合作所等 6 个特务投案自首。1957 年 11 月，破获国民党保密局于 1950 年 6 月派遣特务，发展的“青年反共救国突击大队”组织，抓获武装匪特 4 人。1963 年 1 月 29 日，在莲花公社蚶岙碶门，抓获台湾特务机关派遣特务尤尔诚、尤尔奎 2 人，缴获特务船 1 艘及一大批反动传单。

镇压反革命活动

1950 年 10 月 10 日，按照中共中央“关于严厉镇压反革命活动的指示”，全力以赴投入镇压反革命活动。12 月中旬，在象山县城隍庙设立“反动党、团、特人员总登记处”，并在石浦派出所、丹城西门当店设 2 个登记分处。是月 23 日，县人民政府颁布《关于反动党团特人员登记布告》，25 日开始全面登记。翌年 1 月 10 日，登记结束后，依法逮捕拒绝登记反革命分子 15 人。

1950 年 11 月 12 日，召集国民党党、团、特、骨干、军政官员及恶霸 46 人，进行第一期集训。逮捕一批反革命分子，缴获国民党党政文书 480 件、各式枪支 3 支、子弹 72 发及长刀 1 把。1951 年 1 月 24 日至 2 月 10 日进行第二期集训，计 209 人。

象山县镇压反革命分子情况表

表 20-1

项目 / 类别	镇反打击时期	象山解放至1950年10月			第一阶段（1950年10月至1951年10月）			第二阶段（1951年11月至1952年10月）			第三阶段（1952年11月至1954年4月）		
	镇反打击人数	捕办	管制	剥夺政治权利	捕办	管制	剥夺政治权利	捕办	管制	剥夺政治权利	捕办	管制	剥夺政治权利
土匪	1569	127	—	—	580	8	—	212	105	17	75	350	95
恶霸	574	9	—	—	323	1	—	126	29	2	19	53	12
特务	113	3	—	—	63	—	—	21	8	—	5	12	1
反动党团骨干	110	4	—	—	64	2	—	13	8	—	6	11	2
反动会道门头子	110	—	—	—	19	2	—	13	25	—	7	34	10
其他反革命分子	840	16	—	—	462	28	—	69	110	—	12	125	18
合计	3316	159	—	—	1511	41	—	454	285	19	124	585	138

说明：此表不含受军事法庭惩处人数 1001 名

取缔反动会道门

1952年6月，宁波专署公安处确定象山县为取缔反动会道门工作试点县，从所属各县抽调公安干部40人，由公安处处长刘永芳率领，于6月中旬抵县帮助指导工作。6月14日始，全面开展取缔反动会道门宣传教育。7月，在丹城、石浦建立反动会道门登记处2个。公布“一贯道、同善社为非法组织”，在重点地区开展群众性的控诉斗争，取缔反动会道门组织无为教、长生道（白莲教）、中教道义会3种。

1953年3月，从县公安、政法及其他机关抽调干部270人，开展调查敌情、追捕外逃、取缔无为教、中教道义会、长生道（白莲教）等反动会道门斗争，处理五类反革命分子355人。

清查残余反动分子

1955年4月，县政法三部门组成镇反办公室，以城镇、沿海、山区、边沿接合部为重点，深入开展镇反斗争。71名干部，深入7个区、60个乡镇，通过材料汇总、档案整理与逐村摸底相结合，调研敌情。至10月，先后召开大会6次，从轻处理投案自首反革命分子。其间，土地改革时逃遁隐藏的6个地主反革命分子，或投案自首，或被查出。1957年上半年，全县投案自首反革命分子64人、特务6人，新发现特务组织8个，破获刑事案件23起。1958年6月至10月27日，分5期清查出残余反革命分子274人。

打击现行反革命活动

1957年10月15日，破获“中国共青党”反革命集团案，逮捕谢某等骨干分子6人。是年12月29日，破获“人权党”反革命集团案，逮捕为首、骨干分子10人，缴获一批罪证资料。1959年10月8日，破获“中国反共救国起义军”反革命集团案，逮捕为首、骨干分子7人，并缴获反革命纲领1份、秘密会议讲话稿1份和伪造的西周公社公章1枚。1954—1960年，立案侦查现行反革命案件17起，破获17起。

1966年2月，破获1965年4月成立由“委员长”“国防部部长”“外交部部长”“总参谋长”“秘书长”组成的“五人委员”反革命集团案。1967年5月4日，破获墙头“浙东反共挺进队情报组”张某传播反动传单案。

1972—1979年，立案侦查的现行案件18起破获16起。1980—1990年，立案侦查现行案件22起，破获18起。1991年，破获投寄反动匿名信件案和与敌特机关联系案各1起。5月中旬，查证以陈某为首预谋劫船逃台线索1起。1992年，破获与敌特机关挂钩案3起，发现投敌嫌疑线索1起。1993年2月12日，破获涂茨钱仓村黑板反动标语案。1994年3月25日，破获史某违法组建“工农党”案。1995年10月24日，破获冯某反动信件案，并送劳动教养。1996年7月9日，破获蚶岙岭隧道东口南侧7条反动标语案。1997年、1998年，查处2起偷渡案。2000年4月28日，县公安局查处一起凸显中国版图割裂地球仪案件。2003年6月26日，配合宁波市公安局国内安全保卫支队、公共信息网络安全监察支队，侦破蒋某与境外敌对组织“中国民主党”海外总部主动联系，并秘密加入该组织涉嫌从事敌对活动案。

第二节　惩治刑事犯罪

中华人民共和国成立初期，刑事犯罪与政治犯罪常相交织，仅少数重大案件专案侦破，刑事侦查工作由治安股承担。1956年4月，治安股内建刑侦组，专司刑事侦查。

1957年，发生各类刑事案件95起，破获80起，破案率为84.21%，比1956年提高16.43%。1958年，破获刑事案件107起，破案率92.2%，比1957年提高8%。实现刑事案件“无积案县”。1962年11月，刑事侦查工作从治安股析出，建立刑侦队。1962—1966年，以“破一案，防一方”要求，加强防范，发案数大大下降，5年中发生各类刑事案件310起，比前5年下降43.4%，治安形势大幅好转。“文化大革命”期间，刑事案件无立案、破案登记，无专门侦破力量，案件得不到及时破获。1971年后，公安干警从“斗批改干校”逐步返回原工作岗位，刑事案件立破制度得到恢复，至1976年刑事案件破获564起，破案率42.5%。1977—1979年，刑事案件破案率上升为70.5%。1980年7月，重建刑侦队，至1991年，刑事案件全案破案率为72.8%。

1992—1993年，坚持贯彻“严打”方针，制定《公安派出所刑侦工作规范》《派出所刑侦工作目标考核纲要》，把派出所刑侦基础工作，纳入目标考核内容。1994年10月，刑侦队更名为刑事侦查大队。1997年8月，成立经侦大队，专事打击经济领域犯罪。1997年，开展“春季‘严打’整治行动”“双禁”集中行动和“百日破案竞赛活动”，开通“110”报警受理台，有效接警3413起，为群众做好事、排忧解难302起。1998年，加强合同诈骗与新型、疑难案件侦破，着重惩治经济大案犯罪。1999年，以“追逃犯、破大案、除丑恶”为重点，相继开展反盗抢专项行动、打击流氓恶势力专项行动，破获邵某军特大盗窃案、农村地区系列入室盗窃案、石浦“1·11”抢劫、轮奸案与西周“6·15”特大抢劫出租车等案件。

2000年，组织开展外来人口大排查、打拐禁毒与打击流氓恶势力专项行动。2001—2002年，以“打黑除恶”为重点，开展严打整治斗争，“破案追逃”成绩，居全省二类地区前列。2004年，开展“雷电4号”“04”3号专项行动。2006年，开展“烈风”等系列行动，10起命案全部告破；受理各类经济犯罪案件46起，立案查处32起，破案19起，查处犯罪嫌疑人31人，抓获网上在逃人员17人，移送检察院起诉案件20起，被起诉人员24人；为各类市场主体，挽回经济损失910余万元。2007年，开展打击信用卡恶意透支、保险诈骗、贩卖假币、商业贿赂、涉税犯罪、打击传销6项专项行动，“永乾”公司非法经营案共刑事拘留7人，涉案金额达1900余万元，人员达600余人。

2008年，全县共立刑事案件4649起，破案2860起，破案率61.5%；共立杀人案件2起，破获2起；立伤害致死案件9起，破获8起；受理各类经济犯罪案件50起，立案37起，破获17起。查处各类经济犯罪嫌疑人41人，抓获网上在逃人员29人，挽回经济损失144万元。

第三节　治安管理

民国时期，县警察局始管理旅栈业、旧货业、印刻业、茶馆、车行、娱乐场所等。中华人民共和国成立后，治安管理范围扩大至危险品、毒品、淫秽物品等行业和群众性事件查处。

查禁烟毒

民国时期，象山县（含南田）查禁烟毒，由警察局查缉，地方法院审理。民国17年（1928）7月28日、8月1日，先后在象山、南田专设“戒烟院”强制戒毒。

1950年2月20日，中央人民政府发布《关于严禁鸦片烟毒的通令》。1952年7月20日，县成立清毒委员会，随即由县公安局派出2个调查组，清查全县烟毒及毒品、毒具状况。8月，分两批传讯集训制毒、贩毒、吸毒、种毒等毒犯，拘捕处理拒禁分子，并收缴鸦片、烟枪等毒品毒具。

其后多次命令禁止种植、贩卖、吸食鸦片，象山延续近百年的毒品痼疾，终于根绝。

20 世纪 90 年代，毒品重新蔓延。1992 年，贯彻全国禁毒工作领导小组《坚决查禁非法种植罂粟活动的通知》精神，查获非法种植罂粟 11 人，铲除罂粟 469 株。1998 年 6 月，象山成立禁毒工作领导小组。2000 年 3 月 15 日，全县开展禁毒专项斗争。7 月，县公安局刑侦大队内设禁毒中队，开始建立毒情档案。是年，登记在册吸毒人员 36 人，其中本地籍 30 人。2001 年 3 月，丹东、丹西街道成立禁毒领导小组，开展“远离毒品，珍惜生命”为主题宣传教育，在街道、学校、广场、公园等地举办大型禁毒图片展览，开展“不让毒品进我家”万人签名活动。2004 年，在高教园区开展“关爱生命、拒绝毒品、抵制诱惑”千名师生签名活动。以后，每年开展“远离毒品、珍爱生命”的查毒禁毒活动，但吸毒人员及吸毒活动仍有上升。

2000—2008 年部分年份象山县吸毒人员情况表

表 20-2

项目 年份	登记在册吸毒人员（人）	增长比例（%）	本地籍吸毒人员数（人）	增长比例（%）	外地籍吸毒人员数（人）	增长比例（%）
2000	36	—	30	—	6	—
2003	296	722.2	232	673.3	64	966.7
2004	332	12.2	253	9.1	79	23.4
2005	416	25.3	310	22.5	106	34.2
2006	453	8.9	405	30.6	48	-54.7
2007	613	35.3	465	14.8	148	208.3
2008	857	39.8	587	26.2	270	82.4

2000—2008 年象山县惩治毒品犯罪情况表

表 20-3

项目 年份	破获毒品案件数（起）	抓获贩毒嫌疑人		缴获毒品数				10 克以上重大贩毒案（件）
		外地籍（人）	本地籍（人）	海洛因（克）	摇头丸（粒）	K 粉（克）	冰毒片（克）	
2000	4	3	—	3	—	—	—	—
2001	17	10	—	17	—	—	—	—
2002	23	23	—	32	—	—	—	—
2003	52	44	1	180	97	—	—	6
2004	36	37	5	120	1	40	—	6
2005	36	32	7	110	10	20	20	5
2006	31	30	8	314	—	20	24	6
2007	61	49	12	165	—	20	77	2
2008	45	37	27	29	—	33	506	8

查禁卖淫嫖娼、淫秽物品

1950年冬，人民政府采取果断措施，摧毁压迫、蹂躏妇女的娼妓制度。1987—1990年，通过贯彻《关于彻底收缴淫秽物品的通告》《关于惩治走私、制作、贩卖传播淫秽物品的犯罪分子的决定》等文件，开展专项整治。20世纪90年代，开展打团伙、查禁卖淫嫖娼为重点“三打一禁”活动；贯彻国务院发布的《卖淫嫖娼人员收容教育办法》，开展“禁赌、禁娼”与“禁赌扫黄”“扫黄”专项整治。

1991年，查处卖淫嫖娼案160起，治安拘留61人。1999年，查处卖淫嫖娼案最多，达1030起。后逐年下降，2008年，查处卖淫嫖娼案142起，治安拘留262人。

特种行业管理

1950年8月，丹城、石浦两镇对特种行业开展调查、管理，共登记发证30家。全县刻字业始行“有公安机关委托证明，才能接受印刻”规定。1957年，私营工商业社会主义改造完成后，私营旅馆业、旧货业、印铸刻字业和修理业相继转为国营，合作企业归属当地供销社领导。1965年8月5日，公安局发出《关于加强特种行业管理的通知》，将全县旅馆业、住宿饭店、寄售商店、废品收购站、印铸刻字、自行车、钟表、收音机、照相机修理9种行业列为特种行业管理，并规定必须经工商部门批准，向公安机关备案方可营业。同时，调换1963年颁发之特种行业许可证。

“文化大革命”期间，特种行业一度无人管理。

1973年，恢复特种行业管理。1981年，全县特种行业237家。1983年，贯彻省《关于旅馆业管理的暂行规定》，订立《旅客须知》，建立服务员查店查夜和发现可疑人员及时向公安机关报告等制度。寄售、废品收购业中，建立凭户口簿等有效证件收购、寄售物品制度。1984年，放开收旧、钟表、电器修理等182家特种行业；194家应管特种行业，落实安全保卫责任制。1986年，丹城培训35家旅馆从业人员，建立治保员49人。石浦加强特种行业管理，行业中刑事案件发生率比1985年下降82.8%。1988年，恢复管理印刷业、刻字业、废旧金属品收购业。同年，全县特业人员向公安机关提供线索177条，抓获违法犯罪分子86人。1990年，全县整顿特种行业，新发放“特种行业许可证”53家。1991年，县公安、工商、文化三部门联合成立“象山县刻字业评审委员会”。1996年7月，根据公安部1995年9月施行的《典当业治安管理办法》，整顿34家典当调剂商店。是年，金银饰品、珠宝、古玩业被列入治安管理。1999年3月25日，公安部发布《机动车修理、报废机动车回收业治安管理办法》，调查机动车修理业，全县186家修理业列入特种行业管理。2000年，取消旧货企业、旧货市场及个体工商户经营旧货和生产性废旧金属收购企业、报废汽车回收（拆解）企业及印刷企业等特种行业的许可证制度。2004年，取消“非机构印章刻制单位审批”，4家开办公章刻制企业取得合格证书，并取消县刻字业评审委员会。是年8月，县旅馆行业协会成立。2006年，改造旅馆信息网，由原电话拨号报送信息改VPN专网即时传输，完成416家，改造率100%。2007年，自行开发旧货典当、调剂行、二手手机市场信息管理平台，信息实时录入，实时监控。

2000—2008年象山县特种行业情况表

表20-4

行业＼年份		2000	2001	2002	2003	2004	2005	2006	2007	2008
旅馆业	小　计	178	188	205	253	398	433	469	415	432
	星级宾馆	1	3	9	15	26	25	32	33	34
	其他旅馆	177	185	196	238	372	408	437	382	498
旧货业	小　计	85	73	72	135	159	189	186	178	177
	生产性废旧金属收购站点	49	35	35	78	90	92	98	98	98
	典当行	1	1	1	1	1	1	1	2	3
	拍卖行	1	1	—	—	—	—	—	—	1
	旧货流通企业	34	36	36	56	68	96	87	78	65
刻字业	小　计	20	8	8	10	4	7	10	10	10
	印章刻制企业	18	6	6	8	—	—	—	—	—
	公章刻制企业	2	2	2	2	4	7	10	10	10
印刷业	小　计	45	52	82	89	89	87	89	—	93
	包装装潢印刷	—	—	—	46	46	42	43	—	45
	其他印刷品	45	52	82	43	43	45	46	—	48
机动车修理业		151	156	156	158	161	163	157	136	147

反“心战”

“心战”是国际反动势力和国民党台湾当局利用空投、空飘、海漂、台轮夹带反动宣传品及设置高频广播电台进行的宣传活动。1952—1962年，台湾国民党利用飞机向大陆空投散发反动传单，进行宣传破坏活动。1968年，查获境内人员与敌特机关挂钩案件31起。1972年7月28日，发出《关于加强反敌特“心战”破坏的通知》，要求各公安派出所教育群众对敌对宣传及宣传品，做到“四不”：不收听、不相信、不传播、不收藏；拾到“空飘”“海漂”和“心战”物品，不拆、不看、不传、不吃、不拿、不用，及时如数上缴公安机关和当地政府，增强群众反“心战”斗争自觉性。1981—1990年，共收缴、销毁台湾特务机关的反动传单、画册、书刊7450张（本）和反动心战物品6013件。

公共场所管理

1988年，核发具备治安安全条件的446家茶馆、娱乐场所“治安许可证”。1991年，根据新颁布的《浙江省公共场所治安管理办法》，全面清理整顿全县列管公共场所，登记核发“治安许可证”381家。1993年，城镇理烫发、按摩店列入公共场所治安管理。1996年，县公安、工商、文化三部门联合发出《象山县音乐茶座酒吧、咖啡厅治安管理规定》。1997年，音像制品批发、出租、零售行业列为公共场所治安管理，新核发“治安许可证”37家。1998年3月，根据省公安厅、市公安局下发的《关于集中清查电子游戏机和娱乐场所的通知》精神，公安、工商、文化部门开展“扫黄打非”行动，分别在丹城、石浦举办全县娱乐场所从业人员治安业务培训2期、162人。2002年，取消娱乐场所经营单位、按摩服务场所设立的治安审核审批。2008年，全县登记在册娱乐场所69家。

网吧管理

2002年9月，国务院发布《互联网上网服务营业场所管理条例》。2003年，全县89家网吧实施安全管理，全部刷卡上网。2004年，处罚网吧未执行实名制32家、36起。2006—2007年，为加强网吧管控，升级改造安全审计软件。2007年1月，通过电大远程教育系统，分批培训全县90家网吧、205名信息安全员。2008年，全县登记在册网吧92家。

危险物品管理

民爆物品　1957年12月，公布《爆炸物品管理规则》，会同县水利部门，严格审批水利建设中炸药、雷管、导火线。1961年4月，贯彻国务院批转《关于全国化工产品安全管理问题座谈会的报告》等5个文件，加强化学、易爆、易燃等危险物品管理。1963年，会同县物资局，建造爆炸物品专用仓库1座，落实专人日夜守库。1975年9月28日，县委制定《关于进一步加强爆炸物品管理的通知》。1978年，民爆物品由新成立县化工建材公司统一采购。1984年，贯彻国务院《民用爆炸物品安全管理条例》，治安股设爆炸物品专管员，培训爆破员545人，发放“爆破员作业证”467本、“爆炸物品使用许可证”382本。1991年，建标准化炸药仓库1座。1996年，在大徐地区开展“二库一室”（炸药专用库、爆破器材专用库、值班室）试点工作，并全县推广。1998年8月，根据省公安厅《关于开展农村爆炸物品管理试点工作的通知》，在石浦开展农村爆炸物品管理试点后，全县原有133家采石场缩减到77家，爆破作业人员由188人减至121人，“四大员”（爆破员、安全监督员、押运员、保管员）由404人减至358人。全县建规范化中心库房21座，增配炸药专用箱166只。1999年，全县民爆物品统一由县化建公司转制成立民用爆破器材专营有限公司采购供应。2000年，筹建南庄、爵溪民爆服务站2家。2003年，成立县民用爆破服务有限公司，统一采购、运输、储存、回收民爆物品，并在丹城等四地各设专用储存库1家。2006年9月1日，取消民爆物品统一采购。2008年，民爆物品实行批管分离，全年涉爆审批102件。是年年末，全县有民爆单位25家。

1991—2005年象山县查处违反爆炸物品管理规定情况表

表20-5

项目	治安案件查处		爆炸物品收缴		
年份	案件数（起）	处理人数（人）	炸药（千克）	雷管（枚）	导火线（米）
1991	4	4	17	60	—
1992	10	10	20	4881	502
1993	11	30	141	891	140
1994	19	28	1221	539	2500
1995	6	16	578	891	500
1996	21	29	934	1898	1270
1997	—	12	—	—	—
1998	31	43	124	126	102
1999	44	62	707	449	130
2000	39	57	16	56	—
2001	30	42	498	1699	331
2002	26	46	35	29	7

续表20-5

项目/年份	治安案件查处		爆炸物品收缴		
	案件数（起）	处理人数（人）	炸药（千克）	雷管（枚）	导火线（米）
2003	9	15	—	—	—
2004	13	22	204	151	—
2005	4	6	—	—	—

说明：2006年后，此项目不再单独统计

烟花爆竹管理　1988年1月12日，县公安局、工商局、供销合作社联合发布《关于加强烟花爆竹安全管理的通告》，检查清理全县烟花爆竹业，取缔爆竹厂1家，没收不合格爆竹33万只。2000年4月，对新桥爆竹厂、宁波救生器材厂进行安全检查，前者被停业整改，后被取缔。2006年1月，根据国务院颁布《烟花爆竹安全管理条例》有关条款，烟花爆竹生产单位及储存、批发、销售安全检查监督，改由县安全监管部门管理，公安部门只负责烟花爆竹运输许可证核发。

民间枪支、刀具管理　1951年1月，《枪支管理暂行办法》公布，当年收缴一批民间枪支，并对土枪、猎枪发放“持枪证”。1983年3月，公安部颁布《对部分刀具实行管制的暂行规定》，明确匕首、三棱刀（包括机械加工用的三棱刮刀）、带有自锁装置弹簧刀以及其他相类似单刃、双刃、三棱尖刀，列为管制刀具。1990年，贯彻《中华人民共和国枪支管理法》，开展枪支清理登记收缴工作，全县清理收缴各类枪支1137支。1997年，根据《浙江省狩猎组织管理规定》，会同县林特部门，组建成立县狩猎大队，完成640支猎枪的申报工作。1998年，全县组建17支狩猎队、51人，确认猎民180人，发放制式猎枪证67本。2001年4—12月，全县开展治爆缉枪专项行动，印发张贴《公安部关于严厉打击违反爆炸物品、枪支弹药管理违法犯罪活动的通告》4000份，破获3起制造买卖私藏枪支案件，涉案5人，刑事拘留4人。2004年，根据市公安局《关于统一规范全市猎民狩（禁）猎时间通知》，确定每年4月20日至10月20日，农历十二月二十五至正月初八为禁猎期，并在全县推广民用枪支一枪一柜保管制度。2005年始，民用枪支在禁猎期间集中保管。2007年，查处非法携带枪支弹药、管制刀具治安案件40起，治安处罚42人。其中，警告1人、罚款3人、拘留38人。2008年，查处非法携带枪支弹药、管制刀具案件53起，刑事拘留2人，治安处罚54人（其中行政拘留52人）。年末，全县有民用枪支227支。

1990—2008年部分年份象山县收缴枪支、刀具情况表

表20-6

年份	土枪等（支）	刀具（把）	备注
1990	18	—	其中查扣气枪7支
1991	2	—	—
1994	22	5	其中气枪5支、猎枪1支
1996	1137	19	其中猎枪98支，土枪867支，气枪160支，小口径步枪10支，电击枪、土铳各1支，猎枪弹31发
1998	11	—	—
1999	—	4	—
2001	46	23	其中猎枪17支、火药枪22支、仿真枪2支、其他枪支5支，子弹2628发

续表20-6

年份	土枪等（支）	刀具（把）	备　　注
2005	—	84	—
2007	2	426	—
2008	4	500	—

剧毒物品管理　1999年5月，根据省公安厅关于《全省剧毒物品管理专项整治工作方案》通知，对22家经营单位、11家使用单位进行登记，无发现非法生产、经营、运输、储存、使用剧毒物品单位。2001年，根据《宁波市剧毒物品安全管理工作方案》和《剧毒物品安全管理标准》，查处剧毒物品案件2起、6人。2002年1月，国务院颁布《危险化学品安全管理条例》，收缴全县14家剧毒物品使用单位，毒鼠强318包，其他剧毒品1公斤。2005年，先后两次召开整顿会议，全县14家单位有10家通过市级验收，并及时清库不再使用剧毒物品单位的仓库。至2008年，全县剧毒物品使用单位尚有12家。

禁赌

中华人民共和国成立前，象山赌风甚盛。形式有牌宝、牌九、挖花、麻将、扑克、双副头、骰子、花会等，尤以花会最为害。国民党警察机关虽查禁赌博，但未触动根基，屡禁不止。

中华人民共和国成立后，人民政府禁止一切形式的赌博。1953年夏，在土地改革、镇压反革命等活动中基本禁绝赌博。20世纪90年代后，当地政府和有关部门，经常开展查赌、禁赌，但赌博仍时有发生。

1991—2008年象山县查处赌博人员情况表

表20-7

项目 年份	查处（起）	治安拘留（人）	罚款（万元）
1991	1435	48	497
1992	1267	45	709
1993	873	9	481
1994	909	17	579
1995	705	21	663
1996	366	24	335
1997	941	73	868
1998	1372	46	1325
1999	2173	15	2145
2000	1307	19	1217
2001	2017	20	1783
2002	2273	27	1970
2003	2152	34	1956

续表20-7

年份 \ 项目	查处（起）	治安拘留（人）	罚款（万元）
2004	2351	701	1459
2005	2410	743	1648
2006	1118	465	653
2007	1808	459	1349
2008	1511	908	995

化解群体性事件

1959年4月，象山渔民在吕泗洋捕鱼突遭风暴袭击，死亡65人。为此，爵溪、屿岙、毛湾等渔区先后发生渔民群体性事件。县领导带领16名公安干警赴现场慰问、劝解，很快平息事态，未伤一人，亦未抓一人，有关部门做好善后工作，渔区迅速恢复生产。

1973年2月凌晨，儒雅洋公社上岙大队50余名社员去宁海县东仓公社某大队抓偷砍毛竹者，引起斗殴，双方伤25人（某大队13人、上岙大队12人）。上午，上岙群众押着人质、抬着猪和家具回村。象山、宁海两县公安、法院和两公社党委组成联合调查组分头深入群众做工作，历时3天，达成协议后，修订《护林公约》，放映电影，召开团结会，重归于好。

1990年7月，处理化解下沈乡群众捕鱼纠纷。

进入21世纪，先后平息事件有：2004年上半年，处理丹西街道某村与餐饮企业土地纠纷。2005年5月，处理西周某村因建造水库中工程填土纠纷；6月，处理西周镇某村组织换届选举中引发的纠纷。2007年5月下旬，处理丹东街道某村与所在地企业发生土地纠纷。

第四节 户政管理

户政管理，历为收税、纳粮、服役所用。中华人民共和国成立初期，废除旧户籍制度，实行新户籍管理制度。改革开放后，全国人口流动频繁，为加强人口管理，实行居民身份证制度。2004年，换发第二代居民身份证。

户口管理

唐有户籍管理。《唐六典》：所管之户，量其资产，类其强弱，定为九等。其户皆三年一定，以入籍账。若五九三疾及中丁多少，贫富强弱，虫霜旱涝，年收耗实，过貌形状及差科簿，皆亲自注定，务均齐焉。象山立县即分五乡，有户籍依据。

宋熙宁二年（1069），推行保甲制，“十户为甲、十甲为保”，连坐以治。有户籍与保甲簿。户籍，登记主户、财产；保甲，登记男性成员详细情况。

民国相沿保甲制。乡镇设户籍干事，专事户籍、人事登记，办理户籍变更事项，按季统计，逐级上报。民国23年（1934）3月，全县普遍清理户籍，装订门牌。

1950年10月，城镇户口由县公安局管理，农村户口由民政部门管理。时鉴于敌情严重，全县城乡人员外出实行“通行证”（1951年年末废止）。1951年3月，石浦镇发放户口簿，建立“四项变更”（出生、死亡、迁入、迁出）制度。1955年7月，丹城、爵溪发放户口簿。是年，全县建立经常性户口登记制度，丹城、石浦、爵溪3个镇由派出所办理居民户口登记，其余由乡政府负责办理。翌年，全县农村户口管理由民政局移交公安局。农村户口委托乡政府代管，乡文书兼户口员。农业合作社、居民区设置户口册，机关、企事业单位设集体户口册。1958年1月，贯彻《户口登记条例》。1964年，全县35个公社与817个生产大队均设户口员。1970年7—11月，县组织户口清查队，开展户口清查。1978年7月始，准予超生子女申报户口。1985—1986年，为发展商品经济，办理从事务工、经商、服务业的7535名农民进集镇自理口粮户。1992年8月9日，县政府决定开放丹城、石浦、爵溪、西周、鹤浦户口管理政策，扩大城镇规模，首批丹城、石浦两镇进城指标各3000人。2001年，海军4805工厂整体户口顺利移交西周派出所管理。

流动（暂住）人口管理

1984年7月，丹城镇进行暂住人口登记试点，随后在石浦、爵溪、西周、鹤浦4个镇开展登记。1990年，5个镇配户口管理专管员6人，丹城居民区聘请协管员，全县暂住人口15259人，发证10819人。1992年，全县暂住人口14093人，申请办理暂住证13325人。1993年，县建暂住人口办公室3个，聘协管员8人。1994年，新建暂住人口办公室4个，聘用专管员67人，做暂住证26100人，被省公安厅评为省“待定户口抽样调查优胜单位”。

1999年，全县集中清理“三无”流动人员4次。2000年2月，丹城开展暂住人口整顿试点。是年，贤庠、爵溪、涂茨、下沈、东陈、茅洋、晓塘、黄避岙、高塘岛9个镇乡户籍由镇乡政府移交当地公安（边防）派出所管理。2001年，全县开展清理整顿出租房屋、规范流动人口管理专项行动。2003年，18个街道镇乡设立外来人口管理服务站（室）50个、专管员248人。2004年，县成立外来人口管理办公室。2005年8月18日，县施行申领“居住证”制度。

居民身份证管理

民国36年（1947），全县通过清乡、户籍登记，颁发“国民身份证”35000张。翌年，又颁发50000张。

1986年7月，县成立颁发居民身份证领导小组，设立县发证办公室。7月9日，县政府批转领导小组《关于全县颁发居民身份证工作实施方案的报告》，在各区、镇、乡成立领导小组，设办事机构，落实办公人员。全县抽调工作人员1441人参加颁发居民身份证工作。至1990年11月15日，全县共制卡发证355673人，占应发证人总数94.5%。1997年，身份证换发量最大。1998年，25万人的人口信息全部输入微机，全县10个公安派出所配备微机并联网。1999年，居民身份证号码采用公民身份号码，将原15位升至18位。2000年10月，完成全县53万人的人口身份证号码升位和人口信息数据、常住人口管理系统和调试工作，常住人口照片、图像与市公安局联网。2004年，换发第二代居民身份证，公民变更姓名、年龄审批权限下放至各派出所。

1990年象山县制发居民身份证情况表

表20-8

乡镇名称	应发证数（张）	已发证数（张）	占应发证率（%）	乡镇名称	应发证数（张）	已发证数（张）	占应发证率（%）
全县总数	376515	355673	94.5	墙头镇	8505	8291	97.5
丹城镇	24851	24404	98.2	泗洲头镇	9446	9055	95.9

续表20-8

乡镇名称	应发证数（张）	已发证数（张）	占应发证率（%）	乡镇名称	应发证数（张）	已发证数（张）	占应发证率（%）
石浦镇	31893	31524	98.8	莲花乡	6515	5872	90.1
西周镇	12435	12184	98.0	下沈乡	11396	10187	89.4
爵溪镇	10166	9990	98.3	儒雅洋乡	5818	5604	96.3
鹤浦镇	13784	13549	98.3	灵南乡	4275	3721	87.0
贤庠镇	13134	12267	98.4	定塘镇	8346	7668	91.9
珠溪乡	12072	11367	94.2	新桥乡	12070	11053	91.6
黄避岙乡	10221	9212	90.1	东溪乡	8998	7873	87.5
东港乡	10206	9491	93.0	大塘乡	7740	7546	97.5
涂茨乡	7492	7119	95.0	晓塘乡	9113	8259	90.6
大徐乡	8126	7756	95.4	后岭乡	4598	4085	88.8
雅林溪乡	5595	5190	92.8	中楼乡	8936	8339	93.3
南庄乡	13311	13008	97.7	昌国镇	9672	9562	98.9
林海乡	12467	11912	95.5	金星乡	9046	8218	90.8
东陈乡	10055	9466	94.1	东门乡	4877	4446	91.2
茅洋乡	11614	11285	97.2	樊岙乡	9753	8655	88.7
旦门乡	6083	5303	87.2	高塘岛乡	13432	11886	88.5
亭溪乡	8255	8173	99.0	檀头山乡	2219	2192	98.8

第五节　出入境管理

1951 年 8 月，公安部发布《华侨出入境管理暂行办法》和有关来往香港、澳门旅客管理规定，县公安局即开展出入境管理工作。1991 年，首次为一家合资企业台商制作“境外人员暂住证”，为 4 名到象山设备安装与技术指导的外国人补做《外国人旅行证》。1992 年，取消公民再次出境使用出境卡。1994 年，县公安局出入境管理部门全面调查三资企业档案。1996 年，宁波市改变公民出国旅游申请受理办法。1997 年，大陆居民与台湾居民结婚所生子女，可按台湾居民对待。1998 年 5 月 1 日，正式启用 1997 版台湾居民来往大陆通行证。2000 年 11 月始，启用 1997 版护照和浙江省出入境管理系统。2004 年，大陆居民的台湾配偶，在大陆原籍居住的 70 周岁以上者，以及寄养在大陆的儿童可申请办理 3 年以上的暂住加注和多次出入境签注。简化台湾居民办理在大陆居留签注及多次出入境签注手续。

1956—1990 年象山县华侨、港澳台同胞及外籍人员进入县境人数情况表

表 20-9 单位：人

年份	总数	华侨	港澳台同胞	外国人	年份	总数	华侨	港澳台同胞	外国人
1956	6	—	6	—	1974	22	2	20	—
1957	7	—	7	—	1975	16	6	10	—
1958	4	—	4	—	1976	13	—	13	—
1959	1	—	1	—	1977	18	1	17	—
1960	5	1	4	—	1978	10	3	7	—
1961	2	1	1	—	1979	20	3	17	—
1962	2	—	2	—	1980	33	6	27	—
1963	1	—	1	—	1981	29	6	23	—
1964	4	—	4	—	1982	39	15	24	—
1965	5	—	5	—	1983	47	9	38	—
1966	10	1	9	—	1984	48	6	41	1
1967	—	—	—	—	1985	34	3	25	6
1968	1	1	—	—	1986	48	7	34	7
1969	2	1	1	—	1987	164	5	139	20
1970	3	—	3	—	1988	289	3	273	13
1971	4	1	3	—	1989	178	5	150	23
1972	7	2	5	—	1990	271	7	257	7
1973	15	—	15	—	—	—	—	—	—

1956—2008 年部分年份象山县华侨、港澳台同胞及外籍人员离开县境人数情况表

表 20-10 单位：人

年份	批准数	港澳台同胞	外国人	年份	批准数	港澳台同胞	外国人
1956	1	1	—	1979	11	7	4
1957	5	5	—	1980	12	6	6
1958	2	2	—	1981	11	6	5
1962	4	4	—	1982	11	3	8
1963	2	2	—	1983	8	6	2
1964	—	—	—	1984	11	4	7
1973	1	—	1	1985	19	16	3
1975	—	—	—	1986	25	19	6
1976	—	—	—	1987	15	11	4
1977	—	—	—	1988	26	17	9
1978	1	—	1	1989	40	19	21

续表20-10

年份	批准数	港澳台同胞	外国人	年份	批准数	港澳台同胞	外国人
1990	43	28	15	2000	1080	—	—
1991	92	59	33	2001	1381	860	521
1992	44	24	20	2002	1522	1396	1126
1993	159	72	87	2003	2329	1348	981
1994	114	74	40	2004	4900	—	—
1995	191	84	107	2005	4630	3024	1606
1996	255	91	164	2006	6473	4603	1870
1997	295	175	120	2007	11052	8013	3039
1998	392	182	210	2008	12697	8043	4663
1999	719	282	437	—	—	—	—

第六节　消防管理

清咸丰五年（1855），丹城圆通巷设“卫安水龙局”，属民间义务消防组织。光绪年间（1875—1908），石浦、爵溪、涂茨、南庄等地相继出现义务“水龙局”“救火会”。民国24年（1935），义务消防组织统称消防组。时全县有消防组织8个，义务消防人员390人。民国36年，改称消防队，经费由百姓募集，设备简陋。

中华人民共和国成立后，消防工作由县公安机关主管。1955年4月，成立丹城、石浦、爵溪3支义务消防总队。至1958年，全县义务消防队30余个、600多人。1961年，丹城、石浦派出所配专职消防员。1962年2月，县成立安全防火领导小组。1965年，全县成立农村义务消防队33个、2866人。1973年，石浦镇成立消防委员会，组建消防中队。1974年3月，县公安局设消防股，建县消防中队，配消防警14人，实行职业民警与义务兵相结合体制。1979年5月，实行现役军人管理。是年，县供销社重点仓库和其他企业配泵建队，成立义务消防队7支、100余人。1983年，县消防中队改属武警大队。1984年8月，县公安局撤销防股，设消防科，下设丹城消防中队。1987年，石浦、爵溪建专职消防队，招聘队员15人。1989年、1990年，配泵建队，组建乡、镇义务消防队20支、200余人。1990年4月，石浦专职消防队改为现役公安消防分队，配消防警12人。至1990年年末，县公安局消防科、消防中队和石浦分队共有干警39人。1992年11月2日，建立县消防联防大队，下设消防联防中队20个，队员及中队长由镇乡、企事业单位派员担任，并实行分区域负责。1994年7月27日，撤县公安局消防科，成立象山县公安局消防大队，隶属于武警宁波市消防支队，下设丹城消防中队和石浦消防分队。1997年7月，石浦消防分队改编，成立石浦消防中队。至2008年，县消防大队下辖中心城区、石浦2个消防中队。

装备设施

清光绪年间（1875—1908），石浦中街、水门头、九市曲设“封火墙”7堵，每隔一段路置月洞门，以防火防盗。民国17年（1928），石浦城头墩置“火警钟楼”，发生火灾时敲钟报警。

中华人民共和国成立初，全县“手掀龙”15台（丹城5台，石浦8台，爵溪、涂茨各1台），因救火水龙年久失修，设备多数老化。1950年12月15日，丹城发动商界、富裕群众自动援助大米85石，修好“手掀龙”4台，添置水带3根及部分设施。1954年，舟山调拨给丹城旧“手掀龙”4台、8马力机动泵1台。是年，县财政补助丹城经堂桥建造消防、饮食两用大水井1口。1955年5月，石浦后街建造100吨消防大水池1口。1957年，丹城从上海新购12马力机动泵1台。1966年10月，丹城在南门消防分队，建造五层楼消防报警楼1座，火灾报警不再鸣锣、呼喊，并以长短声表示火灾位置。1973年，全县义务消防队机动泵22台，基本替代人力龙，提高扑救能力。1974年，石浦钟楼安装火灾报警器，县消防中队配“解放”牌消防车1辆。1977年，海军某部队、某工厂义务消防队各配大型消防车1辆。其后，各乡、镇及部分村均着手改建、新建消防供水、通讯、通道等设施，机关、企事业单位亦配置相应消防器材、设备和设施。1985年，县消防中队机动消防车4辆、机动泵3台。1990年，县消防中队移址东谷湖路。是年，石浦分队配大型消防车1辆、轻便消防车2辆；爵溪专职消防队配轻便消防车1辆、机动泵3台。2008年，全县大小机动车11辆，其中，消防执勤车6辆、抢险救援车2辆、行政勤务车3辆。

火灾预防

20世纪50年代早中期，编发《防火宣传参考资料》，发动城镇、集镇、大村开始值夜拷更，组织儿童呼喊队。拷更是一项以竹筒声配合铜锣声警示民众的公益活动。竹筒声三五下，后再拷锣，锣声数与更点同。拷更人同时口喊“防盗防偷，小心火烛”等语，直至80年代因木作房子大多被水泥房子替代，才逐步减少，90年代后消失。1955年，丹城、石浦以居民小组为单位，每晚住户轮流持“循环小红旗”挨户查火。翌年5月，石浦镇建立消防中心小组14个、52人，开展防火“循环红旗”竞赛活动，并订立《防火公约》。1962年，山区组织护林防火队伍，制定《护林防火公约》。80年代，贯彻《中华人民共和国消防条例》。1984年，创办《象山消防》，至1998年，每年出刊10~12期，发至各乡、镇主管部门和重点企业。1987年后，于冬季年年搞消防巡回宣传。1998年9月，《中华人民共和国消防法》颁布，县工商银行大楼举行首次大型消防演习。是年始，消防宣传进社区、学校、企业和农村。

1951—2008年部分年份象山县火灾情况表

表20-11

年份	次数（次）	死亡（人）	伤（人）	损失折款（元）	年份	次数（次）	死亡（人）	伤（人）	损失折款（元）
1951	47	—	—	—	1962	42	1	2	158000
1952		—	—	—	1963	—	—	—	40000
1953	15	—	17	51000	1964	24	1	2	95075
1954	10	—	—	24500	1965	39	1	35	167500
1955	32	10	163	403604	1966	49	—	—	52146
1956	13	—	6	76702	1971	46	4	—	137900
1957	37	4	12	151558	1972	41	3	20	120000
1958	44	—	—	59289	1973	44	3	—	257020
1961	34	2	17	82419	1974	25	—	3	163743

续表20-11

年份	次数（次）	死亡（人）	伤（人）	损失折款（元）	年份	次数（次）	死亡（人）	伤（人）	损失折款（元）
1975	32	3	10	396826	1992	92	3	15	839000
1976	40	2	5	189650	1993	86	—	—	1099700
1977	28	1	—	230741	1994	90	3	—	1697200
1978	43	1	2	155456	1995	83	—	—	1452000
1979	38	—	2	157000	1996	170	—	—	1034600
1980	19	—	—	110350	1997	194	—	—	1657300
1981	61	3	4	954200	1998	180	—	—	1022000
1982	29	—	5	118550	1999	216	—	—	1232000
1983	12	2	—	253560	2000	236	—	—	1543700
1984	13	—	—	75725	2001	222	—	—	2125000
1985	18	—	—	70765	2002	230	—	—	2890000
1986	18	3	5	205073	2003	242	—	—	3533800
1987	21	6	3	1516933	2004	321	—	—	3708000
1988	17	—	3	27460	2005	351	3	—	4071200
1989	19	—	—	246115	2006	342	4	—	4122300
1990	23	1	—	283056	2007	338	—	—	3898600
1991	105	—	—	790000	2008	80	—	—	253420

说明：部分年份资料缺失

第七节　内部保卫

1951年，为加强内部单位保卫工作，在县级机关及所属部门，建立安全保卫委员会。1980年2月，海军某工厂建保卫科，设派出所（1999年9月撤）。3月，县公安局设内保股。1985年12月，县公安局建内保科。1988年4月，县保安服务总公司成立。8月2日，石浦建保安服务公司。11月，设石浦港务派出所。1992年5月，成立治安联防队，下属17个乡镇治安联防队。1996年10月，成立经济民警大队。2001年3月，撤销联防队机构，成立社区保安队，归属保安公司管理。9月，县成立保安服务大队、治安联防队，统一划归保安大队，着保安服装，各派出所成立保安中队，成立社区保安服务队。2003年6月，经济民警大队改制，更名为宁波市经济护卫支队象山大队，属公安机关社会治安辅助力量。2007年7月1日，经济护卫大队改称经济文化保安，统一归属县保安服务大队，全县共有保安队员827人。

重点保卫

象山解放初，县委、县政府是公安机关重点保卫目标，由1名侦查员值班。1950年7月，由分管内保工作的侦查股股长，率公安队 1 个班在大院内执勤、巡逻。后改为人民武装警察在县政府大门 24 小时站岗。“文化大革命”期间撤销。1972 年始，1 名公安干警常驻淡港门，配合保卫海军某工厂建设工地。1981 年，按宁波地区保卫工作会议精神，确定县委、县政府、县人大、广播站、转播台、人民银行、农业银行、邮电局、粮食局、化肥厂、电力公司、海军某工厂、石浦海洋站、石浦油库 14 个单位为重点保卫单位。1990 年，全县重点保卫单位增加到 25 个。2007 年，以贯彻《内保条例》为主线，重新确定 45 家县级重点单位与 331 家所级重点单位。

安全防范

1954 年 5 月，由县委组织部部长、公安局局长、邮电局局长负责，抽调 7 名干部，清理邮电部门反革命分子 3 人。是年 6—7 月，县委又抽调组织、人事、公安等 5 个部门 8 名干部，清理党政机关、企事业单位要害部门反革命分子 15 人。8 月，清理教师队伍反革命分子 2 人。1962 年，全面清查全县党政机关、财贸、工交、文卫等要害部位人员，发现不适宜人员均调离工作岗位。1980 年，省政府颁布《安全保卫责任制若干规定》，公安机关在邮电局试点。翌年，试点经验在全面推广，并制定“安全保卫责任制”。20 世纪 90 年代初，贯彻《浙江省机关、团体、企业事业单位治安保卫工作条例》，开展创“治安安全单位”活动。1992 年，以巩固和加强“三支队伍”（治保会、联防队、耳目）建设为重点，调整充实治保会 914 个、治保干部 3074 人。1994 年，聘用治安信息员 43 人。1995 年，52 家金融、物资等单位与报警中心联网；推广财会室安全合格证制度，发放安全合格证 20 本。

警卫保卫

县公安局成立后，警卫工作由政保部门兼管，后由内保部门兼管。1962 年 5 月，浙江省委书记江华到象山考察；1973 年 12 月，解放军副总参谋长张才千陪同阿尔巴尼亚武装部队总参谋长巴卢库到象山考察；1978 年 8 月和 1983 年 3 月，浙江省委书记铁瑛两次到象山考察；1985 年 12 月 29 日，中共中央总书记胡耀邦在前往大陈岛途中，由浙江省委书记王芳陪同考察象山；1990 年 5 月，中顾委委员铁瑛到象山视察；1990 年 11 月上旬，解放军副总参谋长徐惠滋、省委书记李泽民，南京军区、浙江省军区及省内沿海各军分区等领导出席“浙江省海防管理现场会”；1999 年 10 月，中共浙江省委书记张德江、省委原书记铁瑛等视察象山；2003 年 5 月 15 日，中共浙江省委书记习近平、副书记周国富一行到象山视察，16 日上午，由宁波市领导陪同，考察县工业示范园区、海军某部队；2005 年 9 月 15 日，全国人大常委会副委员长蒋正华视察象山。以上考察调研活动，均由县公安局派公安人员协助担任警卫。

大型活动保卫

“两会”保卫　1954 年 7 月至 1990 年，象山县共召开党代会 8 次，人代会、政协会议各 12 次，公安机关均派出干警做好保卫工作。1991—2008 年，党代会、人代会、政协会议每年召开 1 次，公安机关均指派治安、内保与丹城派出所、交警中队、保安等相应警力，维护住宿地、会场的安全保卫工作，代表出入道路由交警负责疏通，维护交通秩序。

中国开渔节期间保卫　1998 年 9 月 13 日，首届中国开渔节召开至 2008 年，其间，共参加保卫工作 11 次，投入警力近 8 万人次，出动海上巡逻艇 33 艘，通信、消防、救护等车近 300 辆次，均较好完成安全保卫工作。

大型活动保卫　2003 年 3 月 28—31 日，县体育场举行象山县 2600 万元中国福利彩票发行活动；同年 4 月 4—6 日，石浦皇城沙滩举行“三月三，踏沙滩”大型群众性娱乐活动。两次活动，全县投入安全保卫工作的警力近 200 人，确保活动安全。每年元宵节、农历八月初三弥陀寺香期等大型民间活动，县公安局均派出警力，履行职责，维持安全。此外，还承担中国女子排球大奖赛、第二届海洋体育文化展示大会等大型活动的安保任务 45 起。

高考期间保卫　1978 年恢复高考起，县公安局每年承担高考试卷的运送、考场外治安秩序的维护等安保工作。

第八节　监所管理

中华人民共和国成立前，县署内建有监所，羁押罪犯，县主事者直接进行审判。中华人民共和国成立后，建立犯罪预审制度，犯罪嫌疑人在未判决前由公安部门看押，进行预审。20 世纪 70 年代，在丹城东塘山新建看守所，监管条件不断得以改善。

案件审理

象山解放后至 1949 年 10 月前，县公安部门负责审查、关押捕获土匪。11 月，俘匪管训队建立，经审查后，将逮捕者送看守所收押，随之由公安预审部门审理。1950 年 10 月，突击审理 89 名在押犯，清理监所，为开展镇压反革命运动做准备。1954 年 9 月，公安部《关于逮捕预审工作暂行条例（草案）》公布，预审部门按照法律规定和办案程序，纠正预审代替审判工作现象，建立完整法律文书和正规的预审笔录，正副本立卷，24 小时内初审，20 天内预审结案，接受检察院监督等制度。1956 年 5 月，贯彻中央“严防偏差，不冤枉一个好人”要求，逐案审卷 1955 年后捕判罪犯，发现错捕 5 人，可捕可不捕 10 人。10 月，建政法部，设审批组，取消受理案件书、宣布罪状决定书、预审总结、起诉意见书等诉讼程序，办案质量下降。1959 年 4 月，撤销政法部，公、检、法复建，随之办案程序恢复。是年，审理案件，贯彻少捕、少杀、管制也要少的“三少”政策。

管教罪犯

照 20–1　对罪犯开展帮教活动

1954 年，建立入监犯人登记、每半月一次狱中大检查制度。1955 年，按《中华人民共和国劳动改造条例》精神，进一步健全管教，收押罪犯凭逮捕证副页，法院凭押条、凭拘留证，临时羁押凭县公安局证明文件。收押后逐个检查，根据性别、案情性质分别关入监狱。1959 年，制定《看守工作制度》。1960 年，由于放松罪犯教育，控制不严，越狱逃跑 3 人，病死 5 人。1961 年，健全监房每日检查、夜间值班巡视等制度，制止事故多发势头。1991 年，学习贯彻《中华人民共和国看守所条例》，看守所根据实际建立和完善制度 10 项。1994 年，看守所全体干警和值勤武警战士严格执行规章，及时避免 2 起重大事故发生。2002 年，看守所连续 10 年未发生事故，被浙江省公安厅荣记集体二等功。2004 年，专设过渡监室、未成年人监室，将未决犯与已决犯、治安拘留分设。

监房设施

中华人民共和国成立前，县署内西北为狱堂，自立门户，“一”字形东西朝向 8 间，木栅平房，北角在围墙脚开一洞，洞外是西澄河边，囚犯死后从此洞掩出，称“掩牢洞”。民国5年（1916）重修。该监狱，历延至县城解放。民国实施《违警罚法》时，在警察局内设拘留所5间。

1949年10月，废旧监狱，辟县城南街旧警察局拘留所为看守所，共5间，木栅分隔，房间小，设备简陋。审讯室、武装班房6间。1950年11月，扩大下佛堂5间。年末，辟城隍庙作“镇压反革命”临时羁押场所。1952年，各监室内置风扇（竹编），大间2只、小间1只，最多能关押罪犯200余人。1963年，在原址拆建办公室10间、寝室3间、监房2幢18间，食堂、厕所各1间，计593平方米。

1973年9月，在丹城东塘山新建看守所，建筑面积570平方米，监房20间，各监房装有广播。1983年“严打”（依法严厉打击刑事犯罪活动）中，租用东谷湖招待所3间作为临时羁押场所。1989年，配囚车1辆，保证押解罪犯安全。

1991年，拆建原有老监房，于1993年竣工。1997年，根据监所配套设施需要，建造禁闭室、接见室、监区值勤室、监控室、监区管理室、医务室、图书室、配电室、物资仓库、干警厕所10个项目，共12间、300平方米附属用房。1999年，新建武警外卫南北岗楼2座。2001年，新建监房14间。2002年，根据公安部治安拘留所单独分开指示，将原5间干警单人宿舍翻盖成三层15间，为治安拘留、劳动教养、强制解毒等临时关押用房。

第九节　边防管理

象山历为海防要地。宋嘉定置寨，后建营、所、讯、烽火台等，防寇御倭。中华人民共和国成立后，边防保卫工作全面加强，实行“武装警卫，行政管理与秘密侦察工作相结合”方针，确保象山沿海安全和维护治安稳定。

军事设防

1951年7月，建立爵溪、石浦、南田海防公安派出所。石浦所，址石浦镇，管辖石浦镇、东门、番头、金星、昌国、五爱、鸡鸣、横屿、高湾、定塘、中楼、晓月、黄新、大塘等乡；爵溪所，址爵溪，管辖大徐、南庄区49个沿海村和址地、南韭山岛；南田所，址鹤浦，管辖南田、高塘、花岙、檀头山、对面山、坦塘6个岛屿。所长兼区、镇武装部副部长。任务：调查敌情，搜集材料，配合部队加强海岸、海上巡逻，对登陆海匪坚决镇压，组成海防警卫力量。1952年8月，所改称边防部队。增设驻海墩边防部队，管辖龙屿、菁莱、下庄、汤岙、民主、珠溪、黄避岙、贤庠等沿海。1955年7月裁撤。1959年5月，建石浦、爵溪边防武装派出所。石浦所，管辖石浦、南田公社岛屿和沿海村；爵溪所，管辖象山、岑晁、民主3个公社沿海49个村。1962年6月，2个边防武装派出所改称边防哨所，干警35人。翌年10月，增设高塘、南田、旦门、西泽4个哨所。各哨所均设所长、副所长、政治指导员。高塘所，址金高椅村，管辖高塘、花岙2个海岛；南田所，址小百丈村，管辖南田岛；旦门所，址仁义村，管辖旦门、新桥、东溪3个公社；西泽所，址西泽，管辖大徐区。石浦、爵溪两所辖区相应缩小。

1966年10月，象山县边防大队与边防哨所撤销，沿海未设边防保卫机构。1970年年末，受“文化大革命”影响，边防保卫工作削弱。

1974年，县公安局增设边防股。1976年8月，建立石浦、高塘、爵溪、旦门、西泽5个边防派出所。高塘所，址港口，管辖高塘、花岙、南田3个岛，海岸线132千米（1982年，鹤浦建所，南田岛划出）；石浦所，管辖檀头山、东门、对面山岛以及金星、昌国、番头3个公社和石浦港面，配公安艇1艘，海岸线105千米；旦门所，管辖新桥、东溪、旦门3个公社，海岸线31.5千米（1983年，建新桥所，东溪、新桥划出）；爵溪所，管辖爵溪镇和南韭山岛，海岸线20.5千米；西泽所，管辖贤庠、珠溪、黄避岙3个公社，海岸线26千米。1980年4月，增设钱仓派出所，址钱仓村，管辖民主公社、涂茨公社5个沿海村，海岸线43千米，实行“统一规划，分级管理，分级指挥”原则，业务工作直属县公安局领导，维护边防辖区社会治安，查控、发现特务间谍分子和偷渡分子潜出、潜入，实施打击。1986年5月，石浦边防派出所改为象山县公安局石浦边防工作站，从边防大队划出，隶属于宁波市公安局边防分局。1987年3月1日，大队受县公安局直接领导，并于1988年9月27日，启用“中国人民武装警察象山县边防大队”印章。1989年10月，撤销旦门边防派出所，辖区归南庄派出所。1994年10月，撤销钱仓边防派出所，辖区归大徐派出所。1999年，根据上报党委对边防管理体制调整，原象山县公安局石浦边防工作站归属大队，公边D33363、33361艇相继划入大队管辖，对外称“象山县公安边防大队”。下辖爵溪、西泽、高塘3个边防派出所，1个边防工作站。

船舶管理

1951年9月，象山县沿海船只实行登记、编号，凡出港，一律携带政府牌照，143处港岙口由驻军、公安、当地政府分工检查进出港船只。1955年7月，石浦水上派出所和爵溪派出所，建立进出港签证制度。1961年5月，石浦港、爵溪由公安、航管部门联合办公，恢复进出港签证制度，加强船只安全保卫工作。1963年6月25日，县公安局发文委托民主、西周、泗洲头、旦门、大塘、金星、昌国、鹤浦等28个公社，办理沿海船舶户口管理和进出港签证手续。1962年4月始，石浦港配公安检查艇1艘，实施港内巡逻，于1967年撤销。1969年12月，县革委会成立“维护水上革命秩序领导小组”，抽调县保卫组、水产公司、航运公司、航管站、石浦派出所人员，联合办公，管理石浦港船只。1970年9—12月，换发新渔船民证。1971年8—10月，全县除航运公司、象运社、水产公司船只外，渔农船一律重新编刷号码。1972年年末，换发新船民证结束，新证盖有“象山县公安局”钢印。1973年，为沿海治保干部发放港口船舶“检查证”47本，协助公安机关对可疑船只进行检查。

1981年，14名边防干警历时1个月，在东门公社制定“七项规定”“五个不准”规章。1985年，为发动二户一体船只“自管自治”，爵溪、旦门、东港等7个乡成立“二户一体小机流协会”，并组织海上渔船民联防队7个，加强海上防范，及时调解纠纷。1989年5月，象山县成立“海上联合检查指挥部”，开展海上船舶大检查。1993年，加强船舶管理，开展海上专项治理。1994年4月初，在高塘岛乡开展大马力船只调查和管理试点工作。1995年，推广高塘所大马力外海渔轮管理试点经验，完善外海船舶联合管理指挥部机构。2001年，严格执行口岸管理制度，加强检查台轮进出港和台湾船员、劳务人员上下岸。

外船检查监护

1982年前，台轮由公安、边防登船检查。1982年11月始，边防在石浦港入口处，领航台轮至二号、三号锚地停泊，并发《进港须知》。1988年6月15日，实行签发台胞“登陆证”，象山、台湾开展劳务合作。台胞上岸发给证件，返航时由签证处收回“旅行证明”或“登陆证”，发还“船民证”等证件。此外，1959—1990年，检查监护进入象山县沿海日本渔轮2艘、中国香港渔轮43艘，越南难民木质机动船2艘、韩国渔轮2艘。

1995年，换发新版“出海船舶户口簿”。加强休渔期管理，配合渔政部门，开展边防法规和法制教育，禁止辖区船只出海偷捕。加强中心港口和重点岙口船只检查。1997年，西泽所实施船舶分层次管理，落实“群防群治”。高塘所设计外海“大马力渔船管理网络图”，重新制作“出海船舶管理一览表”。1999年，西泽所开展冬、春汛海上专项行动。

第二章　司法行政

中华人民共和国成立前，象山无司法行政机构。清至民国期间有民间调解机构，实行地方行业自治，自我管理。清乾隆元年（1736），创“太和公所”；咸丰年间（1851—1861），建“南安公所”；光绪二十二年（1896），建“安澜公所”；光绪三十三年（1907），地方自治，创“保安公所”，置社董、村董、区董、总董。渔业公所通常有董事、董事长、账房（聘），负责调解处理渔捞、海事纠纷，代办渔盐牌照手续，照顾伤、病、死渔民之善后事，参与议定鱼价等。至民国16年（1927）10月1日，成立象山法院分院后（隶属于鄞县地方法院），律师、公证、调解等部分职能由该分院兼理。民国25年11月，象山始成立司法处（法官、检察事务由县长兼任）专理刑事、民事一审诉讼及非诉讼案件。司法处设主任审判官、审判官、主任书记官、书记官、检验员，并配录事、执达员、司法警察、庭丁、公丁等公职人员。民国37年11月29日，撤县司法处，建县地方法院，隶省高等法院第三分院。司法行政事务由地方法院兼理。

中华人民共和国成立后，县人民政府民政科兼理司法。1950年6月，民政科受理民事案件，负责人民调解。1952年10月，县成立司法改革办公室，整顿健全人民调解组织。1956年，县人民法院管理境内律师、公证、民间调解与法制宣传。1981年7月1日，成立象山县司法局，开展法制宣传、司法干部培训、人民调解管理及律师事务、公证、信访等工作。1995年10月10日始，全县各乡镇相继建立司法所，开展基层司法行政工作。12月24日，县法制教育培训中心成立。1999年4月，开通“1600148”法律服务咨询电话。7月，司法局下属的5个乡镇法律服务所更名为法律事务所。司法部门履行国家法律赋予的司法职能，强化法律监督，维护公平正义，惩治刑事犯罪活动，为创建平安象山，推进综合治理和基层民主法制建设发挥积极作用。

第一节　法制宣传

1953年6月，全县开展贯彻《婚姻法》宣传教育活动。1954年，县人民法院在区乡巡回审判民事案件和轻微刑事案件时，进行现场法制宣传教育。

1981年，县司法局成立后，宣教股专管法制宣教工作。采用有线广播、电视播出、宣传橱窗、图片展览、上法制课、办培训班等形式宣传《中华人民共和国宪法》《中华人民共和国婚姻法》《中华人民共和国经济合同法》《中华人民共和国劳动合同法》等法律知识。

1985年5月18日，县成立“普法”宣传领导小组，下设办公室。全县法制宣传教育工作，由县政法委和县委宣传部领导，司法局具体实施。截至年末，司法局编写、印发宣传资料6.8万册，上法制课1000多场次，刊出法制黑板报120余期，受教育者16万人次；举行法律讲座694次，听众12.3万多人次；开办法制培训班11期，受训670多人。1986年开始，按照国务院统一部署，在全县开展5期普法教育。

“一五”普法

1986—1990年，全县开展“一五”普法教育。对象是全县农民、渔民、居民，县属集体单位的干部、职工和全日制学校初、高中学生。内容为“九法一条例”，即《中华人民共和国宪法》《中华人民共和国刑法》《中华人民共和国刑事诉讼法》《中华人民共和国兵役法》《中华人民共和国民事诉讼法》《中华人民共和国婚姻法》《中华人民共和国继承法》《中华人民共和国经济合同法》《中华人民共和国民法通则》与《中华人民共和国治安处罚条例》。其间，全县共有29.6万余人学完指定内容，普及率90.5%，合格率96.4%。其中，面授教育者18.8万余人，参加考试9.5万人，参考率29.1%，合格率达97.4%。1990年10月16日，县级机关中层以上干部参加《中华人民共和国行政诉讼法》考试，63个单位、747人参加，最高为100分，最低60分，平均89分，合格率100%。

“二五”普法

1991—1995年，全县开展“二五”普法教育。1991年3月28日，县委召开县级机关“二五”普法动员大会。教育对象是有接受能力的公民，重点对象是副局级以上领导干部、执法人员、宣传教育工作者、青少年，特别是在校生。县普法办在县工商局、爵溪镇进行普法教育试点。至11月，全县0.27万名机关干部、7.4万名企事业单位职工、20.2万名农渔民、7.4万名中小学生参加普法学习。“二五”普法，全县共发放普法教材15210册；在全县45所中小学作《法律与道德》巡回报告，23.5万名师生接受教育；在乡镇进行“农村实用法律知识”讲座；在企业和经济管理部门发放教材3400余册，举行“企业经济法”岗位培训。县“二五”普法工作，经宁波市验收考核合格。石浦镇等5个单位和9名个人分别被评为省、市“先进集体”和“先进个人”。

“三五”普法

1996—2000年，开展“三五”普法教育。其间，邀请华东政法学院教授游伟、郝铁川给县级机关各部门负责人、政法系统副局级以上领导、全县分管政法副镇（乡）长、各镇（乡）党委书记作法制报告。司法局组成工作队，进驻东陈乡集中法制宣传，举办宣传讲座12场，召开座谈会30场，张贴政府公告600张；组织指导小组2个，先后赴全县19个镇乡全面检查、指导，发放农民普法读本27500册，发放《国家公务员法律知识读本》2100册，编印《象山县农村常见法律知识解答》读本20200册、《农村常见法律知识解答通告》4500份，发放《以案说法》光盘64套，张贴标语1000条，广播1000余次，刊出黑板报1500余期，集中授课或讲座400场次，20万人受到教育；组织县级机关和镇乡干部、全民企事业单位参加《中华人民共和国行政处罚法》和《中华人民共和国刑事诉讼法》考试，试卷回收率99.6%，合格率100%；组织行政执法干部“行政复议”培训，1586人参加训后书面考试，参考率95.1%，合格率100%。县普法自查考核组，考核验收全县19个镇乡、80余个部门单位，全部合格。石浦镇被评为省“‘三五’普法宣传教育先进集体”。

“四五”普法

2001—2005年，开展“四五”普法教育。2001年7月，县委、县政府转批县司法局《关于在全县公民中开展法制宣传教育的第四个五年规划》，县人大常委会审议“四五”普法规划，并作出决议。全县18个街道镇乡与80余个县属单位制订“四五”普法规划，并建立普法领导小组和办事机构。在县、街道镇乡两级建立“四五”普法讲师团和120余人组成普法联络员网络；在机关、学校开展“人人争做学法、懂法、守法的好公民”万人签名活动，其间，邀请复旦大学教授作《依法行政和依法治国关系》报告，邀请国家税务总局领导作《中华人民共和国税收征管法》讲座；结合全县“固本强基”工作，组建19个法制宣传组进村，开展为期3个月农村法制宣传教育，宣讲700余场，受教育群众13万人次；利用休渔期进行以《中华人民共和国渔业法》和《中朝渔业协定》为主要内容的法制宣传，开设法制讲座130余场，发放《海洋知识问答》和《涉海涉渔法律常识手册》4000余册；发领导干部、公务员“四五”普法法律知识读本600余册。2002年12月4日，县司法局牵头县级机关36个部门参加，在县人民广场开展以《中华人民共和国宪法》为主要内容大型宣传活动。2004年，开通全县浙大网点远程教育课程。11月，举行副局级以上领导干部参加法律知识测试，645名副局级以上领导参加测试，参考率96.6%，优秀率55%，平均得分89.2分。“四五”普法期间，全县政法部门分赴18个街道镇乡、230个村开展“政法干警进村入户送法律”活动。司法局在大徐镇与茅洋乡24个村“送法”50余场，接受教育1万余人。2005年7月，通过宁波市“四五”普法考核组考核验收。

“五五”普法

2006年为“五五”普法开始之年，联动各媒体、报社，加大法制宣传的力度。开辟《说法时间》电视专栏，扩大法律宣传普及面；开辟普法网站，专设网上法律咨询栏目，网上咨询人数达732人次；在《今日象山》开办《政法周刊》，发至各单位、企业、村、社区、学校。把“法律六进”（进机关、进农村、进社区、进学校、进单位、进企业）活动作为“五五”普法工作重点。县委组织部等六部门联合下发《全县乡镇村级干部国土资源法律知识宣传教育培训实施意见》，成立专题教育活动组织，购买宣传资料1300套，宣传版图500张。全县490个行政村班子成员、100名村级协管员集中授课3天。18个街道镇乡各选出3名班子成员参加农村干部法律知识竞赛。53所学校成立普法宣讲团，聘请法制副校长、法制辅导员。至2008年，全县创建浙江省三星级“民主法治村”377个、创建浙江省三星级“民主法治社区”18个；创建四星级“民主法治村”32个，四星级“民主法治社区”7个，五星级“民主法治村”3个。三星级以上“民主法治村（社区）”达标面达75%以上。

照20-2 《阳光热线》栏目普法宣传

第二节 人民调解

中华民国时期，民间纠纷多由族长、绅士等出面调解。中华人民共和国成立后，实行人民调解制度。1951年，象山建区、乡人民调解委员会，调处一般民事纠纷和轻微刑事纠纷。1952年，全县 7 个区、2 个镇、60 个乡，共建 67 个调解委员会，调解委员 100 人，其中女性 41 人。1954 年，调解委员会增至 88 个，调解委员增至 576 人，全年调解处理民间纠纷 6740 件。1958 年，民事案件先由调解组织调解，调解不成再由法院审判人员审判，均以法院的名义处理。是年 3 月，调解委员会改为调处委员会，其主要任务是调处民间一般简易纠纷。10 月，治保、调处两个基层组织合并为治保调处委员会。合并后出现重治保、轻调解情况，民间纠纷不能得到及时解决。至 1962 年 8 月，治保、调处分离，恢复建立调解委员会。

“文化大革命”期间，司法工作遭到严重破坏。公、检、法被砸烂，各项审判制度遭践踏，人民调解工作被诬为“搞阶级调和”，许多调解干部被批斗，调解组织瘫痪，民间纠纷无人调解处理。

1973 年后，全县调解工作逐步恢复，全县 29 个公社（镇），530 个大队，23 个居民区，170 个厂矿企业，共建调解组织 753 个，共有调解干部 2157 人。1982 年 12 月，县司法局主管人民调解工作。全县时有调解组织 787 个、调解干部 2719 人。各级调解组织共调处各类纠纷 7856 起。1985 年，乡、镇、村、居委会成立调委会 794 个，厂矿企业建调委会 179 个；全县人民调解员 2114 人，培训 2275 人次。全县各调解组织调处各类民事纠纷 7347 件，调处成功 6120 件。1989 年，整顿调解组织，全县 849 个调解委员会中，一类型 496 个，二类型 303 个，三类型 50 个。调处民间纠纷 8545 起，调处成功 7851 起，成功率 91.88%。

1997 年 7 月，县司法局建立司法特派员、司法助理例会制度。1999 年，建立丹城小商品市场、汪家河菜场、石浦菜场 3 个调解委员会，丹城、石浦、大徐 3 镇成立公安司法调解中心。2002 年，县司法部门出台《象山县人民调解工作若干规定》，规范调解组织建设、工作程序、工作制度以及调解中心建设等问题。各街道镇乡组织 30 人以上调解员集中培训达 21 次。2005 年，开展标准化调委会达标申报验收工作，全县 261 个创建单位，达标 253 个。2007 年，县司法局、县交警部门组建交通事故纠纷人民调解委员会。

2000 年 10 月，建立象山、宁海接边地区人民调解工作联合调解委员会，每年在象山、宁海轮流各举行一次联合会议。截至 2008 年年末，宁海、象山接边地区联合人民调解委员会，共受理海涂养殖与海洋捕捞民间纠纷 51 起，调处 51 起，调解成功 50 起，制止群众械斗 27 起。

1991—2008 年象山县民间调解情况表

表 20-12

年份	调解组织（个）	调解人员（人）	调处纠纷（起）	调处成功（起）	成功率（%）	防止转刑（人/起）	防止非正常死亡（人/起）	制止械斗（起）	消除重大纠纷（起）
1991	890	3040	4781	4396	91.95	58/—	4/—	—	—
1992	898	3161	5673	5324	93.85	16/13	29/23	—	—
1993	916	2415	2693	2504	92.98	78/55	40/36	—	—
1994	—	—	2692	2479	92.09	52/45	27/24	—	—
1995	—	—	2617	2461	94.04	—/21	15/—	—	29
1997	—	—	2148	2082	96.93	—	—	—	12
1998	—	—	2326	2052	88.22	—	—	—	15
1999	—	—	2204	2116	96.01	—	—	28	25

续表20-12

年份	调解组织（个）	调解人员（人）	调处纠纷（起）	调处成功（起）	成功率（%）	防止转刑（人/起）	防止非正常死亡（人/起）	制止械斗（起）	消除重大纠纷（起）
2000	—	—	2259	2232	98.80	—	—	5	31
2001	—	—	1706	1612	94.49	—/26	—	—	—
2002	—	—	2915	2807	96.30	—	—	—	—
2003	—	—	1983	1896	95.61	6/6	3/3	2	—
2004	—	—	2792	2690	96.35	11/10	8/—	—	—
2005	560	1865	2504	2429	97.00	—	—	—	—
2006	—	—	2531	2474	97.75	45/22	10/10	6	18
2007	560	1798	25185	24466	97.15	30/16	13/11	—	—
2008	575	1903	2984	2909	97.49	7/—	—	3	—

说明：1996年数据缺失

第三节　法律服务

1981年，建立县公证处，受理各项公证业务。20世纪80年代中期，区、镇、乡建立法律服务所。90年代，县成立法律服务中心，开通法律服务专线电话。进入21世纪，县内陆续开办律师事务所，为企业、单位和个人代理经济、民事诉讼案件、劳动仲裁及代写法律文书。

法律服务所事务

1985年，全县建区、镇、乡法律服务所16个。至1986年，县法律服务所内有法律工作者46人，其中律师15人。1990年，全县共有合格法律服务机构7家，其中，区级4家（定山、大徐、西周、石浦），镇级3家（西周、石浦、爵溪）。1992年2月，撤南庄、定山、大徐、西周法律服务所，分别设丹城、定塘2家法律服务所；石浦区法律服务所并入石浦镇法律服务所。2004年下半年，撤丹城、定塘、鹤浦法律服务所。2005年，县法律服务中心、石浦法律服务所、西周法律服务所名称分别变更为象山县振兴、浦港、民信法律服务所，共有基层法律服务工作者32人。

2008年象山县法律服务所情况表

表20-13

名　称	地　点	法律顾问单位（家）	办理各类案件（件）	业务收入（万元）
象山县振兴法律服务所	丹东街道新华路50号	53	530	161.05
象山县浦港法律服务所	石浦镇火炉头炉99号	6	212	34.37
象山县民信法律服务所	西周镇人民政府	0	13	2.23
合　计		59	755	197.65

律师事务

中华民国时期，县知事、县长所置的承审员（包括军法承审员）、司法处的主任审判官、地方法院的推事，皆具律师资格。象山著名律师有靖海乡东陈村陈庆粹（陈汉章之子）、新桥镇高湾村忙靖常和南庄乡九顷村史佩佐。

中华人民共和国成立后至 20 世纪 80 年代初，县无律师管理工作机构，民间有“土律师”。1983 年 4 月，县法律顾问处成立，由律师、兼职律师开展刑事案件辩护、民事案件代理等业务。是年，县法律顾问处派律师为 8 家企业及个体户、专业户担任常年法律顾问，协助审查法律文书 57 件，代写法律文书 23 件，调解经济纠纷 5 件，挽回经济损失 4. 6 万余元。1985 年 2 月，改县法律顾问处为县法律事务所，共有律师、兼职律师及法律工作者 20 人。1986 年，象山县律师事务所石浦律师接待站成立，开展对台法律服务。1989 年 1 月，县政府建立法律顾问组，聘请律师担任常年法律顾问；6 月 1 日，律师使用中华人民共和国律师工作执照和律师（特邀）工作证。是年，县律师事务所全年办结案件 342 件，其中，刑事辩护 115 件、民事代理 102 件、经济代理 107 件、非诉讼代理 18 件、代写法律文书 220 份；派律师为 52 家单位担任常年法律顾问，为企事业单位挽回经济和避免经济损失 633. 31 万元。1991 年，县有专职律师 9 人，特邀律师 1 人，其中 6 人拥有四级律师资格。

1992 年 10 月，宁波市首家县级合作制律师事务所——象山县信大律师事务所创办。1996 年，象山港律师事务所成立。是年，全县 3 家律师事务所派律师为 290 家单位担任常年法律顾问，受理办结各类案件 972 件。进入 21 世纪，县内陆续开办律师事务所、为企业、单位和个人代理经济、民事诉讼案件、劳动仲裁及代写法律文书。2006 年，象山有象港、信大、人值、华宁律师事务所 4 家，执业律师 22 人。4 家律师事务所为 153 家企业担任常年法律顾问，并为企业代理经济、民事、劳动仲裁及代写法律文书等事项，代理各类案件 912 件，业务收费 391. 34 万元。2007 年，县长律师团成立。2008 年，有象港、信大、华宁、人值、昊大律师事务所 5 家，专职律师 21 人，担任 192 家企事业单位律师顾问，受理案件 1184 件，业务收入 626. 76 万元。

2008 年象山县律师事务所情况表

表 20-14

名　　称	地　　点	业务收入（万元）
浙江象港律师事务所	丹东街道东谷湖路 262 号	133. 14
浙江信大律师事务所	丹东街道汇兴路 56—4 号三楼	124. 46
浙江华宁律师事务所	丹东街道方秧路 101 号三楼	167. 49
浙江人值律师事务所	丹东街道金鹰路 40—1 号三楼	92. 60
浙江昊大律师事务所	丹西街道新丰路 165 号四楼	107. 07
合　　计		626. 76

1984—2008年象山县律师情况表

表20-15

年份	事务所	律师人数			工作情况										
		合计（人）	专职律师（人）	特邀兼职（人）	担任法律顾问（家）	受理案件数（件）							代拟文书（份）	接待来访（人次）	避免挽回损失（万元）
						合计	刑事辩护（件）	民事代理（件）	经济代理（件）	行政诉讼（件）	非诉讼事件（件）	劳动仲裁（人）			
1984	—	—	—	—	8	62	—	—	5	—	57	—	23	—	4.60
1985	1	20	—	—	22	182	54	24	96	—	8	—	134	—	155.21
1986	1	19	3	16	22	148	58	90	—	—	—	—	134	—	—
1987	—	12	—	12	60	432	—	—	—	—	—	—	—	—	—
1988	—	—	—	—	43	516	—	—	—	—	—	—	—	—	450.10
1989	—	—	—	—	52	342	115	102	107	—	18	—	220	—	633.31
1990	1	10	9	1	41	127	53	45	22	—	7	—	144	—	—
1991	1	10	9	1	67	338	88	135	84	5	26	—	635	—	560.00
1992	2	—	—	—	—	327	73	154	75	7	18	—	272	—	—
1993	2	—	—	—	271	622	167	210	179	19	47	—	222	—	—
1994	2	24	18	6	288	503	143	255	60	15	30	—	359	—	—
1995	2	—	—	—	290	751	169	311	231	7	33	—	—	—	2000.00
1996	3	—	—	—	290	972	—	—	—	—	—	—	—	—	—
1997	3	—	—	—	300	929	139	440	321	3	26	—	—	—	—
1998	3	—	—	—	291	1245	168	412	564	5	96	—	—	—	—
1999	3	—	—	—	218	1131	145	382	571	5	28	—	—	—	—
2000	3	—	—	—	166	1093	—	—	—	—	—	—	—	—	—
2001	3	29	21	8	—	1092	—	—	—	—	—	—	—	—	—
2002	3	—	—	—	—	998	—	—	—	—	—	—	—	—	—
2003	3	21	21	—	102	916	—	—	—	—	—	—	241	—	—
2004	3	—	—	—	122	865	—	—	—	—	—	—	—	—	—
2005	3	22	22	—	153	888	159	675	—	39	—	15	—	—	—
2006	4	22	22	—	158	927	177	725	—	15	—	10	—	—	—
2007	4	22	22	—	153	996	139	757	—	16	—	84	—	—	—
2008	5	21	21	—	192	1120	192	854	—	19	—	55	—	—	—

公证事务

1981年9月20日，县建公证处，共有公证员3人，全年办结公证4件。1982年，开始受理经济公证和涉外公证。1984年，依靠司法特派员开展公证工作，支持“两户一体”（农户、专业户、经济联合体）发展商品生产。1985年，公证员5人，开始受理民事公证。1986年，县司法局在石浦镇设立公证接待站。是年，开办法人资格证明书，法人委托证明书公证。1985年、1986年连续两年，县公证处被评为“省级司法行政系统先进集体”。1987年始，县公证处运用公证手段帮助信用社管理信贷。鹤浦信用社通过公证发放贷款92万元，全部按期收回。

1992年，大徐、西周两区建立公证联系站，宁波市赡养协议公证在下沈乡航头村试点。1993年12月10日，县公证处接受县化肥厂申请，现场监督公开拍卖化肥厂合成氨专用生产设备。是年，县公证处荣立宁波市级集体三等功。1994年，为全县23家集体企业转制提供法律服务，为1226个职工公正办理职工遣散安置协议。1997年，首次承办县公安局、财政局罚没物品拍卖现场监督公证。翌年，办理重要公正有县农业银行、县金贸城市信用社的金融债权文书公证；县18条高标准海塘建设工程投标、合同公证；象山历史上最大单项投资项目——沿海国道主干线象山连接线工程公正和象山陆岛工程项目——石浦铜瓦门大桥建设工程公证。2001年，开展旧城改造和渔船股份协议公证业务。2008年，县公证处有公证员2人，助理公证员3人，共办理公证1917件，业务费82万元。

1981—2008年象山县公证情况表

表20-16　　单位：件

年份	国内公证			涉外公证
	合计	其中		
		经济	民事	
1981	4	—	—	—
1982	29	27	—	2
1983	189	115	—	5
1984	141	—	—	—
1985	694	622	36	—
1986	—	—	—	—
1987	556	97	36	3
1988	555	416	—	14
1989	964	740	—	9
1990	—	—	—	—
1991	2377	629	99	16
1992	2325	984	1257	84
1993	2024	1065	686	88
1994	2442	1784	549	110
1995	1453	949	123	288
1996	1012	—	—	—
1997	1618	1017	266	331
1998	1403	831	251	321

续表20-16

年份	国内公证			涉外公证
	合计	其中		
		经济	民事	
1999	1479	647	534	297
2000	1407	786	376	245
2001	1948	—	—	—
2002	3112	—	—	—
2003	3790	—	—	—
2004	4215	165	—	—
2005	2101	—	—	501
2006	1655	—	—	—
2007	2300	—	—	—
2008	1917	—	—	—

第四节　法律援助

照 20-3　位于东谷路 115 号的象山县法律援助服务中心

1993 年，县成立法律援助服务中心，镇乡建立法律援助工作站，开展法律援助工作。1999 年 4 月 22 日，县“1600148”法律服务专线电话开通，并建立“1600148”法律服务协调指挥中心，负责解答群众法律咨询和接待群众来信来访。2001 年，县法律援助服务中心建立军人、残疾人、妇女 3 条网络，制定 4 项（绿色通道、法律援助次序、结案汇报、法律援助四统一）法律援助制度。2002 年，在全县各街道镇乡设立法律援助工作站。2003 年，县法律援助服务中心先后建立法律援助县级部门站，职工维权站、青少年维权站、妇女维权站和残疾人维权站。2004 年，在法律服务中开展职业道德、执业纪律教育评查活动；制定法律服务所案件办理登记、公函使用、档案管理及财务分配管理等制度，并对从业人员进行业务知识考试。2007 年，县法律援助服务中心获“宁波市法律援助先进集体”“县法治象山建设先进集体”等荣誉称号，县司法局被推荐为“省法律援助先进集体”。2008 年，在各行政村、社区和 200 人以上的外来务工人员聚居地，建立 602 个法律援助联络点，同时设立法律援助信息联络员，方便群众申请。2008 年，参与县领导和部门领导接待来访 310 批，疏导化解各类纠纷 1086 件，全县农村实施“一村一顾问”制度，覆盖面达 92.01%。

1999—2008 年象山县“1600148”法律服务协调工作情况表

表 20-17

年份	接咨询电话（个）					受案分流（件）				法律顾问家	诉讼代理（件）	非诉讼代理（件）	协办公证（件）	备　注
	行政类	劳动争议	诉讼类	其他	合计	律师事务所	公证处	基层事务所	网络成员					
1999	45	347	79	239	710	35	8	16	317	195	753	152	30	—
2000	35	396	58	622	1111	45	8	20	38	67	571	216	5	—
2001	40	597	61	612	1310	22	1	11	—	—	—	—	—	法律援助案 33 件，刑事 22 件、民事 11 件
2002	39	520	57	556	1172	27	1	12	—	—	—	—	—	法律援助案 39 件，刑事 27 件、民事 12 件
2003	44	584	65	596	1289	53	2	29	—	74	102	—	—	法律援助案 82 件，刑事 53 件、民事 29 件
2004	38	598	71	585	1292	55	1	50	—	43	488	—	—	法律援助案 105 件，下乡法律咨询 9 次、400 人次
2005	48	648	72	635	1403	51	2	54	—	30	—	—	—	法律援助案 105 件，刑事 51 件、民事 54 件
2006	64	1178	102	855	2199	54	1	208	—	64	559	20	—	法律援助案件 258 件，刑事 54 件、民事 204 件
2007	68	1478	112	1055	2713	69	1	220	—	52	289	31	—	法律援助 289 件，民事 220 件、刑事 69 件，受援 642 人
2008	86	2284	132	1357	3859	153	1	330	—	—	484	—	—	法律援助案 484 件，民事 431 件、刑事 53 件，受援助 1565 人次

第五节　安置帮教

20 世纪 80 年代，县司法局设安置帮教科，全县建立帮教小组。2000 年，全县 18 个街道镇乡建立“两劳”安置基地。2007 年，县社区矫正工作委员会成立，征集社区矫正工作者，在社区开展矫正工作。

安置基地

1981 年 1 月，县检察院设“监所检察科”，宣讲形势、法制、政策，敦促在押人员坦白交代，检举立功。1996 年，县司法局设安置帮教科，全县建立帮教小组 312 个，落实帮教人员 654 人。1997 年 7 月 10 日，县刑释解教人员安置帮教协调小组成立。全县 19 个镇乡先后建起刑释解教人员帮教协调领导小组，在村、居委会建起帮教工作小组。至年末，全县帮教小组 572 个，帮教人员1280人，基本形成县、镇（乡）、村三级帮教网络，受帮教“两劳”（劳动改造和劳动教养）回籍人员99人，帮教率达87%，“两劳”人员重新犯罪率在4%以下。1998年，建村、居委会帮教小组792个，落实帮教责任人2000余人，形成县、镇（乡）、村“一体化”帮教网络。1999年，全县10个镇乡建起安置基地，安置“两劳”人员836人。其中，安置务农428人，安置个体经营131人。2000年，全县18个镇乡建立安置基地。2001年，县25家安置基地累计安置“两劳”回籍人员101人。2004年，制定《象山县归正人员安置帮教工作实施细则》，建立归正人员资料数据库。翌年，县司法局协同县关工委等单位，走访省女子监狱、未成年管教所等地，延伸帮教象山籍服刑人员；组织司法所开展为特困归正人员送温暖活动，为4个归正人员落实低保政策，为28个归正人员提供社会救济；与国税、地税、民政、劳动保障部门一起，制定《象山县关于加强归正人员安置帮教工作意见》，把归正人员就业纳入劳动就业总体规划。2007年，“县归正人员安置帮教工作协调小组”更名为“县归正人员安置帮教工作领导小组”。街道镇乡、行政村、社区安置帮教工作得到进一步完善。是年，全县18个街道镇乡、490个行政村、23个社区都有安置帮教工作机构，合计帮教小组513个，帮教志愿者1800余人，形成县、街道镇乡、村（社区）3级工作网络。2008年，全县建立归正人员帮教小组591个、2800余人，巩固发展安置基地31家；接茬归正人员380人（刑释323人，解教57人），注销归正人员332人，帮教率98%；农村籍、城镇籍归正人员安置率分别为100%、89%；全县1849名归正人员，重新犯罪率为2.6%。

社区矫正

2007年4月13日，县社区矫正工作委员会成立。同月23日，在县司法局内设立社区矫正工作管理科，承担县社区矫正工作委员会办公室的日常工作。社区矫正工作先在丹西街道试点，5月11日和9月6日，先后召开全县社区矫正工作动员会和社区矫正工作情况交流会。年末，全县建立公益劳动基地21个，有社区矫正工作者107人，监护责任人165人，志愿者197人，社区矫正对象290人（含公安局移交264人），当年矫正期满解除矫正66人。

2008年，社区矫正工作者109人，社会志愿者205人。全年组织矫正人员参加公益劳动1500人次，开展集中教育1640人次，个别谈话教育780人次，心理咨询60余人次，走访社区服刑人员94人，帮扶19人。

第二十一篇
检察　审判

本篇目录

第一章 检　　察

民国25年（1936）11月，象山始设司法处，专理刑事、民事案件。1954年9月24日，县人民检察署成立。翌年5月19日，改称县人民检察院（以下简称县检察院）。1958年10月，撤宁海县并入象山县。县公安局、检察院、法院合并为政法部。检察院为政法部批审组，检察长改任政法部副部长。1959年4月，撤销政法部，恢复检察院，隶属于宁波地区检察分院。

“文化大革命”期间，成立“象山县公检法军事管制委员会”，军管公、检、法三机关。1968年4月，军管会改称“公安机关军管组”。1973年5月，恢复县检察院，缩编为公安局检察股。1975年，取消检察机关，检察机关职权由各级公安机关行使。1978年，重建县检察院。1983年秋，宁波地、市合并，县检察院隶属于宁波市人民检察院。

1980年1月，国家施行第一部《刑法》及《刑事诉讼法》后，县检察院全面承担刑事、经济和法纪及监所检察职能。随着改革开放不断深入，检察职能扩大，县检察院依法行使检察职能，在刑事检察、反贪污贿赂、渎职侵权、控告申诉、民事行政检察等工作中，充分发挥法律监督作用，为服务社会主义现代化建设做出贡献。

第一节　刑事检察

审查批捕

1955年6月，县检察院配合公安、法院突击完成整顿粮食统销工作，处理殴打干部、哄闹骚动事件5起，逮捕现行违法犯罪嫌疑人11人。7月，继续开展镇压反革命运动，至10月末，全县经2批3次摸底搜捕，共批准逮捕95人，其中反革命嫌疑人46人。1957年，适时结合肃反斗争审查批捕，全年批准逮捕133人，其中反革命嫌疑人56人。1964—1966年，受理公安报捕案嫌疑人31人，批准逮捕13人。其中，1965年经批准逮捕仅2人，为历年批准逮捕人数最少。1978—1979年，受理公安提请批捕犯罪嫌疑人121人，经审查批准逮捕73人，不批准逮捕40人，退回公安补充侦查6人。

1983年8月，贯彻中共中央《关于严厉打击刑事犯罪活动的决定》，至1984年7月15日，受理报捕各类刑事嫌疑人726人。1985年，受理报捕224人，其中批准逮捕182人。1986年，批准逮捕132人。三年“严打”深挖漏网嫌疑人57人、遗漏嫌疑人7人。经过“严打”，社会治安明显好转。1987年始，继续坚持贯彻“严打”方针，6月，批准逮捕赌博嫌疑人28人。1988年，盗窃犯罪和性犯罪增多，批准逮捕盗窃嫌疑人143人，性犯罪嫌疑人16人，两项合计占批捕数84.6%。1990年，首次查处引诱、容留妇女卖淫案1件。

1991—1992年，结合“反盗窃”“反窃车”斗争审查批捕。1996年，首次批准逮捕贩毒嫌疑人1人。1997年1月与10月，修订后的《中华人民共和国刑事诉讼法》《中华人民共和国刑法》

正式施行，至1999年年末，共批准逮捕987人，不批准逮捕153人。2000年，社会治安形势严峻，刑事案件大幅增长，全年批准逮捕587人，其中故意杀人、抢劫、强奸、贩卖毒品、拐卖妇女等重特大犯罪嫌疑人431人，占批捕总人数73%。2001年，贯彻落实中共中央关于“严打”整治斗争精神，批准逮捕嫌疑人634人。2001—2008年，共批准逮捕嫌疑人4459人。

立案监督

1998年，向公安机关提出要求说明不立案理由5起。2000年，向公安机关发出《要求说明不立案理由通知书》7份，公安机关接通知书，均立案侦查，其中1人被判处有期徒刑5年。2001年，发出《要求说明不立案理由通知书》6份，公安机关均回复立案侦查。2002年，刑事立案监督成功7件。2003年，向公安机关发出《要求说明不立案理由通知书》13份。2004年，刑事立案监督成功8件，被县人民法院作出有罪判决7件。2005年，监督公安机关应立而不立案件7件，均被有罪判决；监督不该立而立案件6件，公安机关均作撤案处理。2006年，监督公安机关应立而不立案件9件、不该立而立案件4件。2007年，成功监督公安机关立案5件、7人，当年即被判决3件、3人。2008年，监督公安机关应立而不立案件7件、7人；不应立而立案件6件、50人。

侦查监督

1956年，建立与公安机关正常工作联系制度，参与预审、勘验、鉴定及询问证人等侦查活动。1957年上半年，健全侦查监督制度，重点监督公安侦查案件9件。“文化大革命”期间，检察职能被废止，无侦查活动监督。1981年上半年，审理蔡某走私贩私案，发现个别公安预审人员贪污追回的赃款201元，及时告知公安领导采取纠正措施。1993年，审查一起妨害公务案，发现某边防派出所侦查人员遭被告人侵害，借提审之机，暴力报复犯罪嫌疑人，发出检察建议予以纠正。1994年，侦查人员藏匿邬某盗窃案5400余元赃款，经通报公安机关领导，限时追回。1997年，石浦边防工作站查处李某偷渡一案时，收取17名偷渡者钱款共34万元人民币，发现后当场提出口头纠正意见，同时向县公安局发出书面纠正违法通知书，引起主管部门领导和县人大常委会关注。1982—1998年，向公安机关发出纠正违法通知452件次，其中书面47件次。2003年，重视办案程序审查，针对某些违法取证等行为发出“纠正违法通知书”5份、“检察建议书”3份，交公安机关纠正。2004年，发纠正违法通知书2份。2007年，发现公安机关提请批捕时未移送对犯罪嫌疑人有利证据，存在同罪不同强制措施及捕后撤案未履行告知程序等情况，分别发出“检察建议书”与“纠正违法通知书”各1份。2008年，发出“检察建议书”7份。

审查起诉

1955年6月，县检察院始行审查起诉职能。是年，共受理公安机关移送审查起诉76人，审查后决定起诉72人，不起诉1人，退回县公安机关补充侦查3人。1956年12月，会同县人民法院公开审判财贸系统干部贪污和公安人员盗窃案件2起，检察院首次派员出席大会公判庭，支持公诉成功。是年，因把握法律、政策不准，错起诉5件。1956—1957年，不起诉27人。其中，吴某反革命案，公安机关认定“逼死两条人命”移送审查起诉，检察院经深入调查证实，否定吴“逼死两条人命”事实，避免一起冤案。1957年8月后，县检察院加强与县法院联系，参加人民法院全部预备庭，出庭50次，公判被告人54人。1958年，县公检法联合提出办案“跃进”指标，出庭公诉程序简化，审查起诉流于形式。1963年，纠正出庭公诉简单做法，出庭支持公诉40件、44人，占提起公诉案件80%。1964年，贯彻中央关于依靠群众办案，就地改造方针，起诉案件与出庭公诉减少。是年，就地出庭公诉6次。翌年，配合法院公判被告人2人。至1966年，共受理公安机关移送起诉19人，经审查决定起诉15人，免予起诉2人，不起诉1人，退回补充侦查1人。1979年10月，检察院重建后，开始出庭公诉试行工作。1980年，出庭公诉30次，占开庭总数75%。1983—1986年，出庭公诉637次，其中律师出庭辩护占三分之一。1997年，新《刑法》《刑事诉讼法》分别实施。1998年，改变案件定性16件，改变案件犯罪事实与适用法律条款62件。

审判监督

1955年下半年，县检察院出庭公诉，始行审判监督职能。翌年，提起抗诉1件，经中级人民法院审理改判。1957年，审查刑事、民事判决、裁定172件，按上诉程序提出抗诉1件，按审判监督程序口头向法院提出纠正重罪轻判1件，法院均改判。此后，因“反右”影响，审判监督工作停滞。1963年下半年起恢复，仅参与法院庭审和判决书副本审查。1982—1996年，每年都有审判不当案件发生，经审判监督予以纠正。

第二节　民事行政检察

1992年，县检察院开始办理民事行政检察业务。翌年，设民事行政检察科，民事行政检察工作渐趋规范。

1994—1999年，受理当事人不服县人民法院已生效的民事、经济、行政判决裁定申诉案127件，立案67件，审查后依法提请市人民检察院抗诉34件，建议市人民检察院提请省人民检察院抗诉13件。2005年始，民事检察为维护国家、集体、公共利益，督促存在国有资产流失等问题的单位向法院起诉，履行清偿债务等有关义务；针对公诉案件中涉及国家、集体利益受侵害的情形提起刑事附带的民事诉讼。至2007年，共办理督促起诉案件77件，刑事附带民事诉讼案件7件。2000—2008年，依法提请市人民检察院抗诉民事行政申诉案件113件，建议市人民检察院提请省人民检察院抗诉92件，已被依法改判或调解45件。

第三节　经济检察

经济检察是通过依法行使检察权，同破坏社会主义经济秩序及其他危害社会主义经济的行为作斗争，惩治违法犯罪分子，维护社会主义经济秩序，保障社会主义现代化建设顺利进行。

1957年前后，着重侦查国家机关、企事业单位内部贪污案件。1978年后，以侦查贪污、行贿受贿、玩忽职守、重大责任事故、挪用救灾抢险等款物、假冒商标、盗伐滥伐森林案件为主。1982年始，着重惩治经济领域严重犯罪活动。是年，共立案查处13件、13人。某供销社采购员史某，利用职务之便，先后贪污扶持款、销货款32000余元，被判处有期徒刑10年。1984年，查处一批数量大、情节严重、影响极坏的盗伐滥伐森林案件，立案17件、39人，依法批捕26人。1986年，县检察院协同县人民法院召开公判大会，11名严重经济罪犯被判处有期徒刑。1987年，查办经济犯罪案件10件、12人。1988年10月22日始，经济检察部门始受理巨额财产来源不明案、隐瞒不报境外存款案。1989年，集中力量立案查处期限内拒不投案自首，仍顶风作案的经济犯罪分子。是年立案32件、40人，其中查处科局级以上干部8人。鹤浦镇原党委书记郑某贪污受贿、镇长邵某受贿被分别判处有期徒刑9年、3年。1990年，经济检察科更名为贪污贿赂侦查局。是年，立案查处32件、33人。原公安局政保科科长郭某受贿、石浦医药公司经理郑某贪污受贿被依法追究。1993年，查处大要案13件，挽回直接经济损失118.91万元。以县城建局副局长顾某受贿案为突破口，连续攻破3起受贿案。1995年，在燃料、石油系统立案查处16件贪污受贿窝案串案。某公司经理赵某等虚开增值税发票，被依法起诉惩处。原乡镇局副局长钱某贪污、受贿、挪用公款特大案件，被判处有期徒刑15年6个月。1996年5月，贪污贿赂侦查局改称反贪污贿赂局。是年，立案查处27件、32人。1998年，查处卫生、商业和交通系统贿赂犯罪串案11件、11人。1980—2000年，县检察院立案侦查经济罪案430件，挽回直接经济损失2900余万元。2001年，查获海塘建设工程中贿赂犯罪案件7件，在电信系统中查获贿赂案件8件、8人，移送宁海县反贪局立案贿赂案件3件、3人。2002年，立案侦查贪污贿赂案件14件、16人，其中，挪用公款1件、1人，移送审查起诉8件、10人，移送审查不诉1件、1人。2003年，逮捕经济犯罪案犯11件、12人。2004年，依法查处科局级以上干部要案6件、6人。某修船厂厂长白某、象山供水公司原经理钱某、县工商业联合会副会长周某、县教育局干部钱某等被查处。2005年，立案侦查各类职务犯罪案件16件、31人。2007年，侦查贪污贿赂案件12件、18人，其中挪用公款案件2件、3人，县发展改革局局长欧某、县人大财经工委主任韩某、建设局总工程师某等受贿被依法起诉。2008年，侦查贪污贿赂案件13件、18人，其中挪用公款案件7件、10人。

第四节　监所检察

看守所检察

1956年9月，组织公、检、法三机关参加清案小组，全面检查看守所。1957年，检查看守所2次，纠正打骂、虐待在押人员违法行为，改善犯人生活，改两餐制为三餐制。1958年1月，依照“改造与劳动”相结合方针，协助公安机关押送150个未决犯赴宁海青珠农场围垦海塘。1960年，因管教制度不严，监所发生2个罪犯逃跑、2个拘犯自缢及2个反革命犯死亡等事件，后提出检察意见，得以纠正。1962年，配合县公安机关清理纠正长期关押悬而未决罪犯、无正式法律手续关押罪犯、未经讯问拘留罪犯等违法乱纪现象。1983年8月始，经常向在押犯宣讲形势、法制、政策，敦促坦白交代，检举立功。1991年始，在看守所设检察室，实行日常检察。1992年，加强驻所检察规范化建设。1994年，查处看守所工作人员违法乱纪案件。2001年，完善硬件、软件设施，经省人民检察院考评验收，驻所检察工作进入全省首批达标行列。2003年，实现驻所检察室电脑与看守所局域网联网。2004年，发出检察建议书4份，同时纠正法院判决书刑期计算错误。2005年，清理监房10次，清查发现各种香烟79包、手机2部、金戒指1枚、打火机8只、人民币800余元。2006年，针对在押犯殴打同监房人致耳鼓膜穿孔情况，建议公安机关予以立案被采纳。2007年，发现2个怀孕妇女被羁押，运用检察建议，怀孕妇女及时释放。

社改检察

1958年开始，实施检查地主分子、富农分子、反革命分子和坏分子（以下简称“四类分子”）接受改造情况。是年，评审“四类分子”4次。经评审，由监督生产、候补社员改为候补社员或正式社员947人；批准逮捕41人，管制116人，劳动教养7人，戴回“四类分子”帽子343人；表现不老实1879人，以乡为单位，采取白天生产、晚上教育方法，分别举办集训班23期。1959年，全县“四类分子”11091人，其中，被监督劳动2360人，依法管制732人。普遍推行集体承包、专人负责、大家监督的改造方式和月考评、年升降制度。据16个公社、301个生产大队调查，计“四类分子”2546人。其中：遵纪守法、积极劳动、表现好883人；表现一般1065人；表现不好476人；有破坏行为122人。1962年始，加强改造和控制“四类分子”。3月，配合有关部门结合评审试点，检查大徐区贤庠公社海墩3个大队；7月，检查南田区鹤浦、高塘2个公社、7个大队社改情况。

监外执行犯检察

1966年始，实行监外执行检察。1983年始，监外执行检察逐步走向经常化、制度化。是年，检查监外执行的24个罪犯管教情况，大多能认罪服法，接受教育改造。1987—1990年，加强监外执行犯的政策法律和前途教育，督促他们劳动改造，重新做人，建议公安机关收监5个监外执行犯。1992年，监外执行犯137人，检查203人次。1995年，重点检查保外就医犯10人，对失去保外就医条件的王某，建议公安机关及时收监执行。2005年，监外执行的300余个罪犯实行计算机网上管理，发现2人脱管、1人收监、1人重新改刑。2006年，大徐镇辖区以协议书形式，实施每个监外执行犯连环帮教责任制。2007年，全县街道镇乡始推行社区矫正工作，避免监外执行犯脱管、漏管。

第五节 渎职侵权检察

渎职侵权检察，是指对侵犯公民民主权利、人身权利、玩忽职守、重大责任事故等违法犯罪行为进行检察，查明犯罪事实，惩罚犯罪，以保护公民的民主权利、人身权益和其他合法权利；保障国家机关的正常活动；保证安全生产；维护国家法律、法令、政令的统一实施。

渎职侵权检察始于一般监督，主要围绕每个时期的中心工作开展。1955年，受理“一般监督”范围案件13件，其中，违法乱纪4件、申诉9件，均作处理。翌年，受理案件20件，其中东陈乡东陈村社员徐某、胡某等未经村干部同意，强支社里稻谷，被当作抢劫嫌疑人逮捕。检察院派员调查证实徐、胡并无抢稻谷行为，即向县委报告，得以纠正。

查处侵权渎职案件

县检察院重建后，于1982年1月设法纪检察科。1979年12月，最高人民法院、最高人民检察院、公安部《关于执行刑事诉讼法规定的案件管辖范围的通知》规定，检察机关管辖的案件共21种。其中由法纪检察受理有：刑讯逼供案，诬告陷害案，破坏选举案，非法拘禁案，非法管制、搜查案，报复陷害案，非法剥夺宗教信仰自由案，伪证案，侵犯公民通信自由案，泄露国家机密案，徇私枉法案，体罚虐待人犯案，私放罪犯案以及人民检察院认为需要直接受理的其他案件。1984年始，新增玩忽职守、重大责任事故和重婚三类罪名。

查处侵权案

1989年前，初查徐某、管某等5人刑讯逼供行为，不构成犯罪，未予立案。1990年始，刑讯逼供在基层时有发生。3月，被爵溪镇联防队副队长盛某立案查处。盛某审查盗窃时，先后用电警棍触、香烟头烫等手段逼供，构成刑讯逼供罪。1991 年 1 月，东陈乡负责治安乡干部何某，脱衣挨冻、捆绑吊打、用烟头烫涉嫌偷窃嫌疑的村民龚某、鲍某，致使龚某乘人不备自缢。经依法立案、侦查、起诉、审判，何某被判刑。1996 年 10 月，立案查处张某、鲍某、方某、罗某刑讯逼供案，4 人分别被追究刑事责任。

查处非法拘禁案、非法入侵他人住宅案、诬告、报复陷害案等。自 1982 年 10 月至 1989 年，共查处上述案件近 20 件，涉及 20 余人。

查处玩忽职守案

1986 年后，县检察院结合惩治经济犯罪，查处与经济犯罪有联系的玩忽职守案件。1992 年 12 月，立案查处县糖烟酒菜公司批发部主任罗某玩忽职守案，被判处有期徒刑 1 年 6 个月。1993—1994 年，查处违规施工。民工洪某触电死亡事故和违规操作，当事人受到刑事追究。

查处重大责任事故案

1980—1999 年，立案查处重大责任事故案 11 件、11 人。

第六节　控告申诉检察

县检察院重建前，控告申诉检察被称为“来信来访”。1978 年后，院办公室内设信访室，配专职干部。1987 年 6 月，设控告申诉科。翌年 9 月，建经济罪案举报中心（1993 年 12 月，改称举报中心），一个机构、两块牌子。

受理查处

1955—1966 年，受理来信来访 1302 件，县检察院自办 494 件。1978 年，控告申诉检察坚持以办案为重点，提高办案质量，逐步改变“以转代查”状况。1983 年 6 月，复查甄别“文化大革命”前由检察机关作免诉处理的历史老案 19 件、20 人，维持原处理决定 17 件、18 人，纠正 2 件、2 人。1987 年，市人民检察院复查历史老案验收小组到象山检查，排查出“文化大革命”前经县检察院作免诉处理的历史老案 5 件、6 人。其中，属反革命案 3 件、3 人，纠正 1 件、1 人。1978—1999 年，受理来信来访 6684 件，追究刑事责任 283 件，复查申诉 610 件。其中，维持原结论 74 件，纠正 66 件。2000—2008 年，受理各类控告、申诉、信访案件 1707 件。其中，2008 年，县检察院成功化解钱某某等 40 余人集体上访案，得到省、市领导的肯定。

举报工作

1988 年 9 月 20 日，成立经济罪案举报中心。是年，受理各类案件 44 件，其中主动投案自首经济犯罪嫌疑人 2 人。1993 年 12 月，经济罪案举报中心改称“举报中心”。1998 年，初查举报线索 13 件，其中受贿 12 件、贪污 1 件，移送反贪部门立案 8 件，内含副局级以上干部受贿 2 件。经举报，破获县红十字台胞医院院长陈某、副院长符某分别受贿 3.5 万元、2 万元重大贿赂案。为调动举报积极性，2000 年，奖励提供线索和举报突破重大案件的 2 名举报人，每人发放奖金 2000 元。

服务办案

运用视听技术，为办案部门在刑拘、逮捕、搜查、审讯、侦查取证、现场勘查等环节摄影摄像，收集和固定证据。实行自侦案件首次讯问 12 小时全程同步录像，以防止犯罪嫌疑人翻供，确保侦查部门依法文明办案。2000 年，查处县交通局副局长郑某经济一案，郑在起诉阶段翻供，但在视听证据面前，认罪服法。2002 年，查处象山报社洪某受贿、挪用公款一案，将 1996—1999 年共计 1000 余笔广告收入，进行逐笔对照、筛选、整理，出具司法会计鉴定书。

第七节　预防职务犯罪

根据最高人民检察院 1992 年下发的《关于加强贪污贿赂犯罪预防工作的通知》及 1998 年 10 月市人民检察院制定的《宁波市检察机关职务犯罪预防工作实施方案》，县检察院制定《职务犯罪预防工作实施意见》，成立职务犯罪预防工作领导小组，确定控告申诉检察部门为职务犯罪预防工作职能部门，明确 3 年工作计划，奠定职务犯罪预防工作基础。2007 年 4 月，增设职务犯罪预防科，县检察院职务犯罪预防工作开始专业化、专门化。

个案预防

进行个案预防是检察机关开展预防职务犯罪活动中说服力强、效果明显的工作。2007 年上半年，检察机关深刻剖析黄某等 5 人受贿串案的特点、犯罪原因，提出预防对策，向案发单位发检察建议，回访考察整改措施。

专项预防

上张水库是象山县重点工程，建设周期长、投资大，针对移民资金运用中易发职务犯罪的各个环节，与水库建设指挥部共同研究、制定移民资金管理办法，严防职务犯罪发生。通过对县人保公司调查研究，发现该公司在拓展业务过程中，保费实际收入与保单金额在某时点不一致，易发生贪污、挪用等违法问题，帮助该公司制定保费与保单的动态管理制度。

网络预防

网络预防，即建设社会化预防网络：组织召开全县预防职务犯罪领导小组会议，把预防职务犯罪工作摆上各部门议事日程，强化预防工作领导；建立全县行政执法机关联席会议制度、案件移送和情况通报制度、行政执法案件联合检查制度等针对行政执法活动中预防职务犯罪的三项工作制度；召开乡镇预防职务犯罪联络员会议，聘请各街道镇乡分管政法的副主任、副镇乡长为预防职务犯罪工作联络员，制定工作制度，建立案件协作机制；与有关主管局签署联合开展预防职务犯罪工作意见。预防网络单位已基本涵盖主要的预防领域，形成党委领导、有关部门参加、检察机关发挥职能的社会化预防体系。

宣教预防

积极与县宣传部门联系，畅通宣传渠道，较大型的预防职务犯罪活动均由县电视台、象山报全面报道，扩大预防活动后续教育效果，提高检察机关预防职能的社会认可度；成立宣讲小组，以县委党校和各预防单位为教育平台，以案释法，帮助干部构筑远离犯罪的思想防线。

重要活动

2005 年 2 月 23 日，召开争创动员大会，提出 2005 年争创省先进检察院的目标，市人民检察院检察长刘建国到会并讲话。经过一年努力，检察业务工作全面提升，9 个考核科室中有 7 个进入全市业务系统前 3 名，位居全市检察系统综合考评第三名，顺利实现争创省先进检察院的目标。2006 年 4 月 7 日晚，“剑颂”检察主题晚会在象山剧院举行，省、市人民检察院，县委，县人大，县政府，县政协与县级机关各部门、街道镇乡联络室、预防职务犯罪网络单位、行政执法联席会议单位领导等600余人出席晚会。晚会全面反映检察院在反腐倡廉、青少年维权等履行检察职能方面所取得的成绩。2007年9月26日，市检察机关惩治与预防职务犯罪综合信息库建设现场会在象山召开，专门学习象山县检察院信息库建设的成功做法。会后，省人民检察院发专刊推广象山检察院信息库建设经验。

第二章　审　　判

唐神龙二年（706）立县至清朝末期，由县令或知县审判案件。民国初，县知事兼理司法，下设承审员，对知事负责。承审员具体办理刑事、民事案件，并设有承发吏、录事、书记员等。民国37年（1948）10月，成立浙江象山县地方法院，隶省高等法院第三分院。法院在审理刑事案件即以刑庭出面，审理民事案件即以民庭出面。

中华人民共和国成立初期，县人民政府民政科兼理案件。1950年6月，县人民法院成立。翌年1月，首任院长由县委书记、县长念方之兼任①。审判刑事、民事案件。是月，成立县人民法庭，在南庄、大徐、墙头、新桥、石浦5个区设分庭，专理土地改革案件，年末撤销。1957年1月，设立南田区、西周区、东溪、泗洲头、定塘、贤庠、民主7个临时法庭。

1958年10月7日，宁海县并入象山县后，合县公安局、检察院、法院并入政法部。翌年3月10日，复建法院，原象山辖区又设丹城、石浦法庭。“文化大革命”中，公检法由县公安机关军管组及县革委会人民保卫组取代。1973年5月8日，恢复县人民法院。县人民法院依法开展刑事、民事、经济、行政审判工作，依法惩治刑事犯罪活动。同时，妥善处理各类民事纠纷，依法维护经济秩序，为促进社会稳定、经济发展保驾护航。

第一节　刑事审判

民国元年（1912）至民国16年6月，县知事兼理审判。民国11年至民国14年，共审理第一审刑事案件1568件，其中，民国14年审理强盗案13件，人命案7件。民国16年，受理第一审刑事案件551件，审结505件。民国25年至民国37年10月，司法审判由县司法处承担，县长则兼理司法行政事务。具体案件审判由审判官断案，县长为公诉人，但不出庭。民国29年，县司法处共受理第一审刑事案件106件，其中烟毒28件、盗匪24件、鸦片23件，审结74件、155人。民国35年9月，县司法处审判金史氏、叶某某烟毒案，皆判处有期徒刑12年，剥夺公民权利10年。民国36年至民国37年，受理特别刑事案件中，仍以烟毒案居首，其次是盗匪案；受理普通刑事

---

①法院成立时间及首任院长兼任时间，见《中国共产党浙江省象山县组织史资料（1926.5—1990.4）》，第293页。另可参看本志大事记1950年6月法院成立条及页下注。

案件中，以伤害和妨害家庭案最多，次之为盗窃案。

1950年11月，全县开展镇压反革命和土地改革运动，依法惩办一批反革命分子和抗拒和破坏“土地改革”不法地主。至年末，共审结各类反革命案件195件，其中，土匪、特务案180件，不法地主案15件。经审理，判处被告人231人。其中，死刑154人、有期徒刑70人。反革命首犯萧某被判死刑处决。国民党县党部书记长和县长章昌琛，1950年2月7日被捕，6月25日被处决。1951年9月，实施《人民法院暂行组织条例》，刑事案件审理始按规定审判制度进行。是年，全县共审判反革命案件904件、1552人，其中，土匪、特务646人，不法地主779人，反动党团骨干73人，反动会道门52人，其他反革命分子2人。1952年，司法改革注重调查研究，强调实事求是，改变坐堂问案的衙门作风。1954年9月，实行公开审判及人民陪审员、辩护、回避、合议等制度。1955年7月，开展第二次“镇压反革命”运动，贯彻“严肃谨慎”“少杀长判”与“今后从严”惩治方针，打击重点是坚持反动立场，进行破坏的暗藏反革命分子，以及第一次“镇压反革命”中漏网反革命分子。同时，惩处一些破坏粮食统购统销和农业合作化案件以及其他普通刑事案件。1957年，由于“左倾”错误影响，扩大打击面，办案质量下降，错案增多。1959年后，贯彻“杀人、捕人要少，管制也要比过去少”的政策，但由于“左”倾错误干扰，打击面继续扩大。1961年，恢复法定的审判程度和制度，刑事案件逐年下降。1965年，县人民法院共受理反革命案件6件，普通刑事案件34件。

“文化大革命”期间，县人民法院机构和工作受到破坏和干扰，以致造成大量冤假错案。

1973—1979年，逐步建立健全依法办案和多项审判制度，集中复查纠正冤假错案。

1980年，实施《中华人民共和国刑法》《中华人民共和国刑事诉讼法》，刑事审判走上依法办案轨道。1982年，审判经济犯罪案件40件，其中：盗窃公共财物经济犯罪案21件，贪污案12件。1983年8月，按照中央部署，严厉打击严重刑事犯罪活动，重点惩治杀人、强奸、流氓、重大盗窃、引诱容留妇女卖淫等方面严重危害社会治安与人民生命财产安全犯罪分子。至1985年年末，共受理严重刑事案件229件，审结229件，其中，流氓案126件，强奸、奸淫幼女案71件，抢劫案与重大盗窃案13件。判处严重刑事犯罪分子309人，其中重刑31人、有期徒刑270人、拘役管制2人、免予刑事处罚6人。1986年后，社会治安明显好转，至1988年，共受理严重刑事案件69件，比1983—1985年受理同类数下降231.88%。其中：流氓案14件，下降800%；强奸案29件，下降103.45%。1989年，贯彻最高人民法院、最高人民检察院联合发布的《关于贪污、贿赂、投机倒把等犯罪分子必须在限期内自首坦白的通告》，集中力量惩治顶风作案的经济犯罪分子。是年，受理严重经济犯罪案件32件、40人，比1988年受理同类案件数上升126.6%，其中，判处科局级以上干部8人，大要案突出。

1990年，受理严重经济犯罪案件32件、33人。是年，首次受理引诱、容留妇女卖淫案1件，判刑2年。1991—1992年，开展“反盗窃”“反窃车”斗争。1993—1994年，开展“打击团伙犯罪和车匪路霸”“打击拐卖妇女儿童”斗争。1997—1999年年末，受理严重刑事犯罪案件158件、206人，受理严重经济犯罪案件76件、79人；判处经济罪案335件，挽回直接经济损失1652.6万元。

2000年，刑事案件受案数上升，受理各类刑事案件451件，判决结案454件。2002年，刑事案件受案数下降。2003年，刑事案件受案数上升，受理601件，结案602件，为历年之最。2003—2006年，共受理刑事案件2264件，办结2263件。重点打击黑恶势力、杀人强奸、抢劫暴力、盗窃犯罪，破坏法律实施等严重影响群众安全感和社会稳定的多发性犯罪。同时，对涉及税收征管、合同诈骗、贩卖假币等严重危害社会秩序和经济秩序的犯罪加大惩治力度，保障和促进经济健康发展。

2007年，受理各类刑事案件564件，审结558件。其中，审结非法拘禁、寻衅滋事与赌博犯罪案件107件，判处被告人214人；审结危害税收征管、合同诈骗、金融诈骗等案件24件，判处罪犯31人；审结贪污、贿赂、渎职等职务犯罪案件12件、14人；依法判处未成年人犯罪及交通肇事等罪行较轻的被告人，适用缓刑和管制等非监禁刑227人。2008年，象山县人民法院共受理各类刑事案件750件，审结774件。

第二节　民事审判

明朝前，民事案件很少到县衙诉讼，多在乡里士绅亲族中调解。明朝始，象山在县衙大门口及各乡间设“申明亭”，由年老里长出面，在申明亭调解本地的一般争讼。清朝有保甲长兼负调解之责。

中华人民共和国成立后，贯彻“依靠群众，调查研究，就地解决，调解为主”方针，审理婚姻、赡养、财产纠纷等民事案件。1950—1957年，共审结各类民事案件3277件，其中婚姻案2080件，占63.7%。1958—1960年，由于“左”倾错误影响，提出“无诉讼县”口号，把民事案件当作“两个阶级、两条路线”斗争反映，许多民事案件得不到处理。3年间，共办结各类民事案件515件，而财产权利纠纷仅占19.4%。

“文化大革命”始，民事审判工作暂停，公民人身权利和财产权利失去保障，民事案件无人过问。

1973年后，县人民法院恢复受理民事案件。1980年，办结民事案件436件。其中：房屋纠纷案件112件，居首位，为人民法院成立后最多一年；赔偿案件111件，居第二位。1982年，贯彻全国第三次民事审判工作会议精神，执行“依靠群众、调查研究、着重调解、就地办案”方针，办结民事案件538件。其中：损害赔偿案件办结184件，跃居第一位；婚姻案件，共办结126件；房屋产权案件，办结81件。1983—1986年，民事案件办案质量提高，民事案件数下降。1987年，由于经济发展、经济运作增加，民事案件又趋上升，1988年共办结831件，最突出的为债务案件，同时出现侵犯名誉权、不当得利、代购代销、买卖等民事纠纷新案件。1989—1991年，民事案件趋下降。1992年，民事案件又趋上升。

2000—2002年，共受理民事纠纷案件7398件，办结7343件。2003—2006年，共审结民事案件9447件，其中审结涉及农业、农村和农民“三农”案件2785件，挽回经济损失1620余万元。在审结民事案件中，调解、撤诉结案5163件，占结案总数55%。2007年，受理各类民事案件2743件，审结2710件，主要为婚姻家庭、劳动争议、损害赔偿等案件。2008年，受理各类民事案件2239件，审结2255件，其中，审结农村承包合同、建筑工程合同等纠纷案件235件。

第三节 经济审判

1981年4月，建立经济审判庭，专事审理经济纠纷案件。至1985年，共办结经济纠纷案250件，其中，1981年13件，1982年11件，1983年37件，1984年76件，1985年113件。上述经济纠纷案件中，经济合同纠纷占98%。1983年始，受理农村承包合同纠纷案件，至1988年年末，共受理75件，审结71件。其中，柑橘承包合同纠纷案件36件，占农村承包合同纠纷案件总受理数的48%。包括中楼乡中泥村陈某某等4个橘农与该村村委会于1982年4月签订的16亩橘园承包合同发生纠纷。法院判决解除承包合同，免交1985年利润，补偿橘农损失1600元。1986年后，经济纠纷案件中的购销合同纠纷、加工承揽合同纠纷、建设工程承包合同纠纷案件不断上升。经济纠纷种类增多，类型繁杂，销售合同纠纷中拖欠货款案件、无效合同增多。其间，调处中楼乡民华砖瓦厂拖欠浙东工商联合公司煤炭款，责令民华砖瓦厂支付货款，承担违约金。

照21-1 象山县人民法院开庭审判现场

1989—1993年，县人民法院共受理各类经济纠纷案件2259件，审结2195件。其中，调解结案1339件，判决结案739件，撤诉102件，移送有关单位办理15件。诉讼争议标的总金额为2652.3万元。1994年后，经济快速发展，民间借贷活动异常活跃，由此发生借款纠纷大量增加。其间，民间“倒会”事件频发。是年，县人民法院共办结债务案件662件，居历年办结数之首。至1999年，办结债务案件数量每年均超千件。2002年始，实行“大民事”诉讼制度，将经济纠纷案件统一称为“商事案件”，商事审判案件以民间借贷纠纷案件最为突出。2003年，受理破产案件3件。2004年，办结金融借款纠纷案件125件。2005—2008年，民间借贷活动活跃，此类纠纷案件急剧上升。其间历年办结：2005年1125件，2006年1378件，2007年1452件，2008年1606件。

第四节 行政审判

1982年，根据《中华人民共和国民事诉讼法（试行）》第3条的规定，县人民法院开始受理行政案件。1987年1月1日，实施《中华人民共和国治安管理处罚条例》，开始受理不服公安机关处罚的治安行政案件。1988年11月19日，县人民法院成立行政审判庭。是年，受理行政案件6件，其中，土地管理行政案3件，工商、税务行政案各1件。1990年，县人民法院受理行政诉讼案件14件，案件类型有不服土地管理处罚、不服治安管理处罚、不服城市规划管理处罚、不服工商行政管理处罚、不服劳动管理处罚5类，这些案件均在年内审结。其中，判决维持4件，撤诉6件，不予受理4件。行政案件审判，以公开审理为主，重点系审查行政行为合法性。

1991年，县人民法院受理行政诉讼案件30件，为历年之最。经审理，判决维持2件，不予受理1件，撤回起诉22件，未结5件。是年，县人民法院行政审判庭根据行政审判特点和《中华人民共和国行政诉讼法》基本原则，改进行政审判方式：以查明行政行为的事实根据为重点，改为以查明行政行为是否全部合法为重点；把重询问，改为着重询问被告；把法院包揽宣讲所有证据，改为主要由被告当庭举证。1996年，县人民法院以贯彻《中华人民共和国国家赔偿法》《中华人民共和国行政处罚法》为重点加强行政赔偿案件审理力度，审结该类案件5件，促使行政机关依法行政；审理行政案件18件，行政机关败诉达13件。1997年，受理行政诉讼案件21件，旧存2件，审结22件。其中，判决维持3件，撤回起诉17件，判决赔偿2件，未结1件。

2004年，县人民法院受理各类行政诉讼案件58件，其中，涉及土地18件、规划10件、劳动与社会保障8件、交通6件、工商4件、房产登记3件、公安2件、广电2件、其他5件，办结51件；受理非诉行政执行案件419件，其中涉及工商行政处罚221件、卫生防疫处罚30件、土地规划处罚69件、治安处罚35件、其他64件，执行完毕390件，执结率93.1%。

2007年，县人民法院受理各类行政案件27件，审结27件。其中，判决维持具体行政行为7件，驳回4件，原告主动撤诉7件，被告改变原具体行政行为后原告撤诉9件。2008年，受理各类行政案件41件，均审结，其中，判决维持具体行政行为为11件、驳回22件。

第五节　执　　行

1982年10月，县人民法院设立执行组。至1988年，依法执行案件598件，其中执行民事案件337件、经济纠纷案件148件、刑事判决中财产部分案件7件、行政机关申请执行案件86件、委托执行案件20件。执行中坚持严肃执法，经法制教育和思想疏导，当事人自觉履行447件，占已依法执行总数74.75%；有履行能力，经教育仍拒不执行60件，占已依法执行总数10%。

1983年，县人民法院执行西周镇虎山村夏某赔偿案，林海乡后山村倪某诉叶某、林某损害赔偿案，方某离婚后申请执行财产案，爵溪镇三村方某申请执行拆除公用道地上厕所案，邵某等人申请执行债务案，通过拘传、判刑、查封拍卖财产等方式强制执行。20世纪80年代中后期，执行案件中经济纠纷案件比重增大。1984年、1985年，办结经济执行案件各1件。1987年，立案执行调解结案案件112件，其中经济调解案件73件。1987年、1988年，办结经济执行案件分别为47件、78件。

1999年后，依法运用各种手段，综合治理“执行难”问题，至2002年，共执结各类案件4021件。2003—2008年，县人民法院受理各类执行案件11935件，执结11124件。同时，加大司法救助力度，2008年，为58名经济困难而对方确无履行能力的申请执行人，发放救助金41.3万元。

第六节　审判制度

公开审判制度

1955年春，始执行公开审判制度。1958年，受“左”倾错误影响未实施。1961年后，逐步恢复公开审判制度。

“文化大革命”期间，公开审判制度又被取消。

1979年10月，县人民法院刑事审判庭试行公开审判。1980年1月，《中华人民共和国刑法》和《中华人民共和国刑事诉讼法》实施后，县人民法院全面实行公开审判制度。1980—1988年，县人民法院审理刑事、民事（包括经济）案件，凡依法应当公开审判的，全部实行公开审判。其间，共公开审理各类案件369件。1988年，审判委员会又重申公开审判制度，制定关于认真执行公开审判制度的八项规定。1989年后，公开审判制度得到全面落实。1996—2008年，公开审判制度始终得以贯彻执行，县人民法院共公开审理各类案件16530件。

陪审制度

1950年，“镇压反革命”运动中设置的县人民法庭，开庭审理实行陪审制。陪审员人选，临时从乡、村干部或积极分子中推选出2~3人，组成审判庭。1951年，县人民法院在丹城镇召开5件婚姻案件公审大会，邀请当地政府、农会、妇联和工会等机关团体领导任陪审员，参与审理案件。1954年，经乡（镇）人民代表大会选举产生人民陪审员40人。1957年，陪审员进行增选和改选，选出人民陪审员152人。1963年，全县选出人民陪审员166人。

“文化大革命”期间，陪审制度取消。1979年10月，恢复陪审制度。1981年，全县选出人民陪审员87人。1980年，办结案件48件，陪审员陪审38件；1981年，办结案件104件，陪审员陪审70件；1982年，办结案件133件，陪审员陪审83件；1983年，办结案件196件，陪审员陪审156件；1989年，办结案件256件，陪审员陪审196件。

2005年5月，经县人大常委会任命，共有36人当选为人民陪审员。2005—2007年，由审判员和人民陪审员组成合议庭进行审理案件1586件。2008年，陪审员参审案件429件、738人次，陪审件数、次数比2007年增加22.9%与40.6%。

辩护制度

1950年，县人民法庭及其分庭审理时，即允许被告人在庭审为自己辩解，或者经审判长许可，被告人可请辩护人为其出庭辩护。1954年，按照《中华人民共和国人民法院组织法》（以下简称《人民法院组织法》）规定，进一步确立被告人及其合法辩护人在法庭上的辩护权。1955年始，县人民法院在审判刑事案件时，均向被告人交代有辩护权。1956年，始有律师出庭为被告人进行辩护，个别刑事案件，因案件重大而被告人又未委托辩护人的，法院依法为其指定律师辩护。1957年后，由于各种政治运动影响，导致刚建立辩护制度被否定。

“文化大革命”期间，被告人的辩护权被剥夺。1978年后，辩护制度恢复。1979年10月，刑事审判庭公开审理贪污、盗窃案，恢复有律师出庭为刑事被告人辩护。自此，辩护制度走上正轨。1989年后，辩护制度进一步健全。20世纪90年代初，民事和经济案件代理律师辩护制度开始实行，由代理律师出庭参加诉讼活动趋于普遍。1998年，实行未成年人刑事案件指定辩护制度。至

2008年，共为68个少年犯指定辩护律师。2008年，县人民法院办理各类案件4586件，其中有代理律师或法律工作者出庭参加诉讼2289件，占办理案件数49.9%。

回避制度

1950年7月20日，公布施行《中华人民共和人民法庭组织通则》，县人民法庭及其分庭之正副审判长、审判员，遇到与其本身有利害关系之案件，应行回避。1952年10月，在审理一起婚姻纠纷案件时，承办人因与该案原告系朋友关系，提出自行回避，由院长指定另外审判员审理该案。1954年，《人民法院组织法》规定回避制度。

"文化大革命"期间，回避制度取消。1979年7月1日，重新确立回避制度。申请回避都要经过审查后才能作出是否回避决定，院长担任审判长时的回避，由审判委员会决定；审判人员的回避，由院长决定；其他人员的回避由审判长决定。人民法院作出准予或不准予回避的决定，都必须向当事人宣告。当事人对驳回回避申请的决定可以申请复议，在复议期间，被申请回避的人员，不停止对所承办案件的审理。回避制度实施30余年，县人民法院作出回避决定案件仅5件。

上诉制度

1954年，《人民法院组织法》规定上诉制度，实行两审终审制。不服第一审案件判决和裁定的，当事人可按照法律规定程序向上一级人民法院上诉，要求重新审判；同级人民检察院也可按照法定程序向上级法院提出抗诉。上诉可用书面或口头提出。

"文化大革命"期间，实行"一条龙"办案方式，上诉制度被取消。1980年，恢复上诉制度。不服刑事判决的上诉期限为10日，不服裁定的上诉期限为5日，民事判决提起上诉期限为15日，裁定提起上诉期限为10日。上诉案件，经二审法院审理后，刑事裁判与经二审审理调解达不成协议的民事裁判，一般作出维持原判、直接改判、发回原审法院重新审理三种方式处理。1997年，修改后《中华人民共和国刑事诉讼法》与2008年新《中华人民共和国民事诉讼法》实施后，上诉制度进一步完善。

第七节　审判监督程序

1953年，遵照审判监督程序，按照"实事求是、有错必纠"原则，复查纠正一些"三错"（错捕、错押、错判）案件。1956年，第二次"镇压反革命"时，判处少数错案，按照审判监督程序改判。1978—1979年，复查纠正大批"文化大革命"冤假错案，"文化大革命"前判处刑事案件提出申诉的，也按审判监督程序处理。1986年7月至1987年7月，重点复查"文化大革命"前判处的反革命案和其他政治性案件，"文化大革命"期间判处的刑事案件及落实统战政策中遗留问题。1980年后，均按合议制审理，未公开审判。是年，按照审判监督程序重新审判案件15件。在民事审判工作中，按照审判监督程序，提起再审的民事案件极少。

2000年5月，县人民法院成立审判监督庭，专门办理按照审判监督程序决定再审刑事案件、民商事案件和行政案件。审查发现裁判确有错误的，按照审判监督程序依法予以纠正。是年，办结再审案件12件，其中改判7件。2003—2006年，共办结再审案件72件，其中改判27件。2007—2008年，按照审判监督程序提起再审民事案件26件，其中改判8件。

第二十二篇
军　事

本篇目录

第一章　驻　　军

象山历为海陆防务要地，代有驻军防守。唐代设镇，宋代设寨，元代设巡检司，明代设卫所，清代置绿营。民国时期，驻有警察部队与国民党陆军、海军部队。中华人民共和国成立后，县域先后驻有中国人民解放军陆军、海军等多支部队。

第一节　唐代至元代驻军

象山立县前，未见军事驻防记载。唐代至元代，县内有镇、寨等军事机构和驻军。

唐代

唐神龙二年（706）象山立县，同时置象山镇。宋宝庆《四明志》：象山镇旧在县西南一里。民国《象山县志·历代武治考》：（象山镇兵）“当亦不减500人”。今据唐镇等级推论，唐镇分上、中、下三等，象山镇未知属何等，若以县为中县，则镇亦当为中镇，则应有兵300人，有镇将1人，镇副1人。

五代

吴越国明州望海军，有镇遏使，象山置镇遏副使。明州刺史黄晟孙黄永阶曾任象山镇遏副使，居职九载。北宋太平兴国三年（978），吴越纳土归宋，官兵皆废。

宋代

象山防务属岱山巡检管辖，更番戍守。后因不习海道，另招置土军（乡兵）120人分防象山。嘉定二年（1209），置东门寨，设寨官1员，于定海（今镇海）拨水军60名轮番戍守。嘉定十四年，以寨兵骚扰民众，奏罢。《宝庆志》载：尉司额设弓手80名。绍兴年间，临门设寨，额233人；嘉定年间，140人。

元代

至大二年（1309），在今石浦之东门岛、贤庠之蒲门设巡检司2个，各有巡检兵20人，尉司兵25人。

第二节　明代驻军

明代驻军实行卫所制。昌国卫自舟山迁象山之东门岛，建卫所。明嘉靖年间（1522—1566）

始，因兵事需要，象山驻防三变兵制，先后置“三哨”“二拨”和团练①。

昌国卫

明洪武二十年（1387），昌国卫由舟山迁至石浦东门岛。洪武二十七年，移至后门山（今昌国地）。卫设指挥司，有指挥、备倭指挥等军官76员，统率旗军4480人，明中叶后多逃绝，仅存1500余名。卫辖8所：内有左、右、中前、中后4所，卫外辖石浦前、石浦后、爵溪、钱仓4千户所。另辖南堡寨，县南三十里，近海边。嘉靖中拨本卫并爵溪所兵共80名防守。又设军器局于卫治南，有军器20500件。昌国卫隶属于浙江都指挥使司，统辖于左军都督府。

石浦前、后千户所　明洪武二十年（1387），迁石浦巡检司，置石浦前、后千户所，筑城戍守②。石浦前、后两所设千户等官24员，最多时统率旗军2240人。辖后山、前山、大金山、土湾、松岙、下岙6烽堠。

钱仓千户所　明洪武二十年（1387）十一月建③。钱仓在象山县东北四十里，东去海一里，至大嵩港约一百里，外接竿门、蒲门等处，西北至湖头渡为大嵩所界，乃昌国之藩篱，与大嵩相为犄角。钱仓所设千户等官15员，多时统率旗军1120人。辖青雷、东门岭、蒲门岭、前山、中堡、涂茨、杉木洋7烽堠。钱仓所城由千户王普筑。

爵溪千户所　明洪武三十一年（1398）建④。在象山县东二十里，北去府城二百七十里，去海一里。爵溪所西北阻山，东逼大海，北并钱仓，南以游仙寨为外户，西以象山县城为喉舌，亦称要地。爵溪所设千户等官13员，多时统率旗兵1120人。辖游仙寨及公屿、沙岭、玉泉、屏风、外岭、赵岙、半路7个烽堠。游仙寨在爵溪所南，嘉靖时拨昌国卫军100人、爵溪所军150人，委官1员带领防守。爵溪所城由千户王恭筑。

三哨

嘉靖年间（1522—1566），倭患严重。昌国卫设备倭把总1员，统领陆兵1总，游哨、南哨、北哨水兵3支，共3327人，战船118艘。其中，陆营名色，设把总1员，部领哨官5员，兵541人。平时屯镇操练，汛期往来巡逻沿海要冲。属宁绍参将统辖。

游哨　领哨官1员，大小战船24只，兵730人。汛期，本总督同哨官伏截韭山汛地，东游钱仓、爵溪，西游昌国、石浦，往来巡逻。

南哨　有5哨。林门哨，哨总官1员，部领大小战船12只，兵255人，汛期巡逻警戒金齿、八排等处海洋，南与三门哨官兵会哨，北与下湾门官兵会哨。三门哨，领哨官1员，部领大小战船10只，兵229人，汛期巡逻警戒空山洋、白礁、茅头、瓦碟屿、大佛头等处海洋，南与松海把总大佛头哨官兵、北与林门哨官兵互相会哨。下湾门哨，领哨官1员，部领大小战船8只，兵170

---

①乾隆《象山县志》：夫一卫四所，犬牙相错，四巡检各率弓兵，游奕巡警，法未尝不密也。然舟山弃险，海上无兵，世袭官兵，率膦腴不任武事，且多移以转运；倭寇窃发，江浙闽疆，遭其蹂躏。至嘉靖末，兵制一大变，初以现在军不足守御，调狍苗诸兵，万里赴斗，剽掠之惨，甚于盗贼。谚曰：“宁遇倭贼，毋遇客兵；遇倭可避，遇兵不生。”贼梳兵栉，其信然矣。于是总兵建牙蛟关，撤客兵，专募土著，谓之标兵。象山立昌国关，设备倭把总等员，复遣游击镇昌国。万历时更设团练大营，而卫所徒拥虚名，寨兵悉更团练。

②《民国志·地治考》载：“城下一带水涯，可以栖战船，对面有山，即石浦旧城，今谓之石浦关。关外大洋有山曰檀头，倭寇出没处地，翼蔽昌国，此为门户。”

③《明史·地里志》载钱仓所于洪武十九年十一月置。本志从民国《象山县志》。

④《明史·地里志》载爵溪所于洪武三十年十二月置。本志从民国《象山县志》。

人，汛期巡逻警戒三坑、南磯、大沙湾等处海洋，内防石浦前、后两所城池，南与林门哨官兵、北与牛栏基官兵互相会哨。牛栏基哨，领哨官1员，部领大小战船14只，兵314人，汛期巡逻警戒坛头、北磯、三岳、半边山、锁门、后沙等处海洋，内防昌国卫城池，南与下湾门哨官兵、北与旦门哨官兵互相会哨。旦门哨，领哨官1员，部领大小战船13只，兵278人，汛期巡逻警戒东西旦、龙洞口、大小目等处海洋，南与牛栏基哨官兵、北与青门哨官兵互相会哨。

北哨 有4哨。干门哨，总官1员，部领大小战船12只，兵294人，汛期巡逻警戒孝顺洋、东西厨（即东殊山、西殊山）、乱礁洋等处海洋，内防钱仓所城池，北与定海把总青龙哨官兵及湖头渡、百亩田官兵互相会哨。青门哨，领哨官1员，部领大小战船11只，兵256人，汛期巡逻警戒牛门、鞍子头、白岩洋等处海洋，北与百亩田哨官兵、南与旦门哨官兵互相会哨。百亩田哨，领哨官1员，部领大小战船8只，兵164人，汛期巡逻警戒道人山、泗礁、乱礁洋等处海洋，内防钱仓所城池，北与干门哨官兵、南与青山哨官兵互相会哨。湖头渡哨，领哨官1员，部领大小战船6只，兵95人，汛期泊湖头渡南隅海洋，内防象山县地方，北与定海把总青龙哨官兵、东与干门哨官兵互相会哨。

二拨

隆庆、万历年间（1572—1573），军门轸念昌石等地，每岁仲春，特遣1员游击将军坐镇昌国关，带兵1000人。一拨把总1员，分兵500人，防汛仁义海口；一拨把总1员，分兵500人，防汛番头海口。两路各建大营屯扎。冬，汛毕撤回。

团练

明万历三十六年（1608），因官兵不习武事，改制团练，于昌国卫城设立团练大营，选壮士700名教习操演，立1总7哨。

第三节 清代驻军

清顺治三年（1646），象山入清版图，罢象山卫所，设绿旗象协城守营（俗称象协营）于宁波郡城，有协镇副将1员。康熙八年（1669），象协营移驻象山。雍正七年（1729），题准象协营与水汛统归定海镇管辖。雍正八年（1730），以象协营昌石汛改设昌石水师。清中叶后绿营败坏，始改置练军及团练。绿营历经裁汰，至宣统二年（1910）一律裁尽，统改编警察及巡防队。

象协营

康熙八年（1669）移驻象山，辖左、右2个营，各置都司佥书1员、守备1员、千总2员、把总4员，有兵2000人。雍正五年（1727），添设外委千总2员、外委把总7员，马战兵、步战兵、战守兵1400余人，坐骑189匹，哨船4艘。乾隆十六年（1751），象协副将驻扎县城，统辖官25员，兵1262名。除542名守县城外，余兵分防沿海钱仓、爵溪、关头、泗洲头、西周、海口、湖头、珠溪8个汛，涂茨、岳头、黄溪、陈山、龙屿5个隘口，及中堡、蒲门、金井、龙洞、乌江、七里、灵岩、花墙、马岙、白屿等21个烽火台。台设兵5人，有房，有炮，有烽堠，旗帜、梆锣俱备。

乾隆四十七年（1782），裁减兵152名。道光元年（1821），裁减兵60人。道光四年，裁象协左营守备1员，兵100人，移驻石浦，巡防南田。象协营存兵938人，其中驻防县城兵426人，余兵分防8个汛、5个隘口。尔后仍设象协左、右2个营，后陆续裁减。光绪三十一年（1905），象协左、右2营并为1个营。宣统二年（1910），象协营裁撤，改编为警察。

昌石水师营

雍正八年（1730），昌石汛改为昌石水师营。设水师守备、千总、把总、外委把总等官，领兵565人，战船6艘。驻防昌国卫、石浦所，分巡2陆汛、2海汛，辖10台、37洋面①。

乾隆十六年（1751），昌石水师营添设把总2员。自乾隆四十七年至道光五年（1825），几度增减裁汰，有水陆战守兵585人。时昌国卫汛设把总1员，分防沙塘湾、鸡鸣、交绾、周岙4个隘口，辖王家榄、田下岭、牛栏基、乌石山、松岙、灵岙、小太平7个台。石浦所汛设千总1员，分防番头、盐仓、月楼岙3个隘口，辖前山、井水、励家坪、竹山4个台。海汛南与宁海、健跳2个汛，西至檀头山南麓与健跳分界，北至韭山北麓与定海镇中营为界，东至韭山大洋，南至旦门老岸。至光绪年间，历经裁减，昌石水师营仅设都司、守备、千总各1员，把总、外委各4员，兵存209人。

象石练军

光绪十年（1884），选象协左、右营和昌石营精壮兵丁400余人，设前、后、左、右4个哨，分屯县城、石浦、泗洲头、南田等处，日习兵技，夜宿屯所，名曰练军。光绪二十年，改编为象石练军，有兵107人。光绪二十二年，改为水练军，有兵72人。宣统二年（1910），水练军裁撤，改编为水陆巡防队。

第四节　民国驻军

民国初期，石浦昌石水师营改为昌石镇警察分所，昌石都司署改驻警备队，守备署改驻外海水上警察队。民国5年（1916）3月，军部第二舰队所部鱼雷快艇及军舰陆续进驻象山港，随后撤。抗日战争时期，象山驻军类型较杂，数量较多，调动频繁。民国35年4月，浙江税警总队第二、第三支队及总队部驻石浦。至象山解放，悉宣布起义。

海军部第二舰队所部

民国5年（1916）3月，海军部第二舰队鱼雷快艇及军舰驻扎于象山港。

国民革命军海陆部队

民国26年（1937）7月，国民革命军三十四师二旅四团一营、四十五师步兵一团及海军陆战队进驻石浦、高泥、西泽等地。

鄞警总队

民国34年（1945）5月，驻西周、庆丰桥、田岙。翌年6月，鄞警总队第二大队进驻庆丰桥、

①据民国《象山县志》，2陆汛，一为昌国卫汛，由守备防守，把总随防，辖乌石山、田下岭、王家榄、松岙、灵岙及小太平诸6台；一为石浦所汛，由千总防守，辖竹山、励家坪、井水、前山4台。2海汛，一为内洋石浦汛，由把总及外委千把总巡防，驾双篷船2只，配兵各50名。辖洋面14个，即石浦港、铜钱礁、铜瓦门、獭鳗嵛山、牛栏基、金沙滩、淡水门、外淡水门、鹁鸪嵛、半边山、锁门、鸡鸣涂、鸡鸣礁、里旦门；一为内洋淡水门汛，由巡防石浦汛千、把总兼管，巡洋面19个，即中擎山、外旦门、屏峰山、桃仁、桃核、岳头港、锯门、珠山、龙洞口、大目山、大目洋、小目山、虾箭门、筊杯礁、棉花礁、牛门、牛轭山、青门官、鞍子山。外洋汛由水师营守备、千总轮巡，2个月一换，驾赶舟曾船2只，每船配兵各60名。随舟宗快哨船2只，每船配兵30名，辖洋面5个，即三岳山、将军帽山、南韭山、九龙江、八亩礁。

儒雅洋、西沙岭等地。

宁波警察纵队

民国34年（1945）8月，宁波警察纵队第三支队第五大队三步兵中队、一炮兵总队、一重机枪中队共700余人进驻西周、儒雅洋一带，日军投降后撤离。

浙江盐务税警第三分区

民国25年（1936），两浙盐务税警第三分区税警驻石浦东岳宫（半岭）。民国26年8月6日，曾与登陆石浦铜瓦门日军激战，并打退日军。

浙江税警总队

民国35年（1946）4月，浙江税警总队第二、第三支队及总部驻石浦。民国38年5月，驻浙税警部队集结宁波、庵东、石浦一带，于宁波重组两浙税警总队，玉泉场场长包毅兼任副总队长。7月9日，包毅率税警部队官兵1300余人在象山金鸡山起义，部分改编为人民盐警大队，归中国人民解放军六十一师领导，后正式编入宁波军分区独立团。

国民党八十七军

民国38年（1949）6月，蒋介石特命京、沪、杭警备司令汤恩伯调青年军八十七军（代号“长江部队”）驻扎象山半岛，指挥部设石浦蓬莱阁，军直机关和特务营驻南田，军长段沄，西乡为其202师防区。是年9月，撤退至中国台湾。

南田县驻军

民国元年（1912），南田设有警备二哨，由哨长、哨官分驻鹤浦、龙泉两处。春汛，由龙泉移防金漆门，冬防仍回驻地。民国6年12月，防兵调离，由外海水上警察队兼防南田洋面。民国17年9月，省保安队第五团二营七连拨兵一排驻防鹤浦。南田划4个区，由军、警、团分驻金漆门、大南田、坦塘、三门、花岙、珠门、吉港、龙泉、檀头山等地。民国30年，三门县自卫大队一中队一独立分队驻南田，翌年7月增编3个中队，改为自卫第二大队。

第五节 象山解放后驻军

1949年7月8日，象山解放，中国人民解放军陆续进驻象山。县域先后驻有陆军、海军等多支部队，以海军为多。

陆军

二十一军一八二团　1949年7月3日，二十一军六十一师一八一团、一八二团、一八三团奉命解放宁海。5日，进军象山。8日拂晓，抵泗洲头、蟹钳渡。9日，和平解放石浦（包毅起义）。16日，一八一团、一八三团奉命解放舟山，一八二团留驻石浦，参加剿匪活动，并帮助县大队、县工作大队开展工作。

二十二军一九八团　1950年7月13日，浙江省军区第七兵团调二十二军六十六师一九八团（代号“18大队”）进驻象山剿匪，团指挥部设于丹城始达小学。11月撤离。

三十五军三一一团　1950年11月，二十五师一〇四师三一一团接替二十三军一九八团进驻象山剿匪，团部驻丹城。1952年撤离。

宁波军分区船队　1962年，进驻石浦。1985年12月，撤离。

华东公安十六师四十六团　20 世纪 50 年代初入驻石浦，1956 年移驻三门县。1958 年，进驻象山县城。1967 年，改编为 6417 部队，驻防石浦。

73251 部队　1975 年，83254 部队驻防檀头山、南韭山、渔山等海岛。1985 年 10 月缩编。同时撤防檀头山、南韭山、渔山等岛屿。2000 年 10 月，改称 73251 部队。

海　军

1055 部队　1950 年，进驻石浦。后撤离。

91681 部队　1956 年 6 月，温州 4274 部队进驻石浦。1975 年，改称 37624 部队。1993 年 1 月，部队整编。1998 年 8 月，部队驻地从石浦迁至南田。2000 年 10 月，改称 91681 部队。

海航兵高炮团　1963 年，海军航空兵高炮团驻丹城。1964 年撤离。

608 部队　1966 年，海军 608 部队驻石浦。1975 年撤离，改驻 37881 部队。

37881 部队　1975 年，接替 608 部队，进驻石浦。

4316 部队　1966 年，进驻南田。

37892 部队　20 世纪 60 年代中晚期，接替 4316 部队进驻南田。1969 年，移驻莲花，1978 年撤离。

91683 部队 51 分队　1967 年 10 月建立。1975 年，改称 37887 部队 14 分队。1992 年 12 月，由 37624 部队代管。1997 年 10 月，改称 37891 部队 51 分队。2000 年 10 月，改称 91683 部队 51 分队。

37722 部队　1970 年，海字 348 部队进驻西沪港。后改称 37722 部队。

92815 部队　1972 年 12 月组建，称 9191 部队。1975 年 7 月，改称 37532 部队。2000 年 10 月，又改称 92815 部队。

37601 部队　1973 年，进驻南田。1975 年撤离，由 37602 部队驻防。

92529 部队　2003 年 11 月，进驻南田。

第二章　地方武装

地方武装，即隶属地方政府领导的武装与不脱离生产的民间（群众）武装力量。宋代至清代有官方属性的弓兵。明代，尚有民壮及县令蒋三才所创“父子抗倭乡团”、东乡前山姚姚氏家族抗倭民团等地方武装。中华人民共和国成立后，建有人民武装组织。

第一节　宋代至清代地方武装

宋、元两代，境内设巡检司，置弓兵，负责地方治安。明代，巡检司属县和卫所双重统辖。明正德四年（1509），象山始设民壮。明嘉靖时期（1522—1566），为御倭寇，又设民团，由行政长官率领指挥。清代，民团成为民间武装组织，保护村落安全，防止土匪骚扰。

弓兵

宋代地方武装，称弓兵，由巡尉与巡检司招收驻地青年充任。时象山有尉、司弓兵 80 人。元代，东门巡检司，置弓兵 65 人，职巡逻、专捕获，官有纲运及流徙者，至则转相导送。明象山设 4 个巡检司。巡检司统领相应数量的弓兵，负责检查往来行人，打击走私，捕缉盗贼。弓兵以囚兵（囚犯之兵）、徭兵充之。石浦巡检司，明洪武二年（1369）建，初在昌国卫城内。洪武二十年，迁于县南一百二十里之青山。旧设弓兵 30 人，海道傅钥以本司孤悬海外，防守为难，佥 70 人。爵溪巡检司，原设爵溪。明洪武二十年，因爵溪建千户所，爵溪巡检司迁址县西五十五里姜屿渡口。囚兵 70 人，徭兵 30 人，成化时仅徭兵 30 人。陈山巡检司，原设县北陈山。正统十二年（1447），徙县东十三里。旧弓兵 100 人，赵岙巡检司，旧在宁海县境。正统八年，徙象山县东南七里。旧弓兵 100 人。清初仍设 4 司，每司弓兵 11 人。道光廿三年（1843），奉文裁赵岙司弓兵。道光后，各汛口仅有土著兵两三人。

民壮

明弘治二年（1489），立佥民壮法，民壮平时由有司训练，遇警调发。正德四年（1509），象山始抽民壮，每里佥 1 人，共 30 人，免本户杂汛差役，自备衣粮，不给工食。正德八年，江淮桃源洞王浩八起义，官府抽取 60 名民壮从征。嘉靖十四年（1535），知县廖思以兵少不敷操差，又增其半，共 120 人。因民壮名为维护社会治安，实为游手好闲、倚官扰民之徒，民痛苦不堪。时巡按御史以民诉命慈溪令薛应旂之议，乃裁其半，只令防守，不许差遣下乡为民患。嘉靖二十二年，诏增州县民壮，象山民壮恢复 120 人。嘉靖三十二年，倭寇犯境，又增民壮 130 人，共 250 人。万历初年（1573），给事中耿随龙请复民壮旧制，旧增额皆罢，象山存民壮 57 人。其后悉裁民壮。

清初，象山有民壮（团练）50 人。未几裁去。雍正三年（1725），复给工食，并配弓箭鸟枪等器械，操演团练。雍正五年，将应拨民壮工食抽解，任凭本县自募。象山除解府外，得团练 27 人。

民团

明嘉靖年间（1522—1566），倭寇猖獗，县令蒋三才招收乡村勇武健壮者，创父子乡团，平时务农，战时出击，乡乡联合，父子同战。嘉靖二十五年（1546），倭寇于石浦登陆，石浦前、后千户所不敌，备把总、巡检被俘，寇入城大肆劫掠，县令蒋三才率父子乡团，协助官军，击退倭寇。嘉靖三十四年五月，倭寇入侵爵溪、新罗岙、潘家坎等地，烧杀抢掠，县令毛德京得报，亲率前山姚姚氏家族民团抗击倭寇，斩寇首 4 级，生擒 1 人，余逃遁。清代，爵溪、田洋湖、黄公岙、墙头、方前等大村，均有民团，保护村落安全，防止土匪骚扰。清同治二年（1863），为攻打丹城顾景消太平军，时聚集之民团武装逾 3000 人。

第二节　中华民国时期地方武装

民国时期，国家动乱。象山先后有县商团、县防护团等地方武装。

象山县商团

民国 5 年（1916）6 月，象山县工商业因地方多事，为保护营业，各店铺出资招 20 名强壮青年成立商团，由陈警佐督率。商团所需饷银费用，从各商号缴纳会费中开支，主要任务是保护商旅安全。时宁波与象山之间交通，主要依靠轮船，而轮船驶抵象山白墩码头靠埠时间，总在傍晚之后。夜间自白墩到丹城，商旅货物在安家溪至开口岩一带常遭土匪抢劫。商团成立后，每天傍晚前到白墩执行任务，商旅赖以安全。民国16年，被北伐军击败的部分省防军溃兵流窜到县，以桑宝章为首的众士绅赶至彭姆岭外与其谈判，阻止入城，发给优厚遣散费，使丹城免遭骚扰，并收缴一批武器充实商团，商团武器随之精良。民国24年，象西公路通车，商团解散。

象山县防护团

民国26年（1937）6月8日成立，设消防、防毒、警报、灯火管制、交通管理、警备、工务、配给、总务等11股及2区团，县长胡鼎仁任团长。民国28年6月，各乡镇成立防护分团。民国31年12月，防护团裁归县国民兵团。

义勇壮丁常备队

民国27年（1938）9月成立，县长盛世馨兼队长，副队长徐楠。下设4个分队、12个班，计172人，其中官佐6人。民国28年12月，裁归县国民兵团。

国民抗日自卫队

民国27年（1938）10月，建国民抗日自卫队，县长盛世馨兼司令，潘瀛任副司令。下辖3个中队、9个分队，有官佐28人、兵士365人，枪237支。民国28年，撤并县国民兵团。

象山县国民兵团

民国28年（1939）12月1日建，设警卫、征募、编练3个股及象东、象西、上南、下南4个区队，县长盛世馨兼团长。分甲级兵（19~35周岁）、乙级兵（36~40周岁），共40318人。原防护团、义勇壮丁常备队、国民抗日自卫队均裁归之。民国30年9月裁撤。民国33年，奉令复建，县长苏本善兼团长。民国34年10月解散。

南田县抗日自卫队

民国28年（1939）建，县设中队，中队长黄道刚，下设3个分队，分别驻守鹤浦、高塘和樊岙，共100余人。

第三节　人民武装

1949年7月6日，象山县大队随解放军进入象山，成为象山解放后最早的人民武装。此后陆续建立县人民武装部、县人民武装委员会、武装警察部队等人民武装。

中国人民解放军象山县大队

1949年7月1日，在余姚成立，有队员28人，李长江任副大队长，李丕鉴任副政委。6日，随解放军进入象山。1950年8月，浙江军区警备二团二营奉命到象山，与县大队合并。10月，县大队改称第二军分区（象山）独立一营，下辖3个连、5个区中队。1952年7月撤销。

县人民武装部

1950年8月建立县人民武装部。随后，各区、镇也成立人民武装部。1951年4月，县人民武装部列入军队序列，隶属于宁波军分区。1953年，设政工、军事2个股。1954年9月，撤区人武部，置1名武装助理员。1962年，区、镇、公社建人武部，配专职武装干部。1981年9月，县人武部改设军事、政工、后勤3个科。全县区、镇、社配专职人武干部。1986年6月，人武部交地方，设军事、政工、办公室3个科室。1996年4月，县人武部收归军队建制，设军事、政工、后勤3科。全县镇、乡及重要企事业单位设人武部，配专兼职人武干部。2001年，全县街道镇乡人武部配专职人武干部。

县人民武装委员会

1953年4月建立。1961年11月撤，成立民兵工作组。翌年3月，改为县人民武装委员会。委员会下设办公室，负责处理县人民武装委员会的具体工作。

武装警察部队

县中队　1949年10月，象山县公安队成立，编制17人，隶属于县公安科。1952年6月，改称“中国人民解放军浙江省象山县公安中队”，隶属于宁波专区公安大队。1955年8月，公安部队整编，集体转业移交地方公安部门，县公安中队改称象山县人民武装警察部队。1963年4月，象山县人民武装警察部队改称象山县公安中队。1966年10月，划归县人武部领导，改称中国人民解放军象山县中队。1975年12月，县中队划归县公安部门建制，改称象山县公安局人民武装警察中队。1985年10月，改为中国人民武装警察部队象山县中队，受上级武警部队和县公安局双重领导。

县公安边防大队　1962年7月，建中国人民武装警察部队浙江省象山边防大队，由军队和公安机关双重领导，以军队领导为重。下辖石浦、爵溪、宁海长街3个边防哨所。1963年2月，改称中国人民公安部队象山县边防大队，隶属于公安部队。10月，增设海墩、南田、高塘、旦门4个边防哨所，并将县公安中队划入边防大队领导。是年，长街边防哨所划归宁海县边防大队管辖。1966年7月，县公安边防大队改隶宁波军分区建制。1976年8月，建立石浦、西泽等5个公安边防派出所，属公安局边防股管辖。1980年10月，成立象山县人民边防武装警察大队，县公安边防大队建制撤销。1985年3月，将武警、边防、消防3个警种，并建为中国人民武装警察部队象山县大队。1985年10月，重设武警、边防、消防3个警种，武装警察部队象山县大队改称中国人民武装警察部队象山县边防大队。后又改称为中国人民武装警察部队象山县公安边防大队，隶属于宁波市武警边防支队。

县消防大队　1994年6月，象山县消防大队成立，前身为县公安局消防中队。下设象山、石浦2个消防中队。隶属于中国人民武装警察部队宁波市消防支队，业务受县公安局指导。

县公安局石浦边防工作站　1986年9月，根据省公安厅文件，撤销石浦边防派出所，建立公安局石浦边防工作站（营级）。受宁波边防公安局和武警宁波市边防支队双重领导。1999年3月，划归县公安边防大队。

第四节 民　　兵

民兵系不脱离生产的地方群众武装组织。中华人民共和国成立初期，象山即建立民兵组织。民兵组织积极参加剿匪、反霸、减租、减息、征粮、应急等重大活动，在社会主义建设和各项应急工作中发挥巨大作用。

民兵组织

1949 年 9 月，象山成立民兵大队，区、乡（镇）为民兵中队、民兵分队，村为民兵小队，推行普遍民兵制。1950 年，全县有民兵 4000 余人。1953 年，实行普通民兵制，民兵由自愿参加改为适龄公民参加，分普通民兵和基干民兵两种，乡建分队部。全县有普通民兵 642 个中队，1296 个分队，3852 个小队；基干民兵有 114 个排、342 个班。

1958 年夏，台湾海峡局势紧张。遵照毛泽东“全民皆兵”思想，将年满 16~50 周岁的男女公民编入民兵组织，其中 16~30 周岁的男性公民编为基干民兵。县建民兵师，区建民兵团，公社（镇）建民兵营，大队建民兵连，生产队建民兵排、班。全县 7 万民兵，分编 2 个师、22 个团、180 个营、882 个连、2935 个排、8300 个班。师长由县人武部部长兼任，县委书记兼任政委。

1960 年 8 月，开展民兵守备师编组试点，男 16~35 周岁编为基干民兵，余为普通民兵。女 16~25 周岁编为一组，26~60 周岁为一组；15 周岁以下编为“少年班”，61 周岁以上编为“老年班”。1964 年 9 月 3 日，建县民兵师，县长宋申鲁任师长，县委书记曹鸿声任政委。1970 年 6 月，建武装民兵独立团，县人武部部长尹燕明兼团长。1973 年 8 月 15 日，象山县委、县人武部调整民兵独立团，区建武装基干营，公社（镇）建武装基干连，大队建排，生产队建班。青年女民兵约占 10%。

1981 年，缩小民兵组建范围，仅公社、厂矿企业单位建立民兵组织。参加民兵年龄由 16~45 周岁改为 18~35 周岁，分普通民兵和基干民兵两种，基干民兵为 18~28 周岁。民兵制度与预备役结合，基干民兵为一类预备役，普通民兵为二类预备役。1988 年，民兵组织整组缩编 6.4%，全县有基干民兵 53 个连、234 个排、984 个班。

2000 年，压缩基干民兵，组成 5 个民兵海上运输连队，建立船舶修理分队与工程抢修分队各 1 个。新建民兵高炮、防化防疫、气象观测、机动加油、水电保障等专业技术分队。2003 年，全县基干民兵 6457 人，组建各种民兵专业分队 19 支。8 月 13 日，成立象山县民兵船运团，县委书记肖培生为船运队第一政委，人武部部长来吾法为船运团团长。

军事训练

中华人民共和国成立初期，主要训练民兵骨干。1952 年 10 月，县人武部开办民兵干部轮训班，先后培训骨干 760 人。训练内容有反空降、反空投与细菌武器防御。翌年，县人武部开始民兵定期训练，乡镇为单位，每期时间 7 天。1958 年，普遍开展民兵训练。基干民兵以步枪射击为主，结合战术、防空训练和兵器教育。普通民兵仅一般战术、防空和兵器教育。女民兵则训练包扎、救护，结合防空教育。年末，全县 23692 名民兵参加训练，其中 11214 人经实弹射击，总评成绩优秀。1960 年，象山县第一次民兵代表大会召开，推荐陈彩香（女）、邵友祥、韩天发、刘生芳、戴道满等参加全国首次民兵代表会议。1961 年，俞月娥等 8 姑娘炮班，经脱产训练，发射炮弹命中率达到优秀，后参加省军区、南京军区举行的民兵射击表演比赛，荣获集体一等奖、“神炮手”称号。1964 年，班、排、连开展战术、技术比赛。9 月 3 日，召开民兵比武大会，进行射击和战术现场比武。

照 22-1　20 世纪 80 年代象山女民兵射击训练

1973—1984年，改进民兵军事训练。军分区训练专职人武干部、专业技术兵骨干。县人武部训练民兵骨干、专业技术兵。区、乡（镇）负责民兵普训。进入20世纪90年代，民兵训练重点转向专业技术训练。1993年，参训民兵620人，全部合格。是年，丹城、石浦两镇应急分队代表参加宁波市应急分队比武，丹城一个班获射击团体第三名，2名民兵获得个人名次。1996年，按不同专业，分批分层次训练，经军分区考核验收，成绩良好，其中民兵应急分队，成绩优秀。1999年，按照民兵训练大纲实施训练。专业技术兵每期训练时间增加到22天，考核合格者编入基干民兵队伍。

2000年4月，县人武部集中50名民兵，赴台州椒江参加由海军组织，为期15天的军事训练。2001年，开展科技练兵。4月，挑选50名海军预备兵员赴椒江复训；5月，组织1个连民兵应急分队集中训练；7月，完成水上应急分队训练。是年，海上民兵运船团，会同石浦海军与陆军开展反袭扰海上演练。翌年，开展民兵船运团与步兵三旅海上对接训练。动用训练船59艘，保障船3艘，出动民兵270人。2004年4月，组织丹东、丹西、西周、墙头4个单位民兵防空分队骨干60人，集中训练半个月，队列、射击、防空导弹操作使用等训练科目均通过军分区考核验收。是年，组织定山、新桥、泗洲头、东陈4个镇乡民兵应急分队40人，开展普通课目训练10天。至2008年，民兵训练继续以海上练兵为重点。

民兵活动

中华人民共和国成立初期，民兵配合解放大军，剿匪反霸、巩固边防。1956年“八一台灾”后，8月7日，县委组织4000余人，其中民兵1000余人，抢修门前涂海堤。1958年，有驻军岛屿和沿海地区普遍开展军民联防。是年，南京军区授予渔山守备连“军民一家亲，共卫国防”一等功臣连称号。至1964年，渔山、檀头山、南田、石浦、民主、东陈、下沈、泗洲头、马岙、儒雅洋10个区乡民兵实行军民联防。1975年冬至1976年春，南庄平原的南大河、东大河、西大河全面整修，县人武部抽调民兵轮流上工地劳动。其中南庄区发动3个公社民兵，组织突击队员3000余人，发扬“一不怕苦、二不怕死”革命精神，在工地险要地段劳动。

1988年夏，7号台风期间，高塘岛乡和墙头镇人武部组织民兵奋勇抗台，成绩显著，分别受到省军区和宁波市政府、市军分区的通令表彰。1991年1月，协助县边防大队发现福建福清县偷渡日本渔船一艘，将27个偷渡逃者送交福建公安部门。1997年8月18日，强台风袭击象山。全县19个民兵快速小分队、500名民兵投入抗灾救险。灾后，2500名民兵投入抢险加固塘堤。2002年9月6日，“森拉克”台风袭击象山。石浦镇动员民兵应急小分队300余人，担负围堤巡逻任务，保护人民生命财产。丹东街道出动363名基干民兵与应急小分队2个排，抗台抢险。爵溪街道抽调131名基干民兵，应急排46人，参与巡逻救灾。

第三章　兵　　役

境内兵役制度历来执行国家法规。唐初实行府兵制，后改募兵制。宋袭旧制。元代至清代，世兵与募兵两制并存。民国22年（1933），国民政府颁发《兵役法》，推行征兵制。中华人民共和国成立后，实行志愿兵制。1955年，《中华人民共和国兵役法》（简称《兵役法》）颁发，实行义务兵役制。

第一节　唐代至民国兵役制度

唐神龙二年（706），象山立县，为府兵制。唐中期，募兵制取代府兵制。宋代，沿袭募兵制。元代实行世兵与募兵两制。明代卫所实行世兵制，后期实行募兵制。清代两制并存，象山为募兵制。民国22年（1933）始，实行征兵制。

府兵制

唐初实行府兵制，20周岁以上者应征，60周岁免征。平时在家务农，农闲训练，征发时自备兵器、资粮。唐神龙二年（706），象山立县设镇，为府兵制。

募兵制

唐中期，募兵制取代府兵制。宋代，沿袭募兵制。元代实行世兵与募兵两制，兵员主要来自军户。军户系官府指派承担义务之户。蒙古人在客地者，均指定为军户，名曰“蒙古军户”；本地汉人被指定军户者，名曰“汉军军户”。原军户不足时，从民户壮丁充足之家增之，曰“新附军户”。时象山置巡检司于东门、蒲门，各招募巡检兵。

明后期，由于战争频繁，政治腐败，土地兼并，兵源匮乏，卫所制度败坏，开始实行募兵制。象山沿海倭患严重，于万历三十六年（1608），设团练大营，招募壮丁700人，教习操练。

清代，置八旗（世兵制）、绿营（募兵制），象山无八旗，为绿营兵。

民国初行募兵制。民国16年（1927）3月，县人谢乃斌，以国民革命军江苏防要塞第四独立旅第二补充团团长名义，在全县招募新兵2000人。

世兵制

明代创卫所。初时，卫军主要来源有随朱元璋起义的“从征军”；元朝和割据势力投降的“归附军”；因犯罪而被谪发的“恩军”；抑配民户入伍的“垛集军”。当军之家皆入军籍，称军户。军丁被分配到指定的卫所戍守，父死子代，世代相继。

征兵制

民国22年（1933）6月，国民政府颁布首部《兵役法》，推行征兵制。民国25年3月，正式施行，规定年满18~45周岁男丁，须服国民兵役或常备兵役。县成立新兵军事训练总队，县长胡鼎仁兼任总队长，定期抽调壮丁集训。民国28年至民国29年，抗战前线兵员补充量大，为县里征兵最多年份。县里征兵任务重，特制《办理纳缓纳役全规定》，凡适龄壮丁向政府申请缓役，须缴缓役金200元。生活苦者不敷缴纳，多有外逃。县政府遂制定《制止壮丁逃亡暂行办法》《本县住民请颁出境出口通行证及各乡镇核请申请通知书》，规定适龄壮丁外出，须由乡（镇）公所或县政府核准，发给证明书，并须两户资产2000元以上殷富之家作保，违者从重处罚。民国34年9月，中央国民政府命令，停止征兵1年。民国35年，国民党政府发动内战，重颁《兵役法》，分常备、补充、国民兵役3种。是年，颁发《兵役奖惩规则》，实施临时征兵，强抽壮丁，征兵数逐年增加。征兵时，乡镇长及保长沆瀣一气，与壮丁贩子勾结，采取冒名顶替、得钱买放、假病剔退等办法，营私舞弊。象山解放后，抽丁制度废止。

第二节　中华人民共和国成立后兵役制度

中华人民共和国成立后，首先实行志愿兵役制。1955年7月，首部《兵役法》颁布后转为义务兵役制。1956年，始建预备役制至今。1984年5月，第二部《兵役法》颁布，实行以义务兵为主与志愿兵相结合的兵役制度。1998年12月19日，第三部《兵役法》颁布，继续实行以义务兵为主与志愿兵（后称士官）相结合的兵役制度。

志愿兵役制

中华人民共和国成立后初期，实行志愿兵役制。自愿报名，经政治审查、身体检查合格批准入伍。1950年、1951年，"抗美援朝、保家卫国"运动中，境内广大适龄青年以参军为荣，主动申请参加中国人民志愿军和中国人民解放军。1951—1953年，全县有4000余名适龄青年批准入伍。1984年，颁布《兵役法》，增设志愿兵。超期服现役的义务兵满5年，成为部队专业技术骨干，由本人申请，经师以上机关批准，可以改为志愿兵。志愿兵服役期限，从改为志愿兵之日算起至少8年，一般不超过12年，年龄不超过35周岁。军队如有特殊需要，志愿兵本人自愿，经军级机关批准，还可适当延长服役时间。

义务兵役制

1955年7月，《兵役法》颁布，全县实行义务兵役制，是年征集义务兵近400人。1956年3月，在象山首次征集飞行员。义务兵征集通常每年1次，个别年份一年征集2次，于春季、冬季进行。偶有个别年份未征兵。凡年满18～22周岁男性公民都有义务服兵役的义务和权利。至2008年，象山征兵49次，共征集义务兵1.5万余人。

照22-2　欢送新兵入伍

预备役制

1956年，始建预备役制。退伍军士和士兵编为一类预备役，30周岁以下为第一等，31～40周岁为第二等。退伍军官按军衔级别规定的年龄，编为一等或二等预备役军官。5月17日、27日，在全县进行预备役登记。1968年，预备役登记中止。1980年12月，预备役登记恢复。1984年后，民兵、预备役相结合。18周岁以上登记应征公民，除服现役外，编入民兵组织；退伍士兵，未满

35 周岁的编入民兵组织。

1985 年，恢复士兵预备役登记、统计、核对工作。1992 年，根据省政府和省军区的部署，在全县范围内开展地方与军队专业对口技术人员预备役登记工作。2000 年始，统一按总参谋部颁发的《退伍军人管理系统》进行登记管理。2006 年，根据《中华人民共和国预备役军官法》，县人武部对全县符合条件的预备役军官进行重新登记。

第四章　唐代至清代战事

唐代至宋代，象山少有战事。南宋始，海上战事频度增加，规模增大。元明之际，兰秀山民兵攻占县城。明中叶，倭寇数十年危害象山。明清之际，张苍水南田抗清，耿精忠部两陷县城。清中叶，蔡牵横行海上。这一时段盗匪活动亦以海盗为多。

第一节　唐代至元代战事

唐大中十三年（859），裘甫农民起义爆发。宋、元代，象山战事记载少而略，主要有元杨镇龙农民起义军攻占象山、王刚甫守东门抵御方国珍起义军及袁元良起兵大徐。

裘甫起义

裘甫，剡县人，出身盐贩，唐大中十三年（859）十二月起兵海上，聚众百人，攻占象山，屡挫官军。明州（今宁波）城门紧闭。因进逼剡县（今嵊州市），浙东震动。浙东观察使郑祇德遣讨击副使刘勍、副将范居植带兵三百，合台州军共讨之。咸通元年（860）正月初四，双方大战于桐柏观前（在今天台县）。范居植战死，刘勍只身逃脱。正月十四，裘甫率部众千余人克剡县，开府库，募壮士，众至数千人。越州（今绍兴）惊恐。时浙东、西久无动乱，士卒缺乏训练，甲兵朽坏，在编兵卒不满三百。郑祇德募新兵以增军力。军吏受贿，招得新兵尽为老弱。郑祇德遣沈君纵、张公署、李珪 3 将率新兵 500 人赶赴前线。二月初十，剡西一战，官军大败，三将战死。

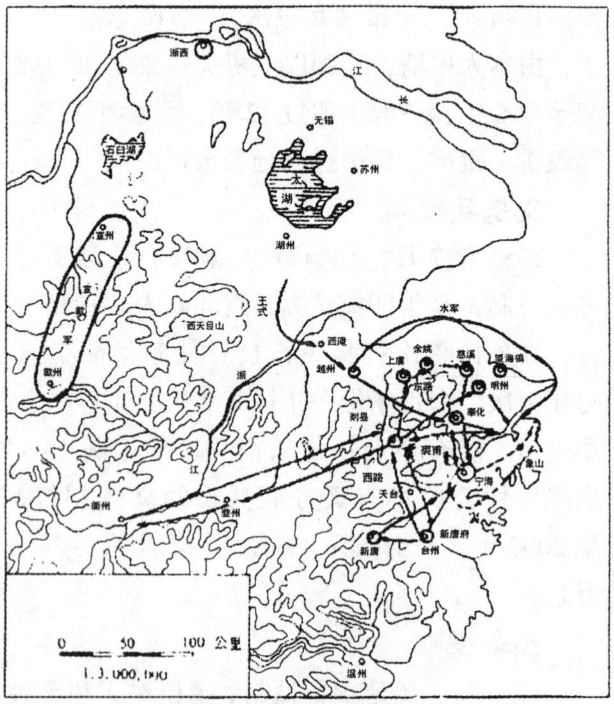

图 22-1　裘甫起义示意图

在山间和海上的各地小股反唐武装，纷纷投奔裘甫，聚众至 3 万人。裘甫自称“天下都知兵马使”，改元“罗平”，铸印称“天平”。积资粮、募工匠、造武器，声威远震中原。郑祇德一面向朝廷告急，一面向邻道求援。浙西、宣歙均派牙将各数百人赴之，索粮饷比往常多十几倍还不满足；而越州诸将纷纷称病，或假作坠马，迟迟没有军事行动。唐朝廷知郑祇德怯懦，另选前安南都护王式。三月初一日，唐懿宗召见王式，委以重任。时裘甫分兵攻衢州、婺州（今金华），不得入。又分兵攻明州，不下。乃遣兵攻台州，下唐兴（今天台）。三月十九，甫自领万余人克上虞，并焚上虞城。三月二十三，入余姚，杀县丞、尉。同日，东破慈溪，入奉化，达宁海，杀宁海令，占领宁海，分兵围象山。

四月十五日，王式入越州城，接任浙东观察使职。整顿军务、开仓赈济贫民、检阅各营在编士卒及民团子弟，共得可战者4000人，命为先导，引领北来各军进攻裘甫军。而越州城守由民团1000余人任之。于是发忠武、义成、淮南等各道兵镇压。以宣歙、浙西军及民团军计1000余人，加新建骑兵，从上虞进军奉化，以解象山之围，称东路军。王式自率义成、忠武、淮南3军与台州唐兴（今天台）军合为一路，称南路军。王式坐镇越州指挥。四月二十三日，南路军攻克沃州寨。翌日，攻下新昌寨，进达唐兴。五月二日，裘甫部将孙骑马在宁海败于王式之东路军。九日，刘晊、毛应天在唐兴南谷复败于王式之南路军，毛应天阵亡。唐廷又增发忠武、义成两道军，并新发昭义军，到达越州。王式以忠武军300人守唐兴，断裘甫南下之路；义成军将领高罗锐率300人，并台州民团，直趋宁海；昭义军400人，增援东路军，切断裘甫通往明州之路。十一日，裘甫军在海游败于王式之南路军，退入甬溪洞。十九日，双方再战于洞口，裘甫军又败。二十日，高罗锐袭取裘甫部将刘平天军。接着双方连打19仗，裘甫军均遭失败。五月下旬，王式军高罗锐部攻占宁海，象山围解。农历六月二十一，裘甫兵败被俘。旋押解京师，农历八月初一被杀于东市。

宋海寇犯临门寨

宋绍兴二十年（1150）海寇聚众。连年势甚急，犯临门寨。

宋、元朐山、东门海战

元世祖至元十三年（1276）正月，宋太皇太后谢氏率恭帝降元，临安失陷，宋检校少保张世杰提兵入定海。恭帝异母兄益王昰、弟广王昺先已出临安，时至温州。世杰奉招赴温州，元沿海招讨副使哈剌䚟追之，战于庆元朐山（今作衢山，属舟山市）、东门（今石浦东门）海界，截获宋船4艘。四月，张世杰军退至温州，扈恭帝兄弟益王昰、广王昺入福州。

尤宗祖海上抗元

象山尤宗祖抗元斗争，见《元史·世祖纪》："至元二十年（1283）九月戊午（初八日，为公历9月29日），哈剌带等招降象山海贼尤宗祖等九千五百九十二人，海道以宁。"《新元史·世祖纪》是年亦云："象山海贼尤宗祖降。"《元史》称尤宗祖为"海贼"，但《宋史纪事本末》引张溥《史论》曰："象山之尤宗祖，以大宋观之，亦殷多士之伦也！"可见尤宗祖是抗元的南宋义民。《元史》仅记其降元时间为至元二十年九月，距临安失陷，浙东为元军占领已近八年。《哈剌带传》有："至元十六年，宋二王（赵罡、赵昺）皆亡，哈剌带招降海贼贺文达、顾润等，得舟六十余艘"之记载。贺、顾两人皆活动于浙东沿海，比尤早四年降元。尤宗祖起事规模盛时当在万人以上，其势力比贺、顾更强。其起事时间，应与贺、顾同时期。具体不详。

杨镇龙攻占象山①

《元史·世祖纪》："至元二十六年（1289）三月庚辰朔，日有食之。台州贼杨镇龙聚众宁海，

---

①据光绪《宁海县志》记载。

僭称大兴国寇东阳、义乌，浙东大震。诸王瓮吉带时谪婺州，师兵讨平之。”

清光绪《宁海县志》：“元世祖至元二十六年（1289）己丑春三月，邑人杨镇龙据二十五都，聚众十二万，僭国号‘大兴’，年号‘安定’，临象山，分攻新昌、嵊县、天台及东阳、义乌，浙东大震。诸王瓮吉带时谪婺州，与浙东宣尉使富弼讨破之。东阳王道恩率兵擒伪丞相李平章李祥、参政李继，贼平。”

王刚甫守东门

元至正八年（1348），方国珍起兵，其部累犯象山沿海。是年十一月，浙江行省文命庆元路（今宁波市）王刚甫摄行（象山）东门巡检司事。王刚甫抗击方国珍6年余，方国珍部无一人登陆。至正十五年春，王刚甫被罢官。方国珍遂破东门、陷庆元。

袁元良起兵大徐

元至正十七年（1357），邑人袁元良聚众起事，杀兵民无算。都元帅遣兵讨伐，与义军战于大徐黄塔前，袁元良兵败身死。

第二节　明代战事

明初，象山一度受兰秀山民兵之乱。明建文三年（1401）至嘉靖四十年（1561），象山屡遭倭患，军民奋起抗击，成为抗倭斗争的重要基地。

兰秀山兵乱

兰秀山在舟山群岛中部，今属岱山县。原为二山，称兰山、秀山，清光绪年间连为一山，称兰秀山（1951年复称秀山岛）。明洪武二年（1369），兰秀山民兵袭象山，虏县丞王茳入海，又占据县治及县内各大户家。王刚甫与其友蒋公直遂散家资，募民为兵，率勇敢士袭其营，破之。执缚其为首者数十人，斩之，释其余众，并迎县丞王茳以归。是时朝廷闻乱，发兵2万人已近县境，欲屠众从贼者，闻王刚甫已诛灭兰秀山叛众，兵乃解。

抗倭

明建文三年（1401），倭兵从钱仓登陆，劫掠汤岙、潘家坎。钱仓千户易绍宗率兵抗击，密令游兵抄道焚倭船。倭兵惊回救，绍宗率兵半路袭杀，追至海涂，陷于泥潭，犹“手刃数十贼”，遇害。

永乐二十年（1422），倭劫县治（时象山无城），县丞宋寘杀敌阵亡。教谕蔡海骂贼而死（宋、蔡二人，本志有传）。

明正统四年（1439）五月，倭船40余艘，连破台州桃渚、宁波大嵩两千户所，又陷昌国卫。“所至积骸如陵。”备倭等官以失机被刑者36人，爵溪所以获贼首毕善庆，得免（《明史·日本传》、嘉靖府、县志并记于正统四年，《明史·英宗前纪》载“七年五月丁亥，倭临大嵩所”）。

明嘉靖二十五年（1546），闽人李光头、歙人许栋勾结倭寇大举入侵，劫石浦城，掳备倭把总白濬、巡检汤英，沿海焚略殆尽。县令蒋三才倡立父子乡团兵以御寇。福建都指挥佥事卢镗率兵由海门进战。四月，战于九山（即韭山）洋。俘倭首稽天、海盗许栋。翌年三月，又击寇于海上，擒李光头等96人。

明嘉靖三十年（1551），倭破昌国卫，剽掠甚众。

明嘉靖三十一年（1552）四月，倭犯赤坎游仙寨，百户秦彪及弟汉（又有作豸者）等战死。倭又入爵溪，屠兵民数十，四方掳掠10余日始退。

明嘉靖三十二年（1553）闰三月，歙人汪直等集各岛倭夷，大举入侵，滨海数千里同时告警。农历闰三月二十九，倭破昌国卫，百户陈表奋战死。倭据城5日，参将俞大猷率军击却之。同月，倭别部从踞门入，屯游仙寨，劫掠梅溪、李家岙、白石。攻爵溪未能下，又劫下庄、珠溪。五月，倭入湖头渡，登龙屿及洋北、黄溪，掠子女，被杀者甚众。

明嘉靖三十三年（1554）三月，倭寇集聚象山海中小岛三岳山（今三萼山），都指挥刘恩至与指挥张四维督舟师进攻，斩首20级。不久，与指挥潘亨会兵再战，生擒30人。其余倭寇逃遁。

明嘉靖三十四年（1555）四月，倭寇70余人自钱仓、白沙湾至李家岙，过梅溪至开口岩。王永希、朱汀父子率众御敌，朱汀为流矢所中，犹杀数寇殉国。子友章与王永希奋力拒敌，俱阵亡。倭乃渡黄溪入奉化。又有倭复登新罗岙、立木城以为据点，四处劫掠，焚潘家坎、涂茨等村。县令毛德京、邑人钱文芳以民兵击之。海道孙宏轼至象山督战，倭遁走宁海西店。五月，有贼新至，攻爵溪不克，转攻余姚。同年，有闽贼（福建人而从倭者）数百人，由温、台至宁海，抵奉化，与象山贼（象山人而从倭者）合，过四明山，攻上虞、萧山，在钱清筑营垒，以为据守。十一月，为海道副使许东望斩擒。

明嘉靖三十七年（1558）四月，倭劫四都、关头史氏，大肆焚掠，杀20余人。次日，登东溪，由九都掠去妇女、金帛后去宁海。《筹海图编》：三十七年四月，贼船二十余人入临海朱门（今南田山之朱门），劫松门寨，寇台州、象山、桃渚等地，又有继之之贼与合为一，攻府城，佥事李三畏、知府谭纶率兵大败之。贼分劫象山、宁海、仙居等地被谭纶擒斩大部，余贼被戚继光歼于海上。

明嘉靖三十八年（1559）三月，倭寇300余人，自何家榄（今名王家榄）登陆，据险为巢，树木营以自固。总督胡宗宪檄谭纶剿之。谭纶令俞大猷率舟师备于海上，断其退路，自率陆兵从定海（今镇海）长驱直入，进兵至马岗。倭寇一支约500人自金井头上岸进援。谭纶即移兵击其前锋，然后分兵两翼让出中间，而以精兵从中冲击，倭寇大败。谭进兵追杀，斩倭以百计。次日，谭纶率军进捣何家榄贼巢，倭寇进行殊死战。谭纶出奇兵从小路出击敌后，攻破贼巢。倭寇溃败逃入船中，谭纶纵火烧之，寇死大半。残敌逃窜宁海，谭纶会同参将戚继光又追杀70余人，大获全胜。

明嘉靖四十年（1561）四月，倭寇大举进犯浙东南沿海，象山告警。五月初一，海道副使王春泽与总兵卢镗、游击将军何本源分兵由奉化入象山。五月初二，与倭战于裘村，斩首157级。五月初四，卢镗与把总黄应复，布兵船于青龙港（在象山港内），截击溃败倭船，尽歼余寇。五月二十一，胡震督舟师，追寇至洋歧下洋，犁舟2艘，焚溺甚众，斩首5级。倭寇溃退，一路逃至满山洋①。二十四，胡震追至满山，击沉1艘，生擒倭寇4人。二十六，又于悬山生擒2名倭寇首领。法正才、闫标一、辛三郎、徐四郎、阮七郎、陆佑勇诣军所请降。满山岛之战，水陆共擒斩倭贼717人，犁沉舟船10余艘，缴获舟船21艘。

明万历八年（1580），倭犯韭山。为明代县志记载最后一次倭患。

明万历三十七年（1609），倭犯昌国卫。未成患。见于《明灾录》，历代县志失载。

---

①按《戚少保年谱》卷二所载，指明战斗所在地为“满山洋”“满山岛”“悬山”。满山岛，今为象山、宁海、三门三县海上分界之岛。原为南田县属岛，位于三门湾口，石浦港之西南。悬山，今花岙岛。

第三节　清代战事

清初，尚有明诸藩王建立的福王弘光政权、唐王隆武政权、鲁王政权、唐王绍武政权、桂王永历政权、韩王定武政权等坚持抗清。浙江之东部属鲁王地盘，象山南田一度成为鲁王之臣张名振、张苍水等驻兵之处。南明藩王政权被次第消灭后，叛清的耿精忠军两次攻占县城。乾隆年间（1636—1795），蔡牵起兵海上，象山频遭袭扰。鸦片战争后的晚清70年中，战事连绵。有法国军舰入侵、太平天国运动及张小金“保清灭洋”起义；有广艇劫掠象山、台州匪盘踞南田等大规模的盗匪之害及零星小股盗匪的蜂起。其中有些战事延续十数年而未能平息。

清军入象山

清顺治二年（1645），清兵取杭州。闰六月十二，明刑部侍郎钱肃乐起兵宁波，迎鲁王朱以海监国，在浙东建立南明鲁王政权。象山石浦游击张名振、驻西周之平西将军王朝先以兵应。顺治三年六月初一，清军下西陵（今萧山区），江上列戍皆溃。鲁王登舟入海，王朝先弃西周、张名振弃石浦，从鲁王于舟山。滋阳、阳信二王皆去。清兵入境，知县姜圻坚贞，拒不降清，被割舌钳齿，一门死难。

张苍水抗击清军

清顺治二年（1645），张苍水投笔从戎，与各路义军一起共奉鲁王朱以海。顺治六年十月，张名振、张苍水等率军随鲁王进驻舟山。舟山失守后，顺治十年（1653）春，张苍水率军队回到南田，并在南田、宁海山头一带四处招兵，队伍很快发展至6000余人。是年秋，张名振与郑成功合兵开始三次北伐，张苍水为监军。顺治十二年，三次北伐失败后，张名振卒，部交由张苍水统领。顺治十六年四月，张苍水部与郑成功于象山南田岛东南洋面会合。顺治一十八年，到达浙江定海，经过两天激战，全歼镇守定海清军，焚毁清水师船只百余艘，夺取定海城。五月初，郑成功为招讨大元帅，张苍水为监军，率兵从定海北上，挺进长江，进行第4次北伐，连下四府三州二十四县。农历七月北伐失利，张苍水历经险阻，回到浙东南田。张苍水斗志不减，在南田岛上修建军营，招募新兵，整顿队伍，屯田自给，重树抗清大旗。康熙元年（1662）农历十一月，鲁王朱以海病逝金门。康熙三年农历五月，义军兵少粮尽，清军步步进逼，为保存抗清力量，张苍水散军于舟山桃花，化整为零于民间，自带少数亲信，到南田花岙岛隐藏。是年七月十七日丑时，因叛徒出卖，张苍水在南田悬岙被执，押经石浦、丹城。九月，就义于杭州。

汪国祥收复象山

清康熙十三年（1674），清靖南王耿精忠与吴三桂呼应起兵叛乱，以曾养性为左将军，率叛军万余犯浙江。康熙十四年五月，曾养性军至旄头洋（今猫头洋），清师失利，都司赵焘、千总王天才战死。八月，叛军围象山县城，副将罗万里降，俘知县马鲲。翌年，降将罗万里为都统，并合五镇兵再犯象山县城。守备张秉乾坚守抗敌。敌再至，势不支，张秉乾拔刀自刎死。罗万里以太平武生邱梦龙署县事，大掠三日，官民积储皆空，男妇被掠三四百人，妇女拒奸不屈而死者甚多。叛军据县城15日，并于西溪、石门二岭筑土城，列炮以守。台协宁海营参将汪国祥自宁海奉檄援剿，星驰至黄墩，直抵石门，夜从间道攀崖而上，及晓已达岭顶，斩关破隘而入。叛军惊为神兵，仓皇遁去，遂夺石门。复长驱克关山寨，自西沙、黄溪、下林溪转战入城，叛军大溃，遂弃城浮海逃离。

康熙十六年（1677）农历十月，叛军登淡港口，犯庙岭、湖边。汪国祥闻号炮声，即驰截港口，分兵回击，叛军守舟者急操舟遁，归舟者窘迫，或自沉于水，或毙于炮矢，尸横海岸，俘百余人。康熙十九年春，侦得叛军船入湖头洋，汪国祥率师伏象北海岸，会宁海营夹攻。叛军弃船，登龙屿、蒲门、高堪诸山，汪国祥又搜出尽斩之。叛军自此不敢近邑，在象之“三藩”余敌肃清。

蔡牵兵败渔山

清乾隆五十九年（1794），蔡牵起兵海上，初以浙闽沿海一带为其根据地，累与清军交战。嘉庆元年（1796），瑞安守备童镇升从总兵孙全谋击贼于石浦淡水洋。时象协左营守备陈广宁檄巡五虎门，孙用其策击退之，俘获蔡牵头目陈宝。嘉庆二年，蔡牵兵登公屿村抢劫，一船登林善岙，7人进村抢掠，村人远避，乡勇王阿起等奋起抵抗，蔡牵兵退走。嘉庆六年，清水师提督李长庚率兵船往来闽浙，至旗头洋（崎头洋）获陈帖，至东霍山获李广，至尽山获陈火烧，至潭头洋获侯纳、丁郭，蔡牵军势稍衰。嘉庆八年，蔡牵进香普陀，李长庚闻讯击杀，一战于定海北渔山（今象山渔山列岛）洋面，再战于钱仓所外，追至闽洋，牵诡降于闽浙总督玉德，得逸去。嘉庆九年，蔡牵兵船停泊铜瓦门外，石浦城男女尽逃山中。副将许赞备守城，李长庚与其战于石浦铜瓦门外。蔡牵见官军防守严密，遁去。嘉庆十三年农历九月，蔡牵兵从爵溪白沙湾登岸，防守马兵梁岳生擒刘阿郁、谢良、王常、宣宗有等，又杀6人，蔡牵兵败退。嘉庆十四年农历八月，蔡牵兵船进犯旗头洋。浙江提督邱良功、福建提督王得禄与蔡牵战于定海渔山洋面，蔡牵被围，举炮自裂其船，溺海死。

广艇为害象山

清道光二十一年（1841）原直隶总督琦善，以钦差大臣到粤，为向英方表示谈判之诚意，下令尽撤珠江口防务，遣散水勇、乡勇5000余人。遭遣散后，很多人生计无着，乃藉砲船行劫海上。以其船形如蚱蜢，故号蚱蜢艇。滨海人以其船色绿而呼之曰“绿壳”。史、志则称之为“广艇”“广匪”。

清咸丰五年（1855）农历七月初四，广艇13艘，驶入蛤蚆嘴（在高泥港），泊于港口。至墙头、西周、淡港、龙屿等处，掳掠牛、羊、鸡、猪等物，并送书欧、王、孔三家，索银数万两。时墙头、方家岙、岭下陈、方前等村，俱已设局团防，匪徒不敢公然登岸。次日，突有广匪一队，自石鼓岭来，欲与蛤蚆嘴艇贼会合。被土勇全部擒杀。土勇并在桃头渚（跳头渚，在墙头东山嘴），搜得以小舟暗伏于此的广匪10余人。是日，共杀贼83人，当晚，匪艇退出蛤蚆嘴。数日后，巡道段光清得象山县令何福清情报，在梅山港口，拦击这一股广匪，击沉其船十之六、七，广匪溃散。八月，匪艇大队又驶入石浦港，浙江提督叶绍春与巡道段光清率水师及轮船共击之。轰坏40多艘匪船，有逃上岸的贼匪亦尽被兜杀无遗。

清咸丰十年（1860）十一月，广艇新帮逃散者踞缸爿山（在象山港中），沿海劫掠。巡道张景渠令遣轮船剿击。象山县令严家承令墙头等地团勇配合，在下沙、长白沙擒获6人，击毙1人。在西周擒获5人，枭首示众。

清咸丰十一年（1861）农历六月，广艇新帮掳获贩运食糖商船若干艘。把船只带到爵溪港内，把贩运食糖的客商钉在船底，放火烧死。待官兵赶到，广匪已经逃遁。县令严家承招募乡勇在松岙等处擒获12人正法。

清同治八年（1869）十一月，象山知县刘定国、象协守备黎林率师船追击广匪。有2艇被追，艇匪登岸逃逸。官军跟追至蒲门附近，黄沙各村岙乡民齐出协捕，毙匪11名，擒2名，救出被掳难民4人。十二月，待师船撤防，艇匪登岸烧毁黄沙、屿岙民房数十间，杀2人，以为报复。此后，象山县志再无有关广艇（广匪、艇匪、“绿壳”）行迹之记录。

陈双喜等起兵海上

清道光二十九年（1849）三月，陈双喜聚众五六百于渔山起兵。四出劫掠，商船路梗。石浦守备刘朝元出巡被围，战死。温处道庆连（一作章宪）统水师往剿，昌石都司王廷鳌、健跳守备署游击王大成战死。翌日，庆连统水师大队至，败陈双喜，俘获数十人。十一月，陈双喜率余部百余人，携船炮至厦门降①。

太平军在象战事

清咸丰十一年（1861）农历十一月十五，太平军黄呈忠遣部将张得胜兵占象山，为第一支入象之太平军。十六日至二十一，太平军潘世忠部8000余人陆续进驻县城。农历十二月初二，张得胜得报象西南冲（今南充）土匪纠党徒数百，欲乘乱劫富家。即遣其部下统200名步卒、20名骑兵出城。在墙头稍作停息，并让墙头乡勇数百为前导直趋石鼓岭。南冲匪知太平军大队至，瞬间作鸟兽散。太平军斩获2匪首。同治元年（1862）正月二十四日，太平军顾廷菁率部进驻县城，爵溪所士民千余人攻城，被其击退。太平军纵火焚城郊18个村民居，烧毁五六百家，男女被杀或入水死者30余人。是年农历三月二十一日，南乡昌国卫及黄公岙等村绅民以顾廷菁无故拘黄公岙史某、杀新岙庠生俞绶，纠众3000余人攻县城，越6日不克。适监军欧景辰自宁波回象，以“黜顾释史”事，驰书南乡攻城者，南乡民得书遂解兵。而顾廷菁则被送宁波拘禁。

剿灭南田金得利匪徒

清咸丰十一年（1861），临海金得利踞大南田，聚众筑城，偏山设防，其势力蔓延至象山金鸡山港湾等处。时象山南乡唯大泥塘、胡家屿二村能与金得利划海为界，互不相犯。不久，因金得利越界劫泊于大泥塘海口之黄岩米船，双方乃起冲突，互有杀伤。大泥塘、胡家屿二村民，乃请于驻石浦同知张兆熊。张发昌石水师都司兵300人并石浦民团，与二村乡民共击金得利。遭大败，团民死54人。

清同治四年（1865），浙江巡抚马新贻，饬分巡宁绍台道史致谔，调湘军之精兵剿金得利匪兵。湘军见此弹丸之地，以为可灭此而朝食，鼓勇仰攻。城中初无声，俄然间枪弹迭从城下隧道出。湘军不及退，死70余人，败归石浦。宁波知府边葆诚又请增兵6000人，围城断其水、米。金得利粮尽，趁夜潜出数十里藏鸡笼山。围城官兵发觉乃解围搜山及港汊，亦无所得。于是留昌石水师营百人守之。金得利伏鸡笼山洞中闻湘军已撤，则复登南田山夜袭，杀营兵几半。湘军复来攻，获金得利徒众10余人，内有自供为金得利者，杀之。而终不知金得利之所往。

中法战争石浦沉船

清光绪十年（1884）十二月，总兵吴安康率南洋兵船5艘援台湾，二十九日由檀头山洋面甫经驶出，突遇法船7艘，由北舷尾冲来。清兵船前驶迎敌，忽然大雾迷漫，咫尺莫辨。所幸开济、南琛、南瑞三船驶行较快。澄庆、驭远开足机器，行驶迟缓，被法船开炮轰击，渐逼渐近，万分

①民国县志引“同治志稿”尚载有此前“道光二十三年，台州小对船匪入爵溪所城抢掠，杀一人，伤五六人。爵溪渔户合击，遁去。六月四日，福建同安盗登盐仓前等处焚掠，邑令范先达同副将张广信率兵勇协剿，擒获十余人，斩之。没入水者无算。道光二十七年，海盗蜂起，掳人勒赎，被害数十家”等事。

危迫。二船自知寡不敌众，遂驶入山口之石浦港，被法船封围港口。象石练军副将刘青山，派队排列岸上，帮助御敌。三十日，法舢板驶进内港，被清兵船用炮轰退。不久法军又由小火轮拖舢板2只，每只约数十人，由铜瓦门至东门外洋面测量水道，意图进口劫夺船只，并入港窥探。光绪十一年元月初一，法军又以小火轮船夹杂于被掳渔船之中，乘黑潜入施放鱼雷。澄庆、驭远两船恐法军掳去船炮，不得已开放水门自沉。

张小金“保清灭洋”

张小金，西乡九都张岙村人，本名志云，县学武生员。无牙大姑娘，文山村石某之妻，丈夫死后入异教，并以异教惑众。清光绪三十三年（1907）正月，张小金树起“保清灭洋”大旗，宣布起义。冒名王锡彤的宁海人自称皇帝，立无牙大姑娘为皇后，张小金为丞相，从宁海招来铁龙做大将军，聚集在张岙有数十人。张小金率众辗转于杨大张、横泾、肖胡、泗洲头等地，扩大起义队伍，捣毁新桥教堂，抓走教士，并扬言进军县城。二月四日夜，县城接获乡绅何涵密侦，告之张小金所在。练兵即出城由行者岭至溪口村行宫，与杨家岙民团会合，突袭张小金部众，杀其2人，俘30余人，余众逃散。六月，张氏族长打听到张小金逃往秀水县，派人在孝丰将其抓获，送到宁波府斩首示众。无牙大姑娘一直囚禁在监狱中，辛亥革命后释放出狱。

晚清清剿盗匪

清光绪十年（1884），台匪蜂起，游弋海滨。三月，登泗洲头劫店铺及胡某家财物无算。八月，复掠东陈庄举人陈之翰等三家。知县邹文元请水师剿匪，先后获盗匪50余名，解府斩之。

清光绪十一年（1885）四月初一，海盗由金井头登岸劫东陈庄，掳贡生陈南屏及陈宝田，勒赎千金。至临海桃渚，适及台州官兵奉檄搜捕，盗首伏诛，余党分散，藏匿山洞。

清光绪十二年（1886）正月，盗匪劫交绾（高湾）邵天津家，民团齐集击退。

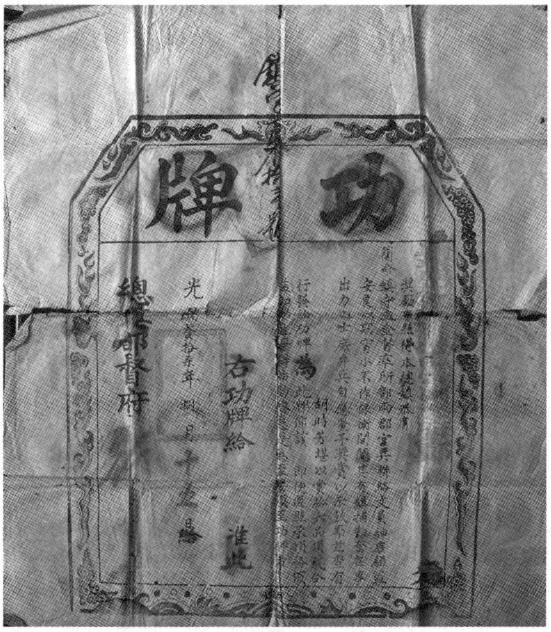

照22–3　清代将士功牌

清光绪二十八年（1902）二月，盗劫蔡家岙庠生沈庆雯家。适值营兵夜捕牢狱逃犯，巡缉至西门外西坛庵下，截获1名盗匪。同年农历三月，南乡长大湾村海盗登岸，打家劫舍。巡防练兵与大泥塘民团夹攻，4名盗匪中枪落水，余或乘船逃入海汊，或登山伏匿榛莽间。大泥塘团练总陈云龙鼓勇搜捕，合练兵四围追击，生擒12人，就地斩其7人。

清宣统三年（1911）春，盗首号三眼者，率70余人，由浮礁登陆，向灵下舍、小湾塘诸村索饷搜械。至灵岙村，适值前石浦都司郑碧山子国瀛领巡防队过新桥，闻之往剿，盗匪三眼中枪死，余众皆溃走。

第五章　中华民国时期战事

中华民国时期，民生凋敝，社会矛盾加剧，境内海盗、土匪猖獗，民众深受其苦。政府与驻军虽屡次清剿，但受当时社会环境所限，未能剿绝。抗日战争全面爆发后，日军侵略象山。象山军民与日伪进行艰苦卓绝的战斗，但终因敌我双方力量悬殊，石浦、茅洋、丹城等地相继沦陷。由于象山军民殊死抵抗，日伪侵占象山全境的企图终未得逞，形成对峙。抗日战争中，象山军民参与抢救美国飞行员，冒死不顾，协力同心，结下深厚友谊。解放战争期间，共产党地下组织先后组织领导两次小规模的武装暴动。1949 年 7 月 9 日，解放军发动的解放浙东大陆最后一役——宁象战役结束，象山半岛解放。

第一节　清剿匪盗

中华民国时期，境内盗匪既有海盗，亦有土匪，以海匪为多。海匪多来自外县，南韭山、道人山为其主要巢穴，每股数十至上百人；土匪多聚集于邑之西乡。规模较大的盗匪有小老吴、张光陶、俞得申、徐小法、李元龙、潘忠良、张阿登、任小青等部。警察、自卫队等地方武装为清剿盗匪主力。

剿灭台州海匪小老吴

民国 3 年（1914）4 月，台州海匪小老吴（一名何成龙）纠集 94 人，劫晓塘金氏，过灵下舍，入田洋湖，占宿太平寺，四出骚扰数日。管带汤肇德率队清剿，哨长周某冒弹直前，伤额不顾，击毙小老吴，连毙余众 9 人，生擒 1 人。幸存者逃向祝家岭、板岭溃散。

清剿嵊县土匪俞得申部

民国 12 年（1923）3 月，芭蕉赖富贵引领嵊县著匪俞得申部60 余人，由宁海窜入县境，至芭蕉、横山等村掳人、烧屋，勒索银洋 1000 余元，枪杀 1 人。俞匪所部留数月不去。县署督令营警及各处保卫团兜剿，格毙顽匪黄记、沈阿顺等多人，生擒朱万丰等解县讯办。5 月，海匪张顺安聚众百余人洗劫渔山洋面过往船只。后又掠东乡涂茨、后七埠等地。6 月上旬，省高等检察厅饬令各县严缉，俞匪始遁离象山。

剿灭海匪徐小法

民国 15 年（1926）4 月 4 日，驻石浦港三门口警备队第八营第四哨，探悉洋面泊有匪船 1 艘，由陆地进剿。匪自恃在洋，双方枪战 3 小时。后驻石第三水巡队第一号巡船赶到，水陆夹攻，匪渐不支。当场击毙海匪 2 名，生擒匪首徐小法以下 5 人，救出难民 2 人，难船 1 艘。

剿灭海匪李元龙

民国 15 年（1926）12 月 27 日，海匪李元龙部匪徒数十人，分乘船 2 艘，驶入白沙湾海港内，企图登岸行劫。爵溪保卫团驰县报警。知事罗士筠饬令驻城警备队哨官徐振汉率队往援，时适退潮，匪船搁浅，匪众多被击毙。间有落水潜逃者，经团、警前后兜剿，击杀匪头目 4 人，生擒海匪 2 人，救出难民数人，匪首李元龙亦被击毙。

剿灭海匪陆杏生、俞户法

民国 19 年（1930）9 月 11 日夜，海匪陆杏生、俞户法部盗匪 20 余人，抢劫高泥村海军部象山港管理处，绑走海军部象山港委员会委员茅泽霖，刀伤鲍生才，掳银洋 100 余元，棉被 9 条，首饰衣物等多件。26 日，水陆军警、各保卫团奉令驰往象山港西泽一带搜剿营救。翌日晚，捕获陆杏生、俞户法。

清剿南田海匪潘忠良部

民国 35 年（1946）12 月 4 日晨，海匪潘忠良部在白礁洋洋面拦劫三门一柴船，石浦人励某被绑架。次日上午，宁海杨光辉货船又在半边山海面遭劫，1 名船员被杀。16 日晚，潘部匪金阿来等 20 余人，从金星乡横屿登陆，抢去一少女。民国 36 年 1 月初，三门县县长华国谟率保安警察队至南田清剿潘忠良部，潘当场被毙，余匪 40 余人窜匿三门湾。7 日夜，又有数匪徒被击毙，潘匪余党 19 名携械投诚。余残匪一分为二，一由金阿来率领，窜向岱衢洋；另一以潘忠良妻为首，盘踞南韭山，继续网罗散匪，掳人越货。

清剿车岭土匪张阿登部

民国 36 年（1947）春，象西车岭匪首张阿登聚徒四五十人，携机枪 3 挺，步枪 40 支，自设“忠义堂”，结寨蒙顶山，流窜儒雅洋、西周、巴蕉、横山一带，骚扰宁、奉、象 3 个县。并与海匪李子青勾结，匪势猖獗。4 月 4 日，县派刑警队 30 余人前往剿办，行至车岭，见匪势甚盛，慌忙折回县城。5 月上旬，第七区保安副司令刘卓英，率队清剿张阿登、肖强两部。张阿登部 13 人、肖强部 5 人自新，逮获顽匪郑慈能、张阿嘉，由刘卓英部枪决，余匪隐匿。象西匪患暂敛。民国 37 年 2 月下旬，匪首张阿登被县自卫队设计捕获。26 日，县长梁尚勤派队士将其解赴余姚绥靖指挥部。

清剿象西土匪余宝福部

民国 37 年（1948）3 月 4 日，县保警队在泗洲头上西庄与余宝福股匪遭遇，枪战中死警长 1 人、队士 3 人，匪徒无一缉获。3 月 7 日，余宝福率部下分乘帆船 3 艘，于华塘乡大泥塘登陆，被当地民众、自卫队击退。旋窜丁岙村，焚民房数十间。3 月 26 日，余宝福股匪 40 余人，应宁海峡山尤金顺等相邀，自西周前往聚首。宾主欢宴至夜 12 时，尤金顺等突将余部包围，以斧头、手枪等出击，当场活捉 14 人，打伤 4 人，缴步枪 30 余支，其余匪从后山落海脱逃。4 月 10 日，惯匪董聚才、李方贵、郑仁木、朱阿昌、胡阿方被押回象山，在西周庆丰桥枪决。

清剿宁海土匪任小青部

民国 38 年（1949）2 月中旬，宁海任小青部袁毛生、张武两股百余人，登扰县境忠义乡。19 日，县保卫总队附常禄文率常备自卫队抵泗洲头会剿，袁、张转回宁海边境。常会同泗洲头警察分驻所巡官率部向宁海胡陈追击。次日拂晓，在大赖山上接火，激战 3 时许，股匪向大丹山顶逃窜，俘匪 1 名。3 月初，县自卫总队派传令班长余保福赴宁海任小青部①刺探情报，相机策动任部

---

①据《宁海县志》载，任小青，兵痞出身，民国 37 年（1948）拉起队伍，自命支队长，窜扰宁海长街、力洋、一市一带，也提过“革命”口号，迷惑群众。民国 38 年 4 月 24 日，中共浙东游击支队派党员盛式凡、陈照华往做工作，劝其起义，被杀害于长街乌沙岭。（盛、陈两烈士《象山县志》中有名录）同年 6 月，接受汉奸、前三门县长胡常英收编，充匪第 2 支队支队长，成为胡部主力。7 月 5 日，解放军 21 军 61 师 182 团进剿时，任小青部阻击顽抗，被俘获镇压。

一分队反正。事泄，任派大队追踪包围，反正人员全被缴械，余保福被扣，4 日枪杀于宁海长街。自此，任部一分为三。任自领一股，多宁海籍，居宁海长亭镇一带；一股以张武为首，多象山西乡人，居宁海溪头陈一带；另一股王直松为队长，居岙里王一带，合计百余人。4 月 2—10 日，宁海任小青部连扰下南乡各村。9 日，任小青所属张武匪部 30 余人窜扰溪口乡，缴乡公所长枪 5 支，烧毁全部文档，劫走所有衣被，掳去乡队副吴鹏志、书记员（文书）欧伯诚及布商吴成人等 10 人。继至山下叶，缴去叶俊卿手枪 1 支。到南充，绑架乡长、保长 2 人。翌日上午 6 时许，在张岙遇常备自卫队清剿，匪不支逃逸，乡长及吴成人趁机逃回，匪徒鲍宪英、王云清被俘，缴获步枪 2 支，电话机 1 部。

第二节　抗日斗争

民国 26 年（1937）7 月 7 日，卢沟桥事变，抗日战争全面爆发。9 月，日军登陆象山干门港。民国 28 年 6 月 22 日，日机轰炸丹城，抗日战火在象山燃起。民国 30 年 4 月 19 日，石浦沦陷。民国 31 年 3 月 11 日，丹城沦陷。民国 32 年至民国 34 年日本投降期间，全县 29 个乡镇中，县国民政府控制 19 个，日占沦陷区 5 个，局部沦陷区 5 个①。

干门港屿岙之战

民国 26 年（1937）9 月 29 日下午 3 时半②，日军 200 余人登陆干门港，国民党三十四师二旅四团一营和钱仓、溪霞壮丁队与之激战，傍晚日军退去。

“八六”石浦保卫战

民国 28 年（1939）8 月 6 日 7 时后，日机两架飞临石浦上空侦察。8 时许，日舰 1 艘驶至铜瓦门外。县长盛世馨闻报日军企图在石浦登陆消息、立即电令石浦守军水警第二大队、税警第五区第三十及三十二分队（队长吴国柱、韩人树）、石浦镇社训队布防，并派县自卫大队（民国兵团）第三中队火速增援。9 时许，日机 3 架开始投弹，敌小炮舰 3 艘、汽艇 5 艘进入石浦港，机枪向岸上扫射。10 时许，又有 2 艘汽

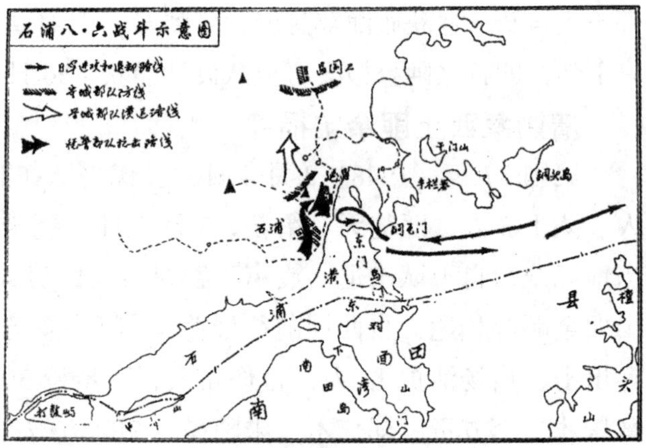

图 22-2　石浦八六抗战

①县国民政府控制的 19 个乡镇为象东区：莫安、五汉、林溪、钱昌、涂茨、虎山；象西区：西陲、西瀛、淡港、沪西、沪东、儒蕉；下南区：靖南一；下南区：东麓、高桥、峰北、定塘、昌国、月华。日占沦陷区 5 个为象西区：溪口；上南区：丹城、爵溪；下南区：石浦、东门。局部沦陷区 5 个为象西区：忠义；上南区：靖南二、靖南三；下南区：金星、延昌。以上资料出处见本志“综述”“抗日”部分页下注。

②此时间（9 月 29 日）未明公农历，据《象山县志（1988）·军事》第三十八章“重要兵事·民国时期兵事”所叙时间，本志“大事记”相关内容用公历时间：民国 26 年（1937）11 月 1 日。象山县政协 1993 年编的《象山文史资料》第七辑刊登的赵承琳撰《干门港首次打击日寇》文与《象山县志（1988）》记载，在战斗发生时间、日军登岸人数、国军迎战队伍规模等方面均有不同。本志从《象山县志（1988）》记载。

艇驶入港内发炮。石浦警队于石浦后山布防，税警吴、韩两分队长率队警36名，冲至外道头猛烈射击后，亦退至后山布防。时见敌舰1艘已近石浦码头，后山防军即以步枪射击。布防于黄埠岭、后岗山、番头等处之水警，迫击炮、机枪射击，一炮击中敌舰。由于守军占有利地形，敌受威胁终不敢登陆。战至下午2时，敌机飞离，敌舰亦逐渐向外移退，双方枪炮声渐疏。迨3时，敌舰艇遂劫帆船12艘，全数退出港外，向东北方驶离。此战，自上午10时至下午2时，激战4小时，守军死6人，伤7人，毁房屋20间。敌军伤亡情况不详。

“八六”石浦保卫战考　《象山文史资料》第七辑《抗日战争时期大事记》（以下简称“大事记”）载有“八六”石浦之战，与“民国档案”内容严重出入。一、时间“大事记”为上午8时至晚8时共12小时，而档案为上午10时至下午2时，为4小时；二、“大事记”中，敌已登陆，而被击退，敌伤亡数为100余人；档案则以敌未登陆故仅有我军伤亡数，而不知敌伤亡数。三、“大事记”所述此战为税警吴国柱部200余人独力进行；档案则仅税警即有三十分队吴国柱和三十二分队韩人树两部。而参战的还有布防黄埠岭、后岗山、番头岭等处水警。“大事记”应为根据吴国柱1983年在上海所写之《“八六”石浦战斗》编写。与“大事记”、《象山县志（1988）》及《象山盐业志》《石浦镇志》等均用吴国柱文，影响甚大。本条依据档案资料编写。

金高椅之战

民国28年（1939）12月20日下午2时，日舰1艘入侵高塘金高椅海面，南田县国民抗日自卫队独立中队中队长黄道刚，奉南田县县长梁翼镐之命，增援高塘守军。黄道刚率30余名自卫队员抵高塘，天色已黑，乃夜宿高塘村。次日凌晨3时，黄道刚率队赴前方金高椅，4时许与前方山上日军遭遇，日军从山上以机枪射击为掩护向自卫队冲来。黄部武器老旧，不敌撤退。黄掩护全队，一人与日军战至阵亡。是役，南田自卫独立中队牺牲7人。日军于是日中午撤离①。

檀头山水警队抗日

民国29年（1940）6月10日下午5时，日舰1艘泊铜瓦门外钩头洋面。次日晨，日军20余人分乘3汽艇登陆檀头山岛。驻岛水警队12人迎战，队长及队员4人阵亡。日军大肆掳掠，烧守军驻地娘娘庙，杀小学教师1人，伤山民3人，至中午12时撤离。

石浦失陷

民国30年（1941）4月16—17日，日军飞机狂炸石浦，死13人、伤23人，毁房屋600余间。19日凌晨3时许，日海军陆战队小林大队、山本中队共600余人，由沙塘湾大沙头登陆。驻石浦水警队未作抵抗即向北撤退。延昌乡“模范队”（民兵）弃枪逃遁。6时许，日舰自铜瓦门入石浦港，炮轰延昌、石浦。玉泉场秤放局、两浙盐务税警部队向中泥方向撤退，延昌、石浦相继失陷。21日，日军占领昌国城并向北推进，至此，东溪岭以南之“下南乡”全部沦陷②。

照22-4　石浦大金山日军碉堡遗址

①据《黄道刚事略》一文，载《象山文史资料》综合辑（2001年12月）。
②据《中国共产党象山历史》第一卷，中共党史出版社出版（2011年）。

日军占领茅洋

照 22-5 茅洋乡小乌石山日军碉堡遗址

民国30年（1941）4月28日，日酋松原雪夫率石浦日本占领军73人，乘炮艇从蛎港埠登陆，分路窜入茅洋、泗洲头等地。在茅洋窥探砩矿资源，进行测绘等工作。5月18日，日酋木股龙一率“茅洋矿警队”及“华中矿业公司”200余人，押解自安徽、山东、江苏、上海等地抓来的劳工500余人，于旦门松岙登陆，进驻茅洋。后强行驱逐上黄村92户农民，砍伐树木，建造营房、工棚，铺设轻便铁路，架设自动落石漏斗，开始掠夺砩石矿资源。根据当年三象地区指挥部情报，民国30年9月茅洋驻有日军1个大队、3个中队，兵力530余人。

附：**溪口茅洋敌区九月上旬兵力驻地表**

编号	大队部	十一中队部	十二中队部					十三中队部		守望班独立班	绿石矿工兵部	经理室任务班
			中队部	十三分队部	十二分队部	十二分队部	十二分队部	中队部	十二分队部			
驻地	茅洋	茅洋	楼下陈	溪口及溪口周	李家弄	溪口乡公所	行者岭下	鹭鸶跳	虎头山	潭头埠	茅洋	茅洋
详细地址	朱颂沛屋内	杨道琢杨道孝屋内	陈高士冯美炳屋内	朱家吴太孚屋	杨兴祚杨兴槐屋内	溪口庵	岭顶及上庵小灵峰三处	岭顶庵	从前开过剃头店屋内	蛎港庵内	洋房	朱颂有屋内
兵力	30余人	120余人	60余人	30余人	50余人	30余人	30余人	30余人	30余人	10余人	100余人	10余人
武器名称	未详	重炮小钢炮枪榴弹步枪（三八式）	轻机枪枪榴弹步枪（三八式）	轻机枪枪榴弹步枪（三八式）	轻机枪枪榴弹步枪（三八式）	轻机枪枪榴弹步枪（三八式）	轻机枪枪榴弹步枪（三八式）	轻机枪枪榴弹步枪（三八式）	轻机枪枪榴弹步枪（三八式）	轻机枪枪榴弹步枪（三八式）	无	步枪（三八式）
配备数量	—	1门 2门 10枝 各兵支配	6挺 6枝 各兵支配	3挺 3枝 各兵支配	4挺 4枝 各兵支配	1挺 2枝 各兵支配	1挺 3枝 各兵支配	1挺 2枝 各兵支配	1挺 3枝 各兵支配	1挺 3枝 各兵支配	—	各兵配备
备注	无线电话机发电机	—	尚有重机枪6挺	—	外加巡查班一班专任巡查事务	—	—	—	—	—	洋房系敌新造此等人专任建设开矿制造等工作所着制服与敌各军同	管理各队部食粮

说明：该表由三象地区指挥部情报组编

丹城沦陷

日军攻占石浦、茅洋后，一面四出劫掠，一面准备攻占丹城。时象山县政府、国民党县党部及三象指挥部①均撤往西乡。

民国30年（1941）6月3日晓，日军小林部队200余人，分两路进犯县城：一路自溪口越行者岭，过九顷、白石入城；一路由南堡过马岗、东陈、南庄入城。县城三门被封锁，警察从北门撤出。县商会书记员李某被执，迫令其导至各大户、商店搜索法币，抢掠货物，强奸妇女20余人。10时许，出西门至墙头，沿途奸淫掳掠。下午越石鼓岭，返回溪口。

11月6日晨，日军百余人占领顺风岭，进抵上仓岙，旋窜潘家桥，与守军第二大队第五中队第一分队接战，守军死4人、伤3人、失踪3人。敌遂窜至黄家塔，俘去百姓3人，又窜朱家溪，俘去百姓1人，再窜黄土岭，与守军第二大队第六中队接火，守军退守南庄，敌进抵娘娘岗茅山庙，烧毁娘娘殿。下午4时，经九顷、行者岭窜回茅洋。

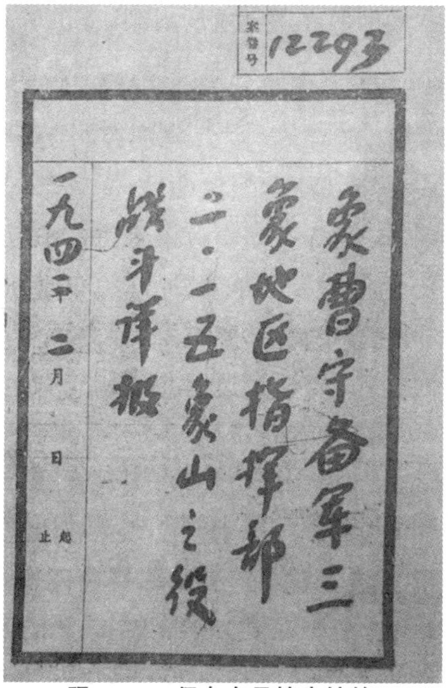

照22-6　保存在县档案馆的三象指挥部抗战详报

11月10日，日寇分兵三路进犯。第一路27人，携机枪2挺，从姆龙洞山冈抄袭仇家山守军，守军撤离仇家山，一部转插到新碶头。敌窜入蒋家村大肆抢劫，刺死营房工人1人，伤伙夫2人，下午4时，窜至岳头。第二路敌17人，便衣队50余人，越过黄土岭包围岳头警备班，警士死2人、伤3人、被俘3人。第三路敌10余人，便衣队40余人，过新碶头，进扰下姜家、冯家等村，敌在岳头、西港等村抢去谷330余箩、米5石余。下午4时，三路敌合一窜回茅洋。

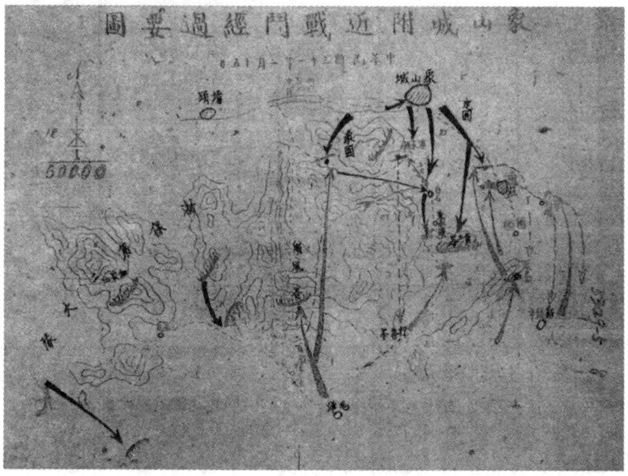

图22-3　象山城附近战斗经过要图

11月22日凌晨3时许，茅洋日军80余人，携轻重机枪，进犯姆龙洞、娘娘岗、仇家山一线。姆龙洞守军首与接战，将敌击退。敌即转犯娘娘岗，前后发动4次冲锋，未进尺寸。遂集中兵力进犯仇家山，亦遭当地守军抵抗，击伤敌小队长1人，毙多人。终因日军火力过猛，守军撤出仇家山，于临近地带据险阻击。日寇进占仇家山，纵火烧毁民房近百间，杀死村民1人。未几，援军赶到，夺回仇家山，敌强拉河角头村民伕抬日军尸体窜回。

12月11日上午8时，茅洋日军百余人越行

①据《象山文史资料》第七辑，苏本善《任职象山前后》一文：三象指挥部成立于民国30年（1941）春，初以吴仲翰任指挥官（少将衔），仅作战、军需等室人员10余人。兵饷均就地自筹。6月，儒雅洋兵变。7月，省府令以定海县县长苏本善兼任象山县长与三象地区指挥部指挥官。苏部兵力号称一个师，其编制，一是本由象山县县长盛世馨兼团长之象山国民兵团，现由苏本善兼团长；二是苏本善兼总指挥之三象地区指挥部，以浙江保安纵队第五团蓝钟伍部为主力，时驻象山西乡，其骨干多为湘人；三为定海国民兵团，团长朱铁军，下辖5个大队，驻镇海柴桥。

者岭向黄土岭进犯。娘娘岗守军奋力阻击，11 月中旬，刚调入象山的省暂编保安总队队长蓝钟伍亲临督战。日军未得逞，毁附近民房数间，于下午 3 时败退茅洋。是役，班长来周葆作战英勇，杀敌 4 名，弹尽肉搏身亡，指挥官苏本善传令优恤埋葬。

12 月中旬，敌集结 400 余人，猛攻黄土岭阵地。守军顽强抵抗达 6 小时之久。终因伤亡过重，弹药又尽，向南庄转移。敌逾岭占白石，紧逼县城。苏本善亲至城南指挥，猛攻白石之敌，并督令各线协同反击。日军不支，仓皇逃窜，所掠财物、粮食不及带走，守军悉发还原主。

民国 31 年（1942）2 月 13 日，日军两艘巡洋舰及 1 艘运输舰，满载兵员物资自舟山开至石浦。15 日（农历正月初一）凌晨 3 时许，大雪覆地，日伪军 400 余人从茅洋、南堡分兵 3 路，进犯县城。顺风岭守军首予狙击。未及半时，仇家山守军也与之接火，不多时，阵地皆被突破。敌进至洋心、大碶头、南庄一线，直逼县城。苏本善部二营守南门，于文昌阁一带狙击，三营及县自卫大队扼守羊府庙一带迎敌。县政工队组成“前线鼓动队”，鼓舞士气，救护伤员。晨 6 时，另一股敌约 150 人抄小道翻越仓岙岭偷袭守军。适浙江保安总队队长蓝钟伍率部赶到，击敌后路，敌不支向黄土岭方向退去。下午 2 时，相继收复白石、黄土岭。3 时，收复南庄、大碶头。6 时，收复仇家山、姆岭洞。战斗历时 13 小时，打死打伤日伪军 40 余人。守军亦伤亡中队长以下官兵 60 余人。3 月 8 日，日军出动 1 个大队合伪第十师谢文达部两个团共 3000 余人，分 12 路进犯县城。11 日，因众寡悬殊，苏本善部主动撤离，县城沦陷。

伏击窜扰昌国日伪军

民国 32 年（1943）9 月初，石浦日军 50 余人窜扰昌国卫。浙江保安纵队第二支队在途中伏击，毙敌 2 人，伤多人，日军不支，仓皇窜回。

照 22–7　参加“2 · 15”战斗的象山青年服务队队员合影

迎击中岙、大泥塘日伪军

民国 32 年（1943）11 月 21 日，日机 1 架坠毁于月华乡中岙一带，县自卫队二大队四中队及警队赶往警戒。敌 1 名飞行员自杀。次日，驻石浦日伪军前去搜索，遭驻军迎击，死伤 10 余人退去。敌机则被拆运，机身残体焚毁。同月 28 日，日军 20 余人、伪军 150 余人，分乘汽艇 4 艘，在大泥塘登陆。驻军自卫大队四中队接战后，因寡不敌众撤离。

击退偷袭庆丰桥日伪军

民国 33 年（1944）5 月 1 日凌晨 3 时许，日伪军百余人偷袭西乡庆丰桥。车岭哨所察觉后鸣枪阻击。苏本善部驻庆丰桥机枪中队，一面增援哨所，一面迂回从左翼包抄敌军。苏部第三中队亦火速驰援。敌不支，向车岭发炮轰击 10 余发后撤退。因大雾不能追击，战事结束。是役毙伤敌各 1 人。守军 1 名炊事员失踪。

击退伪南田保安队

民国 33 年（1944）12 月 26 日，伪南田保安队第二中队长李飞龙率部进犯金星、月楼岙，均被南田县自卫队击退。28 日，伪保安队六中队长张元英、二中队副包剑英率部增援。29 日晨，再犯月楼岙，中午曾突入村中，至傍晚才被守军击退。30 日晨，敌三攻月楼岙，毁房甚多。31 日，县自卫队分两路发起反攻，毙伤伪军 10 余人。敌不支，乘夜退回石浦。

击退伪第十师进犯高泥等处之敌

民国34年（1945）4月19日下午5时，伪第十师第三十七、三十八团400余人，乘船8艘由奉化渡象山港，进犯高泥、横塘等处，被当地警队击退。20日，再度窜犯，高泥被占。21日，窜扰黄避岙。22日、23日，分路侵扰珠溪、钱昌、萧家，所到之处奸淫掳掠、无恶不作。27日，窜回高泥，一部撤回翔鹤潭。①

船户戚正良海上毙敌

民国34年（1945）7月下旬，沈家门船户戚正良等11人载柴爿船1艘，运往上海销售，船抵沪埠后，被敌军扣押。19日下午4时，敌兵17人各携武器分乘帆船3船，戚船乘7人，携机枪1挺、步枪6支，另2船各乘5人，即强令出港，驶闽运输军用品。24日拂晓，船驶抵象山东门岛附近洋面，船伙乘敌寇酣睡之时，群持菜刀、柴斧、木棍与敌搏斗，将该船乘敌渡边准尉暨士兵仲村伊三郎、多贺井延克、甲中隆之、阿部信吾、滨中伊藏等7人全部击毙。该船伙恐为另2船敌寇发觉，将敌尸及染血衣毯全部抛入海中。是夜，该船驶至象山钱仓乡大江口登陆，报告象东区署，署派员前往宣抚接收。除武器弹药外，并获其他图册文件甚多。②

牌头、儒雅洋战斗

民国34年（1945）8月8日下午3时，县自卫队大队长严国栋率十二大队十五中队（缺一排），携炮1门、重机枪1挺，增援下沈。8月9日上午3时，向牌头之敌伪进攻，当场毙敌2人，伤敌1人。旋即以炮火重机枪掩护，猛冲牌头，迭获战果。因西周无防，被敌截断退路，严部遂转移阵地，保卫官山。后西周之敌，经淡港乡回窜儒雅洋。10日，严国栋派特务队长率部黑夜冲入儒雅洋与敌激战，敌恐慌，于深夜2时当即全部退出。

策反锄奸

民国30年（1941）6月3日，日军第一次进攻县城后，国民党象山县党部于6月20日组建“战地工作队”，开展策反锄奸斗争。队长柯鸿亮，队副陈渊，队员12名。7月22日，队副陈渊率队员3名，经月楼岙、晓塘，至金星乡维持会驻地金鸡山，当场击毙维持会长严壮汉、文书任永富，擒获情报组长金鸣山等3人送三象指挥部正法。12月7日夜，战地工作队行动组组长陈纾涓率队员6人，从峰北乡大青埠迂回闯入延昌桥头小庙花会摊，缉获延昌伪维持会长丁荣昌及汉奸周国濂、刘海安等。21日，送三象指挥部法办。

民国31年（1942）4月14日，国民党县党部“行动队”队士黄阿会等成功策动东乡伪台宁“民生队”50余人携械反正，并杀死其上尉队长黄文龙、队副王先堂。该队先被编为县党部东区行动队独立分队。5月10日，调往西周集训，被苏本善编入县自卫队。6月2日，县党部战地工作队员丁兴祥，潜入石浦铜关，击毙伪和平促进会青年团常务理事柯直。9月，战地工作队派出队员丁兴祥等秘密打入伪保安团团部，进行策反工作。经7个昼夜密商策划，伪团副王月虎率全团130余人携械反正，团长赵璧出逃。同月，十里乡忠义除奸团策反伪警察成功，活捉伪警队长王月亭，捣毁伪乡公所，生擒伪乡长张达钧、指导员王元昌、情报部长张亨增及翻译1人，解交象西官山县政府。

民国32年（1943）1月5日，战地工作队员丁兴祥与县党部行动队员朱明金等，赴下南区东

---

①摘自《象山文史资料》第七辑（1993年3月）。
②摘自《象山文史资料》第七辑（1993年3月）。

麓乡园山抓捕上年脱逃之伪保安团团长赵璧，赵反抗被击毙。

民国33年（1944）5月8日晚，三象指挥部苏本善亲率定海自卫第一大队、象山自卫第二大队，分路袭入丹城伪第十师师长谢文达师部，谢文达跳窗逃逸。苏部遂捣毁伪三十九团团部及伪县政府。俘伪连长以下20人，缴获步枪12支、手枪5支，电话机2部。苏部阵亡分队副1人，士兵2人。次日，日伪军50余人进犯墙头，被苏部支队第二大队击退。毙敌指挥官1人、士兵4人。自卫队士兵伤3人。

民国34年（1945）1月21日下午，三象指挥部政治工作队10余人，装扮和尚、贩柴民夫，趁伪军离营聚众赌博之际，潜入伪南田县保安第三中队陈若愚营房，毙伪军1人，缴获步枪37支，子弹3000余发。4月4日，县行动队队士在昌国卫击杀敌华中矿业公司职员盐浦大太郎。5月25日，伪军“龙安大队”（施万源为大队长、石荣木为大队副，初编约80人，配步枪60支、短枪15支、手提机枪一挺。后又扩编百余人枪）在中队长石金钿率领下，共120余人反正，拘捕大队长兼伪溪口区区长施万源及财政科长黄宇春，格杀翻译王月明。当晚至县西淡港乡蔡家田村集中。27日，受县党部收编。6月下旬，伪南田县保安第六中队起义，投诚象山县党部行动总队，被收编为特务队。7月7日，占据茅洋的伪三十九团三营俞雪明部窜至下南区。次日拂晓偷袭下南区署，掳去代理民干杜德绕、警备班长潘忠友。9日，扰鸡鸣村，被县党部行动队包围，毙伪连长张友才、军医2人、士兵10余人，伤副官岳剑忠以下十六七人。俞雪明奔逃跌成重伤，杜德绕、潘忠友得以脱逃。至11日援敌赶至，俞部才突围逃回茅洋。

营救美军飞行员

民国31年（1942）4月18日，在杜利特尔上校率领下，美机16架，轰炸日本东京后，按计划飞降浙江衢州机场，中途油尽，于傍晚6时许，其1架（6号机）坠落象山爵溪牛轭礁附近。飞行员2人溺水身亡，另3人为爵溪乡民所救，次日被伪军俘送茅洋日军。另1架（15号机）坠落檀头山海面稻桶礁附近，飞行员5人由渔民麻良水、赵小宝夫妇发现并护送脱险。第3架（7号机）5人落南田岛大沙洋面，由大沙村民和当地自卫队救获送三门县城海游。

美军飞机坠落爵溪若干史实考　《象山县志（1988）》“大事记”所载民国31年（1942）4月18日爵溪3名被救美机飞行员，由“乡长派10名壮丁护送至官山县府，中途为日伪所俘，壮丁均遭杀害”，所据为民国32年苏本善的呈文。而民国31年4月20日爵溪乡公所乡长杨世淼呈文则作：由于伪军及宁台民生队暴力逼迫，只得将美3员任其提送县城。民国34年12月24日象山县警察局呈文作：美军3人被伪军“提去解送团部，再解敌军发落”。张善心《二流文集》中有详考。

美军轰炸日舰

民国34年（1945）3月17日，美机在石浦铜瓦门外，炸毁日舰1艘。日军死伤40余人。3月20日，美机于石浦洋面炸沉日护航舰1艘，商船2艘，击落日机1架。23日，美机8架在昌国外清水洋发现日巡洋舰1艘，投弹命中，日舰负伤逃脱。29日，美机1架在石浦港外淡水门上空轰炸1艘日军舰艇，毙日军4人。

4月1日上午，美机在爵溪洋面炸沉日军舰1艘。下午，于檀头山狗头浅滩又炸伤日军小型运输舰1艘，舰上日军登岸逃命。4月2日中午，日“华中矿业公司”运输轮“兴亚丸”，驶经三门口外白玉湾村附近海面时，被美机炸沉，死3人，伤110余人。日第一海军设施部海军大佐来成幸等5人泅水在横屿上岸逃命，被苏本善部击毙3人，生俘2人。

同日，日“水丸”轮由甬驶至象山港口双屿港附近，被美机炸伤，毙、伤敌10余人。驻石浦日副警备队长篁园、“华中矿业公司”翻译王文宪、宁波保安队副官马明初即时毙命。

4月3日，美机石浦附近海面炸毁日小轮1艘，炸死日海军大佐佐佐木治樟及日军10余人。驻岳井伪第十师三十九团三营长俞雪明与日1名海军大尉乘木船随后，遇美机即悬中国国旗，得幸免。4月4日，美机在檀头山附近海面炸沉日舰1艘。至此，美空军已完全取得了浙江沿海的制空权。

6月7日，两日舰在大目洋洋面被美3机轰炸沉没。时值渔汛，日落水军纷纷泅水欲攀附渔船，船上渔民用船楫、撑篙击打。2舰敌兵除7人攀一商船船舵，逃至爵溪，为伪军所救外，余全部被击毙。6月8日，日舰1艘在石浦外坦头洋面被美机炸沉，200余日军全部葬身鱼腹①。

6月15日，美机又在石浦附近海面炸沉日舰1艘。同月20日，美机两架炸毁石浦玉泉庵日军厨房2间，毙敌伙夫2人。

侵华日军在象山犯下的主要罪行②

抗日战争时期，象山半岛在日军铁蹄的蹂躏下，人民陷入深重灾难之中，蒙受重大的人员伤亡和财产损失。

狂轰滥炸

民国28年（1939）6月22日上午9时35分，日机3架轰炸县城丹城镇，西门、北门、行宫、磨石桥、羊行街、城隍庙及当店弄等地被炸，炸毁房屋45间及屋内全部财物，商店职员俞才香和1名学徒被炸死。日机又飞往墙头继续轰炸，投弹1枚于果育小学大门口，炸死欧世瑛等6人。

8月6日，日军调动海空力量对石浦狂轰滥炸，炸死居民邬阿四等13人，炸毁营房街、中央塘等地房屋46间，炸毁家具、衣服、棉被等什物2016件，炸毁停泊在石浦港内的渔船12艘。

民国29年（1940）9月19日，数架日机、2艘日舰对石浦进行轰炸和炮击。居民傅永昌、陈彩凤母子等10人中弹身亡，炸毁房屋161间及屋内财物。其中1颗燃烧弹击中新道头谋福轮船公司栈房，内存有上海大胜公司准备中转内地的白布1000件（每件2匹）全被烧毁，造成经济损失180000元（法币）③。

10月9日上午9时40分，数艘日舰向石浦沿港居民区、商铺密集区连续炮击。9时55分，4架日机飞抵石浦上空狂轰滥炸，万福街、碗行街、合兴街、福建街、营房街、北直街、九曲市、太平桥、小娘坑、保生殿、铜关、盐厂等数十处在爆炸声中成一片火海。这次轰炸共炸死居民叶保萝、史世济等35人，炸毁房屋2079间，炸毁郑阿四当店、“同宝和”“天生德”药房、竹店、棺材店、南货店、布店、咸货行等商铺20余家，造成直接经济损失3097885元（折合法币）④。

民国30年（1941）4月16日上午8~10时05分，日机12架次先后在石浦宋皇宫、城隍庙、番头岭及延昌后岗山等地投弹73枚，炸死5人，炸伤6人，烧毁房屋313间及屋内财物。

4月17日上午7时10分至12时45分，日机54架次在石浦上空投弹86枚，炸死8人，炸伤17人，炸毁民房305间及屋内财物。

---

①据《象山文史资料》第七辑（1993年3月）《抗日战争时期大事记》（第25页）、《象山县敌伪旬报表》（第135页）等相关内容整理。

②据《浙江省象山县抗日战争时期人口伤亡和财产损失》（中共党史出版社2015年9月出版）等资料整理。

③文件名《象山县财产损失报告表》存县档案馆，档案号01-2-968。

④文件名《为被敌机轰炸损失详情列表报祈鉴核由》存县档案馆，档案号01-3-689。

4月18日下午，2架日本九五式水侦机于18时20分从定海起飞，18时50分到丹城实施轰炸，使用的是“60K”型号爆炸弹，2架飞机各投弹2枚。

10月10日，日机轰炸抱儿石，潘和法家衣物、器具被炸，受损603400元（法币）①。

10月，停泊在石浦港数艘日舰向延昌一带开炮，炸死居民江国振、林甫金等8人。

烧杀　奸淫妇女

民国29年（1940）2月27日，日军60余人从白露山到珠溪村烧杀奸淫，多数妇女都躲避，来不及逃走的20余名妇女遭强奸。

6月10日，日军登陆石浦港外的檀头山岛，见百姓就开枪，石浦水警队员孟良、詹蒙、徐秀云、大眼小李及2名台州商人被打死。

7月16日，一队日军从定山镇背后窜入中楼乡娄下舍村，村民纷纷逃离，一部分村民乘挖河泥船欲逃往五厂站躲避，船过河心时，日军架起重机枪扫射，当场打死村民陈友淦、陈于君等6人。

民国30年（1941）年2月10日，日军从岳浦镇金七门登陆，进犯大南田村，奸淫多名妇女，烧毁瓦房70间、草房470间及屋内大量财物。

4月19日，象山石浦沦陷。日军挨户搜查，浩劫3天，40余名妇女遭强奸、轮奸，年龄大的60多岁，最小的仅13岁。

5月18日，日军70余人，乘小炮艇于象山蛎港埠登陆，直入茅洋五狮山探矿，村民闻讯逃避，日军找不到青年妇女，竟轮奸了在家的7名60多岁妇女。台头村来探亲的一个14岁小姑娘也被轮奸致伤。

6月3日拂晓，日军“小林部队”200余人分两路进犯县城。一路自溪口乡越过行者岭，过东陈乡九顷村、白石村入城；一路由南堡过马岗、东陈、南庄入城。县城三门被封锁，警察从北门撤出，日军强奸妇女20余人。

7月6日，日伪军100人，窜至新桥镇高塘抢劫，闯至林家道地，无故将林泽香杀死。同日，日军窜至东溪，抢劫民财，纵火烧房，遭劫的有励万青、励日茂、励维新等26家，烧毁楼房36间，平屋42间，茅屋5间，东溪街被烧去一半。

民国31年（1942）1月23日，日军侵入淡港乡、儒蕉乡、西陲乡（今属西周镇），烧毁瓦房86间、草房14间。同日，日军在墙头舫前、方家岙、七里亭、黄溪、洋北等村烧毁民房58间。

3月10日夜，进犯丹城的日军100余人，从屿岙登陆，连夜闯至钱仓，三五成群挨户搜索，强奸妇女20人。有个青年妇女被10余名日军轮奸致伤。

是年春，100余名日军自爵溪侵入丹城，向河东等村放了3炮，打死1人，20余名妇女逃到瑞龙寺、山田庵，均被日军强奸，其中钱某某遭多名日军轮奸，被其父抬回家后死亡。

7月8日，日军窜进九顷村，见人就杀，众多村民躲进史雪普家，但仍被日军发现，日军用刺刀戳死史美林、邱和玲、维宝母、维宝子、叶人方、叶有木、史彭年、张文前等10余人。

民国32年（1943）3月3日，日伪军窜入高塘岛乡花岙、孝贤湾等村烧杀，烧毁61户村民住房192间。

是年春，日军4艘炮艇运载500名日军从黄避岙乡高泥港登陆，在陈山村驻扎7天，大多数

---

①文件名《为据呈转清鉴核汇转》，存县档案馆，档案号01-7-241。

妇女都逃到山上，未来得及逃的4名妇女遭强奸。

6月12日，六七名日军窜入东溪乡东溪村欲抓“进步青年游击队”未果，就放火烧毁村民房屋126间及屋内财物，致使40余户200多人无家可归。

是年某日，日军登上石浦镇北渔山岛，被美国飞机机枪扫射，不幸灯器毁坏，经济损失349758元（法币）。

民国33年（1944）5月，日军侵入晓塘乡，烧毁民房3600平方米，致使数十户百姓流离失舍。

是年冬，日军到溪口乡上缸厂抓人，因天冷将祠堂屋木板拆下点火取暖，后又将26间祠堂屋全部烧毁。

民国34年（1945）2月3日，日伪军400余人进扰林溪乡（今属贤庠镇）、五汉乡（今属黄避岙乡），并盘踞3日，奸淫劫掠。烧毁林溪乡民房42间及屋内所有财物；烧毁五汉乡民房39间、祠堂1座。

3月1日，日伪军500人进犯虎山乡（今属大徐镇），并在该乡盘踞3日，在全乡各村挨户抢劫，烧杀奸淫，烧毁民房65间，数百户民众蒙受劫难。另有伪军分三路侵入钱仓乡（今属涂茨镇），在全乡各村进行烧杀掳掠，烧毁民房53间、祠堂1座，摊派军粮7石，还有大量衣被、器具、现款、古董、书籍被劫被毁。

8月，日军木股龙一部率80余人突击东溪村，烧毁县党部行动总队防御工事，抢去耕牛50头。

海上烧杀抢掠

民国29年（1940）8月，涂茨镇“金宝永”号、“金永顺”号两艘货船各载货100吨，航行在浙东三门湾满山洋海面上遭日舰炮击沉没，船、货俱失，幸船员驾小舢板逃生。“金宝康”号和“金万顺”号航行在浙东孝仁洋海面遭日舰炮击，在同一洋面航行的还有1艘黄岩县籍的货船，3艘船均被击沉①。

是年秋，西周勤丰村翁国民、翁金钿、翁金全、陈绵彩和李三岳等，将1船苎麻运往舟山沈家门出售后，在返回途中遭遇日舰阻击。船内货物及出卖苎麻所得现款全被日军抢劫，日军用铅丝把船员串在一起，连人带船全被烧死烧毁。石浦渔民奚阿四等乘1对红旗船在岱山返航，在双屿港（舟山六横岛西北）遭遇日舰，日军将这对红旗船数月张网所得鱼货款及在岱山县购得的布匹、罗纺等货物抢劫一空，并将其中一只船连同货物拖走。被抢货物价值113293元（法币）②。

民国30年（1941）3月15日，檀头山19名渔民分乘6只木船载柴爿去石浦销售，卖完柴爿后趁大雾冒险回岛。8时左右，船驶出石浦港铜瓦门，不料大雾散尽，被日舰发现，日军登上木船后用汽油烧船，渔民见状纷纷跳海逃生，日军用机枪扫射，林阿贵、林根仁等18人中弹身亡，唯有王加法头顶锅盖凫水逃生。

6月6日，东门乡东门村李阿来等11个船主驾驶11艘大张网船从岱山张网回家，船行至檀头山洋面遇日军巡洋舰。几个月张网所得现款、渔货被日军抢劫，渔船渔具被日军烧毁炸毁。日军还残杀船员32人。

---

①文件名《象山县财产损失报告表》存县档案馆，档案号01-3-1572。

②文件名《象山县政府关于敌人罪行调查表卷》，存县档案馆，档案号01-3-1584

民国31年（1942）8月，涂茨镇村民有9只小网船在近海捕鱼作业，另一只运输船也正好在该洋航行，被日舰发现追至狮子山浅海，各船渔民和运输船员跳海逃生，10艘船只均被日军烧毁。

是月，涂茨镇范长发号、金顺发号两货船分别装载60吨、70吨货物从象山毛湾港出发开往宁波经商，船行至定海金塘洋海面时，遭遇日舰炮击，船毁人亡。金永兴号、黄合兴号货船也分别在渔山洋面和石浦洋面被日舰炮击沉没，船毁人亡。

11月5日，鹤浦镇金岳云等6人，用船载番薯干去舟山出售，在石浦门头洋海面遭遇日舰，被日军吊在桅杆上烧死。

12月8日，陈老麻、李阿财、张光明、王老二和苏家牛5人在大目洋捕鱼，被日军抓走押至舟山，日军用铁丝穿进他们锁骨，并把他们抛入大海淹死。

民国32年（1943）5月18日，爵溪镇余金木、余阿文、倪阿建、姚阿生4人雇2只船载运番薯干去佛龙山出卖，途中遭遇日舰，连人带船具被日军烧死焚毁。

5月间，东陈乡张阿根、陈振孝和张阿乾3人雇船去舟山沈家门做贩布生意，船至大目洋遭遇日军巡逻艇，被日军杀害，抛尸大海。

9月，涂茨镇练忠恒和花道泉2人租1艘木帆船，载运大米和生猪到舟山沈家门销售后，回货是鱼鲞、火油和糖。船至奉化河头渡一带被日军发现，日军硬说他们是游击队，用铅丝穿进他们的锁骨，并把他们吊在桅杆上烧死。

是年，爵溪镇村民姚阿生、谢配火等3只船载番薯丝、鱼、米等去宁波出售，在象山港遭遇日舰，货物被日军抢劫，3只船被烧毁，船员全部被烧死。

民国33年（1944）5月，墙头镇墙头村村民王宝成、盛永荣、盛财渊合伙雇1名船工将毛竹运往舟山沈家门出售，途经象山港与舟山牛鼻水道交界处，被日军汽艇劫持。连船带人及毛竹一起被烧掉，4具尸体串在一起，被海浪冲到定海金塘洋海岸边。

抢劫　强征摊派财物

1941年10月6日，日军进军励家坪，第八份黄家衣服被劫，受损378800元（法币）①。

11月5日晚12时，驻石浦伪军司令周岳如副官马民初率百余名伪军，分两路进犯定塘乡葫芦门村，郑崇龙、潘补生、郑彦常、佘克延等多户人家被洗劫一空，经济损失1709元（法币）。10日拂晓，日伪军数百人，携驴马30余匹、扛夫300余人，侵入靖南乡进行掳掠抢劫。第三保、第十四保、第十五保、第十六保等上百户村民遭劫掠，大量棉被、衣服、器皿、粮食、家禽家畜被抢后运往茅洋日军驻地，经济损失11331元（法币）②。

民国31年（1942）1月23日，日军到淡港乡、儒蕉乡、西陲乡（今属西周镇）、沪西乡（今属墙头镇）抢劫，被抢大米、麦子1182.5担、谷70担、棉被270条、衣服1200件、布70匹、碗300只、钢铁400斤。日军为了建筑工事，搭建营房，从上述乡镇中强征树木6000株、毛竹51500株，总价值达96577元（法币）③。

6月28日，日军率伪军到励家坪里岙，掳掠抢劫器具、衣物一批，受损9948000元（法币）④。

---

①文件名《为据呈转请鉴核汇转》，存县档案馆，档案号01-7-241。

②文件名《呈靖南乡第十四、十五保被敌掳掠枪伤祈鉴核备查由》，存县档案馆，档案号01-3-892。

③文件名《行政院善后救济总署（浙闽分署灾害情形查报表）》，存县档案馆，档案号01-7-156。

④文件名《为据呈转请鉴核汇转》，存县档案馆，档案号01-7-241。

10月，日军进犯南田区、吉港、樊岙各村，抢去棉被600条，生猪300头、米、谷、麦752000斤、番丝干192000斤，还有大量衣服、鸡、鸭等，经济损失104089元（法币）。

民国32年（1943）3月3日，日伪军来到高塘岛乡花岙、孝贤湾等村劫掠，烧毁61户村民住房192间，抢去大米40000斤、猪、羊、鸡、鸭11500只。18日，日军60余人在定塘乡（今属定塘镇）浮礁渡登陆，在后洋塘行宫宿营，次日到附近各村，抢走稻谷40000斤、大米45000斤。

5月11日，驻石浦日军督率伪军50人，北出月华乡（今属晓塘乡）黄埠村劫掠粮食，该村粮谷衣被被劫一空。28日，日伪军从大塘英山渡登陆，全岛352户被洗劫殆尽。日伪军300余人窜至黄公岙行劫，抢去现金9.8万元，刺死村民2人。

残杀矿工　掠夺矾石资源

民国30年（1941）4月19日，日军占领石浦后，组成"象山茅洋矾矿护矿队"，协助"华中矿业公司"掠夺五狮山矾石矿。5月18日，茅洋矾石矿被日军占领，至民国34年5月，4年共被掠夺矿石10万吨，5万吨已运往日本。沦陷期间，在茅洋矾矿中丧生的劳工达2700多人。

第三节　解放战争时期战事

解放军挺进象山之前，共产党地下组织先后组织领导南田、黄公岙两次武装起义。1949年7月5日，解放军发动宁象战役，向象山半岛进军。8日，解放象山县城。

南田武装暴动

民国36年（1947）9月，中共台属工委书记邵明到南田开展地下革命活动。邵明与南田中共地下党员董方红取得联系，争取周象人（银）投奔共产党。10月中旬，邵明从台州带领5名武工队员到南田，与周象人研究组织南田暴动计划。是月23日，南田樊岙集市，清晨5时，周象人兄弟与武工队员乔装打扮成赶集百姓，在南田区署四周要道设伏。周象人兄周象法头戴笠帽，挑着干柴沿街叫卖，到南田区署门前歇脚，与哨兵递烟搭话。武工队员趁机缴获哨兵枪支，队长王阿法冲进区署，端着轻机枪对准正在酣睡的自卫队员，缴获全部枪支弹药。南田区长被周象法击毙。南田农民暴动胜利后，周象人带着40余人到三门县湫水山建立部队，定名为"铁流"。尔后，成为台州地方武装部队之一，参加过天台、三门等地大小战斗百余次。

黄公岙武装暴动

中共象山党工委委员史中平联络进步青年潘万全、李善好、邵永平等30余人，打出"抗丁、抗粮，反饥饿、反迫害、反内战"的旗帜，秘密策划武装暴动。民国36年（1947）11月20日，30余暴动队员冲进新桥乡黄公岙村，包围白鹤庙乡公所，逮捕参议员林西村，缴获步枪30余支，随后又收缴道士岩一带地主武装队伍的武器。

照22-8　抗暴章　象宁人民抗暴游击总队之印

暴动胜利后，成立"宁象人民抗暴游击队"。11月25日，抗暴游击队准备攻打宁海大胡村，收缴地主武器。不料事机泄露，遭到象山、宁海自卫队300人包围。游击队刚组建，未经作战训练，寡不敌众，失利。史中平等人退至三门湾海域，漂流3个昼夜至南田花岙岛隐蔽。尔后，又从花岙岛到三门南溪，建立"两广"部队，后编入"铁流"部队，转战湫水山区。

宁象战役

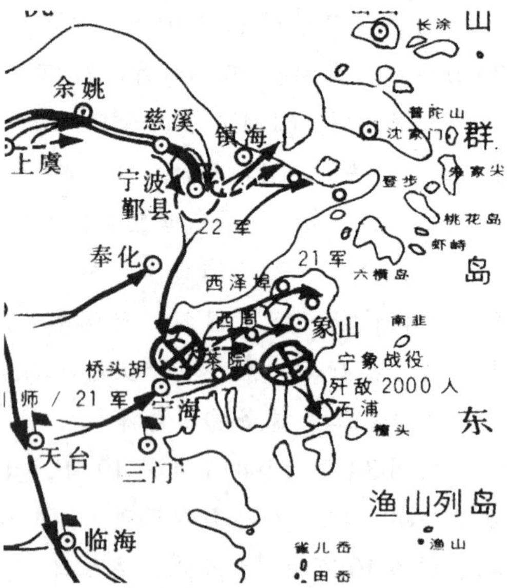

图22-4　宁象战役示意图

1949年5月，宁波解放。国民党八十七军及警察部队约2万余人，汇集盘踞象山半岛。6月30日，中国人民解放军第三野战军第七兵团和中共浙江省委向第二十二军、浙江第二（宁波）军分区和第六（台州）军分区、中共浙江省第二（宁波）地委和第六（台州）地委，下达“发动宁象战役，向象山半岛进军，解放浙东最后一块陆地，为彻底消灭国民党在浙境内的残敌和解放舟山群岛创造条件”的命令。同日，第二十一军六十一师也收到第七兵团关于该师“归二十二军指挥，由西向东配合二十二军对宁象地区发动攻击”的命令。

解放军二十二军第六十五师一九三、一九五团，六十四师一九一团，二十一军六十一师一八一、一八二、一八三团，六十六师一九六团共7个步兵团，担任攻歼象山半岛国民党军队的任务。其战役部署：第六十一师和中共游击队“铁流”大队组成右路军，奔袭宁海县城，突破五狮山东溪岭国民党军的防线，肃清象山半岛南端的国民党军残部；第二十二军六十五师（缺一九四团）、六十六师一九六团、军直炮兵团和六十四师一九一团组成中路军，抢占大旗山制高点，继而解放象山县城，占领爵溪，切断守军南北交通线，截击宁海、桥头胡东逃之国民党军队；第二十二军的其他部队六十四师一九一团，六十五师一九四团，六十六师一九七团，一九八团，组成左路军，监视穿山至象山港一带，堵截北逃之国民党军队。

为配合解放军作战，中共浙江省第二、第六地委做了大量的支前工作。7月1日，中共浙江省第二地委和第二军分区，分别抽调干部，配备武装骨干，组建宁波军管会象山工作大队和第二军分区象山县大队，随大军行动，担负替部队筹集粮草、征集船只等工作。

照22-9　解放象山前夕的战斗动员大会

国民党八十七军军长段沄命二二二师、交警第九总队二大队和宁奉象便衣队据守宁海、临海、奉化、象山交界处，构成抵御解放军的第一道防线；命二二〇师六六一团扼守西周、关山要隘，师部率六五九团据守沿蟹钳渡南侧至南盘山一线，构成第二道防线；命二二一师及归八十七军指挥的四十五军1个师，驻大榭、金塘、梅山、登步等岛屿，企图在穿山、镇海登陆，窜扰宁波；命江浙绥靖总队残部和19个县（市）政府所辖的自卫队、警察等，扼守象山东乡西泽至毛湾一线，严防解放军南渡象山港。八十七军指挥部设在石浦，其军直机关和特务营布防于南田岛，以阻解放军从三门方向渡江北进。

7月3日，解放军二十二军参谋长来光祖率领六十六师一九六团，六十五师一九三团、一九五团组成的中路军右翼，由象山县大队做向导，分四路纵队沿鄞奉公路，继之沿象山港海岸线，急行军南下。4日凌晨，六十五师从奉化下陈村出发，在吴家埠，该师一九五团前峰部队，攻破国民党段沄八十七军宁、奉、象第一道防线，俘敌大队长以下57人，缴获步枪、手枪50余支。翌日夜，六十五师一九三团、一九五团与六十六师一九六团及军直炮兵按预定作战计划，长途奔袭，于拂晓前追到汶溪周占领敌人大炮阵地。敌六六〇团团长被枪声惊醒，仅带百名士兵逃脱。解放大军又从桐岭插向大旗山，占领前沿炮兵阵地，俘敌300余人。担负正面进攻的解放军六十五师一九三团午夜从崔家村出发，经凫溪街，一营和三营向长盼岭分头追击，敌大多成俘虏。解放军全歼凫溪、张家溪、汶溪周、桥头胡之敌，共俘敌600余人。第一道防线攻破，守敌向东南方向逃窜，解放军日夜追赶，向象山县进军。自岙里、柴溪翻过石门岭，在西周全歼逃敌，俘敌300余。7日晨，六十五师一九三团前部由县大队向导，从西周翻越车岭、高家岭、西沙岭，傍晚入墙头。8日凌晨2时，翻越彭姥岭，3时进入县城，露宿于大街两旁。拂晓，丹城宣告解放。中路军左翼六十四师一九一团，由金岙山渡高泥港，在白屿、鸭屿等地登陆后，沿黄避岙、西泽、珠溪追击至萧家，全歼东乡敌军。继而向爵溪进军，消灭盘踞之敌，中路军4个团会合丹城。

5日午夜，宁海解放后，六十一师为右路军。一八二团担任先锋，沿着白峤岭、胡陈港一线进军。一路上连克茶院、沥洋、胡陈等隘口，消灭敌100余人。国民党八十七军二〇二师从宁海溃退至象山，师部移新桥。二二二师退至象山狮子山、将军山、镜架山、花鼓岭一线，师部设昌国卫。解放军一八三团分二路包抄敌人，一路插向桐岭山，截俘逃敌200余人；另一路迂回骊鞍岗、任家山，从背后攻敌，未发一弹，俘敌数十人。8日上午，该团第三营为第一梯队担任主攻，沿文山、白岩下突击，欲歼李家弄至杨岙山之敌。至花墙，遭尖岭山头敌军封锁，副营长等牺牲，未能前进。第二梯队改从海上强渡，因遇涨潮许多北方战士不识水性，沉溺甚多。受挫之时，师部和一八一、一八二团相继到达，改变战术，集中炮火，迂回突击。一八二团两个营，沿虎头山脚大坑、上缸厂攻击，绕道乌里岐、关帝庙、南堡，从五狮山背穿插，抢夺五狮山制高点。另一个营两路穿插，协力突破敌人第二道防线；一八一团、一八三团，火力掩护，抢占尖峰山、五狮山阵地。15时退潮，各部发起总攻。经6小时强攻，至21时，3个团主力部队粉碎敌八十七军二二〇师第二道防线，歼敌400余人，残敌逃向山根、井头。蟹钳渡、蛎江、五狮山战斗从8日上午8时至晚上9时，历经13个小时，是解放象山最为激烈的一场战斗。

是日午夜，六十一师3个团，星夜追击敌人，翻过东溪岭、板岭，经东溪至新桥。9日，一八二团从新桥、高湾，途经三条岭，在牙高岭消灭敌八十七军守卫部队；一八一团经上盘、斜岙，再从方前翻越青步岭，进入五爱时驻石浦两浙盐务税警总队1350余人宣布起义。副总队长包毅派出的税警特遣队迎接解放军进入石浦城区。上午10时，宣告石浦和平解放。宁象战役历时3天，击毙、击伤、生俘敌1056人，解放军伤亡150人。7月10日，新华社向全国报道宁象战役概况后，庄严宣告："宁象战役胜利结束，浙江大陆全部解放。"

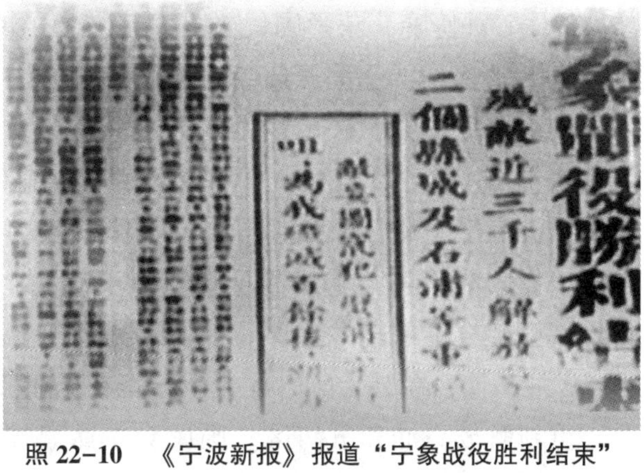

照22-10　《宁波新报》报道"宁象战役胜利结束"

第六章　象山解放后战事

象山解放后，国民党残部逃窜沿海岛屿，部分溃军和地方反动势力纠集成匪。该时期的对敌斗争，主要是消灭残敌，解放沿海岛屿；清剿匪特，稳固新生的人民政权；防范国民党部队的海空侵袭，与敌开展海空作战。

第一节　肃清残敌

1949年9月，县大队配合解放军一八二、一八三团粉碎国民党军反扑，重新解放石浦和下南区；解放军一八四团解放高塘、南田。1950年12月，解放南韭山、檀头山岛。1955年2月，解放渔山岛。

粉碎国民党军队反扑

1949年7月20日，退据南田、东门岛的敌八十七军以及交警九纵队第八大队，趁解放石浦的解放军六十一师北上练兵、防务空虚之机，从金星小湾登陆，占领东溪岭以南地区。潜伏在当地的匪特趁机呼应。国民党浙江省省长周岩委任章昌琛、王立铮为象山县正、副“县长”，并给予“东南人民反共救国军象山司令部”正、副司令头衔。同时，委任陈绍卿为石浦区“区长”、李斌为象山县自卫总队队长，拨给电台1部、手枪5支、重机枪1挺，轻机枪、冲锋枪、长枪200余支。重新纠集的国民党象山“县政府”人员从昌国蛟龙登陆，网罗散兵游勇300余人，以昌国为据点，占领石浦地区。章昌琛在昌国召开乡保长大会，任命魏军魂为石浦镇“镇长”，林舟岳为石浦商会会长，励乃勤、史济新、邵世圣、严吉敖、顾鹏程、陶全根分别为狮麓、灵照、昌国、金星、华溪、峰北乡“乡长”，负责收税派粮，接济驻在象山下南区及海岛上的国民党军队。

8月2日傍晚，获悉国民党鄞奉象指挥部赖云章、宋钧年部密谋纠集萧谦、史文、吴保宗等部，企图攻袭丹城，重占县城。县大队领导认为敌众我寡，县城又无掩体工事，如敌攻城，难以取胜。为避免损失，决定出敌不意，采取以攻为守的办法，主动出城攻击。当夜，县工作大队、县大队干部、战士110余人，分兵两路，袭击结集在黄溪、洋北企图攻城的敌军。时敌军尚未完全集结，惊慌失措，分头逃窜。县工作大队和县大队抓获敌逃散兵6人，当夜驻扎在大溪蒋。4日，工作大队移驻九顷，靠近正在溪口练兵的六十一师一八二团。准备攻城的敌军被冲散后，不知县城虚实，不敢轻举妄动。

9月5日，在县大队的配合下，正在蟹钳渡、岳井洋练兵的解放军一八二团、一八三团集结兵力，重新解放石浦和下南区。国民党军队恐被歼灭，急向海岛逃窜。29日，六十三师进入石浦，建立留守处，征集粮草船只，从南侧支援解放军解放舟山。中国人民解放军二十二军六十六师一九八团与县大队配合剿匪，至11月末，先后击毙敌中队长以下19人，伤7人，俘敌大队长以下160人，缴获一批枪支弹药。

解放高塘、南田岛

1949年6月，国民党八十七军后勤处移驻南田。7月初，军部也从石浦移驻至南田，部分部队撤至高塘、南田。9月25日拂晓，解放军二十一军六十二师一八四团，由三门县出发（时南田、高塘等均属三门）从高塘珠门埠登陆，击退敌军，占领高塘岛，俘敌100余人，缴获重机枪3挺、轻机枪8挺、卡宾枪等100余支。是日下午4时，高塘岛解放。26日，一八四团指战员乘胜追击至南田，岛上守敌军心动摇，闻风逃窜至檀头山与渔山岛。南田岛解放。

解放南韭山、檀头山岛①

1950年5月，舟山解放后，国民党浙江人民反共自卫直属部队基本被消灭，司令潘礼、支队长李福元、徐继耕，大队长姚小荣等纷纷落网。其溃散残部则窜入南韭山，投靠宁台温沿海人民反共突击纵队，被编为第二支队，经常在东南沿海劫掠、骚扰。

照 22-11 解放军登船解放沿海岛屿

驻舟山解放军陆海军部队决定联合作战。1950年12月15日16时，解放军二十二军六十四师师长马冠三、政治委员陈德先率三一一团5个步兵连和1个机炮连、1个迫击炮排，华东军区海军舟山基地副司令叶道友指挥第七舰队“遵义”号炮舰，第五舰队“碾庄”“卫岗”“车桥”3艘登陆舰和12艘登陆艇、3艘炮艇，向南韭山疾驶。午夜23时许，指挥艇上团长王周命令登陆舰全速前进，快艇向两翼迂回前进。16日零时，解放军官兵，强行涉水登陆。炮舰猛烈开火，霎时，南韭山东角不到70米宽岙口，一片火海。经半小时轰击，解放军成功登陆，并抢占南韭山制高点。拂晓时，岛上守敌转入山洞，地面一片狼藉，解放军逐窟搜查，至18时，毙伤敌100余人，俘其第九纵队林泽生、张长生以下90余人。17日，敌兵趁天黑出洞找寻食物，多被登陆部队捕获。18日晚，解放军分割包围，又毙伤敌百余人，俘获数十人。接着，解放军发动政治攻势，战场喊话，近百名敌兵投降。陆军部队在南韭山搜剿，海军战舰在海岛周围日夜警戒。22日8时许，国民党军“永”字号扫雷舰驶抵南韭山洋面意欲增援。解放军海军舟山巡防大队登陆艇二分队和炮艇一分队，与“永”字号舰激战，敌舰伤后逃遁。24日，战斗结束。历时10天，共毙伤敌500余人，俘300余人，缴获轻重机枪等武器与电台、望远镜等2000余件、机帆船10余艘，救出百姓百余人，南韭山岛解放。

捷報

我軍渡海出擊打了勝仗 攻克南韭山檀頭山兩島

殲俘匪二百多，繳武器很多

照 22-12 解放军解放南韭山檀头山两岛捷报

24日夜，浙东前线解放军驻象山石浦渤海部队某部与象山驻军陆海军联合，冒着风浪进击檀头山国民党八十七军残部。经一夜战斗毙伤敌百余人，俘170余人，击伤、击沉敌船7艘，缴获重机枪3挺、轻机枪5挺及冲锋枪、卡宾枪、步枪、短枪108支。解放军牺牲张桐等战士数人。残敌百余人，深夜逃窜渔山岛。翌日凌晨，

①此目资料据《浙江剿匪纪实》一书“群岛歼海匪·两军令剿南韭山”一文，第83—86页，以及《象山县军事志》“战事”篇，“中华人民共和国成立后”章，“解放南韭山·檀头山”节。《象山县志（1988）》“大事记”第27页、《中国共产党浙江省象山县历史第二卷（1949—1978）》第一编第二章第22—23页、《海角肃匪记》附录第189—190页、《中共象山县党史大事记（1949.7—1989.12）》第10页、《中国共产党象山历史大事记（1949—1999）》第18页“解放南韭山·檀头山”内容，皆作：经1950年12月15日一夜战斗，两岛解放，毙伤匪徒数据也与此处不一。

檀头山岛解放。

解放渔山列岛

渔山列岛，时属三门县南田区，有居民 93 户、487 人。象山解放后，国民党浙江反共突击军等杂牌部队占据渔山。1955 年 1 月上旬，解放军副总参谋长兼总指挥张爱萍抵石浦指挥所，视察驻军防务。是月 18 日，驻石浦东门、高塘金高椅、杏港解放军 3 个步兵营及驻石浦陆军九十一团一营，配合海军部队参与解放一江山岛，解放军首次海陆空联合作战。一江山岛解放后，盘踞在渔山列岛国民党军队毁坏灯塔，焚烧民房，掠去全部居民、财物，逃遁台湾。2 月 12 日，解放军驻象山部队与石浦区副区长范大标等乘登陆舰收复渔山列岛。

第二节　剿匪肃特

中华人民共和国成立初期，境内盘踞着由国民党溃军、地方反动武装以及地痞流氓组成的大小土匪、海匪几十股，还有多个潜藏下来的特务组织。县大队、各地民兵等地方武装会同人民解放军剿匪肃特，先后剿灭宋钧年、章昌琛、萧谦、陈惠、何卓权、张绍荣等股匪，破获潜藏县内的多股特务组织。至 1955 年 2 月，渔山列岛解放，境内的匪特全部肃清。

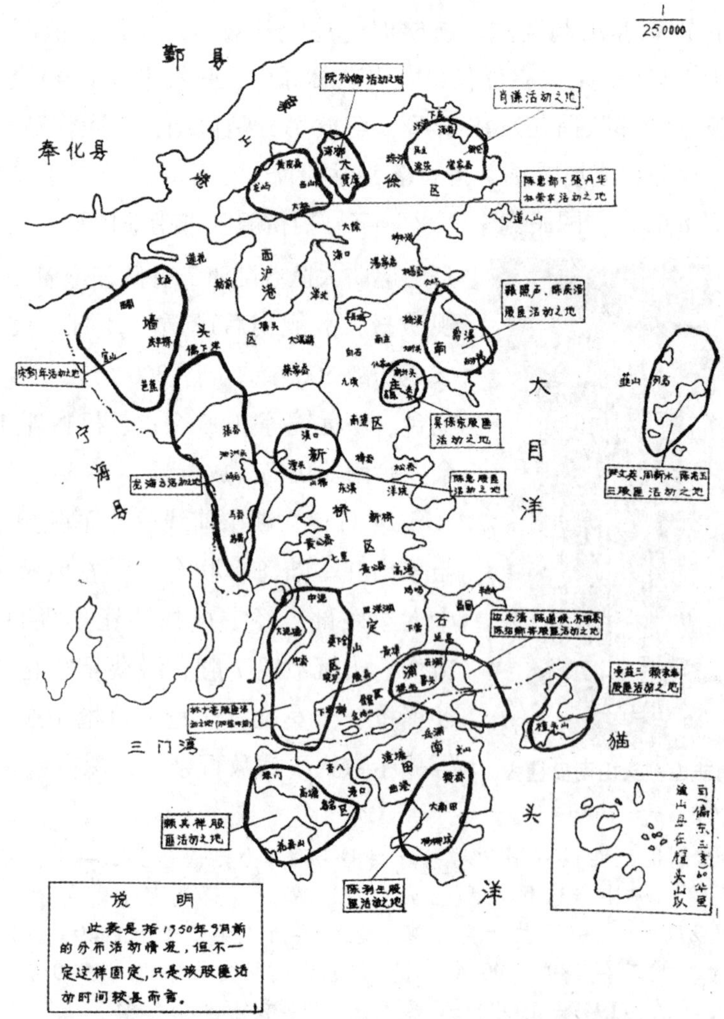

图 22-5　1950 年象山县武装土匪活动分布略图

剿灭宋钧年部

1949年12月7日，解放军二十一军一八七、一八八两团的一部和省军区第二、第六军分区警备团与宁海、象山两个县大队统一行动，合力追剿活动于宁海、象山边界的国民党浙东行署宁奉象指挥部宋钧年部。在宁海车岙港口击毙国民党宁海县副县长林焕浩以下10余人，在道士岩击毙该部大队长陈英俊以下10余人，其余32人被迫投诚。在宁海大赖俘国民党宁海县县长麻起、大队长葛开国以下112人。宋钧年部下第九大队长赖鸣皋迫于形势，于1950年1月20日，率所部110余人，携枪械至宁海东仓第二军分区警备团团部投诚。8月23日，在里静村路旁岩洞中发现宋钧年，击伤后被活捉。俘获宋钧年以后，其第二大队长即率众30余人，至西周投降。不到半月，其大队长赖阿助、斯昌义，中队长张德堂亦带近百人投降。龙海云被捉后，其部属中队长以下40余人向驻西周、儒雅洋的剿匪部队自首。

剿灭章昌琛部

解放军进入象山下南区的一路，追剿盘踞于定山、昌国、石浦的国民党象山县县长章昌琛所部，俘其中队长蔡阿火以下130余人。章昌琛3次脱逃。1950年2月7日，石浦干部配合解放军六十三师警卫连在昌国俘获原国民党象山县县长章昌琛，其副支队长陈吉生由村民举报被俘获。

剿灭史文、沈寅部

1950年1月，据群众举报，俘获正在郑家庄派饭的史文部土匪30多人，支队长史文脱逃。经追查搜索，在大雷山尼姑庵中俘获史文，所部160余人被迫投诚。沈寅原属赖鸣皋部下第一中队，赖投诚时不肯跟从，率所部50余人窜至亭溪，县大队紧追其后，在洋北村航船埠头俘获沈寅。

剿灭萧谦部

1950年2月，县大队突袭萧家，俘萧谦部10余人，敌浙东行署第四支队支队长萧谦逃脱。经过20多天追剿，先后歼灭其部下张河伟、张宏岩两个大队和裘悠定大队一部。裘悠定率残部逃入南韭山，改称东南人民反共救国军东海纵队第一支队。萧谦部下所剩无几，改称东南人民反共救国军特务总指挥部，由其卫士章华林带队，萧谦退居幕后指挥。2月26日拂晓，据情报，县大队突然包围沈家洋村，歼其属26人。萧谦于3月10日拂晓在海口村被俘获，其部下袁阿表率余众30余人窜入梅溪。靖河区长、人武部长率南庄民兵20余人于4月上旬，突然包围其住处智利庵。袁阿表及30余人睡梦未醒，束手就擒。至此，萧谦所部被全歼。

剿灭张宪堂股匪

1950年7月11日3时，东山区区长许兴安、区中队中队长金丕祥带领12名战士、区干部及旭拱岙村民兵等27人，乘两艘帆船，于拂晓登岸抢占道人山岛老鹰嘴制高点设伏。突击队端岗哨，攻营房，张宪堂与第一大队大队长朱继光、副官仇民益等拼命顽抗。经解放军一阵猛打，毙张宪堂、朱继光，伤仇民益，活捉8人，余敌逃逸。剿匪人员无一伤亡。

剿灭陈惠股匪

陈惠股匪人数不多，但手段特别凶残，放火焚烧民宅，连杀3个农会主任，杀无辜百姓164人。陈惠尤恨部下弃其投诚，一旦被抓甚至剖其心肝下酒。1950年10月中旬，其部下尽被消灭，只剩贴身卫士洪某，两人逃匿后洋黄庵后山。陈惠见卫士神色不定，即欲开枪，反被洪某抢先一步，击毙于草丛中。后洪某匿于九顷朵凤山中，被九顷民兵发现。洪开枪顽抗，即被击毙。陈惠股匪除大队长张丹凤逃脱外，全部肃清。

剿灭姚玉臣股匪

1950年12月5日夜，三十五军三一一团与海军配合攻占南韭山岛，俘敌第九总队二支队队长林泽生、张长生以下90余人，毙伤大队长以下60余人，救出被绑架的渔民、农会干部、民兵百余人。随后乘胜追击，攻占檀头山岛，毙伤敌210名，俘“国防部沿海工作队”纵队队长姚玉臣以下226人。

剿灭周兴绥股匪

1951年1月30日，渔民报告发现海匪周兴绥部在大岩洞岛活动，三一一团机炮连立即汇集爵溪、南庄民兵驾船进剿，击毙周兴绥以下23人，活捉20人，股匪无一逃脱。

剿灭何卓权股匪

高塘岛解放后，经过一年多的围剿，残匪逃到渔山、大陈等岛，被国民党中央保密局收编为“浙江人民反共突击军”。1951年3月8日夜，驻渔山的国民党少将司令何卓权，趁岛上驻军出国抗美援朝、防务空虚之机，率浙江反共突击军4个纵队300多人，分三路登陆。9日晨，敌第一纵队长成介夫率百余名“突击军”，从金高椅埠登陆，就被民兵金良章等发现，民兵即开枪报警，急向高塘岛驻军和乡政府报告。驻岛的台州军分区独立第五营一连连长刘开祥，立即集合部队，在敌人必经之路两旁的高地阻击来敌。区委书记梁如志见敌人从金高椅向高塘街冲来，打电话向台州军分区、三门县委、宁波军分区、象山县委和驻石浦海、陆军求援。偷袭高塘街的敌军，多次向通往乡政府路边两旁高地组织冲锋，均被解放军击退。从直落岙登陆的敌第二纵队长边芝青率80余人，至江口村，不敢前进，转向杏八村，被杏港乡支部书记温立定所率民兵，阻于杏十三桥。朝西进犯的敌第三纵队长蔡忠武率60余人，乘两只机帆船，企图从三门湾珠门港强行登陆。遭守卫在珠门渡山头上的珠门乡党支部书记林斗胜所率民兵队长李永田等20余人拦击，未能登陆，逃向花岙岛狮子山脚。

分三路登陆的敌人，都遭到高塘岛军民顽强抗击，一路逃至狮子山脚，其余二路滞留原地。在狮子山制高点督阵的何卓权见潮水将退，行动计划破产，下令埋锅造饭。解放军驻石浦三一四团五营分乘两舰，驶向高塘岛，海军炮艇向敌船发炮，敌船起火，丢掉岸上的同伙，掉头逃去。岸上的敌人见状，纷纷向麒麟山、狮子山、笔架山逃去。当夜，何卓权紧急命令连夜冒雨挖掩体、筑工事，命部下等待大陈派兵接应，自已则带着副官、卫士下山，乘一小船逃离花岙岛。是夜，解放军增援部队陆续到达。

10日拂晓，围剿残敌的解放军分头上山，逐步缩小包围圈。独立第五营一、二两连，配合三一四团三营机炮连攻下小乌岩麒麟山；三一四团三营七连和台州海防营攻入狮子山。笔架山峰顶100多名残敌，利用古烽火台顽抗。下午3时，截获敌大陈指挥部电报：命笔架山敌人死守至天黑，大陈派军舰前来接应。台州军分区首长下令，集中12门火炮、重机枪炸毁敌踞守的烽火台后墙，命令指战员上刺刀，冲锋强攻。部队和民兵从四面八方冲上山头。此役，共毙敌纵队长边芝青以下83人，俘敌纵队长蔡忠武以下185人，缴获“八二”炮1门，轻重机枪10余挺，长短枪200多支，小船10余只。

剿灭张绍荣股匪

1951年6月28日晚，盘踞渔山岛国民党军残部派出国防部保密局江浙人民反共救国军大陆突击队（代号“黑狼”），于29日拂晓，在峙前隐蔽登陆。以昼伏夜出、舍道越野为手段，妄图秘密潜入茶山、东搬山，建立反共根据地。

“黑狼”突击队以张绍荣、王炎高为正副队长，从何卓权、凌益山等部抽调人员，分别委为校级、尉级情报人员，携带电台、轻重机枪、卡宾枪、手枪、瓦斯发射筒、毒气弹、手榴弹等装备，共59人分3股，日间分别隐蔽于峙后、马岙、灵岩山，入夜向西溪岭潜行。有村民夜猎，闻草木间索索有声，开枪射击。两边山头上的海匪，惊慌中误以为行踪暴露，开枪乱打，以至相互交火。其中，一股海匪缩回下马岙山中，一股窜向岭脚、胡陈，一股窜向芭蕉、尖岭头。两县交界的干部、民兵，闻枪声后，即向上级报告。宁波、台州两军分区领导亲临象山指挥，成立歼灭登陆海匪临时指挥部，组织象山、宁海两县地方武装分头围剿。一股海匪从岭脚、胡陈逃入宁海东仓岙里王，宁海独立营两个排和一八七团1个连，跟踪追击。海匪窜至海拔713米的笔岩尖山顶。7月3日，宁海独立营和一八七团将笔尖山团团包围，生俘海匪4名，其余均被击毙。另一股海匪窜入芭蕉、尖岭头，逃至廿四炮山上。同日，象山独立营两个排和三一八团两个连跟踪追击，对廿四炮山作多层包围。海匪疯狂反扑，以轻重机枪扫射，施放毒瓦斯，并向独立营阵地甩手留弹，战士芦帆眼明手快，拾起身边的手榴弹反甩，炸哑了海匪机枪。军民一拥而上，占领廿四炮高地，击毙16人，生俘1人，全歼廿四炮山上敌军。另一股海匪从下马岙进入宁海后，于7月4日夜，向宁海南峰山方向逃遁，企图至胡陈港下海突围，各路剿匪部队跟踪追击。匪逃至帽峰山、白峤岭一带时，邻近的胡陈港、亭头渡、白峤港均被封锁。7月6日晚，海匪化装冒充解放军，骗过民兵，在天岙与坎头王之间抢帆船两艘出逃。剿匪部队立即驾机帆船追击，在三门湾洋面击沉敌船1艘，全歼出逃海匪。至7月8日，历时8天的围歼登陆海匪战斗结束，共击毙55人、俘4人，缴获其所携全部枪械装备，“黑狼”突击队覆灭。

破获特务组织

1950年3—5月，破获潜藏县内的多股特务组织。3月21日，在茅洋杨家岙捕获武装特务杨发根等5人。4月8日，在泗洲头俘获身负6条命案的匪中队长贺涛。是月，在新罗岙山上柴草丛中捕获军统特务、京沪杭铁路调查员翁鲲。5月，破获“浙江军统驻象山情报组”“象山中统调查组”等3个特务组织，捕获成员共11人。

照22-13 缴获特务偷渡船只

象山解放初期主要股匪活动情况

宋钧年部 国民党浙江省长周岩指令成立的“浙江省政府浙东行署宁、奉、象地区指挥部”，任命原国民党宁海县长赖云章为总指挥，自卫总队队附宋钧年为副总指挥。赖又委麻起、林焕浩为宁海县正、副“县长”，张元林为奉化办事处主任。1949年9月，赖云章去台湾，宋钧年为代总指挥。宋部以宁海、象山两县原自卫总队和区乡保警队、常备队为基础，招纳散兵游勇，组成3个支队、14个大队和直属中队共2000余人。配有2部电台、3门炮、50余挺轻重机枪。葛开国、王伯川、张河根、赖鸣皋等14人为大队长，主要活动于宁、奉、象边境和象山西乡山区。

章昌琛部 中华人民共和国成立前夕，抗战时曾任国民党象山县党部书记长的章昌琛，在景宁县长任上逃回象山，周岩任命其为“东南反共救国军”象山司令部司令，兼象山县长。同时受任的有副县长王立铮、自卫总队附李斌、石浦区长王绍卿等。章昌琛又任命了下南区各乡乡长。章部以象山下南区国民党区、乡政府保警队、常备队为基础，网罗散兵游勇、地痞流氓300余人，配有电台1部、轻机枪5挺、冲锋枪和步枪200余支，主要活动于象山下南乡。

龙海云部 龙海云原为国民党交警第九纵队第二大队长。中华人民共和国成立前夕，所部驻西周、儒雅洋，后驻守宁海桥头胡、大青山一带。宁象战役中被击溃，在宁海长街接受国民党交警总队副总队长郭履洲指令，任“浙江人民反共抗俄自卫军宁、奉、象、新、鄞五县红龙部队”少将部队长。龙召集旧部及散兵共140余人。下设两个分队和“暗杀”“行动”“爆破”“情报”“总务”等5个组。主要活动于儒雅洋、泗洲头、马岙一带。

萧谦部 萧谦毕业于国民党西安军校，象山东乡萧家人。国民党浙东行署专员俞济民败退象山时即住萧家。俞离象时任命其为国民党“浙东行署第四支队”支队长，去舟山时拨给电台1部、轻重机枪6挺、冲锋枪20余支，以萧家地主武装和象山东乡自卫队为基础，收编当时逃亡象山的浙江省19个市、县政府的警察、卫队共300余人，组成3个大队。主要活动于东乡涂茨、贤庠、珠溪一带。

陈惠部 陈惠东陈人，从小不务正业，横行乡里。象山解放后，县大队扩充时，曾参加解放军县大队。因生活艰苦和军纪严格，携枪出逃与土匪王祥根、张丹凤等合伙，拉起队伍。在珠山庙收缴萧谦部下1个中队的枪支弹药，自封为“反共救国军”独立支队支队长，活动于黄避岙、泗洲头、南堡、三叉路一带。

海上股匪 活动于海上的股匪，以渔山、檀头山、南韭山、道人山4个岛为巢穴，有大小10余股，其中5股规模较大。盘踞北渔山以何卓权、王继能、边芝青为首的“浙江人民反共突击军”有4个纵队、13个支队，共400余人；盘踞南渔山以凌益三为首的“国防部保密局独立纵队”有100余人；盘踞檀头山的以姚玉臣、陈道顺、林泽生为首的“国防部浙江沿海工作队”第九纵队有200余人，活动于石浦、金星、晓塘、南田、高塘和猫头洋海域；盘踞南韭山以尹文英、周兴绥为首的“国防部浙江沿海工作队”第八纵队有300余人，活动于爵溪、南庄、东陈、旦门和大目洋海域；盘踞道人山以张宪堂为首的“东南人民反共救国军东海纵队特务大队”有100余人，活动于涂茨、汤岙、钱仓一带。

第三节 中华人民共和国成立初期海空战

20世纪50年代前期，浙江沿海的渔山列岛、东矶列岛、一江山岛和大陈岛等岛屿，尚在国民党军队控制下，其海空军经常侵扰浙江沿海一带，人民解放军与敌发生一系列海空战。其中发生在象山海域及空域的大小战斗有7次。

608艇阻击战

1954年3月中旬，国民党海军“永”字号扫雷舰进犯石浦锚地檀头山南端下湾门口。解放军驻对面山野炮连立即发炮轰击，敌舰冒着炮火仍向下湾门口前进，驻军以4门炮集中轰击敌舰驾驶台，敌舰受伤后逃离檀头山海域，向北航行到昌国镇外海域三岳山列岛。此处距县城丹城27千米，离大陆最近点象山嘴（龙头）仅3.6千米。石浦巡逻艇大队二中队队长王明理、政治指导员王启俊正率608艇，在三岳山列岛警戒巡逻。608艇系渔轮改装，前甲板仅日式25毫米火炮1门，后甲板有57毫米火炮1门。敌舰恃强首先开炮。608艇随机应变向淡水门方向撤退。敌舰不明608艇后甲板配有57毫米火炮，尾追。608艇待敌舰尾追近时还击，一发命中敌舰驾驶台前右舷甲板，敌舰逃向渔山。608 艇即返回石浦港。

三门湾海空战①

1954 年 3 月 18 日上午，国民党海军护卫舰、扫雷舰、猎潜舰各 1 艘，由猫头洋南鹅冠岛附近驶向北泽岛，企图袭扰浙江沿海的渔业生产和航运。华东军区海军派出战舰大队“延安”“兴国”2 舰，南下北泽海面设伏；并以巡逻艇 610、612、508、505 号等 6 艘炮艇配合作战。18 日 9 时许，解放军设伏舰艇与国民党军“太”字号护卫舰、“永”字号扫雷舰及“江”字号猎潜舰 3 艘交火，击中“永”字号扫雷舰尾部。10 时 43 分，驻大陈岛国民党军又派出 2 艘护卫舰、1 艘高速炮艇，与前 3 艘军舰会合，一齐向“兴国”号舰射击，在三门湾海域展开激烈海战。解放军“延安”“兴国”两舰在炮艇配合下，击伤国民党舰艇各 1 艘，迫其向外海逃遁。14 时 10 分，国民党空军 4 架 F-47 型战斗机突然临空，空袭解放军舰艇。解放军舰艇以猛烈炮火还击，击伤其飞机 1 架。此时，解放军海军 2 艇中弹，伤亡 8 人。14 时 20 分，解放军海军航空兵第六团副大队长崔巍和中队长姜凯双机升空迎击，各击落国民党军飞机 1 架。此为海航部队组建后的首次作战。

猫头洋护渔之战

1954 年春汛，浙、闽、粤、苏等地近 5 万名渔民、5000 余艘渔船在猫头洋渔场捕鱼。国民党海军多次出动“太”字号、“永”字号军舰袭扰渔场。4 月 11 日，华东军区海军在宁波召开护渔会议，确定以艇队为主、护卫舰和航空兵视情况前伸的护渔作战计划，展开护渔行动。20 日 8 时 10 分，国民党军“永”字号扫雷舰、炮艇各 1 艘，由一江山岛窜至猫头洋渔场袭扰，被舟山、台州巡逻艇大队围攻。“永”字号扫雷舰逃至檀头山下湾门口，被击中逃至象山嘴，后又被巡逻艇大队 608 艇击中，起火逃遁。解放军 1 艘炮艇受伤。28 日 5 时 30 分，解放军海军“广州”“开封”两舰，在檀头山以北设伏，“瑞金”“兴国”两舰在油菜花屿以南 7 海里海域巡逻。7 时 58 分起，先后与国民党海军“太”字号护卫舰、“阳”字号驱逐舰、“永”字号扫雷舰等 4 艘军舰开战。国民党军舰向“兴国”号舰接近开炮，“兴国”舰还击。8 时 45 分，“太”字号舰向渔山列岛驶去。11 时 28 分，“阳”字驱逐舰、“太”字号护卫舰和“永”字号扫雷舰各 1 艘与前 1 艘“太”字号舰会合编成单纵队，向“瑞金”“兴国”两舰接近开火。解放军两舰随即还击。16 分钟后，击伤“太”字号前导舰。

象山港“五·一五”空战

1954 年 5 月 15 日下午，国民党军空军 P—51 型飞机 2 架，利用阴霾气象，经大陈岛、檀头山岛窜入象山港上空侦察袭扰。解放军海军航空兵第二师六团副大队长宋国卿、中队长常化臣驾驶米格—15 歼击机 2 架拦截。时天小雨，能见度仅 1~2 千米。长机宋国卿飞抵象山东北上空，从 1200 米降至 800 米，发现右前方 300 米处有 2 架敌机，便果断地抢占有利位置，击落敌机 1 架。就在宋国卿攻击之时，另 1 架敌机 2 次向宋机射击，僚机常化臣迅速跟进掩护，敌偷袭未成。

猫头洋北“五·一八”海空战

1954 年 5 月 17 日夜，“瑞金”“兴国”2 舰，奉命回象山檀头山海域补充弹药。18 日上午 5 时 18 分，“瑞金”“兴国”两舰返航头门山。6 时 43 分，两舰成单列纵队航行途中，发现雀儿岙上空有敌机，“瑞金”保持原航向，“兴国”转向出列，成防空队形。6 时 45 分，发现敌机 4 架，2 舰以猛烈的炮火射击。“瑞金”舰没有及时增速规避，后转向规避时又错用左舵；当敌机超低空

---

①“三门湾海空战”据《浙江省军事志》（方志出版社 1999 年出版）记载编写。

轰炸时，未用固定弹幕而用移动弹幕，且射速慢，火力密度不够，造成空隙，为敌所趁。此时，敌机鱼贯攻击“瑞金”舰，第1架敌机距离400米处投弹2枚未中。第2架仍从左舷110度进入，距离400米投弹2枚，中左舷后半部，从驾驶台以下经主甲板横穿机舱爆炸。“瑞金”舰当即操纵失灵，失去动力。大队政委高一心中弹身亡，二层平台指挥副炮射击的军士长被炮弹炸飞，指挥台上10人中阵亡4人，大队长聂聚奎被砸伤，敌机被“瑞金”右舷副炮击中擦过桅杆栽入左舷外海中。第3架敌机从右舷110度，投弹2枚，此时“瑞金”舰已失去转向能力，在右舷水线处中弹，炸弹穿过后舵舱爆炸，正在后舱内损管堵漏的10余名机电舰员阵亡。爆炸导致后舱室进水，6时52分，“瑞金”舰沉没，解放军阵亡57人，其中临时借调海岸炮兵3人，生还40余人。之后，敌机1架又向“兴国”舰攻击，被解放军击落。

南韭山岛“五·一八”空战

1954年5月18日，国民党空军F—47型战斗轰炸机2架，飞抵六横、南韭山岛间空域，企图轰炸解放军海军舰艇。解放军海军航空兵第二师六团起飞米格—15歼击机2批4架拦截。15时47分，大队长宗德峰（长机），飞行员尹宗茂（僚机），在南韭山以南上空发现目标，僚机由长机掩护发起攻击，空战3分钟，击落敌机1架。

象山“七·六”空战

1954年7月6日拂晓，国民党空军出动4架F—47战斗轰炸机，企图偷袭海军舟山基地。解放军海军航空兵紧急起飞4批8架米格—15歼击机迎战。宋有臣、周乃两机在象山县以东海域上空发起攻击，李瑞仿、丁品贵双机立即参战，敌机见状分散逃窜。李瑞仿紧追不舍，在丁品贵掩护下，一举击落敌机1架，击伤1架。负伤敌机与其余两架避过追击后，重新整队，调头伺机攻击。此时，张国禄、李润生双机，钻出云层发起攻击，3架敌机慌忙逃窜。张国禄咬住敌长机开火，将其击落坠海。此战击落国民党军空军F—47型战斗机2架，击伤1架。

◆全国第二轮修志试点志书
◆浙江省第二轮修志创优工程试点志书

象山县志

XIANGSHAN XIANZHI

第三册

象山县地方志编纂委员会　编

方志出版社
Publishing House of Local Records

总　目　录

Content

第三册目录

第二十三篇　城乡建设

第二十四篇　供水　燃料　电力

第二十五篇　交　　通

第二十六篇　邮政　电信

第二十七篇　围垦　水利

第二十八篇　农　业

第二十九篇　渔　　业

第三十篇　盐　　业

第三十一篇　工　　业

第三十二篇　建 筑 业

第三十三篇　商　　贸

第三十四篇　金融　保险

第三十五篇　旅 游 业

Volume III Content

Part XXIII Urban and Rural Development

Part XXIV Water Supply, Fuels and Electric Power

Part XXV Transportation

Part XXVI Posts & Telecommunications

Part XXVII Reclamation & Water Conservancy

Part XXVIII Agriculture

Part XXIX Fishery

Part XXX Salt Industry

Part XXXI Industry

Part XXXII Construction Industry

Part XXXIII Commerce and Trade

Part XXXIV Finance and Insurance

Part XXXV Tourism

第二十三篇
城乡建设

本篇目录

第一章　城乡规划

历史上，规划在象山城乡建设中曾发挥过作用。明代因海防而建设的昌国卫、县城与各所寨，或依据自然形态，或根据防御需要，或参考堪舆（风水）学理论，对水、路、房屋、军事设施均有事先规划，其规划布局至今仍有影响。1958 年 12 月，象山县建筑工程局成立，担负全县（时宁象合县）城镇和农村基建规划，行使城建规划管理。1980 年，县建设局成立后，始编制丹城、石浦两镇总体规划。20 世纪 90 年代，随着象山经济发展及《中华人民共和国城市规划法》的实施，象山城市化进程加快，始编制县域总体规划。2001 年 6 月，象山县规划局成立，统一管理全县城乡规划。

村庄规划编制始于 20 世纪 80 年代中期，规划编制较粗。90 年代，全县 70%村庄规划重新修编。县行政村撤并工作完成后，213 个行政村完成规划编制。2006 年，完成新农村建设 60 个示范村村庄规划编制工作。2008 年，整治新农村村庄规划编制 58 个。

第一节　县域总体规划

象山县县域总体规划，始于 20 世纪 90 年代末。为推进城市化建设，至 2008 年，先后编制两轮规划。

《象山县县域城镇体系规划（1999—2020）》

成编于 1999 年 12 月。2000 年 11 月 1 日，经浙江省人民政府批复同意，象山县总体发展定位：浙江省东部沿海以海洋经济为主导的、生态环境优越的现代化地区。县域发展总体目标是：把象山建设成为经济繁荣、交通畅达、区域基础设施和社会服务设施健全、生态环境优美、具有高品质的生活环境和地方文化特色的现代化地区。规划至 2010 年，全县经济和社会事业主要指标接近或达到省定标准，初步实现现代化，人均国内生产总值达到 4000 美元以上，城市化水平达到 50%。至 2020 年，全面达到和超过基本现代化标准，并向更高水平迈进，城市化水平达到 60%。规划确定城镇体系空间结构为“一个中心城市，二条发展主轴，六片城镇集中发展区”。“一个中心城市”：由丹城、爵溪等组合而成的中心城市。“二条发展主轴”：南北向发展主轴，即沿海南线发展主轴，轴上有丹城、石浦—昌国、贤庠、大徐等城镇，并连接松兰山、红岩、石浦—半边山—宋皇城等重要风景旅游区；东西向发展主轴，即丹城—冠庄一级公路发展主轴，轴上有丹城、西周、下沈、爵溪、墙头等城镇。六片城镇集中发展区为中心城区、石浦—昌国、西周—下沈、鹤浦、贤庠、定塘等城镇。

《浙江省象山县域总体规划（2005—2020）》

2004 年 9 月，委托武汉华中科技大学编制，2005 年 4 月通过专家评审。因《象山县县域城镇体系规划（1999—2020）》未考虑以上海为中心的长江三角洲区域经济一体化背景，未预计到浙江沿海高速公路、杭州湾大桥和象山港大桥等基础设施的规划兴建，所以重新编制。《浙江省象山县域总体规划（2005—2020）》以长江三角洲区域经济一体化等为背景，从海洋资源、生态环境等独特资源要求和发展空间出发，把县域发展目标定位为现代化生态型滨海休闲城市。规划分2部分22章73节。整合县域空间、基础设施、环境及各类资源，侧重搞好城乡对接。确定近期规划自2005—2010年，预测总人口为70万人，城镇总人口为39.2万人，城镇化率为56%。远期规划自2011—2020年，预测总人口为85万人，城镇总人口为63.75万人，城镇化率为75%。至规划期末，预测建设用地总规模达到175平方千米，需新增用地总量90平方千米。确定县域城镇空间布局为“一心一带二组团”。即，中心城市；北部象山港城镇与产业带；南部环石浦港城镇组团、中西部蟹钳港—岳井洋城镇组团。具体发展策略：规划中心城市以服务和居住为主导的综合功能区；象山港城镇与产业带则依托港口岸线优势，发展成为象山临港型工业功能区；环石浦港城镇组团在空间上构筑“簇群式”石浦港旅游区，功能上以旅游为主导。蟹钳港—岳井洋城镇组团限制产业布局，保护大塘港区域的自然生态环境，构成县域中西部城镇组团的天然生态屏障。规划重视县域水源、山林、湿地、滩涂、农业等自然资源的保护与利用，提出建立县域生态空间格局，为“生态立县”奠定自然环境基础；划定鼓励建设区、适应建设区和生态建设区，并建立相应的空间准入制度；以生态功能区划为主，提出水、气、声、固体废物等污染物的排放标准和防治措施。规划形成“一主廊、一次廊、一带、多版块”构成的县域生态景观空间格局。

第二节 县城规划

宋筑土城，明筑石城，内有街市安排等。当有规划在先之征。中华民国时期，南田县有县城规划，象山县有否无征。

1949—2007年，县城总体规划编制过6次：1981年5月，编制《象山县丹城镇总体规划》，1982年9月完成初稿，为首个县城规划。1983年，丹城镇建成区面积1.77平方千米，建设用地1.33平方千米，人均占地48.46平方米。规划近期（1990年）城镇人口4.5万人，城市建设用地3.11平方千米，人均城市建设用地69.29平方米；规划远期（2000年）城镇人口6万人，城市建设用地4.79平方千米，人均城市建设用地79.9平方米。规划城市功能分区为：第一，彭姆岭北麓为亭溪工业区，城西为西门工业区和仓库区；第二，新丰河以东、东谷湖水库以西，建设路以南为生活居住区；第三，建设路东端南侧为体育教育区；第四，东街、西街、南街、南河路、建设路、靖南路为中心商业区；第五，中心公园及周围建筑群是城镇中心，为文化游乐区；第六，县府署所为行政管理中心。1984年，调整原规划，重新布局开发区、住宅区、商贸区和工业区等。1985年12月，规划由宁波市人民政府批准实施。城市性质为以食品加工业和轻纺工业为主导工业，其他地方性工业配套发展的全县政治、经济、文化中心。

1993年，委托同济大学第二次修编县城规划。确定城镇性质为象山县行政、经济、文化和服务中心，以发展轻纺、机械等高效、低水耗、外向型工业为重点的工贸城镇。规划2000年城镇人口为6.5~7.5万人，城市建设用地为5~6平方千米，人均城市建设用地为81平方米；2010年城镇人口为10~12万人（内含墙头镇亭溪片1万人），城市建设用地为8~10平方千米，人均城市建设用地81平方米。

1995年，由东南大学第三次调整编制《象山县县城总体规划》。1996年7月16日，召开修编方案评审会。时国民经济发展超预期，近期规划（2000 年）范围在 1995 年建设中已被突破，部分路网在实施中已被修改。调整后确定县城城镇性质为以轻纺、机械、电子为主要工业特色的县行政、经济、文化和服务中心、宁波市南部的工贸副中心。规划近期（2000 年）城镇人口 8 万人，城市建设用地 7.5 平方千米，人均城市建设用地 93.7 平方米，规划远期（2010 年）城镇人口 13.5 万人，城市建设用地 12.9 平方千米，人均城市建设用地 95.6 平方米。

1997 年，由宁波市规划设计研究院第四次重新编制《象山县县城总体规划》。规划确定县城性质为象山县的政治、经济、文化和服务中心，第二、第三产业并举的宁波市南部副中心滨海城市。城镇规模近期（1997—2000 年）常住人口 8 万人，远期（2001—2010 年）常住人口 11 万人；近期城市建设用地 6.18 平方千米，人均建设用地 77.3 平方米；远期城市建设用地 9.53 平方千米，人均建设用地 86.6 平方米。

2001 年，由浙江省城乡规划设计研究院第五次编制《象山县城市总体规划（2001—2020）》。2001 年城市建成区人口规模已超过 1997 年近期规划，逼近规划远期人口；城市建成区用地面积已超过 1997 年规划近期建设用地。新编规划明确城市性质为以海洋产业、旅游为主体的宁波南部副中心城市、生态型滨海城市。城市主要功能定位为“一个基地、三个中心”，即现代工业基地和滨海旅游中心、科教文化信息中心和生活居住中心。规划区范围为丹东、丹西、爵溪 3 个街道办事处，墙头、大徐、东陈、茅洋 4 个乡镇的行政范围，总土地面积 358.5 平方千米，占全县总面积的 30.28%。规划使城市功能和品位提升，城市框架拉大，城市控制性详细规划从实施前 40%提高至实施后的 80%，中心城区建成区面积 16.3 平方千米。

2007 年，由浙江省城乡规划设计研究院第六次编制《象山县城市（中心城区）总体规划（2006—2025 年）》。城市性质为长江三角洲生态型滨海休闲城市。规划分近期（2006—2015 年）、远期（2016—2025 年）。拟定中心城区人口规模，近期为 26 万人，远期为 36 万人；用地规模，近期为 31 平方千米，远期为 36 平方千米。城市空间结构为“一主、二副、一带”。“一主”为丹城主城区；“二副”为东陈、爵溪（含白岩山）两个副城区；“一带”为沿东部海岸带，由各景区串联而成，以旅游、休闲度假为主导的城市功能区。

第三节　大目湾新城规划

2003 年 3 月，象山县大目涂开发管理委员会委托中国城市规划设计研究院深圳分院编制《宁波象山大目湾新城概念性总体规划》。11 月，召开专家评审会，原则同意规划成果。2005 年 3 月，形成规划成果。2008 年，委托易道（上海）环境规划设计有限公司和中国联合工程公司联合编制《宁波象山大目湾新城总体规划（2010—2025）》。

图 23-1　象山县大目湾新城规划效果图

大目湾新城目标定位为海洋文博商务中心、养生休闲度假海湾、低碳宜居示范新城。规划期限近期为 2010—2015 年，远期为 2016—2025 年。规划确定建设用地规模近期为 4.18 平方千米，远期为

5.05平方千米。功能定位为：象山中心城市的重要组成部分、具有国际水准的生态型滨海旅游城市。大目湾城人口规模近期为1.5~1.8万人，远期为3.5~3.8万人。规划区各项公共设施，市政基础设施，道路交通设施应按照此人口规模进行配置。

新城建于大目涂一期和二期围垦工程上。两工程分别于1994年5月、2008年7月完工。

表23-1

象山县大目湾新城城市建设用地情况表

用地名称	用地面积（公顷）		比例（100%）	
一类居住用地	145.90	331.11	8.82	20.02
二类居住用地	185.21		11.20	
商业用地	51.47	51.47	3.11	3.11
政府社团用地	23.74	23.74	1.44	1.44
旅游度假及游乐用地	64.00	64.00	3.87	3.87
混合用地	54.75	54.75	3.31	3.31
工业用地	190.95	190.95	11.55	11.55
道路广场用地	110.88	110.88	6.70	6.70
对外交通用地	3.05	3.05	0.18	0.18
市政公用设施用地	8.87	8.87	0.54	0.54
公共绿地	364.04	814.91	22.01	49.28
水域	245.47		14.84	
生产防护绿地	205.40		12.42	
城市建设用地	1653.73		100.00	
发展备用地	126.84		—	

第四节　镇乡规划

2001年6月，确立全县3个街道、15个镇乡的行政区域。是年，县城第五轮规划《象山县城市总体规划（2001—2020年）》出台，丹东、丹西、爵溪3个街道确定为县中心城区。县中心城区明确之后，各镇乡规划编制工作开始启动。至2007年，15个镇乡规划全部编制完成。

象山县石浦镇总体规划

华中科技大学城市规划设计研究院于2004年7月编制完成。规划定位石浦镇为浙江省历史文化名镇，象山县域南部经济、文化中心，以海洋经济为主导的旅游港口城镇。规划期限近期为2003—2005年，中期为2006—2010年，远期为2011—2020年。镇域人口规模近期为11.5万人，中期为12.5万人，远期为14万人。镇区建设用地规模近中期为11.72平方千米，人均102平方米，远期为13.7平方千米，人均100平方米。城镇功能结构为“两区、三中心”。“两区”：北区依托滨海自然景观和古镇人文景观，形成城镇生活和旅游服务综合区，包括昌国、碶门头、延昌、老城、东门岛组团；西南区依托石浦港港口岸线发展城镇生活和工业综合区，包括新城、盐厂和雷公山组团。“三中心”指规划新城组团为石浦镇商贸、金融、办公、文化、教育中心，依托现状进行完善和提升；规划碶门头组团为石浦镇旅游服务、娱乐中心，沿海湾布局娱乐设施、酒店宾馆；规划盐厂组团为石浦镇海产品贸易、物流中心，以中国水产城为主体，开展相关配套和发展。历史文化名镇整体保护要求老城、延昌、昌国和东门岛地区以低层多层建筑为主，沿山一般只允许建3层以下建筑；保持渔港路沿石浦港一侧的视线开敞，保护岛屿、山体的自然天际线，禁止在石浦港区域内任意开山取石行为；保护石浦港水域及铜瓦门、东门、下湾门、蜊门、三门5个水道门景；改造旧城基础设施，提高居民居住质量同时，注意不破坏整个道路格局形式，不影响建筑风貌。

象山县西周中心镇总体规划

浙江省城乡规划设计研究院于2000年6月编制完成。规划确定西周镇为象山县西部中心，新兴产业和高新技术产业集聚的工业城镇。规划期限近期为2006—2010年，远期为2011—2020年。镇域规划人口近期为5.5万人，远期为7.1万人。建设用地规模近期为2.85平方千米，人均113.84平方米，远期为4.95平方千米，人均98.91平方米。规划城镇布局结构为“五个居住区、一个城镇中心区、两个工业园区”，由“三纵三横”主干路为骨架的方格网状道路系统和两园三带的绿地系统把各功能区连结为一个有机整体。

象山县鹤浦镇镇域总体规划

杭州同德规划设计研究所于2007年3月编制完成。规划确定鹤浦镇城镇为象山县南部现代化生态型港口城镇。规划期限近期为2006—2010年，远期为2011—2020年。镇域人口规模远期为3.06万人。镇区建设用地规模远期为2.81平方千米。规划城乡空间结构为“一体两翼、T型构架”。形成以现状建成区为综合生活、生产核心，在西侧集聚壮大船舶生产基地，并向集群型产业高级化演进。客运码头西迁至盘基，带动沿线的区块开发，城镇呈东扩之态势。总体上形成“一体两翼”的功能区块关系。聚点理线，以南田路、滨海路等为主轴，形成以线带面的发展态势，形成“T型构架”组织城镇区块的空间关系。

象山县贤庠镇镇域总体规划

象山县规划设计院于2007年7月编制完成。规划确定贤庠镇为象山县域北部以工业为主、第三产业为辅的中心城镇；县域对外交通枢纽，象山大桥经济核心区的主要城镇。规划期限近期为2006—2010年，远期为2011—2020年。镇域人口规模近期为3.5万人，远期为6.1万人。集镇建设用地规模近期为2.15平方千米，人均119.7平方米，远期为4.6平方千米，人均102.34平方米。规划结构为“一心二轴四片”，“一心”指集镇行政管理中心；“二轴”指以新规划纬四路为依托的经济、文化发展轴及以新规划经四路形成的政治、经济文化轴。“四片”指以商业、中心和文体设施等公建为基础形成的公共服务片区、海墩居住片区，贤庠居住片区和岑晁、官司塘居住片区。

象山县定塘镇镇域总体规划

陕西金城绿景城市规划设计有限公司于2007年3月编制完成。规划确定定塘镇城为大塘港片区的行政、经济、文化、商贸、信息、交通、公共服务中心，以生态休闲农业、农副产品加工为支柱产业的现代化生态田园式城镇。规划期限近期为2007—2010年，远期为2011—2020年。镇域人口规模近期为3.7万人，远期为4.5万人。城镇建设用地规模近期为1平方千米，人均99.50平方米，远期为1.79平方千米，人均99.24平方米。规划形成“一心四组团”的村镇空间形态，“一心”为中心镇区，“四组团”为田洋湖组团、中泥组团、下营组团、漕港组团。

象山县墙头镇镇域总体规划

宁波大学建筑设计研究院于2008年11月编制完成。规划确定墙头镇为西沪港南翼的集散中心，生态型、科技型和文化型相结合的中心城区生活组团。规划期限近期为2006—2010年，中期为2011—2015年，远期为2016—2020年。镇域规划人口规模近期为2.8万人，远期为3.6万人。城镇建设用地规模近期为1.2平方千米，人均120平方米，远期为1.5平方千米，人均建设用地120平方米。规划形成“组团式带状新城+点式农村新社区”的组合空间结构。城镇近期发展目标为宜居的滨海型生态镇，中期为象山港南部的交通枢纽和物流中心，远期为中心城市的生活组团。

象山县泗洲头镇总体规划

宁波市规划设计研究院于2006年12月编制完成。规划确定泗洲头镇为象山县西南部生态旅游型城镇。规划期限近期为2006—2010年，远期为2011—2020年。镇域规划人口规模近期为1.85万人，远期为2万人。建设用地规模近期为0.7平方千米，人均108平方米，规划远期为0.97平方千米，人均控制在96.7平方米内。泗洲头镇区的规划结构是“两心两带三区，东居西工南旅”。“两心”是指镇政府为核心的行政中心和新区的公建中心；“两带”是指沿兴洲路发展的公建带和沿大溪坑的绿化景观带；“三区”是指大溪坑北部生活居住区，大溪坑两侧的镇西工业小区和综合配套服务区。

象山县涂茨镇总体规划

华中科技大学城市规划设计研究院于2006年12月编制完成。规划确定涂茨镇为涂茨镇域的政治、经济、文化中心，象山港产业区白岩山片的生活服务基地之一，具有山水特色的现代化生态小城镇。规划期限近期为2005—2010年，远期为2011—2020年。镇域人口规模近期为2.2万人，远期为2.5万人。镇域建设用地规模远期为2.9平方千米，人均用地为116平方米。规划空间结构为“一个中心，一条旅游景观带，两个产业区，三个组团”。“一个中心”为涂茨镇区，“一条旅游景观带”为东部旅游带及三个景区（道人山景区、乱礁洋景区和东屿岛景区），“两个产业区”为镇南的白岩山工业组团和镇北的干门港工业组团，白岩山盐场向南连接爵溪街道，干门港工业组团延伸到贤庠和黄避岙，“三个组团”为东港组团、钱仓组团及黄沙组团。

象山县大徐镇总体规划

宁波市规划设计研究院于2008年5月编制完成。规划确定大徐镇为象山中心城市北部的生活性组团，以商贸、物流等功能为主的产业区C区配套服务区，城市的旅游休闲区。规划期限近期为2006—2010年，远期为2011—2020年。镇域人口规模近期为1.9万人，远期为2.7万人；镇区建设用地规模近期为0.59平方千米，人均建设用地168.6平方米，远期为1.4平方千米，人均111.9平方米。规划形成“一心三区”的村镇空间形态。“一心”为镇区；“三区”分别为以陈山村为中心、包括海口、铁拾、三角地的西区，以杉木洋为中心，包括下院、黄盆岙、林善岙的东区，以虎啸铺为中心，包括雅林溪、章家弄的南区。

象山县新桥镇镇域总体规划

宁波大学建筑设计研究院规划所于2007年2月编制完成。规划确定新桥镇为象山中部农、工、游协调发展的生态旅游城镇，以山水小城、旅游名镇为城镇特色，重点发展影视基地、生态体验、特色农业旅游。规划期限近期为2006—2010年，远期为2011—2020年。镇域人口规模近期为3.2万人，远期为4.6万人。城镇建设用地规模近期为3.12平方千米，人均125平方米，远期为1.56平方千米，人均120平方米。规划城乡空间结构为“组团式城镇中心、串珠点式新农村”

的组合空间结构。人口向中心城区集聚，产业向特色村集聚。

象山县东陈乡集镇（沙岗）建设规划

浙江东华城镇规划建筑设计公司2007年12月编制完成。集镇性质为象山县中心城区生态化、田园型组团，是象山经济开发区重要的综合配套服务枢纽。规划期限为2007—2010年。规划人口规模0.85万人，规划用地规模0.8平方千米。规划结构为“一核二轴五片”，“一核”即为中央商贸核，“二条轴线”分别为区内人文景观轴、区际联系轴，“五片”分别为东北部居住片、西北部教育行政片、沙岗旧村片、中南部居住片、海墩旧村片。

象山县晓塘乡乡域总体规划

余姚市规划测绘设计院于2007年9月编制完成。规划确定晓塘乡集镇以休闲与度假市场为先导、以乡村田园风光为特色、以清洁循环生产为动力的生态型集镇。规划期限近期为2006—2010年，远期为2011—2020年。乡域人口规模远期为1.7万人。集镇区建设用地规模远期为0.46平方千米。规划城乡空间结构为“一心一带两轴九片”。“一心”为美礁碶利用便捷的交通、乡政府驻地所具有的凝聚力和推动力，建设工业集聚点，打造发展无污染、循环型经济，同时健全完善社会服务设施，吸引人口集中，努力展示社会主义新农村面貌，成为整个乡域的心脏；“一带”为自台宁大闸往北溯流而上，境内大塘港呈“V”字形，如弯弓型；“两轴”为石浦连接线的穿越，将使晓塘融入更高层次的空间网络中，对晓塘的发展将产生莫大的影响，晓塘乡域内茅石线、三黄线成为东西向发展的主轴；“九片”为规划连同乡集镇，形成黄埠、晓塘、胡家峙、西边塘等中心村，东浦、月楼、励家坪、中岙、青山头等基层村。

象山县黄避岙乡乡域总体规划

浙江东华城镇规划建筑设计公司于2005年12月编制完成。规划确定黄避岙乡集镇为象山县域对接宁波市域的前沿空间单元、临港物流和山海风光为特色的滨港型生态集镇。规划期限近期为2005—2010年，远期为2011—2020年。镇区人口规模近期为0.3万人，远期为0.4万人。镇区建设用地规模远期为0.4平方千米，人均99.95平方米。规划制定乡域保护和发展分区策略，整个乡域划分为优先发展区、策略发展区、严格保护区和策略保护区。

象山县茅洋乡乡域总体规划

陕西金城绿景城市规划设计有限公司于2006年12月编制完成。规划确定茅洋乡集镇为象山县域中部以特色农业为主、先进制造业为辅的生态环境良好的农贸型生活居住片区。规划期限近期为2006—2010年，远期为2011—2020年。乡域规划人口规模近期为1.5万人，远期为1.9万人。集镇建设用地规模近期0.83平方千米，人均110.89平方米，远期为1.2平方千米，人均109.07平方米。规划形成“一心三轴四片”的空间布局结构。“一心”指集镇商贸行政管理中心；“三轴”指以新规划盛宁线为依托的东西方向的城镇发展轴、以规划镇中路为依托的商业发展轴及原盛宁线形成的生活服务轴；“四片”指以行政中心为基础形成的居住片区、集镇东北部水库搬迁移民安置区，茅石线北侧的工业组团以及以茅洋村现状居住用地发展起来的居住组团。

象山县高塘岛乡集镇总体规划

由浙江大学规划与设计研究所于2005年3月编制完成。规划确定高塘岛乡集镇为以生态旅游、临港工业和高效农业为特色的生态海岛集镇。规划期限近期为2005—2010年，远期为2011—2020年。乡域人口规模近期为2.3万人，远期为2.7万人。乡域建设用地规模远期为3.2平方千米，人均100.2平方米。规划城乡空间结构为“一主两副两轴三片区”。“一主”为重点培育高塘岛集镇区，进一步扩大镇区集镇建设规模，完善集镇功能，增强集镇辐射能力；“两副”为林港、中江二个农村社区服务中心，与高塘岛集镇区共同构成乡域居民集聚区，通过已有及规划的交通网络向其他各基层村、村民点辐射；“两轴”为充分发挥区位、交通和资源的综合优势，强化要素集聚，形成石浦—高塘—花岙发展轴；依据现有基础，以培育中心村、加快村庄重组为目的，形成高塘—鹤浦发展轴；“三片区”为北部临港工业集聚区、中部生态农业示范区、南部生态旅游区。

第二章　城区建设

唐以彭姥村为治。宋治平中令林旦筑县城，周长150丈。原象山县儒学毁于宋建炎之乱，宋时重修并扩大规模。明嘉靖间修筑县城城墙是古代象山县城建设最重大的工程。自明洪武起，县署经过多次修缮，规模有所扩大。清代县城始称丹城。民国之前，城市建设缓慢。20世纪50年代拆除旧城墙之后，城区界限逐渐模糊。80年代之后，城市框架拉大，工业园区、住宅小区、商业场所大量出现，城市建设突破城区与乡村界限。

2001年6月，撤丹城镇、爵溪镇，设丹东、丹西、爵溪3个街道为中心城区，面积114.37平方千米。城区区划调整后，中心城区建设快速发展。2008年，建成区面积达21.8平方千米。本章中心城区指丹东、丹西、爵溪街道所有区域。20世纪50年代，城墙未拆前的城内区域为旧城区或老城区。旧城区与新增市政建设所涉及的区块为建成区。爵溪街道因区域相对独立，专节记述。

第一节　县城建设

唐立县始以彭姥村为治。宋宝庆《四明志》“沿革”中记：彭姥村在象山东麓。唐代县城建设资料传世甚少。所记唯神龙之初县肇名创城，建城隍庙，大中年间建蓬莱书院，会昌六年孔庙与县学同建等几处。

宋治平年间（1064—1067），县令林旦版筑土城，环以河，穿二门，东曰登瀛，西曰登台。置濯缨亭（县西百步溪侧、西谷桃源径之间）、灌木亭（县西百步山间，西谷之南，其侧有曲水亭、竹间亭、射圃）。建中靖国元年（1101）四月，设居养院，以百姓缪贵户绝屋为之。崇宁四年（1105）十月，以地里遥远，移县东一里。庆元元年（1195），县令赵善与建升浮亭于仙掌岩之下。建香风亭、三友堂、更好亭、芥庵、竹篱茅舍、月台、桃岭、望稔楼，皆在县治西圃。庆元四年，令韩元礼重建县楼门。嘉定十二年（1219），县令赵善晋重建绿野馆于县南百步。嘉定十三年，县令赵善晋于放生池北建无量寿亭，内有无量寿佛像。嘉定十四年，令赵善晋重建敕书楼。宝庆元年（1225），令季齐愈建宣诏亭于县楼门东、颁春亭于县楼门西。

元代，县城格局大致承宋，南北宋留下的建设成果依然使用，或有再行修补之举，新建设不多。象山县儒学毁于宋建炎之乱，重修并扩大规模。至元二年（1265）十月，县尹庞思忠创立棂星门。至正元年（1341）二月，县尹穆卜颜帖木儿来，睹殿宇廊庑损漏，捐俸修理殿宇、仪门、廊庑、斋舍、厨库，内外一新，又资砌砖地，重置祭器。

明嘉靖三十二年（1553），知县毛德京为防倭患，易筑石城于象鼻山前。翌年建成。城周长1089丈，置四门：东曰宾阳，南曰来薰，西曰迎恩，北曰拱极，为历代象山县城建设最重大的工程。因城形亦似蚶，故称“蚶城”。因筑石城，毛德京徒城隍庙于治东南文峰塔右（今汪家河菜场）。城墙在后代略有修缮，基本格局无大变，一直使用400年。

清顺治十一年（1654），令陈黉重修儒学明伦堂。康熙三十六年，重建崇圣祠、文昌阁。雍正四年（1726），奉旨特建忠义孝悌祠、节孝祠；知县马受曾奉文在城东三百步建先农坛。乾隆廿一年（1756），创建西桥土地祠。道光五年（1825），重建县署土地祠；道光九年重修中市土地祠。

照23-1　刻字城墙石

民国时代短，战乱频繁，依然以明代城墙范围内建设为主，街道数量较清代增加。中华人民共和国成立初期，明城墙基本完好。1952年始，陆续挖掘城石，用于其他建筑。至20世纪60年代初，城墙拆毁，夷为平地。其后，城区逐渐向东、南、西三方扩展。70年代，城西形成工厂区，并向白鹤庙一带延伸。1978年，城南始建建设路，成为主轴。自此，城区建设重点向东南及南拓展，沿建设路两侧布列商业、金融、文教医院以及住宅等楼群。1985年，形成城南新区，县城建成区面积扩大到1.77平方千米，比1949年增加2.61倍。1986年始，城区建设主轴由建设路转移到靖南路。1995年，天安路建成，成为主轴向东西扩展。90年代，新华、文峰、丹峰、新丰、城东花园、塔山新村、金秋、文昌、永兴等住宅小区相继建成。至2000年，县城建成区总面积扩大到9.7平方千米。

城垣详见本志“建置”篇。

第二节　中心城区建设

2001年6月，撤销丹城镇、爵溪镇建制，设丹东、丹西、爵溪3个街道，合称中心城区。此后，中心城区建设向丹峰路南面拓展。2003年7月，建成象山港路，以与天安路相交处为轴心，以象山港路与天安路为主轴，向北、向南、向东、向西方向发展，城市建设框架进一步拉大。象山港路南北两侧相继建成高教园区、人民广场、人民法院大楼、人民检察院大楼、海关大楼、商检大楼等公共建筑。新建塔山花园、东河花园、大红鹰家园、龙泽名园、宏润花园、国际大酒店等住宅小区和商贸设施。往西开发工业示范园区。2003年，中心城区建成区面积增至13.5平方千米。2004年，建丹南路，并以丹南路为轴心、天安路为中心，建设丹阳小区、实验小学、新佳苑、御景园、华翔大厦、文华苑、丽景小区等住宅小区、商贸设施和公共设施。2008年，城西潘家桥西侧益民梧桐御府一期建成，城南世纪花园动建。是年，大目湾围垦工程竣工，大目湾新城总体规划方案通过专家评审。新城规划区域面积达14.3平方千米。

2008年，中心城区建成区总面积21.8平方千米。其中，丹东、丹西街道建成区总面积16.8平方千米。有街道219条（包括巷、弄）、总长120.54千米，绿化面积456万多平方米，行道树总量14595株，投影面积约3.65万平方米。住宅小区建设进展神速，丹东、丹西街道建有一定规模住宅小区45个。东以巨鹰路，西至环城西路，南接滨海大道为界的区域中，建筑占地总面积94.36万平方米，建筑总面积达318.35万平方米。爵溪街道建成区5平方千米。

第三节　街巷道路

中华人民共和国成立前，县城小，街路亦少。中华人民共和国成立后，随县城扩大，新建道路迅速增多。同时，老城区的街巷道路也不断拓宽改造，路面质量提升。至2008年，城区已形成“一环、四纵、六横、四轴”路网新格局。

明清县城街巷

明代始，县志记载县城街巷，有名称有方位，但无长、宽等数据。

古街　明嘉靖《象山县志》载：白虎、青龙两巷均有“前后透街”之语。清乾隆《象山县志》载：街凡四，县治前为县前街；城中为市街，即弦歌市；自东至西为大街；治北为后堂街。

古巷　明嘉靖《象山县志》载：县城市一，弦歌市，在县南七十步。巷十五：青龙巷（又名新巷，在儒学东，前后透街）、白虎巷（在县学西，前后透街，因县学灾于邻火，成化年间知县凌傅开以避火）、过脉巷、晏清巷、御史巷、姜家巷、应家巷、潘家巷、毛家巷、虞家巷、俞家巷、李家巷、东巷、后巷、下巷。清乾隆《象山县志》载：巷凡二十一，县治后有过脉巷、治旁澄河侧有东巷、西巷；治东为潘家巷、虞家巷、俞家巷（雍正志作大慈堂后）、羊巷（雍正志作大慈堂西）；治西为毛家巷、后巷；治西南为下巷、十字巷、御巷；西北为蒋家巷；大街下为晏清巷、姜家巷；稍西为钱家巷（雍正志作凤跃溪东）、应家巷（雍正志作永安桥南）；又西为李家巷（雍正志作行祠东）；学署东为青龙巷，西为白虎巷；东门内为红石巷。至民国修志时仅存其九：治东红石巷；治南羊巷、十字巷（即姜家巷）；治西李家巷、蒋家巷（亦名奖嘉巷，俗名“青草巷”，亦曰钱家巷）；县东北为东巷，其后为东后巷；县西北为西巷，其后为西后巷；余均湮没。

古弄　清康熙《象山县志》载：弄凡三，中市街前黄泥弄（县治南）、中市街南李家弄（县治南）、绣衣坊北分司弄（县治西）。

民国县城街巷

民国《象山县志》记载名称较全，只记名，无长、宽等数据。民国修志采访，得县城街凡十三：县治前曰县前街（亦曰北街）、市街（亦曰中街）；县治东南曰东大街，西南曰西大街（亦曰横街）；横街之东曰东街，西曰西街；东街一段曰猪行街，西街一段曰鸭行街；县治南曰南大街，其西曰羊行街（本名羊巷）；又南曰南街；县治西南曰后堂街，后堂街南曰墩头街，与西大街接。

民国21年（1932），改五境为东升、南陔、西华、北辰、中庄5个镇，两年后合并为丹城镇。时街巷略呈网格状，以东街、西街为横，县前街、南大街为纵，贯穿全城。至民国末，有街巷48条，其名为：东街、西街、南大街、县前街、后堂街、羊行街、营门路、龙泉井路、西后巷、东后巷、西巷、东巷、青草巷、直十字巷、红石巷、分司巷、笔店巷、后周巷、横十字巷、庄穆巷、井花巷、丹井巷、方家巷、刘家弄、城隍弄、儒学弄、汤家弄、温家弄、马家弄、后史弄、邓家弄、挑水弄、辛家弄、敲更弄、顾家弄、李家弄、葛家弄、当店弄、陈家弄、洒水弄、姜毛弄、铁店弄、卖盐弄、平水庙弄、磨石桥弄、花家弄、青龙桥弄、黄家桥弄。东街、西街、县前街、南街相交地段称十字街，为城中闹市区。路面由长石板铺成，其东街孔庙以东，南街羊行街以南，西街西桥头以西，中为石板，两边弹鹅卵石，宽4~5米。

民国修志采访，得弄名二十二：县治西分司弄、拷更弄、顾家弄、新当店弄、马家墙弄、后史弄，县治西南挑水弄，县治南儒学弄、林家祠堂弄、姜殿弄、邓家弄、辛家弄、撒水弄、汤家弄、温家弄、马房弄、校场弄、买盐弄，县治东老当店弄、城隍弄、刘家墙弄、买粪弄（俗称"茅坑弄"）。黄泥弄、李家弄均已不著。

中华人民共和国成立后县城街巷

1953年，丹城城墙被拆，至20世纪60年代初夷为平地，墙基改建道路为东塘山路、菜场路和建设路西段。1967年始，改造南街、西街为水泥路面。1973年，改造东街、县前街。1978年建设路动工，泥结碎石路面。1981年铺设砼路面。1983年后，拓宽、改造其他街巷，并根据人流分向要求，新开东塘山、广场、营门等路。至1985年，丹城共有街巷53条，其中宽度在4米以上22条，总长11.4千米，面积11.64万平方米，占生活居住总用地的13.06%，规模以建设路为最。东西走向，与老街相接呈"土"字状，长2.02千米，宽24米，中间车道宽16米，为过境车辆主要通道。沿路两侧布列商业、金融、文教以及住宅等楼群。80年代末始，城区路网建设加速。1989年开建新丰路，1992年开建靖南路，1994年开建天安路，1997年开建丹峰路、东谷路，1999年开建象山港路，2002年开建滨海大道、巨鹰路，2007年开建环城西路。至2008年，建成区共有街道、巷、弄219条，全长120.447千米。其中：主干道10条，全长42.035千米；次干道路16条，全长32.85千米；支路48条，全长22.463千米；巷、路、弄道路144条，全长22.841千米。形成"一环、四纵、六横、四轴"路网新格局。

照23-2　1984年建造中的丹城建设路

2008年象山县中心城区（丹东、丹西）主干道情况表

表23-2

道路名称	建造年份	起　　止	道路长度（米）	道路宽度（米）	道路断面布置				路面材料
					人行道宽（米）	非机动车道（米）	机动车道（米）	隔离带隔离物	
建设路	1981	城西路—东谷路	2200	24	4×2	4×2	8	护栏	砼
靖南路	1992	城西路—巨鹰路	3818	32	5.5×2	—	9.5×2	绿化2米	砼
丹峰路	1997	城西路—巨鹰路	3688	26	4×2	5×2	8	护栏	砼
象山港路	1999	城西路—巨鹰路	4108	60	11×2	4.5×2	12×2	绿化1.5米×2，中绿化2米	砼
滨海大道	2002	新丰路—巨鹰路	4378	60	4.5×2	4.5×2	12×2	中绿化10米，机、非绿化4×2米	沥青
巨鹰路	2002	塔山路—象山河路	8019	60	靖南路—象山河路段3.5×2	靖南路—象山河路段4.5×2	靖南路—象山河路11.5×2	中间6米绿化带	砼

续表23-2

道路名称	建造年份	起　　止	道路长度（米）	道路宽度（米）	道路断面布置				路面材料
					人行道宽（米）	非机动车道（米）	机动车道（米）	隔离带隔离物	
东谷路	1997	东风路—象山港路	2260	38	4×2	5. 5×2	7×2	绿化 1. 5 米×2，中绿化 2 米	砼
天安路	1994	建设路—滨海大道	6190	38	5×2	5×2	8×2	绿化 2×2 米	砼
新丰路	1989	建设路—滨海大道	6202	24	4. 5×2	—	8×2	绿化 2×2 米	砼
环城西路	2007	象山港路—彭姆岭隧道	1172	北 26 南 36	南 4×2	北 3×2 南 4×2	8×2	两侧各一米绿化带，中间 2 米	沥青

说明：新丰路宽度不一，丹峰路至象山港路段为 40 米，象山港路至滨海大道段为 26 米，其余均为 24 米

2008 年象山县中心城区（丹东、丹西）次干道情况表

表 23-3

道路名称	建造年份	起　　止	道路长度（米）	道路宽度（米）	道路断面布置				路面材料
					人行道宽（米）	非机动车道（米）	主车道（米）	隔离带隔离物	
兴盛路	2000	塔山路—丹峰路	1158	24	3×2	—	8×2	两侧绿化带各 2 米	砼
万象路	2002	靖南路—丹南路	2158	24	3×2	—	8×2	两侧绿化带各 2 米	砼
育才路	1996	东风路—丹峰路	1126	24	4×2	—	8×2	—	砼
新华路	1996—2001	东街—丹南路	2766	24	—	—	8×2	绿化带 2 米	砼
南街	1988	十字街—建设路	400	24	4×2	—	8×2	无	砼
城西路	1984	西街—象山港路	1435	8	—	—	8×2	无	砼
丹南路	2003—2007	巨鹰路—迎恩路	2580	24	4×2	—	8×2	无	沥青
瑶琳路	2001	象山港路—马岗鞍河	670	20	3×2	—	7×2	无	砼、沥青
丹阳路	2002—2006	巨鹰路—环城西路（丰饶路—新丰路未通）	2503	32	4×2	4×2	8×2	无	沥青
象山河路	2006	新丰路—环城西路	1550	36	4×2	4×2	10×2	无	砼
丹河路	2005—2007	天安路—环城西路（丰饶路—新丰路未通）	4916	34	4×2	4×2	9×2	无	沥青
西谷湖路	2001—2005	西门水库—园南路	3359	18	—	—	9×2	无	砼
蓬莱路	1998	供电局—园南路	3173	18～24	4×2	—	8×2	无	砼

续表23-3

道路名称	建造年份	起　　止	道路长度（米）	道路宽度（米）	道路断面布置				路面材料
					人行道宽（米）	非机动车道（米）	主车道（米）	隔离带隔离物	
白鹤路	2007	丹峰路—园南路	2399	17	—	—	8.5×2	无	砼
园中路	2007	丹峰路—园南路	2373	24	4×2	—	8×2	无	砼
园南路	2007	新丰路—环城西路	1546	17	—	—	8.5×2	无	砼

2008 年象山县中心城区（丹东、丹西）支路情况表

表 23-4

道路名称	起　　讫	道路长度（米）	道路宽度（米）	路面材料
东　街	西接西街，东至东门口	720	12	砼
县前街	北起县政府大门，南至南街	130	12	砼
西　街	西起环城西路，东连东街	680	14	砼
塔山路	西起天安路，东至东谷湖路	1550	16~24	砼、沥青
汇兴路	北起丹峰路，南至丹南路	390	6	砼
汇振路	西起新华路，东至东谷湖路	380	6	砼
来薰路	北起靖南大街，南至丹阳路	1356	14~24	砼
城站路	东起天安路，西至来薰路	230	7~11	砼
茂林路	北起靖南大街，南至丹峰路	350	8~10	砼
紫竹路	北起靖南大街，南至白石路	123	6	砼
乐业路	北起丹峰路，南至丹南路	200	9	砼
丰茂路	东起新丰路供电所，西至蓬莱路	900	6	砼
后堂街	西起北山路，东至黄家桥	480	6	砼
上进路	北起东街，南至建设路	300	12	砼
广场路	西起南街，东至新华路	400	12	砼
园西路	北起广场路，南至建设路	180	12	砼
营门路	西北起小井路，东南至建设路	370	7	砼
文昌街	西起新丰路，东至天安路	380	8	砼
白象路	西起天安路，东至新华路	450	6	砼
象山桥路	北起羊行街，南至建设路	480	6~12	砼
金声路	北起建设路剧院，南至塔山路	225	8	砼
金辉路	北起建设路，南至塔山路	225	8	砼
宾阳路	北起东风路，南至塔山路	470	8~10	砼

续表23-4

道路名称	起　　讫	道路长度（米）	道路宽度（米）	路面材料
东河路	北起菜场路口，南至建设路	140	8	砼
金鹰路	北起建设路，南至靖南大街	450	8	砼
梅溪路	西起体育场路，东至东谷路	900	12	砼
东风支路	北起东风水库脚，南至东门加油站	120	6	砼
体育场路	北起建设路，南至塔山路	310	16	砼
东塘山路	西北起东澄河路，东南至东门口	520	5	砼
起春路	北起起春村，南至塔山路	400	6	砼
方秧路	北起丹峰路，南至象山港路	560	8	砼
长寿路	北起东寺左侧，南至东塘山路	400	6	砼
城东路	西起东门口，东至东谷路	900	7~12	砼
东风路	西起东塘山路口，东至东门加油站	820	12	砼
沿山路	西起大弯道，东至塔山路	400	10	砼
丰登路	东起新丰路利华公司，西至蓬莱路	260	6	砼
百花路	东起蓬莱路，西至白鹤路	1500	9	砼
顺达路	北起交警大队停车场，南至丹南路	650	7	砼
闻学路	西起东谷湖路，东至兴盛路	210	9	砼
春园路	北起靖南大街象中围墙，南至丹峰路	370	7	砼
新安路	东起新华路，西至天安路	370	5	砼
北山路	北起饮水水库脚，南至西桥头	500	6	砼
凤跃路	北起西寺，南接北山路	250	6	砼
白石路	西起新丰路，东至来薰路	410	6	砼
文韵路	北起靖南路，南止丹峰路	406	16	砼
春园支路	东起东谷路，西止文韵路	258	8	砼
木材市场一号路	南起百花路，北至丹峰路	245	16	砼
木材市场二号路	东起乐业路，西止西谷湖路	145	16	砼

2008年象山县中心城区（丹东、丹西）巷、路、弄情况表

表23-5

道路名称	起　　讫	道路长度（米）	道路宽度（米）
西澄河路	北起凤跃路，南至后堂街	380	3.0~5.0
东澄河路	北起东寺，南至后堂街	260	4.0~5.0

续表23-5

道路名称	起　　讫	道路长度（米）	道路宽度（米）
龙泉井路	北起西街，南至环城西路	250	3.0~5.0
羊行街	西起金溪路，东至南街	200	4.0
菜场路	西起上进路，东至汪家河菜场	140	8.0
三叉路	西起种子公司，东至建设路	270	4.0
白起路	北起城东路，南至东风路	210	8.0
西丹路	东起环城西路，西至彭姥岭隧道	210	4.0~5.0
桃园路	东南起广播站，向西折北至拱极路	150	2.0~4.0
拱极路	东起北门村委会，向西折北至北山路	200	4.0
小井路	西起龙泉井路，东至金溪路	340	2.5
大井路	北起西街，南至龙泉井路	450	2.5
金溪路	北起羊行街，南至象山桥路	200	3.0
上岭路	北起广场路，南至园西路 11 弄	200	2.5
下岭路	北接上岭路，南至建设路	150	2.5
沙溪路	北起城东路，南至东谷湖路	170	4.0
羊府路	西起城西路，东至环城西路	200	4.0
永平路	西至城西路，东至新丰路	630	3.0~4.0
永丰路	西至城西路，东至永胜路	390	3.0~4.0
永胜路	北起永平路，南至靖南大街	250	3.0
永安路	北起西谷湖路，南至永丰路	340	3.0~4.0
永泰路	西起永丰路，东至新丰路	400	3.0
绿野路	北起靖南大街，南至司法局宿舍	350	5.0
金秋路	北起塔山路卫生局，南至靖南大街	250	8.0
南洋路	西起金鹰路，东至金秋路	160	4.0
步北路	北起靖南大街，南接步南路	385	18.0
步南路	南起丹峰路，北接步北路	385	18.0
步东路	东起新华路，西接步西路	368	18.0
步西路	西起天安路，东接步东路	368	18.0
丰盛路	北起丰登路，南至丹南路	400	6.0
锦河路	东起来薰路，西至新丰路	300	4.0
汇源路	西起新华路，东至东谷路	460	6.0
康乐路	北起塔山路福利院，南至闻学路	200	5.0

续表23-5

道路名称	起　　讫	道路长度（米）	道路宽度（米）
步新路	东起新华路，西至步南路	180	16.0
步峰路	南起丹峰路，北至步新路	120	12.0
平水庙巷	北起西街，南至方井头新宅	70	2.5
方家巷	北起西街，南至丹井巷东	70	2.0
丹井巷	南起西街外国语学校东墙向北	220	1.5
分司巷	北起西街，南至姚园弄	220	1.5
笔店巷	北起西街，南至分司巷	110	1.5
铁店巷	南起西街西桥头向北分东西二支	100	1.5
直十字巷	北起西街，南至后堂街	150	3.0
冯家桥弄	北山路（西），东西走向	100	2.0
西后巷	北起西澄河路，南至北山路	150	2.0
后周巷	北山路至西澄河路，东西走向	150	2.0
青草巷	北山路至直十字巷，东西走向	70	3.0
横十字巷	北山路至县前街，东西走向	220	2.5
儒学弄	东街至后堂街，南北走向	110	2.5
青龙桥弄	东街至后堂街，南北走向	100	2.5
黄家桥弄	东街至庄穆巷，南北走向	270	2.5
葛家弄	东街（北），南北走向	80	2.0
范家弄	东街至东塘山路，西南—东北走向	120	2.0
庄穆巷	东塘山路至东后巷，南北走向	130	3.0
东后巷	东塘山路至东澄河路，东西走向	300	2.5
当店弄	后堂街至东后巷，南北走向	80	2.5
马乌岭弄	东塘山路至后堂街，东西走向	160	2.5~4.0
白虎桥巷	城东路至道人山脚，南北走向	200	2.0~3.0
祠堂弄	城东路至白虎桥，南北走向	130	1.5~2.0
红石巷	东街至汪家河菜场，南北走向	80	2.0
陈家弄	东街至广场路，西北走向	120	2.0
刘家弄	东街黄家桥折至上进路，南北走向	120	2.0
汤家弄	南街至上进路，东西走向	250	2.0
洒水弄	西街至姜毛庙，南北走向	110	1.5
姜毛弄	西街至羊行街，南北走向	90	2.0

续表23-5

道路名称	起 讫	道路长度（米）	道路宽度（米）
卖盐弄	洒水弄至南街，东西走向	150	1.5
温家弄	象山桥路至南街，东西走向	120	2.0
挑水弄	象山桥路至南街，东西走向	120	2.5
邓家弄	西街至羊行街，南北走向	100	3.0
后史弄	金溪路至史家祠堂，东西走向	70	2.0
磨石桥巷	磨石桥西经电阻厂至建设路，南北走向	200	2.0~8.0
辛家弄	西街至羊行街，南北走向	90	2.0~3.0
顾家弄	西桥头至小井路，南北走向	120	2.0
井花巷	小井路至营门路，西北—东南走向	150	2.0
敲更弄	小井路至营门路，南北走向	210	2.0~2.5
东风路67弄	狮山路至东风路，南北走向	430	6.0~8.0
永吉巷	蓬莱路向东至永胜路	320	4.0
永谊巷	蓬莱路向东至永安路	230	3.0
永泰巷	西起永丰路东经永胜路至新丰路	400	3.0
油车巷	啤酒厂大门前折西向南至文昌街	250	4.0
油车支巷	大通商店南面向西接油车巷	100	2.0~3.0
井花支巷	井花巷折西段向南至敲更弄	100	2.5
敲更支弄	敲更弄北段中间西通井花巷	70	1.5
金溪支巷	原秧田头村委南向西折南（金溪路上）	80	2.0
白虎桥支巷	白虎桥巷叉向西段	100	1.5~2.0
祠堂支弄	祠堂弄叉向东段至城东路67弄	80	2.0
西谷湖路29弄	西谷湖路向东到蓬莱路	70	3.0
西谷湖路31弄	西谷湖路向东到蓬莱路	70	3.0
西谷湖路33弄	西谷湖路向东到蓬莱路	70	3.0
永安路2弄	永安路内	80	2.0
永平路2弄	永平路南侧由西向东至永丰路	80	2.0~2.5
永平路4弄	永平路南侧由西向东至永丰路	80	2.0~2.5
永平路6弄	永平路南侧由西向东至永丰路	80	2.0~2.5
永平路14弄	永平路向南至永丰路	80	2.0~2.5
永平路16弄	永平路向南至永丰路	80	2.0~2.5
永平路18弄	永平路向南至永丰路	80	2.0~2.5

续表23-5

道路名称	起　　讫	道路长度（米）	道路宽度（米）
永平路24弄	永平路南侧穿永泰巷至永丰巷	60	2.0~2.5
南河路24弄	南河路通用厂南向西	100	2.0
塔山路20弄	百合楼东，南至南洋路	110	3.0
塔山路26弄	塔山路南侧	110	2.5
塔山路32弄	塔山路南侧	80	2.5
塔山路38弄	塔山路南侧	80	2.5
塔山路44弄	塔山路南侧	80	2.5
起春路61弄	县人民武装部南	100	5.0
起春路63弄	县人民武装部南	100	5.0
起春路65弄	县人民武装部南	100	5.0
起春路67弄	县人民武装部南	100	5.0
大井路62弄	大井路西门村晒场向西折南折西至大林路	120	1.5~2.0
小井路10弄	小井路西段向南折东至大井路	100	1.5~2.0
龙泉井路10弄	龙泉井路北首向西折北至西街	95	1.5
龙泉井路18弄	龙泉井南首向西通城西路	90	1.5~2.0
龙泉井路41弄	龙泉井向东至大井路	60	2.0
城西路30弄	城西路东面至西谷湖路	160	3.0
城西路34弄	十字路水库东面至西谷湖路	160	3.0
城西路38弄	城西路东面至西谷湖路	160	3.0
城西路29弄	象山县罐头厂对面城西路向西	70	4.0
城西路97弄	原水电局北首	80	2.0
西谷湖路23弄	西门村委南折东	70	3.0
西谷湖路25弄	西谷湖路向东至蓬莱路	70	3.0
西谷湖路27弄	西谷湖路向东至蓬莱路	70	3.0
白起路9弄	白起路东面	80	2.0
东风路42弄	东风路城东村民新宅区	60	2.0
东风路50弄	东风路城东村民新宅区	60	2.0
东风路60弄	东风路城东村民新宅区	80	2.0
东风路62弄	东风路城东村民新宅区	70	2.0
东风路75弄	东风路食品公司猪仓库以东向北	100	2.5
东风路83弄	东风路食品公司猪仓库以东向北	60	2.5

续表23-5

道路名称	起　　讫	道路长度（米）	道路宽度（米）
建设路 337 弄	三叉路与建设路交口向北	100	2.5
建设路 347 弄	建设路 337 弄东向北	100	2.5
建设路 357 弄	建设路 347 弄以东折北	150	2.5
东街 20 弄	第一百货商店西边向南至汤家弄	100	1.5~2.0
东街 28 弄	东街新华书店对面向南	80	2.0
园西路 9 弄	公园西镇劳动服务公司西边	50	1.5
园西路 12 弄	丹城水产商店南折西至南街	120	2.0~3.0
园西路 19 弄	青少年宫南向西	90	1.5
广场路 23 弄	粮管所供应站向北过道	40	2.0
下岭路 17 弄	下岭路向东	50	1.5
大井路 23 弄	进士第南面折南至建设路	100	2.0
东塘山路 53 弄	东塘山路丹城二小门口向东沿日杂公司、百货公司仓库南墙至东塘山	120	1.5~3.0
长寿路 6 弄	长寿路向东沿监狱围墙折北至南门橘场	100	1.5
长寿路 11 弄	长寿路西首晒场北面向西	120	1.5~2.0
城东路 11 弄	城东路县种子公司东边向北折西接东塘山路 53 弄	150	1.5~3.0
三叉路 32 弄	三叉路 33 号东面小弄向北	80	2.0~2.5
城东路 95 弄	城东路南首 88 号东边向南	100	1.5~2.0
城东路 126 弄	城东路沙溪自然村中间向东	100	2.0

说明：路面材料除园西路 9 弄为石板之外，余皆为混凝土铺设

第四节　市政建设

中华人民共和国成立初期，县政府财力有限，市政建设投入不多。改革开放后，多方筹集资金，改善道路交通条件，城区开设公共交通；改造城市电网，推行节能照明路灯，亮化城市；兴建饮用水库，扩建水厂，普及自来水供应；城市绿化逐渐成为市政投入的重要项目。

城区交通

原县城狭小，至 20 世纪 50 年代，居民出行靠步行，运物靠肩挑。60—70 年代，居民自行车代步逐年增多，东街、西街、南街出现少量货运汽车。80 年代后，城区迅速扩大，人口增多，新建街道巷弄宽敞平直，旧街巷拓宽改造，适应各种车辆通行。1995 年 7 月，城区公交车开通。2000 年，城区公共汽车 39 辆，面的 91 辆，出租车 75 辆，人力三轮车 532 辆，日客运量 47450 人

次。至2008年，中心城区（丹东、丹西）共设公交线路8条，覆盖全城主要街道及南庄、东陈等部分郊区乡村；有公交车67辆，实行双向循环对开。车上实行无人售票，并安装电子化监控设备。详见本志《交通》篇，第四章“陆上运输”，第一节“陆上客运”。

城区路灯

1968年，城区街道开始安装路灯，配25瓦白炽灯20余盏。1978年始，路灯逐步改为高压汞灯。2000年，城区大型跨路灯箱14座，沿街灯箱200只，彩色华灯5盏，高架灯3盏，路灯2523盏，内落地灯588盏，抱杆灯1935盏。2008年，城区共有路灯基数2813处，路灯4764盏（节能灯949盏，其他灯型3815盏），沿街广告灯箱425只，路灯总功率415.9千瓦。箱式变电器40台，专用配电室1座，杆上配电箱46台，落地配电箱39台。灯型有普灯、单挑灯、壁灯、双火落地灯、庭院灯、草坪灯、六火落地灯、马路弯灯、投光灯等。

20世纪70年代前，路灯均以抱杆方式安装于木杆上。80年代，采用水泥灯杆架空电线输电。1990年后，架空电线逐渐淘汰，采用地下电缆，灯杆采用有装饰功能且造型多样的钢质成型镀锌灯杆。2008年5月，城区设电子时控86处，路灯亮度根据时间气候变化自动调控亮度；节能灯、高压钠灯取代原来的白炽灯。

2008年象山县中心城区（丹东、丹西）路灯安装情况表

表23-6

安装地点	灯型名称	每盏灯容量种类	基数	盏数
城西车站	高架灯	400W高压钠灯	1	12
建设路东、西侧	高架灯	400W高压钠灯	2	24
小白象	高架灯	250W高压钠灯	2	24
绿叶大厦	射灯	250W高压钠灯	2	6
塔山路（新华路以东）	单挑灯	250W高压钠灯	66	66
文昌商住楼	单挑灯、壁灯	36W节能灯	29	29
酒厂控制点	单挑灯、壁灯	36W节能灯	71	71
公路段控制点	单挑灯、壁灯	36W节能灯	17	17
长城公司控制点	单挑灯、壁灯	36W节能灯	39	39
姜毛庙控制点	单挑灯、壁灯	36W节能灯	12	12
西街	单挑灯	250W高压钠灯	30	30
公园前控制点	单挑灯、壁灯	36W节能灯	72	72
东澄河控制点	单挑灯、壁灯	36W节能灯	97	97
人民医院控制点	单挑灯、壁灯	36W、65W节能灯	26	26
起春路	单挑灯、壁灯	36W节能灯	4	4
新华路汪家河菜场边	单挑灯	36W节能灯	5	5
天安路（春天百货）	双火落地灯	250W高压钠灯、400W高压钠灯各一	62	124
天安路南段	双火落地灯	250W高压钠灯、400W高压钠灯各一	160	320

续表23-6

安　装　地　点	灯型名称	每盏灯容量种类	基数	盏数
天安路（广场西）	双火落地灯	250W 高压钠灯、400W 高压钠灯各一	22	44
三岔路新村	单挑灯、壁灯	36W 节能灯	34	34
上进新村	单挑灯	36W 节能灯	8	8
城东新村	单挑灯、壁灯	36W 节能灯	12	12
北门新村	单挑灯、壁灯	36W 节能灯	4	4
顺达路	单挑灯	65W 节能灯	10	10
瑶琳路	单挑灯	65W 节能灯	20	20
方秧新村	单挑灯、壁灯	36W 节能灯	7	7
丹峰小区	庭院灯	65W 节能灯	41	41
新华小区	庭院灯	65W 节能灯	18	18
文峰小区	庭院灯	65W 节能灯	43	43
蓬莱小区	庭院灯	65W 节能灯	20	20
瀛洲小区	庭院灯	65W 节能灯	8	8
步行街	庭院灯	250W 高压钠灯	71	71
东谷湖风景区	庭院灯、景观灯	65W 节能灯	46	46
塔山路（建设局门口）	庭院灯	36W 节能灯	17	17
滨海大道	双火落地灯	250W 高压钠灯、400W 高压钠灯各一	185	370
新丰路工业园区以北	单挑灯	250W 高压钠灯	17	17
新丰路工业园区以南	双火落地灯	250W 高压钠灯	102	204
环城东路	六火落地灯	150W 高压钠灯	117	702
象山港路中家河	双火落地灯	250W 高压钠灯、400W 高压钠灯各一	124	248
象山港路广电大厦				
象山港路老日升厂				
丹南路瑶琳小区	双火落地灯	250W 高压钠灯、400W 高压钠灯各一	48	96
丹南路实验小学				
丹南路丹城中学				
新华路	单火落地灯	65W 节能灯	86	86
工业园区	单火、双火落地灯	250W、400W 钠灯	435	725
东谷湖路	双火落地灯	250W 高压钠灯、400W 高压钠灯各一	102	204
东一环路	—	250W 钠灯	19	38
东二环路	—	150W 钠灯	41	82
靖南路大街	—	250W 钠灯	75	150
经南路十字路口	射灯	250W 钠灯	4	12

续表23-6

安　装　地　点	灯型名称	每盏灯容量种类	基数	盏数
环城西路	双火落地灯	250W 钠灯	25	50
人民广场	高架灯	800W 高压钠灯	2	16
人民广场	景观灯、地坪灯	250W 钠灯	150	180
其他建设中小区	庭院灯	65W 节能灯	200	200
东风支路	单火落地灯	70W 节能灯	3	3

城区供水

历代居民用水取溪水、井水。县域南北有风跃溪穿城而过，东西多井渠，用水量各占一半。井水水质尚优，溪、渠水质较差。民国36年（1947）9月，释传常出资于东门外北首，建饮水池一口。1958年冬，丹城镇兴建北门饮水库，铺水管引水，1963年竣工。1967年建北门自来水厂，300立方米清水池、24平方米泵房各1座、钢板压力滤池2口。次年，自来水入户，居民始饮用自来水。1978年，仓岙水库竣工，利用农渠向丹城供水。至1987年，北门水厂建有2万立方米平流式沉淀池1座，1万立方米虹吸滤池1座，8000立方米虹吸滤池1座，1000立方米清水池1座，500立方米清水池1座，引水管道6.42千米。

1991年，筹建南门水厂，次年建成。始引赤坎水库、东大河及东风水库水入厂。1992年扩建南门水厂，改名靖南水厂。铺管引溪口水库、九顷水库、隔溪张水库水，引水管道16.66千米。2008年7月29日，滨海水厂建成。按远期20万立方米/日的供水规模设计，管道全长8.03千米。至2008年，城区供水主干管200千米，日综合生产能力11万立方米，年供水总量1847万立方米，用水人口10余万人。县城自来水供应，详见本志“供水　燃料　电力”篇第一章“供水”第二节“自来水”。

城区共设自来水消防栓273处，其中，道路154处，工业园区80处，小区39处。

2008年象山县城北水厂管网管道情况表

表23-7

线　　路	管道布构与直径
北门饮水库前主管	直径400毫米，长300米
一纵（东路）	入拱极门三折至县中队分为二，一向东越象鼻山；一向南自西澄河折而东至县前街南下大白象与靖南水厂联网，此为城北水厂开山之管道。后堂街管道直径100毫米，通北山路主管道；南支管直径100毫米，达十字巷；东支管直径100毫米，达儒学弄
二纵（中路）	由厂前入北水门沿北山路达西大街，折而东南下邓家弄，西过下路桥南象山桥达建设西路，直径300毫米，与靖南水厂联网。北山路自北而南有后堂街管通县前街，青草巷管道直径100毫米，通十字巷。邓家弄过下路桥有支管通经堂桥折而南沿金溪路。又象山桥路象山桥挑水弄与南街相接，直径100毫米
三纵（西路）	自城北水厂清水池直出经桃园路越象中、实验小学之背达城西路至西门口，直径400毫米，与建设西路贯通；又沿城西路南下至狮山路，直径300毫米；又南下经白石至朱水溪一线，直径200毫米或300毫米；沿城西路西有支管直径200毫米，达狮山路；东支管直径100毫米，达食品罐头厂

续表23-7

线　　路	管道布构与直径
一横	自县中队横过象鼻山嘴，经东塘山路斜出至东门口，与东大街管通，直径200毫米，其间有支管直径150毫米南进东澄河路；又有支管北进长寿路。又西下至东后巷，支管道直径150毫米或直径100毫米进巷；北支管道直径100毫米进中百仓，又东南下支管直径100毫米，西进骂倭岭，东进东塘山
二横	东起东谷湖路东风路，西至城西路。自北山路西桥头向东，直径300毫米，南与邓家弄（象山桥路）管通，与建设路管通；又东进至十字街，直径150毫米，北通西澄河、县前街，南通南街与建设路管通；又东至上尊殿，与上进路管通，与建设路管通；又东进至东门口，直径300毫米，北与东塘山路管通，其间有支管2条，直径100毫米，各进陈家弄、红石巷；又东进至三岔路，一支管道北进东塘山（医仓），直径100毫米，至三岔路口分为二：一沿东风路达东谷湖路，消防大队，直径150毫米；一自三岔路口沿城东路北上，折而东至沙溪路，直径100毫米，再南下，直径200毫米，与东风路管通，其间在白虎桥有支管进郑家岙，罗汉堂有支管进郑家岙。北山路西桥头向西与城西路管通，皆直径200毫米，其间至大井路（原电影院西），支管南进折而东进小井巷，在实验小学前与龙泉井路管通
三横	建设路一线。东起东谷湖路消防大队，与东风路管通，西至西门口与城西路管通。新华路直上支管汪家河通菜场，直径200毫米。又向东，南与育才路管通，直径200毫米，又东进，支管南进体育场路，直径150毫米，又东进与东谷湖路管通。新华路向西至大白象（天安路、南街），直径200~300毫米，其间有支管北进汪家河东场，直径150毫米。又西至丹城公园东，有支管与上进路管通，直径150毫米，又西南与金鹰路管通，北支管进园西路，直径100毫米，又西有支管进下岭路，直径100毫米。大白象向西，北与象山桥路管通，南与新丰路管通。又西进至营门口，直径300毫米。北有支管进营门路，直径100毫米。南与西谷湖路管通，又西至西门口，北通龙泉井路，西通城西路管

2008年象山县靖南水厂管网管道情况表

表23-8

线　　路	管道布构与直径
纵向管道	
新华路管道	有2支主管道由此出厂，直径500毫米或1000毫米，沿新华河两岸北上，至靖南路分东西，其间有2支管西进步行东路，直径100毫米或300毫米。又北上至塔山路分东西，直径500毫米。其间有2支管西进金秋住宅区西通白象路，直径150毫米。又北上与城北水厂建设路管通。向南一管至丹峰路分东西。又南下东通汇振路，又南下与象山港路管通，其间有支管西通计划生育委员会地，直径200毫米
起春路管道	新华路东，自靖南路北上至塔山路分东西，直径有150毫米、100毫米、200毫米，西通新华北路管道，东通东谷湖路管道。有支管东进庄穆境新村，西进新华小区。西有支管北通宾阳路，中有支管北上起春路
育才路管道	起春路东，自靖南路北上，直径300毫米，至塔山路分东西，其间有支管，直径100毫米，西通庄穆境新村北首，又有支管，直径200毫米，东通文峰小区西门。又北上，直径150毫米，至本路39弄通梅溪路管道。又北上，直径150毫米，与建设路管通。自靖南路南下与丹峰路管通，直径300毫米，在靖南水厂东有支管东进丹峰小区西门

续表23-8

东谷湖路管道	体育场东。南起丹峰路管，北与建设路管通，自靖南路北上，直径400毫米，至塔山路分东西，其间有二支管，直径皆150毫米，东进上进新村。又北上至梅溪路分东西。再北上与建设路管通
金鹰路管道	新华路、金声路西。南起靖南路，北通建设路，自靖南路北上至塔山路分东西。又北上东通白象路，再北上与建设路管通，直径皆150毫米。天安路管道南起象山港路，北至建设路大白象环岛。自靖南路小白象北上，直径300毫米，至塔山路分东西，有支管直径100毫米，西进文昌街。又北上西通天安路24弄。又北上东通塔山路管。又北上，直径200毫米，与建设路管通。自小白象南下至丹峰路分东西，其间有支管直径200毫米，西进城站路，至顺达路分南北，直径100毫米。又南下，直径500毫米，至象山港路分东西，其间有支管直径150毫米，东进新安路，折而南又折东直径150毫米，分而为二，东进方秧新村（直径150毫米）及新安新村（直径100毫米）。又南下，直径500毫米，至丹南路始沿天安路，分东（直径500毫米）、西（直径300毫米）南下达丹阳路
来薰路管道	天安路西。自靖南路南下至丹峰路分东西，直径200毫米。又南下，直径200毫米，至象山港路分东西，其间有支管东进北门新村，直径100毫米，西进锦河小区，直径150毫米。又南下至新峰小区，直径200毫米，其间有支管，直径150毫米，东进瑶琳小区
新丰路管道	来薰路西。自靖南路北上，直径200毫米，与建设路管通，其间有支管直径100毫米，西进72弄。自靖南路南下，直径300毫米，至丹峰路分东西，其间有支管东通商住楼，直径200毫米、直径150毫米、直径100毫米，西有支管直径200毫米，进蓬莱小区，又南下有支管进丰登路，直径100毫米。又南下，直径300毫米，至丹峰路折过新丰路东，折南至白凉亭而止
蓬莱路管道	新丰路西。自靖南路南下至丹峰路，直径300毫米，分东西，其向有支管直径150毫米，西进西门新村，东有支管进蓬莱小区。又南下，直径300毫米，西通百花路，东通丰茂路。又南下至象山港路，直径300毫米，分东西
西谷湖路管道	乐业路西。自丹峰路南下，至百花路分东西。又南下达象山港路，直径300毫米
天主堂路管道	在西谷湖路西。自丹峰路南下，东通百花路。又南下达象山港路北，直径150毫米
规划一路管道	在天主堂路西。北通丹峰路，南通象山港路，直径200毫米
横向管道	
靖南路管道	自新华路向东过育才路达东谷湖路，直径500毫米。其间北与起春路管通，有支管直径200毫米，北进文峰小区，南进丹峰小区。又东至环城东路，直径400毫米，其间有支管直径200毫米，北进东一环塔山新村、东二环大红鹰小区通梅溪。南有支管直径100毫米，进春园路，又东有支管直径150毫米，进文峰学校西巷南进东河花园。又东进至环城东路有直径600毫米纵向管道，其北有直径200毫米支管西进阳明花园。新华路向西天安路管道直径500毫米，有直径100毫米支管2条南进烟草路、南航路。又有直径100毫米支管2条北进金秋小区。又北与金鹰路管通。又有直径200毫米西进与新丰路管通，其间南与来薰路管通，有直径100~150毫米支管3条，北进文昌小区。又西有直径200毫米支管，北进丹山北路油车河巷，又西进有直径150毫米支管自新丰路北上至丹城第二中学。南有直径150毫米支管进绿野路，又西进茂林路，又西进有支管南进紫竹路。又有直径300毫米西至西谷湖路与城北水厂管通，其间南与蓬莱路管通

续表23-8

塔山路管道	自新华路向东至育才路，直径200毫米。其间有支管，直径100毫米，北进宾阳路，又东有支管，直径150毫米，北进起春路，南与起春路管通。又东至东谷湖路，其间有支管，直径200~100毫米，北进体育场路，南进文峰小区北门，又东有支管南进文峰小区东北。新华路向西经金鹰路，直径150毫米，至天安路，其间有支管，直径100毫米，南进金秋住宅区
梅溪路管道	自东谷湖路分东西，东沿塔山南坡达石孔煤气站，西通育才路，直径150毫米，其间有支管，直径100毫米，南进塔山别墅
丹峰路管道	自新华路向东至东谷湖路止，直径600毫米，其间北通育才路管道。又东进北上丹峰小区，直径100毫米，南下五洲小区，直径100毫米。又东南下汇兴路，与汇振路管通。新华路向西至天安路，直径500毫米，其间有支管直径200毫米1条、直径100毫米1条，北通地税局、绿叶大厦。又西进至来薰路，其间有支管北通顺达路。又西进至新丰路，直径400毫米，其间有支管，直径200毫米，北进紫竹路，南有支管，直径150毫米，进瀛洲小区。又西进与蓬莱路管通，直径400毫米，其间有支管北进丰盛路，南通丰茂路折西通蓬莱路。又西进通，直径300毫米，城西路管，其间有4管各南通乐业路、西谷湖路、天主堂路、规划一路，皆通象山港路北管道
百花路管道	东起蓬莱路，西至天主堂路，其间与乐业路、西谷湖路管通
象山港路北管道	自新华路分东西，直径200毫米，东止东谷湖路，西止天安路东，其间有支管北进汇兴路、检察院。又东起东谷湖路东，直径200毫米，至东环一路，有管通南北。又东进与东环二路管通南北；又东进至环城东路西首止。又自天安路西西进与来薰路管通。又西进至新丰路东管通，皆直径200毫米，折南，直径300毫米，通象山港路南管通。又新丰路西有管，直径200毫米，西进与蓬莱路、西谷湖路、规划一路贯通南北，其间有管道，北与乐业路、天主堂路管通
象山港路南管道	自新华路向东，皆直径600毫米，有支管直径150毫米，南进体育馆。至东谷湖路有管直径400毫米，北通医疗中心。又东进至东环一路有管直径300毫米，通南北（预留）。又东进至东环二路有管直径300毫米，通南北（预留）。又东进至环城路折而南，直径400毫米，通爵溪镇。自新华路向西，皆直径600毫米，至天安路分南北。其间有管直径150毫米，进瑶琳路。又西进至新丰路南下，直径300毫米，达工业园区。又西进至城西路与城北水厂管道互通，其间北与蓬莱路、西谷湖路、规划一路管通

城区排水

老城区地势西北高，东南低，自县政府至大白象雕塑，纵坡为1.3%，积水、污水随沟流入溪坑汇注南大河，大雨时浊水横溢。20世纪60年代后，开始建排水设施，新建街道、住宅区均建水泥、块石下水道，相互连接，形成网络。90年代末，成立象山县市政养护公司，城市排水由市政养护公司管护。2008年，城区排水管道铺设205.97千米，设检查井3373座，雨水井8223口。

2008年象山县中心城区（丹东、丹西）主要排水设施情况表

表23-9

排水管道所在路名	起　止　地　点	管道长度(米)	管(渠)道口径(毫米)	管(渠)道材质	检查井(座)	雨水井(口)	建设年份
建设路	城西路—东谷路	4400	1000×1000	石渠	72	295	1981
靖南路	城西路—巨鹰路	7636	1000×1000	石渠	106	252	1992

续表23-9

排水管道所在路名	起止地点	管道长度(米)	管(渠)道口径(毫米)	管(渠)道材质	检查井(座)	雨水井(口)	建设年份
丹峰路	城西路—巨鹰路	7376	1000×1000	石渠	102	109	1997
象山港路	城西路—巨鹰路	8216	600~1000	砼管	269	514	1999
巨鹰路	塔山路—滨海大道	10440	600~1000	砼管	135	270	2002—2005
东谷路	东风路—象山港路	4520	2500×2500	石渠箱涵	38	168	1995
天安路	建设路—滨海大道	12380	2500×2500 800~1400	砼管	155	514	1995
新丰路	建设路—滨海大道	12404	2500×1500	石渠	182	610	1989—1992
滨海大道	新丰路—巨鹰路	8756	800~1200	砼管	207	436	2002
环城西路	象山港路—彭姥岭隧道	2344	边沟式	—	50	86	2007
兴盛路	塔山路—丹峰路	2316	600~800	砼管	30	68	2000
万象路	靖南路—丹南路	4316	600~800	砼管	86	176	2002
育才路	东风路—丹峰路	2252	2000×1500	石渠	20	74	1996
新华路	东街—丹南路	3008	排入河道	—	63	220	1996—2001
南街	十字街—建设路	800	1000×1200	石渠	6	36	1988
城西路	西街—象山港路	2870	1200×1000	石渠	6	39	1984
丹南路	蓬莱路—新华路	5160	600~1000	砼管	92	155	2003—2007
瑶琳路	象山港路—马岗鞍河	1340	500×500	石渠	13	32	2001
丹阳路	东谷路—新丰路	5006	600~1000	砼管	94	164	2001—2006
象山河路	新丰路—环城西路	3100	600~1000	砼管	23	36	2006
象山河路	新丰路—环城西路	3100	600~1000	砼管	23	36	2006
丹河路	巨鹰路—环城西路	7830	600~1000	砼管	146	208	2005—2007
西谷湖路	西门水库—园南路	6718	1500×1000	石渠	134	224	2001—2005
蓬莱路	供电局—园南路	6346	1500×1000	石渠	127	212	1998
白鹤路	丹峰路—园南路	4798	600~1000	砼管	96	160	2007
园中路	丹峰路—园南路	4746	600~1000	砼管	89	158	2007
园南路	新丰路—环城西路	3092	600~1000	砼管	62	103	2007
东街	西接西街，东至东门口	1440	1600×1200	石渠	11	28	1994
县前街	北起县政府大门，南至南街	260	500×500	石渠	8	16	1985
西街	西起环城西路，东连东街	1360	1500×1200	石渠	39	88	1996
塔山路	西起天安路，东至东谷湖路	3100	1000×1000 600~800	石渠、管道	55	112	1994
汇兴路	北起丹峰路，南至丹南路	780	600~800	砼管	4	16	2000

续表23-9

排水管道所在路名	起　止　地　点	管道长度(米)	管(渠)道口径(毫米)	管(渠)道材质	检查井(座)	雨水井(口)	建设年份
汇振路	西起新华路，东至东谷湖路	760	60~800	砼管	38	80	2000
来薰路	北起靖南大街，南至丹阳路	2712	1000×1000 600~800	石渠、管道	41	130	1998
城站路	东起天安路，西至来薰路	230	500×500	石渠	4	14	2000
茂林路	北起靖南大街，南至丹峰路	700	500×500	石渠	4	38	1996
紫竹路	北起靖南大街，南至白石路	123	500×500	石渠	2	28	1998
乐业路	北起丹峰路，南至丹南路	400	500×500	石渠	4	14	2000
丰茂路	东起新丰路供电所，西至蓬莱路	900	500×500	石渠	8	39	1989
后堂街	西起北山路，东至黄家桥	480	500×500	石渠	12	50	1974
上进路	北起东街，南至建设路	600	1500×1000	石渠	4	38	1975
广场路	西至南街，东至新华路	900	500×500	石渠	4	24	1983
园西路	北起广场路，南至建设路	360	500×500	石渠	3	8	1986
营门路	西北起小井路，东南至建设路	370	1000×1000	石渠	10	26	1994
文昌街	西起新丰路，东至天安路	760	3000×2000	石渠	17	178	1989
白象路	西起天安路，东至新华路	900	500~600	砼管	37	26	2005
象山桥路	北起羊行街，南至建设路	960	4000×1500	石渠	3	14	1993
金声路	北起建设路剧院，南至塔山路	450	500×500	石渠	4	12	1993
金辉路	北起建设路，南至塔山路	450	500×500	石渠	9	15	1994
宾阳路	北起东风路，南至塔山路	940	800~1000	砼管	7	23	1991
东河路	北起菜场路口，南至建设路	280	500×500	石渠	2	8	1983
金鹰路	北起建设路，南至靖南大街	900	1000×1000	石渠	8	30	1984
梅溪路	西起体育场路，东至东谷湖路	1800	1500×1500	石渠	18	60	1998
东风支路	北起东风水库脚， 南至东门加油站	240	800×500	石渠	4	6	2000
体育场路	北起建设路，南至塔山路	620	1000×800	石渠	10	42	1998
东塘山路	西北起东澄河路，东南至东门口	1040	1500×1500	石渠	10	22	1995
起春路	北起城东路，南至靖南路	1636	1000×1000	石渠	13	64	1990
方秧路	北起丹峰路，南至象山港路	1120	500~600 1000×1000	砼管石渠	32	53	1999
长寿路	北起东寺左侧，南至东塘山路	400	2500×1500	石渠	—	13	1989
城东路	西起东门口，东至东谷湖路	1800	500~600	砼管	27	135	1999

续表23-9

排水管道所在路名	起止地点	管道长度(米)	管(渠)道口径(毫米)	管(渠)道材质	检查井(座)	雨水井(口)	建设年份
东风路	西起东塘山路口，东至东门加油站	1640	北 600~800 南：1000×1000	管、渠	36	62	2003
沿山路	西起大弯道，东至北门水库脚	400	明沟	—	—	—	1987
丰登路	东起新丰路利华公司，西至蓬莱路	260	500×500	石渠	19	27	2000
百花路	东起蓬莱路，西至白鹤路	3000	600~800	砼管	30	100	2000
顺达路	北起交警大队停车场，南至丹南路	1300	1000×800	石渠	13	35	2000
闻学路	西起东谷湖路，东至兴盛路	420	500~600	砼管	10	14	1999
春园路	北起靖南大街象中围墙，南至丹峰路	812	600~800	砼管	19	38	2002
新安路	东起新华路，西至天安路	370	500~600	砼管	14	23	2004
北山路	北起饮水水库脚，南至西桥头	500	1000×1000	石渠	8	14	1985
凤跃路	北起西寺，南接北山路	250	明沟	—	—	—	1983
金溪路	象山桥路—洋行街	200	500×500	石渠	1	15	1998
白石路	西起新丰路，东至来薰路	410	500~600	砼管	9	28	1987
文韵路	北起靖南路，南止丹峰路	812	500~600	砼管	8	28	2006
春园支路	东起东谷路，西止文韵路	516	500~600	砼管	11	18	2005
东谷路	东起东谷湖—春园路—文韵路	516	500~600	砼管	11	18	2006
木材市场一号路	南起百花路，北至丹峰路	490	600~800	砼管	10	16	2007
木材市场二号路	东起乐业路，西止西谷湖路	290	600~800	砼管	6	10	2007
西澄河路	北起凤跃路，南至后堂街	380	明沟	—	—	—	1978
东澄河路	北起东寺，南至后堂街	260	明沟	—	—	—	1978
龙泉井路	北起西街，南至环城西路	500	500~600	砼管	6	22	2006
羊行街	西起金溪路，东至南街	200	500×500	石渠	5	16	1986
菜场路	西起上进路，东至汪家河菜场	280	500×500	石渠	15	38	1986
三叉路	西起种子市场，东至建设路	540	600×500	石渠	3	10	1991
白起路	北起城东路，南至东风路	420	1000×800	石渠	4	14	1991
西丹路	东起环城西路，西至彭姥岭隧道	210	500×500	石渠	9	30	1981
桃园路	东南起广播站，向西折被至拱极桥	150	500×500	石渠	3	8	1980

续表23-9

排水管道所在路名	起　止　地　点	管道长度(米)	管(渠)道口径(毫米)	管(渠)道材质	检查井(座)	雨水井(口)	建设年份
拱极路	东起北门村委会，向西折北至北山路	200	500×500	石渠	—	—	1986
小井路	西起龙泉井路，东至金溪路	340	明沟	—	—	—	1986
大井路	北起西街，南至龙泉井路	450	500×500	石渠	—	—	1986
上岭路	北起广场路，南至园西路11弄	200	800×800	石渠	7	7	—
下岭路	北接上岭路，南至建设路	150	800×800	石渠	5	6	—
沙溪路	北起城东路，南至东谷湖路	170	500×500	石渠	7	12	1980
羊府路	西起城西路，环城西路	200	500×500	石渠	4	15	1981
永平路	西至城西路，东至西新丰路	630	800×500	石渠	14	42	1979
永丰路	西至城西路，东至永胜路	390	1100×800	石渠	10	26	1987
永胜路	北起永平路，南至靖南大街	250	500×500	石渠	5	16	1987
永安路	北起西谷湖路，南至永丰路	340	1000×1200	石渠	13	22	1981
永泰路	西起永丰路，东至新丰路	400	1000×800	石渠	10	26	1989
黄家桥路	东街—东后巷	270	500～600	砼管	6	20	1976
绿野路	北起靖南大街，南至司法局宿舍	350	500×500	石渠	8	24	1987
金秋路	北起塔山路，南至靖南大街	500	500×500	石渠	5	18	1993
南洋路	西起金鹰路，东至金秋路	160	500×500	石渠	3	12	1984
步北路	北起靖南大街，南接步南路	770	600～800	砼管	8	26	1997
步南路	南起丹峰路，北接步北路	770	500～600	砼管	8	27	1997
步东路	步起新华路，西接步西路	736	1000×600	石渠	7	24	1998
步西路	西起天安路，东接步东路	736	1000×800	石渠	7	24	1999
丰盛路	北起丰登路，南至丹南路	400	500×500	石渠	10	21	1998
锦河路	东起来薰路，西至新丰路	300	500×500	石渠	—	61	1997
步新路	东起新华路，西至步南路	360	1000×800	石渠	6	12	2000
步峰路	南起丹峰路，北至步新路	240	800×600	石渠	3	10	2001
平水庙巷	北起西街，南至方井头新宅	70	1000×800	石渠	—	—	—
方家巷	北起西街，南至丹井巷东	70	1000×800	石渠	—	—	—
丹井巷	西街实验小学东墙向北	220	600×700	石渠	5	15	1988
分司巷	北起西街，南至姚园弄	220	明沟	—	—	—	—
笔店巷	北起西街，南至分司巷	110	500×500	石渠	2	8	1982
铁店巷	西街西桥头向北分东西二支	100	300	波纹管	3	10	2006

续表23-9

排水管道所在路名	起止地点	管道长度(米)	管(渠)道口径(毫米)	管(渠)道材质	检查井(座)	雨水井(口)	建设年份
直十字巷	北起西街，南至后堂街	150	500×500	石渠	5	8	1975
冯家桥弄	北山路（西）	100	500×500	石渠	2	11	1980
西后巷	北起西澄河路，南至北山路	150	300	波纹管	2	12	2006
后周巷	北山路至西澄河路	150	100	PVC 管	2	11	2007
青草巷	北山路—直十字巷	70	500×500	石渠	2	6	2003
横十字巷	北山路—县前街	220	500×500	石渠	5	16	2003
儒学弄	东街—后堂街	110	500	砼管	—	7	—
青龙桥弄	东街—后堂街	100	800×500	石渠	—	—	—
葛家弄	东街（北）	80	300	砼管	4	—	—
范家弄	东街—东塘山路	120	300	砼管	—	—	—
庄穆巷	东塘山路—东后巷	130	300	砼管	—	—	1980
东后巷	东塘山路—东澄河路	300	600×500	石渠	6	38	1975
当店弄	后堂街—东后巷	80	500×500	石渠	3	15	1975
马乌岭弄	东塘山路—后堂街	160	500×500	石渠	5	10	1975
白虎桥巷	城东路—道人山脚	200	500×500	石渠	—	4	1975
祠堂弄	城东路—白虎桥	130	明沟	—	—	—	—
红石巷	东街—汪家河菜场	80	200	砼管	—	4	—
陈家弄	东街—广场路	120	500×500	石渠	—	—	—
刘家弄	东街黄家桥折至上进路	120	明沟	—	—	—	—
汤家弄	南街—上进路	250	300	砼管	5	8	—
洒水弄	西街—姜毛庙	110	明沟	—	—	—	—
姜毛弄	西街—羊行街	90	明沟	—	—	—	—
卖盐弄	洒水弄—南街	150	300	砼管	—	—	—
温家弄	象山桥路—南街	120	300	波纹管	2	4	2007
挑水弄	象山桥路—南街	120	300	波纹管	2	16	2007
邓家弄	西街—羊行街	100	500~600	砼管	3	8	2004
后史弄	金溪路—史家祠堂	70	300	波纹管	3	21	2007
磨石桥巷	磨石桥西—电阻厂—建设路	200	明沟	—	—	—	—
辛家弄	西街—羊行街	90	500×500	石渠	2	8	1987
顾家弄	西桥头—小井路	120	300	波纹管	8	20	2007
井花巷	小井路—营门路	150	300	砼管	5	5	2006

续表23-9

排水管道所在路名	起　止　地　点	管道长度(米)	管(渠)道口径(毫米)	管(渠)道材质	检查井(座)	雨水井(口)	建设年份
敲更弄	小井路—营门路	210	500×500	石渠	6	11	1975
东风路67弄	狮山路—东风路	860	2500×1500	石渠	5	25	2001
油车巷	啤酒厂大门前折西由向南至文昌街	250	500×500	石渠	7	65	1986
东塘山路53弄	东塘山路丹城二小门口向东沿日杂公司、百货公司仓库南墙至东塘山	240	600×600	石渠	5	16	2004

说明：排水性质均为合流

城区污水处理

2002年10月8日，县政府立项在距城区15千米的滨海大道以南，西大河路以西、东陈乡岳头嘴以北建县污水处理厂。一期工程占地面积57640平方米，建筑面积5771平方米，2004年12月8日动建，2006年9月6日竣工。建日污水处理2.5万立方米厂房1座、污水输送泵站6座，安装污水泵18台、总动力222千瓦。铺设直径300~1350毫米管道68.92千米、中水回用直径300毫米管道38.8千米；建生产和辅助用房2985平方米、办公楼和附属用房各3930平方米。一期工程总投资2.75亿元，其中管网建设投资1.6亿元，污水处理厂建设投资4978万元，办公楼及附属用房等建设投资6504万元。绿化面积63552平方米，绿化率为79.4%。2006年5月，开始对中心城区及污水处理厂汇水范围内所有自来水用户，征收污水处理费，按自来水用水量计算，每月缴费。居民生活（含中小学、幼儿园）污水处理费每立方米0.60元；特种行业（包括制酒、饮料行业、漂染、电镀等污染行业，机制冰、纯净水生产行业、洗车业、各类洗浴业，以及其他以自来水为主要原料的用水单位）污水处理费每立方米1.30元；其他各类用户污水处理费每立方米0.90元。中心城区污水处理系统由县排水公司负责经营管理，其中，污水处理厂由象山县富紫光污水处理厂负责生产运行管理，运营收益按入厂污水立方米数计算，每立方米0.93元，向县排水公司结算。泵站、管网由县排水公司负责运行、维护、管理。

管网铺设采用国标优质钢管焊接深埋地下，主要为污水处理系统设施间连接贯通之用。中心城区的污水管网铺设，建设路以北区域的老城区污水收集主要通过河道截污方式收集，东片在建设路的新华河桥设截污闸，西片在象山港路的南大河桥设截污闸，其他区域均采用管网收集。至2008年4月，共铺设污水管道6万米，完成投资额5350.58万元；铺设中水管道3万米，完成投资额3226.24万元。管网安装采用开挖深埋和机械顶管拖拉深埋两种方式。

2008年象山县中心城区（丹东、丹西）污水管网铺设情况表

表23-10

工　程　项　目	管径（毫米）	长度（米）	施　工　单　位	管材	竣工时间
蓬莱路（象山港路—丹阳路）	300	847	象山聚实建设有限公司	HDPE管	2004.8
东二环路（梅溪河—中家河）	300 400	362 71	象山第七建筑工程公司	HDPE管	2004.8
东二环路（塔山路—靖南路）	300	254	浙江良和交通建设公司	HDPE管	2004.8
丹峰路（东谷湖路—东一环）	300	454	象山第七建筑工程公司	HDPE管	2004.8
丹阳路（东二环路—东大河）	300 400	111 197	浙江兴润建设有限公司	双壁塑料波纹管	2004.8
丹南路（蓬莱路—新丰路）	300 400 500 600	79 25 32 316	东方建设集团公司	HDPE管	2004.9
丹南路（新丰路—来薰路）	300	350	浙江良和交通建设公司	HDPE管	2004.8
东二环路（中家河—丹南路）	300	216	宁波景业建设有限公司	HDPE管	2004.9
东二环路（丹南路—丹阳路）	300	371	宁波景业建设有限公司	HDPE管	2004.9
瑶琳路（丹南路—马岗鞍河）	300	304	象山银河市政有限公司	HDPE管	2004.12
滨海大道（天安路—来薰路）	300 1200	1695 935	浙江中达建设集团公司	UPVC水泥	2004.10
新开河（靖南路—白石河）	300	1250	浙江金磊建设公司	HDPE管	2005.8
丹南路（环城东路—东二环）	300	350	浙江金磊建设公司	HDPE管	2005.8
靖南路（东谷湖路—东二环）	300	1100	杭州萧宏建设集团公司	HDPE管	2005.10
东一环路（塔山路—丹峰路）	300	1000	杭州萧宏建设集团公司	HDPE管	2005.10
白石河（天安路—蓬莱路）	300 400	1650 182	宁波华丰建设集团公司	HDPE管	2005.12
象山港路（环城西—新华路）	300 400	1653 291	浙江建安实业集团公司	HDPE管	2005.12
来薰路（白石河—马岗鞍河）	300 400	152 809	浙江伟达建设公司	HDPE管	2004.8
丹峰路（东二环—环城东路）	300	480	龙元建设集团公司	HDPE管	2005.8
新华路A标（建设路—象山港路）	400	1400	浙江伟达建设有限公司	HDPE管	2006.2
新华路B标（建设路—象山港路）	400	1565	龙元建设集团公司	HDPE管	2006.2
来薰路（滨海大道—污水厂）	1000 1350	80 1083	浙江中达建设公司	HDPE管	2006.3
马岗鞍河（来薰路—天安路）	600	700	浙江伟达建设公司	HDPE管	2005.12

续表23-10

工　程　项　目	管径（毫米）	长度（米）	施　工　单　位	管材	竣工时间
新丰路（丹南路—象山河路）	600 500 300	1310 490 93	浙江建安实业公司	HDPE 管	2005.4
靖南路（环城东路—东二环）	300 400	70 380	东方建设集团公司	HDPE 管	2004.12
东二环路（靖南路—丹峰路）	400	324	东方建设集团公司	HDPE 管	2004.12
丹峰路（东二环—东一环）	400	510	东方建设集团公司	HDPE 管	2005.8
新华路（象山港路—丹南路）	300 600	416 300	东方建设集团公司	HDPE 管	2007.3
丹南路（来薰路—天安路）	300	690	宁波锦虹建设公司	HDPE 管	2004.10
塔山路（万象路—巨鹰路）	300 400	341 48	象山县第七建筑工程公司	HDPE 管	2005.12
象山河路（新丰路—蓬莱路）	300	284	浙江建安实业公司	HDPE 管	2005.8
象山河路（西谷湖路—蓬莱路）	600	278	浙江建安实业公司	HDPE 管	2005.11
文峰学校西首支路污水管线	300	194	浙江建安实业公司	HDPE 管	2005.10
天安路（丹阳路—滨海大道）	300 800 1000 1000 1200	1174 236 1939 651 1483	宁波华丰建设集团公司	塑（PE 管） 砼	2006.8
巨鹰路（塔山路—丹河路）污水	300 400	3208 741	浙江东阳利越市政工程公司	塑（PE 管） 砼	2006.11
罐头厂转接管 （丹峰路—象山港路）N 标段	500	1053	浙江伟达建设工程有限公司	塑（PE 管） 砼	2006.11
丹阳路（环城东路—海山路）	400	446	—	塑（PE 管）	2006.11
N 标段西谷湖路 （丹峰路—象山港路）	300	310	浙江伟达建设工程有限公司	塑（PE 管） 砼	2007.8
南大河东侧（丹南路—丹阳路）	800	320	中建七局	砼	2006.11
新华路（象山港路—天安路）	600	668	—	塑（PE 管）	2006.6
天安路与象山港路连接管	300	139	—	塑料	2006.10
新丰路（沿区路—西谷湖路）	600	500	浙江建安实业公司	HDPE 管	在建
东一环（丹峰路—象山港路）	400	220	东方建设集团公司	HDPE 管	在建
象山港路（东一环—新华路）	400 300	754 240	东方建设集团公司	HDPE 管	在建
丹南路（新华路—天安路）	600 300	385 60	东方建设集团公司	HDPE 管	在建

续表23-10

工程项目	管径（毫米）	长度（米）	施工单位	管材	竣工时间
丹南路（西谷湖—蓬莱路）	500	309	东方建设集团公司	HDPE 管	在建
象山港路（环城西—巨鹰路）	300 400	2200 950	华升建设集团	HDPE 管	在建
新丰路（象山港路—丹南路）A 标	300	415	浙江伟达建设工程有限公司	HDPE 管	在建
象山河路（新丰路—4#泵站）	800	370	浙江建安实业公司	F 砼	在建
H 标段丹河路（南大河东侧支路—东谷湖路）	300 300	635 210	龙元建设集团股份有限公司	HDPE 波纹管 HDPE 实壁	在建
丹河路（东谷湖路—东一环路）	300 300	620 105	龙元建设集团股份有限公司	HDPE 波纹管 HDPE 实壁	在建
天安路（象山港路—丹阳路）	1000 600	769 62	—	砼	在建
象山河路（东一环路—东大河）	300	150	—	F 砼	在建
丹阳路（环城东路—东二环）	300 400	90 320	华丰建设有限公司	HDPE 管	在建
塔山路（巨鹰路—海山路）N 标	300	504	浙江伟达公司	塑（PE 管） 砼	在建
东一环（丹河路—象山河路）N 标	300	200	浙江伟达公司	HDPE 波纹管	在建
丹四路（环城东路—海山路）	300	250	宁波景业建设有限公司	HDPE 真空缠绕管	在建
东谷湖路（丹阳路—象山河路）	300	600	浙江伟达建设工程有限公司	HDPE 波纹管	在建
来薰路污水工程 L 标（仇家山段）	1000	300	华丰建设有限公司	F 砼	在建
滨海大道（天安路 1#泵站—环城东路）	600 800	1000 770	中达建设集团公司	—	在建
环城东路（府前路—滨海大道）	300	200	中达建设集团公司	—	在建
塔山路（西谷湖路—东一环路）	300	200	浙江伟达建设公司	—	在建
来薰路（4#泵站—滨海大道）	800	250	华丰建设有限公司	F 砼	在建
西谷湖路（象山港路—丹南路）	400	200	中达建设集团公司	HDPE 实壁	在建
丹南路（西谷湖路—环城西路）	400	200	东方建设集团公司	HDPE 承插	在建
滨海工业园Ⅱ标	1000	1800	华丰建设有限公司	HDPE 波纹管	在建
滨海大道（来薰路—沿海南线Ⅲ标）	1000	1800	浙江梯梯建设公司	HDPE 波纹管	在建
滨海工业园Ⅰ标	560 800 800	1700 1800 295	浙江伟达建设工程有限公司	HDPE 实壁 HDPE 波纹管	在建

2008 年象山县中心城区泵站布局及设备配套情况表

表 23-11

泵站名称	坐落地址	建设时间	占地面积（平方米）	建筑面积（平方米）	泵（台）	规　格	功率（千瓦）	施工单位
1 号泵站	丹东街道李家村	2006.9	3911	312.4	3	流量 1260 立方米/时，扬程 6.1 米，口径 350 毫米	37	宁波华丰建设公司
2 号泵站	丹东街道小东洋村	2006.9	4579	312.4	3	同上	37	同上
3 号泵站	丹西街道	2008.6（在建）	2539	170.3	3	同上	37	东方建设公司
4 号泵站	丹西街道横墙弄村	2008.6（在建）	5209	312.4	3	同上	37	浙江建安实业公司
5 号泵站	丹西街道洋心村	2008.6（在建）	3144	312.4	3	同上	37	宁波华丰建设公司
6 号泵站	东陈乡东陈村	2008.6（在建）	2346.78	341.0	3	同上	37	同上

污水处理采用 A2/O 除磷脱氮工艺，原生污水进水水质，尾水经二级生化处理后达到一级 A 水质标准排入西大河和中水库，作为景观用水和市政绿化用水。按照首期日处理能力 2.5 万立方米污水，可回用中水 1.5 万立方米。污水处理是一项现代新技术，投资巨大，工艺流程复杂，从原生污水进厂至达标排放需经过 15 道工序流程。

2006 年 10 月始，向爵溪巨鹰集团、鹰星漂染厂供应中水，日用水量 5000 立方米，水价为每立方米 0.85 元，至 2008 年 5 月，共供中水 285 万立方米；其余中水主要用于改善新华河、新开河的生态环境，改善水质，在两河道的上游进行补水冲污，以及绿化养护等。

2008 年象山县中心城区（丹东、丹西）中水回用管道铺设情况表

表 23-12

工　程　项　目	管径（毫米）	长度（米）	施　工　单　位	管材	竣工时间
象山港路	600	4600	浙江鲲鹏建设有限公司	塑 PE 管	2006.07
新华河路（建设路—象山港路）	200 300	2797 7	宁波弘丰建设有限公司	钢管	2007.03
天安路	300	1500	宁波华丰建设集团	—	2007.05
滨海大道	300	1200	浙江中达公司	—	2008.06
来薰路（滨海大道—污水处理厂）	300 500 600 800	79 75 795 102	浙江中达公司	塑 PE 管	2006.07

续表23-12

工程项目	管径（毫米）	长度（米）	施工单位	管材	竣工时间
新华路（建设路以北）	100	150	中建七局	塑 PE 管	2006.12
滨海大道（来薰路—前岙村）	500	750 2350	浙江鲲鹏建设有限公司	—	—
爵溪中水应急工程	500 400	1097 716	浙江梯梯建设有限公司	塑 PE 管	2006.12
爵溪振瀛路（前岙隧道—瀛海路）	400	1035	浙江梯梯建设有限公司	塑 PE 管	2007.01
爵溪中水应急工程厂区内	600 800	100 50	华丰建设股份有限公司	—	2006.10
象山河路（4#泵站—新丰路）	300	460	浙江建安实业公司	塑 PE 管	2007.08
象山河路（4#泵站—横江）	400	900			
新丰路（象山河路—象山港路）	300	1800			
来薰路（横江—滨海大道）	400	2669	华丰建设股份有限公司	塑 PE 管	2007.08
新开河（双侧）	400	2000	浙江弘丰建设公司	塑 PE 管	2008.03
滨海大道（蓬莱路—沿海南线）	300	1800	浙江鲲鹏建设有限公司	塑 PE 管	2008.06
新华路（象山港路—丹南路）	200	700	—	塑 PE 管	2007.10
环城东路	300	1700	浙江梯梯建设有限公司	钢管	2008.03
新丰路（象山河路—生态大道）	200	564	—	塑 PE 管	2008.05

城区供气

2002 年 5 月 28 日，象山县通用管道燃气有限公司成立。2004 年 11 月，兴盛路、万象路管道燃气主干道最先安装动工，2005 年 12 月 25 日，供气点火试运营。至 2008 年 5 月，主管道安装长度达 14 千米，住宅小区入户管网安装长度为 41.3 千米。详见本志“供水　燃料　电力”篇。

公园　广场

照 23-3　象山县人民广场

境内公园雏形，可上溯到宋林旦等开发的西谷园林风景区，私家园林历代皆有，通常不对公众开放。20 世纪 20 年代，建造中山公园。1989 年，丹城公园建成，后陆续建成多家公园。2000 年 12 月，投资 5950 余万元，在天安路东、象山港路南、新华路西、丹南路北建造人民广场，2002 年 2 月竣工。广场占地面积 107320 平方米，其中，水面面积 12200 平方米，建筑面积 3450 平方米。为县内最大的集文化、休闲、庆典于一体的综合性广场，共有 5 个功能区：演艺庆典广场，设庆典台 640 平方米，可举办各种大型庆典活动；休闲趣味广场，环境宁静，可供居民休闲；喷泉雕塑广场，动静结合，主题明确；历史文化广场，文化墙 2 幅，文化柱 20 支，缅怀历史，展望未来；生态景观广场，绿树成荫，观赏纳凉。至2008年，城区建大小公园、广场14处，占地面积243174平方米。

表23-13

2008年象山县中心城区（丹东、丹西）公园情况表

园　名	建造年份	位　　置	面积（平方米）	主要配套设施
丹城公园	1989	建设路北、上进路以西、公园路以东、广场路以南	17301	有蓬莱居、栖霞圃、研香斋；设小卖部，照相馆、录像厅；配健身器材、茶座等中、老年活动场所和游乐设施
西门游园	1993	西门立交桥	1444	游路468平方米，石条凳29条，公共厕所1座，高花坛（高50厘米，直径60厘米）18只
蓬莱游园	1998	靖南西路与蓬莱路交叉口	392	廊架1座、石条凳6条、游路462平方米，石板小广场138平方米，石质花架54平方米
靖南游园	1999	靖南路与育才路交叉口	1730	游路（广场）260平方米，石条凳2条
东谷湖景观绿地	2000	东谷湖水库西北	8213	水泵房1座（17平方米）、人造花柱5根、置石10块、直径45毫米绿化给水管250米
滨河景观绿地	2001	天安路东、丹南路北	21500	石板（卵石）游路1070平方米、青石凳14条、花坛194平方米等
人民广场	2002	天安路东、象山港路南、新华路西、丹南路北	107320	设超大电子屏幕，建有演艺庆典广场、休闲趣味广场、历史文化广场、生态景观广场4个功能区
中日友好公园	2002	中心城区东入口，东风水库东侧	10931	有环境优美的休闲绿地，建青石六角亭1座
城西游园	2002	环城西路东，白鹤路西，丹峰西路南	42001	设有铁锚雕塑，凸显海洋文化气息。园内装有形状和功能各异的景观灯50余盏并建有六角木质亭子1座
白石游园	2002	蓬莱路与象山港路交叉口	9992	广场（游路）2234平方米（青石铺）、青石凳12条、花架（砼浇）2座、公厕1座、停车场173平方米、置石7块、灯24盏
新华游园	2002	丹峰路北、靖南路南、新华路东	374	广场（游路）1404平方米、鼓状石凳11条、花坛3个
塔影山庄	2002	东风水库与友好公园之间	6945	块石游路750平方米、砼平板桥1座2孔（位于东风水库泄洪口）
县前街广场	2003	县府大院前	11200	体现休闲、集散功能
汇兴游园	2003	汇兴路	3831	青石游路600平方米、石凳8条、石球3个、公厕和管理房1座（占地150平方米）

城区、石浦城雕

境内室外雕塑始于20世纪80年代城区的大白象雕塑，是浙江省县级城市中的第一座大型雕塑。与大白象雕塑同年建造的雕塑是三女藤圈操雕塑。两个雕塑皆建造于街道上，成为重要的建筑和地名标志。民间俗称"大白象雕塑"所在区域为"大白象"，大白象雕塑向南的第一个十字路口为"小白象"（无雕塑），三女藤圈操雕塑所在区域为"三个大姑娘"。1989年年底落成聂耳雕像和戚继光雕像，前者立于石浦，后者立于松兰山。一文一武，一古一今，亦成为象山标志性建筑。1994年，县城步行街落成十二生肖音乐会雕塑，凸显弦歌承平主题。进入21世纪，城区建造的公园、广场，时有雕塑作为景点，如城西游园有"铁锚雕塑"，人民广场设有"喷泉雕塑功能区"。

大白象雕塑　为3象群雕，县名主题雕塑，是象山城标，立于南街、天安路与建设路交叉路口。1985年5月落成，高5米，占地298平方米，周围为花圃。

照23-4　大白象雕塑

1984年，县委、县人民政府接受以"象山"县名为创意，在丹城中心区建一座雕塑的倡议。方案选择大象为元素，其形象为两只大象、一只小象组合成一个家庭，其寓意是和美家庭，落实计划生育国策"只生一个好"。民间俗称"大白象"，由胡锡乾雕塑。雕塑石膏翻模在衢州进行，装运至象山浇灌水泥。

三女藤圈操雕塑　体育主题群雕，位于东谷湖西，建设路东，1985年下半年立，高5米，占地170平方米，有亭栏、花草护围。

1985年5月，大白象雕塑落成，获普遍好评。县里决定在风景区东谷湖与体育场之间的三叉路口再立一座雕塑。因近体育场，方案选择"三女藤圈操"形象，融入全民健身、生男生女都一样等理念。民间俗称"三个大姑娘"。此混凝土雕塑亦由胡锡乾制作。此雕塑与大白象雕塑的总费用，包括稿酬、材料、运输、基础设施、工人工资等，近5万元。

戚继光雕像　抗倭英雄纪念性人物雕塑，位于松兰山北沙滩西侧小山坡上。1989年12月30日落成。雕像高5.3米。占地80平方米。丹城镇人民政府、象山县音乐工作者协会立。

建址原为建造聂耳雕像，协议占地1000平方米，后应石浦群众要求，聂耳雕像改伫石浦，遂将戚继光像奉迎于此。雕像坐西朝东，面向大海，背靠赤坎大山。雕像戎装仗剑斜立，以钢筋混凝土浇筑而成，总高度为5.3米，其中，雕像本体高为3.5米，基座高为1.8米。主体平台长10米，宽8米，计80平方米，其余为台阶及绿化空间等。基座正面刻有"戚继光（1528—1588）"下有"丹城镇人民政府　象山县音乐工作者协会　一九九〇年元旦立"字样。基座南边刻有戚继光生平简介，北边刻有建造该像缘由及资助者名单的碑文。设计者浙江美术学院雕塑系教授王卓予，浙江美术学院雕塑系制作。按设计，国防部部长张爱萍"抗倭英雄　为戚继光像题"的题词，应刻于雕像背后岩壁，但因石壁分化严重及再行开山劈岩工程较大、经费不足等原因，至今未竟。为建聂耳、戚继光两像，民间经费筹集始于1987年，主事者周来达、黄正裕等。共集资金49354.92元，实际两像共计耗资69354.92元，其中不足的2万元，由石浦镇政府贴补。

聂耳雕像　人民音乐家纪念性人物雕塑，花岗岩镌刻，位于石浦港畔，1989年12月30日落成。详本篇第三章《镇乡建设·石浦镇建设》。

十二生肖音乐会群雕　弦歌承平主题雕塑，位于步行街中心，1996年与步行街同时完工。

步行街以步北、步南路与步东、步西路为经纬，交错中心建稍高地面略成方形平台一，以青大理石铺面，面积约1400平方米，周以竖拼木条作垣状，略与膝齐，四方各中开一口与诸路接。平台中心建塔形阶状三层台一，底面积百余平方米。底层台阶上绕置生肖动物雕塑8个，中间层绕置3个，老鼠置顶层，各持乐器，体态拟人，体型夸张，作集体演奏状。雕塑高均1米左右，体型虽小，情态生动，为孩童喜爱。平台西、北均置取自爵溪牛丈岙溪坑观赏性巨石一。西石面西镌刻“弦歌承平”行书大字，面东嵌“步行街纪事”碑；北石面北镌刻行书“独占鳌头”，面南镌刻楷书“十二生肖音乐会”，其上镌刻五线谱。象山县城古有弦歌市，以此史实为创意，表达弦歌承平主题。

城市绿化

明清时严禁砍伐县署北象山山麓树木，且山上不准挖土。少数富有家族的私人建筑，种植花草树木，绿化园林。县署、寺院、古庙有香樟翠柏，居民园角屋边植果树、苦楝、棕榈等。县域街道狭窄，不栽行道树，无城市绿化观念。1952年，陆续拆城墙修公路，两旁始植行道树。1958年，建成革命烈士纪念馆，植树木花草，为城区第一个公共绿化区。1964—1970年，丹城镇拓宽西桥头至上尊殿（上进路）道路，浇水泥路面，种行道树。1979年后，县政府指定管理单位，落实专人、专款，于新街路上植行道树。1982年，县城镇规划会议后，各乡镇建设规划上开始重视环境绿化。1989年后，各级政府重视城市绿化和乡村绿化，城区道路绿化展现植物多样性和乔灌木配植，形成多种植物色块搭配和草花点缀景观园林新景象。1998年，城区绿化面积迅速增至14.048万平方米。2000年，县政府加大城市化建设政策扶持力度。2001年，规划和园林管理部门强化绿化指标管理，向绿化不达标的单位收缴易地绿化费。易地绿化费政策的实施，促进单位（企业）对绿化的投入和建设，绿地面积大幅度增加。至2007年，城区绿化面积635.137万平万米，与1998年相比，面积增长44.21倍。①

绿地栽种植物有草坪、绿篱、色块、行道树等。其中，草坪主要品种分别为马尼拉、高羊毛及绿带配植麦冬草、葱兰、白花三叶草等；绿篱和色块的植物品种主要为龟甲冬青、红花檵木、金叶女贞、瓜子黄杨、十大功劳、小叶女贞、栀子花、六月雪、杜鹃、火棘、茶梅、红叶石楠等；行道树（含乔木林）品种主要为香樟、悬铃木、梧桐、乐昌含笑、无患子、杜英、大叶女贞、垂柳、广玉兰、合欢、水杉、银杏等，以香樟为多数。

全县绿化情况见本志“农业”篇第七章“林业”第二节“林木培育”。

1998—2007年部分年份象山县县城绿化情况表

表23-14　　单位：平方米

年份	附属区	道路	居住区	单位	企业	防护区	其他	合计
1998	70240	13740	—	56500	—	—	—	140480
1999	336180	45740	194080	102100	4000	—	—	682100

①本段文有关绿化数据及文后“绿化情况表”，据承编单位资料。《象山改革开放三十年·城乡统筹·城市建设日新月异》中有关绿化数据则作：1995年，中心城区绿化面积8.58万平方米，2007年，城区绿地总面积456.33万平方米，较1998年增加53.16倍。《象山统计年鉴（2008）》第257页则作：2007年，城市绿化覆盖面积575万平方米，其中建成区368万平方米，绿地342万平方米，公园绿地206万平方米。《象山统计年鉴（2008）》中有关2008年的城市绿化数据，见本志“综述”篇第七部分相关正文及页下注。

续表23-14

年份	附属区	道路	居住区	单位	企业	防护区	其他	合计
2000	490790	53730	199080	107980	130000	47050	—	1028630
2002	1453654	490528	367614	225512	140250	47050	182700	2907308
2003	2161115	560380	565880	433855	200250	47050	862700	4831230
2005	2814455	568360	702240	433855	200250	47050	862700	5628910
2006	3007001	589956	851040	433855	218950	47050	866150	6014002
2007	3175687	610196	985986	433855	232450	47050	866150	6351374

说明：1. 表中数据均为历年的累计数，非每年的建成数。其中2007年动建，于2008年竣工或2008年动建的住宅区之绿地数也纳入2007年内。2. 上述绿地面积包括紫云庵30万平方米、凤跃山40万平方米、松兰山16万平方米，燕山景区38万平方米，合计124万平方米

第五节　城市环卫

中华民国时期，环境卫生管治、保洁工作主要由卫生警和清道夫完成。民国24年（1935），县政府令井坊警就“妇女任意洗涤和浸泡衣物致使积浊皂汁浮动水面”一事加强巡查；督公安局时常派警宣传防范并划分管理地区，引导民众注意清洁，自行扫除垃圾。在僻巷建能容10人之公厕若干，其中，县城及石浦由卫生警督率清道夫每5日除粪1次，各乡镇由保甲雇夫随时除粪。1952年4月，丹城清卫班成立，成员5人，隶属县防疫委员会。1956年年初，县成立“除四害指挥部”，铲除蚊蝇滋生地，改善环境卫生。是年8月，“八一台灾”后，县迅速成立灾区卫生办公室，组织16900余人，先后开展大规模清扫19次，清除垃圾、烂草、污物25万吨，疏通沟道1166条，消毒饮水池（井）2340口。

人粪管理

1959年，城镇组建人肥组，统一管理城区粪便，清倒马桶，运往郊外肥田。1972年，粪便由环卫所管理，并与各生产大队签订供应计划。1979年，城区露天粪池绝迹。1988年，丹城环卫所成立，人肥组并入环卫所，有三轮车4辆，解放牌吸粪车1辆。1999年2月，投资200万元，建成粪便净化中心，并投入使用。集中处理中心城区公厕粪便，日处理粪便能力50吨，粪便污水排放达到环保要求。中心场内有预处理池、厌氧消化池3只，厌氧过滤池、厌氧侧流池、曝气池、生物过滤池各1只。

公厕建设

中华民国时期建公厕若干。中华人民共和国成立后，于1965年3月在北门机务站首造公共厕所。2008年，城区共有水冲式公共厕所39座，其中县环卫处接管17座，且全部免费24小时对外开放。

照23-5　靖南大街586号东大河旁的公厕

2008年象山县中心城区（丹东、丹西）主要公厕情况表

表23-15　单位：平方米

名　称	地　址	建筑面积（平方米）	建成时间
北门机务站公厕	北山路	35.0	1965.03
计量所公厕	南街29号	30.0	1979.03
三中公厕	西街59号	63.0	1984.09
汪家河菜场公厕	汪家河菜场内	44.5	1986.06
汪家河公厕	新华路与广场路交叉口	51.0	1986.06
南河公厕	天安路30号	88.0	1987.06
老车站公厕	老客运中心内	87.6	1990
体育场公厕	建设东路（体育场东北角）	75.0	1993.01
五丰公厕	永平路26号	26.0	1993.05
羊行街公厕	羊行街6号	36.0	1993.10
营门菜场公厕	大井路54号	35.0	1993.10
黄家桥公厕	东街82号	43.0	1993.10
立交桥公厕	城西路与建设路交叉口	80.0	1993.12
靖南公厕	蓬莱路23号	43.0	1994.10
蓬莱公厕	蓬莱小区东出口	53.0	1997.10
西澄河公厕	西澄河路口	40.0	1997.11
步行街公厕	步南路与步新路交叉口	70.0	1997
蓬莱菜场公厕	蓬莱菜场内	67.5	1999.10
靖丰公厕	靖南路（丹峰小区北出口）	90.0	1999.12
东塘山公厕	东后巷口	30.0	2000.11
园西公厕	园西路（丹城公园西出口）	70.0	2001.09
新华公厕	新华路与靖南路交叉口	70.0	2001.10
来薰公厕	来薰路（蓬莱菜场对面）	90.0	2001.10
东谷湖公厕	东谷湖景区内	102.0	2001
塔山公厕	塔山景区内	61.6	2001
园东公厕	上进路（丹城公园东出口）	73.0	2002.01
育才公厕	起春路77号	70.0	2002
象山港公厕	象山港路与蓬莱路交叉口	75.0	2002
丹河公厕	丹峰东路	70.0	2003.03
靖河公厕	靖南东路（东河花园北出口）	70.0	2003.03
海鲜城公厕	港海鲜夜宵城东首	160.0	2005.08

续表23-15

名　　称	地　　址	建筑面积（平方米）	建成时间
丹南公厕	丹南停车场内	80.0	2007.07
靖明公厕	大红鹰小区对面	53.0	不详
金港公厕	金港小区内	60.0	不详
银都花园公厕	象山港路	50.0	不详
丹峰公厕	丹峰小区内	64.3	不详
北门公厕	北门村艺术学校对门	45.0	不详
合纤厂公厕	城西路支路	20.0	不详
文昌公厕	小商品市场内	35.0	不详

城区街道保洁

1979年，丹城镇政府建立环境卫生管理站，负责丹城城区环境卫生管理，侧重城区道路的环境卫生清扫。1988年，管理站更名环卫班，原卫生局管理的丹城环卫所划归丹城镇政府管理。1997年5月，丹城镇环卫所转划县城乡建委管理。翌年4月，“丹城环卫所”更名为“象山县环境卫生管理处”。2001年，环卫处划归县城市管理局管理。至2008年，城区保洁面积312万平方米，其中全日制动态保洁面积260万平方米。象山港路、靖南东路宽畅路段约75万平方米区域实行机械化清扫保洁。配备推土机、洒水车、清扫车、吸粪车、高压冲洗车、压缩式桶装垃圾电瓶清运车等环卫作业车30余辆，日均处理垃圾500余吨。在城区设置果壳箱1800余只，垃圾桶920只。

垃圾中转站

1997年1月，在丹城体育场路建造第一座压缩式生活垃圾中转站，至2008年，全县压缩式垃圾中转站增至19座，其中中心城区3座，各街道镇乡16座。中心城区3座垃圾中转站，日均中转生活垃圾250余吨。

照23-6　丹东垃圾中转站

2008年象山县压缩式垃圾中转站情况表

表23-16

名　　称	地　　址	建筑面积（平方米）	投入资金（万元）	建成时间
塔山中转站	丹城体育场路	205	100	1997.11
来薰中转站	丹城来薰路	205	110	1997.12
爵溪中转站	爵溪街道十字东街66号	80	60	1998
西周中转站	西周镇釜港路9号	180	300	2003.09
贤庠中转站	贤庠镇木瓜村	250	65	2004.12

续表23-16

名　　称	地　　址	建筑面积（平方米）	投入资金（万元）	建成时间
石浦中转站	石浦镇五新公路1号旁	600	200	2006.01
涂茨中转站	涂茨镇玉泉村	75	45	2006.07
白鹤中转站	丹城经济开发区白鹤路	380	130	2006.08
大徐中转站	大徐镇虎啸铺村	350	60	2007.04
新桥中转站	新桥镇关头村	78	65	2007.07
定塘中转站	定塘镇小定山村	90	70	2007.12
晓塘中转站	晓塘乡美礁村	100	60	2007.12
墙头中转站	墙头镇亭溪村加油站边	100	60	2008.01
昌国中转站	石浦镇	300	300	2008.05
泗洲头中转站	泗洲头镇燕前盘头	100	45	2008.05
黄避岙中转站	黄避岙乡大林村	110	58	2008.05
茅洋中转站	茅洋乡红岩坑村	78	70	2008.07
高塘中转站	高塘岛乡杏八村	220	65	2008.09
鹤浦中转站	鹤浦镇螺蛳礁村	394	160	2008.10

垃圾填埋场

1995年，投资5000万元，在东陈乡松岙村水桶岙建设生活垃圾填埋场，设计日处理生活垃圾600吨。填埋场占地面积0.1067平方千米，总库容260万立方米，服务年限15~20年，服务范围扩大到全县18个街道镇乡。2007年，投入2000万元，用于填埋场扩容，建成水桶岙填埋场渗滤液处理厂，提高保洁质量。2008年，填埋场进行标准化改造，扩建管理用房，平整填埋区，建造挡土墙，设7根焚烧烟囱等，提高垃圾填埋处理能力。

第六节　爵溪街道建设

爵溪旧城建于明初，以清乾隆年间建造的街心亭为中心，东西、南北长均不足500米，呈正方形。至1949年，城区面积0.48平方千米，原石城基本完好。1972年，拆西门城墙建五金电器工具厂，后逐渐拆至南门城墙。1975年，拆它山庙建东风纺织厂。20世纪80年代，西城墙、南城墙皆平，城区渐向西南拓展。1982年，大燕山塘竣工，后陆续兴办工厂，向东北发展，形成工业新区。1986年始，开辟以老城为主的生活区、北塘工业区和商贸文化区。至2000年，初步建成工业区、城东综合区、镇前街为主的商贸区，城区面积增至1.2平方千米。2008年，城区面积扩至5平方千米。

街路巷弄

中华人民共和国成立时，城区街巷呈网格状，街10条，巷弄15条，其中十字街为闹市段。

主要街路中铺石板，两边弹卵石，年久失修，坑洼不平。1976年10月，浇制十字南、西两街水泥路面1000米。1985年始，兴建镇前街、腾蛟路、新瀛路、昌盛路、游仙路、昌欣路、瀛海路等街路37条，总长13.28千米。其中，镇前街长460米、宽26米，设2块板式车行道，宽14米，隔离带花坛2米。至1990年，街路巷弄均改水泥路。1995年，城区经县人民政府批准命名的街路巷弄有66条，总长14.788千米。2000年，街路巷弄75条，总长17.636千米，其中，街道56条、长15.458千米，巷弄19条、长2.178千米。2008年，街路巷弄总数未变，总长度增加至24.604千米。

表23-17

2008年象山县爵溪街道道路巷弄情况表

道路名称	位置、走向	道路长度（米）	道路宽度（米）	路面材料
白宫路	爵溪城区东北，东西走向	210	4.0	砼
北城弄	爵溪城区北，东西走向	80	1.5	砼
北山路	爵溪城区北部，北城墙南，东西走向	150	15.0	砼
滨河路	爵溪北塘工业区，东西走向	1036	16.0	砼
仓前路	爵溪城区中部，南北走向	300	3.0	砼
昌盛路	爵溪街道城区西部，南北走向	300	9.0	砼
昌欣路	爵溪街道城区西部，南北走向	350	7.0	砼
大庙弄	爵溪老城区，东西北走向	95	2.0	砼
东城路	爵溪老城区，南北走向	860	5.0	砼
东沙路	爵溪城区东南，东西走向	100	6.0	砼
东溪路	爵溪北塘工业区，东西走向	117	7.0	砼
斗戛路	爵溪城区东北，南北走向	340	3.0	砼
方家弄	爵溪城区西南，东西走向	35	2.0	砼
古城路	爵溪老城区，东西走向	355	3.0	砼
河头街	爵溪老城区，南北走向	185	2.0	砼
恒丰弄	爵溪老城区，东西北走向	85	1.5	砼
横沙路	爵溪老城区，南北走向	120	2.0	砼
后街	爵溪老城区，东西走向	100	3.0	砼
后营街	爵溪老城区，南北走向	175	2.0	砼
胡家弄	爵溪老城区，东西北走向	55	1.5	砼
护城巷	爵溪老城区，东西北走向	110	2.0	砼
环山路	爵溪老城区，东西走向	100	1.5	砼
辉瑶路	爵溪北塘工业区，东南走向	912	16.0	砼
江山弄	爵溪老城区，南北走向	150	2.0	砼
江溪弄	爵溪老城区，东西走向	100	2.5	砼

续表23-17

道路名称	位置、走向	道路长度（米）	道路宽度（米）	路面材料
梅坑弄	爵溪老城区，东西走向	70	2.0	砼
民安路	爵溪北塘工业区，南北走向	589	12.0	砼
南城弄	爵溪老城区，东西走向	120	1.5	砼
南岗弄	爵溪老城区，南北走向	60	1.5	砼
南山路	爵溪街道城区西南部，东西走向	680	6.0	砼
蓬莱路	爵溪老城区，南北走向	200	2.0	砼
起凤路	爵溪街道城区南部，东西走向	300	2.0	砼
千山弄	爵溪老城区，南北走向	115	2.0	砼
前营街	爵溪老城区，南北走向	130	2.0	砼
桥半弄	爵溪城区西北，东西走向	90	2.5	砼
泉井弄	爵溪老城区，南北走向	130	2.0	砼
人乾街	爵溪城区中部西侧，南北走向	310	4.0	砼
沙城弄	爵溪老城区，南北东走向	110	1.5	砼
沙龙路	爵溪老城区，南北走向	130	3.0	砼
商贸街	爵溪城区北塘，南北走向	226	8.0	砼
上岗路	爵溪老城区，南北走向	200	1.5	砼
上进弄	爵溪老城区，南北走向	110	3.0	砼
十字北街	爵溪城区中部北侧，南北走向	200	4.0	砼
十字东街	爵溪城区中部东侧，东西走向	360	4.0	砼
十字南街	爵溪城区中部南侧，南北走向	360	4.0	砼
十字西街	爵溪城区中部西侧，东西走向	460	5.0	砼
石城路	爵溪街道北塘工业区，东西走向	285	16.0	砼
苏前街	爵溪城区西部北侧，南北走向	170	4.0	砼
泰安弄	爵溪城区南面中部，东西走向	100	1.5	砼
塘田弄	爵溪老城区，南北走向	60	2.0	砼
腾蛟路	爵溪街道城区南部，东西走向	900	17.0	砼
望霞巷	爵溪老城区，东西走向	50	2.0	砼
文昌弄	爵溪老城区，南北走向	60	2.0	砼
西城路	爵溪老城区，南北走向	170	2.0	砼
西洋河路	爵溪老城区，东西走向	110	2.0	砼
弦歌弄	爵溪老城区，南北走向	90	2.0	砼
向阳路	爵溪老城区，东西走向	260	3.0	砼

续表23-17

道路名称	位置、走向	道路长度（米）	道路宽度（米）	路面材料
校场宫路	爵溪老城区，南北走向	170	2.0	砼
谢家弄	爵溪老城区，南北走向	85	1.5	砼
欣恒路	爵溪街道北塘工业区，东西走向	216	1.0	砼
新瀛路	爵溪北塘工业区，南北走向	1700	36.0	砼
杏林路	爵溪街道城区西部，东西走向	370	4.0	砼
燕山路	爵溪北塘工业区，南北走向	564	16.0	砼
迎霞弄	爵溪老城区，东西走向	50	2.0	砼
营房弄	爵溪老城区，东西北走向	98	2.0	砼
瀛海路	爵溪街道城区西南部，南北走向	530	12.0	砼
瀛洲路	爵溪北塘工业区，南北走向	3424	36.0	砼
游仙路	爵溪街道城区南部，东西走向	1105	6.0	砼
渔丰弄	爵溪老城区，东西北走向	75	2.0	砼
玉泉路	爵溪老城区，南北走向	300	2.0	砼
郁家弄	爵溪老城区，南北走向	110	1.5	砼
丈莎路	爵溪街道北塘工业区，东西走向	412	12.0	砼
振瀛路	爵溪城区南侧，东西走向	1200	17.0	砼
镇前街	爵溪城区西南，南北走向	460	26.0	砼
周家弄	爵溪老城区，南北走向	110	1.5	砼

街道路灯

2008年，37条街道安装路灯。

2008年象山县爵溪街道路灯情况表

表23-18

安装地点	灯型名称	每盏灯容量种类	基数（个）	盏数（个）
振瀛路	高架灯	400W高压钠灯	1	12
仓前路	单挑灯、壁灯	36W节能灯	18	18
十字西街	单挑灯、壁灯	36W节能灯	68	68
十字老街	单挑灯、壁灯	36W节能灯	72	72
半山庵	单挑灯、壁灯	36W节能灯	16	16
北门变	单挑灯、壁灯	36W节能灯	11	11
南山路	单挑灯、壁灯	36W节能灯	11	11
游仙路	单挑灯、壁灯	150W钠灯	7	7

续表23-18

安装地点	灯型名称	每盏灯容量种类	基数（个）	盏数（个）
镇前街	双火落地灯	150W 钠灯	11	22
昌欣路	单火落地灯	150W 钠灯	8	8
游仙路、振瀛路	单火落地灯	250W、400W 高压钠灯各一	11	11
前岙隧道	单挑灯	150W 钠灯	103	103
北塘、东塘	双火落地灯	150W 钠灯	50	50
前岙隧道进口路段	双火落地灯	150W 钠灯	30	50
前岙隧道出口振瀛路	双火落地灯	150W 钠灯	45	45
赵岙隧道及东西路段（估）	双火落地灯	250W 钠灯	30	30
腾蛟路	双火落地灯	250W 钠灯	23	46
凤起路	双火落地灯	250W 钠灯	7	14
老巨鹰小区	双火落地灯	250W 钠灯	7	14
瀛海别墅	双火落地灯	250W 钠灯	10	20
龙山路	3.3 米抱杆灯	65W 节能灯	3	3
游仙路 1	3.3 米抱杆灯	65W 节能灯	2	2
游仙路 2	10 米三火落地灯	150W 钠灯	1	3
腾蛟东路	10 米双叉落地灯	250W 钠灯	7	14
东溪路	3.3 米抱杆灯	65W 节能灯	3	3
东城路	3.3 米抱杆灯	65W 节能灯	3	3
车站路	10 米单叉落地灯	250W 钠灯	10	10
车站二路东	3.3 米抱杆灯	65W 节能灯	7	7
车站二路北	10 米单叉落地灯	250W 钠灯	6	6
新建路	10 米双叉落地灯双排	250W 钠灯	140	280
象山港东路	10 米双叉落地灯双排	250W 钠灯	40	80
石城路	3.3 米抱杆灯	65W 节能灯	9	9
海山路	8 米单叉落地灯	250W 钠灯	20	20
小盐路	3.3 米抱杆灯	150W 钠灯	6	6
宾河路	8 米单叉落地灯	250W 钠灯	10	10
新瀛路延伸	9 米单叉落地灯双排	250W 钠灯	16	16
零星小区	庭院灯	65W 节能灯	20	20

房屋住宅

中华人民共和国成立前，居民住宅简陋。城区住房总面积 75787 平方米，其中，平（瓦）房 49738 平方米，草房 16929 平方米，楼房 9120 平方米，人均住宅面积 15 平方米。20 世纪 50 年代中后期，部分草房改建瓦房，石墙毛竹椽。60年代，建房较少，新建房多水泥桁条、木椽，“一字”形平屋。70年代新建房较多，以砖混结构平顶屋为主。80年代，新建房子以钢筋混凝土结构两层以上楼房为主。1985年，草房基本绝迹，城区住宅面积30万平方米，人均20.88平方米。90年代后，新建住宅讲究设计、装潢，向套房和别墅房发展。外墙釉面砖，房内三夹板、墙纸护墙，地面铺设花岗岩、木地板，建门楼，置琉璃瓦。2000年，城区住宅面积336000平方米，人均23.4平方米。2008年，住宅面积猛增至554985平方米。

供水排水

居民生活用水，向以带有咸性的井水为主。每年过春节时各家挑淡水烧茶，年初一招待客人。东门井水质最佳，传有治疗作用，为人所垂。民国时期，有水井12口，大旱不涸，大雨不溢，后新增22口，百姓自挖缸筒井400余口，略咸。水质较差，时常引发疫病。每遇干旱，用水紧张。1984年，在半路亭建造水库，蓄水量40万立方米。1985年10月，天打岩自来水厂竣工，年供水150万立方米，结束吃咸水历史。1991年，半路亭水库二期加坝扩容，增蓄水量20万立方米。1992年冬，在清水潭和牛丈岙两溪汇合处原嘉湖塘区域兴建燕山水库，一期工程坝控制流域面积8.5平方千米，蓄水量96万立方米，铺设管道1.8千米。1994年，二期加坝扩容，库容量增至460万立方米，年供水360万立方米。自来水厂设清水池2座、平流式沉淀池1座、翻水泵2台，配60千瓦柴油机组。为改善水质，改原漂白简易消毒为液氧消毒，水质达到国家卫生标准。1995年，城区万余人全部实现自来水供水。2000年，有水厂（站）3座，占地面积4000平方米，建筑面积805平方米，铺设管道55千米。

境内地势北高南低，城区雨水、污水经街道下排沟渠入海。特大暴雨经沿城河直排入海，宅区基本不积水。旧城街道改造，疏通、修挖沟渠，排水设施日臻完善。北塘工业区和东塘新建区，采用雨水、污水分流，雨水就近排入水沟，工业污水经管道汇集后至燕山南首水闸和牛仓嘴北首水闸入海。新建房及规划住宅区道路下均设排水渠。生活污水和工业污水排海处，建污水泵房1座，配污水处理设备1套。污水经处理后排入大海，排水沟总长6.18千米。

环境卫生

中华民国时期，镇内有清道夫2人，手拉垃圾车2辆，属乡公所管理。1952年，成立镇爱国卫生委员会，提倡人人讲卫生。镇政府按季节变化，逢年过节，发动村委会、居委会干部、居民参加清除垃圾，疏通阴沟，清扫街道，灭蚊除害等义务劳动。垃圾多倒在东门海滩边，由海浪卷走自净。1958年，由农业社组织2人拉垃圾，兼清卫积肥，拉垃圾车摇铃走街串巷，居民闻铃声将垃圾倒入车内。1961年后，农渔村各派1人，负责清理8个村的环境卫生。1980年后，清卫人员增至6人，属镇爱委会管理。1984年，成立镇环境卫生管理委会员。1990年4月，成立市容监察队，隶属于镇城建办公室。1991年，成立镇环境卫生管理所。

绿化

1992年建设腾蛟公园，绿地面积11675平方米。2000年，爵溪27个单位绿化面积共29200平方米，绿化率仅5%。至2008年，绿化率不断提高。绿化率在30%以上的单位有正大药业（36%），大宇食品有限公司（35%），国丰公司（34.0%），荣兴公司（33%）。

第三章　镇乡建设

中华人民共和国成立时，除县城和石浦两地建设稍具规模，其他镇乡的建设主要以农民自建住宅为主，整体上公共建设无规划，无稳定资金投入。20世纪90年代始，国家鼓励小城镇建设，镇乡建设受到重视与发展。2001年6月，全县行政区划调整，确立3个街道、15个镇乡格局，镇乡建设步伐加快。各镇乡相继编制镇乡发展规划，大力推进路、桥、供水、环卫、绿化等基础设施建设，许多村庄建村落简易小公园，供村民娱乐、健身，镇乡面貌日新月异。

第一节　石浦镇建设

石浦镇具港口和渔业优势，一直为象山南部和三门湾区域的商贸中心。镇政府驻地石浦镇风栖路，20世纪80年代前，城区建设与市面繁荣可与县城媲美。90年代始，城市建设进入快速发展期，城区规模扩大。至2008年，镇建成区面积扩展至10.829平方千米。

城区拓展

石浦旧有城，处大金山主峰东麓山间谷地，北倚后岗山，南控炮台山，西毗大金山，东临石浦港，面积310000平方米，街巷纵横35条，拾级上下，随坡起伏。主街有中街、后街、万福街、碗行街、福建街、横塘岸等，石板路面。房屋层级梯叠，鳞次栉比，砖木结构，多平房，也有少数乱石茅房。大户多以四合院两层为主，街市两侧上居下铺，前店后场。民国29年(1940)，日机三度轰炸，毁房1725间（另延昌25间，东门41间）街市成废墟。民国35年后就地重建，多棚舍草房。至民国36年6月，中街等11条街市计商铺259家。

照23-7　石浦老城区

20世纪50年代，重点改造旧城危房和扩建街道。1961年，炸平天妃宫前山岩，填海6000平方米，辟番薯转运堆场。居民、单位始在天妃宫下、火炉头一带择地建房。1967年5月，石浦建筑社率先在二湾海边开石填海建三层楼房14间。1968年，又建20间，并向海涂拓路8米，沿港路逐段形成。1973年，蜂腰路段建成，石浦、延昌连成一片。城区面积扩至1.1626平方千米，沿港二三层以上钢筋水泥砖混房屋楼群呈现。是年10月，商业部建4万吨水封石洞油库，与之配套通油库码头及新港码头，长1.7千米新港公路动建。1977年，东江粮站道头南首至葛屿山口门北首，划为新港区用地。1981年6月，确定水产冷库（天妃宫下）至葛屿山、油库码头内为新港区，建沿港路（渔港路）、人民路、昌新街、车站、货运码头。1984年，番头并入石浦。1985年12月始，动建番东新区骨架道路，建浦江一路（今金山路）、浦江二路（今南屏路）、荔港二路

(今荔港路)，总长 3.08 千米，拉开新区开发序幕，城区扩至 2.63 平方千米。1997 年，建成区面积扩大至 3.621 平方千米。2001 年，昌国镇并入，增加老城面积 830000 平方米。2006 年 6 月，铜瓦门大桥通车，东门岛与石浦陆岛相连。2008 年，建成区包括石浦、延昌、昌国卫、东门老城、番东、番西及东部新区，共计 10.829 平方千米。

城区房屋建设

旧城房屋依山而建，多砖木结构平房，部分楼房、草房，城郊多草房，总建筑面积 15.45 万平方米。1953 年 5 月，房屋普查，城区有私房 3475 间，其中楼房 830 间、平房 670 间、草房 48 间；公房 340 间。1955 年 10 月，城外大火，毁房 387 间，政府给予救济和保险理赔。原以草房为多的街区，翌年复建一批木结构二层街面房屋，被毁街市复兴。1969 年，城区草房绝迹。20 世纪 70—80 年代，城区新建房屋增多，多砖木结构。1979—1980 年，镇拨延昌塘 7 亩土地供村民建房 5100 平方米，始建延昌新街区，砖混和钢筋混凝土结构，两层楼房为主。1981—1984 年，全镇城区新建公房 229 户、6500 平方米，私房翻建 26700 平方米；群众建房 1103 平方米，单位建房 16036 平方米。1985 年 6 月，镇政府借资动建新区三条井字形骨架道路，随后有 18 家单位在道路两侧择地建房，多 4 层以上水泥混凝土结构，新区建房渐增。1986 年，在番东新区安排部分土地，供全民、集体、镇办企事业单位干部职工建房。时公房 26650.56 平方米，人均 5.44 平方米；私房 10.3 万平方米，人均 7.38 平方米。1988—1990 年，建集资房、商品房 37600 平方米（不包括企事业单位自建宿舍和部队建房）。1992 年，城区房屋总建筑面积 116 万平方米，其中住宅 56 余万平方米、公共建筑 30 万平方米。2000 年，石浦镇房屋建筑总面积 268.363 万平方米。翌年，石浦房管所管理的国家直管公房 51000 平方米，木结构占 71.2%，砖混结构占 28.8%，其中危房 11000 平方米。是年 10 月，改造危房，第一期安居房征地 6660 平方米，次年竣工。至 2006 年，全镇房屋建筑面积 292.01 万平方米。2007 年，城区住房普查，共有住房 109.07 万平方米，成套房屋 6829 套，非成套房屋 1553 套。两座最高建筑为荔港大酒店（19 层高 68 米）、半岛大酒店（23 层高 91 米）。

农渔村房屋建设

中华民国时期，瓦房不多，草房连片。1951 年，金星瓦房 328 间、草房 850 间；番头瓦房 144.5 间、草房 579 间；东门木质楼房 12 幢，余 80% 为草房，昌国瓦房 3134 户、64532 平方米，草房 1411 户、29780 平方米。镇区农渔村除铜钱礁 7 户楼房、60 户平瓦房外，瀺头、火炉头一带全是草房。昌国半边山 20 户全草房，田下岭村 130 户，仅 4 户住乱石青瓦矮平房，番头、盐厂、朝天门等地草房 70% 以上。1950—1952 年，土地改革期间，政府将官僚、地主、资本家、渔霸等多余房屋分给无房户、困难户及危房户，部分寺庙改作住宅。20 世纪 50 年代中后期，少数翻身农渔民拆草房，建石木或砖木结构老式平瓦房。60 年代，建房加快，石木、砖木为主。70 年代初期，出现钢筋混凝土二层楼房。1978 年后，实行联产承包责任制，富裕户拆旧房建新屋，多以钢筋混凝土为主，人均住宅面积 16 平方米。1979 年 1 月至 1987 年 5 月，昌国、东门、金星农渔民建房 734 户、49315 平方米，檀头山农渔民建房 363 间、8115 平方米。农渔村人均住宅增至 22.2 平方米。砖混、钢筋混凝土结构建筑流行，式样有别墅、楼房、联体、套房等。2000 年后，农渔村住宅建筑增加，新建住宅以单体别墅为主。据 2006—2007 年《象山县农渔村房屋

照 23-8　1931 年 7 月的石浦港

防灾能力普查》数据测算，全镇农村住宅总建筑面积 188.425 万平方米，人均 45.6 平方米。

街巷道路

照 23-9　20 世纪 90 年代的石浦渔港路

民国 36 年（1947），石浦（含延昌）有街巷 44 条，临街开设店铺 890 间。街巷多以顺坡拾级，盘曲迂回，石板路面，或镶以弹石，总长 18 千米。巷弄 98 条，曲径狭窄，均宽约 2.5 米。20 世纪 50 年代初，石浦搬运站最先改中街部分石板路段为水泥坡道。后碗行街、江心街、横塘岸路、道头街、延昌街等亦改建、扩建。1973 年，建成长 270 米、宽 10 米（局部 4 米）连接延昌通道，为渔港路雏形。1987 年，耗资 776.8 万元，修建渔港路，长 4.04 千米、宽 24 米。2008 年，渔港路改造成为滨海休闲观光大道。是年，石浦、延昌城区共有街路 88 条，长 56.211 千米；新旧巷弄 98 条，长 10.759 千米，除老街、巷弄仍石板、弹石路面外，其余均水泥路面。昌国有街路巷弄 34 条，长 1.434 千米；金星有街路巷弄 29 条，长 12.42 千米。

2008 年象山县石浦镇城区街道情况表

表 23-19

道路名称	走向、起讫	道路长度（米）	道路宽度（米）	备　　注
渔港东路	东南起铜瓦门大桥北侧，西北至渔港中、北路连接处（原金明冷冻厂）	2297 米，其中大桥连接线 600 米	24.0~12.0	水泥路面。位于石浦港东北端，为东门陆岛工程交通干道，途经铜瓦门、向浦村及沙塘湾、平岩新村
渔港北路	南起渔港中、东路交叉口（原金明冷冻厂），北至沙石、五新公路交叉口	1120	18.0	水泥路面。为延昌新区主要交通干道，台胞接待站，汽车东站设北端
渔港中路	北起渔港北、东路交叉口（原金明冷冻厂），南至火炉头路口连渔港南路	2488	24.0~26.0	水泥路面。临港有码头 8 座
渔港南路	北起火炉头路口（原县航管所）连渔港中路，西南至好望角码头	1040	24.0	水泥路面。路东港域为锚地
中央塘路	东起天门路，西至大庆路	340	4.0	水泥路面。路经中央塘村
文港路	东起新港区烟糖仓库，西至葛峙山碶门头	315	4.0	水泥路面。路经文坦港村
东港路	东起大庆路，西至养殖公司冷冻厂	430	4.0	水泥路面。路经东港村
兴港路	东南起南屏、荔港路交叉口，西至军民路，延伸至凤鸣路	3573	24.0~36.0	通往水产加工区及新水产城。以“振兴石浦港”意命名

续表23-19

道路名称	走向、起讫	道路长度（米）	道路宽度（米）	备　　注
南屏路	东起海鲜街，西至葛峙山连曙光路	1519	24.0	水泥路面。以南田岛为石浦港天然屏障意命名，沿途有申菱厂、广电站、新港中学、新港菜场、凤凰新城等，为主要商业街之一
金山路	东起渔港南路（海边），南经邬家村、曙光路至军民路	2708	36.0	水泥路面。以大金山得名，与荔港路、天门路、大庆路、建业路、玉泉路、海宁路相交。沿途多商厦、宾馆和银行、保险、财税、书店、房产等单位，两侧五层以上高楼林立，21层半岛酒店耸立其中，为繁荣街区之一
火炉头路	东北起渔港中路，西至大庆路加油站	880	12.0	水泥路面。为新老城区出入交通干道、沿途有水产大冷库、医药大楼、菜场、五金、电器商铺，为商业街区之一
凤栖路	东起大庆路加油站，西至西霞路	2460	24.0	水泥路面。以“凤凰山栖凤凰”得名。沿途有加油站、交管分局、交警、水产技术学校、城建、工商、台胞医院、镇政府
康安路	东起五新公路，西至台胞医院后，至凤凰山水库脚	360	12.0	水泥路面。沿路为半岭村新民宅
半岭路	东起西门外路西门桥，西至五新公路至岭头	500	8.0	水泥路面。昔为通往番头、金星的要道，现两侧为半岭村民宅、陆军营房
伏虎路	东南起西门外路“十三间头”，西北至炮台山老虎洞	115	8.0	水泥路面。两侧多民房
营房路	北起城隍庙路22号，南至仓桥头路14号	180	2.0~3.0	石阶、水泥路面。清昌石水师营署曾驻此
城隍庙路	东北与人民路相交，西南穿过西城路至西门外路	170	6.0	石阶、水泥路面。城隍庙建于路北侧，两旁多传统民宅，为历史文化名镇保护街区之一
幸福路	西南起人民路，东北穿后街至真武宫	250	3.0	石阶、石板路面。原名为当店弄，与后街相交
仓桥头路	东起人民路九市曲，西接城东路	90	3.0~4.0	石板、水泥路面。原为溪水经过，建有仓桥1座
后山路	南起吉城路，向北折西呈半圆形接后街九曲弄	340	3.0	石板、水泥路面。倚后岗山得名
后山北路	东南起后山路，北至三官堂折西呈直角，南交幸福路	300	2.0	—
城东路	东起中街关帝庙东，西北至西门外路	380	3.0~4.5	石板水泥。为旧城墙基改建，有称城楼顶

续表23-19

道路名称	走向、起讫	道路长度（米）	道路宽度（米）	备　　注
城西路	北起敦三弄，南至城东路	280	2.5	水泥路面。南段50米为旧城墙基改建
吉城路	东北起二湾路连后山路，西止中街陈家弄口	275	3.0	石板石子路面。以古城墙改路，称“吉城”，中华人民共和国成立初镇政府设此陈家大院
福建街	东起单位围墙，西至中街，南门瓮城（原大众食堂）连碗行街	330	2.5~4.0	石阶、石板路面。清道光间为福建渔民筑，昔为石浦通延昌主道，原有保康医院、金山旅馆、同仁堂药店，今商业中心外移为民宅，建筑保持旧貌，为历史文化保护街区之一
横塘岸路	北起渔港中路南至江心街	120	2.5~5.0	水泥路面。路由横塘岸改建。昔鱼行集中此，为水产品收购、加工、销售市场，现为民宅
江心（浦）街	西起江心寺，东至渔港中路	90	5.5	水泥路面。原名新道头街，更名江浦路，因江心寺旧址，改名江心街。现街南房屋拆除纳入广场
碗行街	北起福建街，南至人民路老银行	145	3.5~5.5	石阶、水泥路面。昔日多日杂、碗店。80年代，镇政府设此。历来是商业街区。为历史文化保护街区之一。现江心寺至老银行东房屋拆除纳入广场
新浦路	西南起人民路，东北至江心街	135	7	水泥路面。沿途原有农行办事处、百货公司、二商公司、新华书店、益康商店。现街两侧房屋拆除纳入广场
南关桥路	东北起碗行街，西南穿人民路折东南至渔港中路	380	1.5~2.5	水泥、石板路面。以“南关头桥旧址”得名。现人民路至桥址东房屋拆除纳入广场
溪坑路	东南起南关桥路南关桥旧址，西北止人民路文澜桥旧址	186	3.0~6.0	水泥路面。1984年改溪为下水道，浇铺水泥路面，称溪坑头路。现南关桥旧址东房屋拆除纳入广场
三湾路	东南起渔港中路原生资公司仓库，北接东关路	350	2.0~4.0	石阶、水泥路面。昔为通往昌国主通道。后渔港路建成一截，山径废。由三湾路廊得名
东（铜）关路	东北起延昌街，南街三湾路折东至渔港中路	485	3.5	石板、水泥路面。昔为通往昌国主通道。路经东关村民宅，由东关路廊得名
道头街	东起渔港中路（原海陆运输社），西至延昌街	187	4.0	水泥路面。路东首有道头得名，昔延昌主要商业街之一
海丰路	东起渔港中路延昌饭店，西穿延昌街至后岗山脚	220	5.5	水泥路面。1979年改溪为下水道，铺浇水泥路面，路通码头，取意“海产丰收”命名。与延昌街相交
顺航路	东起渔港中路（原船坞）海丰广场，西至延昌街	140	12.0	水泥路面。以“航行一帆风顺”意定名

续表23-19

道路名称	走向、起讫	道路长度（米）	道路宽度（米）	备　　注
延昌街	北起橘场路、延吉路，南至东（铜）关路	580	5.0	石板、水泥路面。沿街两侧建筑基本保持原貌，为历史文化保护街区之一
延吉街	东起新塘岸路延昌小学，西至延昌街橘场路交接处	212	5.0	水泥路面。以“延昌吉利”之意得名
爱国路	东起新塘岸路，西至橘场路	296	18	水泥路面
登山路	东起延昌街财神弄口，西至延昌后岗山阳明山庄	300	1.5~2.5	弹石、石阶路面。为登后岗山主道故名
新塘岸路	东北起渔港北路台胞接待站，西南折至渔港中路	755	7.0~12	水泥路面。由新塘岸改建
大华路	南起延吉路，北至渔港北路昌锦家园东门	500	18.0	水泥路面。延昌新菜场设此
橘场路	南起延吉路、延昌街交叉口，北至五眼桥渔港北路	600	3.0	石子、砂石路面。原称羊角湾路，昔为延昌对外联系干道，路经柑橘场，南段为延昌农村新宅区
洋下山路	南起渔港北路，北至象二中折西北至原五爱小学连昌石路	300	2.0	水泥、砂石路面。路通洋下山麓得名
五爱路	东起昌锦家园北橘场路口，西至五新、沙石路交叉口	347	2.0	弹石、砂石路面。路经五爱村
浦昌路	东起永安路员铸管厂后门，北至石浦酒厂后面公路桥	526	3.0	水泥路面。沿路为石浦、昌国二地居民新宅
长河路	南起永安路碶门头，北沿长江河	210	2.0~3.0	砂石路面。以长江河得名，河东侧为荔港学校
永安路	西南起渔港北路永安桥，北交海滨路连渔港东路	250	5.0	砂石、水泥路面。1990年修建永安桥得名
海滨路	南起渔港东路，北至皇城沙滩	3500	7.0	砂石路面。以通皇城沙滩海滨浴场得名。皇城大道建成后海滨路断头不连
皇城大道	南起渔港东路，北至皇城沙滩“中国渔村”	1288	36.0	沥青路面
人民路	东南起渔港中路，西北至北门水库边	950	12	水泥路面。由万福街、溪坑头路、前街三条旧街整修成，是沟通城内、外主要干道与商业街。镇中心小学、镇医院、城里菜场设此。渔港中路至老银行130米街拆除纳入广场
后街	西北起北门三圣庙，东南接中街财神弄	600	3.0	石板、弹石、石阶路面。沿路两侧保持清时建筑原貌，为历史文化保护街区之一
中街	西北接后街财神弄，西通人民路九市曲，东南至关帝庙连福建街	240	3.0	石板、石阶路面。昔集布庄、南北货、五金、医药、文具、日杂、饮食店于一街，现商业中民外移，除十余家店铺外，均居民住宅。两侧保护清时建筑原貌，为主要保护街区之一

续表23-19

道路名称	走向、起讫	道路长度（米）	道路宽度（米）	备 注
西门外路	东南起人民路水门头，西北至北门水库桥头	750	4.0~8.0	水泥路面。1998年镇上群众集资，政府补助修造拓宽
文昌阁路	南起北门水库，北至文昌阁湾	350	4.0~5.0	水泥路面。以路北岭头文昌阁得名，石浦中学设此
后岗山路	南起北门水库北侧，西北至后岗山村旧址	300	2.0	石阶路面。原为后岗山村民往来城区通道，上清凉庵在此
上塘路	南起金山路，北至火炉头路上塘旅社	740	4.0~6.0	水泥路面。路经上塘村
荔港路	南起南屏路、海鲜街连接处，北至火炉头路百花洞下	840	18.0	水泥路面。以“石浦港别称荔港”得名。石浦菜场设此
天门路	南起南屏站，北至火炉头	510	12.0	水泥路面
大庆路	南起油库码头，北至火炉头路加油站	890	24.0	水泥路面。路北端全国首建水封石洞油库，路南端油库码头。以“大庆油田”借名
金水路	南起金山路口，北至上塘路	165	3.0	水泥路面。县水产局曾设址
和乐路	南起金山路电管站，北至火炉头路	210	9.0	水泥路面。两侧多单位集资房，原“居民和睦快乐”取名
和义路	南起南屏路，北至金山路	210	9.0	水泥路面。两侧多居民新宅以“和睦友谊（义）”取名
渔丰街	东起渔港南路，西至荔港路	232	18.0	水泥路面。原水产交易市场设此路南端，以取“渔业丰收”意命名
建业路	北起凤栖路，南穿金山路至南屏路	490	18.0	水泥路面。路西为21层半岛酒店
玉泉路	南起新港货运码头，北至凤栖路凤栖花苑	1170	29.0	水泥路面。以“玉泉盐场旧址”得名
海宁路	南起文坦港碶门头，北至凤栖路凤凰桥	933	45.0	水泥路面。以“石浦海港风平浪静”意命名，路南端为水产城，与南屏路、金山路相交
静河路	南起大庆路桥头，西至海宁路	900	10.0	水泥路面。以金石引河谐音而定名。引河北侧水产技校校舍，南侧新港中路操场
毓才路	南起兴港路，北至南屏路	270	9.0	水泥路面。教师群楼建此故名
文兴路	南起兴港路文坦港村口，北至南屏路新菜场	382	12.0	水泥路面。沿路经文坦港村
红星路	南起金山路邬家村大楼，北至凤栖路修理站	230	9.0	水泥路面。路经邬家村（曾名红星村）
横山路	东起渔港北路，西至横山庵部队老营房	480	3.0	水泥路面以横山庵得名

续表23-19

道路名称	走向、起讫	道路长度（米）	道路宽度（米）	备　　注
曙光路	北起凤栖路，南至兴港路	855	18.0	水泥路面
兴市街	东起上塘路，西至荔港菜场后门	65	8.0	1988 年建，水泥路面
万丰街	北起金山路，南至南屏路	190	12.0	台贸市场西侧，喻商业繁荣
军民路	北起凤栖路，南至一单位修理所	1100	18.0	由军民共同建成，故名
水电路	南起凤栖路，北至利民水库	960	20.0	以路南变电所，路北水库各取一字组成
西霞路	南起西边村，北至番头岙村	1207	20.0	沿用旧名
复康路	南起凤栖路，北至康安路	220	12.0	台胞医院西侧，故名
光明路	北起茅石公路，南至原热电厂	700	10.0	以热电厂给居民带来光明而命名
海曙路	东起海宁路，西至曙光路	244	12.0	以海宁路、曙光路各取一字得名
求实路	南起凤栖路，北至康安路	268	12.0	镇府大楼东侧，故名
勤政路	南起凤栖路，北至环城路	217	12.0	镇府大楼西侧，故名
公平路	北起南屏路，南至文坦港村北	300	12.0	通新菜场，喻买卖公平
创新路	东起水电路，西至西霞路	780	12.0	工业区内，喻开拓创新、发展经济之意
陆岛路	北起兴港路，南至石南高轮渡码头	125	30.0	以石浦陆岛工程得名
海鲜街	东起渔港南路，西至南屏路、荔港路口	226	24.0	1998 年延伸渔港南路，拆船厂 17686.8 平方米土地建海鲜街区 35000 平方米。2001 年 12 月建成
东门沿港路	北起铜瓦门大桥南，南至南汇网场至门头	2070	600.0	—

2008 年象山县石浦镇城区巷弄情况表

表 23-20

巷弄名称	起讫地点	道路长度（米）	道路宽度（米）	路面	备　　注
蔡家弄	东起人民路儿童食品店，南至溪坑路	60	2.0	弹石石板	文澜居民区
慈生弄	西起人民路原税务所，东至新旅弄	47	2.0	水泥	文澜居民区，以济生堂旧址得名
天封弄	东起南关桥印刷厂，西通天封塔至新旅弄	90	2.0	石板水泥	文澜居民区，以天封塔旧址得名

续表23-20

巷弄名称	起讫地点	道路长度（米）	道路宽度（米）	路面	备　　注
烽台弄	南起人民路，北至山上供销社宿舍	98	2.5	石阶	文澜居民区，以炮台山烽火堠得名
南天弄	西起南关桥路，南至天妃宫小教场	91	1.5	沙石	南关桥居民区，取南关桥、天妃宫首字得名
天妃弄	南起渔港中路海鸥招待所，北至小教场	118	1.5	沙石	南关桥居民区，以天妃宫旧址得名
益民弄	西起南关桥路，东至食品公司益康旅社	60	2.0	水泥	南关桥居民区
小水井弄	东起渔港中路，西通小水井	150	1.5	水泥	南关桥居民区，以小水井旧址得名
虎跃弄	北起渔机厂，西至渔机厂宿舍	65	1.5	沙石	九市曲居民区伏虎路上，以老虎洞得名
福田庵弄	西起伏虎路，北至西门外路	55	2.0	水泥 沙石	城西居民区，伏虎路上福田庵旧址得名
叶公弄	南起半岭路叶公池，北至城北新村	136	1.5	沙石	城西居民区，以叶公池旧址得名
吉祥弄	北起半岭路，南至伏虎路	216	1.5	沙石	城西居民区
西庵弄	北起半岭路，南至水泥厂宿舍	95	2.5	沙石	半岭村，以西庵旧址命名
竹园弄	北起半岭路，西至耶稣教堂	150	1.5	沙石	半岭村，以毛竹山引喻得名
朝晖弄	东起西门外路老鞋厂，西至山上区供销社宿舍	51	2.5	泥沙	九市曲居民区
新北弄	东起西门外路，北至西门外路（环形）	212	1.5	泥沙	城西居民区，以城北新村得名
皆春弄	北起中街大皆春药店，南通城东路	20	1.0	石板	中街居民区，以大皆春药店得名
大园弄	南起城西路，西至城西路（半圆形）	82	2.0	水泥 石板	九市曲居民区，以大园旧址得名
公馆弄	南起营房街，北至营房街（环形）	40	2.0	石板	九市曲居民区，沿用旧名
敦三弄	东起人民路石浦小学，西至西门外路	95	5.0	块石	城西居民区，以敦三酒厂旧址得名
龙溪巷	东起人民路，西至西门外路	120	1.5	石子	城西居民区，以龙溪得名
光明弄	东起人民路不见天井，西至西门外路	90	1.5	石板	城西居民区
小桥头弄	东起人民路，西至城西路	120	1.5	石板	城西居民区，以小桥头旧址得名

续表23-20

巷弄名称	起讫地点	道路长度（米）	道路宽度（米）	路面	备　　注
书院弄	西起人民路，东至后街	50	3.5	弹石石板	牌坊井居民区，以石浦小学及金山儿童图书馆得名
黄家井弄	西起人民路，东至后街	60	2.0	石板	牌坊井居民区，以井定名
紫荆弄	西起人民路，北达黄家井弄	80	1.0	石板	牌坊井居民区，以昔为紫荆柴市场得名
同德弄	西起人民路，东至后街	50	1.5	石板	后街居民区，以同德堂药店得名
九曲弄	西起人民路九市曲，东至后街	50	1.5	石板	后街居民区，以九市曲简称得名
巡司弄	南起中街，东至老派出所	50	1.5	石板	中街居民区，以昔巡检司署旧址得名
倪家弄	南起中街，东通红楼宿舍	70	1.5	石板	中街居民区
消防弄	南起中街，东通红楼宿舍	80	1.5	石板沙石	中街居民区，以消防池得名
萌园弄	西起后街，东通幼儿园及工商银行宿舍	80	1.2	弹石	后山居民区，以石浦幼儿园寓意得名
民丰弄	西起后街，东通幸福路真武弄	80	2.0	石板	牌坊井居民区
酒坊弄	西起后街，东至洪家	70	2.0	弹石	牌坊井居民区，以昔西关酒坊得名
佛子井弄	西起后街，东至佛子井	105	2.0	弹石	牌坊井居民区，以昔佛子井得名
药局弄	西起后街，东至下清凉庵	75	1.2	弹石	牌坊井居民区，昔曾设药局得名
上营弄	西起后街，东至药局弄	80	1.5	弹石	牌坊井居民区，以昔营房旧址得名
天井弄	南起后山弄，北通三官堂外	40	1.0	弹石	后街居民区，以井得名
华山弄	东起伏虎路，西至吉祥弄	40	2.0	泥沙	城西居民区，伏虎路上
凤鸣弄	东起吉祥弄，西至花园弄	200	2.0	泥沙	城西居民区，伏虎路上
高见弄	东起人民路，西至居民住宅区	70	2.0	石板	九市曲居民区，以昔高见龙南货店旧址得名
土地弄	北起西门外路，南至营房	30	3.0	弹石	九市曲居民区，以土地井得名
镇前弄	西起碗行街，东接横塘岸路	160	2.0	石板	福建街居民区，以通向镇政府前得名
百步弄	南起南关桥路，西至老俱乐部	80	2.0	水泥石阶	南关桥居民区，以百余台阶拾级而上得名
观鱼弄	南起三湾路，北至山坡居民住宅	180	2.0	水泥	福建街居民区，昔时可观港内大鱼跃水景观得名
真武弄	南起真武馆旧址，北至民丰弄	80	1.0	泥沙	后街居民区，幸福路上，以真武庙址得名
盘山弄	北起东关路，南达铜山弄	160	2.0	石子	延昌居民区，需盘山而上，故名
庙前弄	东起东关路，西通铜山弄	50	1.5	水泥	延昌居民区，以在东关庙前得名

续表23-20

巷弄名称	起讫地点	道路长度（米）	道路宽度（米）	路面	备　　注
铜山弄	东南起东关路通盘山弄、军井弄，西至山脚	250	2.0	石子	延昌居民区，以东关山开过铜矿得名
军井弄	东起东关弄，西至营房	93	3.0	石子	延昌居民区，东关路上，以“大军井”得名
汇英弄	西起延昌街，东接渔港北路朝航弄	40	2.0	石子	延昌居民区
何家弄	西起延昌街，东接延昌卢家弄	73	2.0	水泥	延昌居民区
卢家弄	西起延昌街，东接海丰路	73	2.0	石板	延中居民区
汇丰弄	西起延昌街，北通道头街，东至居民道地	86	4.0	弹石	延中居民区
天宫弄	东起延昌街，西至阳明山庄山下	134	5.0	石子	延宫居民区，在天后宫旧址得名
宫北弄	南起延昌街，北接汇安弄	240	3.5	水泥	延宫居民区，在天后宫北侧得名
汇安弄	南起延昌街，北接小庵	90	2.0	弹石	延中居民区
新营弄	西起延昌街，北通延二路	84	2.5	水泥	延港居民区
同益弄	东起新塘岸路，西通延昌街	62	2.0	水泥	延港居民区
宫前弄	东起新塘岸路，西通延昌街	103	2.5	弹石	延港居民区，在天后宫旧址前得名
剧院弄	东起渔港北路，西至东关路	85	4.0	泥石	东关居民区，以保生大帝庙旧址得名
保生弄	东起渔港北路电器厂，西通东关路盘山弄	100	3.0	弹石	东关居民区，以剧院得名
康宁弄	东起渔港路海洋业公司，西至居民道地	120	2.5	水泥	延中居民区，以弄口渔业队医疗站得名
朝航弄	东起渔港北路延昌信用社，西至东关路	120	2.5	水泥	延中居民区，以渔港码头寓意得名
万兴弄	南起渔港北路金属公司仓库，北通木材仓库	166	2~3	水泥	延港居民区
宋庙弄	北起海丰路，南至东关山麓山脚	69	2.0	石板	延中居民区，以宋皇庙址得名
沿溪弄	东起海丰路，北至后岗山脚	140	3.0	石子	延宫居民区，以沿溪边得名
山庄弄	北起登山路，南通海丰路	53	2.0	石子 石板	延宫居民区，以山上阳明山庄得名
阳明弄	南起登山路，北通延昌街天宫弄	110	1.5	石子	延宫居民区，以阳明山庄得名
昌平弄	南起道头街，东通新塘岸路折回至道头街	145	1.5	石子	延港居民区

续表23-20

巷弄名称	起讫地点	道路长度（米）	道路宽度（米）	路面	备　　注
同兴弄	西起新塘岸路公安分局斜对面，东至渔港北路申浦冷冻厂	269	4.0	水泥	延新居民区，取共同兴隆之义命名
永兴弄	南起延吉路延新农村，北至活动室	100	2.0	水泥	延新居民区
佳乐弄	西起桔园路经延昌农村活动室，东至大华路	80	2.0	水泥	延新居民区
昌市弄	东起新塘岸路，西至延昌菜场	50	3.0	水泥	延新居民区，以延昌菜市场简称得名
华泉弄	东起新塘岸路华泉招待所，西至大华路	70	4.0	水泥	延新居民区，以华泉招待所得名
福庆弄	东起延昌街，西至山脚	150	2.0	水泥	延宫居民区，取百福骈臻，共庆有余意命名
小庵弄	东起橘场路，西至小庵	90	2.0	水泥	延昌农村，以通小庵得名
渔港北路7弄	东起渔港北路信用社门前，西至延昌街与东关路相连处	135	4.0	石板	原名下道头街
和平巷	东起天门路养殖公司，南至南屏路	220	9.0	水泥	荔港居民区，新建15幢商品楼住宅区
泰康弄	南起火炉头路医药大楼，北通水产公司宿舍小教场	215	2~3	水泥	番东居民区，火炉头路上
长青弄	南起火炉头路番头卫生院，北通小教场	113	2.0	水泥	番东居民区，火炉头路上
利民巷	北起火炉头路番头商店，南至水产罐头厂	160	3~5	水泥	番东居民区，火炉头路上
金沙弄	东起水产局门口，西至无线电工作站	30	4.0	石板水泥	新港居民区，金水路上
开源弄	西起水产局门口，东至水产公司围墙	45	3.0	水泥	番东居民区，金水路上
水上弄	东起永兴小店，西通上塘路	120	2~3	水泥	新港居民区，金水路上
三元巷	西起天门路龙中公司，东至镇委宿舍	165	5.0	水泥	新港居民区，天门路上
稚园弄	西起天门路七层楼后，东至新港幼儿园	105	2~3	水泥	新港居民区，幼儿园喻名
房院弄	西起天门路房管所，东通荔港路圆顶公厕	145	4.5	水泥	新港居民区
朝阳弄	北起火炉头路印刷厂，南通房院弄圆顶公厕	180	3.0	水泥	新港居民区，天门、荔港路之间

续表23-20

巷弄名称	起讫地点	道路长度（米）	道路宽度（米）	路面	备　　注
清江弄	东起天门路航运宿舍，西至和兴弄原法庭后	95	4.0	水泥	荔港居民区
清河弄	东起天门路七层楼西，西达和兴弄原法庭宿舍	112	2～3	水泥	荔港居民区
清湖弄	东起天门路西邮电支局，西至和兴弄	73	2～3	水泥	荔港居民区，天门路上
清川弄	东起天门路邮电支局，西至和兴弄	95	1.5	水泥	荔港居民区，天门路上
清风巷	东起天门路工商银行，西至大庆路财政分局	225	4.0	水泥	荔港居民区，天门路上
和兴弄	北起火炉头路经原法庭，南至清风弄财税宿舍	170	3.0	水泥	荔港居民区，火炉头路上
花港弄	西起大庆路，东至和乐路	80	2～3	水泥	荔港居民区，大庆路上
泰安弄	西起大庆路，东至和乐路	80	2.0	水泥	荔港居民区
洪家弄	西起大庆路边防站，东至和乐路	120	2.0	水泥	荔港居民区，大庆、和乐路间

供水

历代居民用水，多取自水井。城内有水井32口，牌坊井、王家井、咸水井等较著名。旱季，居民常夜半排队挑水，有时走数里去山沟取水。清光绪三十四年（1908），驻防石浦同知叶元芳于城西外凿一大水池蓄水，称叶公池。随石浦人口增多，饮水发生困难。1957年，筹建北门水库，库容3万立方米，翌年秋竣工。敷设毛竹水管1000米，日供水200立方米。1960年，改瓦筒输水，设3个供水点。1963年，驻石浦海军拨款1万元，改口径为100毫米铸铁管供水，大坝东首筑水池1座，设6千瓦抽水机1台，日供水增至300立方米。1964年10月，筹建文昌阁水库，库容10万立方米，1967年竣工，以长1100米、口径250毫米瓦筒管引水至延昌橘场山顶300立方米贮水池，再敷设3100米、口径98毫米铁管道引水至北门水库，供水线设50立方米简易水池5座，分设供水点13处。后扩大北门水库，库容量增至30万立方米，日供水1000立方米。1975年，首建北门净水厂，设100立方米/时水力循环澄清池与相应大小重力式无阀滤水池、500立方米清水池各1座，半地下式泵房、加药间等附属建筑200余平方米，主要引文昌阁水库水，敷设口径200毫米铸铁管1130米，穿越370米山洞，日供水1600立方米。1980年，建花坟山水厂，敷设口径400毫米管道12千米，引大塘港水，少量引自利民水库，建澄清池及滤水池，容量比北门水厂大1倍，置55千瓦水泵4座。供水管呈树枝状分布，按等级采用400毫米长1.52千米、200毫米长500米、150毫米长1.2千米3种口径铁管，全长3.22千米。1982年10月18日通水，设计日供水9000立方米，因大塘港水质差，日供2500立方米。1985年，400毫米水管300米铺至延昌。1986 年 4 月，镇政府在镇北汝溪上游建三家村水库，1989 年 11 月竣工，库容 161 万立方米。在汝溪村建北水厂 1 座，占地 6666.7 平方米，设 2 座 320 立方米/时滤池、1 座 1000 立方米清水池，有 40 千瓦与 30 千瓦水泵各 2 台。敷设口径 500 毫米引水管道 12.06 千米，以 3.44 千米管道连接花坟山水厂网络，日供水为 1 万立方米。1991 年 6 月，打通黄埠礁坑至利民水库调水隧道 1.683 千米，库容由 38 万立方米增至 80 万立方米。1992 年，引黄牛湾水库水供金星村民饮用。1995 年，投资 195 万元，铺水管 12 千米引大塘港水滤后供水，至 1998 年，共敷设引水管道 14.39 千米，供水管道 31.934 千米，日供水增至 2 万立方米。1996 年 7 月，又投资 5200 万元，兴建水厂，1998 年 6 月 26 日竣工，占地 36650 平方米，建筑面积 3300 平方米，敷设口径 1000 毫米，输水管 10 千米，日供水 6.5 万立方米，主用于居民生活、渔民用水及工业、水产品加工等。1999 年年初，动建东门岛引水工程，安装口径 300 毫米铸铁管 654 米，从石浦金山路与渔港路交叉口至东门岛渡轮码头旁过港，北接南汇小山，南接东门土地庙道头，东至东门渔村门头冷库，岛内敷设口径 200 毫米主管道 1.98 千米，口径 150 毫米管道 2.5 千米，装水表 1216 户，岛上 98%居民用上自来水。是年 2 月，敷设番西片口径 100 毫米供水管 4.7 千米，口径 63 毫米 2.8 千米，受益 2800 余户。金星片供水管改铺口径 400 毫米。因水源大部来自大塘港，水质差，2003 年，县镇二级政府拨款 5603 万元，从溪口水库引水至汝溪水厂，输水管口径 800 毫米，总长 35 千米，其中隧洞 4.243 千米，石浦 2.217 千米，昌国 734 米，鸡窠岭 637 米，松岙 655 米。2005 年通水，日增淡水 3 万立方米。

昌国城内原有水井 244 口。1978 年新挖水井 22 口，深 3~10 米，日产水量 1500~2000 立方米。1988 年建自来水厂，占地 820 平方米，建筑面积 670 平方米，利用三口深水井日供水 170 立方米，敷设管道 4 千米。1993 年建南门饮水库 1 座，蓄水量 6 万立方米，敷设水管 30 千米，日供水 500 立方米。2006 年 7 月 19 日，昌国水厂并入石浦自来水公司。

排水

中华民国时期，城区无专用排水管道，污水由暗沟或溪流排放。因年久失修，每多堵塞，天雨时污水遍地。20 世纪 80 年代初，人民路文澜溪一段加水泥盖板。80 年代始，重视排污，新辟筑街路，先建下水道，且多混凝土块石结构。至 2000 年，敷设排水管道和水沟 55 条，总长 30.721 千米，其中新建区占 75%。

城区路灯

1950 年 10 月 1 日，石浦电厂水塔上亮起“庆祝国庆”第一盏霓虹灯。20 世纪 60 年代末，石浦街道开始安装路灯。1990 年，在建业路、南屏路等地换装新路灯；在金山路、玉泉路交叉口、水产城入口装高架灯。1991 年，换新灯 1000 多盏，立大型广告灯 4 组。2002 年，在东门、南汇、铜钱礁山装高灯 5 盏，玫瑰灯 2 盏、椰树灯 21 盏、灯光广告 5 块，在海滨公园设礼花灯 3 盏。换装新灯的街道及灯数：金山路 75 盏、玉泉路 50 盏、兴港路 47 盏、渔港路 80 盏；建业路、大庆路各 20 盏。在金山路的渔港南路口、天门路口、玉泉路口、大庆路凤栖路口分别安装高射灯。同时投资 32 万元，在 15 个路口设置交通红绿灯，分别是：金山路与南屏路口、建业路口、天门路口、荔港路口、大庆路口、玉泉路口、海宁路口、南屏路与荔港路口、大庆路口、海鲜街口、渔港东路与皇城大道口、渔港东路口、五新公路、沙石公路接口、凤栖路与建业路口。2002—2006 年，新增路灯 580 盏。至 2008 年 10 月，全镇共计有路灯 1596 杆（套）。

街道保洁

民国及以前，旧城区人口密集，房屋鳞次栉比，排污设施缺乏。1954 年 2 月，镇政府建立肥料社，统一管理城区粪池。1956 年，肥料社更名石浦环境卫生管理所，专门清除街道垃圾，清倒马桶，粪便运临近农村社队有偿肥田。1990—2000 年，改建公厕 4 所，新建 17 座，至 2006 年，有公厕 28 所，建筑面积 1120 平方米。2001 年，在石浦城区拆除街巷垃圾池（箱），推行垃圾袋装化。2005 年，投资 1400 万元，在兴港路西支二路建污水处理厂，日处理污水 5000 立方米，2007 年 1 月启用。

1989 年，在番头西岙建垃圾处理场，占地 6600 平方米，日处理垃圾 40 余立方米。1998 年，垃圾运至旦门水桶岙垃圾填埋场。同年，在半岭隧道旁，新建垃圾中转站 1 座，占地 720 平方米。2008 年 4 月，投资 450 万元建成昌国垃圾中转站，负责老城区 6 个村的垃圾处理工作。

2006 年，环卫所有职工 250 人，行政村有保洁员 72 人。镇建有垃圾中转站 2 个，配备大小机扫车各 1 辆、垃圾运输车 6 辆、机动粪车 1 辆、人力垃圾车 150 辆，设置果壳箱 350 只。街道保洁区 124.8 万平方米，其中全日制保洁面积 58.7 万平方米、机扫面积 30.1 万平方米，年清运垃圾 4.4 万立方米。

城区绿化

20 世纪 90 年代，开始重视环境绿化。在新建街路辟绿化带，在居民小区铺设草坪，种植花木。1996 年年末，城区绿化 17.5 万平方米，绿化覆盖率 5.8%，人均 1.5 平方米。1999—2000 年，新增公绿 9000 平方米。是年年末，城区绿化面积 21 万平方米，其中街道 3.65 万平方米，公园 2.63 万平方米，单位 13.29 万平方米，庭院 1.43 万平方米。种植乔木 5300 株，绿化覆盖率 6.3%，人均绿化面积 1.8 平方米。至 2002 年，公共绿化 41.65 万平方米，绿化覆盖率 12%。2007 年，城区绿化面积增至 58.6 万平方米，人均 8.7 平方米。1992 年、1994 年，两度被评为“宁波市绿化先进单位”。

城雕

聂耳雕像，1989 年 12 月 30 日落成于石浦港畔。雕像高 3 米，基座高 1.9 米。花岗岩镌刻。

照 23-10　聂耳雕像

聂耳雕像建造记　经浙江省城乡建设厅、文化厅、美术家协会联合发文批准建造，批文号：浙城雕办（1987）121 号。1989 年 12 月 30 日落成，位于石浦港畔，坐北朝南，面向大海。雕像为全身立式拉小提琴样，选用县内粉红色花岗岩石制成，高度为 3 米，基座高 1.912 米（寓意为聂耳生于 1912 年），总高度为 4.912 米。基座正面“开路先锋”四字，由中国音乐家协会主席李焕之题，下刻“象山县音乐工作者协会一九九〇年元旦立”字样。基座西边底部刻有设计、制作者姓名，东边底部刻有倡导、募建者姓名，北边是聂耳简介。倡导募建聂耳雕像者为周来达、黄正裕等。费用由民间筹集，始于 1987 年，参加捐款的单位有 150 多个，不少个人也捐了款。1987 年年底，石浦群众得知聂耳雕像将建于松兰山，部分群众赶到丹城，向县人大提议强烈要求把雕像建在石浦，理由是聂耳拍电影《渔光曲》时到过石浦。1988 年 11 月聂耳雕像主体完工。同年 12 月 13 日经县长会议协调，各方达成将雕像立于石浦意向。聂耳雕塑由浙江美术学院雕塑系教授王卓予设计，苏州枫桥石刻工艺厂制作。

第二节 西周镇建设

1984年，西周撤乡建镇，镇政府驻地西周镇振瀛路。西周为自然镇，常住人口7000余人。20世纪70年代，在大长溪东岸兴建工厂，形成工业新区。1985年后，工业区向西北扩展，生活区向南推进，旧区成为主要商业区。1992年，镇建成区面积0.62平方千米。2008年，镇建成区面积扩至6平方千米。

房屋建设

民国及以前，镇区住宅简陋，多乱石木结构平瓦房，少有楼房。1949年末，全镇住宅52.24万平方米，其中平房34.19万平方米、草房4.48万平方米，楼房13.57万平方米。20世纪50—60年代，居住条件变化不大。70年代，人口快速增长，新建住宅相应增多，仍以木结构平瓦房为主。80年代多建"一"字形二层楼房。90年代以后，新建住宅以别墅式楼房为主。2000年，全镇住宅建筑面积124.8039万平方米。据2006—2007年《象山县农渔村房屋防灾能力普查》数据测算，西周镇住宅建筑面积为220万平方米，人均居住面积42.31平方米。

照23-11 建于20世纪50年代夯筑泥墙瓦房

道路交通

西周为象山陆路通往外县的门户。昔陆道设馆驿、辟驿道、置铺递。1967年，建成西周至泗洲头公路。1971年，丹城至黄家塘公路通车。1975年，建莲花经柴溪至宁海公路。1978年，丹城至宁海梅林公路竣工。1991年，蚶岙岭隧道贯通。2005年，象西公路改建为省道甬台温高速连接线。至此，象西公路横穿东西，泗西公路纵贯南北，另有儒雅洋至横山、文岙至淡港门、莲花至下湾3条公路支线；30条总长53.91千米的通村公路，构成便捷的城乡交通网络。

市政建设

民国末，西周仅有西周街、方井头路、学医路3条主街，宽均约3.5米。另有巷弄8条，宽仅2米左右，弹石路面。20世纪50—60年代，扩建老街，新建西大路、电影院路、工厂路、白玉岙路和大坑路。90年代，开始道路硬化，为象山道路硬化较早的区域。2006年，城区北起振瀛路，南至九洲公司的嵩溪路拓宽。2008年，镇建成区有街巷道路126条，总长123.397千米，最长嵩溪路2.367千米，最宽工业园区汇川路42米。

2006年，建成占地1.2万平方米的镇文化乐园。文化乐园设有中心广场、休闲场所，配有音响21个、庭灯45盏、地灯17盏，栽种白玉兰、樱花等苗木26419株。2008年，建成停车场、航管运管站，总投资6100万元的污水处理厂开工建设。

西周一直为县西商业和集市贸易中心。2008年，镇区有各类商业网点近300处，其中华翔国际大酒店、西周华茂商店、西周华园酒家等较大商业企业16家，农贸市场2640平方米。

2008年象山县西周镇建成区主要街路情况表

表23-21

道路名称	位置、走向	道路长度（米）	道路宽度（米）	路面材料
汇源路	镇区，南北走向	510	10.0	砼
永康路	镇区，南北走向	340	10.0	砼
育士路	镇区，南北走向	350	10.0	砼
和乐路	镇区，南北走向	160	6.0	砼
协兴路	镇区，南北走向	240	6.0	砼
安顺路	镇区，南北走向	140	6.0	砼
振兴路	镇区，南北走向	1085	16.0	砼
港西路	镇区，南北走向	765	8.0	砼
西瀛大街	镇区，中心地段	665	18.0	砼
嵩溪北路	镇区，南北走向	320	4.0	砂石
嵩溪路	镇区，南北走向	2367	12.0	砼
方井路	镇区，东西走向	270	4.0	砼
翠屏巷	镇区，东西走向	114	3.0	砼
上园巷	镇区，东西走向	44	2.2	砼
下柴门弄	镇区，东西走向	60	2.5	砼
中柴门弄	镇区，东西走向	80	2.5	砼
花园弄	镇区，东西走向	52	2.0	砼
上前宅弄	镇区，西南走向	75	2.5	砼
夹笆弄	镇区，南北走向	114	2.5	砼
东溪路	镇区，东西走向	156	3.0	砼
碧泉路	镇区，南北走向	73	3.5	砼
东瀛路	镇区，南北走向	318	2.5	砼
新田路	东瀛村镇区，南北走向	155	3.0	砼
弘瀛路	镇区，东西走向	74	7.0	砼
蒙泉路	镇区，南北走向	297	2.5	砼
树人路	镇区，南北走向	599	3.2	砼
祥和路	镇区，东西走向	181	3.0	砼
毛洋路	镇区，东西走向	129	4.0	砼
广瀛路	镇区，南北走向	734	3.0	砼
马井路	镇区，东西走向	221	6.0	砼
长前阶弄	镇区，东西走向	50	1.7	弹石

续表23-21

道路名称	位置、走向	道路长度（米）	道路宽度（米）	路面材料
南山路	镇区，东西走向	220	10.0	砼
启蒙路	镇区，西南走向	330	3.0	砼
西山路	镇区，南北走向	300	3.0	砼
贸盛路	镇区，东西走向	103	14.0	砼
汇汉路	镇区，东西走向	208	6.0	砼
瀛洲路	镇区，东北走向	278	2.5	砼
文昌路	镇区，南北走向	167	3.0	砼
昌明路	镇区，南北走向	1291	3.0	砼
海山路	镇区，东北走向	300	10.0	砼
环城北路	镇区，东西走向	350	10.0	砼
锦港路	镇区，南北走向	458	14.0	砼
和谊巷	镇区，东西走向	70	3.0	砼
永欣路	工业园区，东西走向	568	24.0	砼
仁风巷	镇区，东西走向	88	3.0	砼
韶光弄	镇区，南北走向	103	2.5	砼
怡和巷	镇区，南北走向	70	3.0	砼
金鑫巷	菜市场北侧镇区，南北走向	100	4.0	砼
文靖巷	镇区，东西走向	200	6.0	砼
康宁巷	镇区，南北走向	158	4.0	砼
寿丰巷	镇区，南北走向	250	6.0	砼
振瀛路	镇区，东西走向	300	10.0	砼
振企路	镇区，东西走向	423	24.0	砼
康安路	汽车客运站南侧镇区，东西走向	940	9.0	砼
弘文路	镇区，东西走向	370	8.0	砼
滨港路	镇区，南北走向	1551	12.0	砼
鸿运路	工业园区，东西走向	433	24.0	砼
朝晖路	镇区，东西走向	2261	12.0	砼
富源路	镇区，东西走向	1643	18.0	砼
丰田巷	镇区，南北走向	231	3.0	砼
昌平路	镇区，东西走向	1385	24.0	砼
广启路	镇区，东西走向	954	24.0	砼
油车前弄	镇区，东西走向	83	3.3	砼

续表23-21

道路名称	位置、走向	道路长度（米）	道路宽度（米）	路面材料
汇金路	工业园区，南北走向	1634	32.0	砼
弘翔路	镇区，南北走向	745	28.0	砼
汇丰路	工业园区，南北走向	788	20.0	砼
汇川路	工业园区，南北走向	1518	42.0	砼
崟港北路	镇区，南北走向	400	6.0	砼
崟港路	镇区，南北走向	1562	8.0	砼
金秋巷	镇区，南北走向	221	3.0	砼
文汇巷	镇区，东西走向	203	3.0	砼
桑园弄	镇区，南北走向	205	2.0	砼
银川巷	镇区，东西走向	113	2.5	砼
聚丰巷	镇区，东西走向	88	8.0	砼
姜家弄	镇区，东西走向	50	2.5	砼
大园弄	镇区，东西走向	76	2.5	砼
大园外弄	镇区，东西走向	61	2.2	砼
广安弄	镇区，东西走向	37	2.5	砼
陈家弄	镇区，南北走向	172	4.0	砼
庄家弄	镇区，东西走向	77	2.2	砼
徐家弄	镇区，东西走向	103	2.2	砼
书房山弄	镇区，东西走向	58	3.0	砼
大井弄	镇区，东西走向	75	2.3	砼
上巴头弄	镇区，东西走向	160	2.5	砼
镇安路	镇区，东北走向	950	7.0	砼
土桥路	土上村，大树蓬至三叉路。南北走向	1200	6.0	砼
拓新路	土上村	200	3.0	砼
万寿路	土上村	200	2.0	砼
开明路	土上村，土上村至幸福路。南北走向	700	6.0	砼
镇定路	土上村，西东南走向	300	5.0	砼
俞家巷	土下村	30	2.0	石子
后屋弄	土上村，西东走向	30	2.0	石子
里后堂弄	土上村，南北走向	50	3.0	石子
外后堂弄	土上村，东南走向	20	4.0	砼
井门路	土上村，东西走向	100	4.0	砼

续表23-21

道路名称	位置、走向	道路长度（米）	道路宽度（米）	路面材料
长青路	土上村，南北走向	600	6.0	砼
风水巷	土上村，西东走向	30	2.0	砼
赖家巷	土上村，东西走向	50	2.0	砼
宏锦路	土下村，东西走向	600	4.0	砼
顺达巷	土下村，南北走向	500	4.0	砂石
展兴巷	土下村	200	4.0	沙石
龙吟巷	土下村，南北走向	70	2.0	砼
民利巷	土下村	200	4.0	沙石
茶园巷	土下村	60	3.0	石子
峜港南路	土下村	400	4.0	沙石
柴家巷	土下村	150	3.0	石子
镇星路	土下村，东西走向	600	4.0	砼
郑家巷	土下村，东西走向	300	4.0	石子
启明路	白月岙村，东西走向	420	3.0	砼
曙阳巷	白月岙村	100	2.5	砼
月溪路	白月岙村，南北走向	350	5.0	砂石
通源巷	白月岙村	100	2.5	砼
枫树巷	白月岙村，南北走向	200	2.0	砼
联谊路	白月岙村，东西走向	480	10.0	砼
秀水弄	大坑村，南北走向	280	2.0	砼
百祥路	大坑村	50	3.5	砼
常青路	大坑村，南北走向	85	3.0	砼
东汀路	大坑村，东西走向	185	3.0	砼
金星路	大坑村，东西走向	200	5.0	砼
镇平路	上谢村，东西走向	201	2.0	砼
里屋后弄	上谢村，南北走向	97	1.5	砼
里屋弄	上谢村，东西走向	123	2.0	块石
金川巷	司前村，东西走向	165	2.0	砼
兆丰巷	司前村，东西走向	80	2.5	块石
司前路	司前村，南北走向	208	6.0	砼
凤凰山路	司前村，南北走向	340	2.5	砼

供水

历代村民饮用井水、溪水，水质较好。1988 年，投资 32 万元，建自来水厂 1 座，占地 6000 平方米，建筑面积 288 平方米；建 500 立方米水塔 1 座，挖 3000 立方米和 1000 立方米深水井各 1 口；铺设 300~400 毫米水管 3 千米、50~300 毫米水管 10 千米、配装支管 55.5 千米；日供水量 1000 立方米。1995 年，投资 100 万元，征用土地 6660 平方米，挖 2000 立方米深水井 2 口、1000 立方米水井 1 口，增加潜水泵 2 台、50 千伏安变压器 1 台，配备化验室、办公楼、加氯设施等；增铺 400 毫米口径管道 1 千米、300 毫米口径管道 1 千米、200 毫米口径管道 2 千米；日供水量增至 4000 立方米，基本满足镇区居民和企业生活、生产用水。其他各村均自筹资金，利用山塘水库，建自来水站，常年总蓄水量 1130 万立方米。至 2000 年，全镇自来水普及率 95%，日供水量 15000 立方米。

第三节　鹤浦镇建设

1984 年 6 月，鹤浦撤乡建镇，镇政府驻地鹤浦镇鹤西路。鹤浦系海岛港口镇，陆域由南田岛主岛及 40 余个岛（礁）组成。历史上岛上居民生活困苦，住宅简陋，交通不便。建镇后，大力改善城乡居民居住条件，破解交通瓶颈，推进陆岛公路工程和通村公路建设，积极发展商贸服务业和临港造船工业，拓展城区发展空间，城乡面貌日新月异。2008 年，镇建成区面积 4.2 平方千米，常住人口近万人。

房屋建设

旧时，岛民从温州、台州迁入较多，住宅多为茅草房。民国元年（1912），成立南田县时，樊岙、鹤浦建有小量砖木结构瓦房和楼房。至中华人民共和国成立初，仍有 90%以上村民住草房，人均住宅面积 12 平方米左右。20 世纪 50 年代后期，部分村民改建四角落地草房为乱石封山墙、顶盖茅草扇。60 年代，建小量砖木结构瓦房。70 年代，草房基本改建“一”字形平瓦屋。80 年代，兴建钢筋混凝土结构楼房。90 年代，住宅向高层、高质量发展，重结构，讲装饰、建套房式和别墅式房屋。90%以上村民住楼房。据 2006—2007 年《象山县农渔村房屋防灾能力普查》数据测算，2008 年，全镇住宅建筑面积 157.74 万平方米，人均 47.8 平方米。

道路交通

昔岛内交通以弹石和泥路为主，出岛外则以木帆船往返。1983 年，投资 10 万元，投工 1.2 万工，建成鹤浦经蟹厂、南五、樊岙至大南田四级公路，长 9.74 千米，宽 5.5 米。并建支线经犁头㙩、小鱼山至百丈公路，长 2.5 千米，宽 6.5 米。1993 年，投资 45 万元，建成虎头岩至高坎头支线，长 2 千米，宽 6.5 米。1994 年，鹤樊公路从大南田延至水湖涂，长 2.7 千米。1995 年，石（浦）南（田）高（塘）陆岛工程竣工，境内段公路长 6 千米；建汽车轮渡 1 座，设 500 吨级浮码头 1 座，结束岛内与岛外不通车的历史。1996 年，鹤樊公路延长至金七门，长 4.65 千米，南田全岛南北贯通。1998 年，建成东线大百丈至下湾、双湾公路，长 2.85 千米。2008 年，三门口大桥建成，陆岛公路工程竣工。是年，境内有等级公路 5 条、长 30.62 千米；通村公路 24 条、长 53.84 千米。基本实现村村通公路。

市政建设

民国末，鹤浦街路仅 3 条，全长不足 500 米。20 世纪 70 年代，开始改造旧街巷，辟建新街路。80年代始，沿街供销大厦、商业大楼、饭店拔地而起。1992年，镇建成区0.8平方千米，有新旧街路29条，总长12.375千米。另有新旧巷弄18条。2008年，建成区扩展至4.2平方千米，有街路57条，长20.235千米，均为水泥混凝土路面。最宽南田路、鹤西路，均为24米。

2007年，投资500万元，完成万全河拓宽改建工程，城区及近郊的排涝进一步增强。城区主要道路实现12小时保洁。新增绿地面积20万平方米，城区绿地覆盖率达23.8%。2008年，垃圾压缩中转站投入运行。

城区有商业网点150余家，南田路、镇区西郊建有农贸市场，从事水产、禽畜、粮油、蔬菜等交易。

表23-22

2008年象山县鹤浦镇建成区主要街路情况表

道路名称	起止、走向	道路长度（米）	道路宽度（米）	路面材料
永泰路	大塘路—南田路，东西走向	45	2.5	砼
湾塘路	浦港西路—鹤南村，南北走向	900	18.0	砼
兴南路	滨海路—镇南路，南北走向	1250	24.0	砼
鹤西西路	鹤西路—反修塘，东西走向	1000	32.0	砼
联港路	大排港—鹤浦港，东西走向	300	16.0	砼
滨海路	屏山路—造船厂，东西走向	800	24.0	砼
港兴路	万全路—浦港西路，南北走向	435	12.0	砼
三江路	万全塘—浦港西路，南北走向	420	5.7	砼
南田路	永安路—新马头，南北走向	1100	24.0	砼
蓬莱路	南田路—港兴路，东西走向	190	3.8	砼
创建路	南田路—港兴路，东西走向	500	5.0	砼
塘碶路	粮食加工厂—港兴路，东西走向	500	5.0	砼
前进路	港兴路—万全塘，东西走向	430	3.0	砼
万全路	南田路—万全塘村，东西走向	1000	12.0	砼
屏山路	前进船厂—码头售票处，	200	8.0	砼
鹤西路	大闸西路—鹤进村，东西走向	650	24.0	砼
鹤东路	鹤翔村—大闸东路，东西走向	320	18.0	砼
大塘路	塘碶路—棉花厂，南北走向	220	4.0	砼
昌兴路	鹤进路—浦港西路，南北走向	360	4.0	砼
镇定路	粮食加工厂—南田路，东西走向	280	3.0	砼
鹤进路	加工厂—鸭嘴背山脚，东西走向	100	3.0	砼
沿河路	大闸路—南田路，东西走向	440	12.0	砼
淡碶路	排洪桥—平安桥，南北走向	130	4.0	砼
大闸西路	大闸—浦港西路，南北走向	340	5.0	砼

续表23-22

道路名称	起止、走向	道路长度（米）	道路宽度（米）	路面材料
大闸东路	横街—老码头，南北走向	430	5.0	砼
浦港西路	大闸西路—浦港船厂，东西走向	400	5.0	砼
浦港东路	门扇后山脚—大闸东路，东西走向	1200	5.0	砼
育才路	鸭嘴头街—南田路，东西走向	350	5.5	砼
永安路	南田路—鸭嘴头街，南北走向	240	5.0	砼
老马路	鹤翔村影剧院—滨海弄，南北走向	410	5.0	砼
公园路	纺织助剂厂—老马路，东西走向	900	5.0	砼
鹤翔路	义忠山烈士墓—鸭嘴头街，东西走向	400	3.0	砼
当店路	黄金坦村道—鹤翔村影剧院，东西走向	440	4.5	砼
汇士弄	塘碶路—鹤西路，南北走向	195	4.9	砼
菜场弄	南田路—规划菜场用地，东西走向	65	4.0	砼
临江弄	南田路—规划菜场用地，东西走向	60	5.0	砼
泉石弄	大闸西路—大塘路，东西走向	260	3.0	砼
新安弄	大塘路—南田路，东西走向	95	3.0	砼
长带屋弄	淡碶路—南田路，东西走向	260	2.5	砼
金馋弄	吴方春家—南田路，东西走向	120	2.3	砼
南川弄	大河江—南田路，南北走向	40	4.0	砼
永丰弄	联港路—永安路，东西走向	150	2.5	砼
永平弄	永安路—南田路，东西走向	90	2.0	砼
益港弄	老马路—大闸东路，东西走向	75	2.2	砼
滨海弄	规划工业区—液泵厂，东西走向	120	3.0	砼
新广弄	长湖头—老马路，东西走向	220	3.0	砼
水进弄	当店路—鹤翔村，东西走向	180	2.0	砼
水井支弄	义忠山半山坡自西向东，东西走向	100	1.5	砼
和乐弄	鹤翔村南端大排港—当店路，南北走向	140	3.0	砼
登丰弄	鹤翔村—当店路，南北走向	160	2.5	砼
塘北弄	精密仪器厂—鹤浦公园，东西走向	120	6.0	砼
金塘街	湾塘路—万全路，南北走向	300	18.0	砼
兴盛街	浦港西路—万全路，南北走向	250	12.0	砼
荷塘街	湾塘路—兴南路，东西走向	110	11.0	砼
横街	老马路—沿河路东西走向	120	3.0	砼
鸭嘴头街	新街桥头—横街，南北走向	280	5.0	砼

供水

历代村民取井水和河水饮用，平原塘区多以河水为主。1969 年，小网巾驻军在蟹厂建自来水站，打地下深水井 1 口，建 20 立方米水塔 1 座，管理用房 40 平方米，铺设 100 毫米铸铁管 15 千米，日供水 110 立方米，为南田岛自来水之始。1977 年，南田墩村自筹资金 2.5 万元，挖直径 7 米、深 8 米水井 1 口，建 200 立方米水塔 1 座，铺设 100 毫米铸铁管 1.5 千米，村民始用自来水。1987 年，投资 40 万元，在阁君山建 500 立方米水塔 1 座，铺设 200 毫米铸铁管 6 千米，150 毫米管道 5 条、长 3 千米，100 毫米管道 4 条、长 1 千米，50~80 毫米供水管道 12 条、长 3 千米。自来水首次安装入户，日供水量 2200 立方米。1992 年，投资 220 万元，于樊岙水库旁建 500 立方米水塔 1 座、日净化 5000 立方米净化池 1 口、管理用房 202 平方米，铺设 300 毫米管道 5.8 千米，铺 200 毫米管道至水塔，150 毫米管道至四都，50~80 毫米供水管 5 条、长 12.5 千米，日供水增加至 4500 立方米。1993 年，鹤浦自来水公司成立，建管理用房和门市部 342 平方米。1996 年，投资 214 万元，增铺樊岙至鹤浦管径 300 毫米管道 6.7 千米。1998 年，投资 220 万元，于阁君山脚建 500 立方米水塔 1 座、5000 吨级净化池、300 吨级调节池各 1 口，并改善自来水设施。高坎头、大百丈、大沙、峙湾等村自筹资金 80 万元，修建水库、水塔，铺设管道，引水入户。至 2000 年，全镇自来水普及率达 98%以上，日供水量达 1.1 万立方米。

第四节　贤庠镇建设

1987 年，贤庠撤乡建镇，镇政府驻地贤庠村。镇建成区包括贤庠、岑晁及官司塘村，面积 1.8 平方千米。镇区建设主要以泰和路为主轴，贤庠、岑晁两地相向发展，供电所、信用联社、邮政、电信、镇政府等机构均建于道路两侧。岑晁一直为县北商业中心、农副产品集散地，商贸网点众多，市场繁荣。2008 年，建成区面积 2 平方千米，常住人口近 5000 人。

房屋建设

民国末，村民住宅以草房和石木结构平屋为主，其中草房占 40%以上，石木结构平屋占 30%，楼房均为地主富家所有，约占 17%。20 世纪 80 年代始，新建房子增多，草房基本绝迹。前期新建房多砖木结构“一”字平台屋，后期以楼房为主。至 2000 年，住宅占地 153.842 万平方米，建筑面积 101.508 万平方米，其中楼房约占 82%以上，老式平房 19.568 万平方米，人均面积 30 平方米。据 2006—2007 年《象山县农渔村房屋防灾能力普查》，全镇住宅建筑面积 163.439 万平方米，人均 52.6 平方米。

道路交通

昔日境内道路由弹石路和泥路为主。民国 24 年（1935），建成丹城至西泽渡口的象西国防公路。1964 年，西泽至宁海公路建成，境内设西泽、贤庠、章家墩车站，此线后改称盛宁线。1983 年，建成贤庠至黄避岙、贤庠经岑晁至珠溪公路，长 8 千米，横贯镇境中部东西。同年，建章家墩经着衣亭、珠溪、中庄、溪沿、蒲门至涂茨新塘公路，简称章新线，纵贯镇境南部东西，全长 25 千米。1990 年，建西泽码头经小蔚庄至兵营公路，境内长 2.3 千米，宽 5.8 米。1995 年，建珠溪经乌屿山、青莱至盐厂公路，长 6 千米。2006 年，建成路下庄、大石门、芦岙溪、程家屿、山厂、西泽、岑东、岑塘 8 条通村公路，总长 10.57 千米。是年，实现村村通公路。

市政建设

岑晁原为自然镇，有主街1条。20世纪90年代，随着镇区扩大，道路建设加快，先后建成锦泰、龙山、龙港、兴贤等路。2008年，镇建成区有主要道路20条、总长19.6千米。有各类商业企业150余家，农贸市场3800平方米，禽畜市场350平方米。

2008年象山县贤庠镇建成区主要街路情况表

表23-23

道路名称	位置、走向	道路长度（米）	道路宽度（米）	路面材料
雄枫路	贤庠车站—西山下大岭头，东西走向	600	9	沥青
上贤路	盛宁线—泰和路，南北走向	250	3	砼
龙泽路	大洋井—龙山庙—西泽，东西走向	1600	8	砼
锦泰路	章家墩村—海墩村，南北走向	5000	25	砼
泰和路	贤庠村车站—官司塘村，东西走向	1000	10	砼
龙碶路	塘岸下—海中村，东西走向	400	3	砼
龙山路	岑西自然村，东西走向	2000	5	砼
龙港路	东港碶—土改桥—盐厂村，东西走向	1000	8	砼
盛盈路	盛家自然村，东西走向	800	8	砼
蟠龙路	龙山路—大洋山脚，南北走向	800	5	砼
岑晁街	泰和路—龙山路，南北走向	600	10	砼
育秀路	龙山路—泰和路，南北走向	700	5	砼
英才路	岑晁大街—中心校，东西走向	300	8	砼
民和路	岑晁大街—官司塘村，东北走向	300	4	砼
迎紫路	泰和路—镇敬老院，南北走向	750	6	砼
陆苑路	龙山路—龙山路，南北走向	900	4	砼
兴贤路	盛宁线—泰和路—贤庠，南北走向	800	5	砼
官北路	泰和路—官南路，东西走向	600	4	砼
官南路	泰和路—官司塘村，东西走向	600	4	砼
官中路	泰和路—官南路，东西走向	600	4	砼

供水

历代村民取溪水、河水、井水饮用。1989年10月，建贤庠自来水厂于塘岙水库脚下，占地560平方米，建筑面积200平方米。设500立方米过滤池1只，500立方米消毒、输水池1只。铺设300毫米水泥压力管2.5千米，100~200毫米压力管和塑料管12.5千米。配制应急泵站1座，占地80平方米，建筑面积20平方米。抽东塘河水入塘岙水库，日抽水能力2000立方米，供水5000立方米。同年，珠溪自来水厂建成，占地200平方米，建筑面积60平方米。有高位水塔2座，铺设300毫米压力管2千米，100~200毫米水管14.6千米，日供水能力3500立方米。至2008年，全镇基本普及自来水供应。

第五节　定塘镇建设

1987年，定塘撤乡建镇，镇政府驻地渡头街。定塘是定山平原商贸中心，城镇化建设基础较好。20世纪80年代始，陆续新建自来水、中心菜场、客运中心、污水集中处理系统、垃圾中转站等一批基础设施。2008年，镇建成区面积2.1平方千米。

房屋建设

昔以草房为主，占三分之二，瓦房、楼房较少。20世纪80年代，新建房屋增多，以砖木结构平房为主，部分为砖混结构平顶屋。90年代，草房逐步消失，以砖混结构两层楼房为主，部分别墅式设计。据2006—2007年《象山县农渔村房屋防灾能力普查》数据测算，全镇住宅建筑面积166.4746万平方米，人均48.5平方米。

道路交通

昔时，山麓村庄多弹石路，平原皆泥路，少数为中间铺一块石板的塘坝路。1968年，茅石公路建成，始有汽车往返县城、石浦等地。1974年，投资300万元，修建田洋湖至中泥公路，长5.5千米，宽8米。1976年，修建定山至周岙公路，长6.5千米，宽8米；建成井水至蒲白墩公路。1997年，投资400万元，建成浮礁渡大桥，长234米，宽10米，过往井蒲线和茅石线，进入大塘片免于摆渡之苦。2000年，境内公路5条，长30千米，其中镇道2条，长3千米；机耕路80条，长70千米；公路桥3座，长300米；简易汽车轮渡、道头各1座，配机动渡船7艘。

市政建设

镇政府驻地渡头街原为小农村，主街渡头街长不足200米。20世纪70年代后，随经济、文化事业的发展，镇建成区的基础设施建设加快。80年代始，陆续修建兴定路、元亨路、华塘路等街路、巷弄31条，总长9.335千米。先后建交易市场5个，总面积达12000平方米。其中，竹木市场4500平方米，牲畜市场1200平方米，粮食市场1800平方米，农贸市场4000平方米，小百货市场500平方米。2008年，镇客运中心建成启用，新建港湾式候车亭11座；镇区垃圾中转站、污水集中处理系统投入使用。镇建成区由1992年的0.8平方千米，扩展至2.1平方千米。

表23-24

2008年象山县定塘镇建成区主要街路情况表

道路名称	起止、走向	道路长度（米）	道路宽度（米）	路面材料
华塘路	定山村南茅石公路桥—市头，南北走向	1520	20	砼
兴定路	亨水塘桥头—后北村机埠头，东西走向	830	24	砼
渡头街	兽医站—定塘中学，南北走向	500	12	砼
浮礁路	定山医院—定塘汽车站，东西走向	720	18	沥青
峰北路	定山村—定塘老汽车站，东西走向	400	20	沥青
灵秀路	华塘路—后南村，东西走向	335	10	砼
马鞍路	华塘路—马鞍山，东西走向	400	7	砼

续表23-24

道路名称	起止、走向	道路长度（米）	道路宽度（米）	路面材料
外塘路	外塘—浮礁渡路仪器厂，南北走向	300	7	砼
元亨路	定山村—市头山，南北走向	1200	28	砼
夏山巷	华塘路—浮礁渡隔岸弄，东西走向	120	4	砼
剧场巷	华塘路—粮食市场，东西走向	110	7	砼
兴发巷	华塘路—兴定路友谊巷，东西走向	150	4	砼
兴旺巷	华塘路—渡头街沿河巷，东西走向	110	4	砼
雄狮巷	长塘巷—兴定路，南北走向	90	3	砼
信鸽巷	起点邮电支局，南北走向	130	8	砼
孙家弄	兴定路—文明弄，南北走向	180	5	砼
施家弄	兴定路—施建设家，南北走向	80	4	砼
友谊巷	兴定路—兴发巷，南北走向	90	5	砼
光明巷	兴定路—兴发巷，南北走向	100	5	砼
丁字巷	谢纪论家—浮礁渡，南北走向	140	3	砼
隔岸弄	镇机关宿舍—浮礁渡，南北走向	100	4	砼
粮仓弄	粮管所—浮礁渡，南北走向	160	4	砼
许家弄	许阿华家—浮礁渡，南北走向	80	4	砼
酒满弄	胡余兴家—浮礁渡，南北走向	110	4	砼
尹家弄	渡头街—农行宿舍，东西走向	120	3	砼
郑家弄	渡头街—郑仁道家，东西走向	120	3	砼
文明弄	渡头街—孙家弄，东西走向	90	3	砼
开发弄	峰北路—胡平安家，南北走向	80	3	砼
沿河弄	文明弄—灵秀路，南北走向	150	5	砼
新建巷	峰北路—稻田，南北走向	400	4	砼
菜场路	元亨路—华塘路，东西走向	420	8	砼

供水

历代居民饮水以井水、河水为主。20世纪60年代，开挖深水井14口，含氟量高，大塘片深水井含氟量尤高，60—70年代出生的孩子，饮水后牙齿发黑，牙齿受损较严重。1981年，建自来水厂1座，占地面积2700平方米，建筑面积300平方米，铺设管道36.9千米，日供水量1500立方米。中楼片自筹资金，引山塘水库水到户。大塘片仍饮用大塘港水。1997年，投资50万元，于周岙村挖深6.2米，宽10米水井1口，蓄水量487.63立方米，铺设管道10千米，改用自来水。1999年9月，大塘岛自来水引水工程竣工。工程自定塘水厂始，引至大塘12个自然村，铺设管道7千米，投资50万元，使自古吃河水的岛上居民吃上洁净自来水。至2000年，全镇建有自来水厂

（站）3座，占地面积368平方米，建筑面积316平方米，铺设大小管道53.9千米，日供水量1800立方米，自来水普及率100%。

第六节　墙头镇建设

1987年，墙头撤乡建镇，镇政府驻地墙头村。镇城建区包括墙头及紧邻的方家岙、溪里方、朱家等。墙头，原是以商业著称的滨海小镇。建镇后，随着经济、文化事业的发展，镇乡面貌日新月异，城区面积不断扩大。至2008年，镇建成区面积约1.2平方千米。

房屋建设

民国末，住宅以乱石和砖木结构四合院平房为主，少楼房，部分草房。以“墙头欧家的屋”盛名县内，至今镇区仍保留较多较完整的古民宅，以欧氏宅院为最。1952年调查，镇区有住宅面积17.7828万平方米，其中乱石结构平房7.6664万平方米、砖木结构5.6371万平方米、楼房1.9897万平方米、草房2.4896万平方米。20世纪60—70年代，新建住宅以砖木结构“一”字平房为主，一般一户三间。80—90年代，草房基本绝迹，新建住宅逐年增多，以两三层楼房为主，部分别墅式，造型美观。2000年，全镇有住宅面积100.6764万平方米，人均43.9平方米。据2006—2007年《象山县农渔村房屋防灾能力普查》数据测算，全镇住宅建筑面积101.4933万平方米，人均48.8平方米。

道路交通

昔时，居民出入要翻山越岭或乘船渡海，交通十分不便。1970年，西沪港经下沙至蚶岙碶公路建成，全长5.6千米。1972年，象西丹城至莲花段公路建成。1975年，建成舫前至下沙村公路。1978年，莲花至宁海县境公路开通。1983年，建成亭溪至白墩公路。1992年，蚶岙岭隧道开通。2005年，象西公路改建为省道甬台温高速连接线，交通条件大为改善，实现村村通公路。

市政建设

墙头原仅主街1条，东西长500米，宽不足4米，石板、弹石路面。1993年，建观海路，长650米，宽18~24米，是年竣工。后观海路扩建，铺设人行道，植行道树650株，装路灯135盏。至2000年，城区街、路20条，巷弄24条，均为水泥路。杏花东路、杏花西路、菜场路、观海北路、观海南路为镇主要商贸集聚区。2008年，街巷道路增加至46条，总长17.99千米。其中西沪港路、腾云路、稻香路、海山路最长，均为1.5千米；最宽杏花西路、观海北路，宽为24米。

2008年象山县墙头镇建成区主要街路情况表

表23-25

道路名称	起止、走向	道路长度（米）	道路宽度（米）	路面材料
西沪港路	弯拱桥—和尚桥坑，东西走向	1500	20.0	砼
杏花东路	观海路—大雷庙，东西走向	1050	15.0	砼
杏花西路	观海路—史家弄，东西走向	400	24.0	砼
果育路	东兴路—立三路，东西走向	300	5.0	砼
立三路	湖家弄—红杏路，东西走向	340	4.0	砼

续表23-25

道路名称	起止、走向	道路长度（米）	道路宽度（米）	路面材料
兴泰路	红杏路—雷溪路，东西走向	150	4. 0	砼
观海南路	西沪港路—方家岙，南北走向	450	18. 0	砼
观海北路	西沪港路—海山，南北走向	200	24. 0	砼
红杏路	杏花东路—稻香路，南北走向	490	4. 0	砼
登瀛路	稻香路—海山，南北走向	480	4. 0	砼
雷溪路	稻香路—绝热厂，南北走向	720	10. 0	砼
东兴路	杏花东路—果育路，南北走向	250	3. 0	砼
望海路	西沪港路—大义井，南北走向	850	6. 0	砼
庆丰路	观海南路—史家井，东西走向	250	4. 0	砼
育才路	立三路—稻香路，东西走向	300	6. 0	砼
东道头路	海滩—西沪港路，南北走向	420	4. 0	砼
西道头路	海滩—果育路，南北走向	330	12. 0	砼
海潮路	腾云路—稻香路，南北走向	1200	15. 0	砼
西沙路	腾云路—稻香路，南北走向	1200	15. 0	砼
腾云路	西沙路—海潮路，东西走向	1500	15. 0	砼
稻香路	西沙路—海潮路，东西走向	1500	15. 0	砼
海山路	西沙路—海潮路，东西走向	1500	15. 0	砼
恒昌路	西沪港路—雷溪路，南北走向	165	2. 5	砼
恒丰路	西沪港路—蟹肚皮，南北走向	120	2. 5	砼
恒发路	西沪港路—港田，南北走向	135	2. 5	砼
恒盛路	西沪港路—沙栋，南北走向	45	2. 5	砼
鑫源路	观海南路—史家井，东西走向	250	3. 0	砼
永兴路	东兴路—雷溪路，东西走向	155	2. 5	砼
源和巷	西沪港路—杏花东路，南北走向	50	2. 5	砼
源顺巷	西沪港路—杏花东路，南北走向	40	3. 0	砼
源昌巷	源兴路—杏花东路，南北走向	45	2. 0	砼
源祥巷	西沪港路—杏花东路，南北走向	60	2. 0	砼
源兴巷	西沪港路—杏花东路，东西走向	60	4. 0	砼
双井巷	东兴路—雷溪路，东西走向	120	2. 5	砼
白墙巷	红杏路—雷溪路，东西走向	170	2. 5	砼
裕生巷	双井巷—白墙巷，南北走向	110	3. 0	砼
新桃巷	红杏巷—三家巷，东西走向	60	2. 5	砼

续表23-25

道路名称	起止、走向	道路长度（米）	道路宽度（米）	路面材料
三家巷	白墙巷—明堂巷，南北走向	60	2.0	砼
明堂巷	红杏路—小田畈，南北走向	230	3.0	砼
仁和巷	明堂巷—明堂巷，东西走向	90	2.0	砼
河头巷	明堂巷—雷溪路，东西走向	50	3.0	砼
大义巷	观海路—红杏路，东西走向	160	3.0	砼
罗家巷	果育路—果育路，东北—西南走向	145	2.5	砼
楼下巷	观海路—红杏路，东西走向	100	2.5	砼
里柴门巷	杏花东路—里柴门，南北走向	120	2.0	砼
蒋家巷	东兴路—蒋家，东西走向	70	2.0	砼

供水

照23-12　20世纪80年代建造的墙头镇岭下村水塔

历代村民饮用井水。1988年，亭溪自来水厂建成，占地6600平方米，建筑面积200平方米。建200立方米水塔1座，有75千瓦发电机1台，置制水、净化、监测设施，铺设管道211千米，其中钢管8.5千米，日供水4500立方米。1989年，建墙头自来水厂，占地面积500平方米，建筑面积100平方米。建直径60厘米、深40米圆形水井1口，配深水潜水泵4台、电动机3台，铺设供水管道96千米，日供水300立方米。1998年年末，投资120万元，扩建墙头自来水厂，日供水达3500立方米。同年，成立墙头自来水有限公司。至2000年，建有1000立方米高位清水池2座、蓄水量160万立方米，共铺设供水管道307千米，其中钢管69千米、塑料管238千米，日供水量11000立方米，全镇自来水普及率达100%。

第七节　泗洲头镇建设

1987年，泗洲头撤乡建镇，镇政府驻地泗洲头村。镇建成区包括泗洲头村及东联村，面积约0.8平方千米。泗洲头镇位于象山西南，接宁海县，为象山陆路出县的重要通道。清代设泗洲税关于此。泗洲头历为乡镇政府驻地，供电所、信用联社、邮政、电信、卫生院、中小学等机构均设于此。2008年，建成区面积0.34平方千米。

房屋建设

民国及以前，居民住宅多平房、草房，少楼房。平房多石木结构四合院，少数为砖木结构。四脚落地和乱石泥墙结构草房，低矮潮湿，多见于灵南片。20世纪50年代初，镇区有楼房39座、398间。至70年代，住宅拆旧翻新，新建房多石木、砖木结构平房，占住宅70%，草房占30%。80—90年代，各村规划，辟地建房，以砖混和钢筋混凝土结构“一”字形楼房为主，草房基本绝迹。90年代后期，新建住宅以别墅式为主，钢筋混凝土框架结构，镇区开发高层商品房。2000年，全镇住宅面积76万平方米，人均40.24平方米。据2006—2007年《象山县农渔村房屋防灾能力普查》数据测算，全镇住宅总建筑面积84万平方米，人均47.9平方米。

道路建设

昔时，山海阻梗，交通不便，多岭道、泥路、弹石路。1958年，建成泗洲头西溪岭至蟹钳渡公路。1969年，建成泗西公路，自泗洲头通山桥，北经张岙、金家岙、何婆岭、黄泥桥至西周，全长16.1千米。1997年，建泗马公路，北起泗洲头，南经峙前、下马岙、墩岙塘至大麦塘，全长18.5千米。另建有26条通村公路，镇乡交通便捷畅通。

市政建设

泗洲头原仅1条主街，南北走向，长约250米。1975年，建成主街汇水路，长700米，宽14米。1996年，调整镇区道路网络结构，把原较松散的工业用地集中到东岙门口盛宁线公路两侧，商业区集中到以综合市场为主的建设路两侧。重点建设兴洲路、盛洲路和灵峰路3条城区主干路，逐步在其周围形成工业、住宅、商贸和教育4个区块。2008年，镇建成区有街路巷道20条、6.123千米。

2008年象山县泗洲头镇建成区主要街路情况表

表23-26

道路名称	起止、走向	道路长度（米）	道路宽度（米）	路面材料
灵峰路	东岙桥头—泗洲头大桥，东西走向	700	7.0	砼
兴洲路	泗洲头加油站—灵峰路，南北走向	1007	9.0	砼
弘升路	红星塘闸门—泗洲头大桥，南北走向	1084	2.5	砼
溪北路	盛洲路—灵峰路，东西走向	130	3.5	砼
盛洲路	变电所—煤气站，南北走向	1300	7.0	砼
新达路	兴洲路—灵峰路，南北走向	210	7.0	砼
三星路	兴洲路—弘升路，东西走向	244	3.0	砼
益民路	兴洲路—弘升路，东西走向	160	3.0	砼
创业路	泗洲头公园—兴洲路，南北走向	150	4.0	砼
希望路	胡家弄—弘升路，东西走向	182	4.0	砼
金城路	盛洲路—兴洲路，东西走向	90	4.0	砼
夏家弄	翁家弄—三星路，东西走向	86	3.4	砼
胡家弄	三星路—希望路，南北走向	188	3.5	砼
翁家弄	三星路—兴洲路，南北走向	92	3.5	砼
万茂弄	兴洲路—金城路，南北走向	75	2.0	砼
清风弄	盛洲路—兴洲路，东西走向	99	1.5	砼
叶家弄	益民路—三星路，南北走向	91	2.5	砼

续表23-26

道路名称	起止、走向	道路长度（米）	道路宽度（米）	路面材料
沈家弄	兴洲路—叶家弄，东西走向	101	1.5	砼
西园弄	翁家弄—胡家弄，东西走向	88	1.5	砼
万宝弄	万宝山—盛洲路，东西走向	46	3.5	砼

供水

历代村民以饮用井水为主，水质甘甜，无污染。20世纪80年代始，所有行政村利用山塘水库高差，铺管引水入户。1998年，投资13万元，建成镇自来水厂，占地面积1228平方米，建筑面积245平方米，取大溪坑地下水至东联村西水塔，向泗洲头、南岙、路西跳、下山头供水，铺设管道25.79千米，其中钢管186米，砼管1千米，塑料管24.604千米，日供水500立方米。至2000年年末，镇有自来水厂1家，水站24家，铺设管道153.8千米，日供水量2900立方米。

第八节　涂茨镇建设

1992年，合涂茨、东港两个乡建涂茨镇，镇政府驻地涂茨村。镇域面积三分之二为低山丘陵，部分村庄地处海边，受山海阻梗，出行不便。建镇后，大力实施“村村通”公路工程，打造便捷交通路网。改造镇区街路，建设沿街商贸区，兴建垃圾中转站，促进生态镇建设。

房屋建设

民国时期，石木结构矮平房占居民住宅80%，草房占19%，楼房占1%，集中于萧家村。20世纪60—70年代，少数村民建房，多砖木结构，也有砼预制梁。80年代末，经济发展较快，新建住宅逐年增多，以钢筋混凝土结构两三层楼房为主。90年代后，改造原低矮住宅、翻建新楼，出现套房式和别墅式住宅。据2006—2007年《象山县农渔村房屋防灾能力普查》数据测算，全镇住宅总建筑面积100.3242万平方米，人均40.9平方米。

道路交通

1958年，建成汤钱公路（汤家店至钱仓），始有汽车往返。1971年，建成新塘至青湾码头、前山姚至崔家岙2条支线公路，长3千米。1981年，建成钱仓至屿岙公路，长6.4千米。1984年修筑前山姚经长沙、中堡公路，1993年竣工。沿线开凿毛湾隧道、长沙隧道、大坦隧道3处，总长624米。2000年后，实施“村村通”公路工程。其中2005年动建全长8.55千米的东港沿海公路，2006年10月建成。至此，建成“村村通”公路14条，全长26.7千米。

市政建设

驻地涂茨为自然镇，原有主街1条，东西长500米，宽3~6米，逢农历初三、初六、初九集市。1991年，兴建农贸交易市场，建筑面积2871平方米。2008年，镇建成区有街路11条、总长7.8千米。最长为金鸡路，长1.2千米。有各类商业网点百余家。

2008 年象山县涂茨镇建成区主要街路情况表

表 23-27

道路名称	位置、走向	道路长度（米）	道路宽度（米）	路面材料
曙光路	涂茨村，坦头—白岩山，南北走向	1000	10	砼
金鸡路	涂茨村，馒头山—白石坑，东西走向	1200	10	砼
复兴路	涂茨村，东站—粮站，南北走向	400	6	砼
文教路	涂茨村，振兴路—蒋家桥头，南北走向	300	8	砼
泰和路	涂茨村，复兴路—杨家桥头，南北走向	300	5	砼
育才路	涂茨村，黄泥塘—横山脚，东北走向	600	8	砼
创业路	涂茨村，庙前—双庵，南北走向	700	8	砼

供水

历代村民饮水以井水为主。1986 年，钱仓村集资 32 万元，建高位水塔 1 座，建筑面积 240 平方米，容量 150 立方米，铺塑料管道 5 千米，日供水 50 立方米。1998 年，9 个村安装自来水。2008 年，全镇自来水普及率达 100%。

第九节　大徐镇建设

大徐镇于 1992 年设立，镇政府驻地大徐村。清末时，大徐村已成商业小市镇，商贸较为兴盛。大徐镇设立后，镇区建设重心转移至汤前线公路两侧，供电所、信用联社、邮政、电信、镇政府等机构陆续搬迁于此。

房屋建设

民国末，村民住宅简陋，楼房仅 10 座、72 间，为富家所有，草房占 30%。20 世纪 70 年代后，砖木、砖混结构平台屋和两层楼房渐增，改建、新建房屋统一规划、审批，以钢筋混凝土结构为主。90 年代，草房基本绝迹，新建房屋以套房和别墅式为多，建门楼、置花坛、重装饰。至 2000 年，住宅面积 68.6821 万平方米，人均住宅 36.13 平方米。据 2006—2007 年《象山县农渔村房屋防灾能力普查》数据测算，全镇住宅总建筑面积 79.9 万平方米，人均 43.1 平方米。

2005 年 12 月，坐落于盛宁线与汤钱线两主干道交会处的镇政府大楼开工建设，2007 年 4 月落成。

道路交通

民国 24 年（1935），建象（县城）西（泽）公路，经过大徐。1956 年，丹城至白墩公路通车，长 9 千米。1958 年，建汤（家店）钱（仓）公路，全长 16.7 千米。1980 年 8 月，兴建大（徐）爵（溪）公路，1986 年完工，长 11 千米。是年，建成大徐梅洋至黄避岙公路，长 5.5 千米。

市政建设

民国末，大徐村仅主街 1 条，东北折西南走向，长 300 米，宽 3~6 米。建镇后，陆续进行旧道改建和新道建设。2008 年，镇建成区主要街路巷弄 13 条，总长 10.503 千米。最长闻涛路，长 6.5 千米。

2007 年，占地 1400 平方米的垃圾中转站投入运行，全镇各村、企业垃圾实行统一收集、统一运送、集中处理。

2008 年象山县大徐镇建成区主要街路情况表

表 23-28

道路名称	位置、走向	道路长度（米）	道路宽度（米）	路面材料
闻涛路	望海路—白岩石路，南北走向	6500	24.0	沥青
西岚路	大徐村，东西走向	640	3.0	砼
鹰山路	龙溪路—西岚路，东西走向	290	4.0	砼
方井路	大徐村，东西走向	135	3.7	砼
义育路	大徐村外北侧，南北走向	555	2.5	砼
益民路	大徐村，南北走向	200	3.1	砼
联圆路	甲田弄村道，南北走向	396	3.3	砼
兆北路	甲田弄村道，南北走向	150	2.1	砼
江后路	甲田弄村道，东西走向	250	2.1	砼
上进路	大徐村，东西走向	125	4.0	砼
英烈路	大徐村，东西走向	110	2.5	砼
西昭路	大徐村，南北走向	872	9.0	砼
喜鹊路	大徐村，东西走向	280	3.0	砼

供水

历代村民饮用井水、溪水。1987 年，大徐四村集资 15 万元，利用龙角岩水库，铺设管道，安装自来水。2004 年，建镇自来水站，供水用户达 4100 户。1978 年，20 多个行政村用上自来水，铺设管道 108 千米，其中钢管 31 千米。全镇自来水普及率达 60%。2008 年，全镇自来水普及率 100%。

第十节　新桥镇建设

1992 年，合新桥、东溪个两乡建新桥镇，镇政府驻地新桥村。自晚清至中华民国开始，新桥村集市贸易渐兴，中华人民共和国成立后，一直为乡和公社驻地，经济、文化等基础建设较好。建镇后，因新桥村地域狭小，人口不多，镇建成区扩展至关头村。至 2008 年，新桥、关头两村已联成片，镇建成区常住人口达 3000 余人。

房屋建设

民国末，村民住宅简陋，多平房、草房，少楼房。平房多乱石砌墙，部分砖砌墙，木柱、木梁、瓦片、泥地。草房形似“稻桶扑”，竹椽四脚落地，有的砌乱石矮墙。1956 年“八一台灾”，毁坏民房 7 万平方米。政府拨专款安置重灾户，修建、新建住宅，新建房多为砖瓦结构“一”字平房。20 世纪 80—90 年代，村民建房增多，以砖木结构和水泥平屋为多。90 年代，草房基本绝迹，新建住宅以别墅式楼房为主。据 2006—2007 年《象山县农渔村房屋防灾能力普查》数据测算，全镇住宅建筑总面积 131.6336 万平方米，人均 49.6 平方米。

交通建设

昔时，新桥地区交通落后，村民外出需爬岭翻坡。1968 年，茅石公路建成，始有汽车往来。1978 年，建成东溪至旦门大荒地公路，长 7.36 千米。1982 年，建成下高塘至大圻头公路，长 6.68 千米，连接沙石线。1990 年，上盘、中灵岙、下灵岙集资 158 万元，县交通局补助 26 万元，修筑上盘至下灵岙公路，1996 年竣工。1995 年，里、外岙两村集资 23 万元，拓宽木头岙隧道（原为通水用），长 164 米、高 5 米。1994 年，投资 120 万元，改建灰塔岭至关头黄泥坦段沙石路为水泥路，长 1.5 千米。至 1998 年，乡道公路 6 条，长 17.5 千米，机耕路 110 千米，实现村村通车。

市政建设

新桥原有主街 2 条，1 条南北长 100 米，宽 8 米。另 1 条为老街，东西折南北成“人”字形，为商业主街。2007 年，按照新编制的城区建设规划，投入 400 万元，向东延伸街道 1260 米，镇区形成“一纵二横”街路网络。是年，镇客运中心动工建设。2008 年，镇建成区主要街巷道路 15 条，总长 8.73 千米。是年，新桥村生活污水处理设施投入运营，镇区建成休闲绿地 6000 平方米。

2008 年象山县新桥镇建成区主要街路情况表

表 23-29

道路名称	位置、走向	道路长度（米）	道路宽度（米）	路面材料
永新路	新桥村，南北走向	200	3.0~6.0	砼
龙春路	新桥村，南北走向	700	3.0~10.0	砼
南坪路	新桥村，南北走向	150	4.0~7.0	砼
宁丰路	新桥村，南北走向	1300	8.0~38.0	砼
育英路	新桥村，南北走向	400	4.0	砼
关中路	关头村，南北走向	1000	3.0~8.0	砼
脉山路	关头村，南北走向	600	3.0~7.0	砼
集福路	关头村，南北走向	1000	4.0~8.0	砼
新狮路	关头村，东西走向	500	2.0~7.0	砼
新梅路	关头村，东西走向	700	6.5~15	砼
永盛路	关头村，东西走向	230	24.0	砼
凤山路	关头村	250	8.0	砼
环翠路	关头村，东西走向	1100	3.5~6.0	砼
元通路	关头村，东西走向	300	3.0	砼
里洋路	关头村，东西走向	300	4.0	砼

供水

历代村民饮水以井水、溪水为主。1987年，建自来水厂1座，占地面积500平方米，建筑面积100平方米，建高位水塔1座、30平方米，铺设供水管道25千米，日供水300立方米。各村自筹资金建自来水站。至2000年，27个行政村均有自来水，共计铺管道432千米，日供水1万立方米，自来水普及率95%。

第十一节　东陈乡建设

1992年，合东陈、旦门两个乡为东陈乡，乡政府驻地沙岗村。乡村建设以居民住宅、道路交通、供水等方面成效最为显著。1999年，实现村村通公路。2000年，普及自来水供应。沙岗村原为小村，20世纪60年代成为乡政府驻地后逐渐兴盛，至2008年，有常住人口2300余人。设有邮政、电信、信用社、农电站、广播电视站等机构；有综合贸易市场1个，商业网点40余个。

房屋建设

民国末，全乡共有住宅面积32万平方米，其中平瓦房24万平方米、草房6万平方米、楼房2万平方米，人均15平方米。20世纪60—70年代，新建房多以砖木结构“一”字形平屋为主。至90年代，草房基本绝迹，新建房以钢筋混凝土结构平顶屋为主，部分建楼房。90年代后，新建房以套式楼房为主，多为两三层，部分别墅式。据2006—2007年《象山县农渔村房屋防灾能力普查》数据测算，全乡共有住宅建筑总面积90.9万平方米，人均41.4平方米。

道路交通

昔时，道路为弹石路和泥路。1956年，丹城至蟹钳渡公路建成，始通汽车。1958年，公路延伸至宁海城关，在沙岗、南堡设车站。1978年，旦门至东溪公路建成。1986年，沙（岗）石（浦）线建成，在旦门建车站。沙岗为盛宁线和沙石线交叉口，日过境量57班次。至1998年，有公路4条、长21千米；乡街道4条、21千米；机耕路13条、35.4千米。实现村村通公路。2008年，沙岗村主要街路13条、总长5.55千米。

2008年象山县东陈乡沙岗村主要街路情况表

表23-30

道路名称	位置、走向	道路长度（米）	道路宽度（米）	路面材料
兴岗东路	沙岗村，东西走向	400	6.0	砼
兴岗西路	沙岗村，东西走向	300	6.0	砼
兴建路	沙岗村，东西走向	600	8.0	砼
龙山路	沙岗村，东西走向	300	3.5	砼
中兴东路	沙岗村，东西走向	600	3.0	砼
中兴西路	沙岗村，东西走向	600	3.0	砼
莘莘路	沙岗村，东西走向	450	7.0	砼

续表23-30

道路名称	位置、走向	道路长度（米）	道路宽度（米）	路面材料
凤起路	沙岗村，南北走向	400	3.0	砼
海银路	沙岗村，东西走向	300	4.0	砼
沙北路	沙岗村内，东西走向	300	3.0	砼
贝东路	沙岗村，南北走向	500	3.0	砼
贝岗路	沙岗村，南北走向	500	3.0	砼
花园路	沙岗村，东西走向	300	3.0	砼

供水

历代村民多饮井水、溪水。1988年，投资74.4万元建自来水厂，占地1万平方米，建筑面积400平方米，建500立方米水塔1座，配置液氯消毒和全分析化验设备。铺设管道13.9千米，日供水1600立方米。至2000年，日供水量增至2000立方米，全乡自来水普及率98%。

第十二节　晓塘乡建设

1992年，合晓塘、后岭两个乡为晓塘乡，乡政府驻地三眼碶村。乡域建设以居民住宅、道路交通、供水等方面成效最为显著。1998年，实现村村通公路。2007年，普及自来水。三眼碶成乡政府驻地后，逐渐聚集邮政、电信、信用社、农电站、广播电视站、卫生院等机构，建起农贸市场，但驻地人口规模增加不多。无建成区面积统计。

房屋建设

民国末，居民住宅多草房，约占60%，石木结构的平瓦房占35%，砖木楼房占5%。胡家屿、白玉湾、鹁鸪头等地皆草房，四脚落地，阴暗潮湿。1956年，受“八一台灾”侵袭，草房全部倒坍，政府拨专款，帮助受灾户建石木结构平瓦房。20世纪70年代，草房大部改建平房。80—90年代，经济发展较快，砖混结构楼房逐年增多，草房基本绝迹。90年代后，新建房子向套房和别墅式发展。2000年，住宅建筑面积67.8405万平方米，其中楼房57.3347万平方米，人均35平方米。据2006—2007年《象山县农渔村房屋防灾能力普查》数据测算，全乡住宅建筑总面积78.6844万平方米，人均42.6平方米。

道路交通

昔时，道路以弹石路和泥路为主，沿山麓村庄一般为弹石路。1968年，茅石公路建成，有汽车往返石浦、县城。1978年，投资20万元，建三眼碶至晓塘胡家屿公路。1995年，投资900万元，拓宽改建水泥路，宽9.5米，长13千米。1994年，投资116万元，兴建渡头街经励家坪、穿隧道至下洋墩公路，与蒲石公路相接，宽9米，长6千米。1998年，境内公路4条、总长27千米；乡道1条、长2千米；机耕路4条、总长20千米；开凿隧道2处、总长660米，其中黄埠隧道430米，励家坪隧道230米。实现村村通公路。

表 23-31

2008 年象山县晓塘乡西边塘村主要街路情况表

道路名称	位置、走向	道路长度（米）	道路宽度（米）	路面材料
永丰路	西边塘村，平南路—鹁鸪头路，东西走向	600	4	砼
永承路	西边塘村，保安路—静河路，东西走向	150	3	砼
永平路	西边塘村，和平路—村河道，东西走向	150	3	砼
保安路	西边塘村，鹁鸪头路—民爱路，南北走向	400	3	砼
平南路	西边塘村，沿海南线—静河路，东西走向	1900	6	砼
渔丰路	西边塘村，鱼塘—鹁鸪头，东西走向	200	3	砼
民爱路	西边塘村，平南路—和平路，东西走向	200	3	砼
和平路	西边塘村，鹁鸪头路，南止平南路，南北走向	450	3	砼
太康路	西边塘村，鹁鸪头路—平南路，南北走向	450	3	砼
静河路	西边塘村，永丰路，西止平南路，东西走向	700	3	砼

说明：晓塘乡政府旁公路，所驻村庄无地名办命名街路

供水

历代村民以溪水、河水、井水为饮用水，水质差。1984 年，投资 30 万元，建成三眼碶自来水厂，占地面积 1100 平方米，建筑面积 220 平方米，铺设管道 15 千米，日供水 700 立方米，受益行政村 18 个。后各村自建自来水厂，其中励家坪村投资 15 万元，利用山坑湾水库（蓄水量 28 万立方米）建自来水厂，占地面积 1100 平方米，建筑面积 220 平方米，铺设管道 1.5 千米，日供水 150 立方米。2007 年，全乡基本普及自来水供应。

第十三节　黄避岙乡建设

1992 年 5 月，撤区后黄避岙乡为县直属，乡政府驻地龙屿村。乡村建设以居民住宅、道路交通、供水等方面成效最为显著，2000 年基本普及自来水供应，2007 年实现村村通公路。龙屿村为全乡最大村，常住人口近 2000 人。1984 年成乡政府驻地后，邮政、电信、信用社、农电站、卫生院、乡中心小学等机构亦陆续迁入。1995 年，建成龙屿村菜场，建筑面积 860 平方米，为全乡唯一集贸市场。无建成区面积统计。

房屋建设

民国末，居民住宅以平瓦房和草房为主，少楼房。1950 年，全乡有平瓦房 79048 平方米、草房 30591 平方米、楼房 8069 平方米，人均居住面积 16.8 平方米。20 世纪 60—70 年代初，住宅无大变化，仅生产队建石砌或砖木结构平瓦房作仓库，少数民宅建 3 间“一”字瓦房。80 年代始，村民住宅有所改善，草房纷纷改建“一”字平瓦房。90 年代，新建住宅以混凝土结构两层楼房为

主，草房基本绝迹。2000年后，住宅向套房式和别墅式发展。是年，全乡共有住宅面积42.129万平方米，人均住宅面积30平方米。据2006—2007年《象山县农渔村房屋防灾能力普查》数据测算，全乡住宅建筑总面积61.1941万平方米，人均45.9平方米。

道路交通

昔时，道路以泥路、弹石便道为主。1970年，贤庠至黄避岙公路建成，设黄避岙车站。1980年，投资15万元，建成黄避岙至龙屿公路。1986年，毛洋至黄避岙公路建成。1988年，孟岙至高泥沿港公路建成，途经高池坑、白屿、马滩、驿上岙、驿下岙、里高泥、外高泥。1990年后，建成周家至西山下、横塘至西泽、龙屿至鲁家岙等公路。至2007年，境内有公路8条、总长34千米，实现村村通公路。

2008年象山县黄避岙乡主要村庄街路情况表

表23-32

道路名称	位置、走向	道路长度（米）	道路宽度（米）	路面材料
天山路	龙屿村，南北走向	3000	5	砼
平桥路	龙屿村，东西走向	3000	8	沥青
公正路	龙屿村，南北走向	3500	4	砼
龙溪路	龙屿村，南北走向	3000	6	砼
李家弄	龙屿村，南北走向	500	4	砼
明堂弄	龙屿村，东西走向	500	4	砼
上墙弄	龙屿村，东西走向	800	4	砼
新屋弄	龙屿村，东西走向	300	4	砼
岙里弄	龙屿村，东西走向	350	4	砼
油车弄	龙屿村，东西走向	600	4	砼
沙溪弄	龙屿村，东西走向	500	4	砼
庙后弄	龙屿村，南北走向	800	5	砼
白鹤路	黄避岙村，东西走向	950	8	砼
东兴路	黄避岙村，南北走向	330	3.5	砼
西旺路	黄避岙村，南北走向	410	3.5	砼
金峰路	山夹岙村，南北走向	350	4.5	砼
桃源路	山夹岙村，南北走向	150	3	砼
桃花路	山夹岙村，东西走向	150	3	砼
渔丰路	横里村，东西走向	400	3.5	砼
望海路	横里村，东西走向	400	3.5	砼

供水

历代村民饮水以河水、井水、溪水为主。1990—2000年，共建饮用小水库8座，修建自来水站12个，占地面积2800平方米，建筑面积822平方米，铺设管道75.2千米，日供水量1531立方米，自来水普及率达93%。

第十四节　茅洋乡建设

1992年5月，撤区后茅洋乡为县直属，乡政府驻地溪口街。乡村建设以居民住宅、道路交通、供水等方面成效最为显著。2005年实现村村通公路，2007年普及自来水供应。溪口街历为乡政府（公社）驻地。设有邮政、电信、信用社、农电站、广播电视站、卫生院、中小学等机构。溪口街集市较为兴盛，1992年建综合交易市场2600平方米，设摊位300余个，逢农历四、九集市。无建成区面积统计。

房屋建设

民国末，居民住宅有平房17.7126万平方米，占50.94%；草房15.3717万平方米，占44.21%，楼房1.6855万平方米，占4.85%。20世纪80年代，新建房逐年增多，多为“一”字形混石、混砖结构平房。1980年，因建溪口水库，溪下郑、里塔亭、外塔亭村搬迁，移民村均建“一”字形混石、混砖结构平房。90年代，兴建住宅多混凝土结构楼房。2000年后，新建房以套房式楼房为主。是年，全乡住宅建筑面积62.997万平方米，人均41.5平方米。据2006—2007年《象山县农渔村房屋防灾能力普查》数据测算，全乡住宅建筑总面积63.9242万平方米，人均46.2平方米。

道路交通

昔时，道路以弹石路为主。1957年7月，丹城至蟹钳渡公路建成。1958年11月，宁海至丹城公路建成，途经茅洋乡境内乌石岭、茅洋、溪口街、文山、花墙等多个村庄。1969年，茅石公路通车，途经李家弄、潭头、小杨家、何家等村。2004年7月，乡通村公路溪东公路竣工，全长3.08千米，贯通10个村。至2005年，实现村村通公路。

乡政府驻地溪口街，主要街路有5条、长3.6千米。部分街路兼有街道与公路的双重功能。最长和谐路1.5千米。

2008年象山县溪口街主要街路情况表

表23-33

道路名称	起　　止	道路长度（米）	道路宽度（米）	路面材料
惠民路	溪口村大树脚—溪东线交叉口	300	8	砼
和谐路	溪口村入口处—平桥头	1500	10	砼
兴市路	盛宁线—菜场，南北方向	200	5	砼
日升路	盛宁线—乡卫生院，南北方向	800	7	砼
和谐路19弄	茅石线—盛宁线，南北方向	800	7	砼

供水

历代村民饮用井水、溪水。1987年，溪口街、朱周、郑家庄等10个村和粮站、中小学等单位集资安装自来水，受益5920人。1987—1989年，建造联办自来水塔1座。1996年，乡政府投资20万元，改建自来水设施。1986—2000年，建自来水站13座，占地面积650平方米，建筑面积

260平方米，铺设管道18千米，日供水300立方米，自来水普及率达60%。2002年，扩建大口井自来水工程，解决文洋片11个村自来水供水。2003年，大地园、庙山等村完成一次改水。溪东、朱周、溪口街、缸兆俞、陈家等村完成二次改水。2004年，投入37万元，完成乌石岭等村的一次改水；投入72万元，完成溪口等5个村二次改水。2005年，投入200万元，完成潭头等7个村二次改水。2007年，投入200余万元，完成茅洋、乌石岭、上缸厂、李家弄、山下叶、溪东、屠家园、断坑等村及工业集聚点引水工程。全乡普及自来水供应。

第十五节　高塘岛乡建设

1992年5月，撤区后高塘岛乡为县直属，乡政府驻地高塘岛乡蓬莱路。乡村建设以居民住宅、道路交通、供水等方面成效最为显著，2008年，实现村村通公路并普及自来水供应。高塘历为乡政府（公社）驻地。设有邮政、电信、信用社、农电站、广播电视站、卫生院、中小学等机构。高塘街集市兴盛，有大小商业网点一百多处。建成区面积无统计。

房屋建设

民国末，全乡居民住宅，瓦房仅25座、102间，90%以上村民住四脚落地草房。20世纪70年代，逐渐拆草屋，建瓦屋。80年代末，居住草房基本绝迹。90年代始，兴建住宅多混凝土结构楼房。2000年，全乡住宅建筑面积52.5538万平方米，人均25.94平方米。据2006—2007年《象山县农渔村房屋防灾能力普查》数据测算，全乡住宅建筑总面积78.4567万平方米，人均住宅面积38.4平方米。

道路交通

昔时，岛内建5条石板路，横贯东西南北，约10千米。20世纪60年代，先后建高塘至乌岩、高塘至狮子山、碶门头至纱帽绿、三门口3条机耕路。1976年，建2条宽4米、长10千米连接东西机耕路。1982年，投资3.5万元，兴建高塘至港口客运码头公路，长2千米，宽8米。1984年，投资3.1万元，建高塘至三门口公路，长2千米。尔后，拓宽原机耕路，改造成简易公路，总长10千米。1995年，投资3418万元，石（浦）南（田）高（塘）工程竣工，蜊门港大桥建成，使岛岛相连。至2008年，境内有公路3条、总长26千米，机耕路5条、总长61.5千米，26个行政村村村通公路。2008年，三门口大桥建成，岛陆相接，交通更加便捷。

乡政府驻地高塘常住人口2500余人。高塘原有主街2条，横街东西贯通，长500余米，宽4~7米，为主要商业街；直街长150米，均宽6米，为主要行政管理中心。2008年，主要街路扩展至9条，长8千米。

2008年象山县高塘岛乡主要街路情况表

表23-34

道路名称	起止、走向	道路长度（米）	道路宽度（米）	路面材料
龙泉路	檀六桥—卫生院，东西走向	1500	24	砼
蓬莱路	龙泉街—学校路口，南北走向	650	15	砼
大佛山路	苏家庄—余东桥头，东西走向	950	5	砼
群英路	苏家庄—群英塘，南北走向	600	15	砼

续表23-34

道路名称	起止、走向	道路长度（米）	道路宽度（米）	路面材料
江北路	食品站—停车场东，东西走向	900	8	砼
江南路	花八桥—老卫生院，东西走向	1100	5	砼
瀛洲路	潘国林屋—檀六桥，南北走向	500	8	砼
新兴路	檀六桥—家电市场，东西走向	900	15	砼
紫林路	新兴路—家电市场，东西走向	900	15	砼

供水

高塘岛淡水资源短缺，历代村民多以雨水、河水饮用，水井仅罗元、金高椅、樟树下3口，水质较差。花岙岛水源较丰，室内水井颇多。20世纪50年代后，农田农药使用增多，污染河水，村民起早摸黑，跑三五里路到山麓取水。1962年，于百家徐、江南打深水井，后水质变差而停用。1957年，建东坑里水库，蓄水量36万立方米。1983年，在库南馒头山建自来水厂，占地1500平方米，建筑面积5000平方米，铺设管道41.2千米，其中塑料管27.8千米，配消毒、化验、净化设施，17个行政村和企事业单位用上自来水，日供水量1500立方米。后杏八、孝贤湾、渔台、纱帽绿、仰天塘、乌岩、花岙等村相继建小型水库，铺设管道引水入户。2008年，全乡自来水普及率达98%。

第四章　房 地 产

房地产业古代至民国一直不显。作为一项财源，故象山方志亦有零星记载，主要限于有商业价值的房屋租赁等，归口于田粮部门。中华人民共和国成立后，房产除私人拥有外，政府在城镇建造了一批住宅，分配给单位职工、无房困难居民居住，只收取房租。城镇居民建房严格限制。20世纪90年代后，实施住宅制度改革，政府出售原职工居民租用的房屋，不再分配住房。尔后，房地产开发公司建造商品房向社会公开出售。至2008年，全县共开发各类房屋建筑434.12万平方米，其中商品房住宅318.35万平方米，发展势头强劲，成为加速城市化、现代化的重要标志。

房屋产权交易，历代存在。通过交易，国家收取税金并保护产权合法性不受侵犯。中华人民共和国成立后，尤其是住房制度改革后，商品住房交易数量迅速增加，居民维权意识不断增长，交易过户手续得到规范。

第一节　房地产开发

中华民国时期，县无房地产开发建设企业。20世纪50年代，个人建房，需向政府申请，由政府安排土地。改革开放后，城乡居民兴起建房热，但缺乏规划。80年代中后期，随着住房制度的改革、群众住房需求的增加，县房地产开发企业陆续建立，房屋开发面积逐年增多。

住宅开发

1984年9月，象山县城乡建设房屋开发公司成立，承建塔山、金秋、文昌等住宅小区。1987年，县成立住房制度改革领导小组，实行住房商品化。1999年，全县公有住房均出售给原居住户，每户限购1套。此后，政府不再建造分配性住房，而采用建商品房供应的办法，解决居民住房需求。20世纪90年代初，全县房地产开发企业发展到20余家。1995年5月，发文严格控制高档房地产项目，象山房地产开发渐趋低谷。至1996年年末，重组后的房地产企业仅9家。1997年年末，7.5万平方米住房空置，房屋开发企业普遍亏损。1998年，房地产市场回暖。是年，新建、续建房屋2万平方米。1999—2000年，新建小区有塔山花园、大红鹰花园别墅区、新丰小区、丹东小区。2002—2008年，每年竣工的住房面积均在10万平方米以上。2008年，竣工面积接近50万平方米。

住宅类型

境内新建住宅，大多数为楼房。前期建造的金秋、文峰、蓬莱、丹峰、瀛洲等小区，均为多层建筑。1994年，瑶琳别墅开建，后陆续出现东河、大红鹰、塔山、龙泽、丰泽园、梧桐御府、桃花源等别墅区。2003年始，商品房建设向高层发展，多层住宅及别墅区开发受到限制。

多层住宅　1992年开发的金秋、文峰及蓬莱小区住宅，都为多层建筑。至2008年，象山的多层建筑主要分布在老小区内，房龄多在10年以上。

高层住宅　2003年8月，由宁波埃力生房地产开发公司在象山港路372号建造新佳苑小区，小区由3幢高12层建筑组成，拉开象山建造高层住宅的序幕。此后开发的多数小区为高层住宅。其中：银都佳园高层3幢，楼高32米；御景园高层6幢，楼高39米；文华苑，高层4幢，楼高25米；金港花园高层8幢，16层~18层；宏润花园高层7幢；梅苑·中央花城高层25幢，12层；得力·水木华庭高层16幢，9层~11层；阳光雅苑高层8幢，16层~18层。至2008年，正在建造的高层住宅小区还有世纪花园、阳光·海城苑、阳光雅苑等。

别墅　1992年，县房地产开发总公司在塔山路以北、体育场路以东、梅溪路以南、东谷路以西建造文峰别墅区，建别墅36幢。1993年，石浦开发凤栖小区，建别墅47幢。1994年，瑶琳别墅区开发，建别墅202幢。1998—2008年，陆续开发东河花园别墅区，别墅251幢；大红鹰花园别墅区，别墅74幢；塔山花园，别墅30幢；龙泽名园，别墅367幢；宏润花园，别墅9幢；丰泽园，别墅92幢；梧桐御府，别墅215幢；得力·水木华庭，别墅20幢；桃花源，别墅169幢；新瀛洲别墅小区，别墅31幢。

照23-13　龙泽名园

住宅小区

20世纪80年代末期，随着住房制度改革与城市化发展，最先在县城丹城镇划出专门地块新建居民区，习惯称“住宅小区”。住宅小区内道路、绿化、环卫、给排水、供电、电信等配套设施齐全，有些建有小公园、凉亭、雕塑、喷泉，内设健身房、网球场、棋牌室、幼儿园等。住宅小区多实行封闭式管理。2008年，全县建有一定规模的住宅小区49个，其中中心城区45个，石浦镇3个，墙头镇1个。

表 23-35

2008 年象山县住宅小区建设情况表

单位：平方米、户

小区名称	地点	建设时间	竣工时间	占地面积	建筑面积	容纳户数
文峰小区	丹城	1992	边建边住	153180	134840	1360
金秋住宅	丹城	1992.06	1995	50550	51521	768
蓬莱小区	丹城	1992.11	1996.12	57642	78500	790
丹峰小区	丹城	1993	边建边住	153180	150000	1500
瀛洲小区	丹城	1993	2000	53300	65000	550
瑶琳别墅区	丹城	1994.12	2000	78000	19500	别墅 202 幢
丹山人家	丹城	1997	1998	6543	10562	90
东河花园别墅区	丹城	1998.08	—	171500	107400	281（其中，别墅 251 幢）
城东公寓	丹城	1998.12	1999.11	12000	18000	157
大红鹰花园别墅区	丹城	1999.08	2002	69730	51300	别墅 74 幢， 公寓住宅 146 套
塔山花园	丹城	1999.11	2002	139000	113500	619（其中，别墅 30 幢）
新丰小区	丹城	2000.01	2001.02	53580	35000	266
丹东小区	丹城	2000.11	2003.08	31000	49538	330
丰盛苑	丹城	2001.09	2001.12	15530	22473	146
银都佳园	丹城	2001.10	2005.12	43324	67844	590
阳明花园	丹城	2001.11	2002.10	53473	80157	639
东方苑	丹城	2002.03	2005.03	7725	12762	118
丹静公寓	丹城	2002.06	2003.12	18333	32970	235
龙泽名园	丹城	2002.09	2005.12	299800	103873	别墅 367 幢
山水人家	丹城	2003	2008.10	100419	55845	174
丹阳小区	丹城	2003	2004	74937	78780	192
丰茂苑	丹城	2003.01	2003.12	13957	15158	81
新佳苑小区	丹城	2003.08	2004.12	14400	24650	120
丹河家缘	丹城	2004.03	2006.03	28538	32999	269
汇丰苑	丹城	2005.06	2006.05	3478	6573	45
汇丰锦城	丹城	2005.10	2007.10	13920	19490	154
御景园	丹城	2005.10	2006.12	10828	24044	120
海申苑	丹城	2005.11	2008.08	25577	36361	320
丽景小区	丹城	2006	2007	17000	12500	226
文华苑	丹城	2006.04	2008.03	6960	14430	112
金港花园	丹城	2006.04	2008.10	41735	87644	538
宏润花园	丹城	2006.05	2008	73980	139935	518（其中，别墅楼 9 幢）

续表23-35

小区名称	地点	建设时间	竣工时间	占地面积	建筑面积	容纳户数
梅苑·中央花城	丹城	2006.06	2008.09	128000	195000	1551
锦绣家园	丹城	2006.12	2008.08	25689	35571	188
金丰花园	丹城	2007	2008.12	15551	32965	238
欢乐家园	丹城	2007	在建	377420	320807	2342
丰泽园	丹城	2007.03	在建	68003	67808	290（其中，别墅92幢）
梧桐御府	丹城	2007.04	在建	217604	117550	252（其中，别墅215幢）
阳光·海城苑	丹城	2007.04	在建	16945	42363	160
得力·水木华庭	丹城	2007.09	2008.12	71369	19912	572（其中别墅20幢）
桃花源	丹城	2007.10	在建	193700	85595	别墅169幢
东湖苑小区	丹城	2007.11	在建	9015	24740	156
万华康庭	丹城	2008.04	在建	82663	196231	1379
城西新区	爵溪	1985	—	—	21416	250
新瀛别墅小区	爵溪	1995	—	15300	9219	57（其中，别墅31幢）
凤凰新城	石浦	1993.05	1995.09	97236	117000	1400
凤栖小区	石浦	1993.05	1994	39960	60706	楼33幢、别墅47幢
阳光雅苑	石浦	2007.01	2008.09	35000	72180	450
亭溪峰景逸墅	墙头	2007.01	2008.12	15000	11303	35

第二节　房地产企业

1984年9月，象山县城乡建设房屋开发公司成立，为县首家房地产开发企业。2000年，房地产企业增至16家，职工289人。2008年，全县共有房地产开发企业19家，其中二级资质的6家，三级资质的13家。至2008年，全县竣工商品房住宅274.22万平方米。其中，住宅小区226.71万平方米，公建房31.51万平方米，商住楼16万平方米。

2008年象山县房地产开发企业情况表

表23-36

企业名称	地址	成立时间	注册资本（万元）	企业性质	资质
象山房地产开发有限公司	丹城城站路9号	1984.09	2001	股份制	二级
象山宏润房地产开发有限公司	丹城建设路262号	2001	16018	股份制	二级
象山万象房屋开发有限公司	丹城新丰路276号	1994.02	2000	民营	二级
象山振兴房地产开发有限公司	丹城建设路148号	1999.01	2018	股份制	二级
象山县地产房产开发总公司	丹城天安路149号	1993.09	2000	国有	二级

续表23-36

企业名称	地址	成立时间	注册资本（万元）	企业性质	资质
象山华丰房地产开发有限公司	丹城龙泽名园会所	2001.07	10000	股份制	二级
宁波富源房地产开发有限公司	丹城汇兴路1号	2003.04	5188	民营	三级
宁波紫檀房地产有限公司	丹城乐业路18号	2004.11	5880	股份制	三级
宁波石浦半岛置业有限公司	石浦凤栖路188号	2003.08	1500	民营	三级
象山正鸿房地产有限公司	石浦凤栖路107号	2005.09	5000	私营	三级
象山鑫泰房地产有限公司	丹城靖南路298号	2002.12	1200	股份制	三级
宁波宁盛置业有限公司	宁波中山西路138号	2000.03	4000	股份制	三级
宁波江东建设开发有限公司	宁波朱雀新村42幢	2002.02	2200	私营	三级
宁波巨鹰房地产开发有限公司	爵溪前街21号	2001.08	2100	股份制	三级
象山旧城区改造建设有限公司	丹城丹峰东路488号	2001.03	5000	国有	三级
象山吉祥房地产开发有限公司	丹城步峰路20号	1999.09	805	股份制	三级
宁波银亿置业有限公司	宁波永丰路199弄8号	2003.05	610万美元	港资	三级
象山辉峰房地产开发有限公司	石浦玉泉路31号	2005.06	1000	股份制	三级
象山丹城建设开发有限公司	丹城建设路309号	1994.04	500	股份制	三级

第三节　房产交易

历代房产交易手续简单，政府仅收取房产契税。不同时代房地产交易均有估价、中介、立契、验证过户等程序。契书含买卖双方姓名，房产坐落地点、毗邻界址、数量、产价、权属变更日期。达成协议后，买卖双方、中介人签名盖印，再由中介人作公证，收取酬金，后送契税部门按章纳税。1953年，象山县房地产管理委员会成立，除管理公有房屋外，还承办公私房屋的交易、过户、发证事宜。立契、验证、缴税、发证等程序基本没变。房地产未进入商品市场前，无专门估价交易机构，中介人或估价人根据房宅地段、朝向、结构、层次、原造价、成新、装饰、设施，评定底价，再按影响系数修正价格。

商品房销售

商品房交易起步于20世纪80年代末。90年代初，丹城地区商品房价格，每平方米为600元左右。1994年，象山县地产房产公司开发出首个有物业管理配套的文峰小区开盘，均价为每平方米950元。1995—2000年，有物业配套的商品房价格，每平方米均价超过1000元。2001年，阳明花园开盘，均价为每平方米1700元。后，房价逐年升高。2004年年末，新佳苑小区开盘，均价达每平方米4300元。2006年，宏润花园开盘，均价每平方米5800元。2008年，水木华庭开盘，均价每平方米达8546元，再创新高。

商品房竣工面积，20世纪90年代初，每年为1万平方米。1994年，超过10万平方米，达12.50万平方米。2002—2008年，每年竣工面积均在10万平方米以上。2008年，竣工面积接近50

万平方米。商品房交易总量，1996 年为 116 件，1998 年接近 1000 件，2000 年，达到 2000 件；2001—2008 年，年交易数量均在 1000 件以上，最多为 2003 年，达 4200 件；最少是 2007 年，为 1299 件。

1994—2008 年象山县商品房销售情况表

表 23-37

年份	竣工面积（平方米）	销售面积（平方米）	销售数量（件）	销售金额（万元）	平均售价（元/平方米）
1994	124989	—	—	—	—
1995	98800	102700	—	—	—
1996	153800	64700	116	9	1122
1997	66800	76200	530	7500	1042
1998	20500	88400	918	10433	974
1999	99598	113990	620	14953	1041
2000	54027	68368	2034	23574	1148
2001	60553	73182	2448	35312	1216
2002	115773	99174	3614	37390	1349
2003	235558	199114	4200	—	1759
2004	210399	178563	3798	112690	2677
2005	127561	181000	1918	52000	3828
2006	128743	263094	2330	103600	5052
2007	114468	350524	1299	64000	5257
2008	491034	243806	1450	93400	7835

二手房交易

旧房交易，民间历代有之。买卖双方经介绍人牵线，谈妥价格及付款方式，邀中介作保，立契画押，交税后即为成交。中华人民共和国成立后，房屋买卖、典、租仍沿旧习。1956 年 1 月，根据中央批转书记处第二办公室《关于目前城市私有房产基本情况及进行社会主义改造的意见》，私人占有的城市空地、街基地等地产，经适当办法收归国有。城镇居民宅基地、果园、菜地不应买卖。1958 年 11 月，根据修订的《私房管理暂行条例》，房产交易须一月内登记。1970 年后，城乡独家独户居住零星公房，经一定手续后可以买卖。1989 年，县房管处成立房地产交易所，承办全县房屋赠予、交易、过户手续。随着房地产开发业的兴起，房屋全面推向市场成为商品。新开发的房屋交易大部分由开发商代办操作。破产、倒闭、负债企业的房产抵押由拍卖行代为拍卖。

至 1996 年，丹城城区共受理房地产交易买卖 4221 件、45.6 万平方米；抵押业务 650 件、33.8 万平方米；委托估价 25 件、17000 平方米。至 1998 年，石浦镇共受理房地交易买卖 6297 件、65.9 万平方米；抵押 1178 件、50.35 万平方米。新建商品房大量面市，使二手房交易有了充足的房源，再加上新建商品房的转手，二手房交易越趋活跃，价格亦不断抬升。2000 年，全县二手房交易已超过1000件，平均房价每平方800元。2005年，二手房平均房价每平方米达到2000元。2008年，二手房平均房价每平方米超4000元。

表23-38

2005—2008年象山县二手房交易情况表

年份	交易数量（件）	交易面积（万平方米）	交易金额（万元）
2005	1757	22.40	45000
2006	2280	29.10	75100
2007	2469	21.20	74000
2008	1785	19.26	80000

第四节　房产管理

中华民国时期，境内房产由县政府建设科兼管。1953年成立县房地产管理委员会（1984年改名县房地产管理处）。1957年，在丹城、石浦两地设房地产管理所。具体负责辖区内房屋产权的登记、交易、发证等管理工作。

公有房产

中华民国时期，县衙、县党部、警察局、县大队等机关所用的办公用房不多。中华人民共和国成立后，公房由在土地改革运动中没收地主、官僚资本家的多余房产、外出人员无主房产及开明人士赠送和祠、庙、寺、庵等组成。一些祠堂、庙宇调配给单位用作办公、住宅。丹城的林家祠堂、钱家祠堂分别为县文化馆、广播站和粮食局所用；孔庙为县府招待所，后改建为象山宾馆；城隍庙改建为县委党校；节孝祠为县妇联、信访局所用；姜毛（殿）庙、平水庙均成为公安局、县府等单位的干部、职工宿舍（直管公房）。房产管理经历调配、出租、维修、出售等环节。

公房调配　1953年始，采取公建民助的办法，缓解职工住房紧缺困难。1978年，首建丹城温家弄砖混结构五层公房1幢，建筑面积934平方米，调配予30户住房困难户。此后，机关、企事业单位建房增多，均分予干部、职工居住。为解决部门之间房屋余缺不均的状况，1991年4月，在丹城清理出空关、私转房屋263户，分配予住房困难121户、私房落实政策腾退8户、拆迁安置4户、安置军属3户、教师5户、无房特困122户。1992年，住房制度改革全面推开后，公屋调配情况基本绝迹。干部职工、城镇居民的住房通过商品房、经济适用房及廉租房等渠道解决。

公房出租　20世纪50年代，出租公房以间计算，租金由折旧、保养、管理、税费和利息5个方面基本因素组成，租金较微薄。1960年，改以平方米按月付租。租住双方订有合约，经营渐趋规范，但仍带有福利性成分，租金与物价调升相比仍属偏低。1981年，调整收费标准，根据以租养房原则，租金收入仍不足支付上述5项因素支出额，仅维修费用即多于租金收入。1990年，再次调整时，全县直管公房15.92万平方米，年收租金33.15万元，其中非住宅租金收入22.31万元，占租金收入总数64%。1996年，租金有较大幅度调整，逐渐进入市场化。1997年9月，《象山县房屋租赁管理实施细则》实施，丹城、石浦办理非住宅租赁登记326户，租赁面积2.08万平方米；住宅租赁登记1181户，面积2.56万平方米。全年收取租金77.85万元，维修支出49.86万元。1999年，房租平均提价20%。至2007年，丹城地区有直管公房4.36万平方米；全年租金收入29万元。石浦有承租户864户，直管公房4.7万平方米，租金收入63万元。

2007年，为保障城镇低收入家庭的基本住房需求，政府实行廉租房制度，用发放住房补贴和实物配租方式实施，并建造一批廉租房。时年发放廉租房住房租赁补贴76户，其中丹东20户、丹西9户、爵溪5户、石浦42户。2008年，发放廉租房住房租赁补贴381户，其中丹城地区221户、石浦地区160户。

1984—2007年象山县公有房产租金收支情况表

表23-39

年　度	出租房总面积（平方米）	其中，住宅面积（平方米）	房租收入（元）	修缮支出（元）
1984	—	—	64242	33648
1985	—	—	94322	39088
1986	—	—	109131	31777
1987	157530	—	103438	36469
1988	155174	134377.0	111833	82006
1989	155968	—	274327	106436
1990	159197	—	331508	117457
1991	158725	—	364027	103609
1992	155766	132582.0	401681	134208
1993	156415	132692.0	497381	96696
1994	116172	94017.5	635484	226943
1995	114578	92962.0	932281	228604
1996	108577	90590.0	899867	377402
1997	106548	89383.0	778488	498575
1998	—	—	362691	153626
1999	—	—	—	152691
2000	—	—	396188	105437
2001	—	—	205000	57796
2003	—	—	253386	60808
2004	—	—	250000	309131
2005	—	—	280000	227067
2006	—	—	310000	150779
2007	—	—	290000	80720

说明：2002年资料暂缺

公房维修 中华人民共和国成立初，接管的公房大多年久失修，尤以寺、庙、庵、祠为多。土地改革时没收、接管的私房因结构简陋，年久腐朽，县房管处依据“不漏、不破、不坍”原则修复利用，提高房屋完好率。20世纪60年代，公有房屋实施“以租养房”，租金收入仅供零星危房修补。1986—1996年，丹城地区房屋大修4232平方米，中小修95800平方米，一般养护5908户次；石浦镇修缮房屋2000平方米。2000—2007年，全县共大修房屋1601平方米，中小修5355平方米，一般养护4810户次。

公房出售 公房出售始于1957年，县房地产管理处将零星旧公房，乡村公房，产权清楚、不影响近期规划实施的公房向原住户酌情出售。企事业单位旧有公房，可优惠补贴出售给本单位职工。优惠补贴最高不超过房屋售价的50%。分期付款的，需签订还款合约，房款逐月从工资中扣除，最长3年。一次性付清房款给予优惠。至20世纪70年代末，政府无力为市民提供足够住房，陷入严重住房危机。1987年，县成立住房制度改革领导小组，决定实行住房商品化和公房的私有化改革，发展房地产市场。1999年，成立县住房改革委员会。丹城镇及各建制镇国有直管公房、单位自管住房，除不宜出售外，均出售予当地城镇户口居民和全民、县以上集体所有制正式职工，以户为单位，原住户限购一套。至2000年，全县共出售公房7058户、147.23万平方米，收取售房款8707.66万元，全部核发房改房房产证。

私有房产

历代房产以私有为主，但豪门巨宅与草房陋室差距巨大。20世纪50年代土地改革时，地主、官僚资本家多余房产被政府没收征用，分给无房户、缺房户居住，解决部分贫困户住房困难。

私房改造 1956年1月，率先在丹城开展社会主义私房改造。1971年11月，石浦镇亦展开此项工作。政策规定：凡是私房出租或出典，面积100平方米以上的，均实行社会主义改造；华侨，港、澳、台同胞，在中华人民共和国成立后用侨汇或外汇购建的私房，不论面积多少一律不予改造。中华民国时期建造，中华人民共和国成立后不是用侨汇或外汇购建的，面积130平方米以上的私房属于社会主义改造的范围。由于受“左”的思潮影响，凡是剥削阶级家庭和有街面房出租的都纳入了改造范围。丹城、石浦两地共有改造户164户，计房屋634.5间、1.37万平方米。绝大多数改造户未领过定租。曾一度出现“信访反映多，房客房主矛盾多，产权争执纠纷多”的三多现象。中共十一届三中全会以后，落实私房政策，解决“三多”问题。1983年9月，根据全国、省信访会议精神，全县开始调查纠正，查明164户被改造户中，有122户不属于被改造对象，占总数的74.39%，计有房屋411.5间，面积8511.5平方米，如数退还给房主。对符合社会主义私房改造政策，面积在100平方米以上的42户房屋223间，面积计5184.81平方米，继续实行改造，但依照有关政策，付给房主固定租金29872元，产权归国家所有。在“文化大革命”期间接收的私房347间、1.38万平方米，1980年亦作全面清理、退还。

私房租赁 租房者历来以城镇贫民为多。民国初期，租金无统一标准，房主与住户协商签约后，中介作保立契。民国晚期，物价飞涨，租金按间折大米计租。中华人民共和国成立后，丹城、石浦等城镇的无房户仍以租赁私房居住为主。改革开放后，外地民工来象就职者日渐增多，中心城区尤为集中，他们大多租赁丹城及周边农村房屋居住，2000年以后，因本地居民大量迁到新居，旧房被外来民工租住。丹东、丹西、爵溪等工业发达街道，有些整个村落几乎成为外来民工村。20世纪90年代，中心城区村民新建房屋，结构设计已考虑出租因素，分别建有独立的卫生间和拼用的厨房。2008年，不置独立卫生间的不成套房屋，月租金每平方米20元左右；置独立卫生

间而不成套的房屋，月租金每平方米30元左右；一些白领阶层租住的成套的商品房，月租金每平方米20元左右。

宗教、宗祠房产

中华人民共和国成立后，曾收缴部分宗教、宗祠房产归国有。"文化大革命"期间，许多宗教房产遭到破坏。改革开放后，宗教房产归还寺庙，家族宗祠亦有所修葺。

境内的宗教房产，主要为佛教、天主教、基督教房产。至1949年象山解放前，全县共有寺庵343处。中华人民共和国成立后，僧尼还俗成家，或年老离寺，寺庵或失修废止，或移作他用，1955年仅存144处。1979年后，宗教政策逐渐落实，佛教活动渐趋正常。1985年，全县有寺庵70处。1992年，浙江省人民政府颁布《浙江省宗教活动管理规定》，象山在全县范围开展寺庵教堂的登记发证工作，批准登记的佛教活动场所15处、天主教活动场所9处、基督教活动场所36处。另有94处寺庵列为修持场所，4处因条件未成熟暂缓登记，4处不予登记，共登记的活动场所面积共计3.61万平方米，其中，佛教房产2.92万平方米，天主教房产800平方米，基督教房产6050平方米。2006年6月，全县更换全国统一印制的登记证。至2007年2月，全县179个宗教活动场所完成登记换证工作。

象山为移民社会，家族众多，家族观念强，一些人口多而居住相对集中的家族，热衷建造祠堂，这类房产既不同于私产亦非公产。象山现存宗祠78座。

城镇房屋普查

1985年2月，全县首次城镇房屋普查情况显示，丹城、石浦、爵溪、西周、鹤浦5个建制镇居民住房使用面积在2平方米以下的13户、203人；2~4平方米86户、410人；4~6平方米538户、245人；6~8平方米1371户、6068人；8~10平方米1982户、8179人；10平方米以上的14538户、49867人。住房严重损坏25867平方米，危房9690平方米。

2007年7月，全县开展第二次城镇住房普查，丹城、石浦、爵溪三地有"无房户"（个人无房产，租住公房或其他房子的人群）2446户，占总户数的9.85%；户均1套住房者19101户，占总户数的76.92%；户均2套住户有819户，占总户数的3.3%；户均3套以上的有19户，占总户数的0.08%。人均住房建筑面积37.41平方米，其中，人均8平方米以下者103户，8~12平方米的222户，10~15平方米的320户，15~18平方米的538户，18~20平方米的516户，20平方米以上的18240户。从城镇居民拥有的住房套型面积情况来看，60平方米以下的住房5293套，占23.65%；60~80平方米的住房4794套，占21.42%；80~100平方米的住房4249套，占18.98%；100~120平方米的住房3499套，占15.63%；120~140平方米的住房2292套，占10.24%；140平方米以上的住房2258套，占10.09%。

房产登记发证

1988年，象山成立城镇房屋所有权登记发证办公室，率先在丹城、石浦、爵溪、西周、鹤浦、定塘、昌国、泗洲头、贤庠9个镇乡开展登记发证工作。至1992年年末，共发放房屋所有权证24515件、424.33万平方米。其中，私房20697件、224.36万平方米；单位房屋3472件、191.01万平方米；直管公房346件、8.96万平方米。1998年7月1日，启用全国统一的新版房屋所有权证，发证单位为象山县人民政府，填发单位为象山县房地产管理处，填写方式由原来的手写改为电脑打印，房屋所有权证增加了安全屏障。2008年2月15日，建设部168号令颁布《房屋登记办法》，并于7月1日实施。《房屋登记办法》实施后，房产证遗失补做不再需要公告，市民遗失房产证，在登报声明作废后，即可凭报纸、身份证件、申请书等向房管部门申请补发，房管部门将在7个工作日内予以办妥。

表23-40

1999—2007年象山县房产登记发证情况表

年份	交易过户签证			抵押登记		发房产证		
	数量（件）	面积（万平方米）	成交金额（万元）	数量（件）	面积（万平方米）	金额（万元）	数量（件）	面积（万平方米）
1999	918	17.0	14953	945	39.0	24288	4123	90.0
2000	2034	35.4	23574	1960	67.0	45000	4490	100.0
2001	2448	30.0	35312	2013	61.3	41390	5792	117.0
2002	3614	53.7	57390	3149	97.6	69584	6259	121.0
2003	4200	51.8	—	5054	—	—	6984	133.0
2004	3798	48.8	112960	6768	183.0	226138	7379	168.2
2005	3675	48.3	97000	5250	233.0	247000	5520	78.6
2006	4610	57.7	178700	8172	259.3	311000	6820	—
2007	3768	36.7	138000	9720	285.0	700000	7265	—

第二十四篇
供水　燃料　电力

本篇目录

第一章　供　　水

象山属资源性缺水县，集雨面积小，溪河源短流促，人均水资源占有量低于全省和全国平均水平。历史上生活、生产用水，采自水井、自然状态的溪流和河塘。20世纪50年代，全县兴建水库几十座，蓄水解决用水困境。60年代，饮用水库建造，自来水厂建立，丹城城区近水库部分居民始用自来水。1978年始，相继引仓岙水库、溪口水库、隔溪张水库原水入城。至2000年，城区年供水量从1977年的31万吨迅速增至676.67万吨，基本满足城区工农业生产和居民生活用水的需求。2005年，白溪水库引水工程开工，开始从县外引入原水，至2008年，引水工程基本完成。

1967年，石浦镇开始供应自来水。1981年后，各镇乡陆续建饮用水库和自来水厂（站）。至20世纪90年代末，全县镇乡及各村大多用上自来水。

第一节　饮用水源

历代，居民用水均取自溪水、井水。水井水质尚优，溪、渠卫生条件较差。中华人民共和国成立后，各地建造水库，开始逐渐使用自来水，居民饮水条件得到改善。

溪河

历史上，流经旧城区有记载的溪河有凤跃溪、小河头、东澄河、西澄河、九曲沟、玉带溪、朝天雩河、大河头、新丰河、教场河、濯缨溪、唐家河等。至中华人民共和国成立初，多数溪河已不再饮用，凤跃溪水仍为居民提供饮用水。县境内沿溪流而建的村庄，村民也均有取溪水作饮用水的习惯。定塘镇中泥片和大塘片以及晓塘乡大部分为围涂成陆平原，历史短促，大部分区域无山脉依靠，皆以原海港汊道淡化成河的河水灌溉和日常生活用水，水质混浊、咸涩。多采用大缸接天落水和到远处挑山泉、井水煮饭、烧开水，故每家都有几个大水缸。

井水

照24-1　茅洋大口井

民国《象山县志》载：城区及附郭村庄井39口。区内较著名的有丹山井，为唐前古井，相传秦方士徐福所凿，井水甘清澈；淳熙井，南宋古井；龙泉井，民国23年（1934）重建。民国36年9月，丹城城隍庙释传常出资于东门外北首，建饮水池一只，容积525立方米，供附近3000多居民饮用。而分布在全县各地的水井数量甚多，民国《象山县志》均有详细记载。农村居民在未用上自来水前主要取井水饮用。2003年，象山大旱，居民饮水困难，各地纷纷恢复水井取水，并组织勘探队寻找水源，开凿深井。至2007年，新开挖水井321口、大口井158口、机深井24口。

表 24-1

2003—2007 年象山县新开水井情况表

单位：口

所在乡镇	新开挖水井	新开挖大口井	新打机深井
丹东街道	1	—	—
丹西街道	2	1	2
爵溪街道	—	—	3
石浦镇	24	—	—
西周镇	71	6	—
鹤浦镇	5	2	2
贤庠镇	4	—	1
墙头镇	7	1	2
泗洲头镇	7	1	2
定塘镇	18	—	—
涂茨镇	64	75	—
大徐镇	8	10	—
新桥镇	34	3	1
东陈乡	5	6	1
晓塘乡	6	8	3
黄避岙乡	32	40	3
茅洋乡	5	2	—
高塘岛乡	28	3	4

说明：所列水井皆为公共投入的公用井，不含私人或者合伙使用的新开水井

水库水

1958 年冬，丹城镇在北门建水库为饮用，1963 年竣工。蓄水量 6 万立方米，丰水时，放水冲溪排污，旱则以补溪源。20 世纪 70 年代末期，因城市人口增加、城市建设加快，水资源日显短缺，把原灌溉农田的仓岙水库水，采用筑渠架槽，凿洞穿山引入县城。随着用水量的不断增加，后陆续引龙溪庵水库、东风水库、赤坎水库、九顷水库、溪口水库、隔溪张水库水作饮用原水。2008 年 7 月 29 日，引宁海白溪水库水，以补充原水不足。水库详况见本志“围垦　水利”篇第四章“农田水利”第一节“水库”。

第二节　自 来 水

自来水供应先从县城开始，后向乡镇延伸。1985 年，全县建成自来水厂（站）70 座，有 42813 户、156962 人用上自来水，其中农村受益人口 138369 人。至 1995 年，全县共建成水厂（站）269 座，50.87 万人饮用自来水，占全县人口的 97.95%。2006 年后，每年对自来水厂实行星化分级管理，并开展乡镇水厂水质专项检查，使水厂供水水质符合国家标准，达标率达到

72.6%。是年，全县共投入饮水工程建设资金4555.2万元，改建5家水厂，改善109个村的供水设施。至2008年，全县生产、供水4154万立方米，其中3家规模企业供水3748.5万立方米，从业人员340人，产值10442.1万元，利税总额787万元。自来水不仅解决城乡人民的用水需求和用水安全，同时还向部分工业、农业提供生产用水，促进经济发展和社会繁荣。

城区自来水供应

照24-2　建于1967年的丹西街道北山路81号城北水厂旧址

1967年，丹城始建北门自来水厂，城区置供水站14处，单位和居民方有自来水供应，年供水总量11万立方米。时单位有水表户34户，居民仅4户，城区居民凭票在供水站买水，故一处供水站一只自来水龙头可供周边一大批居民取水。水票委托各商店代售，1分人民币购水2担。遇干旱季节，因水量不足，限时供应，居民买水往往排起长队。1973年，供水站增至17处。1978年，仓岙水库建成，库容量925万立方米，利用农渠5千米引水至北门水厂，次年供水量增至42.7万立方米。

1981年后，丹城城区有水表户1410户，其中单位水表户250户，受益人口1.2万人。供水范围始向林海、南庄地区扩大。1983年，建万立方米净水池，确保水质优良。1987年，又扩建2万立方米净水池，日供水增至2万立方米，年供水271.09万立方米。翌年，供水达344.17万立方米。1991年大旱，水源紧缺，引林海赤坎水库和东大河水及东风水库水入城，以缓解城区供水。1992年，建靖南水厂，铺设至九顷水库管道8.5千米。翌年，丹城自来水厂更名为象山自来水公司，下设城北、靖南两个水厂，同时成立象山银河供水工程公司，实行制水、供水分营。1994年，行者岭隧道开通，引入溪口水库水。1995年，年供水量达605.06万立方米。

1997年，兴建隔溪张水库，2000年主体工程竣工，经隧道洞输水至溪口水库，日供水增至2.5万立方米。1998年始，城区和城郊所有村级计费总水表始逐步改造延伸到户，至2002年，实行一户一表制，计56村、9747户，其中单位用表户143户。2002年，铺设直径100毫米以上管道93.2千米，供水区域扩大到15平方千米，年供水量增至799.61万立方米。铺设中心城区至爵溪管道7.2千米，实行联网供水。2003年，向爵溪地区供水498.24万立方米。同年，靖南水厂投资830万元，新建二期工程气水反冲四阀流池1座、3000立方米清水池1座，日产水量达到6万立方米。

2005年，白溪水库引水工程正式开工，工程原水取自宁海白溪水库，输水线路始于宁海县梅林街道西北面凤潭附近的宁波市白溪水库输水管道，分岔接支管向东途经宁海和象山两县，串联县内平潭、上张、隔溪张和仓岙四大水库，终至象山中心城区西南白蟹潭滨海水厂，输水线路长48.7千米，其中隧道42.1千米，工程设计的日供水规模11万立方米。2008年，县自来水公司年供水量达1847万立方米，10万余人受益，水质优良，基本保障居民及工农商各业用水需求①。

照24-3　位于丹西街道白石村北首白蟹潭的滨海水厂

①2008年城区总供水量1847万立方米，此数据见《象山年鉴（2009）》第259页“城市供水”。2008年全县自来水总量3288.07万立方米，该数据见《象山统计年鉴（2008）》第258页“城市建设情况表”。

1967—2008年部分年份象山县丹城城区自来水销售价格表

表24-2　　单位：元/立方米

年　份	居民生活	工业	企事业单位	商业	服务业	冷冻业	基建、洗车业	特种行业
1967	0.30	—	—	—	—	—	—	—
1975	0.25	—	—	—	—	—	—	—
1979	0.20	0.22	—	—	—	—	—	—
1981	0.15	0.22	0.22	—	—	—	—	—
1985	0.20	0.23	0.23	—	—	0.43	—	—
1993	0.65	0.80	0.80	1.00	—	1.00	1.00	—
1994	0.75	0.90	0.90	1.20	—	1.20	1.20	—
1996	1.00	1.20	1.50	2.00	—	2.50	2.50	—
1997—2004	1.80	2.20	2.70	—	3.70	—	4.80	—
2005—2006	2.20	2.80	3.30	—	4.30	—	5.40	—
2007—2008	2.85	3.95	4.40	—	5.00	—	5.90	8.00

说明：1997年后商业用水并入服务业，冷冻业不再单列

1970—1983年象山县丹城地区自来水销售量情况表

表24-3　　单位：万立方米

年　份	销　量	年　份	销　量	年　份	销　量	年　份	销　量
1970	6	1974	24	1978	29.0	1982	89.2
1971	10	1975	26	1979	42.7	1983	113.4
1972	21	1976	28	1980	58.0	—	—
1973	22	1977	31	1981	79.4	—	—

1984—2008年象山县丹城地区自来水销售情况表

表24-4　　单位：万立方米

年　份	销售量	生活用水	工业用水	商业用水	服务用水	建筑用水	供爵溪
1984	136.74	8.94	127.80	—	—	—	—
1985	187.15	19.27	167.88	—	—	—	—
1986	220.19	—	—	—	—	—	—
1987	271.09	47.97	223.12	—	—	—	—
1988	344.17	116.89	227.28	—	—	—	—
1989	323.65	125.24	187.24	—	—	11.17	—
1990	363.43	149.94	206.44	—	—	7.05	—
1991	327.29	154.27	207.91	—	—	10.11	—

续表24-4

年　份	销售量	生活用水	工业用水	商业用水	服务用水	建筑用水	供爵溪
1992	357.73	148.93	205.73	—	—	3.07	—
1993	450.47	159.42	275.70	15.35	—	—	—
1994	541.49	192.51	296.89	52.09	—	—	—
1995	605.06	249.91	280.04	75.11	—	—	—
1996	531.41	262.71	214.25	54.45	—	—	—
1997	605.54	349.61	220.38	35.55	—	—	—
1998	608.20	303.96	258.22	46.02	—	—	—
1999	603.20	294.28	176.26	132.66	—	—	—
2000	676.67	315.57	152.87	155.79	42.61	9.83	—
2001	712.46	361.84	139.17	153.31	44.69	13.45	—
2002	799.61	171.15	114.15	51.61	18.92	443.78	—
2003	1345.48	443.10	209.16	107.40	65.07	22.51	498.24
2004	1146.47	461.14	172.81	91.24	75.76	17.00	328.52
2005	1477.69	536.60	252.47	107.68	102.83	13.77	464.34
2006	1812.54	583.67	244.53	122.38	107.46	23.21	731.29
2007	1619.36	596.41	276.22	111.82	126.61	28.03	480.27
2008	1365.12	641.53	257.88	128.78	142.69	27.40	166.84

1970—1989 年象山县自来水公司取水量情况表

表 24-5　　单位：万立方米

年　份	取水量	年　份	取水量	年　份	取水量	年　份	取水量
1970	8	1975	32	1980	101	1985	712
1971	12	1976	37	1981	180	1986	765
1972	17	1977	40	1982	289	1987	785
1973	22	1978	42	1983	342	1988	805
1974	26	1979	60	1984	431	1989	805

1990—2008 年象山县自来水公司取水量情况表

表 24-6　　单位：万立方米

年　份	取水量	其　中	
		城北水厂	靖南水厂
1990	825	825	—
1991	636	636	—

续表24-6

年份	取水量	其中	
		城北水厂	靖南水厂
1992	827	758	69
1993	899	673	226
1994	950	646	304
1995	946	455	491
1996	951	420	531
1997	1014	403	611
1998	1148	545	603
1999	950	530	420
2000	828	408	420
2001	994	407	587
2002	1522	457	1065
2003	1685	508	1177
2004	1735	460	1275
2005	2045	552	1493
2006	2370	565	1805
2007	2075	561	1514
2008	1873	509	1364

1992—2008年象山县靖南水厂取水量情况表

表24-7　　单位：万立方米

年份	分水库进厂原水量					
	总量	溪口	九顷	东风	赤坎	开口岩
1992	68.85	—	—	—	68.85	—
1993	225.69	—	119.84	105.85	—	—
1994	304.23	195.10	109.13	—	—	—
1995	490.64	490.64	—	—	—	—
1996	531.46	531.46	—	—	—	—
1997	610.86	467.86	73.00	—	—	70.00
1998	602.68	449.07	16.61	39.00	—	98.00
1999	420.00	420.00	—	—	—	—
2000	420.00	420.00	—	—	—	—
2001	586.90	549.15	5.00	32.75	—	—
2002	1064.94	1031.94	23.00	10.00	—	—
2003	1177.31	1154.37	—	7.21	—	15.73
2004	1275.19	1178.22	7.67	—	—	89.30
2005	1492.56	1436.65	37.88	18.03	—	—

续表24-7

年　份	分　水　库　进　厂　原　水　量					
	总　量	溪　口	九　顷	东　风	赤　坎	开口岩
2006	1805.13	1780.90	—	24.23	—	—
2007	1514.24	1374.97	5.00	72.07	—	62.20
2008	1363.93	964.36	3.94	166.56	—	229.07

说明：本节各表数据信息源自县自来水公司

乡镇自来水供应

1967年，石浦城区引文昌阁水库水至北门水库，开始使用自来水，为最早拥有自来水的乡镇。

1981年始，全县各乡镇陆续建饮用水库和自来水厂（站）。同时，有条件的村也利用溪水、坑道水、山泉水建水塔，为村民提供自来水。至1990年，全县乡镇累计建自来水厂（站）214座。其中，乡、镇26座，村庄188座，457个行政村、371137人受益。至1995年，乡镇自来水厂（站）达269座，农村40余万人用上自来水。

2000年后，各乡镇逐渐完成水改工程，水质进一步提高，全县城乡供水基本得到保障。详见本志“城乡建设”篇第三章“镇乡建设”。

第二章　燃　　料

历代居民使用的燃料多取自植物。20世纪20年代，化石类燃料引入象山，最先利用的是煤油，仅供照明。60代，出现机帆船后，境内引入柴油，同时，煤炭亦入境。石油液化气利用始于80年代中后期。另外，沼气、电能逐步使用。2004年，管道液化气在中心城区开通。2005年，丹城城区部分居民用上管道燃气。

第一节　柴　　草

日常生活中，用来烧煮食物、饮水的植物干、枝、叶等，习称“柴”或“柴草”，管理统计上则称“薪柴”，是象山普遍使用化石燃料之前的主要燃料，至今农村部分居民还在使用。主要来源是山上薪柴，包括树枝、刺藤、灌木、茅草等，其次是农作物秸秆。20世纪90年代中期，薪柴资源年人均折标准煤132千克，年人均占有量在200千克以上的是莲花、泗洲头、灵南、旦门、爵溪、儒雅洋六地，其中以莲花区片为最高，达304千克标准煤；年人均占有量不到100千克的有涂茨、贤庠、南庄、东陈、墙头、中楼、大塘、晓塘、昌国、檀头山、金星、丹城、贤庠、南庄、大塘、晓塘、昌国。金星、丹城等片区最少，年人均仅19~69千克。

种类

柴草按质量可分为柴爿、柴根、硬柴、软柴等，统称为柴。传统上以木本植物为主，草本为次；而竹在柴草份额中所占比重较小。另用树木或硬树枝烧制成炭，亦为象山传统燃料。

照 24-4　柴爿

柴爿　属高燃烧值燃料，装运方便，又因具有油性、燃烧时间长、火力猛、灰尘少，能大大减少添加燃料的次数，因此价格比较贵。柴爿通常用松树杆经斧劈而成，每一截长 50 厘米左右，依据树之粗细劈成 2~8 爿不等。柴爿木质纤维全部燃烧后，可以制成木炭。

柴根　俗称“柴株”，为木材砍伐后留下根的部分，多为作坊使用，价格相对便宜。

硬柴　灌木类砍伐后称硬柴，因其植株不大不小，燃烧时间长，火力较旺，为百姓最喜欢的薪柴。砍伐时，去灌木繁杂枝丫，将木截作一米左右长，称作“柴槁”，当属上等。荆棘也属灌木，过去多在砖瓦厂作燃料。

软柴　植株较长、茎干较粗硬的各种野草，晒干后称软柴。平原地区，定塘、晓塘、大塘、南庄、鹤浦、高塘等地普遍使用。在夏季或秋季割获，春天太嫩多浆少燃性。农作物的茎秆，如黄豆秆、棉花秆，还有麦秆、稻草等各类作物茎秆及果壳，也属软柴。

木炭　有黑炭、白炭之分。黑炭俗称软炭，是土窑烧制的炭，也有不少是家庭烧柴爿、硬柴时所产生的炭。黑炭的表面纯黑或带有可被吹落的灰色粉末，硬度小、易碎。因此，质地松软，燃点低，容易着火，但火力弱，灰化快，不能耐久，价格比白炭便宜。白炭民间多称铁炭，是用木质较硬的灌木或乔木粗枝经过专业炭窑炭化后，再在空气中稍作燃烧，然后用湿沙或松土等将火焖熄，经自然冷却而成的木炭。燃烧后外表略带灰白色，属上等燃料，价格较高。

取用

历代山林多为富人私有，常雇看山人驻扎山间管理。既管理山上林木，大树为材，灌木烧制白炭；又管柴草，砍获后销售赚钱。山区柴草资源丰富，农民就地取得；平原地区的农户利用自家所种的稻草、麦秆、豆秆等作燃料。居民，则到集市购买或在山脚、田埂等无人管理的地方砍些杂草。20 世纪 50 年代合作化后，山林归集体，指定专人管理山林，称“护林员”。通常山分作两片，隔年砍伐一片，实施柴草轮流砍伐。为得到砍伐最大值，将砍伐留下的树木、灌木的根，及其他如大小萇萁、茅秆等，凡可充任燃料的几乎全部刨走。

20 世纪 60—70 年代，无山林的平原地区，为解决燃料之急，每年冬季都会组团奔赴山区砍柴，团购成员有自行组合，也有以生产队为单位的集体组织。按所得柴草多少分担经费；要是属集体行为，运回后按所定方案进行分配。团购地点有泗洲头、儒雅洋一带山区及宁海、奉化、鄞县沿象山港一带山区，另有东乡珠溪、黄避岙等山区。这些地方山林丰富，大多便于海运，以减少运输成本。爵溪一带村民，农闲时则雇船到南韭山、流水山等海山宿夜砍柴，待砍至 20 来担以船载回，时有倾翻事故发生。但包山砍柴依然年复一年延续，直至 90 年代石化能源普及后才终止。

柴草用途是多领域的。使用范围最广的是家庭生活所需。一日三餐，烧饭做菜均离不开柴草。另外，乡村农家几乎户户养猪，猪多的农家，可燃烧的植物茎秆几乎都被利用。发火多用稻茎秆

(俗称稻草)、松针（俗称松毛丝)；烤煮多用柴爿、硬柴，有稻秕谷时夹撒。窑厂使用柴火量大体粗，主要是柴根与硬柴，蝌灰窑、陶瓷窑，年所需数量极大。陶瓷、炻器烧制，根据需要，有时会使用大量的松树，俗称松毛柴。铁匠、翻砂匠用白炭或黑炭，象山白炭少，故大多用黑炭。20世纪60年代后期起，人口激剧增长，薪柴缺口不断增大。虽丹城、石浦两地城镇居民有少量煤炭供应，但不能完全解决家庭燃料所需。为此，政府相继推出节能措施，如推广风箱灶、炉栅灶，缩小传统灶膛空间等，以取得节能效果。

购销

历史上象山是柴草出销大县。民国《象山县志》载："柴、毛竹出陈山、海口、三角地诸山中，运销鄞县、定海，(年）价值约七千元""陈山、海口多柴商，常年约载六百艘""黄溪、墙头、方前、溪里方、方家岙、儒雅洋等渡多竹、柴……""泗洲头、白岩下等海港多客籍船，运竹、柴……""淡港长礁等埠有竹、木、柴运销定海、岱山、衢山、宁波、通州……"出销柴爿和木炭的数量相当可观。民国28年（1939)，输出柴爿30047担、木炭5894篓。

中华人民共和国成立后，供销合作社遍设农副产品收购站点，柴、柴爿、炭的购销量依然较大。1958年因"大炼钢铁"，大批树木被砍伐后送进土高炉，致使山间稍大树木几近砍光，仅村落的"风水树"受传统风水文化影响，得以保留。由于人口快速增长，至20世纪60年代，家庭所需薪柴大幅攀升，向外地销售薪柴成为历史。

20世纪50年代，一担硬柴均价为1.50~2元。60年代，象山人口超过30万人，薪柴紧缺，市面上一担硬柴价逾3元，而一般工作人员的月工资仅36元。柴爿在习惯上是论捆销售，时改为论斤买卖。乡间有一批砍柴为生的农民，乡间流传"冲杠两头尖，拔出现铜钿"，生动描述薪柴畅销和来钱容易。

第二节　沼　　气

20世纪60年代以前，本地无沼气利用记载。用沼气作能源始于70年代，这与象山70年代后人口高峰出现有关，是传统能源无法满足后采取的新措施。因采气条件复杂，使用不便，一直作为补充能源。

1975年1月17日，县革委会生产指挥组组织沼气试点地公社、供销社、大队和泥水匠近40余人，专程赴吴兴县参观学习。提出"加强领导，积极推广，成片发展，稳步前进"的办沼气方针，在全县兴起大办沼气热潮。1979年，金星公社树农大队建沼气池24只，采用二合土、混凝土两种方法，建池成本每只分别为45元、60元，达到节省燃料、增加肥料、促进养猪、有利卫生之目的。至1982年年末，全县共建沼气池1101只，其中金星乡558只，为最多。由于小沼气池建设质量及建后管理等方面存在先天不足，至1985年全县尚有1018只，其后数量逐年下降。

20世纪90年代，在城镇生活污水处理中，推广城镇生活污水净化沼气项目。1998年9月，在田横山脚下建造丹城老城区大型生活污水净化池，日处理污水50立方米，并配有30立方米贮气钢柜集取沼气加工利用，工程总投资150万元。1999年1月土建竣工，4月，设备、管道安装完毕投料试运行，7月8日通过省市专家验收。

2004年年末，在墙头镇舫前村王世登生猪养殖基地开展50立方米中小型沼气池建设试点。

2005年年末，全县建成50立方米标准沼气池10只。是年，举办全县首期沼气生产工培训班，31人获得国家职业技能证书。2006年11月3日，县人民政府办公室批转县农林局《关于象山县畜禽污染综合治理实施意见》，对沼气治理工程按建池容积每立方米财政补助150元。是年年末，全县共投资270万元，建设有机肥料加工厂2家，规模养殖场户建设沼气池76只、3950立方米。象山成为宁波市畜禽养殖污染治理中小型沼气池建设典型。2007年4月，象山申报农村沼气建设国债项目。2008年2月，项目通过宁波市发改局组织的会审、批复建设。建设规模和内容是联户建设沼气池235只，总容积14300立方米，发展沼气用户1200户，沼液、沼渣用户800户，带动改厨、改圈500户，建设农村沼气服务乡村服务点10个。项目概算总投资761.86万元，其中中央预算内投资168万元，市财政配套100万元，县财政配套118万元，其余由村、户自筹解决。2008年年末，全县累计建池197只，总容积14750立方米，完成率103.5%；采购1200套灶具及配套设备，发放安装1100套，完成91.67%；发展沼液、沼渣利用户650户，完成81.25%；完成改厨465户、改圈79户，完成108.9%；基本完成乡村服务网点建设，购置沼液专用吸粪车2辆及相应的检测、维修工具和配件等，并开展相应服务。项目实际投入各项建设资金736.85万元，完成项目预算的96.7%。

照24-5　晓塘乡晓塘村在建的沼气池

第三节　化石燃料

清代末至中华民国时期，煤油、煤炭属私人经营，且数量不多。中华人民共和国成立后，石油、煤炭为国家一类物资，实行计划调拨、统一定价、计划供应。20世纪50年代初，县中百公司及县供销总社始供应化石燃料。60年代，县石油公司成立，生产、生活用燃料均由石油公司独家经营。80年代初，县内开始供应液化气。2005年始，丹城城区部分居民用上管道燃气。

石油

中华民国时期，仅丹城“锦大”、石浦“康宁号”等兼营煤油作照明之用。1952年，煤油归中百公司经营，年销售142吨。以后，煤油除作照明之用外，亦用于民间煤油炉。1960年起，民用煤油一度紧张，煤油炉停止销售，煤油需凭票定量供应。1962年，由工业器材公司兼营石油，1965年改称石油公司，增供汽油、柴油、润滑油等。随农业机械化程度加快，渔业机帆船作业迅速增加，柴油、润滑油需求剧增。1972年，柴油发卡供应。1979年7月，汽油凭票供应（全省通用）。1983年，供应议价汽油、煤油、柴油。后随着电灯普及，煤油逐渐淡出人们的生活。20世纪80年代初，石浦建造容量为千立方米的立式贮油库，年供应量最多时达2.78万吨。

进入21世纪后，象山建立中石化象山经销公司、中石油象山经销公司、甬石鹤石化有限公司，全县各乡镇主要公路旁均设有加油站。

煤炭

中华民国时期，象山基本不用煤。1959年，白墩煤场建成，次年开始销售煤炭。工业生产用煤由县计委按计划分配。1965年和1967年，分别在丹城、石浦建煤球厂，有煤饼机2台、煤球机1台。城镇居民用煤需凭卡定量供应。1981年，煤炭供应计划取消，实行议价并敞开供应。1990年后，各乡镇均有煤场、煤饼厂，煤炭、煤饼按市场价敞开供应。

瓶装燃气

1983年，城镇少数居民开始使用液化石油气（称瓶装煤气），多从宁波灌装。1985年，设象山煤气供应站，开始向居民供应瓶装液化气。1987年，县煤气公司成立，建液化石油气储配站，丹城居民发放液化气供应卡，一年供气6瓶（每并15千克），价格每瓶在12~15元之间。1995年下半年取消计划，实行市场价敞开供应。乡镇多建燃气站，全县始普及瓶装煤气。至2008年，象山县中心城区液化石油气普及率达100%。瓶装煤气价格由于国际石油价格上升，每瓶也从1985年的13.5元逐渐升至2008年的100元上下。2008年春节前后，瓶装燃气价格每瓶售价高达124元。2008年，全县燃气经销单位有10家、39个供应点，储配站储气容积总量为1255立方米，年售气14075吨。

照24-6　位于丹东街道起春路14号的瓶装液化气供应站

2008年象山县液化气站分布情况表

表24-8

经营单位名称	建立年份	企业性质	储气量（立方米）	地　　址	供应站（家）	年销售量（吨）	销售供应范围
象山县煤气公司	1985	国有	510	塔山路塔山东麓	6	3850	丹城
旦门液化气储配站	1993	私营	60	东陈乡旦门新村旁	5	1825	东陈、石浦
象西液化气有限公司	1994	有限责任公司	55	西周镇环城北路17号	3	600	墙头、西周、下沈
涂茨液化石油气站	1995	私营	60	涂茨镇钱仓村	4	850	丹城、涂茨、大徐
贤庠液化气储配站	1995	私营	60	贤庠镇官司塘村	3	700	贤庠、黄避岙、丹城
象宁液化气储配站	1995	国有	210	石浦镇里山村小岙	6	2500	石浦
泗洲头液化气站	1996	合伙	50	泗洲头镇盛宁路1号	4	800	泗洲头、茅洋、丹城、东陈
象山春发煤气有限公司	1996	私营	60	定塘镇峰北路	3	850	定塘、新桥、晓塘
鹤浦液化储配站	1997	私营	110	鹤浦镇万全路	4	1200	鹤浦、高塘
爵溪东华液化气储配站	2003	私营	80	爵溪街道振瀛路2号	1	900	爵溪

说明：数据由市政公用管理处提供

管道燃气

照 24-7　象山通用管道燃气有限公司

2002 年 5 月 28 日，象山通用管道燃气有限公司成立，设址丹东街道塔山东麓。征地 15330.8 平方米，其中，气化站占地面积 5908 平方米，气化混气房 106 平方米，空压机房 202 平方米。储气卧罐 100 立方米 2 只。2004 年 11 月，兴盛路、万象路管道燃气主干道最先安装动工。2005 年 12 月 25 日，供气点火试运营。首批供气地为丹东安置小区，气源为液化石油气。总管由气化站向南经塔山路至万象路，再从靖南路引出分叉向西至东谷湖路。管网主要沿塔山路、万象路、象山河路、新丰路、象山港路形成两个 DN200 以上的主环，在主环内侧以 DN150 管道形成次环，在城区和万象路以东等周边地区则以 DN150 或 DN100 管道成环。管道安装采用深埋地下，管线大多安装于人行道下。至 2008 年 5 月，主管道安装长度为 14416 米，住宅小区入户管网安装长度为 41300 米。管道燃气入户数 5110 户，供气量 23 万立方米，供气范围在兴盛路、靖南路、万象路、东谷湖路、象山港路等地。小区燃气庭院工程完成 11 个，在建 10 个，待建 9 个，覆盖居民 10355 户。其中，通气的单位及公建用户有象山港国际大酒店、东海明珠大酒店、大红鹰食堂、象山职业技术学校、县广电局、海韵幼儿园食堂等。供气价格为居民每立方米 9.50 元，单位每立方米 10.50 元。

2008 年象山县中心城区部分路段燃气管网情况表

表 24-9

主干管地段	长度（米）	材质	施工时间
兴盛路（塔山路—靖南路）	500	无缝钢管	2004.11
万象路（靖南路—丹阳路）	1610	无缝钢管	2004.11
象山港路（新丰路—巨鹰路）	3000	无缝钢管	2005.10
	200	聚乙烯管	
出站管	300	无缝钢管	2005.11
靖南路（巨鹰路—东谷路）	1000	无缝钢管	2006
	400	聚乙烯管	
巨鹰路（象山港路—龙泽名园）	1118	聚乙烯管	2006.09
	682		
瑶琳路（象山港路—丹南路—天安路）	626	聚乙烯管	2006.10
来薰路（象山港路—丹阳小区）	720	聚乙烯管	2006.11
天安路（象山港路—靖南路）	830	无缝钢管	2006.12
丹南路（万象路—职技校）	150	聚乙烯管	2007
东谷路（象山港路—塔山路）	1200	聚乙烯管	2007.10
象山港路、蓬莱路、丹南路	680 1000	聚乙烯管	2007.12
天安路（丹南路—星益家园）	400	聚乙烯管	2008.03

2008 年象山县中心城区住宅小区燃气管网情况表

表 24-10

小区名称	户数（户）	入户管网长度（米）	庭院管材质	立管材质	竣工日期
安置小区一期	330	1089	聚乙烯管	镀锌管	2005. 01
大红鹰二期	170	950	聚乙烯管	镀锌管	2005. 01
阳明花园	637	2170	聚乙烯管	镀锌管	2005. 01
文景苑	206	910	聚乙烯管	镀锌管	2006. 05
丽景家园	228	923	聚乙烯管	镀锌管	2006. 05
银都佳园	446	1500	聚乙烯管	镀锌管	2006. 05
大红鹰一期	110	2419	聚乙烯管	镀锌管	2006. 09
东河二期	452	4900	聚乙烯管	镀锌管、无缝钢管	2006. 09
华翔大厦	136	839	聚乙烯管	镀锌管	2006. 09
新佳园	120	105	聚乙烯管	镀锌管	2006. 09
新丰二期	189	800	聚乙烯管	镀锌管	2007. 11
御景苑	121	350	聚乙烯管	镀锌管	2007. 11
文华苑	112	300	聚乙烯管	镀锌管	2007. 12
山水人家	175	2900	聚乙烯管	镀锌管	2008. 05
塔山新村	600	6500	聚乙烯管	镀锌管	2008. 05
龙泽名园	365	12000	聚乙烯管	无缝钢管	2008. 05
丰茂苑	80	600	聚乙烯管	镀锌管	2008. 05
汇兴小区	44	615	聚乙烯管	镀锌管	2008. 05
欢乐家园	269	450	聚乙烯管	镀锌管	2008. 05
4805 工厂小区	320	980	聚乙烯管	镀锌管	2008. 05

照明燃料

旧时，人们夜间行走点燃竹木做成的火把照明。20 世纪 60 年代初，山区生活困难的家庭仍有用点燃松油枝（片）照明。一般家庭妇女晚上做针线活使用菜油点灯，照明在生活中不很重要。煤油未在县内使用前，青油（柏子油）作灯油亦被经济较殷实家庭所选择使用。

青油由乌柏树籽提炼。清乾隆《象山县志》：“有柏落其子，取青、白二油，岁获其利。”将籽与壳一起榨出的油，色白，称白油；去壳后榨出的油纯度更高，色青，称青油。其壳经加工后可作蜡烛原料。至民国时，柏子仍是象山重要油料。后，煤油灯、电灯逐步取代青油灯，柏籽滞销。有关乌柏详情，见本志“农业”篇第四章“粮油作物”第五节“油料”。

室内照明详见本志“衣食住行”篇第三章“居住”第四节“室内陈设”。

第三章　电　　力

民国12年（1923）后，石浦、丹城陆续开办电厂，独立发电，供碾米等工厂需要，及极少数用户照明。1958年，丹城供电扩至南庄、爵溪，并为县农机厂、农业抽水提供部分电力。20世纪70年代，大塘港堵港完成，全县工农业生产、居民用电量剧增，建变电所，华东大电网入境。1996年，建造宁波正源电厂，1998年发电并网。2004年12月，220千伏首座变电所建成投入运营，是宁波第一台有载调压变压器。2005年，大唐乌沙山发电厂在西周动建，2007年建成投产，为县内最大火力发电企业，极大缓解象山地区电力供需矛盾。2008年，境内规模火力发电企业2家，年发电141.64亿千瓦时；年供电11.99亿千瓦时，电网社会用电量11.88亿千瓦时，网供最高负荷24万千瓦时，供电可靠率99.7%，综合电压合格率达98.61%。

第一节　发　　电

境内火力发电，始于商贸较为发达的石浦。中华人民共和国成立初，全县所发电力主要供生活照明，兼营轧米。1951年后，县政府接管明星、耀华两发电企业，发电能力逐年增强。1957年后，在偏远而有水力资源的地区建水电站，开始水力发电。至2008年，象山发电企业有宁波正源电厂、浙江省大唐乌沙山电厂2家，后者规模大。

火力发电

民国12年（1923），定海人马学祯投资银圆3万元，购置25千瓦发电机2台，英制单缸卧式44马力煤气机和法制单缸卧式24马力柴油机各1台，在石浦五爱桥创办明星电气股份有限公司，后移西门外。翌年，丹城何超、周陶夫、邵盛甫、王治青等商绅集银圆2万元，购置20千瓦发电机1台，于城内下路桥吴氏宗祠创办耀华电气股份有限公司（兼营轧米）。两公司计有职工26人，年发电量3.73万千瓦时，供电范围限于石浦、丹城的机关学校、股东商店、部分民宅、主要街道以及昌国卫部分居民。民国24年，石浦明星电气公司年发电6.44万千瓦时，亏损严重。民国26年，明星电气公司、耀华电气公司年发电量分别为8.8万千瓦时与5.2万千瓦时。民国30年，石浦明星公司为日军所占。翌年，丹城沦陷，耀华公司歇业，至民国37年，才恢复发电。1949年年末，全县总装机容量66千瓦，年发电量约2.5万千瓦时。1957年，全县发电总量为10.89万千瓦时，比1949年增长3.36倍。至1970年，装机容量2300千瓦，年发电量154.2万千瓦时。1971年，全县发电量增加到292.43万千瓦时。1972年7月，华东电网入境，象山县内电厂陆续停止发电。20世纪80年代后，象山热电厂、宁波正源电厂、乌沙山电厂陆续建成发电，所发电力均并入国家电网。

民国25年象山县电厂基本情况表①

表24-11

等级	名　称	地址	性质	执照号码	资本总额（元）	发电容量（千瓦）	电流种类	原动机种类
四等厂	耀华电气公司	丹城	民营	41	24000	41	—	—
—	明星电气公司	石浦	民营	37	30000	25	交流50周波380/220伏	煤油机

说明：摘自《浙江省二十二度行政统计全省电厂一览表》

石浦电厂　1952年3月，县人民政府接管明星公司后，更名为石浦电厂（国营）。翌年，有职工11人，年发电5.8万千瓦时。主要设备有发电机2台、50千瓦，配内燃机2台、56.7千瓦。1965年，有职工16人，装机容量增至762千瓦，年发电21.1万千瓦时，产值1.37万元。1972年，职工增至32人，产值8.05万元。1973年，华东电力输入石浦地区，年末，电厂停止发电。是年，发电167.7万千瓦时。

象山电厂　1951年9月，县人民政府接管耀华电气股份有限公司后，更名为丹城电厂（国营）。1969年2月，在丹城西门外建象山电厂，占地面积21527平方米，建筑面积9124平方米，安装1500千瓦汽轮机组，1971年2月建成发电。同时，丹城电厂并入。1972年，华东大电网入境。翌年2月，丹城纳入大电网供电，象山电厂停止发电。

象山热电厂　20世纪80年代初，全县社办企业发展迅猛，大电网供电不足。1986年5月11日，在石浦横峙村沿港筹建象山热电厂，1988年2月9日竣工验收。热电厂占地31349平方米，后扩至33500平方米，建筑面积5800.87平方米。配备6000千瓦发电机组2台，发电量12000千瓦时，所发电力并入国家电网。1998年，年发电3890万千瓦时，出售3480万千瓦时。1999年年末，有职工155人。1990—1995年，创产值1300万元，利润300万元，列省小火电行业第三位。2002年2月，因国家整顿小火电厂而歇业停产。

宁波正源电厂　1996年，由宁波正源电力有限公司（台商独资企业）在爵溪北塘建造。占地面积57333平方米，建筑面积19651平方米。1998年，建成2×1.5万千瓦机组，3月投产并网发电。2000年，有职工161人，年发电1.4693亿千瓦时，售电1.4264亿千瓦时。2002年，又建成1×7500千瓦机组，年发电12.5亿千瓦时。所发电力并入国家电网。

浙江省大唐乌沙山电厂　2005年8月，经国家发展和改革委员会（国家发改委）批准，在西周镇乌沙山建立。投资总额为100亿元，分别由大唐国际发电股份有限公司、浙江省能源集团有限公司、宁波市电力开发公司及象山东方能源投资有限公司按51%、35%、10%、4%的股权比例出资。公司注册资金17亿元。电厂

照24-8　大唐乌沙山电厂

①此表格标题与表格下的“说明”，内容是否相符，存疑。考中国电力出版社1998年版《浙江电力志》，其第二篇《发电》第一章“发电水平·发电能力·装机容量”载“1936年浙江民营电气事业一览表”，耀华电气公司发电容量为26千瓦，原动机为柴油机；明星电气公司发电容量为49千瓦，原动机为煤气机25千瓦，柴油机24千瓦。

占地面积110.11万平方米，在册职工220人。2007年5月建成投产，拥有4台600兆瓦（MW）国产超临界燃煤机组。2008年，年发电量为141.64亿千瓦时，上网电量为135.13亿千瓦时；年产值42.3亿元，利税分别为4.49亿元、6.24亿元。所发电力并入国家电网。

企业自备发电

20世纪60年代，因供电不足，企业自备发电机发电增多。年代末，机械行业有1台、10千瓦，纺织行业2台、2.24千瓦，食品行业4台、10.25千瓦。爵溪船厂1台、20千瓦。1973年后，工农业生产用电剧增，供需矛盾突出，企业自备发电装置日多。至1985年，企业自备发电机达147台，容量6380千瓦，配套动力6761千瓦。90年代，单位自备发电机增多，县政府大院、人民医院、剧院、广播站、邮电局、电信局、银行及大型商场均备有120~250千瓦发电机。至2000年，丹城49个单位共有发电机52台、5214.5千瓦；石浦19个单位22台、2657千瓦；爵溪34个较大单位40台、3657千瓦。2008年，除重要单位均配有发电机组外，城镇街道商店、旅馆等服务行业都自备小型发电机组，以应对临时停电时照明及日常工作需要。

水力发电

1957年，在儒雅洋建县首座小水电站，占地200平方米，有平瓦房5间、建筑面积110平方米，其中水轮机房2间，装机容量20千瓦。1967年，东溪、新桥两座小型水电站建成发电。1972—1977年，先后在高塘、鹤浦、黄避岙等地陆续建成潮汐电站4座，总装机容量715千瓦。其中，高塘电站50千瓦机组1台，鹤浦电站75千瓦机组4台，黄避岙兵营电站75千瓦和100千瓦机组各1台。至1985年，全县累计建成小水电站25座，其中潮汐发电站4座，共装机33台，容量2426千瓦。其后，随着华东大电网入境，象山除海岛外基本实现村村通电，内陆自发自用的小水电站均因容量偏小、设备简陋、机组陈旧而逐渐淘汰。20世纪80年代初，华东电力输入海岛，高塘等水电站先后停止发电。1990年，鹤浦电站停止发电。年末，象山尚有小水电站11座，装机总容量1470千瓦，上网电量33.08万千瓦时。2008年，仅存大雷山小电站继续并网发电，装机100千瓦，年发电量仅为8万千瓦时。

照24-9　黄避岙兵营潮汐电站旧址

高塘潮汐发电站

位于高塘岛乡金高椅村南端小乌岩山脚，临海开石下挖筑碶门闸而建。1970年下半年动工，1972年建成发电。2008年年末，存发电站机房8间和4孔水轮机闸门。机房面朝西南，总面宽24.22米，进深12.4米，高5.7米，墙体均块石砌筑，水泥嵌缝。屋顶为平顶，钢筋混凝土构筑。中间五间为抬梁式全架空结构。闸门宽2米，深约3米，发电机组已拆走。南边围坝长280米，坝顶宽5米，坝高4米，坝东端建三孔进水闸一座。除门窗无存和部分墙体有损外，机房和闸门基本保存完整。是当时浙江省第二大潮汐发电站。

象山县部分小水电站情况表

表 24-12

站　名	所在地（乡镇）	开发形式	建造年份	发电机			变压器（千伏安）
				型号	台数	单机容量（千瓦）	
儒雅洋电站	西周	引水式	1957	—	1	20	—
鹤浦潮汐站	鹤浦	潮汐单向	1972	立 75-8	2	300	—
高塘潮汐站	高塘	潮汐单向	1972	立 75-8	2	200	—
倒流水库	泗洲头	引水式	1974	55-6	1	55	—
仓岙水库	墙头	坝后引水式	1978	75-6	2	75	180
大雷山一级	墙头	引水式	1978	100-8	1	100	135
新民水库	泗洲头	坝后引水式	1979	30-6	1	30	—
狮子山电站	丹城	引水式	1979	400-6	1	400	560
溪口水库	茅洋	坝后引水式	1979	125-6	2	125	320
白岩后电站	西周	引水式	1979	40-4	1	40	—
牌头电站	西周	引水式	1980	100-8	1	100	—
横山电站	西周	引水式	1980	100-6	1	100	—
岩头陈电站	新桥	坝后引水式	1980	100-6	1	100	135
尖岭头电站	西周	引水式	1981	75	1	75	—
仙人岩电站	西周	引水式	1981	30	1	30	—
珠溪水库	贤庠	坝后引水式	1981	30-6	1	30	—
杰岙电站	西周	引水式	1983	160-6	1	160	—

第二节　供　　电

中华民国初期，仅丹城、石浦两地使用电力，主用照明。中华人民共和国成立后，随着工农业生产发展和群众生活水平提高，象山用电量逐渐增加。20 世纪 70 年代，华东电力输入象山，供电量突飞猛进。2008 年，全社会用电量 11.88 亿千瓦时。

用电量

民国 12 年（1923），石浦明星电气股份有限公司 40 马力发电机可供 1200 盏 15 瓦电灯照明，时石浦、延昌两地的电灯仅 1000 余盏，夜间限时照明。民国 14 年，丹城耀华电气股份有限公司发电能力 41 千瓦，可供 1600 盏 15 瓦电灯照明。民国 28 年，丹城、石浦两个公司年供电共计 9 万千瓦时。

1949 年，丹城供 15 瓦电灯 300 盏，夜间限时照明。1958 年后，昼夜供电，并为农业抽水、农机厂生产供应部分电力。

1972年，华东大电网入境，供电量、用电量大增。1974年，象山用电突破1000万千瓦时。1979年，全年用电达5138.2万千瓦时。1986年，全年用电量达10974.32万千瓦时。1991年，象山用电总户数9500户，装接总容量为122155千瓦，全社会用电量为16092.76万千瓦时，比1990年增加16.73%。其中，工业电量超亿，达到10531.85万千瓦时，比1990年增长16.27%。全县人均用电量308千瓦时。城乡居民生活用电量为3052.5万千瓦时，人均用电量58.5千瓦时。以后三年每年平均以2000万千瓦时左右幅度平稳增长。1995年，象山用电总户数16017户，装接容量186336千瓦，全社会用电量为25630.17万千瓦时。比“七五”期间年平均增长85.9%，全县人均用电量484千瓦时。1995—1997年，象山用电比较平稳，每年稳定在2.5亿千瓦时。1999年始，大电网供电好转，供需矛盾缓和，象山用电量上升。2000年，全县用电总户数为30242户，装接容量681006千瓦，全社会用电量为45875.94万千瓦时，比“八五”期间年平均增加33.32%，全县人均用电量为642千瓦时。2005年，全县用电总户数203886户，装接容量1486712千瓦。全社会用电量73252.97万千瓦时，比“九五”期间年平均增长1.2倍。其中工业电量43877.65万千瓦时，增长41.35%，全县人均用电量1425千瓦时，增长1.22倍。2006年，启动新农村电气化建设，累计投入资金7450万元，建成爵溪、石浦、大徐等8个新农村电气化村。2008年年末，全社会用电量为11.88亿千瓦时，比1991年增长6.38倍。

1952—1972年象山县供电量情况表

表24-13　　单位：万千瓦时

年　份	年供电量	年　份	年供电量	年　份	年供电量
1952	5.18	1959	22.82	1966	62.08
1953	7.69	1960	25.63	1967	82.85
1954	8.25	1961	17.03	1968	94.45
1955	8.74	1962	30.92	1969	121.40
1956	10.55	1963	30.85	1970	154.20
1957	10.89	1964	33.04	1971	292.43
1958	14.03	1965	43.44	1972	446.18

1973—1985年象山县用电量情况表

表24-14　　单位：万千瓦时

年　份	全县用电量	其中			
		工业用电量	农村用电量	交通运输用电量	市政生活用电量
1973	669.47	476.68	153.96	—	38.83
1974	1224.34	908.62	225.51	1.86	88.35
1975	2053.19	1581.37	362.95	5.58	103.29
1976	2732.12	2085.55	506.05	19.30	121.22
1977	3172.61	2377.22	610.57	35.52	149.30
1978	3731.90	2531.14	1030.85	17.85	152.06

续表24-14

年　份	全县用电量	其　中			
		工业用电量	农村用电量	交通运输用电量	市政生活用电量
1979	5138.22	3471.38	1485.23	9.99	171.62
1980	6052.31	3776.44	1800.51	8.48	466.88
1981	5715.38	2864.95	2440.39	12.03	398.01
1982	6458.53	3098.28	2868.51	13.77	477.97
1983	7312.93	4149.63	2466.34	32.56	664.40
1984	7617.94	3506.09	3268.42	45.22	798.21
1985	8791.68	3338.12	4172.64	24.04	1256.88

1986—2008年象山县用电量情况表

表24-15　　单位：万千瓦时

年份	全县用电量	农林牧渔水利业	工业	地质普查和勘探业	建筑业	交通运输、邮电通信业	商业公共饮食物资供销和仓储	其他事业	城乡居民生活用电合计	其中	
										农村	居民
1986	10974.32	834.13	7957.63	0.44	18.50	528.77	135.39	186.92	1312.54	948.84	363.70
1987	12486.61	861.28	8850.08	0.51	46.18	581.32	206.06	255.98	1685.20	1262.79	422.41
1988	14152.46	999.29	9697.62	2.45	95.05	591.79	235.86	320.15	2210.25	1634.76	575.49
1989	13665.03	823.33	9132.40	1.92	129.86	631.84	210.04	343.02	2392.62	1737.05	655.57
1990	13786.81	718.65	9058.06	2.66	64.32	632.11	291.28	284.55	2735.18	1890.56	844.62
1991	16092.76	793.37	10531.85	2.17	94.17	698.61	507.99	412.10	3052.50	2045.89	1006.61
1992	18650.24	783.34	12058.90	—	267.90	876.93	472.20	547.01	3643.96	2339.15	1304.81
1993	21310.18	1009.50	13918.81	0.48	206.02	778.00	404.87	773.97	4218.53	2731.99	1486.54
1994	23917.13	872.52	15363.27	0.53	138.51	945.53	533.25	817.61	5245.91	3423.18	1822.73
1995	25630.17	920.93	15309.99	0.66	317.08	1084.92	793.55	885.06	6317.98	4067.11	2250.87
1996	25134.49	857.77	13602.39	0.51	407.03	1141.75	1101.56	1068.33	6955.15	4182.59	2772.56
1997	25687.27	966.21	13952.08	0.86	485.68	902.76	1174.91	1067.68	7137.09	4335.20	2801.89
1998	27223.96	877.92	14892.94	0.77	560.90	865.58	1513.40	1053.24	7459.21	4180.97	3278.24
1999	29932.53	902.38	16621.92	0.37	586.11	912.93	1900.48	1104.39	7903.95	4433.20	3470.75
2000	45875.94	1017.58	31040.36	0.82	705.13	902.74	2075.46	1535.77	8598.08	4635.04	3963.04
2001	39079.02	963.07	22639.41	—	784.63	528.41	2766.42	2099.30	9297.78	5048.88	4248.90
2002	45447.56	1060.48	25958.18	—	834.29	531.50	3235.75	2384.48	11442.88	5967.07	5475.81
2003	53774.11	1289.30	30192.35	—	906.34	577.29	3659.52	3517.72	13631.59	7168.48	6463.11
2004	62381.20	1727.76	36360.84	—	1366.16	708.86	4170.11	4255.58	13791.89	6978.34	6813.55

续表24-15

年份	全县用电量	农林牧渔水利业	工业	地质普查和勘探业	建筑业	交通运输、邮电通信业	商业公共饮食物资供销和仓储	其他事业	城乡居民生活用电合计	其中	
										农村	居民
2005	73252.97	1907.73	43877.65	—	2543.80	780.21	5250.60	4478.88	14414.10	7709.07	6705.03
2006	90942.33	2035.22	57429.25	—	2915.20	885.23	6033.41	4736.55	16907.47	8856.13	8051.34
2007	107918.17	2584.60	69795.80	—	2358.56	775.85	7120.39	5370.76	19912.21	10223.53	9688.68
2008	118803.49	2651.47	75353.29	—	2642.23	725.42	8627.38	5831.90	22971.80	11621.92	11349.88

1973—2008年象山县用电最高负荷及负荷比情况表

表24-16

年份	最高负荷（千瓦）	负荷比（%）	年份	最高负荷（千瓦）	负荷比（%）
1973	3130	73.50	1991	29800	75.00
1974	3100	72.90	1992	38000	77.57
1975	4750	68.50	1993	45900	75.63
1976	5600	72.20	1994	47300	73.47
1977	6638	91.00	1995	52000	70.80
1978	7314	88.10	1996	53700	72.70
1979	10372	90.98	1997	52000	76.17
1980	13700	80.60	1998	56100	74.03
1981	14600	74.80	1999	56000	75.51
1982	14600	72.90	2000	65600	75.09
1983	15800	73.60	2001	78700	76.12
1984	15500	76.89	2002	95000	74.21
1985	16800	83.58	2003	104600	75.93
1986	17100	90.90	2004	120800	76.93
1987	24900	82.21	2005	152200	78.13
1988	26700	77.70	2006	189400	81.92
1989	29500	74.30	2007	223000	80.85
1990	28300	71.27	2008	240000	80.20

计划用电

华东大电网入境后，供电量大增。随着经济的发展，特别是乡镇企业的用电量猛增，全县供电不足矛盾日益突出。除一些企业自置发电设备解决供电不足外，节约用电、计划用电提上议事日程。

1979年7月6日，象山县成立“三电”（计划用电、节约用电、群众办电，1983年起群众办电改为安全用电）领导小组。下设办公室，负责制定全县计划用电方案。电力部门负责具体业务工作。对工厂实行“四定一查”（定负荷、定电量、定时间、定单耗，查用电设备）。同时，坚持死指标活调度、停机不停线、限电不拉闸等措施，对所有用户的用电量、用电时间作具体安排，鼓励用户避开用电高峰，在深夜用电。

20世纪80年代，经济发展提速，全县用电供需矛盾更加突出。大电网电源建设滞后于经济发展，象山经济受到电力“瓶颈”制约，计划用电工作成为用电管理工作的中心。根据调度资料，1985年拉掉35千伏线路15条/次，10千伏线路2209条/次，拉闸时间2242小时，损失电量393万千瓦时。是年，虽然采取10千伏供电线路“停三供四”（每周停3天、供4天）的供电方式，仍出现无计划拉闸限电的局面，严重影响正常生产、生活秩序，阻碍经济发展。1980—1987年，按国务院颁布《关于进一步加强节约用电的若干规定》要求，在企业推广用电设备经济运行、高频晶闸管调压装置、交流电机调速和改造低效风机、水泵节电新技术。照明节电主要是推广各类节能灯具，共节电2500万千瓦时。

1993年，在大徐区开展停机不停线、限电不拉闸供电试点，取得较好成效。负荷率从66%提高至79%。至2008年，计划用电方案虽不断变化，而计划用电一直施行。

2006年象山县停电范围、时间情况表

表24-17

变电所名称	线路	停电范围	停电时间（每周）
丹城变	白象361线	1. 丹峰路以北、靖南西路以南、天安路以西至西谷湖路以南两侧。2. 蓬莱路（丹峰路以南）以东的部分。3. 蓬莱小区、丰盛苑、西门新村、合力模具厂、华翔小高楼、丹城中心卫生院、邮政局、东升针织厂，丹城供电所一带居民用户	一、三、六
丹城变	锦孚362线	象山港路南、新丰路西侧农机站、加油站、象山货运中心、乐博电子。丹南2#开关站、龙泰胶塑以及私营工业园区：日升电器、舸达电力、华中纺织、汇丰市政、华兴模具等用户	六、四、二
	建北363线	1. 丹城老城区：西街、西门、北门、方井头村、秧田头、五丰、羊行街。2. 县府、西寺、磨石桥、金塘桥、文昌商城、小商品市场、新光大宾馆附近	日、四、二
	南庄364线	1. 天安路以西、象山港路以南、丹石公路以东。2. 广电大厦、滨海学校、上吴村、上街头村、小河头村、小厅村、横墙弄村、菱河头村、山头董村、胡家碶村、名佳针织厂附近、环宇耐火材料厂	日、五、三
	城西365线	天桥—城西路以南两旁、西谷湖路一带，主要用户有缸垫厂、机械厂、滨海纺织、罐头厂、宏利针织厂、黄家塔、南仓村、潘家桥等	一、三、五
	耐火366线	商业街、合力工业、华毅水产、长城汽塑、鸿润针织以及丹河家缘等	五、日、一
	丙纶367线	合成纤维厂、隧道	一、四、六
	砂轮368线	路下林村—白石村一带用户，工业园区6#开关站—7#开关站—8#开关站用户，及北面洋水库附近用户	日、二、五
	丹洲372线	1. 丹峰路以南、天安路以西、象山港路以北。2. 瀛洲小区、墙头镇集资楼、瑶琳别墅、新丰小区、丹阳小区、北门新村、私营工业园区、紫竹路、顺达路、蓬莱菜场、天安小区、锦河苑、中国银行、天福电器、海上针织、水利局	一、三、六

续表24-17

变电所名称	线　路	停　电　范　围	停电时间（每周）
林海变	清湾201线	1. 东谷湖路以东、丹峰路以北、东一环路、东二环路两侧。2. 东河花园、大红鹰花园、阳明花园、姚家山村、龙泽名园、城东公寓	二、五、日
	松兰202线	1. 自林海变电所沿巨鹰路从北向南至太极湾宾馆基建。2. 松兰山旅游开发区、宝利印染厂、寨里村、桥头林村、梅岙村、丹东合力水泥制品厂	一、三、五
	华丰203线	1. 自丹峰路、东谷湖路交叉口起延丹峰路向东至环城东路与丹峰路交叉口。2. 丹峰路南侧用户、高教园区、中家河一带、丹峰路以北。3. 商检局、安置小区、东河二期基建、国际大酒店、丽景家园	二、四、六
	环城204线	1. 丹东街道夏家村沿南大河至林海砖瓦厂。2. 下余村、东塘村、周建村、里岙村、李家村、上余村、蒋家村、桥头胡村、林海砖瓦厂	一、三、六
	高教205线	1. 象山港路以南、天安路以东、后洋村以北。2. 大碶头村、后洋工业区一带、河东、邱家、田洋里一带。3. 丹城中学基建、上、下半河村、天元变压器厂、河西村	四、二、日
	丹阳207线	沿环城东路西侧路边从南向北，主供区域为：友发针织厂为起点至林海砖瓦厂，沿南大河两旁的用户	四、二、日
城东变	公园801线	1. 从东谷湖水库脚沿建设路以东向西至大白象两侧。2. 上进路以西、东街以南、南街以东（不包括汪家河菜场周围）。3. 东风针织厂、三江购物俱乐部、中医院、剧院、香溢国大等用户	四、六、二
	华靖802线	1. 自丹峰路沿育才路向北至塔山路两侧。2. 丹峰小区、建设开发小区、文峰小区的南侧部分、公安大楼	五、一、三
	东湖803线	1. 东澄河以东、东街两侧、汪家河菜场周围。2. 塔山花园、文峰小学、象山第一中学、东谷湖宾馆、东门外村、樟木境村、上进新村、象山宾馆	四、六、二
	丹峰804线	1. 天安路以东、靖南路以南、新华路以西及丹峰路以北，包括远航、烟草开关站所有用户，丹峰路以南部分用户、丹静苑、防疫站、南门停车场、丹峰小区南出口3#欧变、5#美变等。2. 防疫站、丹静苑、绿叶大厦、财税分局、工商银行、烟草局、程控大楼、现代家电城、南门停车场、步行街（不包括步新路以南、新华路190号、步峰路以东）	一、三、五、
	育才807线	1. 自塔山路始沿育才路向北至建设路。2. 建设路以南、新华路以东、塔山路两边、东谷湖路以西。3. 新华小区、海军专家楼、明越楼、天安别墅、文峰小区（北区）、游泳池、东港大酒店	四、二、日
	新华808线	1. 自新华路沿塔山路至天安路两侧。2. 自丹峰路沿新华路至建设路两侧。3. 金声路以东、塔山路以北、新华路以西。4. 新华小区四期、金秋小区、南门水厂、建设银行、工商局、宏利针织厂。5. 步新路以南、步峰路以东、步行街190号	五、三、日
	汇兴809线	1. 自汇兴路北端至汇兴路南侧。2. 汇兴路两侧、人民法院、人民检察院、县医疗中心、丹静公寓、汇兴小区	五、二、日
	方秩810线	1. 自丹峰路沿新华路以北至人民广场。2. 方秩新村、人民广场、交警队停车场、报税中心、梅园饭店	四、六、一

续表24-17

变电所名称	线　路	停　电　范　围	停电时间（每周）
大徐变	雅林溪 201 线	华灵电力仪器厂、汤家店工业园区、大徐镇公用变（新街两侧所有居民用户及派出所）、立信针织厂、星港液压件厂、争达金属制品厂、后岭村、章家弄工业园区、虎啸铺村、考坑村一带、新罗岙村、下岙村、新凉亭工业园区一带	二、四、日
	海口 202 线	大山村、大益村、十亩田村、康达电子有限公司、象山旭日灯饰厂、铁丈岙村、铁丈岙制冰厂、三角地村、洪水山村、海口村、安东村、陈山村、三夹岙村、白墩村一带	二、四、日
	东港 203 线	大义村、甲田弄村、大徐中学、塔幢村、下院村、杉木洋村、涂茨镇行政区域（含原东港乡）、宁钢金属有限公司	三、一、六
	钢窗 204 线	新乐船厂	三、一、六
	盐田 206 线	和丰机械厂、通信设备厂、甜甜幼儿园、象山万隆机械有限公司、相思岭村、南明冶金精密铸钢厂、大磊头村、林善岙村、公屿村、大港实业公司（白岩山盐场一带）	三、一、六
石浦变	东门 381 线	东门、南汇、下布袋、上布袋、对面山、湖礁湾	四、一、六
	昌国 382 线	万泰工业区、凤上山村、昌国鸡鸣一带	四、六、一
	城中 383 线	凤栖路、火炉头路、渔港中路、新塘岸路、大华路一带。包括凤栖花苑、半岭新村、老城里、童关、延昌街	三、五、一
	水产 384 线	曙光路两侧和水产城	三、五、日
	番头 385 线	与军民 391 线双回路。军民路以西至横峙一带用户	四、二、六
	延昌 386 线	凤栖路、火炉头路、渔港中路、新塘岸路、大华路一带 10kV 用户，塘头港至五爱岗亭一带居民	三、五、一
	金山 387 线	金山路北侧、渔港南路、天门路一带。（包括东边村小区、浦城小区、玉西小区、渔业小区）	三、五、日
	新港 388 线	水产城以东、新港路两侧、南屏路南侧、海鲜街、活鲜市场小区、教师楼、大庆小区	三、五、日
	金河 389 线	上湾以西至大塘港三门口一带	四、二、六
	塘头 390 线	汝溪、三家村、蓝家、铜瓦门、铜钱礁一带	四、六、一
	浦南 392 线	金山路南侧、大庆路一带（包括台贸商城、海东小区、凤凰新城、建业小区）	三、五、日
针织变	白沙 301 线	振瀛路以南、佳和制衣以东 10kV 用户、南山公用变、白沙湾一带用户	三、五、日
	鹊城 302 线	爵溪瀛海别墅区，老城区所有用户，沙龙路、游仙路、南山路西边低压用户	四、一、六
	象针 303 变	巨鹰公司、百星公司、江南厂、瀛洲针织厂	四、一、六
	前岙 304 变	宏丹加油站以西 10kV 用户及前岙村一带用户	三、一、六
	北塘 306 线	老隧道巨鹰公司、飞宇针织、万球针织、恒大抽水	三、五、日

续表24-17

变电所名称	线　路	停　电　范　围	停电时间（每周）
爵溪变	新建 F302 线	新建路以东所有 10kV 用户（包括新巨鹰小区、北塘工业区基础）	三、五、日
	泰山 F305 线	新建路以西、新瀛路以东所有 10kV 用户	三、五、日
	新赢 F304 线	海联公司、自来水厂办公楼、福甬印花、三洲制衣、望海公用变	四、二、六
	甬南 F307 线	志华化工、甬南公司、神鱼厂、刀模厂、海达厂、东塘两侧高低用户	四、二、六
	车站 F309 线	车站路以东所有 11kV 用户	三、五、日
	水厂 F311 线	车站路以西所有 10kV 用户	三、五、日
泗洲头变	泗洲头 701 线	泗洲头镇行政区域（不包括马岙、大麦塘片）	五、二、日
	马岙 703 线	马岙大麦塘一带、茅洋乡行政区域（包括上峙后村、下峙后村）	四、一、六
定山变	大塘 501 线	原大塘乡行政区域、晓塘西边塘至晓塘磷肥厂、宁海隔洋塘至狮子山橘场	一、三、六
	晓塘 502 线	原晓塘乡行政区域与后岭线在晓一村分界。后洋塘北村 1#、2#变、后洋塘 3#、下渡头、定塘翻水站、兴华化学、吉利石粉厂、万益制造厂	二、四、日
	中楼 503 线	原中楼乡行政区域。加小定山村 1#、2#农灌变	一、三、六
	后岭 504 线	原后岭乡行政区域。定山机械厂、定山粮油厂、定山街区 3#变、上岙村、后一机埠、后洋塘南村	一、三、六
	定塘 506 线	原定塘乡行政区域	二、四、日
高塘变	鹤浦 401 线	鹤浦片（包括鹤浦镇政府）、新街道、船舶基地片	五、二、日
	上港 402 线	高塘岛乡政府西北片、新街道、沙帽绿一片	四、一、六
	樊岙 403 线	鹤浦镇樊岙片、大南田、金七门片、小网巾部队	五、二、日
	高塘 404 线	高塘岛与东南片直至花岙景区、金高椅片	四、一、六
西周变	莲花 105 线	西周道头片、文岙片、莲花片、蚶岙片	五、三、一
	下沈 F106 线	上张水库移居区基地工地、西周加油站、下沈城区、静家山支线一带、杭头、排头、柴溪、万金山片	五、三、一
	芭蕉 107 线	七二五洞库至车岭片、黄泥桥片、儒雅洋片、芭蕉片以及白溪水库引水工程、核工业井巷公司、正邦建设公司、清水潭水泵、尖坑、陈东	五、二、日
	冻库 109 线	西七村 1#变、西八村上变、西六村上变和下变、上谢村、大华竹器厂、商业冷藏公司、钢管厂、食品设备厂、镇公用 1#变、农电站 2#变	五、二、日
	园区 F111 线	象西工业区与华翔山庄支线一带	五、三、一
	西周 113 线	振瀛路一带、华翔支线片、西七 2#变、司前村、水厂 1#、2#变、精工模具厂、森林厂、灵象公司、土桥上下村、中学、沙溪变、奥林公司、华峰橡塑厂、天弘老厂、顺健保健品厂、达和公司、鑫泰公司、振华公司	五、二、日

续表24-17

变电所名称	线　路	停　电　范　围	停电时间（每周）
贤庠变	贤庠601线	岙里弄村至贤庠车站右侧用户，贤庠车站至西泽码头路两侧用户，贤庠泰和路两侧用户	五、二、日
	永泽602线	永成杨梅酒厂至贤庠车站西侧及贤庠车站一带用户	五、二、日
	珠溪603线	原珠溪乡行政区域	四、一、六
	黄避岙604线	黄避岙乡行政区域	五、二、日
	水泥厂606线	水泥厂、西山下村、九洲泡沫塑料有限公司用户	四、一、六
东溪变	新桥102线	原新桥乡行政区域	二、四、日
	东溪103线	东溪村至洋坑一带（包括原旦门乡行政区域）	一、三、六
	灵南106线	江东、龙洞、海山片，山根、海台片一带	一、三、六
墙头变	大蒋255线	大蒋、亭溪至彭姥岭隧道收费站一带用户	五、三、日
	下山257线	墙头至下山一带用户	四、一、六
	沙岗455线	北至北山河村，东至岳头村，南至沿海南线隧道，西至樟岙村、自来水厂	五、二、日
	九顷457线	珠水溪以南，姆龙洞以北一带	四、一、六

说明：根据象山县“三电”办公室2006年7月4日用电通告编制

集资办电

为缓和电力供需矛盾，增加象山供电量，自1985年始，按照省集资办电实施办法，投入资金参与省集资办电。1985—1989年，投入第一期集资办电资金200万元，每年实际分得电量1000万千瓦时；1987—1990年，投入第二期集资办电资金100万元，每年实际分得电量400万千瓦时；1989—1993年，投入第三期集资办电资金2000万元，每年实际分得电量6000万千瓦时。以上三期用电权均20年。1993—1996年，象山又投资1600万元，参与奉化溪口蓄能电站建设，获得电量5000万千瓦时。1994—1996年，投资2000万元，参与镇海燃气轮机办电，每年分得电量1亿千瓦时。

第三节　电力设施

中华民国时期，象山电力设施简陋。20世纪70年代，随着华东电力输入，象山相继建起35千伏、110千伏、220千伏变电所，供电规模增大，线路延长。

变电所

1972年7月，为配合华东电网输入，建成西周110千伏变电所，主变压器2台，总容量2万千伏安，为象山境内首座。1974年5月至1981年11月，相继建成丹城、石浦、定山、化肥厂、大徐、涂茨、南田35千伏变电所7座。1985年，全县7座变电所，装变压器11台，总容量40750千伏安。另有1万伏配套变压器772台、总容量44885千伏安。

1991年，全县110千伏变电所2座，主变容量为40000千伏安；35千伏变电所6座，主变压器8台，总容量为24350千伏安；10千伏配变1810台，总容量为116585千伏安。至1995年年末，象山电网35千伏公用变电所变电容量达35500千伏安。1997年7月，在城东建成第一座35千伏变电所，为微机保护及综合自动化变电所。

照24-10　建在丹西街道白石村旁的220千伏象北变电所

2004年12月，象山首座220千伏象北变电所建成。至2008年，象山有220千伏变电所1座，主变压器2台，总容量30万千伏安；110千伏变电所7座，主变压器11台，总容量为39.05万千伏安；35千伏变电所18座，主变压器29台，总容量27.045万千伏安。

2008年象山县变电所情况表

表24-18

名　称	地　址	电压等级（千伏）	总容量（千伏安）	变器压台数（台）	投运时间
象北变	丹西街道白石	220	300000	2	2004.12
丹城变	丹西街道潘家桥	110	63000	2	1987.03
石浦变	石浦镇北山	110	63000	2	1991.02
林海变	丹东街道邱家	110	63000	2	2002.01
西周变	西周镇	110	71500	2	2000.05
爵溪变	爵溪街道北塘	110	40000	1	2005.07
青莱变	贤庠镇青莱	110	50000	1	2008.09
蛟龙变	石浦镇	110	40000	1	2008.06
金星变	石浦镇晓湾	35	25000	2	2007.02
南田变	高塘岛乡新港	35	20500	2	1981.11
城东变	丹东街道	35	25000	2	1997.08
针织变	爵溪街道	35	20500	2	1994.03
大徐变	大徐镇	35	16000	2	1986.09
贤庠变	贤庠镇西山下	35	20000	2	1985.09
东溪变	新桥镇东溪	35	8150	2	1989.01
定山变	定塘镇定山	35	20000	2	1987.07
泗洲头变	泗洲头镇	35	10000	1	1997.06
墙头变	墙头镇	35	25000	2	2005.12
东陈变	东陈乡	35	12500	1	2005.12

续表24-18

名　称	地　址	电压等级（千伏）	总容量（千伏安）	变器压台数（台）	投运时间
龙泽变	丹东街道梅溪	35	10000	1	2007.07
滨瑶变	丹西街道瑶林	35	12500	1	2008.11
大目涂变	东陈乡	35	1000	1	1992.12
新吉福变	石浦镇雷公山	35	11300	2	2003.09
乌沙山变	西周镇	35	8000	1	2004.06
制钢变	贤庠镇	35	20000	2	2006.08
海山变	爵溪街道北塘	35	5000	1	2005.08

输配电线路

1985 年，全县 110 千伏输电线路 2 条：西周—丹城、西周—石浦；35 千伏输电线路 4 条：丹城—大徐、定山—斜岙、定山—南田、石浦—雷公山。输电线路总长 7 千米。10 千伏配电线路 35 条，总长 845.3 千米。1991 年，全县 35 千伏线输电线路 10 条、115 千米，10 千伏配电线路 44 条、985 千米。至 1995 年年末，35 千伏输电线路 122.68 千米。

2008 年，象山 110 千伏输电线路 11 条、170.392 千米；35 千伏输电线路 30 条、252.285 千米，其中电缆 10.898 千米；10 千伏配电线路 127 条、1672 千米，其中绝缘导线 186.797 千米。

2008 年象山县境内 110 千伏输电线路情况表

表 24-19　　单位：千米

线路名称	起点	止点	长度	投运时间	性质（公用、自备）
北石 1142 线	象北变	石浦变	30.608	2004.12.17	公用
北林 1145 线	象北变	林海变	6.510	2007.07.31	公用
北海 1146 线	象北变	林海变	6.510	2005.07.08	公用
北海爵 1146 线	北海 1146 线 33#杆	爵溪变	6.146	2005.07.08	公用
北燕 1147 线	象北变	燕山电厂	12.755	2005.12.21	公用
北丹 1150 线	象北变	丹城变	1.057	2005.12.19	公用
北城 1151 线	象北变	丹城变	1.109	2004.12.17	公用
北龙 1161 线	象北变	蛟龙变	27.979	2008.06.18	公用
北城周 1151 线	北城 1151 线 6#杆	西周变	19.576	2005.12.19	公用
北莱 1163 线	象北变	青莱变	21.424	2008.09.25	公用
海象 1313 线	跃龙变	西周变	36.718	2001.11	公用

2008年象山县境内35千伏线路情况表

表 24-20

线路名称	起点	止点	架空线路					电缆		导线型车	杆路			投运时间
			杆路条数（条）	杆路长度（千米）	回路长度（千米）			长度（千米）			类别	型式	基数	
					合计	其中，农电用	其中，同塔双（多）回	合计	其中，地下					
针织 3365 线	爵溪变	针织变	1	3.989	3.989	3.989	—	0.338	0.30	LGJX-240/40	铁塔/钢管	上字形	15/4	2005
林针 3351 线	林海变	针织变	1	3.786	3.786	3.786	—	0.110	0.08	LGJX-240/40	铁塔	上字形	15	2008
丹墙 3323 线	丹城变	墙头变	1	8.256	8.256	8.256	—	0.160	0.13	LGJX-120	铁塔	上字形	33	2005
西墙 3331 线	西周变	墙头变	1	10.810	12.100	12.100	2.594	0.385	0.35	LGJX-120/20	铁塔/砼杆	上字形	15/36	2005
西泗 3333 线	西周变	泗洲头变	1	16.040	17.340	17.340	2.594	0.190	0.16	LGJX-120/20	铁塔/钢管	上字形	57/1	2005
城东 3314 线	象北变	城东变	1	3.773	7.546	7.546	7.546	0.681	0.65	LGJX-240/40	铁塔/钢管	鼓形	12/59	2006
林东 3355 线	林海变	城东变	1	1.542	3.084	3.084	3.084	0.258	0.22	LHBJ-240	钢管杆	鼓形	36	2002
滨瑶 3352 线	林海变	城中变	1	2.912	5.129	5.129	4.434	0.270	0.22	LGJ-240/40	钢管杆	梯形	55	2008.11.12
林大 3353 线	林海变	大徐变	1	8.277	8.277	8.277	—	0.094	0.06	LGJX-185	铁塔/钢管	上字形	18/30	2002.07
林大龙 3353 线	林大 3353 线 28#	龙泽变	—	—	—	—	—	0.720	0.69	—	—	—	—	2008.08
象东 3315 线	象北变	东溪变	1	11.112	16.728	16.728	11.232	—	—	LGJX-185/30	铁塔	鼓形 上字形	56	2007

续表24-20

线路名称	起点	止点	架空线路					电缆		导线型车	杆路			投运时间
			杆路条数（条）	杆路长度（千米）	回路长度（千米）			长度（千米）			类别	型式	基数	
					合计	其中，农电用	其中，同塔双（多）回	合计	其中，地下					
象泗3317线	象北变	泗洲头变	1	8.848	14.464	14.464	11.232	—	—	LGJX-185/30	铁塔	鼓形 上字形	49	2007
浦星3342线	石浦变	金星变	1	4.019	8.038	8.038	8.038	0.100	0.07	LGJX-185/30	铁塔/钢管	鼓形	15/15	2007
石金3345线	石浦变	金星变	1	4.019	8.038	8.038	8.038	0.100	0.07	LGJX-185/30	铁塔/钢管	鼓形	15/15	2007
石金南3345线	石金3345线20#	南田变	1	12.549	12.549	12.549	—	—	—	LGJX-185/30	铁塔/钢管/砼杆	上字形	29/4-16	2005
钢厂3341线	石浦变	新吉福变	1	3.953	3.953	3.953	—	—	—	LGJX-240/40	铁塔	上字形	17	1996
石定3343线	石浦变	定山变	1	10.298	10.298	10.298	—	0.120	0.09	LGJX-185/30	铁塔/钢管	鼓形	32/6	2007
定南3374线	定山变	石金南3345线	1	5.973	5.973	—	—	—	—	LGJ-120	铁塔/砼杆	上字形	1/29	1979
东定3377线	东溪变	定山变	1	15.187	15.187	15.187	—	—	—	LGJ-185	钢管/铁塔	上字形	28/19	1974
青徐3385线	青莱变	大徐变	1	11.885	23.545	23.545	11.880	0.645	0.61	LGJX-240/30	铁塔/砼杆	鼓形	53/1	2008.9.20
俊明3381线	青莱变	制钢变	1	0.440	0.725	0.725	0.623	0.375	0.34	LGJX-240/30	铁塔/钢管	鼓形	4/3	2008.09.20
青贤3383线	青莱变	贤庠变	1	3.003	5.755	5.755	5.505	0.518	0.48	LGJX-240/30	铁塔	鼓形	21	2008.09.20
华翔3322线	西周变	华翔变	1	0.743	1.486	1.486	1.486	4.140	4.08	LGJX-185/10	钢管	鼓形	20	2008

续表24-20

线路名称	起点	止点	架空线路					电缆		导线型车	杆路			投运时间
			杆路条数（条）	杆路长度（千米）	回路长度（千米）			长度（千米）			类别	型式	基数	
					合计	其中，农电用	其中，同塔双（多）回	合计	其中，地下					
象贤3312线	象北变	大徐变	1	10.870	10.870	10.870	—	0.400	0.32	LGJ-185	钢管杆/砼杆	上字形	7/49	2008
象大东3313线	象大3313线	东陈变	1	1.245	1.245	1.245	—	—	—	LGJX-240/30	铁塔	上字形	4	2008
大贤3376线	大徐变	贤庠变	1	9.696	9.696	9.696	—	—	—	LGJ-70	砼杆	上字形	51	1988
象大3313线	象北变	大目涂变	1	7.120	7.120	—	—	—	—	LGJ-70	铁塔/砼杆	上字形	1/29	1993
海山3363线	爵溪变	海山变	—	—	—	—	—	0.860	—	—	—	—	0	2005
宝达3380线	青莱变	水泥厂变	1	7.714	10.830	—	6.233	0.214	0.18	LGJX-240/30	铁塔	鼓形	21	2008.09.20
大唐3335线	西同变	电厂变	1	5.380	5.380	—	5.380	0.220	0.19	LGJX-240/30	铁塔	鼓形	21	2004.07.22

第二十五篇
交　通

本篇目录

第一章　道　　路

古时道路，有因百姓生产、生活需要而出现，有因官府管辖、治理需要而修建，故有民道、驿道之区别。道路因山形水势不同而各具风格，并与自然环境融为一体，所以旧志多入疆里、方舆。象山一地，港湾相拥，环邑皆山，海塘棋布，所以不管是平原阡陌，塘岸仄路，还是蜿蜒岭道、溪边曲径，多可抵达连通渡口的道路。象山山众溪盛，溪盛桥多；岭高道长，道长亭多，故亭、桥列节并记。象山道路以县城为中心而四通八达，人行货往；以交通工具更替而面目各异，策马驱车，所以今入交通志。人们出行的方式多样，所凭借的交通工具也多样，各类道路会在变化中存在，会在隐匿后重现，因此都有入志的必要。本章叙述为徒步、行轿、走马、推车及行驶农业机械而专设的道路，并以“道路”一词名之。道路中的“公路”，因它在现代经济社会发展的重要地位和作用，另列专章志之。

第一节　古干道

象山古干道的分布、走向和里数，明嘉靖《象山县志》记载陆程、水陆兼程出境的情况：西北由思孝庵，逾柴溪岭，至奉化县190里；南自白岩铺，逾登台桥，至宁海县100里，为陆程。东北35里至湖头渡，西10里至黄溪渡、又西40里至淡港渡、又西50里至姜屿渡，各渡象山港登陆均80里至郡城，为水陆兼程①。清光绪《浙江全省舆图并水陆道里记》卷七“象山陆路道里记”，记载以县城为中心通往全县各地的4条干路及其众多支路②。总长590里③。20世纪30年代，象山始建公路，古干道始被改建。20世纪60年代，随着公路、简易机动车道全面兴建，古道被改建渐多。仍然保留古道原貌的，使用频率逐渐下降。

县东道路

县东干路：自东门东行，可至爵溪所东门，为驿道。自爵溪东门西行穿城出所城西门，向南行可至赤坎村及海滨，总长27.9里。其支路有六：支路一，自丹城东门外东行至东亭庙，然后北行，可至虎啸桥、旋倒山、汤家店亭、涂茨镇、钱仓所城等地，总长35.9里；支路二，自旋倒山西麓西北行，可至黄避岙、聚英桥、西泽渡亭等地，抵海滨，总长31.5里；支路三，自涂茨镇西

---

①〔明〕毛德京等修、杨民彝等纂：嘉靖《象山县志》卷之二“区域纪·疆里”。

②民国《象山县志》卷一之一“象山全县总图说”引载县城通往全县各地的4条干路及其众多支路，说是“据《浙江水陆道里记》卷七‘象山陆路道里记’”。未说明使用何种版本。今据清宗源瀚等原纂修、民国徐则恂等修订，民国四年石印本，题作《浙江全省舆图并水陆道里记》，不分卷，“象山县”部分有“陆路道里记”“县南干路”部分比民国《象山县志》多出了4条支路等内容，正好是一页，或是民国《象山县志》转载遗漏所致。

③据《浙江全省舆图并水陆道里记》“象山县陆路道里记”提供的道里数据统计，象山陆路4条干路及众多支路总长590里。

北行，可至朱溪市、聚英桥等地，与上支路合，总长24.1里；支路四，自眠犬山东麓西北行可至汤岙岭、甬东桥等地，与上支路合，总长21.5里；支路五，自三官堂东北行可至樟树岭、西山下街等地，与上支路合，总长11.5里；支路六，自塔山桥西首东北行，可至缯棚岭、干岭西麓等地，与自东亭庙起之支路合，总长17.8里。①

县南道路

县南干路：自南门南行，可至洋心市、岳头、南盘、南堡镇、新桥镇、高湾村、昌国卫城、盐仓前镇、石浦城，转向西南至番头渡口，西北越过司前岭，又西北抵海滨，总长113里。渡海登大泥塘（今大塘）可往逸狗山（今叶口山）及上、下莺（英）山等处。有支路四：支路一，自聚福亭东南行可至朝宗碶、前岙岭等地，入东门干路，总长12.1里；支路二，自南盘东稍南行田湾岭、王家滥、高湾村等地，入县南干路，总长22.6里；支路三，自高塘山东麓西稍南行可至罗家岙西、上盘岭、田洋湖、洋岙岭、洞门岭、黄埠村、石浦城，出石浦东门入县南干路，总长42.9里；支路四，自罗家岙西首西南行可至灵岙岭、甘（竿）头渡等地，抵海滨，总长12.9里。②

---

①《浙江水陆道里记》卷七“象山陆路道里记”中“县东干路”及其支路内容：县东干路：自东门外东行至东亭庙六分，东行至塔山桥西一里一分，东南行至大平桥二里一分，东南行，折而东至赵岙岭高十七丈，五里二分，东行过半路亭，又东少北行，折而东南至灰窑山岭六里六分，东南行至爵溪所城周三里七分东门一里七分，自东门西行穿城出西门，又南少西行至前岙岭南麓六里一分，东南行至赤坎村二里五分，又东南行抵海滨二里。支路一：自东亭庙北行至登明桥北二里一分，北行过虎啸桥至旋倒山西麓三里，东北行至汤家店亭二里九分，东北行过平桥，又东北行折而东南至干岭西麓九里三分，东少北行过岭至夕照亭三里六分，东北行过大岭高三十九丈，至涂茨镇二里六分，东北行过谢圣桥至广生庙七里四分，东北行至眠犬山东麓二里九分，东北行至钱仓所城周三里二分西门二里一分入城。支路二：自旋倒山西麓西北行至积善桥一里九分，西北曲折行至海口桥四里一分，北行至三官堂三里六分，西北行至童翁岭高三十五丈，三里八分，西北行至黄避岙七里一分，东北行过西山下至西山下街三里八分，东北行至聚英桥三里五分，北行过万安桥，又西北行至西泽渡亭抵海滨三里七分。支路三：自涂茨镇西北行过金鸡岭高五十三丈，至蓬岭六里，西北行至朱溪市三里九分，西北行至甬东桥七分，西曲折行至竹浦岭高三十丈，七里，又西少北行至聚英桥六里五分，与上支路合。支路四：自眠犬山东麓西北行至汤岙岭高二十五丈，三里九分，西北行至宁静碶桥五里五分，西南曲折行至鸣凤桥六里九分，西南行至永椿桥一里六分，又西南行至甬东桥三里六分，与上支路合。支路五：自三官堂东北行至樟树岭一里三分，东北行，折而西北至路下章村五里四分，又西北行至西山下街四里八分，与上支路合。支路六：自塔山桥西首东北行过王字山脚，又东南行至黄桥北四里一分，东北行至缯棚岭高四十六丈，五里，东北行折而西北至缸岙东二里八分，又东北行至干岭西麓五里九分，与自东亭庙起之支路合。

②《浙江水陆道里记》卷七“象山陆路道里数”，有关“县南干路”部分，只有“县南干路”的内容，而无“支路”的内容，今据清宗源瀚等原纂修、民国徐则恂等修订，民国四年石印《浙江全省舆图并水陆道里记》所载，象山“县南干路、支路”的内容为：县南干路：自南门外东南行至聚福亭三里一分，南少东行至洋心市三里五分，东南行至庆丰碶四里，南少东行至岳头三里九分，西南曲曲行至南盘十二里二分。西北行至南堡镇二里五分，西南行，折而南少西过东溪岭至山头王村八里，西南行至乌江六里五分，东南行至新桥镇五里五分，东南行至高塘山东麓一里八分，东南行至高湾村六里三分，东南行过三条岭高十七丈，至昌石汛三里八分，东南行，折而南至凤岙岭高三十一丈，四里七分，南少东行至昌国卫城周四里八分、西门三里五分，东南行穿城出南门，又南行至盐仓前镇五里九分，南少西行至石浦城周三里三分、东门三里三分，西南行至番头渡口六里四分。西少北行折而西南至上湾庙六里八分，西行折而西北至司前岭岭高八丈，十一里三分，西北行至永渡桥碶（永渡桥碶在县南九十五里励家坪北励家坪渡），四里五分，西北行至北渡抵海滨五里五分。过渡往海中逸狗山（叶口山）及上、下莺（英）山等处。支路一：自聚福亭曲曲东南行至朝宗碶四里，东少北行折而东南至茶亭庵四里九分，东南行至前岙庙一里七分，又东北行至前岙岭南麓入东门干路一里五分。支路二：自南盘东少南行至田湾岭四里四分，南行至许家岭五里一分，南行至王家滥四里，东南行折而西南至前山岭岭高十二丈，六里，又西南行至高湾村三里一分，入干路。支路三：自高塘山东麓西少南行至罗家岙西六里一分，东南行至上盘岭岭高三十五丈，二里三分，东南行至田洋湖镇二里二分，东南行过洋岙岭高十丈，至上营村七里五分，西少南行至下营村三里五分，西南行至三孝堂（三礁塘）三里八分，东南行至洞门岭岭高三十四丈，五里一分，东少南行至黄埠村二里五分，东少北行至黄埠岭七里，又东南行进石浦城北门出东门入干路二里九分。支路四：自罗家岙西首西南行至灵岙岭岭高十九丈，七里三分，西南行折而东南至甘头渡五里六分，抵海滨。

县西道路

干路两条：干路一，自西门外西行过彭姥岭，可至大雷寺、墙头镇、舣舟亭、西沙岭、欧阳桥、戬谷桥、车岭、下沈村、排头庙村、界岭等地，与宁海县分界，总长 53.4 里。有支路二：支路一，自舣舟亭西北行可至方前、白沙村、淡港渡、西周渡头等，抵海滨，总长 29.7 里。支路二，自戬谷桥西南行可至黄泥桥、平潭、石门岭，与宁海分界，总长 29.5 里。①

《蓬山清话》：本朝顺治初及康熙十二年耿逆之乱，沿海居民皆起遣内地，离海三十里。其近海要口，皆树木栅，以禁民之出入，虽海错皆不得取。于时一切差铺必由西南陆行，逾西沙岭、石门岭转宁海、奉化至郡城，多崎岖山径。今土桥向南小路曰“四条岭”，可出田岙，经官山上石门岭也。四条岭上有村曰“破塘”，殆破站之义欤？递铺役丁皆负斗桶而行，斗桶直掩半身，避虎狼荆棘之害也。②

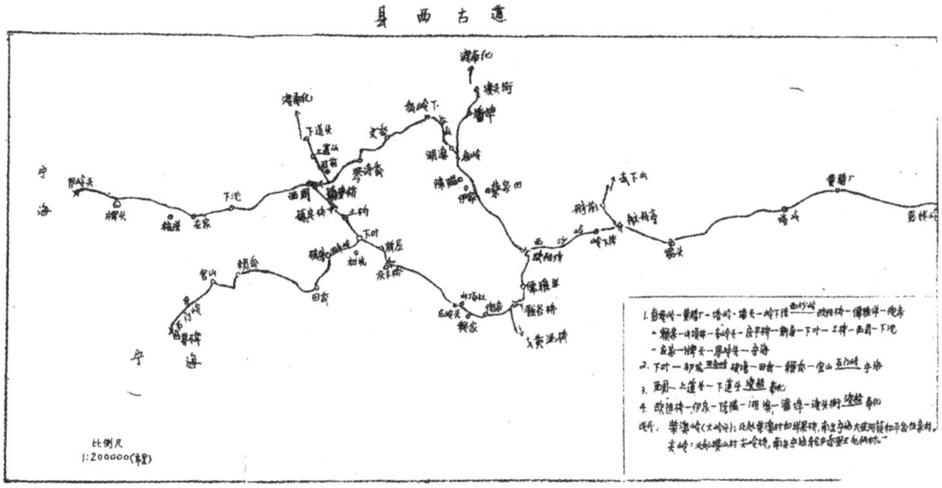

图 25-1　县西古道示意图

干路二，自西门外南行过路下林，可至黄土岭、三岔路，再过行者岭，至安溪桥、大溪桥、永镇桥、后王、小箭岭与宁海县分界，总长 41 里。有支路四：支路三，自三岔路村东南可达姆岭、壶尙岭、南堡镇等地，入县南干路，总长 9.3 里；支路四，自安溪桥东首西北行可达溪口村、石鼓岭、东岳庙、大雷寺等地，入县西干路，总长 18.3 里；支路五，自永镇桥南行可达灵岩岭、眠牛岭、马岙岭等，与宁海县分界，总长 19.4 里；支路六，自后王西北行可至太平桥、大何婆

---

①《浙江水陆道里记》卷七“象山陆路道里记”中“县西干路一”及其二支路的内容：县西干路一：自西门外西行过彭姥岭高十九丈，又西北行至凫溪桥八里一分，西北行，折而西南至塔岭村二里，西少南行至大雷寺四里四分，西行至墙头镇一里二分，西北行至舣舟亭二里，西行过西沙岭高三十八丈，至欧阳桥三里八分，西南曲折行至戬谷桥脚四里五分，西北曲折行至车岭四里三分，西北行至永安桥二里五分，西北行至土桥村二里，西北行至镇安桥脚四里二分，西行过牛卧岭高三十一丈，至下沈村四里七分，西南行，折而西少北至排头庙村六里五分，西行至界岭高三十四丈，三里二分，与宁海县分界。支路一：自舣舟亭西北行至方前市一里二分，北行至莲池庙四里八分，西北行至长白沙村五里九分，西南行至淡港渡三里五分，西行至闻岙岭高十一丈，五里二分，西少南行至郑思岙村三里一分，西南行过塔岭高十八丈，至西周市新桥脚三里八分，西北行至西周渡头抵海滨二里二分。支路二：自戬谷桥西南行至黄泥桥一里五分，西南行至于家溪村三里八分，西南行至东岭一里四分，西北行至平潭七里六分，西北行至赖岙五里二分，北行至公塘一里九分，西南行至如意亭二里，西南行至蛇岩亭三里三分，南行至石门岭二里八分，与宁海县分界。

②〔清〕倪象占，《蓬山清话》，王德威等标点，中华书局，2010.3，第 30 页。

岭、黄泥桥等，与向西干路内自戬谷桥起之支路合，总长9.3里。①

县北道路

自北门外北行，可至当境庙、化炉山南麓等地，总长6.4里。②

第二节 驿 道

象山驿道，南宋宝庆年间，已废不少，所以设置时间当在此之前无疑。宋宝庆《四明志》卷第二十一载有三驿、一馆、二亭。县城蓬莱驿、时为县尉廨宇；应真馆，已久废。县城至宁海县经西溪岭，设西溪驿，时亦废；至明州取海道，设陈山驿，久废，庆元元年（1195）复置。水陆兼程，自姜屿渡过港，越道成岭至鄞县横溪达明州。嘉定十六年（1223），设西沙岭驿、后倚驿（潘埠驿）。但因象山乘海潮往来府郡，故时仅设驿，无铺。元至正年间（1341—1367），西沙岭驿、后倚驿废。明洪武二十七年（1394），昌国卫从东门岛迁后门山（今昌国村），又有石浦前所、石浦后所、爵溪所、钱昌所。总铺设县署前，沿道置铺舍17处，总计里程105千米。清顺治间改设急递铺（称“塘拨”）18处，总计里程96千米。改由石门岭通宁海县。1988年，存留旧驿道24处通公路、3处通简易机动车路，现存少数遗址。

象山县明代驿道情况表

表25-1

驿道线路	里 程（千米）	铺 舍
县城至湖头渡，渡象山港达宁波府	20	火烧铺（虎啸铺）、三角铺（三角埭）、湖头铺（黄避岙乡小山湖头）
县城至钱仓所	20（重复统计5千米）	杉木洋铺、钱仓铺（经水流桥、桐岭、金鸡岭）
县城至爵溪所	10	爵溪铺（经赵岙岭）
县城至宁海县境	30	大井铺（白石）、姥岭铺（九顷）、应家铺（南堡）、白岩铺（白岩下）、方前铺（塘岸）
县城至昌国卫石浦所	45（重复统计15千米）	东溪铺、蛤岙铺（乌江）、交绾铺（高湾）、鸡鸣铺（田下岭）、卫前铺（昌国）、玉女铺（汝溪）

---

①《浙江水陆道里记》卷七“象山陆路道里记”中“县西干路二”及其四支路的内容：县西干路二：自西门外南行至路下林村四里一分，南少东行至黄土岭高十一丈，三里五分，西南行至三岔路村三里九分，西南行至行者岭高三十八丈，四里，西南行至安溪桥东三里一分，西行过大溪桥至坟山岭高二十三丈，六里七分，西南行，折而西北过蟹钳岭高十七丈，至永镇桥五里六分，西北行至后王三里六分，西少北行，折而西少南至小箭岭六里五分，与宁海县分界。支路三：自三岔路村东南行至姆岭二里一分，西南行至壶尚岭五里二分，又东南行至南堡镇二里，入南门干路。支路四：自安溪桥东首西北行至溪口村三里三分，西北行至郑家庄二里七分，西北行过凤宁桥至石鼓岭高三十九丈，六里七分，西北行至东岳庙三里七分，又北少东行至大雷寺一里九分，入向西干路。支路五：自永镇桥南行至灵岩岭高十七丈，七里二分，南少东行至住前岭高二十八丈，四里七分，南行，折而西至眠牛岭高九丈，二里四分，西行至马岙岭高二十四丈，五里一分，与宁海县分界。支路六：自后王西北行至太平桥二里五分，北行至金家岙一里九分，西北行至大何婆岭高三十九丈，三里七分，又西北行至黄泥桥一里二分，与向西干路内自戬谷桥起之支路合。

②民国《象山县志》卷一之一“象山全县总图说”转载《浙江水陆道里记》卷七“象山陆路道里记”中“县北干路”的内容：县北干路：自北门外北行至当境庙三里三分，东北行至化炉山南麓一里二分，又南少东行至登明桥北一里九分，与东门干路内自东亭庙起之支路合。

表 25-2

象山县清代邮路（急递铺）情况表

线　路	里　程（千米）	急递铺（塘拨）
县城至宁海，又支线自欧阳桥通淡港渡至奉、鄞达宁波	40	大溪桥铺（大溪蒋）、墙头铺、西沙岭铺、儒雅洋铺、庆丰桥铺、西周铺、关山铺、石门岭铺，支线在潘埠设公馆
县城至黄溪渡，渡象山港达奉化、宁波	5（重复 4 千米）	黄溪铺
县城至石浦所，支线自马岗至金井头	48（支线 3 千米）	白石铺、九顷铺、南堡铺、乌江铺、交绾铺、田下岭铺，支线中设王家山铺
县城至陈山渡，渡象山港达奉化、宁波	10	太平庄铺（虎啸铺）、陈山铺

第三节　乡间道路

乡间道路多由地方士绅集资修建，由捐田收租为维修之费，此风历代相传。山区及附近地区，就地取材，卵石面饰以图案，称弹石路或石子路，一般宽 1.5 米左右，近城镇稍宽。平原、海塘地区土质松软，多以石板铺面。乡间道路以县内干路、驿道为干线，村村相连。至民国中期，形成网络。抗日战争期间，奉令分段破坏公路及乡间道路 90 千米，拆毁桥梁 15 座。抗战胜利后修复如故。中华人民共和国成立后，乡间道路改建公路、机耕路（简易机动车路），弹石路减少。1963 年、1988 年道路普查，弹石路分别为 836.8 千米与 358.7 千米。至 2008 年，除边远山区古岭道尚存弹石路外，其余多已消失。

岭道

境内低山丘陵占总面积 67.5%。古代陆上交通多赖岭道，全县有高岭 120 余条，低岭 182 余条。岭道宽多在 1.5~2 米间，多为弹石路面。象山、宁海接壤岭道 9 条，县北岭道 97 条，县南岭道 77 条，海岛岭道 18 条。另有海拔约 30 米缓坡岭道 87 条，泥路岭道 25 条。

照 25-1　西周官山石门岭

照 25-2　墙头西沙岭古道

象山县县内各支干线上岭道情况表①

表 25-3

支干线名	名　称	起点	终点	岭长（米）	岭高（旧说丈）	岭高（海拔米）	备　注
县东干路	赵岙岭	丹东赵岙村凉亭	爵溪清水潭杨公桥凉亭	2880	17	95.0	2004 年，建巨爵公路隧道
	灰窑山岭	赵岙岭东之半路亭	爵溪城东门	—	—	—	咸丰六年（1856），邑人倪宗泰等倡捐修，今废
	前岙岭（爵溪岭）	爵溪新凉亭	爵溪前岙村积善亭	1800	—	113.2	此为古道，后修丹爵公路长 4000 米。1991 年，隧道建成，公路岭废，古道存
县东支路一	干岭（头）	大徐杉木洋	涂茨下盆岙夕照亭	800	—	39.0	今为汤鲁公路
	大岭（头）（横山岭）	涂茨碶门头亭	涂茨金鸡岭岔路	950	—	40.0	今为汤鲁公路
县东支路二	童翁岭	黄避岙黄泥坎	黄避岙大林	1200	35	54.0	以庙得名
	西山下岭	黄避岙	贤庠西山下	1500	—	39.7	—
县东支路三	金鸡岭	涂茨白石坑	涂茨下叉山	650	—	36.0	—
	蓬岭	涂茨泊戈洋	贤庠龙王堂	3210	53	185.2	2004 年，建通村公路
	竹浦岭	贤庠寺前	贤庠官司塘	1000	35	56.0	古道已改公路（弹石路）
县东支路四	汤岙岭	—	—	—	25	—	—
县东支路五	樟树岭	大徐三角埭	贤庠沈家洋	1300	—	40.0	弹石路，1 亭
县东支路六	缯棚岭（大岭头）	丹东青湾	大徐林善岙	1550	46	177.7	2008 年，建隧道通公路
县南干路	东溪岭	东陈樟岙	新桥东溪岭脚	1357	—	230.2	清虞峻《改砌东溪岭记》见丛录
	三条岭（田下岭）	新桥高湾	石浦横路桥大湾	2750	17	64.0	弹石路
	凤岙岭（庵堂岭、武牙峻）	石浦鸡鸣塘岸	昌国城西门	900	31	50.0	凤岙岭名不见他处，位当在昌国卫北稍西 1.75 千米处
	司前岭	石浦司前	晓塘励家坪里岙	1000	8	75.0	今筑有励家坪隧道

①表内岭长、岭高（海拔）数据来自于 1992 年版《象山县交通志》，为 1963 年和 1988 年两次普查道路数据；岭高（旧说）据《浙江全省舆图并水陆道里记》。

续表25-3

支干线名	名　称	起点	终点	岭长（米）	岭高（旧说丈）	岭高（海拔米）	备　注
县南支路一	前岙岭（爵溪岭）	爵溪新凉亭	爵溪前岙村	1800	—	113.2	县南支路一，于此入东门干路，亦见东门干路
县南支路二	田湾岭（今称松岙岭）	东陈田湾	东陈松岙岭脚	950	—	65.0	今通隧道
	许家岭（今称鸡窠岭）	东陈大荒地	东陈松岙	1300	—	60.8	今有隧道
	前山岭（今称大岭头）	东陈梅岭	新桥高湾丁家塘	1200	12	98.9	弹石路，1亭
县南支路三	上盘岭	新桥上盘	定塘田洋湖	1750	35	87.2	今有隧道
	洋岙岭（排门岭）	定塘小太平	定塘洋岙	800	10	130.0	弹石路
	洞门岭	定塘小新城	晓塘黄埠	1520	34	79.2	弹石路
	黄埠岭	晓塘黄埠岭脚	石浦北门外	3015	—	295.0	弹石路，3亭
县南支路四	灵岙岭（竿头岭）	新桥中灵岙	定山竿头	1000	19	100.7	弹石路
县西干路一	彭姥岭	丹城西门	墙头玟杯丘	1200	19	106.0	先改沙石公路，今有隧道
	西沙岭	墙头岭下陈	西周欧阳桥	2180	38	219.5	弹石路
	车岭	西周赖家	西周庆丰桥	2300	—	120.0	弹石路
	牛卧岭	西周龟山	下沈	500	31	37.5	西周下沈间
	界岭	西周牌头	西周柴溪橘场	1000	34	30.0	旧与宁海分界，1961年后，两县界移柴溪以西大岭头。象西公路建后，界岭废
县西支路一	闻岙岭（琴诗岙岭，今废）	西周闻岙	西周琴诗岙	700	11	40.0	岭废，无测量数据
	塔山岭（今废）	西周琴诗岙	西周司前	—	18	30.0	岭废，无测量数据
县西支路二	东岭（横山岭、芭蕉岭）	西周黄泥桥	西周横山村横山桥	6900	—	193.6	县内最长岭道
	石门岭	西周关山	宁海里袁	3400	—	382.0	宁海、象山界岭

续表25-3

支干线名	名　称	起点	终点	岭长（米）	岭高（旧说丈）	岭高（海拔米）	备　注
县西干路二	黄土岭	丹西珠水溪	丹西三岔路	1100	21	40.0	今为盛宁公路
	行者岭	丹西杨蓬岙	茅洋行者岭脚	1040	28	146.7	弹石路，1亭
	坟山岭	茅洋文山	茅洋花墙黄狗盘	700	33	40.0	—
	蟹钳岭（路西跳、庙前岭）	茅洋花墙	泗洲头路西跳	700	17	34.5	今为盛宁公路
	小箭岭	泗洲头横埕	宁海沙地下	3300	—	317.0	与宁海分界（弹石路）
县西支路三	姆岭	丹西九顷白桥头	东陈神武坊	1100	—	24.0	俗名“姆岭洞”，今为公路
	壶尚岭（和尚岭）	东陈马岗	东陈叶家山	1600	—	51.0	弹石路，1亭
县西支路四	石鼓岭	墙头方家岙	茅洋屠家园	3100	39	200.8	岭顶支路两条，北大雷山1000米，西南南充村1500米
县西支路五	灵岩岭	泗洲头下峙后	泗洲头峙前	2300	17	210.0	—
	住（峙）前岭	泗洲头峙前	泗洲头下马岙	1423	28	25.0	—
	眠牛岭	泗洲头下马岙	泗洲头上马岙	600	9	30.0	—
	马岙岭	泗洲头上马岙	宁海马岙岭脚	2000	24	160.7	与宁海分界
县西支路六	大何婆岭	泗洲头金家岙	西周黄泥桥	2600	39	143.0	今为泗西公路

象山、宁海接壤岭道情况表①

表 25-4

名　称	起点	终点	岭长（米）	岭高（米）	备　注
大岭头	西周柴溪	宁海和平岙	3000	225.4	—
石门岭	西周关山	宁海里袁	3400	382.0	亦见县北支路二
尖岭头	西周横山	宁海岙里王	3650	340.0	机耕路750米
小尖岭	泗洲头横埕	宁海沙地下	3300	317.0	—
廿四泡	泗洲头肖胡	宁海大国叶	4500	450.0	—
西溪岭	泗洲头井坑	宁海岭根陈	4200	222.3	今为盛宁公路

①表内岭长、岭高（海拔）数据据1992年版《象山县交通志》，为1963年、1988年两次普查道路数据；岭高（旧说）据民国4年版《浙江全省舆图并水陆道里记》。

续表25-4

名　称	起点	终点	岭长（米）	岭高（米）	备　　注
峙后岭	泗洲头上峙后	宁海岭根陈	2800	214.3	—
马岙岭	泗洲头上马岙	宁海马岙岭脚	2000	160.7	—
车岙岭	泗洲头苏岙	宁海车岙	1100	108.9	—

简易机动车道

亦称机耕路，宽 2.5～4 米不等，实为简易公路。1988 年，全县简易机动车道（机耕路）619.7 千米。其中，长度 5 千米以上机耕路 20 条。

象山县主要简易机动车道情况表

表 25-5

车　道　线	途　经	长度（米）	备　注
大徐镇海口至黄避岙乡白屿村	鸭屿村	6000	1998 年,改建公路
贤庠镇珠溪山厂至乌屿山埠	珠溪村	6000	1993 年,改建公路
丹东街道东谷湖至爵溪镇北门	梅溪、牛丈岙、缯棚岭	10200	2004 年,部分路段改建公路
丹东街道东大碶头至黄鳝洞	越双岭	3500	简易公路
白岩山盐场简易公路	自汤钱公路西朗塘至铜柱山码头、白岩山	9000	—
爵溪街道东前岙至松兰山	柴嘴头,越惠泉岭	6300	1991 年,后改建公路
丹西街道南庄洋心闸至行者岭脚	三岔路、九顷、杨蓬岙	6000	1990 年代初,改建公路
墙头镇亭溪大溪蒋至排其	仓岙水库西岸	6700	2004 年,改建公路
西周镇儒雅洋尖岭头至下沈港	横山、平潭、赖岙、下沈	9800	1997 年,改建公路
西周镇白岩后村至赖岙	杰岙	6200	白岩石村海拔 310 米
西周镇下沈里静至杰岙	—	5100	里静村海拔 335 米
茅洋乡乌石峧至楼下陈粮站	行者岭脚、断坑、小白岩	5500	2005 年,改建公路
新桥镇上盘至定塘镇中泥渡	灵下舍	5700	2006 年,改建公路
新桥镇东溪村至里江东	海山、龙洞	5000	2004 年,改建公路
晓塘乡三眼碶至大树墩	顾家、九龙江	5000	2005 年,改建公路
石浦镇昌国西门至定塘镇周岙	鸡报岭、黄泥岭、金架山村	6500	1997 年,改建公路
石浦镇檀头山岛大王宫至前岩	六股头村	6000	—
昌国盐场简易公路	自沙石公路昌国隧道北口起至玉柱山、大崎头	11200	—
高塘岛乡高塘至珠门沙头	横江村	5000	2003 年,改建公路
高塘岛乡龙头渡乌龟山至横江村	杏八、树七、百家徐	5500	2005 年,改建公路

第四节　民 间 桥

民间桥主要由民间集资或捐资所建。宋宝庆《四明志》载县有桥梁13座。明嘉靖《象山县志》载30座。清康熙《象山县志》载38座。民国《象山县志》载443座。民国《南田县志》载30座。乡间桥梁分墩步、木桥、条石平桥、石拱桥、钢筋混凝土桥、钢桥、立体交叉桥7类。2008年，全县尚存各类民间桥梁2000多座。

民间桥类型

墩步　为浅溪漫水型建筑。中华人民共和国成立后，交通发展，墩步多废。在儒雅洋、西周、下沈、莲花等山区多用之，至今仍有实用价值。尚存者，长则数十墩，短者三、五墩。知名有西周镇西（司前）前村上、中、下三处。

照25-3　西周镇大长溪墱步

木桥　大多为临时桥梁。旧时，知名者有贤庠镇珠溪梅沟山之梅勾山桥、晓塘乡九龙江村之花砖厂桥。清光绪初，南田岛开禁，河上多搭木桥。民国《南田县志》载木桥17座，至今均已不存。

石拱桥　俗称“洞桥”，分条石、块石、乱石数种，乱石拱居多，全县有438座，总跨径1.654千米。其中，欧阳桥、瑞安桥被列为县级文物保护单位。

照25-4　西周儒雅洋欧阳桥

照25-5　墙头方家岙瑞安桥

象山县主要石拱桥情况表

表25-6

桥　名	位　　置	建桥时间	桥长（米）	备　　注
欧阳桥	西周镇儒雅洋与莲花间西沙岭脚	宋宝庆《四明志》有载，明、清重修，民国再修	28.00	古桥，1990年8月，列为县级文物保护单位
瑞安桥	墙头镇方家岙村东北，跨大雷溪	清嘉庆二十二年（1817）	25.00	同治九年（1870）重建高桥，2007年列为县级文物保护单位

续表25-6

桥　名	位　　置	建桥时间	桥长（米）	备　　注
杨公桥	在爵溪街道北赵岙岭下，跨黄鳝洞溪	清道光三十年（1850）	5.00	今废
文澜桥	石浦镇旧城	清光绪元年（1875）	—	1980年，整修人民路，桥废
永渡桥	晓塘乡励家坪渡头街，跨九龙江	清光绪九年（1883）	30.00	1983年，改建钢筋混凝土平桥
后溪桥	墙头镇亭溪七里亭西北，跨大岙溪	清光绪十八年（1892）	13.00	—
长春桥	在西周镇下沈杰岙村南，跨黄荀溪	民国3年（1914）	8.60	—
存心桥	泗洲头镇中央岙西北，跨兰沙溪	民国7年（1918）	15.00	—
茅山高桥	泗洲头镇新民水库坝前，跨龙溪	不详	18.00	民国5年（1916），重建
长岩桥	西周镇下沈杰岙村南，跨黄荀溪	不详	7.70	民国9年（1920），水毁重建
慈心桥	大徐镇雅林溪虎啸铺村，跨新罗岙溪	不详	10.00	—
永安桥	在大徐镇杉木洋村东，跨桐岭溪	不详	7.00	1977年，水毁重建，原单孔乱石拱桥，重建后为平桥
吴家山桥	大徐镇塔幢村东，跨枫溪	不详	11.10	又称合山桥，1982年，改建钢筋混凝槽板桥
镇宁桥	西周镇下沈排头村，跨排头溪	不详	7.50	单孔乱石拱桥
鹤浦电站桥	鹤浦镇潮汐发电站旁	1971年	22.00	单孔块石拱20米
横山桥	西周镇儒雅洋横山村东北，跨芭蕉溪	1977年	7.85	1997年，改建公路桥，浆砌块石拱桥
尖岭头桥	西周镇儒雅洋尖岭头村南，跨尖岭溪	1977年	9.00	浆砌块石拱桥

条石平桥　全县共有620座，总跨径2.534千米。其中，庆丰桥被列为县级文物保护单位。

象山县主要条石平桥情况表

表25-7

桥　名	位　　置	建桥时间	桥长（米）	备　　注
东溪桥	新桥镇东溪村西南，跨东溪	宋宝庆《四明志》有载	37.6	现存最古梁桥之一
狮象桥	石浦镇番头岙东圆峰庙前，跨桐桥溪	宋代	11.6	现存最古梁桥之一

续表25-7

桥名	位置	建桥时间	桥长（米）	备注
五里桥	石浦镇五爱村北,跨女溪	明洪武年间(1368—1398)	39.0	民国9年(1920),重修
海口桥	大徐镇海口村北,跨枫溪	南桥明弘治六年(1493)	25.0	清道光二十三年(1843)圮,重修。增建北桥,长12米,1990年,改公路桥
清水桥	墙头镇亭溪黄溪村东北,跨凫溪	清乾隆五十五年(1790)	22.5	又名青龙桥,民国间圮
镇安桥	西周镇北,跨大长溪	清嘉庆二十年(1815)	28.0	古墩步,俗称新桥头。1998年,重建
三星桥	泗洲头镇南,跨西溪	清同治年间(1862—1874)	32.8	1981年,重修
水底桥	西周镇莲花渡头街北,跨淡港	清同治年间(1862—1874)	—	1958年,桥废
镇定桥	西周镇南,跨大长溪	清光绪十四年(1888)	29.0	昔为木桥,俗称沙溪桥。1988年,重建
太平桥	鹤浦镇樊岙村南,跨县署河	清光绪二十年(1894)	29.0	—
顺安桥	鹤浦镇外埠头,跨樊鹤江	清光绪二十四年(1898)	12.4	—
长庆桥	西周镇下沈村西,跨下沈港	清光绪二十六年(1900)	87.4	境内最长古桥
万安桥	西周镇儒雅洋隔溪张村西,跨于家溪	清宣统元年(1909)	25.0	—
鹤龄桥	西周镇下沈杰岙村,跨黄苟溪	清宣统二年(1910)	25.0	—
保安桥	定塘镇渡头街,跨长塘河	民国9年(1920)	17.3	1982年,重建
茅山下桥	泗洲头镇新民水库、茅山高桥下游,跨龙溪	民国9年(1920)	10.0	1977年,重建
施何桥	大徐镇雅林溪村,跨雅林溪	民国18年(1929)	17.4	1964年,重修
庆丰桥	西周镇车岭村,跨沙地溪	不详	11.6	清光绪十七年(1891),重建。1986年列为县级文物保护单位
玉带桥	新桥镇东溪井头村南,跨玉带溪	不详	20.0	民国9年(1920),水毁。民国11年,重建
管溪桥	茅洋乡大地园村东,跨管溪	不详	37.0	2004年,改建公路桥
新　桥	新桥街北,跨石柱溪	不详	12.0	—
两眼碶桥	晓塘后岭村南,跨黄埠溪	不详	12.8	原系三孔碶闸桥

钢筋混凝土桥　民国时期始建造。大多为原桥改建，新建有茅洋蚚江桥、泗洲头西洋上庙前桥、柴溪万年桥。以民国12年（1923）所建蚚江桥为最早。20世纪60—80年代改建、新建钢筋混凝土桥数量增多。1985年普查，计1084座，约占民间桥梁总数50%。

象山县主要钢筋混凝土桥情况表

表 25-8

桥名	位置	建桥时间	桥长（米）	备注
杨家桥	丹西街道杨家村北，跨南大河	2000 年，改建	16.0	原桥建于宋绍兴年间
顺德桥（原名蚂江桥）	茅洋乡白岩下村西南，跨蚂江	1988 年改建	53.0	原桥建于明弘治三年（1490），明清年间累建累圮
万年桥	贤庠镇珠溪村，跨西珠溪出口处	1974 年改建	11.0	原桥建于清嘉庆三年（1798）
听鹿桥	贤庠镇珠溪村，跨珠溪	1986 年重建	14.0	原桥建于清同治初年
庆丰桥	大徐镇雅林溪安家溪村北，跨雅林溪	1986 年，重建	25.0	原桥建于清光绪十二年（1886）
神仙桥	定塘镇中楼三叉塘，跨三叉塘港	1966 年，重建	30.0	原桥建于清光绪二十三年（1897）
赖岙桥	西周镇下沈赖岙村北，跨芭蕉溪	1986 年，改建	25.0	原桥建于清宣统二年（1910）
上庙前桥	泗洲头镇西洋村西，跨西溪	民国 30 年（1941）	10.5	—
万年桥	西周镇下沈柴溪村西，跨柴溪	民国 30 年（1941）	17.0	—
甬东桥	贤庠镇珠溪村，跨珠溪	1983 年，重建	13.0	—
万年桥	贤庠镇上白家村西，跨东塘河	1989 年，重建	29.6	原桥建于清同治五年（1866）
陈家山桥	丹东街道陈家山南，跨东大河	1961 年	12.7	—
陈隘桥	西周镇莲花陈隘村东，跨于家溪	2005 年，改建	30.0	原桥建于 1970 年
坝前桥	茅洋乡溪口水库溢洪首道前	1977 年	27.0	—
伊家桥	西周镇莲花伊家村东，跨于家溪	2003 年，改建	27.0	原桥建于 1978 年
门前桥	大徐镇十亩地村前，跨枫溪	1986 年，改修	18.0	原桥建于 1978 年
上余桥	丹东街道上余村，跨东大河	2005 年，改建	12.0	原桥建于 1978 年
下余桥	丹东街道下余村，跨东大河	2005 年，改建	12.0	原桥建于 1978 年
洋心桥	丹西街道洋心村中，跨西大河	1979 年	14.0	—
仇家山桥	仇家山东，跨西大河	1979 年	14.0	—
西港桥	西港村东，跨西大河	1979 年	14.0	—
和平碶桥	丹东街道原林海砖瓦厂西	1979 年	22.0	2005 年，拓建天安路时被拆

续表25-8

桥　名	位　　置	建桥时间	桥长（米）	备　　注
小厅大桥	南庄乡小厅村西北	1980年	22.0	—
蒋家桥	丹东街道蒋家村东，跨南大	1980年	30.0	—
李家桥	丹东街道李家村西	1980年	22.0	—
白月岙桥	西周镇白月岙西，跨大长溪	1982年	28.0	—
东谷湖桥	丹东街道东谷湖上	1983年	60.0	—
大坑桥	西周镇大坑村西，跨大长溪	1983年	27.6	—
方家桥	丹东街道东岙村西南	1984年	22.0	—
区委桥	西周镇白月岙西，跨大长溪	1984年	28.0	—
田岙桥	西周镇下沈田岙村西，跨芭蕉溪	1984年	28.0	—
镇前桥	爵溪街道新街，跨腾蛟河	1985年	6.0	—

钢桥　清代始建。1963年后，钢桥修建增多。至2008年年末，全县有钢桥32座，总跨径299米。

象山县主要钢桥情况表

表25-9

桥　名	位　　置	建桥时间	长度（米）	备　　注
积善桥	大徐镇雅林溪开口岩，跨雅林溪	清道光十年（1830）	14.0	1964年，改建钢桥
安澜桥	定塘镇大塘漕后村，跨漕港	清同治间	16.0	1967年，改建钢桥
李家钢桥	丹东街道李家村东，跨老南大河	1963年	15.0	—
前岙塘钢桥	丹东街道前岙村，跨老东大河	1963年	14.0	—
岳头钢桥	东陈乡岳头村北，跨官河	不详	10.0	1966年，改建钢桥
河西钢桥	丹东街道河西村东，跨东大河	1978年	12.7	—

立体交叉桥　俗称旱桥，境内数量不多。

象山县主要立体交叉桥情况表

表25-10

桥　名	位　置	建桥时间	备　　注
南水门桥	石浦镇旧城九市曲南	明洪武二十年（1387）	1976年，改建为钢筋混凝土平桥，为县内最早立体交叉桥
月楼岙旱桥	晓塘乡月楼村东	1967年	单孔净跨径4米，宽9米，21世纪初，随公路改建拓宽至17米
文昌阁旱桥	石浦镇北门外文昌阁	1988年	为黄埠岭道，单孔净跨径8.5米
大岭后旱桥	涂茨镇大岭后村东南	1988年	单孔净跨3米

街道镇乡

丹东街道　东林桥（河东）、马兰山桥（上余）、上余桥（上余）、石埕桥（下余）、三眼碶桥（赤坎）、倒桥（寨里）、河西钢桥（河西）、李家钢桥（李家）、李家桥（李家）、方家桥（东岙）、和平碶桥（门前涂）、溢洪桥（寨里）、陆家桥（陆家）、柴咀头碶桥（门前涂）、东谷湖桥、陈家山桥（陈家山）、上蒋家桥（蒋家），计17座。

丹西街道　薄刀孔桥（洋里）、西闸桥（岳头嘴）、新碶头桥（新碶头）、横桥（朱水溪）、白象桥（横塘欧）、矮桥头（横塘欧）、小河头桥（小河头）、树桥（杨蓬岙）、门前桥（下前山）、蒋家桥（三岔路）、和尚桥（山头董）、何家桥（何家）、洋心桥（洋心）、杨家桥（杨家）、小厅大桥（小厅），计15座。

爵溪街道　永兴桥（白沙湾）、腾蛟河桥（爵溪街道）、杨公桥（赵岙岭下）、大桥头（南门）、避风桥（东塘大坝至下沙）、镇前桥（爵溪街道新街）、前岙塘钢桥（前岙），计7座。

石浦镇　长庆桥（官地）、步瀛桥（金架山）、登云桥（金架山）、友谊桥（平阳厂）、境丰桥（昌国）、大桥（昌国）、上旗桥、下旗桥（二桥均在昌国卫城西门外）、新桥（昌国）、石垒桥（昌国）、黄溪桥（潭地）、南洋桥（鸡鸣）、四排滩桥、二排滩桥、横江桥（上三桥均在昌国盐场）、石关门桥（三家村）、永安桥（塘头江）、溢洪桥（竹家峧）、太平桥（女溪）、水库桥（石浦北门）、营房桥（石浦北门）、老虎桥（石浦西门）、文澜桥（石浦南门）、南水门桥（石浦南门）、南关桥、文昌阁旱桥（石浦北门外）、五里桥（五爱）、仁义桥（五爱）、狮象桥（番头岙），计29座。

西周镇　欧阳桥（西沙岭西麓）、庆丰桥（车岭）、庆丰小桥（车岭）、横溪桥（车岭）、龙头庙桥（山头）、石平桥（车岭）、镇定桥（上谢）、镇安桥（西周镇区北）、大坑桥（大坑）、区委桥（白月岙）、白月岙桥（白月岙）、上溪桥（文岙）、半坑圩桥（半坑于）、伊家桥（伊家）、伊家坑桥（有二，均在伊家）、伊家小桥（伊家）、谢圣岙桥（谢圣岙）、上张桥（上张）、镇湖桥（湖边）、石滩塘桥（湖边）、外岙桥（蔡家田）、三板桥（蔡家田）、独板桥（蔡家田）、陈隘桥（陈隘）、倪家桥（倪家）、戬谷桥（郑家）、圆峰庙桥（隔溪张）、祠堂桥（上芭蕉）、平桥（下芭蕉）、洞桥（下芭蕉）、大坟坛桥（扫底湾）、平潭桥（平潭）、老鼠桥（白岩后）、新鼠桥（白岩后）、开口岩桥（白岩后）、大娘桥（杰岙）、天丰桥（杰岙）、鹤龄桥（杰岙）、长春桥（杰岙）、长岩桥（杰岙）、小地龙桥（赖岙）、赖岙桥（原名永镇桥，赖岙）、田岙桥（田岙）、富贵桥（关山）、东园桥（关山）、五份头桥（关山）、尹家桥（关山）、白果洋桥（柴溪）、横板桥（柴溪）、万春桥（柴溪）、双曲拱桥（柴溪）、万年桥（柴溪）、镇宁桥（排头）、横山桥（横山）、尖岭头桥（横山粥）、长庆桥（下沈）、水底桥（渡头街）、司前上、中、下三蹬步（西前），计61座。

鹤浦镇　水库脚桥（小百丈）、登瀛桥（鱼山）、新街口桥（新街）、区医院桥、排洪桥、西淡溪桥、大闸桥（上四桥均在鹤浦镇区）、坝下桥（鹤浦水库）、永庆桥（伯爵岙）、枫树脚塘桥（五利）、顺安桥（外埠头）、太平桥（樊岙）、鹤浦电站桥（原潮汐发电站旁），计13座。

贤庠镇　万年桥（珠溪）、甬东桥（珠溪）、听鹿桥（珠溪）、人民桥（珠溪）、安乐桥（珠溪）、瑞安桥（珠溪）、长生桥（珠溪）、四甲桥（珠溪）、新河桥（珠溪）、节制闸桥（乌屿山）、文明桥（溪沿）、大中桥（溪沿）、鸣凤桥（溪沿）、镇南桥（下庄）、洞桥（下庄）、万年桥（上白家）、徐施桥（着衣亭）、大桥（章家墩）、东港桥（岑晃）、梅句山木桥（溪沿），计20座。

墙头镇　深桥（洋北）、大岙桥（大岙）、蜈蚣桥（山根俞）、吴家桥（麻车岭）、树桥头（黄溪）、东山桥（蔡家岙）、石慈桥（蔡家岙）、龙门桥（蔡家岙）、沙家厂桥（沙家厂）、溢洪桥、步瀛桥（黄溪）、独洞桥（方家岙）、水渠桥（方家岙）、东门桥、火朋下桥、瑞安桥（方家岙）、后溪桥（七里亭）、清水桥（黄溪），计18座。

泗洲头镇　双曲拱桥（张岙）、平安桥（张岙）、太平桥（张岙）、山背桥（横埕）、洞桥（河柳溪）、复兴桥（河柳溪）、水渠桥（萧胡）、洞桥（萧胡）、将军桥（田边）、上庙前桥（西洋）、中央桥（西洋）、镇龙桥（西洋）、永庆桥（井坑）、金山桥（井坑）、永镇桥（南岙）、清风桥（泗洲头）、三里桥（泗洲头）、拱桥（林场）、后山溪桥（后山）、溪水桥（上西庄）、引仙桥（峙前）、永安桥（峙前）、万阳桥（上马岙）、峻巽桥（上马岙）、金雁桥（上马岙）、存心桥（中央岙）、茅山高桥（金家岙）、茅山下桥（金家岙），计28座。

定塘镇　小碶门桥（下灶）、大碶门桥（下灶）、翻水站桥（下灶）、三宜塘里碶桥（灵下舍）、三宜塘外碶桥（灵下舍）、清潭桥（周岙）、海口桥（周岙）、绿屿桥（庙山）、树桥（庙山）、浮礁渡碶桥（后洋塘）、太平桥（上营）、环溪桥（方前）、济生桥（方前）、安澜桥（漕后）、保安桥（渡头街），共15座。

涂茨镇　大桥头（涂茨）、长其嘴桥（白岩山盐场）、龙岩山嘴桥（赵庄）、闸前桥（黄沙）、校边桥（汤岙）、友谊桥（潘家坎）、同安桥（萧家）、山湾桥（萧家）、树桥（柯墩）、大岭后旱桥（大岭后）、太平桥（钱仓），计11座。

大徐镇　盒厂桥（夏雨岙）、蹬插步桥（安家溪）、永安桥（杉木洋）、脚线下桥（杉木洋）、干岭下桥（杉木洋）、水嘴桥（沙田）、珠山桥（下院）、拱桥（西岙）、东岙桥（外厂）、青岭下桥（塔幢）、吴家山桥（塔幢）、下塔幢桥（塔幢）、小堰头桥（大徐）、碶头桥（大徐）、万香桥（大徐）、大蹬步（大徐）、慈心桥（虎啸铺）、施何桥（雅林溪）、门前桥（十亩田）、庆丰桥（安家溪）、积善桥（开口岩）、海口桥（海口）、和尚桥（青岭下），计23座。

新桥镇　东溪桥（东溪）、长湾桥（东溪）、中字桥（东溪）、洋坑桥（洋坑）、永丰桥（洋坑）、独眼桥（东溪）、朱家桥（里岙底）、南北桥（里岙）、外岙桥（外岙）、东史桥（东史）、上潭桥（新桥）、大江桥（新桥）、新桥（新桥）、玉带桥（井头），计14座。

东陈乡　大塔钢桥（大塔）、树桥（山头）、庙下桥（樟岙）、乾溪桥（樟岙）、回龙桥（樟岙）、五洞桥（南盘）、新碶钢桥（南盘）、中心桥（南盘）、晒场桥（南盘）、里山桥（松岙）、城堡岙桥（松岙）、前溪桥（旋潭）、岳头钢桥（岳头），计13座。

晓塘乡　花湾桥（花湾）、鹤洋桥（鹤洋）、门前江桥（外塘）、砖厂桥（九龙江）、月楼岙旱桥、两眼碶桥（后岭）、永渡桥（励家坪），计7座。

黄避岙乡　水湖塘桥（黄避岙）、制坯桥（横塘）、张家桥（龙屿），计3座。

茅洋乡　上新桥（南充）、永丰桥（南充）、下新桥（南充）、蔡家桥（蔡家）、王家桥（小白岩）、黄泥岭北渠桥（小白岩）、山灵庙渠桥（断坑）、山下叶桥（山下叶）、徐家桥（徐家）、聚星桥（溪口）、茗香桥（李家弄）、坝前桥（花露山）、仁往桥（白岩下）、管溪桥（大地园）、凤吟桥（屠家园），计15座。

高塘岛乡　桃三桥（桃三）、龙口舌桥（龙珠），计2座。

第五节　路　亭

路亭，亦称凉亭，南乡人称路廊，行旅歇息避风雨之所。民国《象山县志》载亭185座。1963年普查，得225座。境内主要道路，大都5里有亭1座。县城至石浦90里，有“九岭十八亭”。县城至排头70里，有亭22座。县城至钱仓40里，有亭9座。县城至爵溪20里有亭6座。凉亭建路中为穿廊式，建路旁为殿堂式。穿廊式凉亭，亭外另辟行路，以便肩挑污物者绕道亭外过。凉亭多建于城郊、岭头、岭脚、渡口、桥旁，布局合理，实为民间“驿站”。亭柱、拱门、坐凳，多用条石砌筑。2008年，全县尚有路亭（凉亭）214座。

照25-6　石浦古道三湾路廊

丹东街道5座：罗汉堂凉亭、赵岙凉亭、黄鳝洞凉亭、高岭凉亭、泗洲堂凉亭。

丹西街道5座：黄土岭茶亭、白鹤庙凉亭（重建)、仇家山过街亭、行者岭亭、白石凉亭。

爵溪街道6座：爵溪岭欢喜亭、新凉亭、下沙凉亭、牛丈岙凉亭、前岙积善亭、前岙公路亭。

石浦镇22座：三湾路廊、铜关路廊、五里桥亭、黄芝岭亭、白门楼凉亭、小岭头栖凤亭、文昌阁凉亭、半岭镇岭亭、乌龟山丰乐亭、卫前街申明亭、武牙峻凉亭、西瑞亭、鸡鸣塘岸半勾亭、南向岭亭、南向村前亭、司前岭亭、晓湾渡亭、泥礁渡亭、檀头山亭、风雨亭、东门乡道头凉亭。

西周镇11座：欧阳桥亭、上张凉亭、庙岭亭、长礁亭、双汪岭亭、高架岭紫云亭、蚶岙岭亭、赖家凉亭、清水潭凉亭、车岭顶亭、朱岗凉亭、南峰岗亭、黄栀岐双解亭、桥头凉亭、牛卧岭亭、土桥凉亭、琴诗岙三祝亭、外静凉亭、里静凉亭、石门岭坐岩亭、关山如意亭、老鼠桥亭、航头嘉乐亭、柴溪过街亭、海头庵亭、石门岭喜鹊台亭、界岭头亭。

鹤浦镇11座：石屋洞凉亭、川洞岭亭、南田岭亭、水湖涂岭亭、龙虎斗凉亭、小网巾渡亭、大沙岭亭、吉港岭亭、后龙头渡亭、鸭嘴渡亭、韭菜湾渡亭。

贤庠镇16座：平岭头亭、海下龙山庙亭、贤庠凉亭、下庄溪西碶头亭、岑晁凉亭、盐厂师婆亭、东港龙头庙亭、盐厂竹浦亭、乌屿山凉亭、龙王堂凉亭、寺前凉亭、竹浦岭亭、停止岭亭、麻狸岭亭、白鹭岭亭、门前山亭。

墙头镇17座：彭姥岭顶亭、珓杯丘凉亭、七里亭、黄溪渡普照亭、仓岙山村亭、存心亭、茶亭岭凉亭、丁家凉亭、三官堂舣舟亭、新长岭亭、西沙岭半山亭、西沙岭止息亭、慈溪坪凉亭、黄牯岭亭、麻狸擂亭、石鼓岭亭、笠帽坪亭。

泗洲头镇20座：鹭鸶跳共赏亭、泗洲头泗水亭、西溪岭脚亭、朝天宇凉亭、小尖岭凉亭、何婆岭亭、灵岩岭北亭、茅山庙亭、虾须岭亭、马岙岭亭、灵岩岭半山亭、峙前岭北亭、下马岙九马亭、平岩亭、墩岙塘道头亭、墩岙岭亭、对岙王凉亭、新塘岭凉亭、光棍庙回屿亭、马岙六角亭。

定塘镇17座：山灶桃花亭、中泥襟江亭、下灶忠义亭、竿头龙洞亭、下角端倪亭、虎窝岭亭、田洋湖岭亭、定山通衢亭、浮礁渡亭、大青埠岭亭、斜岙清心亭、横湾绿屿亭、浮礁渡海清亭、小花港渡亭、叶口山渡亭、金牛港渡亭、英山老渡亭。

涂茨镇4座：萧家山湾亭、萧家岭凉亭、白鹤庙凉亭、麻狸岭亭。

大徐镇16座：汤家店凉亭、塔幢乐善亭、桐岭亭、水流桥大觉亭、花莲山凉亭、十亩田安心亭、海口公心亭、相见岭亭、相思岭亭、三角埭三安亭、樟树岭亭、大磊头望海亭、林善岙龙源亭、干岭头凉亭、安家溪望海亭、上岙半山亭。

新桥镇14座：箭岭顶亭、岩头陈麦倮井亭、板岭跃进亭、东溪新凉亭、东溪岭脚亭、梅岭峧凉亭、大岭头普济亭、爱枫亭（新凉亭）、塔岭亭、黄公岙凉亭、梓树岭亭、圆屿塘角亭、上盘岭亭、高湾峧亭、半边凉亭。

东陈乡6座：姆龙洞亭、东溪岭脚乐善亭、大湾凉亭、松岙凉亭、大荒地凉亭、双桥圆山头凉亭。

晓塘乡9座：梅坑岭亭、黄埠岙底亭、黄埠岭顶亭、黄埠岭歇轿亭、双连屿渡亭、白玉湾渡亭、励家坪永渡亭、龙尾巴渡亭、官市头渡亭。

黄避岙乡4座：谢家湖头林岩亭、高墩洋亭、水湖塘凉亭、西山下涌泉亭。

茅洋乡9座：箭岭半山亭、箭岭脚亭、郑家庄永安亭、白岩下长寿亭、顺德桥亭、杨岙山渡亭、蟹钳渡亭、乌石峧凉亭、屠家园凉亭。

高塘岛乡6座：乌龟山渡亭、小乌岩凉亭、梅树凉亭、蟹礁头亭、弓弦硖凉亭、大坑里凉亭。

象山县主要古路亭情况表

表25-11

名　称	位　置	建造时间	备　　注
三湾路廊	石浦镇东北三湾路	民国9年（1920）	三间穿廊式，象石古道十八亭之一。县级文物保护点
客爱亭	丹西街道南庄三岔路	不详	三间穿廊式，中间之副脊檩为巨大鱼骨，象石古道十八亭之一，1958年修建公路拆除
涌泉亭	贤庠镇西山下岭上	清咸丰三年（1853）	殿堂式，1995年建公路降坡西移百米
珠山亭	涂茨镇珠山脚村前	1986年	—
碶门头亭	涂茨镇周郎塘东碶门头	1964年	三间殿堂式
彭姥岭亭	县城西北彭姥岭顶	不详	咸丰七年（1857）毁，九年重修。1984年新建
丰乐亭	石浦镇昌国南门外乌龟山东山脚	民国8年（1919）	穿廊式，2001年重修
大沙岭亭	鹤浦镇大沙西岭顶	光绪间建	一间桥洞式
长寿亭	茅洋乡白岩下村南	光绪元年（1875）	穿廊式，有彩绘
乌石峧凉亭	茅洋乡乌石峧村东	不详	穿廊式，清雍正九年（1731）募修，道光十七年（1837）又修
行者岭亭	丹西街道行者岭上	不详	穿廊式，清乾隆、道光、咸丰、光绪间多次重修
爵溪新凉亭	爵溪街道前岙岭脚	民国27年（1938）	穿廊式，有碑记
爵溪半路亭	赵岙岭半山腰	不详	赵岙岭隧道公路通后废
双解亭	西周镇文岙村黄栀峧	清光绪四年（1878）	穿廊式，有碑记

第二章　公　　路

象山公路始建于民国，出于国防之需，设之平原，通于渡口。20世纪50年代中期，象山公路因百姓生活、社会发展之需而建设，其出境之途，先连港口白墩渡，继之走西溪岭。时象山公路以见港而断、盘山而逝为特征。20世纪70年代末期，特别是90年代以后，境内公路路网遍布，桥梁多设。尤其是穿山隧道大开，使象山公路呈现大道康庄气象，并与高速公路连接，真正改变偏僻海隅山隔水阻的出行历史。跨海大桥建造，象山公路不但连贯海岛，而且连通县外。象山的公路及公路跨海大桥，克服象山区位之缺憾，扩展了空间，使象山融入大都市，联动新区域。

第一节　路　　网

民国21年（1932），首建丹城至西泽“象西国防公路”，民国24年2月完工，为县内首条公路。1956年，建成丹城至白墩公路10千米，开通客班汽车，与宁波、舟山客轮相接。1958年，宁象公路动工，揭开公路建设新页。20世纪70年代，公路建设加快。80年代，实现乡乡通公路。21世纪始，开展通村公路建设。境内公路网由省道、县道、乡道、村道和专用公路组成。2008年，全县公路440条，总里程1039.95千米。其中：省道3条、135.46千米；县道15条、213.863千米；乡道39条、187.4千米；通村公路379条、总里程480.659千米；专用公路4条、13.827千米。

省道

盛宁公路　（705省道，线路编号S215）自鄞州区盛垫至宁海县城关，全长97.8千米。途经本县西泽、贤庠、大徐、丹城、三岔路、沙岗、茅洋、泗洲头、西溪岭，呈东北—西南走向。境内段长50.63千米，其中桥梁8座、165米，横山至西泽车客渡1处，渡程7.2千米。民国24年（1935），修成象西国防公路丹城至西泽段，路长18.64千米，沙石路面，桥梁4座，涵洞47座，总耗资84581.50元。抗日战争期间，宁波防守司令部下令掘毁。民国36年，经修复勉强通车，路况差。次年，划为国道，为杭象国道之末段。

照25-7　西溪岭盘山公路

1957年7月，丹城至蟹钳渡公路建成，长23.4千米。1958年3月3日，宁象公路动工，11月竣工，建成宁海至丹城公路78.6千米，11月7日通车。1964年，汤家店至西泽段公路修建毕，耗资5.4万元。1979年，接汤家店至西泽段，改称宁西公路（宁海至西泽），为境内最长公路干线。1989年，宁西公路经轮渡过港接盛横公路，改称盛宁公路。

宁象公路修建记 1958年2月，临近春节时，宁象公路建设会议召开并启动开工。至10月建成。丹城至蟹钳渡公路是分段修建、分段通车的。公路修建至溪口时，石浦渡轮一到蟹钳渡，去丹城的旅客，不管是肩挑手提的，还是扶老携幼的，都会争先恐后到溪口赶班车。溪口至蟹钳渡公路建好后，石浦到丹城原本的一日路程缩短为半日。民间艺人自编歌谣曰："东边有座东谷湖，西边有座西谷湖，当中一条大马路，汽车直达蟹钳渡。"表达当时县人的喜悦心情。公路经过的西溪岭段，200多米高，三盘十八弯。全线有护墙38处，护坡199米，护栏25处，安全标志牌164块，里程碑56块。56块里程碑，由技术人员萧云喜、叶燕起等用步行丈量确定。①

茅石公路 （713省道，线路编号S216） 北起茅洋乡，接盛宁公路，经海台、新桥、定塘、晓塘，南至石浦镇，连沿海南线公路，全长51.5千米。其中，桥梁11座、147.9米，隧道4座、665.8米。民国30年（1941），日军侵占茅洋硃矿，强拉民夫，修筑丹城至杨岙山公路。民国37年3月，原路基改建，称象石公路象杨段。

1958年12月4日，茅石公路开建，1969年10月全线通车。1971年，茅洋至李家弄段截弯取直。2000年，改道晓塘村、九龙江、下洋墩、井水至石浦。

象西公路 （609省道，线路编号S311） 起自县城西门，穿宁海县境，讫新昌县西山，全程140千米。境内段经亭溪、墙头、莲花、西周、下沈、柴溪，至宁海县界。东西向，长33.33千米，其中桥梁19座、661.7米，隧道3座、2896.4米。象西公路象山段系多条公路连接而成。1969年，驻象山海军投资修建西周经文岙、黄家塘、双汪岭、蚶岙碶至西沪港公路16.5千米，称西沪公路。其中，西周至文岙，双汪岭至蚶岙碶段为象西公路一部分。1970年年末，修建丹城至蚶岙碶段公路20.6千米，1972年竣工，与西沪公路相接，称丹黄公路（丹城至黄家塘）。同年10月，泗西公路延伸至下沈3千米。1974年，省交通厅批准修建梅丹公路（梅林至丹城），12月开工，1978年竣工。象山段筑莲花双汪岭经渡头街至文岙4.6千米，下沈至饭蒸山8.8千米。1979年始，下沈至文岙段截弯取直，拓宽路面，次年9月完工。1986年始，实施梅丹公路水泥路面改造。1987—1992年开凿彭姥岭隧道，1991—1992年开凿蚶岙岭隧道，弃越岭段，缩短里程6.67千米。1998年6月28日，境内段动工改建沿海国道主干线，为甬、台、温高速公路象山连接线，属市重点工程。详见本章第二节。

县道

2008年，全县16条、285.584千米。

象山县县道情况表

表25-12

名　称	线路编号	起　讫	长度（千米）	途　经	备　　注
汤鲁公路	X501	大徐汤家店至鲁家岙	42.136	涂茨、钱仓、珠溪、贤庠、黄避岙、龙屿	2000年，全国公路普查集汤钱、樟新、岑龙、龙鲁四公路易名
丹大公路	X502	丹城至大徐	24.581	大碶头、后洋、爵溪、公屿、黄盆岙	2000年，全国公路普查集丹爵、大公二公路易名
亭船公路	X503	墙头七里亭至大徐船倒山	12.026	洋北、白墩、雅林溪	2000年，全国公路普查集亭白、船白2公路易名

①据竺桂良《孤竹哀谈·象山通往境外的第一条公路》及口述整理。

续表25-12

名 称	线路编号	起 讫	长度（千米）	途 经	备 注
孙下公路	X504	墙头孙家村至下山	2.847	—	原称新下公路，2000年更名
泗西公路	X505	泗洲头至西周	15.778	张岙、何婆岭、黄泥桥、车岭、新屋	—
沙新公路	X506	东陈沙岗至石浦新港区	26.358	松岙、双桥、大圻头、昌国、半岭	2000年，全国公路普查集沙石、五新二公路易名
大下公路	X507	新桥大圻头至石浦下洋墩	28.833	狮子山、蒲白墩、漕前、双连屿	2000年，全国公路普查集下大、下狮、井蒲三公路易名
石三公路	X508	石浦至下洋墩	25.114（渡口长307）	石鹤汽渡、鹤浦、南五、蜊门港大桥、高塘、山门口大桥	2000年，全国公路普查集鹤高、高三两公路易名。为石南高陆岛和石高陆岛交通工程之一
马漕公路	X509	石浦马盘至定塘漕前	14.044	镜架山、周岙、浮礁渡大桥	2000年，全国公路普查集定周、周镜、镜马等公路易名。为大塘岛陆岛交通工程之一
泗长公路	X510	泗洲头至宁海县长街	18.821	峙后、峙前、马岙，南至大麦塘	原称泗马公路，2000年更名泗长公路
三井公路	X511	晓塘三眼碶至石浦井水	7.070	越南向岭、蒋家湾	原为茅石公路一段，2000年改为现名
盛莲公路	X512	墙头盛王张至西周莲花	7.362	孙家、蚶岙、岭隧道双汪岭	原属象西公路一段。2000年改为现名
西杭公路	X513	西周镇至杭头	5.032	下沈	原属象西公路一段，2000年改为现名
盛青公路	X514	西周蚶岙至青嘴头	2.017	—	原称蚶下公路。2006年改为现名
巨爵公路	X515	丹东巨鹰路至爵溪大燕路	5.045	赵岙、燕山水库	—
沿海南线公路	X516	丹城至晓塘台宁屿	48.520	沙岗、旦门、石浦、下洋墩、大塘港大桥	内有沙新线9.754千米，茅石线5.206千米，大下线4.022千米，重叠划归三线后，沿海南线剩29.038千米

乡道

2008年，全县39条、187.4千米。

象山县乡道情况表

表25-13

名 称	线路编号	起 讫	长度（千米）	途 经	建成时间	备 注
东旦公路	Y581	新桥东溪至东陈旦门	7.702	庙前杨、上周	1977.12	—
新青公路	Y582	涂茨新塘至青湾	1.750	—	1981.10	—
莲下公路	Y583	西周莲花双汪岭至下湾	3.579	盛丰	1970.01	—

续表25-13

名　称	线路编号	起　讫	长度（千米）	途　经	建成时间	备　　注
樟寺公路	Y584	贤庠樟家墩至寺前村	4.693	着衣亭、塘岙	1980.02	原县道一段，2000年改为现名
田中公路	Y585	定塘田洋湖至中泥	5.294	小湾塘、新岙、小灵岩	1980.05	—
南双公路	Y586	鹤浦南五至双湾	5.362	大百丈	1985.09	—
溪东公路	Y588	茅洋溪口至南充	6.209	郑家庄、东岙、屠家园	1981	—
下莲公路	Y589	西周下沈至莲花	24.840	赖岙、横山、芭蕉、黄泥桥、儒雅洋、伊家、湖边	—	2000年，集下赖、赖横、儒横、儒伊、莲伊五路更名
孟黄公路	Y590	黄避岙孟岙至黄避岙	1.298	—	1984.07	2000年改为现名
前崔公路	Y591	涂茨前山姚至潘家坎	1.450	崔家岙	1980.04	—
前中公路	Y592	涂茨前山姚至中堡	8.438	毛湾、长沙、大坦	1987.10	—
励司公路	Y593	晓塘励家坪至石浦司前	3.913	励家坪隧道	1996	—
昌沙公路	Y594	石浦昌国至皇城沙滩	1.772	—	1988	—
南洋公路	Y595	丹西樟树下至东陈洋里	8.488	洋心、新碶头、岳头	1990—1991	2000年，集南岳、洋岳二公路更名
白西公路	Y596	晓塘白玉湾至西边塘	1.813	—	1989.12	—
西周公路	Y597	贤庠西山下至黄避岙周家村	2.786	大斜桥村	1991	—
兵西公路	Y598	黄避岙兵营至贤庠西泽码头	6.452	周家、谢家	1991—1994	2000年更名
牛白公路	Y599	爵溪牛丈岙至白沙湾	10.832	—	1986.07 1995	2000年，牛爵、爵白二公路更名
昌新公路	Y601	石浦昌国至新鹤	2.239	—	1989	—
何伊公路	Y602	泗洲头何婆岭至西周伊家山	4.437	西周尖坑、防东	1995	—
墙方公路	Y603	墙头至方家岙	1.390	—	1974	—
上下公路	Y604	新桥上盘至下灵岙	3.276	上灵岙、中灵岙	1996	—
三高公路	Y605	大徐三角埭至黄避岙高泥	13.525	梅洋、大林、孟岙、白屿	1986 1988	2000年，集梅黄、孟高二公路易名
盐三公路	Y606	石浦盐厂村至晓塘三眼碶	9.960	黄脚、黄埠	1968 1980	2000年，集三黄、黄石二公路易名
南金公路	Y607	鹤浦南五至金七门	12.828	樊岙、牧童岙、水湖涂	1986.02	原称鹤樊公路
横尖公路	Y608	西周横山至尖岭头	3.210	—	1997.12	—
庙岭公路	Y609	新桥庙前杨至岭脚	1.953	洋坑	1998.01	—

续表25-13

名　称	线路编号	起　讫	长度（千米）	途　经	建成时间	备　　注
相塔公路	Y611	大徐相见岭至黄避岙塔头旺	4.143	鸭屿	1998	—
西老公路	Y612	贤庠西泽砖瓦厂至老码头	0.778	—	1974	—
斧高公路	Y614	鹤浦斧头岩至高坎头	1.904	—	1987	—
百珠公路	Y615	涂茨百丈塘岸至珠山脚	1.562	—	2003	—
高珠公路	Y616	高塘岛高塘街至珠门	3.917	中港	2003	—
龙横公路	Y617	黄避岙龙屿至横里	1.360	—	1996.10	—
花下公路	Y618	大徐花莲山脚至下院	1.039	—	2003	—
上马公路	Y619	泗洲头上马岙至马岙	3.642	—	2003	—
新石公路	Y620	新桥街至石柱里	1.807	—	2005	2003—2005 年分段建成
塘岑公路	Y621	贤庠塘岙至岑晁	2.834	—	2003	—
儒箬公路	Y622	西周儒雅洋至箬岭	2.470	大竹园	2003	2009 年续建箬岭至拷树岭 3.221 千米
板江公路	Y624	新桥板岭至江东	3.580	—	2003	—

村道

1988 年年末，全县 766 个行政村，通公路 523 个，占总数 68.28%。2003 年始，全面实施“乡村康庄工程”建设。2006 年年末，全县 490 个行政村，公路通村率、路面硬化率、质量合格率均达 100%。2008 年，境内通村公路 379 条，总里程 480.659 千米。

专用公路

2008 年，全县 4 条、13.827 千米。

象山县专用公路情况表

表 25-14

名　称	线路编号	起　讫	长度（千米）	建造时间	备　　注
文下公路	Z501	西周镇文岙至下湾	3.135	1969	驻象山海军部队修建
松百公路	Z502	东陈松岙至百米湾	1.787	1988	大目涂围垦工程指挥部修建
西周变电所公路	Z504	西周土桥至变电所	0.952	1969	—
茅五公路	Z506	茅洋乌石岐至五狮山顶	7.953	1980.02	驻象山部队出资建造养护

茅洋碲矿轻便铁路

茅洋碲矿为省开采历史最久矿山之一。民国 30 年（1941）4 月 28 日，日军侵占茅洋，设“华中矿业公司”，修建矿区至蛎江埠轻便铁路。架设自动落石漏斗，在矿区由 14 个拖斗小火车专运碲石。现已废。

1989—2008 年象山县公路情况表

表 25-15　　　　单位：千米

年份	总里程	按行政等级分					按技术等级分				
		省道	县道	乡道	村道	专用道	一级公路	二级公路	三级公路	四级公路	等外级公路
1989	417.59	141.06	184.32	65.91	—	26.30	—	—	208.16	209.43	—
1990	447.52	138.82	165.05	115.55	—	28.10	—	—	29.10	335.65	82.77
1991	453.63	138.82	165.05	121.46	—	28.30	—	—	—	242.53	211.10
1992	462.60	139.50	165.10	129.70	—	28.30	—	4.00	61.20	155.50	241.90
1993	477.50	139.50	164.60	145.10	—	28.30	—	—	95.60	181.90	200.00
1994	478.20	137.40	162.90	149.60	—	28.30	—	19.50	116.10	159.40	183.20
1995	489.40	137.40	164.55	159.15	—	28.30	—	21.30	123.80	173.70	170.60
1996	491.60	137.40	164.60	161.30	—	28.30	—	22.80	136.00	164.40	168.40
1997	530.00	137.40	175.30	189.00	—	28.30	—	29.80	138.20	199.50	162.50
1998	514.33	137.38	164.55	184.10	—	28.30	—	31.24	157.46	173.11	152.52
1999	530.95	137.38	176.40	188.87	—	28.30	29.18	32.84	150.06	172.85	146.02
2000	531.95	137.38	177.40	188.87	—	28.30	33.35	34.64	180.61	153.65	129.70
2001	563.30	142.70	224.80	175.60	—	20.20	33.30	51.50	204.60	273.90	—
2002	586.11	142.66	231.32	189.83	—	22.30	39.83	51.54	222.62	272.12	—
2003	586.08	142.66	224.82	196.30	—	22.30	33.33	64.99	254.69	233.07	—
2004	584.18	142.66	226.82	196.30	—	18.40	37.23	64.99	293.63	188.33	—
2005	589.03	142.66	231.67	196.30	—	18.40	42.08	64.99	319.88	162.08	—
2006	996.61	142.66	222.60	187.40	430.12	13.83	77.76	65.51	362.03	433.30	58.01
2007	1043.26	142.66	222.60	187.40	476.77	13.83	77.76	65.51	366.15	533.84	—
2008	1039.95	135.46	222.60	187.40	480.66	13.83	77.76	58.17	366.15	537.87	—

第二节　高速公路象山连接线　沿海南线象山段

甬（宁波）台（州）温（州）高速公路是交通部规划建设的全国 12 条国道主干线，是黑龙江同江至海南三亚沿海主框架公路的组成部分。宁波段于 1998 年建成通车，象山连接线于同年动建，第二年年末竣工通车。宁波沿海南线是宁波市“八横五纵三沿海”干线公路网中“三沿海”之一，又是“宁波、宁海、长街、石浦、丹城、宁波”的环形公路圈之一段，1998 年开始整体建设，象山段 2000 年动工。

甬台温高速公路象山连接线

1974 年，省交通厅批准修建梅丹公路（梅林至丹城），1986 年始，改造梅丹公路，境内蚶岙碶门头至柴溪万金山段 18.4 千米，亭溪村至墙头舫前村段 8.7 千米，先后开工。三级混凝土路面，宽 7 米，路基宽 8.5 米，泥结碎石路肩，桥涵设计荷载汽-15、挂-80。1990 年竣工，总投资 2168 万元。1987—1992 年开凿彭姥岭隧道，1991—1992 年开凿蚶岙岭隧道，弃越岭段，缩短里程 6.67 千米。

照 25-8　连接线象山、宁海交界处

1998 年 6 月 28 日，甬台温高速公路象山连接线境内段动工改建，属市重点工程。全长 31.546 千米，一级公路标准，路基宽 24.5 米，机动车道宽 16 米，双向 4 车道，中设 1.5 米宽绿化隔离带，两侧非机动车道各宽 5.5 米，机动车、非机动车道间设钢质防护栏。其中，珓杯丘至莲花段 15 余千米为混凝土路面，莲花至柴溪段 16 千米为沥青路面。桥涵设计荷载公路-Ⅱ级。同时新建、改建亭溪桥、莲花三桥、西周二桥、下沈二桥、高家岭隧道等。1999 年 12 月全线竣工，总投资 2.58 亿元。2000 年 1 月，经省政府批准在峧杯丘建公路收费站。2008 年 9 月始，耗资 1190 万元，对高家岭隧道进行装饰、通风、照明改造，东洞口新辟 817 米分离式车道，次年 4 月完工。

沿海南线象山段

为县道沙新公路（东陈沙岗至石浦新港区）改建。1980 年 12 月，建成石浦至昌国穿城公路 4.8 千米，1983 年 3 月沙石公路开工，1986 年 1 月竣工，全长 25.1 千米。1988 年，改造沙岗至昌国段 20 千米为砼路面，1991 年改建沙岗至黄土岭，昌国至石浦段为砼路面。1997 年，建成丹城南门口至田横山段。是年 9 月，建成田横山至沙岗段。2001 年 9 月 1 日，沙岗至石浦汽车东站段和石浦凤凰山至井水段同时开工，分别于 2003 年 7 月与 11 月建成。井水至台宁屿段（含大塘港大桥）于 2002 年 6 月开工，路基一级公路。路石半幅，一期投入资金 35581 万元，双向双车道，2004 年 12 月 28 日完工。2008 年 11 月，续建大金山隧道和连接线及汝溪大桥。今之沙石路，因沿海南线的建设，裁弯取直，尚留有鸡窠岭、旦盐海塘段、新桥盐场段、大圻头鸡鸣塘岸段、昌国北门隧道武牙耸段、昌国北门至南门乌龟山越沿海南线花桥头段。

沿海南线工程是省“四自”（自行贷款，自行建设，自行收费，自行还贷）工程项目。北与盛宁线（县城建设路与新丰路交叉口）相接，沿线经丹西工业园区、东陈工业园区、新桥盐场、昌国、石浦、金星、大塘港大桥、晓塘白玉湾、通过台宁汽渡与沿海南线宁海段相接。象山境内全长 48.52 千米。其中，丹城至大圻头 22.58 千米，石浦镇段（大圻头至下洋墩隧道）20.48 千米，下洋墩至台宁 5.46 千米。2006 年 9 月，经省政府批准，于松岙隧道北设收费站。

第三节　公路桥

1959 年后，象山交通发展迅速，除新建公路桥外，一些民间桥梁随着公路建设，亦改建为公路桥。1988 年，境内公路桥 74 座，总长 1.46 千米。2008 年，增加至 197 座，总长 6.76 千米。其中：省道桥 38 座，1.08 千米；县道桥 79 座，3.82 千米；乡道桥 31 座，159.9 米；村道桥 48 座，1.48 千米；专用公路桥 1 座，24 米。

照 25-9　下洋墩大桥

照 25-10　丹城西门立交桥

象山县主要公路桥梁情况表

表 25-16

名　称	桥　梁　名	位　　置	长（米）	宽（米）	修建年份	备　注
盛宁公路	铁杖岙桥	大徐镇十亩地村，跨枫溪	28.8	24.5	1932	—
	船倒山桥	大徐镇虎啸铺，跨考坑溪	28.4	8.8	1932	—
	珠水溪桥	丹西街道珠水溪村	22.9	8.5	1972	1992 年桥面拓宽
	溪口桥	茅洋乡溪口村	19.0	8.5	1967	1993 年 10 月改建
	平桥头桥	茅洋乡溪口村西南管溪	40.0	9.5	1958	2007 年重建
	陈家桥	茅洋乡白岩下，跨清水溪	15.7	8.5	1983	—
	东岙桥	泗洲头镇西北，跨东岙溪	23.8	8.5	1983	—
	通山桥	泗洲头镇塘岸村，跨龙溪	40.0	9.5	1958	2006 年重建
茅石公路	茗香庵桥	茅洋乡李家弄上湖山溪	8.1	9.0	1969	1976 年重修
	井头桥	海台村东南玉带溪	20.4	9.5	1968	2003 年改建
	东溪桥	东溪村西南，跨东溪	23.0	10	1968	2007 年重建
	关头桥	关头村，跨关头溪	7.4	8.5	1968	1994 年重建
	新桥	新桥镇，跨石柱溪	20.0	8.5	1968	2005 年重建
	上盘桥	上盘村，跨上盘溪	6.6	12.0	1999	—
	田洋湖桥	田洋湖村西南，跨岙底溪	10.6	9.0	1968	1995 年改建
	杨岙桥	定塘镇杨岙村，跨杨岙坑	12.3	9.0	1969	1995 年改建
	元亨桥	定塘镇，跨渡头街河	39.8	9.0	1996	2003 年改建
	九龙江桥	晓塘乡，跨九龙江	22.5	7.0	1995	—
	下洋墩桥	下洋墩村，跨下洋墩河	11.2	7.5	1995	2008 年重修
象西公路	丹城西门立交桥	彭姥岭隧道东，丹城西门口	126.2	12.0	1989	—
	隧道一号桥	彭姥岭隧道西，跨老坑	5.0	25.5	1988	1999 年拓宽改建
	隧道二号桥	墙头镇吊水岩，跨大堰头溪	5.5	25.5	1988	1999 年拓宽改建
	皃溪桥	墙头镇七里亭，跨皃溪	20.0	25.5	1971	1999 年重修
	大溪蒋桥	墙头镇大溪蒋大溪	51.0	25.5	1970	1999 年改建
	东门新桥	墙头镇东，跨大雷溪	25.0	25.5	1971	1999 年改建

续表25-16

名　称	桥　梁　名	位　　置	长（米）	宽（米）	修建年份	备　　注
象西公路	杨岙桥	西周镇杨岙村，跨杨岙溪	18.0	25.5	1999	—
	莲花三桥	西周镇莲花村，跨淡港	64.0	25.5	1999	—
	仙人桥	西周镇文岙村，跨文岙溪	20.0	25.5	1999	—
	文诗桥	西周镇琴诗岙村，跨文诗河	18.0	25.5	1999	—
	西周二桥	西周村，跨嵩溪	51.0	25.5	1999	—
	山头新村桥	西周镇山头新村，跨山头溪	25.0	25.5	1999	—
	西大河桥	西周镇西大村，跨西大河	30.0	25.5	1999	—
	下沈二桥	西周镇下沈村，跨大溪坑	108.0	25.5	1999	—
	杭头一桥	西周镇杭头村，跨杭头溪	25.0	25.5	1999	—
	杭头二桥	西周镇杭头村，跨山溪	25.0	25.5	1999	—
	牌头桥	西周镇牌头村，跨牌头溪	25.0	25.5	1999	—
	皇印桥	西周镇皇印村，跨皇印溪	18.0	25.5	1999	—
	海头庵桥	西周镇海头庵村，跨岩鸥坑	32.0	25.5	1999	—
沿海南线公路	白凉亭桥	丹西街道新丰路，跨白石泾河	6.7	28.0	1990	—
	工业园区一桥	丹西街道县工业园区东，跨马家堰河	16.0	28.0	1996	—
	工业园区二桥	丹西街道县工业园区东，跨三拔草河	14.0	28.0	1996	—
	工业园区三桥	丹西街道县工业园区东，跨象山河	12.0	28.0	1996	—
	工业园区四桥	县工业园区东南，跨中央河	15.7	28.0	1996	—
	胡家碶一号桥	丹西街道胡家碶村西，跨九顷河	31.0	28.0	2001	—
	胡家碶二号桥	位丹西街道胡家碶村西，跨胡家碶河	31.0	28.0	2001	—
	东陈一桥	位东陈乡东陈村西北，跨东陈河	31.0	28.0	2001	—
	东陈二桥	东陈乡东陈村，跨西庄河	31.0	28.0	2001	—
	东陈三桥	东陈乡东陈村，跨马岗河	11.0	28.0	2001	—
	沙岗桥	东陈乡沙岗村，跨沙岗河	11.0	28.0	2001	—
	砖瓦厂桥	东陈乡海墩村，跨樟岙河	14.0	28.0	1984	2002 年重建
	收费站桥	东陈乡松岙，跨幸福塘河	14.0	28.0	1984	2002 年重建
	松岙桥	东陈乡城堡岙，跨白蛇溪	14.0	28.0	1984	2003 年重建
	旦义桥	东陈乡仁义村，跨峧头溪	14.0	28.0	1984	2003 年重建
	旦门盐场桥	东陈乡旦门盐场，跨咸河	21.0	28.0	2003	—
	新桥盐场一桥	新桥镇盐场，跨盐场排淡一河	11.0	28.0	2003	—
	新桥盐场二桥	新桥镇盐场，跨盐场排淡二河	11.0	28.0	2003	—
	新桥盐场三桥	新桥镇盐场，跨盐场排淡三河	11.0	28.0	2003	—
	大圻头桥	新桥镇大圻头，跨盐场排淡河	11.0	28.0	2003	—

续表25-16

名称	桥梁名	位置	长（米）	宽（米）	修建年份	备注
沿海南线公路	昌国盐场一桥	石浦镇昌国盐场，跨盐场排淡河	81.0	28.0	2003	—
	昌国盐场二桥	石浦镇昌国盐场，跨盐场马盘溪	11.0	28.0	2003	—
	昌国盐场三桥	石浦镇昌国盐场，跨盐场排淡河	11.0	28.0	2003	—
	昌国桥	石浦镇昌国，跨昌国溪流	11.0	28.0	2003	—
	蒋湾桥	石浦镇蒋家湾村，跨蒋家湾溪	40.0	28.0	2003	—
	上湾桥	石浦镇上湾村，跨上湾溪	11.0	28.0	2003	—
	下洋墩大桥	晓塘乡下洋墩村西，跨大塘港	396	9.7	2003	—
汤鲁公路	大徐一桥	大徐镇汤家店，跨塔幢溪	11.5	9.0	1995	改建地段
	大徐二桥	大徐镇塔幢村，跨塔幢溪	15.1	9.5	1995	—
	下盆岙一桥	涂茨镇百丈塘岸，跨珠山南麓溪流	13.5	12.5	1958	1995年改建
	下盆岙二桥	涂茨镇百丈塘岸，跨珠山南麓溪流	12.0	12.5	1958	1995年改建
	新塘桥	涂茨镇新塘村，跨新塘碶门河	25.0	8.5	1980	1995年改建
	溪沿桥	贤庠镇溪沿村，跨龙角岩溪流	13.0	7.5	1980	1983年改建
	珠溪桥	贤庠镇珠溪村南，跨珠山北溪流	19.8	8.5	1980	2002年改建
	岑晁桥	贤庠镇贤庠村，跨东塘河	22.0	7.2	1977	1988年改建
	龙屿桥	黄避岙乡龙屿村，跨龙屿溪流	15.0	10.5	1980	2009年改建
	横塘桥	黄避岙乡横塘村，跨横塘河	15.0	10.5	1980	—
丹大公路	南大河桥	丹东街道小东洋村，跨南大河	13.9	7.5	1976	2007年改建
	新东大河桥	县城滨海大道东端，跨东大河	35.0	25.5	2002	—
	爵溪大桥	爵溪街道，跨腾蛟河	9.6	10.0	1969	—
亭船公路	冷水孔桥	大徐镇雅林溪村，跨上岙溪	13.0	8.0	1957	1993年改建
	雅林溪桥	大徐镇雅林溪村，跨雅林溪	13.5	7.5	2003	—
泗西公路	杨家桥	泗洲头镇后王村，跨龙溪	40.0	9.5	1964	2007年重建
	张岙桥	泗洲头镇张岙村，跨龙溪	17.5	7.5	1984	—
	金家岙桥	泗洲头镇金家岙村，跨金家岙溪	7.0	13.0	1967	—
	黄泥桥	西周镇何婆岭，跨于家溪	24.2	8.0	1965	1987年重建
	冷库桥	西周镇土桥村，跨大长溪	34.6	8.0	1972	1984年改建
沙新公路	王家桥	东陈乡王家村，跨盐场平岩坑溪	11.8	8.5	1984	—
	东湾桥	旦门东湾村，跨盐场咸河	13.0	9.2	1985	2007年重建
	中央港桥	新桥盐田宝山北，跨盐场排淡河	14.2	9.0	1985	—
	鸡鸣桥	石浦昌国鸡鸣村，跨鸡鸣溪	7.0	9.0	1984	—
	它山桥	昌国东南，跨昌国街溪	14.8	8.5	1985	—
	汝溪桥	石浦镇汝溪村，跨汝溪	17.2	9.0	1988	—

续表25-16

名　称	桥　梁　名	位　　置	长（米）	宽（米）	修建年份	备　　注
大下公路	狮子山桥	新桥镇狮子山，跨碶门河	54.0	8.0	2006	—
	台宁桥	晓塘乡台宁屿村，跨普陀门港	102.0	9.0	1973	2002年上游新建
石三公路	镇南桥	鹤浦镇，跨鹤浦港	20.0	12.0	1991	2006年重建
	镇北桥	鹤浦镇，跨鹤浦中学横河	18.0	11.5	1991	—
	蟹厂桥	鹤浦镇蟹厂村，跨鹤浦港	34.4	9.0	1975	2000年改建
	蜊门港跨海大桥	鹤浦镇与高塘岛乡交界，跨蜊门港海峡	219.0	10.0	1994	石南高陆岛工程之一
	三门口跨海大桥	石浦镇与高塘岛乡交界，跨石浦港三门口海峡	1472.0	12.5	2002	石南高陆岛工程之一
马漕公路	镜架山一桥	石浦镇镜架山村，跨镜架溪	7.6	8.0	1996	—
	镜架山二桥	石浦镇镜架山村，跨镜架溪	7.6	8.0	1996	—
	镜架山三桥	石浦镇镜架山村，跨镜架溪	11.5	7.7	1996	—
	周岙桥	定塘镇周岙村，跨镜架溪	10.4	7.5	1996	—
	上营桥	定塘镇上营村，跨上营溪	9.6	7.5	1995	—
	浮礁渡大桥	定塘镇浮礁渡村，跨大塘港	233.9	10.0	1996	石南高陆岛工程之一
	漕后一桥	定塘镇漕后村，跨小漕港	6.0	9.6	1998	—
	漕后二桥	定塘镇漕后村，跨大漕港	6.0	9.6	1998	—
泗长公路	泗洲头桥	泗洲头镇西南，跨西溪	53.9	10.5	1984	2008年改建
	铜鼓岩桥	泗洲头镇西南，跨南岙溪	14.8	8.5	1984	2008年改建
	峙后桥	泗洲头镇峙后村，跨峙后溪	7.6	8.5	1984	2008年改建
	龙滩坑桥	泗洲头镇南端，跨龙滩坑	7.0	8.0	1984	2008年改建
	峙前桥	泗洲头镇峙前村，跨峙前溪	18.7	8.5	1984	2008年改建
三井公路	三眼碶桥	晓塘乡后岭村三眼碶，跨九龙江	24.0	8.5	1969	2005年重建
盛莲公路	蚶岙一桥	西周镇蚶岙村，跨蚶岙溪坑	10.0	11.0	1992	2007年重建
	蚶岙二桥	西周镇蚶岙村，跨蚶岙溪	23.4	9.6	1992	—
西杭公路	蒋家桥	西周镇北，跨里婆岙溪	8.0	9.0	1979	—
	下沈桥	西周镇下沈村西，跨下沈大溪	68.0	10.5	1977	2007年重建
巨爵公路桥梁	爵溪桥	爵溪工业园区，跨燕山水库泄洪溪	31.0	22.5	2005	—
樟寺公路	着衣亭桥	贤庠镇着衣亭村，跨槐溪	14.0	6.2	1980	—
延昌至东门岛公路	铜瓦门大桥	石浦延昌至东门岛间，跨铜瓦门水道	297.0	10.0	1998	东门岛陆岛工程之一
石浦树桥头村至打鼓峙公路	晓湾港大桥	石浦镇树桥头村至打鼓峙岛，跨晓湾港	220.5	10.0	2006	陆岛工程之一

第四节　跨海大桥

南田岛、高塘岛是宁波市大岛，岛上有52个行政村、近6万居民。1991年12月，县委、县政府提出“两岛变一岛，汽车到海岛”的石浦、南田、高塘陆岛交通工程建设规划。1994年6月，于南田与高塘岛间的蛎门港架设跨海大桥。“九五”后期，提出环石浦港陆岛工程的初步构思，计划在铜瓦门、东门、下湾门、蜊门港和三门口建5座大桥，把东门、对面山、南田和高塘四岛与象山半岛联成一体，实现全县主要住人岛屿陆岛一体化。2006年，石浦镇修建晓湾港大桥，使打鼓峙岛实现与大陆连接。至2008年，象山建成跨海大桥有蜊门港大桥、铜瓦门大桥、三门口大桥和晓湾港大桥4座。为缩短象山至宁波的陆上交通距离，2008年12月30日，象山港大桥动建，2012年年末竣工。

蜊门港大桥

位鹤浦镇与高塘岛乡间，跨蜊门港。为境内建造的第一座跨海大桥，连接南田岛与高塘岛。属交通部“八五”期间全国最大陆岛交通工程。主跨150米，预应力组合桁架单拱形桥，长220米，宽10米。其中，行车道宽7米，两侧人行道各宽1.5米。净空高25米，设计荷载公路－Ⅱ级。同济大学桥梁设计分院设计，交通部第三航务工程局第四工程公司承建，宁波市交通工程质量监督站监理。1994年6月8日开工，1995年7月21日合龙，9月18日竣工。为国内首座预应力组合桁架单拱形跨海大桥，总投资1077万元，获评市优良工程。

铜瓦门大桥

位石浦铜瓦门渔村与东门岛间，跨铜瓦门水道。中承式钢管混凝土无铰提篮式拱桥，为国内首座大跨径小宽跨比钢管混凝土拱桥，采用提篮拱桥梁。桥长292米，主跨为238米，宽10米，宽跨比小于1/20。其中，双向行车道宽7米，1.5米人行道，引桥4×13米。宁波市交通设计研究院、大连理工大学联合设计。铁道部大桥局第一桥梁工程处承建，宁波市交通工程咨询监理有限公司监理，同济大学同步监控。1998年10月开工，2001年6月8日钢管拱合龙，2002年5月竣工。总投资1651万元。

铜瓦门大桥主拱合龙记　2001年6月8日下午4时20分，最后一节段重达30吨的钢管拱从港面工程船上缓缓升起，以2分钟一米的速度，向60米高处的拱顶靠拢。5时整，天衣无缝地嵌进了拱顶，与其余12节钢管拱“阴阳”并合，把东门岛与大陆连接在一起。霎时，鞭炮齐鸣、彩旗飞舞，参加仪式的建设者和数千干部群众欢声雷动。①

铜瓦门大桥形式美设计考　大桥拱肋如弯月，吊杆如琴弦，其带给人的空间视觉简洁、美观，与天空、海湾和谐一体，正如高鹏程《在铜瓦门大桥饮酒凭栏》一诗中所咏：“永恒的星空于头顶高悬，永逝的流水于脚下翻滚，这金属的弧度构成了稳定支撑②。”邓安泰论文《铜瓦门大桥稳定性分析与研究》③ 在主拱设计中分析道：钢筋混凝土肋拱桥跨度超过200米时，拱肋一般采用钢管混凝土

①林峰、高伟民、蒋曼儒：《铜瓦门大桥主拱成功合龙》，《象山报》2001年6月11日，第1版。
②高鹏程：《在铜瓦门大桥饮酒凭栏》，《诗刊》，2010年第17期。
③邓安泰：《铜瓦门大桥稳定性分析与研究》，大连理工大学硕士学位论文（20030312）。

空间桁肋或钢筋混凝土劲性骨架箱肋。此种拱肋杆件数量繁多。铜瓦门大桥如果采用这种拱肋，就会显得结构繁杂，空间视觉效果差，失去桥梁美感，而且经济上也不合理。铜瓦门大桥拱肋截面采用仅由两根钢管混凝土弦杆和钢管腹杆组成的平面桁架拱肋，横向联系则采用X形双肋拱。采用吊杆及撑杆支撑预应力横梁，并由10米跨径预制桥面组成桥面系。吊杆一端吊于拱肋顶，一端铆在横梁底，与拱肋在同一平面。这样的形式设计，终于成就了石浦港上一道长虹卧波的亮丽风景。

三门口大桥

照 25-11 石浦三门口大桥

位石浦镇与高塘岛乡间，跨石浦港三门口水道。由北岸引线和大桥主体两部分组成。引线北起石浦下洋墩村，水泥混凝土路面长3.83千米，宽8.5米，按山岭重丘二级公路标准设计，行车限速每小时40千米。大桥全长1.472千米，宽12.5米。依地势分北、中、南三座，依次连接石浦镇泥礁村、庵山岛、高塘岛乡饭甑山岛、渔潭村。其中：北、中皆为主跨270米中承式钢管混凝土提篮桥，分别长352米、368米；南为四跨连续钢构组合梁（60米、2×110米、60米），全长752米。2002年10月13日开工，2008年9月19日通车。总投资1.8033亿元，其中大桥1.5亿元。中铁大桥勘测设计院设计，宏润建设集团、浙江良和公司、中铁十三局集团分别承建，宁波交通工程咨询监理有限公司监理，湖南长沙理工大学监控。

晓湾港大桥

位石浦镇西晓湾村与打鼓峙岛间，跨晓湾港。石浦镇政府打鼓峙建设开发有限公司投资，上海市政工程设计研究院设计，宁波交通工程咨询监理有限公司监理，浙江良和交通建设有限公司承建。预应力混凝土T形板梁，1.5米直径灌注桩台墩，嵌岩2.5米以上，主桥单跨45米，南北引桥各3孔，跨度均为30米（南）和28.5米（北）。大桥总长220.5米，宽10米。设计荷载公路-Ⅱ级。2006年11月开工，2009年3月完工，总造价1100万元。

照 25-12 象山港大桥

象山港大桥及接线工程

为国家沈海高速公路宁波至温州复线的起始段，是连接杭州湾、象山湾、三门湾、温州湾四大海湾和舟山港、北仑港、象山港、石浦港、健跳港、海门港、大麦屿港、温州港的交通纽带；是温州、台州地区到长三角地区的新通道。1994年，象山县就象山港大桥建设进行了初步可行性研究。2002年年末，象山港大桥建设提上议事日程。2003年1月17日，象山县第十一次党代会《构建大通道、融入大都市、规划建设象山港大桥》的报告，正式提出建设象山港大桥，着手开展大桥的前期工作；2003年5月16日，时任省委书记习近平，在调研浙江海洋经济时，作出“6月底拿出浙江沿海高速公路方案”，进一步明确象山港大桥的意义；8月6日，象山港大桥及其连接线列入宁波市高速公路网规划，8月19日，包括象山港大桥在内的全长337千米浙江沿海高速公路列入浙江省高速公路网规划，11月24日，象山县象山港大桥筹建领导小组和指挥部相继成立。2004年4月，县筹建指挥部与宁波市象山港大桥领导小组办公室合署办公，进一步开展工程前期工作。2005年6月12日，象山港大桥及接线工程预可行性报告通过交通部专家组评审。2006年2月20日，国家发展和改革委员会发文批复同意建设宁波象山港大桥及接线工程；3月8日，成立象山港大桥及接线工程建设象山指挥部；9月14日，象山港大桥及接线工程在贤庠镇小蔚庄奠基。2008年7月30日，大桥工程可行性研究报告获国务院常务会议通过，8月16日获国家发改委正式批文。10月15—17日，象山港大桥及接线工程初步设计通过交通运输部专家审查，12月4日获批复。2008年12月30日，象山港大桥及接线工程开工仪式在鄞州区咸祥镇里蔡村隆重举行。同日，象山港大桥开工。2012年12月28日，举行象山港大桥及连接线通车典礼。翌日零时正式通车。

工程始于宁波绕城高速公路云龙互通，向南经鄞州区栎斜、管江、里蔡，于白岩岭以桥梁方式跨越象山港，至象山县贤庠镇小蔚庄，经黄避岙乡谢家、大斜桥、黄避岙、大林、鸭屿，跨白墩港经墙头镇白墩、桃湾、洋北、戴港与象山连接线相衔接，全长47千米。工程项目主要包括跨海特大桥一座，横跨象山港（鄞州区山岩岭至象山小蔚庄），全长6.75千米；接线长约40千米，其中鄞州段25.09千米，象山段15.08千米。采用双塔双索面钢箱梁斜拉桥桥型，宽度25.5米。主跨688米，为全省同类桥之最。设计抗基本风速46.5米/秒。全线另设特大、大、中桥19座，隧道10座，互通立交6座，服务区1处。其中象山境内有大、中桥7座，隧道3座，互通立交2座，服务区1处。整段线路采用双向四车道高速公路标准，设计时速为100千米/小时。

项目实际投资约为75亿元，其中资本金24.6亿元，包括交通部4.59亿元，交投控股公司14.409亿元，象山东方投资公司（县财政局）1.601亿元，县政府财政4亿元，其余建设资金由国家开发银行贷款解决。建设工期四年。

大桥建成后，象山至宁波陆路车程将从原来的120千米缩短到47千米，车程由2小时变为35分钟。从此，象山进入宁波半小时经济圈、杭州2小时经济圈、上海3小时经济圈。

第五节　公路隧道

象邑多山，早期公路多盘山，行车费时又不安全。1977年，始凿茅洋乡东岙隧道。1981年后，隧道建设加快。1984年，修建丹城通往宁波、杭州等地的主要干线（省道609号），西北门户彭姥岭隧道的准备工作启动，并于1987年10月正式开凿。1988年6月，同一干线上的蚶岙岭上发生重大交通事故，客车翻落坡下103米，伤亡惨重。事后，修建蚶岙岭隧道准备工作加快，并于1991年5月正式开工。彭姥岭、蚶岙岭两隧道于1992年11月同时开通，共奔越岭段10.67千米。11月11日，彭姥岭隧道、蚶岙岭隧道试通车。至20世纪90年代末，全县已建隧道9座，总长2.49千米；在建隧道6座，总长1.94千米。2001年9月，通车隧道30座，总长9.37千米，居全省各县之首。至2008年年末，县内有公路隧道39座、总长13.02千米；在建2座，长3.38千米。

照25-13　彭姥岭隧道

彭姥岭隧道修建前交通情况 彭姥岭，象山县城西行第一岭。其弹石路面的岭道，位于史家山与炼丹山之间，起自丹城西门，止于墙头珓杯丘，长1.2千米，海拔106米，公路未建之前，为西行交通必经之道。20世纪70年代，岭道之北炼丹山上建成沙石盘山公路，长4千米。1978年，象西公路全线通车，经此公路去宁波、杭州等地，汽车出门即爬彭姥岭（时县汽车站建在彭姥岭下）。据《象山县彭姥岭隧道工程可行性报告》载，1984年，丹城拥有大小汽车400余辆，彭姥岭盘山公路日平均车流量约900辆。另外，西部4乡镇平均每日约1万人通过彭姥岭岭道或公路进出丹城。每逢丹城集市或节日，彭姥岭上车辆、行人更是拥挤不堪。交通事故、阻车现象时有发生。成为象山陆上公路第一个危险、卡脖子地段①。

照25-14 高架岭隧道

蚶岙岭隧道工程征地一次性补偿费 据《关于蚶岙岭隧道工程政策处理的意见》，蚶岙岭隧道工程一次性补偿费有土地征用补偿费（包括青苗补偿费、山林补偿费），房屋拆迁补偿费，电线杆、通讯杆、广播杆迁移补偿费，墓穴迁移补偿费，粪缸迁移补偿费等。被征用的土地，国家给予减免农业税和粮食任务，建设单位一次性补偿征用费。1. 土地补偿费标准：水田：亩产量750公斤以上的，每亩补2500元；亩产量500~750公斤的，每亩补2000元；亩产500公斤以下的，每亩补1600元。旱地（包括山坡地）：一等每亩补2000元，二等每亩补1400元，三等每亩补800元。2. 青苗补偿费标准：按“有苗补偿，无苗或抢种的不补”的原则，水田每亩补150~200元，旱地（山坡地）每亩补100~150元。3. 山林补偿费：柴山每亩补150~300元；树山每亩补350~600元；经济林根据生长年限，竹林、茶山每亩补500~1200元，柑橘每亩补1000~2500元。②

彭姥岭、蚶岙岭隧道试通车记 1992年11月11日9时，试通车主车队从丹城建设路象山剧院出发，计有摩托车9辆、指挥车1辆、警车4辆，中央、省、市、县领导及来宾车若干辆，部门、乡镇负责人大客车2辆，老干部大客车2辆，锣鼓彩车1辆。此前，已有工作车4辆先行。主车队经过建设路等街区，夹道尽是驻足观看的市民。车过彭姥岭盘山公路往西，再过蚶岙岭盘山公路至蚶岙岭隧道西洞口，已有附近村庄村民闻讯前来观看，奏乐、放鞭炮、剪彩后车队过此隧道。东行至彭姥岭隧道西洞口，亦有村民争睹剪彩、通车仪式，剪彩后车队穿越隧道后至城站路县汽车客运中心，时为11时。③

象山县主要隧道情况表

表25-17

所属公路	隧道名称	位　置	长/宽/高（米）	设计时速（千米）	开工时间	竣工时间
茅石公路	板岭隧道	新桥镇井头村东	212.0/9.5/4.5	40	2002	2003.12
	上盘岭隧道	新桥镇上盘村南	241.0/9.0/4.5	40	1998	1999.12
	美石岭隧道	定塘镇葫芦门村西	131.0/7.0/4.5	30	1998	1999.12
	下洋墩隧道	石浦镇下洋墩村西	81.8/7.0/4.5	30	1994	1995.10

①象山档案馆档案：全宗号15，目录号37，案卷号83，1985。
②象山档案馆档案：全宗号15，目录号43，案卷号90，1991。
③象山档案馆档案：全宗号15，目录号44，案卷号3，1992。

续表25-17

所属公路	隧道名称	位　置	长/宽/高（米）	设计时速（千米）	开工时间	竣工时间
象西公路	史家山隧道	县城西侧史家山	922.4/10.45/5.0	60	2000.02	2001.08
	彭姥岭隧道	城西彭姥岭	654.0/11.5/4.5	60	1987.10	1992.11
	高架岭隧道	墙头西周交界	1320.0/10.45/5.0	40	1999.10	2000.12
沿海南线公路	北山隧道	城西北山下村	324.0/12.0/5.0	40	2000	2003
	玉玑山隧道	北山隧道东	360.0/12.0/5.0	40	2000	2003
	松岙一号隧道	东陈乡松岙岭	163.0/12.0/5.0	40	1983.04	1985.12
	松岙二号隧道	松岙一号隧道东侧	380.0/12.0/5.0	40	2001	2004
	旦门一号隧道	东陈乡旦门村鸡窝岭	505.0/12.0/5.0	40	2001	2004
	旦门二号隧道	旦门一号隧道东侧	525.0/12.0/5.0	40	2000	2003
	大全山一号隧道	石浦大全山	1905.0/11.0/5.0	60	2008.11	—
方青公路	方前隧道	定塘镇方前村南	370.0/7.5/4.5	30	2004	2005.12
渡口至花岙公路	花岙隧道	高塘岛乡花岙岛	340.0/7.5/4.5	—	2004	2005.12
延昌至东门岛公路	铜瓦门隧道	铜瓦门大桥东北	80.0/7.5/4.5	30	1999	2001.12
向浦至沙塘湾公路	沙塘湾隧道	石浦镇向浦村与沙塘湾村交界	480.0/7.5/4.5	30	1991	1994.12，2006年拓宽
井头至洋坑公路	岙底隧道	新桥镇里岙村与木头岙村间	160.0/7.5/4.5	30	1997	2004年拓宽
丹大公路	爵溪隧道	爵溪街道前岙村之前岙岭	685.0/8.5/4.5	—	1988.04	1989
沙新公路	昌国隧道	石浦镇昌国北门岭	200.4/8.5/4.5	—	1978.02	1979.03，1984年扩建
	半岭隧道	石浦镇西门外半岭	342.7/9.0/4.5	—	1986.07	1989.12
石三公路	吉港一号隧道	鹤浦镇西南蜊门港大桥东	39.1/8.5/4.7	—	1994.05	1995.12
	吉港二号隧道	鹤浦至高塘过桥前第二座隧道	39.8/8.5/4.7	—	1994.05	1995.12
	高塘隧道	高塘岛乡蜊门港大桥西	205.0/8.5/4.5	—	1994.05	1995.12
马漕公路	金架山隧道	石浦镇金架岙村东	212.0/8.0/5.0	—	1996.05	1997.10
泗长公路	龙潭坑隧道	泗洲头镇南龙潭坑	47.2/6.5/4.5	—	1980.12	1981.07
	峙前岭隧道	泗洲头镇峙前岭	173.0/7.0/4.5	—	1984.09	1985.10
盛莲公路	蚶岙岭隧道	西周镇蚶岙村东	925.0/9.8/4.5	—	1991.05	1992.11
巨爵公路	赵岙隧道	丹东街道赵岙村东	448.0/11.9/5.0	—	2003.01	2004.07
	燕山隧道	爵溪街道燕山水库南	140.0/10.0/5.0	—	2003.01	2004.07
溪东公路	屠家园隧道	茅洋乡东岙村与屠家园村交界	142.0/7.5/4.5	—	2003.05	2004.12
环港公路	林善岙1号隧道	丹东街道岙里村与大徐镇林善岙交界	1470.0/11.5/5.0	—	2008.03	—

续表25-17

所属公路	隧道名称	位　置	长/宽/高（米）	设计时速（千米）	开工时间	竣工时间
前中公路	毛湾隧道	涂茨镇毛湾岭	226.0/5.0/4.5	—	1988	2003 改建
	长沙隧道	涂茨镇长沙村西	209.0/5.0/4.5	—	1987	2003 重修
	大坦岭隧道	涂茨镇大坦村岩岭头	209.0/7.0/4.6	—	1987	1989,2003 年拓宽
励司公路	励家坪隧道	励家坪村与司前村交界	233.0/7.5/4.5	—	1998	1999.11
石浦盐厂至三眼碶公路	黄石隧道	晓塘乡黄脚村	400.0/8.5/4.5	—	1993.02	2004 年拓宽改建
南金公路	石门岭隧道	鹤浦镇樊岙村	288.0/4.6/4.5	—	1979.06	1982.12
	水湖涂隧道	鹤浦镇牧童岙	242.0/5.0/4.5	—	1991.01	1993.12，2003 年拓宽
斧高公路	高坎头隧道	鹤浦镇川洞村与高坎头村交界	356.0/7.5/4.5	—	1987.01	1989.08，2005 年拓宽

第六节　汽车站

中华民国时期，县城至西泽公路（象西国防公路）两度通行客车，随车售票未设站。1956 年，丹城至白墩码头公路建成，设临时站于丹城东门外。1958 年，宁象公路建成，迁站丹城南门。1966 年，茅石公路建成，石浦设终点站。1971 年，全县车站 16 座，停靠站 25 座。1972 年，丹黄公路通车，县站迁至城西路 34 号，占地 13132 平方米。1988 年，全县车站 24 座，代办站 6 座，停靠站 102 座，货运站 3 座。20 世纪 90 年代始，公路运输市场开放，车辆营运机制改革，陆上客货运企业快速增加。长途直达、专线快客、沿途即行即开等车辆应运而生，乘车更为便捷，沿途车站大都废弃。1993 年 1 月迁至天安路 168 号，改称县汽车客运中心。县站、石浦站为境内南北客货汽车运输中心。2005 年始，墙头、定塘、晓塘、珠溪、爵溪等乡镇先后重建新农村客站。2006 年始，为配合新农村建设，全县公路港湾式客运停靠站建设在西周镇试点。是年，建成汽车停靠站 60 座，或凉亭式，或棚架型，可遮风挡雨，沿线村民候车称便。至 2008 年年末，境内有规模型车站 8 座、农村港湾式客运停靠站 714 座。

照 25-15　20 世纪 70 年代的丹城西门客运车站

照 25-16　新建于象山港路 118 号的象山客运中心

2008年象山县主要汽车站情况表

表25-18

所属	站名	地址	建成年份	年客运量（万人次）	备注
城区	县城	原址城西路34号，1993年迁至天安路168号，现在象山港西路	1972	211	原称象山站，现称县汽车客运中心，一级客运场站
	石浦	石浦火炉头路21号，2001年迁至五爱村，新建石浦汽车东站	1968	77	原镇级客货辅导站，二级客运场站
	象山南	建设路三象雕塑东南	1986	—	1997年，站废
象西公路	墙头	墙头镇	1972	12	2005年，重建
	莲花	西周镇莲花村渡头街	1978	—	站废
	西周	西周镇城区，2000年迁至康安路8号	1975	—	主营跨县长途车补员及境内短线客运。
	下沈	西周镇下沈村	1978	—	代办站，1993年撤销
	柴溪	西周镇柴溪村	—	—	代办站，1993年撤销
盛宁公路	西泽	—	1989	—	1993年撤销
	贤庠	贤庠镇贤庠村	—	—	代办站，1993年撤销
	汤家店	大徐镇汤家店村	—	—	1994年撤销
	三岔路	原南庄乡三岔路村	—	—	1993年4月撤销
	南堡	东陈乡南堡村	—	—	1993年8月撤销
	溪口	茅洋乡溪口街	—	—	1998年7月撤销
	蟹钳渡	茅洋乡花墙村西	—	—	1994年1月撤销
	泗洲头	泗洲头镇城区	1958	—	1994年10月撤销
茅石公路	海台	原东溪乡海台村东	—	—	站废
	东溪	原东溪乡东溪村西	—	—	代办站，1994年12月撤销
	新桥	新桥镇新桥村	1968	—	1994年9月撤销
	田洋湖	原中楼乡田洋湖村南	1968	—	1993年3月撤销
	定山	定塘镇隔岸村，1984年迁渡头街北	1960	23	2000年5月撤销，2006年12月重建，为四级场站
	三眼碶	晓塘乡三眼碶村	1971	—	代办站，1998年12月撤销，2007年10月在美礁村新建晓塘客运站，为四级场站
	马峙	石浦镇马峙村	1971	—	1993年3月撤销
丹爵公路	大碶头	丹东街道大碶头村	—	—	1993年3月撤销
	爵溪	爵溪街道南门外	1976	120	1996年7月撤销，2004年在街道北塘处新建，为四级客运站

续表25-18

所属	站名	地址	建成年份	年客运量（万人次）	备注
汤鲁公路	涂茨	涂茨镇涂茨村	—	—	1993年4月撤销
	钱仓	涂茨镇钱仓村西	—	—	1994年2月撤销
	珠溪	贤庠镇珠溪村北	—	—	1994年6月撤销，2008年9月重建，为四级场站
	龙屿	黄避岙乡龙屿村	1983	—	1993年4月撤销
其他	黄泥桥	西周镇黄泥桥	—	—	代办站，1993年6月撤销
	墩岙塘	泗洲头镇墩岙塘	—	—	1994年撤销
	育才路	丹东街道育才路与塔山路交汇处	—	—	亦称东门临时站
	东门	丹城东谷湖西	1995	—	主营丹城往返东乡客运，现迁至塔山路塔山脚

照25-17 20世纪八九十年代前莲花汽车站

照25-18 港湾式停车亭

公路收费站 1992年后，县政府多方筹资，先后建成甬、台、温高速公路象山连接线、沿海南线等“四自”（自行贷款、自行建设、自行收费、自行还贷）公路，并设收费站。

2008年象山县公路收费站情况表

表25-19

站名	地址	建成时间	备注
象山连接线象山收费站	彭姥岭隧道西	1993.01	亦称609省道彭姥岭隧道收费站，2000年1月，易名甬台温高速公路象山连接线象山收费站
宁波市沿海南线象山段收费站	沿海南线象山段松岙隧道北	2004.08	2006年9月25日开始收费

第七节　公路养护

民国24年（1935），建成县城至西泽公路，由商办宁穿汽车公司营运，并负责公路养护。抗日战争胜利后，由商办象山永安汽车公司养护。1956年7月，建成丹城至白墩码头公路，县建设科始设丹城道班，定员7人，按年千米200元核拨经费。1958年，道班归宁波运输段管辖，公路实行专业养护。1965年，船倒山至白墩码头5.65千米，划归农工班养护。自此，县内公路分专业养护与农工养护（县乡养护）两种。至1997年，复归专业养护至今。

专业养护

1958年年末，宁海至象山公路竣工。翌年，沿途设泗洲头、南堡、丹城、碶门头道班4处（含丹城道班），归宁波运输段管辖，称象山站养护班。1962年，成立象山工区，人员30人，公路养护69.3千米。1964年，归宁波地区养路总段管辖。至1965年，公路养护134.8千米。1971年，成立象山县公路段，分设道班13个，隶县交通局。1979年，县公路段复归宁波地区公路总段管辖，定员133人，养护公路208.7千米。1984年，公路段下设道班17个，定员130人，实有道工79人，专业养护公路209.8千米，年千米养护成本1664元。1986年4月，公路养护试行"四定一包"责任制。至1987年，全段17个班79名道工，全部实行"个人承包公路养护"责任制，为全省首列。同年8月，在全国公路养护经济责任制会议上作典型介绍。

1991年，公路养护管理隶属县交通局。1993年，道班改称公路养护站。1997年3月，县公路管理段深化公路养护体制改革，成立公路养护中心，亦称养护公司，推行企业管理。是年4月始，全段17个养护站先后撤并为田洋湖、丹城、甬台温高速连接线、东陈、茅洋5大站，推行跨区域管养，机械化作业。2000年年初，率先试行亭白线和新丰路南出口的部分沙石路、水泥路、沥青路内部养护招投标。后在全县推广。

21世纪始，随着高级、次高级路面的不断建成通车，传统的养护观念、方法已难适应现代"畅、洁、绿、美"公路要求。公路养护由单一的生产操作型向复合的技术管理型转变。

1989—2008年象山县公路养护情况表

表25-20

项目 / 年份	公路总里程（千米）	养护里程（千米）	绿化里程（千米）	好路率（%）
1989	417.59	417.59	60.10	70.3
1990	447.52	416.58	200.60	67.2
1991	453.63	453.63	203.40	66.7
1992	462.60	462.60	188.40	68.5
1993	477.50	477.50	188.60	70.1
1994	478.20	449.90	99.60	69.9
1995	489.40	460.10	152.20	67.3
1996	491.60	463.30	99.20	61.0

续表25-20

项目 年份	公路总里程 （千米）	养护里程 （千米）	绿化里程 （千米）	好路率 （%）
1997	530.00	530.00	195.60	52.1
1998	514.33	514.33	275.60	57.6
1999	530.95	530.95	281.70	61.5
2000	531.95	531.95	287.40	61.5
2001	563.30	537.50	289.30	64.3
2002	586.10	586.10	314.87	69.0
2003	586.08	586.08	315.50	69.5
2004	584.18	584.18	342.60	70.0
2005	589.03	589.03	384.25	70.0
2006	966.60	966.60	697.96	70.0
2007	1043.26	1043.26	720.27	72.1
2008	1039.95	1039.95	697.96	73.0

农工养护

亦称县乡公路养护。1982年年初，执行《浙江省关于县、社公路养护试行办法》，公路实行分级管理和养护。除省道干线公路、县通往重要集镇、日交通量在200车次以上的线路，由县公路段专职管养外，其他县道和乡道由县交通局管理，组织社队养护。其养护人员由公路所在地公社推荐，关系在社队，劳动在公路，按二三千米配备一人之要求，签订合同，落实责任，分段养护包干。该养护方式至1997年结束，复归专业养护。

1982年1月，县乡公路80.63千米，置道班13个，配管理人员3名，道工42人。1988年，成立县乡公路养护队，管理人员6名，道班26个，道工53人，养护公路179.75千米，其中，县道110.74千米，乡道69.01千米。绿化里程33.43千米，其中，县道13.2千米，乡道19.23千米。1988年，县道好路率43.04%，乡道42.24%。

第三章　通航设施

象山港口开发历史悠久。新石器时代的塔山遗址附近，即有简易道头。唐时，石浦沿港建有码头，船舶往返于宁海、台州之间。宋时，全县渡口普建道头。渡口、道头，旧志多入“山川志”，并多以“津渡”一词以概之。象山古渡“陈山渡”“姜屿渡”“湖头渡”等，因去四明必经之地而典籍多载。明清，海上运输事业发展，航线增多，港湾码头、道头数量激增。石浦码头，因天然良港而成渔船补给、商船锚泊与客轮启碇、拢岸之地，声闻天下。晚清始，主要航道开始建置航标，建于光绪年间的“北渔山灯塔”，有“远东第一灯塔”之称。中华人民共和国成立后，在象山港沿岸、石浦等地建造大型码头，全县航标设施逐步齐全。20 世纪 90 年代，陆上交通网形成，全县道头多数废弃。

第一节　海港设施

境内港口主要分布在象山港港区、石浦港港区，分别列于象山半岛南北两端，不淤不冻，水深浪静，为天然的避风良港，被列为宁波至舟山 19 大港区之一。另，爵溪、鹤浦等地沿海多有良港。

象山港港区设施

位于穿山半岛与象山半岛之间，为一深入内陆的狭长半封闭海湾，主干中心线长 55~60 千米，湾顶及湾口处水面较为开阔，宽度达 20 千米，海湾中部较窄，宽度仅 3~8 千米。分口门段、中段和内湾 3 段。口门段由宽逐渐缩窄，呈喇叭形，长 21.5 千米，一般水深 10~20 米（理论基面）；中段最窄，最大水深可达 55 米，长约 7 千米；内湾水域宽度逐渐加大，湾顶水深多小于 5 米。港内两侧山丘毗连。湾内岛礁众多，面积较小，靠近大陆。其湾内的纳潮面积为 293.7 平方千米，纳潮量约为 12 亿立方米。象山港区域涉及北仑、鄞州、奉化、宁海和象山 5 个县（市）区，象山县位于港湾南侧中部至湾口，沿岸分布有西周、墙头、大徐、黄避岙、贤庠和涂茨 6 个乡镇。现设西周、黄避岙、贤庠和外干门 4 个作业区。象山港详情见本志“海洋环境”篇第三章“海湾　水道　岬角”。

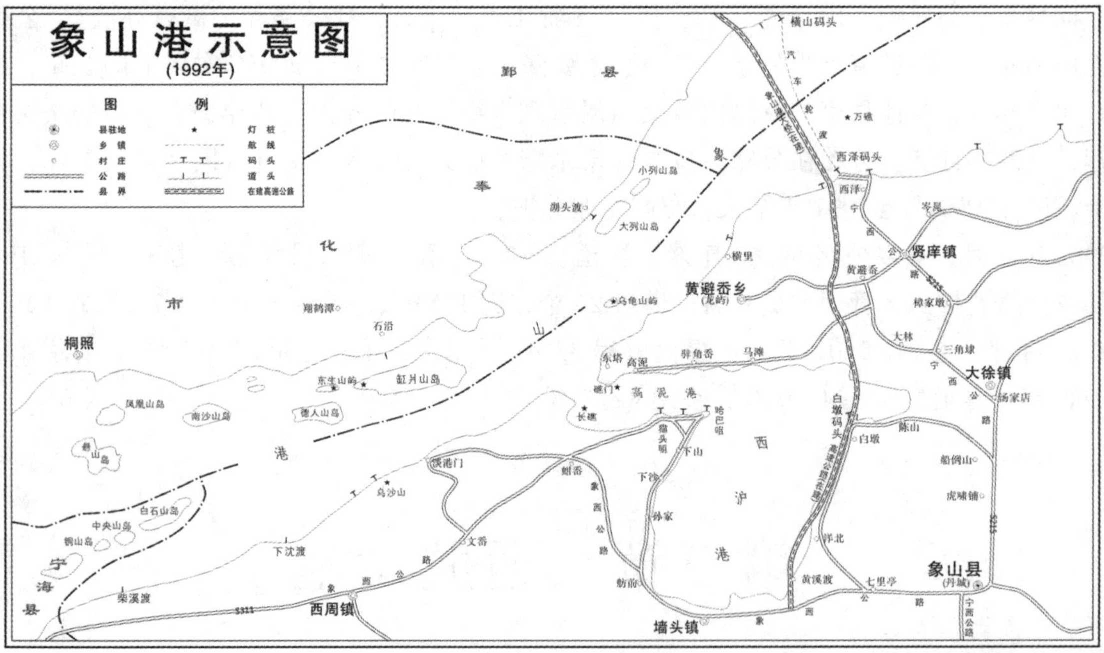

地图审核号：浙 S〔2017〕32 号

图 25-2　象山港示意图（1992 年）

港区中段南部有一较大内湾港，为西沪港，港内水深较浅，形成独特的滨海滩涂湿地，沿岸周边以养殖为主，建有 4 座小型沙场码头，因象山港大桥接线公路建设等原因，现多废弃。西沪港东北部有白墩港，东西向，长 5.5 千米，宽 30~600 米，深 0~4 米，东距西泽 14 海里、定海 45 海里；南距石浦 54 海里。民国 9 年（1920），建趸浮码头 1 座，抗日战争期间被日军毁，1955 年重建，为县北主要物资进出港埠。300～400 吨级海轮可候潮进入，落潮时搁浅装卸。原有客轮通西泽、六横、定海、宁波，1978 年停航。军民塘水库修建后，白墩港淤积加剧，现存有沙场装卸码头 2 座，500 吨级以下货船候潮进出。

2000 年始，象山港中部南岸开始兴建大中型码头泊位，2004 年与 2005 年，先后在西周建成 3.5 万吨级卸煤码头及 3000 吨级综合货运码头各 1 座，为大唐乌沙山电厂配套码头。2007 年，位于贤庠镇青莱山的杭钢富春管业（原合诚制管）5000 吨级通用码头建成。同期新乐船厂、中洋船厂落户外干门，建设船台 5 座、船坞 2 座、舾装码头 2 座；位于黄避岙的象山港水泥厂专用码头扩建为 3000 吨级。在西泽汽渡码头西新建 5000 吨级固定码头、3000 吨级浮码头各 1 座。至 2008 年，象山港区内有码头 31 座（包括船厂码头），泊位 34 个，其中普通货物码头 19 座、渔业码头 4 座、公务码头 2 座、客运码头 4 座、船厂舾装码头 2 座，货运码头年通过能力为 1000 万吨。2008 年，象山港货运吞吐量 656 万吨，占全县 92%。主要进港物资是电厂用煤、水泥熟料和建材等，出港物资为水泥和沙石等。象山港现有航道等级为 3.5 万吨级，可满足 3.5 万吨级货船乘潮进出，后期将建设 5 万吨级航道。

石浦港港区设施

石浦港为三门湾支港，为中国东南沿海著名的避风良港。县城南 30 千米，雅称荔港。开发历史悠久，象山立县前，已为贾贩往来、桅樯云集之区。唐贞观、永徽间，有会稽贾贩数往台州，而经东门祈祷。宋元以降为海防要地。明永乐四年（1406），侍郎俞士吉出使日本，由石浦南关桥发舟。清光绪间始建趸船码头，有永川码头（老码头）、永利码头（新码头、越东码头）。民国间建达兴码头，1952 年重建，改称石浦第一码头，500 吨级。1965 年，建成 1500 吨级客货码头，称石浦第二码头。同时，建有企事业单位专用趸船码头 11 座，壁岸式码头 3 座，栈桥式码头 3 座。1985 年，新港区建成，建框架式 1500 吨级固定码头，年货物吞吐量 20 万吨。1990 年，吞吐量达 52 万吨。1990 年，开工新建 3000 吨级对台专用码头，1991 年竣工验收。1993 年，石浦港辟为国家二类口岸。2005 年，经国家海关总署批准并入宁波一类口岸，且保留象山县口岸。2008 年，石浦港区内大小码头 120 座，其中渔业类 52 座、货物装卸类 21 座、公务类 6 座、客运类 17 座、油品类 24 座。2008 年 12 月，经国家级专家评审，石浦港下湾门水道通航能力达 3 万吨。

石浦港，北起塘头港，南至文旦港，全长 5 千米。原山岭阻隔，中华人民共和国成立后，几经修建，开拓沿港水泥公路，连塘头港、延昌、石浦、番头为一片。渔港北路段（塘头港至铜关），为水泥、煤、木材、水产品等物资装卸区；渔港中路为客轮、舰艇、渔船停靠区；南段停靠油船、渔船为禽畜、粮食、煤炭等货物装卸区；番头新港区为大宗计划物资作业区。沿港建有船厂、船坞、水厂、电厂、油库、冷库、渔机厂、商店、医院、邮电所、接待站、气象站等服务设施。因地处舟山、大目、猫头、渔山、大陈等渔场之中，1974 年，被水产部定为一级渔港。能靠泊万艘中小型渔船和数万艘 500 吨级以上船舶。每逢渔汛，渔船云集，日达 6000 艘。1987 年，靠泊台湾船舶 1821 艘次，接待台胞 15555 人次，为全国台胞接待总数的 40%。石浦港北距上海 186 海里，宁波 87 海里，定海 60 海里。南距椒江 57 海里，温州 134 海里，基隆 296 海里，香港 650 海里，广州 738 海里，海口 915 海里。原有班轮通上海、沈家门、椒江、三门、宁海及境内蟹钳渡、金七门、檀头山、乌岩港口、三门口、鹤浦等埠。沿港有轮渡多处，往来两岸，以东门轮渡、石鹤汽渡最著。

石浦港港区以象山半岛为依托，以东门岛、南田岛和高塘岛等岛屿作屏障，形成一个半封闭

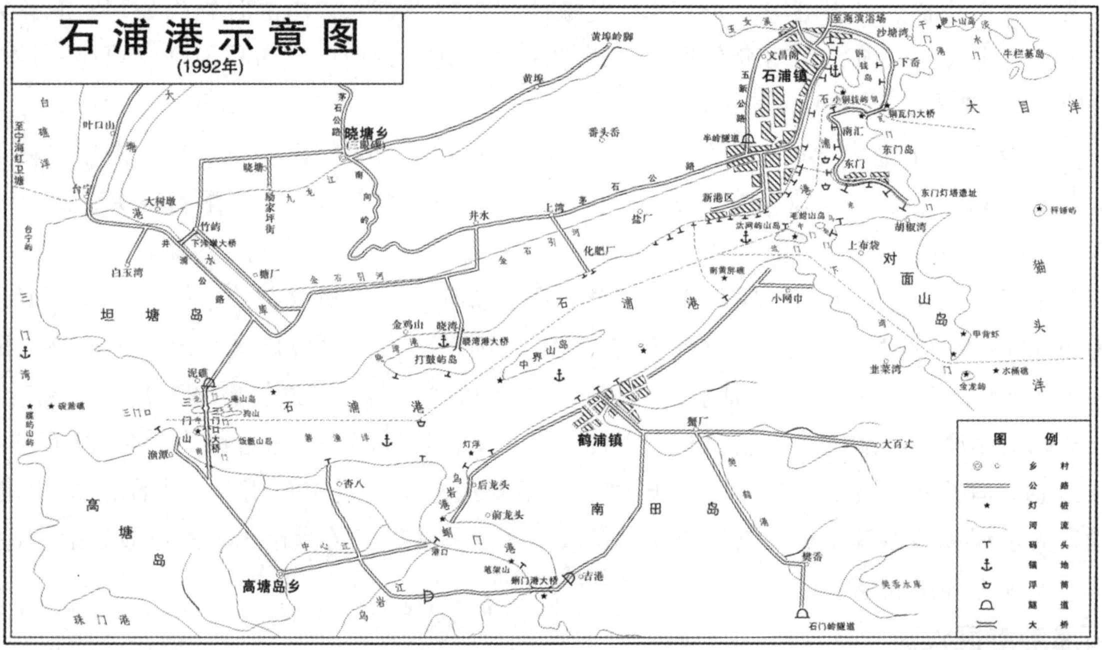

地图审核号：浙S〔2017〕32号

图 25-3　石浦港示意图（1992 年）

型港湾，港湾呈东北——西南向，东起东门岛西北嘴，西至三门口东端，全长 20 千米，宽约 2 千米，海域面积 27 平方千米，港内水深 4~33 米。港湾内有中界山、汏网屿等岛礁，岛屿间有铜瓦门、东门、下湾门、林门和三门 5 个口门水道与外海相通。现港区有雷公山、金星、鹁鸪头、台宁、纱帽绿山、箬渔山、盘基、珠门、金七门、打鼓峙和万寿塘共 11 个作业区。港区岸线 43.7 千米，深水岸线 28.8 千米。随着区域经济的发展，石浦港港区的吞吐量逐步增长。2008 年，石浦港港区货物年吞吐量为 53.7 万吨，其中主要出港物资为水产品和农林（粮食）产品，进港物资主要是煤炭及制品、石油及化工、钢铁、建材等。

三门湾、石浦港详情见本志“海洋环境”篇第三章“海湾　水道　岬角”。石浦中心恒港内容见本志“渔业”篇第一章“渔场　渔港”。

象山县港口情况表

表 25-21

名　称	位　置	水　深（米）	设　施
外干门港	涂茨镇屿岙	5.0~20.0	南岸建有码头
高泥港	黄避岙高泥	10.0~37.0	沿港建有码头 5 座
山下港	墙头镇下沙	8.0~15.0	沿港建有码头 4 座
洋北港	墙头镇洋北	0.0~4.0	港尾筑有石砌简易码头
黄溪港	墙头镇黄溪	0.0~2.0	筑有条石砌简易码头
墙头港	墙头镇墙头	0.0~3.0	筑有石砌道头
泗洲头港	泗洲头镇泗洲头	0.5~3.0	百吨以下船只可随潮停泊
蟹钳港	茅洋乡杨岙山	1.8~6.0	有碘石专用码头
金高椅港	高塘岛乡金高椅	26.0~43.0	建有高花汽渡，旅游专用码头

第二节　津　　渡

象山古代海道交通发达，古渡甚多。宋宝庆《四明志》载有5渡：陈山渡、袁村渡、姜屿渡、湖头渡、白查渡。① 以陈山、姜屿为最古。明代郑和下西洋船队经过象山海域。

袁村渡考　宋宝庆《四明志》卷第二十一“叙水·津渡”“袁村渡”条云：“同在陈山海岸发船，两潮至奉化县袁村登岸。”因船渡至奉化袁村登岸，故云袁村渡。

清乾隆《象山县志》说象山袁村渡当年已废。民国《象山县志》卷二之三“海防图说”叙袁村渡，引乾隆《象山县志》云：“至斜阳古道，野渡无人。其已废者则有如袁村渡，自陈山登舟，于奉化袁村登陆也。”

民国《象山县志》引《奉化县志》及道光《象山县志》记载云，陈山海岸只有陈山渡，而没有袁村渡。民国《象山县志》卷二之三“海防图说”叙袁村渡，引《奉化县志》云：“袁村渡在县东南五十里，自此发船，两潮至象陈山渡”；引道光《象山县志》云：“宋时唯陈山为官渡，至奉化登岸，或于东宿，或于袁村，非有二渡也。”

乾隆年间倪象占的笔记《蓬山清话》则认为，袁村渡在奉化境内，袁村即裘村，亦名吴公渡，俗名“樯下潭”（樯下潭渡即今之翔鹤潭渡）。因筑海塘而渡口日移，距裘村有十里。《蓬山清话》卷之三“话水”，其“津渡”条云：“其曰袁村者，即今裘村，奉化境也，俗名樯下潭。”其“裘村”条云：裘村“有渡为象山至府城要津，即志误称为袁村渡者，今在海口山麓，又名吴公渡，俗名樯下潭。盖海塘筑而埠日移，去裘村已十里矣。”

袁村渡，与东宿渡相距一段距离。宋宝庆《四明志》卷十四《奉化县志》卷一“叙水·津渡”：“东宿渡，县东六十里，自此发船折海二百里，两潮而至象山陈山渡。”“袁村渡，县东南五十里，自此发船，两潮至陈山渡。”

宋宝庆《四明志》载：象山东南皆为大洋，北为大港。东为“钱仓”，南为“大睦”，西南“东门”。其北港陈山渡，舟之往来，东通大洋，西可达奉化鲒埼。由陈山渡一潮而至方门，再潮而至乌埼，三潮而至郡城下。清乾隆《象山县志》于此续之：由陈山渡所走为古海道，今陈山、黄溪二渡，一潮直达奉化县樯下潭，遇大潮则在西塔泊舟，等候顺流进发。明嘉靖《象山县志》增淡港渡、黄溪渡。以姜屿、淡港二渡为主。清道光间增设西泽、滩江二渡。以黄溪渡为主。光绪元年（1875），南田开禁，县南渡口剧增。民国《象山县志》列有“长大湾渡”等小渡12处②。中华人民共和国成立后，围垦海涂，拦江筑坝，多数渡口已废。1985年，除大塘港之叶口山、中岙、金牛港、竹屿及晓湾港之金鸡山等渡外，渡运船只皆实现机动化。20世纪末，不少港湾陆续撤渡建桥。2004年有渡口34处，2008年年末仅存15渡。

---

①王志邦辑录：《宋元四明志象山县汇辑》，中华书局2010年版，第68页。

②据象山民国《象山县志》卷二之三“海防图说”相关资料及竺桂良主编《象山交通志》（海洋出版社，1992年版）第三章第四节“渡口”内容。

陈山渡

最古，邑东北二十里，设县即有，唐时以此发舟，三潮而至郡城下①。宋时改在奉化东宿渡登岸②。明洪武二十二年（1389）官设渡于姜屿、湖头，此渡遂革③。清康熙三十二年（1693）复开，与黄溪、淡港、西周等同渡至奉化樯下潭登岸④。水程八十里，登岸二十里至道成岭（鄞县界），又二十五里至鄞之陆家河头（今横溪），贯八官船或橛头船，夜航水程四十五里至新河头，进郡城之灵桥门⑤。光绪间，宁海薛岙有汽轮通航宁波、上海，夜泊高泥港，陈山为驳渡。民国12年（1923），白墩码头建成，陈山渡废。抗日战争胜利后，宁波象山恢复通航，陈山为驳渡。1956年6月，白墩码头竣工，废陈山渡⑥。陈山渡道头，乱石筑砌，石板铺面，长约400米，今废为军民塘基。清末民国初，有陈山义渡，小舟海道二里，登本县三家岙（山夹岙）⑦。

黄溪渡

在县治西北十里，始置年月无考。渡在县西一十里。原无官船，俱民间私渡，水程八十里，同陈山渡，至奉化裘村南八里之马头登陆⑧。万历季年，码头淤浅，非漫潮不得抵岸。邑令吴学周于港外高阜处凿山成路，人称“吴公渡”⑨。清初“迁界”，黄溪、淡港、湖头等渡尽废。康熙二十三年（1684）“展复”⑩。黄溪“通渡至奉化十庙碶登岸，独埠已成海涂，民甚苦之。康熙三十五年，象协副将张进捐资重筑，令胡祚远捐俸成之”⑪。“雍正二年（1724）七月，海啸，商旅漂没，邑令马受曾改埠于樯下潭”⑫。此后至民国初，象山民间人士多次捐修樯下潭埠与黄溪道头。清光绪间，小轮船通航宁海薛岙至宁波间，象山之西泽、黄溪、樯头、长礁等处均有驳渡载人货以登轮船，白墩码头建成始罢。

---

①民国《象山县志》卷二之三“海防图说”，转引自乾隆《象山县志》云：“陈山渡最古，邑东北二十里，设县以来自有也。”

②民国《象山县志》卷二十一“名宦传”宋赵彦逾传：象山“今西北至庆元府水陆一百六十里。渡支海，南曰陈山，北曰东宿，皆潮退而行，中途少憩海口，俟潮登而后达。”

③见嘉靖《象山县志》卷之三“山川纪·津渡”。

④见民国《象山县志》卷二之三“海防图说”，转引自道光《象山县志》。

⑤钱沃臣：《蓬岛樵歌》，林志龙等点注，中华书局2010年版，第307页。

⑥竺桂良主编：《象山交通志》，海洋出版社1992年版，第80页。

⑦见民国《象山县志》卷二之三“海防图说”。

⑧嘉靖《象山县志》卷之三“山川纪·津渡”黄溪渡条云“水程四十里至马头登岸”之“四十里”有误，现据竺桂良主编《象山交通志》（海洋出版社1992年版）第三章第四节“渡口”黄溪渡条相关内容改。原文：小渡12处为：长大湾渡，渡船一艘，过海道里余，由干头至长大湾；又有中泥渡，船一。定塘中泥村山灶至长大湾隔洋塘（属宁海）。原名竿头渡；浮礁渡，船二。定塘镇下渡头村至大塘浮礁渡村，水程半里；中岙渡，一名官市头渡，船二。在晓塘乡中岙村西，西渡大塘港至大塘小花港，水程里许；逸狗山（叶口山）渡，一名龙尾巴渡，船一，由中泥、定山、竹山、胡家屿至大泥塘；岳井渡，大泥塘至宁海岳井；大树墩渡，船四，由胡家屿至南田白箬湾（在坦塘岛西北）；励家坪，渡船二，至石浦海面三十里；下洋墩，船二，至坦塘，海面二里；金鸡山渡，船二。一至石浦，海面二十里；一至南田龙泉塘，海面八里；小湾（晓湾）渡，有渡船二。一至石浦，海面十六里；一至南田五丰塘，海面八里；蒲湾渡，船一，至南田鹤浦，海面八里。

⑨见民国《象山县志》卷二之三“海防图说”转引自嘉靖《宁波府志》。

⑩民国《象山县志》卷十“地志考·历代文治考”转引自乾隆《象山县志》云：顺治十八年，奉遣沿海居民。民国23年，展复黄溪、淡港、湖头等海渡。

⑪民国《象山县志》卷二之三“海防图说”转引自雍正《象山县志》。

⑫民国《象山县志》卷二之三“海防图说”转引自乾隆《象山县志》。

淡港渡

县西北四十里，明成化十八年（1482），从姜屿渡分拨渡船一只，渡工三人为官渡①。一潮径达，海道三十里至樯下潭。清初曾遭弃界，后又“展复”，与黄溪渡同。又有百姓渡，小船过港里许，登本县蟹钳头塘。又有长礁渡，小舟渡海五里，登本县东乡箬帽涂山（即东塔山）。又有猫头嘴渡，小舟过海面三里，登本县东乡之高泥。清同治六年（1867）里人于港中建石平桥（水底桥），潮涨以小舟渡人，潮退人畜由石平桥过，以代百姓渡。1978 年，象西公路莲花大桥建成，百姓渡废。

姜屿渡（西周渡）

旧名吴七娘渡，在县西五十里西周渡头。邑人吴七娘之地，因以为名②。海面二十里至奉化东宿登岸。宋时其地属姜屿保，其东岸有姜屿山，因更名姜屿渡。明洪武二十二年（1389），信国公汤和增其规制，檄奉化置船三、渡夫六。清初，以弃界废，乾隆初，复置官渡，移至奉化樯下潭登岸，改称西周渡。海道与淡港同，而淡港较便利。1959 年，大长溪入海之港口筑堤围塘，埠头由内道头迁外道头。1969 年，黄家塘驻军有快艇通船奉化石沿（裘村东南 12 里），免费搭客，又有公路相接，行旅称便，西周渡遂废。20 世纪 60 年代中期，曾有小轮船通航西周、白墩间，不久因旅客少停航。

姜屿渡考　姜屿渡即西周渡，姜屿渡废于顺治十八年（1661），而不在雍正间，时黄溪、淡港、湖头并姜屿同时废弃。倪象占《蓬山清话》：“本朝顺治初及康熙十二年耿逆之乱，沿海居民皆起遣内地，离海三十里。”民国《象山县志》卷十“地治考·历代文治考”转引乾隆《象山县志》云：康熙二十三年（1684），台湾平后“展复昌国卫、石浦等处及黄溪、淡港、湖头等海渡”。而姜屿渡未能得复。故雍正《象山县志》称“今渡已废”。乾隆时才得复置，志称：“今移置于西周至樯下潭登岸。”清乾隆《象山县志》此语太过简略，遂致今人误以为姜屿渡与西周渡为两地，如 1992 年海洋出版社出版的《象山交通志》、1995 年浙江人民出版社出版的《象山地名志》等，皆将姜屿渡、西周渡分列条目，并认为姜屿渡在乌沙，废于清雍正年间，西周渡在西周，而成大错。其实复渡后姜屿渡改称西周渡，而所移仅为对岸登陆点由东宿而至樯下潭。今举姜屿即在西周之明证三条：一、明嘉靖《宁波府志》：“大长溪，县西五十里，源出蒙顶山、青龙山，合流至姜屿渡入海。”清乾隆《象山县志》：“蒙顶山发源，一曰庆丰溪，自车岭过庆丰桥至土桥，合东摄潭之水，汇沙溪入大长溪，由西周渡入海”。同一条大长溪之入海处，明称“姜屿渡”，清称“西周渡”，姜屿、西周两渡应在同一地方。只是明、清两代渡口名称有更改而已。二、《明史·地里志》载：“西（当作东）有爵溪巡检司，迁治姜屿渡”。《浙江通志》载：“（明）爵溪巡检司，弓兵一百名。在象山县西五十五里姜屿渡，旧在爵溪，洪武二十年（实为三十一年）建所，徙此。”民国志《象山县志·地治考》附录《明卫所城寨沿革考》：“……姜屿渡爵溪巡检司署旧在爵溪，洪武三十一年（1398），迁司今地……康熙四十七年（1708），移司于鄞县所辖之杖锡。姜屿署废。”姜屿设巡检司前后历明、清两朝共三百一十年。而署废至今亦已三百年。然数百年来，直到今天，在西周镇北半里许一直存在着一个名为“司前”的小村，证明着其北为（曾为）姜屿渡爵溪巡检署。因此也证明了在大长溪入海处的西周渡，即为姜屿渡。三、明初，邑人俞士吉有《丹

---

①民国《象山县志》卷二之三“海防图说”转引自嘉靖《宁波府志》。
②宝庆《四明志》卷第二十一“叙水·水”“津渡·姜屿渡”条。

山十咏》其五为《姜屿晴岚》，中有句写姜屿渡景色："东郑楼台浓淡里，西周花木有无中。"大长溪入海之前，夹岸东为东郑（今大坑村多郑姓，时村名东郑），西为西周。西周、东郑时属政实乡十都，可证姜屿渡之位置在西周无疑。

樯头渡

县西十五里（今西沪港正南、墙头镇北），海程八十里通奉化翔鹤潭（樯下潭），渡始于何时无考，清乾隆《象山县志》海防图标有此渡。清道光《象山县志》称：此渡"旧志均不及，刘公非《西谷记》：宋邑令林旦通西沙港以利涉，或即此"。则堪称古渡。樯头渡后与黄溪渡、陈山渡、淡港渡、西周渡并为官渡。光绪间宁海与宁波间有轮船通航，樯头亦为驳渡。抗战中宁波轮船停航，一度改渡翔鹤潭，抗日战争胜利后复改驳渡。1956年，白墩码头建成，渡废。

湖头渡

县东北三十五里（位于今黄避岙乡牛头山碑牌庙前），旧为陈山子渡，自本邑田下潮涨登船，平潮至鄞县东湖头（今奉化湖头渡）登岸，海道四十里①。至明洪武二十一年（1388），官设渡船2只，徭佥渡夫6名，皆出自奉化②。入清曾遭废弃，康熙二十三年（1684）"展复"。海道四十里，改鄞县大嵩登陆。道光间其西南二里许横塘建埠，湖头渡废。

滩港义渡

在县东北三十五里，今黄避岙乡横塘村北，又称横塘渡，水程十里登奉化湖头渡。清道光二十七年（1847），里人吴学章创建，募田三十五亩以为经费③。1959年，筑跃进塘，埠移大窟头山嘴，改养殖场经管。1970年，船毁于台风，渡废。

西泽渡

清道光《象山县志》载："在东乡十八都。"洋面二十里，直达鄞县东横山登岸。乾隆时曾以私渡被禁。同治二年（1867）报县立案④。光绪十年（1884），里人萧进步独资创筑外道头二十余丈，十二年重修⑤。三十四年，为小轮船停泊之所⑥。民国17年（1928），西泽、横山间行机动船（往返宁波之客轮以小船吊渡）。民国24年，象西国防公路建成，渡轮使之与北岸宁横公路对接。抗日战争初，象西路破坏后，渡轮时有停运。民国36年，当地农民创设义渡，与轮渡并存。1961年，县运输公司有客轮渡运，弯埠乌屿山。1966年，在外道头西山200米处建浮码头。1988年，又在其西500米建汽车轮渡码头，连接宁西公路（宁海县城至象山西泽）和盛横公路（鄞县盛垫至横山），两公路遂合称盛宁公路。

白查渡

在县西南四十里，宋宝庆《四明志》有载。"即今之蛎江，旧因无桥，本邑一、二、三、四都人往府者，先渡此至姜屿"⑦。明弘治三年（1490），有高僧建桥，渡废。清康熙三十八年（1699），桥圮于洪潮，渡复。乾隆十二年（1747），宁海比丘尼一修力任修桥，垂成复圮，乃得

①宝庆《四明志》卷第二十一"叙水·津渡"。
②民国《象山县志》卷二之三"海防图说"。
③民国《象山县志》卷十六"风俗考·附各义举"之"滩港义渡"条。
④民国《象山县志》卷二之三"海防图说"转引自乾隆、道光《象山县志》。
⑤民国《象山县志》卷十六"风俗考·附各义举"之"西泽渡外道头"条。
⑥民国《象山县志》卷二之三"海防图说"转引自道光《象山县志》。
⑦嘉靖《象山县志》卷之三"山川纪·津渡"之"白查渡"条。

邑令山东王伸、知宁波府胡邦佑继成其桥①。时胡学义为作《重修丽（蛎）江桥记》称："桥枕山带海，上达宁绍，下连昌石台温诸处。舟樯往来，行人络绎，信孔道也。"道光间复圮，光绪二十年（1894）桥三建，民国9年（1920），桥又圮②。桥渡交替至民国12年，在上游600米处建蛎江桥（俗称"洋桥头"）。至1987年8月12日倒坍。香港沈炳麟捐资15万元，县政府拨款8万元，在蛎江桥旧址重建。1988年桥成，改名顺德桥。

鹤浦埠

南田八岛散居海中，交通尤赖津渡。鹤浦距县治（南田县治时在樊岙）二十里，东北通石浦，有航船16艘，逐日挨班开驶，往返石浦。其地有临浦小汽船，每日上午由石浦开驶，先到鹤浦埠，再开经象山下南乡及南田瀛洲乡（今坦塘）并宁海各埠。下午驶回，仍由鹤浦埠至石浦停泊过夜，旅客往返称便。民国《南田县志》卷二十五有"津渡"一节述鹤浦埠及义渡十七处。除鹤浦开埠于光绪元年（1875）③、韭菜湾于光绪十四年设渡外，均设于民国初年。

民国时期南田义渡情况表

表25-22

地 点	距县治里数	船舶行径地点	备 注
韭菜湾（一都）	二十里	由下湾门通大海，北通象山石浦。	渡船四艘
长山嘴（一都）	三十里	往来石浦	渡船一艘
吉港渡（二都）	十二里	龙泉塘及五、六两都	渡船一艘
龙头渡（二都）	十五里	龙泉塘及五、六两都	渡船一艘
龙头下渡	十七里	龙泉木梁塘及六都	在鹤浦大湾塘碶门沿，船一艘
港口渡	十八里	二都龙头等村	在龙泉东方塘外
烧盐渡	二十里	石浦	航船三艘
乌岩港口（五都）	十八里	石浦	航船三艘
龙潭坑	二十五里	石浦	在龙泉塘杏八村，航船一艘
蟹礁头埠	三十四里	石浦	在埠之碶门沿，航船五艘
珠门埠（六都）	四十二里	宁海海游	航船一艘，十日一周
金高椅埠	四十里	宁海踺跳，另有往来花岙船	在龙泉西南方塘南首，航船一艘，十日一周
下布袋（八都）	三十五里	由韭菜湾渡下湾门港	或由鹤浦石浦泊石浦换船往八都
潭头山（九都）	七十里	由石浦换船出象山东门港往潭头山	—

①民国《象山县志》卷三十一"文征内编上"之《重修丽（蛎）江桥记》；卷一之五"西二乡图说"。

②民国《象山县志》卷一之五"西二乡图说"。

③民国《象山县志·史事考》引《谨记簿》：光绪元年（1875），浙江巡抚杨（昌浚）奏请南田山开禁。十月十六日奉朱批开垦报升，石浦同知杨（殿才）与本城（象山县城）文武、台州府各出文争界。又知（象山）县邵正寅批准告示：岳（鹤）头（当系浦字之误）至石浦行船。

续表25-22

地　点	距县治里数	船舶行径地点	备　　注
南北海（渔）山（九都）	百二十五里	由石浦转盐仓前换船出象山东门港，泛海向西南行	—
坦塘、白玉湾（十都）	四十五里	由鹤浦埠渡象属蒲湾，经行至下洋墩，由普陀门过渡或中龙泉塘蟹礁头埠达该处	—
按：八都、九都、十都，并无常川津渡，交通较难			

说明：录自民国《南田县志》卷十，原称《交通津渡里数表》，与卷二十五“津渡”节对校，此表脱落三山乡（对面山、檀头山、渔山）义渡

2008年象山县渡口情况表

表25-23

渡口名	位　　置	备　　注
崇攙东渡	新桥镇崇攙岛东崇门头	渡至五峙门
小网巾渡	鹤浦镇小网巾村长山嘴	渡石浦，弯埠上布袋
韭菜湾渡	鹤浦镇下湾门东南口	渡石浦
后龙头渡	鹤浦镇后龙头村	渡至高塘岛孝贤湾乌龟山嘴，为鹤浦至高塘要津
滨海渡	在中界山	鹤浦镇滨海船厂码头至鹤浦客运码头，渡程500米，为自备渡
渔山渡	在渔山列岛北渔山	渔山道头至石浦海军码头之间，渡程50千米
花岙渡	高塘岛珠门港金高椅村	又名金高椅渡，渡至花岙岛鲞桩山码头
晓湾渡	石浦镇金星晓湾村	对岸打鼓屿
东门渡	石浦港边	渡东门岛，渡运量为境内量大
铜钿礁渡	石浦镇铜钿礁	对岸为延昌前
胡椒湾渡	石浦镇对面山岛东北角胡椒湾村	对岸东门道头
英山渡	定塘镇大塘下英山西北	渡至宁海县岳井乡李家渡
台宁渡	定塘镇大塘南端台宁大坝西	渡至宁海县伍山乡红卫塘，2001年停渡，2005年改汽渡
中泥渡	定塘镇中泥村山灶	渡至宁海县隔洋塘
西泽汽车轮渡	贤庠西泽	对岸为鄞州区横山码头

第三节　道头　码头

海、港边供船舶停靠、货物装卸、旅客上下等所用的建筑物和场所，象山民间称比较简易者为道头，规模较大者为码头。道头与津渡同时形成，所以象山最早道头的历史与象山人渡港泛海的历史一样悠久。道头有的为天然形成，多数则为人造建筑物。宋宝庆《四明志》所载古渡陈山渡、袁村渡、姜屿渡、湖头渡、白查渡等地道头，属后者。以码头名之者，清光绪二十六年（1900）石浦老道头北所建的浮式码头，民间称为“老码头”，为象山最早而著名的码头。

道头

有突堤、斜坡、顺岸、阶梯等形式。多为乱块石砌筑，也有混凝土抹面。1989年，全县道头89座，以蟹钳渡、黄溪渡、台宁、柴溪、石浦等道头较著。20世纪90年代，随渡口变迁，多数被废，留存少数遗址。

象山县主要道头情况表

表25-24

名　称	位　置	建造时间	长/宽（米）	备　注
黄溪道头	墙头镇黄溪	明代始建	537/2.0~3.5	建有候渡亭，设路灯
蟹钳渡道头	茅洋乡花墙	清代始建	480/1.5	20世纪80年代被弃，2008年道头尚存
石浦老道头	海军卫生队前	清道光年间建	40/6.0	中华人民共和国成立后扩建海军码头时被拆
石浦新道头	江浦路口	清光绪年间建	40/6.0	20世纪70年代被拆
台宁道头	定塘镇台宁大闸前	1973	230/1.5	2001年被弃，2008年道头尚存
英山道头	定塘镇大塘下英山历成塘	1988	250/2.5~3.2	2008年有机动船渡运
柴溪道头	西周镇下沈柴溪村北	1985	184/2.0	2004年6月被弃，2008年道头尚存

码头

清光绪二十六年（1900），上海老公茂公司在石浦老道头北始建浮式码头，名永川，俗称“老码头”。光绪三十一年，台州越东公司在石浦新道头北建永利码头，俗称“新码头”，抗日战争前毁于台风。民国9年（1920），县知事李泳在白墩建造浮式码头。民国16年，上海达兴轮船公司在石浦新、老码头之间建造浮式码头，称达兴码头。民国18年，南田县县长毛皋坤募建鹤浦码头。中华人民共和国成立后，境内客货运码头、渔业码头、企业码头逐年增加。1988年，全县码头86座，2008年达151座。

照25-19　石浦第一码头渡

象山县主要码头情况表

表 25-25

名　称	位　置	建造年份	长/宽（米）	备　注
石浦第一码头	石浦横塘岸路北口	民国 16 年（1927）	103/8.0	旧称达兴码头。1965 年改为客运码头。1989 年因扩建渔港路被拆
石浦第二码头	石浦天妃宫粽子岩	1961	76/8.0	1965 年为客货码头，1985 年改为客运码头。2001 年改为公务专用码头
石浦新港区码头	石浦镇西南番头坟坦港北	1985	62/10.8	为县大宗计划物资进出码头，2002 年，称石浦水上客运中心码头
鹤浦新码头	鹤浦镇西北万全塘东北	1987	113/8.5	客货两用
鹤浦老码头	鹤浦镇鹤浦大闸东北	民国 18 年（1929）	14/4.0	1968 年重建。原为客运码头，1988 年改为货运码头
港口码头	高塘岛东部，林门港中部西岸	1971	40/9.0	又称高塘乌岩港口码头。1999 年改建浮码头，今改为港口渔业码头
三门口码头	高塘岛西北部，三门口南岸	1985	20/6.0	客货两用。1997 年，因台灾沉没
白墩码头	西沪港东北角	民国 9 年（1920）	23/23.0	1956 年 6 月重建
象山港港航巡逻艇码头	贤庠镇北	1966	62/12.0	原为西泽码头。2007 年 11 月，县港航处改建象山港巡逻艇专用码头
象山港汽车轮渡码头	贤庠镇西北	1988	趸船 50×12 米 1 艘、26×7 米 2 艘	象山宁波间第二通道，缩短丹城至宁波路程 48 千米
石浦对台专用码头	石浦镇文坦港村南	1990	87/13.0	附建 300 吨级浮码头 1 座
石浦航标站码头	石浦镇隔峙山坟坦港口西	1986	40/9.0	1992 年址迁海军修理所西侧，2005 年改称象山航标站码头
西泽码头	贤庠镇小蔚庄村北	2004	138/22.0	—
大唐乌沙山电厂码头	象山港南岸，西周镇乌沙山西	2004	综合码头 138/17.0 卸煤码头 476/30.0	—
白沙湾码头	爵溪白沙湾	1970	13/60.0	原为黄沙出运，高潮泊位 200 吨级
牛仓嘴码头	爵溪牛仓	1992	岩长 44 米，堆场 670 平方米	高潮泊位 500 吨级，主要装卸煤、海鲜

续表25-25

名　称	位　置	建造年份	长/宽（米）	备　注
海鲜加工厂码头	牛仓嘴	1994	岸长 67 米，堆场 670 平方米	高潮泊位 500 吨级，主要装卸煤、黄沙、海鲜
铜珠山码头	白岩山岩场南端	1981	58/13.0	高潮泊位 150 吨，专供出运食盐及公屿村泊舟
磨石礁码头	大岙磨石礁	1990	10/24.0 堆场 1000 余平方米	高潮泊位 1000 吨级，现改建为希尔顿大酒店
杭钢富春通用码头	象山港南岸贤庠镇北	2007	125/25.0	500 吨级
石城山码头	石城山东	1995	10/30.0	高潮泊位 300 吨级，石子专用码头
南韭山竹嘴码头	南韭山	1962	堆场宽旷	可泊 1000 吨级
积谷山码头	积谷山西	1962	顺岩式	可泊 1000 吨级，简易公路环岛
正源电厂码头	爵溪青门水道	2005	堆场宽旷	高潮泊位 3000 吨级，电厂专用

第四节　航　　标

昔海员、渔民航行以天然目标作参照物，指示航向。象山的天然目标有岛礁、山脉、山峰等，如大佛头山、秤锤礁、半边山、锯门龙洞山、东屿山等，以大佛头山为最著。鸦片战争后，英、法等列强操纵海关，先后于同治四年（1865）、十一年，光绪二十一年（1895）、二十三年在浙东中部沿海虎蹲山、七里屿、北渔山、鱼腥脑等地建造灯塔。民国时期，定海、象山部分船主，集资修建灯塔多座。1949 年前夕，仅北渔山、东门、胡椒湾、铜瓦门、红生礁 5 处灯塔。中华人民共和国成立初期，除北渔山仍为国民党军队占领之外，其余灯塔由浙江航运管理局接收管理。1957 年，水产部门建渔用灯桩 2 座。1960 年，象山航道工程队陆续新建、改建航标 31 处。至 1985 年年末，全县共管辖航标 72 座，其中象山海域 55 座。2008 年年末，柴山、大青山（南韭山外）、泥螺屿、檀头山西南嘴、偶岛（林门港外）、小青山（崇门外）6 处新建灯桩投入使用，全县管辖的航标达 103 座，其中象山海域 96 座。

照 25-20　石浦北渔山灯塔

灯塔

较高大塔形建筑物，顶部装发光设备。灯光射程 15 海里以上。夜间导航，专人管理。民国初期除东门灯塔外，尚建有红生礁、铜瓦门、鸡娘山、三门山灯塔。又于舟山、台州湾建烈表嘴、菜花山、磨盘山灯塔。详见本志“文物名胜”篇第四章“历史建筑”。

北渔山灯塔建造情况考 据班思德撰民国21年（1932）出版的《中国沿海灯塔志》中有关“北渔山灯塔”内容及竺桂良撰1986年刊印的《北渔山灯塔志》，北渔山灯塔，时为远东第一灯塔。其建造，清同光之际，海关曾讨论多次。待光绪十年（1884）以还，持之益坚，缘光绪九年十一月间，曾有华轮“怀远”号在北渔山附近失事，死165人，嗣于光绪十六年五月，复有德轮“扬子”号失事。光绪二十一年，由上海海关税务总司海务科，以五万关平两建成。其位置在北渔山高岩之巅，为白色圆形生铁铸塔，花岗石座基，高16.9米，直径4米，海拔103.6米，其高度仅次于青岛大公岛灯塔，居全国第二。灯塔所置镜机，为巴黎巴比尔公司制造，体积时为世界镜机之最，体重15吨。灯器原系六芯灯头，燃用煤油。至宣统二年（1910），改置白炽纱罩灯头，迨至民国16年，复改装“自燃式”纱罩。该等镜机旋转1周，需时2分钟，每半分钟发放白色闪光2次，晴时26海里内均可望见。

象山县境内主要灯塔情况表

表25-26

名　称	位　置	建造时间	塔高（米）	备　　注
三门山灯塔	石浦港西南口	清同治年间（1862—1874）	10.0	民国期间重建，已圮
北渔山灯塔	石浦镇渔山	清光绪二十一年（1895）	12.0	民国33年（1944）毁于战事。1985年重建
东门灯塔	石浦镇东门岛	民国4年（1915）	10.0	民国30年（1941）遭日军破坏
红生礁灯塔	涂茨镇乱礁洋	民国4年（1915）	30.9	中华人民共和国成立后改灯桩，1997年重修

灯桩

小型灯塔，结构有钢筒体、钢筋混凝土、砖石混凝土等。灯光射程15海里以内。设置于航道附近岛礁、岬口、港口等处，无人看管。境内有灯桩66座，其中台风标灯桩有岳井洋之下马岙、平岩头、望儿礁、水屿4座，每年6—10月发光；渔标灯桩有爵溪燕礁、南韭山大青山2座，因缺乏管理，时明时暗。

照25-21　石浦港黄胖礁灯桩

灯浮

一般设置于航道两侧及航道障碍物附近，标示航道安全界限，指示沉船、暗礁、浅滩、航道中危险区域、障碍物。灯浮由钢板制成，用铁锚固定于海中，一般作罐形，直径2.4米，高3.5米，其上有铁架，顶端装发光灯，下面有浮尾、平衡铁等，保持灯浮标在水中直立、平衡。境内灯浮5只，分布于象山港、大目洋、三门湾海域。

立标

无发光装置，顶部装目标，仅供白天使用。在石浦坦塘岛之泥礁（寡妇礁）有立标1只。

第四章　陆上运输

甲骨文中从“足”“止”部首的字逾260个，可见时人出行，主要靠双脚行走。象山多山路、岭道，因而在公路出现之前，普通百姓行旅更多用步行，货物则更多用肩挑。驿道、邮路开通之后，车走畜驮成常见风景。公路建成以后，客运、货运开始步入机械化，车船联运成运输特色。随着公路网逐渐形成，城乡长途客货运同步发展。20世纪80年代，经济发展，人民生活水平提高，班车线路拓展、班次增多，出租、包车、旅游客运兴起，货物公路、铁路联运业务发展迅速。90年代，随着城市化建设推进，催生公交客运。进入21世纪，单位、企业用车及家庭用车逐年增多，分流部分客货运业务。

第一节　陆上客运

象山两汉、三国至唐初曾属回浦（章安）、宁海，应有陆路肩舆客运。唐广德二年（764）改隶明州之后，海道客运渐兴。明初海禁，海上、陆上客运并重。民国24年（1935），象西国防公路建成，开始机动车辆客运。1958年，宁象公路通车，跨县长途班车运营，县内城乡客运同时兴起。1971年，为方便渡西泽码头赴甬旅客，丹城至宁波东站实行旅客车船联运。1978年，随着象西公路建成通车，客运量大增。1987年，象西公路上的彭姥岭隧道开凿，次年象山到杭州班车首发。1991年，蚶岙岭隧道开凿，象山至上海班车首发。1992年11月，彭姥岭隧道、蚶岙岭隧道开通，各类班车大增。1999年12月，甬台温高速象山连接线全线完工并投入使用，随着快客运营，象山到宁波行驶时间由原来4个小时缩短为2个小时。2003年12月，沿海南线象山段建成通车，石浦到丹城的时间由原来2个小时，缩短至40分钟。2008年年末，全县营运客车1050辆、16715座。其中，班车811辆、13686座，出租车97辆、485座，旅游客车6辆、216座，城区公交车130辆、2112座，机动客车6辆、216座。

境内城乡客运

旧时，有钱人出门坐轿子。民国时期开始出现黄包车。中华人民共和国成立后，随着公路建设的发展，机动车辆成为主要交通工具。20世纪80年代，在城区和城乡接合部出现脚踏三轮车和简易机动运输车，以满足不同人群的交通需要。

肩舆客运　清及民国时期盛行。民国时，丹城轿行有翁杏记、陈王记，石浦有陈阿来，昌国郭和尚等，西周等集镇亦有高轿出租，收取轿费二成。轿运有丹城至石浦、东乡、西乡等线。县内高轿60乘，专业轿夫70人，外地人居多。象山多岭，抬轿艰辛，谚称“冷饭吊屁股，抬轿落石浦”。

黄包车客运　民国22年（1933），县人周子文创云飞轻车股份有限公司，始有黄包车载客，行驶丹城与陈山间。同年，南田有人力车7辆，行驶鹤浦与樊岙间。次年，增至22辆。至1949年上半年绝迹。

脚踏三轮车客运 1988年年初，县汽车站职工郑爱宝置三轮车1辆，营城区客运，仅1月，转让于良宝。同年，雅林溪张来顺置车经营。翌年，石浦亦出现。1988年年末，全县有三轮车98辆。1990年，丹城统一上牌532辆。1992年，全县三轮车1228辆。2008年，丹城、石浦、西周、爵溪四地共有三轮车1309辆。另见本志“衣食住行”篇“出行·出行方式”。

简易机动车客运 1983年下半年，有临海人到象山经营大碶头至丹城机动三轮车客运，行旅称便，获利甚丰。翌年10月，转让丹城陈阿仁。1983年8月，东陈乡鲍斯勤等置飞燕牌机动车。次年8月，县车辆监理站举办机动三轮车驾驶员培训班，收学员35名。1985年，全县有客运机动车250辆。1987年发展至680辆，县政府指示暂缓发展，翌年年末，续增至870辆。高塘岛乡公路3.6千米（未通汽车），有简易机动车67辆。2002年，城区开始出现电瓶三轮车从事客运。2006年，为加强管理，成立丹东、丹西电瓶三轮车管理办公室。2008年，两街道营运的电瓶三轮车分别有582辆、332辆。

汽车客运 民国24年（1935）2月，丹城至西泽公路建成，由宁波宁穿汽车公司雪佛兰汽车（环座）2辆行驶丹城至西泽，主客运，兼货运。民国36年9月，象西公路修复，改由丹城葛骅等的永安汽车公司经营，有福特汽车（环座）1辆。1956年6月8日，丹城至白墩公路通车，由宁波运输处舟山中心经营客货运输，有福特汽车（环座）客货车各1辆，设站于东门外。1958年11月7日，宁象公路通车，属台州公路运输公司经营，客货车多为苏联、法国、美国、日本等国生产的道奇、福特、丰田、尼生等，木炭燃料，俗称“木炭车”，客车通宁海城关及宁波。1961年，公路客运由县汽车站经营。客车由宁波调度室调度，定班不定车循环运行，运营车辆由国产车代替进口老旧车，燃料由木炭沼气逐步改为汽柴油。

1975年，公路客车营运里程163千米，设站点50个，客运量122.53万人次。1979年，象山站始建车队，运力不足，则宁波调车。1980年，客车营运里程243千米，站点79个，客运量229.2万人次。

1981年8月，县第二运输公司、县汽车修配厂分营石浦至昌国、丹城至龙屿、西泽、岑晁、爵溪、门前涂各线，率先参与城乡客运。1989年，境内城乡营运客车139辆。其中，个体联户小客车71辆、小四轮（俗称“天目山”）733辆。1992年，客运量1502.5万人次，旅客周转量38041.7万人千米。1995年始，改造更新为农用客车。1997年，农用客车644辆，其中，丹城至石浦线51辆、爵溪线79辆、西周线44辆、新桥线42辆、钱仓线38辆、西泽线19辆。2002年，农客车增加至694辆，辟线路56条，其中，公司化经营线路8条、车147辆，联合体经营线路48条、车547辆。是年末，农客车更新为中巴车，首批营运499辆，纳入公司企业化管理，有规模型经营单位8家。2008年年末，境内城乡客运班线54条，日发车数千班次。

公交客运

石浦公交车 石浦城区公交客运，由石浦镇公交公司承运。时公交营运车4辆，线路1条，自台胞医院至塘头港，单程3.8千米，日客运量1300人次。至2008年，共有8条公交线路：1路凤凰桥至昌国北门，2路汽车东站至汽渡码头，3路西门外至水产城，5路荔港路、金山路口至横峙村，6路金星雉鸡山至汽车东站，8路昌国南门至鹤头，9路鸡鸣至石浦一冷，10路水产城至东门岛门头。63辆公交车，日客运量2万余人次。

丹城公交车 1995年7月，丹城城区公交车开通，由县公路运输总公司公交分公司承运。时有公交运营车5辆，线路2条：1路公交线从东谷湖至城西变电所，沿途站点：东谷湖、建设路、

环城西路、黄家塔、南仓、潘家桥、变电所（双向循环）。2路公交线从大白象至大碶头，沿途站点：大白象、小白象、天安路、樟树下、大碶头（双向循环）。1996年6月，3路公交线开通，从客运中心出发，沿途经靖南大街、东谷湖路、东风路、东街、西街、城西路、靖南大街再回客运中心（循环线）。1999年10月，4路公交线开通，从新丰路出发沿途经丹峰路、东谷湖路、建设路、育才路、丹峰路、西谷湖路、建设路再回新丰路（循环线）。2002年1月，公交分公司从县公路运输总公司析出，成立县公共交通有限公司，属国有独资企业。是年，开通5路车，城区票价皆1元。2003年开通7路车。翌年开通8路车。2005年年末，8条公交线路单程57.2千米，营运车辆66辆，日行程约14500千米，日客运量约3.8万人次。至2008年，共67辆公交车，1路东谷湖至九顷、2路大白象至大碶头、3路客运中心至客运中心双向循环、4路新丰路至新丰路双向循环、5路大白象至胡家碶、6路小白象至岳头、7路东谷湖路至丹峰西路双向循环、8路岙里至袁家。8条公交线路，日客运量4万人次。公交线路城郊能够到达的村庄有：1路黄家塔、南仓、潘家桥、路下林、白石、珠水溪、九顷等，2路樟树下、大碶头，5路胡家碶，6路南庄、洋心、仇家山、西港、岳头等，8路姚家山、梅溪、后山、袁家等。

2008年象山县中心城区（不含爵溪）公交线路情况表

表25-27

编号	起讫	途站
1路	东门车站—九顷村	起点：东门车站—东风针织厂—体育场路—育才路—宾阳路—新华路—丹城公园—小河头—新光大宾馆—营门路—西门车站—狮山路—公路段—罐头厂—万里纺织厂—农场—黄家塔村—南仓村—潘家桥村—变电所—路下林村—白石村—珠水溪村—殡仪馆—三叉路口—九顷村（共26站）
		起点：九顷村—三叉路口—殡仪馆—珠水溪村—白石村—路下林村—变电所—潘家桥村—南仓村—黄家塔村—农场—万里纺织厂—罐头厂—公路段—机械厂—西门车站—营门路—新光大宾馆—文昌街—中医院—新三江—新华路—宾阳路—育才路—体育场路—东门车站（共26站）
2路	大白象—大碶头	起点：大白象—小商品市场—小白象—客运中心—云石酒店—中国银行（临时）—广电大厦—丹南路口—滨海学校（临时）—南沙村—杨家村—上吴村—黄家桥—小厅桥—标牌厂—樟树下—友谊村—南大河—高压厂—大碶头（共20站）
		起点：大碶头—高压厂—南大河—友谊村—樟树下—标牌厂—小厅桥—黄家桥—上吴村—杨家村—南沙村滨海学校（临时）—半河—人民广场（临时）—方秧新村—南门停车场（临时）—现代家电—小白象—小商品市场—大白象（共19站）
3路	小白象—客运中心	起点：小白象—电信大楼—步行街—新华路—起春路—育才路—文峰小区—象中—闻学路—塔山路口—梅溪路—东门车站—东谷湖宾馆—沙溪路—猪码头—白溪路—宾阳路—老医院—黄家桥—上进路—十字街口—西桥头—象三中—外国语学校—西门车站—狮山路—公路段—西谷湖路—蓬莱路口—蓬莱小区—新丰路口—茂林路口—邮电大楼—三小—客运中心（共35站）
		起点：客运中心—三小—春晖幼儿园—茂林路—快活林饭店（新丰路）—蓬莱小区—长城公司—西谷路口—公路段—供电局—西门车站—外国语学校—象三中—西桥头—十字街口—上进路—黄家桥—汪家河菜场—宾阳路—白溪路—猪码头—沙溪路—东风针织厂—东门车站—梅溪路—塔山路—文峰小区（东）—象山中学—红房子—育才路口—新华路口—步行街—电信大楼—小白象（共34站）

续表25-27

编号	起讫	途站
4路	公交公司—公交公司	起点：公交公司—靖南路口—蓬莱小区—瀛洲小区—紫竹路口—新菜场—顺达路—绿叶大厦—海鲜城—防疫站—汇兴路口—汇振路口—人民医院—丹峰路口—城东公寓（共15站）
		起点：公交公司—新光大宾馆—营门路口—西门车站—狮山路—蓬莱公园—西谷湖路口—教堂—农贸市场—乐业路口—蓬莱路口—丰盛路口—瀛洲小区—紫竹路—新菜场—顺达路口—绿叶大厦—海鲜城—新华路口—丹丰大厦—丹峰小区—公安大楼—文峰小区—塔山路口—机关幼儿园—育才路—体育场路—东门车站—梅溪路口—基础公司—文峰小区—万家灯火—城东公寓—丹丰路口—人民医院—汇振路口—汇兴路口—五洲小区—新华路口—步丰路口—绿叶大厦—客运中心—中心医院—紫竹路口—便民中心—蓬莱小区—紫竹林宾馆—公交公司（共47站）
5路	大白象—胡家碶双向循环	大白象—小商品市场—靖南路口—春晖幼儿园—茂林路—紫竹林宾馆—蓬莱小区—丹峰路口—丹城供电所—白凉亭—丹南路口—丹阳路口—沿区路—日升厂—田横山脚—山头董村—胡家碶（共16站）
6路	小白象—岳头	起点：小白象—客运中心—云石酒店—中国银行（临时）—广电大厦—丹南路口—滨海学校—南沙村—杨家村—上吴村—黄家桥—小厅桥—标牌厂—樟树下—南庄中学—洋心村—仇家山—孙家村—滨海大道—西港村—大目涂—岳头村（共23站）
		起点：岳头村—大目涂—滨海农场—新碶头—滨海大道—孙家村—仇家山—何家—洋心村—南庄中学—樟树下—标牌厂—小厅桥—黄家桥—上吴村—杨家村—南沙村—滨海学校—半河—人民广场（临时）—方秧新村—南门停车场（临时）—现代家电—小白象（共22站）
7路	东门车站—农贸市场	起点：东门车站—梅溪路—塔山路—文峰小区—万家灯火—象一中—海韵幼儿园—文峰学校—丹东小区—万象路—东河花园—国际大酒店—技工学校—高教园区—中家河村—银都家园—人民医院—上半河村—汇兴路—新华路—方秧路—天安路—瑶琳路—来薰路—新丰路—蓬莱路—西谷湖路—白鹤路—环城西路—农贸市场（共30站）
		起点：农贸市场—环城西路—白鹤路—西谷湖路—蓬莱路—新丰路—来薰路—瑶琳路—天安路—方秧路—新华路—汇兴路—上半河村—人民医院—银都家园—中家河村—高教园区—技工学校—国际大酒店—东河花园—万象路—丹东小区—文峰学校—海韵幼儿园—象一中—万家灯火—文峰小区—塔山路—梅溪路—东门车站（共30站）
8路	东谷湖（车站）—岙里村双向循环	东谷湖（车站）—梅溪路—塔山路—文峰小区（东）—万家灯火—文峰学校—红锦江大酒店—东河花园—万象路—阳明花园—姚家山村—龙泽名园—上梅溪村—后山村—袁家村—岙里村（共16站）
		岙里村—袁家村—后山村—上梅溪村—龙泽名园—姚家山村—阳明花园—万象路—东河花园—红锦江大酒店—文峰学校—万家灯火—文峰小区（东）—塔山路—梅溪路—东谷湖（车站）（共16站）

县公共汽车公司成立前后情况 1981年上半年，县对外招商时，外商问："象山有几路公交车？"在场的象山县政府领导触动很大。回到象山后，即决定开通公交汽车。征求意见后形成共

识，认为县城东西、南北都不足3里，县城丹城开通公交车无必要，于是决定先开通城乡公交汽车。是年8月，由县财政拨款，石浦由县第二运输公司置大客车2辆，经营石浦、昌国线路。丹城由汽车修配厂置宁波产大客车2辆，经营丹城至龙屿、西泽、岑晁、爵溪、门前涂各线。1984年年初，成立县公共汽车公司。是年6月，易名县汽车客运公司。

城区双循环公交线路　有鸭梨型双循环、眼镜型双循环两种类型。3路为鸭梨型双循环公交线路，单程7.2千米，车12辆。以县客运中心为起点，经城站路向东，左转，向北进入天安路，直行至小白象，沿路及附近有步行街商业区、电信营业厅、小白象商业区、邮政营业厅、小商品市场等；右转，向东进入靖南东路，直行至靖南东路与东谷路交叉口，沿路及附近有工商银行、农村信用社、农业银行、中国银行营业厅，文峰小区、丹峰小区等；左转，向北进入东谷路，直行至东谷湖下加油站，沿路及附近有象山中学、文景苑小区、文峰学校、汽车东站、东谷湖风景区等；左转，向西进入东风路，至东风路、东街、城东路、广场路、东塘山路五路交叉口，沿路及附近有丹城第二小学、机关幼儿园、塔山幼儿园、汪家河菜市场等；向西直走进入东街，直行至东街、西街、南街三路交叉口，沿路及附近有丹城公园、建设路商业街、南街商业街、县政府小广场、县政府等；向西直行进入西街，至西街与环城西路交叉口，沿路及附近有象山第三中学、西门菜市场、象山外国语学校等；左转，向南进入环城西路，至环城西路与靖南西路交叉口，沿路及附近有汽车西站、西门立交桥、西谷湖、彭姥岭隧道等；左转，向东进入靖南西路，直行至靖南西路与来熏路交叉口，沿路及附近有蓬莱公园、蓬莱小区；右转，向南进入来熏路，直行至来熏路与城站路交叉口，沿路及附近有丹城第三小学、丹城中心卫生院、蓬莱菜市场；左转，向东进入城站路，到客运中心终点。以城站路客运中心为起点，经城站路向西，行至客运中心，所走线路可以据上逆推。

4路为眼镜型双循环公交线路，单程7.8千米，车14辆。分A、B两路。A路以新丰路公交站为起点，向南直行至新丰路与丹峰西路交叉口，沿路及附近有丹城第二中学、丹瀛小区等；左转，向东直行至丹峰西路、丹峰东路、天安路交叉口，沿路及附近有县行政服务中心（便民中心）、丹城中心卫生院、蓬莱菜市场、客运中心等；向东进入丹峰东路，直行至丹峰东路与育才路交叉口，沿路及附近有绿叶城市信用社营业厅、象山港海鲜美食城、步行街商业区、移动公司营业厅等；左转，向北直行至育才路与建设东路交叉口，沿路及附近有丹峰小区，中国银行、农业银行、农村信用社、建设银行营业厅，文峰小区，塔山幼儿园，机关幼儿园等；右转，向东直行至建设东路与东谷路交叉口，沿路及附近有丹城第二小学、体育场等；右转，向南直行至东谷湖路与汇振路交叉口，沿路及附近有东谷湖景区、汽车东站、文峰小区、象山中学、文景苑小区、文峰学校、海韵幼儿园、丹峰小区、城东公寓、文韵苑、第一人民医院等；右转，向西直行至汇振路与汇兴路交叉口，沿路及附近有丹静公寓、体育馆等；右转，向北直行至汇兴路与丹峰东路交叉口；左转，向西直行至丹峰东路与丹峰东路、丹峰西路、天安路交叉口；向西直行至丹峰西路与西谷路交叉口，过新丰路口后沿路及附近为装潢、建材、家私商业街和市场；右转，向北行至西谷路与靖南西路交叉路口；右转，向东直行至靖南西路与蓬莱路交叉口，沿路及附近有蓬莱公园等；左转，向北进入蓬莱路，经狮山路进入建设路，附近有西门立交桥、汽车西站、彭姥岭隧道等；向东沿建设路行驶至与建设路与新丰路交叉口；右转，向南直行至新丰路公交站终点。B路以新丰路公交站为起点，向北直行至新丰路与建设路交叉口；左转，向西进入建设路，并由南经狮山路进入蓬莱路，行至蓬莱路与靖南西路交叉口；右转，向西行至靖南西路与西谷路交叉口；

左转，向东经丹峰东路，至丹峰西路与汇兴路交叉口；右转，进入汇兴路，向南直行至汇兴路与汇振路交叉口；左转，向东进入汇振路，直行至汇振路与东谷路交叉口；左转，向北进入东谷路，直行至东谷路与建设路交叉口；左转，进入建设路，向西直行至建设路与育才路交叉口；左转，向南直行至育才路与丹峰路交叉路口；右转，向西进入丹峰路，经由丹峰西路、丹峰东路，直行至丹峰东路与新丰路交叉口；右转，向北进入新丰路，直行至新丰路公交站终点。

出租车客运

1985年年末，县城建局创办汽车出租公司，经营小型汽车出租业务。1987年5月，丹城南庄村陈绍华、陈先术父子率先经营丹城至爵溪出租车个体客运。是年，丹城至钱仓、贤庠、石浦、墙头、西周、泗洲头皆有小客车营运，年末达23辆。1989年发展至42辆，其中丹城至石浦线16辆、爵溪线11辆、西周线13辆、泗洲头与定山线各1辆。1991年年初，未经审批擅自投入营运小客车达73辆。1993年，经政府审批，首批投放客运出租车21辆。1994年12月，通过拍卖投放13辆。翌年10月，又通过拍卖投放客运出租车20辆。1996年，丹城、石浦两地出现自备车名义购入的天津大发、昌河等“面的”200余辆，擅自投入营运。1999年4月，政府分三期公开拍卖“面的”车辆的经营权，共拍出160辆（后称区域小客）。8月，通过拍卖，投放客运出租车10辆。2004年10月，通过服务质量招投标方式投放客运出租车22辆。至2008年年末，象山共有出租车客运企业3家，出租车97辆（3辆为个体经营）；区域小客车146辆。其中：丹城47辆、石浦42辆、海岛（鹤浦、高塘）30辆，均为轿车型；大徐9辆、新桥8辆、定塘10辆，为小面包车型。

长途班车客运

1958年11月，宁象公路建成之后，首先开通跨县长途客运，首发目的地为宁海城关及宁波。1988年，始有跨市长途客运，首发目的地南至三门、北至杭州。跨省长途客运则于1991年，首发目的地为上海。

跨县班车客运　1958年11月7日，宁象公路通车，属台州公路运输公司经营，宁象分治，象山客运由县汽车站经营，车至宁海城关及宁波。1984年12月，石浦顾文取等合办福光旅游客运站，营甬石线客运；桂智机等合办荔江汽车客运出租公司，行驶宁波、石浦间；南田客运公司，亦行驶石甬线。1986年2月，茅洋乡贸易货栈客运队，经营溪口至宁波客运。1987年年初，宁波市汽车出租公司，经营石浦至宁波客运。1988年，象山汽车日发宁波8班次，奉化1班次，宁海4班次。石浦站日发宁波7班次，宁海1班次。1989年，县汽车客运公司，日发宁波8班次。1992年4月，县长运公司开通石浦至宁波（南站）班线，日发一班，1997年4月改鹤浦发车。1993年2月，辟爵溪至宁波（东站）班线。是年6月辟石浦至余姚班线，11月辟慈溪班线。1996年5月，定山至宁波（南）开通班线。1998年5月，辟石浦至宁海力洋班线。1999年8月，辟石浦至北仑班线。2000年12月，县公路运输责任有限公司经营象山至宁波快客。2004年8月，辟黄避岙至宁波（东）、丹城至慈溪胜山班线。2008年年末，跨县班线22条，日发车278班次。

跨市班车客运　1988年，象山汽车站日发三门2班次、杭州1班次。1989年，开辟石浦经宁波、定海至沈家门客运线，隔天一班。是年，县长运公司辟象山丹城至路桥班线。翌年，增石浦至路桥、象山至沈家门、金华班线。1997年，又辟温州、瑞安、苍南、椒江、湖州等班线。1992年，县第二运输公司辟石浦至杭州班线。1996年开通温岭、衢州、嵊州班线。2003年，县公路运输有限责任公司分别开通丹城、石浦至杭州快客班线。2008年年末，全县跨市班线21条，日发车

74 班次。

跨省班车客运　1991 年 11 月，县长途汽车运输公司首辟象山至上海客班线，二日一往返。1994 年，增石浦至上海班线。1998 年 11 月，辟石浦至福州班线。2000 年 6 月，新增象山至安徽庐江、山东临沂、武汉等班线。2005 年 5 月，辟象山至湖北赤壁班线。2007 年 10 月，开通象山至广州班线。2008 年年末，境内跨省长途班线 12 条，日发车 20 班次。

西泽渡车船旅客联运

丹城、东乡一带赴甬旅客，以渡象山港为捷便。旅客须购车票到西泽码头，下车上渡船，到对岸横山码头后，再买票乘车才能到达宁波，非常不便，且多安全隐患。1971 年年初，宁波汽车分公司与县航运公司联合，实行丹城至宁波东站车船联运，旅客称便。同年 8 月 6 日，增横码至丹城、西泽至宁波车船联运，上车对号入座。1988 年，象山港汽车轮渡码头建成开渡，车船联运不复存在。白墩、蟹钳渡皆办过车船旅客联运。

1956—2008 年象山县公路客运量、旅客周转量情况表

表 25-28

年　份	客运量（万人）	旅客周转量（万人千米）	年　份	客运量（万人）	旅客周转量（万人千米）
1956	1.25	12.50	1975	122.53	2876.13
1957	5.94	63.42	1976	119.51	2866.33
1958	7.21	69.78	1977	124.63	2863.93
1959	29.71	786.15	1978	154.76	3572.81
1960	31.46	832.40	1979	191.86	4098.73
1961	27.96	740.00	1980	229.23	4893.74
1962	34.95	924.88	1981	292.84	5765.07
1963	34.14	767.15	1982	432.28	7111.76
1964	33.63	699.31	1983	481.53	8161.15
1965	34.80	708.00	1984	499.27	10152.90
1966	37.64	741.24	1985	431.40	13057.48
1967	48.84	949.08	1986	449.20	15011.89
1968	51.49	1072.61	1987	385.38	15250.94
1969	63.35	1485.21	1988	295.72	14466.83
1970	71.17	1878.09	1989	296.36	14520.33
1971	60.03	1458.64	1990	647.00	18304.30
1972	87.58	2178.33	1991	992.53	23829.82
1973	108.25	2458.87	1992	1502.50	38041.70
1974	119.92	2772.99	1993	1023.00	34560.00

续表25-28

年　份	客运量（万人）	旅客周转量（万人千米）	年　份	客运量（万人）	旅客周转量（万人千米）
1994	1150.00	47924.00	2002	1520.00	63340.00
1995	1265.00	53675.00	2003	1600.00	54110.00
1996	1254.00	49683.00	2004	1750.00	77950.00
1997	1292.00	50676.00	2005	1820.00	81850.00
1998	1304.00	53838.00	2006	1850.00	83250.00
1999	1330.00	55784.00	2007	1945.00	94905.00
2000	1459.00	56336.00	2008	1990.00	97150.00
2001	1488.00	59750.00	—	—	—

1991—2008 年象山县境内营运载客汽车情况表

表 25-29

年　份	营运汽车（辆）	客　位	年　份	营运汽车（辆）	客　位
1991	117	3833	2000	313	6048
1992	107	3661	2001	468	7018
1993	124	3932	2002	925	15123
1994	160	4235	2003	960	15235
1995	162	4096	2004	1006	16321
1996	298	5475	2005	1024	16536
1997	274	5180	2006	1038	16503
1998	305	5486	2007	1039	16514
1999	278	5499	2008	1050	16757

第二节　陆上货运

货物运输从肩挑、背负到手拉车，经历漫长的发展过程。民国 24 年（1935），丹城至西泽建成首条公路后，出现汽车货运。20 世纪 70 年代，专业货运班车开通。80 年代，随着公路网的建成，各种运输组织和运输车辆迅速增加，长途货运肩挑、背负淡出历史。进入 21 世纪，陆上货运代理服务企业迅速发展。至 2008 年，全县有规模货运企业 24 家，陆运代理服务企业（联托运企业）55 家，陆上货物运输连接全国各地。

人力货运

民国以前，陆上运输全靠肩挑、背负。长途运输，翻山越岭，苦不堪言。民国时期，丹城、石浦等地，有脚夫职业工会、“长行局”专营货运。民国 29 年（1940）8 月，省食盐收运处为抢运玉泉盐场 10 万担存盐，令象山县政府组织承运。由盐仓至泗洲头段以船运；泗洲头至西周由儒蕉、淡港两乡承运，以肩挑运输至宁海转销内地。该次盐运共动员民工 2000 余人。

人力车运输

民国 22 年（1933），邑人周子文在丹城、陈山设云飞轻车股份有限公司，有人力车 15 辆。民国 27 年 12 月，奉化人黄德懋在丹城南街设复兴车行，人力车 10 辆，皆经营丹城至陈山货运。民国 29 年，公路被奉令破坏，改行丹城至黄溪渡。是年 7 月，抗日战争形势紧张，宁波沉轮封港。此后上海运往浙东内地之商货，如棉布、医药、百货等，多转埠石浦（约 500 艘挂德、意、葡国旗之船舶运送），经泗洲头至西周或墙头，再渡象山港达奉化、宁波。其间，黄德懋在泗洲头、西周设民利车行，置车 30 辆。沿线有搬运民工千余人，民国 30 年 2—4 月间最多。是年，宁波金则恒、西周谢岳祺、沈开麟等设宁波丰余公行及申甬商货陆道转运公司。中央贸易委员会东南运输处组织人力车 50 辆，沿上述线路抢运物资，至 4 月石浦沦陷停运。中华人民共和国成立后，石浦搬运站率先用人力车运货。1962 年，农民自备手拉车参加副业运输。1965 年，丹城、石浦两搬运站有运货人力车 128 辆。20 世纪 70 年代始，因机动车辆不断增加，货运人力车数量减少。90 年代，货运人力车被淘汰。

汽车货运

中华民国时期，汽车主客运兼货运。1956 年夏，县汽车站货车 1 辆，营运丹城至白墩货码头间。宁象公路修通，汽车站兼营货运。1967 年 8 月，茅洋硃矿业公司向上海购入 5 吨货车 1 辆，为县内最早企业自备车。1988 年年末，全县专业运输车 33 辆、227.5 载重吨，个体联户运输车 81 辆、200 载重吨，企事业单位自备货车 785 辆、2314 载重吨。2008 年年末，境内营运货车 2069 辆、5337 载重吨。其中，普通货车 1594 辆、3207 载重吨，厢式货车 403 辆、1147 载重吨，冷藏保温、罐车等专用货车 72 辆、983 载重吨。此外，尚有企事业单位自备货车 534 辆、1249 载重吨。

20 世纪 60—70 年代，境内货运多以短驳为主，衔接水运出境。每年霜降前后，县内各地番薯外调沪甬，多在白墩码头中转。1972 年，县汽车站开办丹城至宁波零担货运班车。80 年代初，番薯、活猪向外停运，改运柑橘，调入水泥、化肥、农药、建材、日用工业品等。1984 年年末，成立县物资联运公司，经营货物公路、铁路联运，在宁波、石浦、西周设联运中转站，陆运至宁波，转火车运全国各站。1985 年，丹城郑阿才、励德生与涂茨郭金玉等分别购买钱塘江牌汽车各 1 辆，成个体运输专业户。1988 年 12 月，县长途汽车运输公司开辟象山至上海零担货运，在上海宜山路设办事处。1989 年，年货运量 9978.8 吨。1992 年年末，长途货运企业有 18 家，辟象山至沪、甬直达班线，年货运量 13501.1 吨。2008 年，长途货运企业增至 55 家，有专用货车 68 辆，年货运量 49800 万吨。新辟象山至广州、福建、义乌、路桥等货运班线。

1949—2008年象山县陆上货运情况表

表25-30

年　份	货运量（万吨）	货物周转量（万吨千米）	年　份	货运量（万吨）	货物周转量（万吨千米）
1949	0.18	1.06	1979	41.38	611.51
1950	0.19	0.93	1980	42.27	639.67
1951	0.22	0.95	1981	35.94	628.28
1952	0.24	1.04	1982	33.38	790.15
1953	0.47	1.94	1983	42.18	1128.47
1954	0.50	1.96	1984	56.52	1475.86
1955	0.60	2.24	1985	50.27	1978.68
1956	0.76	2.94	1986	66.79	2280.04
1957	1.45	9.30	1987	122.20	3210.36
1958	1.54	9.11	1988	102.54	3818.62
1959	1.65	21.95	1989	192.40	9978.80
1960	2.13	32.80	1990	241.90	10878.20
1961	2.22	33.06	1991	297.38	25916.88
1962	2.19	39.28	1992	320.30	13501.10
1963	3.10	31.63	1993	411.00	16115.00
1964	1.88	32.63	1994	493.00	18747.00
1965	2.49	53.32	1995	542.00	21200.00
1966	2.88	69.82	1996	346.00	26850.00
1967	3.09	80.20	1997	352.00	27120.00
1968	5.63	83.73	1998	365.00	28120.00
1969	6.28	125.50	1999	425.00	32090.00
1970	7.03	150.09	2000	434.00	32421.00
1971	6.56	107.76	2001	433.00	32798.00
1972	12.80	201.06	2002	455.00	34740.00
1973	17.68	288.12	2003	470.00	36830.00
1974	25.05	372.76	2004	505.00	37400.00
1975	27.46	400.44	2005	535.00	39654.00
1976	31.57	384.32	2006	585.00	42824.00
1977	34.97	501.96	2007	645.00	48390.00
1978	39.13	613.39	2008	680.00	49800.00

1991—2008 年象山县营运载货汽车情况表

表 25-31

年　份	营运汽车（辆）	吨　位（吨）	年　份	营运汽车（辆）	吨　位（吨）
1991	1231	4195	2000	1018	3361
1992	1485	5060	2001	1062	2828
1993	1597	5075	2002	1035	2607
1994	1011	3492	2003	958	2418
1995	1108	3967	2004	1133	3290
1996	1299	4879	2005	1166	3391
1997	1310	5017	2006	1659	4775
1998	1222	4230	2007	1962	5326
1999	1429	4430	2008	2069	5337

第五章　海上运输

旧志中水路运输内容，多见于“津渡”“漕运”“赋税”等纲目。民国《象山县志》海上运输的资料，集中于“海防”“商业”等纲目。海上运输与地理、经济关系密切。象山半岛处于浙江南北航区中部，历史上一直为南北客货运航船所经及下碇、补给之地，初唐时石浦港东门即多闽船、越舟。宋时，象山海域、渡口，多见外国航船。象山港诸渡口为起点的海运，私渡、官渡并举，后因私渡事故多发，重于官渡。明代南田诸岛封禁，石浦港诸港口海运大受影响。清初弃界，近海要口禁民出入，象山海运停滞。清康熙年间（1662—1722）沿海开禁，海运始有转机。自清光绪年间（1875—1908）出现机动船舶，海上客运在曲折中发展，至 20 世纪 90 年代象山连通高速公路之前达到巅峰。海上货运经历舢板、木帆船载运、机动客船兼运、机动货轮专业运输的历程。运输企业与运输专业村结合，大船云集，万吨轮已不罕见，国内、国际航线全面拓展，21 世纪象山最大运输特色为海上货运。

第一节　海运船舶

南宋绍兴三十年（1160）赵彦逾任象山主簿后，于隆兴二年（1164），在象山官渡陈山渡造官船二艘。庆元四年（1198）韩元礼知县事，再造陈山渡官船，长七丈，广二寻。明时，姜屿渡、湖头渡、黄溪渡等亦有官船。除此非商业航运的官船之外，历史上象山港、石浦港所经或停泊的大型运输船只，大都非本籍商船，象山客、货运输搭载弯埠入港的外地船舶较多；境内货运多用舢板、帆船。中华人民共和国成立后，帆船改装为机动船。20世纪80年代后，客、货运船基本上皆为钢质。2003年8月，象山首艘万吨货轮“荣宁82号”轮投入运营。2008年，全县有货轮106艘，118758千瓦、410131吨位；客轮17艘，4276千瓦、1624客位。

非机动船

木质小船，早期境内水网地带有以橹桨推进的河船，方头方尾，平底，无甲板，可拉纤。大者可装5吨，小者仅装2吨，适内河驳运粮草、罱运河泥等。20世纪70年代以后，因陆运拖拉机增多，河船逐年减少乃至罕见。海上货运主要有舢板、木帆船。

舢板　以橹推进的木质小船，尖头方尾，中宽，首尾微翘，无甲板。载1.5吨。大者亦装有竹桅布帆、小舵，适内港短途运输。

木帆船　以橹或风帆推进木质船。船头两侧饰眼睛，船头处涂以红色，自船眼周围至船头，涂以草绿色，如船之眉，故俗称“绿眉毛”。小者载重10吨，大者60吨。以人力转动绞车起锚(称上头)。中小型船只县境沿海乡镇就地可造。大型船舶，赴温州、福建船厂打造。民国29年(1940)，全县木帆船188艘。至民国38年8月，全县木帆船仅70艘。中华人民共和国成立后，石浦、旦门、东门、鹤浦、爵溪等地船业社皆能打造大型木帆船。1965年，全县有木帆船77艘、2066吨位。后陆续被机动船替代。

机动船

机动船有木壳、水泥壳、钢壳三种。木壳机动船始自渔船，1954年秋，鹤浦渔业队将10吨木帆船用20匹马力汽车引擎改装成机帆船，木炭为燃料。此后，客、货运机帆船相继发展。1966年前，专业运输机动船皆以“浙象机××号”命名，副业运输船以“浙象副机××号”命名。“文化大革命”期间易名为“红峰”“创新”，后恢复原名。1976年，专业、副业运输船全部机动化。

木质船　习称木质机动船为机帆船，乃因初始时为机帆两用，无风以机器推进，有风张帆以节能。1966年，改装木质机动船为无桅无帆。木质船船壳形同“绿眉毛”，但无眼、眉，船身统漆墨绿色。驾驶室置供起居的舵楼上。载货量80吨以上，人力起锚机起锚，县内船厂、船业社均能打造。

钢丝网水泥壳船　1977年，因木材缺口大，成本高，县海运公司购宁波水泥货轮2艘，315总吨、272千瓦。1982年，县航运公司委托东门船厂制造钢丝网水泥质客班轮1艘，名“象机4号”，215客位、44.2千瓦。水泥壳船航速快，节能，维修成本低，但安全性能差，故通常内港行驶，在有码头的港口装卸。

钢壳船　1975年后，象山船厂生产450吨沿海货轮3艘，300吨沿海货轮2艘，500吨海港驳船4艘，200立方米开底泥驳船6艘，80吨沿海油轮1艘，20立方米对开驳船6艘，8车汽车渡轮2艘。1988年年末，县专业运输企业有钢质货轮9艘，2891总吨、功率3267千瓦。客轮1艘，150客位、功率99千瓦。21世纪始，境内石浦、鹤浦、涂茨三镇船舶修造基地均能打造万吨钢质海轮。

1989—2008 年象山县船舶情况表

表 25-32

年　份	客船、货船合计（艘）	客船（艘）	载客量（客位）	功率（千瓦）	货船（艘）	载货量（吨位）	功率（千瓦）
1989	250	17	1851	2033	233	16730	15725
1990	177	18	2067	3385	159	15015	12173
1991	234	18	2527	2612	216	18881	12746
1992	241	17	2677	2033	224	21577	14198
1993	245	20	3282	2411	225	34866	23079
1994	172	23	3456	2738	149	38083	22086
1995	176	24	3522	3051	152	36937	21697
1996	133	23	3745	3385	110	32358	18287
1997	105	23	3459	4166	82	25732	16189
1998	103	18	2073	3865	85	37580	21502
1999	101	11	2053	2073	90	40031	22044
2000	110	9	1591	803	101	70985	37096
2001	143	15	1432	3946	128	78832	39485
2002	136	15	1408	3946	121	114301	61624
2003	119	15	1431	3818	104	152287	76406
2004	116	17	1597	4238	99	215277	93189
2005	132	16	1517	3998	116	338976	124284
2006	126	18	1642	4648	108	349301	118994
2007	117	18	1642	4648	99	333354	108885
2008	123	17	1624	4276	106	410131	118758

说明：1994 年始，货船包括油船 4 艘、15691 净载重吨，功率 5764 千瓦；2005 年始，货船包括集装箱船 1 艘、100078 净载重吨，713 标箱，功率 3824 千瓦；2007 年，客船包括汽车渡轮 8 艘，136 车位、677 客位

第二节　海上客运

外地机动船舶弯埠石浦的海上客运，始于清光绪年间。象山自置机动船舶客运，始于民国元年（1912）。以象山诸港口为起点的客运，多以周边港口的沿海航道运送为主，目的地北为宁波、上海，南为台州、温州，东为舟山。航线及客运量，20 世纪 80 年代末至 90 年代初达到鼎盛。其后，象山连通境外高速公路，陆上客运大兴，县境外海运航线多数停航，载客渡运（轮渡）仍一枝独秀。

航线

象山港湾诸渡口向北航线有上海、宁波等地；向东航线至舟山；向南航线至温州、泉州、福

州等地。

象山港至宁波、上海航线 昔郡县交通，主渡象山港。清光绪三十年（1904）四月，设宁象商轮局，置宁象轮，航行甬象间。次年三月，设宁海商轮公司，置“宁海”（73吨）、“安宁”（100吨）两轮，航行宁波江北岸、宁海薛岙间，三日一班，初泊高泥港，后以渡船载客、货，通本县之西泽、黄溪、墙头、长礁等处，并用驳渡。民国12年（1923），建白墩码头，宁海、安宁两轮改泊白墩。时海氛不靖，殷实者改乘海轮赴甬，贫者农忙季节割稻客等仍乘航船渡港。民国20年，东港商轮股份有限公司置东港轮，通航上海、岱山、沈家门及象山、宁海间；“开元轮”通航上海、岱山、象山、宁海间。中华人民共和国成立初期，甬象、沪石航线中断，复由陈山埠渡港经翔下潭至宁波。

西泽至六横航线 象山与舟山，一衣带水，交往频繁。1981年4月，贤庠公社海下大队置“浙象西渡23”号船，营西泽至六横涨起港客运，弯埠乌屿山，年客运量2.5万人次。1996年，客流量稀少停航。是年5月，县汽车轮渡公司辟西泽至上海金山高速客运“海马3号”轮营运，235客位。1998年停航。

石浦至沪、甬、椒、瓯航线 清光绪二十四年（1898）宁波济安商轮局“济安”轮，行驶定海、宁波、普陀山、石浦间。二十九年，宁波永川轮船公司“永川”（400吨）“湖广”（400吨）“海宁轮”等，行驶甬瓯间，弯埠石浦。三十三年，宁波宝华轮局之宝华轮，航行甬瓯间，弯埠石浦。宣统二年（1910），永川公司定海轮弯埠石浦。民国6年（1917），宁波三北轮埠公司“慈北轮”，航行三北龙山、甬椒间，弯埠石浦。民国8年，“永安轮”“金飞鲸”夹板船不定期行驶沪闽间，皆弯埠石浦。民国11年5月6日，宝华轮船公司“新宝华轮”，营运上海、宁波、穿山、定海、普陀、石浦、海门、坎门航线。“金宝康”夹板船，不定期驶长江沿岸及上海至香港各埠，远至越南、泰国、新加坡。是年，沪商达兴商船公司“三江轮”行驶沪闽间，弯埠石浦。民国19年，南田同源轮局同源轮行驶宁波、石浦、南田、金清等埠。民国24年前后，弯埠石浦定期班轮共有13艘。抗日战争时期，宁波沦陷，上海运往内地货物，多中转石浦港，行驶沪石线商轮如“高登”“谋福”“哈纳”等不下30艘，每航次捎带旅客百余人。民国30年4月，石浦沦陷，汪伪华中轮船公司“旭茂”“华林”“华伦”“浙东”等轮相继行驶沪石、甬石间。抗日战争胜利，“宁余镇”“浙海”“万利”“永敏”“荣成”等轮先后行驶甬椒间，弯埠石浦。海门（今椒江区）远东航务办事处“江苏”“利群”等轮，行驶沪椒间，弯埠石浦。民国36年，行驶石浦与蟹钳渡、海游间的“华犹轮”，改航海游、石浦、沈家门间。

1951年7月，宁波益众运输公司“益众1”号轮（1953年，改名“浙社”）武装通航石浦。继之有“万利轮”行驶甬、定、石，1952年8月28日被劫持至上大陈。后海门航运分公司502、402轮行驶椒石间。1959年，石浦成立地方国营象山县航运公司，专营县内外沿海客、货运。1986年12月10日，县航运公司“大金山号”客轮（150客位）通航石浦至沈家门，弯埠六横岛。后“大目山号”（270客位）“大明山号”（150客位）相继通航石浦至椒江。2000年，因企业转制，解体停航。

1988年，县航运公司购得海军670吨“北调999”轮，改装282铺位沿海客货轮，易名“石浦2号”。1989年10月20日首航上海，泊十六铺码头，三日一班。中断几十年的石浦至上海客运航班恢复。1997年1月18日，因客流量增加，改航“象山轮”（387铺位）。12月12日始，弯埠舟山六横。1998年6月，因沪杭甬、甬台温高速公路开通，客流稀少，停航。

石浦港、三门湾近海航线 环石浦港诸岛及三门湾各埠，交通皆以石浦为中心。唐贞观三年

(629)，宁海县健跳（今属三门县）有六市船（每月6航次），通航东关（明前石浦称东关）。清嘉庆年间，蛎江埠有六市船（每月6航次）通航海游。道光二年（1822），浙江按察使朱庄恪奉诏赴南田勘议开禁，由石浦至下湾门西北小网巾（昔名长山嘴）登岸，距石浦3.5千米。南田立县后，鹤浦（又称鸭嘴头）蔚兴为主埠，埠在岛北，距石浦7.4千米。光绪三十四年（1908），海游轮船局始置“海游轮”（350吨）航行石浦、蟹钳渡、健跳、海游间，均弯埠鹤浦。

石浦至海游、健跳和石浦至蟹钳渡两航线，从清末至20世纪70年代末，基本上是两小轮交替行驶，一日航海游、健跳，一日航蟹钳渡。民国8年（1919）有“景顺”“临浦”“永浦”等轮。民国14年，石浦郑国瀛等置“广浦轮”行驶。民国24年有“鸿安轮”。民国30年有“升昌轮”（石浦至白峤）。民国34年有“凯利”“永安”“永利轮”。民国35年有“海康”“浙惠6号轮”。民国36年有“华犹”“宁镇”“益利”等轮。常因物价飞涨而停航。

民国时期，县内港埠晓湾、九龙江、大泥塘、泗洲头、鹤浦、烧盐湾、乌岩、杏八、蟹礁头等有航船行驶石浦。其中，鹤浦航船最多，达16艘，晓湾、乌岩、蟹礁头其次各3艘。三门县天打擨、健跳各有航船旬日一次，航行高塘岛乌岩港口及金高椅。海游、健跳亦有六市船往返石浦南关桥。通航石浦各小轮，亦皆弯埠鹤浦。

1950年10月，石浦、海游间通航“福宝”轮，翌年初增“象南轮”。1952年，2船协商，另辟石浦至蟹钳渡航线，2船隔天换班，旋即“海星”轮营石浦至蟹钳渡一线。1956年，省航运局舟山分公司接受“象南”“海星”“福宝”三轮，更名“中浙10”“中浙11”“中浙12”轮。1959年，组建地方国营象山县运轮公司，专营县内外沿海客运。石浦为县内岙口岸，航线北至蟹钳渡，南至乌岩港口、鹤浦等，西至宁海白峤、三门健跳、海游等埠。嗣后客货渐增，船舶更多，以石浦为起、终点航线14条：石浦白峤航线、石浦海游航线、石浦健跳航线、石浦至港口（高塘岛乡）航线、石浦蟹钳渡航线、鹤浦石浦航线、小网巾石浦航线、韭菜湾石浦航线、金七门石浦航线、檀头山石浦航线、胡椒湾石浦航线、三门口石浦航线、石浦南韭山航线。

渡运

宋元以陈山渡为主，明以姜屿、淡港两渡为主，清以黄溪渡为主。南田开禁及立县之后，与石浦往来频繁，渡埠剧增。民国时期，除西泽、乌屿山、盐厂通渡鄞县有机动船外，余皆摇渡。其后，机动渡轮逐年增多。1985年，除大塘港、晓湾港个别渡口外，皆用机动船。1988年7月，象山港汽车轮渡码头竣工并通过验收，由象山县汽车轮渡公司经营的2艘8车渡轮投入运营，行驶象山港西泽至鄞县横山之间，开辟象山至宁波车渡通道，缩短象山县城到宁波路程48千米。1988年，有交通渡（设于城镇渡运量较大的渡口）11处，农渡（农村小港渡）33处。1989年，计渡轮4艘、572吨，706.7千瓦，550客位，16辆车渡；机动渡船32艘、161吨，331.1千瓦，924客位；手摇渡船10艘、10.7吨，105客位。1996年1月，石浦至鹤浦汽车轮渡通航，石已置两艘16车位渡轮。2001年，象山环海旅游客运有限公司成立，主营石浦至鹤浦水上客运，有客轮7艘、598客位。2002年1月，石浦水上客运中心成立，主营石浦、鹤浦、高塘港口客运代理业务，代理船舶9艘。其中，56座快客6艘，200座慢客3艘。是年5月，高金客渡运输服务有限公司成立，经营石浦金星至高塘岛乡杏八村车，客渡运，12车位渡轮2艘，至2008年11月，三门口跨海大桥建成通车，渡废。2008年年末，西泽至鄞县横山汽车渡轮6艘，计92车位、687客位，石浦港车客渡船10艘，计8车位、991客位。

象山港汽车轮渡修建前交通情况　据《象山港西泽至横山汽车轮渡可行性研究报告》《象山

交通局关于要求增加宁波东站至横码客车班车的报告》《象山县航运公司关于西泽至横山码头不安全情况的反映报告》等载：象山港交通固定式码头只有一处，即西泽客运码头。此码头距县城20千米，1969年建成，能停靠100吨级船舶，但前沿较浅，低潮位时前沿水深仅1.5米。对岸鄞县横山斜坡固定式码头，至宁波仅52千米，但前沿淤积严重，船舶停靠困难。象山县城渡象山港到宁波，比经宁海梅林到宁波近约50千米。1983年，象山过象山港到宁波的全年客运量为350000人次，其中客车145000人次，航运公司客班轮155000，民间渡口50000人次。由于西泽至横山航线旅客众多，而横山到宁波的班车少，个个都担心过了渡，不能赶上班车，因此西泽码头下船时争先恐后，到横山码头还要经过一只手摇舢板摆渡，更是早早憋足了抢先的劲。舢板到横山码头时，常常出现旅客从船头、船尾、船舷、船窗等处乱跳的现象，安全事故频发。1980年，落水死亡1人。1983年，落水3人（皆被救）。1984年3月到6月，发生5次事故，7人落水。这7名旅客皆是35岁以下的青年人，为抢购车票跳渡落空而下水，所幸皆获救①。

客运量

宁波《时事公报》载，民国18年（1929）客运量，自象山至宁波9200人次，自宁波至象山10430人次。1957年，全县年客运量4.12万人。1992年，年客运量达94.82万人，为历史之最。2008年，年客运量83万人，为1957年的20.15倍。

表25-33

1957—2008年象山县海上客运情况表

年份	客运量（万人）	旅客周转量（万人千米）	年份	客运量（万人）	旅客周转量（万人千米）
1957	4.12	41.33	1973	28.49	258.61
1958	8.24	124.00	1974	29.74	290.60
1959	10.36	386.75	1975	29.82	287.10
1960	11.25	362.12	1976	35.03	344.90
1961	18.59	527.18	1977	36.10	358.10
1962	28.50	567.04	1978	37.57	335.10
1963	24.32	449.47	1979	42.76	421.51
1964	22.15	400.10	1980	50.17	472.07
1965	21.13	380.88	1981	46.95	423.96
1966	20.02	402.78	1982	43.67	383.96
1967	29.16	473.00	1983	46.85	410.55
1968	31.96	519.00	1984	51.34	451.20
1969	29.18	452.00	1985	70.22	638.78
1970	24.88	251.00	1986	85.65	812.34
1971	20.90	200.00	1987	92.40	1080.60
1972	23.67	211.41	1988	81.66	1058.37

①象山档案馆档案：全宗号42，目录号未标，案卷号4，1984年。

续表25-33

年　份	客运量（万人）	旅客周转量（万人千米）	年　份	客运量（万人）	旅客周转量（万人千米）
1989	76.00	1300.11	1999	60.00	651.00
1990	67.97	2215.28	2000	63.70	649.40
1991	81.61	2735.04	2001	54.40	481.70
1992	94.82	2853.87	2002	64.60	471.40
1993	80.00	2744.00	2003	69.50	517.40
1994	73.00	2457.00	2004	74.00	556.00
1995	73.00	2272.00	2005	75.50	558.20
1996	67.00	1962.00	2006	76.00	557.00
1997	61.00	1637.00	2007	78.50	560.20
1998	59.00	1072.00	2008	83.00	596.00

第三节　海上货运

象山海上货运，唐、宋时期即盛，北至甬、沪、直（直隶，北京一带）、鲁，南达台、温、闽、粤，几乎遍及中国沿海。清末至民国时期，海路进出的货物，大部由木帆船运输，部分由客轮兼运，由私人、官行、公司等经营。1954年，船户组建运输合作互助组。是年，机动船改装成功。1955年，石浦、鹤浦成立第一、第二运输合作社，西周、民主（今属涂茨）、陈山等地成立第三运输合作社。1958年7月，三运输合作社合并成立"县高级运输合作社"。是年11月，国营象山县运输公司成立。1962年7月，从县运输公司中析出航运公司，主沿海客运兼货运。1965年，石浦海陆运输队改为象山第四运输社。1976年，4运输社合并成立县海运公司。1980年，海运公司、航运公司航线北延伸至营口、大连，南抵海南、广州，西溯武汉、沙市。1993年，县航运公司首辟日本等国际航线。1994年，宁波站村集体海运企业象山县荣宁船务公司成立。至2008年，主要海运民营企业有象山县兴业航运有限公司、象山兴宁航运有限公司、宁波银星海运有限公司、象山县海运有限公司、象山东和航运发展有限公司、象山福明海运有限公司、宁波大唐海运有限公司、宁波永正海运有限公司、宁波神鱼海运有限公司、宁波金川海运有限公司共10家，年货运量1623万吨。海运代理服务企业6家。宁波站村发展壮大为浙江海运第一村。

海运专业村　宁波站村位于象山县定塘镇，全村400余户、1400余人，祖辈打鱼、务农。改革开放前，有木质船10艘，载重不足400吨。1992年始，村委会组建象山县大塘运输服务站。有村民自愿参股，先购旧轮，后置新船，进入海运市场。1994年，村委会因势利导，联合村民船只，组建荣宁船务公司，为省内首家村级海运企业。2000年，新增油品运输业务，成立象山荣宁船务公司油运分公司，船队首驶长江三峡。2001—2002年，村民胡余富、吴永飞等各建兴宁航运、银星船务两公司。一年间，运力达5.5万吨。数年后，兴宁航运仅集装箱船达5艘，载重2.8万吨、

1372箱位，占公司总运力75%。2003年4月，荣宁公司"荣宁68号"轮投入营运，载重8500吨、322个标准集装箱位。8月，1.6万吨"荣宁82号"轮下水，营天津至广州航线，创象山万吨轮史。同年年末，公司总运力达6.8万吨，跻身宁波市海运先进行列。2004年9月，新建大唐海运有限公司，船舶15艘，运力8万余吨。10月，永正海运有限公司成立，11009载重吨"永星16号"轮主营长江中下游货运。2006年年末，七成以上村民成船东，船舶增至82艘，航线20条，遍及国内沿海与长江中下游，并驶日本、韩国等港口。全村总运力27余万吨，占全县总运力85%，总资产1.8亿元。成全县民营水运业骄子，享有"浙江海运第一村"美誉。2007年，全村人均年收入5万元，获浙江省"全面小康建设示范村"称号。2008年，全村船运企业5家，船百余艘，船舶资产超过20亿元。

货种

清末至民国初年（1912），东乡各埠：涂茨埠、旭拱岙、大港口，多运渔货、薯丝；道人港多运沙石；陈山埠、海口埠多运柴、毛柴；珠溪埠，运销糯谷、活猪；岑兆埠，运销麻、苎麻、棉花、糯谷等。上列各港埠之柴、毛柴主要运达鄞县、定海，薯丝则远销温州、福建。此外运销货物尚有竹、木等。南乡各埠：海塘会通碶港，有木、石销往台州、温州等地；海塘会通碶港，岳头港、松岙埠、后陈港所运水果有苋菜桃、夏白桃、西瓜、猪心李、杨梅，销往上海、台州、石浦等地；励家坪埠、大泥塘、潭洞塘、小湾、蒲湾、官市、金鸡山、下洋墩、大树墩、三眼碶、九龙江、龙尾巴12埠，所运货物为西瓜、猪、鸡、鸭、棉花、桐油、毛竹等，销往定海、宁波等地。西乡各埠：西周埠、下沈埠、牌头埠，运销芋、苎麻、竹、牛、猪、羊、鸡、鸭、鹅，出运至崇明、定海、宁波等处；泗洲头、白岩下运销竹、柴、苎麻等。传统的渡口如黄溪、墙头、淡港、西周、长礁等多竹、柴、苎麻及猪、鸡、鸭等出运，远销定海、岱山、衢山、宁波、通州等地。麻则运销福建、台州等处。石浦、盐仓前埠：内县最大航埠，象山南部及海上南来北往的货物，多由此集散。出运的货物主要是本地的土特产：食米、薯丝、竹、木、柴、炭、牲畜、家禽等，渔货尤为大宗，销往宁波、绍兴、上海、山东、台州、温州、福建、广东等地。主要输入的货物是棉布、百货、南北果品、杂货等。

民国26年（1937），上海、杭州相继沦陷，宁波港成上海物资运往内地主要通道。民国29年，宁波封港，石浦港成上海商货运往内地的主要中转港口，设海关于石浦，一时报关行、运输行林立，出现畸形繁荣。轮船到埠，为避日机轰炸，白天避往晓湾、普陀门等地，夜晚返石浦装卸客货。自沪运石浦的货物由小轮驳转蟹钳渡、泗洲头，以人力扛至西周、墙头、黄溪等埠（后期用人力车），经奉化翔鹤潭、鄞县横溪转宁波。输出货物有木炭、鱼鲞、苎麻、茶叶等，大宗进口的货物则有布匹、百货、西药、五金、南北货等。

中华人民共和国成立初，外海遭国民党军队封锁，县内农产品经陈山、黄溪、西周等埠转翔鹤潭至甬。20世纪50—70年代，输出最多的物产为冰鲜水产、生猪、番薯、食盐、黄沙、块石等，多运销上海、宁波等地，也有些货运销舟山、椒江、温州等地。80年代开始，除主运象山鲜虾饲料之外，冷藏船多在外地承揽货源。90年代，海上养殖业发展，活鱼运输成为主要业务之一。进入21世纪，油品运输、集装箱运输等成为海运企业的主打业务。输入象山的货物，在90年代象山连通高速公路之前，主要有煤炭、钢材、水泥、化肥、农药等。

运量

清末至民国初期，据民国《象山县志》载：象山本籍商船约400艘外，尚有大捕船318艘运输货物，而客籍木帆船多达2000艘，其中石浦港占半数。东乡各埠有本籍船221艘，客籍船355艘。本籍船最多的为道人港、陈山埠，各有100艘。客籍船最多的为陈山埠，有200艘。各埠薯丝运销100多万斤。陈山埠、海口埠常年运销毛柴约600船。珠溪埠运销糯谷约5万公斤，生猪千余头。陈山埠运销苎麻约6000公斤、棉花4000公斤。南乡各埠多客籍船，少本籍船。励家坪埠最为典型，客籍船500艘，本籍船仅12艘。其他如海塘会通碶港，本籍船9艘，温、台籍船10余艘；岳头港、松岙埠商船略同上；后陈港，商船较上各埠少。大泥塘等11埠，商船也皆本籍少而客籍多。苋菜桃、夏白桃每年运销上海千余担。西瓜运销石浦、定海1200担。西乡西周埠、下沈埠、牌头埠有本籍船29艘，客籍船440艘。其他埠头如泗洲头、白岩下等有本籍船，但亦多客籍船。石浦、盐仓前埠有本籍商船50余艘、宁商200余艘、台商200余艘、绍商50余艘、瓯商一百数十艘、闽商一百数十艘、广商10余艘、鲁商10余艘、沪商30余艘。纪协顺官行拥协元、协亨、协利、协贞帆船4艘，计400余吨。民国元年（1912），商轮畅行，上达宁波者5艘，直达上海者5艘，更有小轮船通南田、宁海多地，时有“小香港”之称。

民国29年（1940），航行上海、石浦客货轮不下30艘。原航行沪椒间“达兴轮”改称葡商正德公司“山泰轮”“穿山轮”改德商远东公司“哈纳轮”“永川”改“高登”“平阳”改“唐赛”“海福”“美利”“宜光”“利宝”“谋福”“永茂”“江定”“宝利”“美达”“海康”“海宜”“安定”“克立司汀”“曼利”“新安利”“永生”“大利”“永华”“马贝利亚”“江苏”“江南”“大利马”等轮纷来沓至，吨位在500~1000吨间。经常航行者仅“高登”“谋福”“哈纳”等轮。

冰鲜运输　20世纪50年代，冰鲜船多为20~25吨木帆船。运输企业在海上收购渔货，加冰块鲜运至沪、甬冷库，或运石浦销售，俗称“做冰鲜”。1962年始，以专业运输单位为主，由航管部门安排冰鲜运输。1967年运输2000余吨。1970—1980年，县水产公司有冰鲜运输船20余艘近2000吨位。1974年，运销大黄鱼、带鱼等达32277吨。后随着冷库冷冻业兴起，冰鲜长途运输量逐年减少。

活猪运输　1955年，活猪定船定线调运上海、宁波。石浦、白墩为集运地。多时租定3船，一次可运600头。每年11月下旬至春节前后旺季，约出运6~8万头。1973年，西周建成食品冷冻厂，活猪外运终止。

番薯运输　1959年，县内番薯霉烂175万公斤；1960年25万公斤。1963年10月，中共浙江省委书记江华视察象山，指示粮食、交通部门，组织番薯外调，得到上海市有关部门和航管部门支持。此后，年外调5万余吨，大部分运往上海（3.5万吨），小部分运宁波、慈溪等地。1979年，外调番薯只剩3867吨。1980年后，山区、海岛旱地改种柑橘，并推广番薯加工淀粉、粉丝技术，外调停止。

计划物资运输　20世纪60—70年代，主要计划物资煤炭多专业运输企业承运，多从上海运象山，回运货物少，则载运黄沙、块石去沪。时称“黑进黄出”。60年代，月调入煤炭5000~7000吨，至70年代，县化肥厂、电厂投产，用煤量增加，月调入量至7000~10000吨。80年代，沿海黄砂资源告罄后，则输出食盐。人称“黑进白出”。

冷藏运输　1981年，海运公司有冷藏轮3艘，总载重2597吨，年运输量8629吨。1988年，有冷藏船3艘，总载重1224吨，年运输量8920吨。因本地货源较少，多装运上海、南京、青岛等地肉类去广州。

1988年下半年始，海上外运象山鲜虾饲料。1993年10月，县航运公司1400吨级“繁象号”

冷藏船进入国际航线，首航日本。1997 年 10 月，“金飞鱼号”活鱼运输轮首航韩国。

1949—2008 年象山县海上货运情况表

表 25-34

年　份	货运量（万吨）	货物周转量（万吨/千米）	年　份	货运量（万吨）	货物周转量（万吨/千米）
1949	2.98	217.39	1979	28.09	7670.22
1950	3.11	272.01	1980	25.23	7526.93
1951	3.31	312.70	1981	24.49	9182.75
1952	3.54	489.40	1982	27.01	11057.90
1953	3.70	498.03	1983	25.50	9824.67
1954	3.72	503.71	1984	35.11	10638.20
1955	3.93	523.39	1985	35.27	12852.59
1956	4.32	599.31	1986	36.20	13552.84
1957	5.19	757.63	1987	57.20	21084.29
1958	5.46	775.45	1988	68.64	23881.76
1959	6.00	930.66	1989	33.90	18466.40
1960	9.23	1456.81	1990	37.96	19366.01
1961	7.55	1161.88	1991	45.90	18589.42
1962	5.66	921.75	1992	58.02	25082.69
1963	5.85	1128.63	1993	83.00	40995.00
1964	7.58	1092.50	1994	101.00	49270.00
1965	11.76	1792.56	1995	86.00	41715.00
1966	8.26	1759.56	1996	82.00	46926.00
1967	11.31	2254.08	1997	75.00	42252.00
1968	5.07	1303.39	1998	81.00	54204.00
1969	5.72	1572.04	1999	137.00	114320.00
1970	7.03	1753.39	2000	165.40	162047.70
1971	21.00	4489.00	2001	265.90	285963.40
1972	24.11	5522.96	2002	430.60	490146.20
1973	20.17	5059.67	2003	642.80	499616.10
1974	17.40	3940.33	2004	799.00	969990.00
1975	13.74	3524.16	2005	1241.70	1499878.00
1976	15.27	3917.80	2006	1795.00	1977196.00
1977	17.82	4200.40	2007	1564.80	1931661.00
1978	25.48	6441.00	2008	1623.00	1943611.00

第六章　陆上交通管理

陆上交通，与道路建设关系密切。象山近代陆上交通管理，始于民国时建成象西国防公路以后，县政府建设科增加交通管理职能。中华人民共和国成立后，交通事业快速发展，交通专门管理机构随之逐步完善，负责全县交通运输计划、调度、运价等。公路路政由象山公路段管理，县交通监理、县公安部门协助管理。陆上运输管理则有县公路运输管理所等专门机构。交通管理，协调人、路、车种种关系，所以明其管理对象、范围、方法的历史，当为主要叙述内容。至于交通秩序、车辆及驾驶人员管理，则在1987年改由公安管理。交通事故，也纳入此章。

第一节　货源、调度、运价管理

中华人民共和国成立后，货源、调度、运价等宏观管理经历“三统”到“三自”的管理历程，具体运价亦经历国家定价、国家指导价、市场指导价格的变化。

“三统”管理

统一货源（后发展为统一计划）、统一调度、统一运价的“三统”管理，始于中华人民共和国成立初期。1962年，丹城、石浦交通运输管理站成立，亦参照实行统一搬运装卸价格，统一票证、核发人力车牌照，整顿、审批副业运输。公路客货运输，则由汽车站独家经营，运输计划、车辆调度、客货运价均由车站安排执行。1971年，县成立统一运输指挥部，强化“三统”管理，限制社会闲散劳力参与城镇搬运，限制企事业单位自备车辆用于市场经营性运输，限制农副业车辆参与其他专业运输。实行统一运价政策，其制定、调整，按照“集中领导、分级管理”的原则办理。

“三自”管理

1980年12月，由县交通局办理跨省运输签证，超越毗邻省份由省公路运输局审批签证，至1983年停办。1983年5月始，允许运价灵活变动，可以适当上下浮动，改单一形式为多种形式。1984年，中共中央《当前农村经济政策的若干问题》文件下达，允许城乡个人或联户购置车辆运输。自此，“三统”管理完全被打破，自行受理货源、自行调度车辆、自行结算运费的“三自”管理全面实行。交通运输部门主要承担重点物资、大宗物资和港站物资的集散。不属交通运输部门的运输企业，承担本行业的运输任务，运力有余时，经县以上交通主管部门批准，也可以承运其他物资。城乡集体、个体户承运当地农副业产品和农村生产、生活资料，经县以上交通管理部门批准，也可纳入统一运输网。1990年11月开始，管理进一步规范，凡获得经营道路运输许可证和营业执照、获得投放批准并办理相关手续的客、货运车辆，及持有线路核准证的客车，可以申办运营证。参加临时或季节性货物运输车辆，在未获得运营证之前，亦可申办临时运营证。

第二节　规费征收

公路规费主要向汽车、摩托车、拖拉机等机动车主收取养路费；向从事运输的单位和个人收取运输管理费。

养路费

中华民国时期，象西公路招商承租，期内由承租方负责养护公路并收费。中华人民共和国成立后，由上一级地区交通管理所征收养路费。1973 年，除地区直属单位宁波运输段象山站的养路费仍上缴宁波地区交管局外，其余均由县交通管理站征收，按月全额解缴地区交管所。1980 年 1 月，《浙江省公路养路费征用和使用实施办法》规定，党政机关、学校、人民团体由行政、教育经费开支的自用车、行驶市区范围内的公共汽车、专用于养路的修路车、设有专门固定装置的清洁车、消防车及农村生产队从事农、副业生产自货自运车等，不征养路费。1986 年，养路费由县养路费征收所征收。1987 年 7 月 28 日，建立象山县公路稽征所，征收公路规费。1988 年，开征公路建设专用基金；7 月，开征公路养护费附加费，主要用于公路客运站、场及公路设施的改造和建设。1990 年 11 月，开征摩托车养路费。1993 年，停收手扶拖拉机养路费附加费。2004 年 12 月始，农村短途客运班车、专门用于接送学生的农村客运班车，养路费、公路客运附加费全免，县城发往乡镇、行政村的亏损或保本经营的班车养路费、公路客运附加费减半征收。

运输管理费

1964 年，陆上短途运输、装卸搬运的运输管理费，按营业额 5%收取。除丹城、石浦交管站直接办理业务外，在墙头、西周、新桥、关头、泗洲头、涂茨、岑晁、定塘、鹤浦等地设点代征。1990 年，根据县财政、物价、交通三局联合通知规定，专业运输企业的运输管理费按营业税的 1%收取。1998 年，降至 0.8%。1999 年 2 月始，取消“旅客公路路面集资费”。2004 年 2 月，取消从事营业性运输的农用三轮车、拖拉机的公路运输管理费。2005 年 7 月，出租汽车运输管理费及城区营运出租汽车客运附加费取消。2008 年 12 月 18 日，国务院发布《关于实施成品油价格和税费改革的通知》，翌年 1 月 1 日始，取消公路养路费、航道养护费、公路运输管理费、公路客货运附加费、水路运输管理费、水运客货运附加费等 6 项收费。

1973—1988 年象山县养路费征收情况表

表 25-35　　　　单位：万元

年　份	总　额	其中，手拖	年　份	总　额	其中，手拖
1973	7.51	免	1981	44.03	2.11
1974	9.77	免	1982	50.80	4.74
1975	12.27	免	1983	59.52	7.76
1976	15.41	免	1984	107.77	22.39
1977	18.50	免	1985	157.15	37.59
1978	27.07	免	1986	239.95	55.46
1979	33.45	免	1987	320.71	60.47
1980	41.00	免	1988	481.37	70.79

1989—2008 年象山县公路规费征收情况表

表 25-36 单位：万元

年 份	合 计	汽车养路费	摩托车养路费	手拖养路费	运管费	公路客货运输附加费
1989	873.30	492.70	—	86.90	106.95	186.75
1990	864.81	399.23	—	67.18	102.24	296.16
1991	989.30	542.00	1.11	99.35	—	346.84
1992	1282.88	693.30	—	99.40	100.00	390.18
1993	2019.00	920.00	10.00	145.00	140.00	804.00
1994	2188.00	1111.00	20.00	142.00	81.00	834.00
1995	2209.00	1373.00	27.00	104.00	81.00	624.00
1996	2540.00	1495.00	12.00	145.00	83.00	805.00
1997	2233.00	1253.00	46.00	144.00	73.00	717.00
1998	2106.00	1195.00	38.00	110.00	68.00	695.00
1999	2318.00	1206.00	14.00	105.00	254.00	739.00
2000	2485.00	1271.00	18.00	118.00	311.00	767.00
2001	2583.00	1320.00	82.00	143.00	309.00	729.00
2002	2848.27	1517.23	73.49	132.33	388.76	736.46
2003	2940.45	1756.93	126.13	134.55	307.98	614.86
2004	4281.70	2937.37	149.22	142.75	276.74	775.62
2005	4502.60	3206.36	170.10	137.50	270.26	718.38
2006	5681.85	4187.64	252.40	137.09	345.77	758.95
2007	7187.44	5581.27	245.10	167.59	354.05	839.43
2008	8434.95	6790.07	196.24	212.76	358.82	877.06

第三节 交通管理

中华人民共和国成立后，车辆号牌、驾驶证、行驶证的发放及年度检审验，由宁波专署交通管理部门办理，道路管理则由县交通部门负责。1972 年，随着车辆逐渐增加，县成立交通管理站，配员 4 人，主要职责是维护全县道路交通秩序，纠正违章，需要治安处罚或追究刑事责任的，与公安机关共同查处。1978 年，县交通管理站更名县车辆监理站。1981 年，境内车辆增至 1196 辆，交通监理任务加重。1985 年，县公安局组建交通民警队，配员 15 人，下设石浦分队，管理丹城、石浦两镇交通秩序和事故处理。1987 年 9 月，交通监理划归县公安局，与交通民警队合并，成立县公安局交通警察队，下设丹城、石浦、西周、大徐、定山5个分队。1991年，交通警察队改名为交通警察大队，分队改名为中队。2008年，县公安局交通警察大队分设丹城、石浦、大徐、西周、定山、爵溪、东陈、鹤浦、贤庠9个辖区中队，配备汽车60辆、摩托车27辆、对讲机100台。

车辆管理

中华人民共和国成立后，车辆号牌和行驶证皆由地区专署交通管理部门核发。1972年，手扶拖拉机牌证改由县交管站核发。1982年10月1日起，轻便摩托车须经当地交通监理部门检验合格、核发号牌、行驶证后，方准行驶；驾驶员经考试（交通规则、场内驾驶）合格，发给驾驶证，方准驾驶，并实行第三者责任保险。1984年12月，拖拉机牌证交由农机监理部门管理。大中型四轮拖拉机（包括20马力及以上的变形运输车）和虽在农村，但不属农业系统及在城镇的手扶拖拉机，仍由交通监理部门管理。由农机监理部门管理的手扶拖拉机在公路上行驶，其驾驶证、行驶证，均须加盖当地交通监理部门的印章，由交通监理部门管理。1985年，二轮、三轮摩托车牌证亦归县交通监理所办理。2004年3月，宁波市公安局交通警察支队车辆管理所在象山设点，并授权象山公安局交警大队车辆管理所办理新车注册登记。

机动车辆检、审、验由地区专署交通管理部门受理。1972年，下放由县交管站受理。检审验工作一年一度，通常自8月15日至12月15日，车辆按指定时间前往指定地点接受检验。1985年，检审验时间有所调整，按号牌末位数轮流检查。牌号末位数“3”的车辆在3月受检，牌号末位数为“4”的车辆在4月份受检，依次类推。牌号末位数是“1”或“2”者，分别安排在11、12月。检验合格方能办理年度检验签证手续，行驶有效期1年。对因故当月未能参加检验或经3次检验不合格者，一律停办手续，缴回牌证，限期整改。1987年10月后，全县车辆由县公安局交通警察队管理，车辆测试到宁波市车辆管理所。1994年，象山自行审验机动车辆。1997年，县车辆测试站成立。1998年，检测车辆4458辆，检验车辆2078辆。2008年，检测车辆38220辆，检验车辆27127辆。

驾驶员管理

中华人民共和国成立初期，汽车驾驶员大部分为部队复员、退伍军人。1972年，县交通管理站建立时，驾驶员集中于国营汽车运输公司统一管理。1974年，交管站首次举办汽车驾驶员培训班，培训合格驾驶员20余名。20世纪80年代，乡镇企业兴起，个体运输户出现，县第一、第二客运公司建立，各机关、企事业自备车增多，驾驶员队伍迅速壮大。驾驶员培训、考核面向社会，经学员本人申请，监理部门审查批准，培训6个月，考核合格者，发给驾驶证。1985年起，每年9—10月集中审验机动车驾驶员。汽车驾驶员培训考核由市交通监理处负责。轻骑驾驶员培训、考核由县交通管理所负责。1987年后，改由公安部门负责。1988年，全县各类驾驶员9659名，其中，汽车驾驶员1323名，拖拉机驾驶员6020名，其他机动车驾驶员2316名。1993年，交通部门始开展驾校和驾驶员培训行业管理，包括制定管理规章、技术标准、教学大纲，负责规划布局和实施监督检查。公安部门负责驾驶员的考核与发证工作。2000年3月1日起，实行违章驾驶员记分制，视每次违章程度，分别记1分、2分、3分、6分、12分。2001年4月，浙江交通部门成为驾驶员培训行业主管部门。2004年，象山率先实现汽车驾驶员培训设立理论远程教学点。车管所、车辆检测站、摩托车检测站单位合署办公，方便办事流程。2004年5月1日起，实行道路交通安全违法行为累积记分制，一年内累计记分达12分的，扣其驾照，重新参加道路交通安全法培训、考核，合格者，发还驾照，清除记分。2008年，全县有各类驾驶员86868名，其中，汽车驾驶员79235名、拖拉机驾驶员3868名、其他机动车驾驶员3765名。

道路交通管理

1978年始，每年5月设为“安全月”。1980年始，每年9月设为“安全质量月”。每年春运实施安全大检查，交通安全宣传更为集中，路上交通管理更为深入、严格。1982年，丹城镇具体规定行车路段、路线、车种、时间和停靠地点（含自行车、拖拉机停放），在五丰村设停车场1个。1985年5月，撤五丰村停车场，设南门广场停车场，交通民警在丹城、石浦重要路段流动管理。1987年，征地11亩，停车场移至南河路，石浦在塘头港、火炉头路设停车场。又在丹城东门、西门口，石浦沿港北路、第二码头设“天目山”机动车上下停靠点。丹城建设路设护栏、白水泥墩和钢管隔离带，南河路设置绿化隔离带，人车分流，并增设岗亭3处。西周、鹤浦、爵溪三个镇也设立停车场。1988—1990年，在干线公路增设、改装禁令、警告、指示标志牌80块。1992年，公安交警在事故多发地段设置醒目宣传牌10块，还在石浦、西周、定山等地架起3个永久性龙门牌宣传，建沿线停车场17个。1994年，在人、车流量高峰时派员到大白象路段执勤。1995年，围绕道路交通“安全”“畅通”，把主要警力放在路面上，加强对重点路段（象西线、盛宁线、丹爵线和沙石线）、重点违章（无牌、无证驾驶、报废车辆上路、超速、超载、违章超车、违章交会、酒后驾车、疲劳驾驶、手扶拖拉机加大速比等）、重点车辆（大客车、中巴车、出租车、农用代客车、夜间拉水产品车辆和未参加保险车辆）的管理整治。开展非机动车专项整治，查扣无牌与来路不明车辆230余辆次。自8月始，对外地到象山车辆一般性违章，一律教育后放行，实行不扣证、不罚款、不扣车规定。1999年，在城区主要街道安装交通隔离栏，并维修保养建设路2700米隔离护栏；在拓宽后的东谷湖路与靖南路交叉路口增设夜间闪烁信号灯、红绿指挥信号灯，安装“电子警察”；在新建道路上设置分道线、人行横线和各类标志、标牌80块；维修沙石线、石浦城区及松兰山旅游区的安全标志。2000年，在丹城城区又添置交通标志231块，在象山港路、丹峰路等增加16组红绿灯，增加隔离护栏675米；在贤庠中学、莲花中学出入道口及贤庠镇十字路口增设三处黄闪烁灯。同时，在“平安大道”添置宣传牌、报警标志、安全示范村牌。改善县城与沙石线、石浦城区、松兰山旅游区及贤庠、莲花两中学出入道口等地的安全设施。2002年，投入近百万元，在城区主要道路上增设灯控系统，设置指路标志牌、警告标志、禁令标志牌81块；会同县建设部门用花坛全封闭靖南路中心绿化带100余个道口。在象西线“平安大道”除设立各种宣传牌、宣传标语外，还在高架岭等危险地段设立提示牌。2005年，继续改善中心城区的交通安全设施，扩大大货车、拖拉机城区禁行范围，部分道路实施单行，滨海大道全部使用港湾式停车处，完成“电子警察”控制主要路口、电脑监控监视主干公路。并在史家山隧道出口安装大型电子显示屏。2006年，投入资金250万元，改造和新建“电子警察”24套，改造8个卡口系统并入市公安局卡口车辆识别系统，新增测速仪7台。2008年，酒后驾驶、无牌无证机动车等15项专项整治工作深入开展。

第四节　事故处理

1987年10月前，境内行驶车辆发生事故，由县交通局交通监理部门处理。此后，由县公安局交通警察大队处理。交通事故分特大事故、重大事故、一般事故、轻微事故4种。重大事故，须追究刑事责任的，由县公安局预审科提出处理意见，移交司法机关处理。大事故、一般事故、小事故由县公安局交警部门处理。经济赔偿，由交警部门召集当事各方调解处理。由行车事故造成人身伤亡，根据伤亡者责任大小、家庭经济状况，视实际情况酌定；预付伤者医药费，伤愈后结算。其他赔偿一次性付清。无论财产损失或人身伤亡赔偿、补偿，事故双方如有分歧者，也可走司法途径，由法院裁定。

1973—1989年象山县陆上交通事故情况表

表25-37

年　份	重大事故（件）	一般事故（件）	小事故（件）	死亡人数（人）	直接经济损失（元）
1973	9	21	63	5	13584
1974	7	15	58	6	5433
1975	12	20	68	6	4040
1976	7	31	81	7	不详
1977	7	25	63	8	不详
1978	7	63	75	7	不详
1979	13	63	52	13	不详
1980	10	53	126	9	不详
1981	18	44	104	18	不详
1982	24	44	137	20	不详
1983	33	34	85	31	13730
1984	22	40	100	19	22180
1985	51	62	—	28	65000
1986	23	47	255	20	76000
1987	30	51	377	31	205000
1988	33	96	565	40	185100
1989	29	76	338	33	166700

1990—2008年象山县陆上交通事故情况表

表25-38

年　份	肇事次数（次）	死亡人数（人）	受伤人数（人）	直接经济损失（万元）
1990	112	33	86	16.72
1991	147	27	184	8.98
1992	112	36	125	41.00
1993	75	41	76	28.00
1994	84	49	111	56.80
1995	134	59	100	96.60
1996	103	32	92	99.70
1997	116	54	110	110.40
1998	105	45	91	111.70
1999	530	42	271	359.50
2000	511	42	281	340.10
2001	551	41	279	347.90
2002	396	48	292	265.30
2003	261	45	273	214.20
2004	418	52	461	192.50
2005	325	51	367	157.10
2006	305	50	375	139.44
2007	292	47	320	108.49
2008	228	46	258	105.98

陆上交通重大事故

1976年2月27日，贤庠公社马岙大队手扶拖拉机搭客13人，自贤庠至丹城，翻入丹城东风水库，死2人（此为象山自有机动车辆来，首次记录交通事故）。

1977年2月12日晚，“4819”工厂解放牌大客车在蚶岙岭侧翻，死2人，重伤10人，轻伤9人。

是年6月15日，儒雅洋公社西岙郑大队手扶拖拉机，去下沈公社运蛎壳，搭客9人，在车岭下坡时，脱档溜坡，冲入水库，死3人。

1979年6月18日，林海公社大碶头大队轮式拖拉机去爵溪岭运块石，返回时，7人拥挤驾驶室内，下坡时突然熄火，驾驶员操作不当，拖拉机翻下50米山谷，死2人，重伤3人，轻伤2人。

是年9月3日，民主公社钱仓大队无证驾驶员驾驶无牌船型拖拉机，运虾皮15包去石浦，搭客4人，在上盘岭下坡时，交会失当，侧翻，死2人，重伤1人，轻伤1人。

1985年3月12日，南田客运公司东风牌大客车，自甬载客31人返石浦，在何婆岭新民水库前与宁波汽车分公司零担车交会，因路面狭窄，操作不当，加上道路松软，两车相擦，翻入路侧麦田，重伤9人，轻伤12人，直接损失2万元。

是年8月18日，县汽车站解放牌大客车，在何婆岭下坡时操作不当，撞山翻入新民水库，溺死4人，重伤5人，轻伤5人。

1986年7月9日，泗洲头镇田边村村民朱某驾手扶拖拉机，从大麦塘运农副产品500公斤，搭客17人返村，脱档溜坡，车翻，死1人，重伤4人，轻伤10人。

1988年6月9日，县客运公司大客车，载客45人从甬返象，在蚶岙岭上坡时，多次熄火，刹车失灵，汽车倒溜38米，部分旅客跳车，驾驶员失措，右后轮接近路边时，驾驶员跳车，汽车翻落坡下103米，死9人，重伤3人，轻伤18人，直接损失15万元。为象山公路交通事故中死伤最严重的一次。

1989年3月13日中午12时30分，林海乡门前涂个体车主陈某，驾驶面包车从丹城载客22人，因严重超载，在爵溪前岙岭翻车，死亡3人，受伤10余人，其中重伤5人。

2002年7月29日13时许，县公路运输责任有限公司浙BF1940中巴车，载客6人由宁海县梅林返象，途经象西线高家岭隧道东洞口内约50米处，与象山驶往鄞州浙BF2082中巴车相撞，死亡6人，重伤5人，轻伤10人。

2008年5月7日夜10时许，戴某及其亲朋共7人，饭后同乘一辆桑塔纳轿车从东郊返丹城，途经盛宁公路东谷湖进城路段，与一出城重型工程车迎面相撞，致车内7人全部死亡，其中5岁男孩1名。

是年8月25日凌晨0时50分许，巨爵公路燕山水库路段，一轿车与公路中央绿化隔离带及照明灯杆剧烈相撞后翻车，致车内4人全部死亡。

第七章　海上交通管理

清代，象山无专门海上交通管理机构，官员查船核户，是为收税防寇。中华民国时期，有外海水警队，开始管理海上交通。中华人民共和国成立后，交通管理机构变动频繁，管理项目增加，主要有船舶船员管理、港口航道管理等，目的是促进生产，确保人员、财产安全。2001年，成立象山海事处，与象山航运管理所、石浦航标站等共同管理海上交通，并增加危险品运输管理、海上事故应急搜救等工作职能。

第一节　航管机构

民国元年（1912），石浦设外海水警队。民国16年，成立船舶事务所石浦分所，民国26年裁撤。民国27年7月，省设战时水运联合营业处象山联营处，并设战时船舶管理总队象山分站，不久废。民国28年，省驿运管理处在县设分站。民国29年，建立象山县船舶进出检查所。

中华人民共和国成立后，设石浦航务站。1953年，交通部上海区港务管理局宁波分局在石浦设港务管理站。1959年，并入县运输公司，成为地方运输公司附属机构。1962年9月，成立象山县航运管理所。翌年，设联运营业站，办理港口与公路、铁路联运。1965年5月，象山、宁海航管所合并，称象宁航管所。1966年，象山、宁海各建航管站。1971年10月，宁波各县撤航管站，成立交通管理站，统一管理水陆交通，唯象山航管站保留。

1982年，置县港务管理站，与航管站合署办公。1985年，航管站复称所，于西泽、白墩置站，于东港、爵溪、鹤浦、大塘置工作组，石浦另设货运、客运站。航管所主管水上交通安全及辖区内航道、港埠、码头、航标的养护和建设、船舶登记、丈量、检验及鉴证，查处海损事故，征收航政规费及管理海上运输市场。1989年，港航体制改革，政、企分离，另设港务管理所，属企业。

2001年8月，水上安监体制改革，成立象山海事处，主要职能：船舶日常监管理、大型水上活动监管、船厂监管、应急值班与搜救、桥区水域监管、船舶安全检查、事故调查处里、水上防台等。而象山县航运管理所，则挂象山航道管理所、浙江省船舶检验局象山检验所牌子，担负境内水路运政、港政、航道、航运建设项目管理、船舶检验发证等职责。石浦航标站则负责航标管理。2006年，县航运管理所、县航道管理所分别更名为县港航管理处、县航道管理处。

第二节　船舶管理

清初，商渔船舶，出洋水手，严稽籍贯，核实年貌，由地方官取船户族里保结，同伴互结。许殷实良民制造海船，发给执照。凡桅樯支数，船舶长度，船员人数，均按限制额登记于执照。风篷两面大书某地某人某字号船只，船舷两旁亦然，或于桅杆上漆编号及船户姓名，以备口岸检查。浙江商船执照白质绿书。嘉庆七年（1802），外贸商船，准其酌带弓矢、刀枪、火炮，以防不测，于执照内注明，返回时依数验点，近洋商舶渔船，不得越禁私携，次第编排，治以保甲之法，严禁硝、硫磺、钢铁出口；食米计人定量，油、麻备足船用，不得多携。民国时，由船舶事务所、船舶管理总队象山分站及石浦海关等管理船舶。

中华人民共和国成立后，县航运管理部年执行的规章和规范性文件有：《船舶登记章程》（1960年）、《船舶检验工作条例》（1972年）、《国家船舶检验工作条例》（1972年）、《船舶吨位丈量规范》（1978年）、《关于加强船舶的安全监督的决定》（1985年）等。

船舶登记

包括船舶所有权登记、船舶抵押船登记、船舶光船租赁登记、船舶变更注销登记、船舶国籍登记等。1951年，因受盘踞沿海岛屿海匪破坏、支援解放舟山之损失，渔船总数为746艘。其中，独舟76艘，红头122艘，红旗101艘，鵃舠（方言读若：“独辽”）3艘，大捕29艘，小捕9艘，流网43艘，钓船47艘，舢板253艘，其他63艘。1954年冬，首改木船为机动船。1985年，机动渔船增至1759艘。2005年，达4111艘。2008年，机动渔船3987艘，总功率57.3731万千瓦。

史上船舶数量考　南宋嘉定二年（1209），东门岛有10余艘“丈八河条”。开庆元年（1259）《四明续志·三郡隘船》载，象山一丈以上渔船128艘，一丈以下668艘，合计796艘。为象山有渔船的最早记载。

民国11年（1922）渔船总数437艘。其中，小对船164艘，大捕船111艘，鳥舫船130艘，小钓船22艘，舢板10艘（以上含南田县）。民国14年，渔船总数492艘（不含南田县）。其中，大捕90艘，小钓24艘，舢板19艘，红头20艘，张网5艘，串网4艘，大小钓船30艘，未分类船300艘，包抬鳥舫小对流网船在内。民国25年，合计渔船905艘（含南田县）。民国36年，总数为899艘（不含南田县）。民国39年，总数上升为1158艘（含南田县）。

县内各地的渔船数量，民国《象山县志》载："（西乡）白岩下，大捕船一，小船十；潭头，大捕船二，小钓船四；文山，大捕船六，小船十二；杨呑山，小船七；西周、下沈、牌头、门前洋本籍船八，衢山洋本籍船十。（东乡）爵溪渔业大目洋本籍船一百四十艘，客籍船二千八百艘，一云爵溪本籍船三十艘，客籍无。（南乡）松呑，本籍船二十二艘；公通碶港，本籍船六艘；圆山头本籍船二十六艘；王家滥，本籍船六艘；东旦，本籍船十；红岩，本籍船六；平石，本籍船四；插船湾本籍船五；东溪，本籍船四；胡家屿，本籍船三艘；昌国卫半边山，本籍船五艘；老东门，大捕船七十余艘；南汇有红头小对二十艘；东关有钓艚，大小三十艘、有小钓船二十艘；盐仓前，钓冬船数艘；高隆、岳头、平岩、沙塘湾一带罾网船约六十艘。春汛有台帮渔船二千余艘，名洋山船；冬汛有闽帮渔船百余艘，名钓冬船。"

县内各地商船，民国《象山县志》载："（东乡）涂茨、旭恭呑、大港口三埠常年约载船六百艘。涂茨本籍船二、旭恭呑六、大港口五、道人港百、陈山三、海口五；客籍船涂茨二十、旭恭呑二十、大港口二十五、道人港二十、陈山二十、海口五十。（南乡）海塘会通碶港，温台客籍木、石船十余艘，本籍石浦商船约九艘；岳头港、松呑埠商船略同，后陈港商船较少。（西乡）西五区西周埠，本籍船十六，客籍船二百。下沈埠本籍船十、客籍船二百二十；牌头埠本籍船三，客籍船二十。石浦本籍商船五十余艘，宁商二百余艘，台商二百余艘，绍商五十余艘，瓯商一百数十艘，闽商一百数十艘，广商十余艘，鲁商十余艘，沪商三十余艘。"

船舶丈量检验

分初次、定期、特别丈量检验三类：初次，新造船舶或未经丈量检验发证的船舶，均须丈量检验；定期，根据船舶质量和航行安全管理的要求，定期丈量检验；特别丈量检验，船舶改型、吨位增减、买卖过户、改换港籍、航区等，均属特别丈量检验。检验内容，船壳及各部位质料之优劣，有无损伤、腐烂；连接方法与装配等施工质量；船体水密（即不漏水）状况；船用工具及动力的配备状况；安全设备是否完好及效用如何，以确定是否适航。凡不适航的船舶，一律不予签证，并禁止其航行。丈量船舶吨位，采用实载测试和计算测试办法进行；核定船舶总吨位和净吨位或载客位；核定干舷并检验载重线标志位置是否正确。船舶经丈量检验合格后，按船舶实际情况，核定航行区域和营运种类，发给船舶证书和航行签证簿。

船舶安全监督

2002年，象山县小型船舶管理办公室成立，登记、检验、发证并落实保险渔供船舶90余艘。2003年，加强"五一"、国庆客流高峰及夏季台风、冬季寒潮大风季节的安全管理和海岛旅游交通重点水域的安全监管。2004年，查处参与非法载客的无证渔供小船。2005年，督促各船舶公司33艘低质量船舶返港检修，后经附加检验全部合格。是年，举办"船公司、船舶管理""水上交通事故特点与防范""海事发展新动向对安全管理的新要求""船舶油类记录簿的记载与检查"和"AIS配备与检查"等9期业务知识培训。2002—2008年，检查各类船舶9618艘次，督促纠正违章3802艘次，处罚船舶589艘次，罚款161.28万元。

表 25-39

2002—2008 年象山县船舶检验安监情况表

年 份	检查船舶（艘次）	纠正违章（艘次）	处罚船舶（艘次）	罚款（万元）
2002	957	1196	65	16.02
2003	1177	—	78	13.54
2004	1391	376	165	25.14
2005	2090	80	—	31.09
2006	1939	181	43	20.22
2007	194	1556	146	34.52
2008	1870	413	92	20.75
合计	9618	3802	589	161.28

第三节 船员管理

明代，全县海上业捕鱼者约 200 家，名渔户，户纳渔课始得捕（民国《象山县志》引明姚士麟《见只编》）。民国期间，象山渔户 609 户。登记渔户，只为纳税。中华人民共和国成立后，船员需经培训考试合格才能上岗。

象山船员培训考核，执行交通部《轮船船员考试办法》（1979 年）与省交通局《浙江省轮船船员考试发证补充规定》（1980 年）。培训合格后由宁波市航管处发证。2005 年始，实行船员海上作业违法计分制度，严重者，吊销证件。

船员培训考核

机动船上的机驾和电工等专业人员，须经航管部门培训考核，成绩合格者发给证书，方可上岗。考试种类分驾驶、轮机、报务三类。驾驶职称：船长、大副、二副、三副等；轮机职称：轮机长、大管轮、二管轮、三管轮等；报务职称：报务员。

考试内容分理论与实践两类。驾驶：主要考试船舶操纵、驾驶员职务规则，罗经、雷达、电子导航仪器的正确使用，航海水文气象、海图作业、避让规则、造船大意、海运法规、货物装卸、消防救护、救生等。轮机：主要考试动力装置、制冷设备、电器和控制设备、机舱管理、船舶电工、度量仪表、轮机员职务规则、基础理论、绘图、造船大意、消防救护等。参加考试的船员，均应会游泳和具有一定的水上资历。

船员发证

由宁波市航管、海事部门办理。29.4 千瓦以下，由县航管所负责考试，市航管处核发“浙江省小机船船员证书”；未满 200 总吨、220.8 千瓦以下，由宁波市航管处负责考试，并核发“中华人民共和国小轮船船员证书”；未满 500 总吨、441 千瓦以下，由宁波市航管处负责考试，省航运局核发“中华人民共和国轮船船员证书”。宁波海事局成立后，船员的考试、发证工作由航管部门移交海事部门，象山海事处仅负责检查监督船员持证情况。

1989 年象山县持证船员情况表

表 25-40

单位：人

项目	合计	200 总吨以上		200 总吨以下		29.4 千瓦以下		
		正	副	正	副	正	副	船员
驾驶	1115	25	27	153	157	707	2	37
轮机	928	16	18	181	179	534	—	—
报务员	7	—	—	—	—	—	—	—

2001—2006 年部分年份象山县船员培训情况表

表 25-41

年份	培训数（期）	培训船员（人）	备注
2001	3	67	客渡船船员考证培训班
2002	3	219	客滚船员特殊培训班、500 总吨及以上值班水手和 750 千瓦及以上值班机工、小型海船船员培训班各 1 期
2003	4	159	小型海船船员培训班
2006	1	13	渡船船员考证培训班

第四节　港口航道管理

中华人民共和国成立后，象山港口、航道管理，由县航运管理所统一负责。1982 年 11 月，港口管理和建设工作，由县港务管理站负责。象山航道大多是海道，航运条件较好。白墩港由于上游围垦而淤浅，无力疏浚。其余航道均无淤积现象，无须疏浚。故象山航道养护，首要是航标养护，次为清理航障。

港口管理

石浦是综合性港口，按《海上交通安全法》规定，实施统一管理。内港航道常有设置渔具及种植水生植物或养殖贝类，侵占航道，危及船舶航行安全，石浦港、蟹钳港尤甚。1985 年 11 月 13 日，象山县政府批转县交通局《关于划定石浦港内航道宽度的报告》限期处理石浦港内严重阻碍航行之张网或其他水产作业，防止发生交通事故。规定黄胖礁至中界山北段航道宽 500 米；中界山东西两边航道，宽各 300 米；中界山南端至三门口航道，宽 500 米（航道宽度以航道实际深水线为中心）。在航道宽度内不准张网或其他捕捞作业。延昌铜钿礁至黄胖礁一带航门港湾及航段，禁止一切张网作业。1993—2008 年，先后疏浚石浦港 6 次，合计长度 5 千米。

航标养护

1960 年前，县航道养护统一由省航运管理局直接管理。军用航标由海军管理。象山航标组成立后，军用航标陆续移交。至 2008 年，全县管辖航标 103 座，其中象山海域 96 座。象山航标组、石浦航标站各备航标船，每月巡检。

航障清理

中华民国时期，石浦有熟识水性者常打捞近岸小型沉船货物，打捞者被称“水老鼠”。中华人民共和国成立后，遇沉船吨位较大，一时无法打捞，则先设置灯浮标，以防不测。如无打捞价值，为确保航道畅通，则予炸毁。打捞或炸毁作业，均请省航镇海打捞队，或请海军协助。

第五节　危防管理

为提高污染事故应急处置能力，控制、减轻、消除污染事故造成的海洋环境污染损害，海事部门对船舶载运危险货物管理措施有：实施进出港申报制度；检查船舶危险货物装卸作业前船、岸间的安全；装卸作业时布设围油栏等设施，铅封船舶油污水排放管路控制装置；按规定核查油类记录簿记录情况；督促组织消防演练等。

油品进出港管理

2002 年，办理船载危险货物进出港 227 艘次、253025 吨；实施危险品船舶安全检查 211 次，发现并督促纠正违章 5 起，罚款 2.25 万元。2003 年，为 3000 吨级以上油轮进出港安全护航 28 艘次。2004 年，现场监装监卸危险品船舶 34 艘次；驱逐无证作业的外港籍残油接收船 12 艘，核发油类记录簿等证书文本 265 本。2005 年，在石浦港组织溢油消防演习，参加演习、观摩的有县安监局、航管所、渔政站、船舶公司、油库等 16 家单位和 8 艘船舶。2006 年，组织开展“水上危险品运输百日会战”和“船舶及相关作业防污专项检查”，印发宣传教育资料 100 余份，对到港的 198 艘次危险品船舶全部实施安全检查。2007 年，开展限制船舶污染物排放专项整治，实施防污染检查 211 次，查处污染事故和违章 35 起；完成 33 艘船舶机舱设备排污出口的铅封任务；结合安全生产月活动，指导石浦港客滚船救生消防演习，组织 13 家航运企业 60 多名人员参加观摩。

2002—2008 年象山县危险品（油品）进出港管理情况表

表 25-42

年　份	受理审批		3000 吨级油轮护航（次）	备　注
	艘次	吨		
2002	227	253025	—	安全检查 211 艘次
2003	250	—	28	作业审批 54 艘次
2004	247	—	20	—
2005	401	—	—	—
2007	273	248000	—	安全检查 211 艘次
2008	311	272000	24	安全检查 137 艘次

说明：2006 年资料缺失

防污管理

2008 年，全县海港沿岸有船舶修造企业 46 家，油品作业码头 24 座，最大为 3000 吨级，供受油船 10 余艘，大多 100 载重吨上下，是水上危防管理的主要对象。

2006年，督促9家船舶修造厂、4家油品经营单位、9座作业码头以及相关航运企业，配足配齐消防器材。2008年，实施船坞开启坞门、船舶污染物排放等防污染检查456次，督促3家客运企业与残油接收单位签订船舶污染物排放协议，签发船舶残油接收处理证明52份。

第六节　应急搜救

2001—2008年，共组织应急搜救140次，获救船舶83艘次，获救人员838人。

2001—2008年象山县应急搜救情况表

表25-43

年　份	救助次数（次）	获救船舶（艘）	获救人员（人）
2001	11	6	66
2002	17	3	53
2003	11	7	90
2004	13	12	174
2005	21	13	133
2006	33	16	162
2007	10	7	65
2008	24	19	95

2005年、2008年象山县重大水上交通事故应急搜救情况表

表25-44

事故发生时间	船舶概况	出事海域	事　故　概　要	救助结果
2005年1月8日04：00	普通钢质货船，总吨197	象山檀头山附近水域	“浙定39117”从定海装载刨花铁332吨驶往福州，途经象山檀头山附近水域与“浙象渔66001”拖带的“浙象渔66002”发生碰撞，“浙定39117”沉没	船上7名船员全部获救
2005年4月14日21：28	普通钢质货船，总吨490	石浦秤柱礁西侧水域	“浙椒机150”在石浦秤柱礁西侧水域与“浙椒机329”船发生碰撞，“浙椒机150”船沉没	船上6名船员全部获救
2008年1月11日07：02	钢质干货船，总吨320	石浦秤柱礁附近水域	“鄞通顺89”船与“浙象渔40001”船在石浦秤柱礁附近水域发生碰撞，“鄞通顺89”船沉没、1人失踪	船上3名船员获救，1名失踪
2008年3月9日07：15	钢质干货船，总吨199	牛鼻山水道	“荣宁158”与台州“浙椒机1021”发生碰撞，“荣宁158”船沉没	船上5名船员全部获救
2008年3月18日08：35	钢质干货船，总吨199	象山大漠山以东水域	“华强海26”从温州空载驶往舟山定海，途经象山大漠山以东水域与“东楚16”发生碰撞，“华强海26”船沉没	船上8名船员全部获救

续表25-44

事故发生时间	船舶概况	出事海域	事 故 概 要	救助结果
2008年5月12日14：30	钢质干货船，总吨499	象山大漠山东南水域	“双宁11”从宁波白峰永港码头装载725.87吨卷钢驶往厦门，途经象山大漠山东南水域遇大风浪沉没	船上8名落水船员全部获救
2008年6月1日12：10	钢质干货船，总吨497	象山铜头岛附近水域	“景发8”从福州马尾装载800吨石蜡粉驶往上海，途经象山铜头岛附近水域遇涌浪袭击翻沉	船上9名船员全部获救
2008年10月18日02：30	普通钢质货船，总吨497	鹤浦女英礁	“凯达238”从上海装载卷钢与钢板682吨驶往泉州，在鹤浦女英礁触礁沉没	船上7名船员全部获救

海上交通重大事故

清乾隆二十一年（1756）六月十八日，西乡乡民夜渡象山港，赴奉化茅山进香，黄溪埠航船冒险超载，舱容二三十人，载客百余人，中途触礁沉没，死40人。

道光五年（1825）八月初二，东乡溪沿村人，过港进香，因超载在湖头渡沉船，死20余人。

道光六年八月初，墙头村民过港进香，因超载沉船，死多人。

光绪九年（1883）十一月，华轮“怀远号”在北渔山附近失事，死旅客、船员165人。

光绪十六年五月，德轮“扬子号”在北渔山附近沉没。

民国5年（1916）4月间，招商局“新裕轮”载兵员等人赴闽，至南韭山附近，因迷雾与该船护航舰“海容号”相撞致沉，死700余人，生还20余人。①

民国11年（1922）7月20日，石浦“新协元”木帆船，自石运海货去闽途中，避风玉环山盘港，船工19人，18人乘小船上岸逃生，船翻，俱丧命。

民国20年（1931）3月，法轮“长江号”在北渔山西南触礁沉没。4月，华轮“华阳号”在南渔山西北搁浅。9月，日轮“东洋丸”打捞上述两轮，忽遇飓风，触礁沉没，唯1人生还。

民国32年（1943）12月28日，乌屿山渡船离岸500米处，遇风沉没，死23人。

民国35年（1946）1月23日，黄溪渡航船载客50余人去翔鹤潭，离岸10丈处，忽狂风覆船，死5人。

1954年5月14日，温台地区浮爿船及舟山、象山、宁海等地木帆船千余艘，在大目洋捕捞大黄鱼。下午突起8~9级编北大风，温台地区浮爿船翻沉103艘、死197人。象山翻沉渔船7艘，断桅8支，死亡渔民4人。爵溪鵃舠船被刮至旦门、昌国等地，途中救起温台地区渔民数人。

1961年8月1日，金星乡平阳厂生产队农船，开往打鼓屿培育番薯，超载船覆，死7人。

1962年12月28日，泗洲头集市，杨岙山埠，40余人争先上船，致船侧翻，皆落水，死9人。

1966年11月13日，溪口公社文山大队社员15人，乘小船去海涂拾海瓜子，船破旧且超载，返航时在蟹钳渡死人山附近翻船，死7人。

1975年4月23日，浮礁渡礁横大队社员渡船赶集，超载，离岸5米处，船头进水，旅客慌乱，船失平衡致翻，救起33人，死6人。

1983年10月20日，金星乡花岙盐场“象副机3号”船货超高、超载，在大榭涂泥嘴遇急流

①详见本志“大事记”民国6年相关条目及页下注。

沉没，死4人。

1984年12月5日，檀头山小沙村渔船在铜瓦门外翻船，死7人。

1986年4月2日，“象副机214”号船船长无证驾驶，在甬江清水浦与上航二处拖轮相撞致沉，死3人。5月11日，苍南县“苍机13”号轮自沪运煤返回鳌江，至牛鼻山水道时，遇东港乡屿岙村“象渔94018号”船相撞，象渔船沉，死4人。6月2日，檀头山乡前卫村“5011号”渔船自石浦返航，装载失当又违章搭客34人，驶近大王宫码头，右满舵转弯时，船身左倾致翻，51人皆落水，多被砖头砸死，或被渔网罩住，死27人，其中船工1人、搭客26人（女性23人）。

1987年1月24日，“象副机38”号船自沪运煤返象山，在岱山鱼腥脑附近因漏沉船，9人乘舢板逃生，又被风浪击沉，仅1人生还。

1996年2月9日，三门县航运公司“浙三机3号”，载客50余人，由石浦驶往三门海游，途经三门县蛇盘乡山前村岩塘外洋面翻沉，死8人，8人获救，余下落不明。

1997年1月31日，石浦延昌人董小根、刘根全为筹办洞关庙菩萨塑像、衣冠等，乘“象运公司3号”航船赴三门、路桥等地。船至蛇盘洋倾翻（原因不详），同船63人全部落海，后8人获救，董、刘等55人皆遇难。

2000年3月10日，“浙椒机180号”货船，载重420吨由上海驶往温州，途经象山淡水门海域，遇8级风浪沉没，8名船员，4人生还，3人死，1人失踪。

2004年2月19日上午7时，“浙象渔70031”号由石浦港驶往渔场，因浓雾，与不明大轮碰撞沉没，6名渔工皆下落不明。

2006年3月12日凌晨3时，温州吉泰运输有限公司“吉达102”轮，途红象山辖区草鞋褋屿附近水域遇大风浪沉没，7名船员全部落水，4人自救税险，2人死亡，1人失踪，事故直接经济损失约100万元。12月11日晚7时半，从也门驶往大连途中的埃塞俄比亚籍货轮“ABBAY WONZ”轮与“浙岱渔72329”轮因两船瞭望疏忽，在象山海区水域相撞，渔轮当场沉没，船上12名船员，4人获救，8人失踪，直接经济损失约120万元。

2007年3月31日中午12时，福建省厦门鸿祥轮船有限公司所属的“鸿祥5”轮装载PTA2000吨，从厦门驶往青岛，在韭山列岛以东约5海里处，与从上海驶往深圳的广西壮族自治区钦州市桂钦船务有限公司所属的“盛安达2”轮相撞，盛安轮沉没，13名船员落水，7人获救，6人失踪；“鸿祥5”轮艏部位受损，事故直接经济损失约800万元。

2008年1月11日凌晨，鄞州区通顺海运有限公司“鄞通顺89”轮载重397吨干货，自北仑峙头驶往温岭金清港，途经象山称柱礁附近水域，与石浦镇渔村船主柯福寿“浙象渔40001”轮相撞，“鄞通顺89”轮沉没，1人失踪。两船直接经济损失约95万元。

第二十六篇
邮政　电信

本篇目录

第一章 邮　　政

宋之前，驿传之制无考。宋，县始置驿站，过象山港往府，不置铺。元沿袭宋制。明洪武初，沿海设卫所，改设邮铺。清，县城、石浦设邮政代办机构。中华人民共和国成立后，象山县成立邮电局，随着交通事业发展，境内邮路四通八达。改革开放后，电信、金融事业快速发展，邮政信函件、汇兑业务逐渐萎缩，尤其是信函，多被电信替代。

第一节 邮政机构

明清前有驿站、铺舍，专递官府、军旅文书。中华民国时期设民信局、邮政局，除传递官方文书外，亦为百姓提供传递信函等服务。1952 年，象山邮政、电信机构合并，称邮电局。1998 年，邮政、电信分设。

驿站

旧志载：宋，象山境内设驿、馆、亭六处。蓬莱驿，县南一百步，后为县尉廨宇；西溪驿，县西南四十里，久废；应真馆，县东一百四十步，久废；陈山驿，县东北一十五里，久废，庆元元年（1195），县令赵善与复置；宋嘉定十六年（1223），智门院僧师哲，在县西四十里海际，建后倚驿亭；同年，县西三十里，建西沙岭驿亭。时，象山渡象山港往府，不置铺。元沿袭。

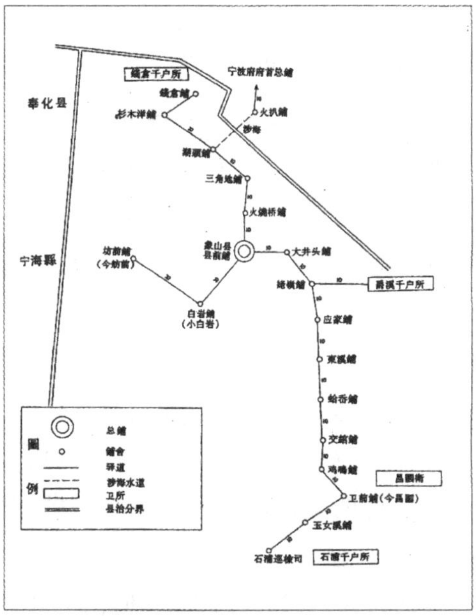

图 26-1　明代宁波府驿道示意图

明有邮驿三处。应真馆，县东一百四十步，税课局左；绿野馆，放生池前，赵善晋置；西沙岭驿亭（元至正年间为止息亭），成化七年（1471），耆民周惟祥重修，亭位墙头至西周的西沙岭顶（海拔 219.5 米）岭道上，石垒墙，木结构，瓦平房，历七百余年，迄今仍在。

照 26-1　西沙岭古驿亭

烽堠　为旧时军事通信设施。明洪武年间（1368—1398），县内建卫、所、寨城垣 8 座，烽堠 29 处。以主要防区 190 千米计算，约 5 千米置防倭建筑 1 处，约 25 千米建抗倭城垣 1 座，大多筑于关隘、要道、倭寇易偷袭登陆处。烽堠亦“烽火台”“烟墩”。烽堠筑濒海山巅、高坡视野宽疾，与左右各台遥相呼应，“一台烽烟起，连绵可及”，易守易防。时昌国卫辖烽堠九：仁义、赤坎、黄沙、前山、后门、崎头、嵩岙、何家礁、乌石；爵溪所辖烽堠七：公屿、沙岭、玉泉、屏风、外岭、赵岙、半路；钱仓所辖烽堠七：青雷、东门岭、蒲门岭、前山、中堡楼、涂茨、杉木洋；石浦前后两所辖烽堠六：后山、前山、大金山、土湾、松岙、下岙。

明英宗天顺年间（1457—1464），县内建有“一卫三所十四堠”：钱仓千户所，辖东门、前山、中堡、杉木洋、蒲门五堠；爵溪千户所，辖公屿、沙岭、中路、惠泉岭四堠；昌国卫，辖乌石山、下门、大奇头三堠；石浦千户所，辖前山、后山两堠。

明代，周家山烽火台位于爵溪镇东北1千米处山坡，背山面海，东望公屿烽堠，西与炮台山烽堠成犄角之势。台基占地约100平方米，梯形台身，四周砌乱石。内用碎石泥土夯实，高5.6米，顶部略呈凹形。登台远瞩海外，尽收眼底，发现敌船，即可报警。

烽堠资料另详见本志“文物　名胜”篇。

邮铺

嘉靖《象山县志》载：明洪武初，境内沿海设卫所，同时置邮铺18所，每铺设厅屋3间，邮亭1座，门屋1间，廊屋两联各3间，铺司1名，铺兵4名。惟县前总铺兵5名。铺司什物4件：望竿、时牌、晷、灯候各一。铺兵什物7件：旗枪、棍子、夹板、油绢袱、铜铃、摇鼓各一（文中只举6件）。冲要一铺，为县前总铺，在县前西五十步。明景泰间，官鬻为民居，迁铺于县治东前空地。偏僻17铺：火烧铺、三角铺、湖头铺、杉木铺、钱仓铺、大井铺、姥岭铺、应家铺、东溪铺、蛤岙铺、交绾铺、鸡鸣铺、卫前铺、玉女铺、爵溪铺、白岩铺、方前铺。

清同治七年（1868），邮铺18所。县前总铺，县治东前空地，司兵3名，今圮。偏僻17铺：东溪、交绾、姆岭、玉女、卫前、火烧庄、三角埭、湖头渡、钱仓、爵溪铺，司兵各2名；应家、杉木洋、蛤岙、鸡鸣、方前、白岩、大井铺，司兵各1名。

塘拨

清改铺舍为塘拨。雍正《象山县志》载：塘拨18处，为黄溪、大溪桥、墙头、西沙岭、儒雅洋、庆丰桥、西周、关山、石门岭、白石、九顷、南堡、王家山、乌江、交绾、田下岭、太平庄、陈山。每塘拨置屋3间，烟墩、梆锣、旗帜、牌坊、木匾俱全，副将刘职捐造。

民信局

清咸丰三年（1853）、同治七年（1868）、光绪六年（1880），鄞县之正和、永义昶、裕兴昌民信总局分别在石浦设分局。光绪十年，石浦自设永义昶民信局。民国元年（1912）、民国5年、民国9年，县城分别设立史湘记、永安、锦和民信局。永安局在西周、墙头置分局。未登记挂号的民信局有圣盛、永义祖两处，址在石浦中街。信局制度灵活，手续简便，上门揽收信、物、钱，与雇主彼此了解信任。分专营、商行兼营，“长行”与“单帮”（个人捎带），员工多者五人，少则二三人。运输水陆兼程，陆路雇脚夫，肩挑手提；水路乘固定渡船和定期班轮，或经邮局寄递。民国17年，各地民信局相继收缩，至民国23年年末，境内民信局全部停歇。自此到中华人民共和国成立初，信客、长行承揽部分民信业务，另外则由邮政承揽。

信客（长行）考　道光中叶，宁波开埠，四明七邑旅沪谋生经商者日多，递信运物需求日增，信客应时而起。信客，象山多称长行，往返于象甬、象沪等地，捎带信件、银钱、土产，甚至为旅客照料行李，护老携幼，搬运杂货，服务项目根据需要而定，而且亲投到户，周到稳妥。民国23年（1934），民信局停歇之后，信客业务受到一定的影响，但一直未间断。抗日战争爆发，象甬、象沪交通时有阻断，信客再度兴起，一直延至20世纪50年代初。

表26-1

民国23年象山县民信局情况表

执照编号	名称	开设年份	总局地点	分局数	分局地点	备注
39	正和	咸丰三年（1853）	鄞县	3	沈家门、石浦、宁海	1995年《宁波市志》
68	永义昶	同治七年（1868）	鄞县	7	宁海、沈家门、岱山、石浦、柴桥、大碶头、爵溪	1995年《宁波市志》
37	裕兴昌	光绪六年（1880）	鄞县	5	石浦、定海、岱山、慈溪、沈家门	1995年《宁波市志》
58	永义昶	光绪十年（1884）	石浦	—	—	1995年《宁波市志》
63	史湘记	民国元年（1912）	象山县城	—	—	1995年《宁波市志》
62	永安	民国5年（1916）	象山县城	2	西周、墙头	民国《象山县志》载：光绪年间设
—	圣盛	不详	石浦中街	奚埤玉专办	石浦二等邮局管辖	1916年2月21日《浙江公报》

邮政局

光绪二十七年（1901），石浦设邮柜。翌年八月二十日，石浦福建街设立分局。光绪二十九年三月三日改代办支局。四月十五日，县城设代办支局。两代办支局均隶宁波邮政总局。光绪三十四年，县城设邮柜。

民国2年（1913）建石浦邮局。民国3年8月1日，石浦邮寄代办所升为二等邮政局，隶浙江邮区、浙江邮务管理局，址设石浦中街，经营函件、包件、汇票、代收货价及国内保险、汽机通运、联邮包裹收寄等业务。民国6年，南田置邮寄代办所。民国9年，设象山邮局，为二、三等局，配员工3名，负责本埠投递及象山至石浦邮路，局址设西街徐家桥边，经营函件、包件、汇兑，隶浙江邮务管理局。民国17年12月，石浦邮政局划定二等乙级邮务局，员工5名；象山邮局划定“三等乙级”邮务局，配局长、信差、邮差3人。是年，增设墙头、西周、南田三邮政代办所及爵溪二电话代办所。民国21年，4月象山局址迁南街。7月石浦局址迁二道湾。民国30年4月19日石浦沦陷，石浦邮局停业；县政府撤至儒雅洋，象山邮局撤至丁家设办事处。5月在儒雅洋设办事处，派有信差、邮差各1名，收发邮件。时局稍稳，各办事处撤回，丹城、石浦邮局复业。7月1日起，象山邮政局由浙江邮政管理局办事处划归杭州管理局直辖。

民国31年（1942）3月8日，日伪军再犯县城；11日县城沦陷，县政府撤至西乡；4月1日起，象山邮局由三等乙级升三等甲级，局长、信差各1名，局址迁西街绣衣坊。因战乱影响，业务清淡。翌年5月1日，降为三等乙级。是日起，象山邮局所辖西周、下沈、墙头三代办所，莲花、儒雅洋、方前、庆丰桥四村镇信柜划归宁海邮局。民国33年9月1日，高泥、西山下、岑兆三代办所与珠溪、海墩、溪沿三村镇信柜划归宁海邮局。翌年1月26日划回象山邮局；11月16

日，西周、下沈、墙头代办所和儒雅洋、庆丰桥信柜（莲花、方前已停办）划归象山邮局。民国35年，设乡村电话管理所，后一度停顿。

抗日战争胜利后，邮政业务发展，邮政网点扩大。民国37年（1948）3月1日，象山邮局员工6名，局址丹城西街。年末，石浦邮政局业务恢复，时辖邮政代办所13处、村镇信柜16处，员工5名，代办所10处、村镇信柜12处、邮票代售处2处，局址福建街5号。

1949年7月9日，象山县人民政府派员接管象山邮政局和石浦邮政局。象山邮政局员工6人，直属邮政代办所12处，村镇信柜16处，县外邮路3条，县内邮路6条。石浦邮政局员工5名，直属代办所10处，村镇信柜12处，邮票代售处2处，县内外邮路6条。

民国南田邮政 民国元年（1912）南田置县。民国6年，置南田邮寄代办所于县治（今鹤浦镇樊岙村）。民国29年南田撤县。民国34年3月16日，改升三等乙级邮务局，配局长、信差、听差3名。址设三门县南田镇城外94号，租何文治房36平方米。翌年5月1日降为南田代办所。

邮电局

1951年9月1日，象山邮政局与宁波电信局象山营业所合并，成立邮电部象山邮电局，下设邮政、电信两组，员工15人，址设丹城西大街103号，县政府拨用公房734.65平方米。同时，石浦邮政局与宁波电信局石浦营业所合并，成立邮电部石浦邮电局，下设邮政、电信两组，员工10人，址设石浦老道头街19号。均隶宁波专区邮电督导组。

1952年8月29日，石浦局并入象山，改设邮电营业处，成立浙江省象山邮电局，职工31人，辖邮电营业处1处，代办所54处，分设邮政、电信组及邮运班，始行两级管理；12月，被省局核为五等邮电局。1953年6月，接管地方电信。邮电业务归于统一。1954年4月，象山县划归舟山专区，象山邮电局隶定海邮电局（中心局）。1955年1月1日，划隶省邮电管理局。14乡村自办邮电所。1957年4月1日，机要通信划归县邮电局办理；8月，县邮电局划归舟山专区邮电督察员办事处。

1958年10月，象山、宁海邮电局合并，成立象山县邮电局，址设沥洋（今属宁海县）孙家院子，丹城、城关（今属宁海县）两镇各置邮电支局，增办26公社邮电所；11月11日，成立象山县交通邮电部。1959年4月21日，址迁城关镇，撤城关，设沥洋邮电支局；25日，撤销交通邮电部，复置象山邮电局，属宁波专区邮电督察员办事处；年末，县邮电局职工174人，辖邮电支局20处、邮电所3处、社办邮电所10处、代办所50处。

1961年8月，宁、象分县，象山县邮电局迁回丹城镇，撤丹城镇邮电支局，职工95人，辖邮电支局7处、邮电所1处、社办邮电局所13处、代办所18处。

1985年，全县邮电局所44处，遍布城乡，有职工362人。邮电计费业务总量217.87万元。比1950年的2万元增长近108倍。

1991年10月，县邮电局从县前街11号迁入靖南路邮政大楼。1993年8月1日，县邮电局被评为1992年“中国邮电百强县局”第73位。年末，全县设置自办邮电支局所15处，乡镇邮电所26处，有全民合同制职工545人，集

照26-2 位于靖南大街262号的象山县邮电大楼

体合同制职工153人。1996年，邮电部核定象山邮电局为四等三级局。1998年9月，邮电局分拆邮政、电信两局。

至2008年12月，县邮政局在丹城、石浦、西周、鹤浦、爵溪、墙头、定山、泗洲头、岑晁、大碶头、新桥设11个邮政支局，在东溪、淡港、下山、小网巾、南郊设5个邮政所，丹城城区设靖南路、建设路、西街、城东路、新丰路、步行街6个邮政网点。

第二节　邮　　路

象山自宋置驿传邮始，历代沿袭旧制。驿道北由湖头驿渡海，与鄞县火扒铺相接；西由方前铺与宁海下峙铺相接。清光绪二十七年（1901）、二十九年，石浦、县城设邮政代办机构后，逐渐形成县南以石浦为中心主水道邮路，自宁波经定海至石浦，与石浦至象山旱班邮路相接。县北以县城为中心主陆道邮路，一直沿至民国。1952年8月，象山、石浦邮电局合并，成立县邮电局，逐步形成以丹城为中心的邮运网络。1958年10月，宁象并县，县治移宁海，先后建立以宁海、丹城、沥洋、城关镇为中心邮运网络。1961年8月，分县，象山还治原境，恢复丹城为中心邮运网络，伸向县内外。

省内邮路

清光绪三十年（1904），宁波邮政总局开辟宁波至台州轮船邮路，沿途与镇海、定海、石浦、海门交接邮件。光绪三十三年，石浦北经陆道衔接象山，三日一班。

民国8年（1919），鄞县至象山水道邮路两条。其一，鄞县至西周轮船邮路，沿途与定海、岱山、普渡（普陀）、沈家门、墙头（连接象山）、西周（连接宁海）交接邮件，全程360里，逐日班；其二，鄞县至海门轮船邮路，沿途与定海、石浦交接邮件，全程450里，二日一班。石浦至长亭场（宁海县长街）小轮邮路，全程72里，二日一班。另有石浦至海游轮船邮路，全程140里，每日一班。民国21年，调整石浦至海游轮船邮路经三门湾至海游，全程80里，每日一班改为二日一班。

民国24年（1935），宁波至桥头胡轮船（重件）邮路，三日一班。沿途与宁海、西泽、白墩、高泥、墙头、西周交接邮件。至象山邮件由墙头改白墩交接，单程27里。翌年，变更邮运路线，象山至横山邮路，丹城至西泽段（37.2里）委托宁穿汽车公司汽车带运，象山邮差渡港与鄞县至横山邮差班交接邮件，每天一班。民国25年，象西公路桥梁损坏，象山至横山邮路往来邮包一度由临时雇差运送。

民国26年（1937）8月，沪战爆发，海口封锁，海运受阻。石浦至长亭场海运邮路停运，辟象山至宁海陆道邮路。原象山至下沈邮路延伸至宁海柴溪与宁海至柴溪邮路衔接，全程170里，两差对行，隔日班。象山境内路线：出丹城，经墙头、舫前、儒雅洋、庆丰桥、西周、下沈，带运沿途所柜邮件。

民国28年（1939）6月，日军封锁镇海口，甬沪航道中断，沪至甬邮件交由中外籍运输商船（部分船只改悬德、意、美等国国旗）带运，不定期往返上海、石浦间，后改装小轮、木船运至蟹钳渡、泗洲头，人力担至西周，渡象山港，取道翔鹤潭至宁波，石浦沦陷后终止。

民国30年（1941）6月3日，县城被日军攻占，象山至鄞县裘村邮路，经与鄞县邮局商洽，改行象山经西泽渡至咸祥与鄞县邮差班衔接，由象山局派差2名轮流往返渡港至咸祥，与东吴至咸祥邮差班交接邮件，全程161里，隔日班，沿途经虎啸铺、大徐、海墩、岑岽、西山下、西泽渡港至鄞县横山、咸祥。民国34年1月19日，更动象山至宁海邮路交接地点，宁海派差2名至墙头，与象山至墙头派差交接邮件，隔日班。11月28日，复改于下沈、柴溪交接，象差返程兼弯莲花。是月30日，象山至横山邮路，改在横山交接邮件，逐日班，并辟相连支线岑岽经珠溪、溪沿脚夫邮路。抗日战争胜利后，邮运渐趋正常，主要邮路有象山至宁海、象山至横山、石浦至宁波、象山至奉化裘村等。

民国35年（1946）3月25日，辟上海至石浦轮船邮路，申—台（台州）班轮兼弯石浦，隔日班，每班1袋。翌年4月，上海“永益”轮、“华速”轮，月均6班，全程2日，无固定班期，每班1袋；7月30日始，上海至石浦轮船邮路撤销，石浦发上海邮件，纳鄞县局转递；8月3日，辟宁波至象山轮船邮路，全程272里，隔日班，第一日晨由甬开象、第二日晨象开甬，停靠陈山码头。象山邮班步行23里至陈山埠头，与甬象轮船交接。民国37年5月1日改逐日班。是年，石浦至海游轮船邮路延伸至海门，隔日班。同年，辟石浦至善岙埠（三门县）轮船邮路，全程202里，逐日班。

1949年6月，杭甬汽车邮路恢复。各地发往定海沈家门、岱山邮件不断转至象山，不定期经赤坎与定海民船交接。1950年，象山至下水旱道（轻件）邮路，逐日班，全程58千米。以象山港南北分段，南岸往返丹城、西泽之间接送渡船邮件，北岸往返横山下水间，在下水与鄞县邮班交接。10月8日始，该路衔接象石邮班。宁波经定海至象山轮船（重件）邮路，全程148千米，隔日班；象山至宁海柴溪步班邮路，全程85千米，隔日班。宁波至石浦轮船（重件）邮路，全程158千米，隔日班。石浦至三门轮船邮路，全程70千米，隔日班。石浦至海游汽船邮路，嗣后撤销。

1952年8月，逐步形成以象山为中心伸向县内外邮路。翌年2月，象山至宁海柴溪旱班邮路撤销，发往宁海邮件由鄞县局经转。1958年11月7日，宁西公路宁象段通车，辟宁海至丹城委办汽车邮路，途经茶院、沥洋、胡陈、泗洲头、蟹钳渡（去石浦、定山、东溪、南田岛邮件由此卸运，交机帆船带运）、溪口、南堡、丹城，全程80千米，逐日班。时有宁海至宁波、奉化、临海、三门委办汽车邮路和丹城至宁波轮船邮路，共5条。石浦至宁波、三门2条轮船邮路撤销。

1961年10月始，恢复以象山为中心对外邮运网络，确立宁波至象山委办汽车邮路和象山至宁波委办轮船邮路。

1969年10月，茅石公路通车，辟石浦至宁波单向委办汽车邮路，全程167千米，逐日班。1972年7月1日，宁波局辟宁波至象山自办汽车邮路，途经奉化、宁海至象山，全程160千米，逐日班，撤销宁波至象山委办汽车邮路。1976年1月1日，宁波局调整宁波至象山自办汽车邮路，改宁波经宁海至临海。象山进出口邮件，由象山邮车在宁海局与宁波邮车相交接，该段自办汽车邮路。1978年7月1日，宁波局恢复至象山自办汽车逐日班邮路，象山至宁海自办汽车邮路撤销。1981年7月1日，宁波局调整至象山自办汽车邮路，来程经梅林、西周、墙头至丹城，返程过泗洲头、胡陈、沥洋、宁海回宁波。1989年8月1日始，石浦至宁波单向委办汽车邮路撤销，出口邮件纳入县内经转。1990年7月1日始，宁波至象山自办汽车邮路返程调整，改从墙头、西周、梅林方向回宁波。是年11月，宁波邮车从象山返程增加亭溪、墙头、莲花邮电所交接点。1993年6月1日始，宁波增开至象山直达邮班，日增至两班。同时调整原宁波至象山邮车隔天返回为当天

17：30时返回。增班邮车返程时间当天12时。所属墙头、亭溪、莲花邮电所邮件由县内邮路解决。8月16日始，甬邮车返程时增设墙头、亭溪邮电所交接点，邮件只卸不装。翌年4月11日始，增莲花交接点，邮件只卸不装。

2002年8月15日，市邮政局将宁波至宁海二班邮路延伸至象山，使象山邮局在16：15时后各营业网点收寄邮件比原来提早半天出运。2007年7月16日，西周支局原直封象山局出口总包封发关系，调整为西周支局直封宁波邮区中心局。

县内邮路

清光绪三十三年（1907），辟石浦至象山旱道邮路，石浦派差1人，三日一班，衔接甬石轮船班。民国初，因局所少，交通不便，邮路荒疏。

民国8年（1919），丹城至墙头逐日步班邮路，行程20里，衔接宁波轮船班。石浦涉海经鹤浦步行至南田县治（鹤浦镇樊岙村）水陆邮路，全程30里，隔日班。翌年11月12日，象石旱道邮路，改象山局派差1人，改隔日班。

民国23年（1934），象石邮路改两局各派差1名对行，全程88里，改隔日班为逐日班，途经虎啸铺、东陈乡外东岙与南堡、东溪、新桥、昌国卫、盐仓桥（延昌前）；石浦至泗洲头小火轮邮路，全程77里，隔日班，后改逐日班；石浦至大泥塘航船邮路，隔日班；石浦至东门岛渡船，邮路5里，逐日班。民国24年，辟丹城经墙头、西周至高泥步班邮路，全程92里，隔日班。

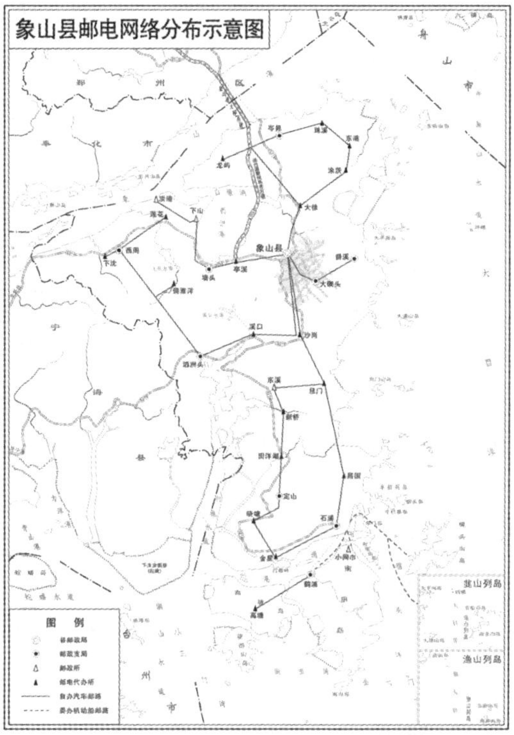

地图审核号：浙S(2017) 32号

图26-2 象山县邮电网络分布示意图

民国30年（1941）2月，石浦至泗洲头航船邮路改步班，石浦局派差1人，经金鸡山、大泥塘、中泥至泗洲头，原程返回，三日一班，全程202里。从泗洲头步行40里连接丹城。4月19日，石浦沦陷后，邮路阻断。数日后，因邮件减少，石浦局派差1人，暂改隔日步班。茅洋碘石矿区因日军侵占，不准通行，派一信差设法绕道接送。民国32年4月1日起，恢复石浦至鹤浦航船邮路，逐日班，衔接鹤浦至南田、大南田脚夫邮路，全程50里，三日一班。

抗日战争胜利后，邮运日趋正常。民国34年（1945）10月11日，丹城经涂茨至崔家岙、丹城至爵溪脚夫邮路，三日一班。丹城至石浦邮路，由石浦局派差1名行走，全程105里，隔日班，沿途与南庄、东陈、洋心、南堡、东溪、新桥、高湾、昌国卫所柜交接。丹城经蟹钳渡至石浦水陆路，全程82里，隔日班。

民国35年（1946），石浦至大泥塘环行村路，因信件稀少，3月16日起撤销。8月，辟丹城至陈山步班邮路，全程23里，二日一班，乘小船与甬象轮船交接。翌年5月1日改逐日班。9月，辟丹城至西山下、岑岚、海墩、珠溪、溪沿、崔家岙、涂茨、大徐、爵溪、南庄环形邮路，全程166里，隔日班，西泽埠头与甬象轮船交接。10月15日，辟石浦至中泥、石浦至励家坪雇用订约差环行村路，全程157里，三日二班。第一日，从石浦出发，经岙底、方前、庙山、杨岙、峰北、中泥，过下灶渡头、大泥塘、定山渡头、黄埠、黄支坑返石浦，全程83里。第二日，从石浦出发，经火炉头、盐厂、张家岙、上湾、乌岩山、南向、司前、励家坪，过中岙渡头、晓塘、做布厂、后岭、黄埠返石浦，计程74里。第三日停班。沿途与22处所柜及村庄交换邮件。

民国36年（1947）1月1日起，象石邮路由石浦派差1名，改象石两局各派差1名，每日对行，全程109里。4月1日，调整丹城至崔家岙环行邮路。第1日经南庄、洋心、桥头胡、大碶头、爵溪、涂茨、崔家岙（宿夜），全程70里；第二日经溪沿、珠溪、岑兆、海墩、西山下、大徐、虎啸铺返丹城，全程67里，2日环行一次。12月13日，丹城至崔家岙环形邮路复作调整。第一日，丹城出发经虎啸铺、大徐、着衣亭、西山下、海墩、岑兆、珠溪、溪沿、崔家岙、涂茨（宿夜），全程97里；第二日，涂茨出发经爵溪、大碶头、岳头、洋心、南庄返丹城，全程80里。

民国37年（1948），境内有县城至柴溪1条，县城至石浦2条，逐日班邮路，里程各100里；县城至崔家岙1条，石浦至大泥塘2条，间日班邮路，里程各80里。皆由邮差肩挑步行，风雨无阻。

1949年8月，县内邮路恢复正常，并日益拓展。象山至石浦步班邮路，2人对行，全程51.72千米，逐日班；丹城至崔家岙环行邮路，全程73.7千米，1人二日环行一次；石浦至励家坪和石浦至中坭环行村路，1人环行，全程78.5千米，三日一班；石浦至泗洲头汽轮邮路，全程38.6千米，隔日班；丹城至陈山步班邮路，全程11.5千米，隔日班，衔接甬象轮船班。

1952年6月，开辟首条丹城至崔家岙农村自行车邮路，全程64千米，逐日班。翌年2月，象山至宁海步班邮路撤销，调整为丹城至下沈步班邮路，全程33千米，隔日班。1959年年初，分别开通丹城至泗洲头委办汽车邮路，单程28千米，逐日班；丹城至蟹钳渡委办汽车邮路，单程25千米，逐日班。去石浦、南田岛、下南乡方向邮件衔接石浦至蟹钳渡机帆船邮路，行程40千米，逐日班。丹城至石浦步班邮路撤销。以后普遍使用汽车，摩托车、自行车等邮运工具。1960年，全县邮路总长716千米（含宁海）。其中，委办汽车邮路214千米，机动船邮路120千米，木帆船邮路153千米，自行车邮路202千米，步班邮路27千米。

1969年10月，茅（洋）石（浦）公路通车，辟丹城至石浦委办汽车邮路，单程63千米，逐日班。沿途与沙岗、南堡、溪口、东溪、新桥、田洋湖、东溪、定山、黄埠、金星支局所、代办所交接。撤销石浦至蟹钳渡委办机动船邮路。翌年5月，开通首条丹城至西周农村自办摩托车邮路，单程67千米，逐日班。1971年10月，开通第二条丹城至前山姚自办摩托车邮路，单程20千米，逐日班，与雅林溪、大徐、涂茨、民主交接，原委办汽车邮路撤销。1974年7月，丹城至西周摩托车邮路延伸，全程97千米，逐日班，沿途与亭溪、墙头、下山、莲花、4819工厂、淡港、西周、下沈支局所、代办所交接。1978年，开通丹城至爵溪委办汽车邮路，单程12.5千米，逐日班，翌年改周六班。10月，开通首条丹城至石浦自办汽车邮路，沿途与沙岗、新桥、中楼、定山、黄埠、金星、石浦支局所、代办所交接，单程65千米。自办局所周七班，代办所周六班。撤销丹城至石浦委办汽车邮路。翌年5月10日，丹城至西周改摩托车为自办汽车邮路，延伸至儒雅洋、溪口返回丹城，全程93千米。辟泗洲头至蟹钳渡自行车邮路，单程5.5千米，衔接蟹钳渡至墩岙塘机动船委办邮路，单程9千米。

1980年5月4日，开通丹城至珠溪委办汽车邮路，单程20千米，周六班。撤销岑晃至珠溪自行车邮路。翌年7月1日，宁波调整甬象直达邮路，途停西周，减轻丹城至西周邮运量；8月1日起，丹城至西周自办汽车邮路复改摩托车邮路。1983年起又恢复自办汽车邮路。至1985年，全县有邮运汽车4辆、三轮摩托车2辆、邮递自行车100辆，设邮路30条，里程长582千米。1986年

1月1日，开通丹城经南庄至林海摩托车邮路，单程5千米，逐日班；2月1日，开通泗洲头至灵南委办汽车邮路，单程15千米，逐日班。撤销蟹钳渡至墩岙塘机动船委办邮路。3月1日，丹城至石浦汽车邮路改道行驶，沿途与沙岗、旦门、东溪、新桥、中楼、定山、金星、石浦、昌国9个支局所交接，全程81千米，逐日班。翌年10月3日，开通丹城至爵溪、丹城至岑晁自办汽车邮路，先开南庄、林海、爵溪，原程返回。折向东乡片，沿途与雅林溪、黄避岙、岑晁、珠溪、东港、涂茨、大徐7个局所交接，单程65千米，周六班。岑晁、爵溪两支局星期日的邮件仍由委办带运。撤销丹城到贤庠、爵溪、珠溪3条委办汽车邮路及丹城至林海、东港2条自办摩托车邮路。

1993年、1995年先后撤销石浦至檀头山、渔山2条机动船邮路。1995年年末，县内邮路20条，总长332.5千米。其中，自办汽车邮路4条251.5千米，机动船邮路3条15千米，自行车邮路11条65千米，其他邮路2条1千米。

1998年，县内邮路有15条，总长305千米（单程）。其中：自办汽车邮路4条252千米；水路邮路4条15千米；其他邮路7条38千米。2001年，象山县内邮路10条，总长424千米（单程），其中，自办汽车邮路5条280千米；委办汽车邮路1条65千米；水路邮路4条79千米。2005年，象山县县内邮路7条，总长度351千米（单程）。其中：自办汽车邮路4条，总长度277千米；委办汽车邮路1条65千米；水路邮路2条，9千米。2008年，象山共有邮路9条，邮路总长度426千米，其中，自办汽车邮路4条279千米；委办汽车邮路1条65千米；水路邮路4条82千米。

2008年象山县邮路情况表

表26-2　　　　里程：千米

起点—终点	邮路长度	交通工具	班期（班/日）
丹城—石浦	90	自办汽车	逐日
丹城—西周	89	自办汽车	逐日
丹城—岑晁	70	自办汽车	逐日
丹城—城区	30	自办汽车	二日
丹城—高塘	65	委办汽车	—
石浦—小网巾	4	委办水路	三天二班
石浦—东门	5	委办水路	三天二班
石浦—渔山	48	委办水路	七天一班
石浦—鹤浦	25	委办水路	逐日

第三节　投　　递

投递分城镇投递和农村投递两类。城镇投递，主要指县城城区投递；农村投递，主要指县城与全县各街道镇乡及街道镇乡之间的投递。

城镇投递

清末，邮件由石浦邮差送至县城代办所，由代办邮政铺商承办邮务，信件由铺商托人捎带或收件人到所候领。民国9年（1920）10月，县城始有信差投递员1名。

20世纪50年代，市投编配1人，兼做其他工作。1952年6月，配市内投递员1人。翌年10月，配2人，试行分段投递。一段：局—南街—东街，步班；二段：局—西门方向，步班。1956年起，市内投递增加1人。宁象两县合并后，县局迁出，减少1人。1957年，先后改进、整顿乡村邮递网，农村投递路线扩增1倍。

1961年8月宁象分县后，县邮电局迁回丹城，城区投递分3段。甲段，北门—县政府—人民医院—东街；乙段：西街—南街；丙段：西门方向，兼接站。日投递频次2次，兼开取信箱（筒），均步班，逐日。1969年，市投仍3个段，其中一段改自行车班，投送县革委会大院及城区外围。1973年，县城内设信箱（筒）6只，分设十字街、中百、车站、县招待所、人民医院、东门。邮票代售处3处，象中、车站、东街。1973—1982年，丹城城区投递保持3个段。1983年1月，调整城区投递为4段，全部改自行车班。开信箱（筒）取信，由城郊摩托车班兼之。翌年3月，城区投递增加1段，计5段。5月10日，成立发行投递班，配13人，其中城区投6人。1984年9月17日，县城建局、邮电局联合发出《关于城镇住宅楼房要增设信报箱的通知》，规定城镇新建、改建住宅楼房，除设有集中管理邮件、报刊的收发（传达）室外，三层（含三层）以上楼房，在每一单元一层楼梯口或其他适当位置，安装与住户房号相应分户信报箱。至1985年，有25栋住宅楼安装信报箱74只（含石浦镇）。1987年2月20日，成立投递班，编制10人，设城区投递6段。

1992年5月，调整城区部分投递路线，6段增至7段。因城区范围延伸，1994年1月1日起，城区投递划8段，编制12人。1995年，仍设自行车投递段8个，逐日班。建有信报站24处，设信箱（筒）8只，高层楼房信报箱302只。年完成投递量：平常邮件1530056件，给据邮件137929件，报刊4877710份。

1999年，城区投递段道增至11段。2000年5月，城区报刊邮件投递实行日平均二频次投送，《人民日报》《浙江日报》《钱江晚报》《宁波晚报》等主要报纸均提前一天投送，结束在丹城城区隔日投递历史；10月，丹城城区实行包裹预约投送到户；12月，开办“送双单”业务。2001年1月，撤销投递班，成立象山邮政投递服务公司。是年，增设汽车投递段段道一条，城区部分大用户邮件报刊实行汽车投送。城区住宅楼总数1760幢，已安装信报箱1472幢，市内安装信箱信筒11只。2002年6月，撤投递服务公司和发行班合并设置投递发行公司。2006年，城区投递段道进行调整，部分城乡接合部农村投递路线划归市投，城区投递段道增至17条。2008年，自行车投递段道增至23条，均为逐日投递。

2008年象山县丹城城区邮政投递段道情况表

表26-3

段别	起　止　点
一	建设路253-377，东谷湖路2-18，城东路、东风路（除2-8外）祠堂弄、祠鼓弄、白虎桥、白虎支巷、沙溪路、白起路、三叉路、东风苑、起春路双4-12，单1-15，宾阳路双2-6，单1-33
二	建设路171-225，后堂街单23号，双42号至结束 新华路12号，广场路单27号至结束，双38号至结束 上进路、菜场路、东河路、青龙桥、黄家桥、刘家巷、陈家弄、红石巷、葛家弄、范家弄、马乌岭、东后巷、东澄河路、长寿路、庄穆巷

续表26-3

段别	起　止　点
三	西谷湖路单13-59，双2-98，丹峰西路245-337，狮山路，羊府路、百花路、乐业路
四	建设路1-155，西园路2-40，南街（双号全部），城西路87-105，60-90，彭姥岭1-25，西街、邓家弄、顾家弄、大井路、小井路、营门路、辛家弄、敲更弄、井花岗、金溪路、磨石桥路、温家弄、挑水弄、象山桥路、后史弄、羊行街、洒水弄、姜毛庙、龙泉井路、铁店弄、平水庙、丹井巷
五	南街单1-121号，上岭路1-27号，东街20弄，下岑路1-27号，建设路157-165号，汤家弄1-31号、2-28号，园西路2-28号，广场路1-25号、2-36号，后堂街1-23号、2-40号，后园巷、西后巷、西澄河路、桃园路、凤跃路、北山路、拱极路、横十字巷、冯家桥、冯家桥支巷、青草巷、直十字巷、西寺
六	新华路60-128、51-105，靖南路257-337，天安路35-99，塔山路1-43、2-156，金鹰路21-43，金秋住宅区
七	建设路188-320，育才路257-337，靖南路339-407，塔山路65-271、70-196，体育场路、起春路，梅溪路
八	汇兴路双号全部，靖南路264-322，南船弄，丹峰东路1-84、102-172，天安路14-165，南康弄、汇振路3-41、2-70，新平路，步行街、步西路、步北路、步东路、步南路、步峰路
九	丹峰西路97-239，顺达路1-27、2-22，靖南路64-216，新丰路115-199、126-212，丰盛路1-29，蓬莱路29-145，来薰路2-70，紫竹路、茂林路、绿野路、丰登路
十	教育园区、广电中心、电信大楼、文峰学校、人民法院、人民检察院、人民医院、同家模具、工商银行、丹城中学、国税分局、地税局、建设银行、移动公司、海关、党校、国际大酒店、新闻中心、科技局、审计局、四自公路
十一	上半河村、下半河村、实验小学、新峰小区、人民广场、体育中心、丹阳新村、农业局、象山会知设备厂、中亚总公司、三象彩瓦厂、三菱气动厂、工艺美术厂、兴密气动元件厂、植保站、康佳气动元件厂、新佳苑、瑶琳社区（别墅）
十二	东谷湖路9-257，塔山路272-278，康乐路，靖南路434-646、487-673，闻学路、城东公寓、塔山花园、春园路
十三	丹峰西路9-298，象山港路1-353，蓬莱路147-235，丰茂路、来薰路80-162，新丰路201-317、218-320，锦河路、丰茂路
十四	东河别墅一期、二期，丹峰东路，靖南路766-648，塔山社区
十五	工业园区
十六	靖南路360-480、322-340，丹峰东路105-279，东谷湖路128-194，新丰路117-121，丹峰社区95-194
十七	育才路55-187，东谷湖路26-126，靖南路409-481，文峰小区
十八	中家河、丽景小区、田洋田，梅溪、后山、赵岙
十九	大红鹰别墅、阳明花园、靖南路675-815、万象路1-135、龙泽名园、姚家山
二十	丹峰东路2-96，新华路210-结束，天安路167-251、112-260，来薰路1-217，丹峰西路1-95、2-88，靖南路218-236，象山港路355-441，新平路、新安路、方秧路、方秧新村、顺达路29-175、24-188
二十一	城东B区、文景苑、文韵路、丹桂苑、丹东小区、银都花园、丹峰东路321-443、178-616、东谷湖路196-294、汇兴路1-结束

续表26-3

段别	起　止　点
二十二	天安路2-102、建设路2-90、新丰路1-113、2-114，靖南路105-255、蓬莱路1-25，西谷湖路1-11、永平路、梅苑小区、永泰路、永吉路、永胜路、永谊路、永丰路
二十三	建设路227-251、106-186，新华路1-49、2-58，东风路2-8，金鹰路2-26，金声路1-45，金辉路1-33，天安路1-33，塔山路45-63，宾阳路35-57、8-24

农村投递

清末，境内大多乡村不通邮。光绪三十三年（1907），石浦至县治通旱道邮路，沿途邮件投送至邮柜、店铺。承办人把邮件托人捎转或存放柜台显眼处，让过往行人认领，信件积压、遗失无保障。挂号信、包裹、汇票要跑远路到邮点领取。

民国9年（1920），象山立局（升三等邮局），邮件由县城分设3乡直投：东乡爵溪、西山下；西乡墙头、西周、泗洲头；南乡南堡、新桥、昌国卫。石浦城内信差投送。

20世纪50年代，乡村投递由各代办所承办人投揽。1952年年末，全县乡村投递频次：逐日班乡镇71个，隔日班乡14个（含群众捎带乡2个、义务接送乡2个），达到乡乡通邮。1957年年末，乡村投递频次：周六班农业社97个、学校56个，投递里程168.8千米；周三班及周五班农业社337个、学校151个，里程808.83千米；周二班农业社45个、学校19个，里程53.9千米。

1961年，精简邮电机构，下放投递人员，调整投递网络。象山境内36个公社，未调整前，逐日班26个，隔日班9个，不定期1个（檀头山）。调整后，逐日班34个，隔日班1个，檀头山岛仍不定期。1963年上半年，建立邮站50个，增设乡村邮票代售处14个。生产大队通邮面82%以上。1964年，全县生产大队801个，逐日班91个，隔日班658个，捎转41个，大队通邮面由上年82%增至94.88%。翌年，推行人民公社投递员制度。37个公社中，20个公社与3个大队有投递员23名，投递426个生产大队，占生产大队通邮面54.06%。2个海岛公社18个大队信报量少，由公社代办所自投或捎转，占大队通邮面2.28%。15个公社244个大队由自办支局所投递，占大队通邮面43.66%。时，南田、定山、新桥、墙头等邻近18个公社，因交通限制，省地级报纸迟到数日，遂在蟹钳渡设临时分报点，避免迂回倒流，使9个公社当日看到地区报和隔日省报，其他9个公社也提前一天看到报纸。

1981年，农村投递路线124条，其中，自行车班103条、日均行程1533千米，步班21条、日均行程269千米。投递频次：逐日班公社38个、生产大队725个、生产队3337个；隔日班生产大队12个、生产队18个；周四班及以上生产大队2个，通邮面99.32%。投递力量：自编人员投送11个公社，委办人员投送27个公社。投送速度：隔日看到省报38个公社、530个大队；三日及三日以上看到省报87个大队。邮电分支机构驻地信报投送到户，此外投到点，给据邮件投到户。

1985年年末，农村投递路线已达90条，单程长1524千米，通邮面遍及乡镇及99.2%行政村，农村妥投到户率达76%。1986年之后，继续推行邮件妥投到户。

1995年，农村投递路线102条，单程长度1826千米，其中自行车班100条，单程长度1756千米，步班2条70千米，通邮面100%。自编人员投递的乡2个、行政村52个、村民小组292个、农户12080户；专职委办人员投递的乡16个、行政村645个、村民小组3790个、农户数144577

户，合计妥投率达 96.1%。

1998 年，邮电分营，农村投递线路 104 条，单程长度 1875 千米。其中，自办自行车班 6 条，委办自委车班 98 条。2004 年 3 月，全部收回象山邮电管理站各代办邮电所农村投递线路 27 条，由邮政局自营代办。2008 年，农村投递线路 88 条，单程长度 1415 千米。其中，自办自行车班 40 条，委办自行车班 48 条。

2008 年象山县农村邮政投递线路情况表

表 26-4　　单位：千米

起点	终点	邮路长度	邮路类别	平均日行程	起点	终点	邮路长度	邮路类别	平均日行程
定山	大塘	22	自办	32	东陈	东陈	4	委办	5
定山	本埠	19	自办	23	茅洋	茅洋	2	委办	4
定山	中楼	38	自办	42	黄避岙	黄避岙	3	委办	6
东溪	洋坑	23	自办	29	中楼	盛家	14	委办	15
东溪	小白蛇	14	自办	17	晓塘	励家坪	24	委办	26
爵溪	前岙	3	自办	5	晓塘	白玉湾	17	委办	21
爵溪	白沙湾	25	自办	37	后岭	岭头	19	委办	32
鹤浦	百丈	25	自办	33	樊岙	金七门	37	自办	45
鹤浦	四湾	41	自办	42	灵南	大麦塘	23	自办	28
石浦	沙塘湾	23	自办	28	涂茨	珠山	16	委办	25
石浦	番头岙	22	自办	23	涂茨	峙岙	23	委办	25
石浦	对面山	23	自办	24	涂茨	长沙	17	委办	18
石浦	石浦	55	自办	79	金星	司前	15	委办	19
墙头	墙头	9	自办	13	金星	东山	25	委办	25
泗洲头	花墙	14	自办	32	金星	半边山	18	委办	21
泗洲头	张岙	22	自办	34	昌国	鸡鸣	17	委办	18
墙头	厂家	5	自办	6	珠溪	青莱	12	委办	19
墙头	下沙	15	自办车	27	珠溪	大石门	18	委办	22
岑晁	西泽	11	自办	13	大碶头	梅溪	13	自办	14
西周	山头	26	自办	31	大碶头	西港	22	自办	29
西周	土桥	7	自办	7	大碶头	下山	25	自办	29
西周	淡港	5	自办	7	大碶头	杨蓬岙	20	自办	28
西周	西周	8	自办	12	东门	南汇	13	自办	15
爵溪	爵溪	14	自办	19	大徐	白墩	22	委办	45
鹤浦	鹤浦	15	自办	22	大徐	牛岙	19	委办	30
泗洲头	泗洲头	7	自办	9	黄避岙	东塔	10	委办	21

续表26-4

起点	终点	邮路长度	邮路类别	平均日行程	起点	终点	邮路长度	邮路类别	平均日行程
岑晁	岑晁	10	自办	12	黄避岙	山夹岙	39	委办	42
东溪	东溪	8	自办	10	黄避岙	谢家	28	委办	31
定山	定山	10	自办	13	高塘	杏江	29	委办	29
旦门	旦门	2	委办	3	高塘	珠门	22	委办	28
涂茨	涂茨	3	委办	5	亭溪	洋北	8	委办	15
珠溪	珠溪	4	委办	6	亭溪	仓岙	22	委办	35
大碶头	大碶头	5	自办	6	莲花	伊家	27	委办	36
亭溪	亭溪	4	自办	6	下沈	平台	9	委办	19
新桥	新桥	3	委办	5	下沈	柴溪	13	委办	27
中楼	中楼	2	委办车	5	儒雅洋	箬岭	5	委办	9
东门	东门	7	自办	8	儒雅洋	伊家山	15	委办	29
昌国	昌国	10	委办	12	茅洋	南屠	39	委办	57
樊岙	樊岙	3	自办	5	茅洋	岳头	11	委办	17
高塘	高塘	5	委办	7	东陈	南盘	21	委办	31
莲花	莲花	3	委办	5	东陈	旋台	22	委办	31
下沈	下沈	6	委办	8	新桥	七林湾	31	委办	39
大徐	大徐	5	委办	6	新桥	黄吉岙	33	委办	33
儒雅洋	儒雅洋	3	委办	5	—	—	—	—	—

机要通信

1957年4月，县机要通信业务划归邮电部门办理，设机要员2人，专人负责机要文件的收寄、分拣、封发、押运、投递。1969年，邮、电分营，电信局由军代表接管。1973年，邮电合并，是年12月6日，局首届职工代表大会第一次会议通过《象山县邮电局保密规定》，加强机要通信工作领导。1988年始，邮政部门受新华社委托投送国家级密级单位内参选编、参考要文、改革内参等26种密级内参。机要文件由机要负责人接站。1998年9月，邮电分营，仍配机要员2名，设机要组，机要通信由副局长直接管理。至2008年年末，象山机要通信保密、安全质量一直保持全优。

第四节　邮件业务

中华民国时期，邮件业务主要是函件、包件，数量不多。中华人民共和国成立后，邮件业务快速增加。1992年起，开办邮政特快专递。1998年后，发展新的邮政业务，主要是信息代理。至2008年，邮政业务种类有函件、包件、报刊发行、汇兑、集邮、机要通信和邮政储蓄。储汇、集邮单独列节，本节不述。

信函

信函业务有平信、特快函件和保价信函等，资费由国家制定。

信函业务　清光绪二十七年（1901），石浦设立邮柜，始办寄递函件。光绪二十九年四月，丹城设代办支局，开办函件。宣统三年（1911）前后，墙头、西周、南田等地代办所相继设立，函件业务逐渐发展。民国元年（1912）6月1日起，邮驿裁撤，衙署公文改由邮局作挂号函件寄递。民国21年，石浦邮局月收寄信件约9000件，其他函件约2000件；象山邮局月平均收寄信件约3000件，其他函件约250件。民国23年年末，民信局停止，实行邮政专营。民国35年，象山邮局第一季度平均收寄各类平常函件6429件，挂快函件597件，月均投递、经转平信5099件，挂快函件973件。是年，邮政总局根据经济部公布的“纸张尺度标准”，并制定标准信笺信封，中式、西式航空信笺，均为宽210毫米；中、西式信封航空信封均为宽114毫米，长162毫米，由各地采用。民国36年2月起，简化挂快邮件收寄手续，取消执据三联单式缮写收寄件人姓名、住址规定，改上下联加盖日戳，下联掣交寄件人为执据，方便用户。是月1日起，浙江邮区试办“报值挂号函件”，象山、石浦局16日开办。翌年，石浦邮局第一季度平均收寄各类平常函件10498件、挂号函件1936件、快递函件296件，月均投递经转各类平常函件17490件、挂号函件1706件、快递函件241件。

1952年，始办理装钞保价信函，分大号、小号两类，以方便群众汇款。翌年1月1日，除国际快递函件外，国内平常快件、函件（挂号快件函件）停办；5月1日，代购货物邮件停办；8月24日起，军事邮件启用军人邮票。1954年1月1日，停办代售印花税票。翌年起，银行使用印有专业标记红色专用信封，县局专格分拣。1957年9月1日，军事邮件移交邮电局办理，现役军人（士兵）准寄每件限重20克平信及明信片，盖三角戳记，由所在部队集中免费交寄。是年，机要函件收寄和运递归邮电局办理。为方便机关，企事业单位寄发大宗信函，增办“邮资总付”业务，凭交寄清单按月结算。1958年1月1日，开办国内保价印刷品。

1960年10月1日，开办“特种挂号信函”，内准寄粮票、布票、食油票、户口迁移证、粮食供应关系迁移证和共青团组织关系转移证。翌年8月15日，停办装钞保价信函。1966年9月1日，毛泽东著作作免费挂号印刷品交寄。1969年4月1日，停办“代收货价邮件”“国内邮件回执”“存局候领”业务；5月1日，取消毛泽东著作免费交寄规定。是年，取消士兵免费邮寄平信、明信片规定，按章纳费，贴用邮票。

1979年7月，放开收寄寄往台湾限重2公斤信函、明信片，限重2公斤印刷品、限重5公斤书籍和限重7公斤盲人读物，恢复办理寄往台湾挂号函件。翌年7月1日，开办邮局“代发广告”和恢复办理“存局候领”业务。1981年5月1日，恢复办理“代收货价邮件”；7月1日，恢复“国内邮件回执”。1984年10月1日，恢复义务兵免费交寄平信、明信片。1985年2月20日，邮电部正式成立南极长城站邮局；11月15日起，各地邮局可办理寄往“中国南极长城站”航空信函、明信片业务。1987年8月1日，开办“国内邮政有声信函”，用户使用邮电局特制专用信封装封交寄盒式录音磁带，改变“有字无声”邮政通信方式。

1993年，海峡两岸邮政签署《两岸挂号函件查询、补偿事宜协议》。自6月1日始，大陆寄往台湾邮件，停止使用国际挂号函件标签和收据，改用国内挂号函件标签和收据。寄往台湾挂号函件丢失或损毁，补偿标准每件人民币150元。翌年1月1日始，象山局为全省首批18个局之一，在收寄挂号信函、邮政快件、汇套上贴用条形码签。

1995 年 4 月 4 日，邮政局开办“中国邮政回音卡”“中国邮政礼仪信函”业务。1999 年上半年，拓展函件新业务“一函三片”（商业信函、广告邮资明信片、企业金卡、贺年有奖明信片）和账单类业务，收入达 3 万元；11 月，开办邮政商函广告、音像制品销售和租赁业务。是年，承制县移动公司催款通知单 24000 件，揽收广告邮资明信片 15 万枚、企业金卡 3 万枚，销售贺年有奖明信片 7.8 万枚，贺年有奖明信片 4.2 万枚、贺卡型明信片 2800 枚、极限型明信片 2800 枚。2000 年 1 月 10 日，《中邮专送广告》（象山版）创刊发行。2001 年，开办承制邮资信封业务，当年承制 3.5 万枚。2005 年年初，与县旅游公司合作开发象山影视城门票系统，2 月 1 日起正式使用明信片门票，是全省首家采用门票系统并使用明信片的景点。是年，承制象山港国际大酒店国际邮资明信片 5000 枚，开全省先河。

民国 25 年象山、石浦局邮政函件业务情况表

表 26-5　　单位：件

局名		象山							石浦						
月份	性质 / 类别	国内		国际	挂号		快递	回执	国内		国际	挂号		快递	回执
		普平	平快	普平	国内	国际	—	—	普平	平快	普平	国内	国际	—	—
1月	信函	5627	18	6	528	—	37	—	6783	31	62	612	1	39	—
	明信片	1190	—	—	3	—	—	—	992	—	—	—	—	—	—
	新闻纸	44	—	—	—	—	—	—	403	—	—	—	—	—	—
	印刷物	480	—	—	10	—	—	—	2852	—	—	53	—	2	—
	书籍	24	—	—	—	—	—	—	62	—	—	—	—	—	—
	货样	13	—	—	41	—	—	—	8	—	—	1	—	—	—
	共计	7378	18	6	582	—	37	34	11100	31	62	666	1	41	35
4月	信函	5590	15	6	433	—	28	—	5922	—	—	534	1	40	—
	明信片	955	—	2	—	—	—	—	752	—	—	1	—	—	—
	新闻纸	105	—	—	—	—	—	—	150	—	—	—	—	—	—
	印刷物	688	—	—	51	—	—	—	890	—	—	92	—	—	—
	书籍	35	—	—	9	—	—	—	120	—	—	10	—	—	—
	货样	15	—	—	3	—	—	—	15	—	—	3	—	—	—
	共计	7388	15	8	496	—	28	32	7849	13	10	640	1	40	54
7月	信函	4816	24	—	393	—	46	—	5886	30	12	624	3	50	—
	明信片	797	—	—	—	—	—	—	1063	—	—	2	—	—	—
	新闻纸	94	—	—	—	—	—	—	280	—	—	—	—	—	—
	印刷物	433	—	—	26	—	—	—	547	—	—	93	—	3	—
	书籍	34	—	—	14	—	—	—	100	—	—	26	—	—	—
	货样	36	—	—	22	—	—	—	32	—	—	11	—	—	—
	共计	6210	24	—	455	—	46	—	7908	30	12	756	3	53	—

续表26-5

局名	象山								石浦						
11月	信函	5520	15	2	438	1	29	—	5702	56	20	708	6	70	—
	明信片	1174	—	—	—	—	—	—	1893	—	5	—	—	—	—
	新闻纸	54	—	—	—	—	—	—	226	—	—	—	—	—	—
	印刷物	452	—	—	14	—	—	—	655	—	—	154	—	6	—
	书籍	12	—	—	8	—	—	—	173	—	—	50	—	—	—
	货样	17	—	—	16	—	—	—	86	—	—	13	—	—	—
	共计	7229	15	2	476	1	29	—	8735	56	25	925	6	76	—

1949—1995年象山县邮政函件业务情况表

表26-6　　计量单位：万件　金额单位：万元

年份	函件量	资费	年份	函件量	资费	年份	函件量	资费	年份	函件量	资费
1949	18.58	17.05	1961	102.00	88.40	1973	124.76	114.78	1985	238.50	198.27
1950	16.44	15.84	1962	90.80	65.80	1974	115.90	109.38	1986	266.84	220.28
1951	22.97	21.90	1963	88.50	60.90	1975	140.44	135.04	1987	309.49	252.68
1952	27.79	24.57	1964	93.10	68.20	1976	130.66	123.04	1988	339.51	278.94
1953	39.45	38.03	1965	84.70	55.29	1977	124.39	118.09	1989	319.06	275.06
1954	44.95	41.62	1966	86.85	56.42	1978	121.65	115.05	1990	284.51	243.39
1955	48.75	41.31	1967	116.90	72.49	1979	150.73	143.02	1991	269.57	230.82
1956	66.60	54.46	1968	119.33	74.93	1980	168.87	158.12	1992	288.43	247.07
1957	63.20	58.40	1969	119.35	112.10	1981	175.47	163.21	1993	309.02	267.69
1958	139.90	105.30	1970	119.45	112.20	1982	175.76	164.49	1994	318.14	285.33
1959	147.30	130.10	1971	120.50	103.60	1983	184.99	172.11	1995	302.81	265.22
1960	176.70	144.38	1972	112.94	104.99	1984	209.86	188.97	—	—	—

说明：1958—1961年业务量包括宁海

国内函件资费　石浦、象山两地邮政开设之初，按国内统一资费标准，信函每重半英量收取银圆本埠半分、外埠一分。清光绪三十四年（1908），每重15公分（中华人民共和国成立前，函件计重单位公分同克，下同），本埠银圆一分、外埠二分。宣统二年（1910）七月，每重20公分本埠银圆一分、外埠三分。民国14年（1925），本、外埠信函资费差额拉大，每重20公分，分别一分、四分。民国20年至民国26年，本外埠资费银圆或法币二分和六分。民国29年，物价飞涨，货币贬值，邮政资费逐月调整，直线上升。民国34年11月1日，交通部邮政总局电文通知调整国内邮政资费，该日起增加9倍，一封单挂号50元，相当县低级公务员1个月薪金。

1950年1月，实行统一邮资，以小米十二两（1斤）为标准折合人民币计算。5月，启用“邮电公事”戳记。7月1日始，平信每重20克本埠400元、外埠800元（系第一套人民币，下同）。1952年5月始，国内航空邮件每10克资费1500元，翌年1月减为800元。1955年3月1日起，人民币邮资简明表公布实施：信函每重20克及其零数本埠4分、外埠8分；明信片本埠2分、外埠4分；印刷品与贸易契每重100克及其零数本埠1分、外埠2分5厘；挂号费每件1角2分；保价信函保价费按保价额百分之三计算，起算数2角；航空费每10克及其零数加8分。货样每重50克及其零数本埠2分、外埠4分。1958年1月，调整国内邮资，平信、明信片资费不变，其他种类资费标准如下。

1958年象山县各种类邮政资费标准情况表

表26-7

种　类	本　埠	外　埠
单挂号	1角6分	2角
双挂号	2角6分	3角
印刷品、事务文件	百克/1.5分	3分
货样	50克/1.5分	3分
航空费	—	每10克另加收2分

1979年7月始，寄往台湾函件资费，按现行国内函件资费标准收取。

20世纪80年代后，邮政事业发展，但邮资40年未变，一封平信仍8分，而邮件处理量成倍增长，费用开支逐年增加，致邮件收寄量越大，企业亏损越多。1988年，经省政府批准，6月1日起，凡收寄（汇）时出具收据邮件、汇款均收取给据邮件附加费，每件（张）0.10元，按规定收寄印刷品邮件，不论是否给据均收取附加费，每件每1000克收取0.10元，不足千克按千克计收。用户如需按给据邮件交寄，除收取印刷品附加费外，再加收给据邮件附加费。国际、港澳邮件比照国内邮件收取附加费。至1990年7月31日停止执行。

自1990年7月31日始，经国务院批准，调整国内邮政资费。其中：平信每20克本埠1角、外埠2角；明信片每件本埠1角、外埠1角5分；书刊印刷品每重100克及其零数本埠4分、外埠8分；函件挂号费每件3角；义务兵平信、盲人读物仍免费寄递。1992年7月1日起，实行国内部分邮件新资费标准：函件航空费，每10克及其零数调整为1角；邮政快件起重100克内，每20克及其零数由8角调整为1元，续重101至5000克，每100克及其零数由1元调整为1.20元；国内特快专递邮件资费，起重200克内由8元调整为12元，续重每200克及其零数由2元调整为3元。2006年11月，国家邮政局调整国内信函和明信片资费，信函本埠0.80元、外埠1.20元；明信片资费0.80元。资费至2008年不变。

1989年1月始，盲人读物邮件实行免费寄递，现役义务兵免费寄递每件20克的国内平常信函或明信片，至2008年仍继续实行。

部分年份国内平信资费变动情况表

表26-8

日　期	时　　间	计算标准	币制	本埠	外埠
大清邮政	光绪二十八年（1902）四月	每重15公分	银圆	半分	1分
	光绪三十四年（1908）四月	每重15公分	银圆	1分	2分
	宣统二年（1910）七月	每重20公分	银圆	1分	3分
中华邮政	民国14年（1925）11月1日	每重20公分	银圆	1分	4分
	21年（1932）5月1日	每重20公分	银圆	2分	6分
	29年（1940）9月20日	每重20公分	法币	4分	8分
汪伪时期邮政	民国30年（1941）11月1日	每重20公分	法币	3分	16分
	31年（1942）9月1日	每重20公分	法币	16分	32分
汪伪时期邮政	32年（1943）6月1日	每重20公分	法币	2角5分	5角
	33年（1944）3月1日	每重20公分	法币	1元	2元
中华邮政	民国34年（1945）10月1日	每重20公分	法币	20元	20元
	35年（1946）11月1日	每重20公分	法币	100元	100元
	36年（1947）7月1日	每重20公分	法币	500元	500元
	36年（1947）12月11日	每重20公分	法币	2000元	2000元
	37年（1948）4月5日	每重20公分	法币	5000元	5000元
	37年（1948）7月1日	每重20公分	金圆券	15000元	15000元
	37年（1948）11月19日	每重20公分	金圆券	1角	1角
	38年（1949）1月1日	每重20公分	金圆券	5角	5角
	38年（1949）2月7日	每重20公分	金圆券	3元	3元
	38年（1949）2月21日	每重20公分	金圆券	15元	15元
	38年（1949）3月1日	每重20公分	金圆券	25元	25元
	38年（1949）3月11日	每重20公分	金圆券	50元	50元
	38年（1949）4月1日	每重20公分	金圆券	100元	100元
	38年（1949）4月17日	每重20公分	金圆券	1500元	1500元
	38年（1949）4月27日	每重20公分	银圆	4分	4分
人民邮政	1949年5月15日	每重20克	人民币（第一套）	5元	5元
	1955年3月1日	每重20克	人民币（第二套）	4分	8分
	1990年7月31日	每重20克	人民币	1角	2角
	1996年12月	每重20克	人民币	5角	5角
	1999年3月	每重20克	人民币	6角	8角
	2006年11月	每重20克	人民币	8角	1元2角

说明：公分即克

国际函件资费　1953年4月始，按邮电部通知规定，信函每重20克收资费2200元（第一套人民币，下同），续重每20克收1300元；明信片，单为1300元，双为2600元；贸易契、印刷物每重50克收900元；新闻纸每重50克收400元。以上挂号寄，每件加收3600元；平快寄，每件加收5400元。1955年3月1日起，按第二套人民币计收资费，信函每重20克2角2分、续重每20克加收1角3分；明信片1角3分；印刷品每50克9分、续重每50克加收4分；贸易契每重100克2角2分；货样同印刷品资费同；挂号每件加收3角2分。航空费分区域计收，亚洲各国每重10克或其零数加收3角2分；苏联及东欧民主国家4角8分；经捷克转西欧各国4角8分；经香港转西欧各国8角；其他各洲8角。

包裹

清光绪二十四年（1898）三月二十日，大清邮政开办国内普通包裹业务。民国6年（1917），5月，石浦邮局被列入浙江邮区第一号保险包裹及代收货价包裹局。是年，石浦厅邮局有"保险及代收货价包裹""联邮包裹互寄"业务。民国9年，象山邮局及南田、西周代办所开办普通包裹业务。民国18年，省政府通令，寄递包裹须由投寄人交当地驻邮局政警委派检查员检验有无禁寄物品并办理税收，待加盖查讫戳记后方可寄递。民国25年3月6日，象山开办以500元为限国内保险包裹业务。是年，月均收寄包裹25只，进口投递59只。民国36年5月，象山、石浦局以鄞沪线沿海局开办特快包裹业务，至宁波、上海包件由轮船运输。核定至宁波邮程1日，上海邮程3日。翌年，进口大宗包件增多，各局储存困难。邮政总局通告加速包件投递。领取包裹通知单后3日未领取，发"催领包件通知单"，至包件领取为止。

1949年10月，开办代收货价包件业务，种类有包裹、小包邮件、图书小包等。翌年9月，增办快递小包，限四等局止。是年，涂茨、崔家岙、大碶头、大溪蒋、下沈、新桥、大泥塘、昌国卫、南田、中泥、南堡、西山下、排头、岑兆、爵溪、墙头、西周、泗洲头、东溪、延昌前、鹤浦、着衣亭、励家坪、大南田、石浦中街三、石浦北门三、丹城东街一、龙泉塘、晓塘29处邮政代办所开办包件业务。1951年5月，邮政代办所开办托购货物业务。1953—1957年，象山局收寄包裹6.34万件，年均1.27万件，业务收入2.49万元，年均0.5万元。1957年1月始，规定收寄金、银饰品及私人馈赠银质器皿分别不超过1市两、4市两和20市两，验视寄件人身份证件，填记包裹详情单，即予收寄。超过上述数量，凭人民银行证明文件。

1978年后，社队企业发展，市场活跃，商品包裹应运而生。翌年10月，恢复收寄工业品包裹。1980年8月，邮政总局同意浙江各局使用优质麻袋封发商品包裹。10月22日始，价值30元以上普通包裹作乙类保价包裹收寄。金银饰品、珠宝等贵重物品包裹，按甲类保价包裹收寄。当年，收寄包裹5.32万件，业务收入13.41万元。是年，全国第十八次邮电工作会议要求，符合邮局准寄条件商品包裹"来多少，收多少，运多少；不拒收，不限收，不积压"。批量交寄商包，凭交寄单位证明，免验自封。1981年年初，宁波邮车限定象山局日出口商包45袋，而实际封发包件量70袋以上，天天积压。1—4月，自租社会车辆加班发运商包8次，计1211袋，支出运费千余元。7月1日，开通宁波至象山直达邮路，包件出口发运缓解。西周支局出口包件对外建立直封。

1982年、1983年，商包业务持续增长。1982年收寄包裹5.73万只，业务收入18.95万元，占全县邮电业务总收入16%。翌年，收寄6.7万只，收入22.76万元，占业务总收入16.3%。商包成为邮电重要业务。1983—1989年，累计收寄包件52.08万件，年均7.44万件，业务收入206.75万元，年均29.54万元。

1990年，商包业务量开始下跌，当年收寄包件6.64万件，比1989年减少10.2万件。是年7月始，收寄包裹一律实行保价，取消快递小包、代收货价、用户专用袋包裹。由于邮资提价，业务收入却有较大幅度增长。1990年，包件业务收入45.52万元，比1989年增加8.71万元，增长24%。1991年，包件业务收入达49.4万元，比1989年增加12.59万元，增长34.2%。包件平均单价从1989年的每件4.80元增加到1991年的每件10.28元。

1994年，县邮政局出台邮寄商品包裹邮费优惠办法。同一用户月邮寄60件以上，享受七折优惠；30件以上而不满60件，享受八折优惠。1991—1995年，包裹业务量徘徊年5万件上下，年业务收入50~60万元。20世纪80年代时，商品包裹作为邮电的主打业务，至90年代已不复存在。主要原因是交通的快速便捷，工厂企业都有货车和小车，商品不再是小件包裹，而是大宗商品，用汽车直接发送到对方。

1980—1995年象山县包裹业务情况表

表26-9

年份	业务量（件）	业务收入（元）	年份	业务量（件）	业务收入（元）
1980	53215	134055	1988	78200	354600
1981	60921	182177	1989	76600	367700
1982	57281	189486	1990	66429	455194
1983	66975	227641	1991	47046	494029
1984	75300	282600	1992	50434	546900
1985	77700	297900	1993	49608	543200
1986	77600	272000	1994	53984	537256
1987	68400	265100	1995	50803	607858

1999—2008年象山县包裹业务情况表

表26-10

年份	国内包裹（件）	快递包裹（件）	港澳台包裹（件）	国际包裹（件）	业务量合计（件）	业务收入（万元）	备注
1999	48453	—	3	310	48766	70	—
2000	—	—	—	—	—	—	—
2001	45920	1464	52	313	50569	76	—
2002	52867	7481	32	315	60695	94	—
2003	52202	12763	19	312	65296	91	—
2004	83364	16898	17	222	100501	113	其中，大宗包裹18545件
2005	83903	17649	10	163	101721	116	其中，大宗包裹21367件
2006	53855	16722	63	129	70769	103	—

续表29-10

年份	国内包裹（件）	快递包裹（件）	港澳台包裹（件）	国际包裹（件）	业务量合计（件）	业务收入（万元）	备　注
2007	42687	19299	3	168	62157	107	—
2008	19325	19926	7	123	39381	111	—

包件资费随物价、运输工具、盈利多少及地区而别，报邮政总局或省管局批准随时调整。民国36年（1947），象甬长行运货费率低廉，邮局欲与竞争，降低包裹资例。民国38年4月28日，交通部邮政部局密训令：寄往邮班直达之邻局（不限于本区），各局与其辖下所柜互寄、区内轮轨直达各局互寄之包件、按区内互寄资例折半收取。局车运量有余，所揽收包件填空者，按运输成本加包件办公费及盈利最低数核收。

中华人民共和国成立后，国内包件资费始趋稳定。1958年1月1日始，降低航空包裹资费，统一全国各地互寄普通包裹资费。普通包裹起算重量100克；快递小包以普通包裹资费加收50%，改起算重量500克为1000克。

1985年2月1日始，收取存局待领商品包裹及窗口投交包裹逾期保管费。1987年11月1日起，大件包裹以商品包裹资费，加收每件手续费1元。

1990年7月31日始，适当调整国内包件资费，按寄递里程分区核定，每重500克为计费单位。其中，民用包裹以现行资费加收150%，商品包裹按调整后民包资费加50%，收取包裹处理费每件0.50元、包裹保价费每保1.00元或其零数收0.01元、最低保价费每件0.30元。1993年，商包资费下浮，最低到按民包资费收取，最高不超过民包资费50%。另收附加费每件0.20元。

1996年12月，包裹资费再按现行资费上调50%，另按件收取挂号费1元，保价费最低由0.30元调整为1元。1999年3月，挂号费每件1元调整为2元。2001年8月，开办国内快递包裹业务，资费起算单位1000克，实行分区计算方式，其计费区与普通包裹计费区相同，快递包裹还采取首重和续重的计费方式。2004年6月，包裹挂号费每件2元调整为3元。

快件　特快件

1987年11月10日始，全国196个大中城市试办邮政快件。翌年5月1日始，扩大邮政快件寄递范围，开办快件汇票。资费：起重100克以内，每20克及其零数0.50元，续重每100克及其零数0.80元。作保价邮件交寄，按所报内件价值加收百分之一保价费。同日，县前街营业班开办快件。当年收寄2300件，业务收入1.9万元。5月12日，开办国际快递函件。1989年5月19日，石浦、鹤浦、定山、泗洲头、西周、爵溪、岑晁7个支局开办快件。翌年6月1日，增加墙头、东溪、亭溪、下沈、新桥、南庄、林海、涂茨、珠溪、黄避岙10个邮电所、代办所快件收寄点。7月31日起，快件资费100克以内每重20克及其零数调整到0.80元，续重每100克及其零数调整到1元。1992年7月1日起，快件资费起重100克以内每20克及其零数调整到1元，续重101~5000克，每100克及其零数调整到1.20元。是年7月27日，下山、淡港、大徐、东港、东陈、莲花、儒雅洋、晓塘、金星、昌国、高塘11个邮电所、代办所开办快件。1995年年末，开办国内快件的支局所、代办所、班31个。象山快件出口直封口子：宁波本、宁波转、宁海、奉化、杭州本5个，日封发出口2个频次。进口快件投递，按普通挂号邮件投递频次和手续投递。

1992年3月中旬，象山为宁波市邮电局代办特快专递，当月业务收入1200元，后呈上升势头。翌年6月18日，象山特快专递开办，代号ZJXZ。是年，收寄国际特快邮件612件、国内3185件，业务收入27.31万元。1994年5月25日，成立邮件速递公司。6月27日，接省局通知，台湾全统公司发大陆邮政快件纳入国内邮政特快网，按特快专递邮件投递。妥投情况，由县邮电局邮政档案室传真告广州速递公司。10月，各大户交寄特快专递邮件资费按月结算，并办理资费托、预收。

1995年，增开石浦、鹤浦、定山、西周、泗洲头、岑晁、墙头7个支局所特快专递邮件收寄点。1999年7月，开辟丹城至西周特快揽收专线。是年，大中专院校的录取通知书，以特快邮件专递标准投递。

2000年3月，设象山县邮政局速递公司，并开办国内特快专递代收货款业务，货款服务费每件10元。是年，开办中速快件和驾驶证、身份证、护照、法院文书等单、证、照专递业务。2003年3月，开办丹城至西周、爵溪、墙头及丹城城区之间互寄的文件型或物品型快递业务。

此后，速递物流业务根据国际、国内异地、省内、同城四个不同市场特点，在激烈的市场竞赛中，突出EMS品牌和优势，从价格、速度、服务三个方面着手，不断扩大国内业务，提高国际业务比重。2008年4月，分别在石浦、爵溪、西周三个重点区域设立速递业务部，配备人员、车辆和设备，并将揽收网络延伸至东陈滨海工业园区。鹤浦支局、速递公司成功开发E邮宝业务。

1988—1995年象山县邮政快件、特快专递业务情况表

表26-11

年份		1988	1989	1990	1991	1992	1993	1994	1995
邮件快件	业务量（件）	2300	14900	40500	50471	63927	75318	86718	97088
	业务收入（元）	19019	32271	37598	52521	108249	144681	131892	133554
特快专递	业务量（件）	—	—	—	—	—	3297	10784	16803
	业务收入（元）	—	—	—	—	—	273051	617101	883762

1999—2008年象山县邮政特快专递业务情况表

表26-12　　单位：万元

年份	特快业务收入	年份	特快业务收入
1999	173.00	2004	315.00
2000	195.10	2005	361.00
2001	238.50	2006	412.00
2002	259.00	2007	525.26
2003	305.00	2008	600.73

第五节　储汇　集邮

邮政储蓄

邮政储蓄始于中华民国时期。中华人民共和国成立后，邮政储蓄一度停办。1986 年，恢复储蓄业务。汇兑业务始于清代，民国时期开办电报汇兑业务。

民国 8 年（1919），国内开办邮政储金业务。民国 20 年 7 月 7 日，国家颁布《邮政储金法》。邮政储金分存簿、支票、定期及划拨 4 种。民国 26 年 10 月 16 日，经省邮政储金汇业局指令核准石浦邮局添办“存簿储金”“简易寿险”业务。民国 29 年 3 月 16 日，象山邮局开办存簿储金兼售甲、乙种储蓄券。是年，石浦、象山局遵令开办“节约建国储蓄券”业务。石浦局“销售储蓄券之数颇巨”，象山局收有存券储金 6 万余元。民国 35 年 3 月，石浦局储户 12 户，储金额属 1000～2000 元档次；象山局储户 11 户，储金额属 500～1000 元档次。

1951 年 5 月 1 日始，储金业务改由银行委托邮局代办。1953 年 9 月 1 日，国内邮电、银行双方解除代办合约；9 月 16 日始，全省停办。

1986 年 2 月 1 日，邮电部决定分期分批恢复邮政储蓄业务，列为邮政主要业务之一。邮政储蓄吸收的资金，全部缴存人民银行，作国家信贷来源。邮局经办储蓄所需备用金，由人民银行拨给，并每月按缴存款月平均余额 2.2‰付给邮局手续费，为邮局储蓄业务收入。是年 12 月 3 日，县局首家邮政储蓄点丹城建设路支局储蓄点开业。当日收储金额 7.89 万元，储户 346 户。年末，储蓄余额 14.26 万元，储户 568 户，业务收入 3137 元。1987 年 1 月，试行县局职工（含离退休人员）工资由邮政储蓄代发转活期储蓄；6 月 1 日，石浦、西周，15 日鹤浦、定山、东溪，20 日泗洲头、墙头、下山，25 日爵溪、岑晁支局分别开办储蓄业务；7 月，邮局开办定活两便储蓄；9 月 5 日，象山、奉化两局联合举办邮政有奖储蓄，发售存单一组 6 万户，两局各半组；10 月 15 日，在象山开奖，头奖为象山所得。是年 12 月 18 日，举办首期有奖有息储蓄，吸储 683.33 万元。当年，省局下达象山年末储蓄余额计划 150 万元，实际完成 129.32 万元，储户 43660 户，为年计划的 86.15%。1988 年 8 月，开办三年期以上长期保值储蓄存款业务。是年末，邮政储蓄余额 264.32 万元，业务收入 5.7 万元，储户 102911 户。邮政储额增长率居全县储蓄同行前列。

1989 年，举办“新春乐”“鸿运奖”“金奖”有奖储蓄。8 月、10 月，省邮政储汇局先后举办“季季乐”“中秋乐”等有奖储蓄，象山均出售存单。因经济滑坡，年末余额降至 126.65 万元，储户减至 18700 户，分别比 1988 年减少 52.08%和 81.83%。

1990 年 1 月 1 日始，改邮政储蓄代办为自办，向人民银行缴存为转存。银行支付转存利息与保值贴息，废止手续费和提供备用金。邮电局支付存户存款利息，执行国家统一利率标准，利差所得为经营收入。是年，储蓄业务量和业务收入下降，年末余额 169.74 万元，收入 4.7 万元。是年，撤销东溪、下山邮电所邮政储蓄点。翌年 3 月 1 日，《储蓄管理条例》颁布施行。邮政开办整存整取定期储蓄约定转存和礼仪储蓄。1994 年，新增石浦天门路、鹤浦南田路、林海邮电所储蓄点 3 处。年末，储蓄点有 14 处，收储余额 2630 万元，储户 18246 户，储蓄收入 121 万元。

1995 年，新增大徐、珠溪、沙岗、昌国、晓塘、下沈、亭溪邮电代办所储蓄点 7 处。全县邮政储蓄点 21 处，其中丹城 3 处，农村支局所 18 处。年末，储蓄余额 5381.53 万元，储户 77487

户，储蓄业务收入214.38万元，占全局邮政业务收入34.45%。比1986年储蓄业务量增长377倍，业务收入增长692倍。

汇兑

清光绪二十八年（1902）八月，石浦内地支局最先设立，商人、渔民小额汇款就近交邮局汇寄。民国时期，通汇面小，手续烦琐，汇费昂贵，最高汇率达50%。民国6年（1917），石浦邮局属100元为限，开发兑付汇票局。民国9年，象山邮局属100元为限，开发兑付局。是年，石浦邮局开发兑付汇票升500元为限。民国21年，石浦邮局升800元为限，象山局200元为限。是年，西周、墙头、南田、下沈代办所始通小款汇票。民国25年7月，象山、石浦邮局开办开发电报汇票，属间接开发局。象山转汇鄞县局，石浦转汇海门局。民国30年6月，日军侵占象山，职地银行办事处撤销，汇兑请协款困难，象山局所积未兑5000余元陆续兑付外，谨请省局通电所属凡开职局之汇票每个每日予以30元为限，以便应付。民国34年9月26日，因抗战胜利，石浦、象山两局以前因日军侵占汇兑协款短缺而通电各局限汇规定取消。12月，石浦汇兑局下属有鹤浦、南田、东溪、新桥、昌国卫、盐仓前代办所。象山汇兑局下属有西山下、岑岽、涂茨、丹城东街、西周、下沈、墙头代办所。民国38年4月13日，省局训令象山局开办电汇转汇局，21日开办。1949年，时局不稳，开发汇票仅500张。

中华人民共和国成立后，实行全国通汇，手续简单，收费低廉，汇率仅1%。1950年，开发汇票5000张。1951年3月起，邮局受银行委托代理经营汇兑。汇费收取：收付汇局两地有银行者应按当地银行收费规定办理；收付汇局两地仅一地有银行及均无银行者，每千元收汇费5元；收付两地有一地为代办所及均为代办所者，每千元收汇费10元；定额汇票及稿费兑换券不论何地收付每千元收费10元；每张票券最低应收50元。翌年1月11日，人民银行代理开发邮政定额汇票，分五千元、一万元、二万元、五万元、十万元、二十万元、三十万元与五十万元8种；8月，石浦邮局并入象山邮局，其出口汇票仍自行汇检封发出口，电报汇款直接往外拍发电报。

1953年2月起，邮局、银行各自独立经营汇兑。机关、企业、团体汇款由银行办理；邮局限办每张300万元以下个人汇款，超过300万元分张开汇，汇费每张2000元。随汇兑业务发展，农村兑付汇款增加，各局协济代办所资金困难。代办所中墙头超兑693万元，定山超兑513万元，珠溪超兑278万元，新桥超兑182万元，南庄超兑99万元，南田超兑35万元。省邮电管理局经与人民银行省分行商定并经邮政总局同意，采取限汇及与当地银行营业所在汇兑资金划拨中建立划收划付关系。墙头营业所列为全省第二批建立划收划付关系营业处之一。1954年7月1日，南庄、新桥、大徐、南田、定山列为全省第三批划收划付营业所。

1954年，省局拟定《凭证件兑付汇款办法》，翌年1月1日实施，改变以往凭收款人图章兑付办法。1955年3月1日，邮局使用汇票。翌年1月1日，定额汇票停开，使用普通汇票开发。1958年1月1日，统一以汇款金额1%收取汇费。翌年1月1日，实行新汇兑制度，汇票取消剪格式。是年，收汇款限额最高每笔1000元，代办所100元。

1962年1月1日起，银行与邮电局办理汇兑业务再次分工。机关、企业、团体互汇款由银行办理；个人单笔30元以下零星汇款由邮局办理。1967年3月1日起，邮电部决定电汇电报费每笔1元调整为5角，电汇附言费按字计收。

1980年3月，规定支局所、代办所按旬计划预拨汇兑款，改变以前使用电话无计划要求汇拨汇兑款办法。旬计划编制由县局汇检员审核后确定。是年10月，中国人民银行、邮电部联合通知，个人大额汇款，可至银行办理，汇费按邮电部规定标准，由银行收取。邮电局取消每笔汇款300元最高限额。用户办理“代购”“代收货价”而发生公对公汇款，由邮电局办理。汇款超过30元，邮电局可收取支票，但须经银行收妥款项后才能开发汇票。

1985年7月1日始，支局所、代办所汇兑款实行天天报账制度，银行汇兑资金往来户“三单”（日报单、存款回单、现金支票存根）天天送县局或主管支局审核。翌年3月6日起，邮电局营业班及石浦、鹤浦、定山、泗洲头、西周、爵溪、岑晁、丹城南门8个支局及墙头邮电所开办高额汇票业务。1988年，核定支局所、代办所汇兑周转金定额。

1992年7月始，停办农村支局所、代办所快件汇款业务。8月9日，县邮电局在县人民银行分别开立存、取款账户，用于支局所上划汇超余额和上划兑超余额及县局下拨各支局所汇兑协款。

1994年1月1日始，取消高额汇款通知便条，代办所建立进口汇票登记制度。4月1日起，调整代办所开发汇票金额每张最高300元为500元以下（不含500元），兑付汇票每张最高限额仍300元。翌年9月起，调整代办所兑付汇款最高限额为500元 。是年，全县开发汇票113660张、总金额19327.06万元，其中开发电汇汇票4645张、金额1162.64万元；兑付汇票76525张、金额19163.38万元，其中兑付电汇汇票4406张、金额1086.93万元。1995年，石浦、鹤浦、定山、西周、岑晁、爵溪、县前街7个支局及建设路邮电所使用微机开发汇票。

1996年6月始，邮政票汇每笔最高限额为1万元。1998年，汇票收入72.43万元，较1997年增长5.89%。2000年11月30日，开办“送双单”和特快汇款业务。2002年，开展礼仪汇款、入账汇款、“送双单”等汇兑新业务。2003年，利用全国电子汇兑网络，开办2小时快汇、实时汇款等业务。是年5月1日，根据国家规定，取消邮政公事汇款。2005年5月9日，成立象山县邮政储汇分局，隶属于象山县邮政局，行使邮政储汇专业管理。2006年，汇兑手工网点按照省局部署全部改建成电子汇兑联网网点。2007年，发展商务汇款业务和账户汇款业务，全年完成汇兑收入119.42万元，同比增长45.63%。2008年12月15日，根据《海峡两岸邮政协议》安排，全面开办两岸邮政汇兑业务。

1949—2008年象山县汇兑业务情况表

表26-13　　单位：万张

年份	业务量	年份	业务量	年份	业务量
1949	0.29	1959	4.34	1969	4.65
1950	0.50	1960	5.56	1970	4.95
1951	1.08	1961	2.64	1971	4.71
1952	2.26	1962	3.39	1972	4.64
1953	3.00	1963	3.89	1973	4.52
1954	2.57	1964	4.17	1974	4.54
1955	3.16	1965	3.64	1975	5.01
1956	3.36	1966	3.59	1976	4.95
1957	2.84	1967	3.83	1977	4.60
1958	4.73	1968	3.54	1978	4.26

续表26-13

年份	业务量	年份	业务量	年份	业务量
1979	4.73	1989	7.78	1999	11.04
1980	5.63	1990	7.28	2000	—
1981	5.81	1991	7.48	2001	10.40
1982	5.42	1992	7.79	2002	10.14
1983	5.83	1993	8.95	2003	9.84
1984	6.74	1994	10.08	2004	9.34
1985	7.70	1995	11.21	2005	7.86
1986	7.57	1996	—	2006	7.11
1987	8.03	1997	—	2007	11.27
1988	8.63	1998	—	2008	18.49

说明：1958—1960年业务量含宁海

集邮

民国时，石浦、丹城地区已有集邮活动。石浦为港口商埠，受沪甬等地影响集邮传入较丹城为先。中华人民共和国成立后，集邮爱好者逐渐增多，以个人收藏为主。限于经济收入较低，多集信销票。“文化大革命”开始，集邮被视为“封、资、修”产物，于1969年2月22日，经中央文革、国务院批准，邮电部停止集邮业务。直至1978年才恢复集邮业务。1984年6月12日，象山开办集邮业务，是年，全县集邮业务收入1700元。1990年，集邮业务量增至18.24万枚，收入8.67万元。1991年，集邮业务量为34.66万枚，收入17.91万元，分别是1991年的1.9倍和2.06倍。1995年，集邮业务量106.99万枚，首次突破百万枚，收入51.86万元。1998年，集邮业务量142.5712万枚，销售邮册160966册，业务收入165.07万元。2001年，业务量45.8117万枚，销售邮册104282册，收入117.47万元。2005年，业务量26.0770万枚，销售邮册4554册，收入77万元。2008年，业务量29.59万枚，销售邮册1957册，收入180.22万元。

1984—1995年象山县集邮业务情况表

表26-14

年份	业务量（万枚）	收入（万元）
1984	—	0.17
1985	—	1.58
1986	—	2.43
1987	—	4.10
1988	—	4.01
1989	—	7.21
1990	18.24	8.67

续表26-14

年份	业务量（万枚）	收入（万元）
1991	34.66	17.91
1992	64.88	26.11
1993	80.00	35.30
1994	89.34	38.07
1995	106.99	51.86

1998—2008年象山县集邮业务情况表

表26-15

年份	业务量（万枚）	销售邮册（册）	收入（万元）
1998	173.65	—	165.07
1999	142.57	160966	190.41
2000	45.00	—	139.78
2001	45.81	104282	117.47
2002	31.32	47480	159.00
2003	178.82	11344	49.00
2004	19.33	4037	73.00
2005	26.08	4554	77.00
2006	50.88	5020	109.00
2007	32.98	—	100.86
2008	29.59	1957	180.22

第六节　报刊发行

民国时期，象山出版多种报刊，除民国37年（1948）4月，《象联通讯》（月刊）、《三门湾日报》（四日报）① 获准浙江邮区各类新闻纸第一类登记外，未见有发行记载。

中华人民共和国成立后，全国第一次邮政工作会议召开，决定报刊发行为邮局主要业务之一。翌年3月起，“邮发合一”，正式接办报刊发行。至年末，局订销报纸期发700份，累计95400份；杂志期发4000份，累计5300份。1952年11月，省局邮政科与浙江省合作社联合出台《使用办理发行与邮政代办所间关系事项的通知》。规定合作社可以办理邮电局发行报刊业务。合作社应宣传

①本志“媒体”篇第一章“报刊　新闻机构”第一节“报纸·三门湾日报”中载民国37年（1948）《三门湾日报》为“五日刊”。

推广报刊内容、订阅好处，在各自空白处发展订户。收订报刊缴款凭单和报刊款上缴邮电局汇总。多渠道发行后，当年发行业务量增长。

1953 年 1 月 1 日，邮电部、国家出版总署联合通知，废除报纸、杂志随时预订制，建立计划发行和预订预收制度。规定报纸、杂志分别可以破月破季订阅。翌年，有私营派报业 1 处，人员 1 名，订销报纸 17 份，杂志 4 份。当年，邮电局专职发行员 1 名，发行报纸期发 2600 份，杂志期发 3100 份。1956 年 5 月 1 日，《象山报》创刊，由邮电局发行 5500 份~6000 份。1958 年 10 月，宁海并入象山后，原《宁海报》《象山报》合并，改名《象山日报》，邮电局发行量 1.2 万份左右。1961 年 2 月 14 日停刊。1958 年，贯彻“全党全民办发行”和“邮政以报纸发行为纲”方针，主要收订《人民日报》《浙江日报》《宁波大众》《象山报》四级党报。当年报纸期发 2.97 万份，累计 382.3 万份。1959 年，报纸期发 3.4 万份，累计 414.5 万份。翌年，发行报纸累计 545.7 万份，比 1957 年 78.5 万份增长 7 倍，流转额 19.2 万元，比 1957 年增长 4.7 倍。

20 世纪 60 年代初期，发行业务量下降。至 1963 年，报纸期发 4900 份，杂志期发 3400 份，报刊累计 94.61 万份。流转额 4.23 万元，比 1960 年下降 78%。“文化大革命”期间，大部分报刊停业。象山订销报刊不足 50 种，主要是《人民日报》《浙江日报》《红旗》杂志等报刊。

1978 年后，报刊陆续恢复，新邮发报刊不断出版，文化艺术类报刊、《大众电影》等畅销，供不应求。因纸张短缺，报刊社定额发行。时读者需起早到邮电局收订处排队等候订文艺类刊物。

1984 年 1 月 5 日，《象山农技报》创刊，半月报，全年价 7 角 2 分，邮电局发行，出版发行 24 期、16 万份。是年 5 月，扩大报刊零售范围，支局所（含代办所）开办零售业务。是年，收订《浙江日报》期发突破 6000 份，增长率居全省第一。1986 年起，个体代销报刊零售，设丹城城隍庙、西门、石浦东方红桥、淡港 4819 工厂、丹城汽车站、泗洲头等零售点。

1987 年，成立报刊发行班。是年，报刊期发 7.51 万份，累计 1068.27 万份，创历史最高纪录。1988 年，《宁波日报》《钱江晚报》等报刊相继自办发行。是年，报刊期发份数降至 6.8 万份，累计份数降至 967.09 万份，分别比 1987 年下降 9.45%与 9.47%。20 世纪 90 年代后，报刊涨价，发行品种增多，注重小报小刊收订，业务量下降，但流转额却逐年上升。1994 年 5 月 25 日，成立报刊代投公司。7 月 8 日，《象山报》复刊，周三报，邮电局首期发行 5650 份。1995 年 9 月，象山报刊发行使用微机操作。是年，发行班人员 8 名，订销报纸期发 4 万份，杂志期发 4.22 万份，报刊累计 953.6 万份，流转额 349.44 万元。个体报刊代销零售点 10 个，其中丹城 6 个、石浦 3 个、下山 1 个。社会报刊发行站 33 个，其中丹城 27 个、淡港 1 个、下山 1 个、石浦 4 个。

1998 年，大订户采取集订分送办法，简化手续。是年，一次性收订完成流转额 496 万元；新增报刊零售点合计 9 处，零售业务销售额 41.32 万元。

2001 年，完成一次性收订流转额 595.5 万元，代投《象山报》110.4 万元；零售销售额达 160.7 万元，与 2000 年同比增长 50.65%。订阅与零售比重达 1：0.27。全年新增零售亭 12 个，全县报刊零售亭 22 个。

2008 年，报刊收订完成一次性流转额 880 万元，比 1998 年增加 77.42%。

第七节 邮政编码

推行邮政编码，是邮政技术业务制度的重大改革。1974年开始，邮电部组织力量，着手搜集资料，研究拟订《全国邮政编码试行方案》。1978年，经辽宁、江苏、上海三省、市试点后，于1980年7月1日起正式向全国宣传推广。邮政编码采用四级六位数编制，分别表示省、邮区、县、投递点四级。其中，前二位表示省（自治区、直辖市），前三位表示邮区，前四位表示县（市）局，最后两位表示投递局（区）。

1979年，象山开始宣传推广邮政编码，按省邮电局统一确定的县局编码，拟就县内各投递局编码，刻制在硬纸板上至各地喷印。因全国宣传推广工作松滞，象山也一度停顿。1987年，邮电部邮政总局决定于9月15日至10月14日，在全国开展邮政编码宣传月活动，象山印发《关于继续开展推行邮政编码的通知》，并正式核定各投递局邮政编码。邮电机构起表率作用，带头书写。是年9月13日，邮电公函须填写寄件人邮政编码。1988年1月1日始，须填写收寄件人邮政编码，无编码的邮件，营业收寄、分拣、封发部门不予接收。从苍南县购买搪瓷邮政编码牌200块，钉于县城及支局所、代办所所在地有关街道的公众场所。是年11月24日，省邮电局公告，按国标信封规格设计印制标准信封。翌年1月，全县机关、团体、学校、厂矿企事业单位原存旧信封延期使用至1989年6月30日，但须加盖邮政编码框格，填写编码。7月1日起，在全县范围内正式使用标准信封并填写邮政编码。

1994年4月1日起，GB/T1416—93《信封》国家标准正式实施。GB1416—87《信封》停止印刷。省邮电局对标准信封印制实行监制，以适应大转口局机器分拣。象山确定县机关印刷厂、县第一印刷厂为标准信封的专印厂。至1995年，象山出口国内的信函邮政编码书写率达90%以上。

GB/T1416—93 信封标准情况表

表26-16　　　　单位：毫米

品种	代号	规格 长L	规格 宽B	公差	备注
普通信封	1	165	102	±1.5	—
	2	176	110		
	3	176	125		
	4	208	110		
	5	220	110		
	6	230	120		
航空信封	2	176	110	±1.5	—
	5	220	110		
大型信封	7	230	160	±2	可有起墙和无起墙两种信封，起墙厚不大于25毫米
	8	309	120		
	9	324	229		
	10	458	324		
国际信封	5	220	110	±1.5	—
	7	230	160	±2	可有起墙和无起墙两种信封，起墙厚不大于25毫米
	9	324	229		

象山县邮政编码情况表

表 26-17

局所名称	邮政编码	局所名称	邮政编码
象山县邮电局	315700	儒雅洋代办所	315723
一支局	315700	泗洲头支局	315724
岑晃支局	315701	灵南代办所	315725
黄避岙代办所	315702	东溪邮电所	315726
珠溪代办所	315703	新桥代办所	315727
东港代办所	315704	中楼代办所	315728
涂茨代办所	315705	定山支局	315728
大徐代办所	315706	晓塘代办所	315728
雅林溪代办所	315707	大塘代办所	315728
爵溪支局	315708	后岭代办所	315728
林海代办所	315709	金星代办所	315729
南庄代办所	315711	石浦支局	315731
沙岗代办所	315712	延昌邮电所	315731
茅洋代办所	315713	小岗巾邮政所	315731
旦门代办所	315714	东门代办所	315731
亭溪代办所	315715	檀头山代办所	315731
墙头邮电所	315716	渔山代办所	315731
下山邮电所	315717	番头电信所	315731
淡港邮电所	315718	昌国代办所	315732
莲花代办所	315719	鹤浦支局	315733
下沈代办所	315721	高塘代办所	315733
西周支局	315722	樊岙代办所	315733

说明：此邮政编码于 1979 年确定

第八节　邮政设施

中华民国时期，邮政用房靠租赁，邮政设施简陋，邮件运递肩挑背驮，营业沿用木杆秤、算盘。石浦邮局夜间接送轮船班用桅灯照明，夜间封发用蜡烛、煤油灯。各营业点门前挂木制信箱，分拣封发用板桌和木制格眼。中华人民共和国成立后，营业用房、邮政用具不断更新。

邮政用房

民国 9 年（1920）2 月，象山邮政局租用丹城镇西街徐家桥边木结构民房，后相继租用西门绣衣坊许姓和南大街萧姓房屋。1951年9月，县政府拨西大街103号734.56平方米房屋用于邮政。1967年8月，县前街兴建11号房，二层楼，翌年12月竣工。1972年下半年，在西桥头建邮政局房，年末竣工，建筑面积588平方米，三层砖木结构。1978年8月，筹建电信综合楼及附属配套用房。1982年8月，县前街电信综合楼动工，1984年2月竣工，四层框架结构，建筑面积1432平方米。1985年9月，建成建设路支局用房（现南门邮电所）面积888平方米。1987年年末，来薰路邮政大楼破土动工，1990年9月竣工，全框架结构，主体四层，局部五层，建筑面积4278.19平方米。翌年10月1日投入使用。

2008年，县城邮政自有房屋建筑面积21301平方米，其中，邮政生产用房面积17376平方米、其他生产用房547平方米、非生产用房3378平方米。

邮政设备

1952年，邮电部颁发全国统一邮政日戳。1962年，有邮政营业100公斤信函磅秤、50公斤包裹磅秤各2台。翌年，农村支局配2公斤信函磅秤、50公斤包裹磅秤各8台。1976年3月，县邮电局营业班首用SBR-4型包裹收寄机；12月，县邮电局邮政班始用信函自动过戳机，石浦邮电支局亦相继使用。1979年，全县设置信筒信箱116只。1984年9月，丹城、石浦高层楼房始设置信报箱。20世纪80年代始，街头设置立式圆形水泥信筒逐步淘汰，换为立式方形铁质信筒。

1990年9月，来薰路邮政楼竣工后，邮件封发场地设置链板机2条，总长度18米，分拣封发、投递、发行、营业场所配吸尘、防盗报警、空调等设备。汇兑、储蓄使用点钞机和利率计算机。是年，增添包裹收寄机8台，多功能邮资电子秤8台。

1991年10月，县邮电局邮政储蓄首台COMPAP3896/20E微型计算机使用。1994年8月，邮政大楼使用电子化营业系统。1995年，邮政使用微机14台。其中，邮政营业班5台，县前街支局邮政储蓄2台，邮政机械管理1台，石浦支局邮政营业班和储蓄班各2台。邮政业务档案室配传真机，邮件查询使用传真。是年，设立信筒信箱112只，县邮政局邮政楼配备50千瓦柴油发电机1台，邮政设备固定资产原值430.86万元。1996年8月，县邮政局县前街邮政营业班、建设路邮政营业、石浦邮政支局、鹤浦邮政支局、爵溪邮政支局、定山邮政支局、泗洲头邮政支局、岑晁邮政支局、墙头邮政支局、西周邮政支局、储蓄机房，均使用储蓄联网系统。至1998年5月，全县邮政各部门、营业所均使用电子化营业系统。是年，县邮政局有ATM自动柜员机1台，给据邮件登单机2台；全县有计算机设备100台，邮政营业窗口使用79台，邮政生产用16台，邮政综合管理使用5台。邮政储蓄计算机网络服务器12台。

2003年，全县ATM自动柜员机2台，邮资机3台，计算机123台。2007年，ATM自动柜员机5台，邮资机3台，计算机169台。2008年，ATM自动柜员机14台，邮资机3台，计算机184台。其中，邮政内部生产使用36台，邮政营业窗口使用101台，综合管理使用47台。计算机网络设备中，综合网中网络服务器5台、网络交换机2台，网络路由器18台。储蓄网网络服务器3台、网络交换机1台、网络路由器17台。其他网网络服务器2台、网络交换机1台、网络路由器1台。

邮政车辆

1952年6月，象山邮件投递首用自行车（时仅1辆），1957年增至4辆。象山、宁海两县合并后，投递自行车增至26辆。1964年，省机要局拨给象山幸福牌摩托车1辆，用于投递机要邮件。

1970年，辟摩托车邮路。翌年，摩托车4辆，改装三轮机动车1辆，投递自行车34辆。1975

年 12 月，购“北京”WZ703 型 1.5 吨邮运汽车 2 辆，用于象山至宁海邮运。

1980 年，购“北京”BJ-130 型 2 吨邮运汽车 1 辆。1981 年，购“天津”YZ7305 型 1 吨邮运汽车 1 辆，省局调拨“西湖”两轮摩托车 2 辆，“西湖”后三轮摩托车 1 辆。1985 年，购买“沈阳”81/622C 型邮运汽车 1 辆。

1990 年年末，邮运汽车 7 辆，自行车 67 辆。1992 年、1995 年，先后购置“长安”汽车各 2 辆，用于特快专递、市内专趟、汇兑、储蓄送款等。1995 年，邮政用汽车 9 辆，自行车 113 辆。

2001 年，邮政汽车 14 辆。其中，邮运 4 辆，邮政储蓄 2 辆，速递业务专用 3 辆，投递 2 辆，其他生产用车 1 辆，非生产用车 2 辆。2008 年，全县邮政汽车 21 辆。其中，邮运汽车 4 辆，邮政储蓄专用汽车 3 辆，速递业务专用汽车 9 辆，投递专用汽车 1 辆，其他生产用车 2 辆，非生产用车 2 辆。

第二章　电　　信

象山港、石浦港皆有军港功能，晚清时期有兵船停泊。无线电讯为船上电台发出，境内无固定设置。民国 19 年（1930），鉴于石浦地处边陲，海道要冲，曾两度设置固定无线电报，不久即撤。民国 22 年，境内架设电话线路。民国 23 年 5 月，南田县政府内设电台，并对外营业。中华人民共和国成立后，县城及主要乡镇增添电信设备。20 世纪 80 年代，实现长话载波化。90 年代，程控电话开通，镇乡程控电话进入长话自动网，可拨国外。同时，无线寻呼业务开拓，使用 BP 机成为时尚。1993 年，开通模拟手机业务。1997 年，随着中国联通、中国移动在象山成立分公司，移动通信迅速发展。至 2008 年，手机成为普通百姓的日常通信工具，全县移动电话用户达 60 余万户。

第一节　电信机构

民国 17 年（1928）2 月，省建无线广播电台，象山和南田县政府各配 18 号收音机 1 台。民国 22 年，成立浙江省电话局象山支局及石浦代办所，隶鄞县分局。象山支局设在县城横十字巷，石浦代办所设在商会内。是年 11 月 2 日起，办理长途电话，代管电报（话传）业务。翌年，置墙头代办所。民国 26 年 3 月，置爵溪代办所。是年 12 月 15 日，为应对日军侵略，在沿海乡镇架设军用电话线。民国 29 年 1 月 15 日，成立象山县乡村电话局，隶县政府建设科，在 28 个乡镇安装电话机。是年，乡镇电话增至 36 个，线程长 328 千米。民国 31 年 3 月 11 日，日军侵占象山县城，县政府西撤。其间，电话线路，设备屡遭日伪军破坏，至抗日战争胜利前夕，破坏殆尽。抗日战争胜利后，县政府及各机关迁回县治。民国 32 年 4 月 26 日，成立象山县乡村电话管理处；6 月 26 日，更名为象山县乡村电话管理所；11 月 15 日，分别设石浦、着衣亭电话分所。民国 36 年 6 月，增设儒蕉电话分所。民国 37 年 6 月末，13 个乡镇通电话，机关、学校及商号私人置电话 49 部。

中华人民共和国成立后，县政府接收乡村电话管理所，临时架设县城机关至东山、靖河、西沪区公所及爵溪、陈山部队电话。1950年7月，宁波电信局在石浦设立营业所，翌年1月，在丹城设立营业所，两所均配置收发报机。1951年后，象山电信业务与邮政业务合归县邮电局管理，直至1998年9月1日，电信业务从邮电局划出，单独成立象山县电信局，时电信局下设县前街、石浦、爵溪、西周、鹤浦、南郊6个电信支局。2000年7月5日，更名为浙江省电信公司象山电信局。2001年3月16日，成立浙江省电信实业集团公司象山县实业有限公司。2008年2月5日，更名为中国电信股份有限公司象山分公司，下设市场部、大客户部、综合维护安装部（客户网络支撑中心）、综合管理部和城区、石浦、鹤浦、爵溪、南郊、西周、岑晁、墙头、定山、泗洲头10个支局。2008年年末，正式在岗职工237人。

第二节 电 报

电报业务始于民国，主要由政府与军队使用。中华人民共和国成立后，电报业务发展迅速，为工农业生产和居民生活提供服务。20世纪90年代，随着程控电话和无线电话的普及，电报业务逐渐减少。

电报设备

民国19年（1930）6月，石浦设置报务分台，配40W无线电台1部，通报呼号“XP4”，为境内无线电报通信开端。民国21年2月，石浦水警巡逻队内安装40W手摇电台1部，呼号仍为“XP4”。以上两个电台，使用不久即撤销。民国23年5月，省电话局在南田（原南田县政府内）设无线分台，置40W无线电台1部，通报呼号为“XP5”，对外办理电报业务。民国25年年末，南田分台通报联络地点已扩展到杭州、宁波、镇海、衢州、龙泉、泰顺、永嘉、新“永嘉”舰各台，民国30年，因战乱撤销。民国27年，象山县政府奉令设置短波无线专用电台，服务军政机关。是年12月17日，县政府安装15W专用无线收发报机1台，称浙江省政府无线总台象山分台，22日起联络通报，呼号为“XWJ”，波长65米（后改56米）。通报联络地点有方岩、金华、宁波，后增新昌、余姚、慈溪、奉化、三门、宁海等台。民国31年3月11日，县城沦陷前夕，电台随县政府、国民党党部撤至西乡，在柴溪设通信处。民国33年3月，为适应抗战需要，成立六区无线电台通信大队，共9个队，象山属第6队。民国37年9月25日，象山县政府与鄞县电信局签订代办合同，10月1日起对外正式开放业务。翌年5月，宁波解放后，由宁波军事管制委员会接管。

1950—1951年，象山、石浦电信营业所各配TC-20-NIA型再生式收发报机1台，与宁波、杭州联络。1951年4月11日，开放象鄞有线话传电路，无线电路停开。翌年8月，象山邮电局成立，有电台2部。1955年，东门岛石浦气象站与石浦开通人工电路。1956年8月1日，12号强台风登陆，有线通信中断，以无线电台对外联络。1957年，县邮电局配置人工电报机1部，开通至宁波报路，无线电路通达杭州、宁波、石浦、舟山等地。

1959年，象山、宁海两县合并期间，宁海城关有线电路通丹城，年末，县城至宁波人工电报电路改幻线单工电传电路，安装第一台55型电传发报机。无线电路与杭州、宁波、丹城、石浦联络。冬季渔汛，舟山与石浦开通无线报路，一日会晤2次，分别为9时至9时30分、15时至15时30分，呼号频率分别为舟山B10233890、石浦BIM335220，是年电路数8路。1961年，无线仅与宁波联络。翌年，撤销宁海城关至丹城有线、无线电路，增开丹城至杭州、石浦无线电路。海岛鹤浦因地处险要，设无线电台1部备用。是年，电路5路，无线电台5部、人工电报机6部。

1972年8月，安装ZB-303A型单路载波电报机1架，改原丹城至宁波幻线单工电传电路为单路载波双工电路，无线仅与宁波联络，电路减至3路。1974年7月，因电报业务增多，丹城与石浦开设幻线单工电传电路，安装55型电传机；为提高电报传递时效，10月在丹城与宁波、石浦电路安装64-AB型双机头自动发报机。1977年8月，增加ZB303-A型单路载波电报机1架。1978年6月，增双机头自动发报机1台。7月，增ZB303型单路载波电报机1架。1979年，石浦支局安装ZB303型单路载波电报机1架。翌年，鹤浦增设15W无线电台1部，与丹城开通联络。是年，石浦无线电路开通。1982年，岑晁、西周、亭溪、南庄、林海、爵溪6地开通话传电路。翌年，石浦安装64-AB型双机头自动发报机，丹城增置15W“八一”无线电台1部。1985年，全县拥有无线电路、电传电路各3路，话传电路7路，有载波电报机4部，双机头自动发报机5部，电传打字机12部。

1991年后，农村支局所程控电话逐步开通，拍发电报单位逐渐减少，话传电路、电传电路逐年“撤销、转换、调整”。1993年5月，墙头、泗洲头、岑晁、东溪配佳能410型传真机，话传电路改传真电路。翌年8月7日，西周配松下190型传真机1台，石浦至鹤浦话传电路停止。1995年6月15日，县局至爵溪电传电路改开传真电路，配松下190型传真机1台。年末，全县有电传机13部，五单位自动发报机19台，中文译码机2部，短波收发报机2部，载波电报机7部。电路总数6路，其中有线4路、无线2路。

电报业务量

民国时期，象山电报业务稀少。民国19年（1930），石浦无线电台专收发军政电报。民国23年7月，象山支局主要受理话传电报，至民国30年4月停办。民国36年3月，象山、石浦邮局办理邮转电报，用公事信封寄发，至民国37年11月1日停办。是年11月，象山邮局设报话代办处，收拍公私商团电报。

中华人民共和国成立初期，电报业务量仍较少。1951年，计费去报2900份，业务收入2000元（折新币），平均每份0.69元。1956年，计费去报9800份，收入1.2万元。1957年，业务量猛增至3.11万份。1958年10月，象山、宁海两县合并后，业务量继续增加。1960年，计费去报12.33万份，收入12.1万元。1978—1988年，业务量每年递增12%。1990年，平均每百人电报量30份。翌年，程控电话开通，加之用户电报、传真增加，致电报业务量下降。1992年，电报资费上调，业务量下降，收入仍上升。翌年，电报业务收入52.2万元，为历史最高水平。1995年，实现电话程控化、数字传输化，电报业务量大幅下降，计费去报5.78万份，平均每百人电报量11.7份。1996年后，电报业务衰减，渐被新型产业所替代。

第三节　电　　话

民国22年（1933），象山始有电话。民国29年7月，全县30个乡镇通电话27处。中华人民共和国成立后，电话事业发展迅速。

长途电话

民国22年（1933），浙江省电话局兴建自宁海沿西周入境经丹城至石浦长途电话线路，架设12号铜线1对，长104.26对千米，10月竣工。成立省电话局象山支局和石浦电话代办所。象山支局址设丹城十字巷，置20门长途磁石交换机1部，经鄞县分局接转，与省内主要市县和城镇通话。民国24年6月，架设县城至墙头乡线12号铜线1对，长8千米。翌年，设墙头电话代办所。民国26年3月，架设丹城至爵溪12号铜线1对，设爵溪电话代办所。民国29年7月，县内长途电话继石浦、墙头、爵溪后，新开通汤家店、贤庠、黄避岙、珠溪、钱仓、涂茨、崔家岙、儒雅洋、潘埠、西周、泗洲头、唐瀚、溪口、东溪、新桥、杨岙、定塘、月楼岙、南向、南庄、东陈、昌国、延昌、赤坎等24处。民国30年4月，日军侵犯，象山支局奉命拆机撤退，各代办所长途电话通信中断。

1951年2月，为配合土地改革，省局兴建象山至宁海长话线路，架设2.6铁线1对，长83对千米。4月，象山电信营业所置10门长途交换机1部，开通象山至宁波长话电路。1956年“八一台灾”，有线通信中断，在北门山上杨台庵置超短波机务站，突击安装调通象山至定海特高频无线长话电路。翌年，装会议电话终端机1台，接转宁波至象山长途会议电话。1958年，象山安装东风3路载波机1端，开通象山至宁波载波电路，长话电路增至4路。1961年，架设宁波至象山（沥洋至丹城）及宁海至丹城4.0铁线1对，加挂宁海至丹城4.0铁线1对，全长98对千米，开通象山至宁海实线电路。

1971年，长途电话增至5路，其中至宁波3路，至宁海2路。1974年，从舟山调入ZM200型高3路载波机1部。7月，增开象山至宁波3路载波电路，长话电路增至7路，其中，至宁波直达电路4路，至宁海2路。首次开通石浦至宁波直达电路1路。1979年9月，首次安装象山至宁波ZM305型12路载波，停开ZM200型高3路载波机。是年，长途电话14路，其中，象山至宁波8路，至宁海2路，石浦至宁海3路，首次开通石浦至宁海载波电路1路。是年，有60门长途磁石交换机1部，ZM202型3路载波机和ZM305型12路载波机各1部。

20世纪80年代，长话发展较快，电路拥挤日渐突出。1980年1月，开通象山至杭州直达电路1路。翌年，置60门磁石交换机2部。1983年，安装ZGD12-A型高12路载波机1部，在象山至宁波铜线开设高12路载波电路。先后开通象山至奉化直达电路1路，象山至临海直达电路2路。12月，象山至宁波加挂2.5铜线1对。是年年末，长途电话共22路，全部实现载波化。1984年12月，县前街电信综合大楼建成投产，长话交换机更新JT-03型有绳台共电式4台80门，增装JTY-01型半导体汇录台、JTY-02型查询台、JTB-01型班长台各1台。翌年11月，象山至镇海、慈溪、余姚、定海、沈家门电路开通。年末，载波设备总容量42路，长话电路33路。1988年2月，增开象山至宁波ZZD48型超12路载波机1端，载波设备总容量66路。象山至宁波交换方式有较大变动，其中，自动电路11路，半自动电路13路，人工电路8路。

1990年9月，沙地岗至宁波太白山480路微波通信工程建成投产，微波线路长53千米，首期安装MFT-34-02型微波载波电话端机4部，开通象山至宁波微波电路120路。长途通信设备容量由上年66路增至186路。1991年，程控电路开通，长途程控交换机AXE-10为500线。年末，长话电路增至144路，其中微波电路比上年增加99路。1993年12月，程控电话扩容，象山至宁波架设长途光缆，装设MOKIA三次群光端机1部，长话电路增至435路。从1993年开始，人工电路逐步减停。1994年10月9日，宁波市建成本地网，县、市间电路增至482路。其中，象山至宁波450路，至宁海30路，人工电路2路。分别装设至宁波、宁海电路诺基亚DF-140光端机务1架，容量480路、120路。长话业务电路244路。1995年，长话电路仅象山至上海1路，本地网1031路。其中，自动电路1028路、人工3路。年末，有程控交换机800路端，实占540路端；长途人工交换机 80 门，实占 10 门；MFT-34-02 型微波复用设备 1 部，容量 480 路，实占 450 路。本地网诺基亚 DF-140 光端机 2 部，总容量 1080 路，实占 564 路。县内 19 个镇乡程控电话进入长话自动网，可直拨国际及港澳。1997 年 12 月 31 日，电信局程控大楼新安装 2 台西门子 EWSD 数字宽带管理器，系为长途电话出入端口，此后，数字程控电话得到飞速发展。

长话业务量。民国 24 年（1935）12 月，象山电话支局去话 217 次，来话 198 次。后，长话发展缓慢，收入较少。

1951 年，全县长途电话计费去话 2200 张，业务收入 4000 元（第二套人民币）。1963 年，长话计费去话超万张，达到 1.16 万张，收入 1.34 万元。1970 年后，业务量增大，至 1975 年，年均递增 26.91%。1978 年，业务量 6.57 万张，收入 5.33 万元。1983 年 14.36 万张、19.61 万元。1988 年，业务量 53.09 万张，收入 92.11 万元。是年，发往国际及港澳台地区计费去话 199 张，收入 1.11 万元。1990 年，每万人长话量 102.2 次。翌年，业务量 85.54 万张，收入 170.11 万元。1994 年，实行国际及港澳地区电话计次制，全年计费通话次数 30109 次，收入 140.86 万元。1995 年，业务量 409.41 万张，其中，计费去话 401.61 万张，收入 960.82 万元。每百人长话量 782 次。业务收入为 1951 年的 2402 倍，计费去话业务量为 1951 年的 1825 倍。国际及港澳台计费去话 37600 次，业务收入 196.24 万元。

1996 年，长途电信总量完成 1500.02 万元，增长 20.56%。1997 年，长途电信总量完成 1949.15 万元，增长 29.94%。2001 年，重点加强机线维护管理，促使本地电话忙时接通率为 67.5%，长途来话接通率达到 64.01%，居全市第 2 位。2003 年，实施“长话保有工程”，采用开放 17907IP 业务，签订包月协议、业务捆绑、长话优惠等措施，稳定长话市场，大客户满意度达 92 分。全年，长途电信业务总量完成 2177.77 万元，同比增长 19.96%。2004 年，传统国际及港澳台电话通话 46290 次，国际电话时长 133989 分钟；IP 电话通话量合计 2885502 次，其中，国内长途 2783922 次，国际电话 53581 次，港澳台电话 4799 次。

2005 年，长途电话迅速发展，传统国内长途通话量合计 11602623 次，比 2004 年增长 19.69%，IP 电话通话量合计 3907148 次，增长 35.41%。2006 年，长话业务量开始下降。2007 年，国际及港澳台长途有权用户达 3913 户，比 2006 年增长 4.65%；普通电话用户传统国际长途通话达 71038 次，增长 87.91%；IP 电话国际长途通话次数达 47105 次，增长 2.2%；普通电话用户传统港澳台长途通话达 40541 次，增长 40.29%。固定电话传统台湾长途通话 35284 分钟。固定电话 IP 台湾长途通话 36457 分钟。至 2008 年年末，国际及港澳台长途有权用户达 4396 户，传统国际长途通话达 76986 次，传统港澳台长途通话 58844 次。

市内电话

民国 28 年（1939），县城置 20 门磁石交换机 1 台，电话用户甚少，仅为政府、军队使用。民国 31 年 3 月，日军侵入，县城沦陷，市话遭破坏。至民国 35 年 10 月，县城复装 20 门西门子交换机 1 台，始架设市内线路。民国 37 年 2 月 5 日，县城装设自制 60 门交换机 1 台，用户增多，除党政机关外，尚有学校、商店、私人住宅用户。至中华人民共和国成立前夕，话机不足 10 部，市内话线年久失修，腐蚀老化。

中华人民共和国成立后，人民解放军接管地方电信，整修市内电话。1951 年，装置 20 门磁石交换机 1 台。翌年，重架市内电话线路，线杆长 6~8 米不等。线务员利用自制三角铁架成五线担或六线担，挂上铁线，架通人武部、税务局、银行、学校等单位，有话机 24 部。1953 年，交换机容量达60门。1956年“八一台灾”后，市话线杆换新木杆，长7~12米不等，利用八线担挂通明线9对千米，杆路长2.2千米。1959年，架设市话电缆至1.11皮长千米，芯线4.92对千米，交换机容量增至160门。1963年，市话交换机扩容至200门，首次建成100对架空电缆310皮长米，30对电缆390皮长米，计700皮长米。明线出局27对，杆路长6.7千米，架空明线25.47对千米。1971年，市话交换扩容到300门，杆路增至12.89千米，架空明线30.97对千米。1975年，交换机容量增至360门。1976年，磁石交换机开通使用。年内架设100对电缆1.1皮长千米，300对电缆112米，共增芯线长度143.6对千米。1978年，首次出现市话用户交换机，容量至50门，接入话机25部。1980年，用户交换机扩容至100门，电缆长度8.2皮长千米，芯线长度456.3对千米，1981年，扩容增加240门，总容量990门，电缆14皮长千米。1983年，市话交换机扩容至1090门。1984年2月电信大楼竣工，安装2000门纵横制自动电话，埋设市内地下管道1786.5米。管孔长度14216米，更新市话电缆8.6皮长千米。是年12月15日，HJ921A型2000门自动电话开通。1985年，市话交换机实占容量首次突破1000门，达1204门。1986年，新立7米杆125根、6米杆10根、水泥杆135根，施放主杆电缆：5对~50对用户分支电缆4.937千米、100对电缆475米、200对电缆822米、400对电缆643.8米，合计6.88皮长千米。埋设管道263米，管孔3.156千米。1988年5—7月，丹城、石浦出现“装机热”，8月扩容HJ921A型自动电话1000门，市话交换机容量增至3000门。翌年12月26日，又扩容1000门自动电话。1990年，市话交换机容量4000门，实占3767门，市话普及率每百人6.2部。1991年12月29日零时，6000门（其中市话4000门）AXE-10型程控交换机开通，市话号码由5位升至6位，市话交换机总容量增加至8000门。1992年始，在主要街道、商店门口安装公用电话和磁卡电话。1993年，市话交换实现程控化。1994年，继续扩容，敷设主杆电缆，市话号码从6位升至7位。2001年，5月18日，市话号码又从7位升至8位。

1952年，市话用户24户，其中计费用户17户。1956年，用户56户，其中计费40户，业务收入2000元。1963年，用户首次突破百户，达116户。1966年，市话用户134户，其中计费124户，业务收入8200元。1968年，业务收入冲破万元。20世纪70年代后，业务量增加。1977年，市话用户379户，业务收入3.68万元。1978年后，市话大发展。1980年，市话用户557户，业务收入7.07万元。至1985年，用户1195户，收入25.13万元，年增长率分别为16.49%、28.87%。1990年年末，市话用户3738户，业务收入77.95万元。年增长率分别为25.62%、25.41%。1995年年末，市话用户13090户，业务收入1743.06万元。

1996年，市话业务总量完成3340.09万元，增长72.56%。至1997年年末，市话增加2459户，完成总量4918.16万元，增加47.25%。2001年，市话放号6800户，初装费取消，掀起装机热潮，全县市话普及率达79.2部/百人。2002年，市话普及率为94.71部/百人。2003年，新增小灵通客户5263户，新增固定电话13157户，新增公话用户4040户，市话普及率达104.48部/百人。2004年，市话增长快，尤其公话用户累计增加7919户，全年公话业务收入达到954.32万元，占总收入8.18%。至2008年年末，全县市话用户已达60899户。

乡村电话

民国24年（1935），象山成立电话支局。民国23年与民国26年，墙头、爵溪分别置电话代办所。民国27年1月24日，昌国卫、赤坎、旦门、涂茨、溪霞、林埭、林官、五境、珠溪、奠安、高泥、三山、虎溪、儒雅洋、西周15处线路架设，总长百余千米。民国28年9月14日，话线架设完工有东陈、仁义、东溪、新桥、新岙、后洋塘、新塘、溪口、泗洲头、月楼岙10处。12月15日，完工的有十里、延昌、沪东、沪西、钱仓、靖南、淡港7处。是年，线路全长225千米，通话地34处，主要乡村已通话，县城有20门磁石交换机1部。

民国29年（1940）1月25日，成立县乡村电话局，丹城设零售处，20门磁石交换机1部，置五境、儒蕉2处交换机，分别装10门、5门磁石交换机各1部。后因东南各乡线路过长，中途挂机过多。是年5月，调整下南分线路，在峰北乡田洋湖添置6门磁石交换机，定塘、金星、月华、峰北、高桥、东麓6处及延昌、昌国、旦门3处原省线接转改田洋湖总机转接，赤坎电话变改分线接转，五境至钱仓加放线路1路，同时架设诒岙、蛟门2处军用线路。是年，分线电话线长328千米，通话点36处。民国31年3月，日军侵占象山，县城沦陷，乡村电话线路、交换机遭破坏。民国34年8月，先期架设县城至石浦、西周、爵溪、珠溪4段干线，计119千米。翌年6月，成立乡村电话管理所；10月，县城装置20门西门子总机1部；11月15日，成立乡村电话管理所东区（着衣亭）分所；12月15日，成立石浦分所，分别置5门、6门磁石交换机各1部，石浦分所12月16日通话，东区分所次年1月11日通话。民国36年6月，成立乡村电话管理所西区（儒雅洋）分所，装置5门磁石交换机1部；10月1日成立县乡村电话网筹设委员会。年末，8个乡镇通话。民国37年2月5日，县城装置自制60门交换机1部，原20门总机移石浦使用。至6月，已通话乡镇13个，机关、学校及商号、私人住宅电话机49部。

1949年7月8日，象山解放，人民解放军接管地方电信，不久即恢复公话线路；9月，临时架设丹城至南庄单铁线5千米；10月，分别架设丹城至大徐、墙头单铁线。1950年7月，分别架设丹城至爵溪、陈山村单铁线。1951年，架设“土改线”。其中，1月，丹城至石浦单铁线39千米，搭挂丹城至东溪、昌国2条线路；3月，架设丹城至大徐线，长9千米；8月13日，建成丹城至钱仓27千米单铁线，搭建丹城至着衣亭线路；9月，临时架通儒雅洋至西周线10千米；10月，重建丹城至爵溪线，长10千米。全县12个乡镇“土改线”整修完毕，架通杆路120.25千米。是年，石浦重装6门磁石交换机1部。1952年，改丹城至爵溪、石浦单线为双线。1953年10月，架设丹城至林海、南庄2.5铁线各1条，杆路分别长3.99千米、3.69千米。翌年6月，南田至石浦线路建成，长12.19对千米，跨越东门岛、对面山岛、南田岛，跨度分别为540米、350米、563米。1956年4月，改丹城至西周临时电话线为双线，5月全线完工。此后，架设丹城至墙头、亭溪、东溪、鹤浦至金高椅、石浦至昌国等线。年内，架通鹤浦至高塘飞线535米。1957年，先后架设丹城至岑晁、大徐、儒雅洋线路5条。全县36个乡，27个村通电话。各地安装20~50门交换机5部，实占容量71门，杆路总长度174千米，架空明线长度207千米。1958年2—6月，架设丹城至亭溪、西周至下沈、泗洲头至东溪等8条线路，当年社社通电话。

1965年始，区乡驻地相继安装电话交换机，增加杆线、电缆、电路和载波机、载波终端设备。至1990年年末，全县有农话交换点10处，交换机总容量8780门，载波终端机95部，明线线路1673千米，电缆长度310.5皮长千米，农话普及率0.9部/百人。1991年3月1日始，丹城与爵溪自动电话联网。12月29日，首期引进AXE-10数字程控交换机6000门，丹城、石浦两地电话号码由5位升至6位，并与爵溪三地联网，实现全国长途直拨。1992—1995年，全县各地陆续开通程控电话，架设光缆，开设微波系统。年末，农话交换容量26064门，其中程控26064门，实占16542门，农话普及率达5.58部/百人；用户交换机总容量1753门，实占1235门；数字终端设备容量13620路，农话电话机25326部，其中局话机24172部；农话光缆长度211.3千米，杆路长度

1252.81千米，架空明线4518.8千米，业务电路4237路。除金星外，全县农话实现程控化、传输数字化。1996年后，各地陆续开通规格为西门子EWCD数字程控农话交换机、西门子EWSD远端模块，逐步更新设备。

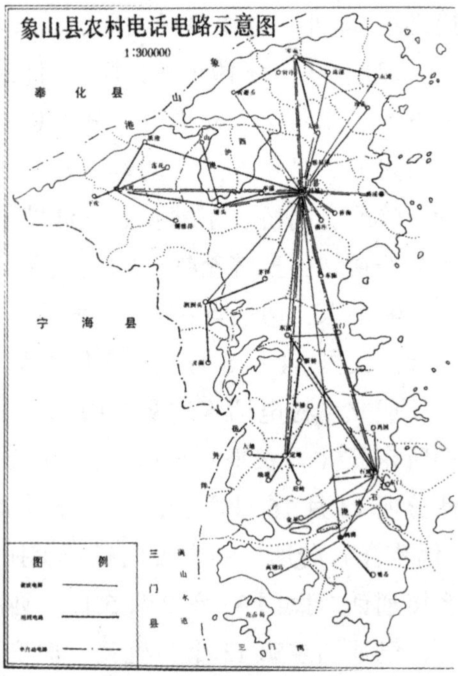

图26-3　20世纪80年代象山县农村电话电路示意图

1956年，全县农话56户，其中计费49户，计费去话3.3万张，业务收入2.7万元。1966年，农话241户，其中计费211户，计费去话32.3万张，业务收入8.15万元。1976年，农话530户，计费去话66.4万张，业务收入14.04万元。1978年后，农话业务有较快发展。至1988年，农话户数、计费去话费、业务收入每年递增14.02%、28.70%，分别达到2418户、300.82万张、216.89万元。1995年，农话16518户，计费去话1774.17万张，收入1879.76万元。2000年，全年净增农话18523户，新增电话村160个，农话业务完成2961.08万元，增长27.14%。2001年，农话普及率为26.51部/百人。2002年，农话普及率为30.68部/百人。2003年，全县农话普及率为33.58部/百人，普及电话村420个，占行政村57.46%。2007年，农话乡村住宅普通电话用户在网达81821户，乡村政企普通用户在网1.29万户，乡村住宅普通电话用户区内通话7068.25万次，乡村政企普通电话用户区内通话达2857.39万次，全年完成业务13740万元。至2008年，全县农话固定用户已达11.22万户。

第四节　无线寻呼　无线电话

无线寻呼

1992年4月27日，象山开通“126”人工寻呼台；9月，在爵溪设立发射台。是年，无线寻呼发射机3部。翌年1月，在西周置发射台。1994年1月30日，无线寻呼中文台开通；2月1日，开通“127”自动寻呼台，向无线寻呼机用户推出数、汉兼容无线寻呼系统；5月17日，丹城、石浦分别设发射台，与宁波市局“99-2”台寻呼联网，采用美国摩托罗拉发射机，输出功率100瓦；7月7日，西周、爵溪镇设“99-2”发射台，安装宁波江北通讯设备有限公司组装的25瓦发射机；10月，西周、爵溪分设“127”发射台。

1995年9月25日，在丹城、石浦两地设发射台，与宁波市局“99-3”台寻呼联网，采用摩托罗拉发射机，输出功率分别为350W、125W；30日，西周、爵溪设功率125W发射机，开通“99-3”台寻呼系统。至年末，无线寻呼发射机16部，操作终端机6部，基站11个。

1996年3月，开办“128”“229”全省联网无线寻呼业务。至年末，无线寻呼净增用户1885户。1997年3月21日，开办BP机租机业务；11月25日，县邮电局“41126”“41127”寻呼台入台升级，全年增BP机8170部，为电信产业增长最快业务之一。进入21世纪，随着移动通信市场的快速发展，寻呼用户逐年减少。

象山县邮电局无线寻呼开通时间及设备情况表

表 26-18

地点	丹城				石浦				西周				爵溪			
台别	“126”台	“127”台	“99”二台	“126”三台	“126”台	“127”台	“99”二台	“99”三台	“126”台	“127”台	“99”二台	“99”三台	“126”台	“127”台	“99”二台	“99”三台
开通时间	1992年4月27日	1994年2月1日	1994年5月17日	1995年9月25日	1992年4月27日	1994年2月1日	1995年5月17日	1995年9月25日	1993年1月	1994年10月	1994年7月7日	1995年9月30日	1992年6月	1994年10月	1994年7月7日	1994年9月30日
主要设备	发射机1部、操作终端机2台	发射机1部	发射机1部	发射机1部	发射机1部	发射机1部	发射机1部	发射机1部	发射机1部	发射机1部	发射机1部	发射机1部	发射机1部	发射机1部	发射机1部	发射机1部

无线电话

照 26-3 位于石浦东门岛上的无线基站

2000 年 8 月，开通可以随身携带的变型无线电话（俗称“小灵通”），首期工程覆盖丹城、石浦、松兰山共 29 平方千米地域，首次放号 4200 户。2001 年，无线电话用户增至 4251 户。翌年，在高教园区、工业园区、石浦海鲜街、东河花园等地架设新基站 20 余只，至年末，发展无线电话用户 14483 户。2003 年，共开通 CSC 设备 3 套、RPC 设备 1 套、500MW 小灵通基站 56 处、10MW 基站 7 处，全年新增用户 5263 户。是年末，全县无线电话用户总数达 23855 户。2004 年，在丹城、石浦、南郊、林海、大徐、西周等地共安装 500MW 基站 522 只，200MW 基站 135 只，10MW 基站 100 只，CSC 设备 30 套、RPC 设备 7 套，通信容量达 8 万门，无线电话覆盖全县主要街道镇乡，用户 47385 户。2005 年，新增无线电话用户 29188 户。翌年，新增 3420 户。2007 年 8 月，分别在石浦荔港大酒店、半岛大酒店、丹城龙泽 VIP 会所、爵溪巨鹰集团安装无线电话室内分布系统，提高密集区域小灵通信号覆盖率。是年，全县无线电话进行网络优化，涉及地区有丹城、南郊、石浦、墙头、西周、东陈、爵溪 7 地。安装 500MW 基站 35 个、200MW 基站 20 只、钢管塔 8 个。同时在南郊里新机房安装 CSC 设备 1 套，覆盖里新、仇家山等村庄。在晓塘九龙江模块机房安装 RPC 设备 1 套，并在各个工磁卡安装雷电保护电源 150 套，增强抗干扰功能。

第五节 移动电话

1993 年 9 月，象山开通 900 兆赫蜂窝式模拟手机（俗称“大哥大”）。是年，全县用户仅 200 余户。

1997 年 6 月，中国联合通信有限公司象山分公司成立，址设丹城南街 98 号；11 月，中国移动象山分公司成立，址设丹城新华路210号，均专业经营移动电话业务。2003年，象山联通有室外基站26个。翌年，渔山列岛、韭山列岛超运程基站建立，将移动信号带到120千米外的海域，保障海上作业安全。是年末，象山室外基站增加至355个，其中移动基站140个、联通机站215个。在丹城、石浦、西周、鹤浦、定山、大徐、茅洋、岑晁、爵溪等地设有营业厅。全县手机用户发展到27万户，其中移动公司用户20万户、联通公司用户7万户。2007年，西周镇伊家山村开通手机信号，实现移动网络村村通。2008年，象山联通、网通两公司合并建立中国联合网络通信有限公司象山分公司；象山电信正式接收联通103个CDMA室外基站设备。至此，象山经营移动电话业务的企业共3家，分别为：象山电信有限公司、象山联合网络通信有限公司、象山移动通信有限公司。2008年年末，象山移动电话用户发展至60多万户。

第六节　数据通信

1998年11月，开放一线通业务，有数据通信用户40户。1999年，发展“163”“169”多媒体用户。2000年4月，象山信息网站开通，年末发展数据基础业务55户，多媒体用户3378户，ISDN用户152户，IP注册2242户。

2001年12月，因特网用户新增1275户，宽带用户918户。2002年3月，数据通信扩容至丹城、西周、石浦、鹤浦、爵溪等地共2500线，接着扩容至全县各地，同时建设覆盖全县的宽带骨干IP网；5月，全县网吧、部分大客户的数据业务线路改为光缆接入，并用ADSL设备作为备份；6月，改造全县ADSL、WAN用户上网认证系统；10月，建设政府信息网，党政机关联网，扩容ADSL设备7000余线。为确保电信网络安全运行，10月21日，建立象山电信网畅通和信息安全保障指挥调度工作机构。2003年6月，建成VPN网络；9月，开放WLAN天翼通业务，全年宽带业务用户新增6747户，年末用户总数达11169户。是年12月，开通“浙江大学—象山干部远程教育中心”。2004年，ADSL、LAN光纤等多种宽带接入方式建设加快，全年扩容ADSL35个点，建设LAN小区2个。是年年末，全县宽带用户超过2万户。2005年6月，联通象山公司开通爵溪、西周、鹤浦等9个街道镇乡G网“家家通”和3个C网CDMA“123家家通”。是年，中国移动在乡镇建立农村信息服务网，总数达254个，中国移动象山分公司被确定为宁波移动全大市农村党员干部远程教育工作试点单位，是年完成495个行政村的电脑、视频系统安装。2007年1月17日，成功割接T2000/GIS系统，数据准确率达99.1%。行政村光缆覆盖率达54.17%，90%的行政村通光缆。至年末，共建成120个宽带接入点，铺设1189皮长千米光缆、1205皮长千米电缆，投入DSLAM设备3902线，466个行政村开通宽带，宽带普及率达92%。2008年，中国联通103个CDMA室外基站设备及部分网络设备移交象山电信局。是年，电信局共扩容和新建宽带设备9540线，开展城域网改造。小区宽带项目实现光缆到楼道，重点小区光缆到户，96%行政村开通宽带。

第二十七篇
围垦　水利

本篇目录

第一章 围垦工程

象山地处海隅，山多田少。随着人口增加，海涂围垦成为缓解人多田少矛盾的主要手段。象山的发展史与海涂围垦史密切相关。象山旧志载，岳头塘为晋人陶凯所建。唐代以降，海涂围垦历朝不绝，文献多有记载。至民国，已围垦海涂400余处，均为面积不大的土坝海塘。总面积33.6万亩。中华人民共和国成立后，政府将围垦作为拓展百姓生存空间及发展社会经济的重要措施，海涂围垦数量之多，面积之大，成为浙江省闻名的围垦造田区——“象山东部造田区”。自古迄今，全县已围垦海涂52.5万亩、350平方千米，占县现有陆地总面积的29.8%。俗称象山“七山一水二分田”，此二分田大多来自海涂。按每平方千米空间可提供1000人的生存空间计算①，海涂围垦为象山提供35万人口的生存空间。

第一节 围垦类型

历史上，象山围垦受生产力发展水平限制，多为高滩围垦。清代末年（1911）始有连岛围垦。中华人民共和国成立后，围垦类型丰富，不管是高、低滩、连岛围垦，还是扩岛、堵港围垦，工程量更大、技术要求更高。

高滩围垦

历史上，象山围垦主要集中在象山港、三门湾沿海滩涂。明嘉靖时，象山港沿海围塘100余个，三门湾沿海围塘50余个，而东部沿海仅10余个。主要原因是象山港、三门湾为内港、内湾，沿海高滩遍布，顺应滩涂淤涨趋势，在高滩前沿修筑海塘，一是比较容易，二是投入相对较少。而东部沿海，面临外洋，高滩少，风浪大。中华人民共和国成立后，象山港沿海高滩已较少，海塘仅筑20余个。而三门湾沿海高滩尚多，筑海塘70余个。

中低滩围垦

中华人民共和国成立以后，随着围垦技术提高及经济发展，东部沿海中低滩围垦筑海塘20余个。其中1000~15000亩的围垦大工程有10余个：幸福塘，昌国盐场，公屿塘，大燕山一期、二期，旦门盐场，白岩山盐场，新桥盐场，大目涂一期、二期，仁义涂塘，总计围垦面积10万余亩。

连岛围垦

象山适合连岛围垦条件的地域较少，县内仅有清光绪年间所筑的龙泉大塘。民国《南田县

①2008年，象山县人口密度为每平方千米387.2人，象山城区人口密度为每平方千米1672人。此处“每平方千米空间可提供1000人生存空间”假设，参考浙江省一些平原地区县市（如慈溪市）人口密度类推而来。

志》卷二十五“地理志”载：“乌岩前峙，左侧仰天塘诸山，右侧金高椅小山，箬鱼、蟹礁诸山分列于后，四围皆塘，均依山脚为基。”龙泉大塘连乌岩、仰天塘诸山、金高椅小山、箬鱼山、蟹礁诸山等岛屿而成。蟹礁诸山即今之珠门山，仰天塘诸山筑塘融入乌岩。自此，乌岩、箬渔、珠门三山连为一体，成为高塘三大山。

扩岛围垦

象山扩岛围垦主要在南田岛、高塘岛、花岙岛、东门岛。南田岛封禁以前，扩岛围垦文献无征。开禁以后，一百单八岙中，天生之土，可耕种者十分之二，而藉人力而成者十占其八，其中大部分为扩岛围垦而来。据《南田县志》卷二十五“地理志·海塘”统计，当时有大小海塘90余个，最大鹤浦大塘扩岛增加岛屿面积近万亩。中华人民共和国成立后，南田岛、高塘岛、花岙岛等地均有扩岛围垦。南田岛上有南田涂一期、二期围垦与汪涂塘、屿湾塘、小网井塘、屿弄塘、高坎头塘、万寿塘、四都塘等，扩岛面积万余亩；高塘岛（包括花岙岛）围垦海塘20余个，扩岛面积亦在万亩上下，其中北方塘有3500亩，花岙塘近3000亩。东门岛受铜瓦门、东门门头、下湾门三水道潮流冲击，岛西、南面不断淤积成涂，利于扩岛围垦。清末有南汇塘，中华人民共和国成立后有{{龜}}头塘、里厢塘等，扩岛面积几百亩。

堵港围垦

20世纪50—60年代，先后截贤庠东港、珠溪港、晓塘九龙江、莲花淡港、西周港和大塘港。东港堵港，增加土地面积300亩，利用自然港蓄水25万立方米。淡港口处淡港入海口，历史上曾多次出现海水倒灌，农田受淹情况。1957年，莲花乡政府组织全乡人民围塘堵港，第二年5月海塘建成，总投工16万工，完成土方25万立方米，石方19万立方米；增加土地面积600亩，蓄水45万立方米。大塘港堵口之前，沿港两岸俗称为“苦海之地”。中华人民共和国成立前，因海堤损毁失修，每逢台风大潮，往往淹没大片农田。遭遇干旱，则“海水不可量，淡水贵似油，田畈泛盐花，有种没有收”。1968年12月，大塘港堵口工程获浙江省革委会正式批准，并被列入国家基本建设重点补助项目。1969年春破土动工。围垦总面积21000亩，其中蓄水面积8000亩，新增土地13000亩，总库容蓄水3135万立方米。堵港竣工后，将乌龟山、狮子山、馒头山、强盗湾、大塘、坦塘6个岛屿与大陆连为一体。详见本篇第四章第二节。

第二节　围垦成果

距县南十五里的岳头塘，相传为晋人陶凯所筑，惜百年而为海潮所冲毁①。唐时，始围南庄上洋海涂，建有朝宗、理川、灵长、会源四碶②。宋代又围筑下洋海涂。两海塘称东塘、西塘。宋代到明代，象山人口渐增，地窄民稠，筑塘大兴，海涂围垦遍布沿海各地。明嘉靖《象山县志》载：当年境内共有塘168个，其中二都4个，三都36个，四都4个，五都3个，六都2个，八都5个，十都10个，十一都21个，十二都3个，十六都1个，十九都2个，二十都5个，二十二都11个，二十三都16个，二十四都45个。清初，象山有水田93441亩，多数是塘田，但朝廷迁徙沿海

①黄隆：《凌公筑岳头塘记》，民国《象山县志·文征外编上》。
②廉布：《朝宗碶记》，民国《象山县志·文征外编上》。

居民，使海塘弃之界外甚多，造成不少废塘。清乾隆《象山县志》载，时已筑塘田61处，未筑废塘91处。道光《象山县志》载，乾隆戊寅（1758）后至道光年间，历年筑捺新塘39处。光绪元年（1875），浙江巡抚杨昌濬向朝廷奏请垦南田荒涂，同年10月16日奉准开垦，光绪六年组织南田垦务局，召集富户出资围垦龙泉大塘，大小乌岩、珠门山、箬渔山，三岛屿连成一岛。光绪七年围筑鹤浦大塘，继又围大南田塘、万寿塘、北面塘、花岙大塘里、坦塘、白玉湾塘等，计50处，形成南田、高塘、花岙、坦塘、对面山诸平原。

民国《象山县志·图说》载：民国初期，全县已围海涂393处，均为土塘，时因村民自发围垦、财力有限，围垦面积不大。其中西二乡6处、西三乡15处、西四乡50处、西五乡65处、宝海乡4处、怀珠乡19处、磐安乡100处、靖南乡14处、奠南乡19处、昌石镇101处。民国《南田县志·地理志》载：有海塘97处，其中一都9处、二都11处、三都4处、四都10处、五都11处、六都23处、七都1处、八都4处、九都2处、十都22处。象山、南田共有海塘490处。至1949年，全县围垦滩总面积33.6万亩。

中华人民共和国成立后，县政府提出海涂围垦要求："围垦海涂，与海争地，充分利用海涂，增加耕地面积。"结合兴修海堤，堵港蓄淡，拆建涵闸，围垦海涂，规模从小到大。20世纪50年代筑成东陈中央港、贤庠、东港、南庄门前涂、珠溪小东塘、莲花淡港门、黄避岙跃进塘等。1966年后，围涂工程全面铺开，围垦面积不断增加。1949—1985年，全县共围筑新塘163处，计113624亩。其中，面积千亩以上23处、82686亩；百亩以上87处、28443亩；百亩以下53处、2495亩。累计完成土石方1087.53万立方米，投放人工1630.54万工，国家投资1173.93万元（不含盐田）。1967—1985年，高塘岛乡先后围垦大小海涂24处，面积7937亩，占原有土地18000亩的44.09%；东溪全乡20个村有18个村围塘，围垦面积5392亩，新增土地约40%。

1985年后，围垦工程规模越来越大，零星围垦已属少见。大目涂围垦总面积在30000余亩，花岙二期围垦面积在5000亩左右，仁义涂围垦面积在4000亩左右。中华人民共和国成立后至2008年，全县累计围塘215处，面积189063亩。其中，3000亩及以上13处、108772亩；3000亩以下至1000亩16处、26102亩；1000亩以下186处、54189亩。经历代围涂开发，全县形成北部象山港沿海平原、东部沿海平原和南部三门湾沿海平原三大平原格局。

中华人民共和国成立后象山县100~1000亩海塘围垦情况表

表27-1　　单位：亩

海塘名称	所在地	围垦面积	建成时间	海塘名称	所在地	围垦面积	建成时间
东港堵港	贤庠	300	1956.03	中央塘	东陈	600	1952
小东塘	贤庠	470	1958	后陈塘	东陈	160	1961
蒲门塘	贤庠	225	1960	黄溪塘	墙头	350	1973
跃进塘	黄避岙	530	1959	下新塘	墙头	280	1966
鲁家岙塘	黄避岙	110	1970	淡港堵江	西周	600	1958.03
永丰塘	黄避岙	270	1972	友谊塘	西周	350	1977.03
白屿塘	黄避岙	200	1969	西周港	西周	450	1960
鸭屿塘	黄避岙	900	1975	下沈港	西周	640	1968.12

续表27-1

海塘名称	所在地	围垦面积	建成时间	海塘名称	所在地	围垦面积	建成时间
兵营塘	黄避岙	120	1975	东岙塘	西周	200	1974
万丈涂	黄避岙	750	1985	马岙塘	泗洲头	100	1972
林善塘	大徐	400	1972	路丝跳	泗洲头	100	1972
林善新塘	大徐	800	1973	西洋塘	泗洲头	750	1972
杉木洋	大徐	742	1967	泗洲头	泗洲头	330	1975
东岩山	涂茨	200	1973	鸟舌山塘	泗洲头	240	1976
旭公岙塘	涂茨	770	1976	下洞塘	泗洲头	230	1958
黄沙	涂茨	400	1966	白沙塘	泗洲头	357	1972
大港口	涂茨	300	1967	峙前塘	泗洲头	780	1973
屿岙塘	涂茨	700	1973	墩岙塘	泗洲头	300	1974
上洞塘	新桥	200	1967	石口塘	晓塘	150	1966
崇璁塘	新桥	160	1967	小新塘	晓塘	120	1958
崇璁新塘	新桥	460	1973	九龙江	晓塘	440	1957
麦地山塘	新桥	750	1973	台宁屿塘	晓塘	220	1985
麦地山塘	新桥	100	1973	东风塘	石浦	500	1966
江东塘	新桥	156	1975	打鼓峙东塘	石浦	100	1967
松岙塘	东陈	550	1968	干湾外塘	石浦	150	1983
平石塘	东陈	360	1970	横屿塘	石浦	500	1974
王家兰	东陈	100	1976	东升塘	石浦	163	1969
小塘	东陈	210	1969	下湾塘	石浦	200	1969
高湾塘	新桥	170	1973	汪涂塘	鹤浦	320	1970
英山塘	定塘	300	1972	屿湾塘	鹤浦	290	1972
大花江	定塘	200	1969	小网巾	鹤浦	210	1972
宁波站	定塘	296	1972	屿弄塘	鹤浦	400	1967
逸狗山	定塘	367	1972	高坎头	鹤浦	100	1967
光明塘	晓塘	200	1970	下布袋	石浦	198	1969
西边塘	晓塘	550	1967	橘子塘	高塘	180	1967—1972
鹁鸪头	晓塘	160	1966	黄湾塘	高塘	300	1960
埂头塘	高塘	240	1968	潮汐电站	高塘	320	1973
罗元新塘	高塘	200	1978—1985	大鼻头塘	高塘	100	1969
杏八塘	高塘	300	1966—1969	蟹湾塘	高塘	100	1969
棉粮塘	高塘	400	1953—1956	罗元小塘	高塘	180	1968

续表27-1

海塘名称	所在地	围垦面积	建成时间	海塘名称	所在地	围垦面积	建成时间
三围塘	高塘	284	1980—1983	墩岙塘	泗洲头	600	1988.12
仰天新塘	高塘	250	1966	毛湾塘	涂茨	500	1988.12
龙潭塘	高塘	200	1972—1976	蒲门塘	贤庠	500	1989.05
白沙湾塘	高塘	225	1968—1973	小白社塘	新桥	140	1990
高涂岙	高塘	160	1976—1977	台宁屿	定塘	400	1990
橹叶头塘	高塘	130	1984—1985	橹叶头塘	高塘	150	1985年后
南方塘	高塘	500	1973	水湖涂塘	鹤浦	950	2007

中华人民共和国成立后象山县千亩以上海塘围垦情况表

表27-2

海　塘　名　称	所在地	围垦年份	面积（亩）	塘线长（米）
门前涂塘	南庄	1956—1957	2270	2654
西泽塘	贤庠	1968—1974	3300	2873
幸福塘	东陈	1969—1982	1600	1600
昌国盐场塘	昌国	1972—1978	7800	4000
公屿塘	爵溪	1969—1979	1200	1370
大燕山一期	爵溪	1973—1983	3090	1570
大燕山二期（爵溪东塘）	爵溪	1993—1996	13500	1146
涂茨跃进塘	东港	1971—1977	1450	1500
旦门盐场	旦门	1971—1978	2600	1208
白岩山盐场	大徐	1971—1977	10334	2889
新桥盐场（高湾盐田）	新桥	1971—1978	5060	2216
大目涂一期	东陈	1988—1994	15000	5310
大目涂二期	南庄	2004—2008	15600	3280
仁义涂塘	旦门	2005—2007	3888	1700
四都（红卫）塘	樊岙	1966—1972	3700	2415
马岙（联合）塘	灵南	1967—1969	1550	450
大麦塘	灵南	1968—1969	1300	3070
群英（北方）塘	高塘	1968—1972	3500	2825
花岙塘	金星	1968—1974	2700	2530
大塘港堵港	定山	1969—1975	21000	4671
万寿塘（反修塘）	鹤浦	1970—1975	1182	3460

续表27-2

海塘名称	所在地	围垦年份	面积（亩）	塘线长（米）
蚶岙塘	莲花	1974—1982	1050	920
雁鹅塘	晓塘	1972—1977	1000	1820
金星门前塘堵港	石浦	1997—2000	1300	1088
龙王头塘	东溪	1968—1974	1300	670
平岸头塘	东溪	1969—1975	1300	1983
南田涂二期围垦	鹤浦	2002—2004	2900	2887
道头（军民）塘	雅林溪	1970—1974	1400	560
西周塘	西周	1973—1984	3000	3100

第三节　象山港沿海围垦

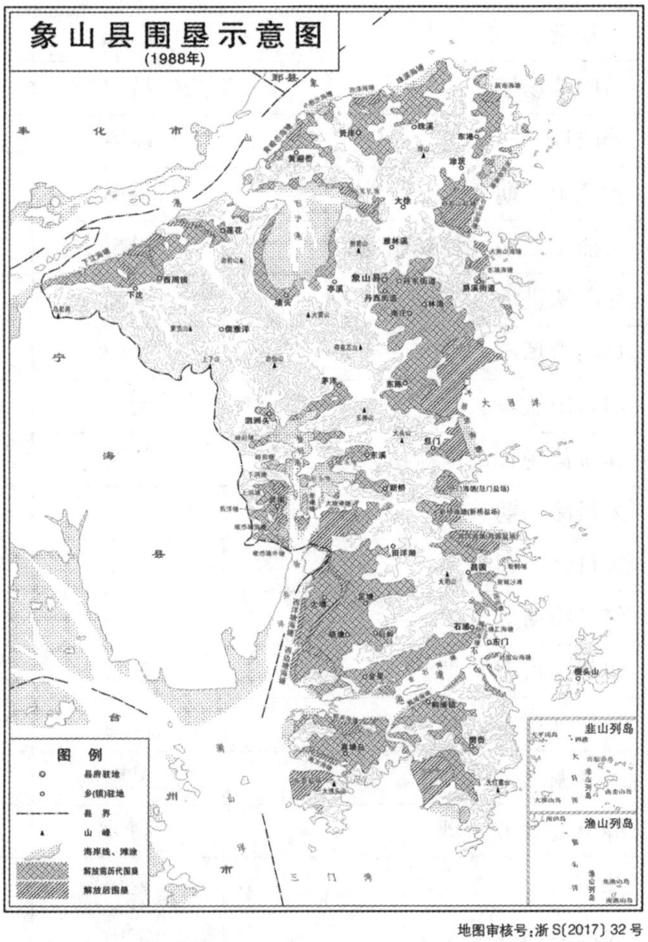

地图审核号：浙S(2017)32号

图27-1　象山县围垦示意图（1988）

象山港沿海围垦，主要分布于县城西北的西周、墙头；县城东北的大徐、黄避岙、贤庠等地。明嘉靖时，西周、墙头围垦的海塘有牌头塘、普福塘、合沙塘、砺山新塘、下沈塘、蒲岙塘、镇瀛塘、塔岭塘、姜屿新塘、郑施岙塘、枫屿塘、乌舍塘、护圣塘、杨家塘、莲花塘、上首塘、西涂塘、水孔湾塘、欧家塘、双岙塘、青山头塘、里新塘、浃下塘、青山里塘、上岙塘、中央塘、乌舍外塘、大麦塘、王家塘、东顺塘、白沙塘、蚶岙塘、陈家塘、林家塘、下史塘共35处；大徐、黄避岙、贤庠等地围垦的海塘有周郎塘、涂茨塘、青石塘、双岙塘、江岙塘、白坟前塘、海口里塘、海口外塘、鸭屿塘、高泥塘、鲎屿塘、老鼠塘、东塔塘、湖头塘、张湾塘、龙屿塘、大塘、小塘、小张湾塘、鲁家岙塘、西泽塘、东塘、西塘、陈塘、黄避岙塘、平湾塘、花船头塘、屏岩头塘、宫前塘、宝梵寺塘、大慈塘、树桥塘、竹浦塘、大墩塘、西塘、盐场塘、大湾塘、山湾塘、鬼洞塘、俞钱塘、蛤蜊塘、芦岙塘、西湾塘、青莱塘、万家塘、后湾塘、大东庄塘、蒲门塘、岐后塘、蒲门三小塘、余下塘、庙下塘、新塘、中庄塘、余公岙塘、大屿塘、竹屿塘、木瓜塘、丁家塘、段屿头塘、外塘、蒲门新塘、横塘、东塘、西塘、东碶头塘、西碶头塘、新木瓜塘、珠溪塘、双叉头塘、关岙塘、阴山下塘、塔下塘、箬岙塘、方湾塘、新妇塘 76 处。

清乾隆至道光间，西周修筑废塘：黄家塘、顾家塘、杨家塘、东顺塘、上西塘、大麦塘、护圣塘、青山头塘、蚶岙塘、小塔岭塘、东瀛塘、沙塘、里蒲岙塘、里葛沙塘 14 处。围西瀛塘、永茂塘、雷发塘、普瀛塘、万宝塘、培水塘 6 处。清代，贤庠、珠溪、黄避岙围垦，新筑夏源塘、大新塘、湖头大塘等。民国末，在西周片已围成塘田 115 处，形成西周平原；在东乡，围成塘田百处，形成小片平原。中华人民共和国成立后，西乡堵淡港、西周、下沈、小青诸港，围垦西周、友谊、蚶岙 3 塘，面积 4400 亩；东乡围东港塘、小东塘、跃进塘、西泽塘、鸭屿塘等，其中围垦面积千亩以上海塘 3 处，100~1000 亩海塘 20 余处。

岑晁塘

旧名陈بر（今改岑晁）塘，在贤庠镇境内。明成化十八年（1482），县令凌傅视岑罡涂广可地，乃携民筑塘。堤长 145.9 丈，高 1 丈，阔 5 丈。堤首凿岭作碶，围垦面积 2000 亩。今为西泽塘内塘。

下新涂塘

位于墙头镇下沙村。民国 35 年（1946），由丹城城隍庙释传常筹资兴筑。民国 37 年 6 月竣工，10 月倒坍。1964 年由下沙、下山两村出工，西沪港驻军出资同修建，1966 年竣工，面积 280 亩。

东港塘

位于贤庠镇东北盐厂村。系旧塘，堤长 3 千米。1955 年冬至 1956 年春，筑堤 168 米，堵住东港口。投工 4.38 万工，投资 1.59 万元，扩大耕地 300 亩，增加蓄水 25 万立方米，灌溉农田 8000 亩。西泽塘围成后，成为内塘。

小东塘

位于原珠溪乡乌屿山东首。1957 年 10 月动工，翌年 4 月建成。坝长 1.2 千米，闸门一座 3 孔，净宽 7.5 米，面积 470 亩，增加蓄水量 15 万立方米，缩短海塘线 3 千米。

跃进塘

位于黄避岙乡横塘村北首。1958 年 3 月“大跃进”中动工，故名，翌年 5 月建成。新坝长 1.08 千米，闸门一座 3 孔，净宽 7.5 米，面积 530 亩，增加蓄水量 12 万立方米，缩短海塘线 2.5 千米。

西周港塘

位于西周北部原西周港口。1959 年冬动工，翌年 5 月竣工，投工 30 余万工。筑大坝一条，长 142 米，开引河一条，长 1.8 千米，宽 32 米，深 3.5 米。扩大耕地、增加蓄水之外，并为改造烂塘田奠定基础。西周塘围成后，成为内塘。

西泽塘

在贤庠镇北。1968 年 11 月动工，1973 年大坝合龙。后倒塘 29 次，1983 年 7 月修复。1997 年又毁，2001 年修建标准塘坝。新塘坝长 2.85 千米，围垦面积 3300 亩，用作海涂水库蓄水 600 亩。

西泽塘围垦记① 西泽塘围垦，时逢“文化大革命”，造反派日夜搞批斗，贤庠公社党委书记、主任等干部“靠边站”，全社农业生产、人民生活等方方面面的实事还是依靠人武部部长来维持。1967年8月中旬，由人武部部长牵头，在岑晁街召开“西泽海涂”围海造地动员大会，号召全社人民有钱出钱，有力出力。工程指挥部迅速建立起来，分设在东首芦岙碶工地、西首西泽工地。各工地由靠边站的干部、部分大队干部组成施工现场管理班子。民工由各生产大队分派，统一由现场指挥部分入六个施工分项：采石、运石方、砌石、建碶闸、取土方、工具维修。1969年，公社人武部部长因阻止造反派不良行为，也被靠边站，并下到围海工地劳动，该部长也拿起铁锤学采石，白天在工地打石头，晚上被造反派揪到各大队区批斗。

运石方进度很慢，原因之一是生产队吃大锅饭，民工出勤不出力。工地领导时常召集民工会议，做思想工作，鼓励积极性，并领着全体管理人员带头拉运，装得满车，做出榜样，但还是无济于事，有些民工不但装得少，而且在半途休息。针对这一难题，管理者想出一办法，拿块黑板及红、黄、白三色粉笔到填方坝端，对石方装得较满者画红笔，一般者画黄笔，较少者画白笔，每五车成“正”字，并按红、黄、白折算成工分，立即收到了效果。这之后，指挥部下决心买来两台地磅秤，对每车石方称重，实行按运距、重量定额结算，运石方速度比原来翻了几倍。

1973年农历四月，大坝中间缺口只剩50米，指挥部决定选择四月初八为合龙时间，这天为全年最低潮汛。公社书记已是总指挥，向各大队、当地供销社、医院、手工业社等作全面发动，做好准备工作。那天一早，公社全副人马进入施工现场，由公社书记亲自现场指挥，抢在午时涨潮前合龙大坝。是年10月，围垦而成的3000余亩土地分配，先在西边留“国营砖瓦厂”用地约270亩（以13000元作为补偿），其余分配给24个受益大队。全社以东塘河为界，按就近分东、西两组，各组抽签为序，按投资值计算分配土地面积。最后，测量数与分配面积一致，多余九亩留给碶闸管理组用以种植。

1974年9月，发生14号强台风，海塘大坝被冲成若干缺口，塘内及西泽客运码头等处一片汪洋。台风过后，公社全体干部搬到西泽现场办公，重新组织力量，修复大坝，加高土方。1975年5月，大坝第二次堵口，加固完成。是年年末，在国营砖瓦厂以东划出800亩左右建造海涂水库，并建翻水站。自此，公社的农田基本上能做到旱涝保收。1976年，由于建造海涂水库后各大队的海塘地减少，海塘地作第二次重分。

西泽塘围垦由县水利部门立项批准，委托设计，并有资金拨入。围垦经济政策：民工由各大队派出，零工费、零星材料费等，均为记账投资，工程竣工后按投资分配土地。少数指导性技工由当地手工业综合社派人，人工费由派人单位开票向县水利局结报。

道头塘（军民塘）

在大徐镇西部、白墩港东岸。因其南为陈山古渡，因以古渡道头得名，又因军民合围，故又称军民塘。1970年9月动工，1974年围成。投资21.5万元，投工15.6万工，围垦面积1400亩。

西周塘

原名抗美塘，位于西周镇北部。1973年6月动工兴建。始由西周镇与原儒雅洋乡部分村联建。因工程难度大，资金劳力负担重，儒雅洋部分村放弃，由西周镇单独兴建。1981年堵口合龙，1984年基本建成。总投工110万工，完成土方25万立方米，石方28万立方米。国家投资115万

①据王明毛回忆文章《忆西泽塘围海造田历程》摘编。

元，镇村投资22万元。新建塘坝长2.7千米、高6米、宽12.5米，闸门1座5孔，围垦面积3000亩。当时开垦种植棉花700亩，养殖对虾1500亩，现为大型火力发电厂坐落中心。

第四节　东部沿海围垦

东部沿海围垦，主要分布在涂茨、大徐、爵溪、丹城、东陈、旦门、昌国等地。传晋代围岳头塘。唐宋围南庄上洋、下洋海涂。至明嘉靖，已围垦海塘有：南盘塘、马盘塘、鸡鸣塘、交绾塘、岳头塘、南塘、姥岭下塘、经折塘、西海塘、东海塘、赤坎塘、周郎塘、涂次塘、青石塘、双岙塘、江岙塘16处。清代相继新筑、修建围筑有：黄塘、大麦塘、南盘塘、欧家塘4处。中华人民共和国成立后，围中央港、门前涂、幸福塘、大目涂等塘，围垦面积千亩以上10余个，100~1000亩10余个。

岳头塘

位于南庄下洋西片。相传为晋人陶侃所筑，未及百年即被海潮冲毁。明洪武间重筑，不久又圮。成化时，县令凌傅倡议再筑，塘成。堤长2535丈、高2丈、宽6丈，围垦面积20322亩，凿东、中、西3河，并建岳头、庆丰、高平3碶。明弘治年间（1488—1505）又坍圮，后复建。门前涂塘、幸福塘筑成后，成为内塘。

门前涂塘

1955年测量设计，1956年10月动工，1957年8月竣工。原规划塘线东起林海乡夜壶嘴，西至东陈后陈山嘴，围垦面积7800亩。1956年12号台风后，舟山专署水利局工程师、技术员到象山重新设计，根据灾区承受能力和确保安全为主，增加土地为次原则，缩小原规模。塘坝东起于林海乡柴嘴头，西至南庄乡岳头嘴一线。围垦面积2270亩。建成后，垦区先后办过盐场、甜菜场、芦竹场、畜牧场、知青农场等。

照27-1　1957年8月门前涂围塘场景

幸福塘

位于东陈乡北部东侧中央港外。1966年动工后停建，1972年续建，塘成。1974年9月，遇强台风全毁。1979年重建，1981年竣工，围垦面积1600亩。

昌国塘

石浦镇昌国东北部鸡鸣塘外。东起串鼻头、西至大旗头，由昌国、鸡鸣、马盘等13个大队联合围涂。1968年4月15日动工，1971年9月堵口，1973年部分建滩投产。翌年遭台风侵袭，坝毁田淹。先后发动万人会战4次，终在1976年修复，1980年竣工。投工174.9万工，总投资517.89万元，其中国家投资143.59万元，社员集资374.3万元。完成土方135万立方米，石方110万立方米。塘坝长4千米，高5.6米，建排水闸4座9孔，面积7800亩，其中盐田6313亩。1985年，产原盐15083吨，产值140.27万元；放养对虾150亩。1992年，产原盐21758吨。

白岩山塘

位于涂茨镇、大徐镇、爵溪街道交界处，东临大目洋。由大徐、涂茨、爵溪3地54个村联合兴建。1971年2月动工，1977年7月塘坝合龙，1979年12月竣工验收。投工170万工，总投资747.28万元，其中国家投资274.6万元（含建滩款124.6万元），社队自筹312.68万元，贷款160万元，完成土石方63.45万立方米。塘坝为土石混合坝，北起白岩山，南至铜柱山，全长2.889千米，高7.5米，建排水闸3座14孔。围涂面积10334亩，其中已建盐田7664亩。1985年产原盐13010吨，产值120.99万元；养殖对虾2670亩。1992年，产原盐19173吨、对虾150吨。今为县工业产业开发区。

旦门塘

位于东陈乡王家村内。1971年2月，旦门公社17个大队联合动工兴建。1976年1月堵口，次年初基本建成，1978年建滩。投工91.45万工，总投资180.46万元，其中，国家80.36万元，社队100.1万元，完成土石方63.03万立方米。塘坝为土石坝，长1.208千米，高5.5米。建闸门3座5孔。围涂面积2600亩，已建盐田2566亩，1984年产原盐4613吨，产值46.5万元。1992年，产原盐6621吨。

大燕山塘

位于爵溪街道大燕山下，原为海湾滩涂。1973年，爵溪镇农渔两队联合动工兴建。1980年堵口，1983年竣工。塘坝长1.57千米、高9米，总投工75万工，完成石方23.6万立方米，土方15万立方米。国家投资100万元，镇村投资33.5万元，围垦面积3090亩。大燕山塘二期（东塘）1993年动工围垦，1994年6月大坝合龙，1996年全部竣工。塘坝长1.146千米，高8.2米，总投工28.5万工，完成石方131.7万立方米，土方14.3万立方米，投入资金2010万元，围垦面积1350亩。

大目涂塘

位于南庄平原外东南部，总面积13.46万亩。可开发利用3.06万亩，近岸涂面高程为黄海标高2米，并以120°坡度向外海延伸，利于围垦开发。1978年6月，县水利局首次查勘大目涂，是年末，省钱塘江管理局协助完成水下地形测量。翌年，省水利勘测设计院完成陆上地形测量。1980年，县始作工程调查规划。1982年5—7月，省水利勘测设计院完成坝址地质勘探。1983年7月，县政府拟订方案，计划围垦3.06万亩，分两期实施，第一期开发1.5万亩。工程由宁波市水利水电勘测设计室承担设计，是世界银行贷款项目、浙江省利用外资重点项目之一。1985年6月22日，宁波市政府向省政府申请利用世界银行低息贷款，开发宁波市海涂资源。1987年2月，国家计经委同意浙江滩涂开发项目（含大目涂工程）增列入世界银行贷款备选项目。3月，市、县水利、水产有关部门研究并形成《宁波市象山大目涂围垦开发项目可行性研究报告》报省，由省计经委列入世界银行贷款项目，报国家计经委审批。

大目涂一期围垦建海堤4条，南起松岙炮台山，北至南庄岳头嘴。全长5.31千米，设计堤高8米，顶宽6米，底宽122米；排水闸3座，纳潮闸2座。围垦面积15000亩，其中虾塘9165亩。项目配套，建对虾育苗厂1座（育苗水体1200立方米，年产3200吨）、配合饲料厂1座、五百吨级冰库1座。实际总投资金额7773.48万元，工程于1988年10月动工，1994年5月竣工，被评为优良工程。1999—2001年，按50年一遇，Ⅱ级海塘标准完成海堤加固。

2004年，投资2.78亿元，围垦开发大目涂二期。6月28日，二期围垦开工建设。大堤呈东

照 27-2　大目湾二期大坝

北—西南轴线方向，东起鹁鸪山，西至龙洞山礁头，海堤长 3280 米，围涂面积 15600 亩，其中建设用地 300 亩，农业种植区 7800 亩，海水养殖区 3000 亩和滞洪区 1800 亩。海堤设水闸 1 座、11 孔，总净宽 44 米；船闸 1 座，净宽 8 米；内开挖排涝河约 2 千米。开发建设精养对虾塘 1 万亩及小量棉花、蔬菜基地，按 50 年一遇，Ⅲ级标准设计建造，概算总投资 2.7 亿元（其中银行贷款 12000 万元、上级补助 7000 万元、自筹资金 8000 万元）。项目实施后可新增土地 8800 亩，其中建设用地 3000 亩，耕地 4200 亩，养殖塘 1600 亩。2006 年 11 月 16 日，大目涂二期围垦工程大坝堵口合龙，龙洞山排涝闸自动化系统安装成功。2008 年 7 月 9 日，大目湾二期大坝工程全线竣工。所围土地除 2250 亩留作滞洪区外，其余均为开发建设用地。

1988 年大目涂围垦征用岳头村土地补偿　工程征用旦门松岙农村、松岙渔村、东陈岳头村、南庄门前涂村等单位的土地（山），按政策给予经济补偿，并分别签订征用合同。大目涂围垦开发公司与东陈乡岳头村签订征用土地（山）协议书摘：签订时间为 1988 年 1 月 20 日。一、征用面积：北古山 297 亩、大门山 28 亩、长山 33 亩、狗屎山 4 亩，合计面积为 362 亩。二、征用费和青苗补偿费，北古山 297 亩，其中柴山 237 亩，每亩 170 元，计 40290 元，小竹山 60 亩，每亩 300 元，计 18000 元；长山 33 亩，其中柴山 23 亩，每亩 170 元，计 3910 元，折合茶叶山 10 亩，每亩 600 元，计 6000 元；大门山 28 亩，每亩 170 元，计 4700 元；狗屎山 4 亩，每亩 170 元，计 680 元。上述费包括每亩 100 元征用费。总计征用费和青苗补偿费 73400 元整。

2004 年大目涂围垦土地征用补偿　象政办（2004）11 号《大目涂二期围垦工程政策处理若干规定》：

一、山林补偿标准，1. 柴山、树山每亩 1500～2000 元；2. 竹山每亩 2000～2500 元；3. 茶山每亩 2500～3000 元；4. 杨梅山每亩 1500～2000 元，杨梅树每株 50～100 元。上述补偿标准包括地上树竹等植物，不毛岩山不作补偿。

二、经济林补偿标准，2 年以下 500 元/亩；3～5 年 20～50 元/株；6～9 年 60～100 元/株；10 年以上 150 元/株；优良品种 180 元/株。柑橘植株每亩最高密度 150 株。

三、四旁植树（枫杨、杉木、香樟、银杏等）胸径 50 厘米以上补助 300 元/株；40～50 厘米补助 160 元/株；30～40 厘米补助 80 元/株；20～30 厘米补助 40 元/株；10～20 厘米补助 20 元/株；3～10 厘米补助 5 元/株。

四、房屋（厂房、生产生活用房）拆迁及补偿标准，1. 木结构房屋按每平方米 150 元补偿；2. 砖混结构房屋按每平方米 300 元补偿；3. 杂屋（包括草屋、牛棚屋等）按每平方 20 元补偿；4. 未经土地管理部门及有关部门批准的，或在公路、海塘留地范围内建造的建筑物，一律不予补偿。5. 砖围墙、水泥道地、泥道地以实测面积每平方米分别补偿 10 元、4.50 元。

五、墓穴补偿标准，1. 寿坟每穴 1000～1500 元；2. 新坟（棺木完好、可以抬移）每穴 800～1000 元；3. 旧坟（指棺木腐烂、不能抬移）每穴 500 元；4. 迁墓通告限止期间无人认领的，作无主处理。

六、门前涂养殖补偿标准，1. 高涂自建养殖池，池塘四周塘坝、闸门完好，能符合持续生产要求的，每亩补偿500元；2. 滩涂养殖（泥螺、蛏子、毛蚶、蚶子等所有养殖产品）原则上不予补偿，特殊情况每亩补偿10~20元；3. 紫菜养殖每亩补偿500元。

仁义涂塘

地处东陈旦门。东起捣臼岩西至王家兰下发出埠，海堤全长1.7千米。海堤设排水纳潮闸2座4孔，总净宽12米。海堤按Ⅲ级海塘50年一遇标准设计，围垦面积3888亩。工程自2005年7月动工，2006年10月13日堤坝堵口合龙，2007年11月底竣工，总投资6082万元。围垦土地用途属围涂造地，开发土地资源，进行水产养殖，房地产开发和提供工业建设用地。同时提高仁义涂地区沿海防潮能力，促进当地区域经济发展。

第五节　三门湾沿海围垦

三门湾沿海围垦主要分布在茅洋、泗洲头、新桥、定塘、石浦及南田诸岛等地。明嘉靖年间已围垦的海塘有：定山塘、黄湾塘、新岙塘、三礁塘、胡家屿塘、崛头岙塘、厉家坪塘、青山头塘、马屿塘、抱儿石塘、竹山塘、葫芦门塘、下营塘、破塘、后岭塘、教场头塘、番头塘、小番塘、澄深塘、筋竹岙塘、叠柴湾塘、葛峙塘、上岙塘、芝湾塘、西塘、番头岭脚塘、海口庵前塘、南岙塘、冷湾塘、东门外塘、低峧塘、横屿塘、师娘塘、焦头塘、干井塘、洞头塘、小新城塘、后塘、朝天门塘、南盘塘、马盘塘、鸡鸣塘、交绾塘、苏岙塘、住前塘、住后塘、上盘塘、马岙塘、田洋塘49处。清嘉庆年间（1796—1820），围垦大泥塘。清光绪元年（1875），南田开禁，设垦务局，开始围垦。光绪六年至九年，围垦龙泉大塘和鹤浦大塘。尔后，相继围大南田、小南田、万寿塘、北面塘、珠门、纱帽绿、花岙大塘里诸塘。中华人民共和国成立后，南部三门湾沿海围垦大兴，围垦面积千亩以上海塘12个，100亩至1000亩的有60余个。

大泥塘

位于定塘镇西。清嘉庆五年（1800）（一说嘉庆十一年），由县内外18人集资呈请县署准示围筑，历时5年成，得田13600亩，始名大泥塘。围塘董事张贤均，副董事黄衍美。竣工后立柱插桩，划界分垦。后因台帮强占，兼之河港淤涨，岸堤崩坏，无人管理，田地几全荒芜。至清道光四年（1824）。原18股人复疏河道，修缮塘堤。再请县署示，敦请罗仁庆专负分田，先丈量绘图守总纲，分细号，纵横水陆，远近大小按股搭分，南北东西定界。因塘四面环海，定镇潮庙，供奉夏禹王，以应夏禹平洪水之兆。后在其西部和南部先后围成鹰山塘、大花港塘、逸狗山塘等，面积增至15000亩。1975年，大塘港堵港工程完竣后，与大陆连接一体。

龙泉大塘

位于高塘岛乡。清光绪六年（1880），南田垦务局易镜清招富户集资筑，翌年完工。共计先后筑资银24000余元，丈得田地15000亩。围成东、南、西、北4塘，塘坝全长2330余丈，东面自仰天塘山嘴起，北至木梁山小塘，长430余丈；南面自乌岩晒鲞岩，西至金高椅背，长150余丈；西南面自金高椅山起至螺源山脚，长约1000丈；北面东起箬渔山弦嘴，西至蟹礁头石牌山嘴，长750丈。各堤身高1丈2尺，底宽2丈4尺。建有小乌岩、蟹礁头、螺源、弓弦木梁碶4座，计9孔。大小乌岩、珠门山、箬渔山3岛屿连成一片。今除东方塘外，均为内塘。

鹤浦大塘

东起黄金坦，西接龙头岙，光绪七年（1881）兴筑，九年完工。堤长2400丈，围垦面积8400余亩，耗银32000余元。塘坝较长，北部临石浦港，水深流急，堵筑艰难。光绪三十四年（1908）陈冬山等在塘外另筑小塘，名月井塘。今鹤浦大塘已被塘外的月井塘、万寿塘、反修塘包围，成内塘。

鹤浦大塘围垦录①　清光绪七年五月二十二日，遵奉垦务局委员会易公镜清分别照会，择吉动工。经营年余，塘堤碶闸与夫通碶河工，虽有八成就绪，而筑塞大缺尚无寸进，已縻宁缗五千元、台缗三千元。旋因款巨工繁，台帮无力续办，迁延濡滞，几至半途而废。越明年四月二十五日，易公乃复更章选董，檄施孝廉瀛芳独肩其任，责成一手筹办，并檄陈少尹、王学傅协力赞襄，至塘内银钱出纳及一切工作事务，另委鄞县包司马象奉、象山苏上舍良彝各任其职。于是施孝廉会同龙泉塘宁帮董事司马久铭协商妥议，往来甬上，实力筹款，包司马、苏上舍乃购料鸠工，筑塞港缺。计缺口工程自东至西长三十八丈，底里外阔厚三十二丈，高与塘齐，面阔三丈八尺。方在垂成之际，适值潮飓为灾，风潮掀撼，扫刷冲崩，旋筑旋圮，万金血本，顿化乌有，皆谓巨海难填，几于束手无策。施孝廉则谓，巨工一日不竣，工利一日不辟，于是竭尽心力，百计筹资，讲求一劳永逸之计，土石加厚，桩木加深。偕史司马、包司马、苏上舍诸君，日夕督察，分段赶筑，始成厥功，悉臻巩固。诸凡塘堤筑而旋坏者，亦复一律完竣。综计塘岸在右者曰门扇后小塘，居鹤浦大塘东首大碶门外之北，自黄金坦外山脚起至大塘脚碶门沿止，长三百余丈，有单眼碶一座。在左者曰大湾塘，西自龙头山脚起，东至大塘西端起点处止，长四百余丈，有单眼碶一座。又大塘西端折而向南至黄狗盘山脚止，横亘一塘，名为小湾塘，长一百余丈，单眼碶一座，以分地形高下。居中直长者即鹤浦大塘，自起点处蜿蜒循至大缺口鸭嘴山脚止，长一千六百余丈，塘身高一丈二尺，底阔三丈有奇，面阔一丈。小缺口十余处皆砌石为之，惟大缺口为全塘蓄泄重要地点，长阔、底面工程丈尺详前。并即缺口入海处，紧靠鸭嘴山脚东首，筑有巨石七洞碶门一座，以资启闭而保水利。以上大塘、小塘工程，皆属于鹤浦塘，共计塘岸长二千四百丈有奇，实丈得田地八千四百余亩，实用经费前后计银二万八千余元。因亩分仅及龙泉之半，而筑资反多于龙泉，故提充公产及酬劳田亩亦较龙泉数目多十分之二，藉以维持一切善后。光绪八年十月初九日如式告成，同时禀报垦务局通详各宪有案。施孝廉任此巨工，卒底于成，心力交瘁，积劳成疾，延至九年二月十一日赍志而殁。呜呼难矣！……于是施仁纬继承父志，商同史司马再向甬上认筑各户筹集资银四千元。光绪九年五月偕至南田，仍由包司马、苏上舍监理加筑事务。……自光绪七年五月宁台筑起……连同此次加筑……实在用销筑资银三万二千之有奇。

四都塘

位于鹤浦镇樊岙四都南田墩，涂高面广。清末，黄岩县富户陈乃文曾围垦，耗家产殆尽，大潮毁堤，塘未成。继有宁波人再围，亦因塘倒废弃。民国36年（1947），乡民又申请修筑，省派员查勘。因工程浩大，经费困难未成。1966年10月，樊岙公社动工兴建。1969年下半年堵口，时遭九月初三大潮侵袭，倒缺13处，土方严重流失，经全力抢修，7天修复，后又逐次加固，至1972年竣工，围垦面积3700亩。建成塘坝2条，全长2.415千米，高3米。建水闸1座，2孔，净宽5米。

苏岙塘

位于泗洲头镇苏岙村下。民国9年（1920）由苏岙、大麦塘、里坑、对岙王、新塘诸村联合

①录自民国《南田县志》卷二十五“地理志·海塘·鹤浦大塘”。

兴建，称从本塘，塘坝长1.5千米，围垦面积300亩。今为内塘。

花岙塘

在高塘岛乡花岙岛北首。1968年，金星公社征得高塘公社同意，组织平阳厂、上金鸡、下金鸡、下洋墩、南向、司前等队社员，过三岛，穿三洋，至牛轭瓖开垦盐田，500余社员奋战香椿山、大鼻山两工地，历时1年8个月，于1972年6月竣工。1974年，被第13号台风大潮冲毁，后修复并加固。投工52.5万工，总投资45万元，其中国家13万元。完成土方8.2万立方米，石方3.44万立方米；塘坝长2530米，高3.7米；建排水闸2座4孔。围垦面积2700亩，其中盐田2040亩。1985年产原盐5461吨，1992年产原盐6336吨。今改为水产养殖。

北方塘

又称群英塘，位于高塘岛北部。1968年8月动工，1972年建成，1974年8月19日被台风大潮冲毁，后经抢救修复，共计土方13.2万立方米，石方1.35万立方米。国家投资5.02万元，群众投工不计。1997年8月18日又被强台风冲毁，2000年修成。塘坝长2.825千米，围垦面积3500亩，种柑橘3394亩。高塘岛乡由此称“柑橘之乡”。

新桥塘

位于新桥镇东部高湾涂。1971年3月，由新桥公社11个大队联合兴建。1974年，被13号台风毁坏，重筑。次年6月堵口，至1978年基本完成。投工153万工，总投资479万元，其中，国家134万元，社队345万元，完成土石方109万立方米。塘坝2条，为土石坝，长2.216千米，坝均高6.5米。建排水闸4座6孔，围垦面积5060亩，其中盐田4072亩。1985年，产原盐8125吨，产值73.13万元；养殖对虾818亩，种植柑橘100亩。1992年，产原盐11760吨、对虾42吨。

第六节　围塘利用

境内围垦，古代、近现代以造地为主，次为建盐场，建村落。中华人民共和国成立后，围塘除增加耕地外，重点是建立5大盐场。1985年，象山成为浙江省内重点产盐县。堵港围塘，主要为蓄水、供水而计。20世纪80年代以后，围塘水产养殖渐多。2000年始，利用围海所造之地，建工业园区和新城渐兴。

造地

宋代，县有田地山共13.19万亩。元延祐年间增至47.62万亩，其中田18.91万亩。明嘉靖二十一年（1542），田13.97万亩，地12.64万亩。清雍正年间（1723—1735），田亩数基本相同。民国24年（1935），全县耕地（含南田县）28万亩。1985年，全县耕地37.01万亩，另盐田3.03万余亩。1986年后，相继围筑新塘，开发涂田。县重点大目涂围垦工程，历时5年竣工，围涂1.5万亩。高塘岛围海涂20余处，计2000余亩。1986—1992年，全县新增涂田22301亩，1993—2007年全县又新增围垦4处，围涂面积18596亩。加1949—1985年113624亩，中华人民共和国成立后累计围塘215处，面积189063亩。可开发利用面积144096亩，已开发利用123975亩。其中耕地39865亩，园地16170亩，盐田5331亩，蓄水15757亩，水产养殖23568亩，工业用地19484亩。2007年，长大涂、高涂岙、花岙二期等3处围垦项目，围涂面积7661亩；爵溪东海明珠岛围垦项目，围涂面积10500亩；涂茨道人山围垦项目，围涂面积5000亩，前期准备工作已完成，

2008 年以后动工围建。

象山历代农业用地详况，见本志“农业”篇第一章之第一节“农业用地”。2007 年象山县土地总面积及各街道镇乡农用地面积，见本志《自然资源》篇，第一章“土地资源”。

仁义涂围塘　东陈乡旦门村东侧，私人集资 2700 万元。2005 年 5 月开工，围垦造地，2006 年 10 月堵口合龙。建成海堤 1.65 千米，水闸 4 孔、8 米，围垦面积 3888 亩。项目建设尚未竣工。

高涂岙围塘　高塘岛乡花岙岛南端，宁波市国土资源局投资 2918 万元，委托围海造地。海堤长 1.086 千米，水闸 3 座，3 孔、8 米，围垦面积 1340 亩。2006 年 10 月开工，已完成工程量 80%。

花岙二期围塘　高塘岛乡花岙岛西端，宁波市国土资源局投资 1.2 亿元，委托围海造地，海堤长 4.835 千米，水闸 2 座，11 孔、33 米，围垦面积 4842 亩。已完成工程量 80%。

长大涂围塘　高塘岛乡西端，宁波市国土资源局委托围海造地项目，计划投资 6000 万元，海堤长 2.332 千米，水闸 2 座，7 孔、21 米，围垦面积 2163 亩，已完成工程量 30%。

制盐

南宋绍兴初，建玉泉盐场，有子场三。中华人民共和国成立后，围筑海涂 7 处 2.5 万亩，建滩晒盐，形成 5 大盐场。分别是：白岩山盐场，位于涂茨、大徐、爵溪 3 镇交界处，由 54 个大队联合围筑。1971 年 2 月动工，1977 年 7 月塘坝合龙。场区总面积 10334 亩，1992 年盐业生产面积 5659 亩。昌国盐场，在昌国乡东北部鸡鸣塘外，由 13 个大队联合围筑。1968 年 4 月动工，1971 年 9 月堵口，1973 年建滩投产。场区总面积 8000 亩，1992 年盐业生产面积 5849 亩。新桥盐场，位于新桥镇东部高湾涂，1971 年 3 月由新桥公社 11 个大队联合兴建，1978 年完成。围涂面积 5060 亩，1992 年盐业生产面积 3303 亩。旦门盐场，位于旦门王家榄村内。1971 年 2 月，旦门公社 17 个大队联合动工兴建，1977 年建成。场区总面积 3000 亩，1992 年盐业生产面积 2009.3 亩。花岙盐场，地处高塘岛乡花岙岛。1968 年 4 月由金星公社联合高塘公社 6 个大队共同围垦建造。1969 年 12 月建成。围涂面积 5000 亩，1992 年盐业生产面积 1791.3 亩。1992 年，全县盐场年产盐达 67529 吨。今绝大部分盐场转为工业用地。详见本志“盐业”篇第二章“盐业生产　盐品购销”。

供水

利用海塘建造的水库有西泽水库、黄沙水库、大港口水库、跃进塘水库、赤坎水库、南盘水库、高湾水库、下马岙水库、南方塘水库、军民塘水库、万寿塘水库等。堵港蓄淡的淡水港有东港、西周港、下沈港、淡港、大塘港等。利用海涂建造水库（港）共 28 座，蓄水 2825.3 万立方米。供水用途为灌溉、工业用水及饮用生活用水。详见本篇第四章“农田水利”。

养殖

围涂养殖水产品，主要指海水养殖，始于 20 世纪 70 年代，90 年代以后大兴。主要养殖基地有：大目涂一期围塘，位于南庄平原外东南部，南起松岙炮台山，北至南庄鹤头嘴。围垦面积 15000 亩，计划拟建虾塘 9165 亩，为省市重点养殖基地之一。1992 年，试养对虾 3000 亩，年产对虾 216 吨。鹤浦红卫塘围垦，位于鹤浦镇西南，围垦面积 3500 亩，养殖对虾、梭子蟹和蛏子。水湖涂围垦，位于鹤浦镇南端，围垦面积 998 亩，养殖蛏子、梭子蟹。峙弄塘外塘围垦，位于鹤浦南端，围垦面积 960 亩，养殖蛏子、梭子蟹。至 2007 年，全县围垦水产养殖面积有 23568 亩。详见本志“渔业”篇。

建村设城

象山沿海许多村落，都在围塘而成的塘地上建立。如高塘岛上村落、南庄平原上村落。20 世纪 70 年代围垦的盐田，现大多报废，建工业园区。

爵溪城北、城东工业区　为解决工业用地不足，缓解土地对工业发展的“瓶颈”制约，爵溪围海造地 4 平方千米，于 2000 年后开辟城北、城东工业区。

大目湾新城　1988 年 10 月、2004 年 6 月，分两期围垦大目涂，获土地 3 万余亩。2004 年 9 月，县委、县政府为加快工业发展，将一期南区近 5570 亩土地作为工业用地，划拨给县经济开发区滨海工业园先行开发。二期围垦开发的土地，列入“大目湾新城”开发，按“外海·内湾·不老岛”交相辉映设计。2007 年 6 月 28 日，大目湾新城投资开发有限公司成立。12 月 27 日，县大目湾新城开发建设领导小组建立，大目涂开发管委会更名为大目湾开发管委会。2007 年，大目湾开发管委会按照县委、县政府“高标准规划开发大目湾新城”总体要求，先后委托同济规划院、省规划设计院、中国联合工程公司分别编制“大目湾新城战略策划”“大目湾新城概念性总体规划”“大目湾新城总体规划竞赛”等工作。

第二章　围垦管理

历代官员重视围垦，围成的海塘有专人维护管理。中华民国时期，政府置水利机构，负责垦务事宜。中华人民共和国成立后，政府成立专门机构管理围垦工作，拨专款建立水利建设基金，大规模开展围垦工作并加强围垦技术指导。

第一节　围垦组织

围垦为民生工程，历代官方重视，重大的围垦一般都由官方组织。同时，民间组织围垦亦极为普遍，主要是村落发起，也有寺庙组织。据宋宝庆《四明志》卷二十一《象山县·叙祠·寺院》载，时 16 所寺院共有常住田 5933 亩。尽管没有直接的文献资料证明，这些常住田有多少属于围垦而来，但从不少寺院距离海涂不远，及寺院热衷伐木造闸、围垦造田来推测，其中好多常住田应为围垦所得。清乾隆《象山县志》载有宝梵寺塘，民国时西五乡、靖南乡、昌石乡有和尚塘，磐安乡有西寺塘、护境寺塘，丹城城隍庙和尚传常在墙头下山修下山塘，得田 200 亩等，均为寺院组织围垦。

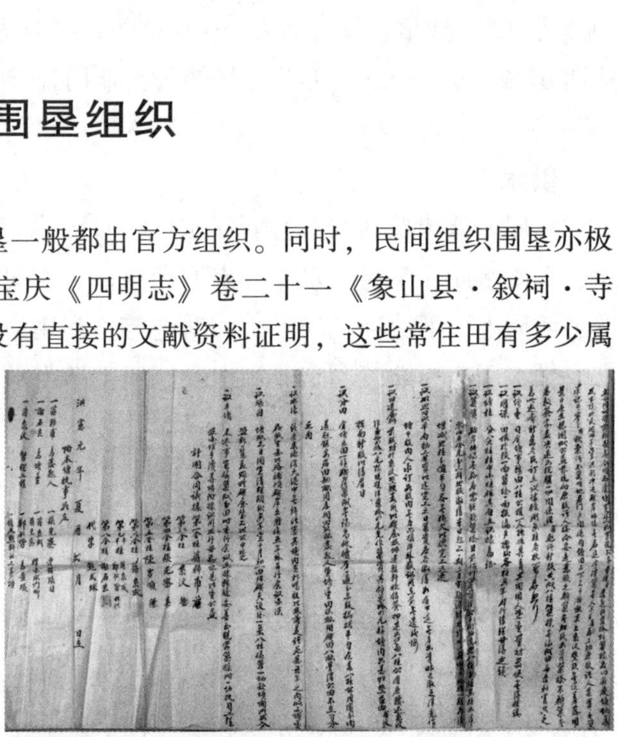

照 27-3　洪宪元年（1916）西周长庆塘分地合同

清光绪五年（1879），南田设垦务保甲局，负责围垦事宜。中华人民共和国成立后，围垦属水利部门管理，负责规划、勘测、设计、施工，围垦工程项目纳入水利年度计划。海涂属国家所有，任何单位围垦使用必须经政府部门审批。

民间围垦

清代以前民间围垦，其组织主持、经费筹集、施工负责等已无资料可稽。清代中后期几个较大的围塘，主要由民间富户发起集资，邀请专业师傅主持修筑。清嘉庆年间所筑大泥塘，由宁波五乡溪富户张贤均发起，邀请17名来自平阳、乐清、温岭、宁海、象山等地富户，合成18股共同开发，号称“十八柱”。其中张贤均为围塘正董事，黄衍美为围塘副董事，辛茂荣为建庙正董事，林逢春为建庙副董事。另14人为王君灏、周大和、施朝秦、楼占瀛、史直方、王兴仁、陈英阁、池开泰、杜世才、翁学奎、欧孔章、何君柱、陈叶廷、姜人器。其中，黄衍美（月楼岙）、池开泰（后洋塘）、陈叶廷（大花港）、欧孔章（墙头）、何君柱（儒雅洋）、姜人器（丹城）6人为象山人。前三者为当地乡绅，后三位是士绅。嘉庆六年（1801）围垦工程动工，十八柱率乡众作为骨干，另招募民工2000余人，由正副董事统一调度指挥。民工每劳动10天休息1天，除按日付给报酬之外，三餐免费提供膳食。光绪年间筑龙泉大塘，为鄞县、象山两地富户合作。鄞县方面由史久铭任总董，分董施瀛芳、周宗坊，象山方面由吴承缮任总董，黎鹤鸣、叶天镛任分董。另设监塘工董事二：苏良彝、郑世华。筑塘前，先议筑塘办法，再呈请南田垦务局备案批准，分别照会，各任其事。其筑塘过程及经费，民国《南田县志》载：“六年十二月初动工，七年夏五月二十一日禀报，塘工经费实际支销二万金有奇，大小工程一律完竣有案。旋因是年七月十七日，风潮异常猛烈，各方塘堤均有损伤，而西南与北方尤甚，乃集鄞、象两帮筑户，添筹资金数千元，重行修筑①。”

政府围垦　集体围垦

据《朝宗碶记》《重修朝宗碶记》等记载，宋代象山官府重视“筑堤捍海”，庆历年间县令任永德、治平年间县令林旦、元祐年间县令叶授、绍兴年间县主簿赵彦逾等，都主持修理过朝宗碶，重修、围修上洋塘、下洋塘。明成化年间县令凌儁，主持围垦陈泥塘，竣工之后，又重修岳头塘，“万夫毕作，不数月而塘成。高二丈，其广六丈，长二千五百三十五丈，东西弥望，屹若天成”。清代光绪年间龙泉大塘、鹤浦大塘，虽由富户联合围筑，但均得到南田垦务局的批准和支持。民国时期，筑四都塘由政府呈报省查勘，但未被批准。

中华人民共和国成立后，围垦主体为政府和村队集体。镇乡、村小型围垦，由受益镇乡、村自行组织施工，经费自筹解决，水利部门技术指导，国家视情况给予一定资金补助。大型围垦通常由县级及以上政府组织，成立围垦工程指挥部统筹领导，经费主要由政府财政承担。1987年2月10日，国家计委同意浙江滩涂开发项目（包括大目涂项目）增列入世行贷款备选项目。项目由宁波市和象山县政府领导。宁波市成立项目领导小组，由副市长任组长。领导小组主要职能是负责制订政策、措施，国内资金筹措，解决和协调项目执行过程中的重大问题。由宁波市滩涂开发利用项目办公室具体管理，主要职能是负责项目可行性研究、委托设计、计划管理、资金使用回收，对工程实施监督、检查、验收。同年8月5日，宁波市政府（1987）56号文件公布成立“宁波市象山大目涂围垦开发公司”，归属宁波市农经委，具体负责实施大目涂开发项目的建设和经营管理任务，日常行政管理隶属于象山县政府。1989年12月，建立宁波市象山大目涂围垦开发工程

①民国《南田县志》卷二十五“地理志·海塘·龙泉大塘”。

总指挥部，由象山县副县长练兴常任总指挥。1992 年 10 月，宁波市象山大目涂围垦开发公司更名为宁波市象山大目涂经济开发总公司。1996 年 9 月 21 日，大目涂经济开发总公司划归宁波市海洋渔业局直接管理。1999 年 12 月 10 日，成立县大目涂二期工程开发领导小组，代县长任组长。2003 年 4 月 14 日，象山县大目涂经济开发总公司所有土地所有权、使用权及在职员工成建制划归象山县管理。9 月 18 日，象山成立大目涂开发管理委员会，为县政府派出机构。同时设立相应国有独资企业——象山县大目涂经济开发总公司。9 月，改名为宁波市大目涂经济开发总公司。管委会下设办公室、工程管理科、生产经营管理科、财务管理科。

盐田围垦由盐业主管部门组织、盐业管理机构修建。1960 年后，各地修建的盐田，由盐业局负责，水利技术部门协助，经费主要由省轻工业系统投资支持。设立工程指挥部（组），由指挥部制定施工方案，调度物资、材料、劳力，组织现场施工。

第二节　成果分配

明成化十八年（1482），象山知县凌傅“筑岳头、陈兆二塘，得田四千余亩，民务赖之①”。也可看作为政府组织之民间围塘。清代，象山修筑的大塘仍以民间围垦为主。民间围垦，土地分配多以出资额比例确定。

清嘉庆、道光年间，大泥塘围成，共得田 15000 亩，聘请行家罗庆仁专责测量、绘图，先列总纲，再列细号，仿古代井田制进行分配。先留公益地，计有押脚地（用于修缮及祭祀镇潮庙）、摇渡地、烧茶地、书院地、路众地（用于塘内造桥修路）、孤魂地（用于收殓无依靠穷人死后安葬）等，约占全部土地的十分之一。然后再按远近大小，搭配好差，分为各股，抓阄决定。

清光绪年间，龙泉大塘筑成后，其土地分配，民国《南田县志》载“一面呈请丈量，分号造册归户，以凭执业，共计先后筑资银二万四千余元，丈得田地一万五千亩零，每亩合银一元六角计算，内提出二成，计田三千亩，以一千五百亩充作酬劳田，分给在事诸公，以一千五百亩充作善后公产，如桥路、浚河、碶夫、义天渡，瘗露、义塾、祠庙等，均分别储田约一千亩有奇，生息待用。又如正董一名留地一百三十亩，副董一名留地一百二十亩，柱首六名，每名二十亩，合留地一百二十亩，甲长六名，每名十亩，合留地六十亩，备常年办理塘工，藉给薪水之需。其余八成，按出资之多寡计算，分授田亩作为各户世业”②。

中华人民共和国成立后，集体围垦，按谁出资、谁得益原则，所围土地使用权属当地集体所有。1967 年，晓塘乡光明村 2 个生产队，共同围筑白玉湾岛海塘 200 亩，围成后每队分得土地 100 亩。1968 年 4 月，山根、里岙、外岙 3 村联合围垦平岩头海塘。围垦面积 1300 亩，分别按 56%、22%、22%投工比例分成。1973 年围成的西泽塘 3000 余亩土地，270 亩留给“国营砖瓦厂”（以 13000 元作补偿），其余分配给 24 个受益大队。

20 世纪 60 年代末至 70 年代初，由县盐业部门负责修建的白岩山、昌国、新桥、旦门、花岙 5 大盐

①曾有二碑立于凌公祠中，一为兵部郎中洪常并撰《凌公筑陈兆塘记》，今碑、文俱失；一为浙江按察使黄隆所撰《凌公筑岳头塘记》，碑失文存。

②民国《南田县志》卷二十五“地理志·海塘·龙泉大塘”。

场，均由附近村民出工建塘，盐田建成后，参加的公社及生产大队都从盐业生产中分到股份。

20 世纪 80 年代中期后，象山围垦工程规模越来越大，围垦多由政府出资承担，所围土地为国家所有，用于水产养殖、建厂、造城。

第三节　海塘维护

中华民国时期，沿海碶闸由碶夫管理。海塘维修资金，通常由海塘专有的留地收入解决，年代久远的海塘维修，则由受益田户分摊。某些重要工程也有官员捐俸、民间捐输。

中华人民共和国成立后，各级政府重视海塘维护保养工作。1960 年，在西周塘、淡港塘、爵溪塘建立塘闸管理所，配备管理员。至 1990 年，塘闸管理所增加到 14 所，有管理员 100 余人。

1962 年，县人民委员会发布公告，禁止在围塘大坝上取土、开垦种植农作物、建筑房屋、埋葬尸体。1981 年，全县镇乡配备水利员，负责辖区海塘维护管理工作。至 2008 年，全县共配有镇乡水利员 26 人。

表 27-3

象山县主要塘闸管理所情况表

管理机构	性　质	管理范围（公顷）	建所时间	1985 年管理员（人）	1992 年管理员（人）
下沈塘	乡属集体	466.67	1967	12	6
西周塘	镇属集体	533.33	1960	18	7
淡港塘	乡属集体	333.33	1960	5	2
黄避岙跃进塘	乡属集体	500.00	1988.10	10	3
贤庠西泽塘	镇属	1000.00	1990.12	16	8
东港跃进塘	镇属	72.00	1989.04	9	3
爵溪塘	镇属	206.67	1960	—	7
涂茨塘	镇属	366.67	1987.03	—	3
南大河	镇属	2094.47	1972.04	—	3
雅林溪塘	乡属集体	160.00	1973	4	3
鹤浦大闸	镇属	1140.00	1970.09	4	2
高塘群英塘	镇属	1000.00	1979	9	5
昌国塘	镇属	1000.00	1973.01	9	3
白岩山塘	区属	688.87	1971.02	4	49

第三章　海堤　碶闸

围塘建碶，既御潮拒卤，又蓄淡泄洪，为农业重要水利设施。唐时，始围南庄上洋海涂。宋代又围筑下洋海涂。清、民国是围垦高潮，海堤遍布全县各地达600余处。限于历史条件，围塘标准较低，海堤常遭损毁。中华人民共和国成立后，海堤标准提高，规模日趋扩大。20世纪70年代中期，原有重要海堤进行标准化改造。后不断提高海堤建设标准，建成的高标准海塘成为象山人民的生命线、幸福线。同时，改碶闸的手工启闭为机械启闭，不仅减轻劳动强度，也极大地提高排洪的效率。

第一节　海　　堤

象山海堤从古代泥堤到后来泥石混合堤，再到现代钢筋混凝土堤，经历漫长发展过程。因海岸线曲折，港湾众多，海堤量多且分散。除部分岩质岸线外，绝大部分泥岸滩均依靠海塘工程挡潮御浪。中华人民共和国成立初，全县一线海堤214条，长234.65千米。1956年“八一台灾”，全县倒毁海堤191条、63.88千米。是年，全县投工37万工，完成土石方37万立方米，修复加固海堤140条、83.34千米。1960年1月，县委提出海塘标准和3年计划任务，再度普遍加高加固海堤，土塘砌石护坡。3年间修复海堤147条、94千米。

象山港南线海堤

主要有下沈、西周、蚶岙、下新、上新、黄溪、胡莱港、军民、黄避岙、西泽、珠溪海堤，另有10余条小海堤，总长60.1千米。

下沈海堤　东起炮台山，西至蒋家岙碶，全长9.47千米，为西周平原西部屏障，保护农田30000亩，人口1.3万人。原堤筑于中华人民共和国成立前，堤身单薄，时有险情。1956年8月、1974年8月，曾遭台风摧毁，海水漫顶，堤内农田被淹、粮食颗粒无收。1974年冬，海堤加固修复。翌年，列入标准海堤建设。国家投资41.3万元，历经10年，完成土方20万立方米，石方10万立方米。建成堤顶高程6米、宽4米、防浪墙高1米的海防大坝。大坝外坡险患地段加砌消浪平台，内坡种植芦竹。1997年8月18日，遭“9711”号台风袭击，全线潮水漫顶，受损严重。1998年11月，以20年一遇设计进行高标准海堤建设，总投资2864万元，完成土石方41.16万立方米，工程于2000年10月完工。建成后，坝高6.3米，顶高程7.1米，顶宽4米。2006年10月，投入资金4500万元，再次加高加固。海堤设防标准提高到50年一遇，主体工程于2007年8月完工。

西泽海堤　贤庠镇北部。1968年11月20日动工，1973年堵口，1974年基本建成。是年，被第13号台风冲毁，1975年修复。后迭遭台风大潮袭击，倒塘29次，屡毁屡建，历时15年。至1983年7月，国家投资61.58万元，投工100万余工，完成土方27.23万立方米、石方29.23万立方米。建成标准坝长2.947千米，高6.5米，外坡全部砌石并筑有消浪平台，并建水闸2座、5

孔，宽12.5米。1997年8月18日，遭“9711”号台风袭击，全线潮水漫顶，受损严重。1998年1月，以20年一遇标准修筑堤坝，投入资金932万元，完成土石方13.8万立方米，是年10月完工。建成坝高6.2米，顶高程6.7米，顶宽4米，迎水面采用砼栅栏板护坡，坝顶采用砼路面。2007年10月，投入资金850万元，按50年一遇标准再次加固加高堤坝。

大目洋岸线海堤

较大海堤有跃进、屿岙、旭拱岙、白岩山、门前涂、大目涂、旦门、仁义、新桥、昌国海堤，另有10余条小海堤，总长44.4千米。

南庄平原海堤　有门前涂、幸福两堤坝。门前涂坝东起林海柴嘴头，西至南庄岳头嘴，长2.654千米。幸福塘坝北起东陈反修闸，南至鹁鸪头，长1.6千米。两堤保护林海、南庄、东陈、丹城等地农田55000亩、人口5.2万人。

门前涂原堤毁于1956年“八一台灾”。灾后，在老堤外构筑新堤。采取以工代赈，由林海、南庄、东陈、丹城三乡一镇联合兴建。劳力用工按工程保护面积分配，每工日发生活补贴0.30元，外地技工每工日发工资0.80元。工程所需材料、物资、技工费均由国家出资。省水利厅、舟山专署水利局派驻工程师、技术员指导施工。至翌年8月坝筑成，高4米，底宽17.5米，顶宽2米，不久沉陷。1960年3月5日，丹城公社调集民工1.2万人，加固加高堤坝，完成土石方21.2万立方米，建成坝高5米，底宽30米，顶宽4米。1974年第13号台风后，门前涂塘堤经省政府批准列入标准海塘建设。国家投资55.73万元，重修砌石护坡，新建防浪墙，加固土方9.4万立方米，石方1.6万立方米，1979年竣工。建成坝高5米，顶宽4米，防浪墙高1米。1997年8月18日，受11号台风正面袭击，门前涂塘坝毁损，大小缺口121个。是年10月29日，以50年一遇标准重建，于1998年8月完工。其间，每天出动100余民工、40余台车辆，实填土方、石渣1.1万立方米，内外抛石11万立方米，各类混凝土1.6万立方米，块重700公斤的砼四脚空心块34500只，内坡干砌石2.4万立方米。工程共投入资金1100万元。其中，市、县财政投入700万元，干部群众及企业捐资400万元。建成堤坝高8.8米，底宽28米，顶宽5.4米，坝顶路面用厚20厘米的水泥浇筑。

幸福堤于1966年冬兴建，旋停。1972年，续建基本完成。1974年遭第13号台风摧毁，1979年10月重建，至1981年7月竣工。建成堤高4.5米，顶宽4米。大目涂围垦后，该堤遂成内堤。

三门湾沿线海堤

主要有国庆、金石、泥礁、西边、西洋、大塘、红星、灵南海堤等，总长40.2千米。

金星、石浦海堤　简称金石海堤，西接大塘港捣米山大坝，东至石浦港区码头，由10余条长度不等海堤组成，总长11.283千米。原堤矮小单薄，顶宽仅1~2米，多数未砌护坡石，台风大潮，常海水漫顶，遭受损失。1983年，将其中9.8千米（金星7千米、石浦2.8千米）建成堤顶高程5米、顶宽3米标准塘坝，国家补助83万元。1997年8月18日，遭“9711”台风袭击，全线潮水漫顶，缺口数百。1998年2月，按50年一遇设计修筑高标准海堤，2000年6月完工。建成后，坝高7米，顶高程7.5米，顶宽4.5米，建水闸11座。工程土石方100.7万立方米，总投资4011万元。2006年12月，投入资金1800万元，又维修加固其中7千米堤坝。

定山海堤　南起鹁鸪头雁鹅塘，北抵崇门头。由雁鹅、西边、台宁、西洋、强大湾、大岳滩、岙孟门等海堤组成，总长13.67千米。1973年，兴建大塘港工程台宁、强大湾、岙孟门、大岳滩海堤后，唯西洋塘、西边塘高度不足，且无石护坡。1974年第13号台风，大塘段海水漫顶，部分地区

遭灾。1975年，国家补助30万元，完成土石方20余万立方米，先后对西洋、西边和雁鹅海堤砌石护坡，加固加高。1997年8月18日，遭“9711”台风袭击，全线潮水漫顶，受损严重。1998年3月，按50年一遇设计修筑高标准海堤，总投资3530万元，完成土石方80.1万立方米，于1999年8月完工。建成后，坝高7米，顶高程7.5米，顶宽4.5米，迎水面采用浆砌石，顶用砼路面。2006—2007年，投入资金2600万元，先后维修加固西洋、西边、台宁、大鹤滩和岙孟门等堤坝。

岛屿海堤

主要有南田岛上的鹤浦、南田、吉港、小网巾海堤，花岙岛上的花岙海堤，高塘岛的高塘、北面、沙帽绿海堤等，总长36.9千米。其中，南田岛塘坝长18千米，高塘岛塘坝长18.9千米。

鹤浦海堤　在南田岛鹤四小塘至后龙头闸，坝长5.994千米，由鹤四、万寿、反修、后龙头海堤4段组成。堤无砌石，虽历年加固，见效甚微。1977年，列入标准海堤建设，国家补助11万元，拓宽加高，4年后完工。坝高3.5米，顶高程6米、宽3米。1997年8月18日，遭“9711”号台风袭击，全线潮水漫顶，受损严重。是年11月，改建高标准海堤，总投资2388万元，完成工程土石方34万立方米，2000年12月完工。建成后，坝高6.2米，顶高程7米，顶宽4米。

高塘海堤　在高塘岛，由东方、南方、小乌岩、群英塘4条环岛海堤组成，总长9.455千米，堤矮小单薄。1978年，列入标准海堤建设，国家投资28.25万元，累计投工15万工，完成土石方14万立方米。加固加高南方、群英、东方3海堤、7.15千米，堤坝平均堤高至4米，顶宽4米。群英塘筑有防浪墙，高1米。1997年8月18日，遭“9711”号台风袭击，全线潮水漫顶，受损严重。1998年1月，改建高标准海堤，总投资2146万元，完成工程总土石方37万立方米，1999年11月完工。建成后，坝高6.5米，顶高程7米，顶宽4米。2007年10月，投入资金2100万元，再次加固加高堤坝。

第二节　标准海堤建设

象山北依象山港，东濒东海，南临三门湾，三面环海，历史上台风灾害频发，1956年“八一台灾”，损失尤为惨重。此后几十年，通过修复海堤、砌石护坡等，防御台风能力不断加强。1974年8月19日，强台风在三门湾登陆，海堤溃决209处，损毁131千米。次年修复，开始按浙东3级、4级标准改造旧海堤。至1990年，全县15个万亩以上闭合区中，已建成南庄门前涂、贤庠西泽、定山大塘港、石浦金石、南田鹤浦、高塘岛等10条标准海堤，长56.5千米，保护农田16.14万亩，人口14.62万人。全国第一次防御台风工作会议后，县编制“八五”期间海塘标准化建设规划，经县人大常委会审议通过实施。经过几十年培修加固、堵港围涂、截弯取直，至1997年8月，全县海堤减至111条、190千米。同年8月18日，象山遭受11号台风袭击，全县190千米海堤全线漫顶过水，受损海堤165千米，除旦门标准海堤外，标准海堤全毁60千米，白岩山、新桥、金星、昌国、灵南等万亩以上海堤全线崩溃，海堤损失4.3亿元（详见本志“自然灾害”篇第一章“台风灾害”）。县委、县政府决定提高海塘建设标准，用3~5年时间，投资5.88亿元，全面建设高标准海堤。至2006年，全县建成高标准海塘54条，总长148.4千米，实际完成投资5.5亿元。2006—2008年，全县复投入资金3.4亿元，对境内的标准海堤及沿线碶闸进行再次维修加固，保护耕地34.87万亩，人口27.65万人。

标准海堤①建设

1974年8月19日，强台风在三门湾登陆，出现黄海高程4.5~4.8米特大高潮位，全县海堤溃决209处，损毁131千米。依照省有关规定，确定象山海堤设计标准，保护面积万亩以上为浙东海堤3级，万亩以下为浙东海堤4级，未达标准的重新续建加固，重点建设保护面积万亩以上海堤。1974年起，动工兴建南庄门前涂、贤庠西泽、西周下沈、定山西洋、高塘南方、群英及鹤浦大堤6处海堤，总长47.27千米。至1985年，完成标准海堤27.6千米。另辟修金石、白岩山、大燕山、昌国、西周、东港跃进等标准海堤，总长24.69千米，完成18.7千米。至1990年，全县15个万亩以上闭合区中，建成南庄门前涂、贤庠西泽、定山大塘港、石浦金石、南田鹤浦、高塘岛等10个闭合区第一线标准海堤，总长56.5千米，保护农田161400亩、人口14.62万人。全国第一次防御台风工作会议后，县政府编制“八五”期间海堤标准化建设规划，成立海堤标准化建设领导小组。1992年，建黄避岙、南田等保护万亩以上标准化海堤，新旦、大塘、西周、爵溪大燕山标准海堤相继动工，总长16.7千米。翌年，新建珠溪、屿岙、旭拱岙、灵南联合、新桥关头、鹤浦盘基海堤等，总长11.53千米，保护面积21300亩。至1992年年末，全县建标准海堤55条、83.43千米，经历多次台风大潮的侵袭，除少数堤坝局部受损外，未发生倒塘或潮水漫顶倒灌。

高标准海堤②建设

照27-4　旦门高标准海堤

“9711”号台风过后，建设高标准海堤即进入调研，县委、县政府在听取各方意见的基础上，确定“确保重点，兼顾一般，统一标准，择优扶持，长短结合，科学规划”的原则，制定《象山县海塘工程水毁修复和建设的规划》，其目标为：把东海一线万亩等级海塘和象山港、三门湾区域5万亩等级的海堤提高到50年一遇标准；把象山港、三门湾区域内万亩等级和千亩等级海堤提高到20年一遇标准。分三个阶段具体实施，第一阶段，1997—1998年建成门前涂、大塘港、金石（含门前塘）、晓塘西边、定塘西洋、新桥、白岩山盐场、西泽、高塘岛、灵南10条高标准海堤；第二阶段，1998—1999年建成昌国盐场、珠溪、鹤浦、黄避岙、下沈西周、爵溪东、跃进、红星、龙王头、蚶岙、大燕山、南田、国庆、关头、旭拱岙15条高标准海堤；第三阶段，1999—2000年建成屿岙、泥礁、花岙、万丈涂、吉港、下新、黄溪、军民、平岩头、崇塊土塘、北面、皇城沙滩、鸭屿、大目涂14条高标准海堤。经3年多艰苦奋斗，全面完成预定高标准海堤的建设任务。至2005年，完成土石方740万立方米，建成高标准海堤148.4千米。

---

①“标准海堤”是按海塘保护范围大小和重要性不同，相应采用不同的等级设计标准。迎潮面采用灌浆砌石圬工砌体，砌体与土体之间设置石碴、碎石反滤过渡垫层，背水坡一段种草、芦竹等生物措施保护。坝型则根据每条每塘的地质、风浪等条件采用不同的型式，有陡墙式、斜坡式、折坡式、复合式四种。

②高标准海堤的最大特点是断面结构的改善和加强。迎潮面原有的干砌石结构全部改为混凝土或浆砌石体结构，从而极大地增强了海堤抗风浪冲击的稳定性。断面型式多以复合式为主，在风浪较大的海域，采用直墙、斜坡加平台的三级结构。并在斜坡迎水面设置混凝土栅栏板或混凝土四脚块体，以削减海浪爬高并增强坡面稳定性。塘顶设置混凝土路面保护层。防浪墙均采用浆砌石或混凝土结构。高度在0.5~0.8米。内坡采用干砌石保护。

标准海堤建设资金筹集 修复建设标准海堤资金投入数量巨大，在筹措过程中，本着“水利为社会，社会办水利”的思路，加大投资机制的改革力度，广泛吸纳社会资金。投资资金主要来自三个方面：其一，加大政府投入力度，县里在市补助的基础上再予补助，一般情况下，市县补助比例不低于70%，另30%以内的资金按照“谁投资，谁受益”的原则，由直接受益单位承担；其二，开展政策性筹措，县政府出台“象山县水利建设专项资金筹措办法”，规定资金征集范围为：凡在全县范围内，所有从事生产经营活动，有销售、经营业务收入的单位（包括中央、省、市直属企事业单位及分支机构）和个体工商户，城乡居民、农、渔、盐民及行政事业单位都属于征集范围，并规定具体的征集对象和征集标准。征集标准中涉及城乡居民生活消费的条款有：城乡居民生活用电按每度0.03元征集、有线电视按每户每年24元征集、移动电话按每年240元征集、固定电话按每门每年120元征集，等等①；其三，本着“多受益多出资，少受益少出资，没受益也捐资”原则，动员全社会出资。社会集资资金主要有：县内单位捐款、县外单位捐款、县内个人捐款。其中县内个人捐款，县级领导每人1000~1500元，科局级干部每人600~800元，机关干部每人200~500元。社会人士捐款，最多者为香港上海总会陈廷骅，捐200万元。捐万元以上有多人，捐1000~5000元不在少数，更多在千元以下的。在农村，严格执行劳动积累工制度，规定每个劳动力每年投入劳动积累工15~20工，提倡以资代劳，按每工25~30元收取。

象山县县内单位捐资情况表（部分）

表27-4

单位：元

单位名称	金额	单位名称	金额
象山县烟草局	3570000	象山联谊开发公司	20000
宁波天安集团股份有限公司	450000	宁波大成建设公司	20000
象山县国税局	337000	象山昌润建设有限公司	20000
宏润建设集团股份有限公司	220980	中国工商银行象山县支行	20000
象山县财税局	200000	象山县农村信用合作社联合社	20000
宁波巨鹰集团股份有限公司	200000	中保人寿保险有限公司象山县支公司	20000
宁波华翔集团股份有限公司	170000	宁波甬南针织有限公司	18000
象山二建集团股份有限公司	100000	宁波富宏针织公司	17000
象山东风针织厂	86000	中国农业发展银行象山县支行	12000
中国农业银行象山县支行	80000	象山石油销售总公司	12000
宁波华厦建设公司	80000	象山县委统战部	11200
象山县第一人民医院	75500	37624部队	10000
宁波华丰建设公司	70000	37602部队	10000
象山县公路运输总公司	50000	科达电子机械有限公司	10000
象山县建筑安装实业公司	50000	宁波证券公司象山营业部	10000
宁波宏利针织有限公司	46000	宁波审计师事务所	10000
象山县公路运输管理所	30000	象山县东谷湖宾馆	10000

①《关于水利建设专项资金筹集办法的通知》，象山县人民政府象政发〔1997〕119号。

续表27-4

单位名称	金额	单位名称	金额
象山县邮电局	30000	象山国贸饭店	10000
四八一九工厂	20000	美食家酒店	10000
象山县供电局	20000	—	—

象山县县外单位捐资情况表（部分）

表 27-5　　单位：元

单位名称	金额	单位名称	金额
宁波石油公司	500000	宁波对外贸易经济合作委员会	50000
鄞县人民政府	400000	海曙区民政局	50000
余姚市人民政府	340000	中国农业发展银行宁波支行	20000
宁波市人民政府	310000	宁波市广电中心	20000
镇海炼化公司	300000	抚顺石化销售公司	20000
宁波市江东区民政局	150000	宁波市机关事务管理局	18000
宁波通达公司	140000	宁波佛教居士林	15000
宁波市财政贸易办公室	50000	宁波市供销社	14000
上海龙华房地产经营公司	50000	上海浦东交建公司	10000

象山县海外单位及个人捐资情况表（部分）

表 27-6　　单位：日元

单位名称	金额	单位名称	金额
日本吉田町县政府	100000	日本爱媛县日中农林水产交流协会吉田支部	534500
日本筑紫野市部分访中议员	40000	朝日食品有限公司司吉贺良太	20000

标准海堤建设质量监督　标准海堤建设，始终把质量放在首位，具体把好五关：一把设计关，因塘制宜，一塘一策，设计方案均由专业人员论证、设计、把关。二把招投标关，规定施工单位必须具有水利四级以上资质，并遵循公开、公平、公正的原则开展招投标。为便于监督管理，每个标段有相当的工程量。三把施工关，县里成立质量监督巡回检查组，巡回监督检查，县海塘办派驻23名工程技术人员到海堤负责工程质量。同时实行27.4千米二级海堤全面监理。另聘请有威望和水利建设经验的群众担任监督员，长驻海堤，进行全过程跟踪监督管理。四把进度关，根据已经确定的海堤建设期限，用“倒计时”的办法安排施工方案，组织具体施工。五把验收关，按照海堤建设验收标准和办法，对每条海堤的每个工序进行严格验收，确保建一处成一处，建一段成一段。工程结束之后，再总验收。

2005年年末，全面检查和安全复核高标准海堤现状，部分标准海堤由于沉降变形，渗漏和水闸损毁而出现的安全隐患日益突出，海堤设防标准已达不到原设计标准，严重影响保护区人民群众的生命财产安全。2006年始，维修加固93.3千米标准海堤及沿线闸门。至2007年，全县标准海堤共计190千米。高标准海堤建成，大大提高抗台御潮能力，发挥巨大的经济和社会效益。

2007 年象山县高标准海堤情况表

表 27-7

闭合线名称	海堤名称	长度（千米）	等　级	设计标准（年）	墙顶高程（米）	塘顶高程（米）	说　　明
南庄线	门前涂塘	2.65	三级海堤	50	8.00	7.20	—
	大目涂塘	5.30			8.00	7.20	—
	小　计	7.95			—	—	—
大塘线	西边塘	3.30	三级海堤	50	7.50	7.00	—
	西洋塘	5.76					强大湾裁弯取直段 422 米
	大塘港坝	4.18					不计捣米山坝长度
	小　计	13.24					—
金石海塘	金石番西段	2.51	三级海堤	50	7.50	7.00	—
	金石永安段	2.47					—
	金石晓湾段	1.50					—
	金石番头塘	2.05					—
	金星门前塘	1.33					—
	小　计	9.86					—
新旦线	旦门塘	1.15	四级海堤	20	7.50	6.50	—
	新桥南北塘	2.14					—
	小　计	3.29					—
灵南线	上洞塘	0.37	四级海堤	20	7.00	6.50	—
	下洞塘	0.52					—
	联合塘	0.51					—
	东沿塘	1.18					—
	苏呑塘	1.65					—
	大麦塘	1.41					—
	小　计	5.64					—
下沈西周线	下沈塘	9.67	四级海堤	20	7.30	6.50	其中，柴溪上塘 2.586 千米、柴溪下塘 3.3 千米
	西周抗美塘	2.75					
	小　计	12.42					
珠溪线	青莱塘	1.96	四级海堤	20	7.00	6.20	—
	乌屿山塘	2.67					—
	小东塘	1.79					—
	小　计	6.42					—

续表27-7

闭合线名称	海堤名称	长度（千米）	等　级	设计标准（年）	墙顶高程（米）	塘顶高程（米）	说　　明
高塘线	南方塘	4.87	四级海堤	20	7.00	6.20	含小乌岩707米
	群英塘	2.80					含兴港段550米
	东方塘	1.85					—
	小　计	9.52					—
黄避岙塘		3.30	四级海堤	20	7.30	6.50	—
西泽线海塘		2.95			7.00	6.20	—
白岩山海塘		2.89			8.00	7.20	—
昌国塘		3.85			7.50	6.70	—
鹤浦线海塘		5.99			7.00	6.20	—
南田塘		2.58			7.00	6.20	—
大燕山塘		1.27			8.00	7.20	—
爵溪东塘		1.08			8.00	7.20	—
蚶岙塘		0.92	五级海堤	10	6.50	5.70	—
下新塘		1.57			6.50	5.20	—
黄溪塘		1.53			6.20	5.40	—
军民塘		0.67			6.60	5.80	—
万丈涂塘		1.34			6.80	6.00	—
屿岙塘		1.21			7.00	6.20	—
跃进塘		1.60			7.80	7.00	—
旭拱岙塘		0.91			7.30	6.50	—
国庆塘		1.85			6.50	5.50	—
泥礁塘		1.90			6.20	5.50	—
打鼓峙塘		4.22			4.50	4.50	—
花岙塘		2.48			6.30	5.50	—
关头塘		0.91			6.80	6.00	—
龙王头塘		0.85			6.80	6.00	—
平岩头塘		2.03			5.80	5.30	—
红星塘		1.04			7.00	6.20	—
吉港塘		2.50			6.00	5.20	—
北面塘		3.45			6.10	5.30	—
皇城沙滩		1.78			5.50	5.00	—
鸭屿塘		1.54			5.60	5.00	—

续表27-7

闭合线名称	海堤名称	长度（千米）	等　级	设计标准（年）	墙顶高程（米）	塘顶高程（米）	说　明
对面山塘		1.37	五级海堤	10	5.10	5.10	—
高泥塘		1.23			6.50	5.00	—
毛湾塘		0.88			7.30	6.80	—
台头塘		1.53			6.10	5.50	—
仰天塘		1.26			5.80	5.50	—
文献塘		0.85			6.50	5.50	—
纱帽绿塘		3.10			6.30	5.50	—
小蔚庄塘		0.42			6.50	5.50	—
麦地山塘		2.78			5.80	5.00	—
王家兰塘		0.48			6.30	5.30	—
峙前塘		0.50			6.50	6.00	—
兴港塘		0.60			5.50	5.00	—
新鹤塘		0.85			6.20	5.50	—
小网市塘		1.34			6.33	5.50	—
洋北塘		1.50			6.00	5.20	—

说明：海堤等级划分参照《浙江省海塘工程技术规定》1999年版

1997—2000年象山县标准海堤投资建设情况表

表27-8

建设年份	海堤名	概算投资（万元）	资金来源	土石方（万立方米）	砼（万立方米）	附属设施
1997—1998	门前涂	1120	市县50% 自筹400万元	12.10	1.59	—
	大塘港	1277	—	19.60	0.74	—
	金石（含门前塘）	3814	市县70% 自筹30%	105.50	—	12座闸门
	晓塘（西边塘）	1026	市县70% 自筹30%	35.80	—	—
	大塘（西洋塘）	2393	市县70% 自筹30%	63.00	0.63	4座6孔闸门
	新桥	1016	市县65% 自筹35%	10.43	—	6座9孔闸门
	白岩山	2196	市县65% 自筹35%	—	—	—

续表27-8

建设年份	海堤名	概算投资（万元）	资金来源	土石方（万立方米）	砼（万立方米）	附属设施
1997—1998	西泽	881	市县70% 自筹30%	—	—	—
	高塘岛	1986	—	37.00	—	—
	灵南	1465	市县70% 自筹30%	47.60	—	—
1998—1999	昌国	1885	市县70% 自筹30%	6.20	0.14	—
	珠溪	1991	—	39.50	—	—
	鹤浦	2338	市县70% 自筹30%	—	—	—
	黄避岙	1064	市县70% 自筹30%	—	—	—
	下沈西周	4067	市县70% 自筹30%	67.88	—	15座闸门
	爵溪东塘	613	市县70% 自筹30%	—	—	—
	跃进塘	732	市县70% 自筹30%	11.50	—	—
	红星塘	333	市县70% 自筹30%	—	—	—
	龙王头	267	—	6.02	—	2座闸门
	蚶岙塘	393	市县70% 自筹30%	7.38	—	2座4孔闸门
	大燕山	564	市县70% 自筹30%	—	—	—
	南田塘	730	市县70% 自筹30%	13.20	—	—
	国庆塘	1047	市县70% 自筹30%	26.00	—	1座1孔闸门
	关头	308	—	4.50	—	2座闸门
	旭拱岙	387	市县85% 自筹15%	10.80	—	—

续表27-8

建设年份	海堤名	概算投资（万元）	资金来源	土石方（万立方米）	砼（万立方米）	附属设施
1999—2000	屿岙	445	市县70% 自筹30%	9.30	—	2座闸门
	泥礁塘	421	市县70% 自筹30%	5.00	—	3座闸门
	花岙塘	632	市县70% 自筹30%	8.00	—	3座闸门
	万丈涂	329	市县70% 自筹30%	1.88	—	1座闸门
	吉港塘	527	市县70% 自筹30%	—	—	2座2孔闸门
	下新塘	486	—	5.60	—	1座闸门
	黄溪塘	452	—	4.50	—	4座闸门
	军民塘	248	—	4.50	—	1座6孔
	平岩头	387	—	8.21	—	3座闸门
	皇城沙滩	660	—	2.83	0.18	—
	北面塘	870	市县70% 自筹30%	9.80	—	4座闸门
	鸭屿	378	市县70% 自筹30%	11.30	—	4座闸门
	大目涂塘	1359	市县902万元 其余自筹	—	—	5座闸门

2006—2008年象山县海堤加固项目情况表

表27-9

年份	海堤名称	所在乡镇	建设规模（千米）	设计标准（年）	计划投资（万元）	完成投资（万元）	开工日期	累计完成总投资比例（%）	备注
2006	下沈	西周	9.67	50	4923.83	4923.83	2006.08	100	竣工验收
	大塘港	大塘港	4.61	50	1329.33	1329.33	2006.08	100	竣工验收
	灵南	泗洲头	5.64	50	2512.60	2512.60	2006.11	100	竣工验收
	西洋	定塘	5.76	50	1804.81	1804.81	2006.10	100	竣工验收
	金石（金星段）	石浦	7.05	50	1887.92	1887.92	2006.11	100	竣工验收
	鹤浦（后龙头段）	鹤浦	2.69	20	947.96	947.96	2006.10	100	竣工验收

续表27-9

年份	海堤名称	所在乡镇	建设规模（千米）	设计标准（年）	计划投资（万元）	完成投资（万元）	开工日期	累计完成总投资比例（%）	备　注
2007	高塘	高塘	9.36	20	2185.00	2185.00	2007.08	100	竣工验收
	峙前	泗洲头	0.50	10	225.41	225.41	2007.06	100	竣工验收
	国庆	石浦	1.47	20	164.00	164.00	2007.06	100	竣工验收
	蚶岙	西周	0.92	10	298.49	298.49	2007.06	100	竣工验收
	涂茨跃进	涂茨	1.67	10	633.00	633.00	2007.07	100	—
	西泽	贤庠	2.95	50	846.20	846.20	2007.07	100	—
	旦门	东陈	1.21	20	826.90	826.90	2007.07	100	竣工验收
	珠溪	贤庠	6.41	50	2766.23	2766.23	2007.11	100	—
	西边	晓塘	3.22	50	592.79	592.79	2007.11	100	竣工验收
	昌国	石浦	3.95	50	1755.29	1755.29	2007.11	100	竣工验收
	新桥南北	新桥	2.14	20	199.40	199.40	2007.01	100	竣工验收
	西周抗美	西周	2.75	50	862.12	862.12	2007.11	100	竣工验收
	白岩山	白岩山	2.89	100	3225.33	3225.33	2007.12	100	竣工验收
2008	黄避岙	黄避岙	3.23	50	2232.83	2232.83	2008.05	100	竣工验收
	对面山	石浦	1.37	10	442.73	442.73	2008.08	100	—
	新鹤	石浦	0.85	10	134.26	134.26	2008.07	100	竣工验收
	仰天	高塘	1.26	10	262.94	262.94	2008.05	100	竣工验收
	文献	高塘	0.85	10	172.71	172.71	2008.05	100	竣工验收
	台头	茅洋	1.53	10	542.04	542.04	2008.07	100	—
	小蔚庄	贤庠	0.42	10	117.40	117.40	2008.08	100	竣工验收
	麦地山	新桥	3.70	10	755.83	755.83	2008.08	100	竣工验收
	金石番西	石浦	2.82	50	551.13	551.13	2008.05	100	竣工验收
	鹤浦鹤西段	鹤浦	3.30	50	701.65	701.65	2008.08	100	—

第三节　海堤型式

海堤型式主要经历土堤、石坎堤、土石混合堤、混凝土块石浆砌堤5个历史发展过程，每一种型式、结构、功能、材料等，都是在前一种型式基础上改进和提高。

土堤

海堤皆土筑成。历史上多见，中华人民共和国成立初尚沿用，兴筑简便、工本省。一般堤高1.5~2.5米，最高3米，其形式如图1、2。

图 1

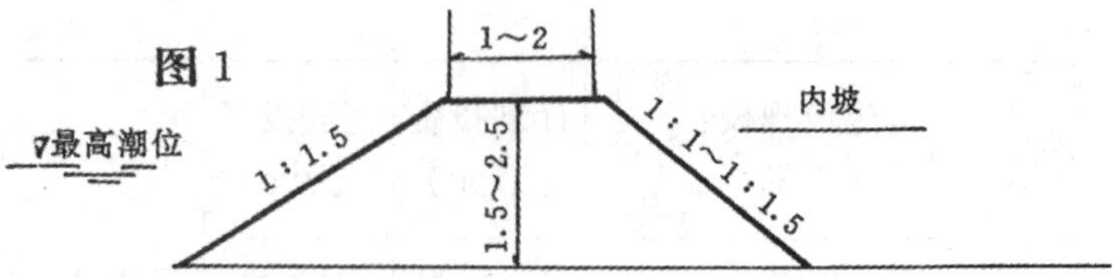

图 2

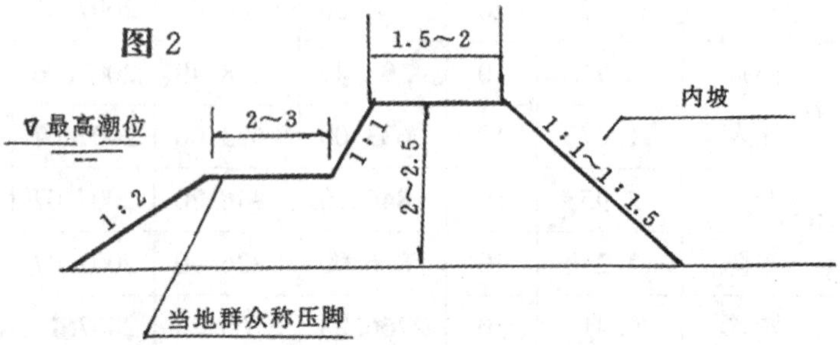

图1有1956年修筑的门前涂老堤；图2有高塘岛乡南方塘、鹤浦大塘等多数老堤。因土堤堤身单薄、矮小，易被潮浪冲刷漫堤，故每年汛期时有隐患、险情，决口、倒堤、淹田、毁宅情况屡见。

石坎堤

亦称陡墙式海堤。为防止潮浪冲击，临海面石块护坎，用于当地土料紧缺，取石方便而风浪大的地区，其塘型如图3。有新桥关头、海台海堤，但因未衬垫反滤石渣，常易渗漏。又于内塘兴筑小堤捍卤，形成咸塘、内塘之分。

图 3

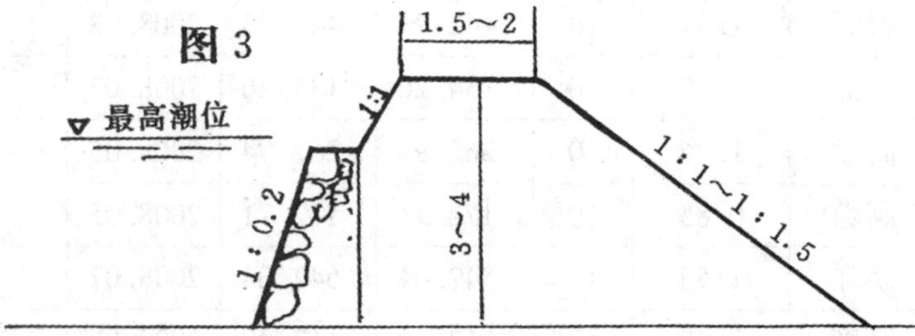

土石混合堤

深港地段塘堤，旧时上部结构土堤、石坎堤两类地基堤身作加固处理，一般采用眠牛桩、带根松树和层柴层泥加固。眠牛桩又分斗水牛和横眠牛两种，如图4。民国时西周区筑塘应用较广，中华人民共和国成立初期尚沿用。也有堤基两侧打入排桩，直径20厘米左右，长5~6米。中楼乡三叉塘堵口，即是一例。

图 4

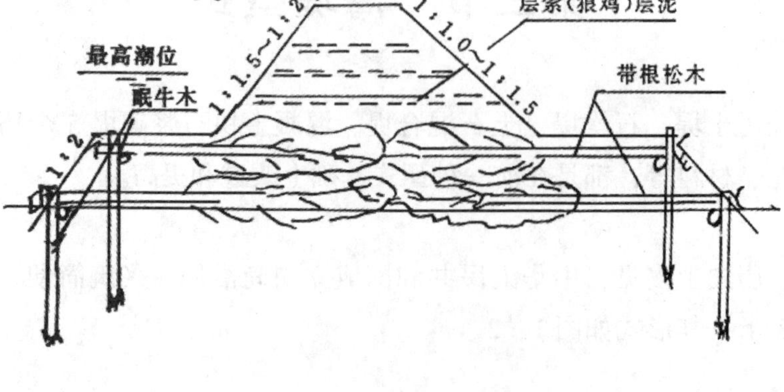

混凝土块石浆砌堤

亦称标准海堤。是按海塘保护范围大小和重要性不同，相应采用不同的等级设计标准。迎潮面采用灌浆砌石圬工砌体，砌体与土体之间设置石碴、碎石反滤过渡垫居，背水坡一段种草、芦竹等生物措施保护。堤型则根据每条堤的地质、风浪等条件采用不同的型式，有陡墙式、斜坡式、折坡式与复合式四种。

断面结构的改善和加强，是高标准海堤最关键性的技术措施和最大特点。迎潮面原有的干砌石结构全部改为混凝土或浆砌石体结构，极大地增强了海堤抗风浪冲击的稳定性。断面型式多以复合式为主，在风浪较大的海域，采用直墙、斜坡加平台的三级结构，并在斜坡迎水面设置混凝土栅栏板或混凝土四脚块体，以削减海浪爬高并增强坡面稳定性。堤顶设置混凝土路面保护层。防浪墙均采用浆砌石或混凝土结构。高度在0.5~0.8米。内坡采用干砌石保护。高标准海堤的建成，极大提高抗台御潮能力。

第四节　筑堤技术

中国沿海传统筑堤技术有“版筑法”“石屯木桩法”“坡陀法”“备堆法”等。象山除“备堆法”有所应用外，其余均未应用。象山筑堤技术经历了“土塘”“土筑堤石护坡”“石筑堤土闭气”的演变，在遵从自然的同时，又能创新技术系统，对海堤材料、工具、操作及海塘型式进行改造，以达到对自然滩涂干预。从早期土筑到后期石筑，从溜板上土方到漏底船抛石，再到混凝土块石浆砌；从几家几户“散兵游勇”式合作到成千上万人“集团军”式组织，再到机械化作业，筑堤技术取得巨大进步。既体现象山人对自然规律认识的深化，也体现象山经济社会发展的巨大促进作用。象山围堤技术思想最为重要的一点，就是始终探索、遵从自然规律。在生产力水平比较低下的年代，只选择滩涂淤涨比较容易围筑的高滩修筑海堤，中华人民共和国成立后，生产力水平不断提高，于是围筑众多难度较大的低滩海堤。

海堤地基

象山海堤基本为软土地基，地基处理最为古老的采用“柴草铺基法”。柴草多用俗称为“莨萁柴”“黄荆柴”等。又有“眠牛桩”固定地基，多用松树桩。这些海塘地基的处理办法，在中华人民共和国成立后一直沿用。其后有“砂石垫层”“土工织物加石渣垫层”“塑料排水板”和“爆破挤淤”等方法。大目涂一期围垦地基处理采用“土工织物加石渣垫层”方法，大目涂二期围垦、仁义塘围涂等均采用“塑料排板”处理地基。象山中油重工围堤首次采用“爆破挤淤”处理地基。

海堤填料

土堤，全部由土料填筑而成的海堤，抗风暴潮能力很差，至民国初期均为土堤。土筑堤石护坡海堤，采用在土堤的外海侧用块石加以保护，以增加海堤抗风暴潮能力。石筑堤土闭气海堤，以石料为主填筑海堤，再在海堤内侧填筑土料闭气防渗，其施工原则以平堵为主，立堵为辅。大塘港堵口，工程量有70%系平堵。平堵中最大的问题是如何在风大、浪急、水深的港口快速抛石，大塘港首创“漏底船抛石法”。漏底船由三舱组成，前后两舱为密封舱，中舱装石，操作工人放开闸门，石块就会在自重作用下自动抛下，一次抛石时间只需要半分钟，抛石10立方米。大塘港配备漏底船80艘，60马力~80马力的拖轮20艘，日抛石块4万立方米。大目湾涂一期围垦及之后的围塘均采用石筑堤土闭气法。二期围垦地基处理，在涂面较高地段，采用袋装砂井和砂垫层处理。后在软土地基上进行技术改进：改砂井砂垫层为土工布碎石垫层，购买300吨聚丙烯加工成土工布，用于海堤基础处理。初次应用时没有经验，结果被海潮冲走，后来采用木桩于四角和边上固定，并压上石块，以防掀起，块与块之间用聚乙烯线缝接，达到预想效果，共使用土工布26890.5平方米。

溜板上土方考① 筑堤的土方一般都在就近滩涂取用，主要采用溜板上土方法，不但历史上的“土塘”围垦如此，就是后来“土石混合塘”亦用此法。传统溜板上土方的具体办法：一、取土方。取土用的工具，称“泥弓”，用小木杆弯曲成“h”形，其口装上一根细钢丝。取土的人用泥弓把涂泥切成长方形的土块（约30斤），由被称之为“土狗”者用双手搬上“溜板”。二、送土方。溜板长5米，宽25厘米，厚3厘米，中呈“凹”型连接成80米长称一槽。搬上溜板的土方由“溜棍”划拨输送。溜棍由10厘米长的竹筒，安装在一根2米长的竹竿上构成“T”字形。划拨输送时，一槽30余人，以溜板为中心，相向间隔列队，各自在溜板上添水，将搬上的土方用溜棍依次传送到坝上。上土方一般赶在退潮以后，一到涨潮，即用土块将溜板压住，防止溜板被潮水冲走。上土方时常带水作业，遇到天寒的冬春季节，很辛苦。当海涂泥土太软，手不能捧，溜板不能溜时，只能用盛具装运，效益会很差。大塘港开挖岙孟门内港引河时就碰到了这样的情况，2000民工突击20天，只搬掉泥土12000立方米，每人每天只有0.3立方米。

大塘港堤坝合龙② 一、捣米山主石坝合龙。捣米山口门宽315米，水深14米，从海上平堵就需15万立方米石方。开始运载石头的是几条木帆船，装石头时怕砸破船底，只能一块一块地装，进度很慢。而抛石时，船会激烈颠簸，很不安全。潮大流急，抛下的石块就像打水漂一样，损耗极大。1969年7月8日，经过反复试制，完成第一艘抛石漏底船，破解了港中抛石的难题。接着，先后共制造这样的漏底船60余艘，同时又制造拖轮近10艘。漏底船装卸容易，可一次抛石15吨，提高功效六七倍，且抛石点准确，损耗率从30%下降到5%，大大加快了平堵的进程。1970年10月28日下午2时，捣米山主石坝提前64天合龙。二、强大湾大坝合龙。强大湾合龙期间，正值隆冬，接连下了四天四夜大雪，平地积雪二尺厚，4000民工冒着大雪，冰上拉车，耙雪上石，于1972年2月8日下午3时合龙。因大坝尚未巩固，下沉位移，于2月14日下午被潮水冲开缺口长87米，经2个月间歇加固，于4月19日再次合龙。三、岙孟门大坝合龙。捣米山、台屿宁等石坝合龙后，港内海水都从岙孟门一个口子出，最大流速每秒达8米。按照传统合龙方法，需要三四百只长6米，直径2米的大竹笼，2000只长2.6米的小竹笼，装石块抛入。但要打这批竹笼，需要毛竹四五万株，短时间筹备毛竹有困难，打竹笼也来不及。于是改用大石块代替，仅用4天时间，备足18000立方米大石块。1972年12月10日，风大、雨狂、潮急、浪高，4000民工克服重重困难，突击合龙。经过42个小时奋战，终于在12月11日晚24时合龙，比预期提前3天。由于4个口门全部合龙，潮流发生变化，外海出现特大潮位，高4.11米，内外水位差2.43米。12月21日上午9点30分，岙孟门主石坝被急流冲开了一个120多米的大缺口。4000民工苦干7昼夜，备足7000立方米大石块，12月26日，突击堵口，奋战26个小时，于12月28日下午

①根据王明毛《回忆西泽塘围海造地历程》、象山县政协文史资料委员会编《大塘港堵口工程纪实》等有关内容改编。

②根据象山县政协文史资料委员会编《大塘港堵口工程纪实》等有关内容改编。

4时30分再次合龙。大塘港，详况见本篇第四章“农田水利”，第二节“蓄淡港”。

海塘迎海面堤坝结构

主要有斜坡式、直立式和混合式三种。早期土坡均为斜坡式；南部三门湾沿海和北部象山港沿海围堤基本采用斜坡式和直立式；东部沿海围堤较多采用混合式。迎海面消浪结构由干砌块石、浆砌块石和干砌块石加砼框格构成，“9711”号台风之后普遍采用砼四脚空心块、砼栅栏板和扭王块等。旦门海堤是宁波市首先采用砼四脚空心块消浪体的海堤，于1997年7月完工，是全宁波市海塘在“9711”号台风中受损最小的海堤，为台风灾后海堤加固树立样板，应用最多。在“9711”号台风之后的东海沿海海堤建设中，西泽海堤、新桥盐场海堤南堤采用砼栅栏板，其余海堤基本采用砼四脚空心块作为消浪体。白岩山盐场海堤按百年一遇标准加固工程，首次采用砼扭王块消浪体。

第五节　碶　　闸

碶闸，象山俗称“碶”。唐宋时在南庄平原始建朝宗、理川、灵长、会源木闸4座。宋元祐六年（1091），县令叶授始作石碶。明清时期，入境移民渐多，围涂筑塘增加，水闸相继兴建，至民国初期已遍及沿海各乡。其中，以鹤浦闸、定塘浮礁渡闸、中楼下灶闸为大。尔后修建障川、会源、秀才、会通、高平、贤昌等闸。早年建闸，因资金、物资困难，技术落后，多数水闸工程简陋，闸底高，孔径小，排水不畅，经不起风浪冲击，甚至边建边毁，又年久失修，至1950年，几无一完好。

20世纪50年代初，拆建定塘浮礁渡闸、门前涂高平闸、贤昌闸，兴建东陈中央港闸、中楼建设闸、民主闸、晓塘人民闸、莲花增产闸，逐个改造沿海较重要水闸。1956年“八一台灾”后，普遍修建沿海水闸。主要产粮区改建新式闸门，用钢螺杆启闭。结合围垦、堵港，兴建较大水闸，改善排涝条件。60年代，鹤浦大闸首次应用机械启闭代替手工启闭。晓塘双莲寺闸、鹤浦万寿塘闸、涂茨周郎塘闸推广黄泥垫层，改善地基无桩基础处理新技术取得成功，改变“无岩不成碶”说法。1972年，建成流量最大之大塘港闸，闸高7.5米，13孔，净宽40米，过水流量420立方米/秒，配备电动为主、手电两用启闭设备。70—80年代初，改碶闸手动启闭为电动启闭，增设启闭机房与管理房，改善管理条件。1985年，有挡潮闸208座、315孔。其中过水流量100立方米/秒8座、57孔；节制闸180座、248孔，含过水流量100立方米/秒1座、6孔，旧时水闸大多得以改造。1992年，全县有水闸397座、582孔。其中，挡潮闸213座、330孔，节制闸184座、252孔。至2008年年末，全县有水闸216座、375孔。其中，挡潮闸123座、235孔，节制闸93座、340孔。

朝宗碶

俗称“大碶头”，位于县城南5千米，坐落于林海大碶头街，始建于唐。宋初，“瑞龙寺僧曰蔡，伐木为闸，以时启阖①”。治平年间（1064—1067），县令林旦复修。元祐六年（1091），县令叶授始改石碶。绍兴七年（1137），县令宋砥再修。隆兴元年（1163），主簿赵彦逾重修，设碶夫2名，置碶屋于侧。明清、民国期间，曾多次修缮。此碶蓄南大河之水，并通东、西大河，是南庄上洋蓄淡大河之咽喉。1975年调整水系，南大河开新河，于小东洋村首建南大河闸一座、3孔，

①明嘉靖《象山县志》卷之十四“艺文纪·朝宗碶”。

宽 9.4 米。1984 年春，原 3 孔老碶改建 1 孔，宽 2 米新闸。今已废弃。

会源碶

又称百丈岸碶，为南庄上洋三碶之一。位于大碶头村东首，蓄东大河之水。因洪水暴涨，朝宗等碶泄之不及，故建此碶。宋嘉定十三年（1220），县令赵善晋造石碶，设碶夫 2 人，以时启闭。清雍正年间（1723—1735），林汝荣助石七百方修之。同治八年（1869），知县黄炳堃给示立石。后多次缮修。至 1979 年，封堵此碶，旁另建 2 孔新闸 1 座。

灵长碶

俗称“胡家碶”，于县西南 6 千米，以蓄西大河之水，地势较高，非暴涨不启。清乾隆二十二年（1757），知县史鸣皋修之。道光五年（1825），知县吴锡畴谕绅者捐资修复。光绪七年（1881），周鸿渠募捐重修。1977 年，新西大河开通，1983 年 9 月拆建新闸，改 2 孔为 1 孔。

秀才碶

位于林海东海塘。宋淳熙五年（1178），县令许知新建。阔 4 尺，深 8 尺，后多次修缮。民国 12 年（1923），里人张仁美、李文森等呈请县知事李芳于该碶下三里许建新碶，又名障川碶，设碶夫 1 人，碶田 4.5 亩。37 年重修 2 孔，碶存。

贤昌碶

位于林海东海塘，以受白兰桥正流，并泄瑞龙、刘家岙诸涧及东海塘之水，岁久湮废。清乾隆二十三年（1758），知县史鸣皋重建，阔 5 尺，深 1 丈，设碶夫 2 名，碶田 10 亩。民国 3 年（1914），里人张仁美监修。1952 年拆建新碶，2 孔，净宽 5 米，碶存。

高平碶

位于贤昌碶西，明成化十八年（1482），知县凌傅所筑。以分朝宗碶下之流，西海塘之水，后河淤碶废。清嘉庆十六年（1811），知县葛建椿谕首事陈享吉、蒋杰等派资开港造碶。民国 9 年（1920）重修，设碶夫 1 名。民国 13 年，议于碶外筑新 1 碶未决，后由乡民提议县府批准移建。民国 34 年 12 月动工，翌年 12 月 24 日竣工，受益农田 2400 亩。1952 年，拆建新碶 2 孔，净宽 5 米，更名和平碶。今废。

会通碶

俗称“新碶头”，位于南庄南部。清嘉庆十八年（1813），因庆丰碶（已废）港淤积多年，每遇霖雨，仇家山、洋心一带塘田俱遭湮没。县人陈其钰、姜人宽、张其和、林志爽、汤曰序等呈请县令葛建椿于庆丰碶下开港立碶，称会通碶。3 孔，以泄灵长、永丰之水。中华人民共和国成立后扩建 1 孔，新西大河开挖后，碶废。

团结碶

位于东陈中央港。其上游原有三眼碶，处金井头永润礁与南塘碶之间得名，因港淤碶毁，东陈洋、南堡黄塘常受洪涝。1952 年，东陈、樟岙、沙岗 3 个乡于老碶外里许建新闸 3 孔，净宽 7.5 米，称团结碶。后因闸外海港淤积影响排涝，1962 年，在金井头下岩头处兴建新闸，名反修闸，4 孔，净宽 10 米，团结闸废。

增产碶

位于莲花外新塘。1953 年，新建闸门 1 座，2 孔，宽 5 米，称增产碶。淡港堵后，改为内塘节制闸。

爱国碶

位于东港钱昌村。1954年建，2孔、宽5米。建成后消除东港3000亩农田洪涝。大港口围建后，改为节制闸。

建设碶

位于中楼中泥渡。因老碶年久失修，1955年拆建新碶一座，4孔，宽10米，名建设碶。泄中楼长庆塘、三叉塘之水，3000亩农田免受涝灾。

浮礁渡胜利闸

位于定山浮礁渡。1952年拆建，6孔，净宽10.8米。1964年大修，闸底凿深1米。过水流量116立方米/秒，排涝面积12200余亩，时为最大闸门。

照27-5　浮礁渡胜利闸

鹤浦大闸

位于鹤浦鸭嘴头。原7孔老闸，破旧不堪，影响鹤浦樊岙12000亩农田排涝防洪。1962年10月拆建，翌年5月建成新闸，5孔，净宽12.5米，过水量107立方米/秒。首次采用水泥梁板闸门及机械启闭。时为鹤浦、樊岙两乡1.6万亩良田唯一排涝工程。

下沈港闸

又称红卫闸，位于下沈港口。1966年冬动工，翌年10月建成，8孔，净宽20米，过水流量206立方米/秒，直接排涝面积11000亩。采用钢丝网水泥梁板、机械启闭。后闸身出现裂缝，经多次修缮，隐患尚存。

门前涂闸

为门前涂围垦工程主要建筑物。分东西两闸，东闸在柴嘴头，4孔，西闸在岳头嘴，5孔，总净宽22.5米。过水流量132立方米/秒，排涝面积42000亩，为南庄平原主要排涝挡潮、蓄淡工程。1956年冬动工，翌年6月建成。1978年，改木板为钢筋混凝土闸手动、电动两用闸门。

淡港门闸

位于莲花淡港门。1957年冬动工，翌年4月建成，6孔，宽15米。1972年，改木板为钢丝网水泥梁板。1980年重修，改手推启闭为电动启闭。1984年扩建2孔，共8孔，净宽20米，排水流量209立方米/秒，排涝面积5300亩。

照27-6　1971年建成的大塘港台宁大闸

大塘港闸

位于大塘港口，1969年动工挖基，1971年6月30日基本建成。13孔，宽40米，高7.5米，为县内最大碶闸。大塘港内另一碶闸狮子山胜利闸，3孔，宽9米。两闸排水流量540立方米/秒，皆钢丝网水泥梁板启闭，手动、电动并用，排泄定山、石浦两区7乡镇农田57200亩。

军民闸

位于雅林溪陈山村北。1972年8月，由海军某部建成后移交地方。集雨面积42.26平方千米，系大徐、雅林溪两地水系总出口，6孔，宽15米，排水流量140立方米/秒，排涝面积1995亩。

西周闸

位于西周塘东首。1977年动工，1979年12月竣工。5孔，宽12.5米，高7米，排水流量105立方米/秒，排涝面积11000亩，系西周主要排水挡潮闸。

大门山闸

位于大目涂大门山。1990年5月18日动工，11月15日竣工。7孔、净宽28米，高8.5米，闸底高程1.5米，排水流量196立方米/秒，排涝面积19500亩，系大目涂与东陈平原主要排水挡潮闸，大目涂围垦枢纽工程之一。

小门山闸

位于大目涂小门山，系纳潮闸。1990年11月27日动工，翌年4月28日竣工。5孔，净宽20米，闸底高程-1米，设计流量129立方米/秒，为大目涂围垦枢纽工程之一，为虾塘纳潮排水之用。

鹁鸪山西闸

位于大目涂鹁鸪山西侧，系纳潮闸。1991年11月5日动工，翌年9月30日竣工。7孔，净宽28米，闸底高程-1米，设计流量180立方米/秒，为大目涂枢纽工程之一，供东片虾塘纳潮排水之用。

象山县3孔以上挡潮闸情况表

表27-10

碶闸名	所在乡镇	地　点	孔数	闸门净宽（米）	闸门型式	受益面积（亩）		兴建年份	备　注
						排涝	灌溉		
新东港闸	贤庠镇	西泽	3	7.5	—	—	—	1972 1998	改建
小东塘	贤庠镇	小东塘	3	7.5	砼梁板	5000	4000	1957 1999	改建
新东港碶	贤庠镇	卢岙山塘	3	7.5	砼梁板	11000	11000	1972 1998	改建
跃进闸	涂茨镇	跃进塘	3	7.5	砼梁板	6000	—	1980	—
白岩山闸	涂茨镇	白岩山盐　田	6	15.0	砼梁板	14000	兼纳潮	1973 1998	盐业闸
桐柱山闸	涂茨镇	白岩山盐　田	5	12.5	砼梁板	14000	兼纳潮	1978 1998	盐业闸
跃进塘	黄避岙乡	跃进塘	3	7.5	砼梁板	6500	4000	1959 1999	改建
反修闸	东陈乡	东陈	4	10.0	砼梁板	8500	8500	1967	—

续表27-10

碶闸名	所在乡镇	地　点	孔数	闸门净宽（米）	闸门型式	受益面积（亩）		兴建年份	备　注
						排涝	灌溉		
龙王头	新桥镇	龙王头	5	12.5	砼梁板	4000	2500	1970 1992 1999	原3孔 扩2孔
解放碶	新桥镇	关头塘	3	7.5	砼梁板	3000	1545	1954 1999	—
北闸	新桥镇	新桥海塘	3	7.5	钢筋砼	—	—	1972 1978	—
白墩碶	定塘镇	白墩	3	6.5	砼梁板	10000	6000	1957	1984年 扩建
鹁鸪山东闸	晓塘乡	鹁鸪山	3	12.0	砼梁板	4000	—	1991	—
玉东碶 玉南闸	石浦镇	昌国 盐田	3	7.5	砼梁板	8000	兼纳潮	1977 1999	盐业闸
大旗头	石浦镇	大旗头	4	10.0	砼梁板	1500	—	1997 1990	建扩 2孔
横峙闸	石浦镇	金石海塘	3	7.5	钢筋砼	—	—	1998	改建
红卫闸	鹤浦镇	四都塘	4	10.0	砼梁板	7000	—	1967 1988	建扩 2孔
南田闸	鹤浦镇	南田塘	—	—	—	—	—	1999	—
岳浦大闸	鹤浦镇	岳浦海塘	5	12.5	钢筋砼	—	—	1963 1999	—
群英闸	高塘岛乡	群英塘	3	7.5	砼梁板	18000	—	1969 1998	—

象山县3孔以上节制闸情况表

表27-11

碶闸名	所在乡镇	地　点	孔数	闸门净宽（米）	闸门型式	受益面积（亩）		兴建年份
						排涝	灌溉	
乌屿山闸	贤庠镇	乌屿山	3	4.3	木插板	5000	4000	1956
乌屿山新闸	贤庠镇	乌屿山	3	7.5	砼梁板			1979
乌屿山闸	贤庠镇	乌屿山	3	4.3	木插板	5000	4000	1956
乌屿山新闸	贤庠镇	乌屿山	3	7.5	砼梁板	5000	4000	1979
东塘河	贤庠镇	东塘河	3	7.5	砼梁板	8000	8000	1955

续表27-11

碶闸名	所在乡镇	地　点	孔数	闸门净宽（米）	闸门型式	受益面积（亩）		兴建年份
						排涝	灌溉	
南大河	丹东街道	南大河	3	9.4	砼梁板	—	15000	1976
五一闸	西周镇	西周港	4	13.0	砼梁板	8000	8000	1960
建设碶	定塘镇	中泥渡	4	10.0	砼梁板	4000	3000	1955
九龙江	晓塘乡	九龙江	3	7.5	砼梁板	18000	15000	1957
东风碶	新桥镇	东溪塘	3	7.5	砼梁板	3000	1065	1966
东大河闸	丹东街道	—	3	9.0	—	—	1500	1978

第四章　农田水利

陆上水利以蓄水为主。中华民国时期，多堰坝、山塘、井泉。中华人民共和国成立后，为解决农业用水困难，开展以建造水库为主的农田水利建设。进入21世纪后，开展小流域治理，通过河道疏浚、修建防洪堤，确保居民用水安全。

第一节　水　　库

中华人民共和国成立前，境内无湖泊、水库，仅水塘、堰坝、拗井，可灌溉少量农田。民国37年（1948），县政府要求各乡水利协会负责，限期完成每保1塘，山坡地区每5亩1井工程。是年，丹城、忠义、峰北、华塘、金星、靖河、靖海、东海、东山、东港、西沪11乡镇挖塘72处，受益农田2160亩。中华人民共和国成立后，象山始建水库。1952年，丹城首建东谷湖水库。1955年冬，全县兴建小型水库有龙角岩、里考坑、珠山脚、马岗、东坑里等16座。1957年，岙岙建水库，节节拦蓄。1958年，“大跃进”期间，动建库容百万立方米以上有仓岙、岩头陈、新民等水库20余座。惟多数工程未经勘测设计，仓促上马，及技术力量不足，资金、物资等有限，存在质量隐患，不久，部分停建或缓建。1963年，逐个排摸，补作勘察设计，续建时，搞好工程配套。20世纪70年代初，仓岙、新民、溪口等水库陆续复建。

20世纪70年代末至80年代初，动工兴建樊岙、西泽、爵溪、三家村水库。坝型多为黄泥心墙砂壳坝。1986年始，分期兴建爵溪燕山、下沈平潭、昌国马盘等中小型水库，至2005年，全县共建成大小水库74座。其中：小（2）型水库54座，蓄水1444.08万立方米；小（1）型水库15座，蓄水3222.7万立方米；中型水库5座（含大塘港），蓄水5988万立方米。建成山塘（指有拦水坝）900余座，蓄水约1000万立方米。

东谷湖水库

位于丹城东门外塔山风景区。1952年春兴建，1955年加高1.7米，蓄水18万立方米，系县内水库之始。因施工质量差，1956年毁于台灾。是年10月重建，翌年竣工，旋即扩建。坝高加至6.2米，长688米，蓄水35万立方米，为城区骨干工程。原灌溉农田7000亩，今为旅游观光，发挥调节城区水源等功能。

龙角岩水库

位于珠山南麓。1955年10月，由大徐乡各村联合兴建，坝高8.3米，翌年建成。后经多次扩建，今坝高16米、长166米，蓄水34.2万立方米。为县内首批兴建山谷水库之一。

赤坎水库

位于丹东街道赤坎村。集雨面积4.57平方千米，原为赤坎塘。1957年10月由林海乡改建为水库，翌年5月竣工。1975年，投资12.58万元，加高大坝，1978年竣工。坝型为均质土坝，高5.82米、长1.32千米，总库容274.2万立方米，正常库容229万立方米。配套引水渠1条，长1.5千米，灌溉面积13000亩。

南盘水库

位于东陈南盘。集雨面积2.98平方千米，原为南盘海塘。1958年11月动工，改建水库，总库容216万立方米，正常库容157万立方米。翌年蓄水受益。后逐年加高，并建朱家岙引水坝，增加蓄水量。1975年，投资8.06万元，除险加固，加高大坝，1977年5月竣工。水库坝高6.5米，长1.135千米，配套渠道1条，长1.5千米，灌溉农田10000亩。

九顷水库

位于丹西街道九顷村。集雨面积4.82平方千米。1958年10月动工修建，1963年10月，投工18万工，完成土石方15.5万立方米。水库大坝高9米，临时蓄水33万立方米，灌溉农田4500亩。1966—1984年，国家投资54.98万元，总投工45万工，完成土石方27.07万立方米，多次加高、拓宽水库大坝。建成后，主坝高15.6米，长510米，副坝高14.35米，长90米，总库容221.6万立方米，正常蓄水164万立方米，配套渠道2条，灌溉农田13000亩。

岩头陈水库

位于东溪上游，集雨面积7.5平方千米。总库容617.5万立方米，正常库容518.5万立方米。1958年10月动工修建，国家投资87.68万元，投工80万工，完成土石方28.64万立方米。1963年9月主体工程基本完成，随后渠道配套，1965年3月全面竣工。坝型为心墙砂壳坝，高23米，长146米，配建渠道7条，总长31千米，灌溉农田11000亩，其中旱涝保收8000亩。

大乌岩水库

位于高塘岛。集雨面积1.19平方千米。总库容155.6万立方米，正常库容131.2万立方米。1958年10月动工，国家投资4.53万元，翌年蓄水。后屡经扩建加高，1973年基本完成。1976年加固续建。坝型为均质土坝，高6.3米，长621米。灌溉面积9000亩。1990年加固后，总库容165万立方米，正常库容155万立方米。

大斜桥水库

位于黄避岙乡谢家南首，原名童翁庙水库，后改名文胜水库。集雨面积1.25平方千米，总库容107.9万立方米，正常库容94万立方米。1959年10月动工，1966年因财力不足停建。1970年复工续建，总投资3.6万元，投工20万工，1977年竣工。为心墙坝，高17米，长188米，灌溉面积5600亩。

珠溪水库

位于贤庠镇珠溪上游，集雨面积3.15平方千米。总库容204万立方米，正常库容171万立方米。1958年10月动工，开挖截水槽，回填后旋停。1965年10月复建，连年施工，历15年，总投资44.66万元，其中，国家投资29.185万元，投工65.6万工，完成土石方27.5立方米，至1980年12月建成。坝型为心墙坝，高23米，长410米，灌溉农田6000亩。

新民水库

位于泗洲头何婆岭脚。集雨面积3.3平方千米。总库容232万立方米，正常库容200万立方米。1958年10月动工，后因财力、物力困难停建。1970年10月续建，历10个冬春，1980年3月主体工程竣工。至1984年，国家投资54.59万元。坝型为心墙砂壳坝，高25米，长184米，灌溉面积4000亩。

塘岙水库

位于贤庠镇塘岙村，集雨面积1.9平方千米。总库容105.6万立方米，正常库容88万立方米。1955年冬兴建，原为小水库，1964年扩建加高，1971年春建成。1991年，投资4.4万元，加固加高大坝。坝型为心墙坝，高9.5米，长390米，灌溉面积8000亩。

小百丈水库

位于鹤浦小百丈。集雨面积2.15平方千米。总库容108.5万立方米，正常库容100万立方米。1965年10月动工，1977年竣工。累计投工24.5万工，完成土石方11.63万立方米。至1985年，国家累计投资21.8万元，灌溉面积8600亩。

万寿塘水库

位于鹤浦镇，曾称反修塘海涂水库。水面面积0.75平方千米，总库容180万立方米，正常库容180万立方米。1970年10月，国家投资8.43万元，动工围塘，至1975年10月建成。为均质坝型，高4.5米，长1.86千米，灌溉面积8300亩。

仓岙水库

照27-7 墙头仓岙水库

位于墙头镇周家路村南。集雨面积9.8平方千米，引水入库集雨面积2.8平方千米。总库容1065万立方米，正常库容925万立方米。1958年10月，由亭溪、丹城公社始建。1960年2月停建。1966年，由亭溪公社续建，不久即停。1968年10月，丹城、南庄、林海、亭溪4个公社联合复建。1971年1月，增加墙头公社，承建大雷山引水坝。1974年2月完成大坝堵口，1978年8月主体工程基本竣工蓄水。1981年5月正式竣工交付使用。至1985年，国家累计投资467万元。

溪口水库

位于茅洋虎头山嘴。集雨面积13.5平方千米。总库容1250万立方米，正常库容953万立方米。1970年年末，由溪口（现为茅洋）、东陈两公社合建。1976年12月堵口，1979年1月大坝坝体竣工，国家投资270.2万元。

樊岙水库

位于南田岛鹤浦大河上游南北弄堂口。集雨面积6.6平方千米。总库容578万立方米，正常库容512万立方米。1978年1月29日动工，1988年2月竣工，年末交付使用，灌溉农田14000亩。为黏土心墙砂壳坝，坝高34.7米，坝顶高程44.787米，顶宽4米。总投资219.34万元，其中国家投资205万元。

三家村水库

位于石浦镇北约5千米汝溪上游。集雨面积3.6平方千米。设计总库容162万立方米，正常蓄水140万立方米。坝长152米，高26米，顶宽5.7米，坝顶高程48米。坝型为黏土心墙混合坝，侧堰式溢洪道在左坝头，堰顶高程45米，进口宽30米，槽宽7米。1986年4月开工，1989年11月竣工。总投资276万元，其中国家投资264万元。

燕山水库

位于爵溪街道嘉湖塘岸内侧，集雨面积8.54平方千米。总库容142.5万立方米，正常库容96.1万立方米。坝型为均质土坝，坝长451米，高13.8米，顶宽4.5米。1991年11月22日动工，1992年10月底竣工。总投资693万元。

平潭水库

位于西周镇平潭村北，集雨面积13.9平方千米。1958年、1970年曾两次兴建，1975年停建。1992年8月20日开工重建。设计总库容860万立方米，正常库容740万立方米。大坝为钢筋混凝土面板堆石坝，长228米，高55米，顶宽6米，2000年8月竣工，总投资1815万元。

隔溪张水库

位于西周镇儒雅洋隔溪张村南偏东500米淡港上游支流处，集雨面积10.6平方千米。总库容1050万立方米，正常库容950万立方米，坝高53.3米，坝顶高程107.3米，顶宽6米。1997年12月20日正式开工，大坝堆石填筑于1999年10月末结束。整个工程2001年12月建成，总投资6600万元。

方家岙水库

位于墙头镇方家岙村南山坑口处大雷山溪中上游，集雨面积2.52平方千米。坝长232.2米，高37.2米，坝顶高程80.5米，顶宽5米。设计总库容176万立方米。工程于1994年12月8日开工，1998年4月8日竣工。

军民塘水库

位于大徐镇陈山村北。原是1974年围成的军民塘。集雨面积43.76平方千米，为县内水库的最大水源之一。水库大坝利用原有海堤，总长684米，坝顶高程5.8米，顶宽7米加防浪墙高1米，水库总库容618万立方米，正常库容308万立方米。2006年2月18日开工，2006年年末竣工。

上张水库

位于西周镇淡港中游上张村南。集雨面积35.7平方千米，其中隔溪张水库已拦截10.6平方千米。拦河大坝为黏土墙沙砾坝，设计坝长400米，高30米，坝顶高程40米，顶宽7.5米；设计总库容2362万立方米。工程于2003年12月动工，至2007年11月，累计完成投资35200万元，大坝已填筑高程22.5米。

照27-8　西周上张水库

象山县10万立方米以上水库情况表

表27-12

水库名称	所在乡镇	集雨面积（平方千米）	坝高（米）	蓄水量（万立方米）	灌溉面积（亩）	兴建年份	备注
东谷湖	丹东街道	1.81	7.3	35.0	—	1952—1972	综合利用，风景区东谷湖公园
鲫鱼山	丹东街道	3.45	20.0	46.7	—	1967—1971 2004	丹城水厂补充水源
田洋里	丹东街道	0.55	5.0	14.0	568	1957—1964	—
青　湾	丹东街道	1.20	18.0	42.0	1660	1958—1967	—
西河潭	丹东街道	0.72	4.1	24.0	700	1958—1966	因建龙泽名园，库容缩小
西　门	丹西街道	0.33	5.8	10.0	—	—	—
西谷湖	丹西街道	0.33	5.6	10.0	—	1957—1958	引水渠废，蓄水不足
北面洋	丹西街道	0.90	4.5	46.0	2500	1957—1965	—
赤　坎	丹西街道	4.57	5.8	274.0	13000	1957—1978	—
九　顷	丹西街道	4.82	14.5	164.0	13000	1958—1974	城区饮水库之一并农用
燕　山	爵溪街道	8.54	6.8	171.0	—	1991—1992	饮水，爵溪饮水库
爵　溪	爵溪街道	3.44	22.0	40.0	—	1985—1986	工业、民用
利　民	石浦镇	1.84	17.0	71.0	1000	1957—1960 1978—1981	石浦饮水库之一
工农兵	石浦镇	0.57	20.0	15.7	—	1965—1972	饮水库
三家村	石浦镇	3.60	26.0	162.0	700	1986—1989	石浦饮水库
里　山	石浦镇	1.00	16.5	24.0	2000	1957—1960	—
牛山堰	石浦镇	0.75	18.6	30.0	1500	1956—1977	鸡鸣村自来水水源
金架山	石浦镇	0.86	14.7	30.0	—	1957—1975	饮水，昌国水厂主要水源
马　盘	石浦镇	0.35	7.5	10.0	1000	1990—1993	—
滑塔岩	鹤浦镇	1.55	20.0	30.0	2100	1966—1973	—
横坑里	鹤浦镇	1.20	8.0	14.0	—	1957—1962	—
峙弄塘	鹤浦镇	0.75	3.6	42.0	2800	1957—1963 1965—1977	—
高坎头	鹤浦镇	0.38	3.0	15.0	600	1965—1970	—
小百丈	鹤浦镇	2.15	19.9	100.0	8600	1965—1977	农用为主兼顾小百丈村饮水
万寿塘	鹤浦镇	（水面） 0.75	4.5	180.0	8300	1970—1975	水库改建船坞，报废
樊　岙	鹤浦镇	6.60	40.8	578.0	14000	1978—1987	饮用水为主并农用
拗水丘	贤庠镇	0.30	8.0	11.3	30	1955—1966	饮用水为主并农用

续表27-12

水库名称	所在乡镇	集雨面积（平方千米）	坝高（米）	蓄水量（万立方米）	灌溉面积（亩）	兴建年份	备注
西泽	贤庠镇	0.36	3.0	73.0	500	1976—1981	海涂水库翻水入库
蒲门	贤庠镇	0.87	6.5	27.0	2500	1964—1978	—
下庄	贤庠镇	0.67	19.0	32.3	900	1970—1980	下庄村饮用水并农用
溪沿	贤庠镇	1.57	22.5	47.0	2600	1965—1980	饮用水并农用
俞公岙	贤庠镇	0.06	2.8	11.0	800	1977—1980	—
唐岙	贤庠镇	1.90	9.5	88.0	8000	1955—1964 1971	民用工业为主农用水为辅
珠溪	贤庠镇	3.15	23.0	204.0	6000	1958—1980	珠溪水厂主要水源
珠山岙	贤庠镇	3.00	—	30.0	—	1997—1999	饮水，镇自来水厂主要水源
龙角岩	大徐镇	1.14	16.0	34.2	700	1955—1976	镇自来水厂主要水源
岩山弄	大徐镇	0.33	17.0	10.3	700	1956—1979	杉木洋村饮用水并农用
水流桥	大徐镇	0.40	16.0	11.7	400	1964—1975	水流桥、塔幢二村饮水
双溪弄	大徐镇	0.10	10.0	10.0	400	1955—1959	—
林善岙	大徐镇	1.14	14.0	13.8	1150	1956—1960	林善岙村饮水兼顾农业
里考坑	大徐镇	2.03	14.6	44.0	1400	1955—1966	—
黄沙	涂茨镇	1.20	2.5	26.0	2500	1965—1968	海涂水库，引水入库
大港口	涂茨镇	0.16	2.5	21.5	2000	1966—1968	海涂水库，翻水入库
桐岭坑	涂茨镇	1.05	7.8	20.0	800	1955—1966	珠山脚村饮用水并农用
洪山庙	涂茨镇	0.97	11.0	14.6	1400	1955—1960	镇水厂主要水源
大双岙	涂茨镇	0.42	3.7	22.0	2000	1977—1980	—
跃进塘	涂茨镇	1.20	4.0	60.0	5000	1990—1993	海涂水库，部分改建养殖塘
永丰塘	黄避岙乡	1.96	3.5	25.0	2000	1966—1973	—
大斜桥	黄避岙乡	1.25	17.0	94.0	5600	1959—1977	乡水厂主要水源
方家岙	墙头镇	2.52	37.2	152.0	—	1957—1963 1997—1999	镇自来水厂主要水源兼顾农业
柴溪	西周镇	2.38	18.6	43.5	1400	1965—1971	饮用水并农用
官司塘	西周镇	翻水入库	3.5	40.0	8000	1990—1993	—
马岗	东陈乡	0.59	6.8	11.7	250	1955—1958	—
南盘	东陈乡	2.98	6.5	216.0	10000	1958—1977	乡水厂主要水源
岙肚里	东陈乡	0.29	17.3	16.5	520	1964—1976	—
岙底	定塘镇	0.79	13.0	12.4	400	1965—1973	中楼水厂主要水源

续表27-12

水库名称	所在乡镇	集雨面积（平方千米）	坝高（米）	蓄水量（万立方米）	灌溉面积（亩）	兴建年份	备注
丁家塘	新桥镇	0.65	21.0	17.0	1000	1965—1973	除险加固改放水隧洞长68.8米
高湾	新桥镇	0.66	3.0	22.5	—	1973—1975	海涂水库引水入库
岩头陈	新桥镇	7.50	23.0	518.5	11000	1958—1963	东溪水厂主要水源并农用
尖岭坑	新桥镇	0.70	26.5	13.4	—	1986	饮水，山根水厂主要水源
石壁山	泗洲头镇	1.00	19.6	10.0	380	1965—1977	—
墩岙塘	泗洲头镇	0.57	2.8	58.0	750	1972—1974	—
白沙湾	泗洲头镇	0.36	2.2	26.5	1000	1966—1967	—
倒流	泗洲头镇	0.40	17.0	28.0	500	1965—1968 1975—1978	扩建上马岙村饮水库
下马岙	泗洲头镇镇	0.72	3.3	10.5	500	1968—1970	海涂水库翻水入库
新民	泗洲镇头镇	3.30	25.0	232.0	4000	1958—1980	—
施娘岙	晓塘乡	1.29	4.0	50.0	2700	1959—1974	乡水厂主要水源
东坑里	高塘岛乡	0.84	5.0	30.0	—	1956—1957	乡水厂主要水源
小乌岩	高塘岛乡	0.59	4.3	35.0	9000	1957—1958	饮用水并农用
南方塘	高塘岛乡	0.37	3.5	66.0	—	1972—1974	海涂水库翻水入库
洗网塘	高塘岛乡	0.58	3.3	10.8	400	1969—1972	—
大乌岩	高塘岛乡	1.19	6.3	155.6	9000	1994—1998	饮用水并农用
蟹湾	高塘岛乡	0.34	2.1	11.0	400	1965—1972	—

第二节　蓄淡港①

晚清时，县有定塘长塘、二年塘、三叉塘等堵港蓄淡工程。民国4年（1915），有西周长庆塘堵港，蓄水4万立方米。1955年始，先后堵贤庠东江、晓塘九龙江、双叉港、西周淡港、西周港、下沈港、小青港、大塘港8处，缩短海塘线约80千米，增加蓄水量2526万立方米。以上各江、港详况，见本志“陆地环境”篇第三章“水系”。

东江港蓄淡工程

东江又称双龙江，自盐厂直通岑晁，全长3千米许。堵港前，沿江两岸，塘堤狭小，常受海潮侵袭；水源贫乏，抗旱能力低，农作物歉收。1955年冬，贤庠乡政府动员全乡人民奋战一冬春，

①蓄淡港为堵港工程建成后蓄淡之水利设施。利用自然港道蓄淡灌溉，提高抗旱能力；缩短海塘线，提高御潮能力。

在盐厂出海处建大坝，长168米，堵住东江，并建造3孔、净宽7.5米水闸1座、桥3座；开港2条，计长820米，投资15961元，其中自筹4589元，投工43870工。建成后，利用河道蓄水25万立方米，增加土地240亩，1956年发挥效益。1957年8月，贤庠乡获水利部、中国农业水利工会筹委会、省人民政府、舟山专署、县人委奖励。

淡港蓄淡工程

全长18千米，其中下游海港段长6千米，集雨面积53平方千米。清光绪年间（1875—1908），海水倒灌，5300亩农田无收。1956年“八一台灾”，沿江海堤倒缺37个，海水淹浸农田2600亩。1957年，莲花乡筑坝堵港，春节前大坝合龙。遇潮汛，发生严重险情，西周区发动各乡民工3000余人支援，放弃春节休息，冒-5℃严寒，大干5昼夜，假淡港变真淡港。1958年5月，工程竣工，投工16万工，完成土方12万立方米，石方2万立方米、工程包括长500米、高11米大坝1条，6孔、净宽15米水闸1座。建成后，蓄淡水45万立方米，增加土地600亩。1958年，莲花乡被评为“省水利先进单位”，获省政府奖励。

西周港蓄淡工程

1959年冬动工，时西周公社3300余社员扎营工地，日夜施工，翌年5月完工。投工30万工，完成土方32万立方米、石方5000立方米。工程包括长142米堵口大坝1条，开挖长2300米、宽32米、深3.5米引河（俗称“万人大河”）1条，4孔、宽10米排水闸1座。建成后，增加蓄水量70.6万立方米，使西周7700亩农田抗旱能力提高20天，为改造烂塘田奠定基础。

下沈港蓄淡工程

1966年10月动工，1968年10月竣工。国家投资10万元，投工25万工，完成土方12万立方米、石方1.2万立方米，混凝土500立方米，工程包括长550米、高9米堵口大坝1条，8孔、净宽20米过水流量206立方米/秒的水闸1座。港长3千米，增蓄淡水61.3万立方米，灌溉农田11000亩。

大塘港蓄淡工程

图27-2　大塘港堵口工程示意图

大塘港位于定山、石浦境内，系三门湾内港岳井洋支流。自新桥下七里至金星捣米山，全长18千米。港宽平均400米，水深6~8米，叶荫港、长塘河、九龙江由东向西注入大塘港，流域面积134平方千米。堵港前两岸农田，土质贫瘠，水利设施缺乏，抗旱能力差，遇大旱人畜饮水困难，又常遭台涝咸潮侵害，农业年年歉收。20世纪50年代，大塘港堵港工程列入县级水利规划。1963年大旱后，县政府向省人委、省人大提案要求列入国家基本建设计划。1968年11月21日，筹建“象山县革命委员会大塘港工程指挥部”，12月29日，工程获省革委会批准。翌年10月22日，工程正式动工。各公社民工按军队编制形式，分8个营2个直属连。常驻民工1000~3000人，突击时达5000人。1970年10月28日，捣米山主石坝合龙。翌年3月9日，台宁主石坝合龙；6月，大塘港闸基本建成通水。1972年12月，岙孟门主石坝合龙，翌年12月，堵港主体工程基本完工，后进行加固和工程配套。1975年12月经省、地、县有关部门验收合格，投入正常运行。

堵港主体工程由4条堵口大坝（捣米山大坝长315米，高21米；台宁屿大坝长680米，高

14.5米；强大湾大坝长578米，高11米；岙孟门大坝长1.092千米，高12.5米）、1条海堤（大岳滩海堤长2千米，高4米）和两座排水闸（台宁大塘港闸13孔净宽40米；狮子山胜利闸3孔净宽9米）组成。搬走海蜇山、挑蛎山等3座小山，劈掉笠帽屿、台宁头、捣米山等22个山头，坦塘、大塘、隔洋塘、狮子山4个海岛从此与大陆连成一片。国家投资608万元，投工436万工，完成土石方264.24万立方米。主体工程建成后，继建排涝站4座，装机12台、835千瓦。开挖金石引河1条长10.2千米；建35千伏变电所1座，容量3600千伏安；架设35千伏高压输电线路5千米、10千伏线路135千米、380伏线路70千米；建成翻水站13座，装机31台、1225千瓦，机埠143个，开凿沿山渠道15千米。形成县内第一个较完整电力排灌网。大塘港设计蓄水2600万立方米，实蓄2000万立方米。灌溉定山、石浦两区8个乡镇94个行政村农田74000亩。提高抗旱能力20余天，其中旱涝保收农田45000亩。缩短海塘线40千米。新增耕地13000亩。新增淡水水面面积6000亩。

1997年8月18日，强台风侵袭，使堵港大坝严重毁损，海水倒灌。是年12月，投入资金1061万元，高标准维修加固大坝。后因沉降造成高程不足，2006年11月，投入资金850万元，再次加固加高大坝。

大塘港堤坝合龙内容详见本篇第三章“海堤　碶闸·筑堤技术”。

岳井洋港蓄淡工程

岳井洋东靠大塘港，西与宁海县伍山、岳井两乡相邻，北起蟹钳渡，南接三门湾，全长23千米。流域面积385平方千米，港内面积46.67平方千米。20世纪70年代初，县委、县人委先后5次书面报告省、地委，要求批准兴建岳井洋堵港工程。1973年始，在省地有关部门帮助下进行勘察设计。1978年1月由省、地、县共同组织规划小组编报“岳井洋堵港工程及灌区规划的报告”，拟在晓塘鹁鸪头附近建坝堵口，设计蓄水量1.34亿立方米，围涂近26.67平方千米，9月11日，报告获批。是年10月16日，县成立“岳井洋堵港工程指挥部”作筹建准备。后因国民经济调整，1980年12月23日省水利厅决定缓建。

象山县堵港蓄淡工程情况表

表27-13

名称	所在乡镇	堵坝长度（米）	最大坝高（米）	集水面积（平方千米）	总库容（万立方米）	正常库容（万立方米）	围垦耕地（亩）	灌溉农田（亩）	投资金额（万元）	投放劳力（万工）	土石方		兴建时间
											土方（万立方米）	石方（万立方米）	
东港	贤庠镇	168	6	—	—	25	240	1500	1.6	4	—	—	1955年冬—1956年春
淡港	西周镇	500	11	53.0	—	70	600	3700	—	—	12	2.0	1957.10—1958.05
西周港	西周镇	142	8	32.5	—	71	450	7700	—	30	32	0.5	1959年冬—1960.05
下沈港	西周镇	550	9	42.0	—	61	640	11000	10.0	25	12	1.2	1966.10—1968.10
大塘港	定塘镇	2671	21	134.0	3135	2600	13000	74900	608.5	436	160	86.4	1969.10—1974.08

第三节 河道水利 灌溉井

象山境内溪涧密布，源短流急，多独立入海。河道原多为自然海港，经历代筑塘造闸蓄淡后改变。南庄、定塘、鹤浦、贤庠等地的河道较宽较长，其余河道皆浅狭、储水量小。墙头等部分山区，农户普遍使用灌溉井。历朝，为确保农业用水，政府重视疏浚河道、挖掘灌溉井。中华人民共和国成立后，加快河道、井泉修建，开沟疏淤并进，多渠道确保农业灌溉。

河道水利

全县大小河道总长度938余千米，其中河面宽15米以上较大河道74千米。河道水面总面积18.2平方千米，蓄水量2956.9万立方米。主要分布在象山港、大目洋和三门湾水系中。详见本志“陆地环境”篇第三章“水系”。

唐代，兴建南庄平原朝宗碶。

南宋乾道元年（1165），主簿赵彦逾，开象山河接东大河会源碶，称“主簿河”。淳熙五年（1178），县令许知新开千丈河，以灌下洋之田，复开瑞龙、马冈河，建永丰、秀才等碶，蓄泄灌溉，为得甚溥，岁久而废。

明成化年间（1465—1487），县令凌傅于南庄下洋开河3条，称东河、中河、西河。正德元年（1506）进士马思聪为县令，复开26渠，灌田万顷。万历三十六年（1608），知县吴学周6次浚南河。

清雍正二年（1724），知县马受曾见东大河之首沙溪河已淤成田，复浚为河，西接应家浃。复浚南大河及支河，未果。乾隆九年（1744），知县张绣清马岗河界。嘉庆十九年（1814），合邑绅士呈书创开油车河西首新河，使东壕河之水会油车河入文昌阁南大河。光绪十六年（1890），邑令刘宗藩又开油车河的北新河，接东西壕河之水。

民国21年（1932）11月，南田湾塘乡公所组织疏浚小湾塘河，至翌年2月完成，沿河受益农田1400余亩。民国27年12月，村民余作英等提议新开下余横河，长176丈，宽1.4丈，深8尺。民国27年至民国33年期间，南庄西林村副吴开科经县府同意开挖田横山经洋心村、西林村、夏家村到大碶头村河道，因资金不足，变卖田产20余亩；为开挖梅溪至大碶头南北走向河道，曾抵押西林村房产。受到两任县长徐倞、张周汶的褒奖，分别得到“有功水利”“不辞劳瘁”题词。民国34年9月，靖南三乡疏浚岳头、金井头、中央港三河和南盘港，均系义务劳役，工具自备。民国35年10—12月，疏浚珠溪，受益田8000余亩。民国36年12月，县政府决定疏浚东大河，并呈报省建设厅同意。此河源于丹城东门外姚家山，流经龚家河、半河、百丈岸、河东、上余、下余至贤昌碶入海，长9.122千米。计划全河疏浚，需挖土50.62万立方米，填土1.70万立方米，投工10.36万工。工程分上、下两段，上段姚家山至百丈岸，下段百丈岸至贤昌碶。上段长3.334千米，计划挖土27.15万立方米，填土方4160立方米，投工5.48万工。工程分8段，乡镇长任1段—4段义务劳动大队负责人。下按保甲编组中小队。每工发稻谷2升，各业户每亩筹谷3升。并附发施工分段图及疏浚计划工程表，限期两个半月内完成。开工20余天后，因淫雨停工，只完成土方2.7万立方米，占计划10%，遂罢。下段因贤昌碶损坏不堪，海水侵入，水深1米，须先行抽水方能动工，实际上也未实施。

1951年8月，县政府紧急动员农民抗旱疏浚河道190条。1951—1953年，丹城镇新开漓河洋、长墩洋、建设河3条，总长2.315千米。拓宽挖深白石泾、应家浃老河。1951—1954年，大塘乡浚河171条，总长28余千米，挖土2万余立方米，用工3.6万工。1952至1953年春，南田区开新河3条，总长800米，疏浚老河56条，投工64065工。

1955年冬至1956年春，南庄乡浚河31条，总长14.292千米，加深1.32~1.65米。林海乡浚河15条，总长7.29千米，加深1~1.67米，拓宽6.6~13.2米。爵溪镇挖东大河按受益田亩负担1820工日，每天出勤870人，实做5238工日，超计划完成。丹城镇负责疏浚南大河、东大河、西大河上段，按计划完成。历史上全面疏浚南庄平原东、南、西三大河愿望实现。是年，大徐区疏浚河道49条。贤庠乡日出勤千余人，男女老少破冰踏霜，冒着风雪下河挖土，新挖河道15条，总长10.778千米，深3米，宽23米。

20世纪60年代初，治水改土运动，全县继续疏浚河道。1962—1963年开挖仇家山—新碶头、桥头胡—和平碶（南平碶）、倒老桥—秀才碶、树桥头—贤昌碶河港4条，总长7.5千米。拆建排洪碶闸10余座。共投工5.3万工，完成土方9.7万立方米。70年代中期，大搞园田化建设，调整水系，开挖新河，平整土地。南庄平原新开南、东、西直大河3条和横河2条。金星、番头新开金石引河，并辅以支河。贤庠公社开挖南、东、西大河3条。晓塘、定塘、大塘、珠溪等公社均开挖新河。仅1975年冬至1976年春，全县开河87条，总长135.7千米。

1988年冬至1989年春，疏浚东陈中央港、门前涂横大河与南大河、贤庠大河、鹤浦大河、高塘岛中心河、丹城建设河、白石泾河、珠溪乌屿山河等80余条（段），总长81.8千米。日出勤最多时1.5万人，累计投工52.5万工，完成土方52.17万立方米。1989年冬至1990年春，县成立农田水利基本建设指挥部，区乡镇村相应建立领导小组，掀起农田水利建设高潮，全县37个乡镇、744村中，734个村日平均出勤3.5万人，最多时达7.45万人。贤庠镇出勤2000人，历时15天，清挖河道29千米，建桥6座，维修机耕路10余千米，完成土石方7.5万立方米；石浦镇12000人冒寒疏浚金石引河6千米、长江河2.5千米；昌国镇开挖长2.8千米、宽10米新河1条；下沈乡官山村自筹资金15万元，新挖400米河道1条。全县开工水利工程2213处，其中浚河305条、389.67千米。

照27-9　群众修建南大河场景

南大河水利　新南大河1975年12月19日动工，为配合"农业学大寨"运动而修建。县成立南庄平原农田基本建设指挥部，组织南庄公社、林海公社、丹城镇民工及县级机关干部参与，日平均出工1.6万余人，多时达2万人，奋战20余天，至翌年1月15日竣工。修建后的南大河全长7.965千米，其中丹城南门至丈山河3千米，丈山河至门前涂横大河开新河4.965千米，宽32米，深4.1米。工程投工40万工，挖土50万立方米，填老河3千米、水塘195处，还田150亩，并建公路桥1座，节制闸2座。2001年始，投入资金3000余万元，整治象山港路以下河段，两岸砌石绿化和休闲景观。南大河详况见本志"陆地环境"篇第三章"水系"第二节"大目洋水系"。

东大河水利　上段沙溪岸至百丈岸，民国时疏浚未成。1977年11月28日，林海公社动工开挖下段百丈岸至横大河段，至12月20日完工。计投工13.3万工，挖土15.9万立方米。河长4.89千米，面宽18米，底宽6米，深3.3米，建节制闸2座、桥5座。

西大河水利 北起横塘河，南接横大河。1977年11月28日动工，12月20日完工。投工16万工，挖土15.6万立方米。河长4.853千米，面宽20米，底宽8米，深3.5米。建节制闸2座、桥3座。2002年，整治西大河，全长6.08千米，其中新开挖河道1.228千米，2004年竣工。

门前涂横大河水利 东起柴嘴头，西至岳头嘴，横接南大河、东大河、西大河。1976年2月动工重加整治，3月竣工。挖土方24万立方米。河长2.91千米，面宽34米、底宽20米、深3.5米。

金石引河水利 西起金星下洋墩河，东至石浦汽车站。1977年11月动工，翌年6月竣工。挖土36.8万立方米。河长10.2千米，面宽13米，深3米。金星公社建桥13座，挖支河9条。金石引河开通，使大塘港淡水引灌至石浦，缓解石浦用水，改善金星、番头片农田的排涝、灌溉条件。2003年起，投入资金500余万元，逐年砌石护岸整治溪河，2008年完工。

贤庠南大河、东大河、西大河水利 1977年12月7日动工，翌年春竣工。完成土方14.8万立方米、石方5000立方米。三河总长7.75千米，面宽20米（西大河面宽12米），深3米。建桥12座、21孔。

珠溪大河水利 自珠溪至小东塘，长2.53千米，面宽20米，深3米。1977年冬至1978年春开通。同时开通的有溪沿横河、直河，总长3.16千米。

象山县河道情况表①

表27-14

水系	河流名称	所在乡镇	起止点	长（千米）	宽（米）	流域面积（平方千米）
象山港水系	珠溪	贤庠	珠溪水库—小东塘水闸	4.80	6~16	21.20
	支流沿溪	贤庠	溪岩水库—小东塘水闸	4.50	—	—
	岑晁河	贤庠	珠山岙水库—芦岙闸	9.15	5~50	26.10
	支流西泽河	贤庠	碶头陈—西泽闸	5.75	—	—
	下庄河	贤庠	下庄水库—俞公岙闸	3.75	—	2.73
	蒲门河	贤庠	里沟山—东升闸	3.25	—	3.10
	横塘河	黄避岙	大林水库—黄避岙跃进闸	7.35	3~80	23.15
	支流高潮塘河	黄避岙	横塘—跃进塘	3.40	—	—
	支流芜头塘河	黄避岙	大斜桥水库—跃进闸	4.00	—	—
	支流中央塘河	黄避岙	谢家岙—跃进闸	2.00	—	—
	雅林溪	大徐	新上岙水库—军民闸	9.50	4~200	43.76
	支流上岙溪	大徐	上岙水库—虎啸铺	2.50	—	—
	支流下院落溪	大徐	下院水库—海口	4.75	—	—
	亭溪	墙头	仓岙水库—渡头	3.43	12~35	18.90
	支流蔡家溪	墙头	龙溪庵水库—大溪蒋	2.50	—	—
	东溪	墙头	亭岙水库—黄溪村	4.00	4~25	8.80

①本表数据由水利部门提供，与本志“陆地环境”篇第三章“水系”中涉及“河道”的数据，有的并不一致，原因是资料来源不同，保留不同数据，以供比较。

续表27-14

水系	河流名称	所在乡镇	起止点	长（千米）	宽（米）	流域面积（平方千米）
象山港水系	大雷溪	墙头	方家岙水库—墙头镇	3.50	6~10	2.90
	淡港	西周	上张水库—淡港闸	8.75	5~120	52.50
	支流杨岙溪	西周	杨岙—下湾	4.00	—	—
	西周港	西周	车岭头—五一闸	8.75	15~120	32.00
	支流上庆塘河	西周	海山—下渡头	4.50	25	—
	下沈港	西周	平潭水库—下沈闸	8.50	25~200	40.00
	柴溪	西周	柴溪水库—公路桥	2.50	10~35	7.50
	杰岙溪	西周	杰岙—赖岙	4.00	10~35	8.50
大目洋水系	钱仓河	涂茨	沈岙—东港跃进闸	6.88	4~25	13.91
	支流肖家溪	涂茨	肖家岭—前山姚	3.00	—	—
	支流崔家岙	涂茨	犸狸岭—中堡	3.00	—	—
	汤岙河	涂茨	火烧山—黄沙闸	4.00	3~8	5.80
	支流黄河溪	涂茨	上张家—黄沙	1.50	—	—
	泊戈洋河	涂茨	观音岩—白岩山闸	6.00	3~30	9.80
	支流涂茨河	涂茨	红山庙水库—东碶头	4.50	—	12.20
	南大河	丹东/丹西	建设路—横大河	8.00	—	20.80
	支流上半河	丹西	西大河—东大河	6.00	5~20	—
	支流横塘河	丹西	珠水溪—东大河	4.25	—	—
	东大河	丹东	青湾水库—横大河	10.25	16~40	31.15
	支流田洋里河	丹东	田洋里水库—东大河	2.50	20~40	—
	支流赤坎河（黄泥江河）	丹东	赤坎水库—东大河	2.50	10—40	—
	西大河	丹西	马家堰河—横大河	6.10	10~0	26.44
	支流白石泾河	丹西	顺达路—象山河	5.50	5~20	—
	支流九顷河	丹西	九顷水库—仇家山	5.50	5~40	—
	横大河	丹东/丹西	柴咀头闸—岳头咀闸	2.90	12~50	—
	马岗河	东陈	乌叶岐水库—马岗村	7.25	10~30	19.47
	支流东陈河	东陈	普陀河—反修闸	6.00	10~30	—
	旦仁河	东陈	大木鱼山—公路桥	2.00	5~20	—
	燕山河	爵溪	燕山水库—燕山闸	4.50	5~20	12.20
	腾蛟河	爵溪	牛仓咀—郑脚盘	1.60	5~20	5.76
	北塘河	爵溪	燕山河道（中心河）—石城山闸	1.05	5~40	—

续表27-14

水系	河流名称	所在乡镇	起止点	长（千米）	宽（米）	流域面积（平方千米）
三门湾水系	管溪	茅洋	溪口水库—蛎港埠	6.50	20～40	31.24
	支流小白岩	茅洋	小白岩村—大地园	2.30	—	—
	支流行者溪	茅洋	行者水库—溪口村	5.50	—	—
	泗洲头溪	泗洲头	新民水库—泗洲头	6.25	10～45	43.25
	支流横埕溪	泗洲头	横埕—后王	8.50	—	—
	支流西洋溪	泗洲头	西洋村—泗洲头	1.50	—	—
	马岙河	泗洲头	马岙岭—联合塘闸	5.00	3～50	5.40
	墩岙河	泗洲头	墩岙—墩岙闸	4.00	10～50	4.50
	苏岙河	泗洲头	苏岙—西洋闸	3.50	10～100	4.90
	海台河	新桥	里岙—海台闸	6.50	4～20	9.60
	支流井头溪	新桥	尖岭坑水库—井头	1.50	—	—
	东溪	新桥	岩头陈水库—龙王头闸	6.50	5～150	22.20
	支流洋坑溪	新桥	洋坑—庙前杨	2.50	—	—
	关头河	新桥	梅岭岙—关头闸	6.15	4～150	12.50
	七里塘河	新桥	高塘—下七里塘闸	4.00	3～20	5.80
	中楼河	定塘	岙底—养殖场	7.50	30～140	24.50
	支流二宜塘	定塘	二宜塘—红庙山	5.35	10～150	—
	支流三叉塘	定塘	二宜塘—下灶	5.30	10～300	—
	长塘河	定塘	金架山水库—下渡头	11.50	25～48	30.00
	横湾河	定塘	庙山—四柱塘	5.38	—	—
	坦塘河	定塘	狮子山—坦塘长塘河	1.63	—	—
	大塘中心河	定塘	叶口山—坦港	4.25	35～60	11.00
	支流盛家河	定塘	盛家—莫山	3.00	—	—
	支流漕后河	定塘	中站—莫山	2.40	—	—
	九龙江	晓塘	上游水库—九龙江闸	12.50	16～40	21.60
	支流大明塘江	晓塘	大明塘—励家坪	2.00	—	—
	支流岙里河	晓塘	岙里村—晓塘	2.50	—	—
	大塘港水库	—	下七里—捣米山	18.00	80～300	134.00
	金石引河	石浦	石浦老汽车站—下洋墩	11.00	16～20	17.75
	支流横峙河	石浦	蒋湾村—横峙闸	3.50	—	—
	支流金鸡山港	石浦	上厂村—鸡头闸	3.75	—	—

续表27-14

水系	河流名称	所在乡镇	起止点	长（千米）	宽（米）	流域面积（平方千米）
三门湾水系	昌国长河江	石浦	堰台坑水库—延昌闸	6.00	15~25	13.50
	支流汝溪	石浦	三家村水库—延昌闸	3.00	—	—
	坦塘河	石浦	龙头岩—泥礁村	1.75	—	2.50
	鸡鸣溪	石浦	牛山堰水库—大旗头闸	4.75	10~20	7.90
	支流北大河	石浦	狮子球—横路闸	3.75	—	—
	鹤浦大江	鹤浦	樊岙水库—鹤浦大闸	9.95	16~120	26.50
	支流百丈河	鹤浦	大百丈—鹤浦大闸	6.50	—	—
	支流湾塘河	鹤浦	后龙头—鹤浦大闸	6.00	—	—
	四都中心河	鹤浦	牧童岙—南田闸	6.25	8~20	11.50
	支流大南田溪	鹤浦	横坑里水库—南田墩	1.50	—	—
	高塘中心河	高塘	碶门头—港口闸	10.25	12~36	20.00
	杏八河	高塘	金高椅—杏八闸	5.00	—	—

灌溉井

中华人民共和国成立初期，农田灌溉用井，数亭溪、大徐、雅林溪、珠溪、墙头、茅洋、泗洲头、东溪、西周、下沈等地最为普遍。尤其是墙头镇亭溪片最多，其中黄溪村达320口，几乎一丘田一口井。20世纪60年代仓岙水库未建成前尚存103口。

1950年，全县深老井2023口、水塘258口，并挖新井1277口、水塘459口，投入农田抗旱。调动大小水车6274部，搭拗棚2710处，保住62400亩水稻田免受损失。20世纪50年代末，随着山塘水库的建成，灌溉井相对减少。1958年，全县尚有灌溉井5310口，抽引地下水量213万立方米。

20世纪80年代初，全县各类水井总数7433口，其中灌溉井443口，受益农田7482亩。年抽水总量816.65万立方米。其中农田灌溉用水131.29万立方米。

20世纪80年代初期象山县灌溉井情况表

表27-15

所属乡镇	数量（口）	受益土地（亩）	年出水量（万立方米）
贤庠镇、涂茨镇、大徐镇、黄避岙乡、爵溪镇	40	109	2.38
西周镇	76	5985	48.07
丹城镇、东陈乡、茅洋乡、墙头镇	16	330	23.88
泗洲头镇、定塘镇、石浦镇	308	1048	56.66
鹤浦镇、高塘岛乡	3	10	0.30

第四节　堰坝　防洪堤

旧时，堰坝、防洪堤均为农业水利重要设施。中华人民共和国成立初期，堰坝仍受到各地政府的重视。后随山塘水库的修建，堰坝的作用逐渐减弱；防洪堤却因保护农田及人民生命财产，而继续受到当地政府的重视，不断加固、加高。

堰坝

大徐、雅林溪、亭溪、墙头、茅洋、泗洲头、儒雅洋、莲花、西周、下沈、东溪、新桥等镇乡为多。沿溪节节拦坝筑堰，引水灌溉，通常可灌田十余亩或数十亩不等。旧时，兴建堰坝均由农民合办，旧志上少见记载。民国30年（1941）5月，县政府第七次会议提出仿照诸暨县构筑水仓，水仓可视堰坝一种，仅为大徐村建过。

1950年春，东山乡（大徐乡）兴修水利52处，其中修筑堰坝40处。是年冬，虎啸铺村修复已坏10余年的旧堰，灌田34.5亩。翌年春，墙头区修堰122处。至1956年，全县堰坝1631条，引水量319.42万立方米。20世纪50年代中期，发展山塘水库，堰坝相对减少或废弃。1985年，统计尚有堰坝627处，比1956年少1000余处。引水量仅231.31万立方米，灌溉农田7455亩。其中，灌田百亩以上有大徐塔幢堰、雅林溪童家堰、珠溪大堰、莲花大堰、东溪乡王屋垄堰、新桥大堰、大沙滩堰、茅洋乡郑家庄堰、下沈岩潭地下水库堰等。

20世纪80年代后，随着灌溉技术进步，堰坝作为灌溉功能逐渐衰退，90年代末，茅洋、东溪、亭溪、西周、下沈等地结合小流域治理，新建和改建拦水堰坝40余处。

象山县灌溉百亩以上堰坝情况表

表27-16

堰坝名称	所在乡镇	灌溉面积（亩）	年引水量（万立方米）
塔幢堰	大徐镇	110	3.30
童家山堰	大徐镇	105	5.15
东桥下堰	贤庠镇	150	4.50
大溪坑堰	西周镇	155	6.00
五屋垄堰	新桥镇	120	3.60
新桥大堰	新桥镇	150	5.40
大沙滩堰	新桥镇	120	3.60
廿亩头堰	新桥镇	180	5.40
地下堰	新桥镇	100	3.00

防洪堤

境内溪陡流急，遇暴雨，山洪暴发，常冲毁坑岸，造成洪灾。民挑沙石筑堤，以挡洪水，故称防洪堤为“沙栋”。中华人民共和国成立后，逐步加固、加高修缮防洪堤，防洪标准不断提高。

下沈防洪堤　下沈防洪堤未建前，洪水经常泛滥成灾。民国28年（1939）秋，山洪暴发，溺死小孩3人，冲毁房屋无数。1954年3月25日，县政府发动村民兴筑防洪堤，国家投资6000元，投工1万余工，历时5个月，完成沙石方1.78万立方米。防洪堤长650米，高3.6米，底宽8.4米，顶宽5米。农民技工朱安邦施工，镌石立碑纪念。近年，继续浚坑固堤，提高泄洪能力。

照27-10　西周下沈防洪堤

西周防洪堤　原堤矮小，常暴雨致灾。1952年、1956年两次疏浚坑溪，拓宽砌石，加固堤防，堤长1千米，高2.5米，面宽8米。修竣后，洪灾消弭。

泗洲头防洪堤　泗洲头镇上游集雨面积大，每当暴雨，三溪汇流如潮，冲农田，毁桥梁，淹集镇。1974年，泗洲头、东岙等村投工2.7万工，挖填土方1.4万立方米，建桥1座，改溪384米，拓宽溪面3米，将东岙溪坑引大溪入海。1982年年初至1983年9月，兴建防洪堤1条，长847.5米，高2.8米，宽3米，建机耕桥1座，拓宽溪床10~12米。总投资6.2万元，其中国家投资4万元，完成土石方2万立方米。改溪建堤后，原坑道填为街道，减轻洪水威胁。

柴溪防洪堤　柴溪弯曲狭小，坑堤单薄，难御洪水。1977年秋，山洪暴发，坑堤被毁，民房、桥梁被冲，农田遭淹。是年，柴溪村自筹资金1万余元，投工3万工，取直拓宽坑溪，扩大过水断面至18米，兴建防洪堤长400米，高2米，宽4米，保障沿岸2000亩农田安全。

第五节　排　　灌

旧时，农田排灌工具主要是水车、拗棚及戽水桶。中华人民共和国成立后，发展机电排灌。20世纪50—60年代，多以柴油机作动力提灌。70年代，富春江电力输入，兴建翻水站、排灌站，始以电力提水、排水、喷灌。1985年，全县固定机电排灌站1037处（含排涝站6处），总装机3277台。其中，内燃机2136台、16548马力，电动机1141台、12495千瓦。农用变压器697台、21490千伏安；35千伏输电线路6条，长93.042千米；10千伏输电线路718千米，380伏配电线路482千米。机电排灌面积293000亩，占总耕地面积的78%。1985年后，整顿改造泵站渠道，改土渠为防渗三面光渠道，省水高效。至1992年年末，已改造效率低泵站7座，配置水泵20台、677千瓦；建三面光渠道200余千米，输水管道4.11千米。全县各类机电排灌设备3383台套，其中内燃机2136台套、16548马力，电动机1247台套，13335千瓦。

传统灌溉方式多为漫灌。1978年，大塘港管理处试验糖蔗喷灌成功。喷灌有施水均匀，省水省工，保土保肥，有利增产等优点，而迅速推广应用。1979年，全县移动式喷灌发展至133台、489马力，控制面积11235亩。1980年，增加34台、164马力，增加控制面积2385亩；建固定喷灌站1座、装机17千瓦，面积55.5亩。固定喷灌较移动喷灌优越，后以发展固定喷灌为主。1985年，全县有昌国、九顷、大塘港、丹城三叉路固定4个喷灌站，装机134千瓦，喷灌面积500亩。其中，柑橘445亩、蔬菜55亩，后因一次性投资较大，再无发展。丹城三叉路55亩蔬菜喷灌因城建用地而废除。1992年年末，存固定喷灌站3个，喷灌面积450亩。至2007年年末，全县喷灌总面积2520亩，其中，大塘港节水灌溉项目区蔬菜喷滴灌1605亩，贤庠镇蔬菜喷滴灌225亩，晓塘乡柑橘喷灌705亩。

照 27-11 20世纪80年代初的流动抽水机船

机灌

1953年，林海乡后洋村兴建抽水机站1座，将轧米用柴油机配上水泵抽水，为县内机灌之始。随后，各地竞相仿效。1956年，抽水机62台、692马力。1958年，实行人民公社化，各乡村纷纷建造抽水机站。1960年后，柴油供应增多，以柴油机为动力的抽水机大量增加，至1963年，抽水机增加到273台、3014马力。1969年，计抽水机609台、7986马力，灌溉面积16900亩，占水田面积的57%。1982年，柴油机配套的抽水机1125台、11777马力。1992年，柴油机配套的抽水机增至2136台、16548马力。电灌兴起后，机灌逐渐减少。

电灌

1955年后，丹城兴建第一批电灌站5座、35千瓦，以火电为动力，带动水泵抽水，灌溉农田15000亩，因成本太高停办。1968年，丹城新建火电厂，复建电灌站3座、30千瓦。翌年，发展为13座、124千瓦。1972—1981年，陆续兴建西周、丹城、定山、石浦、大徐、南田等变电所，大电网电输入县境，为发展电灌创造条件。1975年，大塘港电灌配套工程相继建成，定塘、晓塘、中楼、新桥、大塘、后岭、南庄、林海、东陈等始搞电灌配套。是年，全县装机265台、4370千瓦，电灌面积74300亩。翌年，推广至金星、番头、东溪、旦门等地，全县装机增至328台、5060千瓦，电灌面积108400亩。1977年始，西周、下沈、莲花、灵南、儒雅洋、泗洲头、珠溪、贤庠、雅林溪、大徐、黄避岙、涂茨、东港共13个乡镇先后完成电灌配套。至1981年，共装机837台、10313千瓦，电灌面积249200亩，占水田面积87%，全县除海岛外，陆上全部完成电灌配套。随后3年，解决高塘、鹤浦、樊岙、东门海岛电灌。至1992年，全县农田变压器724台、22365千伏安，排灌电动机1247台、13335千瓦。装机30千瓦以上的电灌站（含翻水站）有大塘港普陀门、坦塘、双叉江、九龙江、中岙渡、浮礁渡、定塘、台洞塘、旦门上周、樊岙牧童岙、大乌岩水库、南方塘、鹤浦万寿塘、西泽塘、大双岙水库、隔洋塘、南站、后岭湖头山、南盘水库、晓塘西边塘等20处，装机42台、1645千瓦。

照 27-12 定塘英山排灌站

电力排涝站主要在大塘港灌区。1975年，大塘港工程建成后，引起中楼三叉塘、新桥七里塘等部分低洼地区积水内涝。为此，县在建设碶、下七里、圆屿塘、大岙、扁屿等建电力排涝站5座，装机14台、945千瓦，排水流量11.38立方米/秒，以解决内涝。

第六节　小流域治理

象山境内低山丘陵错落，溪流密布，流域面积小。溪流源短流急，独注入海。1999 年 10 月 28 日，浙江省水利厅下发《关于编制全省小流域“十五”计划和 2015 年长远规划的通知》，据此，象山编制规划上报省厅审批。规划将下沈港、淡港、泗洲头、东溪、溪口等地 168.28 平方千米的面积划为县小流域治理范围，按防洪 20 年一遇标准治理。同时，护岸修砌涂茨河、珠溪、岑晁河、横塘港河、雅林溪、西周港、中楼河、长塘河、九龙江、鹤浦大江共 10 处小流域流经段的村庄，并建筑堰坝，满足村民洗涤用水和景观需求。

下沈港流域

下沈港流域面积 33.93 平方千米，主流长 11.5 千米，流域内村庄 12 个，人口 9513 人，流域上游为平潭水库。2000 年始，累计投入资金 1350 万元，修建防洪堤 9.4 千米、堰坝 7 座，疏浚河道 9.8 千米，修建机耕路 8 千米。

淡港流域

淡港流域面积 35.73 平方千米，主流长 8.5 千米，流域内村庄 18 个，人口 6450 人，流域上游为隔溪张水库。流域中游建上张水库，累计投入资金 279 万元，修建防洪堤 2.4 千米、堰坝 3 座，疏浚河道 3.8 千米，修建机耕路 4 千米。

泗洲头流域

泗洲头流域面积 37.82 平方千米，主流长 8.6 千米，流域内村庄 20 个，人口 11086 人，流域上游建新民水库。2000 年始，累计投入资金 1034 万元，修建防洪堤 7.4 千米、堰坝 8 座，疏浚河道 8.5 千米，修建机耕路 14 千米。

东溪流域

东溪流域面积 23.85 平方千米，主流长 8 千米，流域内村庄 12 个，人口 7411 人，流域上游建岩头陈水库。2000 年始，累计投入资金 645 万元，修建防洪堤 3.4 千米、堰坝 5 座，疏浚河道 5.5 千米，修建机耕路 5 千米。

溪口流域

溪口流域又称管溪流域，面积 36.95 平方千米，主流长 9.1 千米，流域内村庄 29 个，人口 13316 人，流域上游建溪口水库。2000 年始，累计投入资金 745 万元，修建防洪堤 5.4 千米、堰坝 5 座，疏浚河道 5.7 千米，修建机耕路 5 千米。

第五章　水　　政

唐时围塘建碶，碶闸有碶夫管理。晚清县丞分管水利。民国18年（1929），县建设科掌管农、林、水、交通事宜。民国31年7月，成立县水利协会。1950年前后建溪口、西港、西坛、峰北、靖河等乡水利协会，分别管理县、乡水政事务。

中华人民共和国成立后，县政府设建设科兼理水政。1956年9月，成立县水利局。1974年后，随着各地水利工程的完成，先后在大塘港、仓岙、溪口、平潭、隔溪张等水库建立管理处。1981年，在全县各公社配备水利员，县、乡水利管理网络逐渐形成。1992年5月，建立县水政监察站。1997年11月，建立水政监察大队，全县实施水政监察。

第一节　水利投入

水利投入，历代重视。各时期生产力发展和赋役、财政制度演变及水利本身形式与规模不同，筹集资金办法各不相同。随着象山国民经济和社会事业的快速发展，水利的重要性日益被全社会所认识。水利建设资金的筹资渠道、筹资方式和筹资结构呈多元化。尤其是“九五规划”以来，水利基础设施建设投入大幅度增加，投入资金除政府财政性拨款外，还通过银行贷款、国债转贷项目管理单位、乡村受益地区工商企事业单位和个人筹集等办法增加投入，项目资金投入从无偿拨入变为有偿使用，调动社会各方兴修水利的积极性。1954—2008年，象山共投入水利资金313930.48万元，其中政府财政性投入186609万元，银行贷款43836.78万元，国债转贷3927万元，乡镇村及群众自筹资金79557.7万元；完成水利建设工程量14373.21万立方米。

民众自筹

办法是按受益田亩分摊资金（大米）及劳力。民国32年（1943），修理高平、秀才、贤昌等碶，帮工按田亩摊派，经费向各户筹募。西陲乡修塘岸，经费征收各保长负责，5亩以上田户先收食米1斗，10亩以上3斗，15亩以上5斗。靖南乡建闸1座，开引河1条，实用经费米1000石，即以1500亩受益田亩中摊派。民国37年，政府发动民众投劳，疏浚东大河。中华人民共和国成立后，群众投劳数量增加，1950—1992年，共投入劳力9856.3万工。

中华人民共和国成立后，镇乡自筹资金投入水利数量逐渐增多，共计79557.7万元。其中，1958—1965年为132.2万元，1973—1979年为1112万元，1980—2008年为78313.5万元。

政府救赈

民国时期，主要用于水毁工程。民国29年（1940），修筑湖滨及下沈塘水毁工程，乡派员查勘计划，筹募经费，建立修筑委员会，动员民工修筑，所需经费从县水灾赈济费拨支一部分。较大的农田水利工程，则由国家建设费中安排部分。

以工代赈

多实行于20世纪50年代。“八一台灾”后，修复门前涂海塘，因人民生活困难，采取以工代赈形式，由林海、南庄、东陈、丹城四乡镇联合兴建，劳力用工每日发生活补贴费，工程所需材料物资、技工费由国家出资，计29.53万元。1957年2月19日，县人委批复高塘、亭溪、东陈、溪口、新桥、晓塘等乡8个水库、1个堵港工程以工代赈款2.72万元。是年，全县先后批准以工代赈90处，拨款11.83万元，主要用于恢复生产，修复水毁工程。

国家拨款

主要投入重点项目，1954—1985年，国家投入水利费3389.3万元，其中省市拨款2376.45万元，县拨款1012.85万元；用于建造大塘港、仓岙、溪口3座中型水库1161.86万元。1986—1992年，国家投资2661.1万元，其中省市拨款1029.6万元，县拨经费1631.5万元，用于平潭中型水库290万元。1993—2008年，国家投入水利的资金达180558.6万元，主要用于新标准海塘建设，中型水库建造围垦工程以及饮用水工程建设。

银行贷款

1951—1956年，银行贷款26.78万元。1960年始，银行停止发放水利基本建设贷款。国家投入资金，经财政局拨款，由银行监督支付。1977年，中央为发展农业生产，支持小水电建设，拨入象山专项贷款35万元，主要投放儒雅洋、下沈等乡小水电站建设。

1954—2008年象山县水利投入资金及工程量情况表

表27-17　　单位：万元

年份	投入资金	其中				完成工程量（万立方米）
		政府财政	镇村群众自筹	银行贷款	国债转贷	
1954—1956	54.07	27.29	—	26.78	—	430.00
1957	89.22	89.22	—	—	—	118.01
1958	39.66	21.66	18.00	—	—	684.00
1959	49.80	24.80	25.00	—	—	358.00
1960	50.71	27.71	23.00	—	—	145.00
1961	27.58	22.88	4.70	—	—	72.00
1962	77.85	62.85	15.00	—	—	88.50
1963	116.59	108.09	8.50	—	—	136.00
1964	53.64	27.64	26.00	—	—	128.20
1965	38.15	26.15	12.00	—	—	202.00
1966	26.41	26.41	—	—	—	183.00
1967	24.69	24.69	—	—	—	70.50
1968	28.29	28.29	—	—	—	97.00
1969	28.31	28.31	—	—	—	126.00
1970	61.27	61.27	—	—	—	200.00

续表27-17

年份	投入资金	其中				完成工程量（万立方米）
		政府财政	镇村群众自筹	银行贷款	国债转贷	
1971	64.08	64.08	—	—	—	336.00
1972	83.16	83.16	—	—	—	238.00
1973	274.76	145.76	129.00	—	—	341.00
1974	348.34	148.34	200.00	—	—	250.00
1975	350.56	150.56	200.00	—	—	260.00
1976	264.74	144.74	120.00	—	—	252.00
1977	299.66	161.66	138.00	—	—	400.00
1978	383.61	233.61	150.00	—	—	734.00
1979	489.43	314.43	175.00	—	—	278.00
1980	186.80	186.80	—	—	—	320.00
1981	234.30	234.30	—	—	—	128.00
1982	287.10	287.10	—	—	—	122.00
1983	229.60	229.60	—	—	—	105.00
1984	279.10	279.10	—	—	—	90.00
1985	118.80	118.80	—	—	—	85.00
1986	256.70	256.70	—	—	—	93.00
1987	189.30	189.30	—	—	—	123.50
1988	217.00	217.00	—	—	—	125.20
1989	297.60	297.60	—	—	—	224.80
1990	304.90	304.90	—	—	—	225.00
1991	387.80	387.80	—	—	—	267.00
1992	1007.80	1007.80	—	—	—	271.50
1993	387.10	387.10	—	—	—	250.00
1994	615.00	615.00	—	—	—	260.00
1995	415.00	415.00	—	—	—	265.00
1996	884.00	680.00	204.00	—	—	295.00
1997	5233.00	3776.00	1207.00	250.00	—	362.00
1998	23509.00	9130.00	12219.00	660.00	1500.00	732.00
1999	13049.00	6315.00	2734.00	3700.00	300.00	572.00
2000	10085.00	5300.00	1935.00	1150.00	1700.00	395.00
2001	14700.00	5114.00	8886.00	700.00	—	260.00

续表27-17

年份	投入资金	其中				完成工程量（万立方米）
		政府财政	镇村群众自筹	银行贷款	国债转贷	
2002	17100.00	5000.00	10000.00	2100.00	—	265.00
2003	26000.00	12141.50	608.50	13250.00	—	380.00
2004	27360.00	18500.00	6860.00	2000.00	—	410.00
2005	35000.00	24140.00	8860.00	2000.00	—	360.00
2006	45000.00	34274.00	8600.00	2000.00	126.00	420.00
2007	42000.00	34499.00	6200.00	1000.00	301.00	380.00
2008	45272.00	20272.00	10000.00	15000.00	—	460.00

说明：1. 1998 年、1999 年，中央各补助 1000 万元；2000 年，中央补助 1750 万元。2. 从 2004 年开始，水利投入资金及工程量包括大目涂二期和白溪引水工程

第二节　工程管理

中华民国时期，沿海碶闸通常由 1~2 人管理，称碶夫。南庄朝宗、会源、灵长诸碶均设碶夫，并镌石设标，订立蓄泄标准，过 3 分启闸放水，不足 1 分则关闭。设碶田，归碶夫耕收。民国 36 年（1947），成立乡镇水利协会，订有章程，负责所在地区水利工程规划、修建，经费筹募保管，工程管理养护及农田用水调查等事。

土地改革时，碶田统一分配给农民，碶夫评工记分，维修费用由农户负担。此后，随水利事业发展，水利工程管理工作逐步加强。1962 年统计，主要水库、碶闸 70 处，专管人员 125 人，兼管 46 人。“文化大革命”期间，处无人管理状态。1973 年 3 月，区设水利员 2 人，仍重建轻管。1978 年，全国水利管理会议后，强调建管并重，恢复健全水利工程管理组织，实行“谁建谁有谁管”原则，国家举办，属全民所有，由县主管部门组织管理；民办公助和集体联建或单建，属集体所有，由有关区、乡、村组织管理。是年，县设水利工程管理所（股）。

1980 年 1 月 14 日，县政府颁发的《象山县水利工程管理暂行细则》规定：所有水利工程都应根据统一领导、分级管理的原则，建立和健全管理组织及机构；各乡、镇人民政府都要确定专人分管水利工程管理工作，并列入议事日程，以加强领导；各乡经济联社可以根据需要，在农业服务公司下设水利站，开展有关管理业务；乡水利员的主要职责是从事本乡水利建设和工程的管理工作；各水利工程应根据规模大小和任务繁简，建立和健全相应专管组织；一个村受益的小水利工程，由该村民委员会落实组织，负责管理；几个村或一个乡、镇受益的水利工程，由乡、镇建立组织，负责管理；几个乡受益的水利工程，则由区或区委托一个主要受益的乡负责组织管理。1981 年，全县乡（镇）各配水利员 1 名。

1984 年，县水利工程管理所改称县水利工程机电排灌管理站。按分级管理原则，指导各类水利工程维修养护、除险加固、调度运用。大塘港、仓岙、溪口三座中型水库先后建立管理处，为

全民事业单位，隶县水利局。并设灌区代表会，成员由区、乡及工程管理单位行政领导，受益区群众代表组成，灌区代表大会每年定期召开一次，审议管理处工作报告和计划，讨论、决定灌区水量分配、水费征收等事项，检查督促工程管理、修建等工作。闭会期间，由灌区管理委员会行使大会职权。区、乡办工程，由区、乡建立集体专管机构。南大河、岩头陈水库设水利管理所，分属南庄、定山区领导。珠溪、九顷、赤坎、南盘、新民、万寿塘（反修塘）等小（1）型水库，设水库管理所；贤庠、高塘岛、丹城、大塘、中楼诸乡设水利管理所（站）或淡水养殖场。西周、下沈、莲花、黄避岙、鹤浦等沿海塘闸工程设塘闸管理所。皆视工程大小，5~10人组成，隶当地乡（镇）政府领导，水利局负业务指导。面上小型分散水利工程，由所在地村民委员会配备专职或兼职1~3人管理。

1985年，县属中型水库管理处3个，职工336人（含临时工）；乡属管理所（站）19个，管理人员175人；村级管理小组23人，管理人员85人。1992年，县属中型水库管理处3个，干部职工194人；小（1）型水库管理所13个，职工30人；塘闸管理所14人，职工104人；乡镇水利员31人，计359人。

2000年，为加强标准海塘建成后管理工作，县设海塘管理科，镇乡设塘管所。全县共建成14个乡镇海塘管理所，其中5个为专业海塘管理所，落实专兼职人员112名。2002年制定《象山县海塘工程建设和管理办法》，完善标准海塘、水库和河道管理考核办法。

2008年，全县有小（1）型水库管理单位15个、管理人员64人；小（2）型水库管理单位53个，管理人员66人。

第三节　水务管理　水政执法

20世纪90年代始，全县实行取水许可证制度，查处各地水事违法案件，并建立水政监察网络。进入21世纪后，开展饮用水源地保护和水土流失防治工作，并监测境内水源水质情况。

水务管理

主要开展饮用水源地保护、预防水土流失、实施水质监测和取水许可证制度。

饮用水源地保护　为改善水质，保障人民身体健康，于2004年3月，分别在溪口、隔溪张、岩头陈、南盘建立4个县级饮用水源保护区。其中，溪口水库是县中心城区、石浦城区居民生活供水的主要水源地；隔溪张水库承担城镇供水及当地农田灌溉；岩头陈水库承担供应东陈、新桥两乡镇的居民饮用水和农田灌溉；南盘水库承担供应东陈乡居民用水和农田灌溉。

饮用水源保护区设置一级、二级及准保护区地理界限和明显长久界碑，规定在保护区中的交通要道或人群聚集场所，设置刻有县人民政府颁发的饮用水源保护及污染防治管理规定的告示牌。于每年双月，将水质送至宁波市水利局检测。在一级保护区内无生活排污口，无和供水无关的工程，无畜禽及投放饵料的网箱养殖和污染水源的旅游、游泳；二、三级保护区内无危险品的存放和使用，无工业、生活垃圾的堆放、填埋、倾倒现象，道路旁设置危险品车辆禁止通行的标志牌，村庄周围修建挡水墙，防止生活垃圾流入水库内；准保护区内无危险品仓库，无废物回收、加工场及新建、改建、扩建的污染项目。

水土保持　1991年《中华人民共和国水土保持法》颁布实施后，经历届政府努力，水土流失面积从1997年的155.95平方千米，减少至2004年的52.78平方千米，减少103.17平方千米，总治理率达66.15%。

表27-18

2004年象山县水土流失情况表

单位：平方千米

地　名	水土流失面积						土地总面积	占比（%）
	小计	轻度	中度	强度	极强度	剧烈		
丹东街道 丹西街道	1.68	0.86	0.67	0.11	0.00	0.04	94.70	1.77
爵溪街道	3.09	2.39	0.58	0.05	0.00	0.07	38.53	8.02
大徐镇	1.36	0.24	0.52	0.47	0.13	0.00	64.66	2.10
定塘镇	1.27	0.77	0.41	0.02	0.05	0.02	73.85	1.72
鹤浦镇	8.24	4.57	2.94	0.47	0.15	0.11	103.13	7.99
墙头镇	1.03	0.50	0.44	0.06	0.02	0.01	74.29	1.39
石铺镇	5.21	3.69	1.20	0.25	0.06	0.01	131.34	3.97
泗洲头镇	1.66	1.04	0.41	0.14	0.02	0.05	92.02	1.80
涂茨镇	3.38	1.54	1.05	0.72	0.06	0.01	67.02	5.04
西周镇	12.14	6.69	5.19	0.16	0.09	0.01	189.19	6.42
贤庠镇	1.30	0.49	0.45	0.16	0.20	0.00	72.49	1.79
新桥镇	4.52	3.01	1.05	0.41	0.05	0.00	98.85	4.57
东陈乡	1.26	0.89	0.21	0.16	0.00	0.00	71.46	1.76
高塘岛乡	2.96	1.17	1.19	0.31	0.25	0.04	58.72	5.04
黄避岙乡	1.69	1.01	0.52	0.12	0.02	0.02	49.32	3.43
茅洋乡	0.86	0.51	0.30	0.03	0.02	0.00	58.94	1.46
晓塘乡	1.13	0.73	0.29	0.11	0.00	0.00	46.69	2.42

1999年，开展水土保持法、森林法、防洪法执法检查，水土保持和生态建设工作开始重视。2000年，县政府着手编制《象山县水土保持规划》，2001年6月18日，批转街道镇乡实施。2004年，投入资金72万元，整治丹东街道箭竹山和石浦镇丁家山，绿化面积12500平方米，关闭公路沿线采石场。2005年，投入资金107万元，整治大徐镇船倒山、泗洲头镇对门山，绿化面积13000平方米，关闭丹东街道塔山采石场。至2007年10月，全县关闭采石场38家。

水质监测　2005年6月起，监测仓岙、溪口、隔溪张、大塘港等饮用水源及军民塘水库和东大河水质。每两个月取样，送杭州检测，并将每次检测结果公告于宁波市水资源质量通报中。

用水管理　中华人民共和国成立前后，用水无记载。人民公社时期，生产队选派放水员，统一管水放水。1963—1965年，推广一把锄头放水经验，唯丹城镇1962年首行机库统一管理，由各大队组成机库联合委员会，设主任1人，副主任3人，专职会计1人。用水需经审批，凭票供水，按受益田亩负担费用和劳动投入。机库实行“五定”：定人员（抽水机手12人，水库管理员4人，会计1人)、定工分、定工值、定粮食、定责任。该做法先后在大塘、高塘、林海等实施，成立抽水机联站，统一浇灌，节约用水。库容百万立方米以上水库，各受益区、乡实行专人管理，统一放水，小水库确定放水员统一管理。1975年后，农业生产逐步实行承包责任制，农田灌溉用水管理出现新矛盾，承包户争先恐后上水库放水，以致造成纠纷。为此，实行又统又分的原则，主要水库、抽水机站，如大塘港、仓岙、墙头、茅洋等水库、抽水机站、机埠仍统一管理；小型水库机埠分到村级及至几家几户，如定山杨岙村，原由定塘乡翻水灌田，后分5个机埠，该种小型排灌站点发展很快，星罗棋布。1985年年末统计，全县固定机埠1005处、1163台、14141千瓦。大塘港翻水站仍实行统一管理用水。

取水许可　1991年6月，象山实行取水许可证制度，当年发放取水许可证365份。后取消办理村级饮用泵站、农业用水单位和个人取水许可证。1992—2007年，发放有效取水许可证46本，核准年取水量8500万立方米。2006年、2007年两年收缴水资源费350余万元。

水费征收　征收水费，可以促进计划用水、科学用水，减少浪费，扩大灌溉面积，提高经济效益，增加水库收入。1974年，大塘港开始征收水费，仅收取成本费，农业用水按成本大小每亩收费0.40~0.80元；工业用水，每吨0.06元；生活用水每吨0.0237元。1978年，仓岙水库始征收工业、生活用水水费，每吨按毛水量0.008元计算。农业水费未收，主要是农村已投入大量劳力物力，再收水费农民负担太重。

20世纪80年代，全面征收水费。1982年6月，县水利局提出水费标准：农业水费按年运行计算，每立方米净水价0.004元；工业、生活用水按年运行费、大修理费和折旧费应摊部分计算，每方净水价为0.04元。1983年1月1日起，仓岙水库向丹城自来水厂以全年实际供水量扣除北门饮水库，征收农业水费每亩每年3元（不含投工），生活（工业）用水费每吨0.03元。

1985年，县水利局制发《大塘港灌区水费标准、制度》：凡受益单位都均按规定及时向水利工程管理单位交纳水费，凡无故不交拖欠的，水利工程单位有权停止供水。工业和生活用水单位收费，自行提用大塘港库区水的单位，每立方米收取0.018元；由管理处提水的每立方米收取0.025元；农业用水收费，每亩基本收费1.50元，电费按实际用量向受益单位收取。2007年全县农业用水停止收费。

水政执法

1990年，贯彻水利部转发公安部《关于严厉打击盗窃水利电力设备犯罪活动的通知》，配合公安部门查处水事违法事件。1998年始，全县各级水政机构凭借不断完善的水政监察网络，加大水事违法案件查处力度。至2008年，全县共查处各类水事违法案件和纠纷196件，其中重大水事案件17起。

1992—2008年象山县重大水事违法案件查处情况表

表27-19

时 间	地 点	查 处 情 况
1992.07.12	定塘镇西洋塘标准塘坝	拆除违法搭建在外坡房屋17.5平方米
1996.07	大塘港水库岙孟门大坝	拆除擅自搭建房屋1间、38平方米

续表27-19

时　间	地　点	查　处　情　况
1996.07	下沈柴溪海塘塘坝	拆除违法搭建管理房14间、246平方米
1996.07	丹城南大河中	拆除擅自在河床上建筑的拦水坝
1996.07	岳浦大闸	清除岳浦建设开发公司擅自向下游港道倾倒石渣600多立方米
1996.07	贤庠镇	查处填埋岑晁河道1000余平方米，搞市场开发和房产经营行为
1998.07.13	新桥海塘	拆除护坡违法搭建养殖房屋40户80间、1200平方米
1999.04.02	新桥龙王头塘	查处擅自破土埋管事件，作出限期拆除、恢复原状的处理
1999.05	丹城镇张家村	拆除张家村村民擅自搭建南大河小东洋碶门边房屋2间、面积40平方米
1999.07.28	墙头方家岙库区	依法关闭石场
2002.03.14	西周镇下沈海塘	拆除下沈海塘违章建养殖管理房6间、100余平方米
2002.05	全县高标准海塘	共清除堆放的杂物2处、78平方米，拆除海塘违章建筑物18处、490平方米
2003.01.13	石浦番西段海塘	对石浦东方水产有限公司在番西段海塘内侧30米处建厂房，将厂房基建废土，运至塘坝临时堆放，造成塘坝沉滑事故作出限期恢复并处10000元罚款
2004.12.15	门前涂海塘	清除门前涂海塘护坡违章搭建房屋10间、100平方米
2004.12.29	爵溪东塘	拆除东塘乱搭建大、小房屋11间
2008.06.05	石浦金石海塘城区段	石浦港游船擅自在海塘上搭建钢梁，影响海塘安全，作出拆除钢梁、恢复原状处理
2008.08.08	丹东街道上大河	东方建设集团擅自向上大河排放泥浆，作出限期清理、罚款1000元处理

第二十八篇
农　　业

本篇目录

第一章　农业用地　农业人口　农业收入

象山为农业县，人多地少，历代靠围垦增加土地。中华人民共和国成立后，大面积围垦，使人均面积基本达到全省人均水平。至 2007 年，全县耕地 319965 亩，人均 0.6 亩。20 世纪 90 年代，由于城市建设的扩展和农业产业结构的调整，全县耕田面积逐年减少。2005 年后虽有递升，亦为围垦所得。农业收入，历以自给自足为主。中华人民共和国成立后，农业作为国民经济的重要组成部分受到重视，农业总产值不断提高。中共十一届三中全会后，农村家庭联产承包责任制、农业产业化实施，农业总产值快速增长。随着农业土地经营方式的转变，家庭农场、种粮大户的增加和农业机械化快速推进，大量农村剩余劳力向城镇转移。农村经济结构多元化。农民既务农，亦务工、经商，多渠道增加收入。至 2008 年，全县农民（不含渔民）人均年收入达到 8000 多元。

第一节　农业用地

在古代，象山农业用地分为田、地、山三类。民国时期，分为田、地、山、荡 4 类。在当代，农业用地包括耕地、园地、林地、牧草地和其他农用地。象山基本无牧草地。园地在改革开放后发展很快，面积成百倍增长。

中华人民共和国成立前农业用地

唐及以前，农业用地无记载。宋至明，记官、民田（地）。清后有官、民田（地）外，还记灶田、屯田。民国 30 年（1941）9 月，省政府统计象山有山 1076447 亩，农宅地 355332 亩，沙涂 177168 亩，河湖 24386 亩，路 2986 亩，合计 1636319 亩，为当时全县土地总面积。虽无农业用地数，但多为农业用地。

象山县历代土地情况表

表 28-1　　　　单位：亩

时间	总数	官田土			民田土			备注
		田	地	山	田	地	山	
宋宝庆年间（1225—1227）	—	—	—	—	131920.0	—	—	宋《宝庆志》以此数为民田。嘉靖《象山县志》称田、地、山 131920 亩
元延祐年间（1314—1320）	476221.0	61896.5	—	—	127156.0	—	—	官、民田数据元延祐志。总数据嘉靖《象山县志》，包括田、地、山

续表28-1

时间	总数	官田土			民田土			备注
		田	地	山	田	地	山	
元至正二十年（1360）	565907.0	54571.9	6840.8	14537.6	127159.2	—	—	总数用嘉靖《象山县志》，即县尹杨用可核田数。蒋景高有《象山县核田记》。余数字据至正《四明续志》。
明洪武二十四年（1391）	540984.0	147820.0	142961.0	250203.0	—	—	—	据嘉靖《象山县志》，田土未分官民，表中权记入官田土项下
明永乐十年（1412）	511332.0	134884.0	126036.0	250412.0	—	—	—	所据同上，亦未分官、民，本表权记入官田土
明宣德七年（1432）	513719.0	—	—	—	—	—	—	同上
明正统七年（1442）	554689.0	—	—	—	—	—	—	同上
明景泰三年（1452）	520257.0	—	—	—	—	—	—	同上
明成化八年（1472）	511670.6	—	—	—	—	—	—	同上
明嘉靖二十一年（1542）	516672.6	4725.6	3444.0	15036.0	134989.0	122921.0	235557.0	据嘉靖《象山县志》。民田内含僧、道田8923亩。民山内含僧山11086亩。另有昌国卫五千户所屯田3608.3亩，地5734.5亩。钱仓所屯田724亩，地1219亩。爵溪所屯田296亩。县民带种屯田91.9亩，地1094.5亩，未记入总数
明万历三十年（1551）	516909.0	—	—	—	—	—	—	据雍正《象山县志》，是年官民田地山额同嘉靖二十一年。乾隆县志则称：嘉靖、万历间官民田、地、山计516909亩

续表28-1

时　间	总　数	官　田　土			民　田　土			备　注
		田	地	山	田	地	山	
清初	520451.0	灶田38269.2，屯田2477.7，民人带种屯田92.0	灶地17741.1，屯地6953.8	—	103595.7	109004.8	250604.1	山未分官、民，今俱记入民山项
清雍正九年（1731）	273629.7	屯田861.4	屯地122.5	—	93441.0	71332.9	107871.9	此据雍正《浙江通志》，内分述田、地、山之亩数。而据雍正《宁波府志》所载计算得田89418.5亩。两志均未分官民，考虑到清朝象山官田土极少，故本表权并记入民田土
清乾隆二十二年（1757）	209237.5	23005.7另屯田992.6，民人带种屯田19.6	6463.3另屯田162.4，民人带种屯地105.6	—	80148.5	78406.1	19933.7	此据乾隆《象山县志》、道光《象山县志》。山未分官民，今表均记入民田土。本表把灶田、灶地列为官田地
道光四年（1824）	329582.9	32310.4（归仁乡15912.0，政实乡2876.5，游仙乡13521.9）屯田992.6。民人带种屯田19.6，另荡田15978.4	7405.0屯地162.4，民人带种屯地105.6，另涂地413.3	—	89048.2（归仁乡26675.3，加塘田726.0，政实乡39011.8，游仙乡22635.1）	72805.2	110361.8	此据道光《象山县志》。山未分官、民，今表权记于民田土中。表中所列官田、地在志中为灶田、地
同治六年（1867）	337950.2	32310.4另屯田1012.3。民人带种屯田19.6	7405.0另荡田、涂地共24701.4，屯地105.6	—	88881.6（归仁乡26732.3，政实乡39011.8，游仙乡23137.5）	72900.0	110615.3	据同治《象山志稿》。山未分官、民，今权共记在民田土项下，荡田、涂地亦未分，今权记在官地下

续表28-1

时间	总数	官田土			民田土			备注
		田	地	山	田	地	山	
民国三年（1914）	235242.0	荡田 32489.0	涂地 562.0	—	162790.0	39401.0	—	据民国《象山县志》载“内务统计田地亩数表”。其时未计山，且不计南田
民国二十一年（1932）	410062.0	荡田 29886.0	—	荒山 74934.0	220312.0	59672.0	25258.0	据民国二十二年《中国实志》。田、地中含南田60569亩
民国三十年（1941）	—	—	沙涂 177168.0	—	355332.0（农宅地）	—	1076447.0	省政府统计局《订正各县面积分类》，农田、宅地未分，山地未分官民
民国三十七年（1948）	414109.0	—	—	355253.4（官、民合计）	296819.0	117290.0	—	据《浙江经济年鉴》。山地，据《象山县经济概略》，故本表未计入总数

说明：县农林局提供民国时期田土数

中华人民共和国成立后农业用地

农业用地分为5类，即耕地、园地、林地、牧草地、其他农用地。象山没有牧草专用地。其他农用地数量甚少，且无分项统计。2007年，全县各街道镇乡农用地面积，耕地面积详见本志“自然资源”篇第一章“土地资源”。

耕地　据中华人民共和国成立初调查，1949年全县实有耕地413680亩，人均1.67亩。1951年增至442770亩。1957年年末，有耕地443309亩，比1949年增加29629亩。8年间，净增土地29629亩，年均增加3704亩。1978年年末，耕地391492亩，比1957年净减51817亩。21年间，年均减少2467亩。1978年后，经济建设加快，建设用地和农村产业结构调整占用部分耕地。1985年年末，耕田370100亩，比1978年净减21392亩。7年间，平均减少3056亩。至1989年，耕地减至342900亩。1986—1989年的4年，占用耕地36500亩（建设用地4600亩、农业结构调整占用31400亩、其他用地500亩），新垦耕地增加9300亩，增减相抵净减27200亩，年均减少6800亩。1995年年末，全县耕地300040亩，6年减耕地38860亩。耕地锐减引起政府重视，1993年、1996年，县政府规划和调整划定基本农田保护区，强化耕地保护和复垦开发，至2007年，全县耕地增加到320000亩，比1995年增加19960亩。12年间，年均增加耕地1663亩，多为围垦所得。

1949—2007 年象山县耕地情况表①

表 28-2　　单位：万亩

年份	耕地面积	其中		年份	耕地面积	其中	
		水田	旱地			水田	旱地
1949	41.37	30.88	10.49	1979	38.72	28.65	10.07
1950	41.83	31.32	10.51	1980	37.76	27.97	9.79
1951	44.28	33.87	10.41	1981	37.76	27.98	9.78
1952	44.27	34.03	10.24	1982	37.71	28.08	9.63
1953	44.27	34.04	10.23	1983	37.73	28.81	8.92
1954	44.18	33.80	10.38	1984	37.53	28.16	9.37
1955	44.36	34.18	10.18	1985	37.01	28.49	8.52
1956	44.22	33.87	10.35	1986	34.07	26.96	7.11
1957	44.33	33.82	10.51	1987	34.47	26.71	7.76
1958	39.85	30.23	9.62	1988	34.38	27.47	6.91
1959	40.40	29.78	10.62	1989	34.29	27.41	6.88
1960	40.25	29.56	10.69	1990	33.89	27.20	6.69
1961	39.97	29.56	10.41	1991	33.78	27.04	6.74
1962	39.60	29.57	10.03	1992	32.24	26.32	5.92
1963	39.89	29.54	10.35	1993	31.54	25.74	5.80
1964	39.86	29.54	10.32	1994	30.45	24.85	5.60
1965	39.67	29.52	10.15	1995	30.00	24.52	5.48
1966	39.19	29.54	9.65	1996	29.97	24.41	5.56
1967	38.67	29.14	9.53	1997	28.32	23.00	5.32
1968	38.95	28.70	10.25	1998	28.39	23.06	5.33
1969	38.87	28.76	10.11	1999	28.45	22.81	5.64
1970	39.11	28.63	10.48	2000	29.68	24.22	5.46
1971	39.06	28.61	10.45	2001	29.69	24.28	5.41
1972	39.23	28.73	10.50	2002	29.89	24.45	5.44
1973	39.31	28.72	10.59	2003	29.99	24.53	5.46
1974	39.18	28.91	10.27	2004	29.99	24.53	5.46
1975	39.07	28.79	10.28	2005	30.92	24.53	6.39
1976	39.01	28.78	10.23	2006	31.28	24.53	6.75
1977	39.00	28.84	10.16	2007	32.00	24.53	7.47
1978	39.15	28.85	10.30	—	—	—	—

说明：据县统计局历年《象山统计年鉴》编定，其中 2008 年开始，县统计局不再统计耕地指标

①此表农业部门提供，表内 2007 年全县耕地面积为 32 万亩，而本志“自然资源”篇第一章“土地资源”第一节“土地总面积”“2007 年象山县各街道镇乡农用地面积情况表”中提供的 2007 全县耕地面积则为 41.5 万亩。原因可能是统计口径不一致。

园地　园地主要是果园地、茶园地、桑园地、花卉苗木地。1949 年，全县果园地面积仅 1800 亩。1957 年，全县园地增加到 3270 亩。20 世纪 60—90 年代，果园面积迅速增加。2008 年年末，园地增至 240755 亩，其中果园 217005 亩、茶园 16920 亩、桑园 2265 亩、花卉苗木 4565 亩。

林地　清乾隆《象山县志》记载，毛竹西乡最盛，山民恃以为业。民国期间，主要营造油桐、乌桕、马尾松、白杨、女贞等。

民国 34 年（1945），全县有森林面积 213200 亩，占山地总面积的 19.8%。中华人民共和国成立后，通过建设林业基地、义务植树、标准平原绿化建设，至 2007 年，全县林地面积 1104851 亩，其中有林地 859953 亩，占 77.83%。详见本篇第八章“林业”。

历代围垦土地见本志“围垦　水利”篇第一章“围垦工程”。2007 年全县土地总面积及各街道镇乡农用地面积，见本志“自然资源”篇第一章“土地资源”。

第二节　农业人口　农民收入

农民历来以从事农业为主，农业人口与劳动力一直占境内总人口和社会劳动力的绝大多数。20 世纪 80 年代以后，农业人口大批向城镇转移，农村劳动力转向第二、第三产业。

中华人民共和国成立前，农民收入低下，生活比较贫困。中华人民共和国成立后，经土地改革和农业合作化，农民收入逐渐增长，生活得到改善。20 世纪 50 年代末至 60 年代初，遇“三年困难时期”，粮食短缺，温饱问题严重。贯彻《农村人民公社工作条例（草案）》后，农民生活逐渐好转。“文化大革命”期间，农民收入增长缓慢。中共十一届三中全会后，农村实行家庭联产承包责任制，农民收入逐年增长。90 年代后，多数农民家庭奔小康。至 2008 年，农民人均年收入 8171 元，部分农户已达小康。

农业人口

中华人民共和国成立前象山农业人口，仅在旧志及旧史料中见有户籍记载。中华人民共和国成立后，始统计农业人口。1949 年，全县农业人口 234631 人，占总人口 94.51%。20 世纪 50 年代初，国民经济恢复重建，农村人口始流向城镇，农业人口增长缓慢。1953 年，农业人口 239927 人，仅比 1949 年增加 5296 人。随着城市经济新秩序的建立和农业合作化运动的开展，大量在 50 年代初进城的农村劳动力又回到农村，农业人口大幅增长。1957 年，农业人口达 259040 人，比 1949 年增加 24409 人，增幅 10.40%。1958 年“大跃进”，政府始在农村招收大量劳动力参加工业生产，农业人口骤减。当年农业人口减至 251167 人，次年又减至 250674 人。

20 世纪 60 年代初，农业人口增长趋缓。贯彻“调整、巩固、充实、提高”方针后，国民经济得到恢复和发展、农村劳动力回流（干部职工精简下放）、生育无节制，农业人口又出现增长高峰。1966 年，农业人口达 332703 人，比 1959 年增加 82029 人，增幅 32.72%。70 年代初，大批城镇知识青年下乡，农业人口大幅增长。1971 年，农业人口达 368104 人，比 1970 年增加 14064 人，增幅 3.97%。此后，逐步实行计划生育，控制人口增长；知识青年从农村返回城市；恢复高考制度，部分农村青年实现农转非；城镇事业的发展也吸纳了一部分农村人口，农业人口增幅略有下降。80 年代，处农村改革开放和商品经济发展初期，人口流动虽受一定限制，仍呈增长趋势，但增幅明显下降，有的年份出现负增长。1985 年，农业人口 441014 人，比 1984 年减少 197 人。90

年代，随着商品经济快速发展和城镇化进程推进，农业产业结构不断优化，种养殖大户迅速崛起，土地资源渐向种植大户集中；户籍制度改革加快，农转非逐步放宽，农村人口大批向城镇转移，农业人口始出现大幅度下降趋势。

进入21世纪，农业人口减少明显。2008年，农业人口424829人，占总人口79.4%，呈下降趋势。

农村劳动力

劳动力变动　中华人民共和国成立后始统计农村劳动力。1949年，全县农村实有劳动力89107人。1958年，121845人，比1949年增加32738人，增幅36.74%。翌年，减至107695人，减少14150人。

为克服"大跃进"给农业经济带来困难，从1960年8月中共中央《关于全党动手，大办农业，大办粮食的指示》下达后，压缩城镇劳动力，投入农业生产第一线。到1963年，全县农村实有劳动力达130378人，比1958年增加8533人，增幅7.00%。20世纪70年代，农村劳动力增幅略有回落。80年代，农村劳动力增幅较大。90年代，农业人口向城镇转移加快，农村劳动力增幅再次出现回落。进入21世纪，农村劳动力增幅明显下降。2008年，农村实有劳动力279501人，占农业人口的65.79%。

劳动力结构　象山历史上以农业经济为主，农村劳动力丰富，由于农村其他行业发展缓慢，劳动力进城又受到限制，农村剩余劳动力则长期大量滞留在农业生产上。民国时期，农村劳动力99%以上务农为主，仅有极少农民以木匠、篾匠、泥水匠、油漆匠、石匠等手工艺为主。20世纪50—60年代，始发展多种经营，一部分农村劳动力转向副业生产，但人数不多。70年代，发展乡镇企业，又有一部分农村劳动力转向工业生产，但仍未突破从事农业为主的格局。80年代起，随着农村改革深入和商品经济发展，突破以农业为主单一模式。农民不但从事种养业，还可从事工业、建筑业、运输业、商业、饮食服务业，甚至从事文教、卫生、金融等事业。农村劳动力出现跨地区、跨部门、跨所有制转移。

1985年，全县从事第一产业劳动力159500人，占农村实有劳动力68.25%；从事第二产业42300人，占18.10%；从事第三产业（含其他非农行业，下同）31900人，占13.65%。

2008年，从事第一产业劳动力120559人，占农村实有劳动力43.13%；从事第二产业60341人，占21.59%；从事第三产业98601人，占35.28%。从事第一产业劳动力下降明显，呈持续下降趋势。

劳动力文化素质　象山县农业劳动力的文化素质长期处于较低水平。土地改革以后，随着农村经济发展、教育普及，农业劳动力的文化素质不断提高。2000年11月1日第五次全国人口普查资料，在全县农林牧渔业劳动力中，大专及以上文化程度占0.01%，高中、中专文化程度占2.21%，初中文化程度占26.48%，小学及以下文化程度占71.30%。进入21世纪，高学历农业人口呈上升趋势。

1949—2008年象山县农业人口与劳动力情况表

表28-3　　单位：人

年份	总人口	农业人口	占总人口比例（%）	农村实有劳动力	从事第一产业劳动力	占农村实有劳动力比例（%）
1949	248250	234631	94.51	89107	—	—
1950	249501	235814	94.51	94216	—	—

续表28-3

年份	总人口	农业人口	占总人口比例（%）	农村实有劳动力	从事第一产业劳动力	占农村实有劳动力比例（%）
1951	250502	236761	94.51	96065	—	—
1952	252935	238686	94.37	97255	—	—
1953	254353	239927	94.33	98765	—	—
1954	263197	248194	94.30	100260	—	—
1955	268180	254385	94.86	101860	—	—
1956	277013	257364	92.91	103326	—	—
1957	282382	259040	91.73	109958	—	—
1958	284589	251167	88.26	121845	—	—
1959	294231	250674	85.20	107695	—	—
1960	304415	266057	87.40	111649	—	—
1961	312217	271791	87.05	114356	—	—
1962	320985	286415	89.23	113684	—	—
1963	337624	298101	88.29	130378	—	—
1964	346048	312819	90.40	130378	—	—
1965	356158	320136	89.89	134586	—	—
1966	366499	332703	90.78	138472	—	—
1967	374805	340101	90.74	139993	—	—
1968	381001	347511	91.21	133832	—	—
1969	390288	351976	90.18	138735	—	—
1970	398643	354040	88.81	128430	—	—
1971	407532	368104	90.33	147558	—	—
1972	414598	368014	88.76	135275	—	—
1973	422154	375246	88.89	158796	—	—
1974	427756	389783	91.12	160671	—	—
1975	434540	400758	92.23	161474	—	—
1976	441214	405780	91.97	171984	—	—
1977	447425	412661	92.23	169525	—	—
1978	452048	417968	92.46	164400	—	—
1979	457185	421460	92.19	168500	—	—
1980	462111	423984	91.75	184100	—	—
1981	467527	426453	91.27	178600	—	—

续表28-3

年份	总人口	农业人口	占总人口比例（%）	农村实有劳动力	从事第一产业劳动力	占农村实有劳动力比例（%）
1982	475720	431469	90.70	181900	—	—
1983	482638	437035	90.55	194100	—	—
1984	488031	441211	90.41	220000	—	—
1985	496838	441014	88.76	233700	159500	68.25
1986	505284	447515	88.57	248800	163500	65.72
1987	513973	455095	88.54	254700	152600	59.91
1988	518949	458849	88.42	265600	154600	58.21
1989	522267	460949	88.26	266200	158700	59.62
1990	519322	456328	87.87	265100	169500	63.94
1991	521647	457418	87.69	266500	156800	58.84
1992	523441	455221	86.97	272689	156400	57.35
1993	524942	454707	86.62	274928	153400	55.80
1994	526501	455001	86.42	277339	158000	56.97
1995	528553	455603	86.20	278334	149159	53.59
1996	530388	449574	84.76	278334	160740	57.75
1997	531796	446811	84.02	275010	158900	57.78
1998	531561	437201	82.25	275800	157800	57.22
1999	532236	435677	81.86	272812	152000	55.72
2000	532388	437388	82.16	275570	149311	54.18
2001	530492	433396	81.70	278180	147360	52.97
2002	528579	428981	81.16	279900	148700	53.13
2003	526335	425349	80.81	280200	144900	51.71
2004	523695	420780	80.35	273255	132071	48.33
2005	527360	423054	80.22	285500	132600	46.44
2006	529489	422984	79.89	288400	127500	44.21
2007	531781	423015	79.55	276922	121970	44.04
2008	535051	424829	79.40	279501	120559	43.13

说明：据县农林局提供资料

农村经济总收入

1957年，全县农村经济总收入1577万元。1958年，增加至2173万元，增长37.79%。翌年，略有减少。20世纪60年代初，农村经济发展处低谷。1968年后，农村经济总收入开始增长。70

年代，队办企业快速发展，农村经济总收入增幅明显。1976 年，生产大队办企业 1043 家，总收入 1242. 11 万元。1979 年，农村经济总收入首次超亿元，达 10049 万元。80 年代，随着农村经济体制改革的深入，第二、第三产业得到快速发展，农村经济总收入进入快速增长时期。1986 年，农村经济总收入 56943 万元，其中第一产业收入 21019 万元，占 36. 91%；第二产业收入 25842 万元，占 45. 38%；第三产业收入 10082 万元，占 17. 71%。1989 年，农村经济总收入达 102124 万元。80 年代，年平均农村经济总收入 44004 万元，比 70 年代年平均增长 6. 82 倍。90 年代，第一产业总收入虽稳定增长，但占农村经济总收入的比重呈下降趋势。

进入 21 世纪，第一、第二、第三产业收入均呈快速增长趋势，各产业收入占农村经济总收入的比重发生明显变化。第二产业收入比重上升，第一、第三产业收入比重下降。2008 年，农村经济总收入 3637559 万元，创历史新高。其中，第一产业收入 377772 万元，占 10. 38%；第二产业收入 2939011 万元，占 80. 80%；第三产业收入 320776 万元，占 8. 82%。

1957—2008 年象山县农村第一、第二、第三产业收入结构情况表

表 28-4　　单位：万元

年份	农村经济总收入	第一产业收入	占总收入比例（%）	第二产业收入	占总收入比例（%）	第三产业收入	占总收入比例（%）
1957	1577	—	—	—	—	—	—
1958	2173	—	—	—	—	—	—
1959	2078	—	—	—	—	—	—
1960	2233	—	—	—	—	—	—
1961	1621	—	—	—	—	—	—
1962	2180	—	—	—	—	—	—
1963	1926	—	—	—	—	—	—
1964	2340	—	—	—	—	—	—
1965	2424	—	—	—	—	—	—
1966	3211	—	—	—	—	—	—
1967	2688	—	—	—	—	—	—
1968	3763	—	—	—	—	—	—
1969	3985	—	—	—	—	—	—
1970	4269	—	—	—	—	—	—
1971	4009	—	—	—	—	—	—
1972	5009	—	—	—	—	—	—
1973	4929	—	—	—	—	—	—
1974	4757	—	—	—	—	—	—
1975	4611	—	—	—	—	—	—
1976	4790	—	—	—	—	—	—
1977	4728	—	—	—	—	—	—

续表28-4

年份	农村经济总收入	第一产业收入	占总收入比例（%）	第二产业收入	占总收入比例（%）	第三产业收入	占总收入比例（%）
1978	9152	—	—	—	—	—	—
1979	10049	—	—	—	—	—	—
1980	9675	—	—	—	—	—	—
1981	10031	—	—	—	—	—	—
1982	13513	—	—	—	—	—	—
1983	15861	—	—	—	—	—	—
1984	22941	—	—	—	—	—	—
1985	46915	—	—	—	—	—	—
1986	56943	21019	36.91	25842	45.38	10082	17.71
1987	67265	24009	35.69	32668	48.57	10588	15.74
1988	94776	28463	30.03	53054	55.98	13259	13.99
1989	102124	31991	31.33	55148	54.00	14985	14.67
1990	103689	32044	30.90	56943	54.92	14702	14.18
1991	134219	35512	26.46	82794	61.68	15913	11.86
1992	165684	38967	23.52	105029	63.39	21688	13.09
1993	264469	44595	16.86	184600	69.80	35274	13.34
1994	364518	72126	19.79	239237	65.63	53155	14.58
1995	507267	97318	19.18	329270	64.91	80679	15.90
1996	656958	118684	18.07	439239	66.86	99035	15.07
1997	706797	111649	15.80	499617	70.69	95531	13.51
1998	753666	126662	16.81	520894	69.11	106110	14.08
1999	827593	134597	16.26	569815	68.85	123181	14.89
2000	965316	149078	15.44	697829	72.29	118409	12.27
2001	1106567	155313	14.03	822715	74.35	128539	11.62
2002	1257770	174408	13.87	944890	75.12	138472	11.01
2003	1532249	191536	12.50	1181619	77.12	159094	10.38
2004	2014787	316144	15.69	1493682	74.14	204961	10.17
2005	2288659	329008	14.38	1751513	76.53	208138	9.09
2006	2665496	345207	12.95	2078593	77.98	241696	9.07
2007	3118563	367337	11.78	2476901	79.42	274325	8.80
2008	3637559	377772	10.38	2939011	80.80	320776	8.82

说明：县农林局提供资料

农民人均收入

1957年，全县农民人均收入44元。1963年仅36元。20世纪70年代前中期，农民人均收入增长缓慢。80年代，农民人均收入始大幅度增长。2008年，农民人均年收入8171元，是1957年的185.7倍。

1957—2008年象山县农民人均收入情况表

表28-5　　单位：元

年份	人均收入	年份	人均收入	年份	人均收入
1957	44	1975	80	1993	1356
1958	44	1976	81	1994	1909
1959	47	1977	77	1995	2687
1960	56	1978	165	1996	3438
1961	39	1979	188	1997	3289
1962	50	1980	182	1998	3752
1963	36	1981	202	1999	4024
1964	51	1982	234	2000	4322
1965	49	1983	285	2001	4553
1966	66	1984	407	2002	4869
1967	54	1985	488	2003	5270
1968	74	1986	582	2004	6108
1969	75	1987	649	2005	6479
1970	79	1988	760	2006	7021
1971	70	1989	822	2007	7607
1972	90	1990	830	2008	8171
1973	85	1991	909	—	—
1974	84	1992	1068	—	—

说明：据历年《象山统计年鉴》编

第三节　农业总产值

中华人民共和国成立前，全县农业总产值无资料记载。中华人民共和国成立后，农业作为国民经济的重要组成部分受到重视。20世纪50年代，全县年平均农业总产值（含渔业）2391.6万元，比1949年增长56.83%。中共十一届三中全会后，农村实现家庭联产承包责任制，极大地调动了农民生产积极性，农业总产值快速增长。80年代，年平均农业总产值与70年代相比，增长2.05倍。90年代的年平均农业总产值又比80年代增长7.52倍。进入21世纪，除2006年外，每年均有增长。

1949—2008 年象山县农业总产值及各业产值情况表

表 28-6　　单位：万元

年份	农业总产值	各业产值				
		种植业	林业	牧业	渔业	其他
1949	1525	1256	8	124	111	26
1950	1574	1335	9	129	75	26
1951	1763	1438	10	133	106	76
1952	2040	1618	37	121	199	65
1953	2072	1588	31	155	233	65
1954	2241	1672	99	206	194	70
1955	2693	1672	213	235	500	73
1956	2471	1410	241	214	537	69
1957	2670	1675	175	267	481	72
1958	3247	1905	319	272	672	79
1959	3145	1883	277	255	652	78
1960	2924	1782	192	198	679	73
1961	2087	1270	148	141	449	79
1962	2660	1889	75	232	375	89
1963	3672	2537	45	432	469	189
1964	4781	3350	74	696	491	170
1965	4813	3197	83	759	605	169
1966	5431	3652	145	788	668	178
1967	5484	2980	139	1052	921	392
1968	6036	3836	110	737	992	361
1969	6556	3925	72	833	1311	415
1970	6709	4107	60	1008	1181	353
1971	6299	3767	89	1044	959	440
1972	7118	4576	94	1030	1004	414
1973	7485	4685	157	1065	1116	462
1974	7428	4466	142	1064	1282	474
1975	8152	4658	184	1178	1836	296
1976	8074	4510	182	921	2133	328
1977	7764	4570	166	753	1932	343
1978	8921	5854	213	894	1671	289

续表28-6

年份	农业总产值	各业产值				
		种植业	林业	牧业	渔业	其他
1979	10735	7095	185	1439	1733	283
1980	11903	7513	260	1445	1944	741
1981	12585	7724	379	1642	2020	820
1982	17551	9443	488	2970	1955	2695
1983	17169	8605	424	2953	2559	2628
1984	22002	12139	764	2729	3958	2412
1985	23997	11799	1153	3639	5023	2383
1986	25873	12534	1087	4083	5844	2325
1987	30270	14048	992	5440	7186	2604
1988	37556	15661	1340	7251	10418	2886
1989	41457	20066	1289	7405	9651	3046
1990	45422	20096	943	6930	12244	5209
1991	59597	21455	1575	8034	23745	4788
1992	84769	24140	2290	9684	41455	7200
1993	136580	26298	2026	12637	88500	7119
1994	225773	38987	4343	20282	152943	9218
1995	273763	50477	6706	23420	186771	6389
1996	290904	56898	5568	32075	194374	1989
1997	286625	50318	5498	24887	203703	2219
1998	311699	61839	5120	20777	221434	2529
1999	333033	57159	5143	20708	247281	2742
2000	355015	52622	5057	19741	273035	4560
2001	373883	56423	6677	21337	286344	3102
2002	393758	65372	3730	24693	299963	—
2003	405938	66155	3601	26687	308607	888
2004	466778	85935	3189	31484	345270	900
2005	518142	80315	3860	40916	392151	900
2006	478533	88476	3864	39684	345215	1294
2007	523162	91024	4248	67023	359487	1380
2008	588348	102620	4182	62281	416697	2568

说明：县农林局提供数据

第二章　农业经营制度

以土地为主的生产资料所有制决定了农村人与人之间及农产品的分配关系，因此，田制即土地所有制，是农村经济的核心，对农业生产的发展具有决定性作用。中华人民共和国成立前，地主和官僚占有绝大多数土地，广大农民则很少或完全没有土地。中华人民共和国成立后，农村经历土地改革、合作化、人民公社、落实农业生产承包责任制 4 次变革，使农业生产由计划经济逐步转型为社会主义市场经济，农业生产力不断提高，农村经济健康发展。

第一节　土地改革前田制

象山立县至 20 世纪 50 年代土地改革前，一直沿袭封建土地所有制。土地大体划分为两大类，即官田（公田）和民田（私田）。总体呈现官田逐渐转化为民田的趋势。中华民国时期，官田民有化，民田集中到少数官僚、地主、富农、富商手中。至 1949 年年末，占全县总户数 3.12%的地主已占有全县土地总量 30.66%；而占农户总数 52.68%的贫、雇农，仅有 12.34%的土地。

官田

封建国家所有，或封建政府控制的土地称公田，宋以后则多称官田。唐代象山田土情况无考。宋时，象山无官田统计，仅少量职田、学田、祀田等见于记载。元除继承宋之官田外，又大量掠夺民田为官田。时象山官田约为民田二分之一。明嘉靖《象山县志》载：以象山辟处海隅，为东南抗倭前线，故有大量屯田，亦有学田、百官职田、祀田、寺观赐乞庄田等，此外尚有大量灶田、地。官田以地租定税粮，农民负担极重；民田科则低，但有差徭。嘉靖以后，官、民田土科则逐渐平均；明末，官、民田土区别基本消失。至清末，官田多为官僚、地主所侵吞，逐渐化为民田。至民国基本上已无官田，仅少量荒地、湿地，由县政府公产管理委员会管理。历史上，象山官田主要分职田、庄田、祭田、学田、科举田、屯田、灶田。

职田　宋《宝庆四明志》载：象山县“职田米 177.102 石：知县 108.514 石、主簿 31.006 石、县尉 29.02 石、司户 0.7 石、奉化县丞 7.862 石①”。为宋外官（地方官）职务之补贴，官员解任后移交后任，不得买卖。

庄田　象山历史上无皇室田庄，而有寺观的常住田、山。宋宝庆志分别载象山十六大寺院之常住田、山，合计田 5923 亩、山 12958 亩。明嘉靖《象山县志》：计数田、地、山分两类：一曰官、一曰民僧。“民僧”连书，合而为一。时寺产田、山已需纳赋，佃农已要服役。中华人民共和国成立初，象山最大佛寺等慈禅寺（西寺）有田 1000 余亩。

祭田　封建王朝敕赐和地方政府划拨给某些祠庙祭祀用的田地。该类祠庙一般在方志中载入

---

①宝庆《四明志》卷二十一《象山县志·叙赋·职田》。

“典礼”卷中，包括儒家传统所承认的天神、地祇、人鬼，而不包括释、道两家之佛、仙，更不包括种种“淫祀”。旧志中记载官祭祠庙的祭祀费用多祀“支银”“支米”等内容，而很少记载此类祭田。乾隆《象山县志》载：凌公（凌傅）祠，“祠久圮，其田百三十亩，亦为塘民侵占。乾隆间，经邑令王伸、尤锡章清理，令曹鋆清出四十亩，付缨溪书院以奉公祀。”。张公（张绣）祠“置田十亩，又胥吏捐田八亩有零①”。

学田 旧时属于学校的田地。其地租充祭祀、教师薪俸和补助学生及贫士之用，可分州、县学田和书院田两种。宋宝庆《四明志》载象山县学原有学田所收钱粮：谷282.4石，租钱27.4贯，海涂税（此为渔税，不关学田）钱150.35贯。元延祐《四明志》载象山县儒学赡学田土：田603亩，地117亩，山369亩。元至正《四明续志》载象山县学添拨田20亩、地8亩。元朝两志均记有砂岸三所：石坛（今檀头山）、新妇岙、杉木洋（两地均在东乡），供收渔税。明嘉靖《象山县志》则称：国朝将田地尽拨入官，赐学粮600石。清乾隆《象山县志》载：明嘉靖三十六年（1557），邑人钱完助田10亩。万历二十六年（1598），令倪甫英置田12亩，又置山地100亩，邑人吴继惠等四人助田18.58亩。万历二十九年，巡抚刘一焜置田19.53亩。万历三十六年，令吴学周置田60亩，共计县学田120亩。清初迁遣，半弃界外。及展复后至乾隆间，新垦学田仅78.23亩，学地共计24段。民国初，县学收租田87.5亩、山75亩。

另，书院亦有田地，称“书院田”。明万历间，令周官建聚奎书院，置田22亩（清废）。清康熙六十年（1721），令马受曾建丹山书院（后改名蒙养书院），置田19亩后，又置湖头塘田35亩，委绅士经管。乾隆十八年（1753），令尤锡章建缨溪书院（功未竣，乾隆二十三年，邑人邓怀圣助成）。初，“令史鸣皋饬收缨溪书院户内输粮②”。乾隆二十一年，令曹鋆以清治山田23亩，陈岽塘田40亩入书院。至道光二年（1822），邑人娄占瀛助田49亩。道光三年，奉宪拨大泥塘充公田200亩，邑令刘嘉会拨东乡充公田7亩，均入缨溪书院户内。同年，刘嘉会拨大泥塘田50亩，饬收蒙养书院户内。咸丰间，邑人贺王肇捐陈岽塘田4亩；同治三年（1864），邑人欧景辰捐大泥塘田60亩；同治四年，林秀妻张氏捐入田12亩，俱入书院户内。另民间社会力量创办之东乡珠山书院有田150亩，昌国养正书院有田130亩，凤阳义塾田100亩。民国修志时，统计象山实在收租“书院田”为738亩，不包括珠山、养正两书院及凤阳义塾之田地380亩。民国32年（1943），定海、象山两县在象山创办“战时初中学生补习学校”，有学田数百亩。时，立三中学学田200亩。

科举田 又名宾兴田，为士子参加乡、会试路费之补助。乾隆二十三年（1758），县令史鸣皋向上申报，拨田洋湖塘田150亩，立户科举田。道光元年（1821），县令孙廷松以马岙培水塘田203亩，饬收科举田户内。道光二年，番头娄占瀛捐田100亩；道光九年，蒲门骆乾盛妻周氏捐田50亩。同治六年，合邑士子公议变卖培水塘203亩田，更置近城腴田140余亩。同治七年，邑人何开萼捐大泥塘田34亩。则象山科举田共计474亩有余。光绪三十三年（1887），象山劝学所成立。光绪三十四年，于科举田拨600元充劝学所经费。民国6年（1917），又拨科举田项下款300元，充劝学所经费。后即归合科举田租入于劝学所。至民国修志时，实在收租共440.95亩，又地5.5亩。

屯田 象山无商、民屯，而有军屯。宋、元时期，象山有兵不多，无屯田。明初，驻军增加，

---

①乾隆《象山县志》卷之七“经制志四·坛庙·公署”。民国《象山县志》“典礼考·凌公祠”转引乾隆《象山县志》，则作：“祠久废，本有祠产田三十亩。”亦为塘民侵占，乾隆初，邑令王伸、尤锡章清理，令曹鋆清出四十亩，归缨溪书院，以复公祀。

②民国《象山县志》卷十四“教育考·科举田”。

屯田随之增多。昌国卫、爵溪和钱仓共有屯田4628亩、地6962亩，其中由县民带种屯田91亩、地1194亩，合计田4719亩、地8156亩。道光四年（1824），实存屯田992.6亩，屯地162.4亩。另民人带种屯田19.6亩、屯地105.6亩。至同治六年（1867），有屯田1012.3亩，民人带种屯田19.6亩、屯地105.6亩。此后在民国二年至三年间，县署案卷为知事蔡裔麟烧毁，其数遂无可考。

灶田　《明史卷十八·食货四·盐法》载："明初仍宋、元旧制，所以优恤灶户者甚厚，给草场以供樵采，堪耕者许开垦，仍免其杂役，又给工本米，引一石。"此为制盐用田。宋、元即称灶田（地）。清以前县志并无灶田（地）数之记录。道光四年（1824），全县民田89048.2亩，而灶田为32310.4亩；全县民地为72805.2亩，而灶地为7405亩。

养民公所田　民国《象山县志》载："养济院，道光五年，大泥塘控争涂田案内，拨有充公田一百亩，详明存典生息①。"

民田

旧时私人占有的土地，称民田，亦称私田。自宋至明，民田田赋一般较官田粮租轻，但民田的所有者和租佃者须负担差徭。民田中大部分为私人拥有，其余还有族田、公学田、寺庙田、善举田等。20世纪50年代初，象山土地改革时，把私人所有土地分为地主、富农、大佃农、中农、贫农、雇农、工商业者及其他8种。

族田　自宋以降直至1950年土地改革，宗族共有的土地，有祭田、社地、义庄田、祠堂田等名目。乾隆县志载"先后置祀田313亩"。民国30年（1941），墙头欧氏有祀田133亩8分。民国《象山县志》载：欧氏义庄在小东洋，邑人欧孔章立，有田1400亩，后以息钱购置400余亩，周恤族党；沈氏承志堂义庄在蔡家岙，里人沈在恒承先人之志立，有田50亩，赈恤族人；姜氏义庄在竿头，里人姜鸿略立，有田；郑氏敬承义庄在新塘，里人郑祟文立，有田80亩；陈氏吉成义庄在石浦，里人陈吉康、吉黼与节妇包氏立，有田600余亩，房屋数处；胡氏文昌众在白石，光绪十二年（1886），胡化银捐田20亩，为胡氏宗族读书之资。民国《象山县志·氏族表》记录全县共有氏（宗）族795个，有250宗祠和2个祖堂，这些宗祠和祖堂均有族田，数量未记。

公学田　宗族内设的家塾、私塾之学田属族田。珠山书院、养正书院、凤阳义塾等民间社会力量创办购置的学田为公学田。民国《象山县志·教育考》列举各乡小学93所，其中私立小学50所，有大量的学田，数量亦未记。

寺庙田　包括教堂田。寺院田多由信徒施舍，或由寺院自行购置，属民田。自宋宝庆志后，历存郡县各志均再无寺庙田之记录。土地改革前，县等慈禅寺（西寺）田千亩，住持僧传常置房舍200余间，开布庄染坊，办佛教孤儿院，收容孤儿600余人，创小学1所。民国31年（1942），支持创设中德医院等，全赖寺庙田租收入。

寺庙土地除招佃收租外，尚有设田庄管理经营。民国时期，寺庙田庄有西寺庄（黄避岙乡西寺）、和尚庄（丹东街道梅溪延寿庵）、大雷山庄（墙头镇大雷寺）、中龙庵庄（五狮山上）。还有一村或邻近数村合建之神庙（被称为"当境庙"，实即土地神庙），亦多有田产，因此或称"社地"。其田地常由一村或数村之"大姓"（大族）之族产中拨出，此类田地亦有归之于族田的。

善举田土　为民间公益用田。民国《象山县志·风俗考》所附"各义举"记录的多为民间公益善举，其田地多为私人捐助，属民田。有"育婴堂"，在城南，官府拨交田100亩，民助田

---

①民国《象山县志》卷十"地治考·公所养民者"。

276.5亩，地3.5亩；“育婴所”，在沈家洋度济岭，离城30里，有田50亩；“敬节堂”，在县署东，济节妇之贫寒者，年钱十二千文，至民国元年（1912）停止。“安济坊”，安置疾而无医的，在县东150步；“义祠”在杉木洋甘岭头，置田12亩，祭祀无主之孤魂；“孤魂祠”，一在县城北门外，一在东乡张家岙，有田5.2亩；“义冢”，约90处，其中36处记有占地，共357亩。

民国《象山县志》同时载有“仁济会”“舍棺会”“毅仁堂”“体仁会”等善堂12所，记有田地的7所，共有田770亩，用作埋尸、恤孤、施医、舍药、育婴等救济病苦之用。其中“济生堂”，在石浦城外泥鳅塘，清光绪间创办，为侨民、过客患病养息之所。

清代、民国时期，象山有滩港义渡，渡象山港，有村民助田35亩；县西马岙九如塘有合兴义渡，里人合助田20亩。民国《南田县志》载：“渡有官渡、私渡、义渡。……其共同捐田备船雇工而渡人，仅收佣值三之一者，即为义渡①。”民间修路亦有置田者，而为路亭施茶时称“茶会”最为普遍，民国《象山县志》载茶会46处，而记有助田42处，共田349亩，另地3亩、山5亩。

第二节　土地改革

1950年2月，象山成立土地改革委员会。是年11月，中共象山县委土地改革工作队进驻雅林溪乡试点。翌年，以乡为单位，分3批在全县开展土地改革，至1952年3月结束。从此，象山农村废除封建土地制度，实现耕者有其田。

划分阶级

全县划定地主2152户，占总户数3.12%；富农979户，占总户数1.42%；小土地出租者720户，占总户数1.04%；中农16264户，占总户数23.57%；贫农32239户，占总户数46.72%；雇农4115户，占总户数5.96%；其他阶层12534户，占总户数18.17%。

划分阶级成分标准　根据1950年8月公布的《中央人民政府政务院关于划分农村阶级成分的决定》，象山划分阶级的标准，主要从土地占有和使用关系及生活主要来源来衡量。农村，凡占有大量土地（一般30~35亩），自己不劳动或只有附带劳动，依靠剥削为生，中华人民共和国成立前连续3年（1947—1949年）以上者为地主。占有较多土地或占有并租入土地，有优良的生产工具和活动资本，自己参加劳动，剥削雇佣劳力、地租、债利为其生活来源之一部或大部者为富农；出租土地超过自耕及雇工耕种土地数量者为半地主式富农；大量租入土地或全部租入土地，依靠剥削雇佣劳动者为大佃农。富农、半地主式富农、大佃农计算标准：雇佣长工2个或其他剥削量相当2个长工以上者（如雇短工则以全年120工算作一个长工计算），其剥削收入超过总收入25%者为富农。雇工3个，剥削量超过25%，按其直接受人剥削与剥削别人部分相抵计算，超过25%为大佃农，剥削收入低于总收入25%者为富裕中农。占有一定数量土地或租入土地，生产工具较齐全，依靠自己劳动，一般不出卖劳动力，不剥削他人也不被剥削，有的则有轻微剥削或受小部分剥削者为中农。占有一部分土地或只有少量租入土地，缺少生产工具，出卖一部分劳动力，受地租、债利及雇佣劳动的剥削者为贫农。无土地与生产工具或有小块土地耕种，主要靠出卖劳动力为生者为雇农。从事其他职业或因缺乏劳动力而出租小量土地者为小土地出租者。

①民国《南田县志》卷二十五“地理志·津渡”。

处置土地财产

经土地改革，全县没收、征收土地205403.5亩。其中，没收地主土地124193.7亩，征收富农出租的土地1787.8亩，征收公用土地（主要有祠堂、庙宇、寺院、教堂等占有的农地及工商业者在农村雇人耕种的土地）79422亩。全县57440户农民（包括其他阶层）分得土地183267.8亩；42043户农民（包括其他阶层及归公）分得地主农具152180件，耕牛11332头，家具205779件，房屋15089间，粮食601129斤，其他物资38378件。贫农人均占有土地由土地改革前的0.396亩上升至1.365亩；雇农人均占有土地由土地改革前0.143亩上升至1.741亩；地主也分给一份土地，使自食其力，地主人均占有土地由土地改革前的11.348亩降至1.371亩。

惩治不法地主、反革命分子

1950年11月，为配合土改试点乡雅林溪乡土改，在雅林溪、丹城枪决惯匪、特务4人；1951年1月，在第一批开展土改的乡村中，逮捕反革命分子210人；是年3月，第二批乡开展土改时，逮捕反革命分子491人。先后召开宣判大会343次，控诉、批斗、判处反革命分子1415人，处决一批罪大恶极者。同时，在土改中贯彻《华东惩治不法地主暂行条例》。据县人民法庭统计，至1951年5月底，全县共处理不法地主、恶霸和匪特分子784人。其中，判处死刑的占28%，判处无期徒刑的占3.44%，斗争以后就地管制的占68.36%①。

海墩村土地改革记②　海墩村属贤庠乡，包括海墩、上西泽、下庄溪3个自然村。全村566户，2406人。1951年1月9日开始土地改革，4月7日结束，历时89天。

第一阶段，整顿组织、发动群众。共15天。发动村民加入农会，应加入农会者1036人，已加入792人，其中雇农103人（男56人、女47人）、贫农589人（男331人、女258人）、中农101人（男54人、女47人）。选举村农民协会和村行政委员会，原农会主任因成分为佃中农，不能再当选，改任村长。民兵、妇女、青年等组织亦作了整顿。民兵由原来的26名发展到60多名，领导人均为贫雇农。民兵的任务主要是在村口要道上巡逻放哨，管制地主，以防破坏。全村儿童也发动起来，成立儿童团，监视地主行动。斗争地主，确定全村民愤最大的某地主作为先斗对象，并确定由参加青年座谈会的青年分工培养12名苦主。1月19日，贤庠乡召开斗争地主大会，斗争对象为海墩、岑兆、贤庠三村地主各1人，56名苦主上台控诉。斗争会结束后，被斗地主送区扣押。

第二阶段，划分成分、评定成分。共45天。先从全村566户中，定出地主18户，再定富农5户、小土地出租者25户，最后评出中农66户、贫农249户、雇农91户、贫民9户、小商8户、小贩19户、教员4户、医生2户、宗教2户、工人50户、游民1户、残废鳏寡孤独等13户。2月27日，大徐区人民法庭在贤庠庙开庭，海墩村511人参加。公审大会先由苦主控诉，控诉后由审判长宣判，枪决3人。其中，2人曾任国民政府乡长，1人为恶霸地主。由民兵押至庙西旧公路西执行枪决。

第三阶段，没收征收土地、房屋和物资。共8天。召集地主开会，由农会干部训话，要他们开

---

①以上“惩治不法地主、反革命分子”“处置土地财产”“划分阶级（划分阶级成分标准）”三目及节序主要资料来源：1.1988年版《象山县志》第十三章“农业·发展概况·土地改革”及“象山县土地改革前后土地占有情况表”；2.象山统计局1989年编《象山在前进（1949—1989）》第3页《土改前后土地占有情况》；3.象山县政协文史资料委员会编《让耕者有其田——象山土地资料汇编》之“综述·土改硕果·彻底打垮封建势力”，第8—9页；4.象山农林局等2015年刊印《象山农业志》上册第二篇“农业经济环境”第二章“土地改革”，第212页—217页。

②据贺正澜《土改日记》、贺正澜主编《海墩村志》、马嘉宸《海墩村的土地改革》等相关内容编写。

出应没收土地、房屋和物资的清单，交出田契文书。没收开始，由雇工领队，按清单由调查组核实登记后行动。3月12日，大徐区人民法庭第二次审判不法地主，主要是黄避岙乡的不法地主。经审判后，执行枪决5人，海墩村一地主亦同时被枪决。3月15日，没、征收结束，共没收土地903.33亩，征收土地756.62亩（以公共土地和大祀田为主），没收房屋729间、耕牛5头、大米1274斤、稻谷1710斤、番薯干4163斤、黄豆113斤、蚕豆22斤、高粱64斤、小麦88斤、番薯粉12斤。

第四阶段，分配土地、房屋和物资。共9天。土地由土地改革干部和农会会员分配。抽出户，即原耕农户，每人分田1.4亩；得田户，即无田分入农户，每人得田1.2亩。分配房屋，以无房的贫雇农为主，再结合人数及年龄大小综合考虑。雇农17户45人，得屋29间半，贫农19户74人，得屋42间。另有33间屋作学校用房，17间作粮库，另留有机动房若干间。分配农具，先照顾雇农、贫农，缺啥补啥，方法是自报公议，民主评定。分配耕牛，由雇农自己商量解决。分配粮食，以困难的贫雇农为主，适当照顾困难的非农业人口。雇农：甲类，10户32人，平均每人7.25斤；乙类，19户56人，平均每人5.6斤；丙类，23户67人，平均每人4斤；丁类，60户171人，平均每人2.1斤。贫农：甲类，12户32人，平均每人8斤；乙类，40户157人，平均每人5.57斤；丙类，66户267人，平均每人4.3斤；丁类，35户174人，平均每人2.39斤。照顾非农户13户16人，平均每人4.01斤。3月25日，贤庠乡农民协会委员会成立，由9人组成，海墩村农会主任等二人当选，一人任副主任、一人分管宣传。3月26日，贤庠乡人民政府成立，由9人组成，经乡人民代表无记名投票，海墩村村长入选，分管户籍。

第五阶段，庆祝土地改革胜利与发放土地、房产所有证。共12天。3月30日，贤庠乡庆祝土地改革胜利大会在贤庠庙召开，土地改革模范上台戴大红花，会后游行。4月3日，海墩村农会改选，6日，海墩村土地证填写工作基本结束，7日，贤庠乡发证委员会成立。

象山县土地改革前后各阶层土地占有情况表

表28-7

阶层	户数（户）	人数（人）	土地改革前		土地改革没收征收		土地改革后				人均占有土地（亩）	
			占有土地（亩）	占有土地比重（%）	没收（亩）	征收（亩）	占有土地（亩）	占有土地比重（%）	得益 户数（户）	得益 亩数（亩）	土地改革前	土地改革后
地主	2152	10944	124193.7	30.66	124193.7	—	15006.4	3.70	—	—	11.348	1.371
富农	979	4880	23376.8	5.77	—	1787.8	21589.0	5.33	—	—	4.790	4.424
中农	16264	81625	98635.8	24.35	—	—	136162.0	33.61	8632	37526.2	1.208	1.668
贫农	32239	123286	48861.0	12.06	—	—	168282.0	41.54	32239	119421.0	0.396	1.365
雇农	4115	8037	1150.4	0.28	—	—	13989.2	3.45	4115	12838.8	0.143	1.741
小土地出租者	720	1848	4560.0	1.13	—	—	4560.0	1.13	—	—	2.468	2.468
公地	—	—	79422.0	19.60	—	79422.0	7129.3	1.76	—	—	—	—

续表28-7

阶层	户数（户）	人数（人）	土地改革前		土地改革没收征收		土地改革后				人均占有土地（亩）	
			占有土地（亩）	占有土地比重（%）	没收（亩）	征收（亩）	占有土地（亩）	占有土地比重（%）	得益		土地改革前	土地改革后
									户数（户）	亩数（亩）		
其他	12534	40894	24929.2	6.15	—	—	38411.0	9.48	12454	13481.8	0.610	0.939
合计	69003	271514	405128.9	100.00	124193.7	81209.8	405128.9	100.00	57440	183267.8	1.492	1.492

第三节　互助合作

1951 年 4 月，象山首个农业生产互助组——徐金木生产互助组，在第一批完成土地改革的大徐乡创立。1952 年 3 月，全县土地改革结束。4 月，徐金木生产互助组发展为象山第一个农业生产合作社。6 月，全县农业生产互助组蓬勃发展，达 2800 余个。1955 年 11 月，中共象山县党员代表会议贯彻毛泽东《关于合作化问题》精神之后，全县农业合作社从 151 个猛增至 910 个。同时，由蒙顶山、大雷山两地试办高级农林牧生产合作社，土地等主要生产资料转为集体。一年后，逾 90%农户加入高级社。至 1958 年，人民公社取代高级社。

农业生产互助组

互助组分临时（季节）与常年两种。1951 年 4 月 16 日，大徐乡徐金木参加浙江省、宁波专区劳模会议后，响应会议提出向山西李顺达生产互助组应战的号召，成立“徐金木生产互助组”，为全县第一个农业生产互助组。至年末，全县常年互助组 2 个，临时互助组 117 个，入组农户 858 户，占农户总数 1.46%。1952 年 2—6 月中旬，境内农业互助合作运动日趋高涨。互助组发展到 2815 个，16790 农户参加互助合作组织，占总农户数 29.03%。是年 6 月下旬至 9 月，由于领导不力，致不少互助合作组织涣散，互助合作组织减少 408 个。南庄区最为严重，由 477 个减少至 257 个，合作农户由占总农户 35.89%，减少至 26.90%。9 月初，象山县委开始整顿互助合作组织。发展互助组 666 个、9200 户，为互助合作运动的第二次发展高潮。年末，全县互助组 2525 个，参加农户 18676 户，占总农户 32.3%。其中，常年互助组 365 个，临时互助组 2160 个，农业社 1 个①。1953 年 4 月，互助组发展至 3537 个，参加农户 38278 户，占总农户 62.88%。其中，常年互助组 664 个，临时互助组 2873 个，农业合作社 4 个。

初级农业生产合作社

1952 年 4 月初，大徐村徐金木生产互助组动员社员个体所有土地入股、统一经营。互助组改建为徐金木初级农业生产合作社。1953 年春，又建立着衣亭周阿生、雅林溪朱云水、南堡王求财

①据县统计局《象山在前进》（1949—1988）第 4 页、《象山县志（1988）》“大事记”第 28 页编。2015 年 12 月《象山县农业志》第 219 页则作：1952 年年末，全县互助组 3073 个，参加农户 31332 户，占总农户 53.99%，其中常年互助组 698 个，临时互助组 2375 个，农业社 1 个。

3个初级社。1954年，农村初级农业生产合作社组织在全县全面推广。年末，全县初级社47个，入社农户2272户，占总农户3.74%。1955年4月，初级社增至239个；5月，贯彻“大力巩固、坚决收缩”方针，巩固整顿初级社，全县239个农业合作社缩减至151个，其余社均转为互助组；7月31日，毛泽东作《关于农业合作化问题》的报告，严厉批评中央农村工作部“右倾”错误；10月，全县掀起农业合作化新高潮；年末，初级农业社发展至910个、34865户，占总农户57.05%。

高级农业合作社

1955年秋，中共象山县委着手试办蒙顶山、大雷山两地高级农林牧生产合作社获得成功。翌年春，全县掀起第二个农业合作化运动高潮。新建高级社17个，904个小社扩并为406个大社。1956年9月，全县升级并社；10月，全县农业社升级并社工作基本结束，高级社猛增至243个、50364户，占农户总数94.1%。翌年夏，部分农民对合作社思想动摇，33个社出现退社、闹社现象。县委加强对三类社的领导，落实民主办社措施，实行“三包一奖”（包产、包工、包本，超产奖励）和“一年早知道”，促进合作社稳定。1957年年末，全县有高级社448个，入社农户增至58040户，占总农户94.67%，实现高级农业合作化，完成农业社会主义改造。

表28-8

1951—1957年象山县农业互助合作发展情况表

名称	单位	年份						
		1951	1952	1953	1954	1955	1956	1957
全县总农业户	户	58648	57844	60874	60785	61117	61547	61308
临时互助组	个	117	2375	2873	2162	—	—	—
参加的户数	户	836	23269	29875	25944	—	—	—
占总农户	%	1.43	40.23	49.08	42.68	—	—	—
常年互助组	个	2	698	664	1027	—	—	—
参加的户数	户	22	7963	8326	12384	—	—	—
占总农户	%	0.04	13.77	13.68	20.37	—	—	—
初级合作社	个	—	1	4	47	910	—	—
参加的户数	户	—	18	77	2272	34865	—	—
占总农户	%	—	0.03	0.13	3.74	57.05	—	—
高级合作社	个	—	—	—	—	2	343	448
参加的户数	户	—	—	—	—	140	50364	58040
占总农户	—	—	—	—	—	0.23	81.83	94.67

第四节　人民公社

1958 年 8 月，中共中央发布《关于农村建立人民公社的决议》后，象山县人民公社化运动迅速展开。9 月 29 日，县委发出《关于确定人民公社名称的通知》。10 月，象山县全面实现人民公社化，成立象山（社址丹城）、岑晁、民主（社址涂茨）、西周、新东（社址东溪）、新兴（社址泗洲头）、定山（社址定塘）、南田（社址鹤浦）、石浦 9 个人民公社。

公社实行“一大二公”、政社合一、工农兵学商五位一体的经营体制。生产资料全部归公社所有，包括社员自留地。人、财、物统一调动，实行组织军事化、行动战斗化、生活集体化。对农村劳动力进行统一调配，县成立师，公社成立团，大队为营，生产队为连，以下分排、班编队。分配实行平均主义。一时间，队队办食堂，吃饭不用钱。大办钢铁，大办粮食，刮起“命令风、平调风、共产风、浮夸风、瞎指挥风”，严重挫伤群众生产积极性。

1958 年 12 月 15 日，中共象山县委作出《关于今冬明春整顿人民公社的初步意见》，开展整社运动。确定生产资料以（生产）队为基础、三级（公社、大队、生产队）所有。

1959 年 5 月，开始纠正“平调风”，兑现部分平调粮食、物资、劳动力、资金。1960 年冬至 1961 年春，贯彻中共中央《关于农村人民公社当前政策问题的紧急指示信》和关于纠正平调错误、彻底退赔的规定，农村全面开展算账退赔，全县共退赔 319 万元。该年始，全县人民公社供给比例，多数公社分配归社员个人和家庭的约占总收入 30%，较高的公社占 35%，少数占 20%。1961 年 3 月，贯彻《农村人民公社工作条例（草案）》（即“六十条”），划分自留地，解散食堂，缩小公社规模。全县实行生产队“三包一奖”（包工、包产、包成本与超产奖励）制度。包产内收入归大队统一分配，超产的归生产队统一分配。1961 年年底至翌年年初，基本核算单位改为生产队（15~25 户），明确公社、大队、生产队三级权限。退赔被平调的资金 254 万元和物资 9.46 万件。实行大包干，粮食按劳分配加照顾。山林所有权大多归大队，部分归小队，并建立山林专业队。农业生产始有转机。

1962 年，实行以生产队为基本核算单位后，生产责任制有不同程度调整，有的生产队为便于组织生产，划分临时操作组。多种经营发达的生产队，设专业操作组。年末，全县公社数由 9 个调整为 36 个（1962 年，增设檀头山人民公社）；生产大队由 394 个调整为 794 个。允许社员经营自留地，全县社员分得自留地 26967 亩，占耕地总面积 7%。并规定村前村后、荒山、河滩等零星闲散土地归社员经营，谁种谁收，不计征购，不抵口粮；降低粮食征购任务；暂停办公社、生产大队、生产队养猪场，存栏肉猪折价给农户饲养；开放农村集市贸易，促进城乡物资交流。1963—1966 年，农业总产值年递增率达 14%。

1964 年，根据中共中央指示，自 1965—1978 年开展“农业学大寨”运动。部分公社推行公社、大队两级核算，割“资本主义尾巴”。部分队回收自留地、饲养地，不准个人搞多种经营。用“政治评分”代替按劳计酬，分配平均主义再次挫伤群众生产积极性。

1982 年《中华人民共和国宪法》规定：乡、镇设立人民代表大会和人民政府。1983 年 1 月，中共中央印发《当前农村经济政策的若干问题》提出：“人民公社的体制，要以两方面进行改革。这就是，实行生产责任制，特别是联产承包制；实行政社分设。”1983 年 4 月 3 日，象山县委、县政府在晓塘公社进行政社分设试点。改公社党委为乡党委，改“政社合一”为政社分设，改人民公社为相对独立的集体所有制合作经济组织，改大队为行政村，村建立村民委员会，改干部委任制为选举、聘任制。尔后，政社分设工作全面铺开。年末，全县政社分设工作结束。

第五节　联产承包责任制

1978 年 12 月，中共十一届三中全会后，象山开始逐步推进建立联产承包责任制。南庄公社小厅大队第一生产队率先实行“分组作业、联产计酬”生产责任制；儒雅洋公社上芭蕉与山后胡两大队为最早实行林特业生产责任制。1987 年后，全县逐渐建立村经济合作社与农民专业合作社。

农业生产责任制

1979 年 3 月，中共象山县委提出全面建立生产责任制。随之，南庄公社小厅大队第一生产队 72 户农户，率先实行“分组作业、联产计酬”生产责任制。是年，粮食总产量、亩产、经济总收入、集体积累、社员人均分配收入、社员人均口粮均获增长。昌国公社昌一大队，全面建立农业“五定一奖”（定劳力、定产量、定产值、定成本、定工分，超产奖励）。翌年 3 月，民主公社红星大队第八生产队（今涂茨镇前山姚村）坚持“三不变”（生产资料所有制不变，基本核算单位不变，按劳分配原则不变）、“四统一”（生产队统一种植计划，统一管理耕牛、农机具及水利设施，统一成本投资，统一分配核算）、“五定一奖”（定劳力、定地段、定产量、定工分、定成本，超短产全奖全赔），推行“统一经营、联产到劳”生产责任制。是年，该队 46.2 亩早稻总产超历史，比 1979 年增长 18.6%，为全县全面实行农业生产责任制奠定基础。至 1980 年 9 月，全县 3092 个农业核算单位，有 908 个建立责任制，占 29.37%；全县 34 个队，自发把土地包干到户，其中石浦区到户土地 3359 亩。1981 年，农业大田责任制转向以“联产”为主，主要有“专业承包，联产计酬”“统一经营，联产到劳”和“包产到户”3 种形式。10 月 31 日，全县 3822 个生产队，88.41%落实各种形式责任制。其中，联产承包占 89%，小段包工、定额计酬占 11%。翌年 6 月 9 日，全县 3840 个生产队，3224 个实行大包干到户，占 84%。1984 年、1998 年两次延长土地承包期，承包期延长至 2030 年 10 月 31 日。

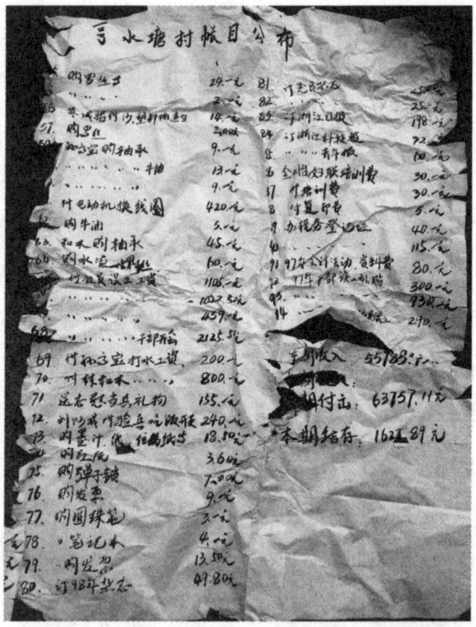

照 28-1　1997 年定塘镇亨水塘村的账目

1999 年 12 月，全县二轮土地承包全面展开。2000 年年末，落实第二轮土地承包 27.54 万亩，占 97.3%。签订土地承包合同 10.35 万份，核发《浙江省农村集体土地承包权证》10.31 万本，合同签订率和权证发放率均达 96.63%。

象山县第二轮土地承包情况表

表 28-9

单　位	生产队数（个）	户　数（户）	人　口（人）	方案决议开会审议情况			承包合同签订情况			承包权证发放情况			耕地面积		
				应到人数（人）	签字人数（人）	签字率（%）	应签份数（分）	已签份数（份）	签订率（%）	应发数量（本）	已发数量（本）	发证率（%）	合同内面积（亩）	机动田面积（亩）	占比（%）
全县合计	4137	106685	381886	54595	46382	84.96	106687	103096	96.63	106687	103096	96.63	275423.17	3738.54	1.36
丹城镇	158	6440	22557	6440	5878	91.27	6440	6362	98.79	6440	6362	98.79	19725.90	848.25	4.30
石浦镇	250	6077	22273	5536	4318	78.00	6077	5992	98.60	6077	5992	98.60	15672.30	269.32	1.72
爵溪镇	30	756	2717	656	540	82.32	756	725	95.90	756	725	95.90	1742.33	9.75	0.56
西周镇	299	8053	21284	1678	1527	91.00	8053	7650	95.00	8053	7650	95.00	18590.10	142.74	0.77
鹤浦镇	226	7286	28121	1379	1309	94.92	7286	7034	96.54	7286	7034	96.54	18792.80	74.51	0.40
贤庠镇	339	8653	31768	2352	2113	89.84	8653	8494	98.16	8653	8494	98.16	22013.90	595.97	2.71
墙头镇	180	6629	22143	6629	5671	85.55	6631	6308	95.13	6631	6308	95.13	14274.00	154.10	1.08
泗洲头镇	145	4535	17093	1991	1608	80.76	4535	4342	95.74	4535	4342	95.74	11216.90	92.49	0.82
定塘镇	422	9102	32689	5973	4876	81.63	9102	8822	96.92	9102	8822	96.92	29822.70	124.81	0.42
昌国镇	117	3281	12073	3281	2811	85.68	3281	3118	95.03	3281	3118	95.03	7652.59	65.51	0.86
涂茨镇	202	5517	20095	627	568	90.59	5517	5310	96.25	5517	5310	96.25	10101.80	528.64	5.23
大徐镇	195	5191	18828	2284	1878	82.22	5191	5085	97.96	5191	5085	97.96	11267.20	54.60	0.48
新桥镇	283	7249	28168	2358	1937	82.15	7249	6989	96.41	7249	6989	96.41	16642.90	108.29	0.65
下沈镇	176	4227	15808	400	358	89.50	4227	4113	97.30	4227	4113	97.30	10762.80	17.21	0.16
东陈乡	180	5454	19936	3303	2808	85.01	5454	5191	95.18	5454	5191	95.18	13028.00	316.28	2.43
晓塘乡	325	5194	18684	5030	4356	86.60	5194	5065	97.52	5194	5065	97.52	17884.70	85.96	0.48
黄避岙乡	185	3957	13843	1960	1574	80.31	3957	3777	95.45	3957	3777	95.45	9432.54	141.86	1.50
茅洋乡	195	4172	14942	1925	1562	81.14	4172	3997	95.81	4172	3997	95.81	9821.31	66.25	0.67
高塘岛乡	230	4912	18864	793	690	87.00	4912	4722	96.13	4912	4722	96.13	16978.40	42.00	0.25

说明：数据由县第二轮土地承包工作领导办公室提供

林特生产责任制

中共十一届三中全会后，象山的林特生产责任制经历林业“三定”（稳定山林权、划定自留山、确定林业生产责任制）、完善责任、延长承包3个阶段。

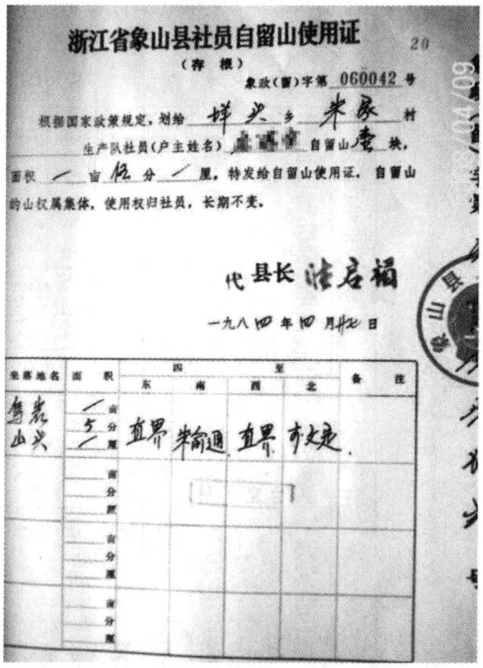

浙江省象山县社员自留山使用证 20
（存 根）
象政（留）字第 060042 号
根据国家政策规定，划给 坪兴 乡 米家 村
生产队社员（户主姓名）[redacted] 自留山 壹 块，
面积 一 亩 伍 分 一 厘，特发给自留山使用证，自留山的山权属集体，使用权归社员，长期不变。
代县长
一九八四年四月 日

坐落地名	面积	四至 东	南	西	北	备注
	1亩5分1厘	直界		直界		

照28-2　1984年发放的社员自留山使用证

1981年9月，象山县山林定权发证办公室成立；10月，在儒雅洋公社开展山林定权发证试点工作。1982年9月，儒雅洋公社上芭蕉与山后胡两大队进行划分自留山与落实林业生产责任制工作试点。翌年9月，县委、县政府召开全县山区工作会议后，在11个山林面积较大的乡（社）、村开展落实山林责任制、划分自留山工作。至1984年年末，全县38个乡镇745个行政村，均开展林业“三定”工作。全县调处山林纠纷796起，调整插花山572处，面积4096亩；填发山林权证964张，确定山林权属面积966032亩。其中，国家所有68020亩，集体所有895864亩，其他（单位）所有2148亩。34个乡（镇）、503个村、66418户农户划分自留山265183亩，填发自留山使用证66418张。集体山林除社员自留山外，630681亩落实林业生产责任制。其中，联产承包到户331304亩，联产承包到组17339亩，统一经营282038亩，多数落实管护责任。

1986年年末，开展稳定完善林特生产责任制工作。1987年12月，在亭溪、儒雅洋、高塘岛三乡先行林业、茶叶、柑橘生产责任制试点。1988年5月，在全县29个乡镇全面展开。1989年3月22日，全县完善与补充林特生产承包合同24167份。1991年1月，经宁波市检查验收，象山完善林业生产责任制工作达市级优秀标准。在完善林特生产责任制中，全县签订用材林、竹林分户承包合同90663份，水果、茶叶分户承包合同26940份。

2006年7月，全县开展延长山林承包期工作，承包期延长至2055年12月31日。至11月中旬，延长山林承包期工作全部完成，12月，通过宁波市考核验收。全县共签订承包合同35509份，签订率100%；换（发）林权证77839本，换（发）证率达100%，换（发）证面积915616亩。

象山县延长山林承包期情况表

表28-10

单位	村数（个）	发证面积（亩）	自留山		责任山		统管山面积（亩）	股份制山面积（亩）	国有山面积（亩）	发放林权证（本）
			农户（户）	面积（亩）	农户（户）	面积（亩）				
全县合计	495	915627	63067	284160	35509	168958	417826	135	44548	77839
丹东街道	27	27769	1951	5186	1116	4202	18381	—	—	3147
丹西街道	30	29033	1553	4309	862	1599	23125	—	—	1803
爵溪街道	9	28921	620	2462	—	—	26459	—	—	643
石浦镇	63	71308	2002	6846	606	3548	59226	—	1688	2699
西周镇	75	143417	8125	41153	11430	60628	39636	—	2000	13504

续表28-10

单　位	村数（个）	发证面积（亩）	自留山		责任山		统管山面积（亩）	股份制山面积（亩）	国有山面积（亩）	发放林权证（本）
			农户（户）	面积（亩）	农户（户）	面积（亩）				
鹤浦镇	33	70559	2432	15828	891	5647	49084	—	—	3098
贤庠镇	28	45110	6756	28538	1655	4055	11623	—	894	7210
墙头镇	23	48852	4452	12264	5711	22392	14196	—	—	6093
泗洲头镇	21	71186	3564	26824	2458	22437	21925	—	—	4505
定塘镇	19	31512	3730	20216	573	2456	8591	—	249	3872
涂茨镇	21	38138	3880	15993	476	1067	20170	—	908	4114
大徐镇	24	41964	3580	9387	2473	8048	24529	—	—	4507
新桥镇	28	65696	6190	36375	641	649	28537	135	—	6351
东陈乡	20	39229	4135	16522	790	1468	21239	—	—	4620
晓塘乡	19	25549	2007	7064	601	4082	14393	—	10	2413
黄避岙乡	16	31498	3152	11003	1542	4793	15701	—	1	3313
茅洋乡	21	41970	3343	15254	3360	18415	8301	—	—	4178
高塘岛乡	18	25434	1595	8936	324	3472	12710	—	316	1753
县林场	—	37813	—	—	—	—	—	—	37813	14
石浦橘场	—	669	—	—	—	—	—	—	669	2

说明：1. 全县未定权有叶口山、英山、白墩3村；无山林面积有宁波站、中站、花港、漕港、礁横、金牛港、渔山、鹤渔、南韭山9村；暂缓村伊家山（429户，面积6534.65亩，因建设上张水库，政策未处理）。2. 据县农林局提供资料

第六节　农村经济合作社

1987年7月10日，中共浙江省委、省人民政府颁布《关于发展村级集体经济，完善双层经营体制的通知》指出：乡村合作经济组织是集体所有的土地和其他生产资料的发包单位，又承担着服务、管理协调和资产积累的职能，只能加强，不能取消。此后，象山在全县行政村普遍建立起村级农业经济合作社组织。1989年年末，全县748个村，单独建立村合作社556个，占74.33%；实行村社一套班子，内部分工106个，占14.17%。全县统一机耕10.76万亩，统一排灌13.22万亩，统一病虫防治1.69万亩，统一良种繁育0.41万亩。1990年年末，全县728个村建立经济合作社，占98.38%。至1993年4月，全县739个村经济合作社管理委员会，完成第二届村级经济合作社换届选举工作。2001年年末，全县692个农村经济合作社，调整为513个，撤并率25.87%。

第三章　农业产业化经营

历代农业一直是一家一户为主的小农经济，以养家糊口、自给自足为主。中华人民共和国成立后，农业经营制度发生重大变革，同时也带动农业经营方式的重大改变。20世纪90年代，农业生产开始走向商品化、专业化发展道路，农业经营也开始向高效农业、订单农业的产业化经营方向发展。

第一节　经营组织

象山农业生产历来以家庭经营为主，一家一户靠自有的少量土地，或租种田地养家糊口，形不成规模。地主拥有大量土地，靠雇工劳动，出租土地获取收益。家庭户主既是农业生产的组织者，也是农业生产的主劳力。20世纪50年代农业社会主义改造后，农业生产实行集体化，农民集体劳动，按劳分配劳动成果，农民生产劳作均由集体安排。80年代，农村实行联产承包责任制，农民承包集体土地，生产劳动的积极性空前高涨。生产组织出现多样化，农业生产专业分工细化，出现大量专业户、重点户、专业合作社以及农业龙头企业。农业专业村详况见本志“乡村聚落”篇第二章“村落类型”。

农业专业户

1981年，实行联产承包责任制后，专业户、重点户不断涌现。翌年，全县农业专业户发展至3948户。1984年，专业户、重点户增加至近万户。1987年，全县“两户一体”（专业户、重点户、经济联合体）发展到23000户，其中有年产百头猪、户养千只鸭、年售万斤粮的专业户。1989年，全县种粮10亩以上的大户有561户，承包耕地7875亩，承担全年粮食定购任务975.1吨。20世纪90年代后，粮食种植专业户数量减少，种植规模扩大；蔬菜种植、水果种植、畜禽养殖、水产品养殖等农业专业户数量不断增加，经营规模不断扩大，取得较好经济收益。

表28-11

2008年象山县饲养大户情况表

大户姓名	所在地	兔		牛		羊	
		存栏（只）	产值（万元）	存栏（头）	产值（万元）	存栏（头）	产值（万元）
钮宏西	丹东河东	—	—	—	—	110	7.0
张才仁	丹东西林	—	—	—	—	120	7.7
张灵光	石浦东卫	—	—	10	2.5	—	—
苏文平	石浦东卫	—	—	—	—	102	6.5
刘叶青	石浦檀兴	—	—	141	35.3	76	4.9

续表28-11

大户姓名	所在地	兔		牛		羊	
		存栏（只）	产值（万元）	存栏（头）	产值（万元）	存栏（头）	产值（万元）
郑高专	石浦坦塘	—	—	—	—	120	7.7
孔令勉	石浦金丰	8300	45.7	—	—	—	—
陈福鹅	石浦南汇	4600	25.3	—	—	—	—
叶再撑	石浦树桥头	1700	9.4	—	—	—	—
周爱娥	西周杨岙	6100	33.6	—	—	—	—
大春儿	西周文岙	—	—	12	3.0	—	—
兰志康	西周箬岭	—	—	—	—	400	25.6
任再根	鹤浦小南田	—	—	—	—	136	8.7
张利民	墙头舫前	1000	5.5	—	—	—	—
任三根	墙头	—	—	38	9.5	98	6.3
钱兴丁	泗洲头南岙	—	—	11	2.8	—	—
段国才	新桥海台	—	—	11	2.8	—	—
吴平安	东陈双农	—	—	—	—	121	7.7
鲍宝兴	东陈岳头	—	—	—	—	113	7.2
石世根	茅洋溪东	—	—	—	—	188	12.0

农民专业合作社

20世纪90年代末，象山农村涌现出以农民为主体、产品为纽带、服务为宗旨、民主决策为原则、农民增收为目标的多种形式合作农民专业经济合作组织。至2001年年末，象山各类农村专业合作经济组织21个，企业会员16个，社员会员3878个，固定资产总额939万元，年经营服务总收入7585.8万元，净收益952万元。主要集中在蔬菜、水果、畜禽、水产等产业。

2002年9月，象山金元蛋业合作社、象山县浙东白鹅生产合作社成立，并分别在象山工商分局注册登记。随后，东海水产、象山红柑橘、天茗茶叶、时珍中药材4个农民专业合作社相继成立。2003年，又新建大徐杨梅、墙头宏森源瓜果、茅洋苦丁茶、晓塘白玉湾葡萄、丹东果蔗、新桥枇杷、贤庠杨梅、定塘能大西兰花、泗洲头灵南杨梅、高塘岛乡同兴畜牧养殖、半岛蔬菜、绿得利水果等12个农民专业合作社。2004年，县农业发展基金安排30万元，用于鼓励和支持发展多种形式农村合作经济组织。是年，海岛枇杷（鹤浦）、玉茭茭白（黄避岙）、绿岛蔬菜（定塘）、半岛跨区农业服务（高塘岛）、象山鸭妹子禽蛋（墙头亭溪）农民专业合作社建立，其中半岛跨区农业服务合作社（农机）为宁波市首家农机合作社。县政府给予每个新组建合作社1~2万元的开办经费资助，加快合作社发展。翌年，按照《浙江省农民专业合作社条例》，合作社重新登记与完善，至年末，全县在工商部门注册登记的农民专业合作社达27家。是年，金元蛋业合作社被评为年度省优秀合作社。2008年，全县农民专业合作社增至94个（含渔业），拥有会员3559个，其中农民会员3507个。注册资金6369.88万元，联系带动农户32025户，统一组织销售农产品

91851 吨，合作社经营总收入 46365 万元，盈余 1232.3 万元。提取公积金及风险基金 313.4 万元，盈余返还成员 464 万元，股金分红 437 万元。

农业龙头企业

1996 年 12 月，宁波南方野生动物养殖有限公司、宁波海岛水产有限公司、象山食品罐头厂 3 家企业被确认为宁波市级农业龙头企业。1999 年 7 月 10 日，象山县政府确认 22 家企业为县级农业龙头企业。2002 年县级以上农业龙头企业发展到 24 家。2004 年，全县农业龙头企业发展至 52 家，其中产值超亿元企业 2 家。至 2008 年，全县有县级以上农业龙头企业 68 家，其中国家级 2 家，省级 2 家，市级 24 家，县级 40 家。建成特种畜禽和定塘农产品加工园区，形成每个主导产业有一个以上农业龙头企业的格局。

2008 年象山县农业龙头企业（含渔业）情况表

表 28-12

级别	企业名称	销售收入（万元）	税后利润（万元）	上缴税款（万元）	创汇（万美元）	原料收购量（吨）	带动农户数（户）
国家	浙江水产城象山渔贸发展有限公司	805	102	7	—	—	10000
国家	宁波南方野生动物养殖有限公司	15017	1369	443	—	15432	10315
省级	宁波大宇食品有限公司	29801	800	350	3550	9900	3500
省级	宁波飞日水产实业有限公司	28000	1200	1000	3200	30000	12000
市级	象山义超茶叶有限公司	22395	540	250	2700	14200	33000
市级	宁波能大食品有限公司	3200	380	139	174	10000	7000
市级	象山华宇食品有限公司	2547	16	94	520	14400	20000
市级	宁波天韵食品有限公司	15000	150	380	1780	19200	35000
市级	宁波仙子谷酒业有限公司	—	—	—	—	—	—
市级	宁波素子园八味食品有限公司	2000	180	60	—	3000	1480
市级	宁波永成酒业有限公司	2400	680	700	—	520	250
市级	象山天子禽业合作社	5500	52	—	—	—	78
市级	宁波乔明装饰材料有限公司	12400	800	715	1200	3500	620
市级	宁波宝达罐头食品有限公司	4000	36	204	800	7800	1500
市级	宁波鸭妹子食品有限公司	7135	230	112	—	4465	1860
市级	象山华毅水产食品有限公司	16500	860	396	2280	9895	5000
市级	宁波超星海洋生物制品有限公司	7500	350	200	258	8949	40
市级	宁波南方水产食品有限公司	25100	1200	900	2500	52000	1800
市级	宁波锦海水产食品有限公司	15000	750	625	1700	6	—
市级	宁波金宏水产食品有限公司	1830	115	70	—	520	72
市级	象山石浦东方水产有限公司	6505	53	68	510	8730	300

续表28-12

级别	企业名称	销售收入（万元）	税后利润（万元）	上缴税款（万元）	创汇（万美元）	原料收购量（吨）	带动农户数（户）
市级	象山宏海水产食品有限公司	7007	668	356	75	7300	1750
市级	象山海鲜王食品有限公司	3385	438	361	22	3115	1751
市级	宁波三英水产食品有限公司	7500	720	150	1010	9000	80
市级	象山县开源冻品有限公司	7000	300	150	1000	22000	121
市级	象山元虎水产有限公司	4000	380	200	—	5000	—
市级	宁波兰洋水产食品有限公司	8800	350	200	1150	16600	—
市级	宁波海浦生物科技有限公司	3500	720	95	—	31000	1600
县级	宁波长江酿造有限公司	520	25	18	—	145	486
县级	宁波兄弟竹业有限公司	1100	32	38	12	—	—
县级	象山奇艺家具有限公司	450	72	50	66	100	500
县级	象山龙鑫食品有限公司	3300	80	150	—	1680	600
县级	象山荣和竹木制品有限公司	620	130	18	80	5000	1500
县级	象山发业竹材有限公司	950	85	47	45	2400	600
县级	象山宏达根雕有限公司	550	41	44	—	1100	400
县级	象山宏森源农产品开发有限公司	2587	185	39	—	10930	360
县级	象山县文杰大白鹅养殖有限公司	650	40	—	—	100	300
县级	象山县强普饲料厂	1508	60	10	—	2000	500
县级	象山南峰茶牧发展农场	165	29	5	—	40	400
县级	象山利群特色海味制品厂	6000	452	234	—	6000	80
县级	象山超翔森果绿化有限公司	350	36	5	120	260	820
县级	象山泉涌香酒厂	110	15	5	—	100	500
县级	象山港市畜牧养殖有限公司	1220	246	2	—	2808	30
县级	象山天明生态农业发展有限公司	850	120	—	—	—	230
县级	象山糖烟酒菜有限公司	1980	20	47	—	2100	2000
县级	象山理翔木制工艺品有限公司	1000	60	80	130	—	30
县级	宁波市郎德农牧有限公司	594	52	—	—	4800	102
县级	象山石浦亿亨活鲜水产有限公司	13100	65	22	—	727	5500
县级	象山董敏水产育苗场	358	35	—	—	—	600
县级	宁波锦洋水产食品有限公司	4189	596	52	600	3665	7
县级	象山锦润水产食品有限公司	1800	129	47	—	4300	18

续表28-12

级别	企业名称	销售收入（万元）	税后利润（万元）	上缴税款（万元）	创汇（万美元）	原料收购量（吨）	带动农户数（户）
县级	象山县石浦贵祥冷冻厂	800	80	63	—	196	25
县级	象山兴海水产有限公司	3008	182	120	—	4884	—
县级	象山县南田养殖开发有限公司	1200	120	200	—	2000	87
县级	宁波象山港水产引种育种有限公司	800	28	5	—	—	300
县级	宁波华龙水产食品有限公司	6720	324	137	450	6250	300
县级	象山鹤翔水产养殖有限公司	120	80	10	—	1000	100
县级	象山国晨阳水产食品有限公司	3432	216	44	300	3028	12
县级	宁波锦和食品有限公司	6285	624	48	—	2105	210
县级	宁波海宝宝水产食品有限公司	5100	350	190	185	5630	300
县级	象山石浦国龙水产有限公司	17358	326	520	2480	32500	248
县级	象山兢业水产育苗厂	350	35	—	—	—	750
县级	象山县海川水产饲料有限公司	4460	180	32	1200	2500	325
县级	象山县久宇水产有限公司	1070	86	32	—	4944	1100
县级	象山福泰隆水产有限公司	1200	72	11	—	5500	—
县级	浙江申福食品有限公司	320	40	28	—	285	50
县级	象山港湾水产苗种有限公司	287	19	—	—	—	671
县级	象山正圆农牧机械设备厂	620	155	16	120	—	—

第二节 经营方式

历史上，象山农业一直维持家庭经营模式，生产粗放，效益低下。中华人民共和国成立后，农业生产走合作化、集体化经营道路，但因为农业生产实行计划经济，经营方式单一，经济效益不高。中共十一届三中全会后，尤其是改革开放后，农业经营逐步走上一条产业化经营的新路，解放和发展农村生产力，实现了农业增效、农民增收。

规模经营

农村实行家庭联产承包责任制后，乡镇企业迅速崛起，建筑企业蓬勃发展，大量农村劳动力向第二、第三产业转移。1993 年，这部分劳动力已占农村劳动力 60%。部分农村土地出现农民无力耕种、不愿耕种和弃耕抛荒现象。同时，随着城镇建设、公路建设和农田基本建设的需要，部分土地被征用。各镇乡及集体组织因地制宜，在农民自愿基础上，开展土地使用权调整和转接包工作。1994 年 8 月，县委、县政府发布《关于推进粮田适度规模经营的意见》，分别在丹城、西周、贤庠、下沈、东陈5个镇乡进行试点。至1998年，全县151个村建立土地使用权流转机制，产生10亩以上种粮大户1600余户，承包土地3.7万亩，承担全县45%以上的粮食定购任务，为落实粮食种植计划发挥重要作用。进入21世纪，县委、县政府加大对种养大户的扶持力度。自2004年始，每年向承包种植20亩以上的种粮大户给予良种、农资补助，进一步调动种粮大户规模经营积极性。2008年，全县承包经营20亩以上种粮大户775户，种植水稻40684亩，占全县水稻面积23.05%；承包经营20亩以上蔬菜种植（瓜类）大户147户，种植面积8995亩，占全县蔬菜（瓜类）面积5.37%；承包经营30亩以上水果种植大户171户，种植面积14112亩，占全县水果面积6.5%；饲养量50头以上规模养猪场（户）430户，出栏猪11万头，占全县出栏数61.38%；规模养鸡户180户，饲养量194万羽，占全县饲养量90.23%；饲养500羽以上养鸭户103户，养鸭16.6万羽，所产鸭蛋占全县鸭蛋总量66.4%；种鹅规模饲养户150户，饲养种鹅12万羽，其中1000羽以上的种鹅饲养户40户，饲养种鹅8万羽。

产业结构调整

1986年1月，县委、县政府提出发展水果、家禽、蔬菜，促进农业产业结构调整规划。是年，水果种植面积发展到94802亩，比1985年增长64.99%，水果总产量增加到21219吨，增长47.77%；白鹅饲养量增加到55万羽，增长19.57%。随着农业产业结构调整的强力推进，象山特色优势农产品的发展加快。全县逐渐形成南北两大农业综合开发功能区，一是象山港名特优农业功能区，有浙东白鹅、特种野猪、山羊、杨梅、早熟蜜橘、茶叶、竹（笋）、旅游等优势产业。二是石浦港外向型农业功能区，有创汇蔬菜、优质柑橘、枇杷、鸡蛋、旅游等优势产业。

2008年象山县产业基地项目情况表

表28-13

基地名称	建设地点	业主单位	核心区（公顷）	辐射（公顷）	总投资（万元）
象山县晓塘优质柑橘产业基地	晓塘镇白玉湾村	象山红柑橘专业合作社	120.0	700	820
象山县外销蔬菜产业基地	定塘镇漕前村	宁波能大食品有限公司	33.3	1333.3	720
象山县养鹅产业基地	涂茨镇玉泉村	象山县兴旺种鹅合作社	1.8万羽	200万羽	600
象山县生猪产业基地	茅洋乡白岩下村	象山百汇生猪专业合作社	1200头	—	650
象山县乌紫杨梅产业基地	黄避岙乡、泗洲头镇、涂茨镇	象山县林特服务中心	133.3	2333.3	416
象山县南部沿海紫菜产业基地	高塘岛乡纱帽绿村	象山县申福食品有限公司	53.3	666.7	720
象山优质蛋鸡产业基地	晓塘乡胡家峙村	象山县金元蛋业合作社	10万羽	60万羽	626
象山县天池翠优质茶叶产业基地	黄避岙乡、西周镇、茅洋乡	象山县天池翠茶叶专业合作社	153.3	666.7	650

效益农业

20世纪90年代，效益农业加快推进。1992年，国家粮食政策放开，象山县粮食生产压力减缓，推动效益农业加快发展。1993年，全县提出发展优质、高产、高效的“一优二高”效益农业目标，农业向规模化、效益型转变，经济作物面积和产量大幅增加，产值猛增。全县农业总产值首次超10亿元，达到13.6亿元。杨梅产业也开始加快发展，作为替代松林迹地更新首选品种，被大量推广种植。1998年，县政府出台高接换种每亩补助150元的扶持政策。至2000年，全县高接换种面积近1.6万亩。水果、水禽、蔬菜等主导产业形成，总面积达33.7万亩。

进入21世纪，发展高效生态农业，放手让农民按市场需求开展生产经营。农业结构调整进一步加快，全县建成11个万亩名特优农产品基地。经济林、经济作物种植面积分别达到18.7万亩和23万亩，经济作物面积首次超过粮食种植面积。2003年，县政府提出柑橘、杨梅、出口蔬菜、浙东白鹅等产业发展思路，并制定《象山县农业七大龙型产业五年发展规划》。2006年，发展规划修订完善。2008年，全县基本形成沿盛宁线杨梅；大塘片、高塘岛柑橘；丹东、丹西、涂茨、东陈白鹅；定塘出口蔬菜等效益农业产业布局。

生态设施农业

进入21世纪，象山生态设施农业快速发展，先后建成高塘岛生态农业园区、定塘农业生态园区和禽畜生态养殖小区。至2008年，全县仅果蔬设施栽培面积就达5.65万亩。

外向型农业

1988年始，象山外向型农业迅速发展。1990年，全县外贸农产品收购总值2814万元，其中，粮油食品类2546万元，土畜产品类268万元。1999年，象山海欣食品有限公司、象山食品罐头厂等11家企业（含渔业，下同）自营出口农副产品1933万美元。进入21世纪，政府加大外向型农业的扶持力度。2003年，全县农副产品自营出口额达7204万美元。2008年，增至22760万美元。

休闲农业

进入21世纪，境内休闲观光农业逐步兴起，至2008年，全县建成以金沙湾度假村、晓塘白玉湾生态农业观光园、定塘沙地生态农庄、新桥高湾枇杷观光园、石浦东门渔村、茅洋民俗文化村等一大批以山海资源、田园风光和民俗风情为依托的农（渔）家乐特色村（点）29个，农（渔）家乐休闲经营户145户，直接从业人员974人。接待游客55万余人次，营业收入5200余万元。

第三节　经营管理　经营服务

在发展农业生产方面，县委、县政府制定政策，采取措施，统筹农业发展规划，建立和完善农业社会化服务体系，引导农民走现代化产业发展道路，促进农业快速发展。

市场拓展

至1998年，全县已建成定塘果蔬批发市场、县粮食贸易市场、丹城农贸市场等批发市场。定塘果蔬批发市场，经营场地面积近万平方米，为当地四季大宗蔬菜、名特优新蔬菜和3万亩柑橘提供销售服务，年成交额近亿元。160名农民运销员，将产品销往宁波、台州、舟山等地区，促进市场所在地及周边地区的果蔬生产。在宁波、杭州、上海、天津和西安等大中城市举办农展会，开展农产品展销活动；在上海建立农渔产品配送中心；在山东寿光市场设象山蔬菜专卖摊位。同时，拓展韩国、日本、马来西亚、澳大利亚等国外市场，出口加工值1.18亿元，农业外向度达 82%。

品牌创建

20 世纪 90 年代，开始重视农产品品牌建设。至 1997 年，全县经国家工商局登记注册的农产品及加工品商品有 34 只，“丹凯”牌象山银芽和“嵩雾”牌龙井等名茶，市场供不应求。“兄弟”牌竹制凉席系列产品，获省著名商标、省购物首选品牌称号和中国轻工协会优秀新产品奖，畅销沪杭甬市场，并出口日本、韩国、美国及香港。进入 21 世纪，象山还建立农产品标准化体系和质量检验检测体系，陆续创建“大象山”牌象山红柑橘、“大目山”牌特种野猪等一批名牌产品。2008 年，农产品（含水产品）中的名牌产品有 26 个；无公害产地认证 61 个，无公害农产品 46 个，无公害农产品产地 109 个；绿色认证食品 4 个，有机食品 3 个；农产品（含水产品）注册商标 347 只，其中，省级著名商标 5 只、市级著名商标 11 只，获省名牌产品 9 只、市级名牌产品 13 只。

2008 年象山县农产品质量监测点建设情况表

表 28-14

监察点		监测作物	监测面积（公顷）	监察点		监测作物	监测面积（公顷）
乡镇街道	片畈			乡镇街道	片畈		
丹东街道	梅溪片	果蔬	200.0	定塘镇	金牛港	花椰菜	666.7
丹西街道	林海片	毛豆	33.3	定塘镇	台洞塘村	大白菜	33.3
丹西街道	上吴片	蔬菜	26.7	涂茨镇	下盆岙	蔬菜	33.3
石浦镇	盐厂村	芥菜	46.7	涂茨镇	下盆岙	水稻	333.3
石浦镇	番头岙村	叶菜	20.0	大徐镇	三角地片	水稻	333.3
石浦镇	昌国北门塘	甘蓝	133.3	新桥镇	下七里村	茄果	80.0
石浦镇	下洋墩	鸡蛋	7.5 万枚	新桥镇	高湾村	柑橘	133.3
西周镇	文岙塘	蔬菜	66.7	新桥镇	狮子山	柑橘	133.3
西周镇	琴诗岙村	叶菜	53.3	新桥镇	东溪片	水稻	333.3
西周镇	牌头村	水稻	66.7	东陈乡	东陈村	草莓	13.3
鹤浦镇	鹤二村	芹菜	20.0	东陈乡	海墩村	雪里蕻	26.7
鹤浦镇	樊岙村	枇杷	100.0	东陈乡	海墩村	水稻	333.3
鹤浦镇	螺蛳礁	马铃薯	233.3	晓塘乡	光明村	柑橘	200.0
鹤浦镇	四都片	水稻	200.0	晓塘乡	西边塘村	葡萄	20.0
贤庠镇	溪沿	甘蓝	33.3	晓塘乡	月楼村	茭白	66.7
贤庠镇	碶头陈	水稻	66.7	晓塘乡	金元蛋业	鸡蛋	60 万枚
墙头镇	宏森源	甜瓜	20.0	晓塘乡	天子禽蛋	鸡蛋	20 万枚
墙头镇	朱家村	果蔬	66.7	黄避岙乡	龙屿村	茭白	33.3
墙头镇	方家岙	雷笋	66.7	黄避岙乡	东海梨园	梨	26.7
墙头镇	方家岙	水稻	333.3	茅洋乡	南充村	茶叶	66.7

续表28-14

监察点		监测作物	监测面积（公顷）	监察点		监测作物	监测面积（公顷）
乡镇街道	片畈			乡镇街道	片畈		
墙头镇	海鸭合作社	鸭蛋	10万枚	高塘岛乡	群英塘	柑橘	666.7
泗洲头镇	下马畚村	草莓	33.3	高塘岛乡	珠益村	西瓜	66.7
泗洲头镇	下马畚村	水稻	533.3	高塘岛乡	江北村	蔬菜	20.0
定塘镇	礁横片	甘蓝	200.0	高塘岛乡	江北村	水稻	666.7

2008年象山县无公害农产品产地建设单位情况表

表28-15

所在地	建设单位	产地名称
丹西街道	象山绿园蔬菜专业合作社	无公害水果基地
石浦镇	象山县石浦镇农业公司	无公害蛋鸡基地
西周镇	象山县西周镇牌头朝阳果蔬专业合作社	无公害竹笋基地
西周镇	象山县西周镇农业服务公司	无公害粮油基地
鹤浦镇	鹤浦镇螺蛳礁村经济合作社	无公害马铃薯基地
贤庠镇	象山县农技推广中心	无公害粮油基地
贤庠镇	象山港市畜牧养殖有限公司	无公害生猪基地
墙头镇	象山县墙头镇墙头村经济合作社	无公害竹笋基地
泗洲头镇	象山蟹钳港农业开发有限公司	无公害粮油基地
大徐镇	象山燕国食用菌基地	无公害食用菌基地
晓塘乡	象山红柑橘专业合作社	无公害水果基地
茅洋乡	象山茅洋南充茶场	无公害茶叶基地
高塘岛乡	象山群英塘柑橘产销专业合作社	无公害柑橘基地
高塘岛乡	象山县高塘同心畜牧养殖专业合作社	无公害生猪基地

2008年象山县无公害农产品、绿色食品、有机食品建设单位情况表

表28-16

所在地	建设单位	产品名称数量
一、无公害农产品建设单位		
石浦镇	象山县石浦镇农业公司	500吨宁港蚕豆
鹤浦镇	象山鹤岛梨园	220吨鹤岛青梨
鹤浦镇	象山南田果蔬开发有限公司	220吨南田枇杷
鹤浦镇	象山县鹤浦镇海岛生猪养殖专业合作社	810吨奔野生猪
墙头镇	象山王世登生猪养殖场	505吨铜鼓钿生猪

续表28-16

所在地	建　设　单　位	产品名称数量
墙头镇	象山海妹子蛋鸭合作社	2000吨海鸭鸭蛋
新桥镇	象山县新桥农业服务有限公司	420吨下七里红草莓
晓塘乡	象山县晓塘乡西边塘村经济联合社	3900吨西边塘柑橘
黄避岙乡	象山县玉茭茭白专业社	4500吨玉茭茭白
二、绿色食品建设单位		
墙头镇	象山鸭妹子食品有限公司	2000吨海鸭熟咸蛋
墙头镇	象山鸭妹子食品有限公司	2000吨海鸭皮蛋
墙头镇	象山鸭妹子食品有限公司	500吨海鸭鲜蛋
茅洋乡	象山文山鱼鲞加工厂	50吨文山鳗鲞
三、有机食品建设单位		
大徐镇	象山阿存水果专业合作社	—

服务体系建设

20世纪90年代，为深化农村改革，全县加强农业社会化服务体系建设。按照“完善县一级、健全乡一级、强化村一级、发展民间组织”基本思路开展工作，服务体系覆盖农、林、牧、副、渔各业，贯穿产供销各个环节，形成多层次、多形式、多功能，为引导集体和农户进入市场创造条件，出现公司+农户、基地+农户、合作社+农户、市场+农户及科技+农户等多种服务模式。县农业主管部门围绕主导产业，为农民产前、产中、产后提供系列化服务。县创办柑橘研究所，建立养猪协会、柑橘协会等民办服务组织。镇乡也建立一批专业协会，如定塘的养鸡协会、墙头的草莓协会，为农户提供信息、技术、苗种、农资、销售等服务，推进农业产业化发展。至2007年，县级专门农技推广机构7个，镇乡及地区性农技推广组织49个，农业科技示范户81户，形成较完整的农技推广服务体系。县成立农业信息服务中心，创刊《农业市场》；成立农技110工作协调小组和110办公室。建立农业信息网和农民信箱，2008年，全县农民信箱实名制注册用户20267户，启用18321户。

2002年，完善农业融资体制，成立全市首家农业小额贷款担保中心，缓解种、养大户和农业中小企业贷款困难。2003年，在上年缓征渔业捕捞环节特产税的基础上，缓征农业税和生产环节农林特产税。2004年起，全面免征农业税，并逐步对农民实行种粮直补、农资综合直补和农机具购置补贴等支农惠农政策。同时，实施渔民人身、船舶财产保险补助、渔船报废补助和农村住房政策性保险、政策性农业保险等政策。推行新型农村合作医疗制度、免费义务教育制度，完善农村经济合作社会计代理制、村主要干部报酬工薪制，组建农民专业合作、供销合作、信用合作“三位一体”的农村新型合作体系，开展农村住房制度改革试点。

2004年，启动实施“十万农村劳动力素质培训”工程，开展转岗技能、学历教育、农渔业实用技术培训农民近2万人次，2000余人培训后得到转岗就业。至2008年，共培训农村劳动力11.82万人次，其中转岗职业技能培训1.66万人次，转岗技能培训就业转移率达70%以上。

第四章　粮油作物

象山传统粮食作物以水稻为主，麦、薯类为次。明嘉靖《象山县志》记载，县内粮食作物有"稻之类"31种、"黍之类"3种、"粟之类"13种、"麦之类"12种、"菽之类"12种。其中，稻米为主粮。明末，番薯引入，成为象山人主粮之一，仅次于稻米。20世纪80年代后，水稻品种逐渐优化、亩产大幅提高，但是随着经济作物种植面积不断增加，水稻种植面积持续调减。油料作物主要有黄豆、油菜、花生、芝麻、油桐、乌桕等。

第一节　水　　稻

水稻栽培历史悠久。明代中叶，始有间作双季稻。民国时，传统水稻种植制度和栽培技术已趋成熟。中华人民共和国成立后，水稻种植科技水平逐步提高。

面积产量

民国29年（1940），歉收，全县水稻播种面积25.50万亩，总产14500吨。民国35年，丰收，水稻播种面积26.48万亩，总产42676吨，比民国29年分别增加3.84%、194.32%。

1952年，全县水稻播种面积54.23万亩，亩产123公斤，总产量66616吨，分别比1949年增长13.64%、9.82%、24.46%。1966年，水稻亩产首次超200公斤，总产量超100000吨。1979年，水稻亩产294公斤，总产量148965吨，均超历史最高纪录。20世纪80年代，实行家庭联产承包责任制，年平均水稻播种面积50.41万亩，亩产329公斤，总产量165877吨，亩产与总产量分别比70年代年平均增长38.81%、37.04%。稻谷一度出现结构性过剩，出现卖粮难。90年代，农业产业结构得到调整与优化，粮食播种面积大幅度减少，经济作物面积不断增加。水稻种植从1990年的49.09万亩，调减至1999年的37.91万亩，水稻平均亩产仍稳定在315～401公斤之间。10年平均亩产364公斤，比80年代年平均增长10.63%。其中，1996年水稻平均亩产与早、晚稻平均亩产分别达到401公斤、400公斤、402公斤，均创历史新高。水稻主产区为南庄、定山二大平原，面积和产量约占全县1/3。贤庠、黄避岙、珠溪、下沈、高塘岛乡水稻栽培面积均逾万亩。90年代后，随城区建设扩大，南庄平原已不成水稻产区。

进入21世纪，全县水稻种植面积继续调减，年种植水稻在20万亩以下。水稻生产以单季晚稻为主，早稻种植面积调减至约2万亩。晚稻种植稳定在14万亩左右。2006年，推广超级稻实事工程，超级稻种植面积1.5万亩，亩产545公斤。2008年，超级稻种植面积扩大至3.89万亩，亩产525公斤。全年水稻种植17.66万亩，总产量78685吨。

品种

象山稻种资源丰富，从南宋至民国，先后载有稻种数十个。稻种分籼、粳、糯稻三类，又各有早、中、晚三种。

宋宝庆《四明志》载：五谷熟而人民育，地产莫贵于此。明（州）之谷有早禾、中禾、晚禾。早禾以立秋成，中禾以处暑成，中最富，早次之。晚禾以八月成，视早益罕矣。品种有早黄、晚青、矮白等25个。

明嘉靖《象山县志》载，稻之类有小暑、早白、早晚、早糯等31个。

清雍正《象山县志》载，稻品种多达32个。

民国《象山县志》载，水稻品种42个，多数承宋、明、清栽培之品种。民国36年（1947），县农业推广所始引进早籼503、504、505及晚籼9号、4617、6144等新品种试种推广，并推广种植象早、象晚等水稻。

今水稻主要品种：早籼稻14种，中籼稻5种，晚籼稻5种；早粳稻3种，晚粳稻11种；早糯稻1种，中晚糯稻12种；杂交稻8种。

表28-17

象山县水稻主要品种情况表

类型		主要品种（引进推广及大量种植时间）
籼稻	早籼	早白（1682—1950年）、小暑白（1928—1950年）、503（1946至1955年）、陆财号（1958—1963年）、矮脚南特号（1960—1972年）、矮南早1号（1965—1970年）、二九青（1970—1985年）、广陆矮4号（1972—1990年）、四梅2号（1980—1984年）、二九丰（1983—1991年）、嘉籼758（1987—1996年）、嘉育293（1992—1997年）、嘉育280（1997—2001年）、嘉育143（2001—2008年）
	中籼	红淮白（1927—1967年）、淮白1号（1759—1967年）、淮白2号（1951—1967年）、珍珠矮（1963—1969年）、南塘矮16号（1969—1974年）
	晚籼	乌嘴呷（象山农家品种）、细秆晚青（宁波农家品种）、红生晚（宁波农家品种）、红米晚青（鄞县农家品种，1962年引入）、象山乌秆（鹤浦20世纪50年代初从细秆晚青中单穗选育而成）
粳稻	早粳	有芒早粳（1956年引入）、北京早粳（1959年引入）、青森5号（1960年引入）、10509（1956—1958年）、红须粳（1957—1963年）、农垦58（1963—1973年）
	晚粳	农虎6号（1971—1981年）、矮粳23（1977—1981年）、秀水48（1981—1988年）、秀水11（1986—1993年）、宁67（1990—1997年）、甬粳18（1996—2003年）、秀水110（2001—2005年）、嘉花1号（2003—2008年）
糯稻	早糯	早糯（1834—1962年）
	中晚稻	深水糯（1962年前）、红壳糯（1963—1974年）、台中糯（1968—1970年）、京引15（1968—1978年）、双糯4号（1979—1980年）、祥湖24（1981—1987年）、祥湖47（1982—1987年）、祥湖84（1986—1994年）、绍糯44（1992—1996年）、绍糯119（1995—2001年）、绍糯9714（2000—2004年）、甬糯34（2004—2008年）
杂交稻		汕优6号（1977—1994年）、汕优64（1985—1992年）、协优46（1988—2008年）、协优9308（2001—2008年）、中浙优1号（2005—2008年）、甬优9号（2006—2008年）、甬优11号（2005—2008年）、甬优12号（2007—2008年）

栽培技术

主要技术有种子处理、育秧、栽培、施肥和病虫防治等。

育秧　水稻育秧方式较多。古代至民国多为水秧田。20世纪60年代，推广尼龙薄膜育秧。90年代，盛行塑料秧盘及工厂化育秧。

表 28-18

象山县水稻育秧方式情况表

育秧方式	采用时间及推广情况
水秧田	古代至民国。20世纪50年代初，县委、县政府动员农民做“合式秧田”。1953年，全县推广合式秧田面积占70%左右
半旱秧田	古代至民国。1955年，全县半旱秧田育秧面积占40%。由于秧田覆盖物不足，直至80年代，半旱秧田未能普及，仍在40%~70%之间波动
尼龙（薄膜）育秧	1964年，县良种场试验尼龙保温育秧成功。至20世纪70年代，尼龙保温育秧技术逐步推广。1974年，全县尼龙育秧面积310亩，占早稻秧田面积的1.22%。90年代，此法普及全县。1994年，尼龙（薄膜）覆盖育秧15000亩，占早稻秧田面积的90.9%
蒸气育秧	1976年，儒雅洋公社横山、雅林溪公社夏雨岙、民主公社钱仓、潘家坎和县良种场进行早稻蒸气育秧试验，前后共11批，种植大田21.5亩。进入20世纪80年代后，因尼龙（薄膜）育秧的扩大而逐渐淘汰
小苗带土秧	1970年4月8日，推广缙云县利用零星杂地或水泥晒场培育水稻小苗带土移栽秧方法。20世纪80年代后，早稻小苗育秧逐渐减少，遂形成小苗带土秧、稀播大秧和两段育秧的三秧配套。1986年，全县杂交水稻两段秧（前段小苗带土秧，后段摆寄秧）摆寄秧面积5717亩，占杂交水稻秧田面积的46.49%。此法至90年代仍广为应用
拔秧留行	20世纪70年代后，采取秧套稻和旱粮番薯地套播杂交水稻秧苗等办法，解决晚稻专用秧田不足的矛盾。1982年，推行“拔秧留行”法，使迟插晚稻秧田成为早插田
旱育秧	20世纪50年代初，提出旱地育秧。1954年，县农场连作晚稻红须粳旱育秧比水育秧增产8.1%。70年代后，推广杂交水稻旱地育秧和番薯地套播育秧。1996年，推广水稻抛栽，旱地育秧面积迅速扩大。1999年，水稻旱育秧抛栽面积达4.81万亩
板田育秧	1992年，推广晚稻板田育秧，较常规育秧可节省耕耙成本和操作用工，亩产增加20~40公斤
垫膜育秧	20世纪90年代初，为解决晚粳稻超稀播高产栽培中拔秧费力问题，推出垫膜育秧技术。此法推广应用面积不大
塑料盘育秧	20世纪90年代后，推出水稻抛秧栽培技术。1999年，全县水稻抛秧栽培面积达3.33万亩。后随着单季晚稻面积扩大，直播栽培技术的普及，至2002年，全县水稻抛秧栽培面积减至2万亩以下

种子处理　中华民国时期，提倡水稻种子在播种前选种（粒选、风选、筛选）、去杂、浸种、催芽播种。

1955年始，全县稻谷种子全面采用晒种、风选、筛选、盐水（泥水）选种、药剂浸种（西力生、赛力散），俗称“过五关”，后进行催芽播种。20世纪60年代初，推出温汤浸种，以增强种子生活力和消灭病菌。浸种药剂：1974年，以硫酸铜、漂白粉浸种杀菌。1978年，以石灰水浸种。80年代，为预防白叶枯病、稻瘟病与恶苗病，采用402浸种杀菌消毒。1993年后，用“二灵”（喷施灵、线菌灵）浸种，预防干尖线虫病和恶苗病等病害。种子催芽：20世纪50年代，沿用民国时期催芽方法，多用竹箩稻草保温催芽。60年代，推广牛栏温床催芽和民房作温室催芽，前者被广泛采用。70年代后，采用焦泥灰牛栏温床催芽，并广泛采用温室加热催芽。焦泥灰牛栏催芽和温室催芽一直沿用到90年代。

种植密度 古代至民国，水稻栽培通行稀植。20世纪50年代初，象山水稻种植密度甚稀，间作早稻行距8~9寸，株距1.6~2尺，亩栽4000多丛，丛插20本，基本苗8万本左右，早晚稻两季亩栽8000余丛。单季稻一般行距8寸，株距9寸，亩栽8300丛，丛插20本，基本苗16万本。1953年，始行大株稀植为小株密植。间作稻行距6~7寸，株距1.4~1.6尺，亩栽6000多丛，丛插10本，基本苗6万本，早晚稻两季亩栽1.2万余丛。单季稻行距7~8寸，株距7~8寸，株行间略呈长方形，亩栽1.06万丛，丛插10本，基本苗10万本。进入70年代后，早稻5寸×3~4寸，丛插7~8本，分蘖差的品种丛插8~10本，每亩插足基本苗26万本。早插晚粳5寸×4寸，每亩插足基本苗30万本；中粳、中糯与立秋后迟插晚粳5寸×3.5寸，每亩插足基本苗35万本；中籼5寸×4.5寸，每亩插足基本苗25万本。1984年，试行“稀、少、平”栽培法（稀播壮秧、少本密植、平衡促进）获得成功。

21世纪初，种植结构调整，单季晚稻面积扩大，多采用多蘖壮秧，单本稀植，亩插1~1.2万丛；部分采用超稀精量直播栽培，亩用种量0.75公斤，基本苗2万本。2006年，开始试行新型规格化育秧、机械化插秧栽培技术，超级稻小苗宽行稀植，行距30厘米，株距20厘米，亩栽1.1万丛。

播种 直播、抛秧、机播为现代播种新技术。直播，又名点籽、区田哵田栽培法。后渐被育秧栽培法替代。民国时期曾作为水稻高产栽培技术推广。1953年，象山试种早稻（旱稻）直播。1960年，早稻严重烂秧，为补救而直播早稻3万余亩。此后，水稻直播成为早稻烂秧主要补救措施之一。1996年，全县直播水稻面积3.13万亩，其中直播早稻1.68万亩，平均亩产472公斤，比全县早稻平均亩产400公斤，增产18.0%。贤庠镇贤庠村林仁雄3.71亩免耕直播早稻，品种嘉育280，经宁波市专家组验收，平均亩产659.8公斤，创浙江省早稻单产最高纪录。1999年，直播早稻面积占全县早稻面积50%以上，并逐年扩大。2003—2008年，全县每年直播早稻面积占早稻面积均稳定在80%以上。

单季晚稻直播栽培技术起步稍晚。1999年，全县直播单季晚稻占单季晚稻30%以上，并逐年扩大。2003—2008年，全县每年直播单季晚稻面积占单季晚稻面积的50%以上，占全县单季粳糯面积的80%。

抛秧 水稻抛秧栽培是采用多孔塑料秧盘育秧、手工抛秧的栽培技术。1988年，在南庄、大徐、定山等区开展早晚稻抛秧栽培技术多点试验并获得成功。早晚稻，都能达到较高的产量水平，与手插秧产量持平甚至增产。抛栽比手插秧移栽提高工效两倍以上。1998年，全县水稻抛秧栽培技术应用面积1万亩。后由于水稻撒直播栽培技术的推广，水稻抛秧栽培技术应用面积逐年下降。

机插 始于20世纪60年代初，使用木制插秧机，手工拔秧，人工操作，因机具质量不过关而告失败。80年代末，引进低速机动插秧机，在丹城镇北门农场、蒋家村农场等开展机插试点获成功，与人工手插比较，早稻增产，晚稻略减。推广水稻机插栽培技术条件未成熟，未在面上推广应用。21世纪始，各级政府重视推广水稻机插栽培技术，采取多项优惠政策，向购买插秧机的用户补贴80%购机款，购买秧盘补贴57%，还实施机插育苗及作业补贴，全县水稻机插面积逐年增加。2007年，先后在贤庠、涂茨、西周、石浦等镇试验示范。2008年，在全县推广，水稻机插面积达万余亩。

施肥 古代，水稻施用农家肥。明代，广泛应用无机肥料。除施用蛎灰、骨灰等外，用螺蚬壳灰、蚌蛤蚝灰等作肥料。民国36年（1947），全县推广化学肥料810亩，增产粮食5400公斤；

制用堆肥4200亩，增产粮食21500公斤。

20世纪50—60年代，在扩大绿肥种植面积，推广以磷增氮，普及磷肥施用以增加产量的同时，发动农户养猪积肥，增加肥料源。全县开展积肥造肥群众运动，割青草、摘柴子花、采苔条、捞蕴草（含革命草）、烧砺灰、罱河泥、削烧焦泥灰（草木灰）、垫猪牛栏、沤鱼肥、扫垃圾、拾野粪、搞堆肥、积六泥（垃圾泥、灶间泥、瓦片灰、畜栏泥、阴沟泥、香灰土）、烧制土化肥等，常年坚持。1958年，全县共积土杂肥191.68万吨，平均每亩4.75吨；办土化肥厂2654个，生产土化肥48189吨，平均每亩94公斤。80年代，遂发动群众大搞稻草还田和养猪积肥。90年代，种植结构调整，绿肥年种植面积减少至10万亩以下，年化肥用量平均达58660吨，亩均69.8公斤。1992年，全县秸秆还田11.21万亩。1999年，增至15万亩，其中，早稻9万亩，单季晚稻3.5万亩，连作晚稻2.5万亩。

病虫草害防治　主要有防病虫、除草、灭鼠等。治虫，古代水稻病虫防治手段较少。民国时期，主要害虫有三化螟、蚼虫、稻苞虫、稻蝗、铁甲虫、稻蟒象等。用硫磺、砒、黑矾以及卤水治之。防治则以预防为主，采取冬耕灌水，清明前烧毁、用尽稻草，掘毁稻根，削除田塍杂草，秧田杀卵，点灯诱蛾，稻田捕杀或用夹板夹杀等手段杀灭害虫。大田防治采用滴油打蚼，烟粉治螟。20世纪50年代，水稻病虫以螟虫、蚼虫、稻瘟病为主，其次为稻纵卷叶螟、稻蟒象、纹枯病、白叶枯病等。其间，因农药供不应求（全县年平均供应农药仅36.2吨），每年需投入大量劳动力进行人工防治。60年代后，农药供应量增加，年平均供应农药358吨。70年代，年平均使用农药1027吨，比前10年年平均增加1.9倍。1980—1988年，年平均用药662吨，比前10年平均减少55.1%。90年代，新增水稻恶苗病、基腐病、细菌性条斑病、干尖线虫病、稻蚜等。采取综合防治，取得一定成效。

稻田除草，中华民国时期，基本沿用古代办法，重视秧田、稻田人工除稗，解决稻田草荒。20世纪50—60年代，采用精耕细作、三耕三耙、多耥多耘消灭草害。70年代，晚稻秧田开始采用除草醚和五氯酚钠除草，同时采用现做秧畈、催芽播种、泥浆落谷、以苗压草等技术措施。80年代开始，逐渐推广秧田、大田化学除草。90年代后，化学除草技术基本普及全县，使用的除草剂品种也不断增加和更新。

农田灭鼠，中华人民共和国成立前，田间灭鼠缺少有效办法。20世纪50—70年代，农田鼠害造成稻谷损失严重。80年代，始重视农田灭鼠工作。采用的鼠药有敌鼠钠盐和溴敌隆，常年坚持在冬春田野无收获物时投放。另有在播种前，催芽后，拌入稻拌威，以驱避鼠雀危害。

民国29年至民国36年间部分年份象山县水稻生产情况表

表28-19

年　份	面积（万亩）	亩产（公斤）	总产量（吨）	自然灾害
民国29年	25.50	57	14500	大旱，早稻歉收，晚稻颗粒无收
民国33年	26.41	148	39109	秋大旱，晚稻歉收
民国34年	26.50	150	39872	—
民国35年	26.48	161	42676	—
民国36年	24.89	150	37328	7—8月旱灾，晚稻歉收

1949—2008年象山县水稻播种面积与产量情况表

表28-20

年份	水稻合计			早稻			晚稻		
	面积（万亩）	亩产（公斤）	总产量（吨）	面积（万亩）	亩产（公斤）	总产量（吨）	面积（万亩）	亩产（公斤）	总产量（吨）
1949	47.72	112	53522	17.45	122	21284	30.27	107	32238
1950	48.91	116	56694	17.96	127	22724	30.95	110	33970
1951	50.56	123	62356	18.73	129	24155	31.83	120	38201
1952	54.23	123	66616	20.81	135	28184	33.42	115	38432
1953	55.00	119	65456	21.90	143	31213	33.10	103	34243
1954	54.34	129	70356	22.36	136	30513	31.98	125	39843
1955	53.09	127	67453	21.36	142	30271	31.73	117	37182
1956	53.92	104	55818	22.79	169	38486	31.13	56	17332
1957	53.66	131	70243	22.55	157	35433	31.11	112	34810
1958	51.07	151	77201	22.33	212	47261	28.74	104	29940
1959	47.11	161	75710	18.95	170	32288	28.16	154	43422
1960	50.41	141	70943	21.93	181	39744	28.48	110	31199
1961	45.85	99	45607	20.54	149	30510	25.31	60	15097
1962	49.37	147	72471	21.12	155	32652	28.25	141	39819
1963	48.58	116	56433	20.32	140	28443	28.26	99	27990
1964	52.10	169	87799	23.31	207	48233	28.79	137	39566
1965	53.20	166	88064	24.44	209	51069	28.76	129	36995
1966	52.85	202	106818	25.78	262	67419	27.07	146	39399
1967	48.10	167	80125	25.86	278	71793	22.24	37	8332
1968	49.44	199	98315	23.06	248	57199	26.38	156	41116
1969	51.58	197	101540	24.73	254	62733	26.85	145	38807
1970	50.23	216	108364	25.01	290	72422	25.22	143	35942
1971	42.29	225	94958	25.85	312	80584	16.44	87	14374
1972	50.70	250	126852	26.08	336	87746	24.62	159	39106
1973	53.19	242	128793	26.25	297	78089	26.94	188	50704
1974	52.77	221	116829	26.07	317	82623	26.70	128	34206
1975	53.17	225	119880	26.18	303	79418	26.99	150	40462
1976	53.14	217	115289	26.32	293	77038	26.82	143	38251
1977	53.37	207	110654	26.39	259	68383	26.98	157	42271
1978	52.45	267	139809	26.39	329	86696	26.06	204	53113
1979	50.69	294	148965	25.94	356	92322	24.75	229	56643
1980	51.76	302	156565	24.91	358	89210	26.85	251	67355
1981	51.73	284	146935	24.99	389	97295	26.74	186	49640

续表28-20

年份	水稻合计			早稻			晚稻		
	面积（万亩）	亩产（公斤）	总产量（吨）	面积（万亩）	亩产（公斤）	总产量（吨）	面积（万亩）	亩产（公斤）	总产量（吨）
1982	51.97	342	177855	24.99	385	96155	26.98	303	81700
1983	51.63	274	141635	25.07	305	76535	26.56	245	65100
1984	51.97	363	188725	24.93	387	96500	27.04	341	92225
1985	49.89	354	176549	23.74	389	92293	26.15	322	84256
1986	48.65	353	171586	23.26	399	92780	25.39	310	78806
1987	48.34	334	161533	23.01	374	86008	25.33	298	75525
1988	48.73	353	172060	23.08	362	83476	25.65	345	88584
1989	49.40	335	165323	23.20	323	74849	26.20	345	90474
1990	49.09	316	155343	23.27	375	87296	25.82	264	68047
1991	48.66	379	184260	22.86	398	90892	25.80	362	93368
1992	46.06	350	161355	21.99	379	83417	24.07	324	77938
1993	38.68	372	144035	16.50	370	61040	22.18	374	82995
1994	35.40	379	134311	15.09	377	56839	20.31	381	77472
1995	39.57	361	142697	17.55	337	59079	22.02	380	83618
1996	39.69	401	159154	17.55	400	70232	22.14	402	88922
1997	39.90	315	125640	17.67	399	70490	22.23	248	55150
1998	39.44	397	156592	17.36	394	68344	22.08	400	88248
1999	37.91	374	141937	16.17	380	61386	21.74	371	80551
2000	21.39	382	81806	4.46	431	19227	16.93	370	62579
2001	17.66	402	71074	2.27	426	9680	15.39	399	61394
2002	16.00	404	64634	2.14	362	7750	13.86	410	56884
2003	13.47	402	54114	1.76	381	6699	11.71	405	47415
2004	16.34	418	68362	2.19	422	9238	14.15	418	59124
2005	16.79	378	63431	2.40	431	10332	14.39	369	53099
2006	14.70	444	65239	2.22	415	9211	12.49	449	56028
2007	14.06	396	55636	1.78	426	7584	12.28	391	48051
2008	17.65	446	78685	3.49	409	14286	14.16	455	64399

第二节 大小麦

象山种植大、小麦历史悠久。中华人民共和国成立后，种植面积和产量不断增加。20世纪90年代始，受产业结构调整，面积和产量逐年下降。

大麦

明嘉靖《象山县志》载：有倮麦、六棱、早麦、晚麦、清明齐等大麦品种。民国时期，政府鼓励农民种植大麦作为青黄不接之时代替食粮。

20世纪50年代，大麦种植始有回升，年均17005亩，亩产64公斤，总产1114吨。70年代，啤酒工业兴起，促进大麦生产发展。全县年均种植大麦27490亩，年均亩产110公斤，平均总产3154吨。80年代，象山大麦生产进入鼎盛期。其中，1987年种植面积9.66万亩，亩产199公斤，总产19262吨。90年代，随着种植结构调整、良种推广、栽培技术改进及施肥水平提高，年均亩产达202公斤，年均总产4638吨。进入21世纪后，大麦种植面积锐减至万亩以下，但亩产继续增加。2008年，大麦平均亩产290公斤，比90年代年均增长43.56%，创亩产最高纪录。

象山大麦分布较广，除檀头山外，各地均有种植。大麦品种主要有皮大麦与倮大麦两大类型，并有二棱、四棱、六棱与早、中、迟熟之分。明嘉靖至民国，大麦主要品种为倮麦、六棱、早麦、晚麦、清明齐。20世纪50—60年代，主要种植品种为六棱米麦、四棱米麦、六棱须落大麦、篇箕米麦、萧山立夏黄、嵊县无芒六棱等。70年代，引入早熟3号、浙农12、早熟7号等品种。80年代，引入舟麦1号、舟麦2号、沪麦4号、浙农大3号。90年代，推广浙农大3号、早熟3号、浙88-10、甬麦2号等品种，以浙农大3号为主。

大麦种植，民国时期面积少，栽培粗放。多数利用番薯地畦面，以狭畦、宽沟、稀点播方法种植。亩产30~50公斤。20世纪50年代初，推广密点播，后期推广条播。土地利用率提高，产量提高。60年代后，推广深沟宽畦、密条播与撒播。70—80年代，大麦栽培技术成熟，随着除草剂和开沟技术的推广，稻畈麦高产配套技术不断完善，大麦稻田种植基本采用免耕栽培，产量大幅提高。

大麦病害以赤霉病、黄化叶病、条纹叶枯病、白粉病、云纹病、网斑病为主。虫害以蝼蛄、麦蚜与黏虫危害较重。采用抗病品种进行种子消毒，加强麦田管理，喷施对口农药等措施。

1930—2008年部分年份象山县大麦种植面积与产量情况表

表28-21

年份	面积（亩）	亩产（公斤）	总产量（吨）	年份	面积（亩）	亩产（公斤）	总产量（吨）
1930	4000	69	276	1954	15007	65	970
1932	956	155	148	1955	16389	66	1086
1938	1831	26	47	1956	21829	80	1744
1939	2043	26	53	1957	23552	67	1586
1944	10000	35	350	1958	22385	62	1382
1945	16170	35	569	1959	22535	67	1508
1946	4036	106	430	1960	21623	77	1667
1949	10257	51	523	1961	32299	47	1534
1950	10145	52	528	1962	18908	64	1207
1951	10266	55	564	1963	15883	68	1079
1952	13751	58	792	1964	15581	81	1264
1953	14190	69	980	1965	9852	86	848

续表28-21

年份	面积（亩）	亩产（公斤）	总产量（吨）	年份	面积（亩）	亩产（公斤）	总产量（吨）
1966	7258	63	460	1988	87200	186	16202
1967	14170	106	1498	1989	50800	195	9906
1968	28085	129	3633	1990	60400	208	12592
1969	17663	86	1514	1991	57000	204	11606
1970	12976	88	1142	1992	24000	216	5182
1971	17062	127	2160	1993	6000	212	1270
1972	27566	135	3715	1994	5600	199	1113
1973	30133	83	2487	1995	12600	202	2547
1974	30813	127	3928	1996	11900	188	2232
1975	23609	64	1508	1997	15000	212	3186
1976	24419	100	2440	1998	19800	162	3215
1977	28876	77	2230	1999	16000	215	3435
1978	36604	136	4976	2000	4900	224	1099
1979	42842	162	6951	2001	1200	226	271
1980	38200	165	6315	2002	2400	223	536
1981	30700	156	4790	2003	1500	243	365
1982	41800	162	6790	2004	1200	277	332
1983	49500	155	7670	2005	2475	248	614
1984	57400	186	10670	2006	2715	260	707
1985	58300	180	10520	2007	2685	289	775
1986	67100	192	12860	2008	2640	290	766
1987	96600	199	19262	—	—	—	—

说明：中华人民共和国成立前部分年资料不齐；1952年前，此表各项数据不含“南田八岛”

小麦

中华民国时期，在粮食作物中小麦种植仅次于水稻、番薯。民国19年（1930），小麦种植面积最多，达116000亩，总产量最高，达3284吨。民国21年，总产量最低，仅180吨。

20世纪50年代，年均种植小麦30089亩，年平均总产1693吨。60年代，年均种植小麦21054亩，年均总产1642吨。70年代，年均种植小麦25229亩，年均总产2597吨。80年代，年均种植小麦28910亩，年均总产4671吨，种植面积和亩产水平显著提高。其中1984年，小麦种植面积41900亩，亩产181公斤，总产量7595吨，为中华人民共和国成立后象山小麦种植面积最多、产量最高之年。之后，随着种植结构调整，山坡地改种经济作物或退耕还林，小麦种植面积减少。21世纪初，年均种植小麦1417亩，年均总产292吨，比90年代年均总产量减少89.32%。

小麦分布全县各地，宜作番薯前作及棉、麦、绿肥间套种，故县内番薯及棉花种植面积较大地区，小麦种植也多。

象山小麦品种较多。明嘉靖年间至民国间，主要有赤麦、白麦、淮麦、光头赤、光头白、蜈蚣麦等品种。民国23年（1934），南田县推广改良麦种，从省农业改良总场稻麦场引进小麦1号、2号、4号、9号、10号、11号、拱宸桥无芒小麦、金大26号共8个品种。20世纪50年代，以定山白芒白蒲、红长蜈蚣、铁砖头、白蜈蚣、尖头麦、矮粒、南大2419、介吉小麦等为主要品种。60年代，小麦主栽品种为南大2419。1963年引入白壳三月黄。1966年，引入阿夫、阿勃。1973年，引入908（浙麦1号）。1978年，引入扬麦1号。1980年，引入扬麦4号、宁麦3号。1989年引入，扬麦5号、丽麦16。90年代，引入核组8号、扬麦158等。21世纪初，引入扬麦12（原名扬95-76），2008年得以推广。

小麦栽培的传统农艺相当完备。中华民国时期，象山多利用番薯地畦面种植。以点播为主，每畦种两行，以人粪尿点穴后再点播种子，然后覆盖土杂肥或细泥。种植粗放，产量低，亩产仅30公斤左右。20世纪50年代初，改稀植为小株密植，并推广小麦移栽技术。60年代，小麦品种、耕作制度改良调整，重点推广矮粒多小麦，并推广穗选。70年代，学习江苏小麦高产经验，革新山地小麦栽培技术，亩产量提高。80年代后，除草剂应用推广，稻田免耕种植小麦（稻畈麦）技术逐步普及。

小麦主要病害有黑穗病、赤霉病、锈病、白粉病，尤以赤霉病危害最重。黑穗病的防治，在民国时期采用冷水温汤浸种。20世纪50年代起采用石灰水浸种。其他病害防治采用农业防治为主，药剂防治为辅，综合运用农业技术措施。虫害多为黏虫、麦蚜、蝼蛄、蛴螬与金针虫等。采用抗病品种，种子消毒，加强麦田管理，喷施对口农药等措施。

1930—2008年部分年份象山县小麦种植面积与产量情况表

表28-22

年份	面积（亩）	亩产（公斤）	总产量（吨）	年份	面积（亩）	亩产（公斤）	总产量（吨）
1930	116000	28	3284	1958	26743	57	1533
1932	1548	116	180	1959	30367	60	1823
1938	51525	33	1675	1960	32324	67	2173
1939	52345	32	1701	1961	28643	48	1370
1944	25000	40	1000	1962	17587	61	1065
1945	32340	40	1294	1963	15983	65	1046
1946	40369	21	845	1964	17332	86	1483
1949	24647	46	1146	1965	16602	85	1411
1950	25849	50	1305	1966	14877	56	827
1951	25512	50	1276	1967	19853	104	2056
1952	30870	43	1338	1968	22783	119	2717
1953	30373	54	1648	1969	24555	92	2270
1954	33178	62	2064	1970	25583	94	2411
1955	32748	66	2161	1971	25452	112	2843
1956	36628	65	2371	1972	27143	132	3592
1957	28619	49	1415	1973	25231	70	1766

续表28-22

年份	面积（亩）	亩产（公斤）	总产量（吨）	年份	面积（亩）	亩产（公斤）	总产量（吨）
1974	23783	123	2928	1992	25000	181	4522
1975	20797	79	1644	1993	10500	187	1967
1976	21791	103	2245	1994	7200	186	1340
1977	32120	58	1865	1995	7200	180	1297
1978	24878	126	3131	1996	11100	188	2082
1979	25509	139	3540	1997	10200	197	2013
1980	27400	134	3660	1998	16800	162	2716
1981	28000	130	3640	1999	12900	202	2608
1982	26600	162	4315	2000	4200	208	874
1983	35100	145	5095	2001	1800	196	352
1984	41900	181	7595	2002	1700	129	220
1985	41200	168	6912	2003	400	190	76
1986	26500	180	4771	2004	870	110	96
1987	19500	172	3351	2005	690	235	162
1988	19700	179	3521	2006	405	249	101
1989	23200	166	3851	2007	465	247	115
1990	26900	185	4968	2008	2220	286	634
1991	29000	132	3841	—	—	—	—

说明：民国时期部分年资料缺，小麦产量不包括南田

第三节　薯　　类

象山薯类主要有番薯与马铃薯。番薯于明万历后引入，马铃薯于清末或民国初引入。粮食短缺年代，象山农户以此作为主粮。

番薯

清乾隆《象山县志》载：“番薯瘠土沙中可种，生熟皆可食，益人。万历间，闽中始有之。今乡村山地广种。其法先种薯一本，生蔓，断其蔓，横植之，覆以灰土，则每段发根生其苗，故繁生焉①。”清道光《象山县志》载：番薯“充粮食，干者耐久②。”邑人钱沃臣《乐妙山居集》“近四十年，象产番薯始繁③”，可知象山大量种植番薯应始于清康熙季年。

民国时期，象山番薯栽培面积约2~6万亩，为县东及东溪以南诸乡农家常年主粮。象山番薯除自食外，每年均有外销。民国《象山县志》载：“薯丝产数二百万斤，远销温州及福建一百万

①出处见本志“综述·粮食与经济作物”部分页下注。
②清道光《象山县志》卷十九“物产”。
③出处见本志“综述·粮食与经济作物”部分页下注。

斤，价值洋银万元。”

1949年，番薯种植面积为58944亩，亩产232公斤（折原粮，下同），总产量13675吨。1950年后，象山粮食供应仍较紧张，政府重视番薯生产。1960年6月21日，县委、县政府发出《关于扩种番薯的通知》，全县（不含宁海片）番薯种植面积扩大到74010亩。之后，随着农田水利基础设施逐步完善，番薯种植面积逐年减少。20世纪70年代后期，果园扩大，番薯地减至4万余亩。2000—2008年，年均番薯种植22258亩，年均亩产381公斤，年均总产8432吨，分别比90年代年平均减少23.40%、9.50%、30.25%。

照28-3　农户在晒番丝

番薯适应性强，全县各地都有种植。主要分布在山地、坡地、沿海塘地等，以县东及东溪以南诸乡为多。

番薯品种，早期为白皮白心、红皮黄心、黄皮白心、小红毛、红皮白心等。民国37年（1948）12月，引入南瑞苕种薯。1956年，引入胜利百号（原名冲绳百号），1963年普及全县。1965年，引入60-13-8（又名红头八号）。20世纪70年代初，引入红红1号。1978年，从舟山农科所引入丽群6号、舟薯1号（392），此后，逐渐成为象山番薯主要品种，约占全县番薯面积30%。1982年，从舟山地区农科所引入舟薯5号（78-145），从江苏省徐州地区农科所引入徐薯18。1987年，从浙江省农科院引入浙薯1号。1988年，从浙江省农科院引入浙薯2号（原名浙薯60-2）。2005年，石浦镇引入日本川山紫番薯品种。

番薯栽种通常采用薯块育苗，剪蔓扦插繁殖。20世纪50年代早期，采用露地冷床育苗（俗称“冷孵法”）。中期，全面推广温床育苗（俗称“热孵法”）。70年代中期起，塑料薄膜覆盖育苗渐替代老式温床育苗。剪蔓扦插繁殖（俗称“剪藤”），又称冷藤育苗。番薯插种应择阴天，土壤不干不湿时，现耕、现整、现插；晴天则宜于傍晚。秋薯扦插于大暑前，最迟不过立秋。

表28-23

1949—2008年象山县番薯种植面积与产量情况表

年份	面积（亩）	亩产（公斤）	总产量（吨）	年份	面积（亩）	亩产（公斤）	总产量（吨）
1949	58944	232	13675	1959	66980	330	22108
1950	61096	242	14755	1960	74010	281	20826
1951	61100	235	14359	1961	55664	209	11609
1952	77892	299	23284	1962	58776	293	17198
1953	69198	327	22635	1963	60829	267	16266
1954	77208	309	23886	1964	55757	301	16777
1955	70376	276	19455	1965	54354	280	15214
1956	78639	272	21389	1966	52903	345	18275
1957	76905	284	21812	1967	50603	129	6515
1958	77050	336	25922	1968	56148	334	18735

续表28-23

年份	面积（亩）	亩产（公斤）	总产量（吨）	年份	面积（亩）	亩产（公斤）	总产量（吨）
1969	56725	357	20258	1989	35200	353	12416
1970	57418	338	19407	1990	34900	360	12558
1971	55384	298	16518	1991	35800	377	13507
1972	57885	443	25654	1992	33300	382	12728
1973	54951	406	22332	1993	28400	438	12434
1974	52476	379	19901	1994	23800	407	9692
1975	52138	325	16957	1995	24900	593	14765
1976	50322	345	17375	1996	27200	544	14794
1977	50866	359	18252	1997	28500	333	9483
1978	48171	396	19079	1998	27600	393	10835
1979	42936	298	12816	1999	26200	385	10098
1980	44500	317	14120	2000	21700	445	9654
1981	44300	276	12225	2001	20700	403	8342
1982	39900	302	12055	2002	19100	403	7702
1983	40700	317	12920	2003	18615	357	6646
1984	33500	383	12830	2004	25725	271	6976
1985	32600	354	11531	2005	23610	376	8885
1986	31800	369	11750	2006	23550	378	8905
1987	33000	379	12496	2007	22980	397	9130
1988	34400	369	12691	2008	24345	396	9645

说明：番薯产量为原粮，鲜薯折合原粮为五折一

马铃薯

马铃薯为外来品种。象山通常把块茎小而圆的马铃薯称为洋芋艿，块茎大而长的称为洋番薯。民国16年（1927），象山有马铃薯种植记载，时称洋芋。民国29年，县农林场开始马铃薯栽培试验。民国35年，全县种植马铃薯325亩，亩产247公斤（折原粮，下同），总产量80.25吨。

20世纪50年代，全县年均种植马铃薯3227亩，年均亩产144公斤，年均总产440吨。60年代（1960—1967年8年统计），全县年平均种植马铃薯2002亩，年均亩产114公斤，年均总产2280吨。70年代（1973—1979年7年统计），全县年均种植马铃薯4226亩，年均亩产131公斤，年均总产513吨。90年代（1992—1999年8年统计），年均种植马铃薯26513亩，年均亩产248公斤，年均总产6763吨。时种植面积、亩产量均达历史最高。2008年，全县种植马铃薯20295亩，亩产312公斤，总产量6327吨。

马铃薯生长期短，早熟品种一般播后七八十天即可收获，可补蔬菜淡季之需，又可作救荒食粮。全县各地均有种植。

20世纪60年代前，象山马铃薯主要品种为红番薯（洋番薯）、小籽洋芋。种薯世代相传，品种退化严重。1961年，引入山西大同紫皮、黄皮两马铃薯种薯30公斤试种。1979年，从黑龙江

克山调入克新1号3535公斤。1980年，引入克新2号6495公斤。引入新品种后，农户多采用秋马铃薯作次年种薯，以防品种退化。

马铃薯种植，通常采用整地后穴播方式。出苗后，结合中耕除草再补施追肥一两次直到收获。今象山种植马铃薯以春播为主，少数地区秋季种植。

1949—2008年象山县马铃薯种植面积与产量情况表

表28-24

年份	面积（亩）	亩产（公斤）	总产量（吨）	年份	面积（亩）	亩产（公斤）	总产量（吨）
1949	1983	110	219	1979	3665	116	426
1950	2014	123	248	1980	2232	—	—
1951	1931	125	241	1981	—	—	—
1952	2922	137	400	1982	—	—	—
1953	3278	167	549	1983	5600	182	1017
1954	2265	222	503	1984	14100	268	3781
1955	2203	153	336	1985	—	—	—
1956	3549	173	615	1986	—	—	—
1957	3151	106	335	1987	—	—	—
1958	4182	145	607	1988	—	—	—
1959	6771	84	568	1989	—	—	—
1960	4980	63	313	1990	—	—	—
1961	3470	73	255	1991	—	—	—
1962	1688	86	145	1992	20000	210	4200
1963	1424	109	155	1993	21000	206	4331
1964	1017	137	139	1994	22700	186	4226
1965	1052	185	195	1995	18000	259	4669
1966	1045	113	118	1996	31800	219	6959
1967	1341	146	196	1997	34500	327	11265
1968	—	—	—	1998	32900	279	9189
1969	—	—	—	1999	31200	297	9267
1970	—	—	—	2000	26200	342	8964
1971	—	—	—	2001	—	—	—
1972	—	—	—	2002	25700	—	—
1973	4754	—	—	2003	24500	—	—
1974	4463	—	—	2004	24100	—	—
1975	4546	—	—	2005	23900	—	—
1976	4104	—	—	2006	21000	—	—
1977	4042	126	508	2007	19725	202	3986
1978	4011	151	606	2008	20295	312	6327

第四节　杂　　粮

象山杂粮除番薯、马铃薯外，主要有玉米、豆、高粱、粟、荞麦等。明、清志书均有种植记载。其中，高粱、粟、荞麦等作物种植面积不大，今几乎绝迹。

玉米

俗称六谷，又名玉蜀黍。清乾隆间的《蓬山清话》："玉蜀秫，亦曰御麦，象山曰六谷，多种山地。亦可为粮，俗惟取为儿童之茹而已①。"民国35年（1946），全县种植玉米680亩，总产量1156担（57.8吨），平均亩产85公斤。1949年，全县种植501亩，总产39吨，平均亩产78公斤。

20世纪50年代，玉米种植年均在千亩以下。山地或农户屋边园地零星种植，多作闲食。70年代起，改变传统种植模式。80年代，全县年均种植玉米2260亩，年均亩产132公斤，年均总产296吨。90年代初，在番薯地、杂间地套种春玉米4000余亩，涂茨镇番薯地套种玉米最多，约占全县一半。中后期，随着番薯地面积减少，玉米种植面积也随之减少。其间，全县年均种植玉米4340亩，年均亩产163公斤，年均总产667吨。2000—2008年，年均种植玉米4135亩，年均亩产221公斤，年均总产932吨。

象山玉米早期主要品种为秋玉米。1971年，从普陀六横岛引入百白叶头。1977年，引入丹玉6号、旅28、330，丹玉6号为主栽品种。1978年，引入虎单5号、316、2001、成矮1号。1979年，引入旅曲、曲43、浙单1号。1985年，引入甜玉2号。1987年，引入中单206、苏玉1号。1989年，引入烟单14。1990年，引入吉单131-2。1991年，引入掖单12。1993年，引入掖单13号。2001年，引入苏玉糯1号。

初时，象山大多种植秋玉米，管理粗放，产量低下，亩产仅50公斤左右。20世纪70年代，改种春玉米，并改革施肥方法，产量提高。1975年，亩产上升到128公斤。1988年，亩产234公斤，为最高产年。

1949—2008年象山县玉米种植面积与产量情况表

表28-25

年份	面积（亩）	亩产（公斤）	总产量（吨）	年份	面积（亩）	亩产（公斤）	总产量（吨）
1949	501	78	39.0	1958	—	—	—
1950	497	82	41.0	1959	—	—	—
1951	608	87	53.0	1960	43	53	2.3
1952	505	111	56.0	1961	—	—	—
1953	—	—	—	1962	—	—	—
1954	—	—	—	1963	—	—	—
1955	19	74	1.4	1964	—	—	—
1956	47	21	1.0	1965	—	—	—
1957	52	77	4.0	1966	7379	47	350.0

①倪象占《蓬山清话》卷十七"谷之属·玉蜀秫"。

续表28-25

年份	面积（亩）	亩产（公斤）	总产量（吨）	年份	面积（亩）	亩产（公斤）	总产量（吨）
1967	3110	35	109.0	1988	1700	234	397
1968	491	65	32.0	1989	3600	116	419
1969	103	87	9.0	1990	4800	120	574
1970	653	43	28.0	1991	6200	129	799
1971	1660	25	41.0	1992	4800	163	782
1972	31	63	2.0	1993	4200	186	782
1973	—	—	—	1994	7200	85	613
1974	—	—	—	1995	2600	163	424
1975	117	128	15.0	1996	3400	174	593
1976	124	121	15.0	1997	3000	159	477
1977	86	116	10.0	1998	3400	179	607
1978	1800	117	210.0	1999	3800	267	1014
1979	1700	150	255	2000	3700	247	913
1980	5600	134	750	2001	2200	190	418
1981	1600	138	220	2002	2800	187	524
1982	1400	107	150	2003	4500	194	873
1983	1400	125	175	2004	4400	178	784
1984	2300	109	250	2005	4900	243	1191
1985	2100	147	309	2006	4695	247	1158
1986	1300	125	162	2007	4470	246	1099
1987	1600	82	131	2008	5550	257	1428

豆类

象山豆类有大豆、蚕（豌）豆、豇豆、绿豆、赤豆等，种植历史悠久。

大豆　象山俗称黄豆，又名毛豆。大豆最初多种于旱地，一年一熟。后为配合复种耕作，分化出早熟、中熟与晚熟类型。进入稻田轮作，称田豆。民国时期，象山大豆为输出县外土特产之一。民国33年（1944）至民国36年，年均种植大豆4136亩，年均亩产43公斤，年均总产189吨。

大豆主要产地在大塘港沿岸和沿海地区。1971年，全县种植41294亩，总产1551吨。20世纪80年代始，大豆主要种植于定山地区，面积8082亩，产量1008吨，分别占全县61.22%、67.42%。

中华人民共和国成立后，大豆生产快速发展。2000年后，象山大豆鲜食为主，春、夏、秋大豆同时并存，晚稻田种植秋大豆基本消失。2000—2008年，年均种植面积14294亩，年均亩产135公斤，年均总产1952吨。

大豆品种较多。明清时期，有早豆、羊眼白、鸭子青、礌山乌、火豆、油豆、水豆等。之后，至70年代，有小白毛豆、定山白毛豆（定山矮脚白毛）、定山黄毛大豆（定山矮脚黄毛）、五月拔等品种。1971年，从兰溪引入兰溪大青豆。1982年，引入穗稻黄、矮脚早。1985年，引入兰溪大粒绿。1986年，从衢州引入毛蓬青、82-1、82-2。1988年，引入浙春1号、浙春2号、乌皮青仁。1996年，从台湾引入台292大豆。1999年，引入95-1特早熟大豆。2000年后，春大豆仍以台292、台75为主，夏、秋大豆以本地品种为主。

大豆轮作复种，具养地作用，多以套种或与其他作物复种。旱作地，与玉米轮作；稻区，与水稻轮作；棉区，与棉花轮作。大豆最好前作是有深耕和有施肥基础禾谷类作物。大豆耐阴，适宜与其他如番薯、西瓜、甜瓜、玉米等作物间作套种。

1949—2008年象山县大豆种植面积与产量情况表

表28-26

年份	面积（亩）	亩产（公斤）	总产量（吨）	年份	面积（亩）	亩产（公斤）	总产量（吨）
1949	5329	43	229	1979	34552	39	1362
1950	5504	49	270	1980	15359	76	1171
1951	5728	50	286	1981	18000	71	1285
1952	10519	41	432	1982	17500	97	1705
1953	10210	67	689	1983	16900	72	1215
1954	10062	70	708	1984	13200	113	1495
1955	11162	67	746	1985	16000	94	1498
1956	10370	14	150	1986	16800	101	1700
1957	10699	65	694	1987	17800	93	1662
1958	7736	58	445	1988	16600	100	1663
1959	9497	70	663	1989	17400	85	1481
1960	2189	60	132	1990	13400	72	969
1961	3203	34	109	1991	12000	113	1356
1962	5009	45	227	1992	11100	111	1235
1963	4195	43	180	1993	14000	122	1702
1964	4654	69	322	1994	23600	64	1510
1965	4286	67	287	1995	12600	114	1442
1966	3571	78	280	1996	10800	164	1768
1967	3205	52	166	1997	10700	91	977
1968	4454	82	364	1998	12500	108	1353
1969	5483	90	491	1999	12200	119	1446
1970	6799	88	597	2000	15800	114	1802
1971	41294	38	1551	2001	13100	122	1603
1972	16142	42	671	2002	12700	110	1403
1973	9838	44	430	2003	14500	111	1614
1974	7178	52	375	2004	13200	114	1500
1975	7563	61	461	2005	14300	142	2034
1976	12979	71	925	2006	14625	155	2261
1977	17313	87	1498	2007	14370	167	2405
1978	31420	99	3103	2008	16050	183	2942

蚕豆　豌豆　蚕豆又名胡豆、罗汉豆等，体扁，形如指甲，县人不称蚕豆而称倭豆。豌豆又名佛豆、毕豆、冷豆、寒豆、麦豆等，体圆，象山则称蚕豆，与外地通常叫法不同。蚕、豌豆，全县广为种植，历史悠久。农民习惯在冬季番薯地、棉地、田塍、河岸、池塘岸边种植，亦有在蔬圃及果桑树下环种。民国 34 年（1945），全县种植蚕（倭）豆 2500 亩，亩产 35 公斤，总产 87.5 吨；豌豆 500 亩，亩产 38 公斤，总产 18.8 吨。1949 年，全县蚕（豌）豆面积 16632 亩，亩产 44 公斤，总产量 737 吨。

20 世纪 50 年代初中期，年均种植蚕（豌）豆 22688 亩，年均亩产 47 公斤，年均总产 1066 吨。80 年代，种植减少，年均亩产 91 公斤。90 年代，鲜食蚕（豌）豆看好，年均种植达 25520 亩，年均亩产 104 公斤，年均总产 2658 吨。其间，种植面积最大为 1998 年，达 32200 亩。亩产最高为 1994 年，达 127 公斤。总产量最高为 1999 年，达 3368 吨。进入 21 世纪，种植面积略减少。2000—2008 年，年均亩产 138 公斤，其中 2008 年亩产达 175 公斤，创象山亩产最高纪录。

早前，象山蚕（豌）豆主要品种有六粒豆（刀鞘豆）、小青豆（细籽豆、青皮豆）、白豆、大粒种（牛踏豆）。1958 年，从慈溪引入慈溪大白蚕。20 世纪 70—80 年代，胡椒豆（小粒红、花蚕豆）、白豌豆（小白蚕豆）、小蚕豆（蚕豆、蚂蚁窝、麻栎壳）、红蚕豆、乌眼白、黄秥豆、大花蚕豆、大白豌豆（白蚕豆）、剪豆等为主要品种。1995 年，从慈溪引入白花大粒蚕豆（日本陵西一寸蚕豆）。1998 年，引入中豌 4 号、中豌 6 号豌豆品种，此后中豌 6 号成为象山主要品种。2002 年，从新西兰引入的豌豆中选育出象豌 1 号新品种，于 2008 年通过省级品种审定。

蚕（豌）豆忌连作，可作水稻、玉米、棉花及番薯后茬，并与大麦、小麦、油菜、马铃薯等间作，或与棉地套种，或与绿肥轮作，还可与绿肥混播。禾谷类如水稻、玉米以及番薯等是豌豆适宜前作。豌豆与大、小麦间作、混作较普遍。

1944—2008 年象山县蚕（豌）豆种植面积与产量情况表

表 28-27

年份	面积（亩）	亩产（公斤）	总产量（吨）	年份	面积（亩）	亩产（公斤）	总产量（吨）
1944	2660	34	91	1961	15267	36	554
1945	3000	35	106	1962	15438	56	861
1949	16632	44	737	1963	17337	47	817
1950	17815	51	909	1964	14851	80	1188
1951	17321	55	952	1965	12988	65	846
1952	22750	43	983	1966	11781	66	775
1953	27354	47	1291	1967	12104	76	916
1954	25308	43	1099	1968	12433	77	957
1955	23852	43	1025	1969	13252	72	948
1956	24416	49	1201	1970	13963	75	1049
1957	17602	44	770	1971	15016	129	1934
1958	15445	51	784	1972	17365	98	1708
1959	10500	62	648	1973	14538	63	915
1960	13992	49	682	1974	14042	94	1318

续表28-27

年份	面积（亩）	亩产（公斤）	总产量（吨）	年份	面积（亩）	亩产（公斤）	总产量（吨）
1975	13220	67	885	1992	22200	98	2186
1976	13003	55	710	1993	20600	114	2345
1977	10076	53	537	1994	20700	127	2638
1978	10556	84	882	1995	26900	106	2853
1979	12800	100	1275	1996	29100	97	2825
1980	13600	73	990	1997	29400	112	3298
1981	13000	74	965	1998	32200	96	3103
1982	13800	97	1345	1999	31300	108	3368
1983	15400	86	1325	2000	22500	117	2627
1984	13200	85	1120	2001	21600	114	2459
1985	12600	101	1268	2002	20000	120	2402
1986	10800	98	1057	2003	19900	130	2582
1987	8800	103	906	2004	18700	135	2530
1988	12200	100	1216	2005	15390	163	2514
1989	17900	92	1647	2006	14820	149	2204
1990	22000	94	2061	2007	15420	140	2154
1991	20800	92	1904	2008	17445	175	3055

说明：1946—1948年资料缺失

豇豆　明嘉靖《象山县志》有种植记载。豇豆分长、短两种，长豇豆亦称带豆、裙带豆，一般作为蔬菜食用；短豇豆亦称角豆、豆角，晒干后煮粥、作点心馅。豇豆品种不多，变化不大。1984年前，象山豇豆有乌豇豆、早豇豆、本地八月豇、温州秋豇豆、美国短豇豆等品种，乌豇豆为当家品种。1984年，引入之豇28-2，逐渐替代本地品种。

绿豆　绿豆又名青小豆。清康熙《象山县志》有种植记载。绿豆用途广泛，故种植较多。20世纪90年代，始推广中绿1号。进入21世纪，县内推广中绿2号。

赤豆　赤豆又名红豆。明嘉靖《象山县志》有种植记载。赤豆供食用与药用，中华人民共和国成立前，品种以大粒红（红豆、赤豆、大红袍）、细籽红（红豆）为主。中华人民共和国成立后，引进常山大红袍、松阳大红袍等。

第五节　油　　料

明成化府志称大豆（黄豆）为油豆。而嘉靖县志“物产”载有大豆品种4种，其中有如《谷谱》所称用作“取油”者。嘉靖《象山县志》同时载有油菜。今象山种大豆已不用以“取油”。油菜籽、棉籽、芝麻、花生等成为象山生产的主要食用油原料。油菜种植最多，花生、芝麻种植规模很小。工业用油料作物曾有油茶、油桐、乌桕等，20 世纪 90 年代后期均无生产。

油菜

油菜栽种历史甚早，明嘉靖、清乾隆《象山县志》均有“芸薹即油菜”记载。民国《象山县志》载：“《集韵》：芸薹、胡菜，亦苔心菜。春月取其中心抽薹，名菜蕻；后取其籽榨油，名菜油；其渣可以粪田或饲牛，名油饼①。”民国 29 年（1940），全县种植油菜 3500 亩，亩产油菜籽 3 公斤，总产油菜籽 10 吨。

20 世纪 50 年代，油菜生产水平仍低，品种为抗病性差、产量低的白菜型农家品种。施肥水平低，栽培技术落后。面积、产量徘徊不前，年均种植油菜 5056 亩，亩产 34 公斤，总产 196 吨。60 年代，年均油菜种植面积 4514 亩，亩产 49 公斤，总产 213 吨。80 年代后，全县油菜生产发展迅速。1982—1988 年 7 年间，年均种油菜 36943 亩，亩产 96 公斤，总产 3538 吨。1991 年后，油菜籽价格降低，农民收益下降，随之油菜种植面积大幅减少。1993—1994 年，年均种油菜 6550 亩，总产 690 吨。90 年代，年均种植油菜 22070 亩，亩产 103 公斤，总产 2279 吨。2000—2008 年，年均种植油菜面积减至 12243 亩，亩产 110 公斤，总产 1336 吨，分别比 90 年代年均减少 45.52%、41.37%。定山地区种植面积约占全县的 40%。

民国时期，油菜品种主要为白菜型品种细籽种。该品种产量低，出油率高。1957 年，引入甘蓝型品种胜利油菜，逐渐取代细籽种。1978 年引入 480，1979 年引入九二油菜、甘蓝型九二 13 系。1986 年，引入矮秆均生型品种九二 5-8 系。1995、1999 年先后引入高油 605、浙双 72。

油菜的病害主要有油菜菌核病、病毒病、霜霉病。害虫主要有蚜虫与潜叶蝇等。

1940—2008 年象山县油菜播种面积与产量情况表

表 28-28

年份	面积（亩）	亩产（公斤）	总产量（吨）	年份	面积（亩）	亩产（公斤）	总产量（吨）
1940	3500	3	10	1960	17031	47	794
1945	3400	9	30	1961	7305	25	185
1948	500	20	10	1962	2332	32	74
1949	3984	33	131	1963	2066	23	48
1950	4028	34	137	1964	2444	55	135
1951	4068	35	142	1965	3470	58	202
1952	4704	45	212	1966	3764	81	306
1953	1385	23	32	1967	3525	58	205
1954	1470	36	53	1968	1294	57	74
1955	3402	26	88	1969	1904	58	111
1956	1255	22	27	1970	1932	65	125
1957	2471	30	74	1971	2904	65	189
1958	5720	45	257	1972	5660	89	506
1959	22059	42	936	1973	7731	53	412

①民国《象山县志》卷十一“物产考·蔬类·油菜”。

续表28-28

年份	面积（亩）	亩产（公斤）	总产量（吨）	年份	面积（亩）	亩产（公斤）	总产量（吨）
1974	8423	63	531	1992	36400	110	3988
1975	5797	53	307	1993	7400	104	773
1976	4400	50	220	1994	5700	106	606
1977	4585	47	214	1995	18800	101	1908
1978	18268	61	1118	1996	19300	101	1958
1979	18307	65	1195	1997	20000	97	1945
1980	23126	73	1682	1998	24200	86	2070
1981	41685	87	3609	1999	25400	101	2573
1982	34700	109	3785	2000	17500	105	1839
1983	48000	80	3833	2001	14600	104	1522
1984	32500	94	3065	2002	14100	101	1419
1985	43400	108	4688	2003	11400	113	1291
1986	44100	95	4190	2004	12700	110	1397
1987	26600	97	2589	2005	12840	111	1424
1988	29300	89	2613	2006	8250	120	990
1989	25700	96	2467	2007	9420	111	1045
1990	28500	106	3031	2008	9375	117	1096
1991	35000	113	3941	—	—	—	—

说明：中华人民共和国成立前部分年资料缺失

花生

象山种植花生历史已有200余年，主要分布在大塘、定塘、晓塘、檀头山等地。民国33年（1944），全县种植花生520亩，总产28.6吨。民国37年，花生面积2800亩，总产146吨。

1953—1959年7年间，花生种植年均2829亩，年总产271吨，平均亩产91公斤。20世纪60年代初，农业生产独重粮食，全县年均种植花生仅409亩，亩产87公斤，总产37吨。70年代，年均种植面积减至384亩，亩产71公斤，总产26吨。80年代，花生种植面积有所增加，年均种植703亩，亩产94公斤，总产72吨。1988年，种植结构调整。随着天府3号、山东鲁花、海花和冀油4号等良种引入推广与地膜覆盖等先进技术应用，农民种植积极性提高，花生种植面积、产量迅速增加。至90年代，年均种植6390亩，亩产224公斤，总产1508吨。2000—2008年，9年年均种植花生7622亩，亩产253公斤，总产1949吨。

传统花生品种有拔子、大泡花生和小种薄壳（檀头山种）等，民国时期至20世纪80年代初，由农民自繁自留。1983年，从四川省南充地区引入天府3号良种。90年代初，定塘镇农技站引进鲁花9号、海花1号、白沙1016与台湾大红袍等品种。2003年，定塘镇又从河北引入冀油4号。

花生病害主要有叶斑病、枯萎病、锈病、病毒病。害虫主要有蛴螬、蚜虫等。

1944—2008 年象山县花生种植面积与产量情况表

表 28-29

年份	面积（亩）	亩产（公斤）	总产量（吨）	年份	面积（亩）	亩产（公斤）	总产量（吨）
1944	520	56	29	1977	577	45	26
1945	650	69	45	1978	566	81	46
1946	2755	25	69	1979	655	67	44
1947	2787	33	91	1980	844	49	41
1948	2800	52	146	1981	529	57	30
1949	1806	70	126	1982	500	52	26
1950	1844	73	134	1983	500	78	39
1951	1883	83	156	1984	200	80	16
1952	1922	83	159	1985	400	143	57
1953	2073	56	117	1986	600	100	60
1954	2276	74	169	1987	800	116	93
1955	2688	80	215	1988	1200	153	183
1956	2724	108	295	1989	1460	118	172
1957	4647	119	555	1990	2100	147	308
1958	2551	96	245	1991	3200	154	493
1959	2841	106	301	1992	4500	204	919
1960	502	133	67	1993	6000	229	1374
1961	439	146	64	1994	7100	247	1754
1962	440	57	25	1995	7400	256	1893
1963	334	69	23	1996	7600	273	2072
1964	399	58	23	1997	9300	197	1829
1965	507	101	51	1998	8000	284	2274
1966	436	112	49	1999	8700	248	2159
1967	337	33	11	2000	6300	188	1184
1968	293	78	23	2001	7900	255	2012
1969	405	86	35	2002	6600	224	1476
1970	415	22	9	2003	7400	253	1874
1971	317	73	23	2004	7800	264	2061
1972	217	92	20	2005	8070	276	2229
1973	204	78	16	2006	8940	280	2500
1974	164	91	15	2007	8355	285	2378
1975	210	90	19	2008	7230	253	1826
1976	512	72	37	—	—	—	—

芝麻

明嘉靖《象山县志》有芝麻（作“脂麻”）种植记载。历以零星套种为主，规模不大。民国35年（1946），全县种植芝麻1635亩，亩产25公斤，总产40.88吨。1949年减至303亩，亩产21公斤，总产6.35吨。1955年，芝麻种植面积仅85亩。20世纪60—70年代，除初期少量种植外，至1977年，即无芝麻栽种。80年代，年平均种植芝麻336亩，亩产64公斤，总产23吨。90年代，年均种植面积580亩，亩产54公斤，总产32吨。2000—2008年，年均种植512亩，亩产66公斤，总产34吨。

传统品种有白芝麻、黑芝麻。白芝麻籽皮薄，含油量高；黑芝麻籽皮较厚，香味浓。1979年，引入中芝7号种子50公斤，各地试种良好。

芝麻病害主要有立枯病、炭疽病、白粉病、枯萎病、叶枯病、褐斑病。害虫主要有地老虎、蚜虫、芝麻夜蛾、芝麻盲蝽象。

油茶

民国时期，泗洲头马岙村有油茶林数百亩，蒙顶山、白岩山等寺庵旁植有小片油茶林，年产油茶籽数十担。

中华人民共和国成立后，政府发动群众进行油茶复垦与扩种。1955—1976年，全县累计营造油茶林116483亩，多疏林套种。1975年，全县油茶4255亩，主要分布在大徐区、定山区、西周区和县林场。是年为产量最高年，达70.55吨。2000年始，象山油茶均处于零星荒芜或野生状态。

油桐

桐有青桐、白桐之分。青桐即梧桐，惟庭院之玩。白桐结实，可榨油，即油桐。民国《象山县志》载：“青埠山独多桐，出桐油。”民国36年（1947），全县油桐林面积3490亩，有油坊23家，外销桐油210担（10.5吨）。

中华人民共和国成立后，政府重视油桐生产。1958—1983年，全县累计营造油桐林72867亩。“一五”计划（第一个五年计划）期间，产桐籽（白）142.7吨。“三五”期间，产桐籽（白）448.5吨。“四五”期间增至553.9吨。1969年，象山产油桐籽（白）125.00吨，为历史最高。1980年，象山列为省油桐纯林基地县，鹤浦、爵溪、泗洲头、灵南、亭溪、茅洋6公社被列为省油桐纯林基地乡。1989年以后，全县油桐纯林面积逐年减少。至2000年，象山已无成片油桐纯林，处于零星荒芜或野生状态。

乌桕

又名蜡油树，属大戟科乌桕属，为落叶乔木。乌桕种子呈黑色，含脂肪油，油内有棕榈酸、月桂酸、肉豆蔻脂酸和珠光脂酸等。种子能取蜡，榨油，可制作蜡烛、肥皂和油漆等。是中国著名的木本油科树种，也有俗称“三籽”（茶籽、桐籽、柏籽）之一。明嘉靖《象山县志》有乌桕栽培记载。清乾隆《象山县志》载：“有柏落其子，取清、白二油，岁获其利。岁稔则柏子熟，四野遍植之。深秋、红叶成林，可资眺望。……诸物不多产，惟柏油出运四方货之①。”民国35年（1946），全县乌桕3500株，产柏籽7.85吨。民国36年，种乌桕28800株，成活20832株，面积480亩，全县乌桕林地面积增至2830亩，产柏籽224.06吨。

中华人民共和国成立后，全县累计营造乌桕林1452亩。1962年，全县乌桕株数不足20000

①乾隆《象山县志·地里志三·物产》之“木之属”、“货之属”。

株。1975 年全县乌桕株数 5960 株，主要分布在定山地区。1989 年，全县乌桕林面积仅 51 亩。此后，乌桕林面积逐渐减少。1997 年，作为采收桕籽来榨取桕脂与桕油的乌桕纯林几近消失。全县现存保留下来比较好的乌桕林，主要分布在泗洲头与石浦至金星沿海南线公路上，总数几百株。1954 年，乌桕籽产量最高，为 709 吨。1957 年，525 吨。以后呈直线下降趋势。1958 年，55 吨。20 世纪 60 年代，在 25~45 吨之间。70 年代在 14~35 吨之间。80 年代在 4~25 吨之间。1988 年最低，仅 4 吨。1990 年，产乌桕籽 8 吨。之后乌桕籽产量不再统计。

第五章　经济作物

象山经济作物有棉、麻、甘蔗、中药材等，在农业生产中占重要地位。宋时，象山苎麻久享盛誉。清代，象贝驰名县外。至民国，苎麻、棉花等经济作物已成外销大宗商品。象山被浙江省列为 24 个产棉县之一。中华人民共和国成立后，经济作物生产快速发展。进入 21 世纪，经济作物在农业生产中比重逐年增加。

第一节　棉　　花

象山植棉记载见于民国《象山县志》。中华人民共和国成立后，政府重视棉花生产。20 世纪 80 年代末，受种植结构调整，种植面积大幅减少。

面积　产量

民国 19 年（1930），全县植棉 14200 亩，亩产皮棉（下同）4 公斤，总产 60 吨。民国 24 年，亩产 10 公斤。民国 36 年，亩产 13.5 公斤。1949 年，棉田 3612 亩，总产 75 吨。1959 年，全县植棉 20971 亩，亩产 18 公斤，总产 377.48 吨，分别比 1949 年增长 4.81 倍、1.57 倍、14.10 倍。1961—1963 年自然灾害期间，3 年平均植棉 4656 亩，年均产棉 78 吨。1963 年后，国家出台棉花奖售政策，象山在国家奖售政策基础上，对超售皮棉每 50 公斤，再奖售大米 25 公斤。翌年，又规定每统购 50 公斤皮棉，奖售化肥 30 公斤。1984 年，植棉 33400 亩，总产 2330 吨，均创历史新高。进入 21 世纪，棉花种植面积大幅缩减，但科技含量提高。2000—2008 年，年均植棉 1313 亩，亩产 72 公斤，总产 97 吨。主要产地有高塘岛、樊岙、金星、大塘、晓塘、鹤浦等乡镇。

品种

民国时期栽种本地棉（亚洲棉）。民国 36 年（1947），试种德字棉并得以推广。20 世纪 50 年代初，栽培品种主要为亚洲中棉（本地棉、鸡脚棉）。1953 年，引进岱字棉 15 号（陆地棉），成主要品种。1977 年，从宁海引入宁青 6 号。1982 年，引进陆地棉 86-1，种植面积占全县 50%。1983 年，引进太仓 1 号，1985 年推广。1987 年，引入中熟品种中棉 12。1993 年引入中棉 19。1995 年，引入中棉 23，成为县内主要品种。

病虫草害防治

民国时期，棉花害虫有卷叶虫、红蜘蛛、蜗牛、叶跳虫、地老虎、金刚钻、棉蝗、蚜虫等，以卷叶虫、红蜘蛛最为严重。病害有棉茎枯病、棉角斑病等。20世纪50年代后，境内棉花主要病害为：苗蕾期立枯病、炭疽病等。1963年，浙江首次发生棉花枯萎病，后传入象山，危害不重。棉花主要害虫，苗期有地老虎、蚜虫、野蛞蝓、蜗牛等；蕾铃期有红铃虫、红蜘蛛、棉铃虫、金刚钻等。

棉田杂草有空心莲子草、刺儿草、鳢肠、莎草、节节草、狗牙根、马唐、稗草、千金子、铁苋菜、地锦、看麦娘、马齿苋、繁缕、通泉草、卷耳、水苦菜、半夏、雀舌草等。其中，马唐、卷耳、水苦菜、繁缕、通泉草等10余种为恶性杂草。

棉花病虫草害防治，民国时期，采用人工捕捉为主，土农药防治为辅；清除棉田杂草以人工中耕为主。中华人民共和国成立后，采取化学、物理、生物、农业等防除手段，取得成效。1962年始，成立象山县病虫观察站，开展棉花病虫预测预报工作。

1930—2008年象山县棉花种植面积与产量情况表

表28-30

年份	面积（亩）	亩产（公斤）	总产量（吨）	年份	面积（亩）	亩产（公斤）	总产量（吨）
1930	14200	4	60	1965	14445	43	628
1935	9000	10	90	1966	12191	38	463
1940	3400	6	20	1967	11623	34	392
1945	5500	7	40	1968	21128	42	880
1947	5703	14	77	1969	19862	37	742
1948	3500	9	30	1970	22017	33	718
1949	3612	7	25	1971	22333	25	551
1950	3748	9	32	1972	22178	29	641
1951	3903	13	49	1973	22156	27	594
1952	5489	5	28	1974	21438	27	571
1953	4816	4	19	1975	22122	25	549
1954	3832	7	28	1976	19616	24	462
1955	2638	11	28	1977	22091	22	483
1956	3412	4	15	1978	20201	33	675
1957	4505	18	83	1979	18201	42	763
1958	7232	18	127	1980	27611	52	1427
1959	20971	18	378	1981	32100	30	951
1960	20801	15	322	1982	31900	37	1196
1961	3655	6	22	1983	28400	53	1496
1962	4872	12	57	1984	33400	70	2330
1963	5440	29	156	1985	32000	55	1750
1964	9978	34	338	1986	23100	61	1410

续表28-30

年份	面积（亩）	亩产（公斤）	总产量（吨）	年份	面积（亩）	亩产（公斤）	总产量（吨）
1987	19500	61	1192	1998	26000	69	1791
1988	17300	37	638	1999	9100	81	737
1989	14300	39	552	2000	2700	67	181
1990	15200	37	560	2001	2000	77	154
1991	14100	66	932	2002	900	84	76
1992	15200	54	817	2003	1100	86	95
1993	14200	79	1128	2004	1200	85	102
1994	17000	61	1030	2005	1170	61	71
1995	17900	60	1078	2006	840	71	60
1996	17900	75	1342	2007	930	72	67
1997	16700	16	269	2008	975	73	71

说明：1947年前部分年份数据缺失

第二节　麻　　类

象山麻类作物有苎麻、络麻（黄麻、红麻）两种。宋、元时，种植已见记载，民国时期种植已具规模，年产量少则几十吨，多达数百吨。民国28年（1939），溪口、奠安、淡港等乡产苎麻达20余万公斤。中华人民共和国成立后，苎麻生产又有发展。20世纪60—70年代，苎麻、络麻生产开始下降。80年代后，随着化纤工业发展，麻类种植面积及产量骤减。

苎麻

象山栽培和利用苎麻历史悠久，农户植麻普遍，在乡间的住宅旁大多栽有苎麻，为农家自用（捻线织麻布渔网、绳索等）。境内出产的苎麻品质好，纤维洁白有光泽，能织出比外地更细的麻布，故象山苎麻早在宋代就颇有名气，是象山历史上主要输出经济作物之一。麻料和麻织产品，驰誉县外。宋宝庆《四明志》记载："俗不甚事蚕桑纺绩，故布帛皆贵于他郡。……惟象山苎布最细曰女儿布，其尤细者也①。"随象山苎麻声名鹊起，种植面积不断扩大。逐渐成为象山历史上主要输出土特产之一。境内各大海港，船埠均有苎麻出运。民国《象山县志》实业考载：陈兆埠本籍船一百艘，客籍船二百艘，出木、鱼骨、猪、鱼、麻，苎麻约一万二千斤。民国28年（1939），象山输出苎麻994担（1担50公斤），运销宁波。民国34年，种植苎麻1050亩，亩产（麻皮，下同）36公斤，总产38吨。至民国37年，面积增至3800亩，亩产100公斤，总产380吨。

中华人民共和国成立后，象山被列为浙江省苎麻重点产区之一，主要分布在泗洲头、亭溪、溪口、莲花、南庄、墙头、黄避岙、东陈等地。1950年后，全县苎麻面积、总产逐年增加。1955

①出处见本志"综述·粮食与经济作物"部分页下注。

年，苎麻面积3286亩，总产205吨，分别比1949年增长1.13倍、2.87倍。1958年，全县苎麻种植锐减。1963年，县人民委员会采取苎麻派购包干交售办法。1964年，全县苎麻种植达4663亩，创历史最高纪录。1966—1971年8年间，年均苎麻面积2947亩，总产125.5吨。之后，渔业用麻普遍为尼龙丝替代，苎麻生产受冲击。1972—1979年，年种植面积仅一二千亩，产量在百吨之内。20世纪80年代，年均种植苎麻593亩，年平均总产24吨，亩产38公斤。1990年，苎麻仅100亩，总产2吨。90年代后果园扩大，无人种植苎麻。

苎麻品种多为传统老品种，一为黄皮种，农民称为“真种”，种植面积较广，产量高，品质好；二为天台铁麻；另有青种、红种，俗称“野种”。

苎麻病害主要为白纹羽病。害虫主要有天牛、夜蛾、赤黄夹蝶、白蚂蚁等。

1945—1990年部分年份象山县苎麻种植面积与产量情况表

表28-31

年份	面积（亩）	亩产（公斤）	总产量（吨）	年份	面积（亩）	亩产（公斤）	总产量（吨）
1945	1050	36	38	1969	3120	48	150
1948	3800	100	380	1970	3020	42	127
1949	1542	34	53	1971	2439	48	117
1950	1694	39	66	1972	2202	41	91
1951	1730	40	69	1973	1955	43	85
1952	1907	47	89	1974	1987	33	66
1953	2393	51	122	1975	1626	38	61
1954	3281	50	163	1976	1506	27	40
1955	3286	62	205	1977	1263	25	32
1956	3012	30	91	1978	1029	33	34
1957	4005	27	107	1979	888	26	23
1958	2191	50	109	1980	797	25	20
1959	2425	50	122	1981	631	22	14
1960	1549	45	70	1982	600	30	18
1961	796	29	23	1983	500	24	12
1962	744	34	25	1984	400	28	11
1963	1350	21	28	1985	400	28	11
1964	4663	10	45	1986	700	66	46
1965	3975	24	95	1987	900	70	63
1966	3214	36	116	1988	700	49	34
1967	2921	32	94	1989	300	43	13
1968	2967	50	149	1990	100	20	2

说明：1946年、1947年数据缺失

络麻

络麻分黄、红两种，黄麻又称“绿麻”。象山种植络麻，最早记载见民国《象山县志》，作“陆麻”历来零星种植，以自产自用为主。1949年，全县植麻面积1324亩，亩产麻皮（下同）79公斤，总产105吨。20世纪50年代，年均植麻1390亩，亩产106公斤，总产147吨。之后，粮麻争地矛盾突出，络麻种植减少。60年代，年均植麻466亩，亩产68公斤，总产33吨。70年代，面积再次减少，年平均植麻174亩，总产17吨。80年代后，化纤生产发展，络麻种植更少。至1990年后无人种植。

黄麻品种分长果种（俗称荚头络麻）与圆果种（俗称台湾络麻）；红麻原称洋麻、槿麻，或印度络麻。民国37年（1948），县农业推广所从浙江省农业改进所引入台湾红茎绿麻种子试验推广。1956年，引入长果种。1985年引入红麻浙萧麻1号，主要分布在大塘与灵南等地。

络麻病害主要有苗腐病、立枯病、茎斑点病、根线虫病、炭疽病等；害虫主要为蜗牛、小地老虎、野蛞蝓、玉米螟、小造桥虫、绿盲蝽等。

1949—1989年象山县络麻种植面积与产量情况表

表28-32

年份	面积（亩）	亩产（公斤）	总产（吨）	年份	面积（亩）	亩产（公斤）	总产（吨）
1949	1324	79	105	1970	334	93	31
1950	1486	85	126	1971	347	81	28
1951	1584	89	141	1972	203	94	19
1952	1661	131	218	1973	183	98	18
1953	1138	128	146	1974	173	98	17
1954	1767	138	243	1975	126	103	13
1955	642	103	66	1976	99	91	9
1956	1292	74	95	1977	110	100	11
1957	1658	67	111	1978	114	184	21
1958	1328	108	143	1979	50	100	5
1959	1346	132	178	1980	45	89	4
1960	1018	86	88	1981	29	69	2
1961	515	50	26	1982	—	—	—
1962	706	58	41	1983	—	—	—
1963	554	60	33	1984	—	—	—
1964	336	63	21	1985	400	100	40
1965	415	63	26	1986	23	130	3
1966	186	75	14	1987	—	—	2
1967	92	54	5	1988	—	—	3
1968	400	70	28	1989	—	—	9
1969	435	101	44	—	—	—	—

第三节 甘　蔗

民国《象山县志》载："红皮甘蔗……今象山有红皮，无青皮者，止供生啖，不能榨糖①。"民国36年（1947），种蔗520亩，总产12000担，其中部分加工成蔗糖（红糖）6担。1949年，种蔗109亩，亩产2384公斤，总产260吨。

中华人民共和国成立初，甘蔗生产停滞不前。大塘港围垦后，发展蔗糖生产，甘蔗面积迅速扩大。1971年，扩大至1147亩，总产2029吨，列全省26个产糖县（市）之一。1973年，象山县糖厂（日榨糖蔗能力200吨机制糖厂）投入生产，甘蔗种植面积扩大至2004亩。20世纪70年代，年均种植3557亩，总产8304吨。其中有4年种植面积超5000亩、总产超万吨。

甘蔗种植主要分布在晓塘、定塘、石浦、泗洲头等大塘港沿岸乡镇。20世纪80年代始，因种蔗经济效益低、损耗大，种植面积逐渐缩小。象山县糖厂于1985年转产。此后，引入青叶紫皮（白地拉）果蔗，甘蔗生产从糖蔗转向果蔗，面积迅速扩大。1986年，全县甘蔗4400亩，总产12448吨，恢复到70年代种植面积，并保持相对稳定。2000年，果蔗继续畅销，经济效益高，种植面积进一步扩大。2002年总产量54880吨，2004年种植面积13100亩，分别为历史最高。2008年，甘蔗种植6720亩，亩产3865公斤，总产25973吨。

民国时期的甘蔗品种仅红皮。20世纪50—60年代，有青、红皮两种。1972年，引入蔗糖新品种纳印310、赣蔗1号。1973—1978年，赣蔗1号成为糖蔗主栽品种，种植面积占80%。1979年始，纳印310逐渐代替赣蔗1号，约占糖蔗种植50%。1980年，引入川蔗10号。1984年，引入青叶紫皮果蔗，成为象山果蔗主栽品种，一直至今。

果蔗苗期多螟虫、蓟马等虫害。伸长期主要害虫有螟虫、红蜘蛛、蓟马、蚜虫，伸长后期至成熟期主要有蚜虫、粉蚧壳虫。病害有梢腐病、花叶病。

1949—2008年象山县甘蔗种植面积与产量情况表

表28-33

年份	面积（亩）	亩产（公斤）	总产量（吨）	年份	面积（亩）	亩产（公斤）	总产量（吨）
1949	109	2385	260	1958	21	1048	22
1950	121	2479	300	1959	—	—	—
1951	102	2412	246	1960	67	1791	12
1952	87	2851	248	1961	55	2000	11
1953	76	2842	216	1962	104	2000	208
1954	218	3766	821	1963	—	—	255
1955	159	3252	517	1964	109	2174	237
1956	161	925	149	1965	145	1462	212
1957	209	2440	510	1966	86	2558	220

①民国《象山县志》卷十二"物产考·果类"。

续表28-33

年份	面积（亩）	亩产（公斤）	总产量（吨）	年份	面积（亩）	亩产（公斤）	总产量（吨）
1967	56	3000	168	1988	3500	2499	8745
1968	117	3000	351	1989	3100	2383	7386
1969	136	3015	410	1990	2500	2255	5637
1970	233	3000	699	1991	2700	2285	6170
1971	1147	1769	2029	1992	3600	2483	8937
1972	1829	2379	4351	1993	5100	2943	15010
1973	2204	3281	7231	1994	5700	2519	14360
1974	5538	2405	13319	1995	5100	2786	14211
1975	5328	2329	12408	1996	5500	2889	15890
1976	4794	1356	6501	1997	5500	2532	13925
1977	3955	2350	9296	1998	5600	2866	16049
1978	5465	2934	16037	1999	7400	3684	27264
1979	5081	2197	11165	2000	11400	3426	39057
1980	3712	2931	10880	2001	9600	4593	44096
1981	2820	3195	9009	2002	11800	4651	54880
1982	3600	3797	13670	2003	9900	4834	47854
1983	4200	3138	13181	2004	13100	2803	36724
1984	2900	4109	11916	2005	9330	2426	22638
1985	3000	2801	8402	2006	8970	3750	33637
1986	4400	2829	12448	2007	8970	3622	32491
1987	4500	2390	10756	2008	6720	3865	25973

第四节　中药材

象山野生药材资源丰富，人工栽培中药材历史悠久，历代县志均有记载。明嘉靖《象山县志》载：象山岁办“药材香附子七十斤①”。象山今不产此物。以往，象山产中药材以采集野生为主，人工栽培面积不大，仅零星分布。2000年后，人工栽培中药材快速发展。2003—2008年，年平均种植2133亩，其中2005年达5000亩。主要种植贝母、芍药、元胡、白术、太子参等。

贝母

为百合科多年生草本。因形如聚贝子，故名贝母。又名浙贝母、元宝贝、大贝。是重要的中

①嘉靖《象山县志》卷之五“版籍纪·岁办”。

药材。有川贝、浙贝之分，性味各不同。象山产者称象贝，属浙贝。贝母善温湿的海洋性气候。原为象山野生药材。清初，境内始有农民由野生贝母移植为家种，故名象贝。清康熙时传入鄞县（今鄞州）樟村一带种植，后扩种成为重要家庭副业。清乾嘉间，象贝声名远播。其间成书的《本草纲目拾遗》载："浙贝，今名象贝。……《百草镜》云：浙贝出象山，俗呼象贝母。……川贝与象贝性各不同。象贝苦寒、解毒、利痰，开宣肺气。凡肺家挟风火、有痰者，宜此。川贝味甘而补肺矣，不若用象贝治风火痰咳为佳。若虚寒咳嗽，以川贝为宜①"。详见本志"医疗　卫生"篇第六章"药材　药品"。象山出产的贝母，质优于他县。20世纪50—90年代呈零星种植。2000年后，为满足药材市场需要，部分农户扩种贝母。2007年，全县种植面积达500亩。主要分布在泗洲头、西周、大徐、涂茨、贤庠、墙头、新桥等地。2008年，贝母种植面积减至350亩。

芍药

明嘉靖《象山县志》"物产"载有芍药，然属花而不以为药。20世纪70年代，儒雅洋公社曾引种杭白芍。2004—2005年，象山县时珍中药材专业合作社引进杭白芍种苗，在西周镇田岙村等地种植250亩。2008年，全县种植350亩，分布在西周镇田岙、伊家、西岙郑与墙头镇大岙等村。

元胡

又称延胡索、玄胡。20世纪60年代初引入种植，主要分布在今泗洲头镇与茅洋乡一带。零星种植，不上百亩。

白术

为浙江特产，昔以于潜（今临安西）产者称淤术，亦称浙术。明嘉靖府志即泛白术"鄞、象同"。20世纪60年代初，白术主要分布在西周、丹城、新桥、东溪等地，以山地套种为主。今零星种植，约百亩。

第六章　园艺作物

县内园艺作物以水果、蔬菜为主。水果以柑橘、杨梅、枇杷最负盛名。蔬菜生产集中在定山地区，20世纪80—90年代形成产业基地，产品销往国内外。90年代，花卉生产开始迅猛发展。

第一节　水　　果

象山水果品种多，分木本、藤本、草本三类。木本类有柑橘、杨梅、枇杷、桃、梨、李等，藤本类有葡萄、西瓜、甜瓜等，草本以草莓为主。

柑橘

明嘉靖《象山县志》有柑橘栽培记载。规模种植柑橘并商品化栽培始于民国初期。民国4年

---

①清赵学敏编著《本草纲目拾遗》卷五"草部下·浙贝"。

照 28-4 中华名果“象山红”柑橘

(1925)，延昌纪子庚自黄岩引进早橘、本地早、朱红、乳橘、槾橘等5个品种400余株，试植7亩。民国18年，纪子庚又与宁波人张葆灵等7人集资兴办石浦柑橘园（石浦延昌后岗山），品种有从日本引入的无核蜜橘（含尾张、青江两个品系）、脐橙（亦称抱子橘），引入品系为华盛顿、日本夏橙、刘勤光夏橙、伏令夏橙、日向夏蜜柑、葡萄柚（邓肯品系）等7个。民国20年，就于海涂正式种植柑橘，主栽品种为无核蜜橘。自此，无核蜜橘开始在象山推广。至1949年，留有橘树552株约31亩，年产橘7吨。20世纪50年代初中期，柑橘生产恢复发展。1954年4月，石浦柑橘园转为地方国营象山县柑橘场。1957年，全县柑橘面积200亩，产量66吨。受“大跃进”等运动影响，至1962年，全县柑橘产量仅8吨。1964年，柑橘生产开始复苏。1967年，面积2679亩。1978年6月，象山被国家农林部农业局确立为柑橘商品基地县。50—70年代，主要有枳、亀井、宫川、兴津、南柑等40余种。1987年，柑橘面积增至74000亩，年产29000吨。1989年，柑橘年产量首次突破3万吨。1996年，全县柑橘栽培71910亩，年产82498吨，位居宁波市第一、浙江省第五。该时期主要品种有市文、山川、石磜、德森、上野等60余种。2008年，柑橘面积103455亩，年产橘126821吨，占全省柑橘栽培面积5.7%，产量5.3%，均位居全省第五位。2008年，全县建有柑橘商品基地14个、面积52262亩，年产柑橘92502吨，分别占全县50.51%、72.93%，成象山优质柑橘主产地。主要品种有早香、畸久保、肥之署、秋光、山下红、青岛等80余种。

1949—2008年象山县柑橘种植面积与产量情况表

表 28-34

年份	面积（亩）	田产（公斤）	总产量（吨）	年份	面积（亩）	田产（公斤）	总产量（吨）
1949	100	250	25	1961	500	176	88
1950	100	300	30	1962	700	11	8
1951	100	560	56	1963	1034	21	22
1952	100	460	46	1964	600	52	31
1953	100	560	56	1965	633	163	103
1954	100	870	87	1966	1500	50	75
1955	100	760	76	1967	2679	13	35
1956	100	620	62	1968	2500	8	20
1957	200	330	66	1969	2700	49	132
1958	200	485	97	1970	3000	74	221
1959	500	32	16	1971	3592	63	225
1960	500	72	36	1972	6224	89	556

续表28-34

年份	面积（亩）	田产（公斤）	总产量（吨）	年份	面积（亩）	田产（公斤）	总产量（吨）
1973	7566	89	677	1991	61698	527	32530
1974	8321	108	899	1992	66846	891	59535
1975	8237	212	1744	1993	68565	581	39856
1976	10876	67	734	1994	69147	902	62353
1977	12138	120	1462	1995	70485	1056	74406
1978	15869	132	2096	1996	71910	1147	82489
1979	23265	172	4009	1997	84300	972	81953
1980	29141	96	2797	1998	70185	686	48181
1981	33512	162	5433	1999	71205	1087	77372
1982	35883	92	3302	2000	73005	861	62860
1983	37401	166	6200	2001	82935	979	81177
1984	39988	140	5600	2002	84000	908	76244
1985	42000	310	13000	2003	88530	792	70082
1986	70000	270	18912	2004	90705	1069	97000
1987	74000	392	29000	2005	92835	845	78441
1988	66078	200	13196	2006	96210	1130	108711
1989	58922	605	35638	2007	101160	1101	111327
1990	60392	460	27798	2008	103455	1226	126821

金豆

又名金柑。宋代，象山海山金豆被列为贡品。清乾隆年间（1736—1795），县人倪象占著《蓬山清话》载："金豆，橘类，小如豆粒，生海山，树高一二尺，结子繁密，嚼之香。去核以糖霜盐之，供茶食。宋时入贡，象山特产也。"今花岙岛尚有野生金豆分布。民间有种植金豆，粒大、多糖水。

杨梅

明嘉靖《象山县志》有记载。象山栽培杨梅历史已有500余年。民国26年（1937），全县产杨梅115吨，其中县内消费量90吨，输出县外25吨。20世纪50年代初期，杨梅栽培面积不大，年产不多，分布零星，大都为本地杨梅。70年代，随罐头食品加工业发展，杨梅生产迅速增长。1987年，全县杨梅栽培面积11000亩，产量1060吨。1999年，增至15195亩，产量4454吨。2000年后，杨梅列为县农业龙型产业之一，县内相继建立杨梅基地。至2008年，全县杨梅种植面积72443亩，产量14266吨。产地遍及全县，种植面积5000亩以上有大徐、贤庠、黄避岙与石浦4个镇乡；年产量1500吨以上有大徐、泗洲头两镇。象山已成为浙江省杨梅主产地之一。

杨梅品种，民国《象山县志》载有紫、白、红三种。都为实生树变异分离而成，品质优者为乌紫杨梅。2008年象山主要品种有乌紫杨梅、荸荠种杨梅、东魁杨梅等。

枇杷

明嘉靖《象山县志》有记载。传清乾嘉间，新桥高湾双龙庵僧式仁引入枇杷苗600株，栽种40亩，成林后，年产枇杷1300余担。中华民国时期，象山为浙江枇杷产区之一。民国26年（1937），全县产枇杷66吨，其中输出25吨。20世纪80年代，农村始行家庭联产承包责任制，农民水果种植积极性得到调动。1985年，枇杷种植1814亩。1996年，猛增至4278亩，年产1197吨。2002年，种植面积逾万亩，年产4520吨。2008年，种植面积15602亩，年产2366吨。产区分布全县18个街道镇乡。主产区为鹤浦、新桥、泗洲头等镇，鹤浦居首位。全县枇杷种植面积、年产量位均居宁波市首位、浙江省第二位与第七位。主要品种有洛阳青、大红袍、软条白砂等。

桃

明嘉靖《象山县志》有记载。中华民国时期，种桃颇盛，县产夏白桃，省内知名。民国22年（1933），全县产桃2000吨。之后，产量减少，至20世纪50年代初，仅70~80吨。1982年始，食品罐头加工业发展，黄桃栽培面积增加。1987年，增至14000亩，其中黄桃13000亩。1989年下半年，因黄桃滞销，食品罐头加工业衰退，出现砍伐黄桃树现象，栽培始锐减。90年代，年均栽桃3484亩，年均产桃1260吨。2008年，栽桃7140亩，产桃1216吨。县城近郊、墙头、泗洲头等地栽种较多，桃子品质好。主要品种有水蜜桃、硬桃、蟠桃等。

梨

明嘉靖《象山县志》有梨栽培记载。民国14年（1925），怀珠乡涂茨村王埙创办时新果园，栽梨等。1951年，全县产量仅20吨。20世纪60年代，发展缓慢。80年代，推广种植黄花梨，年均栽种846亩，年产311吨。90年代，年均栽梨1155亩，年均产梨433吨。2008年，全县梨园面积5628亩，产梨2285吨。产区分布分散，贤庠、西周、鹤浦等镇栽培较多。主要品种有黄花和翠冠。

李子

明嘉靖《象山县志》有记载。民国26年（1937），全县产李子550公斤。1951—1959年，全县年均产李子77吨。其中1954年产量最高，为124吨。1952年产量最低，仅4吨。20世纪60年代末，栽李树不足百亩，零散种植。70年代，李树种植开始发展。1986年，全县种李树2400亩，产量230吨。90年代，李树栽种又有发展。1998年达2160亩，产量280吨。至2008年为2668亩，产量159吨。主要品种有红心李、桃形李等。

葡萄

明嘉靖《象山县志》有种植记载。象山葡萄历来仅房前屋后零星种植。20世纪70年代始，引进葡萄新品种。80年代初，先后从黑龙江、辽宁、江苏、杭州等地引入葡萄品种30余个，象山葡萄生产有突破性发展。至2008年，全县葡萄2216亩，年产量3772吨。主产区集中在晓塘乡、石浦镇、东陈乡与定塘镇等地。晓塘乡为全县之最，定塘镇次之。主要品种有巨峰、藤稔、巨玫瑰等。

西瓜

种植历史悠久，明、清《象山县志》均有记载。20世纪40—50年代，象山西瓜主要是小白瓜，于抗战期间引入。1955年引入华东24西瓜。1977年引入中育1号。翌年引入郑州3号。1980年，引入蜜玫（台黑）、新澄1号、浙蜜1号。1982年，引入苏蜜1号、无籽蜜宝。1985年，引入建杂1号、克伦生、新青、澄选1号、新红宝，其中新澄1号、新红宝替代小白瓜，成主要品种。1986年，引入金钟冠龙、洛菲林。1987年，引入特大新红宝、龙宝、绿宝。1988年，引入201无籽西瓜。1989年引入齐园。90年代以新红宝、金钟冠龙、浙蜜1号等为主栽品种。2000年后，先后引入8424西瓜及小天使、早春红玉、特小凤、黑美人、小兰、丽晶、丽兰、黄小玉等小西瓜品种，主栽品种为8424。

甜瓜

甜瓜品种历以农户自留为主，主要有黄金瓜、香瓜、菜瓜、稍瓜等。2000年始，引入金蜜甜瓜、伊丽莎白瓜、网纹甜瓜、哈密瓜等。

草莓

栽培始于民国4年（1915），发展缓慢。中华人民共和国成立后，定塘公社沙地大队最早种植草莓。1982年，从杭州引进宝交早生。1992年，从浙江农科院园艺所引入丰香。1996年，引入章姬、鬼怒甘。2003年引入红颊。1992年，全县草莓385亩，总产481.3吨，亩产1250公斤。1999年，全县草莓增至3000亩，总产4800吨，亩产1600公斤。2002年，全县大棚草莓4500亩，总产7650吨。后县内外市场相继出现草莓销售困难，2003年，全县草莓种植面积减少。2008年，全县草莓种植面积2500亩，总产4000吨。种植主要分布在墙头、泗洲头、定塘、新桥、东陈等地。主要品种有宝交早生、丰香、章姬、鬼努甘、红颊等。

照28-5　采摘大棚草莓

第二节　蔬　　菜

历代《象山县志》均有栽培及野生蔬菜记载。旧时，蔬菜一般由农户零星种植，自食为主，少有专门生产蔬菜出售。民国32年（1943）4月，在西陲乡航头（今西周镇杭头村）建象西区蔬菜种植场，地70亩，种植各种瓜果蔬菜，供应当地军政部门。民国35年5月，成立象山县农业推广所，始向省农业改进所引进各种蔬菜新品种，试种推广。中华人民共和国成立后至20世纪70年代，粮食供求矛盾突出，农业生产重粮轻菜，蔬菜生产徘徊不前。80年代初，农民始调整农业种植结构，蔬菜生产快速发展。2000年，全县蔬菜面积94500亩，总产量135334吨，首次超过粮食作物总产量。2003年，出口（创汇）蔬菜列为全县“7+1”农业龙型产业之一。此后，随着小城镇步伐加快和民营企业的发展，促进土地向蔬菜大户集中，推进蔬菜基地发展。至2008年，已形成以丹城、墙头、东陈、石浦为主的郊区型蔬菜产区，以定塘、晓塘一带的花柳菜为主的出口蔬菜生产区，以及以鹤浦、高塘岛的高菜，芹菜生产区。蔬菜专业户、合作社、龙头企业等内容，见本篇第三章“农业产业化经营”及本志“商贸”篇第三章“商品经营”第四节“生活用品供应”。

象山蔬菜资源丰富。民国《象山县志》载，蔬类有58种，豆类32种，瓜类14种。中华人民共和国成立后，蔬菜新品种不断引入，种类增多。今有15类、60余种，近300个品种。

象山县主要蔬菜品种情况表

表 28-35

类别	名称	品种	备注
根菜类	萝卜	传统品种：小白萝卜、宁海水车萝卜。引入品种：萧山一点红萝卜、绍兴对叶萝卜、板叶萝卜、迟花萝卜、大小钩白萝卜、浙大长萝卜；杂交萝卜品种：四季萝卜、洋红萝卜、春不老萝卜、韩国白玉春萝卜等	嘉靖《象山县志》作“芦菔”。传统蔬菜，四季都有栽培。加工后的酒坛萝卜、黄泥萝卜有名
	胡萝卜（别名丁香萝卜，俗称红萝卜）	传统品种：丁香萝卜。引进品种：三红胡萝卜、江山红萝卜、杭州笕桥胡萝卜、上海胡萝卜等	嘉靖《象山县志》有载
	芜菁（别名蔓菁、盘菜）	主要品种：温州大缨盘菜、中缨盘菜	传统蔬菜，今种植较少
	芜菁甘蓝（别名洋蔓菁，洋大头菜）	主要品种：上海大头菜、扬州大头菜和洋大头菜	1980 年后，仅零星种植
白菜类	大白菜（即结球白菜、胶菜、黄芽菜、菘）	传统品种：黄芽菜、杭州黄芽菜、绍兴黄芽菜等。引进品种：山东胶菜、福山包头、城阳青、青杂 3 号、城青 2 号、山东 4 号、山东 7 号、鲁白 1 号、鲁白 3 号、早熟 5 号、早熟 6 号	—
	白菜（别名小白菜、青菜、油菜）	传统品种：小白菜、长梗白菜（高脚白）。引进品种：杭州油冬儿（分早油冬、迟油冬）、宁波白叶青菜、宁波白叶油菜、三月慢、四月慢、五月慢、宁波黑叶青菜、日本早生华京	—
芥菜类	根芥（象山称大头菜、本大头）	—	栽培历史悠久。旧时亦作粮食代用品
	茎芥	主要品种：慈溪榨菜、余姚榨菜、浙桐一号、碎叶种等	主要用于腌制榨菜
	叶芥	主要品种：剥芥菜、舟山细叶芥、绍兴大叶芥、花芥菜、舟山黄叶雪里蕻、东北芥、日本高菜	多数用于腌制咸菜
	薹芥	主要品种：宁波白叶天菜、黑叶天菜等	—
甘蓝类	结球甘蓝（俗称为笃鼓菜，别名包心菜、球菜）	尖头形甘蓝品种：春丰、鸡心包；平头形甘蓝品种：夏光、京丰 1 号、七草等；圆头形甘蓝品种：中甘 11、珍奇、铁头 3 号	—
	花椰菜（别名花菜、菜花）	早熟品种：瑞雪 1 号、瑞雪 2 号、清江 60 天等；中熟品种：瑞雪 3 号、瑞雪 4 号、清江 80 天；迟熟品种：成功 2 号、丰收 1 号；春花菜品种：丰收 2 号、丰收 3 号、雪岭 1 号	定塘镇为宁波市花椰菜最大生产基地

续表28-35

类别	名称	品种	备注
甘蓝类	绿花菜（亦称青花菜、西兰花）	早熟品种：优秀、曼陀绿；中熟品种：绿雄90、绿雄95；晚熟品种：圣绿、超力、福星	—
	紫甘蓝（亦称紫花菜）	主要品种：超红、紫阳	—
	抱子甘蓝（别名芽甘蓝、子持甘蓝）	—	2000年引入象山，种植面积少
茄果类	番茄（别名西红柿）	引入品种：真善美、北京早红、浙园76-3、红丰番茄、浙杂5号、浙杂7号、903、浙江101、日本大红、早斗、浙杂805等。21世纪初，引入樱桃番茄，品种有黄玉1号、台湾圣女水果樱桃西红柿、千禧小西红柿等	象山种植历史短，民国36年（1948），始引入美国番茄品种
	茄子（别名落苏，也称红茄）	长茄型品种：紫茄。引入品种：杭州红茄、宁波藤茄、杭茄1号、杭茄2号	为象山主要蔬菜，栽培历史悠久
	辣椒（又叫番椒、辣茄）	传统品种：尖头辣椒（辣茄）。引入品种：茄门甜椒。灯笼椒类品种：上海茄门甜椒。辣味尖辣椒主要品种：鸡爪椒、牛角椒、羊角椒	80年代前，象山辣椒种植面积很少
豆类	菜豆（别名四季豆、刀豆、梅豆）	菜豆品种：本刀豆（刀鞘豆）、蔓生四季豆（梅豆）等。引入品种：矮四季豆（美国"供给者"）。现种植的主要品种有矮早18、绍兴矮蓬花子四季豆、绍兴白籽四季豆、黑籽四季豆、宁波黑籽梅豆、白籽梅豆等	全县各地零星种植
	扁豆（别名峨眉豆、眉豆、沿篱豆、鹊豆）	传统品种：扁豆（羊眼豆）。引入品种：白扁豆、宁波红花扁豆	全县各地零星种植
	豇豆（象山俗称带豆）	传统品种：本带豆。现种植的主要品种：之豇28-2、一点红、宁波绿带等	夏秋蔬菜主品种，县内各地普遍种植
	菜用大豆（别名毛豆，象山俗称毛豆节）	90年代起，主要品种：杭州四月拔、五月拔、六月拔、八月拔，宁波四月拔、五月拔、六月拔、八月拔、九月拔，杭州五香毛豆等。后引入台品种：292春大豆（早熟品种）、台75大豆（迟熟品种）、新选88	菜用大豆在全县种植较普遍，产区主要分布在定山地区
	豌豆（别名荷兰豆）	传统品种：象山剪豆。引入品种：中豌4号、中豌6号。自育品种"象豌1号"	—
	蚕豆（别名罗汉豆、佛豆、胡豆、倭豆）	传统品种：小青豆、白豆等。引入品种：慈溪大白蚕、日本陵西一寸豆（白花大粒蚕豆）	—
瓜类	黄瓜（别名胡瓜、王瓜）	引入品种：杭州青皮黄瓜、长春密刺、杭青1号、杭青2号、天津津研系列品种、绍兴乳黄瓜（小黄瓜）品种	主要分布在定山地区
	冬瓜（别名白瓜、枕瓜、越瓜）	传统品种：白肤冬瓜。引入品种：杭州青皮冬瓜、绍兴青皮冬瓜、慈溪白肤冬瓜等	夏季主要蔬菜

续表28-35

类　别	名　　称	品　　　种	备　　注
瓜类	丝瓜（俗名天萝）	传统品种：天萝（肉萝）。引入品种：杭州长丝瓜（城郊蔬菜专业户的主栽品种）	庭院、田头角落普遍栽培
	南瓜（别名倭瓜、番瓜、麦瓜、饭瓜）	民国36年引入美国矮南瓜。中华人民共和国成立后引入品种：杭州十姐妹、台湾东升西洋南瓜、日本锦栗、甘栗、红栗及迷你小南瓜、观赏小南瓜等	农村地角、山边普遍种植
	瓠瓜（别名葫芦、蒲瓜、长瓜、扁蒲、夜开花）	传统品种：蒲（夜开花）。引入品种：安吉长蒲。现种植的品种有杭州、温州、安吉长蒲、圆蒲，长兴扁蒲等	种植历史悠久
	苦瓜（别名凉瓜、锦荔枝）	品种：白皮苦瓜、青皮苦瓜	种植面积少
葱蒜类	洋葱（别名洋葱头、圆葱）	传统品种：洋葱（洋葱头）有白皮、黄皮、红皮3种	民国《象山县志》引《唐书·西城传》“末禄（国）有棵葱”
	韭菜（别名草钟乳、起阳草、懒人菜）	传统品种：有宽叶和窄叶两种。现种植品种：绍兴雪韭、嘉兴雪韭、舟山阔叶韭菜	农家普遍在庭院或园地栽植
	大蒜（别名蒜、胡蒜，古名葫）	20世纪80年代前沿用农家品种。引进品种：嘉定白蒜、四川大蒜	嘉靖《象山县志》有载
	荞头（植物学名薤）	沿用农家品种，无新品种引入	嘉靖《象山县志》有载，作“薤”。道光《象山县志》作“藠头”。宜加工腌制
	葱	传统品种：梅溪香葱。引入品种：嵊县四季葱、宁波夏葱、德国小香葱	种植历史悠久，县内有梅溪香葱
绿叶蔬菜类	菠菜（别名菠薐、赤根菜、波斯草）	传统品种：小种菠薐。引入品种：绍兴尖叶菠菜、绍兴塌地菠（别名黄山菠）	嘉靖《象山县志》有载，作“波薐”
	芹菜（别名芹）	传统品种：芹菜（旱芹）、水芹菜两种。引入品种：宁波青芹、黄心芹、空心芹、实心芹、上海黄心芹、津南实芹、西洋芹等	嘉靖《象山县志》作“芹”。民国《象山县志·物产考》“水芹菜，象山不食，但以饲鹅”
	莴苣（别名莴苣笋、香乌笋）	农家品种：莴苣荀。引入品种：湖州莴苣、杭州笔秆种、杍子种（圆叶莴苣）、宁波平叶香乌笋、皱叶香笋、早莴苣（白皮莴苣）、四川圆叶莴苣笋	民国初，象山尚少见
	女菜（古时称莙达、军达）	无新品种引入	嘉靖《象山县志》有载，作“莙荙”
	苋菜（别名苋、米苋、蒏菜等）	无新品种引入	民国《象山县志》载：嘉靖时即有赤、白两种
	蕹菜（别名空心菜）	传统品种：空心菜	—
	凤仙花（俗称指甲花）	无新品种引入	县内各地普遍种植，其茎腌渍食用

续表28-35

类别	名称	品种	备注
薯芋类	马铃薯（又名土豆、洋番薯、洋芋艿、山药蛋）	传统品种：红番薯（洋番薯）、小籽洋芋。引入品种：山西大同紫皮、黄皮，黑龙江克新1号、2号	外来品种，清末县内已有种植
	芋（别名芋头、芋艿、毛芋）	传统品种：水芋、红芽芋、燥芋、乌脚鸡等。引入品种：奉化芋艿头（红芋艿头）、湖南香芋	嘉靖《象山县志》有载，作“芋”。茅洋、泗洲头、梅溪等地为主产区
	姜（别名生姜、黄姜）	无新品种引入	嘉靖《象山县志》有载，作“姜”。今分布在泗洲头、东溪、南田等地
多年生蔬菜类	竹笋（别名笋）	毛竹笋、小竹笋、曼笋、苦竹笋、淡竹笋等。引进品种：雷笋	20世纪90年代，墙头镇种植雷笋，经济效益可观
	黄花菜（别名金针菜）	传统品种：黄花菜	农村历来种植
	芦笋（别名石刁柏、龙须菜）	—	1985年引入，种植面积不大
海生蔬菜类	苔菜（海苔，学名“浒苔”）	见本志“自然资源”篇第四章“植物”第一节“藻类植物”	宋宝庆《四明志》郡志卷第四“叙产·草之品”中有载，作“苔”①
	苔皮（苔被、组菜，又名绿云菜）	—	元至正续《四明志》已有记载，谓一等绿苔。干作小束，谓之苔结②
	紫菜（海产红藻）	品种主要：坛紫菜、条斑紫菜、甘紫菜	嘉靖《象山县志》有载，作“紫菜”。20世纪60年代前，野生采集为主，今为养殖。分布在高塘岛、鹤浦、涂茨、东陈等地
	海带（别名昆布、江白菜，古称道士裙）	—	嘉靖《象山县志》有载③。1958年始，海带人工养殖

①民国《象山县志》卷十二“物产考·蔬类·苔菜”引钱沃臣《乐妙山居集》：海苔，初生曰“苔濡”，又曰“苔生”，春末夏初渐老，曰“苔条”，干之曰“苔脯”。

②道光《象山县志》：苔皮，又曰绿之菜。《乐妙山居集》：别有如紫菜而色绿者，又名绿之菜，产锯门者佳。乾隆《象山县志》“物产·蔬之属”：“组菜俗名苔皮”。《宁海志》作“苔被”。

③嘉靖《象山县志》所载“海𩻂”，民国《象山县志》认为即宝庆《四明志》郡志卷第四所载之“海藻”。民国《象山县志》卷十二“物产考·蔬类·道士裙”条载：道士裙，即海藻，大者昆布。

续表28-35

类别	名称	品种	备注
食用菌类	蘑菇	—	1968年引进种植，主要分布在泗洲头、儒雅洋、亭溪、墙头、茅洋、雅林溪、大徐、贤庠、珠溪等地
	木耳	—	20世纪70年代始，亭溪公社周家路、珠溪公社珠溪始用段木栽培木耳
	平菇、金针菇	—	1985年后，平菇、金针菇生产快速发展
野生蔬菜类	荠菜（俗名地菜，今称雉鸡步朱）	—	嘉靖《象山县志》有载，作“荠”。分布于旷野、田边、路旁、村宅边
	马兰（别名马兰头）	—	分布于田埂、路边、溪边、旷野
	蕨（别名狼萁头、狼萁菜、蕨菜、蕨山菜）	—	嘉靖《象山县志》有载，作“蕨”①。分布于酸性土壤之丘陵、荒坡、林缘、疏林、灌木丛中
	香椿	—	乾隆《象山县志》有载。分布于向阳山坡杂木林中与沟谷边疏林中、宅边、路边
	薤白（别名胡葱、野葱、山蒜）	—	分布于山坡草丛、荒地、旱地、路边、田坎、沟边、溪谷边
	蒿	象山食者二种：一青蒿，亦名香蒿；二白蒿，亦名蓬蒿	民国《象山县志》载：青、白蒿今均用于清明捣麻糍
	蓼（俗名辣蓼）	—	生长在水边或水中。旧时辣蓼主要做酒曲、防虫用
水生蔬菜类	茭白（别名茭笋，古称雕胡、雕苽、菰、菰首）	主要品种：单季茭白一点红、象牙茭白及双季茭白棱子茭。引入品种：双季茭宁波四九茭，单季茭八月茭、七月茭，另有：浙茭2号、浙茭911、浙茭991	产区分布在黄避岙、晓塘、泗洲头等地

①乾隆《象山县志》卷之三“地里志三·物产·蔬之属”：蕨山菜，初生紫色，如小儿拳，采茎可食。其根杵碎，澄为粉，大可疗饥，但多食患脚软。

续表28-35

类别	名称	品种	备注
水生蔬菜类	莲藕（别名藕、荷，古名芙蕖、泽芝、水芝、水华、朱华）	主要品种：白花莲、湖州早白藕、莲香1号、鄂莲5号等	种植塘藕历史悠久
	荸荠	主要品种：本地荸荠	嘉靖《象山县志》“物产·果之类”中“荸荠”记载
	菱（别名老菱、菱角、水栗，古名蔆、芰）	分为无角菱、三角菱和四角菱还有野生菱	—
	慈姑（别名茨菰、慈菰、剪刀草、燕尾草，古名藉姑、河凫茈、白地栗）	—	嘉靖《象山县志》“物产·果之类”中有慈姑记载

1949—2008年象山县蔬菜种植面积与产量情况表

表28-36

年份	面积（亩）	总产量（吨）	年份	面积（亩）	总产量（吨）
1949	4127	5283	1969	906	—
1950	4178	5933	1970	1200	—
1951	4209	6313	1971	2264	—
1952	5008	3460	1972	1860	—
1953	4842	3060	1973	3066	—
1954	5948	3705	1974	4500	—
1955	6036	4063	1975	4754	—
1956	7408	3848	1976	2319	—
1957	6995	6995	1977	2027	—
1958	10194	15734	1978	3362	—
1959	11388	22776	1979	3767	—
1960	14284	29122	1980	5272	—
1961	9086	15901	1981	5446	—
1962	8805	18050	1982	18800	—
1963	5714	—	1983	16600	—
1964	8241	—	1984	20000	—
1965	7412	—	1985	45100	—
1966	1616	—	1986	44700	69400
1967	1318	—	1987	41600	75000
1968	781	—	1988	41100	73980

续表28-36

年份	面积（亩）	总产量（吨）	年份	面积（亩）	总产量（吨）
1989	41000	122360	1999	72800	105714
1990	52600	105200	2000	94500	135334
1991	48800	71373	2001	137100	240394
1992	50600	56762	2002	149600	262353
1993	46500	72624	2003	149600	212506
1994	51200	73564	2004	134900	224509
1995	61000	93062	2005	139080	233778
1996	75000	100965	2006	119835	206100
1997	63200	83284	2007	142725	204896
1998	69200	99033	2008	129450	199970

第三节　花　　卉

象山花卉栽培，历史悠久。宋宝庆《四明志》卷二十一《象山县志·叙产》中载，邑人史本初得红木樨（丹桂），献给高宗皇帝。南宋陈郁《藏一话腴》亦有相同文字的记载。自此，红木樨成为境内最有地域特色的花卉之一。

红木樨，又名丹桂，是诸多桂花品种的一种，南宋高宗年间（1127—1162），象山士子史本初培育出红木樨，香芬色丽，他处无，被朝廷列为贡品。明嘉靖、清乾隆《象山县志》皆有红木樨的记载。乾隆《象山县志》："木本者，有桂，红白黄三种。红木樨为邑特产①。"清倪象占《蓬山清话》卷之五"红木樨斋"载："红木樨，象山特产也。余手植二株于学舍。"清钱沃臣《蓬岛樵歌》载："铁砚堂前丹桂芳"。民国《象山县志·物产考》载："嘉靖府志：郑行山、五狮山产丹桂"。

红木樨进献朝廷若干史实考　红木樨进献朝廷的梗概是：高宗皇帝对象山史氏进献的红木樨，满心欢喜，雅兴大发，又画扇面，又题诗文，并用来赏赐从臣。高宗皇帝的这一举动，倾动朝野，王公大臣、文人墨客、乡绅豪贵，响应者甚众，并各以自己方式表达对红木樨的喜爱和痴迷。于是，红木樨蔚为风尚，故事传布城乡，诗文驰誉文坛，接本者趋之若鹜。史氏因红木樨而兴盛发达。南宋史浩、胡榘等官员，杨万里、范成大等诗人，宝庆《四明志》、笔记《藏一话腴》等著作，皆有史氏进献红木樨的诗文留传后世。

进献红木樨者的姓名。一说为史本初。南宋宝庆《四明志》卷二十一《象山县志》"叙产"中称其为"史本初"，此后，明嘉靖《象山县志》卷之四"风物纪·物产"、卷之十四"艺文纪·诗"，清乾隆《象山县志》卷之四"选举·辟荐"，民国《象山县志》卷七"氏族表"、卷十二

①乾隆《象山县志》卷之三"地里志三·物产·花之属"。

“物产考·花类植物·丹桂”等地方，皆称其为“史本初”。一说为史本。南宋陈郁所撰笔记《藏一话腴》乙集卷上中称其为“史本”，以后凡认为其名当为“史本”者，皆引《藏一话腴》中的说法，如明郎瑛《七修类稿》卷二十九“诗文类·红木樨”，清倪象占《蓬山清话》卷之十八“花之属”，清钱沃臣《蓬岛樵歌》“铁砚堂前丹桂芳”诗之原注，清倪劢《西城杂录》卷上“古迹·天葩馆·按”等处，皆作“史本”。本志推测应该为“史本初”。其理由有三：其一，宝庆《四明志》为胡榘主修，史氏向朝廷进献红木樨的故事，当为胡榘在象山任县令时亲自采访史氏本人所得，后在其主修的宝庆《四明志》中首次披露，对于史氏姓名的记录，应该不会有错；其二，据象山史氏家谱，史氏字辈排行中即有“初”字辈，而史本初有弟名“史复初”；其三，《藏一话腴》成书在南宋端平元年（1234）之后，至少比宝庆《四明志》晚了七八年，其内容基本同宝庆《四明志》，其出处为宝庆《四明志》的可能性很大，或许是作者将其中的“邑士史本初得此种因接本献阙下”之句，误读为“邑士史本，初得此种，因接本献阙下”。

史本初的居住地。一说在象山。除一二家之外，所有记载史本初向朝廷进献红木樨的文献，都持此观点。民国《象山县志》“氏族表”载，象山城区史氏有二支，一支铁砚堂派，宋代自绍兴迁入，始祖昭；一支丹桂堂派，南宋迁入，始祖本初。清钱沃臣《蓬岛樵歌》中有“铁砚堂前丹桂芳”诗句，原注云：“铁砚堂在治西，史进士师雄读书处。”接着即注史本初红木樨故事。钱氏之意，或许是说铁砚堂、丹桂堂皆位于县治之西。清倪劢在道光年间刊刻的《西城杂录》卷上“古迹·天葩馆”，说史本初后裔名斋曰“天葩馆”“在丹桂堂西偏，今与堂并圮”。明确丹桂堂、天葩馆旧址在象山县治之西。一说在鄞县天门。全祖望《句余土音·赋四明土物红木犀》诗云：“天门红木犀，远与凡种别。曾登玉皇家，御笺传神笔。奎芒返化工，国香还月窟。只（空）余诚斋诗，定水蒸烟冽。”诗下有原注云：“南宋后诗人咏岩桂者，即谓之象山红木犀也。顾其意不涉吾里，则不必尽录，与有诗而未佳者，亦略之。”根据全氏的诗和诗注所说，史本初红木樨故事发生在鄞县天门，只有南宋诗人杨万里（诚斋）这样说过，南宋以后则没有人再有这种说法。

进献红木樨的时间。本志推测在1156—1162年之间。其理由有二：其一，宝庆《四明志》卷二十一《象山县志》“叙产”中说，宋高宗将自己所画所题的红木樨扇面赐予从臣荣薿。据考查，荣薿于绍兴二十六年（1156）九月八日，到南宋朝廷所在地的临安府任知府，而此前则远在常州任知府。由此推测，高宗皇帝以红木樨扇面赏赐荣薿的上限时间当在1156年。而下限，则可以高宗皇帝在位时间下限来推测，即1162年。高宗皇帝在位时间共35年：靖康二年五月初一（1127年6月12日），在应天府南京（今河南商丘）即位，改元建炎，建立南宋。此年起到1137年的10余年间，一直辗转在东南沿海各地，躲避金军。绍兴八年（1138），正式定都临安（今浙江杭州）。1162年结束皇帝生涯；其二，推测进献红木樨的牵线人是史浩，而史浩在绍兴二十七年（1157）到宋高宗身边做事，此前他在余姚、温州等地任官，尽管也有一段时间在临安，但不太可能有与宋高宗密切接触的机会。

红木樨运送。根据胡榘的说法，是整株运载到临安的。其《红木犀花诗》云：“史翁移根出葱茜”，既是“移根”的，又是“葱茜”的，可见不但是整株移植的，而且运输过程中的保养非常得法。那么又是如何保养？其诗续云：“雕斛持归紫微殿。”原是“移根”到“雕斛”之中，精心护持运送到临安。雕斛，做工精致的花瓶，宋崔鶠《早春偶题》中有诗句云：“石盆养蒲已抽翠，雕斛栽花先弄紫。”至于交接地点，胡榘除在以上诗句中说到的在“紫薇殿”之外，还在《红木犀花诗叠韵》中再次提到是“紫薇殿”：“仙籍英声在丹地，紫殿名高非滥吹。”另一种说法，进献的红木樨在德寿宫放置，吴自牧（1270年前后在世）《梦粱录》：“高宗在德寿宫赏桂，尝命画工为岩桂扇面，仍制御诗，分赐群臣亲王①。”

红木樨在临安（杭州）栽种。一在宋高宗居住、视政之处。史浩《红木犀花诗次韵》：“遂令禁御成真赏，余香剩馥常氤氲。”史浩《红木犀花诗叠韵》：“先皇得之植禁地，饫赏钧天动仙吹。”诗句中的禁御、禁地，即皇帝居住、视政之所。一在鹫峰。胡榘《红木犀花诗》：“鹫峰繁黄今不数，破械山僧练裙女。”巨赞法师《灵隐小志》初版自序云：“足以灵隐鹫峰，常为高僧之化域”，可见鹫峰即灵鹫峰，亦称飞来峰，为杭州灵隐寺之案山。一在钱塘学中。明郎瑛《七修类稿》卷二十九“诗文类·红木樨诗”条：“后见‘四明旧志’有大红樨，因与人言，闻吾杭钱塘学中旧曾有一本……吾杭或亦当时所传。”

其他花卉，明嘉靖《象山县志》载有36种。乾隆《象山县志》卷之三“物产”载：“草本者有兰蕙秋华为上。又有红兰，色丽而不香。杜鹃最繁，花时遍山如锦……芙蓉可成树，鸡冠一曰洗手花，五色纷披，亦甲他邑”。道光《象山县志》载花之属有：“梅花、桃花、牡丹、芍药、蔷薇、石岩、长春、十姐妹、瑞香、丁香、海棠、石菊、玉簪、萱草、山茶、紫荆、兰莲、山丹、凤仙、杜鹃、木槿……”民国《象山县志》载有花卉31种。旧志载，灵岩山产山茶和秋兰，五狮山产丁香，海岛产水仙，远近闻名。民国期间，民间庭园普遍种植花卉，民众养花以自赏为主，花卉生产未成产业。

中华人民共和国成立后，特别是改革开放，花卉生产发展迅速，成为农业新产业。1979年，象山县林木种苗站成立，在东谷湖开始进行花卉生产，建全县首个专业花圃。1983年，花卉生产面积发展至100亩，产值10万元，栽培品种百余个。1986年，花卉生产面积250亩，从事花卉生产农户从1983年3户增至500余户，形成生产规模。2000年，花卉生产面积达到1250亩。2001年，象山县政府出台扶持花木发展政策，全县花木生产增加至2500亩。2004年，花卉生产面积达10050亩。之后，产品结构进行调整，生产面积逐渐减少。2008年，全县花卉生产4565亩，花卉生产专业大户78户。县城设花卉交易市场，有鲜花店20余家。

象山花卉产量呈区域分布，以涂茨、新桥、西周、大徐等乡镇产观赏苗木，茅洋、定塘、涂茨等乡镇产色彩苗木，西周、新桥产兰花。基本满足全县城乡绿化所需各种规格产品，服务于境内城区、村镇绿化。

第七章　林　　业

象山多丘陵低山，适宜各种林木（竹）生长。古代象山森林茂密，由于人类活动影响，渐遭破坏。为满足人类对林产品的需求，历代县政均提倡森林培育。中华人民共和国成立后，特别是20世纪80年代初开展“林业三定”以后，象山林业呈现一派生机。1993年，象山实现荒山绿化达标。1998年，实现平原绿化初级达标。2004年，象山获“浙江省高标准平原绿化县”称号。

---

①吴自牧《梦粱录》卷十八“物产·花之品”。

第一节　森林资源

中华人民共和国成立后，较为系统的森林资源调查共5次，详细统计森林类型与面积。象山森林以乔木为主，森林覆盖率达59.06%。“植被”详见本志“陆地环境”篇第四章“土壤　植被”。

森林变迁

照 28-6　华翔森林公园

史前越地，陆域几乎全被高大茂密的亚热带原始森林覆盖。6000年前，象山沿海地区森林受“海进”影响，大多被海水浸没。2006年10月，高塘岛乡花岙村村民清理沙滩水草，挖出六七根硕大树桩，大者长五六米，直径一米多。经县文管部门派专人勘查，发现在200余米长的沙滩下居然埋藏着成片的古树桩，专家推测距今至少4000多年。明代，随着玉米与番薯引入，象山山区人口随之增多。清代中叶垦殖规模扩大，加剧森林资源破坏。晚清至民国，天然林破坏严重。民国28年（1939），输出柴爿30047担，木炭5894篓，毛竹38817担。因采伐过度，水土流失裸岩达5.6万亩。民国34年，全县森林面积仅213200亩，占山地总面积的19.8%。

中华人民共和国成立后，开展大规模植树造林和封山育林。1973年起，建设林业基地。1982年，全民义务植树。1984年，封山育林。1990年，“荒山摘帽”与平原绿化初级达标。1999年，开展高标准平原绿化建设。2000年始，松树林改造。至2008年，全县累计造林132.80万亩。全县人工林和经济林比重不断增大，出现森林覆盖率和林木蓄积量双增长。2007年，进行第五次森林资源调查，全县有林地面积859953亩、乔木树种总蓄积1225898立方米，森林覆盖率59.06%。

森林类型

象山森林可划分为针叶林、针阔叶树混交林、阔叶林、灌木林、竹林、经济林6大类型。树种有91科、240属、479种。其中，乔木215种，灌木176种。

针叶林　20世纪90年代初前，针叶林为象山森林类型中面积最大、分布最广者。1991年，境内发生松材线虫病后，针叶林面积大幅减少。2007年，针叶林面积仅92121亩①，占有林地面积10.71%。全县常见针叶林以松、杉类树种为主。树种有马尾松、杉树，另有少量黑松、湿地松、柳杉等。

针、阔叶树混交林　分布于全县各地。主要有马尾松木荷林、马尾松枫香林等。乔木层主要树种除马尾松、木荷、枫香外，伴生多为青冈栎、苦槠、石栎、杨梅、短柄枹栎、白栎等，林下灌木多较茂密。树种有映山红、檵木、小竹、胡枝子等，此外尚有小竹。20世纪90年代末始，针、阔叶树混交林比例上升迅速。

阔叶林　是象山地带性植被。历史上亚热带原始阔叶林几乎覆盖全境。现境内生长的均为次

①本志“陆地环境”篇第四章“土壤　植被”第二节“植被”“森林植被·针叶林型组”目中载，2007年松木林面积为6140公顷，92100亩，比此处略少。

生阔叶林，较为典型的有生长在五狮山北面的乌石岭山次生木荷林。象山阔叶树种有木荷、青冈、香樟、短柄枹栎、麻栎等。20 世纪 90 年代始，象山阔叶林面积上升较快。2007 年，阔叶林面积为 562005 亩，占有林地面积 65.35%。

灌木林　主要分布在海拔较高山顶以及海岛地区，主要树种分属杜鹃科、壳斗科、冬青科、蔷薇科等。2007 年，灌木林面积为 195302 亩，占林业用地 17.68%。

竹林　分布广泛，在西周、墙头、泗洲头 3 个镇相对集中，尤以西周镇芭蕉片万亩竹林最为典型。象山竹林以毛竹林为多，杂竹少量分布。竹林面积相对稳定且呈增长趋势。2007 年，竹林面积 129892 亩，占有林地面积 15.10%。

经济林　境内分布广泛，种类繁多。象山历史上常见经济林种有柑橘、杨梅、枇杷、桃、梨、葡萄、李、茶叶、蚕桑、乌桕、油茶、油桐、棕榈、板栗等。现以水果类及茶叶为主，且几乎全为人工栽培。2007 年，经济林面积为 194238 亩，占有林地面积的 22.59%。

象山县历次森林资源调查林地面积与森林覆盖率情况表

表 28-37　　单位：亩

项目			1975	占比（%）	1984	占比（%）	1989	占比（%）	1997	占比（%）	2007	占比（%）
全县土地总面积			1762342	—	1762739	—	1769429	—	2093272	—	2093272	—
林业用地	合计		912389	100.00	927363	100.00	925924	100.00	1014301	100.00	1104851	100.00
林业用地	有林地	小计	621544	68.12	652279	70.34	703154	75.94	892548	88.00	859953	77.83
林业用地	有林地	用材林	514144	56.35	494558	53.33	487698	52.67	376701	37.14	231543	20.95
林业用地	有林地	防护林	—	—	53	—	19873	2.15	227522	22.43	280799	25.41
林业用地	有林地	特用林	—	—	647	0.07	1228	0.13	13882	1.37	23481	2.13
林业用地	有林地	经济林	32370	3.55	77121	8.32	103212	11.15	155225	15.31	194238	17.58
林业用地	有林地	薪炭林	307	0.03	237	0.03	7770	0.84	12417	1.22	—	—
林业用地	有林地	竹　林	74723	8.19	79663	8.59	83373	9.00	106801	10.53	129892	11.76
林业用地	灌木林		3760	0.41	1538	0.17	34039	3.68	95686	9.43	195302	17.68
林业用地	疏　林		24841	2.73	84174	9.08	65945	7.12	4104	0.40	3006	0.27
林业用地	未成林造林地		9150	1.00	6818	0.73	12062	1.31	2022	0.20	9392	0.85
林业用地	无林地	小　计	253094	27.74	182479	19.68	110636	11.94	19845	1.96	29730	2.69
林业用地	无林地	荒山荒地	245322	26.89	180730	19.49	107617	11.62	2665	0.26	27863	2.52
林业用地	无林地	开垦地	7772	0.85	1707	0.19	788	0.09	954	0.10	1867	0.17
林业用地	无林地	采伐迹地	—	—	42	—	1322	0.14	277	0.03	—	—
林业用地	无林地	火烧迹地	—	—	—	—	909	0.09	4450	0.44	—	—
林业用地	无林地	其他荒山	—	—	—	—	—	—	11499	1.13	—	—
林业用地	苗圃地		—	—	75	—	88	0.01	96	0.01	938	0.09
林业用地	宜林地		—	—	—	—	—	—	—	—	6489	0.59
林业用地	辅助生产林地		—	—	—	—	—	—	—	—	41	—
森林覆盖率（%）			35.50		37.10		41.70		56.08		59.06	

林木蓄积

2007年，县第五次森林资源调查结果显示，全县乔木树种总蓄积量1225898立方米。按地类分：林地蓄积1187355立方米，疏林地蓄积2054立方米，散生木蓄积6807立方米，“四旁”树蓄积29682立方米；按树种分：松木139502立方米，杉（含柏类）木98559立方米，阔叶树987837立方米；按林龄分：幼龄林843674立方米，中龄林242874立方米，近、成、过熟林100807立方米；毛竹总立竹数3237.97万株。与1975年第一次森林资源调查结果相比，乔木树种总蓄积增加907425立方米，增长284.93%；林地蓄积增加905522立方米，增长321.30%；疏林地蓄积减少8189立方米，减少79.95%；散生木蓄积减少8903立方米，减少56.67%；“四旁树”蓄积增加18995立方米，增长177.74%；松木蓄积减少94814立方米，减少40.46%；杉（含柏类）木蓄积增加95688立方米，增长33.33倍；阔叶树蓄积增加906551立方米，增长11.15倍；毛竹总立竹数增加1860.28万株，增长1.35倍。

象山县历次森林资源调查林木蓄积量情况表

表28-38　　　　单位：立方米

<table>
<tr><th colspan="3">年份
项目</th><th>1975</th><th>占比（%）</th><th>1984</th><th>占比（%）</th><th>1989</th><th>占比（%）</th><th>1997</th><th>占比（%）</th><th>2007</th><th>占比（%）</th></tr>
<tr><td colspan="3">乔木树种总蓄积</td><td>318473</td><td>100.00</td><td>1028711</td><td>100.00</td><td>1200144</td><td>100.00</td><td>1258366</td><td>100.00</td><td>1225898</td><td>100.00</td></tr>
<tr><td rowspan="3">按树种分</td><td rowspan="2">针叶树</td><td>松</td><td>234316</td><td>73.57</td><td>808102</td><td>78.55</td><td>961795</td><td>80.14</td><td>888805</td><td>70.63</td><td>139502</td><td>11.38</td></tr>
<tr><td>杉（含柏类）</td><td>2871</td><td>0.91</td><td>18328</td><td>1.78</td><td>46537</td><td>3.88</td><td>65717</td><td>5.22</td><td>98559</td><td>8.04</td></tr>
<tr><td colspan="2">阔叶树</td><td>81286</td><td>25.52</td><td>202281</td><td>19.67</td><td>191812</td><td>15.98</td><td>303844</td><td>24.15</td><td>987837</td><td>80.58</td></tr>
<tr><td rowspan="7">按地类分</td><td colspan="2">林地蓄积</td><td>281833</td><td>88.50</td><td>942426</td><td>91.61</td><td>1141535</td><td>95.12</td><td>1232563</td><td>97.95</td><td>1187355</td><td>96.85</td></tr>
<tr><td rowspan="3">其中</td><td>幼龄林</td><td>239216</td><td>75.06</td><td>632301</td><td>61.47</td><td>502438</td><td>41.87</td><td>386296</td><td>30.70</td><td>843674</td><td>68.82</td></tr>
<tr><td>中龄林</td><td>42558</td><td>13.42</td><td>302190</td><td>29.37</td><td>613672</td><td>51.13</td><td>582538</td><td>46.29</td><td>242874</td><td>19.81</td></tr>
<tr><td>近、成、过熟林</td><td>59</td><td>0.02</td><td>7935</td><td>0.77</td><td>25425</td><td>2.12</td><td>263729</td><td>20.96</td><td>100807</td><td>8.22</td></tr>
<tr><td colspan="2">疏林</td><td>10243</td><td>3.21</td><td>49006</td><td>4.76</td><td>33421</td><td>2.78</td><td>478</td><td>0.04</td><td>2054</td><td>0.17</td></tr>
<tr><td colspan="2">散生木</td><td>15710</td><td>4.92</td><td>14551</td><td>1.41</td><td>6749</td><td>0.56</td><td>7472</td><td>0.59</td><td>6807</td><td>0.56</td></tr>
<tr><td colspan="2">“四旁树”</td><td>10687</td><td>3.37</td><td>22728</td><td>2.22</td><td>18439</td><td>1.54</td><td>17853</td><td>1.42</td><td>29682</td><td>2.42</td></tr>
<tr><td colspan="3">毛竹总立竹数（万株）</td><td colspan="2">1377.69</td><td colspan="2">1769.19</td><td colspan="2">2026.65</td><td colspan="2">3147.71</td><td colspan="2">3237.97</td></tr>
</table>

第二节　林木培育

随着森林资源日趋匮乏，为满足社会需求，人们开展采种育苗、荒山绿化、平原绿化、义务植树、封山育林、林木抚育、森林培育活动。民国时期，政府始建苗圃育苗。中华人民共和国成立后，加强森林培育，工作日趋规范。

育苗

民国20年（1931），南田县政府建苗圃3亩，育乌桕、臭椿、梧桐、侧柏、油茶、银杏6种树苗。翌年，苗圃扩大至8亩，培植赤松、梓、刺松、柳松、银杏、刺槐、女贞、麻栎、油桐、油茶等树苗。民国28年春，象山县政府辟中山公园及县署东首苗圃2.2亩，育白杨苗木1.8万株。民国29年5月，建农林场于丹城东门外，占地90.8亩，少量育桑苗、油桐苗。翌年，育油茶、樟树、棕、栗、女贞、银杏、桃等树苗，扦插法国梧桐、白杨，采集桑枝育苗。民国35年5月，象山县农业推广所，在白鹤庙辟苗圃5亩。翌年，育乌桕、油桐、马尾松、白杨、梧桐1.08亩，采集马尾松、苦楝、棕榈、扁柏、女贞、梧桐等树籽159公斤，成县内造林的主要苗源。民国36年上半年，全县育苗60亩、339.78万株。民国37年，辟茅洋森林苗圃20亩，后因失管荒芜。

1950年，全县私人育苗20亩。1953年，雅林溪乡里考坑村恢复苗圃20亩，育松球29280斤，育成松苗可供造林1万亩。1955年7月，在墙头乡舫前智门寺创办象山县苗圃，占地96亩。1957年，苗圃地增至442亩。1958年，人民公社化，贯彻“自采种、自育苗、自造林”方针，社社办林场，场场皆育苗。翌年，育苗364亩。1963年，改由山林专业队育苗，至1968年，6年中全县育苗5132亩，其中社队集体育苗4549亩。1970—1974年，全县育苗4997亩，其中社队集体育苗4745亩。1974年，公社建苗圃。1979年12月，建县林木种苗站，苗圃地20亩。1983年，出现专业户育苗，年育苗375亩。1985年1月，恢复县苗圃，培育湿地松、杉木、柑橘、桃子、枇杷、葡萄、龙柏、黄杨、茶花、五针松等林果花卉苗木。1990年始，象山造林苗木全部由专业户提供，种子全部从省林木种苗管理站购入。2000年始，象山自育苗用于造林逐渐减少，林业山地造林育苗也减少。2008年，全县有苗圃320个，育苗面积4565亩（包括花木及大苗）。其中，林业山地造林育苗仅10亩，总产苗量1185.8万株。1982—2008年（不含2002年、2004年），全县合计育苗18557亩，年平均育苗742亩。

绿化

宋代，象山始有零星植树绿化荒山。民国3年（1914），农商部颁布森林法。民国4年7月，北洋政府决定每年清明节为植树节，并于是日举行植树典礼。民国17年，南京国民政府改每年3月12日为植树节。民国36年上半年，全县累计绿化造林2113亩。民国36年12月，象山举办训练班，专设造林学课程。

中华人民共和国成立后，政府重视植树造林绿化荒山，1953—1957年，全县造林174760亩。用材林以马尾松、麻栎为主；经济林以油茶、板栗为主。1958年，山林归公社所有，社办集体林场，是年造林39600亩。三年困难时期，开荒种粮，山林毁损逾2万亩以上。之后，坚持年年采种、育苗、造林。1962—1972年，全县造林483822亩。东港公社万亩荒山披上绿装，国营林场与近200个大队基本得到绿化。1973年，建林业基地，政府对杉木、毛竹、油茶每亩补助6元，油桐每亩补助12元。1976年，飞机播种爵溪大爿山、樊岙乡小西天一带荒山3.6万余亩，逢大旱，成林仅0.3亩。1983年2月，县成立绿化委员会。是年，全县6万余人义务植树18万株，并形成制度。1990年1月，县委、县政府提出“一年准备，四年消灭荒山，十年绿化象山”目标；10月，县政府与各乡镇政府签订绿化造林责任状，明确各乡镇消灭荒山时间。是年，县政府拨款12万元，用于绿化造林。1991年年末，全县儒雅洋、石浦、东港、亭溪、下沈、墙头、大徐、泗洲头8个乡摘掉宁波市重荒山乡（荒山3000亩以上）帽子。至1993年，全县通过植树造林、直播造林、封山育林，绿化10亩以上荒山98181亩，基本实现荒山绿化。造林工作重点转向平原绿化，并加大平原绿化的补助力度。至1998年，全县15个半平原、部分平原乡镇实现平原绿化初级达标。1999年5月7日，象山县被农业部授予“1998年全国平原绿化先进单位”称号。21世纪，绿化造林专项资金增加，补助标准加大。2004年，全县实施松林更新改造工程，开展“经济林上山活动”。是年，县高标准平原绿化建设通过省林业厅考核验收，被省政府授予“浙江省高标准平原绿化县”称号。1953—2008年，全县累计造林1327957亩。

“城市绿化”详见本志“城乡建设”篇第二章“城区建设”第四节“市政建设”。

育林

民国期间，除民间自发封山育林外，县政府多次发布封山育林训令与布告。中华人民共和国成立后，各级政府把封山育林作为绿化荒山、发展森林资源的重要手段。1956年，象山开始林木抚育，是年完成109亩。20世纪60年代，抚育林木286847亩，其中毛竹41140亩，油茶2660亩。70年代，常年抚育面积3万亩，其中毛竹1万亩至1.5万亩，10年封山育林48.1万亩。80年代，县政府对社队毛竹丰产基地、杉木等用材林基地和油桐、乌桕纯林基地的林木抚育实行补助。全县林木抚育422467亩，年均抚育42247亩。其中，幼林抚育166239亩，年均抚育16624亩。1996—1999年，全县合计林木抚育535100亩，年均抚育133775亩。1956—2008年53年间，全县累计林木抚育面积3206629亩，年均抚育面积60502亩。其中，累计幼林抚育1062925亩，年均抚育20055亩。

森林保护

民国时期，象山县政府印发“禁止纵火烧山”布告，以防森林火灾。中华人民共和国成立后，各级政府高度重视森林防火工作。1959年3月，象山县人民委员会发出《关于加强护林防火工作的通知》。1987年6月，县成立护林防火委员会。是年11月，县政府印发《护林防火布告》。1991年，全县各乡镇均成立基干民兵排，有民兵森林消防队员1131人。1999年11月，象山县森林防火指挥部组建3支直属义务森林扑火队。2004年11月，全县开始实行森林防火专职巡查员制度。2006年4月，象山县森林防火指挥部在全县开展森林防火综合治理工程建设。至2008年，全县专业、半专业森林消防队伍22支、415人，义务扑救队19支、426人。其中，市县重点森林消防队4支、80余人。同时，成立30人组成的武警象山县中队森林消防队，印发森林消防队管理办法等管理制度，配备专职护林巡查员310人。全县营造森林防火隔离带和生物林带114.83千米，森林消防车13辆、有森林消防摩托车4辆、无线电台对讲机30只、风力灭火机100台、二号灭火工具3000把、高压水泵1台、森林防火物资储备库1座。县、街道镇乡、村三级均设置森林防火指挥机构，全县基本建成森林防火指挥网、森林火险天气预报网、森林火灾隔离网和森林火险现代通讯网。

民国时期严惩乱砍滥伐。中华人民共和国成立后，各级政府采取措施打击乱砍滥伐现象。1957年1月28日、1959年12月22日，县人民委员会先后发出《关于保护现有森林、迅速制止乱砍滥伐现象的指示》与《关于禁止木材外流及乱砍国有山树木问题的紧急通知》。1982年3月，县委、县政府又发出《关于保护森林，坚决制止乱砍滥伐山林的通知》。是年11月，县政府印发《关于坚决制止乱砍滥伐森林的布告》。1984年9月20日，国家颁布《中华人民共和国森林法》，对保护森林资源发挥很大作用。

1978—1979年，黄避岙、东港、金星、樊岙、泗洲头等地松树林遭受松毛虫危害，县林场4500亩松林半受其害。经人工捕捉、挖蛹、采茧、黑光灯诱蛾、喷白僵菌等法治之，获效。1985—2008年，全县累计防治森林病虫害187.05万亩。其中，生物防治面积4.85万亩，化学防治面积 6.69 万亩，显著减轻病虫灾害损失。1984 年，县建立森林植物检疫站，检疫对象包括树木种子、苗木、插条、接穗、种根及果树种苗、松类带皮原木、母竹等。1984—2008 年，经产地检疫检查林木种苗和木本花卉 425 个场（圃），计 2.51 万亩、7056.1 万株。签发产地检疫合格证书 355 份。经调运检疫检查林木种子 3.1 吨、林木苗木 158.28 万株、木本花卉 265.01 万株、木材及制品 8.08 万立方米、竹材及制品 423.87 万根。签发植物检疫证书 5.06 万份，处理违章调运案件 153 起。

第三节　林特产品

象山林特产品以竹与水果为主（水果详见本篇第六章“园艺作物”）。象山多山，山上多竹、树，资源丰富，历代县志都有记载。1984 年竹种普查，全县有竹类植物 8 属 32 种，含 3 变型 3 栽培种。至 2007 年，全县竹林面积 129892 亩，占有林地面积 15.10%。其中，毛竹面积 123288 亩，蓄积 3237.97 万株，已成山区农民重要经济支柱。

象山培育竹林历史悠久，向有劈山、掏山及抚育毛竹习惯。中华人民共和国成立后，各级政府重视发展毛竹生产。20 世纪 50 年代开始，在全县竹产区推广儒雅洋芭蕉一带养牛上山，积肥育竹经验。80 年代以后，出现毛竹笋用林、毛竹材用林、竹笋竹材两用林、杂竹笋用林等专用竹林的经营方式，使全县竹林经营水平不断提高。

照 28-7　西周芭蕉村附近的毛竹林

毛竹

面积最大、分布最广、用途最多、效益颇佳的多用途竹种。民国 26 年（1937），全县年产毛竹 12 万担。民国 28 年，全县毛竹面积 18000 亩，蓄积量 134 万支，采伐量 12 万支。1949 年，全县毛竹采伐量 15 万支。中华人民共和国成立后，毛竹生产恢复发展。1958—1959 年，毛竹过量采伐，导致竹林资源大幅度减少，平均每亩立竹量不足 120 株。1965 年，全县掀起毛竹垦复培育高潮。是年 10 月 6 日开始，国家提高毛竹收购价格，此后，全县毛竹逐年发展。至 1984 年，全县毛竹林面积 77350 亩，蓄积量 1769 万株。2007 年，全县毛竹林面积 123288 亩，蓄积量 3238 万株，平均每亩立竹量 263 株。

中华人民共和国成立初，由于竹林区交通不便，竹材需求不大，毛竹收购数量较少。1952 年，全县仅收购 14.34 万支。1955 年，全县收购毛竹 91.52 万株，为历史上毛竹收购量最多年份。1963—1965 年，国民经济建设调整时期，全县毛竹年平均收购量降至 12.88 万支。1966—1984 年，全县毛竹年平均收购量减至 10.75 万支。1985 年，收购量仅 3 万支。

杂竹

经济利用价值较高的有 10 余种。1974 年，象山大力发展青皮竹，是年造林 1191 亩。1975 年，全县杂竹林面积达 4721 亩。此后，全县杂竹林面积呈逐渐削减趋势。1984 年，全县杂竹林面积减至 2313 亩。至 1997 年仅 1086 亩。进入 21 世纪，随食用笋需求量急剧增加，以生产食用笋为主的杂竹笋用林面积迅速扩大。墙头镇是县内雷竹笋生产基地，以方家岙村为中心，建成成片雷竹林上千亩。2002 年，产雷竹鲜笋 450 吨。2007 年，全县杂竹面积 6604 亩，占竹林面积的 5.08%。最多是西周镇，杂竹面积1479亩，占全县的22.4%。主要竹种：刚竹、芦丝竹、水竹、金竹、乌哺鸡竹、红哺鸡竹、紫竹、早竹（雷竹）、斑竹、箬竹、箭竹等。其次为墙头镇，杂竹面积1478亩，占全县22.38%。主要竹种：雷竹、水竹、石竹、芦丝竹、箬竹等，以雷竹为主。再次是石浦镇，杂竹面积676亩，占全县10.24%。主要竹种：青皮竹、撑篙竹、绿竹、石竹、苦竹、箬竹等，丛生竹分布较多。

茶叶

《宋会要》载：绍兴三十二年（1162），明州：鄞县、象山等县，产茶510435斤①。明嘉靖《象山县志》载："茶出于珠山尤佳。"民国时期，民间采摘野山茶叶，土法焙制。

20世纪50年代初，象山仅有200亩零星野生茶园，年产茶10~20担。1954年，全县茶园320亩，产茶1吨。1956年，大雷山、蒙顶山始垦山建人工栽培茶园。是年，全县产茶8吨。翌年，增至12吨。至1965年，全县有茶园245亩，产茶13吨。1975年，茶园增加至13969亩，可采摘茶园5992亩，产茶190吨。1979年，全县茶园总面积24027亩，产茶500吨。1982年，茶园达25800亩，采摘面积14164亩，年产茶叶1100吨，国家收购1028吨。1983年始，茶叶出现滞销，茶叶生产受到影响。2002年，全县茶园面积16560亩，全县18个街道镇乡除高塘岛乡外，17个街道镇乡均有茶园。面积千亩以上有西周、茅洋、大徐、泗洲头、墙头、贤庠、鹤浦等镇乡。面积最大为西周镇，3840亩；其次茅洋乡，1609亩；再次大徐镇，1503亩。2008年，全县茶园面积16920亩，采摘面积15330亩，产量1365吨。其中，名茶70吨，产值900万元，占茶叶总产值51.42%。茶树主要品种有：鸠坑种、迎霜、浙农113、乌牛早、平阳特早、菊花春、龙井43及人福建引进的福鼎大白菜、福云6号等。

20世纪50年代，茶叶加工采用土法烘焙，仅产毛烘青茶。1966年，聘请嵊县制茶师傅传授技术，手工炒制珠茶。1971年，始引进珠茶炒干机生产珠茶。1979年，大徐、儒雅洋、黄避岙三乡办精制茶厂，引进大型烘干机生产烘青绿茶，再加工茉莉花茶，年产100余吨。1980年，珠山白毛尖产品，被省评为一类名茶。1981年，建象山县精制茶厂，精制珠茶出口。1984年，"天坛"牌特级珠茶获第二十三届世界优质食品金质奖。是年，试制龙井茶成功。1985年，黄避岙茶厂与杭州梅家坞联营生产龙井茶，产茶11.5吨。贤庠乡、茅洋乡南充村、县林场南峰岗林区茶场生产工夫红茶70吨，儒雅洋乡茶厂生产红碎茶18.2吨。南庄乡杨蓬岙村创"蓬莱香茗"500公斤，试销宁波、南京。1993年，烘青绿茶滞销，又恢复珠茶生产。1993—1995年，县、乡、村办10家初精制茶厂相继关闭停产。1996年，大徐精制茶厂恢复生产珠茶出口。2008年，出口非洲国家茶叶1300吨，金额2.1亿人民币，成为浙江省第二大精制茶厂。1999年，移栽野生苦丁茶5亩。翌年，苦丁茶育苗成功。2003年，苦丁茶园发展至500亩，年产500公斤。是年，引进白茶栽种，至2008年，全县栽白茶100亩，年产200公斤。

桑树

桑为象山林区重要经济作物，种植历史悠久。明时食穰、养蚕两用。明嘉靖《象山县志》载："明洪武二十七年（1394），命工部行文，教天下百姓务要多栽桑枣，每一里种二亩。""本县桑枣每里一所，共三十二所。"时象山岁办有"桑穰（桑葚）2880斤"。嘉靖二十年（1542），全县有桑柘

---

①《宋会要辑稿·食货二九·产茶额》："茶额，以户部左曹具绍兴三十二年诸州路军县所产茶数修入。……明州、慈溪、定海、象山、昌国、奉化、鄞：五十一万四百三十五斤。"

木13320株。民国6年（1917），于县署西首空基设模范桑园，以县公益费项下拨款购桑秧栽种，以作模范。民国10年，县知事李洣派员赴杭、嘉、湖等地采办桑秧，设立蚕桑女子传习所。是年，象山蚕茧质量被省实业厅评为质量最优九县之一。民国37年，全县桑园50亩。1950年后，象山仅在房前屋后、园边地角零星栽种乔木桑。1958年，育苗100亩。翌年，舫前建苗圃，贤庠、下沈、南庄、昌国各乡建立专业桑园。1965年，除山地建桑园外，始在溪滩种植。时溪口、泗洲头、西周、下沈、莲花等公社均有规模几十亩集中成片溪滩桑园。1973年，溪滩桑园432亩，占全县桑园面积19.19%。20世纪70年代后，桑园向围垦海涂拓展。至1992年，全县海涂桑园达千亩之多，占全县桑园面积55%。桑园采桑、养蚕情况详见本篇第八章“畜禽　昆虫”，第四节“昆虫”。

20世纪90年代中期，养蚕业萎缩后，现桑树以采果为主。2008年，全县果桑750亩，其中20亩以上大户有3户，其他均为散户，主要分布在丹东、丹西街道。

第八章　畜禽　昆虫

自古以来，象山饲养畜禽多以生产肉食为主要目的。宋代，象山白羊列为贡品。明代，畜牧业发展，饲养种类已较齐全。嘉靖《象山县志》载有马、牛、羊、驴、骡、猪、狗、鸡、猫、鹅、鸭等。其中羊、猪、鸡、鹅、鸭以宰杀取肉为目的，其他种类在供役用之后，亦可宰杀供食肉之用。清代，畜牧业饲养、疫病防治等技术有长足进步。乾隆年间，已有家庭和寺院养蜂取蜜，并有了一套完整的诱王分群、留王取蜜、熬蜡等方法。中华人民共和国成立后，象山畜牧业经历过挫折，后得到稳定发展。进入21世纪，全县畜牧业生产日呈兴旺，畜禽饲养专业户、重点户不断涌现，畜禽生产逐步形成专业化、区域化、规模化经营格局。

明代《象山县志》有养蚕记载。清代《象山县志》有养蜂记载。中华人民共和国成立后，养蚕、养蜂形成产业，但产量不稳，时起时伏。

第一节　家　畜

象山现代饲养业中的家畜品类主要有猪、牛、羊、兔等。家畜在农业生产中占重要地位。民国27年（1938），全县家畜肉产量1238.5吨，占肉类总产量94.37%。其中，猪肉产量995吨，占肉类总产量的75.82%。1986年，家畜肉产量7163吨，占肉类总产量75.71%，其中，猪肉7029吨，占肉类总产量74.29%。之后，随着肉禽业快速发展，家畜肉占肉类总产量的比重有所下降。2008年年末，全县存栏牛1174头、猪92000头、羊16100只、兔57500只。

猪

明嘉靖《象山县志》有养猪记载。民国时期，养猪已成为象山农户主要家庭副业。民国26年（1937），全县出栏生猪26657头，其中输出县外20000头。1949年，全县生猪饲养量45600头，年末存栏35124头，出栏10476头。中华人民共和国成立后，生猪生产快速发展。1950—1957年，全县年平均生猪饲养量84321头，比1949年增长84.91%。1958年，全县大办畜牧场，农村社员的猪收归集体畜养后，数量迅速减少。翌年，全县生猪饲养量65685头，比1957年减少49.13%。1962—1975年，政府实行“公养私养并举，以私养为主”的生猪养殖方针，生猪生产回升。1979年，实行生猪投售奖励，至1993年，全县年平均生猪饲养量达215675头。1994—2001年，农村家庭养猪逐渐减少。2002年始，农户规模养猪兴起。是年，全县专业养猪户230户。其中，饲养50头～99头、59户，饲养100头～499头、115户，饲养500头～2999头、51户，饲养3000头～9999头、4户，饲养万头以上1户。专业户年出栏生猪68600头，占全县生猪出栏数的57.17%。2002—2008年，全县年均生猪饲养量274186头，比1949年增长5.01倍。

地方猪种为南田猪，因产自南田岛而得名。民国37年（1948），引进大约克（又称大白猪，原产英国）。1968年，引入长白猪（又称兰德瑞斯猪，原产丹麦）。1983年，引入杜洛克（原产美国）。1990年，引入施格猪（原产比利时）。南田猪具有皮薄、骨小、味美、早熟、耐粗料、适应性强、繁殖性能好等特点，缺点是生长速度慢、瘦肉率低。20世纪70年代，南田猪曾遍布县内各地。80年代中期，南田猪全部被外来猪种所代替。

猪疫病主要有猪瘟、猪丹毒、猪巴氏分枝杆菌病、仔猪副伤寒、猪流行性腹泻病、猪流行性感冒、猪霉形体肺炎、仔猪白痢病、仔猪黄痢病、仔猪水肿病、猪红皮病、猪链球菌病、猪附红细胞体病、猪流行性乙型脑炎、炭疽病、猪传染性水泡病、猪破伤风、猪脑脊髓炎、猪肺丝虫病、猪蛔虫病、猪弓形体病21种。

民国时期，用血清、消治龙治疗猪丹毒。20世纪50年代前，农民用山黄泥拌水，调成糊状，涂遍病猪全身，或用肥皂水洗浴病猪，治疗猪丹毒。也有土兽医在尾尖、耳背和四肢等处针刺放血，治疗症状较轻的猪病。1955年，始用噻嘧啶驱猪虫。1970年，逐渐用左旋咪唑、敌百虫、丙硫苯咪唑等药驱猪虫。20世纪70—80年代，猪病治疗主要采用抗生素类药物。

1949—2008年象山县生猪生产情况表

表28-39　　单位：头

年份	全年饲养量	年末存栏	年内出栏	年份	全年饲养量	年末存栏	年内出栏
1949	45600	35124	10476	1962	80239	46043	34196
1950	46800	36006	10794	1963	114374	72573	41801
1951	48000	36942	11058	1964	172449	106451	65998
1952	65773	37217	28556	1965	196927	109228	87699
1953	79639	45239	34400	1966	194505	103001	91504
1954	103229	50435	52794	1967	212977	102068	110909
1955	105730	52719	53011	1968	168516	93206	75310
1956	96282	48015	48267	1969	177252	101469	75783
1957	129116	69280	59836	1970	206943	110120	96823
1958	107360	54118	53242	1971	236078	122911	113167
1959	65685	40832	24853	1972	233708	128671	105037
1960	69439	40177	29262	1973	239464	131301	108163
1961	59274	45676	13598	1974	246832	132455	114377

续表28-39

年份	全年饲养量	年末存栏	年内出栏	年份	全年饲养量	年末存栏	年内出栏
1975	223313	118438	104875	1992	225500	118600	106900
1976	183890	93053	90837	1993	200600	100200	100400
1977	145792	91656	54136	1994	163200	79300	83900
1978	178140	117922	60218	1995	171700	81200	90500
1979	237353	125607	111746	1996	160100	72300	87800
1980	216976	117156	99820	1997	143500	65400	78100
1981	199480	112977	86503	1998	161100	69700	91400
1982	207999	122549	85450	1999	204000	83100	120900
1983	209700	122700	87000	2000	187900	78000	109900
1984	199574	117601	81973	2001	191100	81700	109400
1985	218765	124544	94221	2002	208000	88000	120000
1986	221471	121779	99692	2003	285700	92400	193300
1987	216300	115200	101100	2004	313600	92600	221000
1988	221400	120000	101400	2005	289200	89000	200200
1989	220100	114100	106000	2006	289700	87300	202400
1990	219700	113100	106600	2007	261900	87100	174800
1991	220200	116400	103800	2008	271200	92000	179200

牛

象山养牛历来以役用为主，乳用、肉用极少。平原水塘地区多水牛，山区养黄牛。养牛成本大，昔大户人家才有。

照 28-8 20 世纪 70 年代农村牛栏间

历代县政重视耕牛保护。民国 2 年（1913），县公署发布《取缔私宰耕牛令》，不得任意宰杀耕牛。此后，国民政府多次发布严禁宰杀耕牛的训令，并禁止私自将牛输出。镇海、奉化、鄞县、天台等地农民曾到象山购牛均被禁止、扣押。民国 26 年，全县有耕牛 5513 头，其中，黄牛 3910 头，水牛 1603 头。1949 年年末，全县有耕牛 18014 头。中华人民共和国成立初，耕牛不足，各级政府制定、公布一系列保护和繁殖耕牛政策、办法，并办理耕牛保险业务。农业互助合作化前 3 年（1950—1952 年），象山养牛业发展快，年均存栏 18948 头。农业合作化时期，耕牛折价入社，人民公社化时，限制私人养牛，全县耕牛数量明显减少。1953—1959 年的 7 年中，全县年均存栏 17064 头，比 1949 年减少 5.27%。20 世纪 60 年代初，受三年自然灾害影响，农业减产，耕牛锐减，年平均存栏仅 15749 头，比 50 年代减少 10.66%。70 年代始，全县陆续引进拖拉机，耕牛逐年减少，年均存栏 14353 头，比 60 年代减少

8.86%。2000—2008年，年平均存栏2016头，2008年仅存栏1174头。

象山历来没有饲养菜牛习惯，牛肉来自老残、淘汰的役用牛，或外地调入。奶牛饲养虽经政府多方扶持，均归失败。

品种以地方黄牛、水牛为主。丹城黄牛体型高大，耕作能力强，于1960年被省确认为优良品种。主要分布在丹城、涂茨、大徐、东陈、茅洋、墙头、儒雅洋等地。水牛主要分布在平原水塘地区。20世纪50年代，象山引进秦川牛、荷兰奶牛。2000年10月，象山又引进秦川母牛用作奶牛胚胎移植受体牛。

疫病主要有牛流行性感冒、牛恶性卡他热、牛传染性角膜结膜炎、牛巴氏分枝杆菌病、牛破伤风、牛伊氏锥虫病、牛焦虫病、犊牛新蛔虫病、牛肝片吸虫病、牛网尾线虫病、牛脾病11种。

中华人民共和国成立前，牛病防治无有效办法。1962年，注射牛出败开展牛病预防。20世纪70年代后，治疗牛病主要还是依靠抗生素类药物。

1949—2008年象山县耕牛存栏情况表

表28-40　　单位：头

年份	年末存栏	年份	年末存栏	年份	年末存栏	年份	年末存栏
1949	18014	1964	14915	1979	12474	1994	5189
1950	18146	1965	15879	1980	12248	1995	5108
1951	18248	1966	16526	1981	12307	1996	4400
1952	20449	1967	16951	1982	12245	1997	4385
1953	17457	1968	16758	1983	12399	1998	4388
1954	16813	1969	17250	1984	12777	1999	3622
1955	17894	1970	16530	1985	13769	2000	2997
1956	16814	1971	16224	1986	12926	2001	2818
1957	17241	1972	15723	1987	12984	2002	2333
1958	15964	1973	15184	1988	12064	2003	2048
1959	17267	1974	14218	1989	10956	2004	2055
1960	15853	1975	13737	1990	10217	2005	1802
1961	14254	1976	13357	1991	9025	2006	1624
1962	14335	1977	13113	1992	7896	2007	1289
1963	14766	1978	12971	1993	6465	2008	1174

羊

宋代，象山白羊就被列为贡品。宋宝庆《四明志》卷二十一《象山县志》载："畜品有白羊，府所以供御者，于邑取之。"民国，养羊成为山区农户家庭重要副业。民国26年（1937），全县出栏羊3012只，其中输出县外2000只。中华人民共和国成立后，养羊业快速发展。1950—1957年，全县年平均存栏羊1.33万只，比1949年增长33.00%。1958年，贯彻"公养为主、私养为辅"方针，限制社员养羊，是年年末存栏羊仅0.58万只，比1949年减少42.00%。1961年，贯彻"公养私养并举，以私养为主"方针，鼓励社员养羊，养羊业得到迅速恢复和发展。20世纪60年代，年平均存栏羊 2.61 万只，比 50 年代增长 1.16 倍。70 年代，“禁羊上山”，养羊业又遭挫折。80 年代，涌现出一些养羊专业户。90 年代，调整农业产业结构，象山养羊业得到稳定发展。

山羊以本地品种为主。象山白羊型小、体壮、行动敏捷，有“羊活猕”之称。县人一直将其作为冬令滋补身体和婚丧嫁娶酒宴上必用肉品。1955 年，引进萨能山羊。1956 年，引进湖羊。1967 年，引进阿斯卡尼细毛羊。1991 年，引进南江黄羊。2000 年，引进波尔山羊。

羊疫病主要有山羊传染性胸膜肺炎、羊痘、羊蜱病、羊肝片吸虫病 4 种。

1955 年，用驱虫药驱虫。20 世纪 70 年代起用抗生素治疗羊病。

1949—2008 年象山县羊存、出栏情况表

表 28-41　　单位：万只

年份	年末存栏	年内出栏	年份	年末存栏	年内出栏	年份	年末存栏	年内出栏
1949	1.00	—	1969	1.99	—	1989	1.32	0.81
1950	1.01	—	1970	1.73	—	1990	1.25	0.77
1951	1.05	—	1971	1.70	—	1991	1.13	0.71
1952	1.40	—	1972	1.46	—	1992	1.42	1.07
1953	1.46	—	1973	1.28	—	1993	1.80	1.18
1954	1.65	—	1974	1.35	—	1994	2.25	1.52
1955	1.65	—	1975	1.29	—	1995	2.43	2.02
1956	1.12	—	1976	1.33	—	1996	2.74	2.06
1957	1.31	—	1977	1.50	—	1997	2.53	1.89
1958	0.58	—	1978	1.94	—	1998	1.86	1.84
1959	0.82	—	1979	2.12	—	1999	2.60	2.24
1960	1.07	—	1980	2.05	—	2000	2.98	2.70
1961	1.53	—	1981	1.69	—	2001	2.79	2.99
1962	2.17	—	1982	1.85	—	2002	2.63	3.32
1963	3.98	—	1983	1.63	—	2003	2.10	3.19
1964	4.33	—	1984	1.55	—	2004	2.65	2.71
1965	3.89	—	1985	1.38	—	2005	1.96	3.04
1966	2.90	—	1986	1.45	0.73	2006	1.43	3.06
1967	2.33	—	1987	1.52	0.79	2007	1.28	2.87
1968	1.87	—	1988	1.38	0.83	2008	1.61	1.98

兔

象山养兔为农家副业，以皮用兔、毛用兔为主。中华民国时期，象山饲养本地白兔，供观赏与肉用。民国 37 年（1948），省农业改进所分配象山安哥拉兔种一对，用来改良本地白兔。1953 年，象山始养长毛兔。1963 年，国家实行收购兔毛奖励化肥等政策，促进养兔业发展。1968 年，奖励政策取消，县“三站一场”（种兔调剂站、良种配种站、兔病医疗站和兔示范场）撤销，养兔业受重挫。1978 年后，养兔业形势开始好转。20 世纪 90 年代，兔毛外贸价跌，养兔业又入低谷。进入21世纪，国际市场兔毛价格回升，养兔业恢复发展。2000—2008年，全县年平均存栏兔5.24万只，比20世纪90年代增长4.4倍。

品种主要有中国家兔，系本地品种，为皮肉兼用型。外地品种有安哥拉兔、力克斯兔。安哥拉兔，始养于民国37年（1948），但长期得不到发展。1953年，从上海再次引入后，才不断繁殖发展。力克斯兔，又称獭兔，皮肉兼用型，1958年引入，后因兔皮、兔肉销路不好，未推广。70年代，兔皮价格回升，又再次引入。20世纪80年代，兔毛市场衰落，而獭兔得以发展。

疫病主要有兔瘟、兔魏氏梭菌病、兔球虫病3种。

1949—2008年象山县兔存栏情况表

表28-42　　单位：万只

年份	年末存栏	年份	年末存栏	年份	年末存栏	年份	年末存栏
1949	0.11	1964	2.85	1979	4.00	1994	0.95
1950	0.14	1965	4.55	1980	2.83	1995	0.73
1951	0.16	1966	5.73	1981	7.00	1996	0.50
1952	0.20	1967	4.69	1982	6.55	1997	0.50
1953	0.36	1968	3.51	1983	2.00	1998	0.77
1954	0.50	1969	2.72	1984	1.78	1999	0.89
1955	0.65	1970	1.99	1985	4.98	2000	1.19
1956	0.79	1971	1.63	1986	4.26	2001	7.64
1957	1.88	1972	1.42	1987	3.34	2002	4.28
1958	2.75	1973	1.33	1988	1.50	2003	4.58
1959	2.86	1974	1.37	1989	1.78	2004	5.25
1960	2.99	1975	1.21	1990	1.25	2005	5.66
1961	2.33	1976	1.15	1991	1.20	2006	7.45
1962	2.03	1977	1.21	1992	1.48	2007	5.39
1963	2.36	1978	2.45	1993	1.41	2008	5.75

第二节　家　　禽

家禽饲养历为象山农村传统家庭副业，品类以鸡为主，其次是鸭与鹅。中华民国时期，鸡、鸭、鹅及蛋品已成为象山外销的主要土特产品。中华人民共和国成立后，家禽生产逐步发展。进入21世纪，家禽饲养快速发展，年平均饲养量549.08万羽。2005年，家禽饲养量达607.28万羽，为历史最高。

鸡

明嘉靖《象山县志》有记载。清代，象山鸡品种资源丰富，农家已积累不少土法治鸡病与使鸡不孵经验。中华民国时期，养鸡已成为农家传统家庭副业。民国26年（1937），全县出栏鸡

23.79万羽。其中，销往县外7.93万羽，货值79272元（法币，下同）。民国28年，销往宁波活鸡2.89万羽，货值57764元，销往宁波、上海鲜蛋326.88万枚，货值98064元。民国35年，全县出产肉鸡28.5万羽，蛋242.45万枚。

中华人民共和国成立后，象山养鸡业稳定发展。1957年，全县鸡饲养量18.39万羽。后一度限制农户私养，生产受挫。20世纪60年代，恢复“公养与私养并举，以私养为主”方针，养鸡业又稳定发展。70年代末，全县养鸡业发展较快，从农户散养为主逐步过渡到专业户（场）规模饲养为主。1982年，有养鸡专业户10户。1990年，农村散养鸡明显减少，专业养鸡户成为市场禽蛋供应主力军，形成养鸡区域化生产、规模化经营格局。晓塘、樊岙、金星三个乡蛋鸡饲养专业户达36户，养蛋鸡2.9万羽，分别占全县的85.71%、92.28%。1991年，养鸡100羽以上专业户增至74户，饲养蛋鸡与肉鸡2.5万羽。2008年，全县鸡饲养量达215万羽，其中出栏105万羽，存栏110万羽；蛋鸡年末存养82.3万羽，鸡蛋总产量1.05万吨。

中华人民共和国成立前，象山鸡品种以本地土鸡自繁为主，没有形成固定品种。外来品种分蛋肉兼用型、蛋用型、肉用型三种。蛋肉兼用型鸡有萧山鸡，民国37年（1948），省农业改进所配发象山县农业推广所萧山肉用种鸡，公母各1羽，开始繁殖。此后，不断引进饲养。20世纪90年代后，萧山鸡成为象山主要品种。蛋用型鸡有来航鸡、罗斯蛋鸡、迪卡蛋鸡、依莎蛋鸡、罗曼蛋鸡、海兰蛋鸡、新海萨克斯蛋鸡。外来品种经济效益佳，成为专业户饲养首选品种。

鸡疫病，主要有鸡新城疫（俗称“鸡瘟”）、鸡传染性法氏囊炎、鸡马立克氏病、鸡痘、鸡传染性喉气管炎、鸡白痢、鸡球虫病、禽巴氏分枝杆菌病8种。

中华民国时期，鸡患霍乱用消治龙、高锰酸钾治疗。1962年，采用注射鸡新城疫苗防疫。现主要是用药物治疗各种疾病。

鸭

明嘉靖《象山县志》有记载。清代，象山有诸多鸭品种。中华民国时期，养鸭成为象山平原地区很大一部分农户的家庭副业，且已有放养群鸭。民国26年（1937），全县出栏鸭5.83万羽。其中，销往宁波2.9万羽，货值9663元。民国35年，全县出栏鸭5.89万羽，产蛋38.65万枚。

1949年，全县饲养蛋鸭4.18万羽。1980年，蛋鸭饲养增加到10万羽。20世纪80年代，养鸭专业户、重点户兴起，养群鸭迅速发展。至1989年，蛋鸭发展到18万羽。90年代，养鸭规模扩大，海涂养鸭方兴未艾，年蛋鸭饲养保持约29万羽。2000年后，蛋鸭饲养虽有下降，但仍保持在25万羽左右。2008年，蛋鸭存栏25万羽，鸭蛋年产量3500吨。

饲养青年鸭是象山一大特色。20世纪80年代初，出现养鸭专业分工，部分养鸭户专门饲养麻鸭青年鸭。2000年，青年鸭饲养量达113.8万羽，为历史最高年份。主要分布在丹城、墙头、西周、下沈、新桥、茅洋、泗洲头等镇乡，占全县71.5%。其中，丹城占22.1%，为青年鸭生产基地。青年鸭除供应县内外，还销往宁海、奉化、宁波与河南、山东、南京等地，年外销均逾50万羽以上。

海涂养鸭是象山特色。象山海涂宽阔平坦，小鱼、小虾及贝类等饵料丰富。政府提倡海涂养鸭始于50年代初。1959年，全县海涂养鸭达3.63万羽。1993年，海涂养鸭达到高峰，饲养蛋鸭18万羽。其中，墙头镇环西沪港海涂养鸭10万羽。之后，因影响水产养殖，海涂养鸭减少。2008年，全县海涂养鸭8万羽，西沪港海涂占6万羽，余为高塘岛乡等地。

鸭分蛋用和肉用两类。蛋鸭即麻鸭，也称“绍兴麻鸭”。民国时即有饲养，是象山蛋鸭饲养主要品种。肉用鸭品种有番鸭、北京鸭两种。番鸭，俗称“洋鸭”“呆大鸭”。

2008年，全县鸭子饲养量102万羽。

鸭疫病主要有鸭瘟、鸭病毒性肝炎、禽巴氏分枝杆菌病3种。

鹅

古名舒雁，白者多，苍者间有。俗谓家雁。明代，象山已有养鹅及鹅翎列为贡赋，岁办4630根的记载。清代，象山鹅品种已多，民俗将鹅列为婚礼必用品："婚礼必用之，古奠雁法也①"。民国26年（1937），全县出栏鹅7523羽。其中，外销宁波约3000羽，货值4200元。民国28年，县运销宁波白鹅6213羽，货值12400元。民国35年，全县出栏鹅3200羽，产鹅蛋6000枚。

1965年，全县白鹅饲养量7.74万羽，比1949年增长88.78%。1978年，象山白鹅出口至日本、马来西亚、新加坡及香港、澳门市场。翌年，象山被省计委列为全省白鹅生产基地与"冻宁波鹅"出口基地，出口"冻宁波鹅"5.3万羽。1999年，全县白鹅饲养66.4万羽，其中种鹅存栏3.5万羽，呈现区域化生产。丹城、东陈、涂茨、贤庠、大徐、墙头、泗洲头等乡镇种鹅占全县的71.9%，其中丹城占全县的34.2%。2000年，象山产"浙东"牌白鹅被认定为宁波市名牌产品。2003年，认定为浙江名牌产品，县种鹅场被列为"浙江省畜禽种苗工程浙东白鹅繁育基地"。2004年，白鹅被认定为无公害农产品。2008年，全县浙东白鹅饲养量达235万羽，其中，种鹅存栏45万羽，比1999年分别增长2.54倍、11.86倍。

象山是浙东白鹅的主产区。民国36年（1947）引进永康灰鹅，20世纪70年代，仍有几千羽饲养，80年代后逐渐淘汰。1998年，宁波南方野生动物养殖有限公司引进良得鹅品种，开展与天鹅杂交获成功。

鹅疫病主要有小鹅瘟、禽巴氏杆分枝菌病2种。

1949—2008年象山县家禽饲养情况表

表28-43　　单位：万羽

年份	全年饲养量	年末存栏	年内出栏	年份	全年饲养量	年末存栏	年内出栏
1949	28.13	21.38	6.75	1962	26.06	19.80	6.26
1950	29.63	22.94	6.69	1963	38.83	28.88	9.95
1951	31.95	23.96	7.99	1964	42.74	29.74	13.00
1952	32.10	24.85	7.25	1965	37.28	—	—
1953	37.95	25.30	12.65	1966	36.11	—	—
1954	34.55	26.41	8.14	1967	32.36	—	—
1955	35.40	26.98	8.42	1968	30.17	—	—
1956	35.45	27.79	7.66	1969	33.21	—	—
1957	36.69	28.00	8.69	1970	31.63	—	—
1958	40.83	26.13	14.70	1971	35.28	—	—
1959	36.34	21.15	15.19	1972	36.75	—	—
1960	34.04	19.15	14.89	1973	37.21	—	—
1961	25.21	21.86	3.35	1974	39.10	—	—

①倪象占《蓬山清话》卷十五"畜之属·鹅"。

续表28-43

年份	全年饲养量	年末存栏	年内出栏	年份	全年饲养量	年末存栏	年内出栏
1975	41.61	—	—	1992	227.59	126.54	101.05
1976	46.00	—	—	1993	308.57	186.96	121.61
1977	49.00	—	—	1994	340.40	200.06	140.34
1978	53.00	—	—	1995	338.00	181.59	156.41
1979	66.00	—	—	1996	344.60	175.32	169.28
1980	71.00	—	—	1997	299.29	153.46	145.83
1981	97.00	—	—	1998	284.14	137.56	146.58
1982	101.00	—	—	1999	413.00	182.22	230.78
1983	106.00	—	—	2000	436.39	189.31	247.08
1984	130.00	—	—	2001	458.99	179.05	279.94
1985	157.00	—	—	2002	530.35	213.18	317.17
1986	162.00	70.00	92.00	2003	586.14	213.45	372.69
1987	165.00	75.00	90.00	2004	593.92	222.12	371.80
1988	148.43	98.26	50.17	2005	607.28	221.37	385.91
1989	141.13	77.18	63.95	2006	587.24	184.36	402.88
1990	136.75	76.42	60.33	2007	583.38	196.83	386.55
1991	164.93	94.45	70.48	2008	577.99	180.07	377.92

第三节　特种畜禽

20世纪80年代，畜禽养殖始注重名、特、优、稀、新产品的开发利用。特种畜禽养殖种类较多，主要有特种野猪、梅花鹿、山鸡、野鸭、特种天鹅等。另有80—90年代引入的火鸡、肉鸽、蓝狐、马鹿、鹌鹑、珍珠鸡、贵妃鸡、元宝鸡等。

特种野猪

1989—1995年，宁波南方野生动物养殖有限公司（以下简称南方公司）捕获野猪，人工饲养，与家猪杂交、选育而形成特种野猪。1996年，南方公司的“野猪的驯养与开发利用”科研项目通过县科委项目鉴定。1998年3月，被国家科委列入国家级“科技星火项目”计划，并通过宁波市科技成果鉴定。2000年1月17日，宁波南方公司被省林业厅评为“浙江省杂交野猪繁育基地”。是年，被国家林业局确定为“国家级特种野猪种源基地”。2002年，“大目山牌”特种野猪被确认为浙江省名牌产

照28-9　特种野猪

品。是年，全县特种野猪饲养量2.6万头。2005年，全县特种野猪饲养量6.73万头。至年末，累计向全国多个省市区提供种猪10.12万头。之后，饲养量有所下降，2008年仅4.28万头。特种野猪瘦肉率高，通常以屠宰加工鲜肉销售为主，部分加工成食品罐头。南方公司生产加工特种野猪回锅肉、午餐肉等罐头，风味独特。销售广东、上海等地。

水貂

1981年，自舟山引进。1983年，又从山东、湖州地区引进，并建立水貂良种场。因缺少养殖技术，死亡率高，经济效益不佳。至2008年，仅零星养殖。

梅花鹿

20世纪90年代初，开始引进梅花鹿饲养。2002年，经省林业局批准建立象山县立光鹿种场、象山县墙头镇金龙鹿业良种场、象山县以存特种动物养殖场和贤庠阿存鹿场4家，饲养规模40~120头不等。种鹿销售省内外，鹿肉供应上海、杭州、宁波及本地酒店。

七彩山鸡

20世纪80年代末，美国七彩山鸡引入象山，饲养于墙头、大徐等地，因缺乏饲养经验和销售不佳而停止养殖。2000年，象山东郊养殖场从上海引进山鸡300余羽，孵化率达95%以上，产品供应县内各大酒店。2008年年末，东郊养殖场存栏山鸡3000余羽。

野鸭

有绿头鸭、斑嘴鸭两种。1995年，南方公司开始驯养绿头鸭，至1997年形成规模养殖。2000年，出栏绿头鸭11万羽。2004年5月，“特种绿头野鸭养殖技术研究及产业化开发”被科技部列入“国家级星火计划项目”。2005年，全县绿头鸭饲养量达135.65万羽。

2004年，南方公司从外地引入和在黄避岙乡等地捕获野生斑嘴鸭进行驯化饲养。每年每羽产蛋100余枚，采用人工孵化，现已繁殖数万羽。

特种天鹅

1998年，南方公司引进朗德鹅，杂交育成特种天鹅。2003年，“特种天鹅养殖技术研究及产业化开发”项目被科技部列入“国家级星火计划”。2005年，公司出栏特种天鹅肉鹅44.73万羽，产鹅肥肝32.85吨。2007年，公司养饲量达100.8万羽。

鸵鸟

1998年，泗洲头塘岸村农户首次引入鸵鸟3羽，饲养于西周土上村。因孵化未成，放弃饲养。2000年，南方公司从上海引入鸵鸟5羽。2003年，又引入32羽。鸟蛋和雏鸟均销外地。2008年，存栏40余羽。

第四节　昆　　虫

象山昆虫养殖主要有蜂、蚕两种。另有极少量地鳖虫、苍蝇等。

蜜蜂

清乾隆年间，象山有家庭与寺院养蜂取蜜记载。乾隆、道光《象山县志》地丁税项下带征有蜡（蜂蜡）茶折银一项。民国《象山县志》记有地名“黄腊（蜡）店”，反映蜂蜡已为重要物产，养蜂成为副业。民国36年（1947），县政府倡行养蜂及放白蜡，责成县农业推广所进行养蜂调查、示范繁殖和指导推广。

中华人民共和国成立后，象山蜂业发展较快。20 世纪 50 年代，年均养蜂 371 箱，比 1949 年增长 1.38 倍。60 年代，年均养蜂 710 箱。70 年代，年均养蜂 1353 箱。80 年代，象山规模养蜂专业户不断涌现。90 年代，象山蜂业处鼎盛期，年均养蜂 9890 箱。其中，1987—1993 年，连续 7 年养蜂超万箱。进入 21 世纪，转地放蜂成本增高、风险大，养蜂数量下降。至 2008 年，全县年养蜂 7058 箱。

蜜蜂品种主要有中蜂（中华蜜蜂）和意蜂（意大利蜂）两种。20 世纪 60 年代前，以中蜂为主，后逐渐引进意蜂。1983 年，全县养蜂 8139 箱，其中意蜂 7250 箱，占 89.08%。今仍以意蜂为主，少量中蜂仅作大棚草莓授粉之用。

蜂疫病主要有蜜蜂幼虫腐臭病、蜂螨病 2 种。

1949—2008 年象山县养蜂数量及蜂蜜产量情况表

表 28-44

年份	蜂群（箱）	蜂蜜（吨）	年份	蜂群（箱）	蜂蜜（吨）
1949	156	0.45	1973	1797	26.20
1950	174	0.55	1974	1621	24.90
1951	186	0.70	1975	1182	30.00
1952	212	0.80	1976	942	25.00
1953	324	1.35	1977	1182	38.00
1954	242	0.90	1978	1356	41.00
1955	198	0.50	1979	2370	72.00
1956	204	1.10	1980	5006	205.00
1957	226	1.60	1981	5938	233.00
1958	674	4.70	1982	7924	306.00
1959	1269	9.20	1983	8139	420.00
1960	1539	11.30	1984	8680	381.90
1961	587	4.60	1985	8010	353.00
1962	381	3.10	1986	9325	291.00
1963	509	3.90	1987	11465	459.00
1964	520	4.10	1988	14216	568.00
1965	925	9.80	1989	13586	860.00
1966	536	4.40	1990	15207	792.00
1967	561	4.60	1991	14900	745.00
1968	922	7.65	1992	15400	769.00
1969	621	5.95	1993	10600	489.00
1970	755	7.05	1994	7600	359.00
1971	1305	13.25	1995	7910	396.00
1972	1017	10.35	1996	8430	422.00

续表28-44

年份	蜂群（箱）	蜂蜜（吨）	年份	蜂群（箱）	蜂蜜（吨）
1997	7900	395.00	2003	10373	539.00
1998	8449	422.00	2004	8157	555.00
1999	9119	437.00	2005	7380	558.00
2000	7198	386.00	2006	6970	538.00
2001	8279	466.00	2007	7145	644.00
2002	10878	565.00	2008	7058	612.00

蚕

照 28-10　2007 年茅洋乡银洋村村民养蚕

明嘉靖《象山县志》有植桑养蚕记载。民国 10 年（1921）李洣筹办蚕业传习所，派员赴杭等地采办桑苗。民国 37 年（1948），全县桑园仅 50 亩，收茧 2.9 吨。中华人民共和国成立后，象山蚕桑生产时有起伏。1957 年，蚕种饲养量仅 225 张，产茧 1.46 吨。1993 年，桑园面积 1455 亩，蚕种饲养量 3739 张，产茧 130.05 吨，创象山历史新高。2000 年后，因经济效益不佳，桑园锐减，全县桑园仅存 150 亩，蚕种饲养量 268 张，产茧 10.45 吨。2008 年，蚕种饲养量 453 张，产茧 18.18 吨。

1967—1976 年，家蚕品种有 306×华 10、苏 16×苏 17、东肥×华合、苏 12×141、苏 12×东 34。1977 年后，象山推广的蚕品种有 13 对正反交，分春用种和夏秋用种两大类。春用种有华合×东肥、菁松×皓月，夏秋用种有 54A×丰 1。

蚕病主要有僵病、软化病、脓病、痢病、猝倒病、空头病、微粒子病等。

1957—2008 年象山县蚕桑生产情况表

表 28-45

年份	桑园面积（亩）	蚕种饲养量（张）				蚕茧产量（吨）			
		全年	春	夏	秋	全年	春	夏	秋
1957	800	225	65	40	120	1.46	0.62	0.18	0.66
1958	1200	402	120	55	227	3.08	1.50	0.33	1.25
1959	1200	296	88	60	148	2.00	0.83	0.28	0.89
1960	1630	654	363	61	230	4.44	2.62	0.37	1.45
1961	1000	210	95	43	72	2.65	1.40	0.40	0.85
1962	500	67	36	16	15	0.85	0.50	0.15	0.20
1963	123	27	15	6	6	0.65	0.35	0.20	0.10
1964	100	48	38	6	4	0.95	0.75	0.10	0.10
1965	100	165	57	51	57	2.25	0.80	0.65	0.80

续表28-45

年份	桑园面积（亩）	蚕种饲养量（张）				蚕茧产量（吨）			
		全年	春	夏	秋	全年	春	夏	秋
1966	1800	245	—	—	—	6.00	2.50	1.00	2.50
1967	2121	401	—	—	—	8.10	—	—	—
1968	2700	565	—	—	—	15.25	—	—	—
1969	3615	1082	425	87	570	28.50	13.85	1.80	12.85
1970	3908	1512	715	185	612	38.60	22.55	4.00	12.05
1971	4103	1567	760	222	585	42.30	27.10	4.10	11.10
1972	4452	1332	567	254	511	58.20	30.40	10.85	16.95
1973	2251	1840	832	237	771	55.55	32.90	6.60	16.05
1974	2683	1859	750	300	809	53.65	28.45	7.60	17.60
1975	2446	1514	678	178	658	50.15	28.70	5.50	15.95
1976	2019	1237	600	206	431	44.25	26.60	6.25	11.40
1977	1409	1080	472	146	462	36.30	21.35	4.55	10.40
1978	1288	1119	431	134	554	40.30	20.80	3.60	15.90
1979	1353	1190	450	145	595	42.50	20.30	4.65	17.55
1980	1182	1267	526	143	598	45.70	23.65	4.40	17.65
1981	1133	1317	439	140	738	49.80	20.35	4.65	24.80
1982	1294	1348	480	157	711	45.50	19.75	5.00	20.75
1983	1383	1005	465	147	393	33.15	18.65	3.90	10.60
1984	1084	892	334	112	446	30.45	13.65	3.25	13.55
1985	800	877	345	76	456	29.80	14.00	1.80	14.00
1986	676	781	336	71	374	26.95	13.35	1.90	11.70
1987	387	497	228	39	230	14.75	8.10	0.90	5.75
1988	476	345	156	22	167	11.65	6.20	0.55	4.90
1989	336	465	164	22	279	18.65	7.00	0.75	10.90
1990	601	935	300	55	580	34.10	12.48	1.68	19.94
1991	1057	1940	545	120	1275	58.40	18.15	3.45	36.80
1992	1413	3393	1024	256	2113	117.35	42.60	8.10	66.65
1993	1455	3739	1640	396	1703	130.05	57.40	12.40	60.25
1994	1418	3442	1423	336	1683	124.30	57.65	11.75	54.90
1995	1320	2909	1369	250	1290	113.15	55.80	8.50	48.85
1996	732	1000	500	—	500	31.25	21.25	—	10.00
1997	345	205	181	—	24	8.85	8.15	—	0.70
1998	270	382	110	—	272	13.80	4.95	—	8.85
1999	210	269	149	—	120	10.55	6.35	—	4.20

续表28-45

年份	桑园面积（亩）	蚕种饲养量（张）				蚕茧产量（吨）			
		全年	春	夏	秋	全年	春	夏	秋
2000	150	268	133	—	135	10.45	5.70	—	4.75
2001	870	356	148	18	190	13.50	6.30	0.55	6.65
2002	1470	828	238	—	590	26.65	9.50	—	17.15
2003	1440	1214	507	208	499	46.35	22.30	7.65	16.40
2004	1440	1196	413	255	528	46.25	17.50	9.55	19.20
2005	1350	1076	421	273	382	42.30	18.10	10.80	13.40
2006	1245	1146	402	355	389	43.93	16.08	14.20	13.65
2007	885	994	370	293	331	37.00	14.80	11.70	10.50
2008	2265	453	230	118	105	18.18	9.78	4.72	3.68

第九章　农机具

古代至民国，农民依靠人力、畜力及传统农具从事农业劳作。中华人民共和国成立后，农业机械逐步发展，并广泛应用于排灌、耕作、运输、收获及农产品加工等领域。20世纪50年代初，引进排灌机械，提高抗旱排涝能力。1953年，推广改良农具，创制和革新半机械化农机具。1958—1960年，全县开展农具改革运动，仅1958年就推广仿制、改良、创新农（工）具14余万件。其间，盲目推广双轮双铧犁与大镰刀，造成大量人力、财力损失。60年代前后，引进拖拉机。90年代前后引进收割机、插秧机，象山农业生产步入机械化。

第一节　耕整机具

据塔山遗址考古发掘，象山先民在6000年前即使用石、木器农具从事耕地、铲地、松土等农业劳作。隋唐以后，犁、耙、耖等耕作技术形成。宋元时继续发展，至明清停滞。传统耕整农具主要有锄、耙、犁、耖等。20世纪60年代始，使用拖拉机配套犁、耙、旋耕机进行翻耕，逐步代替传统农具。90年代后，农田耕作基本实现机械化。

传统耕整农具

锄　俗称“铝头”，今为铁制，配以竹（木）柄。用于掘地、松土、削草。锄因功用特点不同，其大小、形状亦各有区别，主要有草锄、板锄、株锄、刮子等。

钉耙　也叫铁扎，功能类锄。由熟铁锻打而成。

犁　翻土主要农具。除犁头、犁壁由铁件组成，余犁冲（犁辕）、犁梢（犁把）、犁机档、犁底板和牛牵横担均由硬木制成。1958年始，因犁冲弯弓木难取，故多改用铁质件。传统犁常用牛力拉动，人握犁梢操作。在水稻田、豆麦旱地翻土，耕深3~5寸。

照28-11　耙田

耙　土地翻耕后碎土专用农具。长方形，由两根木制耙挺（长1.8米）和两根耙横头（约1米）组成，两根耙挺上装有多根铁制耙刀。操作者两脚站在耙挺上，一牛牵拉前进，使耙刀切碎泥土，平整田面。有谚曰："有钱人坐车，无钱人站耙。"除普通耙外，还有一种滚耙，形状和功能与耙大体相同，主要用于碎土、平土、糊土，并有将杂草压入泥水中代作翻耕。1957年，全县大力推广连作耙，工效比普通耙高两倍以上。

耖　"而"形字，上有木制横柄手把，下有木制横档，装有长钉齿一排，主要用于水田匀土以平田面。高约1米，宽约1.2米，一牛牵动，人握横柄手把操作。

耕整机械

田间耕作机械主要是各种拖拉机及其配套的犁、耙、旋耕机等。1955年，推广双轮双铧犁，至1958年有642部，因笨重陆续废弃。1957年推广连作耙，翌年达1339部。

拖拉机　1956年，象山首次引进塔特-14型轮式拖拉机，但未用作耕田。1964年，引进上海拖拉机厂的双飞轮工农-7（8马力）型手扶拖拉机，配单铧犁，在南庄横洋弄、大塘、墙头丁家村等地试用耕田。1970年年末，县农机厂、丹城五金皮件厂、林海农机厂等企业共同装配生产工农-12型（12马力）手扶拖拉机3台。20世纪80年代，象山农村使用以杭州产东风-12型和永康产工农-12型为主的手扶拖拉机，以永康产四方牌工农-12型手扶拖拉机最受欢迎。1982年，先后购进永康拖拉机厂生产工农-3型、浦江农机厂生产浦江-3型手扶拖拉机，在定山、泗洲头等地使用，受欢迎。3马力小型手扶拖拉机配旋耕机、单铧犁，多数手扶拖拉机只配旋耕机。

照28-12　1956年引进的首台拖拉机

1975年后，轮式拖拉机进入象山，主要型号为江西丰收-27型、上海丰收-35型、宁波东方红-20型与东方红-24型（后改为奔野-25型）轮式拖拉机配。20世纪80年代后期，陆续购进上海-504型轮式拖拉机与江苏靖江-504型轮式拖拉机在丹城农场、定塘、高塘等土地连片面积较大处使用。轮式拖拉机按功率大小配备三至五铧犁及水田耙，农田耕作工效比手扶拖拉机高。

船型拖拉机生产获得成功　1974年8月，县第一汽车配件厂研制工农-12型船型拖拉机获得成功，为全省首创。船型拖拉机是手扶拖拉机的变形产品，因外形像船而命名，动力为12马力，配备旋耕机可在烂塘田耕作，配拖车可从事运输作业。1975年年末，通过省技术鉴定，获浙江省机械局荣誉奖。1980年，在原机基础上进行改装，生产东方-12型船型拖拉机（15马力），后在县农机厂批量生产，供应省内外。东方-12 型船型拖拉机曾参加联合国工业发展组织举办的农机工业产品交流会，获浙江省科技二等奖。

开沟机　一次性完成开沟、碎土、覆盖作业，是稻田冬种小麦的常用机械。开沟深度 15~20 厘米，分前置式、后置式两种。前者由宁波农机研究所生产，1989 年引进 9 台；后者由县农机二厂研制生产，在县内广泛使用。

第二节　排灌机具

传统排灌靠水车和拗棚（桔槔）。民国 35 年（1946），丹城东门郑圣房等 3 人购买 6 马力哈力脱抽水机（旧称“红车”）1 台，在丹城南郊河道上巡回给农户抽水灌溉。1949 年，全县水泵（抽水机）仅 1 台，县农场使用。20 世纪 70 年代，富春江电力输入象山，电动水泵发展迅速。1981 年，电灌装机 837 台，电灌面积 24.92 万亩，占水田面积 87%。90 年代，除山区、海岛外，农田排灌基本实现机械化。

传统排灌农具

拗桶　木制，山区、半山区使用较多。桶系四绳，两人两手握绳，拗水。

拗棚　竹制，提水灌溉传统农具。山区、半山区使用较多。以一木柱或四竹柱支撑一杠杆，杠杆一头系竹竿连水桶，由一人掌握。另一头系重物（往往用石块）平衡拗水。亦有系绳索由人配合拉动拗水。统称桔槔。

水车　小者称牵车，河港地区广为使用。由车壳、龙骨（俗称“车肚肠”）、提水板、车轴、车耳朵与车担钩等组成，均为木制，由人用于牵动。大者称踏车，其制作原理、形状与牵车相同，唯形体和提水量比牵车大，由人站立用脚踏动。用牛力驱动的水车，称牛车。因其结构中有一木质大齿轮（车盘），起传递牛力作用，故又称牛车盘。1951 年夏抗旱，出动各种水车 6274 部。1958 年，试制风力水车，一牛拖双车。至 1965 年，共有水车 12021 部。

照 28-13　水车提水

排灌机械

水泵（抽水机）　今农田排灌主要机械。20 世纪 70 年代，一般使用浙农系列泵，多数为 8 英寸，配 8~12 马力柴油机或相应功率电动机。1973 年，有水泵 738 台。80 年代，以 3 马力柴油机或 2.2 千瓦电动机配套 3 英寸水泵畅销。电网普及后，潜水泵始广为使用，逐渐取代上述两型水泵。

喷灌机　1978 年，大塘港管理处首次使用喷灌机，灌溉甘蔗田。翌年，全县移动式喷灌机达 133 台、489 马力，灌溉面积 11228 亩。1980 年，建固定喷灌站 1 座，装机 17 千瓦，喷灌面积 55 亩。1985 年，在昌国、九顷、大塘港、丹城三叉路建固定喷灌站 4 个，装机 134 千瓦，喷灌面积 501 亩，其中柑橘 446 亩、蔬菜 55 亩。2005 年，定塘镇万亩蔬菜基地由政府投资新建固定喷灌泵站 3 座，灌溉面积达 1500 亩。

第三节 种植机具

中华人民共和国成立前，种麦、种豆有一些简易专用农具。1958 年，象山试制水稻手动插秧机。1978 年，引进机动插秧机，2006 年后被种粮大户和农机合作社普遍使用。此后，象山插秧机数量及机插水稻面积逐年增加。

传统种植农具

豆插 种豆（蚕豆、豌豆等）专用农具。由熟铁锻打而成，直式长方形，形如人门牙，下口略薄，上装有 50~60 厘米长木柄。

麦冲 形同豆插，唯冲头（铁制）比豆插尖胖，为种麦专用农具。

种植机械

主要有人力插秧机、机动插秧机等。

人力插秧机 1958 年，象山试制水稻人力插秧机 7 部，使用效果差，停用。1960 年 3 月，全县突击生产、推广浙江一号、宁波一号插秧机。是年，人力插秧机增加至 7000 多台，但使用效果仍不理想，1961 年后陆续停用。

照 28-14 机动插秧机在作业

机动插秧机 1978 年，引进推广浙江-3 型机动水稻插秧机 10 台，在丹城、林海、南庄、黄避岙、贤庠、东陈、大塘、下沈、金星、高塘岛等公社农机服务站使用。因机器质量差、育秧措施跟不上、机插秧苗成活率低，不久停用。1988 年，为配合土地适度规模经营的需要，从杭州引进 3 台吉林 2ZT-7358 型机动插秧机。翌年，又购入 2 台。该机型育秧要求高，仅在丹城农机服务站，丹城农场等地使用，未作推广。2005 年 12 月，引进江苏 VP6（6 行）、VP8（8 行）机动插秧机。在贤庠、涂茨、西周等地使用，后在全县推广。2006 年后，县政府出台购机资金补助政策，促进种粮大户和农机合作社购买，水稻机插率逐年提高。至 2008 年，全县共有机动插秧机 44 台。

第四节 植保机具

旧时除虫多采用人工捕杀。民国期间有简单的除虫器具。1950 年，象山引进手动喷雾器。1956 年增至 970 架，1970 年达到 4044 架。1971 年，引进并推广机动喷雾机。由于生产规模等限制，机动喷雾机在县内推行不广，仅在种粮大户、蔬菜生产基地和专业生产合作社中使用。至 1985 年，喷雾（粉）器 34273 台，机动喷雾机减至 94 台。

传统植保农具

稻梳 竹木制农具，型如梳子，用于对稻包虫的防治，民国期间使用。20 世纪 50 年代初，部分地区尚有使用。

竹耖　竹木制农具，功能同稻梳。20世纪50年代初，部分地区尚有使用。

治蛹虫农具　由青油筒和推板组成。青油筒为一米长之毛竹，竹节打空，留底上一节钻一小眼。竹内插一竹棒，棒下端搏一棉球，用以堵塞竹筒底部小孔。治虫时，先将竹棒推入底部，再将桐油或青油（乌桕子油）灌入竹筒，进入稻田时将竹棒压下，青油即滴入水中。推板为20厘米见方木板，板中钻一空，将长竹竿插入固定，一人手握竹竿将推板在水中来回拉动，使青油粘在稻脚四周，以达到粘住蛹虫致死。20世纪50年代初，部分地区尚有使用。

植保机械

喷雾器　1950年，全县有喷雾（粉）器3架，县农场使用。1962年，喷雾器增至302架，其间还推广使用手摇喷粉器。1970年，喷雾器3970架。1981年实行家庭联产承包责任制后，因喷雾器价廉物美，操作简单，成为农户必备除虫器具。2008年，全县有7万余架。

机动喷雾机　1971年，首次引进工农-36型担架式机动喷雾机5台，动力为3马力柴油机。由县农场及部分公社植保站（公司）使用。机动喷雾机由两人抬着作业，配小型汽油机，价格便宜，使用简单。1977年，引入东方红-18型背负式喷雾机，动力为1.5马力汽油机，可以1人背着喷晒，便于深入田间，适应性强，喷雾质量好，因此逐渐替代担架式喷雾机。80年代初，由雅林溪等植保站（公司）使用。随着土地流转机制的建立，被种粮大户普遍使用。

第五节　收获机具

旧时粮食收获主要靠镰刀与稻桶。1953年，首台双人脚踏打稻机落户县农场。1961年始，脚踏打稻机陆续改装成机动打稻机，功效倍增。此后机（电）动打稻机逐渐成为象山水稻与大小麦主要脱粒机具。20世纪80年代后期，收割机进入象山。90年代，联合收割机产品质量提高，数量迅速增加，水稻、麦类收获机械化率逐年提高。2008年，全县以履带式联合收割机为主的收割机达312台。

传统收获农具

镰刀　俗称“沙锲刀”。旧时收割稻麦的专用农具，农户必备。月牙形，由熟铁锻打、开齿、淬火后配木柄制成。

照28-15　风箱扇谷

稻桶　用于稻麦等谷物脱粒之用。木制倒置之四棱形大木桶，四边有拉手，底部装有2根木条，俗称“拖泥”，便于稻桶移动。稻桶内安置稻床，三面安置竹篾编遮墙。山区稻桶有圆形，略小。

风箱　清理稻米等专用农具，木制。由风箱与漏斗组成，摇动风扇扇去稻米中瘪子、糠衣及杂物。

收割器　又称割禾器，为革新农具。由分禾器、刀片、手柄等组成，用于收割水稻。1958

年7月，丹城木工厂试制成功手推式快速收割器，在县农场多次试验，效果良好，每人每天能割水稻近10亩，比手割增效10倍。是年，县委决定全县推广2万台。后在大面积使用过程中发现适应性较差，刀片磨损快，不易修复，停止使用。1967年，宁波地区分配象山甬式单刀快速收割器15把。1973年，又分配200把，均不被农户接受。

收获机械

照28-16 脚踏打稻机

打稻机 主要用于稻麦脱粒，替代传统稻桶。20世纪50年代为脚踏式，由滚筒、主轴、大小齿轮、曲柄连杆、脚踏杆、盛谷箱、遮墙等组成。脚踏打稻机分单、双人两种，与传统稻桶作业比，功效倍增，且节省体力。1953年，全县打稻机仅5台。1957年，猛增至800余台。1961年，开始改装脚踏人力打稻机为机动打稻机。70年代，农村大量购买3马力柴油机配套的机动打稻机。1980年前后，县农机一厂、二厂、三厂均生产过机（电）动打稻机。1981年，全县实行家庭联产承包责任制后，机（电）动打稻机曾一度滞销。随之，脚踏打稻机增加。至1992年，全县拥有脚踏打稻机13156台。进入21世纪，联合收割机快速增加，脚踏打稻机逐年减少。

照28-17 联合收割机在作业

联合收割机 有背负式、履带式两种。1991年，引进桂林-4号收割机，配以宁波产东方红-20型、东方红-24型轮式拖拉机。1996年，该种收割机数量逐渐增多，全县总量达100余台。后陆续购进靖江-50型、上海-50型等大型轮式拖拉机配套的上海2B型联合收割机。以上均为背负式联合收割机，每小时可收割稻麦3~5亩。一机多用，经济效益高，但单机自重2~3吨，作业后留下深轮沟，影响下季农作物播种。后被履带式联合收割机替代。

1987年7月，东陈乡农民鲍金玉等人从外县购买3台旧湖州产100-12型半喂入联合收割机，为象山最早引入的履带式联合收割机。翌年，县农机局从湖州引进100-12B型联合收割机，在粮田适度规模经营试点单位丹城镇农机服务站农场、丹城镇农场和南庄洋心村等地使用。收割机用橡胶履带行走，解决水田机器下陷难题，开启象山农作物收获机械化大门。1990年，丹城镇农机服务站首次引进河南开封与西德联合生产的KC-070履带式全喂入联合收割机1台。该机价格昂贵，功效高，操作方便，可收割倒伏作物，由于配件供应难，维修不便，不久转让予邻县。1997年，重点推广小型半喂入履带式收割机，以湖州130、宁波150、台州130联合收割机为主，其动力均为单缸12马力柴油机。是年，全县购买65台，成为象山收割机械的主导品牌。以后全喂入履带式联合收割机数量不断增加，全县机割率逐年上升。2008年，象山使用较多的履带式联合收割机主要有台州三联4LZ-1.8型和湖州（碧浪）4LZ-1.8型，还有少量科技含量较高的日本洋马人民号C-1型、东洋公司HL4000L型、久保田588型。全县联合收割机总数达312台，基本满足全县农作物的收获需要。

茶叶采摘机　为提高夏秋茶采摘速度，增加茶叶生产经济效益，县内茶叶基地多数配备采摘机。1984年，黄避岙乡茶叶生产基地首先从杭州购入茶叶采摘机。以后，县内多个茶叶生产基地陆续购入，至2008年，全县总量达32台。

第六节　农产品加工机具

旧时粮食、棉花、油料加工均有专用器具。民国5年（1916），石浦金鸿升（安徽籍）等人合股购买柴油机、碾米机开办轧米厂。民国24年始，全县各地陆续使用木制榨油机开办榨油坊。中华人民共和国成立后，粮食加工普遍使用轧米机。20世纪60年代始，轧米机、粉碎机、榨油机数量增加。全县粮食、饲料、茶叶加工机械化程度较高。

传统加工农具

照28-18　石捣臼

捣臼　又称碓臼，石制。主要用于舂米，还用于撺麦、捣年糕、麻糍等。舂时用碓，亦叫“磉子头”，有木杆铁头、木杆石头、木杆木头等数种。较大型用脚踏的舂米工具称踏碓。山区也有在溪坑边以水力推动磉子叫水碓。伊家山村曾有一部，民国时伊根弟建。

磨　用于米、麦粉碎。石制，上下两磨盘。大磨用畜力或多人操作，小磨仅一人即可。

砻　稻谷去壳的专用农具，形状、原理同石磨，木制。由上下木盘与稻谷相互摩擦，以去壳出米。

石碾　俗称碾子，石、木结构。由碾槽、碾盘（碾子饼）、天杆、牵引架等部件组成。用牛拉动，是古代加工稻谷的主要工具。少数地区用于碾麦剥壳和轧番薯叶。使用时，一人赶牛拉动牵引架，牛绕着碾槽行走。谷物铺在碾槽内，每次可碾100公斤，费时约2小时。旧时，石碾村村均有，西乡伊家山村曾有6部。

铡刀　也称铰刀，铁、木结构。用于切割稻草、麦秆、青饲料等。由上下两块刀片（称动刀片和定刀片）组成，定刀片固定在木架上，手握动刀片木柄，运用杠杆原理切断草料，省力、功效高。

油车　加工油料之专用器具，木制，由车匣和撞木等组成。1950年，全县尚有油车15台。后逐步淘汰。

轧花车　加工棉花之专用器具，箱型木制。可将脱籽后的皮棉或旧棉絮弹松，并可清除棉花中夹杂的尘土、枯叶、花壳、碎衣等杂物。轧花车由喂棉辊、留齿筒、网眼除尘笼、传动机构等组成。轧花车由一人脚踏操作。

纺车　棉花纺纱专用器具。多数为手摇，也有脚踏，竹木制成。

弹花工具　由弹花弓、弹花榔头等组成。为去籽棉花加工成被棉的专用工具。

麻丝墩　旧时农家捻麻所用器具。捻麻时手指容易起涩，需敷以砻糠灰，使搓麻滑爽顺畅。麻丝墩就为贮灰容器，分陶质、炻质、木质等。多作墩形、坡（瓮）形，器身上饰以图案。20世纪70年代尚有使用。随着手工绩麻淘汰，逐渐毁损、消失。

麻丝墩考　为搓麻丝而用，最早的器形又为墩形，故以麻丝墩名之。又有瓮形，故亦称麻丝瓮。麻丝墩的历史渊源没有查到文字记载，其功用的遗传因子或来自纺轮，其艺术的遗传因子或来自秦汉砖瓦、石画像。已知象山麻丝墩的最早实物，是晚明的“寿纹墩形麻丝墩”。

麻丝墩的形制，主要是墩形、坡形（瓮形）、摹物形及综合型。墩形是麻丝墩中最为常见的形制，借鉴了陶鼓和坐墩的器形，乃师法大自然中的墩丘土堆。造型自然、敦厚、质朴、规整，功能上合乎所用，审美上合于所观，故成为麻丝墩形制的首选。坡形（瓮形）形制麻丝墩，在泗洲头马岙等地，称其为“麻丝瓮”。其取灰口要比墩形的大三五倍，使用起来更方便。所以在使用功能上，它要比墩形麻丝墩更合乎实用。在观赏价值上，师法大自然中的土坡，弧线飘逸，自然生动。摹物形制的，实物可证有：摹蛙形、摹狮形、蝙蝠形、摹权形、摹斗形、摹枕形、摹柱础形等。综合型形制是指一枚麻丝墩由两种或两种以上的器形构成，借鉴了中国古代综合型造型文物的式样。

麻丝墩的纹饰，墩形的面心上多装饰花边纹和图案，墩身上两端多弦纹或花边纹，中间部分则多吉祥图案，取灰口有的装饰花边，有的装饰“门纹”，有的则装饰“文字”，如“福、禄”等字。坡形的多于坡背装饰人物纹，另外也有吉祥纹等纹饰。底盘边沿有的有花边造型。取灰口一般不加修饰，如果有装饰，则穷工极巧，装潢得繁复而堂皇。麻丝墩纹饰多为吉祥图案，品种异常丰富，凡是其他民间工艺中有的吉祥纹饰，麻丝墩上都能找到，如“双龙戏珠纹”“凤穿牡丹纹”“双凤献瑞纹”“麟趾呈祥纹”“一路连科”等。另外，还有狮纹、虎纹、马纹、鱼纹、蝶纹、喜蛛纹等吉祥动物纹饰，牡丹、梅花、荷花、兰花、菊花、石榴、蟠桃等吉祥植物或其果实纹饰，以及如意、盘长、铜钱纹、寿纹等吉祥图案，福、寿等文字纹饰。这些吉祥纹饰采用成对、顾盼、呼应、回旋等手法，利用象征、比拟、表号、文字等方法，描绘各种物象来表达图案的寓意，以表达积极向上的意义和内涵，寄托美好的愿望和祝福。麻丝墩纹饰又多人物纹饰，既有历史人物、神仙高士，又有戏曲人物，如“米芾拜石”“和合二仙”“苏小妹三难新郎”“浔阳江头”“三星高照”等。

麻丝墩的艺术特征，画面单纯饱满，主题突出；形象概括夸张，高度抽象化，线条化，造型不拘泥于细节生动而力求整体生动，融入了秦汉瓦当、画像砖、画像石的艺术风骨。

麻丝墩多为炻器（缸甏器）或陶器，也有瓷器、木器、竹器。炻器麻丝墩用海涂泥釉，呈红褐色；用灰釉，呈黄灰色；用土骨釉，呈绿红色；用红丹釉，呈光亮的深红色，红丹刷在奶白色化妆土上，烧制后呈奶黄色。

象山麻丝墩的使用下限为20世纪70年代。

麻丝墩浙江台州地区、金华地区都有制作与使用，其名称有称麻鼓、麻砣、“麻丝压”，也有称“搓麻压”等。湖南省某些地区则称“麻砣”。浙江温州、福建地区搓麻时则多用“搓麻瓦”。

加工机械

轧米机　1951年，有轧米机56台。20世纪60—80年代，农村多使用浙碾2号、浙碾3号轧米机。县农机厂、县农机一厂、县农机二厂曾先后生产。1990年，县农机三厂研制生产6NF-96型小型轧米机，配套动力为12马力柴油机，加工稻谷。可安装在手拉车上，走村串户轧米。

磨粉机　20世纪60年代，县农机二厂生产260型钢片磨粉机，俗称“小钢磨”，用于农村磨粉，磨豆浆、米浆等。80年代，县农机二厂生产2NFJ-A型双滚筒轧粉机，是粮食加工部门、个体户加工年糕的配套机械，每小时可轧湿粉1000公斤。

年糕机　20世纪70年代，县农机二厂生产NGJ-126型双滚筒年糕机，每小时可制年糕400公斤。农村普遍使用。

薯类磨碎机　俗称“淀粉机”。县农机一厂生产SDN-25型淀粉机，每小时可加工鲜（番）薯5000公斤。同类产品还有县农机一厂生产6FL-1500A型薯类磨粉分离机，可加工生产番薯、马铃薯等薯类淀粉，一次完成鲜薯粉碎及渣汁分离。每小时可加工番薯或马铃薯800~1500公斤。

青饲料打浆机　1978年，县农机二厂生产。可将新鲜农作物茎、叶粉碎、打浆成家畜饲料。20世纪90年代后，偶见农村用于建房轧制蛎灰。

饲料粉碎机　20世纪70年代，县农机二厂生产浙农-280型饲料粉碎机。可将谷壳、豆壳、番薯藤、干草等粉碎，加工成饲料。在农村广泛使用。

皮辊轧花机　分离棉籽与棉花的机械。随着棉花生产的减少而停用。

榨油机　1975年，全县榨油机仅1台。1986年，榨油机数量最多，达25台，分布在新桥、马岙等地。20世纪90年代后，数量减少，使用较少。

榨糖机　1973年全县有4台，分布在金星、晓塘、马岙等地。随着糖料种植面积的减少而停用。

茶叶加工机　1971年始，引进茶叶杀青机、揉捻机、炒干机等茶叶加工机械。1989年，全县茶叶加工机械增加到487台，有杀青机、揉捻机、解块机、炒干机等。县农机一厂曾生产过部分茶叶机械，主要供县内使用。随着制茶工艺提高，精制茶叶加工增加，老式茶机逐渐淘汰。20世纪90年代后，茶叶加工机系列产品在规模茶叶生产加工企业逐渐推广使用。常见有衢州、富阳、新昌等地茶叶机械厂生产的系列茶叶加工机，由名茶理条机、扁茶辉干机、名茶辉锅机、杀青机、揉捻机、烘干机、解块机等组成，配制输送槽组成茶叶加工流水线，生产系列名茶。主要分布在溪口、贤庠、黄避岙、涂茨、泗洲头等地茶场。

第七节　运输机具

旧时农业生产资料、农副产品、农村建筑用料等运输，陆上靠手提肩挑，在河网港湾地带有木制农船辅助运输，海上运输以帆船为主。民国29年（1940），全县有运输帆船188艘。民国38年，减为70艘。1958年，仓岙水库工地始用独轮车，后有双轮手拉车。全县手拉车数量以1986年为最多，达3万辆。20世纪60年代，始使用手扶拖拉机。1979年，始引进农用汽车。1990年代初，县内引进农用运输车，专业从事农业运输，成农村运输主力。

传统运输农具

土箕　亦称畚箕，竹编，用于盛沙、土、石块、肥料及杂物等。一般成双使用，用担钩挑运。

竹箩　又名单丝箩。用于盛装稻谷等物品，口圆底方，篾丝编织。箩身缠上箩绳供人挑、抬。

夹箩　形同竹箩，由篾片编成，做工精细。用于盛装粮食制成品或食品。

畚斗　用于畚、盛作物颗粒。由薄篾片编成，呈三角形，前低后高，可扒（畚）谷米，便于搬运。

竹杠　用来挑水、挑粮等物的毛竹棍，高度与常人身高略等。两头平、圆，直径在5厘米左右。

草杠 长度3米、直径10厘米左右的长竹杠，两头平、圆。挑体积较大的稻草等物。亦可两人抬猪、抬箱子等用。

柴杠 又名楤杠。用于冲刺柴薪。用毛竹制成，两头削尖，形同竹杠而略长。仓岙等地谚云："楤杠两头尖，拔出现铜钿。"意谓山民用楤杠挑柴去城里卖，只要柴被人买去，就有现钱。

扁担 用于担物。多用半瓣毛竹制成，也有韧性木条制成，形状多种多样，种类各不相同，有钩头、平头、翘头，还有两头装有钩子的钩杠（挑畚箕用）。扁担有弹性，能松肩。

垛柱 用小株竹、木制成，上端分叉，长高略低于肩。挑担时用以平衡双肩用力。息肩时，直立于地上，以分叉端支承担子。

连藤 用于缚草、缚柴。由络麻三股绞成绳，大拇指粗细，三四米长，一端使上一只木钩，叫连藤钩；另一端绳尾略细。使用时，用它将物体围转，绳身钩后，用力抽紧后，打上活结成捆。

八脚 用于担物，由1厘米左右粗麻绳编成方型网状底，上有两长环相连。使用时将物体放在底部网绳处，然后用两长绳环视物体大小高低打成结，套上杠或扁担，或挑或抬。

石络 担石块专用。由竹条与竹片制成，底用竹片编成圆圈网络状，上置两根竹条环。也有底用竹片圆圈，上用绳环者。

手推（拉）车 在传统木制独轮车与双轮车的基础上安装滚珠轴承、橡胶轮胎改制而成。胶轮车滚动阻力小，载重量大，是运送粮食、肥料的首选农具，中华人民共和国成立后农村曾长期使用。1962年，全县拥有各类手推（拉）车578辆，1986年，迅速增至3万余辆，农村几乎家家必备。虽拖拉机、农用运输车现广泛使用，但手拉车仍未绝迹。

河船 用于在河道里运送农作物、肥料。罱河泥的称河泥船。用厚木板打造而成，长约7~8米，宽1米余。木制摇橹，载重2~3吨。1972年，县内开始生产水泥船，每艘载重3吨余。水泥船是用钢丝扎成船胚，外敷水泥制成，抗腐、抗冲击力强。1986年，全县131艘。

竹排 作用同船。多用于浅滩、溪流中，用竹竿推撑运物。早期，也有用于海边捕鱼、载人。蟹钳渡、西沪港、象山港等地较多。

运输机械

拖拉机 20世纪70年代，手扶拖拉机配置装载量为750公斤拖车，成为农村主要的运输工具。拖车主要以杭州与金华两家拖车厂生产，县农机二厂也曾生产过这种拖车。手扶拖拉机配拖车搞运输，车厢货位低，方便货物装卸，适用于机耕路和村庄巷弄路面等条件较差地方使用。农业生产资料、农副产品和农村建设石料、砖瓦运输需求量大，拖拉机很受农民欢迎。为方便装卸，减轻装卸劳动强度，后经改装，可自卸。之后，手扶拖拉机运输专业户增多。1975年后，购进丰收-27型、丰收-35型轮式拖拉机均配置2~5吨拖车，农闲从事运输。其中，丰收-27型拖拉机专业从事运输。1981年，农村实行土地承包责任制后，轮式拖拉机不再耕田，成为专业运输工具。1983年，全县拥有大型拖车165辆。20世纪90年代，随着速度较快、安全性能更好的农用运输车辆的出现，拖拉机逐渐退出运输领域。

农用运输车 为拖拉机的变型产品，多数由原拖拉机厂生产。20世纪90年代，象山大量引进农用运输车，至1997年，达1500多台。后临海宝马机械厂、浙江四方集团专业生产农用运输车，配套动力为单缸或双缸柴油机，动力加大，速度加快。农用运输车价格与汽车相比较为便宜，另外养路费负担也比汽车少，成为农村物资运输的主力军。2008年，全县农用运输车691辆，分布全县各地。

第十章　农　谚

农谚是农民群众长期生产实践经验的结晶，也是口授传播农业技术的有效载体。在象山农业发展的历史长河中积淀有大量丰富生动的农谚，成为象山农业文明的组成部分和农业进步的历史见证之一，而且大多仍保留着鲜活的生命力，具有现实应用价值和历史借鉴作用。

第一节　粮食作物谚语

水　稻

高田的谷，朝南的屋。
深耕多结谷，浅耕多结壳。
田要冬耕，儿要亲生。
冬耕要深，春耕要平。
稻子弗认爹和娘，深耕细作多打粮。
种田有个巧，一耕二耙三除草。
烂秧年成出好稻。
种田种到老，勿忘秧边稻（指壮秧）。
拔秧手起泡，肚皮吃得饱。
娘边囡，秧边稻。
十成稻子九成秧，种田要种扁蒲秧。
养儿纯靠娘，种田纯靠秧。
田好一丘，秧好一片。
壮秧好年成。
秧好半年稻。
种子弗选好，满田长稗草。
种子年年选，产量节节高。
好娘生好儿，好种出好稻。
箩里得病，田里送命。
湿长芽，干长根；冷长芽，热长根。
育早秧没有巧，冷尾暖头要把好。
冷水冻一冻，秧苗健如龙。
芽长一粒米（指淮白），落田最相宜。
清明到，把谷泡。（浸种）
谷子播种桃花红。
麦头齐，谷落泥。
谷子落了泥，心思日夜在田里。
谷子落秧田，棉衣穿两件（指秧田覆盖物）。
早稻播芽，晚稻播谷。
落了谷，秧灰要上足。
秧苗浮根要压灰，秧苗徒长要排水。
要秧好，施肥要趁早。
清尿催秧，热水洗疮。
浅水滩秧如上粪，深水秧田秧害病。
娘无奶，儿面黄；田无肥，秧弗壮。
黄秧种白田，发苗到来年。
种田种得早，弗如养秧老。
晒了黄秧脚（回青前），没有米汤喝。
雨打秧田泥，秧苗出勿齐。
朗秧种大稻，密播秧变草。
稀播秧成片，密播秧成线。
多秧如多草，缺秧如缺宝。
秧针寸长要放水，晴天南风夜露芽。
秧田弗除草，肚皮弗得饱。
清明秧，立夏苗，小暑穗，大暑谷。
燕子来忙插秧，燕子去稻花香。（指淮白）

立夏小满家家忙，男女下田正插秧。
谷雨起半畈，立夏种半田。（指早稻）
芒种弗割麦，夏至弗种田。
夏至插黄秧，弗够解钱粮。（旧时农业税称钱粮）
黄鱼打冻，早稻白种。
人误稻一时，稻误人一年。
晚稻弗过秋，过秋九弗收。（指插秧）
晚稻弗过立秋关，过了立秋难高产。
小暑插老秧，过年卖老娘。
早插是稻，晚插是草。
插秧插得迟，收成喂老鼠。
抢季插秧，抢晴割麦。
种田弗躲雨，割稻弗歇凉。
早上割稻，下午插秧。（连作稻）
早上黄稻，下午青苗。
早稻搭，晚稻插。（指插秧深浅）
密植长稻，朗（方言读音。“朗”是稀的意思）植长草。
早稻水上漂，晚稻插到腰。（指早稻浅插，晚稻深插）
种田弗用学，株株差一托。
横紧直紧，多割十斤。（横紧直紧，指密植）
宁可讨大脚嫂，弗可种大脚稻。
多插一担秧，多收一担粮。
有收无收在于水，收多收少在于肥。
夏水一缸，抵秋水一仓。（灌溉水）
水是稻的命，也是稻的病（灌水不当）。
稻怕干旱，麦怕潮。
麦出晒须，谷出灌水。
晒稻肚，白辛苦。
稻怕晒肚，人怕老苦。
人要补桂圆荔枝，田要补河泥草籽。（紫云英、苜蓿）
肥料足，多出谷。
人缺粮，面发黄；稻缺肥，少打粮。
人靠饭长肉，稻靠肥长谷。
米缸无米空起早，种田无肥空种稻。
量体做衣，看苗施肥。
好酒好肉待女婿，好粪好料上秧田。
草籽好，半年稻。
要想晚稻好，烂了早稻草。（稻草还田）
梅季误搁田，弗可埋怨天。
湿三天，干两天，田弗发白收一千。
要想晚稻回青快，早上深水晚上排。
秋前弗搁田，秋后叫皇天。
种田弗除草，肚皮吃弗饱。（减产）
稻田一根草，好比毒蛇咬。
耘田多谷，掏山多竹。
早稻屁股痒，越摸越肯长。
三耘九耥田，砻糠变白米。
头耘精，二耘深，三耘平。
稻耘三遍谷饱满，豆削三遍粒粒圆。
头遍耘稻，二遍耘草，三遍抓抓派割稻。
稻花打背脊，一斗米一目。（指耘田）
用肥过头，笑苗哭稻。
惊蛰清田坎，虫死千千万。
要想害虫少，火烧田边草。
人怕肺痨病，稻怕钻心虫。
捕杀一只蛾，产量加一箩。
螟虫捉光，谷米满仓。
稻怕枯心，树怕断根。
水稻早倒一把草，谷熟倒伏满箩挑。
谷种落缸，一百廿日进仓。
稻头出齐，廿日舂米。
人怕老来穷，稻怕寒露风。
寒露无青稻，霜降齐割倒。
十月寒露霜降到，摘了棉花收晚稻。
立冬弗割稻，一夜丢一箩。
割青勿割青，三日要差百把斤。
稻熟弗收，风来谷丢。
早稻要抢，晚稻要养。
早稻里黄出，晚稻外黄进。
稻老多米，麦老多皮。

大小麦

麦足半年粮。
麦要燥，田要高。
大麦下田（三熟制），小麦上地。
麦要田旱，稻要田淹。
三记弗落桶，弗是好麦种。
麦种三年，弗选要变。
种麦惜籽，饿煞老婆（“老婆”指妻子）。
打仗弗怕死，种麦莫惜籽。
若要麦，密密划。
麦要密，豆要朗（方言读音。“朗”是稀的意思）。
麦朗生叶，豆朗生荚。
密麦朗油菜。
种麦只要横行齐，乱打麦孔没关系。
种麦省一犁，收麦少一斗。
要吃馒头，把地耕透。
深深耕，重重耙，弗收麦，是鬼话。
泥晒白，种好麦。
烂泥白一白，多收一熟麦。
大麦种到年，只怕没有田。
地弱长弗出大萝卜，土薄长弗出好麦子。
八月种麦弗要粪，十月种麦粪加粪。
雪前油菜，霜前麦。
九月油菜，十月麦。
立冬小雪北风起，蚕豆小麦下种齐。
小麦冬至前，大麦种过年。
前门拜世客，后门种大麦。
种麦过立冬，来年收把种。（指小麦）
小麦种迟没头，油菜种早没油。
冬至三片叶，立夏好过节。
无肉弗请客，无肥弗种麦。
冬季做客，弗如在家壅麦。
种麦无灰，到老吃亏。
年内施次肥，比过盖上被。
麦施年前，稻施月前。
麦田基肥施得足，一季收成抵两熟。
小麦年里施一盏，抵过年外施一担。
冬上泥盖棉被，春上泥抵次肥。
人冷盖被，麦冷盖泥。
麦子没腰，越压越高。
麦地舞龙灯，小麦照样生。
麦吃四季水，到老弗要水。
小麦年年收，只怕懒汉弗开沟。
种麦靠沟，种番薯靠拢。
小麦水多是砒霜。
小麦弗怕神和鬼，只怕四月八夜雨。
一块麦地九条沟，人家无收我有收。
削断麦根，磨断磨心。
年里削麦抵床被，正月削麦正道理。
削遍麦，抵遍肥。
麦削三遍没有沟，豆锄三遍圆溜溜。
柏树抽芽，小麦开花。
春过百，家家好收麦。
小麦过小满，勿割自会断。
大麦勿过小满，小麦勿过芒种。（收获）
种麦上下月，割麦上下日。
麦老无头，菜老无油。
稻老好养，麦老要抢。
芽谷芽个角，芽麦剩个壳。
八成熟，十成收；十成熟，二成丢。

番　薯

一季番薯半年粮。
象山人扯淡，番薯干当饭。
大话佘佘，番薯啃啃。
山头薯，坑底芋。
地无三寸土，薯无三寸长。
番薯块根长，深翻才能长。
水深才能养大鱼，土深才能长大薯。
种种番薯种种稻，好比寒冬加棉袄。

苗好一半薯。
清明孵种人等藤，春分孵种藤催人。
藤秧弗粗壮，只有细根旺。
压得好，是个宝；压弗好，是根草。（“种”称“压”）
斜插番薯直种芋。
番薯直头落，当家坐着哭。（番薯应斜插）
插得早，年成好。
天晴栽薯甘心死，天雨插薯快活死。
番薯没有巧，越早插越好。
小满小插，芒种大插，夏至尾插。
夏至插弗成，无薯又无藤。（减产）
番薯是个无底洞，就怕土薄又弗壅。
番薯靠根藤，肥要施藤根。
做瓦靠坯，种薯靠灰。
一担灰来一担番薯，一担去一担来。
打铁看火苗，施肥看薯苗。
番薯要早削（即锄），雨后把藤翻。
五月弗削番薯，好比栽松树。
头遍掏，二遍刨，三遍摸根毛。
七月大芋头，八月大番薯。
番薯收挖要适期，一日一夜长一皮。
八月雨纷纷，番薯好长藤。
薯窖只怕冬春雪，番薯弗烂也弗出。
白露秋分，番薯生筋；寒露霜降，番薯生糖。
菊花开好匿种，桃花开好栽种。
烂番薯远远送，烂芋艿好抵粽。
冬天开霜，番薯丝归仓。

马铃薯（民间称洋芋）

洋芋弗选地，弗粘弗散最适宜。
立春雨水边，洋芋要抢先。
麦子怕浸，洋芋怕瘟。
粪土弗下，洋芋弗大。
洋芋壅底，苞萝壅穗。（壅是施肥）

玉米（民间称六谷）

六谷浸一浸，产量高一成。
挖得深，盖得薄，结得六谷象牛角。
夏至种六谷，有蒲没有肉。
秋前三张叶，弗怕霜和雪。
白露弗出头，割回喂老牛。
玉米见了铁，一夜长一节。
幼苗铜丝样，难成好爹娘。
玉米授粉，收成会稳。（人工授精）
六谷没良心，缺肥没收成。
六谷齐腰高，肥料要施好。
六谷是呆大，弗怕肥料多。

高粱（民间称芦穄）

清明谷雨边，芦穄好露面。
芒种种芦穄，弗够喂雄鸡。
芦穄老了吃皮，粟谷老了吃米。
顶天的高粱，弗及靠地的粟。

黄　豆

黄豆深扎根，只要耕得深。
黄豆能肥田，只能种一年。
豆地年年调，黄豆年年好。
清明前后，种瓜点豆。
黄豆肥田底，棉花拔地力。
梨花白，种黄豆。
青蛙打鼓豆下土。
脚冷弗种田，手冷弗种豆。
冷水灌豆孔，明年断豆种。
三月豆，四月菜。

处暑田豆，白露花麦。
立秋种豆满秆荚，处暑种豆顶上花。
若要豆苗齐，点种在地皮。
水稻黄谷落，田豆下田作。（早稻收后种黄豆）
买种百斤，弗如留种一斤。
芝麻削七次仓仓满，黄豆削三次粒粒圆。

倭豆、蚕豆（民间把豌豆称蚕豆，蚕豆称倭豆）

一行倭豆一行麦，石二倭豆八斗麦。
倭豆弗要粪，只要九月种。
霜降倭豆立冬麦。
立冬弗出洞，到老一根蕻。
冬至弗见叶，到老弗见荚。
晒到沟里白，九斗收一石。
清明见荚，立夏可吃。
倭豆开花黑良心，蚕豆开花九莲灯。
蚕豆弗拣地，瘦地结好籽。
九豆十麦。
要使蚕豆肥，多施草木灰。

绿　豆

种绿豆，地宜瘦。
无时无节种绿豆。
伏前伏后，花麦绿豆。

豇　豆

三月种豇，六月度荒。
家种三升豇，弗怕六月荒。
做瓦靠个坯，种豆靠把灰。
湿小豆，干豇豆，旱芝麻。

第二节　经济作物谚语

棉　花

吃靠田，穿靠棉。
谷雨前，好种棉；谷雨后，好种豆。
谷雨弗种花，心头像蟹爬。
清明早，小满迟，谷雨种棉正当时。
立夏种棉花，弗用问人家。
立夏花，大把抓；小满花，弗回家。
夏至根边草，赛过毒蛇咬。
芒种种棉花，老婆没脚纱。
三耕九耘田，棉花要削十几遍。
好种出好苗，好苗结好桃。
高矮棉花，崭齐稻。
棉苗好，三分收。
棉花弗打杈，疯长你别骂。
十年旱，九年好，就怕棉花苗弗好。
霉发发棵，伏发发桃，秋发发叶。
壮花苗，多结桃。
头伏花见花，四十五日上纺车。
种花容易保铃难。
七月半，羹饭花。
苗轧苗，当柴烧。
处暑好晴天，家家摘新棉。
晒弗死的棉花，落弗死的金瓜。（落即下雨）
白露两头花，廿日上轧车。
刮子捏得牢，棉花白如霜。（刮子是锄草农具）
刮子扒得勤，棉花白如银。
削棉花如绣花，一碰一个疤。

棉地削得松，抗旱又防风。
十月寒露霜降到，摘了棉花收晚稻。
能削六遍草，棉花一定好。
黄花到白花，四十九日上轧车。
树锄七道长成林，棉削七次白如银。
棉花弗治虫，收成一场空。

苎 麻

丝陈是草，麻陈是宝。
头麻端午节，二麻七月七，三麻重阳节。
苎麻弗怕肥，长在粪堆里。
头麻见麸，二麻见糠，三麻见霜。（收获期）
六月炎天多削草，苎麻产量自然高。

络 麻

立夏前后好种麻，前三后四最适宜。
夏至种络麻，长如草鞋爬。（制作草鞋的工具）
油菜结子好种麻。
伏天三场雨，薄地长好麻。
剥其皮，还其骨。

油 菜

泥田油菜沙地粟。
烂冬油菜燥冬麦。
烂田种油，只够癞头婆搽头。
十月种油，弗够老婆搽头。（油指油菜）
要收油，寒露以前就动手。
九油十麦。（九月种油菜，十月种麦）
小麦种迟没头，油菜种早没油。
油菜一朵花，要有肥当家。
油菜施肥节节高，一发油菜二发稻。
菜浇花，麦浇芽。（施肥）
苗肥勤，腊肥足，苔肥重，花肥补。
伤心割油菜，洒泪收芝麻。（指应未完全成熟收割）
年里油菜哄哄大，年外油菜要赶大。
油菜上泥，等于盖被；
宁可缺肥，弗可缺泥。
年里上泥遮风，年外上泥弥缝。
冬前金泥，冬后银泥，春后烂泥。
要得菜籽收，就要勤开沟。
若要油，油菜田坑养泥鳅。
油菜多削多出油。
油菜地做成粉，七分收成有九分。
油菜锄芽，黄豆锄荚。（指中耕）
年内摘心枝头多，开春摘心会闯祸。
油菜开花铺黄金，草子开花满天星。
油菜断花，廿日归家。（收获）
小麦九成熟，油菜八成收。

花 生

花生连年种，收成会落空。
生地种花生，收成定弗差。
花生全苗八成收。
花生独怕草。
宁愿少施一次肥，弗要多养一株草。
头遍刮，二遍挖，三遍四遍如绣花。

芝 麻

百斤麻油千斤谷。
芝麻听得锄头响，前面锄来后面长。
芝麻开花节节高。
小暑芝麻大暑粟。
六月种芝麻，头上一朵花。
百粒芝麻地头摊，拾得拢来一大担。

菜

蔬菜三分粮，咸菜长年羹。
有菜三分粮，没菜饿断肠。
干菜晒成筐，弗怕年成荒。
九月种芥，有吃有卖。
种菜弗拣苗，到大长弗好。
菜无心死，人无志亡。
菜弗移栽弗发，牛无夜草弗肥。
白菜栽心，油菜栽根。
白菜种皮，芋头种底。
夏菜种根，冬菜种心。
白菜啮（吃）半年，医生享清闲。
菠菜豆腐虽贱，山珍海味弗换。
到了三月三，荠菜可以当灵丹。
处暑花麦白露菜。(指播种期)

萝　卜

八月小，萝卜菜水弗用浇。
一丘萝卜一丘芋，年前弗用开钱柜。
萝卜开花白蓬蓬，油菜开花似黄金。
十耕萝卜九耕麻。
处暑萝卜白露菜。
萝卜白菜汤，益寿保健康。

茄　子

深栽茄子浅栽蒜，横排芋头竖插葱。
天晴栽粟甘心死，天雨栽茄快活死。

芋　艿

芋艿要高墩，稻要挖根。
芋头半年粮。
三分地芋头一人粮。
烂掉芋艿像只粽，烂掉番薯满街送。
生地番薯熟地芋。
六月芋，水里孵。
八月芋，水里住。

瓜

二月二，百样瓜菜种子要落地。
三月三，天萝蒲瓜都露尖。
麦扬花，种黄瓜。
雄花套雌花，多结大南瓜。
清明种瓜，船载车拉。
夏蒲瓜，秋天萝。(收获季节)
谷雨前后，种瓜种豆。
立夏种瓜，到老弗开花。
西瓜忌熟地，甜瓜忌连作。
瓜好啮（吃）弗在大小，人健康弗在胖瘦。

葱姜蒜

弗是肥土弗种姜。
种姜三倍利。
立秋三日雨，葱蒜萝卜一齐放。
立夏种姜，夏至离娘。
七月半姜，八月半芋。(收获)
姜老辣味大，人老经验多。
八月种葱绿葱葱，九月种葱一场空。
冻弗死的葱，旱弗死的蒜。
葱辣鼻子蒜辣心，青椒专辣前嘴唇。

甘　蔗

有糖没糖，立冬榨糖。
七月半，糖梗两节半。
樱桃红，甘蔗空。
生姜老的辣，甘蔗老的甜。
雨水甘蔗节节高，春分橄榄两头黄。

第三节　林特业谚语

树　木

千棕万桐，子孙勿穷。
十年树木，百年树人。
大树脚下好乘凉。
人靠心，树靠根。
人要心好，树要根牢。
人争一口气，树争一层皮。
人活脸，树活皮。
人怕当面，树怕剥皮。
人怕伤心，树怕伤皮。
人老病出，树老根出。
人老话多，树老根多。
树老露根，船老露钉。
树大分杈，儿大分家。
树高千丈，叶落归根。
只看黄荆大得快，没看黄荆剖板卖。
千年水底松，万年高搁枫。
春栽木，冬栽竹。
正月竹，二月木。
植树造林，勿过清明。
阳山桐，阴山竹。
阳坡油茶阴坡杉，山洼毛竹水边柳。
今世插杨柳，下世做娘舅。
柳树弗怕淹，松树弗怕干。
无心插柳柳成荫。
青山常在，绿水长流。
绿化荒山头，溪坑清水流。
一年之计种稻谷，长远之计种树木。
松杉上高山，杨柳下河滩。
栽活千株树，弗愁吃和住。
留得青山在，弗怕没柴烧。
过河先造桥，造林先育苗。
种田要好秧，造林要好苗。
种树如种田，管树如管田。
栽得紧，管得松，栽到最后落个空。
栽树容易成林难。
三分造林七分管。
官靠印，树靠禁。
人要衣穿，山要人管。
造林弗护林，等于白费劲。
造林一时，护林一代。
栽树栽根，坑要挖深。
树苗栽得密，树干直如笔。
栽树没巧，弗栽过夜苗。
若要树活，泥土夯实。
一条小小虫，能毁万亩林。
一点星星火，能毁百年林。

毛　竹

房前屋后多栽竹，三年以后盖新屋。
冬至栽竹，立春栽木。
竹子无皮，四季能移。
春雨连，笋满园。
春肥是秋谷，春笋是秋竹。
今年栽竹，明年咄（吃）笋。

栽竹弗带鞭，十年一根秆。
耘田多谷，劈山多竹。
青头乱钻出大竹，黄泥头拱挖来咄（吃）。
清明笋出，谷雨笋长。
谷雨笋头齐，立夏竹散筅（枝）。
好笋弗挖，差笋弗留。
七月挖金，八月挖银。
春弗砍竹，夏弗伐木。
会砍毛竹年年有，弗会砍竹一年丢。
砍老莫砍嫩，砍密莫砍朗。
笋期砍竹，儿哭娘哭。
小年挖笋弗养竹，大年养竹弗挖笋。
留四砍五弗过七，老弱病残弗可惜。

水　果

今年天气热，明年果子结。
惊蛰晴，果成林；清明雨，百果损。
天旱水果甜，天寒果弗圆。
小满风，果树空；夏至无风，果子成功。
冬至天气晴，来年果满林。
花期晴，百果生。（二月十二为花期节）
果树怕风，杨梅怕水。
橘园加河泥，正如吃高丽（高丽参）；
橘园覆田土，好比吃猪肚。
人靠饭胖，树靠肥壮（果树）。
种橘垃圾猪泥，送人白鲞猪蹄。
肥水两个宝，橘园少弗了。
白蛐上茎，毛病上心。
桃三李四梨五年，枣树当年好还钱。
桃接李，对半死；李接桃，对半拗。
种桃宜密，种李宜稀。
烂桃弗烂味，烂梨坏肚皮。
三月桃花一时红，风吹雨打一场空。
若要桃子好，年年治虫早。
秋分菱角舞刀枪，霜降山上柿子黄。
七月枣八月梨，九月柿黄肚皮。
种杏弗去皮，成活最容易。
枇杷花开过年，还是杏桃咄（吃）上前。
八月八栗好挖，九月九枫开口。
板栗好，当肚饱。
夏至杨梅满山红，小暑杨梅出大虫。
栽种葡萄，剪枝压条。
低山茶子，高山茶叶。
阳坡桐子阴坡茶，高山云雾出名茶。
茶树最糊涂，喜露又喜雾。
林多有好水，山高有好茶。
要好茶，谷雨芽。
茶叶本是神仙草，失时采摘就变草。
三天嫩，三天老，再过三天茶变草。
茶差一天，价差一半。
茶地弗挖，茶芽弗发。
七挖金，八挖银，弗挖茶园草成林。
清明一根枪，姑娘采茶忙。
清明见芽，谷雨见茶。
早采早发，迟采迟发。
春茶留一朵，夏茶留一把。
春茶弗采，夏茶弗发。
立夏茶夜夜老，小满过后茶变草。
头茶勿收，二茶勿抽；
今年弗采，明年弗发。
芥菜越剥越大，茶叶越采越抽。
茶行挖得深，黄土变黄金。
锄头响，茶树长。
人靠米，茶靠泥。
担泥培土，弗要问父。
人靠劳动吃饭，茶靠施肥增产。
人弗咄（吃）油，面燥皮皱；茶弗施肥，叶黄梗瘦。
茶地晒得白，抵过小猪吃大麦。

蚕　桑

养兵先囤粮，养蚕先种桑。
栽桑植松，子孙勿穷。

种上百株桑，弗怕年成荒。
上半年靠蚕，下半年靠田。
麦靠苗，桑靠条。
要穿绫罗绸缎，先要种桑养蚕。
蓬头赤脚一个月，快快活活过一年。
桑剪刮刮响，勿是肉来就是鲞。
三年弗冬耕，桑树烂断根。
秧好三分稻，桑好一半蚕。
勤三年成桑，懒三年剩桩。
若要桑树好，冬捻河泥夏削草。
人靠蔬菜米饭，桑靠草子土肥。
桑园施绿肥，桑树胀破皮。
黄梅草一荒，桑树就白光。
春分前后晴，桑叶加一成。
三月三雨，桑叶无人取。
三月三晴，桑树挂银瓶。
三月三发狂风，养蚕姑娘一场空。
三月十六树头响，一斤桑叶一斤鲞。
清明露水冻，有蚕没处送。
春蚕是火养，秋蚕是风养。
摘芽喂蚕，损蚕害桑。
蚕怕清明连夜雨，稻怕寒露一朝霜。
桑叶逢晚霜，愁煞养蚕郎。
麦靠拢，蚕靠种。
大麦发了黄，家家养蚕忙。
马要夜草，蚕要夜食。
三月清明蚕等叶，二月清明叶等蚕。
清明孵蚕子，立夏见新丝。
谷雨落眠头，小满出新丝。
谷雨两遍蚕，夏至三遍田。
养蚕养到小满上，养蚕娘子要吃糠。
小满弗上山，斩斩喂猪娘。
小满见新茧。
小满桑葚黑。
早赶晚赶，四十天做茧。
麦到立夏亡，蚕到立夏死。
蚕熟一时，麦黄一夜。
多呥（吃）一口叶，多吐一口丝。
蚕儿要好，蚕肚呥（吃）饱。
蚕儿叶喂饱，上山做茧早。
地要天天打扫，蚕要日日除沙。

第四节 畜牧业谚语

牛

弗养猪弗养牛，田地好比硬石头。
种田弗养牛，田地变岩头。
牛是农家宝，有勤无牛白起早。
牛要一根绳，马需一个铃。
懒牛懒马屎尿多，懒汉嘴里明日多。
炒菜要油，耕田要牛。
年年养小牛，铜钱在手头。
人弗欺牛，牛弗欺田。
冬天没牛活神仙，春来没牛要活瘸。
牛老怕惊蛰，人老怕大寒。
耕田看牛头，撑船看船头。
冬天得食，春天得力。
冬牛弗瘦，春耕弗愁。
牛要吃饱，马要夜草。
菜弗移栽弗发，牛无夜草弗壮。
要想牛耕田，必须陪牛眠。
牛有千斤力，弗能一时逼。
点灯省油，耕田爱牛。
船弗撑弗走，牛弗饱弗耕。
呥（吃）死众家狗，耕死众家牛。
要想养好牛，一日一碗油。
牛若用棒揍，最壮也得瘦。
牛饱弗加鞭，牛饥弗急喂。
牛有歇有饱，十七八年弗老。

老牛难过冬，最怕西北风。
老牛爱吼叫，老人爱开导。
雷打立冬，十个牛栏九个空。
老牛尾巴绕，肚里有虫咬。
牛鼻弗出汗，可能有病患。
两耳弗太摇，赶快去治疗。
公牛看前，母牛看后。
贪贱买老牛，一年倒三头。（倒是死的意思）
初生之犊弗怕虎，长出犄角倒怕狼。

猪

养儿要读书，种田要养猪。
教子弗离书，种田弗离猪。
种田弗养猪，好比秀才弗读书。
人怕出名，猪怕壮。
种田吃谷，养猪吃肉。
田养猪，猪肥田。
猪肥长肉，田肥长谷。
肥猪嘴弗肥，懒人嘴弗懒。
猪多肥多，肥多粮多。
养了三年蚀本猪，田里肥了无人知。
养猪弗赚钱，回头看看田。
种田要好秧，养猪要好娘。
母猪好，好一窝；公猪好，好一坡。
没有钱花养母猪，没有柴烧栽柳树。
穷人气大，猪娘屙大。（粪便大）
生小猪弗用记，三个月加三星期。
头胎弗用拣，二胎养石板。
公看前胸，母看后臀。
饲料要加工，工夫弗落空。
猪吃百样草，看你找勿找。
青草四季有，养猪弗用愁。
喂食弗均匀，养猪汪费心。
槽内无食猪拱猪。
养猪没有巧，只要细照料。
老人多睡享福，大猪多睡长肉。
小猪要游，大猪要囚。
小猪要奔，大猪要困。
小猪要放，大猪要关。
猪要呆，牛要络（灵活）。
粪稀粪干，猪体弗安。
毛眼闪亮，猪体健康。
寸草切三刀，无料也长腰。
糠多好养猪，水多好养鱼。

羊

养羊种姜三倍利。
富养猪，穷养羊。（猪吃精料，羊吃草）
房子牢，靠坚墙；种田庄，靠养羊。
养兔养羊，本短利长。
一羊前行，群羊后跟。
要羊弗生病，脚踏高凉亭。（羊栏舍要高燥）
羊放十里跑，牛放十里倒。
羊活狲，怕雨淋。
放羊没巧，走慢走少，吃饱吃好。
养羊没花巧，一天三顿草。
羊子生羊子，三年一房子。
冬天常喝羊肉汤，弗找医生开药方。

兔

若要富，快养兔。
一只兔，油盐醋；三只兔，衣裳裤。
家养百只兔，几年就致富。
人吃五谷粮，兔吃百样草。
兔子后脚比前脚高，独怕藤绳被绷牢。
兔子繁殖快，怀孕一月就生子。
养兔没巧，地干弗喂露水草。

第二十九篇
渔　　业

本篇目录

第一章　渔场　渔港

象山境域渔场主要有大目洋、猫头洋、渔山等。随着捕捞工具的进步，特别是渔轮的发展，象山渔民的作业渔场由近海向远洋拓展。旧时，沿海有大小渔港数十处之多。20 世纪 70 年代后，许多小型渔港逐渐废置，仅存石浦、爵溪、鹤浦、金高椅等少量渔港。其中以石浦渔港最负盛名，现为全国六大中心渔港之一，为国家二类对外开放口岸。

第一节　渔　　场

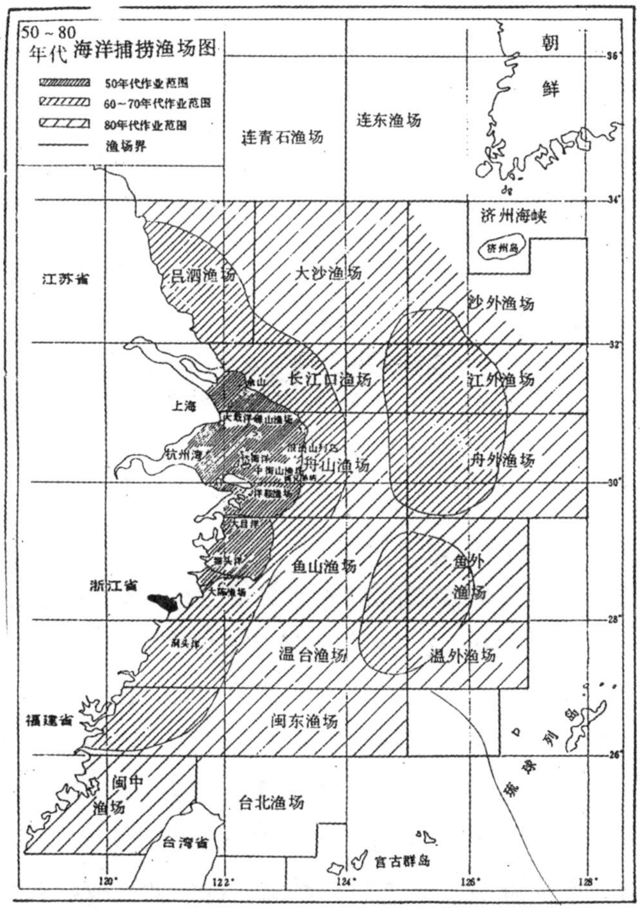

图 29-1　20 世纪 50—80 年代海洋捕捞渔场分布图

木帆船捕捞时期，象山渔场主要有大目洋、猫头洋、渔山等，县境外仅有大陈、舟山等渔场。至机帆船时期，渔场向南北拓展，北至吕泗洋，南至温、台及闽东，渔业产量大增。20 世纪 80 年代，随机帆船功率、吨位增大，导航、通讯等技术设备提高，海洋捕捞区域亦随之扩大，渔民作业区渐向远洋拓展。90 年代，海洋捕捞大多为钢质渔轮，作业渔场继续扩大，渔轮作业区北起济州岛、对马海峡、五岛群岛，南至钓鱼岛、海南岛及北部湾，并开辟南北太平洋、印度洋等国际渔场。渔民常去的渔场有大陈、洞头、舟山、长江口、吕泗、闽东、江外渔场（习称中央渔场）等。

大目洋渔场

位于县东中部海域，在北纬 29°11′~29°36′，东经 121°59′~122°20′间。东至韭山列岛，南至檀头山，北起乱礁洋，西到半岛沿岸。南北长 46 千米，东西宽 40 千米，总面积约 1790 平方千米，作业区面积 1734 平方千米。渔场内有大目山（又称大漠山），海拔 150 米，面积 1.035 平方千米，为南北交通和渔船航基目标，渔场以山名命。海域宽广，流缓水浅，流速 1~2.3 节，多沙质地底，水深 4~6 米，南及北部较深约 10 米。春秋两季，渔场受沿岸水流影响，水色浑浊，水温、盐分低；清明后，外洋混合水和暖流逐渐进入，水色变清，水温和盐分增高。每年谷雨至夏至前后，大黄鱼进渔场产卵、洄游、栖息，为大黄鱼汛期，以小满至芒种半月内为最旺期。逢汛期，本地及舟山、宁波、温、台、苏、松、嵊泗、闽帮渔船云集，多时达800余艘。大目洋渔场盛产大黄鱼、鲳鱼、鳓鱼、黄鲫、蟹虾等，是象山县主要渔场之一，在国内仅次于岱衢洋。特别是所产黄鱼，使渔民获利颇丰。《爵溪镇志》载：清光绪二十年（1894）汛期，全镇有渔船200艘，产鱼1万吨，其中艞舸（方言读若："独辽"）无囊围网作业产量占四分之三。1960年春，金高椅郑宗夫老大，在大目洋一网就捕得大黄鱼50吨。1967年，大目洋渔场捕获大黄鱼达3万吨，为1952年后最高产量。20世纪70年代后期，渔船机械化，捕捞强度增大，大黄鱼资源逐渐衰竭。至80年代初，大目洋大黄鱼已形不成渔汛。今为小型渔船从事流刺网及部分定置作业渔场。

1952—1978年象山县大目洋渔场大黄鱼产量情况表

表29-1

年份	产量（吨）	年份	产量（吨）	年份	产量（吨）
1952	8050	1961	3805	1970	10100
1953	9465	1962	2700	1971	7500
1954	4115	1963	3315	1972	8900
1955	7065	1964	750	1973	11900
1956	4660	1965	5500	1974	8125
1957	5800	1966	6500	1975	4000
1958	5630	1967	30000	1976	4000
1959	6600	1968	5000	1977	12200
1960	4200	1969	9250	1978	3000

说明：1. 大目洋，爵溪渔民称之为境内渔场，历史上大黄鱼平均产量在16万担左右（每百斤为一担）。2. 1970年鱼产量以进港数统计，难区分洋面，故包括渔山、猫头洋产量在内。3. 1978年后，因大黄鱼资源下降，形不成渔汛，不再统计

猫头洋渔场

位于县东南部南田岛外海域，东接渔山渔场，南至台州湾接大陈洋，北至檀头山连大目洋，在北纬29°10′~29°28′，东经121°35′1~122°12′间，南北长约48千米，东西宽约64千米，海域面积约2768平方千米，作业区面积2419平方千米。今分别隶属象山、台州。猫头洋以三门县五指岛猫头山得名，岛屿星罗、水面辽阔。域内较大岛屿有南田、高塘、花岙、蛇蟠山、五指岛、大门山等50余座；大水道有满山、猫头、白带3处；港口有健跳、浦坝、椒江、金高椅等。东侧平均水深16~20米，向西逐渐变浅为4~6米，大部分区域水深在10~12米，泥质底。春季水质受沿岸水流影响，水色浑浊，水温、盐分低。清明开始，外洋水逐渐深入，水色变清，水温、盐分升高，各种鱼类进入产卵、栖息，是为渔汛开始。系象山第二大渔场。1955年，猫头洋渔场大黄鱼旺发，汛期盛时云集2000余艘渔船于此捕捞。金高椅沙滩上，大黄鱼堆积如山，行人无法通过。1955—1960年，年均产大黄鱼6400吨，20世纪60年代，年均产量4548吨。1966年，大黄鱼再次旺发，达到1.35万吨。有些渔船一天甚至两次满载而归，实属罕见。进入20世纪80年代后，大黄鱼已不成汛。

渔山渔场

距石浦渔港45千米，处北纬28°51′24″，东经122°13′30″。作业区面积约51500余平方千米。列岛呈东北向西南排列，以北渔山、南渔山为主岛，以北渔山得名，是国家确认定名的渔场。岛上有从事渔业生产的居民。渔场北连韭山渔场，南迄大陈渔场，东为浩瀚大海，西接猫头洋、三门湾。渔山是渔民在捕鱼时的重要路基坐标。20世纪50年代，木帆船捕鱼时期，春季小黄鱼汛时，宁波、舟山等地渔船，在此渔场开捕小黄鱼，东北和东南首曾是60年代前捕小黄鱼的主要渔场。之后，随着鱼群移动，逐渐向北追捕。冬季捕带鱼，因渔场上盛行偏北季风，且渔山以南大陆岸线趋向西南，渔民视渔山为雷池，不敢逾越，直到渔船机动化后捕鱼始向南、向东延伸扩展。东北至东南是冬季捕捞带鱼的主要渔场，是三省一市近千对机帆船在此必捕之渔场。又是沿海小型流刺网长年渔船作业的海域，西南首是定置张网，80年代前，各种作业渔船均在此渔场捕捞，大黄鱼、墨鱼，年产量在1.5万吨左右。该岛南北渔山中间的大澳底水深8~9米，小湾、南湾、西南湾都是渔船良好的避风港湾和锚地。2008年8月，渔山列岛被国家海洋局发文确定为国家级生态保护区。

韭山渔场

因韭山列岛得名。渔场西连大目洋，北接东、西磨盘洋及洋安（东亭）渔场，南至渔山渔场。距爵溪长嘴头18.5千米，有76个岛礁。水深10~20米，是大黄鱼进入大目洋产卵的通道。

象山县作业渔场情况表

表29-2

渔场名称		渔场范围	主产鱼类	渔场面积(约平方千米)
国家划定渔场	石岛渔场	在山东半岛外侧	青鱼(太平洋鲱鱼)	—
	江外渔场	北纬31°00′~34°00′,东经125°30′~128°00′	带鱼、大黄鱼、鲐、鲹鱼	33000
	舟山渔场	北纬29°30′~31°00′,东经121°30′~125°00′	大、小黄鱼,带鱼,乌贼等	53000
	长江口渔场	北纬31°00′~32°00′,东经120°30′~125°00′	带鱼,大、小黄鱼,鲳鱼	34000
	吕泗渔场	北纬32°00′~34°00′,东经120°30′~122°30′	大、小黄鱼,鳓鱼	32000
	马面鱼渔场	在渔山东至东南100~150海里,水深70~100米	马面鱼	—
	渔山渔场	北至南韭山东侧,南至大陈渔场,东连渔外渔场,西至渔山列岛,水深20~30米	带鱼、小黄鱼	—
	闽东渔场	北纬26°00′~26°00′,东经120°30′~125°00′	大黄鱼、鲐、鲹鱼	53000
	对马渔场	—	—	—
	五岛渔场	—	—	—
	温台渔场	—	—	—

续表29-2

渔场名称		渔场范围	主产鱼类	渔场面积（约平方千米）
传统渔场	嵊山渔场	北至佘山洋，南至浪岗，东连舟外渔场，西至嵊泗列岛，水深30~65米	带鱼、小黄鱼、乌贼	—
	浪岗渔场	北至嵊山渔场，南至中街山（东极），东连舟外渔场，西至乌礁，水深30~65米	带鱼、小黄鱼	—
	岱衢洋	北至大、小洋山，南至岱山、长涂岛，东至三星列岛，西至寨子山，水深20~30米	大黄鱼、鲳鱼、鳓鱼、乌贼	—
	中街山渔场	北至中街山（东极），南至外洋鞍（东亭山），东接舟外渔场，西至岱衢洋，水深35~75米	小黄鱼、带鱼、乌贼	—
	洋鞍渔场	以洋鞍为中心，北连中街山渔场，南至韭山列岛，东至舟外渔场，西至朱家尖、桃花等岛，水深35~65米	带鱼、小黄鱼、鲐、鲹鱼	—
	佘山洋	北至吕泗洋，南至鸡骨礁，东接长江口外海域，西至崇明岛海域，水深	小黄鱼、蟹	—
	大戢洋	北至长江口钢砂，南至马迹，东至鸡骨礁，北丁星海城，西至小小戢，洋山水深20~30米	大黄鱼	—
	大目洋渔场	北至六横诸葛亮岛，南至檀头山，东连韭山列岛，西至象山半岛，水深20~30米	大黄鱼	—
	猫头洋	此至象山南田等岛，南至东、西麂列岛，东连渔山岛海域，西至三门湾，水深20~30米	大黄鱼	—
	大陈渔场	北至鱼山渔场，南至洞头洋，东至渔外渔场，西至台州列岛，水深40~70米	带鱼、小黄鱼、乌贼	—
	洞头渔场	北至大陈渔场，南至南麂列岛，东至温外渔场，西至油头诸葛亮岛，水深30~60米	带鱼、乌贼、小黄鱼	—

说明：大目洋渔场、猫头洋渔场在象山渔民一般作业中，与渔山渔场并称，这只是本地一种通常说法，在更高一级的划分中，大目洋渔场、猫头洋渔场是渔山渔场的一部分

第二节　渔　港

象山沿海，港口众多。石浦、爵溪、鹤浦等港为主要渔港，其中尤以石浦渔港最负盛名，现为全国六大中心渔港之一，为国家二类对外开放口岸。此外，尚有小型渔港（亦称码头）数十处之多，如旦门港、蒲门港、岑晁港、岳头港、蟹钳港、金高椅港等。20世纪70年代前，这些小渔港均发挥着重要作用，有的繁荣很长一段时期。近30年，由于海湾地形地貌的变迁，加上围海造地等因素，一些渔港已经废置；更多的由于近海、近岸水产资源严重损衰，渔港功能大为弱化。至今仍发挥作用的小渔港，仅金高椅港、爵溪、龙洞等几处。

石浦中心渔港

位于象山半岛南端，总面积27平方千米，主中心线长18千米，岸线长77千米。渔港处于大目洋、猫头洋渔场之间，居舟山、渔山与温台渔场之中心，故石浦有“浙洋中路重镇”之称。港口以东门、对面山、南田、高塘等岛屿为天然屏障，阻挡海洋风浪，形成5个出海水道，成为多口门天然避风良港。其中，铜瓦门水道介于铜钱礁与东门岛之间，水深10~42米，水道狭曲水流急，在入口附近最狭处仅150米，航道设施完善，灯桩3个。三门水道，介于高塘岛与坦塘之间，水道内有万金山、庵山岛等小岛屿把水道分为北、中、南三支，北支不宜通航，南支水深7.2~37米，宽200~400米，可通航，中支水深20~46米，宽200~400米，万金山上设有灯桩，通航条件较好。下湾门水道，介于对面山与南田岛之间，长5千米，宽250~500米，水深10~70米，通航条件最好，系主航道。近年有7000吨重轮（装货）、万吨轻轮（未装货）由此水道入港。2008年，象山县经济发展局委托大连海事大学评估水道实际通航能力，是年12月，通报评审结果：三门水道以东至下湾门段航道能满足3万吨级船舶的通航要求。此外，林门港水道与东门水道，前者因南口最窄处宽仅80米，且水深不到2米；而后者因门口中间有一暗礁，距水面最浅时仅0.5米，且水道内多漩涡，故二者不宜通航。石浦港详况见本志“海洋环境”篇第三章“海湾　水道　岬角”。

石浦港为泥质底，锚抓力强，全港建有6个锚地。其中，石浦锚地，处半岛与东门、汏网柱之间，水深10米以上，可避大风。林门港锚地，在龙头山与笔架山之间，水深7~13米。中界山与三门山之间锚地，水深10米，面积8平方千米，可供千吨级以上船只避风。小湾锚地，介于打鼓峙与大陆之间，水深2~7米，宜小型船只停泊。2008年，渔港有大小码头100多座，160个泊位。

照29-1　石浦渔港

因渔港北连舟山渔场，居大目、猫头、渔山诸渔场中心，位置适中，故水路交通发达，商埠开发较早。清末民初至抗战时期，因战乱、陆海阻隔，石浦港处南北海陆交通枢纽，成为各地渔船、商船停泊之地。时渔市兴隆，商号林立，客货轮有定期航班，往返于舟山、海门（今椒江区）、定海、宁波、上海等港口。民间运输达福建、台湾等地。当地水产品包括冰鲜和鱼鲞、鱼干等，通过客货轮销往沪、甬和温州。渔业是石浦港主产业，其他如商业、海运等各业大多与渔业相关联。渔港的基础设施，民国21年（1932），《中国实业志》列石浦为“较好渔港”。当时的石浦，港边仅有几处石块道头，货物装卸靠舢板过驳。岸上道路高低不平，饮水靠水井和池塘；供电仅一家45千瓦的私营电厂，民间照明多用蜡烛和油灯。渔港设施颇落后，故素有“路不平、水不清、灯不明”之说。

石浦渔港新的建设始于1950年后，从修水库、筑公路、开邮路、通电网、造码头、拓航运、置气象站、设航标、建工厂、办企业、造冷库、建船厂、建油库，直到建成中国水产城。经50余年建设，石浦渔港已集渔业生产指挥、渔政渔船管理、渔船停泊、鱼货销售、供水供油、船舶修造、渔机具维修、渔需品供应、冷库储存、水产品精加工出口等为一体，兼容民、军应用的多功能综合性港口。渔港周边的石浦、鹤浦、高塘、东陈4个乡镇，有大小渔船3000余艘。其中，钢质渔轮1400余艘，年捕捞总产量约45万吨。石浦水产品加工园区，创建于2000年，总规划面积4平方千米。集聚水产品精深加工、食品加工、贝类、藻类及海洋生物加工、冷藏、渔码头、贮运等企业。区内建设规模化、集约化、簇群化、产业化。中国水产城，建成于1992年，逐年得到扩展，原面积达117亩。2005年，二期工程动建，选址于水产品加工园区，征地1450亩，已形成集泊位、收购、销售、运输、冷冻、冷藏、渔需物资供应为一体的华东地区最大的大型综合水产品交易市场。90%水产品销往华东地区和全国许多大中城市，并出口日本及东南亚各国。石浦港港区设施详况见本志“交通”篇第三章“通航设施”第一节“海港设施”。

爵溪渔港

位于象山半岛东沿，三面环山，东临大目洋。港域大体分三部分：一在域区北侧城脊山与南侧炮台山嘴（下沙岭）之间，面积约5平方千米；二在磨石礁与大岙岭向东北延伸山嘴之间，面积约0.2平方千米；三在炮台山嘴与磨石礁之间，面积约0.5平方千米。港域之北及东北以乔木湾、大平岗、牛轭礁、竹屿、大岩洞、马鞍山屿、乌岐岛，东南以羊背山、地堡山等岛礁为天然屏障，阻挡风浪。沿岸均有平宽沙滩为天然码头，由北而南依次有爵溪沙滩（已废）长1千米，宽200米为渔船主要泊地；下沙沙滩，长600米，宽130米；大岙沙滩，长300米，宽250米，亦皆为渔船停泊之处。潮涨平时平均水深约3米，退潮时，平均水深不足1米。涨潮流向西北，落潮流向东南，流速1~1.5节。泥沙质和淤泥质底。有虾捕门、青门、牛门、爵溪大门口等数条水道。虾捕门水道，在域区北4千米，处炮台山与半边山之间。以水道多产虾，渔民常于此张捕得名。南北向，长1千米，宽300米，水深0.6~0.8米。青门水道，在域区东北4千米，介于乔木湾与青门山之间，南北向，长800米，宽300米，水深1.3~2.6米，为北上定海、宁波之主航道。牛门水道，在域区东偏南2.5千米，介于大陆与羊背山之间。西北—东南向，长2.7千米，宽700米，水深0.9~3.6米。门头有青礁、碗礁、燕礁等影响航行，燕礁上设有灯桩，为大目洋作业船进港主航道。爵溪大门口水道，在域区东3千米，介于大平岗、乌岐与羊背山之间，因处域区前面，且宽大，故名。东西向，长4千米，宽2千米，水深0.6~4.3米，为泗礁等处作业渔船重要航道。历史上，爵溪渔港十分繁庶。民国37年（1948）5月14日《象报》载：“爵溪渔汛开始之期，玉环、温州、乐清、定海等各帮渔船均云集爵溪洋面，数约三千对……海上帆樯林立，堤上人山人海，夜间汽灯通宵，行人杂沓……”1950年前后，沿港沙滩高处建有鱼鲞加工厂200余家，及渔机修理、船舶修造、织网等配套设施。渔汛期间，冰鲜船装运渔货，日夜往返于上海、宁波等地。20世纪70年代前，爵溪渔港为大目洋作业渔船主要停泊、补给、集散、加工基地。70年代后，因大目洋渔业资源衰竭，渔船渐转集石浦港，爵溪渔港渐趋冷落。2008年，爵溪有大小码头10座，其中正源电厂码头、牛仓嘴、磨石礁等码头，高潮可泊500吨、1000吨级货轮，为爵溪主要货物吞吐口岸。

鹤浦渔港

石浦港之内港，位于南田岛之西北岸，东连下湾门，西接林门港，北临石浦港，左右为林门港水道和下湾门水道，前有中界山岛为屏障，海岸线长78.13千米，港面水域与石浦港相连。系渔船、货轮避风、锚泊的理想良港。鹤浦港向为传统的群众渔港，有渔业码头、货运码头、大油库码头等10余座。2003年，全港有渔船606艘，总吨位54906吨，总动力75615千瓦，渔业总产量144873吨，总产值78912万元。渔业总产值占全镇工农业总产值33%。沿港有多家渔船修造厂及有关渔业的多种企业和公司，如元虎水产品有限公司、阿高紫菜烘干厂、隆信紫菜有限公司等。

20世纪90年代，又建立多家紫菜育苗厂与对虾育苗厂。其船舶修造业，近几年发展迅猛，已为鹤浦镇重要产业，在县内同行中占重要地位。2004年，宁波市海洋与渔业局将《关于要求将鹤浦港列入国家一级群众渔港的请示》上报农业部，农业部派专家考察后认为符合要求，在全国渔港建设规划中将鹤浦港调整为一级渔港。

第二章　渔村　渔民　渔业经营制度

象山三面临海，海岸港湾多建渔村。历史上，渔民靠海吃海，多以捕鱼为生。20世纪70年代始，随着渔业资源衰退，渔民改行从事工业、海洋运输及海洋养殖者日众。1990年后，从事海洋捕捞的一线渔民中，外来务工者比例逐年增加，而本地部分渔民转做雇主、合伙者或出海捕捞的管理者。

第一节　渔　　村

民国前，渔村之名少见记载。民国《象山县志》载有渔村：白岩下、潭头、文山、杨呑山、西周、下沈、牌头、爵溪、松呑、会通溪港、岳头、圆山头、王家滥、东旦、红岩、平石、插船湾、东溪、胡家屿、半边山、石浦、盐仓前、横屿、雷公山、老东门、东关、高隆、沙塘湾。另有南田的金七门、杨柳坑、大沙、鸭嘴头、前后龙头、金高椅等。象山渔村遍及沿海，历史上以东门、爵溪最为著名，次则铜钱礁、沙塘湾、檀头山等。

中华人民共和国成立后，少数渔村转事农业，多数仍为专业渔村。经过渔业生产互助组、渔业合作社、渔业生产大队，几经合并、转业、分队现又改为渔村。1961年，全县有渔业的公社（镇）14个，渔业大队65个。1986年，全县有渔业的乡镇15个，渔村48个。2004年，镇乡渔业行政村规范调整后，2005年，全县有渔业的街道镇乡9个，渔村36个。其中：石浦镇有东渔、石浦、檀兴、金山、沙塘湾、铜瓦门、平岩、横峙、渔山、对面山、东丰、南汇12个；鹤浦镇有鹤浦渔村、杨柳坑、金七门、后龙头、吉港、前龙头、双下湾、大沙8个；高塘岛乡有金高椅、兴港2个；东陈乡松呑、双桥渔村、东湾、乌岩4个；晓塘乡西边塘鹁鸪头1个；爵溪镇有爵溪渔村、公屿渔村、地厂、南韭山村4个；涂茨镇长沙、屿呑渔村、大坦渔村3个；贤庠镇民洋1个；黄避岙乡马滩、横里渔村2个。至2008年，全县有渔业的乡（镇）10个，渔村38个。以石浦渔村、东门渔村、金高椅渔村等规模最大。

爵溪渔村

位于象山沿海中部偏北之原爵溪镇（今为爵溪街道）。临大目洋，为历史上著名渔村。宋代即有浅海捕捞作业。清时蔚为渔埠，闻名远近。清光绪二十年（1894），拥有渔船200余艘，产鱼1万吨，以大黄鱼为盛。所产黄鱼鲞以形美、色白、味美、质优而驰誉宁波、绍兴、杭州、上海等地。民国24年（1935），渔船180艘，产鱼1410吨。每逢渔汛，舟山、宁海、三门、玉环、乐清、温岭、平阳及福建渔船云集，多达8000余艘。抗日战争期间，渔业生产一度衰落。1954年8月，建立爵溪渔业社，全社722户、1262人。1955年冬，开辟大陈带鱼渔场获成功，为省内首创，被评为省模范生产合作社。1956年，试捕吕泗洋小黄鱼获丰收。1957年，首改鳥舠为机帆船，发展远洋捕捞。1958年9月，渔业生产合作社改为渔业大队，共980户、3726人，劳动力1020人；机帆船6艘、大捕船6艘、鳥舠船58艘、小捕船1艘、舢板168只。始捕洞头渔场。自此，改变鳥舠无囊围网作业只适应大目洋渔场状况，北上吕泗，南下大陈、洞头渔场，鱼产量增加。是年，实行"以捕为主，捕养并举"方针，开展海带养殖，开象山海带养殖先例。1959年，渔业产量3235.9吨。20世纪60年代，机帆船增加，并引进机帆围网、对网、拖网作业，扩大域外渔场，改革网具，实现捕捞机械化、网具塑料化，产量迅增。黄鱼鲞、无头鱼片等远销罗马尼亚，并支援越南。1968年始，鳥舠船域外渔场停捕。1970年后，渔业资源衰退，鱼产量下降，年产量仅3000~4000吨。1978年后，大目洋渔场黄鱼衰竭，爵鲞（黄鱼鲞）停产。1983年，"政社分设"，渔业大队改名为爵溪渔村至今。

1980年以后，因渔业资源破坏，不少渔民遂离船从事工副业，鳥舠船挖运黄沙，售往上海。黄沙有限，乃白手起家，走发展乡镇工业之路。1995年，渔村1230户、3995人，固定资产原值3375.75万元。渔村实现工业产值25902.08万元，创利税3332.94万元，仍有小机渔船30艘，捕捞量230吨，产值149.05万元。人均收入4372元，60周岁以上老人领有养老金。1994年，被评为"省小康示范村"。

石浦渔村

中华人民共和国成立初，石浦业渔者居延昌上、下道头、潼关、石浦（外瓌头、南关桥）、铜钿礁5处。1952年，合并成石浦渔村，分5个互助组、2个初级社，渔船52只。其中，延昌上道头张忠监互助组，有红头船6只；下道头刘阿富互助组，红旗船4只；石浦外瓌头郑宝国互助组，红旗船4只；项道武、项道爵互助组，红头对5只；南关桥陈炳生互助组，红头船5只；潼关石家乃初级社，小钓船12只；铜钿礁吴有梅、顾阿炳等初级合作社，红旗船16只。1956年，石浦渔村成立石浦渔业高级社。1957年，首开机帆船生产，2对机对产鱼158吨；木帆船92只，产鱼806吨。时有渔户296户、1488人，劳力353人，年劳动力收入490元，户均563元。1989年，发展渔轮生产，12对渔轮产鱼898吨，而机帆船延至1992年全数出局。2004年，石浦渔村拥有渔轮197艘、25789吨、47737千瓦，年捕捞量37392吨。2008年，石浦渔村常住户634户、2162人，有渔轮181艘、年捕捞量42800吨，户均收入3.98万元，人均收入1.17万元。

东门渔村

东门渔村位于石浦东门岛，与石浦隔港相望。宋乾道《四明图经》卷六有载。因面临东海大洋，岛屿周边港湾岛屿甚多，渔业资源丰富，故其岛民垦山耕作、下海捕鱼、以渔为业、世代绵延。明嘉靖《象山县志》载，象山有渔户114户，其中东门岛40户。清康熙二十三年（1684），海禁开放展复，宁海、三门、台州、福建等地之民迁居至此，岛上人口大增。清雍正年间，岛上渔民仿福建式样造大捕船，每年农历三月二十三或四月初八北上岱衢洋，采用大捕抛椗张网作业，称谓抲"洋山"大黄鱼，至农历六月二十三，渔船才返航。时岛上有大捕船80余艘。每船一水获利厚者可得二三百金。有渔谣：东门大捕船，一网三万六，抲到早稻熟。乾隆三年（1738），创立太和公所，为浙东地区最早成立的渔帮组织之一。民国初期，东门岛有大捕船99艘，红旗小对船30余艘。民国后期，战事连年，海匪横行，灾害频发，岛上渔业生产濒临崩溃，至民国38年

(1949) 6月，大捕船仅24艘，红旗小对船16艘，舢板30余只。全岛人口2180人，其中渔户373户。1954年8月，成立渔业生产合作社。1958年撤乡，实行“社政合一”成立石浦人民公社。1961年11月，大公社体制下放，恢复原小乡为公社，但东门未恢复公社，仍属石浦公社管辖。1972年4月15日，东门岛单独成立公社。1978年，东门渔村实行对船核算、包产到船责任制。1984年，实行渔船产权落实到船（户）责任制。20世纪80年代，近海渔业资源衰竭，东门岛渔民明白只有造大船，闯大海，到外海远洋捕捞才有出路。1989年，东门渔队率先实行渔业股份合作制，渔民筹集造船资金2亿余元，将多年积蓄造房子、娶媳妇的钱用于打造钢质渔轮，至1993年年末，共建造大马力钢质渔船220艘。1994年3月，全省渔业工作会议在象山召开，东门渔村介绍经验。会后，副省长刘锡荣在东谷湖宾馆为东门渔村题字——浙江渔业第一村。至2008年，东门渔村总户数1210户、3806人，有渔轮251艘，1486人从事捕鱼，捕捞量51400吨，村级资产1041万元，村集体收入95.57万元，户均收入3.92万元，人均收入1.25万元。

金高椅渔村

在高塘岛乡。村旁孤山形如金交椅，“交”“高”谐音故名。古代渔村。南田开禁前，同治间有王姓自临海大桥迁入。中华人民共和国成立初期，渔户20余户、百余人，搭草棚为居。张小网、流网为生。互助合作化时期，有流网船3艘。1969年，金高椅渔村3对机帆船与该乡的兴港渔村1对机帆船合并为兴港渔业队。同年，兴港渔队被评为省先进集体。“风吹浪打不迷航”事迹在省、地农业展览馆展出。1972年以后，渔队发展机帆船4对。20世纪50年代初，是猫头洋鱼货生产的集散地之一。1991年，开始打造钢质渔轮。2008年，全村共195户，从事渔业生产劳动力154人，有钢质渔轮62艘、5570吨、11635千瓦，年捕鱼量达5610吨。户均收入3.51万元，人均收入1.25万元。

2008年象山县渔村情况表

表29-3

村名	总户数（户）	总劳动力（人）			水产品产量（吨）			年户均收入（万元）	年人均收入（万元）
		合计	捕捞劳动力	养殖劳动力	合计	捕捞量	养殖量		
东门渔村	1210	1648	1486	2	51407	51400	7	3.92	1.25
石浦渔村	634	938	674	3	42808	42800	8	3.98	1.17
檀兴渔村	1038	2065	1510	1	51073	51000	73	3.38	1.12
沙塘湾渔村	270	552	412	0	18000	18000	0	3.87	1.24
平岩渔村	156	308	223	0	16000	16000	0	4.68	1.56
横峙渔村	134	237	228	0	16000	16000	0	3.98	1.31
对面山村	305	432	380	42	10063	10010	53	3.22	1.09
东丰村	288	545	438	12	11130	11120	10	3.49	1.16
金山渔村	218	359	279	0	12000	12000	0	3.44	1.08
渔山渔村	145	233	220	1	5301	5300	1	3.45	1.10
南汇渔村	200	274	170	1	4710	4700	10	4.18	1.39

续表29-3

村名	总户数（户）	总劳动力（人）			水产品产量（吨）			年户均收入（万元）	年人均收入（万元）
		合计	捕捞劳动力	养殖劳动力	合计	捕捞量	养殖量		
铜瓦门渔村	240	274	234	0	6800	3800	0	3.66	1.32
鹤浦渔村	217	216	216	0	12178	12178	0	3.98	1.50
大沙村	223	307	307	0	9085	9085	0	5.04	1.61
双下湾村	173	256	230	26	10875	10845	30	5.00	1.60
后龙头村	166	212	212	0	12120	12120	0	4.98	1.66
前龙头村	196	168	168	0	11426	11426	0	3.79	1.48
吉港村	328	198	140	58	7855	7790	65	4.36	1.46
杨柳坑渔村	190	395	275	120	9817	9482	335	4.72	1.54
金七门渔村	116	224	137	87	7111	6966	145	4.81	1.65
兴港村	613	1238	1202	36	27080	27050	30	4.68	1.45
金高椅渔村	195	154	136	18	5633	5610	23	3.51	1.25
松渔	351	658	250	155	2644	2304	340	2.34	0.75
双渔	262	385	120	95	1113	464	649	2.75	0.94
东湾渔村	140	270	70	60	632	302	330	2.01	0.69
乌岩渔村	73	131	35	0	0	0	0	2.58	0.86
屿岙	290	559	68	90	809	393	416	2.50	0.85
大坦	225	439	153	50	954	871	83	2.73	0.90
长沙	75	142	40	10	545	491	54	3.40	1.13
爵溪渔村	1236	2538	97	0	308	308	0	3.77	1.23
公屿渔村	150	242	34	7	225	122	103	1.49	0.62
地厂渔村	98	182	36	8	154	89	65	2.01	0.65
南韭山村	120	146	3	0	10	10	0	0.65	0.31
横渔	100	188	3	12	72.5	4.5	68	2.14	0.70
马滩	51	96	20	48	258	36	222	0.93	0.32
鹁鸪头	60	85	85	0	260	0	260	2.06	0.63
大塘	54	34	34	0	632	632	0	0.67	0.60
民洋	54	98	30	8	64	60	4	0.80	0.22

第二节　渔　　民

明朝姚士麟著《见只编》载，象邑海上捕鱼为业者约200家，名渔户。明嘉靖《象山县志》载，从事渔业生产114户。民国《象山县志》载，象山渔户609户（不完全统计）。

中华人民共和国成立初，全县渔业户4312户，渔业人口20578人，劳动力3772人。1959年，渔户突破5000户。20世纪60年代，渔户数回落。70年代后期，渔户数逐渐上升。80年代始，随着海洋捕捞工具的改进和养殖业的发展，渔户数大量增加，1989年、2002年，先后突破10000户与20000户，渔业劳动力分别达到18872人与35181人。至2008年，全县渔业户20471户，渔业人口59042人，从事渔业劳动力55816人。其中，捕捞专业16576人，养殖专业14393人，加工专业2249人，其他专业3292人。

1949—2008年象山县渔业劳动力及人均收入情况表

表29-4

年份	渔业户（户）	渔业人口（人）	渔业劳力（人）	年人均收入（元）
1949	4312	20578	3772	—
1950	4359	20681	2468	—
1951	4396	20764	383	—
1952	4351	19357	4282	—
1953	4806	21887	4452	—
1954	4806	22347	5391	—
1955	4935	24087	5616	—
1956	4987	24616	5580	—
1957	4999	25173	5766	—
1958	4557	22785	5792	—
1959	5034	23654	5884	—
1960	5092	23761	6144	—
1961	4588	21875	6205	—
1962	4588	18941	6729	—
1963	4368	16125	5494	27
1964	3468	16125	5494	32
1965	3605	16423	5687	70
1966	3690	18554	5933	—
1967	3661	18669	8487	124
1968	3827	20576	6542	58

续表29-4

年份	渔业户（户）	渔业人口（人）	渔业劳力（人）	年人均收入（元）
1969	3710	20617	7759	80
1970	3995	19901	8615	58
1971	4312	20599	7452	78
1972	4546	22393	7752	121
1973	4865	23586	8746	102
1974	5081	23964	8687	128
1975	6023	24247	8381	113
1976	5233	24273	9102	104
1977	6214	25146	9275	66
1978	7272	25253	10253	48
1979	7221	25694	10533	77
1980	6789	28374	10287	200
1981	3279	26178	10163	205
1982	6431	26697	10682	220
1983	6722	27144	12628	279
1984	6834	27742	13808	487
1985	7027	28552	15869	774
1986	7868	27882	15143	863
1987	8203	30397	16985	1178
1988	8409	30613	19060	1471
1989	10462	36502	18872	1301
1990	12849	39471	19408	1034
1991	12757	38331	18212	2353
1992	14507	40758	17133	2925
1993	15775	45263	19095	3912
1994	16695	49125	20208	7088
1995	17819	52771	21131	9464
1996	17934	51816	25835	7604
1997	18087	52275	26480	8535
1998	18920	55376	28474	9720
1999	18786	53475	29981	10045
2000	18973	53849	30164	10038

续表29-4

年份	渔业户（户）	渔业人口（人）	渔业劳力（人）	年人均收入（元）
2001	19816	56592	33477	10050
2002	20234	58233	35181	10050
2003	20422	58763	41078	10085
2004	20338	58513	41038	10154
2005	20233	58203	41150	10248
2006	20351	58729	41932	11299
2007	20456	58950	42502	14105
2008	20471	59042	55816	20233

第三节　渔业经营制度

境内渔业生产，家庭式作业从古延续至今，以滩涂采挖，沿岸捕捞为主，渔法简便，人们使用简单工具捞淡菜、铲牡蛎、采紫菜、挖沙蛤、钓蟹、捕弹涂鱼等；或使用竹筏、小舟、小网具从事鱼虾捕捞。这样的渔业生产活动，一般1~2个劳动力即可进行。即使是需要2~3个劳动力经营的沿岸区域的捕捞，由一家一户，父子兄弟组成的生产单位亦多。明末清初，随着大型船网出现，为适应渔业生产需要，占有船网等生产资料者开始雇佣渔工捕鱼，是为“长元制”。20世纪50年代始，随着渔业生产力发展，各种类型的生产组织不断出现。1979年始，渔业队进行生产经营体制改革，打破收益分配上搞平均主义的弊端。80年代，海水池塘养殖兴起，海、淡水养殖出现个体独资经营、合股经营、开发商经营等多种经营模式。

长元制

明末清初，爵溪、东门等渔村出现大型船网工具，拥有较多船网的渔民渐成渔东老板，俗称“长元”，而部分渔民则成为受雇于长元的渔工，渔村开始出现长元制（雇佣制）。长元初期与渔工一起下海捕鱼，船网工具按一定股份收取酬金，称“硬脚长元”。至清乾隆、嘉庆年间，大对船、大捕船作业兴起，长元的经营方式趋于多样化，有的长元自己下船当老大，出海捕鱼，爵溪称为“盐水长元”，东门则称为“海上长元”；有的仅在岸上组织指挥生产，爵溪称“岸上长元”，东门则称“岸登长元”；还有的靠借资、租船、雇工并同船下海捕鱼，爵溪称“寒帮长元”，东门则称“砂锅长元”。部分“长元”除从事渔业经营之外，还投资其他方面的经营，演变为渔业资本家。长元制的劳资分配方式采用拨份、带网、包薪等形式。

拨份制　带网船、网所有者与劳动者组合，劳动所得按船、网及组合劳力预先商定的“脚数”进行分配。通行于大捕、小对、大对、鳨艄等作业。民国时期，通常大捕船6人，分为7.5脚数，即按7.5股分利。其中船主、网主各1.5股，老大1.3股，其余渔伙按分工不同和技术高低或1.1股，或0.7股，甚至0.5股等。鳨艄船一般为11人，爵溪实行长元制的渔船，其组织生产的方式和分配方式：作业人员有船主、网主、老大各1人，副老大（看舵）3人，弟兄7人。弟兄中学徒3人，分常年和汛期。一般长元年内聘定老大，再由长元、老大选定船员。正月初二餐聚定局，农历八月十五结束，渔谚有“十五长元人，十六自家人”之说。渔获按股份分配，每船定18.75股，船、网主各3股，老大1.5股，副老大1.25股，弟兄各1股，余下半股由老大支配，称“手头钱”，赏给副老大及弟兄，按劳绩大小差别分配。

包薪 即雇佣制。由长元出资雇佣渔工，预付5%“定洋”。包薪以大米按市价折算，有按汛付给报酬的，亦有年终结算的，不负盈亏之责。雇工出海之间，伙食、理发等生活费用由长元供给。通常一船一汛，长元得米18.8石，老大、渔工8.6石。有些长元常以迟发工资、欠赖工资或吃倒账等手段，盘剥雇工。

合伙制

俗称“硬脚制”。流行于人员、成本较少的拖虾、流网、小对、张网等作业，网具、船只均由合伙渔民负担，渔获和盈亏按劳力、职务、技术高低计分分配。还有一种“各倒包”制，为浪网、披衣作业的一种分配形式。即船只租入，网具个人自备，各网渔获归各网主，船租共同负担，网片、网桩按水抽签轮流，损失自负。此种方式，因所获差别过大，于1952年后停止。

渔业互助组

1950年，人民政府领导渔民剿匪反霸，发放渔贷和救济款，并成立渔民协会，改造长元制的分配形式，实行渔民自愿组织、合伙经营、盈亏自负。1951年，渔村实行土地改革，划分出六种阶级成分：渔工、贫困渔民、一般渔民、渔业资本家、渔行主（渔霸）、自由职业。翌年，通过土地改革而占有生产资料的渔民，为解决在渔业生产中实际困难，借鉴大徐徐金木农业生产互助组做法，开始成立渔业互助组。爵溪谢世法组织成立全省首个渔业生产互助组，拥有3艘鶶舡船，33人。1953年春，东门村等全县渔村成立互助组36个，225户、1065人，船只383艘。1954年，互助组167个，1910户、2367人，船624艘。1955年，互助组193个，2650户、2809人，船686艘。互助组共同安排劳力，计划生产。组内利益分配则沿用传统的“硬脚制”，根据劳力强弱及技术职务的高低评分，船网工具也评分折股参与分配。其中，按性质不同可分低、高两组。低级互助组，各作业单位只在生产上进行互助，同进同出，共商捕捞地点；在经济上各作业单位独立核算，不作统一分配。高级互助组，则实行工具资金统一筹划，劳力统一评分，成本统一支付，经济统一核算，收益统一分配，高产者另给奖励，并提取少量公积金和公益金（占纯收入的3%~10%），公共或贷款添置的船、网之所得纳入公共积累。

谢世法渔业互助组生产组织情况 谢世法互助组采用“渔船、渔网私有，劳动互助、成本自负、死定活评”分配方式。所谓“死定”，即按渔工职务、技术高低，集体评定底分；所谓“活评”，即汛后依渔工表现，民主评定加分或扣分。改长元拨份制的18.75股分配为18股，即船3.2股，网2.8股，老大1.5股，看船（副老大）3人各1.25股，独份1股，雇工（雇打网）按技术评定。互助组下设3个生产组，各设组长1人。另有检查组、读报组、记账组、卫生组、保管组、采办组、织网组、加工组、评价组等。制定出规章制度，其中有“厉行节约，劳武结合”“站岗放哨，同进同出”“发现鱼群，速挂红旗”“学习时事、讲究卫生”“自我检查、团结互助”“严禁赌博，互助监督”等条目。1952年春汛，互助组获鱼51463公斤，老大平均收入1868300元（第一套人民币），看船（副老大）1576300元，独份1283000元，打网及普通工98800元。单船渔获量比互助组前增加2.5倍。10月，互助组改装原鶶舡船，延长船身，改装船壳，改进桅舵。11月，背舢板9对驶嵊泗捕带鱼，渔获量1700担，开创鶶舡船远海作业历史，打破一年四季独闲冬季的常规。互助组结束昔日渔民

“爬起五更头，走到长元门口头，背根竹竿头，走到淘锅头，挑到网场头，迟到吃喷头，不喜欢要回头”的苦状。1953年年末，谢世法互助组被评为省模范互助组，受到奖励。

渔业生产合作社

1953年12月，为适应生产发展，中共中央作出《关于发展农业生产合作社的决议》。1954年3月，爵溪谢世法互助组率先试办初级生产合作社，全社50户、184人。4月，东门渔业初级社成立，东门乡乡长姜仁祥兼任社长，入社559户、657人。渔业生产合作社实行船与网具民主评议，折价入社，按年付息（息率为4%），统一使用，所有权仍属私有。退社可取回原物，重新估价，多找少补。放弃剥削参加劳动的渔业资本家作候补社员入社，租用其工具、资金，按银行利率付息，与社员同样评工计酬。少部分社员须交纳入社股份基金。是年，全县仅爵溪、东门、石浦3家渔业生产合作社。渔业生产合作社发展分两个阶段，第一个阶段为初级社，第二阶段为高级社。

初级社（1954—1956年），分配形式为包产包分，超产奖励。汛前定成本定额，计划产量与工分挂钩，按产计分，完不成包产适当扣分，节省成本累进奖励。公共积累按总收入10%～30%，或按纯收入50%提取，用于购置船网工具，扩大再生产。

高级社（1956—1958年），扩大渔业社规模，制定渔业社章程，建立社员代表大会，选举合作社管理委员会、监察委员会，推行“三包两奖”（包产量、包成本、包工分，超产、节约成本有奖）责任制。

1956年夏汛，东门渔业生产合作社转为高级社，时入社渔户达612户，占总渔户98%，实现全岛渔业合作化。渔业合作章程规定，入社社员均需缴纳股份基金。劳动力统一调配，生产集体经营，船网工具折价入社，统一使用。高级社收益分配强调“优先发展生产，合理安排生活”，扩大积累，扩大社会主义成分。推行“三层式”分配制度，即扣除生产成本；保证提留公共积累、按劳分配、工具分红；试行超包产奖励20%～30%，完不成包产扣10%～15%。渔民入社生产工具，抵缴股份基金，有余部分作工具折价款，按工具折价值付给3%～5%租金，或按总收入8%比例拨分。渔业资本家入社工具，除抵缴股份基金后，剩余部分按银行利率付息抵本，赎完为止。

1954—1957年象山县渔业生产合作社发展情况表

表29-5

年份	社数（个）	户数（户）	人数（人）	船数（艘）
1954	3	1184	1970	296
1955	7	1214	1955	331
1956	35	4128	7663	1148
1957	40	6267	8717	1306

人民公社

1958年，全县渔区实行人民公社化，渔业生产合作社成为人民公社的渔业生产大队。渔区人民公社与农村人民公社一样，其性质是大型的综合性社会主义经济组织，又是渔、农、工、商、学、兵相结合与政社合一的社会基层组织。生产资料归公社所有，由公社统一核算，实行供给制加工资制。由于人民公社化运动，是与“大跃进”运动同时进行的，因而出现了高指标、瞎指挥、浮夸风及共产风，严重挫伤渔民群众的生产积极性。

1961年，贯彻中央调整方针，实行“三级所有，队为基础，自负盈亏”的制度，全县17个渔业大队调整为63个，1966年并为44个。是年，各生产单位实行“三定两奖”，个别社实行评工记分，按收入比例分成。公积金则丰产多提，歉收少提或不提。因工伤亡则付给全部医药费，当年工分照发，抚养遗属至自立。实行鳏寡孤独人员“五保”。20世纪70年代初，实行社员60周岁退休制度，退休费标准，各队视经济状况而定，通常每人每月8~12元，高者15~18元，按退休社员参加社组年份，逐年增加。同时，多余劳力自行组织自置船网进行流网、定置网作业，自负盈亏，向队交纳少量管理费，时称专业队。

1958—1962年象山县渔业生产大队情况表

表29-6

年份	生产大队数（个）	户数（户）	人数（人）	船数（艘）
1958	19	4557	5797	1337
1959	17	5034	5834	1537
1960	17	5092	6144	1543
1961	63	4200	3944	861
1962	57	4855	6729	无统计

新型经营机制

1978年，中共十一届三中全会后，全国步入改革开放之路。1979年始，象山渔业队先后经历“定额包干”“以船核算”两个阶段，打破收益分配搞平均主义的弊端。生产形成大包干、对船核算、渔业股份合作等新的分配模式，其中以渔业股份合作制影响最大。

大包干　1979年7月，昌国公社沙塘湾渔业大队首先实行生产单位承包责任制。由渔民自愿结合，自负盈亏，交公积金、公益金、管理费，即称大包干。时沙塘湾渔业大队168户、793人，劳动力197个，机帆船3对，背子溜18只，小机溜26只。大包干前贷款年年增，超支年年多，社员分配少，集体被挖空。水产品年产量从1972年的651.7吨下降到1979年的186.4吨；总收入从1972年的193600元下降到1979年的80043元；贷款亦从1972年的109713元上升到1979年的442251元。社员超支从1972年的67951元上升到1979年的446440元，增加5倍，平均每户欠款3849元。生产长期落后，加上贷款只借没还，银行采取限制措施，社员失去信心，渔业前途堪忧。1979年7月，大队首先实行生产单位承包责任制，队内大机船试行对船定额上交，实行大包干，发动社员自筹资金12500元，趁汛修船出海。同时恢复传统流网作业，多余劳力采取自愿结合、自筹资金、自备工具、自负盈亏、上交积累等措施。经过一年实践，1980年，产量上升至508.55吨，总收入202807元，分别比1979年增加3倍和2.5倍。劳均收入1248元，国家贷款下降12600元，上交积累20085元。1980年10月12日，《浙江日报》头版头条报道该队对船联产承包责任制优越性的文章。之后，其他渔村起而效仿。

对船核算　1983年始，渔区在大包干基础上进行以对船为核算单位，把财产折算到单位，债务摊派到单位，劳力安排到单位；规定上交大队福利、管理费；所有权划归单位，责、权、利紧密联系，促进生产发展。1983年2月，檀头山乡前卫渔村，在总结大包干利弊的基础上，首创对（单）船核算新模式。经一年实施，1983年，渔产量达2100吨，比1982年增104%，总收入88.9

万元，比1982年增110%，劳均收入1479元，比1982年增129%，还清当年贷款，再归还老贷款2万元，上交提留如期完成。渔民又集资21.4万元，大修4对渔船，并购置网具和增添一组灯围。1984年，全县经济体制改革下放时，渔区固定资产总额为1913万元，至1986年，增加至3210万元。昌国、半边山由下放时财产原值40万元猛增到180万元，净增140万元。

渔业（渔船）股份合作制　1991年始，钢质渔轮兴起，经济体制也有新变化。1992年、1993年是渔轮钢质化大发展时期，渔民纷纷筹资打造渔轮。一对渔轮价在二三百万元之间，一人无法承担就多人合资，也有独资借款建造的。在此情况下，股份合作制就应运而生。股份制既有压力又有动力，压力是借款等着要还，动力是渔轮作业可高产高分配。政府尊重群众自愿互利的原则，促进资金、技术、劳力等生产要素优化组合，达到实行规模经营的要求。股份合作制经过几年实践，效果很好，一直沿用。

象山股份合作制有以下几种形式：一是入股经营，共同劳动，按股分红；二是独资经营，船主雇工生产；三是股东不参加船上劳动，自己出资雇工顶替分红；四是甲船与乙船双方联合（单拖改双拖）生产经营，船长由股东推选或委托能人担任。

1996—2005年象山县渔业股份结构变化情况表

表29-7

年份	雇佣劳力数（人）	总股金（万元）	股份制结构、股东及股金构成						下海股东人数（人）
			传统渔民		农民		工商业者		
			人数（人）	股金（万元）	人数（人）	股金（万元）	人数（人）	股金（万元）	
1996	18623	168640	10090	161440	250	4000	200	3200	10133
1997	20650	163004	9117	154989	312	4836	187	3179	9240
1998	21772	157365	8185	147330	477	7155	160	2880	8230
1999	24855	156018	8366	146405	488	7320	131	2293	8411
2000	25417	163984	7993	147871	789	14596	82	1517	8343
2001	29023	177534	8894	160092	878	15804	91	1638	8795
2002	31154	183179	8454	160626	1092	20748	95	1805	8114
2003	33171	193460	7907	162094	1438	29480	92	1886	7476
2004	33856	209783	7182	165186	1847	42481	92	2116	7408
2005	34668	215575	6481	162025	2057	51425	93	2325	6711

第三章　海洋捕捞

宋庆宝《四明志》载："三四月，业海人每以潮汛竞往采之，曰洋山鱼①。"故至今象山渔民称大黄鱼汛为"洋山"或"洋山时"，称渔汛时捕大黄鱼为"扣洋山"。每年4—5月捕大黄鱼，6—8月捕鲳鱼、鳓鱼。明洪武四年（1371）第一次海禁，洪武二十年，列海岛为封禁之地，沿海岛民被驱迁内陆②。清初，再度海禁，尺板不许下海③，致使海洋捕捞业遭受大劫，加之浙东海盗、倭寇猖獗，象山东门、爵溪等地渔民深受其害，海洋捕捞难得正常发展。清康熙二十三年（1684），撤海禁之后，象山沿海渔户递增，并引入流刺网、延绳钓、张网等捕捞技术。清康熙后期，出现大型船网工具。清雍正年间，东门渔民始仿造闽式大捕船，每年农历三月二十三日或四月初八，北上岱衢洋，采用大捕抛碇张网作业，捕洋山黄鱼，每船一水获厚利者可得二三百金。中华人民共和国成立后，渔业生产大发展，渔船数量激增，机动船、钢质渔轮替代木质帆船，捕鱼技术及网具也不断革新，渔场不断向远洋拓展，开辟了南太平洋、印度洋渔场，使渔业产量逐年增加，至2008年，全年捕捞从业人员16576人，海洋捕捞产量44.88万吨，有机动渔船3987艘，总功率57.3731万千瓦。海洋渔业产量居全国第5位、浙江省第2位。

第一节　捕捞品种

鱼类捕捞品种，南宋宝庆《四明志》记载57种。民国《象山县志》记载63种，所记介类，即今所谓节足类之甲壳族、爬行类之龟鳖族、软体类之腹足瓣腮族，凡42种。

旧时，象山海洋生物丰富。清乾隆倪象占《蓬山清话》中云："海中所获鱼，有翼如鸟者（即飞鱼），有首如人而鱼身者（即儒艮），皆不敢食，或鱐（弄干）之以示异④。"象山传统作业渔场均在东海，主要水产资源与舟山地区无异，甚为丰富。《舟山市志·渔业》载：舟山渔场"共有鱼类365种。其中属暖水性鱼类占49.3%，暖温性鱼类占47.5%，冷温性鱼类占3.2%；虾类60种；蟹类11种；海栖哺乳动物20余种；贝类134种；海藻类154种⑤。"随着时代的变更，渔业科技的不断改进，近海的水质受污和过度捕捞，导致海洋资源严重衰减。以前主要的捕捞对象，包括被称为"四大经济鱼类"的大黄鱼、小黄鱼、带鱼和墨鱼都濒临衰竭，成重要的资源保护对象。鱼类（包括旧志所载）资源详细资料见本志"自然资源"篇第六章"鱼类"。

---

①宝庆《四明志·郡志》卷四"叙产·水族之品·石首鱼"。

②史料出处见本志"综述·五·渔盐"部分页下注。

③同上。

④倪象占《蓬山清话》卷之十六"鳞之属"。

⑤章凤池　周永孚主编，浙江人民出版社，1992年版，《舟山市志》第四篇"渔业"第二章"渔场·主要捕捞对象"。

表 29-8

象山县沿海捕捞常见水产品种情况表

类 别	种 数	主 要 品 称
鱼类	50 余种	大黄鱼　小黄鱼　黄三鱼　黄唇鱼　带鱼　鳓鱼　银鲳　乌鲳　海鳗　星鳗　鮸鱼　鲻鱼　蛇鲻鱼　马鲛鱼（川乌）毛鲿鱼　鲐鱼（青鲇鱼）　蓝圆鲹（黄鲇鱼）　绿鳍马面鲀　黄鳍马面鲀　黄姑鱼（黄婆鸡）　白姑鱼（白姑子）　石斑鱼　鲨鱼　牙鲆　角木叶鲽　条鳎　舌鳎（玉秃）　鲥鱼　魟鱼（鲭鱼）　鳐鱼　黄鲫　遮目鱼　龙头鱼（虾鱼孱）梅童鱼　真鲷　黄鲷　鲈鱼　鮟鱇鱼（海蛤蟆）　河鲀　风鲚　刀鲚　弹涂鱼　舵鲣　竹筴鱼　红鱼　七星鱼　海蜒　斑鱼鰶鱼（箭鱼）　沙丁鱼　青鳞鱼　小公鱼　翻车鱼　东方鲀等
软体动物类	5 种~6 种	曼氏无针乌贼　枪乌贼（小称鱿鱼，大称墨西）　太平洋褶柔鱼（鱿鱼）　真蛸（章鱼）长蛸（望潮）　短蛸（石柜）等
腔肠类	2 种~3 种	海蜇等
爬行类	2 种~3 种	海龟、鲎等
甲壳类	20 余种	三疣梭子蟹　远海梭子蟹　红星梭子蟹　锯缘青蟹　红螯相手蟹　哈氏仿对虾（滑皮虾）　鹰爪虾（厚壳虾）　周氏新对虾　红巧仿对虾　中华管鞭虾（大脚黄蜂）　龙虾　中国毛虾（小白虾）　葛氏长臂虾（红虾）　细螯虾（麦秆虾）　鲜氏鼓虾（强盗虾）　日本对虾　戴氏赤虾　海蜇虾　脊尾白虾　日本鼓虾　安氏白虾　中国对虾　虾蛄等
哺乳类	2 种~3 种	海豚等（俗称拜江猪）

第二节　渔　　汛

渔汛亦称“渔期”，是指在某一水域某种经济鱼类或其他水产经济动植物高度集中，并适于捕捞的时期。按鱼类等捕捞对象集中程度和时间，有初汛（头汛）、旺汛（二汛）和末汛（三汛）之分；按季节而名则有春汛、冬汛等；按捕捞对象之分，则有大黄鱼汛、带鱼汛等。渔汛时，沿海渔民集中渔船前往竞捕，象山民间早于宋时便称之为“赶洋山”。小黄鱼、大黄鱼、带鱼、墨鱼汛是象山一带主要渔汛。

大黄鱼汛

汛期为立夏至夏至，捕捞时间以节气为期分为夏水、小满水、芒种水和夏至水，以立夏前后谓之头水。一水历时一个大潮汛期，前后 6 天~7 天。二水在小满前后，俗称四月半水，黄鱼旺发。三水后黄鱼群散去。俗语云：“头水黄鱼进洋，二水黄鱼满舱，三水黄鱼落洋。”立夏后，大黄鱼群集大目洋产卵，鱼群密集，海底一片喋喳声，悦如清明前后田间蛙鸣。捕捞渔场先南洋即猫头洋渔场，依次为大目洋、马峙南崎头洋、岱衢洋等。每个渔场的旺汛时距半月左右。大潮期鱼群集中，捕获量大，在大、小戢洋一带海域所捕大黄鱼一般每尾重 1 千克，大者 1.5~2.5 千克。

猫头洋、大目洋捕获的约为0.5~1千克。大黄鱼产卵至夏至基本结束，有“夏至鱼头散”的说法。此时鱼群分散，各自觅食。白露以后水温下降，大黄鱼游向深海越冬。但在桂花盛开之时，即秋分至霜降期间，又有一批大黄鱼游向近海产卵，称秋汛，习称桂花黄鱼汛，规模远不及夏汛，产量也少，但捕上的黄鱼个体大且满身金鳞，尤称上品。20世纪80年代起，大黄鱼已不成汛。

照29-2　20世纪60年代捕捞大黄鱼

大小黄鱼资源衰退原因考　对大小黄鱼资源的过度索取和短视行为，是导致大小黄鱼资源衰退的主要原因。这种行为产生，首先源自人们不讲生态环境、不讲资源保护、一味向海洋索取，特别是“文化大革命”十年，对持有资源保护观念的人，一律斥之为“右倾”，予以打击，而提出一些诸如“变淡汛为旺汛、能拖则拖、能对则对、对拖结合、长年作业”口号，发起捕捞500吨竞赛等滥捕活动，使生命周期较长的大小黄鱼首当其冲成为最先资源衰退的鱼种。

对大小黄鱼过度索取的行为，其物质基础是日益发展的渔船、渔具及捕捞方式。50年代末期，机帆船开始出现，20世纪60年代全面发展，捕捞能力、强度大大提高，又放弃了能保护渔业资源的流网、钓业等传统作业方式，而采用单一的对网作业。这样，不管是汛期还是非汛期，对大小黄鱼，不分大水潮、小水潮，不分是产卵、未产卵，进行不间断的拖捕，捕捞的强度显然大大超过了大小黄鱼资源的增殖量。最大的失误发生在1974年、1975年，在这两年中，先后组织70多对性能较好的机帆船，随舟山渔船去长江口外以东150~200海里济州岛以南的洋面上，捕捞在那里越冬的大黄鱼群，头年捕获2000吨，次年捕获540吨。经过这两次浩劫，1975年之后，大黄鱼的产量迅速下降。另外，对严重破坏渔业资源的作业盲目发展而未能遏制，也是一个原因。如张网，属于定置渔网，以捕获小型鱼虾为主，50年代，仅有桩头100株，到70年代末，增至6065株。这种作业，每年在6—8月间进行，由于桩头的大量增加，大小黄鱼的幼鱼被大量捕杀。1959年从广东引进拖网后全面推广，网目小密，底栖大、大鱼小鱼一起捕，严重伤害鱼类资源，1969年一度禁止，1972年重新恢复，也加剧了对底层黄鱼幼鱼资源的破坏。

造成大小黄鱼灭顶之灾的再一种作业方式称“敲罟”。20世纪50年代中期，一种专捕大小黄鱼名为敲罟（gu，音“鼓”，系方言音译，一般作“艄”，或鲇）的作业方式从福建、温州等地传入象山，并俗称之为“敲梆”，而为一些渔民所使用。敲罟作业是一种古老而又现代的渔法。说其古老，是因为这种渔法，据广东《南澳志》记载，明代已经产生，说其现代，因其是一种合乎声学原理的高科技渔法。大黄鱼是石首鱼科，头骨中有两枚耳石。敲罟就是通过敲竹板，使大鱼小鱼脑震荡而死。其具体的场景是：中间两艘大渔船（称罟公罟母）张好网，再用二三十条小船在大船前围成半圆圈，每艘小船3人，一人摇橹，两人狠命敲打绑在船帮上的竹梆，使洋面“嘭嘭”震响，声波入海，引起黄鱼的耳石共振，导致大黄鱼“脑震荡”，鱼头出血，鱼眼突出，鱼胆破裂，昏迷死亡，船队渐渐合拢，一网打尽。因其破坏资源甚剧，50年代末期，被浙江省政府明令禁止。但到1960年的“饥饿”来临，一些渔业队重操敲罟旧业。1961年，石浦渔业队也以敲罟的方式捕捞大黄鱼。1963年，国务院下达《关于禁止敲罟的命令》，敲罟一度绝迹。但“文化大革命”开始，敲罟

又开始采用，直至70年代初期终止。(据福建、浙江有关渔业、水产志等资料编)

大黄鱼增殖放流考 20世纪80年代，由于水域污染不断加剧，水生生物生存环境遭到破坏，加上渔业捕捞强度长期居高不下，主要传统水生生物资源衰退。东海区水生生物资源的平均营养级不断降低，约为2.5左右。主要渔获对象大黄鱼等低龄化、小型化趋势明显，资源补充跟不上渔获速度，幼鱼补充群体又被提前大量捕捞，造成资源利用和补充不足的恶性循环，大黄鱼等日益稀少濒临绝迹①。20世纪90年代，确定象山港为开放性大黄鱼放流区域之一，开展大黄鱼苗种的放流增殖。

1997年，象山建军高科技水产公司与象山港渔贸开发公司海珍品育苗场，开展闽、粤、东族大黄鱼育苗，育出大黄鱼苗种130万尾。象山港大规模放流大黄鱼苗种，始于1998年7月，在中国国内尚属首次。据1998年7月15日《象山报·象山港口黄鱼苗放流记》，1999年7月7日《象山报·扩大自然种群 恢复优势名产 象山港口放入30万尾大黄鱼苗》等报道载：1998年7月12日，15万尾大黄鱼苗种在象山黄避岙乡的“宁波海湾苗种繁育中心”起捕。负责培育养殖放流苗种的是象山港渔贸开发公司。据公司总经理沈贤松介绍，放流苗种有三个规格，当年育成的苗种两种，一为4~5厘米，一为7~8厘米，前者为11万尾，后者为5万尾；上年育成暂养后的苗种的一种，重100克左右，共5000尾。放流鱼苗部分为标志鱼，4~5厘米的剪除左腹鳍，7~8厘米的剪除右腹鳍，上年育成的除剪一边腹鳍外，还在背部基部挂标志牌。放流地点在象山港口。放流时，浙江省政府一副秘书长及省、市水产局，象山县政府的领导参加。放流之后，在象山港底、中、口部张网各选一点作为调查点，了解收集放流标志鱼情况。另还在象山大目洋、猫头洋及台州海域设置调查点，不定期了解标志鱼情况。1999年清明，爵溪南韭山以西海域出现了多年未遇的大黄鱼鱼群，至5月底，渔民陆续捕到大黄鱼800多公斤，皆为二年龄鱼，专家断言为去年放流的鱼。

照29-3 象山港海域大黄鱼增殖放流

1999年7月3日，象山港口放流大黄鱼苗30万尾，除5000尾为15厘米之外，其余皆为7厘米以上。2001年，宁波市海湾育苗中心首次培育出5万尾岱衢族大黄鱼苗种。2006年7月7日，280万尾规格为8.31厘米大黄鱼苗，放流象山港口、南韭山等海域。另，22万尾黑鲷苗放流渔山海域。同年10月，30万尾规格为15厘米的大黄鱼苗放流以上海域。2007年7月2日，91.5万尾规格为8厘米的大黄鱼苗放流象山海域。2008年，100万尾规格为7厘米的大黄鱼苗放流象山海域。自1998—2008年，共放流各种规格的大黄鱼苗1500万尾。

小黄鱼汛

渔期为春分至立夏，其时，小黄鱼从深海向近海作产卵洄游，路线从南向北，由东向西的海面游来。捕捞渔场南起渔山列岛，北至嵊山花鸟。春分起捕，叫“攻南头”。春分至清明在南洋的渔山、将军帽、南韭山一带海域捕捞，称“南洋旺风”，捕之小黄鱼每千克6~8条，卵子未产的称粉籽。从北洋之岱衢洋捕之的每千克4~5条，因多数已产卵称水籽。清明后，鱼群北上甩山、

①据《浙江省水生生物增殖放流“十二五”规划》《浙江省水生生物增殖放流“十二五”规划》。

浪岗、海礁花鸟至佘山。渔船由南向北追捕，称北洋旺风。秋分至立冬，渔船在渔山、洋鞍、中街山一带海域捕捞小黄鱼，称早冬汛。

带鱼汛

汛期自立冬至大寒，俗称“冬汛”。渔民有“小雪小珂，大雪大珂，冬至前后旺珂”之谚。至20世纪50年代，木帆船捕捞时期，渔场在浪岗、嵊山、海礁、中街山一带海域。60年代，机帆船对网作业发展后，渔场扩大，北至佘山，南到洞头海区，渔期提前到霜降且延续到立春前后。渔汛前期作业区在海礁、嵊山、浪岗、中街山渔场；中期在洋鞍渔场；后期在大陈渔场。整个冬汛期，渔船沿着带鱼索饵洄游路线，由北向南追捕。1982年起，又捕夏白带，每年小满至小暑沿带鱼产卵洄游路线，从大陈岛以东海区北上经渔山、洋鞍入海礁东及东北60~120千米海区围捕。

鲳鱼汛

与大黄鱼同汛，但稍后半月，有“三水鱼群黄夹白”之说，至夏至结束，小满至芒种为盛期。每到春末夏初，鲳鱼从外海向大陆沿岸浅海区洄游产卵，形成渔汛。象山渔民在大目洋、猫头洋及至舟山诸渔场捕捞大黄鱼同时一路追捕鲳鱼。鲳鱼喜在水色黄浊水域中产卵，但在大潮汛时因潮流湍急，鱼群分散，只在小潮汛流速缓时才易集群，此时捕之上网率较高，故宜在小潮汛时作业。中小型流刺网是捕捞鲳鱼的主要网具，而对网、张网等作业也能兼捕鲳鱼。

鳓鱼汛

鳓鱼与鲳鱼稍晚于大黄鱼汛，因此，立夏前后捕捞大黄鱼时，常有鳓鱼亦网在其里，因鳓鱼披白鳞，故有“金中夹银”之说。鳓鱼游速飞快，有“小小鳓鱼无肚肠，一夜游过七爿洋”之说法。汛期在谷雨至小暑，5月下旬至6月下旬为盛期，此所谓“立夏见苗，夏至前后旺珂”。因鱼发由南向北，故兜捕亦先南后北。一般在猫头洋、大目洋首先开捕，此时段捕获的鳓鱼多数尚未产卵。每当小潮汛至起水（农历十二、十三、二十七、二十八为起水），潮汐开始转向大潮汛，潮流始涨未涨、始落未落的转流时，鳓鱼最喜集聚结众也最易上网，故有“五月十三鳓鱼会，早上勿会夜里会”之渔谚。因此作业渔船每于小水潮捕鳓鱼。流刺网是捕鳓鱼的最佳网具之一，昌国、爵溪、旦门等地渔民主要用此作业生产。由于渔业资源衰退，传统密集的“鳓鱼排”鱼群已很少见。

川乌鱼汛

学名称蓝点马鲛，背青乌，着蓝点，腹米白。每年3月中下旬从象山港至白石山进港索饵，形成渔汛，旺汛期为4月下旬至5月中旬。渔民常用流刺网作业。渔谚有“三月清明断荤腥，四月川乌开渔汛”。

墨鱼汛

墨鱼俗称乌贼，汛期在谷雨至小暑，旺汛期为小满至芒种。墨鱼喜以礁石上的海藻作为其产精卵的附着体，因其游泳能力较弱，在急潮时难以驻足产卵，故选择在小水潮时进行，渔民在夏汛捕鱼时有“大水捕黄鱼，小水捕墨鱼”之说。墨鱼汛分头水、二水、三水。头水俗称“花水”，时间在谷雨前后四五天。二水即“立夏水”，时间在立夏前后十天左右，为墨鱼旺发时节。三水即“小满水”，时间在小满前后4天~5天，三水渔获量少，故被称“三水屁”。20世纪50—70年代，象山渔民首先在大陈渔场以对网作业捕捞墨鱼，渔期自谷雨开始至芒种结束。此外，象山渔民还多在岛礁沿岸用拖网捕捞产卵墨鱼。

海蜇汛

海蜇有“矾生矾死”之说法，意谓海蜇出生在浙南温州矾矿山附近一带海域，而被捕捞后须用明矾加工方能食用。海蜇藉潮流与风力移动。春夏之交，随台湾暖流由浙南漂流北上，夏至到大暑期间漂入象山东门港、三门口、檀头山、南田等海面及象山港、中街山港湾海域，称海蜇汛，汛期五六天，此时海蜇群体密集。捕法用定置张网或驾小船用手抄网（撩篷）捕捞。立秋后，海蜇受朝鲜海峡寒流及北风影响由北返南，再次形成旺汛，此时期的海蜇称“伏蜇”，个体比前期海蜇大，汛期也较长。自张网作业兴起后，海蜇遂成为渔业捕捞对象之一。象山捕捞和加工海蜇以东门岛渔村为主。

第三节　捕捞方式

象山渔民在长期海洋捕捞实践中，由滩涂、浅海至深海，创造出数十种作业方式，大致可分对网、围网、拖网、流网、定置网与钓捕六大类。

照 29-4　渔轮外海作业

对网作业

亦称双船对网作业，可分为机帆船、大对、中小对、背对四种，统称对网作业。网具由翼网（称脚头）、身网（囊网、袋筒）、三角网（肚搭）、缘网（片子）等部分组成，因有两翼及囊网（袋筒），形如裤，故称“裤脚网”，大小不一，以两翼围捕为主，具有围、拖、张三种功效。

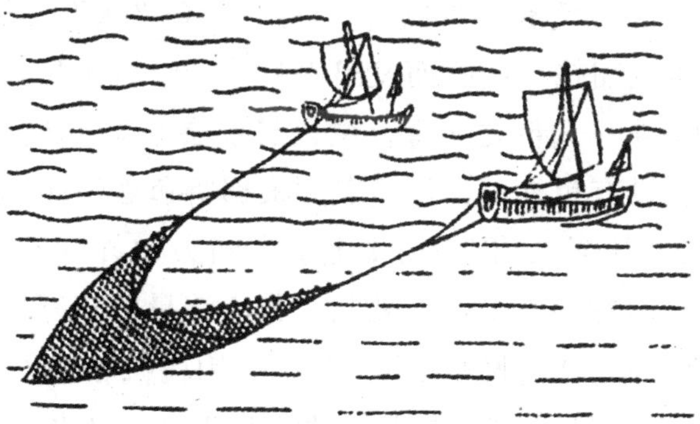

图 29-2　小对船作业图

中小对作业　是最早的一种小型捕捞作业，中对船载重约 5 吨，小对约 2 吨。因船网小，故作业限于水深 15～40 米的大目洋、南韭山、渔山、猫头洋等沿岸海域捕捞大黄鱼、小黄鱼、带鱼、乌贼、海蜒等，以夏汛、冬汛为主。民国 9 年（1920），东门南汇有 20 余对，1954 年尚有 12 对。20 世纪 60 年代，渐被小机帆船对网取代，中小对船由偎、网两船组成，每对配员八九人，由网船老大指挥放网起网。20 世纪 50 年代中期前，由偎船指挥网船，后改为网船指挥偎船。

大对作业　木帆船大对作业，船只吨位较中小对大，配人员较多，一般由十五六人操作。网船为主船，偎船为随船，是近海捕捞小黄鱼的主要作业方式。每年二三月，象山渔民在渔山渔场的捕捞结束后，北上吕泗、佘山等渔场捕捞小黄鱼。20 世纪 60 年代中后期，因渔船机械化而被淘汰。

背对作业　又称背舢板。一只大捕船或鵤舻船带两只小船（舢板）至渔场，放下小船捕鱼。渔法与小对相同，母船护卫，提供住宿、装载网具和渔获物，遇大风把小船背上，宜于远航。通常配员 12 人，作业时舢板上各 4 人。该种作业方式据说从普陀沈家门传入，冬汛用这种小船作小对网捕捞带鱼。1957 年冬汛，出现双背对，即一艘大船带 4 只舢板，作业区扩至嵊山、浪岗、中街山、洋鞍等海域。20 世纪 70 年代，因木帆大捕船改装为机帆船对网作业后，背对作业逐渐消失。

机帆船对网作业　此种作业始于渔船机械化的出现。1954 年冬汛，鹤浦渔业合作社将两只六七吨木帆船，装上 18 千瓦的旧汽车发动机，用木炭作燃料，首创机动化对网作业。不久，终因机器陈旧而停止。1956 年冬，由东门渔业社谢久春老大，引进省海洋水产研究所设计建造的一对网机帆船，出海作业，产量逐年增加。20 世纪 50 年代后期至 80 年代，成为象山渔业的主要作业方式。机帆船由小到大，从 20 余吨 30 千瓦增至 40~75 吨，44~110 千瓦，起网机也由横式改为立式，功率从 2×0. 75 吨增至 2×1. 5 吨，并兼作拖、围网作业。60—70 年代，一对机帆船配员 26~28 人。80 年代初，船体主机功率、网具等加大后，人员增至 30~32 人。网船为主船，负责指挥，偎船为随船。由于机动船航速快，抗风浪能力强，续航时间长，且可常年作业，产量高，但对传统渔场“四大鱼类”资源造成较大伤害，使传统渔场形不成汛。之后因机帆船拖网作业的兴起，加之渔场向外推移（机拖产量胜过机对），机对作业逐渐被大功率钢质渔轮替代。1995 年后，象山无此作业。

图 29-3　机帆船对网作业图

围网作业

有单船无囊围网、机帆船灯光围网等作业。旧指载：大黄鱼春月生子，声如群蛙，渔人听声下网，听法以竹筒测之，知其头向上，则用网如布匹，两头收合，无不就擒。所指即围网捕鱼。

单船无囊围网作业　在象山为爵溪鯿舿船专用。据传源自福建，传至台州，后爵溪渔民将其改为单船作业，俗称“鯿舿箧箕网”作业。适于大目洋八面潮水区生产，三季作业，尤宜三月初至夏至捕大黄鱼、鲳鱼、鳓鱼。一般每船 11 人，其中 1 人专负责“听鱼”，俗称“听鱼老大”。其卧于中舱，耳贴船底木梁，听大黄鱼叫声（大黄鱼腹肌收缩挤压鱼鳔而发出声响，产卵时尤甚）。其声“九腔十八调”，也称“九头十三腔”，从鱼声中能听出鱼群之多寡及位置与水层深度，还能听出雌雄及其产卵情形。听鱼技术，古已有传。过去，没有鱼探仪，作业老大根据听鱼者所示指挥下网，故听鱼技术关系一船之丰歉，渔者甚为重视。1 天约 15 网，历史上最大网头大黄鱼 3. 6 万尾。爵溪鯿舿船，在历史上与东门之大捕船并列为象山县的大型渔业船只，其渔获量的多寡决定全县渔业的丰歉。20 世纪 60 年代以后，因机帆船生产，加上大黄鱼资源逐年衰退，鯿舿船被逐步淘汰。1976 年之后，这种单船无囊围网作业趋于消失。

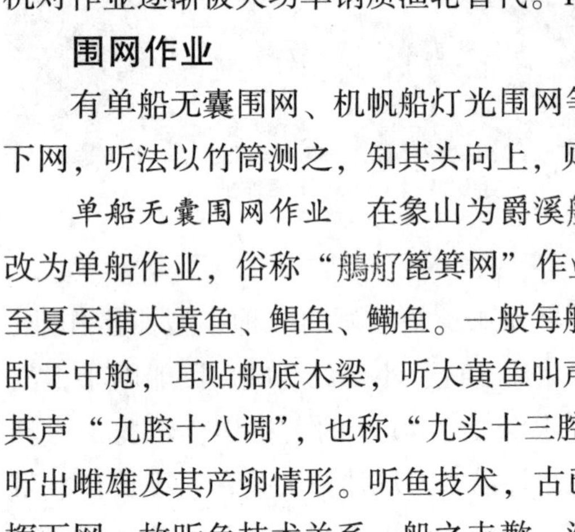

图 29-4　机帆船灯光围网作业图

机帆船灯光围网作业　称灯围，是根据一些中上层鱼类的趋光习性，夜间利用灯光把分散的鱼类诱集成群，然后下网捕捞。一组灯围由网船、灯船和 2 只灯艇组成。网船、灯船即机帆船对网作业渔船，小舢板作灯艇，灯船和灯艇装直流发电机发电照明诱鱼集群。一组 28~30 人，灯艇每船 2 人，称灯手。

拖网作业

作业方式有机帆拖网、网板单拖两种，因作业对象不同，有拖乌贼、拖虾等种。

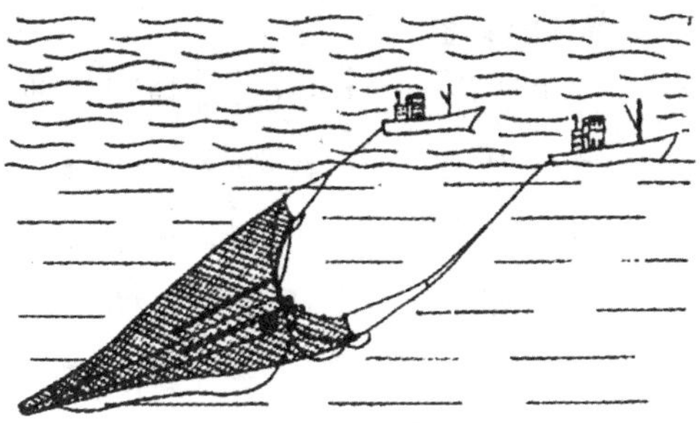

图 29-5　机帆船底拖网作业图

机帆拖网作业　又称“大拖网”对船作业，1959 年从广东引进后全面推广。作业方式与机帆船对网相似，但翼网短，网目小而密，以捕底栖鱼类为主。这种作业，大鱼、小鱼一起捕，所以严重伤害鱼类资源，1969 年起一度禁止。20 世纪 70 年代中期，又作为冬汛生产增产措施大量发展。为保护海洋资源，1979 年，浙江省政府规定 7—9 月，为机帆船拖网禁渔期。次年，延长至 10 月，冬汛开捕期为 11 月 1 日。1981 年，实行禁渔区和禁渔期。

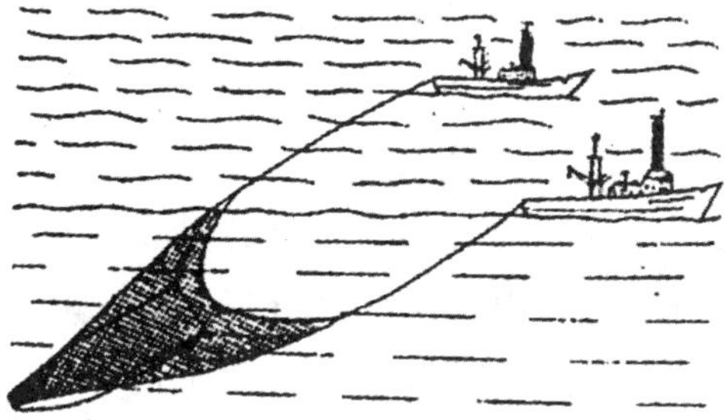

图 29-6　渔轮拖网作业图

网板单拖作业　以一艘船为基本生产单位，利用网板的水平扩张和沉浮子的垂直扩张，使网口张开，通过渔船的拖曳将捕捞对象拖入网囊，属底拖网作业。该作业为世界各渔业国家所普遍采用。中国福建、广东以及台湾沿海等省的捕捞，也主要采用该作业方式。1996 年，象山从苍南、温岭等地引进网板单拖作业，并参照台湾单拖技术，结合象山渔船生产特点进行网具改革，在中小型单拖作业中实验成功，得到快速发展。象山县单拖中的网板都采用“V”形网板。网具规格常见的为 280 目×60 厘米，脚长 14 ~ 15 米，袋长 47 米，整顶网具重约 90 千克。

图 29-7　乌贼拖网作业图

拖乌贼作业　乌贼拖网起源较早，为单船作业。民国 10 年（1921），象山有 15 艘渔船作业于渔山、南韭山、中街山海域。1958 年，爵溪郑三宝、王凤香到沈家门荷叶湾渔业大队学习。翌年，到西洛华、东库等岛礁作业。1963 年最盛，作业于嵊泗列岛和中街山列岛各岛礁周围渔区。20 世纪 50—70 年代，为小木帆船，80 年代改为小机船，一船配 3 人，2 人摇橹，1 人掌握曳纲，系单船底层桁杆拖网，夏汛时主捕产卵乌贼。

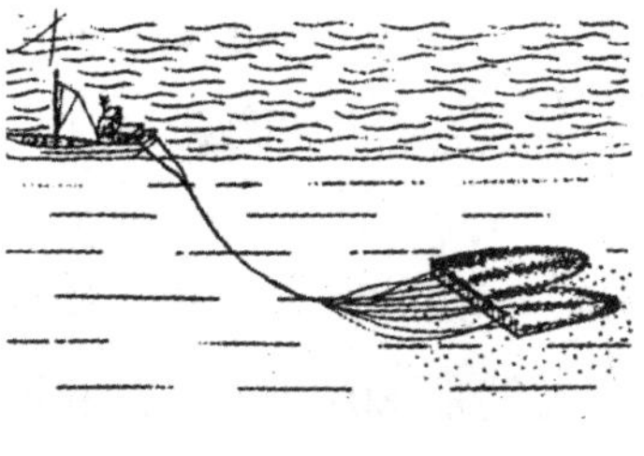

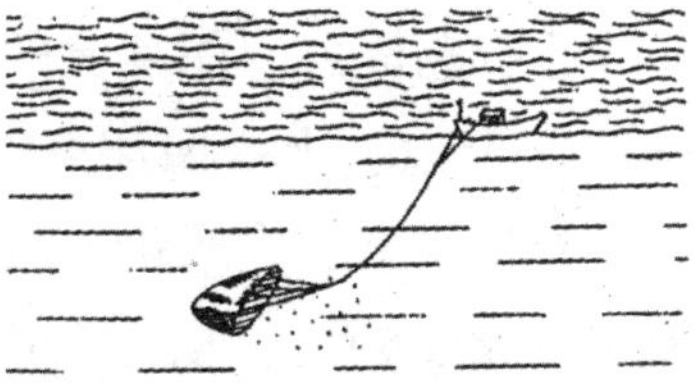

图 29-8　小机帆船拖虾作业图

拖虾作业　20 世纪 50 年代初，以人摇小舢板作业于内港，称内港拖虾，具体采用无囊桁架拖网，由囊网衣对折，两边用缘网缝合成横长方形袋，盖网，连接袋口上缘，以防拖曳时虾跳跃上逃窜。桁竿竹制，以撑网口。60 年代，始以小对船至檀头山、南韭山、大目洋、猫头洋海域拖虾，称外港拖虾。70 年代中期，改用小机帆拖虾。桁竿拖虾网的网口水平扩张主要靠桁竿的支撑来实现。1983 年冬天，推广以钢管为桁架的双囊、三囊捕法。80 年代后期，近海资源衰竭，作业移向外海，桁竿的长度为 28 ~ 34 米钢管，网具采用 7 囊袋和 5 囊袋两种规格。因其网口扩张高度较低，渔获选择性好，对带鱼等资源有保护作用，不受禁渔期限制。主要渔获对象：哈氏仿对虾、鹰抓虾、葛氏长臂虾、虾姑、枪虾、章干、台湾红等及其他杂鱼。

流网作业

含单船作业、中小型流刺网作业和外海三层流刺网作业等。

单船作业　网具随潮流飘移，故称“流网”，也称“流刺网”。以渔船大小，分大流、中流、小流3种。象山仅后2种，主捕对象分蟹流、黄鱼流、鳓鱼流、鲳鱼流、鮸鱼流、毛鲿流、鲷鱼流、鲨鱼流、鲭鳎流等数种。流刺网网片横长纵短呈长方形。大流作业放网100～300片，作业渔场靠外，中流作业放网30～70片，小流作业放网10～50片，作业渔场较近。作业时，若干网片联结成长带状。上置浮子，下装沉子，横流布设海中，拦截鱼群通路，以网衣挂刺缠绕鱼蟹等以取渔获。

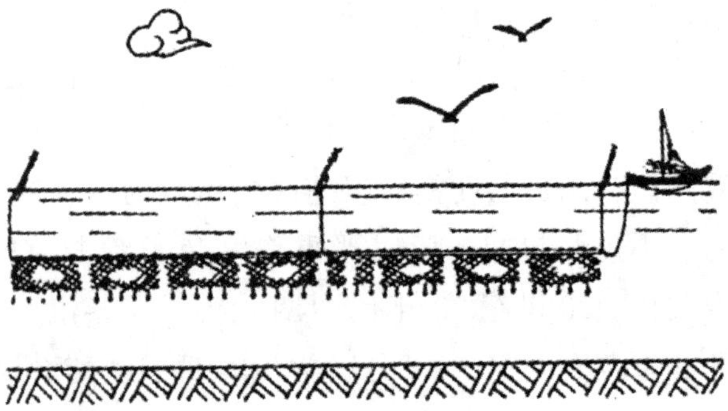

图29-9　鲳鱼流网作业图

中小型流刺网作业　渔船吨位4~6吨，渔民五六人，为中型流网；渔船吨位一二吨，渔民二三人为小型流网，此多为兄弟父子同船。在风浪较小的象山港、三门湾等港汊内湾作业。1969—1979年，沙塘湾、平岩、铜瓦门渔民先后试行“母子式”流网作业，由机帆船背载三四只舢板生产。20世纪70年代后期，中小型流网渔船逐渐动力化，至90年代，实现全部动力化生产。网具无统一规格和标准，视主捕对象有别，除特定品种专捕性较强外，常一网多用。1987年，县水产局从东海水产研究所引进蓝色、浅蓝、橙、棕等有色锦纶线编织网衣，视环境、鱼种选用一种色线，以迷鱼目，提高刺捕效果。1990年后，普遍推广着色流网。

外海三层流刺网作业　1997年，县海洋渔业局将深水三层流刺网实验作为一项重点项目，经试捕达到预期效果。网具规格：三层流刺网由三层网片组成，使用若干张网片规格，最后确定三层流刺网，外层网衣采用网线直径0.45毫米，目大为300毫米，内层网衣采用网线直径为0.32毫米，目大72毫米。主捕方头鱼、金线鱼、白姑鱼与鲷科鱼等。该作业破坏资源，后被渔政部门禁止。

外海二层流刺网作业　县水产局1988年3—7月进行试捕，渔船30吨上下，58.5~88.2千瓦，网具由2片目大14厘米和7厘米网衣，装配在同一上下纲为1片，共120片组成一列，可捕不同品种形体大小差异较大的鱼类。

定置张网作业

用竹桩或木桩打入海底缚系网具，随潮流张鱼虾入网，此为固定定置网；用锚或抛椗固定海底维系网具，作业时可视鱼况不同而启动锚、椗，转移渔场，易地设置，此为流动性定置网。有双锚流动张网、双桩有翼张网、单桩框架定置张网等作业。

双锚流动张网作业　统称大捕作业，为流动性张网作业。系东门岛渔民传统作业，奉化县之桐照、栖凤亦有此种作业，但晚于东门。清乾隆三年（1738），东门时有大捕船80余艘，后发展至99艘，东门大捕船也被传至岱山及其他沿海海区。船原先仅五六吨，至民国19年（1930）增至10吨左右，每船六七人。20世纪50年代，增至15吨以上，船员8人。适于潮流急、往复流的渔场，宜大潮汛作业。故渔谚有“十二、十三喜上洋，十五、十六鱼满舱，十七、十八回洋来”之说。大潮张网小潮歇捕，若鱼少，可拔碇起网再选择网地或转移渔场。主捕大黄鱼、鲳鱼、乌贼、鳗鱼、带鱼，还有龙头鱼、梅童、黄鲫等。一般夏汛单产15～20吨，高者35～40吨，在50年代前与鸕舿船产量相加，占象山鱼产量大部。一网多者可获10～15吨。时船只吨位小，无法承载，只好割网弃之。明代王士性《广志绎》记有“有得鱼多反惧没溺，而割网以出者①”，即指此。民国《定海县志》记载：20世纪20年代“象帮有百余号”挂网张捕。中华人民共和国成立初仅30艘，至1960年达125艘。70年代始，大力发展机帆船，此种船多安装柴油机动力，改为对网作业。现已无此作业船。

双桩有翼张网作业　又称花缯张网、鹰捕、平阳网。属双锚（桩）有翼张网。网形如拖网，有两翼，网具用锚碇固定，属流动性张网，可转移网地或渔场；用桩固定的则属定置张网。20世纪70年代初，从温、台地区引进。网衣分翼网、身网、囊网三部分，网口目数分有720目、600目、480目、360目、320目数种。作业时藉浮子、沉石扩张网口，沉子网又称水底网，网目稍大，下纲加沉石，网具贴底以张捕中型虾类为主，兼有小杂鱼、鲳鱼等，作业渔船载重五六吨至数十吨，主机18~132千瓦，作业人员4~8人，渔山渔民采用大网在水深30~50米海域敷网。而在大目洋、韭山渔场则采用小网较多，固定方式有2锚（桩）1网，3锚（桩）2网直至10余顶网。用桩者于汛前小潮流时选定网位打桩，以浮竹标位，起水期系上网具，大潮汛时生产6天~8天，一天张4潮，潮平时起囊网取渔获后，把囊网塞向网口，随潮转流网会自动翻出伸展。

单桩框架定置张网作业　又称反捕网、张小网，属固定性定置张网。皆百余年前从黄岩、海门到象山移民传入，现仍为南田岛金七门及檀头山、东门岛等地渔民的传统作业，其桩头数及产量均居全县前茅，是有名的张小网专业村。半边山、旦门、王家榄、东门的张小网则为土著，历史更加悠久，民国《象山县志》均有记载。20世纪50年代，东门等地内港定置张网舢板30余艘，60—70年代，改用小机船14艘，有桩头800~1100株，1988年之后，向近海发展，90年代后期，张网桩头激增至1万余株。

钓具作业

作业工具较多，不同鱼类都有专门的钓具。

漂流延绳真饵钓（带鱼钩）　为单船作业，分外海和内湾两类，县内以外海为主，有大钓船和小钓船。小钓船载重约5吨小型机帆或木帆船，钓手3~6人即可下海作业。大钓船载重40余吨，载背舢板三四只，每只4人，计16~20人，系母子式钓船。渔场南起渔山东南，北至花鸟东北，渔期在秋冬期，于水深40~60米海域钓秋白带，小寒至大寒钓“北水带”。作业多在嵊山至洋鞍海域，以钓带鱼、海鳗为主。春夏季在水深15~30米海域以钓大黄鱼、鳓鱼为主，其钓钩规格、放钓水层深浅均按季节与主捕对象而有所不同，但作业方式基本相似。钓具干线长约150米，每条干线置一篮（筐），有支线55条，各长1.6米（其中0.2米为系钓钩的钢丝），小钓船一般约置钓具6篮左右。用新鲜的带鱼、鳓鱼、泥鳅等切成条片作饵料，装在每枚钓钩上，钩尖外露。钓船单位产量较低，然渔获个体较大，质量好，售价高。这种钓具作业渔场宽广，渔期长，成本低，有利于保护幼鱼、稚鱼，但常与对、拖作业发生纠缠而受损害。20世纪50年代，被列为低产业作业而逐渐淘汰，60年代消失。

鮸鱼延绳钓　属定置延绳真饵钓，流行于渔山岛，俗称“放洋花”。用小船2千瓦或4千瓦挂桨机，每船3人，每船备钓钩1000~1500枚，每天下午4时放钩，次日早晨收钓。钓线的主干附有小铁锚或木锚，固定于海底。适于岛礁附近作业，所获为鮸鱼、大黄鱼、鳗鱼、黄姑鱼、鲈鱼。渔期除春节后1月、2月外，可全年作业，成本低，产值高。渔山岛的钓具一般为干线长170米，

①王士性《广志绎》卷四《江南诸省》。

支线长1.25米70条，饵料用乌贼、鲐、鲹鱼、鳀鱼、虾蛄均可。此种作业在象山港也有少量流行，但钓钩少，主要钓鳗、黑鲷、虎鱼等，为农民副业。

单本钓　即石斑鱼手钓，为渔山岛渔民之重要作业，一船3人（船内置活水舱或木桶数只），一人一钓，钓线下系一铅锤，离锤20厘米为钓钩。皆在岩礁底海域区作业，将铅锤保持悬触海底，凭手感鱼吞饵时起钓。主要钓鮸鱼、石斑鱼，也有黄姑、大黄鱼等。饵料用新鲜鲐鲹幼鱼、鳀鱼、龙头鱼、沙蟹、泥鳅均可。

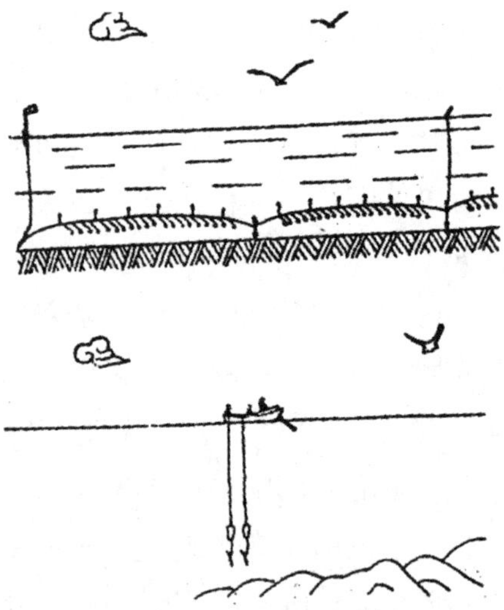

图29-10　手钓石斑鱼作业图

鲨鱼钓　用0.16厘米圆钢打成钩，长半米，有双倒钩。缚于三四米长之竹竿上，钩尾连于粗麻绳上，长约百米。以大船载舢板，每只舢板二三人，发现鲨鱼后，即从尾后接近，以钓钩进鱼腹软皮，立即弃竿迅速放绳离开，将绳尾端交给大船。鲨鱼负痛逃游，待力尽后缓缓收回绳钩，数次以后，待鲨鱼力竭，将鱼拖回港内。石浦渔业队独揽此业，据传源自福建，始于20世纪50年代末，盛于60年代初，1961年曾钩获200条，大者10余吨，一般为数千斤。60年代中期，因大鲨鱼减少而停止作业。

滚滚钓　亦称拉钩，属定置空钩延绳钓，以锐利之钓钩，成排广列海中，利用鱼类流动，鱼体误触布设的钓钩即被刺中，鱼愈挣扎被钩刺机会愈多，常数枚至十枚刺始获一鱼，故名滚滚钓。主捕鲳鱼、舌鳎、虎鱼，也有黑鲷、鮸鱼等。作业分有船和无船两种，无船者为居于沿海滩涂边之村民，多为农闲副业。有船者则向沿岸渔场开拓，形成有组织船帮。县内在20世纪70年代以前，有拉钩船30余艘，在象山港畔和岳井洋操此作业。由于海洋捕捞流动作业迅速增多，定置钓业常与流动作业发生纠缠，钓具被损，且收益少而衰败。1970年之后，象山县外海拉钩作业已无存在，但作为农民之副业，有船拉钩仍散见于滩涂边沿的海湾和内港。无船者涉足滩涂，每放完1荚，插竹竿固定，干线系于竿上使钓钩不触及涂面，两端以长竹竿做标识，初涨放钩，潮落后起钩取鱼。

蟹钓　系无钩延绳钓，主钓梭子蟹，用绳子缚上饵料，饵料为乌贼鲞、狗肉、海蜇头等敷于海底，利用蟹类贪食，抓住食饵难以舍弃的习性，终于被缓诱至水面，用抄网撩捕之。作业区多在岛屿周围海域，作业渔船为舢板船，载重一二吨，2人作业，钓具由干线、支线及沉石、浮标组成，干线长150~200米，每隔1米，置一条长20厘米支线，结饵后缩至约10厘米，顺风流放，先放沉石，浮标，晚间则置浮标灯，然后顺序放干线、支线，放竿后再放沉石、浮标，然后将船返回初放处起钓，见蟹快速捞取以防离水逃逸。如钓处水深，则用小锚固定，以防钓具飘移，其钓具数一般每只钓船携二三筐，每筐有支线200余条。渔期在农历五月至九月。此种作业较为原始，已淘汰。

金枪鱼延绳钓　1992年开始，象山着手远洋渔业项目，首选为贝劳金枪鱼延绳钓项目。由中国水产总公司牵头，1993年4月7日，8艘渔轮赴贝劳生产（同年10月18日返航回国），其中象山6艘渔轮。金枪鱼延绳钓，钓具干线长4万余米，间隔50米，置长25米支线及钓钩1枚，以鲅鱼作饵。每天下午放完钓线，次日凌晨返回首放浮标处起钩取鱼，浮标装有电子发射装置，渔船用电子测向仪和探照灯可找到，每一航次约半月，日单产金枪鱼4吨左右，平均尾重40千克，大者70千克。

第四节　近岸作业

近岸作业，民间俗称“落小海”。象山渔业的发展，经历了由滩涂向港湾、海岛采捕，再向深海、远洋捕捞的发展阶段。如今，近岸作业区的捕捞产量较之近海、外洋渔场的捕捞量已微不足道，但它对于象山人民的餐桌需要及沿海部分民众的收入，仍有重要作用。象山本地人，日常消费海鲜，一般来源于“落小海”得来的渔获，鱼类有黄婆鸡、泽鱼、箭鱼、虾鳎、黄三、梅童、鲈鱼、弹涂鱼（跳鱼）等；虾蟹类有小白虾、青蟹、沙蟹、红钳蟹等；软体类有短蛸（望潮）、牡蛎；螺蛤类有辣螺、芝麻螺、马蹄螺、沙蛤、蛤蜊、蚶子、蛏子等；植物类有苔菜、紫菜等。

近岸作业区类型

有岛礁渔业区、港湾渔业区、滩涂渔业区之分。

岛礁渔业区　约60平方千米。其潮流因受地形影响，产生上升流、涡流、往复流等，水质营养丰富，吸引鱼类栖息和繁殖，形成良好的渔场和采集天然贝藻类的场所。有石斑鱼、鮸鱼、鳗鱼、大黄鱼、墨鱼、毛鲿、海蜒等，多为经济价值较高之鱼类和海味，尤以韭山列岛、渔山列岛等生物品种为最多，达130种，产量最丰，适宜于海钓和小对船作业。

港湾渔业区　约240平方千米。其中，象山港水面约200平方千米（含西沪港、石浦港27平方千米）；岳井洋水面约12平方千米。这些港湾区既有地方性鱼类，亦有洄游性鱼类，皆可小型作业，如流刺网、定置网、拖虾、钓等。用小舢板、竹排即可操作。多为农、渔民之副业。产有鮸鱼、罗鱼、梭鱼、鲈、鳗、河豚、梅童等，季节性的有大黄鱼、鲳、鳓、马鲛、鲖盆鱼以及梭子蟹、白虾、虾仔等。虽产量分散，但品种多，品质好，上市鲜活，对于丰富市场，增加沿海民众的经济收入，实惠颇大。

照29-5　乘海马用竹管捕弹涂鱼

滩涂渔业区　20世纪80年代，全县滩涂面积有126.67平方千米，现已扩至193.30平方千米，除不适于捕捞的高潮区以及养殖为主的中潮区外，有近70平方千米宜于捕捞作业。主产小型经济鱼类，如梅童、弹涂等，也有较大者如梭鱼、鲖盆鱼、舌鳎。此外，还有白虾、梭子蟹、青蟹、蛏子、望潮、鲎、虾蛄以及藻、螺、贝等多类海鲜（如苔条、泥螺、蛤蜊、蚶子等）。作业工具简单，甚至可以不用船只。全县海涂主要有西沪港及象山港南岸、东部沿海、南田涂、蟹钳涂（包括岳井沿岸）四大片。

近岸作业方式

有手撮足踩作业和利用各种工具捕获不同鱼类的作业习惯。

手撮足踩作业　不用工具，直接足踩手撮的有：撮泥螺、撮蛤蜊、撮辣螺、撮螺蛳、采苔生、扻沙蟹、采苔条及踩弹涂等。

拖蚶网作业　拖蚶网用在沙质海涂拖毛蚶，多在西沪港一带作业。为有囊无翼底拖网。原为捞取海底贝壳碎屑作为烧制石灰原料之用，但在拖拉中常有大量的自然毛蚶网在其里，遂放大网目至二三厘米，成为转拖毛蚶、毛蛤等网具。网形似畚箕，底纲网口处置铁质耙刺状沉子以刮取底层泥沙与碎屑。现已无此种作业。

虾籽网作业　虾籽网网阔不过3米，网目极细，原以苎麻蚊帐布为主缝制，现改用聚乙烯单丝绢布。在海底打桩，上以毛竹成“丁”字架以作浮力，于港湾有淡水流入处张之。作业区多分布于西沪港、蟹钳渡。汛期从农历十二月至翌年农历三月，为农民之副业，渔获大多为墨氏胸刺水蚤，俗称“虾籽”①。

鳗苗张网作业　象山县内原无此网具和作业，20世纪70年代，为供外贸出口鳗鲡幼鱼，始兴发专捕鳗苗网具。网具无一定规格，有三角网、人字网、竖杆樯张网、四角网等。网呈锥形，网口目大1.6厘米，网底为0.6厘米，囊网由乙纶线平织布裁剪缝制成圆筒形。一只1吨左右舢板配一二人作业，管理二三十顶网具。渔场初在河口碶闸附近水深5米上下海域；后扩大至水深10米左右海区。作业者需不时从囊网底取渔获，以免鳗苗入网时间过长，被潮流逼迫挤压致死。获取鳗苗立即放入容器内用海水养护。渔期自12月至翌年4月。

海蜒捕捞作业　属敷网类作业。将网敷设于水面下甚至海底，以灯光诱引游动之海蜒入网，其作业方法多样，大多为海湾港岸边、岛礁岙口或某些浅水区的小型作业，以农民副业居多。50年代初期，用油柴爿放在有柄铁斗内燃烧发光，诱集捕捞对象入网，达到捕捞目的。渔山列岛历是海蜒最旺发的海域，海蜒也曾是象山名贵特产。只有渔山村部分渔民仍在作业。

罾网作业　县内沿海地区广为分布，按作业之方式分有板罾、船罾、排罾、车罾、仰天罾等，属撑架敷网类，为港滨农、渔民平日副业。网呈方形，中间下坠以毛竹四角撑之沉于水中不时收绳拉杆起网以收渔获。网有大小之分，网目亦不尽相同。1979年调查统计，全县有板罾、岩罾、排罾、船罾、仰天罾等1500余顶。现该作业甚少。

串网类（插网）作业　历史甚久，民国《象山县志》有描述，其作业方式是把网具敷设固定于一地，拦截捕捞，网具结构属插网型，分大型的高串、小型的低串，于落潮时立竹竿于泥涂，平潮时布网，退潮时鱼入网中，涉水取之。网长者四五百米，高两三米，大小不一，视合伙人之多少而定。小者一家一户即可。1988年12月15日，莲花乡莲花村村民周润月在象山西沪港口插网，一网围得万余斤鲻鱼，时价2元/公斤，一夜间成万元户。

笼壶类作业　旧时以毛竹削成筒，或竹编成筒状，两端均倒装须，贯以绳。将之散置于泥涂中，诱鱼入内而取之，所获者有望潮、弹涂鱼、墨鱼等。20世纪80年代新开发蟹笼。

抄网类作业　推移性兜抄网，以两支竹竿，中间张以网，于涨潮时徒步推行于海中，渔获以白虾、杂鱼、青蟹为主，俗称“抄缉网”。网具由2支各长3米竹竿用作撑杆，绑扎成“V”字形，末端约1米处横置1木，以加固夹角不致松动，又利抓网取渔获。人涉水深1米上下在滩涂边推网前进，随时抓横杆起网捞取渔获。如晚间操作可戴灯帽或背插灯笼，以兼作诱光。

手撒网作业　掩网，俗称“打网”。形如漏斗，下纲有锡制小沉子，网顶有引纲，长约50米，网身垂直长10米。手拉尾部，将网撒成圆形，撒向水面以罩住鱼虾之类。常捕捞集群嬉游在水面的斑鰶、梭鲻幼鱼。如在船上作业，发现鱼群即用旋转式撒网，使网衣成圆形罩向海面，藉沉子迅速下沉，着水底后缓慢收起网与网衣，靠沉子重力把鱼裹挟在网中。

---

①水蚤科种类繁多，胸刺水蚤科本志收录5种，详见“自然资源”篇第五章“动物”第四节“节肢动物门”“甲壳纲”。

铲淡菜　淡菜即贻贝。县内渔山、南韭山均有此作业（俗称“攻淡菜”）。渔期每年6—9月，其中七八月为盛期。淡菜铲铲头扁形铁制，柄为圆木，作业时渔民腰系网兜，一手执铲一手抓岩石，顺岩壁下潜，见有贻贝，即用力向下铲去使其落入网兜中，立即上浮换气，倒出贻贝再次下潜铲取，如此周而复始。一般潜水深度3~5米，倘能潜入更深处，则所铲之贻贝个体更为肥硕。也有选在大潮汛落潮后于露出的岩礁处铲取，一般男女皆可为之，但所获贻贝个体较小。

捞蟹窝　20世纪60年代以前，沿象山港西周一带渔（农）民操此种作业甚多，利用青蟹穴居习性，在滩涂沟槽等处，离涂面20~50厘米，水平方向挖直径12~14厘米、深约2米横洞，再在洞底挖一垂直洞，上盖砖瓦。潮来时青蟹发现现成有洞即进入栖居，潮退后打开盖瓦即可捕获。作业时间立夏至立冬，方法于清明后开始挖洞，一个劳力挖两三百个，在大潮汛期每天逐洞检查，以五月半水和八月半水渔获较多。现基本无此作业。

荡钓作业　又称荡钩，属空钓、手竿钓，大多钩滩涂上洞穴的红钳蟹，该种作业历史悠久。钓具形如常见竹竿，长五六米，钓线长约6米，一端系于竿尖一端系有4刺的钓钩。人在滩涂见有出穴之蟹，觑得真切即将竿钩荡过去，把蟹钩来放入腰际克篓内。此作业颇具专业技术，世代相传，必达到钩无虚发，发则有获，而且要轻轻荡来不惊动旁边之蟹，否则全数逃入洞中，又得费时守候。至今因用药物或蟹网方式捕捉，涂面之蟹稀落，荡钩作业所剩无几，此技术或将失传。

沙蟹网作业　专捕爬行在海涂上的沙蟹。网长10余米、宽1米左右，目大9厘米的椭圆形网衣，周围圈以纲绳，一端系长10米竹片作拉绳。把网衣平铺在蟹洞较密集的海涂上，然后人持竹制拉绳离开，待沙蟹出洞觅食即迅速拉绳，将其卷缠。

括网作业　用网目1厘米左右网衣缝制1~1.5厘米，深约2米的扁形网袋，网口以竹筐支撑，当泥螺或海瓜子平潮匍匐在涂面觅食时，把网在涂面上拖括，泥与贝一起入网，经滤洗去泥取贝。现无沙蟹网和括网作业。

特制工具作业　抲望潮，用“丁”字形尖头木棍；张弹涂，用小竹筒；撮泥螺，用木棍头上附一碗形网兜；钩蛏子，用50厘米长的粗铁丝，头部敲扁弯一小钩；钩沙蒜，用矢形竹条；钓泥鱼，用田螺肉作诱饵；钩生蜐，靴脚，均用铁制小弯钩工具；撬牡蛎，用铁制头部扁尖的牡蛎刀；铲蛛，用头部扁平、尾部有圆口的铁制铲。

落小海①　象山沿海居民，不少“靠海吃海”，以采捕滩涂岩礁生物谋生，民间俗谓“落小海”。“大洋山倒灶，落小海掏梢”，“张大捕倒灶，耙沙蛤掏梢”（倒灶，象山方言，意为亏本；掏梢，象山方言，意为翻本），这些民谚形象说明“落小海”在沿海居民经济生活中的作用。“泥螺蟹浆捣白岩，虾皮鲓头王家栏”，则记录了“落小海”渔获的品种和加工地。“可怜相，大年初一采苔生”，“三月三，辣螺爬高滩”，“四月八，挨磨泥螺结大犇”，这些俗语，反映滩涂作业的一些情景。

时至今日，沧海变桑田，随着滩涂成为盐田、塘田、水库、工业园区及聚落，落小海的范围正在缩小，产量也在下降。现就记忆所及，整理这一古老生产方式。

一、滩涂小海

1. 不用工具的，有撮泥螺、撮蚌、撮蛤蜊、撮螺丝、采苔生（苔条）、抲弹湖、拖（念他）沙蟹、掏青蟹等。

---

①据郑已扬口述及回忆资料编写。

2. 用简单工具的，有抲望潮（用“丁”字形尖头木棍）；张弹湖（弹湖，学名弹涂鱼。把小竹筒插入泥涂，待弹湖鱼钻入，即可提）；揑泥螺；钩蛏子（用50厘米左右粗铁丝，头部敲扁弯一小勾）；踏沙蒜（用矢形竹条）；扎红蚶蟹（由铁匠专门打制的四面有勾，中间一小铁条的工具，头上挂长线，线又挂在一根长七八米小竹条上，抛出去能把几米外的红蚶蟹扎来。）；戽岩潭（在礁岩旁小潭边用海泥围起，用小蛎桶把潭水戽干，抓捕其中海生物）；钓泥鱼（用田螺肉作饵，引泥鱼上钩。）

二、潮头小海

1. 车虾：专门织制车虾网，用两根竹竿固定，平时网卷在竹竿上，生产时，竹竿打开成畚斗状，在浅潮部位来回兜捕。

2. 扳罾：用上述车虾网在初涨潮头放平，等待随潮鱼虾进网。随潮后退，至潮涨平。

3. 插网：把废弃渔网（三月围七寸网，四五月用四寸网）用长竹竿分段固定，插入较深潮区，退潮时把网上栏获鱼蟹取回，每潮去一次。

4. 拖丝合：用丝质线织成长七八米宽，七八十厘米的网体，用小竹棍穿在网线上固定网口成三角形。生产时两人各拉一头，在潮头处兜拉，捕取潮头小鱼虾。

5. 抲阆桩：在退潮时，把网插在海涂上，有长几千米的。潮初退时，生产者抓被拦住的鱼。待退过半潮，由抲阆桩的人去抓摸鱼蟹，大鱼归还生产者，其余由抲阆桩人带回。

三、岩礁小海

1. 不用工具的，有撮辣螺、撮马蹄螺、采苔条。

2. 用工具的：有钩生螆、钩靴脚，（均用铁匠打制的铁条头上打一小弯勾工具，便于在岩缝中把生螆、靴脚勾出来。）撬蛎黄。（用铁质头部扁、平尖的蛎刀，撬开蛎黄，挖取蛎黄。）铲蟟（用铁制蟟铲，铲头部扁平，尾部有圆口，固定木质长柄，生产时用蟟铲把岩上的蟟铲离岩体。）

第五节　远洋捕捞

20世纪90年代后期，象山县钢质渔轮发展至1568艘，有“全国渔轮看象山”之说。由于钢质渔轮抗风浪性能好，续航时间长，增强去外海渔场捕捞和开拓远洋渔业的能力。1996年始，石浦、鹤浦、檀头山等地的渔轮先后赴印度尼西亚海域捕鱼。东门岛渔轮船队则北上对马、五岛渔场，南下南海东沙、北部湾渔场，也赴贝劳、印度尼西亚、马来西亚、越南等进行远洋捕捞。

照29-6　渔民在非洲贝劳共和国海域捕金枪鱼

西南太平洋远洋捕捞

1992年，由中国水产总公司牵头，组织宁波市远洋渔业公司和象山县一起参与贝劳金枪延绳钓项目，共派出8艘渔轮，其中象山县6艘。1993年4月7日，象山渔轮赴贝劳作业生产，走出象山远洋捕捞第一步。因国内去贝劳渔轮较多，当地海况不好，捕获量少，且日本市场鱼价低迷，得不偿失。在半年时间里仅捕获鱼货81.2吨，产值25万美元，亏3.9万美元，1993

年10月18日，返航回国。1996年8月17日，半边山戴卫国和檀头山王海东2对钢质渔轮赴印尼捕捞作业。经过11天的生产，满载而归，渔获物总量150吨，捕捞品种主要为带鱼、黄鱼、马鲛鱼及杂鱼。1997年7月，戴卫国、王海东2对钢质渔轮再次去印尼海域拖网作业，挂舟山东海远洋渔业公司牌子。赴印尼15个月，实际捕捞作业仅七个半月，经济效益仍非常显著。2对渔轮总产量1150吨，产值700万元。

北太平洋钓鱿鱼

2005年5月19日，浙象冷185、186渔轮赴北太平洋钓鱿鱼，至11月25日顺利返航，海上作业时间160天，共捕获鱿鱼950吨，产值680万元，盈利120万元。是年7月，又有7对双拖渔轮开赴北太平洋某海域生产，分别是由宁波三杰水产有限公司牵头的浙象渔48015号、48016号戴钊才单位，浙象渔40013号、40014号吴雪辉单位，浙象渔48055号、48056号王永方单位，浙象渔48057号、48058号戴叶玲单位，由宁波瑞丰责任有限公司牵头的浙象渔40107号、40108号林永法单位，浙象渔48007号、48008号黄根宝单位，浙象渔41005号、41006号柯位永单位。2006年后，象山未再参与该项作业。

第六节　渔　　船

渔船是渔业生产基本工具，为海洋捕捞之首要。唐、宋时渔船型小，两三人作业，桨橹行舟。明代出现网梭船、小钓船、小捕船，利用风帆，速度大增。自清至民国多大捕船、鳭舡船、流网船、大对船，帆1道~2道。中华人民共和国成立后，象山渔船发展经历木质帆船、木质机动船、钢质机动船等阶段。

木质帆船

丈八河条　唐中期出现在东门岛渔村，船身长4.5~5.5米。后在船身左侧加装一根船肋，称“单搁（拦）河”，再后两侧装肋，称“双搁河”，船体狭小无船盖。宋时船长增至8~10米，载重三四吨。船头两侧未装饰船眼睛，故后人又称之为“瞎眼龙头”。丈八河条可谓木帆船之母，后各型木帆船，几乎均以其为蓝本，逐步从扩大船身、增强坚固、便利操作等方面加以改进而成。

网梭船　民国《象山县志》引《明史·兵记》载：象山有网梭船形如梭，竹桅布帆，仅容二三人，行驶轻便，航速较快。

舢板船　船中较小一种，历史较长，沿海渔民多作港内、沿岸水上近距离运输及拖虾、张虾等作业，两船合并可作对网生产，称小对生产船，但无定型规格。一般船长5~6.5米，宽1.1~1.5米，深0.6米。载重1.5~2吨，渔船出海，常被载于船上，俗称“背子”，作辅助捕捞或两船交往之用。

鳭舡船① 别称“爵溪鳭舡船”。相传于明代由福建传今三门县小雄镇浦霸村，后传入爵溪，经本地渔民改良而成。船型较大捕船瘦长，上置甲板及桅、硬篷；橹可倒装，使船后退。县内为爵溪独有，故名爵溪鳭舡。其特点是平稳快捷，操作自如，回转灵活，可望风向左右下网，适于近洋作业。航行时，竖头桅一支，加一边篷，船速为其他船所不及，故有“海上赤兔马”之美誉。早

①鳭舡船读音、出处等内容，见本志“综述·五·（二）渔盐”部分页下注。

期船型较小，后逐渐扩大，至20世纪30年代，船长15.3米，宽3.5米，深1.5米，载重量10~15吨，为主要作业渔船。60年代，因大目洋渔业资源衰竭，又船型不适宜于多种作业而陆续改造成为机帆船，至1987年，鳧舟厂船消失。

照29-7　爵溪鳧舟厂船

大捕船　清康熙后期至雍正年间，从福建传入，可常年作业，县内以东门岛居多。冬汛，每船带两只舢板作背对，春汛两船配合作业，称之“大对船”。夏汛，抛椗张大捕，常在岱衢洋、花鸟北渔场等海域单船作业。大捕船有偎船与网船之分，结构也略有差异，偎船为指挥船，鳖壳长3.2米，网船操作渔网，甲板较宽，鳖壳较短，长2.16米。民国时，船长14.5~15.5米，宽3~3.4米，深1.15米，载重13.5吨，仅次于爵溪鳧舟厂。20世纪50年代中期，船型增大，长16.5~17.1米，宽3.1~3.6米，深1.18~1.26米，载重15~30吨。50年代后期，陆续改装为机帆船。

红头　构造与小对船同，属中对船，载重四五吨，船长7~9米，宽1.45~1.6米，深0.5米。以对网作业为主，适用于近海渔场捕捞。若作业时与小对船併对，则称“中小对”。

木质机动船

20世纪50年代中后期，出现的第一代机帆船大多由大捕船改装而成，小数由鳧舟厂船改装。60年代中期后，船体逐渐增大，并装绞网机。70年代，改横柄推拉刀舵为转轮舵，设驾驶台，拆除风帆；改船头形如“V”字头为尖头形，除去船尾一字梁。80年代中期，建造钢木混合结构或钢质结构大型机帆船，后期出现100吨位以上、133千瓦的渔轮式机帆船。2008年，全县有机动渔船2074艘。

照29-8　停泊在石浦港内的钢质渔轮

钢质渔轮

又称拖网渔轮，功率136~441千瓦，长29.48~40.04米，宽5.2~7米，深2.25~3.7米，排水量125~370吨。速度10节以上，续航能力约15天。抗风能力较强，能赴远洋生产。

1986年4月12日，县水产供销公司向宁波海洋捕捞公司购入184千瓦钢质旧渔轮一对，售价26万元。9月，又向舟山海军购入441千瓦钢质旧渔轮一对，售价36万元。开创象山最早钢质渔轮作业方式。1991年春，横峙渔村吴才来，在江苏泰州船厂打造一对200吨级钢质渔轮，198千瓦，造价136万元，国家贷款50万元，又开创象山群众性建造钢质渔轮时代。1994年，全县钢质渔轮发展到912艘。1995年，象山渔区提出“造大船，闯大海，赚大钱”口号，全县钢质渔轮增至1386艘，渔场实现战略性转移，渔船赴南海海域作业增多。2008年，全县钢质渔轮1913艘。

象山县各时期渔船数量情况表

表 29-9

时　间	渔　船　数　量			备　　注
	非机动船（艘）	机动船（对）	钢质渔轮（艘）	
南宋嘉定二年（1209）	10	—	—	《象山东门岛志略》：东门岛有 10 余艘丈八河条
开庆元年（1259）	796	—	—	《四明续志·立群隘船》：象山一丈以上 128 一丈以下 668
民国 11 年（1922）	437	—	—	其中小对 164，大捕 111，鵃舠 130（含南田县）
民国 36 年	899	—	—	大捕 32，鵃舠 103，红头 70（红旗）151（不含南田）
1949	836	—	—	—
1954	—	2	—	鹤浦渔业社改装木帆船，属全省首例
1978	—	234	—	—
1985	1158	880	—	—
1986	—	1228	8	象山已进入渔船机帆化全盛时期
1991	—	—	12	大功率机帆船向钢质渔轮过渡
1995	—	—	1386	—
2004	—	—	1568	总吨位 271363 吨，总功率 513516 千瓦
2008	—	2074	1913	总吨位 297458 吨，总功率 573731 千瓦

说明：表中 2008 年渔船总吨位、功率为机动渔船总数情况。其中捕捞渔船为 3402 艘、277934 吨、530493 千瓦

第七节　渔　　具

渔船作业工具主要有网具、钓具、鱼探仪、导航仪器等。因各时期作业方式不同，船上的网具和钓具不同。渔船实现机动化后，大多配备导航仪器、探鱼仪及电讯设备。

网具

照 29-9　渔民整修渔网

亦称渔网，起源早于渔船，因有了网，人们在溪流或江河边上即可捕鱼捞虾，在滩涂插竹布网亦可围捕。后有了船，捕捞始由沿岸进入浅海，遂出现张网、拉网、围网等各类网具。清代后用苎麻作网线，一直沿用到 20 世纪 60 年代中后期。苎麻网，需先用栲汁煎蒸防腐，又染以猪血使网入水后便于扩张，工序繁复，费用大且易误渔时，渔民长期受其困累。60 年代中后期，始用聚乙烯、聚丙烯等合成纤维编织。70 年代

初，基本实现网具塑料化。80—90 年代初，象山网具改革取得突破性进展，先后引进和开发疏目浮拖网、着色流刺网、三层流刺网、桁杆拖虾网、梅童拖网等。渔网种类繁多，主要有流刺网、对网、拖网、围网、流网等。

流刺网　俗称“浪网”。明《渔书》（残本）详细记述流刺网作业为象山昌国、旦门一带历史上传统捕捞方式。20 世纪 50 年代，仍为该区域主要作业方式。50 年代后期，逐渐淘汰，所剩无几。1978 年后，又大量恢复与发展，且实现动力化。流刺网依据所捕对象不同而网目之大小与网片之大小亦各异，种类很多。

对网　又称“裤脚网”。分小对网、大对网、机帆船对网三种。网衣由翼网、身囊网、三角网、缘网四部分组成。翼网有左右两个，称“网脚”；身囊网又称袋筒，实为身网和囊网合称，用来兜住鱼群；三角网俗称“肚褡”；缘网称片子。这三种网形状、网眼长度及编织材料各异，如小对网，网口网眼 1200 只，翼网长度 39 米，网眼大约 10 厘米；身网长 5. 33 米，网眼大 10~9. 3 厘米；囊网长约 17 米，网眼大 8. 7~2. 7 厘米；缘网用较粗线或双线织成，三角网则用粗线织成。

象山县机帆船带鱼对网网具规格演变情况表

表 29-10

年份	网口目数（个）	目大（厘米）	网口周长（米）	网翼长（米）	网囊长（米）
1959 年前	1640~1720	12. 0	195~205	100~110	28~29
1960—1976	1800~2200	12. 0~13. 3	215~265	130~160	35~43
1977—1981	2400~2600	11. 7~12. 3	280~320	175~215	42~56
1982—1988	2600~3700	10. 7~14. 7	340~450	220~300	65~87

拖网　分机帆船底拖网、拖虾网、拖乌贼网、渔轮拖网（分双拖与单拖）等。机帆船底拖网用较粗塑料线编织，翼网较短，俗称“大拖网”，上纲长 40~50 米，下纲长 60~70 米，网口周长 170~200 米，网衣长 70~100 米，袋筒长 60~80 米，网脚较短。拖虾网呈长方形，桁杆长 22 米，下纲长 26 米，袋筒 3 只，网口周长 120 米，网衣长 21 米，网眼 2. 6~4. 3 厘米。拖乌贼网与拖虾网略同，仅上有浮子撑竹，下系锡缒并转木盘一根拖绳。渔轮拖网，形同底拖网，上纲长 50 米，下纲长 62 米，网口周长 210 米，网衣纵向拉直长 115 米，袋筒长 90 米，网眼大 6~60 厘米。

围网　上纲长 350~400 米，下纲长 450~500 米，两侧网长 16~18 米，网衣中央最高 110~130 米，网眼 2. 5~4 厘米。

流网　分黄鱼网、鲳鱼网、鲨鱼网、梭子蟹网四种，前三种实际均可兼用。该三种流网呈长方形，每片网衣纲绳长约 70 米，高约 8 米，网眼大约 100 毫米。梭子蟹流网俗称“蟹网”，亦呈长方形，每片网衣纲绳长约 20 米，高约 3. 5 米，网眼大约 16 厘米。

钓具

钓具由钓线（干线、支线）、钓钩、属具（钓竿、浮子、沉子）等组成。按作业方式及结构不同而有延绳钓、拉钓、垂钓 3 类。延绳钓有带鱼钓、鳗鱼钓、墨鱼钓、黄鱼钓等数种；拉钓有大拉钓、小拉钓之分；垂钓有石斑垂钓、梭子蟹钓等。20 世纪 50 年代后期，钓具渐趋现代化，即钓线尼龙化，浮子塑料化，原来为青铜丝的钓线也改用合金丝；钓具的某些结构也做了改进，如钓钩改用转环连接等。从而使钓具经久耐用、操作方便。2007 年 10 月，在塔山遗址第二期考古发掘中，出土2枚战国时期精致的青铜钓钩，这一重要考古发现，是象山先民在先秦时期便有渔业活动的实物佐证。

导航设备

民国时，渔民用竹筒、火篮、向盘、摇车、听风、三角旗等作助渔导航测风器具。20世纪50年代中叶，国家广播事业局首批免费赠给象山县渔民收音机5台，之后各渔业队逐步配备助渔导航设备。

向盘　即指南针，为古老传统工具，木质圆形，直径8~10厘米，上盖玻璃，以黑线示船航行方向，磁针箭头指北，尾指南。因其简便、价廉，又皆在近海作业，故习用至今。但大型机帆船、渔轮则使用磁罗径。

雷达　1989年后，钢质渔轮始安装导航雷达。

超声波垂直鱼群探测仪　简称鱼探仪。1959年，引进日本产1台。20世纪60年代中期，国产鱼探仪问世，始渐推广。至1972年，全县对网机帆船均已安装，成为探捕大黄鱼、马面鱼、上层鱼时不可缺少仪器。同时，该种仪器可兼测水深，对确定船方位及安全，有重要作用。1986年，全县约有150台。90年代普遍使用彩色鱼探仪。

电讯设备

1957年，用15瓦手摇机，至20世纪60年代中期，改用15瓦报话机，联络均以对话为主。1975年4月，象山县设立岸台，单独成一网络。初仍以报话兼用，1976年改以报为主。岸台功率为150瓦，船台为15瓦或50瓦。80年代初，均改为50瓦。1982年，下属台14个，其中渔船8个，冰鲜船2个，渔政船1个。渔汛期间，每日早、中、晚各3次联络通报鱼情，特殊情况加班。为及时传递生产讯息、抢救海难、调度鱼货收购等起重大作用。

1978年，引进短波无线电对讲机，虽通信距离短，但使用方便，不受时间限制，深受渔民欢迎，发展很快。1985年，已超过400台。20世纪90年代，钢质渔轮网船装备“单边带”电台，渔用电台与偎船用无线电对讲机联络。

2005年象山县助渔导航设备情况表

表29-11　　单位：台

鱼探仪	对讲机	单边带电台	卫星导航	雷达导航
2000	5000	1049	1812	1317

第八节　渔获产量

民国前，渔产无详细记载。民国11年（1922），全县（含南田县）年渔获量6000吨，大黄鱼逾半。民国25年，渔产增至1万吨。民国28年，受日军破坏，产量减至6000吨以下。1949年，渔产4850吨，至1953年，渔产增至6850吨。1955年，渔产量突被1万吨。1967年，渔产量突破2万吨，达25910吨。1974年，渔产为34220吨。后渔产量不断刷新，1992年、1994年、1995年、1998年分别突破10万吨、20万吨、30万吨、40万吨。2008年，海洋捕捞产量44.88万吨，居全国第5位，全省第2位。

1957年，大小黄鱼产量5238.6吨，1958年开始连年下降。1958—1964年，7年累计捕获大小黄鱼15461.1吨，年均仅2208.73吨，与1957年产量相比，锐减57.84%。1965—1978年，大小黄鱼产量得以恢复，1974年达到高峰，为6091.5吨。1979年开始，大黄鱼产量迅速萎缩，至2008年，大黄鱼年产仅几十吨，成稀有之物。

1949—2008年象山县海洋捕捞产量情况表

表29-12　　单位：吨

年份	年产量	其中，部分品种产量					
		大黄鱼	小黄鱼	带鱼	墨鱼	鲳鳓鱼	毛虾梭子蟹
1949	4851.0	2275.0	250.0	75.0	—	—	—
1950	3288.5	1961.0	150.0	140.0	—	—	—
1951	4625.4	3225.5	200.0	117.4	20.0	—	419.2
1952	5785.9	3281.2	219.9	608.8	31.2	—	478.0
1953	6692.2	3750.8	362.0	564.7	72.7	—	703.9
1954	5497.9	1811.0	478.7	831.4	37.9	—	1386.9
1955	10289.9	4013.5	469.8	1393.7	24.5	—	2453.1
1956	12410.8	3151.6	902.6	3098.1	394.0	—	4989.2
1957	16967.8	3529.1	1709.5	3503.1	142.4	—	6059.5
1958	19240.1	2447.3	1133.2	3520.8	365.5	695.3	7552.6
1959	18559.0	2010.3	228.9	4332.8	942.3	327.6	6130.0
1960	19265.2	2260.3	728.9	5433.2	1292.3	—	5395.0
1961	12812.9	2350.0	75.7	3156.7	351.9	—	3416.9
1962	10714.5	1384.3	69.8	4006.7	211.4	—	5759.1
1963	12816.3	1108.6	—	4143.3	38.2	—	5777.6
1964	13411.6	1663.8	—	3403.0	1137.2	—	5777.6
1965	16156.0	3232.0	—	4804.0	895.3	—	4812.8
1966	17972.6	2621.5	203.4	5245.7	906.9	—	5793.8
1967	25050.4	5889.8	79.5	6522.2	1424.8	—	8604.2
1968	17863.8	4892.2	125.0	4207.0	305.5	—	6548.5
1969	24653.5	3277.5	37.2	7474.7	1181.0	—	8904.4
1970	21366.4	3256.5	1.5	4550.2	442.8	—	7650.0
1971	23131.6	3844.8	299.4	6479.0	758.4	—	8535.3
1972	24866.0	5483.0	63.9	12390.5	513.9	—	4971.1
1973	28209.3	3523.0	467.3	11027.4	267.9	—	7474.9
1974	32277.2	5949.8	141.7	13441.4	99.0	—	9293.0
1975	30887.6	2989.4	204.1	11447.8	315.5	—	8804.0
1976	37245.8	2644.5	74.8	8317.7	151.2	412.0	6732.8

续表29-12

年份	年产量	其中，部分品种产量					
		大黄鱼	小黄鱼	带鱼	墨鱼	鲳鯿鱼	毛虾梭子蟹
1977	33017.1	2800.7	140.4	8025.5	221.4	—	8392.4
1978	28756.0	2500.0	126.9	7038.6	255.0	—	10372.9
1979	23589.1	611.9	239.3	8514.4	1847.2	—	7165.9
1980	27384.7	275.0	—	11196.5	1825.0	694.9	—
1981	28213.1	447.9	—	10869.8	453.5	568.1	—
1982	29714.3	401.7	50.0	9375.1	1551.5	1393.5	—
1983	30085.4	274.5	45.0	7536.5	951.0	1272.0	—
1984	30950.0	346.3	25.0	6772.5	400.0	1542.0	—
1985	33681.7	193.9	15.0	7661.9	86.4	1724.7	—
1986	36946.0	267.0	49.0	5238.0	57.0	1068.0	15994.0
1987	37300.0	238.0	43.0	4150.0	243.0	1501.0	14420.0
1988	39863.0	198.0	—	4267.0	129.0	1467.0	19809.0
1989	37251.0	64.0	—	3074.0	165.0	844.0	18383.0
1990	45692.0	17.0	414.0	11753.0	206.0	1965.0	16034.0
1991	68660.0	234.0	67.0	25513.0	501.0	2672.0	19355.0
1992	126388.0	—	1790.0	55300.0	1245.0	2038.0	17598.0
1993	163880.0	—	3680.0	76350.0	3805.0	4060.0	15455.0
1994	248292.0	855.0	3420.0	98750.0	1575.0	8285.0	29920.0
1995	326545.0	1673.0	9482.0	139800.0	3622.0	27320.0	37000.0
1996	338695.0	685.0	14515.0	106200.0	3925.0	34495.0	50020.0
1997	375800.0	262.0	13977.0	134799.0	4798.0	27498.0	36333.0
1998	401381.0	308.0	14658.0	147858.0	4345.0	33486.0	36256.0
1999	448548.0	224.0	13379.0	159070.0	6293.0	32780.0	40721.0
2000	464412.0	90.0	14109.0	167130.0	4182.0	35630.0	45005.0
2001	465180.0	69.0	14778.0	139153.0	3922.0	35870.0	56290.0
2002	463800.0	67.0	66776.0	138080.0	3410.0	35581.0	51631.0
2003	454100.0	77.0	17364.0	133792.0	3053.0	34147.0	49906.0
2004	455060.0	59.0	17875.0	134216.0	3244.0	34784.0	44851.0
2005	454660.0	45.0	18120.0	122898.0	2923.0	34942.0	45959.0
2006	452800.0	35.0	18953.0	124938.0	3021.0	32577.0	40432.0
2007	451670.0	33.0	18562.0	121856.0	3344.0	31671.0	38608.0
2008	448800.0	32.0	18304.0	120525.0	3319.0	30191.0	39300.0

第九节　休渔制度

进入20世纪90年代，渔业资源匮乏，每年伏季，均有不少渔民提前进港休渔。1995年，象山渔民提出伏季休渔以保护鱼类产卵、繁衍的建议，被农业部采纳。农业部规定从1995年开始，每年7月1日至8月31日，东海、黄海实行全面休渔制度，禁止拖网和帆式张网渔船，进入北纬27度以北至35度以南的东、黄海生产；9月1日至10月31日，拖纲渔船可以在机动渔船拖网禁渔区线向东平推30海里线以东的海域作业，但须实行幼鱼比例检查制度。1998年，象山渔民又提出休渔期延长一个月的建议，亦被农业部采纳，并从2000年始，延长为3个月，即东海、黄海伏季休渔的时间往前提前至6月16日，往后推迟至9月16日。2008年，象山伏季休渔具体规定：一是拖（对）网、帆式张网作业渔船休渔时间为6月16日12时至9月16日12时；二是桁杆拖虾作业渔船休渔时间为6月1日12时至8月1日12时；三是定置、流动张网作业渔船休渔时间为6月1日零时至8月31日24时；四是蟹笼、梭子蟹定（流）刺网作业渔船休渔时间为4月1日12时至9月16日12时。(北纬27度至31度沿岸和近海)。

伏休期间，象山渔民积极响应政府决策，安排渔船维修保养，修理和配置网具及其他各类渔具与助渔设备；调整作业结构，从事和参与海岛、渔村的餐饮服务业和观光旅游业，有力推动象山“海上休闲渔业”的发展。渔业管理部门还动员和组织渔民参加相关的文化或专业学习培训，提高渔民文化和业务素质。休渔期间，象山渔民积极参与筹备一年一度的中国开渔节的多项活动。自1998—2008年，象山连续成功举办十一届中国开渔节，每一届开渔节，象山渔民均担任主要角色。现在，这个原本因国家实行休渔期而诱发的区域性文化节庆活动，已演变成具有中国特色的海洋节日和渔民节日，成为一个具有较强生命力的文化旅游节庆活动，也成为象山对外展示“百里海岸，千年渔乡”这一美好形象的一张名片。开渔节内容详见本志“生产习俗　岁时节日”篇。

伏休期间，象山渔民还发起“蓝色保护志愿者”行动。休渔制度激起象山渔民更加深入的反思和觉悟，树立渔业生产科学发展观，并进一步催生保护海洋、保护人类的大局观念。2000年，由石浦等地21位船老大发起中国渔民“蓝色保护志愿者”行动，首次提出“善待海洋就是善待人类自己”口号，并成立中国第一个专事保护海洋的民间组织——中国渔民“蓝色保护志愿者”行动指导委员会。“蓝色保护志愿者”行动，是一项旨在保护海洋资源环境的公益性社会宣传活动。2001年，活动延伸到国外。“蓝色保护志愿者”通过电子邮件和漂流瓶，向联合国和21个濒海国家元首呼吁全世界共同保护海洋，并向全世界渔民发出“蓝色保护志愿者”行动倡议，象山渔民黄根宝代表象山渔民在开渔节（第四届）上向全世界渔民倡议“蓝色志愿者行动”，得到积极响应。时联合国秘书长安南、新西兰等国总理回信表示赞赏和支持。日本渔民和加拿大渔民慕名到象山，在第四届中国开渔节上与当地群众一起参加保护海洋千人誓师大会。2002年5月，象山渔民应邀参加在北京召开的志愿服务国际会议。“蓝色保护志愿者”向大会发出“让海洋永葆青春”倡议，得到与会的联合国有关官员和各国代表一致称颂。联合国国际志愿人员组织总协调夏珑女士为志愿者题词。2003年8月，以“全球渔业与护海大行动”为主题，开展“蓝色保护”网上大讨论，征徽标，发放环保袋等活动，并向世界发表保护海洋的《象山宣言》。中国渔民

"蓝色保护志愿者"行动纪念墙在石浦镇皇城沙滩落成，并举行隆重的揭幕仪式。2004年7月，邀请宁波大学生命学院学生，赴韭山列岛等地进行生态、资源调研。确定每年9月12日为"海滩清洁日"。9月13日，在皇城沙滩举行大型海洋环保志愿者活动，"京城活雷锋"、全国优秀志愿者孙茂芳为护海志愿者形象代表。2005年9月，石浦中国渔村隆重举办中国渔民"保护海洋·人人有责""蓝色保护志愿者"接力大行动，象山渔民代表宣读环保倡议；志愿者代表宣读象山青少年致全国20个市市长的信；聘请环球皇后为中国渔民"蓝色保护志愿者"蓝色使者。2005年，中国渔民"蓝色保护志愿者"行动被评为浙江省优秀青年志愿服务项目，被宁波市评为首届十大志愿者服务之星。中国渔民"蓝色保护志愿者"行动指导委员会被评为宁波市"十大绿色环保人物"。

第四章　水产养殖

大面积海水滩涂养殖始于20世纪20年代。随着现代海洋捕捞技术的不断发展，海洋水产资源严重衰退，80年代，海水池塘养殖、海水网箱养殖兴起。2008年，海水养殖面积包括浅海、滩涂达109.58平方千米，养殖产量达109200吨。象山居民习惯吃海鱼，淡水鱼类需求不旺，1957年始有淡水鱼养殖，但发展缓慢。2008年，淡水养殖产量为10810吨。

第一节　海水养殖

象山海水滩涂养殖起于何时已难查考。南宋宝庆年间（1225—1227），有海涂课税150文记载。据爵溪《刘氏宗谱》载：明嘉靖间，爵溪千户刘士春始居爵溪，视此四通八达之区，顺利兴税，招垦纵横十余里，区划几方，买蛏秧如米形、养之于其涂，至一周岁多时，可拨而卖之。其得利甚便，后遂为照常。可见当时海涂应有一定的渔业收益，采集蛏苗、蚶苗，并在滩涂放养出售。大面积滩涂养蛏始于20世纪20年代，养殖地分布于公屿、昌国、新桥3个地方，时有专业养蛏者54户。收购者将蛏运至沪、甬销售，最高年产量250吨。80年代初，海水池塘养殖兴起，从围塘养殖对虾入手，很快进入多品种养殖阶段。80年代后期，海水网箱养殖技术成熟，大黄鱼、鲈鱼、黑鲷、真鲷、美国红鱼、斜带髭鲷等鱼种得到大规模养殖。

养殖规模

1951年、1952年，有专业养蛏户176户，兼业户506户，年养蛏300~500亩。时海水养殖仅蛏一种。政府对养殖者发放贷款扶持，成立产销合作组织，养蛏业得到较快发展。之后，开始养殖泥蚶、紫菜。20世纪50年代后期，大力发展海带养殖。1959年初夏，收割海带258吨，并在随后几年中不断取得增产经验。1968年，人工试验养殖紫菜4.5亩获得成功，并在全县逐步推广。1978年，苗种解决，紫菜养殖面积大幅上升，全县形成以藻类为主、贝类为副的海水养殖格局，产量较大增加。

1980年年初，海水池塘养殖起步，首先围塘养殖对虾，后进入多品种养殖阶段。1983年后，落实生产责任制，发展家庭承包经营、联户经营，实施集体、个人一起上等多种形式，海水养殖进一步发展。对虾、梭子蟹、牡蛎以及鱼类养殖均于20世纪80年代后陆续起步。1988年，全县海水池塘养殖面积达到13200亩。2004年，海水池塘综合产量为36406吨，养殖品种有对虾、牡蛎、贻贝、紫菜、海带、缢蛏、毛蚶、泥蚶、泥螺、沙蛤、文蛤、沙蚕、梭子蟹等20余个品种。

20世纪70年代末，海水网箱养殖初现渔山。1986年，渔民仿福建尝试海水网箱养殖。1987年，象山渔贸开发公司在象山内港、西沪港海区的黄避岙乡进行海水网箱养殖，经过几年努力获得成功。养殖品种有石斑鱼、鲈鱼、美国红鱼等。1997年，养殖大黄鱼网箱500只。至1999年，产大黄鱼1002吨，小黄鱼261吨。2008年，由象山宁港水产养殖有限公司养殖的大黄鱼、鲈鱼、黑鲷、真鲷、美国红鱼、斜带髭鲷6个鱼种获GAP一级认证，成为宁波首家水产养殖GAP养殖基地。

2008年，海水养殖面积包括浅海、滩涂达109.58平方千米。其中，围塘养殖46.83平方千米，滩涂养殖48平方千米，浅海养殖14.75平方千米（含海水常规网箱15835只、深水网箱136只），养殖产量达109200吨。

1952—1985年象山县海水养殖情况表

表29-13

年份	面积（亩）	其中		产量（吨）	分品种产量		
		浅海（亩）	海涂（亩）		海带（吨）	紫菜（吨）	蛏子（吨）
1952	443	—	443	125.0	—	—	—
1953	334	—	334	160.0	—	—	—
1954	467	—	467	210.1	—	—	—
1955	220	—	220	165.0	—	—	—
1956	291	—	291	245.0	—	—	—
1957	1381	—	1381	130.1	—	—	—
1958	475	—	475	362.5	—	—	—
1959	3509	3000	509	398.2	129.0	—	269.2
1960	3410	3050	360	451.3	345.0	—	106.3
1961	2319	1923	396	362.9	200.0	—	162.9
1962	591	266	325	134.0	39.2	—	94.8
1963	664	464	200	142.0	51.3	—	90.7
1964	1140	440	700	233.0	55.9	—	177.1
1965	1504	404	1100	444.9	79.1	—	365.8
1966	1455	655	800	387.4	140.0	—	247.4
1967	2369	1569	800	764.1	408.8	—	355.3
1968	3797	2697	1100	1079.8	901.8	—	178.0
1969	6326	4323	2003	2063.9	1835.0	0.4	228.5
1970	6281	4640	1641	1461.4	1300.0	4.6	156.8
1971	5837	4659	1178	1882.3	1540.0	4.7	337.6

续表29-13

年份	面积（亩）	其中		产　量（吨）	分品种产量		
		浅海（亩）	海涂（亩）		海带（吨）	紫菜（吨）	蛏子（吨）
1972	5554	4781	773	1417.8	1325.0	5.0	87.8
1973	7482	6152	1330	1373.9	1205.0	6.5	162.4
1974	6945	4584	2361	1662.3	1446.4	3.1	212.8
1975	9150	4731	4419	1585.4	1311.1	9.1	265.2
1976	6873	5421	1452	1129.0	996.3	18.3	114.4
1977	6447	5005	1442	1643.8	1150.0	20.5	473.3
1978	9468	5711	3757	1631.6	1221.1	40.5	370.0
1979	12168	8253	3915	2442.0	1950.6	102.7	388.7
1980	11880	8980	2900	2612.5	1900.0	162.5	550.0
1981	8817	5286	3531	1666.5	1216.5	100.0	350.0
1982	10820	6132	4688	1377.5	700.0	127.5	550.0
1983	15160	7713	7447	2283.7	1055.7	142.5	1085.5
1984	22268	8002	14266	4525.0	1200.0	325.0	3000.0
1985	24069	9075	14994	5832.5	1250.0	387.5	4195.0

1986—2008年象山县海水养殖情况表

表29-14

年份	面积（亩）	其　中			产量（吨）	部分品种产量（吨）										
		浅海（亩）	海涂（亩）	围塘（亩）		海带	紫菜	蛏子	对虾	牡蛎	蚶子	贻贝	蛤	泥螺	青蟹	梭子蟹
1986	22798	10452	12346	—	5112	41	416	3782	435	15	350	—	—	—	—	—
1987	28130	14515	13615	—	5146	206	430	3518	581	—	338	8	—	—	—	—
1988	29299	16444	12855	—	5028	345	435	3565	563	—	110	5	—	—	—	—
1989	29529	16369	13160	—	5183	450	445	3545	507	6	150	—	—	—	—	—
1990	27781	15131	12650	—	8912	437	521	3658	742	116	263	—	3	—	10	—
1991	32082	2100	29982	—	6674	680	450	4000	804	300	300	—	—	—	20	—
1992	44265	8490	18345	17430	8734	850	760	4400	1358	700	400	—	—	70	25	—
1993	52545	3000	26640	22905	10520	920	850	6020	816	860	700	—	—	100	60	—
1994	55036	9544	22192	23300	11826	600	800	6500	350	1100	1080	—	200	200	80	—
1995	57495	11040	20250	23505	13112	400	930	6852	600	1000	1380	—	100	270	165	—
1996	64035	2805	35145	26085	20565	500	850	4940	815	6000	2020	—	35	430	250	—
1997	76005	2910	45600	27495	24080	600	860	7446	900	8793	2031	—	322	600	268	—
1998	85125	4545	51585	28995	33108	620	1035	10400	818	7800	5150	—	1920	720	540	—

续表29-14

年份	面积（亩）	其中			产量（吨）	部分品种产量（吨）										
		浅海（亩）	海涂（亩）	围塘（亩）		海带	紫菜	蛏子	对虾	牡蛎	蚶子	贻贝	蛤	泥螺	青蟹	梭子蟹
1999	110295	6150	66150	37995	47607	560	1473	14070	952	13000	1580	—	4250	1530	639	—
2000	153405	28605	73800	51000	65345	735	2100	18890	1581	15550	10057	450	4650	950	778	—
2001	184155	31800	88350	64005	80223	750	2200	20550	2860	20500	13800	—	660	950	925	—
2002	194805	35865	85545	73395	94724	800	2250	21125	3753	24500	15075	600	8945	900	1080	—
2003	199755	36210	85545	78000	100284	800	2740	21190	4561	2750	15205	675	9805	900	1270	—
2004	202065	39015	85050	78000	101758	800	3900	22060	4449	26900	15628	680	9789	910	1294	6975
2005	197100	38145	85050	73905	101660	750	3950	21320	4980	26900	15490	675	9720	800	1236	7517
2006	197145	38025	86025	73095	103200	800	3900	21211	5319	29400	15495	679	7704	795	1223	7910
2007	197250	37500	81150	78600	105800	810	3942	17482	5720	29000	16100	670	9333	750	1230	9100
2008	164370	22125	72000	70245	109200	800	2961	17420	6043	31485	14226	0	10564	720	1196	10314

养殖品种

鱼类有大黄鱼、鲈鱼、美国红鱼、黑鲷、鮸鱼、石斑鱼、弹涂鱼等。甲壳类有对虾、长毛对虾、日本对虾、斑节对虾、刀额新对虾、南美白对虾、脊尾对虾、梭子蟹、锯缘青蟹等。贝类有蛏子、蚶子、毛蚶、牡蛎、泥螺、文蛤、沙蛤、青蛤、鲍鱼等。藻类有海带、紫菜、羊栖菜等。

养殖方式

根据养殖对象不同有多种养殖方式，鱼类及虾蟹养殖有围塘、网箱等方式，高档鱼类以网箱养殖为主；贝类以滩涂养殖为主；藻类养殖有棚架式、插竿式、筏架式等多种。

照 29-10 西沪港网箱养殖

网箱养殖 1986 年，象山始有渔民仿福建渔民尝试海水网箱养殖。后象山海水网箱养殖进入快速发展期。常规网箱规格为 3 米×3 米×3 米立方体，采用浮动式结构，由浮架、箱体（制网衣）和沉子组成。网箱养鱼是利用涨面将鱼养在悬浮于水中上层网箱之中的一项技术，网箱具体构造：淡水网箱，网箱上下部用框架固定，上部用毛竹或杉木制成，起浮子作用，下部用钢筋条制成一个与底网周长相等的钢圈绑在底网四周，起沉子作用，使网箱在水中保持一定的体积，并使底网张开，在底网安置用密网制成的食台。

1999 年，海水网箱 12500 只。2000 年为 22000 只，养殖品种有石斑鱼、鲈鱼、黑鲷、美国红鱼、真鲷和黄姑鱼等。时西沪港内网箱已接近饱和，个别地段已呈密集形状态。是年 6 月，县政府有关部门论证近海深水抗风浪网箱项目；8 月 2 日，由县渔业技术研究所自行设计的全省首只 20 米×15 米×8 米大型浮绳式抗风浪网箱（俗称“网围式软网箱”）下水。之后，其他 5 个浮绳式网箱和4只HbPF重力式网箱也陆续下水。9月6日、9月15日，首批放养美国红鱼5.4万尾。是年，该批深水网箱经受住连续3次台风和热带风暴的袭击而安然无恙。到2003年，全县抗风浪网箱125只，养殖水体30万立方米。2004年，又新增深水抗风浪网箱11只，规格15米×10米×8米，至此，深水抗风浪网箱总数达到136只。

棚架式、插竿式紫菜养殖　象山传统养殖法是潮间带棚架养殖。先选择宜于潮流畅通、略有风浪、滩涂硬而平缓的潮间带，以毛竹制成长方架，上铺维尼纶织成面积约为4米的网或竹帘，紫菜即附生于其上，下装4根木架，使退潮时不致伏于泥涂上，以利于生长及采集。该种养殖方法称为传统式棚架养法。每年农历九月附苗，十一月剪收。第一次剪收的质嫩色鲜称头刀菜，至立春一般可收5次。该段时收获的均称冬菜。立春后收获的称春菜，之后，逐渐粗老、色泽青黄，质量日差。紫菜孢子到4月成熟，开始采苗，生产便告结束。2002年，始从苍南地区引进推广插竿式养殖法。此法适宜在低潮区及-5米深浅海域里进行，养殖设施主要包括毛竹与网帘两部分，其养殖规格为10平方米左右，比上述半浮动养殖网帘大。毛竹长度根据海区条件而定，一般直径23~26厘米，长度5~8米，其中1.5米打入海底或滩涂。插竿式养殖具有投入大、产量高、管理方便，宜于机械收割的一种养殖方式，一个劳力可管理100亩的养殖面积，比传统的棚架式养殖提高20倍。

筏架式海带养殖　1958年年末，从大连引入苗种，选定养殖海区，设置固定的海带养殖筏子。海带养殖筏有硬、软两种。硬架用毛竹做浮子，扎成长方形框架，两端系桩绠用木（竹）桩打入海底固定，毛竹架与长约40~60米的浮绠相连；软架以泡沫塑料或玻璃球作浮子，间隔系于浮绠上，浮绳两端亦以桩固定海底，随着海带长大，要不断增加浮子以增浮力。浮绠长度一般以40~60米范围为宜，桩绠的长度一般为高潮位水深的2倍，桩绠与海底呈现30度。如浪大流急的海区，则应加长到2.5~3倍高潮水深度。泥沙质底可采用竹桩或树桩，桩长2.5~3米，在桩的顶端部绑倒刺以增加抗拉力。软架以泡沫塑料或玻璃球作浮子，也以桩打入海底固定。

延绳式、伏筏式牡蛎养殖　1978年之前，为原始养法，将光滑石块（每块重10~15千克）堆置在中潮区，待其自然附菌，并经常挪动石块，免遭淤没，至翌年冬季可取石铲剥牡蛎。1980年，改用柱状水泥条立体养殖。1991年，水产局引入延绳挂养，即棚架养殖法。1997年，省海洋局与新桥镇养殖户金有法合作，投资筏式养蛎试点项目，1999年取得突破性发展。

贝类滩涂养殖　为蛏、蚶、蛤等所采用的原始粗放型养殖法。一般选在海涂中下潮线一带养殖贝类，利用潮涨潮落，潮水流动能力自然调节水域环境和提供天然饵料，至20世纪90年代，此养殖方法逐渐减少。后渔民把滩涂做成农田一样进行养殖。蛏田面积一般为1.5亩左右，每块蛏苗田筑上30~50厘米高的土堤，蛏田之间要沟渠畅通，方便纳、排水，养殖前要做到翻土、耙土、平田等3道程序。另有在防海堤外高潮位上部滩涂上建池，养殖池的形状以长方形为宜，长宽的比例一般为5∶3或3∶2，养殖池由滩面与沟渠组成，面积小的几亩，大的十几亩不等，并建立水闸和溢水道。池四周用毛竹桩、树桩、水泥桩固定在养殖堤坝外侧的四周（也可装在内侧），深度0.5~1米，桩间距为1.5~2米，然后进行拦网（高网），将聚乙烯网固定在四周的固定桩上（下部网以泥罩住），用网线扎紧。主要养殖品种由原来对虾、青蟹单养为主转向青蟹、对虾混养、轮养、虾贝混养、虾鱼蟹多品种混养模式. 此外，还有养殖大弹涂鱼和虾蛄之类。还有池塘蓄水养殖，为蛏与虾混养，池塘面积3~20亩为宜，能蓄水1.5米，保持水深在0.5米以上。蛏田应设在池塘中央，在四周挖出宽2米、深0.5米的环沟；若蛏田设在池塘左右两侧，则在出水口至进水口之间挖一条宽3米、深0.5米的纳、排水沟。

海水围塘养殖　为象山海水养殖的主要方式。养殖对象为虾、蟹、鱼、贝等多种品种。1988年，全县海水池塘养殖面积8.8平方千米。1995年，对虾年产量升至600吨，蛏产量为6852吨，泥蚶为1380吨，两者相加，占是年海养产量62.8%。其他贝类生产也直线上升。2002年，梭子蟹养殖面积5.33平方千米，产量2000余吨。2004年，海水池塘养殖的综合产量为36406吨，养殖品种计20余种，有对虾、牡蛎、贻贝、紫菜、海带、缢蛏、毛蚶、泥蚶、泥螺、沙蛤、文蛤、沙蚕、梭子蟹等。

苗种培育

1997年，象山县海水养殖新品种育苗取得重大突破，是年7家海水育苗厂、40个紫菜育苗室，分别开展真鲷、鲈鱼、泥蚶、梭子蟹、扇贝、河蟹、条斑紫菜等11个品种育苗，取得成功，育出真鲷苗12.5万尾，泥蚶苗550万颗，中华乌塘鳢苗11万尾，河蟹苗40千克，条斑紫菜种苗可养1394亩。2008年，全县共有26家海水综合性育苗厂投入生产，总育苗水体2000余立方米，开发梭子蟹、南美白对虾、大黄鱼等8个品种育苗生产。生产各类虾苗23.38亿尾，生产梭子蟹苗种7180千克，贝类苗种3500千克，岱衢族大黄鱼500万尾等。65家紫菜育苗厂投入紫菜育苗，基本满足本县养殖生产需求。全县育苗总产值达5300万元。

大黄鱼苗　1997年，象山县建军高科技水产公司与象山港渔贸开发公司海珍品育苗厂，开展闽、粤、东族大黄鱼的人工育苗，育出大黄鱼苗130万尾。

岱衢族大黄鱼苗　1998年，由宁波市海湾育苗中心在舟山海区收购9条岱衢族大黄鱼。通过几年养殖作为亲鱼。2001年，首次培育出5万尾岱衢族大黄鱼苗种。2004年，利用该批鱼作为亲鱼培育出岱衢族鱼苗500万尾，供应当地养殖户养殖。

对虾苗　20世纪80年代初，海水池塘，首从养殖对虾着手。1985年，县有11个单位养殖对虾，放养面积1620亩，虾苗购自舟山、奉化。是年，象山县国营水产养殖场成立。翌年，建立对虾育苗厂，育得虾苗2.46亿尾，虾苗供给县内32个对虾养殖户，余下部分供给县外以及在象山港内增殖放流，虾苗自此自供有余。

鲍鱼苗　1980年，县水产局从舟山取来盘大鲍鱼苗种300只，放养于渔山灯塔下未成。1986年，去大连取得3000只皱纹鲍放养，又未成。1988年，第二次去大连取得3万只放养。经过几年观察，发觉生长良好。1991年，在渔山岛建立鲍鱼育苗厂，当年育出鲍鱼孵苗1800只，1992年育出10万只，1993年7万只，所有鲍苗都卖给椒江，鲍鱼育苗成功。但自养均无果。

蛏子苗　泥蚶苗　蛏子即缢蛏，是象山县传统养殖产品。以前苗种购自乐清等地，因受蛏苗制约发展很慢。1984年，由于众多养殖户努力和科技人员精心指导，围塘蛏苗半人工培育终获成功。1995年，大目涂育苗厂泥蚶工厂化育苗，亦获成功。同一时期，塔头旺村在县水产局高级工程师周宏指导下，李明华也育泥蚶苗成功，一次产量达4千克（每千克1200~1600万颗）。

紫贻贝苗　1974年，部分社队相继试验紫贻贝人工养殖，苗种向大连或烟台购入，长途运输费用大，生产成本高。为自力更生就地解决紫贻贝苗种，县水产局于1978年10月至1980年5月，先后在墙头海山村及石浦渔山建造育苗站。县水产局科技人员下站进行紫贻贝人工育苗试验。本着节约成本和易于社队推广应用的原则，因陋就简，利用大水缸育苗。试验3期，育苗全过程为3个月左右，除1979年春季特殊情况外，其他2期均取得较好效果。1978年秋季，每只大水缸（0.4立方米）平均出苗65万颗（相当于每立方水体170万颗），幼苗下海保苗率为43%。1979年秋季，每只水缸平均出苗率为235万颗（相当于每立方水体580万颗），幼苗下海保苗率为52%，已达到或接近全国先进水平。经过3年育苗试验，基本掌握亲贝催产、受精孵化、幼体培育、下海保苗及饵料培育等规律和技术，紫贻贝育苗试验获得成功并推广生产。

紫菜苗　1968年，象山开始人工养殖紫菜。1971年，东港乡黄沙村试建紫菜育苗室，人工培育成功。之后，紫菜育苗室在县各个地区迅速建立。至2008年，全县有紫菜育苗室（厂）59家，有育苗室900亩，育苗能力17000亩。条斑紫菜养殖，始于1988年10月，苗种初从江苏引进。1993年，立体挂吊式紫菜育苗试验成功，全县推广。

坛紫菜苗　2001年始，县水产养殖技术推广站从渔山海区及福建筛选良种，利用宁波大学自然丝状体培育技术，在实验室内扩种培养。2003年，鹤浦隆兴紫菜良种场建成，育苗面积1.5亩，把县水产养殖技术推广站的筛选良种规模化培育应用于生产。2003年，培育良种100亩，养殖效果十分明显。2004年，育苗面积1000亩，良种育苗能力达5000亩。

第二节　淡水养殖

象山居民习惯吃海鱼，淡水鱼需求甚少。从商业经营角度看，淡水鱼难销，无大利可图。加之县境内溪短河浅，无客水，虽溪涧密布，然大多源短流急独注入海。平原河网密度不大，仅有丹城南大河水系、西周水系、定山水系以及珠溪、岑晁等零星水系。大多数流域范围狭小，河鱼产出甚微，形不成淡水渔业。中华人民共和国成立前，由于缺乏良好天然的养鱼环境，加上交通闭塞，鱼苗难运，象山县淡水鱼养殖几乎为零。20世纪50年代后期，始有少量淡水鱼养殖。70年代，大塘港水库建成，开始大面积水库养鱼。

养殖规模

1957年，从嘉兴采购鲢鱼苗2万尾，放养于丹城东谷湖，始开象山县淡水鱼养殖先河。是年，定山、墙头等地农民，从海里捕得鲻鱼苗60余万尾，放养于3000亩水塘里，只放养，不投料，收获不多。1958年，建立丹城鱼种场。1959年6月，宁象公路通车，由县水产局承担费用，自武汉采运淡水鱼苗，放养于丹城、定塘两地的河塘里，放养成功，但产量不高。后绍兴、湖州、宁波等地繁殖花鲢、白鲢、草鱼、鳙鱼鱼苗成功，县养殖之鱼苗可就近采集。最初的淡水养鱼处所有南庄乡九顷水库，丹城镇的东谷湖、西谷湖，林海乡的赤坎水库，定塘乡的河道等。1960年，县水产部门始有淡水鱼产量统计，仅12.9吨。1974年，全长20千米的大塘港水库建成，开始大面积水库养鱼。中楼、黄避岙、下沈、南庄、高塘等地还办起鱼种场，苗种产量逐年增大。翌年，利用农用水库放养，淡水养殖产量增至387.8吨。1976年，自行繁殖鱼苗孵化成功，并向外供应鱼苗。淡水养殖业始开新局面。1979年后，推行联产承包责任制，集体、个人一起上，形成多种生产经营方式，水面定权发证落实，更因市场海水产品供应趋紧，鱼货价格在放开后上升，兼鱼苗基本自给，农民养淡水鱼积极性高涨。1986年，淡水鱼养殖面积达33890亩，产量930吨。1993年，大塘港始网箱养殖。是年，引进罗氏沼虾和刀额新对虾，效果不甚理想。1994年，淡水鱼产量达到1800吨。2001年，改养南美白对虾，产生较好效益。2008年，全县淡水养殖面积达41520亩，其中池塘养殖面积达22995亩；淡水养殖产量10610吨。

1980—2008 年象山县淡水养殖情况表

表 29-15

年份	面积（亩）	其中					产量（吨）
		内塘（亩）	山塘（亩）	水库（亩）	外荡（亩）	其他（亩）	
1980	17900	—	—	—	—	—	269
1981	23400	—	—	—	—	—	370
1982	25800	—	—	—	—	—	430
1983	27400	—	—	—	—	—	550
1984	30500	—	—	—	—	—	630
1985	34200	—	—	—	—	—	822
1986	33890	2190	1700	17000	13000	—	930
1987	33920	2220	1700	17000	13000	—	945
1988	33960	2260	1700	17000	13000	—	980
1989	34000	2300	1700	17000	13000	—	995
1990	34000	2300	1700	17000	13000	—	950
1991	24842	1234	685	13670	9253	—	852
1992	24090	1320	675	11595	10500	—	1080
1993	27000	1245	675	15000	10080	500	1352
1994	33515	1240	680	15000	11900	4695	1800
1995	32505	1245	1200	11505	11895	6660	2088
1996	34365	2880	285	15900	11775	3525	2520
1997	34005	1935	300	15900	11775	4095	1920
1998	35055	3495	300	15900	11925	3435	4226
1999	36192	3630	300	15900	12120	4242	4555
2000	37500	9375	300	15900	11925	—	5240
2001	38482	10335	300	15915	11925	7	6008
2002	40905	14775	300	14895	10920	15	6928
2003	45255	19095	300	14895	10920	45	9815
2004	47985	22845	300	13905	10920	15	10730
2005	48300	23160	300	13905	10905	30	10429
2006	47910	22755	300	13905	10920	30	10905
2007	46620	22650	240	12615	10035	1080	12100
2008	41520	22995	0	9525	9000	0	10610

养殖品种

主要有鱼类、虾蟹类和贝壳类3种。花白鲢鱼、青鱼、草鱼、鳙鱼，号称“四大家鱼”，系淡水鱼传统养殖品种。后又引进异育银鲫、革胡子鲶、淡水白鲳、鲟鱼等经济价值较高的鱼种。

异育银鲫　鲤亚科，鲫属。1980年夏季，由宁波姚江、湖州菱湖等地鱼种场引进试养成功，现已成为象山县内淡水鱼养殖主要品种。

革胡子鲶　原产非洲尼罗河流域，1981年引入中国，与本地的胡子鲶是同属异种。该鱼适应性极强，对水质要求不高，能够生活在其他鱼类不能生存的恶劣水质中，其腮腔内两侧具有珊瑚状辅助呼吸器，可在缺氧环境中呼吸。生长快，体型大，当年鱼苗即可长成0.5~1千克商品鱼，适于高密度养殖。但耐寒力较差，水温低于7℃时就会发生死亡。2002—2005年，年平均放养100亩、年产700吨。主产区在石浦盐厂、横峙一带。

淡水白鲳　学名短盖巨脂鲤，原产于南美洲亚马孙河，是一种食用兼观赏大型鱼类，生长快，养殖4至5个月可达到商品鱼规格，对低氧和盐度适应性较强，单产高，可在县部分淡水资源丰富的围塘和淡水池塘中养殖。1992年，晓塘乡冯宗孝养白鲳40亩，产量20吨。

乌鳢鱼　经济价值较高，骨刺少，肉肥味美，有生肌补血、加速术后伤口愈合作用。在南方地区被视为补品，国际市场也很畅销。象山一些河道水草丛生，颇宜乌鳢鱼繁殖生长。2002年、2004年，养殖面积分别为250亩与200亩。2005年，产量650吨。

鲟鱼　中国稀有名贵鱼种，2001—2003年，鹤浦樊岙鲟鱼养殖公司曾小规模养殖，产量分别为6吨、7吨、3吨。

南美白对虾　又称万氏对虾，原产于南美洲的秘鲁至墨西哥湾沿岸，是当今世界上三大繁殖对虾中单产量最高虾种。生命力强，适应性强，盐度适应范围为0.5%~40%，温度15℃~38℃，食性杂，虾苗经淡化处理，可在淡水水域养殖。2001年，象山县始淡水养殖南美白对虾。

青虾　即河虾，学名日本沼虾。主产于中国与日本。该虾适应性强，在县内淡水水域中均有分布，食性杂，生长快，繁殖力强。1994年育苗成功，1998年放养面积150亩，产量6吨。2000年放养300亩，产量10吨。之后，放养面积和产量减少，至2004年，放养面积100亩，产量5吨。

中华绒螯蟹　俗称“稻蟹”。20世纪50年代初，象山野生稻蟹资源比较丰富，市场上多有叫卖。后因兴修水利，多筑碶闸，截断蟹苗溯河之路，野生稻蟹资源几遭灭绝。70年代初，利用天然蟹苗在水库进行人工放流为主，开始稻蟹养殖，后发展到购买蟹苗、蟹种池塘养殖。

甲鱼　又称团鱼。民国时期，象山野生甲鱼资源丰富。20世纪80年代开始，随着消费水平提高，野生甲鱼难以满足生产需求。1987年，高塘岛乡中江村首先人工养殖甲鱼，约10亩。1996年，扩大到22.5亩，存养数达21000只。至1998年，全县养殖面积达73.5亩，产量41吨。1999年，面积87亩，产量77吨。2000—2004年，平均放养面积在90~120亩之间，产量60吨左右。2005年，面积220亩，放养70万尾，产量85吨。

牛蛙　又称美国青蛙，在鹤浦、晓塘、西周等地均有养殖，均属间歇性放养，年产量约15吨。2005年，面积45亩，放养2万只，产量10吨。

育珠河蚌　象山珍珠养殖始于1968年。是年，丹城镇和中楼公社鱼种场从绍兴引进少量的褶纹冠蚌（母蚌）放养在丹城、中楼两地水库、河道等水域自然增殖。1971年，开始产生收益。1976年，收获珍珠7.3千克（每只蚌产7.7克），经济效益显著。20世纪80年代，以洞庭湖三角帆蚌取代褶纹冠蚌。1984 年，有 5 个乡的 5 个集体单位及 20 余户养殖珍珠。1986 年，从事珍珠养殖和繁育者迅速发展到近千户。90 年代，恢复褶纹冠蚌养殖，珍珠产量一直稳定在 2 吨左右。1994 年，由中楼公社鱼种场、定塘大湾山村首先开展插珠生产。后随三角蚌源不断引入及人工繁殖和育珠技术推广，全县珍珠养殖快速发展，养殖地遍布全县大小河道，并逐步形成以定塘、贤庠为中心河蚌育珠生产基地，养殖模式也由单一的大水面养殖发展到池塘精养。

1976—1986 年象山县珍珠养殖情况表

表 29-16

年份	产量（公斤）	产值（万元）	年份	产量（公斤）	产值（万元）
1976—1979	101. 50	11. 08	1983	90. 80	5. 23
1980	65. 05	6. 08	1984	236. 25	18. 73
1981	42. 30	7. 06	1985	380. 00	42. 60
1982	89. 10	9. 01	1986	750. 00	135. 00

1999—2005 年象山县珍珠养殖情况表

表 29-17

年份	放养面积（亩）	放养量（万只）	产量（吨）	产值（万元）
1999	500	80	2. 5	500
2000	3000	170	3. 5	1225
2001	3000	80	3. 0	270
2002	4000	500	25. 0	1750
2003	8000	1500	35. 0	2100
2004	8000	1500	38. 0	1140
2005	7000	1300	35. 0	1050

养殖方式

历史上水域养鱼皆采用自然放养方式，至 20 世纪 80 年代始有网箱养殖，2001 年出现工厂化养殖。

池塘养殖　中华民国时期，池塘养鱼大多是农民的家庭副业，从海里捕捞野生鲻鱼苗、梭鱼苗及从河塘里捞获鲤鱼、鳗鱼作零星放养，放养量少，又无技术，产量有限，不被重视。20 世纪 60 年代后期，随着鱼苗种繁殖技术推广，一些池塘被改造成鱼种塘，并在生产实践中发现池塘养鱼单位产量高，经济效益显著，且有管理方便和受自然灾害影响小等优点，各地村民把自家门口的河浜、港汊、水沟等修建成塘，使池塘养鱼面积大增。80 年代初，除大量利用山塘养鱼外，新增鱼塘主要来源于低产稻田改造和对荒芜的土地的开挖。1986 年，全县池塘面积为 3750 亩，养殖 2190 亩，年产鱼 167. 5 吨，每亩 76. 48 千克。1998 年，养殖塘面积增至 6930 亩，产量 2779 吨，每亩 400 千克。2001 年，养殖南美白对虾成功。2002 年，挖塘热起，面积陡升至 22110 亩，产量 8234 吨，其中南美白对虾养殖面积 20000 亩，产量 5000 吨，每亩 250 千克。2005 年，池塘养殖鱼的品种，主要是加州鲈鱼、银鲫、乌鳢、南美白对虾、河蟹、甲鱼等名特优品种。

河道养殖　县境内河浅、溪短。中华人民共和国成立初，为改善排灌条件，拓宽浚深老河，开沟渠增加蓄水量。1955—1956 年，在南庄、林海两乡疏浚 46 条。20 世纪 70 年代，开展园地化建设，全县各地开挖大量新河。80 年代，这些开挖的河道如在南庄、林海等地，大多被城区扩增所填埋。1986 年，河道面积为 17595 亩，已养鱼 14000 亩。之后，乡镇企业发展致大量污水侵入河道，造成部分水域污染。1988 年，外荡养鱼面积减少至 11910 亩，鱼年均产量 389 吨。2005 年，减至 10920 亩，产量 420 吨。外荡养鱼方式，主要在河道两边用毛竹架插入河床挂网，网入河底盖住。拦住一段水域投入鱼种苗，以天然饵料实行管养，也有投料饲养。鱼的主要品种为花白鲢、鲫鱼、草鱼等。

水库放养　1986 年，全县水库水面总面积为 17295 亩，可养 17200 亩，当年养 17000 亩。1998 年，养 15900 亩，产量 1048 吨，每亩 66 千克。2005 年，养 13905 亩，产量 1330 吨，每亩 96 千克。大塘港水库为县最大的淡水鱼养殖基地，1974 年开始散养淡水鱼，年产量 150 余吨，亩产达 50 千克以上。同年，大塘乡养殖场从外地购入稻蟹苗，人工放流在大塘港内，当年河水满时，稻蟹都爬入稻田，人人争捉。1975 年，国家累计投资 48. 8 万元，建鱼种塘 45 口、360 亩，饲料地 120 亩，人工孵化设施两套，成全省淡水鱼养殖主要基地之一。1986—1992 年，放养鱼种 5901 万尾，捕捞成鱼 1541 吨，产值 326. 2 万元，盈利 123. 83 万元。1996 年，县委、县政府决定把大塘港水引向石浦，解决石浦港淡水紧缺状况，为水质清纯，水库养殖面积设限在 6000 亩，规定除网箱养殖鱼允许投饵外，散养的不准投料。

网箱养殖　1980 年，丹城鱼种场因培育鱼种需要，在东谷湖、南大河、岳浦、贤庠、黄避岙等处使用网箱培育鱼种，规模很小，由龙江名贵水产养殖场投资经营。1993 年，大塘港开始网箱养鱼，网箱规格为 4 米×4 米×2. 5 米，主要养殖品种为加州鲈鱼和银鲫。1998 年，象山东方水产养殖公司成立，第一年养殖网箱 80 只，以养加州鲈鱼为主，次为银鲫，产量 20 吨，之后逐年发展。至 2004 年，全县网箱 1050 只，产量 500 吨。其中，龙江和东方两家水产养殖公司网箱养殖产量占总网箱的 80%。

工厂化养殖　2001 年，象山鲟鱼养殖场（位于鹤浦镇樊岙大水库坝脚）开始集约化养鱼，有室内池 2500 平方米、室外水泥池 2000 平方米，土池 60 亩，养殖史氏鲟、杂交鲟和香鱼等，并进行苗种培育。

1966—1986 年象山县网箱培育鱼种情况表

表 29-18

单位名称	人员（人）	池塘面积（亩）	网箱面积（平方米）	鱼种数量（万尾）
丹城鱼种场	8	20	1560	50
林海赤坎水库	2	4	—	5
南庄九顷水库	2	8	—	5
南庄耐火材料厂	1	—	210	3
下沈水管所	2	11	210	4~5
黄避岙淡水场	3	18	—	15~18
中楼淡水场	9	33	245	45~50

续表29-18

单位名称	人员（人）	池塘面积（亩）	网箱面积（平方米）	鱼种数量（万尾）
定塘林场	2	—	420	4~5
大塘淡水场	3	18	—	15
岳浦电闸所	6	—	700	8~10
岳浦反修塘	2	—	420	5
高塘水管所	2	—	420	3~5
林海砖瓦厂	3	6	—	4~5
大塘港鱼种场	13	240	—	120~140
丹城秧田头李江贤	2	12	420	15~18
定塘小定山金仁木	3	30	—	25~28
晓塘西边塘张永考	1	19	—	15~20
东陈西庄胡阿祥	1	13	—	8~10
林海蒋家张福伟	2	10	—	5~8
下沈排头陈增没	1	6	—	4

第五章　渔业管理

宋代至清代，有渔税、渔船管理机构。民国 10 年（1921），县建设所兼理渔政。民国 21 年，浙江渔业局在石浦设办事处，后撤销。民国 36 年 7 月，复设工作站于石浦，不久又撤。中华人民共和国成立后，象山逐步建立起较为完整的渔政管理体系。

第一节　渔业生产指挥部

中华人民共和国成立初，渔山、一江山等岛屿尚在国民党手中，沿海渔村和捕捞渔场常遭国民党军队残余及小股土匪骚扰。同时，海洋捕捞具有季节性和高度集中性，需要加强安全等工作指导。遵照宁波专员公署指示，1952 年 4 月，建立象山县渔业生产指挥部，县长担任指挥。下设石浦、爵溪两指挥点，指挥猫头洋、大目洋生产。1953 年春，指挥部吸收驻象山解放军、县人武部与县供销合作总社、公安、水产、财政、商业以及石浦、爵溪两镇等部门负责人参加指挥部机构，下设生产、供销、保卫、政工、渔贷等组（后改科）。每逢夏、冬汛，县委抽调县公安、供销合作总社、银行、妇联、宣传、医院等部门骨干 30 余人，到渔业生产指挥部工作。同时，把沿海有渔船的区、乡以区为单位编成中队，并指定重点区区长或副区长任队长，由指挥部统一指挥。渔业干部配有武器，带领渔民下海生产。

1967年2月始，受“文化大革命”冲击，渔业生产指挥部瘫痪。是年冬汛，为工作需要，建立象山县革命委员会渔场领导小组。1972年6月，改称象山县革命委员会渔业生产指挥部。1977年10月，又改称象山县渔业生产指挥部，下设办公室，处理日常工作。指挥部领导由有关部门、重点区乡领导和个别带头船老大组成。渔业生产指挥部在组织渔民互助合作、发展生产、开辟新渔场、组织指导生产、保障安全、帮助渔民解决实际困难诸方面开展工作，成绩显著受到渔民普遍赞扬。随着渔业体制变化，以及渔政、渔监的法规不断完善，指挥部的职能逐渐减弱。1985年起，管理职能由县水产局接替。

第二节 渔政管理

宋代，有砂岸税场。明代，有渔船管理组织。清代，有渔船帮会，县设渔团。民国政府设稽征所，征收渔业税。中华人民共和国成立后，政府成立渔政管理机构，加强渔业生产和渔政管理。

管理组织

宋代，砂岸税场的收入，用于津渡、水军等支出①。明万历三年（1575），为防倭寇，象山将沿海渔船编为舟、哨、甲，设舟长、哨长统之，如陆上之保甲。无事为渔，有事御敌以捍卫渔业生产。清时，东门、爵溪都先后成立太和公所、爵溪渔业公所，南田成立南安公所，象山帮在岱山衢山成立安澜公所。帮会功能，初有消除同业之间的竞争与保护本组织内船和人员不受外来侵害，且具疏通外部办理渔事等作用。后被渔霸和地方势力操纵，渔民反受其害。光绪十年(1884)，县设渔团，按户编册，10船为牌。

民国10年（1921），县建设所兼理渔政。民国17年，县设渔业稽征所，征收渔业税。民国21年9月，石浦成立象山渔会，时有会员109人。是年10月，南田金漆门成立三门湾渔会，会员156人。民国23年，县建设科设渔业办事处。民国27年，县设渔业稽征所，征收渔税。以上机构虽均负有督办渔政职责，但中华民国时期，社会动荡，这类组织皆形同虚设。

照29-11 位于石浦金山路12号的象山县水产局旧址

中华人民共和国成立后，沿海岛屿被国民党残部和海匪占据，渔民不敢出海捕鱼。人民政府组织渔民武装，反霸剿匪，派舰艇巡逻。1951年，组织民兵下海配有武装船两艘，称警卫船，南下猫头洋保护渔民生产。1952年，县渔业生产指挥部成立，除指挥渔业生产外，负责鱼货运输、供销、保卫、政工等事项。在石浦、爵溪两地设立暴风警报站，并组织成立渔业纠察队，登记渔船、分地编队等。1956年9月，成立县水产局。1974年10月，浙江省宁波地区渔船管理站石浦分站建立，渔政渔监工作更加完善。1979年10月，建立浙江省宁波地区渔政管理站象山分站，址

①砂岸及砂岸税场等内容，见本志“综述·五·（二）渔盐”部分及其页下注。

设县水产局内。1980年9月，渔船管理站石浦分站更名为国家水产总局杭州渔港监督处石浦监督站、中华人民共和国船舶检验局渔船分局石浦检验组，一个机构、两块牌子。1982年1月，渔船管理机构和渔政管理机构合署办公，实行统一领导，更名为浙江省象山县渔政站。1983年1月28日，原国家水产总局杭州渔港监督处石浦监督站，改名为中华人民共和国石浦渔港监督站。1984年3月9日，更名为象山渔政渔港监督管理站。1997年，渔监、渔政分设两站，各司其职。2003年5月，县水产局撤销，建立县海洋与渔业局，内设海洋管理、产业指导、渔政渔港管理、海洋与渔业行政执法、海洋捕捞技术推广、水产养殖技术推广经营管理等机构，主管全县海洋与渔业生产的行政事务。

渔船、渔港管理

照 29-12 渔政船

2000年，全县有小型渔船1418艘，原由乡镇管理，绝大部分年久失管。2001年10月，建立象山渔政、渔监、船检办证中心，渔政、渔监、船检实行一条龙办证，实行一次性告知所办事项制度，提高办事效率。2003年，基本完成证书换发工作。是年，开展以“渔业安全生产百日大整治”活动为核心的渔业安全生产专项整治工作。全年事故大幅下降。2005年，按象山县“平安渔业”工程三年（2006—2008年）规划，制定工作目标，以渔船渔港安监工作和渔场管理保护渔业资源为重点，开展各项务实工作，落实渔业安全管理措施，强化渔业安全法律、法规和渔业安全生产常识的宣传教育，以提高渔民的安全意识，消除事故隐患。2006年，检验各类渔船2600艘，检修救生筏及配备压力释放器1735只，配备烟火信号6844只。凡安全设备不齐，号灯不规范，或存有严重事故隐患的渔船，一律不准签发船舶证书；加强在修渔船质量监管，重点检验高危渔船，杜绝不适航渔船下水作业。翌年，会同市渔船检验局召开全县渔船修造企业会议，发现新建渔业船舶放样、焊接不规范、质量把关不严等问题；强调做好救生筏的有效配置，检验人员必须在接到船厂筏架已安装的书面证明，筏站提交的筏已有效安装的书面证明和照片后，才予以签署或签发船舶检验证件。2008年，开展船舶修造企业执法检查，规范渔船修造行为；告知新建和改装渔船必须持有捕捞指标和开工单，并按图施工。由市、县两级渔政站签发准造令或开工单。

根据《浙江省渔业安全管理条例》规定，250马力以上渔船必须安装救助网络设施。全县渔运船、单拖船、蟹笼船及渔业油船安装322套救助网络设置。实施渔业伏休制度，伏休期间，进渔区、渔村、港口、码头和渔船，运用悬挂横幅标语、发布通知等形式，开展宣教活动。编号定位伏休渔船，绘制渔船停泊示意图表，并实施伏休渔船船主和船长联系制度；实行渔船进出港和渔船舶位移动报告制度。2008年，受理签证报关2146件。

第三十篇
盐　　业

本篇目录

第一章　盐场　盐工

象山产海盐历史悠久。丹城起春庙明碑有象山汉代或更早即有制盐一说。唐代，象山盐业兴盛，从唐大中年间裘甫起义事可推断①。宋代建玉泉盐场，既是官设专司盐务管理机构，又是盐业生产单位，是象山历代盐业发展进入高潮的一个标志。盐区东北自贤庠、钱仓，由爵溪折而南至石浦、鹤浦、高塘，迂回200余里，灶舍环列其间。至民国，机构、场区、规模等虽历经变迁，但玉泉盐场总的趋势是持续性发展。明嘉靖间，盐工多达近2000人。清初，展复废弃的盐田近20000亩。民国，玉泉场仍负盛名，广辖三门、宁海、象山三个县。直至1949年，玉泉盐场历时800余年。

中华人民共和国成立后，盐业仍系象山重要产业，虽然盐（区）场几经废兴，但依然曲折发展，生产工具和工艺、产量、质量均有进步提高。1968年始，盐业进入新的历史发展阶段，象山建成五大骨干盐场。1980年，盐业达到历史最高水平。1992年，全县盐田占宁波市盐田总面积40%。此后，由于市场变化，盐业规模缩小，产量走低，盐田被改为工商用地或海水养殖场地，盐民转业，盐场转废，至2008年年末，全县盐田总面积仅555公顷，盐工500余人。

第一节　玉泉盐场

宋绍兴三年（1133）四月九日，建玉泉盐场，在县东北三十里，场以山名②。绍兴三十二年（1162），为浙江东路明州六场之一。元大德三年（1299）为两浙盐区三十四场之一。

清康熙十八年（1679），裁玉泉场并入鄞县大嵩场，称嵩玉场。雍正十三年（1735），复设玉泉场大使③。民国34年（1945）8月，宁海长亭盐场并入玉泉场。至象山解放前，玉泉场广辖三门、宁海、象山三县盐务。中华人民共和国成立后，玉泉盐场由政府（宁波军管会）接收。

机构

明嘉靖《象山县志》：玉泉场盐课司，旧在县东北三十里，后移置县南一十里。宋绍兴初设正厅3间、寝室3间、门楼1所、土祠1间。场设监盐，厅事在县南五里。有监盐官二员，文武通差，一押袋、一催煎。子场有三：瑞龙、东村、玉女溪。嘉定四年（1211），玉女溪场原为玉泉子场，以盐官往返迂远，立为正场，置县南90里，以押袋为监官，催煎为玉泉监官兼领瑞龙、东村

---

①裘甫起义内容详见本志“军事”篇第四章“唐至清代战事”。

②《建炎以来系年要录》卷六十，绍兴二年十有一月壬戌（初五日，公元1132年12月14日）条下有文：“初，明州象山、定海、鄞县旁海有卤田三十七顷，民史超等四百六十余家，括土淋卤煮盐，官未尝收其课。至是，浙东提举茶盐公事王然始拘充亭户，尽榷其盐，岁为二百九万余斤，收钞钱十万余缗。事既行，乃言于上”“至是卒推行之，用孙迎（官提点刑狱公事）言置象山场。”下注“在三年四月九日（1133年5月15日）。”

③引自乾隆《象山县志》卷之三《地里志三·户赋》。民国《象山县志》职官表，作乾隆五年复设。

图 30-1　清嘉庆年间玉泉盐场图

二场。

元大德三年（1299），定产盐之地立场。时设玉泉场盐司，有司令、司丞、管勾各 1 员①，负责监督灶户产制、收买及盐课事宜。辖瑞龙、玉女溪、东村三场。下属陈崈、木瓜、下庄、蒲东、蒲西、马岗、定山、前洋、后茭、番头诸仓，盐产区遍及沿海诸乡。至正年间（1341—1368），废玉女、瑞龙两子场。

明洪武元年（1368），玉泉场设盐课司，有令 1 员。设巡盐官 1 员，徭签铺兵 8 名。卫、所、巡检司亦负巡盐之责。玉泉场 1 所，子场 3 个：瑞龙、东村、玉女；隶仓 11 个：陈崈、木瓜、廒后、下庄、浦东、浦西、马岗、定山、前洋、后茭、番头。团 11，总催 15 名。

清袭明制，仍设场置盐官。浙江盐区有都转运使司（以下简称运司）。清顺治十八年（1661）实行海禁，沿海居民奉迁内地，全县辖区仅存十有六里。其间，玉泉场所辖爵溪及昌国卫等地近海场灶，迁入内地，卤地尽废。康熙十八年（1679），两浙裁玉泉场，并入鄞县大嵩场，改名嵩玉场，设大使一员。雍正十三年（1735），复设玉泉场大使。乾隆五年（1740），复设玉泉场署，隶宁绍嘉松分司。乾隆九年，玉泉场署大使邓曰琏，移署于丹城王家桥。

民国元年（1912），两浙都转运使司改为浙江盐政局，玉泉场大使改称盐事长，有员司 5 人。民国 3 年 3 月，在县城成立象山查验所，10 月，因地偏僻，迁至石浦（10 年 10 月，撤销）。次

①按元代盐务官制，盐场各置司令、司丞、管勾各一。延祐《明志·职官考·象山县》载：“各场盐司，每场各设司令一员、司丞一员、管勾一员”。嘉靖《象山县志·建置记·设官》却作：玉泉场“元设司令一员、管勾一员”。

年，玉泉场署盐事长改称场知事，有文牍、会计、征收、稽征、书记各1人，公役2人，场警5人。场署为三等编制，由北京政府印铸局颁发正方形玉泉场公署铜印一枚，属台属督销局管辖。民国8年，玉泉场公署因丹城离产盐地较远，移署石浦。次年，在石浦成立玉泉秤放局，隶两浙盐务稽核分所，下辖金东西、番东西、中竿、蒲东西五分局。秤放局有局长、监秤、司秤、会计等21人。主管盐税稽征，签发引票或准单，收支盐款，秤放盐斤，考核仓坨储运。玉泉场公署主管盐务行政、场产运销、征收灶课、考核“缉私”等。民国21年，玉泉场公署归并秤放局，除留灶课征收员工外，其他公署事务悉由秤放局办理。公署知事改称场长，由秤放局长兼任，下设3个分局、7支局、4秤放处等。有秤放员、总监秤、监秤、司秤员、收税员、文牍、会计、书记、工友等，职掌产、运、销、税等事宜。民国27年，县内设浙区战时食盐收运处玉泉办事处，下设会计、收运两股。玉泉场外销食盐，归办事处购运。在泗洲头、淡港、西周等地设食盐转运站，抢运官仓存盐。民国30年4月19日，石浦沦陷。玉泉场公署、秤放局迁至宁海城西，10月转移三门县海游镇，收购敌占区盐场流失散盐。12月，场（局）与浙江省战时食盐收运处合并，改为两浙盐务局收运处玉泉办事处，下设转运站。民国32年2月，奉令裁撤玉泉场署（局），员工并入台属宁三支局与宁海、三门两县公卖店。沦陷时期，汪伪政府在石浦成立玉泉秤放局，下设金鸡山及盐厂两分局，支局与秤放处，管理盐购销和税收稽征事宜。民国34年8月，恢复玉泉场公署。9月，进驻石浦接管伪玉泉秤放局，接收仓存盐10219担及有关档案。宁海长亭场公署撤销，并入玉泉场署，其所属建康、上廒、健跳、南岸、松岙、长亭等盐区划入。由原属台州分局改直隶浙江盐务局，管辖象山、三门、宁海三县盐务。先后在各盐区设立场务所八，恢复产、销、运管理，并设三个渔盐销售所。时场署定额员司48人，工友10人，实有64人。

场灶

明朝，玉泉盐场有灶户254户，灶丁1750丁半，每丁办盐576.43斤。清乾隆年间（1736—1795），玉泉场有团3、煎灶16座，办税灶田荡19193亩。雍正年间（1723—1735），新聚团额有蒲东仓千门团，有5灶；下三仓番头团，有3灶；蒲西仓仇家山东团，有8灶。嘉庆年间（1796—1820），玉泉场有蒲东、蒲西两团，下有17舍。同治年间（1862—1874），玉泉场有蒲东团（4舍）、蒲西团（4舍）、下山团（6舍）。

民国9年（1920），玉泉场署移至石浦。其间，玉泉场下属：番东西、金东西、蒲东、蒲西、中泥5场，盐区（场）迭有变迁。玉泉场有盐舍18处：番东舍、番西舍、鸡鸣舍、金东舍、金西舍、蒲东治岙舍、中泥上舍、中泥下舍、南堡舍、岳头舍、杉木洋舍、溪沿舍、胡大舍、小乌东、塘岸厂、新沙厂、双沙东西、火灼厂等卤场。民国25年，玉泉场产盐地有海墩、海塘、南堡、樟岙、上塘、下塘、龙头江、上中塘、下中塘、蒲湾、晓塘、金鸡山、平阳厂、下洋墩、中泥、竿头等16处。后废海墩、海塘、南堡、樟岙。民国30年，恢复南堡、樟岙。民国34年8月，宁海长亭盐场并入玉泉场，盐区增至24处。其辖地有岸山、南山、松岙等三区，东西约距10里，南北约距4里。在南乡者计有建康塘、花市、上廒、健跳等四区（属三门县），东西相距约50~60里，南北相距约30~40里。产盐地有建康、上廒、月边、舜岩、三岔、花屿、插市、沙木、大宅、梅岙等。

第二节　中华人民共和国成立后盐场

象山解放后，玉泉盐场被政府接收，场名消失，盐业并未中断，原玉泉盐场下属各场有些仍继续生产。1950年，中华人民共和国政务院颁布《关于稳步进行部分盐场转业决定》。华东军政委员会和浙江省人民政府令：将多余不经济盐场，化为有用之农田；将浪费于制盐人力，转移于农垦及其他生产事业。是年8月，县人民政府和盐场管理处联合公告，裁废蒲东西、杉木洋、海塘、南堡、中竿、长亭等盐区。1957年，浙江省盐业局提出有领导、有条件、有计划恢复晒盐，国家不投资，由合作社量力而行。县内恢复中泥、杉木洋、竿头老场区。1958年，沿海各公社"大办盐业"，南田四都、南庄、民主、涂茨、金星等公社均新建盐场。1962年，国民经济调整，盐业再次废场转业。全县存金星、番头、中竿、白玉湾盐区。1966年，金星公社新建东风塘盐场。1967年，杉木洋等6个大队联办新建杉木洋盐场，后改名大徐乡盐场。1968年后，象山相继建成昌国、花岙、白岩山、新桥、旦门等五大骨干盐场。1969年，因大塘港堵港，白玉湾盐场废转。1985年，全县有盐场8处，盐田1583.5公顷，为历史之最。至1992年，全县盐田1327.43公顷，比1950年增加10倍以上，形成涂茨至花岙沿海集中成片盐场。20世纪90年代中期，部分盐场改造养殖场。2006年，白岩山盐场、昌国盐场转废。2008年年末，全县只剩新桥、旦门、花岙三盐场，总面积555公顷。

金星盐场

原为玉泉盐场金东西盐区。1950年为保留盐区，特设金星盐乡。金星盐乡与金星盐务所合一，由盐务所主任兼任乡长。1951年10月，乡所分开，盐务所不再兼管地方行政。1952年，金星平阳厂组建盐区第一个临时互助组，组长王阿堂。1953年5月，建第一个盐业生产合作社，入社盐民12户，社长方吉普。1956年3月，盐区全面实现生产合作化。1957年4月，金星场引进"流枝滩"制盐新法。1958年，于金星淡塘划农田5.46公顷，新建平滩试验滩一副，为宁波市较早建设滩晒场之一。11月，浙江省在金星场召开小型现场会议，到会有乐清、温岭、平阳、鄞县等盐区代表，交流燥场、湿灰操作经验。1960年，撤销金星场务所。1963年，金星人民公社淡塘制盐厂、金星人民公社下塘盐业生产大队为省级先进单位。1965年，建金星盐场化验室。1966年始，以公社大队为主，民办公助，兴办集体盐场。1979年10月，由下塘等6个大队合办金星盐场，面积41.33公顷，盐滩9副。1992年，全乡有3个小盐场，共有单元盐滩14副，总生产面积38.31公顷。其中，村办盐场33.73公顷，乡办"五·七"盐场4.58公顷；有盐民110人，盐农兼业100人，年产盐260吨。时，全乡有不列入盐业统计范围的分散零星灰晒盐场22余公顷，分布地点为：平阳厂村3.33公顷，下金鸡村5.33公顷，上金鸡村4.66公顷，晓盐村3.33公顷，下盐村5.33公顷，树盐村2公顷，均属农盐兼营，时晒时停，盐产多数私卖，年公收盐仅40余吨。1997年8月18日，台风使塘坝受损，部分盐田弃荒，转产养殖。至2001年，盐田全部停产。

番头盐场

原为玉泉盐场番东西盐区。1950年，为保留盐区特设番头盐乡。番头盐乡与番头盐务所合一，由盐务所主任兼任乡长。1951年10月，乡所分开，盐务所不再兼管地方行政。是年，盐区有晒坦28.2公顷，灰场21.6公顷，盐工535人，盐工家属1405人。1953年，成立番东社、番西社。1957 年，番西社分一社、二社、三社、四社。全乡入社盐民 825 户，占盐民总数 98.92%。是年 2 月，番东盐（农）业生产合作社俞根妹被授予“浙江省社会主义建设积极分子”称号。1961 年，番西盐业生产大队党支部书记罗兰宝被评为“省级盐（农）业劳动模范”。1971 年，建番头盐化厂。1980 年后，火炉头灰晒盐田被国家征用，中央塘自行弃盐转废。其间，番头滩田承包，盐农兼营，晒盐时停时晒，滩田不能正常生产。1992 年，番头乡盐区有 2 个村办盐场，生产面积 12 公顷，年产盐 65 吨。部分滩晒盐田转营养殖业；部分滩田纳入城镇开发建设。2001 年，番头盐田均弃荒转产，结束盐业生产。

中竿盐场

原为玉泉盐场中竿（中泥、竿头）盐区。1952 年，废中竿盐（区）场，时有盐民 215 户、1015 人，灰场 198 只，盐坦 196 格，煎灶 12 座，年产盐 805 吨。1958 年，大办盐场，中泥竿头老场区恢复。1962 年，国民经济调整，部分新建盐场和复晒老场区停办，但中竿场区仍保留生产。至 1970 年，因大塘港堵港蓄淡，盐田逐渐转为农耕土地。

大徐乡盐场

原为玉泉场杉木洋盐区，位于大徐乡杉木洋村。1951 年，废盐转业。1957 年，准于复晒，恢复杉木洋盐区，称杉木洋盐场。1967 年，杉木洋 6 个大队联办新建盐场，场区总面积 46.66 公顷，有单元滩 12 副，生产面积 30.13 公顷。由于长期各村分散经营，生产徘徊不前。1989 年，乡政府与县盐业公司商定，签订为期 10 年租赁合同。通过整顿治理、投入技改资金，增添设备，生产趋向正常。时机械扬水 6.03 公顷，机械提卤蒸发和结晶 20.84 公顷，机械压滩 32.89 公顷。1992 年，盐工近 40 人，年产盐 1556 吨。今废。

白玉湾盐场

1958 年，大办盐业，开辟坦塘白玉湾盐田。1960 年，经宁波专署及省计经委批准，筹建国营白玉湾盐场，规划改造原 4 个塘低产盐田 145 公顷。后因资金无措停办。1962 年，国民经济调整，白玉湾盐区为全县 4 个保留盐区之一。1970 年，因大塘港堵港蓄淡，盐田逐渐转为农耕土地。

昌国盐场

位于昌国西北门外鸡鸣海涂，东起串鼻头、馒头崖，西至大圻头，三面环山，面临大目洋，场区总面积 533.33 公顷，1992 年，生产面积为 389.96 公顷，为县内第二大盐场。1967 年 12 月，由昌国公社组织昌一、昌二、昌三、昌四、昌五、昌六、鹤头、大湾、镜架山、台地、马盘、鸡鸣、蛟龙（1970 年加入）13 个大队联合围涂建设。1968 年 4 月 6 日开工，投入土石方 56 万立方米，1972 年 4 月 22 日，大坝第一次合龙，长 3849 米，同时建成 4 座 17 孔碶闸。1974 年，第一排盐滩投产，当年产盐 1200 吨。1976 年冬，全面建成三排盐滩，共有单元滩 67 副。次年，产盐 4460 吨，1979 年，产盐 14804 吨，首创象山县盐场超万吨历史记录。1979 年，浙江省工业用盐紧张，昌国盐场承担试产工业盐任务。采用塑膜覆盖浮卷法，推行新、深、长新工艺，1 年收盐 2 次，当年试产成功，全县始产工业盐。1986 年，盐场大坝列入市、县水利部门Ⅲ级标准海塘加固计划，采取内坡加土培厚，坝顶填渣加高，为减缓浪击冲刷，外海堤设置消浪平台，原直立式坝型改为复式坝型，至 1990 年春全面完工。1992 年，全场 66 副盐滩，生产面积 311.7 公顷。其中，蒸发面积 311.7 公顷，结晶面积 27.53 公顷；卤池 1075 个，面积 12.01 公顷，容量 75338 立方米。建公路 7 条，总长 11 千米，包括场外 2.5 千米公路 1 条，建码头 1 座。2007 年，昌国盐场经省政府批准转废，第一期 101 公顷，第二期 200 公顷。

花岙盐场

位于象山县南端，高塘岛乡花岙岛。三面环海，坐南朝北，东接金高椅港，西濒三门湾，北临珠门港，背靠大佛山。围涂总面积 333.33 公顷。第一期围涂场区面积 153.33 公顷，生产面积 119.42 公顷；二期围涂工程计划建设两年，因投资资金短缺而停建。1968 年 4 月，由金星公社平阳厂、上金鸡、下金鸡、下盐、南向、司前 6 个大队，联合高塘公社在花岙岛牛轭攙联合围垦，设椿山、大鼻山两工地，至 1969 年 12 月，建成长 2320 米、高 5 米、宽 45 米土石混合大坝和两座碶闸。翌年，完成 2 千米纳潮河和 1.93 千米排淡河各 1 条。1971 年，首批盐滩产盐 484 吨，为全县 5 个集体盐场投产最早企业。1971—1972 年，建成 15 副盐滩。1973 年，利用边角杂地又建成不等小盐滩 9 副，共单元滩 24 副。盐场第二期围涂建设始于 1984 年，设计塘坝长度为 3.59 千米，4 孔碶门一座，围涂面积扩大为 293.33 公顷。1992 年，全场 32 副盐滩，生产面积 95.64 公顷。其中，结晶面积 8.05 公顷；卤池 279 个、面积 2.98 公顷，容量为 5175 立方米；小盐仓 34 座、93 间，面积 2233 平方米，可储盐 4660 吨。盐业生产稳定，年产量达 7000 吨。1992 年，产盐 6336 吨，属浙江省为数不多之海岛盐场。至 2008 年，仍继续生产。

白岩山盐场

位于象山东北部，北依涂茨乡白岩山、鸡笼山，西连杉木洋盐场，南靠爵溪镇公屿村，东临大目洋。场以白岩山命名，东西长 2.35 千米，南北宽 3.35 千米，场区总面积 688.9 公顷，时为浙江省最大集体盐场。1971 年 1 月，经浙江省轻工业厅批准，由大徐区组织涂茨、大徐、雅林溪、爵溪 4 个公社乡镇、54 个大队联合开发建设。2 月，成立白岩山盐田指挥部，下辖桐屿山、白岩山两工地。3 月 24 日破土动工，1974 年元旦大坝合龙。是年 6 月、8 月，遭两次台风及特大潮汛袭击，大坝全线冲塌。翌年 5 月 17 日，大坝重行合龙。1977 年 7 月 16 日，工程全面竣工，并完成 3 座、14 孔大型纳潮、排淡碶闸。塘坝结构为土石混合坝。1978 年试产。1980 年，建滩晒盐 510 公顷。至 1981 年全面投产，年产盐量突破万吨。是年，盐场接受县盐业公司试制特制精盐任务，建设精盐加工车间，增添离心机设备和改造盐滩，首批 16.3 吨特制细盐试制成功。次年产 50 吨，后以经济效益差而停产。1982 年，盐场列入市、县水利部门Ⅲ级标准海塘加固计划，采取全面加固，外坡改直立式墙，加贴砌石平台，用三角体小石台护脚，墙体内用沙砾垫层，防浪墙衬砌砼覆盖面；加厚内坡土方，排淡闸改手动为电动启闭。历时 5 年，加固石方 6.73 万立方米，土方 2.64 万立方米，于 1987 年竣工，为象山盐业系统首条标准海塘。盐场建有公路 4 条，总长 8.3 千米；公路桥 9 座、11 孔；码头、仓库 350 平方米；石砌高沟送水渠道 3 条、2.4 千米，泥砌渠道 4 条、2.64 千米；办公生活用房 1992 平方米。1992 年，全场 71 副盐滩，生产面积为 293.95 公顷。其中，结晶池 949 个、面积 26.61 公顷；卤池 1055 个、面积 16.61 公顷，容量 119510 立方米。是年，试产日晒细白盐成功。经轻工业部天津海盐检测中心测定，质量符合国家一级盐标准。为全县开创新盐品种，增加产品附加值。1999 年，盐业生产面积 377.31 公顷。2005 年，由省人民政府批准为盐转废区块，县产业区管会征用盐田 664 公顷，成为县工业开发 C 区。

新桥盐场

位于新桥镇高湾村，三面环山，南接七林湾，北依咸山湾、塔嘴头山，东临大目洋，围涂面积 337.33 公顷。1992 年，盐业生产面积 220.21 公顷，居全县第三位。另有虾塘 44.5 公顷，橘场 11.2 公顷。1971 年 1 月 24 日，由新桥公社高湾、关头、七林湾、高塘、黄公岙、上七里、下七里、新桥、东狮、石柱里、石柱外共 11 个大队联合围垦。2 月 12 日破土动工，于 1974 年 1 月 3

日，先后完成40米长头门坝、936米南塘坝与1.25千米北塘坝，并顺利合龙，塘坝结构为土石混合坝。1977年3月，开通1.717千米高湾与1.17千米七林湾农区排淡河，开挖南北两座咸水库，总容量为7.7万立方米。至1978年10月，建成南北大坝与5座8孔碶门，其中，3座用于农盐田排淡，两座用于纳潮。盐滩建设始于1978年6月，翌年9月，首批产盐602吨。至1983年，全场31副单元滩建成投产，产盐4500吨。1986年，盐产增至11092吨。1990年，列入市、县Ⅲ级标准海塘加固计划，采取将原陡坡式改为上陡下缓折坡式断面，内坡加厚土墙，局部因沙石公路所限，加筑挡土墙，堤顶加铺石渣。1991年动工建设，1992年竣工。1992年，全场有盐滩31副，生产面积174.88公顷。其中，结晶面积14.65公顷；卤池228个、面积4.23公顷，容量29610立方米。盐场配套设施：南北高沟渠道2条、长1.73千米；南北送水渠道2条、共1.6千米长；供水机埠2座；场内简易公路10.795千米。1992年，产盐11760吨。2008年，盐场继续生产。

照30-1 2006年新桥盐场

旦门盐场

位新桥镇旦门王家村平石涂，北起灿蓬山，南接石人山，面临大目洋，场区总面积150公顷。1992年，盐业生产面积133.95公顷，橘场8.26公顷，未开发土地26.46公顷。1971年2月，由旦门公社旦义、大湾、上周、旋台、平石、乌岩、梅林、王家、东旦、王家榄、双农、松渔等17个大队联合围垦，设王家坪、东湾2个工地。3月1日动工，1973年12月，第一次塘坝合龙。1974年8月，13号台风登陆，塘毁。1976年8月，再次合龙，并建成南北3座、5孔碶大坝1.214千米。1981年，全场29副滩建成投产，产盐3609吨。1990年，旦门海塘列入新旦线工程Ⅲ级标准海塘加固计划。入冬开始加固，共投入土方15万立平方米、石方30万立方米，1992年竣工。1992年，全场盐滩28副，生产面积104.14公顷，年产盐8621吨。其中：结晶面积8.87公顷；卤池197个、4.84公顷，容量48779立方米。盐场配套设施有咸水库两座，容量6.67万立方米；送水高沟1.4千米；农盐排淡河各1条，总长2.8千米；纳潮河610米；仓库29座81间，可储盐1900吨。2008年，盐场继续生产。

第三节 盐 工

盐民称灶丁、盐工等，各时代略有差异。民国起称盐工，时多农盐兼业者①。中华人民共和国成立后，盐工参加集体生产劳动。2006年始，盐业生产实施盐田租赁合同，盐工中也有半农半

①民国《象山县志·议略》：浙江沿海之区，灶地广，不尽出荡供煎，兼可种花、豆、木棉。灶、民交产，往往混入民田，故其名目不一，有名曰折价者（离弃海较远灶户，不谙煎盐，应纳盐斤，俱准折银解司）。有名水乡者（灶丁不谙煎盐），发县与民一体当差。应纳之银均派于秋粮余米内征收。有曰白涂者（名下得分荡地召人佃价追价）。此外，并有迷失灶地，课银无征，皆于民户秋粮余米内拨补充，名曰日包补，统谓之库价余粮。

盐的从业者。

盐工数量

盐工（盐民）旧称灶丁，制盐户宋时称亭户，后称灶户。明嘉靖年间（1522—1566），境内有灶户254户，灶丁1750人。清顺治十八年（1661），温、台各场迁徙，灶丁缩减。至康熙九年（1670）至二十年，象山展复弃置灶地17741.9亩，招田丁口3887丁。雍正《象山县志》载，时有灶丁496人。民国初期，玉泉场有灶户1017户，灶丁371人。民国9年（1920），各卤场有灶户816户，灶丁1190人。

民国17年（1928），坦晒兴起，煎灶渐减，灶户之名消失。时盐区产盐户1041户，盐工（雇工）777人，杂工500人。民国38年，盐户1333户，盐工1396人。盐民除晒盐外，兼营农、渔、副业，生活大多清苦。少数地主、富农（盐），雇工产盐，然多为农盐兼业。中华人民共和国成立前夕，仍有盐户1141户，盐工1210人。合作化开始，以盐为主业户增加，半盐半农、以盐为副业户相应减少，盐业向专业化方向发展。个体盐民成为盐（农）业合作社社员。1978年后，社队联办、队队联办新建盐场，大批农民转入盐工队伍。1980年，全县盐工5238人，比1975年增加2倍。1983年，盐民成为集体盐场正式盐工。20世纪80年代初，农村实行家庭联产承包制，老盐区金星、番头两乡村办集体盐场相应实行承包制。随老盐田废盐转业，盐民相应减少，新建集体盐场相应实行承包制，精减盐工。1985年减至2874人，减少46.1%。此后逐年递减，至1992年，盐工仅有1267人。其中，白岩山盐场养殖、冷冻、育苗厂工人占盐场总人数四分之一。2003年后，盐工逐渐减少。2008年，全县盐工512人。

盐工组织

玉泉盐场民国时期始有盐工工会，后有盐工队，均受民国政府及场署官员掌管。中华人民共和国成立后，盐民成立盐民小组，当家做主。

盐业工会　民国32年（1943）3月，金东西盐区盐民自发成立盐业工会。后国民党县党部以不合部颁规定，转饬县政府训令象南区署予以解散。同年6月27日，经象南区署批准，重新成立盐业产业工会，设理事、监事18人。民国34年12月，重行登记盐业工会，发展会员。经国民党县党部批准，在石浦成立县盐业产业工会整理委员会办事处，有委员5人，主任1人，工作人员14人，办理盐工登记。次年3月，召开第一次会员代表大会，出席89人，选出理事9人，监事、候补监事各3人，正式成立县盐业产业工会。入会盐工1079名，占总数95%。民国37年12月，改称玉泉场盐业产业工会。中华人民共和国成立后，以会员系个体经营户，不符合工会组织原则而撤销。

盐工队　民国35年（1946）1月，两浙盐务管理局颁布《盐工队组织法》，规定领有制盐许可证盐工均参加盐工队，设总队，下按盐区设区队。同年，玉泉场成立盐工总队部。番东西、金东西、中竿、蒲东西、建康、健跳、上廒等盐区设区队。以场务所辖产盐区为单位，10人为1组，受区队领导。场署利用盐工队组织，控制压迫盐工。中华人民共和国成立后，盐工队自行解体。

盐民小组　中华人民共和国成立后，政府动员盐民加入当地农民协会下属盐民小组。1950年，全县盐民小组69个，次年因废盐转农，减至29个。后盐区开展互助合作，盐民为互助组或合作社（组）成员。

盐工福利

民国35年（1946）4月，设两浙盐区盐工福利委员会玉泉场分会，办理盐工福利事宜。时宁海长亭盐区归并玉泉场，原长亭场诊疗所移至石浦，成立玉泉场诊疗所，巡回盐区医疗。同年9月，改为两浙盐区玉泉场盐工福利委员会。福利经费来源：场署拨款，运商缴纳每担场价5%，名谓“乐捐”。是年，集福利费31363元，用于医疗、教育。次年3月，在金东西、番东西、中竿盐区，办盐工子弟初级小学各1所，后增办下灶1所。入学免费，发课本簿籍，学生243人。举办盐工保险，后因法币贬值停办。时盐区天花流行，盐工诊疗所分赴产盐区免费施种牛痘。民国37年，法币贬值更甚，8月，国民政府公布《金圆券发行办法》，1元“金圆券”折合法币300万元。是年，乐捐从每担0.83元增至1.60元，收46000元；场署拨款3160元；其他600元，总计67760元。支出：子弟小学5所（含分校）5884元，受教育1075人；盐诊所9600元，受益3144人；盐工消费合作社12000元。民国38年，福利费收入9.57万元，仅维持盐工教育及医疗费用。

中华人民共和国成立后，玉泉场军管小组接收福利委员会，原组织解散，员工福利工作归属县盐场管理处。1950年，按公收盐价2.6%，拨作盐民福利费用。1950—1952年，发放盐民福利费8038万元（第一套人民币），续办4所盐民子弟小学和盐民诊疗所，淡季办冬校、民校20所，参加学习达780余名。享受中小学生助学金114人次，治疗上万人次，发放贫苦盐民免息小额贷款97户、1118元。1952年，县人民政府拨款5000万元，救济受灾盐民109户、1336人，占盐民总数31.33%。之后，盐业子弟小学移交县教育部门管理。1953年，盐民福利费按每吨盐出场价拨0.60元，由县盐业部门统筹，用于盐民医疗卫生和生老病死补助救济，歉年补助或无息贷款，扶持盐民生活、生产。1955年，盐民福利费1815元，支出1828.28元，用于盐民文化教育补助、医药卫生事业费及生活救济等。1966年，县盐场管理处拨款1万元，救济困难户714户，占盐户总数36.29%；宁波地区工交财贸办公室拨款2.5万元，救济贫困盐民。1978年后，集体盐场发展，1980年，取消盐价提取盐民福利费，改由集体盐场公共积累中支付。每年夏季县盐业公司发放盐工夏令药品，年约6000元。1981年，旦门盐场首先实行盐工退休劳保制度，男60周岁、女55周岁，退休后月发生活费15元。1988年，盐业生产实行个人承包，后大批人员外调，退休制度停止执行。

1987年，白岩山盐场支付保险费3.2万元，投保县保险公司简易人身保险；1990年，规定男55周岁、女50周岁退休，发养老金男10元、女7元，医疗费均3元，工龄补贴按在场工龄每年补0.50元；每人发放雨衣、雨鞋、工作服约200元，草帽、毛巾、肥皂约10元；因公受伤及丧葬费补助等由场统一规定，为县集体盐场福利制度之首。1989年，昌国盐场实行场部管理人员退休制。2006年后，全县盐场管理人员参加社保、医保、生育保险，享受企业职工待遇。

第二章　盐业生产　盐品购销

宋至清，历代制盐均袭旧法。制卤有刮泥、泼灰；制盐有煎制、晒制。嘉庆年间（1796—1820），从舟山定岱盐场引入板晒制盐（结晶）代替煎灶，清末又引入缸坦晒制，为盐业生产工艺上的一大变革。民国时期，煎灶逐步废除。中华人民共和国成立后，象山盐产增加，质量明显提高。制盐为露天作业，盐产量和盐质量极受自然因素制约及生产工艺影响。原盐历来由国家统一定价、购销。象山所产盐品大部分提供境内居民生活、生产之用，部分运销外地。

第一节　原盐制法

象山传统海盐生产必须经过先制卤，后成盐两个阶段。盐民在千百年的生产实践中，摸索出多种制卤、成盐方法，对其中大部分方法均有引进、推广，有些因不合象山地情而放弃，有些一直沿用并有所创新。嘉庆年间（1796—1820），从舟山定岱盐场引入板晒制盐（结晶）代替煎灶。清末，又引入缸爿坦晒，为盐业生产工艺上的一大变革。民国时期，煎灶逐步废除。中华人民共和国成立后，一度引进“流、枝、滩”制盐法，后有缸砖结晶滩、黑色薄膜结晶滩，均为平滩晒盐制法改革的重大进步，迄今未变。

制卤

先于傍海近潮处，开辟滩场（盐田）。分上、中、下三节，近海为下场，以潮水时浸，不易晒盐；中为中场，潮至即退，易受日晒；远于海为上场，以潮小不至，必担水灌洒方能开晒。旧时，所谓三月桃花土，六月伏土，九月菊土，伏土最咸，桃土、菊土次之。另就滩场附近筑小槽，俗称漏碗。其长8尺，阔4尺，深三四尺不等。内壁周围将土夯实，防止渗漏。封涂于底，覆以刮竹，铺以茅草，下连竹管直通于池（卤桶或卤缸）。将所刮之白泥（咸泥）24担，挑运至漏碗中。挑海水于漏碗，渗及周时，使泥中咸分溶于水，由竹管溢流入池中（卤缸或卤桶），即成盐卤（鲜卤）。以土之咸淡，定卤之多寡。试卤之法，采用普通石莲10枚，浮三、四莲为浓卤（咸度高），五莲者卤最浓，莲沉于底，则咸度已少，不能煎盐①。

海水制卤有刮泥淋卤、摊灰淋卤、平滩制卤三种方法。20世纪50年代末，象山曾采用立体制卤方法。

刮泥淋卤法　亦称刮咸泥淋卤。象山玉泉盐场北部蒲东、蒲西各团的南堡、胡大、杉木洋等产地，因地多沙土，颗粒粗，粘力弱，渗漏易，均采用此法。刮泥淋卤其工序一般为：辟摊，即选择摊地（海滩咸地），除去蒿草；刮泥，在盐泥产生盐花后，用刮泥工具（铁铲、拖刀），刮取咸泥，成片状；耖泥，刮起之泥，干显不匀，日晒干后，拉耖耙来回反复将泥片抄碎，抄松，使其干燥；集泥，咸泥干燥后，将干燥咸泥集中成一条泥垄；挑泥，用畚箕将泥垄咸泥挑至漏碗

①民国《象山县志·实业考·盐业》：王守基《盐务议略》：玉泉场盐出于煎，统谓之末盐。煎盐之法，先于傍海近潮之处，开辟坦地，削去草根，光平如镜，名曰摊场，又曰灰场。分上、中、下三节，近海为下场，以潮水时浸，不易乘日晒也；其中为中场，以潮至即退，恒受日易晒土也；远于海为上场，以潮小不至，必担水灌洒，方可开晒也。凡潮汛：上半月十三起水至十八日止，下半月二十七起水至初三日止，潮各以此六日大满。故当潮大之时，三场皆没。自初三、十八以后，潮势日减，先晒上场，次晒中场，最后晒下场，故上、中每月晒两次，下场或仅得其一也。灰场者，言其土细如灰。盛夏二日或三日，晒力方足，严冬则西此风尤胜日晒也。俟地起白霜，用铁铲收起，名为刮土。（民国《象山县志》按：三月谓桃花土，六月谓伏土，九月谓菊土，伏土最咸，桃土、菊土次之。）旁筑小槽，广四尺，长八尺，封涂于底，覆以刮竹，铺以净茅，下承以池，实土二十四担于槽，沃灌清水，渗及周时，泥融水溢，流入池中，即成盐卤。试卤之法，采广东石莲，用两竹管六七寸并缚于细竹竿头，分置十莲于管内，管口用竹丝隔定，探入卤井。卤沃莲浮，浮三、四莲，味重；五莲俱浮，尤重，浮取其重。若横直相半则味薄，莲沉于底，则卤不能入煎矣。煎盐用盘，盘以铁板凑合，底平如盂，四周高一二尺。其合缝处以卤和灰嵌之，一经塞结，永无罅漏，煎卤于盘，未即凝结，将皂角末和米糠搅沸卤中，顷刻即成，犹石膏之结腐耳。其盐色白味稍淡，不如淮盐也。

（溜）中；筑舀（漏碗），溜为制卤工具，有柜形、圆形两种。柜形长八九尺，阔五六尺，深三尺。圆形的是一个圆台形土坑，上口直径约2米，底口直径约1.5米，深约半米。底与四周均用泥敲实、平滑，下埋一中通竹管，管口斜截，露于漏碗底中心，使卤水渗聚循竹管外滴、竹管外端处，掘地成坑，用一缸接卤水，称“卤缸”。咸泥入“漏”前，先在漏底铺数根短木，木上铺数十根细竹，覆置以柴，冒以草灰，或者铺上一层干燥的茅草。然后把咸泥放入漏中，用足沿漏边将咸泥踏实，称“踩腰漏”。再将整个漏咸泥拍平、敲实，称“蹬漏”；淋漏，亦称发漏水，将海水泼浇漏碗上，使海水渗于碗内，溶解咸泥盐分，通常经12小时，即有卤水从漏底渗出，滴入卤缸内。

摊灰淋卤法　摊灰淋卤制卤生产技术始于元代，此法亦称灰晒制卤。象山灰晒制卤始于何时无考，但清已兴盛。象山晒盐，俗称“晒灰”，言其土之细如灰。后以木炭取代泥灰，平铺于灰坦内吸咸制卤，其方法与刮泥淋卤相差无几。工序有：辟灰场，选择傍海附团卤地，一条土塘内盐田为一个生产单位，内置40左右灰坦。每支灰坦面积约2~4亩，呈长方形，坦四周筑塍，塍外有沟，坦外有潭，储存海水，与坦沟相连；纳潮，将海水引入到坦沟和水潭；泼水，清晨用水勺从坦沟里取水，将坦面泼湿，增加灰场咸分；摊灰，用灰锹将成堆的灰籽均匀地撒在坦面上，加泼海水，增加咸分；掠灰，摊灰后用小竹竿将结块成团的灰籽掠散，使灰籽细平；扫灰边，指将靠近坦沟边的灰籽扫拢，使灰籽均匀地铺晒在坦面上；搪灰，又称摊灰，于傍晚时将蒸晒灰籽推拢成行，堆放在原堆位上；挑灰，是将经过多日蒸晒的咸灰籽，用土箕挑至漏碗内，踩实、敲平；淋漏，用勺子将沟内海水浇淋入漏碗，过若干时辰，漏碗内即出卤水；验卤，同刮泥淋卤法。象山玉泉盐场南部下山团金东西、番东西、中泥、竿头等盐田多为黏土，颗粒细，黏力大，渗漏较缓，均采用此法。

晒灰制卤　晒灰场俗称“灰溜”，由灰坦、泥溜等组成。两只灰坦，地面平坦，各长45米、宽11米。灰坦之间有宽约1.5米的水沟以蓄海水。灰坦周围有高约0.2米的陆以挡海水。两只灰坦之中部有两只内径3米、深0.9米泥溜，灰坦。两只灰坦（铺有缸爿）、两只泥溜组成一个生产单位。

灰坦各置20担由特殊工艺烧结的细粒状灰子，亦称毛灰。晴日清晨，男盐工将成堆毛灰用特制大木掀均匀地摊在灰坦上，妇女用长扫把扫灰边。后男子用口大底小的木甩勺把沟里海水均匀地、适量地洒在灰子上。傍晚，男子用木荡灰板将灰子推成堆，妇女扫尽灰末，男子再用甩勺将沟里海水均匀、适量地洒在灰堆上。

夏天，经三个晴日暴晒的灰子可进泥溜。溜的底部和四周须夯实，防卤水外漏。底上铺一层茅草，茅草上铺钻空竹筒，竹筒上再铺茅草。溜底埋有中间捅空的竹筒，通往漏边卤池。毛灰满溜后踏实，用甩勺将沟里海水均匀、适量泼在溜里的灰子上。从竹筒里流入卤池的就成咸卤。

平滩制卤法　指在盐场内，修建平整的滩田，内注入海水，通过自然蒸发，使海水逐渐浓缩，渐近饱和卤水的过程。象山最早试行平滩制卤于20世纪50年代，在金星盐区。平滩制卤操作程序一般分为：纳潮，将场外海水纳入到场内纳潮河内，当海水潮位和浓度达到一定要求后，及时开启纳潮碶闸，纳入足量高浓度潮水，以保证滩田用水；扬水，将纳潮河中海水通过扬水机埠，提升到场内送水渠道，并输送到每副滩田；制卤，制卤操作分十步走水。即制卤区分三大块，第一块称大平面，有1步~4步。第二块为蒸发滩，有5步~9步。第三块为调节池，为第10步，建在结晶区内。每步滩田面积按一定面积缩小，且有4~6厘米落差，便于自动走水。蒸发区和结晶区都建有保卤池，以利于雨天储存卤水；整滩，指滩格保持平整、坚硬、不漏，减少蒸发过程中卤水损失。

立体制卤法　1958年，盐田改造，推广“流、枝、滩”生产技术。1959年，象山有枝条架17座，有“流、枝、滩”盐田70公顷。后遭台风，枝条架遭受破坏。1963年后中止引进。“流、枝、滩”由流、枝、滩三个部分组成。“流”即为流田，即流下式盐田，流田平均坡度1：100斜面，使海水和卤水在滩田内自行流动，提高蒸发量，流田位于滩田前部，用于浓缩海水和初级卤水；“枝”，即为“枝条架”，枝条架有单墙式、双坡式、房屋式、垂网式，建于滩田中级制卤区内。以初级卤水为原料，上枝条架（三次），利用高度下流蒸发，浓缩卤水；“滩”，为平滩，是高级制卤结晶区，有蒸发池、调节池、结晶池。经测验，流枝滩制卤能力为平面池1.94~2.66倍，但均未考虑台风影响，建架成本等各种因素。后停止推广。

金星盐场试验“流、枝、滩”生产技术　1958年，在金星淡塘试验“流、枝、滩”制卤技术。用杉木搭成长约20米、高5米的斜面木架，木架斜面覆以厚厚一层毛竹枝形戒滩面，将海水扬上滩顶，海水从滩顶顺着竹枝流入水池，再将池水扬上滩顶，不断往复循环，池中海水浓度升高，最终成卤。因成卤效果不佳，试验停止。

煎制

历代习用煎盐。象山古代称为“熬波”“煮盐”，皆为柴薪生火煎制，工具上经历了铁盘煎盐、篾盘煎盐、铁锅煎盐三种。

铁盘煎盐　为早期制盐之法，象山今尚有“盐盘头”“南盘”等地名。铁盘制盐指在铁盘内放入卤水，以火煎熬，卤水蒸发浓缩成盐①。铁盘煎盐受官府控制，其铁盘皆为官铸，且只能在团灶内煎煮，不允许野外私煎。铁盘煎盐先验卤，以石莲测卤方法测定卤水浓度。然后将卤水放入盐盘中，直接用柴火煎熬成盐。铁锅出现后，用一口铁盘与若干口铁锅组合煎盐，铁盘安放在灶口的火门处，在铁盘后直排2~4口铁锅，利用烟道余温加热，盘中卤水加热，温度增高，卤水沸腾，水分渐渐蒸发，卤水减少，可将温锅中温卤注入盘中，再补充冷卤于温锅中。盘中卤水愈沸愈凝时，称为“起楼”，将温锅卤水适量加入盘内，称“掺汤”。盘内结晶成盐后，将盐锹入箩内。煎熬一盘盐需1~2小时，一般开煎3~10天即熄火。熄火后，将盘拆卸，他日开煎，重行切盘。

篾盘煎盐　象山盐民利用当地丰富竹子资源代替铁板，用来煎盐。篾盘系用寸许宽之竹篾编制而成，其大小与煎灶相合。据史料记载，篾盘长5.87米，宽5.8米，篾盘西周以篾簟直竖围之，称为盘带，盘带高4寸半。使用前，篾盘需作防漏处理，即先将壳灰（蛎灰）加水融化，以帚漫湿，涂抹在篾盘两面，然后再用青灰（柴灰）涂抹。盘带两面也用蛎灰涂抹。使用前还须将篾盘吊在桁架之下后，用火烘干后再倾以灰卤，灰卤中灰与卤之比为8：2，用火烧盘，务使盘底

①《蓬岛樵歌》注云：“现煎团额浦东团四灶，浦西团七灶，下三团团五社；锅盘一十六副，内三灶每灶篾盘一面，余俱铁釜。”乾隆县志云：“灶具则有盘铁、锅撇、铜挚、铜桶、铁铊、官秤、官篱。盘铁系官制，其余商人鼓铸，亦必请于官然后铸造，以应灶丁之用。”铁盘用铁板拼接而成。其形制有长方形、圆形不一，大小各异。《嘉庆两淮盐法志》云：“盘四角揩为一，织苇拦盘上，周涂以蜃泥。”明人陆容说：“大盘八，九尺，小者四五尺，俱有铁铸，大止六片，小则全块。”《天工开物》记曰：“盘周阔数丈，径亦丈许。用铁者，以铁打成叶片，用铁钉拴和，其底平如盂，其四周高尺一寸，其合缝处一经卤汁结塞，永无隙漏。”

隙尽为堵塞①。篾盘具有成本低、取材制作便利且不易为官府控制等优点，为灶户所喜用。清雍正，镇海、象山 6 盐场有篾盘 402 副。一盘可容卤水 260 吊，每吊卤水重 10 千克，一昼夜可煎六七盘，以烧煮 10 天为一造，即一个周期。10 日后熄火拆盘。他日另用新盘再煎。

铁锅煎盐　明中叶“团煎”制式微，锅撇则更适宜于灶户家庭性生产。以铁锅代替铁盘煎盐。锅的形式有平底和圆底两种。旧时，锅每口重达 70 千克左右，圆底锅直径 1.3 米、深 0.5 米，形如釜，为温卤之器，以锅成盐者，俗称“镬子盐”。撇系锅之“宽浅者”，故谓之“撇盘”，相似于铁盘的煎盐器。放置在灶门口的铁锅称为煎锅，形状为圆而底平，即所谓“撇”，也叫“平釜”，用以煎熬成盐；另置平釜后面的圆形深锅，称为温锅，用来温热卤水。铁锅煎盐须盖茅厂，筑煎灶。煎灶用锅三口、四口、五口不等，形式有正方形、一字形、三角形、菱形等。杉木洋相袭的是泥筑（不用砖石）菱形灶。即灶门口一锅，火分二支入内，平行置二锅；然后二火又汇成一支，入灶尾，上置一锅。灶部分埋入地下，露出地面约尺半高，灶门下阔上窄，前置灶锅，后置温锅。南堡一带，旧时系用三口煎灶，灶口一锅，后置二锅，灶呈三角形。铁锅煎盐，每锅注咸卤 150 千克，经 2 小时徐徐煎烧，锅中渐有成盐。卤亦渐燥，这时需不断用铁锹拌炒，以防锅底结块。一昼夜可煎盐 3 次，也有记载一昼夜煎盐 6～8 次。烧盐时昼夜不歇，连续煎熬。燃料以松毛柴为佳。杉木洋盐民有“一斤松毛一斤盐”之说，一锅 35～40 千克卤，约需用 150 千克松柴。

晒制

利用阳光与风力，使卤浓缩结晶成盐的一种方法。清嘉庆年间（1796—1820），晒制兴起，煎灶渐减。制卤法仍沿旧不变。晒盐分坦晒、板晒两种。唯境内惯用缸坦，盐板推广较少。

缸爿坦晒　系指用碎缸片铺垫作为结晶池的晒盐，象山人称“碎缸片”为“缸爿”。象山引缸爿坦晒之法在清嘉庆年间（1796—1820）。嘉庆六年（1801），《钦定重修二浙盐法志》载：“玉泉场分 10 区，有番东、番西、金东（浦湾、小港）、金中（金鸡山）、金西（平阳厂、下洋墩）、中泥、竿头、杉木洋、胡大、南堡。”时番东、番西、金东、金中、金西、中泥、竿头七区用缸坦结晶晒盐。象山南部和宁海为宁波主要缸爿坦晒盐区。操作工序：建坦，缸坦亦称缸爿滩。多设于盐田高墩之处，坦基选用黏土夯实，勿使渗漏。缸坦四周围以木板或竹片，以防卤水溢出。坦内铺碎缸片。坦有大小。大缸坦内可划分数小格。每坦建有排放卤水闸口 1～2 个。坦侧建有卤池，上覆盖茅草，以备天雨保卤。视晒坦大小、灰堆多寡，配以一定灰溜（漏碗）。金星一带大约以 40 堆灰，占地约 2 亩设缸坦一格。缸坦面积大约 100 平方米。注卤，天晴之日，即可注卤于缸爿坦内，借日光和风力，蒸发水分，结晶成盐。集盐，于傍晚时用竹扫帚扫集成盐，堆于一隅，锹入盐箩。6—11 月，坦内午后漂花，当日成盐；12 月至次年 5 月，须两日才能成盐。夏季每坦日产 150 千克左右，淡季日产减半；查坦，盐坦因长期受盐卤浸泡，易渲软，常有泥浆从缸坦缝中冒出，混于盐粒之中，故常有盐色不佳。须及时检查、修补缸爿坦；入仓，即挑盐入盐仓（盐垛）。

流枝滩晒　1958 年，浙江盐业部门从四川学习枝条架制卤技术，从日本引进流下式田，结合

---

①明万历《余姚县志》：“编竹为盘，中为百耳，以篾悬之，涂以石灰，才足受齿。燃烈焰中，卤不漏而盘不焦灼，一盘可煮二十过。”嘉庆《两浙盐法志》卷一“历代盐法源流考”载：“上下周以蜃灰，广丈深尺，平底，置于灶。”明《天工开物》云：“南海有编竹为者，将竹编成阔丈深尺，糊以蜃灰，附于釜背，火燃新底，滚沸延及成盐，亦名盐盘。”

平滩技术，把三种设备结合进行制盐，时称“流、枝、滩”。认为最先进制盐技术。单元流枝滩面积2.67~6.67公顷，由流、枝、滩三部分组成。流、枝、滩走水方法一般是海水从水库（贮海水潭）开始，进入第一流田，再自流进入第二流田，再在平滩走几步水（浓缩海水，形成初级卤水），然后上枝条架。枝条以初级卤水为原料，每副滩建一座。下架后卤水再入蒸发池、调节池、最后到盐板上结晶。也有采用海水先进入第一流田，上第一排枝条架；经第二流田上第二排枝条架，及三步平滩蒸发池后再上第三排枝条架，下架后卤水再经第四、五蒸发池、调节池，最后到结晶池。须二经流下式盐田，三上枝条架。1958年，率先在金星盐区试验未成。1963年，停止推广，全部转为平滩晒盐。

缸砖坦晒　亦称缸砖滩，不同于碎缸爿铺设的缸爿坦，而是专门为晒盐制作的正方形黑色缸砖铺设的结晶池。1960年，象山首先使用，替代碎缸片，其后逐步推广到鄞县、慈溪、镇海等盐区。至20世纪80年代，缸砖结晶池成为滩晒制盐的主要结晶设备。其优点：其一，缸砖釉面为棕黑色，易于吸收阳光，蒸发效率高；其二，质地坚硬，不易破碎，可长期使用；其三，缸砖规格统一，大小均匀，可适用大小结晶滩铺设，并利于整修，重复铺设，多次利用；其四，使用寿命长，分摊到每年投资成本相应较小。缺点是缸砖块小，缝隙多，易渗漏卤水，造成泥浆泛起，影响盐色、盐质。

黑膜滩晒　是指结晶池面层采用黑色塑料薄膜垫底的晒盐。塑料薄膜垫底晒盐始于1970年，初为白色塑料薄膜。20世纪70年代末，改白色塑料薄膜为黑色。1979年，昌国盐场推行塑料薄膜浮卷法长期结晶新工艺，首次生产大粒子工业盐。1980年，引进舟山塑料黑膜结晶新工艺，于昌国、花岙两盐场首批试验，总面积为5.1公顷。以后全面推广，替代缸砖坦及沥青池坦。黑色塑料薄膜的厚度以0.2~0.28毫米为佳。盐场用热合机自行加工焊接黑膜，黏合后整块黑膜应略大于结晶池面积。1985年，象山制订黑膜滩晒的操作工艺步骤。操作工序：纳潮，纳足，纳好含盐度高海水。专人管理，先远后近安排盐滩供水；制卤，按步走水，一步一卡，定深、定度。1步~9步为平面日光风能蒸发区，制作达23波美度卤水，如保卤池；结晶，黑膜平整地铺设在结晶池内，将黑膜边沿包裹在四周的池埝上，防止泥沙进入结晶池。黑膜与池底铺设要严密，不可产生气泡。黑色塑料膜不完全固定在池面上，而是可以将半幅黑膜掀起，覆盖在另一半副池子上，可以活动，便于遇雨时保卤、保盐；增强防雨能力，减少收卤、收盐的劳动强度。结晶操作程序为：新卤上板（25度的纯净饱和卤）、保持深度（淡季达到2厘米以上，旺季2.5厘米以上）；保持池面平整（不得有结盐露碴现象）、适时旋盐（卤新、卤温高、风小、卤浅时要多旋，反之则要少旋）、分段结晶、分别堆坨。

板晒　从定岱盐场引入，是指卤水在盐板上蒸发浓缩成盐。其法：用杉木制成盐板，四周围以木框，便于贮卤，板面平滑，合缝处嵌以油灰，防渗漏。盐板长2.05米，宽0.85米，深3.2厘米，面积1.74平方米。晒制时，将鲜卤注入盐板上，旺季当天可成盐，淡季两天，用木扒刮盐。每块盐板旺季日产盐2.5~3千克，平季1~1.5千克，淡季0.25千克左右。象山从清嘉庆时推广，延至民国。杉木洋盐区周边盐民均实行过板晒之法。多者制盐板上百块，少者制盐板几十块。操作工序：制板盐板用杉木制成，四周围以边框，板面平滑，合缝之处，以尖凿錾成斜路，涂嵌桐油蛎灰，以杜渗漏。板底有四根横档用以支撑盐板。盐板直框两头，伸出板面，制成手柄，以使杠抬。象山盐板长2.5米，宽1米，深一寸（鲁班尺）；扛板，指扛开晒盐和扛拢防雨露水稀释。晴天早晨，旺季于五六时，将前一夜已扛拢盐板扛至盐板桩上，准备上卤晒盐。盐板通常整排安

照 30-2　盐民在担运海盐

放。每天收盐后，或遇天雨，将扛板扛拢一起，通常以 10 块盐板叠为一幢。其中最上一块盐板须反向覆盖，以防板内盐卤被雨水或夜间露水稀释。若遇风雨天，需用两道绳索捆扎，以防风吹损坏；加卤，盐板扛开后，根据蒸发量大小往盐板灌上适量卤水，俗称“拗卤”。象山加卤操作是用水勺从鲜卤缸中舀卤注入盐板；查板，加卤后须对盐板进行巡回检查，看盐板是否平整，发现卤水不够时应加卤，防止烤燥板；收盐，旺季可当日成盐，淡季两日才能成盐。傍晚，一人用盐扒板把板内之盐推拢，集于盐板之一角，另一人用盘铲将盐铲入盐箩内。收盐后的盐板以十块堆成一幢，待明日再行扛板开晒；沥卤，收拢之盐还不能成“盐”，须经沥卤阶段。即把盛盐的箩筐放置在苦卤缸上，沥卤一夜，苦卤下坠缸中，减少盐粒水分，又可回收卤水；入仓，第二天上午，盐民将沥卤后盐，挑入盐仓内存放。

玉泉盐场制盐设备情况表

表 30-1

年　　份	制　盐　设　备	备　注
明嘉靖年间（1522 — 1566）	煎灶 16 座，有篾盘 3 副，铁盘 13 副	玉泉场
清雍正年间（1723 — 1735）	新聚团额蒲东仓干门团 5 灶，下三仓番东团 5 灶，蒲西仓仇家山东团 8 灶	嵩玉场 玉泉场部分
乾隆五年（1740）	煎灶 16 座	玉泉场
民国 7 年（1918）	煎灶 149 座，晒坦 1011 格，卤池 176.34 公顷	玉泉场
民国 11 年（1922）	煎灶 142 座，晒坦 993 格	玉泉场
民国 16 年（1927）	煎灶 119 座，晒坦 1089 格，灰溜 1338 只	玉泉场
民国 17 年（1928）	煎灶 159 座，晒坦 1013 格	玉泉场
民国 22 年（1933）	煎灶 119 座，晒坦 1089 格，铁锅 561 口，灰溜 1338 只	玉泉场
民国 35 年（1946）	煎灶 222 座，晒坦 1272 格，晒板 250 块，灰溜 2117 只	玉泉场
民国 37 年（1948）	煎灶 225 座，铁锅 900 口	玉泉场

第二节　原盐产量

唐代，浙东“茧税鱼盐，衣食半天下”，盐业生产在浙东具有重要地位。但象山无具体盐产记录。宋以后，皆以盐课定“岁额”“引额”，以控产盐之数。宋宝庆年间（1225—1227）额盐，玉泉场 4160 袋，玉女场 1060 袋，瑞龙场 1060 袋，计 6280 袋（每袋 300 斤），岁产额盐 18840 担。元延祐年间（1314—1320），玉泉场岁额办盐 9343 引（每引 400 斤），计 37372 担。至正年间

(1341—1368)，岁煎盐实办13117引，计52468担。明嘉靖《象山县志》载：岁产额盐10098担66斤9两3钱。清雍正年间（1723—1735）岁产在万担左右（每担100市斤）。

民国3年（1914），玉泉场产盐10.85万担，其中，晒盐1.04万担、煎盐9.81万担。民国10年，玉泉场产盐16.2万担，未几供大于求。民国14年，产量降至3.14万担，后经场署招商认购，场产逐步回升。民国20年，为18.29万担。后台盐滞销，盐产量徘徊不前。抗战时期，沿海各省沦陷，食盐紧缺，年产量仍14~18万担。民国29年，县大旱，年产盐达27.69万担。次年4月，石浦沦陷，盐区受敌伪骚扰，无商收，多盐民自产销，产量无记。玉泉场后期调查，年产约5.5万担。抗日战争胜利后，盐产稍回升。民国35年为12.53万担。民国36年，因华北、长芦、山东、淮北等盐区待复，盐源不丰，两浙盐区奉令增产。是年适逢天时适宜，玉泉场年产盐21.79万担，比省核定数14万担增7万余担。民国37年，盐产降至13.888万担。民国38年，盐区以盐易米盛行，玉泉场署允许农民以米兑盐，场署以米向盐民收盐。是年，盐产仅1.59万担。

中华人民共和国成立后，人民政府接管玉泉场，整顿盐产，动员恢复生产。1950年12月，贯彻执行浙江省“废场转产”指示，盐区废场转产先后有蒲东西（杉木洋、南堡、海塘）、中竿两盐场，年产减少1160吨。至1952年，场区剩金星、番头两处，年产5941吨。次年，人民政府发动盐民爱国增产，坚持盐价不低于担米斗盐惯例，稳定盐民生产经营。盐场管理处发动盐民开展立功创模活动，盐区组织互助合作，激发盐民生产积极性。1957年，单产由1952年每公顷36.57吨增至93.06吨，年产10162吨。1958年“大跃进”中，沿海人民公社大办盐场，恢复部分废场和建设新场。1958年、1959年，盐产分别升至13414吨、19190吨。1962年，调整国民经济，新建盐场停办，老场再次裁废，加之三年困难时期，当年盐产减至4944吨。经三年调整及采取售盐奖粮等措施，盐产逐步回升。1967年，达15267吨。之后，均在10000吨上下。1978年，产盐21704吨，首次超过2万吨大关。是年，昌国、新桥、白岩山、旦门、花岙等新建盐场相继投产。盐业生产进入新的发展时期。1984年，产盐41487吨。后续有增加，至1986年，增至60516吨。1990年，产盐56085吨，每公顷产盐44.51吨。1992年，产盐67529吨，时为历史最高年，占宁波市总产量175394吨的38.5%，跃居首位，成为浙江省第三产盐大县。2006年后，由于盐场转废面积大，盐产量迅速减少，至2008年，全县年产盐仅34060吨。

民国9年至民国38年玉泉场原盐产量情况表

表30-2　　单位：担

年　份	产　量	年　份	产　量
民国9年	110960	民国17年	144520
民国10年	162040	民国18年	160380
民国11年	74280	民国19年	149800
民国12年	102840	民国20年	182940
民国13年	87140	民国21年	249000
民国14年	31400	民国22年	256140
民国15年	76280	民国23年	154760
民国16年	131440	民国24年	71500

续表30-2

年份	产量	年份	产量
民国 25 年	175700	民国 32 年	石浦沦陷，场署迁徙
民国 26 年	147240	民国 33 年	石浦沦陷，场署迁徙
民国 27 年	178880	民国 34 年	石浦沦陷，场署迁徙
民国 28 年	145200	民国 35 年	125300
民国 29 年	276980	民国 36 年	279920
民国 30 年	3500	民国 37 年	13880
民国 31 年	石浦沦陷，场署迁徙	民国 38 年	15920

1949—2008 年象山县原盐产量情况表

表 30-3　　单位：吨

年份	产量	年份	产量	年份	产量	年份	产量
1949	796	1964	10669	1979	34802	1994	85149
1950	414	1965	9675	1980	22561	1995	76191
1951	6596	1966	11160	1981	39712	1996	65813
1952	5941	1967	15267	1982	30450	1997	46994
1953	8011	1968	10335	1983	28974	1998	46512
1954	7359	1969	11306	1984	41487	1999	37245
1955	12111	1970	8018	1985	49834	2000	55431
1956	8965	1971	16868	1986	60516	2001	55470
1957	10162	1972	6600	1987	31241	2002	45534
1958	13414	1973	4645	1988	44400	2003	75116
1959	19190	1974	12387	1989	31120	2004	85000
1960	9906	1975	8398	1990	56085	2005	66059
1961	8702	1976	13918	1991	57135	2006	41420
1962	4944	1977	12094	1992	67529	2007	50070
1963	12902	1978	21704	1993	46378	2008	34060

第三节　原盐质量

象山谚云："盐如玉，好吃肉。"言盐色莹白、质地好，盐价高。旧时玉泉场煎盐色白、粒细、味鲜，俗称细盐。后产晒盐色白、粒粗，称"粗盐"。以观感及味感定盐质。清时，禁令盐商销售食盐掺杂。大清律盐法规定："凡客商将验过有引官盐拌和沙质卖者，杖八十。"民国3年(1914)，政府颁布《检查食盐章程》，标准盐："食盐之含有氯化钠含量应在85%以上；食盐之含有水分应在10%以下；食盐应色质洁白，不得掺入苦卤泥沙与妨害卫生诸杂质及过量水分者。"民国36年3月，颁布《盐政条例》，第五条规定，盐之品质视其氯化钠含量分为三等：一等氯化钠含量90%以上，二等85%以上，三等70%以上，三等盐不能充作食用。含水量，一等盐不得超过5%，二等盐不超过8%。次年，盐务总局规定再制盐及洗涤盐标准，再制盐氯化钠含量92%以上，水分不超过5%。玉泉盐场盐质化验，抗日战争前送余姚食盐检定所检定，后送黄岩盐场检定所检定，均为二等盐，平均氯氧化钠含量在85%以上。

民国前期玉泉场盐质检定情况表

表30-4

年　份	盐　种	氯化钠含量（%）	水分含量（%）	杂质含量（%）
民国7年	晒盐	88.41	3.12	—
	煎盐	86.70	9.52	—
民国18年	晒盐	88.41	3.12	8.40
	煎盐	87.77	9.52	3.71
民国20年	晒盐	88.41	3.20	—

说明：经余姚场食盐检定所检定

民国36年玉泉场盐质检定情况表

表30-5

场所名称	盐类	编号	氯化钠（%）	水分（%）	杂质（%）	备注
番东西（火炉头）	晒盐	东2号	85.18	9.1	5.72	合格
	晒盐	东1号	86.80	7.7	5.41	合格
	煎盐	西8号	86.40	8.5	5.44	合格
	煎盐	西	82.08	10.0	4.30	不合格
金东西（金鸡山）	晒盐	1号	78.34	7.5	7.99	不合格
	煎盐	金字号	84.21	8.5	4.98	不合格
	晒盐	金2号	86.52	7.0	4.18	合格
	晒盐	上塘仓	87.82	7.2	7.68	合格

续表30-5

场所名称	盐类	编号	氯化钠（%）	水分（%）	杂质（%）	备注
中竿（中泥）	晒盐	2号	85.19	13.5	3.33	合格
	煎盐	上塘仓	83.19	11.0	3.93	不合格

说明：经黄岩场食盐检定所抽样检定

1950年，省盐务管理局按华东盐务管理局颁发《检定食盐规定》，制定《浙江省检定食盐实施细则》规定：食盐氯化钠含量应85%以上、水分10%以下、不溶物1.5%以下，氯化钡含量不得超过万分之五。省局制发标准盐样，比照目测定等收盐，象山盐场管理处制定《象山目测定等标准表》，供盐区盐民生产时自我检定。

1950年象山原盐目测定等情况表

表30-6

等级	盐质情况					
	硬度	晶体	亮度	水分	色泽	杂质析出情况
一等	坚实指捺不碎	正立方体有棱有角	透明	手拶后粉碎	纯洁	无羊毛硝等析出
二等	坚实指捺略碎	晶形正常	半透明	分散略粘手	尚纯洁	无羊毛硝等析出
三等	尚硬手捺后碎裂	晶形有歪缺	略透明	分散情况差	白色	无羊毛硝等析出
次等	一捺成粉状	晶形多属漏斗形	不透明	不易分散	白色或稍黑色	有部分杂质析出

1956年，盐质提高。全省1—10月盐质采样化验，象山比省平均一等盐高8.93百分点，二等盐高0.95百分点，三等盐高14.02百分点，次等盐低28.9百分点，盐质居全省首位。1957年，县盐管处制定《灰淋晒盐法操作要点》在盐区推广。1958年，成立石浦盐检所，负责全县盐质检验。以简易分析法，按省暂定粗盐氯化钠含量80%以上，水分5%以下，不溶物1.5%以下，为原盐收购化验定等标准执行。1997年，采取激励措施，原盐质量不断上升，一级盐达96%以上，至今质量仍保持较好。

第四节　食用盐　加工用盐

象山产盐为海盐，古时称“散盐”，又称“末盐”。按用途分，旧时有食盐、渔盐、酱盐，今增加工业盐等。其中，食盐又可分加碘盐、非碘盐等；按生产方式分为煎制盐（煮盐）和晒制盐；按加工方法分为粉碎洗涤盐、日晒盐、特别细盐。而民间一般分食用盐和非食用盐两类。盐价为国家定价，未曾改变。

食用盐

旧时，煎制盐为象山主要食用盐，质量高于晒制盐。品种较多，除普通盐外，有撩生盐，俗称“奶哺盐”。用过滤出来盐卤，在盐灶上经过猛火煎熬七八小时，卤水在盐锅中逐渐结晶，锅面上显现密密麻麻的盐泡。盐民俗称“奶哺（乳头）盐”。烧盐人随即拿起盐撬（盐翻铣），将锅中的一半盐撬起放到另一边上，同时还要用盐锅铲不停地往锅底搅铲，防止沉淀成焦黑，铲起锅底的盐不断地往上叠，叠成“金字塔”，再从金字塔尖割撬而来的盐，就叫“撩生盐”。由于咸卤的杂质随着热量渐渐往下渗，粒子细小，颜色越来越白。俗云“割面似好货，觑见颜如玉。”“撩生盐”是盐民赠送亲朋好友的礼品。再进一步加工，成为盐砖。把砖扼（盒模）（长 25 厘米，宽 8 厘米，厚 4 厘米）置于木板上，上再铺薄膜（旧时铺白布），取洁白撩生盐若干斤倒入盒模内，经敲压结实坚硬后，脱卸砖扼，捆扎稻草，放进灶炉中焙约 12 小时，煨干取出即为“盐砖”。旧时认为此盐有排毒、化痰功效，为上等馈赠礼品。“撩生盐”还可加工成荆竹盐。截红壳笋小竹若干段，竹筒形状，用洁白撩生盐一羹一羹往竹筒填灌，竹筒装至九分时，再用小木棍揣插坚硬结实，竹筒口塞上堵纸，方法同盐砖煨焙，受热，竹裂，取出，即为“荆竹盐”。旧时传为小儿治疳积之用，为一医疗秘方。

1981 年，象山白岩山盐场试制日晒特制细盐。其制法是在卤水达到 22 波美度时，用石灰乳净卤或直接澄清，结晶池黑膜垫底，结晶成盐后，用离心机或日光干燥脱水，是年试产 6 吨，盐色白，粒细匀，杂质少，氯化钠含量在 95%以上，符合浙江省颁细盐质量标准，适合食品工业及民食，年批量生产 50 吨。1995 年年初，象山盐业公司购置一批辽宁丹东产加碘机，生产加碘盐。采用机械加碘或人工加碘方法生产加碘盐，7 月 1 日，投放市场。1996 年年初，宁波开始实施加碘盐项目，分象山加碘盐项目和宁波盐业站加碘盐项目，后象山加碘盐项目更改为宁波市盐业有限公司加碘盐项目，该项目计 7 个单位工程。其中，宁波市盐业公司加碘项目暨象山、北仑、鄞州 3 个分项目，于 1996 年 11 月 5 日，通过全国食盐定点生产企业质量体系评审，年末，获全国第一批食盐定点生产企业证书。象山加碘盐年生产能力达 2. 8 万吨。以小包装供应市场。

加工用盐

旧时主要有渔盐。中华人民共和国成立后增加食品、蔬菜加工用盐。20 世纪 80 年代中期，化学工业用盐量增加。1996 年，工业用盐量最多，达 13277 吨，占全年运销量的 27. 05%，运省外为多。90 年代末，运往慈溪、余姚，用于腌制榨菜的盐增加。

渔盐　专供渔业生产所需用盐。象山处于渔业生产重要区域，渔汛期间渔盐需求特大，历代盐业部门均配给供应。清乾隆元年（1736），定渔户领盐例，每逢渔汛之期，渔户执票赴场，场司验票，大船（梁头 9 尺以上）给盐 3000 斤，中船（8 尺以上）给盐 2000 斤，小船（7 尺以上）给盐 1000 斤，县内谓之“船盐”。嘉庆年间（1796—1820），渔商年配盐引 450 道，多供应渔户和咸鲜商。民国时期，国民政府财政部令改渔商经营由场署配放。民国初，年销量约 180～250 吨，民国 10 年至民国 26 年为 1000 吨左右，后期通常 1400～1600 吨。民国 10 年（1921），省令渔区办理渔船注册登记给证、凭证发放。玉泉场以情况特殊，仍由官管理之渔盐商按渔船类型大小配放。时有石浦之渔行盐廒、火炉头之象山渔盐廒、番西之东昌渔盐廒及爵溪分廒，以石浦、爵溪销售最多。民国 12 年，实行渔船登记、注册、颁证。仍由场署批准之渔盐商廒经营，发售单存根按月报送场署审核存查。民国 23 年，为防商户以渔盐充食盐（渔盐属轻税），一度采取渔盐变色（在渔盐中加颜色、红土等）防渔民漏私，后停止。民国 35 年 8 月，玉泉场署核定执照盐额 30880 担。《浙江经济年鉴》载：民国 36 年，象山有渔船 603 艘、渔民 4998 人，年需盐 21225 担；渔商船 31 艘，年需盐 4635 担；渔商分鱼行 23 家、鱼栈 87 家、鱼厂 194 家，年需盐 30825 担。

中华人民共和国成立后，渔盐仍享受轻税优待。由渔民所在乡政府证明，经县盐管处审核，发给渔摺，凭摺向渔售所购盐。1957 年后，渔区实现合作化，以渔业合作社为单位，取得乡政府证明，由盐管处核批，凭摺直接向盐业供应站购买。1958 年，盐税划归财税局管理，渔盐改由县财税局审批，凭准摺向石浦盐业批发站认购。1969 年，渔盐销售量最多，达 8750 吨，占年销量 73.49。境内为渔盐主要销售地，占宁波市渔盐总销量三分之一以上，用量受海洋资源和加工冷冻量制约。详见本章第七节“购销”。

酱盐　“酱盐”是专供酱坊制作生产酱油、酱菜、豆酱等用盐，旧时专列特项予以供应。中华人民共和国成立后，主要供应丹城、石浦两家食品厂，用于制作酱油、腌制蔬菜。

第五节　盐　　价

盐价历来政府定价。宋后，境内行官收盐价，称“工本钱”。就场、仓专卖，寓税于盐价之中，旧谓“引价”。宋天圣年间（1023—1031），两浙温州、台州、明州等场灶户煎盐，官购正额盐价每斤 4 文。政和元年（1111），增至 5 文。官购浮盐价每斤 11 文~12 文。建炎末，官购浮盐每斤 17 文。绍兴初期（1131—1135）官购正额盐价每斤 14 文。乾道末（1172—1177），官购浮盐价每斤 19 文。宋时，两浙岁计丁授盐，每丁给官盐一斗，输钱 166 文，旧称“丁盐”。核计则每斤为 33 文。元朝初年，每引 400 斤，价银 10 两。至元十三年（1276），盐价改中统钞每引 12 贯，核计每斤 30 文。明洪武元年（1368），两浙定 400 斤为一引，给工本米一石。洪武十七年，定两浙煎盐工本钞每引 2 贯 500 文，计每斤 6 文余。正统十三年（1448），余盐 200 斤给米一石。弘治元年（1488），侍郎彭韶疏，减滨海折半盐价，浙东每引 1 钱 7 分 5 厘，二年疏鬻两浙余盐，引价 1 钱 4 分。旧浙志云：“明隆庆六年（1572），宁波无住买商引，议买票盐，每票一引，照盐 300 斤，纳银一钱五分。”象山皆与之同。明朝，浙江军民计口月纳米 3 升买盐一斤。清顺治三年（1646），两浙定引价，每引 3 钱 5 分。雍正三年（1725），户部复议，两浙定例，每正引盐 350 斤，又恩加余盐 35 斤（引价如前）。六年，引盐不畅，始发“帑”官收，每引官给银 3 钱 2 分 4 厘，又称帑盐。九年，每百斤给银 5 钱 2 分，后改给钱 520 文。乾隆初，减至每百斤 250 文。清同治三年（1864），两浙住盐每斤售 8 文，肩盐 4 文。宣统三年（1911），每担煎盐 1.10 元，晒盐 0.65 元。

民国时期，盐价分场价、仓价。场价系盐民出售盐之价；仓价为政府向社会批售之价（含盐税在内）。两浙各场盐例由场署核定价目挂牌悬示，场商不得擅改。时场价执行斗米担盐或千盐石米，并核算制盐成本，一改历朝政府不计成本定价惯例。玉泉场有煎、晒盐两种。煎盐以柴薪作能源，成本高，晒盐赖日照与风，成本低，价格不一。民国 2 年（1913），煎盐成本每担 8 角，晒盐为 1 角，相差 7 倍，后逐步缩小。玉泉场场价（系场向盐民收购价格），历由场署按当地制盐成本，报批后挂牌收购。民国 30 年前，场价较稳定，略高或相同于制盐成本。

中华民国时期玉泉场部分年份盐价情况表

表 30-7　　单位：元/担

时　间	晒　盐	煎　盐	时　间	晒　盐	煎　盐
民国 9 年	0.75	0.88	民国 20 年	0.81	0.81
民国 12 年	0.80	0.90	民国 22 年	0.87	—

续表30-7

时 间	晒 盐	煎 盐	时 间	晒 盐	煎 盐
民国26年	0.97	0.97	民国29年	2.50	6.00
民国27年	0.90	0.90	民国30年4月	6.00	9.00
民国28年	1.00	1.50	民国30年11月	4.00	18.00

民国25年至民国29年玉泉场廒商盐品收购价格情况表

表30-8 单位：元（法币）/担

场别	盐别	民国25年	民国26年	民国27年	民国28年	民国29年
玉泉	煎盐	0.98	0.97	0.90	1.50	6.00
	晒盐	0.98	0.97	0.90	1.50	2.50

抗日战争胜利后，物价飞涨，法币贬值。初玉泉场未办官收盐，盐民多自储，善价而沽，迳售与商人。除领得场价外，还向商人贴补差价，每担200~500元不等。后官收，场价随米价核加，然与担米计标准相差甚巨。民国36年（1947），玉泉场场价一年调整10次之多。

民国36年（1947），1月上旬与12月下旬比较，米价上涨22.5倍。同期，场价煎盐上涨13倍，晒盐上涨12.75倍，未维持斗米担盐价。后米价上升，民国37年7月24日，石浦中熟米每斗270万元，场价晒盐每担200万元，煎盐250万元，盐合米仅7~8升。是年8月，政府改革币制，实施限价等经济政策，改用金圆券，按法币300万元折金圆券1元。时玉泉场定盐价每担金圆券8元，米价每斗2元。11月中旬，盐价调至每担18元，米价每斗升至130元。至次年2月上旬，盐价调为每担110元，米价每斗400元。担盐仅购米4升，米价涨幅高于盐价，担盐斗米比例失调，延至象山解放。

民国36年玉泉场盐价调整情况表

表30-9 单位：元/担

调整日期	煎 盐	晒 盐
1月	5000	4000
2月27日	7500	6000
4月10日	10000	8500
4月30日	19000	15000
5月31日	33000	26000
7月31日	30000	24000
8月28日	30000	24000
9月30日	38000	30000
10月22日	50000	40000
12月4日	70000	55000

中华人民共和国成立后，有公收价、场放价、分配价、批发价、零售价。公收价为政府向盐民收购盐价；场放价为政府就场、就仓出售价；分配价含盐场及各项附加费用，亦称“调拨价”，尚有商业环节中批发、零售盐价。1949 年 12 月，食盐公收价每担 6210 元（第一套人民币，下同)，折粮 7. 5 千克。1950 年，盐价月调整 12 次之多，年均晒盐公收价每担 13470 元，折粮 6. 72 千克，煎盐 16030 元折粮 10. 02 千克。次年，晒盐公收价平均每担 15300 元。因粮价变动较多，公收价及场价时有调整。公收价大体保持千盐石米标准。

表 30-10

1952—1957 年部分年份象山县盐价调整情况表

调整时间	公收价		场价	
	元/担	元/吨	元/担	元/吨
1952. 02. 01	1. 50	30. 00	2. 21	44. 20
1952. 06. 01	1. 24	24. 80	2. 00	40. 00
1952. 09. 22	1. 34	26. 80	1. 85	37. 00
1952. 11. 01	1. 45	29. 00	1. 85	37. 00
1953. 06. 12	1. 45	29. 00	1. 85	37. 00
1953. 09. 01	1. 55	31. 00	1. 85	37. 00
1957. 10. 10	1. 55	31. 00	2. 00	40. 00

说明：1. 公收价自 1953 年 9 月 1 日起至 1957 年未变。2. 表中旧人民币已折合为新人民币计算

1953 年，公收价一等盐每吨 33. 60 元，二等盐 31 元，三等盐 28. 60 元。因盐质化验条件限制，县内仍按统价每吨 29~31 元公收。1956 年 7 月，县盐价调整分等计价：一等盐每吨 36 元，二等盐 32. 80 元，三等盐 30. 40 元，次等盐 27 元，平均盐价 31. 24 元，与省定公收价每吨 31 元基本持平。次年，公收价每吨 31 元，场价 40 元。1961 年 7 月 1 日起，实行分等计价。县内分等公收盐价，一等盐每吨 46. 60 元，二等盐 43. 20 元，三等盐 41. 20 元，等外盐 37 元，平均统价 43. 20 元。1966 年 8 月 1 日，县定优等盐每吨 54 元，一等盐 50. 60 元，二等盐 47. 20 元，三等盐 45. 07 元，等外盐仍 37 元。1979 年 12 月 1 日起，县定优等盐每吨 68. 60 元，一等盐 55 元，二等盐 51 元，三等盐 47 元，等外盐不调。1982 年 2 月，县内每吨公收价 85 元。1985 年，县执行公收盐价外补贴，每吨 10 元。1988 年 9 月 3 日，原盐收购价每吨提高 65 元（各类盐分等加 65 元)，出场价同时提高，由销区财政补贴。县内盐价每吨由 77 元加至 142 元，为中心价。分等：优级（等)每吨 152 元，一级 146 元，二级 138 元，三级 128 元。农牧盐、渔盐销价按当地食盐同价供应。是年，县工业用盐从每吨 119. 30 元调整为 130 元。食用盐批发价、零售价按原价不动。1989 年 11 月，县食盐出场价调整为每吨 142 元，制皂工业盐分配价 292 元，制酸碱革工业盐 240 元。县食盐批发、零售价相应调整，批发价每吨 381. 80 元（丹城中心价)，零售价 460 元。

1950—1992 年部分年份象山县丹城食盐零售价格（中心价）情况表

表 30-11　　单位：元/500 克

年　份	零售价	年　份	零售价
1950	0.140	1957	0.135
1951	0.130	1958	0.150
1952	0.120	1989	0.230
1953	0.125	1992	0.270

为解决流通环节经营食盐亏损，1989 年每 500 克增价 0.08 元，调幅 34.79%，属中华人民共和国成立后 40 年之最。又相应调整城乡供销社对二代店、合作商店下伸点的转批价。

1951—1992 年部分年份象山县石浦批发站批发盐价（含盐税）情况表

表 30-12　　单位：元/吨

年　份	食　盐	渔　盐	工业用盐	农牧用盐
1951	晒盐 170.00 煎盐 184.20	晒盐 82.00 煎盐 86.20	—	—
1955	180.00	80.80	—	—
1960	213.00	92.00	42.00	58.00
1966	213.00	92.00	—	118.00
1978	202.00	82.00	43.00	104.80
1984	217.60	92.00	58.00	122.60
1985	240.80	240.80	240.80	—
1988	240.80	240.80	240.80	130.00
1989	365.20	365.20	365.20	180.00
1990	365.20	365.20	365.20	290.00
1992	448.20	448.20	361.20	448.20

第六节　盐品储运

盐是国家调控商品，历代都建专门储藏仓库、坨场。坨为露天堆放的盐堆，上面用草或薄膜覆盖，以避风雨。后改瓦房、水泥房等。1982 年，模仿温州石砌无梁拱形粮仓技术，建大跨度石拱梁仓库。历代盐品均由官配放，商贩运销。中华人民共和国成立后，盐由政府统一运销。

仓储

明成化年间（1465—1487），玉泉场有岑岽、蒲东、廒后、下庄、马岗、番头六仓。明嘉靖年间（1522—1566），玉泉场官增设木瓜、蒲西、定山、前洋、后峧 5 个仓。万历元年（1573），盐引改征折价，盐不入仓，仓遂废。清初，官设蒲东、蒲西、下山3个仓。清乾隆《象山县志》载，“盐则各团分灶配商，仓则各商分团建造”，是为商仓。时场署招商认购坦、灶，台商、象商相继设仓于番东西、石浦、蒲东西，有仓屋14间。另有盐民自建小仓910座。民国时期，廒商在县内产盐区设仓。民国13年（1924），玉泉场多以草仓为主。民国18年，玉泉场有裕兴台食盐仓、渔盐仓、公裕台盐仓、公裕平记轻税盐仓、公益协记轻税盐仓、渔行渔盐仓、渔盐仓等。民国24年，商廒设仓增加，《两浙各场场产调查报告书》载：时玉泉场区有商廒仓106间，其中正仓48间、草仓58间，可贮盐88600担。

表30-13

民国24年玉泉场各廒商储盐仓情况表

商廒名称	仓储地点	小计（间）	其中		可贮盐量（担）	备注
			正仓（间）	草仓（间）		
公益廒	金中盐区	26	17	9	22900	金东西分局就近管理
公裕廒	金东盐区	10	3	7	5950	—
平记廒	金西盐区	8	5	3	5450	—
益来廒	金西盐区	6	6	—	5500	—
公和廒	竿头盐区	13	9	4	14400	中泥支局就近管理
公兴廒	中泥盐区	9	—	9	8200	—
裕兴廒	番东盐区	8	—	8	11500	番东西分局就近管理
恒济廒	番西盐区	4	—	4	2400	—
复兴廒	番西盐区	6	—	6	3000	—
建业廒	番西盐区	3	—	3	2200	—
久康廒	番西盐区	5	—	5	3400	—
裕兴廒	海墩高平碶盐区 杉木洋盐区	8	8	—	3700	蒲东西分局南堡、 杉木洋支局就近管理

民国28年（1939），始筹建官仓。至民国30年，仅金东西有官仓11间，后续有增加。《中国盐政实录》载：民国35年，玉泉场有官仓坨30个，可贮盐6.85万担，租用仓坨56个，可贮盐7.8万担。至民国38年，玉泉场仓增至65座、230间，其中，官仓49座、租用民仓16座。1949年后，仓房随盐场兴废和盐业体制变更，时有变化。1950年始，部分盐区废场转产，年末，盐区仅留正仓4间，草仓1间。次年，为保持盐贮存，恢复公仓29间，租借10间，可贮盐9185吨。1952年，在金东西、番东西新建公仓12间，增加贮存量3185吨。1956年，盐业合作化，盐产由合作社保管，国家依靠合作社，发动群众建筑仓房，合作经济积累不多，则由国家资助。原公仓划归公社使用，实行民主管仓。1961年，仍恢复公收、公管、公放。为适应需要，国家大建公仓，1965年达38座、184间，可贮盐12425吨。

1965 年象山县盐产区公仓、销区公仓分布情况表

表 30-14

类别	地　点	仓房数（间/座）	面积（平方米）	盐贮量（吨）
产区	金星场仓	98/19	2919.85	6450
	中竿场仓	23/5	573.13	1175
	番头场仓	47/11	1385.30	3450
	白玉湾	4/1	123.12	250
销区	石浦	4/1	179.44	300
	爵溪	8/1	372.88	800

此后，仓坨无大增减。1979 年始，5 个社队联办集体盐场投产。县盐业公司在白岩山、新桥、旦门、昌国、花岙建盐仓 5 座，计 1100 平方米；盐坨 13 只，计 4000 平方米，共增仓容 1 万吨。至 1983 年，全县有盐仓 183 座、504 间，占地 13910 平方米，总储盐量 29793 吨，其中国营产区盐仓 15 座、73 间。

1992 年象山县集体盐场仓坨情况表

表 30-15

单　位	盐仓座数	间　数	面积（平方米）	容量（吨）
花岙盐场	34	93	2233	4460
金星盐场	5	9	171	200
白岩山盐场	46	92	2300	6530
大徐盐场	10	19	270	270
新桥盐场	36	72	1800	2700
旦门盐场	24	47	1160	1900

说明：集体盐场盐滩仓，未列入

1992 年象山县国营盐场情况表

表 30-16

单　位	盐仓				盐坨		
	数量（个）	仓数（间）	面积（平方米）	容量（吨）	数量（个）	面积（平方米）	容量（吨）
昌国盐场	5	35	1494	3100	5	1160	3050
花岙盐场	3	14	408	896	2	370	740
金星盐场	8	43	1250	3000	—	—	—
白岩山盐场	3	21	756	3000	—	—	—
大徐盐场	1	6	198	500	—	—	—

续表30-16

单位	盐仓				盐坨		
	数量（个）	仓数（间）	面积（平方米）	容量（吨）	数量（个）	面积（平方米）	容量（吨）
新桥盐场	2	14	450	900	—	—	—
旦门盐场	1	7	226	450	—	—	—
番头盐场	4	18	543	1100	—	—	—

销区仓坨，均属国营，集中于石浦批发站，有仓5座、26间，面积897平方米，容量1087吨。县盐业公司在各产盐区筑仓、坨，相应建盐码头，停靠300~500吨级机帆船。至1992年，全县有场区码头8座，销区（石浦）码头1座。1982年3月，采用块石弯拱代替大梁，先后在昌国、新桥、白岩山盐务所建成跨度11米石拱梁仓库4座，面积1200平方米，总仓容为2400吨。石拱梁仓库主要材料为块石、水泥，具有耐腐蚀、密封性能强的优点，造价较低，有推广价值。

运输

玉泉场产盐由官配放，商贩运销。清时，配放象山、南田两县食盐由商贩运，肩挑为主；配放鄞县及天台、仙居等地，则以商廒运销，水路转运。康熙年间，象山玉泉盐场年销票引100引，又计丁加引100引。嘉庆年间（1796—1820），象山销盐1550引。道光十年（1830），沿海到县渔船，均由石浦、爵溪配销。民国初期，由包商承运，由商户认灶收购运销。象盐销区扩至天台、仙居、临海、三门、宁海。抗日战争初期，新辟天台路线，由盐场船运。一循泗洲头，经淡港或西周经宁海入天台；一由石浦船运临海或石浦水运三门湾海游转天台。时，浙区战时收运处玉泉办事处成立，外销盐增加，增辟玉泉场船装至海游—泗洲头—西周—下陈达宁波，再经曹娥、百官转运至金华、江西内地。民国30年（1941）4月，开辟海游、黄坛、永溪至天台肩挑运线。抗日战争胜利，象盐销区改为县内、宁海、三门、奉化及镇海县部分地，就场发售，商人自运。次年，辟上海一地，招商代运，订立合约支付运费。招商代运路线，由石浦至上海，以机帆船、铁驳轮为主，循外海至沪。

中华民国时期部分年份象山县盐品配运情况表

表30-17 单位：吨

年份	运销量	年份	运销量
民国5年	257	民国26年	6440
民国10年	7654	民国27年	3245
民国19年	5768	民国28年	1450
民国20年	5730	民国29年	7690
民国21年	8402	民国30年	439
民国22年	6038	民国35年	2189
民国23年	5500	民国36年	2940
民国24年	4811	民国37年	4217
民国25年	6660	民国38年	1179

中华人民共和国成立后，盐销区由省统一分配。1950 年，象盐销区为宁海、象山、三门、奉化、宁波、新昌、天台。由石浦水运至三门湾，折入宁海或三门，另由石浦水运至宁波。1957 年，产盐不敷供应，销区缩小至三门、宁海、象山及大目洋、猫头洋两渔场，到象渔船由渔盐发售所配购。20 世纪 50—60 年代，供应宁海食盐，为降低运费，由石浦批发站船运至宁海 12 个销售点，运距 21~91 里。70 年代，改由各盐场直接船运至宁海各销售点。1996 年，象山县盐务管理局与慈溪市盐务管理局，签订每年由象山向慈溪保证供应 5000 吨食盐协议书。1953—1957 年，县盐产不敷销，由水运调入外地原盐 4 万余吨。1980 年前后，新场投产，盐产激增，销区随之扩大。1992 年，运输线路有三：一循水路船运至宁波盐业中转站；二循海路运达上海、扬州等地；三循公路车运至县内各销售点和奉化等地。盐运向以水运为主，陆运次之。由航运部门承担，县盐业公司和各集体盐场置机动车辅之。1992 年后，盐运主要靠社会车辆及运输船，运价随行就市。

1996—2008 年象山县盐品配运情况表

表 30-18　　单位：吨

年　份	运销量	年　份	运销量	年　份	运销量
1996	5832	2001	6431	2006	14028
1997	7961	2002	6371	2007	10000
1998	7281	2003	9973	2008	4737
1999	7892	2004	10636	—	—
2000	5341	2005	13025	—	—

第七节　盐品购销

春秋时，管仲创食盐官营制度。汉初，取消食盐官行政策，自由开采、运输和销售，盐官征收盐税。自汉至唐开元九年（721），官营专卖制与征税制交相变换，以税征为主。唐开元十年，恢复征税。乾元元年（758），盐铁使第五琦创建榷盐法，后刘晏改革盐法，实行官营专卖制。神龙二年（706），象山立县，递至宋政和四年（1114），设玉泉买纳场，象山海盐购销当与时政相应。

盐品收购

宋初，盐自由产制，由官府收买。宋宝庆《四明志》：“政和四年（1114），逐州置仓，其盐场改作买纳盐场。”象山设玉泉买纳场，置盐官，收购民盐，支付工本，掌买纳事宜。绍兴二十五年（1155），敕盐场买纳官衔兼带催煎，觉察盗贩。自南宋高、孝、先、宁四代，至理宗初，东南六路行“盐引”制度。时食盐收贮有官府直接征敛而仓驻，或官府征购或收购以后仓贮，称官收官贮；第二种是商人购贮。元代，场盐生产，岁有定额，盐户按定额产盐，纳于官仓。由官酌给工本钱，属民制官收。元延祐《四明志》：玉泉场额煎盐数 9343 引（每引 400 斤）。至正《四明续志》：象山玉泉场周岁煎盐实办 13017 引（每引 400 斤）。明初，实行官收政策。灶丁应向官府缴纳定额盐课。洪武元年（1368）定每引（400 斤）盐给工本米 1 石。所办额盐照数输官，不得私卖。洪武十七年，改为工本钞每引工贯 500 文。洪武二十三年，定二浙各灶户每丁岁办小引盐

16引（200斤）。如有多余，称为“余盐”。余盐归灶户所有，但不能私卖，一律由场按定价收购，交纳于官。清初，两浙循用票引法，实行官收，招商认运，领引办课，指定盐场购盐，商人持单下场，由场牙（牙人）居间。商人收盐足额后，即报明场官查验，方许装载入船。《盐法通志》卷八十五载：“凡灶户煎出之盐，俱堆积垣中与商交易。如藏私室及垣外者，即以私盐论罪，诸商入领引赴场，亦在垣中买筑，场官验明放行。”雍正五年（1727）十月，浙江总督李卫题称：松所四场，因浙商资本微薄，不能尽收场盐，奏明发帑银8万两，交各场尽数收购。乾隆二年（1737）帑银增加至20万两。收购范围扩大到舟山、宁海，该项官收政策，延至咸丰年间。嘉庆十八年（1813），国库匮乏，饬商承收，改商收商运之制，商分为运商（行盐者）、场商（收盐者），场商收买场盐，卖与运商，运商引领销售。同治八年（1869），两浙招商复引，重新实行商收，盐商至盐场设廒，认定板额，收购民盐。

民国初承清制，仍由原专商收购。民国3年（1914），象山改包税为引岸制，由商每年认购9000担，按担征税。民国9年，全县产盐647.6万斤，均由官收或政府指定商廒收购。民国10年，象山改由专商经销。在产盐区设廒认购灰溜、煎灶，承收原盐。县内先后设谦泰、复兴、恒济、久康、公益、道升、公和、裕兴等廒商，以台州商人为主，年认购597个晒坦、80座煎灶。民国19年，由台商收购毛盐15万担。部分由本场放轻税渔盐。民国27年，抗日战争爆发，沿海盐场相继为日军侵占，廒商因引地失陷无法运盐而停止收盐。是年2月，在金华成立“浙江省战时食盐运销处”。7月，由财政部与浙江省政府合办“浙区战时食盐收运处”，并在玉泉场成立办事处，收购抢运存盐。民国30年8月，玉泉场公署奉省令，在宁海之黄墩、沙柳，三门之海游，设站高价收购定岱，玉泉游击区流散盐，扩充盐源，济销内地，下半年收购15368担。民国31年上半年收购13477担（包括金东西，中竿盐区）。其后，浙区战时食盐收运处结束，并入两浙盐务管理局，并实施盐专卖，各场产盐，全部官收。民国34年8月，抗日战争胜利。11月，实行“民制、民运、民销”政策。民国35年1月，实行委托商收及公家贷款收仓的办法，玉泉场经核定办理生产贷款收仓，场盐收仓配放。产盐经秤收入仓后，先发部分生产贷款，仓盐销出后，付清全部盐价。贷款成数按产盐淡旺分别核定，行民制官收。民国36年，续行官收官贷，官贷二分之一，场价长期拖欠。盐民不堪其苦，金鸡山等地盐民两次上告南京国民政府，未果。次年，财政部批准玉泉场变更官贷办法，改为商收。上廒、建康、蒲东西等地暂维持官收，直至解放。

1949年7月，省财政会议决定，采取“自由运销”政策，产盐不再公收，由盐民与盐商直接交易，完税出场。12月，为防止盐荒，控制盐源，场盐全部实行公收。1950年，番东西、金东西两场务所先后办理产盐归堆和公收，共收购174.55吨。

盐品销售

盐运销有官办、商办，销区时有变动。唐朝实施就场专卖制，“国家盐，粜与商人，商人纳榷，粜与百姓”。五代后唐，县设立榷买场院，由官府自卖，乡村各处，准许通商，两法并行。宋初，庆元行官卖法。崇宁三年（1104）始行钞法。元代，盐的销售一实行商运商销，另一是官运官销，明代，实行盐引制，即盐商对朝廷专控食盐实行运、销总承包制度。嘉靖十六年（1537），两浙运司始行票盐，宁波唯奉化行票盐，其余各县为坐场县分，容令灶丁肩挑易卖。隆庆六年（1572），宁波所辖各县均属票盐行销区。万历四十五年（1617）后，以纲法引票，疏通积引，有列名纳册之商，赴场向灶户购盐运销，是为专商，废丁盐交官，行民制商收之法。

清初承明制，沿用票引法，引盐、票盐兼行。票引有肩、住之分。境内属肩地，销于县内者谓肩引，小贩肩负800斤为一引；销于外地者谓住引，有商运盐住买，400斤为一引。嘉庆年间(1796—1820)，饬商承收，行商收商运之制。时县内有季商配引400道，运赴台所掣销；渔商配引400道，在爵溪、西周、墙头三处住销；肩贩领照500道，分赴城乡挑销；台宁等商配运余盐岁无定额，约200道。道光十年（1830)，增渔盐一项，掣放沿海各县到象渔船，均由石浦、爵溪配销。光绪年间（1875—1908)，县认销厘额200引，每引400斤；玉泉场认销厘额50引，每引800斤。

民国肇始，仍沿清制，由商贩运销，分运商、肩贩两类。民国3年（1914)，改包税为引岸制，由包商每年认购9000担，按担征税。销盐分食盐、渔盐、酱盐三类。民国9年，盐由专商经销，时专商称为廒商，在产盐区设廒认购灰溜、煎灶，承收原盐，运至指定点销售。另有运商在城乡各地设盐店经销食盐，年销量14万担左右，销区扩大至台州各县。境内先后有谦泰、复兴、恒济、久康、公益、道升、公和、裕兴等廒商，以台州商人为主。台商公廒为最大，年认购597个晒坦、80座煎灶。民国19年，益泰、久康廒商接办道升廒商下洋墩灰溜99只，收购原盐行销于台属、宁海两地。民国20年，复兴、久康廒商接收原由普济台盐廒认购的番西灶坦各半，运销台属临海、天台、黄岩各县，并经销象山、南田两县食盐。时县内有盐店80余处，年认销12000余担，官销因之推行。民国26年始，渔盐商销改为石浦渔管处经销。时场区有盐廒11家，认收灰溜862只，置仓87间。除配销县内78家盐店外，余均销售天台、仙居、宁海等地。民国27年，玉泉场外销盐改由浙区战时食盐收运处玉泉办事处承办购销，是年销盐6.49万担。民国34年1月，官收原盐由场署招商运销上海、宁海、三门、奉化等地。运销企业有企中公司、中孚公司、江源盐号等90余家，渔盐经销商304家。

中华人民共和国成立后，执行计划运销，象山盐产由省统一分配调运。1950年12月，原盐“统筹产销”，实行统一运销，原场配改为点配。县定西周、墙头、泗洲头、岑晁、涂茨、新桥6处为食盐配销点，各点定期赴场管理处配购、分销各乡。渔盐由爵溪、石浦、金鸡山3渔售所，按渔褶发放。基层供销社和私营商业、个体肩贩零售供应城乡食盐，外销由县盐管处办理，年销1996吨。1952年，销区扩大至宁海、三门、奉化、宁波、新昌、天台等县，年销量增至5350吨。1955年，实行私营工商业社会主义改造，改经营食盐15户坐商（1户未改）为食盐经销店，摊贩24户为经销员。1957年，原盐运销划归商业部门办理，城镇、农村分由县副食品公司、供销合作社经营。次年，城乡盐销统归供销社经营。1958年，销原盐13276吨，比1952年增148.15%，其中渔盐增93.47%。因盐场裁废过多，1958—1977年，先后从庵东、定海、岱山、温州各场调入原盐44654.5吨，以缓解县内食盐供应不足。1961年2月，恢复公收公管，并实行统销。县内用盐单位持县商业部门准单赴场配购，外销由外地运销单位凭证到象配购。原盐不敷供应，销区缩为宁海、三门、象山及大目洋、猫头洋两渔场。1962年，销区改为宁波、鄞县、奉化及镇海县一部分。1965年4月，由工业局和供销社经营食盐的批发和部分批发业务。次年，县盐业管理处统一管理原盐产、运、销，内外销由象山盐业批发站办理。1978年，新建盐场投产，年产盐21704吨，销售18719吨，自给有余，扭转20余年外盐内调局面，始调供省内外。之后，销区逐年扩大。1992年，原盐分配销售量42157吨，其中，食盐39841吨，工业盐2316吨。销售县内4452吨，占10.56%；省内31407吨，占74.50%；省外（上海市等）6298吨，占14.94%。销区遍及杭州、宁波、奉化、余姚、萧山、绍兴、嵊县、上虞、金华、瑞安、苍南、东阳等市县，远销至上海、江苏、安徽等地。1998年后，由于慈溪、余姚榨菜腌制用盐量的增加，销往省外的盐减少，省里以计划安排慈溪、余姚榨菜用盐为主。

1950—2008年象山县盐品销售情况表

表30-19　　单位：吨

年 份	合 计	食 盐	工业盐	农牧盐	渔 盐	储备盐
1950	1996	936	—	—	1060	—
1951	3661	2601	—	—	1060	—
1952	5350	2592	—	—	2758	—
1953	6214	2592	—	—	3622	—
1954	4428	596	—	—	3832	—
1955	10539	5963	—	—	4576	—
1956	9220	3395	—	10	5815	—
1957	9700	6040	250	10	3400	—
1958	13276	6337	1	1602	5336	—
1959	11319	7379	—	—	3940	—
1960	16105	9942	—	908	5255	—
1961	10228	6214	3	—	4011	—
1962	4971	2969	5	—	1997	—
1963	8655	2429	4	—	6222	—
1964	11337	4162	5	106	7064	—
1965	10333	4341	15	130	5847	—
1966	11379	3852	24	149	7354	—
1967	9551	3082	45	67	5483	874
1968	11906	2946	85	125	8750	—
1969	8117	3592	56	45	4424	—
1970	10733	3928	98	130	6577	—
1971	8812	3397	55	108	5252	—
1972	11279	3259	532	138	7350	—
1973	7541	2733	172	153	4483	—
1974	8226	1974	92	170	5990	—
1975	6086	1048	100	231	4707	—
1976	7560	2295	71	286	4908	—
1977	11730	5591	15	225	5777	122
1978	18719	13552	130	169	4868	—
1979	16450	12958	119	201	2622	550

续表30-19

年 份	合 计	食 盐	工业盐	农牧盐	渔 盐	储备盐
1980	20283	16182	215	229	3657	—
1981	26965	21169	1741	419	2136	1500
1982	34584	30785	1713	352	1734	—
1983	37085	33467	765	55	2798	—
1984	33985	32946	243	10	786	—
1985	33959	33426	121	4	408	—
1986	40486	39068	1117	—	301	—
1987	43250	39822	3418	—	10	—
1988	57795	57685	110	—	—	—
1989	32991	32904	87	—	—	—
1990	29618	29530	88	—	—	—
1991	52047	51535	512	—	—	—
1992	42157	39841	2316	—	—	—
1993	62134	59846	2288	—	—	—
1994	50837	48787	2050	—	—	—
1995	44263	38005	6258	—	—	—
1996	49078	35801	13277	—	—	—
1997	41790	37097	4693	—	—	—
1998	41003	34810	6193	—	—	—
1999	46574	42934	3640	—	—	—
2000	45466	38451	7015	—	—	—
2001	40896	37645	3251	—	—	—
2002	51223	49225	1998	—	—	—
2003	73712	66549	1978	5185	—	—
2004	86568	79721	1865	4982	—	—
2005	74020	66244	1971	5805	—	—
2006	51688	45673	962	5053	—	—
2007	64071	56309	1216	6546	—	—
2008	62064	48128	792	13227	—	—

说明：食盐实际使用量超过本统计数量，因在此之外尚有数量不少私盐无法统计。20世纪80年代前，渔盐中虽有私盐，但数量出入不大

第三章　盐业管理

历代盐业的生产管理制度，以政府专营为主，但间有盐户私煎。古代，象山是重要的产盐区，在大部分时间里，盐政独立于县政之外，课税单立，有独立的缉私武装组织。中华人民共和国成立后，政府专门设立盐业管理组织，负责全县盐业生产、盐业调运和私盐查缉工作。

第一节　盐业体制

宋前，记载象山盐业文献甚少。《宋会要辑稿·食货》载：明州象山县“私煎盐业人户内，有贫乏自来租赁碱地私煎之人”，后被“并入有力之家，煎纳盐货”入官。出现贫苦盐民租赁富盐户煎盐的现象，称为“租佃煎盐制”。一些自有盐户也被拘籍到官办的亭场中，使部分生产资料私有制转化为官府所有。元沿宋制，允许开垦可耕荡地。在官办盐场下，分立团灶，作为制盐的基本生产单位。盐户在团内共同使用官灶、官盘煎盐。盐户中贫富差别悬殊，富盐户可以雇佣贫苦盐户为自己制盐。清初，官府不再置拨荡田、卤地及灶具，所产之盐由场商收购。乾隆年间，玉泉场有团3、煎灶16座。后因坦晒兴起，聚团公煎遂废。清后期，盐产制改为民制商收。而灶田、灶地，原垦者固定产权，其间贫苦者典卖灶地，买卖相承。灶户出现明显分化，拥有煎灶、锅盘等制盐工具发展成为富裕灶户，而贫困灶丁受租于富裕盐户为佣工。至民国时期，政府颁发制盐许可证，民众领证制盐。确认盐户私有产权。然产盐必由官收或商收，专业或兼业盐民得以发展，制盐户增加。灶地亦渐次集于少数宗族、地主、富农所有。

1950年，废蒲东西、中竿等盐场，保留石浦盐区。1951年春，盐区始行土地改革，没收和征收地主、富盐（农）土地及其生产工具。番头乡土地改革后，没收（征收）土地6900.67亩，其中，盐田664.4亩，农田6236.27亩。没收（征收）生产资料有缸坦186格，盐具1086件，农具920件，泥盐6091担，房屋177间半。全乡雇工、贫盐（农）民、中盐（农）民分得盐田580.10亩，农田6089.81亩，缸坦172格，盐具1086件，农具915件，泥盐1320担。地主、富盐（农）也分给一份农盐田和生产资料，以促其劳动自食。旧象山玉泉场区中，蒲东、杉木洋人均分土地0.9亩；蒲西、新碶头、龙王庙人均1.6亩；樟岙1.35亩；南堡、岳头2.1亩；金星盐民人均分得农田0.53亩。

象山县金星乡土地改革前各阶层占有土地情况表

表 30-20

项目	地　主	富盐（农）民	中盐（农）民	贫盐（农）民	雇工	商人	小土地出租者	其　他
户数（户）	70	34	465	586	18	25	51	—
农田（亩）	2840.66	741.30	1931.97	494.14	2.67	—	337.80	1146.09
盐田（亩）	492.82	190.81	911.20	254.68	—	—	163.92	118.13

说明：地主栏内含盐业地主31户

1952年，盐区政府引导盐民开展自愿互利、等价交换、互助合作。金星乡平阳厂村12户组建盐区第一个临时互助组，组长王阿堂。至年末，盐区有临时互助组33个、198户。次年，组建第一个常年互助组，参加12户。年末，常年互助组13个，临时互助组56个，计69户，占盐民总户数55.26%。互助组以帮工合作为主，生产资料属个人所有。1953年冬，金星乡平阳厂村组建金星初级盐（农）业生产合作社，为集体经济性质合作组织。土地劳力入社，收益按“土四劳六”分配。1954年，部分常年、临时互助组相继转为初级生产合作社。年末，有初级社18个、748户，占总户数79.15%；常年互助组16个、122户，占总户数12.91%。1956年2月，金星乡4个初级社联合组成盐区第一个盐（农）业高级合作社—光明盐（农）业生产合作社，为全省盐区17个高级社之一。1957年，掀起农业合作化高潮，盐区组建光明一社、二社、三社、四社，金星一社、二社，番东社，番西一社、二社、三社、四社等盐（农）业合作社。入社盐民825户，占盐民总户数98.82%。盐民入社后，盐（农）业生产资料（盐田、农田、大型生产工具）均折价归合作社集体所有，实行评工记分。使千百年来，盐民（丁）服官役，受雇于地主、富农，出卖劳力和个体经营，转变为合作社集体经营，成为集体经济组织成员，实行按劳分配、多劳多得。

1957年象山县盐区组织情况表

表 30-21

类　　别	社数（个）	户数（户）	人数（人）	其中参加生产人数（人）
专业及以盐为主业的合作社	11	802	3851	1653
以盐为副业的合作社	1	23	117	41
合计	12	825	3968	1694

1958年9月，大办人民公社，金星、番头乡并入石浦人民公社，实行“一大二公”，政社合一，工、农、兵、学、商五位一体。盐区高级社并入公社，盐民成为人民公社社员。生产资料归公社所有，人、财、物统一调用，分配平均主义，生产大呼隆，盐业生产一度受挫，后逐步纠正。1961年，改生产队为基本核算单位，明确公社、生产大队、生产队三级权限。缩小公社规模，恢复金星、番头两乡为公社建制，以盐业为主业的生产大队和生产队重行确立。1966年始，以公社、大队为主，以“民办公助”围涂，兴办集体盐场。各大队按股份比例，分摊劳力、物资、资金，国家补助主要用于盐场物资设备。大队选派社员从事盐业生产。前期，盐业为生产队副业，劳动

在场，分配在队。生产、生活资料集体所有，盐民为盐场工人。1980—1981 年，新桥、旦门两盐场实行统一核算，固定盐工，改队分配为场分配，推行工资制。1983 年，昌国、白岩山盐场在统一核算基础上，以盐滩为单位实行包产、包质、包费用“三包”生产责任制。1985 年，新桥、昌国盐场率先推行以场长为代表集体承包制，由场与乡签订承包合同，定产量、质量、产值及上缴乡、村二级利润等。场各部门及盐滩分队落实经营承包制，推动盐业生产发展。白岩山盐场原由大徐区属三乡一镇组成董事会，归区公所领导。1991 年，撤区并乡，机构人员变动，董事会无形解体。次年，在县经济委员会和县委组织部配合下，重组董事会，修订章程，盐场实行董事会领导下场长负责制。1992 年年末，有乡办、乡村联办、村办等多种经营模式。乡办有金星“五·七”盐场，乡村联办有昌国、白岩山、新桥、旦门、花岙、大徐共 6 个盐场，村办有金星、番头两乡 8 个小盐场，均实行家庭或个人承包。

第二节　盐政机构

宋建玉泉盐场，为官设盐业生产、管理机构，至中华人民共和国成立，历时 800 余年。其机构详见本篇第一章“盐场　盐工”，第一节“玉泉盐场”。

1949 年 7 月 8 日，象山解放。9 日，中国人民解放军二十一军六十一师进驻石浦。两浙税警总队在石浦金鸡山起义，六十一师派代表于 10 日和平接收，编为人民盐警大队。9 月初，中共石浦区工作委员会接收玉泉盐场公署档案物资，接管玉泉盐场公署。是年 11 月，撤销场公署，成立玉泉盐场中心所，设总务、生产、会计、运销 4 股，管理盐业生产运销。1950 年 6 月，撤销玉泉盐场中心所，成立象山盐场管理处，直属省盐务管理局。下设稽征所，办理缉私、稽征，兼蒲东西废场转业，恢复金东西、番东西两场务所，管理盐产销。是年，石浦盐特区、象山盐场管理处合署。1952 年 10 月，盐场管理处改称浙江象山盐场管理处，受省盐务管理局及县人民政府双重领导。1954 年 2 月，全省盐政体制改革，权力下放，改组为县人民政府盐场管理处，直属县人民政府。4 月，随县划归舟山专署盐务管理局。1956 年 4 月，中共舟山地委决定，撤销象山县盐场管理处，成立县人民政府盐业科和盐业技术指导站。设石浦盐业供应站，隶舟山盐管处及县人民委员会商业局。时中共象山县委建立渔盐工作部，以加强盐业领导。1957 年，省人民政府批准，扩建盐业科为盐务管理局，下辖金东西、番东西两个盐业生产技术指导所，指导盐业合作生产技术，经管盐业统计，征收盐税。1958 年，为开展盐化工生产，改组为象山县制盐化工局。是年 7 月 1 日始，国家决定将盐税的征收与管理划归税务机关办理后，盐务部门职能从历史上以管税为主，由人民政府建立初，产、运、销、税统一管理，转变为只管盐的生产和运销，为盐业史上重大变化。县人民政府决定，盐业供销划归供销社经营。至此，县制盐化工局为单一盐业化工生产管理机构。是年 8 月，县属机构紧缩，制盐化工局并入县工业局，为制盐工业股。10 月，象山、宁海二县合并，宁海盐政随县划归象山制盐化工局，受台州渔盐局管辖。1958 年 12 月，台州专区撤销，盐政随县隶属宁波专署工交办公室。商业局所属石浦盐业批发站改属县工业局。年末，撤销金星、番头、中楼场务所，石浦设盐业技术指导站，隶工业局，另置爵溪渔盐供管站。1961 年，局制盐工业股扩组为盐业管理中心所。1963 年夏，改为县工交手工业局盐管处。金星、番头、中泥三场务所改为工作组。1965 年，全省实行产销合一的盐业“托拉斯”组织。12 月，成立中国盐业公司浙江省象山盐业批发站。县盐场管理处重新统一管理原盐产、运、销。“文化大革命”开始后，“托拉斯”体制受到批判、冲击，近乎瘫痪。1967年，县盐场管理处成立革命委员会筹备小组。1968年2月，县盐场管理处革命委员会成立，撤销原县工交手工业局盐场管理处和中国盐业公司浙江省象山盐业批发站。1970年夏，改组为县工交局盐业管理中心所。次年11月，恢复盐场管理处，仍属工交局。

照30-3 位于新丰路2号的象山盐政大楼

1968年始，花岙、昌国、白岩山、新桥、旦门五个新建盐场均成立区、公社盐田围垦指挥部。1971年，县革命委员会批准建立县革命委员会围垦盐田领导小组，设办事机构于工业局，专管盐田围垦。1978年3月，盐场管理处革命委员会撤销。1980年1月，县盐场管理处改为县盐业局，成立县盐业公司，一个机构、两块牌子，管理盐产、运销和盐政。1984年3月，撤销县盐业局。县盐业公司（局级），实行企业管理，隶属于县经济委员会。后为有利盐政管理，仍增挂象山县盐业局牌子，内部机构不变。1989年，县盐业局改为盐务管理局、对外仍挂两块牌子。2005年，省成立盐业集团公司。2006年年末，象山并入省集团公司。

宋至民国时期有关盐场历任盐官名录

表30-22

时　间	机构名称	职　务	姓名	备　注
北宋政和（1114）	玉泉场	盐官掌买纳	—	—
南宋绍兴年间（1131—1162）	玉泉场	监盐官	周思仁	—
元代大德三年（1299）	玉泉场	令、丞、管句各一员	—	—
明洪武元年（1368）	玉泉场设盐课司厅	大使、副使、百夫长各一员	—	—
清康熙十六年（1677）	玉泉场盐课司	大使	李　鼎	—
康熙十八年（1679）	裁玉泉场并入鄞县大嵩盐场	—	—	—
乾隆五年（1740）	玉泉场盐课司	大使	王宏勋 邓曰琏	江西虞陵监生 湖北荆州拔贡
乾隆年间	玉泉场盐课司	大使	郭存仁	山东汶上举人
乾隆二十一年（1756）	玉泉场盐课司	大使	陈　煦	广东典宁举人
乾隆二十八年	玉泉场盐课司	大使	汤　竣	江西南丰举人
乾隆三十七年	玉泉场盐课司	大使	曾瞻云	江西宁都举人
乾隆四十五年	玉泉场盐课司	大使	张怡熊	直隶南皮监生
乾隆五十二年	玉泉场盐课司	大使	谢玉田	甘肃灵州监生
乾隆五十三年	玉泉场盐课司	大使	李中美	山西文水举人

续表30-22

时　　间	机　构　名　称	职　　务	姓　名	备　　注
乾隆五十五年	玉泉场盐课司	大使	孟廷粮	汉军镶红旗举人
乾隆五十八年	玉泉场盐课司	大使	谢玉田	复任
嘉庆元年（1796）	玉泉场盐课司	大使	金部荣	顺天大兴监生
嘉庆二年	玉泉场盐课司	大使	恒　禄	汉军正蓝旗翻译生员
嘉庆四年	玉泉场盐课司	大使	吴　焯	江苏江阴监生
嘉庆七年	玉泉场盐课司	大使	刘　英	福建永安举人
嘉庆十六年	玉泉场盐课司	大使	柳大镛	岳州举人
嘉庆十九年	玉泉场盐课司	大使	程汝炽	德州附监
嘉庆二十二年	玉泉场盐课司	大使	阙光朝	桃源举人
道光元年（1821）	玉泉场盐课司	大使	王鹤年	洪洞监生
道光二年	玉泉场盐课司	大使	鲍嘉荫	安徽歙县监生
道光四年	玉泉场盐课司	大使	孙　坤	舒城人
道光十六年	玉泉场盐课司	大使	刘梦麟	籍贯无考
道光十八年	玉泉场盐课司	大使	吕伟山	籍贯无考
道光十九年	玉泉场盐课司	大使	黄　鹤	籍贯无考
道光二十年	玉泉场盐课司	大使	张承绅	高城人
道光二十一年	玉泉场盐课司	大使	刘景雯	—
道光二十六年	玉泉场盐课司	大使	李逢牲	—
道光二十八年	玉泉场盐课司	大使	沈锦沐 孙燕翼	—
咸丰年间	玉泉场盐课司	大使	史　诰 吴恩贵	—
咸丰十年（1860）	玉泉场盐课司	大使	方庆元	桐城人
同治五年（1866）	玉泉场盐课司	大使	姜维扬	怀宁人
同治八年	玉泉场盐课司	大使	庄惟勤	奉贤人
同治十二年	玉泉场盐课司	大使	刘鸣盛	—
光绪元年（1875）	玉泉场盐课司	大使	高贻绶	—
光绪八年	玉泉场盐课司	大使	沈忠珪	顺天大兴监生
光绪二十三年	玉泉场盐课司	大使	庞游鋆	江苏人
光绪三十一年	玉泉场盐课司	大使	黄　壎	江苏举人
光绪三十二年	玉泉场盐课司	大使	刘景绪 华心岳	常州监生 江苏举人
光绪三十三年	玉泉场盐课司	大使	周启泰	直隶宛平监生

续表30-22

时间	机构名称	职务	姓名	备注
民国元年（1912）	玉泉场盐公署	知事	沈滨	奉化人
民国2年	玉泉场盐公署	知事	冯成	—
民国3年	玉泉场盐公署	知事	宣成祖	—
民国7年	玉泉场盐公署	知事	金植民	温岭人
民国9年	玉泉场盐公署 玉泉盐场秤放局	知事 局长	林景尹 陈祖治	镇海人
民国10年	玉泉场盐公署 玉泉盐场秤放局	知事 局长	吕年	杭州人
民国13年	玉泉场盐公署	知事 局长	徐斌 严家骅	—
民国20年	玉泉场盐公署	知事	范贤祥	—
民国21年	玉泉盐场秤放局 （场署与局合并）	局长兼场长	张秉奎	—
民国24年10月	玉泉盐场秤放局	局长兼场长	李济澜	—
民国26年1月	玉泉盐场秤放局	局长兼场长	赵景安	—
民国27年1月	玉泉盐场秤放局	局长兼场长	葛支荣	—
民国28年9月	玉泉盐场秤放局	局长兼场长	蔡书麟	—
民国30年8月	玉泉盐场秤放局	局长兼场长	林克楹	—
民国32年	玉泉盐场秤放局	局长	郑小牧	汪伪时期
民国34年5月	玉泉盐场公署	场长	鞠修仁	—
民国34年9月	玉泉盐场公署	场长	顾文求	—
民国35年12月	玉泉盐场公署	场长	赵可森	—
民国37年5月	玉泉盐场公署	场长	吕润民	—
民国38年4月	玉泉盐场公署	场长	包毅	起义
民国38年8月	玉泉盐场公署	场长	胡春霆	国民党军队重占石浦，未满一月逃亡定海

说明：据民国《象山县志》及县档案馆民国档案资料编

第三节 盐业经营管理

唐代，亭户为制盐业最基本生产单位。唐元和年间（806—820），对亭户进行保甲编组，立保伍连坐法，控制亭户煎盐，以此管理盐业生产。北宋至清，聚团公煎形成、确立、完善。民国推行制盐许可制度。中华人民共和国成立后，实行盐业生产计划管理。

聚团公煎

北宋明州浙东史超等460余家盐户（包括象山），原有“卤地三十七顷”各自刮土淋卤煎盐。南宋明州扩建、新建盐场7座，有大嵩场、龙头场、穿山场、长山场、玉女场（象山）、高亭场、芦花场。通过置场将自营盐户“拘籍”为官监亭户，史超、莫演等自煎盐户都被招置到官营盐场中，通过盐田官有化，建立官有盐场，控制和管理盐业生产。催煎场施行编甲之法，以灶编甲，以3~10灶为一甲，设“甲长”，亦称“甲首”，为监督场灶之首领。而在煎盐地则“什伍其民以相稽查”，每灶昼夜煎盐6盘，每盘300斤。“火伏法”亦称“起止火伏之法”，要求亭户在催煎官确定的盐灶、火伏、盘数内煎盐。其“起火、伏火皆有定时”，必须严格遵守“待煎、起炉、闭炉”等手续。催煎官由此可悉知各灶户煎盐数量，达到控制和管理灶户制盐数量，实为团煎之雏形。簿历制是与火伏法配套的一种生产现场记录制度，规定各催煎场须“置立簿册”，将各种统计数据“抄上簿历”，包括亭丁数额，入盘的“卤沥”量，起火、住火时间、每盘成盐量等。计丁输盐是根据亭丁数额确定缴纳岁额。两浙定“一场十灶，每灶煎盐昼夜6盘，遇雨则停，并计丁办盐，定丁办盐”。元代继之，一场有数百盐户，下按团、灶分立，组织生产，以团为单位修筑特点，宋代团煎制，在元代确立，完善。明洪武年间，盐民编入灶籍，户有灶丁，代代沿袭。行聚团公煎之法。每场按地域划分几团，每团又分几灶。采取按灶计丁，按丁收盐，名为“额盐”。各场灶丁，皆需聚团煎灶，以杜私漏。凡离团私煎者，皆作私盐论处。明嘉靖《象山县志》载：玉泉场有团11，总催15名，灶户254户，办盐灶丁1750丁半，每丁办盐1引176斤4两3钱，催官督促灶丁煎煮，产盐交官，给以工本。清康熙年间（1662—1722），玉泉场有36灶。乾隆年间（1736—1795），玉泉场盐产由各团按煎灶分配给商人，盐仓由盐商分团建造，灶户应纳盐斤，计日收储给价。迨后坦灶兴起，小灶林立，煎晒并举，煎团旧制遂废，丁盐交官亦改为民制商收。①

制盐许可

民国3年（1914），政府公布《制盐特许条例及制盐特许条例实施细则》，规定民众制盐，必请准于官。民国5年5月，象山施行，唯执行不严，玉泉场仅蒲东西盐区实行产前申报，产时监制，产后禀场查验，其余各盐区多产盐不报场。民国9年4月，两浙盐务局奉盐务署令玉场署：

①唐煎盐业者，又称灶户、煎盐户或亭户。《新唐书·食货志》载：“就山海井灶近利之地置监院，游民业盐者为亭户。”盐民在盐亭与亭场内从事者盐劳作，亭内设灶。在第五琦建立食盐专卖制度后，开始实行亭户制度，对盐民实行强制性管理，盐民丧失了直接经营和任意开发盐业的自由。“亭户”来自原来煎盐者和一部分丧失土地的浮荡人口（“旧业户泊浮人”）向政府重新登记以取得盐籍，成为以盐为业亭户，入籍后盐户归隶盐铁使，盐民除正赋之外免除杂徭，以保证完全从事盐业生产。唐时亭户是制盐业最基本生产单位、唐元和（806—820）中，对亭户进行保甲编组，立保伍连坐法，控制亭户煎盐，以此来管理盐业生产。唐代象山盐业已存在，亦当推行这种制度，但至今未见记载与文物。

以蒲东一团共煎灶19座，计分岑嵬、溪沿、柱向、杉木洋4段，现唯杉木洋一段有灶5座尚在煎盐，其余3段灶户均已停煎业农，卤地荒废。场知事循旧征收灶课，名曰帑课。凡查已停煎各该灶证券，即予吊销，一面豁除帑课，以示体恤。灶户开煎、停煎、应煎，应报告场署，以凭稽核。其无照开煎者应以私论。之后，玉泉场加强场产管理，监制加严，凡盐民开煎，事前需取得场署制盐执照，凭照开煎，如遇盐商捆运之盐已足，则停发执照。自此以销定产逐步形成。民国21年6月，盐务署公布《盐场管理通则》，实行督制、督收，场产管理益严。民国24年11月，玉泉场为加强制成盐管理，日产盐均悉数归堆，并推行蓬长责任制，订立盐归堆细则。规定：蓬长应在共管辖之坦地范围内，择一适当地点，设置公堆；盐民每日产出之盐，该管蓬长应督率当日悉数归堆。如有隐匿不缴者，一经查觉，即作私盐论处，照常充公；盐民将盐归堆时，得由该管蓬长秤放收堆，惟须就近报请秤放局登记盖印加封；每蓬长辖区内所设之堆，由蓬长负责管理；盐归堆后，未经呈准不得私自移动，如发现盐斤变坏及盐斤损失等事，均归该蓬长是问；各盐民有不遵守堆则，匿盐不缴或窃取堆盐等，应责成该管蓬长随时报告就近秤放局核办。如该蓬长知而不报，当以通同作弊论，予以严重处分；如遇堆盐过高时，得由蓬长呈请秤放员转饬廒商量力收买，或另设他法疏销之。抗日战争时期，政府实行盐专卖制，各盐场产盐由政府官收，惟象山仍为廒商驻场收购。时玉泉场盐民煎晒，产前由场警查核卤量、坦板，定期开晒；产后由查产员警查验、过秤、入册、盖印。每三五日交廒商收购或归堆管理。驻场廒商有久康、裕兴、公兴、公和4家，共有仓库106间，储量为88650担。沦陷期间，场产管理松弛，私漏不绝。抗日战争胜利后，政府重行办理制盐许可证。民国36年，民国政府公布《盐政条例》，规定“盐非经财政部之许可不得采制”“制盐人非有正当理由经许可者，不得停业或歇业”。玉泉场对五批盐民申请，核发制盐证303份。各场产盐仍应缴存政府指定之仓坨，改为每日缴纳，由场署发放生产贷款。归仓之盐由仓长管理，规定仓耕煎盐为15%，晒盐为20%。时玉泉场分地区设置仓长，每一仓长管理指定盐仓2~5个。玉泉盐场重行制订查产、收盐、放盐规定，颁发查产、收放工作须知，由各盐区执行。

1950年5月，废除旧政府制盐许可证，重行办理申请制盐许可证，未经准许制盐者，以私盐论处。次年，上缴旧证，重领新证。不再发放决定废除的蒲东西、杉木洋、南堡、海塘、中竿等盐区的制盐许可证，全县裁废盐坦393格，泥漏994只，煎灶42座。有663户盐户、3089名盐民转业。1957年，象山盐区组成12个高级盐（农）业生产合作社，停发制盐许可证，改由高级合作社队产制，场管所予以监督、核查与技术指导。1963年，为查禁私制原盐，以生产队为单位，重行颁发制盐许可证，无证产制，仍以私盐论处。1990年《盐业管理条例》规定，开发盐资源、开办制盐企业，必须经省级盐业行政主管部门审查同意，及省人民政府批准，并按规定需领取营业执照；私营企业和个人不得开发盐资源。1994年，国务院批复同意原盐专营。并重新实行生产许可制度。2006年4月，国家发展和改革委员会发布《食盐专营许可证管理办法》，重申国家对食盐生产实行定点生产制度，食盐定点生产企业证书由国家发展和改革委员会发放，有效期3年。

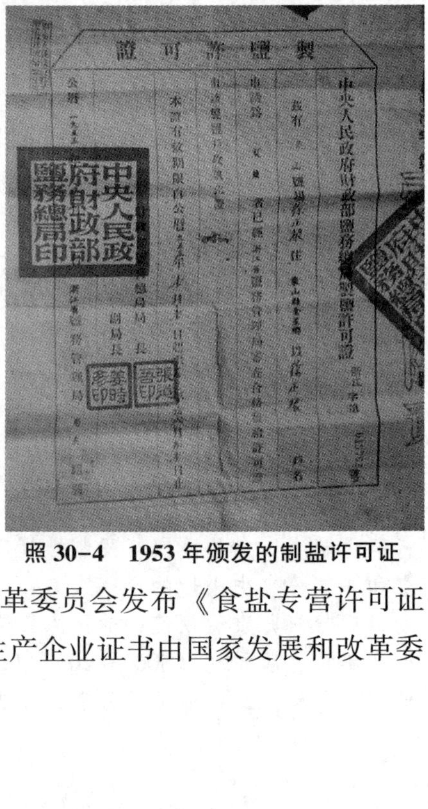

照30-4　1953年颁发的制盐许可证

计划管理

中华人民共和国成立后，盐业生产实行计划管理。每年由省盐务管理局根据国家下达生产任务，拟定年产额，各场均不得自行增减。宁波盐区的盐生产任务通过所属场务所，将各场盐生产计划落实到各盐户。1950 年，针对全国盐产过剩，象山盐区实行限产减产，废场转业。1958 年，全省盐需求量增加，象山和宁波各地一样，大办盐业，许多人民公社兴办民办集体盐场。年度生产计划通过宁波地区和县级盐业主管部门逐级下达到各盐业生产单位。象山盐的生产计划，由县盐业局和当地政府逐级落实到盐区各公社、生产大队、生产队。1964 年，省人民政府通知，象山战备贮盐 1309.2 吨。20 世纪 70 年代后，每年 7 月、8 月、9 月，盐业旺产季节，盐业部门均实行旬报制度，盐产量采用电报和报表方式，由县级盐业公司报宁波地区盐业局，然后由地区汇总后报省局，省盐务局汇总后反馈宁波市和各县。1978 年，中央轻工业部重新强调盐为部管统一分配的调拨产品，凡纳入国家计划的盐，都须纳入统一的分配调拨计划。1982 年，提出要严格控制盐产量。1984 年，盐业生产实行指令性计划管理。各盐场按国家下达指令性生产计划管理和组织生产。1987 年，除食盐生产仍实行指令性计划外，工业用盐与农、牧、渔用盐生产，改为实行指导性计划。是年，由于前几年海盐歉产，提出增产要求。盐业系统广泛开展抗灾增产立功竞赛活动。1990 年，国家《盐业管理条例》规定，制盐企业必须按照国家计划组织生产。1994 年，国务院批复同意实施食盐专营。1995 年，浙江省实行盐业控产压田政策，开始转废低产零星小盐场，控制和减少盐产量。1996 年 5 月，国家出台《食盐专管办法》，实施食盐专营管理，食盐生产实行定点生产制度和指令性计划管理，象山各食盐定点生产企业必须严格按国家指令性食盐生产计划组织安排生产，不得擅自超产或少产。1998 年，宁波市盐业局与象山签订食盐生产管理责任书，自觉遵守《食盐定点生产企业自律规定》，严格按国家计划均衡组织生产，维护食盐专营市场秩序。2006 年 4 月，国家发展和改革委员会发布《食盐专营许可证管理办法》，加强食盐生产许可证、食盐批发许可证与食盐准运证管理。是年始，定点生产企业证书有效期从 2 年改为 3 年。

第四节　盐税征收

历代政府重视盐税。唐乾元元年（758），盐铁使第五琦初变盐法，建专卖体系。宝应元年（762），盐铁使刘晏继续改革盐法，实行就场专卖制度。两浙盐场始立亭户、严盗之法，灶事隶于官，丁营有额，锅盘有数，盐斤有限，稽煎稽卖有册。唐之后吴越国行计口授盐，配税之制。宋代，明州定为官卖地区。各盐场产盐有定额。分配盐户、盐丁领取工本，盐产纳官，谓之“盐课”。后行“引法”“令商人入钱请引”，并在“诸州县镇皆置合同场”。合同场引法，是官设机构从购转差价中征取盐利；而商人经场运销时，另外买引纳税，以盐引完纳课之法于此始。后定两浙岁计丁口，官散食盐，每丁给盐一斗，使输钱 166 文，谓之“丁盐钱”。时象山盐课额：玉泉场 5220 袋，玉女场 1060 袋（每袋 300 斤）。元循宋制。初主商卖，引由官卖给商，商赴场支盐，所交引价即谓“盐课”，为引票纲运之法，实属专卖制。是时盐课有二：向户征收称“灶课”；向运销商征收称“引课”（又称“正课”）。明代，税分丁课、灶课、引课。明初，仍按丁办盐。岁给工本，所办额盐，照例输官，不准私卖。洪武元年（1368），两浙都转运盐使定岁办盐数，每引 400 斤，给工本米 1 石。以实物计值自此始。十七年，两浙定盐工本给钱，每引 2 贯 500 文。二十三年，岁办课盐2521引又366斤余（每引400斤），计征银1008两7钱余。是为向盐户所征，称“灶课”，而向商人所征之“引课”为盐税之主要部分，在此尚未计入。弘治五年（1492），两浙废本色纳盐之名，改正折色。至万历四十五年（1617）创行纲法。立纲册，凡纲册有名者，据为窝根，无名者不得加入，享有世袭专利之权。是为专商之始，由官授予商而征其税。灶户盐产分为正额盐课和余盐两部分，正额盐课为本色，即灶户必须按指定课额上纳实物盐课。灶户余盐系灶户正课之外盐产，允许盐商自行下场买补正课引额不足部分，此即系“余盐买补”。清循明制。沿海置场制盐与商交易。开民制商收之例，旧时丁盐交官制尽废。灶课名目不一，有库价（系丁盐折征以偿商人买盐之价）、余粮（系丁盐于偿商之外，以余粮充饷之款）。时浙江沿海灶地甚广，供煎之外，并种花、豆、木棉。灶户之产，往往混入民田，象山盐区亦然。凡离海较远者，灶户应纳盐斤，其准折解司田折价。有名下分荡地，占人佃种追捕者，名目“白涂”。此外并有散失灶地，课银无征，于民产秋粮余米内拨仓者，名曰“仓补”，皆与库价、余粮性质相似。雍正十三年（1735），玉泉场灶课银459.187两。乾隆六十年（1795），玉泉场区归仁、政实、仙游3个乡，灶田、荡地划由场管辖，计归民田10458.4亩，灶田6541.6亩，灶地2763.1亩。地丁银两由县场分割，三分之二归县，三分之一归场。时玉泉场属宁绍分司二十九场之一。咸丰年间（1851—1861），因镇压太平军筹军费，增设盐厘，税目繁多，有出征税、入征税、落地税等。

清代，盐税分场课、引课、杂课三项，后期又有盐斤加价和场厘的征收。税款缴补盐运司。宣统三年（1911），政府将各项课税厘金加价及一切杂捐等归并，统称盐税，是为盐税划一之始。场课是对食盐生产者的课税，又称灶课；引课是对食盐销售者的课税，是盐课中的主要部分，按引征纳的正税，又称正课；杂课是一种附加税。盐厘是由咸丰年间（1851—1861）军兴所创，即所谓“以抽厘为济饷之举。”盐厘分出境税、入境税、落地税等，均从量计征。民国追始，税制沿旧。民国3年（1914），盐务署颁布均税法案，次第整理。规定杂色名目一律取消，仿一条鞭法，名曰盐税。农、渔盐税全国划一，采轻税制，工业盐暂免税，老少盐不征税，至民国6年革除，并开放部分引岸。民国3年5月，象山由包税制改为引岸制，每年由商人认销9000担。民国7年6月，开放台州引地为自由贸易区。民国8年12月，象山取消包商合同。民国13年后，各省军用浩繁，先后加征附加税。至民国17年，盐税附加有盐斤加价、善后加价、整理加价、省债加价、军用加价等七八种，附加税超过正税。民国20年5月，政府公布新盐法。民国26年，抗日军兴，新盐法告吹。是年，浙江省盐税加征建设费、整理费、公益费等，附税仍超正税。民国30年，盐税改制，分产销两税，仿照田赋收征实物，暂征收代金。产税按26年前场价与当时税率一半为比例，对等计征；销税从价计征，即按盐本运费总和40%征收。境内定近场区征产税，行销腹地，或销区征销税。民国32年，废除外债附加税与建设专款等项目，实行盐专卖制。是时县境大部沦陷，专卖制未推行，伪玉泉秤放局仍实行产销分税制。民国36年3月，《盐政条例》公布，全国税率统一。民国38年1月，改从量计征为从价计征，食盐按售价70%计征，渔盐按售价50%计征，工业盐仍免税。盐税就场、就仓一次征收。

中华人民共和国成立后盐税情况，详见本志“财政　税务”篇第二章“税务”第二节“税种税负”。

第五节　私盐查缉

玉泉场位于县境临海，岸线迂回曲折，港湾众多。历代走私不绝，遍及县内及宁海、三门、奉化、新昌、天台、东阳、永康等县。民国9年（1920）前，实行包商制，商人以多报少，或以渔盐冲销食盐，漏税甚巨。迨废包商制，两浙缉私武装进驻石浦盐区查缉，私销之风稍敛，仍时断时续。抗日战争期间，走私盛行。海墩、樟岙等地私煎如故。民国30年2月，查获樟岙私煎16户、盐1900余斤。场区盐户瞒产增多，运盐商贩肩挑、船载屡被缉获。国民党部队武装走私或私售军盐时有发生。主要有场私、流私和渔盐冲销食盐。场私，以场区盐户及商贩倾销县内城乡，海道由金鸡山至白玉湾、高塘、鸭嘴头；番西至檀头山等地。陆道由金星至青山头、司前岭、励家坪至月楼岙；番东西至黄埠乡；火炉头至石浦、昌国等地。流私，海运经蛇蟠洋至白峤、力洋，入宁海县东乡、城区、西乡，转天台、新昌。或由一市港至宁海南乡，由沙柳港至沙柳、桑州转天台、永康、东阳。或由旗门港至海游、亭旁、珠岙等地。定岱场私盐亦流入石浦、盐厂、西泽一带。私销倾销，官销短绌，一时全县88家公卖盐店相继倒闭。在流私中，商贩多以渔盐冲销食盐。汪伪时期，场区管理放松，私风愈烈，县内皆普食私盐，还倾销宁海、三门等地。抗日战争胜利后，走私如故。民国35年，玉泉场查获渔盐冲销食盐两起，计373担。次年8月，税警二十七队在宁海水车、白峤等地，缉获玉泉场载走私船15艘，私盐500余担。捕获者少数，走漏者多。非法之不严、办之不力；实商之好利，民之所困。

中华人民共和国成立后，私坦野灶一度林立。1950年，杉木洋、蒲东西新开坦灶140余户，泥漏124只。是年，场务所缉查走私案359次，查获私盐111.07吨。后建立群众护税组织，加强场区查缉，私漏锐减。1958年“大办盐业”，废场区复晒，生产合作社、队自行保管盐产，一度瞒产少报，小仓存私，出现以盐兑鱼，或向宁海兑毛竹、竹箩等。运贩私盐之风又起。“文化大革命”期间，党政机关瘫痪，场产管理放松，个人、集体走私并起。1969—1970年，大徐盐场走私竟达产量30%左右。1972年，金星、番头两公社农盐兼业18个大队54个生产队，队队有走私漏税现象。是年，石浦查获原盐走私案47起，缉获私盐7186公斤，补罚税款1456元。20世纪80年代后，走私集中于石浦镇所属金星老盐区7个行政村。1983年，落实家庭联产承包制，零星分散盐田，由617户盐民承包经营，管理难度大，私漏不绝。据金星场务所统计，承包前10年，年均公收盐3000吨，后10年年均仅收270吨，多数私漏。1992年7月，县盐业、税务、公安部门组成金星工作指导组，宣讲国家盐业管理条例，经教育后补缴盐税5.36万元，查缉私盐11.18吨，小机帆船1艘。

禁私盐法

原盐未税而出场者称为私盐；古代行盐有定界，侵越疆界行销者亦为私盐。亭户制成之盐须缴入官仓，私有出售者为私盐。自唐贞元年间（785—805）制定惩治私盐盗贩的严刑酷法。宋代，有无“引”而私行及越境贩卖者禁。元代，伪造盐引者斩，藉其家产。诸犯私盐者，杖七十、徒二年，没其财产之半于官，有首告者于所没之半偿之。明洪武元年（1368），立《盐法条例》，有犯私者，杖100、徒3年，拒捕者斩等条例。

清制《大清律盐法》，章法渐趋完备①。民国3年（1914），政府颁布《私盐治罪法》，重申大伙私盗者，严加缉究。以贩运私盐多寡分别处二、三、四年等徒刑，犯私盐团伙10人以上拒捕、致伤人死亡者死刑。是年，颁布《缉私条例》，非唯盐警应负查缉功过之责，地方官亦负有查缉责任。民国17年10月，政府重颁私盐治罪法，以犯私者为特种罪犯，一律按律治罪。民国34年，制定《盐警服务规则》，规定盐警受派驻机关主管之监督指挥。执行查产监放、查验巡缉、押运护解、仓储保卫、警卫及其他。所属防区井、灶、滩地、板坦、坎漏，每日至少巡查一周，旺产时并须昼夜分班巡查。民国36年3月，政府公布《盐政条例》，私盐500斤以上者处5年以下徒刑或拘捕等。民国37年6月，玉泉场制《走私人连坐须知》，定每10户为一连坐单位，10户中某一户盗卖私盐被查获，余9户不检举，除依法追究犯户，由场务所按9户情节，封板停晒。

中华人民共和国成立后，政府提出缉私方针：依靠群众建立缉私组织，教育为主，辅以处罚。1951年，政务院财政经济委员会公布《私盐查缉处理办法》，规定“未经盐务机关允许，私制、私销或运销情况与所持盐票不符者为私盐。并按不同情况，处以罚金或移送法院处理。”1957年夏，沿海农民私制食盐走私漏税，定山区昌国乡鸡鸣、昌国、金家山等村约600余户私煎，产盐3万公斤。高湾、旦门等地私煎时有。是年8月，县人民委员会发出《关于制止私制食盐及处分意见的通知》，进行查处。1962年、1972年，分别就私盐查缉、场产管理、打击走私偷税等发出通知、公告。

查缉组织

宋代，玉泉场置盐官、文武通差，有弓兵兼负巡缉私盐。元代，县有巡盐官1员，徭佥捕兵8人。所属爵溪、石浦、陈山、赵岙四巡检司，有弓兵210人。昌国卫左、右、中前、中后所及石浦、钱仓、爵溪诸所均专司私盐查缉。清代，场区驻有查缉官兵。宣统三年（1911），玉泉场番头两舍系船只往来停泊之所，易于售私盐，向设有场役稽缉，又有昌石营派拨汛兵看守。民国初期，两浙盐运使任缉私统领，各场知事一律兼缉私督察员。时玉泉场属包商认课，无缉私组织。民国9年（1920），废包商制后，为加强盐产管理，宁属陆巡第六营第四队官兵57人，首次进石浦，巡盐金东西、番东西、中竿、泗洲头等地。民国19年，缉私第四营第一队调入玉泉场，官兵

照30-5 “玉泉场稽查处之图记”木章

①嘉靖《象山县志》：明，本县巡盐官一员（民国《象山县志》按：巡盐御史定委佐贰一员，知县总理其事。）徭佥铺兵八名（民国《象山县志》按：每名役银五两四钱，每月限交获盐二千八百斤、船一只，盐犯无拘名数；如无船犯，罚银九钱，闰月亦如之）。所属爵溪、石浦、陈山、赵岙四巡检司，共计弓兵二百一十名，每名征盐价银四钱，每司每季限盐六百斤，闰月加盐二百斤。昌国卫左、右、中前、中后四千户所巡盐指挥一员，岁定捕兵四十名，每月限盐六百斤，闰月加六百斤。石浦二所每所巡盐千户一员，岁定捕军各七名，每所每月限盐一百斤，闰月同。钱仓所巡盐千户一员，捎（捕）兵一十一名，每月限盐二千一百斤，闰月同。爵溪所巡盐千户一员，捕兵一十一名，每月限盐三百斤，闰月同。以上限盐收贮盐仓，铺户银解运司，按季填报。《会典》云：凡无引而私行及越禁私贩者有禁，若老弱孤独担负四十斤以下者免儿。《镇海县志》云：“乾隆元年（1736）谕：私盐之禁，所以除蠹课害民之弊。大伙私盗，每为盗贼逋薮，务宜严加缉究。至于失业穷黎，肩挑背负，易米度日，不上四十斤者，本不在查禁之内，着各省严饬各州县文武官弁，其有愚民私贩四十斤以上被获者，照例速结，不得拖累贫人，至贫穷老少男妇，负担四十斤以下者，概不许禁捕。本年，总督嵇曾筠题定，象山设二十名年六十以上，十五岁以下少壮之有残疾及孤贫无依之老年妇，取具认状保结，印官加具印结；备具木筹，由道申院，烙印给发，准其负卖度日。今则无论获盐几斤，一概以私盐论矣。”乾隆元年“私盐之禁”之谕，见“乾隆实录”卷之十一“乙卯”。

66人分驻各盐区。次年，两浙缉私营改为税警区队编制，归稽核机关管辖。民国21年，税警第四区队属二十六、二十七、二十八、二十九、三十一队官兵200余人，进驻石浦沿港、金东西、番东西、中竿、蒲东西、泗洲头及宁海县白峤、水车等地。民国25年，改调税警第六区队第四十八、四十九队驻象山，有官兵90人，机动船2只。民国30年，税警第五区队官兵160余人，驻防石浦各盐区及宁海长街、白峤、水车、茶院等地巡检。民国35年4月，两浙查缉私盐实施分区督导制，定缉私地点于场区附近，盐警设防以近场为目标。两浙分8个税警区，石浦为第五区，官兵200余人，拥有机动船4艘，缉查象山、宁海、三门一带。下属第二十分队驻番西，二十六分队驻三门、上廒，二十七分队驻中泥，二十八分队驻金鸡山，三十分队驻宁海盐区。民国38年5月，重组“两浙税警总队”，下设支队、大队、中队、分队。第二支队、第三支队及总部驻石浦。

中华人民共和国成立后，国民党税警部队改编为人民盐警大队，后调宁波。1951年，余姚盐警团派盐警一排进驻金星盐区，专司缉私。是年，盐区有护税小组33个、379人。1954年，盐警撤销，武装缉私遂告结束。1958年7月1日起，盐税查补工作，由税务机关接管。私盐查缉除盐场所在地外，移交县税务局办理。1995年2月，经宁波市公安局批准成立象山县盐务管理局经济民警分队，编制27名，实员25名，着经济民警服装。是年8月，撤销生技股盐政执法管理，设立盐政科，并成立象山县盐务管理局盐政管理队。2002年4月，撤销经济民警分队。2003年始撤销盐政管理队，并入盐政科。

1933—2008年部分年份象山县缉私案件情况表

表30-23

时　间	私盐查缉件数	查获私盐数量	罚没金额及工具
1933	—	173.51担	459.82元
1935	176件	3281.80担	—
1941	大案3起私煎户16户	武装走私280担	—
1945	371件	3299.25担	2860.36元
1947	78件	1212.20担	—
1948	99件	806.60担	小船7艘
1950	359件	111.07吨	—
1951	623件	60.83吨	—
1952	248件	9.13吨	—
1961	大案6起	9.83吨	—
1962.01—1962.06	大案2起	9.00吨	—
1981	43起	20.22吨	—
1982	103起	66.05吨	—
1983	82起	66.21吨	手拉车15辆、船5艘
1984	99起	420.00吨	补税2000元，罚款2800元，扣留机动船7艘、手扶拖拉机7台、机动三轮车1辆、自行车6辆，判刑2人

续表30-23

时　间	私盐查缉件数	查获私盐数量	罚没金额及工具
1985	87 起	56.00 吨	没收盐 36.5 吨，补税 22600 元，罚款 4500 元，没收盐工具折价处理 7900 元
1992	340 起	3.50 吨	补税 53616 元，没收小机船一艘，三卡、手拉车各一辆
1993	24 起	19.55 吨	罚款 3815 元，补税 44100 元
1994	18 起	8.55 吨	罚款 8190 元，没收盐折价 13347 元
1995	211 起	42.50 吨	罚款 103100 元，没收盐折价 27664 元
1996	176 起	26.85 吨	罚款 99081 元，没收盐折价 15217 元
1997	33 起	2.45 吨	罚款 17349 元
1998	35 起	289.60 吨	罚款 17872 元
1999	84 起	56.19 吨	罚款 36793 元，没收运输工具 16 件
2000	46 起	15.98 吨	罚款 3885 元，没收盐产品折价 2713 元
2001	20 起	6.85 吨	罚款 2700 元，没收盐产品折价 100 元、非法所得 792 元
2002	73 起	2.60 吨	罚款 2760 元
2003	47 起	9.64 吨	罚款 8620 元
2004	294 起	4.37 吨	罚款 6970 元
2005	27 起	0.47 吨	罚款 760 元
2006	23 起	0.36 吨	罚款 1344 元
2007	6 起	2.51 吨	罚款 3001 元
2008	5 起	0.68 吨	罚款 2430 元，没收盐折价 347 元

第三十一篇
工　　业

本篇目录

第一章　工业经营体制　工业生产总值

象山工业，始于古代自产自销、自给自足的手工业。清以前，主要有官营、民营与家庭手工业三种经营形态。民国期间，股份企业、私营企业增加，但个体手工业仍占主导地位。中华人民共和国成立后，对手工业、私营工业实行“社会主义改造”，催生地方国营工业企业、县属集体工业企业的发展。20 世纪 80 年代，乡镇企业、个体私营企业开始兴起，逐渐形成国营、集体、乡镇、私营企业并驾齐驱的局面。90 年代中后期，随着改革开放的深入推进，工业企业体制发生根本性变革，国有、集体和乡镇企业普遍推行股份合作制或私营化，私营企业比重加大，并出现中外合资、外商独资企业。进入 21 世纪，企业所有制结构发生深刻变化，股份制和私营企业成为象山工业企业主体。2008 年，全县年销售收入 500 万元以上规模企业 686 家，工业总产值 3382226 万元。其中，国营工业企业 4 家，工业总产值 544555 万元；县属集体工业企业 3 家，工业总产值 32834 万元；股份合作企业 13 家，工业总产值 39369 万元；有限责任公司 45 家，工业总产值 281036 万元；股份有限公司 4 家，工业总产值 250970 万元；私营企业 477 家，工业总产值 1261144 万元；港澳台商投资企业 53 家，工业总产值 353150 万元；外商投资企业 87 家，工业总产值 619168 万元。

第一节　个体私营企业

民间百作行业由来已久，主要有造船、晒盐、泥石、木竹、棕棉、纺织、砖瓦、陶瓷、造纸、铁锡等。今存黄避岙东塔村之青瓷龙窑窑基，即为唐初制瓷工业遗迹，时属著名“越窑”之一，主要生产碗、盘、钵、罐等器皿，瓷质细润，造型典雅。宋宝庆年间（1225—1227），县产盐钞纸，质地优良，历为朝廷贡品。所产苎布，因质细而名“女儿布”，誉驰四明。明嘉靖二十一年（1542），县已有铁、木业等 114 户。明成化年间，象山人口有较大减少，但仍有匠户 120 户。嘉靖《象山县志》所载匠户：“见存八十二户。……木匠户二十四，艌匠（船匠）户一、铁匠户十、瓦匠户二、裁缝匠户七、黑窑匠户六、穿甲匠户四、铁匠户三、染匠户七、伍墨匠户四、银匠户二、石匠户一、竹匠户二、琉璃匠户二、双线匠户四、油漆匠户二、锉磨匠户一。”其所提及的“伍墨匠”即是彩绘工匠；“双线匠”即是操持皮货之匠。清咸丰九年（1859），境内有缸窑、砖瓦窑 11 处。其中，昌国卫南门外通益厂规模可观，盛时陶工达百余人，草房 160 间，岁利 10 万金。同治九年（1870），石浦裕和酱园开办，酱缸 400 口，雇工 40 余人，年产酱油与米醋二三百吨。

民国 4 年（1915），丹城奚基来设鞋作铺。民国 5 年，石浦刘振芳于文澜桥建祥丰轧米厂，购 18 马力内燃机 1 台。民国 9 年，溪口叶荣昌镬厂投产，年铸铁镬 600 口、犁头 180 只。民国 10 年，丹城办轧米厂。民国 12 年 10 月，石浦明星电气股份有限公司建成。翌年冬，丹城耀华电气股份有限公司建成投产。民国 15 年 10 月，丹城开设文华印刷局，始用铅字印刷。翌年，茅洋及东溪岙底硭矿开采，月产 20~30 吨。是年，全县有手工业作铺 151 家，工匠 2647 人。抗战期间，大批传统工业、作铺先后关闭。抗日战争胜利，工业、手工业逐步恢复，稍有发展。民国 36 年，海门人邱圣仓等在石浦合资购置车床，开办复兴机器铁工厂，修理柴油机，并铸造简易机件。此后，纶裕合记布厂、瑞泰土烟厂、鼎丰布厂、裕新布厂、老聚丰酱园等先后开业。至中华人民共和国成立初，全县共有私营工业企业 30 家，工人 138 人，资本总额为 6.8069 亿元（第一套人民币），动力设备 408 千瓦。另有手工作坊 251 个。

中华人民共和国成立后，百废待兴，政府即派员进驻各主要企业，帮助恢复生产。1950 年 12 月起，县人民政府先后接管新生印刷厂、源源米厂、祥丰米厂和明星电气公司等。1951 年 3 月，县成立私资重估评审会，重新估核私有工商业资产，全县共登记工业、手工业 646 家，资产 33.80 亿元（第一套人民币）。自此，私营企业基础得以稳固，为发展生产提供有利条件。

1953 年 11 月，宣传贯彻中国共产党在过渡时期的总路线、总任务，对私营工商业进行社会主义改造。1954 年春，在丹城耀华电气公司进行公私合营试点，由公、私、工人三方代表组成领导班子，负责企业生产经营，经济上实行定股定息政策。1956 年年初，根据“先大后小”原则，分批改造 10 人以上工业企业。至 1957 年年初，全县 55 家私营企业中，50 家实行公私合营，并合并为 31 家，其余 5 家转为农村企业，纳入农业合作化，从而完成私营工业的社会主义改造任务。

1956 年年初，手工业合作化运动进入高潮。全县各镇乡手工业小组要求转社，个体手工业者纷纷申请入组入社。数月内，全县新建社（组）62 个。其间，一批社（组）又进行整顿与扩并。至年末，全县手工业生产合作社（组）发展至 143 个，并新办合作工厂 1 个，入社、入组、入厂人数为 4322 人，占手工业者总数 82%。是年，私营企业划归社队经营。一些家庭作坊式的传统手工业时关时开，不成规模，而社队企业也受到政策限制，发展缓慢。

1982 年，中共十二大召开，提出“坚持国有经济为主导地位和发展多种经济形式”，明确个体经济是公有制经济必要的有益的补充。1983 年，私营个体企业开始逐渐兴起。原二轻企业职工张岳兴创办爵溪华富针织厂，为县内最早创办的个体工业之一。1984 年，县第六次党代会提出乡镇办、村办、合作（资）办、个体家庭办企业“四轮”一起转，集体个体一起上。联户、私营个体企业开始发展。1986 年，爵溪电视机配件厂生产彩电电源变压器，为县较早私营个体企业生产电子产品。翌年，加入上海金星电器集团，产值 683 万元，利润 201 万元，销售税金 50 万元，居全市联户、个体企业首位。中央电视台曾作专题报道。1987 年，中共中央提出对私人企业“允许存在，加强管理，兴利抑弊，逐步引导”十六字方针。1988 年 7 月 1 日始，全县贯彻实施国务院《中华人民共和国私营企业暂行条例》，并受理私营工业企业申请登记。私营企业开始受到重视和支持，发展速度加快。1993 年后，象山个体经济迎来新一轮发展高潮。1999 年年末，私营企业发展至 1307 家。其中，个人独资企业 468 家，合伙企业 130 家，投资者 2602 人，雇工 2067 人。

2000 年后，个体企业灵活的经营方式得到充分的展现，许多国有、集体和镇村办企业转换经济体制，加入个体私营企业行列，使私营企业的队伍不断发展壮大。2008 年，全县有私营企业 4176 家，投资者达 8830 人，从业人员 63069 人，注册资本 770150 万元。其中规模以上私营企业 477 家，工业总产值 1261144 万元，占全县工业总产值的 37.29%。

第二节　国营企业

民国 27 年（1938），象山官办丹城西寺民生纱厂投产，设纺织、造纸两部，工人 149 人，是年收入 36342 元。1950—1952 年，丹城新生印刷厂、丹城源源米厂、石浦祥丰米厂、石浦明星电气股份有限公司4家企业由县人民政府接管后，先后直接过渡为第一批地方国营企业，分别更名为县人民印刷厂、县人民粮食加工厂、石浦人民米厂、石浦电厂。1952年，产值85.22万元，占全县工业总产值的18.3%。1956年1月，经舟山专署批准，丹城电厂由公私合营转为国营。1957年，全县地方国营企业5家，主要经营粮食加工、火力发电等。

1958年，公私合营企业经过扩并，多转为国营。在“大办工业，大办钢铁”号召下，23个国营新厂上马，9家合作工厂亦转为地方国营。是年年末，象山、宁海合并称象山县，原象山辖区国营企业增至52家，大批农民涌入工厂，职工总数达6986人，工业总产值比1957年增长72%，但全员劳动生产率下降19%。1959年，为“缩短战线，集中力量，保证重点”，实行整编改组，先后关闭钢铁、冶金、炸药、化工、水泥等18个国营厂矿企业，裁减职工3034人，但铜矿、造纸厂等又陆续上马。1960年，总产值虽比1958年增长57.7%，但企业亏损面却达27%。

1961年，贯彻中央“调整、巩固、充实、提高”方针后，一批原料不足、产品低劣的企业“关、停、并、转”。至1965年，国营企业尚存25家，职工824人，总产值为1170.74万元。

“文化大革命”初期，多数企业“停产、半停产闹革命”。1970年，总产值仅889.31万元，比1965年下降24%。后期，电力紧张状况缓解，相继办起蔗糖、水泥、农药、纺织、冷冻、罐头、丝织等企业。1975年，全县共有国营企业44家，职工1884人，总产值为2344.6万元，经济效益总体不佳，仅6家企业统计，亏损金额达40.4万元。

中共十一届三中全会以后，国营企业保持平稳发展。1980年，总产值4599万元，比1975年增长96%。此后，经过企业整顿、体制改革，生产得以持续上升。至1985年，全县国营企业已发展至62家，有食品、纺织、化纤、饮料、机械、采矿等19个行业，职工7664人，分属于轻工纺织工业公司、机电重化工业公司、建筑材料工业公司以及商业局、粮食局等10个部门，共有固定资产原值7372万元，占全县工业资产总值45%。年总产值达8586万元，占全县工业总产值14.4%，实现利税1304万元。

1988年后，贯彻《中华人民共和国全民所有制工业企业法》，县成立“体改办”，国营企业推行用工合同制、经营承包责任制。首先在县罐头厂试点，着重改革企业产权、分配、劳动关系。尔后，在全县国营企业中铺开。1997年，年销售500万元以上国营企业28家，工业总产值10783万元，其中亏损企业17家。

1998年始，国有企业全面改革，国有资本从国营企业中逐步退出。1999年，大多数国营企业都转为股份制企业。县委、县政府出台国营企业转制三项措施：一是整体出卖；二是外来参股；三是内部搞股份合作。亦有以“兼并、分流、重组”方式建立股份制企业。2000年，全县大多国营企业完成体制改革，转为股份合作制或私人独资企业。规模以上国营企业仅存6家，工业产值10783万元。2005年，规模以上国营企业3家，职工1327人，工业产值55298万元，销售11230万元，利润总额432万元，资产65933万元，负债40616万元。一些国营企业转为股份制后，由于股权过于分散，员工人人是股东，影响企业经营决策，阻碍生产发展。后来企业股权再次转让，成为由少数人持股的私营企业。2008年，境内规模以上国营工业企业仅有县电力公司、石浦自来水有限公司、浙江大唐乌沙山发电有限责任公司、海申机电总厂4家。其中，县电力公司、石浦自来水有限公司为县属国营工业企业。4家国营工业企业职工1555人，工业总产值544555万元，亏损企业一家。

1985年象山县主要地方国营企业情况表

表31-1

企业名称	厂址	建厂年份	建筑面积（平方米）	主要产品	年生产能力（吨）	产值（万元）	职工（人）	固定资产原值（万元）	备注
象山丹城酒厂	丹城	1956	11400	黄酒、白酒	黄酒2797 白酒260	196	89	—	1999年12月，解体，企业厂址转房地产开发
象山石浦酒厂	石浦	1956	15626	黄酒、啤酒	黄酒400 啤酒10000	201	124	468	1999年12月，解体，厂址转为房地产开发
县农机厂	丹城	1958	13818	变速器 农机具修理	—	1971	291	1303	1999年年底，转为股份制企业，后又转让做房地产开发
地方国营象山县硖矿	茅洋	1958	5088	硖石	3495	48	87	38	1999年12月，由企业职工转入股份制，后成为县爱国主义教育基地
地方国营象山县渔业机电修造厂	石浦	1969	8226	渔用机电 电子设备	—	181	184	103	1999年12月，转制解体，企业拍卖转为房地产开发
地方国营象山砖瓦厂	贤庠	1970	5543	砖瓦	2600万块	130	100	870	—
地方国营象山县水泥厂	石浦	1971	11270	硅酸盐水泥	20000	111	221	182	1999年8月，转制解体为股份制，后被石浦镇征用为房地产开发
县食品冷冻厂	西周	1973	14643	畜禽冷冻 水产品加工	—	378	221	182	1999年12月，转为股份制企业
象山糖厂	石浦	1973	17000	白砂糖	200	—	110	500	1985年，转产。20世纪90年代转制

续表31-1

企业名称	厂址	建厂年份	建筑面积（平方米）	主要产品	年生产能力（吨）	产值（万元）	职工（人）	固定资产原值（万元）	备注
地方国营象山县船厂	石浦	1975	11305	千吨以下货轮	—	105	257	274	1998年6月，转制解体。现改为石浦海鲜街
地方国营象山县食品罐头厂	丹城	1975	12541	水果、蔬菜、家禽水产类罐头	5000	1230	655	427	2000年年初，转制，分成4家个体企业
县水产供销公司冷冻厂	石浦	1975	11500	水产品加工冷冻	库容量2000	232	111	271	2001年，转制，称为股份制企业，分为3厂，为私人个体企业
地方国营象山县丝织厂	丹城	1976	16267	电力纺软缎被面丝棉斜纹绸	—	782	579	300	1999年12月，转制解体，土地做房地产开发
象山化肥厂	石浦	1979	16143	合成氨	4500	152	322	648	1999年8月转制，解体
地方国营象山县合成纤维厂	丹城	1981	15763	丙纶长丝	1500	607	491	1400	2000年年初，转为股份制企业，改称象山奔象化纤有限公司
县啤酒厂	丹城	1981	5149	“和乐”啤酒	啤酒10000	168	233	—	1994年，停产。1996年，解体
县啤酒厂	丹城	1981	5149	啤酒	10000	125	233	232	20世纪90年代中期，解体。现为小商品市场
地方国营象山县花岗岩石料总厂	丹城	1985	1300	花岗岩、大理石装饰板材	1万平方米	—	—	150	20世纪90年代初，并入象山制药厂。1999年12月转制解体

第三节　县属集体企业

县属集体企业，早期为手工业合作企业。1952年2月，延昌、石浦相继组织篾业、木业、铁业、绳业诸生产合作小组。1953年3月，丹城同心铁业生产小组经过整顿，成立全县第一个手工业生产合作社。是年末，全县手工业合作社13个、社员162人。主要生产锄头、钉耙、船钉、船橹、柴刀、菜刀等农渔具与日用品，创产值31.4万元，占全县工业总产值6.8%。1956年12月，县成立手工业联合社，主管全县手工业生产。1957年手工业生产合作社发展至109个（包括合作工厂和水产合作社各一家），职工3811人，固定资产11.5万元。是年，生产铁、竹、木质等农渔具21.4万件，鞋革、服装、家具、小五金、陶器等日用品31.6万件，创产值404.8万元，利润11.2万元。1958年，在“大办工业”中，象山（不包括合并后的宁海）的手工业企业猛增至233家，职工达11707人。同时，竞相提倡“过渡”“升级”，仅5—7月，就有33个合作社分批“过渡”为合作工厂。10月，其中9家（公司）“升级”为地方国营企业。1961年，贯彻调整方针，全县除保留137个厂、5190人坚持常年生产外，陆续撤销53个厂、下放4881人。同时又将43个厂、1636人转为亦工亦农。1962年后，部分“升级不当”企业复由地方国营转为集体，或由合作工厂退回合作社。另有部分基础较差的合作社（组）自行解散。至1965年，手工业集体企业尚存87家、4152人，年总产值460.3万元，占全县工业总产值的25.6%。

“文化大革命”后期，一批手工业厂（社），突破传统行业界限，转产机械、电器、皮革、塑料、胶木、纺织等产业，获得契机。其中，部分合作工厂正式被确定为“大集体”企业，归口县手工业局管理。为加强与外地业务联系，对部分集体企业采用挂牌地方国营的做法。挂牌地方国营企业的县属集体企业有3家，分别为地方国营象山气动元件厂、地方国营象山县针织厂、地方国营象山化纤针织厂。1975年，县属集体工业企业增至85家，职工7167人，工业总产值1775.8万元。

1976年后，水利、交通、电力、教育等部门及驻军亦开办一批企业，加入集体工业行列。1978年12月，县手工业管理局更名为象山第二工业局。尤其是在计划经济向商品经济过渡阶段，集体企业比较国营企业有更强的适应力，生产发展较快。至1985年，全县已形成以机械、纺织为主，塑料、金属制品、建筑材料等25个产销兼备的行业结构。在137个集体企业中，属二轻系统75家，教育系统19家，供销系统17家，水利系统9家，交通等其他系统17家。职工总数达12937人。固定资产原值2447万元，占全县工业固定资产原值的14.97%。全年总产值12751万元，占全县工业总产值21.4%，实现利税1294万元。

照31-1　原属二轻系统的象山缝纫机厂旧址

1986年后，集体企业和国营企业一样，推行经济承包责任制，建立以市场经济为导向的经营机制，逐渐实行资产重组，实施劳动合同制。1998年，68家年销售500万元以上规模企业，大多出现亏损。翌年，全面实施转制。2000年减少至52家，职工2957人，工业总产值90654万元。至2008年，县属集体规模以上工业企业3家，工业总产值32834万元。

第四节　乡镇企业

乡镇企业源于20世纪50年代中期的社队企业，时称之为“副业队”，农忙时从农，农闲时从工。1956年，丹城农业社兴办搬运站、兼修农机具，爵溪渔业社也办起织网厂为捕捞服务，2个企业共计务工社员28人、资产2.72万元，是年产值2.1万元。是年，全县10个私营企业划归社队经营。翌年，12个社队企业创产值137万元，占全县工业总产值的10.1%。50年代后期，大批农业劳动力投向县属企业，社队企业仅增加墙头地毯厂、爵溪虾子扳网厂及儒雅洋水电站。1958年，在“大办工业”口号声中，社队企业“大跃进”，仅石浦镇及昌国、金星、东门、檀头山四乡兴办49个项目127个工厂。60年代初，缩短工业战线，国营、集体工业中大批职工下放，社队工业乘势扩充。然长期囿于“围绕农业办工业，办好工业促农业”的认识，生产经营范围狭小。且多“农闲做工，农忙务农”，停停办办，俗称“开关厂”。1965年，总产值仅165万元。1967年，丹城排灌站开发电阻元件，成立象山电阻厂，为社队企业首家生产电子元件企业。1970年，爵溪公社东风渔网纺织厂置旧纱锭200绽，生产人造棉纱，为全县首家使用机器纺织的社队企业。是年，社办企业38家，从业2820人，产值249万元。

“文化大革命”后期，外地国营企业纷纷“停产闹革命”，工业生产停滞，市场商品奇缺。象山社队企业在夹缝中生长，在“拾遗补阙”中稍有发展。在无资金、无技术、无设备、无原料的困境中，乡镇企业厂长们以“走遍千山万水，说尽千言万语，历经千辛万苦，想尽千方百计”，即所谓的“四千精神”，使企业逐渐发展。1975年，全县企业增加134个，务工社员7108人，产值1856万元。但多数规模较小，设备简陋、技术力量薄弱，产品单一。又因当时对社队工业重要性认识不足，致发展受影响。1978年，全县仅1/5企业能维持正常生产。

中共十一届三中全会后，社队企业始受重视，但条规限制多。1980年，冲破行业禁区，兴办精制茶厂3家，有18家针织企业增置针织横机、小圆机等，改善设备促进发展。亭溪、墙头二公社联办象山印染一厂，后又与上海芦湾印染厂联营，拓开横向发展路子。年末，社队企业发展到414家，务工人员达20324人，总产值4622万元，占全县工业总产值的35.12%。此后，家庭厂、联户合资厂大量涌现，社队企业逐步形成多层次的格局。1983年，实行政社分设，社队企业逐步改称乡镇企业，出现乡镇办、村办、合资办和家庭办“四个轮子”同转的态势，并在乡镇办和村办企业中，普遍推行经济承包责任制，促进企业发展。1984年，乡镇工业产值达到18390万元，超过国营、集体工业总产值总和。1985年，全县乡镇工业企业增至9478个，务工人员57573人。工业总产值达到38225万元，乡镇工业占全县工业总产值64.17%。总收入24725万元，占农村经济总收入52.7%，利润2321万元。其中：区、乡镇办296家，职工31273人，固定资产原值5280万元，产值26542万元；村办236家，固定资产原值1250万元；联户办987个，职工11600人，自有资金953万元，产值6106万元；家庭办7959个，15100人，自有资金331万元，产值5577万元。乡镇工业已成为全县农村的主体经济。爵溪镇工业产值超亿元，成为宁波市第一个亿元镇。丹城、石浦、亭溪、南庄、西周、茅洋、墙头、林海、贤庠9个乡镇工业产值超千万元。县乡镇工业在全省县、区中的位置，上升至第13位。

1986年，县政府采取稳定和完善乡镇企业经济承包责任制措施，并逐年增加技术改造投入，开展横向联营，加强基础管理，提高产品质量，16 项新产品被列入“星火”计划，是年，乡镇工业产值达到 5.21 亿元，居全省县级乡镇工业第 12 位。

1987 年，丹城镇兴办宁波锦孚冻品有限公司，为县首家中外合资企业；爵溪宁波服装厂与上海市进出口公司联营，开始生产针织全棉文化衫，为县较早工贸联营企业。尔后，象山化纤针织厂等 11 家企业逐步转产外贸全棉文化衫产品。全县生产外贸出口企业 40 家，外贸销售额 4283 万元。1988—1990 年，新建企业 181 家，实施技术改造 145 项，投入资金 6360 万元。至 1990 年，有企业 3071 家，从业 46488 人，固定资产原值 24637 万元，产值 95072 万元，占全县工业总产值 64.47%；总收入 75380 万元，占农村经济总收入 72.7%；税金 4221 万元，利润 4109 万元。其中，村以上集体企业 435 家，从业 30419 人，固定资产原值 18540 万元，产值 62452 万元；生产外贸产品企业 61 家，外贸销售额 8715 万元。是年，爵溪镇获农业部“中国乡镇之星”称号，评为省出口创汇重点镇。翌年，受宏观经济调控，出现资金、能源、原材料紧缺，生产资料涨价，销售疲软，发展滞缓，生产滑坡，经济效益下降，近四分之一企业出现亏损，关、停、并转一批企业，近 2 万名从业人员回流农业。为此，宁波市委提出“二改三上一提高”（改组、改造，上质量、上规模、上水平，巩固提高发展）方针。各企业加强技改投入，注重产品质量、档次和企业管理。爵溪以宁波针织服装厂为核心，联合 16 家企业，组成宁波荣大针纺集团公司，为宁波市乡镇企工业首家外向型企业集团。

1993 年始，随着市场经济的变化，全县乡镇企业普遍进行体制改革，推行股份经济合作制，转换经营机制。至 1995 年，乡镇企业逐步完成经营机制转换，镇、村集体资金逐渐退出，成为股份制或独资经营的私营企业。

第五节　股份合作企业

清同治九年（1870），宁波芦氏合伙集资创办的石浦裕和酱园，是象山早期股份合作企业的雏形。民国时期，合股（合伙）经营增加。民国 12 年（1923），定海人马学桢于石浦五爱桥创办明星电气股份有限公司。民国 13 年，何超等发起创办电气公司，筹资银圆 2 万元，共 400 股，每股 50 元，出股人持有记名股票，成立董事会，公司全称为“象山耀华电气股份有限公司”，兼管轧米。民国 35 年，海门铁匠邱圣仓合资购置车床，在石浦兴办复兴机器铁工厂等。中华人民共和国成立初，尚有股份形式企业。石浦酒厂初称石浦联酿站，参股人除资金外，多以制酒用具、工具折合资本金参股。

改革开放后，推行现代股份制工业企业。1992 年，全县首先在爵溪镇华荣针织有限公司试行股份合作制，开全县股份制企业之先河，继而全面推广。爵溪农村大东工贸实业公司所属天峰机械厂、大东丝织厂等 7 家企业率先实行股份合作制。是年，爵溪有 18 家镇、村办企业转为股份合作制，入股总额 2175 万元，镇村集体股金 126 万元，占入股总额 5.8%，个人股 630 万元，占入股总额 29%，余为社会股、外商股等。翌年，全县乡镇企业全面推行股份合作制，97 家企业转为股份合作制。2000 年，销售 500 万元以上股份合作企业 47 家，职工 7808 人，资产达到 212218 万元，工业总产值 229310 万元，销售 214584 万元，利润 19436 万元。2005 年，销售 500 万元以上股份合作企业 20 家，职工 2628 人，工业总产值 560959 万元，销售 559307 万元，利润 54876 万元，税金 18546 万元。此后，部分股份合作企业股东退股，转为独资私营企业。至 2008 年，规模以上股份合作企业 13 家，生产总值 39369 万元。

第六节　工业生产总值

中华人民共和国成立前，工业产值占国民生产总值比例极小，亦无数据记载。中华人民共和国成立初，工业企业虽有增加，但总产值仍然较少。1979 年，全县工业总产值为 8479 万元，占全县生产总值的 27. 7%。中共十一届三中全会后，象山积极推进管理体制改革，推行经济承包制，扩大企业自主权。1985 年，乡镇企业异军突起，工业经济快速增长。1990 年，全县有 3292 家工业企业，完成工业总产值 147457 万元。至 2000 年，工业总产值 547376 万元。2008 年，全县国有及年销售收入 500 万元以上企业 686 家，实现工业总产值 338. 22 亿元。

1949—2008 年象山县工业总产值及轻重工业情况表

表 31-2　　单位：万元

年份	全县工业总产值		轻工业（乡镇及以上）			重工业（乡镇及以上）			
	合计	其中，村及村以下	小计	农产品为原料	非农产品为原料	小计	采掘工业	原材料工业	加工工业
1949	159	—	159	159	—	—	—	—	—
1950	201	—	201	200	1	—	—	—	—
1951	223	—	223	222	1	—	—	—	—
1952	466	104	361	356	5	1	—	—	1
1953	578	118	456	429	27	4	1	1	2
1954	743	120	614	587	27	9	2	—	7
1955	821	151	647	586	61	23	4	6	13
1956	1067	125	877	686	191	65	8	1	56
1957	1359	137	1155	910	245	67	12	1	54
1958	2336	165	1912	1454	458	266	83	2	181
1959	2899	182	2273	1732	541	444	74	37	333
1960	2963	140	2234	1680	554	589	55	55	479
1961	1798	132	1462	1146	316	204	31	1	172
1962	1588	101	1310	1002	308	177	12	2	163
1963	1546	173	1272	949	323	101	—	2	99
1964	1442	168	1161	913	248	113	—	2	111
1965	1796	165	1454	1143	311	177	9	3	165
1966	2009	176	1562	1210	352	271	51	4	216
1967	2152	204	1661	1276	385	287	65	6	216

续表31-2

年份	全县工业总产值		轻工业（乡镇及以上）			重工业（乡镇及以上）			
	合计	其中，村及村以下	小计	农产品为原料	非农产品为原料	小计	采掘工业	原材料工业	加工工业
1968	1828	166	1389	1123	266	273	42	7	224
1969	2331	176	1778	1374	404	377	20	9	348
1970	2037	145	1462	1106	356	430	21	11	398
1971	2744	231	1676	1305	371	837	155	33	649
1972	3333	187	1947	1393	554	1199	166	47	986
1973	4177	433	2527	1998	529	1217	76	64	1077
1974	5089	594	2965	2419	546	1530	91	98	1341
1975	5976	676	3414	2388	826	2086	258	167	1661
1976	7124	997	3077	2511	566	3050	171	204	2675
1977	8025	1009	3404	2839	565	3612	106	203	3303
1978	8902	1192	3821	3443	378	3889	66	217	3606
1979	10017	1390	4523	3697	826	4104	98	674	3332
1980	13162	1631	7164	5129	2035	4367	265	465	3637
1981	15604	1776	9141	6271	2870	4687	211	431	4045
1982	17695	2265	10423	7242	3181	5007	322	510	4175
1983	21286	2789	12639	8813	3826	5858	306	602	4950
1984	33447	8521	17003	10999	6004	7923	271	747	6905
1985	59562	20312	28435	21957	6478	10815	313	674	9828
1986	77283	28520	35298	27104	8194	13465	321	654	12490
1987	89456	36003	36760	29207	7553	16693	412	1661	14620
1988	125577	48824	54935	42560	12375	21818	394	3599	17825
1989	128814	49115	58434	45268	13166	21265	478	3026	17761
1990	147457	49333	74069	60327	13742	24055	556	3213	20286
1991	202407	58721	109885	88358	21527	33801	595	3747	29459
1992	273407	84769	134814	114307	20507	53824	673	3362	49789
1993	441283	170838	194980	163375	31605	75465	1549	4318	69598
1994	702185	361982	257689	215690	41999	82514	2884	4747	74883
1995	971331	652311	233900	202248	31652	85120	144	4889	80087
1996	1159438	669790	328662	272474	56188	160986	2624	10411	147951
1997	1483936	1057634	253028	205475	47553	173274	135	11710	161429
1998	1681551	1268917	243505	215867	27638	169129	146	13765	155218
1999	1898010	1484141	235111	203426	31685	178758	110	17182	161466

续表31-2

年份	全县工业总产值		轻工业（乡镇及以上）			重工业（乡镇及以上）			
	合计	其中，村及村以下	小计	农产品为原料	非农产品为原料	小计	采掘工业	原材料工业	加工工业
2000	547376	—	306604	271130	35474	240772	—	17737	223035
2001	722126	—	406336	354450	51886	315790	—	21631	294159
2002	884307	—	491895	432286	59609	392412	—	23733	368679
2003	1293618	—	671342	—	—	622276	—	—	—
2004	1240145	—	683384	—	—	556761	—	—	—
2005	1598266	—	881166	—	—	717100	—	—	—
2006	2173404	—	1024818	—	—	1148586	—	—	—
2007	2811312	—	1195922	—	—	1615390	—	—	—
2008	3382226	—	1350607	—	—	2031619	—	—	—

说明：1. 1985年以前数据录自《象山县志（1988）》，产值按1980年不变价格计算，部分数据有误已改正。2. 1986—2008年数据录自县统计局统计资料。其中，1986—1989年，产值按1990年不变价格计算；1990—1997年产值按1990年不变价格计算；1998—1999年，轻工业、重工业数据为国有及年销售500万元以上企业的产值数，总产值按当年价新规定计算。2000年始，统计对象为国有及年销售收入500万元以上企业工业总产值，按当年价新规定计算

1949—1985年部分年份象山县各行业产值情况表

表31-3　　　　单位：万元

行业＼年份	1949	1952	1957	1962	1965	1970	1975	1978	1980	1981	1982	1983	1984	1985
电　力	0.26	0.47	1.00	2.29	3.05	18.46	—	—	3	5	—	—	—	204
冶　金	—	—	—	—	—	5.83	125.88	137	394	279	281	325	430	351
化　工	—	—	—	15.64	20.17	95.92	192.93	360	871	959	959	1144	1830	2452
机　械	—	1.73	76.86	153.57	118.83	410.53	2002.76	2913	3327	3562	3724	4009	5235	8874
建　材	—	—	10.11	24.79	73.68	104.13	365.25	727	905	1305	1665	1888	2408	3127
森　林	—	3.44	92.54	257.76	227.76	289.15	138.31	135	154	212	142	203	224	284
纺　织	—	2.63	24.92	29.22	105.37	—	406.07	1200	1951	2487	3621	5276	8789	14799
缝　纫	—	3.99	102.84	98.95	89.13	—	108.00	62	80	125	135	191	243	706
皮　革	—	—	—	—	8.75	—	83.00	59	140	157	121	156	152	163
造　纸	—	—	—	—	—	—	14.29	18	70	154	217	244	304	399
文教用品	0.55	2.71	11.52	35.78	22.52	22.00	30.00	76	99	153	165	205	198	344
食　品	158.58	346.34	786.11	836.98	904.88	618.85	1711.07	1858	3059	4160	4003	4486	4994	6629
其　他	—	0.69	116.09	32.06	56.40	16.71	102.44	165	478	270	397	370	569	918

说明：1. 不含村办和村以下办企业。2. 产值按1980年不变价格计算

1986—2008 年部分年份象山县各行业产值情况表

表 31-4 单位：万元

行业＼年份	1986	1988	1990	1992	1994	1996	1998	2000	2002	2004	2006	2008
电　力	195	410	588	691	914	658	16193	2788	20966	47696	232737	538785
冶　金	306	570	5991	10604	16070	1214	12463	3110	1725	1455	5320	67142
化　工	3052	5179	2728	2888	3449	3943	27086	5247	6715	11324	210131	31880
机　械	10448	18882	4963	23464	29157	37049	288734	35088	57034	123793	266674	304462
建　材	3877	4246	4960	11274	6714	—	—	—	—	—	—	1488
纺　织	18924	32191	45916	90090	174530	21204	206365	23794	41643	473034	669488	945119
缝纫服饰	416	330	317	1350	1728	191047	1435278	173916	300885	413103	49088	583
皮　革	224	215	224	213	980	241	—	—	—	—	—	480
造纸及制品	684	823	992	1805	3466	2868	24854	2157	3632	15660	321201	42957
文教体育用品	569	1130	354	512	350	510	6176	874	—	3705	11910	14015
食品及加工	8854	11576	9107	14456	30047	28904	290191	58267	79276	97175	15910	37597
其　他	792	585	—	—	—	658	11510	—	1204	1259	1144	—
自来水生产供应	—	—	—	—	—	1652	1052	4940	4945	6031	8972	16253

说明：1. 产值按 1980 年、1990 年工业不变价统计。2. 1998 年后，为销售 500 万元以上工业企业

第二章　纺织业

宋代，象山即有精美绝伦的“女儿布”。元代，各乡里、村落多种桑养蚕。民国期间，涂茨、爵溪、旦门、墙头等十余乡镇，均有从事苎麻种植、纺制、织造的手工业者，出现纺织作坊。中华人民共和国成立后，纺织业由民间手工向集体企业转型并渐成规模，操作走向半机械化、机械化。20 世纪 70 年代，建县纺织厂、丝织厂、毛纺厂，生产化纤、毛纺、丝绸被面及丙纶长丝等产品，为象山纺织业兴盛时期。80 年代初，因经营体制转变和市场变化，原纺织企业大多逐渐转产针织业，并由爵溪针织业带动，迅速崛起。针织企业逐年增多，一大批企业陆续上规模，定牌生产国际知名品牌，染、纺、印、绣工艺，一应俱全。进入 21 世纪，象山针织业呈现生产专业化、规模化，设备电气化、自动和半自动化，产品名牌化的趋势。2004 年，象山县被中国纺织业协会授予“中国针织名城”称号。此后，巨鹰集团等企业在新疆产棉区购并棉纺企业，设立棉纺织厂和轧花厂，建成棉纺基地，象山针织服装业原料得以保障。

第一节 纺 织

宋至民国，象山民间纺织主要以苎麻为原料，由家庭作坊纺织夏布、土布；蚕丝纺织，据民国《象山县志》载，象山所产蚕茧质量普遍不高，故只能纺织土绢，而不能为绫罗等精细产品；棉花纺织，象山妇女能纺线，但不能织布，民国《象山县志》叹为“妇工之一缺憾也”。

民国14年（1925），林阿水在昌石镇创办模范织袜厂，招收女工织袜，为象山纺织首家出现以厂冠名者。此后，纺织企业逐渐增多。民国27年，官办民生纱厂投产，手摇布机10余台，职工20人。明星电气公司、耀华电灯公司，资本总额42900元，设纺织等二部，纺织工人125人，织布机30台，80锭纱机20台。日出布150尺，月得净利3050元，年得利36600元，后因日军侵占县城沦陷关闭。民国36年，石浦办纶裕合作织布厂，丹城办鼎丰布厂、裕新布厂。至中华人民共和国成立前后，全县共有私营纺织企业30余家。其中，织布厂3家，纺织作坊19家，织工138人，资本总额为6.8亿元（第一套人民币），设备动力408千瓦。另有手工作坊25家。

中华人民共和国成立后，麻纺逐渐衰落，蚕丝、棉花、化纤等纺织企业兴起。1950年，鼎丰、裕新二厂合为新生染织布厂。翌年，全县有纺织企业及家庭小作坊36家，从业人员51人。1958年，扩并成7家，职工增至335人。其中，新生布厂由公私合营转为地方国营，拥有动力布机32台，生产色织布、纱线呢等低档产品。20世纪70年代，象山县纺织厂、丝织厂相继建成，始采用半自动阔幅织机。至1975年，企业增至10家，职工727人，产值406万元。80年代，象山毛纺厂、象山帆布厂、合成纤维厂陆续投产。至1985年，全县纺织企业81家，职工8356人，固定资产原值2838万元。主产品有针织内衣、丙纶长丝、化纤弹力丝、纯化纤纱、纯化纤布、呢绒、毛毯、染色布、纯合纤丝绸品等，年产值14799万元，居各行业之首，占全县工业总产值31.5%。2008年，全县纺织企业达千余家，多数从事针织业。是年，全县规模以上的纺织企业279家，资产总值774537万元，产值830291万元。全县纺织业总产值945119万元。

麻纺织

宋宝庆《四明志》：四明之地“俗不甚事蚕桑、纺绩，故布帛皆贵于他郡。惟奉化絁密而轻如蝉翼，独异他地。象山苎布最细，曰‘女儿布’，其尤细者也。①”象山由苎麻纤维织成的“女儿布”已达很高水准，其细密程度甚至超过奉化丝织品“絁”。

女儿布考 象山女儿布以苎为原料，而广东女儿布则以葛为原料，称“女儿葛”。《广东新语》云：“粤之葛以增城女葛为上，然恒不鬻于市，彼中女子终岁乃成一匹，以衣其夫而已。其重三四两者，未字少女乃能织，已字则不能，故名‘女儿葛’② ”。

女儿布的命名缘由，除了以上引文谈到的因由未婚少女所织之外，还有一个原因乃寓含对女儿出嫁离家的哀伤及其未来婚姻生活的担忧：“女儿布，伤乖离也……所以遗藁砧者，婚姻道衰，夫妇相弃，布乎布乎，非以结绸缪者乎！是可伤也③”。诗云：“……为郎制衣稳称身，服之无斁

---

①宝庆《四明志》卷第四郡志四“叙产·布帛之品”。
②屈太均《广东新语》卷十五“货语·葛布”。
③梁绍壬《两般秋雨庵随笔》卷五“潮州乐府”。

期偕老。可怜一朝恩义疏，夫弃妇兮妇背夫。犹是箱中一匹布，谁道新人不如故?①”

女儿布质地优良，“女儿葛”中的“雷葛”更是珍贵：“惟雷葛之精者，百钱一尺，细滑而坚，颜色若象血牙，名锦囊葛者，裁以为袍直裰，称大雅矣。②”棉阳所产“女儿葛”，亦为珍品：“女儿布，产棉阳，采葛澡丝凝雪霜，细如鲛绡薄蝉翼，非烟非雾含风凉。③”

“女儿葛”是嫁女必不可少的妆奁：“潮俗嫁女以葛布办装，称家多寡。其极精细者，名‘女儿布’。④”；“富家嫁女多越好，贫家嫁女一匹少”⑤。

象山女儿布早已失传，民国《象山县志·实业考·麻业》谓：“今久不能有此布，惟纺绩麻线及粗布耳。”

麻纺以苎麻为原料，去骨存皮，经加工漂白，手捻或坠纺后成丝成线，然后再织成布。其工序大致是：纺者用烧陶或竹片作垂头，旋转手工纺纱。使用者先将棉纱捻成头绳粗的棉线一尺许，将一头缠住陶杆下部，另一头在杆上旋绕数圈后，将棉条缓往旋杆方向送缠，送进棉条围陶杆卷成宝塔形后解结，纺成的棉线缠于“井”字架纺车上。这种木制手摇的“纺车”，能纺制各种质地的纱、线。用木质织布车织成坯布、粗帐布及各式扎带，也可编织渔网等。

乡间多麻织。清乾隆年间，周姓祖克华、克彩，叶姓祖尚勇自宁海路下周、皈章山迁晓塘。搭草厂织土布为生，后发展成为织布厂村。道光年间，天台上叶村人叶胜祖到花湾织布为业。乡村民间一直有传统织业，所织夏布、土布质好，民间广为使用。民国35年（1946），织布师傅梁克苗，为逃避抽壮丁，自台州临海至涂茨，从事织布行业，设布机一架，附机设备若干，织造麻质土布、蚊帐等，制作精细。因手工制作，设备简陋，村妇多仿效之。象山乡间均有纺织土布者，制衣做帐，多为自产自用。民国36年，全县纺织手工作坊25家。

1958年，建立石浦纺织厂，设址城隍庙内。先后设草包、纺织、麻袋等5个车间，纺织车间生产麻纺和纺毛线，员工10来人增至100余人。1964年，转产胶木、五金电器。是年，爵溪渔业大队以原织网社为基础，成立爵溪废麻厂，以废弃渔网麻绳为原料，加工生产再生线织麻袋，年产麻袋34775只，年总产值5万元，利润7000元。大徐麻纺合作社、石浦纺织合作社先后以土木机再生纺麻线。

棉纺织

象山棉纺业始于民国。1950年，爵溪赵本和兄弟俩购得木制手摇毛巾织机2台，年产毛巾万余条。1958年，爵溪废麻厂（后改名爵溪棉纤厂）从外购入纺织机200锭，由麻纺转产棉纺，职工130人，年产人造棉66吨，是象山社队最早生产棉纱棉布的厂家。1971年，象山纺织厂建成，旧纺纱机2台、1200锭，织布机50台，职工330人，主营纺纱、织布。是年，全县有纺织厂10家，职工727人，年产值406万元，象山纺织业由此起步。1973年，爵溪棉纤厂的纱锭扩至2800锭，生产低维棉布，年纺1~18支棉纱480吨，年产值20万元。象山纺织厂有织布机32台，生产包装布、纱线等低档产品。2000年，年销售收入500万元以上纺织企业14家，产纱3829吨，工业总产值23794万元，进出口交货值2890.6万元，利润总额1039万元，上缴税款255.2万元。

①梁绍壬《两船秋雨庵随笔》卷五“潮州乐府”。
②屈大均《广东新语》卷十五“货语·葛布”。
③梁绍壬《两船秋雨庵随笔》卷五“潮州乐府”。
④梁绍壬《两船秋雨庵随笔》卷五“潮州乐府”。
⑤梁绍壬《两船秋雨庵随笔》卷五“潮州乐府”。

2001 年，台商投资 1108 万美元，于爵溪北塘工业区筹建宁波雷其蒙纺织品有限公司，引进全套欧洲各类纺机 230 台，2004 年建成投产。从业人员 120 余人，生产精梳棉纱。2003 年，国家棉花市场开放。2004 年 3 月，巨鹰集团以承债 1.5 亿元，整合收购新疆阿克苏托峰棉业分公司，成立巨鹰棉业公司，新建 3.5 万锭精梳纱生产线，并建立万亩棉花基地和 3 家轧花厂，为宁波市首家驻疆纺织企业。是年，全县纺织企业 35 家，职工增至 19907 人，工业总产值 71254.9 万元，销售 58016 万元；出口交货值 4799.6 万元，利润总额 15001.4 万元，上缴税收 3546.9 万元。同时，宁波富红针织公司投资 3000 万元，收购新疆阿克苏沙雅银河棉纺织厂，翌年成立沙雅富宏纺织有限公司，建 16.8 万纱锭生产线，并建 4 家轧花厂。2005 年，宁波亚大纺织公司在新疆产棉区设点，长期订购优质棉花；利用河南南阳棉纱厂 2 万锭设备，组织来料加工。是年，加工坯布 5000 吨，产值 1100 余万元。

丝绸、化纤纺织

1971 年，筹建象山化纤厂，址设彭姥岭隧道附近，占地 4608 平方米。1976 年，建地方国营象山县丝织厂，址设丹城城西路 2 号，占地面积 20704 平方米，建筑面积 16267 平方米。1977 年，县纺织厂扩产丙纶长丝，象山始有化纤产品。1982 年，县铁合金厂转产丙纶长丝，丝绸化纤行业发展逐步加快。翌年，地方国营象山县合成纤维厂建立，时为浙江省化纤行业规模最大企业之一。占地面积 34684 平方米，建筑面积 25000 平方米，有高速纺加弹 2 个车间，VC403、404、406 纺织机 40 部，牵伸机 10 台，络筒车 600 锭，固定资产原值 6245 万元。主要生产 POY 丝、DTY 丝及特种丝。化纤产品年产能力达 6000 吨，职工 415 人。

1985 年，县丝织厂职工 579 人，主要设备有 ZK272 丝织机 168 台，主产电力纺、丝绸被面、丝棉斜纹绸等。是年，所产的“轻杭纺”，经省丝绸公司推荐，作为毛泽东逝世后的寿衣面料选送至北京，并获国务院回执。同年，象山化纤厂员工增加至 249 人，主产丙纶长丝，产值达 239 万元。象山表带厂也转产涤纶华达呢，年产 6.4 万米。年末，丹城、爵溪、溪口、莲花、黄避岙等镇乡陆续新建以腈纶为原料纺织厂 10 家。1986 年，县纤维板厂与宁波和丰纺织厂联营，建立宁波和丰联营厂象山丝织分厂，工业总产值 35.7 万元，建厂后第三年利润达 120 万元，员工 413 人，为石浦地区工业职工最多的企业。

1994 年，全县从事丝绸化纤纺织企业 22 家，职工 4582 人。固定资产原值 1352.5 万元，销售收入 2095.4 万元，主产丙纶长丝、化纤弹力丝、纯化纤纱、纯化纤布、呢绒、毛毯、染色布、纯合纤丝织品等。象山华丰绸厂有络丝机、加捻机、整移机等先进设备，形成一条龙生产，主产雪纺、乔其、柳条绡等涤纶窗帘布系列，以及各色涤纶系列坯布。1995 年，宁波万利纺织有限公司 21teXX2 彩色纯化纤混纺纱线，通过市新产品鉴定，被省二轻系统评为三等奖。1999 年，象山华丰绸厂，年生产化纤丝绸丝织品（丝绸窗帘）30 万条，总产值 1400 万元，柳条绡窗帘布销往美国。是年，又开发丝涤绸新产品远销欧美市场。2000 年，合成纤维厂改名为象山奔象化纤有限公司，生产丙纶、锦纶、涤纶条丝等产品。丝绸化纤企业发展至 32 家，新增缝纫线、丝绸窗帘布、丝织商标、面料等产品，总产值达 12054 万元，企业性质从改革开放初期的集体所有制逐渐向个体、民营转变。后，由于市场需求，原丝绸化纤企业大部分转产针织服装。其间，浙江万洋纺织有限公司，仍生产色丝、涤纶长丝，月产值超 700 万元。象山众欣织造有限公司，主产胺纶弹力布。

2008 年象山县规模以上纺织企业情况表

表 31-5

企业名称	建厂年份	占地面积（平方米）	建筑面积（平方米）	职工人数（人）	主要产品	注册资金（万元）	地址	资产总值（万元）	产值（万元）	主营收入（万元）	利润（万元）	税金（万元）
宁波万利针织有限公司	1989	10050	9611	263	绵、化纤、纺织、涤纶	—	丹西	3069	2662	2766	-132	114
象山华丰绸厂	1994	4300	3900	70	绢纺、丝纺	—	丹西	565	1004	1008	10	28
象山县三洋实业有限公司	1997	402480	—	120	棉化纤织、缝纫线	250	贤庠	1855	1590	1410	3	70
宁波亚大纺织有限公司	1998	10560	3000	100	高档面料	26 万美元	西谷路	1140	18000	15000	300	300
象山东升纺织公司	2000	5146	78700	150	纺纱	—	城西路 16 号	1254	2181	2162	-31	84
象山东方织造公司	2003	7000	5000	100	大园机织造	300	爵溪	1621	1443	1435	—	68
宁波雷其蒙纺织品有限公司	2004	50902	4000	120	精梳棉纱	600 万美元	爵溪	17621	12000	12445	—	104
象山县锐科化纤厂	2004	6000	7000	100	涤纶纤维	—	大徐	1559	1978	2048	604	130
象山众欣织造公司	2006	2500	2000	75	氨纶弹力布	—	丹城东	456	736	814	14	56
浙江万洋纺织有限公司	2006	132066	5336	56	涤纶纤维长丝	1000	东陈	20694	25000	16848	366	25

第二节　针　　织

象山针织业源于爵溪。20世纪70年代，海洋资源衰退，靠捕鱼为生的爵溪人只得另谋生计。他们在上海、绍兴等地贩卖鱼鲞过程中，发现市场腈纶服装紧俏，便将大厂淘汰的旧织机运回爵溪，聘请退休师傅，开始生产腈纶衫裤，销至全国各地，象山针织工业由此拉开序幕。

1980年10月，王增田建立爵溪第一家针织服装厂，购入棉毛车1台、缝纫机10台，生产针织腈纶衫裤，产品进入全国各大中城市，并成为腈纶针织产品龙头厂。尔后，其他企业纷纷仿效转产。20世纪80年代初，爵溪转产从事腈纶服装生产企业10家，产品有腈纶运动衫系列、腈纶棉毛衫裤、背心、涤盖棉服装、袜子等，产品行销全国各地。至1982年，全县针织企业20余家（爵溪占半），职工1229人，针织品产量1286万件，实现总产值2000余万元。象山针织产业集群特色初见端倪。1982年后，社队企业开始受到重视，发展较快，社员家庭厂、联产合资厂大量涌现，企业逐步形成多层次格局。1984年，县委、县政府提出发展乡镇工业要“集体、个体一齐上，四个轮子一起转”的方针，凭借这一强劲东风，象山针织工业的发展步伐迅速加快，一个个公司、集团如雨后春笋般的涌现。1985年，全县以生产腈纶内衣产品的针织企业发展到100余家，产值7139万元，占全县乡镇工业总产值的72%。1986年7月，宁波针织服装厂与上海市进出口公司联营，投资500万元，成立象山荣达联营厂，为第一家工贸联营企业，在爵溪北塘工业区征地5公顷，新建年漂染能力为2400吨级的漂染车间与3000多平方米的外贸针织大楼。从此，象山针织业开始另辟蹊径，生产文化衫、T恤衫，由内转外，开拓国际市场，步入外向型经济新阶段。是年，墙头成立象山江南实业公司，尔后又建成“佳业”“茂宁”“金丰”“一帆”等企业。1987年，象山第一家针织中外合资企业宁波甬南针织有限公司成立。企业更新设备和技术，加快产品质量和档次提升，提高产品国内外市场竞争能力，原料也由腈纶化纤转为全棉针织布料，产品开始更新换代，生产文化衫、T恤衫等。1988年，丹城创办宁波宏利针织公司，后相继建成“创宇”“国昌”“盛升”等针织企业。是年年末，全县针织企业达360余家，就业2万余人，实现工业产值66亿元。1989年，大徐成立“宁波豪丰针织公司”，后又开办“澳林”“旺盛”“神衲”“亿通”针织企业。

20世纪90年代，按照宁波市委、市政府提出的“二改三上一提高”发展要求，象山宁波针织服装厂联合16家企业组成宁波荣大针纺集团公司。1992年，东陈乡成立象山恒泰针织公司，后相继建成“健鹰”“富宏”“腾云”“豪联”等针织企业。其中，“富宏”“健鹰”等企业发展迅速，后成东陈乡龙头企业。1996年，象山县委提出“居安思危、敢创新业，实现针织工业二次大发展”决策，全县针织企业开展横向联合，组建以骨干企业和拳头产品为龙头的企业集团，加大技术改造力度，加快针织产品向中高档转变。“巨鹰”“甬南”“东风”“宏利”“富宏”“健鹰”等一大批企业进入县级特级企业

照31-2　巨鹰集团厂区

行列，成为象山上规模、上水平的大中型龙头企业，带动全县针织企业的快速发展。1997 年，出口额超 5000 万元的企业 11 家，有自营出口权企业 31 家，三资企业 128 家。1998 年，针织企业实现工业产值 16. 24 亿元。其中，外贸出口达 14 亿元，针织工业占据全县工业经济的半壁江山。

照 31–3　宁波甬南针织有限公司生产车间

1999 年，县政府制定《针织工业第一个五年发展规划》，提出奋斗目标、工作重点和对策措施，争创针织出口第一县。在政府的引导下，针织企业纷纷加大技改力度，进一步完善针织产业链，提升产业层次和产品档次，努力提升象山针织的整体竞争力。依托高等院校及科研机构，巨鹰集团建立中高档面料研发中心、针织工程技术研发中心、服装成衣中心；以海达印染公司为主，成立染整中心；以福甬印花厂为主，成立印花中心。巨鹰集团中高档面料新产品投入使用，扭转中高档面料依赖进口与外地购入的局面。许多企业转产使用中高档面料，生产休闲装、运动装，售价比原来的普通针织内衣提高 3 倍，产品档次大幅提升。2001 年，巨鹰集团投入 5 亿元，在爵溪建成“巨鹰针织园”，占地 53 公顷，集针织品开发、织造、印染、制衣、检测、辅料配套于一体的专业园区。宏利集团、东风集团、甬南公司也相继动工新建“宏利针织城”“东风服饰城”“甬南针织城”。海达印染工程、启新针织面料工程等亿元以上项目也纷纷上马。是年末，全县针织服装企业达 700 余家。其中，规模以上企业 128 家，职工 4. 5 万人，针织品生产能力 5 亿件，95%以上出口，外贸出口产值 60 亿元，占全国 6. 6%，占浙江省 33. 8%，占宁波市 62%。2004 年，象山被中国纺织业协会授予“中国针织名城”“国家外贸转型升级专业示范基地”、浙江省首个“国家级出口针织服装质量安全示范区”等荣誉称号。2007 年，巨鹰集团的“巨鹰”牌 T 恤被评为“中国名牌产品”“中国驰名商标”“国家免检产品”。甬南针织公司生产的“伟绅”牌服饰，评为“浙江省名牌产品”“国家免检产品”。象山针织业的规模优势、集聚优势，产生长期的效应。外商闻名纷至，带来国际著名品牌“阿迪达斯”“耐克”“迪斯尼”“华伦天奴”“背靠背”等近百个品牌到象山落户定点贴牌生产。象山形成以亚洲、欧美为重点，包括日本、韩国、澳大利亚、波兰、瑞典、捷克、俄罗斯等广大出口市场。

2008 年，受国际金融风暴冲击，以外贸出口为主的象山针织业经受严峻考验，利润大幅下降。象山针织企业以“多品种、多规格、小批量、高附加值”的多元产品营销市场，中高档产品比重逐步提升。是年，象山针织行业 1000 余家，其中，规模企业 245 家；年产值 5000 万元至 1 亿元企业 31 家；超亿元企业 14 家。10 家企业跻身全国针织业 50 强，5 家企业进入 2007 年度中国纺织服装竞争力 500 强，近 100 个国际知名品牌在象山定牌生产。规模企业实现工业总产值 81. 55 亿元，占全县工业总产值的 24. 11%，主营业务收入 80. 44 亿元，利润总额 2. 45 亿元。针织品畅销 116 个国家和地区，实现外贸出口交货值 61. 66 亿元，其中自营出口 6. 68 亿元，象山成为国内最大的针织服装出口生产基地之一。

2008 年象山县针织企业年产值亿元企业情况表

表 31-6

企业名称	主要产品	建厂时间	企业地址	资产总额（万元）	工业总产值（万元）	主营业务收入（万元）	利润（万元）	实缴税收（万元）	职工人数（人）
宁波甬南针织有限公司	服装、针织产品	1988.01	爵溪 城北工业区	2803	31713	25642	726	1419	1378
宁波宏利针织有限公司	服装、针织产品	1988.11	丹西 象山港西路	32559	36321	35144	2423	107	614
宁波健鹰针织公司	针织服装	1993.05	东陈 旦门村	14422	16184	14758	610	321	465
宁波华佳针织厂	针织服装、服装	1994.02	爵溪 城北工业区	10996	16356	16035	827	213	397
浙江巨鹰集团股份有限公司	服装、针织产品	1994.11	爵溪 巨鹰针织工业园	91461	69592	61716	1424	1153	1580
宁波恒大针织有限公司	针织服装	1997.04	爵溪 新赢路 6 号	9464	13960	20728	1109	525	400
宁波茂宁制衣有限公司	针织服装	1998.09	墙头（象山工业园区）	12026	19426	18649	304	25	487
宁波兄弟服饰有限公司	针织服装	2002.03	丹东 园区路 20 号	13672	16981	14514	472	478	796
宁波谊胜针织有限公司	针织服装	2003.03	爵溪 腾蛟路 6 号	10498	11054	9273	401	90	1451
宁波创裕制衣有限公司	服装、针织产品	2003.09	丹西 丹阳西路	15656	10409	11058	350	555	621
宁波鹰星针纺有限公司	服装、面料	2003.12	爵溪 巨鹰针织园	31225	24302	25715	607	44	488
宁波富宏针织公司	针织服装	2004.08	东陈（县工业园区）	21604	35110	34896	1593	1201	860
宁波华中制衣有限公司	针织服装	2005.01	泗洲头（丹城西花路）	5070	14776	14776	295	343	257
宁波鸿润服饰有限公司	针织服装	2005.06	新桥（县工业园区）	5516	13523	12924	483	310	375

第三节 漂 染

漂白，是将丝、纱、线或坯布予以漂白或漂回本色，便于染色或制白。漂白、染色古代有专门场、坊。出售染料处称“染料店”，从事染色者称“染匠”。传统染色多用植物提取物为色料，少有矿物质染色。所染色多系靛青、蓝、黑。象山现代漂染工业始于20世纪70年代，80年代后发展迅速。

传统漂染

宋宝庆《四明志·辑要》记载，象山擅长纺织者，用麻皮织细布手工印染之事云：凡绩既成，缠非缨子，水瓮内浸一宿，纺车纺讫，浸桑柴灰淋下水内一宿，捞出再用，细石灰拌匀净水盏一宿，来日择去石灰，用黍稽灰淋水煮过，自然白软。晒干，再用清水煮一度，用水摆拔极净、晒干，铺经纬织造，其布柔韧洁白……民国期间，民间仍有传统漂染作业，将年久褪色旧衣裤与衣料颜色下料于锅内，边煮边搅拌1时许，捞出用清水漂洗后晾干即可。也有将染过的衣裤，压放在小溪由水流漂净，方法简便，效果尚可。

漂白和染色通常相配套，许多衣物经清漂后再行染色。规模稍大作坊，染具改锅为缸，容量加倍，业务主要靠顾客送货进坊，亦有上门挨家收货者。丹城、石浦、珠溪、岑晁、贤庠、涂茨、汤岙等镇村均有设染铺（坊）经营，作铺1~3人，多为独资，来料染色多为土布、夏布以及旧衣衫裤，染色以蓝、黑、常青为多，少有染红、绿的。民国4年（1915），刘虞龙在珠溪开办印染店，职工3人，大染缸3只、大锅2口、房屋60平方米，以染布匹为主，兼营衣衫、蚊帐染色。民国13年后，石浦印染业兴起，孙仲明在石浦中街开办振昌染坊，流动资金80银圆，员工4人，染旧衣裤、新布匹，生意兴隆，及至中华人民共和国成立后。民国14年，吴阿金在丹城开办衣装店，面积200平方米，员工14人，货源多为顾客送货上门，该店既会染布，又会织布，织、染并用。有染缸8只、地灶2坛、大锅6口，产品有土布、帐子布（夏布）、白布漂白，绸缎染整加工，色有十余种，在全县各村庄，及宁海、奉化等地销售，年销售额2000余元。民国29年，金法标在石浦中街开恒兴染铺，裘明卿在石浦南门头开瑞泰染铺。民国20年至民国25年，丹城朱荣票、万元清分别开设朱荣、新发染铺，岑兆周开祖开设周裕兴染铺。民国26年至民国38年，石浦中街何远新洗染店开业，经营衣料、布匹来料印染加工。其间，舫华、瑞康、恒兴、王才兴、周昌、徐万顺6家染铺先后在南堡、贤庠、石浦、丹城等地开张。其中，徐万顺开设的印染店，面积100余平方米，员工5人，经营布匹（土布）、旧衣裤染烫及大帽零售等。大染锅4口，大缸4只，业务下乡收货为主。民国34年，丹城开设胡合兴染店，面积40平方米，员工3人，从事印染加工，年收入200余元。民国35年，业主悉涂茨有专业织布行业，染店迁入涂茨，面积60平方米，员工5人。染锅2口，大染缸3只。业务范围大徐、南庄、爵溪、临海及周边村庄，年收入约500元。

民国时期，全县曾开设染铺16家，其中丹城5家、石浦4家，乡村染铺7家。多为家庭作坊，规模小，产量低，形不成产业。店铺均从事来料加工业务。

民国时期象山县漂染企业情况表

表 31-7

染　铺　名　称	地　址	开设年份	负责人
刘虞龙染店	珠溪老街	民国 4 年	刘虞龙
振昌染坊	石浦	民国 13 年	孙仲明（江西籍）
天裴店	丹城	民国 14 年	吴阿金
新发染铺	丹城	民国 20 年	万元清
朱荣染铺	丹城	民国 22 年	朱荣票
周裕兴染铺	岑飛	民国 25 年	周开祖
何远新洗染店	石浦	民国 28 年	孙聪明
徐万顺染店	丹城	民国 29 年	徐信财
舫华染铺	南堡	民国 29 年	鲍于善
恒兴染铺	石浦中街	民国 29 年	金法林
瑞康染铺	贤庠	民国 29 年	王银火
王才兴染铺	涂茨	民国 30 年	王法标
周昌染铺	龙屿	民国 34 年	张道达
胡合兴染店	丹城	民国 34 年	胡水宁
瑞泰染铺	石浦南门头	民国 37 年	裴明卿
印染店	汤忝	民国 38 年	柴文钿

1950 年，涂茨、丹城曾开设几家染铺。1951 年，石浦中街开办大众洗染室，主营布匹、衣裤、洗、染。是年，珠溪村兴办协兴染铺，员工 2 人，染缸 2 只，大锅 1 口，主营棉纱土布、衣裤来料加工。1956 年因土布逐渐淘汰，企业关闭。1961 年，丹城北门染坊开业，面积 40 平方米，员工 3 人，作坊设备简陋，1978 年停业。

现代漂染

1975 年前，全县漂染行业 6 家，以家庭作坊为主，设备简陋，每家职工仅二三人，多为衣料、布匹来料加工。之后，针织业逐渐兴起，漂染业由家庭作坊向大型机械印染发展。1977 年，染织厂发展至 6 家，漂染业务也随之上升。由于技术力量较薄弱，产品质量不稳定，加工染色收费高于宁波，故大部分产品仍运往宁波等地加工。

1980 年，亭溪农机具厂转产漂染业，称地方国营象山漂染厂，为县首家大型现代漂染企业，占地面积 5364 平方米，建筑面积 4436 平方米，职工 271 人，除本县业务外，还承接杭州、宁波、绍兴、慈溪等地来料加工，产值 218.5 万元，销售收入 277.3 万元，利润 35.2 万元。1983 年，漂染色布和腈纶纱 497.36 吨，总产值 938.96 万元。1984 年，兴建华兴漂染厂。翌年，象山县针织厂增置印染漂染设备，建漂染车间，形成织造、漂染、成衣针织生产线。1987 年 6 月，象山化纤厂兴建年产 500 吨级漂染车间。1988 年，象山亭溪印染厂建成，主要产品为腈纶布染色加工，工业总产值 150.3 万元。

20世纪90年代，随针织行业快速发展，印染企业逐步上规模，出现以巨鹰、甬南、海达、三友、宁波恒通、宁波恒大、宁波和利印染为代表的印染企业，生产工艺从单一的漂染色加工发展至扎染、吊染、渗染、段染、雪花洗、石磨洗、漂洗、水洗、沙洗、氧漂、氯漂、酵素洗等，工艺进一步齐全。1991年，宁波三友印染有限公司，购置台湾开幅定型机、高温高压、常温常压染机、预缩机等40余台。棉、化纤针织布年加工能力6500吨。翌年，海达公司亦配置整套染整设备，引进香港立信常温常压染机、台湾高温高压染机，进口剖幅定型机、高温呢毯定型机、磨毛机、无涨力烘干机、预缩定型机，还配套自动测色、配色仪及吸料仪和打样等新型的生产设备。新开发的“冷轧堆氧漂”新工艺，既节约水、电，又提高设备利用率。浙江一漂企业除常规漂染加工外，尚有成衣活性染色、成衣涂料染色、印花、喷马骝、喷金刚沙、手擦和压皱等特种类别工艺加工。

进入21世纪，印染企业跨入科技创新时期。海达印染公司推行“吸湿排汗”“防霉抗菌处理”“高温烫花不泛黄”“防紫外线”“甲壳素处理”“酶洗”“远红外线处理”等工艺，各类新型标准“莫代尔”“棉度”“竹仔”“天丝”等化纤新产品染色试验获得成功，并开发“冷轧堆氧漂”新工艺。宁波恒大印染有限公司主要电机都装上变频器，锅炉配装自动脱硫装置，减排二氧化硫，做到节能减排。2005年，新建象山特种胶印厂，占地1700平方米，职工50人，主营彩印包装，工业总产值525万元，印染行业新添胶印品种。2008年，宁波恒大印染有限公司提升项目开工，项目总投资1.3亿元，新建日产30吨高档面料染整生产线。一期投资8000万元，引进国外节能环保染色机30台，后整理设备15台。并和华东大学染整研究中心，联合研究开发新工艺，提高产品的档次和附加值，打造宁波乃至华东地区的大型漂染企业。是年，全县有印染企业16家。其中，规模企业13家，资产总额83905万元，完成针纺织布染整16.59万吨，主要设备有常温常压和高温高压染色机350台。工业总产值66072万元，占全县规模以上工业总产值的1.95%；销售额61755万元，利润3718万元，年税3927万元；职工2181人，资产总额50002万元。

2008年象山县部分印染企业产能情况表

表31-8

企业名称	地址	染机（只）	年产量（吨）	产值（万元）
宁波海达针织印染有限公司	爵溪新瀛路2号	100	44000	28575.0
宁波鹰星针纺有限公司	巨鹰针织园区	33	38500	26950.0
宁波恒大印染有限公司	爵溪新瀛路6号	32	13200	8572.5
宁波和利印染有限公司	爵溪新瀛路8号	42	11000	7302.5
宁波三友印染有限公司	贤庠西泽	25	9680	6077.5
宁波凯蒂制衣有限公司	爵溪游仙路116号	23	9680	6045.0
象山新光针织印染有限公司	墙头镇塔岭村	22	9900	6400.0
浙江一漂印染有限公司	松兰山开发区	18	5500	3525.0
宁波甬南针织有限公司	爵溪腾蛟路8号	20	9680	6045.0
象山富宏印染有限公司	墙头镇雷溪路123号	16	5060	3213.0
宁波恒通印染有限公司	墙头镇亭溪	19	8800	5680.0

第四节　绣花　印花

象山传统服饰和生活用品多绣花、印花。绣花工艺手法多样，主要有贴绣和刺绣。印花工艺手法亦不少，如凸版印花、色拔、扎染等，但少有记载。传统手工绣花比手工印花简易，不受场地制约，流行县内各地。每到渔汛，西乡村妇持所织刺绣带到爵溪出售，尤得温台渔民喜爱，常有彩带换兑大黄鱼回家。

中华人民共和国成立后，随着象山纺织、针织业兴起，与针织服装配套的绣花、印染等产业相继发展壮大，至20世纪80年代后，形成完善的针织产业链，成为县内新兴产业。2008年，全县印花、绣花工业企业100余家，其中电脑绣花40余家。逐步形成集群式生产模式，拥有职工2000余人，工业总产值达2.4亿元。建有象山县印花协会，协会会员企业34家。

绣花

象山刺绣历史悠久。多为传统手工作业。中华人民共和国成立后，逐渐从家庭个人作业，向集群规模经营发展。

1968年，珠溪乡成立绣花厂，占地80平方米，职工20余人，专业从事手工刺绣产品。1970年，因业务发展，新建厂房占地200平方米，职工增至近百人，有缝纫机绣与手工绣两类。业务从上海来料加工，年产值近6万元。1972年，业主患病关闭。是年，创办象山县珠溪第二绣花厂，建筑面积70平方米，投资总额2万元，职工70余人，业务为鄞县等地来料加工。以手工刺绣绸缎门帘、枕套、窗帘等，产品均出口，年产值4万余元。1975年，业务不足停产。1980年春，黄避岙公社中心校创办绣花厂，职工40余人，各人自带缝纫机，来料加工服装、枕套、台面绣花等，产品多数销往国外，1982年停办。1985年，珠溪三大队办起绣花地毯厂，总投资1.5万元，职工40余人，织机10台，来料加工出口地毯业务，年产值3万元。1990年，业务不足停产。1998年，黄避岙乡龙屿村张学君创办绣花厂，占地200平方米，职工100余人，产值100余万元。

进入21世纪，电脑绣花兴起并快速发展。2000年，宏兴针织电脑厂建成，为象山首家电脑绣花企业。是年，爵溪先后办起20多家电脑绣花厂及车间。2003年，宁波兄弟服饰有限公司印花厂建成，注册资金180万元，占地4500平方米，职工100余人，主产针织印花，女童装印花电脑绣花加工。2004年后，象山经典服饰有限公司印花车间、象山富宏印花有限公司相继开业。2005年，全县印花绣花企业增至15家。其中，象山盛氏针织印花公司，职工100余人，拥有设计、印染、印烫、印钻、植绒、高周波等一条龙印花、电脑绣花生产线。2006年7月，茅洋乡在工业园区新建象山绮丽印花有限公司，印花台板14条×26、烘干机14台（含大烘干机1台）、全自动压烫机4台、小型手动压烫机4台，主要进行胶印、水印、油墨印、植绒、烫金、拔印、厚版、龟胶等印花、电脑绣花加工。2008年，全县有电脑绣花企业40余家。

印花

1979年，县财政局在岑晁开办象山县印花厂。1991年，在西泽海下村大洋塘征地1公顷建新厂，随后迁址。1988年，墙头镇始建象山凌云针织印花有限公司，占地1334平方米，建筑面积400平方米，职工50人，投资总额10万元，从上海引进印花技术，开始承接县内针织印花业务。是年，工业产值100万元，利润15万元，年税金20万元。周边村庄仿效先后创办小规模印花厂5

家，手工操作，晴天日晒，雨天用太阳灯烘干，产量低。20世纪90年代后，改进生产设备，产品逐步从手工作业向半自动化机器操作转变，产量提高，印花业始入规模发展。1994年，兴建宁波茂宁印花厂，占地2000平方米，投资总额45万元，职工50余人。置有进口印花机25台，自动台板10台，年产值500万元，创利润40万元，税金50万元。1999年，象山丹城丹峰印花厂建成投产，厂房建筑面积450平方米，职工15人，年产值150万元。2000年，全县印花企业5家，职工265人，工业总产值2000余万元。

2001年，宁波福甬印花有限公司投入1800万元，在巨鹰针织园建成14000平方米的现代厂房，引进奥地利、日本高科技电脑控制圆网、平网印花机，从德国、澳大利亚进口自动化转盘印花机，以及国内先进设备，形成日加工印花衣片10万件、布匹印花16万米生产能力，年产值超亿元，为象山规模最大的印花企业。是年，宁波超时代印花有限公司建成投产。至2008年，全县印花企业65家。其中，规模以上印花企业3家，工业总产值13017万元。

2008年象山县印花规模企业情况表

表31-9　　单位：万元

企业名称	地址	资产总额	工业总产值	营业务收入	利润	税金
象山盛氏针织印花有限公司	象山港路宏利针织城	591	757	757	77	97
宁波福甬印花有限公司	巨鹰工业园2号	21688	10635	17338	2102	657
宁波超时代印花有限公司	县工业园区西谷路319号	1857	1625	1665	-56	92

第三章　造船业

象山濒海，先民采捕海产由海港、海涂向沿海、远海拓展，由竹筏木排摆渡发展到舟船摆渡捕捞，造船和修船业便应运而生。唐时，象山及周边的造船业已具一定水平。至宋代，造船工艺已颇发达。明代，造船业在沿海各地颇为兴盛。清至民国不断发展，船舶式样更新，行驰轻捷，已驰名县外。中华人民共和国成立后，传统造船业虽具规模，但发展缓慢。20世纪80年代，现代造船业迅速崛起，开始打造大马力钢质渔轮和运输船舶。2005年，首艘万吨级远洋运输轮下水，象山造船业全面进入大型船舶建造领域，造船业成为象山新兴的支柱产业之一。

第一节　船舶修造

象山造船业，经历了由木帆到机帆、木质到钢质、渔船到运输船、小吨位到万吨级的发展历程；从个体造船到集体基地造船的历史性变化。

木帆船修造

唐中期，象山始有造船业，初无定型规格名称，故历有“三元造船，桶不像桶，船不像船”之说。初造舟船形小，可2~3人作业，桨橹行舟，在沿海、近海港作业。南宋隆兴二年（1164），主簿赵彦逾在陈山督渡造船两艘，“皆面阔一丈六尺”①，每船备篙手14人②，渡于象山与奉化间，造船工艺已见水平。

宋嘉定二年（1209），石浦东门岛始有“瞎眼龙头”船10余艘，至明嘉靖间增至20艘。嘉靖三十五年（1556），全县船户114户。大都雇工建造船只。清康熙后期至雍正年间，建造大捕鱼船，技术从福建传入东门。至乾隆三年（1738），东门已有大捕船80余艘。后由东门传入奉化、岱山、普陀等地。咸丰十年（1860），鄞县范三多避兵燹落户石浦，以修造大船为业，技艺精湛，颇有名气。时爵溪打造的船，因系单船操作，故名“鵃舠（方言读若：“独辽”）船”。据传由福建引入台州小雄镇浦霸村，于明代引入爵溪，后由本地船匠根据渔场特性改造演变而成。鵃舠船船体狭长，单桅硬篷（帆），行驰快捷，驰转灵活，操作简便，抗风能力强，左右船舷均可下网，捕鱼产量高，曾驰誉浙江沿海渔场。有“海上赤兔马”之美誉。至清代，造船业日盛，技艺渐精。

清末，造船技艺分工日细，分大木、中木、小木3工种，大木打样、落料、制壳，中木制作船罩壳及舱内构件，驾驶室内铺床装潢、配船用工具等，小木则以嵌缝、油漆等。清末民初，爵溪以吴当清兄弟俩最为出名。至民国，石浦后岗山林阿七以造船式样好，行驰快小有名气。东门大木匠邵广福造船40余艘，以选料适中，划量准确，式样新颖，行驰轻快名扬舟山海区。另有爵溪周根土、旦门林常财等造船也颇有名声。造船厂则以石浦南关桥董家船厂名望较大。

民国11年（1922），象山鵃舠船130余艘，其中爵溪百余艘。已有固定的造船场，有船造时，由师傅召集诸工匠到场建造。有时远赴闽、瓯、温等地打造。民国27年，全县造船工匠770余人，无行业组织，多以师徒为群，散居渔村修造木船，亦有结队出县修造者。民国后期，象山船匠能制造百吨以上渔船，涂茨“大宝元”号载重200吨，旭拱岙“金大益”号、“金永泰”号可载重300吨。中华人民共和国成立前夕，这些大号船只，皆被国民党军队强行征调去台湾。

造船工匠传统工具为大小斧头、锯、墨斗、尺干、钻、榔头、刨等。造船于春秋季休渔为旺季，渔汛期则淡季。

中华人民共和国成立后，随着渔业生产和交通运输业的兴起，造船工业随之发展。1950年，东门岛成立东门船业工会，为象山首家造船业组织。1953年，石浦有船匠59户、66人。东门成立“东门船业社”，翌年改“船业合作社”。鹤浦于20世纪50年代初建立打造木帆篷船为主船厂。1954年，打造以木炭车为动力象山首艘木帆机动船。1954—1956年，石浦、延昌、潼关、东门、旦门、圆头山、鹤浦、爵溪、涂茨、南庄、林海、珠溪民丰村先后筹建专业船舶修造社与组10余个，船匠476人。生产经营由社、组统一安排。1954年，新造大捕船47艘，鵃舠船60艘，红旗91艘，红头47艘，背舢板22只，其他船45艘。1956年，爵溪造船户组成立爵溪船业生产合作社，船匠53人，夏冬季造船旺季时，常挑灯夜战。

机帆船修造

1957年，爵溪开始打造机帆船逐渐取代鵃舠船。1960年，石浦、爵溪、东门修船社职工413

①宝庆《四明志·象山县志·叙水》之“津渡”载：“隆兴元年，主薄赵彦逾造船两只，皆面阔一丈六尺，朝夕互往，两船篙手共二十人”。庆元四年（1198），韩元礼知县事，遵赵彦逾之法造官船，长七丈，广二寻。

②两船28名篙手之说，见民国《象山县志》“赵彦逾传”。宝庆《四明志》载两船20人。

人，年产值25.66万元。1963年，全县冬汛生产渔船524艘，其中大捕船143只、机帆船35艘。背子346只，多为象山工匠制造，造船、修理大小木工匠5175人。1962年，石浦船舶修造厂组建，造船车间开始木质机帆船建造。1966年，珠溪民丰村兴建船场，打造机帆船3艘。1968年，为扩大再生产又打造60吨、40吨机帆船各1艘。1973年，石浦船舶修造厂打造铁壳船20艘。1975年，改称象山船厂，打造象山首艘300吨级双体推轮，后又打造550吨铁壳船1艘。1977年，东门船舶修造厂转为二轻集体企业，改称象山县东门船厂，占地31626平方米，建筑面积2104平方米，设船体、机械金工、锯板等车间，设备齐全，船坞3座，可同时上排200吨级船6艘，先后为海军及民用造船17艘，最大吨位285吨，为象山初具规模的主要船厂之一。1982年，为县航运公司制造钢筋水泥客轮1艘（215客位，44千瓦），职工65人，年产值131万元。

1970年后，水泥船、铁壳船需求增加。1975年，在石浦洋下山脚建水泥拖趸船厂，厂房占地1.2万平方米。制20米×6米×2米、39米×8米×2.6米规格趸船，年产6艘，销往浙江沿海各港埠。

钢质船舶制造

1978年后，象山造船业加快从传统木质船修造转向钢质船舶修造，生产能力和技术设备日臻完善。象山船厂、东门船厂已具备打造400吨钢质轮船技术能力。1980年，第一艘备有雷达导航仪器的军用辅助船下水；拓宽造船业务，军工船舶开始成为象山造船企业的一大产品。1983年，象山船厂从塘头港南迁至番头，占地44355平方米，建筑面积11035平方米，临港岸线300米，千吨级船舶上排进坞不受潮位限制，设船体、舾装、铸工、金工4车间，造船设施更加先进齐全，职工250人，为象山船舶修造龙头企业。至1988年，生产450吨货轮3艘，300吨货轮2艘，8车位汽车渡轮2艘，500吨位海港驳船4艘，200立方米开底泥驳船6艘，3000吨码头趸船3艘，总产值250万元。其中，8车位汽车渡轮为自行设计第一艘国产双头双桨汽渡，获宁波市科委科技成果三等奖。

1985年，象山修造船企业12家，职工700余人，制造各类船舶438艘，包括渔船、趸船、驳船、货船、浮油回收船、双体推轮、自航开底泥船等20余种。远洋渔船已完成从木质船舶到钢质船舶的转产过渡，初步形成修造、装配一体的小型船舶工业体系。1993年10月，东门船舶修造厂转变经营方式，上排修渔轮，成为象山乙类35米以下钢质渔船修理的规模企业，年大修量100余艘、1500载重吨。1996年，石浦始建船舶修造业基地，首期占地10.86公顷，先后10家船厂在此落户。1997年，全镇船舶修造企业15家，小型船舶修造业呈现“百花齐放”的局面。1998年，开辟高塘岛船舶基地，面积104公顷，象山启航船舶修造公司、象山建业船舶修造公司率先安家落户。翌年，成立象山县船舶协会。

万吨货轮制造

2000年，铜钱礁船舶修造厂、石浦葛峙山船舶修造厂、鹤浦船厂、鹤浦前进船厂、象山浦东船厂、象山浦港船厂、鹤浦风帆船厂、永洁拆船厂等企业相继建立。象山滨海船舶修造公司为象山船舶修造业中最大民营企业，先后获农业部渔船与交通部甲级船舶修造资格证书。全县船舶业发展至25家。其中，鹤浦港区5家，石浦港区8家，从业人员增至2764人，产值10.09亿元，占全县规模以上企业工业总产值2.9%。

2004年，调整产业方针，全县大力发展以船舶工业为代表的临港产业。是年5月，鹤浦反修塘、石浦打鼓峙相继开辟船舶基地，鹤浦反修塘开发166.66公顷，石浦为120公顷，先后有12家企业落户。鹤浦镇党委、政府加大招商力度，先后引进温州浙江振宇船业有限公司，投资6000万元，征用海涂10公顷，建万吨级船台、船坞。另有东红、博大等6家大型企业落户，鹤浦成为象

照 31-4 东红船厂建造的“海联 19”万吨轮

山造船业最为发达镇。浙江东和船业公司最早落户打鼓峙基地，后有神州、博海、金川、东舟、宏远等船业公司相继落户打鼓峙，均建造万吨级钢质货轮，建造万吨以上船舶企业增至14家。是年8月，县委、县政府根据造船业形势变化，选址高塘岛乡建设船舶配套工业园区。翌年，确定象山港口干门港至南门山一带，为20万吨级以下船舶修造基地，石浦港西岸的万寿塘和打鼓峙及高塘部分沿岸，为12万吨级以下船舶修造基地，组建造船产业群。前进船厂、浦东船厂、博海船厂等，开始全面打造1000~6000吨级运输船和工程船，东红船业、振宇船业等公司始建万吨级以上船舶，象山实现从制造渔船为主转向制造大型运输船只的历史性转变。2005年10月，浙江东红船业公司打造首艘万吨级“永兴12号”下水，开创县打造万吨级海轮之先河。是年，浙江银星船业公司落户象山产业区。

2005年，全县船舶业投入技改资金1.8亿元，其中，土建投资6000万元，设备投资1.2亿元，成为县船舶工业大投入之年。是年，鹤浦东红、博大、前进、浦东4家船厂获甲类造船资质，建造10余艘千吨级运输船，出口朝鲜、马来西亚、印度尼西亚等国。另打造5000吨级货船29艘，28.5万吨，产值13亿元。全县船舶企业25家，固定资产3.5亿元，资产总值7亿余元，总占地面积133.3公顷，拥有万吨级、5000吨级及船坞各1座，万吨级以上船台20座，3000~5000吨级船台11座，职工5200人，建造万吨以上船舶10艘，3000~5000吨级30艘，总载重吨位30余万吨，新造多类船舶73艘，年产值15.8亿元，占全县规模以上工业总产值4.2%。

2006年，32家造船企业投入技改资金3.54亿元，实施500万元以上技改项目11项，打鼓峙船舶修造列入省重点项目。振宇船业打造德国维尔纳、博克施帝格航运公司6800吨多用途散货轮，为象山乃至宁波市民营企业首次打入国际造船业市场订单，欧盟多国造船订单纷至沓来，落户象山。9月，新乐公司自主研发“新乐型”16500吨II类化学品船上排建造，为浙江省船舶建造史上最大的II类化学品船。12月，东红船业公司建造的“北鲲”号13800吨货轮下水。是年，全县建造各类船舶159艘（渔船125艘，交通、运输船34艘）。其中，万吨级以上15艘，计38.65万吨，工业总产值达19.5亿元。翌年，全县船舶业完成投资6亿元，企业31家，造船206艘。其中，万吨级以上29艘，计50万吨，出口30万载重吨，总产值25.9亿元。修船产值3000万元。

2008年1月10日，博大船业有限公司制造“大荣”号22500吨轮顺利下水。3月10日，新乐造船公司建造“传说”号7000吨化学品船舶成功下水。5月7号，东红船业有限公司制造的23000吨散货船“梅山岗53”顺利下水，使象山打造的船舶吨位再次提高。象山船舶产业集聚点不断扩大，造船区域呈散射型状态，除环石浦港（石浦、鹤浦）象山港两大船舶工业基地外，高塘岛、西周区域也开始建设大型造船企业，造船企业分布更加扩展、合理，产业规模不断增大。随着宁波建业造船有限公司的建成投产，高塘岛将成为又一个新兴造船基地，环石浦港造船基地将呈现集聚、多元、多拓展新局面。产品除国内外，销往泰国、马来西亚、新加坡、俄罗斯、德国等众多国家和地区。至2008年，全县船舶企业增至46家，打造5千吨级以上货轮21艘，出口船舶17.75万吨，年总吨位约80万载重吨，造船总产值42.2亿元，修船产值3000万元，船舶出口额5000余万美元，上缴税款8163万元，创利润11366万元，已占全县规模以上工业总产值的12.5%。5万吨船坞2座，4万吨、3万吨、2万吨、1万吨船坞各1座。5万吨船台7座，3万吨船台27座，1万吨船台27座，主要船舶企业各种设备齐全，已具备生产散货船、集装箱船、油船、多用途船、化学品船、客滚船、工程船等各类船舶打造能力，为浙江省重要船舶制造基地之一。

第二节　船舶配套企业

随着船舶工业兴起，船舶配套业应运而生。在木帆船年代，石浦几家个体木匠生产的橹，以轻巧耐用而闻名，素有“石浦橹、普陀舵”之称。民国期间，石浦开有徐合兴等4家专制橹、桨等渔具木作店，以盐仓前合兴街张通记木行加工橹具规模最大。县内渔船橹具，多从石浦购入。1954—1956年，石浦木业社年产橹七八百支，1960年增至一千六七百支，畅销苏、浙、闽。

1959年，地方国营象山县第二机械厂，生产铁锚27吨，船钉19吨。1962年，石浦船舶修造厂建立铸造车间、金工车间，铸造船用起网机、叶子（螺旋桨）。1977年，全县船舶配套企业3家。

象山县耐火材料厂1981年生产船用硅酸铝纤维制品，为船上隔热、吸音、抗机械振动的新颖耐火材料，质量达到国际标准，被广泛应用于钢质货轮和渔轮。宁波无机轻体板材厂，以膨胀珍珠岩为原料研制成船舶防火甲板敷料芯材，1981年通过部级技术鉴定，投入生产。1982年，获中国船舶工业总公司科技成果二等奖，省科技成果二等奖。1985年，获国家科委科技成果三等奖。产品供应县内、国内各大造船厂。是年，象山船厂研制LHW—15型双卷筒直槽式无极绳调度绞车，属国内首创，获国家发明专利。象山船舶配套产品有船用液压件、船舶机械、舱口盖、船用铸件等。

2000年，象山博海技术开发有限公司成立，是专业从事船舶技术检测、船舶设计、船舶技术开发、船舶鉴定评估及咨询服务的科技服务型企业。2004年，象山有船用产品企业20家，船用铸造厂商5家，船用机械厂50家，从事相关船舶配件供应。船舶经纪人超过1000人。2005年，象山博海技术开发公司评为“（宁波）市中小企业优秀公共技术服务平台。”是年，为东方船舶公司万吨级“宁大一号”油轮作整体质量鉴定，为宁波市唯一一家专为船舶制造企业提供公共测试服务机构，服务区域从县内船舶行业覆盖到宁海、奉化、鄞州、北仑及台州、舟山、温州等部分船舶制造企业。是年，墙头镇四海船舶有限公司成功开发“船用防火门”产品，填补浙江省内船用防火项目空白。是年，船用产品配套企业22家。截至2006年，博海公司为宁波周边地区中小型船舶修造企业出厂193艘船舶进行无损伤检测，共计X光拍片15300余张，超声波检测19100余米。船舶轴系磁粉探伤32根。为175艘新建、改建船舶提供系统试验及航行试验服务670船次。2006年，象山船用产品配套企业计75家。2007年，象山博海船舶技术开发公司成为市级船舶技术服务公司。是年，象山船舶交易经纪人达3000人。2008年年初，象山在高塘岛乡筹建船舶配套园区。11月，浙江广天船舶配件有限公司在高塘岛乡黄湾塘工业园区落户开业。是年，全县新增“广天船配”“麦斯特船舶电器”等30余家船舶配套及船舶技术服务企业。“四海船舶”产品成功通过德国、法国、美国、日本、韩国的船检认证，研制的“衬垫焊接”新产品报中国船检社，进行企业和产品双认证。全县船用产品配套企业达75家。

第三节 船舶修造基地

2008年，全县各类船舶修造企业46家，其中主要船舶建造企业35家，大多分布于鹤浦、石浦、涂茨等修造基地内。

鹤浦船舶基地

位于南田岛西北沿海，东至万全塘北，南至小湾塘，西至后龙头，北临鹤浦港，基地占地150公顷。至2008年，陆续建成象山振鹤船舶修造厂、浙江东红船业有限公司、浙江振宇船业有限公司、浙江博大船业有限公司、象山浦港船厂、宁波大江船业有限公司、浙江宏德船业有限公司、鹤浦船厂、象山浦东船厂、象山兴渔船舶修造厂、象山永兴船舶修造厂、象山滨海船舶修造公司、鹤浦风帆船厂13家船舶修造企业。规模以浙江东红船业有限公司、振宇船业有限公司、浙江博大船业有限公司、宁波大江船业有限公司4家为大。

浙江东红船业有限公司　2004年7月建立，注册资金5110万元。占地30.8公顷，总投资总额1.2亿元，员工1500余人。拥有80~120吨龙门吊、50~60吨汽车吊、数控切割车床，及2~5万吨级船台9座，1万吨级兼泊2万吨级舾装码头1座。主要产品为各类钢质多用途船、散货船、油船、集装箱船、工程船、化学品船等。年建造能力达30万吨以上。2008年，获中国船级社CCS认证，年总产值50783万元。至2008年，先后建造“永兴12号”万吨级货轮、2.72万吨“振洋海1号”、1.38万吨“北鲲号”、2.3万吨“海山岗53号”、1.65万吨化学品集装轮、1.1万吨货船“东红1号”、1.3万吨散装货轮、2.72万吨DWT散装货船、2.51万吨级绞吸挖泥船，出口德国6800吨船8艘，俄罗斯万吨级船4艘、法国1.3万吨船3艘等24艘。

照31-5　浙江东红船业有限公司修造基地

振宇船业有限公司　2004年7月建立，注册资金1亿元。属中国振宇控股集团，浙江省民营造船企业十强。占地40公顷，建筑面积8万平方米，员工1600余人。拥有1万吨级船台4座、2万吨级船台2座、5万吨级船台1座，106吨龙门吊车1台、60吨龙门吊车2台、50吨龙门吊车3台。主要产品有12500吨散货船、7300吨多用途散货船、12600吨成品油船、17000吨化学品船及648、688TEV集装货船等，年建造能力达12万吨以上。2006年，先后获ISO9001：2000质量管理体系认证、中国船级社（CCS）认证及德国船级社（GL）认证。先后建造5000吨“鹦鹉螺号”11艘、5000吨“金富星9号”化学品轮1艘、1.25万吨“173EU”集装箱货轮1艘、5000吨级沥青油轮1艘、1.37万吨级成品油轮1艘，承接建造德国6800吨级货船8艘。2008年，造船总产值35096万元。

浙江博大船业有限公司　2004年7月建立，注册资金5000万元。占地3.7公顷，员工860余人。2008年，兼并浙江宏德船业有限公司。拥有各型船台及电脑数控切割机、铣边机、弯管机、压床、剪床、龙门吊、汽车吊等设备，年生产能力达30万吨。自投产，建造2.25万吨级“海中洲6号”1艘、万吨级“宁大一号”货轮1艘、6000吨“蓝星一号”货轮1艘及数艘远洋集装箱货轮等，并设计各类船舶800余艘。2008年，造船总产值25142万元。

宁波大江船业有限公司　2006年，宁波大江船业有限公司建立。在鹤浦船舶基地内，占地3.4公顷。有固定资金1300万元，员工215人。拥有2万吨级船台3座，5万吨级、4万吨级船坞各1座；放样台、拼装台各2座。其中最大船台长180米、宽28米。年造船能力达20艘/2万载重吨，最大可造2.25万吨船只。压力机、肋骨成型机各1台，500kVA变压器2台，发电机组1台，80吨、80+50龙门吊各1台，25吨汽车吊2辆，4吨塔吊3座，5吨叉车3辆。2008年，建造17000吨散货船1艘、13500吨散货船1艘、5000吨散货船6艘及2300吨绞吸挖泥船1艘。

石浦船舶基地

位于石浦西南、东北沿海至东门岛西北沿海。1996年，于石浦东门、葛峙山、铜钱礁始建东北区船舶企业，占地10.86公顷。象山石浦葛峙山船舶建造厂、象山石浦铜钱礁船舶修造厂、象山腾飞船舶修理厂、象山东门船厂、象山浦南船舶修造厂、象山南汇船舶修造厂、象山石浦东港船厂、象山腾兴船舶修造厂、象山博海船舶技术开发公司9家企业先后落户。2004年，新辟西南区打鼓峙船舶修造基地，占地126.3公顷。浙江东和船业有限公司、浙江金川船业有限公司、浙江博海船业有限公司、浙江神州船业有限公司、浙江东升船业有限公司5家企业先后落户。规模以宁波东升船舶修造有限公司、浙江东和船舶修造有限公司、浙江金川船业有限公司、浙江神州船业有限公司4家为大。

宁波东升船舶修造有限公司　1988年成立，位于石浦打鼓峙，占地6.67公顷。前身系象山前进船业有限公司，固定资金7000万元，员工600余人。有3万吨级260×32米船台2座、2万吨级260×38船台2座与8000吨以下船排泊位6座。100、200吨龙门吊4台，25吨汽车吊2台，数控切割、大型压床、三芯滚床、肋骨成型机、程控弯骨机等各类船舶加工设备60余台（套）。年造船能力达6艘、18万吨。2006年，获中国船级社CCCS质量认证。2008年，造船总产值556万元。

浙江东和船舶修造有限公司　2004年成立，位于石浦打鼓峙，占地20公顷。是经浙江省发改委立项的重点临港型企业。为集船舶建造、船舶修理、船用机电产品制造、船用物资供应、航运、海洋废油回收等综合性集团化大型企业。注册资金1080万元，固定资金2亿元，员工800余人。拥有5千吨、1万吨、2万吨船台各1座，5万吨、6万吨船坞各1座，5万吨、1万吨码头各1座，年造船能力30万吨。至2008年共建造集装船5艘、散装船1艘、海洋废油专业回收船4艘，总吨位32000吨，总马力18600HP。2008年，造船总产值17233万元。

浙江金川船业有限公司　2005年成立。位于石浦打鼓峙。前身为乐清市金川船舶制造有限公司，系乐清船舶龙头企业之一。占地12公顷，注册资金11800万元，投资总额20218.4万元，员工750余人。拥有5万吨、2万吨、1万吨级船台各1座，2.5万吨舾装码头1座。120+60吨龙门式行车1台、100+60吨龙门式行车2台、50+50吨龙门式行车2台、数控切割机2台，800吨压床、ML—B75、ML—B114弯管机各1台，铣边机、肋骨成型机、汽吊等。年修造船能力20万载重吨。2006年获中国质量认证中心ISO9001：2000认证。至2008年，共建船舶10余艘。2008年，造船总产值1880万元。

浙江神州船业有限公司　2005年成立，位于石浦打鼓峙，占地24.6公顷。下辖有象山明福航运有限公司、浙江裕顺实业有限公司，为集造船、海运、贸易为一体的集团企业。注册资金1亿元，总投资76000万元，员工620余人。拥有2万吨级230×54米船台1座，1万吨级170米×26米船台1座，3万吨级舾装码头1座。5万吨级2个船位码头1座。2006年，获中国船舶认证中心ISO9001：2000认证。至2008年，生产集装箱船6艘、1000吨散装船5艘、12000吨散装船3艘；出口土耳其10000吨散装船1艘，出口马来西亚700TEV集装箱船2艘，出口新加坡378TEV集装箱船2艘。在建船舶7000吨DWT化学船2艘、22500吨、18500吨散装船各1艘。2008年，造船总产值12800万元。

涂茨船舶基地

位于涂茨干门港沿海与贤庠镇蒲门沿海，干门港区块2005年建设，占地46.4公顷，落户企业有浙江新乐造船有限公司、宁波中洋船业有限公司。贤庠浦门区块2006年建设，占地100公顷，中石油宁波基地造船企业落户。

照31-6 浙江新乐造船有限公司修造基地

浙江新乐造船有限公司 2005年建立，位于涂茨干门港，占地30公顷。注册资金10080万元，有员工1500余人。具有分段建造船舶生产能力，有万吨级船台、船坞各2座，舾装码头2座，100吨、200吨龙门吊各1台、100吨液压平板车1辆、1000吨液压机1台、数控机3台、多头焊机20余台等。主要生产7000吨多用途散货船、16500吨II类化学品船、7000吨II类化学品船。2006年获ISO9001：2000版质量管理体系认证书。至2008年，共建“阿里娅”号16500吨II类化学品船1艘、“奥利可罗”号25000吨货轮1艘、7500吨散装货轮2艘、7000吨化学品船1艘、7000吨散装货轮4艘、16500万吨化学品船2艘、1.1万吨货轮1艘。2008年，造船总产值63159万元。

宁波中洋船舶工业有限公司 2007年建立，位于涂茨干门港，占地30公顷。注册资金6000万元，项目总投资7.9亿元。2008年4月投产，拥有10万吨船坞1座、5万吨船排2座、万吨船排2座、舾装码头2座（其中一座长300米、宽16米）、船体分段组装简易平台1座，船体分段生产车间1座。200吨大型门式起重机1台、100吨厢式起重机2台、50吨门式起重机3台、10吨门式起重机10台、50吨大型单臂起重机5台及数控切割机、剪板机、激光经纬仪等。年生产能力40万载重吨，万吨级船舶年修理25艘次。下属控股子公司宁波港中国国际贸易有限公司，以经营船用钢板、辅钢、各类船用配件、物资及船舶进出口贸易业务为主营。2008年，造船总产值850万元。

2001—2008年象山县船舶修造企业情况表

表31-10

年 份	造船数量（艘）	造船总产值（万元）	造船完工量（万载重吨）	出口船舶量（万载重吨）	修船产值（万元）
2001	—	7000	1.5	—	2000
2002	—	8000	1.8	—	2100
2003	—	11000	2.1	—	2100
2004	—	25000	5.2	—	2300
2005	—	158000	28.0	—	2500

续表31-10

年　份	造船数量（艘）	造船总产值（万元）	造船完工量（万载重吨）	出口船舶量（万载重吨）	修船产值（万元）
2006	159	195000	32.0	—	2800
2007	206	259000	50.0	30.00	9000
2008	21（5000吨级以上）	422000	—	19.75	3000

第四章　模具业

象山模具制造历史悠久，民间向有为花色糕点制作的木模印花板，及制作瓦砖的木模。民国期间，象山民间始用木模翻砂铸制犁头、铁镬。现代模具业起步于20世纪60年代，90年代发展壮大。境内模具业主要为铸造模具和塑料模具，还有少量冲压模具、锻造模具、橡胶模具和模具标准件。2008年，全县模具制造企业181家，实现产值15.39亿元。其中，规模企业41家，员工3600余人，产品近百种，产值8.9亿元，销售8.3亿元。形成以贤庠和丹城为主的铸造模具、以西周为主的塑料模具两大产业集群，成为宁波市重点优势创业基地。

第一节　铸造模具

铸造模具是铸造业中重要的工艺装备之一。创办于20世纪60年代初的岑晁手工业社，1966年开始生产铸造模具。同年，成功开发出象山第一个高难度热芯盒射芯模新产品。

1981年，黄忠富创办象山县珠溪机械模具厂。1985年，贤庠机电模具厂建立，生产压铸模、热冷芯盒模及各类汽车配套模具。是年，象山同家模具制造厂建立，专业从事汽车缸体、变速箱壳体模具制造。拥有大型合模机、注塑机、三座标测量机等专业设备120余台，采用先进CAD、CAM技术成套模具设计和加工，为20余家国内主要汽车厂及发动机厂提供汽车铸造、冲压和重力浇注模具。1988年，宁波合力模具有限公司建立，公司集模具开发、设计（包括铸造工艺设计）、制造于一体，采用CAD、CAM技术，设计、制造汽车发动机缸体、缸盖、进气歧管及汽车零部件模具。

20世纪90年代，象山铸造模具业进一步发展。1991年，丹城建象山新兴模具厂。1994年，象山县东风模具有限公司建立，专业从事设计、制造多种高难度、复杂型模具。公司拥有台湾产不同类型加工中心5台、LIKE系列三座标1台，以及铣床、车床、23050×16八钻床等各种设备。1995年，丹城建立象山顺昌模具制造有限公司，生产铝合金铸造模及电梯配件。1999年，象山县宇翔机械模具厂建立，从事铸造机械上使用的金属模具及熔模精密铸造模具的研发、制造。

进入21世纪，象山铸造模具业开始在贤庠、丹城两地集聚。在丹东、丹西街道及工业园区集聚的有同家、合力、强盛、华康、凯利、金丰、永安、坚勇、久辉、永兴、华众、民望、明欣、迪凯、中源、迎风、优具、东港、华宇、锡安、忠辉、航宇、全力、雄峰、惠丰、菲特、日进、锦佳等企业；在贤庠镇集聚的有民望、迎风、东风、惠丰、永新、锦泰、雄丰、华宇、坚永、旺盛、华康、航宇、中宇、荣鹏、恒胜、神州等企业。

2002年，宁波合力模具有限公司该厂研制的“三菱4G6发动机缸体铸件模具”被科技部、商务部等四部委评定为“国家级重点新产品”，产品行销全国，为同行同类中第一位，开发的4G63、4G64进气管和上海通用CAM1发动机下进气管，被中国模具协会评定为具有国际水平的模具。2004年，宁波强盛机械模具有限公司开发的电动模具远销美国、加拿大、英国、日本等8个国家和地区，其中BASE和MACH模具产品填补国内空白。象山同家模具制造厂获浙江省“高新企业”称号。生产的“美国康明斯BC发动机模”被科技部等五部认定为“国家级重点新产品”；“41G1缸盖水套芯热芯盒和B5发动机排气模”获全国模具协会认定的具有“国际水平和国内先进水平”的产品。翌年，象山同家模具铸造有限公司向西班牙客户发售一套价值10万美元的轿车悬挂模具，成为国内少数几个向欧美出口整套轿车发动机模具的专业厂家。象山永安机模厂新开发的汽车热变器等模具产品销往日本、美国，成为铁道部定点生产企业。象山优具模具制造厂成为空中客车公司的风道模具供应商。2006年，凯利模具采用先进技术进行成套模具设计加工，产品销往国内200余家汽车、火车、船舶等单位。华泰模具新开发的汽车传感器进入韩国、美国市场。2008年，宁波合力集团股份有限公司、象山同家铸造模具厂、宁波强盛机械模具有限公司被中国模具工业协会授予“重点骨干模具企业”称号。是年，全县铸造模具企业达143家，全力机械模具有限公司、宁波锦泰机模公司、象山同家模具制造厂被评为象山县实力型企业；象山被中国铸造协会授誉“中国铸造模具之乡”称号。

第二节　塑料模具

1955年，石浦建立象山县第一塑料厂，兼营模具，开象山塑料模具业之先河。20世纪70年代，西周社队企业发展，西周农机塑料厂开始引进塑品生产和模具制造。1980年，西周创办象山邮电器材厂西周分厂，引进塑料压机，生产注塑胶木、电子接插件及塑料模具。1985年，西周全镇民营企业发展至100多家，一半以上从事塑料模具及塑料制品生产。1987年，成立象山西周机械模具塑料厂、象山西周精工塑模厂。1993年，西周华翔集团创办宁波华众塑料制品有限公司，主要产品有精密模具及汽车内外零部件、汽车发动机零部件、汽车空调塑料壳体、游艇发动机零部件等。在华翔集团带动下，1994年，宁波春华汽配成立，生产汽车配件、模具。1996年，象山华泰模塑电器、象山天星汽配先后成立。翌年，恒富汽车部件等模具汽配企业开办。汽配业带动模具业，模具业推动了汽配业。90年代末，西周镇近400家企业中，近半数兼营塑料模具制造，塑料模具业成为西周镇工业的优势产业。

进入21世纪，西周塑料模具业乘势发展。2001年，华翔集团旗下华翔电子股份有限公司子公司宁波米勒模具制造有限公司成立，专业设计、制造加工高中档小汽车饰件模具，年生产模具达600副。2002年1月，成立宁波华众模具制造有限公司，制造、销售汽车模具及工具。是年，空调体模具获中国模具协会认可，达国际标准。2003年，“华众模具”获宁波市模具行业协会十强企业，与瑞士、德国、意大利等国外先进模具制造建立技术合作关系，年开发新产品800余件，年生产模具1000余副。2004年，“华众”定为省“高新技术企业”。是年3月，宁波劳伦斯汽车内饰件有限公司成立，生产汽车桃木饰件，包括换挡手柄、门把手、仪表板中间饰板、仪表板饰条、排档盖板、烟灰盒装饰板等轿车全套桃（真）木饰件。设计、制造全套饰件模具。华众塑料低压注塑包覆工艺内饰件和中型金属嵌件前端框架，市场占有率全国领先。2006年，西周华泰模塑电器有限公司新开发传感器，首次进入韩国市场，同时销往美国。翌年，西周塑料模具企业达37家。2008年，西周华众模具制造公司代表象山塑料模具业参加第四届模具之都（宁波）博览会。

第五章　汽车配件业　车辆修理业

民国时期，象山有少数车行，仅修理人力车、自行车。20世纪50—60年代，始有汽车、农用车辆修理。汽车配件生产始于60年代，90年代渐成规模。进入21世纪，汽车配件制造及修理业快速发展。2008年，全县二类以上资质汽修厂25家，汽车零部件制造企业95家，其中规模企业36家，实现产值50.6亿元，销售产值44.4亿元，出口交货值4.4亿元。

第一节　车辆零部件制造

1966年，西周农具生产合作社改名为象山县西周农机汽车配件厂，始接县外汽配业务，主要生产汽车缸套、刮雨器、开关、车门锁等。1968年，县缸垫厂生产“解放”“跃进”“浙江H22140”等铜质石棉缸垫。1970年，西周农机汽车配件厂更名象山县第一汽车配件厂。1971年，县缸垫厂更名象山县第二汽车配件厂。开发研制生产橡胶玻璃丝布汽缸垫。1977年，全县汽车零部件企业增加到5家，员工995人，工业总产值4511万元，利润167万元。1979年10月，县第二汽车配件厂研制生产平钢增强石棉板加强型汽缸垫，以其材质、结构、工艺、技术性能先进，居全国同类产品之首。1980年，EQ140缸垫进入“二汽”装机配套，1982年9月，被中国二汽列入信得过配套产品。

1985年，相继创办象山申达轿车配件厂、象山县汽车电器厂、象山县第一车辆厂、象山昌国机械厂。产品有刹车鼓、汽车同步器总成、变速器总成、操纵器机构总成、“桑塔纳”三/四换挡导板、CM7220小红旗轿车换挡落拉杆焊接总成等50余种。至1990年，生产汽车零部件企业发展至10家，员工1264人，工业总产值17219万元，利润1037万元。1994年，创建宁波华翔集团，成为象山最大的汽车配件企业。其后辉帮电器、松亚汽配、宁波三浪环球车辆部件发展有限公司、宁波恒富汽车部件发展有限公司、象山天宇汽配有限公司、宁波合力汽车零部件有限公司等企业相继成立。2000年，汽车零部件企业发展至24家，其中规模企业9家。

2001年，华翔旗下宁波特兰姆汽车零部件有限公司成立，从事汽车零部件生产。2002年，宁波玛克特汽车饰件有限公司成立，由华翔集团和德国MERKT（玛克特）公司出资组建，从事汽车复合内饰件生产和销售，主要配套“帕萨特”等车型。宁波华翔集团被中国社会经济决策咨询中心评为“世界汽车配件制造500强”，入选中国企业第一名。2003年5月，成立象山汽车工业协会，协会企业49家。2004年，宁波劳伦斯汽车内饰件有限公司成立，生产轿车全套桃木饰件。2007年1月，华翔集团收购英国劳伦斯汽车内饰件有限公司，主要生产供应通用、福特、克莱斯勒等汽车公司高档轿车全套真木饰件。成为全球三大汽车真木装饰件供应商。2007年，全县汽配企业95家，生产汽配600余种，主要产品有汽车内饰件、仪表台、制动器、离合器、暖气阀、转向动力泵、液压泵、传动轴、底盘、线束总成、自动天线、空调系等。产品应用于国内汽车维修市场，90%以上产品与“一汽”“二汽”“大众”“通用”等国内汽车生产企业配套，部分产品进入国际市场。2008年，华翔、长城玉士、合力、同家、三浪等18家汽车零部件龙头企业参加“2008宁波国际产业文化节暨汽车零部件（用品）进出口交易会”。华翔公司研制的胡桃木汽车内饰件填补国内产品空白，合力公司开发的刹车间隙自动调整臂获国家专利，替代进口产品。三浪公司生产的底盘中润滑系统荣获国家重点新产品称号，成为行业标准。是年，全县汽车零部件制造企业100余家，员工25000余人。其中，规模企业40家，资产总额219.9亿元。

2008年象山县汽车零部件部分规模企业情况表

表31-11　　单位：万元

企业名称	建厂年份	地址	资产总额	年产值	利润	税金
象山申达轿车配件厂	1985	大徐镇新凉亭	1682	3000	109	95
宁波华翔集团	1994	西周镇镇字路104号	596000	450000	18214	10263
宁波春花汽配有限公司	1995	西周镇	1841	1920	55	125
象山松亚汽车模塑有限公司	1995	西周	1482	1961	60	111
宁波三浪润滑元件厂	1996	象山工业园区	1995	1500	2000	1500
宁波三浪环球车辆部件发展有限公司	1996	丹城蓬莱路309号	6893	8210	611	105
宁波恒富汽车部件发展有限公司	1997	西周镇	3745	4779	366	266
宁波久源润滑件有限公司	1998	石浦镇	1717	960	25	61
象山博宇汽车温控传感器有限公司	1999	西周镇	579	1500	64	49
象山天皇汽配有限公司	1999	西周镇	2676	1704	182	120
宁波合力汽车零部件有限公司	1999	丹城蓬莱路307	38077	5056	238	212
宁波博力汽车零部件有限公司	2001	丹城西谷路358	2560	1500	82	45
宁波合力模具有限公司	2001	象山工业园	13649	9817	1546	943
象山华泰塑膜电器有限公司	2001	西周镇	1997	5920	105	230
象山合力机械有限公司	2001	象山工业园	4688	5963	228	132
象山民华汽车配件厂	2001	象山经济工业园	7311	2915	247	136
象山象牌动力制造有限公司	2001	丹西	511	517	126	11
宁波宏凯汽车部件有限公司	2002	东城工业园区	3317	4590	428	108
宁波华东特汽车装饰有限公司	2002	西周镇	3191	4905	400	116

续表31-11

企业名称	建厂年份	地址	资产总额	年产值	利润	税金
浙江长城玉士集团有限公司	2003	丹城沿区路38	15795	13000	95	430
宁波长城汽车部件发展有限公司	2003	丹城沿区路38	2362	1973	-26	70
宁波运生工贸有限公司	2003	墙头村	2203	3170	200	181
宁波运生工贸有限公司	2003	象山工业园区	2202	2800	225	166
象山西周时利模塑厂	2003	西周镇	285	821	29	42
象山金山谷电子有限公司	2003	西周镇	1776	998	235	106
象山恒峰汽车零部件有限公司	2004	丹城沿区路26	—	2460	289	74
宁波天安集团汽车零部件有限公司	2004	天安路236	3293	4500	72	65
宁波立强机械有限公司	2005	石浦镇	607	1974	7	42
宁波继望锻造有限公司	2005	新桥镇	853	1830	124	58
宁波铭诺汽配公司	2006	滨海工业区	907	594	9	28
宁波凯利汽车部件制造有限公司	2007	滨海工业区	—	2968	—	—
象山鹿剑复合材料有限公司	2007	西周镇	9979	3830	199	213

第二节　车辆制造

1974年，象山县农机修造厂会同县第一汽车配件厂、县机械农具厂、浙江农业大学农机械系联合研制出第一台东风—12型机耕船。1975年，在机耕船基础上，研制出“工农12型”拖拉机并通过省级鉴定，投入批量生产。1980年，改进研制东方—12型拖拉机，参加联合国工业发展组织举办的农机工业交流会，获省科技成果二等奖。后因手扶拖拉机市场竞争激烈而停产。

2004年，宁波华翔集团以60%股权，进入国内著名皮卡车制造商河北中兴汽车厂。同年，投资15亿元，收购国内越野车生产企业江西富奇汽车总厂，成立江西华翔富奇汽车有限公司，员工500余人。10月，成功生产第一辆华翔富奇汽车，成为象山首家汽车制造企业。2007年，“华翔富奇”汽车制造厂转卖，华翔集团退出整车制造行业。

第三节　车辆修理

中华民国时期，象山丹城、石浦等地有少量车行、摊点修理人力车、自行车。至20世纪50年代，修车行、摊点增多，后发展到修理拖拉机等。1958年，随宁象公路通车，客货车辆渐增，各机关企业单位陆续自备车辆，车辆修理由个体经营转为集体经营。是年，丹城主要的修理企业有石油公司车队修理组、丹城顺安汽车修理店、象山综合汽车修理所等，经营一级至三级保养维修业务。1960 年后，建茅洋至石浦公路，石浦地区汽车增加，第二运输公司汽车修理组、石浦水产公司车队修理组、石浦金马汽车保养场、石浦塘头港汽车修理店等相继建立，经营一级至三级汽车保养维修业务。

1975 年，县汽车修理厂、交通局汽车修配厂建立。其中，县汽车修理厂为全县唯一的大型汽车修理厂，经营二级、三级保养和大修业务。贤庠、定塘、西周、新桥等乡镇相继建立汽车修理店。1989 年，汽车修理企业 39 家，其中县汽车修配厂能承担大修业务。另有摩托车修理户 13 家，简易机动车拖拉机维修店 53 家。

20 世纪 90 年代，随着修理技术提高，汽车修理企业经营范围不断扩大。1996 年，宁波丹峰工贸有限公司建立，专业从事汽车客运和汽车修理。1999 年，象山县东郊汽车维修厂、丹城华电汽车维修厂、石浦五新汽车维修厂、石浦汽车保养场等相继开业。至 2008 年，全县一类汽车修理企业 10 家，二类 15 家，汽车装饰、清洗、摩托车维修等三类 184 家，员工 2000 余人，形成从维修到保养装饰完整的产业链。

2008 年象山县汽修二类资质以上企业情况表

表 31-12

单　位　名　称	建厂时间	企业性质	资质类型	厂　　址
象山华电汽车维修厂	1980.05	私营独资	一类	丹城建设东路 230 号
象山丹峰汽车运输有限公司大修厂	1987.05	股份制	一类	丹城蓬莱路 98 号
象山县公运公司汽车大修厂	1987.05	股份制	一类	丹城城西路 87 号
象山海申机电总厂船舶工程部	1987.05	全民	一类	象山西周镇淡港
象山县贤庠镇佳能汽车修理厂	1992.06	私营独资	一类	贤庠镇锦泰路 121 号
象山县乐业汽车维修有限公司	1994.08	股份制	一类	县工业园区象山河路 42 号
象山宏伟工贸有限公司	1995.05	有限责任公司	一类	县工业园区西谷路 315 号
象山东湖轿车修理厂	1998.03	私营独资	一类	丹城东郊路 2 号
象山县东郊汽车修理厂	1999.12	私营独资	一类	丹城东郊新凉亭
象山县龙翔轿车修理厂	2001.05	私营独资	一类	丹西街道乐业路 18 号
宁波华翔汽车销售服务有限公司	2002.11	私营独资	一类	丹城巨鹰路东面
象山华东汽贸修配有限公司	2003.11	有限责任公司	一类	爵溪前岙工业区
象山元通汽修有限公司修理厂	2005.05	股份独资	一类	丹城工业园钱湖路 1 号
象山公运公司石浦汽车维修厂	1982.05	股份制	二类	石浦汽车东站内
象山安顺汽车修理厂	1987.02	私营独资	二类	丹城丰茂路 59 号
象山石浦汽车保养场	1987.05	私营独资	二类	石浦镇凤栖路
象山定塘兴达汽车修理厂	1993.04	私营独资	二类	定塘镇峰北路工业区
象山下沈特约汽修厂	1997.05	私营独资	二类	西周镇下沈公路边
象山永升汽车维修有限公司	1998.08	私营独资	二类	丹城象山港路西首
象山石浦五新汽车维修厂	2000.01	私营独资	二类	石浦镇五爱村汝溪路 1 号

续表31-12

单位名称	建厂时间	企业性质	资质类型	厂址
象山鹤浦宏盛汽车修理厂	2006.09	私营独资	二类	鹤浦镇蟹厂村
象山天敏汽车修理厂	2007.02	私营独资	二类	丹城城西路51号
象山县石浦阳光汽车修理厂	2007.09	私营独资	二类	石浦汽车东站对面
象山裕峰汽车修理厂	2008.06	私营独资	二类	丹西街道杨家村283号
象山众德汽车维修有限公司	2008.08	私营独资	二类	县工业园区丹阳西路381号

第六章　机电设备制造业

历史上有传统的手工纺车、织布机。民国36年（1947），铁匠邱圣仓与人合资购置车床在石浦开办复兴机器铁工厂，修理柴油机，并铸简易机件。20世纪50年代始，机械设备制造从无到有，从小到大，机械制造产品不断推出。改革开放后，许多高科技新产品填补国内空白，获多项国家、省、市奖。

电器、通信设备制造始于20世纪60年代。80年代，生产企业增多，逐渐形成规模。2000年后，发展更快，以天安集团为代表的高压电器进入国家高端电子产品先进行列，巨鹰科技生产的数字电视机顶盒畅销全国，象山电器电子设备制造业进入新发展时期。

第一节　机械设备制造

传统的机械半机械，如脚踏轧棉机、纺车、织布机等，虽少见记载，但民间早有制作。民国36年（1947），石浦开办复兴机器铁工厂，为象山早期机械工业企业。20世纪50年代，经社会主义改造，全县成立13个铁业生产合作社，除生产普通农渔具外，还生产水泵、番薯刨丝机、脚踏打稻机、鼓风机等。1958年，地方国营象山第一机械厂，研制成功浙江第一台小型烘谷机。70年代初，机械工业逐渐发展，县液压元件厂、电动推杆厂等20余家新企业先后建成投产。80年代，机械产品等级上升，部分液压气动元件和食品机械填补国内空白，接近国际先进水平。进入21世纪，机械设备制造业科技水平提升。涌

照31-7　位于石浦大庆路120号的象山电动推杆厂

现产销居全国第一的电梯自动门装置、啤酒饮料生产线、自动润滑系统等10余种产品。2008年，全县规模以上机械工业企业达127家，实现产值45.5亿元，销售产值43亿元，出口交货值6.2亿元，利税总额6.3亿元，其中利润4.3亿元。

食品机械

1981年10月，宁波食品设备制造厂与轻工部上海轻工设计院，共同研制超高温瞬时灭菌机，通过市级技术鉴定并投入生产。该机为新型流体食料灭菌设备，可在3~4秒完成超高温消毒，而食料色、香、味不变，灭菌率达99%，填补国内空白，性能优于荷兰、英国同类产品。其中，CGW一型获省1982年科技成果三等奖，RP6L—20型分获国家经委1983年金龙奖、轻工业部1984年科技成果四等奖和省科技成果三等奖，RP6L—40型获省1985年度优秀新产品奖。产品销往省内外近百家乳制品厂和食品厂。1983年，饮食啤酒业兴起，爵溪饮食机械厂生产不锈钢链板，尔后又开发生产洗罐器、输送架等。是年，宁波神鱼轻工配件厂开发SPT无极变速器、JSP型输瓶机等饮食机械产品440台。1986年，象山天峰机械厂开发FDX123空气变型纱机，获宁波市科技进步三等奖。1988年，象山饮食机械、神鱼轻工配件厂生产输送架556台、无极变速器313台、染整漂白机14台、槽筒机61台、灌装机等大中型设备，销国内饮食生产单位。1990年，宁波天盛机械有限公司结合国内外先进技术，生产80~150罐/分易拉罐自动灌装机生产线全套设备。产品设计新颖，自动化程度高，广泛应用于以206#、209#易开盖两片罐或易开盖三片罐，通过宁波市科委鉴定，综合使用性能达到国外同类水平。2001年，象山信成机械制造有限公司研发生产无压力输瓶机系列产品，进入以华润集团为主的全国最大啤酒集团等38家啤酒制造企业，居国内同行前茅。宁波乐惠食品设备制造有限公司生产的啤酒糖化设备、发酵罐、乳品加工设备、喷雾干燥设备、淋水杀菌锅等产品，广泛应用于全国著名啤酒、饮料集团，同时出口西欧、东欧等地区和美国、日本、俄罗斯等国家。2008年，销售达6亿余元，年税收2493万元。

医疗器械

1982年，宁波戴维医疗器械公司，成功开发婴儿培养箱、婴儿辐射保暖台、呼吸复苏囊、低压吸引器等20多个、40余种医疗器械系列产品。多次在联合国儿童基金会、国家卫生部招标项目中中标，为卫生部援外项目定点生产企业。宁波振国制药设备有限公司生产的蒸馏水制水成套设备、配套系统的纯蒸汽发生器空气过滤器，超声波、自动中药提取生产线设备及中药浸膏专用喷雾干燥机组等系列产品，填补国内空白，达到国际标准水平。

电梯配件

1992年，宁波申菱电梯配件公司成立，为上海三菱电梯公司的合资企业。至1995年，上海三菱的订单占到95%。1999年后，先后与美国奥的斯、德国蒂森、日本富士达、芬兰通力等国际著名电梯企业建立良好合作关系。2000年，宁波申菱电梯公司进入中国机械行业最大经管规模乡镇企业100强，列71位。2003年，列全国电梯行业销售收入前15位。主导产品“电梯自动门装置”被认定为宁波市名牌产品。2004年，公司研发的“GPS同步带自动门装置”项目列入国家火炬计划。翌年，企业获“国家级火炬计划重点高新技术企业”荣誉称号，2007年获省级名牌。2008年，申菱主要有电梯门系统、曳引机、安全部件、轿厢和大配套等五大系列上百种产品，门系统和安全部件国内市场占有率达25%以上。

输送机械

1978年，象山电动推杆厂开始生产输送机设备。1993—1998年，象山华能机械厂、象山东方

照 31-8　宁波申菱电梯配件厂生产车间

输煤设备厂、象山海达机械制造有限公司、象山恒通机械厂、象山光明输送机械有限公司、宁波探索机械制造有限公司相继成立，生产输送机设备。1992 年，宁波探索机械制造有限公司开发连杆式双向自动调心托辊，并在美国匹兹堡第八届发明与新产品展览会上获金奖。开发的电动推杆、双向自动调心托辊（鼓形辊）和万能锁紧器、排碴改向滚筒（PZG），获国家实用新型专利。1999 年 7 月，通过 ISO9000 质量管理体系认证。产品覆盖国内 20 个省市国家重点项目和地方项目，远销泰国、缅甸、巴西、丹麦、苏丹、阿曼等国。1999—2001 年，象山天力运输机厂、象山祥泰机械有限公司、象山信成机械制造有限公司相继成立，主要从事输送机、提升机等产品生产。2005 年，宁波华臣输送设备公司成立，研发的 D—RJS 型弹簧式热铸胶缓冲托辊 CJXS 型新洒水器被浙江省科协、省质量监督检测中心评为省地产名品名优产品，调心托辊等产品销往巴西、印度、印尼等国。成为中国重机协会带式输送机分会会员单位。为电厂、钢厂、港口、冶金化工等行业提供几十万台件/套等各类带式输送机及其配套设备。

2008 年象山县主要机械制造企业情况表

表 31-13

企业名称	所在地	建厂时间	年产值（万元）	利润（万元）	税金（万元）	职工数（人）	主要产品
象山机械厂	丹城城西路 58 号	1953. 07	1183	12	30	75	变速器
宁波三安制阀有限公司	象山工业园区	1972	2178	87	106	160	阀门
宁波万力达消防设备有限公司	西周镇工业园区	1975. 09	517	56	36	66	消防设备
象山电动推杆厂(象山输送机厂)	石浦镇大庆路 172 号	1978. 10	1130	32	70	64	输送机
宁波神鱼轻工机械有限公司	爵溪工业区	1983	8700	568	300	138	升降式停车库
象山机电通用设备厂	大徐镇新凉亭开发区	1987. 04	1180	47	59	38	输煤设备
宁波精密机床有限公司	丹城蓬莱路 328 号	1989. 07	4445	68	68	59	切削机床
宁波申菱电梯配件有限公司	石浦镇南屏路 195 号	1992. 09	90000	8136	5076	647	电梯配件
象山华洋机床附件厂	鹤浦镇南田路 192 号	1993. 04	1026	168	116	85	机床附件
象山维多利五金公司	象山滨海工业园	1993. 12	1000	18	30	47	装饰配件
象山东方输煤设备厂	大徐镇汤家店村	1994. 01	2255	275	170	75	输送机
宁波戴维医疗器械有限公司	石浦镇大庆路 158 号	1994. 09	18506	3758	2292	345	医疗器械
宁波合力机械有限公司	丹城蓬莱路 307 号	1994. 10	4618	408	60	102	阀门
象山县金星机械电力配件厂	石浦镇金星平阳厂村	1994	1785	25	56	70	电梯配件
宁波汇龙水泵公司	象山滨海工业园	1995. 03	7282	324	250	134	泵
象山顺风铸造有限公司	茅洋乡徐家村	1995. 03	1540	80	57	49	生铁铸件
象山双鱼轻工机械有限公司	爵溪街道前岙村	1995. 06	1453	15	96	69	水果去皮机

续表31-13

企业名称	所在地	建厂时间	年产值(万元)	利润(万元)	税金(万元)	职工数(人)	主要产品
象山甬侨气动液压有限公司	产业区	1995.12	1321	142	64	53	气动元件
象山永光机械制造有限公司	西周镇下沈村	1995.12	2233	204	158	34	包装机械
象山医疗精密仪器有限公司	鹤浦镇港西路16号	1995	1770	249	111	80	医药设备
宁波耸生制冷设备有限公司	石浦镇昌国	1996.03	3816	60	79	121	空调设备
宁波乐惠食品设备制造有限公司	西周镇工业园区	1996.12	62067	9765	2493	487	啤酒饮料设备
宁波天弘电力器具有限公司	西周镇工业园区	1996.12	2645	327	259	103	电力器具
象山兴驰液压润滑有限公司	涂茨镇崔家岙村	1997.11	1555	74	155	84	液压元件
象山光明输送机械有限公司	石浦镇槛横峙村	1998.04	2017	76	98	60	输送机械
宁波三象不锈钢管制造有限公司	西周镇昌明路	1998.06	2213	5	78	40	不锈钢管
宁波探索机械制造有限公司	县工业园区	1998.10	5667	140	322	177	输送机械
宁波立强机械有限公司	石浦镇兴港路108号	1998.10	1104	13	85	65	轴承座
宁波赛德液压件有限公司	县工业园区	1999.04	2503	123	147	78	液压元件
宁波云达消防设备有限公司	西周镇莲花渡头街	1999.08	1084	6	52	40	消防产品
象山日鑫机械制造厂	茅洋乡茅洋村	2000.03	1636	78	39	31	生铁铸件
宁波正业工贸发展有限公司	石浦镇万泰工业区	2000.04	5330	263	921	108	机械设备
象山制阀有限公司	象山工业园区	2000.08	7118	256	292	313	阀门
宁波远丰机电有限公司	石浦镇万泰机电城	2000.11	5321	173	260	136	机电设备
象山县昌国民政机械厂	石浦镇南屏路195号	2000.11	4020	544	370	20	起重运输设备
宁波德迈五金制造公司	象山滨海工业园	2000	1742	33	7	50	汽车部件
宁波永久电力设备机具有限公司	前岙工业区	2001.04	1205	32	86	43	输变电施工机具
象山信成机械制造有限公司	爵溪街道北塘	2001.05	10303	362	212	95	输送机械
宁波科文冶金设备制造有限公司	石浦镇新塘岸跩58号	2001.09	2456	215	205	68	液压机械设备
象山县恒威机械有限公司	贤庠镇海墩村	2001.11	1314	40	102	68	注塑机
宁波沪港食品机械制造有限公司	西周镇西园工业区	2002.10	2536	117	31	66	食品设备
象山搏凯窗轨厂	象山工业园区	2002.10	3876	33	47	38	窗帘轨道
宁波赛德森减振系统有限公司	县工业示范园区	2002.11	10115	497	591	375	减振器
宁波东风缝制有限公司	贤庠镇岑东村	2002	1050	-54	18	120	缝纫机
宁波升旺机械制造有限公司	贤庠镇工业小区	2003.02	1659	118	108	51	机械制造
宁波吉祥电力机具有限公司	石浦镇万泰机电城	2003.08	1122	84	63	55	电动手提工具
宁波钰烯阴极保护材料有限公司	新桥镇东溪村	2003.09	5395	203	28	58	镁
宁波精业机械制造有限公司	茅洋乡溪口村	2004.03	3198	138	123	99	生铁铸件
象山华泰液压有限公司	县工业园区	2004.06	2181	96	106	52	液压元件
宁波华辰机械有限公司	丹东街道梅溪村	2004.07	1200	91	72	38	造纸机械

续表31-13

企业名称	所在地	建厂时间	年产值(万元)	利润(万元)	税金(万元)	职工数(人)	主要产品
象山恒通液压件厂	丹东街道大碶头	2004.09	1304	97	79	18	机械液压
宁波骏嘉重型机械制造有限公司	滨海工业区	2004.09	10048	1286	496	126	液压元件
宁波海纳机械有限公司	西周镇工业园区	2004.12	1499	39	25	70	铝压铸
宁波宏勃泵业制造有限公司	晓塘乡九龙江	2004.12	1577	120	104	47	气动元件
宁波龙翔消防器材有限公司	后洋工业区	2004	1269	24	88	65	消防产品
宁波华臣输送设备有限公司	象山滨海工业园	2005.05	1628	32	122	47	输送机
宁波克浪机械制造有限公司	大目涂工业园	2005.08	6312	269	162	160	包装设备
象山天鱼机械有限公司	爵溪街道北塘工业区	2005.11	1180	55	46	35	输送机械
宁波捷翔机械设备有限公司	县工业园区	2005.12	1295	225	55	40	包装设备
宁波新大通电机有限公司	产业区	2006.04	2360	214	159	103	特殊电机
日升集团有限公司	县工业园区	2006.04	12457	1192	829	251	高压开关设备
宁波东尼压缩机有限公司	丹城蓬莱路	2006.07	1400	44	25	49	气体压缩机
宁波俊明金属压延有限公司	贤庠镇产业区	2006.10	37147	786	172	100	轧钢
宁波力古机械制造有限公司	茅洋乡银洋村	2006.11	2387	79	79	83	铸铁件
宁波日星铸业有限公司	黄避岙乡大林村	2006.12	6030	43	8	117	铸造
宁波文百机械制造公司	象山滨海工业园	2007.03	4098	8	530	115	制纸机械

第二节　电器、电子设备制造

象山电器电子制造始于20世纪50年代中期。之前仅有电器修理，后生产电珠、电阻等小器件。2000年后，以天安集团为龙头的电器电子制造业，开拓电器产品高端新领域，产品助飞“神舟”，并进入北京奥运会。宁波旭日灯饰等公司自主制造的电子灯具，节能环保，产品大多外销。2008年，全县输变电及控制设备制造企业42家，工业总产值251729万元；电器设备制造企业72家，其中规模以上企业35家，工业总产值34.49亿元。

照31-9　宁波天安集团厂区

电器设备

1958年前后，县内少数企业生产电池、电珠、纸壳电筒等普通照明用具。20世纪60年代初，企业转向农、渔业电器维修与部件生产。1967年10月，象山正泰电器有限公司建立，主要生产电阻器、频敏变阻器、电子秤等。70年代初，电机制造业兴起，产品有交直流电动机、水轮发电机和硅整流发电机等。1976年，林海综合厂生产跌落式熔断器。尔后部分企业还试产晶体管鱼探仪、水电表等。70年代末，产品扩大到收音机、电视机、电扇、电冰箱、洗衣机等家用电器器具。1982年，象山高压电器厂开始生产高压电器产品，逐渐形成规模。是年，全县电气行业企业发展到11家，拥有员工1110名。其后，随着横向经济联系加强，产品不断更新换代，少数企业开始生产以集成电路为基础元件的电子仪器，并组装微电脑。1985年，电子电器仪表行业增至23家，员工1927人，固定资产原值303万元，年总产值1729万元，占全县工业总产值3%。

电子灯具

1989年，大徐镇创办宁波旭日灯饰有限公司，年产节日彩灯800万套，全供出口，为县最大灯具企业。1997年，丹城创建宁波盛和灯饰有限公司，主要生产灯具和各种照明装置。2000年，西周创办宁波天有灯具有限公司，年产值超千万元。同年，宁波神鱼机械有限公司与浙江大学联合开发生产环保太阳能灯具，先后开发出太阳能草坪灯、道路灯、感应灯、树脂灯、道路警示灯系列产品上百种，年产节能灯具上千万只，畅销美国、日本、瑞士、奥地利、香港、韩国等20多个国家和地区。

2001—2004年，仕曼尔灯饰、象山贝特照明、科力照明、华升灯饰等多家电子灯具企业陆续建成投产，产品销往世界各地。

输变电配电设备

1976年，象山电熔器厂试生产跌落式熔断器，高压电器生产史拉开序幕。1981年年末，象山电熔器厂更名为地方国营象山高压电器厂，研制、生产高压负荷开关、环网柜以及箱式变电站获得成功，通过省级鉴定。1993年，产品获“国家级新产品”称号。1994年，以地方国营象山高压电器厂为基础，创立宁波天安（集团）股份有限公司，当年产值突破亿元。1995年，干式变压器研制成功并通过国家鉴定。1996年，建立宁波日升电能设备厂，首次与中国电力科学研究院合作，共同开发带切负荷喷射跌落式熔断器。尔后又开发出高压熔丝系列产品，达到国际领先水平，填补国内空白。先后成功开发真空断路器、环网开关柜、箱式变电站、高压成套开关柜、智能配电自动化系统、隔离开关、电缆分接箱、限流熔断器、高压熔丝、避雷器、针式绝缘子、高压合成胶绝缘子等14大系列800多种规格产品，获100余项国家专利，中国驰名商标、名牌产品。其中，柱上真空断路器、真空环网（柜）站、跌落式熔断器等产品是电力部、国家经发委重点推荐指定产品。

2000年，宁波天安集团收购浙江开关厂。2002年，由天安集团研制生产的第一套智能化产品，4项110kV以上高压电器通过国家鉴定，110kV产品六氟化硫断路器首次投放市场，公司年产值达8亿元，利润突破1亿元，在全国高压开关行业中名列榜首。2003年，产品助“神舟”五号首次载人飞船发射成功。2006年，产品获“中国名牌”和“国家免检”称号，集团竞争力居全国500强第225位。2008年，天安集团生产输变电设备进入三峡电站、卫星发射基地、青藏铁路、核电厂、奥运会主场馆及城市地铁等重大工程项目，并远销几十个国家和地区。“天安”商标被认定为“中国驰名商标”，天安集团被列为国家级创新型试点企业和国家高新技术企业。

第三节　电子通讯器械制造

1969年，爵溪手工业综合社创办象山县电讯器材厂，生产有线广播喇叭，后生产二芯电器插座。1971年，丹城电信器材厂，始产PR101继电器。1976年，丹城棕棉社更名为象山电子元件厂，为象山首家专业生产电子产品企业。20世纪80年代初，石浦服装社转产气动元件。1985年被机械部列为全国气动行业十四家归口管理企业之一，重点扶持研发小型化、精密化、低功率二位三通微型电磁阀。为计算机及信息化系统配套，是国内体积最小的气动电磁阀（通达为φ0.8mm)，达到当时国际同类产品先进水平。为此，机械部于1990年下达“K23D微型电磁阀生产基地”技术改造项目，总投资600万元，其中中央拨款500万元。这是象山工业企业首次中央拨款的数目最大的项目。企业搬迁石浦兴港路32号，征用土地15亩、新建厂房10000平方米，进设备45台套。机械部基础产品司长练之坚、副司长张志英分别到厂视察、督查项目实施进度。1988年开始与德国北部马伦特市坤凯电子气动公司开展合作，至1993年年末基本商定协议文本。是年，企业年产各种气动元件18万件，产值1080万元，创利润138万元，有职工276人，但此时企业内部由于管理不善，资产流失，多次出现车间罢工事件，企业开始滑坡。1995年全县转制工作全面铺开，气动厂搁置了外资合作项目，也无力全面完成技改项目，企业内部混乱，结果整个气动元件厂被肢解拍卖。机械部下达的“八五”技改项目，刚添置的先进生产设备，自动化生产线等变成一堆废铁处理。全县电子通讯企业11家，始生产以集成电路为基础元件的电子仪表，并组装微电脑。1985年，全县仪表、仪器行业企业增至23家，员工1927人。其间，象山县电子元件二厂生产晶体管特性图示仪；象山无线电阻件厂生产电源变压器，为上海电视一厂配套；爵溪电视机配件厂生产彩色电视机的电源变压器和电源滤波器，其中BCK18—1电源变压器获国家电子工业部颁发质量二等奖、宁波市名特优产品金马奖。1988年，宁波华翔电子股份有限公司组建，生产消声器、P810手提机械式、拼音文字打字机等，后公司生产汽车零部件配套产品，成为全国著名民营上市企业。1990年，宁波九龙电讯电机有限公司建立，主产交流轴流风机、直流风机、冷却风机、横流风机、涡流风机等，广泛用于IT领域，通风设备、电源系统、医疗电子仪器等行业。

照31-10　华翔集团华众控股有限公司

1991年，宁波荣康电子有限公司建立，主产电子元件及组件制造，彩电开关变压器。是年涂茨纺织厂增设生产电池车间。爵溪建有电视机配件二厂、长城电器开关厂。1992年，耐火材料厂与香港宁兴发展有限公司合资，成立宁波沙龙电子有限公司，开发电子、电器产品。1993年，宁波顺声通讯设备有限公司与港商合资，成功研制网络传输、通信接口；UTP、FTP、SFTP超五类系列产品，各项技术指标均达到或超过国际标准，有些技术指标优于世界驰名品牌产品。2002年、2005年分别通过美国UL评审和复评的ISO9001：2000质量管理体系认证。数据电缆产品通过美国UL安全质量认证和性能认证。2008年，企业被评为宁波市进出口先进单位，年产值达3.3

亿元。1993—2000年，宁波贝德尔电讯电机有限公司、象山正泰电器有限公司、浙江日升电气有限公司、象山科博仪表有限公司、象山安泰电子有限公司、象山华立通讯设备厂、象山飞浦照明电器厂、康达电子有限公司先后建成。

2001年，浙江华天电源科技有限公司建立，公司成为浙江省首家研发、生产销售锂离子二次电池芯片，并以锂离子电池专利为核心的高新技术产业，拥有自主知识产权13项。是年，宁波博大电子有限公司创办，主要生产电脑连接线HDMT数据线、USB线等产品。广泛应用于电子、电脑、通讯、机电、办公设备等，产品全部出口美洲、欧洲、中东、东南亚、俄罗斯、日本等国家和地区。2002—2004年，象山新增电子、通讯企业24家。2005年，又新增电子、通讯企业6家。2006年，电子、通讯产业发展进入高峰期，先后发展13家，占行业总数16%。是年，巨鹰集团投资近1000万元，新建巨鹰科技有限公司，与国家科学院宁波分院联合研制开发数字电视机顶盒投产。在河南、承德、新疆、宁波等建立生产基地，机顶盒年产值逾2亿元。2007年，华翔电子股份有限公司被认定为2007年国家火炬计划重点高新技术企业。2008年，全县电子通讯制造企业发展到81家，其中规模企业10家，工业总产值64388万元。产品覆盖至计算机网络、太阳能控制器、光纤及光缆制造、继电器、打印机耗材制造加工、家用清洁卫生电器振流器、电子音响等50余类，产品远销世界各地。

2008年象山县主要电器电子设备制造企业情况表

表31-14

企业名称	地址	建厂时间	产值（万元）	利润（万元）	税金（万元）	职工数（人）	主要产品
宁波天元电力设备有限公司	县工业园区	1966.11	11496	878	289	268	变压器、低压开关板
宁波天安集团股份有限公司	丹城天安路1118号	1969.10	105586	3129	1549	929	低、高压开关板
象山冶金电器设备厂	丹东街道陆家村	1984.10	5410	453	241	186	电缆连接线
宁波华翔电子股份有限公司	西周镇	1988	58433	1818	825	550	仪表板
宁波九龙电讯电器有限公司	晓塘镇九龙江	1990	529	9	1	30	直流风机
宁波顺声通讯设备有限公司	县工业园区	1993	23528	2658	410	680	通讯电缆
象山贝德尔电讯电机有限公司	石浦镇万泰机电城	1993	1857	3	90	190	微特电机
宁波康达电子有限公司	大徐镇铁拾村	1994	13013	1336	599	409	电线、电缆
宁波盛和灯饰有限公司	丹城蓬莱路311号	1997.07	7146	80	148	191	灯具及照明装置
宁波华发线缆有限公司	西周镇崟港路	1998.03	1655	12	32	44	电线、电缆
浙江恒洲电子有限公司	丹东街道	1998	3480	188	288	300	警报器
象山县天福电器有限公司	丹城天安路236号	1999.05	5148	134	239	58	油浸式变压器
宁波天有灯具有限公司	西周镇工业园区	2000.03	1818	27	85	52	灯具及照明设备
象山大港电力设备公司	县工业园区	2001	993	206	69	30	电力设备
宁波博大电子有限公司	丹城蓬莱路312号	2001	30082	3450	1110	1200	电脑连接线
宁波宝鑫铁路信号设备有限公司	丹东街道陆家村	2001	2117	169	67	260	小型信号机
浙江华天电源有限公司	丹城园中路169号	2001	3868	43	72	260	锂离子芯片

续表31-14

企业名称	地址	建厂时间	产值(万元)	利润(万元)	税金(万元)	职工数(人)	主要产品
象山贝特照明有限公司	西周镇工业园区	2001	966	-64	21	100	照明电器
象山科力照明有限公司	西周镇嵩溪路	2002.02	839	2	28	41	灯具及照明装置
象山华星电器制造有限公司	丹城西谷路358号	2002.03	770	93	54	21	输配电及控制设备
象山昊光铜材灯饰有限公司	西周镇工业园区	2002.03	6123	100	169	58	电线、电缆
宁波旭日灯饰有限公司	大徐镇铁拾村	2002.04	8157	516	315	151	系列节日灯
宁波华升灯饰有限公司	大徐镇铁拾村	2003.02	4473	360	110	41	灯具及照明设备
宁波天安集团电器有限公司	丹城天安路1118号	2004.04	14661	281	614	221	高压开关板
象山仕曼尔灯饰有限公司	西周镇寿丰村	2004.04	730	10	37	45	照明电器
象山天安特种变压器有限公司	丹城天安路236号	2004.06	26542	251	674	189	变压器
象山万科电子有限公司	石浦镇万泰工业区	2004	1212	11	42	100	报警器
宁波瑞可电子电器有限公司	爵溪街道北塘	2004	858	30	40	40	照明电子
宁波龙泰电讯电器有限公司	晓塘镇九龙江	2004	5529	195	191	400	直流风机
宁波贝特机电有限公司	石浦镇万泰机电城	2005.01	13101	2967	100	194	电器电缆
宁波松兰电气有限公司	西周镇工业园区	2005.10	2875	193	93	21	变压器
宁波锦浪能源科技公司	县工业园区	2005	8069	470	85	400	发电设备

第七章　塑料制品业　化工业

1955年，石浦镇始建象山县第一塑料厂，主营塑料制品。20世纪90年代，西周创办宁波华众塑料公司，生产汽车配件内外饰件，逐渐形成以西周镇为主的塑料工业群体，产品销往全国，并进入国际市场。1958年，象山开始创办一批化工企业，生产鞭炮、硫酸、农药、炸药。改革开放后，化工企业进一步发展，产品有氨、碘、助剂、化妆品、药品、涂料、活性新型染料、固色碱SH等，规模不断扩大，产品不断创新。塑料、化工业已占象山工业一席之地。

第一节　塑料制品业

塑料工业是中华人民共和国成立后发展起来的新兴产业。1955年，石浦成立象山县第一塑料厂，主营塑料制品，兼营模具，以加工为主要经营方式。1958年，在昌国东沙角建象山县石浦陶器厂，主营陶器，兼营塑料，经营方式以加工为主。1966年，在石浦五眼桥建象山县水泥制品造船厂，主营水泥造船，兼营塑料制品。1967年，大徐汤家店村开始生产塑料制品，后发展为象山华龙塑料实业公司。1970年，原泗洲头棕棉、服装、竹椅、竹器4个生产小组合并成立二轻塑料厂，后改为象山塑料编织总厂，员工300余人，主要生产塑料编织袋，月产12万只。1984年11月，石浦延昌建立象山县食品包装塑料五金厂，主营塑料、五金，兼营胶木、包装。翌年2月，石浦渔港北路建象山县二轻塑料厂，主营聚丙乙烯塑料编制丝，兼营注塑、吹塑。5月，石浦东港路建象山县石浦机电塑料厂，主营机电、塑料、配件，主要经营方式为加工、修理。此后，石浦建立象山县石浦塑料二厂，主营塑料、拉丝、绳索；石浦西门外建象山县石浦塑料化工制品厂，主营塑料制品；石浦汝溪建象山县石浦五金塑料元件厂，主营塑料件；石浦城北村建石浦城北五金塑料厂，兼营塑料配件。20世纪80年代中后期，随着西周塑料模具业兴起，带动下游产业塑料制造业发展。1988年2月，建西周汽车配件厂，属私营家庭作坊。1992年，改名为宁波威霖塑料制品有限公司，产品为“跃进”牌汽车塑料配件。4月，黄避岙龙屿村创办象山联华泡沫塑料有限公司，主产泡沫浮桶、泡沫手板及各种泡沫包装箱。成为国家泡沫塑料协会会员企业。

20世纪90年代，塑料制品业发展迅速。1993年，西周镇创办宁波华众塑料制品有限公司，成为全县塑料制品业的领头羊。1994年，墙头创办宁波程翔塑粉有限公司，从事塑料粉末生产。1996年，石浦创办象山华美塑料制品有限公司，生产医疗塑料配件。1997年，大徐创办恒宇塑料制品有限公司，自主研制开发包装、灯具配件、汽车遮阳帘等塑料制品。1999年，贤庠创办象山东风塑料包装有限公司。2000年后，西周相继建立宁波奔腾塑业有限公司、宁波佳乐特橡塑机电有限公司、象山华杰塑业有限公司等10多家企业，生产汽车内外饰件、空调内壳、塑料包装箱及灯具、电梯等配套塑料零件，西周镇成为象山塑料制品业较为集中产地。2001年，大徐象山金泰塑胶有限公司、黄避岙象山联华泡沫塑料有限公司相继建立。2003年，大徐章家弄创办宁波吉祥塑胶有限公司，从事MC尼龙轮制造。2004年，丹东街道创办象山丹城海燕塑料制品厂，从事塑料制品生产。翌年，象山争达金塑塑品厂建立。2007年，象山山海橡塑有限公司建立。2006年，宁波威霖塑料制品有限公司更名为宁波威霖住宅设备公司，主要生产卫浴排水管系列、中央空调迎风口系列产品，职工950人。2008年，工业产值1.8亿元，其中外贸出口2800万美元。至2008年，全县塑料制品企业151家，职工2472人。其中，规模以上企业24家，产值133675万元，年税4666万元。

2008年象山县塑料制品业规模企业情况表

表31-15

企业名称	主要产品	建厂时间	地址	资产总额（万元）	工业总产值（万元）	主营业务收入（万元）	利润（万元）	实缴税金（万元）	职工（人）
象山华龙塑料实业公司	塑料制品	1967.11	汤家店村	1517	3150	3082	264	92	35
宁波华众塑料制品有限公司	塑料制品	1993.11	西周镇镇安路104号	96666	83429	75338	3731	2373	1117
宁波程翔塑粉有限公司	塑料粉末	1994.07	墙头海山路	4737	2708	2091	−22	84	53
象山华美塑料制品有限公司	医疗塑料配件	1996.05	石浦延昌同心巷	677	517	517	48	43	60
象山恒宇塑料制品有限公司	塑料制品	1997.11	新凉亭	936	1480	1340	66	9	67
象山宏祥橡塑制品有限公司	日用塑料制品、塑料制品	1998.05	蓬莱路33号	1985	1385	1385	19	80	66
象山东风塑料包装有限公司	塑料制品、塑料薄膜	1999.05	贤庠海下村	859	1004	981	25	54	41
象山华毅塑料胶袋厂	塑料制品、塑料薄膜	2000.09	丹阳西路387号	434	804	804	23	45	18
宁波华飞塑业有限公司	塑料制品	2000.10	西周镇下沈村	994	1246	1038	159	45	35
宁波奔腾塑业有限公司	塑料包装箱及容器、塑料制品	2000.11	西周镇	10155	1357	1275	376	50	45
宁波霞涛料业有限公司	塑料五金制品	2000	滨海工业园区	1067	554	546	−6	12	60
象山联华泡沫塑料有限公司	塑料泡沫	2001.01	黄避岙乡龙屿村	371	560	533	14	16	21
象山金泰塑胶有限公司	塑料制品、电力电缆	2001.03	大徐汤家店	3233	3595	3295	243	103	66
象山华丰电器塑料制品有限公司	灯具、电梯等配套塑料零件	2002.06	西周镇崟港路	470	666	666	37	30	44
象山昌泰橡塑有限公司	塑料制品	2002.06	西周镇琴诗岙	904	567	567	39	9	35
象山骅马塑电有限公司	塑料制品、塑料板、片	2002.07	西周镇崟港路	744	530	513	36	9	17
象山华杰塑业有限公司	塑料制品	2002.10	西周镇下沈村	793	1450	1423	99	118	69
宁波吉祥塑胶有限公司	MC尼龙轮制造	2003.09	章家弄村	2110	2295	2000	268	46	120
宁波乐博电子塑料有限公司	汽车配件（塑料制品）加工	2004.03	县工业园区新丰路368号	1127	916	916	33	64	35
象山丹城海燕塑料制品厂	塑料制品	2004.04	河东村	867	2062	1922	94	126	79
象山争达金塑塑品厂	塑料制品	2005.04	汤家店村	1256	2009	2009	133	57	33
宁波佳乐特橡塑机电有限公司	橡胶制品	2005.06	西周镇下道头	1474	2105	2059	229	186	105
宁波山海橡塑有限公司	汽车内饰材料	2007.03	涂茨镇涂茨村	—	1286	1048	−104	15	71
宁波威霖住宅设备有限公司	排水管、空调迎风口	2006.02	西周镇	15356	18000	18804	200	1000	950

第二节　化　工　业

1958年，在“大办工业”号召中，陈山烧碱厂、地方国营石浦化工厂、南堡炸药厂等化工企业先后创办。土法生产硫酸、钾镁肥、炸药等，年产值40万元。1959年，增至153万元。1969年，建丹城化工厂，生产碘、海藻胶等产品。1971年，县水产供销公司海带制碘厂建成投产，年产纯碘2吨，海带胶（褐藻酸钠）20吨。1971年，象山县制药厂、泗洲头胶丸厂相继投产，为新增医药企业。1976年12月，经浙江省建委批准筹建浙江象山化肥厂。1979年12月，投产。浙江象山化肥厂属小型合成氨厂，总投资548.99万元。合成氨年产能力3000吨，折算碳酸氢铵年产能力1.2万吨。在计划经济年代，是全县规模最大，投资最多、机器设备最先进、自动化程度最高工厂。

1983年，定塘建立象山树脂厂。年产不饱和树脂100吨，应用于玻璃瓦及玻璃钢制品，后改生产粉状固色碱、无醛固色剂、起毛柔软剂等。1984年，象山县助剂厂与丹东市轻化工科学研究所联合研究“马面鱼油的综合利用——皮革加脂剂”，皮革加脂剂充分利用象山当地资源——马面鱼油，经一系列化学加工后制成。产品有精制鱼油、硫酸化鱼油和丰满鱼油，质量达到轻工业部颁发的加脂材料标准。1985年，墙头镇创办象山海滨化工厂，主要生产化工中间液体。1987年，西周镇创办象山科达化工有限公司，生产ABS/PC塑胶件和金属件表面处理加工业务，每月电镀面积可达6万平方米。产品涉及家电、家居用品、卫浴、汽摩行业。是年，石浦金星创办宁波华威涂料厂，与上海家具涂料厂联营，生产“闪光”牌聚氨酯涂料彩色涂料，产品广泛应用于中高档家具涂饰、木制地板，还用于皮革、塑料、机械设备等领域中的表面装饰，年创产值1500万元。1998年，墙头镇创办民营股份制企业宁波翔神化工有限公司，主要研究开发生产内外墙水性涂料系列产品。2005年12月，被评为“浙江省高新技术企业”。

2006年，爵溪建成宁波永森化工有限公司，研制生产脂肪酸甲酯新产品（又名生物柴油），将酸化油、地沟油经技术处理后变废为宝，除作燃油外，被广泛用于化肥添加剂、增塑剂、皮革化学中间剂等，平均月产生化柴油200吨。是年，宁波志华化学有限公司迁往爵溪北塘开发区，专业从事各类粉末涂料专用助剂及防腐涂料、日化杀菌剂等研发和生产，主要产品有三氯卡班TCC、异氰尿酸三缩水甘油酯（TGIC）、对氯（苯基）异氰酯、氯胺T、TR-1脱氧除锈底漆、多功能系列流平剂、增光剂、消光固化剂、浮花剂、安息香（苯偶姻）、均苯四甲酸二酐、AR607纯聚酯消光固化树脂，产品销往全国20个省、市自治区300余家用户。部分产品出口欧美、中东、东南亚等国。在全国粉末助剂行业中，产品占据全国第二位，并且成为亚洲日化杀菌行业最大生产企业。2007年，象山树脂厂活性新型染料固色碱SH被评为国家重点新产品，翌年获宁波市名牌产品。2008年，象山县化工业规模以上企业12家，工业产值22424万元，年税1147万元。

2008 象山县化工制品业规模企业情况表

表 31-16 单位：万元

企业名称	地址	资产总额	工业总产值	主营业务收入	利润	实缴税金
象山县海滨化工厂	墙头镇戴港	885	3059	3098	-80	326
宁波志华化学有限公司	爵溪北塘开发区	4020	5443	4844	117	155
宁波永森化工有限公司	爵溪北塘开发区	1400	1275	1210	—	21
宁波巨鹰化工有限公司	爵溪新瀛路 7 号	461	601	565	15	25
象山科达化工有限公司	西周镇丙寅塘	4050	1876	1612	-164	54
卜赛特（宁波）化工有限公司	象山亭溪	6271	4784	5206	-114	282
宁波翔神化工有限公司	象山墙头	2973	1067	1048	14	98
象山金祥化工有限公司	象山洋北	1386	623	586	-42	14
宁波兴华化学有限公司	定塘镇农副产品加工区	1879	1832	1618	46	81
象山利虹化工有限公司	象山洋北	725	458	570	-25	9
象山沪东化工厂	象山县茅洋乡平桥头	652	709	584	55	64
宁波华威涂料厂	大塘港	329	697	695	15	18

第八章　建筑材料制造业

县内建材以砖瓦、蛎灰、沙石等为最早。20 世纪 50 年代始，随着人民生活水平提高，改造、新建民居需要及社会各业的蓬勃发展，对建筑材料需求与日俱增，建材品种增加，建筑预制件、花岗岩、石料、建筑装饰材料（各业）应运而生。

第一节　砖　　瓦

丹城西门考古发现，有唐代瓦当。明清时，土窑制砖瓦遍及全县。清光绪十二年（1886），丹城设砖瓦厂。宣统三年（1911），九顷韩士祥建韩福瓦厂。民国 10 年（1921），涂茨萧家萧大生、珠溪吕善文分别开设大利瓦厂、善记瓦厂。翌年，莲花柳二士开设象兴砖瓦窑。中华人民共和国成立前，县内有大小砖瓦窑 60 余座，产品有片瓦、筒瓦、开砖、花砖、灶面砖、龙骨砖等 35 个品种。

1953 年，溪口、石浦、丹城、爵溪、晓塘、大徐等地相继建立砖瓦、陶瓷合作社 7 个。1958

年后，砖瓦窑有所发展。1971年，象山县砖瓦厂建立，改土窑为大型多门轮窑（大窑28门，烟囱高46米），变青砖为九五标准红砖，日产七八万块，年产1500万块。1975年，县第二砖瓦厂、东港砖瓦厂、珠溪工农砖瓦厂相继建成投产。后陆续建成县第三砖瓦厂、东港联卫砖厂、珠溪常绿砖厂。至1980年，全县砖瓦厂增至16家，年产红砖10000万块。1988年，县第二砖瓦厂通过技术改造，制作空心砖。后东海砖瓦厂、东陈砖瓦厂陆续生产空心砖，其中东海砖瓦厂产品获国家一级优质奖。1994年，全县砖瓦厂38家，年产红砖29000万块。1998年，建筑业压缩，建材业萎缩，砖瓦厂减至25家，员工2641人，年产红砖15000万块，产值2577万元。21世纪初，琉璃瓦、波型瓦、石棉棱瓦等生产企业纷纷兴起。2007年，县政府采取措施整治黏土砖瓦窑。至2008年，红砖生产企业降至16家，年产红砖8522万块。水泥砖厂增至41家，年产水泥砖35300万块。

第二节　砂　　石

石料、砂是象山建筑用的基本材料，一般都是就地取材。

石料

昔造屋、造桥等所用石料大都采用山上乱石、自然滩石、溪石。明嘉靖年间（1522—1566），筑县城城墙，于城东石孔山开采条石，作城墙石。县东道人山岛在清末时即开采石板，作铺地之用。县内溪坑多乱石，旧时用作铺路、铺道地材料。1971年始，多采用机械采石，作为建材。由于公路、住宅建设兴起，石子需求增大，轧石子行业也随之兴起。20世纪90年代末，全县有石场133家，生产种类有毛石、块石、石子、石碴4种，年产石料11万吨。至2008年，尚有建筑石料开采场38家，年产石料520万吨，从业人员700余人。

砂

有黄沙、石英砂、刀口沙之分，为重要建筑材料。1963年，县工业局在爵溪白沙湾建黄沙加工厂，职工73人，年产黄沙16000余吨，销往上海、宁波等地，1968年产值达到100余万元。20世纪70年代，丹城、石浦建房多采自溪沙和海滩沙。80年代，溪沙枯竭，沿海沙滩受到保护，始采用山体粉质岩轧成的沙，大量粉饰工程改用水泥砂浆。1987年，爵溪白沙湾黄沙加工厂停办。1990年，丹城镇在沙地岗山建砂场，年产石英砂1.5万吨。1995年，在丹城珠水溪村建象山庙联营砂厂，年产黄沙2万吨。90年代中后期，丹城、爵溪等地在建房始用外地海沙，并采用淡化技术处理。此后，大徐白墩、石浦塘头港等地相继建起海沙淡化场。21世纪初，象山经营海沙的沙场近百家。2008年，全县经营淡化沙的企业有9家，年淡化海沙10万立方米以上。

第三节　蛎灰　水泥

蛎灰

又名壳灰、蜃灰。以海洋贝壳为主要原材料，经灰窑烧制而成，系象山传统建筑材料。《仪礼·士冠礼》："皮弁服素。屦以魁柎之蛤，及魁陆与蛎壳、螺壳，统并可为灰。故今人流名之曰壳灰。"象山蛎灰宋代早有名气，宋廉布《朝宗碶碑记》："宋砥置灰壤之利，积钱三百万有奇。"蛎灰分生和熟两种。熟蛎灰是主要建筑材料之一，砌墙、墙体粉刷均用熟灰并拌入麻筋，还可用于木船及钢窗填缝。生蛎灰均作粪田肥料，不供建筑之用。20世纪80年代前，县内各地均有蛎灰窑，烧制蛎灰，尤以石浦塘头港、金星晓湾、鹤浦碶门头、樊岙四都、高塘岛蛤蜊塘、金高椅、丹城东门外、大徐白墩、茅洋李家弄、新桥海台等地著名。80年代后，兴机械轧制熟蛎灰。90年代后，烧制蛎灰业已渐衰，今属罕见。

水泥

清宣统年间（1909—1911），建造墙头欧家祠堂时就有使用水泥的记载。中华人民共和国成立后，水泥作为建筑材料被广泛应用。1971年，象山县水泥厂在黄避岙建成投产，年产275号水泥2800吨。1980年10月，象山县第二水泥厂在石浦建成投产，年产3000吨。1993年，年产39055吨，获浙江省散装水泥一等奖。1999年，县水泥厂改名为宁波象山港水泥股份有限公司。2008年，生产能力达120万吨，其中，散装水泥70万吨以上。

第四节　门窗　石材　预制品

门窗

旧时建房多用木窗，少量用石质花窗。20世纪70年代始，象山陆续建立生产钢门、钢窗企业。1974年，象山民主钢窗厂建立，1978年更名为象山二轻钢窗厂。1983年，产钢门窗70663平方米。1996年，象山鲁宏塑钢门窗厂建立，为县内最早开发生产铝合金、塑钢系列门窗专业生产企业，至2008年，综合生产门窗能力达60000平方米，产品销售遍及县内各地，并进入省内市场。

装饰石材

主要石材有大理石、花岗石和青石。1985年，象山县花岗岩石料总厂成立。1987年，年产板材2800平方米，以墙头芝麻石为主，并采购山东、新昌、福建等地石料加工。其间，墙头芝麻石产品远销日本。1993年，象山县天下石材厂成立，经营石材加工。2008年，全县在册石材加工企业23家，分布于各街道镇乡，年加工销售板材制品约276000平方米。

砼预制品

始于20世纪60年代。1975年，象山水泥制品厂、县液压厂水泥预制场生产马鞍瓦、屋架、小梁桁条、五孔板等建材。1984年，全县经检查合格预制厂（场）27家。1988年，整顿水泥预制厂，全县40家企业核发资质证书。1994年，全县核准水泥预制企业65家。1998年，水泥预制业出现衰退，全县产量14600立方米。后水泥预制业愈加衰微。

第九章　文体用品制造业

象山造纸业历史悠久，宋宝庆年间（1225—1227），县产盐钞纸选为贡品。随着经济文化发展，象山造纸、文教体育用品企业不断发展，今瓦楞纸、地球仪等产品在国内有一定知名度，产品不仅内销，还销往世界各地。

第一节　造　　纸

象山造纸业发展虽早，但中华人民共和国成立前一直未成规模。造纸业规模生产始于20世纪70年代，进入21世纪后，造纸业加快发展，产品质量不断提高。同时，不少企业开始生产纸制品，提高经济效益。

传统造纸

宋宝庆年间，产盐钞纸。民国7年（1918），丹城史阿毛在西门外开设史合兴草纸作铺。民国21年，周宏培开设周和兰草纸作铺。民国29年5月，丹城西寺建民生工厂，职工149人。以嫩竹、笋壳为原料，月产纸970公斤，年产值74200元。民国末年，全县造纸作铺3家，产品有土草纸、上白、次白毛边纸等10种，用于糖果包装、书写等。

1951年，黄避岙大林造纸厂在护境寺内开办，职工16人，原料为稻草与废纸。同年，墙头方前开办“天和纸作铺”。

传统造纸工艺考　选用嫩竹和竹笋壳为原料，截成丈许，捆叠成把，埋于地槽，撒入一定数量的石灰，注水浸泡3个月，让嫩竹片、笋壳霉烂成丝，取出晒干，捣碾成细糊粉后，倒入大缸中拌成糊状存放。将存放缸里的糊状物适量倒入木槽桶（桶长8尺，宽4尺，高3尺许，底稍小，口大成长方形），注水用竹棒或木棍打搅，使满槽白沫覆盖，去沫，端起细密帘子撩纸浆，一层糊状物沾于帘上，从反向轻放竹帘，将浆纸整齐码放于案上。1小时后，槽内糊质沾訇，又作同样搅拌、做纸。待浆纸叠成尺许厚，用木制压榨机加压挤出水后，切成二截，由采纸工采纸贴在竹筋上，晾干晒燥，色成淡黄，俗称“霉头纸”。后也有加染料的，使纸成黄白色，纸靠太阳晒，受气候限制成效低，后晾干工具改用烘壁，效果倍增。

现代造纸

1975年10月，原涂茨建筑社转向造纸业，建立象山造纸厂。始产土纸，采用机械制纸，以麦秆、稻草、破布、废纸为原料。1977年，纸品增加，产量提高，年产箱板纸116吨。1978年，纸厂生产列入浙江省造纸公司计划，增加油毛毡、原纸、石棉纸板、纸盒等产品，年产纸2300吨。1985年，生产机制箱板纸3900吨。1990年，全县造纸厂2家，从业470余人，年产值782万元。2000年年末，宁波森林纸业有限公司建立，日产高强瓦楞纸12万平方米。2005年，宁波海山纸业有限公司建立，年产8万吨高强瓦楞芯纸。2008年，建成20万吨高强瓦楞纸生产线，职工303

人，年生产能力达102300吨，产值25727万元。其中66GA级瓦楞芯纸填补国内空白。

纸制品

1973年，丹城纸盒厂开始生产纸制品。1981年，大徐五金日用品厂建立，专业从事纸箱加工。1984年，象山民政福利纸箱厂开业，生产瓦楞纸箱。1994年，宁波和民纸业有限公司建立，生产纸箱、纸容器。2000年后，象山福达包装有限公司、象山特种胶印厂、象山朝阳包装有限公司相继创办。2006年，东郊启明纸箱厂、亚泰纸箱塑料包装厂等8家企业相继在县工业园与周边乡镇建成，员工1200余人，生产瓦楞纸板容器达3000吨，包装纸箱64万只。至2008年，全县有纸制品企业32家。其中，造纸及纸制品规模企业8家，从业人员735人，工业总产值50525万元，年税1678万元。

2008年象山县造纸业及纸制品业规模企业情况表

表31-17

企业名称	建厂年份	地址	产品	职工（人）	资产总额（万元）	工业总产值（万元）	主营业务收入（万元）	利润（万元）	税金（万元）
象山和民纸箱厂	1994	大徐西昭路	出口包装纸箱	90	18773	14655	14655	969	740
象山江南纸箱厂	1997	园中路164号	纸制品（纸箱）	20	566	682	583	-3	24
宁波森林纸业有限公司	2000	西周工业区	产多楞型瓦楞纸板	90	4110	6568	1581	262	104
象山福达包装有限公司	2000	东陈乡工业园区	纸板、纸箱、橡胶产品	151	4170	5000	5590	150	205
象山县特种胶印厂	2002	上吴	纸制品	29	426	606	518	1	21
象山县四通包装有限公司	2004	西周工业区	纸制品：瓦楞纸箱	22	560	687	745	134	52
象山海山纸业有限公司	2005	北塘开发区	机制纸及红板制造，AA高强瓦楞原纸	213	28451	19159	18664	708	458
宁波中亚同和纸业有限公司	2006	县工业园区山河西路508号	纸板、纸箱	120	5268	3168	3173	-44	74

第二节　文教用品

象山县文教用品制作始于清末旧式纸号，时前店后坊，生产文具、账册、宗教及民间信仰用品等。清光绪二十年（1894），石浦有罗锦泰纸店。光绪三十二年，丹城有裕茂号。宣统元年（1909），昌国金源成印刷店开办，初时始印少量校簿。至宣统三年，以木刻水印版（手工）印刷学生描红簿“王子去求仙，丹成入九天”与“上大人孔乙己”等及画线洋抄簿、全白拍纸簿、图画簿等。是年，天台洪小东在丹城开设“洪达元笔店”，职工四五人，专业制作羊毛、兔毛、黄鼠狼尾毛、香狸毛等毛笔。羊毛笔分大羊毫、小羊毫、白丁3种，笔杆上刻有“爱颖似珍”，甚为精细；黄鼠狼毛笔亦有3种，笔杆上部烙其名：紫狼毫、大绿颖、小绿颖。多种笔毛浑制而成的毛笔称“绿水毫”质量最佳；特色笔更是一绝——用雄鸡毛和羊毛制成，供书写特大号文字，每支笔银圆3元。上海招商局每月先汇银圆40元为购笔预付款，定购“绿水毫”200支。该店闻名县周边，产品十分紧俏，抗战时衰落。民国22年（1933）石浦厚大书店业主叶秀富，自购印刷设备开印校簿等学习用品。

20世纪50年代，丹城、石浦印刷厂皆印刷教育用品。70年代，县内曾开办墨水厂、粉笔厂。1981年，创办象山教育仪器厂，属墙头中心小学校办企业。初设计生产儿童地球仪和HT—1型浑天牌天球仪，后又生产袖珍天球仪和立体地球仪。翌年，参加全国同类产品质量评比，其中一款产品质量居全国首位。1984年，象山教育仪器厂被国家教委定为教学仪器设备生产定点单位，年产地球仪100万台，成为国内规模最大的地球仪生产厂家之一，产品远销欧美、非洲和东南亚各国。90年代，先后创办科教文具厂、春晖文具有限公司、凤欣地理文具有限公司、思诺格博工艺品有限公司、海阳科教仪器有限公司、华盛科教设备厂等企业，主要生产地球仪、教学用多媒体课桌控制台等产品。2007年，象山朱丹文具有限公司建立，从事文具、玩具、地球仪制造。2008年，全县教育用品生产企业8家，员工997人，工业总产值37988万元。

第三节　体育用品

1990年1月，石浦创办象山体育器材模具厂，研发生产多种体育球类模具。2000年，在县工业园区创办宁波曼切斯体育用品有限公司，专业从事滑雪板、冲浪板、雪橇等体育用品生产，全省仅此一家。2004年，公司与澳大利亚合资，采用澳大利亚的产品设计及制造工艺，在生产滑雪板、雪橇基础上，添设风筝板、滑水板新项目，研发出KITE130ARO和SKATEBXDARD产品，产量达10万片件。产品销往英国、捷克、荷兰、俄罗斯、美国、加拿大、日本、澳大利亚等40多个国家和地区，年销售量名列国内同行前茅。2005年，墙头创办象山绿岛游艇制造厂，始做模具，后转产制造游艇。产品外销蒙古、俄罗斯等国。是年，滨海工业园区创办宁波宁丰健身器材有限公司，生产篮球架、乒乓球桌室外健康器材等产品。2008年，体育用品制造业规模以上企业4家，工业产值12642万元，出口交货值11847万元。

第十章　食品加工业

象山食品加工历史悠久，旧时多为家庭作坊式作业，加工产品以农副产品和水产品为主，也有糖果糕点食品生产。昔象山无冷藏设施，水产品加工多用盐腌制，或晒干、风干。爵溪、石浦沿海与海岛渔民加工大黄鱼及其他鱼货，销往省内外，在宁波和上海等地享有名声。中华人民共和国成立后，制冰和冷藏业逐渐兴起。20世纪80年代始，农渔产品深加工企业迅速增加，水产品、农副产品的品牌不断推出，产品从内销向外销拓展，推动食品加工业发展壮大。

第一节　水产品加工

象山自古盛产海鲜，渔民习惯用手工加工水产品。元延祐间，象山国朝岁进就有鱼鳔、虾米、泥螺等产品。随着时代进步，产品由传统加工，逐步发展到深加工、精加工，品种多、质量好，销售从国内市场向国际市场拓展。贮藏，则由干藏转向冷藏。

水产品加工方式　水产品加工企业

水产品加工方式有腌制、晒制、矾制、风干等。腌制主要有咸带鱼、咸鲳鱼、咸鳓鱼、咸蟹、咸泥螺等。晒制（包括先腌后晒）主要有黄鱼鲞、墨鱼鲞（墨鱼包）、鲨鱼鲞、鮸鱼鲞、龙头鲓等。矾制水产品有海蜇皮、海蜇头等。风干主要有鳗鲞、虾皮等。其他还有鱼酱油（鱼露、鱼卤）、鱼粉等。20世纪30年代，石浦延昌鱼翅行，加工鱼翅、鱼骨。40年代，爵溪大黄鱼鲞加工厂达百余家，数百余户以此为生，黄鱼鲞称“爵鲞”，以质优味美而名驰杭嘉湖各地，为爵溪名牌产品。民国36年（1947），石浦、延昌有鱼类加工场，从业百余人。

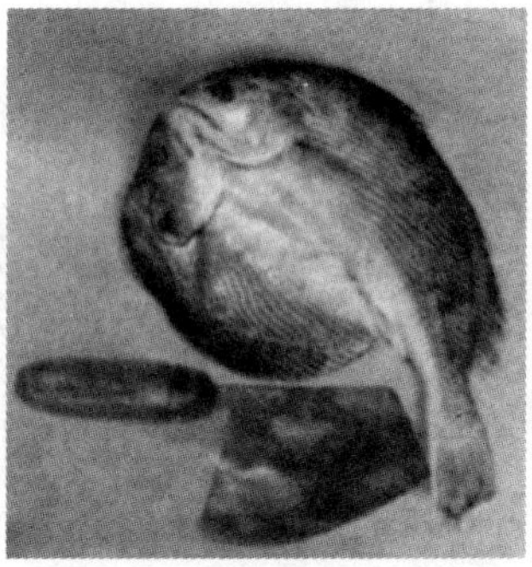

照31-11　鲞刀与黄鱼鲞

中华人民共和国成立后，象山除发展水产品加工企业外，沿海村落农户常有加工鱼鲞出售。1974年，县水产公司建立鱼粉烘干车间，始办县首家鱼粉加工企业。1984年，高塘、番头、东门、石浦、檀头山等地兴办鱼粉加工厂，年产鱼粉千余吨。1998年，象山海鲜王食品有限公司生产的“阿进牌”产品有脱脂大黄鱼、泥螺、带鱼丝、辣螺等瓶装和海鲜礼包四大系列50多种投放市场，深受民众喜爱。2000年，石浦建水产加工园区，水产品深加工始上规模。宁波三英水产食品有限公司、宁波林川水产贸易有限公司等许多家企业，开发生产烟熏鱼、烟熏鱼刨花、墨鱼花、冻鲅鱼片（块）、宠物食品等，产品外销日本、韩国及东南亚各国。2002年，宁波超星公司研制生产墨鱼粉、鱿鱼粉、鱼精粉、鱼精膏、水解蛋白鱼粉等海洋生物产品填补国内空白。2004年，宁波大宇食品在冷冻加工的基础上开发对虾熟食产品，年加工熟食对虾产品1000余吨，年销售收入28710万元，单冻虾仁被国家农业部认定为无公害农产品，全部出口欧盟各国，成为宁波市最大的水产品外贸出口创汇大户。2005年，宁波超星海洋生物制品有限公司生产鱼糜8000吨、鱼精鱼露4000吨，产品获“浙江省农业博览会金奖、优质奖等”。2006年，宁波华毅水产食品公司生产的马鲛鱼片，年出口日本6000吨；东方水产食品有限公司茄汁沙丁鱼罐头销往加纳、加蓬、安哥拉等国，进入国际市场。是年，象山被中国食品工业协会授予“中国水产食品加工基地”。2008年，全县水产加工企业161家，总产值132201万元。“元虎牌”脱脂大黄鱼、风晾鳗鱼，“小岛人家”牌鳗鱼鲞、鱿鱼鲞、墨鱼鲞、“小鱼丸”等列入中国绿色产品项目。

水产品贮藏

干藏，在象山沿海渔村是一种传统藏贮方法。人们将腌制的各类鱼鲞洗净晒干后，即将原腌鱼的大木桶或大缸洗净晾干，在底部和桶缸内四周铺上小署稻草，然后将鱼鲞背朝下一圈圈有序叠放，然后再用小署稻草封顶加盖。有的则在加工厂里挑来黄沙，铺上小署稻草，鱼鲞砌成圆形，四周用小署稻草包好，草绳缚紧。用小暑稻草封藏的鱼鲞，有一种浓浓的稻香，干燥、防潮，使黄鱼鲞呈金黄色，不发油、卖相好，深受客户喜爱。

随渔业生产的发展，鱼产量不断提高，盐制加工已不能满足人民生活需求，水产冷藏加工应势而起。旧时使用“土坑冰库”，又称“冰厂”。冬天收购冰块，需时取用。冰厂系用土坑、石板坑、水泥坑等建成，多为土墙草房，四周密封，仅留一门。寒冬腊月，冰厂雇人在水田河塘中采取天然冰块，集藏于冰厂内，待渔汛开始，水产收购船从冰厂购得冰块出洋收购水产品，用冰冷冻，然运销宁波、上海等地。该法直至60年代仍在沿海渔区广泛应用。随着冷库的不断建立，“土坑冰厂”逐渐淘汰，80年代中晚期绝迹。

冰厂考　浙东冰厂，据郑若曾《汇南经略》载，明代宁波黄洋市即有四五座冰厂，称“冰荫”。明代象山冰厂情况，县志无载。清墙头诗人王时蕙《象山海错诗·黄花鱼》云：“琐碎金鳞软玉膏，冰缸满载入关舠。”既有“冰缸”，推知当年象山亦有冰厂。民国时象山冰厂较盛。民国《象山县志·实业考·渔业》载：爵溪有冰鲜船运销宁波、上海、乍浦、江阴等处。《中国实业志·浙江省卷》之“工业·其他工业·制冰业”载：旧式藏冰之厂，象山也占相当地位。《石浦镇志稿选编》载：民国时石浦有冰厂7座，4座位于延昌塘头港，另3座位于火炉头。浙江省立宁波教育馆《浙江沿海各县渔盐概况》载：石浦冰鲜桶渔业最盛，可和沈家门相颉颃。台湾总督府《江苏省、浙江省水产业调查报告》载：石浦冰厂规模比宁波高大得多，单个贮存量可达四万担，建造费用在2000元左右。大的冰厂有相对两道门，称“天门（入口）”、“地门（出口）”。有的内部隔成90多间①。

1973年，象山食品冷冻厂建成，为县内第一家冷冻企业。1975年，县水产公司在石浦兴建1500吨级冷藏库，经营水产品冰藏和机制冰。1981年，东门、石浦渔业队各建500吨级冷库。至1985年，全县冷库库容8500吨，职工5828人，年产值7918万元，居全县工业第3位。2003年，东方洋洋得意公司万吨级冷库建成投产。2008年，全县制冰企业129家，年制冰27万吨，冷藏加工企业161家，库容量达29万吨，产值37.67亿元，占全县规模以上企业工业总产值10.9%。

照31-12　位于石浦港畔的象山首座千吨级冷藏库

①据史复明《历史上的浙东冰厂探述》（《宁波史志》2017年第4期）等编写。

第二节 糖果糕点 饮料

象山历有糖果糕点生产。中华人民共和国成立后，传统糖果糕点加工逐渐转向引进机械化生产，品种日益增多。20世纪70年代，县内始生产饮料，早期品种有汽酒、可乐、雪碧等，90年代起，主要产品为桶装饮用水。

糖果糕点

清乾隆十四年（1751），石浦高见龙南货店（初为叶见龙南货号，后叶氏退出，高氏掌店）经营糕点、蜡烛等，为象山最早有记载的南货点号。此后，嘉庆年间，镇海周氏在丹城西街开隆润南货店，主营副食品兼营糕点。光绪末，西周有郑大兴宏兴糕饼店。清末民初，祺昌、杨茂昌、萧通生、隆盛、善记糖店等，在石浦、丹城分别开业，制作糖果、糕饼。民国14年（1925），珠溪老街开设性任糖果店，手工制作糖果、饼干出售。民国16年，丹城东街开设阮昌生南北糖果店，制作薄荷糖、芝麻空心糖、麻片糖、牛皮糖、姜糖、糕干糖等50余种。民国33年，县人姜绍祖设饼干公司筹备处，研究将番薯丝磨成粉，加上其他成分，制造适口饼干。民国34年，爵溪陈大兴糕店，生产硬糕，颇负盛名，产品除供应本地外，远销定海、宁海、台州、玉环、温州、福建等地。20世纪40年代末，全县糖果、糕点企业7家。

1956年，石浦建立石浦糕店厂。1958年，建立丹城糕点糖果厂。至1977年，全县糖果、糕点企业4家。80年代后，引进各种加工机械，产品质量提高，产量迅速增加，品种愈加丰富。2005年，象山景泰食品公司、宏宝冷冻食品厂相继开业，产品除糖果外，新增面包、蛋糕、雪糕等10余种。2008年，全县有糖果企业20家、糕点企业97家，员工460人，年产值5820万元。

制糖业 旧时民间传统土制饴糖，均为家庭作坊。1969—1971年，泗洲头镇灵南大麦塘、对岙王、丁岙塘等村建立蔗糖厂3家，年产（赤砂糖）10万余斤。20世纪80年代中期，因甘蔗种植减少而停业。1973年，象山糖厂建立，主产砂糖、赤砂糖（季节性生产），年产值100万元。至1983年，因亏损严重而停产。

饮料

20世纪70年代，象山食品厂始产汽水，主销县内各地。1985年，珠溪汽水厂生产汽水、果汁（桃、李、橘子、苹果）、汽酒。1986年，象山龙泉可乐厂建立，专业生产可乐、雪碧，除县内销售外，还销往宁波、舟山、宁海、奉化、三门等地。90年代初，县内可乐、雪碧生产企业达22家。1995年后，外地可乐、雪碧打入象山市场，由于本地产品缺乏竞争力，先后倒闭。2002年始，象山石浦渔山宫饮用水厂、象山珠溪戴维矿泉水厂、环海、大雷山、射箭山等矿泉水生产企业先后建立。2003年，象山宁波逍遥饮品有限公司、宁波茗龙饮料厂、宁波戴维饮用水厂、环海饮用水厂、大雷山饮用水厂、射箭山饮用水厂、新桥石泉饮用水厂、丽景泉饮用水厂联合组建宁波百茗食品有限公司，引进先进设备，专业生产“百茗”牌矿化水、纯净水、山泉山、天然水供应县内外市场。2008年，全县饮料企业共7家，员工273人，年产值1342万元，利税178.6万元。

第三节　制　　酒

古时，象山民间即有酿酒作坊。宋宝庆《四明志》：象山设有酒务，在县西南一百八十步（今西桥头南）。酒坊有东溪坊、西溪坊、西砂坊、东村坊、青部坊等5所。民国时期，石浦镇成立酒业同业公会，辖会员商号74家。民国10年（1921），较为著名的制酒业有西周源利丰，石浦元大亨、敦三、裕和及昌国卫永春酒坊等。县内各地亦多有民间酒坊。中华人民共和国成立初，象山年产黄酒361470担，糟烧9220担。

1952年，丹城、西周、爵溪、东港、石浦等地38个私营作坊，分别组建成丹城、石浦两个联酿栈。1956年，联酿栈分别改名为象山丹城酒厂、象山石浦酒厂，木榨改为机榨。1980年，丹城酒厂黄酒生产实现机械化，为宁波地区第一家机械制酒企业。1983年，石浦酒厂黄酒生产亦实现机械化。1981年，建县啤酒厂，翌年生产“和乐”牌象山啤酒。1984年，石浦酒厂也一度生产“明州”啤酒。由于竞争激烈，企业发生亏损，1994年停产。20世纪90年代末，宁波永成酒业有限公司成立，利用本地杨梅、桑葚资源，开发生产杨梅酒和桑葚干红系列酒。其中，杨梅酒产品获浙江省名牌产品。2002年建宁波仙子酒业有限公司，以水果为原料，生产干红杨梅酒、桑葚干红系列果酒，生产能力3000吨，产值6000万元。2005年，新桥镇办象山涌香酒厂，主产高粱酒、荞麦酒、米烧、番薯烧等白酒，称“故乡月露酒”。2008年，全县酿酒企业8家，从业人员811人，年产值4160万元，利税1347万元。

第四节　农产品加工

旧时，民间有将白菜、雪里蕻、萝卜、冬瓜、带豆、茄子等蔬菜加工成咸菜或干菜，为乡村农户之“常年下饭”，多余部分上集市销售。中华人民共和国成立后，农产品加工领域不断拓展，加工企业不断增加，形成规模产业。加工的品种主要为蔬菜、水果、禽蛋、豆制品和茶叶等。

蔬菜加工

清同治六年（1867），石浦开设裕和酱园，生产豆瓣酱、酱油、米醋、腐乳、酱大头菜、酱萝卜等。民国期间，丹城开设聚丰酱园。民国37年（1948），全县酱业厂商10家。

1979年，泗洲头成立姜油厂，产品为生姜油。2000年，象山绿洲食品厂建立，主产水煮竹笋罐头，开发竹笋加工产品20多种，销售从国内向国外拓展，产品出口日本、新加坡、澳大利亚等国。2002年，宁波能大食品有限公司建立，主要从事果蔬的真空冷冻干燥、速冻保鲜、热风干燥食品开发。2005年，宁波素子园八味公司建立，从事胡萝卜、甘薯、香芋、青蚕豆、马铃薯等产品的精加工生产。2008年年末，全县果蔬加工企业7家，员工1279人，年产值8340万元，利税1046.6万元。其中，规模以上企业3家，年产值7864万元，利润845.4万元，税金201万元。

水果加工

旧时农家将杨梅、桃子腌渍、脱水晒干成果脯出卖，但未成产业。1975年，象山县食品罐头厂建立，生产柑橘、梨头、黄桃、杨梅等罐头。20世纪80年代始，象山方便食品厂、象山食品蜜饯厂、象山县副食品加工厂、象山县定塘食品加工厂先后创建，产品以蜜饯、水果罐头、酱菜为主。1999年，新建象山龙鑫食品公司，年产各类水果罐头10000余吨。其中生产柑橘罐头6000余吨，多销欧美、日本及东南亚等国家和地区。2005年，宁波素子园八味公司从事苹果、红枣、菠萝蜜等水果产品加工。

豆制品加工

从事豆制品生产，俗称"水作"。象山始于何时，不详。旧时水作遍于乡镇，生产以家庭作坊形式为多。后坊前店，或批发于作坊，或叫卖于市。有记载，创办较早的有清同治年间开业的丹城朱兴记豆腐店、光绪二十九年（1903）开业的昌国卫潘协源豆腐店。民国36年（1947），石浦镇成立水作业同业公会。中华人民共和国成立后，私营工商业开展社会主义改造，城镇水作业改造成合作商店。改革开放后，私营水作业重又兴起。2001年，象山糖烟酒有限公司建立豆制品加工点，设5条生产流水线，对豆制品实行规范和规模化生产，产品有内酯豆腐、老豆腐、嫩豆腐、千层、香干、油泡、素鸡、烤麸、凉粉等。2008年，产值1151万元。

禽蛋、禽肉加工

象山乡村农户历来有禽蛋加工传统。清末至民国时期，石浦、泗洲头等口岸蛋行兴起，除收购鲜蛋、活禽外，并制作咸蛋、彩蛋（皮蛋），营销县内外。民国20年（1931），石浦复兴蛋行收购鲜蛋，并制彩蛋专销上海。民国25年，蛋行增至8家。民国29年达12家。石浦老码头、新道头、横塘岸蛋行密布，联兴蛋行、元丰蛋行制作的咸蛋、彩蛋销往甬沪温台。中华人民共和国成立后，禽蛋由供销社收购，并制成咸蛋供应市场。1989年，晓塘东海畜牧禽蛋生产合作社成立。20世纪90年代，旦门象山利群特色海味制品厂、晓塘三眼碶象山绿源食品有限公司先后建立，生产的"海岛野生牌"咸蛋、皮蛋，2006年获"宁波市名牌产品"称号。2001年，宁波"鸭妹子"食品有限公司成立，加工海鸭咸蛋、皮蛋、卤蛋、咸蛋黄等50余种产品，获"浙江省名特优畅销产品"称号。2003年，"鸭妹子"蛋品获浙江省农业博览会银奖、"宁波名牌产品""浙江省绿色农产品"称号；2004年、2006年，获浙江省农业博览会金奖。

象山家禽加工主要是浙东大白鹅。1973年，县食品冷冻厂生产加工"冻宁波鹅"，行销国际市场。改革开放后，浙东大白鹅熟食加工遍于市场。2000年，象山曙海大白鹅食品有限公司加工"白斩鹅系列""盐水鹅系列""酱鹅系列"等产品，被评为宁波市名牌产品。

制茶

象山制茶历史悠久。《宋会要》载象山产茶①。珠山、射箭山、五狮山、蒙顶山等皆产佳茗，尤以珠山产的"白毛尖"最为知名。民国期间，多采摘野生茶叶，土法烘制。中华人民共和国成立初期，年产野生茶叶100余担。

1956年，大雷山、蒙顶山始垦种茶树，至1965年，辟茶园16.33公顷、产茶12.5吨。翌年，新辟茶地166.66公顷，产茶250担。1966年始，引进炒制茶技术。1970年后，黄避岙、贤庠、茅洋、儒雅洋、樊岙等镇乡先后开办茶场，建立茶厂，用炒茶机试制圆珠茶。1975年，引进福鼎白豪种苗，栽种33.3公顷，茶园增至755.5公顷、产茶140.35吨。1979年，黄避岙、大徐、儒雅洋创办精制茶厂。1982年，茶园增至1720公顷，产量1081.15吨。1984年，象山天坛牌特级珠茶荣获二十三届世界优质食品金质奖。是年，试制龙井茶成功；贤庠、茅洋、南充、南峰岗等茶场

①见本志"农业"篇第七章"林业"第三节"林特产品·茶叶"部分页下注。

生产功夫红茶70吨；儒雅洋茶厂生产红碎茶180余吨。1985年，全县茶厂5家，员工210人，主要产品为绿毛茶、花茶、红茶。2000年年初，象山义超茶叶有限公司建立，有茶叶基地146.66公顷，员工500余人，主产绿茶、眉茶、珠茶等17个类型，产品远销非洲、欧洲等40多个国家和地区，成为全县规模最大产茶公司。象山天池翠茶业有限公司，生产“天池翠”茶叶，2003年、2005年，分别获上海国际茶文化博览会、济南国际茶文化博览会金奖。2008年，全县茶叶加工企业4家，职工838人，产值29165.9万元，利润648.2万元。

2008年象山县食品加工主要企业情况表

表31-18

企业名称	所在地	建厂年份	年产值（万元）	利润（万元）	税金（万元）	职工数（人）	主要产品
象山县水产供销公司食品厂	石浦镇	1954	228	23	12	94	水果罐头
宁波九洲食品有限公司	西周镇	1973	1985	151	51	40	冷冻鱼虾
象山县食品罐头厂	丹城城西路	1975	1437	55	47	655	罐头食品
宁波大宇食品有限公司	爵溪街道北塘	1986	12099	354	24	130	冷冻鱼虾
宁波飞达鱼粉水产实业有限公司	石浦镇东边村	1993	1716	72	8	60	鱼粉
宁波金宏水产食品有限公司	象山县工业园区	1994	1559	247	92	40	休闲食品
象山石浦银亿鱼品加工厂	石浦镇下塘村	1994	1308	76	8	30	鱼粉
象山县石浦贵祥冷冻厂	石浦镇渔港北路45号	1994	793	64	56	25	休闲食品
宁波宝达罐头食品有限公司	丹西街道	1995	5579	36	162	55	蔬果罐头
象山华龙水产食品有限公司	石浦水产城边	1995	3037	21	0	42	冷冻鱼片
宁波飞宏水产有限公司	石浦水产工业园	1995	18000	1838	460	669	休闲食品
宁波飞日水产实业有限公司	石浦水产工业园	1996	28406	2197	1049	761	休闲食品
宁波华毅水产食品有限公司	石浦镇山河西路481号	1996	17643	865	1071	327	冷冻鱼片
宁波开源冻品有限公司	石浦水产工业园	1996	8446	-287	49	68	鱼糜
象山县银龙水产有限公司	石浦水产城	1996	931	-122	19	40	冷冻鱼片
象山锦润水产食品有限公司	石浦镇渔港北路43号	1996	1802	136	49	100	冷冻鱼虾
象山石浦希望蒸干鱼粉厂	石浦镇下塘村	1996	1800	35	4	25	鱼粉
象山南方野生动物养殖有限公司	丹东街道	1997	24543	1369	443	318	肉禽罐头
象山天韵食品有限公司	丹西街道	1997	17067	443	158	1620	蔬果罐头
象山利群特色海味制品厂	新桥镇旦门	1997	1000	50	15	98	蛋制品
象山华字食品有限公司	丹西街道	1998	5226	78	86	63	水果罐头
象山海鲜食品有限公司	鹤浦镇	1998	6845	415	108	158	水产罐头
象山龙鑫食品有限公司	丹西街道	1999	3234	50	180	80	蔬果罐头
宁波锦海水产食品有限公司	石浦镇曙光路1号	1999	15070	985	847	350	鱼糜虾仁

续表31-18

企业名称	所在地	建厂年份	年产值（万元）	利润（万元）	税金（万元）	职工数（人）	主要产品
宁波兰祥水产食品有限公司	石浦水产工业园	1999	10091	356	196	250	休闲食品
宁波永成酒业有限公司	贤庠工业小区	1999	3600	540	720	60	果酒
象山三英水产食品有限公司	石浦镇昌国开发区	2000	8998	946	233	100	调味品
象山县茗龙脱脂鱼粉厂	石浦镇下塘村	2000	2000	71	9	65	脱脂鱼粉
象山南方水产食品有限公司	石浦水产工业园	2001	25108	1195	847	300	鱼糜鱼丸
象山宏海水产食品有限公司	石浦水产工业园	2001	3560	340	133	80	冷冻鱼虾
象山石浦东方水产有限公司	石浦水产工业园	2001	1920	-957	0	15	休闲食品
象山石浦国龙水产有限公司	石浦水产工业园	2001	17800	335	534	80	鱼糜
象山元虎水产有限公司	鹤浦镇	2001	9531	826	492	110	脱脂黄鱼
象山超星海洋生物制品有限公司	石浦水产工业园	2001	8000	387	0	210	调味品
象山鸭妹子食品有限公司	墙头镇亭溪	2001	3000	120	12	86	蛋制品
象山糖烟酒有限公司	丹东街道	2001	1151	12	41	105	豆制品
宁波大目山绿色保健品有限公司	丹东街道	2002	9500	600	450	68	肉禽罐头
象山百茗食品有限公司	泗洲头镇	2003	746	20	50	80	矿泉水
宁波锦祥食品有限公司	石浦镇中央塘村	2003	1962	452	16	70	鱼片虾仁
宁波国晨阳水产公司	滨海工业园	2004	3088	95	42	160	鱼片
象山富润水产有限公司	石浦镇东风路48号	2004	511	38	22	30	冷冻鱼
宁波锦洋水产食品有限公司	石浦水产工业园	2004	3752	492	0	140	虾鱼片
宁波海硕生物科技有限公司	爵溪街道北塘	2004	11524	140	136	70	调味品
象山九龙饲料加工厂	晓塘乡	2005	1200	180	0	30	饲料
宁波锦和食品有限公司	晓塘乡	2005	7206	742	56	205	水产罐头
象山景泰食品有限公司	丹西街道	2005	1000	100	10	—	蛋糕面包
宁波海宝宝水产食品有限公司	新桥盐场	2005	1608	71	10	25	冷冻鱼
宁波素子园八味食品有限公司	滨海工业园	2005	2800	300	60	150	蔬菜干果
宁波健洋食品有限公司	石浦镇园中路170号	2007	2500	89	40	140	鱼片鱼段

第十一章　竹木制品加工业

象山竹林达十余万亩，竹木加工历史久远，尤竹器加工，品种繁多，具有特色，为邑内一大传统手工业。中华人民共和国成立后，政府组织工匠成立合作组织，生产农具、生活用品，但一直未成规模。20世纪90年代后，竹木制品业发展迅速，部分产品进入国际市场，竹根雕产品一枝独秀。

第一节　竹业加工

竹器行业又称篾业。象山竹制品繁多，竹器使用涉及生产、生活各个领域。旧时，竹器业除少数人在城镇和集市村落设铺经营外，大多走村进户流动经营。中华人民共和国成立后，个体篾匠联合起来，组建互助合作组织，各地作铺逐步消失。1956年，全县专业竹器社、组26个，成员849人。主要生产竹箩、竹簟等生产工具和日常生活用品。产品除销县内外，还销往宁海等地。芭蕉村的箩、簟，南充村的篮，墙头的竹椅和东乡的笠帽为象山颇具名气的竹器产品。特别是儒雅洋芭蕉上下岙村民，世代以篾业为生，男女都从事竹箩、竹簟生产。时有“上岙老婆缚箩口，下岙老婆缚簟头”的俚语。上岙赖大乾、下沈排头张小泉、丹城陈茂路、亭溪潘尔林加工的竹制品最有名气，为竹器行业颇负名望的工匠。1958年后，丹城、石浦、西周等地竹器生产单位使用劈篾机，工效提高十几倍。20世纪90年代始，传统竹制品销量下降，逐渐退出消费市场，多数篾匠改行。采用先进加工技术的竹制品企业兴起，开发生产的一批竹制新产品热销市场。由竹器生产发展而来的竹根雕生产异军突起，形成年产值近3500万元的新兴产业。

竹制品企业

1990年9月，鹤浦建立象山工艺竹席厂，为全县首家采用新技术新工艺从事竹木加工的企业。生产系列竹凉席在广交会上获日本客户的青睐。1995年后，象山永兴竹席制品厂、象山通联消防竹梯厂、宁波金鹰竹业有限公司、象山发业竹材有限公司相继建立。2000年，全县竹制品加工企业已达10余家，员工和销售人员5000余人。每年消耗原竹200万余株，占全县原竹产量的60%。2008年，竹制品从单一的竹凉席发展到竹地板、竹棒球棒、竹花瓶、竹窗轨等，产品出口美国、日本、法国、德国、意大利、荷兰等国。宁波兄弟竹业有限公司发展成为全省最大的竹凉席生产企业，所产的“兄弟”牌竹凉席被农业部命名为“名牌产品”。

竹根雕企业

竹根雕由竹器生产发展而来，以竹根为制作材料，其作品则为纯粹的美学欣赏，与一般实用竹器大异其趣。1979年年末，西周区成立“象山县西周工艺美术厂”，张苍竹为厂长。1981年，县文化馆成立象山县工艺美术服务部，专事竹根雕生产。1983年，张德和、郑宝根创办象山丹城出口工艺美术厂，从事竹根雕设计、创作。1984—2003年，创立的竹根雕企业有：象山工艺雕刻厂、宝根艺术创作室、象山特种古董工艺雕刻厂，象山东方工艺雕刻厂、象山西沪港雕刻厂、王氏根艺坊、象山宏达根雕有限公司、善国工艺坊、华荣雕刻工艺厂、象山德和堂根艺坊、象山利勇竹艺坊、秉益堂根艺坊、春荣竹刻坊等。至2008年，象山有竹根雕创作单位、企业30余家，专业从事竹根雕工艺品生产近300人，年产值3500万元。竹根雕艺术等内容详见本志“文学　艺术”篇第二章“艺术”第四节“雕塑”，以及“非物质文化遗产”篇第三章“省级非物质文化遗产”。

第二节　木器加工

木器家具生产历史悠久。民国《象山县志》载，木器行业产品除犁、耙、稻桶、水车、砻等生产用具和床、橱、箱等生活用具外，还制作缫丝车、轧子车等纺织、制棉工具。民国27年(1938)，全县木匠1484人，除少数设铺经营外，大多分散流动经营。所产家具有红衣橱、倚栏床、八仙桌、账桌和红板箱、开门箱、小橱等。

1952年，全县木材加工和木制品铺235家，多为家庭经营，总产值246.4万元（第一套人民币)。1953年，分散在各地的木匠联合组建互助合作社，传统的合伙组织、木作铺逐步消失。1956年，全县木业社（组）23个、785人，生产木犁、木耙、水车、稻桶等农具3.6万件。1961年，完成国家下达生产农具任务5万余件。1980年后，随着经济体制改革，木器行业改行转产，专业木器企业日趋减少。1996年，象山乔明装饰材料有限公司建立，生产竹木窗产品。2000年，改制板式整体家具，研发生产欧美风情系列产品350余款，年销售3000万元。产品销欧美、中东、日本、东南亚等国家和地区。

进入21世纪，象山相继建立有一定规模的家具厂。主要产品有橱、床、椅、餐桌、茶几等。2008年，全县木器家具生产企业31家，其中，规模企业9家，员工1132人，产值22115万元。外贸出口交货值14274万元，营业利润1280万元。

2008年象山县竹木加工主要企业情况表

表31-19

企业名称	地址	建厂时间	年产值(万元)	利润(万元)	税金(万元)	职工数(人)	主要产品
象山理翔木制品厂	大徐镇铁拾村	1993	520	15	14	36	木家具
象山万宝古董家具厂	丹城东郊开发区	1997.09	605	55	14	30	木家具
宁波金嘎婴童木床有限公司	县工业园区	1997	3508	199	180	400	婴童家具
宁波永生工艺品有限公司	丹城西谷路301号	2000.12	552	-28	14	45	木家具
象山荣和竹木制品有限公司	泗洲头镇	2000	529	-9	5	80	竹木制品
象山卜凯星工艺品厂	西周镇	2000	100	10	6	50	木制工艺品
宁波华裕工艺家具有限公司	县工业园区	2001.07	989	0	25	52	木家具
象山发业竹材有限公司	泗洲头镇	2002.03	526	0	9	30	竹制品
宁波小木人婴童用品有限公司	晓塘乡美礁溪村	2004.12	978	2	16	73	木家具
宁波彩家家居用品有限公司	西周镇杭头村	2005.07	13122	1279	508	496	家具
象山西周滨港竹木制品厂	西周镇	2007.01	30	3	1	20	竹木制品

第十二章　工业园区

象山工业企业集聚为园区，始于20世纪90年代。1992年7月，设立象山丹城开发区，后更名为象山经济开发区。1994年升格为省级经济开发区。2004年3月，设立象山产业区。至2008年，象山经济开发区，累计落户企业336家，实现工业总产值70.9亿元。象山产业区累计落户企业140家，实现工业总产值12.3亿元。

第一节　经济开发区

象山经济开发区1992年8月设立，1994年10月升格为省级经济开发区。经过3个时期发展，逐渐形成工业示范区、东陈新区、滨海工业园3个区域块板。总体规划面积25平方千米，至2008年，已开发面积10余平方千米；累计落户企业336家，投产企业179家；实现工业总产值70.9亿元，税收2.7亿元。

工业示范区

照31-13　象山经济开发区

1992年8月，在丹城西南建工业示范区。同时成立象山县丹城开发总公司承担工业示范区的开发建设。1996年10月，得到省对外经济开放办公室批复，规划开发面积6.59平方千米，东起蓬莱路，南至田横山，西至丹石公路（今环城公路），北至靖南路。规划控制范围分两期建设。一期：东起来薰路，南至丹南路，西起丹石路（今环城西路）北至靖南路，开发面积1.62平方千米，实际可利用开发面积1.41平方千米，按规划布局为六类。其中，工业用地220000平方米，商贸服务用地290000平方米，住宅用地500000平方米，公建（市政道路，绿化带）用地180000平方米，行政事业用地88600平方米，其他用地127300平方米。从1992年8月至1999年年末，一期建成116600平方米的“私营工业小区”。二期：1999年9月启动，东起西大河，南至田横山脚，西至环城西路，北至丹南路。实际规划面积4.09平方千米，减河流80000平方米、村庄约380000平方米，实际可开发面积3.63平方千米，按规划归为七类。其中，工业用地2.02平方千米，占实际开发面积的55.54%，余为商贸服务、住宅、道路、绿化等。1992年8月至2001年，入园企业38家。至2008年，入园企业增至300家。

东陈新区

2002年7月，测绘东陈乡区域，年末由上海同济城市规划设计研究院规划设计。东陈新区东至东陈乡边界和大目涂一期，南至松岙隧道，西起南堡黄村，北起北山下隧道。以开发一类、二类工业项目为主。2003年6月，在北山下隧道南口，沿路西边先规划1.48平方千米启动区（占该板块12%）减村庄44000平方米，实际利用面积1.43平方千米。其中，工业用地1.12平方千米。是年末，由于占用农保耕地而停建。2003年1月至2004年5月，入园企业29家。至2008年，入园企业增至36家。

滨海工业园

2004年9月，开发区委托宁波市规划设计研究院，设计大目涂南北区。后正式定名为“滨海工业区”。以生态园、科技工业城为定位，设置针织、机械、电子电器3个主题项目。规划范围，东至大目洋，南以现状自然村为界，西通沿海南线与东陈新区相连，北至北边山与大目湾新城相邻，又把原东陈工业小区270000平方米划入滨海工业园。实际可开发面积5.2平方千米，其中，工业用地2.89平方千米，占实际开发面积55.63%，余为居住、公共设施、绿化、道路等用地。

第二节　产　业　区

象山产业区位于象山港南岸，县境城北部，规划区控制面积130平方千米，总规划用地面积87平方千米，涉及贤庠、涂茨、爵溪、黄避岙、大徐、墙头、西周7街道镇乡，分A、B、C区块。

A区位于黄避岙横里至涂茨干门港，为贤庠、涂茨、黄避岙3镇乡属地。规划用地54.71平方千米，产业发展方向以船舶修造、港口码头及临港大工业为主，发展仓储、物流、中转，开发建设商贸服务、休闲度假、现代居住等。B区位于乌沙山至柴溪村，为西周镇属地。规划用地17.61平方千米，产业发展以汽车及汽车配件、机械模具、电子信息、光机电、电力建材为主。C区位于白岩山盐场，为大徐、涂茨二镇及爵溪街道属地。规划用地14.7平方千米，产业发展以针织服装、生物工程和新医药产业、新材料技术、IT为主。

2005年，象山产业区累计完成基础设施投入20000万元，A、C两区共征用土地1.87平方千米，出让土地1.07平方千米。A、C两区完成基础平整938000平方米，其中，A区完成基础平整271300平方米，C区完成基础平整666700平方米。

照31-14　象山产业区C区

2005年5月，浙江银星船业有限公司落户A区。2006年6月28日，中国石油天然气集团公司投资的中油重工基地项目落户A区。是年，A区新增临港项目4个，累计9个，总投资额达36亿元；城东工业园（C区）新增落户企业46家，累计88家，总投资额18亿元。2008年，象山产业区累计落户企业140家；实现工业总产值12.3亿元，销售收入11.76亿元，出口交货值2198万元，利润2734.36万元，税收2830.54万元。

第三十二篇
建筑业

本篇目录

第一章　建筑产业

根据塔山遗址考证，6000余年前象山已有聚居村落，原始人垒红烧土作墙，掘竖穴坑为墓。自唐神龙二年（706）立县至中华民国，民间泥水工多承揽县内民间建筑业务，以“把作”为首，以师带徒，根据工程需要临时雇用工匠，砌墙建房，筑碶造桥。中华人民共和国成立后至1978年，建筑行业虽由个体经营而发展为互助合作经营、地方国营经营，但建筑市场仍多在境内，产业规模相当有限。中共十一届三中全会后，农村建筑工程队大量出现，建筑业施工企业相继成立，建筑市场开始向外拓展。20世纪90年代始，中共象山县委、县人民政府改革建筑业企业经营体制，龙元建设集团股份有限公司（龙元公司）、宏润建设集团股份有限公司（宏润公司）、华丰建设股份有限公司（华丰公司）、中达建设集团股份有限公司（中达公司）、浙江建安实业集团股份有限公司（建安实业公司）等一批建筑业龙头企业脱颖而出，全县建筑业初具规模。1994年象山被浙江省人民政府命名为建筑之乡。进入21世纪，象山建筑业企业纷纷从国内走向国外，建筑市场实现国际化；建筑业务从原来以房屋建筑工程为主，拓展到公路工程、市政公用工程、水利水电工程、机电安装工程、铁路工程、送变电工程等领域，并催生一批勘察设计、招标代理、建设监理等企业，产业结构实现多元化；建筑业产值规模逐年攀升，发展成为象山国民经济的支柱产业。2008年，全县建筑业产值384.43亿元，建筑施工总产值352亿元，创利税19.2亿元，其中地方税收3.3亿元。

第一节　建筑产业结构

中华人民共和国成立后相当长一段时间，象山建筑业以劳务输出为主。1950年12月，九顷乡成立木业小组。1952年，丹城成立水石小组。1956年，一些区、镇成立建筑社。社、组职工少，无机械设备，凭“一把砖刀一张锯”施工作业。1958年，成立地方国营象山县建筑工程公司，职工500人，为象山首家建筑业企业。1961年，在贯彻落实“整顿、巩固、充实、提高”的政策中，该公司被撤销，职工下放。各区建筑社亦处徘徊状态。1969年3月，丹城建筑社、丹城砖瓦厂联合重建县建筑工程公司，11月撤销。1974年，重建县建筑工程公司，隶属于县二轻局，为县属大集体企业，管理人员7名，生产工人临时招募。1976年，该企业接管丹城建筑社和部分石浦建筑社，职工队伍增至250人，配有少量建筑机械。时建筑社和县建筑工程公司主要承接县内一般民间建筑工程，以劳务为主从业。1976年，施工产值37万元。

1978年后，建筑业进入快速发展期。20世纪80年代初，全县22个公社均组建起工程队，县建筑安装工程公司、第二建筑工程公司、县建筑安装联合公司等一批建筑施工企业相继建立。1984年3月，城乡建设环境保护部出台《建筑企业营业管理条例》，规定从事房屋建筑、土木工程的企业按技术资质和规模，分一级、二级、三级、四级，并明确各等级建筑施工企业必须具备的条件和营业范围。宁波市城乡建委规定不具备等级条件的为等外级企业，并分甲、乙两种。1985 年 7 月，省、市主管部门核定象山登记的 49 家建筑企业中，三级企业 1 家，暂定三级企业 2 家，四级企业 4 家，等外级企业 42 家。其中，42 家等外级企业允许可承包四级承包企业施工任务的 24 家（即等外甲级）。时 7 家具有资质等级的企业和 24 家等外甲级企业，主项业务全部为工业和民用建筑。其他 18 家等外乙级企业，仅能从事劳务输出以及 3 层以下民间房屋建筑施工。

20 世纪 90 年代，随着建筑市场竞争和企业内部的深化改革，象山建筑施工企业的资质逐步提升，产业结构开始多元化发展。1990 年，建筑施工企业减为 23 家，年检复查后，企业资质二级 2 家、三级 4 家、四级 7 家、非等级（等外级）甲类 6 家，乙类 4 家。1995 年，建设部颁布《建筑业企业资质管理规定》，建筑业企业分为工程施工总承包企业、施工承包企业和专项分包企业三类，工程施工总承包企业资质等级分一级、二级，施工承包企业资质等级分一级、二级、三级、四级。至 1998 年，全县建筑施工企业 47 家，其中，一级 5 家，二级 11 家，三级 13 家，四级 18 家。企业资质等级的提升，让象山建筑施工企业具备承接“高、大、难、精”工程要求。建筑施工的承接业务由较单一的房屋建筑向市政公用工程、公路工程、建筑装饰工程、古建筑工程、地基与基础工程、防腐保温工程、水利水电工程等领域不断拓展。1999 年，宏润公司承接上海地铁工程，成为国内第一家进入地铁领域施工的民营企业。

进入 21 世纪，象山建筑业企业注重差别化、特色化发展，产业结构不断优化。2001 年 3 月，国家颁布新《建筑业企业资质管理规定》，建筑业企业资质分为施工总承包、专业承包和劳务分包三个序列，并进行新一轮的资质认定。2002 年，象山建筑业企业主项资质为施工总承包的 16 家，其中，一级总承包企业 5 家，二级总承包企业 7 家，三级总承包企业 4 家，分布于房屋建筑工程、公路工程、水利水电工程、市政公用工程、机电安装工程 5 大总承包领域。主项资质为专业承包的企业 4 家。全县建筑业施工企业共具有地基与基础、建筑装修装饰、建筑幕墙、园林古建筑、钢结构、消防设施、建筑防水、防腐保温、金属门窗、建筑智能化、桥梁、隧道、公路路面、公路路基、港口与海岸、机电设备安装等 16 项工程专业承包资质。此后，建筑业企业增项资质逐年增加。2003 年，良和公司利用公路工程资质进入铁路施工领域，承建洛阳湛江铁路湖南永州段部分工程。至 2008 年年末，主项资质为施工总承包企业发展到 30 家，其中特级总承包企业 3 家，一级总承包企业 6 家，二级总承包企业 12 家，三级总承包企业 9 家。主项资质为专业承包企业 22 家，其中一级专业承包企业 3 家、二级专业承包企业 4 家、三级专业承包企业 15 家。建筑业施工企业工程专业承包资质新增土石方、预拌商品混凝土、高耸构筑物、爆破与拆除、环保、送变电、城市轨道交通、体育场地设施等 8 项，总数扩大至 24 个项。劳务分包企业 21 家，具有木工、砌筑、脚手架、模板 4 类劳务分包资质；另有从事建筑业的勘察设计院 5 家，造价咨询、招标代理企业 3 家，工程监理企业 2 家。

第二节　建筑产业市场

象山建筑业传统市场大多在县内，其业务领域多为民居，亦参与造桥、围塘、造碶等工程。建筑业企业出县拓展市场，始于 20 世纪 70 年代。1973 年，中楼建筑工程队进入上海市场。1978 年之后，在改革开放、搞活经济政策鼓舞下，农村大批剩余劳动力得以解放，建筑业空前发展，县内建筑市场已不能满足发展要求。1980年，成立象山第二建筑工程公司，积极寻求上海等地建筑市场。1984年后，象山第二建筑工程公司和县建筑安装实业公司等建筑业企业，以上海为基地，以长江三角洲地区为核心的建筑市场逐步形成。90年代，建筑业企业加快拓展国内沿海城市，并深入内陆地区。1995年，宏润公司率先拓展国外建筑市场。至2008年年末，象山拥有对外经济技术合作经营权的建筑企业9家，承包工程业务主要在东南亚、非洲等地。

国内建筑市场

20世纪50—70年代初，建筑行业虽由个体经营而发展为互助合作经营、地方国营经营，但建筑市场仍多在县内。1973年，中楼建筑工程队进入上海市场，仅凭几把砖刀几只灰桶，承接一些拆房、驳岸、建房等工程劳务。1978年，县建筑工程公司承建宁波地区医院工程，首次实现工程总承包，开全县建筑企业工程总承包先例。1978年后，得到解放的农村劳动力，从事建筑业者不断增加，县内建筑队伍迅速扩大。全县22个公社成立建筑工程队。1980年，县第二建筑工程公司、象山建筑安装工程公司成立，在立足象山建筑市场的同时，积极拓展全国市场。1984年后，县第二建筑工程公司、象山建筑安装工程公司等建筑企业，以“大头在外埠，重点在城市”为开拓目标，以上海为基地，长江三角洲地区为核心，在上海、杭州、宁波、温州、椒江等大中城市积极参与投标竞争，承揽大中型工程项目。1992年，邓小平视察南方重要讲话发表后，建筑企业抓住机遇，以“巩固沪浙，面向全国建筑热点区域，走出国门”的市场思路，加快开拓国内建筑市场。相继挺进北京、青岛、哈尔滨、济南、合肥、长沙、兰州、重庆、厦门、广州等地市场。

进入21世纪，象山建筑业的建筑市场遍布全国各地。2003年，龙元公司挺进辽宁市场。2004年，建筑企业在巩固北京、上海、杭州、宁波、南昌、广州等地建筑市场基础上，又相继拓展江苏省无锡、南京、镇江、泰州，山东省菏泽、德州、烟台、泰安，安徽省淮南、铜陵，江西省九江、南昌、上饶，辽宁省沈阳、平顶山，湖北省荆门等地的建筑市场。是年，25项工程获县政府颁发的建筑市场“开拓奖”。2005年，建筑企业又进军广东省东莞、河源，河北省秦皇岛，安徽省芜湖，河南省郑州，山东省济南、菏泽共7个国内市场。至2008年，象山建筑企业的建筑市场延伸到全国24个省、市、自治区。其中，浙江和上海成为建筑企业百亿元市场，江苏成为50亿元市场，广东成为20亿元市场，山东、云南、湖南、安徽、天津等省市建筑施工年产值均达到5亿~10亿元规模。

国外建筑市场

1995年，宏润公司率先走出国门，承建越南河内大酒店基础工程。1998年，承建也门首都萨那立交桥工程。21世纪初，建筑企业接踵走出国门，向国外开拓建筑市场。

2004年，中达公司成立中达（泰国）土木工程有限公司，并与泰国房屋管理局签订建造79万平方米“仁爱屋”工程项目，造价为11.3亿元，中达公司成为泰国最大的对外承包商。

2005年，华丰公司投资设立中国华丰建设股份（泰国）有限公司，承建泰国“仁爱屋”工程，造价逾16亿元，并在泰国创出“样板房工程”；华丰公司还在利比亚承接89亿元房建工程；宏润公司承建孟加拉国高速公路，工程造价3000万美元。

2006年，龙元公司两路并进，在泰国承接2亿余元的房建工程，在马来西亚设立龙马建设股份有限公司，承接彩虹苑小区、杰斯顿酒店、南海广场等工程，造价达9.8亿元。

2008年，龙元公司在马来西亚签订“沙巴发展走廊”项目，签署《合作备忘录》，所涉项目总金额折合人民币167亿元，成为是年全省最大的涉外施工订单。宏润公司与蒙古国SFECO公司签约合作开发乌兰巴托市“上海小区”，在1142万美元总投资中，宏润公司占80%。中达公司分别在罗马尼亚布加勒斯特市环城南路建设和新加坡荷兰路别墅开发项目中，与当地业主达成合作意向。

至2008年年末，拥有对外经济技术合作经营权的建筑业企业达9家，承包工程业务分布于泰国、越南、马来西亚、菲律宾、蒙古、牙买加、利比亚、安哥拉、南非等国家。全年签订境外承包工程合同额8.5亿美元，完成对外承包工程劳务合作营业额5.1亿美元，在全省各县（市、区）中居第一。

第三节　建筑产业效益

建筑业快速发展，不仅增加地方财政收入，还安置大批农村劳动力，带动了相关产业的发展。1985年，全县建筑业企业施工总产值5570.12万元。1987年，全县建筑施工总产值1.19亿元，首次突破亿元大关。1992—1995年，施工总产值分别达到4.43亿元、13.85亿元、28.89亿元与41.44亿元，连续4年实现翻番。1996年，全县建筑施工总产值52.19亿元，实现利润1.39亿元。2000年，全县建筑施工总产值达70.06亿元，利润1.63亿元。2002年，全县完成建筑施工总产值109亿元。2003年，全县建筑施工总产值达161亿元，利润4.41亿元，税金4亿元。其中，上缴地方财政1.8亿元。

2003年2月28日，中共象山县委、县政府召开“加快建设全国建筑强县”动员大会，明确奋斗目标：建筑业总产值年均递增20%，5年实现翻番，利税年均增长20%，工程合格率保持100%。

2004年，建筑业呈现出稳健发展态势。全县建筑企业总产值240亿元，建筑施工总产值227亿元，首次突破200亿大关，利润6.27亿元，税收5.97亿元。7家一级以上企业完成施工产值190.4亿元，占总额83.96%。其中，龙元建设集团股份有限公司完成施工产值66亿元，承接工程业务103亿元；中达建设集团股份有限公司完成46亿元，增长50%。2005年，全县实现施工总产值256亿元，实现利税13.99亿元，承接业务269.5亿元，全县建筑业企业上交地方税金2.84亿元，占地方税收的33.2%。2006年，在国内市场竞争激烈、成本费用增加、项目利润降低大气候下，全县建筑业企业采取有效应对措施，实现建筑施工总产值285亿元，同比增长11.3%，实现利税16亿元。其中，利润8.85亿元。2007年，建筑企业总产值334.10亿元，建筑施工总产值304亿元，利润总额8.86亿元；年从业人员超过15万人。

2008年，建筑业总产值达到384.43亿元，建筑施工总产值352亿元，利润总额8.93亿元，上交地方税收3.3亿元。建筑经济总量继续保持全市第一，名列全省前茅。年从业人数超过19万人，其中一半来自象山农村，约占全县农业劳动力的30%，建筑业农民工人均月收入超过2000元，高出全县农民平均收入一倍多。建筑业带动一大批相关产业的发展，经测算每增加1亿元的建筑业产值，可直接或间接带动相关产业增值2.31亿元。

1984—2008年象山县建筑业产值、利润、税金情况表

表32-1　　单位：万元

年　份	施工产值	利　润	有资质企业税金
1984	2722	—	—
1985	5570	—	—
1986	—	—	—
1987	11945	313	294
1988	16514	251	500
1989	19816	351	587
1990	21716	422	268
1991	28035	585	152
1992	44281	1197	312
1993	138494	5039	1433
1994	288907	7096	1678
1995	414390	10101	—
1996	521957	13942	—
1997	513110	18664	—
1998	500932	14565	—
1999	528636	12988	—
2000	700558	16262	—
2001	801954	25885	—
2002	1094268	34791	—
2003	1612607	44067	—
2004	2267696	62655	20285
2005	2556820	74924	22015
2006	2850211	88470	21468
2007	3039218	88633	22869
2008	3520679	89300	23934

第二章　建筑企业　建筑获奖工程

1958 年，地方国营象山县建筑工程公司成立，开县建筑业企业之先河。1978 年后，建筑企业迎来发展的春天。1978—1985 年，全县建筑业企业从 3 家发展到 49 家，集体建筑工人从 250 人，增至 7625 人。20 世纪 90 年代中期，部分建筑业企业根据《企业法》转制。县市政建设公司率先改建为浙江宏润建设集团股份有限公司，成为宁波市建筑业第一家按现代企业制度要求成立的规模化股份制有限公司。众多企业转制后，企业产权明晰，体制理顺，企业活力增强。1996 年，全县建筑业企业 40 家。其中，一级 3 家，二级 9 家，三级 10 家，四级 18 家，职工 60548 人（年平均数）。2008 年，建筑业企业发展至 72 家。其中，施工总承包企业 30 家，专业承包企业 22 家，劳务分包企业 21 家。至 2008 年，全县建筑业企业共获得省级以上优质工程奖 415 项，其中国家级奖项 53 项。

第一节　施工总承包企业

2001 年 3 月，国家对建筑业企业进行新一轮的资质认定，建筑业企业资质分为施工总承包、专业承包和劳务分包三个序列。2002 年，象山建筑业主项资质为施工总承包企业 16 家。其中，一级企业 5 家，二级企业 7 家，三级企业 4 家。2008 年，主项资质为施工总承包企业发展至 30 家，其中，特级企业 3 家，一级企业 6 家，二级企业 13 家，三级企业 8 家。

特级总承包企业

龙元建设集团股份有限公司　前身为 1980 年成立的象山第二建筑工程公司。1993 年 7 月，象山第二建筑工程公司析建，原上海分公司继称县第二建筑工程公司，公司总部迁址上海。1995 年，正式改制为股份制企业，更名为浙江象山二建集团股份有限公司。1998 年，更名为龙元建设集团股份有限公司。企业资产总额超过 80 亿元，注册资金 38888 万元。2004 年 2 月，经建设部核准为房屋建筑工程施工总承包特级资质。公司还具有市政公用工程施工总承包一级、机电安装工程施工总承包一级、地基与基础工程专业承包一级、建筑装修装饰工程专业承包一级、园林古建筑工程专业承包一级等资质。2008 年，企业从业人员 59000 人，有职称员工 1351 人，一、二级建造师 214 人，项目经理 379 人。机械设备 3042 台，总功率 42627 千瓦，动力装备 1. 18 千瓦/人。是年，完成建筑施工产值 102. 26 亿元，利润 2. 41 亿元，上缴税款 7761. 39 万元。

照 32-1　龙元集团建造的杭州萧山国际机场航站楼

1998年6月9日，经对外贸易经济合作部批准，公司获得对外经济技术合作经营权，可承包境外工业与民用建筑和境外国际招标工程，境外工程所需设备材料进出口，派遣劳务人员。2004年4月30日，公司成功向社会公开发行2800万股A股，成为象山首家上市企业，也是宁波市第一家上市的建筑企业。5月24日，正式在上海证券交易所挂牌交易。龙元公司连续21年被评为浙江省进沪施工企业先进单位，其中15年名列第一；连续9年名列上海市进沪施工企业综合考评排名第一；连续5届入选中国承包商60强。2007年，获福布斯顶尖企业称号。2008年，龙元建设中标承包沈阳“龙之梦”一期项目，造价100亿元，实现从造房向造城的转变。

中达建设集团股份有限公司　前身为1980年成立的象山第二建筑工程公司。1993年7月，象山第二建筑工程公司析建，以原象山二建公司总部管理人员和杭州分公司，温州、奉化两办事处为基础，组建浙江华夏建设公司。1999年，公司完成转制，改建为浙江中达建设集团股份有限公司，总部设于上海市。2006年，经建设部核准为房屋建筑工程施工总承包特级资质。公司还具有市政公用工程施工总承包一级、建筑装修装饰工程专业承包一级、机电设备安装工程专业承包二级、地基与基础工程专业承包二级、钢结构工程专业承包二级等资质。注册资本3亿元。2008年年末，企业职工32000人，专业技术人员1382人，项目经理67人，一、二级注册建造师121名。机械设备2500台，总功率4217千瓦，动力装备3千瓦/人。是年完成施工产值40.74亿元，实现利税1.7亿元。

2002年8月，经外经贸部核准取得对外经济技术合作经营权。

华丰建设股份有限公司　前身为1980年成立的象山第二建筑工程公司珠溪工程队。1985年，更名为象山二建宁波办事处。1990年，改称宁波分公司。1993年7月，象山第二建筑工程公司析建，象山第二建筑工程公司宁波分公司组建为宁波华丰建设集团公司。1996年，改制为宁波华丰建设集团股份有限公司。2004年9月，更名为华丰建设股份有限公司。注册资金3亿人民币。2006年，经建设部核准为房屋建筑工程施工总承包特级资质。还具有市政公用工程施工总承包一级、建筑装修装饰工程专业承包一级、机电设备安装工程专业承包一级、钢结构工程专业承包二级、地基与基础工程专业承包二级、高耸构筑物工程专业承包二级等6项资质。2007年，企业从业人员17586人，专业技术人员220人，项目经理125人。机械设备1989台，总功率53610千瓦，动力装备3千瓦/人。是年，完成施工产值46.70亿元，实现利税7997万元，上缴税款10266万元。

2000年6月，经外经贸部核准取得对外经济技术合作经营权。

一级总承包企业

宏润建设集团股份有限公司　前身为1970年3月成立的中楼综合社。1973年，组建中楼建筑队。1984年5月，中楼建筑队工程队并入象山县建筑安装联合公司，组建第六工程处。1987年5月，联合公司更名为县建筑安装实业公司，工程处同时更名为象山县建筑安装实业公司第六工程处。1989年8月12日，工程处改组为市政分公司。1992年6月29日，市政分公司从县建安实业公司析出，组建象山县市政工程建设公司。1994年12月，企业改组为股份

照32-2　宏润集团建造的上海鲁班路高架桥

制，成立浙江宏润建设集团股份有限公司。1996年12月，更名为宏润建设集团股份有限公司。注册资金3亿元。1998年1月，经外经贸部核准取得对外经济技术合作经营权。是年，进入上海轨道交通市场，为全国首家民营建筑企业。

2002年，经建设部核准为主项资质市政公用工程施工总承包一级企业。公司还具有房屋建筑工程施工总承包一级、公路工程施工总承包一级、机电安装工程施工总承包一级资质3个总承包一级资质；地基基础工程专业承包一级、钢结构工程专业承包一级、建筑装修装饰工程专业承包一级、桥梁工程专业承包二级、消防设施工程专业承包二级、城市轨道交通工程专业承包等6项工程专业承包资质。先后获国家级优质工程奖26项。其中，鲁班奖8项，中国市政工程金奖15项，绿色创新奖1项，中国十大科技成就奖1项，詹天佑奖1项。申请技术专利15项，其中发明专利3项。2008年，企业从业人员17675人，技术人员658人。机械设备1534台，总功率38437千瓦。是年，完成施工产值48.14亿元，实现利税13210万元，上缴税款16708万元。

浙江建安实业集团股份有限公司　前身为县建筑安装联合公司。1987年8月，更名为县建筑安装实业公司。1996年，企业整体改制，建立浙江建安实业集团股份有限公司。2001年，经建设部核准为主项资质房屋建筑工程施工总承包一级企业。公司还具有市政公用工程施工总承包一级、建筑装修装饰工程专业承包一级、机电设备安装工程专业承包一级、地基基础工程专业承包二级、钢结构工程专业承包二级、消防设施工程专业承包二级等资质。2003年7月28日迁址上海市。公司注册资金6000万元。2008年，企业从业人员13037人，工程技术人员873人。机械设备2610台（套），总功率34000千瓦，动力装备4.2千瓦/人。是年，完成建筑施工产值28.01亿元，实现利润3921万元，上缴税款6938万元。

浙江天元建设（集团）股份有限公司　前身为1979年9月成立的县水利局下辖的水利水电工程队。1985年1月，改建为县水利建筑工程公司，主营房屋建筑，兼营水利工程。1990年6月，公司更名为象山县第八建筑工程公司。1999年10月，企业转制，更名为浙江天元建设（集团）股份有限公司。总部设上海市。2004年，经建设部核准为主项资质房屋建筑工程施工总承包一级企业。公司还具有市政公用工程施工总承包二级、水利水电施工总承包三级、建筑装修装饰工程专业承包二级、园林古建筑工程专业承包三级、地基与基础工程专业承包三级、钢结构专业承包三级、机电设备安装工程专业承包三级等资质。2008年，企业从业人员13306人，技术人员523人，其中项目经理122人，一、二级建造师48人。机械设备1982台，总功率28650千瓦。是年，完成建筑施工产值20.56亿元，实现利润4100万元，上缴税款800万元。

华锦建设股份有限公司　前身为象山县第二建筑工程公司。1993年，公司析改建为象山县华锦建设公司。2001年，公司更名为宁波华锦建设有限公司。2006年，又更名为华锦建设股份有限公司。注册资金5180万元。2005年，经建设部核准为主项资质房屋建筑工程施工总承包一级企业。公司还具有水利水电施工总承包二级、市政公用施工总承包二级、装修与装饰工程专业承包一级，钢结构工程专业承包一级、地基与基础工程专业承包二级、园林古建筑工程专业承包暂定三级、爆破与拆除工程专业承包三级等资质。2008年，企业从业人员3408人，具有专业技术人员598人，其中项目经理99人，一、二级建造师72人。机械设备1250台（套），总功率23200千瓦。是年完成建筑施工产值9.5亿元，实现利润2807万元，上缴税款573万元。

浙江兴润建设有限公司　前身为1981年10月组建的下沈乡建筑工程队。1992年3月，改建为象山第十建筑工程公司。1999年7月，与浙江大学后勤集团联合组建浙江兴润建设有限公司。

注册资金5600万元。2004年，经建设部核准为主项资质房屋建筑工程施工总承包一级企业，还具有市政公用施工总承包二级、装修与装饰工程专业承包二级、钢结构工程专业承包二级、地基与基础工程专业承包二级、金属门窗工程专业承包二级、机电设备安装工程专业承包三级等资质。2008年，企业从业人员9660人，专业技术人员480人，其中，项目经理47人，一、二级建造师43人。机械1383台，总功率17066千瓦。是年，完成建筑施工产值14.60亿元，实现利润4292万元，上缴税款969万元。

同济工程集团有限公司　前身为创建于2001年2月的浙江汇龙建设有限公司。2008年12月，更名为同济工程集团有限公司。注册资金5500万元。2008年3月，经建设部核准为主项资质房屋建筑工程施工总承包一级资质。公司还具有市政公用工程施工总承包三级、钢结构工程专业承包二级、装修与装饰工程专业承包三级、园林古建筑工程专业承包三级、建筑智能化工程专业承包三级等资质。2008年，企业从业人员2631人，技术人员456人，其中，项目经理35人，一、二级建造师17人。机械设备351台，总功率6793千瓦。是年，完成建筑施工产值3.48亿元，实现利润1360万元，上缴税款1312万元。

2008年象山县建筑业二级总承包企业情况表

表32-2

企　业　名　称	创建时间	注册资金（万元）	主　项　资　质
宁波祥和建设有限公司	1989	2100	房屋建筑工程施工总承包二级
宁波凯元建设有限公司	1993.08	2000	市政公用总承包工程二级
宁波大成建设有限公司	1993.09	5180	房屋建筑工程施工总承包二级
浙江盛峰建设有限公司	1994.12	2118	房屋建筑工程施工总承包二级
宁波景业建设有限公司	1999.05	2400	房屋建筑工程施工总承包二级
浙江环球建筑有限公司	1995.05	2000	房屋建筑工程施工总承包二级
浙江良和交通建设有限公司	1995.11	3110	公路工程总承包二级
象山昌润建设有限公司	1996.12	2580	房屋建筑工程施工总承包二级
宁波翔胜建设有限公司	1998.12	2000	房屋建筑工程施工总承包二级
宁波飞龙建设工程有限公司	2001.09	2000	房屋建筑工程施工总承包二级
宁波锦虹建设有限公司	2001.11	2800	房屋建筑工程施工总承包二级
浙江梯梯建设有限公司	2003.08	5700	房屋建筑工程施工总承包二级
象山华鼎建设有限公司	2004.08	2008	房屋建筑工程施工总承包二级

2008年象山县建筑业三级总承包企业情况表

表32-3

企　业　名　称	创建时间	注册资金（万元）	主　项　资　质
象山（浙江）宏恩建设有限公司	1996.11	2608	房屋建筑工程施工总承包三级
象山瑞峰建设有限公司（象山国丰市政建设有限公司）	1999.09	1200	市政公用工程施工总承包三级

续表32-3

企业名称	创建时间	注册资金（万元）	主项资质
宁波天勤建设有限公司	2004.03	1000	房屋建筑工程施工总承包三级
象山民望市政建设工程有限公司（宁波金殿建设有限公司）	2004.06	500	市政公用工程总承包三级
宁波志元建设工程有限公司	2005.01	2580	房屋建筑工程施工总承包三级（暂定）
象山荣信建设有限公司	2005.07	600	房屋建筑工程施工总承包三级（暂定）
象山华成建设工程有限公司	2005.10	2028	房屋建筑工程施工总承包三级（暂定）
宁波汇润建设有限公司	2007.03	1000	房屋建筑工程施工总承包三级

第二节　专业承包企业

2002年，企业主项资质为专业承包建筑业企业仅4家，其中，二级专业承包企业2家、三级专业承包企业2家。2008年，建筑业专业承包企业发展至21家，其中，一级专业承包企业3家，二级专业承包企业4家，三级专业承包企业14家。

一级专业承包企业

宁波市象山防腐工程有限公司　公司前身为1990年2月成立的象山亭溪中学校办企业。1992年，先更名为象山防腐技术工程公司，9月，又更名为宁波市象山防腐工程有限公司。是一家专门从事材料腐蚀防护、保温技术及产品开发，设计、生产与施工的专业公司。1998年12月，企业主项资质防腐保温专业承包四级，2000年8月，升为防腐保温专业承包三级。2002年4月，升为防腐保温专业承包二级，建筑防水增项三级资质。2005年11月，取得防腐保温工程专业承包一级资质证书。2008年，从业人员328人，工程技术人员52人，其中项目经理9人，一级建造师2人。机械装备257台（套），总功率8062千瓦，动力装备24.6千瓦/人。是年，完成建筑施工产值16798万元，上缴税款799万元。

浙江永辉建筑装饰有限公司　成立于1996年。2002年，企业主项资质为建筑装修装饰专业承包资质二级，增项资质有园林古建筑工程专业承包三级（暂定），建筑幕墙专业承包工程三级（暂定），钢结构工程专业承包三级（暂定），机电设备安装工程专业承包三级，消防设备工程专业承包三级等5项。2008年，建筑装饰装修专业承包资质晋升一级。是年，从业人员180人，工程技术人员28人，其中一级、二级建造师8人；机械设备50台，总功率700千瓦；建筑施工产值6203万元，上缴税款66万元。

宁波腾蛟装饰工程有限公司　前身为1999年6月创建的象山腾蛟装饰工程有限公司。2002年6月，更名为宁波腾蛟装饰工程有限公司，注册资金150万元。2008年，公司建筑装修装饰专业承包资质晋升为一级。是年，职工135人，技术人员45人，其中一级、二级建造师8人；机械设备72台，总功率263千瓦，动力装备率2千瓦/人，技术装备率1万元/人；完成施工总产值3215

万元，实现利润总额211万元，上缴税款167万元。

二级专业承包企业

浙江天苑建筑装饰工程有限公司　成立于1995年5月。2002年4月，企业主项资质认定为建筑装修装饰工程专业承包二级。公司还具有建筑幕墙工程专业承包（暂定）三级、机电设备安装工程专业承包三级等资质。公司注册资金1000万元。2008年，企业职工135人，专业技术人员92人，其中一级、二级建造师5人。机械设备（套）87台，总功率81千瓦，动力装备0.4千瓦/人，技术装备率0.3万元/人。是年，完成施工产值4275万元，上缴税款55万元。

象山县古建筑建设有限公司　前身为1994年6月成立的象山县古建筑工程公司。2000年6月，变更为象山县古建筑建设有限公司。2003年12月，省建设厅核准企业主项资质为园林古建筑工程专业承包二级。公司还具有建筑装修装饰专业承包三级资质。2007年，公司注册资金1228万元。2008年，公司从业人员1068人，专业技术人员92人，其中项目经理10人；机械设备465台，总功率3560千瓦。是年，完成施工产值5120万元，实现利润80万元，上缴税款87万元。

宁波名典装饰设计有限公司　成立于2001年。企业主项资质为建筑装修装饰工程专业承包二级。公司注册资金550万元。2008年，企业职工78人，专业技术人员27人，其中项目经理6人；机械总台数5台，总功率52千瓦。是年，施工总产值64.2万元，利润24万元，上缴税款14.8万元。

宁波万方建设工程有限公司　创建于2003年8月。企业主项资质为地基与基础工程专业承包二级，企业注册资金1000万元。2008年，有职工331人，专业技术人员11人，其中项目经理5人。是年，完成施工产值4155万元，实现利润161万元，上缴税款117万元。

2008年象山县建筑业三级专业承包企业情况表

表32-4

企业名称	创建时间	注册资金（万元）	主项资质
宁波青龙防火防盗器材有限公司	1988.11	200	金属门窗工程专业承包三级
象山电力实业有限公司	1994.04	10005	送变电工程专业承包三级
象山鲁宏塑钢门窗厂	1996.05	100	金属门窗工程专业承包三级
宁波乐惠食品设备制造有限公司	1998.09	5000	机电设备安装工程专业承包三级
象山利群兄弟装潢广告工程有限公司	1999.10	50	建筑装修装饰工程专业承包三级（暂定）
象山翔神涂料装饰工程有限公司	2001.02	50	建筑装修装饰工程专业承包三级（限内外）
象山阳光建筑门窗有限公司	2002.05	100	金属门窗工程专业承包三级（暂定）
象山家耀装饰有限公司	2002.12	72	建筑装修装饰工程专业承包三级
宁波中远门窗装饰有限公司	2003.08	300	建筑装修装饰工程专业承包三级
象山宏源建设装饰材料有限公司	2003.10	50	建筑装修装饰工程专业承包三级
浙江方向标识工程有限公司	2005.04	800	建筑装修装饰工程专业承包三级（暂定）
象山宏鑫混凝土有限公司	2007.02	2060	预拌商品混凝土专业三级
宁波昌业混凝土有限公司	2007.05	1000	预拌商品混凝土专业三级
宁波大目湾商品混凝土有限公司	2007.07	1500	预拌商品混凝土专业三级

第三节 劳务分包企业

20世纪50年代，区、镇成立的建筑社，无机械设备，凭的是“一把砖刀一张锯”，以劳务为主从业。1985年7月，省、市主管部门核定象山登记的49家建筑业企业中，42家为等外级企业。等外级建筑企业大多不能单独承接建设工程业务，一般只能从事工程分包和提供劳务。此后，等外级企业逐渐减少。至1990年，非等级（等外级）企业缩减为10家。2001年3月，国家颁布新的《建筑业企业资质管理规定》，劳务分包企业正式进入建筑业企业资质序列。象山建筑业劳务分包企业得到长足发展。2008年，劳务分包企业21家，具有木工、砌筑、脚手架、模板4类劳务分包资质。

2008年象山县建筑业劳务分包企业情况表

表32-5

企业名称	主项资质
象山安通建筑劳务有限公司	模板作业分包一级
象山辰龙建筑劳务有限公司	木工作业分包一级
象山宏展建筑劳务有限公司	砌筑作业分包一级
象山永安建筑劳务有限公司	脚手架作业分包一级
象山建工建筑劳务有限公司	砌筑作业分包一级
象山洪兴建筑劳务有限公司	模板作业分包一级
象山精工建筑劳务有限公司	砌筑作业分包一级
象山天元建筑劳务有限公司	砌筑作业分包一级
象山兴和建筑劳务有限公司	木工作业分包一级
象山华锦建筑劳务有限公司	木工作业分包一级
象山锦虹建筑劳务有限公司	木工作业分包一级
象山通业劳务有限公司	木工作业分包一级
象山浙安建筑劳务有限公司	砌筑作业分包一级
宁波滨海园林工程有限公司	砌筑作业分包一级
宁波良和绿化有限公司	砌筑作业分包一级
宁波华迅园林工程公司	砌筑作业分包一级
象山市政园林养护有限公司	砌筑作业分包一级
象山县园林工程有限公司	砌筑作业分包一级
象山景虹园林绿化工程有限公司	砌筑作业分包一级
宁波文翔园艺工程有限公司	砌筑作业分包一级
象山毛毛绿化有限公司	砌筑作业分包一级

第四节　建筑获奖工程

象山建筑企业创业之初即提出“做一项工程、创一个精品、树一座丰碑”发展思路，取得显著成效。1985年，象山第二建筑工程公司承建上海宝钢引水工程防渗墙施工任务，总长5.7千米，工艺特殊，施工难度大，属全国首例。公司克服困难，提前7个月完成任务，节约投资90万元，工程获1985年度国家质量金质奖，开象山建筑业企业获国家级质量奖之先河。此后，龙元公司承建的浙江广播电视高等专科学校和中达公司承建的共和路高架项目先后获得国家优质工程银质奖，建安实业公司承建的温州温南500千伏变电所、绍兴绍北500千伏变电所均获得国家电力优质工程奖。至2008年，全县建筑业企业共获得省级以上优质工程奖415项。其中，国家级奖项53项，包括鲁班奖13项、中国市政工程金奖14项、国家优质工程奖银奖6项、“詹天佑奖”2项，另有中国十大建筑科技成就奖、中国绿色创新一等奖等奖项。

鲁班奖

中国房屋建筑工程最高质量奖，由中国建筑业协会设立，每年评审一次。至2008年，全县建筑业企业获13项优质工程鲁班奖。其中，龙元公司3项，宏润公司6项，华丰公司4项。

1988—2008年象山县鲁班奖获奖工程情况表

表32-6

工　程　名　称	获奖年份	获奖公司
海军基地综合楼	1988	龙元公司
沪青平公路跨沪杭复线立交桥	1994	宏润公司
宁波市政办公楼工程	1995	华丰公司
宁波联丰小区	1996	龙元公司（参建）
南北高架鲁班路立交桥	1996	宏润公司
上海庙三林宛小区	1996	宏润公司
上海南北高架道路工程	1996	宏润公司
御桥花园民乐苑住宅小区	1997	宏润公司
上海延安路高架道路工程	1999	宏润公司
杭州萧山国际机场航站楼	2001	龙元公司
宁波栎社机场二期航站楼	2003	华丰公司
浙江浙能兰溪电厂	2007	华丰公司
浙江师范大学图书馆	2008	华丰公司

中国市政工程金奖

中国市政工程最高质量奖，由中国市政工程协会设立，每年评审一次，至2008年，全县建筑企业获市政工程金奖14项。

表 32-7

1997—2008 年象山县中国市政工程金奖获奖情况表

工　程　名　称	获奖年份	获奖公司
上海南北高架道路工程	1997	宏润公司
宁波市中山路改建工程	1997	宏润公司
延安路高架道路（西段）工程	1997	宏润公司
上海市沪闵高架路	1998	宏润公司
上海市徐浦大桥	1998	宏润公司
上海市延安路高架道路（东段）	1998	宏润公司
宁波市人民路改建工程	1998	宏润公司
上海城市外环线一期道路莘庄立交	1999	宏润公司
上海市浦东新区世纪大道	2000	宏润公司
上海浦东新区国际机场一期场道工程	2000	宏润公司
上海市污水治理二期工程	2002	宏润公司
合流污水 M2 标工程	2002	宏润公司
上海共和新路高架工程	2005	中达公司
杭州保俶路综合整治工程	2008	宏润公司

国家优质工程奖

国家级工程质量奖，由建设部设立，每年评奖一次。至 2008 年，全县建筑企业共获国家优质工程奖银奖 6 项。

表 32-8

2005—2008 年象山县国家优质工程奖获奖情况表

工　程　名　称	获奖年份	获奖公司
上海共和新路高架桥	2005	中达公司
浙江广播电视大学高等专科学校演播楼	2007	龙元公司
杭州大剧院	2008	龙元公司
上海永达国际大厦	2008	龙元公司
浙江省人民医院病房综合楼工程	2008	华丰公司
宏润花园住宅小区	2008	宏润公司

詹天佑奖

中国土木工程最高质量奖，由中国土木工程学会和詹天佑土木工程科技发展基金会共同设立，每年评审一次。2007 年 8 月，宏润建设集团股份有限公司承建的“宏润花园 5#房”工程获“詹天佑奖”。2008 年 12 月，中达建设集团股份有限公司承建的上海市共和新路高架工程，再获“詹天佑奖”。

第三章　勘察设计

历史上，建筑工程勘察、设计通常由“把作”师傅完成，无专业队伍。20 世纪 60 年代，大兴水利，始有水利部门的水电勘察设计室。80 年代中后期，随着建筑业崛起，象山建筑工程勘察和设计工作迅速跟进。1993 年 6 月，县测绘设计院成立。是年，县城乡建设局建立县建设规划设计处。1994 年 8 月，县实业建筑设计室成立。进入 21 世纪，县内勘察、设计单位技术人员力量加强，勘察、设计设备更新，勘察、设计资质升级，勘察、设计能力水平迈上新台阶。

第一节　建筑勘察

1980 年 6 月，象山县建筑勘察设计室建立，配勘察人员 2 人，负责地基土壤勘察。1984 年，置麻花钻杆 2 套，3 层以上建筑现场野外取土鉴别，深度为 30 米左右，计算地基承载力，供设计人员考虑单桩承载能力。1987 年，石浦热电厂、丹城供销大厦和县城乡建委办公楼（原县城建局）等采用麻花钻杆钻探。县城乡建委宿舍楼采用鞋钉桩加固地基，桩长逾 2 米，计 100 余根。

1989 年，购 SWY-5 吨静力触探车 1 台和双笔记录仪 2 台，用于中高层建筑物静力触探。是年，县保险公司办公大楼工程首次用静力探测，钻孔 4 个，孔深 32 米，计进深 128 米。此后，丹城步行街建筑群全套工程，钻孔 80 余孔，孔深 25 米，进深 2 千米。1995 年，置 SWY-10 吨静力触探车 1 台、LMC210 静力微机 2 台，至 1998 年，勘察人员增至 10 人，有高级工程师、工程师各 1 人，助工 2 人，技术员 1 人，资质暂定丙级，附属县建筑设计院。在县广电大厦、百货大楼、公安大楼、大目涂培训中心、石浦金山商厦、石油公司及丹峰小区、塔山小区和文峰小区等实地勘察钻探 300 余项建筑工程。

2000 年 9 月，象山海关大楼首次采用钻探技术孔结合静探试验的勘探方法，在技术孔中标贯、重型动探等原位测试和采取原状土样送至省工程勘察院进行土质分析，得出地基较全面的物理力学指标。2001 年后，由于建筑法规的健全和强制性条文的颁布实施以及高层建筑与较大跨度厂房建设不断增多，岩土工程勘察已成为每个建设项目必不可少的内容，平均每年勘察的项目约有 200 个以上。2003 年，购置三联固结仪、电动剪切仪等土工试验设备，建立小型土工试验室，工程建设需要的土的常规物理力学指标均可在象山试验，保证数据的准确性。同时也满足县内大、中型建设项目的勘察和改善勘察设备多样性需要。是年 10 月，勘察资质升级为工程勘察专业类岩土工程乙级，可从事中小型工程的岩土工程勘察、设计、监察等工作。至 2008 年 8 月，县建筑设计院有从事勘察员工 15 人，其中，高级工程师 2 人、工程师 3 人、助理工程师 2 人、国家注册岩土工程师 1 人、技术员 7 人。拥有钻探机 3 台（XY-12 台，GXY1 台）。

2008 年，勘察内容越加广泛，从原来单一岩土工程勘察、提供设计参数拓展到岩土工程勘察、岩土工程设计、岩土工程检测监测等诸多方面。勘探孔深度更深，是年上半年，丽景家园二期工程一钻探孔深度达 90 米。勘探手段越来越多样化，钻探、静探、标贯、动探、岩土质分析、水质分析、十字板剪切试验、波速试验等多种勘探技术手段在同一个工程中广泛应用；土力学原理在实践中的应用越来越广，数值分析方法在勘察工作中越来越重要，在有地下室的建筑和山区建筑增多的情况下，涉及边坡稳定性的岩土课题越来越多。

第二节　建筑设计

中华人民共和国成立前，民宅建筑几无测绘地形、勘察地基，大多以坐北朝南设向；城镇建房，顺街路者以两层为多，余为单层或三层，木结构伴砖石墙。施工由“把作”师傅按传统营造法自行设计、放样，寺庵庙祠等大型古建筑则由手艺高超者组织领造。

中华人民共和国成立后，县内公建房屋，较多采用砖混结构，但仍与民间建房相似，无专业设计。1963 年，县水利局成立水电勘察设计室，县内始有设计单位。1987 年 1 月，县交通局建立宁波市交通设计研究院象山设计处。1993 年，先后成立象山县建设规划设计处（后更名为象山县规划设计院）和象山县测绘设计院。1994 年 8 月，成立象山县实业建筑设计室（后更名为象山意达建筑设计有限公司）。至 2008 年，象山从事建筑的设计院 5 家，分别是象山建筑设计院、象山县规划设计院、象山意达建筑设计有限公司、象山县测绘设计院和象山县水利建筑设计院。另，一些大型建筑企业也有较强设计力量，共同承担象山建设工程的设计任务。

基础设计

县内大部分地区为软土地基，地耐力为 4~6 千牛/平方米，地下静水位较高，建房层次多在 3 层以下，最初设计采用浅基础。20 世纪 80 年代中期，建造 5 层楼房增多，始采用柱基础和钢筋砼条形基础、桩基承台。1986 年，设计城建局宿舍，即试用 2 米长预制短桩（鞋钉桩）。此后，普遍采用方形预制长桩，上部加设构造桩，作抗 6 级地震烈度设防。90 年代初，建筑群建房，设计改用沉管灌柱桩，部分工程上部采用排架结构。至 90 年代中期，因沉管灌柱桩导致周围地基隆起，危及邻近建筑物安全，设计改为钻（抓）孔灌注桩。同时为保证地下室挖土安全，采用水泥搅拌桩和钻孔灌注桩双排围护桩。2002 年，作为桩基处理的新工艺、新技术，挤扩支盘灌注桩在高层建筑中得到应用。

平面布局设计

旧时建房，平面布局通常先选定正房中心位置，按间数之多少作对称布置：有“一”字屋、一正两横、四檐齐（四合院，有天井）等形式。丹城邓、姜、汤姓和石浦延昌纪姓等大户以房或院墙及道地分成两进或三进，组成建筑群。中华人民共和国成立后，按环境和使用功能将平面布置成“一”字形、“┌”字形、“П”字形、“工”字形和锯齿形，丹城靖南路北侧的商品综合楼和滨海学校中学部教学楼均以通廊组成建筑群。21 世纪，出现别墅群，如龙泽名园、桃花源等，多数地上 3 层，地下 1 层，周围绿化带，环境舒适优雅；高层建筑多处出现，宏润花园最高 28 层。2005 年后，多处住宅趋向高层化。但整个住宅建设还是面向大众，仍以“一”字形五、六层的套房居多，而农村建筑则出现一幢幢别墅式建筑。

房屋套形设计

对公建房屋，设计单位按国家规定和计划部门批准的建筑面积进行控制。住宅工程结合对象可居住建筑面积设计大（三室、一厅）、中（二室、一厅）、小（一室、一厅）套型，均配设厨房、卫生间。20世纪80年代初，卫生间为1~2平方米，每房有南北单阳台（宽1.2~1.5米），有单位在宿舍楼外建一排矮房，作各户贮藏室。80年代中期，设计考虑卫生间安装浴盆等洁具，面积加大至4~5平方米；南面设双阳台，宽度扩至1.5~1.8米。1986年，城建局干部宿舍楼，设计架空层作各户储藏室。此后，各单位新建宿舍楼均设有架空层，有碍观瞻的楼外矮房不再出现。商品住宅兴起后，基本放开建筑面积控制，按购买能力设计每户套型，大户130~140平方米。90年代中期，按小居室、大客厅思路设计全框架结构，不设内分隔墙，便于购房户按自己意愿分隔装潢；卫生间面积增大，大套房设计双卫间；阳台宽度扩至2~2.5米。90年代，建房掀起别墅热，丹城有瑶琳、文峰别墅区和天安（集团）公司别墅区及东河一期别墅区，石浦建有凤凰别墅区，一般设计2层（个别3层），底层设客厅、起居室、贮藏室、娱乐室、厨房和卫生间，且有专用小车库；2层卧室、起居室与卫生间；配有花廊、亭、榭、鱼池、小桥流水等建筑小品。单位办公等用房，也随各个时期设计潮流，从宽敞、明亮、豪华角度构思设计。2002年始，设计全框架要求达到抗震能力6级以上。是年，出现设计复式楼大套房，设四室三卫、两个客厅。2005年，后设计出现小高层热（10层~12层），如银都佳园、梅苑、中央花城等。高层有宏润国际大酒店25层，华翔大厦23层，宏润花园有28层，在这些高层设计中出现地下车位。城区单位的办公大楼设计也逐渐趋向豪华、宽敞、明亮、高雅、别致；农村造房设计也渐向新型别致的别墅式建筑发展。

墙体设计

20世纪80年代初，公建房大多委托社会能人绘制草图，墙体不厚，承重内墙仅半砖厚（12厘米），上置花篮梁支承楼板。80年代中期，设计的外墙，通常层砌一砖厚（24厘米）实墙；3层~5层空斗墙，承重内墙18厘米厚。80年代后期始，不论承重或非承重，内外墙均设计为一砖厚（部分内墙半砖厚）。90年代，高层建筑关键部位，设计钢筋砼剪力墙；天安（集团）公司、申菱电梯附件厂、华翔公司等企业建轻钢结构厂房。2001年后，建造的华翔大厦、宏润国际大酒店、宏润花园等高层建筑墙体设计，均采用钢筋砼剪力墙。

屋面、楼板、楼梯设计

中华人民共和国成立后，建筑中长期沿用的木结构逐步被钢筋砼构件或其他结构替代，楼板设计始为预制小梁薄板。20世纪60年代，除厨房、卫生间外，其他楼板均采用预应力圆孔板。楼梯有用整体现浇钢筋砼，多数安装预制悬臂踏步。钢筋砼平屋面做卷材防水层、多数2毡3油（2层油毛毡、3层沥青）。80年代初，东陈、茅洋两电影院，设计采用钢筋砼马鞍形薄壳屋面；设计10米跨度双曲悬链线拱式盐仓库屋面。县老干部局工程，设计钢筋砼坡屋面板铺玻璃瓦，成仿古建筑形式。此后，也有设计坡屋面板上加铺英红瓦。80年代后期，设计改为3毡4油。90年代，部分工程做SBS改性沥青卷材防水层，预制钢筋砼隔热板。2001年后，屋面设计，钢筋砼平屋面并做卷材防水层，钢筋砼坡屋面板铺琉璃瓦、英红瓦、多彩波青瓦、波形水泥瓦等。楼板设计，运用钢筋混凝土现浇楼板。楼梯设计，大多采用钢筋砼现浇盘梯。高层建筑设楼梯和电梯，以电梯为主，楼梯多用作安全通道。

门窗设计

20世纪70年代，采用预制钢筋砼组装式门、窗框，外门配镶板门扇，内门做纤维板门扇。80年代，设计采用实腹钢门窗，室内胶合板门。90年代，住宅户门加双层钢质防盗门。大量采用铝合金窗，多数住户加设不锈钢防盗窗。2001年后，多数住宅使用塑钢门窗，工业建设始用钙塑窗。

2005年，在龙泽名园、桃花源使用铝木复合窗，大型企业建筑设计采用防盗、防火门窗。

装饰设计

民国时，砖砌体讲究磨砖对缝，青砖构白缝。中华人民共和国成立后，内外墙均作抹灰。20世纪80年代，设计试用承重黏土多孔砖砌单面清水墙，室外水泥砂浆构缝，部分工程外墙面干粘石、喷彩砂、贴玻璃马赛克饰面。室内刷绿色涂料，厨房、卫生间贴瓷砖墙裙，地面铺马赛克或地砖。90年代，大部分墙面贴面砖，雨篷、挑檐等部位贴波形瓦或琉璃瓦，室内抹灰面上批白水泥刷白涂料。2000年来，外墙体采用高级涂料。2001—2005年，多数住宅使用外墙涂料。2006—2008年，高层建筑外墙使用陶瓷类装饰材料，架空层和一层楼外墙使用装饰石材（大理石、花岗岩、蘑菇石等），作基层墙裙。室内装饰设计，内墙较多内墙涂料，高级住宅使用木材饰面，有的宾馆、大酒店内墙使用高级墙纸。地面、卧室、客厅等使用木材；厨房、餐厅、卫生间、阳台较多使用陶瓷地砖、陶瓷面砖；灶面、洗脸盆台面、浴缸围裙使用高档大理石等。吊顶装饰材料有纸面石膏板、纸面石膏装饰吸声板、石膏装饰吸声板、矿棉装饰吸声板、聚氯乙烯塑料板、金属微穿孔吸声板等。

第四章　建筑施工

塔山新石器遗址发掘显示，远古以挖地穴、打木柱盖简易屋聚居。唐立县后，民间除草房外，有以乱石垒墙为屋、乱石或块石筑拱桥等建筑。明清时，砖木结构、木结构房子见多。清末，少量砼开始用于建筑工程。民国时，民间泥水匠擅长砌（垒）乱石墙，垒石平稳、墙板平直；木匠特会弹线对缝、接榫严密。造寺庙及为富户建房，全仗匠人手艺高超，所建房屋（寺庙）造型别致、坚固耐久。

中华人民共和国成立后，苏联等东欧国家建筑施工技术传入，砖木结构和木结构逐步被替代，砼和钢筋砼日渐应用于建筑工程。20世纪80年代始，城镇建设中单体建筑层次增高、面积加大，桩基础普遍应用，施工技术同步提高。90年代后，建筑业的新工艺、新技术、新材料不断涌现并得到大量推广应用。随着建筑业企业资质的提升，产业结构的多元化，施工的机械化程度日趋提高，且渐向自动化和智能化方向发展。

第一节　施工技术

建筑工程领域广，专业种类多，施工技术复杂。象山建筑企业在工程施工中应用推广新工艺、新技术、新材料、新设备、新产品，进行科技攻关，创新施工技术，解决施工难题，在爆破、房屋基础施工、钢筋砼施工、高层建筑施工、大跨度工程施工等方面取得一系列技术成果。

爆破

境内石材资源丰富。象山石匠，擅长爆破，手工凿眼、放炮，以采石、卖料为主。1969年12月，建象西公路时，遇山丘开豁口，爆破技术始用于工程建设。1976年，在石浦建地下水封石洞油库，采用光面爆破新技术，有效保证岩体开挖质量。又于洞壁钻孔做砂浆锚杆，采用喷射砼和压力注浆新技术处理表面，效果良好。1984 年，国家建委和商业部联合鉴定为全国推广的新技术，获县科技进步奖。

1978 年 2 月至 1979 年 3 月，始以爆破技术开凿昌国简易隧道。1984 年，昌国隧道需断面扩大。翌年 10 月，采用爆破剥层技术、局部内衬完成工程。1987 年，为三家村水库工程配套，在石浦汝溪村，以少药量轻爆，开凿断面不足 4 平方米的隧洞 150 米。是年，在县饮料厂车间清除室内地坪下宽 4 米、高 1 米环形砼带时，采用以干电池引爆的控制爆破技术成功，无强震动，附近玻璃窗均无损。1988—1992 年，开凿彭姥岭隧道，采用双向开掘、空气压缩推动钻杆、导洞引进施工技术。以喷射砼稳定破碎带表层、加砌内衬，施工有序、顺利。

房屋基础施工

县内大多为软土地基，地耐力仅 4～6 千牛/平方米。昔日建房楼层不高，地基无须打桩。20 世纪 80 年代初，丹城建设路两侧、石浦新港区、爵溪、西周、鹤浦等地新建 5 层楼房，均做钢筋砼带形基础，也无打桩。1983 年，建县船用板材厂车间，因一房角处油车河岸边，以人工打入 8 米长松木桩加固。1984 年，建象山剧院，采用桩承台基础。1987 年，建城建局宿舍楼，试用预制钢筋砼“鞋钉”桩加固地基。此后，县内新建楼房普遍打预制桩，桩长视持力层所处地下深度而定，一般 12～18 米，采取分段制作、分段打入，接桩用角铁焊接。90 年代初，设计改用沉管灌注砼桩，在全桩上部 1/3 长度内配置钢筋笼。沉管灌注桩较预制桩缩短工期，节省投资。但在邻建筑群中建房用沉管灌注砼桩，地下土层受挤压而变化，影响周边原建筑物稳定。后于此类建筑群中建新房，改用钻孔灌注桩。

2002 年，宁波万方建设工程有限公司在地基与基础工程施工中，率先应用国内先进的挤扩支盘灌注桩技术。该技术可节约地基工程造价 30%左右，缩短工期三分之一，经济效益明显，在象山程翔塑粉厂区宿舍楼以及银都佳苑高层建筑上得到应用。

县内各工程基础除按常规施工外，若遇地下水位较高，则采用集中排水，或边排水边做基础办法。大型工程施工，也有采用轻型井点排水。1992 年，北仑港二期污水调节池，由象山二建采用钢板浮箱基础施工成功，经市级鉴定予以肯定。在大目涂围垦工程中，软土地基采用铺筑土工布，分层加载预压、排水固结技术，取得成功。

2003 年，在县经济开发区东陈新区（滨海工业园区）软土地基处理中，首次运用“高真空击密法”，利用土的压实与排水固结两原理，将高真空排水和强夯击密技术相结合，使软土排水固结而提高基础的承载力。2006 年 12 月，石浦天门路和平巷 2 号楼地基基础，采用锚杆桩加固和顶升法纠偏工艺，为县内首次应用。经竣工验收，符合设计要求。

钢筋砼施工

1987 年，上海长征新村 6 号楼施工，应用市建工局重点科研项目——“飞模”新工艺成功，提高工效一倍以上，节约钢材 45%。1984 年，建东陈电影院，推广预制马鞍形薄壳新技术。1987 年，县第二建筑公司承建上海宝钢宝冶俱乐部，制作后张法预应力屋架。为县内首次预制预应力大型构件成功尝试。1993 年，县内高压电器厂建新厂区 1#、2#厂房，采用排架结构，在现场制作“工”字柱、基础梁、T 形吊车梁、桁架式屋架、槽形板（大型屋面板为外购）、天沟板和系杆

（其余支撑为钢制），由县二建象山分公司（宁波华锦建设公司）和县八建公司承建。事先作好预制构件制作平面布置，工字柱分别采用平卧、重叠制作，第一层柱下面空腹部采用砖胎模，上部空腹部位和侧面用木模；第二层柱起，将下层柱空腹部位填满碎石，然后做上层柱的砖胎模。桁架式屋架采取重叠制作，统一分件预制小腹杆，待到70%设计强度后，小腹杆就位，再二次整体制作屋架。1994年，建蜊门港大桥，采用分体预制、浮船逐一安装、中间合龙新技术。合龙后整桥穿钢丝绳进行预应力张拉，一次成功。2002年，建县中心城区滨海大道南大河等三座桥梁，桥梁设计荷载为城市A级，采用预制钢筋混凝土空心板梁技术。

高层建筑施工

1987年，县建筑安装实业公司承建上海中华企业公司办公楼，为县高层建筑施工积累经验。20世纪90年代，县二建公司（龙元）、宏润、华丰、华厦、建安等分别承建上海柳林大厦、东方广场、环球广场、丝绸大厦、自由大厦、共和大厦、《浙江日报》新闻大楼、宁波浙海大厦、崇光大厦、温州国鼎大厦等高层建筑数十项。采用激光控制楼层轴线和全楼垂直度；在标准层设计定型楼板，周转使用；使用泵送商品砼；大吨位塔吊作材料垂直运输，屡创优质工程。此后，层次和施工难度增大，以计算机编制施工方案、指挥施工。

大跨度工程施工

1998年2月，宁波华丰建设集团公司承建杭州黄龙体育中心，为斜拉网壳空间结构大型公共建筑，造型独特，结构新颖，国内一流。计算机编制施工方案、以CAD技术作施工图纸现场放样和模板、脚手架设计，现场设置电脑自动化监控系统。实现预应力施工技术国内领先。上海浦东M2泵站屋面面积18米×48米，屋面系统总质量达2000千牛。由于设计原因，安装完工后，屋面系统须提高35厘米。宏润建设集团公司选定整体顶升方案，实体耗时仅4小时，费用3万元，屋盖系统整体顶升成功。

第二节　施工机械

传统建筑业依靠手工操作。改革开放后，随着承建任务由小到大、民用到工业、低层到高层、农村到城市，加上新材料、新技术、新工艺应用推广，施工技术要求提高。80年代起，建筑企业陆续购置各类施工机械，培养机械专业操作手，施工机械的应用日渐广泛。进入21世纪，机械化程度迅速发展，涵盖工程施工的各个环节。

土方工程机械

20世纪60年代，县有小型蛙式打夯机，用于填土工程施工。80年代，进入城市后，土方工程量大、施工难度大、场地小、工期紧、人工挖土显不适应。初时，租赁城市单位挖土机械和汽车运土，费用大。1986年，联合公司六处（宏润集团前身）承接上海县莘庄排水工程，购置一批挖土机械，自行施工。此后，二建等公司陆续购置土方机械，挖土机（正铲、反铲、抓斗）、铲运机、推土机、滚筒式压土机、抽水机、轻型井点排水设备等。21世纪初，振动压路机、平地机、振动夯实机、挖掘装载机等新型机械开始进入施工现场。

打桩机械

20 世纪 80 年代，建筑企业在宁波市区施工，始接触桩基工程，县内随之出现专业打桩队伍，购置锤击式打桩机，承接业务。90 年代，设计采用钻孔灌注桩和水泥搅拌桩，始有带螺旋叶钻杆打桩机械。因凿除大直径桩头之需，始采用空气压缩机风钻。2000 年后，一些建筑企业开始购置转盘式钻孔机、履带式打桩机等新型打桩机械。

钢筋机械

20 世纪 60 年代，采用拉丝机和调直机，加工细钢筋，以交流电焊机焊接，气割工具切割钢板和型钢，加工预埋铁件。70 年代，制作先张法预应力构件，用千斤顶（配弹簧测力计）和卷扬机（配滑轮组）张拉钢筋。80 年代，粗钢筋用量增加，为节省接头用料和短料长用，使用碰焊机和闪光焊工艺及砂轮切割机。现建筑企业已大量应用预应力钢丝拉伸设备、钢筋冷拔机、钢筋冷挤压连接机等机械于钢筋加工。

混凝土机械

20 世纪 60 年代起，采用砂浆搅拌机代替手工拌制砂浆。80 年代，象山建筑企业开始使用鼓筒式砼搅拌机拌制砼。浇制砼时，分别使用平板振捣器和震动棒振捣砼。进入 21 世纪，国家提倡鼓励应用商品混凝土。2007 年，相继成立 3 家混凝土有限公司，这些企业购置混凝土搅拌运输车、混凝土泵车、混凝土喷射机、混凝土真空吸水泵等机械设备用于施工服务。

起重吊装机械

20 世纪 70 年代，县内有汽车式吊车，用于吊装工程。80 年代，建筑企业购置塔式吊车用于砼构件安装工程。90 年代后期，一些大型建筑企业购置轮胎式液压吊车、履带式起重机。

运输机械

20 世纪 70 年代前，建设工程多以拖拉机作运输工具。80 年代，新型小翻斗车用于工地内水平运输。80 年代后期，购置载重汽车运输材料。多层建筑则运用卷扬机和井字架垂直运输。承接高层建筑后，塔吊兼作垂直运输，后有笼式塔吊，垂直运输材料、工具。

2008 年象山县建筑行业主要机械设备情况表

表 32-9

机械类别	主要机械（工具）	其中，新型机械设备（工具）
动力与电气设备	内燃机（柴油机、汽油机）、发电机、电动机、空气压缩机。手持电动工具（包括磨光机、切割机、电钻、电锤、铆枪等）	手持式切割机、电锤、气动射钉枪
起重吊装机械	履带式起重机、汽车（含轮胎式）起重机、塔式起重机、桅杆式起重机、门式（含桥式）起重机、电动葫芦、卷扬机	履带式起重机、塔式起重机、电动葫芦
土石方机械	单斗挖掘机、挖掘装载机、推土机、拖式铲运机、自行式铲运机、静力压路机、压路机、平地机、轮胎式装载机、蛙式夯实机、振动夯实机、风动凿岩机、电动凿岩机、凿岩台车、装岩机、潜孔钻机、锻钎机、磨钎机、通风机。汽油机、动力凿岩机等	振动压路机、平地机、振动夯实机、风动凿岩机、潜孔钻机、锻钎机、磨钎机、静力压路机、汽油机、动力凿岩机

续表32-9

机械类别	主要机械（工具）	其中，新型机械设备（工具）
水平和垂直运输机械	载重汽车、自卸汽车、平板拖车、油罐车、散装水泥车、皮带输送车、叉车、井架式起重架、施工升降机、人（货）两用电梯、小型机动翻斗车、铲车等	自卸载重汽车、散装水泥车、叉车、人（货）两用电梯
桩工及水工机械	柴油打桩锤、振动桩锤、履带式打桩机、静力压桩机、强夯机械、转盘钻孔机、螺旋钻孔机、全套管钻机、离心水泵、潜水泵、深井泵、泥浆泵等	转盘钻孔机、履带式打桩机
混凝土机械	混凝土搅拌机、混凝土搅拌站、混凝土搅拌运输车、混凝土泵、混凝土泵车、混凝土喷射机、插入式振动器、附着式（平板式）振动器、混凝土振动台、混凝土真空吸水泵、液压滑升设备、滚筒式混凝土搅拌机等	混凝土搅拌站、混凝土搅拌运输车、混凝土泵车、混凝土喷射机、混凝土真空吸水泵
钢筋加工机械	钢筋调直切断机、钢筋切断机、钢筋弯曲机、钢筋冷拉机、预应力钢丝拉伸设备、冷墩机、钢筋冷拔机、钢筋冷挤压连接机等	预应力钢丝拉伸设备、钢筋冷拔机、钢筋冷挤压连接机
装修机械	灰浆搅拌机、柱塞式（含隔膜式）灰浆泵、挤压式灰浆泵、喷浆泵、高压无气喷涂机、水磨石机、混凝土切割机等	挤压式灰浆泵、喷浆泵、高压无气喷涂机
钣金和管工机械	咬口机、法兰卷圆机、仿型切割机、圆盘下料机、折板机、套丝切割机、液压弯管机、坡口机等	套丝切管机、坡口机
铆焊设备	风动铆接工具、电动液压铆接钳、交流电焊机、旋转式直流电焊机、硅整流直流焊机、氩弧焊机、二氧化碳气体保护焊、等离子切割机、埋弧焊机、竖向钢筋电渣压力焊机、对焊机、点焊机、气焊设备等	风动铆接工具、竖向钢筋电渣压力焊机、等离子切割机、对焊机、电焊机、氩弧焊机、硅整流直流焊机
建筑验收检测仪器	全自动裂缝测宽仪、非金属超声仪、楼板测厚仪、数字超声波探伤仪、钢筋锈蚀仪、数显回弹仪等	均属新型设备

第五章　建筑管理

民国时，县内无营造企业，民间泥、木匠等各自以手艺谋生，社会地位不高。民国16年（1927）6月，县设建设科，但对建筑匠人仍无管理。1949年10月，县人民政府内设实业科，掌管建设、工商等。1980年2月，县成立基本建设局。1984年，改设城乡建设环境保护局。1996年11月，改设县城乡建设委员会，进一步强化对建筑业的管理力度，在上海、杭州、北京等地设办事处，配合和协助企业抢占市场份额。2002年3月，撤销县城乡建设委员会，设象山县建设局。2005年3月，设县建筑业管理局（隶县建设局），负责建筑业的相应管理工作。

第一节　工程设计管理

《城乡建筑工程设计单位注册登记审查管理办法》规定，城乡建筑工程设计由地方各级政府城乡建设主管部门管理。取得建筑工程设计资格证书者，可承担与设计资质相符的建筑工程设计，无证单位和个人不得承担建筑工程设计和以开展咨询、业余设计等名义承揽设计。资格证书分甲、乙、丙三个等级，由省建设厅审批、发证。1985 年 3 月，国家计委和建设部发文允许建立集体和个人设计单位。翌年 8 月，建设部又设丁级设计单位。1988 年 6 月，省建设厅规定临时证书设计改戊级设计单位。

1985 年 1 月，省建设厅审定县勘察设计室为丙级设计单位。翌年，停止社会补充力量出图，临时证书单位不再承揽设计业务。

1978 年起，职工住宅建设加快，国家规定住宅设计标准，平均每户建筑面积不超过 42 平方米。1981 年 9 月 3 日，国家建委对职工住宅设计 4 种类型分别规定面积、层高、造价及报批办法。1985 年，商品房兴起后，套房建筑面积逐步放宽，住宅工程设计管理由限制面积、控制造价转向遵守国家规范、规程，讲求合理布局、造型美观，适度满足不同消费阶层的需求。

第二节　建筑队伍管理

1984 年前，县内建筑企业从属不一，体制多样，管理不便。1984 年 3 月，城乡建设环境保护部规定：地方建筑企业的行业主管机关，为各级政府确定的建筑业的行业主管部门；开办建筑企业须按隶属关系经主管部门审查签章，报各地建筑业主管部门批准，向企业所在地工商行政管理机关办理登记手续，领取营业执照，取得法人资格。并明确了各企业按技术资质和规模必须具备的条件及其营业范围。1986—1988 年，按部、省有关文件，组织培训建筑企业中从事电气、电焊、架子、防水等工种工人，考试合格后发给合格证书，实行持证上岗。

施工准入

20 世纪 70 年代末起，大中城市掀起建筑热潮，县建筑队伍始进入宁波、杭州施工。1984 年下半年，上海市允许外省市建筑企业进入市区施工。1985 年 12 月，省建设厅设驻上海办事处，规定进沪施工须到办事处（省政府驻沪办建管处）登记。翌年 4 月，省建设厅规定施工企业出省施工，须由当地城建局开具介绍信；在省外已落实任务的，须持企业“营业执照”和“建筑企业管理手册”到当地城建局办理“浙江省建筑企业出省施工审批表”。介绍信和“审批表”需经市建委签章，并到省建设厅办理出省审批手续或转出省联系介绍信。1987 年 9 月，县政府通知企业在办理外出施工手续时，须开列外出职工姓名，并附有符合计划生育的证明。11 月，成立全行业计划生育工作领导小组，层层建立计划生育工作组织并配专（兼）职计划生育管理员，形成行业性计划生育管理网络。

建筑统计报表

1985 年，城建局建立统计报表制度。翌年，逐步实行施工面积、竣工面积、施工产值、全员劳动生产率、创优面积（率）、人均机械装备率等八项指导性计划指标，引导全行业开展竞赛，并以统计数据为各级领导和企业主管部门提供信息和考核依据。

教育培训

2005年前，建筑企业的职工教育培训主要依靠教育部门的职业学校和企业的自主培养。1984—2000年，县教育部门培养建筑业大专、中专、职高学生1994人。2005年3月，县建筑业管理局成立后，即设立培训中心，为建筑企业职工提供多种形式的岗位培训、考前辅导，企业职工素质得到快速提高。2008年，全县建筑企业拥有各类岗位证书职工22426人；专业技术人员6768人。其中，高级305人、中级2618人、助师3845人，项目经理1320人；获建造师执业资格的1041人。

第三节　建筑市场管理

20世纪70年代前，县内尚无集中、大批的建设项目。1984年始，伴随城市建设高潮掀起，境内公建项目渐多，以丹城、石浦为最。单体面积多为2000~4000平方米，以5层居多。县内多单位同期兴建，竞争激烈，形成日趋兴旺的建筑市场。为加强管理，县建管部门依照上级有关规定，陆续制定相应管理措施和规范运作制度。90年代起，建筑企业发展迅猛，市场竞争更趋激烈，国家相继出台《建设工程勘察设计企业资质管理规定》《建设工程勘察质量管理办法》《中华人民共和国招投标法》等法律、法规。同时，县政府陆续颁发相关规范市场行为的实施细则及办法等，以确保建筑市场的公开、公正、公平竞争。

基建程序管理

按国家规定，新建、改建、扩建项目需报计划部门批准立项，由有证设计单位勘察设计，按规划选址定位，办理土地征用手续，签订施工合同，进行“三通一平”（水通、电通、路通和场地平整），按图施工建设。2000年后，凡新建、改建、扩建的公建项目建设，均实行先规划审定，后报县发改局立项审批，然后办理土地使用报批手续，接着进行勘察设计、投资概算审核、提交县招投标管理办公室实施公开挂牌招投标，招标选择监理公司，签订施工合同，落实“三通一平”，按图施工建设。在施工前必须取得规划许可证、立项批准书、用地许可证、中标通知书、施工许可证等，方可进入施工。其中，施工许可证由县建设局核发。

施工许可制度

20世纪80年代始，城镇建设规划、管理措施逐步加强。为落实规划、控制建筑红线，杜绝无证设计、抑制无证施工和越级承包施工，1985年7月，县城建局规定建制镇内工程建设，均应由建设单位持建设项目批文和施工图，申办规划用地许可证，经城建局审核建筑面积、层次、造型、用途等条件后发给用地许可证。随后，由施工单位持营业手册、施工合同向城建局申办开工，经局审核并派员实地放样检验，发给施工许可证，方可正式开工。2000年后，施工许可证的实施范围扩大到所有镇、乡级及工矿企业。其中，红线控制和施工图审核由县规划局组织实施及颁发规划许可证。施工许可证由县建设局按照建设部有关规定核发。

工程建设招标投标

1989年7月，根据建设部及省计经委文件建立县招标投标办公室，隶属于县城建局。规划建筑面积在1000平方米以上或4层以上工程均通过招标投标发包（1993年，改为2000平方米，5层以上和工程造价50万元以上为标的）。是年9月与翌年3月，试点。招投标活动开展后，市场竞争日臻活跃，工程质量快速提高，施工周期合理缩短，经济、社会效益明显。1999年12月16日，成立县建设工程交易中心。中心在操作过程中实现建设市场信息公开化、交易公平化、行为规范化和管理法制化。2004年起，建设工程项目及配套设施（设备）等招标投标归县公共资源交易管理委员会办公室实施。

建筑合同管理

1988年8月，省工商局、省建设厅和省建行联合发出《关于加强建筑合同管理的暂行规定》，规定经批准新建或技改项目，都应签订书面合同。省内工程承包签订的各类合同，逐步采用由省工商和城建部门联合印制的标准统一文本。国家预算内建筑项目及国家预算外的项目，建筑面积3000平方米以上（含3000平方米）或工程总造价在50万元以上（含50万元）项目合同，须送工程所在地工商管理部门签证。企业须按核定等级的营业范围承包工程，总、分包单位不得以分包名义转卖合同从中渔利。县城建局密切配合工商管理部门和司法公证单位，及时转发上级文件，制定相应管理细则，合同管理工作逐步走上正轨。2005年始，工程建设承包合同和工程技术资料实行备案制。工程建设单位必须按照建设部和省、市《城市建设档案管理规定》的相关规定，将工程建设承包合同、工程技术资料文本、工程结算书等一并报送县建设局工程建设档案室备案归档。

建筑市场整顿

1985年，第一次核定建筑企业资质等级后，在建筑市场中实行“七个不准”：不准无证施工、不准越级承包、不准有三级以下企业经营总包工程、不准企业的基层组织直接对外承包、不准转借《营业管理手册》、不准转手倒包工程、不准违法经营。但在核定资质等级前建筑市场中已存在的违规现象尚在蔓延。为抑制违规、规范市场，1986年5月，省建设厅转发建设部《关于认真整顿建筑市场的通知》，开展市场整顿工作。1987年2月，建设部和国家工商行政管理局联合印发《关于加强建筑市场管理的暂行规定》，要求整顿工作进度较慢地区，加快步伐，适当集中力量解决无证或越级违法经营及承包工程中行贿受贿问题。由于县内建设项目大批增加，委托个人设计、个人承包或越级承包，无证“设计”、无照施工项目增多等情况，县政府于1989年6月18日，发出整顿全县建筑市场的通知。抽调财税、工商、城建等部门有关人员，开展整顿。历时半年，查处一批违规工程、隐患工程，责成责任单位限时补救，取得了净化市场、规范操作、消除隐患的成效。此后，由城建主管部门作为一项经常性工作实施。

第四节　工程质量管理

县内建设工程质量，中华人民共和国成立后较长时期内，政府部门质量管理缺乏系统机制和手段，主要依靠施工者的自觉，建设单位质量监督起辅助作用。“文化大革命”期间，质量管理失控。1978年后，质量和质量管理摆上议事日程。20世纪70年代末，掀起创建全优工程活动。1981年7月，国家建委和经委发布《国家优质工程奖励暂行条例》，设立国家优质工程项目奖和国家优质工程企业奖。1985年7月30日，县建筑工程质量监督站成立。承担监督检查建筑安装的勘察设计、建筑施工、构件生产质量和材料测试，配合有关部门验收评定竣工工程质量、调处质量事故、危房鉴定等职能。

优质工程奖励

2000年，县内实施“金象奖”、宁波市实施“甬江杯”奖、浙江省实施“钱江杯”奖。省外各地也纷纷采取一系列有关质量管理的政策措施，培育质量品牌意识，确保建筑质量的提高。至2008年，全县建筑业企业共获得省级以上优质工程奖415项，其中国家级奖项53项。

工程质量监督

1983年5月，建设部和国家标准局发出试行《建筑工程质量管理条例》通知，质量管理纳入行政监督。规定市、县城乡建设主管部门可根据需要和条件，设立质量监督站，负责对本地区工程质量监督检验、评定等级、重大事故处理、质量争端仲裁。1985年7月30日，县建筑工程质量监督站成立，隶属县城建局。全县建设工程全面纳入政府专职机构监督范围。工程开工前建设单位应先办理质量监督委托，工程施工过程中的质量监督、中间验收、工程竣工必须由质监站共同参与，并负责评定质量等级。2000年，工程质量监督机构职能发生转变，由原先核定制转变为备案制。质监站主要职责是对建设各方责任主体履行质量责任的行为、工程实体质量、工程竣工验收等进行监督检查，在工程竣工验收合格后进行备案，并出具工程质量监督报告。

工程监理

20世纪80年代末，依照建设部《关于开展建设监理工作的通知》，各地开始推行工程监理制度。1997年11月，宁波宁大工程建设监理公司象山分公司成立并开展监理业务。监理人员常驻受监理建设工地，实行全过程、全方位监理。1999年3月17日，县城乡建委发出《关于住宅工程实施全面监理的通知》，明确4月1日起，在丹城、石浦两地规划区范围内新开工的所有住宅工程必须实施监理。没有监理单位的意见，工程项目不得办理竣工验收手续。监理单位在工程竣工验收前必须及时向工程质量监督提交由总监签发的监理工作总结报告，并对报告内容负法律责任。2000年，境内设有象山至高建设监理有限公司、宁波时代建设监理有限公司等4家监理单位，为实现“政府监督、社会监理、企业自控”的质量监控体系奠定基础。2004年后，工程监理队伍不断壮大。至2006年，12家监理单位通过竞标获准在县域范围内进行工程监理。

质量保修制度

1984年3月，建设部下发《建筑工程保修办法（试行）》，规定新建、改建、扩建工程自竣工验收之日始，承担保修义务一年（水电安装为半年），建设单位在竣工结算中暂留保修金。1985年，县内始执行质量保修制度，预留质量保修金为结算总价的1%~3%或3~5元/平方米。不少施工单位建立质量回访制度，保修期内定期或不定期派人实地回访业主或用户，及时补救。1997年起，屋面和管道保修期分别延长为3年、1年。2000年6月3日，建设部为保护建设单位、施工单位、房屋建筑所有人和使用人的合法权益，维护公共安全和公众利益，制定《房屋建筑工程质量保修办法》。规定在正常使用情况下，房屋建筑工程的最低保修期限为：地基基础和主体结构工程，为设计文件规定的该工程的合理使用年限；屋面防水工程、有防水要求的卫生间、房间和外墙的防渗漏，为5年；供热与供冷系统，为2个采暖期、供冷期；电气系统、给排水管道、设备安装为2年；装修工程为2年。

第五节　建筑材料管理

1985年前，象山无建筑材料质量管理机制。1985年5月，县建筑材料试验室成立，隶属县城建局，建筑材料和半成品质量逐步纳入管理轨道。

砼预制构件管理

20世纪80年代始，城乡预制场（厂）相继建立，一度多达50~60家。其所需钢材、水泥实行计划分配，其产品除卖给建筑工地外，按计划数销售批建农房，价格由物价部门统一核定。1985年，建材市场放开，钢材、水泥不再计划分配，产品全部投售市场。1986年4月，为提高砼构件生产企业素质，保证产品和建筑工程质量，省建设厅规定，砼构件厂按条件分3个等级。同年9月，增设四级，核定各级企业营业范围并发放生产许可证（翌年1月停发）。县内各构件厂大部被定为四级。2000年后，随着县内房屋建筑工程的质量要求大幅度提高，除农村自建房及特殊结构在施工现场预制外，其他砼预制构件生产受到严格限制。

砼、砂浆试块管理

县建筑材料实验室建立后，在建、新建工程，须按规定留足砂浆、砼试块，达到规定龄期时送试验室试压强度，以该室强度试压报告为核定工程质量依据之一。发现砼试块实压平均强度等级低于设计规定，由质监站派员到现场进行回弹测试。回弹数据证实结构质量不合格时，即视为质量事故，应组织有关人员分析事故，采取措施，及时补救。

建筑水泥管理

规定施工单位购入用于工程建设的水泥，均应持有生产厂家提供的产品合格证，随时接受建设单位或县质监站查验。质量有疑者，由施工单位送样委托县材料试验室进行强度、稳定性等指标复验，未经复验确认合格前不准使用。产品质量合格证和材料试验室出具复验合格证，作为工程交工验收的必备资料。20世纪80年代末，按国家有关规定，建筑工程始采用散装水泥，工地配备散装水泥贮罐。

建筑工程钢筋管理

用于工程建设的钢筋，均应持有生产厂家（包括供应单位复制）提供产品合格证。质量有疑者，由施工单位取样委托县材料试验室进行指标复验，未经复验确认合格前不准使用。产品质量合格证和材料试验室出具的试验报告，为工程交工验收必备资料。1985年，县内一度掀起拆船热，同时出现以船板钢轧制钢筋的生产企业。一时，轧制钢筋充斥市场，且被用于结构工程。县城建局经市场调查，确认此类钢筋不适用建筑工程，遂于1985年5月，规定此类钢筋不得用于建筑工程。

建筑用砖管理

境内素产青砖，品种有九五砖（标准砖）、开砖、龙骨砖等，手工制作，土窑烧制。中华人民共和国成立后，逐步生产红砖，停产龙骨砖，并采用机械制坯，轮窑烧制。20世纪80年代初，基本停产九五青砖和开砖。随之，出现大批乡、村办制砖企业。1988年，为保护良田，节省资源，推行墙体材料改革；遂按市城乡建委部署，将红砖质量（主要是外观、尺寸和抗压强度）纳入管理范畴；制砖企业编列厂号，发给号印，规定所产砖坯逐一打上号印，所产红砖按批取样送县实验室试验抗压强度。由县实验室出具产品合格证，为交工验收资料之一。90年代初，有个体企业始制砼砌块并用于工程。1991年，建立县墙体材料改革小组及其办公室（称“墙改办”），部署转产，以预交押金办法强制推行使用多孔砖。至2003年，象山世纪新型建材有限公司，开始生产水泥混凝土砖，用于建筑工程。其后，县内各地相继建水泥砖厂，至2008年发展至40余家。生产粘土砖的砖瓦厂，从2006年年末的30家减少至2008年16家。

建筑用沙管理

民间向以溪沙过筛使用。20世纪80年代初，溪沙趋枯竭，始采山体粉质岩轧制沙，作拌制披刀灰用，由于颗粒过细，几近粉状，不能用于砼工程。大量粉饰工程改用水泥砂浆。80年代中期起，用沙量骤增，丹城、爵溪建房始用海沙，经清洗以降低咸度。重要结构工程，从县外购沙拌制。因山体粉质岩轧砂拌制砂浆，影响工程质量，县质监站控制使用。至90年代中期停用，改海沙拌制，也有以轧石场的石屑过筛代沙。90年代后期，境内沙资源贫乏，建设工程采用北仑、温州等地海沙。经检测，海沙氯离子含量超过国家规定标准，必须进行淡化处理。县质监站按建设部发布的《普通混凝土用沙质量标准及检验方法》，规定凡属混凝土构件，一律不得使用未经淡化处理的海沙。

墙体保温材料管理

2007年10月起，根据《建筑节能工程施工质量验收规范》等文件规定，县内建设工程开始推行民用建筑节能工程。墙体保温材料主要有保温板和保温砂浆，县内普遍使用保温砂浆。保温砂浆进场使用前，应提供出厂合格证和省级以上推广证书，并按规定比例见证取样复试其导热系数、密度、抗压强度或压缩强度。外墙保温系统施工完成后，应进行钻芯检验保温层厚度。

第六节　建筑生产安全管理

1956年5月25日，国务院通过《建筑安装工程安全技术的规定》。1977年10月，国家建委颁发《关于加强建筑安装企业安全施工的规定》。1980年5月，县基本建设局发出《关于“安全月”制度的几项通知》。规定每年5月为“安全月”，开展安检活动。1982—1986年，建设部和省建设厅陆续下发有关生产安全文件，行业主管部门及时上情下达，重视抓好建筑施工安全工作，强化安全意识，开展职工安全培训，强调执行安全操作有关规定，及时调处有关安全问题，做到“三不放过”：事故原因分析不清不放过、事故责任者和群众没有受教育不放过、没有防范措施不放过。

20世纪80年代后，建设项目增加，农村建筑队伍扩大，加速施工和安全生产的矛盾突出。县城建局把安全工作摆上重要位置，贯彻安全第一和预防为主方针，宣传、发动企业组织文明施工，逐步建立健全安全生产责任、安全生产教育、安全生产技术措施、安全生产检查和监督、职工伤亡事故报告等制度，使用安全帽、安全带和安全网（统称工地“三宝”），定期或不定期开展安全检查评比，安全较差或有隐患工地限期整改。施工企业重视安全工作，工程开工前编制安全生产技术措施，做好文明施工和安全生产现场布置管理，工地设立显明的安全宣传牌和标志牌。至80年代末，实践总结出一套安全管理标准化经验，成为企业及工地自觉行动。1993年10月，县成立安全监测站，后逐步形成“纵向到底，横向到边”的安全监督管理网络，不断扩大监督覆盖面，施工现场有专人负责，安全形势好转。1994年后，工伤事故大幅下降。

第三十三篇
商　　贸

本篇目录

第一章　商业体制

旧时，商贸以私营、个体为主。中华人民共和国成立后，实行对私营商业的改造，商业走集体合作化道路，国营、集体为主的经营体制建立，私营商业一度取消。改革开放后，随着计划经济向市场经济转轨，个体、私营商业渐兴，县内绝大部分国营、集体、合作商业亦转制成股份合作、个体私营。

第一节　私营商业

古行井田之制，八家共井，就井交易，故曰“市井”。后世城乡各有市，象山谓之“市日”，民间集市形成和发展，私营商业渐兴。或为“坐贾”，或为“行商”。有如《周礼》所谓贩夫、贩妇。朝而盈、暮而虚。象山商业之记载，最早见之于宋宝庆《四明志》所载“唐贞观间有会稽贩客曰金林，数经从（东门祚圣庙），荐牲醴唯谨，舟行每得所欲①。”宋王钦若《灵验记》云：“梁朝真人修药于蓬莱观，自写真于东壁，有居观者，晨起必望观瞻礼。常贩于天台……②”

民国前商业

唐时，已有“贾贩往返于石浦东门岛”的记载。至宋代，县城有弦歌市。至明嘉靖年间，知县毛德京定弦歌市市日。白石等5市相继开市。

商号最早记录是元代王珂香“成记”贳器铺。

清乾隆时，南堡、溪口等离城较远处，亦“就其地相贸易”。道光间，又开三叉路等6市，各市皆“逢日开市，百货俱集”，甚见兴盛。集市详况见本篇第二章“商贸市场”，第一节“集市　菜市场”。

清末至民国初年（1912），商路渐开，市肆益增。县城及石浦、爵溪、西周、鹤浦等地均有“较大店铺”。县城有隆泰、通泰、聚泰等绸布庄，通生、隆润等南北货号；石浦有宏章、瑞丰祥、祺昌、高见龙等商店；爵溪有渔行及腌制、运销商号多家；西周有保太和、太兴等铺；鹤浦有何源大等商号。除“坐贾”外，尚有“行商”流动于城乡及县内外之间。主要有经营粮棉麻、畜禽、鲜咸鱼、竹木柴炭以及瓜果特产。

民国前象山县主要商号基本情况表

表33-1

姓名	商号	业别	地址	开设年份	备　注
王珂香	成记	贳器	爵溪一村	元末（1336）	《象山县工商业联合会（商会）志》

①宝庆《四明志·象山县志》“叙祠·神庙·祚圣庙”。乾道《四明图经》卷六“象山县·祠庙·祚圣庙”则作：“唐贞观中，有会稽人金林，数往台州买贩，每经过庙下，祈祷牲醴如法，获利数倍。”

②原碑文“自写真于东壁”之下内容有残缺。此据民国《象山县志·金石考·宋陶真人灵验记》考证内容。

续表33-1

姓名	商号	业别	地址	开设年份	备　　注
薛昌远	薛诚意	膏丹铺	丹城东街	清雍正元年（1723）	许常明《旧商界杂忆》
高氏	高见龙	南北货	石浦九市曲	乾隆十四年（1749）	《石浦镇志稿》
周氏	隆润	南北货	丹城西街	嘉庆年间	《象山文史资料》（四）
高锦潮	隆泰	南北货	石浦九市曲	道光十三年（1833）	《象山县工商业联合会（商会）志》
冯氏	信泰	当铺	丹城西门	道光年间	民国16年（1927）冯揆仙任经理
赵氏	大元堂	国药	石浦延仓前	咸丰元年（1851）	《石浦镇志稿》
卢氏	裕和	酱园	石浦北门	同治六年（1867）	《石浦镇志稿》
朱存清	朱兴记	水作	丹城西街	同治十年（1871）	《象山文史资料》（四）
萧忠敬	宏章	绸布	石浦中街	光绪初	《石浦镇志稿》《象山文史资料》（四）
傅善良	香山堂	国药	涂茨	光绪二年（1876）	民国档案材料
史九铭	乾大	当铺	石浦	光绪五年（1879）	《南田县志》陈庆安、胡承缮为外经理
邬元年等	祺昌	南北货	石浦碗行街横塘岸	光绪十七年（1891）	《石浦镇志稿》
黄包氏	吉泰	杂货	丹城东街	光绪十七年（1891）	民国档案材料
俞怀白等	同饮和	国药	石浦中街	光绪二十年（1894）	民国7年（1918）改“大皆春”
毛励昌	毛永顺	土烟	石浦盐仓前	光绪二十六年（1900）	民国档案材料
周才松	周松记	水作	丹城西街	光绪二十六年（1900）	民国档案材料
金保康	金源城	纸业	昌国卫	光绪二十六年（1900）	民国档案材料
称阿云	源利	箍桶	石浦南门口	光绪二十七年（1901）	《象山文史资料》四
奚士明	奚士记	饭店	新桥	光绪二十七年（1901）	民国档案材料
林岳松	林松记	饭店	新桥	光绪二十七年（1901）	民国档案材料
丁志文	丁德元	国药	石浦昌国卫	光绪二十七年（1901）	民国档案材料
龚见忠	龚德士	打铁店	石浦中街	光绪二十七年（1901）	《象山文史资料》四
李氏	李义泰	铜锡器	石浦中街	光绪二十七年（1901）	民国档案材料。李氏为镇海人
方以同	隆泰	布店	丹城南街	光绪年间	姜大劼、王德厚《隆泰布店》
钱文	裕茂	纸文具	丹城西街	光绪三十二年（1906）	民国35年（1946）店主为钱文
黄杏馨	同泰和	国药	丹城西街	光绪三十四年（1908）	民国35年（1946）店主为翁涛
洪小东	洪达元	笔店	丹城西街	宣统三年（1911）	《象山文史资料》
萧志鸿	萧通生	南北货	丹城南街	清末	民国30年（1941）业主萧大生、萧小生
纪子庚	纪协顺	官行	石浦盐仓前	清末	纪乃潢、纪乃同《纪协顺官行》综合性商行

民国商业

民国15年（1926），全县有集市53个、其中西周、爵溪、昌国卫、盐仓前、石浦每日早市。沿海乡镇有商业船埠33处，本籍运输船300多艘、客籍船2000余艘。石浦与盐仓前为最大航埠，有本籍商船50余艘，宁、绍、台、瓯、闽、广、鲁、沪商船700余艘行驶。至宁波、上海之商轮各有5艘，并有小轮通驶南田、宁海各乡。较大船埠有东乡岑兖、道人港、陈山、海口，西乡下沈、西周、谈港，南乡励家坪、小湾等。出运物产主要有薯丝、糯谷、棉花、苎麻、猪牛羊、鸡鸭鹅、木石竹柴及桃李、杨梅、西瓜等。商贸航线北达上海、南通，南抵台州、福建。与宁波、定海通航贸易更为频繁①。民国25年，城乡商号增至588家，其中南田112家。是年，政府倡导兴办“合作社”，由个人入股以“特产建社”，先后在范家山、丹城、石浦、东门岛、延昌等地建立经营范围不同的合作社5个，社员216人，股金1029元。以后发展至30个，中华人民共和国成立前夕解体。民国27年，石浦、丹城两地商号曾集资分建交易公店，统一办理商品采购、运输事宜。石浦区亦办起粮食交易公店。不久皆因营业不振，先后解散。翌年，运销外地的大宗物产有薯丝、毛竹、鲜鱼、鱼鲞及牲畜。其中薯丝运鄞县、定海约50万担，毛竹运定海、镇海、上海约500万公斤，鲜鱼运温、台、甬约30万担，黄鱼鲞运杭州、绍兴约3.3万担，牲畜运鄞县、奉化，约值5000元。民国29年，各商号按行业组建“同业公会”，丹城有商业公会7个、85户，石浦有10个、139户。石浦、丹城沦陷后，市面冷落，至抗日战争胜利方逐渐复苏。民国35年，城乡商号增至727家，其中，丹城103家，石浦400余家。石浦另有渔业货栈100余处，摊贩500余人。民国37年，全县登记商号895家，从业人员5657人，资本1800万元，多属小本经营，无大贾巨商，由于连年战乱，通货膨胀，匪害严重，至象山解放时，多数仅勉强支撑。

民国时期象山县石浦主要行业、商户情况表

表33-2

统计年份	行业	商户（家）	统计年份	行业	商户（家）	统计年份	行业	商户（家）
民国22年	牙行业	27	民国35年	卷烟业	54	民国38年	水作业	13
民国26年	酒业	74	民国35年	米业	45	民国38年	柴炭业	12
民国27年	当店	2	民国35年	纸品业	9	民国38年	杂货业	11
民国29年	蛋业	12	民国35年	香烛	7	民国38年	绸布业	11
民国29年	旅馆	10	民国35年	鱼货业	69	民国38年	木材	2
民国35年	南北货	9	民国35年	金银加工	4	民国38年	饮食	10
民国35年	土烟	4	民国36年	国新药业	10	民国38年	铜铁锡业	14
民国35年	酱作业	7	民国36年	理发	22	民国38年	桶业	1
民国35年	广货	5	民国36年	鞋店	2	民国38年	贳赁	4
民国35年	肉业	8	民国37年	照相	3	—	修理钟表	2

说明：据县档案馆馆藏民国档案整理

1949年象山县丹城城区主要行业、商户情况表

表33-3

行业	商户（家）	行业	商户（家）	行业	商户（家）
布业（含丝绸）	10	猪行	1	鞝鞋	1
南北货	10	家禽	2	洗染	1

①民国初年（1912）海上货运内容详见本志“交通”篇第五章“海上运输”第三节“海上货运”。

续表33-3

行业	商户（家）	行业	商户（家）	行业	商户（家）
面业	9	香店	1	烟店	18
肉业	6	粮食	1	饭铺	1
国药	11	薯丝	2	糕饼	9
粮食加工	6	糠行	1	糖坊	6
理发	14	膏药	2	制笔	1
贳器	2	铜铁锡	9	酒	7
照相	2	什杂	3	草纸	2
客栈	1	百货	19	水作	13
柴行	3	纸业	1	酱烛	3
竹木行	1	文具	5	—	—
鲜鱼蔬菜	1	图书	1	—	—
水果	1	漆、五金	1	—	—

中华人民共和国成立后商业

1950年，全县私营商业有棉布百货商店121户、272人，规模较大的布店，丹城有隆泰、通泰、源泰，石浦有宏章、纶章、瑞丰祥、裕生。饮服业26户、121人，较知名的有丹城中山饭店、杨茂昌糕饼店。烟糖南北货商店102家，较知名的丹城有萧通生，石浦有高见龙、祺昌等。此外，国药业丹城有胡庆馀堂、杏林春、义成，石浦有大皆春、大元堂、楼同盛等。百货业丹城有锦大，石浦有锦纶、宝康等。酱业以石浦裕和酱园最负盛名。石浦、爵溪鱼货业、腌制业尤其发达，商号多达150余家。据不完全统计，全县小商贩923户，其中摊贩679户。1954年，全县对私营商业进行社会主义改造，首先从棉布、屠宰两业开始。经过丹城、石浦、墙头三地试点，控制货源及价格，分别组织两业代销或公私合营，后在城乡普遍展开。经改造，全县83户棉布商转代销24户，公私合营16户，转农业39户，转手工业4户；原有41户猪肉户，维持经营11户，转农业29户，转手工业1户。1955年年初，全县私营商业1110户，分18个行业，其中农村私商792户。由于国营商业及供销合作社声誉日隆，营业不断扩大；私营商业经营困难，多数亏损。政府采取转让经营品种，照顾货源，发放贷款，组织代销以及取消供销社社员优待价等办法，维持私营商号营业。3月，县政府建立私营商业及饮食业普查委员会，组成42人工作队，分赴各地开展普查登记，至年末结束。1956年年初，全国对私营商业改造形成高潮。3月，县成立领导小组，组成“商改工作队”，在丹城、石浦试点后全县铺开。各私营商店均清户核资，按行业归口、折价入股。在经营同类商品的国营公司领导下，贯彻赎买政策，进行公私合营。原私有资产，在规定年限内，按年息五厘付息。小商小贩在自愿前提下组织合作商店，资金入股，统一经营，共负盈亏。除自身劳动报酬按股分红外，还提取公积金和公益金。亦有组织合作小组，统一采购货源，分散经营，自负盈亏。是年末，对私改造基本完成。原有私商1978户、2507人，参加公私合营16户、233人；组织合作商店45个、335户、405人；合作小组94个、793户、894人；代销自营834户、

975 人。公私合营的私方人员，担任商店正、副经理 11 人。1958 年年末，个体单干户只占原有私商人数 4%，不足 100 人。1960 年 12 月，为全面开展“保粮保钢”增产节约运动，象山县人委决定全县除城关（现宁海县）、丹城、石浦三个主要城镇和蟹钳渡外，其余农村饮食店一律撤销。“文化大革命”期间，小商贩被认定为“资本主义尾巴”，被逐步取缔。

中共十一届三中全会后，个体商业重获生机。1979 年，个体工商户开始登记发照。1980 年有 191 户、191 人。1982 年增至 379 户、381 人，年营业额 90.9 万元。翌年，增至 1372 户、1524 人，年营业额 744.5 万元。1985 年增长较快，为 4201 户、5084 人，年营业额 3334 万元。1985 年，县成立个体劳动者协会，尔后，丹城、石浦、爵溪三镇亦相继成立个体劳动者协会。全县发展会员 4611 人，占工商总户 89%。集市扩大 56 处，上市商品 720 余种，成交金额 5560 万元。1987 年 8 月 5 日，《城乡个体工商户管理暂行条例》及实施细则颁布实施。1988 年 7 月 1 日，象山开始实施并受理私营企业申请登记。1990 年，石浦商业网点 1164 个，从业 3260 人，购销金额分别达到 7650 万元、8700 万元。1992 年 2 月后，放宽登记条件，简化手续，一人多照，多项经营，并允许批发、代销，理发、冷饮等 6 种行业的审批权下至各工商所。是年，全县新设立个体工商户 3497 户，新增从业人员 5246 人。至年末，全县个体工商户 14410 户，从业 18844 人，注册资金 9220 万元。此后几年，进一步解放思想，取消不适当的限制规定，制定鼓励发展措施，促进个体经济的发展。至 1999 年年末，全县共有个体工商户 16587 户，从业人员增至 24922 人，注册资金 30657 万元。

进入 21 世纪，个体、私营商业总体规模进一步扩大。2005 年，个体、私营商业经营网点增至 1.75 万户，从业 2.8 万余人，占全社会从业人员 8%。2008 年年末，全县个体、私营工商户 2.03 万户，从业 2.94 万人，注册资金 99111 万元。个体、私营商业已占市场的主导地位。

第二节 国营商业

1951 年 12 月，宁波市建国营百货公司，在丹城设营业所、石浦设营业组，综合经营纺织、针织、百货、文具、烟糖、五交化、医药、石油等，门类齐全，批零兼营。1953 年，象山县百货公司成立，财务独立核算。是年，卷烟划出，成立专卖公司，实行烟酒专卖。1954 年，国家实行棉布统购统销政策。6 月，县设立“舟山食品支公司象山经营组”。10 月，从百货公司划出纺织品，成立花纱布公司。1955 年，从工业部门划入丝绸呢绒，公司更名纺织品公司。12 月，正式建立象山县食品公司，将中华人民共和国成立初由供销社经营的猪、禽、蛋业务划归公司经营；生猪实行自收自调经营，禽、蛋委托供销社代收。是年始，百货公司、烟酒专卖公司、纺织品公司、五交化公司四大公司为县国营公司主要经营主体。1956 年，建立象山县商业局，负责领导全县的国营商业，国营商店为市场主体。百货公司在岑氹、泗洲头、西周、鹤浦四地设立批发部。食品公司在陈山、西泽、定山渡头、西周等地设立生猪中转站。1958 年 2 月，国营商业实行政企合并，撤百货、纺织品、食品等国营专业公司，把下属零售商店、供销社合作商店全部归并人民公社供销部。县设生产资料、日用工业品、农副产品三个采购批发商店。1959 年 2 月并建为丹城、石浦、宁海三个采购批发店。

农村主要副产品猪、禽、蛋等购销，中华人民共和国成立初归供销社经营。1954 年 6 月，中国食品公司设立象山食品营业组。翌年12月，改称食品公司，经营该项业务，并将供销社有关人员悉划归公司。1958年并入副食品公司，宁象合治时称食品经理部。1961年，分县后，仍恢复食品公司。1964年10月，商业局、供销社迁老城隍庙合署办公。县国营四大公司在石浦均建立分支机构。1978年，县百货公司改革，成立贸易中心，筹建全县最大百货大楼，于1985年建成营业。

1978年，国营商业与供销社再次分设，县商业局管理各国营批发公司和丹城、石浦两镇零售商业，县供销合作社分管全县农村商业及土特产和副食品采购。1980年，县商业局所属的外贸公司划归县经委管理。同时取消农副产品和工业品统购、包销办法，推行农产品收购核定基数包干政策，恢复议购议销，放开生猪、蔬菜和水产品的价格管理。1980年3月始，在县百货公司试点建立象山县工商企业第一个职工代表大会制度。企业在计划编制、定价销价、人员奖罚管理等方面扩大自主权。随后，这种以扩权为模式的改革在商业系统内逐步普开。1984年9月，国营商业改革试行“改、转、租”，48家商店中，“改”42家，“租”6家。在14家中型企业中推行承包责任制、“利奖挂钩”，企业自主权扩大。是年，相继建立“象山县日用工业品贸易中心”“县副食品批发贸易中心”“象山五交化贸易中心”和“象山县商业贸易中心”。1985年，医药公司划归商业局代管，蔬菜并入烟酒公司。是年末，商业局共辖12个公司、4个厂，企业经营机构147个、2089人。是年，零售企业实行超基数分成、利奖挂钩、全额分成、租赁经营、计件制、股份制6种形式的经营承包责任制，“小、少、微、偏”商店实行“改、转、租”。全县国有商业企业系统48家零售商店中，42家实行改制，6家租赁经营。1987年，国营商业开展工商、农商、军民等横向联营，与全国170个单位建立联系，先后建立37个联合体。1988年10月，石浦建立商业分局。1989年12月始，在国营商业中推行经理责任制。1990年年末，商业系统对企业领导干部实行任期目标考核制度。

1992年2月，县百货公司开展经营、用工、定价、分配“四放开”改革，落实柜台承包责任制、中层干部聘任制、职工优化组合、招标竞争上岗等劳动制度改革。年末，县医药公司、县五交化公司、石浦百货公司、县食品公司、县第一饮服公司、县百货公司6家公司，完成“四放开”改革。1993年10月，成立县商业总公司，保留县商业局牌子，实行一个机构、两块牌子管理，逐步向企业性质转变。石浦商业管理体制由“块”改“条”领导，撤销分局机构，石浦百货、食品糖烟酒、医药、第二饮服公司、第二食品厂等6家企业归口合作商店。1994年，国营商业改革推向新阶段，县第二饮服公司破产，职工分流。1995年，国有商业全面推行新管理模式，各企业实行经理、厂长负责制，制定责任状。1997年10月，县百货公司转为股份合作制，丹城、石浦两家医药公司合并，组建“象山县医药药材总公司”。11月，商业总公司组成改革工作组，制订以产权制度改革为突破口、股金合作制为主要形式的改革方案。1998年，商业国家资产从三级企业退出，实行所有权与经营权分离，改国营为民营，变自营为他营，推行股份合作制，实施兼并、出售、破产等多种形式。是年，县五交化公司解体，石浦糖烟酒公司改国营为民营；石浦百货公司出租场所，与“三江”“南田”等企业联营；县工贸公司、石浦五交化公司转制；县饮食服务公司实行“一企多制”；县百货公司实行柜组投标承包。1999年年末，全县国有商业单位19个，经营机构28个，国有企业职工1193人，下岗职工468名。2000年，县糖烟公司、饮服公司、石浦五交化等采用“拍卖资产、人员分流安置，企业解散”的转制改革。2001年，商业总公司完成国营商业企业改革转制任务。

1979—1985 年象山县商业网点及就业情况表

表 33-4

年份	国营商业		供销商业		集体商业		个体商业		厂办商业	
	网点(个)	人数(人)	网点(个)	人数(人)	网点(个)	人数(人)	网点(个)	人数(人)	网点(个)	人数(人)
1979	185	2015	236	1059	751	2090	96	153	—	—
1980	170	2014	221	1343	664	1765	423	423	15	35
1981	212	2114	221	1471	796	2147	584	592	22	164
1982	228	2343	297	1457	844	1818	720	743	27	143
1983	241	2343	309	1408	917	1974	1933	2109	32	164
1984	230	2144	363	1586	960	1906	4648	5871	12	32
1985	223	2166	356	1626	851	1624	5903	7214	15	65

象山县国营商业企业改制情况表

表 33-5

改制单位	改制时间	职工人数（人）	重组人数（人）	失业人数（人）
县第二饮服公司	1994. 07	167	—	130
县石浦糖烟酒食品公司	1999. 12	274	28	4
县石浦百货公司	1999. 12	162	85	6
县食品公司	2000. 01	167	53	3
县商业工贸公司	2000. 01	95	—	4
石浦农机公司	2000. 05	28	—	—
石浦医药分公司	2000. 06	89	—	—
县医药药材公司	2000. 06	263	263	—
县饮服公司	2000. 06	99	—	3
县石浦五交化公司	2000. 06	74	—	13
县第二食品厂	2000. 07	102	—	1
象山县水产供销公司	2000. 07	809	—	—
象山木材公司	2000. 09	114	—	—
县糖烟酒菜公司	2000. 12	157	—	4
县百货公司	2001	—	—	—
县五交化公司	2001	—	—	—

第三节　供销合作社

供销合作社是以广大农民为主体，按照合作制原则，通过入股形式，自愿联合起来的群众集体所有制合作商业，是连接工业与农业、城市与农村的经济桥梁，是城乡商品流通的主渠道。

1950年6月，象山县供销合作总社成立，政企合一，属全民所有制。在丹城西街设立日用品门市部。宁波专区总社拨资金4850元，折合大米19600公斤，股金总额3838元。此为象山县首家社会主义性质的商业实体。1954年10月，县供销合作总社改称县供销合作社。是年，石浦供销站改名石浦综合采购批发站。1956年6月，原采购批发站分为农业生产资料、日用品、副食品、土产废品4站。其后仍有分并。是年，水产购销划归水产供销公司。生产资料主要经营化肥、农药、农药械、中小农具、农用薄膜等。土特产主要经营棉、麻、茧、竹、木等。其后扩建贸易公司，主营棉布、百货、五交化、建材等。1958年5月，县供销合作社并入县商业局，6个基层社转为人民公社供销部。1960年，全县有供销部21个、职工2306人。1961年，县供销合作社、县商业局分设，其间按人民公社建立供销部35个，区设办事处7个，职工1226人。1962年3月，县社在丹城召开建社以来首届社员代表大会，成立理事会、监事会。1965年10月，商业局、供销社再合，1978年1月又分。1983年6月，县供销合作社第三届社员代表大会时，成立县供销合作社联社，为合作商业。

1951年，县总社设业务股，组织供应农村生产资料和生活资料，购销土特产品、畜产品和废旧物资。1954年，建渔业加工运销站，设分站于爵溪、石浦、金高椅。同年接收全县水产市场，建石浦水产办事处。石浦供销站改名石浦综合采购批发站。同年，粮食购销划归粮食局。1956年，水产购销划归水产供销公司。6月，原采购批发站分为农业生产资料、日用、副食品、土产废品四站。其后仍有分并。生产资料主要经营化肥、农药、农药械、中小农具、农用薄膜等。土特产主要经营棉、麻、茧、竹、木等。其后扩建贸易公司，主营棉布、百货、五交化、建村等。1980年建茶厂，1985年成立茶叶公司。1983年建果品公司，后改为副食品公司，逐步由单纯商品经营向农副产品加工发展。

农村供销社最早于1950年9月，在贤庠乡海墩村成立，社员347人，股金347元，同年贤庠、爵溪相继建立供销社，其中爵溪供销社有社员522人，股金350元。至年末，基层社3个、社员1001人。翌年，发展新社14个，合并1个。1953年续增6个。1955年，全县有基层社11个、社员60396人，股金106167元。至1985年，设丹城镇、南庄、爵溪、涂茨、墙头、西周、泗洲头、新桥、定山、石浦（区）、石浦镇、南田、高塘14个基层社，辖32个分社，固定职工1172人，社员101213人，股金总额186.5万元。有工业品批发机构19处，零售网点265处，农村代购代销店256处。销售总额7626万元，固定资产891万元，利润129万元。

县供销社根据“组织上的群众性，管理上的民主性，经营上的灵活性”原则，采取各种措施帮助社队发展生产。初期发放棉、麻、茶、蚕茧、柑橘预购定金，累计56万元。1975年起，每年发放生产辅助资金40万元，并派员50余人深入社、队辅导。1980年后，帮助社、队建各种农副产品生产基地。1985年，全县百亩以上茶园68个，百亩以上柑橘园66个，兔场38个。并从信息、良种、物资、资金、技术等多方面进行扶持，发放定金5万元、生产扶持资金56000元，供应良种麻苗、桑苗、柑橘苗共37万株，调剂种兔400多只，供应化肥、煤、水泥、麸皮等物资。

1985年年末，县供销联社所辖机构有县生产资料、土特产、日杂废品、贸易、副食品、茶叶、石浦副食品、石浦日杂废品8个公司，及石浦物资中转站和车辆保养场，以上10个直属企业有固定职工450人，固定资产380万元，自有流动资金105.7万元，零售网点265个，年销售总额4080万元，工业产值330万元，利润78万元。

1988年，全县有农村基层社14个、分社30个，共有职工2297人，归口管理合作商店35个、职工690人。1988年7月，县供销合作社联社有县生产资料公司、县土产畜产废品公司、县副食品公司、县日用品工业品公司（供销大厦）、县日用杂品公司、县茶叶公司、石浦日杂废品公司、石浦副食品公司、县供销社汽车运输公司等直属企业9家。

1990年，供销社企业继续推行承包经营责任制，实行“三包一挂”（包上缴利润，包企业发展，包社会效益，实行工资总额与经济效益挂钩），期限通常3年。1991年9月，县供销合作社联社调整部分基层社建制，撤销丹城、南庄、墙头3个社建制，合并成立城南供销社；撤销石浦镇2个供销社建制，合并成立石浦供销社；撤销南田、高塘2个供销社，合并成立南田供销社。至此，全县14个基层供销社调整为10个。1993年，县供销合作社联社成立宁波海阳总公司，保留县供销联合作社牌子，逐步向企业化管理过渡。是年9月，爵溪合作商店解体。10月，涂茨供销社分流102人，房屋拍卖，资金回收80万元。1994年，又有高塘合作商店、涂茨合作商店、岑晁合作商店、昌国合作商店、珠溪合作商店相继解体。年末，全系统23家企业中，16家实行“社有个营”为主体的经营责任制。自1993年7月至1996年4月，县社系统已有17家供销合作商店解体，占总数的55%。1998年至2002年年末，基层供销社全面实施改制，1家解散，2家重组，其余7家保留营业执照，即资产变卖、职工身份转变、企业解散、牌子保留。除城南供销社尚有剩余资产70万元外，其余基层社均名存实亡。全县5.5万元社员股金（本金）连同股息陆续清退。县级公司中，4家改制重组，11家解散。重组4家企业中，再生资源有限公司成为县社所有的独资公司；县社与日用杂品公司、县日杂废品公司共同出资组建县烟花爆竹有限公司；县社与宁波市农资公司等组建县丰润农资有限公司，与浙东供销超市公司组建象山供销超市公司，县供销社均有股份参与。

象山县供销合作社系统企业改制情况表

表33-6

单位名称	改制时间	职工人数（人）	退休人数（人）	安置费用（万元）	改制形式
石浦副食品公司	1994.12	60	13	26	解体
能源物资公司	1997.10	20	3	47	重组
县副食品公司	1998.08	63	6	163	解散
石浦食品冷冻厂	1998.08	31	2	30	解散
县日用杂品公司	1998.12	59	21	168	重组
岑晁供销社	1998.12	71	42	123	重组
县社运输公司	1999.01	31	3	66	解散

续表33-6

单位名称	改制时间	职工人数（人）	退休人数（人）	安置费用（万元）	改制形式
宁波浦港食品公司	1999.08	46	5	101	解散
县土特产公司	1999.10	43	12	117	解散
县茶叶公司	1999.10	71	13	170	解散
县农资公司	1999.11	63	26	154	解散
县再生物资公司	1999.12	37	9	92	重组
石浦罐头厂	1999.12	46	—	—	解体
西周供销社	1999.12	82	27	237	保留牌子
新桥供销社	2000.01	67	19	160	保留牌子
涂茨供销社	2000.05	76	38	121	保留牌子
定山供销社	2000.06	102	33	261	重组
泗洲头供销社	2000.06	55	17	126	解散
县日杂废品公司	2000.07	41	17	129	重组
石浦日杂公司	2000.07	41	—	—	解体
县供销大厦	2000.08	113	10	233	解散
爵溪供销社	2000.10	54	9	130	保留牌子
安年制衣公司	2000.12	3	—	5	解散
石浦生产分公司	2000	20	—	—	解体、职工分流
南田供销社	2001.06	136	31	369	保留牌子
石浦供销社	2001.12	182	77	553	保留牌子
城南供销社	2001.12	249	75	1360	保留牌子
县供销大酒店	2001.12	51	2	95	解散

2002年10月，由13户水产养殖大户、运销户与供销社联合成立象山县东海水产专业合作社，总股金35万元；成立象山天茗茶叶专业合作，入社茶园面积达666.7公顷，占全县50%。11月，又成立象山县时珍中药材专业合作社，由23名社员组成，集体药材种植面积10公顷，占全县中药材种植面积80%以上。是年，县社系统所属企业转制结束，供销社以筹建专业合作社、农村综合服务社等为农服务公司制企业为主。2003年，成立象山半岛蔬菜专业合作社和得利水果专业合作社，同时成立全县第一家村级综合服务社——南堡村综合服务社，集超市、农资供应、村民文化娱乐、医疗等为一体，形成农村服务新平台。翌年，县供销社组建2家专业合作社和2家村级综合服务社，1家农资储备中心；成立烟花爆竹专营有限公司。全系统共实现销售19500万元，利税270万元，其中，本级企业销售8230万元，税利236万元。新组建玉茭茭白和不老岛水产专业

合作社2家、西边塘村级综合服务社2家。县供销社为农服务公司制企业发展到11家，累计入社社员378户，入社股金181万元。建立水产、蔬菜等标准化生产示范基地10个，面积133.33公顷。收购农产品8200万元，销售9100万元。2005年，投资近16万元，组建方家岙、下七里、溪口、龙屿、平阳厂5个村级综合服务社。翌年，全年实现经营收入2.2亿元，税利430.5万元；创办的村级综合服务社15家，全年销售农资860余万元，销售副食品、日用品320余万元。至2008年，县供销社领办的专业合作社12家，创办村级综合服务社42家。

2008年象山县供销社系统部分农民专业合作社情况表

表33-7

组织名称	成立时间	组织形式	社员人数（人）	注册资金（万元）	荣誉情况
象山县东海水产专业合作社	2002.11.18	合作社	101	50	市级绿色配送中心省、市级示范社
象山天茗茶叶专业合作社	2002.11.18	股份合作制	47	17	省级示范社
象山时珍中药材专业合作社	2003.01.03	股份合作制	25	14	—
象山半岛蔬菜合作社	2003.05.16	股份合作制	61	49	市级示范社
象山宏森瓜果专业合作社	2003.06.06	股份合作制	42	20	国家无公害农产品市级示范社 省、市绿色基地 省、市绿色农产品县级示范社
象山绿得利水果专业合作社	2003.10.24	股份合作制	30	20	—
南堡村综合服务社	2004.05.19	集团企业	—	—	—
象山县玉茭茭白专业合作社	2004.08.09	股份合作制	38	5	—
象山不老岛水产专业合作社	2004.10.20	合作社	20	22	—
西边塘村综合服务社	2004.12	村集体合作	—	—	—

第四节　集体（合作）商业

亦称合作商业。1956年，公私合营高潮中，丹城、石浦私商649户、1244人，组织合作商店15家、207人，合作小组627人。全县农村组建公私合营商店11家、25户、19人；合作商店61家、355户、469人；合作小组158个、1217户、1297人；经销代销66户、68人。尚未改造78户、106人。

1958年，合作化高潮，基层供销社改供销部，小商小贩全部划入公社供销部，成为全民商业。1961年9月，调整小商小贩，恢复合作商店和合作小组。翌年，将两次调整划出626名小商小贩中的387人恢复去合作商店，206人去合作小组，余转农。1965年，农村集体商业共有984人，785人服务于30家合作商店，199人组合在117个合作小组。

1971年，集体商业“升级过渡”，进行整改。丹城、石浦两镇原独立核算的20家商店、职员581人，改为16家“三代”（代购、代销、代营）店。其中，2家合作商店又升为国营商业。1973年后，恢复一些合作商店，确认“三代”商店为集体商业。1978年后，开始落实政策，退还“三代”商店期间的积累金119656元，“三代”前原属合作商店的公积金、公益金、股金等，由各经营供销社一次性退清。1982年，合作商店网点由1979年的751个增至851个，职工工资福利参照供销社。后因缺乏应变能力，1985年，网点数、人数均比1984年减少，销售额及利润下降，半数商店出现亏损，净亏额12830元。至1985年年末，丹城、石浦两镇有各种合作商店11家，网点65个，职工369人。是年，全县共有合作商店34家，网点503个（饮食业34个、服务业18个），职工802人，股金6920元。自有流动资金30.77万元，固定资产143.09万元，销售额1237万元。亏损商店18家，亏损额14.86万元。

1991年，集体商业零售额1.12亿元，占社会商品零售额15%。20世纪90年代中期，市场经济逐步建立，商业竞争激烈，集体商业先后转制解体。至2003年2月，全县合作商店相继转制结束，除盛丰外，合作商店全部解体。

表33-8

象山县合作商店解体情况表

名称	解体时间	在职人数(人)	退休人数(人)	名称	解体时间	在职人数(人)	退休人数(人)
爵溪	1993.07	13	4	番头	1996.09	19	10
高塘	1993.12	12	6	西周	2000.01	11	10
涂茨	1994.03	14	6	鹤浦	2000.08	2	4
石浦二商	1994.05	9	—	石浦	2000.08	4	5
岑兆	1994.08	25	11	定塘	2000.09	12	7
昌国	1994.09	22	14	大塘	2000.09	10	3
珠溪	1994.10	21	5	晓塘	2000.09	14	3
东港	1995.01	13	3	中楼	2000.09	14	4
下沈	1995.03	23	6	东门	2000.11	11	6
墙头	1995.03	12	13	兴港	2000	11	—
金星	1995.03	16	5	城南	2001.05	63	46
延昌饮食	1995.03	23	10	雅林溪	2001.12	12	3
延昌副食	1995.03	15	8	大徐	2001.12	10	5
鹤浦	1995.10	28	15	莲花	2002.03	7	12
泗洲头	1996.03	30	6	亭溪	2003.02	8	7
东溪	1996.03	13	6	盛丰	未改制	5	10
新桥	1996.04	22	9	—	—	—	—

第二章　商贸市场

商贸市场系商品交易营销之场所，由民间集市形成。随着生产力提高和商品的丰富，各类商店和商品交易场所逐渐集聚建成，构成商贸市场。物资交流会与展销会，始于20世纪50年代，通过举办物资交流和展销，促进商品流通，繁荣市场，发展经济。90年代后期始，联华、三江等超市进入象山，其规模宏大，商品齐全，成为商贸市场新业态。

第一节　集市　菜市场

集市是重要的商品交易场所。象山集市均有“开市”时间，晨开市，午散市。集市多数设在乡镇政府驻地附近或人口集聚稠密、交通便捷的村落。改革开放后，随着商贸业的发展繁荣，传统意义上的集市逐渐减少。20世纪90年代后，日市交易的菜市场成为居民日常解决“菜篮子”的主要交易场所。

集市

照 33-1　农贸市场生猪过秤

旧时，商贸交易多在集市进行。宋代，县城建立弦歌市，开展集市活动。至明代，弦歌市以农历每月逢“一、六”为集市日。尔后，白石、下沈、昌国卫、爵溪、三角埭等相继开办集市日活动。清乾隆年间，石浦、墙头、南堡、溪口、泗洲头等离县城较远地，亦“就其地贸易”，并建立小店铺、开启小型市场。道光间，又在三叉路、新桥、田洋湖、西山下、涂茨设集市，逢市日为市。在集市所在地投资建造店铺，以扩大营业。小商贩也云集设摊。集市扩大了民间商品流通渠道，为促进农村经济发展发挥重要作用。至清末民国初期，丹城、石浦、西周、爵溪等地集市，贸易兴旺，店铺广开，经营品种扩大，促进商业繁荣。民国15年（1926），东乡三区建有8个集市，西乡14个集市，南乡22个集市，县城近郊3个集市，全县集市扩大至47个。西周、爵溪、昌国卫、盐仓前、石浦每日开设早市。

中华人民共和国成立后，全县各地集市日开放，商品逐渐增多，交易日兴。1959年“公社化”期间，集市衰落。1961年，全县开放集市40处。“文化大革命”期间，限制农副产品上市。1968年，县成立“打击投机倒把办公室”，取缔无证商贩，集市更加冷清。1979年后，开放集市44处，并开放10个粮油市场。至1984年，全县集市57个，市场面积9.29万平方米，马路市场被棚顶室内市场所代替。进入20世纪90年代，传统意义上的集市逐渐被专业市场与菜市场等所替代，但集市日的传统一直保留。至2008年，全县设集市日的集市仍有近50个。部分集市成为

“日日市”。

菜市场

中华人民共和国成立初期，居民购菜多在集市。县城购菜大多集中于十字街、西街、东街、羊行街等地，后迁小校场、大校场。1984年辟西门（营门路）菜市场，占地600平方米，建筑面积300平方米，摊位103个。1987年，投资1500万元，填河兴建汪家河菜场，于1995年竣工，占地面积7000平方米，建筑面积9900平方米，内设摊位1200个。1998年10月，投资3271万元，动工兴建蓬莱菜市场，占地8500平方米，建筑面积9500平方米，建钢架交易大厅5500平方米，设摊493个。2007年，投资120万元，整体改造和扩建全县最大的汪家河菜场，新增营业面积5000平方米、472个水产摊位。2005年，汪家河菜场全年交易额达10.9亿元，蓬莱菜场全年交易额达3.1亿元。

照33-2　汪家河菜场

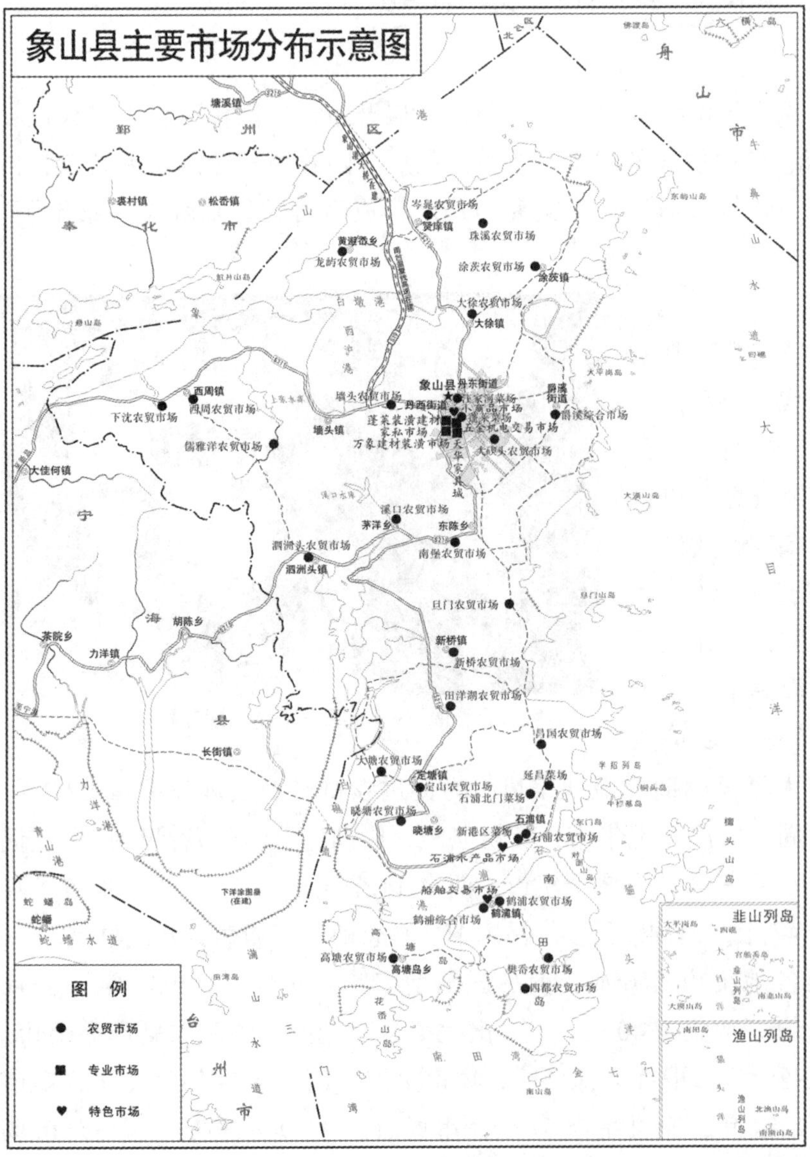

地图审核号：浙S〔2017〕32号

图33-1　象山县主要市场分布示意图

石浦于1953年，由工商联集资在溪坑头（原石家道地废墟）建成第一个菜市场。1967年，在东方红桥内侧建成石浦第二菜市场。1988年，在火炉头路建成第三菜场。1991年，又建成延昌菜市场，为第四菜市场。1995年，又建成新港菜市场。

20世纪90年代始，为方便群众“菜篮子”购物，各镇乡纷纷建设能进行日市交易的菜市场。1993年，全县扩建、改建菜市场11个，总面积2.5万平方米。是年年末，全县共有菜市场74处，面积12.8万平方米，成交额3.75亿元。至2008年，街道镇乡政府驻地均建有菜市场，一些人口规模较大的村也建起菜市场。

2008年象山县各地集市（日）情况表

表33-9

名　称	所在地	集市日（农历）	名　称	所在地	集市日（农历）
丹　城	（城关）	一、六	泗洲头	泗洲头镇	二、七
大碶头	丹东街道	四、九	张　岙	泗洲头镇	五、十
南　庄	丹西街道	五、十	墩岙塘	泗洲头镇	五、十
洋　心	丹西街道	三、八	定山渡头	定塘镇	二、五、八
三叉路	丹西街道	二、七	大　塘	定塘镇	四、九
爵　溪	爵溪街道	日日市	中　泥	定塘镇	一、六
石　浦	石浦镇	日日市	田洋湖	定塘镇	三、七
东　门	石浦镇	日日市	涂　茨	涂茨镇	三、六、九
昌　国	石浦镇	日日市	崔家岙	涂茨镇	一、四、七
蜘蛛山	石浦镇	一、三、五、七、九	汤　岙	涂茨镇	三、八
西　周	西周镇	每天早市	钱　仓	涂茨镇	五、十
渡头街	西周镇	一、三、六、八	大　徐	大徐镇	二、五、八
湖　边	西周镇	五、十	新　桥	新桥镇	四、七、十
下　沈	西周镇	二、五、七、十	高　湾	新桥镇	二、六
赖　岙	西周镇	一、四、九	黄公岙	新桥镇	五、九
儒雅洋	西周镇	四、九	东　溪	新桥镇	一、六
鹤　浦	鹤浦镇	三、六、九	山　根	新桥镇	三、七
樊　岙	鹤浦镇	一、四、七	沙　岗	东陈乡	五、十
四　都	鹤浦镇	日日市	南　堡	东陈乡	三、八
岑　琁	贤庠镇	一、四、六、十	岳　头	东陈乡	一、六
西山下	贤庠镇	二、五、七、十	旦　门	东陈乡	二、七
着衣亭	贤庠镇	三、八	励家坪渡头	晓塘乡	一、六
珠　溪	贤庠镇	一、四、六、九	三眼碶	晓塘乡	三、七
溪　沿	贤庠镇	三、八	龙　屿	黄避岙乡	三、八
下　庄	贤庠镇	二、五、七、十	溪　口	茅洋乡	四、九
蒲　门	贤庠镇	三、八	郑家庄	茅洋乡	一、六
墙　头	墙头镇	二、五、七、十	高　塘	高塘岛乡	二、五、八
大溪蒋	墙头镇	三、八	—	—	—

第二节　物资交流会

旧时大宗物资交流一般在庙会期间举行。中华人民共和国成立后，党和政府为尽快恢复生产、发展经济、繁荣市场、改善人民生活，把召开物资交流大会、促进工农业商品流通，作为党的经济工作中心任务来抓。1952 年 6 月 24—27 日，丹城首次召开象山县夏季物资交流大会，4 天共签署成交合同 132 件，成交额 46512 元。交流会贯彻期货和现货并重、签约和销售并举、买进和卖出并存的原则。现货交易无专门展馆，主要在街道交易。时农副产品交易场地设于丹城空旷的南校场，供销社土特产公司和各基层社、工商业户在南校场搭起帐篷，设立收购场地和摊位，供应小农具、化肥等生产资料，同时就地收购农副产品或订购销签约。许多农户（互助组）随带鸡鸭蛋、棉、麻、茶、竹木炭、猪、羊等到场投售，有的牵着大水牛到场交易，顺便买回农具、化肥及家用生活资料，呈现一派繁荣景象。10 月 18—23 日，石浦镇在渔港沿街设摊开商品交易会。10 月 27 日至 11 月 1 日，西周镇在西周街举办物资交流会。昌国镇则利用庙会，由国营商业、供销社商业、私营商业、工业、农业等各方代表参加。会前，派专人到周边县的集镇张贴海报，招徕三门、宁海、奉化、鄞县、新昌、舟山、沈家门、桃花、六横等地的客商到象山交易。秋季物资交流会，全县交易额达 20 余万元。1959 年，各供销社陆续召开物资交流会 28 次。其中，县级 5 次、公社级 21 次。还与全县 1001 个生产队、5 个学校签订产、供、销合同。三年困难时期与十年“文化大革命”期间，商品匮乏，民生艰难，市场萧条，物资交流大会停办。

1984 年，县商业局组织联系有关单位，举办商品交易会为期 2 天，11 个省、市、县国营、集体工商企业，供销社、乡镇企业代表 179 家，以及县内外个体商业户 600 余人参加，成交额 179 万元。是年 10 月 1 日，县商业局组织全县百货、副食品、五交化等单位，在丹城举行秋季商品交易大会，四省一市与县 81 家工商户 233 人、个体户 510 人参加，成交金额 602 万元。

1985 年 5 月，石浦镇政府联合县商业、供销、水产等单位举办夏季商品交易会，省内外 160 个单位、1200 余人参加，合计成交额 704 万元，其中供销系统成交额 135 万元。1990 年 10 月 5 日，商业局组织商业系统举办商品交易会，14 家企业分别在丹城、石浦两地设摊百余个，参加 350 余人，商品上万种，3 天成交额 510 万元。

1991 年元旦，又在丹城、石浦两地举行元旦商品交易会，共计设摊 221 个、520 人参加，成交额 700 余万元。1993 年 1 月，商业局组织全系统在丹城、石浦两地举办元旦商品交易会，设摊 170 个，营业、服务人员 300 余人，总成交额 574 万元。20 世纪 90 年代中期，由于企业改制，国营、集体企业多转为股份合作和私营经营，政府部门一般不再举办大型商品交流和展销大会，物资交流会形式逐渐淡出。

第三节　专业市场

古代集市交易品种繁杂，但同一品种商品都应有相对集中交易的习惯。清乾隆《象山县志·古巷》中有羊巷。民国《象山县志·古街》中有猪行街、羊行街记载，均为专门从事猪、羊交易的场所。中华人民共和国成立后，随着社会经济和人民生活的需要，从集市贸易中分离出部分专业市场，并逐渐形成各自的专业特色。1991 年，总投资 250 万元，新建 5 个专业市场，建筑面积 1.4 万平方米。2005—2007 年，象山开办各类规模专业市场 56 家，市场总投资 48679 万元，占地面积 33 万平方米，建筑面积 25 万平方米，市场商铺、摊位达 13560 个。2007 年，专业市场商品交易额 56.8 亿元。其中，石浦水产城、船舶市场 2 家专业市场成交额均超 5 亿元。

小商品市场

丹城小商品市场　始建在丹峰路一带，20 世纪 90 年代中后期，搬迁到天安路，建立蓬莱小商品市场，为象山最大的小商品市场一条街。主要经营以服装、鞋帽、箱包、床上用品、日用百货等为主，有店铺，摊位 500 余家。小商品市场的服装多从杭州四季青和黄岩路桥进货，服装款式新颖，价格适中，多适合一般平民的消费，生意日盛。

石浦小商品市场　1989 年，石浦荔港路中间搭建 700 多摊位设临时小商品市场。1998 年，荔港路小商品市场废弃。1999 年，129 户集资建台贸商城，占地 36670 平方米，建筑面积 32282 平方米。有 12 幢 132 间商住店面和小商品铺面 1440 平方米，为石浦首个商业步行街区。

水产品市场

1995 年，石浦水产城建成营业，占地面积 92000 平方米，建筑面积 42500 平方米，总投资 1 亿元。市场分为 5 大功能区（鲜活鱼类交易区、经济鱼类交易区、低档饲料鱼类交易区、综合服务区和生活区）。城内设有 5000 平方米的干、鲜货综合交易大楼、10500 平方米的敞开式交易大厅、1100 平方米的鲜活交易区、7000 平方米营业用房、2000 平方米的停车场以及 4 座 1000 吨级渔船投售专用码头。市场交易摊位 2500 多个，经纪人 3000 余人，营销人员 15000 余人，长驻经营户 500 户。

照 33-3　石浦水产城

2004 年，石浦水产城交易量达 28 万吨，日最高成交量达 1000 吨，年海捕产品成交量全国第一，交易额突破 14 亿元。获得“农业产业化国家级重点龙头企业”称号。2008 年 2 月 6 日，易地重建的中国水产城开业。新中国水产城总投资 1.94 亿元，占地面积 8.85 公顷，新建的交易大厅包括 16763 平方米的冰鲜交易市场、3400 平方米的鲜活品交易市场。

建筑装潢市场

万象建材装潢市场　市场位于象山县工业园区西北，2004 年建成，占地 2.67 公顷，总建筑面积 4 万平方米，经营面积 3 万平方米，经营区共 5 层（包括地下一层的仓库和车库），由象山县万象房屋开发有限公司投资开发，总投资 6000 余万元。市场摊位（店铺）120 余家，经营五金、板材、陶瓷卫浴、厨具及各种灯具饰品等建材装潢商品。

蓬莱装潢建材家私市场　市场位于丹城丹峰西路，2007 年 9 月建成开业，建筑面积 4 万平方米，共有 231 个商铺，经营板材地板、管道五金、橱柜橱具、门业、陶瓷卫浴、窗帘布艺、精品家私、灯具等建材装潢装饰产品，配有 200 余停车位，各类硬件设施完善，为象山规模最大和品种齐全的装潢建材家私市场。

五金机电交易市场

2006年11月，大型五金机电交易市场在丹城新丰路建成，占地面积17000平方米，建筑面积10000平方米，设摊位100多个，市场分五金、机电、电动、管线4大功能区，为县集市面积大、安全保障齐全的专业交易市场。

船舶交易市场

1992年8月，创办象山县鹤浦船舶交易市场，地点设在鹤浦镇码头边。是年，成交金额6000万元。2004年，象山县船舶交易中心全年交易各类船舶254艘，其中，引进102艘，自造20艘，年交易额达3亿元。2008年，交易额超5亿元。

第四节　超　　市

照33-4　位于建设路112号三江超市

1998年5月，上海联华总公司投资200万元在丹城靖南路开办象山联华超市，营业面积1200平方米，商品经营品种上千种，门类齐全，全由上海联华总公司直拨，环节减少，价格便宜，开业时顾客如云，生意兴隆。是年7月，上海联华总公司又投资126万元，在石浦金山路开设石浦联华超市，营业面积1800平方米。同年9月，宁波三江购物俱乐部有限公司投资2000万元，在丹城建设路设立三江超市丹城店，招收服务员近百人，营业面积2300平方米。2003年11月，宁海小小超市有限公司在丹城起春路开办塔山小小超市，以后又在丹城陆续开办3家。4家超市皆在老城区，方便居民购买。是年，农村始办“超市”。2004年9月，宁波三江购物俱乐部有限公司又投资3000万元，在丹城建设路原供销大厦，设立三江超市丹东店，营业面积3500平方米，招收服务员120名，2007年，“三江”在象山的营业额达1亿多元。2007年后，农村新颖超市大兴，占领市场主阵地。全县各类超市300多家。2008年12月29日，位于丹峰中路、步行街南出口的家家福超市开业，超市经营面积7000平方米，经营商品20多大类，设停车位400余个，成为象山规模最大的超市。

第三章　商品经营

旧时，除食盐等极少几种政府专营商品外，其他商品均由民间经营。中华人民共和国成立初期，为稳定物价，安定人民生活，实施粮食征购、酒类专卖、卷烟包销等措施。在发展国民经济第一个五年计划时期，粮、油、棉实行统购统销，其他农副产品分类实行统一收购、派购、订购、预购和自由购等政策，控制货源，平衡供需。1956年，通过对私营商业社会主义改造，引导小商贩走合作化道路，形成以国营商业为主导、集体商业为辅助、个体商业与集市贸易为补充的市场格局。“大跃进”和人民公社化运动时期，商品流通从多渠道改变为国有商业独家经营，商业网点撤并减少，人员下放，市场商品供应受到严重影响。20世纪60年代初期，粮、油、棉连续三年减产。1961年，列入计划收购农副产品有131种，凭券供应商品多至178种。至1963年，凭票供应商品减至14种，市场商品供应有所恢复。“文化大革命”期间，商业遭受严重干扰，集市贸易受严格限制，商品流通经营多渠道再次变成单渠道。1976年后，通过调整、改革，粮、油、棉的统购统销与派购政策逐步取消，个体私营商业得到极大发展，除极少数重要物资仍由国家专营外，绝大多数商品均由市场自由经营。

中华人民共和国成立初期，居民生活水平低下，1950年，全县社会商品零售总额仅577万元(第一套人民币)。改革开放后，居民生活明显提高，1978年，社会商品零售总额已达9342万元，1985年增至21880万元。至2008年，全县社会消费品零售总额达78.9亿元。

第一节　生产资料供应

民国时期，县内物资供应无专营机构，农业、渔业、盐业及手工业所需生产物资，均向外地采购。1953年始，国家对生产资料实行全面管理，工业、农业、渔业等生产所需钢材、水泥、木材、农机具、机电产品等重要物资，由县计委每年编报清单，经上级部门下达计划，交有关单位组织调拨、销售。时，物资计划分配有申请与非申请单位之别，供应有计划与市场供应之分，价格有调拨价、市场牌价之异。1957年，取消市场供应渠道。翌年，县计委设物资科，统一分配全县五金、农机、机电、金属、水泥、木材等物资，由商业、供销社、工交等物资部门按计划购销。水产部门自营网具、绳索等渔用物资。改革开放后，市场流通渠道扩大，生产资料供应计划管理逐步取消，转为多元化市场经营。

农渔业生产资料

种子种苗　中华人民共和国成立前，种子一直由农户自选自留。中华人民共和国成立后，种子由县供销社及各镇乡的供销部（社）经营。供应的品种有草籽种、棉花籽、麻、桑、菜籽等，后来推广优良的稻谷种，如“矮脚南特号”“6038”等。1956年“八一台灾”后，县供销社及时向外调运黄花草种子1113公斤，供应农户冬种以作绿肥。1965年，大力发展柑橘基地，石浦柑橘场十万多株柑橘苗种订购一空。1979年，销售草籽种205吨。1981年，草籽种由原来二类物资降为三类物资，实行议购议销。1982年后，成立县种子供销公司，负责全县种子供应工作。

中小农机具　1953年始，铁、竹、木制农具由供销社经营。1956年，县供销社年供应双铧犁320部以及打稻机、抽水机等，共计中小农具245077件。1975年，实行竹箩、竹簟、土箕、铁耙、锄头、镰刀、犁头、犁壁、粪桶等18种竹木铁农具保价供应，亏损由政府财政补贴。1979年，销售中小农具253690件。1982年，调整价格，薄利多销前提下，采取给生产、经营企业减免税等措施减轻农民负担。1978年，全县供应中小农具32万件，为历史最多。1983年后，中小农机具经营市场放开，供销社的中小农具供应量逐年减少。

化肥　中华人民共和国成立后，化肥统一由供销社经营。1952年，全县销售化肥120吨。1956年，销售化肥2503吨。1962年，县拨大米120万担、带鱼100万公斤以换化肥，销售518万元。1965年，经营化肥品种增至8种，销售额达667万元。1979年5月，象山化肥厂投产，生产碳酸氢铵7748吨，氨水1995吨，全部县内购销。是年，销售化肥30500吨。1984年，化肥实行多渠道经营，经营单位增加到28家，销售化肥33608吨。1991年，全县化肥销售达44574吨，为历史之最。之后随着农田的逐年减少和种单季增多，化肥销量逐年下降。2008年，县供销社销售化肥10621吨。

农药　1952年，销售农药2.5吨，并用“滴滴涕”杀虫剂灭菜虫。1962年，农药销售增至190.7吨。1978年，农药销量达1547.4吨。2008年，县供销社销售农药489吨。

农用薄膜　20世纪60年代，水稻育秧首用农用薄膜。后应用到棉花等经济作物育苗、春苗期覆盖及作物越冬保种。1974年，全县销售农膜31.4吨。1988年，供销社销售农膜达134.7吨。1990年后，发展多种经济作物，农业推进科学种植，用大棚培育蔬菜、瓜果、农业薄膜供应量日增。

1952—2008年部分年份象山县供销社农业生产资料销售情况表

表33-10

年份	化肥（吨）	农药（吨）	农药械（架）	草籽种（吨）	中小农具（件）	农用薄膜（吨）
1952	120	2.5	—	78.8	—	—
1954	170	6.2	2	—	51250	—
1957	295	43.6	38	124.3	—	—
1962	2503	190.7	42	—	245077	—
1965	5765	432.3	502	216.6	222000	—
1969	10511	593.8	914	179.0	—	—
1974	11464	791.0	2069	188.7	210274	31.4
1978	24753	1547.4	1961	232.9	320083	61.6
1982	38657	784.1	6147	15.9	264460	61.4
1985	35373	425.0	5802	8.0	110984	91.4
1988	36000	559.0	—	—	93000	136.0
1991	44574	714.0	—	—	44200	134.7
1995	27146	420.0	—	—	14400	93.0
2000	10168	162.0	—	—	—	32.0
2008	10621	489.0	—	—	—	14.0

渔需物资　渔需物资主要是柴油、润滑油、桐油、机油、木材、钢材、网线、绳索及各种辅助原料。计划经济年代，大宗渔需物资均由县物资公司和水产公司供应。时水产公司在石浦、爵溪、丹城等地开设渔需物资供应门市部。20世纪70年代始，紧缺物资采用鱼物挂钩，以鱼收购数量换取柴油票和相应物资，至1984年取消计划收购后停止。1984年后，渔需物资供应放开。

工业基建原材料

1963年6月，县成立物资局，组织农业机械、机电设备、化工建材、金属材料和木材等生产资料供应、调度和管理。下设物资综合、农业机械两公司，兼管木材公司。此后实行“集中统一、全面管理”方针，物资调拨一概通过计划渠道入县。1969 年，县木材公司归县计委直辖。1977 年，县农业机械公司独立核算。1979 年后，贯彻“计划经济为主，市场调节为辅”方针，多渠道、多形式、少环节组织物资供应，生产资料亦作为商品进入市场。为适应形势，分别成立金属机电、化工建材、生产物资服务 3 个专业公司，按专业对口组织进货与供货。1984 年 2 月，县农业机械公司从物资局划出。1985 年 7 月，县燃料公司划归物资局管理。是年，进销额从 1964 年的 56.71 万元、58.45 万元，分别增至 2811.17 万元、3108 万元（包括燃料公司）。1985 年，销售钢材 9012 吨，木材 3307 立方米，机床 30 台，电动机 116 台。是年始，机电设备、化工建材（除水泥外）经营放开，实行多渠道经营；木材经营由指令性计划改为指导性计划。1988 年，钢材继续实行计划供应，其他金属材料放开经营。1990 年，物资系统全面推行经营体制改革，实行“四放开”，物资局及下属各公司转为股份合作和个人承包。1993 年，钢材取消计划分配供应，金属材料全部实行多渠道流通，供应量激增。

1963—1985 年部分年份象山县重要物资销售量情况表

表 33-11

项目 年份	钢材（吨）	木材（立方米）	汽车（辆）	机床（台）	电动机（台）	纯碱（吨）	烧碱（吨）	水泥（吨）	平板玻璃（际箱）
1963	117	1979	—	—	—	—	1.04	—	374
1964	201	3507	—	1	—	14	2.96	2.70	834
1966	309	4587	—	—	—	41	1.60	0.39	1347
1968	—	—	—	—	9	78	1.00	—	3697
1970	—	5682	—	—	—	—	—	—	—
1973	1699	6988	—	—	—	—	—	—	—
1975	2864	7148	1	13	98	478	51.35	1.80	1582
1978	3943	6392	8	11	38	727	104.64	2.30	3799
1980	5039	3982	6	7	49	814	215.12	69.80	4237
1981	5296	2449	3	11	47	1048	139.90	64.20	6098
1982	8626	4677	17	5	20	1170	273.72	47.60	4792
1983	6293	3195	17	8	32	1170	206.44	68.01	3971
1984	7508	3075	26	7	71	1552	373.78	117.73	4799
1985	9012	3307	32	30	116	1310	212.50	75.65	8966

石油　煤炭

民国期间，煤油仅丹城锦大、石浦康宁号等兼营，作照明之用。中华人民共和国成立后，石油、煤炭列为一类物资，实行计划调拨，统一定价，计划供应。1952 年，煤油归百货公司经营，年销售 142 吨。1962 年，由工业器材公司兼营，1965 年改称石油公司，增供汽油、柴油、润滑油等。20 世纪 70 年代始，农业机械化日益发展，渔业机帆船作业迅速增多，柴油、润滑油需求剧增。1978 年前后，石浦水封油库、东门油库、西沪港油库先后竣工，丹城 2 座加油站和基层供销社、分社各油库亦次第落成。石油公司设输油管，配备油管车及专用油船。80 年代初，石浦增建容量为上千立方米的立式贮油库，年供应量达 2. 78 万吨。1983 年始，石油产品实行平价、议价双轨制经营。1994 年始，取消石油产品平价、议价双轨制，实行市场化经营。进入 21 世纪，中石化石油库、中石化公司、中石油象山经销公司、甬石鹤石化有限公司先后设立。全县各乡镇主要公路旁均设有加油站。

1959 年，建白墩煤场，后陆续建造丹城与石浦两煤场。1960 年，开始销售煤炭。1965 年和 1967 年，分别在丹城、石浦建煤球厂，有煤饼机 2 台、煤球机 1 台，煤始为民用燃料。1967 年 8 月 15 日始，城镇凭卡定量供应煤炭。1981 年始，煤炭实行平价、议价双轨制经营。1993 年始，煤炭供应放开。

可再生资源

1950 年，海墩、贤庠两基层社始收购废铜、铁。1955 年，收购品种增至 13 种，网点增至 31 处，一年收购值 15. 87 万元。1958 年，供销社系统收购废钢铁、废金属 2328 吨，196. 4 万元。1959 年，开展“增产节约”运动，全县大力回收废纸、破布、废麻，全年共收 822. 2 吨。1969 年，大搞钢铁突击收购运动，全县收购废钢铁 210. 6 吨。1978 年，纪念国务院总理周恩来为废旧物资回收工作题词 20 周年，县供销系统出动 598 个小分队、3179 人次，深入居民区、厂矿企业收购废品，收购有色金属 25 吨，废钢铁 1370 吨，金额 15. 91 万元。1985 年，收购额 55. 78 万元。改革开放后，废旧物资收购经营放开，全县各地个体废旧物资收购站点大量设立，收购数量与日俱增。

第二节　农副产品购销

中华人民共和国成立后，农副产品收购由县供销合作社经营，收购产品主要有粮、棉、苎麻、水产品、猪、禽、蛋、竹、柴、炭等。1954 年，粮食收购划归县粮食部门，猪、禽、蛋归县食品公司。1956 年，水产品收购划归县水产公司。20 世纪 80 年代，县供销合作社主要收购猪、禽、蛋、棉花、茶叶、蚕茧、麻、柑橘、毛竹、中药材、兔毛、羊毛等农副产品。此时，农副产品的派购政策逐步取消，县供销合作社收购的农副产品种类减少，产值下降。1985 年，县供销合作社收购的农副产品总值 9373 万元。农副产品转由供销社与集体、个体经营者多渠道经营。

生猪

土地改革后，供销社在农村增设收购点，并两次发放生猪预购款，收购价由每百斤 26 元提至 34. 20 元，促进生猪饲养量与收购量的同步增长。1952 年，全县年猪饲养 6. 58 万头，收购 1. 35 万头，销售 1. 17 万头。1954 年，生猪派购派养，以粮换购。1958 年，全县年饲养猪 10. 73 万头，收购 4. 86 万头。“大跃进”和人民公社化时期，大办食堂，收自留地，畜牧由集体统一饲养，加之自然灾害，生猪饲养减少，收购量剧降。1959 年收购 2. 1 万头，1961 年仅 3600 头。是年，重申生猪私养为主，生猪饲养重获发展。1964—1967 年，平均年饲养量 19. 55 万头，收购量由 1962 年 1. 35 万头上升至 1966 年 8. 88 万头。翌年，创收购 11. 22 万头新纪录。1968 年，再次强调集体养猪，收购量即下降至 6. 76 万头。20 世纪 70 年代前 6 年，年收购量升至 10 万头。后，饲养量每年稳定在 20 万头左右。因自宰、自销量逐年增加，国家收购亦一度下降，1974 年，收购生猪 9. 65

万头，上调2.93万头。1979年，收购10.74万头。1984年，猪外销6960头。1985年，取消派购，市场开放，收购量减少。1987年，收购生猪30698头，供应市场20906头。2008年，全县生猪饲养量27.12万头，其中出栏17.92万头。

禽蛋

20世纪50年代，家禽收购量每年约5万羽。1952年，收购鲜蛋92.5吨。1954年，成立象山食品公司，经营生猪、禽、蛋购销业务。1956年，收购鲜蛋404吨。1965年，家禽收购增至13.4万羽。1970年，鲜蛋收购达1240吨。1983年，鲜蛋外销受商业部表彰，获外贸部荣誉证书。鲜蛋年收购量，1964年以前，每年收购约500吨，1965年以后1000吨以上，80年代继续增加。其制品灰咸蛋，亦称黑桃蛋，1964—1980年，出口南洋508万枚。“金象牌”彩蛋，被评为省优质产品。1984年，外销家禽5.2万只，蛋1115吨，冻鹅397吨。2008年，家禽饲养量557.99万余羽，其中，鸡215万余羽，鸭105万余羽，浙东白鹅235万余羽；蛋产量14621吨。

棉花

1951年为49吨，其后数年均不多。1959年始增至300吨以上。1979年，实行“定基数，超购加价”，翌年收购1429吨。1984年，超基数加价改比例加价，收购量2331吨，为历史之最。1985年，由统购改定购，因受灾仅购得1715吨。1990年，根据国务院《关于做好棉花收购和调拨工作的通知》规定，棉花仍由供销社统一收购、统一经营，其他单位和个人不得收购经营。1991年，供销社收购皮棉900吨。1993年，棉花继续实行合同收购，敞开收购，不开放市场。翌年，收购新棉450.6吨。1999年始，棉花收购和销售市场开放，国家不再统一收购。由于棉花种植产量低，经济效益不高，多改为种植其他经济作物。2008年，全县棉花产值仅为93万元①。

苎麻

象山原为苎麻主要产区，民国29年（1940），生产150吨。1951年仅收购19.6吨，1954年增至119吨。20世纪60年代初，压缩栽种面积，为种植粮食让路，苎麻产量锐减。1964年有所回升，1966—1970年为全盛期，平均年收购161吨②。70年代后逐年下降。1985年仅产11吨，因外地商贩抬价争购，全县仅收购2吨。随着科技的发展，以化纤塑料等代替苎麻制品，象山农民不再种植苎麻。

蚕茧

蚕茧是象山泗洲头、马岙和东乡的特色产品，农民多在村前园后、闲地种植桑树养蚕。1959年，蚕茧由国家统一收购，是年全县收购1.65吨。随生产发展，收购渐增，1970年收购36吨。翌年增至41.5吨。1973年，收购55吨，为最多年份。但因经济效益不高，1978年，全县桑园种植从1973年的2251亩减至1288亩，蚕茧收购量亦逐年下降，1991年，仅收购蚕茧60吨。后，国家提高蚕茧收购价格，鼓励蚕农发展蚕业，1994年，蚕茧收购猛增至86.9吨，比1993年增加10.3%。此后，蚕茧市场开放，国家不再统一收购，象山蚕茧销路受阻，养蚕业又逐年萎缩。2008年，蚕茧收购量减至18吨，不足2007年的一半。

---

①此目“棉花收购”数据，与本志“农业”篇第五章“经济作物”第一节“棉花”中提供的“产量数据”并不一致。以下“蚕茧”“柑橘”“茶叶”各目情况相同，不另作注。

②据本志“农业”篇第五章“经济作物”第二节“麻类”，“1945—1990年象山县苎麻种植面积与产量情况表”统计，1966—1970年象山苎麻年平均产量为127吨。与此处数据相差较大。考虑到苎麻种植与收购出自不同统计口径，保留两处数据不变。

兔毛

1955年，收购25公斤。20世纪60年代养兔户增多，1965年，收购6.05吨。1967年，全县收购兔毛数量最多，达15.38吨，其后一度下降。1979年回升，1983年又出现滞销，收购价下降，饲养量锐减。1984年9月，国际市场收购旺盛，价格直线上升，小贩抬价抢购。1985年，全县产兔毛15吨，供销社收购6.14吨。2008年，全县兔饲养量18.5万只，其中，长毛兔4.23万只，獭兔14.27万只。兔毛产量不详。

柑橘

20世纪70年代，柑橘成为象山农副业的拳头产品。1978年，国家实行派购，是年收购2567吨。1980年，派购、议购并重，翌年收购4338吨，为历史之最。1984年取消派购，实行议购议销，允许多渠道经营，是年议购1462吨。此后，柑橘种植面积不断扩大，产量也逐年提高，品种增多，质量提高。90年代末期，“象山红”柑橘评为宁波市优质产品，畅销省内外。全县柑橘种植面积103470亩，产量126820.5吨，产值8197万元。

茶叶

20世纪50年代始，象山茶叶由野生改人工栽培，茶园开始由小转大，产量逐年提高。1954年，开始收购茶叶，是年仅收0.65吨。1956年为7吨，1957年，增至10.65吨，多调往绍兴等地加工。60年代，政府采取奖售、补贴、提价等措施，促进茶叶增产。1965年，全县茶园245亩，产量12吨。1979年发展至近25000亩，产量500吨，是年收购450吨；1982年增至1028吨。翌年，茶叶滞销，各地茶厂以提高质量着手，销路又得以拓展。1984年，象山生产的“天坛牌”珠茶，荣获世界优质食品金奖。1985年，收购茶叶446吨。2008年全县茶叶产量为1365吨。

第三节　水产品购销

象山是渔业大县，水产品资源丰富。明清间，已有商贩专事鲜咸鱼货收购、加工、运销。民国初，始有船装天然冰收购水产品，称为冰鲜船。1956年2月，县水产供销公司成立，政府统一计划购销二类鱼货。同时，对县内渔行、渔栈等水产私营企业和企业主，进行工商业社会主义改造，并由水产公司统一领导和管理。1978年，渔区水产品计划购销政策始放宽，除国营水产企业捕捞的水产品须全部交售给国家外，集体渔业队生产的二类鱼货试行派购和议购相结合。1984年，调整派购政策，生产单位完成二类水产品派购计划后，二类、三类水产品由渔民自由出售，城镇居民春节凭票购买平价水产品。1985年始，所有水产品全部划为三类，取消派购，全面放开水产品经营。

收购

民国时期，水产品产量多维持在年5000~6000吨之间。民国12年（1923），石浦有冰鲜船11艘，往返于洋地与沪、甬之间，经营鲜鱼购销。民国36年，冰鲜船增至31艘，年收购量达22360担。

中华人民共和国成立后，国家水产品收购主要采用陆上定点收购和海上收购两种方式，方便渔民交售。海上收购以冰鲜船为主。1957年，县水产公司购入50吨绿眉毛木帆船3艘，另租用4艘。1958年，有木帆冰鲜船16艘712吨，机动冰鲜船3艘110吨。20世纪70年代，随着渔业生产向机帆化发展，生产渔场扩大到北至吕泗、嵊山，南至大陈、洞头渔场，机动冰鲜船只数量增加，吨位扩大，形成海上大船队收购。1971 年，有冰鲜船 19 艘、1640 吨。1975 年后，由于冷冻业兴起，以及渔业资源衰退，渔场发生变化，原以北洋为主，逐步转向以南洋为主，出洋收购的冰鲜船逐年减少。1984 年，县水产公司冰鲜机动船仅 5 艘、525 吨。1985 年，派购任务取消，水产品经营全面放开，冰鲜船停止出洋，县水产公司在海上收购结束。

县水产供销公司成立之初，以石浦、爵溪和高塘金高椅等地原鱼市场，作为陆上产品主要收购点。渔汛季节，在县内增设水产品临时收购点，有园山头、南韭山、金漆门、杨柳坑、檀头山等。水产品收购量，1950 年为 7750 吨，1955 年为 12700 吨，1960 年达 15700 吨。1965 年收购量呈下降趋势，1967 年回升至 16350 吨，1976 年为最高一年，收购量达 31250 吨。1985 年，因水产品经营放开，水产供销公司收购量仅 4700 吨①。

销售

石浦，既是渔港、商港，又是鱼货收购、加工、销售的集散地。清光绪十八年（1892），石浦纪协顺渔行，有大船 4 艘合 500 吨，每船船员 20 人。船运贸易北至青岛、大连，南达汕头、厦门、福建、泉州直至台湾。清光绪年间，爵溪东街、南街有渔行、渔栈 20 余家。民国 26 年（1937），石浦鲜咸渔行、渔栈 64 家。民国末，石浦有渔行、渔栈 48 家，渔商贩店、摊 120 余家，从事水产品商贩 500 余人。

照 33-5　民国时期石浦周万兴渔行四合院

1950 年 10 月，宁波专署水产科派员至石浦建立鱼市场，召集管理人员与渔商、渔民协会代表议订鱼价，协调经营、生产之间关系。1952 年 4 月，石浦成立国营鱼市场，按交易额收取 3% 的手续费，渔货收购价格由鱼市场中介议定。1953—1954 年，大黄鱼旺发，加工处理能力远不能满足，政府紧急动员渔区群众吃“爱国鱼”，利用家庭水缸、木桶腌鱼。1954 年，水产品收购价格由政府规定，为控制资源，象山建立渔业加工运销站，石浦水产设办事处，爵溪、高塘岛金高椅等地设分站，收购水产品。1956 年 2 月，县水产供销公司成立，政府对二类鱼货实行统一计划购销。县水产供销公司把象山水产市场、水产联合运销站以及县社所属的爵溪、金高椅两家工厂纳入公司经营。从此，水产品的收购与销售经营业务全由水产供销公司统揽统管，统购统销。并对县内渔行、渔栈等水产私营企业和企业主进行工商业社会主义改造，组织 4 个水产品腌制加工合作小组，后为水产合作商店，由水产供销公司统一领导和管理；一部分鱼贩小商组织若干合作小组，配给水产品核定价格参加市场供应活动。至此，私营渔行、渔栈、加工厂退出，由县水产供销公司承担起象山县水产品的收购、加工、调拨、运销等全部业务。1959 年后的三年困难时期，水产品的市场供应量严重不足，居民则实行定量发票供应。凭票供应一直延续至 1985 年水产品经营市场全面放开。水产品经营全面开放后，国家为特需供应，于 1985 年又出台专项柴油换鱼政策，投售大黄鱼、中条

①本段“水产量收购量”数据，与本志“渔业”篇第三章“海洋捕捞”第八节“渔获产量”中“1949—2008 年象山县海洋捕捞产量情况表”相关数据并不一致。

黄鱼1吨，发放柴油票数量5吨；花色鱼1∶3，网带、钓带1∶2.5，中带1∶1。水产品换购油票政策至1992年6月结束。

县水产供销公司做好水产品收购销售的同时，还须完成水产品计划上调任务。内销必须首先服从上调。县水产供销公司按照省水产公司下达的年、季度计划上调，地区遍及全国20多个省市，主要有北京、上海、天津、河南、河北、湖南、福建、四川等地。1950—1955年，县总社新建公司上调水产品49787.7吨；1956—1986年，县水产供销公司上调水产品257062.35吨。70年代中期，改由省确定上调基数，实行包干，其中部分议价定购。1978年，外调水产品90900吨，1985年下降至22500吨。1985年后，派购任务取消，上调计划终止。

第四节　生活用品供应

生活用品含人们生活必需之食用、衣着、日常用品。旧时，除政府专营商品外，生活用品均自由经营、自由购买。20世纪50年代至1985年，商品购销由国家计划经济宏观调控，多数生活用品凭证限量供应。此后，随着计划经济逐渐向市场经济转轨，生活用品购销逐步放开，居民购买力逐年提高。

副食品

糖烟酒　宋代，象山有东溪坊、西溪坊、西砂坊、东村坊、青部坊酒坊五所，清乾隆十五年（1750），石浦高见龙商号经营南北货。民间多有糖坊，自制饴糖。民国时期，城区有糖坊6所。民国10年（1921），石浦开设敦三、元大亨、润和及昌国卫永春酒坊，继而小作坊兴起。民国26年，石浦酒业计74家。民国38年，象山城镇有烟、糖、南北货商店102家。中华人民共和国成立初期，社会购买力低，1952年，户均消费食糖3.12斤、酒15.09斤，故组织推销糖、烟、酒。县专卖公司成立后，烟酒实行专卖。酒品由公司定点生产并收购。1958年后，商品转趋紧俏，实行区域包干，糖、烟、酒不定期、定量分配。1959—1961年三年困难时期，糖、烟、酒实行凭票供应。此后，凭票供应断断续续一直延续至80年代中后期。20世纪80年代，经济全面好转，糖、烟、酒销售额大幅增长。1984年年末，酒类取消国营商业专卖批发环节，允许酒厂自销，酒类敞开供应。1985年，糖烟酒公司全年销售额2346万元，利润62万元。1990年，食糖购销价格全国性调整，经营放开。1991年，成立烟草专卖局，实行烟草专卖。

蔬菜　蔬菜历来在集市、菜市场销售。超市商业模式进入象山后，2004年，三江超市始经营蔬菜销售。20世纪90年代，随着农业种植结构调整，蔬菜种植面积扩大，品种增多，产量提高。2001年，象山森源农产品开发有限公司成立，专业从事菜篮子商品供应。公司于墙头村租赁43.3公顷土地，投入350万元，建钢管大棚栽培基地，引进特色瓜果、蔬菜新品种。并带动全县360户种植户，种植面积133.3公顷。2003年，成立象山宏源瓜果专业合作社，公司建有500多平方米仓库与100吨保鲜冷库，带动农民发展特色果蔬生产。2004年始，果蔬产品销往宁波、杭州、上海等大城市，配送品种达800余种。2007年，宏源瓜果专业合作社果蔬种植面积扩大至166.7公顷，全年果蔬销售达3000余吨。特色品种有彩色甜椒、迷你南瓜、网纹甜瓜、荷兰黄瓜、以色列番茄、彩色玉米等。是年，网上配送蔬菜1200万元，超市供货1000万元，订单配货200万元。

豆制品　清同治九年（1871），丹城开办朱兴记豆腐店，为象山有记载较早的豆腐店。民国末年，丹城、石浦两镇有豆腐作坊23户，从业30人。1956年，豆腐制作业组成合作小组。1958年，丹城豆腐店并入丹城供销社，石浦水作合作商店并入石浦食品厂。在大豆实行计划供应年代，豆制品一直实行定量凭票供应。改革开放后，豆制品免票供应，城乡水作坊相继开放，品种增多，质量提高，市场供应稳定充足。2006年，“嘉禾牌”放心豆制品生产线建成投产，员工100余名，拥有4条半自动化生产线，日生产黄豆制品5吨，产品供应全县各大市场。2007年，豆制品销售达4063吨，豆芽销售1582吨。2008年，又动建5000平方米新厂房和冷库，日生产13~15吨黄豆制品，品种增至20种。

日用工业品

纺织品　清光绪元年（1875），石浦北门萧忠敬在中街独资开设宏章绸布庄，为石浦绸布店之先。民国27年（1938），县有隆泰、通泰等布店11家。1950年，私营棉布百货商店121户、272人，以石浦纶章、宏章、瑞丰祥、裕生，丹城源丰、聚泰布店最为著名。1954年，纺织品销售由县棉纱布公司独家经营，棉布实行统购统销，凭票供应，居民每人16尺，渔民15尺，农民14.5尺。1983年12月起，纺织品全部敞开供应，棉布与针织品统销告终。此后，纺织品销售由中低档向中高档发展，以穿着为例，棉布略降，化纤、呢绒、绸缎增长幅度均大。20世纪90年代始，成衣服装和针织内衣裤销售上升，各类布料、呢绒、绸缎、绒线等纺织品销售量下降。

百货　旧称“广货”。1951年12月，成立国营百货营业所，石浦设经营组兼营批发业务，增设零售网点。1953年，成立百货公司，经营范围扩大，销售额增至720万元。1984年，经营品种增至10049种。20世纪90年代中后期，国营、集体商业企业改制，百货销售由个体工商户和私营商业企业替代。21世纪，多家大中型百货商场开业。香溢国大百货，2005年营业额3600万。春天百货商厦经营面积4200平方米，职工165名。美大百货投资16300万元，营业面积12000平方米，职工400人。

照33-6　20世纪50年代位于东街22号的象山第一百货公司旧址

五金交电化工　民国时期，县内五交化专业私商极少。20世纪50年代初，五金商品由百货公司兼营，其后由工业器材公司、石油公司等兼营。农业合作化时，提倡运输“车子化”，手拉车销售逐年上升。70年代，供应收音机、自行车。1978年2月，成立县五交化公司，后陆续供应收录机、电视机、洗衣机、电冰箱等大件家电。2000年6月，县五交化公司、石浦五交化公司相继转制，五交化产品由个体工商户和私营商业企业销售。

第五节　商品票证

明代，政府为控制税收，规定盐商凭引票购盐，为县内最早记载的商业票证。民国31年（1942）9月1日，中央政府发放粮食库券，旨在掌控粮食流通，保障军粮和民食调剂。中华人民共和国成立至20世纪90年代初，国家实行计划经济，粮油及重要物资实行票（证）管理。粮油票由省级以上政府印发，地方按计划发放到用户，粮油供应单位凭票供应，并逐级核销。期间，境内物资紧缺，为保证生产和居民生活，县政府根据本地资源，由物资、商业部门临时印发部分票证。随改革开放的深入，境内票证逐渐退出商贸市场。

粮油票证

1949年7—12月，江浙一带，使用“华东区”和“浙江区”两种粮草票，供机关、部队人员领取粮草。1950年1月1日，浙江发放“浙江省粮食票粮草票”，分斤票与餐票两种。“斤票”在有效期内向区库领粮，“餐票”为出差人员就餐之用。1954年1月1日，县人民政府印制购粮证，缺粮人口持盖有“购粮专用章”的购粮证到指定供应点购粮。1956年，粮食统购统销，国家对粮食凭票供应。粮票由省级及以上政府印制，按计划发放至地方使用。

全国通用粮票　简称“全国粮票”，俗称“全国流动粮票”。由粮食部印制。1955年11月1日发行，1980年10月1日停止使用。居民外出凭证明将省内粮票调换成全国粮票，通常只换一月，且须上交当月食油票。

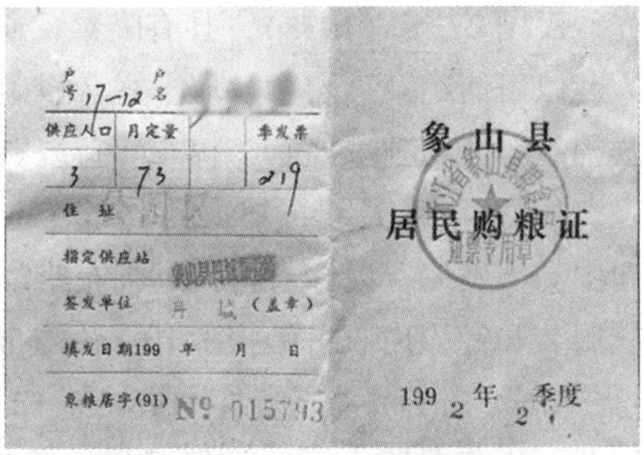

照33-7　1992年居民购粮证

照33-8　1992年象山居民人口油票

省内通用粮票　由浙江省粮食厅印制。主要有浙江省粮票、浙江省定额粮票、浙江省周转粮票、浙江省奖售粮票、返销粮票、浙江省饲料票等。其中，浙江省定额粮票系城乡居民使用的定量口粮票。1985年起，一年一版，限期使用，过期作废。粮票附购粮证内，随证购粮。0.5公斤票面粮票，可离证购买熟食、糕点，也可在和饭店吃饭使用，俗称“熟食粮票”。此外，还发行浙江省侨汇粮票、浙江省农村粮票、浙江省粮食专用券。1962年7月1日，发放浙江省流动人口油票，全省通用。1993年1月1日后，以上粮油票停止使用。

县内粮油票证　1956年，实行粮食统购统销政策，省印粮票，县印购粮证开始配套使用。20世纪60年代，县粮食局印发县内居民食油票，为居民定量用油，每人每月4两，一季一发。后随食油紧缺情况适时调整。1993年，粮食统购统销政策取消，省印粮票不再发行。1994年，县粮食局、粮油总公司印发“象山县市镇居民粮食证”。同年，县粮食局印发“象山居民购粮券”随证限期，定点，定量购粮。

物资票证

中华人民共和国成立后至20世纪80年代，为应对生产、生活物资紧缺，境内发行过的物资类票证多达百余种。

生产类票证　生产物资由县计划委员会年初下达计划，生产企业按计划文件至物资部门购买。主要有钢筋、水泥、玻璃、化工原料、机电产品、木材、毛竹等。1972年，柴油发卡供应，后用柴油票。农业机械用油凭农用柴油票供应。1979年7月，汽油凭票供应。

生活类票证　1954年9月15日，国家实行棉布统购统销。县内居民年发布票16市尺，渔民年15市尺，农民年14.5市尺，凭布票购买棉布及制品。1959年6月8日，肥皂凭证供应。至年末，凭票证供应商品19种，主要是糖、烟、酒等副食品。

20世纪60年代，居民凭肉票购买猪肉。三年自然灾害，市场供应紧张，居民定量供应每人每月白肉2两。1964年5月，生产好转，猪肉敞开供应。1976年，生猪实行派养派购，居民凭票购买猪肉，每月每人增至1斤。

1960年9月，县发放居民购货证，民用棉和毛线、胶鞋凭居民购货证限量供应，民用棉包括棉胎，每人半市斤，毛线每户半斤，毛线绒衫、毛线背心每户1件，胶鞋每户1双。

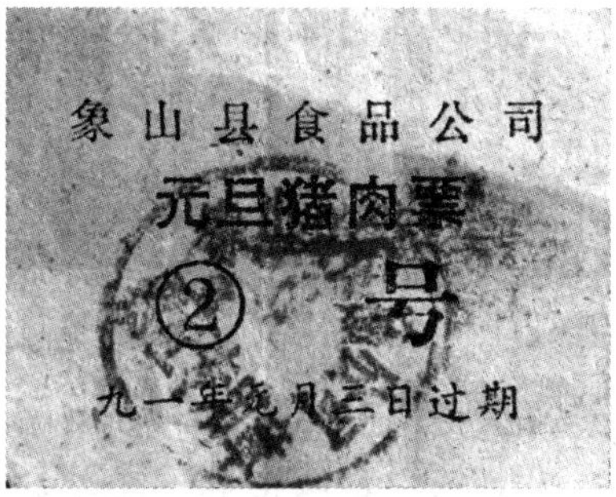

照33-9 1991年元旦猪肉票

1961年3月，凭医生证明，为浮肿病人供应食糖、奶粉、炼乳。是年7月，全县发放通用烟、酒票。1962年，县内凭票供应日用百货商品扩至100余种。自行车、缝纫机、手表、针棉织品实行高价供应。同年一季度，按职工工资、居民人数及农副产品投售，发工业品选购券。下半年，市场供应形势好转，凭票供应商品降至22种；凭证购货商品减至13种。1966年8月，取消所有百货商品凭选购券供应的规定。1968年2月，煤油、火柴、肥皂、黄酒、卷烟又实行临时凭证供应。政府在元旦、春节向居民发节日票证，供应豆制品及水产品。

1965年，城镇居民用煤凭卡定量供应，1981年取消。1976年1月，居民照明煤油凭证定量供应。1985年，城镇居民发放液化气供应卡，每证一年供应6瓶（每并15千克），1995年下半年取消。

第四章 粮油购销

民以食为天，食以粮为先。历代政府均十分重视粮食，列税赋之首。中华人民共和国成立后，粮油由国家统购统销，居民实行定粮供应。至20世纪70年代初，象山粮食能基本自给。改革开放后，发展多种经济，种粮面积减少。1993年后，粮食市场开放，取消定粮供应。随经济发展，土地征用渐多，不少农民不再种粮，象山粮油供应多从外地采购。

第一节 粮食征购

宋代开始，象山以田赋形式征收粮食。中华人民共和国成立后，废除田赋，建立农业税制度（称公粮），实行公粮征收与粮食统购相结合。2006年1月，废止农业税制度，不再征粮，粮食流通渠道全面开放。

征收

田赋征粮 宋朝（960—1279），田赋分两期征收实物，秋税为米。南宋乾道年间（1165—1173），征米3497石余。宝庆元年（1225），秋税米3920石余。明代，田赋有租有税，夏租征麦，秋粮征米。洪武二十四年（1391），征夏麦6333石余、秋米8882石余。永乐十年（1412），加征官牛租米52石。清代，摊丁入亩，征银、米。同治六年（1867），实征米1564石余。民国2年

(1912)，南田立县，征收租谷5900石余。民国3年，征米1067石余。民国6年，南田废租谷，征抵补金，至民国29年7月1日并入三门县止，征米约286石。民国30年，田赋征实，又征公粮。民国33年，随赋带购，任务到区，计稻谷1250吨，薯丝100万吨。

积谷征收　清康熙年间（1662—1722），收谷9575石，雍正四年（1726），藩库发币购谷2222石，乾隆八年（1743）、九年，支领司库银买谷890石。民国29年（1940）旱荒。8月，县粮食管理委员会采取“严禁粮食外运，县内余缺粮地区调剂互市”两项措施，向缺粮户筹款103700元，又提地方基金及税谷款，向昌国、新桥、峰北、日华乡余粮户购稻谷45吨，薯丝20吨。民国30年春，全县实行粮食总查济，农户自报，挨户查验，匿报受惩，购盈济亏，由各保粮食公店收购。是年11月，定购军谷25000担。33年荒，赴鄞县采购食米3000石，宁海谷1353石。翌年，省核定募捐收军谷4084石。

公粮征收　中华人民共和国成立后，废除旧田赋制度，建立农业税制度。1950—1952年，粮食归中粮公司经营，委托基层供销社代购。余粮户可卖给国家，亦可上市交易。1953年11月，政务院发出《关于实行粮食计划收购与计划供应的命令》后，公粮征收与粮食统购结合进行，简称“征购”，实行“先征后购”政策。

统购

1953年11月，粮食统购统销，由国家统一经营，粮食市场关闭。1954年，全县落实征购任务33450吨，实际征购32450吨，完成任务97%。1955年9月，粮食“三定”（定产、定购、定销）到户，农户分余粮、缺粮、自给三类，分别规定口粮、种子、饲料留粮标准，定购任务3年不变，定销一年一定，自给户购销两无，不产粮户以人定量供应。1956年2月，开放粮食市场10处。是年，春粮丰收，早稻增产，粮市一度活跃。“八一台灾”，粮食损失严重，虽减免征购，翌年上市主粮仍欠缺。1958年，上级核定象山粮食征购基数32410吨，并实行粮食征购任务包干5年不变，增产不增购，减产不减免。10月，大办人民公社，大办食堂，粮食由公社统一调度。1959年，象山出现高征购情况，粮食征购基数调至39565吨，比1958年增加7155吨，使不少社队售粮过头。不少农民因口粮不足，用瓜菜代粮，挖草根、野菜充饥。10月，纠正“一平二调”。然粮食匮乏，浮肿病流行。1960年始，粮食征购采取奖励措施，凡生产队全年人均征购粮入库超过部分奖现金。翌年，早稻谷收购开始，每统购1吨粮食，奖布票15尺，胶鞋1双，香烟3条。1961年，粮食征购基数从1960年的39530吨调减至29880吨，统购价提高25%。是年9月，开粮市12处。1962年早稻谷收购，征购粮入库每50千克，退糠10千克。1963年与1966年，县自行调整负担过重社队的购粮任务，减购2720吨。1967年，全县粮田改种棉花4500亩，减购粮食1350吨。包干征购任务降为25500吨，实际到队26300吨。1967—1977年“农业学大寨”“割资本主义尾巴”，批判“三自一包，四大自由”，挫伤社员生产积极性，粮食市场长期关闭。1978年，大幅度调整征购任务，改种林特产、药材、蔬菜的土地及国家征用土地，一律减购增销。计减购1038吨，增销447吨。又调整、减购负担过重的975个生产队1391吨。1981年，联产承包到户，粮食连年丰收，购销情况发生根本变化。1984年，曾因仓容不足出现农民卖粮难现象。

合同定购

1985年4月1日，取消粮食统购，改为合同定购，合同定购的粮食品种为稻谷、小麦、玉米3种。合同定购以外的粮食由生产者自行处理，自由购销。是年，粮食定购基数确定为15000吨。全县349个村、49906户农户自报16960吨。年末，全县共入库粮食36230吨，其中议购13920吨。

1986年，国家重申粮食定购合同既是经济合同，又是国家任务，是农民应尽义务，必须保证完成。是年，粮食定购计划22500吨，落实到586个村、81687户，计23380吨；比上年增237个村，31781户、6420吨。年末，全县定购粮入库19680吨，占任务87%，收购议价粮170吨，比1985年减13120吨。1987年，为完成全年粮食合同定购任务，采取各乡镇增加5%机动数落实到户；大麦、薯干按“倒三七”价格顶抵定购任务；对定购内粮食实行平价化肥、柴油和发放预购定金的“三挂钩”政策。是年，粮食减产，全年合同内粮食入库20250吨，占任务的90%。

1988年，粮食合同定购改为国家定购。1989年7月20日，9号台风登陆。全县损失粮食7000吨，县人民政府规定：“在全县未完成粮食定购任务前，对定购品种的粮食不得多渠道经营”，全年定购粮入库21560吨，占任务100.8%。1990—1992年，省对县继续实行购销任务包干，定购任务年均21660吨。3年内，定购粮入库共57990吨，年均15990吨。议价粮收购49200吨，年均16400吨。其中1991年24730吨，创历史最高。1993年1月1日，粮食收购由合同定购改为指导性合同收购，合同内收购的粮食享受价外加价。1995年，粮食定购任务改为指令性下达。1993—1998年，粮食合同定购计划年均18500吨。除1998年未完成任务外，均超额完成粮食定购任务。1999年，粮食定购任务恢复为指导性合同收购。2008年，县粮食收储公司与3231户农户签订13000吨稻谷订单，其中，早籼谷4000吨，晚籼谷1000吨，晚粳谷8000吨。早籼谷实行敞开收购，收购1239吨。晚籼谷和晚粳谷实行订单收购，晚籼谷收购667吨，晚粳谷收购9114吨。

1955—1984年部分年份象山县粮食定购、定销情况表

表33-12　　　　单位：吨

年份	征购任务		粮食入库			农村定销	
	任务	调整后任务	现粮入库	其他抵任务	议价收购	定销指标	核定定销
1955	30980	31030	29670	—	—	5200	6770
1956	30140	30140	19890	—	—	3090	4990
1958	32500	32410	39000	—	—	2190	5260
1961	29880	30060	14910	—	—	1820	3290
1964	28940	28500	31490	260	—	2140	2310
1968	25500	25160	26010	180	—	2980	3300
1972	25100	28880	30240	90	1	3620	3540
1977	25100	22990	23120	40	—	3880	4330
1978	25300	25930	26060	—	2700	3780	4160
1980	22020	25230	28270	—	830	5650	5880
1981	19980	27520	28000	—	910	5910	5980
1982	29550	30430	29590	460	14300	5880	5420
1983	20310	29530	30670	—	3600	5620	5630
1984	29550	30340	52880	790	1460	5760	5720

1985—1998年象山县粮食定购、定销情况表

表 33-13 单位：吨

年份	合同收购		粮食入库			农村定销	
	计划数	合同数	现粮入库	其他抵任务	议价收购	定销指标	核定定销
1985	15000	16960	22940	—	13290	5850	5910
1986	22500	23380	19530	150	170	7400	6380
1987	22260	22760	20250	—	8790	8000	6510
1988	22030	22450	21210	—	8260	8000	6650
1989	21380	22200	21560	70	8320	8000	7700
1990	21760	22350	20710	80	16990	8000	7800
1991	21680	22350	21550	100	24730	7760	6720
1992	21550	21390	15890	10	9640	8040	7570
1993	18500	18500	19900	—	7040	—	—
1994	18500	19100	18500	—	790	—	—
1995	18500	18950	17760	1780	2090	—	—
1996	18500	19140	18510	—	20430	—	—
1997	18500	20380	24370	—	22630	—	—
1998	18500	18960	17750	—	16280	—	—

1999—2008年象山县粮食收购情况表

表 33-14 单位：吨

年份	分配数	落实情况		粮食入库数		
		户数（个）	数量	合计	订单内（合同）	订单外（保护价）
1999	16000	102400	16000	27880	16320	11560
2000	13000	95800	13000	12440	6860	5580
2001	11000	35000	10820	11810	8170	3640
2002	13000	9350	13160	13540	11840	1700
2003	13000	12000	13000	5540	5220	320
2004	13000	1562	13000	7350	7020	330
2005	13000	1676	13000	8210	8070	140
2006	13000	1045	13000	11880	11720	160
2007	13000	3831	13000	10100	10070	30
2008	13000	3231	13000	6670	6670	—

第二节　粮食销售

1953年始，全县粮食实行统销，实施不同人口不同的定量供应标准。至1993年，粮食市场开放，取消粮食定购政策。

农村定销

1953年12月，实行农村粮食定销。定销对象为农村缺粮人口，从事棉、渔、盐、林业等专业生产的缺粮农（渔）民，以及国营农场缺粮人口（后扩大到蔬菜基地的农民）。1954年4月30日，全县69个乡镇定销工作基本结束①。1955年8月，农村粮食定销确定年口粮标准为：农业人口、盐民106.25千克，渔民180千克。是年，核定农村缺粮13530户，占全县农户19.83%。定销粮食6770吨，占定销计划5200吨的130.2%。加自产粮，人均年口粮水平118.75千克。1956年，农业合作化，口粮分配仿效城镇以人定量，粮食定销改以农业合作社为单位，社内余缺自行调剂，余缺相抵后，仍缺粮的由国家定销。是年，定销粮食8150吨。1957年10月，实行“以丰补歉，增产抵销”政策。是年，全县粮食产量比上年增15570吨，增产抵销4020吨，抵销幅度为超产部分的26%。实际定销4130吨。1958年年末至1959年，农村大办食堂，吃饭不要钱。在“放开肚皮吃饱饭，鼓足干劲搞生产”的口号下，用粮无计划，浪费严重。1959年，粮食困难，国家定销8360吨，又安排返销粮6110吨，合计14470吨，属粮食“三定”后的最多一年。

1955年象山县农业社“老三定”口粮标准情况表

表33-15　　单位：千克

年龄（周岁）	1	2~4	5~7	8~10	11~13	14~16	17~19	20~60	61周岁以上
（原粮）定量标准	25	60	75	91.25	106.25	116.5	125	132.5	100

1960—1962年，为扭转粮食困难局面，压缩定销指标，开展“增产节约”运动，号召用粮“低标准，瓜菜代”。1960年，粮食定销3240吨，比1959年减5120吨。1961年，宁波地委下达象山（含宁海）代食品抵销口粮（成品粮）850吨。是年，国家定销3290吨，增返销1900吨。农村人均口粮161千克，降至“三定”后的最低水平。1962年，定销粮食1220吨，又比上年减2070吨。1964年，全县粮食比上年增产33380吨，粮食形势好转。国家定销粮食2310吨，农村人均分配口粮113千克，比1961年增32.5千克。1967年，连旱117天，粮食产量比1961年减34%。贯彻“以生产自救为主，国家帮助为辅”的方针，在原3100吨定销基础上，又增返销粮4430吨。1968—1978年，农村定销粮食42860吨，年均3896吨。1979年，粮食政策作重大调整；对国家征用的土地，有计划发展经济作物的生产队给予减购增销。至1981年，全县共增销粮食1160吨，定销基数上调450吨，两项合计增加1610吨。1982—1984年，上级实行“一定三年”包干政策，全县农村粮食定销分别为5420吨、5630吨、5720吨。

1985年，调整粮食购销政策和价格。国家供应农村缺粮人口的口粮、各种补助粮、饲料粮、

①本志“建置”篇第四章“行政区划”载：1953年，象山县3镇82乡。1956年，调整为3镇28乡。

救灾粮及农村的其他用粮，销售价格按比例收购价，实行购销同价，仍按计划凭证凭票供应。对原超购价加费用供应口粮的各类人员，一律按比例价加费用供应。“口粮自理”人员，发给“比例收购价加费用粮食供应证”，凭证购粮，隔季作废。是年，农村定销18404户、6.43万人，核定定销5910吨。1989年7月1日始，全县压缩渔区定销粮2110吨，改按议价粮供应，到户数量为1980吨，占渔区4100吨定销指标的48.3%。价格按“随行就市，略低于市价，微利优惠，相对稳定”的原则确定。1992年，全县农村定销64199人，其中农业25083人，棉农4426人，渔业17259人，盐民5067人，林业7631人，民办教师566人，农场85人。核定定销指标7210吨。1993年1月1日后，取消农村粮食定销工作。

城镇居民定量

1954年10月，居民口粮供应按9月份核定数量和在家实有人口，实行分期供应登记，计划控制并经群众评议确定。机关团体由单位编造计划，发证供应。干部下乡，凭机关证明供应，开会和临时流动人口用粮，仍用批条供应。1955年10月，国务院颁发《市镇粮食定量供应暂行办法的命令》后，对全县城镇居民，实行分年龄、工种以人定量，发证到户，凭证供应。至年末，全县以人定量7385户、13945人。其中，工人2218人，职员1360人，中学生636人，居民9731人，定粮2730吨。1956—1957年，大部分城镇和农村的干部家属、手工业者、商业人员，将土地送给农业社，全家粮食转为国家供应，使1957年以人定量人口增至15097人。1958年，开始大规模经济建设，从工经商人员不断增加。至1960年，城镇以人定量人数24869人，比1957年增9772人，定量供应10500吨，比1957年增1260吨。

1961年8月，为减轻国家负担，精简城镇吃商品粮人口和职工。至1963年，全县精简12080人，占1961年度供应人口的三分之一，部分地区精简实行“一刀切”。1962—1978年，动员知识青年上山下乡，支农支边，减少吃商品粮3473人。1962年10月，全民所有制职工，每人每月增发500克熟食票。翌年1月，扩大至城镇居民。1965年10月，作为定量固定发放。同时，对丹城、石浦两镇10周岁以下儿童，每人每月在定量外增发500克儿童糕票。1968年1月，停发儿童糕票。1971年4—6月，整顿粮食统销，压缩不合理销量，县粮食部门组织票证、粮管员，检查全县486个机关事业单位、渔业队及城镇居民计39154人。整顿后，减少吃商品粮183人。1978年10月，全县45个厂矿、4329人，粮食供应实行“基本定量到人，工种补差到班组，指标到单位”办法。1987年4月，取消定量人口熟食品票。之后，陆续取消夜餐、劳动、出差、会议集训和社会特殊用粮等补贴粮票（除工种定量）。1992年，全县城镇吃商品粮29390户、66850人，供应计划指标15400吨（其中转议价供应410吨），比1955年增52905人。1993年1月1日，取消定量供应。

工商行业用粮

粮食统销初期，工商行业用粮参照20世纪50年代初平均用粮数，实行定额供应，有的敞开供应。1955年，实行按户定量，核定分月计划，凭用粮企业购粮证供应。是年，供应工商行业用粮2240吨。1957年，饮食业用粮周转给予粮票铺底。1960—1962年，粮食处于困难时期，压缩工商行业用粮，3年间，工商行业用粮销售3550吨，平均每年1180吨。1963年后，粮食形势好转，供应渐处正常。1985年4月，取消工业用粮计划，改供议价粮，部分行业用粮亦改为议价供应。1986年，陆续收回饮食服务业的铺底粮票，至1992年年末，全部取消行业用粮计划，由议价粮调节供应。

补助粮

实行粮食以人定量后，给予临时参加工农业生产及一些特殊需要者粮食补助。1956年始，实行因公出差、下乡的干部职工粮食补助，每人每天125克；晚上加班至23点以后，每人补给夜餐粮125克。1962年10月始，全民所有制职工每人每月增发熟食品票500克，翌年扩大至全部定量人口（后改发粮票）。另，酌情供应社会一些特殊对象的用粮。1986年2月，取消出差、下乡补贴粮。1987年4月，补贴全部取消。

1979年10月，为扶持林业基地造林，也实行粮食补助，造林每亩补原粮17.5千克，油茶、柏、桐经济林基地每亩补原粮5千克。1983年3月，验收上年建造的31处苗圃，9.3公顷合格，补助原粮35吨。1985年4月，林业补助粮调整为重点基地造林每亩25千克，林业专业苗圃每亩250千克。1987年1月1日始，一律付差价款，不再补助粮食。

救济粮

1950年6月，县人民政府为解决群众度荒，发借贷粮19吨，救济粮5吨。1960年，受自然灾害影响，全县人民用粮严重困难。2月，安排352个生产队、206636人生活用粮4820吨，人均23千克多。宁波专署拨配“浮肿”病人专项用粮20吨，发给每个病员大米3千克，黄豆2.5千克。1967年干旱，群众生活困难，除增返销粮外，安排生活用粮780吨。1960—1979年的20年中，全县共安排生活用粮2265万公斤，除1961年未安排外，年均1192吨，最多为1960年，达4820吨。

1983年12月6日，泗洲头乡杨大张村火灾，全村31户、117人受灾，安排退库粮食400千克，按统购价借粮8.6吨，户均40余千克。1997年8月18日，第11号台风正面袭击象山，部分灾民用粮困难。8月22日，宁波市粮食局拨救灾粮150吨，县印制救灾粮票面额590吨，及时送发受灾乡镇，灾民凭票领粮。

奖售粮

1961年，国家对集体和个人出售的农、牧、副业产品，实行粮食奖售，至20世纪80年代后逐步取消。1961年1月，集体和个人每出售肥猪1头，发饲料票10千克；售毛鸭、鹅500克，优待供粮25千克；售毛鸡500克，优待供粮500克。4月，根据中央《关于收购重要经济作物实行粮食奖励的指示》，确定对油菜籽、棉花、花生仁、茶籽、桐籽等34个品种，于收购时奖售粮食。1965年，调整28种农副产品奖售粮食标准，其中，龙井茶百元奖粮152.5千克，麦冬每担奖粮100千克。1966年5月1日，收购麦冬50千克调整为奖成品粮75千克。7月1日，收购农副产品奖售粮食调整为15种。1973年7月10日，公布23种农副产品奖售粮食标准，有些品种进行调整。1978年6月，又调整23种农副产品奖售粮标准。

1980年5月，规定收购农副产品的奖售粮按购价供应，茶叶超基数部分不奖粮。1982年，省人民政府通知，收购茶叶、油菜籽等12个品种不再奖粮；属于人民生活必需品的重要食品、副食品奖粮不变。1985年，农副产品收购（除禽蛋）逐步取消粮食奖售。

1978年象山县农副产品奖售粮标准情况表

表33-16

品种	计奖单位	奖粮数量（千克）	品种	计奖单位	奖粮数量（千克）
茶叶	百元	18.50	山羊皮	头、张	2.50
柞蚕茧	50千克	15.00	薄荷油	50千克	750.00
木材	立方米	7.50	大核桃	50千克	15.00
毛竹	百元	17.50	杏仁	50千克	25.00
篙竹	百元	15.00	板栗	50千克	15.00
食盐	50千克	0.25	养鳗	50千克	25.00
鸡蛋	50千克	36.00	对虾	50千克	10.00
菜籽	50千克	36.00	出口育肥活鹅	只	30.00
柏籽	50千克	20.00	出口冻肉用鸡	吨	5000.00
桐籽	50千克	25.00	出口笋干、丝	50千克	10.00
油茶籽	50千克	12.50	出口黑白瓜子	50千克	15.00
生猪	头	25.00	—	—	—

粮食自贸市场

民国25年（1936），全县私人粮行14家，在主要集市逢市日均有粮食买卖。民国29年，各粮行由于粮源紧缺，供不应求，限时供应。

中华人民共和国成立初期，国家实施粮食自由贸易政策，城乡缺粮人口口粮，工商行业用粮均依赖私人粮店、集市及民间余缺调剂。1950年9月，中粮公司宁波分公司委托县供销社代理经营粮食业务，参与市场调节，年末始供大米。1951年11月，全县经登记的私营粮油商店29家。其中，丹城、延昌各3家，石浦23家。粮食代理商行15家，面店78家，覆盖13个区乡镇，其中丹城、石浦、延昌41家，占52.6%。1952年，中粮宁波分公司在丹城设筹备处，自营和委托粮食经营业务，时销售网点21处。1953年11月，粮食实行统购统销后，粮食市场一度关闭。1954年3月，先后在丹城、石浦、鹤浦、高塘、泗洲头、南堡、墙头等城镇和市集建立初级粮食市场，开展粮食互通有无和品种余缺调剂。7月，全县粮食市场18处。1956年2月，开放粮食市场10处。1961年年初，为保证征购粮入库正常进行，开始加强粮食市场管理，取缔投机贩卖活动。9月，重开粮食市场12处。1964年，粮食市场改为粮食交易所，全县8个区、镇设粮食交易所16个。1967年7月1日，设丹城、南堡、泗洲头、定塘、石浦5个粮食市场、允许群众小量春粮余粮上市，进场交易或品种调剂；场内交易有余的，国家在规定议购价内随行就市收购。不久，“农业学大寨”“割资本主义尾巴”、批判“三自一包”“四大自由”，粮食市场再度关闭。1973年3月24日，在开放原5个粮食市场基础上，又增设岑晁、鹤浦两个粮食交易市场，于翌年7月15日关闭。1979年，开放粮食市场10处。生产队完成粮油征购、超购任务后，允许粮油在市场上余缺调剂。但不准投机倒把，不准长途贩运，不准买卖粮油票证，不准机关、企事业单位到市场采购粮食。

1981—1984年，在全县未完成粮食收购任务前，粮食不准上市出售。1985年4月，粮食市场常年开放，农民在完成粮食合同定购任务后，允许自由买卖，多渠道经营，粮食部门参与市场调节，如市场粮价低于原统购价，要按原统购价敞开收购，以保护农民利益。1986年，加强粮食市场管理，在全县没有完成全年合同定购任务前，任何单位和个人不得与粮食部门争购，各工商行业需自行采购粮食，只准在市场上收购落市粮，不准收购原粮。1987年，定购外粮食开放搞活，县内从宽，出县从紧。定购内粮食品种，在全县未完成分季任务前，零星粮食可在指定市场进行余缺调剂外，整车、整船运往县外的粮食，需经县粮食部门出具证明。在交通要道、港口码头及主要集市，设临时粮食检查站14个。

1990年，允许农户在完成全年定购任务时，少量粮食上市余缺调剂，一般不得超过50千克，禁止任何单位和个人在场外交易和在场内大批量收购。1992年6月，在丹城建成面积1000平方米，摊位640个粮油交易中心市场。是月16日试营业，成交兴旺。1993年，全县销售粮食35780吨，其中丹城、石浦两地分别销售3220吨和11680吨，占总销量的41.6%。1994年11月8日，县人民政府规定，除承担国家粮食收购任务的单位外，其他任何企事业单位和个人，都不得到农村收购粮食。1995年10月24日，丹城南河路（后改天安路）县粮食批发交易市场建成使用。是年始，个体粮店渐增，粮食市场无明显限制规定。1996年，全县销售粮食33060吨，比1995年增销7240吨。2002年，全县个体经营粮食商店774家，购销活跃。2003年，全县经工商登记注册的个体粮店635家，其中粮食批零企业25家。2006—2008年，非国有粮油商店分别有749家、710家、650家。3年合计销售粮食67230吨，每年平均22410吨，占全县粮食销售总量的67.7%。

1954—1992年部分年份象山县分项粮食销售情况表

表33-17　　　　单位：吨

年份	合计	城镇供应	农村销售	行业	工业	饲料	事业及其他
1954	16070	—	—	—	—	—	—
1955	15030	5420	6770	1120	1120	70	530
1958	19520	9770	5290	1840	1800	310	510
1959	23250	10560	5680	1520	4490	330	670
1960	19680	10500	6400	720	510	730	820
1961	15280	8530	4330	510	640	420	850
1962	14430	5940	6140	330	840	380	800
1967	20090	10120	4260	1000	1190	2210	1310
1970	21030	10380	3700	1010	1210	2360	2370
1976	22200	11830	4320	1220	1500	800	2530
1979	24160	11860	3920	1780	1880	2190	2530
1980	24840	12380	4630	1710	1300	1810	3010

续表33-17

年份	合计	城镇供应	农村销售	行业	工业	饲料	事业及其他
1981	23900	12500	4470	1950	1550	1540	1890
1982	25150	14770	3820	1910	1060	1360	2230
1983	27460	16580	5070	1720	330	1640	2120
1984	28400	18520	5460	1780	80	930	1630
1985	25940	15520	3830	1850	—	510	4230
1986	22160	13110	4620	1660	—	380	2390
1987	22140	12210	5580	2580	—	450	1320
1988	22290	12070	6180	2390	—	450	1200
1989	20520	11160	5820	1870	—	450	1220
1990	21840	13020	4680	2570	—	450	1120
1991	21020	13080	5060	1700	—	450	730
1992	15130	5120	2850	510	—	450	6200

第三节　油脂购销

境内食用油籽有油菜籽、棉籽、油茶籽、花生，以油菜籽为主，棉籽次之；非食用油籽有桕籽、桐籽、蓖麻籽。民国以前，民间多用桕油（青油）照明，灯具称青油灯。民国37年（1948），外销桐油10余吨。中华人民共和国成立后，境内食用油籽收购经历了市场收购、计划收购、合同定购、议价收购阶段。1954年始，食用油实行计划供应。1993年1月25日，食用油购销和价格放开，取消定量供应。

油籽收购

食用植物油籽　1954年6月，油菜籽实行统购，棉籽实行计划收购。1956年，油菜籽由中国油脂公司象山分公司经营，收购价格以小麦为比价。1958年，全县共收购140吨，其中，油菜籽70吨，棉籽60吨，花生果10吨。1962年，省对县实行食油购销包干，提出“农民留油，国家统购”。1964年，实行粮油挂购政策，每亩统购20千克。1967年，每亩统购量增至25千克。1971年，每50千克统购价调至28元，完成任务后的余籽，可以籽换油。1983年，省对县油菜籽统购任务改为计划收购任务，确定象山2750吨；实购2530吨，占计划的92%。1985年后，油菜籽属国家定购品种，由粮食部门敞开收购（包括棉籽）。1987年以后，全县只收购油菜籽，不再收购油茶籽和棉籽。

1991年，油菜籽改为“定购、议购、兑换”合并一道价收购。比例为：定购40%，议购27%，以籽换油33%。1992年，油菜籽收购20%作定购，80%作议购，每50千克定议购合并价为

66.10元，发优惠价标准化肥票1千克，统销价食油票5千克，不退饼。1996年、1997年，对本县农民自产的油菜籽敞开收购，每50千克收购价为150元；以籽换油，每50千克换油17千克，杜绝流入县外。1998年，废以籽换油政策。1999年后，油菜籽收购价格随行就市。2005年后，已无油籽可收。

1958—2004年象山县食用油籽收购情况表

表33-18　　单位：吨

年份	合计	其中		年份	合计	其中		年份	合计	其中	
		油菜籽	棉籽			油菜籽	棉籽			油菜籽	棉籽
1958	140	70	60	1974	1370	640	700	1990	1600	1600	—
1959	—	—	—	1975	930	290	630	1991	830	830	—
1960	80	—	80	1976	600	110	460	1992	810	810	—
1961	30	30	—	1977	740	90	630	1993	890	890	—
1962	260	60	200	1978	1660	610	980	1994	320	320	—
1963	290	30	250	1979	2190	1120	1010	1995	290	290	—
1964	600	50	530	1980	4390	2130	2210	1996	310	310	—
1965	990	60	910	1981	5920	4620	1250	1997	310	310	—
1966	1010	60	920	1982	3790	2430	1320	1998	310	310	—
1967	640	80	560	1983	4410	2530	1850	1999	490	490	—
1968	1600	100	1490	1984	4580	2410	2140	2000	70	70	—
1969	1570	70	1470	1985	5600	3950	1620	2001	10	10	—
1970	1180	60	1090	1986	4960	3930	870	2002	—	—	—
1971	1080	110	940	1987	4430	4430	—	2003	210	210	—
1972	1410	400	980	1988	750	750	—	2004	90	90	—
1973	1400	420	930	1989	1020	1020	—	—	—	—	—

非食用植物油籽　县粮食部门从1958年开始收购桐、柏籽，收购量甚少。1962年，桐、柏籽收购实行全购留油政策，每购50千克留油标准：桐籽2.5千克，柏籽1千克。是年，收购桐籽46吨，柏籽20吨，始收蓖麻籽。1973年，收购桐籽120吨，柏籽27吨，蓖麻籽5吨。是年，号召学校、机关单位、社员利用屋前屋后种植蓖麻籽，谁种谁收。1978年，收购价格上调，每50千克桐籽从42元调至49元，柏籽从25元调至33元。10月，象山被省列为全省12个油桐基地之一。县粮食局增设油脂股，配合林业部门专管“三籽”生产，确定亭溪、马岙、爵溪、泗洲头、溪口、鹤浦6公社为油桐基地，发放无息贷款5万元。至1983年，国家投资24万元，种植油桐林20688亩。1979年，桐、柏籽收购改为一半按统购价，一半按统购价加价50%计价；每收购50千克桐籽奖售成品粮50千克，化肥25千克，食油1.25千克。1980年，每50千克桐籽收购价，从49元调

至63元，提高30%。1984年，桐籽退出统购。1985年4月，柏籽退出派购，均由市场调节，自由购销。1986年，桐、柏籽各收购10吨，之后无油籽购入。

1958—1986年的29年中，县粮食部门共收购桐籽1080吨，柏籽460吨，蓖麻籽75吨。其中1959—1961年无收购量。1971年桐籽收购量最多，为126吨①。1969年，柏籽、蓖麻籽收购量最多，分别是40吨和11吨。

油脂销售

1958年1月，食油定量，城镇居民每月3两（16两制），乡村2两，不久改6两、4两。1965年10月，城乡居民食油供应每月一律4两（10两制）。1977年3月，食油供应量减半，1978年4月始得恢复。1979年，由于莱油籽收购量倍增，1981年始，居民供应量也同步增加。1985年4月，城镇定量人口按原统销价，农村人口按比例价供应。1993年1月，食用油票取消，食用油敞开供应。

非食用油主要是桐油，用于县内渔业生产中的造船、修船和家具油漆。20世纪80年代中期，桐油退出统派购，均由市场自由购销。

第四节　粮油储备

粮食储备史称“积谷”，作备荒、恤贫之用。宋代，象山就有储粮备荒之制。储粮必先建粮仓，用于存放田赋及征收粮食。旧时，除官仓外，民间建义仓、社仓，数量极少。中华人民共和国成立后，国家粮仓承担主要储粮任务。人民公社时期，公社、生产大队建有粮仓，称集体粮仓，至农村联产承包制时取消。

民国期间，油料由经销商自备，规模小，多用水缸、木桶和铁桶。中华人民共和国成立后，油料由政府储备，建储油罐，规模较大。

古代粮仓

唐设仓督，专掌田赋征解。宋宝庆《四明志》：象山县仓，县西十步。又义廪，嘉定六年（1213），主簿赵善瀚置，分囤于三乡寺院，以便赈籴。至正《四明续志》：至正元年（1341），设常平仓。《浙江通志》：明正统八年（1443），在昌国卫、爵溪、钱仓、石浦4处建广积仓，各有仓库3至10座，每座5间，东西郊另有预备仓2座，东仓在18都，西仓在17都，先属卫所，十三年改为县属。乾隆《象山县志》：明嘉靖八年（1529），设社仓，民二三十户为一社，择家殷实而行义者为社首，处事公平者为社正，能书算者为社副。道光《象山县志》：清乾隆二十二年（1757）至三十七年建仓88间。在县署鼓楼东设常平仓，县署仪门西设社仓。道光年间（1821—1850），全县有常平仓57间。《同治志稿》：同治元年（1862），兵灾，粮空仓废。《蛾术斋笔纪》曰：光绪四年（1878）五月，知县沈钟瑞公议建社仓。六年，全县有社仓131所，分布在县城10所，外西乡36所，里西乡19所，东乡22所，上南乡15所，下南乡29所。

民国19年（1930）夏，县长厉家桢于县政府北首围墙外，创建县仓5间。民国20年2月，全县社仓168座（含固定仓122座），仓容600吨。大仓容粮15吨，小仓容粮5吨，多设于祠、庙

---

①《象山县农业志》（下册）第828页载：1971年桐籽收购量117.55吨。

内，实存谷9500余石。是年11月9日，整顿旧仓，筹建新仓，要求区仓5户积谷1石，乡镇仓1户积谷1石。民国23年，全县县仓1所，乡镇仓125所。其中，一区26所，二区24所，三区18所，四区35所，五区22所（区仓1所）。30年，县设集中仓1所，分仓9所。民国36年，省拨积谷280石，建修集中仓1所，收纳仓10所。

中华人民共和国成立后粮仓、食用油库

国家粮仓　1949年9月，接管县民国政府粮仓时，仓容不足，粮食部门即致力建仓。于11月，在小东洋欧氏义庄建立靖河区粮库，并利用祠堂、庙宇和征借民房建仓。至年末，建永久仓17处、仓容590吨，建临时仓8间、仓容155吨，合计仓容745吨。1950年，仓容2015吨，其中昌国王宅、董宅修改为粮仓，仓容250吨。在沙岗、下半河、大碶头、贤庠、关头、黄公岙、石浦江心寺建粮仓（作供应站），合计仓容1765吨。1951年年初，墙头立三中学改建粮仓57间，仓容130吨。是年，在石浦当店、鹤浦建粮仓，仓容1330吨。1952年，全县收粮点66个，合计仓容18470吨。

1954年始，有计划地设站建仓。1956年10月，在鹤浦试建苏式粮仓。至1960年1月，鹤浦、高塘、定塘、九顷4处苏式粮仓竣工使用，合计仓容5875吨。1956年8月1日台灾，全县粮食部门粮仓被毁和严重受损仓容17455吨，占总仓容21905吨的79.69%。其中，倒塌仓容5645吨，占总仓容25.77%。灾后，严重损坏的粮仓即行翻新抢修，恢复、重建大碶头粮站2000吨仓容，于1958年1月竣工。新建的定塘、下跳湾、新塘基建型粮仓，于1957年1月交对使用，合计仓容5760吨，并配建器材室，外有水泥晒场、围墙。其间，在爵溪、南庄建粮油供应用仓2处，建筑面积合计259平方米。

20世纪60年代，祠堂、庙宇和民宅仓逐渐缩小淘汰。1965年5月，为改变粮油运输不合理流向，撤销半河、义庄、上白家、小东洋、关头、泗洲头、晓塘、茅洋仓点8处，合计仓容5105吨。至1969年年末，建丹城、前山姚、乌屿山、雅雀岭、沙岗、旦门、墙头、泗洲头、灵南、儒雅洋、乌江、镜架岙、高塘粮仓13处，合计建仓容10205吨。新建粮仓开始采用水泥梁架，混合地坪，建乌江、东门岛、前山姚、下跳湾粮油供应用仓4处，建筑面积332平方米。1968年6月，全县各地多处建坑道粮库，至1973年年末，共投资250万元，仓容7000余吨。

1970年后，为平衡粮仓布局，开展大规模建设粮仓高潮。至1979年年末，分别在跃进塘、乌屿山、丹城、南庄、九顷、大碶头、沙岗、西周、芭蕉、牌头、溪口、灵南、关头、三眼碶、定塘、大塘、黄公岙、金星、天妃宫、昌国、小网市、外干门等27处建粮仓，合计仓容15155吨。所建粮仓为基建型，槽钢梁架，砖混结构，沥青、混合地坪，仓顶使用三夹板、四合板。1971年，在定塘试建石块砖拱园筒易粮仓一座，仓容80吨。此后，沙岗、乌江、乌屿山、溪口仿效，合计仓容720吨。20世纪70年代，在定塘、九顷、爵溪、大碶头、泗洲头、西周建粮油供应用仓，建筑面积846平方米。

照33-10　20世纪70年代的圆形粮仓

1980年，在大碶头建仓容1000吨圆筒简易粮仓一座，高20米，整体由四个园仓组合，粮食进出机械操作，因仓体太重，地面下沉70厘米，于1998年转换给天安集团后拆除。1981年后，粮食连年丰收，粮仓紧缺，粮食部门为解决农民“卖粮难”，在加大建仓力度的同时，进行集运并仓，利用死角仓、报废仓收粮。1985年，大徐粮食管理所借驻军营房储粮250吨，借民房储粮550吨，打露天囤储粮2000吨。丹城粮食管理所打露天囤储粮250吨。至1988年，全县在丹城、西泽、涂茨、中庄、亭溪、泗洲头、灵南、莲花、定塘、晓塘、东港、鹤浦、四都、金高椅、高塘岛等地建粮仓15处，合计仓容18915吨。并在大塘、鹤浦、四都、旦门、沙岗、墙头、莲花、黄家塘等地建粮油供应用仓，建筑面积1499平方米。

照33-11 象山首座万吨级中心粮库

1990—1992年，全县共建仓容6400吨。2001年6月，在后洋村重建大碶头粮站，仓容6000吨；后又投资430万元，扩建仓容4200吨，于2007年年末竣工，成为象山首座10000吨级“一星”中心粮库。至2008年年末，国有粮仓尚存47处，仓容67945吨。其中，鉴定仓容39570吨，临时仓容13505吨，报废仓容14870吨。

表33-19

2008年象山县国有粮仓分布情况表

单位	地址	建造时间	仓型	数量（只）	仓容（吨）	基建性质	是否鉴定
大徐粮食收储分公司	西泽	1981.08	基建	6	3000	新建	鉴定
		1992.07	基建	2	1000	新建	鉴定
	跃进塘	1972.07	基建	4	1000	新建	鉴定
		1992.01	基建	2	550	新建	鉴定
	中庄	1976.12	基建	3	1300	新建	鉴定
		1990	基建	3	600	新建	鉴定
	新塘	1957.01	基建	5	910	新建	鉴定
	下跳湾	1957.01	基建	6	2800	新建	鉴定
	雅雀岭	1969.12	基建	3	750	新建	临时
	涂茨	1983	基建	5	775	新建	临时
	前山姚	1960.01	基建	8	1230	新建	报废
	乌屿山	1967.01	基建	3	750	新建	报废
		1975.08	园筒	3	300	新建	报废

续表33-19

单　　位	地　址	建造时间	仓　型	数量（只）	仓容（吨）	基建性质	是否鉴定
丹城粮食收储分公司	大碶头	2001.06	基建	12	6000	新建	鉴定
		2007.12	基建	6	4200	新建	鉴定
	沙岗	1990.05	基建	2	1000	新建	鉴定
		1992.11	基建	3	1500	拆建	临时
	南庄	1974.08	基建	1	480	新建	鉴定
		1974.08	基建	1	480	新建	临时
		1975.01	基建	2	960	新建	临时
	九顷	1960.01	苏式	2	975	新建	鉴定
		1976.12	基建	3	550	新建	鉴定
	溪口	1971.08	基建	3	450	新建	报废
		1973.01	素拱	1	250	新建	报废
		1974.01	园筒	2	200	新建	报废
	墙头	1966.01	基建	3	755	新建	报废
		1966.03	基建	2	880	新建	报废
	亭溪	1985.12	基建	2	500	新建	临时
		1990.12	基建	2	500	新建	临时
	旦门	1969.09	基建	2	300	新建	报废
	丹城靖南	1987	基建	3	1200	新建	临时
	丹城秧田头	1960.01	基建	1	500	新建	临时
西周粮食收储分公司	西周	1956.06	基建	1	500	新建	鉴定
		1970.01	基建	2	350	新建	鉴定
		1982.12	基建	1	550	新建	鉴定
		1985.12	基建	2	850	新建	鉴定
		1973	洞库	—	1500	新建	鉴定
	灵南	1969.08	基建	2	500	新建	鉴定
		1988.12	基建	2	350	新建	鉴定
	牌头	1974.12	基建	2	500	新建	鉴定
		1985.12	基建	2	700	新建	鉴定
	莲花	1983.12	基建	2	600	新建	临时
		1991.12	基建	3	500	新建	临时
	泗洲头	1965.01	基建	3	1050	新建	临时

续表33-19

单　　位	地　址	建造时间	仓　型	数量（只）	仓容（吨）	基建性质	是否鉴定
石浦粮食收储分公司	定塘	1960.01	苏式	9	3050	新建	鉴定
		1979.09	基建	1	500	新建	鉴定
		1982.10	基建	2	1000	新建	鉴定
	大塘	1974.01	基建	2	500	新建	鉴定
		1984.01	基建	2	500	新建	鉴定
	黄公岙	1974.04	基建	3	1025	新建	鉴定
	东港	1976.02	基建	4	1600	新建	鉴定
	番头	1970	洞库	—	430	新建	鉴定
	鹤浦	1956.10	苏式	2	800	新建	鉴定
	三眼溪	1971.12	基建	2	500	新建	报废
		1973.01	基建	1	250	新建	报废
	关头	1976.12	基建	2	650	新建	报废
	镜架岙	1971.11	基建	2	375	新建	报废
	晓塘	1969.12	基建	4	925	新建	报废
		1971.11	基建	4	600	新建	报废
	乌江	1985.12	基建	2	900	新建	报废
		1965.05	基建	4	1100	新建	报废
	高塘	1979.09	基建	3	150	新建	报废
	中泥	1958.10	苏式	3	1050	新建	报废
		1984.11	基建	2	650	新建	临时
	昌国	1991.05	基建	2	650	新建	临时
	四都	1972.12	基建	1	225	新建	临时
	金高椅	1984.10	基建	3	500	新建	临时
	檀头山	1966.10	基建	4	500	新建	临时
	小网巾	1969	洞库	—	1440	新建	报废
	渔山、南韭山、积谷山等	1971	洞库	—	1665	新建	临时
		1970	洞库	—	1815	新建	报废

集体粮仓

1958年10月，实现人民公社化，建立以生产队（大队）为单位“集中保管，统一分配”的粮食保管制度，全面推行集体粮仓建设。1960年2月，象山9个公社建粮仓1194间、仓容30425吨。是年7月，省人民委员会拨给象山穷队建粮仓资金62000元。是月18日，县人民委员会发出

"关于以生产队为单位修建粮仓的通知"，要求各生产队立即修建足够的口粮、种子粮、饲料粮和储备粮仓库（称四仓）。并将省拨建仓资金如数分配到社，由公社分配到队。此后，各生产队因陋就简，就地取材，普建"四仓"。上述粮仓，农业联产承包后已不存在。

食用油库

象山古时无食用油库记载。民国时期，油商用缸、甏、木桶及铁皮箱储油。中华人民共和国成立初，始用铁制油桶，容量分为90千克、180千克两种。1960年4月，在丹城建混凝土油池2座，每座25吨容量，因渗漏严重废弃。1978年，在丹城秧田头建钢板焊接的储油罐2只，每只可储油50吨，1980年移至西门外后，又添建100吨容量的油罐2只。嗣后，随着油脂生产和业务的发展，储油量激增，分别在大碶头、关头、定塘、延昌、鹤浦、涂山、檀头山、南韭山建油池、油库和油罐（油坦克）储油，合计储量1355吨。至2008年年末，除大碶头中心粮库（2005年建）储量300吨的油罐尚在使用外，其余均相继废弃。

第五节　粮油调运

象山粮食产量不均衡，中华人民共和国成立前，无灾年份均能自足。中华人民共和国成立后，稻米自销为主，粮食品种有调剂，调入以面粉为多。20世纪80年代中后期，特别是农业生产结构调整后，全县粮、油欠缺，需从县外调入。

粮食调运

薯丝在粮食输出中占有一定的比重。民国《象山县志》载：薯丝产量100吨，运销温州、福建50吨。民国25年（1936）至民国36年，除民国30年至民国34年，象山输往宁波等地薯丝1996.25吨，鲜薯167.9吨，薯粉面42.1吨，薯粉3.25吨，谷606吨，米606吨。军粮调至鄞县2200大包。调入米52.79吨，谷49.36吨。民国29年，象山旱灾，早稻收量仅一成。晚稻预计不过三成，米荒严重，从奉化运输站购米50吨，运至陈山、黄溪堆栈后分配至丹城等12个乡救荒。

中华人民共和国成立后，粮食输出以稻谷为主，薯丝次之。调入以小麦面粉为主，谷（米）、杂粮、豆类为次。1958年，为缓解番薯产需矛盾，支援农业生产，根据浙江省调拨计划，鲜薯调往上海等地5200吨（含宁海）。之后，年均调运上海鲜薯20000吨以上，居全省之首，至1980年停止。

1967年连旱117天，原本盛产番薯的象山，却从河南等地调入薯丝（片）2015吨。1965—1989年的25年中，全县共调入粮食127720吨，其中小麦57530吨，占45%。调出222540吨，其中番薯（折干）75000吨，占33.7%。入出相抵净调出94820吨。15个年度出大于入，平均每年净调出8242吨。调出最多的年份是1965年、1966年、1973年、1974年、1981年，分别净调出粮食17480吨、14780吨、16440吨、13140吨、13090吨。1985年，净调出粮食最少，为1910吨。其中，奉省粮食局通知，销往西德薯丝1250吨，各粮食管理所收运至北仑港码头出口。有10个年度入大于出，年均净调入2880吨，其中1971年、1980年、1986年、1988年，均净调入4000吨以上。此后，全县粮食调拨进入调入大于输出阶段。

1965—1989年象山县粮食调运情况表

表33-20　　单位：吨

年份	调入	调出			净调出
		合计	其中薯类（折干）		
			数量	比例（%）	
1965	1120	18600	6060	32.58	17480
1966	2340	17120	5440	31.78	14780
1967	11500	7720	550	7.12	-3780
1968	8570	13070	6410	49.04	4500
1969	2790	11760	6240	53.06	8970
1970	5840	5790	4960	85.66	-50
1971	7550	3230	2210	68.42	-4320
1972	5460	9280	6980	75.22	3820
1973	3060	19500	10080	51.69	16440
1974	3220	16360	6230	38.08	13140
1975	2240	7080	4710	66.53	4840
1976	2870	6830	3660	53.59	3960
1977	6310	5860	4280	73.04	-450
1978	3590	5070	3180	62.72	1480
1979	4020	8660	2000	23.09	4640
1980	9820	5400	760	14.07	-4420
1981	7710	20800	—	—	13090
1982	6690	14080	—	—	7390
1983	3890	11090	—	—	7200
1984	7130	5360	—	—	-1770
1985	4730	6640	1250	18.83	1910
1986	6220	1740	—	—	-4480
1987	4690	1500	—	—	-3190
1988	4760	—	—	—	-4760
1989	1600	—	—	—	-1600

1991年4月22日、1992年3月19日，国务院分别提高粮食销售价格，县粮食部门在调价中为保证粮食供应秩序正常，分别安排车船9辆（艘），调运粮食分别为420吨、2180吨，调运食油20吨。1994年，突击调运粮食400吨，确保粮价调整过程中的粮油供需平衡。1995年，从县外调入粮食8000吨，食油3550吨，食油调入为历史最多年份。1998—2007年，全县共调入粮食

150880吨，调出125260吨，入出相抵后净调入25620吨。

油脂调运

民国时期，象山食油以花生油为主，菜油甚少，属缺油县。中华人民共和国成立后，菜油销量逐年增加。1964—2007年，44年中全县共调入食油21290吨，调出4410吨，入出相抵净调入16880吨。其中，2005年后3年，从县外调入食油6480吨，年均2160吨。

非食用油脂主要有桐油、柏油。1964—1985年，共调入1540吨，调出50吨，入出相抵后净调入1490吨。

1964—2007年象山县油脂调拨情况表

表33-21　　单位：吨

年份	食用油			非食用油			年份	食用油		
	调入	调出	净调入	调入	调出	净调入		调入	调出	净调入
1964	220	—	220	110	—	110	1986	—	—	—
1965	50	—	50	90	—	90	1987	170	—	170
1966	—	—	—	50	—	50	1988	—	—	—
1967	100	40	60	50	20	30	1989	—	—	—
1968	80	—	80	110	—	110	1990	—	—	—
1969	70	—	70	100	—	100	1991	710	—	710
1970	90	—	90	80	10	70	1992	800	—	800
1971	130	10	120	50	10	40	1993	680	—	680
1972	150	20	130	70	10	60	1994	1310	—	1310
1973	10	40	-30	90	—	90	1995	3550	—	3550
1974	130	—	130	70	—	70	1996	440	—	440
1975	90	—	90	60	—	60	1997	560	—	560
1976	160	—	160	40	—	40	1998	1640	430	1210
1977	170	—	170	90	—	90	1999	1670	40	1630
1978	120	20	100	110	—	110	2000	—	80	-80
1979	150	—	150	80	—	80	2001	650	10	640
1980	40	140	-100	50	—	50	2002	170	130	40
1981	10	480	-470	140	—	140	2003	210	—	210
1982	—	210	-210	20	—	20	2004	90	—	90
1983	—	290	-290	—	—	—	2005	2830	160	2670
1984	350	120	230	10	—	10	2006	1900	2130	-230
1985	40	—	40	70	—	70	2007	1750	60	1690

第六节　粮油价格

抗日战争期间及民国后期，粮油市场价格涨幅较大。中华人民共和国成立后，粮油实行国家定价。20世纪90年代初，全国粮油市场放开后一度价格不稳，国家采取措施平抑物价，确保粮油价格在合理范围之内。

粮价

民国时期，市场粮价不稳，涨幅较大。民国31年（1942）4月，公职人员配米每50千克40元，市场每石（100斤）800元，差价约20倍。民国37年，法币改用金圆券。9月，早米每石20元，翌年5月，涨至2400万元。

中华人民共和国成立后，国家为稳定市场粮价，根据不同时期的生产和消费实际，确定销售价格。粮食统购统销后，粮食销售价格以行政手段控制，调整权在中央，粮价较稳，一般销售价格低于购入价，有时持平，称为“平价”。1979年以后，销售价为购价的80%左右。1985年4月1日，调整粮食购销价格，改变购销价格倒挂的不合理状况，逐步理顺粮食的购销关系。早米，1955—1961年，每50千克价格均稳定在10元。1961年购价提高，销价未动，开始购销价格倒挂。1965年首次提高销价，与购价持平。翌年8月，再次提高销价，每50千克提至13.70元，直至1984年未变。1985年，按比例价供应，50千克标二早米为22元，1992年为38元。1993年，销售价格放开后，各粮店统一挂牌销售，敞开供应；除早米、粳米、菜油外，其他粮油品种随行就市，其间由于价格变动频繁，县内早米等主要品种建立价格审批制度。2004年2月，市场早米每50千克125元，比2003年涨6.5%，主要原因是本地粮源不足，外地粮价上升，组织粮源困难，又处于青黄不接时节。2008年3月31日至5月4日，据县内粮食市场价格监测信息，早米50千克批发价，3月31日为124元，5月4日为130元，上涨4.8%；50千克零售价，3月31日为137.50元，5月4日为141.50元，上涨2.9%。主要原因是县内主供区农民惜售，收购不足，东北粳米运输难，以及其他物资均有一定涨幅，影响粮食价格。

油价

食用油价随粮价变动而变动。中华人民共和国成立后，直至油价放开，一直比较平稳。

1955—2008年部分年份象山县常规粮油销售价格情况表

表33-22　　单位：元/公斤

品名＼年份	1955—1961	1966—1984	1985	1992	1993	1998	2004	2008
早　米	0.20	0.27	0.44	0.72	1.40	2.30	2.50	2.83
杂交米	—	—	0.48	0.80	—	2.46	2.70	3.32
晚粳米	—	—	0.52	0.90	1.60	2.50	2.60	3.10
菜　油	—	—	—	—	7.00	—	—	13.70

第五章　烟草专卖

20世纪60—80年代初，卷烟凭票供应。1983年9月，国务院发布《烟草专卖条例》，卷烟属国家专卖商品，统一由各地糖烟酒公司负责经销。1991年，象山成立烟草公司（烟草专卖局），由烟草公司经销。

第一节　烟草销售

旧时农村生产烟叶，晒制旱烟自吸，集市上有少量烟叶出卖。清末，慈溪吴庆绪在石浦南城门创办恒泰土烟店，后栽兴、恒兴、泰兴烟店开设中街，均前店后场。烟叶多从新昌、松阳、遂昌购进，加工成白烟、红烟数种，除本县外，亦销往宁海长街等地。清末民初，福建渔船带来福建丝烟，来当地销售。后卷烟引入，以零售卷烟为主兼营杂货之烟纸业兴起。民国23年（1934），石浦烟纸店22家，许锦隆广货店专营批发南洋兄弟烟草公司香烟，哈德门、老刀牌、美的牌、大英、仙女、红狮等香烟充斥市场。民国35年，石浦经营卷烟商铺54家。时土烟与卷烟共存，民国36年，石浦分别建有土烟同业公会、卷烟同业公会。

中华人民共和国成立后，烟草开始由国家经营。1951年12月，象山建国营商业百货公司，丹城设营业所，石浦设营业组，有糖、烟、酒供应。时社会购买力低，故需组织推销。1953年，从百货公司专门划出卷烟、酒等品种，成立专卖公司，供应烟酒产品。1985年，象山丹城、石浦均建有县级糖烟酒公司，负责南北辖区的卷烟供应，农村卷烟供应均从公司批发。

1983年，国务院发布《烟草专卖条例》，正式确立国家烟草专卖制度。1991年5月4日，象山县烟草专卖局、浙江省烟草公司象山县公司成立，对象山烟草实行专营。是年，公司销售卷烟16232箱，实现利税58万元。1996年，公司卷烟销售2.68万箱，销售额2.15亿元，实现利税1189万元。2000年，销售卷烟2.84万箱，销售额4.83亿元，实现利税8885万元，列全省县、市级公司第一，单位被评为全国烟草系统先进集体。2008年，销售卷烟2.79万箱，实现利税2.17亿元，为1994年的374倍。

1991—2008年象山县卷烟销量及税利情况表

表33-23

年份	销量（万箱）	利税（万元）	年份	销量（万箱）	利税（万元）
1991	1.62	58	1995	2.57	324
1992	2.16	103	1996	2.68	1189
1993	2.89	101	1997	4.12	1310
1994	1.95	128	1998	2.62	2230

续表33-23

年份	销量（万箱）	利税（万元）	年份	销量（万箱）	利税（万元）
1999	2.91	3333	2004	2.59	8386
2000	2.84	8885	2005	2.55	7892
2001	2.40	5234	2006	2.63	8131
2002	2.49	6539	2007	2.82	23342
2003	2.73	8145	2008	2.79	21677

第二节　烟草经营网络

1991年，象山烟草专卖公司成立后，在石浦建立办事处。1994年，进入云南全国烟草拍卖市场，获得第一批12家单位全省垄断集团公司的组建席位，并取得北京卷烟市场会员资格。公司从三级批发企业上升为国家二级批发企业。1996年，发卡联烟，建立全县经营网络，初步形成以烟草专卖公司为核心、分布在全县各地的经营实体3681家。1998年始，在丹城、城郊、贤庠、西周、定山、石浦、鹤浦建立自有网点7个，在大徐、泗洲头建立下伸批发网点2个。并将全县卷烟零售户划分为23个配送区，实行定线、定人、定车、定时、定量、定面配送。

2001年，在全县实施卷烟零售明码实价制，基本实现全县卷烟零售价统一。2002—2004年，率先组建卷烟零售加盟连锁店，共建成1812家加盟店（柜）。2004年，建立卷烟呼叫中心、分拣物流中心，实行“电话订货、访送分离、一库制”配送新模式。建立全县16.5万个吸烟人口名单、地域分布、吸烟量、吸烟档次等情况的资料档案。2008年，加强银企合作，实行货款电子结算，结算率达94.67%。

第三节　烟草专卖管理

国家确立烟草专卖体制后，象山实行卷烟垄断经营，分别开展烟草专卖许可证、打击走私贩私和查处假冒香烟活动。

烟草专卖许可

1991年，象山实行烟草专卖许可制度，核发各类烟草专卖许可证3349本。其中，批发许可证14本，零售许可证3327本，特种零售许可证8本。分别发放至国营商业单位979家，个体商店2370户。1992年1月1日，实施《中华人民共和国烟草专卖法》后，规定凡取得烟草专卖零售许可证的企业或个人，都应在当地的烟草专卖批发企业进货，并接受烟草专卖许可证发证机关的监督管理。2004年，始取消特种烟草专卖零售许可证，使所有卷烟零售客户既可经营国产卷烟，也可经营外国卷烟。2008年，象山县有证用户增至4888户。

烟草打私打假

打私打假是烟草管理的重要任务。1995年，公司成立打假打私领导小组和检察室。1997年，成立公安驻烟草联络室，并成立假烟鉴定小组，开展该项工作。1991—2008 年，共查处各类案件 6159 件，查处卷烟数量 281070 条。其中，查处走私烟 6365 条，查处假冒烟 150198 条，罚没款金额 108.32 万元。

1991—2008 年象山县查处走私假冒卷烟情况表

表 33-24

年份	查处案件（起）	查处卷烟（条）	查处卷烟价值（元）	其　中			罚没金额（元）
				国产烟（条）	走私烟（条）	假冒烟（条）	
1991	85	11800	121500	11548	252	—	45600
1992	136	21196	230008	20650	546	—	88328
1993	111	11206	162128	11171	35	—	19938
1994	174	30273	326723	15095	648	14530	16849
1995	216	34998	1737833	19227	737	15034	99539
1996	253	74127	188359	8054	171	65902	63830
1997	269	11637	245655	9948	538	1151	75029
1998	362	43679	260290	8490	2525	32664	178172
1999	1646	18761	169779	5624	459	12678	77183
2000	627	4628	119081	2905	207	1516	83933
2001	404	2811	80586	1167	12	1632	51586
2002	584	2784	165290	1898	110	776	51537
2003	266	970	91318	775	15	180	25447
2004	224	662	50146	332	9	321	9719
2005	294	1100	128810	614	17	469	29518
2006	191	524	117252	330	6	188	28500
2007	164	1549	314787	973	75	501	74798
2008	153	8338	840260	5679	3	2656	63685

第六章　服务业

商业活动除零售业外，尚有大量服务业。客栈、饭店、牙行、补缸、补碗、磨刀、剃头等规模小，从业人员少，形不成产业。中华人民共和国成立后，特别是改革开放后，第三产业蓬勃兴起，其中服务业更是异军突起，投资咨询、房地产中介、家政服务、电器、车辆维修、法律服务、广告业、美容美发、婚姻中介、殡葬服务等悄然兴起。至 2008 年，县内仅注册各类中介服务单位达 132 家，其中，房地产中介 37 家，各类咨询服务单位 78 家，各类服务行业达数千家之多。

第一节 餐饮 住宿

餐饮

中华人民共和国成立前，因交通不便，往来客源少。丹城仅有中山饭店及数家糕团面食店。石浦因有渔港之利，商贾往返频繁、渔船云集，故酒肆茶馆较多，有梅记、知味馆、三春园、四海春、曾顺记、王聚兴及状元楼、三和楼、王和春等十余家，常顾客盛门，生意兴隆。

1950年，有城镇饮食业26户、60余人，乡镇有75户、112人。1956年，逐步组织起来，组成饮食合作小组210个、259人，个体户188户、321人。1957年，城镇饮食业49户、126人，92个营业点。1958年，人民公社化时大办食堂，饮食业多歇业。1960年，粮食困难，饮食业吃饭需收粮票。石浦大众食堂和合众菜馆供应番薯藤年糕搭配“堂吃酒”（一客半斤黄酒）。年末，除城镇有饮食店外，农村一律取消。1961年11月，成立县饮食服务总店，石浦设分店。农村则调整、恢复和增设饮食服务行业。至1965年年末，共有饮食网点24个，服务网点45个，共有从业人员249人。1968年，饮食服务总店改称公司。1972年，石浦单独成立第二饮服公司。“文化大革命”期间，饮食服务网点减少，出现吃饭难、住宿难的情况。1978年，全县仅饮食业34家、471人。

1979年后，市场经济发展带动个体饮食业的崛起，冲击了国营和集体饮食业。1984年年末，丹城、石浦两镇有个体饮食业242户、321人，国营44家、428人；农村饮食网点446个，服务网点386个，从业人员1300人。1985年，增加至629户，从业人员831人。1994年后，国有、集体餐饮企业改制逐步退出市场，个体、私营饮食服务业成为餐饮市场主体。1997年，象山成功举办第一届开渔节，旅游业被县政府确定为新兴战略性产业。大批游客到象山旅游，尝海鲜，观风景，促进餐饮业快速发展。此后，个体投资、合股投资开办大酒家、大饭店增多。2002年5月，象山港夜排档建成开业，占地1.33公顷，建筑面积4800余平方米，内设43个摊位，成为县城最大的夜排档超市。2003年，“快德胜”餐饮连锁店在象山建立，2004年快速发展至8家。当年，石浦渔港古城等旅游景点开发，以海鲜街、海鲜长廊、海鲜排档为特色的海鲜餐饮业迅速发展，从事海鲜餐饮的店家发展到53家，其中海鲜街37家，海鲜长廊8家，海鲜排档8家。2005年，全县有一定规模的餐饮企业20余家，餐饮零售额达8.73亿元，占全县社会消费品零售总额17.49%。2006年，肯德基落户象山。2008年，象山举办海鲜节，开展海鲜大荟萃活动，吸引全国各地游客专程前来观赏品味，形成千人吃海鲜的盛大场景。是年，全县经工商登记的餐饮业888户，从业人员2171人，注册资金4107万元，餐饮业营业额达11.53亿元。旅游餐饮服务内容详见本志“旅游业”篇。

住宿

清末民初，石浦渔港南往北来的客商频繁，住宿业随之兴起。民国元年（1911），高步客栈在石浦老道头开业，继而大同、金山、浦江等旅社相继开业。民国24年，影人王人美等在石浦摄制电影《渔光曲》，下榻金山旅社。抗日战争开始时，石浦为上海货商进入内地中转港，旅社（客栈）增

照33-12 震明旅社旧址

至10余家，有朝阳、慎远、南洋、岳利丰等，均较小。20世纪40年代，西泽建有震明旅社，而丹城仅中山饭店（旅社）1家。

1953年后，实行公私合营，在丹城东街、西街新建象山饭店和旅社，占地面积418平方米，建筑面积896平方米，设床位108个。至1956年，全县有旅社22家，人员34人。1968年，投资9.8万元，在孔庙旧址兴建县人民政府招待所，占地面积5244平方米，建筑面积2900平方米，时为象山规模最大、设施最好的旅社。

改革开放后，随着经济社会发展，人员流动增多，住宿业顺势发展，个体旅馆参与经营。1977年，辟东谷湖山麓，建东谷湖招待所，后改东谷湖宾馆，经逐年改造完善。占地面积扩大25000平方米，建筑面积12000平方米，设客房120间、床位230床。依山襟湖，风光旖旎，中有假山喷泉，环境幽雅，设施高档，成为象山首家涉外宾馆。1994年，爵溪华荣实业公司筹资1200万元，在爵溪镇前街和腾蛟路口建华鹰大厦，占地6000平方米，建筑面积15300平方米，分群楼、主楼两部分，群楼高5层，主楼高8层，设中央空调，集宾馆、餐厅、舞厅、健身房于一体。1995年对外营业。1999年9月，县烟草公司投资1.4亿元，在松兰山旅游度假区内建成象山黄金海岸大酒店，占地100000平方米，建筑面积30000平方米，酒店有客房178间（套），标准房140间，单人间29间，套房9套，各种功能配套齐全，时为象山唯一一家四星级旅游酒店。2000年，城区有大中型宾馆22家、旅社141家，设客房617间、1989床位。

进入21世纪，海景大酒店、象山港国际大酒店、半岛大酒店、荔港大酒店、华翔山庄等一批规模大、档次高、设施先进的宾馆、酒店相继建成开业。2008年，全县限额以上住宿业，有旅游饭店10家，客房1499间，床位2685铺，从业员工1722人，营业额20185万元，客房收入10315万元；一般旅馆4家，从业人员547人，客房443间，床位838铺，营业额6315万元，客房收入2867万元。除宾馆酒家外，全县有城乡小宾馆住宿业396户，从业人员794人。旅游住宿服务内容详见本志“旅游业”篇。

第二节　居民服务

居民服务，旧时以小五金业居多，另有竹、木等工匠，上门为居民修理锅镬、茶壶、缸甏及竹木器具等生活生产必用品；或沿街设摊、招徕生意。女儿出嫁，请裁缝师傅上门做嫁衣，职业零星，形不成产业。改革开放后，社会经济得到快速发展，人民生活水平日益提高，追求时尚休闲多元的生活方式。家政服务、电器维修、美容美发、按摩保健等业应时而生，日趋兴盛。除上述服务业外，象山尚有多家鲜花专卖店、棋牌室、茶社、典当、小五金修理、推拿店、洗衣店、寿品、佛事丧葬用品、风水取名、印章刻字、五花八门，一应齐全，社会各业和谐相处，市场繁荣。

家庭服务

旧有保姆，今有月嫂、打扫卫生钟点工、护工等。至2008年，全县有家政服务部（所）14家，多以社区服务中心的形式存在。从业近500人，为下岗职工及社会闲散人员开辟一条就业新途径。形成家政服务系列网络，包括优抚服务、残疾人服务、托幼服务、搬家、货物装卸、防水堵漏、房屋装修及婚姻殡葬服务等14大类、92小项家政服务。2008年，宁波宇鹰病媒生物防治有限公司象山分公司还推出有害生物的防治，控制、防治白蚁、消毒、园林养护等新项目，为家政服务开辟新的服务项目。家政服务业在街道发展较好。主要是小区集中，群众生活水平，经济能力的提高，为家政服务业发展奠定基础。

表 33-25

2008 年象山县家政服务企业情况表

企业名称	经营地址	经营范围
象山丹城绿叶家政服务部	丹东街道汇振路 43-45 号	一般经营项目：家政、搬家、货物装卸、防水堵漏、园林养护、房屋装修服务；清洁剂、日用品零售
象山丹城三象搬家服务部	丹东街道大碶头	一般经营项目：家政服务
象山家政服务部	丹东街道上进路 50 号	一般经营项目：家政服务、投资信息咨询服务
象山丹城爱心家政服务部	丹东街道塔山路 134 号	一般经营项目：家政服务
象山丹城利民家政服务部	丹东街道塔山路 253 号	一般经营项目：家政服务
宁波宇鹰病媒生物防制有限公司象山分公司	丹西街道瑶琳小区 118 号	一般经营项目：有害生物防治、控制，白蚁防治、控制，消毒服务，环境治理，家政服务，杀虫器械，卫生杀虫药剂，化工原料（除危险化学品），五金交电，机电设备，建筑材料批发、零售。
象山县西周瀛洁家政服务部	西周嵩溪路 102 号	一般经营项目：家政服务
丹城涂茨勤女人家政服务部	丹东街道塔山路 136-2 号	一般经营项目：卫生清扫、搬家服务
象山县石浦洁发家政服务部	石浦南屏路广电大厦东首第 4 间	一般经营项目：家政服务
象山爵溪好帮手家政服务部	爵溪斗嘎路 1 号	一般经营项目：家政服务、房屋租赁服务
象山丹城平安家政服务部	县丹东街道岙里村	一般经营项目：房屋拆建、家政服务
丹城社区家政服务部	丹东街道塔山路 154 号	一般经营项目：家政服务
象山丹城小桔灯家政服务部	丹东街道育才路 6 号	一般经营项目：家政服务
象山县石浦温馨家政服务部	石浦天门路清风巷 32 号	一般经营项目：家政服务

电器维修

电器种类繁多，主要有电脑、电视机、冰箱、空调、计算机、电话机、手机、电风扇、洗衣机、电饭煲、排烟机、电动机等。象山电器维修，先是为渔农业生产服务开始，如电动机、打稻机、卷扬机等。20 世纪 80 年代起，电视机、冰箱、空调、音响、电风扇等进入家庭。为家电维修的各种电器修理业悄然兴起，开辟了市场。电脑、手机普及，成为电器维修业的热门。2008 年，有 14 家电脑软件开发企业落户高教园区，带动县电脑营销与维修店遍及全县。经工商局注册登记，全县有电脑营销店及电脑维修点 71 家，注册资金 1394 万元。以丹城、石浦居多，遍及西周、爵溪、鹤浦、大徐、定塘、贤庠各镇乡。各种家电维修点，工商登记95家。

汽车保养

象山汽车保养美容业，是21世纪后开始兴起和发展的产业。上世纪末，只有少数富人才有几部私家轿车，汽车多为自己冲洗。进入21世纪后，小轿车进入寻常百姓家，于是洗车美容业就悄然兴起，而且快速发展。从用水冲洗，发展到给小车打蜡、上光、保养和车内装饰；小车内四季坐垫的更换和装饰。从洗车到汽车美容，配套服务更加齐全。汽车美容业以丹城、石浦、西周、爵溪等街道镇乡为多。2008年，全县有汽车美容修理业近百家。

摩托、电瓶车修理

摩托车修理较早，在19世纪中期就有此业，但仅寥寥几家，到20世纪90年代末，电瓶车开始进入家庭，电瓶车修理开始兴起，修理店少则1人，多则数人。修理摩托车、电瓶车、自行车、三轮车等合为一体。2008年，工商登记修理店100余家。

美容美发

旧有理发，称“剃头匠”，挑着“剃头担”行走于乡间。村落集中处，有理发店。改革开放后，美容美发业是象山服务业中最为繁盛行业。有专业美容院店，专为女子美容服务，服务项目包括整容、脸部皮肤护养，做一次面膜100~200元之间，女子减肥则以斤论价，一家普通美容院广告价格是500元包减10公斤等，店中多带有各类美容化妆品的推销和供应。上档次的美发店，妇女洗发，烫理到焗油一次，至少要300~500元之间，高档的则要1000元左右，尽管价格昂贵，生意仍然红火。2008年，丹城中心城区和石浦两地工商登记的美容美发店达338家，其中丹城城区225家；美容院（馆）60余家。一般理发店遍布城镇乡村的大街小巷，多为大众服务，收费不贵。

足浴桑拿

足浴桑拿于21世纪开始流行。足浴桑拿店中有洗浴、洗脚、敲背、修理脚趾、拔火罐等服务项目，多设在城区内和各镇街道所在地。丹城如月红休闲城、超时代足浴城、大脚板足浴城、春夏秋冬休闲城、金碧辉煌足浴休闲厅、富桥足浴休闲会所等较为出名。2008年，丹城、石浦两地有足浴业20余家。洗浴店也遍布城乡各地，多为外来务工人员服务。2008年，工商登记的洗浴规模较大的店铺71家，从业人员943人。许多规模较小的洗浴店不在登记范围内。

洗烫店

先前，居民衣服都在家洗涤，20世纪90年代末，由于工作忙和衣服质量的提高，毛料衣服、皮衣、毛皮等都送到干洗店去洗烫，洗烫业也随着兴起。洗烫店多开设在城区和人口集中的街道镇乡驻地。2008年，全县登记的洗烫店62家，多为外地人来象开店，但在广大农村，仍自洗为主。

娱乐业

娱乐业主要是指歌舞厅，这也是改革开放后兴起的产业，歌舞厅设有各类包厢、卡拉OK厅，进高档歌舞厅消费昂贵，多为年轻男女和时尚人士前往，一般平民阶层很少涉足；但也有普通的舞厅，只需购10元门票，供应茶水，为一般爱好歌舞的民众服务。2008年，全县有各种歌舞厅74家，多设在丹城、石浦两地。

2008 年象山县理发、美容、洗浴、娱乐业情况表

表 33-26

行业分类	合计			城镇			其中，2008 年开业		
	户数（户）	从业人数（人）	资金（万元）	户数（户）	从业人数（人）	资金（万元）	户数（户）	从业人数（人）	资金（万元）
理发美容保健服务	522	943	109	263	507	769	17	42	57
洗浴业	71	364	975	38	257	656	5	124	263
娱乐业	115	319	2237	46	164	1179	5	33	157

照相扩印服务

象山照相业始于民国。民国初年（1912），石浦有环球照相，开辟象山照相业先河。民国 13 年，丹城有“醉春”照相。民国 30 年，丹城西街开设时代照相馆。除丹城、石浦居多，各乡镇都有照相店。中华人民共和国成立后，丹城有大光明、新光、灵隐三家照相馆，1955 年合营，为饮服公司照相馆。20 世纪 90 年代开始，随照相机和手机进入平常百姓家，照相业务开始下降。照相店转入为结婚者拍的婚纱艺术照兴起，几幅扩印的艺术婚照（包括婚纱出租），收费较高，一般要超千元。但年轻人都乐意接受。数码婚纱摄影楼、摄影社等纷纷开张。2008 年，经县工商登记的各种照相扩印店社 50 余家。

婚姻服务

婚姻服务包括婚姻中介和婚庆策划公司，随着改革开放深化和市场经济不断发展，城市化规模壮大，具有一定规模、比较繁华的中心城区建成。人口的集中，外来人口的进入，文化的提升，交往的需要，婚姻中介应运而生。全县有婚姻介绍所 4 家，其中，石浦、鹤浦各 1 家，丹城 2 家。另有婚庆策划公司 3 家，专门给结婚之家布置结婚场所、结婚仪式等，另有多家婚车装饰店。

2008 年象山县婚姻介绍所情况表

表 33-27

名称	成立时间	地址
象山丹城双喜婚姻介绍所	2003. 01	丹城园西路 9 弄 5 号
石浦安乐婚姻介绍所	2004. 01	石浦溪坑路北泉弄 1 号
象山鹤浦姻缘婚姻介绍所	2005. 06	鹤浦南田路 121 号

物业管理

物业管理服务始于 20 世纪 90 年代中后期。1995 年，遵循“谁开发谁管理”原则，建立“文峰”“三联”“东河”3 家物业公司，由开发企业自建自管；另有房地产管理处直接建立的“丹峰”物业公司。由于物业企业缺乏竞争意识，普遍出现亏损。1999 年 5 月，象山县城西物业有限公司成立，为县第一家股份制物业管理企业。前后管理过的小区有蓬莱、瀛洲、瑶琳、丹阳、塔山、丹峰、丰茂苑、文华苑、石浦昌锦等。2005 年 3 月，象山县诚信物业管理有限公司成立，具备国家物业管理三级资质。先后管理小区和楼群有龙泽名园、山水人家、御景园、半岛酒店公寓、欢乐家园、梅苑中央花城、华丰丰泽园等；10月，象山重阳物业公司成立，具备国家物业管理三级资质。管理项目有大红鹰家园、阳明花园、华翔大厦、塔山家园、东河一、二期小区等。至2008年，象山物业管理企业共9家，分别是东河、诚信、城西、文苑、重阳、汇丰、腾越、安保、美屋物业公司，均具国家物业管理三级资质。

2008年象山县物业管理企业情况表

表33-28

企业名称	资质	管理小区
象山诚信物业管理	三级	山水人家、丰泽园、中央·梅苑
象山城西物业管理	三级	丰茂苑、昌锦家园、文化苑、锦绣家园
象山人和物业管理	三级	汇金大厦、安置银都家园
象山重阳物业管理	三级	大红鹰家园、塔山花园、华翔大厦、阳明花园
象山汇丰物业管理	三级	汇丰锦城
象山腾越物业管理	三级	浦光名都、半岛公寓楼
象山安保物业管理	三级	时代广场
象山大成物业管理	暂三级	阳光雅苑
象山大管家物业管理	三级	海城·阳光苑、海城·紫城苑
宁波美屋物业公司（外企）	二级	海关、检察院、国税局、广电大厦、交警大队、报税中心、金港花园
宁波亚太物业公司（外企）	一级	梧桐御府
宁波永成物业公司（外企）	一级	水木华庭、万华康庭、财富广场
上海润凯物业公司（外企）	三级	宏润花园
绿城物业公司（外企）	一级	绿城·百合公寓
上海陆家嘴物业公司（外企）	三级	桃花源

社区服务中心

象山社区服务中心，由热线（65786578）和网站（www.65786578.net）组成，为居民提供服务。中心运行由丹西街道2名工作人员负责，热线和网络受理服务交由博安网络公司承担。通过政府与企业化运作相结合的一个公益性平台，充分发挥企业的能动性，开展各项新活动。自2004年2月21日开通试运行后，至2005年年末，共吸收加盟企业320家，受理求助总量为13411个，网站累积访问突破10万次。中心为居民提供各类便民、利民、惠民的服务。除为城区居民提供服务外，不断有其他镇乡村民、在外象山籍人士及外地游客打入中心电话，要求服务。2005年，中心被确定为“市巾帼文明示范岗”，省、市、县多位领导考察，并予高度评价。社区服务中心被誉为“象山人民的生活大管家”。

至2008年年末，象山社区服务中心，加盟企业发展至560家，受理求助总量近8万件，社区网站累计访问突破32万人次，其中网上求助5000个。共举行内部技术比武活动3次。

表 33-29

2007 年象山县商业网点情况表

名　称	数量（家）	营业面积（平方米）
食杂店	5800	104400
便利店	1500	27100
折扣店	21	525
超市	304	35360
百货店	32	20230
专卖店	55	7150
专业店	194	12620
家居建材店	713	18720
购物中心	1	10000
美容美发店	1855	55640
洗染浴店	362	19820
修理店	360	7200
回收店	130	33700
其他	580	12183

第三节　商务服务

市场的形成和繁荣，产生为商务服务的中介人。旧时替买卖双方说合交易并收取佣金者，称“掮客”，一般不自设铺号。“惟持口舌腰脚”沟通于买者和卖者之间。又有称“牙商、牙人”，专设营业场所为“牙行”，一般收取佣金在 10%。此种行业，始于明代。象山石浦，位于港口，清末民国初年，福建渔船北上，随带桂圆、荔枝、红白糖、笋干、中药材、木材、皮丝烟在盐仓前靠埠交易，于是牙行业渐兴。开办商行知名者有福德甡行、保发兴行、纪协顺行等，为福建渔民来货代销，县内及周边宁海、三门、南田、鄞奉商户纷至采购闽货，本地苎麻、络麻、薯丝、鱼鲞等物资运销福建。民国 22 年（1933）至民国 23 年，石浦、延昌共有牙行 26 家，其中经营木材 6 家、蛋品 3 家、竹木炭柴 4 家，鱼货、蔬菜、糖及其他山货 13 家。另有猪行 1 家，鱼行众多，较早有周公顺、郁仁记、王顺兴、新祥兴、源顺等。象山爵溪、东门及南田也有鱼行。民国 27 年，石浦镇交易公所成立，股东 235 户。公所具有牙行性质。同年石浦区粮食交易公所成立。是年底和翌年初，相继解散。民国 35 年，石浦登记牙行业有横塘岸金城行、大兴行、大孚行，新道头义兴行、鼎兴行、顺泰行、万福街信纪行、森顺行等。除代理本地鱼货和山货居中交易外，有的还兼理商轮代理业务。象山在农村集市上，有专门为买卖双方过秤、算账的中间人（旧称主人）。收取小额服务费。也有小数掮客，利用买卖双方的商品或货源，采取垫本经销或无本代销的方法，居中谋利。

中华人民共和国成立后，掮客、牙行等逐渐淡出。改革开放后，商务服务业又兴起，继而替代的中介服务机构是外贸公司、投资咨询、汽车、房地产、法律服务、就职中介等。由集体、合资、合伙及个体私营等多元并存的服务体制。

投资咨询

投资咨询是21世纪新兴的私营服务机构，其内容包括经济信息、教育信息、科技信息、特种设备信息、船舶技术、档案服务、卫科信息等，种类繁多，门科齐全。投资咨询公司往往有一定的经济实力。通过咨询公司也可以借贷资金，但利息往往高于银行。2008年，各类投资咨询公司69家，大多设在丹城、石浦。

2008年象山县投资咨询企业情况表

表33-30

企业名称	经营地点
象山永金投资咨询服务有限公司	丹东街道步西路19-98号
宁波银博投资咨询公司象山分公司	丹东街道丹峰东路395-397号
象山博泰投资咨询有限公司	丹东街道丹东小区9号楼1-3号
象山吴瀚投资咨询有限公司	丹东街道靖南路423号
象山弘丰投资咨询有限公司	象山港路460-462号
象山勤勇投资咨询有限公司	丹东街道东谷路252号
象山旺角投资咨询有限公司	丹东街道育才路96号
象山三和投资咨询有限公司	丹东街道汇兴路16号
象山雅和档案服务有限公司	丹东街道育才路151号
象山力华投资咨询有限公司	丹东街道育才路125号
象山顺发投资咨询服务有限公司	丹东街道步东路6号
象山中环投资咨询有限公司	丹城育才路南门水厂对面
象山创想投资咨询有限公司	丹东街道城东B区2号楼113-2室
象山如帮投资咨询服务部	丹东街道步行街4楼4号
象山聚鑫经济信息咨询服务部	丹东街道万象路271号
宁波象山天元投资咨询有限公司	丹东街道金鹰路27号
象山新升投资咨询服务有限公司	丹东街道金鹰路19-5号
象山卓越教育信息咨询服务部	丹东街道建设路244-246号
宁波市农信担保公司象山分公司	丹城南街31号
象山丹城小橘灯教育咨询服务部	丹东街道新华路41号
象山文峰塔教育信息咨询服务部	丹东街道靖南路490-3号
象山飓风投资咨询有限公司	丹东街道汇兴路6号
宁波国际投资咨询公司象山分公司	丹东街道东谷路76号

续表33-30

企 业 名 称	经 营 地 点
象山海平营销策划工作室	丹东街道东谷路153号
象山丹城金旭投资信息咨询服务部	丹东街道新华路205弄75号
象山富捷信息咨询服务有限公司	丹西街道丹峰西路19-1号
象山太一投资咨询有限责任公司	丹西街道瀛洲花园商住楼8-9室
象山根达企业管理咨询有限公司	丹西街道象山港路197号
象山永胜投资信息咨询有限公司	丹西街道蓬莱路236号
象山丹城铂鑫投资信息咨询服务部	丹西街道来薰路214-216号
象山常宏投资咨询有限公司	丹西街道新丰路248号101室
象山溢运投资咨询有限公司	丹西街道蓬莱路127号
象山宏宇投资咨询有限公司	丹西街道来薰路42号
象山鑫龙投资咨询有限公司	丹西街道象山港路261号
象山华源经济信息咨询服务部	丹西街道建设路84号
象山凯宝投资咨询有限公司	丹西街道顺达路85号
象山永安特种设备技术咨询服务公司	丹西街道西谷湖路西侧
象山红盈信息咨询服务有限公司	丹西街道新峰小区17号楼
象山创亿投资咨询服务部	丹西街道象山港路466号
象山启源管理咨询有限公司	丹西街道天安路滨海学校内
象山卫科信息技术服务部	丹西街道城站路11号
象山自由体信息咨询有限公司	丹西街道丹河路商业街3幢65号
象山三元投资咨询服务部	丹西街道丹峰西路23-3号
象山腾骏投资咨询有限公司	爵溪十字东街60号
象山宏基投资咨询有限公司	爵溪镇前街15号
象山爵溪海天投资咨询服务部	爵溪十字北街23号4室
象山阿挺投资咨询有限公司	石浦镇大庆路215号
象山永乾投资咨询有限公司	石浦镇金山路338号
象山石浦银利来投资咨询有限公司	石浦镇建业路97号
象山白玉湾投资咨询有限公司	石浦镇万丰街东侧商城一层
象山伟业投资信息咨询有限公司	石浦镇玉泉路150号
象山鸿泰投资咨询有限公司	石浦镇玉泉小区A楼
象山石浦一鸣投资咨询有限公司	石浦镇金山路415号
象山石浦永进投资信息咨询服务部	石浦镇南屏路北侧一层
象山石浦兴源咨询事务所	石浦镇南屏路北侧一层

续表33-30

企　业　名　称	经　营　地　点
象山石浦美茹商务咨询服务部	石浦镇火炉头路183号
象山众德投资咨询有限公司	石浦镇海宁路120-1号
象山石浦银生投资咨询服务部	石浦镇凤凰新城22幢
象山航管所职工技协	石浦镇火炉头路11号
象山石浦天门信息服务部	石浦镇天门路29号
象山永宽投资咨询有限公司	西周滨港小区富源路32号
象山贸盛投资咨询有限公司	西周嵩溪路20号
象山中元投资咨询有限公司	西周嵩溪路70号
象山华鑫投资咨询有限公司	西周下沈育士路
象山鸿顺投资咨询有限公司	鹤浦镇湾塘路1号
象山宇航船舶技术有限公司	鹤浦镇兴渔路
象山风云投资咨询有限公司	丹东街道东谷路76号
丹城天豪车辆信息服务部	丹西街道天安路196号
象山久久车辆信息服务部	丹西街道象山港路197号

房地产中介

房地产中介包括新建商品房和二手房的中介。新建商品房的中介多由房地产开发商自己设立，在中介所在地建立商品房立体模型盘，在户外做大型广告，以招徕客户。二手房的中介在象山也称新兴产业。原住户旧房更新，或有多余的老房出售，委托中介机构出售。从20世纪90年代开始，在丹城塔山路、金鹰路一带，沿街先后开设20余家二手房中介所。中介所由几人合伙租一间房屋，登记旧房出售者地点，房产面积及出售价格，而中介者需到实地看房后，然后挂牌出售。需购买旧房者，在中介人的陪同下，先看房屋，后谈价格，中介成功后，大多按房屋出售价比例、收取中介费。房屋出租也在中介范围。象山房地产中介多在丹城、石浦两地，其他乡镇少有中介单位。2008年，房地产中介企业由2007年的27家增至34家。

房地产经纪人开始阶段，为无证经纪，后通过开展专项治理，取缔7家中介组织。由工商局组织房地产经纪人资格培训、考核，至2008年年末，全县275人持有经纪人资格证书。

2008年象山县房地产中介机构情况表

表33-31

机　构　名　称	经　营　范　围
象山丹城利群信息服务部	房地产经纪咨询
象山金鼎房地产销售代理有限公司	房地产经纪咨询
象山中泰房地产经纪有限公司	房地产经纪咨询
象山三江房地产销售代理有限公司	房地产经纪咨询

续表33-31

机 构 名 称	经 营 范 围
象山新佳园房地产销售代理有限公司	房地产经纪咨询
象山虹利房地产销售代理有限公司	房地产经纪咨询
象山大众房地产经纪有限公司	房地产经纪咨询
象山半岛房地产经纪有限公司	房地产经纪咨询
象山宏信房地产销售代理有限公司	房地产经纪咨询
象山兴余房地产销售代理有限公司	房地产经纪咨询
象山鼎力投资咨询服务有限公司	房地产经纪咨询
象山丹通房地产经纪有限公司	房地产经纪咨询
象山金都房地产销售代理有限公司	房地产经纪咨询
象山 21 世纪不动产经纪有限公司	房地产经纪咨询
象山三星房地产销售代理有限公司	房地产经纪咨询
象山久力房地产经纪有限公司	房地产经纪咨询
象山新天伦房地产经纪有限公司	房地产经纪咨询
象山天一房地产经纪有限公司	房地产经纪咨询
象山新升投资咨询服务有限公司	房地产经纪咨询
象山兴江房产中介有限公司	房地产经纪咨询
象山天元投资咨询服务有限公司	房地产经纪咨询
丹城荣欣信息服务部	房地产经纪咨询
象山合力房地产中介有限公司	房地产经纪咨询
象山丹城千亿家房房产中介服务部	房地产经纪咨询
象山泰伊房地产经纪有限公司	房地产经纪咨询
象山天德房产中介服务部	房地产经纪咨询
象山顺元房地产销售有限公司	房地产经纪咨询
象山长兴房产中介服务部	房地产经纪咨询
象山金鼎有限公司塔山分店	房地产经纪咨询
象山南源房地产中介服务部	房地产经纪咨询
象山丹城天虹地房产经纪服务部	房地产经纪咨询
象山丹城中原地房产中介服务部	房地产经纪咨询
象山新世纪房地产经纪有限公司	房地产经纪咨询
象山中益房地产销售代理有限公司	房地产经纪咨询

汽车中介

汽车中介是随着汽车业的发展而兴起中介服务机构，其业务包括汽车的租赁和代理买卖汽车代驾服务。汽车中介先由租赁开始，二手车的中介，后发展新车代销。中介店以丹城、石浦两地的中心城区较多。据2008年工商登记，全县共有44家汽车中介单位，其中丹城中心城区30家、石浦9家、西周3家、爵溪1家。

2008年象山县汽车中介企业情况表

表33-32

企业名称	经营地址
象山县石浦根宝汽车中介租赁服务部	石浦海宁路102号
象山县石浦发才轩汽车租赁服务部	石浦海宁路—南屏路
象山大正汽车租赁服务部	丹东街道步北路39号
象山丹城城交汽车租赁服务部	丹东街道白象路12-1号
象山宝赢汽车租赁服务部	丹东街道园西路4号
象山丹城兴达汽车租赁服务部	丹东街道塔山花园B2综合楼1-2号
象山晨明汽车租赁服务部	丹东街道东谷路56号
象山丹城祥达汽车代驾服务部	丹西街道丹峰西路235号
象山丹城阳阳汽车租赁服务部	丹东街道东街17号
象山大兴汽车租赁服务部	丹东街道步行街14段3号
象山县石浦顺风汽车租赁站	石浦海宁路142号
象山县西周奕旺汽车租赁部	西周镇方井路3号
象山县西周四五八汽车租赁部	西周镇环城北路8号
象山县石浦新世纪汽车租赁经营部	石浦曙光路19号（一楼）
象山县石浦来发轿车租赁站	石浦海宁路144号
象山县石浦吉祥汽车租赁服务部	石浦海宁路104号
象山丹阳汽车租赁服务部	丹西街道来薰路42号
象山丹城大众汽车租赁服务部	丹东街道新安路南北首
象山县石浦华波汽车租赁服务部	石浦海宁路—南屏路
象山县金港汽车租赁有限公司	丹东街道东谷路53号
象山一路发汽车租赁有限公司	丹西街道紫竹路11-6号
象山亚西亚运业发展有限公司亚西亚汽车出租分公司	丹城锦河路55号
象山顺利汽车租赁服务部	丹城东谷路50号
象山小永汽车租赁服务部	丹城乐业路
象山新管家车辆信息服务有限公司	丹城蓬莱路98号
象山丹城天豪车辆信息服务部	丹西街道天安路196号

续表33-32

企业名称	经营地址
象山县石浦阿跃汽车租赁店	石浦海宁路134号
象山成诺车辆中介有限公司	丹西街道天安路、象山港路北首
象山飞虎汽车租赁有限公司	丹东街道东谷路98号
象山猎豹汽车租赁有限公司	丹东街道东谷路185号
象山华东汽车租赁有限公司	爵溪前岙
象山鹏弘汽车租赁有限公司	丹东街道文韵路36号
象山腾峰汽车租赁有限公司	爵溪街道东塘巨鹰大道
象山小轩汽车租赁有限公司	丹城镇东街16号
象山安顺汽车租赁有限公司	丹东街道塔山路266号
象山佳音汽车租赁有限公司	丹东街道步西路18-100号
象山华丰车辆中介所	丹城东谷路108号
象山诚行汽车租赁有限公司	丹东街道城东B区3号楼112室
象山阿良汽车租赁有限公司	丹城大红鹰家园街四12号梯
象山旌晖汽车租赁有限公司	丹城顺达路85号
象山复星汽车租赁有限公司	丹东街道东谷路82号
象山阿拉车宝宝汽车租赁有限公司	丹东街道文峰小区50幢101室
象山成信汽车租赁有限公司	丹东街道东谷路206号
象山久久车辆信息服务部	象山港路197号

会计中介

象山县会计中介发展始于1999年，原先均从属于县财政局审计事务所，后脱钩改制成为独立法人单位。象山会计事务所有海信、天象、众佳、享达4家，相互之间保持良性竞争关系。事务所经营业务基本一致，主要依法承办各类经济组织、企业事业单位、社会团体及其他单位和个人委托的业务。

象山海信会计师事务所　于1999年改制，与县财政局脱钩，并于同年经省财政厅批准，取得财政部颁发的资产评估资格证书、注册会计师执业证书。拥有中国注册会计师、注册评估师7人，中级专业技术职称占80%。

天象联合会计师事务所　成立于1999年11月，经浙江省财政厅批准，县工商局登记设立。拥有注册会计师、注册资产评估师、房地产估价师、土地估价师、机动车估价师等专业人才，60%以上人才具有中级以上职称。

象山众佳联合会计师事务所　于2003年12月，经浙江省财政厅批准成立，属于合伙制企业。事务所拥有中国注册会计师3人、注册评估师2人，60%以上人员具有中等专业技术职称。

象山亨达联合会计事务所　于2004年11月1日，由原财政局会计师事务所脱钩改制成立，为私营企业。经浙江省财政厅批准，象山县工商分局登记设立。

劳动就业中介

主要为象山县及外来劳力解决劳动就业问题。自 2005 年始，以县劳动力市场网络为中心，逐渐延伸至街道镇乡、社区。形成县、街道镇乡、村（社区、居委会）三级贯通，布局合理，方便群众就业的网络体系。2008 年，职能部门采取多种措施，解决就业困难。全年通过网络向社会发布 21278 条劳务信息，办理求职登记 8689 人次，办理用工登记 12266 次，职业指导 24282 人次，免费职业介绍成功 13593 人次。积极收集公益性岗位，重点帮助“4050”（40~50 周岁）下岗失业人员、就业困难群体实现再就业。全年开发社区就业岗位 501 个，积极开展灵活多样的用工洽谈会，全年累计举办用工洽谈会 51 场次，参加用工招聘单位共 1498 家次，提供岗位 16330 个，进场求职人数 15926 人次。其中，失业职工 4187 人次、城镇失业青年 2251 人次、大中专毕业生 1449 人次、农村和外来劳动力 5226 人次；达成就业意向的 6898 人次，其中失业职工 1682 人次，农村和外来劳动力 2308 人次。

广告服务业

广告自古有之。酒店门前挂酒幡，客栈门前挂“客”字，灯笼当店墙上大书“当”字，流动的剃头、铲薄（菜）刀、兑糖、货郎都有招徕顾客的唱词，这些都是旧时广告。改革开放后，随着社会主义市场经济的不断发展，媒体广告业也应运而生。1984 年，县文化馆史奇山等率先成立象山县广告装潢设计公司。20 世纪 90 年代后，广告业发展迅猛。1992 年 10 月，励和军将象山县广告装潢设计公司重组，成立象山第一个注册法人的个体广告企业——象山县博大广告有限公司。接着宏兴广告、万荣广告等广告业纷纷开办。广告业主要是设计、制作、发布，向社会广而告之。至 2008 年，全县有广告企业 100 余家，大多设在丹城、石浦两地。

拍卖业

2006 年，全县 6 家拍卖分支机构，全年共办理抵押物登记 170 件，抵押物价值 4. 6 亿元。帮助企业融资 1. 58 亿元；主债权金额 12. 6 亿元。全年共办理拍卖活动 205 次，拍卖成交额 7. 87 亿元，为企业融资提供高效服务。

第七章　对外经济贸易

民国期间，象山有硃石、猪鬃、米醋、黄鱼鲞等少量产品出口。中华人民共和国成立后，出口商品大多为农副产品，由县供销社代理收购。1975 年，县成立外贸公司，组织货源，发展对外出口。20 世纪 80 年代末，开始对外经济合作。90 年代，全县获外贸出口许可证企业增加，改变由县外贸公司独家出口经营格局，象山外贸得以快速发展。2008 年，全县自营进出口总额达 13. 99 亿美元，累计进出口总额超过 95 亿美元。出口产品销往世界 167 个国家和地区，基本形成日本、韩国、美国、澳大利亚、欧盟等 12 大出口市场。全县累计批准成立外商投资企业 569 家，总投资 191224 万美元，协议利用外资 93739 万美元，实际利用外资 37707 万美元。批准设立境外投资企业 55 家，投资额 5924 万美元。

第一节 外贸出口

民国期间，外贸出口数量极少，商品出口需经上海转运。民国16年（1927），顾文黻、圣仪父子独资经营西二乡破后山砩矿，月产20吨左右，销往日本。民国30年，日军占茅洋，砩石资源尽遭掠夺。中华人民共和国成立后，外贸出口的商品类别主要为水产品、食品、畜禽产品、轻纺品、工艺品、矿产品、机械产品等6大类。20世纪80年代始，出口产品逐步发展到以粮油类、纺织类、轻工类、工艺类、五矿类、机械类为主。2000年后，外贸交货值不再统计。2008年，全县外贸自营出口总额14亿美元，出口市场达167个国家和地区。

品种数量

农副产品　主要分为水产品、粮油食品、土畜产品3大类。1965—1972年，出口海蜇皮1093吨，主销日本。1967—1972年，黄鱼鲞等干水产品大量运销越南，称“支越鱼鲞”。1977年，首次出口鳗苗40千克。1985年，收购鳗苗377.8千克，每千克最高收购价2400元，运销日本与中国台湾。1977年、1978年，增加出口冻黄鱼。1985年，收购石斑鱼4.34吨，价值11.27万元，运销香港、澳门。1985年，全县3家冷冻厂共出口冻梭子蟹630吨、冻对虾29吨。1965—1984年，全县共出口水产品5459吨。1981年，县罐头厂（省外贸定点厂）外销罐头有糖水橘子、清汁笋、冬笋、糖水杨梅、烤鹅、咖喱鸡、清汁蛏子、蘑菇等。其中，家禽罐头外销全省仅此一家。糖水橘子以质优赢得信誉，1981年外销10.41吨，1985年跃增至566.24吨。1978年，县食品冷冻厂始生产冻鹅，畅销新加坡与香港、澳门。1979年，白鹅外销152.42吨，1984年增加到392.33吨。1982年首次出口活猪81头，运销香港。1985年增至1112头。兔毛出口始于20世纪50年代。最高收购量为1967年，达15.37吨。1975年，收购兔毛2.819吨、货值16.90万元。1985年上升至6.141吨，货值81.38万元。2000年后，农副产品外贸交货值不再统计。2008年，农副产品出口2.28亿美元，占自营进出口总额的16.30%。

工业产品　主要分为纺织产品、轻工业品、工艺品、五金矿产、机械设备5类。民国16年（1927）至民国30年，民营开采砩石，出口约2500吨，货值27500元。抗日战争期间，被日本掠夺5000余吨。1975年，县外贸公司收购出口。1984年，销量最多达7225吨。1985年降至4434吨，货值41.5万元。20世纪80年代始，以爵溪针织为龙头，象山针织产品出口异军突起，成为象山出口的支柱产业。1987—2000年，纺织类产品成为象山外贸收购的主要产品。2000年，占总外贸交货值的79%。之后，工业产品外贸交货值不再统计。2008年，针织类出口6.69亿美元，机电类出口3.75亿美元，轻工工艺类出口1.28亿美元，分别占自营进出口总额的47.84%、26.81%、9.15%。

出口规模

中华人民共和国成立至1975年，象山对外贸易收购值累计342万元，商品局限在荞头、腌菜、门锁等一些传统农副产品及简易机械。改革开放后，特别是1981年始，随着省各口岸公司相继成立，象山外贸出口步入快速发展轨道。

1981—1985年，出口商品逐步发展到以轻工、工艺品为主，出口年均增长达到65.8%。至1985年，全县出口商品达到43种，涉及粮油、纺织、土畜、轻工、工艺5大类产品，门类逐步齐全。1991—1995年，外贸出口连年增长。1992年，全县外贸出口额首次突破亿元。外贸出口企业发展至151家，其中出口额在100万元以上企业超过40家。1994年，全县6家企业获得外贸出口许可证。1995年，13家企业获得自营进出口权，打破国营公司独家经营外贸局面。是年，全社会出口交货值达24.2亿元，比1990年增长7.15倍，年均递增52%。

照33-13　天安集团员工在肯尼亚开展售后服务

1996—2000年，外贸出口保持快速增长。2000年，完成外贸出口交货值62.3亿元，比1995年增加1.6倍，年均递增20.8%。出口的国家和地区扩大至41个。年出口额超100万美元的企业已达70余家，其中，巨鹰、甬南、宏利等6家企业出口额超1000万美元，海欣食品、东风、华翔等6家企业年自营出口额超过500万美元，成为象山对外贸易的主力军。2008年，全县外贸出口总额14亿美元，其中，针织类出口6.69亿美元，机电类出口3.75亿美元，农副产品出口2.28亿美元，轻工工艺类出口1.28亿美元。出口市场达167个国家和地区。出口市场份额为亚洲41.4%，欧洲24.1%。年出口额超1000万美元以上的企业达45家。

1981—2000年部分年份象山县出口商品情况表

表33-33　　　　单位：万元

年份	粮油类	纺织类	轻工类	工艺类	五矿类	机械类	综合类	外贸收购总值
1981	109.2	—	90.0	22.3	32.9	1.7	—	277.7
1982	256.1	78.2	98.8	17.7	48.5	0.3	—	507.6
1983	497.9	234.6	31.6	18.2	41.4	1.0	—	839.6
1984	440.5	441.4	89.0	17.3	73.4	3.1	—	1083.8
1985	1138.7	740.0	311.3	115.3	144.2	30.2	—	2081.9
1986	1740.5	1042.8	302.2	138.7	164.2	31.9	—	3466.9
1987	1321.4	3380.8	213.8	198.8	196.6	25.1	1.1	5359.0
1988	2072.2	6690.3	434.8	221.9	202.8	13.0	20.7	9655.7
1996	17539.0	244298.0	27242.0	2463.0	10687.0	1319.0	1272.0	304824.0
1997	30227.8	274953.0	19022.5	2255.2	1676.6	4400.2	24233.7	356803.0
1998	26137.0	329580.0	33679.0	5377.0	1866.0	4364.0	13929.0	414932.0
1999	48140.0	400628.0	34970.0	5997.0	2033.0	4714.0	14438.0	510920.0
2000	60186.0	491614.0	40985.0	6855.0	2468.0	5501.0	14915.0	622524.0

1996—2008 年象山县外贸交货值及自营出口额情况表

表 33-34

年份	外贸交货值（万元）	自营出口额（万美元）	年份	外贸交货值（万元）	自营出口额（万美元）
1996	304824	3678	2003	—	46560
1997	356803	4655	2004	—	54886
1998	414932	6296	2005	—	59289
1999	510920	9042	2006	—	76018
2000	622524	15039	2007	—	99298
2001	—	20328	2008	—	139850
2002	—	29111	—	—	—

第二节　外贸进口

象山外贸进口发展迟缓。进入 21 世纪，才有企业直接从国外进口商品。2001—2007 年，全县外贸进口累计 4.14 亿美元，其中：国有企业进口 1.19 亿美元，占 28.7%；三资企业进口 2 亿美元，占 48.3%；集体企业进口 0.29 亿美元，占 7%；私营企业进口 0.66 亿美元，占 15.9%。加工贸易进口 3 亿美元，占总进口 72.5%。2008 年，全县外贸进口 1.25 亿美元，市场扩展至 44 个国家和地区。

第三节　外资利用

1987 年，宁波甬南针织有限公司首先引进外资。1991—1995 年，象山引进外资工作取得突破性进展，累计创办“三资”企业 160 家，实际利用外资 2974 万美元。外商投资领域由单一的加工型企业向建筑及饮食服务行业扩展，初步形成全方位、多层次利用外资的局面，投资者来自日本、美国、德国、澳大利亚等国家及中国香港、台湾、澳门等地区，共 20 余个。1996—2000 年，外商投资领域不断扩大，其间创办三资企业 63 家，实际利用外资累计 4000 万美元，比“八五”期间增长 56%。进入 21 世纪，引进外资工作连年递增，2001—2008 年，实际利用外资累计 31689 万美元。

1987—2008 年，全县累计批准成立外商投资企业 569 家，总投资 191224 万美元，协议利用外资 93739 万美元，实际利用外资 37707 万美元。至 2008 年年末，在册外商投资企业 240 家，其中正常营业 227 家（合资 186 家、合作 4 家、独资 37 家）。实现销售收入 87.47 亿元，利润 4.53 亿元，纳税 2.28 亿元，企业从业人员 34315 人，分别占县规模以上企业的 32.8%、24%、29.7%与 41%。外商投资企业主要集中于第二产业，计 218 家。

1987—2008 年象山县外资投资企业情况表

表 33-35　　单位：万美元

年份	批准数（个）	总投资	注册资本	合同外资	实际外资
1987	2	261	215	59	59
1988	9	857	668	183	116
1989	5	508	357	95	86
1990	3	292	240	71	25
1991	13	1185	848	307	289
1992	26	3171	2028	1150	391
1993	76	4222	3053	1284	299
1994	33	6194	4151	1662	405
1995	19	3654	2830	2342	1151
1996	13	1636	1063	412	701
1997	9	482	350	229	762
1998	5	202	142	165	746
1999	22	3537	2353	1338	773
2000	14	3272	1562	2042	215
2001	32	7505	3902	2054	1005
2002	35	11837	7156	6754	1806
2003	51	19219	10912	8572	2217
2004	72	19558	12136	8855	3051
2005	41	20662	12155	9442	4122
2006	45	31000	16455	13500	5560
2007	29	29000	13250	15500	6611
2008	15	22970	15680	17723	7317
合计	569	191224	111506	93739	37707

第四节　对外经济合作

劳务输出

1988 年 8 月，石浦对台技术劳务合作公司成立，象山正式开启对外经济技术合作。劳务公司发挥劳动力优势，积极开展以输送对台渔业劳务为主的经济技术合作活动。1990 年，劳务输出逐步由近海渔业劳务扩展到远洋劳务及国际劳务合作。劳务合作项目由单一的渔业劳务扩大到针织服装等，合作地区扩展到南非、泰国、中美洲等10余个国家和地区。至1993年年末，公司累计与中国的台湾渔轮合作1252艘次，输出劳务合作人员5381人次，创汇492万美元，完成对台小额贸易222万美元。1996—2000年，全县输出各类劳务人员3109人次。2001—2008年，签订对外承包劳务合作合同59份，合同额104521万美元，营业额47895万美元。

对外工程承包

1998年，宏润建设集团股份有限公司、龙元建设集团股份有限公司先后获得对外经济技术合作经营权，开始在越南、也门等地开展国际工程承包业务。2000年3月，华丰建设股份有限公司又获得对外经济技术合作经营权。1999年、2000年，分别实现国际招标工程合同营业额4115万美元与4500万美元。2002年8月，中达建设集团股份有限公司获得对外经济技术合作经营权。2004年，中达公司成立中达（泰国）土木工程有限公司，并与泰国房屋管理局签订建造79万平方米“仁爱屋”工程项目，造价为11.3亿元，成为泰国此类工程项目最大的对外承包商。2005年，华丰公司投资设立中国华丰建设股份（泰国）有限公司，承建泰国“仁爱屋”工程，造价逾16亿元，并在泰国创出“样板房工程”。至2008年年末，拥有对外经济技术合作经营权的建筑业企业达9家，承包工程业务分布于泰国、越南、马来西亚、菲律宾、蒙古、牙买加、利比亚、安哥拉、南非等国家。全年签下境外承包工程合同额8.5亿美元，完成对外承包工程劳务合作营业额5.1亿美元，在全省各县（市、区）中居第一。

2002年，乐惠公司成功申报成套设备安装工程经营权，使对外承包工程由原单一的建筑业拓展到机械设备安装，实现外经领域的新跨越。2006年，乐惠公司与瑞典、加纳客商签订啤酒生产线工程，总合同额近2000万美元，为历年境外成套设备安装工程营业额的总和。

对外投资

1995年，巨鹰集团在捷克设立办事处，开展对外投资。2006年，华翔集团出资330万英镑，收购英国劳伦斯公司100%股权；巨鹰集团等企业赴泰国、柬埔寨、马来西亚等国家考察投资环境，进一步开拓国际市场。2001—2008年，全县新批境外投资企业55家，投资额5924万美元。

2001—2008年象山县国际经济技术合作主要指标完成情况表

表33-36　　单位：万美元

年份	对外劳务承包合作			境外投资	
	合同份数（份）	合同额	营业额	新批企业（家）	投资额
2001	1	2854	350	5	36
2002	1	12	12	5	45
2003	—	—	313	4	296
2004	3	3284	976	6	94
2005	11	15055	4943	9	646
2006	10	14750	8237	8	1591
2007	31	56316	13064	10	1004
2008	2	12250	20000	8	2212

第三十四篇
金融　保险

本篇目录

第一章　金融机构

象山典当记载，最早见于明代。民国年间，钱庄、银楼和银行并存。中华人民共和国成立至20世纪70年代末，象山仅有中国人民银行象山支行、农业合作银行象山支行。银楼于1950年年初消失，典当业于“文化大革命”初期消失。改革开放后，工商银行、建设银行、农业银行、中国银行等国有商业银行陆续在县内建立，中国人民银行象山支行不再承担商业银行职能，而专司中央银行职能，领导、管理、协调、监督、稽核县内各专业银行及其他金融机构的职能。1992年，中共十四大明确建立社会主义市场经济体制之后，金融业得到快速发展。进入21世纪，股份制商业银行陆续设立。全县形成以中国人民银行、中国银行业监督管理委员会为管理、监督机构，政策性银行、国有独资商业银行、股份制商业银行、城市商业银行、农村信用社、邮政储蓄银行等各种金融机构并存、有序竞争的多元化金融新格局。

第一节　典当　钱庄

典当，历代名称不一，始称“质库”，后曰“解库”“长生库”，现一般俗称“当铺”“当店”。受押物品成交后，付以收据，为“当票”，载明所当物品及抵押价款，交押款人收执。质押放款一般低于押品实价之五成。钱庄主营存、贷款。

典当

明嘉靖《象山县志》载：成化十八年(1482)户籍统计有当户一。民国《象山县志》载：“象邑旧设当铺一名，道光九年新增一名。”较大者有冯揆仙在县城东门开办的信泰当，资本额3万元，至民国20年（1931）停闭。清光绪元年（1875），鄞县人史九铭在石浦开办乾大当，资本额6万元，年营业额12万元。兼理南田开垦资金业务①。主要业务是质押金饰类物品，押质期通常两年。民国19年9月，在鹤浦开办元善当。民国28年10月，因辅币短缺，石浦镇商会曾印发临时流通卷9000元，存储于乾大当，至翌年5月后倒闭。民国24年12月，在

照34-1　民国时期象山县商会票

①见民国《南田县志》卷三十四《杂志·鄞象合筑·南田龙泉大塘节略》。

县城西门开办元泰当，均于1950年前停闭。

中华人民共和国成立后，当典业仍长期关闭。1993年1月12日，象山县正大典当商行在石浦镇渔港北路1号正式开业，为股份制集体金融机构，注册资金100万元，职工8人。主营：质押房屋、机器设备、高档家用电器、高档耐用消费品、交通工具、金银首饰、有价证券等。1996年5月20日，商行迁至丹城新丰路盐业大楼。1999年，更名为“象山县正大典当有限责任公司”，注册资本500万元，后迁至丹城天安路161号。2007年4月，商行注册资本增至1000万元，营业地址迁丹峰东路47号。7月4日，宁波巨鹰典当有限责任公司成立，职工5人，注册资本3000万元，址在丹城象山港路831号。

钱庄

昔经营银钱业务的金融信用机构，多合伙组织。设经理、协理（副手）、襄理（三肩），下设理账、外账、放账、信房（信托），业务分存款、放款、汇兑、贴现、买卖金银和公债券等。放款分长期（6个月）和短期（1月或数月）两种。计息独行“日折”而不以月计，各行业与钱庄往来，通过过账方式，不用现金。

象山钱庄始于何时无考。民国时期，象山有乾康、源生、慎记、永丰、大通、乾泰6家钱庄，资本总额6.16万元，营业总额17.5万元。民国24年（1935），在石浦新道头街开办乾泰庄，资本额6000元，民国29年1月停业。其余各庄于民国36年4月前歇业或倒闭。

第二节　银　　行

民国时期，象山先后设立过8家金融机构，其中，银行7家、金库1家，形成象山金融业主体。中华人民共和国成立后，在20世纪70年代之前，仅人民银行、农业银行、建设银行3家。80年代后，银行增加，2003年后，股份制银行进入象山。中国人民银行、中国银行业监督管理委员会成为银行业管理、监督机构。

民国时期银行

中国银行石浦寄庄　民国21年（1932）9月8日，中国银行在石浦设代理机构，称石浦寄庄。职员2人，向10余家渔行发放渔业贷款，兼办存款。寄庄采用透支户，预先核定额度，存贷合一。寄庄不直接向渔民发放渔贷，渔汛时节，中国银行上海十六铺办事处直接汇款至寄庄，每天二三十笔，每笔金额二三百元。民国24年9月裁撤。

南田县农民借贷所　民国24年（1935）4月，南田县农民借贷所成立，至翌年6月，集资银5000元，开办农民借款业务。日军入侵后停业。

浙江地方银行石浦办事处　民国25年（1936）10月，浙江地方银行在石浦老道头街设立办事处，办理银行业务，资本由总行调拨。主任、会计及职员二三人。民国28年9月，时局紧张，办事处迁移丹城。翌年，在丹城设农业贷款所，配农贷员1人，经营农产品实物抵押贷款业务。民国31年，日军侵占县城，办事处撤退宁波，象山业务停办。民国34年12月，石浦办事处复业，职员4人，经营渔贷等业务。民国36年3月，改称浙江省银行石浦办事处。中华人民共和国成立前夕，办事处迁往定海，后主要行员前往台湾。

象山金库（公库）　民国 26 年（1937）7 月成立，设于县政府内，由浙江地方银行派员兼任金库主任。金库存有县政府各种基金。民国 31 年 3 月，金库员役 4 人，隶属浙江地方银行永康分行。民国 32 年 7 月 9 日，日军进攻象山，金库随县政府撤至宁海大北门杨柳巷 2 号，后迁至宁海柴溪。翌年 3 月，迁回象山牌头明堂路 12 号。民国 34 年 6 月 21 日，日军撤退后，金库迁回象山县城。9 月，改属浙江地方银行宁波支行。12 月，改称象山代库，划归浙江地方银行石浦办事处管辖。民国 35 年 8 月，将原石浦代理税款经收处改建石浦支库，并将原象山金库改级为象山收支处，由石浦支库管辖。9 月 18 日，成立石浦分库，10 月称象山代库，隶属浙江地方银行宁波支行。民国 36 年 9 月，又恢复称象山分库。金库机构及人员变动频繁，名称几经更换，或"代库""县分库"或"公库""县库"。象山金库业务系代理浙江省地方银行金库业务，代理国库和县库收支。

象山县银行　民国 35 年（1946）4 月 21 日，成立象山县银行，股本金 4000 万元，职员 6 人。办理定期、活期存款和沪甬汇兑业务。放款以实物抵押为准。中华人民共和国成立后由中国人民银行象山县支行接收。

中国农民银行象山县农贷通讯处　民国 35 年（1946）9 月，中国农民银行于丹城西街设象山县农贷通讯处，资金由省行调拨，隶属中国农民银行宁波支行管辖，职员仅 1 人。1949 年 11 月 21 日，县人民政府接管。

浙江地方银行象山分理处　民国 35 年（1946）11 月，系于象山代库基础上扩建而成，隶属石浦办事处，资本由总处调拨，除办理放款、汇兑、信托、储蓄等业务外，置理金库业务与兼理浙江保险公司保险业务。民国 36 年 3 月，改组更名为浙江省银行象山分理处。翌年 3 月，迁址丹城南大街 82 号，业务有存款、汇款、各种贷款、储蓄、信托等。中华人民共和国成立后，县人民政府接管。

日伪"石浦银行"　民国 30 年（1941）《三门年鉴》载：1941 年 4 月，南田沦陷，日伪组织乘机搜收民间法币，散发伪钞，并在石浦设立银行，限令南田沦陷区群众将法币调换"储备券"，以 1 元当 2 元使用。抗日战争胜利后停办。

中华人民共和国成立后银行

中国人民银行象山县支行　1950 年 5 月，中国人民银行（以下简称人行）宁波市分行在丹城设立办事处，员工 24 人；9 月，在石浦中街 23 号设分理处。是年末，在南庄、墙头设营业所，大徐、新桥、昌国、石浦盐区设流动服务组。1951 年，改办事处为象山支行，内设人秘、会计、出纳、业务、农村金融五股，下设石浦甲型营业所（1955 年 7 月，改组为集镇办事处），新桥、南庄、大徐设营业所，爵溪设临时服务组。1951 年 11 月，全县各乡建立农村金融委员会，委员经培训成为银行在农村的收贷助手。1954 年 10 月，支行增设信用合作股。1955 年，1 月设人

照 34-2　位于金鹰路 43 号的中国人民银行象山支行营业楼

事股，3月设货币管理组，4月设金高椅服务处。后内设机构和下伸网点变动较多。1957年3月，丹城西街设储蓄所。1958年11月，象山、宁海两个县合并，县址迁宁海沥洋。翌年4月，迁往宁海城关。原支行所在地丹城设象山人民公社办事处。1961年10月，象山、宁海分县，象山县支行由宁海城关迁回象山丹城，象山人民公社办事处撤销。1964年11月20日，人行象山县支行与中国农业银行象山县支行合署办公，称人行象山县支行。1970年12月，人行象山县支行与财政局合并，称象山县财政金融局，下设石浦、南田、定山、泗洲头、丹城、墙头、西周、岑晁8个财政金融所。1973年3月，局、行分设，恢复人民银行机构，撤销各地财政金融所，分别建立支行营业所和办事处。1984年1月1日，建立中国工商银行（以下简称工行）象山县支行，与人行县支行为一个机构两块牌子，采用资金分开，两套账目的过渡办法。1985年11月1日，人行与工行分设办公，基层机构划属工行。分设后的人行象山县支行专司中央银行职能，领导、管理、协调、监督、稽核县内各专业银行及其他金融机构。通过掌管货币发行，管理信贷、利率，审批金融机构撤、并、建，收缴各专业银行存款准备金，发放计划内贷款和临时贷款，调剂金融业间的资金余缺等一系列领导协调手段，加强宏观金融管理，筹集融通资金，引导资金流向，提高资金使用率。1993年4月8日，成立国家外汇管理局象山支局。2003年12月，人行职能再次转变，把“监管”职能划归银监会，人行象山县支行成为中央银行在基层的派出机构，重点履行货币信贷政策执行、支付清算、国库管理、货币发行（包括反假币）以及外汇管理职能，发挥在防范和化解县域金融风险中的作用，加强对县域经济金融发展的调研工作。2008年，设行长室、办公室、货币信贷管理部、外汇管理部、金融服务部，正式职工19人。

中国农业银行象山县支行　1956年2月7日，中国农业合作银行（以下简称农行）象山县支行在丹城南街成立，为主管全县农村金融的县级国家专业银行。农行县支行下设农业放贷、渔业放贷、综合、会计4股，无基层机构。隶属于舟山专区中心支行。1957年2月，农行县支行撤销，人员与业务归并人行县支行。1964年1月2日，恢复农行县支行，设人事秘书、信用合作、农渔信贷（包括拨款监督）、计划会计4股。石浦、南田、新桥、定山、墙头、南庄、大徐7个区所在地设营业所，职工58人。是年11月20日，人、农两行合署办公，对外称人行县支行。1980年元旦，农行县支行再度恢复，行址在丹城建设路。设人事、秘书、计划统计、会计出纳、企业信贷、农业信贷储蓄、渔业信贷7股，辖石浦、南田、定山、南庄、大徐、西周6个营业所，泗洲头、墙头2个分理处及37个乡镇信用社。1987年，增设新桥分理处。1984年1月，增设爵溪办事处。1988年4月，成立象山县信用合作社联合社，隶属农行县支行。1994年7月11日，农行县支行全面代理中国农业发展银行县级业务。2003年4月30日，石浦分理处提升为石浦支行（二级支行）。2008年，农行内设办公室、人事监察部、计划信贷保全部、审计办公室、财务科技部、公司业务部、工会办公室、国际业务部，下辖支行营业部、靖南分理处、新丰分理处、石浦支行、西周分理处、爵溪分理处、南田分理处7个营业处，职工278人。

中国建设银行象山县支行　1979年1月1日，中国人民建设银行（以下简称建行）象山县支行在丹城建立，办公地点设于县财政局。3月1日，正式对外营业。1980年10月，行址迁至丹城建设路177号。1990年3月，迁至丹城靖南路263号。1996年3月26日，支行更名为中国建设银行象山县支行。是年9月16日，行址迁至丹城靖南路320号。1998年，支行设办公室

（稽审科）、计划财务科、筹资科、信贷科、保卫科、营业部、城南分理处、石浦分理处、象山县中建投资服务公司、象山县建设开发公司、支行专柜，下辖公园、南门、建东、银厦、风华、爵溪、建港7个储蓄所，职工139人。2005年2月21日，建行县支行启用“中国建设银行股份有限公司象山支公司”行章。2008年，内设行长室、办公室、安全保卫部、信贷业务部、个人银行业务部、财务会计部、公司业务部、营业部，网点有石浦分理处、公园、丹峰路、爵溪储蓄所，职工122人。

中国工商银行象山县支行　1984年1月1日，中国工商银行（以下简称工行）象山县支行成立，与人行象山县支行实行一个机构两块牌子，资金分开，两套账目核算。1985年，工行与人行县支行分设办公。工行县支行下设行长室、人事股、秘书股、计统股、信贷股、储蓄侨汇股、会计股、出纳股、石浦办事处、西沪港分理处、淡港分理处、县前街储蓄所、东门储蓄所、石浦储蓄所、延昌储蓄所、石浦人民路储蓄所。职工114人。2005年，中国工商银行完成股份制改造，更名为中国工商银行股份有限公司，是年12月9日，工行象山县支行更名为中国工商银行股份有限公司象山县支公司，简称“中国工商银行象山支行”。2008年，工行县支行下设行长室、综合管理部、业务管理部、信贷管理部、个人业务部、公司业务部、营业部及储蓄所若干，职工177人。

中国银行象山县支行　1991年10月28日，成立中国银行（以下简称中行）象山县支行。内设人事秘书股、计划信贷股、会计出纳股。丹城南河路15号设南河储蓄所，职工14人。1992年，增设第一储蓄所、第二储蓄所、石浦办事处。1993年，行址迁至丹城南河路17号。1998年，石浦办事处改为石浦分理处。1999年，行址迁至丹城天安路258号。2002年12月，石浦分理处升格为石浦支行。2006年4月，中国银行完成股份制改革。2008年，中行县支行内设综合管理部、公司业务部、个人金融部、营业部，下设天安路、新丰、丹峰、丹东4个分理处，职工119人。

中国农业发展银行象山县支行　1997年1月1日，成立中国农业发展银行象山县支行，系国家农业政策性银行在象山的分支机构。内设办公室、计划信贷部、会计出纳部，正式员工20人。

宁波银行股份有限公司象山支行　前身为2003年8月19日成立的宁波市商业银行股份有限公司象山支行，是象山境内第一家股份制商业银行的分支机构。成立时内设行长室、营业部、综合部、业务部，职工15人。行址在丹城靖南路274号。2007年5月8日，更名为宁波银行股份有限公司象山支行，内设行长室、运营部、大中企业部、小企业部、个人业务部、综合管理部。2008年，员工78人。

中国邮政储蓄银行象山支行　民国29年（1940）3月16日，象山邮政局开办存簿储金兼售甲、乙种储蓄业务。1951年5月11日，储金业务改由银行委托邮局代办，1953年9月16日停办。1986年12月3日，丹城建设路支局首家邮政储蓄点开业。1987年5月20日起，陆续在全县邮电支局、所开办邮政储蓄业务。1995年，全县邮政储蓄网点扩大到21处，其中丹城3处，农村支局18处。1997年1月6日，设置邮电局邮政储汇班。2005年5月9日，成立象山县邮政储汇分局。2008年3月25日，中国邮政储蓄银行宁波象山县支行成立，将邮政储蓄业务划入，并开展存、贷等银行各项业务，4月2日正式挂牌营业，行址：丹城靖南路216号。内设综合管理部、综合业务部、会计核算部，下设支行营业部、象山县开发区支行、石浦天门路支行，职工61人。

交通银行象山支行　2008年6月25日开业，内设行长室、营销科、前台科、沃德财富管理中心、交银理财中心，职工26人。

象山国民村镇银行　由宁波鄞州农村合作银行在象山发起成立，2008年8月31日正式开业，为宁波市首家村镇银行。行址设石浦镇金山路浦港茗都15号。内设行长室、综合部、营业部、业务发展部，职工19人。

宁波银监局象山监管办事处　2003年11月筹建，12月完成从人行象山县支行的人员和财产划转工作。2004年4月，中国银行业监督管理委员会宁波监管局象山办事处成立，简称宁波银监局象山监管办事处。办事处设在中国人民银行象山县支行大楼内，员工3人。负责辖内银行业金融机构的监督管理工作。

第三节　信用合作社

民国19年（1930），象山有乡、保合作社19个，社员4449人，股金12989万元。民国27年2月，改称战时合作社，日军侵象后停业。民国35年年初，县设合作社，至5月，全县9乡1镇（丹城）共筹建合作社13个，社员3576人，吸纳股金746.55万元。各社分别办理信用、消费、运销、供给、农产品服务。其中，信用合作社当年营业额为借款1000万元，放款1000万元，存款400万元（均为法币）。时象山合作金库尚未建立，调剂合作资金仅依赖农行宁波支行办理。民国37年1月，县政府将原合作指导室改组为合作股，象山先后成立各级合作社5个，社员2552人，股金16150万元；社保16个，社员2262人，股金9502.5万元；专营社11个，社员1717人，股金29185万元。是年，成立象山合作金库，股金4亿元。1950年均解体。

农村信用合作社

中华人民共和国成立后，农村信用合作社恢复建立。1954年，4月20日，雅林溪乡成立第一个信用合作社，办理春耕贷款；8月，全县信用社1个，信用部1个，信用小组144个；12月上旬，全县信用社增至47个，社员27508人，占总农户数41%。1955年年末，全县乡级信用合作社总数达81个，社员4万户，股金3万元。1956年，随行政区域变更，信用社合并为30个，社员49401人，占总农户的73%，已交股金41804元，占应交数61%。1958年4月，信用社在村里试办服务站，至6月，建服务站368个、信用工作组36个、资金动员小组226个。1958年，人民公社成立公社信用部，由银行与公社双重领导，在生产大队设立信用分部40个。1961年9月，撤销人民公社信用部和大队信用分部，恢复信用合作社36个，信用服务站扩大至532个，信用社干部79人。1969年下半年，信用社再度划归公社，实行贫下中农管理，选举产生贫下中农管理委员会（简称贫管会）。至“文化大革命”结束而终止。1985年，信用合作社37个，村级信用服务站502个（占全县行政村数67%），兼职人员864人。

县农村信用合作社联合社

1988年4月17日，在原农村信用社基础上成立。址设丹城五丰招待所内，内设综合、业务、财务3股，基层以区为单位设南庄、石浦、西周、大徐、贤庠5个办事处，下设39个信用社，职工 335 人。1992 年 9 月，随行政机构撤区扩镇并乡，联社内设机构调整为人秘股、业务股、财务股、营业部。丹城、石浦两地设工作站，39 个信用社调整为 22 个，再设 23 个信用分社、18 个储蓄所。1996 年 10 月，县信用联社与中国农业银行象山县支行脱离行政隶属关系，受中国人民银行象山县支行领导。2002 年 2 月，县信用联社全面承接象山县金贸城市信用社原有业务。2003 年 5 月，社址迁至丹城靖南路 342 号。2005 年 5 月 28 日，象山县信用合作社更名为象山县农村信用合作社联合社，内设办公室、人事科、业务科、财务科、保卫科、营业室。下设丹城、爵溪、墙头、东陈、贤庠、大徐、西周、鹤浦、高塘、新桥、定塘 11 家信用社。各信用社原 41 个分社、储蓄所为联社分支机构，县社职工 445 人。2008 年，内设机构调整为办公室、人力资源部、个体业务部、团体业务部、计划财务部、科技结算部、计核审计部、合规风险部、安全保卫部、营业部，全社职工 457 人。

县绿叶城市信用社

1988 年 5 月 25 日成立。由县个体劳动者协会、县建设银行、县粮油食品工业公司、丹城工业公司、丹城劳动服务公司、丹城春蕾服装厂（个体）、西周实业开发公司（个体）、丹城个体劳动者协会（个体）共同筹集 16 万元作资本金。绿叶信用社，行政由县个体劳动者协会领导，业务受中国人民银行象山县支行领导和管理。社址设于象山县青少年宫一楼，设汪家河菜场、南门小商品市场 2 个服务点，职工 5 名。1993 年年末，绿叶信用社储蓄所（柜）2 家、分社（丹城、石浦）2 家、社营业部 1 个，员工近 80 人。1998 年年末，绿叶信用社营业网点 8 家，营业用房面积 18000 平方米，员工 260 人。2004 年 11 月，绿叶信用社完成增资扩股和改制工作，成立“象山县绿叶城市信用社有限责任公司”，12 月 17 日正式挂牌营业。2008 年，内设办公室、人事监察部、安全保卫部、计划财务部、科技部、稽核部、资产保全部、风险控制部、结算部、营业部，下设石浦、西周、新叶、爵溪、城西、港北、绿叶 7 个分社，在职员工 191 名，是象山第一家股份制合作金融机构。

县金贸城市信用合作社

1993 年 12 月成立，社址于丹城建设路 233 号，集体所有制企业。由象山县商贸服务公司、工商银行象山支行职工技协、银鹰物资有限公司、金鹰物资经营部、农业银行象山县支行招待所、农业银行象山支行职工技协、融兴经济实业公司共同出资 50 万元作资本金。2000 年，金贸信用社下设储蓄所 4 家，职工 96 名。经营期间，由于不良贷款多，造成亏损，企业倒闭。2002 年 2 月，经县人民政府和人行象山县支行批准，撤销金贸信用社，各项业务由象山县农村信用合作社联合社承接。

第二章　货　币

清末民初，银两、银圆、银角、铜圆、铜钱等各种货币混合使用，以银圆为国币。民国22年（1933）“废两改元”后，以银圆为单位制。民国24年，实行“法币制度”，禁止银圆流通。民国37年改用“金圆券”。中华人民共和国成立后，人民币为流通货币。

第一节　旧　币

古制钱币主要有铜钱、铜圆、银圆等，使用时间极长。民国时期纸币主要有法币、关金与金圆券。日伪期间，沦陷区使用储备券，抗日战争胜利后禁止使用。

古制钱币

铜钱　明清两代按其本朝定制，由官炉所铸的圆形方孔铜钱，上铸朝廷年号，以重量确定币值。按个数计算，1枚为一文，1000文为一贯（吊）。清嘉庆、道光后，小钱杂出。咸丰三年（1853），开始铸行大钱，从当十至千，种类繁多，轻重不等。咸丰末，清廷停制大钱，方孔钱制度濒于崩溃。由于制钱值小而质重，不宜大宗交易与不便携带，至清末渐被铜圆替代。

铜圆　俗称“铜板”，清光绪二十六年（1900）开铸于广东。光绪元宝有当制钱10文、20文2种。大清铜币有当制钱2文、5文、10文、20文4种。宣统二年（1910），新铸4种铜圆，面额为5厘、1分、2分、10文。辛亥革命后，发行中华民国开国纪念铜币、孙中山开国纪念铜币、袁世凯共和纪念铜币，面额均为10文。民国35年（1946），南京国民政府实行法币政策。翌年，发行1分、半分的铜辅币，旧铜圆多被销熔。

银两　始于汉，盛于唐宋，至明清不衰，以银锭（俗称“元宝”）为主，实际流通的称实银两，作记账用的称虚银两。民国22年（1933），国民政府“废两改元”后，象山不再流通银两。

银圆　又称“洋钱”“洋钿”或“大洋钱”，明晚期由国外流入，有英国的“站人”银圆、墨西哥的“鹰洋”等。清光绪十三年（1887），开铸“光绪元宝”。宣统二年（1910）颁布《币制则例》，正式采用银本位。规定以圆为单位，以银圆为国币。宣统三年，开铸“大清银圆”。民国3年（1914），铸造袁世凯头像银圆（俗称“袁大头”“大头洋”）。民国16年，改铸孙中山像银圆（俗称“小头洋”）。民国22年，南京国民政府实行“废两改元”，制定《银本位币铸造条例》，规定一律使用银圆，以银圆为本位币。象山常见的有龙洋、袁洋、孙洋、船洋、鹰洋、双柱洋和站人洋7种。民国24年11月，南京国民政府实行法币政策，正式宣布禁止银圆流通，由于白银具有较高、较稳定的价值，民间仍在流通。民国末年，因通货膨胀而特别通行。20世纪50年代，人民政府组织收兑，严厉打击金银黑市交易，根本上停止银圆流通。改革开放后，进入收藏品市场。

民国时期纸币

法币　民国24年（1935）11月4日，南京国民政府实行“法币改革”，规定中央、中国、交通银行（25 年 2 月增加中国农民银行）发行的纸币为法定货币，同时禁止银圆在市场上流通，强制将白银收归国有。法币种类繁多，有 1 分、5 分、1 角、2 角、1 元、5 元、20 元、100 元、500 元、5000 元、1 万元等。抗日战争与解放战争期间，法币发行数量激增，造成物价飞涨。

关金　即关金券，全称海关金单位兑换券，是南京国民政府于民国 30 年（1941）5 月，以“海关金单位”为单位发行的一种专用支付凭证。设单位含金量 0.601806 克纯金，专供交纳关税之用。民国 31 年 4 月，以关金 1 元折合法币 20 元的比价投入市场流通。面额有 10 分、20 分、500 元、5 万元、25 万元等。中华人民共和国成立后不再使用。

金圆券　民国 37 年（1948）8 月，法币制度全面崩溃，国民政府公布《金圆券发行办法》，以“金圆券”1 元折合法币 300 万元的比价，限期兑换法币。翌年 4 月，“金圆券”最高面额达 100 万元。币值跌势凶猛，24 万金圆券等同于 1 银圆。中华人民共和国成立后“金圆券”由人民银行收兑。

储备券　日军入侵象山后，强迫沦陷区流通汪伪中央储备银行发行的储备券。民国 30 年（1941）4 月，南田沦陷区内禁止使用法币，按二比一兑换“储备券”。其最高面额初为 10 元，民国 34 年增至 10 万元。抗日战争胜利后禁止使用储备券。

第二节　人民币

1948 年 12 月 1 日，中国人民银行在石家庄市和中共中央所在地平顶山县正式发行第一套纸币（俗称人民币）。随着解放战争的胜利推进，人民币在中国大陆陆续发行。中华人民共和国成立后，人民币成为法定货币。中国人民银行以人民币收兑金圆券（比例为 1：13500），禁止银圆流通。人民币分纸币和金属辅币 2 种。1955 年 3 月 1 日、1962 年 4 月 20 日、1987 年 4 月 27 日、1999 年 9 月 28 日分别发行 2~5 套人民币。2008 年，社会上使用的为第 5 套人民币，纸币面值为 1 元、5 元、10 元、20 元、50 元、100 元 6 种。还有硬币 1 角、5 角、1 元作辅币。

第三节　现金管理　金银管理

现金和金银管理系金融管理的重要组成部分。现金管理主要是控制现金投放，金银管理主要是严禁民间买卖，以保障金融稳定，确保国家经济建设。

现金管理

1950 年 4 月，中央人民政府规定，公营企业、国家机关、合作社之间的交易往来与货币收付除小额外，不得使用现金，需通过人民银行办理转账结算。至 1979 年，象山一直实行较严格的现金管理制度。20 世纪 50—70 年代，县内现金年均净投放量 55.1 万元。1980—1989 年，现金年均净投放量为 261 万元。1990—2007 年，现金年均净投放增至 73841 万元。2008 年，现金净投放 186902 万元，为 1990 年的 27 倍，基本满足社会和经济发展需要。

为控制大额现金支付，自 1997 年 7 月 1 日始，实行大额现金支付登记备案制度。2002 年，人行县支行开展大额现金管理检查，全县 23 家金融机构，1400 笔现金支付业务中，违规 508 笔，违规金额 2414 万元。2005 年，人行县支行在检查反洗钱工作时，发现个人 6 笔、单位 4 笔大额现金支付未列入人民币大额现金收付情况月报表；大额外汇交易月报表中漏报 16 笔；居民、非居民月报表漏报 14 笔。人行县支行分别对违规单位作出警告或罚款处理，并完善管理规范。个人现金存取采取限额、限时管理。一次性或一日累计提取现金 5 万元以上，需出示有效身份证件；一次性提取现金 20 万元以上的，需提前一天预约。2000 年 4 月 1 日，个人在金融机构新开立存款账户，须出具身份证，始实行实名制。

1955—2008 年象山县银行业现金收支情况表

表 34-1　　单位：万元

年份	现金收入（回笼）	现金支出（投放）	年份	现金收入（回笼）	现金支出（投放）
1955	1449.8	1537.7	1982	10984.5	10270.2
1956	1696.9	1779.6	1983	13336.4	12377.4
1957	1764.4	1652.2	1984	16444.9	16781.8
1958	1987.1	1950.9	1985	24710.9	26080.2
1959	2087.3	2097.1	1986	33201.0	34805.0
1960	2177.4	2118.6	1987	46626.0	53102.0
1961	2140.2	2018.9	1988	65641.0	77442.0
1962	2286.6	2093.2	1989	64694.0	72121.0
1963	2352.0	2188.7	1990	73537.0	80476.0
1964	2411.4	2468.9	1991	98837.0	112329.0
1965	2685.2	2707.8	1992	142424.0	160877.0
1966	3155.3	3183.7	1993	231954.0	261432.0
1967	3556.6	3806.1	1994	354648.0	411296.0
1968	3501.6	3520.1	1995	986843.0	1044668.0
1969	3927.7	4240.5	1996	1115278.0	1180007.0
1970	4194.4	4190.0	1997	1350499.0	1448113.0
1971	4198.5	4400.9	1998	1498254.0	1578041.0
1972	4447.2	4565.7	1999	1819825.0	1905076.0
1973	4627.3	4598.7	2000	2171072.0	2259353.0
1974	4890.7	4737.7	2001	2434469.0	2496555.0
1975	5065.3	4887.5	2002	2904290.0	2988839.0
1976	5384.1	5067.8	2003	3776954.0	3869226.0
1977	5207.1	4587.1	2004	5072487.0	5167705.0
1978	5677.9	5362.3	2005	5560429.0	5658649.0
1979	6993.2	6903.1	2006	7531405.0	7660002.0
1980	8683.2	8380.9	2007	11065797.0	11235509.0
1981	10047.2	9103.4	2008	12777913.0	12964815.0

金银管理

1951年始，象山金银由中国人民银行象山县支行统一收兑。是年，收兑黄金581两、白银46340两。1981年，农行县支行开展金银收兑业务。2000年，旧金银饰品收兑下放给企业经营，全国实行统一金银收兑价格。

1953年，白银收购价为每市两12500元，银圆每枚1万元（均第一套人民币）。1960年1月1日，收兑金银的计量单位由旧市两制改为公制，即以克为计量单位。是年，收购价，黄金纯重每克3.04元、白银纯重每克0.04元。1973年，白银收购价格作较大调整，含银不足99.9%的，每克0.13元，达到99.9%的每克为0.14元。1980年，银圆收购价每枚5元，民间私下交易10元左右。1984年，黄金收购价含金量不足99.9%的，每克22.40元，99.9%及以上的每克22.50元。1987年，白银收购价含银量不足99.9%的每公斤550元，99.9%及以上的560元，银圆每枚15元。

1959—1996年象山县银行业金银收兑情况表

表34-2

年份	收兑		
	黄金（克）	白银（克）	银圆（枚）
1959	166.90	31274	3054
1960	636.81	45814	6502
1961	192.17	8528	964
1962	84.27	826	157
1963	90.35	1820	96
1964	71.14	3411	350
1965	—	—	—
1966	6769.04	343251	22317
1967	1046.50	40963	3513
1968	241.18	10812	1275
1969	3114.07	21720	10533
1970	561.90	14682	1333
1971	857.38	22457	1047
1972	371.57	7413	822
1973	299.57	10917	1515
1974	278.11	8983	1536
1975	214.66	13993	1565
1976	233.92	23402	1966
1977	405.31	22207	1908
1978	636.10	38282	2923

续表34-2

年份	收兑		
	黄金（克）	白银（克）	银圆（枚）
1979	321.00	38241	1823
1980	2550.00	278249	2295
1981	171.65	15892	63
1982	167.00	11666	181
1983	95.00	9046	84
1984	207.00	2691	95
1985	10.89	1724	15
1986	23.19	363	1
1987	3.68	308	2
1988	587.41	1140	309
1989	1101.74	—	—
1990	938.20	1413	393
1991	1179.32	572	—
1992	1223.79	178	—
1993	1534.40	—	1
1994	2063.27	—	—
1995	1827.47	78	—
1996	2271.73	8689	—

说明：1959—1960年，为象山、宁海两县合并之数

境内企业单位生产需用金银，必须向人行县支行提出申请，经人行宁波市分行批准后实行计划供应。1957年，按国家规定，金银配售计划的行业有工业、银饰业、箔业、医疗镶牙业、手工业、学术试验及其他7类。1982年，建立金银配售计划季度执行情况报告制度。1990年后，象山使用金银的单位及用量逐年增加。1992年6月，人行县支行调查9家用银企业，白银供需矛盾突出，人行宁波市分行核定象山白银供应计划50千克，象山实际用银114.74千克。1993年，用金3千克，用银240千克。1994年用金5.1千克，用银790千克。1995年，用金2.5千克，用银1.1吨。1996年，用金2.5千克，用银728千克。1999年，用银1.81吨，为历史最高。

1996年后，配售计划逐渐放开。2002年，取消黄金“统购统配”政策，需用单位入金银交易所采购。

1985 年、1987 年象山县银行业白银配售价格情况表

表 34-3

年份	含金量	工业用银（元/千克）	金银饰品及高级消费品装修品用银（元/千克）
1985	不足 99.9%	300	570
1987		700	800
1985	99.9%以上不足 99.99%	310	580
1987		710	810
1985	99.99%及以上	320	590
1987		720	820

1982 年，国内恢复黄金制品销售后，县内从事经营（包括加工、销售）金银制品（含金银化工产品及从含金银的“三废”中回收金银）的单位，必须经中国人民银行审查批准后，在工商机关登记、领取营业执照方可营业。金银饰品加工店只限于民间旧金饰品的维修、改制、调换，不得接受砂金、矿金、工业用金和“三废”回收金及来路不明的黄金，违者由人行、工商机关强制贬值收购或按倒卖走私黄金处罚。象山黄金制品有戒指、项链、挂件、金丝眼镜架、金笔、金牙及镀金制品。1984 年后，黄金饰品销售进一步放开，鼓励销售商扩大销售渠道。1993 年，全县销售黄金饰品 117419.014 克，金额 14213291.16 元。1992 年，爵溪镇劳动服务公司的象山县金属冶炼厂被批准为“三废”回收点。1996 年，人行县支行联合工商局清理整顿个体黄金饰品来料加工店。2002 年，人行县支行清理检查辖区 6 家黄金饰品零售店。2003 年后，人行县支行不再审批金银饰品经营单位与个体金银匠的经营资格。

第三章　存贷款

存款，旧时除少数商户外，主要吸收富裕户现金。中华人民共和国成立后，存款主要有工商企业和政府部门。改革开放后，城乡居民储蓄逐年增加，成为存款的重要来源。贷款，旧时称放款，以工商企业为主要对象。按各时期经济发展的重点实施贷款，支持工农业建设和各项事业的发展。

第一节　存　　款

银行存款主要有企业存款、财政性存款、农村存款、居民储蓄。1954 年前，由中国人民银行（以下简称人行）独家办理，后农村信用合作社建立，开办存款业务。随着中国人民银行职能转变和各种商业银行的建立，存款形成多元经营新格局。

财政性存款

包括中央、地方财政金库存款，基本建设和机关、事业、部队在银行的存款。1950 年，财政性存款 5 万元，1956 年增至 98.9 万元。1970 年，国家严格控制社会集团购买力，存款增至 496.7 万元。1979 年，财政性存款改由原人行办理为各专业银行代为办理，相应提高存款利率。1983 年，开办单位定期存款，促进存款增长。是年，财政性存款余额 1205 万元，较 1978 年增长 187.38%。1994 年，农村信用社开展代办财政性存款业务。2002 年，财政性存款余额突破亿元，达 14580 万元，2008 年增至 83058 万元。

企业存款

企业存款是企业在生产经营活动中暂时闲置而存入银行的货币资金，包括工业、商业、粮食、外贸等企业在银行的存款。1951 年，企业存款 7.6 万元折新币。1963 年，达 100.2 万元。1980 年后，企业实行承包责任制，银行加强服务意识，实行存款优惠政策，企业存款增长较快。2005 年，各行、社推出以存定贷的存贷利率挂钩业务，带动企业存款快速增长。

农村存款

包括农村信用社、国营企业、集体农业、乡镇企业和农村单位在银行的存款。1954 年，农村存款余额 6 万元，1957 年增至 70.4 万元。1993 年，农村存款余额 4811 万元。1994 年，农村存款改为“农业存款”，乡镇企业存款归入“企业存款”。是年，农业存款余额降至 627 万元。2008 年，农业存款余额 71317 万元。

居民储蓄

民国时期，浙江省地方银行办过“有效活期”“特种教育”“节建储金”“小额定期”“渔民便期”“劳工农民婚丧养老”等特种储蓄与各种行业储蓄。由于农业落后，渔业凋敝，无款可储。民国 30 年（1941），石浦、象山邮政局开办“节约建国储蓄券”业务，象山邮政局存券储金仅 6 万余元。民国 35 年 3 月，象山与石浦邮政局仅有储户 11 户、12 户。民国 36 年，象山县银行开业时，仅少数商店有活期存款。是年 10 月，存款户 150 余户，存款 1.6 万元。1950 年，人民银行办理活期储蓄、定活两便储蓄。1951 年，办理定期整存整取储蓄、定期零存整取储蓄。是年，举办折实储蓄、以中等白粳米、菜油、食盐和龙头细布 4 种生活必需品的单位批发价（市斤、市尺）合并为一个折实单位，银行每天挂牌公告，存、取由银行补贴差额。是年，开办保本保值储蓄和爱国生产有奖储蓄。保本保值储蓄分 2 万元、5 万元、10 万元、50 万元（第一套人民币）4 种。米价上涨时取款按米价折付，米价下跌时按原存现金支付，照付利息，俗称“听涨不听落”，是年吸储 6.5 万元（折新币），1952 年 7 月停办。1954 年推出“优待农民售粮储蓄”。1956 年，开办“活期有奖储蓄”。1957 年，开办 3 个月、6 个月“零存整取有奖储蓄”。1959 年，推出“零存整取定期有奖储蓄”。1960 年，城乡储蓄余额 78.2 万元，为 1953 年的 13.72 倍。1960 年后，受自然灾害影响，储蓄额大幅回落。1962 年 5 月 3 日，实行“定期储蓄利息和有奖储蓄奖金给予优待商品供应”政策，力阻储蓄回落趋势。1964 年 1 月 1 日，有奖储蓄停办，储蓄滞跌回升，余额为 83.8 万元。“文化大革命”中，曾一度冻结“十种坏人”（叛徒、特务、走资派，没有改造好的地、富、反、坏、右分子，反革命资产阶级分子和反革命知识分子）的储蓄存款，其间，储蓄额长期徘徊。1981 年 1 月，恢复有

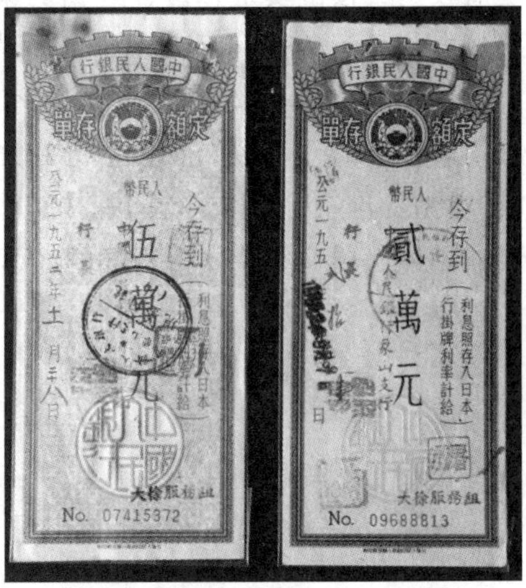

照 34-3　中国人民银行象山支行 1952 年填发的定额存单

奖储蓄业务，是年全县储蓄余额达1406万元。1986年12月，恢复邮政储蓄后，开立储户568户，储蓄余额14.26万元。1990年后，各行、社“存款立行”的意识增长，竞相争夺存款，采取储蓄经营责任制、储蓄业绩与个人奖金挂钩等措施，推进储蓄增长。2008年，象山城乡储蓄余额675928万元，人均储蓄1.2万元。

1950—2008年象山县金融机构人民币存款余额情况表

表34-4　　单位：万元

年份	合计	企业存款	财政性存款	城乡储蓄	农村存款	信托类存款	其他存款
1950	5.2	—	5.0	0.2	—	—	—
1951	24.7	7.6	10.6	6.5	—	—	—
1952	28.5	10.6	14.6	3.3	—	—	—
1953	26.6	6.9	13.2	5.7	—	—	0.8
1954	90.5	15.8	41.9	25.9	6.0	—	0.9
1955	122.3	27.9	48.6	32.7	12.4	—	0.7
1956	201.7	35.4	98.9	36.3	27.1	—	4.0
1957	183.0	35.0	70.6	30.8	45.8	—	0.8
1958	211.0	46.9	41.8	57.1	51.1	—	14.1
1959	256.4	33.3	33.0	79.9	100.5	—	9.7
1960	304.2	20.2	45.1	78.2	152.8	—	7.9
1961	345.1	73.0	55.1	53.7	149.4	—	13.9
1962	336.0	97.6	120.0	49.3	53.3	—	15.8
1963	338.0	100.2	134.2	60.7	29.4	—	13.5
1964	445.3	129.4	138.4	83.8	79.1	—	14.6
1965	473.5	142.4	144.2	95.5	77.6	—	13.8
1966	606.3	164.3	167.6	122.4	129.1	—	22.9
1967	789.7	228.7	201.2	143.2	183.4	—	33.2
1968	791.4	300.9	204.3	138.9	112.3	—	35.0
1969	869.0	269.3	234.4	151.3	171.3	—	42.7
1970	1062.6	232.5	496.7	134.5	157.9	—	41.0
1971	924.7	218.4	283.0	166.4	218.5	—	38.4
1972	1240.9	299.6	283.0	183.8	418.8	—	55.7
1973	1288.9	262.7	346.2	219.0	405.5	—	55.5
1974	1768.0	346.7	449.9	297.9	586.0	—	87.5
1975	2126.0	539.6	579.8	320.7	599.9	—	86.0
1976	2173.7	729.5	507.4	308.1	538.5	—	90.2
1977	2678.8	916.0	777.5	354.6	528.8	—	101.9

续表34-4

年份	合计	企业存款	财政性存款	城乡储蓄	农村存款	信托类存款	其他存款
1978	2286.4	695.4	419.3	445.2	633.3	—	93.2
1979	2566.0	658.0	531.0	756.0	583.0	—	38.0
1980	3623.0	882.0	846.0	1172.0	621.0	32.0	70.0
1981	4029.0	1010.0	913.0	1406.0	607.0	3.0	90.0
1982	4491.0	948.0	964.0	1713.0	735.0	21.0	110.0
1983	5388.0	1016.0	1205.0	2195.0	805.0	14.0	153.0
1984	7864.0	2136.0	1041.0	2961.0	1163.0	28.0	535.0
1985	9524.0	2507.0	588.0	4212.0	1116.0	674.0	427.0
1986	13999.0	3385.0	1399.0	6094.0	1529.0	360.0	1232.0
1987	15121.0	3496.0	1062.0	7070.0	1468.0	448.0	1577.0
1988	16110.0	4982.0	1035.0	7019.0	1652.0	514.0	908.0
1989	18639.0	5494.0	1214.0	8533.0	1943.0	402.0	1053.0
1990	27377.0	7095.0	1345.0	14224.0	2683.0	326.0	1704.0
1991	36260.0	9866.0	1818.0	18861.0	3602.0	-211.0	2324.0
1992	54230.0	16867.0	2604.0	26084.0	5340.0	-150.0	3485.0
1993	65340.0	16509.0	2691.0	35678.0	4811.0	-171.0	5822.0
1994	100459.0	38881.0	3051.0	57648.0	627.0	252.0	—
1995	128705.0	48199.0	5914.0	72788.0	368.0	1436.0	—
1996	160477.0	55554.0	3740.0	99795.0	204.0	1184.0	—
1997	213114.0	64293.0	5197.0	133699.0	8329.0	-803.0	2399.0
1998	269076.0	82659.0	4780.0	169188.0	10768.0	-674.0	2355.0
1999	303251.0	92241.0	6669.0	188524.0	10988.0	-683.0	5512.0
2000	333759.0	106923.0	7299.0	200080.0	14005.0	-891.0	6343.0
2001	400818.0	122777.0	9684.0	241962.0	15618.0	-104.0	10881.0
2002	514984.0	156263.0	14580.0	299406.0	23773.0	-446.0	21408.0
2003	665828.0	214059.0	23611.0	366996.0	32499.0	-422.0	29085.0
2004	693967.0	229337.0	27322.0	366942.0	37313.0	-167.0	33220.0
2005	863832.0	265316.0	41902.0	444734.0	35417.0	2226.0	74237.0
2006	1118744.0	371396.0	65435.0	543458.0	47712.0	141.0	90602.0
2007	1252090.0	424725.0	80348.0	548965.0	70426.0	—	127626.0
2008	1533318.0	468740.0	83058.0	675928.0	71317.0	143.0	234132.0

说明：1994年后“农村存款”改为“农业存款”，乡镇企业存款归入“企业存款”栏

第二节　贷　　款

民国21年（1932），中国银行石浦寄庄始办渔贷。此后，各种金融机构亦办农贷、渔贷。因以营利为目的，贷款数额少、利率高、期限短、担保苛，且时有时无。中华人民共和国成立后，人民银行开展信贷业务，至1953年年末，贷款余额为138.6万元。1954年，农村信用社始参与贷款。2000年始，先后推出委托、抵押、支农、小额联户、担保、托管等贷款，办理承兑、贴现、再贴现、信用证等中间业务。至2008年年末，全县信贷总余额达1923609万元。

工商贷款

始于1951年，全年贷款余额1000元。1952年，贷款余额27.6万元，其中工业贷款2000元，商业贷款27.4万元。1955年增至400.9万元。1962年，执行国家“调整、巩固、充实、提高”八字方针，1962—1965年工业贷款年均余额为58.16万元，商业贷款平均余额835.78万元。1966—1976年，贷款增长较快，工业年均贷款324.95万元，商业年均贷款1626万元，比调整期分别增长458.81%、94.56%。2000年后，运用票据优势，开办保函、贴现、信用证、出口退税账户托管等中间业务。2008年，工商贷款余额533672万元，其中，工业462813万元，商业70859万元，占全县贷款余额的27.74%。

农业贷款

民国21年（1932），4月，南田农民借贷所向当地农民发放贷款；9月，中国银行石浦寄庄通过钱庄向渔民发放渔业贷款。民国27年，春、冬渔汛先后发放渔贷1450元（法币，下同）、12650元，期满均收回。民国28年，春冬汛期均拨借2000元（免息借款）。民国29年，象山县简易农仓办理农产品储押贷款业务，储押农产品有米、谷、豆、麦、薯丝、桐子、盐、麻等。民国32年，发放农业生产贷款累计192.79万元。象山沦陷后，银行关闭，信贷停止。民国35年，农贷恢复，中国农业银行象山农贷通讯处发放农贷1100万元，渔贷300万元。是年末，累计发放收复区紧急农贷和农业生产贷款1427万元，结欠农贷1397万元。民国36年，象山冬汛渔贷2亿元，占全省渔贷总额五分之一。翌年，中国农民银行向象山发放渔贷2亿元，冬汛渔贷4000元（金圆券），爵溪渔会向宁波农行借得春汛渔贷4亿元。民国38年春，全县春汛渔贷核定金圆券50万元。按全县渔船319艘、渔民3712人计，每船渔贷963.4元，不值1斤鲜鱼；按渔民人数分配，每人不到149元，仅能买1包香烟。

中华人民共和国成立之初，人民银行根据发展生产需要发放农业贷款。1951年，人民银行成立农贷委员会，在桥头林乡试行肥料贷款。1956年，全县农贷306.2万元，其中社队农业305.3万余。1965年与1970年，两次豁免农贷381.93万元、贫农合作基金贷款26.48万元。1967—1976年，农贷以支援“农业学大寨”为主，累计发放3237.7万元。1971年，银行开始发放社队企业贷款，贷款金额27.7万元。1980年达1396.64万元，成为当年农业贷款的主体，占农贷总数56%。1983年，农村专业户（重点户）发展较快，全县发放多种经营贷款629万元，占农贷总数70%。1994年6月，中国农业发展银行始向象山发放农业政策性贷款9175万元。其中，累计发放茶叶、柑橘、水产品等农副产品收购贷款7434万元，年末贷款金额4858万元。2000年后，信用社先后推出“联户担保贷款”“妇女联保创业贷款”“党员创业贷款”“农民专业合作社贷款”

“海域使用权抵押贷款”、支农信用卡等创新贷款业务。2007 年，县联社推出“海域使用权抵押贷款”金融产品为浙江省内首创。2008 年，象山县有 5 家金融机构，为 8 家企业与个人发放海域使用权抵押贷款 8500 万元，授信额度达 2.3 亿元。

固定资产贷款

1951 年始，侧重于农田水利基本建设贷款，是年贷款 1 万元。1952—1954 年，农田水利基本建设贷款分别为 11.8 万元、7.1 万元、5.1 万元，年末余额 22.7 万元。1968 年，仓岙水库与大塘港堵口工程开工，分别投入 422 万元、607 万元。1970 年，建溪口水库，投资 327 万元。陆续建设的象山糖厂、象山化肥厂等重点工程，分别得到银行的贷款支持。1979 年，改基本建设投资的无偿拨付为有偿使用，即“拨改贷”。翌年，贷款 157 万元，1985 年，贷款余额增至 1389 万元，是 1980 年的 8 倍。1996 年，基本建设投资余额为 1520 万元。1997 年开始，县政府加大基本建设投入，对标准海塘、人民广场、城乡供水工程、污水处理工程、旅游开发项目、中心城区管道煤气工程、蓬莱菜场、大目涂二期围垦工程、乌沙山发电厂等重点工程，累计投资 257984 万元；对象山港路、环城东路、滨海大道、东河一期、东河二期的河道改造、丹城绿化、县前街拆建、县人民法院大楼、县人民检察院大楼、海关大楼、检测检疫大楼等建设投资项目，累计贷款 110917 万元；投资隔溪张水库、上张水库、平潭水库除险加高加固等水利建设 18000 万元；投资东门陆岛公路、沿海国道主干线象山连接线、宁波市沿海线象山段一级公路、三门口跨海大桥、西泽 5000 吨级战备码头工程等交通建设 103700 万元；文峰学校、丹城中学迁建、荔港中学扩建、教育园区工程等教育投资 33570 万元；投资报社大楼、象山体育馆、广电大厦等文化设施 7738 万元；投资中医院住院大楼、人民医院拆建、妇幼保健院、计划生育楼等工程 16351 万元；投资石浦渔港建设 10 亿元。上述重大工程共投资 64.826 亿元，工程资金除中央、省、市、县补贴，镇乡自筹和预算内外可用资金安排外，不足部分都由银行贷款解决。1997—2008 年，基本建设贷款年均余额 78572 万元，系同期技改贷款余额的 10.05 倍。

技术改造贷款

先是为小型技术措施贷款及中短期设备贷款。1975 年，象山人行为“城镇集体工业设备”贷款 10.2 万元。1980 年，技改贷款 224.3 万元，1985 年达 1053 万元。1988 年，发放 2200 万元，为同年基本建设贷款金额的 22 倍。1996 年，技改贷款余额 7946 万元，是 1986 年的 4.9 倍。1997 至 2008 年，年均技改贷款余额 7817 万元。

消费贷款

1992 年，象山启动住房改革，工行县支行建立房地产信贷部，获住房专项资金 500 万元，始办房改金融配套业务。翌年，工行发放住房贷款 67 万元，年末余额 144 万元。1997 年，农行县支行开办个人住房按揭贷款业务，是年个人住房按揭 300 万元。此后，住房贷款作为消费贷款的主要种类，在各商业银行中普遍推行。

1999 年，农行始办汽车消费贷款业务，后其他商业银行也相继办理此项业务，是年农行放贷 230 万元。2000 年为 1168 万元，2004 年增至 2274 万元。汽车消费贷款量逐年增加。

2000 年 8 月 10 日，农行县支行发放“金钥匙”助学贷款 167 户，累计金额 58 万元，每户三五千元，贷款期限三四年，发放对象基本为农村读高校的学生家庭。至 2007 年 7 月，发放 77.6 万元，总人数 78 人，贷款余额 4 万元，贷款利率 6.9%。2008 年，助学贷款仅发放 6 笔，金额 6.2 万元。

2001—2008年象山县个人消费贷款数额情况表

表34-5

项目＼年份	2001	2002	2003	2004	2005	2006	2007	2008
个人消费贷款余额（万元）	31506	51854	85041	107742	143226	254564	468760	672054
占总贷款余额比例（%）	8.88	11.65	14.04	15.73	17.55	22.62	30.52	34.94

1951—1978年象山县金融机构人民币贷款余额情况表

表34-6 单位：万元

年份	合计	工业	商业	国营农业	社队农业	预购定金	其他（社员）
1951	2.6	—	0.1	—	2.5	—	—
1952	52.4	0.2	27.4	—	24.8	—	—
1953	138.6	0.6	82.4	—	55.6	—	—
1954	175.9	0.9	94.6	0.1	78.9	—	1.4
1955	503.9	1.6	399.3	0.1	95.5	—	7.4
1956	744.1	33.7	357.3	0.9	305.3	—	46.9
1957	883.0	31.9	511.6	18.1	270.4	—	51.0
1958	1095.5	111.8	520.0	14.1	350.9	32.3	66.4
1959	1433.9	117.5	788.3	—	401.6	52.1	74.4
1960	1241.2	58.0	638.7	0.4	414.0	58.9	71.2
1961	1501.0	61.5	884.0	1.1	420.8	61.2	72.4
1962	1654.6	62.2	1102.6	—	376.7	48.6	64.5
1963	1220.3	61.2	648.4	—	402.4	47.5	60.8
1964	1303.0	44.4	740.9	—	404.2	51.3	62.2
1965	1481.6	64.8	851.2	—	449.1	66.7	49.8
1966	1828.0	82.5	1167.8	—	534.4	6.5	36.8
1967	1799.8	126.3	1038.0	—	562.5	23.3	49.7
1968	2177.2	139.4	1317.5	—	651.4	13.2	55.7
1969	2309.6	145.2	1405.1	1.0	696.9	4.2	57.2
1970	2421.4	181.2	1758.5	—	379.0	9.0	93.7
1971	2615.2	286.7	1761.6	—	439.1	32.5	95.3
1972	2952.5	345.7	2016.0	—	472.9	25.1	92.8
1973	3139.1	389.9	2141.5	—	507.6	14.6	85.5

续表34-6

年份	合计	工业	商业	国营农业	社队农业	预购定金	其他（社员）
1974	2899.0	510.1	1746.0	—	543.7	15.2	84.0
1975	3356.0	674.7	1891.2	—	689.3	14.4	86.4
1976	3300.6	692.7	1643.8	—	840.9	31.7	91.5
1977	3631.0	530.6	2104.4	—	894.2	9.7	92.1
1978	4327.6	682.6	2188.8	—	1350.5	8.8	96.9

1979—1993年象山县金融机构人民币贷款余额情况表

表34-7　　单位：万元

年份	合计	流动资金	固定资产	农业	信托类	其他
1979	5617	3807	—	1810	—	—
1980	7916	5408	157	2351	—	—
1981	8734	6464	587	1677	—	6
1982	9413	7129	332	1916	30	6
1983	9656	7450	253	1912	26	15
1984	15724	12546	492	2376	253	57
1985	18799	14252	1389	2409	571	178
1986	24593	17977	2269	3090	380	877
1987	29127	21516	2117	3649	543	1302
1988	32241	23443	3170	4034	484	1110
1989	35264	26480	3249	4446	387	702
1990	42147	31769	4397	4716	294	971
1991	51689	39084	5117	5715	145	1628
1992	62701	47440	6469	7365	96	1331
1993	72859	55262	6955	7968	70	2604

1994—2008 年象山县金融机构人民币贷款余额情况表

表 34-8　　单位：万元

项目＼年份	1994	1995	1996	1997	1998	1999	2000	2001	2002	2003	2004	2005	2006	2007	2008
贷款合计	106429	120908	139959	173733	213262	252161	297022	354884	445312	605725	684999	816244	1125492	1535933	1923609
1. 短期贷款	88168	101751	116799	144559	175216	200223	234654	263083	320490	431600	487872	554043	795925	1021460	1214172
工业贷款	23204	23651	26038	29613	30921	37334	31562	37553	46429	75331	137367	160216	267145	338309	462813
商业贷款	23136	26920	35645	36415	44498	47365	49192	55132	72467	86275	56529	50355	47734	75605	70859
建筑业贷款	855	590	1775	2187	2645	3150	3675	9777	14276	15923	12973	21511	32158	48974	31751
农业贷款	6145	6555	7980	9514	13261	17394	17741	21374	27548	42137	53270	81220	85770	102852	106751
乡镇企业贷款	19614	19031	18446	24045	28559	30219	34421	45542	51522	60472	63190	66592	44353	46613	50869
三资企业贷款	3773	7000	6843	8474	8952	9642	11851	16340	18694	17783	15126	30742	20619	13174	2750
私营企业及个体贷款	5435	8896	9110	10130	17067	20853	18252	20652	19778	26949	40067	44750	83338	103158	116209
其他短期贷款	6006	9108	10962	24181	29313	37101	67960	56713	69776	106730	109350	98657	214808	292775	372170
2. 中期流动资金贷款	—	—	—	—	—	694	5800	2280	11632	11150	11500	—	—	—	—
3. 中长期贷款	16569	15004	16661	23991	35593	45628	52424	87510	110562	155309	176966	248820	317776	495718	695174
基本建设贷款	994	629	1520	7412	14571	23522	22609	31359	44567	60100	67239	105745	148090	184886	232760
技术改造贷款	4944	7383	7946	11018	9674	9657	11082	10608	6813	9935	6970	11650	3400	2200	1000
其他中长期贷款	6320	6986	7195	5561	11348	12449	18733	45543	59182	85274	102757	131425	166286	308832	461414
4. 票据融资	—	—	—	—	—	—	—	1890	2538	7576	8661	13381	11761	18540	13963
其中，贴现	—	—	—	—	—	—	—	1890	2538	7576	8661	13381	11761	18540	13963
5. 各项垫款	—	—	—	—	—	—	—	121	90	90	—	—	30	15	300
6. 其他类贷款	1692	4153	6499	5183	2453	2781	4144	—	—	—	—	—	—	—	—
附：有价证券及投资	2585	3888	4005	1492	1082	1471	8004	2077	1588	895	6090	3184	7401	9647	10360

第三节　中间业务

银行业中间业务包括结算、代理、信托、租赁、咨询、保管、信用证等，另有国际结算、外币买卖、保险代理、基金代理、代理黄金买卖、代理国债发行等，是存款、贷款业务外的第三大业务。

信托

信托就是“受人之托，代人理财”。象山主要是接受县内企业与部门委托，向指定企业、单位贷款，或通过吸收定期存款，直接办理放款。存款利率按银行同期利率适当上浮。1981 年，人行县支行、农行县支行相继设立信托部。农行还在大徐、爵溪、南庄、西周、定山、石浦、南田等营业所相继设立信托分部，开办信托存款、信托放款、信托投资、委托放款、委托投资、代发股票、代付股息、代理结欠、代收应收款和代理保险等业务。1984 年，人行信托业务划归工行象山县支行办理。1985 年 3 月，农行县支行信托部还开办有奖有息信托存款活动，吸收存款 100 万元。是年，省饮服公司委托工行县支行向县第一饮服公司发放 5 万元贷款，向第二饮服公司发放 10 万元贷款；宁波国际信托投资公司委托工行县支行，向石浦劳动服务公司冷库发放 15 万元贷款。其间，农行县支行信托部受民政局委托向亭溪针织十二厂发放 2 万元贷款；大徐营业所信托分部接受岑晁医院 2 万元，以 5. 1‰的利率存入，用 8. 1‰的利率贷给大徐印染厂。1986 年，根据上级要求停止信托贷款与投资业务，工行、农行县支行撤销信托部，只办理委托存款和委托贷款业务。2006 年，信托类存款余额 141 万元，信托类贷款余额为零。

1981—2006 年象山县信托类存贷款余额表

表 34-9　　　　单位：万元

项目 年份	信托类存款	信托类贷款	项目 年份	信托类存款	信托类贷款
1981	3	—	1994	-252	0
1982	21	30	1995	1436	0
1983	14	98	1996	1184	0
1984	26	99	1997	-803	0
1985	674	571	1998	-674	0
1986	360	380	1999	-674	0
1987	448	543	2000	-807	0
1988	514	484	2001	-104	0
1989	402	387	2002	-446	0
1990	326	294	2003	-422	0
1991	-211	145	2004	-167	0
1992	-150	96	2005	2226	0
1993	-171	70	2006	141	0

银行卡（信用卡）

1991 年 4 月，工行县支行始发“牡丹卡”，是年共发卡 347 张。1992 年，中行县支行发“长城卡”180 张，农行县支行发“金穗卡”230 张。至 2008 年，全县发卡单位增至 7 家，分别是农行、工行、建行、中行、宁波银行、邮政储蓄银行、信用联社等县内金融机构，发放各类银行卡 25 种、232986 张。其中，工行 98499 张、农行 3428 张、中行 4033 张、建行 43552 张、宁波银行 7739 张、联社 26621 张、交通银行 1787 张、邮政储蓄银行 47327 张。资金交易量自 2006 年的 56.16 亿元增至 2008 年 4 月的 6272.06 亿元。其中，宁波银行交易量为 6189.39 亿元，占总数的 98.68%。宁波银行象山支行推出 13 种贷记卡，成为目前全县银行卡发放品种最多的发卡银行。银行卡的普及，催生电话银行、网上银行、手机银行、自助银行等众多现代金融服务渠道的诞生和发展。

第四节　民间融资

民间融资源远流长，因借贷灵活方便，在县内广为流行，古今不衰。

私人借款

是邻里亲朋之间的相互帮助，是在信用与感情基础上的钱物融通。这种融通一般为口头约定，不订契约，不用保人，不收利息，借用时间不长，为解决生活中的暂时困难。该种借款，古今不衰。

契证抵押

昔农民遇上天灾人祸、重大疾病急需用钱时，便将家中地契作抵押，暂把土地所有权转让（抵押）与富户，以此换取所需的物资和钱财。抵押期通常为 1 年至 3 年。在抵押期内，如能将抵押后应归还的钱物及应付的利息付清，就可将地契换回，否则土地就归抵押者所有。另有房契抵押。

高利贷

以贷放货币或实物的方式获取高额利息的信用活动。此种借款需要保证，而保证又分人保和物保两种形式。月利息有三四分不等，年息有的高达百分之百。高利贷形式多样，典型的有利滚利，借钱以 1 个月为限，利息 3~5 分，到期无力偿还，利息则加倍，利息再转入本钱，如此利加利越滚越多，借物也是如此。“印子钱”，亦称折子钱，高利贷形式之一，放债人以高利放出贷款，限借债人分期偿还，每次还款，都在预定的折子上加盖印章、签名。“里加一”，即借 10 元给 9 元，按 10 元计收利息。“外加一”，即借 10 元给 10 元，按 11 元计收利息。“吃利米”，佃农向业主借款，现洋 10 元以 1 亩田抵押，每年纳 6 斗米作息。“借钱还工”，本年借 1 元钱，下年还工 8 天。“抛青苗”，民国时期最为普遍，贫困农民急需用钱（粮）时，折价将自己的稻苗预卖。

做会

也称合会、聚会、呈会等，是一种古老的民间经济互助形式。一般由“会首”邀请亲友若干，作“会脚”，定期收取一定数量会金，轮流交一人使用。根据取用会金程序的不同，分为坐会、轮会（轮流）、摇令（摇骰子）、标会（投标）等。利率一般均低于同期金融机构的贷款利率。1953 年，象山群众为解决生活、生产困难，普遍采用摇会方式。1965 年，人民政府倡导互助储金会，丹城、石浦居民先后组织16个互助储金会，入会共1631户，占可入会数的70.1%，每月可收储金800余元。至1966年3月末，累计收起储金2882元，对解决部分居民生活、生产临时困难，打击高利贷发挥积极作用。“文化大革命”期间，储金会停止。

表34-10

1953年象山县雅林溪乡摇会情况表

负责人	股数	每股金额（元）	期　限	期　数	合计金额（元）	利率（利息）	方式	备　　注
罗久贤	6	10000	半月	6	360000	0.92%	摇	做棉衣买球鞋
姚金才	12	10000	半月	12	1320000	0.33%	摇	做棉衣买球鞋
罗才木	12	5000	10天	12	1320000	1%	摇	做棉衣买球鞋
董阿林	11	20000	20天	11	1210000	1%	摇	—
张阿火	17	5000	15天	17	1445000	每22万元，利息2000元	摇	—
供玲凤	12	20000	1月	12	1440000	每期300元	摇	—
周振一	10	15000	1月	10	1500000	每期1000元	摇	—
董阿祥	10	20000	1月	10	2000000	2%	摇	—
沈光耀	10	10000	1月	10	1000000	2%	摇	—
陆金泉	10	10000	1月	10	1000000	2%	摇	—
薛金芳	11	20000	1月	11	2200000	2%	摇	—
杨阿仁	10	10000	1月	10	1000000	2%	摇	—
俞有水	12	20000	1月	12	2850000	2%	摇	—
后　林	12	10000	1月	12	1440000	2%	协商	—

社会集资

1986年，人行县支行《关于社会集资的调查报告》统计，128家集资单位，至是年6月末，筹集资金额为2087万元。其中：向个人集资570万元，占27.3%；向单位集资1517万元，占72.7%。1992年，人行县支行调查丹城、石浦两镇，民间借贷额达2亿元以上，资本集中投向企业，主要用于大马力渔轮建造和补充流动资金不足。投资大马力渔轮，风险大，利率相对较高，为2%～2.5%；民间通常1.5%～2%，企业集资在1%～1.5%。1993年6月，丹城镇59家企业调查，集资总额2704万元（不含入股资金），平均每家企业集资45.8万元。1997年6月，问卷调查全县197家有代表性企业，集资企业151家，集资总额27326万元，占同期全县储蓄存款余额的23.3%，平均每家企业集资180.97万元。年利率在18%～24%的企业131家，占86.8%；年率低于18%的14家，占9.3%；年率高于24%的6家，占4%。企业集资社会化倾向明显，企业内部集资13270万元，占总额48.6%；向社会公众筹集14056万元，占51.4%。

基金会

1994年5月10日，丹城镇农村合作基金会成立，办公室设在丹城镇农办，业务由丹城镇农经站负责，工作人员兼职。入股会员主要是辖区内自然村和农业经营部门，有股金90万元。其中，丹城镇农经站30万元，庄穆境、西门、方井头、城东、上吴、杨家等村60万元。运行资金来源有股金、代管资金、县拨农业扶持资金、待用城建费等。年末，共有代管资金66.9万元，资本公积金2.2万元。运行资金来源合计159.1万元，借出资金153.7万元。是年累计投入资金400余万元，主要用于农业和多种经营，部分支持农村工商企业。借款时间最长3个月，最短10天。资金占用费按行业收取，粮市油月息11.1‰，多种经营13.2‰，工商企业16.2‰。是年，收取利息16.7万元，支出利息7.4万元，利润8.7万元。2007年1月，涂茨镇成立党员互助基金会。基金由全镇党员，各行政村、事业单位经党支部、入党积极分子和有志人士共同筹集。基金及利息主要用于党员生活费补助，生产应急贷款担保，分优待卡发放、党员慰问、抚恤、救助4类。

担保中心

1999年7月，成立象山县中小企业担保中心，为浙江省首家由县政府全额出资组建的国有独资企业，主要为县内中小企业提供短期流动资金贷款担保、中长期投资贷款和银行承兑担保，是全省办理担保业务量最大的一家中小企业担保中心。2008年，总注册资本达到5000万元，累计为600家中小企业贷款担保约25亿元。其中2008年在保企业282家，贷款担保金额达6.2亿元。2002年5月成立的象山县农业小额担保中心，主要为农业种养大户、中低收入农户和农业小企业提供5万元至30万元的贷款担保。至2005年年末，累计办理担保业务262笔，金额5424万元，累计担保代偿10笔，金额159.48万元。2004年5月成立的象山经济开发区担保有限公司，主要为落户该开发区企业提供贷款担保业务。担保手续费按0.8‰收取。2008年，在保企业7家，责任余额2800万元，无担保代偿现象发生。

投资咨询公司

2007年年末，经工商部门登记40余家。这些投资公司有获贷较为容易的实力型企业参与，也有民间自然人出资组成。在“个人—调剂商行—投资公司—借款企业（个人）借款链”中运行，呈明显成本推动型特征。个人借给调剂商行的利率月息1分半至2分，调剂商行借给投资公司的利率为3~4分，投资公司供给企业、个人（最后资金使用者）的利率5~8分之间。赌博等用途的利率则在1角以上。这些借贷均私下进行。民营中介部分资本金、营运资金来自正规金融机构的信贷资金，有些人以消费信贷名义取得信贷资金后，投于民间金融活动，获取利差，也有企业套取正规金融信贷后暂时不用，投于民间金融，获取利差。2007年后，投资咨询公司资金链断裂事件屡有发生，人去楼空，债权人利益得不到保障。

小额贷款公司

2008年12月25日，象山县汇鑫小额贷款公司成立，由宁波甬南投资发展有限公司发起，日升集团有限公司、宁波信豪国际贸易有限公司、宁波乔明家居用品发展有限公司等11家企业共同投资创办，注册资金1亿元。办理各项贷款、票据贴现、小企业发展、管理、财务咨询业务。面向全县农户、个体经营者和中小企业发放小额贷款。成立首日发放贷款3600万元。

第四章 结　　算

旧时，结算称“过账”，主要在企业中进行。中华人民共和国成立后，结算范围扩大到政府部门、企事业单位及个人。推行转账结算，能控制现金流通量，加快资金周转。

第一节 同城结算 异地结算

20世纪20年代，钱庄就开始使用“过账”进行结算，最早有信用结算和同城清算。50年代初，银行结算沿袭旧制，异地结算以汇兑为主，分票汇、信汇、电汇3种；同城结算以单联式支票为主。1951年3月1日，象山邮局代理国内汇兑业务。1954年，试行新的结算方式，异地结算采用托收承付，分电划、邮寄2种；汇兑结算分电汇、信汇、信汇自带3种。其间，县内还办理过电话汇款业务。同城结算有同城托收承付结算，付款委托书结算。支票结算，分转账、限额、保付支票3种。1958年，取消限额支票结算。1959年，异地结算改原特种转账结算方式为汇兑结算采购汇款。同城结算增加托收无承付结算方式。1959年5月1日，县内试办票汇业务，电话汇款停办。1970年，人行县支行自创支农结算和行社汇款2种结算方式。支农结算由开户营业所或信用社开出支农结算凭证，在指定的供货单位购买物资，交易后销货单位与县支行结算入账，再由县支行向营业所、信用社结算；行、社汇款即范围内行与社、社与社之间的款项划拨，此方法时在全省推广。1978年1月1日，取消凭实物收据办托收清算，推行城乡限额结算。异地结算增加异地委托收款结算方式和限额结算（分县内、省内两种）。1980年10月1日，开办《异地委托收款结算》。是年10月1日，上海、江苏、浙江、安徽三省一市试行《限额结算》。1984年3月，异地托收承付改为票汇结算，即汇款单位或个人将款项交当地银行，由银行签发汇票至外地办理转账或支取现金。石浦和丹城行、社均可签发与受理票汇凭证。1988年3月2日，由人行县支行牵头，成立“象山县同城票据结算所”，限丹城地区专业银行参加交换；9月1日，人行县支行直接办理“三省一市”汇票结算业务。至年末，交换票据业务1468笔，金额为46617万元。1990年始，象山全面推行商业汇票结算方式。1992年，参加票据交换的单位增加到工行、农行、建行、中行及信用社南庄办事处、绿叶信用社等金融机构，每天交换班次增至两次，平均每天进出资金450万元。1996年4月5日，石浦地区金融机构参加同城票据交换。是年，象山各银行参加全国银行电子联行系统，实现异地跨行支付清算业务处理电子化。2002年10月8日始，象山辖内银行机构（包括信用社）统一参加宁波市同城票据交换。2005年后，象山各银行参加中国现代支付系统，办理异地、同城各种支付业务及资金清算和货币市场交易的资金清算。2008年，象山行、社结算业务总量达15699.6亿元。

第二节 转账 现金结算

1950年末，县内独立核算单位在银行开立账户，资金往来必须通过银行转账办理。1961年，部队存款开设特种账户，纳入银行管理。1977年10月，中国人民银行总行颁发《中国人民银行账户管理办法》。翌年，象山开展单位账户检查，发现利用银行账户搞非法交易的有30户、214笔，金额达38.6万元。经过检查，撤销和合并不符合开户条件73户，建立银行开户的854个账户管理档案。1990年7月1日，实行“开户许可证”制度。人行县支行审查辖内账户，共颁发《开户许可证》2585份，撤销企业开户370户。2005年，人行县支行把结算账户接入人民银行结算账户管理系统，进一步规范结算账户中的开立和使用。2008年，全县结算账户23638个。

转账结算

转账结算主要有汇兑、托收承付、委托收款、定期借记和直接贷记等，另有票据、银行卡和电子支付工具。同时，还开展财务管家、财智账户卡、集中支付、本外币资金池、国内信用金、全球快汇等。2007年年末，全县累计实现银行卡跨行清算63.86万笔、金额60033万元。其中，POS清算23.73万笔、金额25424万元，ATM清算40.13万笔、金额34608万元。2008年，各银行开办通存通兑业务，客户可选择银行本票、跨通存等方式进行跨行转账。是年，象山企业和市民通过工行电子银行交易额就达111亿元，其中网上银行交易额104亿元。

2003—2008年宁波同城电子交换系统象山县结算情况表

表34-11

项目 \ 年份	2003	2004	2005	2006	2007	2008
借方（笔）	6108	6578	6688	4547	13103	137753
金额（万元）	99045	146827	260243	157376	2325482	4264974
贷方（笔）	7410	15813	43691	23104	188217	268414
金额（万元）	83352	149416	187212	140075	2016310	4582381
合计笔数	13518	22391	50379	27651	201320	406167
合计金额（万元）	182397	296243	447455	297451	4341792	8847355

说明：2006年、2008年业务量为农发行、农行、中行、信用联社、绿叶信用社数据汇总

现金结算

直接用现金支付交易的结算方法。自建立结算账户后，现金结算在整个结算中的比重逐渐下降。2008年，象山行、社现金结算总量占社会结算业务总量的12.76%。

2008 年象山县行社机构现金结算情况表

表 34-12

项目 单位	结算总量（亿元）	其中现金结算量（亿元）	现金占总量（%）
农发行	6.18	0.28	4.53
工　行	3621.11	480.05	13.26
农　行	995.96	268.74	26.98
中　行	408.31	30.09	7.37
建　行	162.92	9.18	5.63
信用联社	9880.94	982.68	9.95
绿叶信用社	537.22	159.27	29.65
交通银行	15.13	1.06	7.01
邮政储蓄银行	71.80	71.80	100.00

第五章　债　　券

债券属有价证券，分国债、地方债、金融债、企业债等。民国时期，象山曾发行国债、地方债。中华人民共和国成立后，先后发行各种公债、国库券和地方企业债。

第一节　国债　地方债券

国债由中央政府发行，地方债由地方政府发行。民国期间，债券多由政府强行摊派。20 世纪 50 年代初，为稳定物价和支援经济建设，中央人民政府发行过多种国债。1968—1980 年，停发债券，国家既无内债，又无外债。1981 年，恢复国债发行。先期国债是依靠政府政治动员和行政分配相结合的办法发行。1991—1995 年，采取承购包销方式发行部分国债。1993 年实行一级自营商制度，在一定范围内改变过去通过行政分配认购国债的办法，国债发行市场化逐步形成。

国债

民国时期，国民政府在象山发行的公债有“善后短期公债”“救国公债”“同盟胜利折实公债”“美金公债”“节约建国储蓄”5 种，总额共计 723.95 万元。省内发行“赈灾公债”，额度 1500 万元（法币）。民国 26 年（1937）发行“善后短期公债”，象山派购 1 万元，实购 4350 元。民国 31 年，象山派募“同盟胜利折实公债”30 万元、“美金公债”5000 美金（折 10 万元），实募 41.38 万元。对象为工商业者、土地营业人、房产管业人及殷富者、公私团体。民国 32 年、民国33年均派募120万元，分别完成110.4万元、120万元。

中华人民共和国成立后，象山先后代理发行的国债有“人民胜利折实公债”“国家经济建设公债”“国库券”“重点建设债券”“国家建设债券”“财政债券”“保值公债”“特种公债”8种。1950年1月，发行“人民胜利折实公债”，年息5厘，期限5年，面额单位为“分”，每分以大米6市斤、面粉1.5市斤、白细布4市斤、煤炭16市斤之平均批发价加权计算，由中国人民银行每10日公布1次。象山任务20000“分”，实际推销10417“分”。1954—1958年，国家连续5年发行“国家经济建设公债”，发放对象为干部、职工、工商界、居民和农民，年息4厘，分8~10年偿还。象山任务615154元，实际完成406182元。

1954—1958年象山县“国家经济建设公债”推销情况表

表34-13　　单位：元

项目 / 年份	任务数	完成数	完成率（%）	备　　注
1954	139544	89877	64.41	—
1955	137510	126181	91.76	—
1956	90000	74750	83.06	原任务154740元，因“八一台风”受灾减少
1957	121200	83974	69.29	—
1958	126900	31400	24.74	不含宁海任务138000元

1968—1980年，国家无内债外债。1981年，恢复国债发行，依靠政府动员与行政分配相结合的办法发行。1987年，象山成立国库券发行办公室，负责推销国库券。1981—1990年，国家分配象山国库券共计1715.5万元。

1981—1990年象山县国库券认购情况表

表34-14

项　目 / 年　份	分配数（万元）	完成数（万元）	利率（%）		偿还年限（年）
			个　人	单　位	
1981	71.0	71.2	—	4	5~9
1982	105.0	86.0	8	4	5~9
1983	105.0	106.0	8	4	5~9
1984	103.5	105.1	8	4	5~9
1985	178.0	181.0	9	5	5
1986	183.0	—	10	6	5
1987	183.0	183.5	10	6	5
1988	287.0	—	10	6	3
1989	350.0	160.0	14	—	3
1990	150.0	180.0	14		3

1991—1995年，采取承购包销方式发行部分国债。1993年，实行一级自营商制度，改变行政分配认购国债的办法，初现国债发行市场化。1994年，工行县支行代理发行国库券379万元，农行县支行代理发行350万元。1996年始，实行金融单位招标方式发行国债，其中中行县支行1999—2007年，共代理发行3853.3万元。

地方债券

民国26年（1937），为筹集抗日资金，经省政府核准象山募集3万元，年息5‰，偿还期10年，至民国29年募足。民国30年4月19日，日军入侵象山，县政府于6月12日布告停止付息，前已付9000元。抗日战争胜利后，还款付息情况不详。

第二节　企业债券

1988年，象山开始发行企业债券。企业债券分企业短期债券、企业内部债券和地方企业债券3种。

企业短期债券

1988年，由证券代理商代理发行，主要用于补充中小企业的流动资金不足，期限1年，利率为银行同期储蓄存款利率的1.4倍。1995年，期限改为9个月。至1996年年末，共发行20150万元。1997年停止发行。

企业内部债券

1989年，经宁波市人民银行批准，在企业内部集资，期限1年，利率可在同期储蓄利率上浮40%。至1995年年末，象山共发行企业债券4785万元。1996年，停止发行。

地方企业债券

1990年，由计委和人行县支行共同审批发行，期限3~5年，主要用于国有企业的固定资产投入。至1993年年末，共发行1770万元。1994年，停止发行。

1988—1996年象山县企业债券发行情况表

表34-15　　单位：万元

项目 年份	企业短期债券	企业内部债券	地方企业债券
1988	240	—	—
1989	250	401	—
1990	430	319	250
1991	980	150	660
1992	3620	365	760
1993	4270	1940	100
1994	8830	60	—
1995	1059	1550	—
1996	471	—	—

第六章　外　　汇

中华人民共和国成立前，象山无外汇。中华人民共和国成立后，特别是改革开放后，随着象山工业经济的发展，产品销往世界各地，与国际经济交往快速增加，外汇也日益增多，外汇存款、贷款、结算诸业务也随之开展。

第一节　港澳同胞及海外侨胞汇款

象山港澳同胞及海外侨胞汇款始于1958年，汇自香港，是年收汇折人民币18400元。汇款用于家庭赡养与建筑房子为主，发汇国家有日本、美国、印度尼西亚、英国、埃及、新加坡、马来西亚、泰国等以及中国澳门、香港、台湾地区。1960年，为吸收外汇，县政府指派商业和金融部门开设侨汇供应商店（专柜），凭侨汇票优待供应粮食、棉布、食油、猪肉、食糖等6类紧缺商品。中国人民银行象山县支行（简称人行县支行）指定丹城、石浦、南田、岑晁营业所为侨汇供应票发放点。1962年，实行外汇储蓄存款优待利率，高于同期居民储蓄率的0.08个百分点。1962年12月，县商业局、粮食局、民政局与人行县支行决定提高侨汇的物资供应标准。翌年9月1日起，按每百元人民币侨汇（外汇）供应粮食40千克、食油4千克、猪肉1.5千克、棉布13市尺、针织品折布票2市尺和价值人民币50元的其他日用工业品、副食品，均以平价供应，促进侨汇较快增长。1966年10月，象山侨汇物资供应停止，侨汇商店（专柜）撤除。1978年，恢复侨汇商品供应，标准为每百元人民币侨汇供应平价商品30元。是年，全县侨汇58400元，翌年增至111000元。20世纪70年代末，旅日华侨赠资故乡白墩生产大队3万元人民币，为当时象山最大一笔华侨赠款。

1981年统计，象山县港澳同胞及海外侨胞有372户、台湾同胞1119户，其中有通汇户464户，占31.12%。1981年侨汇632笔，金额15.08万元。1982年，侨汇615笔，金额22.03万元。1983年，侨汇34.24万元。1987年，侨汇115.9万元，为历史最高。

1959—1991年部分年份象山县外汇情况表

表34-16　　　　　　　　　　　　　　　　　　　　　　单位：元

年份	合计	中国港澳台地区	新加坡	日本	印度尼西亚	亚洲其他	美国	美洲其他	法国	德国	欧洲其他	其他	外币收兑
1959	25700	24500	—	200	—	—	1000	—	—	—	—	—	—
1960	33200	32500	—	300	—	—	400	—	—	—	—	—	—
1961	20000	—	—	—	—	—	—	—	—	—	—	—	—

续表34-16

年份	合计	中国港澳台地区	新加坡	日本	印度尼西亚	亚洲其他	美国	美洲其他	法国	德国	欧洲其他	其他	外币收兑
1962	17000	—	—	—	—	—	—	—	—	—	—	—	—
1963	23800	—	—	—	—	—	—	—	—	—	—	—	—
1964	23200	—	—	—	—	—	—	—	—	—	—	—	—
1965	26400	21000	700	2000	—	—	2200	—	—	—	500	—	—
1969	31500	18100	—	11700	—	—	—	1000	—	—	700	—	—
1970	22100	19600	—	900	800	—	—	800	—	—	—	—	—
1971	29600	25200	—	3200	—	—	—	1200	—	—	—	—	—
1972	24500	23500	—	600	—	—	—	400	—	—	—	—	—
1973	41300	39500	—	1100	—	—	—	100	—	—	600	—	—
1974	38600	36100	—	1200	—	—	—	700	—	—	600	—	—
1975	39500	37100	—	1800	400	—	—	200	—	—	—	—	—
1976	48000	47000	—	—	100	—	—	600	—	300	—	—	—
1977	46100	41200	—	1600	—	—	—	2600	—	600	100	—	—
1978	58400	51600	100	200	200	—	2900	—	900	2300	200	—	—
1979	111000	60300	—	39200	—	—	5600	—	—	5900	—	—	—
1980	125000	72700	100	20600	—	—	9900	—	—	15800	100	—	5800
1981	150800	86200	300	8500	—	500	27600	300	3000	15500	—	500	8400
1982	220300	89700	200	9400	—	300	49000	—	3000	24500	2800	5900	35500
1983	342400	112000	400	66000	—	6000	55000	—	3000	28000	—	2000	70000
1984	259400	86600	800	22600	—	1000	23800	200	1900	4700	1400	—	116400
1985	397500	65500	900	—	100	—	70100	—	4000	39400	600	300	216600
1986	596500	78000	400	14500	—	2000	48800	—	8800	73800	2600	—	367600
1987	1159000	104400	—	159700	—	2000	97800	—	11500	28900	2500	—	752200
1988	415200	83000	—	9100	—	3100	100500	—	11500	50500	—	—	157500
1989	447400	9100	—	1800	—	—	40500	—	19700	—	—	—	376300
1990	1014400	34500	—	—	—	—	41300	—	16900	5600	—	—	916100
1991	296000	14200	2600	—	—	—	—	—	2600	—	—	—	276600

第二节 外汇经营

1991 年，中国银行象山县支行成立，象山外汇经营业务正式启动。后其他国有商业银行相继开展外汇经营业务。

外币存款

外币存款主要是指国外或中国港澳台地区汇入的款项、寄入或携入的外钞、外币票据在国内的存款。20 世纪 50—80 年代，外币存款主要是侨汇留成，由中国人民银行象山县支行办理。1991 年，国际外汇专业银行中国银行象山县支行成立，外币存款 25.1 万美元，其中个人储蓄 7.4 万美元。翌年，外币存款余额达 128 万美元，其中个人外汇存款余额 44 万美元。1992 年，工行县支行成立国际业务部，开展外汇存贷结汇业务，在丹城南门储蓄所、石浦储蓄所设立外汇储蓄专柜。是年，县内 11 家三资企业在工行县支行开立结算账户，外汇存款 10 万美元。1993 年，中行县支行吸收企业存款余额达 284 万美元，其中，外商投资企业存款 178 万美元，储蓄存款余额 106 万元。是年，农行县支行和工行县支行分别开办外币经营业务，吸收外币分别为 31 万美元、13.3 万美元。后建行、宁波商业银行等相继开办外币经营业务。2008 年，外币存款余额 1929 万美元。

1994—2008 年象山县金融机构外汇存款情况表

表 34-17　　单位：万美元

项目＼年份	1994	1995	1996	1997	1998	1999	2000	2001	2002	2003	2004	2005	2006	2007	2008
存款合计	450	290	269	587	1052	786	1225	1548	1925	2151	2466	1467	1665	1810	1929
单位活期存款	243	34	45	259	42	21	61	119	320	701	835	413	573	1015	978
单位定期存款	21	4	7	31	510	53	44	60	61	40	235	—	—	—	30
储蓄存款	186	247	217	292	484	701	1120	1361	1521	1398	1274	977	1023	786	816
其他类存款	—	5	—	5	16	11	—	8	23	12	122	77	69	9	105

外汇贷款

外汇贷款的对象主要是能直接或间接创汇并具备贷款条件的单位。重点是通过外汇贷款引进先进适用的技术、设备，进口国内短缺的原材料。象山各家银行办理的外汇贷款业务主要是现汇贷款，实行浮动利率。中行县支行自 1992 年始办外币贷款业务，年末余额 14 万美元，办理调剂外汇 593 笔、94 万元人民币。1993 年 10 月，农行县支行成立国际业务部，发放外汇贷款 5 笔，年末外汇贷款余额 43.3 万美元。其中，外商投资企业贷款 22 万美元，技术改造贷款 21 万美元。1994 年，中行县支行累计发放外汇贷款 302 万美元，年末贷款余额 139 万美元，其中外商投资企业贷款 104 万美元。2008 年，象山外汇贷款累计 4967 万美元，年末余额 189 万美元。

1994—2008 年象山县金融机构外汇贷款情况表

表 34-18　　　　单位：万美元

项目＼年份	1994	1995	1996	1997	1998	1999	2000	2001	2002	2003	2004	2005	2006	2007	2008
合计	302	168	177	1199	772	668	973	1099	1006	1463	753	1525	3886	6078	4967
短期贷款	275	133	143	706	420	128	549	311	521	880	221	765	969	615	294
中长期贷款	27	35	34	13	47	—	—	—	—	—	—	—	—	—	—
进出口贸易融资	—	—	—	480	250	465	303	788	484	582	532	760	2917	5463	4673
逾期类贷款	—	—	—	—	55	75	121	—	—	—	—	—	—	—	—
票据融资	—	—	—	—	—	—	—	—	1	1	—	—	—	—	—

外币兑换

外币兑换属非贸易外汇业务，是指将汇入、携入境内的外币票据、外钞、旅行支票、旅行信用证和信用卡，按国家公布的外汇牌价兑换成外汇券或人民币，或将外汇券、人民币按规定兑换成外币的业务。1950 年始，外币兑换由中国人民银行象山县支行办理。1981 年，人行石浦支行办事处也开始办理侨汇、外币兑换，当年吸收外汇 351 笔、71100 元人民币。中行县支行成立后，外币兑换改由中行县支行办理。1991 年，中行县支行办理外汇兑换折人民币 44 万元。2000 年以后，为方便企业和游客的外币兑换，在东谷湖宾馆、黄金海岸大酒店、海景大酒店、象山港国际大酒店等涉外单位设立外币代兑点。各商业银行业将兑换点下伸至储蓄所。象山开办外币兑换业务以来，兑换的币种有美元、英镑、港币、澳大利亚元、韩币、新加坡元、加拿大元、日元、欧元、瑞士法郎、瑞典克朗等。

国际结算

1991 年，中国银行象山县支行开办外币结算业务。1994 年，代理宁波市分行开办贸易、非贸易结算及结售汇业务。是年年末，中行县支行共为县外贸公司、巨鹰公司等近 20 家企业办理进口结算 224 笔、1347.51 万美元；出口结算 435 笔、2158.91 万美元；出口收汇 50 笔、179.97 万美元；进口付汇 35 笔、128.02 万美元；出口信用证议付 61 笔、224.97 万美元。1994 年，农行县支行办理外汇结算 350.4 万美元。1995 年，中行县支行国际结算业务量达 1881.72 万美元，结汇额 1937 万美元，售汇额 18 万美元；工行县支行开办国际结算业务，结算 280 万美元。2001 年始，象山各商业银行相继开办国际结算业务。

2000—2008 年象山县结售汇情况表

表 34-19　　　　单位：万美元

年份＼项目	结汇（笔数）	金　额	售汇（笔数）	金　额	个人结汇（笔数）	金　额	个人售汇（笔数）	金　额
2000	5600	12922	3267	1346	2434	253	16	9
2001	9345	15234	3751	1481	3715	423	31	13
2002	15527	20618	4075	1761	4178	553	44	16

续表34-19

项目 年份	结汇（笔数）	金　额	售汇（笔数）	金　额	个人结汇（笔数）	金　额	个人售汇（笔数）	金　额
2003	20405	34506	4491	2704	5267	815	62	29
2004	22997	46339	4800	2942	6535	1076	157	59
2005	24791	49694	4802	4376	8381	1374	164	39
2006	29815	65470	6769	5256	12142	2253	892	310
2007	34593	92422	7353	7024	16497	3466	3241	1536
2008	—	112542	—	11272	8303	2556	3145	1554

第三节　外汇管理

中华人民共和国成立后，实行严格的外汇管理。1950—1952 年，国家规定出口、劳务和侨汇收入的外汇必经存入或卖给国家；进口所需外汇和非贸易外汇必须办理审批手续。进出口贸易全面实行进出口许可证制度，严格禁止私自携带或邮寄人民币、外币和金银出境。

1993 年，象山成立外汇管理支局。1994 年，实现人民币官方汇率和市场汇率并轨。1994—2008 年，深化外汇体制改革，取消外汇留成制度，实行外汇收入结汇制、银行售汇制，允许人民币经常项目完全可兑换，取消外汇调剂市场，建立银行间外汇市场。

经常项目外汇管理

境内机构经常项目下的外汇收入，除国家规定准许保留的外汇可以在外汇指定银行开立外汇账户外，都必须及时调回境内，按市场汇率卖给外汇指定银行。经国家外汇管理局及其分支局批准，可开立经常项目外汇账户，在核定的最高金额内保留经常项目外汇收入。1991 年始，实行出口售汇核销制。1994 年 8 月 1 日，实行进口付汇核销制。1997 年，取消经常项目外汇支付限制后，境内机构经常项目用汇，经外汇管理局真实性审核后，可以按照市场汇率，凭相应的有效凭证，用人民币向外汇指定银行购汇或从其外汇账户上对外支付。个人因私用汇超标准的，可以持有效凭证到外汇管理局进行真实性审核后到银行购汇。2005 年 8 月 2 日起，境内机构经常项目外汇账户限额大幅度提高，新开经常项目外汇账户初始限额由 10 万美元调整为 20 万美元。2007 年 4 月 13 日，取消境内机构保留外汇的最高限额，允许境内机构根据需要自由保留外汇。是年 11 月 10 日，象山经常项目外汇账户 427 户，保留外汇金额 619. 62 万元。

1992 年后，国际收支中非贸易收支逆差逐年扩大。1999 年，非居民在境内的合法收入纳税后凭税单汇出。2007 年，境内个人（包括居民或非居民）收到国内外汇的，年度限额调整至等值 5 万美元，即凭个人有效身份证件可以到银行购汇等值 5 万美元，还可以结汇等值 5 万美元；个人每天可以提取现钞最高等值 1 万美元，超出限额可凭有效身份证、提钞用途证明等材料向当地外汇管理局事前备案后提取；个人向外汇储蓄账户存入外币现钞，当日累计等值 5000 美元以下，可以直接在银行办理，超出限额的，凭个人有效身份证、海关签章或本人原存银行外币现钞提取单据在银行办理。

资本项目外汇管理

象山外汇管理局支局成立后，管理外商直接投资项目，一是实行外汇登记制度，发给符合条件的企业外汇登记证。2005年年末，象山外商投资企业235家，注册资本3.58亿元。投资者主要来自日本等国家和中国香港、台湾地区，分布在针织、电子、汽配、食品等行业。2008年，全县注册登记的外商投资企业有237家。二是实行外汇专用账户管理，外商投资企业资本项目下各类外汇收入中的外汇资本金、外债及外债转贷款、境内中资金融机构的外汇贷款、还本付息等，在开户银行开立专用账户。2008年年末，开立资本金账户267个，外债账户4个。三是实行外债登记，外商投资企业借用外债，仅作登记不审批。

境外投资项目经批准后，投资者须到象山外汇管理局登记建档，缴存投资利润汇回保证金。以外汇资金对外投资的按投资金额5%缴存，以实物形式对外投资的按实物投资的2.5%缴存。1995年后，境外投资企业有宏润集团、龙元集团、华丰集团、中达公司等企业，均为建筑项目开发工程。2004年，建立宁波吉尔琪进出口有限公司，在美国设立美国吉尔琪国际贸易有限公司，为独资公司，投资25万美元，其中现汇15万美元，实物10万美元。至2008年，累计批准登记的境外投资企业有28家。

第七章　证　　券

1992年7月，象山成立证券交易机构，代理买卖上市公司股票。2004年，象山始有企业在全国公开发行股票并在国内证券市场交易。

第一节　证券交易

1992年7月，象山县证券交易营业部成立，为股份制金融企业。营业部由7家股东单位组成，实收货币资本金670万元，行政主管县财办。机构设立初期主要业务是代理企业发行债券和国库券的发售、兑付。1993年，与宁波证券公司联营，开始为象山辖区内投资者进行上市股票与债券买卖提供金融服务。是年年末，推出上海证券经纪业务。至1996年7月，累计承销企业债券316家次，金额17620万元，股票买卖交易总量达5.4亿元。1995—1996年，因股市低迷，股票交易下降和经营偏误，企业效益下降，经营陷入困境。1996年7月末，营业部承销债券逾期额达2190万元，抵押贷款逾期687.8万元，账面亏损92.9万元。1997年，由宁波证券

照34-4　位于步行街内的原象山证券交易所

公司出资收购象山县证券交易营业部证券交易相关资产，成立宁波证券公司（天一证券）象山营业部。是年，推出深圳证券经纪业务。1998 年，证券成交金额 2671.87 万元。2007 年 3 月，光大证券收购天一证券后，当年象山服务部股票、基金、权证累计成交 386.5 亿元，利润 5693 万元，客户保证金 1.72 亿元，市值 15.07 亿元，客户托管资产 16.79 亿元，客户开户数 14586 个，各项经营指标均创历史记录。

1998—2008 年象山县证券营业部经营情况表

表 34-20

年份	证券成交金额（万元）	保证金（万元）	市值（万元）	托管总资产（万元）	开户数（个）	利润（万元）
1998	2671.87	—	—	—	—	—
1999	87444.20	—	—	—	—	—
2000	191264.00	3945.60	20217.80	24163.50	4211	—
2001	137541.00	3588.10	17201.60	20789.70	5048	—
2002	100721.40	2557.20	12258.20	14815.50	5310	—
2003	101344.20	1522.50	12387.10	13909.60	5492	—
2004	177015.50	1400.00	11703.20	13102.90	5759	—
2006	576239.50	4022.50	23583.80	27606.30	6453	—
2007	3865030.50	17229.20	150715.80	1679450.00	14586	5693.00
2008	2595200.00	13000.00	50300.00	63300.00	16413	3804.00

第二节　股票上市公司

经过几十年的发展，象山民营企业经济实力大增。2004 年，龙元建设集团首先获准向社会发行股票，筹集资金。至 2008 年，象山已有 3 家企业发行股票，并分别在上海、深圳证券交易所上市。

龙元建设集团股份公司

2004 年 4 月 20 日，经证监会核准，公司向社会公开发行普通股票 2800 万股。股票简称“龙元建设”，证券代码 600491。2004 年 5 月 24 日，正式在上海证券交易所上市交易。发行价每股 17.08 元，上市首日收盘价为 19.99 元，涨幅 17%。龙元建设集团为象山首家上市企业，为宁波市建筑企业第二家上市公司。2004 年 6 月 30 日，以总股本 10800 万股为基数，向全体股东，按 10 股转增 5 股的比例增股。2005 年 5 月 18 日，又向全体股东按每 10 股增 5 股的比例增股。2005 年 11 月 12 日，公司股权分置改革，流通股股东每持有 10 股，可获得非流通股股东支付的 2.5 股股票的对价；11 月 15 日，流通股东获赠的 1575 万股正式上市流通。2006 年 6 月 13 日，资本公积金向全体股东每 10 股转增 6 股，公司注册资本为 38880 万元。

宁波华翔电子股份有限公司

2005 年 5 月 24 日，经证监会核准，公司在深圳证券交易所发行普通股 3000 万股，每股发行价 5.75 元。股票简称“宁波华翔”，证券代码 002048。2005 年 6 月 3 日，在深圳证券交易所挂牌交易；11 月，公司完成股权分置改革，原非流通股股东向公司全体流通股股东每 10 股支付 3.5 股股票的对价；12 月，用资本公积金向全体股东每 10 股转增 3 股。2006 年 9 月 14 日，又每 10 股转增 8 股；12 月 19 日，向特定投资者非公开发行普通股 5200 万股，每股发行价 8.55 元。

宏润建设集团股份有限公司

宏润集团 2002 年注册资本 8232 万元。2006 年 8 月，经证监会核准，在深圳证券交易所向社会公众公开发行普通股 2850 万股，每股发行价 9.18 元，股票简称宏润建设，证券代码 002062。2006 年 8 月 16 日，在深圳证券交易所挂牌交易。2007 年 5 月，向全体股东每 10 股赠 5 股，公司注册资本增至 16623 万元。

第八章　商业保险

民国期间，象山无专业商业保险公司，业务由银行业兼理。中华人民共和国成立后，国营商业保险公司成立。进入 21 世纪后，国内各类商业保险机构纷纷建立，并在象山设立分公司，开展财产、人身保险业务。

第一节　险　　种

1951 年，中国人民保险公司象山特约代理处，试办耕牛保险，后陆续增办普通火险、运输险、船舶险、渔工险、财产强制险等。1958 年，险种增加至物资、船舶、旅客意外伤害 3 种强制险以及盗匪、木船、团体人身、建筑工人意外伤害、牲畜等 47 种。

1959 年，保险业务停办。1981 年 3 月，恢复保险业务后，开办企业财产险（固定资产、定额流动资产、专项工程支出、基建储蓄物资、代保管代加工物资及账外财产）和家庭财产险两保险业务。1982 年，增开汽车险、船舶险。1983 年，增开运输保险。1984 年，增开拖拉机险和人身险。1985 年，开办的险种有企业财产险、家庭财产险、货物运输险、机动车辆险、拖拉机险、摩托车险、船舶险、渔船险、自行车险、耕牛险、简易人身险、养老年金险、团体人身意外伤害险和公路旅客意外伤害险。1986 年，始办师生平安保险等。1987 年，机动车辆第三者责任保险为法定保险。1988 年，开办家用电器专项保险。1990 年，开办个人建房综合保险、私营企业综合保险、液化石油用户保险、山羊饲养保险、生猪保险、计划生育系列保险。1992 年，开办金婚保险。1993 年，开办小孩及幼儿园儿童住院医疗保险。1995 年，开办公路货物运输预约保险。1996 年，开办歌舞厅（茶座、卡拉 OK、KTV）火灾保险和公众责任保险、福寿安康保险。1997 年，开办“潇洒明天”——增额终身人身保险、简易人身保险、子女教育婚嫁备用金保险（分红型）。1999 年，开办储蓄少儿保险。2000 年，开办新型疾病保险。2006 年，国家实施机动车交通事故责任强制保险。

2006年，象山县政策性农业保险试点工作启动。把有能繁母猪、水稻和南美白对虾3个品种列为农业政策性保险品种。2007年，县政府下发《关于开展政策性农业保险试点扩面工作的实施意见》，试点扩面品种确定为：水稻、能繁母猪、油菜、生猪、种鹅、大棚蔬菜（瓜果）、柑橘和淡水南美白对虾。参保对象为全县区域内的种养业大户。2007年，开办农村住房政策性保险。2008年，503个行政村、127869家农户参保，参保率达98.54%。

第二节　保　　费

1951年3月，保险公司象山特约代理处在南庄区桥头林乡试点耕牛保险，全乡耕牛228头，参保159头，能保未保25头，参保率为69.74%，收取保费147.1926万元（第一套人民币）。1952年年末，火灾保险的工商户1191户，参保率15%，收取保费45亿元（第一套人民币）；财产强制保险单位30个，参保率87%，收取保费50亿元；渔业保险，船舶671艘，参保率77.8%，渔工3320人，参保率54.6%；耕牛保险，参保率50%，收取保费24000元。由于保险人员经验不足，先保后收费等原因造成欠费严重。渔保欠费6694元，耕保欠费1016元。1958年，增加物资、轮船、旅客意外伤害3种强制保险以及盗匪、木船、团体人身、建筑工人意外伤害等保险，保费收入71695元；增办财产自愿火险、牲畜、养猪等保险，收费95136元。1959年2月，国内保险业务停办。

1981年3月，象山恢复保险业务。至12月末，参加企业财产保险有102户，保险财产8656万元，占可保财产总额的86.5%，保费收入153966元。职工居民参加家庭财产保险的有3789户（集体投保28个单位），保险财产412万元，保费收入4613元。两项合计保费收入158579元，完成年度保费计划指标105.7%。

1982年3月，农村开展企业财产保险业务，由农行象山县支行所属各营业所代理。除15个供销企业按时办理续保手续外，新参加保险的有粮食加工、手工业、合作商店、社队企业等78个单位，总保额1491万元，收保费28137元。1982年，全年保费265875元。其中，财产险保费207805元，家产险10373元，汽车险25786元，船舶险21911元。1985年，收保费889501元，比1981年增长460.92%。1986—1995年，保费年平均增长298.5%。

1996年，实行产、寿险分业。是年，收取保费4454.7万元，其中产险保费2429.7万元，寿险保费1025万元。2008年，产险保费收入14466.6万元，寿险保费收入18904.9万元，两险合计收入33371.5万元，是1996年的7.49倍。

第三节　理　　赔

1981年3月至1982年9月，保险公司象山特约代办处受理保险理赔案件82件，赔付金额239563元。1983年，保险公司象山支公司赔付357257元。1984年，赔案349件，赔付403619元。1985年，赔付666946元，其中船舶、机动车辆、家庭财产险3项赔款占86.66%。1986—1995年，赔付6832.2万元，赔付率为64.04%。1996年，实行产、寿险分业，产险赔付率居高不下，而寿险赔付率却逐年降低。1996—2008 年，产险平均赔付率为 64.42%；寿险平均赔付率为 6.19%。

1996—2008 年象山县寿险业务收支情况表

表 34-21　　　　单位：万元

年份	项　目	中保人寿（万元）	太平洋人寿（万元）	平安人寿（万元）	新华人寿（万元）	合计（万元）	赔付率（%）
1996	保费	1025.0	—	—	—	1025.0	36.68
	赔款	376.0	—	—	—	376.0	
1997	保费	2110.0	—	—	—	2110.0	15.40
	赔款	325.0	—	—	—	325.0	
1998	保费	2983.0	—	—	—	2983.0	18.04
	赔款	538.0	—	—	—	538.0	
1999	保费	2929.0	—	—	—	2929.0	12.84
	赔款	376.0	—	—	—	376.0	
2000	保费	3773.0	—	—	—	3773.0	10.52
	赔款	397.0	—	—	—	397.0	
2001	保费	4224.0	228.7	—	—	4452.7	7.33
	赔款	318.0	8.3	—	—	326.3	
2002	保费	5598.0	938.1	—	56.4	6592.5	6.20
	赔款	388.0	20.5	—	—	408.5	
2003	保费	7367.0	1621.0	—	125.4	9113.4	4.78
	赔款	364.0	71.3	—	—	435.3	
2004	保费	7862.0	2025.6	—	146.3	10033.9	5.96
	赔款	322.0	275.8	—	—	597.8	
2005	保费	8980.0	2797.9	2632.5	180.1	14590.5	5.59
	赔款	385.0	361.3	69.1	—	815.4	
2006	保费	9383.0	3267.7	3180.9	380.3	16211.9	4.52
	赔款	295.0	320.7	108.5	8.5	732.7	
2007	保费	9995.0	3701.4	3626.1	398.3	17720.8	4.61
	赔款	428.0	255.5	115.1	18.3	816.9	
2008	保费	10100.0	4614.9	3860.0	330.0	18904.9	4.23
	赔款	398.6	158.0	121.0	123.8	801.4	

1996—2008年象山县财产险业务收支情况表

表34-22 单位：万元

年份	项目	中保财产（万元）	太平洋财产（万元）	平安财产（万元）	中华财产（万元）	安邦财产（万元）	大地保险（万元）	天安保险（万元）	合计（万元）	赔付率（%）
1996	保费	2429.7	—	—	—	—	—	—	2429.7	54.59
	赔款	1326.4	—	—	—	—	—	—	1326.4	
1997	保费	3008.5	—	—	—	—	—	—	3008.5	124.28
	赔款	3739.0	—	—	—	—	—	—	3739.0	
1998	保费	3037.5	—	—	—	—	—	—	3037.5	57.58
	赔款	1748.9	—	—	—	—	—	—	1748.9	
1999	保费	3136.0	—	—	—	—	—	—	3136.0	64.83
	赔款	2033.0	—	—	—	—	—	—	2033.0	
2000	保费	3381.0	—	—	—	—	—	—	3381.0	63.65
	赔款	2152.0	—	—	—	—	—	—	2152.0	
2001	保费	3639.7	120.0	—	—	—	—	—	3759.7	56.40
	赔款	2116.0	4.3	—	—	—	—	—	2120.3	
2002	保费	3873.7	545.6	—	—	—	—	—	4419.3	57.81
	赔款	2350.0	205.0	—	—	—	—	—	2555.0	
2003	保费	4107.8	795.9	—	—	—	—	—	4903.7	73.20
	赔款	3132.9	456.8	—	—	—	—	—	3589.7	
2004	保费	4119.8	1110.0	—	1345.0	—	—	—	6574.8	69.59
	赔款	3393.0	510.7	—	672.0	—	—	—	4575.7	
2005	保费	3752.8	1802.0	—	1970.0	390.0	343.0	—	8257.8	94.28
	赔款	3881.0	2371.0	—	1339.0	8.4	186.1	—	7785.5	
2006	保费	4024.0	1917.9	566.6	1903.0	951.0	871.5	300.0	10534.0	52.40
	赔款	2487.0	941.7	118.8	1236.0	356.0	380.0	—	5519.5	
2007	保费	4653.0	2652.8	1029.7	1975.0	1024.0	1136.0	500.0	12970.5	53.06
	赔款	2573.0	1196.0	299.8	1915.0	566.0	331.8	—	6881.6	
2008	保费	5895.6	2989.0	1225.0	2100.0	497.0	1300.0	460.0	14466.6	55.84
	赔款	3333.0	1189.0	425.6	1700.0	549.8	351.0	530.0	8078.4	

第四节　保险机构

民国35年（1946）11月成立的浙江省地方银行象山分理处，兼理浙江保险公司保险业务。1950年12月，象山设立中国人民保险公司象山特约代理处，附设于人民银行象山代理处。1953年，成立中国人民保险公司象山支公司。1959年停办保险业务。1981年，保险业务恢复，翌年3月，保险公司象山县支公司重新建立。1986年后，保险业迅速发展，至2008年全县共有保险公司象山支公司9家，营销（服务）部4家，从业近千人，初步形成覆盖象山辖区的保险服务网络。

照34-5　位于靖南大街283弄4号的中国人民财产保险公司象山支公司营业楼

象山县保险企业情况表

表34-23

企业名称	成立时间	职工人数（人）	备注
中国人民财产保险股份有限公司象山支公司	2003.07	58	前身为中国人民保险公司象山县支公司
中保人寿保险公司象山县支公司	2003.07	250	前身为中国人民保险公司象山县支公司
平安人寿象山营销服务部	1996.06	94	—
新华人寿保险股份有限公司象山营销服务部	2002.06	200	—
太平洋财产保险股份有限公司象山支公司	2003.06	32	太平洋财产保险股份有限公司象山营销处
中华联合财产保险股份有限公司象山支公司	2004.04	32	—
大众保险股份有限公司宁波分公司象山营销部	2005.12	3	—
天安保险股份有限公司象山营销部	2006.03	12	—
中国大地财产保险公司象山支公司	2006.11	15	前身为中国大地财产保险公司象山营销部
安邦财产保险股份有限公司象山支公司	2006.11	22	前身为象山安邦财产保险营销服务部
中国太平洋人寿保险股份有限公司象山支公司	2007.12	126	前身为中国太平洋人寿保险象山营销部
中国平安财产保险股份有限公司象山支公司	2008.02	12	前身为中国平安财产保险象山营销服务部
泰康人寿象山支公司	2008.02	190	前身为泰康人寿象山营销部

第三十五篇
旅游业

本篇目录

第一章　旅游资源

象山旅游资源丰富，在解决温饱为主要目标时期，长期未被关注。1997 年，象山旅游业起步，旅游资源逐步开发，成为国内以海洋为特色的重要旅游区。旅游业成为县域四大支柱产业之一。

1999 年，进行全县第一次旅游资源普查，共查到旅游资源单体 213 处。2003 年，全县第二次旅游资源普查，又陆续发现上等级旅游资源单体 119 个。国家标准《旅游资源分类、调查与评价》所确定的地文景观类、水域风光类、生物景观类、天象与气候景观类、遗址遗迹类、建筑与设施类、旅游商品类、人文活动类等 8 大旅游资源主类中，除天象与气候景观类外，其他 7 大类旅游资源象山均有涵盖。在各类资源中，地文景观类、建筑与设施类、人文活动类集聚度较高，具有人文与自然景观相互交融的基本特征，特别是海洋为主体的自然景观，尤具开发价值和发展前景。

第一节　自然旅游资源

象山上等级自然旅游资源单体 81 个，其中地文景观类 64 处，水域风光类 5 处，生物景观类 12 处。岸滩、岛礁、海湾、洞穴、石林及山丘等地文景观类资源个性突出，品质出众，特品级旅游资源单体 1 个，优良级旅游资源单体 31 个。花岙石林、红岩长廊、渔山列岛等自然旅游资源单体，景观独特，体量较大，旅游开发价值较高。

滩涂

象山海湾众多，拥有面积不等的沙滩、石滩、泥涂。县内有三大陆岸沙滩群：一在松兰山景区和景区南北延伸段；二在红岩景区南北一线；三在皇城沙滩东北延伸一线。南韭山岛、檀头山岛、南田岛、花岙岛等岛屿均有沙滩和卵石滩。象山的沙滩大多背山面海，坡缓浪轻，沙质细腻，绵软爽脚。陆岸沙滩长 200 米以上，较著名的有涂茨镇长沙沙滩、松兰山景区东沙滩、中央沙滩、南沙滩、白沙湾沙滩、太极湾沙滩、下沙滩、红岩东旦沙滩、岳头沙滩，中国渔村内皇城沙滩及北线蛟龙沙滩、檀头山岛姐妹沙滩及南田岛大沙滩、东屿山岛后沙滩、前沙滩、黄沙头沙滩，旦门山岛金沙湾沙滩等。花岙岛清水澳石滩、天作塘石滩，卵石圆溜光滑，质地细密。红岩景区黄色泥质海涂品质优良，为泥浴、泥疗胜地。

岛礁

象山海域岛礁 656 座。道人山岛，传为安期生修道成仙之地；韭山列岛，因属珍稀鸟类繁殖地，而建立国家级海岛自然保护区；檀头山岛姊妹沙滩一条沙堤串两岛，形奇景美；东门岛自宋代始成海疆军事要地，是浙东海洋文化传承地；花岙岛花岙石林雄奇，且为张苍水抗清隐居、蒙难地；渔山列岛岸崖陡峭，渔业资源丰富，适宜海上垂钓。南田岛风门口，三面青山环抱，一湾海面如镜，山上松林茂密，为东南沿海唯一的海岛国家森林公园。

岬角　海湾

岸线岬角均为山体基石，经海浪冲刷、自然风化，由于石质不同，造出千奇百怪的悬崖、峭壁、洞穴，尤以花岙石林、半边山海蚀山体、松兰山龙洞、红岩景区岸滩长廊为最。2004 年 3 月，花岙岛石林经国家旅游局审核通过，被评为全国旅游资源单体最高等级（五级）资源。两岬角之间，多有海湾。海湾的沙滩岸线，大于海湾出口的宽度，形成相对平和的潮汐气象，利于泊船、水上运动、滩头休闲。

低山　丘陵

大丹山为境内“祖山”，最高峰东搬山，海拔 810 米，与宁海县交界；蒙顶山、珠山、五狮山为象邑西乡、东乡、南乡“少祖山”；海拔不高的象山，县因山名，文化积淀最深厚；大灵岩山、小灵岩山挺拔俊秀，造型优美；半边山犬齿狼牙，是海蚀地貌的直观标本。

象山县自然旅游资源优良级以上单体情况表

表 35-1

名　　称	位　　置	等　　级
花岙石林	高塘岛乡	特级（5 级）
红岩长廊	东陈乡	优良（4 级）
松兰山沙滩群	丹东、爵溪街道	优良（4 级）
檀头山姊妹滩	石浦镇	优良（4 级）
渔山列岛	石浦镇	优良（4 级）
金沙湾	东陈乡	优良（3 级）
海景观光大道	丹东、爵溪街道	优良（3 级）
半边山	石浦镇	优良（3 级）
皇城沙滩	石浦镇	优良（3 级）
蛟龙沙滩	石浦镇	优良（3 级）
道人山	涂茨镇	优良（3 级）
白岩山	新桥镇	优良（3 级）

说明：根据 2003 年全县旅游资源普查资料编制

第二节　人文旅游资源

象山人文旅游资源，既与特殊的山海环境有关，也与悠久的历史文化相联系。在遗址遗迹、建筑与设施、旅游商品、人文活动 4 大人文旅游资源中，上等级人文旅游资源单体 78 个，其中特品级旅游资源单体 1 个，优良级旅游资源单体 29 个。境内有“塔山文化”遗址，“不老”文化、海防文化、海洋渔文化与移民社会相关的聚落、建筑、信仰、风俗等传统文化，有福建、台州、宁波三地特点，又自成特色。

遗址　遗迹

县城东侧有近6000年历史的塔山遗址。西北丹山南麓传为秦代徐福隐居地，有梁代陶弘景循迹徐福的丹井遗址。明代抗倭军事设施有卫城、所城、寨、炮台、烽堠遗址、遗迹，分布于境内沿海各地，花岙岛兵营遗址是国内为数不多保存相对完整的古代军事营地或军事基地。明末清初张苍水抗清军队曾在此地活动。石浦有二湾摩崖石刻、中法战争的石浦海战遗址。茅洋有抗日战争时期日军侵占的茅洋硎石矿遗址、遗迹。早于宋四大书院百年的蓬莱书院遗物难觅，遗址位置有记载传承，可以确认，立于唐大中二年（848）的《蓬莱观碑》，今有拓本存世，为世界最早记载徐福事迹而见于碑刻的文字。

古镇　古村　旧宅

街道镇乡、村落中古建筑遗存散落全县各地。古镇保留历史面貌以石浦镇最有价值，西周镇儒雅洋村、晓塘乡黄埠村保留最完整。另有：丹城城区中的汤家大屋、小河头西侧吴家明堂、青龙桥后翁民宅、青草巷李宅；丹城下半河村郑氏居群、丹城河东村余氏“五联院”；大徐镇大徐村周家大堂前；贤庠镇青莱村樊新房；东陈乡西庄村胡氏西庄村；石浦镇昌国卫俞氏居群、潘宅、邵景尧故居、董梦蛟故居；定塘镇大塘中站村民居；新桥镇黄吉岙村的林氏上三份；茅洋乡大地园村的陈氏秀才古宅、茅洋乡蛮石头墙民居；泗洲头镇胡家院落；墙头的欧氏居群、墙头洋北村的俞氏第四份、墙头溪里方村的方氏新屋；西周镇文岙村“品字宅第”、西周镇乌沙村走马楼等。民间宗教信仰场所众多，以丹城西寺、东寺和涂茨玉泉寺、爵溪弥陀寺最为有名。

旅游商品

境内地方特色旅游工艺纪念品，主要有竹根雕、船模、绣花鞋、鱼灯等。象山海鲜最具特色，因其品种多样、肉味鲜美、富含蛋白质，营养价值高而驰名海内外。代表性的品种有石浦鱼面、多色鱼丸、腌制泥螺、鱼包肉、红烧望潮等。2004年3月，经国家旅游局审核通过，象山海鲜评为全国旅游资源单体最高等级（五级）。

人文活动

境内人文活动丰富。徐福东渡传说在象山流传时间早、范围广，有可指认的遗迹。唐末农民领袖裘甫在象山起事。宋代，刘遵、刘该、刘俣父子以经学见著；宋乾道二年（1166）进士杨王休为南宋名监司，与辛弃疾齐名。元代俞述祖，在《元史》有传。另有东门巡检王刚甫，元曲作家汤式、高僧梵琦等。明代钱唐任刑部尚书捍孔卫孟，侍郎俞士吉出使日本、监察御史王涣反宦官专权、邵景尧殿试第二名。清代进士姜炳璋治蜀卓著，倪象占参纂《大清一统志》、钱沃臣撰写地方文史，叶兰贞为象山最有成就女诗人。近代陈汉章为国学大师、纪子庚为政府表彰的慈善家、董梦蛟为反清志士。革命烈士有贺威圣、王家谟、叶刚、殷夫等。现代人物有农民画家高妙兰、著名艺人柯受良、“世界公民”赵小宝等。殷夫故居、陈汉章故居修缮一新，对外开放。

象山县人文旅游资源优良级以上单体情况表

表35-2

名　称	位　置	等　级
象山海鲜	石浦镇	特级（5级）
象山竹根雕	丹东街道	优良（4级）
石浦老街	石浦镇	优良（4级）

续表35-2

名　　称	位　　置	等　　级
石浦港	石浦镇	优良（4级）
中国开渔节	石浦镇	优良（4级）
殷夫	大徐镇	优良（3级）
松兰山夜景	丹东街道	优良（3级）
南方养殖公司	丹西街道	优良（3级）
爵溪街心戏亭	爵溪街道	优良（3级）
石浦城隍庙	石浦镇	优良（3级）
铜瓦门大桥	石浦镇	优良（3级）
儒雅洋何氏古宅	西周镇	优良（3级）
永成杨梅酒	贤庠镇	优良（3级）
新桥生态镇	新桥镇	优良（3级）

说明：根据2003年象山县旅游资源普查资料编制

第二章　景区　景点

1997年3月，县政府成立象山县旅游开发有限公司，象山旅游开发拉开序幕。10月，松兰山景区开发启动，为象山第一个旅游景区。2004年7月，中国渔村开业。2005年1月，象山影视城竣工。4月，石浦渔港古城向游客开放。其间，茅洋民族文化村、白玉湾生态果园、花岙岛石林、张苍水兵营遗址、红岩崖滩长廊、渔山海钓、金沙湾度假村等一批景点相继开发。至2008年年末，松兰山景区、中国渔村、石浦渔港古城达到国家AAAA级旅游景区。

第一节　松兰山景区

国家AAAA级旅游景区，象山开发的第一个省级海滨旅游度假区。位于象山县丹城中心城区东南8千米，总面积40平方千米，其中海域面积23平方千米，岛屿面积2平方千米，沙滩面积610000平方米。天台山西来由此入海，沿岸海蚀地貌使礁石林立，形成诸多曲折港湾、岬角沙滩、山川洞穴，有沙滩6个，长千米沙滩与长几十米小沙滩相间，皆为金黄细沙，踏浪行走，不沾鞋，不陷脚，却浅留脚印。空气清新，负氧离子近15000个/立方厘米。内有设施齐全大酒店、度假村。1997年10月动工，之后边开放边建设。2001年11月，通过国家AAA级旅游景区。2002年，列全面旅游黄金周信息直报景区。2004年2月，通过ISO国际质量认证体系，同年成为全国首批

照 35-1　松兰山景区海滨浴场

AAAA 级旅游景区、最佳休闲度假胜地、上海人民最喜爱的浙江景区、文明景区。2006 年，评为宁波“十佳”浪漫场所、长三角双休日旅游休闲热点景区。2007 年，评为浙江省最值得去的 50 个景区，获浙江省“金名片”等荣誉称号。因拥有优越的自然环境、完善的度假配套设施，区内建有国家帆板训练基地、高尔夫练习场、省作协创作基地、青少年科普活动基地、四星级酒店。在建的锦江度假村、心海度假村、白沙湾度假村、企业家俱乐部等旅游项目，将为游客提供更完善的服务。内有设施齐全大酒店、度假村。至 2008 年，基础设施建设投资近 20 亿元。

南沙滩

平展如席，水清浪软，下部泥沙底，长 400 米，宽 300 米，面积 110000 平方米，由沙粒 0.25 ~0.55 毫米石英砂和少量黑沙组成，有“潮来一排雪，潮去一片金”美誉。2 米等深浅内辟为海滨浴场，一次可供 2000 余人活动。岸上设淡水淋浴房和物品寄存、救生衣、救生圈租借等场所。

白沙湾沙滩

象山境内沙质最好沙滩。长 800 米，宽 250 米，面积 160000 平方米，沙滩石英含量达 30%以上。有“软如青苔白如银”之称，在沙滩打滚翻爬，沙粒不粘身，或轻抖就滑落。白色石英，宜作翻砂材料，可作炼高等级钢材催化剂。在 20 世纪 60—70 年代，沙滩曾因此而受到破坏。

东沙澳沙滩

景区内面积最大沙滩。沙滩近岸处长 900 米，宽 200 米，面积 150000 平方米，呈弯月状。合海湾面积，约 3.5 平方千米。海湾平均水深 1.5 米，沙泥质底，水清浪静，1 米等深浅内辟为滨海沙滩浴场，2 米等深浅内建为冲浪、滑板、快艇、摩托艇、帆板、帆船的活动区，设有明显防护标志。2000 年 1 月，国家体育总局正式命名为“国家帆船、帆板高水平后备人才基地”。沙滩上设有各类活动机械及淡水冲刷、衣物贮藏、救生圈、救生衣租借等。夏秋季节，雪浪翻滚、人声沸腾、彩帆飞舞，景象壮观。

太极湾沙滩

海湾由一条“S”状的山梁和一条反“S”状平坦沼泽构成，形似太极图，故名。长 350 米，宽 250 米，面积 60000 平方米，由沙粒 0.5 毫米的石英砂组成。坡缓色黄，如覆金绸，任跳跃，不粘不陷，开展沙滩活动理想之所。

迎宾广场

紧连景区进口，亦称迎宾公园。广场占地面积 66670 平方米，由草坪、四季色块、弹石小道、奇石小品、爬滩海星状音乐喷池、荷花池等构成。

汽车露营地

浙江省第一个按国际标准修建汽车露营地，设有汽车泊位 540 个，其中房车位 40 个、小车位 500 个。风光秀丽、设施齐全，2008 年 4 月 15 日开业。

戚继光塑像

白色塑像，威武雄壮。传说戚继光曾与谭伦、俞大猷一起在这一带抗倭，周围有兵营、城寨、烽火台、古战场遗址、遗迹。

莲花坛

其上有块平坦岩石，礁盘形似莲花。相传观世音就打坐在这里与安期生作法相斗，故称。

神象岩

传为观世音坐骑神象，因与安期生神龟争斗，为守护这块宝地，变成岩石。在这个山坡上还有安期生的炼丹石、试剑岩、神龟岩等。

弥陀寺

名刹，全称弥陀净寺。坐落于龙春岗九龙山下青龙地，九龙溪盘绕而过。相传寺院始建于南北朝宋文帝时期，距今1500余年。历史上曾作过多次修缮，最近一次修缮在1998年。占地面积22678平方米，由山门、厢房、天王殿、大雄宝殿、赵五娘庙（殿）等组成。布局合理、层层递进、大气恢宏，为象山十八大寺院之一。

锯门龙洞

在龙洞岗嘴。宋宝庆《四明志》记“世传五龙聚会于此”“洞中岩化、岩乳缤纷悬坠，下有五色石子，极莹可爱，更进四五丈，寒威凛然，不可深入矣”，一半为海水淹没，到大潮最低潮位线时才出露。洞口上方嵌镶着一颗乌黑发亮的圆珠，可坐筏子趁潮进洞，洞内石子五色纷呈，当地称龙灵石，左侧洞穴被泥沙堵塞，其青灰色石笋还有序排列呈锯齿状。右侧是主洞，宋时曾设锯门隘，屯兵于此。洞顶悬石乳，年轮均在千万年以上。左右两侧五色石壁，纵横交错，层层相叠，有绿色萤石矿脉。宋元以来成为象山风景名胜地。

第二节　中国渔村景区

照35-2　中国渔村一角

国家AAAA级旅游景区，位于中国历史文化名镇石浦东部海岸，倚山临海，沙滩广阔，景区分二期开发，由杭州宋城集团2000年投资开发。一期阳光海岸景区，总占地203800平方米，建筑面积25000平方米，2004年上半年完工，7月开业。主体为渔文化休闲广场与沙滩演义场，由赶海大道、渔丰牌坊、阳光海岸广场、广场喷泉、渔民俗风情街、欧美风情、海洋科博馆、中国开渔节陈列馆、渔村大舞台（祭海平台）、太平洋大酒店、滨海观光大道、三桅仿古船、渔村嘉年华、皇城沙滩、阳光海岸度假村等自驾游组成。先后被评为“浙江省十大避暑休闲胜地”“浙江省十五大优秀景区”“宁波市十佳诚信旅游景区”“宁波市十大魅力景区”“长三角最具人气旅游景区”“长三角地区汽车自驾游目的地、汽车露营地”，年接待游客50万人次。2008年年末动建中国渔村第二期项目，面积690000平方米，突出渔文化特色，打造集休闲、观光、度假、游乐、人居为一体海滨休闲社区、中国最具特色“渔家民俗游”。二期总投资9亿元。

赶海大道

直通入口广场。长200米，宽50米。渔民赶在涨退潮前出海，谓“赶海”，是处原为出海捕鱼通道一段。大道两侧分列海神雕像18尊，每尊雕像高8米、宽4米，神态威武。

渔丰牌坊

高18米，宽25米，全部由水泥仿制和部分旧桅杆、船板、船舵、缆绳、浮球、渔网、方向盘等构成，渔村进出口，旁边二间以船板、茅草、渔网搭成小屋，实为检票处。

香樟　小船

门口两棵香樟树从平岩渔村渔家移植于此，当地渔家门口有种植香樟树习俗，留家老人、妇女、小孩会在香樟上挂上红丝线织成香囊，以祈求海上一帆风顺，鱼货满舱。两艘小船，从渔村运来，是20世纪40—50年代，渔民出海捕鱼的主要渔船类型。

财神殿

供奉玄坛菩萨赵公明。渔民出海捕鱼前皆要到此跪拜，祈求每次出海能够平平安安、满载而归。赵公明右手握如意，左手托元宝，象征着吉祥如意、招财进宝。

渔文化广场

占地面积10000平方米，为旅游需要，根据当地浅海滩涂专门设计建造。浅蓝色砾石路，在视觉如浅海滩涂中小河港，也似大海波浪；两侧淡黄色地面形似泥滩，也像浅海，内镶嵌贝、虾、蟹、鲎等100余种海生动物壳体。

中国渔村号

为三桅大船，船长81米、宽48米，连桅高40.8米，铁板船壳，甲板平台，上置三支大桅，有缆绳相连。外形根据明清时期三桅大船仿造，同时参照欧洲航海船的模型，上配多门火炮，停放在平台上，前大海，后广场，视觉气势雄伟，壮显渔村标志，因名“中国渔村号”。

祭海平台

系中国开渔节祭海仪式主祭台。长18米，宽16米，高3.5米，由旧桅杆，旧船板铺成。台左右两侧有乐池、鼓池，长10米，宽8米。开渔节祭海时，这里铺上红地毯，摆上3排15张黄布装饰祭桌，前排放9只玻璃缸，内装27种活海生动物，中排为大元宝状编框，盛满五谷杂粮、红枣、花生、鲜果等，后排摆放红木制成红桶盘，盘上放着装满黄酒的9把古式酒壶。台后立一排大型祭旗，两侧置青底龙图，三桅大船桅杆上悬挂“中国开渔节·祭海典礼”大型条幅。台下弧形为观摩区和活动区，南北两侧各竖60面祭旗，120名仪仗扶立，中间18米宽为祭舞表演区，上铺各长60米，东西呈“T”字形单幅红地毯，“T”字头毯外放18只雕龙大缸，内有各种活鱼苗，每缸左右站立仪仗2人，两侧对称竖40幅祭旗。整个场面布置得肃穆壮观、大气恢宏。

海洋科博馆

集展览与科普，特色与趣味为一体综合性海洋科博馆。以展示珍稀贝类标本为主体。有贝币与文字、鹦鹉螺与潜艇、贝壳与坦克、乌贼与火箭、海绵、唐冠螺、鹦鹉螺、红珊瑚、龙鱼与人面鱼、一款香螺、翁戎螺、大法螺、中华鲟、砗磲、路氏双髻鲨海豚、珊瑚岛等。

游乐嘉年华

游乐场有海盗船、阿拉伯飞毯、大转马、摩天轮、大章鱼、自控飞机、浪卷珍珠、天转地转、太空船、碰碰车、青蛙跳等11个项目。

皇城沙滩

宁波市十大景观之一，浙东沿海最大陆岸沙滩，原称沙头，因近宋皇城村，20世纪90年代开辟旅游区后，以此得名。长1.8千米，宽300米，面积380000平方米，由石英细沙组成。弯月型坡度平缓，如绵绸覆面，不粘不陷，跳跃自如。沙滩上可开展各项体育活动，全国第一届沙滩排球比赛在此举行。1933年，在石浦拍摄《渔光曲》外景时，沙滩、海浪皆作背景。沙滩上可开展沙滩摩托、沙滩跑马、沙滩排球、沙滩足球等项目和文艺活动，可租用摩托艇、冲锋舟、帆板、水上脚踏自行车等体验波浪里感受，海水偏黄却洁净，1米等深浅内设有明显警示标志的区域，为海上浴场。

第三节　渔港古城景区

国家AAAA级旅游景区，位于县南中国历史文化名镇石浦核心区内。2003年，县政府组建石浦渔港古城旅游开发管委会和开发公司，总投资1.2亿元，实施古城总体保护和旅游开发。2005年4月向游客开放。景区西北依山，藏山间谷地，东南面海，接石浦渔港，城墙随山势起伏，远观“城在港上，山在城中”。城内建筑依山梯级，鳞次栉比，楼宇民宅多门多路。街巷拾级上下，蜿蜒曲折，在街巷交接处多构筑月洞门式的封火墙，具有切换街道空间，阻止火势蔓延，盗贼进入功能。古街、古巷两侧，明清风格的徽派、闽派、江南派古宅以及民国西洋风格的旧居紧挨联立，多数原住民依然生活其中，临街门面因旅游而多开发为店铺店面。景点集中于碗行街、福建街、中街、后街，长约1500米，大部分在城内，沿线设置反映渔港古城特色的12个场馆。是国内保留海洋文化较完整丰富景区之一。

江心寺

在景区入口旁。创建于明永乐年间，奉观音菩萨、十八罗汉，常年香火旺盛，多渔民供奉。寺院建时，此处原为江心小岛，故名。

碗行街

渔港古城第一条老街，进入古城南门主要街道。清、民国时期，满街为碗行店铺，故名。城门据险而筑，设在山丘高坡上，古人依山势，拾级升降，以台阶成街市，长147米，高35米，石阶82级，仰视如城门放下云梯，形成“街道爬山坡，台阶拾级上，抬头仰望见城楼，两排人家一线天”的景观，为旅游者驻足拍照留影最佳景点。

照35-3　石浦碗行街

港城沧桑展馆

通过现代理念，运用艺术手法展示渔港古城历史上发生的重大事件及相关人、事、物。由“古城渔汛”“名人轶事”“渔光曲”“明灯屹立”“明清海防”“勇救盟友”“中法战争”“抗日战争”“港城朝晖”等组成。内“明代战船”按明嘉靖年间浙江沿海典型虎头兽纹炮船五分之一复原，船头五彩虎头就是其鲜明标志。原船身长25米，置12门大炮，具有较强杀伤力，曾参与明代石浦抗倭海战。“天井草屋”为昔日渔村缩影。“渔光史话”反映电影《渔光曲》在此拍摄的历史。“海禁事件”“抗倭战事”“勇救盟友”“石浦抗战”等反映不同时期石浦的重要历史。

耕海牧鱼展馆

展示渔民劳作方式，由浅海劳作、滩涂劳作、浅海养殖、海洋捕捞及鲸鱼标本、鱼骨陈列、螺鲎趣话等组成。内有一头一岁小须鲸，为当地渔民误捕死亡而制成标本。有巨大的鱼骨，陈列鲸鱼、鲨鱼的肋骨、下颚骨、斧骨、脊柱骨，有些可以做房屋栋梁。海马为海涂载人快速滑行工具，渔民用于泥涂中张弹涂鱼作业，传为戚继光剿倭时所创。

明代城墙

明代城墙一段，保留完好，约800余米，略呈弧状向两侧延伸。城墙始建于明洪武二十年（1387），历经修缮，保留部分见证明代东南沿海城墙用大石垒砌的风格。

福建街

古色古香、幽深曲折，第一代原住民多为清康熙年间从福建迁居而来，故名。20世纪50年代以前，是通向昌国等地主要通道。街道依坡上下，石板石阶路面，两旁店铺店屋林立。1933年《渔光曲》在该处取景。

吊篮膏药店

150余年历史老药店，专门制作大者盈寸，小者指甲许膏药。秘方代代相传，传媳不传女，严守旧规。店铺格局下坊上铺，配药制作在一楼，铺面却在二楼。顾客在楼下先喊某膏药名，楼上即放下吊篮，顾客放钱于篮内，篮升，至二楼药房；再次篮下，膏药与找回零钱均在篮内。此为“男女授受不亲”训诫下，出现的见篮不见人特殊交易方式。

瓮城

在石浦古城南门口。城墙高15米，厚2.8米，与城相同。长24.9米，宽24.25米，面积500平方米，月洞门式瓮城洞门，泡钉双扇大门，直对福建街。据险而筑，镇扼在进城要津上。明洪武二十年建（1387），清末民初坍塌，2003年10月，在原地按原状重修。

南城门

台阶式月洞门通道，设前门后闸，中暗道。斑驳垒砌条石墙面与墙中四方小孔，竖立镶嵌墙面中石槽，是原先城门留存建筑遗迹，为扣城门横杠插孔与启放千斤闸门所用，从暗道入口进，直达城头。

城楼

仿明代重檐歇山顶建筑，长10.2米，宽6.6米，高8.49米，五铺作重拱，施以彩绘，青筒板瓦，龙首吻鱼尾。城楼原有指挥战斗，将士议事，瞭望石浦港内船只进出功能。清末民国初年坍塌，2003年10月按原状重修。今于城楼内陈列历代修复石浦城碑记，重修石浦南门瓮城碑记，明吴权《登石城城楼远眺有感》五言律诗刻石及旧城砖等。

关帝庙

黛瓦黄墙，占地面积1242平方米，建筑面积843平方米，由山门、戏台、厢房、关圣殿等组成。关帝为金脸，兼财神、防火之神。建于明洪武年间，经过多次修复，最近一次修复为2004年。

中街

渔商气息保留最为完整的商贸老街。街道始建于明洪武间，几经修缮，仍保留原有风貌，旧商家店号依稀可辨，石板、石台阶铺设路面，依势镶嵌在山坡上，梯级上下，蜿蜒曲折，五道月洞门式封火墙有序地分隔。不足250米街道，布列100余号大小店铺，山珍海味、锦缎丝绸、钱庄当铺、烟馆妓院、南北奇货、中药西药等应有尽有，当地民谚云：“中街石阶镶山坡，五道火墙天上挂（音 guo）。店铺商号密如麻（音 mo），门前门后迎百舸（ko）”。

宏章绸庄展馆

原一爿老字号店铺，为海上丝绸之路中转站，专供扬州、苏州、湖州、杭州等地丝绸商船进港补给与储存丝绸场所，至清光绪初年（1875—1880），北门人萧敬忠独资经营丝绸批发、零售，销往广州、福建及台州、宁海、象山等地。今开发为丝绸文化展馆。陈列柜里“账本”“米尺”“熨斗”，是宏章绸庄遗留下的实物。内设“绸缎陈列室”“丝线陈列室”“中国扣展厅”。

源生钱庄展厅

钱庄创建于明嘉靖末年，石浦最早钱庄之一，规模最大，声望最高，清中期，即以朱砂、烧酒、白芨等调成稠液制作纸币，流通本区域内。发行的庄票，可在全国各地源字号钱庄兑换钱币。内“营业厅”为钱庄营业铺与账房，里面格局与设备都按那时的状况进行布列，同时还陈列着昔时的庄票、银票及源生庄制作的纸币。钱庄银库里面放有银碇、金碇、银圆宝等仿制品。二楼原为钱庄人员生活工作场所，现辟为“钱眼文化”展示。

栽兴烟馆展厅

明末至清中期，象山是鸦片泛滥区，生产鸦片浆品质高，市场上称“象浆”，清末严禁。“栽兴烟馆”原为“栽兴烟店”，售烟为主。现展示旧时代吸毒场景，木质“栽兴庄”牌匾，为原店留存遗物，传为清乾隆时期招牌。馆内设“烟具陈列区”陈列各式烟枪、烟灯，同时还陈列部分旱烟枪、烟棍、水烟枪等。设“象浆”模拟生产情景，墙角铁锅为提炼鸦片浆所用。“鸦片标本陈列”有生鸦片、熟鸦片等多种标本。

侍郎府

仿明建筑单体，非侍郎府原建筑。展示明刑部侍郎、县人俞士吉经历。陈列中有明代航海图志长卷，是国家博物馆收藏原物的高仿真复制品。内“正厅”案桌、椅子为明人用过旧物，墙上图画为复制品。“卧室”内紫楠木大床，为当代收藏爱好者提供。

亚洲飞人馆

展示著名影星、县人柯受良飞越北京金山岭长城、飞越黄河壶口、飞越西藏布达拉宫广场等大量画片资料。内陈列的二辆日本越野摩托，先后参与过 30 多部电影的驾车特技拍摄。

渔家风情展馆

设置在一座四合院古宅里，是处原为明万历年间建筑。徽派风格为主体，结合东南沿海地理特点，由照墙、马头墙、门楼、玄关式小天井、厢房、正房、大天井、穿堂、后院、走马楼等组成。斗栱、柱头、门窗均有精细雕刻，象征平安、幸福、长寿的“福、禄、寿”三字镶嵌其间。其最大的特点是二层屋顶，传当时房子刚建好，适逢台风，屋顶砖瓦被风刮走，雨水直注，台风过后，主人设计双层顶，以抗狂风暴雨。内“牌坊井”为一口四方水井，清嘉庆年间，朝廷为贞女史氏在井旁建造牌坊而名，原名遗失。此井掘于宋代，原深 7.5 米，四方形，井口嵌条石呈日字型。井口二面石条上，各钉两个铁环，是日军 1943 年侵占石浦后，防止民众取水所为。

城隍庙

省级文保单位，与关帝庙前后呼应。始建于明洪武间，二次大修于清，最近一次修缮于 1992 年。占地 2400 平方米，由山门、厢房、前殿、戏台、大殿、后殿、后戏台、后厢房、后大殿、观音阁等组成。一庙双戏台，台顶藻井，全木质构件巧妙呈旋转状排列，有回音扩音作用。

第四节 象山影视城景区

象山影视城景区处在新桥镇大塘港畔，为国家AAA级旅游景区。2003年5月，导演张纪中选择该处作为电视剧《神雕侠侣》的主要拍摄地，并与县政府签约开发建设《神雕侠侣》影视城项目，以“神雕侠侣影视城”名。后改名象山影视城。2003年9月15日开工，2004年年底完工。2005年1月10日竣工。景区占地面积727200平方米，其中影视城面积386600平方米，建筑面积25000余平方米，投资1.2亿元。由襄阳城、村街区、归云庄、榕树林、公孙府、活死人墓、陆家庄、古战场等160余个建筑单体组成。拥有全国最大古战场拍摄基地，最大人造榕树林景观，最大人造自然单体溶洞。最初为拍摄大型武侠电视剧《神雕侠侣》而建，开始时亦称“神雕侠侣影视城”。2006年，荣获“中国十大影视拍摄基地”称号。2007年5月18日，象山影视城正式挂牌成为浙江省影视拍摄基地。是年，获“中国魅力景区”“长三角双休日旅游休闲热点景区”“最具发展潜力影视基地”“最具潜力浪漫场所”等称号。

照35-4 象山影视城

村街作坊区

由酒坊、染坊、磨坊组成。按宋代酿酒、漂染、磨面等史料记载而建。

村街区

按宋代村街情景设计建造，沿街分别布列着小客栈、小店铺、小酒馆、小茶馆等建筑单体，自然淳朴。铁匠铺，是电视剧《神雕侠侣》黄老邪徒弟冯默风以打铁为幌子开的打铁店；土墙茅草院，是程英避难栖身之所。

归云庄

影视城五大府院中规模最大，建筑体量最多的一处庄院。由一字影壁、大厅、车轿房、练武房、练武场、后花园等组成。整个建筑群体以苏州小河东岸的园林式庭院风格为范本，古朴、高雅，为《神雕侠侣》中黄老邪徒弟陆乘风的庄园。

绝情谷

为《神雕侠侣》电视剧中重要场景，由榕树林和公孙府两大景观组成。榕树林为国内最大人造榕树林景观，覆盖面积近1400平方米，14组骨架，每组有10~15根粗细不同气根组成，最高的主杆达16米。树根、树干、树枝与树叶，工艺精致，形态逼真，与真榕树难以区别。公孙府，按地形状态，点状布列着五房一厅，六个建筑单体。水仙山庄是公孙府内最大的建筑单体，为边长18米正方形大厅。

活死人墓

依据金庸小说描述进行设计建造，分上下两层，下层由小龙女卧房、练功房、真经室等组成，上层为高18米，宽36米，面积1200平方米的大型人造溶洞。小龙女卧房，设有一个秘密机关，轻轻地驱动，可以使这道墙壁旋转 180 度，进入练功房。

溶洞

溶洞凉气袭人，石乳、石柱、石笋、水池等布列其间，在灯光的折射下，展现出光怪陆离的景象。

陆家庄

影视城中相对独立的一个景观建筑，由码头、风雨亭、路棚、陆家庄和农户院落组成。三面环水，设计者充分利用地形特点，体现宋代农村自然淳朴的建筑风格和田园风光。

襄阳城

影视城中规模最大建筑群体，由水街、怡春院、牌坊、莲峰书院、校场、衙署、大帅府、郭靖府、城墙等组成。水街，依照剧情根据本地地形创建，具有江南水乡风格。莲峰书院按苏式风格建造。大帅府是影视城府院建筑中，唯一按中轴线对称建造的府院，主要由大厅、阁楼、水榭、角亭、双廊等组成。郭靖府院建筑面积 800 平方米，由厢房、大厅、回廊、郭靖夫妇卧室、郭芙楼、郭襄卧房等组成。

襄阳城城墙

块石和城砖砌成，长 400 米，高 10 米，宽 6 米。城头上设有敌楼、雉堞、城垛。城下开二座城门，一是南方特色廊桥式水栅水门，连接水街与护城河，由块石砌成，一是标准的宋代城门，前有护城河，需放下吊桥才能进城。

古战场

面积达 10000 平方米。电视剧《神雕侠侣》中“襄阳大战”等多部影视大型武打戏均在此拍摄。

第五节　花岙岛景区

花岙岛景区位于宁波市象山县南部的三门湾口洋面上，东北距石浦港 12 海里，西南距台州市椒江区 13 海里。景区总面积 20.62 平方千米，陆地面积 12.62 平方千米，海域面积 8 平方千米，海岸线长 29.86 千米。以岛上多花多岙得名。旅游资源十分丰富，由岛上自然风光、沿岸海蚀地貌、沙滩、砾石滩和人文景观三大部分组成。岛上山峦叠翠、景色迷人，传“三十六岙，一百〇八洞，岙岙有景，洞洞有仙”。大佛山神似大佛头，石林由 150 万根石柱组成，海蚀洞穴多潮水吞吐出入，清水岙砾石滩为宁波唯一海岛卵石奇观，张苍水抗清兵营遗址规模宏大，保留完整。其他还有仙阁楼台岩貌、林海风涛、海鲜品味等。2007 年 4 月 22 日对外营业，当年即接待游客 5.56 万人次，被评为浙江省“美丽乡村”30 强、宁波市“2007 市民最喜爱的十大乡村旅游景点”。

大佛山

一山突兀，临港拔起，高 306 米，东西逶迤 2.5 千米，面积 2.1 平方千米。山峰由独立巨岩构成，高逾 100 余米，形似大佛端坐，故名。为古代西太平洋航线上重要航标，清雍正《浙江通志》载：“大佛头，高出海中诸山数百丈，周一百余里，日本人入贡以此为向导”。农历四月上午 8 时与十月上午 10 时左右，在阳光的折射下，仰望大佛头，岩顶会呈现出一层金色光环的自然现象，民间则谓大佛显灵。悬崖下建发生庵、有英灵洞、观音洞、将军岩、猿猴岩、试剑岩等景点，与张苍水抗清有关。

石浪

在高涂岙。乱石滩，状如悬挂在半山腰中石瀑，面积20000余平方米。乱石大者如牛，小者如豆，顺坡堆积，当地称之石浪。为山上岩石长年累月风化滚落，抑或冰川所为，尚无解释。

花岙兵营遗址

高涂岙兵营遗址，布营房30余栋、600余间，整座城寨遗址基本保持完整，脉络清晰，现存诸多兵营遗址中极为少见。雉鸡山兵营遗址，距山顶160米山腰缓坡上，结构更为复杂。山坡1300多亩梯田已荒芜，以石垒石墙，层层递进，呈块状、带状，为古人屯田遗迹。苍水岭岭道高120米，长1100米，蜿蜒盘曲在山林中。是处曾为张苍水兵营，作为保存相对完整的古代军事营地，省内无，国内罕见。

清水岙鹅卵石滩

长500米，宽150米，面积75000平方米，上部由鹅卵石，下部由沙滩构成，水尤清，故名。《南田竹枝词》云："石子玲珑五色全，地称花岙不虚传，海乡欲得春归早，拾到盆中种水仙"。卵石大者如西瓜，小者如芝麻，五彩缤纷，玲珑奇巧。每当涨退潮时，卵石随潮翻滚碰击，发出"哗啦啦"响声，遇到大潮汛时，轰鸣声震撼海湾，当地居民以此能准确判断台风等重要气象现象。海湾水清浪微，坡缓底平，下为金黄色沙滩，面积约20000平方米。为全国罕有的卵石滩浴场资源。

海上石林

照35-5 海上石林

位于花岙岛东海岸，世界上已知三大中心式火山原生地貌之一，是最高级别的五级品质旅游资源。由120多万根四边形、六边形柱状节理石柱构成，连绵6000米、最高石柱30米，面积180000平方米，为距今1.5亿年侏罗纪晚期中心式火山岩浆通道遗迹。此种地貌形成于火山停止喷发后岩浆冷却产生的一种垂直裂变，是观赏性和科考性兼有的稀有地文景观。内"石柱壁"巨大粗壮，一根嵌着一根，高约30米、长200余米，千奇百态。"石柱瀑"状似凝固的黄果树瀑布，又像黄河壶口冰幕。"石柱洞"在石柱瀑下面，洞纵深35米，高6~14米，宽2~6米，底为青灰色鹅卵石滩。在退潮走过这铁索桥能进入洞内。卵石滩由大小不同青灰色鹅卵石组成，长310米，宽100米，面积约30000平方米。"石柱崖"全由石柱构成的悬崖，弯曲、斜倚，形态各异，呈相互交叉状，为剧烈地壳运动时，火山通道中垂直裂变岩柱转向、翻动后的遗迹。另有"石柱峰""石柱厦""石柱动物群""石柱华表""石柱碑林"等，或以形或以传说而名。

天作塘

非人工而成拦海塘坝，由海浪作用于特殊喇叭状海湾堆积形成。长250米，宽80米，高8米，由大小匀称砾石组成。大坝的外侧是顺坡排叠的砾石滩，面积16000平方米。当涌浪袭来，砾石碰撞发出震彻海湾巨响。大坝每当遇到天文大潮和强台风袭击时，往往会冲垮或冲出缺口，不久，在海浪冲击下，大坝又自然恢复。

第六节 其他景区景点

象山有旅游价值的景观景点，已得到比较充分开发。另有一般景区景点100多处，部分已开发，部分因线路不便或开发资源量不足，待开发或开发不充分。

东谷湖景区

东谷，县东四里。旧志传为罗隐（833—909）过此，题留岩壁。明代，梅溪山巅建文峰塔，称塔山。形家谓邑之甲方，筑塔其上振之。又有东方主文，筑塔振文之说。1952年，于梅溪山、塔山西北麓，建东谷湖水库，1956年重建后蓄水35万立方米。20世纪80年代以后，随着经济发展，东谷湖景区逐渐建成。1989年，塔山南麓发掘塔山文化遗址。1997年，为顺应时势民意，于塔山山巅重建仿明代六面七级砖木结构阁楼式塔。2008年，景区占地31.44万平方米。三篇建文峰塔的碑记，见本志“丛录”篇之“碑铭选辑”。

石屋景区

在城西炼丹山半腰。有石屋，相传为陶弘景炼丹、修道处。明万历间县令倪甫英建禅屋5间，后令吴学周建楼阁亭榭。清乾隆间钱泳等题刻石屋八景。1992年，民众集资重建雨香庵、六角亭、五神殿等，占地851平方米，建筑面积630平方米。石屋记载，另详本志“陆地环境”篇内“炼丹山”一目及“文物 名胜”篇内“石屋及摩崖石刻”一目。本志“丛录”篇存《重建丹山石屋记》碑文。

金沙湾狩猎度假村

1999年开发，时为全国唯一海岛猎场。位于松兰山景区对面旦门山上，占地面积950000平方米，有山地33公顷，岛上建筑面积2000平方米，集休闲、狩猎、渔家乐为一体。内有服务区、狩猎区、沙滩浴场、露营烧烤、垂钓、捕捞等五大休闲区，可以体验茶苑品茗、出海捕捞、踏金沙、戏海水、拾海贝、观海景、品海鲜等一系列具有农渔家风情的旅游休闲活动。

红岩长廊

2003年开发。位于东陈乡，景区面积5平方千米，丹霞地貌的崖滩蜿蜒10余千米，被称为“中国沿海第一崖滩长廊”。景区以岩、滩、石称奇。景点有情侣石、龟丞卧滩、观音壁、回归石、虬根裂岩、彩砾滩、小仙坛、四龙入海、龙洞探奇、玉龙卧滩等。

照35-6 红岩长廊

白玉湾生态农业观光园

2006年7月开园。位于象山南端晓塘乡，为西边塘村创建。观光园南临三门湾，东接石浦港，北靠象山沿海南线，西濒岳井洋，与宁海县隔海相望。区内设生态自助式果园采摘区、农事科普教育基地、休闲农庄、风情渔村、魅力新农村等五大区块。现有农家餐馆、农家旅铺、农家水果采摘点等30多个经营户。在万亩农业观光园内有50多个品种的优质柑橘800公顷，精品葡萄20余个品种、80公顷，另有60余公顷东魁杨梅园及咸淡水养殖塘。

茅洋民俗文化村

2007年4月开业。位于茅洋乡五狮山西麓，距县城12千米。文化村占地面积近39000平方米，建筑面积4000平方米，已开放展厅2000平方米，内开设餐馆、根雕展厅、石器长廊、农具、古家具展厅等8个场馆，还有一个温度常年保持在摄氏16℃～18℃的“洞天福地”硃石矿洞。其中，书画馆展出中央美院研究会、宁波中国画艺委会部分成员的书画作品及象山农民画300余件。村内辟有象山爱国主义教育基地和人民防空教育基地。

德和根艺美术馆

2006年9月开馆。位于象山县丹东街道东谷湖旁，占地3400平方米，建筑面积近4000平方米，总投资2500万元。由清华大学教授、国际知名建筑设计专家吴良镛与其学生宋晔皓设计。主体结构采用江南四合院园林式格局，具徽式建筑风格，馆内展出40余位象山根雕艺人创作的200多件竹根雕精品，为国内规模最大根雕艺术专题博物馆。设“张德和根雕艺术作品陈列室”“张德和古旧民间工艺藏品陈列室”“象山民间艺术精品陈列室”“张德和根艺研究所”“中国根艺高级培训班”“学术交流大厅”“文化休闲茶室”“工艺礼品商场”等厅室。

才华剪纸艺术馆

2008年开馆。占地面积63300平方米，建筑面积2500平方米，由艺术馆场馆设施和森林公园配套工程组成。馆内珍藏、陈列农民画家高妙兰和谢才华13000余幅剪纸作品，常年免费对公众开放。

殷夫故居

在大徐镇大徐村。殷夫是现代革命诗人、著名“左联”五烈士之一。1986年，故居被县政府确定为县级重点文物保护单位。1991年，开辟为爱国主义教育基地。1992年3月，列为宁波市中小学德育教育基地。1995年2月，为市级爱国主义教育基地。匾额“殷夫故居”由沙孟海题写，东西厢房开辟6间烈士史迹陈列室，陈列殷夫照片、诗文和著作。后园辟碑廊，内置石碑60余通，刻乔石、顾秀莲、丁景唐等人题词。

陈汉章故居

在东陈乡东陈村，国学大师陈汉章故居。由学圃堂、缀学堂、老上门等多个院落组成。故居主体建筑以楼房为主，檐廊置卷棚顶，造作讲究，体现书香门第人家在建筑上的文化艺术意境。始建于清咸丰八年（1858），2006年原样修缮，今故居保存基本完整。内设陈汉章纪念馆。2007年10月，象山县政府确定为县级文物保护单位。

第三章　旅游经营

象山旅游业以“政府主导、企业参与、市场运作”为发展思路。1997年3月，成立县旅游开发有限公司，主导开发松兰山滨海旅游度假区。1998年3月，成立县旅游领导小组，提出“高起点规划、高品位建设、高效益促销”的旅游经营策略。旅游产品开发坚持精品战略、建精品项目、启动一方客源市场。以节促旅，以独特的海洋文化、渔文化为依托，挖掘创新中国开渔节、三月三踏沙滩、海鲜美食节、国际海钓节等旅游节庆，促进旅游产品与旅游文化的融合。2008年，成功创建首批“浙江省旅游经济强县”，跻身“中国最佳休闲旅游县”“中国生态旅游百强县”行列。

第一节　旅游线路

象山旅游线路随旅游景区、景点开发而不断调整，以滨海观光、休闲度假旅游为主。石浦渔港古城、影视城、花岙岛、海滨、岛屿等均为观光型。松兰山海滨度假区、中国渔村度假区市场发展较好。休闲露营、海岛探险等特色旅游线路得到初步开发。

县内旅游包车线路

6条。陆上旅游线路3条：丹城—松兰山；丹城—黄公岙、影视城；丹城—中国渔村—渔港古城。陆岛旅游线路3条：丹城—松兰山码头—旦门山岛金沙湾狩猎度假村；县城—石浦—金星金高椅码头—花岙岛；县城—石浦码头—北渔山岛。

外地游客普通旅游线路

2条。宁波走西泽轮渡到象山—松兰山—石浦—中国渔村—渔港古城；宁波南站—石浦—中国渔村—渔港古城—北渔山岛—渔家小旅馆—石浦—松兰山。

外地游客特色旅游线路

滨海休闲度假两日游　第一天上午，车赴象山，入住松兰山滨海旅游度假区酒店；下午体验海滨浴场，或海滨高尔夫，趣味垂钓、游艇、沙滩摩托等娱乐活动；晚餐爵溪沙滩海鲜排档；晚上漫步沙滩、倾听海浪声、观赏海滨夜景。第二天上午，游览中国历史文化名镇石浦渔港古城，感受中国渔文化；中餐石浦海鲜排档，下午购海货返回。

象山滨海经典两日游　第一天上午，车赴象山，到象山民俗文化村品尝农家菜；下午游览象山影视城，住石浦。第二天上午，游览中国渔村；中午品尝石浦海鲜，下午中国水产城购物后，返回。

象山文化两日游　第一天上午，车赴象山，参观位于东谷湖畔的德和根艺美术馆、象山影视城，晚住丹城。第二天上午，参观陈汉章故居、谢才华剪纸馆；中午东门渔村体验渔家乐，下午返回。

“渔文化”体验两日游　第一天上午，坐休闲游船，体验环港环岛游。停靠著名的东门渔村，体验渔家风情，游览东门渔文化艺术村、祭海台。第二天上午，赴石浦渔港古城，体验渔文化的底蕴、探访海防文化遗址、渔商文化。下午游览中国渔村，欣赏“渔文化民俗游”主题和“滨海海洋游”休闲旅游特色，感受渔区文化和生活风情。

象山休闲露营体验两日游　第一天上午，车赴象山，在松兰山汽车露营地，中国渔村汽车露营地安营扎寨，参加沙滩娱乐活动、海鲜烧烤、篝火晚会等，入住温馨的帐篷，听涛声入眠。第二天上午，游览中国历史文化名镇石浦渔港古城，象山影视城，中餐后返回。

石浦渔港游船两日游　第一天上午，车赴象山，游览松兰山海滨旅游度假区，石浦海鲜街吃海鲜，晚住石浦。第二天上午，登休闲渔船，亲历渔民作业，体验捕鱼、船钓、现捞现烤等活动；中餐后游石浦渔港古城后返回。

象山海岛探险三日游　第一天上午，花岙岛专线：游船码头—石浦港—中界山—林门港—花岙岛—三门口大桥—石浦港造船基地—游船码头。第二天，环石浦港游线路：游船码头—石浦港—下湾门—对面山（东）—东门岛（东）—铜瓦门—石浦港内—游船码头。第三天，渔山专线：游船码头—石浦港—渔山岛码头。

第二节 旅游节庆

象山重视旅游产品和旅游文化的融合，借节造势，以节促游，已新创旅游节日10多个。著名的有：中国开渔节，1998年创办，每年的9月12—17日举办，至2008年已举办11届。成为在国内外有广泛影响力的文化大节和旅游大节，列为国家旅游局十大民俗节庆活动。2008年，被人民网评为“改革开放30周年30个最受观众欢迎的节庆之一”，名列首位。“三月三·踏沙滩”民俗文化节。三月三，踏沙滩，是象山沿海民间传统活动，尤以石浦一带为盛。1998年，这一活动由石浦镇政府引导，民间操作。活动内容日益丰富，每年吸引数万游客参与。海鲜美食节。2000年，海鲜美食节定在每年12月中下旬举行。2006年，象山海鲜美食节被评为全国十大饮食节庆活动之一，2007年，纳入第四届中国（上海）国际餐博会。中国·象山国际海钓节。2002年在松兰山试办。2003年9月，作为中国开渔节活动之一，邀请国内外海钓高手在渔山进行比赛。2007年，海钓活动单独成节。以后，每年6月如期在渔山钓场举行。渔山钓场被授予“全国海钓竞赛基地”称号。2008年，开发出“春踏沙滩夏海钓，秋看开渔冬品鲜”的四季旅游节庆，具有浓郁海洋气息。详见本志“生产习俗　岁时节日”篇。

第三节 旅游营销

2000年前，游客基本以本地及周边地区为主。后逐步建立并巩固以沪、杭、甬为主的一级市场，开发以温州、台州、绍兴、苏州、无锡、宜兴等为主的二级市场，培育以苏、浙、闽周边省份为主的三级市场，周边地区客群稳步上升，其他地区和国外游客逐年增加，成为长江三角洲地区重要滨海休闲目的地。

旅游宣传

2004年，县旅游局组织拍摄展现象山海岛风光片《海山仙子》（MTV），著名歌手张也演唱。9月，入选第七届中国艺术节专辑向全国发行。2008年，县旅游局制作《2008开渔之旅》《宁波日报·象山旅游》《农家乐宣传折页》《象山旅游画册》等外宣品25万份（件），借助各大旅游促销会、旅游交易会向游客散发。同年，县旅游局在甬台温高速公路宁海段、奉化段以及甬金高速公路宁波西段设置高炮广告，增强象山旅游知名度。

市场拓展

象山旅游发展初期，主要客源市场定位在宁波市各县市区居民郊游、休闲、度假旅游。2004年后，客源市场开拓加快，中国渔村、象山影视城、石浦渔港古城等景区相继落成。是年4月23日，县旅游局组团赴上海徐汇区举行象山旅游形象大型推介活动，在上海龙华寺广场安排渔家服饰展示、根雕表演、鱼丝面烹制、杨梅酒品尝和旅游土特产展卖等活动，吸引上万名沪上顾客。24日，300余名上海市民报名参加“携手长三角、走进新象山——象山黄金海岸寻宝大行动”。2005年5月，县旅游局与温州各旅行社、新闻媒体联合推出“万名温州游客游象山”活动。2006年年初，与金华各旅行社、新闻媒体联合推出“万名金华游客游象山”活动。2007年12月，举行象山海鲜节，主会场设在上海，并纳入第四届中国（上海）国际餐博会，活动期间，象山十几家旅游企业推出优惠线路，组织以上海为主长三角地区游客到象山吃海鲜、观海景、游海滩、购海货，现场报名近千人。2008年年初，推出“来象山过大年——品尝海鲜年夜饭”旅游线路，近千名上海市民报名。是年，全县旅游企业又赴宜兴、南京、上海奉贤、义乌、衢州、绍兴、常州、无锡、苏州进行象山旅游推介活动，向当地旅游企业推介滨海休闲度假特色旅游线路、自驾游线路、“三月三”民俗文化游、海钓体验之旅、开渔之旅、汽车露营地自驾游，与当地旅游局确定旅游区域合作协议，促进旅游产品和旅游市场互补。

2004年9月，由第七届中国开渔节组委会主办、县旅游局承办，策划“相约中国开渔节·海外游客看象山”活动，美国、英国、丹麦、芬兰等6个国家游客到象山体验渔家风情，中央电视台九套栏目、省广播电台旅游之声和宁波电视台等媒体进行全程报道并向海外播出。

第四节　旅游效益

象山历史上，有旅游但无业，更不成规模。1997年，县政府把发展旅游业提上重要议事日程。2000年11月，全县第一次旅游工作会议召开，提出把旅游业作为第三产业的先导和全县经济新增长点。2004年，县委、县政府提出“旅游富民”发展战略，并把象山发展定位为现代化生态型滨海旅游城市。2007年6月，召开“创建旅游强县、打造休闲象山”动员大会，明确要把旅游业培育成为县域经济支柱产业。经十余年发展，至2008年年末，象山旅游景区发展至8个，接待国内外旅游者从起步时5万人次，发展至2008年的500多万人次，旅游经济收入从2000年1亿元增加到2008年的52亿元。2008年，松兰山海滨旅游度假区、中国渔村、象山影视城、渔港古城四大景区，共接待游客285.52万人次，实现门票收入3826.93万元，比2007年分别增长28.64%和10.6%。其中：松兰山海滨旅游度假区接待游客106.54万人次，实现门票收入518.22万元；中国渔村接待游客64.06万人次，实现门票收入1366.64万元；象山影视城接待游客59.71万人次，实现门票收入601.53万元；渔港古城接待游客55.21万人次，实现门票收入1340.54万元；分别在宁波市40家主要旅游景区景点中排名第3位、第11位、第13位、第17位。

2008年，成功创建首批“浙江省旅游经济强县”，并跻身“中国最佳休闲旅游县”“中国生态旅游百强县”行列。

2000—2008年象山县旅游人数、旅游收入情况表

表35-3

年份	旅游人次（万人）	旅游收入（亿元）	年份	旅游人次（万人）	旅游经济收入（亿元）
2000	37	1	2005	204	10
2001	65	3	2006	232	13
2002	100	4	2007	302.4	37
2003	140	6	2008	534.82	52
2004	173	10	—	—	—

第四章　旅游服务

旅游业发展之初，旅游服务的各方面设施均不完备，旅行社仅象山旅行社 1 家；旅游宾馆仅象山宾馆、东谷湖宾馆 2 家；无旅游交通服务车辆。2000 年后，政府引导社会力量投入旅游服务设施建设，旅游业发展初期遇到的瓶颈问题逐渐得到缓解，至 2008 年年末，境内旅行社增加至 8 家，导游队伍发展到 200 人，星级旅游饭店达到 9 家，逐渐成为旅游接待的主导力量；拥有等级厨师 1140 余人，餐饮、住宿服务从业人员近万人；各主要景点的公交线路基本开通，旅游便捷性提高；海鲜制品、特色农产品、竹根雕等特色旅游产品、旅游纪念品得到开发。

第一节　旅行服务

随着旅游业发展，象山成立旅行社，培训一批导游，并逐步购置了旅游交通工具。

旅行社

1997 年 6 月，象山旅行社成立，结束象山无旅行社历史。进入 21 世纪，旅行社发展迅速，至 2008 年年底，境内旅行社增加至 8 家。旅行社地接旅游团队多来自长三角地区，特别是省内、上海、江苏三省市。

2008 年象山县旅行社情况表

表 35-4

名　　称	成立时间	从业人数（人）	年接待量（人次）
象山旅行社	1997. 06	18	14951
黄金海岸旅行社	2001. 09	21	21867
金马旅行社	2003. 01	13	9760
海景旅行社	2004. 03	12	23351
象山海蓝蓝旅行社	2004. 03	14	9070
半岛旅行社	2006. 12	9	5300
鸿源旅行社	2007. 05	16	6666

导游

1997 年 6 月，象山旅行社配备第一批导游。后，黄金海岸旅行社、金马旅行社、海景旅行社、象山海蓝蓝旅行社也随之配备。2005 年 6 月，首次举办由浙江省旅游局颁发证书的景区讲解员培训班，55 名从业人员参加培训，全部获景区讲解员证书。2005 年 9 月，经宁波市旅游局授权，在象山设点组织国家导游证培训班，33 人参加，6 人获国家导游证。2007 年 12 月，县旅游部门、县总工会联合举办“海景杯”县导游（讲解员）大赛，12家旅游企业的36名导游（讲解员）参加比赛。2008年6月，县旅游部门会同县总工会、共青团象山县委、县广播电视台共同举办“半岛杯”象山县导游风采大赛，有11家旅游企业的64名导游参赛。2008年年末，持证导游200名，其中持国家导游证85名，持省地导游证115名。

票务　旅游交通

1997年8月20日，成立象山旅游票务中心，开设航空、火车、轮船等票务代理业务。1998年1月19日，开始经营国内航空客运销售代理业务。1999年6月，县交通旅游汽车客运有限公司成立，经营县内旅游包车业务，是年始，到各主要景区的旅游交通专线陆续开通服务。

第二节　旅游餐饮住宿服务

象山旅游业的发展，促进全县住宿、餐饮业的兴旺。丹城中心城区、石浦城区及主要景区建立一批专门为旅游业服务的星级宾馆和特色餐店。

旅游餐饮服务

星级饭店住宿饮食开展一条龙服务。1997年始，丹城、石浦等地海鲜饭店、海鲜小饭店、夜排档等品尝海鲜为主的餐饮饭店遍地开花。2008年，丹城中心城区比较著名海鲜餐馆有海都大酒店、万家灯火、香雪海、高老庄及象山港夜排档。

2000年后，扶持发展乡村农家乐，解决旅游旺季接待设施的不足。涂茨崔家岙饭店、墙头车站饭店、泗洲头夏军饭店较受游客欢迎。2007年，农家乐经营户实行评星、授牌。2008年年末，评出特色村2家、示范点1家、三星级经营户3家、二星级经营户12家。

2008年象山县主要旅游宾馆情况表

表35-5

名　　称	地　　址	级别	服　务　内　容	接　待　规　模
黄金海岸大酒店	象山松兰山旅游度假区	准五星	客房、餐饮、健身房、会议厅、美容美发、桑拿、浴场、网球场	接待团队268个，接待人数53275人
石浦半岛酒店	石浦金山路218号	准五星	住宿、餐饮、咖啡吧、会议	接待团队总人数4673人
象山港国际大酒店	象山港路1111号	四星	客房、餐饮、会议、浴场、歌舞厅、棋牌、网吧、酒吧、网球场、健身房、美容中心、桌球室、咖啡吧	共接待大小会议团队335个，旅游团队268个，合计接待人数50706人
海景大酒店	象山松兰山旅游度假区	三星	客房、餐饮、康乐	接待团队数709个，接待总人数35000人
石浦荔港大酒店	石浦皇城大道1号	三星	住宿、中西餐、KTV、桑拿、棋牌	接待团队人数8500人
象山天安宾馆	天安路162号	二星	住宿	接待团队人数4800人
象山宾馆	东街11号	二星	住宿、餐饮、棋牌、KTV	接待团队人数4656人

续表35-5

名　　称	地　　址	级别	服　务　内　容	接　待　规　模
石浦宾馆	石浦渔港中路 191 号	二星	住宿	接待团队人数 4000 人
石浦甬海宾馆	石浦水产城大门口	二星	住宿	接待团队人数 5000 人
石浦港大酒店	石浦大庆路 138 号	二星	住宿	接待总人数 12000 人
东海明珠大酒店	象山港路 207 号	二星	住宿、餐饮	接待总人数 63635 人
新光大丰盛酒店	建设路 48 号	二星	住宿、餐饮、棋牌	接待总人数 15875 人
大目涂宾馆	建设路 158 号	二星	住宿、休闲浴场	接待团队人次 15000 人
北黄金海岸度假村	黄避岙乡外高泥	—	住宿、餐饮	—

旅游住宿服务

1997 年之前，象山星级旅游饭店仅为象山宾馆、东谷湖宾馆，游客住宿接待成为旅游瓶颈。进入 21 世纪，为旅游配套的宾馆陆续开建营业。2001 年，以合股形式建成松兰山黄金海岸大酒店；2004 年，建成松兰山海景大酒店；2005 年，按五星级标准建造的象山港国际大酒店开业；2007 年，荔港大酒店、半岛大酒店在石浦镇开业。至 2008 年，有客房 20 间以上宾馆近 40 家，各类经济型酒店 50 余家。

2000 年开始，加大星级饭店评定力度。象山宾馆、天安宾馆、石浦甬海宾馆相继被评为二星级旅游饭店，象山黄金海岸大酒店被评为四星级旅游饭店。2007 年，县旅游部门评定石浦港大酒店、东海明珠大酒店为二星级旅游饭店。2008 年，评定新光大丰盛酒店和大目涂宾馆为二星级旅游饭店。2008 年年末，象山有四星级旅游饭店 1 家、二星级旅游饭店 8 家，星级饭店逐渐成为旅游接待主导力量。

第三节　旅游购物

海鲜类产品与特色农产品为象山主要旅游商品，品质高，特色明显。但专营旅游商店数量不多。

旅游商品

主要有各种海鲜制品和特色农产品，尤其是象山竹根雕产品和海鲜产品深受各地游客喜欢。

“小岛人家”系列海洋食品　宁波金宏水产有限公司生产。有黄鱼制品、冷冻制品、腌渍制品、干货制品、糟鱼制品、鱼排、休闲食品和香酥紫菜八大系列、80 余种。主导产品“小岛人家”牌脱脂大黄鱼先后获得“中国绿色食品”“浙江名牌产品”“宁波市名牌产品”等荣誉称号，并多次得到省渔业博览会、农业博览会金奖，生产工艺属国内首创。

“阿进牌”海鲜王系列产品　象山海鲜王食品有限公司生产。有南田黄泥螺、脱脂大黄鱼、精制辣螺酱、糟鱼、蟹块、蟹糊、带鱼丝、富贵虾、烤鱼干、盐水虾、蛏子、紫菜、虾皮等。2004 年，“阿进”商标获“宁波市知名商标”称号。主导产品“阿进牌”脱脂大黄鱼、鳗鲞、黄泥螺水产罐头、醉辣螺水产罐头、蟹糊水产罐头获宁波市名牌产品、浙江省名牌产品、中国绿色食品，多次获浙江农渔业博览会优质奖。

“大象山”牌象山红柑橘　象山从国外引入的众多柑橘品种资源中，经十余年的单株选择培育而成，2001 年，通过浙江省农作物品种认定。果皮薄，光滑亮丽，浓橙红色，脆嫩甜香，汁多无核，不变形，货架率好。在 1999 年第三届及 2003 年第七届全国名优果品展评会上，被评为“中华名果”。

“天茗”牌茶叶　具有绿茶与乌龙茶优点，外形平直翠绿略显毫，有绿茶清香和乌龙茶兰花香，香高持久，滋味醇和、厚实，耐冲泡。

“浙东牌”浙东白鹅　浙东白鹅肉质细嫩、鹅肉脂肪含量低，历史上畅销香港地区。2002 年，获浙江省农博会优质农产品银奖；2004 年，通过国家无公害农产品及无公害基地认证，获浙江省农博会金奖。

“鸭妹子”牌海鸭蛋　熟咸海鸭蛋自然、多油、蛋黄色红，由无污染鲜蛋制成，真空灭菌包装，保质期 12 个月。2004 年，获浙江省农博会金奖。

象山竹根雕　充分利用竹根天然形状，雕刻成各类人物、佛像、动物等，形象生动，神态逼真。造型艺术上，突破传统的用料规范，连根带须，一并应用，再现返璞归真之趣，适应人们热爱自然的审美趋势。2008 年，有 30 余家企业（个体）从事竹根雕生产，所生产的一些竹根雕作为艺术品被游客购买。

旅游商店

1998 年始，旅游购物逐步发展。2006 年 1 月，特色农产品展示展销中心开业，成为首家旅游购物中心，汇集国家、省、市、县级 53 家农业龙头企业加工的旅游产品，展出农产品、水产品、果酒类、野味类、竹根雕五大系列、500 余个品种。2008 年，松兰山景区、石浦渔港古城景区、中国渔村景区、象山影视城景区等主要景区内都设有一定数量的购物摊位和店铺，但规模不大，经营品种单一，大多为工艺品之类。游客购买水产、水果、茶叶、家禽等商品一般到产地、市场及有关商店购买。

第五章　旅游管理

1997 年，县旅游开发有限公司制定《宁波松兰山旅游区总体规划》。1998 年 10 月，县旅游局成立，开始境内旅游行业管理。象山县陆续制定《象山县旅游业发展“十五”规划》《象山县旅游业发展总体规划》。2004 年 3 月，开通“96118”旅游投诉热线。2005 年 4 月，象山旅游培训中心成立，不定期地组织举办导游、景区讲解员、服务员、营销员、主管领班等各层次的培训。

第一节　旅游规划

1997 年，象山编制旅游规划，后旅游规划编制受到重视。2003 年，旅游业发展总体规划通过评审，百里黄金海岸旅游带、大塘港生态旅游观光区、象山港休闲旅游居住区等区域专项规划；

花岙岛、红岩、灵岩山等休闲旅游产品规划；海钓、游艇、滨海高尔夫等特色产品规划相继编制。至2008年，旅游规划通过评审发布，共5项。

象山县旅游业发展总体规划

2002年，县政府聘请国家发展计划委员会投资所旅游投资研究中心编制《象山县旅游业发展总体规划》。2003年12月，规划通过评审，确立“一带三区六大产品”为旅游发展目标：即以百里黄金海岸旅游带；松兰山为中心的滨海旅游度假区、石浦渔港为中心的石浦渔文化旅游区、大塘港生态多样性为主题的生态旅游区；休闲度假、生态旅游、商务会议、康疗健身、休闲渔业、海鲜美食等六大产品。推出“东方不老岛、海山仙子国”为象山海洋旅游品牌。2008年9月，委托国家发展与改革委员会投资研究所旅游投资研究中心对《象山县旅游业发展总体规划》进行修编，并通过评审。规划将全县旅游发展方向调整为“一带四区五大产品”：百里黄金海岸旅游带；松兰山休闲度假区、环石浦港渔文化休闲旅游区、大塘港生态影视文化旅游区、环象山港休闲旅游居住区；滨海休闲运动和度假产品、山林休闲和生态农业旅游产品、影视和民俗文化旅游产品、“不老”养生保健旅游产品、专项旅游产品五大类。

宁波松兰山度假区总体规划

1997年，委托北京托赛旅游科研所编制《宁波松兰山旅游区总体规划》，功能定位为一个集山林地貌、海湾沙滩、滨海岬角、近海山岛为一体，有一定历史文脉的、气候宜人的综合型旅游度假地。规划布局三块黄金地：松兰山中心区、松兰山滨海公园、白沙湾区域；三条游览线：赵五娘寻夫升天路、沿海岸线探险观光、海上观光；一个海岛狩猎场：大漠山岛。2000年，旅游局编制第二稿《松兰山海滨旅游度假区总体规划》，对度假区内总体布局与项目设计进行调整和细化，总体布局采用“一轴两翼”结构，规划9个旅游组团：松兰山中心区、滨海公园区、白沙朝圣区、海上活动区、狩猎中心区、赵五娘岭区、龙洞山游览观光区、购物美食城、爵溪滨海区。2003年，委托陕西金色城乡设计院编制《宁波松兰山海滨度假区旅游发展总体规划》。

大塘港区域旅游开发总体规划

2006年12月，象山县风景旅游管理局委托宁波东方旅游规划研究院编制《象山县大塘港区域旅游开发总体规划》，2007年完成编制，通过评审。规划中确定大塘港区域总体定位为：依托国家级影视基地建设，将形成中国影视旅游聚集区、示范区和农业文明发展重要展示基地和现代滨海度假基地，成为象山旅游“一带四区”重要组成部分，宁波城郊游憩重要区域，服务于长江三角洲地区乃至全国的滨海生态旅游基地和休闲度假基地。

第二节 管理 培训

1997年3月，象山县旅游开发有限公司成立，负责松兰山滨海旅游度假区的规划、开发、管理、运营。1998年10月，建立象山县旅游局，率先在全市实行旅行行业标准化管理，同时，加强对旅游从业人员进行培训，并实行凭证上岗。2003年3月，石浦渔港旅游开发管理委员会在石浦成立，为县人民政府的派出机构，行使相关的县级经济管理权限，对石浦渔港景观带、古镇（老街）保护和旅游开发建设实行统一规划、指导、协调和管理。

行业管理

旅游行业的安全工作是旅游部门的管理重点。2001 年始，县旅游局每年与旅游企业签订旅游安全责任状，不定期的组织消防安全、车辆安全、饮食安全等安全生产教育，提高从业人员安全防范意识。2004 年 3 月，县旅游部门开通“96118”旅游投诉热线，分别在旅游企业、石浦海鲜排档等单位对外公布。是年，受理旅游咨询投诉电话 100 余起，其中投诉 25 起。2006 年 2 月，县旅游局在全县旅游行业开展“诚信旅游”活动，建立旅游企业和旅游从业人员诚信档案；9 月，7 家单位、6 名个人被宁波市旅游局评为首批诚信旅游企业和先进个人。随着旅游业服务企业大量增加，行业管理愈加全面规范。2007 年 4 月，县旅游局出台旅行社广告发布管理办法；5 月，县旅游局在全市率先实现旅行社标准化管理，统一印制并下发旅游合同、导游小结、游客意见反馈表、租车协议、租车确认单、旅游投诉记录本、旅游培训记录本。2008 年，县旅游局会同工商、运管等部门，专项检查全县 8 家旅行社旅游合同、租车协议、广告发布、内部管理，规范旅行社内部管理。

教育培训

2005 年 4 月，象山旅游培训中心成立。境内旅游从业人员资格考试认证制度纳入县旅游部门管理，旅游从业人员教育培训逐渐规范。2006 年，县旅游培训中心组织开展旅行社总经理、部门经理、旅行社导游、景区讲解员、饭店中层管理人员、营销接待等各类培训 10 期，培训人员达 1500 人。翌年，又举办培训班 10 期、3000 余人。2007 年 10 月，县旅游部门会同县总工会、县劳动和社会保障局联合举办“海景杯”全县旅游饭店业服务技能大赛，有 9 家旅游饭店 55 名选手参加比赛。2008 年 4 月，县旅游部门组织浙江省景区景点讲解员培训，90 名旅游从业人员参加培训。6 月，县旅游部门会同县总工会、共青团象山县委、县广播电视台共同举办“半岛杯”象山县导游风采大赛，有 11 家旅游企业的 64 名导游参赛。是年，全县共组织各类培训班 15 期，培训人员 7000 人次。至 2008 年，全县旅游从业人员需持证上岗，持证率达 95%。

◆全国第二轮修志试点志书
◆浙江省第二轮修志创优工程试点志书

象山县志

XIANGSHAN XIANZHI

第四册

象山县地方志编纂委员会　编

方志出版社
Publishing House of Local Records

总　目　录

Content

第四册目录

第三十六篇　科　　技

第三十七篇　教　　育

第三十八篇　医疗　卫生

第三十九篇　体　育

第四十篇　媒　　体

第四十一篇　文学　艺术

第四十二篇　图书　档案

第四十三篇　文物　名胜

第四十四篇　非物质文化遗产

第四十五篇　人　口

第四十六篇　衣食住行

第四十七篇　生老病死

第四十八篇　生产习俗　岁时节日

第四十九篇　宗教　民间信仰

第五十篇 方 言

Volume IV Content

Part XXXVI Science & Technology

Part XXXVII Education

Part XXXVI Medicine & Health

Part XXXIX Physical Education

Part XL Media

Part XLI Literature & Art

Part XLII Books & Archives

Part XLIII Cultural Relics & Scenic Spots

Part XLV Intangible Cultural Heritage

Part XLV Population

Part XLVI Basic Necessities of Life: Clothing, Food, Shelter and Means of Travel

Part XLVII Life Cycle: Birth, Getting Old, Sickness and Death

Part XLVIII Production Customs & Festivals

Part XLIX Religion & Folk Belief

Part L Dialect

第三十六篇
科　　技

本篇目录

第一章　科技推广　科研成果

民国时期，一些接受新式教育的学生回县开始传播近现代科学观念，创办蚕桑传习所，传播农桑技术，引进新品种。中华人民共和国成立后，境内科技事业进入一个新时期，政府重视科技应用与推广。1955 年 4 月，在大徐、南庄、定山 3 区建立农业技术推广站。翌年 5 月，在西周、新桥、南田 3 区建农技站。1958 年 5 月，又建石浦区农技站。1972 年，各公社自设农技工作站。至 20 世纪 80 年代，县有农技推广总站、种子公司、良种场、林木种苗站、畜牧兽医站，区有农技推广站，乡、镇有农技工作站，形成三级农业科技宣传推广网络。90 年代初，撤区扩乡并镇后，仍保留县、镇乡两级农业科技宣传推广网络。

20 世纪 70 年代中后期，象山科技研发开始起步。80 年代，随着科学技术是第一生产力观念的确立和深入，科技事业进入全面恢复与推进期，科技成果不断涌现。1975—2008 年，颁发县级科技成果奖项 379 个，获得国家级部委科技成果奖项 38 个、省级奖项 36 个、市级奖项 80 个。1997 年 4 月，象山荣获国家科委授予的 1996 年度“全国科技工作先进县”称号。

第一节　科技推广

民国以来，象山以农业科技推广与应用为主。1957 年始，先后推广番薯轧粉机、饲料粉碎机与水稻、棉花高产栽培技术及海带养殖技术等 103 项。至 1985 年，引进推广农业、工业、医学卫生等科技成果 285 项，64 项获各级科技成果推广奖。20 世纪 80 年代后期开始，农业科技推广重点转向科技新品种引进、繁育，特种畜牧养殖，本地资源开发和农业实用技术推广。工业科技推广由企业自主。90 年代始，电子计算机技术在企业中的应用日益普及。

农业科技成果推广

民国 10 年（1921），知事李佩秋开办蚕桑传习所，为象山近代农业科技推广活动之萌发。民国 35 年，县成立农业推广所，引进稻麦良种和培育苗木。

1953 年，推行种子田选种制度，早稻推广“早籼 503”，连作稻引进“红须粳”，单季推广晚粳“老来青”，是全县水稻品种第一次大规模更换。麦子引种二棱大麦，立夏黄小麦推广“甫大 2419”。油菜引进“胜利油菜”，棉花引进“岱字棉”。1958 年，先后推广番薯轧粉机、饲料粉碎机及大小麦、水稻、油菜、棉花、茶叶等高产栽培技术，促进县农业生产发展。1960 年，水稻品种由高秆型转向矮秆型，是年早稻引进“矮脚南特号”等，由于具有秆矮、抗倒、耐肥、高产特性，试验后得到推广，成为 20 世纪 60 年代水稻主导品种。1966 年“文化大革命”开始后，农技推广受到影响。1978 年，全面推广杂交水稻，掀起杂交水稻种植高潮。1981 年，县种子公司“杂交水稻三系制种高产技术的应用推广”获县科技成果推广奖。1998 年 6 月，召开水稻旱育抛栽现场会，进行技术培训和推广。1998—1999 年，县农业局连续两年获省水稻轻型栽培技术推广三等奖。

20世纪70年代中期，借鉴飞机播种造林经验，爵溪公社渔业、农业两大队及其他社队推广人工直播造林，并于1981年获县科技成果推广奖。1976年春，县林业特产局在关头大队进行柑橘计划密植高产技术试点。1979年始，该技术推广应用，1981年获县科技成果推广奖。1981年，县油桐科学研究所研究在油桐嫁接育苗中采用“当年播种、当年嫁接、当年成苗出圃的育苗法”得到推广应用。1997年，县多种经营办公室推广应用藤稔葡萄引种及大棚丰产栽培技术。1998年，县实施柑橘高接换种新技术，成活率达80%。

1986年，县水产局、科委在西沪港海区引进海水网箱养殖石斑鱼实验成功。1989年，推广石斑鱼、花鲷等网箱养殖。1997年，在市水产局帮助下，组织大黄鱼养殖繁殖技术研究与推广，在全省率先开展大黄鱼人工繁育，当年获得成功。其后大黄鱼人工育苗和养殖规模不断扩大。1998年，中科院海洋所与象山海旺水产品有限公司开展紫菜育苗、养殖综合加工技术推广。2000年8月，县渔业技术研究所自行设计大浮绳式抗风浪网箱下水，并经受当年台风袭击，取得成功。2003年，全县抗风浪网箱发展到125只，养殖水体30万立方米。2004年，县水产养殖示范推广站开展南美白对虾精养高产技术示范与推广；高塘岛乡农办开展插杆式紫菜养殖技术推广。2005年，开展梭子蟹标准化养殖技术研究、推广。

象山县部分农业科技成果推广情况表

表36-1

项目名称	成　　果
杂交水稻三系制种高产技术的应用推广	象山县种子公司从1976年开始，结合县内气象特点，研究杂交水稻制种的播种差期，促使花期相遇，获得制种高产。经过制种繁育，为全县提供不育系种子。1979年提供10.97万亩的杂交晚稻种子，播种后效果显著，比常规稻每亩可增产102公斤，总产增1074万公斤，1980年提供14.23万亩杂交晚稻种子，平均每亩增产85公斤，总产增1185万公斤。1981年，项目获县科技成果推广奖
大面积推广九二—13系油菜良种	1978年，县种子公司引进九二—13系油菜种，经比品试验，比“480”，“九二”等良种油菜增产极显著，每亩增产50公斤。1979年冬种时，又在多点进行试验，小百丈大队达到亩产163公斤，为最高产量。为加速繁育，推广“九二—13”系种子，在钱仓东屿山、涂茨道人山、大徐甲地弄等大队建立原种繁育基地，并确定在县良种场和民主公社繁育“九二—13”系良种。1980年冬，实现全县统一供种，推广面积2.85万亩，占全县油菜种植总面积的95%，按每亩增产35公斤计算，全县全年增收油菜籽99.75万公斤。1981年，项目获县科技成果推广奖
定山矮白毛大豆推广	定山区农技站针对全区原种秋大豆品种老、产量低的问题，于1972年开始在农家品种黄毛豆中用系统选育法育出一种白毛豆，通过几年品种对比及大面积推广，可比黄毛豆增产20%左右。1977年在全区推广，1980年，全县种植11822亩，平均亩产103公斤，比1976年种的黄毛豆增37%，多收黄豆33万余公斤。1981年，项目获县科技成果推广奖
晚粳“秀水11”、晚糯“祥湖84”推广应用	县种子公司于1986年开始引种嘉兴农科所育成的晚粳“秀水11”和晚糯“祥湖84”优质高产新品种，以替代县内原来种植的抗病能力弱、产量低的晚稻“秀水84”“祥湖47”品种。是年，在大徐、西周、定山、石浦、南庄五区及县良种繁育场各选一点进行区域试验。1987年，继续试种“秀水11”14250亩、“祥湖48”4037亩，区试产量又居首位，大田试种并获高产。1988年，进一步扩大种植面积，两个品种共种10.62万亩，占全县晚稻种植面积的41.2%，当年增产粮食6037吨。1987—1989年，全县推广面积29.4万亩，累计增产粮食1.764万吨，取得显著的经济效益和社会效益。1990年，项目获县科技进步一等奖

续表36-1

项目名称	成果
水稻直播技术推广	1998年6月，县召开水稻旱育抛栽现场会，进行技术培训和推广。2006年4月，全县再次在贤庠镇俞公岙村举办水稻直播现场会，进一步推广水稻直播技术，对到会农户进行技术培训
多效唑等除虫技术推广	为克服以往在晚稻育秧中出现的秧苗生长过速而给移入本田后早返青、早分蘖，以致败苗，影响晚稻稳产高产等问题，县农技推广中心和定山农技站于1987年开始对晚稻秧苗喷施多效唑的试验研究。多效唑是一种生长延缓物质。经多效唑喷施的秧苗，具有控高、促蘖、提高秧苗素质的作用。经过3年，累计在4.8万亩稻田上进行示范试验和推广，掌握多效唑对晚稻秧苗的作用机理及其使用技术，取得较大成效。后该技术在全县晚稻生产中推广应用
频振式杀虫灯、性信息诱捕器推广应用	2005年12月，县应用频振式杀虫灯、性信息诱捕器等农业病虫害无害化治理技术，达到治虫目的经济作物面积31.3万亩，其中水稻14万亩、蔬菜11万亩、柑橘6.3万亩。18个乡镇建立37个非化学防治示范点
柑橘计划密植高产技术	1976年春，县林业特产局在关头大队柑橘场搞计划密植试点。采取开定植沟，在沟内分层施基肥，栽后一两年内尽量使树冠扩大，第三年留春梢、去夏秋梢，可开始少量结果，第四、五年即能进入旺果期，比原来的疏植至少可提前5年进入结果、旺果、收益期。1976年试栽，1.58亩地上栽152株，1978年结果，亩产585公斤，翌年亩产达1995公斤。1980年推广8000亩，占当年总面积的73%。1981年，项目获县科技成果推广奖
油桐嫁接“三当”育苗法	县油桐科学研究所在1981年通过不同嫁接时间、不同嫁接方法、不同接穗来源、不同剪砧时间、不同剪砧高度和砧木剪口封接腊等单项试验，在取得初步结果的基础上，于1982年、1983年连续进行生产性鉴定，成苗率均达80%以上。该技术随即在油桐生产中推广应用
南香杂柑新品种引进、试验及推广	1993年2月，县林业特产推广中心和象山县绿苑果树研究所经过筛选，从日本引进适宜在滩涂柑橘产区发展的南香等18个优质品种，历4年的引种、栽种，建立良种示范园200亩。县科技局受市科技局委托，2005年5月20日，对该项试验组织鉴定，确认其达到国内同类先进水平。后南香等杂柑新品种在全县得到推广种植
灯诱作业技术推广	1970年，试验一组灯光围网，1980年发展到灯光围网24组：灯光对网10组、小灯光对网1组和海蜓灯光船13组。生产上层鱼59869担，产值110万元。该作业技术对渔民在秋汛拖网禁渔期的开辟生产门路，提高渔业产量，增加收入具有很大意义。1981年，项目获县科技成果推广奖
紫菜养殖技术的推广	1986年，县水产局通过壳孢子采苗、丝状体培育和果孢子采苗等技术措施，进行人工养殖紫菜试验，获得成功。后经过总结、示范，推广到全县。项目获县科技成果推广二等奖
对虾人工养殖技术的推广应用	20世纪80年代初，县水产局养殖股会同白岩山盐场，通过虾塘设置、合理放苗、调整饵料和控制水质等关键措施，开展推广对虾人工养殖技术。该技术的推广一度使全县对虾养殖面积达到11200余亩，居全省第二。1984年，项目获县科技成果推广奖
夜间灯光围网围捕水上层鱼群技术推广	1983年8月初，昌国乡半边山渔业社6003号船在应健康船长带领下，改变原有在白天采用灯光围网捕捞水鱼群（上浮）的作业方法，开展夜围网起捕，获得成功。县水产局迅速向全县推广该项作业，当年获得丰收，单产每组平均2876担，单位产量居全省前列，总产创历史纪录

续表36-1

项目名称	成果
网箱养殖石斑鱼研究及生产推广	1986 年，象山渔民仿福建尝试海水网箱养殖。1987 年，县农经委、县水产局、县科委、黄避岙水产养殖等单位组织人员，在象山港内湾、西沪港海区进行海水网箱养殖试验。试验成功后，1989 年，网箱养殖石斑鱼由象山港扩大到三门湾养殖，网箱增到 159 只。1989 年，项目获宁波市科技进步二等奖和农业“丰收计划”三等奖
大黄鱼人工繁殖、养殖技术研究与推广	1997 年，象山县建军高科技水产有限公司在象山港渔贸开发公司海珍品育苗场开展闽、粤东部大黄鱼人工育苗，当年获得成功，育出育苗 130 万尾，为象山县海水网箱养殖大黄鱼提供苗种。2000 年，大黄鱼人工繁殖、养殖技术研究与推广，获市农业丰收一等奖、科技进步二等奖。至 2005 年，全县网箱养殖大黄鱼 1.2 万只，产量 1649.3 吨
深水抗风浪网箱养殖技术推广	1999 年，县海洋与渔业局、象山港渔贸开发公司和宁波市海湾水产苗种繁育中心，在象山港梅花山海区实施抗风浪网箱养殖试验。当年，该批深水网箱经受住 3 次台风和热带风暴的袭击而安然无恙。此后，深水抗风浪网箱养殖规模不断扩大，至 2004 年，深水抗风浪网箱总数达 136 只
南美白对虾高效养殖技术研究与推广	2003 年年初，县水产养殖技术推广站组织实施南美白对虾高效养殖，当年，全县推广面积 1500 亩。2004 年，县科技局以《南美白对虾精养高产技术示范及推广》为题，列入实用科技成果推广项目。养殖面积推广到 4400 亩，总产值 2000 吨，产值 3600 万元，利润 1700 多万元

工业科技成果推广

1980 年，象山耐火材料厂研制船用防潮型硅酸铝耐火纤维制品，通过改进防尘剂、黏结剂的配比和工艺，研制成功 YS-1、YS-2 船用防潮型硅酸铝纤维制品。该产品具有不燃、防尘性能，还有容量轻、耐高温、导热系数小、隔音效果好、抗机械振动、耐化学腐蚀、施工简便等特点。1981 年 12 月，经公安部送四川消防研究所进行不燃性试验，获通过。1982 年，由六机部华东物资配套管理处组织专家鉴定，获浙江省科技成果推广四等奖。20 世纪 90 年代始，制造业和加工业中，电子计算机技术在企业中的应用日益普及。至 2008 年，规模企业基本实现 CAD 软件设计新产品、财务电子信息化操作，工业的自动化、信息化程度大为提高。

工程技术成果推广

20 世纪 80 年代初，象山建筑技术人员在房屋施工中，简化屋盖体系试制成功板架合一轻型屋盖构件——马鞍形屋面板。该面板与三角形屋架比较可节约钢材 50%，自重减轻 30%，节约水泥木材的用量。1981 年，项目获县科技成果推广奖。1984 年，下庄水库发现坝体渗漏，并逐年扩大范围。1986 年被定为危险水库。经综合评价，水库坝体采用劈裂灌浆技术进行防渗加固处理，达到预期效果。该项工程获省水利科技进步二等奖。后在县赤坎水库、鄞县栎斜水库等地推广应用。

第二节　科技项目

1974年4月，建立县科学技术办公室，全县科技计划项目开始有序管理。1978年3月，成立县科学技术委员会，2002年3月改名为县科学技术局。科技项目分级立项，县级科技项目以县科委（县科技局）管理为主。象山组织实施的科技项目主要有科技攻关计划项目、星火计划项目、火炬计划项目、科技成果推广项目、新产品试制计划项目等。同时，象山也配合实施国家及省、市的科技计划项目。县级计划项目部分与国家及省、市计划项目重复。至2008年，先后列入国家级科技计划项目60个、省级14个。20世纪90年代始，因宁波计划单列，省科技经费不下达到宁波市管理的县（市、区），因而无省级科技计划项目，但仍可参加省级科技项目评奖。

科技攻关计划项目

照36-1　天安集团磁性齿轮产业化项目

1974年，承担宁波地区科研项目3项。1975年，省科委下达课题进行“工农-12型船型拖拉机”试制，为象山最早的省级科技攻关项目。1979年，县科技攻关立项19个，其中列入省、地区（市）3个。1981年，县立科研项目49个，列入国家中试项目1个、地区1个。科技攻关项目扩大到农业、林业、畜牧、水产、工业、工程、医学等领域。1984年，县立科研项目增至57个，列入国家级科研项目1个、省级科研项目4个、市级科研项目6个。1985年，县立科研项目45个，列入省级科研计划项目3个，市级科研计划项目5个。1986年，县立科研项目36个，列入省级科研计划项目3个，市级科研计划项目8项。1990年，县立科研项目50个，列入国家级科研项目1个、省科研计划项目2个、市级科研及新产品开发计划项目15个。1992年，县立科研项目18个、县级新产品试制计划9个，列入国家级科研计划项目7个、市级科研及新产品试制计划项目32个。1993年，县立科研项目32个，列入国家级科研（攻关）计划项目5个、市科研及新产品试制计划项目37个。1994年，县立科研项目30个，列入国家级重点新产品计划项目1个、市科技攻关计划项目1个、市新产品试制计划项目54个。1995年，县立科研项目65个，列入国家级重点新产品计划项目8个、市级科技攻关计划项目2个、市新产品试制计划项目47个。1996—1999年，列入国家级科研项目4个，列入市级科技攻关计划项目7个。2000—2008年，列入国家级科技攻关计划项目6个、市级5个。

星火计划项目

1986年，国家科委实施科技星火计划，省、市、县相应组织实施。是年，列入国家级星火计划项目1个、省级项目3个、市（地区）级项目5个、县级项目36个。1987年，列入国家级星火计划项目1个、省级项目2个、市（地区）级项目2个、县级项目30个。1988—1990年，列入国家级星火计划项目1个、市（地区）项目3个、县级28个。1991—1995年，列入国家级星火计划项目1个、市级项目8个、县级项目7个。1996年后，县级星火计划项目均纳入县科研计划或新产品试制计划项目中。1996—2000年，列入国家级星火计划项目3个、市级项目2个。2001—2005年，列入国家级星火计划项目4个。2008年，列入国家级星火计划项目3个。

火炬计划项目

1988年8月，国家科委组织实施火炬计划，省、市、县相应组织实施。1991年，列入市级火炬计划项目2个。1992—1994年，列入市火炬计划项目4个。1995年，列入国家级火炬计划项目2个。1996年，列入国家级火炬计划项目1个。1998年，列入国家级火炬计划项目1个。2000年，列入市火炬计划项目2个。2002年，列入国家火炬计划项目1个。2006年，列入国家火炬计划项目2个。2007年，列入国家火炬计划项目3个。2008年，列入国家级火炬计划项目2个。

第三节　科技获奖成果

1975—2008年，象山县设科技成果奖，共授予奖励378项，其中：一等奖41项，二等奖103项，三等奖163项，四等奖71项。其间，获得市级以上科技成果奖项153项。其中，国家级奖项12项，省级奖项53项。1985年，“GSHJ高水基锥阀及其系统”分获省、市人民政府科技成果二等奖、一等奖。2008年，“三疣梭子蟹人工育苗养殖和加工技术研究”获省人民政府科技进步一等奖。

1975—2008年部分年份象山县市级以上获奖科技成果情况表

表36-2

成果名称	研制单位	主持人	授奖年份	授奖单位	奖励类别
工农—12型船形拖拉机	象山县船式拖拉机办公室、象山县农机厂等	肖永康	1975	省农机局	荣誉奖
HD无机防火涂料	象山县无机轻体板材厂	孟清平等	1979	省人民政府	科技成果二等奖
膨胀珍珠岩一次烧成釉化和不结炉的工艺研究	象山县保温材料厂	谢家槐等	1979	省人民政府	科技成果三等奖
DT系列电动推杆	象山县电动推杆厂	林建天	1980	水电部	优秀新产品奖
东方—12型船式拖拉机	浙江省农业大学农机系船拖研究室、象山县船拖办公室、象山县农机修造厂	张治国等	1980	省人民政府	科技成果二等奖
全国柑橘罐藏优良单株选育石浦73-3	浙江省农业大学加工教研组、石浦柑橘场	徐梅文 陈春福	1980	省人民政府	科技成果二等奖
船舶防火甲板敷料芯材	象山县无机轻体板材厂	朱紫麟	1981	省人民政府	科技成果二等奖

续表36-2

成果名称	研制单位	主持人	授奖年份	授奖单位	奖励类别
早稻温室催芽的推广和应用	象山县农业局农技股	沈吉太 叶金宝等	1981	省农业局	科技成果推广三等奖
CGW－1型超高温瞬时灭菌机	象山县食品设备制造厂	郭加宁 沈绪根 张建平	1983	国家经委	新产品金龙奖
				省人民政府	科技成果三等奖
JZP-40型洗灌机	象山县轻工设备制造厂	庄永乐、竺龙、王维光、郑瞻德	1983	国家经委	新产品金龙奖
				轻工业部	科技成果四等奖
RP6L20型超高温瞬时灭菌机	宁波食品设备制造总厂	郭加宁、沈绪根、张建平	1983	国家经委	新产品金龙奖
			1984	省人民政府	科技进步三等奖
HW-75/220型恒温电烙铁	象山县电子元件厂、象山县二轻工业公司	薛观亚、林圣耀、胡传清	1983	轻工业部	科技成果四等奖
YS－1、YS－2船用防潮型硅酸铅纤维制品	象山县耐火材料厂	欧正绪等	1983	省人民政府	科技成果推广四等奖
茶叶矮化密植速生栽培技术推广	宁波市林特局、象山县林特局	魏国梁、 项宝连等	1983	省农业厅	科技成果推广二等奖
JN603、JN604型A级舱壁	国家船检局上海办事处、江南造船厂、上海船舶设计院、象山耐火材料厂	周宗仪、王永瑗、倪家骏、洪周李、欧正绪、徐安全	1983	宁波地区行署	科技成果二等奖
XN－3型干法成型陶瓷棉及制品	国家船检局技术委员会消防分会、象山县耐火材料厂、象山县科委	周宗仪、崔国安、洪周李、欧云绪、鲍予阳、张幼祥、陆传国	1983	宁波地区行署	科技成果二等奖
EQ140平钢片增强型石棉板加强型气缸垫	象山第二汽车配件厂（象山缸垫厂）	李平、孙建林、王益民、李宝瑄	1984	省人民政府	科技成果三等奖
CFES－1型截瘫功能性电刺激控制器	象山仪器厂	张志芳、程心恒、黄铭忠、陈云勤、黄伦钰	1984	省人民政府	科技成果三等奖
LDB-W、LDB-H型电子蠕动泵	象山县定山仪器厂	华强、徐寿春、邱兴德、黄道兴	1984	省人民政府	科技成果四等奖
油桐嫁接“三当”育苗	象山县油桐科学研究所	张世渊	1984	省林业厅	科技进步三等奖

续表36-2

成果名称	研制单位	主持人	授奖年份	授奖单位	奖励类别
船舶复合型耐火甲板敷料	上海江南造船厂、象山无机轻体板材厂	王永瑗、周宗仪、王琪、余永斌、朱紫麟	1985	国家科委	科技成果三等奖
GSHJ高水基锥阀及其系统	西安重型机械研究所、象山液压件二厂	熊律民、朱成海、施志定、吴祥仁	1985	省人民政府	科技成果二等奖
				市人民政府	科技成果一等奖
		熊律民、汪开成、卜纪元、朱成海、李江河	1987	国家科委	国家科技进步二等奖
				机械工业部	科技进步二等奖
JLDY－1型数字式泄漏仪	北京家用电器研究所、象山县光电仪器厂	魏克勤、盛明山	1985	省人民政府	科技成果四等奖
象山县水利科技档案利用研究	象山县水利局	张钦荣	1985	省水利厅	科技成果三等奖
端面小直径分磁槽深加工工艺	象山气动元件厂	戴海民、鲍忠林、陈志国	1985	省人民政府	优秀QC成果二等奖
象山县内陆水域渔业资源调查和渔业区域研究	象山县水产局养殖股、象山县水电局、县水产公司、县科委	周科勤、金孝岳、刘国贤、袁新华、袁定春、王光明、钟冠生	1985	市农业区域委员会	科技成果二等奖
RP8C1型鲜奶软包装机	轻工业部西安轻工机械设计研究院、宁波食品设备制造总厂	袁丁、林双、张照银、张为杰、顾建林	1987	省人民政府	科技成果四等奖
				市人民政府	科技成果一等奖
			1988	轻工业部	科技进步三等奖
新围海涂的改良利用研究	浙江省农业科学院土肥所、象山县水利局、东陈乡政府	董炳荣、何守成、钟根波、董福贵	1987	省人民政府	科技进步四等奖
浙江中部渔场近海机帆船拖网作业技术推广	象山县海洋捕捞技术指导站、浙象渔51001渔船	金祥康、吴光茂、潘惠堂、吴廷椙	1987	省人民政府	科技进步四等奖
FDX型空气变形纱机及FD系列喷嘴	象山纺织设备厂、中国纺织大学变形纱研究所	谢立淼、王幸文、张祖德、王善元、吴健元	1987	市人民政府	科技进步三等奖
Z-3型船用无机轻体板材	宁波市无机轻体板材厂	朱紫麟、王永瑗、余文炳、芦赛英	1987	市人民政府	科技进步三等奖
XNQ型岩棉制品	上海耐火材料厂象山耐火纤维分厂、国家建材局玻璃纤维研究设计院、上海沪东造船厂	陈岳高、罗文勤、陈志国	1987	市人民政府	科技进步四等奖

续表36-2

成果名称	研制单位	主持人	授奖年份	授奖单位	奖励类别
RP7D2型就地清洗设备	宁波食品设备制造总厂、轻工业部杭州轻工机械设计研究院	赖云来、张欣洪、张建平、沈玄德、周连芳	1988	轻工业部	科技进步三等奖
				市人民政府	科技成果四等奖
微小流量液压元件及其应用系统开发	浙江大学、同济大学、象山液压气动元件公司、液压件二厂	史志祥、张光琼、瞿美琴、谢建春	1988	省人民政府	科技进步三等奖
XGD-PH3熏蒸技术	宁波市粮食局贮藏科技小组、余姚市粮食局、慈溪市观城粮管所、象山县粮食局	张家海、汤元昶、余工绳、林宝生、戴敬宗	1988	省人民政府	科技进步三等奖
				市人民政府	科技进步三等奖
含氮化肥对甘薯、马铃薯产量和品质影响的研究	浙江农业大学土化系、舟山市定海区生资公司、象山县农业局、宁海县农业局、舟山市农贸局	马国瑞、韩国章、李春九、石伟勇、张家正	1988	省人民政府	科技进步三等奖
湿地松、火炬松引种技术研究	浙江省国外松协作组、中国林科院亚林所、浙江省林业厅种苗站、余杭县长乐林场、象山县林场、安吉县林科所	刘昭息、高林、李锦清、陈峥、田成法	1988	省人民政府	科技进步三等奖
GZ-2组合浆料	象山纺织浆料厂、上海市纱织科学研究院、广西大学	许郁亮、叶国贞、俞均涛、李勤芬、潘万顺、郑根土、方巨生	1988	省人民政府	科技进步四等奖
				市人民政府	科技进步三等奖
SDQ-A型射钉工具器	宁波巨力机械设备工具厂	应康成、叶秀定	1989	省人民政府	科技进步四等奖
				市人民政府	科技进步三等奖
LHW-15型双卷筒直槽式无极强调度绞车	象山县船厂、能源部华北电力设计院	冯绍君、吴人健、伊立、刘景堃、朱小土、潘海溢	1989	市人民政府	科技进步三等奖
沪191株麻疹减毒治疫苗免疫持久性研究	象山县防疫站、卫生部上海生物制品研究所、宁波市卫生防疫站、浙江省卫生防疫站	陈志慧、任西根、杨惠英、吴霆	1989	市人民政府	科技进步四等奖

续表36-2

成果名称	研制单位	主持人	授奖年份	授奖单位	奖励类别
L14F0.25TP调温节水阀	象山县新型精铸厂	钱宏、孙中元、虞开发	1989	市人民政府	星火奖
					科技进步三等奖
				省人民政府	科技进步三等奖
茶叶高产模式栽培技术	宁波市林特局、鄞县林业局、象山县林特局	魏国果、徐孟孟、刘充煊、沈祖贻、孙平、项保连等	1990	省农业厅	科技推广奖
象山港海水网箱养殖石斑鱼研究试验及生产推广	象山县水产局、象山港渔贸开发公司、象山县林珍品养殖场、象山县新福联营海水场	邹瑞平、周科勤、周小国、严兴苗、周华国	1990	市人民政府	科技进步二等奖
棉针织罗纹布织造工艺改革	象山县针织厂	周金梅、干国成、干国富、傅金国、陈照	1990	市人民政府	科技进步三等奖
象山县猪寄生虫防治技术研究及推广	象山县畜牧兽医工作站	徐步洲、吴水金、苏珍南、王忠、戴文辉	1990	市人民政府	科技进步三等奖
下庄水库折弯土坝劈裂灌浆技术	象山县水利局、浙江省水利水电科学研究所、宁波市水利局水利工程处	戴红忠、裘建平、许立臻、顾洁民、沈伯英	1990	市人民政府	科技进步四等奖
BTF-30型塑料软管充填封尾机	宁波神鱼轻工机械厂、轻工业部包装科学研究所	王宗钵、张为杰、窦天国、戚伟刚、余成夫	1990	市人民政府	科技进步四等奖
XHY-01新系列中高压板式液压阀	象山液压件厂、大连组合机床研究所	郑涛、李志明、翁乐远、陈健	1990	市人民政府	科技进步四等奖
HS耐高温涂层吹氧管	象山炼钢吹氧管厂	韩辉之、林建天、鲍先江	1990	市人民政府	科技进步四等奖
HY-10型无线电话机	宁波市三丰电子有限公司	林利兴、林利富、蒋理真、柴建国	1990	市人民政府	科技进步四等奖
FNJ-10户内高压产气式负荷开关	象山高压电器厂	杜锡仁、练富	1991	省人民政府	科技成果三等奖
GG-10（F）环网高压开关站	象山高压电器厂	蒋善定、杜锡仁、练富	1991	市人民政府	科技成果三等奖
集中润滑液压站	象山县润滑元件厂	王方国、周全明、唐明建、黄其忠、傅美丽	1991	市人民政府	科技成果三等奖

续表36-2

成果名称	研制单位	主持人	授奖年份	授奖单位	奖励类别
RBSR012－75型自动回转式塑料杯灌装机	宁波食品设备制造总厂	陈文浩、李贺山、张竹叶、沈绪根、周梅良	1991	市人民政府	科技成果三等奖
SCH调味料	象山县啤酒厂	伊祥和、陈根国、俞满、徐祥和、范文山	1991	市人民政府	科技成果四等奖
6NF－96型碾米机	象山县农机三厂	郑加乃、郑加林、苏复兴、孙明敏、刘辉	1991	市人民政府	科技成果四等奖
象山县工业结构优化研究	象山县科委	曹明霖、陆传国、林桦、周恺秉、马威	1991	市人民政府	科技成果四等奖
象山籍在国内外人士档案的建立及其应用	象山县档案局	许土根、王笑龙沈颖洪	1991	国家档案局	科技进步四等奖
耐高温涂层吹氧管设备及产品开发	宁波灵港实业公司	林平立、鲍先江	1992	省人民政府	星火成果二等奖
象山港内湾海区网箱养殖石斑鱼技术	象山县水产局、省海洋水产研究所、象山县海珍品养殖场	郑岳夫、孙忠、周洪、周科勤、吴建义、陈云	1992	省人民政府	星火成果优秀奖
			1993	市人民政府	科技进步三等奖
柑橘品种优化及其配套技术研究推广	—	—	1992	省林业厅	科技进步一等奖
			1994	农业部	科技进步三等奖
FNJ-10户内高压产气式负荷开关	象山高压电器厂	杜锡仁、练富	1992	市人民政府	科技进步二等奖
蜂蜜精炼成套设备	宁波食品设备制造总厂、宁波食品设备研究所	郭加宁、张竹叶、张世方	1992	市人民政府	科技进步三等奖
工艺竹席设备研究及生产工艺	象山县工艺竹席厂	方小云、郑根富、方林、章道建	1992	市人民政府	科技进步三等奖
JYP28型水平叶片式硅藻土过滤装置	象山轻工总厂、轻工业部杭州轻机所	竺龙、王维光、郑瞻德、韩峰、张绵发、梁仲举、张涤宇	1992	市人民政府	科技进步三等奖
特种刀模钢刀	宁波特种刀模厂、象山流量计厂	周献悦、陈成学	1992	市人民政府	科技进步三等奖

续表36-2

成果名称	研制单位	主持人	授奖年份	授奖单位	奖励类别
FDW50型卧式不锈钢多级离心泵	象山医疗精密仪器厂	杨修国、俞志高、冯岳松、吕卫国、应兴跃	1992	市人民政府	科技进步三等奖
LL智能化腰轮流量计、CLL腰轮流量计	象山流量计厂	李平、张宏、仇孝南、陆永浩	1992	市人民政府	科技进步四等奖
钻杆自动刮泥装置	象山通用机械厂	史定淼、徐文才、俞爱国、黄兆生、倪永来	1992	市人民政府	科技进步四等奖
DLF-5两性皮革加脂剂	象山助剂厂、轻工业部丹东轻化厂科学研究所	应振贤、蔡国民	1992	市人民政府	科技进步四等奖
名优茶开发配套技术及其标准化研究	宁波市林业局特产处、宁海县林特技术推广总站、象山县林特技术推广总站、余姚市林特技术推广总站、鄞州县林业局特产股	魏国梁、王开荣、陈祥珠、项保连、徐孟渔	1993	市人民政府	科技进步三等奖
小鹅瘟弱毒疫苗、高免血清、免疫蛋黄的试验及防治	象山县畜牧兽医工作站	王勇、吴水金	1993	市人民政府	科技进步三等奖
绿黄隆除草技术的研究及应用	宁波市植保站、奉化市病虫观察站、余姚市植保站、宁海县病虫观察站、象山县植保站	戴雪琴、王雨民、张玲玲、杨兰英、罗竣靖	1993	市人民政府	科技进步三等奖
宁波土壤锌含量调查与锌肥的试验推广	宁波市农业局土肥站，象山县、宁海县、奉化市、江北区农业局土肥站	周建民、黄鸣毅、竺宏康、陆惠斌、董爱平	1993	市人民政府	科技进步三等奖
象山港内湾海区网箱养殖试验	象山县水产局、浙江省海洋水产研究所、象山县海珍品养殖场	郑岳夫、孙忠、周洪、周科勤、吴建义	1993	市人民政府	科技进步三等奖
LD500-4-ZCP多效蒸馏水机	象山县海鹤制药设备厂	应传宝、马庆华、黄伦钰、王艳梅、王高贤	1993	市人民政府	科技进步三等奖

续表36-2

成果名称	研制单位	主持人	授奖年份	授奖单位	奖励类别
FN5-10R（L）户内交流高压负荷开关—熔断组合器	宁波天安集团高压电器厂	蒋善定、陈庆嘉、林涛、童擎川、宋立国	1994	省人民政府	科学技术进步优秀奖
			1995	市人民政府	科技进步三等奖
GF-20/4 灌装封口机	宁波天峰机械厂	谢立森、崔广通、管文琪、罗相洲、贾岳城	1994	市人民政府	科技成果二等奖
纬编色织牛筋拉架织物及其制品	象山县针织厂	傅金国、周永剑、应信荣、王启明、王成初	1994	市人民政府	科技进步三等奖
ZST 型玻璃球洒水喷头	浙江省象山第一消防器材厂	蔡银连、周伟方、张道德、伊佳珍、施海凤	1994	市人民政府	科技进步三等奖
浓甲硝唑含漱食	象山口腔保健厂、宁波第二制药厂、宁波药品检验所	章崇禹、吴秀琴、董宗华、应必文	1994	市人民政府	科技进步三等奖
HT-PP6 改性聚丙烯料	象山华众工程塑料厂	周辞美、卢军、周晓峰、周敏峰、周汝青	1994	市人民政府	科技进步三等奖
三千亩旱地连续三年超吨粮	原大徐区农技站；原涂茨、东港、珠溪农科站	李允植、包启彪、徐友木、郎祖鹿、应金定	1994	市人民政府	科技进步三等奖
山羊杂交改良试验	象山县畜牧兽医工作站；宁海县、奉化市畜牧兽医站	史济湖、李贤豪、马振宴、陈维虎、钱涛文	1994	市人民政府	科技进步三等奖
JR303 系列自动间隙润滑装置	象山润滑元件厂	韩峰、黄其忠、傅美丽、唐明华、陈瑞芳	1994	市人民政府	科技进步优秀奖
DR 导轨自动润滑装置	象山润滑元件厂	周全明、唐明连、朱焕龙、李根土、陈瑞平	1994	市人民政府	科技进步优秀奖
马鲛鱼流网试验及推广	象山县水产局、象山县旦门渔业协会、象山县爵溪渔业协会，浙象渔 70024 船、70017 船	金祥康、励茂平、林祥金、楼志军、郑明灯	1994	市人民政府	科技进步优秀奖
3M9390 磨汽门机	宁波精密机床厂	施志定、潘邦颜、周声跃、石大伟	1994	市人民政府	科技进步优秀奖

续表36-2

成果名称	研制单位	主持人	授奖年份	授奖单位	奖励类别
晚粳新品种宁67选育和推广	宁波市农科所稻麦育种研究室、宁波市种子公司；鄞县、象山、江北等种子公司	陈国、沈国泰、陈效治、甘松林、赵新立、薛中强、黄家世、肖浩永、金林灿	1995	市人民政府	科技进步一等奖
堵港蓄淡水库排咸技术研究应用	宁波市水利局机电排灌站、象山县水利局机电工管站	汪世国、史伟圣、王高正、顾洁民、朱江平	1995	市人民政府	科技进步二等奖
DG500 - 180TG（改进型）高效锅炉给水泵	象山兴华电力设备厂、华东电力试验研究所	邵关兴、朱福龙、成福龙、吴国兴	1995	市人民政府	科技进步二等奖
ND系列硬齿面圆柱齿轮减速器	象山机械厂	刘惠田、王忠强、吕执言、陈全胜、张根夫	1995	市人民政府	科技进步二等奖
CHJ汽车智能记录器	宁波华东家用电器厂	陶善国、黄伦钰、张德祖、任国勇、周伟明	1995	市人民政府	科技进步二等奖
DX型多效蒸馏水机	象山医疗精密仪器厂	冯岳松、林屹、于程明、王建华	1995	市人民政府	科技进步二等奖
茶叶生产快速高效综合技术应用研究和推广	宁波市林业局特产处、北仑区特产技术推广站、宁海县林业特产技术推广总站、象山县林特站	魏国梁、王开荣、高镇宁、陈洋珠、项保连	1995	市人民政府	科技进步二等奖
提高浙东白鹅繁殖性能的技术研究	象山县畜牧兽医工作站	陈延龄、朱红霞、陈维虎、王亚琴、陆传国	1995	市人民政府	科技进步二等奖
象山县畜牧业产业化经营模式探讨	象山县畜牧兽医工作站	陈维虎、陆传国、陈俊成、王亚琴、罗志豹	1995	市人民政府	科技进步四等奖
ZFND - 10/630、ZFN - 10（RD）户内交流高压真空负荷开关-熔断器组合电器	宁波天安集团象山高压电器厂	蒋保民、宋立国、胡保国、郑美华	1996	市人民政府	科技进步三等奖
SC8系列树脂绝缘干式电力变压器	宁波天安集团股份有限公司特种变压器厂	蒋善文、朱永利、姚在兵、李立新、胡敏之	1996	市人民政府	科技进步三等奖

续表36-2

成果名称	研制单位	主持人	授奖年份	授奖单位	奖励类别
异质同恢的密阳46系列组合试验示范和推广	宁波市种子公司、象山县种子公司、宁海县种子公司、奉化市种子公司	郑明昌、应和平、董家权、黄家世、干焊	1996	市人民政府	科技进步三等奖
ZBW（N）系列-35型组合式变电站	宁波天安集团象山高压电器厂	蒋善定、叶树新、杨新荣、蔡明定、王志冠	1998	省人民政府	星火成果二等奖
				市人民政府	星火成果一等奖
SC8系列35kV三相树脂绝缘干式电力变压	宁波天安集团象山特种变压器厂	蒋善文、朱永利、夏友权	1998	省人民政府	星火成果二等奖
				市人民政府	星火成果二等奖
3GP注蒸汽锅炉给水泵	宁波永泰公司高压泵厂	陈明海、张秋英、徐怀仁、励仁海、陈元	1998	市人民政府	科技进步二等奖
宁波市荒山坡低产林地综合开发利用	宁波市林科所、象山县林业局、鄞县林业局、奉化县林业局	徐维坤、何式定、周方良、何日初、江尤彪、褚余庭、顾国琪、王金娣	1998	市人民政府	科技进步二等奖
浙江海区条斑紫菜人工养殖技术的研究	宁波大学、象山县水产局、普陀渔委	裴鲁传、骆其君、费志清、马斌	1998	市人民政府	科技进步二等奖
杂交晚粳新组合七优7号选育的推广	宁波市农科所、宁波市种子公司；慈溪市、象山县、宁海县种子公司	张才德、王晓燕、马荣荣、陆永法、朱鸿斌	1998	市人民政府	科技进步三等奖
HXGN-10箱式交流金属封闭六氟化硫开关设备	宁波天安集团象山高压电器厂	盛林志、励忠祥	1998	市人民政府	科技进步优秀奖
沿海水工砼结构腐蚀破坏的修复技术研究	宁波高等专科学校、宁波水利局、象山县水利局、镇海区水利局、北仑区水利局	干伟忠、王高明、劳均灿、王硕威、程荣源、余振美、张文戈	1999	市人民政府	科技进步二等奖
美洲斑潜蝇发生规律及防治技术	宁波市植物检疫站、象山县植物检疫站、宁波市蔬菜副食品办公室、浙江农技师专、镇海区植物检疫站	范谷鸣、杨兰英、何永喜、任善于、徐富康、吴隆星、水旭东	1999	市人民政府	科技进步三等奖

续表36-2

成果名称	研制单位	主持人	授奖年份	授奖单位	奖励类别
海水倒灌农田监测及防水技术研究	宁波市土肥站、宁海县土肥站、象山县石浦镇农技站、鄞县土肥站、北仑区农技推广总站	陆正松、叶天峰、陈继华、贺皓、董爱平	1999	市人民政府	科技进步优秀奖
水稻直播高产配套技术及其应用	宁波市农业局种植业站、宁波市农科所、邱二村、鄞县宁海农业技术中心(总站)	陈高深、陆洪贵、潘贤志、周洪、叶培根	1999	市人民政府	科技进步优秀奖
超长箱型预应力外环梁施工新技术	宁波华丰建设集团股份有限公司	李岳定、华锦耀、程金洛、焦俭、于滨、俞才兴、方美才、李保定、王泉根、罗海	2000	省人民政府	科技进步三等奖
KFK、KFU汽车底盘自动润滑系统	宁波市三浪润滑元件有限公司、浙江大学、象山二轻局	韩峰、黄其中、周全明、李根土、黄伦钰	2000	省人民政府	科技进步优秀奖
宁波农业环境污染现状研究	宁波市农业环境监测站、宁波市蔬菜副食品办公室、宁波市林科所、宁波市水产所、宁波市畜牧兽医站、宁波市各县(市)区土肥站	赵玲、董爱平、金武昌、马永军、杨辉、张硕、陆正松	2000	市人民政府	科技进步二等奖
大黄鱼人工繁殖养殖技术研究及推广	宁波市海洋与水产局、象山县水产局、宁波市水产科技推广站、宁波市海湾水产苗种繁育中心、奉化市水产局、宁海县水产局、北仑区水产局、宁波市水产研究所、宁波市象山大目涂经济开发总公司	练兴常、周科勤、郑岳夫、徐凡土、顾增余、伊祥华、郑根兴	2000	市人民政府	科技进步二等奖
粮棉油等农作物全价肥的应用	浙江万里学院生命科学系、宁波市农科所农艺室、慈溪市棉科所、鄞县农技推广中心、余姚市农业局、象山县农技推广中心	周淑惠、俞信光、王才平、洪均孟、方纪苗、周书军、黄根元	2000	市人民政府	科技进步优秀奖

续表36-2

成果名称	研制单位	主持人	授奖年份	授奖单位	奖励类别
泥蚶中间培育技术研究与推广	宁波市水产研究所、象山渔业技术研究所	施祥元、张振敏、周洪、施慧雄、郑凯宏	2000	市人民政府	科技进步优秀奖
抛栽水稻生态指标与平衡施肥技术研究	宁波市土肥站、宁波市农科所、镇海区农技总站、奉化市农技推广中心、余姚市农技总站、北仑区农技总站、象山县农技推广中心	陆正松、王美英、金武昌、董爱平、庄亚其、董珍娣、石普芳	2000	市人民政府	科技进步优秀奖
ZW（VT3）－12户外柱上真空断路器	宁波天安集团股份有限公司	冯保明、李岳定、方美财、于滨、史洪福、焦俭、华锦耀、徐春祥	2001	省人民政府	科技进步三等奖
悬索挑篷钢屋盖施工新技术	宁波华丰建设集团股份有限公司、中国建设技术开发总公司、中国船舶工业集团公司上海船厂、浙江东南网架集团有限公司、浙江省建筑设计研究院	李岳宾、方美财、于滨、史洪福、焦俭、华锦耀	2001	省人民政府	科技进步三等奖
			2001	市人民政府	科技进步二等奖
中熟晚粳新品种甬粳18选育和推广	宁波市农科院作物所、宁波市种子公司、余姚市种子公司、象山县种子公司等	肖洗永、裘尧军、张松柏、钟志明、应和平、宣裕吉、曹德军等	2001	市人民政府	科技进步一等奖
SC（B）9型10千瓦三相电机	宁波天安集团股份有限公司	朱永利、夏友权、余宗金、董华、仇宏海、胡敏之	2001	市人民政府	科技进步三等奖
XGT1-12箱型交流金属封闭开关设备	宁波天安集团股份有限公司	朱佩龙、刘瑞泉、蒋善定	2001	市人民政府	科技进步优秀奖
ZW智能遥控型户外高压真空断路器	宁波日升电器制造有限公司	尚永恩、黄汴、樊建荣、朱成	2002	市人民政府	科技进步二等奖
特种野猪培育及养殖技术研究	宁波南方野生动物养殖有限公司	杨永明、王克振、唐素娟、顾福田、赖春花	2002	市人民政府	科技进步二等奖
			2003	省人民政府	科技进步二等奖

续表36-2

成果名称	研制单位	主持人	授奖年份	授奖单位	奖励类别
ZHW-12/T630-20户外组合式交流金属封闭环网开关设备	宁波天安（集团）股份有限公司	洪如钢、张树、周苏航、虞永昌	2002	市人民政府	科技进步二等奖
茶树季周期栽培技术研究与应用	宁波市林业局、宁海县农林局林特总站、奉化市茶业协会、余姚市农林局、象山县农林局林特总站	王开荣、陈洋珠、方乾勇、林伟平、朱逢秋、莫淑茜	2002	市人民政府	科技进步三等奖
宁波森林资源研究	宁波市林业局、余姚市农林局、象山县农林局、宁海县农林局、慈溪市农业局、镇海区农业局、奉化市农林局、鄞州区农林局、江北区农林水利局、北仑区农林局、宁波市林场	王志清、汪来德、汪国云、胡东旭、竺建定、管剑锋、苗国丽、顾柳生、殷志浩、钱明荣、陆志敏	2002	市人民政府	科技进步三等奖
波尔山羊的引进繁育与杂交利用研究	宁波市畜牧兽医站、象山县畜牧中心、奉化市畜牧中心、宁海县畜牧中心、余姚市畜牧中心	徐震宇、陈维虎、曾宏杰、王宗沛、陈晓青、缪国存、石吉天、徐宝芳、刘祖植	2002	市人民政府	科技进步优秀奖
杨梅采后寿命和低温节能运输保鲜的研究	浙江大学、仙梅实业有限公司	席屿芳、罗皓、蒋益红、钱皆兵、郑胜华、王明建、陈子敏	2003	省人民政府	科技进步三等奖
粮食中伏马菌素污染及产生源综合研究	浙江省疾病预防控制中心、中国疾病预防控制中心、台州市疾病预防控制中心、象山县疾病预防控制中心、嘉兴市疾病预防控制中心、余姚市疾病预防控制中心	王志刚、童哲、程苏云、刘秀梅、葛素君、林朝、任锦玉	2003	省人民政府	科技进步三等奖

续表36-2

成果名称	研制单位	主持人	授奖年份	授奖单位	奖励类别
LW39-126/T3150-40型户外交流高压瓷柱式六氟化硫断路器	宁波天安集团股份有限公司	龚晨、殷志康、杨怀宇、张奇伟、王海明	2003	市人民政府	科技进步二等奖
			2003	省人民政府	科技进步三等奖
养殖大黄鱼脱脂加工研究及产业化开发	象山金宏发展公司、宁波市水产研究所、宁波大学	金国、段青源、娄永江	2003	市人民政府	科技进步二等奖
		金国、段青源、娄永江、杨华、周湘池、黄晓春、莫意平、周洪飞、张娟	2006	省人民政府	科技进步三等奖
近海（深水）抗风浪网式软网箱养殖技术研究	象山县海洋与渔业局、象山县渔业技术研究所、象山港渔贸开发有限公司	郑岳夫、吴寅、郑凯宏、沈贤松、石国珍、方跃、陈挺	2003	市人民政府	科技进步优秀奖
深水网箱主要养殖鱼类实用饲料及喂养技术研究	浙江万里学院、象山县渔业技术研究所	钱国英、朱秋华、郑岳夫、陈忠法、汪财生	2004	市人民政府	科技进步二等奖
DBW1－12型地埋式（箱式）变电站	宁波天安集团股份有限公司	钱琮、杨新荣、刘晓曲	2004	市人民政府	科技进步二等奖
锂离子二次（LICB）电池芯片	宁波华天锂电池科技有限公司	陈华海、崔佳、余浩、王昕、别永合、张浩、赵伯元	2004	市人民政府	科技进步三等奖
杨梅精深加工系列产品的开发	宁波永成酒业有限公司、浙江大学	陈健初、叶兴乾、樊伟光、谢永成、陆传雨、张庆波、马孝先	2004	市人民政府	科技进步三等奖
象山红柑橘新品种选育及推广	象山县林特技术服务中心、象山县晓塘乡林业工作站、象山县鹤浦镇林业工作站	钱皆兵、陈子敏、杨家栋、杨荣曦、张全幸、龚秀成、洪增米	2004	市人民政府	科技进步三等奖
DXG-40.5（Z）/T1250-25户内气体绝缘金属封闭开关设备	宁波天安集团股份有限公司	张树、周苏航、洪如钢	2004	市人民政府	科技进步三等奖

续表36-2

成果名称	研制单位	主持人	授奖年份	授奖单位	奖励类别
鹅草牧业技术体系研究及产业应用	象山县浙东白鹅研究所	—	2005	市人民政府	科技进步二等奖
杨梅良种区域化发展与配套技术研究与推广	象山县林业特产技术推广中心	—	2005	市人民政府	科技进步三等奖
奶牛胚胎移植技术研究	宁波市畜牧兽医总站、宁波科之家禽胚胎科技有限责任公司、宁波市牛奶有限公司、象山县畜牧中心	朱红霞、曾宏杰、王国龙、严竞天、徐震宇、蒋荣翔、陈维虎	2005	省人民政府	科技进步三等奖
			2006	市人民政府	科技进步三等奖
南方农区优质高产牧草产业化关键技术的研究	象山县畜牧兽医技术推广中心	—	2005	省人民政府	科技进步三等奖
浙东白鹅提纯复壮及原种基地建设	象山县畜牧兽医技术推广中心、宁波市畜牧兽医总站、东陈乡农办、浙江大学	陈维虎、朱红霞、王玉琴、徐震宇、俞照正、项益峰、鲍明道、翁惠明、罗志豹	2005	市人民政府	科技进步二等奖
畜禽粪便无害化处理及有机肥开发	宁波市鄞州绿农肥料有限公司、宁波市农业技术推广总站、宁波市农机总站、宁波市鄞州区农机中心、象山县农产品质量监督检验检测中心、宁波市畜牧兽医总站	张硕、陆一平、杨筠文、陈国华、陆正松、朱鹏飞、曾宏杰、王飞、徐菊芬	2005	市人民政府	科技进步二等奖
TA26变电站综合自动化系统	宁波天安（集团）股份有限公司	程晓弘、欧阳道生、关德荣、徐运萍	2005	市人民政府	科技进步三等奖
LHPFJ激光焊缝蜂窝夹套锥形发酵罐	宁波乐惠食品设备制造有限公司	徐尧润、谌飞、仇海龙、武仁林	2005	市人民政府	科技进步三等奖
XGT5-40.5（Z）/T1250-25箱式气体绝缘金属封闭开关设备	宁波天安（集团）股份有限公司	朱佩龙、张利峰、陈荣、殷成康	2005	市人民政府	科技进步三等奖

续表36-2

成果名称	研制单位	主持人	授奖年份	授奖单位	奖励类别
用于MP3的锂离子电池	宁波华天锂电池科技有限公司	陈华海、崔佳、余浩、别永合	2005	市人民政府	科技进步三等奖
			2006	省人民政府	科技进步三等奖
家禽“二瘟一病”免疫方法的研究与推广	宁波市畜牧兽医站、余姚市畜牧兽医服务中心、慈溪市畜牧兽医服务中心、奉化市畜牧兽医服务中心、象山县畜牧兽医服务中心	孙泽祥、鲍伟华、张根祥、范益飞、卓少斐、施文军、郑素君	2005	市人民政府	科技进步三等奖
HXGT9-12/T400-20金属封闭气体绝缘开关设备	宁波天安（集团）股份有限公司	殷志康、陈荣、陈成	2006	市人民政府	科技进步二等奖
汽车刹车自动调整臂	宁波市三浪润滑元件有限公司	徐福明、章炜东、韩峰、俞杰	2006	市人民政府	科技进步三等奖
T1-2000运输培养箱	宁波戴维医疗器械有限公司	陈再宏、俞永伟、陈再慰、娄达波	2006	市人民政府	科技进步三等奖
“象山红”橘橙设施完熟优质栽培技术研究与推广	象山县林业特产服务中心、浙江大学园艺系	钱皆兵、郭延平、陈子敏、郑金土、周善彪、杨荣曦、胡美君	2006	市人民政府	科技进步三等奖
LW39-126户外交流高压断路器触指弹簧的研制及应用	宁波工程学院、宁波天安（集团）股份有限公司	徐金富、鲍明东、徐雪波、张奇伟、龚晨、罗谷雨	2006	市人民政府	科技进步三等奖
			2007	省人民政府	科技进步三等奖
宁波市水产养殖主要病虫网络化防治技术研究与应用	宁波市海洋与渔业研究院、宁波市海洋与渔业局、慈溪市水产技术推广中心、象山县水产养殖推广站、宁波大学	—	2007	省人民政府	科技进步三等奖
				市人民政府	科技进步二等奖
柑橘暴发性流胶萎蔫发生原因及无害化治理技术研究	象山县植物保护站、宁波市农业科学研究院、浙江大学应用昆虫研究所、浙江万里学院	郑宏海、皇甫伟国、陈学新、施祖华、魏书军、赖晖、陈宏明、王国良等	2007	市人民政府	科技进步二等奖

续表36-2

成果名称	研制单位	主持人	授奖年份	授奖单位	奖励类别
良种鹅引进与杂交改良技术研究	象山县浙东白鹅研究所、宁波南方野生动物养殖有限公司	陈维虎、鲍明道等	2007	市人民政府	科技进步三等奖
XGN68－12（F.R）T1250-31.5型户内交流金属封闭环网开关设备	浙江日升电器有限公司	—	2007	市人民政府	科技进步三等奖
超声波中药有效成分提取设备研制与应用示范	宁波振国制药设备制造有限公司	—	2007	市人民政府	科技进步三等奖
三疣梭子蟹人工育苗、养殖与加工技术研究	宁波大学、舟山市水产研究所、宁波市海洋与渔业研究院、象山县水产养殖技术推广站、浙江省慈溪市天峰水产食品有限公司、宁波雨中雨水产实业有限公司	王春琳、施祥元、倪梦麟、顾晓英、朱冬发、陈波、郑凯宏、娄永江、斯烈钢、罗海忠、马天祥、王扬	2008	省人民政府	科技进步一等奖
浙东白鹅选育及种质研究	浙江农业科学院、象山县浙东白鹅研究所、浙东白鹅原种场	卢立志、陈维虎、赵爱珍、徐迎宁、王亚琴、王德前、沈军达	2008	省人民政府	科技进步三等奖
柑橘流胶爆发原因、吉丁虫发生规律及关键治理技术研究	浙江大学、宁波市农业科学研究院、象山县植物站、浙江省植物保护检疫局、龙游县植物站	陈学新、皇甫伟国、郑宏海、施祖华、许渭根、魏书军、赖朝晖	2008	省人民政府	科学技术三等奖

第二章　科技活动

民国初期，境内设农业科普机构。1957年2月，县成立科学技术普及协会，1959年改称科技协会。1957年，象山中学率先成立科普协会，后全县中小学科普组织普及。20世纪80年代，镇乡科普协会纷纷建立。科普组织通过科技培训、印发科普刊物，进行科普宣传活动。县科学技术委员会建有科技情报机构，组织企业参与各地各类科技交易会；搭建科技平台，开展科技咨询。县科技局建立科技孵化园，为创业企业提供经费资助、信息咨询、风险投资、专利申请等全方位服务。

第一节　科普宣传

民国时期，有识之士多有破除迷信、宣传科学的口号与行动，但科学普及宣传收效不明显。中华人民共和国成立以后，科普宣传成为政府一项重要工作。20世纪50年代中后期始，逐级建立农业科技宣传推广网络，运用技术培训、印发资料等多种途径和方式，推广科学知识和生产技术。

科普组织

民国10年（1921），知事李佩秋开办蚕桑传习所，集资采办桑苗，分发农户种植，为全县最早农业科普机构。1957年2月，成立县科学技术普及协会。1982年6月，雅林溪乡首先成立乡级科普协会。1984年，成立县会计、食用菌、养鸡、花卉4个协会，南庄、墙头、林海、西周等13乡镇科协亦先后成立。1993年，县级学会、协会共36个，会员2389人。全县19个镇乡有17个镇乡建立科学技术普及协会，会员2430名。2001年，县级学会、协会29个，会员3817名；镇乡科技普及协会19个；村科普小组665个，农村专业技术协会34个，会员4615名。2008年，县级有学会、协会37个，会员4600名；街道镇乡科协18家，企业科协1家；青少年科普教育基地4家。

科普活动

20世纪50年代，县政府以农业为重点，通过农村俱乐部、科教电影、文化馆（站）、农技站及工厂、学校（包括冬学、夜校），推广科学知识和生产技术。“文化大革命”开始，科普活动停止。1979年春，召开农业、水利、水产、电子、机械、化工、卫生、建筑等17个专业125人参加科技工作讨论会。1988—1989年，各学（协）会举办各类技术培训班49期，包括食用菌芦笋栽培技术、皮毛兔饲养管理技术、柑橘新型保险应用技术及石斑鱼、芦笋、畜禽疫病防治等内容，受训人数1.1万余人次。放映科教电视录像65场次，收视群众3万余人次。1996—2000年，科技普及活动更加贴近生产实际。1996年，浙江省农业大学李进昌教授等到象山讲授蛋、肉鸡的饲养管理和鸡病防治技术，并深入养鸡基地考察，现场为学员解决疑难病症。1997年，台湾纺织专家来象讲授国际针织行业最新技术和产品开发趋势。2001—2005年，晓塘乡顾家等7个村建设村级科普画廊，全县科普画廊、科技宣传窗达 31 个，总长度 214 米，年展出科普挂图 170 多期次，展览总长度 1526 米。2006 年，以科技活动周、全国科普日活动为平台，分发资料，接受咨询，组织科技人员参与达 300 余人次。开展 23 次科技下乡、进社区活动，开展农民转业转岗各种技能培训 400 余次，受训人数 2 万余人次。2007 年 5 月，成立象山县全民科学素质工作领导小组，20 家单位为成员单位，并通过《全民科学素质行动计划纲要》及工作规则。2008 年，以组织实施《全民科学素质行动计划纲要》为重点，开展“文化、科技、卫生”三下乡活动及科普知识竞赛，发放竞赛试卷 2 万份。

科普刊物

1979 年，县科委、科协和县农业局合编《杂交水稻技术问答五十题》及包含农业气象、土壤肥料、种子、作物栽培、植物保护等六方面学科内容的《农技手册》，印发 3300 多册。1980 年，组织农学会编印《农业科学基础知识》教材，印发 2 万余册，发到各农户手里。是年 3 月，县科委、科协创办《象山科普》，当年刊出 6 期，至 1982 年 11 月停刊，共刊出 19 期，印发 35000 余份。1982 年 12 月，县政府办《象山农技周报》，月刊 3～4 期，年发行量 12.4 万份。是年，编印《新技术革命与战略对策》《稻草栽培平菇》《液化石油气使用知识》等各类科技资料 45 期，印发 6.6 万余册。1984 年，《象山农技周报》改名为《象山农技报》，每月刊 2 期，一期四版，刊出 24 期，发行量 16.53 份。1985 年更名《象山科技报》，共刊出 12 期，发行量 2.3 万份。1983—1985 年，编印各种科普资料 610 多期，3 万多份。1990 年，发放科技资料 3500 余份。1991 年，县畜牧兽医学会编写《象山白鹅饲养综合技术培训资料》。1993 年，轻纺学会编写《入关对象山纺织工业的影响及对策》。1995 年，县科委、科协印发《象山科技信息》7 期。是年，县兽医学会撰写《浙东白鹅选育工作初探》被联合国 ACRIS 检索中心选入。1997 年，县科委、科协组织编辑《象山县农村实用技术丛书》二十辑，发送全县 11 个农村镇乡。2000 年，编发《象山科技信息》16 期。2001 年始，《象山报》成为科普宣传主要阵地，每半月刊出一期科普知识。

第二节　青少年科普

1957 年 2 月，象山县科学普及协会成立，科普宣传进入学校，象山二中于是年率先成立校科普协会。是年，全县学校提出“爱科学”口号，开展扫除迷信、制造教具、制作矿石收音机等科普活动。“文化大革命”时期，青少年科普活动停止。1976 年 11 月，唐山大地震后，象山中学设立地震测报点。1982 年，县实验小学举办科技作品展览 6 次，展出作品 500 余件。其中上送省市展览 40 余件。1983 年，全县开展“小发明、小改革、小创造”活动。1984 年，举行县首届青少年小发明作品展览会，展出小发明作品 95 件、科技小作品 905 件。并选送 60 件作品参加宁波市第三届青少年科技作品展览会参展，“防滑地板”“播粉器改制”作品获市一等奖，科技小论文《果园的卫士——蜘蛛》获市二等奖。1985 年 2 月，象山县青少年科技辅导员协会成立。1986 年，举办县第二届青少年小发明作品展览会，展出作品 247 件。是年，实验小学陆争鸣“螺插口两用灯头”获省第二届发明比赛一等奖、全国第三届小发明比赛三等奖，并申报专利，被推荐为日内瓦世界青少年发明竞赛预选作品。1987 年，实验小学被评为全国青少年科技先进集体。1988 年，丹城中学陈开元“残疾人两用书写器”获省小发明比赛二等奖。是年，全县中小学开展“五小”

（小制作、小发明、小改革、小实验、小论文）科技活动，全县5篇科技小论文评为省科技优秀小论文。1995年，全县42所中学组织参加全省科普知识大奖赛，参赛率达95%。1997年3月，实验小学《小学实施科技教育途径探索》获省普教成果一等奖。1998年，鹤浦镇四都小学潘新策生物兴趣小组通过观察实验，撰写《紫菜病斑的形成与防治》科技小论文，获省第八届青少年发明创造比赛金奖，并被选送到香港参赛，后获全国三等奖。1999年，省第五届青少年生物百项竞赛，鹤浦小学何贤搏、梅光寅《泥螺多沙性的防治》获省一等奖。是年，第十二届全国发明展览会在宁波举行，实验小学邵贤俊“矿泉水瓶吸管的改进”，获学生组金奖。2000年，省第九届青少年发明创造比赛，实验小学顾晓岚“活动旗套”、鹤浦小学俞龙等人“充分利用低潮区域养殖贝类”两项目分获省二等奖。是年，顾晓岚被中国少年科学院评为“全国百名科学小院士”。《人民日报》海外版、中国国际广播电台播发他的事迹。2001年，第六届省生物百项大赛，象山二中科普小组“开展海洋动物调查，提高海洋环保知识”获优秀活动奖一等奖，1个项目获二等奖。是年，全国中小学劳技创新作品赛，贤庠中学“深海鱼趣”作品获一等奖。2002年，第十六届省青少年科技创新大赛，墙头小学彭秀雅“废车胎在牡蛎养殖中的运用”获一等奖，后获海尔杯全国中小学生创新大赛二等奖，1个项目获省优秀活动奖二等奖，3个项目获省三等奖。2003年，第十七届省青少年科技创新大赛，象山实验小学科普小组“丹城地区生活垃圾污染及处理”获省优秀实践活动一等奖，墙头小学翁艳“养殖牡蛎综合利用的考察调查”获小论文一等奖，1个项目获三等奖。2004年，省第十八届青少年科技创新大赛，象山墙头小学蒋莎莎“蛏子海涂养殖技术改进与操作”、实验小学张一帆“赤潮对象山港海域影响的调查报告”、贤庠镇校周宏杰“虾蟹蛏混养的病害与防治”、晓塘乡校黄凯“鸡粪的综合利用”分获省一等奖，另有4个项目获二等奖。2005年，省第十九届青少年科技创新大赛，象山中学戴欢“波尔山羊胚胎移植技术研究”、文峰学校谢璐璐《水晶娃——绿色食具系列的制作与探索》、墙头小学欧晴晴《大米草入侵西沪港的调查及治理探究》分获一等奖，后者由中央台进行实况报道。另有4个项目获二等奖，2个项目获三等奖。2006年，省第二十届青少年科技创新大赛，象山港书院边望之《生态式混养双斑东方鲀的实践与探究》、象山中学谢璐璐《南美大白虾大棚养殖和混养的实践与探索》分获省一等奖，另有4个项目获二等奖，6个项目获三等奖。是年，海尔杯中国少年儿童科技创新大赛，墙头小学欧苏红《大树“农转非”对生态环境的影响与对策》获一等奖，2篇论文获三等奖。2007年，省第二十一届青少年科技创新大赛，象山港书院方鸿儒《改进弹涂鱼养殖技术的探索与实验》该校俞斌川、何含溪、励子《柑橘实施大棚加温促成早熟的实践与探究》、文峰学校范琪琪“自锁闭式防盗窨井盖”、爵溪小学励宛真“爵士鼓机器人”分获一等奖，另有4个项目获二等奖，5个项目获三等奖。2008年，省第二十二届青少年科技创新大赛，西周小学环保小组《乌沙山电厂对周边环境影响的调查报告》，文峰学校励臣儒《象山特色大棚立体式无土栽培蔬菜的实践与探究》、郑嘉宇《梭子蟹池塘自行繁育探索养殖实践》、郑尤佳《香葱害虫非农药防治的实践探究》分获一等奖，另有3个项目获二等奖，5个项目获三等奖。

第三节　科技服务

20 世纪 70 年代末，县科委组建科技情报工作站，为企业生产科研项目进行情报调查，寻找协作单位，引进新产品、新技术。1989 年始，组织企业参加全国星火计划成果适用技术展览会及各类交易会，并搭建各种平台，组织企业与大专院校、科研部门合作，开展科技咨询，为企业解决科研、生产技术难题。

科技情报

1979 年 8 月，建立象山县科学技术情报站，专职 2 人，兼职 25 人。是年，县科委设科技图书室，采购情报书刊和科技书刊 2000 余册，订阅刊物 300 余种，其中外文刊物 10 余种。不久，从国家建设工业总局、建材部情报所、浙江大学等单位取得“以煤矸石发生煤气作燃料生产膨胀珍珠岩”的技术资料，并以此为依据，调查田洋湖、高塘小乌岩等地珍珠岩矿发布、品位、储量及开发利用状况，提供决策依据。1982 年，为耐火材料厂、电子元件厂、宁波无机轻体板材厂分别提供国外耐火制品生产进展情况及国内生产新技术、材料热电处理、国外无机黏结剂等资料。1983 年，协助 62 家企业与 26 个省市的 45 所大专院校、27 个科研机构建立技术协作关系，聘请技术顾问 216 人。1985 年，由县科委承担科技情报工作。1990 年后，由于电脑广泛应用，科技书刊显示滞后现象，科技图书室走向萎缩，1999 年停止对外借阅。2000 年始，县科技部门科技情报工作主要是收集国家科技动向，国家产业结构调整内容以及科技最新研究成果，为企业开展技术改造升级决策等提供服务。

创业服务

1988 年 10 月，县科委设象山科技咨询服务中心。1989 年，县科技咨询服务中心与县科技器材服务部合并为县科技器材咨询服务部。2003 年 5 月，县科技局成立为科技人员创业服务的象山科技创业发展有限公司，为进驻企业提供经费资助、信息咨询、风险投资、专利申请、商务活动等全方位服务。当年有 10 家企业进驻孵化园。2004 年，18 家企业进入孵化园，其中 12 家企业产品进入批量化生产。2005 年，象山科技创业中心在孵企业 19 家，出园 9 家企业，年度孵化产值达 2700 多万元，利税 400 多万元。是年，以租赁形式，落实 1700 平方米研发用房，组建宁波（象山）科技创业中心，为象山在宁波企业搭建公共研发平台。2006 年，在园孵化企业 19 家，出园企业累计 11 家。2007 年，在宁波研发园区，与宁波高新区管委会签订象山科创大楼认购合同。是年，在园孵化企业 19 家，出园企业累计 13 家。2008 年，在园孵化企业 17 家，出园企业累计达 15 家。

技术市场

1986 年，象山设技术市场。1990 年 11 月，建立象山县技术市场管理办公室，管理技术市场交易。2003 年 11 月，象山科技部门设网上技术市场象山分市场，开展网络科技服务。2004 年，在网上向各地科研机构发布解决技术难题 154 项，正式签约 62 项，合同成交额 5000 多万元。2005 年，县科技网增添网上项目申报、政策法规、科技动态等内容，发布技术难题招标项目 160 多项，新增网上加盟企业 144 家，签订技术合同 46 项，技术交易额 3100 多万元。2006 年，发布技术难题 126 项，签订技术合同 122 项，技术交易额 6760 万元。2007 年，全年签订网上技术合同 125 项，技术交易额 9000 多万元，发布网上科技动态信息 180 多条。2008 年，发布技术难题 152 项，签订技术合同 25 项，技术交易额 6041 万元。

第三章　科技管理　科技合作

20世纪80年代，县制订科技发展规划。通过职称评聘、人才引进、科技创新奖励等形式实行科技队伍和科技人员的管理。2002年5月，县建专利局，受理企业专利申请，全县专利数量逐年增多。全县科技合作形式多样、领域拓展。

第一节　科技发展规划

1981年6月，县科委制订《象山县科技发展“六五”打算和十年设想》，初稿形成后未正式发布。1986年，县科委制订《象山县“七五”科学技术发展计划》，形成讨论稿后亦未正式发布。1993年12月，县政府发布《象山县科学技术发展十年规划和“八五”计划纲要》。1996年5月，县十三届人大常委会第二十五次会议批准《象山县科技发展“九五”计划和到2010年长期规划》。2000年12月，县科委印发《象山县科学技术发展“十五”计划和到2020年长期规划》。2006年7月，县政府办公室印发《象山县“十一五”科学技术发展规划》。科技发展5年计划（规划）总结前一个5年计划（规划）的实施情况，提出5年为期的科技发展指导思想、发展方向、重点领域、主要指标和保障措施。

“八五”科技发展计划（1991—1995年）

发展目标主要为：全县科技先导型企业达到40家，计算机技术（CAD/CAM）在生产过程控制和生产管理中的应用达30%。完成500项新产品开发、新技术推广项目。抓好10项农业科技成果的引进和推广，成果转化率达95%。科技人员占全县人口比例达1.5%。

“九五”科技发展计划（1996—2000年）

积极发展高新技术和新兴产业，用现代科学技术改造传统农业，提高海洋开发的科技水平，促进经济增长方式的根本转变。发展目标为：科技进步对国民经济增长的贡献率从35%提高到50%左右。主要行业的生产技术和产品质量达到国际20世纪80年代末水平，在一些优势产业、重点领域接近或达到国际先进水平。新产品产值率达到20%。每万名人口中各类专业技术人员增加到300人，企业科技人员占职工总数的10%，全社会研究和开发经费与国内生产总值之比达1.5%。

“十五”科技发展计划（2001—2005年）

以发展高新技术产业为重点，运用高新技术全面改造传统产业，推进经济结构调整、产业升级和全社会信息化。发展目标为：科技进步因素对经济增长的贡献率达50%以上。高新技术产业产值达到34亿元。开发高新技术项目100项。高新技术产品生产企业达80家。建成种子种苗基地10个，水产养殖加工科技示范基地10个，农业科技示范基地10个。建立工程技术研究开发中心4家，建立工农业各类专业技术研究所40家。全县专业技术人员总量达2万人。建成公共基干网和公共交换及信息服务平台，形成覆盖全县的信息高速公路，并建成9大专用信息网络和一批局域网。

“十一五”科技发展规划（2006—2010年）

立足象山县滨海资源优势，统筹工业科技、农业科技、服务业科技全面发展，优先发展高新技术产业科技、滨海新兴产业科技、效益农业科技等重点领域或重大专项。发展目标为：掌握和突破一批优势产业和行业的关键和共性核心技术。科技进步对经济增长的贡献率达55%以上，规模以上工业企业高新技术产品增加值占规模以上工业增加值的比重达30%以上。实施国家级创新项目30项，市级项目80项；5年开发国家级新产品6项，市级新产品600项；知识产权保护力度加大，累计授权专利600项，其中发明与实用新型专利占50%以上。构建60家行业工程技术中心、6家国家高新技术企业、40家省级高新技术企业，40家市级高新技术企业、60家科技型企业。全社会研究发展（R&D）经费占生产总值的比重达1.5%以上；县本级财政科技投入占财政支出比重达3.5%以上。积极引导企业加大科技投入，规模以上工业企业的技术开发费占销售收入的比重达3%以上。科技人才总量达6.3万人，每万人科技人才数达1146人以上；专业技术人员总量达2.8万人，每万人专业技术人员数达528人。建成象山科技创业园（大目涂新区）、宁波（象山）科技孵化中心。

第二节　专利管理

2002年5月，象山县科学技术委员会改名为象山县科学技术局（以下简称县科技局）。县科技局与科协合署办公，并增挂专利管理局牌子，象山始有专利管理机构。

1985年4月1日，《中华人民共和国专利法》实施。是年，象山船厂申请“LHW-15型双卷筒直槽式无极绳调度绞车”专利，经国家专利局审定为85100980号发明专利，为象山县实施国家专利法后获得的首项发明专利。1991年始，象山企事业单位及个人申请专利数量明显增长。2007年，象山专利申请受理数245件，授权220件；2008年，申请受理数274件，授权241件。1987—2008年，象山获专利授权1220件，其中实用新型专利850件、外观设计专利297件、发明专利73件。

1987—2008年象山县专利授权情况表

表36-3

年份	实用新型	外观设计	发明专利	合计
1987	3	—	—	3
1988	4	—	—	4
1989	6	—	—	6
1990	8	1	—	9
1991	14	7	—	21
1992	9	3	—	12
1993	13	3	1	17

续表36-3

年份	实用新型	外观设计	发明专利	合计
1994	18	—	—	18
1995	19	4	—	23
1996	12	4	—	16
1997	14	5	—	19
1998	17	9	1	27
1999	39	7	—	46
2000	24	8	5	37
2001	45	22	1	68
2002	39	23	4	66
2003	56	30	6	92
2004	36	22	6	64
2005	62	36	7	105
2006	77	19	10	106
2007	141	68	11	220
2008	194	26	21	241
合计	850	297	73	1220

第三节　人才管理

民国时期，科技人才极少。民国28年（1939）仅95人，其中中医59人、西医36人。民国37年，增至105人，其中农技员、推广员3人，余皆医务人员。中华人民共和国成立后，科技队伍扩大，1950年138人，其中农科、理科36人。1965年增至539人，其中，工程技术人员22人，农业、水利、水产技术人员80人。1978年1076人，其中，工程技术人员140人，农业、水利、水产技术人员103人，医务人员525人，理科教师308人。各类科技人才分散于各行业之中，由行业自行管理。1978年9月后，科技人才开始统一管理。1990年后，实行人才聘用制度。

职称评聘

1981年6月，县成立专业干部业务技术职称评定工作领导小组，下设农业、机械、化工、轻纺、电子电器、土木建筑、水产、水电9组。10月，增设统计组和工程、农业二评定委员会。经职称套改复查、评定、晋升三个阶段及个人申请、小组评定、委员会复评、领导小组审定，于1983年9月基本结束。全县授予技术职称1243人。其中，工程师42人，农艺师16人，畜牧兽医师4人，副主任医师1人，主治医师18人，经济师1人，助理工程师106人，助理农艺师33人，助理畜牧兽医师4人，医师、技师147人，助理会计师56人，助理统计师9人，助理管理师2人，助理经济师5人，工程技术员81人，农业技术员22人，畜牧兽医技术员5人，林业技术员5人，医士、护士、助产士405人，会计员209人，统计员72人。1985年4月至1986年3月，又进行集体企业和乡镇企业技术干部职称评定，共评出助理工程师43人、技术员156人。1987年，全县实行专业技术职务聘任制度，根据县职称改革领导小组决定，全县14个专业技术职务系列的聘任工作由主管部门负责，同时相应建立各类初级职务评审委员会，并明确各系列专业技术职称评定委员会的组成及职权分工，自此专业技术职称评审开始转入正常的评定晋升轨道。至2007年12月，全县共有各类专业技术人员17957人，其中取得高级专业技术职务资格459人，中级专业技术职务资格4212人，初级专业技术职务资格13286人。

突出贡献者奖励

1992年，依据《浙江省特殊津贴工作实施细则》，开展享受特殊津贴高级知识分子的选拔，推荐和特殊津贴的发放。1995年实施《象山县科学技术进步奖励办法》，1999年实施《象山县科技创新奖励办法》。至2008年，陈维虎、郑岳夫、华锦耀、董全根4人为“做出突出贡献的专家、学者、技术人员”，享受政府特殊津贴。1997年，宁波市为配合国家“百千万人才工程”及省“151人才工程”，提出“宁波市‘4231’人才工程实施方案”，象山选拔奚其曹等6人为跨世纪学术和技术带头人。

人才引进

20世纪80年代，象山部分企业开始引进外地专业人才。90年代，象山教育、卫生、科技等部门开始赴外地招聘大中专毕业生和优秀科技人才到象山工作，一批具有高级职称和高学历科技人才充实象山科技队伍。1992年，县机械厂硬齿面减速器垫处理工艺、象山针织厂大圆机织品开发、象山全价饲料厂全价配合饲料配方及生产工艺改进，在国务院国外智力办公室立项。1995年，日本专家古藤实为狮子山柑橘场引进早生枇杷、白桃、葡萄、柑橘等5个品种；德国专家卡尔·博登豪森帮助宁波高频瓷厂解决卤钨灯管质量问题，提高灯管亮度，延长寿命，达到欧洲VDE标准。1997年，以色列柑橘专家来象山讲课，并带来10个新品种；德国专家默乐博士到天安集团帮助工作，改进天安变压器浸漆生产工艺，提高产品档次；德国专家威廉·施密特三次来华翔集团指导工作，为制定汽车模具标准做出贡献。2001年，华翔公司获宁波市政府颁发“茶花奖”，威廉·施密特个人荣获“茶花纪念奖”，并应邀出席省政府国庆招待会。2006年，日本专家林英一帮助象山博海藻类技术开发有限公司，解决坛紫菜加工技术难题，完善坛紫菜成套加工设备各项指标制订，帮助坛紫菜口味的开发，提高紫菜市场竞争力。

第四节　科技合作

20世纪70年代初，一些企业自发邀请上海、杭州等地国有企业的技术工人和科研院所科技人员，帮助解决技术难题、合作开发试制新产品。1975年，县农机修造厂与浙江农业大学农机系拖拉机教研组，联合研制“东方-12型船型拖拉机”，并获成功。90年代初，县政府与企业开始有组织地开展科技交流和合作活动，合作内容由短期项目发展至长期合作。

1992年7月，县政府与上海工业大学签订科技合作协议。7月末，县政府邀请上海交大、复旦大学等15所院校组成的上海高校系统代表团考察访问象山，洽谈科技合作事项。并在医疗卫生、农业、城建规划、引进科研成果、引进实业、人才培训等方面达成28个项目的初步合作意向。8月，浙江大学校长路甬祥带领科技代表团对象山进行考察访问，并分机械、化工、高分子、材料、生物、力学和综合7个小组与象山40多家骨干企业进行科技合作洽谈。县政府与浙江大学签订科技合作协议。1998年10月，县科委与上海农学院签订科技合作协议。2001年11月，中国兵器科学研究院205所、212所及宁波分院与丹西街道和有关企业达成CAD/CAM技术培训、柔性加工系统、无声检测、铁路信号产品开发、智能防盗技术、防汽车追尾探测技术6项合作意向。丹西街道与中国兵器科学研究院205所签订科技合作协议。2002年5月27日至6月3日，县科技局组织天安、申菱、万力达等10多家企业参加的科技合作考察团赴俄罗斯开展考察、洽谈访问。考察团在莫斯科与全俄光学物理测试研究所签订合作协议，商定双方在点光源、信号光源测试、光辐射测试、医疗诊断仪器、防腐蚀测试仪器、劳动保护仪器等方面进行合作开发。2002年8月，县政府与中国计量学院签订科技合作协议，中国计量学院20余名专家、教授向县科技局、质监局、镇乡工业负责人、企业介绍校方的科研成果及特色。2004年，县政府举办“中国博士后象山科技行”活动，74名北大、清华、浙大等16所国内著名高校的博士后、教授与象山企业家对应洽谈，签署47项合作意向协议。2005年，县政府与东华大学签订全面科技合作协议，达成“针织新面料开发”等一批意向协议。2006年，引进中国兵器集团4名青年干部和浙大1名干部到象山挂职锻炼。全年邀请10批次120余名高校院所专家、教授，到象山开展技术咨询、项目研发及授课。2007年7月，县政府与浙江大学签订县校共建省级新农村实验示范点全面合作协议，达成14项新农村建设合作项目。2008年，县内企业与高校院所实施科技合作项目20余项，合作资金达500余万元。

第四章 科技组织

县内具有近代意义的科技组织出现在民国初年。1957年2月，县建科学技术普及协会，1959年改称科学技术协会。1978年3月，象山县科学技术委员会成立，始有科技领导机构。1980年后科技组织迅速发展，各行业和较大民营企业均建科研机构。2002年，县建立科学技术局，科学技术管理更为健全。至2008年，全县各类科技组织达百余个。

第一节 科技管理机构

中华人民共和国成立前，象山县无科学技术专门管理机构。20世纪50年代后期，组建科学技术普及协会，代行部分管理职能。1974年4月，象山县科学技术办公室（以下简称县科办）成立，隶属于象山县计划委员会（以下简称县计委）管辖。1978年3月，单独建立象山县科学技术委员会（以下简称县科委），编制5人。1979年1月，建立象山县科学技术协会（以下简称县科协），与县科委合署办公。1979年9月，建立象山县科学技术情报站，隶属县科委领导，由专职人员2名和各部门兼职情报员25人组成。1985年，县科委（县科协）编制增至10人，其中1名科协副主席。内设行政办公室、计划办公室、情报办公室。1990年，县科委内设立象山县技术市场管理办公室。2002年3月，象山县科学技术委员会改名为象山县科学技术局（以下简称县科技局）。县科技局与县科协仍合署办公，并挂专利管理局牌子。内设办公室、科技发展科、科技综合科。2003年10月，县科技局与县科协分署办公。县科技局编制8人，内设办公室、科技发展科、科技综合科。附设专利管理局、国防动员委员会科技动员办公室、防灾抗灾办公室。

第二节　科研机构

1976年冬，县农场设县农业科学研究所，研究人员4人，职工12人。主要进行作物品种区划试验，新品种引种选育和高产栽培技术研究。1979年1月，成立县油桐科学研究所，配技术人员1人，职工7人，基地44亩，竹林25亩。引进优良桐种直播造林，建立品种收集园。进行三年桐嫁接三当育苗、三年桐采穗圃营建、三年桐25个优树无性系鉴定、十年桐49个无性系鉴定等6项试验。其中三年桐嫁接三当育苗试验获省农业厅优秀科技成果奖。同年在石浦成立县水产科学研究所，配员6人，承担紫贻贝小水体人工育苗、对虾育苗等12个科研项目。1981年2月撤销。1984年12月，调整科研体制，桐科所撤销。1985年2月，成立汽缸垫研究所和食用菌科学实验所，为县内第一家厂办和群众自办科研机构。2001年始，企业科研机构，陆续建立、更名为工程技术开发研究中心。通过县级以上认定的工程技术开发研究中心，政府给予一定的经费奖励。2001—2008年，成立省级工程技术开发研究中心11家、市级工程技术开发研究中心8家、县级工程技术开发研究中心46家。

1985—2004年象山县科研机构情况表

表36-4

机　构　名　称	成立时间	备　　注
象山县食用菌科学实验所	1985.02.25	个体办
象山汽车缸垫研究所	1985.02.26	集体企业办
象山石油机械设计研究所	1985.07.16	集体企业办
宁波市空心微珠开发应用研究所	1985.08.30	集体企业办
宁波工程液压设计研究所	1985.11.03	集体企业办
宁波康复医学工程研究所	1986.03.07	集体企业办
宁波食品设备研究所	1986.05.10	集体企业办
宁波无线电技术研究所	1986.08.02	集体企业办
象山电子、电脑应用技术研究所	1986.12.31	—
象山县化纤研究所	1987.02.20	国有企业办
象山高压电器研究所	1987.02.24	集体企业办
象山县装饰面料研究所	1987.04.08	集体企业办
象山县“星火”技术开发研究所	1987.10.15	—

续表36-4

机构名称	成立时间	备注
象山县石浦电子技术研究所	1988.02.07	集体企业办
宁波市电子技术研究所一分所	1988.04.26	—
象山县南洋生化实验所	1988.07.05	集体企业办
象山县东方新产品开发研究所	1988.07.09	集体企业办
象山县八达科技信息开发研究所	1988.09.10	个体办
宁波城网高压电器研究所	1988.10.20	集体企业办
宁波海洋电子技术研究所	1988.12.02	民营企业办
象山县新兴纺织技术研究所	1988.12.23	—
象山现代装饰研究所	1989.03.03	集体企业办
象山县振兴化工研究所	1989.06.27	民营企业办
象山县二轻研究所	1990.10.15	集体办
象山县矿山机械研究所	1990.11.05	集体企业办
宁波起重电器厂象山机电技术研究所	1991.10.04	集体企业办
象山县人体科学研究所	1992.01.08	—
象山包装机械研究所	1992.01.08	集体企业办
宁波市高频瓷厂陶瓷研究所	1992.01.09	集体企业办
象山县应用技术研究所	1992.02.13	—
象山县中药材种养开发研究所	1992.03.10	个体办
航空航天部上海航天局第八设计室、象山天峰机电工程研究所	1992.05.25	—
象山县轻工业研究所	1992.09.19	集体办
象山液压气动技术研究所	1992.10.20	集体企业办
象山县助剂厂皮革化工研究所	1992.12.16	集体企业办
宁波东方电力机具研究所	1992	民营企业办
象山中兴机械研究所	1993.02.15	民营企业办
象山三元机电控制研究所	1993.12.07	民营企业办
宁波天峰机械厂机电工程研究所	1993.12.10	民营企业办
象山县清灵珍珠养殖研究所	1994.03.28	民营企业办
象山县浙东白鹅研究所	1995.01.02	民营企业办
象山县意隆机械研究所	1995.03.28	民营企业办
上海东方医学研究中心象山分中心	1995.11.07	—
象山骨延长研究所	1995.11.16	—
宁波申菱电梯技术研究所	1995.11.24	集体企业办

续表36-4

机　构　名　称	成立时间	备　　注
象山县渔业技术研究所	1996.08.02	事业
象山县柑橘研究所	1997.03.26	校办
宁波宏利针织研究所	1997.08.23	民营企业办
象山县渔具研制中心	1998.02.06	民营企业办
宁波天安计算机应用工程研究所	1998.08.06	民营企业办
宁波合力机械研究所	1998.12.30	民营企业办
宁波华安医药包装高分子材料研究所	1999.05.05	民营企业办
象山野生动物研究所	1999.08.09	民营企业办
象山县久源润滑研究所	1999.10.09	民营企业办
宁波滩涂开发新技术研究所	2000.03.21	民营企业办
宁波华翔集团汽车研究所	2000.09.24	民营企业办
象山县气阀研究所	2001.04.08	民营企业办
象山县纺织助剂研究所	2001.08.05	民营企业办
宁波日升电器研究所	2001	民营企业办
宁波永成杨梅果品发酵技术研究所	2001	民营企业办
象山县灵象电器附件研究所	2002.04.09	民营企业办
象山峰光峰业技术研究所	2002.04	民营企业办
象山县振华电机保护研究所	2002.05.10	民营企业办
象山县宝鑫铁路信号设备研究所	2002	民营企业办
象山县申达轿车配件研究所	2002	民营企业办
象山县天元特种变压器研究所	2003.06	民营企业办
象山天弘电力器具技术研究所	2003	民营企业办
象山互感器技术研究所	2004.07	民营企业办

2001—2008年省、市、县级工程技术研究开发中心情况表

表36-5

一、省级工程技术研究开发中心

机　构　名　称	成立时间
宁波特种医疗器械省级高新技术企业研究开发中心	2002.11.27
宁波汽车塑料模具省级高新技术企业研究开发中心 宁波华翔集团股份有限公司企业技术中心	2002.11.27
宁波申菱电梯配件有限公司企业技术中心	2002.11.27
宁波天安输变电设备技术研究开发中心 宁波天安（集团）股份有限公司企业技术中心	2002.11.27

续表36-5

机　构　名　称	成立时间
宁波超星水产品深加工技术省级高新技术企业研究开发中心	2005. 12. 21
宁波合力集团股份有限公司企业技术中心	2006. 10. 16
浙江巨鹰集团股份有限公司企业技术中心	2006. 10. 16
宁波三浪润滑元件省级高新技术企业研究开发中心	2006. 12. 10
宁波日升输变电工程技术中心	2008. 12. 18
日升输变电省级高新技术企业研究开发中心	2008. 12. 18
志华化学省级高新技术企业研究开发中心	2008. 12. 18
二、市级工程技术研究开发中心	
机　构　名　称	成立时间
宁波市特种医疗器械工程技术中心	2001. 06. 28
宁波超星水产品深加工技术高新技术企业研发中心	2005. 02. 24
宁波日升输变电工程技术中心 日升输变市级高新技术企业研究开发中心	2007. 11. 13
宁波合力模具工程（技术）中心 合力铸造模具市级高新技术、工程技术研发中心	2007. 11. 13
宁波华翔汽车零部件研发工程技术中心	2008. 12. 30
宁波华天电源工程（技术）中心	2008. 12. 30
宁波振国制药设备工程（技术）中心	2008. 12. 30
宁波食品设备研发工程（技术）中心	2008. 12. 30
三、县级工程技术研究开发中心	
机　构　名　称	成立时间
象山县同家模具工程技术研究开发中心	2001. 04. 30
象山县三浪润滑工程技术研究开发中心	2001. 04. 30
象山县万力达消防工程技术研究开发中心	2001. 04. 30
象山县恒洲时频工程技术研究开发中心	2001. 04. 30
象山汽缸垫工程技术研究开发中心	2001. 04. 30
宁波合力机械模具研究开发中心	2002. 05. 16
乐惠食品生化装备工程技术研究开发中心	2002. 05. 16
宁波日升电器技术研究开发中心	2002. 05. 16
宁波超星海洋生物技术研究开发中心	2002. 05. 16
杨梅发酵技术研究开发中心	2002. 05. 16
宁波宝鑫铁路信号设备研究开发中心	2002. 05. 16
宁波宏利针织服装工程技术研究开发中心	2002. 05. 16

续表36-5

机　构　名　称	成立时间
宁波东风服饰工程技术研究开发中心	2002. 05. 16
象山峰光峰业技术研究开发中心	2003. 06. 23
宁波海达染整技术研究开发中心	2003. 06. 23
象山水产引种育种技术研究开发中心	2003. 06. 23
宁波申菱电梯配件技术研究开发中心	2003. 06. 23
宁波甬南针织技术研究开发中心	2003. 06. 23
宁波天元新特变压器研究开发中心	2003. 06. 23
象山定塘蔬菜技术研究开发中心	2003. 06. 23
宁波高润汽车泵技术研究开发中心	2003. 06. 23
宁波振国超声波应用研究开发中心	2003. 06. 23
宁波乔明家居用品研究开发中心	2003. 06. 23
宁波奔腾塑业工程技术研究开发中心	2003. 06. 23
浙江长城玉士汽车部件研究开发中心	2003. 06. 23
宁波翔神化工材料研究开发中心	2004
象山特种动物技术研究开发中心	2004
宁波强盛模具技术研究开发中心	2004
宁波永安机械技术研究开发中心	2004
象山县浙东白鹅技术研究中心	2004
象山气体阀门工程技术研究开发中心	2004
宁波天安互感器技术研究开发中心	2004
宁波华天锂电池技术研究开发中心	2004
宁波磨床技术研究开发中心	2004
宁波天弘电力器具研究开发中心	2004
象山绿苑果树技术研究中心	2004
宁波振翔汽车部件研究开发中心	2004
宁波宝利印染技术研究开发中心	2004
宁波全力机械模具技术研究开发中心	2007
宁波志华化学工程技术研究中心	2007
宁波博禄德工程技术研究开发中心	2007
宁波金泰塑胶工程技术研究开发中心	2007
象山华泰模塑工程技术中心	2008
宁波威霖住宅设施工程技术中心	2008
宁波锦浪并网风力发电工程技术中心	2008
宁波赛德森铸造技术检测中心	2008

第三节 科技团体

民国时期，县科技团体4家。民国28年（1939），建立象山县中医学会，为象山历史上最早的科技团体。中华人民共和国成立后，县中西医联合会为县内最早成立的科技团体。1979年，县科学技术协会建立后，各种科技学会、协会、研究会相继成立。至2008年，县科技团体（不含社科类）达43家。

2008年象山县科技团体情况表

表36-6

名　　称	成立时间	会员人数	理事人数
农学会	1979. 03. 19	46	12
中华医学会象山分会	1979. 10. 29	77	11
医学会	1979. 11	105	25
林学会	1980. 11	38	9
地理学会	1980. 11. 15	22	6
珠算学会	1980. 11. 24	82	13
水利学会	1980. 12. 09	22	6
建筑工程学会	1980. 12. 16	57	10
电子电器学会	1981. 06. 02	18	7
轻纺学会	1981. 06. 02	19	9
机械学会	1981. 06. 02	30	13
化工学会	1981. 06. 02	20	9
畜牧兽医学会	1981. 06. 23	23	11
气象学会	1983. 06. 21	26	5
食用菌协会	1984. 06. 02	36	7
养鸡协会	1984. 08. 29	30	9
花卉协会	1984. 10. 08	30	9
象山县南田青年科学技术普及协会	1985. 01. 05	6	5
青少年辅导员协会（2004年更名象山县青少年科教协会）	1985. 02	32	13
企业家信息研究会	1985. 04. 11	38	11
会计学会	1985. 05. 04	16	8
粮油贮藏协会	1985. 05. 09	34	7
养兔专业协会	1985. 09. 10	120	13

续表36-6

名　　称	成立时间	会员人数	理事人数
水产学会	1986.01.23	26	8
象山县柑橘专业协会	1986.08.18	126	17
象山县盆景协会	1987.09.20	—	15
象山县农机学会	1989.01.26	—	—
象山县园艺学会	1992.08.05	—	5
象山县计算机推广应用学会	1994.12.15	—	17
象山县野生动物保护协会	1996.03.28	—	9
象山县养鸡专业协会	1997.01	—	9
象山县计量测试学会	1997.01.13	—	—
象山县养猪专业技术协会	1998.03.23	—	—
象山县养鹅专业协会	1999.10	—	—
象山县果蔬专业协会	2000.06	—	11
象山县自然科学学会	2000.08	—	—
象山县杨梅专业协会	2001.06	—	9
象山县种子专业协会	2001.09	—	—
象山县紫菜协会	2002.04	—	13
象山县药学会	2002.10.24	—	11
象山县会计珠算学会	2003.10	275	19
象山县海洋与水产学会	2003.11	—	19
象山县老科技工作者协会	2005.11.15	—	—

第三十七篇
教　育

本篇目录

第一章　旧　　学

唐会昌六年（846），象山始建县学，大中四年（850），创蓬莱书院。南宋嘉定十一年（1218），建丹山书院。元代，朝廷诏令劝农立社，每社设社学1所。明代，地方官学、社学沿袭旧制。清始，地方官学学额增加，书院、学塾均有长足发展。至清末废科举前之县学、社学、射圃、书院、学塾的教育目标、教育形式、教育内容均与现代教育差别甚巨。

第一节　县　　学

宋宝庆《四明志》载：唐会昌六年（846），象山建县学①。系省内记载最早的8所县学之一（《浙江省教育志》）。自唐始，历宋、元、明、清至清光绪三十一年（1905）科举制设结束，县学消亡。民国初，县学一直是县内文化教育中心，为庙（孔庙）学（儒学）合一的地方官学。县学以明经义、修身善性、兴贤育材为宗旨，以儒家经典为主要学习内容，以“四书”“五经”作教材。经历代修葺、增建，县学规模逐渐扩大，至元代已颇具规模。

学舍

唐会昌六年（846），于县署东南一百步建孔庙与县学。北宋嘉祐中，县令顾方修缮，讲肆尤盛。治平中，县令林旦恢学宫，南宋建炎遭兵毁。隆兴元年（1163），县令胡琦重建，久而圮。庆元六年（1200），邑令韩元礼复修学宫，率序一新，刻桐阴《韩氏家问》以教士。嘉定十一年（1218），县令赵善晋更新大成殿。嘉定十六年，昌国县（今定海）主簿赵希鲁摄县事，创建攀桂亭。咸淳四年（1268），县令陈明复重建明伦堂，翌年重建大成殿。至元二年（1336），县尹庞思忠创建棂星门。至正元年（1341），县尹帖木儿捐俸修理殿门、仪门、廊庑、斋舍、厨库。学前建东西街坊巷，曰“宣化”，曰“文明”。

明洪武三十一年（1398），县丞丁汝器修建县学。正统间，知县孙枢修大成殿，建文昌阁，以倡文运。成化间，知县凌傅复修，扩面大之，自殿庑至戟门，明伦堂、斋舍及名宦、乡贤祠，教谕、训导宅，焕然改观。嘉靖二十八年（1549），知县毛德京重修葺。后有修缮延至万历、崇祯年间。

顺治十一年（1654），知县陈簧重修明伦堂。康熙十二年（1673），县学训守程士栻捐修正殿。康熙二十六年，象协副将汪国祥重修两庑。雍正三年（1725），知县马受曾商于同城绅士，协修正殿、两庑、棂星门、戟门、明伦堂、礼门等，旧制一新。乾隆十年（1745），教谕庄鋡、训导周熙文修崇圣祠，邑人史绪善修泮池。其后，至乾隆二十三年，知县史鸣皋、教谕连声献等重修

---

①宋宝庆《四明志》卷第二十一《叙县·学校》载：“至圣文宣王庙与学同建于唐会昌六年。”是见当时孔庙与县学合一。明嘉靖《象山县志》卷之六《学校纪·儒学》载“儒学在县治东南五十步”。

学宫。乾隆四十六年，邑人吴山潮修崇圣祠，邓炳修昌黎伯祠，俞凤姿、俞凤德修忠孝祠。乾隆五十五年，邑令袁淑先修大成殿，砌黉墙。乾隆五十六年，邑人吴本孝修两庑，黄显扬建腾蛟、起凤坊。嘉庆十年（1805），邑人捐修大成殿。道光五年（1825），建尊经阁，铺砌明伦堂。道光十八年，知县吴锡畴与邑人马丙书、辛茂荣、应本焞、翁味经、邓润之募捐拆建明伦堂五间。道光二十二年，知县范光达、训导丁大椿与邑人马丙书、应本焞、倪宗泰、汤维怀协办募捐，拆修大成殿东西两庑、大成门、泮池，明伦堂改为崇圣祠，崇圣祠改为尊经阁。咸丰、同治年间，明伦堂、大成殿、棂星门、泮池、两庑迭有修建。

清末，新式教育兴起，孔庙的县学功能消失，乃用作文化场所。抗日战争时期，作象山民众教育馆。中华人民共和国成立后，用作文化机关之所。20 世纪 60 年代末，拆孔庙建县革命委员会招待所。1996 年，填泮池，建仿古歇山式象山宾馆。唯留宋柏一棵，惜毁于 2006 年台风。

学官

县学为地方官学。设教官掌教，象山唐宋教官未见记载，元代有教谕、山长，明清有教谕、训导。学官主要职责是掌管文庙春秋祭祀，宣讲教育宗旨，训导所属生员；主持县学考试及办理科举考试有关事宜，兼管社学。

学额

唐代上县 40 名，象山属中县，少于此数。宋元不见记载。明嘉靖《象山县志》载：设生员：廪膳生二十名，增广生二十名，附学生无拘名数。清雍正《宁波府志》载：象山县学弟子员旧额 36 名，后裁至 24 名。康熙十三年（1674）减至 2 名。康熙二十一年增至 8 名。康熙三十八年增至 12 名。光绪三十一年（1905）增至 19 名（含府学额）。

学田

象山县学始以钱粮作经费，后置学田，收取租费作县学费。学田一靠官拨，二靠义民捐助。南宋嘉定年间（1208—1224），郡守王介置田于学，岁得谷 280 石，租钱 27 贯，海涂税 150 贯有奇，供师儒课士之茶饼膏火、修学及赡给贫士之用。至元延祐时，县学有田 603 亩余，地 117 亩余，山 369 亩余。至民国初年，尚有学田 87 亩余，山 75 亩。

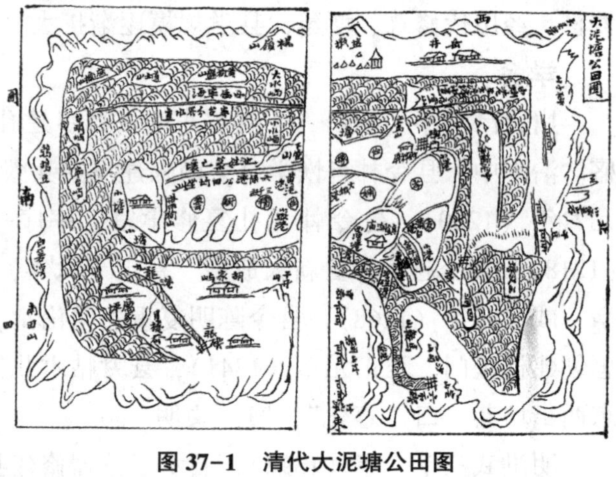

图 37–1　清代大泥塘公田图

第二节　社学　射圃

社学

元、明、清设立于城乡的地方学校，多由地方官府倡办。元至元二十三年（1286），诏令各路劝农立社，每社置学 1 所。至元二十八年，象山每村 50 家立 1 社，择社长以教耕桑。此乡鄙之社，而未尝有学，不为看重举业民众所崇。明洪武八年（1375），诏民间立社学，重读经教化，延师儒以教民间子弟。正月开学，腊月止。明正统、景泰年间（1436—1456），御史许士達，令郡邑选良士主持社学，以训蒙童，实力奉行。成化年间（1465—1487），社学24处。万历年间（1573—1619），县令吴学周建社学于县署西。清代，社学听之民间，而不拘处所，意在发蒙，开启民智。

社学学童入学年龄在8~15岁之间。清廷规定，年12岁以上、20岁以下者须入社学肄业。教师大多由地方官聘生员（俗称秀才）担任。教学内容为《三字经》《百家姓》《千字文》《孝经》《论语》《孟子》《诗经》等。明洪武二十年（1387），诏令《御制大诰》《本朝律令》作为社学教材，令民间子弟通读。

射圃

射圃，为习射之场。朔望在射圃演武射箭。象山有射圃之设始于宋治平年间（1064—1067），邑令林旦设射圃于西谷，并有《射圃》诗一首记述此事。明初，射圃设在戟门西偏空地。成化年间，徙宝梵寺前，后又移置邑厉坛前。嘉靖三十四年（1555），县令毛德京又移置于城隍庙东，周筑墙垣，建亭3间，设屏于南，称之为“观德圃”。清初设于城东北。雍正十年（1732），教谕林培建于明伦堂西。据同治志稿：（射圃）今为明伦堂。民国《象山县志》载：今于其地建崇圣祠。

第三节　书　　院

书院之名始于唐，原为校勘经籍、征集遗书的藏书、修书之地。唐末五代后，书院成为讲学之所。境内最早的书院为蓬莱书院，《浙江省教育志》列蓬莱书院为浙江唐时五书院之一，且记载最详。

蓬莱书院

唐大中四年（850），县令杨弘正于县城西北蓬莱山麓蓬莱观东，首创蓬莱书院以课士。宋时圮。

丹山书院

南宋嘉定十一年（1218），县令赵善晋建于县治西栖霞［原为蓬莱，宋治平二年（1065）改赐今额］观之东。明嘉靖《象山县志》载：丹山书院，县西一里栖霞观之东，嘉定年间县令赵善晋建，今废。清康熙六十年（1721），知县马受曾重建是院于学宫东，构屋前后凡三进计30余间，而名前人之旧，曰“丹山书院”，郡人邵基作《丹山书院记略》。同治十三年（1874），知县邵正寅筹款购得城西严氏地，造屋20间，三建丹山书院。光绪二十九年（1903），为县立高等小学堂。民国35年（1946）2月，又改为象山县立初级中学校址。

聚奎书院

明万历三十二年（1604），县令周官建于学宫前。书院讲堂5间，寝室5间，两厢房各10间，置院田22亩。并改山长为训导。至清道光年间，书院废。邵景尧作有《聚奎书院记》。

缨溪书院

清乾隆十八年（1753），知县尤锡章于蓬莱书院旧址，捐资兴建缨水书院，讲堂5间，廊房6间，后改称缨溪书院。尤锡章作有《缨水书院纪略》，史鸣皋作有《缨溪书院纪略》。光绪二十九年（1903）改为公立始达小学堂。

蒙养书院

清道光五年（1825），邑令刘嘉会改学宫东丹山书院为蒙养书院。民国时，书院辟为培本小学。

金山书院

清道光八年（1828），石浦许超偕其兄弟于石浦城北建崇德义塾，后因乏资弃置。同治十三年（1874），驻石浦的宁波海防同知杨殿材会许氏后裔四品封职许振英暨举人俞兆元、拔贡吴承墡、生员佘勉寀、黎鹤鸣等，改义塾为书院，更名金山书院。杨殿材作有石浦金山书院碑。

金山书院旧址 位于石浦镇九市曲社区，为县内保存最为完整的古书院。现存书院敬业堂和后楼，敬业堂平房，一明间，二次间，一南稍间，进深七架。后楼一明间，二次间，二稍间，深五架，楼上亦然。硬山，骑马砖栋脊，平瓦屋盖，重唇沟滴，圆柱，鼓形石础，石板地坪，梁枋等构件有少许雕刻镌饰。中国现代著名历史学家、社会活动家吴晗少年时曾就读于金山书院。2002年12月，被列为县文物保护单位。

照 37-1　金山书院

珠山书院

清光绪八年（1882）之春，里人附贡生王宪章，例贡贺瑞钧、贺璜夏、俞盛棣数人，各输己资，购产15亩，于东乡着衣亭魁照墩创设文社，期年功成，命珠山书院。光绪九年，延师开课，以产息作膏火。后县令史恩纬拨还灾荒银960圆助建。民国初，改为珠山高级小学。

养正书院

清光绪二十五年（1899），昌国卫士绅苏良彝等，请以右营都司署改建为养正书院得准，苏良彝割助南田龙泉塘地60亩为膏火之资。知县黄羡钦拨款800金，并详准（昌国）卫城南门外校场地70亩归书院。光绪三十一年岁试，卫城考入县学4人，一时声名鹊起。民国初改为公立正谊小学。

第四节　学　　塾

学塾是旧时学童文化启蒙的学校，按其设置有家塾、族塾、村塾、学馆、义塾等。象山之有学塾记载常见之于民间族谱、家谱①。学塾招收学童年龄不限，以五六岁至十二三岁居多。每塾人数亦多寡不一，程度参差不齐。通常一塾一师，教师多为落第秀才、寒儒或厌弃功名者或官场退隐者。学塾无固定年限，教学内容大致包括识字、读书、写字、对课、作文等。教材以《三字经》《百家姓》等启蒙读物为主，同

照 37-2　清末黄避岙龙屿私塾旧址

①据东溪《励氏宗谱》记载，五世励景显孙励宗鈇首创里塾设教，后励宗铭、励宗谟、励廷洁等相继修脯，盛行以教子弟，学风于是始振。可见象山明代已盛里塾。明天启元年（1621）励氏聘甬上谢成己设坛。至光绪励继槐设塾于本街胡家，励光鈇先生设塾于四甲墩，励光锬设塾于东边至励通家。厥后励继熊、励光昌继之。励氏家塾之风世代不衰，可窥象山古代学塾教育。

时选读《大学》《中庸》等经史著作，准备科举考试。至清末民国初，象山农村仍有大量学塾存在，全县有百余所。民国 18 年（1929），尚有 82 所。至民国 34 年 3 月，全县仅存 7 所。民国 37 年 2 月，所剩文山、何婆岭、西泽、洋大张 4 所学塾，均奉令取缔，象山学塾历史结束。

养正义塾

址昌国，里人俞葵思建于清乾隆年间。清天台朱国华《葵思俞公传记》① 载："里中弟子，多以贫苦辍学，公常欲建义塾，觅地不得。因谋诸都司府某公，申文详情，遂得建塾于营房之西，落成后名养正，捐田以资修补，延师教读，多所成就。"

崇德义塾

清道光八年（1828），石浦许卓轩，择石浦城之北创建。清鲍淦有《崇德义塾记》。

《崇德义塾记》录　古昔三代盛时，家有塾，党有庠，术有序，国有学。皆所以明人伦，厚风俗也。后世自京师以迨郡邑，悉立学，以所取之士居之。士大夫之有志于培植人才者，每于都会之地别建书院，俾比户子弟服习其中。其法与学异，其意与学同也。象城故有丹山、缨溪两书院，而石浦距象城百里之遥，肄业考课，往往茧足，识者慨之。许君卓轩超，偕昆季炯斋灯、乌岩纶，于道光戊子（1828），择石城之北，创建义塾，规模初具。卓轩、炯斋相继逝。而炯斋子缉庵、际熙与诸同气克承先志，力竟厥功。塾计三十余间，其中为敬业堂，左右各二楹，主讲者悬绛帐于左所，堂之后为楼者五，中楼奉文昌像，虚其承尘，为神陟降之所，而遇事祝告，观瞻亦肃焉。面堂而耸然起者一亭，为奎阁。祝奎星，取德星聚奎之意也。堂之左庑为楹二，横构小室，以备庖湢。右庑一楹，次旷其一，为门。由门而北出为就正堂。堂计五间，又延西宾训蒙其际，故亦谓之小义塾。小义塾之后为藏经阁，中祀苍颉先师。正计三间，购甲乙丙丁诸部书贮其中，以备稽考。左右各有耳房，亦便设馔。小义塾之南为大门，则义塾之正门也。义塾名曰崇德，德者何，行道而有得于心之谓。创建之意可味矣。其规制无雕镌，无金碧，坚其木石，固其垣墉；而又多置田亩，以岁所入为主讲者束修膏火之资，及乡会试宾兴。今而后会讲有堂，服习有舍，饮食有厨，师若友朝夕于兹，幺玄诵洋洋，人伦之明，风俗之厚，有出于不觉者。况迩年间，朝廷改宁波府同知官于斯土，更能于四时考察之，公其鉴别，当其去取，将培植人才，愈蒸蒸而日上。许氏所为，其裨益乎彼都人士何如耶！塾之门左有巨膝，上砌桥曰"登瀛"。吾见许氏之后人与石中之继起，磨砺专而薰陶久，必累有掇巍科，取青紫而平步瀛洲者。盍以仆言为券。仆持一砚，馆于卓轩之家，塾以碑请，是用作文，勒诸贞石。

凤阳义塾

在邑南乡新塘。清咸丰二年（1852），里人郑亨仲妻龚氏输资创建。同治志稿载：置田百亩为膏火资。

第五节　科　　举

唐时象山科举状况不明，仅见领乡贡者 1 人，名王关。宋代科举，大体沿袭唐之旧。宋初设进士、九经、五经、开元礼、三史、三传、学究、明经、明法等科，而以进士为最重要。宋代象

①俞葵思，生于清乾隆四十一年（1776），卒于道光四年（1824），昌国卫人。

山登进士第者41人，其中5人为武进士。宋亦行辟荐之制，宋代见于记载的4人，其中，卞大亨举“遗逸”，史桂叔举“文行”。元代象山未见进士记载，仅举人7人，征辟13人，蒋汝砺举“孝行”。明代象山登进士第者14人，其中邵景尧为万历二十六年（1598），一甲第二名（榜眼）。中举（含武举）者46人，征辟者30人。内钱唐等11人举“明经”；颜思鲁等9人举“人材”；欧文庆等3人举“孝廉”；陆正彝等2人举“怀才抱德”；蒋景武以“山林隐逸”荐，不就；姜士周以“耆硕”荐，不就。清代象山登进士第6人，举人66人，五贡200人。

象山县历代进士情况表

表37-1

年代	姓　名	时　间	备　注	姓　名	时　间	备　注
宋	陈　诜	庆历六年中进士	存疑	陈　洽	皇祐五年中进士	—
	陈言宗	皇祐五年中进士	《通志》嘉祐二年章衡榜	陈　辅	嘉祐二年中进士	—
	陈　俊	元丰五年中进士	—	俞　夔	元丰五年中进士	—
	陈　说	元丰五年中进士	—	陈　诩	元丰八年中进士	—
	陈　谏	元丰八年中进士	《通志》嘉祐二年章衡榜	刘　渭	元祐六年中进士	历官至西京留台
	胡　旦	大观三年中进士	—	陈宗翰	重和元年中进士	—
	史纯臣	绍兴二年中进士	湖州教授	郑　岳	绍兴二年中进士	—
	史师雄	绍兴五年中进士	湖州教授	俞观能	绍兴十二年中进士	江阴教授
	刘　俣	绍兴三十年中进士	—	卞　圜	绍兴三十年中进士	—
	俞茂系	乾道二年中进士	—	杨王休	乾道二年中进士	丹西街道杨家村杨姓奉其为祖
	俞茂先	乾道二年中进士	—	杨九龄	庆元五年中进士	—
	王　莹	庆元五年中进士	—	杜　霆	嘉定四年武进士	—
	陈　寅	嘉定十一年武进士	—	陈　协	嘉定十三年中进士	—
	刘　炳	宝庆二年中进士	宝庆志：俣子	何　浚	绍定二年武进士	—
	刘　燧	绍定五年中进士	宝庆志：遵孙	史钺翁	端平二年中进士	仕郡守
	刘　辉	端平二年中进士	—	何自明	端平二年武进士	—
	刘　炤	嘉熙二年中进士	—	刘　熺	嘉熙二年中进士	—
	潘　垕	嘉熙二年中进士	—	汤大全	淳祐七年武进士	—
	赵若祺	宝祐四年中进士	—	张　虡	开庆元年中进士	今黄避岙乡龙屿人
	蒋世杰	开庆元年中进士	—	张润生	景定三年中进士	—
	陈应魁	宋季进士	任助教	—	—	—
明	徐应台	洪武十八年中进士	户部主事。大徐镇杉木洋村人	方伯礼	洪武十八年中进士	墙头镇溪里方村方氏始祖，宁海方孝孺堂房兄弟
	应宗义	洪武十八年中进士	户部主事，迁工部员外郎	张文曜	天顺八年中进士	—

续表37-1

年代	姓　名	时　间	备　　注	姓　名	时　间	备　　注
明	王　涣	弘治九年中进士	广西道监察御史。原有牌坊在今丹西街道西街	王　梴	嘉靖十一年中进士	历任参政。王涣子，后迁居宁波
	周希程	嘉靖二十年中进士	苏州府同知	应云鸑	嘉靖二十年中进士	兵部郎中
	张　璇	嘉靖四十一年中进士	常熟知县	邵景尧	万历二十六年中进士	历任左谕德。今石浦镇昌国人
	史起龙	万历二十九年中进士	工部郎中。丹西街道九顷人	李光春	万历四十四年中进士	—
	潘世奇	崇祯元年中进士	今晓塘乡黄埠村人	龚有升	崇祯十五年特赐进士出身	—
清	周明新	顺治九年中进士	历官刑部主事、刑部员外郎、兵科给事中	钱　捷	顺治九年中进士	苏松督粮道
	陈所知	康熙三年中进士	今晓塘乡中岙村人	姜炳璋	乾隆二十年中进士	石泉知县。今丹城人
	欧仁衡	光绪十五年中进士	度支部郎中。今墙头镇墙头村人	陈　畲	光绪二十九年中进士	吏部员外郎。今东陈乡东陈村人

象山县历代举人情况表

表37-2

年代	姓　名	时　间	备　　注	姓　名	时　间	备　　注
元	蒋汝砺	至元间	由举人为通州学正，仕至成都推官	周翼子	至元二十八年中举	—
	蒋邦直	至顺元年中举	台州教授，升会稽县尹	倪　忠	至顺三年中举	太平教授
	倪士立	至顺十年中举	上高教谕	蒋景高	至顺十七年中举	本邑教谕
	蒋景武	至正年间中举	—	—	—	—
明	樊余庆	洪武五年中举	—	邱文炯	洪武二十年中举	沅州学正
	史惟时	洪武二十三年中举	礼部员外	董季奇	洪武二十六年中举	清江教谕
	周弘宗	洪武二十九年中举	工科给事中	俞士吉	洪武三十年中举	刑部侍郎
	周宗懋	永乐三年中举	—	周尹奇	永乐三年中举	松溪知县
	俞盛世	永乐六年中举	徐州学正	周孟初	永乐六年中举	历官泉州知府
	李文显	永乐九年中举	举人第五名	林廷真	永乐九年中举	历官南苑、高靖知县
	应茂和	永乐九年中举	历官巫山、长乐知县	贝显常	永乐十八年中举	历官通判
	林伯昌	永乐二十一年中举	—	吴　贵	永乐二十一年中举	历官东昌府通判

续表37-2

年代	姓名	时间	备注	姓名	时间	备注
明	张文耀	天顺六年中举	天顺八年中进士	应元徵	成化十三年中举	兴化同知
	杜霆	成化武举	名与嘉定年同，今仍之	周璋	成化十九年中举	海州学正
	刘景	弘治二年中举	历官岳州同知	王涣	弘治八年中举	弘治九年中进士，任广西道监察御史
	王梃	嘉靖十年中举	嘉靖十一年中进士，历任参政	应云鹭	嘉靖十年中举	嘉靖二十年中进士，兵部郎中
	周希程	嘉靖十三年中举	嘉靖二十年中进士，苏州府同知	吴乾养	嘉靖十六年中举	星子知县
	陈文昌	嘉靖十六年中举	罗田县知县。今东陈乡东陈村人	张漩	嘉靖四十年中举	嘉靖四十一年中进士，常熟知县
	史选	嘉靖四十年中举	官亳州知州	陈寅	万历初武举	《浙江通志》隆庆年有陈寅，今仍存疑
	黄士奇	万历十年中举	澄海知县	邵景尧	万历二十五年中举	万历二十六年中进士，殿试第二人及第，授翰林编修，进太子洗马。后以左谕德乞休
	史起龙	万历二十八年中举	万历二十九年中进士，工部郎中	董光烈	万历二十八年中举	—
	冯大全	万历四十三年武举	—	何浚	万历四十五年武举	—
	包元会	天启七年中举	今石浦人	汤梁	天启武举	—
	金继超	天启武举	—	朱铉	崇祯三年中举	—
	周明新	崇祯六年中举	—	陈明瑛	崇祯六年中举	济宁道参政
	刘学圣	崇祯六年中举	—	李子华	崇祯六年武举	—
	陈策	崇祯十二年中举	庆元教谕	陈所知	崇祯十五年中举	庆元教谕。康熙三年中进士，未仕卒
清	钱捷	顺治八年中举	顺治九年中进士，授岳州府推官，历吏、礼、刑三部推官，苏松督粮道	包映奎	康熙二年中举	仁和教谕。疑今石浦人
	陈天新	康熙二年武举	—	刘起龙	康熙二十年武举	—
	倪彪	康熙二十三年武举	—	翟应期	康熙二十六年武举	—
	汪云鹏	康熙四十一年中举	本姓余，历任崇仁、丰城知县	朱望	康熙四十一年武举	—
	黄钺	乾隆九年武举	任台湾千总	姜炳璋	乾隆十九年中举	乾隆二十年进士，石泉知县
	史绪善	乾隆十九年中举	安吉教谕，未抵任卒	王兆乾	乾隆二十四年中举	—

续表37-2

年代	姓　名	时　间	备　注	姓　名	时　间	备　注
清	吴献华	乾隆三十三年武举	任杭严卫千总	史玉书	乾隆四十二年中举	—
	钱嗣容	乾隆五十三年中举	—	翁克巢	乾隆五十四年武举	—
	姜人烈	乾隆五十九年中举	直隶知县	张万清	乾隆六十年武举	—
	潘毓麟	乾隆六十年武举	—	马丙书	嘉庆三年中举	年八十三，任定海厅教谕，在任三年，卒
	姜人侨	嘉庆六年中举	—	何如璋	嘉庆十年寿榜	钦赐国子监学录
	潘梦麟	嘉庆十二年武举	—	刘金榜	嘉庆十二年武举	任象协把总
	潘鹗扬	嘉庆十三年武举	—	梁石阶	嘉庆十三年武举	—
	邓亢宗	嘉庆十八年中举	—	方　鳌	嘉庆十八年寿榜	—
	潘颉云	嘉庆十八年武举	—	戴　元	嘉庆二十一年武举	—
	钱安臣	嘉庆二十一年武举	—	林东华	嘉庆二十三年恩科武举	—
	陈安邦	嘉庆二十四年武举	—	姚辅清	嘉庆二十四年武举	—
	潘梦元	道光元年恩科武举	—	周辅清	道光二年中举	—
	费大成	道光五年武举	任宁海千总	周奠邦	道光五年武举	嘉善把总
	周式南	道光八年中举	任遂安教谕	翁绍赞	道光十一年恩科武举	台协千总
	郑茂萱	道光十四年武举	—	郑茂芝	道光十七年武举	—
	黄锦江	道光十九年中举	两淮盐大使	余勉翰	道光二十三年中举	—
	林在鉴	道光二十三年武举	—	郑起凤	道光二十九年武举	—
	沈炳如	咸丰元年中举	—	郑安邦	咸丰五年武举	—
	邓克容	咸丰八年中举	—	励绍燃	咸丰八年寿榜	—
	陈麟振	同治元年武举	—	陈凤尉	同治元年武举	—
	陈之翰	同治四年补行	—	沈宜人	同治四年寿榜	—
	俞兆元	同治六年中举	并补行甲子科	汪在荣	同治六年武举	—
	姜鸿范	同治九年中举	—	武　城	同治九年武举	—
	欧仁衡	光绪元年中举	光绪十五年中进士，度支部郎中	郑秀文	光绪元年中举	萧山教谕
	孔昭黎	光绪八年中举	选授云和训导，署理丽水训导，兼理景宁教谕。墙头镇朱家人	王予衮	光绪十一年中举	—
	陈汉章	光绪十四年中举	东陈乡东陈村人	陈得心	光绪十五年中举	后改名畲。光绪二十九年中进士，吏部员外郎
	骆方溶	光绪二十三年中举	—	陈泽芳	光绪二十八年中举	两淮盐大使

象山县历代辟荐①情况表

表 37-3

时代	姓名	举荐时间	举荐名目	备注
宋	卞大亨	建炎四年	以遗逸荐	特恩调舒州怀宁主簿
	史本初	绍兴间	—	授吉安知县
	刘 遵	绍兴十四年	荐授文学掌故	—
	史桂叔	咸淳六年	以文行荐	授华亭主学
元	蒋汝砺	至元二年	以孝行荐	授太常博士
	周巽子	至元二十八年	由将作少监	任台州通判
	林 瑾	至元间	—	安陆教授
	周 熙	延祐四年	—	授夔州教授
	周 照	至正年间	—	沔阳路提举
	郑观侅	至正年间	—	由儒士任罗田县丞
	周 濂	至正二十年	—	一作周廉由行台御史转佥事
	王刚甫	至正年间	—	荐授蒙古字学录，摄东门巡检
	杨国才	至正间	—	任县承
	郑观仁	至正间	—	任吴江县主簿。至正间，由翰林书写历官国史院编修，沔阳府推官。赠奉训大夫、飞骑尉
	陈汝楫	至正间	—	郡学录
	史德辉	至正间	—	学录
明	钱 唐	洪武元年	举明经	刑部尚书
	蒋景高	洪武元年	举明经	国子监助教
	蒋公直	洪武元年	—	授阳朔知县
	姜士周	洪武初	以耆硕荐	不就
	黄思铭	洪武间	屡以明经	人才荐，不就
	胡睿中	洪武三年	举明经	授本县训导，迁代州知州
	雷敷敬	洪武三年	举明经	授邯郸知县，迁国子监学录
	王德通	洪武六年	以词章荐	授衡山典史，后授交趾推官
	谢德祚	洪武十五年	举明经	授南陵县丞
	史久韶	洪武十六年	举明经	授湘阴教谕，迁国子监学录
	颜思鲁	洪武十六年	举人材	授岑溪知县
	朱彦明	洪武十八年	举人材	授会同知县

①辟，征召；荐，推荐，即征召举荐遗贤。汉始，唐继，宋诸科外有举荐遗逸。是取士一种办法，有孝廉、明经、人材、怀才抱德等名目。由郡县荐举，朝廷征辟，直接授予官职。

续表37-3

时代	姓　名	举荐时间	举荐名目	备　　注
明	潘世豪	洪武十九年	举人材	授通判
	蒋景武	洪武间	以山林隐逸荐	不就
	张焕中	洪武间	举明经	宣德六年任夏邑县丞
	欧文庆	洪武二十四年	举孝廉	授琼州知府
	杨好问	洪武二十七年	举明经	授本县训导，改任奉化
	薛　新	洪武二十八年	举明经	授广东盐课提举
	陈德星	洪武二十九年	举孝廉	任同、景二州同知
	徐德重	洪武间	举明经	授江陵知县
	胡景让	洪武间	举人材	授江陵知县，升户部主事
	俞　馨	洪武间	举明经行修	—
	邱　戌	洪武间	举孝廉	授顺庆府教授
	丁文稳	永乐四年	举人材	咸宁知县改授黄冈
	陆正彝	永乐四年	举怀才抱德	授监察御史
	邱道真	永乐间	举怀才抱德	授刑部员外
	钱楚奇	永乐九年	举人材	授武昌石头口巡检
	蒋及宗	永乐九年	举人材	攸县主簿
	俞士奇	永乐十年	举人材	授广州永丰仓大使
	伊　积	永乐二十二年	举人材	任陕西建县县丞

清代象山县贡生情况表

表 37-4

帝号	岁　贡	恩　贡	优　贡	拔　贡	副　贡	合　　计
顺治	于承俊	姜增寿	—	史　麟	张锡璜	岁贡 8 人，恩贡 2 人，拔贡 3 人，副贡 3 人，合计 16 人
	王汝贞	张孝穆	—	史起魁	章兆豫	
	钱恩熠	—	—	周治新	张孝穆	
	钱继燦	—	—	—	—	
	史禹孝	—	—	—	—	
	励人龙	—	—	—	—	
	龚可毅	—	—	—	—	
	黄一匡	—	—	—	—	
康熙	章兆豫	谢　逢	—	邵泰年	—	岁贡 30 人，恩贡 2 人，拔贡 3 人，合计 35 人
	史名标	张　培	—	周　攀	—	
	周光春	—	—	王之纲	—	

续表37-4

帝号	岁贡	恩贡	优贡	拔贡	副贡	合计
康熙	史起芹	—	—	—	—	岁贡30人，恩贡2人，拔贡3人，合计35人
	史笔	—	—	—	—	
	韩诗	—	—	—	—	
	周辰光	—	—	—	—	
	刘钟	—	—	—	—	
	姜英略	—	—	—	—	
	史撰	—	—	—	—	
	郭近仁	—	—	—	—	
	王家献	—	—	—	—	
	谢之橺	—	—	—	—	
	陈悌	—	—	—	—	
	陈衷愿	—	—	—	—	
	钱珪	—	—	—	—	
	罗鳌	—	—	—	—	
	徐起睿	—	—	—	—	
	张贞	—	—	—	—	
	姜澐	—	—	—	—	
	韩景愈	—	—	—	—	
	张有升	—	—	—	—	
	史辅德	—	—	—	—	
	陈昌献	—	—	—	—	
	周兆魁	—	—	—	—	
	包臣	—	—	—	—	
	包含	—	—	—	—	
	阮泾	—	—	—	—	
	邵伯	—	—	—	—	
	邵锡宸	—	—	—	—	
雍正	陈之骏	林文懋	—	钱志朗	—	岁贡6人，恩贡1人，拔贡3人，合计10人
	朱之涵	—	—	王元佐	—	
	郑宗桓	—	—	钱鸿基	—	
	袁澄	—	—	—	—	
	胡元少	—	—	—	—	
	周槱	—	—	—	—	

续表37-4

帝号	岁　贡	恩　贡	优　贡	拔　贡	副　贡	合　　计
乾隆	董上达	陈其璜	倪象占	张凌霄	潘健山	
	史炳宗	俞　协	—	姜炳章	—	
	屠宗献	董应威	—	姜　埴	—	
	方　策	朱道揆	—	倪桂馨	—	
	程　纶	史积业	—	邓嗣宗	—	
	周　栻	林　喆	—	—	—	
	夏水功	刘声雷	—	—	—	
	陈良鼐	郑　炽	—	—	—	
	秦国瑞	—	—	—	—	
	许呈宗	—	—	—	—	
	王　鲔	—	—	—	—	
	周承烈	—	—	—	—	
	周永瑞	—	—	—	—	
	史积椿	—	—	—	—	
	邱士彦	—	—	—	—	岁贡30人，恩贡8人，优贡1人，拔贡5人，副贡1人，合计45人
	林乔榆	—	—	—	—	
	武焕琳	—	—	—	—	
	周　礼	—	—	—	—	
	史节音	—	—	—	—	
	应光凤	—	—	—	—	
	柯应泰	—	—	—	—	
	王鸿灿	—	—	—	—	
	王少羲	—	—	—	—	
	姜　埭	—	—	—	—	
	周毓芳	—	—	—	—	
	宋魁芳	—	—	—	—	
	武源昌	—	—	—	—	
	黄嘉勋	—	—	—	—	
	黄度千	—	—	—	—	
	周　鲸	—	—	—	—	

续表37-4

帝号	岁　贡	恩　贡	优　贡	拔　贡	副　贡	合　　计
嘉庆	周　云	史　槐	—	吴　桢	方茂榆	岁贡15人，恩贡3人，拔贡2人，副贡3人，合计23人
	谢天桂	陈亨吉	—	潘晋三	俞凤昂	
	何舜予	许如圭	—	—	虞登庸	
	倪　堃	—	—	—	—	
	钱嗣濂	—	—	—	—	
	王恕求	—	—	—	—	
	陈　钰	—	—	—	—	
	屠光裕	—	—	—	—	
	周　钧	—	—	—	—	
	潘振杰	—	—	—	—	
	苏绍周	—	—	—	—	
	赖鸿飞	—	—	—	—	
	佘　本	—	—	—	—	
	张涌潮	—	—	—	—	
	倪吉士	—	—	—	—	
道光	潘丹一	张绍翰	—	许际和	—	岁贡10人，恩贡1人，拔贡2人，合计13人
	顾景行	—	—	马嗣澄	—	
	王定一	—	—	—	—	
	周　鹏	—	—	—	—	
	俞锡章	—	—	—	—	
	李　培	—	—	—	—	
	王丹杰	—	—	—	—	
	鲍其山	—	—	—	—	
	周丹忱	—	—	—	—	
	陈辉玉	—	—	—	—	
咸丰	奚光熺	苏良弼	—	王时蕙	—	岁贡5人，恩贡3人，拔贡1人，合计9人
	俞　载	虞　峻	—	—	—	
	张衍祚	王植三	—	—	—	
	周文治	—	—	—	—	
	张桂凝	—	—	—	—	

续表37-4

帝号	岁　贡	恩　贡	优　贡	拔　贡	副　贡	合　　计
同治	翁有基	张梵香	—	吴承墡	张凤梧	岁贡9人，恩贡2人，拔贡1人，副贡1人，合计13人
	张　澄	夏振苏	—	—	—	
	奚晋镕	—	—	—	—	
	倪本辉	—	—	—	—	
	俞大文	—	—	—	—	
	庄　纶	—	—	—	—	
	周衡南	—	—	—	—	
	郎翼鹏	—	—	—	—	
	吴国英	—	—	—	—	
光绪	赖拱辰	欧隆昂	—	王予衮（今墙头镇舫前村人）	何　涵	岁贡21人，恩贡4人，拔贡2人，副贡3人，合计30人
	夏振薰	赖维翰	—	王韶九	陈汉章	
	樊　涟	林湝安	—	—	谢补衮	
	夏振勋	黄　纬	—	—	—	
	李教攀	—	—	—	—	
	周延俊	—	—	—	—	
	马嗣准	—	—	—	—	
	范象贤	—	—	—	—	
	王广熙	—	—	—	—	
	张树蓉	—	—	—	—	
	邓克晖	—	—	—	—	
	赖余薰	—	—	—	—	
	王翰臣	—	—	—	—	
	周学隆	—	—	—	—	
	贺璜黼	—	—	—	—	
	吴蔚文	—	—	—	—	
	潘在梁	—	—	—	—	
	黄　球	—	—	—	—	
	陈得善	—	—	—	—	
	王休心	—	—	—	—	
	张凤祺	—	—	—	—	
宣统	郑克仁	屠耀台	—	史翰章	—	岁贡2人，恩贡2人，拔贡2人，合计6人
	赖凤鸣	攀佐衮	—	傅孔彰	—	

第二章　学前教育

民国30年（1941）秋，高桥乡第六保国民学校创办幼稚班，开象山学前教育之先河。1955年，县级机关托儿所开办，为中华人民共和国成立后县内创办幼儿园之始。此后，学前教育在动荡中缓慢发展。1978年后，学前教育逐步受到重视，全县社队、企事业单位、机关、部队、公民个人举办幼儿园兴起。1985年，全县已有公办、民办、私办幼儿园85所，在园幼儿3531名。至2008年6月，全县幼儿园发展至156所，学龄前3年幼儿入园率达97.6%。

第一节　幼儿园

民国28年（1939），县发《幼稚园规程》，规定幼稚园附设于小学或单独设置。民国30年秋，高桥乡第六保国民学校举办幼稚班1班，招收幼儿22人，为象山幼儿教育之始①。民国31年第二学期，儒蕉乡中心学校招幼稚班25人。民国33年春，全县东麓、昌国、涂茨、钱昌、高桥、峰北、定塘、沪东8乡11所学校附设幼稚班，共招收幼儿296人，半年后均停办。民国35年，石浦私立斐迪小学附设幼稚班。民国37年，昌国、狮麓乡中心国民学校附设幼稚班，均春办秋停。

民国33年春象山县幼稚班情况表

表37-5

乡　名	校　　名	校　　址	班级数（个）	学生数（人）	男（人）	女（人）
钱昌	钱昌乡第一、二保联立国民学校	钱昌	1	10	9	1
昌国	昌国乡十四、五保联立国民学校	鸡鸣	1	25	22	3
东麓乡	东麓乡中心学校	东溪	1	35	30	5
高桥乡	高桥乡中心学校	关头	1	34	28	6
涂茨乡	涂茨乡中心学校	沈岙行宫	1	53	44	9
东麓乡	东麓乡第十五、六保联立国民学校	山根立德祠	1	16	8	8
昌国乡	昌国乡中心学校	昌国卫	1	34	25	9
峰北乡	峰北乡第四保国民学校	新安寺（方前沙地）	1	6	5	1
定塘乡	定塘乡中心学校	大泥塘中站	1	35	28	7
钱昌乡	钱昌乡漾韻代用国民学校	钱昌中堡	1	29	23	6
沪东乡	沪东乡第七保国民学校	大溪蒋氏宗祠	1	19	17	2

①1988年版《象山县志》："南桥乡第六保国民学校办起幼稚班一班，招幼儿二十二人。"查民国档案，1941年象山行政设置无"南桥乡"，系"高桥乡"之误。高桥乡辖今象山新桥镇的高湾村、高塘村、新桥一带。时第六保所在地在今新桥镇高塘村，建有第六保国民小学。

1950年11月，幼稚园改称幼儿园。1955年3月，县级机关、驻象山部队于丹城庄穆境，创办机关托儿所。1956年9月，丹城镇中心小学于丹城邓家弄附设幼儿园（以下简称丹小附幼）；县级机关托儿所改名为机关幼儿园。上述两幼儿园为中华人民共和国成立后象山幼儿教育之肇始。1958年4月，石浦镇中心小学附设幼儿园（以下简称石小附幼）。1958年秋，全县创办人民公社，公社普遍举办季节性民办幼儿班（托儿所）。是年年末，全县有幼儿园145所、255个班级，在园幼儿8387人，教职工306人。1959年，停办民办幼儿园。至1965年，全县幼儿园3所、9班，入园幼儿300人，教职工14人。1966年夏，“文化大革命”开始，机关幼儿园、丹小附幼先后停办。石小附幼入园幼儿减少，仅3班。1970年，恢复丹小幼儿园，村办幼儿园亦有发展。1976年，全县幼儿园增至22所。

1979年，县成立托幼工作领导小组，调整幼教布点。全县社队、企事业单位、机关、部队、公民个人举办幼儿园再度兴起。1992年，24个企事业单位在县教委、丹城镇政府组织下，捐资创建象山县春晖幼儿园。1999年8月，象山县妇联筹建塔山幼儿园。2004年县社区教育中心等单位筹建海韵幼儿园。2005年8月，春晖幼儿园及滨海学校联合投资建成滨海幼儿园。2005年始，学前教育实行分级管理，贤庠、涂茨、东陈、新桥、晓塘、高塘岛等镇乡中心小学的附设幼儿园和企业创办的定塘幼儿园，与镇乡中心小学、企业分离，单独建制，成为具有独立法人资格的镇乡中心幼儿园。2006年2月，全县18个街道镇乡均设立中心幼儿园。至2008年6月，全县共有幼儿园156所，其中，经登记注册的117所，在园幼儿15706人，其中3~5周岁的14814人，学龄前3年幼儿入园率达97.6%，幼儿园教职工1551人，专任教师合格率91%。

公办幼儿园

民国33年（1944）至民国37年，全县10余所乡中心国民学校和保国民学校先后开设幼稚班，均半年后停办。1956—1958年，丹城镇中心小学、石浦镇中心小学先后建立附属幼儿园。1976年，全县公办幼儿园2所、14班，在园儿童549人，教职工17人。1979年，南庄、大徐、西周、定山、石浦区中心小学均开设附属幼儿班。1988年，全县公办幼儿园4所、24班，在园儿童801人；小学附设学前班40班，幼儿1399人，教职工106人。20世纪90年代后，乡镇政府创办幼儿园，几经调整，成为乡镇中心幼儿园。至2008年6月，全县由教育局、街道办事处、镇乡政府创办的公办幼儿园15所，其中机关幼儿园、春晖幼儿园、石浦镇中心幼儿园为县教育局直属幼儿园。

照37-3　位于金声路7号的象山机关幼儿园旧址

县机关幼儿园　1955年3月，县级机关驻象山部队机关创办托儿所，址设庄穆境老团舍，招混合班幼儿30人，教职工6人。1956年秋，改建为象山县机关幼儿园，分大、中、小各1班，幼儿30人。1958年，宁海、象山并县，另办企业机关幼儿园，园址青草巷，招混龄幼儿50人。翌年春，2所幼儿园合并迁宁海城关。1961年，宁、象分县，县机关幼儿园复建，园址邓家弄。“文化大革命”期间，幼儿园停办。1982年复建，园址上进路。1987年，园址迁金声路7号新园舍，新园舍占地1960平方米，建筑面积1665平方米，全园大、中、小共6班，在园儿童193人，教职工25人。时幼儿园隶属于县政府机关行政事务管理局。1993年4月，幼儿园划归县教委管理，为教委（教育局）直属公办幼儿园。2002年3月，在东街设立分部，招6个班。2004

年1月，迁入中心城区育才路5号。2008年，园舍占地面积3270平方米，建设面积3831平方米，绿化面积1050平方米。设16个班，在园幼儿628人。

石浦镇中心幼儿园 前身系1988年9月创立的石浦镇中心小学第二附设幼儿园。1995年8月，单独建制，名新港幼儿园。2005年10月，县教育局会同石浦镇政府投资、征地建成新园舍，占地面积13616平方米，建筑面积9287平方米，绿化2848平方米。是年11月，迁入新园址，改名为石浦镇中心幼儿园。2008年6月，在园幼儿583人，设大、中、小共15个班，教职工81人，专任教师40名。

春晖幼儿园 1992年6月，由县教委、丹城镇政府筹资发起，财税、供电、农行等24个企事业单位捐资创建。1993年9月，落成招生，象山县实验幼儿园并入，原实验幼儿园（址羊行街）设为春晖幼儿园分部。1994年12月，该园被认定为“浙江省示范性幼儿园”。2008年，幼儿园占地面积9075平方米，建筑面积6530平方米，绿化面积3360平方米。全园16班，在园幼儿417人，教职工67人。

照37-4 春晖幼儿园

集体办幼儿园

1955年3月，县机关、驻象山部队创办机关托儿所，1956年9月，改设机关幼儿园，为中华人民共和国成立后象山第一所部门举办的集体性质幼儿园。1958年，农村人民公社普遍举办季节性幼儿园（班）和托儿所，入园幼儿8313人。1959年，公社集体办幼儿园（班）全部停办。1962年，石浦区校附设幼儿园开设民办班1班。6417部队附设幼儿园1班。3所幼儿园，入园幼儿91人，教职工15人。“文化大革命”开始，机关幼儿园停办。1975年，下沈公社柴溪大队队办幼儿园设1班，招园龄儿童35人。1976年，全县队办幼儿园增至19所，在园幼儿631人，教职工37人。1978年2月，石浦气动元件厂创办幼儿园，一年后因修建厂房停办。1979年9月，石浦镇延昌幼儿园建立；10月，县商业局幼儿园创立，入园幼儿40人，教师2人。1980年，全县集体办幼儿园调整为10所，在园幼儿684人。翌年，石浦水产公司、石浦气动元件厂、船厂、柑橘场等企事业单位相继开办幼儿园。全县部门、集体办幼儿园增至16所、41班，在园儿童1195人。1982年，县机关幼儿园重建，石浦83254、37624部队幼儿园相继建立。1986年，全县集体办幼儿园48所、84班，在园儿童2003人，教职工138人。1987年，各区、镇乡兴办幼儿园（班），园数增至55所、109班，在园儿童2870人，教职工197人。1988年，全县部门集体办幼儿园调整为38所、77班，在园儿童2829人，教职工205人。此后，部分幼儿园停办，有的并入教育系统。1999年，县妇女联合会筹集资金建成塔山幼儿园。2000年，92815部队创办幼儿园。2004年，县社区教育中心等单位筹资建成海韵幼儿园。2005年8月，春晖幼儿园与滨海学校（民办）联合投资建成滨海幼儿园。至2008年6月，学校、团体、企业创办幼儿园12所，部队创办1所。

塔山幼儿园 1999年8月，县妇女联合会筹集资金建成，址丹东街道塔山路180号，占地面积12333平方米，建筑面积4796平方米，绿化与户外活动场地面积9800平方米。2004年3月，评为浙江省“示范性幼儿园”。2008年，全园18班，在园幼儿549人，教职工74人，其中专任教师37人。

海韵幼儿园　2004年，由丹东街道东门外村、社区教育中心等单位创办，址丹东街道文韵路42号。占地面积9666平方米，建筑面积7100平方米，总投资1500万元。2006年，被评为省示范性幼儿园。2008年，招收幼儿24班826人，教职工92人。

民办幼儿园

1979年之后，国家允许民间力量创办幼儿园。1979年4月，由退休教师自筹资金，在丹城创办第一所民办新新幼儿园，招幼儿5人。1980年后，丹城育苗、桃园、苗苗、丹山、欢乐、丫丫、蓓蕾、东街，石浦为民、苗苗、中街、水门头、文澜、欢欢、晓晓、星塘等家庭幼儿园陆续建立。至2008年，全县各类民办幼儿园达90所。

丹瀛幼儿园　创办于2003年8月，址丹西街道瀛洲小区，占地面积400平方米，建筑面积1600平方米，创办人李今，首任园长俞梅。2008年，幼儿13班446人，教职工45人。为全县最大规模个体办幼儿园。

大徐镇中心幼儿园　创办于1994年5月，址大徐镇东街路47号。占地面积2600平方米，建筑面积750平方米，创办人王赟颖。原名为甜甜幼儿园，招收幼儿21人。2005年7月，县教育局确认其为大徐镇中心幼儿园。2008年，幼儿6班180人，教职工14人。

黄避岙乡中心幼儿园　创办于1999年9月，址黄避岙乡龙屿村，原名平安幼儿园，招收幼儿10人，教师1名。2005年7月，县教育局确认其为黄避岙乡中心幼儿园。2008年，幼儿3班94人，教职工8人。

西周镇中心幼儿园　创办于2000年8月，址西周镇医院南侧。占地面积2100平方米，建筑面积1258平方米，创办人周宏雄。原名西周幼儿园，2005年7月，县教育局确认其为西周镇中心幼儿园。2008年，幼儿8班281人，教职工25人。

泗洲头镇中心幼儿园　创办于2006年2月，址泗洲头镇希望路，由象山冶金设备厂投资建设。幼儿园占地2280平方米，建筑面积1307平方米。2006年，县教育局确认其为镇中心幼儿园。2008年，幼儿6班130人。是年下半年转为政府办幼儿园。

定塘镇中心幼儿园　创办于2003年9月，址定塘镇浮礁路80号，由象山冶金设备厂投资建设。幼儿园占地面积8446平方米，建筑面积3189平方米。2006年，县教育局确认其为镇中心幼儿园。2008年，幼儿7班271人，教职工20人。是年8月，幼儿园转为政府举办。

2008年象山县直属、街道镇乡中心幼儿园情况表

表37-6

街道镇乡	名　　称	园　　址	性质	班级数（个）	幼儿数（人）	教职工数（人）	备　注
丹东街道	机关幼儿园	丹城育才路5号	公办	16	628	32	县教育局直属
	海韵幼儿园	文韵路42号	集体办	16	527	89	—
丹西街道	春晖幼儿园	文靖巷10号	公办	16	417	69	县教育局直属
	滨海幼儿园	丹城丰饶路	集体办	21	432	79	—
爵溪街道	街道中心幼儿园	十字北街29号	公办	5	188	20	—
石浦镇	石浦镇中心幼儿园	石浦海宁路	公办	15	583	81	—
西周镇	西周镇中心幼儿园	镇医院南侧	民办	8	281	25	—

续表37-6

街道镇乡	名　称	园　址	性质	班级数（个）	幼儿数（人）	教职工数（人）	备　注
鹤浦镇	鹤浦镇中心幼儿园	鹤浦镇南田路12号	公办	7	279	20	—
贤庠镇	贤庠镇中心幼儿园	镇中心校内	公办	5	137	10	—
定塘镇	定塘镇中心幼儿园	定塘镇浮礁路80号	公办	7	271	20	—
墙头镇	墙头镇中心幼儿园	原墙头小学	公办	6	165	17	—
泗洲头镇	泗洲头镇中心幼儿园	镇希望路	公办	6	130	16	—
涂茨镇	涂茨镇中心幼儿园	镇中心小学旁	公办	4	147	14	—
大徐镇	大徐镇中心幼儿园	大徐东街路47号	民办	6	180	14	—
新桥镇	新桥镇中心幼儿园	新桥镇新桥厂	公办	5	188	13	—
东陈乡	东陈乡中心幼儿园	东陈乡沙岗村	公办	5	189	17	—
晓塘乡	晓塘乡中心幼儿园	晓塘乡顾家村	公办	5	127	13	—
黄避岙乡	黄避岙乡中心幼儿园	黄避岙乡龙屿村	民办	3	94	8	—
茅洋乡	茅洋乡中心幼儿园	茅洋乡溪口村	公办	5	133	12	—
高塘岛乡	高塘岛乡中心幼儿园	高塘岛乡江北村	公办	6	206	17	—

1989—2008年象山县学前教育事业发展情况表

表37-7

项目/年份	园数（所）	班级数（个）	幼儿数（人）	教职工数（人）	
				合计	其中专任教师
1989	58	181	5781	265	236
1990	54	215	6923	337	286
1991	44	257	8089	423	357
1992	92	325	9957	488	421
1993	80	383	12005	543	467
1994	68	340	9823	496	415
1995	83	355	9164	471	372
1996	108	371	9657	554	392
1997	140	409	9068	583	430
1998	183	450	10314	634	491
1999	174	521	11666	782	573
2000	185	577	12614	836	585
2001	203	711	13874	968	712
2002	200	636	13613	933	584

续表37-7

年份＼项目	园数（所）	班级数（个）	幼儿数（人）	教职工数（人）	
				合计	其中专任教师
2003	209	642	14550	1062	641
2004	169	641	13127	1124	680
2005	155	631	12246	1274	779
2006	149	599	14575	1383	848
2007	156	647	14814	1551	943
2008	149	674	16149	1702	1051

说明：1. 表中各项数据来源于每年10月的《象山县教育事业统计情况》或综合统计表；
2. 1989—1996年的幼儿园数，不包括无证幼儿园；
3. 2004—2008年在园幼儿数，指3~5周岁幼儿

第二节　幼儿保育　幼儿教育

民国时期至20世纪80年代末，幼儿园设施比较简单，后逐渐改善。1989年2月始，教育部门直属幼儿园、镇乡中心幼儿园以及部分社会力量举办的幼儿园，按《幼儿园教玩具配备目录》，配齐必备的教玩具。每班设有活动室、午睡室、盥洗室；配备滑梯、攀登架、跷跷板、木马等大型幼儿活动器械。

幼儿园课程

民国时期，象山幼稚园开设课程主要有故事、音乐、儿歌、游戏、社会、常识。1956—1980年，开设课程主要是体育、语言、认识环境、图画、手工、音乐、计算等。学前班幼儿教育主要内容有拼音、看图说话、读写阿拉伯数字，10以内加减、100以内数数，练习握笔书写、描红、唱歌、讲故事、体育、游戏。1981年始，开设体育、语言、常识、计算、音乐、美术等课程。1989年起，多数幼儿园使用国家教育部门推荐的幼儿教材。内容分生活卫生常识、体育活动、思想品德、语言、数学初步知识、自然常识、音乐、美术等，并分小班、中班、大班3套。一些民办幼儿园也自行开设语言、数学初步知识、体育、故事、认识五音、音乐、图画、手工等课程。学前班幼儿课程内容主要有看图说话、练习握笔书写、读写阿拉伯数字，10以内加减、100以内数数，唱歌、描红、讲故事、体育、游戏活动以及拼音等。2001年7月，教育部颁发《幼儿园教育指导纲要（试行）》（以下简称《纲要》），规定幼儿园课程为健康、语言、社会、科学、艺术。《纲要》还规定教育内容、指导要点、教育组织和实施要求。2002年9月，机关幼儿园、春晖幼儿园等部分幼儿园，率先按《幼儿园教育指导纲要（试行）》开设课程，使用幼儿园课程指导用书。部分幼儿园自选省外幼儿园课程指导用书及幼儿学习辅导用书。

幼儿保育

1989年始，幼儿园保育工作贯穿于幼儿入园、离园、进餐、饮水、盥洗、如厕、睡眠、自由

活动、散步和教育等一日生活中。用餐前要求幼儿洗手，饭后擦嘴；用餐时指导小班幼儿正确使用餐具，教育幼儿不挑食、不偏食、不暴饮暴食，不吃未洗净和变质食物；教育幼儿养成良好的饮水、盥洗习惯，防止热水、热物伤害。教小班幼儿用流动水盥洗及擦鼻涕方法，要求幼儿生活用品各人各用，用后放到固定位置。教幼儿学会使用便器、厕坑、手纸，使幼儿了解憋便、憋尿对身体的危害，懂得随地大小便是不文明的行为。鼓励、指导、帮助幼儿脱衣服，并把衣服放在固定位置。幼儿午睡时，教师、保育员轮流守护，制止幼儿闲谈、睡眠时玩玩具、口含小件物品，不让幼儿蒙头睡觉。起床时指导、帮助幼儿穿衣服、系鞋带、扣纽扣。教幼儿正确使用各种器具，培养幼儿各种活动的正确姿势，保护幼儿视力、嗓子，把握教育活动时间，注意游戏活动和园内各项设施的安全。1999 年 9 月始，规范幼儿接送制度，以确保幼儿安全。

幼儿卫生保健

1989 年始，幼儿园执行卫生部颁发的《托儿所、幼儿园卫生保健制度》和省、市政府部门的有关规定，检查幼儿体格，配合卫生防疫部门实行预防接种制度，预防各种疾病；预防各种外伤及触电，保护眼睛和皮肤。20 世纪 80 年代，县实验幼儿园实行一人一巾一杯，严格实行 15 分钟煮沸消毒。此后，春晖等一些幼儿园实行“两巾两杯”制度，即幼儿的巾、茶杯一套使用，一套消毒，并为幼儿提供合理膳食，定期进行营养分析。

第三章　小学教育

清光绪二十九年（1903），创办县立高等小学堂，开象山近代小学教育之先河。民国时期，除兴办公立小学、私立小学外，还举办教会学校、女子小学，甚至进行战时强迫教育。民国 34 年（1945），学龄儿童入学率 40.7%，至民国 38 年降为 20%。中华人民共和国成立后，政府致力于小学普及教育，并推行九年制义务教育。因教育政策时有变化，不同时期学校数变动极大，1965 年，各类小学达 885 所，为历史高峰，但大多数学校规模较小。1978 年始，学校撤并步子加快。至 2008 年，全县小学合并为 36 所，在校学生 33813 人，入学率 100%。

第一节　小学学校

清末小学

新式小学堂兴起。清光绪二十九年（1903），知县戈石麟创办象山县立高等小学堂，学制 4 年，校址丹城西隅丹山书院旧址。光绪三十一年，创办昌国正谊小学堂。光绪三十二年，丹城始达小学堂、石浦敬业小学堂相继创办。此后，县内绅商、民众纷纷助田、捐银、置舍、献屋或利用闲置的寺庙、祠堂，分别创办或改建私塾为小学堂。清末，全县小学堂 18 所，其中县立 1 所、公立 12 所、私立 5 所，学生 700 人。

清末象山县县学堂情况表

表 37-8

学堂名称	所在地	时间	创办人
县立高等小学堂	丹城西隅丹山书院旧址	光绪二十九年	知县戈石麟
始达高等小学堂	缨溪书院旧址	光绪三十二年	翁学熙、方鼎、陈陛森、王皋
姜氏启蒙初等小学堂	城西姜氏宗祠	宣统三年	姜鸿略、姜栽堂
东隅初等小学堂	城东，借用朱文公祠	光绪三十四年	周延文
陶材初等小学堂	城东，借用文昌阁	光绪三十三年	周开华
爵溪初等小学堂	爵溪，义仓改设	宣统二年	赵觐黻、赵觐璋
苗新初等小学堂	海墩，借用贺氏家庙	光绪三十二年	贺璜铬
联珠初等小学堂	陈岽，借用珠嘉庙	宣统三年	陆宗标
珠山初等小学堂	原珠山书院	光绪三十三年	林帮藩
时敏学堂	墙头乌龟岭下前	光绪二十九年	欧氏义庄，欧允慈为堂长
志应初等小学堂	舫前，借用王氏宗祠	光绪三十二年	王予衮
八行初等小学堂	关头，借用史氏宗祠	宣统三年	史致刚
敬业完全小学堂	石浦崇德义塾旧址	光绪三十二年	陈賛、佘耀宜
正谊高等小学堂	昌国卫，文昌阁	光绪三十一年	蔡兆麟、秦英鉴、陈步鳌
大化初等小学堂	大泥塘，镇潮庙	光绪三十三年	陈振声
作兴初等小学堂	大泥塘，借用民宅	宣统三年	吴其发
莺山初等小学堂	大泥塘，财神殿	宣统三年	张寿铭
体仁初等小学堂	昌国卫，借用福德祠	宣统三年	体仁会同仁

民国时期小学

民国元年（1912）1月19日，国民政府教育部颁布《普通教育暂行办法》，通令全国学堂改称学校。全县小学推行“壬子学制”，学校分初、高等两级与公立、私立两类，初等4年，高等3年。初等小学可以男女同校，学校附设的私塾停办。是年，公立西山、振初、贤庠，私立竞化、乐美、体仁女子等初等小学创办，其后小学逐年增加。至民国14年，全县12个学区，102所小学，其中，公立50所，私立52所。民国18年，全县小学增至120所，其中，县、区立小学89所，私立小学31所，学生5246人。民国21年，省教育厅规定，每乡镇至少设立1所初级小学，并整顿、改良私塾，以补小学之不足。是年，学生增至6981人，占全县学龄儿童26940人的25.91%。其间创办5所女子小学和2所教会学校。民国24年7月，推行初小4年义务教育，除正规小学外，还开办短期小学和小学附设短小班。是年，全县3镇62乡，除芭蕉、十里、星桥3乡未设初小外，余皆设立。计有公私立初高级小学125所，入学儿童6012人（男生4576人、女生1436人），附设义务短期小学28所，入学儿童1476人（男生891人、女生585人），时尚有私塾15所，塾生174人（男生139人、女生35人）。民国28年，全县有高级小学14所，初级小学110所，短期小学38所，学生11961人，教职员261人。民国29年，全县除始达、斐迪等城镇私立小学外，乡镇中心小学和村初小陆续改名为乡镇中心国民学校和保国民学校。民国30年至民国32年，日军相继占领石浦、溪口、丹城等地，敌占区小学大部分停课或转移至偏僻山村。此时期，全县有中心小学暨完小11所，初小95所，其他49所，学生8750人。抗日战争胜利后，学校全部恢复，并有所发展。民国36年，全县编为20个乡镇，原中心国民学校并随乡镇名称改为“×××乡镇国民学校”，一乡镇多校者，则分别于乡镇名后冠以“第一”“第二”等等。民国37年，小学迅速发展，全县中心国民学校26所，保国民学校193所，私立小学12所（含爵溪渔民和玉泉场盐工子弟小学5所），入学儿童12107人。至1949年7月象山解放时，全县有小学192所、285班，学生8170人，教职工391人。是期，著名小学有始达小学、果育小学、常乐小学、培本小学、斐迪小学等。

象山县立高等小学　前身为清康熙六十年（1721）知县马受曾所建、后同治十三年（1874）由知县邵正寅迁建城西的丹山书院。光绪二十九年（1903），知县戈石麟创办象山县立小学堂。设甲乙丙丁4班，学制4年，学生35人，教员七八人。主要课程4门：古文、历史、地理、算学，外加体操、歌唱、图画等。相继担任校长有贺敬斋（代理）、范岳甫。民国元年（1912）仇水心任校长，改用统一课本，仍授古文。创“勤恕俭朴”校训，添置数理化仪器，整饬学校，颇有建树。民国3年，学制改为3年，更名象山县立完全小学，学生以县城为主，兼收各地。民国8年，五四运动前后，贺威圣、王家谟、殷夫等一批革命者曾肄业该校。民国11年，张静斋继任校长，尤重校园绿化。民国12年，施行学制改革，高小由3年制改为2年制，取消春季始业，改为秋季始业。不久由方赞堂任校长，教学之余还教唱京剧、学新戏。时学校设置国文、美术、英语、自然、历史、劳作、美术、体育等。民国15年，改名丹山第一小学。民国19年夏，提倡男女同校，县立高级女子小学撤并该校，有教员11人、学生266人。民国21年，学生增至336人，分单式、复式6班。民国24年，改名丹山中心小学，设6班，学生200人。民国29年，设夏雨岙分校。民国30年，石浦沦陷，县城屡遭空袭，学生移至北门圆峰庙、东门樟穆庙上课。民国34年，原校址划给象山初中，学校迁入城东蒙养书院暨培本小学旧址，与丹城镇中心小学合并，称县立丹城镇中心小学，有教员34人、学生1020人，为省示范小学。1950年2月，由县人民政府接管。

始达小学　前身为缨溪书院。清光绪三十二年（1906），改为始达小学堂。翁学熙、方鼎、陈陛森等创办，改为私立。单设高年级，学制4年。宣统末年，王皋继任校长，延聘良师，苦心经营，声誉日增，四乡慕名就学者众。民国19年（1930），增设初级部。有学生120人，教员9人。民国24年后兼收女生。民国28年，因日机轰炸停办，中高年级初迁仇家山，后部分迁溪口（今茅洋乡）蓬莱寺。民国29年春，局势稍稳，以溪口僻处一隅为分校，城区为本校，分别上课。翌年全部迁回。象山沦陷后，学校一度停办。民国35年秋复学，先后由姜伯东、倪鸿梁任校长。民国37年，全校有学生301人，分春秋11个学级8个班，教员13人。1951年，县人民政府接管转为公办，改名丹城镇中心小学第四分校。

果育小学　前身为清光绪二十九年（1903）的时敏学堂，校址设墙头乌龟岭下前，聘欧允慈为堂长，王九维等为教员，开设国文、算术、格致、博物、体操、图画等课程。辛亥革命后，学风大开，原校舍已不适应学生入学要求，欧氏义庄拨款，择村西后溪西侧另建新舍。民国元年（1912），破土兴建，民国3年落成开学，改名欧氏私立果育学堂，亦称欧氏义塾。校有教学大楼，还建有风雨操场、盥洗室、厨房等辅助设施及足球、篮球、网球、木球等活动场所。环境幽静，花木遍植，全县首屈一指。学生来源最初只限欧氏桑梓子弟，设4班，教员4人。不仅学费全免，每年还由“欧氏书田”补贴簿籍费等。后学校规模扩大，声誉日隆，外乡外姓子弟负笈就读者日甚一日，几遍全县各乡村。班级扩至6级6班，学生多达240人。民国29年，奉命改称私立果育小学代用中心国民学校。民国35年，全校学生207人，教员6人。1951年，校舍改作粮库，学校迁欧氏家祠后，改名墙头镇中心小学。

斐迪小学　民国元年（1912），中华基督教循道公会英籍教士阚斐迪，借石浦横塘岸路原礼拜堂创立斐迪初等小学。首招教民子女10余人。民国7年，校舍迁石浦南关桥新址，添高级部，学生100余人，教员4人。民国10年，由华人王美成任校长。民国13年，由传道顾宝绥继任。民国20年，创办校刊《斐迪校镜》。民国28年，学校规模扩大，增至6班，学生285人。课程设置有国文、算术、常识、体操、修身、图画等，高年级加设历史、地理、自然和英语，后又添童军、党义二课，尤重英语。民国30年9月，日军侵占石浦，学校停课，迁大泥塘与宁波小学合并，仅设初级部，半年后又迁回石浦原址复学，更名义务小学，不挂斐迪校牌。民国34年8月，石浦光复，斐迪复校，全校有初高级学生300余人。民国38年，减至2班、75人。1950年春，学校转民办公助，改组原教会为主的校董会。1951年9月，高小并入石浦镇中心小学。翌年，更名石浦城外第一小学。1959年，并入石浦镇中心小学。

常乐小学　创立于民国18年（1929），由黄姓三族长黄畅生、黄天涛、黄伯兴等人发起，黄氏香火寺（即常乐寺）200余亩岁入作基金，以寺作校舍，定名黄氏私立常乐小学。学校初创时，教员3人，范岳夫任校长，设2学级，学生70人。民国29年，奉命改称林溪乡常乐代用中心国民学校，设复式3学级，学生114人，教员4人，樊崇煦任校长。民国37年，学生增至235人，教员5人。课程设语、算、音、美、体诸科，注重语、算。教师学识、经验俱优，学校颇有声誉，为邑东著名小学。1950年2月，县人民政府接管，校址迁珠溪村，改名珠溪乡中心小学。

照37-5　原孔庙尊经阁

培本小学　民国24年（1935）7月创办，初校舍借用民房，首任校长徐素韵，进步青年吴烨（后为中共党员，抗日烈士）为教务主任。开学第一年，招中、高级学生79人，教员4人。翌年，校舍迁城东尊经阁、忠孝义祠，开高、中、低3个学级，学生增至180人，教员6人。民国26年，全县五年级学生抽考检查，该校名列前茅，见诸报章，誉极一时。翌年，增辟崇圣殿东西厢2个教室，开6学级，学生233人，教员10人。“七七”事变后，学校成为象山爱国青年学生宣传抗日救国的中枢，编排《在卢沟桥边》《保卫家乡》《放下你的鞭子》等节目演出。继而组成“抗日巡回宣传队”，下西区各乡村演出，深受爱国群众欢迎。民国31年，日军入据丹城，困于经费，学校停办。

女子小学　民国元年（1912），昌国卫体仁会同人创办全县第一所女校私立体仁女子初等小学。民国2年，儒雅洋广志女校创办。此后，姜氏淑德女子完全小学、县立女子完全小学、私立启明女子初级小学相继创办。民国17年后，倡行男女同校，大多数女校并入当地小学。

民国14年象山县各区小学情况表

表37-9

学区	校名	校址	创办时间	创办人
第一区	县立完全小学	城西丹山书院旧址	清光绪二十九年	知县戈石麟改建
	县立女子完全小学	城东租用老当店	民国9年	县知事刘蔚仁委令傅规清创办
	公立商业补习学校	城东借用三仁祠	民国9年2月	县商会林永怀等创办
	公立益智初级学校	城东借用鲁公子庙	民国10年	工业同仁
	私立始达高级小学	城西缨溪书院旧址	清光绪三十二年	翁学熙、方鼎、陈陛森、王皋
	姜氏淑德女子完全小学	姜氏妙华堂	民国6年	姜鸿略、姜栽棠
	姜氏启蒙初级小学	城西姜氏宗祠	清宣统三年	姜鸿略、姜栽棠
	东隅初级小学	城东借用朱文公祠	清光绪三十四年	周延文
	陶材初级小学	城东借用文昌阁	清光绪三十三年	周开华
	私立竞化学校	城东借用姜忠肃公祠	民国元年7月	林永怀捐资创办
	引养初级小学	城南借用普济堂	民国10年	杨霖、朱保华、史珂
	发蒙初级小学	城西顾家弄钱宅	民国10年	钱廷辉
	区立梅溪初级小学	梅溪借用招讨副使祠	民国5年	马福润
	私立癸亥初级小学	城东借用明伦堂	民国13年	癸亥俱乐部
第二区	区立爵溪初级小学	爵溪校舍由义仓改设	清宣统二年	赵觐黻、赵觐璋
	私立新民初级小学	爵溪借用文昌阁	民国12年	傅尔昌
	区立公屿初级小学	公屿借用行宫	民国6年	叶茂生
第三区	区立惇叙初级小学	樟岙借用鲍氏宗祠	民国2年	鲍谦
	区立振初初级小学	九顷借用史氏宗祠	民国元年	史济棐、周开荣
	私立启迪初级小学	下余借用镇海庙	民国9年	余述文
	私立培育初级小学	陆家借用陆氏宗祠	民国10年	陆其任
	私立乐育初级小学	洋心借用宋氏宗祠	民国2年	宋志道、宋恒禧
	私立养正初级小学	沙岗借用王氏宗祠	民国7年	王庆余
	私立新起初级小学	新碶头借用回龙庙	民国10年	仇以炯
	私立岳头初级小学	岳头借用吴氏宗祠	民国12年	吴李氏
	区立南庄初级小学	南庄借用张氏宗祠	民国14年	张家治
	私立养才初级小学	小东洋借用民宅	民国14年	张克平

续表37-9

学区	校名	校址	创办时间	创办人
第四区	区立珠山完全小学	着衣亭珠山书院旧址	清光绪三十三年	林邦藩、贺璜黻
	区立苗新初级小学	海墩借用贺氏家庙	清光绪三十二年	贺璜辂
	区立西山初级小学	西山下借用西亭庙	民国元年	金成文
	区立贤庠初级小学	盐场借用民宅	民国元年	张道彬
	区立联珠初级小学	贤庠借用珠嘉庙	清宣统三年	陆宗标
	区立惩闲初级小学	珠溪借用民宅	民国2年	黄威彤
	区立启后初级小学	珠溪借用民宅	民国2年	黄家栋
	区立志成初级小学	黄避岙借用郑氏宗祠	民国5年	林永滭
	区立大林初级小学	大林借用林氏宗祠	民国5年	林爱瑾
	区立茹涵初级小学	溪沿借用黄氏宗祠	民国11年	黄震汉、陈竞
	区立孝友初级小学	龙屿借用民宅	民国5年	张乃文
	区立青莱初级小学	青莱借用樊氏宗祠	民国9年	樊家桢
	私立西泽初级小学	西泽借用西泽庙	民国2年	陈大松、阮湘睦
	私立成城初级小学	霞庄借用黄氏经堂	民国10年	林崇卿
	私立狮山初级小学	木瓜借用民宅	民国10年	王宗夔
	私立钟英初级小学	陈山借用钱氏宗祠	民国13年	陈香珊
第五区	私立钱仓初级小学	钱仓寨借用民宅	民国8年	孙达
	私立育秀初级小学	毛湾借用民宅	民国13年	童嗣康
第六区	私立果育完全小学	墙头由欧氏义庄出资建洋房	民国4年	欧氏义庄
	区立志应初级小学	舫前借用王氏宗祠	清光绪三十二年	王予衮
	区立惠中初级小学	仓岙借用胡忠丞庙	民国2年	朱国定、朱英
	私立崇实初级小学	蔡家岙借用民宅	民国3年	沈守廉
	私立维新初级小学	大溪蒋借用蒋氏宗祠	民国9年	陈乘辂
第七区	区立时术初级小学	屠家园借用屠氏宗祠	民国2年	屠耀台
	私立集英初级小学	郑家庄借用民宅	民国7年	叶秀
	私立钟毓初级小学	南充借用民宅	民国10年	郑兆麟
	私立训德初级小学	虎头山借用蓬莱寺	民国13年	陈裕斋、阮式珪
	私立浚智初级小学	白岩下借用韩郑宗祠	民国12年	韩勋嗣
	私立集才初级小学	小白岩借用民宅	民国14年	叶秀、周道尧
第八区	区立民新初级小学	上马岙借用文昌阁	民国7年	黄可轩
	私立梦祺初级小学	横陉借用翔龙庙	民国7年	朱荣麟
	私立乐英初级小学	峙后借用民宅	民国元年	袁光圣
	私立端蒙初级小学	下马岙借用茅山庙	民国14年	柳培
	私立马坡初级小学	下马岙借用回龙庵	民国14年	黄锦云

续表37-9

学区	校名	校址	创办时间	创办人
第九区	私立起文初级小学	勤稼场借用周氏宗祠	民国2年	周进忠
	私立养中初级小学	莲花借用爱莲祠	民国3年	翁国茂、翁开汶
	私立起莘第一初级小学	伊家借用民宅	民国5年	伊占鳌
	私立龟山初级小学	庙岭头借用龟山庙	民国9年	周莼、周临洋
	私立崇本初级小学	儒雅洋借用何氏崇本祠	民国9年	何一山
	私立儒雅初级小学	儒雅洋借用何氏宗祠	民国10年	何炳辉
	私立起莘第二初级小学	伊家借用民宅	民国14年	伊昌极
第十区	区立鎔正初级小学	赖岙文昌阁	民国3年	赖庆涟
	私立裕后初级小学	关山借用民宅	民国7年	朱福椿
	私立瀛西初级小学	西周借用民宅	民国11年	蒋善
	私立培杰初级小学	杰岙借用赖氏丁一祠	民国10年	王鳌
	私立下沈初级小学	下沈借用孙氏宗祠	民国5年	孙云、孙霓
第十一区	区立又新初级小学	横弓岙借用史氏宗祠	民国12年	史致彧
	区立八行初级小学	关头借用史氏宗祠	清宣统三年	史致刚
	区立明德初级小学	下七里借用奚氏宗祠	民国8年	奚大器、奚松茂、张宏元、张开秀
	区立达三初级小学	高湾借用忙氏宗祠	民国12年	邵品三、忙鼎铭
	区立义阳小学	东溪借用励氏宗祠	民国13年	励乃鹏创办初级，民国14年改办完小
第十二区	区立敬业完全小学	石浦崇德义塾旧址	清光绪三十二年	由陈赞、佘耀宜创议改组
	区立正谊高级小学	昌国卫文昌阁	清光绪三十一年	蔡兆麟、秦英鉴、陈步鳌
	区立育英初级小学	石浦借用城隍庙	民国5年	马廷珪
	区立斐成初级小学	盐仓前借用废营署	清宣统三年	称钧、纪传祥
	区立大化初级小学	大泥塘借用镇潮庙	清光绪三十三年	陈振声
	区立作新初级小学	大泥塘借用民宅	清宣统三年	吴其发
	区立莺山初级小学	大泥塘借用财神殿	清宣统三年	张寿铭
	区立下营初级小学	下营借用陈氏宗祠	民国7年	陈章云、陈修才
	区立鸡鸣初级小学	鸡鸣借用林氏宗祠	民国7年	林泽华
	私立商业初级小学	石浦借用慈云庵	民国11年	何锵
	私立启明女子初级小学	石浦借用北斗庵	民国12年	王雪怀
	公立益智第二初级小学	石浦借用镇武宫	民国12年	工业同人
	区立盐业初级小学	平洋厂借用当境庙	民国8年	严嘉保
	区立正修初级小学	金鸡山借用圆峰庙	民国9年	鲍显扬

续表37-9

学区	校　名	校　址	创办时间	创办人
第十二区	区立镜湖初级小学	田洋湖借用吴氏宗祠	民国6年	王义等
	私立体仁初级小学	昌国卫借用福德祠	清宣统三年	体仁会同仁
	私立南向初级小学	南向借用行宫	民国12年	朱鸣皋
	私立教隆初级小学	教隆借用龙王庙	民国10年	陈爱贤
	私立体仁女子初级小学	昌国卫借用秦氏宗祠	民国元年	体仁会同人
	区立新民初级小学	石浦借用江心寺	民国12年	张修章
	区立盐化初级小学	下洋墩借用当境庙	民国14年	林彩金
	区立华西初级小学	黄埠借用潘氏宗祠	民国14年	潘在康、郑文彬
	区立灵昭初级小学	定山渡头借用民宅	民国14年	李志英
	区立东门岛初级小学	在石浦借用天后宫	民国14年	胡常瑛、任筱甫、周康贤、王桂林、陈友耕、丁筱春、丁景耕

照37-6　九年一贯制学校——象山文峰学校

中华人民共和国成立后小学

象山解放后，人民政府先后接管乡镇中心小学，私立小学部分停办，部分转集体办或并校。原保国民学校全部转为集体办，其中半数以上由政府给予一定补助。翻身农民又开办一批集体办村小和联办小学。1958年，贯彻“国家办学和群众集体办学，全日制和半日制相结合两条腿走路”的方针，集体办小学大发展，公办村校大部分转为集体办，全县311所小学中，集体办学由1957年的24所激增至243所。1961年，贯彻中共中央“调整、巩固、充实、提高”八字方针，集体办小学又恢复公办，全县305所小学中，集体办又降至26所。1964年，贯彻“两种教育制度、两种劳动制度”方针，办起各种形式耕读小学351所。1965年，耕小增至703所，在校学生25647人。是年，小学总数885所，为象山历史上小学总数最高的年份，在校学生58790人。1966年6月，“文化大革命”开始，全县小学先后停课参加政治运动。耕读小学被批判为“修正主义文化教育路线产物”，大部分停办，部分改集体办，小学生人数骤减。1969年，除城镇10所小学保留公办外，农村小学全部下放给大队办。1972年，下放的农村小学恢复公办。1976年，小学增至573所，其中包括各种形式办班67所，学生66763人。1977年之后，学校总数逐年减少，学校规模不断增大。1988年，县创办有史以来的第一所“聋哑学校”，招7至13岁聋哑儿童35人。2008年，全县小学45所，其中，九年一贯制学校7所，外来务工子女学校4所。小学入学率100%。

象山县实验小学　前身系丹山书院。清光绪二十九年（1903），行新学，丹山书院改建为官立高等小学堂。民国元年（1912），又改称县立高等小学校。民国6年，更名象山县立完全小学。民国15年，改名象山县丹山第一小学。民国19年夏，提倡男女同校，县立高级女子小学并入该校。民国24年，改称丹山中心小学。民国35年，县立初级中学迁入丹城，校舍归县中使用，学校迁至城东蒙养书院及培本小学旧址，与丹城镇中心小学合并，称县立丹城镇中心小学。民国36年，改称象山县丹城镇中心国民学校。1950年2月，县人民政府接管该校，名为象山县丹城镇中心小学总校，管理城区5个分部。1953年，校舍出让予新华书店，学校迁西门四分校（原缨溪书院、后为始达小学）。后又数易其名，至1986年8月，改名象山县实验小学。2004年7月，迁入丹城丰饶路66号校址。学校占地58430平方米，建筑面积24354平方米，设计规模48个教学班。实验楼、行政楼、体艺馆、图书馆、报告厅、运动场、餐厅等一应俱全。2008年，学校47个教学班，在校生2608名，教职工117人。2007年，入选浙江省百年名校百强。

照37-7　民国末期的石浦中心小学教室

石浦镇中心小学　前身系清道光八年（1828），石浦士绅许超偕其弟兄于石浦城之北创办的崇德义塾。同治十二年（1873）秋，同知杨殿材整修荒废的义塾，改建为金山书院。光绪三十二年（1906），改金山书院为敬业高级小学堂。辛亥革命后，黎汝南主校政，聘革命党人张田等为教员，学校声誉日隆。民国14年（1925），改名为敬业完全小学。民国21年秋，又改名为第五区区立石浦小学。民国29年，改名为石浦镇中心小学。民国31年，张国宝应聘任校长，在学校宣传抗日救国道理，遭日军拘捕，迭遭酷刑，然坚贞不屈，于翌年4月24日，被活埋于吉城后岗山。抗日战争胜利，学校改名为石浦镇中心国民学校。翌年，学校改名石浦镇第一中心国民学校。1950年3月，县人民政府接管学校，并改名为石浦区中心小学。1951年，斐迪小学高段并入该校。1959年冬，学校更名为石浦人民公社中心小学。1961年秋，复名为石浦区中心小学。1969年，学校附设初中部。1978年上半年，学校有幼儿园、小学、初中、高中62个教学班，3000多名学生。是年10月，附中与石浦小学分离。1980年，学校被确定为县重点小学。1992年撤区扩乡并镇后，更名为石浦镇中心小学。1998年学校被县教委命名为象山县第二实验小学。2008年，学校占地面积16236平方米，校舍建筑面积11848平方米，绿化面积1790平方米，教学班37个，在校学生1978人，教职工95名。

象山县聋哑学校　1987年3月，经县人民代表大会通过，县人民政府批准，县教育局、民政局筹款10.5万元，购城西县卫生进修学校旧址作校舍，筹建象山县聋哑学校。1988年9月19日正式开学，首届招收9~13岁聋哑儿童36名，按年龄分甲乙两班，学生全部寄宿。教职工13人，其中专任教师7人。首任校长鲍斯强。学制8年。开设语文、数学、思品、律动、美术、卫生、劳技、生活与劳动等课程。课堂教学以口语教学为主导，凭借课文合理运用手指语、手势语和板书作为辅助教学手段，坚持用实物、挂图、投影仪等为教具，作直观教育，以提高教学效果。1990年8月，学校迁体育场路新校舍。2002年9月，迁育才路5号。2003年6月9日，县聋哑学校撤销，在校5班32名学生并至宁波市聋哑学校，教职工分流至县内各中小学、幼儿园。

心园学校　2000年3月，定塘镇李国良在自己家里创办“心园”培智特殊教育培训班，初招智障儿童3名，后增至6名，2001年8月，经县教委批准，李国良正式开办定塘心园学校，专招弱智儿童。2003年学校迁至原鸿门小学校舍。学校分轻度智障和中度智障两个层次进行小班教育，轻度班7~8人，中度班5~6人。开设6门课程：生活语文、生活数学、生活常识、音乐、手工技能、体育。每周上课6天，每天6课时，轻度班实行9年至12年制教学，重度班按9年制计划教学。重在培养生活自理能力，传授初步的文化科学知识，训练待人接物接触社会的能力。经过教育，至今已有5名学生转到普通学校，能随班就读。办学经费来自学费收入。2006年上半年开始，县残联把每个学生的学杂费（住校2000元/学期，通校1700元/学期）直接拨到学校，解决学校收费困难问题。2007年，在校生45人，分7个年级、7个班，住宿生42人，教职工10人。

1977年象山县小学分布情况表

表37-10

属　地	校名（在校生人数/复式班数）
丹城镇	丹城镇第一小学（1520/无），丹城镇第二小学（741/无）
石浦镇	石浦镇小学（1879/无），延昌小学（871/无），后岗山小学（27/1），铜钿礁小学（93/3），渔山小学（53/2）
南庄公社	南庄小学（519/无），上吴小学（89/2），杨家小学（95/2），小听小学（73/2），洋心小学（330/无），韩家小学（18/1），何家小学（51/1），山头董小学（42/1），胡家碶小学（23/1），仇家山小学（151/无），西港小学（91/2），新碶门小学（106/2），九顷小学（266/无），三岔路小学（23/1），冷水潭小学（82/2），朱水溪小学（73/2），白石小学（170/无），路下林小学（54/2），潘农黄小学（106/2），南昌小学（51/2）
林海公社	林海小学（302/无），梅溪小学（250/无），后山小学（99/无），岙里小学（191/无），田洋里小学（51/2），中家河小学（13/1），半河小学（146/无），陆家小学（61/2），大碶头小学（302/无），河东小学（61/2），河西小学（20/1），桥头林小学（371/无），桥头胡小学（67/2），蒋家小学（17/1），西林小学（57/2），上余小学（170/无），下余小学（177/无），下山小学（31/2），寨里小学（51/2）赤坎小学（60/2），前岙小学（74/2）
东陈公社	樟岙小学（324/无），岳头小学（295/无），东陈小学（228/1），沙岗小学（228/无），南堡小学（200/无），马岗小学（118/2），西山小学（116/2），海墩小学（110/1），南盘小学（49/2），南堡黄小学（88/2），大塔小学（78/2），洋里小学（22/1），西庄小学（38/1），立新小学（21/1），山头小学（24/1），金井头小学（11/1），悬基坪小学（21/1），东升小学（24/1），北山下小学（11/1），普大河小学（17/1）
爵溪公社	爵溪小学（1182/无），公屿小学（223/无），牛杖岙小学（116/3），甸平山小学（6/1），白沙湾小学（13/1），南韭山小学（54/2）
溪口公社	溪口小学（301/无），朝阳小学（226/无），山下叶小学（25/无），杨家岙小学（69/无），朱周小学（82/无），外岙小学（46/1），上缸厂小学（18/1），小白岩小学（75/3），缸窑俞小学（23/2），茅溪小学（220/无），乌石岐小学（27/1），台头小学（120/2），洋岙山小学（26/1），文洋小学（193/无），下缸厂小学（16/1），大坑小学（27/1），文山小学（115/2），花洋小学（22/1），南充小学（187/无），蔡家小学（8/1），屠家园小学（163/3），里岙小学（52/2），东岙小学（84/2）
亭溪公社	洋北小学（266/1），大岙小学（103/无），亭溪小学（169/1），山根小学（85/1），七里亭小学（128/无），沈家小学（134/无），周家路小学（93/1），立新小学（89/1），黄溪小学（251/1），桃湾小学（14/无），白墩小学（68/无），毛洋小学（11/无），塔岭小学（61/无），沈山岙小学（61/无），吊水岩小学（50/无），合心小学（38/无）
墙头公社	方家岙小学（216/无），朱家小学（36/2），丁家小学（50/2），屠家小学（19/1），岭下小学（124/无），舫前小学（149/无），孔家小学（18/1），徐家井小学（15/1），盛王张小学（25/1），孙家小学（107/2），下沙小学（227/无），下山小学（29/1），墙头小学（426/1）

续表37-10

属　地	校名（在校生人数/复式班数）
雅林溪公社	陈山小学（180/无），安东小学（112/2），章家弄小学（130/2），后岭小学（49/2），下林溪小学（91/2），上岙小学（119/2），新罗岙小学（63/2），下岙小学（78/2），里考坑小学（102/2），虎啸铺小学（66/2），夏雨岙小学（71/2）
大徐公社	大徐小学（343/无），汤加店小学（61/2），三角埭小学（95/2），海口小学（86/2），铁杖岙小学（49/2），十亩地小学（42/2），杉木洋小学（130/2），水利桥小学（14/1），下院小学（142/1），塔幢小学（143/1），牛岙小学（10/1），林善小学（72/2），江岙小学（16/1），黄盆岙小学（73/2），雷山小学（156/无），相思岭小学（52/2）
涂茨公社	涂茨小学（226/无），金□小学（239/1），珠山小学（136/1），下盆岙小学（120/2），庵后小学（117/2），沈岙小学（149/1），十里亭小学（14/1），后七埠小学（44/2），旭拱岙小学（170/2），道人山小学（18/1）
民主公社	屿岙小学（131/1），黄沙小学（142/无），汤岙小学（164/无）钱仓小学（260/无），大坦小学（112/2），新塘小学（23/1），中堡小学（107/2），长沙小学（41/2），毛湾小学（169/无），大岭后小学（92/2），东坑小学（16/1），崔家岙小学（112/1），民主小学（136/1），红星小学（101/2），潘家坎小学（18/1），里庵小学（49/1）
贤庠公社	着衣亭小学（227/无），章家墩小学（19/1），沈家洋小学（33/2），珠山岙小学（65/2），大岙小学（38/1），碶头陈小学（102/2），贤庠小学（156/无），西山下小学（163/无），路下庄小学（129/无），上白家小学（14/1），红卫小学（147/无），红建小学（146/无），新建小学（114/2），盐厂小学（211/无），海中小学（240/无），海下小学（237/无），下庄溪小学（37/2），小蔚庄小学（52/2）
珠溪公社	珠溪小学（147/无），山厂小学（85/2），前进小学（91/2），程家屿小学（21/1），溪沿小学（325/无），下庄小学（175/无），中庄小学（25/1），大碶头小学（19/1），蒲门小学（200/无），俞公岙小学（59/2），新丰小学（17/1），民丰小学（53/2），大石门小学（21/1），乌屿山小学（168/无），木瓜小学（100/2），青莱小学（94/2），芦岙碶头小学（19/1）
黄避岙公社	山夹岙小学（19/1），甲屿小学（84/1），塔头旺小学（46/2），白屿小学（113/1），马滩小学（11/1），驿上岙小学（60/2），驿下岙小学（39/1），里高泥小学（77/2），外高泥小学（42/1），东塔小学（12/1），鲁家岙小学（59/2），塔曼礁小学（12/1），横里小学（68/2），上龙屿小学（16/1），龙屿小学（299/无），谢家岙小学（16/1），横塘小学（63/2），沙塘小学（25/1），兵营小学（107/2），周家小学（60/2），谢家小学（94/2），大斜桥小学（49/2），黄避岙小学（188/无），高湖小学（44/1），孟岙小学（12/1），大林小学（180/无），高池坑小学（9/1）
西周公社	西周小学（567/无），道头小学（7/1），大坑小学（42/1），白月岙小学（12/1），土桥小学（136/无），红峰小学（38/2），车岭小学（209/1），寒山小学（54/2），初坑小学（9/1），下叶小学（12/无），琴诗岙小学（41/2），虎山小学（8/无），马山小学（71/1），山后塘小学（8/1），文岙小学（215/无）
下沈公社	下沈小学（267/无），柴溪小学（329/无），排头小学（279/无），杭头小学（96/2），关山小学（197/无），赖岙小学（125/1），田岙小学（114/2），杰岙小学（189/无），里静小学（69/2），外静小学（66/2），东岙小学（36/2），里山小学（12/1），普塘小学（16/1），白岩后小学（18/1），蒋家岙小学（17/1），万金山小学（6/1），红岩小学（13/1），上山小学（11/1）
儒雅洋公社	儒雅洋小学（203/无），倪家小学（89/2），芭蕉小学（125/无），箬岭小学（93/3），下岙小学（93/无），伊家山小学（40/2），榜树岭小学（38/2），山后胡小学（55/1），上岙小学（52/1），横山小学（42/2），尖岭头小学（58/2），利民小学（43/2），西岙郑小学（37/2），尖坑小学（12/1），防东小学（8/1），半坑于小学（17/1），蒙顶山小学（7/1）

续表37-10

属　地	校名（在校生人数/复式班数）
莲花公社	莲花小学（147/无），蚶岙小学（95/2），勤丰小学（139/2），杨岙小学（113/1），潘埠小学（58/1），岙岭下小学（32/2），湖边小学（146/无），友谊小学（117/1），蔡家田小学（74/2），伊滨小学（168/无），伊家小学（171/无）
泗洲头公社	泗洲头小学（236/无），东岙小学（205/无），峙后小学（182/无），塘岸小学（120/1），西洋小学（110/2），四联小学（157/无），肖胡小学（126/2），横埕小学（129/2），洋大张小学（119/2），张岙小学（101/2），新民小学（60/2），后王小学（61/2），河婆岭小学（48/2），南岙小学（14/1），路西跳小学（15/1），下山头小学（23/1），林场小学（32/1）
马岙公社	峙前小学（70/2），下马岙小学（106/2），上马岙小学（161/无），墩岙小学（111/2），墩岙塘小学（24/1），苏岙小学（143/1），大麦塘小学（80/2），对里小学（61/2）
定塘公社	定塘小学（329/无），小定山小学（78/2），后一小学（68/2），后二小学（78/1），外塘小学（99/2），里塘小学（26/1），方前小学（202/无），沙地小学（87/无），周岙小学（59/2），杨岙小学（194/无），下营小学（231/无），勤俭小学（26/1）
中楼公社	田洋湖小学（102/无），田洋湖（高）小学（179/无），岙底小学（92/无），镜架岙小学（90/无），斜岙小学（54/2），小湾塘小学（60/2），新岙小学（175/无），里岙小学（20/1），竿头小学（82/2），山灶小学（29/1），中垅小学（181/无），下灶小学（106/1），台洞塘小学（138/1），四眼碶小学（23/1），楼下舍小学（121/2），下山小学（20/1），小太平小学（177/无）
大塘公社	叶口山小学（93/无），宁逸小学（105/无），宁波站小学（100/无），花江小学（178/2），大花江小学（66/无），漕江小学（113/无），英山小学（141/1），白墩小学（168/无），金牛江小学（64/2），礁横小学（80/1），中站小学（252/1）
晓塘公社	布厂小学（96/2），晓塘小学（195/无），励家坪小学（143/1），中岙小学（174/无），中里小学（130/无），向阳小学（132/无），东升小学（157/无），红丰小学（65/2），炮台下小学（30/1），竹峙小学（89/2），下陈小学（不祥/1），白玉湾小学（不详），鹁鸪头小学（不详/1）
后岭公社	岭头小学（17/1），山岙小学（7/1），岙底小学（78/无），黄埠小学（88/1），后岭小学（24/2），礁头小学（17/1），美石小学（15/1），岳洋小学（12/1），三眼碶小学（70/2），月楼岙小学（101/无），湾边小学（8/1）
东溪公社	东溪小学（383/无），板岭小学（130/2），王岙小学（14/1），龙洞小学（58/2），外韩小学（18/1），海台小学（122/2），山海小学（269/无），岙底小学（105/2），岭脚小学（31/1），洋坑小学（222/无），庙前杨小学（117/2）
新桥公社	新桥小学（8/不详），黄公岙小学（248/无），上盘小学（100/2），上灵岙小学（30/1），下灵岙小学（18/1），中灵岙小学（16/1），高湾小学（256/无），高塘小学（133/2），七林湾小学（113/2），丁家塘小学（18/1），下七里小学（145/1），上七里小学（65/2），黄吉岙小学（67/2），大岙小学（26/1），仁瑰小学（50/2），关头小学（433/无），东史小学（91/2），里岙小学（90/2），外岙小学（100/2），乌江小学（58/2），弹涂岙小学（19/1）
旦门公社	旦门小学（不详），松岙小学（296/无），双桥小学（187/无），上周小学（213/2），旋台小学（127/1），王家榄小学（18/2），东旦小学（22/1），平石小学（109/2），乌岩小学（24/1），东湾小学（94/2）
昌国公社	昌国小学（840/无），平岩小学（59/2），大湾小学（47/2），蛟龙小学（80/3），金架山小学（149/1），马盘小学（72/2），岳头小学（155/无），沙塘湾小学（99/2），三家村小学（58/2），半边山小学（80/2），蓝家小学（98/3），鸡鸣小学（322/无），洋山岗小学（20/1），汝溪小学（96/2），五爱小学（179/无），岱地小学（61/2），下岙小学（119/3）

续表37-10

属　地	校名（在校生人数/复式班数）
东门公社	东门小学（665/无），南汇小学（69/2），胡礁湾小学（35/1），上下布袋小学（43/2），对面山小学（34/1）
番头公社	番头小学（114/无），东升小学（91/无），番头岙小学（54/2），横屿小学（48/2），小塘小学（26/2），红星小学（21/2），上山小学（30/2），蒋湾小学（25/1），上湾小学（21/1），文红小学（12/1）
金星公社	金星小学（130/1），坦塘小学（144/2），司前小学（29/1），南向小学（132/2），下洋墩小学（192/无），平阳厂小学（178/无），金鸡山小学（303/无），树桥头小学（96/2），晓湾小学（94/1），蒲湾小学（20/1），星塘小学（152/1），马屿小学（54/2），井水小学（51/2），低峧小学（29/1），朝东小学（83/2），东山小学（26/1）
檀头山公社	长坑小学（195/无），前卫小学（171/无），胜利小学（109/3），东卫小学（39/1）
岳浦公社	岳浦小学（581/无），岳一小学（147/1），岳二小学（182/1），犁头攙小学（111/2），鱼山小学（56/2），小百丈小学（137/2），大沙小学（99/2），大百丈小学（174/无），文山前小学（128/1），双湾小学（73/2），和平湾小学（47/2），屿湾小学（22/1），小网市小学（142/1），流水岩小学（10/1），大湾塘小学（77/2），黄金盘小学（112/2），凤凰头小学（69/2），小湾塘小学（124/2），后龙头小学（30/1），前龙头小学（81/2），吉港小学（164/2）
樊岙公社	樊岙小学（355/无），小岙小学（43/1），南六？小学（199/无），南立小学（205/无），川洞小学（24/1），石屋小学（23/1），高坎头小学（105/2），谷桶小学（60/2），马小坛小学（45/2），四都小学（220/无），三角坛小学（146/1），南田墩小学（38/1），凤凰山小学（53/1），牧童岙小学（60/2），水湖涂小学（64/2），杨柳坑小学（78/2），金七门小学（58/2）
高塘公社	高一小学（219/无），高二小学（138/1），高三小学（118/2），城头小学（62/2），劲松小学（138/无），金椅小学（76/2），红旗小学（34/1），花岙小学（114/2），三五小学（140/2），杏八小学（120/1），树七小学（27/1），东升小学（62/2），江口小学（58/2），红星小学（156/1），建设小学（164/1），文献小学（26/1），上中江小学（144/1），梅余小学（59/2），罗元小学（71/2），胜利小学（107/2），忠心小学（125/1），朝阳小学（64/2），永红小学（80/2），跃进小学（107/2）

2008 年象山县小学情况表

表 37-11

镇乡（校）名	毕业生数（人）	招生数（人）	班级数（个）	学生数（人）	教职工数（人）	占地面积（平方米）	建筑面积（平方米）	备　注
文峰学校	543	308	48	2642	141	41688	16579	公办、九年制
林海学校	110	77	12	535	43	8323	5149	公办、九年制
城南学校	268	193	22	1085	66	5000	3804	公办、九年制
爵溪学校	233	223	26	1511	65	29888	9993	公办、九年制
墙头学校	78	57	11	375	40	7400	3653	公办、九年制
金星学校	72	69	12	384	27	11208	2042	公办、九年制
高塘学校	182	151	23	1001	56	20077	6547	公办、九年制
丹城二小	323	280	27	1461	88	10978	8917	公办
丹城四小	—	403	10	528	26	44461	3406	公办
实验小学	347	484	49	2775	117	50963	24354	公办

续表37-11

镇乡（校）名	毕业生数（人）	招生数（人）	班级数（个）	学生数（人）	教职工数（人）	占地面积（平方米）	建筑面积（平方米）	备注
丹城三小	420	349	31	1697	84	16758	9048	公办
外国语学校	274	237	24	1316	70	9612	6151	公办
石浦小学	432	292	36	1827	92	16236	11848	公办
延昌小学	222	156	24	1021	68	9385	9300	公办
新港小学	383	383	37	2197	99	30208	16048	公办
番头小学	199	169	23	1072	54	24012	5343	公办
昌国小学	100	40	11	417	39	12691	3256	公办
贤庠镇校	96	64	11	435	36	16459	4010	公办
珠溪小学	54	18	6	144	15	19330	4881	公办
大徐镇校	141	87	14	580	47	7472	4093	公办
涂茨镇校	126	37	9	337	39	10180	3003	公办
黄避岙乡校	59	22	6	165	21	3768	2038	公办
东陈乡校	178	104	17	692	58	20268	6699	公办
旦门小学	47	26	6	191	13	12010	3133	公办
亭溪小学	78	44	8	302	18	10005	2188	公办
茅洋学校	98	59	12	418	35	6543	3796	公办
西周镇校	217	182	25	1186	78	12842	7795	公办
莲花小学	27	—	4	54	12	8080	2057	公办
下沈小学	148	118	17	714	50	16344	8163	公办
泗洲头镇校	141	64	12	453	40	25805	4124	公办
墩岙塘小学	46	24	6	149	8	5280	1777	公办
定塘镇校	104	73	12	519	48	13575	4239	公办
大塘小学	71	38	9	307	15	10281	4878	公办
中楼小学	43	—	5	92	7	3935	1660	公办
宏润小学	42	10	6	133	8	6132	1746	公办
新桥镇校	118	89	13	560	43	6000	2534	公办
东溪小学	53	51	10	301	19	4714	2539	公办
晓塘乡校	127	57	12	393	42	18343	7102	公办
鹤浦镇校	268	305	33	1647	82	26951	7387	公办
四都小学	22	20	6	111	11	9715	2097	公办
滨海学校	16	—	0	0	—	—	—	民办
梅溪小学	51	56	6	286	9	2664	1261	民办、民工子弟学校
三伟民校	85	120	12	604	20	3200	1610	民办、民工子弟学校
半河民校	90	137	13	782	23	4000	1750	民办、民工子弟学校

续表37-11

镇乡（校）名	毕业生数（人）	招生数（人）	班级数（个）	学生数（人）	教职工数（人）	占地面积（平方米）	建筑面积（平方米）	备　注
石浦民校	113	37	8	414	16	3600	1600	民办、民工子弟学校
全县合计	6845	5713	724	33813	1988	636384	243598	—

1949—2008 年象山县小学情况表

表 37-12

年份	学校数（个）	班级数（个）	学生数（人）	教职工数（人）	
				合计	其中专职教师
1949	192	285	8170	391	360
1950	214	333	9940	438	398
1951	195	547	19629	713	654
1952	325	569	21061	820	795
1953	316	572	19206	783	762
1954	288	559	19767	737	720
1955	261	569	21838	737	721
1956	249	628	26576	775	767
1957	237	622	24445	824	817
1958	311	839	35590	792	788
1959	297	796	35251	943	871
1960	303	912	40714	1028	908
1961	305	752	27105	1000	948
1962	325	732	23772	961	931
1963	324	767	25854	965	954
1964	533	1240	38475	1277	1266
1965	855	1705	58790	1937	1810
1966	485	1073	40412	1257	1149
1967	485	1116	40236	1324	1197
1968	476	1143	38984	1354	1208
1969	494	1173	39287	1483	1332
1970	509	1303	44942	1607	1591
1971	804	1930	64453	2095	2049
1972	529	1879	63103	1947	1899
1973	527	2151	71609	2104	2053
1974	601	1867	69746	2159	2075
1975	579	1872	69800	2174	2089

续表37-12

年份	学校数（个）	班级数（个）	学生数（人）	教职工数（人）	
				合计	其中专职教师
1976	573	1817	66763	2178	2009
1977	576	1779	63405	2202	2044
1978	507	1680	61813	2190	1981
1979	481	1742	61198	2241	2100
1980	481	1722	59830	2413	2072
1981	458	1640	56768	2086	1830
1982	421	1508	51621	2095	1886
1983	411	1429	47865	2016	1806
1984	397	1410	47149	2026	1796
1985	393	1384	45778	2000	1754
1986	387	1383	45576	2012	1774
1987	376	1364	43732	2014	1752
1988	632	1337	43869	2035	1769
1989	360	1343	44125	2077	1827
1990	345	1369	46276	2119	1461
1991	331	1379	46973	2180	1488
1992	313	1377	48838	2234	1505
1993	292	1378	49595	2211	1542
1994	265	1362	51342	2247	1636
1995	249	1308	48504	2269	1719
1996	218	1225	44905	2014	1806
1997	192	1128	40877	2061	1856
1998	157	1026	36598	2083	1883
1999	119	997	34930	2082	1892
2000	78	933	34217	2106	1872
2001	75	889	34202	2107	1737
2002	72	878	34606	2129	1762
2003	61	826	34331	2102	1735
2004	55	805	35220	2085	1707
2005	44	758	34879	2079	1707
2006	41	757	35215	2047	1708
2007	37	749	34881	2009	1660
2008	45	724	33813	1988	1648

第二节　小学学制　小学课程

清光绪二十九年（1903）始，具有近代教育内容的新式学堂，在旧学基础上陆续改办或于新址创办。光绪二十九年十一月及光绪三十三年正月颁行《奏定小学堂章程》（癸卯学制）、《奏定女子小学堂章程》，象山小学堂大体上循章设置课程。初等小学堂学制5年，设修身、读经讲经、国文、算术、体操等必修科，亦有加图画、手工、音乐等随意科。高等小学堂学制4年，设修身、读经讲经、中国文学、算术、中国历史、地理、格致（理化、博物）、图画、体操等必修科，亦有手工、音乐、农业、商业、英文等随意科。女子学堂设女红科，一般是缝纫、刺绣等。

清末象山县初等小学堂各学年课程情况表

表37-13

学年＼科目	必修科					随意科			合计
	修身	读经讲经	国文	算术	体操	图画	手工	乐歌	—
第一学年	道德要义	—	识字、单句及短文读法、习字	数名实物计算20以下之数法、写法及加、减、乘、除	游戏	—	简易手工	单音唱歌	—
每周教授课时间(课时)	2	—	14	4	4	—	—	—	24
第二学年	同上	—	识字、通用短文、读法、联字、习字	百以下之数法、写法及加、减、乘、除	游戏徒手体操	绘简易之物体	同上	同上	—
每周教授课时间(课时)	2	—	14	4	4	—	—	—	24
第三学年	道德要义、国民教育要义	孝经、论语	识字、通用短文读法、联字造句、习字	通常之加、减、乘、除	同上	同上	同上	同上	—
每周教授课时间(课时)	2	5	15	5	4	—	—	—	31
第四学年	同上	论语	识字、通用短文读法、联字造句、作文、习字	简易小数及诸等数(有理数)	同上	同上	同上	同上	—
每周教授课时间(课时)	2	5	15	5	4	—	—	—	31

民国元年（1912），教育部颁布《普通教育暂行课程标准》和《小学校令》，规定废除读经讲经科，学制初小4年，高小3年。初等小学设修身、国文、算术、手工、图画、唱歌、体操，女生加缝纫。高等小学设修身、国文、算术、历史、地理、理科、手工、图画、体操，男生加农业，

亦有加英语。民国4年，初等小学设国文、算术、历史、地理、体操、图画、修身；高等小学再增设格致。民国9年，改国文为国语，教科书一律改用语体文。民国11年，小学改“四二制”，初小4年，高小2年。民国13年后，增设音乐，改修身为公民，高小增设英语、常识、卫生、尺牍、手工，改格致为自然。民国18年，改公民为党义，改手工为工作，合并历史、地理、卫生为社会，共设党义、国语、社会、自然、工作、美术、音乐、体育8科。民国21年，取消党义科，融内容于国语、社会、自然等学科之中，另设公民训练，把社会、自然两科的卫生部分划出单设卫生科，工作科改为劳作科。民国25年，初小合并社会、自然为常识，合并美术、劳作为工作，合并体育、音乐为唱游，四年级算术加授珠算。高小取消卫生，分社会为公民、历史、地理。抗日战争时期，根据省教育厅规定，增加战时消息、乡土教材、防空防毒常识、救护技能等知识教育。民国35年，高小合并公民、历史、地理为社会；初小增设常识，唱游分设为音乐、童体。每周第一节设总理纪念周，周六下午第三节设周会。民国37年，施行教育部《小学课程第二次修改标准》，初小设公民训练、音乐、体育、国语、算术、常识、美术、劳作8科。高小设公民训练、音乐、体育、国语、算术、社会、自然、美术、劳作9科。

民国元年象山县初等小学各学年课程情况表

表37-14

课程 学年	修身	国文	算术	手工	图画	唱歌	体操	缝纫	合计
第一学年	道德之要旨	发音、简单文字之读法、书法及日用文章之读法、书法、作法、语法	20以内之数法、书法及加、减、除	简易细工	—	平易之单音唱歌	游戏	—	—
每周教授时间（课时）	2	10	5	1	—	4	4	—	26
第二学年	同上	简单文字之读法、书法及日用文章之读法、书法、作法、语法	百数以内之数法、书法及加、减、乘、除	同上	简单形体	同上	游戏、普通体操	—	—
每周教授时间（课时）	2	12	6	1	1	4	4	—	30
第三学年	同上	简单文字及日用文章之读法、书法、作法、语法	通常之加、减、乘、除	同上	同上	同上	同上	运针法，通常衣服之缝法	—
每周教授时间（课时）	2	14	6	1	1	1	3	女1	男28 女29
第四学年	同上	同上	通常之加减乘除，小数之读法、书法及其简易之加、减、乘、除（珠算加、减）	同上	同上	同上	同上	通常衣服之缝法，补缀法	—
每周教授时间（课时）	2	14	5	1	男2 女1	1	3	女2	男28 女29

照 37-8 小学生在青少年宫练功

中华人民共和国成立后，小学学制沿袭“四二制”，课程设置废除原来的公民训练、童军、总理纪念周等课程，设政治（常识）、语文、算术、自然、历史、地理、体育、美术、音乐9科。1952年，取消政治（常识）科，改美术为美工科。1955年，全县50所有条件的小学开设手工劳动科。1957年，增设周会（政治）、农业常识。1964年，创办耕读（简易）小学，只开设语文、算术、生产常识、周会4科。“文化大革命”初期，小学学制定5年制，象山县自订方案，自定课程。① 1969年后，主要执行全国统一教学计划。小学仍为5年制，设语文、数学、政治、自然常识，体育、音乐、美术。1981年，改政治科为思想品德科，分自然常识科为自然、历史、地理3科。1983年，部分小学恢复6年制，课程设置不变，1985年，又改为5年制。全日制小学课程设思想品德、语文、数学、自然（三、四、五年级）、地理（四年级）、历史（五年级）、体育、音乐、美术、劳动（四五年级），统一使用部编教材。1988年9月，教育部发文，取消历史科和地理科，改为社会科。1993年秋，全日制小学从一年级起执行省编《义务教育试行教学计划》，开设思想品德、体育与保健、语文、数学、常识、音乐、美术、生活与劳动8科。是年，实验小学、石浦小学等城镇学校先后在四年级开设“双语”（指汉语和英语）实验班。1995年6月，贯彻省教委《关于实行每周40小时工作制后调整中小学教学计划的意见》。1997—2000年，全县小学完成由5年学制向6年学制的过渡。1998年始，城镇小学及一些条件具备的镇乡中心小学，陆续从一年级起开设英语学科。2007年，县教育局规定，除象山外国语学校外，取消一、二年级英语学科，全县小学自三年级起开设英语学科。

1981学年度象山县五年制小学教学计划情况表

表 37-15

科目 \ 周课时 \ 年级		一	二	三	四	五	学年课时	占比（%）
思想品德		1	1	1	1	1	180	3.88
语文	讲读	10	11	8	6	6	1872	40.31
	作文	—	—	1	2	2		
	写字	1	1	1	1	1		
数学		6	6	6	7	7	1152	24.81
外语		—	—	—	3	3	—	—
自然		—	—	2	2	2	216	4.65
地理		—	—	—	2	—	72	1.55
历史		—	—	—	—	2	72	1.55
体育		2	2	2	2	2	360	7.75

①参照1969年5月人民日报推荐的吉林省梨树县农村教育革命经验，开设毛泽东思想教育（政治）、语文、数学、革命文艺、军事体育、常识（四五年级）6门课程，并置有“兼学”即学工、学农、学军时间。

续表37-15

科目＼周课时＼年级		一	二	三	四	五	学年课时	占比（%）
音乐		2	2	2	2	2	360	7.75
美术		2	2	2	1	1	288	6.20
劳动		—	—	—	1	1	72	1.55
并开科目		6	6	7	9	9	—	—
每周总时数		24	25	26	27	27	4644	—
课外活动	自习	2	2	2	2	2	—	—
	科技文娱活动	2	2	2	2	2	—	—
	体育活动	2	2	2	2	2	—	—
	周会班队活动	1	1	1	1	1	—	—
每周在校总时数		31	32	33	34	34	—	—

说明：每学年课时按36周计算

第四章　中学教育

县内中学教育始于抗日战争初期。民国26年（1937），在墙头设杭州安定中学，为县内中学教育之肇始。翌年，墙头欧氏创办象山县私立立三战时初中学生补习学校，东陈学者陈庆麒、陈绳祖创办私立厚生职业补习学校继之。民国31年，于宁海和平岙普福寺创办“定象两县联立战时初中学生补习学校”。1956年始，创办高中，中学不断发展。20世纪70年代，因大办中学，小学升初中，初中升高中率大幅度提高，而师资质量与校舍以及教育设备则大为滞后，教育水准明显下降，农村初高中外语因教师缺乏而大多未设，卫生、体育、音乐等学科皆应付了事。90年代中后期始，学校撤并加快，师资、校舍、教育设施建设齐头并进，教育质量明显提高，亦因教育投入与师资配置不均衡，导致校际教育质量高低差距日益加大。2000年后，择校之风愈演愈烈。至2008年，全县拥有普通高中7所、初中13所、九年一贯制学校9所，小学入初中升学率100%，初中入高中升学率93.36%。

第一节　中学学校

民国27年（1938）春，墙头欧氏创办象山县私立立三战时初中学生补习学校，象山始独立办中学。是年，在北京大学任教的东陈人陈庆麒、清华大学任教的陈绳祖回籍，借鉴池公祠创办战时补习中学（后更名私立厚生职业补习学校，不久改为立三分校，民国29年年末，并入立三战时初中学生补习学校）。民国31年，县长苏本善集定海、象山两县官绅71人组成校董会，创办定象

照 37–9　建于民国 27 年（1938）的墙头立三中学旧址

两县联立战时初中学生补习学校，校址设于宁海县忠魂乡和平岙普福禅寺。民国 32 年 5 月，省教育厅批准立三战时初中学生补习学校为县私立立三初级中学，翌年 12 月，批准定象联中为象山县立初级中学。民国 37 年，两校有学生 510 人。

中华人民共和国成立后，县人民政府接管两所中学。1950 年 2 月、1952 年 4 月，专署文教科先后派人主持两校校务。1956 年秋，于珠溪、儒雅洋、东溪开设 3 所初中，分别名以“第二、第三、第四”初级中学。是年，全县初中生增至 1267 人。1957 年，石浦创办民办跃进中学，借原斐迪小学校舍，招生 112 人。1958 年，教育事业也“大跃进”。同年 8 月、9 月，先后在西周、贤庠、南庄、定塘、鹤浦增办第五、第六、第七、第八、第九 5 所初中，在校中学生达到 2111 人。1959 年，撤销南庄、西周、贤庠 3 所初中，学生就近并入丹城、珠溪、儒雅洋等地中学。1960 年石浦、珠溪 2 所初中增设高中班，又新办民主、新兴 2 所初中。1962 年，按省教育厅调整全日制普通中学意见，撤销石浦、珠溪 2 所中学的高中部和民主、新兴 2 所初中，保留完中 1 所，初中 6 所和民办跃进中学。1966 年“文化大革命”初期，中学一度“停课闹革命”，学校停止发展。1969 年秋，提出“学校办到家门口，小学不出队，中学不出社”口号，一时创办 36 所农村初中。1972 年 7 月，调整初中布局。20 世纪 60 年代中后期，盲目发展高中教育，几乎在所有公社初中附设高中班。1971 年，石浦、珠溪 2 所中学再度增设高中班。至 1976 年，全县有 31 所完中（其中高中 82 班），16 所初中，完小附设初中 66 所。共有初中 363 班，中学生 25733 人。1977 年，又增办完中 6 所，全县完中达 37 所。

1978 年，调整中学布局，不具备条件完中改为初中，减少完小附设初中，分离附设于小学的初中，单独建制。恢复初中 3 年制。1980 年，全县完中减至象山一中、象山二中、东溪中学、鹤浦中学、定塘中学、林海中学、西周中学、珠溪中学、大徐中学等 9 所。其中，大徐中学高中部改为农中。1981 年，新建完中丹城中学，恢复石浦中学为完中。1983 年，中学进行结构改革，大徐、定塘、石浦、大塘 4 所中学附设职高班，创办县农业技术学校。是年，全县全日制完中 9 所，初中 31 所，在校生 12896 人，教职工 1177 人。1984 年 9 月，丹城、石浦两个镇普及初中教育。1985 年秋，新建初中丹城二中。1986 年，全日制完中 11 所，初中 31 所，在校初中生 19248 人，高中生 3034 人，教职工 1494 人，其中专任教师 1088 人。小学附设初中减至梅溪、溪沿、舫前、鸡鸣、四都 5 所学校，12 班，学生 464 人，教师 29 人。1989 年，继续调整高中布局，象山中学停招初中生，丹城中学、石浦中学停招职高生，改招普高。全县除象山中学外，完全中学仅保留象山二中、丹城中学、石浦中学、西周中学 4 所，另有附设职高 4 所（珠溪中学、定塘中学、鹤浦中学、爵溪中学）。20 世纪 90 年代始，农村初中入学人数逐年减少，全县开始撤并初中，建九年一贯制学校。1992 年，百丈初中并入鹤浦中学。1996 年，象山三中创办，丹城中学改为初中。1997 年，灵南初中并入泗洲头初中。1998 年，创办民办宁波滨海学校，九年一贯制荔港学校、文峰学校。1999 年，金星小学、金星初中合并建成九年一贯制金星学校，象山二中撤销初中部，樊岙初中并入鹤浦中学。2000 年至 2007 年年末，先后有东门初中、旦门初中、儒雅洋初中、莲花初中、涂茨初中、昌国初中、亭溪初中、黄避岙初中、珠溪中学、晓塘初中就近并入其他中学，林海、茅洋、高塘、南庄、墙头、爵溪等地的中小学合并，建立九年一贯制的林海学校、茅洋学校、高塘学校、城南学校、墙头学校、爵溪学校。至2008年上半年，全县高级中学4所，完中3所，初中13所，九年一贯制学校9所。在校初中生16604人，普高生7513人，小学毕业生初中升学率达到100%，初中毕业生高中升学率达93.36%。

照37-10　20世纪80年代位于西街21号的象山中学

浙江省象山中学

前身系定象两县联立战时初中学生补习学校，简称“定象联中”，首任校长苏本善。民国31年（1942）12月12日开学，招4班、87人，另有高中补习生23人。校址初设宁海县忠魂乡和平岙普福禅寺。民国33年，定海、象山单独筹资办学。是年12月，省教育厅令准学校改名为象山县立初级中学。翌年暑期，学校迁至县境内儒雅洋何家祠堂，何敏求任校长，民国35年2月，学校又迁至丹城西门丹山中心小学腾出的校舍。象山解放后，为县人民政府接管。1956年9月，增设高中班，学校更名为浙江省象山中学。1959年11月，因宁海、象山两县合并，学校改名为浙江省象山县第二中学。1961年9月，宁、象分治，学校复名为浙江省象山中学。1969年12月，学校更名为浙江省象山县五七中学。1979年2月，又改名为浙江省象山第一中学。1981年，省教育厅核准为省重点中学。1989年2月，学校再次复名为“浙江省象山中学”。是年秋，停招初中生，学校改办高级中学。1996年5月，省教委核准该校为省一级重点中学；8月，学校迁址靖南路485号新校区。2008年，学校占地面积86670平方米，建筑面积38279平方米，教学班29班，学生1433人，教职工148人。

浙江省象山县第二中学

前身系民国27年（1938）3月创建的象山县私立立三战时初中学生补习学校，以“立德、立行、立言”为校训。民国32年5月，学校奉省教育厅令核准改名为象山县私立立三初级中学。翌年，学校附设高中补习班。民国37年，学校由墙头迁往石浦二府衙门内。象山解放后，被象山县人民政府接管。1952年，宁波专署派员主持校务，学校遂转为公办，翌年改名为象山县第二初级中学。1956年，改称象山县第一初级中学。1958年，学校迁至石浦五爱桥羊下山南麓。1959年10月，宁海、象山合治，改名为石浦初级中学。1960年设立高中班，更名为象山县石浦中学。1962年，高中部被撤销，又复称石浦初级中学。1968年，民办鲁迅中学并入。1971年，又增办高中班，校名恢复为石浦中学。1978年10月，改称石浦第一中学。1979年秋，始定名为象山县第二中学。1999年，宁波市教委认定该校为省A级普通高中。是年秋，初中部迁出并入荔港学校。2001年2月，省教育厅核准学校为省三级重点普通高中。2004年6月，省教育厅核准为省二级重点普通高中。2008年，学校占地面积73657平方米，校舍建筑面积23471平方米，教学班32个，在校生1667人，教职工144人。

浙江省象山县第三中学

1996年8月，于丹城西街57号象山中学原址创办，初为县属完全中学。2001年秋，改为县属普通高中。2004年2月，省教育厅核准学校为省三级重点中学。2006年1月，省教育厅核准为省二级重点中学。2008年，学校占地面积30824平方米，校舍建筑面积21074平方米，绿地面积1.4万平方米，教学班35个，在校学生1817人，教职工161人。

象山文峰学校

1998年9月创办的九年一贯制实验学校，校址丹城丹峰路365号。2008年，学校占地面积

66700平方米，建筑面积3.1万平方米，教学班27个，在校生1585人。加上小学人数，为县内学生规模最大的学校。

2008年6月象山县普通中学情况表

表37-16

学　校	校　址	班级数（个）	学生数（人）	教职工数（人）	备　注
浙江省象山中学	丹城靖南路	29	1433	148	高级中学
象山县第二中学	石浦五爱桥	32	1667	144	高级中学
象山县第三中学	丹城西门	35	1817	161	高级中学
石浦中学	石浦镇北门	11	504	48	高级中学
滨海学校	丹城天安路	42	2105	194	民办完全中学
象山港书院	丹城靖南路	5	256	5	民办完全中学
西周中学	西周镇	28	1441	96	完全中学
丹城中学	丹东街道	38	1997	143	初中
丹城二中	丹西街道	27	1330	100	初中
新港中学	石浦镇新港区	36	1964	139	初中
贤庠初中	贤庠镇	6	237	27	初中
殷夫中学	大徐镇	18	875	61	初中
涂茨初中	涂茨崔家岙	5	146	25	初中
东陈初中	东陈沙岗村	12	553	44	初中
下沈初中	西周下沈	9	408	30	初中
泗洲头初中	泗洲头镇	9	395	29	初中
定塘中学	定塘镇	12	512	58	初中
新桥初中	新桥镇	6	276	28	初中
东溪初中	新桥镇东溪村	6	175	19	初中
鹤浦中学	鹤浦镇	14	607	68	初中
文峰学校	丹东街道	27	1585	100	九年一贯制学校
城南学校	丹西街道南庄	13	599	50	九年一贯制学校
林海学校	丹东大碶头	6	242	29	九年一贯制学校
荔港学校	石浦碶门头	26	1360	85	九年一贯制学校
金星学校	石浦金星	6	190	22	九年一贯制学校
爵溪学校	爵溪街道	9	361	31	九年一贯制学校
墙头学校	墙头镇	8	347	37	九年一贯制学校
茅洋学校	茅洋乡	6	275	32	九年一贯制学校
高塘学校	高塘岛乡	10	460	35	九年一贯制学校

第二节 中学学制 中学课程

民国时期，初中学科开设按民国教育部规定施行。初一设公民、国文、算学、英语、历史、地理、博物、劳作、图画、音乐、体育、童军，每周27课时。初二增设卫生、化学，初三增设物理，每周均授课32课时。每周一第一节为“总理纪念课”。

照37-11 计算机教学

中华人民共和国成立以后，中学取消原有“童军”“公民”“总理纪念课”等课程，增设政治课，其余课程基本上维持原状。1949—1957年，中学执行教育部先后颁发的各个学年度的中学教学计划草案、修订草案或授课时数表，教学计划规定的课程，设政治、语文、外国语、数学、物理、化学、生物、生理卫生、历史、地理、体育、音乐、美术、制图，计14门。1956年，语文中文学、汉语分科，增设工农业基础知识科。1958年文学、汉语又合并为语文。每周授课31~32课时。1958—1965年，中学执行省教育厅参照教育部颁发的指导性教学计划所制发的浙江省中学教学计划，并根据城乡中学不同情况分类。县内全日制中学实施两类教学计划：城镇初中实施第一类教学计划，设政治、语文、外语、代数、物理、化学、生物、农业常识、历史、地理、音乐、图画、体育等；农村初中不设外语，并允许不学外国历史与地理，合并历史、地理为史地常识，合并音乐、美术、体育为文娱体育，增设平面几何、珠算、农业簿记会计，另设选修科，其余与第一类教育计划同。1960年，初中、高中外语课增设俄语语种，“文化大革命”初期停止。1971年，遵照“学制要缩短、教育要革命”“课程设置要精简”精神，初高中试行“二二制”（初高中各2年），中学课程设毛泽东思想教育（政治）、语文、数学、物理、化学、外语、历史、地理、农业基础知识、革命文艺（音乐）、军事体育、卫生。1973—1977年，执行省教育行政部门于1973年1月颁发的《浙江省中小学教学计划（试行草案）》，设置政治、语文、数学、外国语、物理、化学、农业、卫生（初中）、历史、地理（初中）、体育、音乐、美术12门课程，同时规定初中每周6小时、高中每周8小时兼行学工、学农、学军，兼学时间有集中安排与分散安排两类。1978年秋始，中学实行5年制（初中3年、高中2年），执行教育部《全日制十年制中小学教学计划（试行草案）》，设政治、语文、数学、外语、物理、化学、地理、历史、生物、农业基础、生理卫生、体育、音乐、美术14门课程。1982年秋，象山中学率先实行教育部《全日制六年制中学教学计划（试行草案）》，设政治、语文、数学、外语、物理、化学、历史、地理、生物、生理卫生、体育、音乐、美术、劳动技术教育为必修科，至高中二、三年级时，分别执行单科性选修、分科性选修（侧文选修或侧理选修，俗称“文理分科”）。1982年，农村初中与象山中学、象山二中外的普通高中，执行省教育厅下发的《浙江省第二类全日制初（高）中教学计划（试行草案）》。第二类初中（主要指农村初中）不设外语科，而在各年级均安排2节职业技术课，对学生进行必要的职业技术教育。第二类全日制高中自高二年级起，不设外语科而改为分设两类选修科，甲类选修科用于加强主要文化课的教学，乙类选修科用于加强职业技术教育。1989年始，普通高中各科实行省毕业会考。1993年秋季起，初一年级开始执行省教委编制的《义务教育试行教学计划》，开设公民、体育与保健、语文、数学、外语、自然科学、社会、音乐、美术、农业技术基础或劳动技术、家庭生活和职业指导12门学科。1994年，根据省教委《关于实施分流教育的普通高中教学计划和部分学科教学内容调整意见的通知》，除象山中学、象山二中外，其余普通高中的高一新生参加分流教育试验，高一、高二学生执行共同的教学计划，高二会考结束，高三分别执行就业预备班和升学预备班各自的教学计划。1995年6月，执行省教委《关于实行每周40小时工作制后调整中小学教学计划的意见》，调整各类教学计划。1999年，高一年级均开设计算机科，每周2课时。2006年，实施高中新课程改革。

1983年象山县文理分科中学教学计划情况表

表37-17

科目＼周课时＼年级	初中			高中				
	一	二	三	一	二		三	
					文科	理科	文科	理科
政治	2	2	2	2	2	2	2	2
语文	6	6	6	5	7	5	7	5
数学	6	6	6	6	6	6	6	6
英语	6	6	6	6	6	6	6	6
物理	—	3	4	5	2	4	—	5
化学	—	—	3	3	2	4	—	4
中国历史	3	2	—	—	—	—	—	—
世界历史	—	—	—	3	4	—	4	—
中国地理	3	—	—	—	—	—	—	—
世界地理	—	2	—	—	—	—	—	—
高中地理	—	—	—	—	2	2	4	—
植物	2	—	—	—	—	—	—	—
动物	—	2	—	—	—	—	—	—
生物	—	—	—	—	2	2	—	2
生理卫生	—	—	2	—	—	—	—	—
体育	2	2	2	2	2	2	2	2
音乐	1	1	1	—	—	—	—	—
美术	1	1	—	—	—	—	—	—
劳动	2	2	2	2	2	2	2	2
每周合计课时	34	35	34	34	37	35	33	34

第五章　中等专业教育

象山中等专业教育始于清光绪三十四年（1908）举办的师范传习所。中华人民共和国成立后，师范教育及卫生、林业等中等专业技术教育曾一度开办，但时间均不长。“文化大革命”结束后，各类教育事业得到恢复与发展。1980年5月建立县卫生进修学校；6月创办象山县技工学校。1983年，贯彻中央“发展职业技术教育”指示，象山县农业技术学校、象山县水产技术学校相继开办，普通中学亦纷纷开设职业班。至2008年6月，全县各级各类中等专业、中等技术、职业高中学校7所，30个专业、在校生5441名。

第一节　师范教育

清光绪三十四年（1908），象山劝学所连续二年举办两次师范传习所，两期培养毕业生26人，为邑内师范教育之发轫。民国33年（1944）秋，象山县立初级中学，附设师资训练班1班，学制一年，招初中毕业生42名，校址于联中分部红庙（宁海县忠魂乡外郑村）。翌年，续招三年制简师1班40人。学生毕业后分配于定海、象山两县各小学任教。民国35年春，象山县立简易师范学校奉令筹建，续招春季班1班。囿于经费，仍附设于象山县立初级中学内。民国36年2月，学校单独设立，校舍借用孔庙，县长孟铸兼任校长。1949年冬停办。

1958年秋，象山中学增设初师班，翌年秋即撤并。1959年秋，宁海、象山合县期间，创建象山师范学校，校址宁海城关东，县长张玉田兼任校长。1962年秋，学校停办。1978年秋，初中教育事业长足发展，师资缺额多，宁波地区专署决定，宁波师范学校在各县建立分校。原象山县共产主义劳动大学改名宁波师范学校象山分校与象山县教师进修学校，一个机构、两块牌子，址设墙头公社舫前智门寺。招语文、数学专业各1班，100名学生，由宁波师范在地区内统一招生，学制2年。1979年，又招数学专业1班49名学生。1979年2月，宁波师范专科学校在县教师进修学校增设象山教学点，设中文专业1班，招生52人。1980年春，学校迁丹城建设路新校舍。同年夏，宁波师范象山分校149名学生先后毕业，分校撤销。1981年夏，师专班52名学生毕业，宁波师专象山教学点亦随之被撤销。1985年5月，宁波师范在县教师进修学校设2年制中等师范教学班，招收小学教师1班。翌年3月，宁波师范学院在县教师进修学校设二年制中文专业教学班1班，由市统招40人。1987年9月，又开设奉化师范象山教学点民师班1班，招生41人，学生来自奉化、宁海、象山三县。1988年7月，宁波市教委正式批准奉化师范在象山教师进修学校设置教学点，开设三年制普师班1班，招收全县各乡镇委托代培生40人。1996年7月，最后一届普师生毕业，奉化师范象山教学点被撤销①。1993年7月，宁波市教委批准在象山中学举办高师预备

①1988年8月至1993年8月共招收6届普师生，以象山籍为主。兼招宁海、奉化等县（市）区学生，共246名。

班，招生 40 人，1994 年招生 50 人（其中委培 25 人），1995 年招生 40 人，共 130 人。1998 年，最后一届高师预备班毕业后停办。1998 年 12 月，宁波市教委批准宁波邵逸夫艺术幼儿师范学校，在象山县教师进修学校设立教学点；同时批准县教师进修学校开展成人中专幼儿师范教育。1999 年 8 月至 2003 年 8 月，象山教学点每学年招收全日制普通幼师 1 班，每届 40 人，计 200 人，学制均为 3 年。2000 年 8 月，县教师进修学校面向在职幼儿教师、招收成人中专幼师函授 1 班 38 人，学制 2 年。是年 8 月至 2002 年 8 月，县教师进修学校每学年招收全日制成人中专幼师 1 班，计 162 人，学制均为 3 年。2003 年 8 月，宁波电大象山分校招收全日制成人中专幼师 1 班 43 人，学制 3 年。2004 年 8 月，宁波电大象山分校与县教师进修学校未毕业的普师生、成人中专幼师生全部并入县职业高中。近百年象山师范教育中，师范传习所、象山县立简易师范学校、象山师范、象山县教师进修学校、象山中学高师预备班为较有代表性学校。

师范传习所

清光绪三十四年（1908）正月，劝学所总董陈汉章借县立小学堂（原丹山书院），开办第 1 期师范传习所，聘宁波师范学堂象山籍毕业生为教员。一个月后，小学堂开学，传习所结束。宣统元年（1909），劝学所举办第 2 期师范传习所，总董王予衮、孔昭藜先后总理所务，为期 2 个月。两期毕业生共 26 人。

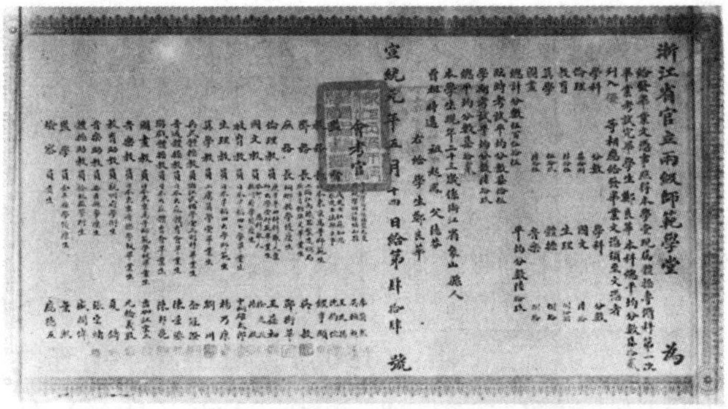

照 37-12　清宣统元年（1909）颁发的浙江省官立两级师范学堂毕业证书

象山县立简易师范学校

民国 35 年（1946）春，奉省厅令准设，招高小毕业生 40 名，因经费拮据，附设于象山县立初级中学。县中代校长何敏求兼任校长。是年秋，续招新生 33 人。民国 36 年 2 月，学校从县中分出单设，择定孔庙作校舍，县长孟铸兼校长。秋季又招 41 人，欧乃文接任校长。民国 37 年春秋两季，又分别招生 47 人、53 人，全校共有学生 214 人，教职员 26 人。民国 38 年 3 月，校方无理开除学生 2 人，三年级学生闻讯力争无效，15 名学生愤而出走，不久回校。当局借口“通匪”，先后逮捕 16 人，史称“简师学潮”。舆论大哗，各界啧有烦言，校长吴祖麟被迫引咎辞职，后学生相继获释。1949 年 11 月学校停办，61 名学生参加干部训练班，其余 34 名转入县中。

照 37-13　民国 37 年（1948）象山县立简易师范学校春二级师生合照

象山师范学校

1959 年秋，宁海、象山合县期间举办，址宁海城关东，县长张玉田兼任校长。首招普师 2 班、一年制速师 1 班，初师 1 班，前二者招初中毕业生，后者招高小毕业生。1960 年，继招普师 4 班，速师 1 班，幼师 1 班。1962 年秋，因遇困难时期，学校停办，大部分学生回乡，参加农业生产，少量学生转入宁波师范。

象山县教师进修学校

1985年，省教委首批备案的县级教师培训机构，其前身为创办于1970年3月象山县“五七”政治技校，1971年改名为象山县“五七”工农兵学校，址设丹城西街。1976年，又改名为象山县共产主义劳动大学，迁址至墙头舫前智门寺及林场。1978年10月，学校奉命改建为象山县教师进修学校。1980年春，迁入丹城东河路3号校区。2003年3月，学校与县教学研究室、教育科学研究所、教学仪器站合并，成立象山县教育局教科研中心，并搬迁至县教育园区，对外仍保留象山县教师进修学校名称。象山县教师进修学校主要承担本县小学教师和干部的培训工作。县教师进修学校先后增设过宁波地区教师进修学院教学点、宁波师范象山分校、宁波师专、宁波师范、奉化师范、宁波教育学院、宁波邵逸夫艺术幼师象山教学点（班），附设高师“三沟通”自考助学点、中小学教师“专业合格证书”考试辅导点，举办成人中师、幼师（包括函授）班，职业高中班等。至2008年，先后培养各类中师、幼师及高师专科毕业生2458人。

象山中学高师预备班

1993年4月，宁波市教委为解决海岛、山区中小学师资，批准象山中学举办高师预备班。1993年8月至1995年8月，象中招收3届高师预备班130名学生。学生具有普师生和高中生双重身份。按普师新生条件录取，入学后享受普师生待遇；分文、理两班学习普通高中课程，与同届普高学生组班学习，参加普通高中高考，限定报考高等师范院校。由象山中学负责日常教育、教学管理。升入高等师范院校学生，毕业后分配回原户籍所在地中学任教；未考上师范院校学生，经短期培训后，作为普师毕业后回原户籍所在地小学任教。三届高师预备班大多数学生考上高等师范院校。

第二节　中专教育　中技教育

1958年，象山县始办中专、中技等专业学校。是年秋，象山中学附设卫生班，为师范之外县内最早中等专业教学班。1959年春，创办象山县水产技术学校，1961年停办。1964年11月，在象山墙头舫前建立县初级林业技术学校。翌年9月，经省农业厅批复同意，象山县林场在泗洲头举办中等林业技术学校，招生53人，实行“社来社去”，学制3年。是年，舫前初级林业技术学校撤并至该校。1967年夏，林业技术学校学生全部毕业，学校宣告撤销。1980年，5月建立县卫生进修学校，6月创办县技工学校。象山中等专业技术教育恢复发展。

象山县卫生进修学校

1958年10月，宁海、象山两县合并，成立象山县卫生学校，招1班，址宁海城关镇。1960年扩至6班，医士、护士专业各3班，学生371人。1961年9月，宁、象分县，学校也因国家经济困难而停办。1980年5月，象山县卫生局创办象山县卫生进修学校，址泗洲头卫生院，主要是面向象山举办全日制中等专业学历教育与岗位培训。是年，先后招收初级卫生药剂班和卫生护理班各1班。翌年，校址迁丹城镇医院内，相继招收妇幼卫生、麻醉、五官科、临床检验、初级卫技等7班，并为全县举办心电图学习、普通制药、中药炮制培训班及英语辅导。1985年8月，校址迁丹城西单路2号。是年，经省教育厅批准成为宁波卫生学校象山教学点，招医士班1班，学制4年。此后，相继招收助产士、护士、乡村医士等中专班。1988年9月，学校迁丹城体育场路新校舍。1989 年，学校开设门诊部。20 世纪 90 年代后，学校招收中专班、成人中专班（与宁波卫校联办），有护理、社区医学、家庭保健与护理、全科医学等专业，同时开展岗位培训等。至 2008 年，举办全日制学历教育和岗位培训班计 40 余班。

象山县技工学校

1980 年 6 月，经省人民政府批准，由县劳动局创办。学校以培养中级技工为主，按国家计划招收城镇户口初高中毕业生，校长由县劳动局局长兼任。是年招收 26 名高中毕业生，开办电工专业 1 班，学制 2 年。1982 年 9 月，学校迁入起春路校区。是年，面向初中毕业生招维修电工专业 1 班，学制 3 年。1991 年 9 月，学校搬迁到育才路，成为具有一定规模的中级技工学校。2000 年 8 月，劳动局下属的县就业培训中心并入学校，一套班子、两块牌子，学校并设立丰盛路西分校区。2003 年 3 月，学校迁入环城东路教育园区。2004 年 5 月，学校主管部门由县劳动和社会保障局转为县教育局。2006 年 9 月，学校评为浙江省重点技工学校。2008 年，学校占地面积 38093 平方米，建筑面积 24131 平方米，拥有数控、模具、汽修、服装、电子、电工等 30 个实习车间和 1 个汽修实训工厂，开设数控技术应用、模具制造、机电一体化、汽车维修、计算机辅助设计、财会与文秘、外贸与文秘、物流与财会等专业 38 个班级，在校生 1600 余人，教职员工 130 余人。是年，学校升为国家级重点技工学校。

第三节　职业技术教育

象山县职业技术教育，始于 1958 年。是年 4 月，象山县委指示“乡乡办农业中学”，当月，创办雅林溪农业中学为象山第一所农业中学。随后，全县农中迅速发展到 109 所，4115 名历届高小毕业生及初中辍学生报名入学。农业中学学制 3 年，教师多由小学教师充任，学习采取半日制或隔日制半农半读形式，坚持“农忙少学，农闲多学；晴天少学，雨天多学”原则。1959 年夏秋，县委整顿农业中学，大部分基础不实、条件不具备的农业中学停办。至 1964 年年初，农业中学尚存 12 所，其中，爵溪渔业中学和墙头林业中学各 1 所。1964—1965 年，试行“两种教育制度”，全县陆续办起一批半耕半读职业学校。全县农业中学发展至 20 所，其中林业、农渔业中学各 1 所。1968 年，农业中学全部停办。1970 年，举办的“五七”政治技校（后先后改称象山县“五七”工农兵学校、象山县共产主义劳动大学），除中小学教师培训外，亦开设农业、机电、赤脚医生、畜牧、拖拉机修理、蚕桑、养殖等专业培训班。

1983 年，贯彻中央“发展职业技术教育”指示，10 月，创办象山县农业技术学校。1984 年 5 月，象山县水产技术学校复办。同时，在普通中学开设职业班。至 1988 年 9 月，全县职业技术学校 4 所，18 班，学生 798 人；另有 7 所普通中学附设职教 14 班，学生 670 人。1991 年 5 月，许根勇自筹资金创办县第一所民办职业技术培训学校，开设保全钳工，后增设针织服装、漂染等专业。1997 年 10 月起，施行国务院《社会力量办学条例》，民办职业教育发展出现高潮，象山县劳动就业技能学校、石浦汽车驾驶学校、立信会计学校、武术学校、半岛艺术学校、育才职业中学等陆续开办。2004 年夏，普通中学附设的职高班大多停办。2007 年 8 月，在爵溪中学职高部基础上创办爵溪职业高级中学。至 2008 年，全县中等职业学校（不含中专、中技）5 所，其中县直属职校 3 所，为象山县职业高级中学、宁波市水产技术学校、爵溪职业高级中学；附属职高 1 所，为西周中学；社会力量办学单位1家，为象山县社会职业学校。1983年后，职业教育先后培养17000余名有技术的劳动者，并有2500余人升入大专院校。

象山县职业高级中学

照37-14 象山职业高级中学

原系创建于1983年10月的象山县农业技术学校。是年，招农学专业1班，学生32人。石浦设分校，招轮机专业1班，学生42人。1984年，石浦分校撤并至县水产技术学校。1985年，校舍迁丹城东门，续招建筑、幼师专业各1班，学制分别为3年、2年，学生90人。同年11月，珠溪中学建筑专业并入。1987年9月，更名为“象山县职业技术学校”。1992年，学校被认定为宁波市重点职业技术学校。1999年4月，美工专业被确认为省第二批示范性专业。2001年，学校成为省重点职业学校。2002年9月，学校迁入环城东路教育园区。2003年，学校通过教育部国家级重点中等职业学校评估验收，荣获全国职业技术学校职业指导工作先进学校称号。2008年，学校招收工程造价、工程技术、施工监理、广告设计等13个专业20个班985人，全校61班，在校生2906人。学校创办有象山柑橘研究所、至高工程监理公司、建材检测中心、广告公司、培训学校、海蓝蓝旅行社、港市宾馆7个产业化实训基地。

宁波市水产技术学校

1959年春，建象山县水产学校，校址南田公社牧童岙，招两个班级80名学生。1959年冬，迁宁海县长街，旋迁峡山“小普陀”县水产养殖场，学生增至130人，分设4个班。1961年3月，贯彻国民经济“调整”方针，学校停办。1983年4月，由县文教局主办、县水产局协办，东门岛乡中学开设轮机班，招生42人。1984年5月，县水产技术学校恢复举办，借用东门岛乡中学部分校舍，原农技校石浦分校并至县水产技校。1986年9月，在石浦新港区建新校舍。1989年12月，更名为宁波市水产技校，开设养殖、轮机、旅游、计算机、水产品加工、国际海员、海洋生物工程、海洋生态保护等专业。2004年7月，学校迁至石浦中学，与石浦中学高中部组合，一校两名。至2008年，学校发展至15个专业，先后为社会输送6000余名毕业生，为高等院校输送300余名新生。

第六章 高等教育

象山高等教育始于1979年2月，为宁波师专在象山开办的教学点。1985年，设立象山县高等教育自学考试办公室，自学考试成为人们接受高等教育的一种有效途径。随着国家经济建设发展对人才的需要，县内通过高校函授、脱产进修、网络教育等各种途径，掀起高等学历教育热潮，高等教育有长足发展。

第一节 全日制高等教育

1979年始，象山县设立全日制高等教学点，教学点随需要而建撤无定。浙江省广播电视大学宁波分校象山工作站（后升格为宁波广播电视大学象山分校）创办后，成为提供县内各类高等教育的办学平台，先后举办过全日制大专班。

照 37-15 位于墙头智门寺内的共产主义劳动大学旧址

宁波师范专科学校象山教学点

1979年2月，宁波师范专科学校在县教师进修学校内增设象山教学点，招收中文专修科1班，学生52人，学制3年。生源主要来自象山、宁海、鄞县、余姚等地，生源构成与其他高校相似，高中应届毕业生占一定比例，除此之外，还有在职干部职工、老三届生、社会青年、高考复习生及民办教师。于1981年夏毕业，教学点即撤销。是为象山有史以来第一个全日制大专班。

宁波师范学院象山教学班

俗称“宁波师范学院校外班”。1986年春，宁波师范学院在县教师进修学校内举办宁波师范学院中文专业象山教学班，招新生40人，学制2年。1988年年初，学生毕业，教学班被撤销①。

照 37-16 宁波电大象山分校

象山电大全日制大专教学班

1979年，象山创办浙江电大宁波分校电大下伸班，同时建浙江电大象山工作站。1984年，为满足象山建筑业人才需要，象山电大首办土木工程建筑专业全日制大专班，招生38人，开县内自行培养“现代泥瓦匠”之先河。1988年，开设对外经济贸易、土木工程建筑两个专业全日制大专班，分别招生47人、44人。1990年，改称宁波电大象山工作站。1996年9月，升格为宁波电大象山分校（以下简称象山电大）。1998年、1999年，象山电大以注册视听生方式招收两届法律专业全日制大专班。

第二节 开放教育 自学考试

开放教育

1999年9月，宁波电大象山分校启动开放教育试点项目，先专科后本科。专科开设专业先后

①《象山县志（1988）》：“1985年春，复招中文科学生40名”，误。应为“1986年春”。

有教育管理、小学教育、电子商务、工程造价管理、英语（商务）、汽车（汽车维修）等。是年招生80人，此后人数逐年增多。2000年4月，宁波电大石浦学习中心在石浦成人中等文化技术学校成立，开设小学教育、金融学、行政管理、经济管理、会计等专业，招收大专学员100人。2001年2月，宁波电大象山分校开始招收本科学员，开设专业先后有行政管理、土木工程（建筑工程）、金融学、法学、会计学等。2002年6月，宁波电大象山分校开放教育项目试点，通过国家教育部和中央电大联合调研组中期评估验收。此后，开放教育学员人数增多，2006年，在册专科、本科学员3170人，是试点后学员最多一年。至2007年，本专科毕业学员2103人。

高等教育自学考试

高等教育自学考试是个人自学、社会助学、国家考试相结合的一种成人业余高等教育形式。凡象山县常住户口的居民（不限年龄、学历），除全日制学校和省政府批准的各类成人高校在册生外，均可报考，专业、学科由考生申报。考试先由主考院校、后改国家考试中心命题。考生考及格一门课程发给该门学科的单科合格证书。考生取得报考专业开设的所有学科合格证书后，发给由主考院校和省自学考试委员会签署的毕业证书，其中取得本科毕业证书，须有大专起点的毕业文凭。1984年12月，县高等教育自学考试开设汉语言文学、数学、英语、党政干部基础、商业企业管理、统计学6个专业，分本科、专科、中专3个层次，首次报考本科、专科的397人，单科合格的195科次。自1985年始，每年4月、11月各开考1次。高等教育自学考试自开考以后，专业逐步增多，至2007年11月，开设专科专业69个，本科专业65个，6000余人次报考；历年取得本科文凭的301人，专科文凭的512人。

第三节　函授教育　网络教育　研究生课程教育

高等师范函授

1958年，宁波地区高师函授站依托高师院校，招收象山中学教师进修专科学历。1960年，象山设立高师函授站，组织部分教师在职进修。1979年7月，宁波地区教师进修学院在县教师进修学校设立教学点，开设汉语言文学、数学教育2个专业，招收象山在职中学教师161名，1984年、1985年毕业119人。1980年后，浙江教育学院、浙江师范大学（成教学院）、华东师范大学（成教学院）等院校，先后在象山招收专科、本科函授学员。1994年8月始，宁波教育学院在县教师进修学校设立教学点，开展高师函授，参加函授的有中小学、幼儿园教师及其他教育工作者。截至2008年年初，全县专科函授毕业生781人，本科函授毕业生429人。

干部党校函授

1989年，中央党校函授学院、浙江省委党校函授学院，在县委党校设立辅导站，开设党政干部基础、行政管理等专业。1992—2008年，招收中央党校函授生15班，其中，经管大专班4班、本科班8班，党政大专班3班，计649人。招收省委党校函授生15班，其中经管大专班14班、本科班1班，计866人。共招收学员1495人。

网络高等教育

2003年2月，丹城成人中等文化技术学校（后改建为县社区学院、县成教中心），经省教育厅批准，首开网络高等教育。是年，与西南师范大学合作办学。后来因高校撤并，继续与西南大学、东北财政大学合作办学，先后开设专科、本科专业 43 个，招收学员 1800 人，截至 2007 年，毕业 915 人。2003 年 9 月，石浦成人中等文化技术学校（石浦社区教育学院）与西南科技大学合作，设网络高等教学点，招收专升本学员 63 人。其中毕业 60 人。2005 年 7 月，宁波电大象山分校加入中央电大的奥鹏公共服务体系，成立奥鹏远程教育象山学习中心，正式开展网络高等教育。2006 年 3 月始，宁波电大象山分校与国内 5 所著名高校合作办学，逐步扩大办学规模。2006—2007 年，招生 211 人。2008 年，电大象山分校、县社区学院（县成教中心）、石浦社区教育学院（石浦成人中等文化技术学校）开设专科专业 27 个、本科专业 12 个，注册学员 830 人。

硕士研究生课程教育

1999 年 2 月至 2001 年 7 月，丹城成人中等文化技术学校挂靠浙江大学研究生院，举办国际政治硕士研究生课程班，学员获结业证书 28 人。2000 年 2 月至 2004 年 7 月，宁波电大象山分校与浙江大学合作，举办科技信息与管理硕士研究生课程班 3 期，73 人结业。2004 年 2 月，与浙江大学远程教育学院合作，又举办一期硕士研究生课程班，结业 22 人。2005 年 8 月至 2006 年 9 月，再与浙江大学合作，举办经典工商管理总裁高级研修班，结业 28 人。2006 年 1 月，与长江大学联合举办工程硕士研究生班，33 人在读。2007 年 2 月，与武汉理工大学联合举办公共事业管理硕士研究生课程班、工商管理硕士生双证班，前者学员 35 人，后者 59 人。2000—2003 年，象山二中与浙江师范大学联合举办汉语言研究生班 1 期。

第七章　成人教育

清末民国时期，成人教育称民众教育，亦称社会教育。中华人民共和国建立后，曾称工农教育，初为识字、扫盲，后提高至初高中水平文化教育与技术职业教育。“文化大革命”后，工农业余教育基本上处于停顿状态，但不少企事业单位、农村社队，组织职工、农民学习《毛主席语录》，进行识字教育。1973 年，省革命委员会政工组教育局发出《大力开展扫盲和业余教育》通知后，部分单位、社队又办起政治文化夜校兼顾扫盲工作。1979 年 1 月，县工农教育委员会成立，青壮年文盲定期定点学习，加强扫盲辅导工作。20 世纪 80 年代后，学历进修提高、职业技术培训成为成人教育重要内容。成人高等教育情况见第六章“高等教育”。

第一节　识字教育　扫盲　初等教育

清宣统元年（1909），学部颁布《简易识字学塾章程》（以下简称《章程》）。据《章程》，县内学塾始对民众开展识字教育。民国初，政府倡导民众识字。民国 11 年（1922）8 月，县劝学所提议成立社会教育事务所，开展民众教育，以减少文盲。民国 15 年，象山早期共产党人贺威圣、王嘉谟等在丹城创办平民夜校，县立女子完全小学开设成年妇女夜校，教民众识字，并传播新思想。民国 20 年，象山民众教育馆成立，指导全县民众教育工作，并开办民众学校 1 所，1 个班级，时办时停。一些乡国民学校也时断时续开展民众教育。民国23年，全县30所小学附设民众学校，入学成人733人。民国25年，县教育科增设社会教育课，科长兼课长，以加强民众教育。民国27年，入学成人1388人，占成年人总数的0.75%。抗日战争初期成立的战时民众学校，开展民众识字活动。民国32年春，各小学附设民教部，开办139个民众识字班，到暑期有民众学校18所，学员7883人，其中妇女2896人。民国33年，各地成立强迫入学委员会，强迫民众入学识字。民国36年，全县小学附设的民教部开办102个民众班，学员3355人，其中妇女705人。民国37年，小学附设179个民众班，学员10300人。民国时期虽然成立民众教育机构，开展民众教育，但民国38年初，全县的文盲率仍达80%以上①。

中华人民共和国成立初期，第一次全国工农教育会议确定“开展识字运动，逐步减少文盲”方针。1950年，浙江省人民政府发布《农村冬学实施办法》。县内村村办冬学，入学农民达52918人，他们白天劳动，晚上接受识字教育。1952年春，县文教科内设扫盲办公室。是年冬，县举办冬学教师训练班，346人参加培训。1953年，对农村扫盲工作进行整顿，一些冬学逐渐转为坚持常年学习具有初等教育性质民校，并采取“农闲多学，农忙少学，大忙不学”的办法。是年，民校93所，学员4340人，其中妇女1380人；冬学105所，学员3230人。1951年，丹城、石浦两镇创办以识字、初等教育为主的职工业余学校3所，专职教师14人，兼职教师1人，学员375人；次年学员增至733人。1952年2月，机关干部文化补习学校创办，全年分上、下两学期，上学期1班77人，下学期学员28人，为速成识字班。1953年，上学期学员66人，下学期该校与丹城职工业余学校合并。1954年，区乡办干部扫盲班，一些基层干部参加学制一年学习，并对工作流动性大的干部，确定教师包教。1956年，农村掀起学习热潮，入学农民42884人，有1300多人达到扫除文盲标准，年底达到小学毕业程度的22人，召开象山县扫除文盲积极分子代表大会进行表彰。是年7月，举办区乡干部脱产扫盲班，学员30人，时间4个月。10月，象山县机关学校成立。翌年招生616人，编为10个班，其中小学程度的5个班，1958年学校停办。1958年，1210名职工参加业余文化学习。1959—1961年，由于经济困难，农村扫盲规模缩小，但职工学习热情仍很高涨。1960年，37个企事业单位开办学制一年各类职工业余学校，参加学习845人，学员按程度分为扫盲班、初小班、高小班。1963年，随着经济状况的好转，农村扫盲工作又深入开展。年末，全县农村业余学校212个班，4755人参加学习。1965年，报名参加学习农民3.5万人，坚持常年学习1.8万人。“文化大革命”开始后，工农业余教育基本上处于停顿状态，但不少企事业单位与农村社队结合职工、农民学习《毛主席语录》，开展识字教育。1973年，省革命委员会政工组教育局发出《大力开展扫盲和业余教育》通知后，部分单位、社队又办起学制一年政治文化夜校兼顾扫盲工作。1977年，职工教育恢复。1979年1月，县工农教育委员会成立，加强学制一年扫盲辅导工作，青壮年文盲定期定点学习，促进职工、农民文化水平提高。1980年，全县农民业余初等学校130所，扫盲班99个，小学班33个，3576人参加学习。1985年，全县12~45周岁人口，非文盲率达85%，达到学制一年的国家扫盲基本要求。1988年2月，国务院颁布《扫除文盲工作条例》；11月、12月，县人民政府普查全县农业人口一年学制文化状况，农业人口非文盲率达92.8%。1989年，《象山县扫盲工作规划》实施。此后，全县既抓扫盲工作，又普及九年制义务教

---

①1948年5月16日《三门湾通讯社》报道：1947年象山受识字教育者1.5万人，仅占民众总数的12.5%，不识字民众达87.5%。

育，杜绝新文盲的产生。1993年9月，县政府提出“基本扫除青壮年文盲，基本普及九年制义务教育”（以下简称“两基”）的要求，成立以县委书记、县长郭正伟为组长的“两基”工作领导小组，各镇乡亦成立以镇乡长为组长的领导小组。县人大组织执法组，县政府组织督导组，逐个镇乡检查、督导“两基”工作。经过两年工作，扫除文盲1243人，巩固提高1226人。1995年3月末，全县1949年10月1日以后出生，年满15周岁的青壮年291793人。其中：文盲半文盲5756人，非文盲率为98.3%；15周岁人口6571人，文盲5人，非文盲率达99.92%。1998年，扫除文盲420人，全县非文盲率98.85%，14周岁的人口中，初等教育完成率99.89%，达到高标准扫盲要求。1999年起，继续扫除剩余文盲，非文盲率一直保持99%以上。至2007年，全县非文盲率为99.45%。

第二节　成人中等教育

农民中等学历教育

中华人民共和国成立初期，农村大规模举办冬学，一些冬学发展为业余民校，个别民校附设初中班。1956年，农村掀起学习热潮，1958年“大跃进”运动时，农村民校业余初中班，学员350人。为贯彻“教育为无产阶级政治服务，教育与生产劳动相结合”的方针，是年4月6日，县委指示“乡乡办农业中学”；8日，创办雅林溪农业中学，为象山第一所农业中学；20日增至109所、128个班，4115名青少年农民报名入学。其中包括成年农民约1000人。按“农忙少学，农闲多学，晴天少学，雨天多学”的原则，教学采取半日制或隔日制。不久，根据县委指示进行整顿，至年末，全县农业中学19所，渔业中学2所，水产技校1所，在校生864人，其中包括成年农渔民约150人。1965年年末，全县有农业中学18所，农渔业中学1所，林业中学1所，学生666人，其中包括成年农民约100人。1964年，大徐、南庄、墙头、新桥、定山、石浦、南田等区及所属一些公社举办耕读中学，学生中包括部分青年农民，他们边耕种，边读书。1965年，全县有半耕半读中学72所、84班，在校生1922人，其中成年农民约320人。1970—1978年，部分人民公社及生产大队办起政治文化夜校，一些农民在夜校学习，约300人学习初中程度文化。1979—1982年，县工农教育委员会举办中等教育程度的农民文化补习班，学员约150人。1985年年末，业余学校初中班学习农民18个班、647人。1989年始，丹城、石浦、爵溪、西周、墙头、泗洲头、定塘、鹤浦、贤庠、大徐、东陈、晓塘等镇乡成人教育机构间歇性举办农民业余初中、高中（中专）学历培训班，采用部编工农业余中学课本，初中开设语文、数学、物理、化学等课程，学制2~3年；高中开设政治、语文、数学、物理、化学、历史、地理，文理分科，各设5门，学制3年。1989—1993年，全县1290名农民参加初中学历培训，毕业932人。1989—2007年，农民参加业余高中（中专）学历培训，累计2682人，毕业1889人。

职工中等学历教育

1957年，一些职工参加县机关学校初中班学习。1960年，各职工业余学校开设初级技工班、初中班、高中班，参加学习计465人。1969—1977年，一些企业举办政治文化夜校，组织职工学习。1978年后，职工中等文化技术教育恢复、发展。1981年，县总工会恢复职工业余学校，开设中技机械制图班，学员62人。1982—1984年，5608名职工补习初中与高中文化。1985年年末，全县职工业余学校14所，初中17班，高中27班，1355位职工参加学习。1986年，职工参加中等文化技术学习5352人，1987年6353人，1988年6880人。1988年第一批毕业511人。1989—1991年，丹城镇职工业余学校、石浦镇职工业余学校、爵溪镇成人文化中心学校及墙头、亭溪等镇乡成人学校举办职工业余初中、高中班，亦采用工农业余中学课本。期间，职工初中文化程度教学班，学制2~3年（下同），招收学员879人，毕业780人；举办职工高中、中专文化程度教学班，学制3年（下同），招收学员489人，毕业287人。1992—1994年，丹城成人中等文化技术学校、石浦成人中等文化技术学校、爵溪成人中等文化技术学校及其他一些镇乡成人学校举办职工初中文化程度教学班，招收学员1080人，毕业779人；举办职工高中、中专程度教学班，招收学员738人，毕业426人。1995—2002年，丹城、石浦、爵溪、贤庠、大徐、墙头、茅洋、西周、泗洲头、新桥、定塘、鹤浦等镇乡成人学校开展职工中等学历教育，先后招收初中学员2561人，毕业2665人；高中（含中专）学员4068人，毕业2832人。2003—2007年，县成人教育中心、石浦成人中等文化技术学校及东陈、墙头、西周、泗洲头、定塘、晓塘、鹤浦等镇乡成人学校，继续开展职工中等学历教育，先后招收初中、高中（含中专）学员分别为1311人、1502人，毕业1123人、1698人。

干部中等学历教育

1956年10月，象山县机关学校成立①，开设初中班，招各单位干部学员80名，1958年学校停办。1958年后，部分干部参加职工业余学校初中、高中班学习。1984年3月，县委组织部在县教师进修学校举办中青年干部高中班，乡镇及企事业单位干部38名参加学习，学制2年。11月，县委党校开设两年制中专班，41名在职及后备干部参加学习。1985年秋，县委党校举办干部高中班，38名参加学习，学制2年。1986年始，干部教育发展迅速，县委党校承担干部中等教育进修主要任务。至20世纪80年代末，县委党校举办干部中专、高中学历进修等班级计12班，学员917人。

第三节　成人职业技术培训

农民培训

1985—1988年，县农业局、乡镇企业管理局与各乡镇政府、单位以各种形式举办农民从业技术培训班305班，学员30373人。灵南成人教育中心学校时为农民从业技术培训的典型，1985—1988年，学校培训农民学员307名，推广水稻、棉花、大麦优良品种2万余亩，发展水果种植3308亩，实行对比示范试验项目33项，促进多种经营的发展，被评为浙江省农村实用技术培训先进集体。1988年年末，全县21个乡镇建立成人教育中心学校，其他乡镇亦配备专职成人教育干部。1989年、1990年，各乡镇举办农民培训班65期，参加培训3659人。1991年4月，县成人教

①象山机关学校于1956年10月成立，址设丹城西门。前身为1952年2月创办的机关干部文化补习学校及1953年与之合并的职工业余学校。学校设校委会，抽调专职教师，规定周一、周三、周五晚上为学习时间。干部报名甚众。翌年招生616人，其中机关干部193人，共编10班。时有专任教师4人，代课教师3人，兼职5人。1958年，学校停办。

育干部会议确定，成教工作重点转到农业实用技术培训与岗位培训上①。1991年，丹城、石浦两镇先后成立成人中等文化技术学校。1993年，爵溪成人中等文化技术学校创办。至1994年2月，贤庠镇、黄避岙乡、涂茨镇、大徐镇、东陈乡、茅洋乡、墙头镇、西周镇、下沈乡、泗洲头镇、新桥镇、定塘镇、晓塘乡、昌国镇、鹤浦镇、高塘岛乡等全县各个镇乡均建立成人文化技术学校（以下简称成人学校）。2000年前后，县职业高中、水产技校、县技工学校等学校建立培训处。2003年9月，天安集团互感器有限公司创办全县第一个转岗农民“双证制（成人高中学历、技能证书）”教学班，62位农民参加学习；12月，县政府出台《关于加强农民培训工作的实施意见》。2004年，象山县农民培训工作领导小组成立，当年县财政拨款230万元，用于全县农民培训；县成人教育中心、石浦成人学校、西周镇成人学校先后开展农民“双证制（高中学历证书、职业技能证书）”教育，并试点办班到村。至年末，全县参加“双证制”教育农民951人，45人获得“双证”。2005年，宁波市渔民常年培训点设在宁波水产技校。培训点培训船长、大副1475人，大管轮、轮机长900人，大副审证、船长审证295人，大管轮审证、轮机长审证109人。2006年1月，县农民培训工作领导小组组织农民“双证制”文化考试，643名农民学员参加现代文阅读、应用文写作、应用数学3门学科宁波市统考，合格率均为100%。2007年，全县农民“双证制”教育学员749人，当年获证369人；农村劳动力转移前技能培训7205人，后备劳动力培训400人，农渔业实用技术培训28815人次。

职工培训

1952年，丹城、石浦职工业余学校曾组织职工学习中等文化技术。1956年，817名新职工参加业余学校培训。1960年，各个职工业余学校在开设初中班、高中班进行学历教育同时，也举办初级技工班开展职工的职业技能培训。1961年，县总工会开办职工初级技能培训班，配专职教师，至“文化大革命”开始后停办。1978年后，职工中等文化技术教育恢复。1980年，21个单位举办培训班，培训职工1607人。1981年，县总工会恢复职工业余学校，开设中技机械制图班，学员62人。1982—1984年，2802人参加33所夜校学习职业技术。1985年年末，全县有职工业余学校14所。1989—1991年，培训职工3258人。1992—1994年，全县各镇乡成人学校举办岗位资格、机械操作、械械制图、服装设计、计算机等培训班，培训职工9965人。1995—2002年，丹城、石浦、爵溪、贤庠、黄避岙、大徐、涂茨、墙头、西周、鹤浦等镇乡，成立成人学校和县职业高中培训处（2000年始称职高培训学校）、水产技校培训处举办电子、染整、平机、拷扣、针织、餐饮服务、安全员、计算机、企业管理等岗位、初中级技术培训班，培训58618人。2003—2007年，县成人教育中心、石浦成人中等文化技术学校、职高培训学校、县技工学校培训处、水产技校培训处、爵溪中学（2007年8月始称爵溪职业高级中学）培训处及贤庠、黄避岙、大徐、涂茨、墙头、西周、定塘、晓塘、鹤浦等镇乡成人学校举办建筑、制冷、装饰灯快插技术、平机拷扣、热处理、汽车运行证、汽车维修、国家导游、旅游景点讲解员等上岗资格或初级、中级技术培训班，共培训职工90933人。

---

①时提出农业实用技术培训的内容主要有：水稻栽培技术、水稻病虫害防治、柑橘栽培、杨梅栽培、枇杷栽培、甘蔗种植、蔬菜新品种介绍及种植、大棚蔬菜栽培、大棚西瓜种植、草莓栽培、棉花种植、猪鸡鹅鸭的饲养、鱼虾蟹蛏子泥螺的养殖、紫菜的养殖，农药用药安全知识，农机使用修理，动物疫病防治，计算机信息技术及渔船船长、大副、轮机长、船员“四小证”培训。

表 37-18　　**1989—2008 年象山县镇乡成人学校农民职工中等文化技术教育情况表**　　单位：人

年份	农民业余初中		农民业余高中		职工业余初中		职工业余高中		农业实用技术培训人数	职工职业技术培训人数
	招生人数	毕业人数	招生人数	毕业人数	招生人数	毕业人数	招生人数	毕业人数		
1989	625	235	50	—	315	218	123	112	1697	1070
1990	418	259	122	—	303	266	178	87	1962	1086
1991	151	210	131	110	261	296	188	88	3450	1102
1992	96	150	146	75	356	282	221	111	5302	1181
1993	—	78	153	130	309	262	251	153	5980	3928
1994	—	—	163	121	415	235	266	162	5762	4856
1995	—	—	162	126	421	323	439	190	9910	7066
1996	—	—	191	143	362	281	390	216	7102	5712
1997	—	—	192	156	466	378	476	228	8712	5597
1998	—	—	153	139	351	383	594	378	13505	5986
1999	—	—	102	162	252	329	657	335	13902	6557
2000	—	—	96	139	256	423	573	409	22690	7369
2001	—	—	92	82	223	319	557	511	29245	10379
2002	—	—	100	76	230	229	382	565	36662	8752
2003	—	—	105	78	271	233	240	493	39240	10339
2004	—	—	162	70	254	203	223	479	36161	11552
2005	—	—	122	111	244	209	220	328	26651	15451
2006	—	—	147	96	285	247	355	206	26555	19615
2007	—	—	293	75	257	231	464	192	28815	19190
2008	—	—	213	192	222	202	367	210	21625	19867

说明：1. 镇乡成人学校指县成教中心、15 个镇乡与爵溪成人学校及其前身学校；
2. 农民业余高中招生、毕业人数不含“双证制”教育，不含其他培训

第八章　教　　师

清末，新式教育兴起，大部分教师转入新式教育，受过西式教育的教师为数极少。整体上清末民初象山师资薄弱，承延旧学，不善新式教育教师居多，尤其短缺能胜任近现代数理化教育人才，后经速成培养的师范生逐渐增加。民国中后期，文理师资配置逐渐合理，理化、艺术、体育等课程基本能开设。中华人民共和国成立后，教育亦为各类事业中发展最快、成绩最显著事业之

一。其间，几次出现教育异常扩张期，合格师资供不应求，只能以民办、代课教师充实师资队伍，造成合格教师比例下降，师资质量滑坡，但这些民办、代课教师却助力了20世纪60—70年代的教育事业发展。80年代后，大量合格师范院校毕业生进入教师队伍，民办、代课教师部分辞退，部分经过培训合格重新上岗，教师文化素质随之提高。

第一节　师资规模　师资质量

师资规模

清光绪二十九年（1903），县内书院开始改建为学堂。原书院讲学者（主讲、副主讲）改称为正教员、副教员。光绪三十四年，全县有小学堂18所，教职员工约50人。民国12年（1923），全县小学教师219人。民国37年，全县小学教师524人，其中，私立小学教师81人，中学教师50人。民国38年7月，全县中小学教师456人。中华人民共和国成立后，县人民政府于1949年11月至1952年2月，分批接管学校，在校教师先留用后清理。1950—1952年，宁波地区行政公署派出一批骨干教师到象山任教，各学校吸收部分知识青年为见习教师。1953年，一批复员军人、初高中毕业生充实中小学教师队伍，辞退、转行教师37人。是年年末，全县小学教师783人，中学教师59人。1956年始，每年都有师范院校毕业生分配到中小学任教。1957年，全县小学教师824人，中学教师106人，幼儿教师4人。

照37-17　民国36年（1947）
象师春雷级导师生在丹城中山公园合影

1958年后，民办教师逐年增多，1962年略为紧缩。1963年，全县中小学教师1048人，其中，小学教师954人，中学教师94人。20世纪70年代始，学校大量吸收民办教师，队伍急速发展。1971年，全县中小学教师2565人，至1980年，全县中小学教师总数达3639人。1982年，清理整顿民办教师队伍，或转公，或辞退。1999年年末，全县小学专任公办教师1879人，初中专任公办教师1299人，普通高中专任公办教师348人，职业高中专任公办教师299人。此外，尚有中小学代课教师136人。至2008年，全县中小学专任教师3733人，其中，中学专任教师2085人，小学专任教师1648人。

幼儿教师，旧时无统计数据。1989年1月，教育部门办幼儿园教职工60人，社会力量举办幼儿园教职工270人。1996年年末，幼儿园公办教职工85人，社会力量举办幼儿园教职工469人。2001年年末，幼儿园公办教职工93人，社会力量举办幼儿园教职工875人。2008年年初，全县幼儿园教职工1551人，其中公办事业编制教职工180人。

师资质量

清末行新学，教师实行聘用制。民国依旧，由校长聘请教师，政府实施定期检定。民国8年（1919），县首次检定，合格者仅8人。民国10年，省检定合格者仅5人。以后每次检定，合格者均寥寥。至民国35年，全县累计合格者113人，合格率为23.34%。

中华人民共和国成立后，重视师资队伍建设，合格率有所提高。1957年，小学教师中师范和高中毕业者占10.4%，初中教师合格率为46.43%，高中教师合格率为36.36%。1963年，全县小学教师954人，师范和高中毕业者29.45%；初中教师81人，合格者72.34%；高中教师13人，合格者69.23%。“文化大革命”中，一些教师受批斗、遭迫害，中小学教师队伍受到严重冲击，教师数量增加，而合格率却大幅度下降。改革开放后，教师合格率又逐年回升。1989年，全县小学、初中、高中专任教师学历合格率分别为63.3%、43.2%与48.9%。2004年，小学公办专任教师1707人，中师毕业以上者1692人，合格者99.1%；初中公办专任教师1116人，大学专科毕业以上者1085人，合格者97.2%；普通高中公办专任教师509人，大学本科毕业以上者481人，合格者94.5%；职业高中公办专任教师360人，大学本科毕业以上者266人，合格者73.9%。

1994年始，鼓励小学、幼儿园教师进修大学专科及本科学历，初中教师进修大学本科学历，高中教师进修硕士学位或参加硕士研究生主干课程班学习。至2008年5月，幼儿园专任教师具有大学专科以上学历320人，占33.6%；小学公办专任教师1660人，大学专科以上毕业1342人，占80.8%；初中公办专任教师1096人，大学本科以上毕业852人，占77.7%；中学教师中具有硕士学位的5人，进修完成硕士研究生主干课程210人。

第二节　师资管理

教师任用

清光绪三十四年（1908）、宣统元年（1909），象山连续举办两次师范传习所，培养学员26人，以充小学教员之职①。民国5年（1916），杭州师范优级毕业生仇水心任县立高等小学校长。民国9年，宁波师范学堂毕业生方赞堂任县立高小校长。民国29年，复旦大学毕业生王鼎接任始达小学校长②。

1950年，全县中小学公办教师由县文教科统一调派、任用。1952年，乡镇以上学校公办教师由县文教科任命、调用，村小及民办教师由当地农会推荐，乡镇政府任用、调派。1958年，人民公社中心小学教师由公社管理，一些民办教师由生产大队管理。“文化大革命”期间，以公社为单

---

①清光绪二十九年（1903）颁布《奏定任用教员章程》，要求高等小学堂正教员由初级师范学堂优等毕业生充任，副教员由初级师范学堂成绩中等的毕业生充任；初等小学堂正教员由初级师范学堂成绩中等及以下的毕业生充任，副教员由曾入初级师范学堂有修业文凭者充任。因当时初级师范学堂毕业生人数甚少，《奏定任用教员章程》同时规定：暂时以简易师范学堂毕业生充任高等小学堂之正、副教员，以师范传习生充任初等小学堂之正、副教员。清末学堂正副教员由堂长聘任。

②民国元年（1912），南京临时政府公布《小学校令》规定，小学教员必须是受有许可状者，而受有许可状者必须是师范学校或由教育总长指定之学校的毕业生，或经小学教员检定委员会检定合格者；同时规定难得合格者时，延聘相当之人充任之。民国4年，北京政府教育部规定，受有许可状者人数不够时，延聘没有许可状者代用为副教员（亦称助教员、代用教员）。民国22年，国民政府教育部颁布的《小学规程》规定，高级小学教员须由师范学校毕业生充任，简易师范学校毕业生只能充任初级小学教员。同年，浙江省教育厅规定，担任初级中学教员就学历而言，须国内外大学本科或者专科毕业者；民国24年，教育部还规定，中学教员除具备必要的学历外，还应品格健全，才学优良，所任学科为其所专习之学科。民国时期，一些学校建立校董会，校董会遴选校长。公私立中小学的教师由校长聘任，报上级机关备案。

位，建立贫下中农管理学校委员会，委员会管理社内教师。1969—1972 年，农村公办小学教师“回队任教”。1978 年，取消贫下中农管理学校委员会，全县中小学教师任用等管理权，收归县教育行政部门。县教育行政部门根据上级部门规定，结合本县实际，给各学校（含单位）下达专任教师、行政、教辅、工勤人员编制，并按编制调配人员。学校公办教职工不足编制数，由学校聘任临时代课教师，其经费主要由县财政开支。1982 年始，县教育行政部门整顿民办教师队伍，淘汰一批不合格民办教师，通过培养、培训，转正一批民办教师。至 1992 年年末，民办教师全部转正为公办教师，累计 1550 人。1989—2003 年，大中专院校尤其是师范院校毕业生不断充实教师队伍，累计 2256 人，平均每年 150 人。2003 年后，师范院校毕业生就业政策开始变革。2004 年，县教育行政部门采取大中专院校毕业生与用人单位“双向选择”、招聘录用办法，至 2008 年年初，共录用 478 名毕业生为新教师。私立学校、私立幼儿园招聘、引进教师，由该学校、幼儿园负责。

民办教师转公办

从“文化大革命”中期至 20 世纪 80 年代初期，随教育规模扩大，中小学教师需求剧增，存在着教师层层拔高教学现象，有小学骨干教师到初中任教，也有初中骨干教师到高中任教。学校不得不从社会招收知识青年补充各级教师队伍，从而出现一批不拿国家工资，只拿生活补贴费，与农民“同工同酬”民办教师和代课教师。至 1977 年，小学民办教师多达 1542 人，占小学教师总数 70.03%，中学民办教师达 578 人，占中学教师总数 43.92%。1978 年，省市政府部门出台政策，在师范院校开设专门班级，通过入学考试，择优录取一批民办教师进修合格学历。毕业后，分配到小学、初中任公办教师。同时，县教育行政部门组织引导民办教师参加宁波教育学院大学专科、县教师进修学校中师等不同层次学历函授进修。1983 年，县教育行政部门对民办教师进行考核，淘汰一批不合格民办教师，留用的民办教师，逐年分批直接转为公办教师。到 1992 年年末，县内的民办教师全部转为公办教师，累计 1550 人。

1971—1989 年部分年份象山县中小学公办、民办教师情况表

表 37-19

年份	小学教师（人）	其中民办教师（人）	民办教师占比（%）	中学教师（人）	其中民办教师（人）	民办教师占比（%）	教师总数（人）
1971	2095	1389	66.30	470	95	20.21	2565
1974	2159	1455	67.39	611	171	27.99	2770
1977	2202	1542	70.03	1316	578	43.92	3518
1980	2413	1518	62.91	1226	290	23.65	3639
1989	2054	691	33.64	1594	405	25.41	3648

教师资格认定

1995 年 12 月 12 日，国务院发布《教师资格条例》。全县幼儿园教师资格、小学教师资格、初级中学教师资格的认定机关为县教育行政部门；高级中学教师资格、中等职业学校教师资格、中等职业学校实习指导教师资格认定机关为宁波市教育行政部门。教师资格认定工作于 1996 年 10 月开始，县教育行政部门对全县 1993 年 12 月 31 日（《中华人民共和国教师法》施行前），在岗的、具有教师职务、经考核合格的教师进行教师资格审查，颁发相应的教师资格证书。对不具备

《中华人民共和国教师法》规定学历，但其他条件合格教师，按其现任教师职务予以认定相应的教师资格。2001 年 11 月至 2002 年 3 月，县教育行政部门依据省教育厅通知精神，组织 1994 年 1 月 1 日以后补充到教师队伍、非师范教育类专业毕业的教师及社会人员，参加宁波教育学院在象山举办的教育学、心理学培训和考试。2002 年 6 月末，全县完成 1994 年 1 月 1 日以后，从教教师资格认定工作，并首次开展向社会人员认定教师资格制度。2003 年始，春秋各认定一次，教师资格认定工作趋于正常化。

教师聘任制

1999 年 7 月，县教育行政部门根据省政府要求，印发《象山县教育系统试行聘任合同制实施意见》，全县教职工实行聘任制。是年，除考核不合格者外，在编、在岗教职工均被聘用。2004 年，《浙江省事业单位人员聘用制度试行细则》下发，象山按《试行细则》逐步规范聘任制度。2005 年 8 月，县教育局出台《关于象山县教育系统试行聘任合同制工作的补充意见》，对试行聘任制过程中遇到的各种问题，作出明确规定。试行聘任制后，由于受职称比例数限制，个别教师被低聘；一些学校个别教师改为职工身份。

学校干部任用

1989 年始，象山中学、象山二中校长人选由县教育行政部门推荐，县委组织部考察后由县委任命。1990—1998 年，象山三中校长、象山中学、象山二中副职校长、县电大工作站站长、县教师进修学校、县职业技术学校、市水产技校校长，由县教育行政部门推荐人选，县委宣传部考察任命。1998 年 8 月，宁波电大象山分校、县教师进修学校、县职业高中等直属学校和完全中学的正副校长，镇乡初级中学、中心小学正职校长，由县教育行政部门党委任命，副职校长由所在镇乡政府任命。1989 年后，县直属学校、完全中学等中层正职干部由县教育行政部门党委任命；中层副职干部，由学校呈报，教育行政部门批复。镇乡初级中学、中心小学中层干部由所在镇乡政府任命。2004 年 2 月始，全县学校的中层干部均竞聘上岗，经竞争胜出后，由校长聘任上岗。

教师考核

清宣统元年（1909），清政府学部颁布《检定小学教员规程》，详细规定小学教员任职资格。经检定（考核），全县小学教员合格者寥寥。民国 23 年（1934）5 月，国民政府教育部公布《小学教员检定暂行规程》《中学及师范学校教员检定暂行规程》，要求严格检定中小学教员资格。民国 32 年，全县小学教员 315 人，检定合格 71 人。民国 35 年，全县小学教员 484 人，检定合格 113 人。

1958 年，政府部门对中学教师的学历进行审定考核，1962 年，又对中小学教师的学历进行审定考核。1982 年，县教育行政部门会同有关单位考核、整顿全县民办教师，优秀的分批转正为公办教师，不合格的辞退。1987 年始，实施《小学教师职务试行条例》《中学教师职务试行条例》，中小学教师的任用考核、晋职工作逐步正常化、规范化。1994 年 1 月 1 日，《中华人民共和国教师法》施行，县教育行政部门依法组织对教师的政治思想、业务水平、工作态度和工作成绩进行考核。其中，正职校长、书记，由县教育行政部门直接考核，其他人员由学校组织考核。

教师职务晋升

1987 年后，全县实行教师职务任职资格评审制度。各级职务（称）教师的任职条件，由国家、省、市教育行政部门作出规定。为激励中青年教师进修高一层次学历的文化专业知识，1999 年始，县教育行政部门要求 1965 年 1 月 1 日以后出生，并在镇乡中心小学任教的教师，评审小学高级教师职务须有大专以上学历；中学青年教师评审中学高级教师职务任职资格的，必须具有大学本科以上学历。2001年后，申报评审各个层次教师职务任职资格的教师，普通话、计算机测试成绩必须合格。各种职称评审对象经评委会评审通过，教育行政部门、人事部门发文确认后，还须由所在学校聘任（或任命）相应的教师职务。学校聘任（或任命）相应教师职务后，其工资、津贴、补贴费晋升到相应的职务档次。

教师表彰

民国25年（1936）县府制定《短期小学奖励办法》，年末受奖学校15所。民国35年，私立立三初级中学为纪念已故校长吴祖龙，筹建“祖龙奖学金”，以表彰吴祖龙抗战中带病办学的贡献。1957年，县第二初级中学校长金怀谷抗台牺牲被追认为烈士。1989年石浦小学教师娄月娥被评为全国教育系统劳动模范并授予人民教师奖章。国家、省、市、县评选优秀教师、模范教师、优秀班主任等给予表彰。县教育行政部门每年评比年度县级先进教育工作者、县级优秀班主任或德育工作者予以表彰。

1990年以后，市县教育业务部门20余年来在中青年教师中评选教坛中坚、教坛新秀，给予优秀的中青年教师以荣誉称号。1990年，陈显庭被评省中学美术特级教师，成为象山第一个享省特级教师称号的老师。此后，县内先后有10名中小学教师被授予特级教师称号。特级教师享有生活补贴及每年教育科学研究经费补助。市评选正教授级中学高级教师。1997年始，象山县先后有3名教师被评为正教授级中学高级教师。1997年，县在中小学教师中评选学科骨干（曾称学科带头人）。2000年4月始，县实施“名师工程”。7月，评选县级名教师、县级学科骨干。2002—2007年6名校长被评为宁波市名校长。2007年6月，评选县首届中小学名校长5名。至2008年，16名中小学教师被评为市级名教师，有21名中小学教师被评为市级学科骨干。

第三节　教师工资　教师福利

教师工资

清末，政府学部规定教员薪俸标准，但象山未按规定执行，教员薪俸因校而异。民国33年（1944），中心小学校长月薪食谷216市斤，一般教师180市斤。民国35年，县内小学教师月薪由正薪、职薪、奖励3项组成。正薪根据学历在260~300市斤谷之间；任小学校长、主任职务者，视学校大小可增10~40市斤谷；小学教师在同一所学校任教10年以上者，可增发每月10市斤谷。是年11月，为要求调整待遇，发放欠薪，县立初级中学和简易师范学校全体教职工罢教抗议，遍发《告各界人士书》，当局不得已，允许准借，拨赋谷300石，才平息事态①。民国37年，小学教师月薪最高者500市斤谷，最低者300市斤谷。

中华人民共和国成立初期，全县公立小学教师月薪以米计，高者220市斤，低者150市斤；试用教师100市斤。公立中学教师月薪在200~300市斤大米之间。实行民办公助的农村小学教师，多数以学生家庭轮餐方式供膳食，并给以月薪50~70市斤大米。1952年秋，中小学教师工资实行

①是年5月，县内全体教职工要求改换薪谷领取地点，即改70里外的大泥塘为丹城，以避免一石米挑运丹城需付二斗担力的损失。时田粮征收主任谢时方加以拒绝，激起公愤，群起力争。群怒之下，谢只得当场道歉，并允领取薪谷地点改在丹城。

以工资分计值办法，每个工资分为0.2287元（新版人民币）。1954年，中学校长269个工资分（合61.52元），中学教师最高者230个工资分（合52.60元）；区镇中心小学校长平均158个工资分（合36.13元），乡小学校长平均131.68个工资分（合30.12元），小学教师平均118.44个工资分（合27.09元）。1956年8月，国家改革工资制度，用货币计发工资，中小学教师普遍增加工资。1966—1976年，"文化大革命"期间中小学教职工的工资基本没有变动。至1977年9月，中小学教师的平均工资为41.92元。

1984年秋，国家实行以职务工资为主要内容的结构工资制度，中小学公办教职工的工资有较大幅度的提高，中学教师月平均工资76.87元，小学教师月平均工资77.74元，幼儿园公办教师月平均工资76.48元。1989年，国家继续实施结构工资制，教师的薪金由基础工资、职务工资、奖励工资，工龄、教龄津贴和各种补贴构成。1993年10月1日始，实行职级工资制度。教师的工资按职务（称）、任该职务及工作的年限确定；其他专业技术人员按相应职务（称）确定工资。学校行政人员按学校的级别及其任职、工作年限确定相应的工资；职工主要按技术等级及工作年限确定工资。每位教师的薪金总额由职务（称）工资、岗位津贴、保留津贴、生活津贴、奖金等部分组成。1994年，中学教师月平均工资602.30元，小学教师月平均工资596.10元。2000年，中学教师平均月薪1355元，小学教师平均月薪1303.10元。2007年3月，改革工资制度（该工资制度从2006年7月1日始执行），教师等专业技术人员的工资由岗位工资、薪级工资、绩效工资、特殊津贴4部分构成。是年，中学教师平均月薪3176元，小学教师平均月薪3055.10元。

教师福利

清末，有的学堂除给教员按月发放薪俸外，还加发年薪（奖金）。教员死后发放抚恤金。民国时期，一些公私立学校对检定合格、品学优良的教员加俸或奖励。中华人民共和国成立后，国家有关部门规定，按教职工工资总额的一定比例提取福利费。其比例1951年为1%，1957年为3.5%，1961年为2%，1986年以后为2.5%。提取的福利费主要用于补助困难的教职工及集体福利等。各级各类学校的教职工享受国家规定的各种福利待遇，如产假、探亲假、公费医疗、疗休养、遗属生活补助等，此外，国家还出台一些针对教职工的福利优惠政策。1986—1997年，县政府及有关部门、镇乡曾出台政策，对教职工集资建房的，给予用地方便，并减免部分税金。1998—2003年，教师私人购房、建房的，每人一次性补助2000元，夫妻均为教师的补助4000元。

第九章　教育经费　教育设施

古代，象山官学经费主要来源于学田田租收入，也有地方官绅捐赠作为补充，私人所办学塾一般由私人或宗族族田自筹和捐税。民国期间，教育经费主要来自地方公产和各种附加捐税。旧时，教育设施简陋。中华人民共和国成立后，公立学校经费以政府财政拨款为主，多渠道筹划收入为辅。改革开放后，随社会经济的快速发展，县财政逐年增加教育投入，2008年，预算内教育经费投入占县财政支出27.16%。教育设施逐步改善。

第一节　教育经费

经费来源

唐代时，县学经费由钱粮保障，具体情况无考。宋代建学田制度后，县学赖学田（地）、学山租息。书院经费则赖院田、义田及私人捐银生息。院田或义田由私人捐赠或官府拨给。学塾经费主要来自宗族祠产、寺庙田产或私产。清末，废书院建学堂，书院原有的学田、院田亦随之转为学堂款产。各类学堂办学经费除学费收入外，官立学堂由官署拨公款解决，公众立学堂靠堂祠等公众产业维持，私人学堂由举办者自筹和捐资。民国初年，教育部及省拨补教育经费甚少，主要靠县内自行筹集，固定来源有田赋特捐、盐业附征、营业附税、屠宰附税及公产公益捐、学费等。县立、区立、乡镇立小学经费由设立单位、设立者担负并公款补助。各乡开办的乡村小学其办学经费一般来自庙庵产和公众捐助。民国17年（1928），全县教育经费1万元。其中，田赋、盐业附征款占57.10%。民国24年，国民政府明令各县小学所收捐税一律革除，教育短收之款由中央、省照数拨补。是年，小学学费高年级2.40元，中年级1.80元，低年级1.00元。民国25年至民国27年，全县教育经费分别为17600元、15800元、14800元。民国30年，乡镇中心国民学校、保国民学校办学经费以地方自筹为主，省县补助一部分。民国31年秋，定海象山两县联立战时初中学生补习学校成立，办学经费由定海、象山两县分担，学生免费入学。民国32年，象南区国民学校的办学经费各保自筹占3/4，区署拨补1/4。象山县私立立三初级中学其办学经费由校董会筹措，欧氏拨田200亩岁入作为基金，再加学生纳费。民国34年，县政府拨款64000元，并向学生收“敬师米”，每个中学生稻谷100斤。民国35年，物价飞涨，学生学杂费改收学米，小学高年级学生1.5斗米，中年级学生1.2斗米，低年级学生0.8斗米。收费较高的私立小学分别为3斗、2斗、1斗米。

中华人民共和国成立后，公立学校教育经费以政府财政拨款为主，以集资、捐款、学费、勤工俭学等收入为辅。1950年，专署按月拨米28500公斤，供政府接管的中小学教师月薪。翌年3月起，每月增拨大米18250公斤。各校办公经费来源于学生缴纳的学费米。私立小学改民办以后，经费以自筹为主，政府补助为辅。1952年后，国家对教育拨款逐年增加。财政拨款始终是公立学校办学经费的主要来源。1969—1971年，农村小学下放生产大队办学期间，办学资金由生产大队筹集，政府财政给予一定补助。除县财政拨款以外，教育经费来源还有勤工俭学收入、教育学业附加费、学生学杂费、城镇建设教育设施配套费和附加费等。民办学校、民办幼儿园的办学经费（包括教职工的工资）以学费、保育费收入为主，以政府财政补助、捐款为辅。

勤工俭学收入　1975年后，校办工厂逐步发展，勤工俭学收入增加。全县中小学校办工厂利润上缴学校经费，1981—1985年114万元，1989—1998年907.4万元，是教育经费一个重要来源。

教育事业附加费　1985年4月，根据国务院通知，向企业（包括商业、服务业）、农业（包括农、林、牧、水产）征收教育事业附加费。是年，向县国营、大集体企业征收47.58万元。翌年，按应缴纳的“三税”（产品税、增值税、营业税）数额的1%征收，全年征收65.69万元。乡镇教育事业费附加征收的范围与额度，由乡镇人民代表大会依据国务院的通知及本乡镇具体情况讨论决定。1986年，实际征收78.56万元。1989年4月，城镇教育费附加的计征率从“三税”的1%提高到2%。是年，全县征收教育费附加219万元。

学杂费　学生缴纳的学杂费为学校经费来源之一。1986年7月1日，《中华人民共和国义务教育法》施行后，小学、初中学生免缴学费，只缴纳杂费。2006年9月1日以后，小学、初中学生免缴杂费。

社会捐资　1990年，全县开始发动群众捐资办学。1992—1994年，全县群众集资及捐款达2072.18万元，相当于这三年教育基建经费的1/2。随着经济的发展，政府对教育投入增加，1996年始，不再发动群众集资，但社会各界捐资助学的热情不减。1997年，宏润集团捐资100万元，建设定塘镇宏润小学。

城镇建设教育设施配套费　1993年始，象山县开征城镇建设教育设施配套费，由土地管理部门负责向征用土地单位收取，交县财政用于发展教育。1993—1994年，全县征收933万元。1998年后停征。

择校赞助费　1993年8月，县城城区一些中小学开始向择校生收取“赞助费”。2002年，市、县政府允许向择校生收费。2003—2007年，非丹城户籍儿童、少年进实验小学、丹城二小、丹城三小、文峰学校、丹城中学、丹城二中就读者，一次性向县人民教育基金会赞助8000元。县人民教育基金会收取这些经费，主要用于发展全县教育事业，改善学校办学条件。

经费支出

宋以降，县学及书院以学田（地）租息收入作祭祀、教官薪俸、补助生员和修葺学宫、院舍需用。清末，学堂经费用于教职员工薪给、教育设备、校舍营造和修缮等项。民国初，教育经费属地方经费，各县在田赋附捐、杂捐、公产租息中支出。民国25年（1936），教育部修正公布《小学规程》规定：小学开办费，校舍与设备经费比应为6∶4或7∶3。小学经常费用支配原则为教职员俸金约70%，图书、仪器、运动器具及卫生费约15%，实验、文具、水电、薪炭消耗费约9%，差旅等特别费约3%，预备费约3%。县公立小学大体按此规定开支教育经费。民国36年，全县教育经费总额103236.5万元，其中教职员工生活补助费91362.2万元，占88.49%。民国初，公用经费开支中，教育经费3792.60万元，占3.67%；中等教育经费1213.20万元，占1.17%；师范教育经费3205.50万元，占3.10%；社会教育经费950.00万元，占0.92%；教育行政费1300万元，占1.26%；其他教育经费1413万元，占1.37%。

中华人民共和国成立后，政府接管学校，教育经费支出分人员经费、公用经费两大类。人员经费包括工资、补助工资、职工福利、离退休人员费用、学生人民助学金、奖学金等开支科目。公用经费包括公务费、设备购置费、基建费（1968年起单独统计）、修缮费、业务费、差旅费和其他费用等开支科目。人员经费是教育经费主要开支项目，占教育经费支出65%以上。1958年，全县教育经费支出53.4万元，人员经费35.23万元，占65.97%；1962年，教育经费支出60.5万元，人员经费48.5万元，占80.16%；2008年，全县教育经费支出65562万元，人员经费42208万元，占64.38%。基建经费是教育经费第二大开支项目。基建经费，1958年支出15.65万元，占教育经费的29.3%；1976年支出43.8万元，占教育经费24.1%。1985年开始排除学校危房，改造破旧校舍。1990—1994年，全县新建、改建校舍20.64万平方米，占全县校舍总面积60.65%，投入资金5655.8万元（含集资款）。2008年，投入学校校舍建设资金11472万元，占教育经费支出的17.50%。购置教育设施，是教育经费支出主要项目之一。1958年，全县教育设备费1.36万元，占教育经费支出的2.5%；1988年，教育设备费30.3万元，占3.4%；2007年，教育设备费1331.67万元，占2.5%。1978年后，重视教师的培训提高。1998年，全县用于教师培训的经费约占教育经费支出的1%；2004—2008年，教师培训经费提高至教育经费支出的1.5%。

1989—2008年象山县教育经费来源情况表

表37-20　　　　单位：万元

年份	教育经费总计	国家财政性教育经费					社会团体和公民个人办学经费	社会捐赠办学	事业收入		其他收入
		小计	预算内教育经费	教育费附加	企业办学经费	校办企业勤工俭学收入用于教育			计	其中：学杂费收入	
1989	1737	1307	1051	219	10	27	—	167	147	147	116
1990	2162	1512	1189	301	11	11	—	250	168	168	232
1991	2349	1656	1299	323	14	20	—	230	211	211	252
1992	3435	2119	1611	471	16	21	—	478	322	322	516
1993	4988	3165	2250	871	18	26	—	610	509	509	704
1994	7380	5078	3808	1169	30	71	28	427	638	638	1209
1995	11164	7464	5693	1705	32	34	31	909	927	927	1833
1996	13786	9499	6390	3023	33	53	16	917	1026	1026	2328
1997	15609	9433	6615	2663	36	119	35	1260	1279	1279	3602
1998	18379	10659	7820	2698	34	107	610	1601	5121	1461	388
1999	19060	10727	7848	2778	35	66	1105	1478	5410	1422	340
2000	20487	11093	8082	2886	23	102	1833	1508	5575	1774	478
2001	23989	15294	11712	3513	19	50	1241	1447	5473	2460	534
2002	27803	16779	14035	2705	—	39	1068	797	5771	2798	3388
2003	32408	21752	17519	4209	—	24	1395	703	6206	3371	2352
2004	38918	29212	22678	6519	—	15	958	148	7034	3976	1566
2005	45838	32281	24785	7413	—	83	1900	89	8221	4490	3347
2006	45477	32883	27817	5039	—	27	1783	75	7725	3650	3011
2007	54024	40141	31696	8415	—	30	2152	853	7723	4017	3155
2008	61818	49460	39404	10010	—	46	2420	567	6546	2801	2825

说明：表内数据由县教育局提供

1989—2008 年象山县预算内教育经费占国民经济主要指标情况表

表 37-21

年份	全县国民生产总值		财政支出		预算内教育经费拨款		国家财政性教育经费(万元)	财政性经费占全县生产总值(%)	预算内经费占财政支出比例(%)
	金额(亿元)	比上年增长(%)	金额(万元)	比上年增长(%)	金额(万元)	比上年增长(%)			
1989	90543	8.46	4965	21.10	1051	15.24	1307	1.44	21.17
1990	90251	-0.32	5262	5.98	1189	13.13	1565	1.73	22.60
1991	114779	27.18	5905	12.22	1229	3.36	1656	1.44	20.81
1992	129313	12.66	6856	16.10	1611	31.08	2119	1.64	23.50
1993	180289	39.42	10100	47.32	2250	39.66	3165	1.76	22.28
1994	310000	71.95	11910	17.92	3808	69.24	5078	1.64	31.97
1995	455000	46.77	13617	14.33	5693	49.50	7464	1.64	41.81
1996	540000	18.68	17216	26.43	6390	12.24	9499	1.76	37.12
1997	561600	4.00	20861	21.17	6615	3.52	9433	1.68	31.71
1998	640000	13.96	27317	30.95	7820	18.22	10659	1.67	28.63
1999	701000	9.53	29318	7.33	7848	0.36	10727	1.53	26.77
2000	775000	10.56	35141	19.86	8082	2.98	11093	1.43	23.00
2001	830000	7.10	45982	30.85	11712	44.91	15294	1.84	25.47
2002	920000	10.84	58502	27.23	14035	19.83	16779	1.82	23.99
2003	1080000	17.39	63361	8.31	17519	24.82	21752	2.01	27.65
2004	1230000	13.89	71195	12.36	22678	29.45	29212	2.37	31.85
2005	1370000	11.38	104556	46.86	24785	9.29	32281	2.36	23.71
2006	1606000	17.23	120878	15.61	27817	12.23	32883	2.05	23.01
2007	1950000	21.42	143204	18.47	31696	13.94	40111	2.06	22.13
2008	2206000	13.13	145102	1.33	39404	24.32	49414	2.24	27.16

说明:表内数据由县教育局提供

1989—2008年象山县教育经费支出情况表(一)

表37-22

单位:万元

年份	教育经费总支出	幼儿教育	小学教育	普通中学教育	职业教育	高等教育	民办教育	成人培训	其他教育
1989	1650	15	708	678	138	8	—	27	76
1990	2051	15	882	834	168	15	—	42	95
1991	2309	31	998	912	198	15	—	45	110
1992	3143	89	1551	1053	219	19	—	52	160
1993	4988	163	2367	1864	326	22	—	57	189
1994	7381	277	3270	2804	674	45	—	99	212
1995	11165	300	4094	5470	877	83	—	99	242
1996	13786	393	5345	6452	1052	79	—	157	308
1997	15623	478	6512	6533	1473	95	—	232	300
1998	18832	550	6877	8522	1586	108	629	189	371
1999	22327	578	7124	9082	1622	149	3105	206	461
2000	23913	543	7223	9405	1763	223	3979	271	506
2001	25909	610	8454	10349	3898	380	1251	313	654
2002	31769	735	8739	10960	8081	722	1146	725	661
2003	31766	949	11703	11906	4017	504	1387	757	543
2004	43664	1052	17078	17732	4956	559	965	689	633
2005	45381	2268	18869	15894	4330	619	1711	925	765
2006	47145	1906	18128	16658	5625	560	1796	1652	820
2007	54587	2415	20567	17653	7844	642	2131	1275	2060
2008	65562	2418	25202	20881	7697	712	5693	1469	1490

说明:1. 其他教育指教育局、考试中心、勤工俭学办公室、特殊学校等;

2. 表内数据由县教育局提供

1989—2008 年象山县教育经费支出情况表(二)

表 37-23　　单位:万元

年份	教育经费总支出		人员经费				公用经费				基本建设资金			
	总计	其中公办学校	金额	其中公办学校	全部人员经费占总支出比例(%)	其中公办学校占总支出比例(%)	金额	其中公办学校	全部公用经费占总支出比例(%)	其中公办学校占总支出比例(%)	金额	其中公办学校	全部基本建设资金占总支出比例(%)	其中公办学校占总支出比例(%)
1989	1650	1650	860	860	52.12	52.12	790	790	47.88	47.88	—	—	0.00	0.00
1990	2051	2051	957	957	46.66	46.66	814	814	39.69	39.69	280	280	13.65	13.65
1991	2309	2309	1086	1086	47.03	47.03	852	852	36.90	36.90	371	371	16.07	16.07
1992	3143	3143	1465	1465	46.61	46.61	891	891	28.35	28.35	787	787	25.04	25.04
1993	4988	4988	2278	2278	45.67	45.67	1346	1346	26.98	26.98	1364	1364	27.35	27.35
1994	7381	7381	3595	3595	48.71	48.71	2466	2466	33.41	33.41	1320	1320	17.88	17.88
1995	11165	11165	4666	4666	41.79	41.79	2934	2934	26.28	26.28	3565	3565	31.93	31.93
1996	13786	13786	5947	5947	43.14	43.14	4457	4457	32.33	32.33	3382	3382	24.53	24.53
1997	15623	15623	7405	7405	47.40	47.40	5762	5762	36.88	36.88	2456	2456	15.72	15.72
1998	18832	18203	9246	8772	49.10	46.58	6262	6197	33.25	32.91	3324	3234	17.65	17.17
1999	22327	19222	10132	9910	45.38	44.39	7538	6620	33.76	29.65	4657	2692	20.86	12.06
2000	23913	19934	11409	11045	47.71	46.19	7556	6514	31.60	27.24	4948	2375	20.69	9.93
2001	25909	24658	14182	13650	54.74	52.68	7411	6692	28.60	25.83	4316	4316	16.66	16.66
2002	31769	30623	15142	14590	47.66	45.93	8314	7720	26.17	24.30	8313	8313	26.17	26.17
2003	31766	30379	17679	17193	55.65	54.12	10287	9386	32.38	29.55	3800	3800	11.96	11.96
2004	43664	42700	22614	22114	51.79	50.65	9102	8638	20.85	19.78	11948	11948	27.36	27.36
2005	45381	43670	27804	27031	61.27	59.56	9077	8139	20.00	17.93	8500	8500	18.73	18.73
2006	47145	45349	29004	28148	61.52	59.71	11130	10190	23.61	21.61	7011	7011	14.87	14.87
2007	54587	52456	33977	32975	62.24	60.41	11607	10778	21.26	19.74	9003	8703	16.49	15.94
2008	65562	59869	42208	40712	64.38	62.10	11882	11055	18.12	16.86	11472	8102	17.50	12.36

说明：表内数据由县教育局提供

第二节　校舍建设

清末，县立高等小学堂、始达高级小学堂、敬业高等小学堂、公立昌国卫正谊学堂、珠山初级小学堂由书院改建，以书院院舍作学堂学舍。东隅初级小学堂、姜氏启蒙初级小学堂、体仁初级小学堂以祠堂作学舍。陶材初级小学堂以文昌阁作学舍。民国 14 年（1925），全县小学 102 所，以祠堂、寺庙、庵作校舍的 74 所，占 72.5%，以民宅作校舍的 21 所，占 20.6%。民国 15 年后，创办的小学也多数以祠堂、庙庵、民宅作校舍，个别学校教室甚至是草房。维修校舍经费仅供补漏、换椽添瓦、修理课桌门窗之用。

中华人民共和国成立后，县人民政府接管学校，1953 年开始拆建、改建小学校舍。1953—1957 年，投资 8.92 万元，拆建、修理小学 213 所，教室 449 个，办公室 56 个，修建面积 14605.19 平方米。县财政投资 15.65 万元，1958 年秋，建成象山中学、石浦中学（今象山二中）、定塘中学、东溪中学、鹤浦中学等学校新校舍，新建校舍 5325.15 平方米。1962 年，新建丹城镇中心小学教室 12 个及其他用房，建筑面积 1372 平方米，修复因台风校舍坍塌小学 17 所，建筑面积 2282.5 平方米。1965 年，新建丹城镇第二小学。1975 年，全县 37 个人民公社，初中 25 所，完中 9 所，校舍建筑面积 37086 平方米。1978—1981 年，学校基本建设重点在改建、扩建区、公社中心小学及部分中学的校舍，建造的校舍均为楼房。其间，先后新建大徐区中心小学、大徐中学、石浦区中心小学、县教师进修学校、西周区中心小学、丹城中学等学校校舍。1981 年年末，全县中小学校舍总面积为 219921 平方米。1984—1985 年，县政府投入资金新建县农业技术学校校舍 3117 平方米；创办丹城第二中学，建筑面积 2020 平方米。1985—1986 年，建造水产技校、新港中学，两校建筑面积 4512 平方米。

1986 年，县政府及教育行政部门重点排除中小学校舍的危房。是年，排除危房 18001 平方米，修缮破旧校舍 3227.9 平方米，新建、扩建校舍 10170 平方米，惠及 142 所学校。1987 年 4—6 月，县教育局会同区镇乡组织专门人员检查登记中小学校舍 431 所，建立校舍档案。至 1990 年，全县中小学原有危房全部排除，大部分破旧校舍完成维修。

1990 年 10 月，全县教育工作会议推广大塘乡、亭溪乡等乡镇由群众集资建校舍经验。此后，全县各镇乡普遍开展集资建新校舍工作。1991—1993 年，新建校舍 127500 平方米。其中，新创办丹城三小、春晖幼儿园，易地新建亭溪乡、下沈乡中心小学校舍。1996 年，象山中学、晓塘乡中心小学易地新建的校舍落成，建筑面积 37064 平方米，其中象山中学 34033 平方米。1997 年，鹤浦镇中心小学易地新建校舍落成，建筑面积 4828 平方米。1998 年，象山文峰学校校舍建成，建筑面积 16500 平方米。2004 年，教育园区建成，园区建筑面积 80895 平方米，占地 239999.8 平方米。

2003 年起，全县实施浙江省万校标准化建设工程。2004 年，易地建成丹城中学、县实验小学、东陈乡中心小学标准化校舍，3 校校舍建筑面积 49854 平方米，占地面积 118550 平方米。2005 年，丹城二小 8286 平方米新校舍交付使用，石浦镇中心幼儿园园舍建成。2006 年，城南学校建成。2007 年，爵溪学校建成，建筑面积 14335 平方米、占地面积 44988 平方米，丹城第四小学破土动工。至 2008 年，全县公办学校占地总面积 1612315 平方米，建筑总面积 660374 平方米。

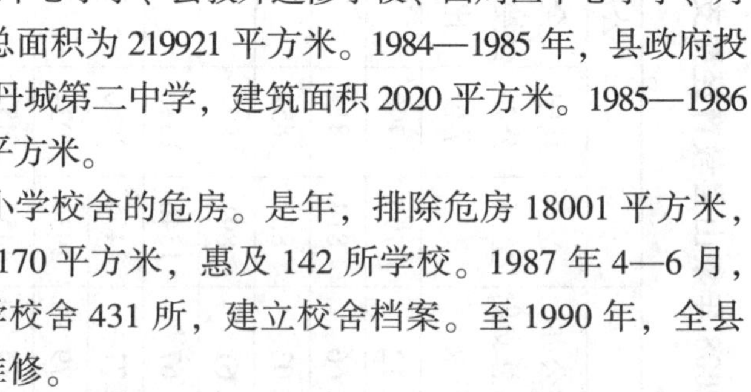

照 37-18　象山县教育园区

1989—2008 年象山县各类公办学校校舍（占用面积）情况表

表 37-24　　单位：平方米

年份	占地总面积	公办幼儿园			小学			普通中学			职业中学			其他学校
		占地面积	学生数	生均面积	占地面积	学生数	生均面积	占地面积	学生数	生均面积	占地面积	学生数	生均面积	
1989	906917	13548	801	16.91	439560	44025	9.98	437289	22952	19.05	10538	1107	9.52	5982
1990	860185	13548	852	15.90	430157	46276	9.30	399960	24614	16.25	10538	1325	7.95	5982
1991	926628	13548	947	14.31	490176	46973	10.44	404262	25722	15.72	12660	1541	8.22	5982
1992	876186	13548	1248	10.86	449552	48838	9.20	392690	25708	15.28	12470	1841	6.77	7926
1993	960253	13548	1521	8.91	488187	49595	9.84	428211	25904	16.53	22381	2447	9.15	7926
1994	1021045	13548	1625	8.34	529137	51342	10.31	439934	27020	16.28	24403	3415	7.15	14023
1995	1026068	13548	1514	8.95	527096	48504	10.87	447542	30016	14.91	23859	3489	6.84	14023
1996	1144030	13548	1718	7.89	525569	44905	11.70	559611	31812	17.59	31279	3596	8.70	14023
1997	1146040	13548	1718	7.89	525569	44853	11.72	559611	31785	17.61	31279	3001	10.42	16033
1998	1323938	13548	1933	7.01	603763	36538	16.52	651149	31965	20.37	39445	2937	13.43	16033
1999	1294334	13548	1564	8.66	601251	34838	17.26	623739	23658	26.36	39763	4653	8.55	16033
2000	1251566	13548	1574	8.61	561312	34014	16.50	634105	27152	23.35	26568	4279	6.21	16033
2001	1314175	13548	1818	7.45	565786	34018	16.63	674048	24268	27.78	44760	4425	10.12	16033
2002	1380466	13548	1532	8.84	561237	33907	16.55	700470	24539	28.55	84758	4432	19.12	20453
2003	1544241	13548	1844	7.35	558661	33397	16.73	728483	24157	30.16	174441	4800	36.34	69108
2004	1629774	14045	1715	8.19	609966	34090	17.89	761807	22965	33.17	174848	4792	36.49	69108
2005	1573809	25678	1665	15.42	597093	33682	17.73	732963	21600	33.93	148967	5722	26.03	69108
2006	1546942	25678	1659	15.48	571294	33835	16.88	724202	21486	33.71	156660	5906	26.53	69108
2007	1537335	25678	1628	15.77	568069	32953	17.24	717820	21756	32.99	156660	6022	26.01	69108
2008	1612315	31692	1830	17.32	622920	31727	19.70	731935	22045	33.20	156660	5705	27.46	69108

说明：其他学校指象山电大、教科研中心、考试中心、勤工俭学办公室、成人学校等

1989—2008年象山县各类公办学校校舍（建筑面积）情况表

表37-25

单位：平方米

年份	占地总面积	公办幼儿园			小学			普通中学			职业中学			其他学校
		建筑面积	学生数	生均面积	建筑面积	学生数	生均面积	建筑面积	学生数	生均面积	建筑面积	学生数	生均面积	
1989	298494	5834	801	7.28	169481	44025	3.85	114436	22952	4.99	4493	1107	4.06	4250
1990	317840	5834	852	6.85	172994	46276	3.74	128844	24614	5.23	5918	1325	4.47	4250
1991	329584	5834	947	6.16	172886	46973	3.68	139833	25722	5.44	6781	1541	4.40	4250
1992	329471	8555	1248	6.85	176453	48838	3.61	132086	25708	5.14	8127	1841	4.41	4250
1993	360383	8555	1521	5.62	179926	49595	3.63	153838	25904	5.94	12431	2447	5.08	5633
1994	343911	8555	1625	5.26	184075	51342	3.59	153838	27020	4.89	13562	3415	3.97	5633
1995	373439	8555	1514	5.65	188388	48504	3.88	158132	30016	5.27	12731	3489	3.65	5633
1996	444119	8555	1718	4.98	193363	44905	4.31	214558	31812	6.74	22010	3596	6.12	5633
1997	450582	8555	1718	4.98	193363	44853	4.31	214558	31785	6.75	22010	3001	7.33	12096
1998	492720	8555	1933	4.43	207795	36538	5.69	235957	31965	7.38	28317	2937	9.64	12096
1999	501640	8555	1564	5.47	201793	34838	5.79	249837	23658	10.56	29359	4653	6.31	12096
2000	483050	8555	1574	5.44	191856	34014	5.64	247219	27152	9.11	23324	4279	5.45	12096
2001	483098	8555	1818	4.71	185200	34018	5.44	240788	24268	9.92	36459	4425	8.24	12096
2002	511517	9380	1532	6.12	198962	33907	5.87	257324	24539	10.49	27046	4432	6.10	18805
2003	569212	9380	1844	5.09	195456	33397	5.85	262866	24157	10.88	72651	4800	15.14	28859
2004	617188	11817	1715	6.89	216442	34090	6.35	287989	22965	12.54	72081	4792	15.04	28859
2005	633475	19007	1665	11.42	225458	33682	6.69	268348	21600	12.42	91803	5722	16.04	28859
2006	621880	19150	1659	11.54	226526	33835	6.70	279139	21486	12.99	68206	5906	11.55	28859
2007	643309	19150	1628	11.76	227318	32953	6.90	286964	21756	13.19	81018	6022	13.45	28859
2008	660307	21637	1830	11.82	237377	31727	7.48	288479	22045	13.09	83955	5705	14.72	28859

说明：其他学校指象山电大、教科研中心、考试中心、勤工俭学办公室、成人学校等

第三节　教育设施

清末，由书院改建的学堂，其教育设施有一定基础。一些小学堂有少量的图书、挂图、仪器、运动器具。民国时，部分小学添置图书资料、教学仪器、运动器具。墙头私立果育小学设施齐全，有娱乐室、篮球、足球、网球、木球等活动场所，并建有风雨操场。私立儒雅洋广志女校有基本的教育设施。但相当一些小学设施简陋，缺少基本教育设备，学生需自带课桌凳。民国 36 年（1947），设备费占教育经费的 2.1%。象山解放后，县人民政府接管学校，逐年更新、添置学校教育设施。改革开放后，教育设施的更新、添置加快，教育教学条件得到极大改善。

课桌凳

1956 年，县财政拨款修复、添置课桌凳。后每年修理、补缺，至 1965 年，中小学学生实现人人有课桌凳。“文化大革命”初期，部分学校课桌凳以及门窗、玻璃，损坏严重。“文化大革命”结束后，逐年更新课桌凳，用双人长框直脚课桌替换简易平板双人课桌，用单人小方凳替换双人木板凳。1996 年，象山中学开始使用标准化课桌椅。2002 年后，标准化课桌凳（椅）在全县学校逐年增多。2008 年，全县已有 10%学生使用标准化课桌凳（椅）。

教学仪器设备

20 世纪 50 年代，政府安排经费，采取“统一采购教学仪器、分配到校”措施，逐年为各学校添置课堂演示仪器。1958 年，象山中学建立物理、化学实验室，学生可以在实验室分组做实验。1965 年，县教育行政部门加强小学教具配备。1966 年 6 月至 1972 年，教学仪器生产与供应处于停顿状态。1973 年始陆续恢复。1983 年 9 月，县教学仪器电教工作站成立，按《浙江省农村初中实验中心管理办法〈试行〉》、国家教委印发的《小学数学、自然教学仪器配备目录》《中学理科教学仪器和电教器材配备目录》，根据学校的性质和规模，分类（一类、二类、三类）配置教学仪器。1985 年，贤庠、大徐、林海、茅洋、丹城、西周、东溪、定塘、石浦、鹤浦、涂茨、昌国 12 所中学，先后建立农村实验中心，并确定贤庠初中为实验示范初中。每个实验中心配专职实验教师 1 名，建立实验室 1 个、理科器材储藏室 2 间。其他初中配备教学演示仪器和 6 套分组实验仪器，基本保证初中教学正常实验活动。是年，10 所区镇中心小学建立实验室和仪器储藏室，配备自然常识等学科的仪器。此后，逐年增添教学仪器。至 1989 年，象山一中、象山二中、贤庠初中、实验小学、石浦小学按省一类标准配备教学仪器，丹城中学、石浦中学、西周中学按二类标准配备，丹城二中、珠溪中学、大徐中学、林海中学、定塘中学、鹤浦中学、东溪初中、茅洋初中、涂茨初中、昌国初中、大徐区校、南庄区校、西周区校、定山区校、石浦区校、丹城二小、延昌小学、爵溪小学、昌国小学按三类标准配备。1999 年，普通中小学配置的教学仪器全部达到省普及九年制义务教育标准。其中，18 所小学、17 所初中教学仪器达省一类标准。2003 年始，县、镇乡政府按省教育强县的标准给中小学配置、更新教学仪器。2005 年，象山中学、象山二中、象山三中、石浦中学（水产技校）、西周中学、滨海学校、县职业高中、县技工学校及 21 所初中（含九年一贯制学校），按省教育强县标准配齐。至 2008 年 5 月，全县 37 所小学均按省教育强县标准配齐教学仪器；各职业高中按开设专业，基本配齐专业教学所需设备。

电化教育设备

20世纪50年代，中小学电化教育由播音教育和电影教育两部分组成，以播音教育为主。象山县立初级中学（今象山中学），在1950年安装由留声机、高音喇叭组成的校内广播，对学生进行播音教育。此后，播音教育在全县各学校逐步开展。1965年，全县各中学、区镇乡中心小学、部分村完小都配备广播器材，播放唱片。有的学校配备磁带录音机和投影幻灯设备，运用幻灯、录音机进行辅助教学活动。1979年3月，电视机、录放像机开始在教育中运用。1983年9月，“两机一幕”（投影机、收录机、幕布）进入小学、初中课堂。1986年9月，省电化教育馆给象山一中配发计算机，供教师使用1台、学生使用12台。1987—1988年，象山一中、象山二中、实验小学、石浦小学建立综合电教室，设置校内音响系统，使用“两机一幕”辅助教学。此后，其他中小学幻灯机、收录机、录放像机、电视机逐年增添。至1999年3月，全县小学1001个班级，有“两机一幕”806套、电视机203台、录放像机69台、VCD 40台；初中512个班级，有“两机一幕”386套，电视机84台，录放像机44台，VCD 21台。是年，宁波电大象山分校、县教师进修学校、象山中学、象山二中、象山三中、县职业高中、水产技校、县技工学校、石浦中学、西周中学、滨海学校、丹城镇成人中等文化技术学校建立计算机房；全县初级中学计算机884台，小学计算机617台。2001年8月，象山县教育网建成。2005年，全县77所中小学计算机总数达6894台，高中段（含职高）生机比为6.7：1，初中段生机比为9.4：1，小学生机比为11.3：1；计算机房89个，多媒体的教室286个，语音教室33个，教师电子备课室61个；21所学校建立标准校园网络。至2008年，全县中学（含职高），文峰学校、城南学校、爵溪学校，实验小学、丹城二小、丹城三小、石浦小学、延昌小学、新港小学、番头小学及其他镇乡中心小学，均设置校园网络、校园音响系统、校园通信系统。象山中学、象山二中、象山三中、丹城中学、丹城二中、文峰学校、外国语学校、实验小学、丹城二小、丹城三小、爵溪学校、石浦小学、新港小学、番头小学等20所学校安装闭路电视系统。

教学器材

1995年，全县中小学按省普及九年制义务教育标准配置音乐、美术、体育、劳技教学器材，县城小学达一类标准占20%，镇乡中心小学达二类标准占15%，乡村完小达三类标准占38.5%，农村初小达三类标准占22%；县城初中达一类标准占25%，乡镇初中达二类及以上标准占13.5%，达三类标准占50.7%。1999年，卫生教学器材列入配置范围。是年，19个镇乡中小学音乐、美术、体育、卫生、劳技教学器材配置均达三类以上标准。至2005年，全县中小学已按省教育强县标准配齐音乐、美术、体育、卫生、劳技教学器材。

实验用房

实验用房的建设与仪器设备的添置基本同步。1999年，全县小学实验室108间、4459平方米，仪器室79.5间、1888平方米。实验小学、丹城二小、丹城三小、石浦小学、延昌小学、新港小学、番头小学与爵溪镇、贤庠镇、西周镇、下沈镇、新桥镇、定塘镇、昌国镇、鹤浦镇、东陈乡、晓塘乡、高塘岛乡中心小学达一类标准；大徐镇、涂茨镇、墙头镇、泗洲头镇、茅洋乡、黄避岙乡中心小学达二类标准。全县所有初中均有实验室、仪器室，实验室总数98间、5502平方米，仪器室92间、2879平方米。昌国、大徐两镇初中达二类标准，其他各镇乡初中都达一类标准。至2008年，象山中学、象山二中、象山三中、县职业高中、县技工学校、滨海学校、实验小学均建有实验楼，石浦小学建有科学艺术馆，文峰学校建有科技楼。

运动场体育馆

1990年以前，绝大多数学校的运动场地狭小。1991年后，新建、迁建的中学、镇乡中心小学都建有200米至400米跑道的普通田径场。2003年，教育园区建成400米塑胶跑道运动场。2004—2008年，象山中学、县技工学校、滨海学校、丹城中学、文峰学校、城南学校、爵溪学校、实验小学、丹城二小等学校的田径场先后铺设塑胶跑道。至2008年，象山中学、象山二中、象山三中、滨海学校、县职业高中建有体育馆，文峰学校、爵溪学校、实验小学建有体艺馆。

图书资料

详见本志“图书　档案”篇。

第四节　捐资兴学

象山海陬小县，自古民风敦厚，历代多有官绅、先贤、义民捐俸捐资、献产助学义举，以弥补官学经费之不足。修县学，建书院，办学塾诸类善举，最为历代方志、裨史、谱牒、吟唱所乐道。

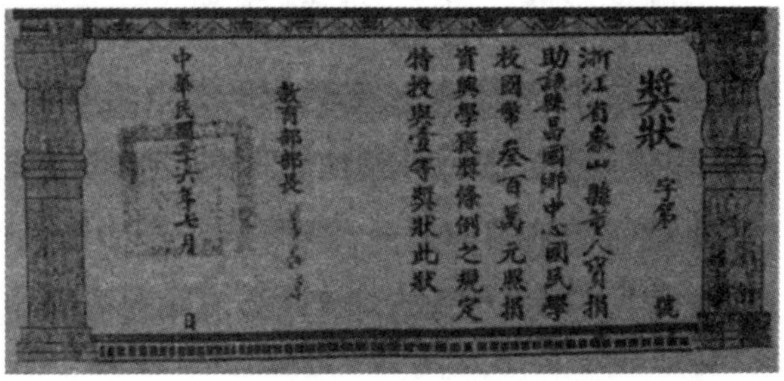
奬狀　字第　號
浙江省象山縣董人寶捐
助該縣昌國鄉中心國民學
校國幣叁百萬元照捐
資興學褒奬條例之規定
特授與壹等奬狀此狀
教育部部長
中華民國三十六年七月　日

照37-19　民国时期国民政府颁发的助学奖状

清末行新学，象山不少受维新思想影响且有热心新学的乡绅纷纷筹资兴办学堂。时有私立学堂始达高级小学堂、姜氏启蒙初等小学堂、东隅初等小学堂、陶材初等小学堂、体仁初等小学堂、墙头时敏小学堂、儒雅洋女子小学堂等。清光绪三十三年（1907），任劝学所总董的陈汉章先生斥其私财，捐银洋壹仟元，创设东陈小学堂。民国以来，新学兴起，社会各界办学热情大增。民国元年（1912），私立竞化、乐美、体仁女子等小学相继开办，到民国14年，全县私立小学达最盛期，初高级小学增至52所，入学儿童达3200人。办学经费均由私人、宗族或团体筹集。政府对此采取一系列褒奖措施。其间，象山因捐资兴学获得嘉奖多人。民国27年3月，墙头欧氏拨田200亩，以岁入作办学基金，以欧氏“立言堂”作校舍，创办象山县私立立三战时初中学生补习学校。同年，东陈学者陈庆麒、陈绳祖以东陈陈氏鉴池公祠作校舍，筹资办战时补习中学——私立厚生职业补习学校。县人亦多有损资助学者①。中华人民共和国成立后，公办学校的教育经费由国家全额拨款，民办学校部分由办学单位负担，部分由国家补助。1978年，实行改革开放后，政府和民间对发展教育的认识进一步提高。在政府财力投入不足情况下，广大群众纷纷捐资兴学。

集资助学

1990年10月下旬，象山县委、县政府召开全县教育工作会议，布置开展群众教育集资工作。樊岙三角坦村把计划造大礼堂经费用于修建校舍；大塘乡后蒋村年逾花甲独身老人捐献100元给学校；西周西八村69岁老人蔡宝德捐资200元给西周区校。1989—2007年，全县教育系统共收到社会赞助资金达到13947万元。企业家捐资建校舍是象山群众捐资助学的一大亮点。1992年1月，高压电器厂蒋保民捐建象山中学“高松楼”，1994年，赖振元捐建下沈振元小学，此后张欣云、王泽光、王士存、郑宏舫等捐建或助建教学楼。

---

①民国36年（1947）7月，县人董人宝捐助昌国乡中心国民学校国币300万元，照捐资兴学褒奖条例之规定获教育部长颁发的一等奖。

表 37-26

象山县单位、个人捐资建造教学楼情况表

捐赠人	捐赠名称	捐赠时间	受赠单位	金额（万元）
蒋保民	建“高松楼”	1992.01	象山中学	10.00
宁波港务局	助建教学楼	1993.06	下沈柴溪小学	20.00
赖文浩	助建教学楼	1994.01	下沈杰岙小学	3.50
郑年华	助建教学楼	1994.01	下沈杰岙小学	3.50
史盛华	助建教学楼	1994.01	下沈杰岙小学	3.50
史桂香	助建教学楼	1994.01	下沈杰岙小学	2.00
赖振元	建教学楼	1994.08	下沈振元小学	48.00
张欣云	助建教学楼	1995.08	西周车岭小学	20.00
团县委	助建教学楼	1995.08	高塘共青希望小学	20.00
市希望工程	助建教学楼	1995.10	定塘新岙小学	18.00
市希望工程	助建教学楼	1995.10	东陈小学	20.00
市希望工程	助建教学楼	1995.11	鹤浦百丈小学	25.00
王泽光（祉統）	建泽光楼	1996.07	珠溪中学	20.00
刘　震	助建教学楼	1996.12	泗洲头中心校	20.00
郑宏舫	建教学楼	1997.11	定塘宏润小学	100.00
王士存	建教学楼	1997.12	泗洲头宁波玉士小学	32.00
市希望工程	助建教学楼	1998.01	贤庠威圣小学	20.00
吴灵通	助建灵通实验楼	2001	东陈初中	20.00

教育基金

县人民教育基金会创于1989年3月，时有资金35万元。此后，王家福等海外侨胞、港台同胞及县内各单位捐资扩大教育基金。1997年3月3日，县人民政府发文募集教育基金。1998年，基金会即有资金328万元，正式注册，成为独立法人。后天安集团总经理蒋善定、华丰建设集团董事长王祉統、乔明公司董事长周渭明分别捐资100万元，设立奖学基金。至2007年11月末，县教育基金会有留本基金1194.38万元，其中冠名基金6个、559万元，不留本金冠名基金4个、560万元。历年奖教、奖学、助困学生达2000余人。

表 37-27

象山县企业捐资县人民教育基金会情况表

捐款单位及个人	捐赠时间	捐赠名义	金额（万元）	备注
华翔公司	2003	华翔公司奖学基金	10	—
天安集团蒋善定	2005.12	蒋保民、孙芬芬奖学基金	100	—
华丰集团王祉統	2006.04	王黄彩玉奖学助学金	99	—
乔明公司周渭明	2006.09	乔明教育基金	100	—

续表37-27

捐款单位及个人	捐赠时间	捐赠名义	金额（万元）	备注
海山纸业	2007.04	海山奖学奖教基金	50	—
三洲制衣公司	2007.05	爵溪企业家教育基金	100	—
福甬印花厂	2007.05	爵溪企业家教育基金	50	—
海达印染厂	2007.05	爵溪企业家教育基金	50	—
华翔集团	2007	华翔职教基金	200	每年20万元
县地产房产公司	2007	德育基金	160	每年20万元
东红船厂	2007	东红船业海岛教师关爱基金	100	每年10万元
建安实业公司	2007	建安实业公司学生救助基金	100	每年20万元
龙元集团	2007.09	教师节慰问	10	—

说明：仅录捐资10万元以上部分企业及个人

民间资本办学

改革开放后，象山民办学校发展迅速。至2008年，民间资本投入教育领域超过2亿元，建有各类民办学校（含教育培训机构）127所。其中，民办中学2所，即宁波滨海学校和象山港书院；中等职业学校1所，象山社会职业学校；民工子弟小学3所；特殊教育学校1所；幼儿园91所；教育培训机构29家。在校学生近2万人，教师近千人。特别是民办幼儿园蓬勃发展，成为学前教育主体力量。民校经费多自筹，国家给予一定补助。

侨胞、港台同胞捐资助学

改革开放以来，海外侨胞、港台同胞捐资助学，报效桑梓，为象山教育事业做出贡献。1983年，旅日侨胞王家福捐助白墩学校校舍修理费及50套学生校服。1986年，港胞沈琦捐赠丹城二中皇冠轿车一辆。此后，印尼侨胞樊恭熛，日本侨胞王家福、王忠根捐资设立奖学金。2004年，上海象山籍归国人士林国本夫妇在上海交通大学设立“林华衮·姜树桢助学金”，每年出资5000元，资助当年考入该校象山县困难学生。北京象山籍归国人士郎旺凯，向文峰学校捐赠一台价值人民币2.5万元交互式电子白板。2005年，北京象山籍归国人士联谊会会长、英国MMD集团东亚总裁郎旺凯和上海（象山）归国人士联谊会会长林国本等，发起创立“象山籍海外学生大学生助学金”。港胞邵逸夫、赵安中、沈炳麟等非象籍人士，亦慷慨解囊。赵安中先生等累计捐资223万元，先后助建高塘岛乡中心小学、鹤浦中学、象山二中、泗洲头初中、晓塘乡中心小学、墙头镇下沙小学、涂茨镇毛湾小学、贤庠镇中心小学、黄避岙乡中心小学等9所学校“林杏琴教学楼”。据不完全统计，1983—2007年，海外侨胞、港台同胞共捐资折合人民币747.24万元。

第五节　勤工俭学

抗日战争时期，定象联中师生自己动手，开辟操场、挖沙坑、筑跑道、安装篮球架、自制运动器材，通过勤工俭学改善办学条件。中华人民共和国成立后，中小学重视对学生劳动教育，一些学校开展勤工俭学活动，以师生种植所得供学生簿籍。1955年后，中小学分别增设工农基础知识课和手工劳动课，强调学用结合，通过栽培作物、饲养小动物、绿化校园、帮助农业合作社做事等活动，组织中小学生参加一些力所能及的劳动；还组织学生开展采集树种、“颗粒归仓”等“小秋收”活动，以学生劳动所得充作班队活动经费或补助家庭困难学生。同时，全县中小学也陆续办起各种小型工厂，至1957年，全县27个学区办“少年工厂”192家。1958年，强调教育与生产劳动相结合，于12月半个月内，办起小型工厂622家、小农林畜牧场1461个。还搞大炼钢铁，建造炼铁小高炉127座。终因追求数量，多数厂场名不副实，不久即大批下马。同时，师生劳动过频、时间过长，影响教学质量和师生健康。至1961年，全县校办厂场基本停办。1964年、1965年，推行两种教育制度，又强化勤工俭学活动。一些全日制学校组织师生修旧利废，利用校园内及周遍空地植树种菜，学校食堂利用泔脚养猪，有的甚至办起猪场。农村学校还组织师生上山采柴果、刨药材，下海摸鱼虾、养蛏子，到田头拣稻穗、麦穗，颗粒归仓。这两年，全县办起707所耕读小学、72所耕读中学，在校中小学生27619人。1969年，贯彻毛泽东“五七”指示精神，各校开展“学工、学农、学军”活动，原有校办厂场成学习基地。一些学校又兴办小工厂、农林畜牧（养殖）场。1969年8月，石浦中学（今象山二中）创办占地260余亩的林场，植桑养蚕。1976年，石浦大金山林场划归石浦小学附中（今石浦中学），有学农山林260亩、茶园40亩。据1976年统计，全县46所中小学办有以手工操作为主的小工厂40家，中小型农林畜牧养殖场124个。

1978年始，学校创办机械能源类工厂增加。1979年，成立象山县文教工业经理部，管理全县校办工厂。1980年2月，国务院批转《吉林省革命委员会关于开展勤工俭学的报告》，勤工俭学活动被赋予育人聚财双重任务，进入发展新阶段。1981年，全县中小学校办工厂44家，固定职工232人，临时工524人，创总产值177万元，利润45万元，用于教育事业13万元；农林场4个，产粮食7500公斤，林副业收入0.78万元。1982年10月，撤销文教工业经理部，另设县勤工俭学办公室，统管全县学校的厂、场和其他勤工俭学活动，规定厂场均按财税部门规定，统一建账。1984年，另设象山县教育工业公司，专管校办厂，与勤工俭学办公室合署办公，两块牌子，一套班子。是年，全县校办厂增至31家，参加各种形式的勤工俭学学生2.5万人，占应参加学生总数的40%。校办工厂总产值为516万元，上缴税金和用于教育事业55万元，上缴教育工业公司16万元。1985年2月，全县召开勤工俭学经验交流会，组织勤工俭学成果展览，评选优秀厂、场长。1986年，全县校办厂34家，职工987人，年产值1067万元，利润148.01万元，纯收入占当年教育经费的25.3%，居全省第10位。1987年，撤销不符合校办厂条件的厂3家，增建丹城二中文教针织四厂等校办厂7家，全县有校办厂36家。全年完成的计划指标率为全县集体所有制工业各局中的首位。1988年，象山二中被评为全国中小学勤工俭学先进集体。是年，全县校办厂增至56家，年总产值2293万元，创利润232万元，用于教育事业56.4万元。学农基地12个，第三产业网点20个，中小学第三产业及其他勤工俭学收入15.5万元，利润2.2万元。县勤工俭学办公室被省教委、省财政厅、省计经委、省劳动人事厅授予“浙江省勤工俭学先进集体”荣誉称号。1989年8月，加强勤工俭学活动管理，撤销教育工业公司，成立象山县校办企业总公司，各校办厂实行以厂长为代表的经营承包责任制。1992年，象山校办企业发展进入兴盛期，拥有针织、教学仪器、电动推杆3大支柱产业，象山电动推杆厂、宁波运动服装厂、宁波文教针织厂、象山教学仪器厂4家骨干企业，其他企业50余家。1993—1998年，年均利润超400万元，用于教育事业年均超百万元。1997 年始，校办企业由大集体性质改为股份制性质，逐渐脱离教育系统。至 2001 年，改制完成。此后，校办企业只存在于职业高中。象山职业高中依托专业办产业，推进实训基地产业化建设，走寓教学、生产、科研、经营、服务于一体的职教办学路子。自 1997 年始，先后创办象山柑橘研究所、至高建设工程监理公司、建材检测中心、广告装饰公司、培训学校、海蓝蓝旅行社、港市宾馆 7 个产业化实训基地，既解决学生的实习和部分毕业生的就业问题，也增加专业建设的经费，取得良好的教育效益、社会效益和经济效益。

1974—1998 年象山县中小学校办工厂情况表

表 37-28

年份	工厂数（个）			固定职工（人）	年总产值（万元）			年总利润（万元）			上缴税金（万元）	用于教育事业（万元）
	中学	小学	合计		中学	小学	合计	中学	小学	合计		
1974	8	14	22	61	9.8	3.2	13.0	2.2	0.5	2.7	—	—
1975	9	25	34	43	5.9	14.7	20.6	0.7	3.8	4.5	—	—
1976	17	26	43	79	14.7	12.6	27.3	2.8	2.8	5.6	—	—
1977	13	18	31	63	21.8	23.2	45.0	3.5	7.7	11.2	—	—
1978	7	20	27	144	15.8	40.2	56.0	3.5	12.2	15.7	—	—
1979	6	19	25	54	21.2	34.9	56.1	3.6	11.8	15.4	—	—
1980	5	18	23	342	29.5	12.7	42.2	12.2	12.7	24.9	—	—
1981	8	36	44	232	76.0	101.0	177.0	25.0	20.0	45.0	8.6	13.0
1982	9	20	29	260	117.6	83.7	201.3	25.0	16.0	41.0	10.0	12.0
1983	8	21	29	191	159.0	129.0	288.0	43.0	16.0	59.0	14.0	17.0
1984	12	19	31	241	228.0	288.5	516.5	60.0	47.5	107.5	25.0	30.0
1985	14	31	45	220	377.0	440.0	817.0	102.0	50.0	152.0	41.0	42.0
1986	12	22	34	144	617.7	449.3	1067.0	110.5	37.5	148.0	54.8	32.8
1987	17	19	36	183	785.1	616.9	1402.0	129.0	34.5	163.5	51.5	32.8
1988	23	33	56	199	1133.0	1160.0	2293.0	186.0	46.0	232.0	131.5	56.4
1989	25	36	61	200	1223.0	1257.0	2480.0	187.0	48.0	235.0	113.1	62.5
1990	28	38	66	202	1480.0	1520.0	3000.0	188.0	53.0	241.0	228.7	68.9
1991	29	39	68	205	2739.0	2010.0	4749.0	190.0	59.0	249.0	213.2	71.2
1992	30	40	70	207	2530.0	2480.0	5010.0	196.0	89.0	285.0	258.6	75.4
1993	31	42	73	209	6450.0	6240.0	12690.0	246.0	143.4	389.4	364.2	111.2
1994	32	44	76	209	8653.0	8250.0	16903.0	286.0	183.5	469.5	71.5	110.3
1995	33	44	77	209	8710.0	8300.0	17010.0	249.0	153.5	402.5	69.9	101.5
1996	34	45	79	209	9807.0	9300.0	19107.0	268.0	179.0	447.0	91.9	107.3
1997	35	46	81	209	10709.0	10296.0	21005.0	237.0	170.0	407.0	102.3	100.5
1998	35	46	81	209	10267.0	9967.0	20234.0	200.0	156.0	356.0	106.9	98.6

第十章　教育管理

教育为养才、用才、储才之举，历代行政官员皆视其为要务和青史留名之举。宋后，专置教授、教谕司一县之教育管理。清光绪三十二年（1906），学部颁布《奏定劝学所章程》，规定各州县设劝学所。光绪三十三年七月，县令黄羡钦荐举陈汉章为劝学所总董。城乡学区设区董。民国13年（1924），设教育局主管全县教育。中华人民共和国成立后，先后设文教局、教育委员会、教育局，名称多有变更，不同时期教育管理体制亦有变化。2003年后，基本实行“分级办学，以县为主”办学体制。

第一节　教育管理机构

象山建学于唐，历五代，学官无考。至宋选用学官，始置教授，通常3年一任。象山之宋代学官见于记载的亦罕有，典学之可考者仅得2人①。元，县置教谕，掌一县之教育管理。明，县学设教谕1人、训导1人，司一县之教化。清，教育行政机构沿袭明制，设教谕、训导各1人。教谕、训导既是教育行政管理人员，又是教学人员。

清光绪三十二年（1906），行新学，裁教谕、训导，设劝学所。光绪三十三年七月初二日，县令黄羡钦荐举陈汉章为劝学所总董。城乡学区设区董。初借东澄河吴氏屋为会所，不果，后借立德祠后进屋3间。翌年二月，陈汉章赴京考职，辞总董职务。后继任者举人王予衮、孔昭藜。宣统三年（1911），撤劝学所，设视学员。民国6年（1917），复置劝学所。民国13年，奉文改劝学所为教育局。民国18年，教育局下设一、二、三课。民国24年，改局为科，内设督学、国民指导员2人。民国36年，教育科改设第三科。

1949年10月21日，象山县人民政府成立，撤销旧机构，取消督学，新设文教科。1954年3月，改为文教卫生科，增辖卫生工作，科内增设教研室。1956年3月，文教、卫生分设。1958年10月，宁、象并县，成立文教卫生部，下设文教、卫生两组。1959年3月，撤销文卫部，文教、卫生分开设局。1961年9月，宁、象分县，象山设文教局。1967年7月，改为象山县革命委员会文教局。1968年12月，又改为县革委会教育革命领导小组，并于1970年5月，下设教育革命办公室。1970年9月，撤销县革委会教育革命领导小组及下设的办公室，成立县革委会政工组文化教育局革命领导小组。1974年10月，建立县革委会教育革命领导小组。1977年7月，复设县文教局。1984年2月，文化广播电视另设局，县教育局单设。1989年11月，撤销教育局，成立象山县教育委员会。2002年3月，象山县教育委员会更名，复称象山县教育局至今。

---

①宋末元初时，著名学者鄞县人王应麟亦只寻得一人，其《广平书塾记》云：宋典教之可考者，得舒先生一人。民国《象山县志》：胡乔，宋庆元间任象山教授，于胡氏家谱所见。舒津，景定三年进士，奉化人，文靖孙。另有道光《象山县志》据《续文献通考》载：高颐，宁德人，绍兴中进士，以从岳忠武（岳飞）谪象山。或为教职。

第二节　教育管理体制

清末，学堂置堂长，总理校务。民国期间，学校设校董会，选聘校长，筹划经费及监督管理重大事项。学校则由校长负全责。中华人民共和国成立初期，实行校务委员会领导下的校长负责制。1950 年，乡镇中心小学辅导乡属各校。1959 年，人民公社设专职文卫书记，领导社内各学校，委派党员任中学及公社中心小学校长；完中实行党支部领导下的校长分工负责制。“文化大革命”初期，校建教育革命委员会或教育革命领导小组。1968 年，“工人毛泽东思想宣传队”进驻城镇中小学，农村学校由贫下中农组成“贫管会”管理。撤销原有区乡中心小学制度。1969 年 7 月至 1972 年 1 月，农村公办小学下放到生产大队办。1978 年，恢复党支部领导下的校长分工负责制。1982 年，实行中学辅导制，区由完中管理区内各公社中学行政、教学、财务工作；小学仍由区中心小学负责。辅导中学为大徐区大徐中学，南庄区林海中学，西周区西周中学，定山区定塘中学，石浦区鹤浦中学。1984 年，改革教育管理体制，除象山一中、象山二中、教师进修学校、农技校、水产技校直属县领导外，余皆由县、区乡镇双重领导，实行校务委员会和教职工代表大会制。1985 年夏，贯彻中央关于教育体制改革决定，逐步推行校长负责制，并健全加强校务委员会和教职工代表大会制。1989 年 10 月，全县基本形成“分级办学、分级管理”教育行政管理体制。翌年，县政府印发《关于完善基础教育分级办学分级管理体制的决定》，明确县教育行政部门和各乡镇政府教育工作职责和权限，确立“分级办学、分级管理”教育行政管理体制。2003 年 7 月，象山县依据国务院的指示精神，实行“分级办学、以县为主”的教育行政管理体制。义务教育阶段各公办学校基本建设及设备购置经费由县、镇乡及爵溪街道财政，按 7∶3 比例分担，县财政承担比例从 20%~30%提高至 70%。同时，县财政全额承担事业编制教职工的工资与公办学校的公用经费。2003 年 7 月，丹东、丹西街道中心城区适龄儿童少年入小学、初中与择校生的安排，各小学、初中的基本建设工作等教育管理职能划至县教育局。2004 年 8 月，县政府准许县教育局向镇乡级民办幼儿园、各类全日制民办学校，委派全额事业编制园长、校长、教师，其工资、奖金及其他福利费，县财政全额承担。“分级办学、以县为主”的教育行政管理体制延续至今。

县级教育管理职能

1989 年后，县政府制定县域教育事业发展与改革的各项政策，统筹实施全县九年制义务教育。县财政全额承担全县所有公办教职工工资，全额承担直属学校、直属单位、直属幼儿园基本建设、设备添置等经费。其他公办学校、公办幼儿园基本建设、设备添置经费，2003 年 6 月前，县财政补助 20%~30%。2003 年 7 月后，县、镇乡及爵溪街道财政，按 7∶3 比例分担。1989 年 1 月后，浙江广播电视大学宁波分校象山工作站（后改为宁波电大象山分校）、县教师进修学校、象山中学、象山二中、县职业技术学校（后改为县职业高级中学）、市水产技术学校、县聋哑学校为县教育局（教委）直属学校，由县教育局（教委）直接管理。丹城中学、石浦中学、珠溪中学、西周中学、定塘中学、鹤浦中学、爵溪中学、县实验小学，南庄、大徐、西周、定山、石浦 5 所区中心小学（后增挂所在乡镇中心小学牌子）由县教育局（教委）与区镇乡党委、区（公所）镇乡政府双重领导，以县教育局（教委）领导为主。全县各镇乡初级中学、中心小学、村级学校以镇乡领导为主。1993 年 4 月、2004 年 5 月，县级机关幼儿园、县技工学校先后划归县教委（教育局）领导。1996 年 8 月、2003 年 6 月、2004 年 6 月、2007 年 8 月，县第三中学、县成人教育中心、县外国语学校、县爵溪职业高级中学先后设立，均为县教育局（教委）直属学校。

乡镇政府教育管理职能

1989年1月至1992年5月，各乡镇通常确定一名副乡镇长或党委委员管理本乡镇教育工作。1992年5月，撤区扩镇并乡以后，各镇乡均确定一名副镇乡长分管教育工作，并设立教卫办公室，配备专职干部协助处理日常事务。各乡镇政府教育管理主要职责是根据县政府下达教育事业计划，负责实施本乡镇九年制义务教育和扫除青壮年文盲工作；负责辖区学校党组织领导成员的考察任免或组织选举产生；负责辖区中心小学、初级中学副校长及中层干部的任免，并报县教育行政部门备案；负责本乡镇内教职工的调动工作；协助县政府及其教育部门征用教育建设用地；建设辖区中心小学、初级中学的校舍及校园，充实教学仪器、图书、文体卫生设备，并承担一定比例的经费；管理好现有的校产，筹好用好教育资金，不断改善办学条件；负责本乡镇教职工的思想政治与考核奖励工作，尽力解决教职工工作、生活中的实际困难，提高教师的物质待遇和社会地位，保护教职工的合法权益；发展本镇乡的学校教育。维护学校正常的教学秩序。

校长负责制

1985年5月，《中共中央关于教育体制改革的决定》提出学校逐步实行校长负责制，至1990年10月，全县各公办学校均实行校长负责制。校长为学校法人代表，统一负责和管理学校行政工作，党支部保证监督党的路线、方针、政策的贯彻落实，支持校长履行职权，教职工及其代表大会参与学校民主管理。校长负责制实行至今。

第三节　教育督导

清末，由西方教育体制影响，引进教育督导制度。中华人民共和国成立后，教育督导制度一度中断，除1956年3月至1958年10月，县文教科（局）设小学视导员外，教育督导机构长期缺位。1989年10月，经县政府批准，县教育局组建督导室，配备专职督导员。1993年1月，县人民政府教育督导室成立。教育督导机构组建后，各项教育督导工作正常开展。

督导机构

清光绪三十二年（1906）十月，清政府学部颁布《奏定劝学所章程》。翌年七月，象山县公署设劝学所，所内设县视学员1人，以巡察各乡镇学堂。宣统三年（1911），县撤劝学所设视学员。民国元年（1912），设视察员。民国3年，视察员改称县视学，直属于县公署。民国6年3月，本县复设劝学所。民国13年1月，劝学所改为教育局，保留县视学。民国18年4月，县视学改称县督学，列入教育局人员编制。民国24年1月，教育科下设督学2人。县督学由教育科（局）长遴请县政府核查委任，并报省教育厅核查备案。

1949年10月至1956年2月，未配备专职的教育督导干部。1956年3月至1958年10月，县文教科（局）设小学视导员。1958年10月至1988年3月，未设专职教育督导干部。只根据工作需要，县教育行政部门临时组成视导队伍开展督导工作，重点督导小学教育教学管理工作。1987年6月，《宁波市人民政府关于试行督学制度的决定》出台。1988年3月18日，县教育局聘任周义华、胡全鹏为教育局督导员，并派胡全鹏赴华东师大参加教育督导的培训。1989年10月，经县政府批准，县教育局督导室成立，配备专职督导员2名、兼职督学14名，并制定《象山县小学教育工作评估标准》。1993年1月，正式成立县人民政府教育督导室。县教委主任兼任县政府教育督导室主任，县教委督导室兼作县政府教育督导室的办事机构，督导室工作人员任督学。同时聘请县人大、县政府、县政协各部门的干部任特聘督学，聘请教育界资深人士任特约督学。特聘、特约督学任期2年，可连聘连任。2003年3月始，分管教育副县长兼任县人民政府教育督导室主任。

教育督导活动

清光绪三十三年（1907）秋冬，县视学员巡查县内各学堂，并指导训学。民国8年（1919）、民国10年，县视学检定小学教师。民国24年，县督学督查初级小学以及一、二年制义务短期小学在各乡镇开办情况。民国25年，县教育科以及县督学督查国民政府“乡镇应办一至二所完小并改称中心国民学校，村初小改称保国民学校”通令执行情况。民国35年秋，县教育科以及县督学再次对小学教师进行检定。

1949年11月至1966年5月，县教育行政部门根据工作需要，组织本机关有关干部、教研室人员、区镇乡中心小学校长，组成临时的视导队伍开展督导工作，重点督导小学教育教学和管理工作。“文化大革命”期间，教育督导工作被忽视。1977年至1987年年初，教育督导工作仍以临时抽调人员方式组织进行。1987年3月26日至4月3日，象山县作为省督导试点县，接受国家教委督导司副司长郑启明、省教委副主任邵宗杰率领的国家教委、省教委联合督导组就办学指导思想和实施九年制义务教育情况的督导。1989年5—10月，县教育督导重点督查学校危房改造工作、德育工作、教育经费使用、《中华人民共和国义务教育法》贯彻执行情况及学校收费情况。1989年10月至1995年5月，教育督导工作主要围绕“基本普及九年义务教育、基本扫除青壮年文盲”（以下简称“两基”）工作展开。1995年11月，县成立以教育分管副县长为组长的督查领导小组，重点督查各镇乡教育经费投入与贯彻执行《中华人民共和国教师法》情况。1996—1999年，督导工作主要围绕“高标准普及九年制义务教育，高标准扫除青壮年文盲”（以下简称“两高”）工作展开。1999年年末，象山县顺利通过市政府教育督导室组织的“两高”县评估验收。2000年，开展减轻初中学生过重的课业负担的专项督导，先后督导丹城中学等7所中学。2001年5—6月，县教委督导办开展学校体育、卫生、艺术教育专项督导，重点督查象山三中、东港初中、石浦镇中心小学、定塘镇中心小学等学校。2004年2月，根据《浙江省教育厅关于实施“浙江省学校标准化建设工程”的通知》精神，县教育督导科开展全县九年制义务教育标准化学校建设情况普查。至2005年，全县28所学校被评为省标准化学校。2006年始，县政府教育督导室对街道镇乡进行教育管理目标责任制考核。2008年，根据宁波市人民政府《关于加快学前教育改革和发展的若干意见》和象山县《关于加快学前教育的实施意见》的精神，县教育局督导科与学前教育管理办公室，对在园幼儿超过200名、三星级以上民办幼儿园实行年度目标管理考核。

第四节　教育研究

清末民国时期，教育研究机构着眼于引进欧美国家一些新的教育思想和教育方法，以影响和促进中小学的学制、课程、教材、教法改革。在教育方法上注重儿童学习主动性和个性发展。民国31年（1942），省教育厅提出研究“抗战教育”，以提高“民众文化水准”，县内一些中小学教员参与其中活动。中华人民共和国成立初期，教育研究活动的主要内容是学习苏联教育经验，用辩证唯物主义和历史唯物主义的观点处理教材，以理论与实践相结合原则改革教育方法。1954年

8月，县文教科设立教育研究室（简称教研室），配小学教研人员4人。是年，一些学校成立教研组。教研室成立之初，围绕贯彻执行教育方针主要开展小学教育研究活动。1961年，教研室增加中学教研员2人。1963年后，教研工作重点是贯彻《全日制中小学暂行工作条例（草案）》和各学科教学大纲，研究教材教法，加强基础知识教学和基本技能训练，提高教学质量，探索教学规律。“文化大革命”期间，教育研究工作中断。1978年，恢复教研室。政治（亦称思想品德、社会)、语文、数学、英语、物理、化学、历史、体育等学科配专职教研员，其他学科兼职。县教研室恢复后，健全各级教研网络，小学以公社（后以乡、镇）为单位，中学以区（后以区域）为单位，先后恢复或建立学科教研组。各教研组建立后定期开展教研活动。教研室制订教学常规供各学校参照执行，组织全县中小学主要学科进行统一测试。1978年，提出抓好“双基”，即要求教师培养学生掌握基础知识和基本技能，进而培养能力、发展智力。1982—1983年，开展教材研究，掌握科学的教学方法。1984年，从学习特级教师的教学经验着手，进行教学方法的改革，提出课堂教学评估量化标准。在宁波市率先举行全县中学青年教师会教。翌年，提出“教学常规课”和“教学优质课”两级标准。1986年上半年，基本完成全县中小学教师的“常规课”考核。1985—1988年，151名教师通过“优质课”考核（这项“优质教学研究活动”，一直延续至1999年）。1990年始，先后增加幼儿教育、小学常识、职业技术、计算机信息技术、小学英语、德育、综合实践教研员。1992年3月，县成立教育科学研究所（简称科研所）。1993年11月，象山县成立社区教育委员会，并被列入全国社区教育课题组成员单位，开展社区教育研究。1994年，开展以评选各级教坛新秀为抓手，推动课堂教学研究。1995年11月，“八五”时期国家社区教育课题组第五次会议在象山举行。象山县余明成等10个社区教育课题的研究论文在会上作交流。2002年11月，成立象山县中小学心理健康教育指导中心，促进中小学学生心理健康教育的研究。

第三十八篇
医疗　卫生

本篇目录

第一章　医疗卫生机构

明前，境内百姓治病就医，依赖民间行医者。明宣德二年（1427），县始设惠民局，延医官“督医制药，以济穷民及囚狱患者”。清末，西医西药逐渐输入。民国时期，始办医院，以个体中医为多。中华人民共和国成立后，人民政府重视人民身体健康，加大医疗卫生事业建设，医疗卫生机构发展加快。2008 年年末，全县各级各类医疗卫生机构计 307 家。其中，县级医院 4 家，县级卫生机构 5 家，街道镇乡中心卫生院 7 家，街道镇乡卫生院 10 家，卫生服务站（村卫生室）256 家，民办医院、私人诊所 16 家，其他卫生单位 9 家。

第一节　县级医疗机构

民国 27 年（1938），象山县公立医院成立。民国 29 年，县卫生院成立。翌年，象山公立医院并入县卫生院。中华人民共和国成立后，先后建立象山县第一人民医院、象山县红十字台胞医院、象山县中医医院、象山县爱心医院（县第三人民医院）4 家县级医疗机构。

象山县公立医院

民国 27 年（1938）5 月，由县长盛世馨召集地方热心公益士绅姜梅坞等筹建。姜梅坞为筹委会副董事长。集资 2 万余元，址设丹城西门当店（信泰当铺）。是年 6 月 28 日开始门诊，11 月 27 日正式开业。置单独病房 20 间，普通病房 4 大间，病床 80 余床。设候诊室、诊治室、手术室、药房、太平间等。医护人员 20 余人，全院安装电灯。院长杨传华，为甬上名医，其夫人业助产。民国 30 年并入象山县卫生院。

象山公立医院筹资情况　据姜绍祖回忆，筹资情况如下：陈汉章二千元，王松轩二千元，周大烈二千元，萧伯元一千元，萧恕房五百元，何恭房五百元，其他众多个人捐款八千元左右，县政府拨助四千元，共约二万元左右。

象山县卫生院

民国 29 年（1940）成立，址设丹城县前街。院长沈保民。民国 30 年，象山公立医院并入。后因日本入侵丹城，院址迁西周。抗日战争胜利后迁回丹城，直至象山解放。

象山县第一人民医院

前身系建于民国 29 年（1940）象山县卫生院。象山解放后，县人民政府接管县卫生院。1950 年 3 月，改称象山县人民政府卫生院，址丹城东门长寿庵。内设医疗、卫生防疫、总务 3 股，兼管全县防疫和妇幼保健。1956 年，象山县人民医院建立，建门诊和住院部，职工 33 人，床位 36 张。1958 年，宁海并入象山县后，改称象山县人民医院第一分院。1962 年，象山、宁海分治后，复称原名。1979 年 4 月，更名为象山县第一人民医院。至 1985 年，设有内、外、传染、妇产、小儿、五官、口腔、中医、针灸理疗、皮肤、肠道、检验、放射、病理科、心电图、超声波、超声

照 38-1　象山第一人民医院

心动图、脑电图、胃镜等21个科室。卫技人员157人，职工49人，总建筑面积10025平方米，其中医疗用房4378平方米，床位190张。1988年迁至丹城城东路1号。1990年7月，被评为“二级乙等”综合性医院。至1999年，全院职工373人。医疗用房扩大到14662平方米，设6个病区、床位300张，医疗仪器有进口的麻醉机、全身CT、彩超、全自动系列化分析仪、电子胃镜肠镜等。2003年6月，迁至东谷路291号新址，占地12公顷，建筑总面积6.8万平方米。按三级医院标准设计建造，配有中央空调、热水供应系统、传呼系统、自动消防系统、计算机网络系统。核定床位666张。每个病房都有卫生间，并配有彩色电视机、中心供氧、中心吸引等先进设备。

2007年，被评为浙江省卫生先进单位，浙江省绿色医院。2008年，全院职工963人，其中卫技人员占82%，高级职称84人，中级职称229人，象山名医7人。医疗用房48229平方米，科室30余个、病区14个，床位600张，为县内规模最大，集医疗、教研为一体的二级甲等综合医院，也为县医疗与急救中心。历年获国家、省市等科技成果奖近50项，综合实力处于省内同类医院先进水平。

照 38-2　象山红十字台胞医院

象山县红十字台胞医院

前身系1952年设立的石浦卫生所。1958年，改称石浦人民医院。是年，宁海并入象山县后，改称象山县人民医院第二分院。1961年10月，复称石浦人民医院。1979年4月，改称象山县第二人民医院。1985年，卫技人员119人，有职工33人。医疗用房4351平方米，床位120张。1990年7月1日，院址迁至石浦镇凤栖路86号，更名为县红十字台胞医院，并继续使用象山县第二人民医院名称。1992年8月，正式定名为象山县红十字台胞医院。医院建筑面积11568平方米，其中医疗用房9618平方米，床位167张。设内科、外科、妇产、儿科、五官、口腔、皮肤、中医、针灸理疗、检验、放射、防保、心电图、超声波、脑电图、胃镜等22个科室。住院部设内科、外科、传染科、妇产科、台胞科等5个病区。2008年，医院占地面积1.8万平方米，建筑面积1.4万平方米。全院职工281人，其中，卫技人员256人，高级职称13人，中级职称70人。设5个病区、25个技科室，系集医疗、防疫、教学、科研于一体的二级乙等综合性医院。

象山县中医医院

前身系1958年建立的丹城镇医院。1958年10月，宁海并入象山县后，称象山人民公社保健院。1960年，改名丹城人民公社保健院，下设南庄、林海、爵溪、东陈、墙头、亭溪、雅林溪、大徐8个大队保健站。1961年10月，象山、宁海分县，称丹城镇卫生院。1969年，丹城联合牙科并入镇卫生院。1985年3月，改称象山县中医医院，址设丹城建设路110号。时全院职工82人，医疗用房1800平方米，床位10张。门诊设有内科、外科、骨伤科、眼科、妇产、小儿科、检验、放射、推拿理疗等科室。至1996年，全院职工139人，床位100张，设内科、外科、骨伤科、五官科4个病区。设中医门诊科室8个，西医门诊科室7个，医技科室11个。2008年年末，医院占地面积6306.91平方米，建筑面积12945.52平方米。设各类科室26个，床位250张。全院员工406人，其中，卫技人员329人，高级职称52人，中级职称113人，中医药人员50人。

照38-3 象山县中医院

象山县爱心医院（县第三人民医院）

1978年，经县卫生局批准，于定山区卫生院设立精神病科，核定床位25张。在宁波精神病防治院工作组的指导下，开展业务培训、精神病调查、收治病人等工作。1999年11月10日，定山区卫生院精神病科迁至丹城，更名为象山县爱心医院，按三级卫生院规模建设和管理，院址设原南庄区卫生院。2001年11月13日，浙江省卫生厅批复，同意象山县爱心医院为县级精神病医院。2008年，新院建成，占地1.8万平方米，总建筑面积14466平方米，有床位150张。是年年末，有医疗用房2000平方米，床位70张，卫技人员24人。其中，副主任医师1人，主治医师4人，主管护师1人，主管药师1人，初级17人。

第二节 县级卫生机构

民国初期，县警察局配有2名卫生警察。民国29年（1940），县设防疫委员会，但经费、人员无着，徒具虚名。中华人民共和国成立后，卫生防疫、妇幼保健工作受到政府重视。1952年4月，县成立防疫委员会。1953年3月，建立县妇幼保健站。1956年5月，成立县卫生防疫站。1959年，建立象山县卫生学校。1999年7月，成立县献血办公室。2002年6月28日，县卫生防疫站被撤销，成立县疾病预防控制中心与县卫生监督所。2008年，全县有县疾病预防控制中心、县卫生监督所、县妇幼保健院、县献血办公室、县卫生进修学校5家县级卫生机构。

县疾病预防控制中心

1953年1月，县卫生院内设防疫股。1955年11月，改称爱国卫生股，专职人员5人。1956年5月，成立县卫生防疫站，工作人员7人。宁海并入象山县时，卫生防疫站由丹城南街迁至宁海沥洋镇，后又从沥洋迁入宁海城关。1961年，两县分治，县卫生防疫站迁回丹城。2002年6月28日，县卫生防疫站被撤销，成立县疾病预防控制中心与县卫生监督所。2008年年末，县疾病预防控制中心业务用房5088平方米，有离心机、冷冻机、原子吸收仪、粉尘采样器、全自动生化分析仪、X射线测定仪、气体采样仪、二氧化碳监测仪等设备。设传染病防治科、社区卫生管理科、公共卫生科、健康教育与促进科、检验科、预防医学门诊部和办公室。

县卫生监督所

前身系县卫生防疫站。2002年6月28日，县卫生防疫站被撤销，成立县卫生监督所，址设丹城新丰路。2005年9月，建立城区、城郊、石浦、西周、定山、东郊6个卫生监督分所；10月，址迁至丹城城东路1号。2008年，全所职工63人，其中卫技人员30人，设办公室、综合业务科、监督稽查科3科室与城区、城郊、石浦、西周、定山、东陈6分所。

县妇幼保健院

照38-4　1991年6月1日

县妇幼保健院医护人员在丹城公园旁开展义诊活动

1953年3月，创县妇幼保健站，人员由县人民政府卫生院内部调配。1954年10月，迁丹城南街，独立建站，内设门诊、检查室、宣教室、分娩室，病床7张。宁海象山合并时期，两县妇幼保健站合并，迁址宁海。1962年，县妇幼保健站迁回丹城西街，开展以计划生育技术指导为主的门诊，并培训接生员。1966年，与县卫生防疫站合署办公。1969年，成立县防治医院。1970年，县防治医院被撤销，县妇幼保健站与县卫生防疫站合并成立县防保站。1979年4月，恢复县妇幼保健站。1990年12月，改名为县妇幼保健所。1991年5月，迁至丹城东街18号。2002年8月，更名为县妇幼保健院。2003年6月，迁址丹东街道东谷路289号。2005年，迁至丹东街道城东路1号。2008年，县妇幼保健院占地5987平方米，建筑面积4738平方米。内设科室6个，职工99人，其中儿保（科）卫技人员69人。下辖1个婚检点。

县献血办公室

1999年7月1日成立，为县无偿献血工作领导小组的日常办事机构，址设县第一人民医院内。县献血办公室当年组织1425人参加献血，共献血液28.5万毫升，占临床用血的91%。2002年，县献血办公室与县血库实行统一管理。2005年7月1日迁址县一院（丹东街道东谷湖路299号）。无偿献血1.04吨，占临床用血的100%。工作人员10人，其中副高2人、中级4人、初级4人。2004—2005年象山被省人民政府评为无偿献血先进县。2007年，县献血办被宁波市献血领导小组办公室评为先进单位。2008年，县献血办公室工作人员15人，其中卫技人员9人。

象山县卫生进修学校

1959年，创立象山县卫生学校，址宁海城关镇，开设1班。1960年扩至6班。1962年3月，因国民经济困难停办。1980年，复建象山县卫生学校，址设泗洲头人民医院内。1981年，迁至丹城镇医院内，更名象山县卫生进修学校。1985年为宁波卫生学校教学点。2000年被宁波卫校评为中等医学教学管理先进单位。2008年，学校占地面积3767平方米，建筑面积2444平方米，内设中医、骨伤科、内科、检验科、放射科。教职工21人，其中卫技人员18人。详见本志“教育”篇。

第三节　街道镇乡卫生院

1952年，墙头、南庄、新桥、石浦4区建立卫生所，15个乡镇开办联合诊所。1958年年初，乡镇联合诊所改称乡镇医院。1986年，全县区卫生院5家，乡卫生院30家，镇卫生院2家。1992年，撤区扩乡并镇后，区卫生院被撤销，于人口规模较大镇乡设立中心卫生院。2008年年末，全县中心卫生院6所、街道卫生院1所、镇乡卫生院10所。中心卫生院和街道、镇乡卫生院承担辖区内居民日常诊疗、预防保健、计划生育技术指导等卫生服务工作，并负责辖区卫生服务站和村卫生室的管理、指导。

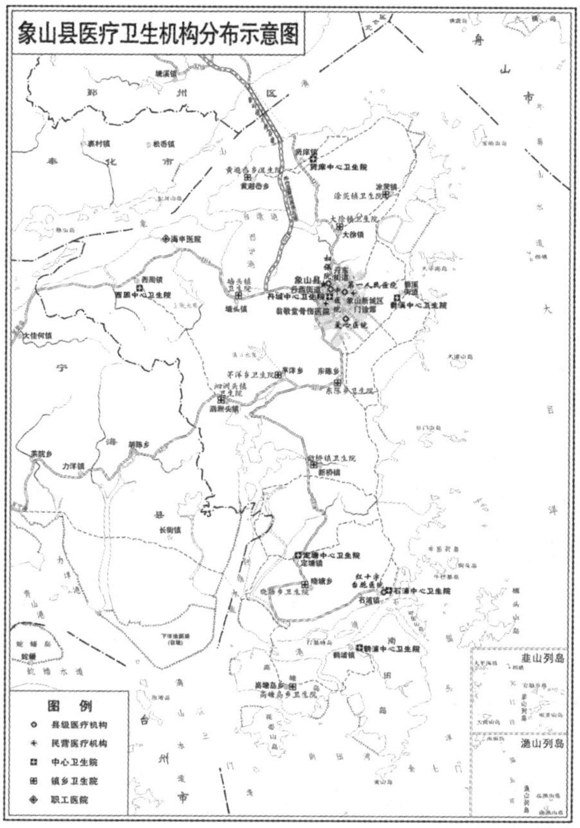

地图审核号：浙S〔2017〕32号

图38-1　象山县医疗卫生机构分布示意图

中心卫生院

经过1992年撤区扩镇并乡及后续的行政区域调整，至2008年，全县人口规模较大街道镇乡建中心卫生院6所。

丹城中心卫生院　1952年，郑鼻峰负责组建南庄联合诊所。1959年宁海、象山合县，称象山人民公社保健院，由南庄、林海、爵溪、东陈、墙头、雅林溪、大徐等8个大队的保健站所组成。1973年3月，南庄区卫生所改称南庄区卫生院，下辖茅洋、东陈、墙头、亭溪、林海、爵溪、南庄7个公社卫生院。1979年1月1日，南庄区联合诊所并入南庄区卫生院，医务人员12人，医疗用房816平方米。1980—1989年，床位9张，职工25人，其中医务人员22人，医师19人。1996年，南庄区卫生院更名为丹城中心卫生院，院址从南庄樟树下迁至丹城丹峰西路101号。占地2329.82平方米，建筑面积2582.31平方米，床位20张，职工37人，卫技人员35人，设内、外、肛肠、皮肤、中医、妇产、放射、防保、检验、心电图、B超、药剂等12个科室。床位9张，职工50人，卫技人员47人，主治医师1人，医师42人。2008年，丹城中心卫生院占地面积3904平方米，建筑面积5183平方米。设内科、儿科、妇产科、五官科、口腔科、全科等6科室，床位20张。职工215人，其中卫技人员164人。下辖卫生服务站14家、村卫生室28家，乡村医生30人。

石浦中心卫生院　前身系1956年4月建立的中西医联合诊所。以中医为主，设床位8张。1958年年初，与延昌联合诊所、针灸联合诊所合并，称石浦联合诊所。是年4月，更名石浦镇医院，在石浦、延昌各设门诊部，有职工36人。设内、外、针灸、中医、妇产、眼科等。1978年延昌分院设化验室，开展三大常规检验。1985年，番头卫生院并入，延昌、番头称分院。1992年，撤区并乡后，改称石浦中心卫生院。是年12月，新建住院楼投入使用，开设3个病区，床位58

张。医院占地3273平方米，建筑面积8600平方米，设有内科、外科、儿科、妇科、中医科、骨科、眼科、五官科、肛肠科、口腔科、皮肤科等20余个科室，床位58张。2008年，职工177人，其中卫技人员147人。下辖卫生服务站和村卫生室38家，乡村医生30人。

西周中心卫生院　前身系1952年建立的墙头区卫生所。1954年，墙头区卫生所西周分所建立，有医士1人、护士1人、助产士1人。1958年10月，西周人民公社成立。1959年3月，墙头区卫生所并入西周人民公社，改称西周人民公社医院。1961年12月至1970年，改称墙头区卫生防治院西周分院。1973年6月，改称西周区医院，管辖下沈、莲花、泗洲头、马岙、儒雅洋、西周公社卫生院。1980年6月，西周公社卫生院并入西周区卫生院。1987年8月，被评为省文明卫生院。医疗用房2800平方米，床位25张，职工37人，卫技人员36人，主治医师1人，医师6人。设内、外科、中医、妇产、五官、检验、防保、放射、药剂、心电图等科室。1992年，撤区并乡后，改称西周中心卫生院。2008年，卫生院占地3577平方米，建筑面积5428平方米。职工85人，其中卫技人员69人。设内科、外科、中医科、妇产科、五官科、检验科、防保科、放射科、药剂室、心电图室等科室，床位25张。下辖卫生服务站和村卫生室24家，乡村医生23人。

鹤浦中心卫生院　前身系1953年9月组建的南田区卫生所。时有医务人员5人，租用鸭嘴头横街2幢老房约120平方米，设门诊治疗室和药剂室。1957年，迁至今址鹤浦镇永安路，投资2000元建造砖木结构房约150平方米，床位4张。1959年，改称南田区卫生防治站。1968年，改称石浦区卫生院，设内科、外科、妇产科、口腔科、中医科等。1968年投资1万元建造门诊室300平方米，卫技人员11人。是年改称石浦区卫生院，管辖高塘、金星、昌国、东门、樊岙、檀头山等公社卫生院。1987年投资50万元兴建门诊楼1248平方米，有200毫安X光机，牙科综合治疗仪等医疗设备。床位15张，卫技人员30人，能做上腹部手术。1992年，撤区并乡后，改称鹤浦中心卫生院。2008年，全院占地面积3850平方米，建筑面积4200平方米。职工82人，其中卫技人员79人。设内科、外科、口腔科、儿科、中医科、妇产科等20个科室，床位30张。下辖卫生服务站和村卫生室17家，乡村医生14人。

贤庠中心卫生院　前身系1956年建立的着衣亭人民公社卫生所，以中医药行医为主，医务人员2人。1962年，迁至贤庠岑东村，租用两间老房子，约40平方米，有医务人员7人，设中西医门诊，以中医为主。1963年，改称大徐区医院。1965年，设妇产科。1968年，投资5万元，在岑东村建造新院，总面积1000平方米，上下两层20间。设内科、外科、妇产科、口腔科、五官科、中医科等。床位30张，卫技人员20人。1973年区医院管辖雅林溪、涂茨、东港、珠溪、贤庠、黄避岙、大徐7个公社卫生院。1980年，贤庠卫生院并入区卫生院。1991年，动工建造一幢三层门诊楼和一层住院楼，占地5亩6分，建筑面积3742平方米。床位25张，职工40人。1992年，撤区并乡后，改称贤庠中心卫生院。2008年，卫生院占地面积15840平方米，建筑面积4500平方米。职工55人，其中卫技人员52人。下辖卫生服务站和村卫生室18家，乡村医生17人。

定塘中心卫生院　前身为1965年组建的定塘区医院。在渡头街租用私人住宅约13平方米，与联合诊所一道开展医疗工作。1966年，在定塘隔岸村建造区医院，砖木结构平房300平方米。1967年年末迁至新医院，称定山区卫生院，管辖旦门、东溪、新桥、中楼、定塘、大塘、晓塘、后岭8个公社卫生院。设内科、外科、中医科、妇产科、检验科、中西药房。卫技人员13人，床位15张。1970—1979年，医疗用房1060平方米，床位60张（其中精神病科25张），卫技人员26人，其中医师7人，大学生5人。1992年，撤区并乡后，改称定塘中心卫生院。2008年年末，卫生院占地面积6000平方米，建筑面积4278平方米，其中医疗用房2978平方米。职工57人，其中卫技人员47人。设内科、外科、中医科、口腔科、五官科、防保科、妇产科、医技科、检验科、中药房、西药房等11个科室。分内科、外科、妇产科3个病区。下辖卫生服务站和村卫生室16家，乡村医生14人。

街道镇乡卫生院

爵溪、墙头、泗洲头、涂茨、大徐、新桥、东陈、晓塘、黄避岙、茅洋、高塘岛11个街道镇乡设卫生院。

爵溪街道卫生院　1952年5月，县卫生科派方德春到爵溪组建南庄区卫生所，医务人员12人。1956年12月至1960年10月，为南庄区联合诊所爵溪分所。1961年11月至1972年3月，改称爵溪公社卫生所，址爵溪东门郑家，职工11人。1972年3月，址迁六村，设内科、外科、妇产科、检验科、防保科、放射科等，床位13张。1983年7月，址迁杏林路，建筑面积18001平方米，医疗用房1086平方米，卫技人员15人。1992年改称爵溪街道卫生院。2008年，医院占地面积2500平方米，建筑面积3700平方米。职工35人，其中卫技人员31人。设内科、外科、妇产科、检验科、防保科、放射科等，床位13张。下辖卫生服务站和村卫生室11家，乡村医生5人。

墙头镇卫生院　前身系1957年建立的墙头中医联合诊所，诊所占地约100平方米。有8名人员。1961年，更名为墙头公社保健站，加设西医门诊和注射室。年末迁址至现墙头村东门桥头的耶稣教堂，占地面积约280平方米。1970年，从东门桥头迁址至现海波饭店旁边，占地面积约1000平方米。开设有西医内科、西医外科、中医内科、妇产科、骨伤科、X光室、中西药房、药库和注射室等。1992年，撤区扩镇并乡后更名为墙头镇卫生院，亭溪乡卫生院并入墙头镇卫生院成分院。1998年，医院重新选址，新建一栋二层建筑面积814平方米的门诊大楼和一栋二层建筑面积650平方米的职工住宿大楼。2005年，设立方家岙社区卫生服务站。2008年，卫生院占地面积2355平方米，建筑面积1221平方米。全院职工29人，其中卫技人员28人。设西医内科、西医外科、中西药房、护理部、防保科、妇儿保健科、X光室、B超室、心电图室、急诊室、康复室等科室。下辖卫生服务站和村卫生室13家，乡村医生13人。

泗洲头镇卫生院　前身系泗洲头公社联合诊所。1967年年末，卫生院有占地面积约80平方米房屋1座。1970年，更名为泗洲头公社卫生所。1972年，新建卫生院落成，占地1000多平方米，分门诊楼和住院部。宁波市部队医院选派李效之率有关医生帮助工作。因医院技术力量雄厚，并配有X光机、心电图机、血液、尿液分析仪等先进医疗仪器，被命名为象山县第三人民医院。1976年，部队医院医生调回，医院改名为泗洲头公社卫生院。1986年，更名为泗洲头镇卫生院，并在墩岙塘设立泗洲头镇卫生院灵南分院。2005年，医院重新选址，在泗洲头小学旁边新建一栋三层建筑面积1581平方米的门诊大楼和一栋三层建筑面积1200平方米的职工住宿大楼。2008年，卫技人员20人。设内科、外科、儿科、护理部、检验科、妇产科等科室。下辖卫生服务站和村卫生室8家，乡村医生5人。

涂茨镇卫生院　前身系1953年建立的东海乡联合诊所。1956年，联合诊所迁址于涂茨黄泥塘。1963年，改名为涂茨公社卫生所。1965年，公社卫生所再次迁址于涂茨教堂。1982年，更名为涂茨乡卫生院，并新建卫生院于涂茨村曙光路3号。占地2584平方米，业务用房2253平方米。有门诊、公共卫生和综合楼，分医疗、公共卫生和后勤3个部门。临床科室设有门诊、输液室、急诊室、中西药药房、留观室、治疗科、收费室、检验科、心电图室、B超室等。2008年，职工

20人，其中卫技人员19人。下辖卫生服务站和村卫生室8家，乡村医生8人。

大徐镇卫生院　前身系1953—1955年组建的大徐联合诊所。20世纪80年代初，恢复乡镇建制后，改称大徐乡卫生院。1992年撤区并乡，雅林溪乡卫生院并入，更名为大徐镇卫生院。2008年，医院占地面积1667平方米，建筑面积1070平方米。职工36人，其中卫技人员34人，中级职称6人。设全科、妇科、防保科、儿保科、医技科等科室。下辖卫生服务站和村卫生室9家。

新桥镇卫生院　前身系1962年建立的新桥人民公社卫生所，址设新桥老街，租用民房。1966年，更名为新桥区医院。址新桥敬老院处，时有职工20余人，能开展常规下腹部手术、妇产科手术。1992年，撤区并乡后更名为新桥镇卫生院。2008年，职工26人，其中卫技人员23人。设全科、妇产科、儿童保健科、防保科、心电图室、口腔科等科室。下辖卫生服务站和村卫生室11家，乡村医生13人。

东陈乡卫生院　前身系1951年5月建立的南堡中西医联合诊所。1956年10月，更名为南庄中西医联合诊所南堡分所。1967年，改建为东陈公社卫生院。是年，在南堡村征地2亩余，建造了东陈公社卫生院。1976年，卫生院迁至沙岗村兴港西路13号，建筑面积900平方米。2004年旦门乡卫生院撤，并入东陈乡卫生院。2005年1月，下设旦门、南堡、东陈、岳头村社区卫生服务站。2008年，职工38人，其中卫技人员36人。设内科、外科、中医科、妇产科、儿保科、防保科、检验科、B超室、心电图室、X光室等。下辖卫生服务站和村卫生室11家，乡村医生8人。

晓塘乡卫生院　前身系1965年建立的后岭公社保健所和晓塘公社保健所，所址分别设在黄埠村和励家坪村。1982年后分别为后岭乡卫生院和晓塘乡卫生院。院址分别设在黄埠村和励家坪村。1992年，两乡合并，后岭乡卫生院并入称晓塘乡卫生院。2006年，晓塘乡卫生院迁址励家坪。2008年，卫生院建筑面积1484平方米。卫技人员13人。设内科、外科、儿保、妇保等各科室。下辖卫生服务站和村卫生室10家，乡村医生9人。

黄避岙乡卫生院　前身系1958年建立的黄避岙公社卫生所。1958年公社化，在黄避岙村的祠堂首建公社卫生所，业务用房120平方左右，后又扩建到300平方米左右。20世纪80年代初，公社卫生所改名为乡卫生院。业务用房面积增加到1000平方米。90年代，设内科、外科、中医科、妇保科、儿保科、防保科、医技等科室，有卫生技术人员18人。2008年，卫生院址设龙屿村，占地面积900平方米，建筑面积665平方米。职工30人，其中卫技人员27人。设全科、妇保科、儿保科、牙科、检验科等科室，床位57张。下辖卫生服务站和村卫生室6家，乡村医生4人。

茅洋乡卫生院　前身系1956年建立的溪口乡联合诊所，人员5人，在郑家庄村租赁150平方米民房为医疗用房。1957年，迁至溪口街上街头村，改名溪口人民公社医院。1959年，改称新兴公社溪口大队保健所。1962年，改称溪口公社医院。1963年由溪口街上街头迁至溪口朱家村。1981年11月，改称茅洋公社医院。1983年9月，更名为茅洋乡卫生院。2008年，卫生院占地面积414平方米，建筑面积853平方米。职工16人，其中卫技人员15人。设全科、急诊科等科室。下辖卫生服务站和村卫生室8家，乡村医生9人。

高塘岛乡卫生院　前身系20世纪50年代末建立的高塘公社保健所，有职工5人，瓦房3间。1985年，迁至江南村，改名为高塘岛乡卫生院，有职工12人、病床5张。1998年，又迁至江北村，建成两层新门诊楼814平方米，并成立社区卫生服务中心。2008年，卫生院占地面积2000平方米，建筑面积1914平方米。卫技人员14人。设全科、妇保科等科室。下辖卫生服务站和村卫生室8家。

第四节　私人诊所　民办医院

历史上，境内医生大多系个体，家中应诊，称“医寓”“医庐”“医舍”，也有称“医局”者。民国期间，习称“诊所”“医院”（以西医为多），规模极小。民国时期，象山私人诊所较多，主要分布丹城、石浦两地。20世纪50年代早中期，私人诊所卫技人员，自愿组合先后建立联合诊所、民办公助卫生所。50年代后期，私人诊所逐步减少。“文化大革命”开始后，私人诊所绝迹。改革开放后，象山出现民办医院和私人诊所，作为公立医院的补充。

民国时期私立医疗机构

民国元年（1912），史悦道于石浦横塘岸开办卫生医局。后由史致和陈贞文夫妻接办，改名保康医院，为全县首所私立西医诊所。民国期间，全县共开办私人医疗机构20余家，其中丹城5家、石浦10家、爵溪1家、南田1家。

民国时期象山县私立医疗机构情况表

表38-1

医疗机构名称	地　点	开办时间	开办人	备　注
保康医院	石浦福建街	民国3年（1914）	史致和	民国元年，史悦道在石浦横塘岸开办卫生医局，为全县第一所西医诊所，后由史致和接办改名
南田县救济院施医所	南田	民国初年	不详	主任李华堂
象山诊所	丹城	民国10年	胡坤祥	民国15年迁往镇海
同春医院	石浦中街	民国13年	黄渭卿	—
荔江诊所	石浦老道头	民国14年	李华堂	—
天逸诊所	丹城南街	民国16年	不详	医师徐天逸，兼营西药
广耀诊所	丹城	约民国18年	不详	—
济生诊所	丹城	民国18年	徐再英	原为济生药局
三多医院	石浦文澜桥边	民国19年	不详	院长包愈
史庭槐诊所	石浦城头顶健庐内	民国23年6月	史庭槐	新桥关头人
国医诊所	石浦万年春国药号内	民国23年7月	陈凌云	下沈牌头人
陈杏园医室	石浦九市曲李家弄2号	民国23年8月	陈行远	—
石浦医院	石浦福建街	不详	孙仲琦	—
传华医院	石浦老街头	抗战前	杨传华	—
中德医院	丹城	民国29年	郑鼻峰 刘雪航	僧传常支持，以中医为主，西医辅之
石浦明德堂贫病施医所	石浦巡司弄玉泉场旧址	民国35年4月	不详	董事长许伯勋
广济诊所	爵溪东门	民国36年	姚旭	—

中华人民共和国成立后民办医院

改革开放后，象山出现民办医院。至2008年，境内有民办医院和民办综合门诊部各1家。

象山翁敬堂骨伤医院　原为1985年建立的翁敬堂骨伤科诊所，址丹城羊行街18号。时有医疗用房90平方米，床位20张，医务人员4人。1988年，迁至丹城南街122号，医疗用房180平方米，床位30张，医务人员9人。2002年6月，迁至丹城新丰路288号。2004年7月20日，经浙江省卫生厅批准改所为院。2005年2月4日，通过省卫生厅会同宁波市专家组验收，并登记执业，定名为象山翁敬堂骨伤医院。2008年，医院占地3300平方米，建筑面积7500平方米。卫技人员60人，其中，副高职称2人，中级职称2人。设有骨伤科、内科、外科、中医科、推拿科、疼痛科、针灸科、麻醉科、放射科、检验科等，床位50张。

象山新区综合门诊部　2004年，经县卫生局批准设置。2005年4月，取得执业注册登记。址在丹东街道象山港路南。2008年年末，门诊部占地面积15010平方米，设内科、外科、妇科、五官科、中医科、皮肤科等科室。

中华人民共和国成立后私人诊所

中华人民共和国成立前，象山多私人诊所。中华人民共和国成立初，私人诊所被公立医院及卫生院替代。20世纪80年代前后，私人诊所陆续开办。至2008年，全县有私人诊所14家，均未定级。

2008年象山县私人诊所情况表

表38-2

机构名称	机构地址	法人姓名	机构类别	开业时间
石浦潘仁标中医诊所	石浦镇文兴路31号	潘仁标	中医诊所	1978.03.01
丹城董金贵中医诊所	丹东街道东谷路74号	董金贵	中医诊所	1983.06.01
石浦陈芝岳中医诊所	石浦镇天门路58号	陈芝岳	中医诊所	1986.10.16
丹城黄道德中医诊所	丹东街道步南路29号	黄道德	中医诊所	2006.06.20
丹城俞文西医诊所	丹西街道顺达路78号	俞文	普通诊所	2006.06.20
丹城励茂男中医诊所	丹东街道丹峰东路219号	励茂男	中医诊所	2006.06.20
石浦吴以诺中医诊所	石浦镇荔港路96号	吴以诺	中医诊所	2006.06.20
石浦史悠聪中医诊所	石浦镇上塘路117号	史悠聪	中医诊所	2006.06.20
西周倪海琪西医诊所	西周镇镇安路31号	倪海娣	普通诊所	2006.06.20
丹城陈傅成西医诊所	丹东街道靖南大街791号	陈傅成	普通诊所	2006.06.20
丹城吴林国西医诊所	丹西街道新丰路141号	吴林国	中西医结合诊所	2006.06.20
丹城沈秋瑾牙科诊所	丹东街道天安路汇金大厦三楼	沈秋瑾	口腔诊所	2006.06.20
石浦镇叶雅卿牙科诊所	石浦镇南屏路288号	叶雅卿	口腔诊所	2007.09.12
爵溪郑家西医诊所	爵溪街道十字南街20号	陈志昂	普通诊所	2008.02.04

第二章 医 疗

旧时，医疗以中医药店坐堂开方治病为主，游方郎中亦串村行医。民国时期，西医传入，开设医院、诊所，形成中西医共存格局。中华人民共和国成立后，政府重视居民身体健康，加强医疗卫生事业建设，医院分科日益细化，设施日渐先进，技术日趋精良。

第一节 中 医

宋绍兴年间（1131—1162），卞大亨隐居钱仓，于医药“尤极其妙”。清代，知名医生有钱捷、袁应楹、李如珠、韩之瀚、钱志朗、史节音、欧承天、王莳蕙、王大川、史亦书、周天擎等，皆“以术济世”，各显其能，并有大量医书存世。钱捷著《山农药性解》4卷，《蓬岛樵歌·注》作《石屋山农药性解》。李如珠作《医解》无卷数，未刻，故失传，善治痘。韩之瀚，工医，起沉疴应手而愈，其酬勿计。钱志朗，精岐黄，遇贫病者，辄自往诊视，予以药不计其值。史节音，精针灸之术。王大川，司医，识解过人，每值秋复，病者踵门日以百计，无暇问姓名。疹得症象，辄立方与之，无不应手愈。史亦书，精于医，博参《内经·素问》及诸家书，治病多神效。西乡杰岙赖积忠，为人诊病，药一帖即愈，号“赖一帖”，且擅长针灸。又有太学生潘其钊，工外科。其族叔潘必球善内科，“延之治疾，应手立愈，不受酬谢”，并注《金匮》《经方》《本草》等书。

照 38-5 民国时期石浦老街“大皆春”中药房

清末民国初，东乡夏雨岙刘竹亭精于医道，闻名远近。民国18年（1929）全县中医30余人。民国28年增至60人。翌年，郑鼻峰、刘雪航等在僧传常资持下创办中德医院。民国30年至民国40年间，大林林钟祥、墙头舫前王九维、溪沿舒敬斋、石浦魏刚、夏雨岙刘雪航与刘东山、半河郑鼻峰、丹城王宏甫、涂茨王乐成（上海中国医学院毕业）等，各有所长，行医乡里。其行医方式，多自行开业，或受聘坐堂问医，或走乡串户，流动行医。至中华人民共和国成立前夕，全县有中医90余人。

1951年，赖长生、赖在甫在丹城开办长生在普联合诊所。1952年，王福庆、徐再英、侯云卿、徐天逸成立丹城联合诊所。是年，两诊所合并，改名为象城联合诊所，时中医仅20余人。1953年，贯彻中央关于保护中医指示，各医院、卫生院相继开设中医科或中医门诊。1956年，县选中医经杏林等5人赴省进修，学有成效。后“象城”与其他诊所合并成立“象丹联合诊所”。1959—1960年，由经杏林医师主考，郑鼻峰、刘雪航所带中医学徒满师。1963年，县政府卫生科统一发放中医学徒出师证明书。1966年，全县中医62人。1979年增至88人。1981年始，一批个体中医登记开业，至1984年，个体中医25人。1985年3月，象山县中医院成立，聘郑鼻峰为名誉院长，中医师26人，中医士14人。是年，全县中医师76人，中医士64人，初级中医28人，中药剂师（士）12人。1995年，29家医院、卫生院设中医科，全县高级中医师5人，中医师（士）96人，中药剂师（士）27人。2008年，象山县中医院用中医药治疗门诊病人达59.93%。住院病人达67.73%，中医抢救危重病人9人，成功率达66.67%，中医病房辨病施护率达56.68%。是年末，县内著名中医有裘鹤勇、陈嘉勉、陈晓奇、李雅琴等。

第二节　西　　医

民国元年（1912），石浦史悦道首开卫生医局，象山始有西医。民国10年，胡坤祥在丹城办象山诊所。民国14年后，石浦、丹城先后开办同春诊所、荔港诊所、天逸诊所、广耀和济生等诊所。其后陆续开办志华、石浦、象南、三多、广安等诊所。民国26年，全县医师5人，药师3人。民国27年，姜绍祖等集资创办县公立医院，院长杨传华，为甬上著名西医。民国29年，县卫生院成立，院长沈保民曾任军医。民国时，县内较著名西医师为杨传华、徐志道、沈保民等，为数不多。

1950年，政府接管县卫生院。1952年，墙头、南庄、石浦、新桥4区成立卫生院，15个乡镇开办联合诊所，医务人员94人。1956年，县医院2所，镇医院3所，公社医院39所，计西医人员376人。1976年，医院增至49所，西医人员690人。1979年后，西医事业发展加快。1985年，县级医院2所，区医院5所，乡镇卫生所32个，西医师112人，药剂师9人，护理师15人，医生169人，护士116人。20世纪90年代，全县有主任医师2人，副主任医师14人，主治医师126人，西医师282人，护师101人，药师32人，检验师27人，士级卫技584人，员级卫技60人。2007年年末，全县有卫技人员1625人，高级职称89人，中级职称556人，初级职称842人。2008年，象山县第一人民医院开设内科、外科、神经外科、骨科、妇产科、儿科、五官科、口腔科、皮肤科、感染肝病科、ICU、放射科、检验科、麻醉科、手术室、药剂科等西医科室，西医诊疗体系日趋完善。是年末，象山西医较著名医师，外科先后有王慕良、徐寿昌、蔡岳（脑外科）、方宰平；内科许祖黄、王碧蓉、孙经荣、孙永华、刘慕伟、陆赛君、叶国良；妇产科盛智煜、朱爱玉、林亚；骨科陈善校；儿科蔡瑾；心血管科孙晓东；放射科周建勤；五官科毛道明等。

第三节　中西医结合

民国初期，西医渐兴，中医破门户之见，学习西医，指导诊治。郑鼻峰主持中德医院，以中医为主，辅之西医。民国35年（1946）成立县中医师公会，亦有西医师、护士参加。民国时期，仇水心作象山中和医院对联一副：“中西良药洪炉炼，和扁高风海甸驰。”足见当时中西医结合风气已开。

中华人民共和国成立后，政府提倡中西医结合，许多中医师学西医，各医院、卫生院普设中医门诊。遇疑难病症，常组织中西医会诊，综合治疗。1971年，象山15名西医人员先后赴省、市离职参加中医班学习。翌年，县自办中医班，19人参加学习。1973年，县第一人民医院始与宁波、宁海等地医疗部门，研究东莨菪碱抗休克治疗。1984年，经外科116例临床应用，治愈率达88%，为中草药抗休克麻醉闯出新路。以后陆续充实中西医毕业生，开设中西医结合专家门诊，用中西医结合治疗原发性高血压、慢性肾小球肾炎、肾病综合症、慢性乙型肝炎、骨折、腰椎间盘突出症、乳腺增生病、功能性子宫出血、子宫内膜异位症，围绝经期综合症等。同时，用中西医结合抢救治疗休克、心搏骤停与心肺脑复苏等各种疑难杂症，取得较好疗效。在中西医结合治疗中，20世纪60—80年代，较为著名医师有王德黄等人。陆志璋为象山眼科中西医结合治疗的探索者。90年代后，象山中医院重视中西医结合治疗。2006年，县中医院心血管科被国家中医药管理局列为国家级农村中医重点专科，主要内容是中西医结合治疗颈动脉粥样硬化临床研究。认为中药“降浊汤”联合舒降之片能有效全面降脂，能稳定、缩小、消退颈动脉粥样硬化斑块。2007年，李雅琴主任医师为项目组负责人的中西医结合科研项目获省级创新奖。该项目采用中医学与西医学相结合原理，阐明“脾胃气虚，气滞失运，痰浊脂毒瘀血阻络”为颈动脉粥样硬化斑块的基本病理，首次提出“健脾化痰，行滞降浊，活血化瘀”治疗颈动脉粥样硬化斑块的治则，对临床治疗颈动脉粥样硬化斑块有着重要指导意义。

第四节　医疗技术

中华人民共和国成立前，医疗技术低下，内科仅能诊治一般常见病，外科做些脓肿切排及外伤缝合等小手术，妇产科处理一般难产。中华人民共和国成立后，医学科学发展，医疗队伍素质提升，医疗设备更新。至2008年，县级医院形成门类齐全、设备先进的医疗体系，普遍能做上腹部手术、肝叶切除、肿瘤清除、颅内血肿清除等，能应急救治内科危急重症。

外科

20世纪50年代，县医院外科能作脓肿切排、清创缝合、大隐静脉结扎、烂尾切除、疝气修补、剖腹产等手术。60年代，县医院能作胆、胃、脾等上腹部手术，区镇医院能作输卵管结扎等。70年代，县医院能作脑外科及泌尿外科等手术，区卫生院能作下腹部手术。90年代，县医院能作肝叶切除术、门静脉分流术、直肠癌根治术、脊柱骨折施行SAF钢板固定术、脑膜瘤切除术、施行全肺切除术、右半肝脏切除术、脑胶质瘤切除术，内镜下胃肠息肉扎除术和食道胃底静脉曲张套扎术。2007年，首次作胸腔镜下肺大泡切除术、全膝关节置换术，并实施自体颅骨植骨术、膀胱全切肠代膀胱输尿管移植术、人工晶体移植术等。全县危重病人抢救成功率达86.9%，出入院诊断符合率达97.6%，术前术后诊断符合率达99.6%。2008年，县一院外科能作不同部位肝叶切除术、胰十二指肠切除术和门脉高压症的脾肾分流术、膀胱全切术、肠代膀胱术、肾部分切除术、半尿路切除术，食道、胃、肠、肺、胰腺、乳房等恶性肿瘤的治疗，胸腔镜、腹腔镜等微创手术能熟练操作。

内科

20世纪50年代，县医院已能诊治常见多发病，作三大常规检验。60年代，县医院可诊治疑难杂症。2008年，县第一人民医院内科能诊断与治疗各种疑难杂症，开展消化道内镜常规检查、急诊内镜下止血治疗、食管静脉曲张结扎及急诊硬化剂注射治疗、消化道异物钳取、消化道息肉摘除、经内镜胃粘膜剥离术和经皮胃造瘘等疾病的内镜治疗；开展ERCP和EST、ENBD、ERBD、EMBD，应用内镜治疗胆总管结石、急性胆道梗阻；开展脑梗死溶栓治疗、脑脊液置换治疗、超升生物电反馈治疗；能做永久性心脏起搏器植入术及冠状动脉造影术、食道调搏术等。

妇产科

20世纪80年代，县医院能作卵巢肿切除、子宫全切、绝育等手术。至2008年，县医院能诊治妇科疑难杂症，开展腹腔镜下子宫肌瘤、子宫切除术，各类型剖腹产、各种难产阴道手术等。

五官科

20世纪80年代，县医院眼科能较正确诊断角膜、泪道、虹膜睫状体、视神经、眼底病、结核病，可作角膜移植、白内障、青光眼、斜视矫正、近视矫正、冷冻治疗等手术。五官科能作鼻、声带息肉切除，扁桃腺切除、乳炎、上额窦筛根治，中、甲切除，耳瘘管切除、食道异物取出等手术。至2008年，县医院眼科能熟练开展白内障超声乳化加人工晶体植入术、角膜移植术、视网膜剥离术、青光眼小梁切除术、眼球扎除、联合义眼座植入术等。

口腔科

2008年，县医院能进行口腔颌面部肿瘤切除术、下颌骨折缝合术、先进烤瓷牙、全瓷牙、铸造金属支架活动牙、全口牙修复。

放射科

2008年，县医院能开展多种介入治疗，包括肝动脉插管化疗加栓塞治疗晚期肝癌、部分性脾动脉栓塞治疗脾功能亢进、胃癌根治术后动脉插管局部治疗、消化道大出血栓塞介入治疗等。

病理科

2008年，县医院除开展常规切片检验外，还开展冰冻切片，脱落细胞学、免疫组化、特殊染色、液基薄层细胞学检验等。

检验科

20世纪80年代，县医院检验科能作电解质、血清脂类、血清酶类测定，血液及其他生物化验，免疫学检查和细菌培养、药敏试验、脂蛋白测定等。2008年，县医院能开展各类常规及GPT、GOT、血脂分析、尿素氮、肌酐、淀粉酶、乙肝三系、乳酸脱氢酶、胆碱酯酶、纤维蛋白元、糖化血红蛋白等检验项目400余项。

2008年象山县医疗卫生系统学历、技术职称情况表

表38-3　　单位：人

指标数 单位	就业人数	研究生以上学历	大学本科	大专学历	高中学历	初中以下学历	高级技术职称	中级技术职称	初级职称	高级职称	技师	高级工	中级工
卫生系统	2755	16	537	860	1024	318	108	575	1157	1	6	52	15
医院	1515	13	422	400	482	198	97	394	545	1	3	45	14
妇幼保健	73	—	4	35	25	9	2	22	28	—	1	—	—
疾病预防控制及防疫	69	3	14	23	22	7	6	9	19	—	1	—	—
卫生院及社区医疗	1084	—	93	398	492	101	3	146	559	—	2	7	1
医药制造	282	1	14	28	140	99	2	8	12	3	6	—	2

说明：摘自《象山县经济普查年鉴》

2008 年象山县卫生机构、床位、人员情况表

表 38-4

卫生机构名称	机构数（个）	实有床位数（张）	人员数（人）												
			合计	卫生技术人员									其他技术人员	管理人员	工勤技能人员
				小计	执业（助理）医师	执业医师	注册护士	药师（士）	技师（士）	检验师	其他	见习医师			
综合医院	2	742	902	792	266	257	352	50	44	33	80	48	33	8	69
中医医院	1	135	287	259	101	93	91	36	21	12	10	8	10	6	12
精神病专科医院	1	70	30	28	11	10	10	3	0	0	4	1	0	2	0
卫生院	17	263	734	665	330	206	178	52	32	25	73	30	20	24	25
诊所、卫生所、医务室	65	0	94	94	37	8	6	4	0	0	47	19	0	0	0
妇幼保健院	1	0	33	25	12	11	6	2	5	4	0	0	0	7	1
疾病预防控制中心	1	0	37	29	12	12	2	1	10	10	4	4	4	3	1
卫生监督所	1	0	58	49	0	0	0	0	0	0	49	0	3	4	2
医学在职培训机构	1	0	20	12	4	4	3	1	1	1	3	0	3	2	3
其他卫生机构	1	0	9	7	0	0	1	0	6	6	0	0	0	2	0
合　计	91	1210	2204	1960	773	601	649	149	119	91	270	110	73	58	113

说明：卫生技术人员含有多重职称

第五节　医疗设备

民国时期，医疗设备奇缺。中德医院仅西德赖氏显微镜 1 架，县卫生院亦仅简易手术台 1 张、蒸汽消毒器 1 具、外科器械 86 件、产科器械 1 组及少量听诊器与体温表。

中华人民共和国成立后，医疗设备逐渐增加。20 世纪 50 年代后期，县级医院添置 X 光机、显微镜、无影灯、手术床、培养箱、电冰箱、高压消毒器、分析天平等，全县医疗用房 1630 平方米，病床 85 张。60 年代，县级医院添置救护车、心电图、电泳仪、高倍显微镜等。区镇医院及公社卫生院（所）先后购置 X 光机、显微镜、氧气瓶、外科小型医疗器械。1965 年，全县医疗用房 16832 平方米，病床 240 张。

1966—1974 年，医疗事业建设停滞不前，床位、医疗器械等维持原有水平。1975 年始，县级医院添置病理切片机、721 分光度计、1/10000 分析天平、万能产床、卧式高压消毒器、音频治疗器、电兴奋治疗仪、人工呼吸机、电动洗胃机、脉冲骨折治疗仪、体外反搏仪等。区、镇医院及公社卫生院（所）有轻便手术床、800 型电动离心机、牙科台钻、心电图机、无影灯、高倍显微镜等。医疗用房建筑面积 27093 余平方米，病床 600 张。1980 年始，县级医院开始购置黑白 B 型超声波、心脏急救监护仪、自动呼吸机、脑电图测量仪、超声电动图仪、200 毫安双球管 X 光机、牙科综合治疗机、纤维胃镜、婴儿培育箱、角膜显微镜、大型视野镜、超声波治疗机、直流感应治疗机、液压产床、75千瓦发电机组、空调等先进设备。区、镇乡医院有综合手术台、电冰箱、干燥箱、培养箱、九孔无影灯、三大常规检查设备，腹部及四肢骨科手术设备，立式和卧式高压消毒器等。1985年，医疗用房面积增至44521平方米，病床增至630张。1990年后，县级医院有CT、多普勒超声仪、彩色B超、动态心电监护仪、纤维结肠镜、纤维支气管镜、纤维膀胱镜、多功能麻醉机、高频电刀、血液透析仪、血气分析仪、自动血细胞计数仪、高档呼吸机、胎心监护仪、带电视设备的500毫安X光机等。乡镇中心卫生院配有黑白B超、心电图、血细胞计数仪、50~200毫安X光机、综合牙科治疗机、发电机组、半自动尿液分析仪等。19所乡镇卫生院装备X光机，9所卫生院配备黑白B超和心电图机。1996年，全县医疗用房建筑面积达到52166平方米、病床增至1140张。

2000年始，县医院先后引进多功能全自动自体血液回收机、骨科C臂X光机、冲击波碎石机、激光皮肤治疗机、肝功能测定仪、电子胃镜、核磁共振、贝克曼全自动凝血/纤溶机、大容量高速冷冻离心机以及内镜清洗消毒设备、纤维胆道镜、医用控温仪、美国熊牌呼吸机、爱尔博氩气刀等一批消毒、内窥镜检查、抢救治疗、辅助呼吸及胰胆管造影的设备。2006年，全县医疗机构卫生专用设备总值达13329.76万元，其中县级医院为11362.08万元。全县拥有大型医疗设备CT 3台，核磁共振仪1台，直接数字化血管成像系统1台。房屋建筑面积140517.28平方米，计21587.96万元。床位达1140张。

2008年，全县医疗用房建筑面积超过14万平方米，床位达1210张。乡镇中心卫生院均配有X光机、黑白B超、半自动生化仪，全自动血球计数仪、尿分仪、洗片机等专用设备。

第三章　疾病防治

旧时，境内疫病流行，天花、麻疹、疟疾、痢疾等传染病及地方病危害严重。中华人民共和国成立后，疾病防治备受政府重视，20世纪60年代后，形成县、镇乡、村三级卫生防疫网络，开展计划免疫工作，传染病、地方病发病率降至较低水平。

第一节　传染病

旧时，鼠疫、霍乱、天花等烈性传染病统称为“瘟疫”。民国期间，象山流行的传染病有霍乱、天花、麻疹、登革热、流脑、痢疾、伤寒、斑疹伤寒、回归热、肠炎、白喉、百日咳、狂犬病、炭疽、疟疾15种。乙脑、病毒性肝炎、钩端螺旋体、流行性出血热等传染病，因限于当时设备条件和技术水平，无从证实。中华人民共和国成立后，坚持“预防为主”方针，大力倡导爱国卫生运动，积极开展防疫工作，效果显著。20世纪50年代，全县共发各种急性传染病9种54794例，死亡74例。其中，麻疹30233例，霍乱、天花得到控制。60年代，全县共发各种急性传染病

12种47901例，死亡207例。其中，麻疹28590例。消灭天花、回归热、炭疽、斑疹伤寒、乙脑、白喉、钩端螺旋体病等疫病，其他传染病亦得到有效控制。1979年始，实行计划免疫工作。70年代，全县共发各种急性传染病15种15402例，死亡99例。1983年，装备冷链设备，卡介苗、脊灰糖丸等几种主要生物制品，实施按月接种。预防接种有牛痘、霍乱、流脑、伤寒、麻疹、破伤风、白喉、百日咳、钩端、卡介苗，脊灰糖丸、乙脑等12种菌（疫）苗。80年代，全县共发各种急性传染病16种32784例。其中，性病2156例。2003年，全国抗击非典型肺炎，象山紧急部署，全县动员，措施到位，未发生疫情。2000—2007年，全县共发急性传染病22种12398例，死亡6例。

鼠疫

民国29年（1940），日军空投染有鼠疫杆菌的疫蚤、麦粒、面粉。宁波开明街暴发鼠疫流行，最先罹难者系开豆浆店的象山人赖福生夫妇与赖阿德、赖文明、赖福生之子、俞阿根、俞元德7人。1973年，爵溪发现首例鼠疫病人。至1999年，全县共发现病例2862例，死亡22例，疫情波及22个乡镇70余个村。1998年，全县开展疫苗接种后，发病明显下降。2000—2008年，共发病364例，无死亡病例。

霍乱

俗称“瘪螺痧”“吊脚痧”“绞肠痧”“2号病”。民国期间，流行频繁。民国27年（1938）至民国38年，疫情资料记载全县共发霍乱2822例，死亡882例。其中，民国27年，霍乱大流行，全县共发1034例，死亡58例，疫情波及丹城、石浦、东陈、墙头、溪口、旦门、东溪、昌国等地；民国31年，发生霍乱大流行，全县共发943例，死亡790例，疫情波及全县各地，象东区（今为贤庠、大徐地区），死亡竟达680例；民国32年，发病370例，死亡不详。民国33年，发病422例，死亡17例。中华人民共和国成立后，随着环境卫生和饮水条件改善，开展霍乱疫苗接种，此病得到有效控制。1978年，石浦发生霍乱病人2例。1980—1989年，全县共发病379例，死亡5例。1990—1999年，共发病159例，无死亡。2000—2007年，共发病16例，无死亡。2008年，全县无霍乱疫情报告。

天花

古称“痘疫”“痘疮”，曾称“3号病”。清乾隆五十年（1785），象山痘疫，稚幼十伤其七。嘉庆十一年（1806）五月，痘疫。同治六年（1867）冬，痘疫，小儿多殇。民国32年（1943），全县发病4例，无死亡病例。民国34年，全县发病156例，死亡60例。民国35年，全县发病265例，死亡37例。民国36年，全县发病7例，死亡2例。民国37年，全县发病31例，死亡6例。中华人民共和国成立后，天花病减少。1950年，全县仅发病1例，无死亡病例。1951年，天花绝迹。

流行性脑脊髓膜炎

简称“流脑”，多发于冬春季。民国33年（1944），象山发病12例，死亡11例。民国34年，共发病102例，死亡28例。中华人民共和国成立后，1950年共发2例，死亡1例。1967—1968年，流脑大流行，疫情波及全县各地，两年共发10113例，死亡175例。1979年，对易感人群预防接种后，流脑呈散发状态。

流行性乙型脑炎

简称“乙脑”，多发于夏秋。1952年始有记载，当年发14例，死亡3例。1953年，发66例，死亡8例。1966年，发147例，死亡16例。1967年，发394例，死亡30例。自实行乙脑疫苗接种后，乙脑呈散发状态。

麻疹

俗称“出麻”。麻疹在象山历史上，流行时间较长，发病率和死亡率均较高。民国时，丹城周英文，善治“麻痘”，医术闻名。1957—1965年，全县共发麻疹41444例，死亡216例。20世纪50—60年代，麻疹年年大流行，发病率为1000/10万以上。1979年，实行计划免疫后，麻疹发病从1978年111例降至1例。90年代，麻疹发病率降至1/10万以下。2001—2007年，共发病157例，无死亡病例。2008年，全县报告病例221例，为41.31/10万，居甲乙类传染病前5位。其中，丹东48例、丹西42例、鹤浦39例、石浦23例、墙头16例，分列全县前5。

病毒性肝炎

20世纪50年代初，少病情记录。50年代末已出现病例。60年代起，肝炎在县内散发。70年代，发病人数逐年增多，呈扩大趋势。80年代，由于启东毛蚶影响，浙江沿海许多地方发病率较高，象山也不例外。县医疗、防疫均加强肝炎门诊，扩大肝炎病房，并加强粪便管理、食品卫生监督等综合防治控制疫情。病毒性肝炎从甲肝，发展到乙肝、丙肝，目前，发病率占县内乙类传染病中第二位。

肺结核

俗称“痨病”。旧时为内科最常见病种，但危害严重，死亡率较高。中华人民共和国成立后，链霉素和异烟肼等抗结核药物广泛用于临床，结核病人逐年减少。至20世纪90年代，肺结核有所抬头。1995年，卫生局批准建立结核病防治中心，负责全县结核病的普查、登记、报告和管理。1997年，国家正式把肺结核纳入乙类传染病统计上报。是年，全县共发病242例，发病率45.63/10万。2008年，全县肺结核病数占乙类传染病报告发病数种前4位。

白喉

民国32年（1943），发病2例。民国37年，发病5例。1959年，发病124例，死亡24例。1960年，发103例，死亡34例。20世纪60年代初，开始白喉疫苗接种。此后，白喉病人时减时增。1984年后，县内未发现白喉病人。

百日咳

1953年前，无此病记载。1953年，发病25例。1954—1960年，发病3768例，死亡34例。1970年始，接种疫苗，发病率从1955年的538.59/10万，降至1995年的0.19/10万。至2005年仅发病3例。

钩端螺旋体

民间俗称“打谷黄”“稻瘟病”。1957年前，常误诊为流感。1958年，一例疑似病人血液标本经动物接种，发现典型病理改变而得到初步证实。1959年，从病人血液标本中分离到病原体而被确证。1966年，县内有较大流行，共发病475例，发病率为129.26/10万，疫情波及15个乡镇。1971年，全县开展调查，证实县内除石浦镇与东门、檀头山外，其余乡镇均有病人发生。1973年始，扩大菌苗接种范围，6周岁以上儿童列为接种对象。1973—1983年，预防接种277万人次。1990年后，无此病例发生。

性病

民国期间，多有性病患者。中华人民共和国成立后，一度消灭性病，至1990年前无性病记载。1990年后，性病复燃，并急剧上升。1990—1999年，发生淋病1901例，梅毒249例。2000—2007年，淋病2046例，梅毒1138例。2008年，发病率高达77.34/10万，居乙类传染病首位。

艾滋病

2007年，县卫生部门向全县89家公共场所431名服务员、24个流动人口聚集地231名人员开展艾滋病防治宣传，并为1216人进行HIV咨询与检测；重点人群中艾滋病病毒抗体检测4154人，未检出HIV阳性者。筛查新入看守所重点人员，发现HIV阳性1人，系外地人员。

2008年象山县乙类传染病报告发病数前5位病种情况表

表38-5

顺　位	病　名	发　病　数	占乙类传染病率（%）
1	梅毒	418	26.13
2	乙肝	272	17.00
3	淋病	268	16.75
4	肺结核	231	14.44
5	麻疹	221	13.81
合计	—	1410	88.13

第二节　地方病

境内地方病，民国期间以疟疾、大脚疯、癞头为甚。中华人民共和国成立后，首次发现部分地区患有肺吸虫病和氟斑牙患者。经地方卫生部门全力防治，上述各病基本消灭或得到有效控制。

血吸虫病

俗称“鼓胀病”“扫箕鼓”。1973年，全县普查，查得当地各种螺丝数十种，经鉴定未发现携带血吸虫中间宿主。查疫情报告与医院就诊登记，未发现本地血吸虫病患者，从而确认象山为非血吸虫病流行区。

疟疾

俗称“卖柴病”，旧时境内流行较广，夏秋多发，每10年出现一次发病高峰。20世纪50年代，县内年年有病人发生。该年代共发病16264例，死亡12例，发病率为289.53/万。60年代，发病2505例，发病率为22.42/万。70年代，发病2157例，发病率为21.39/万。1980—2007年，发病85例，呈散发状。1988年，经省市考核验收，象山达到“基本消灭疟疾”标准。2008年7月14日，大徐镇甲田弄村发生首例疟疾病例后，邻近4个自然村又相继发生，共9例疟疾病例，其中，本地居民7例，外来人员2例，虐疾病死灰复燃。大徐镇7个村开展疟疾传播媒介蚊子前后密度调查与室内外环境消杀灭蚊工作。

丝虫病

俗称“大脚疯”“发流火”。丝虫病在象山流行有较长的历史，中华人民共和国成立前后，境内流行猖獗。1953年，开展试点防治。1956年，组织医务人员在墙头、石浦、南田普查166207

人，发现微丝蚴阳性 23568 人，感染率 14.18%。1958 年，抽样血检 43610 人，阳性感染率 15.17%。1971—1972 年，进行第二次普查，血检 337294 人，阳性 5217 人，阳性感染率降至 1.55%。1984 年，阳性感染率降至 0.24%。1986 年，通过省市组织的基本消灭丝虫病考核验收。1997 年 10 月 28 日，经宁波市卫生局组织专家考核验收，正式确认象山为已消灭丝虫病县。

甲状腺肿

俗称“大头颈”。1994 年，由省地方病防治所会同宁波市防疫站等有关专家，在象抽样调查，按东南西北中抽查 5 所中心小学，调查 8~10 岁学生 210 名，确定象山为轻度碘缺乏地区。后开展 7~14 岁儿童碘油丸普服工作，应服人数 67424 人，实服人数 65889 人，普服率 97.28%。1999 年，通过国家实现消除碘缺乏病阶段目标评估。

肺吸虫病

1963 年，象山首次发现肺吸虫病人。1965 年，经调查，证实丹城镇与亭溪、雅林溪公社为肺吸虫流行区。1981 年，调查儒雅洋乡下岙、上岙、山后胡 3 个村，成人皮试阳性率 7.75%。是年，开展肺吸虫病宿主调查，在儒雅洋、莲花等 7 乡溪坑，捕捉石蟹剖检，从中发现囊蚴蟹，阳性率 32.86%，确定儒雅洋、莲花、下沈、西周、泗洲头、马岙等公社为肺吸虫病新疫区。经有效防控，肺吸虫病得到控制。

肺吸虫病临床诊治　亭溪公社凤山头李某某，自 1958 年 3 月起反复发作慢性咳嗽，伴咳出鲜红色血痰，后赴上海某医院诊疗，诊断为空洞型肺结核，并入院治疗。1960 年后未再服用抗涝药。1962 年左右，血痰转暗红色，重劳动时有气急。1964 年 6 月 6 日，因在田间劳动时突然左上、下肢麻木，剧烈头痛，呕吐一次，4 小时后急症县人民医院入院治疗。入院后，院方根据患者既往有肺结核病史，以及头痛、呕吐、颈有抵抗等症状，拟诊肺结核、结脑，按抗结核治疗，疗效无效。住院第 9 天，传染科医生许祖黄发现患者血痰为铁锈色，疑为肺吸虫病，经问诊，知患者务农，有多次生食亭溪溪涧石蟹的经历。经痰检确诊。同时，其妻女也查出肺吸虫病，3 人皆治疗痊愈①。

发现肺吸虫（并殖吸虫）新虫种　1963 年，象山在咯血病例痰检时找到肺吸虫卵而证实该病存在。1965 年，县卫生防疫站开展肺吸虫病流行病学初步调查。调查亭溪某地 30 户 126 人，阳性率 76%。又证实丹城镇及附近的亭溪、雅林溪两公社为肺吸虫病流行区。在三地区开展人群感染状况和中间宿主调查，共调查 1070 人，经痰检确诊肺吸虫病 53 例，占 4.95%；在各主要溪流捕捉螺类、石蟹（浙江华溪蟹）进行剖检，查找肺吸虫各期蚴虫，其中亭溪公社剖查石蟹 52 只，检出带并殖吸虫囊蚴蟹 16 只，占 30.77%。之后，调查工作中断。

1981 年后，县卫生防疫站继续深入开展肺吸虫病流行病学调查。先对 1965 年丹城镇及附近的亭溪、雅林溪两公社老疫区进行复查，初步证明该病在该地区已基本消灭。这与落实防治措施，也或与该地区当时因丘陵开发种植茶叶、柑橘等造成野生动物相应减少有关。之后，重点调查有一定数量森林覆盖的丘陵山区儒雅洋公社下岙、上岙和山后胡 3 个大队 787 人，确诊肺吸虫病 61 例，占 7.75%。在儒雅洋、下沈、莲花、西周、泗洲头、马岙等公社捕蟹 2398 只，检出带并殖吸虫囊蚴蟹 788 只，占 32.86%，获囊蚴 5755 个。通过临床资料分析，儒雅洋公社发现的病例临床症状与 1965 年丹城镇及附近的亭溪、雅林溪两公社老疫区截然不同，以隐性感染为主，临床症极

---

①据许祖黄、金冠《浙江象山地区肺吸虫病一例报告》（1964 年）等文字资料及许祖黄口述资料整理。

其轻微，未发现咯血史，痰检也未找到肺吸虫卵，提示象山半岛存在两种不同的卫氏并殖吸虫虫种及其亚种。

针对调查情况，徐明奎写信向当时兼任北京市热带医学研究所副研究员的北京医学院人民医院贺联印副教授请教，引起他的重视。之后，由北京医学院人民医院的贺联印、马本良、杨铁生和北京热带医学研究所的高佩芝、孙家鑫、李皓红，以及县卫生防疫站的徐明奎、方德春、夏来宝等9人组成联合调查小组，于1982年9—10月，进行更为深入的调查。发现西周区儒雅洋、下沈、莲花等公社为新疫源地。捕捉石蟹剖检655只2555.6克，获并殖吸虫囊蚴805个。从莲花公社石蟹分离到大型薄壁并殖吸虫囊蚴，经接种正常猫获得两条长条形并殖吸虫，与云南并殖吸虫、闽清并殖吸虫、曼谷并殖吸虫等国内外相似虫种对比，有明显不同之处，经鉴定为新虫种。因系在象山县首次发现，故命名为象山并殖吸虫（Paragonimus xiang-shanonsis sp. nov.）。而在山溪捕到的一种黑螺与放逸短沟蜷未查到并殖吸虫雷蚴或尾蚴，故该种并殖吸虫第一中间宿主尚未查明。

经1965年和1981—1982年两次肺吸虫病流行病调查，认为象山半岛属沿海丘陵低山地区，具备该病流行的自然条件和因素，患者多有食用石蟹，特别是生食，也有喝生水的习惯。通过对已发现肺吸虫病患者予以有效治疗，积极采取一些综合性防治措施外，还加大健康饮食宣传力度，杜绝食用石蟹，尤其是生食，以及喝生水等不卫生习惯，有效根治了肺吸虫病在县内流行。

由于象山肺吸虫病流行病学调查具有的学术性，1984年“钟惠澜（中国著名热带医学专家，中国科学院生物学部委员）、贺联印、徐明奎”署名发表的《浙江省象山县并殖吸虫调查之二及一种新种的报道》被寄生虫学术讨论会文摘汇编（上）编入，1995年署名联合调查小组各成员的《浙江省象山县并殖（肺）吸虫病流行病学调查报告》被中国动物学会寄生虫专业学会成立十周年纪念论文集收录①。

地氟病

1981年，大塘乡中站村首次发现。1984年，普查全县各乡镇8~15岁儿童，共查58142人，查出患氟斑牙者1055人，重点分布在大塘、晓塘、定塘、中楼、茅洋5乡23村，经调查属于饮用当地深水井中含高氟水所致。1984年，先后在大塘、定塘、中楼等地进行改水。当地群众饮水卫生改善，氟中毒得到有效控制。1992年，经省市考核，已基本消灭。

第三节　恶性肿瘤

恶性肿瘤，俗称“癌症”，治疗后极易复发。中华人民共和国成立前后，县内少有恶性肿瘤病例记载。20世纪70年代，开始分析研究境内恶性肿瘤病患。1977年7—11月，卫生部门回顾性调查1974—1976年全县恶性肿瘤死因。三年中，死于恶性肿瘤1258人，占总死亡的15.02%，平均每年死于恶性肿瘤425人。其中，胃癌第一位，死亡率32.61/10万，占癌总数33.54%；次为肝癌、食管癌、肺癌。1~14岁，以白血病为主；15~44岁以肝癌为主；45岁以上以胃癌为主。男性死亡率为123.01/10万，女性死亡率为63.91/10万，男女之比为1.96∶1。

---

①据县防疫站《象山县肺吸虫病流行病学调查报告》（20世纪80年代）、徐明奎有关肺吸虫病流行病调查论文及其口述资料等整理。

2000年，象山县开展居民病伤死亡原因及其变动规律统计及研究工作，恶性肿瘤列全县死因第二位。2001—2008年，恶性肿瘤一直占据全部死因首位。2000—2003年恶性肿瘤死亡前三位为：肝癌、胃癌、肺癌。2005年，肺癌升列第二位。2007年，肺癌升列首位。

2000—2008年部分年份象山县恶性肿瘤情况表

表38-6　　单位:%

年份	前五位死因排序	前五位死因人数占总死亡人数比例	恶性肿瘤死亡人数占总死亡人数比例	主要恶性肿瘤死亡比例
2000	呼吸系统疾病、恶性肿瘤、脑血管病、损伤和中毒、心脏病	86.43	—	肝癌占癌症死亡人数的30.88%，胃癌占23.99%，肺癌占19.9%
2001	恶性肿瘤、脑血管病、呼吸系统疾病、损伤和中毒、心脏病	83.26	31.69	肝癌占癌症死亡人数的30.93%，胃癌占25.06%，肺癌占19.64%
2002	恶性肿瘤、脑血管病、呼吸系统疾病、损伤和中毒、心脏病	81.47	32.71	肝癌占癌症死亡人数的28.41%，胃癌占24.76%，肺癌占19.07%
2003	恶性肿瘤、脑血管病、呼吸系统疾病、损伤和中毒、心脏病	80.66	31.93	肝癌占癌症死亡人数的28.41%，胃癌占24.76%，肺癌占19.07%
2005	恶性肿瘤、脑血管病、呼吸系统疾病、损伤和中毒、心脏病	79.34	—	肝癌占癌症死亡人数的25.77%，肺癌占23.62%，胃癌占18.77%
2006	恶性肿瘤、脑血管病、呼吸系统疾病、损伤和中毒、心脏病	81.30	—	肝癌占癌症死亡人数的25.56%，肺癌占23.9%，胃癌占19%
2007	恶性肿瘤、脑血管病、呼吸系统疾病、损伤和中毒、心脏病	81.06	—	肺癌占癌症死亡人数的24.35%，肝癌占23.26%，胃癌占17.94%，结直肠肛门癌占6.13%，食管癌占3.88%
2008	恶性肿瘤、脑血管病、损伤和中毒、呼吸系统疾病、心脏病	80.16	—	肺癌占癌症死亡人数的25.4%，肝癌占22.54%，胃癌占17.71%，结直肠肛门癌占7.1%，食管癌占4.17%

第四节　职业病

旧时，职业性疾病较忽视，少有史料记载。中华人民共和国成立后，随着工业兴起，在制造生产中产生有毒有害气体、物质，造成环境污染，使工人患职业病人数增加。1974年，开始对工厂、作业点进行矽肺和职业中毒防治工作，为接触粉尘和有害物质的工人，进行健康检查，并建立健康档案。是年，X光拍片98人，发现矽肺1期5人。1980年，X光拍片360人，发现矽肺1期14人。1984年，X光拍片295人，发现矽肺1期11人。1990年，全县有职业危害因素工厂129家，有害作业点291处，接触有害物质工人4370人。是年，拍片检查709名工人，发现矽肺1期13人、2期4人。

2000年，健康检查628名有职业危害职工，未发现职业病人。自2003年始，全县160家有职业病危害因素的企业，开展职业病危害项目申报，并建立分户档案与职业卫生台账管理，专项整治接触铅、苯和粉尘作业等重点职业危害。2004 年，检测和评估象山修船厂等厂矿企业职业危害因素，共监测 144 点，合格点 124 个，合格率 86.11%。是年，165 家厂矿 1002 名职工进行职业健康监护，查出职业禁忌和健康损害职工 28 名；处理渔船急性硫化氢中毒事件 1 起。2005 年，安排接触职业病危害因素工人 1225 人进行一年一度健康体检；调查并健康复检 16 家企业 28 名受到职业病危害工人；专项检查重点粉尘、苯危害企业，查处石浦东门、延昌两起渔船发生的硫化氢中毒事件。2006 年，健康监护 120 家工矿企业接触危害因素的职工，检查 1113 名在岗人员，查出具有职业禁忌和健康损害职工 11 人。行政处罚拒绝健康体检的定塘某石场，为象山县职业卫生工作开展以来，首次行政处罚案件。是年，县疾病预防控制中心取得省职业健康检查机构资质。2007 年，县疾病预防控制中心承担的《象山职业中毒现状及控制技术》课题，在县科技局立项并通过验收鉴定。2008 年，开展“保障劳动者健康权益——职业病防治万家企业行动”专项行动，重点检查 30 家职业病危害重点企业，体检接触职业病者 1250 人。

第四章　妇幼保健

中华人民共和国成立前，妇女生产多由接生婆接生，接产条件差，常死于难产和产后疾病。中华人民共和国成立后，实行妇女婚前检查和孕期定期检查，推行经期、孕期、产期、哺乳期“四期”保护，孕产妇死亡率逐年降低。儿童实现健康档案系统管理，并开展免疫接种预防，确保儿童健康成长。

第一节　妇女保健

婚前检查

1985 年，石浦镇、爵溪镇、县妇保站等 11 个单位开展婚前医学检查，宣传优生优育和新婚卫生知识。至 1989 年，共实施婚前检查 1570 对，患病 174 例。1992 年，象山实施《浙江省优生保健条例》，全县 11 个婚检点共体检男女青年 3737 人，婚检率 91.75%。1996 年，县政府下发《关于调整婚前医学检查和严格凭证结婚登记》通知，11 个婚检点削减为 1 个单位 2 个点（县妇保所，丹城、石浦婚检点）。2000 年，婚前检查 9077 例，查出疾病 839 例，发病率 9.2%；建议暂缓结婚 41 人，暂缓结婚率 4.6%。2003 年，《新婚姻登记条例》颁布，婚前医学检查由强制改为知情自愿，婚检率从原 95%降至 2.87%。2005 年 5 月 1 日，县实行免费婚孕期检查，政府买单，自愿检查，婚检率有所提高。2006 年，实行婚前检查 758 人，婚检率 7.3%。2007 年，实行婚前检查 1094 人，婚检率 9.04%；查出疾病 281 例，发病率 25.69%。2008 年，4784 对适龄青年结婚登记，婚检率 17.91%，查出疾病 194 例，其中生殖系统疾病 84 例，婚检率在低水平徘徊。

孕妇管理

1982年始，开展孕产妇系统管理（产前检查、产后访视、42天检查），建卡率7.2%。1985年，县妇保站专职人员增至15人，内设儿童保健、妇女保健、计划生育等4科室，成为全县妇幼卫生工作指导中心。全县39家区、镇乡卫生院均设专职妇幼保健员。至1996年，建卡率达92.6%。1998年，制定《象山县分级高危管理办法》，规定13种高危应立即向上级医院转诊，县级医院高危门诊专人负责，全天开诊，接受全县高危孕产妇转诊和会诊。2000年，全县建立生育健康电子检查系统，19个镇乡设立24个网点。孕产妇保健保偿率达96.6%，高危孕产妇住院分娩率达100%。全县7116名孕产妇录入该系统，全年产前检查达28611人次。2001年，孕产妇系统保健标准管理率和保健保偿率达90.6%和97.8%。是年，共发生高危孕产妇1735例，全部住院分娩。产妇建卡4424例，建卡率98.4%。2002年，孕产妇系统保健标准管理率为90.9%，高危孕产妇住院分娩率达100%。2003年，率先在丹城地区推行产前先天性心脏病筛选试点工作，共筛选孕妇656例，查出高风险病例45例。是年，举办"准妈妈讲座"，作孕早期、产时产褥期、母乳喂养知识讲座，并对外来工的孕妇实行孕产妇管理。2005年，7家产前筛查单位全年共筛查孕妇2268例，产前筛查率47.98%，查出高风险病例102例，标准系统管理率91.7%。全县流动孕产妇516人，全部建立名册，随时跟踪。2006年，筛查孕妇2810例，筛查率58.2%，查出高风险病例301例，孕妇建卡4533例，建卡率96.8%。产前检查4533人次，产检率96.4%。2007年，孕妇产前筛查率67.99%。孕妇建卡人数5124例，建卡率96.6%，产前检查5124例，产检率96.41%。2008年，孕妇产前筛查率75.07%；孕妇建卡4823例，建卡率97.47%；产前检查人数4823例，产检率97.47%。

助产接生

民国18年（1929），全县有接生员7人。民国34年接生员11人，县卫生院助产士仅1人。农村妇女做产，由旧接生的产婆（接生婆）接生，一无专门器具，二不消毒，故母、婴死亡率很高。民国28年，鹤浦小百丈70名孕妇，死于难产12人。

中华人民共和国成立后，推行新法接生。1951年始，培训旧产婆，给产婆配备产包、听筒、消毒盒、钳子、剪刀、面盆等接生器具。1952年4月，由竺淑英、方姮娟、王碧蓉3人组成卫生院妇产科，用房2间，开展妇产科门诊及住院接生。1953年8月，成立县妇幼保健站，助产士2人，保健员3人，床位5张。全县共有妇幼保健员7人，接生员77人。1951—1953年，新法接生1166人，婴儿死亡12人，死亡率从受训前的60‰，下降至10‰，无新生儿破伤风发生。1958年，全县建临时产院336个，母子康乐院4个。严格执行"一趟三消毒"接生操作规程。1962年后，初步形成县、区、乡三级妇幼保健网。1979年，新法接生率达99.98%。1981年，经宁波地区卫生局考核验收，象山县获新法接生合格证书。1984年，全县新法接生7338人，其中住院分娩5263人，住院分娩率71.72%，孕产妇死亡1.4/万，围产儿死亡16.86%。1992年，民间接生员全部下岗，结束由接生婆接生历史。1996年，新法接生率100%，住院分娩率99.8%，孕产妇死亡率1.9/万，围产儿死亡率9.7‰。2000年，全县接生4605例，其中自然分娩2901例，剖宫产1533例，手术助产199例，难产发生率37.6%，剖宫率33.3%，未发生孕妇死亡。2001年，共接生4516例，自然分娩2566例，施行各种手术产1981例，剖宫产1787例。其中抢救重危病人89例，抢救成功率100%。2004年，6家接生单位4718例，自然分娩2182例，剖宫产2474例，吸引产23例，产钳术56例，臀位助产39例。剖宫产发生率52.44%，呈逐年上升之势。2006年，

4684例产妇分娩，娩出胎儿4722例。实行住院分娩4684人、住院分娩率99.5%。孕产妇标准系统管理4266人，标准系统管理率90.7%。2008年，全县5301例产妇分娩，其中本地户口产妇5108例，非本地户口，长住一年以上193例产妇分娩，实行住院分娩5301例，经住院分娩率100%。孕妇系统保健管理人数4963例，系统保健管理率93.38%。

2000—2008年象山县幼儿“五率”情况表

表38-7　　单位：‰

项目 / 年份	围产儿死亡率	婴儿死亡率	5岁以下儿童死亡率	出生低体重儿发生率	出生缺陷儿发生率
2000	11.30	10.70	12.60	1.90	12.20
2001	6.40	8.00	10.00	1.90	8.80
2002	9.78	4.89	7.09	1.98	8.40
2003	7.56	2.90	3.60	1.73	7.53
2004	7.4	5.20	6.78	1.60	7.83
2005	8.84	6.34	8.65	1.70	14.20
2006	6.48	3.80	5.91	2.10	10.50
2007	7.40	5.10	6.20	2.20	15.60
2008	9.43	5.20	8.00	2.30	11.85

妇女保护

1956年始，城乡劳动妇女卫生保健工作，推行“四期”（经期、孕期、产期、哺乳期）保护。实施经期调干不调湿，孕期调轻不调重，哺乳期调近不调远的“三调三不调”制度。1964年，全县进行妇女“三病”（浮肿病、子宫脱垂、闭经）调查，治疗12名子宫脱垂患者。1973年始，实行妇科定期检查，至1979年，全县共检查33885名妇女，查出妇科各种疾病16453人，得到治疗12933人。2001年，全县开展规范化妇儿门诊创建活动，为保障广大妇女身心健康，防治常见病、多发病对广大妇女危害，全县开展规范化妇儿门诊创建活动。2002年，查治丹城、爵溪、涂茨、贤庠、定塘、下沈等乡镇1261名妇女，检出疾病587例，其中滴虫、霉菌性阴道炎63例，宫颈炎221例，分别得到治疗。2004年，9家单位开展妇女病查治，共查1945例，查出患病妇女1120例，发病率64.18%。患者得到治疗与指导。2005年，7家单位开展妇女病查治工作，共查3389例，查出患病妇女1949例，发病率57.51%。2006年，9个乡镇开展妇女病普查，应查53749例，发病率37.6%。2007年，14家街道镇乡卫生院开展妇女病普查，共有32320名已婚育妇女进行妇科常见病，多发病普查普治，普查率40.12%。共计查出妇科疾病12674例，发病率39.21%。2008年，实施妇女健康促进工程，全县47174名已婚育龄妇女进行妇科常见病，多发病普查、普治，普查率为40.61%；查出生殖系统疾病17967例，发病率为38.09%。

第二节 儿童保健

幼儿保健

1953年，县培训农村保育员100人，建托儿所26个，入托幼儿269人。是年，仓岙、丹城十村、横埕、晓塘等先后办起母子康乐院。1978年，全县有托儿所35个，入托幼儿1561人。1981年，在全县各公社、镇建立儿童健康档案。1982年起，开展儿童系统管理。1984年，共检查12147人次，治疗或矫正残疾儿童476名。1988年，根据卫生部颁布的《托儿所、幼儿园卫生保健制度》规定，制定《象山县幼儿园卫生保健年度考核评分册》，每年按评分册要求，检查考核幼儿园，符合要求幼托机构发放"卫生许可证"。当年，整顿62所幼儿园，发放许可证57所。1996年，全县有幼儿园98所，幼儿教师376人，入园幼儿5262人，每年要进行一次幼儿和老师的健康检查。2000年，幼托机构768名工作人员健康体检实行集中管理，在园儿童进行一年一度健康状况检查，共体检10067人，体检率96.7%。2002年，完成集居儿童一年一度健康体检844人，体检率91.3%。2003年，重点抓好省卫生厅《关于加强幼托机构预防控制传染性非典型肺炎指导意见》的实施。2005年，考核全县132家幼儿园，114家通过，合格率86.3%。核发新的卫生许可证。对全县幼儿园儿童完成年度健康体检14548人，体检率95.7%，所有异常儿童均得到有效治疗和正确指导，体检结果均入卡、上机、建档。健康体检在职幼托机构工作人员983人，体检率95.9%，调离不能留任16人。2007年，县要求街道镇乡加强对辖区幼托机构卫生指导和监管，加强新申办幼儿园审批制度，规范办园行为。是年全县135家幼托机构，取得合格证和卫生许可证的99所，经年度考核，合格96所。幼托机构卫生保健管理率100%，合格率96.9%。是年，滨海、海韵幼儿园获"宁波市幼托机构示范卫生保健单位"称号。2008年，各街道镇乡幼托机构开展一年一度卫生指导和卫生保健考核，121所幼托机构，获得办园合格证及卫生许可证100所；在园儿童18658人，参加体检18183人，受检率97.5%。春晖幼儿园获市幼托机构示范卫生保健单位称号。

免疫接种

1957年始，婴幼儿每年2次卡介苗接种。1983年，在墙头、爵溪、东门等地开展百白破、麻疹、脊灰糖丸等疫苗按月接种，接种率由75.9%提高至94.6%。1988年5月，全县儿童实施计划免疫工作。1989年3月，联合国儿童基金会、世界卫生组织和中央卫生部代表，到象山审评考核儿童计划免疫工作，认定象山"四苗"覆盖率达99.52%，单苗接种率97.5%。1991年11月，县部署儿童糖丸普服工作。1992年1月，县第一轮糖丸普服工作结束，服苗率达97.96%。1994年1月，县第一次消灭脊髓灰炎强化免疫日活动结束，全县0~47月龄儿童17165人参加服苗，服苗率达98.56%。1995年1月，县第二次消灭脊灰强化免疫工作结束，第一轮应服儿童17710人，服苗17293人，服苗率97.7%；第二轮应服儿童18597人，服苗18211人，服苗率97.9%。1995年，开设县第三次消灭脊灰强化免疫设110个接种点，第一轮应服儿童18155人，服苗17707人，服苗率97.5%；第二轮应服儿童18579人，服苗18132人，服苗率97.6%。1997年11月，象山县防疫站被省卫生厅授予计划免疫先进集体。1998年1月，县第五次消灭脊灰强化免疫活动结束，服苗率达99.6%。1999年12月，石浦、西周两镇中心卫生院通过市卫生部门示范化接种门诊评审。2000

年3月，全县开展消灭脊灰“扫荡式”服苗查漏补种工作，全县服糖丸24819人次，服苗率达100%。2003年7月，正式启动计划免疫四大监测系统网上报告，计划免疫报告系统进入信息化管理程序。2005年3月，县卫生局、疾控中心与23所中小学就中小学生开展麻风腮月苗接种达成共识。2007年，麻疹—腮腺炎—风疹三联疫苗纳入免疫规划。全县开展15岁以下儿童乙肝疫苗查漏补种工作及1月~47月龄儿童脊髓质炎疫苗强化免疫活动。2008年1月，脊髓灰质炎疫苗免疫应种儿童16602人，实种16602人，流动儿童应种4979人，实种4979人，接种率100%。

儿童门诊

1982年，开始儿童系统管理。1985年，县级医院及乡镇卫生院相继开设儿保门诊，是年门诊5185人次。至20世纪90年代，县儿保门诊质量显著提高。2001年，全县范围开展规范化儿保门诊创建活动。2000年，全县19个乡镇开展门诊2919次，接受门诊检查39969人次，丹城、石浦、鹤浦、西周常日开展儿保门诊，其余各乡镇除预防接种日外又补增每月的10日、20日、30日为开诊日，极大方便群众。2001年，在全县范围开展规范化儿保门诊创建活动，石浦、西周、贤庠、鹤浦、墙头、泗洲头6个镇乡为是年创建单位。并组织乡镇医院有关人员赴海曙、慈溪参观。并按照《宁波乡（镇）街道规范儿保门诊评分册》要求，加强基础设施建设，配备有关设施，经考核评审基本合格。2003年，与北京大学医学部新协作项目“儿童先心病监测”启动实施。2004年，街道镇乡卫生院全部完成规范化儿保门诊创建。2005年巩固规范化儿保门诊，县卫生部门多次对乡镇儿保门诊进行业务指导，开展不定期抽查，开办2期儿保医生业务提高班，提升儿保人员业务水平。是年，全县17个乡镇儿保常日门诊，共开诊4564次，门诊达40595人次。2007年，继续巩固乡镇规范儿保门诊创建工作。按《宁波市乡镇级儿童保健规范工作评估细则》，各乡镇规范儿保门诊进行自查。对有关问题进一步整改。是年全县儿保门诊开诊5319次，门诊达43858人次。2008年，县妇幼保健院承担全县儿童智力残疾鉴定，共鉴定55人。7岁以下儿童保健管理率达94.5%。

第五章　爱国卫生

爱国卫生，民国时称清洁运动。民国26年（1937）7月，召开县卫生委员会临时会议，设立临时防疫所，开展防疫工作。1952年4月，县成立防疫委员会，人民政府动员组织群众及社会力量，开展防治病害爱国卫生运动，讲究卫生，减少疾病，提高全民健康水平。在城乡开展主要内容为除“四害”（苍蝇、蚊子、老鼠、臭虫）爱国卫生运动。20世纪90年代始，开展以饮水、改厕所为重点的环境卫生、普及健康教育，提高群众自我保健能力，创建卫生城镇。通过一系列环境卫生整治，象山卫生面貌大为改观。1995年，被评为省级卫生县城。2008年，开始创建省卫生强县。

第一节　环境卫生

民国18年（1929）5月，县政府发布告，要求“藉保公共卫生”“预防时疫流行”。是年9月，县政府书卫生宣传歌谣三四十份，张贴于全县①。民国26年7月，召开县卫生委员会临时会议，暂借县商会设立临时防疫所，开展防疫工作，历时2个月。抗日战争爆发后，时局混乱，卫生工作断断续续，未能认真实施。

1952年4月，县成立防疫委员会，下设区、镇、乡卫生委员会48个，镇属村卫生委员会584个，乡属村卫生小组894个，并举办卫生防疫知识短训班。城乡普遍开展爱国卫生运动，消灭鼠、蝇、蚊、蚤、虱。此后，每逢元旦、春节、国庆等节日，均发动群众进行清扫活动。各部门单位建立卫生检查组织，定期检查评比，奖励先进，开展“循环红旗”竞赛。1956年，县成立“除四害”指挥部，决定每年2月为“除四害”（除鼠、蚊、蝇、麻雀）突击运动月，清除蚊、蝇滋生地。是年，共灭鼠3万余只，麻雀2万余只。1958年5月，发动全民剿雀运动②。是年，县“除四害”指挥部改称“除四害、讲卫生”指挥部。年底召开“除四害、讲卫生”积极分子表彰大会。1959年，城镇组建“人肥组”，统一管理城区粪便，清倒马桶，运往郊外，环境卫生实行门前“三包”。1963年3月，县成立爱国卫生运动委员会，开展以管水、管粪与改良水井、厕所、畜圈、炉灶、环境（简称“两管五改”）为中心的爱国卫生运动。全县58万人次参加，石浦镇及墙头、林海二公社被评为宁波地区爱国卫生先进单位。“文化大革命”期间，虽有卫生运动号召，而少实效。

1978年，重建县爱国卫生运动委员会，开展以“除害灭病”为主要内容的爱国卫生运动。丹城和石浦组建“卫生班”，负责督促环境卫生。是年，环境卫生整治活动开展6次，17万人次参加，清除垃圾13.7万担，疏通阴阳沟2740余条，灭鼠61758只，灭蟑螂1.2斤。1982年后，爱国卫生运动与“五讲四美”“文明礼貌月”活动相结合，以治理乱、脏、差为重点，改善公共卫生。城乡改建、新建一批公共卫生设施，陆续组建化粪池，迁移仰天粪缸（池）。1988年1月，丹城环卫所成立，职工46人，配手扶三轮车4辆、吸粪车1辆。1995年，丹城城区被评为省级卫生县城。1996年，开辟旦门水桶岙垃圾填埋场，占地1万平方米。1997年，丹城建塔山南麓和来薰路西垃圾压缩中转站。1998年，城区设果壳箱442只，消毒垃圾箱190只，建垃圾中转场1所，垃圾填埋场1处。

2000年12月，全县公共厕所29座，其中冲水式27座，配管理人员27人。2001—2004年，全县共清理露天粪缸（池）70373只，新建公厕480座，三格式化粪池1563座。2004年，在保持市“灭

①据象山民国档案，时歌谣为：照得现值秋令，疫疠四处流行。欲防此病传染，首宣讲究卫生。室内常时洒扫，自然空气清新。饮食务求清洁，第一留心苍蝇。街头巷尾垃圾，勿使稍有堆存。天气冷暖不定，晚睡须盖薄衾。切忌当街露宿，以防疫气侵临。最好多备痧药，广施贫乏四邻。合承明白劝告，务各谛听咸遵。

②5月12日凌晨，全县学校停课，商店关门，工厂停产，家户屋上插彩旗，人手持竹竿、火药枪、洗脸盆、火油箱、铜锣等物，响器、鞭炮齐鸣，男女老少发出“嗬嗬”呐喊，赶打麻雀。麻雀四散飞蹿，也有精疲力竭而跌落地上，时为“除四害”之一景。

鼠先进城区”称号同时，通过“省级灭鼠先进城区”认定及市级“灭蟑先进城区”复核验收达标。2005年，在城区、城郊、石浦、西周、定山、东郊建立6个卫生监督分所，形成县、街道镇乡二级卫生监督执法网络。在第17个爱国卫生月活动中，全县共出动6.5万人次，参与环境卫生大清查，清理卫生死角300处，铲除垃圾400余吨，疏通阴沟2.8万米，清除露天粪坑（池）400余只，新增绿地20万平方米，并开展灭蚊、蝇、蟑螂、鼠活动。是年，县财政安排10万元灭鼠经费，街道镇乡以1∶1比例落实配套资金10万元，共投放灭鼠毒饵45.43吨，完成农田灭鼠28.47万亩，室内灭鼠13.40万户。农田和室内外灭覆盖率分别为95.13%和95.07%。

2006年，各街道镇乡均成立公共卫生工作委员会。2007年，无露天粪坑（池）村达469个，占全县行政村总数的94.6%。全年新增卫生公厕112座，新增无害化卫生厕所7348户，卫生厕所普及率达76.39%。全县共创建县级卫生村34个，省级卫生村1个，县级卫生单位16家，市级卫生单位10家，省级卫生单位3级，市级卫生镇1个，市级卫生街道1个。2008年，全县申报县卫生村65个，市卫生村28个，省卫生村9个，县卫生先进单位15家，市卫生先进单位10家，省卫生先进单位1家，为历年申报卫生先进最多一年。

第二节　饮水卫生

20世纪50年代，丹城公用水井实施井水消毒。随后在丹城凤跃溪边建沙滤水池6口，在北门建造饮水库。农村搞分塘用水、分段用水、打井用水。至1979年12月，全县打造水井4575口，灶边井1247只。1980年，仅丹城、石浦安装自来水，覆盖人口48213人，占全县总人数10%。饮用井水、溪水26万人，占57%左右；饮用河塘水15万人，计32.6%。1979—1984年，全县各种类型饮水源和自来水实施监测。其中，符合国家饮水标准5470个，合格率为87.75%。马岙、大塘、晓塘、中楼、南庄、茅洋、林海7个公社打造的深井，含氟量远超国家饮用水卫生标准，氟中毒波及20余个自然村，患氟斑牙1522人，氟骨症153例。为尽快改善饮水条件，1981年，县政府制订《象山县改善饮用水卫生条件十年规划》，确定在全县范围建造自来水厂（站），实现集中供水目标，在“六五”“七五”两个五年计划内完成。其后，全县改水工程有序推进。1986年，大塘港改水工程竣工，1万余人受益，彻底改变饮用高氟水状况。至1990年12月，全县已建造自来水厂（站）214座，其中镇乡级水厂16座、村级水站188座，受益行政村457个，占总人数的61.42%，受益人口371137，受益率达71.06%。

2004年，县政府把农村改水列入实事工程，各街道镇乡制订相应实施规划。是年，共投入农村改水资金2608.2万元，新建水厂3座、水站40座，改造水厂7座、水站18座。2006年，对全县乡镇级水厂开展水质专项检查，全方位察看水厂环境卫生、消毒制度、消毒设备、制水工艺和流程，对不合格水厂发出整改通知，限期完成，达到出厂水质符合国家标准。2007年，全县自来水厂实行量化分级管理。监测20家水厂，采样340份，达标245份，达标率72.06%。爵溪、东陈自来水厂获宁波市改水先进集体，石浦自来水有限公司等3家水厂被评为宁波市自来水水质管理先进单位。是年，全县投入饮水工程建设资金4555.2万元，改建5家水厂和109个村供水设施，为40家水站配置净化消毒设备，8.36万人口供水设施得到改造。18个集中供水单位43个监测点常规监测，采样305份，检测4575项次，合格3889项次，综合合格率85.01%。石浦自来水有限公司等3家水厂被评为市级自来水水质管理先进单位。2008年，投资140万元，改造丹城丹峰小区、文峰小区、部分老小区及上余村自来水管道，铺设新管道代替腐蚀、老化旧管道，水质明显提高。

第三节 校园卫生

民国18年（1929），县政府颁布《学生健康检查规则》。民国25年，又颁布《乡村小学城市小学卫生暂行标准》。均因人员、经费困窘，实施甚少。民国32年，县立初中、立三初中，开设生理卫生课，设校医兼教员，学校成立体育卫生组，重视医药治疗、膳食及学校环境卫生检查。县立小学、始达、石浦斐迪等校，配专职或兼职教员，实施与加强学生的生活指导，尤重课内卫生知识教学。全面体检42所中小学2720名学生，缺点矫正1320人，诊疗2530人。

1953年，象山第一初级中学首设医务室，配专职医务人员，为学生定期开展各种预防接种健康检查和卫生宣传。1956年，中小学普遍进行健康卫生教育和经常性学校卫生工作。1965年，丹城镇中心小学2023名学生接受全面体检。其中，1800名学生作肠道寄生虫病检验，蛔虫感染学生32人，感染率1.7%。学校为蛔虫、钩虫感染学生免费治疗。1978年，重点检查象山地区初高中学生视力，检查发现276名学生患眼疾，以沙眼、屈光不正者居多，并在学校开展预防眼病等知识宣教活动。1980年，贯彻《中小学卫生工作暂行规定（草案）》，14所中学6325名学生、23所小学14397名学生接受视力测定，视力减退率分别为中学生20.6%、小学生6.6%。1982年，县举办"保健教师培训班"，各校普遍建立眼保健操与定期视力检查制度，建立学生健康档案，健全卫生检查评比制度。1984年，为7542名中学生与8163名小学生进行视力测定，视力减退率分别为23.58%、5.07%。卫生部门分析中小学生视力下降原因，指导中小学采取综合防护措施。1988年，开展传染病肝炎防治，发现可疑肝炎学生及时隔离治疗。1990年，检查县城10564名中学生，视力不良2752人占26.05%，龋齿患病率13.78%，沙眼患病率5.62%；县城小学2665名学生检查，视力不良占10.88%，龋齿占63%，沙眼占3.57%；区乡小学10743名学生检查，视力不良占4.51%，沙眼占3.45%，龋齿占57.25%。

2000年，全县各校参加健康体检42147人，体检率94.89%，并矫治各类疾病30812人。检查中学17899名学生，视力不良17.55%，沙眼2.13%，龋齿24.59%，心脏病1.02%；检查小学24248名学生，视力不良58.47%，沙眼3.38%，龋齿20.3%。是年，全县中学有校医11名，保健教师6名，小学有校医6名，保健教师5名。有27所中学开设卫生课，受教育学生25564人；有23所小学开设卫生课，受教育学生18080人。2002年始，加强学校食品和传染病预防为主的监督工作，41家学校（幼儿园）食堂开展量化分级管理。评选出A级学校（幼儿园）食堂8家、B级20家、C级13家。2005年3月，全县共报告流行性腮腺炎1113例，发病率179.87/10万，与2004年同期相比上升607.98%。县卫生部门与教育部门联合，在全县中小学和幼儿园开展腮疫苗紧急接种，各校（园）疫情得到有效控制。2006年，健康检查全县62所中小学校学生38387人，检查率98.6%。查出营养不良299人，肥胖54人，视力不良448人，贫血71人，龋齿1304人。2008年，开展"校园卫生健康行动"专项整治活动，主要包括食品卫生专项检查，饮用水专项检查，高考期间卫生保障和学校传染病防控工作。

第六章　药材　药品

旧时象邑缺医少药，西药更少。民间传统多用山野中草药治病。民国期间，西医渐入，药品渐丰。中华人民共和国成立后，政府重视医药事业，象山药业有所发展。改革开放后，医药生产、经营企业发展迅速，街道镇乡遍布药房，方便民众用药需求。

第一节　中药材

象山中草药材，见之于民国《象山县志》记载70余种。传统产品有茯苓、天南星、麦门冬、苦参、百合、枸杞、半夏、细辛、牵牛、车前子、苍耳、何首乌、覆盆子、菖蒲、狗脊、艾、菊花、附子、金银花、红花、紫苏、益母草、草乌头、桔梗、土牛膝、青木香、茅根、女贞子、瓜蒌、山楂、白术、贝母、松花、樟脑、五加皮、松花、丁公藤、蒲公英、接骨草、穿山甲、牡蛎、文蛤、海螵蛸、半边花、三七、前胡、白芨等。最著名者为贝母，今中药材浙贝原产于象山，故称“象贝”。与川贝齐名，列入清乾隆赵学敏著《本草纲目拾遗》。中华人民共和国成立前夕几绝。

象贝考　贝母，为百合科多年生草本植物。味苦、性寒，归肺、心经，具有清热化痰、散结消痈等功效，是治疗风热、痰热咳嗽、瘰疬、乳痈疮毒、肺痈等病症的主要药物。浙贝原产于象山，称“象贝”。乾隆《象山县志》云，贝母为“象邑之最良者”。道光《象山县志》载：“象山出者象贝，异他处。”详见本志《农业》篇，第五章“经济作物”，第四节“中药材”。清《乐妙山居集》云：“土人谓子皆负其母。所产地，雷不震。近象产甚少，所用浙贝皆鄞小溪产。”象贝生产应早在明代开始，康熙年间传入鄞县樟村一带。道光年间（1821—1850），鄞县大量种植，成为浙贝主产地。而象山农民因种植鸦片获暴利而逐渐放弃了象贝种植。浙贝之名遂取代象贝。清末至民国，象贝种植逐渐衰微。

中华人民共和国成立后，国家重视发掘、利用中草药资源并组织收购，象山药材业一度成为农民的重要增收产业。1961年，西周、儒雅洋、南庄、东陈等地先后种植药材260亩。1965年增至500亩。其间，农村及中小学校每年组织“小秋收”，采集药材投售。“文化大革命”中，种植面积锐减，1976年仅164亩。1979年后，药材生产恢复发展。1985年，回升至260余亩。主要有白芍、川芎、红花、米仁、白术、一见喜、荆芥、丹皮、生地、黄芪、党参、麦冬、三七、桔梗、甘草等30余种。20世纪80年代中期，全县中药材生产量为150余吨。1990年后，开始恢复生产，种植面积已达300余亩。此外，白术、丹参、玄参等几十种中药材都得到开发、种植。90年代中期，中药材产量达200余吨。2007年年末，种植芍药200亩、延胡索180亩、玄参116亩、白术85亩。象山收购中药材品种达180余种。2007年年末，全县中药材产量锐减至20余吨。

2003—2007 年象山县地产中药材收购情况表

表 38-8　　单位：千克

中药名＼年份	2003	2004	2005	2006	2007
山　枝	1200	1300	800	500	300
陈　皮	3600	3000	2500	1200	1000
益母草	500	400	500	350	300
墨旱莲	2000	1900	1500	1200	800
平地木	1300	1100	800	670	380
蛇舌草	2000	1800	1200	1100	1200
枇杷叶	6000	6500	4800	4200	3800
络石藤	1100	900	750	350	200
地肤子	500	400	430	230	300
急性子	500	450	350	200	100
女贞子	500	2300	4000	9000	9000
小青皮	12000	11000	8000	3000	600
蔓荆子	380	350	200	100	100
海　蛸	3000	2800	1000	1200	800
蛤　壳	900	4000	0	0	0
昆　布	8000	300	400	300	0
接骨草	520	500	300	200	100

第二节　药品生产

象山制药，始见于明宣德二年（1427），县设惠民局“督医制药”。民间制药，最早记载见于清雍正元年（1723），设于丹城东街薛诚意膏丹铺，创始者为应姓外地郎中，故世后传给其徒薛昌远。

薛氏膏药考　薛氏原籍鄞县，在象山定居后，专营膏丹。自己配制、销售，代代相传，配制各类膏丹，按应氏秘传生产，选料上乘，加工精细，疗药显著。其生产膏药取中药材 20 多味，用麻油加少量猪油，在大铁锅内煎制两天，其间，去药渣，加铅膏松香，煎成膏汁或块，用井水浸入，长年贮存。糊制各类膏药时，再切块溶解使用。配制、加工和贮存皆十分讲究。头风膏药，加五香散，用于产妇；暖脐膏药，加肉桂粉，用于出生婴儿；麝香膏药，加麝香，用于治伤；樟冰膏药，加樟冰，用于发散；咬头膏药，加蓖麻子，用于疮毒；绿头膏药，加蓖麻油、松香、铜绿，用于清凉、清肿热疖；抽脓涨肉膏药，加生肌散，用于疮毒抽脓涨肉；珍珠百宝丹膏药，加珍珠百宝丹，用于大疮；疔疮膏药，加疔疮药，用于各种疔疮等。

清咸丰元年（1851），延昌大元堂；宣统年间，丹城同泰和国药号；清末，石浦同饮和药店（后为大皆春）均加工生产中草药。民国3年（1914），丹城胡余庆堂等，均为前店后坊（场），自制丸、散、膏、丹等成药近百种。胡余庆堂制药配有头刀手、二刀手、三刀手，制作精细。石浦大皆春，设于中街，里三间为工场，加工成药，生产丸、散、膏、丹、酒。硬膏有驴皮膏、龟板膏、虎骨膏，软膏有枇杷膏、雪梨膏。丸有十全大补丸、全鹿丸、八珍丸、六味地黄丸、桂附八味丸、杞菊地黄丸等。散有诸葛行军散、红灵丹、七星散、霜枣散、锡类散。丹有紫金锭、小儿回春丹、紫雪丹、黄升丹、红升丹等。酒有周公百岁酒、五加皮酒、玫瑰酒等。药品制作考究、规范。不论冷销热门，名贵普通，均按药方，少有缺味，严禁伪药采入。

中华人民共和国成立后，不少药店仍沿旧习，前店后场，制作成药。1956年，公私合营后，药店（作坊）减少，药材统一管理，种类增加。1958年，县人民医院增设制剂室，生产自用氯化钠和葡萄糖大输液、眼药水、油膏等。其后，石浦人民医院亦仿效自制。1970年，象山县医药公司成立中药加工部，加工中药饮片。县人民医院制剂室开始生产5%葡萄糖液、5%葡萄糖盐水、10%葡萄糖液、50%葡萄糖液、0.9%氯化钠液、复方氯化钠液、5%碳酸氢钠液、0.5%普鲁卡因、1%地卜因、0.25%氯霉素针、10%胎盘组织液，以及当归、红花、红茴香、柴胡等中草药针剂。外用药有红汞、甲紫、碘酊等多种药水、软膏等，供医院自用。1972年4月，建象山制药厂，主要生产204胃药片、十全大补酒、半夏露糖浆等中成药制剂和各种规格大容量输液的西药制剂。1985年，象山红十字台胞医院也生产自用制剂，至1990年停止。1986年，象山县医药药材公司建中药饮片厂。1987年，中药饮片生产销售量7.3万余公斤，销售额100万元。2001年，中药饮片生产销售量为29万公斤，销售额为710万元。2002年2月，在中药饮片厂基础上，建立“宁波神农中药饮片有限公司”，生产中药饮片达35万公斤，年销售额811万元。2007年12月31日，宁波神农中药饮片有限公司注销，停止生产。

1993年，象山制药厂在城西路建成大输液车间和片剂车间。2000年1月，象山制药厂转制为股份制企业，厂址迁爵溪前岙工业区，并更名为宁波正大药业有限公司。2003年4月，更名为宁波长富药业有限公司，公司占地面积5.8万平方米，建筑面积6000平方米，主要生产医用大输液产品，时为象山药品生产规模最大的企业。2008年后停产。

第三节　药品经营

县内药品经营历史悠久。据史料记载，清乾隆年间，丹城薛诚意开设膏药铺。清咸丰元年（1851）延昌赵秀中开设大元堂。清末，有石浦同饮和、丹城同泰和、有义成与福庆堂。民国3年（1914）丹城胡余庆堂开业。民国9年，石浦大皆春国药号开业。民国时期，墙头、西周、泗洲头、南堡、岳头、东溪、新桥、爵溪、岑㞧、涂茨、励家坪、昌国卫、溪口、虎啸铺及鹤浦等地，均有中药店铺经营中草药。民国16年，丹城天逸诊所兼营西药，品种仅阿司匹林、双桃丸（即奎宁丸）等。民国26年，丹城杏林春药号开业。时全县有中药铺63家。至中华人民共和国成立前夕，丹城、石浦两镇仅存6家，乡村所存寥寥。

中华人民共和国成立前后象山县药店（铺）情况表

表 38-9

店　名	店　主	地　址	建立时间
薛成意	薛昌远	丹城东街 18 号	清雍正元年（1723）
大皆春	股份制	石浦中街 51 号	清末
丁继元	丁志文	石浦昌国	清末
万全堂	屠是标	石浦新道头	清末民国初
存仁堂	李松茂	石浦福建街	民国初年
同泰和堂	翁　涛	丹城东街 50 号	民国 3 年（1914）
胡馀庆堂	胡企本	丹城西街 171 号	民国 11 年
福庆堂	林兴泉	丹城南街 28 号	民国 24 年
杏林春	董亨咸	丹城西街 159 号	民国 26 年
楼同盛	楼文藻	石浦中街关帝庙对面	20 世纪 30 年代
同德堂	吴乃宝	石浦人民路	20 世纪 30 年代
万年春	李郁亭	石浦中街	20 世纪 30 年代
大元堂	赖达元	石浦	20 世纪 30 年代
乾宁堂	杨　霖	石浦	20 世纪 30 年代
天生堂	邵冯生	石浦	20 世纪 30 年代
同保和	胡乐浓	石浦	20 世纪 30 年代
太和堂	王　璋	下沈	20 世纪 30 年代
香山堂	李 ××	涂茨老街	20 世纪 30 年代
仁济堂	周祥生	涂茨老街	民国 29 年
同仁堂	孙贤员	下沈	民国 34 年
生生堂	金杏林	石浦江心街	1950 年
中亚药房	宋立人	丹城南街 15 号	1952 年
荣寿康	翁象庆	丹城东街王家墙弄对面	不详
义成	史保存	丹城东街 4 号	不详
广和堂	穆阿三	丹城羊行街 7 号	不详
松茂堂	马静齐	墙头	不详
柏龄堂	杜朴齐	墙头	不详
庆生堂	—	林溪乡	不详
保康弃	周肇洵	林溪乡珠岙	不详
周仁堂	姜子和	靖河乡（南庄）	不详
大生堂	吴陌平	东麓大街	不详

续表38-9

店 名	店 主	地 址	建立时间
天德堂	王卿生	茅洋溪口	不详
寿庆堂	刘德刚	大徐虎啸铺	不详
乾德堂	董保生	东陈南堡	不详
生荣堂	贺荣桂	贤庠西山下	不详
树德堂	柳 栋	贤庠西山下	不详
吉庆堂	张博生	贤庠西山下	不详
回春堂	卢财宝	民主崔家岙	不详
九泰	肖实生	民主崔家岙	不详
时新堂	—	东海乡	不详
庆龄堂	—	爵溪	不详
同延堂	—	爵溪	不详
美成堂	—	西周	不详
延龄堂	—	西周	不详
存仁堂	何兰芬	西周庆丰桥	不详
杏龄堂	—	下沈关山	不详
颐寿堂	—	下沈	不详

1952 年，宋立人在丹城南街开设中亚药房，专营西药近 300 种，为全县首家西药房。1956 年，经社会主义改造，丹城、石浦私营中西药店全部公私合营。1958 年前后，农村药店并入公社卫生院或供销社。1960 年 7 月 14 日，象山县中西药公司成立（后改称象山县医药公司），在丹城、石浦设立批发部。公私合营中西药店转国营后，大多成为县中西药公司门市部。1981 年，丹城首开个体药店，此后医药药品经营企业发展迅速。至 2008 年，全县药品批发企业 2 家，药品零售联销总部 1 家，零售药店 95 家。

象山县医药药材公司

1993 年，由象山县医药公司改名。1997 年 10 月，象山县医药药材公司与石浦医药公司合并，成立象山县医药药材总公司。2000 年 6 月，象山医学药材总公司完成股份制改制工作，并由宁波医药股份控股（51%），企业更名为象山医药药材有限公司，下设药品经营部、石浦分公司、中药饮片分公司 3 家分支机构，9 家零售药店。公司经营中药材、中药饮片、中成药、化学原料药、化学药制剂、抗生素、生化药品、生物制品、医疗器械、医疗防疫康复保健商品及化学危险药品的批发、零售。下属象山医药商店、象山中药店、象山康乐药店、象山益寿堂药店、象山靖东药店、象山石浦药店、象山石浦大皆春药店、象山石浦延春堂药店 9 家，职工 206 人。

宁波久久医药药材公司

2005 年 10 月成立，址象山县工业园区西谷路 309 号，是一家具有半自动化现代物流的新型医药批发企业，公司总面积 2250 平方米。其中，办公营业用房 250 平方米，仓库总面积 2000 平方米

(冷库 24 平方米，阴凉库 1000 余平方米)。仓库配备横梁式高位货架、电动堆高车、电子标签、手持无线终端、计算机、运输车等物流设备。经营中药材、中成药、中药饮片、化学原料药、化学药制剂、抗生素、生化药品、生物制品、第二类精神药品等 300 余种。

象山养生堂药品连锁有限公司

前身为宁波象山养生堂药店，创办于 1992 年 7 月，隶属宁波象山大目涂经济开发总公司，址天安路 21~27 号。1994 年 2 月，由个人承包。2000 年，企业转制，更名为象山养生堂药品零售有限公司。2002 年兼并康达药店，并迁天安路 90~110 号。2005 年 4 月，更名为象山养生堂药品连锁有限公司。2006 年 7 月，养生堂石浦店开业。象山养生堂药品连锁有限公司营业面积 1000 平方米、仓储面积 500 平方米，从业者 100 余人。

象山同仁堂大药房

前身系成立于 1982 年的孙记药店。址丹城西街，以中药配方为主，西药零售为辅。1988 年，迁丹城南街 114 号，经营转向西药、中成药为主，中药配方为辅。2000 年 11 月，迁天安路 111 号，改名为象山同仁堂大药房，营业面积 500 平方米，仓库面积 1000 平方米，员工 50 余人，为象山药品零售行业龙头企业。

第七章　医疗卫生管理

历史上药品的制作、销售强调行业自律，无专门管理机构。明宣德二年（1427），县设惠民局，始有督医制药，中华人民共和国成立后设卫生局有专门管理机构。2002 年成立象山县药监局。2005 年，改名为象山县药品食品监督管理局。全县药品、食品生产、经营、使用各环节安全得到有效监督管理。

第一节　管理机构

明朝设医学训科，清朝仅设官医 1 名。民国时期，卫生医疗由县民政科第三股兼管，负责全县卫生行政和医疗预防、环境卫生等工作。

中华人民共和国成立后，政府加强医疗卫生工作领导。1950 年 3 月，县人民政府接管县卫生院。1952 年 9 月 3 日，县政府设置卫生科，为政府工作机构。县卫生院负责医疗业务、卫生防疫和全县卫生行政管理工作。1955 年，县卫生科改为县人民委员会卫生科。1958 年 10 月 7 日，宁海并入象山县时期，卫生科改为文教卫生部卫生组。1959 年 4 月，恢复卫生科。“文化大革命”时期，县生产指挥组机构内置卫生办公室。1977 年 8 月，改为县革命委员会卫生局。

象山县卫生局

1981 年 1 月 1 日，县第九届人民代表大会通过，象山县革命委员会改为象山县人民政府，卫生局成为县人民政府主管全县卫生工作职能部门，负责制定全县卫生事业发展计划和目标，依据卫生法规、标准，对传染病和地方病防治、公共卫生、生活饮用水卫生、学校卫生等行施监督和检测；负责实施医务人员认定、医疗机构执业许可、妇幼卫生保健、医疗机构管理等工作；协助开展初级卫生保健、爱国卫生运动等工作；协助处理重大突发事件和自然灾害，组织全县卫生技术力量抢救伤病员，防止和控制疾病发生和蔓延等工作。

象山县食品药品监督局

2002年6月18日，象山县药品监督管理局成立，为宁波市药品监督管理局直属机构，内设办公室、药品监督管理科（稽查科）、医疗器械科。县药品监督检验所建制划归县药品监督管理局管理，改称为象山县药品检验所。2005年4月，在县药品监督管理局基础上，组建象山县食品药品监督管理局，内设综合办公室、食品安全协调监察科、药品监督管理科、医疗器械监督管理科，并成立象山县食品、药品稽查大队，撤销象山县药品检验所。

象山县爱国卫生运动委员会　成立于1963年3月，系领导全县爱国卫生运动议事协调机构。前身为成立于1952年4月的县防疫委员会。常务机构是爱国卫生运动委员会办公室，设在县卫生局内。其主要职能是：拟定、组织贯彻国家和县内公共卫生和防病治病的方针、政策和措施；统筹协调有关部门及社会团体，发动群众，开展除“四害”，讲卫生、防病治病活动；广泛进行健康教育，普及卫生知识，提高卫生素质；开展群众性卫生监督，不断改善城乡生产、生活环境的卫生质量；检查和进行卫生评价、提高人民健康水平。县爱卫会，由历届县政府分管文卫副县长兼任主任，成员由县级有关部门领导组成。

象山县食品安全委员会　为加强对食品安全工作领导，完善食品安全工作机制，2005年6月8日，成立象山县食品安全委员会，由县政府、县委宣传部、县发展改革局、县经济发展局、县食品药品监督管理局、县卫生局等22家单位分管领导组成。下设办公室于食品药品监督管理局内。食品安全委员会的成立，明确了地方政府对食品安全负总责。

第二节　医政管理

象山医政管理最早见之于乾隆志：官医督医制药，以济穷民及囚狱患者。民国时期，县内无专门卫生管理机构。民国27年（1938），县长盛世馨召集地方士绅商议并成立象山县公立医院。民国29年建立县卫生院，县公立医院并入县卫生院，负责全县卫生行政和医疗、预防、环境卫生等工作。

中华人民共和国成立初，政府接管卫生院，改称象山县人民政府卫生院，内设医疗、防疫、总务三股，负责全县卫生行政、医疗、预防和妇儿保健等工作。卫生院由县政府秘书室代管。1952年，县人民政府设立卫生科，卫生院归属卫生科领导，县卫生院负责医疗业务、卫生防疫等工作。1953年，成立县卫生工作者协会，管理个体开业医生，并组织动员全县医务人员参与社会主义医疗卫生事业。1956年“八一台灾”后，县成立灾区卫生办公室，设立防疫区、医疗站，组织医务人员昼夜进行消毒杀虫，打防疫针，救治伤病员3.33万人次，实现大灾无大疫病流行，受到中央卫生部和省政府通报表扬。1969年12月，县首届卫生工作会议召开。积极推广农村合作医疗，大力培养赤脚医生。1973年，全县进行血吸虫病普查，为发现血吸虫病病人及中间宿主，普查证实象山为非流行区。1978年8月中旬，番头公社发生2例副霍乱病人，县成立“02病”防治指挥部，县卫生局组织40名医务人员赶赴现场进行疫点封锁、消毒、病人隔离治疗。1982年，区、镇、乡卫生院实行“三定一奖”（定工作任务、定收支指标、定经费补助）暂行办法。1991年4月，县政府组织工作组进驻东陈乡樟岙村开展实现完成初级卫生保健任务试点工作。1999年1月，全县医疗单位实施“药品总量控制”改革方案。2001年，在鹤浦中心卫生院进行股份合作制改革试点。2003年，县政府成立由分管副县长为组长的县重大医疗事故处置领导小组，县卫生局成立医疗事故判定小组。2004年，通过“省级灭鼠先进城区”复核认定，“灭蟑先进城区”验收达标。县委、县政府召开全县卫生工作会议，进一步推行新型农村合作医疗制度。2005年，全县新型合作医疗结报中心正式运行。2007年，县政府召开艾滋病防治、精神卫生、献血工作会议，象山县评为市公共卫生先进县。2008年，出台《2008年度镇乡街道卫生工作考核实施办法》和《象山县社区卫生服务工作考核实施办法》，开展“平安医院”创建与省、市二级规范化社区卫生服务中心创建活动，强化公共卫生体系和卫生监督执法，启动实施妇女健康促进工程。

第三节　药品监管

药品生产监管

旧时，中药材生产、经营，靠行业自律提高卖家信誉。政府机构发现伪劣药品，将会派员阻止。中华人民共和国成立后，政府落实各项措施，加强生产领域监管。1970年，县医药公司设中药加工部，按行业标准生产中药饮片。2002年6月，县药监局建立，开展药品监管工作。2003年，县药监局对医院制剂情况开展专项检查。2004—2005年，长富药业连续出现大输液质量问题后，县药监局检查出23条缺陷项目，作出限期整改。2006年6月，省药监局派员检查长富药业，发现长富药业更改生产批号和有效期等严重违反《药品生产质量管理规范》生产药品行为，收回长富药业《药品生产质量管理规范》认证证书，并责令停业整改。2007年9月，县药监局选派认证检查员进驻长富药业有限公司，开展驻厂监督工作。12月31日，长富药业自行停业。

药品经营监管

2002年，县药品监督管理局开展药品经营单位推行药品分类管理，确定全县15家药品零售企业为达标单位。2003年，44家药品零售企业通过分类管理验收，对17家未通过企业进行整改。2004年，全县药品零售企业除6家已经转为乙类非处方药外，全部通过GSP认证现场检查。2005年，县药监局受理开办药品零售企业和变更备案申请54家。药品零售企业按积分卡检查4次，个别重点监管企业达到5次。继续开展药品GMP、GSP认证和跟踪，对不合格企业，作出限期整改。2006年，县药监局受理药品零售企业许可项目变更备案的申请57家。开展药品零售企业GSP跟踪检查。除新开办药品零售企业外，全县药品零售企业（含3家分支机构）已全部通过GSP认证，并取得认证证书。

2007年4月10日，实施《宁波市药品零售企业新设置标准》，严格市场准入。33名药师参加岗位能力测试，其中6名药师测试不合格。2008年，继续严格药品零售企业市场准入，规范行政许可服务，开展药品经营企业日常检查，重点检查药品质量、进货渠道、购进验收、药品储存、药师在职在岗等项目。同时，开展全县小药店规范与提升工作，73家单位确定为“小药店”规范提升对象。

医疗机构药品监管

1990年，实施《宁波市县及县级以上医疗机构药品质量管理办法》。县第一人民医院、县红十字台胞医院、县中医医院、县爱心医院，成立由院长或业务主管为首，由药学、临床医学、医院感染管理和医疗行政管理等方面专业人员，组成医院药事管理委员会，组织并监督实施《药品管理法》《药品管理法实施条例》等有关药品管理法律、法规和规章。医院药事组织负责人对本院所使用的药品负管理责任；药学部门负责人对本院药品采购、储存、调剂、使用各环节质量负具体责任。设置质量管理小组或专职质量管理员，负责药品购进验收、保管养护、调剂、不合格药品处理等环节监督。医院均设置与其规模相适应、能按药品性能分类保管储存的专用药品仓库，麻醉药品、一类精神药品、医疗用毒性药品、放射性药品设专用仓库（柜），并落实安全措施。对于不同药品性质和储存要求，控制不同仓库温度，药品仓库划分待验药品（库）区、合格药品（库）区、不合格药品（库）区、退货（库）区、中药零货秤取（库）区等，各库区实行色标管理。2002年7月，县药监局与卫生局联合出台《象山县县级以下医疗机构药品监督管理办法》，培训辅导村、社区卫生服务站药品监管工作，并开展个体诊所库存药品清查工作。2003年9月，县政府在墙头镇召开全县农村医疗机构药房规范化建设现场会。至2004年6月，县级医院、乡镇卫生院、村级社区卫生服务站等医疗机构药品规范化全部达标。2005年，加强镇乡卫生院药品配送覆盖率，镇乡卫生院药品配送由原来14家增加至15家。2006年，上报药品不良反应报告263件，其中县级医院157件、城乡卫生院105件、药品零售企业1件，完成布置药品不良反应报告目标值159件。县药品监管局与县卫生局联合举办了药品不良反应、医疗器械不良事件报告和监测培训班。2007年，验收评选农村医疗机构“示范合格药房”，确定28家村级医疗机构药房为“示范合格药房”，并通过省局检查组考核验收。上报药品不良反应报告205件，其中严重和新的药品不良反应报告38件。2008年，开展医疗机构药品质量检查，加强药品不良反应监测上报，全县各监测点共上报药品不良反应293例，其中新的、严重不良反应73例。

第四节　医疗器械监管

县药监局成立之前，象山无专门医疗器械监督管理机构与人员。2002年，县药监局成立后，根据国务院《医疗器械监督管理条例》规定，监督管理全县医疗器械的生产、经营和使用。

医疗器械生产监管

2003年，县出台《象山县药品监督管理局药品、医疗器械日常监督工作责任制》。时“非典（SARS）”疫情暴发，县药监局加强防治“非典”医疗器械专项检查。2004年，县药监局对宁波戴维医疗器械有限公司的产品说明书、标签、包装标识等82处不符规定内容，进行修补完善，保证产品合格出厂；指导威利马医疗器械厂整改产品说明书、标签、包装标识样本上存在问题；指导晶美义齿加工厂、安诺医疗器械有限公司两家新开办生产企业规范生产。2005年，全县获批准注册可生产的医疗器械品种37个，其中批准注册三类12个。2007年，开展生产企业医疗器械注册申报资料现场核查工作，辖区8家医疗器械生产企业，完成上报产品注册资料现场核查35个。2008年，县药监局检查生产企业32家次，检查覆盖率100%。是年，开展医用电气设备产品注册执行标准检测情况检查，完成3家生产企业、20个医用电器设备产品注册，执行国家标准检测情况检查和资料上报。

医疗器械经营监管

2002年，检查149家涉嫌销售计生避孕药具和性保健品店，发出限期整改通知书32家，取缔6家，查获非法计生用品30余件，价值1万余元。2003年7月，县药监局与县公安局捣毁无证经营、涉嫌销售假劣药品医疗器械窝点2个。“非典”疫情暴发后，专项检查6家经营医疗器械的大商场、超市。2005年，检查镇乡卫生院以上医疗机构、医疗器械批发企业和部分零售店等44家单位，发现说明书、标签和包装标识不合格或不规范等问题90种。2007年，对重新注册的4家企业、产品监管抽验不合格的2家企业开展有因检查，并提出整改建议。2008年，检查16家隐形眼镜经营企业的161个批次产品，发现问题52种。

医疗器械使用监管

县药品监督管理局成立后，开展全县医疗单位一次性使用无菌注射器、输液器、输血器、滴定式输液器、无菌注射针、静脉输液针、塑料血袋、采血器等使用情况监督检查。2003年，县药监局确定县第一人民医院、红十字台胞医院、县中医院和丹城、石浦、鹤浦、西周中心卫生院，翁敬堂骨伤医院等8家医疗机构，为高风险医疗器械重点监管单位。是年，出台《象山县医疗机构医疗器械使用日常监督管理办法》。对口腔义齿材料展开检查，重点检查个体牙科诊所，检查面为100%，取缔非法牙游医1家，发出限期整改通知书7份。2004年，县药监局对全县19家隐形眼镜和护理液经营单位进行调查摸底，为省市制订相关法律文件、规范隐形眼镜和护理液经营市场提供依据。2005年，现场检查县级医疗机构和口腔义齿使用单位的医疗器械使用情况，覆盖面100%，制作现场检查记录47份，指出存在问题198条，发出《限期整改（改正）通知书》17份。2007年，出台《县级医院医疗器械使用日常监管规范》。2008年，全县322家持证医疗机构实行医疗器械使用分类监管，确定28家为医院类医疗机构，包括县级医院3家，县级医疗卫生机构5家，企业和民营医院各1家，街道镇乡卫生院17家。确定294家为非医院类医疗机构，包括街道镇乡卫生院下属诊所，村级、社区卫生服务站，个体诊所、厂矿学校医务室等。

第五节　食品监督管理

2004年，根据国务院调整食品安全监管职责相关通知，县农林部门负责初级农产品生产环节监管，县海洋与渔业部门负责初级水产品生产环节监管，县质量技术监督局负责食品生产加工环节安全监管，县工商分局负责食品流通领域监管，县卫生局负责食品消费监管，县食品药品监管局负责食品安全综合监管。

初级农产品监管

2005年，全县制定农业地方标准45项，重点修订象山红柑橘、直播早稻等地方标准8个。实施农业标准化生产，推广频谱式杀虫灯、性诱剂等先进植保技术，推广有机肥、配方施肥等无公害技术。是年，确认无公害产地7个，面积2733.33公顷。县农林部门监管中进行认证产地和产品的生产档案记录，建立农业产品质量安全例行监测制度，及时掌握农产品质量安全动态。2006年，实施农产品质量安全全程监管。全县获得无公害农产品产地认定的基地达38家，总生产面积7500公顷，获得国家无公害农产品认证产品25个，总生产能力达8万余吨。2007年，加强农业标准化技术推广，无公害农产品生产基地全面实施标准化技术，实施面积1万公顷，占全县耕地面积60%。建成8000公顷柑橘、定塘万亩花椰菜等9个基地农业产业化示范基地。2008年，全县建立60个农产品质量监察点。开展以规范种子、农药、肥料、兽药、饲料添加剂等农业投入品生产、经营和农产品质量安全为主要内容的“绿剑”夏季专项执法活动，打击制售假劣农资、经营国家明令禁止农业投入药品行为，查获假劣农资1195公斤，立案查处19起，罚没款6万余元，大要案1起。

水产品监管

2005年，全县建成无公害、绿色水产品基地11个，获无公害水产品认证3个。2006年，实施水产品养殖和捕捞生产过程监管，检查工厂化育苗企业在禁用药物、抗生素类药物、育苗生产日志、苗种生产许可证等方面情况。推进养殖塘标准化改造，改造海淡水池塘393.33公顷，有效提高水产品精养程度。建立水产品质量安全监测体系，新认证无公害水产品产地9个，无公害水产品6个，绿色食品1个。2007年，全县无公害水产品产地33个，宁波市名牌水产品5个。2008年，全县设立12个水产养殖病害测报站，发送病害及养殖技术信息，与有关部门协作，进行海捕虾保鲜技术试验。

食品生产监管

2005年，县质量技术监督局完成食品生产加工业普查档案，全县412家食品生产加工企业，纳入质监管理的企业132家。是年，食品生产许可证领证率达100%，15家企业通过市场准入。2006年1月，丹城放心豆制品集中加工基地投产，中心城区内实行豆制品市场准入。2007年，全县18个街道镇乡配备质监员，并建立村级协管员517人。全县食品生产企业100%获取生产许可证，46家应获证食品生产加工企业全部通过市场准入制度考核。2008年，开展石浦地区干制水产品加工整治，落实8.66公顷土地，集中建设干制水产品加工区。

食品流通监管

2005年，开展以食品为重点的商品准入工程，17家食品经营企业成为准入工程创建单位。是年，推出农村放心店管理模式，按照“统一配送、统一形象、统一售价、统一营销、统一管理”要求，规范农村放心店经营行为。全县497个行政村，当年299个村挂牌农村放心店303家。2006年，完成农村放心店和连锁超市创建任务，全县各村建立510家农村放心店，基本实现每个行政村均有一家放心店的工作目标，并向校园、社区、厂区、景区延伸，商品配送率达95%以上。推进“放心肉”工程，撤销晓塘乡生猪屠宰点，联合执法6次，打击生猪私屠滥宰。2007年，全县18家200平方米以上营业面积的商场超市，全面建立商品票证查验、备案建档的准入机制。2008年，县工商部门以“经济户口”为基础，全县4393家小食杂店、42家批发企业、96家商场（超市），加强责任区监管，实施“网络化管理”。实行“定人、定时、定责，包管理、包执法、包服务”日常监管模式，建立食品市场巡查记录公示制。9月19日，县政府启动县食品安全突发事故预案，工商、质监、卫生、贸粮等部门联合开展问题奶粉市场排查、病患儿童排摸、筛查、市场供应保障等工作，下架、封存问题奶制品5614公斤。

食品消费监管

2003年始，县卫生部门全面推行餐饮业和学校食堂量化分级管理，至2005年，已完成中小学食堂新改扩面积27773平方米，投入建设资金2532.3万元，投入食堂设备资金775万元。县卫生部门全面推行餐饮业和学校食堂量化分级管理。全县986家餐饮业经营单位，应开展分级管理882家，已开展760家，量化分级管理率86.2%；学校（幼儿园）食堂有证单位48家，量化分级管理率100%。开展熟食制品加工、销售专项整治，按照《熟食制品零售基本卫生要求》，整治熟食制品经营户23家，规范熟食加工场所布局。开展学校周边餐饮店专项整治，会同城管部门取缔学校周边无证摊贩10户，在城区快餐店中推广“健康售菜柜”42户。2006年，对餐饮重点行业和单位增加检查频次，下发整改意见书3580份，12167名食品从业人员进行健康体检，餐饮从业人员健康体检率98%。全县餐饮行业量化分级管理达91.4%，其中学校食堂及大中型饭店达100%，餐具消毒抽样1085件，合格率80.6%。对1949户新发证单位依标准要求进行审核。开展调味品、酒类等9类食品生产企业、学校食堂周边100米范围小餐饮单位整治，共有355家生产经营单位列入整治对象。全年调查处理疑似食物中毒事件8起，接报后均及时查处。2007年，对持有卫生许可证的5841户食品卫生经营户，平均监督2次以上；对餐饮等重点行业和单位增加检查频次，下发整改意见书4653余份；组织11680名食品从业人员，进行健康体检和基础卫生知识培训；督促调离患有禁忌疾病的从业人员55名；取缔无证经营258户次。全县餐饮行业量化分级管理率达99.17%，其中学校食堂及大中型饭店达100%。2008年，全县1065家持卫生许可餐饮单位，全部实行量化分级管理。放心早餐销售网点达到30余个。

食品安全综合监管

2005年5月，象山县人大开展《中华人民共和国食品卫生法》暨食品安全执法检查，提出食品安全工作审议意见。6月，县政府成立县食品安全委员会，县委宣传部、工商、质监、卫生等21个部门分管领导为委员会成员；县农林局、海洋与渔业局、质监局、工商分局、贸粮局、卫生局、食品药品监管局7个单位为食品安全委员会办公室成员单位。2006年，检查食品加工企业700家，检查小食品店、小商贩1870家，检查小餐饮店、流动饮食摊点845家，出动执法人员1090人次，取缔无证无照生产加工、经营单位119家，立案查处涉及食品安全各类违法违章案件59起，罚款金额16.06万元。2007年，实施食品安全检验检测“四统一”（统一制订检测计划，统一下达检测经费，统一协调人员和设备利用，统一检测信息汇总和发布），建立食品安全检测体系。是年，监督性定量检测2102批次，快速检测26900批次，实际完成2508批次，快速检测批次2.8万批次。开展评价性抽检，共抽检蔬菜、食用油、糕点、水产品等七个大类325个样品。2008年9月11日，卫生部披露“三鹿牌”婴幼儿配方奶粉受三聚氰胺污染，导致多起婴幼儿泌尿系统结石病例，9月13日，宣布启动国家重大食品安全事故一级响应。县政府成立应急指挥部，县食品安全委员会办公室承担婴幼儿奶粉应急处置工作，确保全县奶粉供应安全，促使社会秩序稳定。

第三十九篇
体　　育

本篇目录

第一章　群众体育

象山地处海防，历代民众团体及乡村组织，不时举办武术教习与赛会。明清期间，擅刀枪棍棒者甚众。县内晓塘黄埠村横路坑回龙庵至今留有鹤洋潘氏武馆遗址。民国初年，武术广为传习，象山西乡尤盛。下沈郑家山赖振勤受其父家传，武艺出众，曾在宁波青年会献技，轰动甬城。象山近海，平原地带多有河汊，游泳成当地普遍性体育活动，近海村落多有游泳名手。民国20年（1931），县民众教育馆成立，兼管体育。抗日战争胜利后，体育渐渐恢复。中华人民共和国成立后群众体育得到重视，1956年成立县体育运动委员会，传统武术、游泳、棋类等活动渐兴。“文化大革命”期间，群众体育一度冷落。1980年后，群众体育进入新阶段，人民群众健身强体意识加强，自觉参与各种体育锻炼，各类体育运动蓬勃兴起。2000年，象山县被国家体育总局命名为第七批全国体育先进县。2008年，县委、县政府提出“争创省体育强县，提高全民健康水平”要求，开创体育事业发展新局面。

第一节　农民体育

象山历为农业县，农（渔）民是主体。农（渔）民传统体育活动有武术、游泳、登山、掰手腕（俗称掰手劲）。晓塘黄埠村有习武习俗，其横坑回龙庵山麓至今留有鹤洋潘氏武馆遗址，辟有习武场地。清乾隆六十年（1795），潘氏长子定溶先登恩科武举，后次子、三子、四子、五子连捷武闱。26年间，五子连翩武举，响动浙江省，巡抚帅仙舟旌以“五凤齐鸣”匾。民国25年（1936），石浦省立民众教育馆设体育康乐股，并创国术辅导站，举办青壮年武术班，从习者七八十人。时丹城国术研究会，亦名噪一时。民国28年6月21日（端午节），石浦民众教育组织青壮年渔民举行舢板竞渡，从码头出发，划至对面山岙，先达终点拔旗者优胜。民国38年夏，石浦组织“荔港长游”参加者数百人，多有农渔民中游泳高手。舢板前导，三路并进，甚为壮观。

中华人民共和国成立后，农民体育活动迅猛发展。1953年6月，南庄区杨家村回乡军人钱家禾等人发起组织农民篮球队，开县内农民篮球活动先河。1955年，爵溪渔民刘才林，出席舟山地区游泳比赛。1956年，农民篮球队代表象山赴省参加农民篮球锦标赛，名列第三。1959年5月4日，石浦人民公社举行全民运动会，参赛者600余人。1961年4月，以民兵为主开展国防体育活动，全县受训民兵达16320人，历时半个月。5月，举办全县民兵运动会，参赛者160余名。比赛项目有射击、投弹、武装泅渡等。1964年12月，象山丹城公社农民篮球队参加宁波地区农民篮球赛，6战6捷，荣获冠军。是月，丹城公社农民篮球队代表宁波地区参加省第七届农民篮球赛，获第三名。1965年10月，宁波地区举行农民篮球赛，丹城公社农民篮球队6战6胜，蝉联冠军；11月，代表宁波地区农民篮球队，参加省第八届农民篮球赛，获第四名。12月，象山县体委举行农民篮球赛，全县大徐、南庄、墙头、新桥、定山、南田、石浦7区，丹城、石浦2镇9支球队参加角逐。1966年8月，石浦镇举行军民横渡石浦港活动，海军、学生、机关、社团、陆军5个方队参加比赛。石浦帆板队（渔民为主组成）护航。

1973年12月，县农民篮球赛在马岙公社举行，全县5区2镇代表队参赛。丹城方井头大队农民篮球队以6战6捷获冠军。1977年，丹城农民篮球队参加宁波地区农民篮球赛，获冠军。1983年11月，全县农民篮球赛在定塘镇举行，4区7乡11支球队参加比赛；12月，西周区委举行农民篮球邀请赛，石浦、定山、西周等代表队参赛。是月，县体委号召乡镇文明村建设，全县成立8支农民篮球队，10支乒乓球队和4支棋类队。1988年11月，宁波市农民体育协会成立，象山县农委、农业局、体委各推选1人为协会会员。1989年5月，象山县组队参加宁波市社会体育比赛，农民游泳获团体第五名。1991年5月1—3日，象山县首届工农拔河锦标赛在丹城灯光球场举行，19个队341名运动员参赛。1995年4月，在丹城体育场举行“东渔杯”工农拔河赛。1997年10月，象山县成立农民体育协会。

1999年1月，丹城镇、泗洲头镇评为浙江省第六批体育先进乡镇。2000年12月29日，象山县举行“迎接新世纪第五届‘工行杯’环城长跑”，参加者有学生、工人、干部、军人、农民、居民。2001年6月4—10日，全县开展全民健身周活动。2006年7月，在县灯光球场举行东和、东红船业军民篮球赛。2007年7月，在灯光球场举行“‘八一’军民篮球赛”，石浦东门渔村队组队参赛。2007年9月4—5日，“全民健身与奥运同行——2007年长三角体育圈‘大目湾新城杯’海洋体育大展示”，在石浦“中国渔村”举行。象山14支民间文体队伍550余人，表演船鼓、马灯、鱼灯、百兽灯、舞龙、排舞、渔家女健身操、龙舟、海派秧歌、木兰拳操、腰鼓、健身、健美等节目。

2008年7月18日，新桥镇韩升村举办象山首届海涂节趣味体育运动会。比赛项目有海面划龙舟、采挖蛄子、海涂接力、徒手捉鱼、海涂匍匐、家庭铁人三项共6项。全县各街道镇乡及村庄组队，计29支代表队456名运动员、教练员参加。其中，新桥镇有下七里村、灵岙村、井头村、海丰村、关头村、学校队、黄吉岙村、高湾村、板岭村、韩升村、东溪村12支队伍参赛。

第二节　职工体育

中华人民共和国成立后，象山职工体育得到重视。1952年3月，全县掀起全民做广播操热潮，商业局发起商店开门操，机关开展工间操活动；4月，县干部学校在原中山公园辟建一篮球场，供干校学员和社会爱好者活动；10月，县总工会向全县各机关团体、工矿企业、商店职工推广成人广播体操，并组织培训广播操领操员；11月，县广播站开播广播操配乐，每天播出3次。1955年，7月，舟山地区举行游泳比赛，县中国银行职员张锦泽参加比赛；10月，舟山地区举行首届工人体育运动大会，县组织男篮、女篮、田径等队参赛。

1959年10月，全县举行庆国庆十五周年篮球比赛，各机关企业单位团体共21支球队参赛。其中，女子篮球队3支。1960年12月，象山县体委发文要求学校、厂矿、机关及农民积极开展课间操、工间操、田头操，以及跑步、爬山等活动。时值三年困难时期，群众大多营养不足，体育活动提倡低运动量。是年，县建立国防俱乐部，开展项目有射击、摩托车、航空、航海模型、无线电发报等。同时，在宁海南门外建造射击场1座。

1962年8月，象山县组队参加市体委在慈溪举办的职工射击比赛。1963年，为配合战备和“三防”教育，县体委和文教局组织化学兵、侦察兵、有线电兵、卫生兵训练，并进行小口径步枪射击与手榴弹投掷，140余人参加。1965年8月17日，丹城县级机关、团体、企业、学校各界职工、学生500余人横渡东谷湖。1966年，石浦近千名军民横渡石浦港；9月，县工农兵学校举办新广播体操培训班，为机关、团体、学校培训领操员20余人。1973年，县总工会、县体委、团县委、丹城镇4家单位联合举办元旦环城跑活动，商业局、纺织厂、机械厂及学校等单位1300余人参加。1975年，5月，县职工篮球赛在丹城举行；8月，象山粮油厂职工篮球队代表象山县参加宁波地区举办工矿、企业职工篮球比赛。1977年9月，象山县职工篮球赛在丹城举行，物资局队获冠军、宣传口队获亚军。1978年10月，全县职工篮球赛预赛分丹城、石浦两赛点举行，后两地前两名在丹城决赛，石浦队获冠军，丹城队获亚军。1979年，省职工乒乓球赛在温岭举行，象山胡朝森入选宁波专署代表队参加比赛。

1980年，1月，举行群众性环城跑活动，各机关、团体、企事业单位职工及居民、返乡大中专学生800余人参加；4月，举办县职工篮球裁判员培训班；6月，在石浦、丹城两地举办县职工篮球比赛。1981年，4月，县商业局举办篮球友谊赛，共10个代表队、120余人参加；9月，县总工会、县体委在丹城灯光球场联办太极拳训练班，拳种为“九三式”太极拳，54人参加训练，并设立太极拳辅导站；10月，宁波市职工乒乓球赛在象山县举行。是月，宁波市体委在象山举行太极拳比赛。象山陈斌灵、陈照能、舒成美等赛后入选市代表队，在参加省首届太极拳表演赛，陈斌灵获二等奖。

照39–1　20世纪80年代在县体育场举行的撑竿跳高比赛

1982年1月，丹城镇举办元旦环城跑活动，参加对象为各机关干部、企事业职工、回乡大中专学生及居民、离退休职工及部队官兵等1000余人；7月，宁波体委公布实验小学、石浦小学、象山县商业局、总工会俱乐部、定山区体委为宁波专署群体先进单位；11月，县商业局评为浙江省开展群体活动先进单位，受到省政府表彰。1983年3月，全县职工棋类比赛在丹城举行；4月，宁波市职工暨少年儿童棋类比赛在余姚举行，象山县成人组中国象棋获团体第五名，男子个人林志利获第二名，女子个人朱惠琴获第五名，国际象棋获团体第四名，女子个人于伟英获第四名，围棋获团体第六名；6月，象山第二人民医院（石浦）举办太极拳培训班，40余名医务人员参加培训；10月，县总工会举办职工篮球赛，宣传口、商业口、工业局、消防队等13支球队参赛。1984年3月，县粮食系统第二届乒乓球比赛在县工人俱乐部举行。7月，市第七届职工运动会乒乓球赛由象山县承办，各县（市）工矿、企事业代表队参加比赛；9月，县女子职工篮球队参加宁波市第七届职工运动会篮球赛，获冠军和精神文明奖；10月，县商业系统第三届篮球赛在工人俱乐部灯光球场举行；12月，省总工会、省体委、浙江日报社、浙江人民广播电台联合发文公布省职工业余优秀体育运动队和优秀锻炼小组，象山石浦邮电支局锻炼小组榜上有名，县丝织厂、粮油厂、缸垫厂、石浦邮电支局等一些职工被评为市职工群众体育工作优秀组织者与体育锻炼积极分子。1985年3月，县公安局成立中国前卫体育协会；5月，象山县章秀丽、沈秀微入选市田径队参加省第二届工人运动会(田径、举重)。1986年10月，县举办职工排球赛，丹城、石浦、大徐、西周、南庄、定山、鹤浦等8单位参赛。1989年3月，县体委、妇联、团委、教委联合举办"三八"节妇女环城跑活动，公安、教育、商业、机关、工厂等18个单位、198名女职工参加，教师队获第一名；10月，县体委举办局际篮球邀请赛，城建、教育、商业、消防、物资、水利、银行7单位组队参赛。

1990年3月，县体委、县妇联、华翔集团举行"华翔杯"女职工"三八"拔河比赛，县烟草局、卫生局、地税局等20余个单位组队参加比赛；4月，县总工会举办第三届局际拔河比赛，县教育局、工业局、商业局、水利局、手工业局、城建局、粮食局等17个局200余名职工参赛；5月，县体委、总工会、农行联合举办"农行杯"围棋循环赛；8月，县大宇针织厂、机关团委、丹城镇团委联合举办"大宇杯"游泳友谊赛；9月，县机关举行围棋、象棋、拔河比赛，230余人参加比赛；是月，县机关党委、体委、总工会联合举办国庆"天安杯"局际拔河比赛，教委、工业局、商业局等27个单位参加比赛；11月，县举行乙级队"精达杯"篮球联赛，高压电器厂、建行等6个单位球队参赛。是月，县篮球协会与公路管理所联合举办"公爱杯"篮球锦标赛，县公路管理所、自来水厂等4家单位参加比赛。1993年10月23日，县组织"工行杯"环城长跑。县长王仁洲任组委会主任。活动分男女成年组（18~44岁）；男女少年组（11~17岁）；男女中老年组（45岁以上）三个级别进行比赛。1994年"五一"期间，县丝织厂组织女子踢毽比赛，东风针织厂、工商银行等单位举办男女混合拔河赛，合成纤维厂、自来水公司、液压厂举行篮球互访赛。1996年10月1日，举行"建行杯"环城长跑赛，参加对象除学生外，还有工人、农民、机关干部、现役军人及居民，共计800人。1997年4月，县机关党委、县体委、县总工会联合举办县级机关庆"五一"、迎香港回归"烟草杯"拔河比赛，28个县属机关、部门参赛；5—6月间，由县体委、县篮协在灯光球场联合举办迎香港回归"篮协杯"乙级篮球锦标赛。6月，县体委、县总工会、广电中心、象山报社、乒乓球协会联合举行迎香港回归"苹果杯"全民乒乓球比赛。6月25日，县委宣传部、体委、总工会主办，县桥牌协会承办，迎香港回归"外贸杯"桥牌比赛。月末，县体委、总工会、县工行联合举办"工行杯"庆"七一"，迎香港回归拔河擂台赛。六七月间，各乡镇和部门纷纷举行迎香港回归的体育活动。10月21日，"象山报社"被评为浙江省全民健身宣传报道先进集体。12月1日，象山中学被表彰为全国群众体育先进集体。1998年4月，举办县"红五一杯"围棋"天元"赛；5月，举办"华翔杯"桥牌锦标赛。1999年3月，庆祝"三八"妇女节，举办"华翔杯"女子拔河比赛，县级机关工会举行保龄球友谊赛；5月，举行象山县庆"五一"第四届"工行杯"环城长跑赛，1000名社会各界长跑爱好者参加比赛，国税系统举行"红五月"乒乓球锦标赛；9月28日，在县灯光球场举行"天安杯"局际大力士拔河赛，27支机关、企业、乡镇代表队参赛。

2000年4月21—23日，在丹城第三小学举办庆"五一"象山"国税杯"羽毛球锦标赛，分团体与单打两项；9月，以局机关和分局为单位，举办国税系统乒乓球锦标赛；12月29日，由共青团象山县委、县体委、中国工商银行象山县支行、县教委、县青年联合会举办象山县迎接新世纪第五届"工行杯"环城长跑赛，企业、机关职工和军人、农民、学生1000余名长跑爱好者参加比赛。2001年，县工会女职工委员会联合天安集团，举办"庆三八""天安杯"母子乐运动会，县交通局、邮政局、石浦镇、天安集团、教育工会、国税局等20支运动队参赛。4月29日下午，于县体育场举行"大红鹰杯"环城长跑支持申奥大签名活动，来自社会各界，市民将近万人踊跃签名。是月，全国体育先进县检查组抽样调查县工行、国税局、石浦镇、丹城镇、西周镇、天安集团等单位，验收合格。9 月 30 日，县供电局在县灯光球场举行迎国庆职工拔河比赛。10 月，天安集团被国家体育总局表彰为全国群众体育先进单位，宁波市网通、县体委、县羽毛球协会联合举办“网通杯”羽毛球公开赛，电信、天安、金融 10 个队 100 余人参赛；11 月，县教育局举办教职工女子篮球赛，12 支队 120 余名教职工参赛。2002 年 3 月，县总工会、电信局、县体委联合举办庆“三八”电信杯 10×100 米女子接力赛，县供电局、金融、工商、银行、国税等 20 个单位参赛；4 月，县体委、国税局、总工会联合举办“国税杯”羽毛球赛，县城建局、工商银行、农业银行等 12 个单位参赛，是月，天安集团举办运动会，近 2000 名员工和运动员参加；6 月，县人民医院李伟振在市卫生系统保龄球比赛中获男子冠军；10 月，李伟振出席省卫生系统保龄球比赛，获第三名；11 月，县教育局举办教职工排球赛，全县中小学教职工 12 支球队参赛。2003 年 5 月，在县体育场举办庆祝五四运动 84 周年“天安杯”青年足球联赛，县财税、卫生、国税、供电、金融、石浦镇、天安、华翔 8 支球队、130 余名运动员参赛；是月，市工商局象山分局等单位联合举办“工商杯”羽毛球团体赛；6 月，象山县“恒大杯”男子篮球联赛在灯光球场举行，4819 工厂等 10 支球队 130 余名运动员参赛，丹西街道队九战九捷获冠军；10 月，县教育工会举办教职工乒乓球比赛；是月，县金融系统举办乒乓球、羽毛球比赛；11 月，县政法系统举行运动会，385 名运动员参赛。2004 年，4 月，宣传部举办首届“移动杯”乒乓球比赛，12 个单位 70 余人参赛；8 月，市工商局象山分局举办“绿叶杯”干部乒乓球赛于象山体育馆举行，179 人参加比赛；10 月，天安集团庆“厂庆”拔河赛在灯光球场举行。2006 年 5 月，第二届“绿叶杯”干部乒乓球比赛举行，县委常委励志武任名誉顾问，副县长白国璋、戴瑜任组委会主任，21 个单位、170 余名运动员参赛。9 月 5 日，县委宣传部主办纪念象山立县 1300 年环城跑活动，4000 余人参加该项活动。2007 年 1 月，举办“信合杯”羽毛球团体赛；2 月，举办迎春门球赛、新春青年足球赛、青年篮球友谊赛；9 月 22 日，县经济开发区举行“合力杯”迎奥运庆国庆千人环区万米长跑比赛。

第三节　老年人体育

象山老年人体育活动，旧时极少，生产劳动代替体育活动，闲时偶有弈棋、打牌。20 世纪 80 年代后，生活安定富裕，老年人休闲娱乐时间增加，老年人体育随之发展。

1984 年 10 月，宁波市举行第七届职工运动会，象山石浦粮油厂退休工人、82 岁陈从周参加 5000 米和 1 万米长跑，被大会授予精神文明奖。1985 年 11 月，陈从周被邀参加国家体委在常州市举行的六城市老年人长跑比赛。

1986 年 12 月，象山老年人体育协会成立，为县老龄委员会、县体育运动委员会和上级老年人体育协会指导下的全县群众性体育团体，是中国老年体育协会和省市老年人体协的团体委员，具有社团法人资格。进入 21 世纪，县老年体协组织各街道镇乡参加省“小康型老年体育乡镇”创建活动。2006 年，鹤浦镇、丹东街道、涂茨镇达到省小康老年体育乡镇要求。2008 年，石浦镇、丹西街道、西周镇、墙头镇、贤庠镇、新桥镇、定塘镇、泗洲头镇、黄避岙乡、茅洋乡、高塘岛乡等 12 个乡镇相继达标。至 2008 年，实现省小康型老年体育乡镇目标已占全县乡镇的 83.8%，全县 18 个街道镇乡及 480 个行政村均建立老年人体协。

1987年10月，在丹城举行第一届县老年人体育运动大会。此后，每4年举行一次全县性老年人体育运动会。项目分别有投篮、田径、乒乓球、铅球（4公斤）、乒乓球、中国象棋、桥牌、太极拳、太极剑、木兰拳、拔河、登山、小口径步枪射击、飞镖、竞走、钓鱼、踢毽、竞技麻将、门球等。至2008年，已历6届。

1989年7月，县老年人体协组织门球、乒乓球、中国象棋、国际象棋4个代表队参加市第二届老年人运动会。1990年11月，县退休教师协会举办退休教工“人寿保险杯”运动会，项目有持球接力气排球、飞镖、投环、投篮等趣味活动，100余人参赛。1992年1月，市老年人体协公布，象山竺华为浙江省健康老人，王绍尧为宁波市健康老人。1997年6月，县人事局举办全县退休干部象棋比赛，经基层选拔，20名退休干部参加最后的比赛。1998年5月，浙江电视台专题栏目《田野的风》摄制组到石浦，采访“三月三·踏沙滩”民俗风情，石浦老年人表演太极拳，81岁老人朱武平、拳术员柯建功和老年体协委员朱传义接受采访，并在电视节目中播放。6月，石浦老干部活动中心举办迎“七一”国税杯中国象棋赛。1999年，县门球协会成立。2000年5月13—14日，石浦镇举行首届老年人运动会，比赛项目有钓鱼、乒乓球、中国象棋、飞标、太极拳5项。2002年6月，县老龄委等5单位举办健身操表演赛，同时表演太极剑、健美操、腰鼓、太极功夫剑、木兰拳、木兰扇等。各街道镇乡企事业单位、社区11个队240人参加比赛。9月，市举行第五届老年人运动会太极拳比赛，象山县代表队获表演奖。2006年6月10日，象山县迎接十三届省运动会“健身走展示活动”举行启动仪式，1500老年人参加该项活动。2007年8月8日，奥运会倒计时一周年，全县万名老年人开展健步走活动，于县体育场举行启动仪式，参加活动老年人达2000余名。2008年10月28日，庆祝县“老体协”成立二十周年暨县第六届老年运动会举行。

第四节　残疾人体育

改革开放后，残疾人体育得到各级政府重视。从20世纪80年代后期始，象山残疾人体育，从无到有，逐渐发展。无论在市级还是省级，乃至国家级赛事中，象山残疾人体育比赛项目均获得过优异成绩，为象山体育事业增光添彩。

1988年，象山残联代表团7人参加宁波市体委和残联举办的残疾人游泳比赛，获团体第四名，侯拥军、康茅峰分获蛙泳、仰泳第一名。其中，侯拥军以44秒成绩破52秒省纪录。1989年，3月，县残疾人游泳运动员侯拥军赴市集训；5月，侯拥军参加市游泳比赛，获100米自由泳、50米蛙泳、100米蛙泳第一名。此后，参加全国“新光杯”残疾人游泳赛，获50米、100米蛙泳第一名。

1990年7月，宁波市召开残疾人体育协会第二届代表大会，象山郑世纪被选为市第二届残疾人体协理事。1991年5月，市举行残疾人乒乓球比赛，象山赖华珠与张玲君分获聋哑组男女第一名，宋海波与宋雷定分获肢残组男子第五名与女子第一名，赖建平获弱智组男子第二名。是年11月27日至12月2日，侯拥军、郑德顺参加在舟山举行的省第三届残疾人运动会。1998年5—8月，象山县残联代表团参加市第四届伤残人运动会田径、乒乓、游泳三项比赛，夺得14金5银5铜的好成绩，7人9次打破市运动会纪录，夺得田径团体第一名、乒乓球团体第五名、游泳比赛团体第三名。三项合计列市团体总分第三名。1999 年 10 月，象山 10 名残疾人运动员代表宁波市队参加省第五届残疾人运动会田径、举重、游泳、射击、羽毛球 5 个项目比赛。

2000 年，全国第五届残疾人运动会，象山郑德顺获 A6A8 级男子肢残组 4 人 100 米接力赛金牌，朱勇获 S9 级男子肢残组 34 分，4×100 米自由泳接力赛银牌和男子肢残组 40 分，4×100 米自由泳接力赛银牌。参赛运动员获得 2 个第 4 名、2 个第 5 名与 1 个第 6 名，郑德顺、屠彩玲被授予道德风尚奖。2002 年，宁波市第六届残疾人运动会，象山代表团获 24 枚金牌，列市团体总分第三名。2005 年，全国第六届残疾人运动会，象山运动员捧回 3 枚金牌。2006 年 7 月，宁波市第六届残疾人运动会，象山参赛运动员 30 人。是年，参加省残疾人运动会获 7 金 1 银 1 铜。2007 年 5 月，全国第七届残疾人运动会，朱勇、李科杰、屠彩玲 3 人参加游泳、田径、坐式排球三大项比赛，分获 4×100 米接力自由泳奖牌、800 米跑第 6 名和坐式排球第 6 名。2008 年 8 月 5—6 日，宁波市残疾人青少年田径、游泳锦标赛，象山 8 名运动员获 8 金 6 银 4 铜的好成绩，破省纪录 1 项、市少年纪录 8 项。

第二章　学校体育

宋代，设射圃，可供生员习射。清光绪二十九年（1903），丹山书院改为县立高等小学。光绪三十年，按照《钦定学校章程》，学校开设体育课。光绪三十二年元旦，宁波府属 5 县学堂在江东大教场举办运动会，象山县立高等小学堂组队参加。民国初，儒雅洋广志女校、丹城始达小学、丹城县女子小学等相继开设体操课。中华人民共和国成立后，学校全面实施党的教育方针，体育成为中小学生必修课。1955 年，推行《准备劳动与卫国体育制度》。1978 年，推行《国家体育锻炼标准》，学校开展“体育达标”活动。2005 年 9 月，实施《学生体质健康标准》，全县中小学实行以素质教育为主旋律的新一轮体育课程改革。

第一节　学校体育教学

宋治平年间（1064—1067），邑令林旦设射圃于西谷。明洪武三年（1467）后，定学校射艺，用以练武强身。

光绪末年，县立高等小学堂已开设体操课。民国 2 年（1913），儒雅洋广志女校自聘体育教师，设课程、辟操场、置设备，象邑学校设专职体育教师由此始。始达小学、县女子高小相继开设体操课。民国 11 年 9 月，民国教育部召开学制会议，11 月 1 日公布“壬戌学制”。改体操科为体育课，以田径、体操、球类、游戏等为主要教学内容，并废除中小学的兵操。时县内学校因体育师资没法得到解决，加之场地、设施等原因，致使“壬戌学制”中所提出的体育改革内容无法实践，象山小学体育出现“放羊式教学”。民国 18 年，南京政府教育部颁发《小学暂行课程标准：小学体育》等 3 个体育课程标准，明确规定体育课程分为课内和课外两类，且详细规定教学时间。

至20世纪40年代中期，象山城镇中小学及部分乡中心国民学校均设有体育课，主要内容有体操、球类、田径、武术等。县立初中、立三初中、县立高小、始达小学配专职教师。因种种原因，时多数乡村小学仅课余开展跑步、投掷、跳绳、踢毽等活动。

中华人民共和国成立后，体育被列为中小学生必修课。1952年春，各校普遍开设体育课，每周2节，并安排2~3课时课外活动。1956年，教育部正式公布中华人民共和国第一套《中小学体育教学大纲》。1957年3月，全县中学和中心小学成立体育教研组，加强体育课教学。各校制定学期、学年、课时计划，建立备课制度，提高体育课堂教学效率。时26所中心小学，自制体育教具923件，丰富学校体育教学内容。1959年始，因受三年困难时期影响，田径、球类等大运动量课停止，中小学校提倡低运动量体育活动，师生共练太极拳。1962年后，体育活动课恢复。1966年“文化大革命”开始，学校体育教学停止。“文化大革命”中期，学校复课后，设军体课，以军事基本操练、野营拉练取代体育课，一些学校再度以劳动代替体育。

“文化大革命”结束后，学校体育教学渐上轨道。1978年，教育部制订并颁发《全日制十年制中小学生体育教育大纲（试行草案）》，中小学体育教育除讲授“体育基础知识”外，增加“卫生保健知识”内容。1979年，贯彻《中小学体育工作暂行规定》，要求认真上好体育课，各校普遍重视基本知识和运动技能训练。体育教研组恢复，体育教研活动渐兴。时农村学校体育教师缺少，体育场地设施未到位，体育教学发展不平衡。1987年，贯彻《中学体育教学大纲》精神，全县规定，凡身体正常学生，体育课成绩必须及格。体育不合格者，不得评为“三好学生”；毕业时经补考仍不合格者，只发结业证书，不得报考高一级学校。1988年，贯彻省《关于实施中学生体育合格标准试行办法》，各校建立“标准”执行组，评定初高中学生毕业成绩，以第三学年为主，参考前两年成绩；不合格者实行补考。体育课得到前所未有重视。

1992年，颁布《九年义务教育全日制小学初中体育教学大纲》。大纲要求小学一年级、二年级，以基本动作为主，小学三年级至六年级，身体锻炼部分内容基本上以运动项目排列，以身体锻炼为目标，并且把身体素质练习单独作为一类。初中各年级加大选用教材比重，拓宽选用教材范围，强调发展学生身体素质。基本教材中，加大理论教材比重，将原武术教材拓展为民族传统体育，编选传统养生和健身等特色内容。中小学体育教研活动大为加强，深入课堂，具体探讨教材、教法。

2000年12月，推出《体育与健康教学大纲》（1992体育教学大纲修订版），县教育管理部门要求全县中小学关注学生体育学习的过程、方法、情感、态度、价值观和健康目标，关注学生可持续发展，为终身体育奠定基础。高中体育课程安排，除每周二课时体育与健康课外，余由学校自行安排每周3次以上课外体育活动。其中，应有1课时在体育教师指导下进行锻炼。高中体育与健康教学内容分为必修和选修两大类。必修教学内容包括体育与健康知识、田径、体操、武术；选修教学内容包括足球、篮球、排球、韵律体操和舞蹈、游泳；任选教学内包括民族和民间体育项目、现代科学健身方法、新兴或开发的体育项目。在必修内容的基础上提高与拓宽或其他可能选学的体育活动内容。2001年，按照《体育与健康课程标准》体育课时设制，义务段教育1~2年级相当于每周4学时，3~6年级和7~9年级相当于每周3学时，高中1~3年级相当于每周2学时。新课标的教学内容，有运动参与、运动技能、身体健康、心理健康、社会适应五方面。以学习“新课标”为重点，全县掀起新一轮体育教研活动热潮。

第二节　学校体育锻炼

清末民国初，学校体育锻炼初兴。时学生体育项目仅列队行走、徒手操、跑步、竞走、武术等活动。清光绪三十二年（1906），象山县立高等小学堂组队参加宁波附属五县学堂江东大校场运动会。民国31年（1942），政府颁布《民国体育法》，学校体育有进展，定象联中、立三中学均设专职体育教师，课内教育有序，组织严谨，课外开设田径、球类、武术训练等项目。县立高级小学、始达、石浦斐迪等校体育师资较强，开展锻炼活动较经常，课外活动初步形成制度。民国32年10月，县立初级中学举行首届秋季体育运动会。民国37年5月，象山县举行春季运动会，学校派运动队参加比赛。

中华人民共和国成立后，中小学体育锻炼活动出现新局面。1953年，普通中学重点试行《体育锻炼标准》，坚持每周课外锻炼二三次，定期举行小型运动会和单项竞赛。1954年秋，小学推行“第一套少年儿童广播体操”，各校认真实行晨操、课间操锻炼制度。1955年，象山中学、象山二中、珠溪中学被定为重点推行“劳卫制体育锻炼学校”（“劳卫制”即准备劳动与保卫祖国体育制，为1931年3月14日，苏联列宁共青团的倡议。20世纪60年代初，“劳卫制”停止）。时象山中学学生参加锻炼者367人，占全校学生总数的58.8%，教工参加锻炼者12人，占全校职工总数的26.7%。1956年11月，全县中小学推行第二套少年儿童广播操，建立等级运动制度，在县内5所中学进一步推行劳卫制。1959年，全县52人获“劳卫制”二级证章，445人获一级证章，366人获少年级证章。另有等级运动员28人，等级裁判员13人。1961年，中小学提倡低运动量，师生练太极拳盛行一时。1962年，县创办“少年业余体校”，设体操、乒乓两项目锻炼。1963年8月，县成立野营联合办公室，加强学生野营活动的领导。

1966年，“文化大革命”开始，学校体育锻炼基本停止。1971年6月，中小学推行广播体操锻炼制度。1976年后，学校体育锻炼又走上正常轨道。1978年，丹城一小自编室内广播操，先后在县内和宁波地区推广采用。是年，推行国家体育锻炼标准，全县12所中小学率先开展“体育达标”活动。1980年，丹一小、丹二小、石浦中学、象山二中、珠溪中学评为省“达标”先进单位。1982年，象山一中、雅林溪中心校、丹城一小、大徐乡中心校、大徐区校、爵溪小学评为“达标”先进单位，获省二等奖。1985年，全县中、小学平均达标率分别达94.3%、96.1%。体育“达标”活动成为中小学校体育锻炼的重要内容。

在实施国家体育锻炼标准同时，各学校开展有特色的体育锻炼项目。1975年，象山中学开设田径、篮球两业余体训班。1979年9月，县业余体校田径、篮球两个项目分别设在象山中学和象山二中。石浦中学、石浦小学、丹城一小、定塘中学、珠溪中学、西周中学等12所学校分别建立校运动队。1979年，全县中小学拥有二级运动员7人，少年级运动员23人，篮球等级运动员16人。1983年，4819工厂职工子弟学校足球队参加市小学生“三好杯”足球赛。1985年，东门乡中心小学组织武术训练班，学习四八式太极拳及少林基本拳。1987年，县教育局、县体委，决定在19所中小学建立30个运动队。1988年，石浦中学评为市体育传统项目先进集体。1988年，鹤浦中学4名学生由省体训七队指名参加省赛艇集训。1990年2月，象山二中、石浦中学、实验小学评为市体育工作先进集体。1997年12月，全国第八届运动会期间，象山中学获评“全国群众体育先进集体”。1998 年，丹城三小获评省群众体育先进单位。2000 年，春晖幼儿园建立“浙江省体操协会幼儿基本体操训练基地”。

2005 年，全县中小学开始全面实施《学生体质健康标准》，学校坚持“二课”（一周二堂体育课）、“二操”（广播操、课间操），建立和健全学生体质健康档案制度，记录学生每学年测试和评价结果。同时，将每个学生每学年测试的结果，以学校为单位报送至教育部“全国学生体质健康数据”管理系统。

1988 学年度象山县部分中、小学推行《国家体育锻炼标准》活动情况表

表 39-1

学校名称		适龄学生数（人）	达标学生数（人）	占比（%）	其中优秀级学生数（人）	占比（%）	其中良好级学生数（人）	占比（%）	其中及格级学生数（人）	占比（%）
中学	象山中学	1311	1254	95.7	267	20.4	747	57.0	240	18.3
	石浦中学	1036	1016	98.1	253	24.4	533	51.4	230	22.2
	爵溪中学	593	586	98.8	155	26.1	282	47.6	149	25.1
	亭溪中学	409	394	96.3	38	9.3	151	36.9	205	50.1
	樊岙中学	250	250	100.0	47	18.8	75	30.0	128	51.2
小学	涂茨乡中心小学	196	196	100.0	40	20.4	91	46.4	65	33.2
	雅林溪乡中心小学	129	128	99.2	59	45.7	59	45.7	10	7.8
	西周区中心小学	471	470	99.8	94	20.0	270	57.3	106	22.5
	石浦区中心小学	400	399	99.8	16	4.0	179	44.8	204	51.0
	昌国镇中心小学	429	427	99.5	39	9.1	196	45.7	192	44.7

1988—2001 学年度象山县县级中学推行《国家体育锻炼标准》活动情况表

表 39-2

年份	学校总数（所）	学校开展达标数（所）	占比（%）	适龄学生数（人）	达标学生数（人）	占比（%）	达到优秀级学生数（人）	占比（%）	达到良好级学生数（人）	占比（%）	达到及格级学生数（人）	占比（%）	备注
1988	41	37	90.2	20155	16847	83.59	2560	12.70	7061	35.03	7226	35.85	—
1989	42	41	97.6	21046	19317	91.78	2662	12.65	7599	36.11	9176	43.60	—
1990	42	42	100.0	21479	19808	92.22	2451	11.41	6307	29.36	11050	51.45	—
1991	44	44	100.0	24365	22698	93.16	2795	11.47	7181	29.47	12722	52.21	—
1992	42	42	100.0	20185	—	—	2646	13.11	5885	29.16	10194	50.50	伤残病学生 171 人
1993	42	42	100.0	24667	23167	93.92	3447	13.97	7481	30.33	12240	49.62	伤残病学生 241 人
1994	42	42	100.0	26585	—	—	3668	13.80	7949	29.90	13491	50.75	伤残病学生 278 人
1995	43	43	100.0	28678	26665	92.98	3277	11.43	8704	30.35	14684	51.20	伤残病学生 272 人

续表39-2

年份	学校总数（所）	学校开展达标数（所）	占比（%）	适龄学生数（人）	达标学生数（人）	占比（%）	达到优秀级学生数（人）	占比（%）	达到良好级学生数（人）	占比（%）	达到及格级学生数（人）	占比（%）	备注
1996	44	43	97.7	31784	29858	93.94	4015	12.63	10056	31.64	15787	49.67	伤残病学生 329 人
1997	44	43	97.7	31784	29858	93.94	4015	12.63	10056	31.64	15787	49.67	伤残病学生 329 人
1998	39	39	100.0	32429	30724	94.74	4396	13.56	10333	31.86	15995	49.32	伤残病学生 334 人
1999	41	41	100.0	32387	31290	96.61	4900	15.13	11051	34.12	15339	47.36	伤残病学生 117 人
2000	38	38	100.0	29236	28110	96.15	5122	17.52	9642	32.98	13346	45.65	伤残病学生 286 人
2001	34	34	100.0	25186	23942	95.06	4981	20.80	8724	34.64	10237	40.65	伤残病学生 388 人

象山县 1988—2001 年学度县级小学推行《国家体育锻炼标准》活动情况表

表 39-3

年份	学校总数（所）	学校开展达标数（所）	占比（%）	适龄学生数（人）	已达标学生数（人）	占比（%）	达到优秀级学生数（人）	占比（%）	达到良好级学生数（人）	占比（%）	达到及格级学生数（人）	占比（%）	备注
1988	206	187	90.8	24214	21762	89.87	3141	12.97	9966	41.16	8655	35.74	—
1989	193	193	100.0	22428	21072	93.95	4336	19.33	9795	43.67	6941	30.95	—
1990	193	193	100.0	21145	20402	96.49	2779	13.14	7288	34.47	10335	48.88	—
1991	192	192	100.0	22165	21124	95.30	2991	13.49	6814	30.74	11319	51.07	—
1992	313	313	100.0	24863	—	—	2945	11.84	7125	28.66	13702	55.11	伤残病学生 395 人
1993	231	231	100.0	27827	26598	95.58	3828	13.76	9183	33.00	13585	48.82	伤残病学生 323 人
1994	175	175	100.0	28483	—	—	4220	14.82	9786	34.36	13874	48.71	伤残病学生 332 人
1995	175	175	100.0	27829	26789	96.26	4356	15.65	9257	33.26	13177	47.35	伤残病学生 264 人
1996	69	69	100.0	29517	28538	96.68	4864	16.48	10177	34.47	13497	45.73	伤残病学生 343 人
1997	69	69	100.0	29517	28538	96.68	4864	16.48	10177	34.47	13497	45.73	伤残病学生 343 人
1998	175	175	100.0	27722	26797	96.66	4635	16.72	9925	35.80	12237	44.14	伤残病学生 275 人
1999	157	157	100.0	25110	24359	97.01	4805	19.14	9717	38.70	9837	39.18	伤残病学生 224 人
2000	100	100	100.0	33890	32714	96.53	7473	22.05	13021	38.42	12220	36.06	伤残病学生 240 人
2001	75	75	100.0	22439	21486	95.75	4535	20.21	8621	38.42	8330	37.12	伤残病学生 388 人

第三节　学校体育竞赛

民国32年（1943），县立初级中学举行首届秋季体育运动会，为教育系统学生运动会之始。民国37年5月，县中、简师、立三中学及46所小学派运动员参加县春季体育运动大会田径、球类两大项比赛。

1951年5月，县第一届人民体育运动会召开。其中，设有中学生组和小学生组。1952年，丹城镇中心小学16名运动员参加宁波地区中小学运动会，荣获田径赛锦旗2面。1954年5月，县第二届人民体育运动会召开，象山一中、象山二中分别组队参赛。1964年，丹城小学、象山中学举行横渡东谷湖游泳赛。1965年，石浦小学、石浦中学与当地驻军同渡石浦港。

1973年5月，在丹城举行中小学生田径运动会，以区、镇组队，有大徐区、南庄区、西周区、定山区、石浦区与石浦镇、丹城镇7队参赛。分中学男子甲组、乙组，中学女子组；小学男子甲组、乙组，女子甲组、乙组，共计7组364名运动员。1975年10月31日至11月2日，在象山五七中学举行县中小学生田径运动会，参赛单位以区镇学区组队，共7队，分中学男女甲乙组、小学男女甲乙组；同时，在石浦小学举行中小学生乒乓球赛。是年7月10—14日，在丹城组织县中学生篮球赛，以各区镇为单位组队。1978年4月27—29日，在象山中学举行县中学生田径运动会，以7个区、镇组队，分少年甲组（男女）、少年乙组（男女）、少年丙组（男女），共6个组别420名运动员。参加12月23—24日，在西周举行冬季中长跑比赛，分男女甲、乙4组，开展400米、800米、1500米、3000米、5000米共16个项目比赛。6月1—3日，在丹城一小举行象山县小学生篮球赛。11月25—26日，在丹城一小举行县中小学生乒乓球选拔赛。1979年7月20—22日，在丹城举行县少年、儿童游泳比赛，以区镇组队，竞赛项目为自由泳、蛙泳、仰泳三项。10月，在定山举行初中生排球对抗赛。11月，在丹城举行中学生田径对抗赛。参加单位为象山一中、象山二中、石浦中学、定塘中学、珠溪中学。1980年4月12—14日，在象山一中举行县中、小学生田径运动会，以区镇组队，分少年男女甲、乙组和儿童男女甲乙组，共4组别。

20世纪90年代后，每间隔一二年举行一次县中小学田径运动会。2001年7月，在象山中学举办县中小学生篮球锦标赛，共计32个运动队360名运动员参赛，石浦镇校、文峰学校、象山中学分获小学组、初中组、高中组冠军。此后，每隔一年举办中小学生篮球锦标赛。2002年7月，在丹城三小举办县中小学乒乓球锦标赛，305名运动员参加比赛。象山三中、象山中学、文峰学校、泗洲头镇初中、实验小学、墙头镇小学分获高中男子、高中女子、初中男子、初中女子、小学男子、小学女子团体冠军。此后，每隔一年举办中小学生乒乓球锦标赛。2005年8月，在丹城三小举办中小学生棋类比赛，41支团队、712名运动员参赛。晓塘小学、定塘小学、新桥小学分获小学组中国象棋、国际象棋、围棋团体冠军，丹城中学、丹城中学、鹤浦中学分获初中组中国象棋、国际象棋、围棋团体冠军，西周中学获高中组中国象棋、国际象棋、围棋团体第一名。此后，中小学生棋类比赛每年举办一次。

2005年4月，由县教育局、科技局、科协、环保局、文体局主办，象山县少年科教协会承办“天安杯”象山县中小学生“三模”（航空模型、航海模型、航天模型）竞赛在丹城举行。小学组项目有手掷滑翔、初级橡筋、一级牵引、张操队、无线电遥控、D-811电动、E-6V、长征三号火箭、四驱车、雷速登，共28个代表队、497名运动员参赛；初中组项目为手掷滑翔、二级牵引、线操纵电动、无线电遥控、900毫米电动、幸运号遥控、F1-电动遥控、FSR-ECO、火箭助推，共19个代表队、377名运动员参赛。此后，青少年科技性体育活动项目每年举办一次。

1980—2008年象山县中小学田径运动会情况表

表39-4

时间	地点	运动队	运动员	组别	项目	成绩
1980年4月12—14日	象山一中	以区镇组队(7队)	308人	少年甲组、乙组,儿童甲组、乙组,共4组	少年甲组16项 少年乙组15项 儿童甲组10项 儿童乙10项	—
1991年10月19—22日	丹城(各赛点)	中学7队 小学8队	192人	中学组 小学组	少年甲组16项 少年乙组15项 儿童甲组10项 儿童乙10项	17人次破17项县纪录,其中丹城中学尹月琴破少女乙、少女甲、成人女子铅球纪录和少女乙、少女甲、成人女子铁饼纪录,实验小学、丹城中学分获县小学组和初中组总分第一
1992年10月19—22日	丹城	—	362人	高中组 初中组	60米、100米、400米、800米、1500米、100米栏、110米栏、垒球、标枪、铅球、跳高、立定跳远、铁饼、跳远、三级跳远、4×100米接力	14人次破14项县纪录
1993年10月	丹城	中学21队 小学21队	493人	小学组 中学组	小学：60米、400米、800米、跳远、垒球、铅球、跳高、4×100米接力 中学：100米、200米、400米、800米、1500米、100米栏、跳远、跳高、铅球、垒球、标枪、三级跳远、铁饼、4×100米接力	丹二小俞坚破少男乙市纪录,丹城中学张堂款破市男甲铁饼纪录,丹城中学、丹城二小分获县高中组、初中组、小学组团体总分第一
1995年10月25—28日	丹城	中学27队 小学24队 共51队	562人	高中组 初中组 小学组	—	14人次破县纪录,象山中学、象山二中、石浦小学分获县团体总分第一名
1996年10月17—19日	丹城	中学24队 小学24队	441人	高中组 初中组 小学组	—	象山中、丹城二中、林海小学分获县高中、初中、小学团体总分第一名
1998年10月22—24日	象山县体育场	高中7队 初中35队 小学29队 共71队	880人	高中组 初中组 小学组	100米、200米、400米、800米、1500米、80米栏、100米栏、铅球、铁饼、标枪、垒球、跳高、跳远、三级跳远、4×100米接力	破5项县纪录,象山中学、新港中学、丹城三小分获县高中组、初中组、小学组团体总分第一

续表39-4

时间	地点	运动队	运动员	组别	项目	成绩
1999年10月28—30日	象山县体育场	高中7人 初中35队 小学27队 共69队	686人	高中组 初中组 小学组	100米、200米、400米、800米、1500米、80米栏、100米栏、铅球、铁饼、标枪、垒球、跳高、跳远、三级跳远、4×100米接力	10人破10项县纪录，象山三中、新港中学、新港小学分获县高中、初中、小学组团体总分第一
2002年	县体育场	65队	624人	小学组 初中组 高中组	100米、200米、400米、800米、1500米、3000米、100米栏、110米栏、铅球、铁饼、标枪、垒球、跳高、跳远、三级跳远、4×100米接力、4×400米接力	12人破县12项纪录，文峰小学、丹城中学、象山中学分获小学、初中、高中团体总分第一
2003年11月6—8日	教育园区体育场	63队	721人	小学组 初中组 高中组	100米、200米、400米、800米、1500米、3000米、100米栏、110米栏、铅球、铁饼、标枪、垒球、跳高、跳远、三级跳远、4×100米接力、4×400米接力	8人次破县8项纪录，象山中学、新港中学、丹城三小分获高中、初中、小学团体总分第一
2004年10月28—30日	教育园区体育场	61队	708人	小学组 初中组 高中组	100米、200米、400米、800米、1500米、3000米、100米栏、110米栏、铅球、铁饼、标枪、垒球、跳高、跳远、三级跳远、4×100米接力、4×400米接力	16人次破县16项纪录，实验小学、新港初中、象山三中分获小学、初中、高中团体总分第一
2006年10月19—21日	教育园区体育场	63队	655人	小学组 初中组 高中组	100米、200米、400米、800米、1500米、3000米、100米栏、110米栏、铅球、铁饼、标枪、垒球、跳高、跳远、三级跳远、4×100米接力、4×400米接力	实验小学、丹城二中、象山三中分获小学、初中、高中团体总分第一
2007年10月25—27日	教育园区体育场	63队	650人	小学组 初中组 高中组	100米、200米、400米、800米、1500米、3000米、100米栏、110米栏、铅球、铁饼、标枪、垒球、跳高、跳远、三级跳远、4×100米接力、4×400米接力	13人次破13项县纪录，新港小学、殷夫小学、象山中学分获小学、初中、高中团体总分第一
2008年10月30至11月1日	教育园区体育场	64队	634人	小学组 初中组 高中组	100米米、200米、400米、800米、1500米、3000米、100米栏、110米栏、铅球、铁饼、标枪、垒球、跳高、跳远、三级跳远、4×100米接力、4×400米接力	5人次破5项县纪录，文峰学校、新港中学、象山三中分获小学、初中、高中团体总分第一

第三章　竞技体育

象山有记载的竞技体育始于武术。宋淳祐七年（1247），汤大全中丁未科武进士，为象山参与武术竞技之先，后历代均有武举。民间竞技体育尤以游泳为著。游泳高手，横渡象山港、石浦港及近海岛屿者不在少数。海中踩水、泅渡、潜水名手多有传闻，但少记载。民国 19 年（1930），象山杨秀英入上海两江女子体育专科学校，并在是年参加上海市跳高比赛，打破上海市纪录，后成为上海女篮主力队员，为象山民国时期体育之佼佼者。中华人民共和国成立后，于 1951 年举办首届全民运动会，至 2008 年已历 8 届。改革开放后，象山竞技体育发展迅速，出现一批优秀运动员。王成意于 2004 年雅典奥运会上获取女子小口径步枪 50 米 3×20 项目铜牌，是象山人在奥运会上获得的首枚奖牌，也是甬籍宁波人在奥运会上获得的首枚奖牌。

第一节　县综合性体育运动会

象山综合性体育运动会，始于民国 18 年（1929）6 月，在丹城南校场举行首次县春季联合运动会，历时 2 天。民国 37 年 5 月，在丹城城南校场，举行县春季体育运动大会，历时 7 天，县中、象山简师、立三中学和各团体共 46 个单位、千余名选手参赛，分田径、球类两大项。运动会设中学、小学、民众 3 大组别。中小学组各设男女甲、乙、丙 6 个小组，民众组设男、女组。

1951 年 5 月，象山县第一届人民体育运动会在丹城南校场举行，以区、镇为单位组织参赛代表队，选手 300 余名，分成人、中学生、小学生 3 个组。

1954 年 5 月，县第二届人民体育运动会在丹城举行，以区、镇及一中、二中为单位组队，共 12 个代表队、631 名选手参赛。17 人成绩优良，选送参加省第二届运动会。

1958 年 8 月 24—26 日，在丹城举行县第三届人民体育运动大会。参赛单位有丹城、石浦、爵溪、大徐、南庄、墙头、新桥、定山、南田及象山驻军等代表队，项目有田径、排球、举重、羽毛球等。赛后，选拔出 66 名运动员和部分工作人员，于 9 月参加舟山专区于定海举行的第二届体育运动大会。

第三届人民体育运动大会考　据象山档案局材料，1958 年，象山县人民委员会发《关于举行象山县第三届人民体育运动大会的通知》（象办字 429 号），文件原文如下：

各区公所、乡（镇）人委、象山驻军、各中学、中心小学、各厂矿：在鼓足干劲，力争上游，多快好省地建设社会主义总路线的光辉照耀下，促使体育耀（跃）进的花朵在我县遍地盛开，全民性的体育运动蓬勃开展，并为出席 1958 年 9 月 5—7 日舟山专区召开的第二届二人民体育运动大会做好准备。为此，本委决定于 1958 年 8 月 24—26 日在丹城镇举行“象山县第三届人民体育运动大会。”希各地积极准备，按时出席。文件抄送：舟山专署体委、中共象山县委宣传部、团县委、县工会、县妇联、县财政局、县文教局、县公安局、象山报社。

正当县体育运动大会准备过程中，8月16日发生了一个插曲。由县体委翁艺水拟稿，县人委刘立达会签“发”的一则尚未发出文件《关于推迟举行“象山县第三届人民体育运动大会”的通知》：“前发象办字第429号通知，决定在1958年8月24—26日在丹城镇举行象山县第三届人民体育运动大会，因当前生产任务紧张，全力投入抗旱保秋工作，经研究决定：第三届人民体育运动大会延期举行。今后何时举行另行通知。”此稿件拟定后，8月21日，刘立达在“象山县人民委员会稿纸”誊写的原拟件后写上“按期召开，此件不发，1958.8.21”字样。可见“推迟举行”通知并未发出，运动会如期举行。但时隔20多年于1982年召开的县运动会，仍称“县第三届人民体育运动会”。显然有误。

1982年6月21—23日，县第三届人民体育运动会①在丹城举行，8个代表队、200名选手分男、女两大组开赛，12人次破县田径纪录。

1986年3月19日至5月5日，县第四届人民体育运动会在丹城举行，项目有棋类、篮球、田径、乒乓等，50个代表队、582名选手参赛，13人次破县田径纪录。

1992年9月30日至10月9日，县第五届体育运动会在丹城举行，设田径、篮球、拔河、乒乓球、中国象棋、围棋、桥牌7项。大会以镇乡及各口（系统）为单位，组成26个代表队、1260名选手参赛。团体总分前八名为丹城镇、石浦镇、宣传口、贤庠镇、经委口、综合口、计委口、定塘镇。

2000年10月16—25日，县第六届体育运动会在丹城体育场举行。运动会青少年部共有以各中小学为单位组队的67支代表队和成年部以镇乡及各口（系统）组队的28支代表队组成。运动员2829人，领队329人，教练273人，工作人员400人，表演人员3000名，合计6831人。比赛项目设田径、中国象棋、围棋、桥牌、篮球、游泳、乒乓球、拔河等11项。开幕式团体操表演于10月16日上午8时在县体育场举行。闭幕式颁奖大会于10月25日晚上，在灯光球场举行。

照39-2　象山县第七届运动会开幕式

2005年10月16—25日，县第七届运动会在县教育园区体育场举行。运动会设青少年部和成年部，以中小学为单位组队的62支代表队和以街道镇乡以及口（系统）组队的26支代表队，共计88支代表队参赛。参加运动会的领队、教练员、运动员共2600人，其中运动员1964人。大会竞赛项目成老年部设田径、游泳、男子篮球、乒乓球、羽毛球、拔河、中国象棋、围棋、桥牌、门球、钓鱼11大项。青少年部设田径、男子篮球。

① 第三届人民体育运动大会举行2次，分别为1958年、1982年，为尊重历史，1982年体育运动大会仍以“第三届”名之，以后历届运动会为防混乱不再依序更改。

象山县男子田径最高纪录情况表

表 39-5

项　目	成　绩	姓　名	单　位	比赛地点	运 动 会 名 称	备　注
100 米	10″85	赖超峰	新港中学	丹城	2005 年县第八届人民体育运动会	—
200 米	22″25	陈　波	象　中	丹城	2007 年县中小学生田径运动会	—
400 米	51″50	潘晓晓	象二中	丹城	2004 年县中小学生田径运动会	—
800 米	2′01″20	黄　辉	石浦中学	丹城	2005 年县第八届人民体育运动会	—
1500 米	4′16″35	黄　辉	象山二中	宁波	2005 年宁波市中学生田径运动会	—
3000 米	9′48″64	张　亮	象　中	丹城	2005 年县第八届人民体育运动会	—
5000 米	17′25″2	林甫生	金星乡	宁波	1978 年宁波地区第五届全运会	—
10000 米	36′30″8	林甫生	金星乡	宁波	1978 年宁波地区第五届全运会	—
110 米栏	17″3	倪永吉	宣传口	丹城	1992 年县第六届人民体育运动会	1.067 米、9.14 米
400 米栏	59″8	沈家瑜	象　中	丹城	1991 年宁波市中小学生田径运动会	0.914 米
4×100 米	44″19	—	象　中	丹城	2007 年县中小学生田径运动会	—
4×400 米	3′28″75	—	县　队	宁波	2005 年宁波市中学生田径运动会	—
跳高	1.95 米	高鸿浩	象　中	丹城	2007 年县中小学生田径运动会	—
跳远	7.14 米	陈浩定	象　山	宁波	2007 年宁波市第十五届运动会	—
撑竿跳高	3.12 米	陈敏宏	象二中	丹城	1989 年县第五届人民体育运动会	—
三级跳远	14.23 米	童东东	象三中	丹城	2006 年县中小学生田径运动会	—
标枪	54.76 米	陈敏宏	石　浦	丹城	1992 年县第六届人民体育运动会	800 克
铁饼	34.98 米	王增才	宣传口	丹城	1992 年县第六届人民体育运动会	2 公斤
铅球	12.02 米	陈享伯	丹　城	宁波	1984 年宁波市第七届工人运动会	7.26 公斤
五项全能	2446 分	张灵光	象　中	宁波	1983 年宁波地区中小学生田径运动会	—
十项全能	4842 分	王增才	丹　城	宁波	1986 年宁波市第十届全运会	—

象山县女子田径最高纪录情况表

表 39-6

项　目	成　绩	姓　名	单　位	比赛地点	运 动 会 名 称	备　注
100 米	12″2	俞　梅	新桥中学	宁波	2003 年宁波市中学生田径比赛	—
200 米	24″8	俞　梅	新桥中学	宁波	1998 年浙江省第十一届运动会	—
400 米	55″72	俞　梅	新桥中学	宁波	1998 年浙江省第十一届运动会	—
800 米	2′18″5	俞　梅	新桥中学	宁波	1997 年宁波市第十三届运动会	—
1500 米	5′06″87	董　丹	象三中	宁波	2005 年宁波市中学生田径运动会	—
3000 米	11′13″2	马冬花	象　中	宁波	1976 年宁波地区少年儿童田径运动会	—

续表39-6

项　目	成　绩	姓　名	单　位	比赛地点	运　动　会　名　称	备　注
100 米栏	15″9	李小丹	丹二中	丹城	2003 年县中小学田径运动会	—
200 米栏	33″6	黄晓云	象　中	宁波	1978 年宁波地区第五届全运会	—
400 米栏	1′08″4	李小丹	丹二中	宁波	2003 年宁波市中小学生田径运动会	—
4×100 米	52″3	—	县　队	宁波	2003 年宁波市中学生田径比赛	—
4×400 米	4′12″5	—	县　队	宁波	2003 年宁波市中学生田径运动会	—
跳高	1. 53 米	陈海瑛	石　中	宁波	1989 年宁波市第十一届运动会田径比赛	—
跳远	5. 42 米	俞　梅	新桥中学	宁波	1998 年浙江省第十一届运动会	—
铅球	12. 76 米	尹月琴	象　中	丹城	1992 年县中小学生田径运动会	4 公斤
铁饼	37. 48 米	尹月琴	丹　中	奉化	1992 年市中小学生田径运动会	1 公斤
标枪	43. 10 米	贺玲淑	丹　中	宁波	1993 年宁波市第十二届运动会田径比赛	600 克
五项全能	2607 分	冯小萍	象　中	宁波	1981 年宁波地区田径运动会	—
十项全能	3393 分	杜玲红	象　中	宁波	1986 年宁波市第十届运动会	—
三级跳远	11. 57 米	欧　晓	丹二中	宁波	2007 年宁波市第十五届运动会田径比赛	—

象山县男甲（16~18 虚岁）田径最高纪录情况表

表 39-7

项　目	成　绩	姓　名	单　位	比赛地点	运　动　会　名　称	备　注
100 米	10″85	赖超峰	新港中学	丹城	2000 年县第七届运动会	—
200 米	23″00	陈　波	象　中	丹城	2006 年县中小学生田径运动会	—
400 米	52″3	俞　风	新桥中学	宁波	2003 年宁波市中学生田径运动会	—
800 米	2′5″5	吴仁能	丹　中	奉化	1992 年宁波市中小学生田径运动会	—
1500 米	4′23″8	赖可可	林　中	奉化	1988 年市“二青”田径比赛	—
3000 米	9′56	骆仁依	珠　中	宁波	1989 年市中小学生田径运动会	—
100 米栏	16″4	沈家瑜	象　中	宁波	1991 年市中小学生田径运动会	—
110 米栏	15″30	许　迪	象二中	丹城	2005 年宁波市中小学生田径运动会	0. 914 米、9. 14 米
400 米栏	59″8	沈家瑜	象　中	宁波	1991 年市中小学生田径运动会	0. 914 米
4×100 米	44″80	—	县　队	宁波	2005 年宁波市中学生田径运动会	—
4×400 米	3′28″75	—	县　队	宁波	2005 年宁波市中学生田径运动会	—
跳高	1. 90 米	张　辉	象　中	丹城	2004 年县中小学生田径运动会	—
跳远	6. 96 米	黄海炳	文　峰	宁波	2007 年宁波市第十五届运动会	—
撑竿跳高	2. 90 米	陈敏宏	象二中	宁波	1989 年宁波市中小学生田径运动会	—
三级跳远	13. 79 米	张　辉	象二中	丹城	2007 年县中小学生田径运动会	—

续表39-7

项　目	成　绩	姓　名	单　位	比赛地点	运　动　会　名　称	备　注
铅球	13.38 米	张堂权	丹　中	宁波	1985 年宁波市中小学生田径运动会	6 公斤
铅球	14.86 米	任银龙	文　峰	丹城	2004 年县中小学生田径运动会	5 公斤
铁饼	48.68 米	张堂权	丹　中	宁波	1994 年宁波市小学生田径比赛	1.5 公斤
铁饼	41.54 米	张堂权	丹　中	奉化	1992 年宁波市中小学生田径运动会	1 公斤
标枪	52.89 米	任银龙	文峰学校	丹城	2004 年中小学生田径运动会	700 克
标枪	50.01 米	杨　帆	鹤　浦	丹城	2006 年县中小学生田径运动会	600 克
十项全能	2014 分	金卫星	象山二中	宁波	1983 年宁波地区少年儿童田径运动会	—

象山县女甲（16~18 虚岁）田径最高纪录情况表

表 39-8

项　目	成　绩	姓　名	单　位	比赛地点	运　动　会　名　称	备　注
100 米	12″98	林　汝	象山中学	丹城	2005 年县第八届人民体育运动会	—
200 米	24″8	俞　梅	新桥中学	宁波	1998 年浙江省第十一届运动会	—
400 米	55″72	俞　梅	新桥中学	宁波	1998 年浙江省第十一届运动会	—
800 米	2′18″5	俞　梅	新桥中学	宁波	1997 年宁波市第十三届全运动会	—
1500 米	5′10″8	马冬花	象　中	宁波	1978 年宁波地区少年儿童田径运动会	—
3000 米	11′13″2	马冬花	象　中	宁波	1978 年宁波地区少年儿童田径运动会	—
100 米栏	15″9	李小丹	丹城二中	丹城	2003 年县中小学生田径运动会	—
200 米栏	33″6	黄晓云	象　中	宁波	1978 年宁波地区第五届运动会	—
400 米栏	1′08″4	李小丹	丹二中	宁波	2003 年宁波市中小学生田径运动会	—
4×100 米	53″6	—	象　中	丹城	2002 年县中小学生田径运动会	—
4×400 米	4′25″4	—	县　队	宁波	2003 年宁波市中学生田径运动会	—
跳高	1.53 米	陈海瑛	石　中	宁波	1986 年宁波市第十届运动会田径比赛	—
跳远	5.42 米	俞　梅	新桥中学	宁波	1998 年浙江省第十一届运动会	—
铅球	12.76 米	尹月琴	象　中	丹城	1992 年县中小学生田径运动会	4 公斤
铁饼	37.48 米	尹月琴	丹　中	奉化	1992 年宁波市中小学生田径运动会	1 公斤
标枪	42.04 米	贺玲淑	丹　中	奉化	1992 年宁波市中小学生田径运动会	600 克
五项全能	2607 分	冯小萍	象　中	宁波	1981 年宁波地区田径选拔赛	—
标枪	48.10 米	杜玲红	象　中	宁波	1986 年宁波市中小学生田径运动会	500 克
400 米栏	1′08″4	李小丹	丹二中	宁波	2003 年宁波市中学生田径运动会	—
三级跳远	11.57 米	欧　晓	丹二中	宁波	2007 年宁波市第十五届运动会田径比赛	—

象山县男乙（14~15虚岁）田径最高纪录情况表

表39-9

项　目	成　绩	姓　名	单　位	比赛地点	运　动　会　名　称	备　注
50米	7″1	吴跃威	石　中	宁波	1985年县中小学生田径运动会	—
60米	7″8	董亚定	象二中	丹城	1979年县少年田径运动会	—
100米	11″2	赖超峰	新港中学	丹城	2004年县中小学生田径运动会	—
200米	23″00	陈　波	象山中学	丹城	2006年县中小学生田径运动会	—
400米	54″5	俞　风	新桥中学	慈溪	2001年宁波市第十四届运动会	—
800米	2′12″	骆仁依	珠　中	丹城	1989年县中小学生田径运动会	—
1500米	4′33″5	骆仁依	珠　中	宁波	1985年县中小学生田径运动会	—
3000米	9′56″	骆仁依	石　中	宁波	1989年县中小学生田径运动会	—
4×100米	49″1	—	县　队	宁波	1987年宁波市中小学生田径运动会	—
4×400米	4′15″18	—	外国语学校	丹城	2005年县第八届人民体育运动会	—
跳高	1. 81米	钟　颢	丹　中	丹城	1993年县中小学生田径运动会	—
跳远	6. 41米	黄海斌	实　小	杭州	2005年浙江省县级田径赛	—
三级跳远	12. 88米	刘　彪	文　峰	丹城	2004年县中小学生田径运动会	3公斤
铅球	13. 36米	林志峰	林　中	宁波	1989年宁波市第十一届运动会田径比赛	1公斤
铁饼	39. 22米	彭国成	石　中	丹城	1988年县中小学生田径运动会	600克
标枪	49. 83米	任银成	文峰学校	丹城	2002年县中小学生田径运动会	500克
手榴弹	52. 04米	许振峰	定　中	宁波	1978年县少年儿童田径运动会	—
三项全能	1232分	钱　金	林　中	宁波	1997年宁波市第十三届运动会	—
五项全能	2033分	薛瑞祥	象　中	丹城	1984年县中小学生田径运动会	4公斤
铅球	13. 02米	陈　庭	石　中	宁波	1989年宁波市中小学生田径运动会	—

象山县女乙（14~15虚岁）田径最高纪录情况表

表39-10

项　目	成　绩	姓　名	单　位	比赛地点	运　动　会　名　称	备　注
80米	13″37	秦　曾	文峰学校	丹城	2007年县中小学生田径运动会	—
100米	13″5	林　汝	石浦中学	丹城	2003年县中小学生田径运动会	—
200米	24″8	俞　梅	新桥中学	宁波	1998年浙江省第十一届运动会	—
400米	55″7	俞　梅	新桥中学	宁波	1998年浙江省第十一届运动会	—
800米	2′18″5	俞　梅	新桥中学	宁波	1997年宁波市第十三届运动会	—
1500米	5′24″83	何雄荣	珠　中	丹城	2004年宁波市中小学生田径运动会	—
80米栏	12″9	李小丹	丹二中	丹城	2002年县中小学生田径运动会	0. 76米
100米栏	17″8	胡海珍	泗洲头中学	丹城	2006年县中小学生田径运动会	0. 84米

续表39-10

项　目	成　绩	姓　名	单　位	比赛地点	运　动　会　名　称	备　注
4×100 米	55″2	—	新港中学	丹城	2003 年县中小学生田径运动会	—
跳高	1.50 米	梁海燕	石　中	宁波	1989 年宁波市第十一届运动会田径比赛	—
跳远	5.42 米	俞　梅	新桥中学	宁波	1998 年浙江省第十一届运动会	—
铅球	11.37 米	尹月琴	丹一中	丹城	1991 年县中小学生田径运动会	4 公斤
铁饼	33.76 米	尹月琴	丹　中	丹城	1991 年宁波市中小学生田径运动会	1 公斤
手榴弹	38.98 米	卢琴娟	象二中	宁波	1980 年宁波地区少年儿童“三好杯”赛	—
标枪	26.51 米	张　渝	殷夫中学	丹城	2007 年县中小学生田径比赛	500 克
五项全能	1956 分	林惠飞	石　中	丹城	1984 年中小学生田径运动会	—
三项全能	1600 分	徐芬娣	丹　中	奉化	1992 年宁波市中小学生田径运动会	—
铅球	12.57 分	贺玲淑	大　中	宁波	1989 年宁波市第十一届运动会田径运动会	3 公斤
三级跳远	10.64 米	欧　晓	丹二中	丹城	2006 年县中小学生田径运动会	—

象山县儿童男甲（13 虚岁）田径最高纪录情况表

表 39-11

项　目	成　绩	姓　名	单　位	比赛地点	运　动　会　名　称	备注
50 米	7″5	邵泉定	丹一小	宁波	1985 年宁波市中小学生田径运动会	—
100 米	12″5	赖赠徽	丹城中学	丹城	2002 年县中小学生田径运动会	—
200 米	26″1	赖赠徽	丹城中学	丹城	2002 年县中小学生田径运动会	—
400 米	59″62	陈　琦	文峰学校	丹城	2005 年县第八届人民体育运动会	—
800 米	2′21″	李　辉	珠　中	丹城	1992 年县中小学生田径运动会	—
4×100 米	56″1	—	新港小学	丹城	1999 年县中小学生田径运动会	—
跳高	1.70 米	钟　颢	实　小	奉化	1992 年县中小学生田径运动会	—
跳远	4.75 米	葛　挺	实　小	奉化	1991 年宁波市小学传统田径运动会	—
铅球	10.96 米	向林阳	丹三小	丹城	2003 年县中小学生田径运动会	4 公斤
铅球	8.65 米	郑志江	象　中	宁波	1986 年宁波市第十届全运会	3 公斤
铁饼	24.88 米	郑志江	象　中	宁波	1986 年宁波市第十届全运会	1 公斤
手榴弹	46.10 米	董永定	南　庄	丹城	1979 年县中小学生田径运动会	300 克
垒球	70.42 米	张蒙跃	象二中	宁波	1993 年宁波市第十二届运动会田径赛	25.34 克
标枪	36.94 米	余国强	丹　中	丹城	1991 年县中小学生田径运动会	300 克
标枪组全能	67.50 米	余国强	丹　中	丹城	1991 年县中小学生田径运动会	—
短跑组全能	67.75 分	章陈定	林　中	丹城	1991 年县中小学生田径运动会	—
中跑组全能	63.75 分	李　辉	珠　中	丹城	1992 年县中小学生田径运动会	—
跳高组全能	74.75 分	钟　颢	丹　中	丹城	1992 年县中小学生田径运动会	—

象山县儿童女甲（13虚岁）田径最高纪录情况表

表39-12

项　目	成　绩	姓　名	单位	比赛地点	运　动　会　名　称	备　注
100米	13″6	章秀丽	丹二小	长兴	1978年省少年儿童田径运动会	—
200米	28″9	冯燕燕	丹城中学	丹城	1999年县中小学生田径运动会	—
400米	1′06″98	王丁丁	新港小学	丹城	2007年县中小学生田径运动会	—
800米	2′33″30	王丁丁	新港小学	丹城	2007年县中小学生田径运动会	—
4×100米	55″8	—	实　小	丹城	2002年县中小学生田径运动会	—
跳高	1.37米	陈燕瑛	石　中	丹城	1987年县中小学生田径运动会	—
跳远	4.50米	章秀丽	丹二小	丹城	1978年县中小学生田径运动会	—
铅球	9.27米	尹月琴	西　中	丹城	1988年县中小学生田径运动会	3公斤
垒球	45.25米	张爱娥	泗洲头小学	丹城	2000年县中小学生田径运动会	25.34
手榴弹	35.17米	郑　英	石　小	丹城	1980年县少年儿童田径运动会	1公斤
三项全能	903分	张文琴	丹二小	丹城	1983年县少年儿童田径运动会	—
标枪	31.72米	蔡　丽	丹　中	丹城	1991年县中小学生田径运动会	300克
标枪组全能	58.25米	蔡　丽	丹　中	丹城	1991年县中小学生田径运动会	—
短跑组全能	56.50米	朱颖敏	丹　中	奉化	1992年县中小学生田径运动会	—
中跑组全能	55.50分	杜文春	丹　中	丹城	1992年县中小学生田径运动会	—
跳高组全能	58.25分	葛海英	石　中	丹城	1992年县中小学生田径运动会	—

象山县儿童男乙（12虚岁）田径最高纪录情况表

表39-13

项　目	成　绩	姓　名	单　位	比赛地点	运　动　会　名　称	备　注
50米	7″5	黄兆本	丹二小	丹城	1995年县中小学生田径运动会	—
100米	13″7	周龚昶	实验小学	丹城	2002年县中小学生田径运动会	—
200米	28″	黄伯林	实验小学	丹城	1995年县中小学生田径赛	—
400米	1′04″44	张家浩	石浦小学	丹城	2007年县中小学生田径运动会	—
800米	2′31″2	陈振舟	实验小学	丹城	1993年县中小学生田径赛	—
4×100米	53″62	—	石浦小学	丹城	2005年县第八届人民体育运动会	—
跳高	1.54米	葛　挺	实验小学	丹城	1993年县中小学生田径运动会	—
跳远	4.94米	俞　坚	石　小	丹城	1993年县中小学生田径运动会	—
铅球	8.67米	葛力点	丹二小	丹城	1995年县中小学生田径赛	4公斤
手榴弹	40.10米	范建忠	丹一小	丹城	1988年县中小学生田径运动会	—
垒球	54.10米	俞　坚	丹一小	丹城	1993年县中小学生田径运动会	—

续表39-13

项　目	成　绩	姓　名	单　位	比赛地点	运　动　会　名　称	备　注
标枪	33.08 米	邵　治	丹二小	丹城	1991 年县中小学生田径运动会	300 克
三项全能	387 分	何交通	实验小学	宁波	1981 年宁波地区少年儿童田径运动会	—
五项全能	1049 分	李文波	实验小学	丹城	1984 年县十五届中小学生田径运动会	—
标枪组全能	59.75 分	葛　挺	实验小学	丹城	1991 年县中小学生田径运动会	—
短跑组全能	50.75 分	张宇钱	丹二小	丹城	1991 年县中小学生田径运动会	—
中跑组全能	38.25 分	欧敏敏	实验小学	丹城	1991 年县中小学生田径运动会	—
跳高组全能	57.75 分	钱志军	丹二小	丹城	1991 年县中小学生田径运动会	—

象山县儿童女乙（12 虚岁）田径最高纪录情况表

表 39-14

项　目	成　绩	姓　名	单　位	比赛地点	运　动　会　名　称	备　注
50 米	7″7	陈杏珠	丹一小	丹城	1984 年县中小学生田径选拔赛	—
100 米	13″8	冯燕燕	丹　中	丹城	1998 年县中小学生田径运动会	—
200 米	29″7	张　悦	实验小学	丹城	2001 年县中小学生田径运动会	—
400 米	1′8″1	俞　梅	新桥小学	丹城	1995 年县中小学生田径赛	—
800 米	2′35″45	俞　梅	新桥小学	宁波	1996 年县中小学生田径比赛	—
4×100 米	57″91	—	实验小学	丹城	2005 年县第八届人民体育运动会	—
跳高	1.25 米	陈萍杉	石　小	丹城	1981 年宁波地区少年儿童田径运动会	—
跳远	4.18 米	陈佩幸	实验小学	奉化	1991 年宁波市小学生传统田径赛	—
铅球	8.51 米	王继红	实验小学	奉化	1991 年宁波市小学生传统田径赛	4 公斤
手榴弹	28.62 米	蔡　丽	南　小	丹城	1988 年县中小学生田径运动会	300 克
垒球	43.54 米	陈红亚	新　小	丹城	1995 年县中小学生田径赛	25.34 克
三项全能	610 分	林吉庆	大　小	丹城	1984 年县中小学生田径运动会	—
标枪	26.22 米	芦　莹	石　小	丹城	1991 年县中小学生田径运动会	1 公斤
标枪组全能	60.22 分	陈佩幸	实验小学	丹城	1991 年县中小学生田径运动会	300 克
短跑组全能	53.75 分	沈冬梅	丹二小	丹城	1991 年县中小学生田径运动会	—
中跑组全能	43.75 分	翁海丹	西　小	丹城	1991 年县中小学生田径运动会	—
跳高组全能	57.50 分	芦　莹	石　小	丹城	1991 年县中小学生田径运动会	—

象山县甲组（17~20 虚岁）射击最高纪录情况表

表 39-15

组　别	项　目	成绩(环)	姓　名	单　位	比赛地点	运　动　会　名　称
女甲	运动步枪 3×20	584	王成意	贤庠中学	宁波	2001 年宁波市第十四运会射击比赛
女甲	运动步枪 60 卧	587	王成意	贤庠中学	宁波	2001 年宁波市第十四运会射击比赛
女甲	气步枪 40 发	392	王成意	贤庠中学	宁波	2001 年宁波市第十四运会射击比赛
男甲	10 米移动靶标准速	516	杨丹琪	爵溪中学	宁波	2001 年宁波市第十四运会射击比赛

象山县乙组(15~16 虚岁)射击最高纪录情况表

表 39-16

项　目	成绩(环)	姓名	单位	比赛地点	运　动　会　名　称
女乙小口径运动步枪 3×10	280	王成意	贤庠中学	宁波	1998 年浙江省第十一届运动会
女乙小口径运动步枪 30 卧	293	王成意	贤庠中学	宁波	1997 年宁波市第十三届运动会
女乙小口径运动步枪 3×20	561	王成意	贤庠中学	宁波	1998 年浙江省第十一届运动会
女乙气步枪移动速射 20 发	173	陈珊珊	下沈中学	宁波	1997 年宁波市第十三届运动会
男乙气步枪 10 米移标速	538	杨丹琪	爵溪中学	宁波	1998 年浙江省第十一届运动会
男乙气步枪 10 米移混合	375	杨丹琪	爵溪中学	宁波	1998 年浙江省第十一届运动会
男乙气步枪 10 米移 30 发	277	杨丹琪	爵溪中学	宁波	1997 年宁波市第十三届运动会
男乙气步枪 60 发	566	江浩俊	林海中学	宁波	1998 年浙江省第十一届运动会
男乙小口径步枪 30×10 发	271	江浩俊	林海中学	宁波	1997 年宁波市第十三届运动会
男乙小口径步枪 30 发卧	284	江浩俊	林海中学	宁波	1997 年宁波市第十三届运动会
男乙小口径步枪 3×20	557	江浩俊	林海中学	宁波	1998 年浙江省第十一届运动会
男乙气手枪 60 发	463	励石开	丹城二中	宁波	2001 年宁波市第十四届运会射击比赛
男乙步枪 60 卧	527	张　恒	实验小学	宁波	2001 年宁波市第十四届运会射击比赛
女乙气步枪 40 发	369	项晓晓	鹤浦中学	宁波	2001 年宁波市第十四届运会射击比赛
女乙步枪 60 卧	542	项晓晓	鹤浦中学	宁波	2001 年宁波市第十四届运会射击比赛
女乙 10 米移动靶标准	309	张梦倩	丹城二中	宁波	2001 年宁波市第十四届运会射击比赛
女乙 10 米移 30 慢	267	张梦倩	丹城二中	宁波	2001 年宁波市第十四届运会射击比赛

象山县丙组(14 虚岁以下)射击最高纪录情况表

表 39-17

组别	项　目	成绩(环)	姓名	单位	比赛地点	运　动　会　名　称
男丙	气手枪 40 发	331	康宏伟	丹二小	宁波	2001 年宁波市第十四届运会射击比赛
男丙	步枪 3×10	252	康宏伟	丹二小	宁波	2001 年宁波市第十四届运会射击比赛

续表39-17

组别	项　目	成绩(环)	姓名	单位	比赛地点	运　动　会　名　称
男丙	步枪 30 卧	285	康宏伟	丹二小	宁波	2001 年宁波市第十四届运会射击比赛
女丙	气步枪 20 发	133	梁世巧	鹤　小	宁波	2001 年宁波市第十四届运会射击比赛
女丙	步枪 3×10	204	梁世巧	鹤　小	宁波	2001 年宁波市第十四届运会射击比赛
女丙	步枪 30 卧	270	梁世巧	鹤　小	宁波	2001 年宁波市第十四届运会射击比赛

象山县男子甲组(17~18 虚岁)举重最高纪录情况表

表 39-18

组别	项　目	成绩(公斤)	姓名	单位	比赛地点	运　动　会　名　称
50 公斤男甲	抓　举	70	王建平	丹城二中	宁波	1997 年宁波市第十三届运动会
50 公斤男甲	挺　举	87. 5	王建平	丹城二中	宁波	1997 年宁波市第十三届运动会
62 公斤男甲	抓　举	55	谢　峰	丹城中学	慈溪	2001 年宁波市第十四届运动会
62 公斤男甲	挺　举	65	谢　峰	丹城中学	慈溪	2001 年宁波市第十四届运动会
62 公斤男甲	总成绩	120	谢　峰	丹城中学	慈溪	2001 年宁波市第十四届运动会

象山县男子乙组(16 虚岁以下)举重最高纪录情况表

表 39-19

级别	成绩(公斤)	姓名	单位	比赛地点	运　动　会　名　称
40 公斤乙	92	仇松阳	外国语学校	宁波	2007 年宁波市第十五届运动会
44 公斤乙	106	汪宋斌	黄避岙小学	宁波	2007 年宁波市第十五届运动会
46 公斤乙	52. 5	虞亮亮	丹城中学	宁波	1997 年宁波市第十三届运动会
46 公斤乙	67. 5	虞亮亮	丹城中学	宁波	1997 年宁波市第十三届运动会
46 公斤乙	120	虞亮亮	丹城中学	宁波	1997 年宁波市第十三届运动会
48 公斤乙	61	王　宇	实验小学	慈溪	2001 年宁波市第十四届运动会
48 公斤乙	75	王　宇	实验小学	慈溪	2001 年宁波市第十四届运动会
48 公斤乙	135	王　宇	实验小学	慈溪	2001 年宁波市第十四届运动会
54 公斤乙	65	郑　挺	新港中学	宁波	1997 年宁波市第十三届运动会
54 公斤乙	80	郑　挺	丹城中学	宁波	1997 年宁波市第十三届运动会
54 公斤乙	145	郑　挺	丹城中学	宁波	1997 年宁波市第十三届运动会
64+公斤乙	57. 5	余兴武	林海中学	宁波	1997 年宁波市第十三届运动会
64+公斤乙	70	余兴武	林海中学	宁波	1997 年宁波市第十三届运动会
64+公斤乙	127. 5	余兴武	林海中学	宁波	1997 年宁波市第十三届运动会

象山县女子乙组(16虚岁以下)举重最高纪录情况表

表39-20

级　别	项目	成绩(公斤)	姓名	单位	比赛地点	运　动　会　名　称	备　注
50公斤甲组	抓　举	35	王君亚	鹤浦中学	宁波	1997年宁波市第十三届运动会	17~18虚岁
50公斤甲组	总成绩	60	王君亚	鹤浦中学	宁波	1997年宁波市第十三届运动会	17~18虚岁
59公斤甲组	抓　举	35	金　叶	鹤浦中学	宁波	1997年宁波市第十三届运动会	17~18虚岁
59公斤甲组	挺　举	45	金　叶	鹤浦中学	宁波	1997年宁波市第十三届运动会	17~18虚岁
59公斤甲组	总成绩	80	金　叶	鹤浦中学	宁波	1997年宁波市第十三届运动会	17~18虚岁
50公斤乙组	抓　举	27.5	谢月聪	鹤浦中学	宁波	1997年宁波市第十三届运动会	16虚岁以下
54公斤乙组	抓　举	32.5	毛蛟萍	鹤浦中学	宁波	1997年宁波市第十三届运动会	16虚岁以下
54公斤乙组	挺　举	45	毛蛟萍	鹤浦中学	宁波	1997年宁波市第十三届运动会	16虚岁以下
54公斤乙组	总成绩	77.5	毛蛟萍	鹤浦中学	宁波	1997年宁波市第十三届运动会	16虚岁以下

第二节　市（地）级以上比赛

1957年8月，翁敬堂在浙江省田径运动会上，创省10千米竞走纪录。1964年，县农民篮球队代表地区赴省参加第七届农民篮球赛获第三名。1965年10月，象山县职工乒乓球队获鄞奉宁象四县职工乒乓球赛男子团体冠军，李荣明获男子单打冠军。

1973年4月，秦云岭在浙江省中学生田径运动会上，破少女甲组手榴弹省纪录。1974年5月，卢海成参加地区四届运动会，破1500米地区纪录；6月，象山乒乓球队参加宁波地区第四届运动会，获男子团体亚军。1975年5月，马伟良在宁波地区少年田径运动会上，破少男甲组铅球地区纪录。1976年5月，马冬花参加宁波地区少年田径运动会，破少女甲组1500米、3000米地区纪录。1977年5月，在宁波地区少年田径运动会上，杨虹获少男甲组跳远、三级跳远第一名，陈为民获少男甲组铅球、铁饼第一名，均破县纪录。1978年5月，县男子组在宁波地区五届运动会上获团体总分第一。1979年5月，县代表队在宁波地区少儿田径运动会上，破13项地区纪录。在浙江省少儿田径运动会上，庄海宁获少男甲组五项全能第二名，李绍梅获少女乙组80米栏第二名。

1980年5月，石浦中学女队在宁波地区中学生“三好杯”篮球赛中获第一名。1981年，4月，县代表队在宁波地区中小学生田径赛中，获第一名14人次；5月，在浙江省少年田径赛暨小学生“田径杯”赛中，获前三名4人次；11月，浙江省举行首届太极拳表演赛，陈斌灵获二等奖。1982年，4月，在宁波地区职工暨少年棋类比赛中，象山获少年组团体第一名，楼为国获中国象棋少年男子第一名；5月，宁波地区中小学生田径运动会上，张灵光、王全洪、李志江、吕金敏、陈晓分获五项全能、铅球、3000米、标枪、100米栏金牌；7月，鲍英丹在宁波地区六届运动会上获100米仰泳第一名，石浦小学男队在宁波地区中小学生“三好杯”篮球赛中获冠军，张静娟在地区小学生汽步枪射击比赛中，获10×40无依托射击第一名。1984年5月，在宁波市少年田径赛中，男子甲组王全洪获铅球第一名，男子丙组许建祥、薛瑞祥分获跳高、铁饼第一名，小学男子组朱永权获100米第一名；9月，县女队在市七届职工运动会上获篮球冠军；10月，县队在市重点中小学田径运动会上，获小学男子4×100米接力第一名，王全洪、董天乐分获高中男子铅球、初中男子400米第一名。1985年5月，县代表队在宁波市少儿武术选拔赛中，获儿童男子组第一名，在市中学生田径赛中，9人获第一名。1986年10月，石浦中学队在市中学生篮球赛中夺得男篮冠军。1987年5月，市中小学生田径运动会上，倪永杰获110米栏第一名，郑健获跳远第一名；11月，宁波市举行小学生篮球赛，象山男队获第四名，女队获第二名。1988年8月，在市体委、残联举行残疾人游泳比赛中，象山获团体第四名，侯拥军获蛙泳第一名，并以41″成绩破52″省纪录；康茅峰获蛙泳第一名。1989年，参加全国“新光杯”残疾人游泳赛，象山选手获50米、100米蛙泳第一名。

1993年11月，象山县职工乒乓球队代表浙江省，参加在上海市举行的南方八省市职工乒乓球赛。1994年，在省第十届运动会上，象山获金牌3.5枚、银牌5.5枚、铜牌1.5枚，共计奖牌总数10.5枚，列全省第48名。1997年，陈志号代表浙江参加全国青少年摔跤比赛（古典式），获一枚银牌；陈志号、史国栋在省少年摔跤比赛中分获1枚金牌；潘爱华在参加韩国举行的中韩青少年赛艇对抗赛中获1枚银牌；葛秀明在省举重比赛中获1枚金牌；应海松在玉环举行的省少年帆板比赛中获2金1银；王成意在宁波市十三届运动会青少年部射击比赛中，以393环破391环省青少年纪录。1998年9月，王成意在浙江省第十一届运动会射击比赛中，以280环成绩获女子乙组小口径运动步枪3×10第一名，破省青少年纪录；在浙江省十一届运动会上，陈志号获摔跤1枚金牌，徐健获摔跤1枚金牌；应海松获帆板1枚金牌，俞丽丽获皮艇3枚金牌，潘爱华获赛艇3枚金牌，王成意获射击2枚金牌，俞梅获田径2枚金牌。王定女获双人赛艇1枚金牌。1999年11月，在“华昌杯”浙江省第五届残疾人运动会上，象山选手获15金1银1铜。

2000年7月，宁波一队（象山武校）在杭州举行的浙江省少年跆拳道比赛中，获团体总分41.5分，列全省第三名。2001年3月5日，郑德顺在全国残运会上夺得金牌；4月26日，芦文华在北京举行的全国第九届运动会预选赛上获亚军；6月，象山队在宁波市青少年跆拳道比赛中获冠军；7月，王成意在宁波市第十四届运动会上青少年射击比赛中，以392环破女子甲组气步枪390环业余组全国纪录，在主项3×20小口径运动步枪比赛中，以584环超576环全国纪录，共获3块金牌；8月，俞梅入选中国代表队赴美国参加世界青少年田径邀请赛，在200米比赛中获第3名；王成意在第9届全国运动会女子运动步枪3×20比赛中，获第3名。2002年，王成意在全国射击锦标赛中，获女子气步枪冠军；在米兰世界杯比赛中获运动步枪3×20第3名。2003年，王成意在汉城举行的世界杯小口径运动步枪3×20决赛中，获冠军；在全国射击冠军赛中获女子气步枪冠军。2004年，王成意在亚洲射击锦标赛（王娴、王成意和单红）女子50米步枪、3×20团体赛中获冠军。在世界杯射击赛雅典站女子步枪3×20射击赛获第7名；8月20日，在雅典举行奥运会女子小口径运动步枪50米3×20项目比赛中，以684.5环成绩获1枚铜牌。此为象山人在奥运会上获得的首枚奖牌。是年，在宁波举行的浙江省射击个人冠军赛上，康宏伟在男子小口径自选步枪60发卧射比赛资格赛中以588环成绩打破587环省青少年纪录，并最终以686.9环成绩摘取该项目金牌，且获小口径自选步枪3×20项目第1名。2005年，在重庆举行的全国残疾人运动会上，象山运动员捧回3块金牌。2006年8月，象山足球队由县委书记周江勇带队出访韩国，以2：0胜韩国。是年，县残疾人运动员在省残疾人运动会上获7金1银4铜，为宁波市获团体总分第一立下功劳。2007年，象山队在全国少年举重锦标赛中获抓举第一名，总成绩第二名。2008年7月，浙江省第二届聋哑人运动会，李科杰、姚妲妮、陈鑫、朱人达、陈建光等5人参加田径、游泳、羽毛球、篮球比赛，获8金2银2铜。是年，象山选手获全国举重冠军赛62公斤级比赛抓举第六名。

第三节　承办赛事

1990年后，象山体育事业有长足发展，体育设施不断更新、完善，承担了许多市级及以上体育赛事。是年7月，浙江省迎亚运男子篮球邀请赛“保险杯”在象山举行，金华市、海宁市、黄岩市、奉化市、丽水市、象山县6支男子篮球队参加角逐。1992年11月19日晚，“日升杯”国际篮球对抗赛美国快思特明星队与中国万马队赛事在象山体育馆举行，美国快思特明星队战胜中国万马队。1998年，省十一届青少年部帆板赛在松兰山帆板训练基地举行，杭州、宁波、台州等6个县市、100余名运动员参加比赛。1999年8月18—25日，全国OP帆船“巨鹰杯”（队）、“利群杯”（个人）锦标赛在松兰山帆板（船）训练基地举行，广州市、八一、海口市、海南省、广东省、厦门市、山东省、浙江省、福建省（赛德）、宁波市、青岛市、湖北省、上海市、香港特别行政区计14个代表队150人参加赛事。

2000年7月12—14日，浙江省少年跆拳道比赛在象山举行。2002年，4月17日，“鲁能杯”中国乒乓球俱乐部超级联赛（“天安杯”）象山赛区比赛在县体育馆举行；8月30日，县体育中心承办中国男排与丹麦男排对抗赛；9月16日，结合开渔节闭幕式，在县体育馆举行“华翔杯”中国电影人篮球队与象山渔民篮球队的表演赛，电影人篮球队以2分优势取胜。

2003年7月5日，上海—象山“宝利杯”乒乓球友谊对抗赛在县体育馆举行。上海市中老年乒乓球队（拥有原国家队队员）对阵象山乒乓球联队，上海队战胜象山队。是月28日至8月5日，浙江省“谊胜杯”青少年篮球赛男子组比赛在象山举行，杭州、宁波、湖州、嘉兴、绍兴、台州、舟山、金华、温州、衢州、丽水11市选手参加比赛。2004年5月6—9日，第一届“步步高”全国排球大奖赛A组上海、八一、江苏、山东4个队在县体育馆举行（第一站）比赛。2006年3月26日，“海景大酒店杯”国际篮球对抗赛在县体育馆举行；4月26日至5月3日，第三届“步步高”杯全国女子排球大奖赛在县体育馆举行，浙江、江苏、福建、河南、四川5支女排参赛；5月12—14日，象山国际海钓邀请赛在渔山列岛举行，韩国、日本及国内沿海省、市28个代表队，约90名运动员参加比赛。2007年6月9—11日，“海景杯”中国·象山国际海钓节在渔山列岛举行，韩国及中国香港、澳门、台湾地区和各省市35支代表队105名钓手参加比赛；7月27—28日，“梧桐御府”杯女子拳击全国冠军擂台赛在象山体育馆举行。

照39-3　2006年第三届“步步高”杯全国女子排球大奖赛在象山举行

2008年5月16—18日，中国体育休闲露营文化节既“荔港杯”第二届中国·象山国际海钓节在渔山列岛举行，日本、韩国及中国香港、澳门、台湾、北京、上海、山东、福建、辽宁、湖南、河北、海南、广东、浙江等33个代表队105名选手参加比赛。是日，迎奥运“汇龙杯”中国影视明星队—象山汇龙泵业车友队篮球对抗赛在象山体育馆举行。7月14—18日，由浙江省体育局、浙江省教育厅主办的“黄金海岸杯”2008年浙江省青少年帆船（帆板）锦标赛在象山（松兰山）举行，杭州、宁波、台州、温州、金华等地7个代表团114名运动员参赛。7月22—25日，由浙江省体育局、浙江省教育厅主办的“滨海杯”2008年浙江省青少年武术套路锦标赛在象山举行。11月，南美洲哥伦比亚—中国象山乒乓球对抗赛在县体育馆举行，哥伦比亚国家青年男子乒乓球队应邀到象山比赛。此为象山县首次举办国际性乒乓球赛事。

第四章　体育人才培养

中华人民共和国成立后，象山重视体育人才培养，不断为上级体育部门输送人才，借助省市各级体校和国家队“梯子”，培养体育人才，提高青少年竞技水平，产生一批在省、市乃至在全国有影响的运动员。2004年8月20日，王成意在雅典奥运会上以684.5环成绩获取女子小口径运动步枪50米3×20铜牌，成为在国际奥运会上获取奖牌的首位象山籍运动员。

第一节　运动员培养

中华人民共和国成立后，为培养体育人才，象山建立业余体校。从各中小学挖掘、选拔、培养优秀体育苗子，聘用优秀教练加强对人才培训，不断取得成效。

1962年6月，丹城建立青少年业余学校，选拔象山中学及丹城各小学运动会上成绩较好的学生参加培训。1975年2月，象山中学建立少年业余体校，设田径、篮球二班。1979年，少年业余体校田径、篮球两项目分设于象山中学、象山二中。1980年，象山中学少年业余体校招篮球队员24名，田径队员16名；象山二中少年业余体校招田径队员30名。1979年3月，全县13所中小学校建立运动队，涉及田径、羽毛球、中长跑、乒乓球、排球、射击等项目，共计队员145名。

1980年，石浦中学、珠溪中学、定塘中学、石浦小学与丹城一小、丹城二小6校建立少体班，共招学员190名。其中，石浦中学40名（篮球24名、田径16名）、珠溪中学20名（田径）、定塘中学20名（田径）、石浦小学40名（篮球12名、乒乓球12名、田径16名）、丹城一小40名（篮球12名、乒乓球12名、田径16名）、丹二小30名（田径18名，篮球12名）。1987年，县教育局、体委在19所中小学建立30支运动队。1998年12月，4819工厂子弟学校（足球），被宁波市体育运动委员会、宁波市教育委员会公布为省级体育传统学校，象山第三中学（田径）、象山实验小学（田径）为市级传统项目学校。

2000年，新建学校运动队有文峰学校（足球）、滨海学校（排球）、象山武校（摔跤）、旦门中学（举重）。2001年3月3日，市体育运动委员会、市教育委员会公布象山三中（田径）、实验小学（田径）、文峰学校（足球）、旦门中学（举重）、滨海学校（排球）为市级体育传统学校。

2005—2006 年，又公布县实验小学（田径）、石浦小学（田径）、新港小学（田径）、文峰学校（女足）、石浦番头小学（男足）为市级体育传统学校。

2002 年，宁波市体委、宁波市教育局公布东陈中学为举重运动业余训练点。2003—2004 年，又增加县羽协训练点（羽毛球）、象山三中（田径）、实验小学（田径）、文峰学校（女足）、滨海学校（排球）、石浦小学（田径）、石浦新港小学（田径）等业余训练点。

表 39-21

2006 年象山县体育运动训练点学校情况表

训 练 点	级 别	项目	带训教师
一兆韦德	市级训练点	跆拳道	杨亦军
东陈中学	市级训练点	举重	夏万夫
滨海学校	县业余训练点	女排	应保华
丹城中学	县业余训练点	田径	丁瑞杭
石浦新港中学	县业余训练点	田径	周先骏
丹城二小	县业余训练点	田径	郑川
丹城三小	县业余训练点	田径	余兴武
晓塘小学	县业余训练点	男足	曹炳达
高塘学校	县业余训练点	田径	陈波
鹤浦小学	县业余训练点	田径	林水军

第二节　体育人才培养成果

运动员培养成果

田赛　女子跳高运动员杨秀英，民国 19 年（1930），入上海两江女子体育专科学校，是年破时上海女子跳高纪录，后任河南师大体育系教师。

径赛　短跑运动员张永生，1951 年参加县第一届人民体育运动会，技术全面。保送入浙江师范学校体育系。20 世纪 70 年代，任杭州大学体育系主任。俞梅（女）1996 年进宁波市少体校，1997 年进省体校，2000 年受邀参加在美国举行的世界青少年田径邀请赛，200 米跑获第三名。2001 年 5 月，在全国青少年田径锦标赛获 200 米、400 米跑两项第一名；8 月，在全国青少年体校对抗赛中获 200 米、400 米第一名。是年，在匈牙利参加世界青少年田径锦标赛 400 米跑获第八名。竞走运动员翁敬堂，象山中学体育教师。1957 年 8 月，在浙江省田径运动会上获 10 千米竞走第一名，并创省纪录。

体操　俞昌水，1958 年 8 月入选省体操队，并就读于浙江体院运动系。1965 年任省体操教练。1987 年 8 月至 1991 年 9 月，由国家体委指派赴南美洲哥伦比亚波可大体操协会执教 4 年。曾获国家体委颁发的中华人民共和国体育开拓者和体育运动奖章。1980 年，获体操高级教练职称。

女篮　张桂卿，1952 年作为象山县女队参加舟山地区篮球赛，被选中特招入伍，加入舟山基地海军女子篮球队。参加东海舰队篮球赛，被选中入舰队女篮。后参加全军篮球比选，被选入中国人民解放军“八一”女篮。曾多次出访东南亚各国，参加国际军人篮球赛。退役后，被授予宁波市体育开拓者终身奖。

射击　王成意，国家健将级运动员。13 岁入宁波少体校。1997 年，在宁波市十三届运动会射击比赛中以 393 环破省 391 环纪录。1998 年在省十一运动会上，取得小口径步枪 3×10 和小口径运动步枪 3×20 两项冠军。1999 年，在省青少年射击锦标赛上获两项冠军，一项亚军。是年进省体工队。2000 年，在省个人冠军赛上，获小口径运动步枪 3×20 和气步枪 40 发两项冠军，均超全国少年纪录。2001 年，首次参加第九届全国运动会，获女子运动步枪第三名。是年进国家队。2002 年，获全国射击锦标赛女子气步枪冠军。是年，又获米兰世界杯女子运动步枪 3×20 季军。2003 年，获汉城世界杯女子运动步枪 40 发亚军后，连摘长沙全国第五届城运会女子 50 米小口径运动步枪 3×20 与全国射击冠军赛女子气步枪两项桂冠。2004 年，获亚洲射击赛女子 50 米气步枪 3×20 射击团体冠军（王娴、王成意、单红）。是年 8 月，参加 28 届奥运会（雅典），获女子小口径步枪 50 米 3×20 铜牌。2006 年，在意大利米兰举行的世界杯射击赛意大利站比赛中，摘取女子步枪 3×20 项目金牌。2007 年 8 月，在多哈亚运会上获取女子小口径步枪 3×20 金牌、女子团体金牌、小口径运动步枪 60 发卧射团体银牌、女子 50 米步枪卧射铜牌。

照 39-4　王成意在奥运会上获奖

康宏伟，丹城人。2004 年，在山东烟台全国青少年射击锦标赛获小口径自选步枪 3×40、小口径自选步枪 60 发卧两项冠军。2006 年，在省十三届运动会男子青年组小口径自选步枪 3×40 项目，以 1161 环成绩破 1158 环全国青年纪录，获金牌。2007 年，3 月，在合肥全国射击系列赛第一站 10 米气步枪 60 发，以 597 环破全国纪录；5 月，在南京全国第六届城运会预赛团体赛上 10 米气步枪 60 发，以 1761 环破全国纪录；6 月，在西宁全国射击团体锦标赛中，小口径自选步枪立姿 40 发以 381 环破全国纪录，小口径自选步枪跪姿 40 发以 388 环破全国纪录。

摔跤　陈志号，省体工队员。1997 年，参加全国青少年古典式摔跤比赛，获银牌。是年，参加省青少年摔跤比赛获金牌。

裁判员培养成果

单德康、范光辉、叶常青、钱江、董再跃、欧勤等于 1990 年被批准为国家一级篮球裁判员。张必武于 1997 年批准为国际式摔跤国家一级裁判。王增才于 1987 年执法全国摔跤比赛，在第七、第八届全国运动会上担任摔跤裁判。第九、第十届全国运动会上担任比赛仲裁。1994 年考取国际裁判。先后执法亚运会、奥运会摔跤预选赛、亚洲摔跤锦标赛等大型赛事。2008 年，由北京奥组委通知，任摔跤竞赛组组织部门组长。

第五章　体育设施

明清时，卫、所设练武场。丹城南门、石浦西门两处有大校场，供士兵操演之用。民国时，丹城、石浦二校场作体育活动场所，各学校也辟有操场。中华人民共和国成立后，体育锻炼场所有所扩大。20 世纪 80 年代后，体育投入加大，各类体育场馆建设发展迅速，先后建起县有体育馆、县体育场、县全民健身活动中心、县游泳馆等大型体育场馆。各镇乡、学校、村、社区亦纷纷建起健身场馆等大众体育设施。至 2008 年，全县建有体育场、体育馆、全民健身活动中心、游泳馆、水上体育训练基地各 1 个，室外运动场地近 5 万平方米，400 米跑道运动场 5 个，200 米跑道运动场 38 个，篮球场 157 个，足球场 16 个，排球场 48 个，轮滑场 2 个，门球场 5 个，游泳池 4 个，室内健身房 2 个，乒乓球室 114 个，棋牌室 36 个，台球室 66 个，保龄球馆 2 个。

第一节　体育场馆

县级体育场馆（基地）

旧校场　县城南门、石浦西门外，旧时均有校场，原为士兵操演、比武之地，民国后期辟为体育活动场所。县城南校场，占地 2 公顷，民国期间及中华人民共和国成立初，多在此举行大型体育活动。1956 年后，辟作剧场、菜场等用，场地缩小。1966 年校场改作他用。石浦西门外校场，原有面积 0. 67 公顷，中华人民共和国成立后改作驻军操场。

灯光球场　1969 年 9 月，首建于丹城南校场。此后，石浦、马岙、定塘及驻军于各地陆续兴建灯光球场。至 1985 年，全县有灯光球场 11 处。1995 年，县灯光球场迁于来薰路中段西侧重建。新建灯光球场征用土地 5 亩（其中 1 亩为道路用地），于 1996 年 10 月建成，建筑面积 3330 平方米，设 2000 个露天座位。建成后实行免费开放，供篮球、拔河等比赛使用。

照 39-5　建于 1969 年的丹城灯光球场

全民健身活动中心　建于 1984 年，原为县体育场，位于建设路与体育场路的东南面。占地面积 21300 平方米，时有管理用房 600 平方米，辟有 400 米 8 跑道田径标准跑道，设单杠、足球场、双杠、沙坑等。主席台左右两侧各有三级简易看台，可容纳 200 余名观众。体育场东北角建有门球场，西北角建有体育中心大楼。2007 年年末，县体育场停止使用。原址新建全民健身活动中心，于 2008 年 12 月 26 日落成。全民健身活动中心划分为 3 个功能区块：室内运动区，建筑总面积 6400 平方米，其中健身楼 5400 平方米、培训服务用房 1000 平方米；室外场地运动区，设

250 米塑胶环形 6 跑道运动场 1 个、七人制足球场 1 个、篮球场 2 片、网球场 2 片、门球场 2 片、地掷球场 2 片、拳剑舞操健身区 1 片；室外体育器材运动区，设健身器械 7 台、室外乒乓球、单杠、双杠、爬杆等活动器材。全民健身活动中心，可供市民及运动员举行田径、足球、篮球、网球、门球、地掷、拳剑、健身操等各种赛事。平时免费提供市民锻炼。室内健身楼设有有氧区、力量区、单车房、体操房、高温瑜伽房、亚健康室 6 个健身区，可供市民白天、傍晚参加体能锻炼及保健、修心养身活动。

照 39-6　位于建设路 282 号的全民健身活动中心

游泳馆　1992 年 11 月动工兴建，1993 年 7 月竣工，建筑面积 4662 平方米，6 泳道（长 25 米，宽 13 米，深 1.5 米），位于全民体育活动中心东首。此池可供游泳运动员的训练、比赛。

照 39-7　位于象山港路 548 号的象山体育馆

象山体育馆　位于象山港路 548 号，人民广场东侧，2001 年 12 月竣工。建筑面积 5827.6 平方米，占地面积 17994 平方米，设座位 2415 个，集篮球、排球、羽毛球、乒乓球运动为一体的多功能场馆，亦是各种比赛、大型集会的活动场地。

松兰山水上体育运动训练基地　位于松兰山东沙滩。松兰山基地一期工程于 1998 年 3 月动工，7 月初完成。其中：综合楼 1900 平方米，设食堂可容纳 150 人就餐；办公室 2 间，会议（活动）室 1 间，可容纳 60 人开会；宿舍 17 间；船库 6 间；修理、仓库一大间。迎宾楼 1 幢，建筑面积 540 平方米，设有标准客房 8 间，套房 2 间和大堂。综合楼二期工程，设船库 9 间，运动员宿舍 17 间，建筑面积共 1007 平方米。基地主体工程自 1998 年 3 月开工至 1999 年 2 月竣工。接待楼装饰工程自 1999 年 3 月开工至 1999 年 7 月完工。松兰山水上体育运动训练基地集观光、旅游、训练、比赛为一体。竣工后承接多次市级、省级、国家级水上运动员的训练和比赛任务。

松兰山高尔夫球场　位于松兰山海滨，占地面积 20 万平方米，为练习球场。

乡镇、企业体育场所

全县乡镇有灯光球场 2 个，水泥篮球场 5 个，乒乓球室 19 个；25 家企业有篮球场 17 个，羽毛球场 5 个，体育活动室 19 个。

学校体育场所

2008 年，全县 70 所中小学有运动场 393136 平方米，其中 400 米跑道运动场 5 个；150～250 米跑道运动场 52 个，篮球场 99 个，足球场 15 个，排球场 48 个。

第二节　全民健身路径工程

照 39-8　乡村全民健身路径

1995年6月，国务院发布《全民健身计划纲要》。象山县全民健身计划自1995—2010年，分两期多阶段进行。采用“先宣传、后实施，先试点、后全面，先城镇、后农村，整体规划，滚动推进，逐步实施”的办法。第一期工程自1995年至2000年，分为三个阶段：第一阶段：1995年10月至1996年，运用广播、电视、报刊等新闻媒体，在全县范围进行宣传发动和试点，助推人民健身活动的掀起；第二阶段：1997年至1998年，通过重点实施，逐步推进，形成崇尚健身、参与健身的社会环境和风气；第三阶段：1999年至2000年，全面展开全民健身计划的各项工作，为建设体育强县奠定扎实基础。第二期工程自2001年至2010年，经过10年努力，基本建成具有象山特色的全民健身体育。

为贯彻《全面健身计划纲要》，县政府专项拨款为城乡群众建造健身场地。2001年安装体育健身路径7条，均在公园小区之内。2002年，开始向农村推进“健身路径工程”，安装39条，其中，黄避岙乡龙屿村、定塘镇定山村、墙头镇墙头村为全县最早安装健身器材的村庄。2003年，象山县建设“10分钟文体活动圈”，健身路径器材安装地点遍及全县街道镇乡的各个社区与村庄。

健身路径器材类型有上肢牵引器、三位单杠、三位扭腰器、三位漫步器、双位下拉训练器，四位蹬力器、健骑机、双位秋千、腰部按摩器、按摩揉推器、太极揉推器、天梯、单杠、漫步机、双杠等。至2008年，全县安装健身路径332条。其中，城镇居民小区安装26条，村级安装306条，未安置健身路径的行政村尚有224个。

第六章　体育管理机构　体育团体

民国20年（1931），县成立民众教育馆，兼管体育。中华人民共和国成立后，体育工作由县人民政府文教科管理。1956年，成立县体育运动委员会。其间，几度撤销与重建。1996年，县成立体育管理中心。2002年，成立象山县文化体育局。2005年，设象山县文化广播新闻出版局（体育局），下设象山体育中心，从事体育管理工作。20世纪80年代始，象山各体育项目协会发展迅速。2008年全县拥有篮球、足球、乒乓球、羽毛球、门球、田径、桥牌、棋类、登山、健身、太极拳、跆拳道、钓鱼、老年人体育协会14个。

第一节　体育管理机构

民国以来，强调“强国必先强身”，体育始受重视，但管理较为松散。中华人民共和国成立后，强调“发展体育运动，增强人民体质”，体育纳入政府管理范围，建立体育运动委员会专门管理。1995 年 6 月，中央推出《全民健身计划纲要》，要求实现体育与国民经济和社会事业协调发展，全面提高中华民族的体质和健康水平，建成具有中国特色的健康体系。体育行政管理进一步加强。

民国 19 年（1930）筹建象山县立民众教育馆，翌年建立，址丹城文庙。民众教育馆兼管体育，设运动场。民国 25 年，省立宁波民众教育馆于石浦，设体育康乐室，并有国术辅导站，举办青壮年武术培训班，从习者 80 余人。是年 3 月 17 日，象山县民众教育馆更名为“象山县县立丹山民众教育馆”。民国 26 年 7 月，为适应抗战需要，与战时社教巡回团合并，改称“象山县流动施教团”；9 月，恢复“象山县县立丹山民众教育馆”原名。

民国 20 年（1931）1 月，成立南田县立民众教育馆，址设樊岙，分教学、讲宣、图书、体育 4 部。民国 29 年 7 月，南田划归三门县后被撤销。

1949 年 10 月 21 日，象山县人民政府成立，新设文教科，管理文教事务、体育工作。1956 年 6 月 23 日，象山县体育运动委员会成立，县委副书记于华杰兼首任主任。1957 年 3 月，县体委被撤销，1959 年 1 月恢复。“文化大革命”期间，实行体育军管。1977 年，重建县体育运动委员会。1969—1972 年，设象山县体育军事管制领导小组，体育实行军管。由县人民武装部监管、人武部两名军官担任副主任。1983 年，县体育运动委员会与教育局合署办公，设体育股，专司体育工作。1988 年，教育局设体委办公室。1996 年 12 月，县体育运动委员会转为受县政府委托主管全县体育工作的直属事业单位——象山县体育管理中心（挂象山县体育运动委员会牌子），设 1 室 2 科（办公室、群体科、竞训科）。2002 年 4 月，根据《中共宁波市委、市人民政府关于象山县机构改革方案的通知》，设立象山县文化体育局。象山县体育管理中心转为县文化体育局主管的下属单位。2005 年，根据宁波市委办公厅、市政府办公厅《象山县深化完善政府机构改革方案》，设立象山县文化广电新闻出版局、象山县体育局。象山县体育局与象山县文化广电新闻出版局合署办公。

第二节　体育团体

象山县体育团体组织始于民国 36 年（1947）的象山县体育会，时筹备组人员 9 人。1955 年，象山中学和象山二中教职工成立教工体育协会，定名为“钟声”协会，为中华人民共和国成立后县内最早体育协会。1985 年，县公安局成立中国“前卫”体育协会。此后，按行业系统建立的体育协会渐被单项体育协会取代。1986 年，先后成立 4 个协会；8 月，成立县桥牌协会；11 月，成立县田径协会；12 月，成立县老年人体育协会与县钓鱼协会。1994 年 6 月，象山县体育总会成立。在总会指导下，又相继成立县羽毛球协会、门球协会、登山协会、健身协会、跆拳道协会。

2008年已有14个协会。

象山县体育总会

成立于1994年6月，全县群众性的体育组织，为宁波市体育总会的团体成员。总会在象山县体育运动委员会指导下，负责领导各类体育协会，开展群众性体育活动。1994年，承担全国首届沙滩排球赛。1998年，协助县体委承办浙江省第十一届运动会摔跤、帆板、帆船比赛；协助宁波市体总在西泽海塘举办全国第十四届钓鱼比赛。2001—2003年，开办社会体育指导员培训班7期，审批社会体育指导员82名。

篮球协会

成立于1991年11月2日，会员79人。协会经常举办各种类型篮球等级赛、对抗赛、联谊赛、邀请赛等赛事。1991年，全县32支基层篮球队参加等级篮球赛，比赛分别于丹城、石浦两地进行。经两个月共208场比赛，决出两片甲级队12名，乙级队9名。1993—1994年，按等级规程又举行两届等级篮球赛，并新增球队6支。此后，逐年举行篮球等级赛。2001年4月，举行奉化、宁海、象山三县市篮球循环赛。协会重视培训裁判员，2006年，协会拥有国家一级裁判7人。

足球运动协会

成立于1991年8月2日，会员100人。协会活动经常。1994年，组织成立青少年足球队5支，每月安排教学与对抗赛。是年，组队参加宁波市甲级队比赛。1995年，9月，在丹城体育中心举办首届足球等级赛。是年，组织县足球队参加宁波市比赛，成绩进入甲级队。1996年，举办首届县足球联赛，参赛队伍10余支。1998年3月中旬至8月末，举办全社会报名参赛的足球联赛。1999年，发动成立业余足球队5支。2007年，全年举办各类足球赛事活动8次；开办足球裁判培训班2期共16人；派出骨干深入基层培育足球运动辅导员4次。2008年吸纳新会员18人；全年举办各类比赛8次；开办足球裁判员培训2期共20人；参加市以上及周边县、市、足球赛5次。

乒乓球运动协会

成立于1992年6月20日，会员150人。协会赛事频繁。1993年11月，受浙江省总工会委托，代表浙江省职工队参加上海市在宝钢举行的南方八省市“宝钢杯”乒乓球赛，获团体第七名。1994年，组队参加宁波市比赛，获男子个人单打第三名，男子团体第五名。1995年，开办技术骨干班2期、23人；培训裁判业务2次、12人；考核报批二级乒乓球裁判员3人，三级裁判员6人。2000年10月，协助县体委承办县六届运动会乒乓赛。2004年春节，举办县第二届乒乓球单打排座赛。2005年，承办县七届运动会乒乓球赛竞赛。

羽毛球协会

成立于2000年11月12日，会员85人。协会活动经常。2000年4月，5名会员参加宁波市老年羽毛球比赛，男子组获第五名。2001年9月，组队参加市举办的“宁波港杯羽毛球等级赛”，荣获乙组第二名，晋升为宁波市羽毛球甲级队。是年11月，举办全县男子羽毛球等级赛。2004年，羽协在东谷湖浇制水泥场地为羽毛球场。2005年10月，协助县七届运动会举办羽毛球比赛，参赛者近百名。2006年，“五一”期间组织“绿叶杯”全县羽毛球团体赛，国庆期间，组织庆国庆“信合杯”全县羽毛球团体赛，12个单位组队，近百人参赛。2008年4月，举办迎奥运“桃花源杯”羽毛球比赛，10余支球队参赛。

门球协会

成立于1999年1月20日，会员87人。是年，组队参加市门球协会举办的门球锦标赛和市老干部局举办的离休干部门球比赛。2000年，全县门球队14支，球员120人。是年，组队多次出县参赛。其中，12月参加宁波市门球锦标赛，获小组第一名。2002年，获宁波市“三八”节巾帼杯门球赛第二名；参加全国“淮钢杯”女子门球赛和北京全国政法系统大赛，均获得荣誉奖。2003年，组织参加上海市浦东区举行的华东六省一市门球协作赛，获优秀奖。是年，门球协会石浦分会得镇委和部分单位支持，建成“园中园”门球场2个。2005年，全县共组织门球比赛18次，55支球队、879人次参赛。其中，在全国门球冠军赛宁波赛区中，县防疫队获第6名。2007年，举办中国门球冠军赛象山预赛、“开渔杯”门球赛、“重阳杯”门球赛。2008年，先后举办元旦、春节“迎新杯”、“三八”节“巾帼杯”、劳动节“红五月杯”、开渔节的“开渔杯”、国庆节和老年节的“重阳杯”等5次全县性门球比赛。全年计有57支球队、904人次参与275场次比赛，并荣获鄞州区“浦立杯”亚军，市教师节门球赛第3名，市老年人运动会门球赛第4名，市“众康杯”亚军。

田径协会

成立于1986年11月30日，会员60人。协会活动经常。1993年，田协组织参赛打破一项市少年男子甲组铁饼纪录。1994年，县青少年运动员参加全国比赛获得金牌一枚，参加省比赛获得金牌5枚、银牌8枚，在宁波市田径比赛获得金牌15枚、银牌21枚，团体总分第二名。1995年，组队参加宁波市田径比赛，获得金牌15枚、银牌18枚，团体总分名次列入中游。1996年，协助体委、体育总会举办“建行杯”“工行杯”环城长跑、金秋千人登山比赛。1999年，协助体委、体育总会举办“工行杯”环城长跑赛。2001年，协助县体委、烟草局举办象山县支持北京申奥“大红鹰”万人环城长跑赛。1994—1995年，开办暑假青少年田径训练班3期，参训人数123名。1994—2002年，先后开办县田径教练员、裁判员培训班7期，培训人员163名。

棋类协会

成立于1993年8月，前身系象山围棋协会，会员72人。2000年8月，更名为象山棋类协会。协会活动经常。1991年2月，举行象山围棋锦标赛与段位赛。1997年11月，举行象山“宫灯杯”特级国际大师柳大华象棋盲目（1对10人）对抗赛。2000年，举办县围棋段位赛，并邀请围棋专业七段到象山指导、表演，举办群众性象棋擂台赛，推动棋类活动开展。2003年，成立“会员之家”。2005年10月，协办象山县第七届县运会象棋、围棋比赛。是年，与县教育局合办“象山县首届中、小学生三棋比赛”。2008年，组织大小赛事17次。

桥牌协会

成立于1986年8月。1990年，举办桥牌培训班2期。1993年，会员发展至98人。1995年3月，举办全国桥牌通讯赛象山赛区比赛。2005年，会员达105人，全年先后举办桥牌双人赛、锦标赛、对抗赛、邀请赛、俱乐部赛，并协助县体委承办全县运动会桥牌比赛。2006年，协会在县供电局支持下建立桥牌俱乐部。

登山协会

成立于1997年7月，会员43人。1997年12月，协会筹资在千丈岩建成“宇峰亭”，为广大登山者及游人提供休憩场所。后在千丈岩顶建健身活动场地2处，并购置体育器材，供会员们健身强体。2000年2月，组织274人参加攀登象山境内最高峰——西周“东搬山”活动。2006年9

月，举行“小灵通杯”登山比赛，登山协会参加人数达403人。2008年6月，组织“迎奥运”登蒙顶山活动，10月举办“重阳杯”登山比赛，共536人参加。

健身协会

成立于1997年7月，会员47人。2007年6月，组团参加浙东片海洋体育文化展示暨宁波市象山全民健身活动启动开幕式，获团体表演赛二等奖。是年，开展街道社区健身活动辅导工作，开办培训班帮助社区培训辅导健身操、木兰拳，培训达500余人。2008年，县开渔节开幕式和县第六届老年运动会，协会组织参加秧歌表演，协助丹东街道承办第七届广场健身舞大赛。

太极拳社

成立于1989年11月。1995年，太极拳社出资举办技术培训班5期，培训人数达215人次。是年，组队参加宁波市、省太极拳、剑比赛，取得市个人第一、第三名，省老年人太极剑个人第三名。2003年，组织参加宁波市第五届太极拳、太极剑比赛，两队分获第一名、第九名。2004年，协会3名武术教练获省一级武术教练证书。2005年，协会组织400余人为县第七届全县运动会开幕式举行团体太极拳表演。2006年，面向农村建立象山县太极拳社网站。2007年，3月，拳社8名运动员参加第二届香港国际武术大奖赛，获19金4银2铜；8月，象山太极拳社组队在杭州参加“青春宝杯”国际武术大奖赛，获得6金2银3铜。

跆拳道协会

成立于2005年4月，会员300余人。2005年6月，组队参加宁波市青少年跆拳道比赛，荣获集体第四名。是年，协会组织教练在4所学校进行免费跆拳道教学。2007年，5月，组队参加省跆拳道锦标赛获1金；6月，组队参加市十五届运动会跆拳道比赛获1金1银5铜；7月，组队参加宁波市传统学校跆拳道比赛，获3金3银2铜；8月，组队参加市跆拳道公开赛，获2金3银；12月，组队参加市中小学生跆拳比赛获3金2银，总分第三名。是年，协会组织教练成员到省协会参加培训学习，并邀请国家队运动员朱峰、卢文华到协会指导，提高教练水平。2008年4月，组队参加宁波市跆拳道比赛获2金。是年，县跆拳道俱乐部获评省级青少年俱乐部；列入市级跆拳道训练点。并在西周中学、新港小学、文峰学校、春晖幼儿园、滨海幼儿园设有训练点。

象山县钓鱼协会

成立于1986年12月，会员120人。协会活动活跃。1994年，发展各基层钓协组织2个，协助基层搞垂钓活动16次，参加者150余人次。是年，举办县级钓鱼比赛4次，组队参加宁波市比赛2次，荣获团体第四名，个人项目尾数第二名1人，第四名1人，个人项目垂钓斤数第三名1人，全年参加垂钓活动人数达658人次。1995年，开辟钓鱼基地，建立水库、海岸垂钓基地。1997年，县钓协有直属钓鱼队15个，会员192名，发放由中国钓鱼协会统一制定的会员证。1998年9月，全国第14届钓鱼比赛在西泽举行，协会组织县内200余名钓鱼爱好者赴现场观看比赛。2008年，举行活动6次。

老年人体育协会

成立于1986年12月10日，至2008年，协会举行第四届换届选举。老年人体育活动详见本篇第一章“群众体育”第三节“老年人体育”。

第四十篇
媒　体

本篇目录

第一章　报刊　新闻机构

象山地处海隅，交通不便，报刊传入较宁波其他县市略晚。石浦是象山近代报刊传入最早之地，民国12年（1923）第一份报纸《正言报》，第一份刊物《秋灯月刊》均出现于石浦。民国时期，象山有据可查报纸27种、刊物12种。民国末年，因政局不稳，相继停刊。中华人民共和国成立后，于1956年创办《象山报》。1958年，象山、宁海合县，创办《象山日报》。1961年，宁、象分县后停刊。20世纪80年代后，机关部门、企业纷纷举办内部交流报刊。1994年，《象山报》复刊。至2008年，全县有各类报刊近百种。

第一节　报　　纸

民国8年（1919）开通沪椒（江）线，行驶沪闽间的“永安轮”“金飞轮”夹板船，皆中途靠埠石浦。凭舟楫之利，风气先开，石浦始创象山县第一份民办小报《正言报》。后《石浦商报》等民办报纸相继问世。国民革命运动兴起，报纸逐步向丹城方向发展。民国15年，以群众组织“鸣社”名义出版《鸣报》，为象山最早革命报纸。抗日战争时期，象山先后有《抗日壁报》《战斗日报》等一批以“唤起民众、抗日救亡”为宗旨的报刊，皆为昙花一现。至民国38年6月，象山民国时期创办报纸27种。该时期，象山人订阅外埠报纸主要为宁波《时事公报》《宁波日报》与上海《申报》等。中华人民共和国成立后，创办县委机关报《象山报》。宁（海）象（山）两县合并时，改名为《象山日报》。1961年2月14日停刊。“文化大革命”期间，出现过许多群众性油印小报。1994年7月，《象山报》复刊。2003年，全国开始文化体制改革，根据省委精神，《象山报》于2004年1月1日起停办。是年2月，象山新闻中心成立，创办《今日象山》，作为免费赠阅的信息简报。20世纪80年代开始，各机关部门和企业为交流工作、建设企业文化，创办多种定期或不定期内部工作简报和报纸，这类报纸延续时间长短不一。

民国时期报纸

《正言报》　民国11年（1922）冬，石浦爱国青年柯耀庭，字景先，从日本早稻田大学留学归来，组织同学、朋友成立“正社”。翌年2月26日，以“正社”名义创办《正言报》，先为4开4版石印，后改铅印，5天1期，逢1、6出版。宗旨为“倡导正义，弘扬正气”，传播民主与科学的新文化思想。柯耀庭为发行人兼总编辑。创办2个月后，因经费支绌，于5月12日停刊，仅出15期。

《石浦商报》　民国12年（1923）12月创刊，由石浦商界举办，属交流商情信息专业小报。4开4版铅印，不定期出版，由合股商号供稿并分送顾客。民国13年3月停刊。

《鸣报》　民国15年（1926）2月10日，由共青团象山支部以“鸣社”名义创办。是年5月，中共象山支部成立，是为象山最早党报。社址设丹城马公祠（今象山宾馆隔壁）。主编范船僧

(中共象山支部宣传委员)，署名疯子、蚶子。撰稿人姜冰生、倪毓水、王家谟、沈本厚，均为中共党员。范船僧将稿子编好后，由林小生、齐少元誊清，交“百作工会”主席蒋正棣（共产党员）石刻印刷。4开4版，石印五日刊，每期印300份，以“鸣社”名义发送。《鸣报》宗旨为“反对帝国主义，反对军阀，拥护国民革命”。因二、三期《鸣报》上先后刊登代为民众鸣不平文章，触怒当局。县知事劳纬章以《鸣报》“煽动民心”为由，加以查封，并通缉范船僧。范逃离象山。民国15年9月，北伐军攻入浙江，成立国民革命政府，象山易帜，《鸣报》于是年10月复刊，共产党员倪毓水担任主编，许福莹等任编辑。复刊后，《鸣报》仍为4开4版五日刊，改石印为铅印，由文华印刷局印刷。民国16年“四一二”反革命政变后，中共象山党组织遭破坏，主编及撰稿人遭通缉，《鸣报》被查封，4月20日停刊。

《石浦公报》 民国23年（1934）3月创刊，由石浦商界与知识界合办，社址石浦一弯路15号。4开4版，铅印五日刊。发行人兼总编辑张迪声（笔名瑶晖），编辑尚志馨（笔名金凤）。民国24年4月4日，《石浦公报》上刊登的《读惠芬君〈试问谁的职责〉后一则》中，有“今日国内之一般党部殆有争权夺利、贪污纳贿之痛病，早已失信仰于人民。一个中国国民党，已成不健全之现象”等语，获罪于政府，当局以“破坏党国，煽动民心”罪，将尚志馨逮捕入狱，张迪声被迫出逃，报纸于4月14日停刊。

《象山石浦民报》 民国24年（1935）6月3日创刊，由丹城、石浦、定山等社会名人发起，社址石浦福建街1号。4开4版，铅印双日刊，每期印500份，向全县各地发行。发行人金昌辉，名誉社长李学仁、郑文彬、张廉明。社长蔡中心，副社长柯鸿亮、许焕文。董事长周大烈，名誉董事长芮元琨（作报头题字）、吴刚。主笔杨醒初，副主笔姜伯喈，编辑柯鸿弢、黄美定。民国24年7月，丹城、大徐一带社会名人退出，撤销董事会，人员调整。后因发行渠道不畅，是年11月中旬停刊。

《象南民报》 民国24年（1935）11月24日创刊，社址石浦福建街19号，是《象山石浦民报》的延续。4开4版，铅印三日刊。民国25年1月1日起为隔日刊。发行人丁荣昌（笔名戈褒）兼总编，编辑主任先为王久生（菊如），后为林谦（谨吾）。是年2月，发行人改为庄国光（义穆）。8月，因发现报上夹有“布尔乔亚没落在即，普罗阶级抬头可期”赤色标语，编辑王久生和撰稿人许福莹被捕，先羁押于县警察局审查，因找不到原始证据，判3个月监禁。总编辑丁荣昌，有亲笔签名为证，逮捕入狱，被省高等法院判处无期徒刑。《象南民报》随之停刊。

《石报》 民国25年（1936）3月1日创刊，社址设石浦岳王庙。4开4版，铅印双日刊，为报道大目、渔山、猫头洋渔场和鱼情专业性小报。发行人石浦渔会谢振（笔名啸卿），编辑蔡中心、史悠斌、柯鸿弢。是年12月停刊。

《象南新闻报》 民国25年（1936）8月26日创刊，社址设石浦横塘岸20号。4开4版，铅印双日刊。发行人柯希明，总编辑王久生，文艺编辑蔡竹，时事编辑谢振，新闻编辑陈翰宝。民国26年9月停刊。

《象南新闻》 民国25年（1936）8月28日创刊，《象南民报》更名后的延续，社址设石浦武圣殿。4开4版，铅印双日刊。王久生、蔡中心因《象南民报》事件刑满出狱后，以商界名人柯希明为后盾创办。发行人柯希明（汉侯），总编辑王久生（笔名孑遗），新闻编辑陈渊（翰室），编辑柯梦（鸿雁）、蔡中心（吉人）、谢振（志渊）。创刊号上有具名“渊”者，在《本报新生》篇中写道：“我们的宗旨是为民请命，推行庶政，改良社会，宣扬文化。”是年12月，因发行不

畅，宣布停刊。

《南乡新闻报》　民国25年（1936）12月21日创刊，由《象南新闻》更名出版，社址设石浦武圣殿。4开4版，铅印双日刊。总编辑王久生（笔名孑遗），新闻编辑蔡中心（笔名吉人）。报道内容丰富，有地方特色，深受读者欢迎。宁波《民国日报》称其为“象、南两邑的代表报”。民国26年9月停刊。

《象山周报》　民国26年（1937）7月10日创刊，社址丹城孔圣殿。每周4开2版，油印。由丹城爱国青年俞尚埙等发起创办，宗旨为“唤起民众，抗日救亡”。因编辑人员、资金和设备等不具备出版报纸条件，未获批准，于8月15日停刊。

《抗日壁报》　民国28年（1939）5月26日创刊，8开2版不定期，油印小报，由象山县政府秘书室主办。报道主要内容为最近战事、国际动态、国内时事与抗战号角（或短评）等。非卖品，供各级政府在廊中张贴，提供抗日信息。是年9月21日，因刊出《象报》停刊。

《象报》　民国28年（1939）10月1日创刊，4开4版，铅印，三日刊，象山县抗日动员委员会主办。《象报》前身为《抗日旬刊》，辟有“烽火台”“抗战到底”等专栏，主要报道本地抗日斗争消息。发行人为县长盛世馨、县党部书记长姜伯喈。编辑方文熙、张亚华、周斌、励乃勤等。经费由县抗日动员委员会批拨，石浦水门头许广泰号内设有分销处。民国30年4月19日，中统特务章昌琛、穆仲华等见《象报》上宣传“共党”抗日主张，遂向国民党省党部控告盛“勾结奸党”“图谋不轨”。盛亲赴省为张亚华等办报人员辩护。章、穆等人勾结“三（三门）象（象山）”地区指挥官吴仲翰及“国民兵团”中队长徐楠，借口“军政纠纷”，发动“儒雅洋兵变”，拘捕盛世馨，关入桶仓；张亚华逃亡，编辑赵文光、周斌、朱光、励乃勤等11人被捕，《象报》停刊。至民国36年9月6日，国民党县党部与三青团象山县总部联合主办《象报》，名旧而实大异。4开4版，铅印五日刊。社址象山城中李氏宗祠。民国38年1月10日第108期起改为4开2版。发行人傅雪岩，社长先为何敏求，后为史致圻；总编辑先为史致圻、倪孔铎，后为许祖逊；倪孔铎任社务经理。副刊设有“象山港”［即《象山港》（周报）之“荒岛”］及“学林”“金风”等专栏。

《象山民报》　民国30年（1941）10月10日创刊，国民党象山县党部机关报。4开4版，铅印三日刊，社长兼发行人为县党部书记长章昌琛。爵溪设分社，由区分部书记郑圣良任分社经理。报道以时事新闻为主，并辟有“本地风光”“晨曦”等专栏。民国31年3月11日因县城沦陷，县党部撤至宁海山区，报纸停刊。民国34年10月10日，《象山民报》复刊，发行人兼社长仍为国民党县党部书记长章昌琛，作为县党部机关报。4开4版，铅印三日刊。复刊后称“诸凡法律上及其他有关事项，均应登载本报，法律上方生效力”。民国35年4月12日，再度停刊。

《战斗日报》　民国30年（1941）12月2日创刊，受中共象山工委掌控，以“三（三门）象（象山）地区指挥部”政治工作队名义发行。发行人兼社长张亚华（政治工作队队长），主编叶林（原名林默之，先为中共象山支部书记，后任中共象山工委副书记），编辑李政、王叔华、谢时春等（均为中共党员）。4开4版，先为油印，后改铅印，每日一期。社址先设西周周家祠堂，后迁址下沈赖岙。报纸主要内容为报道象山、定海国民兵团抗日斗争事迹和国内外战事消息。民国31年10月，“三象地区指挥部”情报处长吴桐至政工队抓捕共产党员王叔华等人，为政工队长张亚华严词拒绝，连夜密派“行动队”护送王叔华等撤离象山。苏本善回象山后，中统、军统特务联名控告张，苏为调和关系，宣布解散政工队。叶林等党员按上级党委指示，上四明山另行分配工作。《战斗日报》于是年10月10日停刊。

《定象简报》　民国31年（1942）10月10日由《战斗日报》改组后创刊，定海、象山两县县政府主办，社址设象山下沈赖岙村。发行人兼社长张亚华，笔名雪痕，编辑江汀、陈英烈。4开4版，铅印三日刊。报纸主要内容为发动群众抗日救亡，版面辟有“抗日新闻”“县政府令”及广告等专栏。因为它是定海、象山两县和“三象地区指挥部”所办，故当时规定“凡法律、广告非经刊载本报，不能发生效力”。翌年4月8日，第47期刊登《定象各界公祭抗日阵亡将士》消息，有“苏（本善）县长勉励各界应踏着先烈的血迹，争取抗战胜利，完成烈士未尽之志，未成之功”等语。民国33年4月下旬，因张亚华辞职后停刊，改组为《海啸日报》。

《海啸日报》　民国33年（1944）5月1日创刊，社址象山下沈赖岙村。社长陈英烈，下设编辑、经理两部，编辑金甦、王辅贤。先4开4版、铅印三日刊，后改出日报每周6期。经费由定、象县政府奉省府会计处指令，以原《定象简报》津贴月2000元批转。民国34年3月，苏本善调离，象山、定海析分，日报停办。

《象山简报》　民国34年（1945）3月创刊，发行人吴保宗。8开4版，不定期油印小报。经费由县党部办公费支出。8月改为《简报》，不久停刊。

《简报》　民国34年（1945）8月创刊，由县政府秘书室主办，8开4版，油印隔日刊、每期印150份，非卖品，主要供各村要道张贴，并分发各机关阅读。发行人为县民众教育馆馆长吴保宗。11月停刊。

《大众日报》　民国35年（1946）5月1日创刊，8开4版，先油印后铅印，每日一期，每期均有“县政府公报栏”。社址先设象山西周，后迁丹城，发行量约1000份。在下南区石浦北门、西区西周设有分社。发行人吴保宗。民国36年2月1日休刊。是年7月，武嘉秀出任县党部书记长，同意《大众日报》复刊，经费仍由县党部拨支。民国38年3月，因时局不稳又停刊。

《象山港》　民国35年（1946）10月31日创刊，社址丹城李氏宗祠。为三青团象山筹备处机关报，4开4版，铅印五日刊。社长何敏求，发行人傅雪岩，常年法律顾问毛翼虎。由“荒岛文化服务社发行部”发行。“周报”辟有“街头巷尾”“学术信箱”“荒岛文艺”等专栏。民国36年8月，因披露新兵接收部队营私舞弊，苛待新兵，中饱私囊，与部队发生冲突，引起军政纠纷，县政府下令从8月20日（第47期）起停刊。是年9月1日改以《象报》名义复出。

《三门湾日报》　《三门湾日报》最早于民国15年（1926）10月由台州人创办，报址设临海城内，发行于台州地区一带，民国16年停办。民国35年12月，石浦创办《三门湾日报》，4开4版，铅印日刊，社址设象山石浦。民国36年12月停刊。民国37年1月10日复刊，始为4开2版，铅印五日刊①。社址先设在石浦，编辑、经理两部设象山丹城。2月24日社址迁至丹城。民国37年5月27日起，由五日刊改为隔日刊。6月8日起改为三日刊。民国38年3月9日起改为周刊。4月28日停刊。

《象山人报》　民国36年（1947）6月1日创刊，4开4版，铅印五日刊。发行人武嘉秀，主编陈本仁，编辑周业勤、李凝、倪永存、董传凯。10月3日第25期始改为4开2版。因未获准登记，民国37年1月1日后，奉县府令停刊。

---

①本志“邮政　电信”篇第一章“邮政”第六节“报刊发行”，第二行作“《三门湾日报》（四日报）”。

《象山政报》 民国36年（1947）11月1日创刊，由象山县政府秘书室主办。主要内容为公布政府命令和公告。4开正反2版，铅印旬报，非卖品，供各乡镇、单位张贴。民国37年2月停刊。

中华人民共和国成立后报纸

《象山报》 1956年5月1日创刊，为中共象山县委机关报。初创时4开2版，五日刊，1956年3月1日起，由五日刊改为三日刊，4开2版。1958年为适应大跃进形势，4月22日始改为双日刊，版面由4开2版扩大为4开4版。1958年10月，宁海、象山两县合并，《宁海报》《象山报》也随之合刊，社址迁至宁海沥洋。《象山报》出至328期后，更名为《象山日报》，停止使用《象山报》报头。1994年7月8日《象山报》复刊，为中共象山县委机关报。10月5日由周一改周二刊，1995年1月2日改周三刊，1998年1月12日改周四刊。1999年7月5日，改周五刊，出周末版。7月6日起，出《象山报》新闻周刊。2001年7月2日起，版面4开4版扩为4开8版。2004年1月1日起停办。《象山报》从复刊到再停刊，历经9年零9个月，共出版1965期。

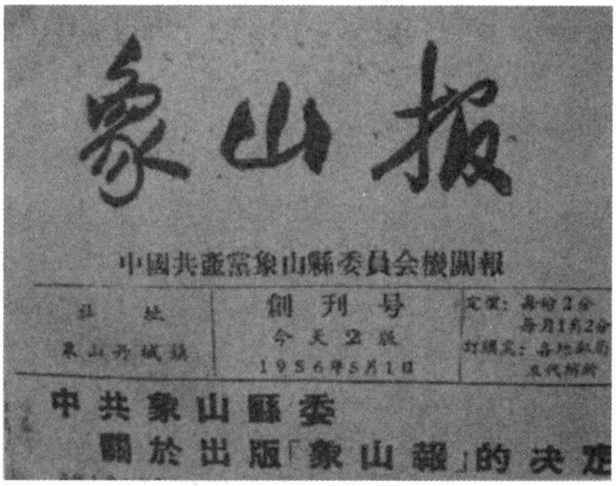

照40-1 《象山报》创刊号

《象山农民报》 1967年3月15日创刊，由“象山县贫下中农代表协会”（简称贫代会）创办。4开4版铅印，五日刊。主要内容是反映农村“无产阶级文化大革命”，每期刊登毛泽东“农村一切权利归贫下中农”的语录。第5期后（4月10日）停刊。

《红色造反者报》 1967年8月由“三代会”（工代会、贫代会、红代会）联合创办，4开4版，铅印五日刊。主要内容为传播中央“文化大革命”消息，揭露“走资派”罪行，攻击对立派别。1968年10月，造反组织大联合后，成立县革命委员会时停刊，共出50期，每期印500份。

《象山科普》 1980年3月20日创刊，由象山科委、象山科协联合主办。为普及科学知识和为象山经济建设服务的专业性科普小报。8开4版，不定期，非卖品，由主办单位定期寄赠。1982年11月停刊，共出19期，每期印3500份。

《象山农技周报》 1982年12月6日，由象山县人民政府在《象山科普》的基础上组织筹建。1982年12月24日试刊，1983年2月3日创刊。《象山农技周报》以“普及科学知识，服务经济建设”为宗旨。4开4版，每周出一期，每期印12400份。1983年12月停刊，共出60期。

《象山农技报》 1984年1月5日创刊，是《象山农技周报》的延续，改为科委、科协主办。报道以农村科技为主。经费由科委支拨。4开4版，由周刊改为半月刊。12月30日停刊，共出24期。

《象山科技报》 1985年1月18日创刊，由科委、科协主办，是《象山农技报》更名后的延续。经省委宣传部报刊处批准的专业性小报。每月一期，4开4版，辟有“科技信息”“医学卫生”“农技知识”“技术指导”等专栏。1993年12月22日停刊，共出180期。

《象山青年报》 1988年1月1日创刊，由共青团象山县委、象山县文化馆联合主办。经宁波市委宣传部批准出版，为宁波市第一份地区性青年报。4开4版，不定期出版。每期以赠阅与征订相结合的方式，发行3000份。1990年4月停刊。

《象山文化报》 1988年2月创刊，是以大众文化为主的4开4版铅印综合性月报。由象山县文化广播电视局、象山县文化馆联合主办。经省新闻出版局批准，定为市级内刊。社址象山县文化馆内，以征订与赠阅相结合的形式，月发行5000份左右。1993年12月停刊。

《中学生作文》 1989年9月创刊，象山县教育委员会教研室主编，以中学生为阅读对象，发表县内中学生习作。每年10期（一学期5期）共刊出110期。每期印量约5000~20000份不等。2000年下半年停刊。

《今日象山》 2004年2月16日创刊，为中共象山县委、县政府工作信息简报，由象山新闻中心主办。2006年元旦，撤销《象山资讯》，并入《今日象山》，版面由4版扩至8版。2007年9月15日《今日象山》第923期始，版面扩至4开12版，每周5期。改版时，采用国际流行的“瘦报”形式。2004年，《今日象山》赠阅量15970份，至2007年达1.8万份。

《象山资讯》 2004年2月23日，经宁波工商局批准，由新闻中心下属象山新闻发展有限公司创办。为全新的报纸广告载体。

象山县部门、企事业单位内部交流报纸情况表

表40-1

报　名	创办时间	社　　址	备　　注
《巨鹰报》	1992.09	爵溪街道浙江巨鹰集团股份有限公司	4开4版，每月1期，每期100份，至2008年12月共发行77期
《天安报》	1995.05	丹东街道宁波天安集团股份有限公司	对开4版，每月1期，每期7500份
《金山报》	1996.09	石浦中心小学	4开4版，每学期2期，至2008年共刊出34期
《象山中学校报》	1997.07	象山中学	每期印数2500份，学期期间每月1期
《象二中校报》	1998.03	象山第二中学	4开4版，每月1期，至2008年12月，共出百余期
《三中报》	1998.06	象山第三中学	月刊，4开4版，每期2700份
《西周中学报》	1998.09	西周中学	4开4版，每学期1~2期，每期1000份
《石浦社区教育》	1999.09	石浦镇社区教育办公室	4开4版，不定期，每期500份
《宁波申菱》	2001.01	宁波申菱电梯配件有限公司	4开4版，每月1期，每期100份，至2008年12月共发行93期
《半岛中医》	2001.07	象山县中医院	4开4版，每期5000份，不定期，至2008年12月共发行35期
《象山人民医院》	2003.10	象山县第一人民医院	4开4版，不定期，发行量1.2万份，至2008年12月，共刊23期
《台医人》	2004.02	石浦台胞医院	4开4版，每期1.2万份
《象山摄影》	2005.09	象山县文学艺术界联合会摄影家协会	4开4版，不定期，每期二三千份，至2008年12月共刊出10期

续表40-1

报 名	创办时间	社 址	备 注
《象山工运报》	2005. 10	象山县总工会	4开4版，双月刊每期2500份，至2008年12月共刊14期
《看石浦》	2007. 07	石浦党政办	每期2000份，至2008年共刊出10期
《半岛牧业》	2008. 09	畜牧总站内	每月1期，一期500份，截至2008年12月共刊出4期

第二节 期 刊

民国12年（1923），石浦出版《秋灯月刊》《商余月刊》，象山始有本地刊物。民国14年春，象山旅甬学生同乡会组织新蚶社，创建《新蚶半月刊》，为象山第一份旨在宣传国民革命刊物。民国35年，中华基督教象山教区曾发行《象联通讯》，为象山第一份教会发行刊物。民国时期有统计的县内各团体、部门所办刊物12种。中华人民共和国成立后，为配合当时社会主义革命与建设，一些部门也编印不定期内部刊物，如象山文化馆的《说说唱唱》《曲艺》等，以顺口溜、快板、唱新闻的形式，汇编地方文艺资料，歌颂新人新事，多未存档，散失难稽。“文化大革命”结束后，一些部门和单位为指导、交流工作，逐步掀起编印不定期内部刊物热潮。1979年3月，象山文化馆率先创办《象山港》文艺刊物。至2008年12月，全县内部交流刊物近百种。

民国时期期刊

《秋灯月刊》 民国12年（1923）6月，由原《正言报》班底以“正社”名义重新注册登记创办，发行人兼主编柯耀庭。旨为“倡导正义、弘扬正气”，传播民主与科学的新文化思想。16开本，每月1期，设有“时评”“小说”“学术”等栏目，系学术性期刊。是年10月停刊。

《商余月刊》 民国12年（1923）11月，由石浦商界同仁举办，是交流商情介绍商品专业性商情刊。16开本，每月1期，由石浦各商号供稿，出版后也由各商号发送。翌年5月停刊。

《新蚶半月刊》 民国14年（1925）9月创刊，象山旅甬学生同乡会组织的新蚶社主办，主编宋栻，编辑何志浩、倪毓水，为象山县城第一份民办半月刊。旨以宣传国民革命、反对封建主义为宗旨，提倡科学与民主、反对迷信与专制。4开4版，每月2期，每期印800份。民国15年2月停刊，共出12期。

《抗日旬刊》 民国27年（1938）9月10日创刊，象山县抗日自卫委员会主办，址设象山县政府内。先为8开5张，后改4开4版。发行人盛世馨、姜伯喈，编辑先为张天枢（北辰），后为倪鸿梁，再为刘义钦。每月逢十出版，每期印800份。民国28年6月停刊，共出26期。

《民教岗位》 民国28年（1939）12月24日创刊，浙江省立宁波民众教育馆主办，是普及民众教育的旬刊，社址设象山“石浦宁波民众教馆”内。发行人王宁适，编辑张铨。16开本，每月3期，每期印300份。民国29年9月停刊。

《象山青年》 民国29年（1940）10月创刊，象山县抗日青年服务队主办，址设丹城中街。4开2版油印半月刊。宗旨在于“结集革命青年，复兴中华国土”“力行主义，捍卫国家”。民国

30年4月20日停刊。

《象联通讯》　民国35年（1946）1月1日创刊，由中华基督教象山联区主办，址设象山城中东街福音堂内。发行宗旨为“诠释基督教义，报道教会消息”。16开本，每期20页左右，每月一期，每期印500份，免费发送基督教象山联区会员。民国37年9月停刊。

《荒岛半月刊》　民国35年（1946）12月创刊，发行人兼主编傅雪岩。系文艺性半月刊。16开本，每半月出一期，每期印300份。1949年1月起，每隔两周附在《象报》上作为《副刊》出版。民国38年7月停刊。

《新象周刊》　民国36年（1947）2月6日创刊，象山县参议会主办，发行人参议员王立铮，总编辑吴祖麟、萧良佐。4开4版，每周一期。民国37年11月停刊。

《正汇通讯》　民国36年（1947）7月创刊。是年11月10日“象山县报社名称沿革情况一览表”中有登记。不详。

《象山评论》　民国36年（1947）10月4日创刊，浙江大学象山同学会主办。为8开一张不定期油印刊物。创刊号载有《我们要说的话（代创刊词）》及《希望于梁县长者》和《我们对大选的意见》等文。是年10月10日第二期刊有《救救吧，有钱的萧氏们》《大家向传常法师看齐》等文章，抨击时弊，比较激进。民国37年3月，被县政府勒令停刊。

《缨溪》　民国38年（1949）创办，为丹城始达小学校刊。

《文圃刊》　民国37年（1948）8月创刊，由西瀛乡青年学生郑家明主办。因创刊号内《乡长》一文得罪当局。是年9月22日，县政府奉浙江省府“9月11日代电”，饬令西瀛乡公所“转饬即日停刊”。

中华人民共和国成立后期刊

《象山港》　1979年3月创刊，象山县文化馆主办，系不定期综合性群众文艺刊物。16开本，1981年2月改为4开4版，每期印500本。1982年1月停刊，共出7期。

《象山文艺》　1982年2月6日创刊，县文化馆主办，为铅印16开本不定期的文化艺术刊物。《象山文艺》第四期为“中学生作文选”专辑，发行增至19500份。1985年2月，改名为《象山》，3月份停刊。《象山文艺》《象山》共出5期。

《象山党史资料》　1982年2月16日创刊，中共象山县委党史资料征集办公室主办。16开本，年出二三期，每期印600本。1982—1994年，共出26期。

《象山修志通讯》　1982年12月25日创刊，象山县志编纂委员会主办。《修志通讯》为16开本季刊，每期印800本。1984年12月停刊，共出8期。

《象山政协》　1984年9月6日创办，由政协办公室负责编辑，为不定期内部刊物。16开本，1~23期为油印。改铅印后，为16开本。1984—2002年，召开政协全委会期间，由大会秘书处负责编写会议简报，简报与《象山政协》合刊，称《象山政协简报》，共出65期。2003年1月，县政协七届一次会议后，刊名定为《象山政协》。2004年第一期（总245期）始，为定期双月刊，每期印800本。至2008年12月，共出269期。

《夕阳红》　1991年9月15日创刊，由象山退休职工管理领导小组、教育局关工委、退休教师协会联合办，1991年9月15日至2002年1月，油印《夕阳红》简报，共出90期。2002年2月，改油印为光电印刷。至2008年12月，共出171期。

《象山诗讯》（《缨溪》诗刊）　1992年10月4日（重阳节），缨溪诗社成立，随即创办《象山诗讯》。至1994年11月，刊出《象山诗讯》7期。1994年12月，诗社归属县政协后，改名《缨溪》，由象山县政协缨溪诗社主办。至2008年12月，共出版93期。每期一般刊出诗作五六十首，有几期增刊，总计发表诗作万余首。以古体诗词为主，内容大多记事、纪游、抒情、感怀、歌咏山水名胜、诗友唱和等。

《百草园》　1994年创办，象山中学语文组主办。至2008年12月，已出刊25期。每期印量为1800本。

《渡口》　1994年创办，象山二中团委主办，为共青团象山二中团刊。

《丹霞》　1996创办，象山三中语文组主办。

《象山党史》　1996年7月1日创刊，由中共象山县委党史研究室主办，前身为《象山党史资料》。原为16开本，年出版二三期。2004年，改为16开本。至2008年12月，《象山党史》共出版32期。

《今日象山》　1997年1月创刊，中共象山县委机关内部刊物。16开本，双月刊，逢单月出版，每期印800本。2003年7月停刊，共出34期。

《象山新研通讯》　2004年2月16日创刊，象山县新四军历史研究会主办，每年出版一二期，每期印800~1000本。至2008年12月，共刊出8期。

《渔文化》　2004年7月创刊，象山渔文化研究会主办。2008年8月，《渔文化》改由宁波渔文化促进会与象山渔文化研究会联合主办。至2008年12月，共刊发18期。

《象山港文艺丛刊》　2004年12月创刊，由中共象山县委宣传部、象山县文学艺术界联合会共同主办。创刊第一期，定名为《象山港文艺季刊》，2007年6月，更名为《象山港文艺丛刊》，每期印数二三千册。至2008年12月，总共出版7期。

《象山方志》　2007年9月创刊，由象山县地方志编纂委员会办公室主办。大16开本，为不定期内部刊物，免费赠送。至2008年，共刊出4期。

《象山县人民政府公报》　2008年1月创办，象山县人民政府办公室主办。至2008年12月，共出12期。

《象山钱币通讯》　1999年1月创刊，象山钱币学会主办，每季一期。创刊初以小报形式编发，后以刊物形式出版。至2008年3月，共出版37期。2008年3月后，改为不定期刊物。

《松兰海景》　2006年创刊，宁波松兰山海景大酒店主办，企业内部刊物。每期4开4版，彩版印刷，印500份。至2008年12月，出版45期。

《象山文化》　2008年7月创刊，象山县文化广电新闻出版局办公室编。为16开4版，月刊。主要摘录国内文化广电新闻行业内相关新闻，供阅读借鉴。

第三节　新闻机构

民国期间，象山各种通讯社14家，存在时间长短不一，背景各有不同。民国24年（1935）8月7日创办“象山通讯社”，为象山历史上首家自办的县内通讯社。民国25年2月，石浦创办“三门湾通讯社”，至民国38年6月停办，历时13年。1949年10月建“象山县委通讯站”，为中华人民共和国成立后县内首家通讯机构。

民国时期新闻机构

象山通讯社（1） 民国24年（1935）8月7日创办，是月22日发稿，为上海、宁波及象山各报刊提供地方新闻。发行人周开乾，社长兼总编辑陈表常，编辑戴翕和，采访编辑许福莹，广告兼会计汪庭衡，刻印王修梅。社址丹城南街。民国25年3月30日获准登记。

三门湾通讯社 民国25年（1936）初创办，2月1日首次发稿，报道浙东沿海地方新闻。社址原设象山石浦民众教育馆。民国30年，日军发动“浙东战役”，石浦沦陷，旋迁至宁海桥头胡。民国31年10月再迁至三门海游。抗日战争胜利后迁回石浦原址。社务始设发行、编辑、采访三部，并分别在定海、天台、三门设分社，分社仅负责采访，不另行发稿。发行人兼社长谢志渊（骏我）、编辑蔡吉人（节人）、柯希明（汉侯）、蔡钟声（志诚）、柯鸿滔（弘弢）、史幽斌（滨浦）、许斐君（遗民）。民国28年，社务设编辑、采访两部，各设主任1人。总编辑蔡竹，编辑4人，采访员83人。民国29年5月，主编及编辑为谢志渊、郑慧勤、谢麟、奚笑卿。民国30年起，主编为郑慧勤（女），后有周师濂、范许益，编辑为谢麟、谢志强、王济文、傅志杰等。民国37年6月，于丹城设立第四分社，聘范鸿章为主任，负责主持。民国38年6月，象山解放前夕，尚在运转。

海光通讯社 民国32年（1943）10月创办，由象山县政府秘书室主办。社址下沈赖岙村，不定期发行，每期16开油印通讯稿，每月分发20份，无固定编辑。是年11月停办。

象山通讯社（2） 民国32年（1943）12月29日，吴保宗创办。时因已有“三门湾通讯社”，故未获准登记。民国34年5月1日始，隔日刊新闻稿，每期发40份，社址暂设西周谢日房内。发行人吴保宗，编辑何乐、张筱凤。民国36年8月获准登记，社址迁往靖海乡岳头，后又迁至丹城。

海啸通讯社 民国32年（1943）11月创办，社长兼总编辑陈英烈。社址西周，16开油印通讯稿，不定期发行。民国34年3月停办。

宁波新潮通讯社下沈分社 民国33年（1944）12月22日筹备成立。负责人竺静仁，由新潮通讯社社长王伯川指名委派前任。分社兼营《宁波日报》分销，社址下沈。

宁波正义通讯社象山分社 民国35年（1946）2月设立，编辑武嘉秀。社址先西周，后丹城。

迅雷通讯社 民国35年（1946）5月创办。发行人俞冶宽，编辑陈本仁、钱诗良、陈济钦等。社址县政府内，每月由县政府补助5000元。是年12月停办。

大众通讯社 民国35年（1946）12月8日，由吴保宗创办。社址设丹城，编辑史天行、张筱凤。翌年7月，因与龙游罗邦钿办的通讯社同名而被要求更改社名后另行登记。8月，经省政府批准，获准更名登记为象山通讯社。每日发行16开油印新闻稿，每期40份。民国38年3月停办。

今天通讯社 民国35年（1946）12月25日，由傅竹畦创办。社址先设石浦中街，1948年9月18日迁至石浦后街。社务分总务、编辑、采访、发行四部。发行人傅竹畦，编辑俞遂良、佘克延、苏永业、许传明、林华栋、林华衮、郑盛鸣。民国38年3月停办。

正气通讯社 民国36年（1947）7月1日登记创办。发行宗旨为“报道地方动态，揭发社会黑暗，转移不良风气，促进文化建设”。隔两天刊新闻稿，每期发行50份。社址丹城北门，社务分编辑、发行二部。发行人李凝，主编周业勤，编辑黄节清、董传凯、倪永存。民国38年3月停办。

东海通讯社 由蒋同、周碧梧等知识界同仁组织创办，民国 36 年（1947）11 月 1 日首次发稿。旨在“发扬民主精神，揭露社会黑暗并促进文化事业，宣达民情”。社址西周。民国 37 年 12 月停办。

南海通讯社 民国 36 年（1947）12 月 16 日创办，由徐拯民申请登记。旨在“报道地方新闻，阐扬政府法令，揭露社会黑暗，扶植正气”。民国 37 年 12 月停办。

中华人民共和国成立后新闻机构

象山通讯站 1949 年 10 月建立，初属中国共产党象山县委民运部，后归中国共产党象山县委宣传部领导。1956 年《象山报》创办，象山县通讯报道工作改由报社代办。《象山日报》停刊后，于 1961 年 6 月恢复象山县委通讯站，归县委办公室领导。1962 年 4 月停办。1964 年复设象山县委通讯站，归县委办公室领导。1966 年 5 月，通讯站停止工作。

《浙江日报》驻象山地方记者站 1962 年 4 月，县委通讯站编制划入《浙江日报》社，更名为《浙江日报》驻象山地方记者站，接受《浙江日报》社和中共象山县委办公室双重领导。《浙江日报》驻象山地方记者站记者，每月至杭州一次，接受通讯报道任务，并处理报销、工资事项。1964 年 11 月，撤销记者站编制，恢复象山县委通讯站。

县委、县政府新闻办公室 前身为 1964 年 11 月成立的象山县委报道组，归县委办公室领导。1966 年“文化大革命”开始，报道组停止活动。1980 年 12 月，县革命委员会报道组被撤销，恢复象山县委报道组，归县委宣传部领导。1984 年 3 月，报道组从宣传部划出，复归县委办公室领导。1993 年 3 月，县委报道组作为县委办内设机构，更名为新闻报道科。2003 年 1 月，县委新闻科更名为县委、县政府新闻办公室，仍为县委办公室内设机构。

象山县革命委员会报道组 1968 年 6 月建立。属县革命委员会政工组领导。1968 年 6 月至 1970 年 10 月，由县人武部领导，主持全县通讯报道工作。

照 40-2 位于靖南大街 356 号的象山新闻中心大楼

象山报社 象山新闻中心 1956 年，成立象山报社。1961 年撤销。1994 年 5 月，恢复，为全民事业单位，隶属县委宣传部管理，暂定编制 15 名。2004 年 2 月，又撤销象山报社，成立象山新闻中心，性质为差额拨款事业单位，级格为正局级，核定人员编制 28 名，所属人员在原象山报社在编人员中抽调。刊出《今日象山》信息简报。2007 年 1 月 1 日起，中国象山港网站划归象山新闻中心管理。

第二章　广　　播

民国24年（1935），设于石浦的省立宁波民众教育馆附设收音站，为象山广播事业之始。中华人民共和国成立后，1955年，8月，建丹城镇广播站；11月，丹城镇广播站改建为象山县有线广播站。1976年，全县38个公社均建立广播站，由县站统一管理，接受县站和公社双重领导。1984年4月，象山人民广播转播台调频台开播，广播首次实现有线和无线两套传输手段。1995年，象山人民广播转播台改为象山人民广播电台。1998年2月28日，象山人民广播电台与象山有线电视台合并，成立象山县广播电视台。2000年，象山广播音频工作站投入使用，实现广播节目从制作、播出到保存的数字化。

第一节　广播设施

照40-3　20世纪60年代农村广播喇叭箱

1953年，象山文化馆收音站自装30瓦直流两用扩音机1台，15瓦高音喇叭2只，赴爵溪、南庄、贤庠等地巡回播放，是为县内有线广播萌芽。1955年8月，丹城镇广播站建立，在镇内搭电力杆架设3千米广播双线，安装喇叭46只，高音喇叭2号，主要分布丹城镇所属机构、13个村及县级机关部门，高音喇叭装在街边。筹建时发动丹城镇机关、部门及个人筹资近2000元，购买300瓦扩音机、电唱机各1台，铝带式话筒、调压器、输出配电板等附属设施。是年11月，丹城镇广播站改建为象山县有线广播站。12月，石浦镇建立有线广播站，镇内布4000米广播线，安装动圈喇叭30只、高音喇叭3只。1957年，根据中央可借用邮电线路开放有线广播指示，向县城邻近四乡发展，安装喇叭150只。1958年10月，檀头山自筹资金建站后，实现全县乡乡通广播。是年，又直接借用邮电线路300千米作为县至乡的干线，并自架乡以下广播支线300千米，添置喇叭1120只。1959年10月，在原象山辖区内增设西周、丹城、大徐、定塘、石浦、新桥6个公社有线广播站，基本实现生产队队队有广播。1969年，架设海岛广播线，跨海过港线路计4条。石浦至南汇，线长600米，线高24米，在全省县级广播线路建设中罕见。东门至对面山浮礁渡线长550米，上布袋至南田小网巾950米，南田后龙头至高塘乌龟山，线长500米。1972年10月，象山广播转播台建成试播。是年，借用军用海底电缆，开放檀头山载波，第一次实现海底传输。1974年春，改造收发信天线支架，布设新电网中心。1975年，埋设定塘至大塘近8千米地下渡江电缆线。至1976年，完成县站至38个公社的独立广播传输系统。1979年，以雅林溪为广播网络标准化试点，整顿县内广播网络。1982 年，全面完成丹城、石浦、爵溪三镇及 365 个村广播网络整顿任务，3 镇有线广播网及县站机房主要设备，获省厅颁发的技术质量合格证书。1984 年 4 月，象山人民广播转播台调频台开播，广播首次实现有线和无线两套传输手段。是年末，全县共有县至乡镇水泥杆专用线 295 千米（双线），乡镇以下高压馈线 2078 千米。其中，水泥杆 890 千米，村以下用户线 5600 千米，喇叭 8 万余只，入户率 70%左右。1985 年，全县 73% 乡镇广播网络整顿合格。1993 年，在筹建有线电视网络中，用有线电视传输线替代原广播铁丝线，音频喇叭替代舌簧喇叭，改善县广播信号有线、无线两套传输。1996 年 10 月，全县 728 个行政村，712 个村通广播，通村率 98%。有线广播 10.97 万只，入户率 77.6%，通响率 93%。1997 年 3 月 18 日，象山有线电视台、象山人民广播电台、象山县电视转播台实行共缆传输。由于共缆传输，农村有线广播逐步消亡，调频广播成收听主渠道。2000 年 10 月 20 日，广播入户率达 13.1 万户。

第二节　广播节目

1955 年，县广播站建站初期，无专职编辑人员和自编文字节目，编辑工作由播音员兼任，用地方语言口头直播方式对外播音。播音内容以转播中央、省市广播电台新闻、文艺节目和本县气象为主，每晚 2 小时。1956 年 5 月，《象山报》创刊，摘录该报重要内容播出，始隔日后日播。1964 年上半年，设专职编辑 1 名，负责本县新闻采访、编辑、通讯联系，建立业余报道队伍，不定期增播自编节目，以录音方式播放。1967 年，每日 2 次播放。1969 年 12 月，增设女普通话播音员。1966 年，“文化大革命”前，半小时新闻节目，采用“有稿播稿，无稿读报”方式。1972 年，正式成立编播小组。增加文艺节目、对重要纪念日和农业生产重要环节进行专题报道、增加天气预报次数。1973 年 5 月 14 日起，节目播出时间实行冬夏两套，全天用 3 小时播送自办节目，举办《农业科学技术讲座》《科学与卫生》《多种经营》《致富向导》《信息参考》《象山风貌》等专题。文艺节目有《戏曲专场》《音乐欣赏》《讲走书》《唱新闻》等。时冬令广播从早晨 5：50 开始，晚上 8：30 结束；夏令广播从早晨 4：50 开始，晚上 9：00 结束，每天播出 7.5 个小时。1975 年 1 月 1 日起，开办《音乐》《农业学大寨》专题，传播大寨经验。每月逢九日晚 8：30 时为县委领导广播讲课节目，广播从过去转播上级台为主，逐步转为自办节目为主。1975—1977 年，全县通讯员队伍达到 300 人左右，年来稿四五千篇。1977 年 9 月，县广播站党支部书记周企禹出席在长沙召开的全国农村有线广播工作会议，作经验交流。1978 年 10 月 2 日，撤销《农业学大寨》专栏。

1985 年，广播节目大调整，全天播出 8 小时。1987 年，新闻节目每天 2 档，一天播出 3 次，自办文艺节目《每周一歌》，并设立广告部。1992 年 12 月 2 日，县广播转播台与宁波广播电台联合举办《中国乡镇之星——腾飞的爵溪》现场直播节目，是象山广播转播台首次尝试直播。1995 年 7 月 8 日，在节目制作和播出形式上进行改革，实行以主持人为主，采、播、编合一，由录播改为主持人大版块直播方式。1996 年，实行开门办广播，先后与国税、地税、交警、农保、供电、土地、教委等 10 余家单位联合办专题节目，《小康之声》于 1996 年、1997 年连续两年获得省县级广播电台（站）“十佳”对农广播节目奖，并与省台联合举办“海洋经济全省联播”。1998 年，5

月10日，象山广播电台与浙江人民广播电台、舟山人民广播电台、宁海人民广播电台联合举办“振兴海洋经济千里行”现场节目；10月，广播节目调整，融新闻、信息、娱乐、广告于一体，广播节目日趋成熟。2002年，广播节目全新改版，节目以农村为主转向以驾乘人员和城市新移民、青少年为主，更多样化。2006年，与县纪律检查委员会联办《阳光热线》节目，邀请党政“一把手”，进直播室面对面解答百姓难点、热点问题。2007年，自办广播节目《象山新闻》《新闻追踪》《小康之声》等10余个栏目，广播新闻部全年推出10组主题报道。

第三节　广播机构

民国24年（1935）10月18日，设于石浦的省立宁波民众教育馆始附设收音站，备有真空六管交流收音机1台。民国25年7月，收音站从石浦移入丹城丹山民众教育馆。换置直流六灯外差式机，配收音员1人，每天早晚两次收录国内时事、专题讲座等节目，择要写成壁报，张贴于街头。

1952年，设立象山文化馆收音站，由省广播电台拨象山五灯干电池式收音机1架，配收音员1人。每天上午8—10时，收录中央人民广播电台播发的新华社新闻，供县委、县政府领导参阅，还收录省台气象消息，供有关部门指导生产。1955年8月1日，建丹城镇广播站，工作人员1人，主要收转中央、省台节目，播放讲话、唱片。时任县委副书记宋申鲁作开播讲话。1955年11月14日，丹城镇广播站改为象山县有线广播站，增加人员、经费，逐步向各乡镇延伸。是年12月，石浦镇集资创办有线广播站，收转上级电台节目。1958年8月，檀头山公社自筹资金建广播站，自主播出节目。1959年，宁海县与象山县合并，在宁海沥洋镇建立象山县有线广播站，不久迁宁海城关镇。原象山县有线广播站改称丹城镇广播转播台。1961年，宁象分县，恢复象山县人民广播站，址设林家祠堂。1969年，迁入丹城桃园路4号。1972年10月，从县广播站分出人员成立“7129办公室”，编制7人，隶属宁波地区革命委员会政工组，用无线电转播中央人民广播电台和浙江人民广播电台节目各一套，每天每套转播14小时。1978年6月25日，象山县人民广播站改名为象山县广播转播台。1995年9月18日，又改名为象山人民广播电台。1998年2月28日，象山人民广播电台与象山有线电视台合并，成立象山县广播电视台，由象山广播电视中心（局）管理。2006年8月3日，象山县广播电视中心（局）更名为“象山县广播电视台”。

第三章　电　　视

1972年，省拨电子管电视机1台，试收宁波、舟山两地电视台转播的央视一、二频道信号。此后，筹建差转台、地面卫星接收站。1988年成立象山县电视转播台。1990年5月，开始有线电视建设，9月2日，第一批有线电视用户正式接入。1994年，象山有线电视台试办。至1996年12月，有线电视入户约10万户，入户率达60%，开通电视节目频道22套。1998年，象山有线电视台与县广播电台合并，成立象山广播电视台。2005年1月5日，县第一台数字电视开通，开启有线电视数字化新里程。至2008年，全县有线电视用户达13.75万户。

第一节　电视设施

象山因山峦阻隔，电视信号接收不易。1972年始，电视信号传输历经电视差转台、卫星地面接收站，至1990年始有线电视建设。1996年，县有线电视台与17个镇乡有线电视网络联网。1997年12月5日，象山成为宁波市第一个全县实现光缆联网的县，建立全县统一的有线电视网络。1998年，CATV网络升级改造工程开工。2004年，广播电视设备进行数字化改造。2007年，爵溪街道成为全县第一个普及数字电视进家庭试点单位，可收看100余套电视节目。至2008年5月，全县数字电视家庭达1.5万户。

接收机

1973年5月，县广播站技术员林宏生等，自行设计组装全县第一座10瓦差转机于丹城千丈岩，覆盖丹城、墙头、亭溪、南庄、雅林溪等公社地区。1978年6月，于石浦大金山顶建成10瓦差转台一座，覆盖石浦、东门、昌国、定山等公社地区。是年，全县有电视机约800台，集中在城镇。1979年，丹城差转台可转播中央台、浙江台、电大课程3套节目，每天转播12小时。其中，综合电视节目7小时，电视大学课程5小时。1980—1981年，丹城、石浦先后增置50瓦电视差转机，收转舟山电视台的中央电视节目。1978年10月至1982年4月间，在县广播站统一规划下，先后在中楼、爵溪、儒雅洋、渔山等公社、大队自筹资金建立1瓦或3瓦小型差转台6座。驻象部队及4819工厂建起10瓦差转台4座。1984年8月、12月，西周与东门又建起差转台各1座，全县电视讯号混合覆盖率达62%。1986年1月16日，五狮山差转台建成，转播浙江电视台节目；12月，丹城卫星地面接收站投入使用。1988年12月，成立象山县电视转播台，转播4个频道节目。1993年，全县建有差转台79座、地面卫星接收站25个。

有线电视

1990年，开始有线电视建设，广播与电视实行共缆传输，共同入户。1991年年末，爵溪镇有线电视、广播共缆传输系统工程完工。1993年7月，购置美国UNTKA公司生产的前端设备和电缆在县文广局四楼平台架起4.5米卫星地面接收站3座，接收8个频道电视节目。1993年8月初，

照 40-4　千丈岩广播电视差转台

丹城地区有线电视安装工程正式开工，至9月2日，第一批有线电视用户正式接入；12月，开通宁波至丹城千丈岩电视微波传输线路，转播宁波电视台和钱江电视台信号，播出频道增至12个。1994年1月1日，象山有线电视台筹建。1995年，丹城周边乡镇电视光缆联网，至1996年12月，架设光缆干线120千米，除鹤浦镇与高塘岛乡外，17个镇乡有线电视网络与县有线电视台联网，全县拥有有线用户约10万户，入户率达60%，人口覆盖率达75.6%。是年，县有线电视台通过接收卫星和微波传输信号，开通电视节目频道22套。1997年4月，宁波至象山有线电视光缆联网工程象山段41千米杆线架设工程开工，立杆291根，架设隧道线路920米，架设过山杆线2千余米，6月完工；9月，架设鹤浦镇、高塘岛乡海岛光缆联网工程启动，从定塘出发，经高塘岛至鹤浦镇，光缆过港跨海，全长25.5千米，总投资80万元，12月完工。是年，象山成为宁波市第一个全县电视光缆联网县，全县统一的有线电视网络形成。1998年10月，丹城城区CATV网络升级改造工程开工。2003年3月28日，县广播电视台迁入广电中心新大楼，新大楼建筑面积1.8万平方米，具备拍摄、制作、转播、录播等多种功能。2004年始，县广播电视台先后投入700余万元，数字化改造电视设备，电视播出机房搭建二频道全数字播出系统。2007年，爵溪街道成为全县普及数字电视家庭试点单位。2008年，县广播电视台完成全县2万户有线电视数字化网络改造任务。是年，结合农电网的改造，共改造主杆线路138.5千米，新架设光缆236千米，新增光节点253个，改造85个行政村的村内网络，新增地埋管道56.3千米，总投入365.95万元，打下数字电视整体平移基础。

第二节　电视节目

照 40-5　象山有线电视台创建初期的演播室

1994年，象山有线电视台筹办即试播电视新闻节目。1998年2月28日，象山广播电视台经国家广电总局核准，自办广播电视节目各一套。6月13日，电视台在新闻节目外，增设专题《蓬莱周末》栏目。1999年1月1日始，电视台推出上午版节目，节目自8时至子夜零时30分，每天自办节目播出时间达到16小时以上。

新闻节目

1984年7月，象山县广播站用M900摄像机摄录县十届人民代表大会第一次会议及县政协会议实况，并通过电视录像播放，为象山电视新闻节目制作之始。1994年，1月1日，象山有线电视台筹办，即试播《象山新闻》，每周一档，每档10分钟；8月，《象山新闻》每周增至二档，隔天重播。1995年4月开始，《象山新闻》每周增至三档，一、三、五首播，二、四、六重播，开设《有线追踪》《焦点视线》《警方热线》《热门话题》等子栏目。1996年1月1日，《象山新闻》首次改版，推出《象山新闻》总片头。1997年1月1日始，《象山新闻》改为日播，每档新闻12分钟。1998年9月13日，象山广播电视台与浙江电视台合作，电视转播第一届中国开渔节开幕式。象山广播电视台第一次实现新闻现场直播。2002年5月始，每月1期，于电视新闻中配手语，象山广播电视台成为全省首家开办手语节目的县级台。2004年1月1日，《象山新闻》再次改版，节目从原15分钟增至18分钟。并每天增加一档深度报道《今日视点》。2月9—10日，《象山新闻》首次尝试全程现场直播县人大十五届二次会议和县政协七届二次会议开幕式。2005年3月12日始，象山广播电视台在保持《象山新闻》栏目同时，推出新闻《周末六点半》民生栏目，时间为20分钟，设置DV万象、热线回递、彩信读图、生活点击等。2007年，电视新闻《周末六点半》改单人主持为双人主持，变“我播你听”为“我们讲你们来参与”，面目为之一新。2008年，象山广播电视台在《象山新闻》内，新增《小刘热线》节目，以民生为主题，报道广大市民的身边事。是年，电视短消息《53年重团聚，海峡难隔血缘情》获2008年度宁波市广播电视政府新闻奖二等奖。被中央台、省市台共录用电视外宣稿485条，其中，中央台30条，省级台135条。

专题节目

1997年5月10日，县广播电视台与浙江电视台、舟山电视台、宁海电视台联合举办《振兴海洋经济千里行》《柯受良的故乡情》等电视节目制作，一些作品分获省、市各类奖项。1998年6月13日，电视节目首次开设专题《蓬莱周末》。1999年1月7日，电视专题部与县公安局合作推出《警视传真》法制节目，半月1期，每期15分钟。2000年1月1日始，电视专题部改版专题节目，设置《神州瞭望》《警视传真》《半岛农业》《踏遍青山》《生活时尚》《卫生与健康》《红盾视点》《党的生活》专栏；4月28日，电视专题部在松兰山沙滩现场直播《象山海鲜节》文艺晚会，获得成功。2002年5月4日，电视专题部与县人民法院合办《法庭内外》栏目，以案说法，报道典型案例。2004年，电视专题部开播《说法时间》栏目与《小螺号》少儿栏目。2005年，电视专题《踏遍青山》栏目改为《塔山风》，提升节目的文化层次；《生活时尚》栏目改为《生活》，拓展节目外延。2007年，电视专题推出《我爱我家》新栏目；少儿电视专题《小螺号》改版为《太阳帆》；对农节目《半岛农业》改版为《半岛新农村》。2008年，专题部开设《开放》专栏，专门介绍在金融危机下，县外向型经济如何化解困难，突破困境的事例。是年，电视专题片《九月，到象山赶海去》获2008年度浙江省电视“牡丹奖”三等奖。

广告节目

1994年8月，象山有线电视台第一次开办广告节目，《点歌台》实行商业经营，当年创收30万元。1996年，电视广告节目改版，增加经济信息类栏目，广告收入215万元。1999年，电视广告部开办上午电视文艺节目，增加广告播出量，收到较好效果，创收380万元。至2008年，电视广告收入达755万元。

第三节　电视管理机构

20世纪70年代，电视管理无专门机构，由县广播站行使部分服务管理功能。1982年10月29日，县广播站成立象山广播电视服务部，对外开展一般性器材修理服务。1984年，设丹城电视转播台。1988 年 12 月 26 日，成立象山县电视转播台。1993 年 8 月，筹建象山有线电视台。1994 年 1 月，筹办象山有线电视台；2 月，成立象山有线电视台（筹），事业编制 37 人，下设新闻部、工程部、节目广告部、无线部、办公室；5 月，象山县电视转播台并入有线电视台，由县文化广播电视局领导。1996 年 11 月 20 日，广播电视管理职能从县文化广播电视局剥离，成立象山县广播电视中心（局）。1997 年 3 月 28 日，象山广播电台、象山有线电视台、象山县电视转播台“三台”整合，集中办公；4 月 18 日，实行“局台合一”制度，下设办公室、总编室、技术科、音像地卫办、广播电视发展总公司。1998 年，2 月 28 日，撤销象山县广播电台与象山县有线电视台，成立象山县广播电视台；7 月 27 日，县广播电视中心（局）增设乡镇广播电视管理总站，乡镇广播电视站作为县广电局的派出机构，人、财、物由县广电局管理，党群关系属当地乡镇党委管理。2000 年 1 月 6 日，各镇乡广电站单位所有制性质由集体变更为全民事业编制。2006 年 8 月 3 日，象山县广播电视中心（局）更名为象山县广播电视台，下设办公室、总编室、技术科、网络传输中心、乡镇广电管理总站 5 个科室。

第四章　网　　络

随着计算机应用，报纸、广播、电视三大传播媒体之外的“网络传播”应运而生。这种以多媒体、网络化、数字化技术为核心的国际互联网络，是现代信息革命的产物，20 世纪 80 年代末期开始进入象山，至 21 世纪初则以惊人的速度迅速发展。至 2008 年，象山网站 300 余家，网民 10 余万人，且成大发展之势。

第一节　网络建设

1988 年 5 月，工商银行象山县支行率先实行开户单位资金往来计算机记账，7 月，该行首台储蓄事后电脑监督机在储蓄账务组投入运行。1989 年，人民银行象山县支行国库业务与市分行联网同步，开启象山计算机网络在一个系统内建设的先河。此后，象山县银行系统均先后进行系统内联网建设。1992 年前后，县广电系统也开始网络建设。1996 年 10 月，象山县第一人民医院开始运行信息化管理系统，涉及医院内部收费、药品管理、财务管理等功能。1998 年 9 月 1 日，象山邮政、电信分营后，县电信部门推出数据通信项目，开放一线通业务。是年，县内有数据通信用户 40 户。1999 年 12 月，“163”“169”多媒体用户较上年增长 794.89%。2000 年 4 月，正式开通象山信息网站。6 月，县科技局负责建成县政府内部网络，用光纤连接县府大院各幢办公楼，并连通因特网，机房设在原科技局办公室内，开启象山县政府系统有专网的历史。9 月 21 日零时，县电信局更新计算机营业系统。10 月，推行“绿色通道”，大用户分离。12 月，县电信部门发展数据基础业务 55 户，多媒体用户 3378 户，ISDN 用户 152 户，IP 注册 2242 户。2001 年教育系统设立信息中心，建设象山教育城域网，以百兆光纤连通所有中心小学以上学校，是年 12 月，全县因特网用户新增1275户，宽带用户918户，完成年计划的91.80%。2002年3月，县电信局第一期扩容丹城、西周、石浦、鹤浦、爵溪等地共2500线，接着第二期扩容全县各支局，并对第一期扩容进行必要的补充，同时，建设覆盖全县的宽带骨干IP网。5月，改全县网吧、部分大客户的数据业务线路接入方式为光缆接入，并用ADSL设备作为备份。6月，对全县ADSL、WAN用户进行上网认证系统的改造，统一到省认证系统平强。2002年6月，县府办建成上连市政府办公厅，下接各乡镇部门的政府专网，进一步扩大政府专网的覆盖范围，为下一步各应用系统的使用搭建平台。10月始，建设政府信息网，县纪委、县委组织部、宣传部等党政机关联网，扩容ADSL设备7000余线。21日，成立象山电信网络畅通和信息安全保障指挥调度工作机构，确保电信网络安全运行。12月20日，电信部门根据市场需求，与宁波天安集团举行VPN网络建设签订仪式。2003年，6月10日，县电信局与宁波天安集团共建的VPN网络竣工验收会在天安集团召开。是月12日，成功开通“浙江大学—象山干部远程教育中心”，是全省首个在县级地域建成的远程教育中心，为全国第一家。9月，利用“教师节”、电信部门举办“宽在金秋”活动，扩大电信品牌效应，开放WLAN天翼通业务。11月，建立社区经理AB制，开展小区LAN主动营销工作并取得成效，促使新峰小区LAN用户数由6月的21户上升到11月的102户。12月，召开网吧业主座谈会，提高网吧用户忠诚度，全县网吧用户共87家，市场占有率为100%。全年宽带业务用户新增6747户，为年计划的134.93%，年末用总数达到11169户。2004年，7月，电信部门开展“绿色上网画等号”和学生“假期套餐”，挖掘学生市场，建设代理销售渠道。9月，加大力度开展其他运营商IP业务的策反工作，采用针对企业用户开放17909业务和适度开放商务IP业务。2005年7月22日，县电信公司在西周镇中学电脑室举办2005年第一期农民上网培训班，来自各村、各企业的30名村干部、企业负责人参与首次培训。11月18日，象山分公司在象山电信门户网站“象山在线”中开发具有象山特色的游戏——“象山麻将”。11月20日，分公司圆满完成小宾馆公安监控网营销及安装工作。2006年，5月11日，县电信局召开首次“商务领航”产品推介会。8月7日，规范宽带服务，开展影视服务推广活动。8月23日，更改营业生产办公电脑名，采用电脑登记MAC地址。11月1日，成立象山县电子政务外网建设（线路）实施项目组。11月14日，出台象山县人民政府电子政务网络建设合同书。是年12月，县信息办建成与因特网逻辑隔离，上连市政府办公厅，下接各乡镇部门的政务外网。网络结构分3层、2个核心、7个汇聚、100余个接入交换机组成，建有双路出口，带宽共1100M，并配防火墙、入侵防御、日志、审计、流量控制、网络均衡等安全设备。同时，适度收缩政府专网，并将政府专网更名为政务内网。12月26日，县电信公司开展“我的e家”业务培训，丰富宽带业务。是年县教育系统配有计算机房98个，综合电教室110个，多媒体教室286个，电子备课室61个，简易多媒体教室168个，校园广播系统52套，闭路电视系统21套。2007年1月17日5时，县电信部门成功割接T2000/GIS系统，数据准确率达99.1%。4月3日，县电信分公司与西周镇政府信息化改造协议正式签订。5月，新装上行出口设备丹城、石浦SR7750核心路由器各1台，同时上行至宁波的链路分为枢纽和鄞中各2条，提供网络冗余和保护。丹城增加出口带宽5G，石浦增加出口带宽5G，象山城域网出口带宽由原来的2G增加到10G，解决象山出口带宽紧张的问题。6月，新装丹城、石浦BRAS、ERX-E320各1台，把IPADSL、DSLAM和LAN这一块全部割接到E320上，为实现宽带上网端口精确化界定打下基础。7月，完成建成网络1G主机托管接入。完成网宿科技1G主机托管接放，调通石浦至丹城1G网络电路。10月23日，分公司与宁波天安集团股份有限公司信息化建设正式签约。11月5

日，象山县首个VIP住宅小区——龙泽名园成功组网。18日，在宁海网吧协会的协助下，象山网吧系统服务器在数据房成功运行，电信的光纤网络覆盖全县90家网吧，并在网吧率先使用全球眼监控技术。2008年4月，县政府中心机房建成。10月，完成新老机房的搬迁割接工作，中心机房正式投入使用。

第二节　网　　站

1998年建立的“象山科技在线”和1999年由丹城中学主办的“象山信息港”，为象山县首建的第一批网站。2002年“中国象山”政府网正式创建，为象山域内第一个官方门户网站。2007年后中国象山港网站一分为二为象山港政务网站、新闻网站，其后各部门单位网站、校园网站、企业网站、社会个人网站，以及125个行政村借助“浙江农民信箱万村联网工程”这一平台建立的“自助网站”等相继建立，并快速增长。至2008年，基本上已形成以中国象山港网站为龙头，以中国象山同乡网、象山摄影网、教师教育博客网、农业信息网、象山党建网、象山生活网、掌上象山等为骨干的网络传播格局，象山网站数逾300余家。中国象山港网站日平均访问量达13843人次，日发稿量达200余条。中国象山港网站与广电部门实现部分节目同步直播。象山教育类网站70余家，做到校校有网站。一批社会商业网站迅速发展，象山生活网、象山人民网、看象山、象山E都市、象山港网络等在网民中享有一定知名度。

中国象山港政务网

2002年创建，2003年初步建成，2004年开始运作，2005年5月“中国象山港网站”正式对外开通。隶属县委宣传部、县政府办公室双重领导，是集县内外新闻、政务信息与便民服务为一体的信息平台。2004年“计世资讯”在国务院信息化工作领导小组办公室指导下对全国129个县级政府网站进行评估，中国象山港网站排名第九。

象山港政务网站

2007年4月，中国象山港网站一分为二：中国象山港网站政务网，中国象山港网站新闻网。中国象山港政务网站由象山县人民政府主办，象山县信息化办公室承办并负责管理。政务网站定位为“公开、办事、便民”三位一体，以发布政府信息、提供便民服务和拓展网上办事为主要内容。2007年6月正式开通。现有简体、繁体、英、韩4个版本；简明中文版共设“走进象山”“阳光政务”“办事大厅”“政民互动”“公众服务”“信息公开”六大版块，下设370多个栏目，15万多个页面。网站开通以来访问量已达157万人次。2008年5月网站改版，增设信息公开版块，全县79个乡镇、部门统一在政务网站中设立信息公开页面；首页增加“个性化服务”“场景导航”“招标采购”“工作进展”等栏目。象山港政务网站2007年度评为宁波市优秀政府门户网站；同年12月被省政府评为全省县级政府网站第5名。2008年评为宁波市政府系统网站“十五佳”。

中国象山港新闻网

中国象山港新闻网由2002年象山县政府网发展而来。2004年6月28日，省政府新闻办发文批准（浙新办〔2004〕38号）。作为象山对外宣传平台、政务公开阳光平台、便民平台。2008年网页访问量6468428人次，独立访客1016720人，IP681623个。

象山手机报

也称“掌上象山”，是全国首家县级手机报，由象山县委宣传部主管，由中国宁波网、宁波移动公司主办，初由象山港网站承办发送。2006年，6月开始试运行，10月27日正式开通。

象山港论坛

2007年6月1日，中国象山港网开通“象山港论坛”。论坛分时事、生活、文化、版务四个版块，下设：我说象山、民生话题、节庆会展、摄影贴图、休闲健身、互助平台、文学艺术等子栏目。2008年9月底撤销“民生话题”，其相关内容并入“我说象山”及“阳光热线”；新增“网上会客厅”版块；合并“休闲健身”和“旅游天地”，改名为“休闲健身”；其他各版维持原状。

乡镇、政府部门建设专业特色网站

象山科技在线网，1998年建立。象山环保信息网，2000年5月建立。象山半岛廉政网，2002年建立。象山县发展和改革网，2004年3月建立。象山县便民中心网站，2004年4月正式开通。象山农业信息网，2005年5月建立。象山县财政税务网，2005年9月建立。象山档案信息网，2005年10月建立。象山建设网，2006年建立。象山人民法院网，2007年10月建立。

教育类网站

象山县教育信息网，是教育系统的门户网站，初建于2001年3月，至2008年已历经三个版本的更迁。象山教科研网，2004年建立。瑞博数字化教学平台及教师研修网，2005年建立。教育信息网OA办公平台，2006年建立，提供内部个人办公平台。学校建立的网站：2000年，象山文峰学校网站；2002年，象山石浦小学校园信息网、新港小学教育网；2003年，象山中学网站、象山县职业高级中学校园网、春晖（幼儿园）网站（2007年重建）；2004年，象山二中校园网、象山实验小学校园网、象山外国语学校校园网；2005年，象山丹城第二中学校园网、象山教师博客网；2006年，西周镇中心小学校园网。

个人、团体网站

随着经济建设的发展和文化建设的需要，象山企事业（包括商业）及社会个人、团体网站发展迅速，至2008年达150余家。象山同乡网、象山摄影网、象山生活网、象山人民网、象山影视城网站等个人团体和企业商业网站，在社会上具有一定影响力。象山摄影网，建立于2004年。中医院网站，由象山中医院主办，建立于2005年4月19日。象山人民网，主办单位象山四海网络有限公司，建立于2005年，是一家提供以信息平台和娱乐空间为主的专业网站。中国象山同乡网，2006年3月28日正式开通，由在京工作的象山西周陈兴达创办，一个向全球象山人完全开放的非营利性交流平台，至2008年，网站注册会员4772名。象山生活网，主办单位象山泓源信息科技有限公司，创办于2006年。象山影视城网站，由象山滨海影视城开发有限公司主办，建立于2007年8月28日。

第三节　网络应用

信息技术，重在应用。2000年后，县内加快信息化步伐，信息技术应用推广深入到全县各机关、部门、企业、学校与乡村，至2008年，信息网络构建逐渐完善，网络文化阵地初具规模。

政府信息化

1992年年初，县财政局开始在石浦分局试点税收征管软件“SWXT”，各基层单位的税收征管工作逐步从手工脱离出来，标志着县税收管理工作向信息化方向迈进。2002年年初，象山县社会保险管理中心的社会保险信息系统开始建设，信息系统包括养老保险、工伤保险、生育保险、被征地人员养老保险、新型城乡居民养老保障等功能。2004年，建设电子政务（网络），县政府与象山移动公司合作建立办公自动化（OA）公文流转短信到达提示系统，提高办公效率，受众至乡镇政府及各机关单位。2006年4月，象山县协同办公系统电子公文传输开始启用，全县各街道镇乡，县直属各部门、人民团体、有关单位共计114家实现由传统的纸质公文交换到电子公文传输的转变。2007年8月，县财税局开始实施金税工程——“税易07”上线运行，通过搭建市级数据集中的税收信息化平台，基本实现税收征管全过程信息化。2008年7月，县政府出台《象山县机关协同办公系统管理办法》，确保县机关协同办公系统正常运行。11月，正式完成象山县协同办公系统推广工作，全县有126家单位使用公文交换平台收发文件，64个部门和乡镇实施文件的网上轮阅办理。县电子政务基础建设取得实质性突破，协同办公这一模式走在全市、全省的前列。2008年，建立三维地理信息系统（GIS），为县规划局重点投入建设的“数字象山”的基础工程，利用GIS软件和数据库软件，针对象山地形、地貌，建设一个统一的应用平台，系统可广泛地运用于各个领域，为重大项目决策提供翔实的地理空间数据和有力的技术支撑，属宁波市基础地理信息系统建设的项目。

教育信息化

象山教育局借助象山教育信息网，实施“教育电子办公和信息交换系统”建设工程，建立和完善中小学电子学籍信息库、教师资格录入与管理等网上管理系统，推进内部办公自动化、公文交换无纸化、公共服务电子化。多功能视频会议系采用国内先进网络直播系统，可以实现多点采集，全县直播。2003年，全县开设信息技术课程，提高学生信息技术素养。师生成长电子档案是利用数字化教学平台，建立教师、学生“成长记录”为学校评价师生提供依据。2006年，开始建设中小学课程主题网络资料库，有各学科课件、教学视频等资源3053件，提供教育软件总数284个，资源总容量达180G，并借助与宁波教育城域网互联，使象山教育城域网用户成为宁波教育城域网内网用户，享用宁波教科网资源、K12学科资源库、学校数字图书馆、“191”东方教育等系统资源。网络研修在教师博客网上设立，由教研员、名教师牵头的网络研修专栏，探讨教育、教学问题，开展网上教研和网上培训，按学校、班级、学科、兴趣爱好等建立20余个博客群。

医疗卫生信息化

1996年10月，县第一人民医院首先使用医院信息化管理系统，管理医院收费、药品、财务等项目，尔后，县中医院、县红十字台胞医院、石浦中心卫生院等单位也陆续开通医院信息化管理系统。2001年10月，县卫生局开发药品招标采购系统，采用B/S模式，集中全县乡镇卫生院药品招标管理，实时掌握每家单位药品库存情况。2003年年初，象山县城镇医疗保险信息系统开始建设，信息系统主要包括申报征缴子系统，医疗管理子系统，财务管理子系统，稽查管理子系统，民政优抚子系统，档案查询子系统等子系统。业务应用范围主要是医疗保险的单位和个人申报，医疗保险应缴费用的计算，证卡制作，医院实时结算报销和异地就医中心报账，医疗费用的审核和稽查等。信息系统延伸至各定点医疗药店和定点医疗机构。

金融保险信息化

计算机在银行零售业务中普遍应用，柜台业务普遍使用各种电脑终端。1988 年 5 月，实行开户单位资金往来，实行电脑记账。人行象山支行于 1988 年建立象山县同城票据清算所。1989 年，人行象山支行国库业务应用电脑并与市分行联网同步，7 月，会计业务采用电脑操作。1993 年，象山同城票据清算方式从手工凭证统计汇兑轧差方式发展成为使用磁介质计算机自动统计汇总轧差的并盘清算方式。1996 年，象山银行参加全国银行电子联行系统，实现异地跨行支付清算业务处理电子化。各商业银行也相继建立行内汇兑系统，改邮路传送支付凭证为通过计算机网络传输电子支付信息，处理本行内部资金的汇划。1996 年后，保险业建立和完善公司内部计算机系统，在财务、分保、统计、出单、核保、理赔及部分骨干险种实行电算化。2000 年完成电子联行“天地对接”工作，形成庞大的资金汇划网络。此后，象山各保险公司与上级公司及其他兄弟支公司实现办公自动化系统的连接。于 2002 年完成营销部电脑联网工作，推出省内出险地直接查勘、理赔业务，后各公司陆续实现全国范围内的通赔业务。是年，象山行社统一参加宁波市同城票据交换。2003 年，象山各商业银行、邮政储蓄的银行卡计算机后台信息系统全部切入，中国银联生产线开始运转，实现跨行、跨地区资金存取。2005 年，象山启用宁波市银行风险信息共享系统。2005 年 6 月，大额支付系统在象山各银行应用，取代 1995 年建立的全国银行电子联行系统，实现资金实时到账。跨行业务清算的零在途满足客户的即时支付需求。7 月，人行象山县支行完成人事信息管理系统 PMS4.0 升级和数据集中工作。2006 年 6 月，小额支付系统在象山各行应用，提供通存通兑，水、电、话、气等公用事业费缴纳，工资养老金发放等各种跨行支付服务。小额支付系统支撑着各种支付工具的应用，全时为社会提供低成本、大业务量的支付清算服务。银行卡、电话支付、网上支付等新兴支付工具的发展，满足个性化的需求。2007 年 6 月 25 日，由央行推出的全国支票影像系统上线运行，实现支票全国通用，告别转账支票只限同城使用的历史。2008 年 3 月 31 日，象山外汇管理股应用人行宁波市中行开发的进口单位名录和单位管理查询系统 V2.0.0 版系统，4 月 9 日，象山人行顺利完成横向联网系统国库子系统 V3.2.0 软件版本更新和 V7.0.3 版本支付密码器切换工作。

企业信息化

2006 年，县食品药品监督管理局实施药械网上监管系统，从源头上控制药品采购渠道，保证药品质量，成为宁波市药监系统信息化建设模板，并在全省范围内开始推广，全国各地都有派人学习。2008 年，象山工商分局实施流通领域食品安全信息管理系统项目，解决“食品索证索票制度和食品安全台账两项制度全覆盖规范化建设”因工作繁重无法长期坚持的困难，建立长效的食品安全监管机制，该项目被列为 2008 年宁波市信息化试点项目，并获得该年度市工商局创新课题奖和宁波市工商系统破解难题的示范课题，汇报材料上报国务院后，得到王岐山副总理的批示。

城镇信息化

2004 年 2 月，“6578” 社区服务中心正式成立。4 月，建立“6578” 社区服务平台，由分管副县长牵头各有关部门举行协调会，明确“6578” 社区服务中心是为全县社区居民服务的平台，服务内容包括家政、教育咨询、就业介绍等方面。平台由热线“65786578” 和网站两部分组成，自创办始，中心共受理居民求助热线 7 万余个，满意率 98%，发展加盟企业 560 家，网站访问量累积达 22 万人次，中心先后被评为县、市巾帼文明示范岗。2005 年 5 月，象山县管线信息系统正式开通。各有关单位在施工时可根据该系统核查地下管线分布情况，结束手工图纸查询困难且容易出错的困境。2006年，社会服务中心被确定为宁波市信息化试点单位。2008年下半年，“6578”社区服务中心并入市“81890”市民求助中心统一管理运行。

农村信息化

2005年，晓塘乡与移动公司合作建设晓塘农业信息网，翌年正式开通。在网上发布农产品信息的同时，还通过手机短信方式为广大农民群众提供大量的农业供求信息和技术支持。2006年，农民信箱工程开始推广，发送有效买卖信息161条，位列全市第一。2008年，晓塘农业信息网被浙江省信息化工作领导小组认定为该年度农村信息化试点单位。是年，定塘镇下营村农村信息化服务站和电子阅览室开通，邀请市有关专家对村民进行培训，为村民提供查询信息、学习知识和对外沟通的窗口。

第四十一篇
文学　艺术

本篇目录

第一章　文　　学

文学创作，象山立县前不详。自唐中期后，各个时期均有作品问世。散文以唐《蓬莱观碑记》为最早。宋代，杨王休在四川任职时著《游岷漫笔》，为象山最早知名散文集。元末明初，即有戏剧作品传世，并出现元曲大家汤式。中华人民共和国成立后，文学事业逐渐兴旺，形成一支较有规模的文学创作队伍，涌现一批省、市及国家级优秀作家，文学作品精品迭出。

第一节　诗　　歌

孔侯《遗诗》① 是象山唯一留存疑唐诗。传世宋代知名诗文集7部，陈晋锡《陈居士诗集》最早，皆佚。存世诗歌36首。邑外名家有林旦、许将、文天祥、楼钥、胡榘、史浩等。

元、明时期是象山诗歌创作繁荣期，产生一批优秀诗人。其中，元曲作家汤式，在元明曲坛自成一家，承前启后，其存世作品数量仅次于张可久，为元末明初散曲创作最丰富的作家之一。释梵琦于佛教界影响极大，朱元璋称其为“本朝第一流宗师”，著有《净土诗》《北游集》《凤山集》《西斋集》，又辑有《和天台三圣诗》《永明寿禅师山居集》《陶潜诗》《林逋诗》若干卷。诗人顾田著有《耕云集》，以诗歌记录明初南田人民被迁徙的历史。其他如蒋景高、蒋景武、黄思铭、钱唐、俞士吉、王涣、周希程、王梃等，有少数作品传世，文集大部分佚。

清代，诗歌创作进入高峰时期，写作、刊刻蔚然成风，知名刻刊诗文集120余部。明末清初，抗清英雄张苍水《采薇吟》，为隐居南田悬岙时所作。钱捷《陶云诗集》，张思齐《梅屿诗草》，姜炳璋《尊乡集》《古诗忆》《玉溪生诗解》，林文懋《梅皋集》，史节音《客归草》，钱式庄《留耕堂诗稿》，钱鸿基、钱鸿琪、钱鸿猷、钱鸿图同撰《棣萼轩诗草》，张凌霄《云谷诗草》，张凌云《西窗诗草》，石大成《古香亭诗草》，赖鹏飞《留溪吟诗》，倪象占《象山杂咏》《兰因集》《青棂馆集》，钱沃臣《乐妙山居诗文集》，倪劢《彭姥诗蒐》，王植三《彭姥村农歌》皆誉满一时。女诗人叶兰贞②《研香室吟草》，又名《拜月轩诗草》，细腻风雅，为巾帼佼佼者。清咸丰十年（1860），欧景辰与王莳兰兄弟倡红木樨诗社，延镇海名士、晚清文学大家姚燮为祭酒，姚燮编《红木樨馆诗课》（十集）及《西沪棹歌》120首。

民国时期，诗歌创作古体诗、近体诗、新诗并存。有《彭姥诗搜续编》，集陈汉章等21人诗稿。王皋、叶实甫等亦有吟咏手稿。五四运动以后，新诗创作崛起，首推殷夫，其早期诗集为《孩儿塔》。

中华人民共和国成立后30年，诗歌创作多应时而作，以短小诗居多，不少作品宣传色彩较

---

①孔侯《遗诗》：关津扼要独秉乾，万丈中霄剑气寒。百行终须由孝立，功勋切莫等闲看。
②叶兰贞，萧山县人，姜本植妻。

浓。1954年，驻石浦海军艇队配合舟山海军，在渔山洋面击沉国民党“太平号”护卫舰，诗人闻捷为之作《橘园颂》。1958年，民歌盛行，老幼妇孺，皆可唱吟，“村村墙头诗，队队赛诗会”，东海文艺出版社出版《象山跃进歌谣选》，入选民歌68首。1972年，为庆祝毛泽东延安文艺座谈会50周年，象山编印《诗歌专辑》，收录诗歌45首。20世纪80年代后，国内外多种新诗流派都有人学习和模仿，新诗体裁占数量优势。至90年代后，新诗创作出现高峰，涌现韩高琦、高鹏程等一批在国内和省、市有一定影响的年轻诗人和现代诗诗作，形成一支较有规模的诗歌创作队伍。部分跨时代诗人则仍然坚持旧体诗创作。县缨溪诗社，古体诗创作不衰，吟咏不绝。林觉辰、郑鼻峰、黄粹贞、何志浩、何敏求等均有古体诗创作诗集存世。郑鼻峰著《鼻峰诗文集》，录诗602首。1994年出版《林觉辰暮年诗词》，收录林觉辰晚年诗作149首。同年，《何敏求诗钞》出版，录诗200首。

象山县历代诗（文）集情况表

表41-1

年代	诗（文）集	作　者	备　　注
唐	《遗诗》	孔侯	象山童翁浦人
宋	《陈居士诗集》	陈晋锡	存《三江亭和韵》一诗。象山人
	《益斋诗文集》	刘俣	钱氏宋咸淳谱得其子刘熺诗2首
	《改注杜诗》	卞圜	三十卷
	《怡偲集》	史桂叔、荣叔、钺翁	—
元	《疎清轩集》	陈汝檝	明洪武钱氏谱存一诗
	《笔花集》	汤式	收小令170首，套数68套，另存1残套，今有传抄本存世
	《北游集》《凤山集》《西斋集》	释梵琦	又《和天台三圣》诗、《永明寿陶潜、林逋》诸诗、《净土》诗、《慈氏上生》偈
明	《二蒋诗文合稿》	蒋景高、蒋景武	佚
	《耕云集》	顾田	今有《怀南田诗》存33首
	《栖云居士稿》	邱镒	佚
	《栎庵自怡稿》	俞士吉	佚
	《东谷诗集》	黄思铭	佚
	《于于集》	应宗义	佚
	《澹庵稿》	应元征	佚
	《鸣琴稿》	王涣	佚
	《凤山集》《续稿》《仕余录》	周希程	佚
	《丹阳吟稿》	姜文源	佚
	《联床诗集》	王文锦兄弟	佚
	《宾筵集》	黄士奇	佚
	《敲竹诗集》	姜昌周	佚

续表41-1

年代	诗（文）集	作　者	备　　注
清	《采薇吟》	张苍水	隐居悬忝（花忝）至就义作品
	《寓台小乘》	黄一鼐	佚
	《给谏诗文集》	周明新	佚
	《栖霞诗文集》	陈明瑛	佚
	《陶云诗集》《台象汇集》	钱捷	分别为六卷、二卷、无卷数，皆佚
	《石城诗草》《畅余堂诗抄》	包映奎	—
	《它山音》	姜增寿	凡二卷，佚
	《里社吟草》	倪彪、姜沄等	佚
	《梅屿诗草》	张思齐	凡二卷，佚
	《竹村诗文集》《雨蕉泣夜集》	陈所知	佚
	《绿漪园诗集》	张孝穆	佚
	《行行集》	陈黼文	佚
	《燕游草》	陈策	存诗4首
	《问心堂诗稿》	陈衷愿	凡四卷，佚
	《鸣缶集》	潘瀛彦	佚
	《嘉会堂诗稿》	钱志朗	凡四卷，佚
	《蜀游草》	周家冕	佚
	《行瓢集》	姜沄	佚
	《毋愧怍稿》	王家献	佚
	《丹山自鸣诗草》	陈其璜	佚
	《池塘春草集》	袁澄	凡十卷，佚
	《离骚补笺》《闲斋集》	史宗愈	佚
	《焦桐集》	祝天禧	佚
	《济庵诗稿》	史在霖	佚
	《尊乡集》《古诗亿》《玉溪生诗解》	姜炳璋	四卷、一卷、四卷。另有《白岩山人诗文集》《兰江晤言》《霜鸿留影集》《鄮风》《栾栾草》《鸣榔纪賸》各一卷
	《梅皋集》《梅皋诗文稿》	林文懋	佚
	《梅〈诗〉稿》	王元佐	佚
	《客归草》	史节音	佚
	《竹南集》	陈钦祖	佚
	《虫鸣新草》	吴成宣	三卷，又续一卷

续表41-1

年代	诗（文）集	作　者	备　　注
清	《留耕堂诗稿》	钱式庄	佚
	《棣萼轩诗草》	钱鸿基、鸿祺、鸿猷、鸿图	佚
	《云谷诗草》	张凌霄	佚
	《西窗诗草》	张凌云	佚
	《纪年诗》	倪嘉平	佚
	《晚翠轩诗文集》	邓嗣宗	佚
	《森玉堂诗稿》	谢天枢	佚
	《梦草轩诗稿》	谢开家	佚
	《仗下鸣集》	吴鹏翮	佚
	《卧月楼诗文稿》	王学霄	佚
	《环溪诗文集》	周礼	佚
	《望云诗集》	夏金奎	佚
	《古香亭诗草》	石大成	佚
	《娱老吟》	倪辅清	凡二卷，佚
	《槃溪诗草》	周灯南	凡一卷，佚
	《留溪吟草》《听澥吟草》	赖鹏飞	佚
	《珠岩诗草》	罗景彦	凡一卷，佚
	《驼江觳音》	武焕林	佚
	《晚香亭诗文集》	夏凤池	佚
	《龙山草堂诗文集》	潘健山	佚
	《月霞庵唱和诗》	史积昌、释瑞隆	佚
	《爱日楼诗草》	吴巘华	凡一卷，佚
	《绿云书屋诗稿》	吴山瀛	凡一卷，佚
	《杏春斋稿》	周斗南	佚
	《交翠吟草》	周云	佚
	《天葩馆培香集后集》	史玉书	佚
	《苑江吟》	林喆	佚
	《永芳诗稿》	谢天柱	佚
	《启宸诗草》	汤佑贤	佚
	《学韩诗稿》	潘潮	佚
	《近溪诗文集》	周鲸	佚

续表41-1

年代	诗（文）集	作　者	备　　注
清	《象山杂咏》《兰因集》《青棂馆集》《韭山诗文集》《魏塘杂咏》	倪象占	一卷、一卷、四卷、八卷、无卷数，皆佚
	《海曲烟村诗稿》	倪桂馨	今诗七言近体4首尚存
	《解愁诗草》	史敏行	佚
	《云巢吟》	张天凤	佚
	《贻砚斋诗文稿》	钱嗣匡	凡二卷，佚
	《诗稿》	钱鼎臣	佚
	《乐妙山居诗文集》《蓬岛樵歌》	钱沃臣	二十五卷、二卷
	《傍梅居士稿》	奚时珪	一卷，佚
	《诗稿》	姜埭、姜埴	佚
	《介亭诗草》	姜埴	佚
	《抒怀集》	吴桢	佚
	《未艾斋初稿》	邓亢宗	佚
	《东轩诗文集》	蔡德升	佚
	《价屏诗草》	邓复侯	凡一卷，佚
	《寿雪山房诗稿》	钱嗣匡	佚
	《也堂遗稿》	何舜予	佚
	《晚翠轩诗文稿》	邓嗣宗	佚
	《左讴》《彭姥诗蒐》	倪劢	《左讴》二卷，佚，《彭姥诗蒐》十二卷
	《海外嫁衣裳集》	潘晋三	佚
	《东桥诗草》	陈致新	佚
	《东皋舒啸集》	黄泰来	佚
	《澹园遗稿》	王立诚	佚
	《梅花馆诗草》	陈汝谐	佚
	《彭姥村农歌》《彭姥村农吟稿》《续彭姥诗蒐》《吟翠山房诗文稿》	王植三	一卷、二卷、一卷、无卷数，皆佚
	《韦庐诗文存》	余勉翰	凡一卷，佚
	《课余草》	姜本植	凡一卷，佚
	《研香室吟草》	叶兰贞	二卷，一作《拜月轩诗草》
	《金闺诗草》	周宝钗	一卷，佚。柯凤锵妻

续表41-1

年代	诗（文）集	作　者	备　　注
清	《楞岩草堂诗存》	欧景辰	凡四卷，佚
	《无名指斋诗文集》《评选〈古文辞类纂〉私课本》《唐诗别裁集》	欧景岱	四卷、三十卷、二十五卷，皆佚
	《渚山诗草》《两浙輶轩续录》	王莳兰	二卷、三十九卷，皆佚
	《石壁吟》	沈和璧	凡一卷，佚
	《岵瞻诗草》	王椿	佚
	《玉楼遗稿》	佘燮宜	凡一卷，佚
	《枕石山房稿》	虞峻	佚
	《辨未辨斋文集》	樊跻澄	佚
	《三希斋诗抄》	倪本泗	佚
	《诗草》	黄利邦	凡一卷，佚
	《学古文抄》	潘健山	凡一卷，佚
	《紫荆花馆诗存》	史锦标	凡一卷，佚
	《绿满庐文抄》	陈之翰	凡一卷，佚
	《毓兰轩遗著》	陈绍峣	凡一卷，佚
	《潘兰佩诗抄》	潘某	佚
	《学因堂文集》	王予衮	凡一卷，佚
	《赘人诗集》	陈得先	凡二卷，佚
	《荣鞠诗草》	王予龄	凡一卷，佚
	《爽园吟草》	王垲	凡一卷，佚
	《醉余吟草》	潘在梁	凡七卷，佚
	《红木犀斋课艺》	孙鲲化	为象山教谕，《红木犀斋课艺》佚
	《红木犀馆诗课》	姚燮	十集，镇海人
	《诗集》《石坛山房诗集》《三蕉词》《桐音词》《南乡子词》《绿薏词》	陈得善	一卷、四卷、一卷、二卷、一卷、一卷，《石坛山房诗集》存，其他皆佚。又有《编茗集》《引雏集》《羸寄居诗稿》皆毁于火
	《可园诗稿》	陈得森	凡二卷，佚

续表41-1

年代	诗（文）集	作　者	备　　注
民国	《窗稿》《辍学堂诗稿》《苏诗补注》	陈汉章	—
	《彭姥诗搜续编》	民国象山县文献委员会搜辑	录钱渭昌、王乃楫、史瀚章、陈汉章、陈畲等21人诗作，今未见全集
	《孩儿塔》	殷夫	—
	《丹山骊唱》	许剑华	诗集　佚
	《尘定轩诗文稿》	王晓峰	佚。下沈杰岙人
	《青山馆诗抄》《贻笑轩诗草》	方可钦	佚。溪里方人
	《闲吟集》	叶实甫	数卷。存《闲云楼唱酬》一首
	《冬雪集》	何志浩	民国13年（1924）12月宁波明文学社出版
	《徐芳诗文集》《中国新诗史》	徐芳	—
	《冬雪集》《粤中吟》《招魂》《磨盾集》	何志浩	民国13年（1924）至民国34年出版
中华人民共和国	《殷夫选集》《殷夫诗文选集》	殷夫	1951年7月开明书店初版
	《殷夫集》	丁景唐、陈长歌	1984年2月浙江文艺出版社出版
	《象山跃进歌谣选》	中共象山县委宣传部	1958年东海文艺出版社出版
	《殷夫，中国革命的歌手》	俄国马特科夫	1962年莫斯科大学出版社出版
	《诗歌专辑》	象山县纪念《延安文艺座谈会上讲话》发表五十周年筹备委员会办公室编印	编印于1972年5月
	《鼻峰诗文集》《鼻峰诗选》	郑鼻峰	2008年7月县志方志编纂委员会办公室编、1994年12月象山县政协文史资料委员编
	《林觉辰暮年诗词》	林觉辰	1994年象山县政协文史资料委员会编
	《何敏求诗钞》《敏求诗钞》	何敏求	1994年12月象山县政协文史资料委员会编
	《壮志凌云集》《仰天长啸集》《志浩诗歌选集》《新乐府》	何志浩	1955—1958年新中国文化出版社出版
	《何志浩先生乡情诗文选集》	何志浩	台北市宁波同乡会印行
	《沧浪之水》《在河之洲》	蔡启发	大众文艺出版社出版
	《象山历代诗选》	象山县政协委员会	1995年12月西安三秦出版社出版
	《孤芳诗文集》（一、二）	刘荣之	1995年8月、2001年宁波出版社出版
	《半岛现代诗》	韩利诚	1997年9月出版
	《港畔吟草》	冯宗孝	2001年自选结集出版
	《敝帚集》《敝帚续集》	王德威	2000年刊印
	《咏渔诗词三百首》	中共象山县委宣传部	2001年编

续表41-1

年代	诗（文）集	作　者	备　　注
中华人民共和国	《葛谓康诗存》	葛渭康	2001年作者手书影印稿
	《西岸之歌》	韩利诚	2006年12月中国文联出版社出版
	《思与诗》	王宁山	2000年12月远方出版社出版
	《蚀代》	邱闳	2008年12月花城出版社出版
	《饿鹰叫雪》	韩高琦	2003年10月中国文联出版社出版
	《生命的悬崖，只有鹰能描述》	史一帆	2003年解放军文艺出版社出版
	《季节之河》《秋水之舸》《硬伤之水》	蔡启发	2003—2005年出版
	《蚂蚁进城》	史松才	2005年作家出版社出版
	《云谷清音》	龙屿村民委员会	龙屿村编印
	《海边书》	高鹏程	2007年1月北京大众文艺出版社出版

第二节　散　　文

象山古代散文有疏、书、议、序、跋、记、论、传、铭、赋等。唐代孙谏卿《蓬莱观碑》为留存最早的散文，史料价值非凡。宋时，邑外名家王钦若、楼钥、刘敚、赵彦逾等在象山所留碑记铭文凡20余篇。元代留存散文10余篇，吴澄《大瀛海道院记》，收入《四库全书》《全元文》。清代邑外名家纪晓岚、全祖望、阮元、冯登府、章鋆、姚燮，均为象山留下书、序、记、铭等。民国《象山县志》“文征内编”与“文征外编”收集有各类散文140余篇，为象山历代志书收集散文最丰者。完整存世的散文集不多。宋卞大亨、卞圜父子著《尚书类数》《论语大意》《孟子大意》，刘俣《留台集》，杨王休《游岷漫笔》《诸史阙疑》等，仅见书名于志书。明代，有散文著作如《楚石禅师语录》、王涣《墨池手录》等10余部。清代，有张苍水著作于南田的《北征记》，姜炳璋《尊行日记》，倪象占《蓬山清话》《抱经楼藏书记》，钱沃臣《盘桓居笔记》，王莳蕙《辛壬脞录》，王予衮的《学因堂文集》，陈得善《石坛山房文创》等，共计刊刻散文集40来部。明清各家散文集亦大多散佚，现完整存世的仅倪象占《蓬山清话》等少数几家。

民国初，象山散文创作以陈汉章最丰，有《缀学堂初藁》《京师大学堂札记》《论文》及日记、书信、序跋和墓志铭等，其他诸家为文亦多承前代风尚，以文言行文。民国8年（1919）五四运动后，白话文逐渐流行，散文内容、风格明显区别于从前。贺威圣、王家谟、范船僧、殷夫、吴烨等象山早期革命者文章文集皆见新派文风，励乃骥《从征记》、范船僧《行军日记》体现出风云激荡的时代历史背景。

中华人民共和国成立初，百废待举，文事待兴，创作不多。20世纪80年代后，县内外各类刊物大量出现，散文创作始繁荣，一批作者在刊物上发表大量散文，结集出版的散文集30余部。涌现张登贵、葛渭康、余志刚、赖赛飞等较有影响的散文作家，形成一定规模散文创作群体。

象山县历代散文集情况表

表 41-2

年代	书（篇）名	作 者	备 注
宋元	《留台集》	刘 渭	乾隆县志：集已失，惟《蓬莱寺记》见延祐志
	《游岷漫笔》	杨王休	民国《象山县志》按：《攻媿集》作《游岷漫笔》。另有《诸史阙疑》《东斋集》。均佚
	《松隐集》	卞大亨	自号松隐老人，故集名《松隐》，佚
	《唐山集》	卞 圜	另有《唐山后集》，佚。大亨子
	《澄碧堂记》	黄 溍	—
明	《丹台外史集》	蒋景高	另有《云屋集》，皆佚
	《白石山人集》	钱 唐	刻板藏先祠，毁于火，佚
	《疏稿》	王 涣	另有《两晋南北朝奇谈》，见《四库全书》存目。《疏稿》佚，余不详
	《疏义稿》	王 梃	另有《涉江集》《同野集》，皆佚，《徐徐集》存《四明丛书》。王涣子
	《平夷功次录》	周希程	《四库全书》存目，认为周之作，误。另有《仕余录》
	《视冀政略》	张应昌	另有《广知编》《澹斋诗文集》，皆佚
	《临川集》	应云鷟	另有《东塘嗀音》《象川杂稿》，皆佚
	《邵太史诗文集》	邵景尧	《蓬山清话》：《芝南太史诗文集》仅见数诗于邑志，文则全佚矣。另有类书《宇宙文芒》存世
	《天葩馆稿》	史起龙	佚
	《北征录》	张苍水	书又名《北征得失纪略》
清	《疏议》	周明新	周给谏明新《奏疏》，乾隆时仅得一册，其上册已遗失。今皆佚
	《尊行录》	姜炳璋	初名《尊行日录》卷四十
	《从祀先儒考》	包映奎	佚
	《杏坛录事》	倪 劢	佚
	《札记一得录》	史宗愈、胡元少	佚
	《抱经楼藏书记》	倪象占	佚
	《盘桓居笔记》	钱沃臣	《孤松草庐笔记》《弦歌亭笔记》《壶卢山房笔记》《行云馆笔记》，佚
	《春宵偶话》	陈之翰	佚
	《辛壬脞录》	王莳蕙	一卷
	《蛾术斋笔记》	林淮安	集有丁谦序，民国志多引用，今佚
	《环翠山房文集》	张元庆	佚
	《小山草堂文集》	倪桂馨	佚

续表41-2

年代	书（篇）名	作　者	备　　注
清	《云溪文抄》	袁道滋	佚
	《古文待正》	葛　权	另有《瀛舫未定稿》，佚
	《韦庐诗文存》	余勉翰	集佚。石浦人
	《渚山文草》	王莳兰	佚
	《抱泉山馆骈体文》	王莳蕙	另有《诗集》
	《辨未辨斋文集》	樊跻澄	另有《石楼后楼诗草》，佚
	《学古文抄》	潘健山	另有《学古诗抄》，佚
	《绿满庐文抄》	陈之翰	另有《诗抄》，佚
	《学因堂文集》	王予衮	另有《诗集》《诗余》，皆佚
	《石坛山房文创》	陈得善	另有《石坛山房文集》《变雅楼杂文》佚
民国	《贺威圣纪念文集》	贺威圣	2002年12月象山县机关印刷厂印刷
	《王家谟纪念文集》	王家谟	2001年11月象山县机关印刷厂印刷
	《行军日记》	范船僧	民国14年（1925）正月所记的一本日记，王庆祥根据范船僧遗稿整理
	《吴烨烈士纪念文集》《吴烨日记》	吴　烨	文集收录吴烨20世纪30年代遗文、日记、诗歌等20余篇，日记为民国20年（1931）9月至民国26年6月作写
	《行余集》	仇水心	《行余集》著有两册，现存第二册手稿
中华人民共和国	《路，越走越宽广——振兴象山报告文学集》	县文艺界联合会编	1987年12月编印
	《象山文艺作品选》	县文艺界联合会编	收1949—1986年文学作品（包括小说、诗歌、散文等）
	《大题小作》	张登贵	1998年宁波出版社出版。另有《大题小作2》
	《余志刚散文》	余志刚	2000年中国文联出版社出版。另有《满纸烟岚》
	《散步的鱼》	鲍　贝	2001年10月中国文联出版社出版。另有《轻轻一想就碰到了天堂》。樟岙人
	《白说也说》	葛渭康	2001年北京中国文联出版社出版。另有《白说还说》
	《失衡》	邱　弘	1998年百花文艺出版社出版。另有《杂粮》
	《浮生杂俎》	史致圻	2003年结集印刷
	《陌上轻尘》	赖赛飞	2004年9月浙江文艺出版社出版。另有《乡村如风》《八百里黄金海岸——休闲象山》
	《金鸡山》	林常飞	2005年作家出版社出版
	《水竹居文存》	何元均	2005年编印出版

续表41-2

年代	书（篇）名	作　者	备　　注
中华人民共和国	《霜林集》	朱华庭	2005年编印
	《心灵瑜伽——感恩、感动、感悟》	韩映虹	2006年7月北京作家出版社出版
	《蹄印散记》	乐家凯	2007年6月印行
	《乡情远逝》	史奇山	2007年宁波出版社出版。另有《潮烟人家》
	《行走的风景》	朱　敏	2007年北京大众文艺出版社出版
	《流淌的思绪》	童　昌	2007年自费印行。石浦人
	《赤潮上的鸥音》	韩利诚	2008年北京文化艺术出版社出版
	《青衫犹湿》	张利良	2007年大众文艺出版社出版
	《自由的鱼》	郑丽敏	2008年中国文联出版社出版
	《遥望渔山岛》	陈和李	2008年呼和浩特市文苑出版社出版
	《渔夫拾海》	渔　夫	2008年浙江渔民出版社出版

第三节　小　　说

象山小说，最早见于明代陆人龙《型世言》中的《胡总制巧用华棣卿，王翠翘死报徐明山》。民国16年（1927）大革命失败后，象山出现殷夫、史奇涛、吴烨等一批年轻革命者为主体的作家。中华人民共和国成立后，小说创作一度沉寂，至20世纪80年代后渐兴。史奇山的《碧血小岛》，为中华人民共和国成立后象山作家创作并发表的首部长篇小说。此后，小说创作渐趋繁盛，长、中及短篇小说集出版30余部。

象山县历代小说情况表

表41-3

年代	书　　名	作　者	备　　注
明	《胡总制巧用华棣卿　王翠翘死报徐明山》	陆人龙	话本小说，创作于明崇祯年间，辑入《型世言》。作者钱塘人
民国	《红叶童话集》	叶　刚	有《红叶》《字样和白纸》《优美的琴声》《青鸟》《奇遇》《一个奇怪的故事》《鱼篓》《自由的蒲公英》《两支奇怪的笛子》等9篇童话，以“一叶”笔名在学校墙报上发表。叶刚牺牲后，由陶行知公开出版，民国20年（1931）上海东亚图书馆出版发行
	《摧残》	史奇涛	短篇小说
	《猪的日记》	吴　烨	短篇小说。另著有《梦魇》《乞丐》《生之沫》

续表41-3

年代	书　　名	作　者	备　　注
中华人民共和国	《碧血小岛》	史奇山	长篇小说，1990年8月上海人民出版社出版。另有《花轿梦》
	《白马镇》	李　萌	短篇小说集，1991年学林出版社出版
	《周龙交小说集》	周龙交、李筱凤	2001年4月内蒙古人民出版社出版
	《名将张苍水》	汪卫兴	长篇历史小说，2001年宁波出版社出版
	《诗坛骄子—殷夫传》	张　潇	人物传记文学，2001年浙江人民出版社出版
	《泪花枕》	周秀玉	自传体小说
	《郑继泰传》《小岛之光》	陈晓虹	报告文学集。《郑继泰传》1996年，《小岛之光》2001年，解放军文艺出版社出版
	《陷阱》	葛渭康	中篇小说
	《朱一峰作品选》	朱一峰	2002年12月出版
	《逝去的岁月》	张为礼	纪实文学，2002年作家出版社出版。另有《文殇》（中篇小说）、《无可奈何花落去》（长篇小说）
	《大学生与盲流》	章文岳	2002年中国文联出版社出版。另有《赤潮年代》（上）（下）
	《野龙山传说》	何旭、骆绍清	章回体故事，2003年9月国际炎黄文化出版社出版
	《古道侠情》	吴国华	长篇小说，2004年浙江文艺出版社出版
	《半个脸》	寒　松	另有《情人的第三只眼睛》
	《爱不明白》	陈　陈	言情长篇小说，2005年北京大众文艺出版社出版
	《孽海浮沉录》	何敏求	章回体小说，2005年作，手稿本。另有《儒雅春秋》
	《山海英雄儿女》	林常飞	纪实文学，2005年北京作家出版社出版
	《开往奥斯维辛的列车》	马　克	中短篇小说集，2006年宁波出版社出版
	《红莲》	鲍　贝	长篇小说，2007年作家出版社出版。另有《伤口》《撕夜》《爱是独自缠绵》
	《另一只翅膀也在飞》	蒋璐蔚	长篇小说，2007年北京中华工商联合出版社出版
	《八重樱》	杨卓娅	另有《今夜没有光》《何音的黄金假日》
	《虚殷幻商之冷尽吴钩》	陈和李	中篇新武侠小说
	《海边的少年》	任典渊	中篇小说
	《猩红》	钟晓航	2008年作家出版社出版

第四节 剧　　本

元曲家汤式作杂剧《瑞仙亭》《娇红记》，为象山人所作最早剧本。清末，剧作家瑞安人洪炳文作《悬岙猿》，颂张苍水在南田悬岙抗清事。民国13年（1924），共产党人王家谟编《地狱去》为未完成的剧本。中华人民共和国成立后，象山戏剧作品有《战斗在浙东》《冤雪龙泉井》《曲魂》《患难情》《血染楚天》《碧血志稿》等30余部。其中，纪乃咸著有《菜市春》《鲁迅在广州》《花中君子》等剧本。历史上，象山民众喜欢看戏，民间有不少演出艺人和戏班子（剧团），20世纪90年代之前，路头戏占主导，多为导演口头说戏，演员上台演出，不形成具体对白文字，允许演员自由发挥，故剧多而留存有文字剧本少。近20年，剧本戏占主导，在演的剧本百余部，多模仿少原创，皆散落在民间未整理。

象山县历代剧本情况表

表41-4

年代	剧本名称	作　者	备　注
元末	《瑞仙亭》	汤　式	杂剧。另著有《娇红记》
清	《悬岙猿》	洪炳文	晚清剧作家和诗人
民国	《地狱去》	王家谟	多幕话剧，约创作于民国13年（1924）。只完成第一幕写作，第二幕刚开个头。为烈士手稿
中华人民共和国	《战斗在浙东》	精华越剧团	大型越剧现代戏
	《“八一”台灾》	象山越剧团	越剧现代戏
	《王锡桐》	徐忠杰	先后改编平调传统戏《小金钱》《双龙镇》《鸳鸯带》《北湖州》，移植改编《花打朝》《碧血扬州》《海瑞罢官》等许多剧目
	《宋金莲》	伊耀宗改编	—
	《戏剧专辑》	象山县纪念《讲话》发表三十周年筹备办公室编印	编有《一根扁担》（小歌剧）、《补土箕》（越剧）、《堵港战歌》（歌舞剧）、《鱼水新歌》（小歌剧）、《红山劲松》（越剧）
	《菜市春》	纪乃咸（执笔）	越剧
	《打烊之后》	象山县代表队	—
	《冤雪龙泉井》	蔡莹、平慰祖、胡秀斌	越剧。根据闽剧《陈若霖斩皇子》改编
	《鲁迅在广州》	纪乃咸、薛宝根	七场越剧
	《玉镯记》	纪乃咸、薛宝根	越剧，根据豫剧《血溅乌纱帽》改编
	《风月秦淮》	罗怀臻、纪乃咸	七场越剧
	《患难情》	蔡　莹、谢宗尧	越剧
	《渡口》	朱一峰	1987年获省群艺馆、省剧协《文化娱乐》杂志社联合举办第二届群众戏剧征文佳作奖

续表41-4

年代	剧本名称	作　　者	备　　注
中华人民共和国	《碧血志稿》	钦象、蔡莹、张潇、朱耿芳	越剧
	《曲魂》	蔡莹、平慰祖、胡秀斌、朱耿芳	越剧
	《李翠英告状》	蔡莹、平慰祖	越剧
	《奇婚传》	蔡　莹	越剧
	《归长安》	柯靖难	又名《三刺女皇》。大型八场越剧。其他或独立或合作创作有《琼浆玉露》《界桥会审》《金玉情》《江南女巡按》《清宫情侣》《燕山恋》《周吴郑王》等
	《血染楚天》	蔡莹、何永青	越剧
	《诗人的罗曼史》	蔡莹、张潇	越剧
	《新桃花扇》	纪乃咸	根据孔尚任传奇《桃花扇》改编
	《范蠡湖》	纪乃咸	新编传奇越剧
	《老鼠拜寿》	何　旭	曲艺集
	《应考》（小品）	李武杰	另有《108个爸爸》《月光剑影》（小品）、《电话声声》（小品）、《电话声声》《月光剑影》《鱼水情》（小品）、《猪圈小夜曲》（小品）
	《非常邻居》（小戏）	欧行凯	2003年9月，《非常邻居》获浙江省文化厅抗击“非典”文艺作品大赛优秀奖，另有《让洞房》（小品）

说明：表中清之后剧本皆存世

第五节　文学社团

明之前不详。清乾隆年间（1736—1795），蝴蝶会为松散文学社团。咸丰年间（1851—1861）有红木樨诗社，一时影响遍及浙境。其后，文学社团如一脉细流，时隐时现。20世纪80年代后，文运渐昌，文学社团勃兴，今有文学社团10余个。

蝴蝶会

孙鲲化，长兴举人，清乾隆三十四年（1769）任象山教谕。得唐蓬莱观碑于土中，立宝贝亭贮之。并所名四友堂、敦艮堂、冷善轩、三壬书屋、薜荔山居、柳泮、蝴蝶馆、鸲鹆墓及红木樨斋为寄象十图，集邑中耆老，每月一期，携一壶一碟，相集胜地，分韵赋诗，谐其声曰“蝴蝶会”。

红木樨诗社

清咸丰十年（1860），镇海举人姚燮为避太平军，住舫前王莳兰家，莳兰、莳蕙兄弟及墙头欧景辰以南宋象山红木樨典故，创红木樨诗社。象山能诗者邓克旬、孔晓园等50余人从游。一时声震浙东，闻风响应者遍及宁、绍、台、杭、嘉、湖各地，有乌程沈鎔経，鄞县董沛、郭恬士，镇海谢辅濂等。社一月一聚，杂拟古今体诗，糊名易书，而姚燮判其甲乙。姚以诗称海内，每集悉其手定，首集成于八月。始为社，议以24集，因咸丰十一年六月诗社辍而未成。十一月太平军占领象山，姚燮编定《红樨馆诗课》10集而止，为诗千余篇。是年，姚燮作庚辰纪年诗《西沪棹歌》120首，后为民国《象山县志》全收。

殷夫诗社

1985年成立，诗歌爱好者自动结合的民间文学社团，刘葆春发起。社员从5人发展至21人，至1988年，计有140多首诗歌被全国各地报刊、电台采用。自办诗刊《田埂》《孩儿塔》《青年诗报》，自编印刷诗集《白色莽原》。1988年6月18日，宁波人民广播电台"七色人生"节目专题报道。

象山县文联作家协会

1986年6月22日成立，2008年会员80人，其中全国会员2人，省会员11人。以《象山港》文学杂志、本地党报《象山报》文学副刊为平台，质量高的作品，则在《人民文学》《诗刊》《散文》《随笔》《作品》《杂文界》等中文核心刊物发表，有部分作品或被选入《小说选刊》《散文选刊》《诗选刊》等，或跻身"中国年度最佳作品"行列。20世纪90年代初，史奇山著《碧血小岛》出版，为本地作家首部长篇小说，之后，吴国华《古道侠情》、张松才《殷夫传》、韩高琦《饿鹰叫雪》、韩利诚《西岸之歌》、高鹏程《海边书》、史松才《蚂蚁进城》、余志刚《余志刚散文》《满纸烟岚》、赖赛飞《陌上轻尘》等小说、诗歌、散文集相继出版，作家出书成常态。2006年，余志刚被《散文选刊》列入"国内实力派作家"，赖赛飞获浙江省优秀文学作品奖、宁波市"五个一"工程奖，韩高琦享誉"先锋诗人"称号，高鹏程在诗刊社举办的全国"青年诗会"上脱颖而出。

缨溪诗社

1992年重阳节成立，以县城曾有流贯南北之缨溪而命名。文化馆馆长夏乃平发起，参加者多为文化界、教育界、医学界古诗词爱好者，首届社员13人。诗社雅集笔会，以诗会友，活动经常。2008年，社员33人，辑《缨溪》诗刊计50余期，创作诗词4000余首。百岁老人郑鼻峰等6人出个人诗集8册，冯宗孝被评为宁波市"十佳农民诗人"。

象山县殷夫研究会

1990年成立，时殷夫出生80周年、就义60周年。研究会通过《象山县殷夫研究会简章》，举办殷夫学术研讨会，编印《永不忘却的纪念》文集1册。

校园文学社团

民国至中华人民共和国成立初，校园即有文学社团。20世纪80年代后，校园文学社团兴起，计20余个。2008年，坚持经常活动有象山中学语文组百草园文学社、象山二中团委渡口文学社、象山三中语文组丹霞文学社、象山县职业高级中学团委启航文学社、文峰学校雨禾文学社、丹城中学金秋文学社、宁波滨海学校风帆文学社、丹城第三小学繁星文学社、象山实验小学中笛文学社等10余个。

第二章　艺　　术

象山音乐、舞蹈、绘画、书法、篆刻等艺术自古至今不绝，有传承、创新。作品仅少数存世，多数散失，不同门类均有优秀人才。摄影是照相机问世后新产生的艺术门类，象山在20世纪90年代后成绩突出；贝雕具有海洋特色，从外地引进，70—80年代成绩显著；船模在90年代后，形成一定规模；谢才华剪纸一枝独秀，国内知名；竹根雕异军突起，有题材上的突破和创作理论上的创新，成为浙江新“三雕”之首，代表国内一流水平，具有国际影响。

第一节　音乐　舞蹈

象山音乐舞蹈起源无法考证，孔庙祭祀及寺观佛事活动中有规范的音乐舞蹈，山歌、渔曲、灯舞等源于田间、海上劳作中，广泛植根于民间。中华人民共和国成立后，音乐舞蹈大量吸收外来新元素，引进卡拉OK等，音乐舞蹈成为全民参与的艺术。进入21世纪，广场舞盛行，使音乐舞蹈的娱乐性与健美健身体育相结合。

音乐

民间音乐　民间音乐分为渔歌（号子）、山歌、田歌、小调几类。渔歌，流行于石浦、高塘、鹤浦、爵溪、毛湾、白墩沿海一带渔区。渔民出海前的祭祀、起锚、拔篷、摇船、拉网等都有歌唱和音乐。常见的是渔家号子，一人领唱，众人唱和；也有集体演唱。在渔业作业中还有“敲梆谣”。山歌，上山劳作形成，有樵夫唱、牧童唱，亦有管山者唱。曲调高亢、明朗、悠扬。20世纪五六十年代流传于马岙的《对花》山歌，表达翻身农民对共产党的深厚感情。田歌，亦称“田头山歌”，田头劳动或休憩时歌唱。象山解放前流行多种版本《长工叹》，为其一。另有民间小调，流传种类较多，如摇篮曲、还魂调、哭七七、杨柳青、马灯调、四季调、算命调等。民歌源远流长，入选国家级非物质文化遗产名录的“宁海平调”，其最早发源地之一就在象山境内。始为田头、山间的山歌小调，后逐步发展，俗称“山坑板”。

祭祀音乐　源于祭祀，旧时象山孔庙大典，有关于音乐记载：唐会昌六年（846）建孔庙，县以岁春秋仲月上丁，祭先师孔子于泮宫。乐器凡钟、鼓、管、磬、羽、籥、干、戚、乐。清同治后，象山孔庙祭祀不作乐。但民间寺观与庙会、求雨、丧葬活动中仍伴有大量宗教音乐，僧道、念伴中保留着传统的宗教音乐，至今尚存。

乐器　乐曲　传统乐器为打击乐器和丝竹乐器两类，打击乐器锣鼓为主，丝竹乐器以二胡最普遍。民间器乐曲有《快板码头》《四合如意》《湘江郎》《七星板》《门前栏杆》《小起板》《细则（一）》《万家春》《童子乐》《花十八》等。

音乐教育　音乐创作　20世纪20年代，学校教唱由《木兰辞》《满江红》等古诗词谱写的歌曲。民国9年（1920），傅规清创办县立女子小学，学校谱写校歌，开象山校歌创作之风。“九一八”事变后，流行《义勇军进行曲》《大路歌》等抗日歌曲。抗日战争时期，“立三中学”和“定象联中”均谱写校歌。中华人民共和国成立后，解放区歌曲大量传入。1950年10月26日，县文化馆为纪念冼星海，举行第一次全县性音乐比赛。1955年，为庆祝“六一”儿童节，全县举行首届少年儿童音乐舞蹈汇演。1972年，县文化馆编辑出版《歌曲专辑》。1981年，文化馆召开歌词创作会议，《水乡姑娘》《庆功会上》《阿哥对我笑眯眯》《渔港之夜》刊登于宁波地区群艺馆《创作歌曲选》。1982年，县编写歌词集《海韵》，43首作品中15首在省级期刊发表，2首获省创作歌曲奖，《渔村晚唱》获优秀民歌奖。1986年，男声独唱《家乡的渔火》，获市声乐一等奖；女声独唱《渔家姑娘爱海岛》与《一片绿叶心醉透》分获市声乐二、三等奖。20世纪90年代后，象山在音乐研究、歌曲创作和声乐表演上形成一定群体，周来达、伊耀宽、盛健飞、顾正葆、张曙、纪云飞、单森权等人的音乐研究著作和谱写的歌曲在各级音乐刊物上相继发表并获奖。

舞蹈

民间舞蹈　清末民国初期有把酒舞，为婚礼习俗舞蹈。明代，传入鱼灯舞、盾牌舞。清时流行马灯舞、车灯舞。龙灯舞、船灯舞、龙舟舞、海螺灯舞、八兽灯舞。现除把酒舞不再流行外，其余民间舞蹈在节庆期间多有表现。20世纪90年代后期，传统民间舞蹈与现代舞蹈结合的健身舞在城镇乡村开始流行。

祭祀舞蹈　象山有舞蹈的记载，见之于孔庙祭祀。有“跳神”、傩舞、调无常、长矮和尚（舞）、道士作法舞蹈等，今象山民间仍存，但少见。

舞蹈教育　舞蹈创作　清末民国初，象山兴办学堂，开始有现代舞蹈教学，学堂（校）设音乐舞蹈课，由老师传教。民国38年（1949）春，石浦第一中心小学自编自导集体舞蹈《三蝴蝶》等，在石浦延昌等地巡回演出。中华人民共和国成立后，全县各地兴秧歌舞，学校、单位兴集体舞。1955年，县首次举行庆祝“六一”音乐舞蹈会演，舞蹈节目达33个。1976年，宁波地区举行农业学大寨专题调演大会，叶丽娜编舞《出海》，代表象山参加演出。1982年，何紫英编舞《姐妹山》，参加宁波地区举行《四明之春》的演唱会并获奖。是年12月，象山独舞《张苍水》《牧鹅舞》《棕榈舞》和双人舞《相会在明朝》参加地区舞蹈比赛。1984年，县总工会开办交谊舞学习班，县文化馆成立业余舞蹈队，《海马飞舞》《夜正长》参加全市历年优秀舞蹈节目、市舞蹈创作调演。1985年，文化馆举办交谊舞培训班，学习现代舞布鲁斯、华尔兹、仑巴、迪斯科，部分乡镇开始舞蹈培训。1987年，县老干部活动中心举办首届老年迪斯科培训班，文化馆筹办业余“蚶城歌舞团”在珠溪、涂茨、贤庠举行首次巡回演出。1979—2008年，何紫英、齐勇金、钱敏奕、宋丽丽等在全国、省、市举办的舞蹈比赛中获奖。

象山县现代舞获奖情况表

表41-5

年份	节目名称	获奖者	奖项名称
1979	《鲜花献亲人》	何紫英	宁波地区调演获创作奖、演出奖
1982	《姐妹山》	何紫英	宁波地区文艺调演获创作奖、作品奖和优秀演出奖
1982	《张苍水》	何紫英	宁波地区舞蹈调演中获优秀节目奖、优秀作品奖
1982	《牧鹅舞》	何紫英	地区舞蹈调演中获创作奖
1982	《棕榈舞》《相会在明朝》	何紫英	宁波地区舞蹈调演中均获演出奖

续表41-5

年 份	节目名称	获奖者	奖 项 名 称
1983	《海的深情》	何紫英	舟山基地文艺会演获创作二等奖
1984	《海马飞歌》《祝您快乐》《夜正长》	何紫英	参加宁波市历届优秀节目调演、东海舰队装备机械部文艺会演获创作一等奖、宁波市舞蹈创作调演获优秀节目奖
1984	《夜正长》	齐勇金	宁波市调演优秀节目奖
1986	《酒与火》	齐勇金、庞基伟、俞剑飞	宁波市舞蹈比赛演出一等奖、省首届音乐舞蹈比赛二等奖
1987	《春江雨》	齐勇金、王晓霞	市音舞节一等奖
1989	《曙光》	齐勇金	宁波市音乐舞蹈节一等奖
1991	《塔山魂》	—	省音舞节一等奖
1996	《挂灯》	齐勇金	全国群星奖比赛获银奖
1998	《灯儿明灯儿亮》	齐勇金	省音舞节获二等奖
1999	《等待的海》	钱敏奕等	市音舞节表演金奖
2002	《十八弯水路到我家》	—	市“东海明珠杯”金奖
2006	《渔家舞蹈》《健身秧歌二套》	—	浙江省体育局、浙江省海洋体育文化展示比赛二等奖
2006	《春之萌》	宋丽丽	全国首届大学生艺术节展演活动群舞一等奖
2007	《象山渔鼓》	奚斌辉	第14届全国广场舞蹈“群星奖”表演奖
2008	《象山渔鼓》《采茶舞》《渔歌号子》	—	土耳其伊兹米尔国际音乐舞蹈节表演

第二节 绘画 书法 篆刻

象山有国画、油画、版画、年画、水彩画、连环画、农民画、漫画等画种。很多作家一身多能。高妙兰创作的农民画在国内具有影响力。历史上，象山以书法成名成家者不多。中华人民共和国成立后，硬笔逐渐取代毛笔，毛笔书法整体水平下降，但一批书法爱好者颇有成就。篆刻与书法同源，好篆刻者常擅书法，成绩可观。

绘画

国画 唐人李凑，天宝年间任象山县尉，擅长人物画。张彦远《历代名画记·卷九唐朝上》称“尤工绮罗人物，为时惊艳。本师阎令，但笔迹疏散，言其媚态，则尽美矣”。清倪子尧，民国志本传谓“工画翎毛，得鄞人杨治卿笔意。邑令李仙洲喜其所画鸲鹆，索百纸去。以是人益重之”。另有陈贤、倪象占、姜桂彩、钱鸿基、王莳蕙、释普周等。民国37年（1948）1月2日，象山举行艺术展览会，展出国画上百件。知名者有施志祥、姚先熙、孙维燕、董传凯等。中华人民共和国成立后，象山国画创作渐趋繁荣。20 世纪 80 年代后，出现国画创作群体，作者有卢鸣治、郑家声、董传旗、毛正棠、金尚斌、董根友、钱松虎、刘家鲁、邵叶道、陆英剑等。其中，工笔仕女画家郑家声于 80 年代末为台湾汉光文化公司创作《红楼梦》《牡丹亭》《金陵十二钗》等作品，北京荣宝斋以“郑家声卷”出版。

油画　象山油画创作始于民国。20 世纪 30—40 年代，代表者有吴爱华，50 年代有刘式桓。60 年代，攻油画者有薛丙元、徐能海、张寿南、郁祖心、陈显庭、林被成等。时，刘式桓制作毛泽东主席油画像，悬挂于象山剧院。1969 年，陈继武油画《古田会议》刊浙江《工农兵画报》。至 70 年代，攻习者尤多。1970 年，董永康《军民拧成一股绳》刊浙江《工农兵画报》封面。1976 年，陈继武《巨大的鼓舞》入展“省美术作品展览”。1981 年，徐能海《呐喊》入选省“纪念鲁迅 100 周年诞辰”美展。是年，黄忠言《冷库彩礼》参加省青年画展。1983 年，陈继武《周总理关心计划生育》在省“计划生育科普美术、摄影展”中展出，获二等奖。1984 年，董永康《故乡》参加省第二届工人画展。1985 年，县举办元旦画展，展出董永康《秋天》、薛丙元《山水》、郁祖心《桂林风光》、刘家鲁《冬夜》等 15 名作者 18 幅作品。1986 年，徐能海《殷夫》、陈继武《农民画家高妙兰》入选省“耕耘者”画展。是年，陈继武油画《山口百惠》制成 1987 年银坛画廊挂历，由浙江人民出版社出版；《夕照》刊《文学港》。1991 年，陈继武《夜深》入选省“建党七十周年”画展，获铜奖。其后，陈继武、徐能海油画作品屡见入展与刊出。顾双玲《我爱这一行》获市乡镇企业局、文联举办美展二等奖。1993 年，董永康《决胜千里》载《宁波日报》12 月 24 日第八版。2005 年，吴恩宇《休渔》入展浙江省油画展。2006 年，吴恩宇《暖阳》、顾成《郊外》、周丹炜《博》入选宁波、温州小幅美术精品联展。

版画　20 世纪 40 年代，吴爱华等美术教师曾有版画创作。1957 年，徐忠杰木刻《我长大以后》参加省第一届美术展览会。1958 年，林祥生版画《东海渔港》（三幅）发表于《浙江日报》。此后，林祥生、徐忠杰均有版画作品展览与发表。1982 年后，徐能海版画《渔家锣鼓》《军民情深》《海上拔河》《赶潮》（合作）、《夫妻烧饼店》《网》（合作）、《生命之光》《渔港春潮》《晨曲》（合作）分别入选省、市美展，并赴香港展出。1988 年，徐向北《海鲜组画》在省第三届“耕耘者书画展”获三等奖。1999 年，徐能海《金潮》入选第九届全国美展，获市文艺作品精品奖和全国第十二届群星奖优秀作品奖。

水彩　水粉画　发端于民国。1957 年，吴爱华水彩画《农村风景》《渔港》参加浙江省第一届美术展览会展出。1963 年，全县举行第二届美术展览，展出吴爱华、薛丙元、胡维奇、尹礼豹、徐忠杰、阿南、苏鲜明 7 人 11 幅作品。1998 年后，吴蒙蒙水彩画多次获奖。2005 年，徐能海水彩画《民间艺术家高妙兰》入展宁波市水彩画展；俞美丽水彩画《窗前》、周万能水彩画《海湾》、杨杰明《带鱼》、秦琪《卵石滩》、章国巧《月季花》、郑晖《又淘气了》入展市水彩画展，分获金、银、铜多项奖。入选市水彩画展还有陈飞、郑旭敏、张春华、顾成、胡为民、孔繁荣作品。是年，周万能《海滩》、吴蒙蒙《酒香余味》入展浙江省水彩画展；顾成《学月》入展“市水彩画优秀写生作品展”。

1977 年 2 月，陈继武水粉画《巨大的鼓舞》由浙江人民出版社出版，并于 1978 年刊登于《十月胜利颂》。是年 7 月，其水粉画《海岛演出》由浙江人民出版社出版。1981 年，薛丙元水粉画《国鸟》参加省第二届科普美术作品展览。1983 年，张敏水粉画《黄鱼大丰收》、黄伟水粉画《海港》入展省少年儿童绘画美术劳作展览。

漫画　连环画　象山漫画创作始于 20 世纪 20 年代，惜无作品存世。1956 年，徐忠杰漫画《牧童进入音乐学院》，参展省第一届美术展览会。1988年，李方平开始在《漫画月刊》发表漫画。此后又在《农民日报》《电影评论》《宁波日报》等几十家报刊上发表数百幅，一直延续至今不绝。

连环画创作始于20世纪50年代，郑家声加入上海美术出版社为象山连环画创作第一人。创作《智擒美猴王》《天竺国》等一百多本连环画。1956年，吴爱华、徐忠杰合作创作连环画《苦难的历程》刊于《舟山报》。1959—1965年，杨国藩连续创作连环画《小工人》等12本，分别由辽宁美术出版社、天津美术出版社、上海美术出版社出版。柳根林创作的连环画也分别在辽宁、福建等人民美术出版社出版。1974年，朱一峰编、徐忠杰作画的连环画《小姐妹夜斗山老虎》刊省《工农兵画报》。

农民画　20世纪50年代，丹城民间艺人高妙兰（详《人物传》篇）开始创作农民画。创作跨度近40年，一生共创作3000余幅。作品扎根于具有悠久历史的民族、民间艺术传统沃土，灌注劳动人民情感，继承群众喜闻乐见的审美习惯，焕发质朴、纯真、浓郁的乡土气息。1964年、1988年，两次在杭州举办“农民画家高妙兰作品展”，受到国画大师潘天寿的会见和赞扬。作品《农忙托儿所》《公社办起大食堂》《劳逸结合》《开发宝山》《老人灯下学文化》《老婆婆耕地》《做水库》《烧高炉》《炼铁》《南瓜棚下写字》《种毛竹》《油茶丰收》等，分别刊登于《人民中国》《人民画报》《美术》《解放日报》《上海青年报》《浙江日报》等多家报刊，并有作品参加华东美术作品展。《开发宝山》《选种》等作品选送“新中国第一代农民画”赴东欧、日本展出。并有作品被瑞典大使馆文化参赞收藏。高妙兰带动象山农民画的创作。1982年，象山县文化馆举办农民画学习班，学员7人，作品13幅。1983年，象山文化馆组织农民画创作活动，蒋燕芬《甜蜜季节》《做米面》、郑家仁《社戏》、陈兆祖《牛市场》、白宏伟《渔泊》、顾圣亚《人勤蘑菇香》、周伟琦《采蜜》送省参展。其中，《甜蜜季节》《社戏》获二等奖，《牛市场》刊于《新农村》杂志。1984年，高妙兰《养鸡》《松菊梅兰》参加“浙江省妇女画展”。1985年10月，市农民画评奖大会在象山举行，高妙兰《苎麻丰收》获荣誉奖，蒋燕芬《渔汛季节》获二等奖，应其刚《渔山夜捕》获三等奖。是年，县文化馆举办“象山民间美术展览”，展览农民画30幅；蒋燕芬农民画《观海灯》送香港展出。90年代后，茅洋乡农民画崛起。进入21世纪后，象山农民画群体扩展到鹤浦、高塘岛等乡镇。

高妙兰农民画表现手法和风格等内容详见本志“非物质文化遗产”篇。

书法

唐贝泠该，吴越国钱镠、钱俶，宋黄庭坚，元赵孟頫，清钱泳，民国马叙伦、徐生翁，当代沙孟海、赵朴初、郭沫若、启功、姜东舒、沈鹏等县外书家，在象山留有墨宝。象山境内的书家，元有梵琦，明有应云鸑，清有张时中、倪象占、钱沃臣、赖鹏飞，民国有俞世清、余蔚斋等。中华人民共和国成立后，书法艺术一度冷落。20世纪70年代后，攻习书法者渐众，中小学校也着意培养书法爱好者，民间书法团体及书法活动渐盛，涌现不少书法上有一定造诣的书家和作品，形成了一定规模的象山书法爱好者群体。张明珠、陈炼焦、张球等为中国书法家协会会员。另擅长者有陈先弟、翁再忠、刘荣之、黄方正、郭声祐、欧行凯、赵云龙、朱自清、叶国通、包根祥、钱敏欢、周瑞怀、钮利刚等，均取得一定成绩。近年书法爱好者队伍不断壮大，吕茂盛、林日敏、何永斌、史荣欣、胡永革、李煜旭、陈宜、张林适、李常相、徐大宗、张文彬等脱颖而出，不少作品入展各级、各类书法大展，并获奖。

五代吴越国钱镠、钱俶手迹及流传象山始末考①

五代吴越国武肃王钱镠给崇吴禅院长老僧嗣匡的批牒，纵 29.4 厘米、横 75 厘米，楷书。此牒书于五代后梁龙德二年（922）十二月。内容是褒奖嗣匡在主持崇吴禅院期间的功绩。全文 150 字左右。第二行受牒人衔名上钤盖“镇海军节度使新印”朱文印章三枚，牒末年月上钤盖同样印章四枚。此批牒民国《象山县志·金石考·附录》有记载与考证。

五代吴越国忠懿王钱俶给保庆禅院僧崇定所奏的批回，纵 30 厘米、横 26 厘米，草书。内容为批准保庆禅院动用寺院周围树木用以修缮、扩建禅院。全文 140 余字。批文上有“保庆禅院□□”“天下兵马都元帅府印”等印章。

以上钱镠、钱俶批牒手迹，原为合卷，在历代流传中经历了屡失屡得的奇迹。二王批牒成卷后原有多位宋代名贤题识于卷尾，由钱王台州裔孙保存。明洪武元年（1368）九月，朱元璋兵破浙江台州，钱王十五世孙钱尚德携家避乱于郊外，遂在离乱中遗失，后于营寨中重得此卷，但装潢首尾却已完全被撕毁，宋代名贤题识也早已不知去向。经重新装裱后，复请明朝诸贤续题识于后。批牒合卷一直由钱尚德一族保存。

至清代，又传到临海钱维焕手中。钱维焕恐其失传，转付象山钱沃臣保存。从浙江博物馆《五代吴越王钱镠、钱俶批牒合卷》卷尾钱沃臣题跋可知，清嘉庆十七年（1812）吴越王钱镠二十八世孙象山钱沃臣（薪溪），从台派（临海）钱镠三十世孙钱维焕处得到吴越二王手泽卷，至道光五年（1825）传其子收藏。光绪二十一年（1895），钱氏收藏者将“合卷”质押给象山书画收藏家陈得善（东陈人，其祖母钱太宜人）。不久，陈家遭回禄之灾，名贵字画连同宅院被毁，然钱王批牒合卷却存于瓦砾之间。除了引首程应魁书“钱王手泽”四字被火烧焦外，其余完好无损。宣统元年（1909），钱镠三十一世孙钱渭昌会同族人出资赎回，重又装裱，专制木箧收藏。中华人民共和国成立后，钱渭昌念及国宝文物，由国家收藏远比私家收藏更安全永久，遂于 1951 年秋，撰文详述此墨宝流传经过、捐献缘由及对后人的殷切期望，手题于卷轴末尾，亲自密封包装，交其孙子钱德馨付邮寄出，无偿捐献给浙江博物馆收藏。浙江博物馆收到后有回执。1959 年，象山博物馆（时设于今宁海县历洋镇，后迁至今宁海县城关）写信告诉浙江省文管会，说象山县丹城公社丹城大队第八生产队钱渭昌将家藏的两件吴越文书捐给浙江博物馆。省文管会将两件文书调来鉴定，认为是五代人真迹。

1998 年 3 月 2 日，国际著名“佳士得”拍卖行中国书画部马成名和“佳士得”中国总代表朱明仁携带“吴越王钱俶手简”从东京飞抵上海，浙江博物馆曹锦炎等携“吴越国二王手迹”从杭州赴上海，在上海博物馆馆长马承源安排下，这两件分离了 600 多年的国宝重逢。通过相互比较对阅，无论纸张、墨色、花押、书法完全一致。而且浙江省博物馆卷后抄有遗失的题跋，钱直孺、危素、钱尚德等跋均在本卷中。故三方专家均认同此二卷书法早期应是同一卷。3 月 24 日上午拍

①此考证文字参考资料：民国《象山县志》卷十九《金石考·附录·钱武肃王牒》；民国《象山县志》卷二十六《先贤五补传·陈得善》；陈得善《石坛山房诗集》卷一；王士伦《五代吴越的两件文书》（1960 年第 1 期《文物》）浙江博物馆《五代钱镠、钱俶批牒合卷》介绍文字；仲廉《稀世珍宝“吴越王钱俶手简”面世》（《中国书画报》1998 年 4 月 2 日头版）；钱德馨致钱永兴信札（2006 年 12 月 19 日）；钱德馨《吴越钱氏“二王手迹”流传象山始末》（2007 年 11 月 22 日象山同乡网）；胡平法《人间至宝——〈钱氏二王手泽〉流传考略》（台州学院学报 2009 年 2 月第 31 卷）；马成名《吴越王墨珍过眼录》；《五代吴越王钱俶墨迹手简卷》流传研究等。

卖，《五代吴越王钱俶墨迹手简卷》以44万2500美元成交。但拍卖以后因买家迟迟不能付款，而被撤销拍卖。2001年4月，此“手简卷”在香港拍卖，底价300万港元，但未成交。2003年4月，又在香港拍卖，底价仍旧是300万港元。最终以387万1750港元，为北京的一位买家所得。

《五代吴越王钱镠、钱俶批牒合卷》分为两段，前段系钱镠给崇吴禅院长老僧嗣匡的批牒。后段系保庆禅院僧崇定上奏表文，有钱俶的批字和花押，书于北宋太平兴国二年（977）闰七月。保庆禅院上奏表文及钱俶另写判付，在北宋时为米元章所珍藏。北宋雍熙年间（984—987）诏索钱俶草书手迹，将此进览，后与钱镠批牒合装成卷。

钱俶另写判付，即《五代吴越王钱俶墨迹手简卷》。共分三个部分，第一部分是一件木刻印本“铁券图式”。第二部分是“吴越王钱俶墨迹手简”。第三部分是宋、元、明、清、民国五朝49人题跋及观款：其中宋人题跋一人、观款23人（包括重复1人）；元人题跋1人；明人题跋8人，观款9人；清人题跋1人，观款1人；民国题跋5人。

象山县历代书法作品情况表

表41-6

年代	作品名称	作者	备注
唐	书法	李凑	象山县尉，河南洛阳市营里村出土李凑正书《顺节夫人墓志铭》
	《蓬莱观碑》	贝泠该	孙谏卿撰，清河贝泠该书、道士王方外篆额
	“东谷”	罗隐	石刻，此石被砌，疑埋于起春庙旁民居石墙下
五代	《吴越国武肃王钱镠付崇吴禅院嗣匡批谍》《忠懿王钱俶付宝庆禅院僧崇定判词（手简）和批文》	—	世称“二王手迹”
宋	智门寺《赤壁赋》碑	黄庭坚	已毁
	大瀛海道院记碑	赵孟頫	吴澄撰文，袁桷篆额，碑藏于象山文管会
元	大藏经	释梵琦	上海博物馆藏元钱选《浮玉山居图》卷后留有琦楚石（梵琦）诗跋手迹
明	刘文肃公瑞八分	正德	咸丰末，毁于兵燹
	北山台额、柱	应云鸑	—
	《家训》石刻	林芝	—
	《重建丹山石屋记》	林芝	周应宾撰文
	《吴侯惠政碑记》	刘大望	邵景尧撰文，碑存爵溪大瀛海道院，今佚
	《陈侯重修学宫碑记》	应大钦	—
清	《象山刘侯重建文庙碑记》	包映奎	钱捷撰文
	董华亭书法	钱鸿基	—
	《尊行日记》影印手迹	姜炳璋	—
	《寿雪山房稿》	陈广宁	—
	《象山公田谨记簿》	史瀚章	手迹
	石浦梯云楼	任兰祐	—
	“云屏天然”	毛玉佩	—

续表41-6

年代	作品名称	作者	备注
民国	“励水心墓碑”	徐生翁	—
中华人民共和国	“志耕庐”与书贺威圣墓联	王廷扬	—
	“国营象山饭店”“象山人民剧院”“东谷湖”	余蔚斋	—
	纪子庚墓志铭	马叙伦	—
	《郭声祐硬笔书法集》	郭声祐	另有《郭声祐书法作品集》《郭声祐书法选集》《郭声祐少字数书法》
	《当归》	蒋宇鸿	获全国香港回归书法大赛银奖
	文峰塔碑记、步行街记事	翁再忠	—
	《许吉安书〈岳阳楼记〉》	许吉安	—
	《黄伦昌书法集》	黄伦昌	—
	毛泽东七律《冬云》	欧行凯	获湖南省书协主办的全国“首届古今墨缘中国书画新作大赛”三等奖
	《张明珠书象山海错诗》	张明珠	另有《象山海错诗》
	《象山风景名胜楹联书法集》	钱敏欢	—

篆刻（刻字）

象山篆刻始见于蓬莱山蓑衣岩古篆，宋宝庆《四明志》有载。唐大中二年（848）置《象山蓬莱观碑》，碑上具“道士王方外篆额”字样，为象山碑刻中篆刻最早的记载。此后历代均有篆刻记载，至清代，象山篆刻发展较快，倪象占名闻甬东，为象山历史上一大篆刻家。钱鸿基有《留耕堂印谱》，钱沃臣有《心溪印谱 》、夏翼斋有《翼斋印谱》等。民国初，谢冲尹为沙孟海高足。至中华人民共和国成立后，当代篆刻又乘时而兴，产生以张寿南为代表的一批篆刻爱好者。1986 年，石屋印社成立，为象山首家篆刻组织。1989 年 10 月 12 日，浙江省民间印学社团座谈会在象山西周举行。20 世纪 80 年代后，象山篆刻队伍日渐扩大，有张明珠、卢圣贵、张球、钮利刚、陈海林、欧行凯、张奂等，其中有全国篆刻参展者与获奖作品。

象山县历代篆刻作品情况表

表 41-7

年代	作品名称	作者	备注
唐前	蓑衣岩石篆	—	古篆数行，不可识
唐	蓬莱观碑	王方外	清河贝冷该书
宋	陶真人灵验记碑篆额	栖霞道士	刻于贝冷该记之阴
元	大瀛海道院碑	袁　桷	赵孟頫正书
清	刘侯重建文庙碑记篆额	沈用将（存疑）	钱捷撰文
	《留耕堂印谱》	钱鸿基	为象山第一本篆刻著作
	《心溪印谱》	钱沃臣	—
	《印谱》	陈得森	著有《砚说》《印谈》《铭府》各一卷
	《群玉山庄图谱》	俞宗熊	四卷

续表41-7

年代	作品名称	作者	备注
中华人民共和国	“百家争鸣”	纪之泽	收入上海《集云阁》印谱
	《张寿南印谱》	张寿南	—
	《殷夫笔名印集》	张光岳	—
	“问梅后人”等	张明珠	入选全国首届篆刻艺术展
	“海”“渔”“成”等	张　球	多次入展全国刻字艺术展
	“曲径通幽”“勤能补拙”等	欧行凯	—
	《纽利刚书法篆刻作品集》	钮利刚	入展西泠印社四届篆刻展和全浙书法大展
	“民族魂”“日新月异”、“飞雪迎春”“人民康乐”等	卢圣贵	—

第三节　摄　影

民国13年（1924），丹城县前街开设醉春照相馆，店主蒋振华曾被县公署派往西乡寒山，拍摄被官兵合围先后击毙的农民起事者张光陶及其同伴13人尸体，是为象山照片记录史事之始。20世纪30年代初，王万球在石浦中街开设环球照相店，蔡显奇在石浦碗行街开设万丰照相店，后迁中街；陈显熊在延昌中街开设观容照相店；俞松轩在丹城西街开设时代照相店。民国31年2月15日，日军进犯丹城，守军击毙日军1人，移尸南校场示众，俞松轩照相馆董毅（董利文）拍摄存照，用为新闻资料。象山解放前夕，夏光祥在丹城开设灵隐照相馆。1950年，丁世财在丹城开设大光明照相店。

20世纪50年代初，象山渔业指挥部首置照相机，拍摄近海渔业资源照片。1955年，新光、灵隐、大光明3家合营，为象山县饮服公司照相馆；石浦环球与万丰合营，为石浦饮服公司摄影部。1956年，《象山报》创办，朱华庭兼任摄影记者。80年代，摄影业蓬勃发展。随着摄影器材改进，摄影业务增加，照相馆、摄影店、摄影社、婚纱影楼、摄影工作室、摄像工作室等名目繁多的拍摄企业进入社会。

象山早期从事摄影艺术的有董利文、许斌、朱华庭、董永康、邓德荣等人，部分摄影作品发表于各级报刊。1978年，举办“象山在前进”专题照片展览，部分作品于《浙江画报》发表。1984年，象山举办中华人民共和国成立35周年展览，展出照片1119幅。1986年3月30日，县文联摄影家分会成立，会员60名。5月14日，县文化馆成立彩色摄影图片社；7月，举办首届摄影培训班，26人参加；10月20日，在县总工会五楼举办象山县首届摄影艺术作品展览，参展作品57幅。1987年4月21日，“象山在前进”纪实摄影展览在象山剧院大厅展出，展出照片90余幅，观众逾4500人次。1988年，举办“郑小山个人摄影展”，展出作品77幅。1990年7月1日，举办“石浦摄影艺术节”，共展出266幅照片。1991年，为纪念毛泽东《在延安文艺座谈会上的讲话》发表50周年，在丹城公园举办《大地·主人》摄影作品展，展出29人作品77幅。1998年，象山举办第一届中国开渔节，吸引县内外广大摄影爱好者前来拍摄。1999年6月，举办象山县“童心闪烁”少儿摄影展。

2000年，第三届中国开渔节组委会与中国民俗摄影协会、省摄影家协会联合举办“华翔杯半岛风光风情全国摄影大赛”。2005年，由第八届中国开渔节组委会、浙江省摄影家协会和宁波市摄影家协会主办“象山半岛风光风情全国摄影大赛”，历时5个月，收到上海、江苏和浙江杭州、湖州、宁波、临海、诸暨等省内外246人作品2234件。2005年9月，创办《象山摄影报》。2007年，举办中国渔文化摄影艺术展全国作品征集；中国第一家渔文化博物馆摄影馆在石浦渔港古城落户开馆；上海、福建等摄影家到象山采风交流；宁波市摄影创作研讨会在象山举行；县摄影分会与有关单位联合举办各种摄影大赛，其中，“三月三民俗文化摄影大赛”收到宁波各地摄影爱好者作品585幅，“花香杯高塘岛风光风情摄影大赛”收到全省各地参赛作品965幅。2008年，浙江省摄影创作研讨会暨创作基地挂牌仪式在石浦举行。是年，县摄影分会与县委宣传部、档案局联合开展“改革开放30周年”老照片征集活动，并举办十一届中国开渔节“宏润江南杯”摄影大赛。

至2008年，全县有摄影（像）企业48家，县摄影家协会会员113名。其中，全国会员9名，省会员17名，市会员28名。杨忠华、蒋曼儒、梅振扬、陈洪杰、沈颖俊、余新奇、何幼松、张为民、周祖安、吴伟峰、边少卿等人许多作品在省级以上刊物或赛事中发表、入展。获奖作品200余幅，其中在《人民日报》《中国摄影报》《大众摄影》等国家级报刊发表及省外展出作品100余幅。

象山县在国内参展、获奖摄影作品情况表

表41-8

作品名称	年份	作　者	奖项或报刊名称	等　级	备　　注
《醉》	1998	余新奇	“莱卡杯”摄影月赛人像类	二等	《中国摄影报》
《框架》	2001	余新奇	《大众摄影》月赛	优秀	《大众摄影》社
《焕然一新》	2002	杨忠华	《海》专题全国摄影大赛	入选	中国摄影家协会
《归》	2003	蒋曼儒	《摄影世界》第10期“晶丽达奖”	入选	《摄影世界》杂志社
《归》	2004	蒋曼儒	《摄影之友》第7期	优秀奖	《摄影之友》杂志社
《海上牧歌》	2004	蒋曼儒	《摄影世界》第7期“尼康奖”	入选	《摄影世界》杂志社
《五色沙滩》	2004	蒋曼儒	《中国摄影报》第七届“佳能竞苑”	优秀奖	《中国摄影报》
《起锚出航》	2004	梅振扬	《大众摄影》宁波联谊赛	优秀奖	中国摄影家协会
《妙高烟雨》	2004	梅振扬	2005“美丽的中国”全国摄影大赛	入选	中国摄影家协会
《老船》	2004	梅振扬	《大众摄影》宁波影友联谊赛	提名奖	中国摄影家协会
《日落东海》	2004	杨忠华	《摄影之友》月赛	优秀奖	《摄影之友》杂志社
《黄金海滩》	2005	蒋曼儒	《摄影之友》第2期“摄影赛”	优秀奖	《摄影之友》杂志社
《海上秋收》	2005	杨忠华	《大众摄影》第七期月赛	优秀奖	《大众摄影》社
《幸福水》	2005	蒋曼儒	“美丽的中国”全国风光旅游摄影大展	入展	《中国摄影》杂志社
《剽悍》	2005	蒋曼儒	《大众摄影》第11期	优秀奖	《大众摄影》社
《追逐浪漫》	2005	蒋曼儒	广博杯时尚中国全国摄影大赛	入选	《大众摄影》社

续表41-8

作品名称	年份	作　者	奖项或报刊名称	等　级	备　注
《乐在其中》	2005	梅振扬	2005“时尚中国”全国摄影大赛	入选	中国摄影家协会
《金色滩涂》	2005	梅振扬	《大众摄影》第4期月赛	优秀奖	《大众摄影社》
《古风新韵》	2005	陈洪杰	“咱们中国人”全国摄影大赛 “时尚中国”全国摄影大赛	优秀奖 入选奖	中国摄影家协会 中国摄影家协会
《追海浪漫》	2006	蒋曼儒	《大众摄影》第1期月赛	优秀奖	《大众摄影》社
《赶海》《收盐》	2006	梅振扬	首届全国新农村摄影比赛	银铜奖	中国摄影家协会
《抢收》《乡村医务工作者》	2006	梅振扬	首届全国新农村摄影比赛	入选	中国摄影家协会
《摄影者的艰辛》	2006	梅振扬	首届全国新农村摄影比赛	入选	中国摄影家协会
《渔灯》	2006	梅振扬	《大众摄影》第4期月赛	优秀奖	《大众摄影》社
《美丽激情》	2006	陈洪杰	《大众摄影》第3期月赛	三等奖	《大众摄影》社
《追逐情亲》	2006	陈洪杰	《大众摄影》第2期月赛	优秀奖	《大众摄影》社
《文化送下乡》	2006	陈洪杰	首届全国新农村摄影比赛	银奖	中国摄影家协会
《夏日的傍晚》	2006	周祖安	“平安中国、平安家园”摄影比赛	入选奖	《大众摄影》社
《呈祥》	2007	沈颖俊	《大众摄影》影像社区月赛	优秀奖	《大众摄影》社
《丽影》	2007	沈颖俊	《大众摄影》影像社区月赛	优秀奖	《大众摄影》社
《祈愿渔业丰收》	2007	沈颖俊	中国渔文化摄影艺术展	入展、 收藏	《大众摄影》社
《欢腾》	2007	蒋曼儒	中国渔文化全国摄影大赛	入选	《大众摄影》社
《出海》《渔家姑娘》	2007	余新奇	中国渔文化全国摄影大赛	一等奖 优秀奖	《大众摄影》社
《海上秋收》《渔港之夜》	2007	杨忠华	2007年中国渔文化摄影艺术大展	收藏 入选	中国摄影家协会
《古港春色》	2007	周祖安	《大众摄影》上海影友擂台赛	优秀奖	《大众摄影》社
《渔港之夜》	2007	梅振扬	第二届“美丽中国”全国摄影大奖赛	收藏大奖	中国摄影家协会
《临海之夜》	2007	梅振扬	“千年府城”全国影赛	入选	中国摄影家协会
《渔村节日》	2007	陈洪杰	全国渔文化摄影比赛	入选	中国摄影家协会
《美景如画》	2007	陈洪杰	第二届“美丽的中国”全国摄影大奖赛	入选	中国摄影家协会
《古城夜色》	2007	张陆沁	《大众摄影》第8期月赛	二等奖	《大众摄影》社
《争分夺秒》	2007	谢定伟	中国渔文化摄影艺术大展	入选奖	中国摄影家协会
《洋妞学织网》	2007	潘孔展	中国渔文化摄影艺术大展	入选奖	中国摄影家协会
《补妆》《柿子红了》	2007	何幼松	《大众摄影》上海影友擂台赛	优秀奖	《大众摄影》社

续表41-8

作品名称	年份	作　者	奖项或报刊名称	等　级	备　　注
《家园》	2007	何幼松	中国渔文化摄影艺术大展	优秀奖	中国摄影家协会
《惊涛骇浪》	2008	杨忠华	全国垂钓摄影大赛	入选奖	《大众摄影》社
《长桥卧波》	2008	沈颖俊	“聚焦大桥”全国摄影大展A主题 《“聚焦大桥”全国摄影大展作品集》	优秀奖 入选	《中国摄影》社
《荷花丛中赏美景》	2008	沈颖俊	第三届“美丽的中国”全国风光摄影艺术大展，刊《中国摄影》网	入展奖	中国摄影家协会
《空中看恩施》	2008	沈颖俊	全国百名摄影师看恩施活动	优秀奖	《大众摄影》社
《照镜子》	2008	杨忠华	第二届全国新农村摄影大赛	优秀奖	中国摄影家协会
《腾龙洞瀑布》	2008	梅振扬	“恩施杯”百姓生活全国摄影大展	佳作奖	中国摄影家协会
《古居》	2008	梅振扬	《全国摄影艺术作品荟萃》电子画册	电子画册奖	中国摄影家协会
《钓》《天然钓区》	2008	梅振扬	“北京天龙碧波”全国摄影比赛	收藏奖	中国摄影家协会
《新生儿》	2008	梅振扬	第二届全国新农村影赛	优秀奖	中国摄影家协会
《碧波》	2008	梅振扬	“瓯江行”摄影大赛	入围奖	中国摄影家协会
《开启心灵的窗户》	2008	汤先江	《大众摄影》影像社区	优秀奖	《大众摄影》社
《丝丝索面丝丝情》	2008	何幼松	《大众摄影》网络天地1月赛	人气奖	《大众摄影》社
《沙海漫步》	2008	何幼松	《大众摄影》网络天地5月赛	佳作奖	《大众摄影》社
《灯之语》	2008	何幼松	《大众摄影》网络天地12月赛	人气奖	《大众摄影》社
《大力士》	2008	何幼松	《大众摄影》影像社区第3期	优秀奖	《大众摄影》社

第四节　雕　　塑

象山雕塑先有石雕、木雕、竹雕、骨雕、贝雕、泥塑等，后发展到铜塑、不锈钢塑等新型材料。古代石雕、木雕大多附着于建筑物上，作为装饰与体现某种趣味、寄寓而存在。泥塑历史悠久，但无法考证其产生年代，多与宗教有关。竹雕早期出现在椅、篮等生活用品上，后竹根雕发展为工艺品。随着现代城市建设发展，雕塑成为城市形象的展示。贝雕是中华人民共和国成立后产生的新种类，地方特色浓厚，从业群体不大。

竹根雕

象山境内盛产毛竹。千百年来，象山人栖居竹乡，食竹之笋，用竹之器，山野上留下大量竹根，为象山竹根雕发展奠定物质基础。象山竹根雕发轫于民间竹椅刻画、竹笔筒雕刻、竹对联雕刻、竹龙根雕刻等工艺。清嘉庆年间（1796—1820）的“秋叶贡盘”2件，由一只竹根剖开成对雕而成，为象山早期竹根雕之代表作品。

20世纪70年代末始，象山民间根雕艺人开始对竹根雕艺术进行创新，在继承传统基础上，不断吸收绘画、书法、木雕、石雕等艺术养分，充分发挥竹根天然生成的艺术元素，运用写意的创作理念，根据竹根形状、肌理，进行巧妙构思，随形施雕，使作品形成了人艺与天然完美结合的独特风格，“变腐朽为神奇”，创造出各种题材的艺术形象。

象山竹根雕事业初创考 1978年，喜爱绘画的西周车岭人张苍竹不安于现状，想在工艺美术方面干一番事业，创办工艺美术厂，作为发起人和核心人物，在他身边聚集了赖其学、何幼真、张德和、郑宝根、朱至林、张纪良、鲍国君、郑裕泉、周爱平、姜勤俭等11人。后又有蔡善君、石永生、章如方、王伦宝等人陆续加入。是年秋，在张苍竹的带领下，郑裕泉、赖其学、鲍国君、张纪良、周爱平、张德和、何幼真、郑宝根等9人，骑自行车走访了宁波外贸局、宁波工艺美术公司、宁波工艺美术厂、奉化工艺美术厂、宁海工艺美术厂等单位，一路取经学习，整整用了一个星期。宁波潘大年提供的明清竹根雕作品《石榴小孩》《和合二仙》照片，宁海戴新国所作的竹雕作品《蟹篓》《寿星》，为大家指出了一条简便易行的路径。回家后，经集体几次讨论，决定以竹根雕为重点进行试样。主创人员有郑宝根、赖其学、张德和、周爱平等人。赖其学雕了《苍鹰图》《石榴茶壶》等，张德和雕了《松鹤图》，郑宝根雕了《柳枝仕女》，周爱平雕了《和合二仙》。另外大部分人则外出打工赚钱，交给集体，用以维持生计。是年临近夏历除夕，张苍竹、张德和、何幼真、郑宝根等四人，在县工商局外贸工作组长张昌奕等带领下，赴上海工艺品进出口公司寻求业务，虽然所带样品一概未被录用，但却把象山作为竹根雕的定点合作单位，并下了一笔近万元的订单。主要是《骑鹿寿星》《携童寿星》《执如意寿星》等按样仿作。随之，工场搬至丹城北门周照家，开始仿制竹根雕，人员增加了蔡善君、姜勤俭、章如方、王伦宝、石永生等，达15人。数月后，任务完成。上海方面的意见是，竹根雕确实很难，建议搞树根雕。经试样验收，上海方面首批下了100件树根雕订单。有了订单去批厂，1979年，成立“象山县西周工艺美术厂”，挂靠于西周区公所。区委委派蔡日升为书记，张苍竹为厂长。厂址在“美成堂”药铺旧址。产品以树根雕创作、生产为主。由于体制不顺、矛盾重重。张苍竹、何幼真、张德和、朱至林等人，或被撤职，或被开除出厂。仅仅维持一年多时间，该厂就濒临倒闭。进入20世纪80年代，何幼真、张德和、郑宝根等人纷纷自立门户，设厂授徒，象山竹根雕开始进入繁荣、发展时期①。

照41-1 张德和创作的《茅屋·秋风》竹根雕作品

20世纪80年代至2008年，涌现出一大批致力于竹根雕创作的从艺者。40年代出生的有张苍竹、张家骏、孙圣全等；50年代出生的有张德和、郑宝根、朱至林、石永生、赖建成、张赛丽等；60年代出生的有周秉益、朱利勇、陈善国、方忠孟、李善成、朱敏辉、张松林、胡宝华、何吉义、屠永良、朱仁苗、何松宝、郑振和、周追鸿、何小真等；70年代出生的有王群、陈春荣、蔡海楚、王进敏、朱宏苏、励永夫、陈青通、林海彪、林海仁、钱沙汀等。其中：张德和获中国竹工艺大师、中国根艺美术大师称号，郑

①据张球《郑宝根竹根雕艺术》“张苍竹”一节、张德和《象山竹根雕艺术初创与兴衰》（打印稿存县志办）一文编写。

宝根、周秉益获中国根艺美术大师称号，朱利勇获中国民间雕刻艺术大师称号；张德和、郑宝根、王群被评为高级根艺美术师。另有20余人被评为根艺美术师（工艺美术师）。张德和、郑宝根、周秉益、王群、蔡海楚、陈春荣、石永生等，出访法国、希腊、以色列、日本等国及中国香港、台湾等地区，进行文化交流。2008年，象山有竹根雕创作单位、企业20余家，从艺人员200余人。

象山竹根雕主要品种有观音、弥勒、沙僧、钟馗、牧童、寿星、仙人、仕女、历史名人、神话人物等人物作品；牛、马、羊、猫、鱼、蟹等各种动物形象作品；松竹、花鸟、人物、风景等笔筒、笔洗、花插、竹枕等实用兼装饰的作品；灵芝、佛手、荷花、葫芦等装饰摆件或壁挂作品。1987年，郑宝根作品《沙僧》参加浙江省名优特产品展览会首获“金鹰奖”。2007年，张德和作品《茅屋·秋风》获第八届中国民间文艺（民间工艺美术）“山花奖”。至2008年，累计获得国家级、省级奖项220项，其中国家级金奖87项，大量作品被国内外名家、名馆收藏。

象山竹根雕雕刻手法，以圆雕、高浮雕为主，镂空雕、浅浮雕、阴刻、勾彻、隐起、活环等亦多用。象山自创的局部巧雕、乱刀雕、联体雕、组合雕、朦胧雕、意象雕等，使象山竹根雕形成了独特的艺术风格和鲜明的地域特色。其工艺处理，防蛀、防霉、防裂有独到之处。

1996年，象山被文化部命名为“中国民间艺术（竹根雕）之乡”。2006年，建成德和根艺美术馆。2006年3月10日召开“象山竹根雕全国专家论证会”，会议宣布论证结果：与“浙江老三雕”比较，象山竹根雕是一个特色鲜明、独一无二的工艺美术品种，完全可以列入“浙江名雕”方阵，成为“浙江新一雕”。2007年，象山竹根雕列入浙江省第二批非物质文化遗产名录。2008年，张德和被确定为第一批浙江省非物质文化遗产“象山竹根雕”代表性传承人。

象山竹根雕创作单位、企业情况详见本志“工业”篇第十一章“竹木制品加工业”，象山竹根雕申报省非物质文化遗产情况详见本志“非物质文化遗产”篇。

象山县竹根雕获奖作品情况表

表41-9

年份	作品名称	作者	奖项名称	获奖等级	主办及颁奖单位	获奖地点
1993	《眷恋》	张德和	第四届中国根艺优秀作品展	(刘开渠根艺奖)金奖	中国根艺研究会	北京
1995	《乡思》	张德和	第五届中国根艺优秀作品展	(刘开渠根艺奖)金奖	中国根艺美术学会	北京
1996	《钟馗》	张德和	1996浙江中国民间艺术品展	金奖	中国民间文艺家协会	杭州
1997	《洪荒时代》	张德和	第六届中国根艺优秀作品展	(刘开渠根艺奖)金奖	中国文联、国家林业局、中国根艺美术学会	北京
1997	《达摩邃悟》	陈春荣	1997中国根雕艺术博览会	金奖	中国根雕艺术博览会组委会、常州市人民政府	常州
1998	《镇邪》	张德和	首届中国国际民间艺术博览会	金奖	中国文联、中国民间文艺家协会	北京
1998	《渔趣》	郑宝根	首届中国国际民间艺术博览会	金奖	中国国际民间艺术博览会组委会	—

续表41-9

年份	作品名称	作者	奖项名称	获奖等级	主办及颁奖单位	获奖地点
1998	《达摩东渡》	朱利勇	1998年国际茶文化艺术品暨1998浙江根艺旅游品展览	金奖	中国国际茶文化研究会宣传部	—
1998	《龙凤呈祥》	朱至林	1998年国际茶文化艺术品暨浙江根艺旅游品展览	金奖	中国国际茶文化研究会宣传部	杭州
1998	《松鼠提壶》	陈青通	国际茶文化艺术品1998浙江省根艺旅游品展览	金奖	浙江省根艺美术学会	杭州
1999	《醉》	张德和	中国国家级工艺美术大师精品展	金奖	中国美术家协会、中国工艺美术学会、上海市人民政府	上海
1999	《竹根雕系列》	张德和	中国竹文化节、国际竹业博览会	金奖	世界竹藤组织、国家林业局	云南
2000	《酣》	张德和	第七届中国根艺优秀作品展	(刘开渠根艺奖)金奖	中国文联、国家林业局、中国根艺美术学会	北京
2000	《智者》	张德和	首届中国工艺美术大师作品展暨中国工艺美术精品展	优秀创作设计奖	中国工艺美术协会	杭州
2000	《两小有猜》	郑宝根	第七届中国根艺美术优秀作品展	(刘开渠根艺奖)金奖	中国根艺美术学会	北京
2000	《窥视人间》	郑宝根	第七届中国根艺美术优秀作品展	(刘开渠根艺奖)金奖	中国根艺美术学会	北京
2001	《春色裹不住》	张德和	第三届中国竹文化节中国竹业博览会	金奖	国家林业局	湖南
2003	《人之初》	张德和	首届中国竹工艺精品创作大赛	金奖(唯一)	世界竹藤组织、中国竹产业协会	安吉
2003	《茅屋·秋风》	张德和	第八届中国根艺优秀作品展	(刘开渠根艺奖)金奖	中国文联、国家林业局、中国根艺美术学会	北京
2003	《茅屋·秋风》	张德和	首届中国竹工艺精品创作大赛	金奖(唯一)	世界竹藤组织中国竹产业协会	安吉
2003	《安得广厦》	张德和	第八届中国根艺优秀作品展	(刘开渠根艺奖)金奖	中国文联、国家林业局、中国根艺美术学会	北京
2003	《长青瓶》	郑宝根	第八届中国根艺美术优秀作品展	(刘开渠根艺奖)金奖	中国根艺美术学会	—
2003	《红颜》	周秉益	中国第八届极好石艺术博览会	(刘开渠根艺奖)金奖	中国根艺美术学会	—
2004	《钟馗嫁妹》	王群	第九届中国根石艺术博览会	(刘开渠根艺奖)金奖	国家林业局、中国轻工业联合会、中国文联国内联络部、中国根艺美术学会	宁海
2004	《朝花夕拾》	蔡海楚	第九届中国根石艺术博览会	(刘开渠根艺奖)金奖	国家林业局、中国轻工业联合会、中国文联国内联络部、中国根艺美术学会	宁海

续表41-9

年份	作品名称	作者	奖项名称	获奖等级	主办及颁奖单位	获奖地点
2005	《家》	周秉益	纪念中国根艺20年暨中国根石美术精品展览	(刘开渠根艺奖)金奖	中国根艺美术学会	—
2005	《江南春雨》	王群	第五届(杭州)国际民间手工艺品	金奖	中国民间手工艺品展组委会	杭州
2005	《无题》	王群	纪念中国根艺20年暨中国根石美术精品展览	(刘开渠根艺奖)金奖	中国根艺美术学会	北京
2005	《寻觅》	王群	2005杭州西湖博览会第六届中国工艺美术大师作品暨工艺美术精品博览会"百花杯"中国工艺美术精品展	金奖	中国工艺美术协会、第六届中国工艺美术大师精品博览会组委会	杭州
2006	《刘海戏金蟾》	陈春荣	2006中国手工艺精品博览会"华茂杯"	金奖	中国工艺美术学会	—
2006	《少小离家》	蔡海楚	第六届民间手工艺品精品展	金奖	(杭州国际)民间手工艺品展组委会	杭州
2007	《茅屋秋风》	张德和	第八届中国民间文艺山花奖	山花奖	中国文联、中国民间文艺家协会	苏州
2007	《二泉映月》	朱利勇	中国第十一届根石艺精品展	金奖	中国根艺美术学会	北京
2007	《贵妃扶醉》	郑宝根	中国木雕创作大奖赛	金奖	中国工艺美术木雕艺术专业委员会、中国木雕创作大奖赛组委会	东阳
2007	《醉春》	林海仁	中国第11届根石艺术精品展	金奖	中国根艺美术学会	北京
2007	《牧渔归来》	陈春荣	第九届中国工艺美术大师精品博览会	特别金奖	中国轻工业联合会	上海
2008	《功在千秋》	王群	中国(嵊州)根雕艺术精品展	金奖	中国工艺美术学会	嵊州
2008	《画龙点睛》	郑宝根	中国(东阳)第三届木雕竹编及其他工艺品美术优秀作品博览会	金奖	中国工艺美术学会	东阳
2008	《告民》	林海仁	中国根雕艺术精品展览会	金奖	中国工艺美术学会	嵊州

石雕

民间多有石雕工匠，也不乏精美石雕工艺品。旧时，象山民间建桥、造房、立牌坊、修墓等均需用到石雕工艺。车岭庆丰桥、月楼岙“钟郝遗徽”石坊、沈家洋“瑶池冰雪”石牌坊上均有精美石刻。石浦城隍庙、墙头欧氏宗祠及一些富家大户，屋内等多有精巧石刻件。民间民居多有各色花石窗，题材广泛，形式多样。石刻工艺尚流传于墙头、定塘、晓塘、杉木洋一带，所用材料为蛇盘石（产于三门湾内蛇盘岛一带）、青石、大理石等。定塘康波能、墙头何善米、杉木洋欧世林、晓塘黄壮田均有石刻作品。

木雕（刻）

民间木刻由来已久，大量出现在建筑物桁梁雀替，枋壁木窗、椅栏、床围、木雕挂件及神像雕刻。一般为小木老师（师傅）和专业雕刻匠师所为。清代，木雕佼佼者有程绍富、顾圣福、阿土师傅等。民国时期，木雕名家有石怀永、鲍丙丁、郑春杏、张家骏、孙振林等。中华人民共和国成立后，出现一大批竹木雕刻家，其中张德和的大型树根雕题材广泛，神形兼备，被多家单位收藏。

贝雕

贝雕是以各色贝壳为材料，雕饰成各种花草虫鸟的一种工艺。晚清出现红木家具中选用贝壳代替玉骨嵌镶现象。现代贝雕起于20世纪70年代。1972年，象山工艺美术厂专业生产贝雕工艺品。由于贝壳光彩绚丽，晶莹缤纷而独具特色，被人们作为高贵的装饰材料制作为工艺品而受到青睐。贝雕艺人一度多至百余人，代表性人物有石浦吴蒙蒙，黄避岙林国良等。

泥塑

古代民间多为庙宇塑神像、菩萨之作，不乏较高艺术成就者。民国37年（1948）1月2日，象山举办艺术展览会，其中陆昌世泥塑《岳飞精忠报国》《苏武牧羊》等51件作品，展后悉数义卖，捐赠于靖河小学。大型泥塑《吸毒的危害》与《孙中山先生遗像》《勤耕苦读》《卧薪尝胆》《岳母刺字》《关公看春秋》《张飞大战芦花荡》《济公活佛》《八仙过海》《嫦娥奔月》《老寿星骑鹿》《崇祯王逼上梅山》《陆秀夫负王跳海》等均佚。象山定塘等地历有泥塑工艺传统，艺匠阿来师傅泥塑佛像为人称道。丹东街道东门外村曹仁祥擅长泥塑神像，传神真切，塑造神像达六七百尊之多。20世纪60年代，县阶级教育展览馆，展出大型泥塑群，重现旧社会地主、保长压榨农民情景，惟妙惟肖。参与作者有郁祖心等。作品主题鲜明，造型生动，艺术精湛。80年代，丹城建设路出现白象群塑，成为丹城城市标志性雕塑，作品为衢州胡锡乾创作。随城市建设快速发展，铜雕、不锈钢雕塑等新型材料制作雕塑，题材新颖，反映时代特征，许多街道镇乡、工业园区、学校、医院等多有竖立。

第五节　剪纸　刺绣　编织

剪纸在农村非常普遍，一个村总有几人擅于此技。刺绣是传统女红最重要技能之一，刺绣功夫好的女性在民间普遍受人赞誉和尊重。编织物品与生活的联系紧密，首先强调实用，其次要有美感，持家女性几乎都会编织技艺。现代工业生产发展使之衰落，也成就一种商机，一些作为文化产业的工厂作坊专门生产，满足人们需求。

剪纸

象山剪纸在明清时期流传已很广泛，且具地域民俗风情特色，每年四时八节均要贴上“满载而归”“顺风得利”“平平安安”等剪纸吉祥船花图案。村村岙岙的巧手姑娘都能剪一手美丽的窗花、揽腰花、鞋花、肚兜花、枕头花。民国前，象山南堡樟岙村鲍其山妻子是一个远近闻名的剪纸能手。民国时期，象山相继涌现出徐祝三、奚瑞英、高妙兰、余凤鸣、赖月娥、王梅蕊、周玉凤、谢金凤、胡桂香等剪纸能手。中华人民共和国成立后，又出现徐忠杰、傅一介、汤兴苗等一批剪纸艺术家，许多作品在全国各大报纸上发表并获奖。谢才华从小受邻居高妙兰和母亲余凤鸣剪纸艺术影响，在传统剪纸的基础上，扩大表现题材，反映当代农民劳作生活，表现英雄、领袖人物，充满时代气息。历40余年艺术实践，形成自己特有的艺术风格和韵味，成为当代象山剪纸艺术队伍领军人物。民间剪纸艺术能手另有励茂夫、屠亚莲、王松梅等人。2008年，“象山才华民间剪纸艺术馆”建成，《中国·象山廉政剪纸大赛获奖作品集》出版。

象山民间剪纸除表现花鸟鱼虫用于生活装饰和点缀外，大多与当地岁时节令、传统节日、人生礼俗等民俗活动相关。有许多剪纸纹样是用谐音、寓意手法表达人们对美好幸福生活的祝福和追求，如“鱼”是“余”的谐音，寓意连年有余，蝙蝠是“福”的谐音，寓意“幸福”“福气”；鸳鸯寓意是“心心相印、时时相随、恩恩爱爱”。龙图腾剪纸，象征华夏文化或龙的传人。象山剪纸常用各种颜色蜡光纸、宣纸、即时贴等为材料，种类有单色、拼色、套色三类。小的尺幅仅几平方厘米，大者可达36平方米。剪纸工艺流程一般为：构思，根据作品内容，通过谐音、象征、寓意等烘托主题；起稿，装饰性题材一般不打素描稿，只要有腹稿即可，或者用剪刀或大拇指甲在纸上划出大体轮廓，剪刻中细致刻画，人物或大幅图案等则需起好底稿；剪刻，用剪刀剪出图样，可用刻刀配合使用。分阳刻和阴刻两种；衬背景纸，把剪成的图像压平，然后在背后涂上糨糊或白胶，粘贴在纸质较厚的背景纸上。

象山民间剪纸一般工艺流程等内容详见本志“非物质文化遗产”篇。

象山县剪纸获奖作品情况表

表41-10

年　份	作　品　名　称	作　者	备　　注
—	《三只白鹅》	高妙兰	《宁波报》发表
1964	《拖拉机耕田》	高妙兰	《东海》杂志发表
1966	《放牛》《积肥》《菊鸡》	高妙兰	《人民中国》第五期刊登
1983	《雄鸡一唱天下白》《普通劳动者》	高妙兰	参加中国美术家协会举办的《剪纸联展》
—	《桃花仙子》	王梅蕊	—
—	《养猪》《采桑》《幸福感谢边防军》《争时光》《播种》《送茶饭》《渔归》《年年有余》《出工》《向党献礼》《牧歌》	傅一介	—
—	《丰收感谢党》《“八一”慰问解放军》《时刻警惕着》《一件产品一份心》《支援农业争立功》《打腰鼓》	汤兴苗	—
1987	《荷花鲤鱼》	谢才华	刊登于当代农民画研究会会刊
1990	《春笛吹丰收》	谢才华	《人民日报》刊登
1991	《百囍图》	谢才华	全国剪纸竞赛优秀奖
1992	《守护》	谢才华	《人民公安》第11期刊登
1995	《梅花图》	谢才华	“中国农村巾帼书画展”收藏
1995	《十二生肖》	谢才华	省民间剪纸研究会二等奖
1996	《龙凤图》	谢才华	省群艺馆二等奖

续表41-10

年 份	作 品 名 称	作 者	备 注
1998	《伟大创举》	谢才华	入选省群艺馆，并获第二届世界华人艺术大会（曼谷）国际荣誉金奖
2002	《古代百名吏官》	谢才华	宁波出版社发行
2003	《风光这边独好》	谢才华	全国书画大赛一等奖
2004	《岁岁平安》	谢才华	省文化厅主办的“神州风韵中国民间艺术之乡”铜奖
2004	《百船图》《古布纹》《古代陶瓷花纹》	谢才华	第七届中国剪纸艺术博览会金奖。10月，获全国剪纸邀请赛开拓创新奖

刺绣

民间历代有刺绣高手，作品基本失传。民间刺绣所用工具为竹制圆形花绷和木质长形花绷两种，视作品大小，有不同尺寸。配绣花剪刀、各类绣花针，各色花线。以丝绸、棉布为材料。小件绣花，如鞋花、肚兜花、手袋花、围腰中花，一般用圆形竹花绷；大件绣花，如帐帘花、门帘花、枕头花等，一般用方形木制花绷。清光绪三十二年（1906），墙头开设林景芳绣花作坊，前后带过徒弟10余人。清末民国初，刺绣名人有徐祝三、奚瑞英。中华人民共和国成立后，有高妙兰、黄避岙沈氏、陈氏等。20世纪60年代后，绣花工艺已从手工操作向机械加工转变，全县陆续建立起丹城镇绣品厂、珠溪绣花厂、黄避岙中心小学绣花厂、珠溪绣花地毯厂、黄避岙绣花厂，从事针织服装绣花。1999年，石浦创办绣花工艺鞋厂，2007年更名为小花园古典鞋业有限公司，为一家闻名全国绣花鞋研发、制作企业。公司融合古典工艺和现代时尚，每一双绣花鞋都是布鞋文化与刺绣艺术的精美演绎。旗下有180余个系列产品热销欧美、东南亚及国内20多个旅游城市。2008年，小花园绣花鞋成为第二十届环球皇后世界大会全球佳丽总决赛指定用鞋。

编织

包括彩带编结与毛衣、毛线编结。因为织品含有装饰、艺术设计，往往视作一种艺术品创作。象山编织技艺流散于民间，有较长的历史传统。历史上黄避岙有编织彩带的传统，惜中华人民共和国成立后逐渐失传。南庄洋心村家庭编织彩带也曾有几百年历史。村中上至七八十岁老太，下至十几岁小姑娘，于农闲中进行彩带编织，纺线、染色、织带，形成整套工序。织成的带子1~4厘米不等，色彩有素色和彩色两种。1厘米宽带子色彩以兰、黑、白为主，主要作围腰带或裤带；1厘米以上宽带子以红绿艳色为主，主要用于捆扎婴儿襁裙和训练婴儿学步，亦作腰带。彩带图案呈连续几何形，大图案里又有小图案，富于变化而不失严谨；色彩对比鲜明，又统一于一种深颜色底色中。质地结实，图案精美，色彩艳丽，富有韵律感和民族气息，可与少数民族织锦媲美。

象山民间有一批编织纱衫、毛线衣、绒衣、台布、花边等编织高手，常有图案精美的佳品出现。代表人物有姜爱珍，其编织手法采用贴花、镶嵌、拼花等技术，设计图案不仅吸取脸谱造型，还糅合毕加索抽象派的艺术元素。1987年，姜爱珍编撰的《编织艺术》出版。1989年，她选送两件作品参加省电视台组织的“巧手妈妈”比赛，获优秀奖。2005年，其成立“象山珍唏艺术编织有限公司”，选送作品参加第九届宁波服装交易会展览，获得多项贸易订单。

第三章　戏曲　影视

元明期间，象山已出现剧作家。清末民国初，戏剧演出盛行，民间以“正月戏”“庆丰戏”“过年戏”“菩萨戏”“谢洋戏”和“日子戏”等名目邀请剧团演出，以庆祝丰收，祈祷太平，欢度节日。清同治年间（1862—1874），东乡乌屿山有《戏文会碑》，记录清中晚期戏文盛况。中华人民共和国成立后十几年，舞台戏剧主流依然帝王将相、才子佳人等传统古装戏，称为“老戏”，亦有少数反映时代的新戏。“文化大革命”开始后，“老戏”作为“封资修”被禁演。1978 年，古装戏解禁，农村剧团建立如雨后春笋。是年，象山越剧团恢复。20 世纪 90 年代后，舞台演出受电视、电影冲击而逐渐萎缩。

电影放映始于民国时期，20 世纪 60 年代，电影放映普及到各个农村，看电影成为民众最期待的娱乐活动。70 年代中后期，电视进入象山。至 90 年代，电视普及，电影放映盛况不再。2004 年 12 月，新桥影视城建成后，象山成为著名的影视拍摄基地，到象山拍摄影视的单位逐年增多，影视拍摄成为快速发展的文化产业。

第一节　越　　剧

越剧始于嵊县民间小调“落地唱书”，其雏形为“小歌班文书”，简称“小歌班”。民国元年（1912）前后，越剧流入象山，因其“的的笃笃”击拍声，象山人俗称“的笃班”。民国 18 年，莲花杨岙村翁阿尧在宁波乡下割稻时，跟随嵊县“两头门”艺人正式学戏，为象山早期越剧男演员之一。其间，昌国卫苏林森、茅洋白岩下袁明法、南庄杨家“小旦金”及王荣早、王友富等人，参与新昌嵊县戏班演出。外地赵瑞花班在石浦城隍庙演出连台本戏《封神榜》，宁波庞天红（老生）、庞天霞（小生）为主角戏班，在丹城城隍庙演出。外地越剧艺人“庄采小旦”（“软手旦”）及“长脚旦”“阿仙旦”“大堂堂”“小堂堂”“矮糯旦”等分别在林海前岙、东陈南堡、雅林溪陈山、大徐海口、涂茨黄家坛等地留居，带动象山越剧发展，时有顺口溜：“老女爿，看见‘软手旦’，三日不吃饭，四日勿搁筷。”民国 24 年，创“象山人越剧戏班”，继有“王花舞台”“桥头林越剧女子科班”“象山小班”“陈秀英班”等越剧戏班出现，活跃在象山民间。越剧因为唱腔柔美、对白口语化和地方口音，普通民众容易听懂入戏，成为象山民间主要剧种。

1949 年年底，陈福友组织俞生花、刘凤英、叶杏花等开台演出，排出新戏《白毛女》《九件衣》《刘胡兰》等。1952 年年末至 1953 年 1 月间，陈福友班和三门县王小毛带班的“谭香娥戏班”组合，成立“友联剧团”。1955 年春节，高锦英、费少华、夏云芳从上海到象山，高锦英首演《打金枝》，遂成为“友联剧团”头牌花旦。石浦渔民云：“摇橹加把紧，去看高锦英。”是年 4 月，“友联剧团”定名为“象山县越剧团”，团长孙妙琴。1956 年 5 月，上海市国营精华越剧团支援象山，易名“国营象山精华越剧团”。

照 41-2　1962 年尹瑞芳在越剧《胭脂》中饰吴南岱

1958 年 10 月，宁海并入象山县。象山精华越剧团改称为“国营象山县越剧一团”，象山县越剧团改称为“国营象山越剧二团”。1961 年 10 月，宁海、象山分县，越剧二团、一团大部分人员回象山，两团合并为“地方国营象山县越剧团”。1963 年，贯彻毛泽东“厚今薄古”指示，剧团排演现代戏《夺印》《迎春花》《南海长城》《不准出生的人》《霓虹灯下的哨兵》等，在全县演出。1965 年，提倡“越剧男女合演”，男演员伊耀宽与女演员吕嘻嘻同台演小戏《母子会》。1966 年 3 月 20 日，剧团奉命赴慈溪县参加“社会主义教育工作团”，分散于逍林区各公社、大队。“文化大革命”期间，视女子越剧为“20 世纪 60 年代怪现象”，剧团改组，建“象山海防文工团”，大批演艺人员转业。1969 年 6 月，组成象山县毛泽东思想文宣队，以“乌兰牧骑”形式作巡回演出。1970 年，始演越剧《海岛女民兵》《祥林嫂》等。1978 年 8 月，恢复象山越剧团。福建省芳华越剧团尹派传人尹瑞芳提前退休回象山，受聘排演《红楼梦》。1980 年，县举办越剧训练班，招学员 31 人。1982 年，县农村业余越剧团有新桥、旦门、泗洲头大队、茅洋、屠家园、樟岙、高塘、溪沿、晓塘、下沙、墙头、大徐区、西山下、南堡、爵溪、黄避岙、昌国、莲花、梅溪、金星下沿、樊牧、关头、樊岙南水、东陈、泗洲头东联、大徐、莲花、梅溪等 28 家。是年 7 月，在省“小百花”调演中，董柯娣在《天问》中饰屈原，获优秀小百花奖，萧亚萍、纪顺利、吴巧燕等人获小百花奖，尹瑞芳获优秀园丁奖。1984 年，越剧训练班并入象山越剧团。1984 年 11 月，参加市戏剧节调演，《患难情》获创作奖、演出奖。1986 年 10 月，《血染楚天》获市二届戏剧节创作奖、集体奖和舞美设计奖，任志莲、萧亚萍、潘莲菊获优秀演出奖。1988 年，剧团赴杭演出，省电视台为《血染楚天》录像，省电台录音。1989 年，张亚萍、萧亚萍评为“’89 宁波市十大戏曲明星”一等奖。1990 年 10 月，《汴水风云》参加市第四届戏剧节获优秀演出奖、优秀导演奖、作曲一等奖、舞台美术奖、优秀灯光奖、剧本二等奖。90 年代中期，象山越剧团解体，但民间越剧团队仍演出不绝。90 年代后，象山越剧开始式微。至 2008 年，民间剧团较活跃的有象山雨辰（丹城）、象山鑫磊（新桥）、象山红双祥（晓塘）、象山墙头红牡丹（墙头）、象山蓬莱（高塘）、象山康乐（高塘）、象山恒康（大徐）等。

象山县越剧团情况表

表 41-11

剧团名称	建团时间	发起者	备注
象山人越剧戏班	民国 24 年（1935）春末夏初	陈福友、陈阿金、王阿根、周阿根、金根、仁根等	男女混合演出
王花舞台	民国 27 年前后	王阿根、俞生花等	后戏班至温州演出，因亏本而解散
桥头林越剧女子科班	不详	林培杰、林培成、王金水、“宕手土”、王阿友	俗称“象山小班”
陈秀英戏班	不详	陈秀英	男女混演戏班，演出至中华人民共和国成立前夕

续表41－11

剧团名称	建团时间	发起者	备注
俞生花戏班	不详	俞生花	男女混演戏班，演出至中华人民共和国成立前夕
友联剧团	1952年10月	陈福友、王阿毛	团长陈福友
象山县越剧团	1955年4月	—	“友联剧团”改名，团长孙苗琴
象山县越剧流动演出组	1956年	陈福友	1958年人民公社化时解散
精华越剧团	1951年7、8月间	吕嘻嘻、董伟君、罗佩芳、罗佩琴、裘嘉俊、俞东海等	团长董伟君
国营象山县越剧一团	1958年10月	团长吕嘻嘻	“精华越剧团”改名
国营象山县越剧二团	1958年10月	团长孙苗琴	“象山县越剧团”改名
地方国营象山越剧团	1960年11月8日	团长吕嘻嘻	象山越剧一团、二团合并改名。1969年解体
象山县越剧团	1978年8月	团长陈梅芳（1984年任）	以县毛泽东思想文宣队基础重建。1995年11月26日解散

第二节　京　剧

京剧，象山俗称“徽班”，清末始有外地剧团到象山演出。民国初年，谢怀孝、顾阿恒等在象宁交界处横埕村组建徽班。民国16年（1927）至民国17年间，茅洋上胡村“白毛老”资助泗洲头人赖大喜开办“北平新新大四喜班”，为正式徽班。民国期间，活跃在象山民间徽剧团七八家，稍有名气的有东岙科班、井头小徽班等。中华人民共和国成立后，象山无京剧团。“文化大革命”期间，象山毛泽东思想文宣队有京剧样板戏演出。

象山县京剧团情况表

表41－12

剧团名称	建团时间	发起者	备注
北平新新大四喜班	民国16年（1927）至民国17年间	赖大喜	民国30年剧团遣散
东岙科班	民国18年4月间	黄文忠	民国22年与北平新新大四喜班合并
西周东岭小徽班	民国20年	陈志川、顾阿雅、和尚、瑞行、周宝章等	—
林海桥头林徽班	民国24年前后	林培成、林世炎	—

续表41-12

剧团名称	建团时间	发起者	备注
井头小徽班	民国35年	史杨舒、顾阿恒、顾文俊等	中华人民共和国成立后解散
茅洋南充小徽班	不详	—	—
亭溪麻车岭小徽班	不详	—	—
新新大四喜班	民国35年后	“徐和尚”	民国36年解散
泗洲头俱乐部京剧团	1956年12月	张文全	1958年解散
象山县毛泽东思想文宣队	1969年	—	演出《红灯记》《沙家浜》等“样板戏”
海台京剧团	1980年前后	—	农村业余剧团，1982年后解散

第三节　平　　调

平调，是浙江调腔的一个重要支派，产生于明末清初，是浙江古老的曲牌连缀体地方戏曲剧种之一，以宁海、象山为中心，流行于黄岩、温岭、临海、仙居、天台、奉化等地，清末至民国，象山颇流行。民国7年（1918），泗洲头萧胡村萧友义“聚庆丰”和塘岸村朱阿华“大庆丰”，为象山较早平调演出戏班。民国期间，有六七家。民国25年，新昌三坑村的腔调传入象山昌国鸡鸣村，成立鸡鸣三坑班，创始人为张小根、方小根、林寅木和竺财兴等，掌握的演唱剧目有18种，分掉腔、平调和高腔3种。剧本有《九江口》《双玉配》等传统剧目，戏班多时达20人。1960年1月，地方国营象山县平调剧团成立。象山平调剧团深入山区、海岛等地演出，演出覆盖面达全县80%以上。1961年10月，宁海、象山分县，象山县平调剧团留宁海，改称“地方国营宁海平调剧团”。“平调”也改称为“宁海平调”。

象山县平调剧团情况表

表41-13

剧团名称	建团时间	发起者	备注
聚庆丰	—	“小旦兆”	俗称“萧胡山坑班”，中华人民共和国成立前夕遣散
大庆丰	—	胡颂金、胡金海	另名“老聚源”
平调剧团	20世纪30年代	葛时贤、“大炮昌”	属于“凑拢班”
平调艺徒培训班	民国23年（1934）	王阿兴	—
鸡鸣三坑班	民国25年	张小根、方小根	—
象山县平调剧团	1957年7月	—	主要演员有杨先达、葛时烟、林以奎等

第四节　乱　　弹

乱弹，流传于清末。紫云乱弹出现在昌国、下沈、三角埭一带，太平乱弹则在高塘、鹤浦等海岛渔区。民国9年（1920）前后，先后有“王紫云”“郑紫云”“老大三庆”“新大三庆”等戏班活跃在民间，唱腔用“紫云宫”“三五七”等曲牌，不再人声帮腔，改用板胡、笛子、月琴等乐器伴奏，变粗犷为优雅，激昂时加入大锣大鼓，颇受观众欢迎。剧本多属“国剧”“正剧”，例如《三国演义》连台本戏。演出依靠老艺人口授身教，领班说戏、铺排、分配角色，凭演员灵活发挥，具有即兴演出性质。演奏无曲本，全凭乐师临场运用。

戏班以紫云班为多。民国时期，较著名的有萧胡紫云班，胡承万、阿三为班长，演出至中华人民共和国成立前夕。三角埭紫云班，民国34年（1945）6月成立，班主杨伟陆。1956年，余才宝组织三角埭俱乐部，成立业余乱弹剧团，演出《穆柯寨》《薛刚打太庙》等剧，杨伟陆为导演。1957年，《回荆州》参加全县文艺会演，获三等奖。剧团活动一直延续到1966年“文化大革命”初期。三角埭村“紫云乱弹”唱腔传统，今为县级非物质文化项目。

第五节　话　　剧

话剧，民间俗称“文明戏”，始于民国3年（1914）墙头欧氏私立果育学堂。时学堂规定，每周六下午开展各种文体活动，因此出现音乐舞蹈和话剧表演。多自编自导自演，有改编课本为剧；有采编故事成剧，有取材于生活入戏，学生为演员，不背台词，临场发挥。五四运动后，象山县立高等小学也兴盛话剧。民国11年，学校举办建校20周年纪念会，表演游艺节目，多有话剧。民国13年后，中共象山共产党早期领导人贺威圣、王家谟等也利用文明戏开展宣传活动。民国14年2月11日，丹城“青年娱乐社”成立，6月在姜毛庙公演，后组织宣传队下乡。民国16年，南田县立第三小学演出话剧，宣传破除迷信，动员妇女放足。民国17年，县立女小演出《逼债》《小小画家》等剧目，观者人山人海。民国22年9月19日，电影导演蔡楚生，音乐家聂耳，演员王人美、韩兰根，摄影师周克等30余人到石浦拍摄《渔光曲》期间，指导石浦大路剧团排练《铁蹄下的歌女》《苦风凄雨》等剧目。民国23年秋，吴烨在丹城孔圣殿旁尊经阁举办新式培本小学，与胡杰（奉化人）、王觉向等人组织抗日救亡宣传，演出《放下你的鞭子》等。石浦斐迪小学宣传队、丹城培本小学抗日巡回宣传队、抗敌剧团、丹山剧团、歌咏戏剧队，赴全县各地演出，宣传抗日。象山解放前夕，石浦第一中心小学成立渔光剧团，象山中学与象山简师师生成立丹光剧社在各地演出。1950年4月，丹城小学与车子工会联合成立丹车剧团演出《大榆林》《宝山参军》《兄妹开荒》《铁树开花》《九件衣》《白毛女》《刘胡兰》等剧目，为中华人民共和国成立初期，县内民间较有名气的话剧演出团队。20世纪60年代初，象山中学学生会宣传队成立，演出话剧《白毛女》等多幕话剧。

第六节　木偶剧

象山木偶剧始于清末，下沈杰岙村郑善桐为县内较早木偶剧艺人，14 岁延师到家传艺，20 岁独立演出，30 岁后声名远扬舟山、岱山渔场。1957 年，贤庠杖头木偶剧《五虎平西》代表舟山地区参加省会演。后象山木偶剧逐渐形成布袋木偶、杖头木偶、提线木偶三种类型，成立戏班或剧团。

布袋木偶

俗称“指头木偶”，唱腔套用越剧、绍剧、“象山乱弹”，偶有民间小调配唱。清末民国初，郑善桐在舟山、岱山沙头趁渔汛期演出布袋木偶，所有道具仅装两箱子。其后，传人有下沈里静赖德明，西周沙地“黄鱼包”，西周土桥许志成，高塘郑昌贤、王建华。传统剧目有《玉连环》《送金镯》《珍珠塔》《双珠凤》《朱元璋出世》《白罗衫》《白蛇传》等。20 世纪 60 年代，编演《雷锋的童年》。

杖头木偶

俗称“下弄上”。民国 27 年（1938），大徐三角埭杨伟陆从鄞县引入，成立木偶戏班，杨伟陆、章长云、孙全备为演员，何根火、驼背仁金、花子生为后场。民国 29 年前后，扩充戏班，增添行头，正式起名“群英舞台”，县内在东乡、西乡，出县有宁波、舟山等地，盛况一时。1956 年，贤庠乡马岙村章仁金、何根火和上白家村何龙朝、潘财发等人吸收 4 名学徒，成立全县第一个自负盈亏杖头木偶剧团，排练《杨家将》《五虎平西》《狸猫换太子》《紫金鞭》等 20 余个剧目，在象山、宁波、舟山等地营业性演出。曾参加省、地木偶戏会演，获传统艺术演出奖。1960 年解散。1977 年，大徐文化站重组杖头木偶剧团，1980 年解散。

提线木偶

提线木偶能模仿人和动物动作，由上空提线控制，雅称“絜根线”，被误称“脚梗线”。唱腔以昆腔、乱弹为主。民国 31 年（1942），高塘岛乡艺人李相明创办提线木偶剧团，艺人有陈小头、余就龙等，在县内及舟山、台州、宁波一带演出。主要剧目有《西游记》《封神榜》《征南唐》《赵匡胤》《劈山救母》《凤凰簪》《天宝图》等传统节目，还演出《半夜鸡叫》《血手印》《墙头记》等现代节目。1979 年，高塘公社成立提线木偶剧团。2007 年，高塘岛乡提线木偶列入宁波市“非遗”名录。《高塘提线木偶》内容详见本志“非物质文化遗产”篇第四章“市县级非物质文化遗产”。

第七节　曲　　艺

清末民国初，传统曲艺有评书（说书）、唱新闻、小热昏（象山小唱）、宁波走书、莲花落等，现代有快板、相声、三句半、小品等。民国时期，东港傅天龙、大徐王阿根等为知名曲艺艺人。1952 年上半年，县文化馆举办盲艺人员培训班；7 月，成立象山县曲艺协会。协会配合土地改革、抗美援朝、镇压反革命、新婚姻法、互助合作等各项运动，创作《送军粮》《把余粮卖给国家》等剧目。1955 年，叶荣彪、郑秀月引进宁波走书，在象山推广，糅合民间曲调“卖花线”“杨柳青”“紫竹调”“金陵塔”和越剧唱腔，取得良好效果。1958 年，叶荣彪出席省曲艺工作者代表大会。是年，叶荣彪、郑秀月、林功嗣三位盲艺人在溪口乡 7 天演唱 47 场，听众 3056 人次。1961 年，省文化局和中国戏剧家协会浙江分会在杭州举办“传统节目会演”，叶荣彪《秀娣闯海》获演唱奖。“文化大革命”中，曲艺遭到批判。1977 年，“文化大革命”结束，曲艺人重新考核、登记，叶荣彪任省“曲协”二届、三届理事。1981 年，创作《骨肉同胞情不断》（象山新闻）参加地区会演时获奖。是年，石浦、昌国、东门文化站办起书场。1982 年 11 月，县文化馆设曲艺组。1986 年，县文化馆、西沪港部队、石浦文化分馆、37624 部队等分别举行新年文艺晚会，出现独脚戏、相声、滑稽等曲艺节目。20 世纪 90 年代后，民间曲艺式微，小品等开始兴起，“象山新闻”得到传承。至 2008 年，全县有 70 件曲艺作品获得市级以上奖项。

象山新闻（唱新闻）

列入浙江省非物质文化遗产名录。“唱新闻”，又称“锣鼓书”，俗称“讨饭唱”，原是盲艺人求乞时的顺口溜，节奏鲜明，音韵铿锵。后演变为一种曲种，广泛流传于宁波市所属象山县及周边北仑、鄞州等地，影响遍及舟山市的岱山、普陀等。象山境内的唱新闻皆用象山方言腔调演唱，内容都是本地风土人情，所以又称“象山唱新闻”。1974 年，定名为“象山新闻”。

据民国《象山县志》记载：“清末，新闻传入本县”，距今已有 100 多年历史。另有民间艺人口传，说唱新闻产生在南宋时期，时有 13 个象山有志者，用演唱象山乡音的方式把流落在外的游子召回故乡，途中吸收了临安、杭州、绍兴等地民间曲艺的养分，逐渐形成“唱新闻”。还有一种说法，唱新闻源于历史上唱朝报。

唱新闻的表演形式是说唱相间，以唱为主。演出方式分单口（一人演出）与双口（两人演出）两种。单口演出时，左手持小锣、竹板，右手持鼓槌、锣片（竹片），左腿上放一只小腰鼓，有时边敲边说唱，有时唱完一段敲一阵锣鼓，然后接着说唱。双口演出时，一人为主，并自敲鼓、板；另一人伴唱。一般在演出前先敲一阵锣鼓，以招揽听众，俗称“闹场”，开演时先唱四句或六句唱句，叫作“书帽子”，然后转入以唱为主，间有说白的正书表演。

唱新闻因演出场所不同而有不同的演出称谓：站在老百姓门口说唱，称为“唱门头”；进入居民天井、名堂之中说唱，称为“楞便场”；在开行的航船上为旅客说唱，称为“唱火轮”；在庙会、集市上说唱，称为“唱灯头”；进入书场说唱，叫作“唱场子”。旧社会唱新闻的艺人，多是盲瞽男，奔波漂泊于各地卖艺，类似乞丐；只有少数表演水平较高的艺人，才有可能进入书场表演。

唱词，基本上唱词多为七字句，也有长短句，双句押韵，用象山方言演出。声腔以“新闻调”为主，兼用“慈调”（与四明南词的“赋调”相似）、“悲赋调”（与四明南词的“慈调”相似）。“新闻调”文体为七字（包括增、减）奇言对偶句式，每段句数不限。乐体为一个语音化的、有节拍的、吟诵性的单唱句的重复和变化。唱腔多为一字一音，依字行腔，极为口语化，叙事性较强。但可因地（象山各地）因人（不同的艺人）而异。每段两句、四句、六句或更多均可。每段最后一句（称谓不明）则为一句幅稍长的定腔乐句，末字要加腔 5 小节。

伴奏道具，传统的有小锣、竹板、鼓槌、锣片（竹片）、小腰鼓，现在也可加入乐队演奏，乐器有二胡、三弦等。

表演程式，新闻多是一人进行演唱，也有两人对唱。常用的曲调有词调、哭调、慈调、赋调、越剧等和地方小调，共几十种之多。其所用乐器有：鼓、锣，也有用竹板敲打的。艺人在演唱时，右手挟一根鼓杆及打锣木片，左手提一面小锣，两膝膝盖上按着一只小鼓。演唱前先打击几番，俗称“闹场”。“闹场”结束，即开始演唱。开头往往会先唱一个“书帽子”。

或是四句，如：天上星多月不明，地上人多出新闻。新闻出在何方地？某某乡里某某村。

或是六句，如：犯关犯关真犯关，宣统皇帝坐牢监。正宫娘娘担监饭，红皮老鼠拖小猫（方言读若“蛮”），世上新闻交交关，且听我来说一番。书帽子拖腔一完，即转入正书。正书里有说有唱，有时边唱边用鼓槌或锣片有节奏地轻轻叩打鼓壳或小锣。等到唱罢一段，再敲几番锣鼓，然后再接下去说唱。

主要作品，长篇节目有《吊发圆》（象山始创）及《采桑记》《雨伞记》《唐再庆》《笼箱记》《玉手柱》《还金镯》《白玉带》《陆德林掏风藤》《黄糖记》等；中篇有《锁吊兰私情》《三县并审》《药狗记》《雌雄镯》《借衣还衣》《家猫告状》《秀才卖桃子》等；短篇有《人人拥护四十条》《沥洋糖厂俞银根》《秀娣闹海》《陈老大心事》《让洞房》等。

象山较早的新闻艺人是清末民国初的象山东乡溪沿村盲艺人“花眼定”，念中加唱，形式遂趋定型。还有号称“新闻三大圣”的贤庠镇海墩村贺根本、涂茨镇大坦村傅天龙、墙头镇吊水岩村周成法，他们以演唱传统节目为主。中华人民共和国成立后，叶荣彪、董顺发等人创作演唱的《人人拥护四十条》《骨肉同胞》等节目参加宁波地区演唱并获奖。20 世纪 70 年代叶胜建、李素琴学习唱新闻，以编演反映现代生活题材的新闻节目为主，节目有《陈老大的心事》《让洞房》等，前者于 2007 年获浙江省第三届曲艺大赛创作表演一等奖，2008 年全国“牡丹奖”曲艺大赛提名奖。代表性传承人叶胜建，嗓音醇厚，打鼓技艺高超，右手大拇指和食指夹敲锣板，无名指和小指夹鼓棒，用一只手就能敲锣打鼓，且节奏精准、流畅，此技法县内无人能出其右。掌握象山唱新闻的所有曲调，特别是能唱难度最大的词调。

宁波走书

又名“莲花文书”，流传于宁波、舟山、台州一带，象山南乡一带称“讲走书”。同（治）光（绪）年间出现于宁波，民国时期引入象山，知名艺人有陈福有、翁彩娥夫妇、“赖肥皂”、墙头宋云英、鹤浦张吉羽、茅洋郑和方等人，演艺各有千秋，名噪一时。曲调常用四平调、马头调、赋调、蛟川调、三顿二黄武打等，唱腔婉转悠扬，其高音处也显清澈柔美，有时用还魂调、词调、二黄、三顿、三五七等。乐器有四弦胡琴、二胡、月琴、扬琴、琵琶、三弦等，其中四弦胡琴是必不可少的乐器。传统书目有《玉连环》《七星剑》《三门街》《大红袍》《绿袍》《珍珠塔》《麒麟豹》《包公案》《狄青平西》《紫金鞭》《小五虎平南》《薛仁贵征东》《薛丁山征西》《薛刚反唐》《绿牡丹》等。1952 年，组织民间艺人培训，开始演出现代革命斗争故事，书目有《三斗六老虎》《母女会》《徐秋影案件》《欧阳海之歌》《51 号兵站》《二〇四案件》等。20 世纪 70 年代，陈福友、翁彩娥夫妇在夏收之后演讲《三盗保险箱》（由小说《战斗在敌人心脏里》改编），能唱上 10 余天，动情处全场鸦雀无声。

小热昏（象山小唱）

流行于江浙沪一带的谐谑曲艺形式，又名“小锣书”。许多艺人熬制梨膏糖，用这种说唱形式推销，俗称“卖梨膏糖”，中华人民共和国成立前后流行于石浦、丹城，久之，称为“象山小唱”。一副三脚架，一条长凳，一人或两人，多在露天演唱。曲调以《五更调》《四季花名调》《十二月结子调》《卖花线女调》《长工叹》《孟姜女调》《马灯调》为主，结合什锦走书中《进花园》《夜勿禅》《码头调》《平调》《蛟川》等曲调，融入上海说唱中《吴江歌》《夜夜游》《金铃塔》及苏滩、大陆板等曲调，是各种曲调大杂烩，说说唱唱，节奏自由。根据内容情节，配上合适曲调，可由表演者自由驾驭，随机选取。中华人民共和国成立后，为配合宣传中心工作，常用于街头、会前会后宣传演唱。只要有台词，演唱者和配乐者即可默契表演。节目有《歌唱“农业纲要”四十条》《象山巨变》《十年规划宏图》《落后要挨打》《大目涂战歌》等。2006 年，象山外国语学校屠贞珍、陈玉凤以此形式编排《赶小海》节目，参加省曲艺会演，获银奖。

评话（说书）

象山俗名“说书”“讲书”。演唱场所是城区的书场或农村集镇人群集聚的场所或民间院落中。中华人民共和国成立前，石浦新道头街茶坊店设文书场，老道头、达兴码头江家楼上设武书场。爵溪刘家道地及新桥等农村均有说书活动。“说书”演出时仅用醒木和扇子作道具，不配音乐，不带伴奏。一个人饰演几个甚至十几个角色，把书中三教九流人物的形态、个性、口吻，表演得惟妙惟肖；一把折扇，即作刀枪棍棒，又作笔墨纸张，随心所欲，化作万千道具；一块醒木，即作镇场静物，又可作情节衬托，渲染故事气氛。评话说书的书目有《水浒》《三国》《隋唐》《三门街》《岳传》《包公案》《七剑十三侠》等，中华人民共和国成立后，增加革命故事。1978 年，丹城东街开办光明书场 120 座。1979 年，丹城东街开办蓬莱书场 120 座；石浦老街开办石浦书场 300 座；爵溪镇开办爵溪书场 80 座。1981 年，石浦东门文化站、昌国文化站开办书场。

照 41-3　丹城蓬莱书场

第八节　电影　电视

民国时期电影放映局限在丹城、石浦和南田等地，多在室内放映。中华人民共和国成立后逐渐到农村露天巡回放映，以年或月周期安排，放映日子，村落如同过节。20 世纪 80 年代，电视对普通家庭尚是稀罕物品，90 年代之后进入千家万户。电视兴起，电影放映盛况不再。民国 22 年（1933），上海联华影业公司以石浦渔港为背景，拍摄电影《渔光曲》。2004 年，象山影视城建成，影视产业得到快速发展。

电影放映

民国 10 年（1921）6 月，上海南洋烟草有限公司驻甬经理部经理陈才宝，为推销香烟，携手摇放映机一架和中外无声卡通片 24 套，到象山丹城、石浦等地放映电影，开象山电影放映之先河。民国 14 年 4 月 17 日，商民章润德组织大达影戏团在丹城放映电影。4 月 19 日，在姜氏宗祠开演影戏，对外营业，为象山电影营业性放映之始。民国 24 年 8 月，省教育电影巡回第一队，到丹城首映无声电影《三姊妹》等。翌年 4 月 20 日，省立宁波民众教育馆在石浦成立，除在石浦及沿海渔村放映电影外，兼巡回放映象山、南田、鄞县及镇海 4 县。是年，共映电影 56 场次。民国 26 年，在石浦、南田、定海、镇海放映电影 100 余场次，观看民众 10 万人次以上。影片有国防常识片《防毒》《滨海之岛》和教育片《小朋友》等 5 部。民国 28 年至民国 30 年石浦沦陷前，使用美制柯达克 D 型无声电影放映机、中亚小型直流（110 伏）发电机，放映国产影片《克复台儿庄》及《抗战特辑》（第一集、第二集），影片由省教育厅免费供应。民国 36 年，省电影教育巡回放映队在丹城放映电影 5 场、石浦放映电影4场，影片为《盘丝洞》等无声片，并加映一些农业广告片。

照41-4 1959年放映队赴南韭山放映电影

1949年11月，中共中央华东局、华东军政委员会组织电影放映队，赴舟山前线慰问放映。巡回放映到象山，有国产故事片《留下他打老蒋》、新闻纪录片《民主东北》、美术片《皇帝梦》以及苏联故事片《普通一兵》等。1950—1952年，中国人民解放军电影放映组在石浦、爵溪、钱仓等地放映，影片有《中华女儿》《钢铁战士》《光荣人家》《大地金光》《新儿女英雄传》《卫国保家》等。1952年11月，省总工会电影队在丹城放映苏联故事片《顿巴斯矿工》《金星英雄》，使用仿苏KX-47型国产200型16毫米电影放映机和美国好姆来脱发电机。1953年4月，省电影教育工作队第三小队到象山巡放映国产故事片《白毛女》《南征北战》等，历时1个月。在石浦放映《白毛女》时，一民兵恨黄世仁，用刺刀戳破银幕。是年11月，省电影教育工作队204小队驻象山放映，巡回28个电影放映点，放映电影70场，观众10万余人次。1956年，省增派224小队到象山，与204队分南北两片放映，观众50余万人次。1958年10月，宁海并入象山。象山电影队增至6个，年映电影3000余场，观众500万人次。1959年，县委召开万人干部大会，以通宵电影代替与会干部住宿。1961年10月，恢复宁海县建制，象山分得16毫米放映队3个，放映员10名；12月，首次上映国产彩色戏曲片《孙悟空三打白骨精》，出现群众拦路抢放映机现象，鹤浦放映一场电影，观看人数高达万人。1963年，全县建立824个固定放映点，50个机动放映点，仅11户的龙头背村与8户的甸平山村，亦设点放映。1965年4月，彩色戏曲片《红楼梦》安排到象山放映，遭象山宣传系统领导抵制，成为当时宁波地区唯一没有上映的县区。1970年8月10日，丹城首映《红灯记》；9月3日，放映《智取威虎山》。是年放映队增至7个。至1976年，电影队增至33个。其间主要放映《红灯记》《智取威虎山》《沙家浜》《红色娘子军》《杜鹃山》《海港》《奇袭白虎团》《龙江颂》8个革命样板戏。

1977年，陆续恢复上映舞台艺术片音乐舞蹈史诗《东方红》与故事片《洪湖赤卫队》等影片。1978年5月，彩色戏曲片《红楼梦》在象山首次上映，盛况空前，丹城出现半夜排队购票盛况，联映5天，观众达5万余人。1983年6月，檀头山公社建立电影队，全县实现社社有电影队。1984年8月15日，象山县电影院首映立体电影《欢欢笑笑》。至1985年年末，全县放映队达159个，列全省之冠，年映电影29868场，观众2363.55万人次。1987年4月，县电影公司获“全国电影发行放映系统先进单位”。是年12月8日，县电影公司与西周、珠溪、亭溪、晓塘、泗洲头乡镇影剧院及西边塘、鸡鸣、松岙、毛湾、钱仓、杨蓬岙、萧胡、上马岙村办电影队等14个单位获全国首届科教片汇映先进单位。1990年11月，首届全国影片拷贝鉴定维修技术比武揭晓，象山张淑红机接、手接获全国单项第二名，全能第27名，授予“技术能手”称号，受全国总工会和国家广播电影电视部表彰。1991年，全县放映电影30755场，观众2166.58万人次。1992年，放映电影26955场，观众1755.29万人次。1994年，全县放映电影13515场，观众下降到705.99万人次。1995年，象山电影院观众厅租予个人办舞厅，门厅改为小电影厅；爵溪电影院观众厅承租予个人办厂。1996年，农村电影放映队绝大部分停止放映活动，城镇电影院每况愈下，是年仅放映

3049场，观众109万人次。1998年，县电影发行公司出现亏损。1999年12月26日，县电影发行公司转制。2000年，象山县电影发行放映股份有限公司和象山县荔港影剧有限责任公司成立，分别负责象山南北两片电影放映。2004年，象山籍影人柯受良主演的最后一部电影《兄弟》首映式在象山剧院举行。2005年始，县委宣传部开展历时3年的“千场电影进农村活动”，送电影下乡、活跃农村文化，当年放映电影1002场。2008年，全县有电影放映单位22家：象山县电影发行放映有限公司、象山县鹤浦海岛数字电影队、象山县黄避岙数字电影放映队、象山县贤庠永如数字电影放映队、象山县大徐镇华良数字电影放映队、象山县新桥镇五狮数字电影放映队、象山荔港影剧有限责任公司、象山古今电影队、象山建业数字放映队、象山丹东数字放映队、象山灵岩山电影放映队、象山便民放映队、象山为民电影放映队、象山大众电影队、象山利民数字电影放映队、象山大象放映队、象山半岛放映队、象山大陆电影放映队、象山大白象数字电影放映队、象山南屠数字电影放映队、象山上街头电影放映队、象山星艺数字电影放映队。

影视拍摄

照41-5 聂耳、王人美等在石浦拍摄《渔光曲》留影

影视拍摄分电影、电视两类。电影拍摄始于民国22年（1933），上海联华影业公司二厂导演蔡楚生，以石浦渔港为背景，拍摄电影《渔光曲》。王人美、聂耳、周克、韩兰根等30余人住石浦浦江、金山两旅社。演剧人员深入石浦火炉头、东门，了解渔民生活，东门岛青年渔民邵银才参与电影拍摄，表演海上翻船镜头，为象山第一个参与电影拍摄的群众演员。民国24年，《渔光曲》在莫斯科国际电影节获荣誉奖。

《渔光曲》当地群众演员回忆摘录① 当年我正是20岁小伙子。这天早上正从下湾门拖虾回来，看到天门山下海面集中了许多舢板、小船，海面上风大浪急，小船来回穿梭，非常壮观，于是我也去看热闹。这时摄影师正要拍一个渔民在海上遇难翻船的镜头，可是表演者翻不了船。这时蔡导演看到我身强力壮，有渔民味，要我下去试试，表演翻船。我赖着自己水性好、身体棒，于是就赤膊上船表演了渔民翻船遇难的惊险场面。我在船调头、船身倾斜时，用力把橹一扳，小船翻了，这时许多渔船前来抢救。蔡导演让摄影师拍下了这个镜头，感到很满意，赏我大洋五元，我高兴极了，如中了头奖一样。

1977年，周铭秀在台北成立金盟音乐有限公司，从事电影制片工作。1977—1978年，摄制《串串风铃响》《秋雨潇潇》《钟馗嫁妹》等影片；1979年，摄制武侠片《折剑传奇》《七巧凤凰碧玉刀》；1980年，摄制古龙武侠小说《快乐英雄》《离别恨》，此后又摄制《英雄对英雄》《谁敢惹我》《笨鸟满天飞》等。1990年，柯受良担任电影导演，首部作品为《壮志豪情》，后导演《咖喱辣椒》等系列电影，成为香港动作片名导演，与林青霞合作演出《黑白珠》，饰黑社会“大哥”，性格鲜明。1998年，杨海君（杨子）参与创作电影《呼我》，任副导演；1999年，参与创作电影《我晕了》，任副导演；2003年，独立制作《旅程》，任制片主任，入围戛纳电影节一奖项；2004年，编剧《养蜂人》；2007年，任纪录片《伞》制片主任，入围威尼斯电影节地平线单元；2008年，独立制作电影《云娜》任编剧、导演、制片人，并担任《震中》《望京》编剧。

①根据1989年邵银才（时年76岁）口述内容摘录。

1988年，摄制完成电视纪录片《今日象山》，为介绍象山第一部电视纪录片。1990年，上海电视台在殷夫故居等地拍摄《血路》(上下集)，象山本籍人士担任部分角色。翌年，在中央电视台一套播出。1997年，徐露创办上海和展影视制作有限公司，在美国成立凯撒国际影视公司，买下美国一些电影版权，经配音、翻译后在国内电视台播放。公司每年电视剧产量百集左右，拍摄的电视剧有《老房有喜》《上错花轿嫁对郎》《半生缘》等。在象山影视城与其他4家制品公司共同参与制作《神雕侠侣》。1999年，在象山松兰山拍摄《哪吒》。

2004年12月，象山新桥影视城建成，到象山拍摄影视单位逐年增多，影视产业迅速发展。2005年1月10日，张纪中执导《神雕侠侣》在象山影视城开机。是年，影视剧《红孩儿》《鉴真东渡》开机。2006年，影视城拍摄影视剧6部，2007年拍摄10部，2008年拍摄3部。

1996—2008年部分年份象山县影视拍摄情况表

表41-14

年 份	作 品 名 称	导 演	拍 摄 地 点
1996	《长在红旗下》	藩 霞	象山县第三中学
1999	《哪吒》	余明生 叶成康	松兰山
2005	《神雕侠侣》	张纪中	象山影视城、外景松兰山
2005	《红孩儿》	冀 秦	松兰山太极湾沙滩
2005	《鉴真东度》	林大庆	松兰山
2006	《碧血剑》	张纪中	象山影视城、外景松兰山
2006	《薛仁贵传奇》	丁仰国	象山影视城
2006	《少年杨家将》	李国立	象山影视城
2006	《水浒英雄谱》	张建亚	象山影视城
2006	《大明王朝1566》	张 黎	象山影视城、外景红岩
2006	《胡笳汉月》	冷 杉	象山影视城
2007	《井冈山》	金 滔	象山影视城
2007	《乱世豪门》	万 仁	象山影视城、外景红岩
2007	《那小子真帅》	—	红岩
2007	《大唐游侠传》	张纪中	象山影视城
2007	《嫁妆》	灏 然	石浦
2007	《那年夏天》	—	石浦
2007	《抗倭英雄吴时来》	司小冬	象山影视城
2007	《长江一号》	朱锐宾	象山影视城
2007	《超强台风》	冯小宁	石浦
2007	《温暖》	梁 杰	石浦
2008	《八仙全传》	裘立新	红岩
2008	《射雕英雄传》	李国立	红岩
2008	《仙剑奇侠传三》	李国立	松兰山

第四章　群众文化

象山群众文艺活动最早始于庙会，农村、渔区常是群众文艺活动最活跃的场合。五四运动消息传入象山后，即有“象山学生联合会”组织的街头宣传活动。大革命时期、抗日战争时期，演讲、宣传活动不绝。中华人民共和国成立后，农村成立俱乐部，经常举行各种民间文化活动。“文化大革命”期间，民间文化活动遭批判、禁止。1979 年，改革开放后，群众文化重焕生机，传统和现代的群众文化活动得到发展。

第一节　民间文艺样式

传统民间文艺活动内容丰富，形式多样。有抬阁、踩高跷、抬鼓亭、盘龙灯、滚狮子、走马灯、灯彩、花车、打腰鼓、扭秧歌、猜灯谜等，参与表演者多为普通民众。一些项目难度较高，有地域特色和历史传承，盘龙灯最为普及，很多村庄有自己的龙灯队。中华人民共和国成立后，很多活动曾在一段时间很少活动，20 世纪 80 年代之后逐渐恢复，很多进入各级非物质文化保护名录。

抬阁

亦称“台阁”，象山旧时民间迎神赛会时一种游艺项目。流行于丹城、爵溪、石浦、昌国一带。综合故事、绘画、曲艺、彩扎、杂技各种形式，在木制的四方形小楼阁里站立两三个小孩，扮演戏曲故事人物，由成人抬着游行，故称。担任人物造型的孩童扮相俊美，体态轻巧，懂得些艺术动作。抬阁需用青壮年 4 名，左右两侧尚各有 2 名青壮年作护卫、开路和替换。抬阁出行时，往往多达四五座，鱼贯而行，配有吹打的鼓乐队，为乡村大型综合性造型艺术。

照 41-6　抬阁

踏高跷

演员小腿绑在竹竿或木棍上，以增加高度行走，故称。每逢迎神庙会，有“七星”踏高跷，在街上游行，也可装扮成小丑模样踏高跷。踏高跷者必须胆大、心细、灵巧、活泼，而且要掌握各种技巧，懂得平衡。技艺高超者，不仅能走得动，而且可单人、双人、三人以上配合表演。“高跷”的高度视踏高跷者技术，技高者可窥得楼上窗内人物。

抬鼓亭

又谓“抬鼓琴”。传南宋时，战乱频仍，邑民外流，田园荒芜，县令为招民归耕，组艺人携乐器，沿宁波、绍兴至临安，一路吹奏乡歌民曲，以乡情感动流浪者，使思归，故称“故情”队，后谐音“鼓琴”。其大鼓置大方框内，两侧安铁环，穿杠抬行。框围白布，饰以八仙、天女、麻姑等图，也有上扎亭阁，围以彩绸或彩纸，旁置锣三、五、七面不等。锣鼓响时，胡琴、笛、箫齐鸣。其特点是抬行巡游演奏，打击乐间配丝竹乐，粗犷、闹猛又间有细腻、悠扬。

盘龙灯

风俗敬龙崇龙，山以龙名，地以龙称，民间多建有龙灯队，在节日期间从事舞龙活动。境内主要有珠水溪母子龙、岑晁打结龙、珠山脚夫妻龙、田洋湖茶山老龙、后洋塘积谷山老龙、五狮山白老龙、番头岙太平龙、樊岙白龙等。

照 41-7 舞龙

滚狮子

流传于上马岙村，清代已盛行。村人称“狮子”为“文曲星”“太平狮子进门来”可消晦气，保佑平安。春节，滚狮先到村里德圣庙和骑头庙拜菩萨，然后上黄氏祠堂拜祖宗，祈祷村庄安康，五谷丰登，安居乐业，接着进各村挨家挨户滚舞。清末民国时期，狮舞传人有黄富章、韩相外、黄端春、黄小仙、陈万才等。

照 41-8 走马灯

走马灯

又称“跑马灯”，清末开始流行于象山各地，以石浦、延昌最具特色。每年正月十三至十八，延昌马灯队伍可达百余人，沿街或于空旷场地跑马灯，其他各村，人数多寡不一，走马灯活动陆续至正月三十日。民国 35 年（1946），由乐家贤带班到上海百乐门附近表演，沪上誉为“活龙飞马”。1956 年，王美锐、戴志达带班赴杭州参加省文艺会演，获二等奖。“文化大革命”期间，道具毁，活动停止。1979 年，金友根等重新制作道具，组织马灯舞队伍，恢复表演活动。1989 年，龚世财接管马灯舞队伍，表演者改为中年妇女。1997 年后，马灯作为民俗活动节目，参加地方各种文化节庆活动。

灯彩

清末、民国时期，逢正月十四元宵节，及各地“行会”之日，民间均有扎制彩灯悬挂，或提灯上街。民间灯彩形式多样，有荷花灯、凤凰灯、孔雀灯、花篮灯、白兔灯、宫灯、五角星灯等，以黄鱼灯、鲤鱼灯、鳌鱼灯、墨鱼灯、蟹灯、虾灯、带鱼灯、鲳鱼灯等各色鱼灯最有特色。20 世纪 50 年代，丹城、石浦、昌国等地数次举行灯会。1957 年，“八兽灯舞”在省、地、民间舞蹈会演中获奖。1986 年 2 月 20 日，县委宣传部、县文化局与县文化馆，在丹城举行全县首届元宵灯会、灯展活动，丹城街道张灯结彩，建设路东起建设桥、西至三象雕塑群段形成灯彩区。

花车

又称“彩车”，以车子为载体的造型艺术。车上可作舟，作山，作楼台亭阁，饰以花草树木、飞禽走兽等装饰，也可点缀各色人物。象山举办中国开渔节，各乡镇组织花车出游。2004 年，石浦渔港古镇花车赴上海参赛，获上海国际旅游节“最受欢迎项目”第二名。

打腰鼓

腰鼓原流行北方，中华人民共和国成立后传入象山。每人左腰挎一个尺半长之圆筒形小鼓，双手执系彩绸的腰鼓鼓槌一对，一边行进，一边击鼓，采用正击、顺击、倒击、胯下击等各种击鼓动作，动作整齐，花样翻新，彩绸飞舞，鼓点铿锵，十分壮观。今逐渐成为广场集体文娱活动重要形式，老年人娱乐、健身活动内容。

扭秧歌

原流行北方，中华人民共和国成立初为庆祝翻身解放，组织秧歌队，开始在象山流行。象山秧歌，一般是腰系彩绸，踩着锣鼓点，口中唱着秧歌词，边扭边舞，也可走场，边走边舞各种队形组合，成为大型集体舞蹈。秧歌动作简单，舞姿丰富，场面热闹，受欢迎。

猜谜语

象山俗称“做谜猜”，民间自发的智力竞赛，造谜面与猜谜底均需要高智商。路廊、凉亭墙面是常见发表谜语地方，一旦出现路人留下的谜面，本地人尽量去猜破谜底，否则感到失面子。民国期间，民众教育馆组织集体猜谜语（灯谜）活动。中华人民共和国成立后，象山县工人文化宫及石浦等地在元宵节期间组织大型猜谜活动。

第二节 群众文化活动

群众文化活动，民国时象山设民众教育馆，以民众识字、扫盲为中心，开展通俗演讲、图书阅览、宣传表演、游艺娱乐、文体比赛等活动。之前不详，民国 8 年（1919）五四运动爆发后，县立高小贺威圣等联合师范讲习所同学组织“象山学生联合会”，上街示威游行，声援五四运动。民国 14 年 6 月 3 日，成立“象山各界外交后援会”，各界 480 人在东岳宫公祭“五卅”死难烈士。民国 26 年“七七事变”后，县立丹山民众教育馆、省立民众教育馆（在石浦），开展抗日自卫宣传。民国 30 年 4 月，象山县成立战时政治工作队，在敌占区从事抗日救亡及宣传活动。

1951 年 4 月，爵溪渔民成立渔民俱乐部，为象山最早农村俱乐部之一，《宁波时报》作报道。后，全县成立俱乐部 26 个，其中南庄区 11 个、新桥区 1 个、石浦区 2 个、大徐区 7 个、墙头区 5 个。全县读报小组 153 个。1952 年 3 月，象山县文化馆在丹城东门外庙举行首届农村剧团会演，演出 2 天，新桥、关头获优胜剧团演出奖。1955 年 6 月 1 日，县文化馆举行全县首届少年儿童音乐舞蹈会演，全县 25 所小学、2 所中学少年儿童共 489 人参加演出。1957 年元旦，在孔圣殿举行全县文艺大会演，共演出舞蹈、器乐、木偶、小演唱等 20 余个节目。1958 年，人民公社成立，部分公社成立文工团，大队、生产队成立俱乐部。1958 年 9 月 25—28 日，在丹城举行现代戏曲观摩演出大会，2 个职业剧团、2 个木偶剧团与诸农村俱乐部，带来越剧、歌咏、舞蹈、活报等 25 个节目参加会演。1960 年，在城关镇（今宁海）剧场举行全县群众文艺大会演，历时 4 天，23 个公社、镇和学校参加，共演出 52 个节目。1964 年 11 月，县文化馆与团县委联合举行全县业余文艺会演，其中，檀头山大王宫女炮班《炮兵舞》，崔家岙俱乐部越剧小戏《悬梁团》参加地区会演。

1966 年，全县农村、厂矿俱乐部、剧团、文宣队发展至 792 个。1969 年，农村业余文艺宣传队成立。1970年10月，举办毛泽东思想文宣队学习班和文艺调演。1972年，纪念毛泽东《在延安文艺座谈会上的讲话》发表30周年，县毛泽东思想宣传站（文化馆）举行全县业余文艺创作会演。1973—1975年，县宣传站每年举行一次文艺调演，参加调演人数均在750人左右。1978年，象山代表团选送一台节目参加在鄞县举行的宁波地区群众文艺会演，其中越剧《打烊之后》获创作演出奖。1982年12月，在象山剧院举行全县农村剧团传统剧目调演，183名演员参演，观众4000余人。是月，宁波地区舞蹈比赛暨交流演出在石浦举行。1983年12月，全县举行迎元旦文艺会演，节目有通俗歌曲、民歌、越剧选段，优秀节目参加市元旦群众文艺调演。是月末，县城与石浦区镇分别举行音乐会。1984年元旦，县文教局、总工会举行“新春音乐舞蹈演唱会”，共演出节目25个；8月30日，县文化馆举行“象山越剧清唱表演赛”，43名越剧爱好者参赛；9月，市群艺馆举行全市文艺调演，象山演出剧目《九分钱》。2001年，象山县人民广场竣工后，为县内各种文化活动提供展示平台。2002年6月，宁波市举办首届农民文化节，柯娜获首届农民艺术节“十佳歌手”。2004年，在人民广场举办新春广场舞蹈展演、全县民间舞龙大赛、猴年新春灯会、“再创辉煌”非公有制企业大型文艺晚会等活动15次；5月30日，宁波市第二届农民文化艺术节在象山开幕，活动延续20余天。2005年，在人民广场举办“新春歌会”“欢乐象山　欢乐之家——庆‘三八’文艺晚会”等大型活动15次，观众累计40万人次。是年，象山开展“一乡一村”农民文化节和“万象之春”“千场电影百场戏进农村”活动，14个街道镇乡的村举办农民文化节。2006年，“一乡一村”农民文化节遍及15个镇乡，覆盖人口近10万人。2007年，举行各类广场文化活动18场，观众达到30余万人次。2008年，西周镇首届“蒙顶山节”、爵溪街道第22届文化节暨第二届“五娘文化节”、新桥镇枇杷节、晓塘乡西边塘葡萄节。黄避岙乡鸭屿村、定塘镇花港村、高塘岛乡林港村、新桥镇高湾村、贤庠镇西山下村举办各具特色农民艺术节。同年，县组织“‘三八’妇女节广场千人健身舞”“全民读书月闭幕式暨中华诗词吟诵会”、文化遗产日暨端午节等广场系列活动17场。

照41-9　市民在排练太极功夫扇

第三节　儿童游戏

儿童游戏起源甚早。有些代代相传，如跳绳、踢毽子、放风筝等，玩法或有变化；有些从外地传入，如滚铁环等。少数在局部区域流行，如打壳、争“井冈山”等。一些游戏因时代变迁而逐渐消失，如勚①铜板。20世纪80年代前，因生活水平低，许多玩具大多由孩子或家长手工制作。随着生活水平的提高，手工玩具逐渐减少，传统游戏规则逐渐失传，如60年代的“旋棋”“猪娘棋”等。传统儿童游戏强调集体、竞技、益智等功能，大部分游戏讲究材料易得、制作方

①方言音擂，动词，滚的意思。

便、规则简易、活动安全。

踢毽子

毽子主要有两种：一种为鸡毛毽，以铜钱为垫子，在钱眼上插几根鸡毛。另一种为纸毽，把纸剪成数十条长20来厘米、宽0.5厘米左右的纸条，用线箍住纸条一头使成蓬松状纸球。鸡毛和蓬松的纸条有漂浮力，容易控制时间和方向，故可踢。计不落地且连续踢的次数多少定输赢，为增加难度，还有许多技巧性与可观性的踢法。20世纪70年代前的毽子多由手工制作。为做鸡毛毽，小孩常从大公鸡上拔鸡毛，父母在杀公鸡之后也会将可用鸡毛留下来。《蓬岛樵歌续编》："毽子抛巡取次飞，香球拍趁转环奇。群儿岁稔欢相靳，腊宴方过灯宴时。"此游戏古已有之。

打壳

20世纪70年代前流行打壳。小孩将吃后的毛蚶、蚶子壳收集起来参与打壳，两三个人选一块石板或者水泥地一起玩。玩法：甲把自己的壳覆在地上，乙站着，提举自己手中的壳瞄准地上的壳，松手后坠下，壳被翻转，即壳归乙所有；未打着，或壳没有翻转，则乙拾起地上自己的壳成为打壳者，打击甲的壳，将壳翻转归己。另有玩法：用粉笔在石板或者水泥地上划出边长在0.5米左右的正方形，再拉出两条对角线，甲把壳放在正方形框内，乙去击打，如果甲的壳被打出正方形外，或者打到对角线的另一边，该壳归乙所有；如果未被打出界与打过线，而自己的壳却落在方框外的，该壳归甲所有等。该游戏在沿海村落流行，特别以石浦附近为盛。《蓬岛樵歌续编》："'海介飞堵博寓钱，村儿戏笑草堂前。遐思货贝皇初日，尤胜康衢击壤年。'村儿以海介代钱，界以局，互击博输赢。"游戏起源甚早。

取线绷

可两人或多人轮流玩耍。用一根细线，两端连接为环形，先由一人用双手撑开构成几何图形，后由另一人双手用挑、穿、勾等方法改变原来的图形，这样两人或多人轮流解绷出各种图形，直至无解为止。女孩玩者居多。《蓬岛樵歌续编》："'缤翻婿字结花新，宛转连日戛玉音。姊妹绣窗闲斗巧，谁将不解解侬心。'女郎有结线之戏，以五色彩线结如环，绕十指上，花样百出。诸女郎互结解，以角胜负，不解及散乱者罚。"游戏起源甚早。

挑香棒

亦叫"掷香脚"，用做佛事剩下的香棒作玩具。集香棒50余枚，一手握住香棒竖在桌凳上，然后将手掌松开，香棒会四处散开。首者捡孤独或不易碰到其他香棒的细竹棒归已所有，直至香棒碰动为止。后由另一人拿起桌凳上剩余香棒，继续上一人动作，直至捡完。过程中，还可将手中的其中一根香棒用来挑一堆中容易挑动的，只要不碰动其他香棒即可。最终，以每人手中香棒多为胜。20世纪80年代后，商家有售染有红绿颜色的细竹棒，各代表分值，游戏后计算分数，高者为胜。

跳绳

古称"跳百索"。早在明代已流行，游戏规则古今差异不大。其跳法有一人自抛绳自跳，记数论胜负。亦有两人抛绳一人跳，或单脚跳、双脚跳；或两人抛绳一群人跳。以不被绳子所绊，跳数最多为胜。

跳皮筋

将橡皮筋接成长绳，两头由两个人牵拉，一人在皮筋上跳出固定花样，完成者为赢，完不成由牵绳者续跳。也可将一端系于树上，另一端自己拉着，一人玩耍。也有去商店购买做短裤用的松紧带替代橡皮筋，女孩尤喜。

打贱骨头

通常叫“打陀螺”，南乡亦称“打旋”。一般用一段高五六厘米、直径三四厘米的木头，削成圆锥形，为转动流畅、耐久，在圆锥尖端钉一个铁钉或嵌钢珠，即成陀螺。在一根细木棒上绑一条鞭子，抽打陀螺使之旋转不倒。既可单人玩耍，也可多人争斗。多人比赛规则：一种是连续不断抽打，看谁的旋转时间长或同时停止抽打，看陀螺旋转时间长为胜；另一种是陀螺碰撞，将自己的陀螺打击对方陀螺，使之倒下为胜。《蓬岛樵歌续编》：“小儿爱耍木陀螺，旋转随人趋势多。争是阿翁颠不倒，百般翻弄奈他何。”此游戏古已有之。

放风筝

亦称放鹞。将毛竹劈成细条捆扎成方形或各种动物形（以鸟形为多），上糊薄纸成风筝。用切鞋底的麻线将风筝帮牢，一头握在手中，待风筝飞上天后，慢慢将麻线放松，风筝就随风飘荡。多有大人带儿童去野外活动，既增加欢乐，又锻炼身体。20世纪80年代后，风筝在商场有售，不再自做。

来蚂蚨

邑人称蚂蚁为“蚂头蚨”“来”有“招徕”之义。孩童打死苍蝇或捉蜻蜓后，放在蚂蚁来往之路上，蚂蚁发现会试着搬动。苍蝇较轻，一个蚂蚁能搬动，沿搬动路线就会发现蚂蚁洞。较大的死蜻蜓搬不动，单个蚂蚁会叫来一大群蚂蚁前来搬运，队伍浩荡，对孩子很有吸引力。有时可观察大半天，农村学前儿童几乎玩过。有些小孩玩恶作剧，当蚂蚁把战利品拉进洞之后，会找棒头把洞口捣毁或往洞中灌水，以求欢快。一边唱儿歌（见本章第四节“蚂头蚨”）一边玩。

办人家

南乡亦称“排人家”，多为一群小孩子在一起，找一个台子做桌子，用贝壳或者瓦片作碗，用草、叶子作菜肴，模仿大人烧菜烧饭，然后围在一起做吃饭样子。故常有偷揭别家屋檐瓦片被房子主人告知父母而受责骂的事情发生；家长看到这个游戏，一般不阻止，提示不用真火，以防火灾发生。

躲猫猫

即“捉迷藏”，县城叫“阄洋猫”，南乡称“阄猫”。“阄”，象山方言读“优”，有“躲藏”之义。一群孩子，规定在一定区域内，在不许“捉猫人”偷看的情况下，各选一个隐蔽的地方躲藏起来，后喊一声“好了”之后，“捉猫人”开始寻找。如果实在找不到，可以要求躲藏孩子发出声音，让继续寻找，还是找不到，叫躲藏孩子自己出来，“躲猫”的孩子为赢。

牁强盗

亦称“斩强盗”，南乡简称“捉盗”（音近“作刀”）。一群孩子，寻找一块平地，视参与人数多少，划出一块长五六米（或稍长），宽四五米（或稍宽）的圈子。一个扮强盗，其他五六人或十来人扮捉盗者。如果圈外强盗冲进圈内，手碰到圈内某人，而又被他逃至圈外的，被碰者要离场，算输。如果在圈内被捉，“强盗”算输，从众人胯下爬过，谓“钻狗洞”。游戏考验参与者的体力、智力、判断力与身体灵活度。

造房子

在地上画六个方格，每一方格约两尺见方，一格为一间房。玩时用小瓦片或一物掷向格内，后用单脚跳入，把瓦片踢入其他格内，谁先跳完所有方格为胜。其间所踢的瓦片不得踢出格外或触及每格画线，违者要停跳，让其他人跳，等到下一轮次，继续自前次停止的格开始跳，胜者打败者的手掌。

挪子

先把碎瓦磨滑磨圆，蚕豆大小，五颗。握五子于掌中，先上掷一子于空中，同时放其他四子于桌子或地上，又迅速接落下之子于掌中。再上掷掌中一子，然后拣地上一子，重复四次，五子在掌，为第一关，称“撮（‘拣’之意）影（‘影’为‘一’意）”。第二关称“撮双”，第一次掷、放同上，第二次上掷，迅速叠其中两子，第三次上掷，叠剩下两子，第四次上掷，则迅速把地上两叠子挪摸到手中，使五子皆在手中。第三关，第一次掷、放同上，然后再上掷一子五次，前三次，把地上的其中三子拼拢一起，成“品”字形，第四次把另外一子置于三子之上，第五次把地上子挪摸到手中，使五子皆在手中。如果没接住上掷子，则输；拣选规定子而碰动其他子，则输；应该叠而未叠成，则输；没有按规定一次性把地上子全挪摸手中，则输。所以放子有技巧，掷子高度有讲究。放得太开，拣子、叠子难度增加；太紧，容易并子或者叠子，容易碰动其他子。多为女孩游戏。

拷拷洋剪刀

玩法近外地的“石头、剪子、布”。握拳为石头，张开手掌为布袋，叉开食指和中指为剪刀。石头可以砸剪刀，剪刀可以剪布袋，布袋可以包石头，被砸、被剪、被包者为败。游戏规定，双方要在念“拷拷洋剪刀”后同时出手，不能待对方出手后再伸手，否则被判无效，或者被视作赖皮。胜者打败者手掌，或者以此决定谁去干某件事情。

老鹰嘿小鸡

“嘿”（象山方言读若“它”），有“捉、吃掉”之意。先选“点官”。众人勾手成圈，点官一边念念有词：“点罗点罗官，骑龙骑虎其做官”，按顺序点去，点到“官”字者扮“老鹰”，同法点出“母鸡”，其他人为“小鸡”。游戏开始，“母鸡”在前，“小鸡”拉住“母鸡”排列成队。“老鹰”来抓队伍中最后的那人，“母鸡”则张开双臂保护，开展捉、护游戏。小鸡被捉，退出队伍，直至捉完。此游戏起源甚早。

打猫

亦称“摸猫”。扮猫者用手帕蒙眼，其他孩子为鼠。扮鼠者乘其不意拍打扮猫者身体，如果被扮猫者捉住，则输。输者扮猫，再继续玩。

勵铜板

将石块垫于薄砖一端，使砖面形成45°斜坡。众孩先后提举铜板，对准砖面松手，铜板碰砖后向前滚动，最远者击次远者铜板，击中赢，还可继续打击。击不中，则由次远者打击，直至最近者击中。输者罚打手掌等。后因铜板难寻，用瓦片磨圆代之。

打尺

取硬木两段，粗者称“尺棒”，细者称“尺比（‘比’有‘小、细’之意）”。尺棒长一二尺，尺比大半尺。打尺者把尺比抛空中，用尺棒击打，使飞远。（尺比没打着为输，换其他人打）。简单玩法为比远近论赢输。一群孩子，选一块空地，以道地、院子为佳。尺比常飞到屋顶砸碎瓦片，而受大人训斥。

弹弹珠

地上挖几个小洞，用拇指弹出玻璃球，依次将玻璃弹子打入洞中。前者弹不进洞，由后者弹；

后者弹不进洞，再由前者在弹子原地继续。进洞后可将弹子取出再按顺序弹向后面的洞，先进最后一洞为赢。

滚铁环

做直径 60~70 厘米铁环，以带“U”形铁钩的手扶铁棒勾住铁环跑步推环前滚。比赛时，一般比谁推得远、推得快，铁环倒地为输。20 世纪 60—70 年代最盛，曾作学校体育项目，多为男孩喜欢。90 年代以后基本消失。

跳马

为集体游戏。一个孩子弯腰近 90°，双手叉在膝盖骨上做“马”，其他孩子跑过去搭“马”背跃过。或轮流做“马”，或跳不过者做“马”。20 世纪 60—70 年代，学生课间休息时常玩。

抛石子

找地上的小石头，看谁抛得远。以块状石头较佳，容易抛远。为容易判断远近，一般选水库或者有一定宽度的河流为比赛场地。多为男孩玩乐。

打水漂

东乡称“连水片”。拿石片或瓦片等片状物，以一定的角度与速度披向水面，片状物着水后会在水面跳跃，漾成一排向前延伸的水圈，水圈多者为胜。多为男孩玩要。

打三（四）角包

亦称“打派司”，利用香烟壳、旧书、旧练习本等废纸，折成三（四）角形状，成“三（四）角包”。用自己的“三角包”尝试打翻对方放在地上或桌子上的“三角包”，打翻为赢，并将打翻“三角”包收归已有。轮打，胜者可连续。男孩玩要为多。

摔跤

邑人称“搿跤”。两人扯在一起，只要把对方压在地上一段时间起不来就算赢，没有其他复杂的规则。最担心衣服弄破、弄脏，被父母亲发现受训斥。

翻跟斗

邑人称“打本斗”，或称“打天斗”。胆小孩子，手、头着地，翻过身去，或连翻几个。胆大小孩两手着地侧手翻，如转动纺车，被称为“纺车轮盘”；也有直线方向前翻，称“大（方言‘tuó’）斗”，难度较高，很多孩子不敢做。“文化大革命”期间，受革命样板戏《智取威虎山》《沙家浜》等各种翻跟斗动作的影响，翻跟斗盛行。

打马仗

一人骑在另一人肩上，下者为马，骑者为兵，与同样阵势的对方撕打。“马”的任务是坚持住，使上面的“兵”不倒下来，不能有其他战斗动作。“兵”与“兵”在上面对扯，倒地落“马”者为输。另有一人在前，后有两人并排各伸一手，搭在前者左、右肩上做成“马身”“兵”跨坐在两人手臂上，同样以将对方“兵”打翻在地为赢。因“马身”稳重，游戏时间较长，男孩居多。

斗牛

一脚站立，一脚勾起，用手拉住。勾左脚，用右手；勾右脚，用左手。站着的脚跳动向前冲，以勾起脚与同样姿势的对方相撞，谁立不住、倒地或脚脱手为输。似在冬季玩要，男孩居多。

打水箭

亦叫“打水铳”。取 30 厘米左右，直径两三厘米，一头有节的竹管一支，节中间挖一小孔。

再找一根细木棒，一头缠几圈布条，插入竹管无节一头即成。游玩时，木棒压至竹管底部放入水中，后拉木棒将水抽至竹筒内，有大半筒后停下，提起。前推木棒，水就会从细孔射出，成水箭。水可射人射物取乐，男小孩喜玩。

藏宝挖宝

找一平、软水田，划出30~50厘米见方的框子。以不超过小指头大小的石子或木片作“宝”。藏宝者在框子里的任何地方，把宝藏进去，然后做好伪装。寻宝者如果三次没挖出，算输，要被藏宝者打手掌，反之亦然。此游戏选晚稻收割后，田块转硬时才能进行。玩得较多为放牛男孩。

打手掌

两人同时伸出手掌，仰掌在下，是进攻者；覆掌在上，是躲避者。如果进攻者提起手掌打着躲避者的掌背，算赢。打不着交换角色。此游戏简单、安全，考验参与者的灵敏度。

钢丝枪

利用手拉车废弃的钢丝，弯成手枪形状，使无螺帽一头能插入螺帽。钢丝枪身上绕多圈有伸缩力的橡皮条，使滑动后产生强大撞击力。在螺帽孔中放入火药（火药从火柴头上剥取）或从商店购买的“七星纸”，打开扳机将让无螺帽一头的钢丝滑入孔中，碰撞后发出响声。顽皮男孩常用来惊吓胆小女孩。

嵌污渣

亦称“挤暖暖”。一群孩子，找一角落，挤在一起，冬秋能取暖。人多，易造成孩子身体伤害。

吹肥皂泡

肥皂水一碗，取无节麦秆一根，麦秆蘸肥皂水，从另一头吹出肥皂泡，在空中飞动、破灭。学前儿童尤爱。

争“井冈山”

亦称“争山头”。20世纪60—70年代，生产队在秋冬季节常把牛栏草堆在操场上，量多时与小山相仿。时间一长，粪堆就像厚厚的草垫子，跌打滚爬都不会伤着身体。天晴时节，一群孩子涌到牛粪堆下，先有一孩冲到高处，另有小孩冲上去将占领山头的孩子拉下。反复重现，以占山头为乐！

打烂泥泡

若干孩子各取一块田泥，去掉其中砂石等杂质，调水后不断在地上抛跌，使成为软而有韧性的泥团。一孩子将手中烂泥做成钵状，口朝上放于手中，然后猛摔在石板或水泥地上，因泥团中空，泥钵薄弱处破裂，出现一个空洞，同时会发出很重的响声。另一孩子要拿出自己的泥去补这个洞。如此轮流下去，声音响、破洞大，要补的泥就多，几番下来，泥最少者为输。男小孩喜欢。

第四节　童　　谣

民间多有童谣流传于世，以母亲与老祖母、老外婆口中传给子孙后辈为多。童谣具有地方特色，在世代流传过程中被不断补充、修改、完善。不同地方有不同童谣版本。

一粒星，拔伶仃

一粒星，拔伶仃。两粒星，挂油瓶。油瓶漏，炒倭①豆。倭豆香，抲生姜。生姜辣，抲箬②鳎。箬鳎乌，抲鹁鸪。鹁鸪叫，抲鹰鹞。鹰鹞飞，抲竹鸡。竹鸡头上一只髻，破开三斗三升血。血呢？血给婆婆喝老啰。婆婆呢？婆婆头缸弄里阒勒犵③。寻寻寻弗着，朅④到河头洗衣服。再到河头寻，跌到河中央。傣⑤（啥）东西去撩？长廊竿去撩。傣东西当棺材？番薯皮当棺材。傣东西当樬⑥杠？灯芯当樬杠。傣人抬棺材？两只红皮老鼠抬抬。傣人哭哭？两只乌草鸡哭哭？咋哭哭？咯咯咀⑦干，咯咯咀。

牵锯解锯

牵锯⑧，解锯，油麻草鸡。爹吃块，娘吃块，剩块小妹妹。小妹还欠多，道地中央勡个窝。撮个破铜钿，买只小白鳊，和家老小一餐鲜。

火萤台夜夜来

火萤台⑨，夜夜来，一夜弗来抲侬煝⑩灰堆。借你牛，行田头。借你马，上宁波。一上上到丈母家。丈母看我热心头，搬出下饭六盆头，一盆水鸡炒带豆；一盆咸蛋红丢丢；一盆虾射⑪硬嗖嗖；一盆青菜绿油油；一盆苋菜股竖牌楼；一盆冬瓜糊浇麻油；门口一只大黄狗，眼睛乌溜溜，看我噍⑫饭弗肯走。

矮矮佬爬起早

矮矮佬，爬起早，开开槽⑬门倒一跤，撮锭大元宝。讨个老婆大脚嫂，煮起饭来烂糟糟，生个儿子蹲地炮。炮，抛铜钱；钱，钳火熜；熜，葱管糖；糖，糖烧饼；饼，饼膏药；药，药先生；生，生萝卜；卜，仆沙蟹；蟹，蟹头颈；颈，蒸米饭；饭，饭筲箕；箕，鸡窠栏；栏，烂屁眼；讨个老婆卖鸭蛋。

仇家山人盘龙灯

嘭能，嘭能，仇家山人盘龙灯。竹节糕，硬顿顿；红豆团，整个吞；夹沙糕，层加层；吃饱肚皮盘龙灯，龙灯越盘越高兴。

摇到外婆桥

摇啊摇，摇到外婆桥。外婆给我喝糖茶，娘舅教我摘枇杷，枇杷脑头一根青花蛇，吓得小弟弟心头别别跳。

---

①方言，倭豆指蚕豆。
②方言音“聂”，箬鳎鱼。
③方言音“幽嘞敢”，指藏起来。
④方言音“起”，去的意思。
⑤方言音“造”，什么的意思。
⑥方言音“冲”，樬杠为两头尖的竹杠。
⑦方言，咯咯咀指母鸡下蛋发出的声音。
⑧方言音“盖”。
⑨土话，指萤火虫。
⑩方言音“煤”，意为不完全燃烧。
⑪方言音“蛇”“虾蛇”指海蜇。
⑫方言音“曲”，为吃。
⑬方言音“造”，槽门指大院的门。

缺牙龙

缺牙龙，捣齿孔，一倒倒嘞夜桶弄。撮堆烂糖脓①，还当糯米粽。吃吃臭烘烘，笑煞磕头虫。

蚂头蚨②（一）

蚂头蚨，叫爹叫娘来吃饭。砧板薄刀带嘞来，桌上矮凳背嘞来，蓑衣笠帽带嘞来，前门后门关牢来。

蚂头蚨（二）

大头蚨，叫爹叫娘来吃饭。偖（啥）个饭？烂泥饭；偖个羹？蛐蜒③羹；偖个碗？烂泥碗；偖个矮凳？塌地坐；偖个桌上？茅坑④架。

癞头皮

癞头皮，钓田鸡。田鸡⑤钓一只，铜钱卖一百。爹要酒喝，娘要粉揞⑥，妹要花戴，癞头皮咋结煞⑦？

丢丢虫

丢丢虫，虫虫飞。大麻雀嘢⑧虫埸⑨，小麻雀管屋里，嘟—嗒，飞埸。

咯咯嗡

咯咯嗡，大姑娘想老公。老公长，会打枪，老公矮，会扖蟹。

人家叫我打老婆

草子花，矮踮踮，人家叫我打老婆。阿拉老婆弗打个，辛辛苦苦讨来个。会煮煮个饭，弗会煮，馒头当饭饭。会补补补裤，弗会补，让小囡出屁股。

月亮涎涎⑩

月亮涎涎，囡来望娘。爹看见，心头肉；娘看见，百花香；哥哥看见妹妹眼睛亮，嫂嫂看见白眼相。弗吃哥哥肩头饭，弗穿嫂嫂嫁妆衣。吃爹饭，穿娘衣，前堂吃饭后堂嬉。拿把白米饫⑪金鸡，金鸡吃得满天飞。

白眼白的笃

白眼白的笃，摸只灯笼壳。灯笼一根棒，气煞白眼郎。灯笼一根绳，气煞白眼人。

癞头皮八角桥

癞头皮，八角桥，抬来抬去呒人要。一抬抬到龙王庙，龙王菩萨看见哈哈笑。

新阿嫂

新阿嫂，爬起早，开开槽门倒一跤，水裤⑫倒头套。

---

①方言，烂糖脓指家禽的屎便。
②方言，蚂头蚨指蚂蚁。
③土话，蛐蜒指蚯蚓。
④方言，指粪池。
⑤方言，田鸡指青蛙。
⑥方言音“搭”，指抹的意思。
⑦土话，“咋结煞”指怎么办。
⑧方言音“太”，意为叼。
⑨方言音，气、去，为后缀语。
⑩方言音“旺旺”，指较亮的月光。
⑪方言音“于”，指喂的意思。
⑫水裤，方言，旧时象山对帮腿裤的俗称。

的的笃

的的笃，卖羊角。西风转，蛇脱壳。倒了沙窝①兑口镬。

老鹰老鹰

老鹰老鹰，飞到绍兴。绍兴门头走过，丈母叫我呥汤馃。徸选个下饭，九大六小。下饭介健②，绿豆芽炒韭菜。

腡③纹歌

一腡穷；二腡富；三腡撮狗污④；四腡骑白马；五腡管天下；六腡六，磨刀枪；七腡七，杀腡娘；八腡八，做菩萨；九腡九，做太守；十腡十，做大佛；十箢箕，吃了嬉。

的的踬踬

的的踬踬，踬到兰山，兰山北斗，养满小狗。上马疲疲，下马疲疲，打官司哟缩只脚。

点点拜拜

点点拜拜，拜到兰山。兰山不登，两位小寇，上马避避，下马避避，打躬作揖缺只脚。

点螺点螺官

点螺点螺官，骑上骑虎其做官；点螺点螺贼，骑上骑虎其做贼。

青布白布

青布白布，捏着算数。

摇呀摇

摇呀摇，摇呀摇，一摇摇到外婆桥。外婆勒犵⑤纺棉花，娘舅勒犵摘枇杷。枇杷树里拗⑥朵花，娘舅姆戴戴走人家。东家走西家，西家走东家，走得鞋皉⑦吪个渣，还讲人家弗泻茶，咕噜咕噜咋⑧人家。

牵锯郎

牵锯郎，解锯郎，脚跟部，放蛋汤，请请庎⑨橱郎。庎橱后背一个小和尚。

貂蝉妠⑩

貂蝉妠，抬来抬去无人要，抬到外婆家。外婆家里摘枇杷，枇杷脑头一根蛇，撮来给外婆当柴烧。

青天落白雨

青天落白雨，和尚背老女。

柴宝剑花白嘎嘎

柴宝剑花白嘎嘎，乡下老女扠大蟹，大蟹进，大蟹出，扠了大蟹扠小蟹。

---

①方言音“倭”，沙窝即砂锅。
②指丰盛的意思。
③方言音“罗”，指螺旋形指纹。
④方言音“乌”，狗污指狗的粪便。
⑤“勒犵”方言为“勒该”，在的意思。
⑥方言音“吞”，折的意思。
⑦方言音“爿”，鞋皉为破旧的鞋子。
⑧方言音“拾”，骂的意思。
⑨方言音“嘎”，庎橱为菜橱。
⑩方言音“难”，妠为囡。

子字歌

正月里来剥瓜子，二月里来放鹞子，三月坟头飘白纸，四月秧田撒谷子，五月端午吃粽子，六月莲花结莲子，七月人人摇扇子，八月中秋赏月子，九月重阳吃栗子，十月庙会舞狮子，十一月天落雪石子，十二月凉亭冻死叫花子。

第五章　文化市场

民国时期设民众教育馆主管文化（文艺）工作。中华人民共和国成立后，由县文教科（后为县文教局）主管文化工作，具体业务由县文化馆负责。1984 年 2 月，从县文教局析建象山县文化广播电视局。1996 年 11 月，成立象山县文化局，主管全县文化、艺术、图书馆、文物等工作。2005 年，机构改革，成立象山县文化广电新闻出版局（体育局)，负责全县文化、文物、广播电视、体育、新闻出版工作。县内成立文化市场管理机构，依法实施文化活动行政许可和行政执法。

第一节　文化活动场所

中华人民共和国成立前，县内无专业剧场，以祠堂、庙宇为演出场所。丹城姜毛庙、石浦号房、爵溪城隍庙、墙头蒋氏宗祠等均曾作过演出场所。中华人民共和国成立后，县内开始建立剧场。1952 年，丹城工商联合会集资，于南教场建光明剧场，竹柱竹瓦，设座 960 个，于 1954 年春节营业。翌年 1 月，石浦镇工商联合会集资扩建号房为商联剧院（1956 年改名人民剧院)；5 月，光明剧场侧另建象山人民剧院，设座 1048 个。1978 年，石浦人民剧院改作文化站舍。1980 年，在东关另建石浦剧院，设座 1350 个。1984 年，投资 198 万元，在丹城建设路兴建象山剧院，设座位 1209 个，为全县规模最大、设备最完善剧院。

20 世纪 80 年代，为满足广大人民群众需求，象山出现歌厅、舞厅等娱乐休闲场所，先后在昌国、西周、爵溪、晓塘、大徐等 10 个人民公社建立电影院。至 1984 年，全院共有农村影（剧）院 30 座、座位 26196 个。90 年代中后期，电视兴起，电影放映逐渐式微，各地电影院相继解体，至 2008 年，全县歌厅、舞厅 74 家，其中，KTV 歌舞场所 60 家，卡拉 OK 厅 14 家。企业所有制形式多样，有国有、中外合资、有限责任公司、个人独资、个体户等。县内规模较大的文化场所有象山剧院、县工人文化宫、县青少年宫、县文化馆、石浦剧院等。

全县建有艺术馆 3 座，德和根艺美术馆在县城东谷湖风景区，陈列象山竹根雕；才华剪纸艺术馆在东陈乡樟岙村，陈列谢才华剪纸作品，象山茅洋民俗文化村在茅洋乡五狮山麓，展示象山民俗文化。

第二节　文化市场管理

1989年3月，根据《浙江省文化市场管理暂行办法的通知》，成立象山县文化市场管理办公室，负责全县文化市场日常管理工作。是年，成立县社会文化管理委员会，协调各部门共同加强社会文化管理。1997年4月，成立县文化市场稽查队，依法监督检查县内文化经营活动。2008年，成立县文物监察大队，纳入县文体广电综合行政执法大队。

行政许可

县文化广电（体育）局设行政许可科，管理文化娱乐、演出、艺术培训、文物、美术品经营、互联网上网服务等文化经营单位的设立，岗位培训后对文化经营的从业人员核发岗位资格证书，依法查处违法违规行为。2005年，出台《象山县文化市场行政处罚裁量规定》。2006年，于县便民服务中心设立服务窗口，受理和办结各类许可事项。是年，加强市场经营户教育培训，扩大网吧经营规模，出台网吧记分制管理措施，并与文化市场经营户签订《安全经营目标管理责任书》。2007年，成立象山网吧协会。2008年1月，召开象山县网吧行业协会首届年会暨星级网吧表彰会。年末，全县共有歌舞娱乐场所74家，其中KTV歌舞场所60家、卡拉OK厅14家，主要分布在丹城和石浦两地。网吧90家，音像店铺61家，遍及全县各镇乡。

行政执法

1997年4月，象山县成立文化市场稽查队。是年，依法查处51家文化经营户。2004年，建立文化市场预整机制，稽查队24小时受理举报电话和常规巡查。2005年5月，成立象山县文体广电综合行政执法大队，检查经营单位1628家次，查获非法出版物1034件，收缴非法音像制品1673盒，非法电子出版物56件，办结案件85件，罚款26万元。聘请文化市场督导员6人。2006年，“反盗版百日行动”“卫星电视地面接收设施专项整治”，全年共出动检查人员1131人次，检查经营单位1727家次，查获非法出版物1200件，收缴非法音像制品1.3万盒、非法电子出版物700件，取缔无证网吧10家，办结案件51起，罚款27万元，责令营业停顿4家，拆除、收缴违法卫星电视地面接收设施11套。2007年，开展“扫黄打非”“阳光三号”“无证娱乐场所”“保护知识产权、反盗版天天行动”“绿色护考”等专项整治和执法检查活动15项，检查449次，出动执法人员1583人次，检查各类文化经营场所1905家次，取缔非法出版物经营地摊57个，收缴各类违法出版物15676册（盒），共处罚违规经营单位43家，结案40家。2008年，以网络经营单位、娱乐场所、大棚演出、文保单位、“小耳朵”（地面卫星接收设施）为严管对象，加大对违法、违规经营活动的打击力度，不断净化文化环境，全年出动执法人员1222人次，检查各类文化经营活动场所1529家次，取缔非法经营地摊54个，收缴各类违法出版物10222册（盒），处罚违规经营单位32家，已结案件30家，制止乡镇非法大棚演出20起。

第四十二篇
图书　档案

本篇目录

第一章　公私藏书

古代藏书多因祸乱相趁，或后继乏人而散佚。公共藏书经历古代县学到当代图书馆的变迁，藏书量大增。“文化大革命”时期，藏书又遭浩劫。20 世纪 80 年代始，民间藏书渐丰。县图书馆与学校、企事业、街道镇乡图书馆（室）一并兴盛，构成覆盖全县公共图书阅览网络。

清代以前图书流通情况不详，清末以纸号兼营书籍。民国时期出现少量书店。中华人民共和国成立后，新华书店统一图书市场。20 世纪 80 年代始，个体书店涌现，图书业呈新发展。

第一节　私人藏书

宋元迄民国，藏书之家多湮没少闻，现知的仅十数家。大多为父辈珍藏，子孙毁散，历时不长，今县内无一家遗存，珍贵版本一册难觅。20 世纪 80 年代始，个人藏书再盛，藏书千卷之家不再罕见。90 年代，象山两次评选十大藏书家庭。2004 年，韩利诚家庭获宁波市“十佳藏书家庭”。

铁砚堂藏书

南宋绍兴进士史师雄创。史任湖州教授，居县西门，为县城西门史氏八世祖，举所积建“铁砚堂”楼，藏书万卷。至三十二代史翰章，为清宣统元年（1909）浙江拔贡，学渊深而博采，喜藏书，家有房屋三幢，专辟一室为书房，置大橱两口，藏四书五经等，及鄞县志一部、民国《象山县志》多部。民国后期散佚。

留耕堂藏书

丹城钱氏为象山望族，清顺治进士钱捷，为贵州学政、江苏督粮道。《蓬岛樵歌·注》：“留耕堂在畅余堂之东，陶云先生藏书处，又称‘东书房’。俱在奖嘉巷嘉会堂之东。”藏书丰。其子钱式庄为康熙例贡、孙钱志朗为雍正选贡，皆爱书。留耕堂于丹城西北隅之奖嘉巷，今县政府西南百米处，名青草巷。

晚翠轩藏书

丹城邓家弄“晚翠轩”藏书楼，清乾隆邑庠生邓怀圣创，经子邓炳、孙邓亢宗几代经营，藏书颇丰。清光绪九年（1883），陈汉章入城应童子试，读邓汝诚“晚翠轩”所藏遗书，有“如窭人游五都市中，目不暇接；如巨鱼之入大壑无往而不返”之叹。两年后，陈为其编纂《晚翠轩藏书目》一卷，著录新出书目 9 种，所藏诸经之目 16 种，诸史之目 12 种，诸子之目 6 种，诸家文集之目 12 种，类书之目 5 种，补遗 2 种，续补遗 1 种。

佘氏藏书

清道光二十三年（1843），科举人石浦人佘勉翰创。佘氏，字韦庐，嗜书如命，传“闻鸡即起，冬月寒夜，以布衣围坐”，诵读不辍。辟有藏书楼，传至民国。其孙佘克延又辟书房 2 间，角楼 1 间，计 36 平方米，藏书数千册。中华人民共和国成立后，经土地改革、“文化大革命”两次运动，古本、珍本遭窃、烧毁，荡然无存。

翠竹轩、抱泉山馆藏书

清咸丰年间（1851—1861），墙头舫前王莳兰、王莳蕙兄弟善诗词，好读书，多藏书。莳兰筑“翠竹轩”，莳蕙筑“抱泉山馆”，藏书均丰，今皆佚。

承志堂藏书

儒雅洋何涵，字旭蕉，清光绪二年（1876）副贡，官桐庐教谕，应聘修民国《象山县志》。从桐庐辞归，隐林下，建家祠承志堂，辟其西南楼房5间为藏书楼，藏书30余箱，计有《十七史》《古今图书集成》《资治通鉴》《佩文韵府》《三希法帖》《本草纲目》《内经》《十三经注疏》《红楼梦》《聊斋》《三国演义》《水浒传》《西游记》《阅徽草堂笔记》等古籍千余卷，古今画卷一箱。中华人民共和国成立后，除少数散佚外，余均移存杭州大学图书馆。

蛾术斋藏书

丹城后堂街林氏“蛾术斋”藏书，清光绪恩贡生林槎安创建，藏书颇丰。林槎安，字月槎，尝董文庙事，与教谕丁谦友善，著《峨术斋笔记》2卷。

观海楼藏书

墙头欧氏，文风兴盛，清道光年间，欧孔章建藏书楼，书属欧氏东、西两房共有，延子景辰、景岱，及孙仁衡，藏书逾万卷。观海楼建于民国3年（1914）秋，分4间，3间贮书橱20余只，1间专藏书箱，移原有藏书于其内。禁止闲人出入，委果育小学校长欧季通兼管其事。藏书中有经、史、子、集等各类书籍及个人自撰书稿。尚有宋版《文献通考》，时用800银圆觅得，另有五色套印《图书集成》等珍本。抗日战争期间，学校遭日机轰炸，图书悉移藏民家。抗日战争胜利后，返移原址，略有散失。20世纪50年代土地改革时，四门洞开，任人糟蹋，藏书或丢或烧，后观海楼改为墙头粮管所职工宿舍，书无一留存。

照42-1　墙头村观海楼

董湘坡藏书

董湘坡谱名瑞宝，清光绪十二年（1886）生，石浦昌国人，曾留学日本，参加同盟会，回国后任龙泉瓷器厂厂长10年，后聘为浙江省公立医药专门学校教授。收藏以陶瓷业书籍最富，其中，《陶器手册》一书最为珍贵。同时收藏医药、化工、方志等类书籍。“文化大革命”时，被全数抄没散佚。

约园藏书

清末东陈陈得善，字一斋，号三蕉，别号南乡子。弱冠入府学，肆力治诗词、古文，购书数千卷，后所居约园遇火，藏书尽焚。

毓兰轩、辍学堂藏书

清末民初，东陈陈汉章，辟横厢房三间为“毓兰轩”“辍学堂”，藏先祖所遗图书，以及自己所积藏图书2万余册。民国28年（1939），陈庆麒编《陈伯弢先生藏书简目》，有6万余卷。经部245种、史部569种、子部653种、集部363种、丛部54种、手抄本3种、自著书115种，附陈庆麒所置书籍48种，共计2050种。所藏图书版本有明代刻本和抄本，有清刻本、聚珍本、书局本、抄本、乡贤著作抄稿本、自著手稿、金石拓片等，另有大量辛亥革命之后全新版的社会科学、自然科学书籍以及学报杂志等。陈庆麒于1950年1月致函浙江大学，表示捐赠家中藏书及父亲遗著，浙大绌于经费无法运送杭州。1950年11月1日与1951年3月2日，陈庆麒两次致函浙江图书馆。浙江图书馆于3月26日派员到象山县接收，检出陈汉章手稿120余册，手批书500余册，以及明版本书、乡贤著作等836册，又金石拓片105张，运回浙江图书馆，不足藏书1/20。胞弟陈畬，民国时主纂《新昌县志》，分居大塔村，藏书数千卷，20世纪50年代土地改革时尽毁。

樊氏藏书

珠溪青莱樊家桢收藏。樊家桢，字光甫，嗜书好字，民国4年（1915）前后逐积贮古籍，辟室精藏。藏书有《诗词》《象山县志》《四体大字典》及自撰《象山方言考》《象山县志文疑存稿》等千余册。1953年，绍兴古旧书店两次派员收购，余由其子一次送售毕，后仅存《四体大字典》一套23册。

征古斋藏书

昌国征古斋，主人达夫氏，又名施德敷，业商，自幼好学嗜书。民国16年（1927）前后，以其经营所得，不惜重资购书自藏。《二十四史》两部，每部以500圆银洋购得。民国29年始，藏书渐多，专做三柜贮，以“征古斋达夫氏”为志。所有书籍分类列单，每年翻晒，樟脑除虫，保管甚精。中华人民共和国成立前夕，书近万册，如《图书集成》《资治通鉴》《韵文佩府》《本草纲目》《十三经注疏》等。20世纪50年代土地改革时散失一批，“文化大革命”时尚存3000余册，移存县财政局仓库。1983年，县文管会接收《二十四史》及其残本各一部、民国《象山县志》一套等，共计2000余册。

德人藏书

东溪励乃骥，字善湛、潭深，号德人。任宁波四中校长、故宫博物院总务处第四科科长（庶务科长）等职，中华人民共和国成立前夕任南京故宫博物分院院长。其间，曾反对珍贵古籍文物海上冒险运往台湾。南京解放后继续留守半年，象山解放后离南京回象。励一生爱好购书藏书，所购藏图书1500余册分装30余箱托运回乡，皆盖“德人藏书”印章。20世纪50年代土地改革时，置于一空屋内，损失1/5。1956年夏，县派专人接管，运至县文化馆。1959年象山、宁海两县合并，书籍移运宁海，分县时古本、珍本皆留宁海，部分上送浙江图书馆。内有《四库全书总目提要》一部。晚年谓所藏书有唐人写卷一轴最珍贵，以60年代物价，亦不下10万元。今佚。

象山县十佳藏书家庭评选　20世纪80年代始，全县家庭读书、藏书之风又兴。至90年代，全县多有藏书上千册家庭。县文化部门、图书馆、新华书店等联合举办藏书家庭评选，倡导藏书，推进读书，以形成全社会学习风气。1996年，进行县第一届“十佳藏书家庭”评选，刘荣之、郑鼻峰、钱星常、竺桂良、张利民、顾海润、韩国存、徐先进、励仲生、钱永兴为十佳藏书家庭。1997年，开展县第二届“十佳藏书家庭”评选，许祖黄、李凡、童昌祥、袁明全、许吉安、郑世伟、吴正汉、郑岳夫、韩天冬、朱小敏为十佳藏书家庭。

第二节　公共藏书

古代藏书多存县学。民国时期藏书于民众教育馆内，最多仅4000册。中华人民共和国成立后，政府重视图书事业。20世纪50年代，部分初级中学及区中心小学建立图书馆。1976年，建立县图书馆。改革开放后，镇、乡政府及行政村建立图书馆（室）。2008年，象山县公共藏书214.63万册，其中，学校藏书158.33万册，其他公共藏书56.3万册。单馆藏书以象山县图书馆最多。全县镇、乡图书室15个，藏书12万册；村图书室150个，藏书15万册；社会图书馆（室）23个，藏书5万册。

县级图书馆藏书

照42-2　位于广场路11号的象山县图书馆

古代官方藏书于县学。明隆庆六年（1572），周光镐以郡司理署县事，民国《象山县志》载：周光镐到任，“首谒学宫，问典籍，无有也。叹曰：‘象故僻陋，士寡见闻，奈何复令经史缺逸耶!’即捐月俸，购书若干卷，贮之学舍。”清雍正年间（1723—1735），象山学宫东侧尊经阁，官藏《四书大全》《孝经衍义》《四书讲义》《易经讲义》《书经讲义》《礼记讲义》等书近300册。乾隆、道光、同治年间，有少量购置。因屡经兵燹，清末散失无存。民国17年（1928），于文庙建通俗图书馆，订少量报刊。民国28年，县民教馆年购书67.79元，藏书14种、3391册，杂志19种、328册，报纸7种。民国29年6月，日机空袭丹城，馆藏《万有文库》《巡回文库》等书籍共七大箱六小箱移九顷史家。翌年9月6日，县政府下令迁藏虎山乡范家山万善庵，核定运费45元，县警察局会同移运。馆长舒伍鹤使挑夫至九顷史家，书被他人移藏，经周折追回，略有损失。民国32年2月10日，县政府谕令民众教育馆将馆藏《万有文库》第一、第二两集计2822册，暂借定象联中，县长苏本善出具收条。民国34年5月5日，县立初中（定象联中）清点《万有文库》，共计2255册，遗失567册。民国35年，县民众教育馆馆藏图书959种，2656册。图书目录登记簿用眉头纸自制，项目蜡刻、油印，书名、作者等项用墨水粉泡制的墨水抄写。民国36年，县馆藏图书2617册，杂志1种，报纸5种。民国37年，县馆藏图书3821册，杂志4种，报纸6种。民国38年3月，县馆藏图书3822册，杂志4种，报纸6种，其他6册。1950年5月，县文教科接管民教馆后建立图书馆，接收藏书3000册。1954年，县人民文化馆图书室藏书增至4000册。翌年，择其要者2000余册运省图书馆。1958年10月，宁海县并入象山县，文化馆迁至宁海城关镇关帝庙，有藏书9100册，报刊62种。1961年宁海、象山分县，仅运回普通图书2000余册，古本、善本皆留存宁海县。1976年，县图书馆成立，接收文化馆图书4000册，无古本、善本。1980年7月，图书馆藏书1.9万册，翌年增至2万册。1984年，县图书馆单独建制，藏书4.23万册。1987年，藏书4.91万册。1989年，藏书6.16万册，其中古籍939册。1986—1989年，旅日华侨王家福先后赠款4.5万元，为县图书馆购买书籍。1990年，藏书6.78万册，使用《中国图书馆图书分类法》《普通图书著录规则》标准分编入藏。时图书馆设目录6套，公务分类、书名目录各1套，读者分类、书名目录各1套，少儿、报刊目录各1套。书库划为外借书库、参考书库、农村流通书库、阅览书库、少年儿童书库。

学校图书馆藏书

2008年，馆内藏书24.3万册，为县内单馆藏书最多。其中，1956年，部分初中、区中心小学建图书馆。1978年后，各学校重视购置图书、资料。1984年，象山中学、县教师进修学校，藏书均达2万余册。1988年，各镇乡中心小学、初中以上全日制学校均建图书室，藏书达12.96万册。1995年，全县学校藏书67.28万册。1999年，藏书108.65万册，小学生人均15册，中学生人均14.10册。2008年，全县学校藏书158.33万册，小学生人均19.91册，中学生人均24.20册。象山第三中学为首家超10万册藏书学校，象山中学、象山第二中学、象山第三中学，3校藏书达27.33万册，学生人均达55.59册。是年，全县藏书达2万册以上中小学28所。

2008年象山县中小学校藏书2万册以上图书馆情况表

表42-1　　单位：册

学校名称	藏书数量	学校名称	藏书数量
象山三中	114971	石浦镇中心小学	65100
象山二中	85600	文峰学校	56600
象山中学	72749	新港小学	55370
西周中学	48710	丹城三小	39105
滨海学校	34000	鹤浦镇中心小学	30640
新港中学	31170	高塘学校	27882
丹城二中	29616	实验小学	27105
丹城中学	29500	爵溪学校	22849
鹤浦中学	26323	新桥镇中心小学	21981
县职业高中	25030	延昌小学	21500
定塘中学	22307	番头小学	21193
石浦中学	22000	西周镇中心小学	20093
殷夫中学	20821	东陈乡中心小学	20067
县技工学校	20020	丹城二小	20048

第三节　图书阅览

象山通俗图书馆建于民国17年（1928），设址文庙，面积约400平方米，配征集、阅览、总务等3人，负责图书采购、收受捐赠图书及掌管图书出纳、流通、阅览、指导事宜，为象山公共图书阅览之先。民国19年，通俗图书馆并入县立通俗讲演所，设图书室、阅览室。翌年4月，象山县立民众教育馆成立，内设图书室、阅览室二室。民国25年，改名县立丹山民众教育馆，内设图书、阅览二室。民国28年，增设象山中山公园图书室、阅览室。民国29年，县城沦陷，阅览室停办，抗日战争胜利后恢复。1950年，县文教科接管民众教育馆。翌年，成立县人民文化馆，内设图书室，开始借阅。1958年，宁海、象山合县，象山县人民文化馆迁至宁海城关，设图书、阅览室。1961年，宁海、象山分县，文化馆迁回丹城，设外借、阅览二室。1966年“文化大革命”开始，图书室、阅览室停止开放。1971年5月恢复。1984年，图书馆单独建制。1987年12月，在广场路建成新图书馆楼，增设视听室。至1990年，视听室先后举办英语、文书、档案、车工、电工、铸工、会计、法规、公务员、专业人员培训班453场。举办绘画、书法、图书、税法宣传等展览38场，举办殷夫学术交流会、塔山遗址新闻发布会等330场。2003年9月，高教园区图书馆建成，设阅览室5个，面积1410平方米，阅览座位350个，设外借室、阅览室、参考室、少儿室、电子阅览室等窗口，实行365天开放服务。2005年，县图书馆创办未成年人读书节。至2008年，举办4届。是年4月，创办陈汉章读书节。以后每年举办一次读书节。读书人数逐年增加。

图书借阅

民国时期，借阅图书采用簿式登记。民国25年（1936）8月至民国26年4月，出借图书514册，阅览册数1740册。中华人民共和国建立后，县图书馆增加集体外借服务。1951年，限量发保证卡办借书证。1980年，“押金制”办证借阅。1984年，凭单位证明申请借书证。1985年，敞开发证，每天借阅100多人。1987年，文学类半开架借书。2003年，开架借阅、电话续借。2008年，全年开放出借天数339天，每周出借时间68.5小时，年出借近4万人次，同时县内设50个可出借流通点。是年，图书馆设报刊阅览室、地方文献参考室、电子阅览室、城区服务部阅览室和城区服务部少儿室，阅览达57601人次、230404册数，借阅达39236人次、73715册数。

1990—2008年部分年份象山县图书馆阅览、借阅情况表

表42-2

年份	阅览		借阅	
	人数（人次）	数量（册）	人数（人次）	数量（册）
1990	48277	240932	50284	57109
1993	29509	141749	23068	28827
1996	71509	286036	21150	34992
1999	89000	—	40000	69000
2000	126600	—	39400	116100
2001	91926	—	50983	91682
2002	8500	—	48000	133000
2003	81534	—	58119	129035
2004	113812	—	48406	86634
2005	76189	—	34447	71240
2006	62736	—	26146	30460
2007	73444	—	32663	81051
2008	57601	230404	39236	73715

巡回阅览　流动图书

民国时，民众教育馆在街路旁设阅报处及送书下乡巡回阅览。民国 18 年（1929），国民政府农矿部农民司调查记载，象山时有普通阅报处 7 所，订有《农民报》《民国日报》等 6 种报纸。民国 34 年，增加邓家弄、南大街阅报处 2 所。民国 37 年，将募收图书分东、南、西及下南区 4 组，轮流供乡镇民众阅览，地点设于当地学校或乡镇茶肆等处，每周流动一次，出借图书须流动期前归还。

1988 年，于五狮山观通站设立全县第一家流动图书站。20 世纪 90 年代后，县图书馆整合馆内文献资源，精选适合流动图书和部分外购图书，设立 2 万多册独立流动书库，定期向全县流动图书站流通。至 2008 年，全县建 126 家，其中，驻象山部队 11 家，社区 5 家，机关单位 10 家，学校、文化单位 12 家，企业 16 家，农村 72 家。各流动站每三个月图书流动一次，原则上行政村与行政村、企业与企业间流动。流动图书站设立条件为有图书馆（室）面积 60 平方米以上，藏书 2000 册以上，有专（兼）职管理人员，每年投入资金 3000 元以上，有完善的借阅制度。县一类流动图书站有贤庠盐厂村图书馆，下山部队图书室、爵溪向荣图书室、爵溪文化站图书室、巨鹰集团图书室、丹西瑶琳社区图书室、九顷村图书室、工业园区图书室、石浦镇荔港图书室、新桥关爱老小服务站图书室。

外来工图书室

2007 年，爵溪向荣针织公司经理冯平良，出资 20 万元，聘请 1 名图书管理员，兴办向荣图书室，爵溪街道免费提供 2 间房屋作为图书室，专门为爵溪外来民工借书阅览，为象山首家外来民工图书室。此举得到全社会大力支持，县图书馆等纷纷向图书室赠书。向荣图书室有书近万册。

塔山讲堂　2006 年 11 月创办。先后邀请中国科学院、清华大学、北京大学、浙江大学、厦门大学、武汉大学等著名教授专家主讲，至 2008 年，举办 31 场，内容涉及政治、经济、文化、教育、卫生等诸领域。

2006—2008 年象山县塔山讲堂主题讲座情况表

表 42-3

时　间	主　　　题	主讲人	讲座地点	听众数（人次）
2006.11.11	自主创新与科学发展	丁建明	图书馆	78
2006.12.09	宪法与行政许可法	蒋万来	图书馆	82
2007.01.14	成功、创新、沟通、语言——新世纪人才的素质	刘德强	图书馆	71
2007.03.24	医疗质量的管理	谭申生	象山一院	205
2007.04.15	中西文化的比较	陈家琪	图书馆	58
2007.04.24	群众文化业务知识讲座	胡　敏	图书馆	63
2007.05.08	孟子与中国古代文化	江海龙	图书馆	52
2007.05.20	当代国际热点——大国关系	沈国放	图书馆	164
2007.06.20	非物质文化遗产界定、认定与实践问题	乌丙安	图书馆	118
2007.07.22	心理健康与和谐人生	王裕如	图书馆	163

续表42-3

时　间	主　　题	主讲人	讲座地点	听众数（人次）
2007.09.01	当前台湾局势与两岸关系新特征	严安林	图书馆	61
2007.09.07	国际著名美容专家赵小碟美丽人生	赵小蝶	图书馆	123
2007.09.29	曾国藩传奇人生	蒋文森	图书馆	130
2007.10.20	传统文化与现代社会	章友德	图书馆	52
2007.11.24	十七大精神宣讲	朱敏彦	图书馆	108
2008.01.26	人类的太空活动与国际竞争	潘厚任	图书馆	34
2008.03.22	家长如何与考生一起备战高考	吴瑞华	象山中学	498
2008.04.26	国学大师陈汉章	钱英才	图书馆	62
2008.05.11	追求科学人文相融合的境界——博览群书，文理交融	胡庆彪	图书馆	154
2008.05.20	新农村建设的国际视野	厉为民	石浦镇礼堂	168
2008.06.20	未来空战与航空武器装备的发展	徐邦年	图书馆	153
2008.06.25	歌曲创作与点评	珊　卡	图书馆	145
2008.06.26	群众文化杂谈	王全吉	图书馆	126
2008.07.31	抗震防灾知识讲座	林心怡	图书馆	36
2008.08.29	老子与人生智慧	周良华	图书馆	147
2008.09.26	儒学伦理与人间佛教	李明友	图书馆	144
2008.10.18	积跬步，至千里——语文学习方法之一	张霞儿	园区报告厅	326
2008.10.22	家长要读懂孩子的心——亲子教育	林佩芬	海韵幼儿园	219
2008.10.24	阅读写作的金钥匙	王雷英	实验小学	506
2008.11.26	谈谈当前国内外经济走势	赵　伟	图书馆	128
2008.12.21	中国京剧艺术欣赏	朱云鹏	图书馆	38

第四节　图书发行

书店为图书发行的主体。古代象山有纸号、文具店，经营纸张、文具、账册等用品，也兼营书籍。清光绪二十年（1895），石浦九市曲罗锦泰纸店，为县内最早有记载书店。光绪三十二年，钱绍堂创建丹城裕茂纸号。民国6年（1917），丹城设敬明斋，销售纸张，兼售《三字经》《千字文》等村塾识字课本。此后，丹城文元堂、倪聚福纸号等兼营小学教科书，石浦有多家纸号、文具店兼营书籍，皆范围狭小，种类不多。中华人民共和国成立后，县成立新华书店，独家向民众发行各种图书。20世纪60—70年代，重点发行毛泽东著作。改革开放后，允许开办私人书店。

私营书店

民国21年（1932），石浦创办厚大书店，址设南关桥21号，业主叶秀富，出售书籍品种较多，包括小学书本等。时店旁斐迪小学师生常向书店借阅书籍。民国34年，石浦文澜桥旁开设复兴书店，店面一间，业主李荫棠，出售《三字经》《千字文》等古籍及《七侠五义》《薛仁贵征东》《薛丁山征西》《水浒》等武侠小说，《英语百日通》、戏考、连环通等书籍和《小说月报》《东方杂志》等报刊。农历年底出售年画、门神、黄历。民国末年，丹城西街开设荒岛书店，又称荒岛服务社，经营普通书籍、教材；丹城东街开设嘉泰纸号，业主翁姓，经营文具、纸张兼营书籍，包括小学教材。中华人民共和国成立初，石浦文澜桥边有文澜书店，三间店面，业主曾氏，经营小说、小人书和小学教材，并始有外国小说出售。国营书店建立后，私营书店停业。20世纪80年代，个体书店又重开张。1992年，全县经营书报刊49家，2000年108家，2008年90家。较有规模个体书店有丹城广场路爱心书店，丹城靖南路看点书吧，石浦南屏路爱心书店，南屏路求知书店等。

国营书店

1952年3月，设新华书店宁波分店象山供销处，租用民房，经营图书、教材，开业时房前贴“新华书店”4字，两旁联语为“宣传马克思列宁主义，传播毛泽东思想”，发行书籍有《新民主主义论》《论联合政府》《共产党宣言》《小二黑结婚》等。1953年10月，在新华书店宁波分点象山供销处基础上，建立新华书店象山支店，支店下设丹城、石浦二门市部，初期职工7人。书店主要发行中小学课本和婚姻法、宪法、领袖著作、农民识字课本等配合中心任务书籍，有少量文艺书籍。店内设流动图书员1人，肩挑书籍，赴农村、工厂、学校和部队巡回销售。1953年春，书店预订教材，不再到宁波买教材。1954年，图书发行20.9万册，1955年，图书发行24.9万册。1956年，在西周、岑晁、鹤浦、南庄、泗洲头、墙头、新桥设立图书发行点，发行图书41.5万册。1956年前后，农村供销社开展图书销售业务。至1958年，网点达37个。1963年，保留爵溪、西周、定山、南田4个网点，14个公社和12个合作商店兼营季节性年画及历书。1966年“文化大革命”开始，中小学课本和其他书籍发行锐减，重点发行毛泽东著作及毛主席像。1966—1969年，每年发行毛泽东著作20余万册。1972年，处理积压毛泽东著作及其他书籍37.5万册。1979年，中共十一届三中全会后，农村普设发行点。1980年始，发行外文书籍、少儿读物及《山海经》《文化与生活》等期刊。是年，销售电视大学教材1万册，科技书籍3.9万册。1984年3月，书店开设专柜，实行课本、科技及配合中心任务的政治书籍预订，如期按量发行。是年，全县设销售点51个，销售量占全县总额的36.9%。除文艺书籍外，实行开架售书。1984年发行21.6万册，1985年发行22.25万册。20世纪90年代后，发行量大增。1995年发行图书184.59万册，2005年发行图书287.42万册，2008年发行图书343.5万册。其中，社科类2.63万册，文教类160.94万册，文艺类6.25万册，科技类3.23万册，少儿类26.95万册，大中专教材1.29万册，中小学课本113.52万册。

第二章　馆藏档案

宋前档案情况无考。宋代文书档案种类有一般政务文书，有专门的“律法档案”“例”以及“赋役档案”等。南宋宝庆《四明志》中，载有象山人口、赋役的具体数据，反映时已有赋役档案。明代人口、田亩、赋役档案较为完备，嘉靖《象山县志》序谓：“见其博采往藉，收录散亡，稽名循实，诹访必悉。”清代县署档案资料保存至民国初年，被县知事蔡裔麟烧毁。民国《象山县志》谓：今则县署案卷册子为县知事蔡裔麟付诸一炬，益无从考核。今象山县档案馆藏民国时期档案较为完整，数量上万卷，内容丰富，尤以玉泉盐场档案等最具专业特色。中华人民共和国成立后，县档案馆先后接收各行政机关、群众团体、区镇乡及部分企业、事业单位和行政村，具有永久、长期保存价值各类档案近 8 万卷，馆藏档案日趋丰富。因“文化大革命”期间社会动乱，使 20 世纪 60 年代婚姻档案遗失。

第一节　民国时期档案

抗日战争时期，丹城沦陷，县署西迁下沈，部分民国初期档案或烧毁或散佚。今县档案馆存民国档案最早为民国元年（1912），最后一份档案为民国 38 年 12 月 11 日，象山下南区一份乡政府档案。民国档案有国民党象山县政府、国民党象山县政府参议会、国民党象山县政府建设科、国民党象山县党部、国民党象山县政府会报室、国民党象山县政府司法处、国民党象山县政府警察局、玉泉盐场等单位档案，共 12580 卷。1955 年 8 月至 1957 年 4 月，象山县敌伪政治档案清理工作小组清理民国档案。1968—1970 年，象山县革委会清档组重新整理编目。1982 年 3 月，县档案馆从县公安局接收民国档案。1995—1998 年，县档案馆将民国档案重新装订，破损档案全部修裱，卷内目录、案卷标题重新编写。1999—2000 年，编制民国户籍档案目录计 13 万户。

国民党象山县政府档案

除户籍、自治、财税、兵役、案件、民粮、组织、教育、民谷、民保、人事、民烟、民卫、民诉、民防、金融、警察、训练等档案外，另有其他部门档案 1974 卷。其中：国民党象山县政府参议会自民国 19 年（1930）1 月至民国 38 年 7 月，形成档案 240 卷；国民党象山县政府建设科自民国 19 年 5 月至民国 38 年 7 月，形成档案 208 卷；国民党象山县党部自民国 20 年 9 月至民国 38 年 7 月，形成档案 324 卷；国民党象山县政府会报室自民国 25 年 8 月至民国 38 年 6 月，形成档案 122 卷；国民党象山县政府司法处自民国元年 7 月至民国 38 年 7 月，形成档案 947 卷；国民党象山县政府警察局自民国 20 年 1 月至民国 38 年形成档案 133 卷。

人事档案　民国 16 年（1927）7 月至民国 38 年 7 月，共 218 卷。分象山县政府职员任免、委派令，象山县政府所属参议会、税捐处、田赋处、警察局、民教馆、农推所等人员任用审查、任免等。象山县政府及所属机关职员调查表、履历表及奖励与处分等档案材料，军事科员额编制及人事任免、兵役人员组织、训练，县政府及各机关员工薪饷、福利待遇等。象山县监狱所、看守所、司法处案押犯人和犯人口粮清册，国民党中央、省政府关于人事管理法令等档案材料。

兵役档案　民国2年（1913）12月至民国38年7月，共1289卷。分象山县自卫大队部及国民兵团自卫第一大队、第一大队暨反正部队官兵名册。各区乡镇壮丁禁免缓役，兵役纠纷、壮丁名册；各种军事法令、各项军事会议记录，兵役法施行，宣传组训工作等案卷。军需供应、枪支弹药配备及登记清册。官兵退役、伤亡抚恤办法及名册。兵役工作报表、调查表，有关军风纪律、整编工作情况等案卷。

自治档案　民国元年（1912）1月至民国38年7月，共2160卷。分象山县各乡镇长与保长任免及履历表和名册。各乡镇职员考试审查办法、名册，乡镇民代表会成立及会议记录、代表及当选人名册。各乡镇救济委员、地方自治研究委员会及调解委员会、建设委员会活动情况及会员名册。各乡镇会议记录、基本概况、乡规民约、自卫团、事业经费及各区所成立案卷。象山县政府工作计划、工作报告、工作简报、行政会议及各类提议案卷；县政府及各乡镇各类统计报表、呈报事项及批复案卷。县政府关于民情调查、治安、施禁烟毒、经济建设、教育医药卫生、缉私、抚恤、田赋及国民身份证登记等案卷。县政府关于国民会议代表选举、各种纪念日活动，各乡镇水灾损失调查及救灾办法等案卷。

警察档案　民国22年（1933）8月至民国38年7月，共91卷。分象山县警察局职员名册与警察队警士名册和调查表，定象保安总队官兵名册，县警察局及所属各队、所编制经费、任免、官兵薪饷、军粮及发放支领清册等案卷。县警察局会议记录、工作概况、案件审讯报告等案卷。省民政厅配拨象山县警察枪支清册，颁发警察战时方案，省保安处等案卷。

训练档案　民国22年（1933）12月至民国38年7月，共80卷。分象山县地方行政干部训练所学员名册、调训办法、毕业工作分配。部分学员日记、象山县干部及乡镇公所事务员、壮丁训练办法和经费卷。社会军训、民众训练实施办法等案卷。

教育档案　民国9年（1920）2月至民国38年7月，共994卷。分象山县教育会组织成立及会法施行细则、组织章程、组织经过与会员名册。各乡镇教育会职员名册与章程；象山县各级学校校务会议记录、工作情况、经费开支、教职员、学生名册、学生成绩一览表；象山县民教馆各项活动。浙江省教育厅有关法令、训令、通知等案卷。

组织档案　民国9年（1920）2月至民国38年7月，共585卷。分象山县公职候选人申请检票、检票认定履历书，候选人保证书、合格证书。象山县各乡合作社章程及社员名册，象山县清乡委员会、邮电检查委员会、新生活运动会、文献委员会、财务委员会、抗日自卫委员会、妇女委员会、建设委员会、运动委员会、救济委员会等组织章程、委（会）员名册（简历），活动情况，经费开支等案卷。

案件档案　民国3年（1914）7月至民国38年7月，共60卷。分象山县日伪政府组织人员和汉奸调查、处理，官兵名册及日伪活动情况，象山县党部、县政府敌情上报、土匪活动、剿匪、治安情况报告，严防共产党地下活动及搜捕、审查情况，查获私运枪支、物资情况等案卷。

民谷档案　民国12年（1923）8月至民国38年7月，共122卷。分象山县政府筹设县、区、乡谷仓及积谷办法，办理积谷情况、经费开支、仓储报告表，仓谷清理，各项事务等案卷。

民保档案　民国15年（1926）11月至民国35年1月，共27卷。分象山县政府调整保甲计划、实施办法、人事登记、经费，调整保甲长事项及保甲长名册，设置保甲书记、保甲长规约，保民大会实施办法等案卷。

民防档案　民国19年（1930）10月至民国38年4月，共37卷。分浙江省政府、象山县政府关于防空、防毒会议记录，宣传工作，设置地下室、建筑防空壕、人员培训、消防、疏散物资、防空法规及施行细则等案卷。

财税档案　民国元年（1912）1月至民国38年7月，共1181卷。分象山县政府及所属机关、社会团体各年度岁入岁出预决算书，经费收支清册、报表；财政部、省财政有关财政、税务法令；县政府有关税收征收、减免税、欠税、偷漏税查处、公债、募捐救国、金银制品管理；税务移交清册；会计审查、会计事务、清理财物等案卷。

粮食档案　民国4年（1915）6月至民国38年7月，共508卷。分象山县政府查处匿报、短报粮食、无主食米、薯丝，查处偷米谷、小麦、薯丝漏海案卷；有关采购粮食、各乡镇组织粮食材料；象山县政府田赋、公粮等事宜案卷。

民诉档案　民国18年（1929）11月至民国38年7月，共164卷。分象山县政府查处职员、公务员贪污渎职、聚赌、舞弊、走私、敲诈勒索、滥权私罚等不法行为案卷。象山县公民、公务员各种控诉及县政府受理、处理情况案卷。

民烟档案　民国18年（1929）1月至民国31年1月，共53卷。分浙江省政府、省保安司令部关于禁种鸦片、严禁吸烟、惩办吸烟毒犯及检举办法的训令。象山县政府严禁烟毒（鸦片、吗啡等）及各种条例、规则章程等事宜。成立戒烟医院、戒烟所及烟民工厂，烟犯处理等事项，关于禁烟禁毒各种表册、各项经费等事项案卷。

地籍档案　民国26年（1937），共250卷。分象山县第一（南庄）区、第二（大徐）区、第三（西周）区、第四（定山）区、第五（石浦）区的64个庄的地籍表及丘地编号平面图等案卷。

民卫档案　民国18年（1929）6月至民国38年6月，共87卷。分浙江省卫生处、民政厅有关医药卫生法令、训令案卷。象山县卫生机关施种牛豆、预防天花、鼠疫等防疫工作，卫生、经费、改善乡村卫生计划、卫生人员调查、各公立、私立医院调查表、清册等案卷。

金融档案　民国20年（1931）5月至民国38年7月，共59卷。分浙江省银行总行、宁波市银行、象山县支行有关业务往来函件。象山县银行第一、第二次筹备会议记录及县银行章程、县银行与各机关业务往来信函。金融国库动态及国库法令等案卷。

户籍档案　民国元年（1912）至民国38年，共912卷。分国民党象山县政府、丹城镇，靖南一乡、二乡、三乡，爵溪乡、虎山乡、林溪乡、沪东乡、沪西乡、淡港乡、儒蕉乡、溪口乡、十里乡、泗灵乡、高桥乡、定塘乡、月华乡、延昌乡、昌国乡、五汉乡、奠安乡，西瀛乡、西陲乡、忠义乡、南田乡、钱仓乡、东麓乡、峰北乡、东门乡、石浦镇、文山乡、东海乡、东港乡、东山乡、西港乡、狮麓乡、华塘乡、金星乡、鹤浦乡、靖河乡、灵照乡各保户口册、户口检查表和调查表，民国34年县人口职业分类统计表，民国36年县人口统计报告表等。

玉泉盐场档案

象山县玉泉盐场档案自民国16年（1927）5月至民国38年7月，共形成1729卷，占民国档案十分之一多，为罕见完整盐业专题档案，具有重要史料价值。档案内容主要有6大项，60多个子项。

人事　盐场人事调动、任免、加薪、考绩调查登记，移交清册、保证书、介绍书，盐务税警队士名册、子弟学校教职工、学生名册、缓役人员名册等。

财务　补助、救济、请假差旅费用等，福利、待遇申请、规定等。

销售　销售收支等各项财务凭证、报表，盐况、盐价、购储、收运等盐务规则，门市部、公卖部、盐工、税厂等管理法规，生产货款、盐仓租金、各项经费列支情况，原盐销区及受灾情况、招致侵袭损失等材料。

生产　盐业生产、工作进度、盐业产量登记、盐质分析、制盐技术方法等。

机构　机构变更、长亭盐场并入，金东西、番东西、中竿、浦东西、上廒、建康、健跳七场务所。

场务　盐场建设、财物管理、盐业工会、福利委员会等会议记录、章程，有民事、刑事调解、审理等。

第二节　象山解放后档案

象山解放后至2008年，象山县档案馆馆藏各种档案193个全宗、78258卷、9458件（2002年后以“件”计）。档案全部按全宗进行管理，包括中共象山县委、象山县人民政府及县级机关、群众团体、区镇乡机关、部分县属企业单位及行政村等组织档案。是全县党政机关活动过程中形成的第一手资料和原始记录。

照42-3　位于县政府大院内的象山县档案馆

革命历史档案

馆藏革命历史档案共74卷，多为中华人民共和国诞生前中国共产党象山支部活动史料。主要涉及贺威圣、王嘉谟、范船僧、吴烨、杨白等革命烈士的遗文和象山解放前革命斗争活动回忆录，内容残缺不全，为手稿、原件、复制件及回忆录等。

文书档案

185个全宗共47405卷、9458件，占馆藏档案60.8%。各全宗一般接收至1990年12月，中共象山县委全宗收至2005年，象山县人民政府全宗接收至1994年12月。因库房紧张原因，大部分乡镇档案暂接收至1980年12月。社会团体档案不完备，一些社会团体成立后自然消亡，缺乏档案意识，解散之后没有保存、上缴档案。

专业档案

共18199卷，主要涉及统计、土地、户粮、山林、县志、浅海滩涂、农业、人口、工业、普查、组织史、第三产业、婚姻等内容，占馆藏档案23.3%，该类档案大部分在文书档案中剥离出来，以专业成卷，具有针对性，有较大民生利用价值。有统计档案（1951—1995年），婚姻档案（1981—2004年），山林档案（1981—2006年），户粮档案（1980—1988年）等。

科技档案

共362卷（少数民国科技档案归本卷宗）。主要内容为部分县重要城建工程、城建规划图、县电话线路网络图、重点水利工程勘察、设计、施工图，县科技成果报告表、技术鉴定书、说明书等。

声像档案

馆藏声像档案主要包括照片档案、录音档案、录像档案、影片档案、唱片档案、碟片档案、微缩档案等。其中，馆藏照片档案（1949—2008年）17100张、277卷。另有馆藏录音档案（1987年11月至1999年10月）、录像档案（1985年12月至2001年10月）。声像档案保存有胡耀邦视察象山录像，记录象山大塘港水利围垦工程情况专题影片1部（1975年），象山县志、象山家谱原件缩微档案等。

实物档案

馆藏实物档案主要是印章档案（1950—2001年），共61卷。为撤、扩、并后乡镇、学校、公司及“文化大革命”时期印章。

个人档案

非全宗形式档案。主要包括三个部分：象山籍人士在国内外档案，于1987年年初开始建立，至2003年1月，立卷共3869卷、57件；象山外籍科技管理人员档案；县内各界著名人士、历史人物、劳动模范、先进工作者、党政领导及各行各业的代表性人物的生平事迹、重大成果、成就和有关档案材料。

1958—2008年部分年份象山县入馆档案情况表

表42-4

年份	移交单位或个人	档案形成年份
1958	县总工会、团县委	1950—1957
1962	县委农工部	1951—1961
1964	县委宣传部等8单位	1952—1960
1964	县委组织部、工交部、财贸部	1950—1964
1966	县人事局、县妇联	1951—1965
1968	县委统战部、工商联	1951—1968
1978	新桥区等8单位	1951—1977
1983	县财贸办公室	1977—1982
1984	县委办、县府办	1949—1984
1985	县委办、县府办、财税局、番头乡	1949—1985
1986	县水产局等67个单位、个人	1951—1984
1987	县卫生局等62个单位、个人	1951—1987
1988	县委、县府办等72个单位、个人	1951—1987
1989	县档案局等58个单位、个人	1932—1989
1990	人民法院等39个单位	1590—1989
1991	工业局等40个单位、个人	1952—1987
1992	昌国乡政府等18个单位、个人	1952—1992
1993	高妙兰等14个人、单位	1950—1992
1994	档案馆等10个单位、个人	1953—1980
1995	县三产办公室	1993—1995

续表42-4

年份	移交单位或个人	档案形成年份
1996	档案馆整理个人档案	1953—1995
1999	县委等62个单位	1977—1995
2000	征集的个人档案等	1975—2000
2001	民政局	1977—2001
2002	物资局	1991—2001
2003	水利局等10个单位、个人	1992—2003
2004	县档案局等21个单位、个人	1991—2004
2005	民政局	—
2006	水利局等29个单位、个人	—
2007	县委办等10个单位、个人	—
2008	15个单位档案汇集及个人	—

第三节　馆藏书刊资料

象山县馆藏资料源于原中共象山县委资料室、中共象山县委办公室、县人民政府归档的资料及县档案馆征购、收集的资料。今馆藏图书资料，有图书8634册、报纸1992册。

综合性图书

馆藏综合性图书、期刊分为18类，有马克思、恩格斯、列宁、斯大林、毛泽东著作、中共会议文件及文献，政策、法令汇编，政府公报、政报，统计资料，以及经济、文化、科学、教育、体育、文学、艺术、历史、地理等方面综合性图书（参考工具书）。

报纸

馆藏各类报纸1992册，基本按月装订。1949年前，有《大公报》《浙江日报》等29册。1962—2002年，《人民日报》671册。1987—1988年，台湾“中央日报”12册。1975年，《解放军报》1册。1979—1984年，《文汇报》70册。1963—1972年，《解放日报》112册。1962—2008年，《浙江日报》563册。1987年，《浙江侨声报》1册。1989年，《钱江晚报》1册。1962—2008年，《宁波大众》《宁波日报》406册。1956—2008年，《象山报》92册。1985—1993年《中国科技报》15册。1996—2008年《中国档案报》19册。

地方历史文献

象山县历史悠久，民间散藏着许多重要地方文献。民国37年（1948），象山县成立文献委员会，搜集象山明清时期地方文史文献多部。“文化大革命”时，象山许多私家藏书被毁，地方文献资料毁坏、流失严重。20世纪80年代，象山县志办在第一轮修志完成后，所有收集的历代象山志书、其他文献，均入藏县档案馆。

第三章　档案管理

象山档案之设，宋之前无考。宋宝庆《四明志》中有象山人口、田亩、赋役记载。明有田亩鱼鳞册。明嘉靖《象山县志》县政之下，设有“架阁”之职，为档案管理部门。延至象山县人民政府设档案局，有记载的档案管理历史近500年。

第一节　档案管理机构

档案管理部门，象山有记载见于明嘉靖年间（1522—1566），称“架阁”。清，县署设置档房，专人办理文书、管理档案。民国时，县署设置档案股。民国22年（1933）6月，推行“文书档案连锁法”，实行统一分类、编目、登记、立卷、归档藏库。

中华人民共和国成立后，1954年，县委设档案室，由秘书处兼管。两年后配备专职档案员，隶县委办公室。1958年10月，象山、宁海两县合并称象山县。1959年6月，在县治城关镇（今属宁海）成立象山县档案馆。1961年10月，象山、宁海分县，象山县档案馆迁回丹城。1975年，建库房445平方米，配专职干部2人。1984年，新建档案馆1200平方米，其中库房18间800平方米，采用密封设施。1984年10月成立象山县档案科，为县人民政府管理档案专门机构，首任科（馆）长许土根。至1987年，收藏档案51全宗23060卷，资料7300册。1988年9月，成立县档案局，为县人民政府主管全县档案专门行政机构。1992年12月，通过省三级档案馆验收。1995年9月，通过省二级档案馆验收。1996年机构改革，内设办公室、督导科、管理科、编研科、信息科，建全宗室、阅览室、陈列室、消毒室、整理裱糊室、暗房、计算机房、复印室、现行文件资料服务中心。1998年，通过省一级档案馆验收。2000年始，县档案馆按“档案年检合格证”所列范围，分组织管理、保管条件、业务建设、利用编研四方面，对县级机关、镇乡机关实行档案年检，重点检查业务建设、利用编研。2003年10月，通过省一级馆复查认证。2004年，县档案馆开始研发多媒体视频信息采集系统，落实专人及时采集本县每天重要新闻，上传档案信息网的中国象山港网站，供网民查询，并及时做好多媒体信息剪增、刻录和目录输入。

第二节　档案收集

民国37年（1948），象山地方文献委员会收集整理明清时期象山历史文献。中华人民共和国成立后，县档案馆负责接收、征集、保管、管理县级机关、街道镇乡、群众团体及其他单位或个人档案。建馆以来，先后收集上述单位具有永久、长期保存价值的文书档案、科技档案、声像档案、专业档案等，并征集革命历史档案及部分散失在民间有保存价值的档案。

历史档案收集

民国37年（1948），象山县成立象山文献委员会，收集明、清时期象山地方历史文献《尊乡集》（姜炳璋著）、《九山类稿》（倪象占著）、《蓬岛樵歌》（钱沃臣著）、《研香室吟草》（叶兰贞著）、《象山县经济概略》等具有较高历史研究价值的文献资料。

1949年7月8日，中国人民解放军进入丹城，象山宣告解放。旧政权管理人员猝不及防，慌忙逃逸，民国县政府库藏档案得以基本保存。8月，象山工作大队，接管民国档案后移交县人民政府。

民国档案接收经过回忆编录①　7月7日，柯扶接到通知参加象山工作大队接管象山旧政权。柯原是“燎原”部队军政队队长兼指导员，象山人。7月8日从宁波出发，第二天从梅林下车步行到桥头胡，象山工作大队分两路进入象山：一路由队长王化祥率领，乘部队运粮船在桥头胡下船到陈山上岸；一路由副队长李端三率领，经西周步行到丹城，柯扶跟随王化祥陈山上岸，入丹城东门。第二天张贴布告，约法八章，安定人心。进入县政府，看到文书档案未被毁坏，较为完整。没过几天，因一八九团奉命驻防溪口，丹城空虚。工作大队须跟随部队离开丹城。柯扶责成旧政权丹城镇长李毅保管文书档案及资料财物，以将功赎罪。一个月后，工作大队重回丹城，正式分工接管旧政权，柯扶负责接管秘书科、军事科。秘书科档案资料保留较完备，其中有《建设象山港的实业计划》等。时由于档案意识不强，个别战士学文化时把档案反面用来练习写字而撕毁，甚为可惜。丹城镇档案，其中一间档案材料烧毁，原因不明。

1960年6月11日，中共象山县委发出《关于开展征集革命历史档案和文物工作的通知》，认为象山县“党的组织较早、活动中心范围广，从丹城、南田、西周、宁海、岔路、桑州、沥洋、长街等公社情况来看，还有不少革命历史档案、文物流散在群众之中”，要求掀起一个群众性“查宝”“献宝”运动，做到“有宝必献”“知宝推荐”。是年，县成立地方党史资料研究小组。

1969年2月6日，象山县革命委员会下发《县敌伪档案请查小组“关于加强失散在社会上敌伪档案资料收集”和迅速建立“查找敌人下落专线网”工作意见》，要求“确保各现存的敌伪档案不再遗失、毁坏、散乱，实行集中管理、统一领导、统一使用，以便更好地为无产阶级文化大革命服务。”认为这“是揪出隐藏在党内的叛徒、特务、反革命分子、实现我党组织革命化，巩固无产阶级专政的英明决策”。县成立敌伪档案清查小组，要求“凡发现敌伪文书档案、国民党报刊、通讯、花名册、同学录、账册、敌伪人员照片等资料，应立即上送县敌伪档案清查小组”。1969年12月5日、8日，地区、县革命委员会分别通知“暂停接待人事、文书以及敌伪档案和案记档案查阅和函调”。

1984年5月，县档案馆向县委办公室请示《关于编采象山姓氏，收集族谱、家谱的报告》。县委办公室于1984年6月4日，将该文批转各部门执行。是年，收集宗谱12册。

2006年，象山立县1300周年纪念之际，县人民政府印发《关于征集档案资料的通告》，计征集到较有价值各类档案57卷150件，包括1956年象山抗台快报，“文化大革命”期间部分原始资料、家谱和象山名人等资料。

县属各部门档案收集

1956—1958年，县属各部门组织人力集中清理历年积存文书档案。1958年，先后移交县委档

①据柯扶回忆文章编录。

案室。1978年后，县级机关重新清理中华人民共和国成立后文书档案。至1982年基本完成。翌年，又全面清理区、镇、乡文书档案。1986年5月，依据象山县委办《批转县档案科（馆）“关于要求将全县1976年以前的档案接收进馆的报告”的通知》，1987年，县档案馆接收大徐区委、贤庠乡、珠溪乡、涂茨乡、大徐乡、东港乡、雅林溪乡、黄避岙乡；南庄区委、丹城镇委、爵溪镇委、南庄乡、林海乡、东陈乡、亭溪乡、墙头乡、茅洋乡；西周区委、西周镇委、下沈乡、儒雅洋乡、泗洲头乡、灵南乡、莲花乡；定山区委、后岭乡、大塘乡、晓塘乡、中楼乡、新桥乡、东溪乡、旦门乡、定塘乡；石浦区委、石浦镇委、鹤浦镇委，樊岙乡、高塘岛乡、昌国乡、金星乡、东门乡、檀头山乡等区、镇、乡1976年前档案。1988年，接收县委办、县府办、县委组织部、县科委、县纪委、县信访室、县总工会、团县委、县妇联、县委宣传部、县教育局、县卫生局、县委党校、县委农工部、县农业局、县林业局、县水利局、县水产局、县计委、县劳动局、县城建环保局、县物资局、县统计局、县经委、县交通局、县邮电局、县重化公司（工业局）、县盐业公司、县供电局、县商业局、县粮食局、县工商局、县财税局、县供销社、工商银行等县属一级单位1976年前档案。

第三节　档案整理

民国时期档案整理情况不详。1956年，浙江省第一次档案工作会议召开，象山县委配备专职档案干部着手整理积存档案。1999年后，档案编研工作进入常态化，其中《档案利用效率实例选编》《象山籍人士在国内外》《象山县档案馆指南》获好评。

档案清理

中华人民共和国成立后，象山县人民政府接收大量旧政权遗留档案。1955年8月至1957年4月，成立“敌伪档案清理工作小组”，组织人员对旧政权档案分类归目登记造册，进行初步清理。

1956年，县委档案室着手整理县级机关历年积存档案，清理、鉴定、剔除不须立卷、不须保存及保存已逾期部分。1958年10月，县委档案室基本完成1949—1957年的档案整理。

档案整理

1962年，象山、宁海分县。根据宁波专区档案管理科《关于象山、宁海分县后档案处理问题的意见》，要求：“两县合并后至分县止形成的档案资料，应归象山县集中统一保管，但为便于宁海县日常对档案资料和利用，具体意见：（1）上级所发的重要文件，有重份的，通过交接手续，抽一份归宁海县保管；只有单份的，而又需要经常利用的，由宁海县开列清单，报请上级补发，凡地专机关的文件，请地专各单位尽力满足宁海县要求。省委和中央、省人委和国务院文件可分别请示省委办公厅和省人委办公厅解决。上级无法补发，而县级又特别需要的，经报请原发单位批准同意后，进行复制。（2）县级本身的文件资料，应该通过各方面收集，以补充宁海县的档案资料，也可以采取复制的办法加以解决。”由于分县时间仓促和运输交通不便等因素影响，属象山的档案资料至今仍有部分留于宁海县档案馆中。

1968—1970年，象山县革命委员会清档组组织人员重新整理编目保藏于县公安局内的民国档案。1995—1998年，县档案馆对接收进馆内民国档案进行抢救性整理，重新装订案卷，破损档案全部修裱，重新编写案卷标题、卷内目录。1999—2000年，县档案局进行整理，共编制912卷民国户籍档案计 13 万户目录。

1980 年，对象山解放后历年征集的民国 14 年（1925）至民国 38 年中国共产党象山地方党组织活动资料，如中共象山地下党员王嘉谟、范船僧等烈士遗文，多人革命斗争活动回忆录等原稿、复印件，进行整理，立卷归档。

档案资料编印

《象山县档案馆指南》系全面介绍象山档案馆基本情况及馆藏档案和馆藏资料的工具书。1990 年开始编写，1992 年写成读编，2003 年在原稿基础上再修改，增编，2010 年在原书和续编基础上进行修改，于 9 月印刷出书。《象山籍人士在国内外》系反映国内外象山籍著名人士的系列丛书，每集约录 100 人，1989 年开始编印第 1 集，至 2008 年出版 6 集。根据个人自传、学术著作、论文、科研成果、证件等进行整理编写而成。《时代风范》，收录中华人民共和国成立至 2008 年，象山县县级以上劳动模范 135 名，模范集体 16 家，其中包括全国劳动模范柳建成、方瑞娟，全国“五一劳动奖章”获得者骆宝仁、何利彩，部级劳模张信芳、娄月娥、许定松、章杏根等。

第四节　档案利用

20 世纪 80 年代前，查阅档案有较多限制，档案利用亦不受重视。改革开放后，档案管理从封闭逐步走向开放，为机关日常工作、落实政策、科学研究、经济建设、编史修志、民生服务提供大量资料。1991—2002 年，档案馆共接待 8878 人次，提供档案资料 26960 件次，摘录、复制档案资料 40380 张。2003 年，成立象山县现行文件资料服务中心，5 月 28 日正式对外开放。是年，利用档案资料 551 人次，调阅档案资料 2270 卷。2004 年，接待档案、资料利用者 656 人次，调阅档案资料 5610 卷，有效利用率为 89.8%。2005 年，调阅档案资料 2104 卷，摘录复制档案资料 4204 张。2006 年，接待档案资料利用者 1124 人次，调阅档案资料 3917 卷，摘录复制档案、资料 11864 张。2007 年，接待档案资料利用者 1619 人次，调阅档案资料 8351 卷。2008 年，县档案馆共接待档案资料利用者 2023 人次，调阅档案资料 11985 卷。

服务经济建设

2004 年，为经济建设利用者 24 人次、46 卷次，占利用档案总数 3.9%、0.8%。2007 年，为经济建设利用者 128 人次、136 卷次，占利用档案总数 8.3%、1.7%。2008 年，为经济建设利用者 77 人、65 卷次，占利用档案总数 4.0%、0.6%。

服务编史修志

在 20 世纪 80 年代编修《象山县志》与 90 年代编修乡镇、部门志中，档案资料均发挥重要作用。2004 年，为编史修志利用者 139 人次，4337 卷次，占利用档案总数的 22.7%、80%。2005 年，为编史修志利用 65 人次、779 卷次，占利用档案总数 8.9%、39.8%。2006 年，为编史修志利用 112 人次、1617 卷次，占利用档案总数 10.2%、42.1%。2007 年，为编史修志利用 277 人次、5990 卷次，占利用档案总数 17.9%、75.1%。2008 年，为编史修志利用者 390 人次、5890 卷次，占利用档案总数 20.3%、52.5%。

服务工作查考

档案工作服务于政府各部门和企事业工作查考呈逐年上升态势。2004 年，为工作查考利用者

144 人次、713 卷次，占利用档案总数 23.5%、13.1%。2005 年，为工作查考利用者 151 人次、498 卷次，占利用档案总数的 20.6%、25.4%。2006 年，为工作查考利用者 246 人次、1251 卷次，占利用档案总数的 22.4%、32.6%。2007 年，为工作查考利用者 164 人次、569 卷次，占利用档案总数的 10.6%、7.1%。2008 年，为工作查考利用者 285 人次、4112 卷次，占利用档案总数的 14.9%、36.7%。

服务学术研究

档案资料在学术研究中发挥重要作用。20 世纪 80 年代后，档案工作即为县内文化、历史、经济等学术研究提供材料，惜无具体记录。90 年代初，由许土根、王笑龙、沈颖洪完成的《象山籍在国内外人士档案的建立及其应用》等软科题先后获国家档案局科技进步四等奖、省科协二等奖、市社科三等奖。2004 年，为学术研究利用者 2 人次、数十卷次。2006 年，为学术研究利用者 52 人次、数百卷次。2008 年，为学术研究利用者 17 人次、数百卷次。

服务民生

20 世纪 90 年代后，档案利用逐步开放，在落实政策、调解纠纷、核实工龄、工作调动、婚姻登记、户口迁移等方面突显作用。群体性政策落实中，常常一人查阅，受惠几人、几十人乃至一个群体。2004 年 12 月 7 日，象山县公证处公证员奚某为办理公证查阅台胞林某档案，从民国象山户籍档案中找到台胞林某出生年月。2006 年 10 月 25 日，为缴纳养老保险费，余某以生父出生于 1940 年不确，查阅爷爷档案，确认父亲生于 1934 年，按政策此年龄段只需交纳 13590 元，即可每月享有 340 元养老金，一纸档案为余父节省 15680 元。2007 年 1 月 25 日，宁波市档案馆要求查阅余某干部介绍信存根。余某因没有材料证明他曾在机关工作过，无法享受每年 3000 元补贴，县档案馆工作人员从县委组织部全宗中，调出有关干部介绍信存根，从中找到余某的名字，使余某落实相关政策有了证据。

第四十三篇 文物 名胜

本篇目录

第一章　遗址考古　窑址遗存

象山考古工作始于20世纪80年代。因塔山遗址考古时间最长、规模最大、出土文物数量最多，故另章专述。从考古发掘的成果和地点看，6000多年前象山沿海一带就有人类活动。除塔山遗址外，史前遗址8处，其中姚家山、茅洋庙山头等遗址被列为县级文物保护单位；另有窑址多处，有唐初陈岙青瓷窑址，多宋代遗存，明清亦有。

第一节　史前遗址

20世纪80年代始，象山共考古发现史前遗址7处，以塔山遗址挖掘面积最大（详见本篇第二章“塔山遗址”）。遗址分布在沿海一带，留存6000年前先民在沿海活动的生活遗迹。另有满山岛遗址，存有春秋、战国时期先民在海岛活动遗迹。

姚家山遗址

在梅溪姚家山村西侧。西距塔山1里许，1991年发现。从地理分析，姚家山遗址应与塔山遗址一样为滨海山坡型遗址。面积约3200平方米，分7个地层。有泥质陶、夹炭陶、夹沙陶等，器型有鼎、釜、豆、罐等，基本与塔山遗址相类似。1992年1月，县文管会探洞调查。1995年12月，列县级文物保护单位。

茅洋庙山头遗址

新石器时代文化遗址。距茅洋乡溪口村东北约一里的庙山头东南麓，面积约2万平方米。农民挖土时，发现5件卵砾形磨制石斧，县文管办经调查，采集到多种类型夹炭、夹砂红陶片，有器口沿、器腹、器底、舌形鼎足等，并在多个地坎发现文化层断面。这一遗址发现，突破原发现的塔山、红庙山、姚家山新石器遗址相对集中县城周边的局限，为宁绍平原乃至江南史前文化研究提供又一新的实物资料。2002年12月，列县级文物保护单位。

赵岙遗址

位于丹东街道赵岙村。距塔山遗址约25千米。共发现12件石器，器形有石斧、石凿、石锛及双孔石刀。赵岙遗址与塔山遗址相近，处于古海岸线，或属同一群落。其发现对塔山遗址研究有补充价值。

大双岙遗址

位于涂茨大双岙。距塔山遗址约10千米，其西南1千米处为白岩山盐场。出土陶器以夹炭红陶、夹沙红陶为主，并有硬陶出现。器形有釜、鼎足、纺轮等，石器有石锛、石斧、石犁等。据器物判断，相当于良渚文化中晚期。

九顷遗址

位于丹西街道九顷村。具体范围和面貌不详。20世纪80年代，浙江省地质大队在九顷一带地质调查时，于地表下 3.6 米土层中，挖掘出两片夹炭陶，时代相当于河姆渡文化二期、三期及塔山遗址早期，或稍早于塔山遗址。

红庙山遗址

位于丹西街道西门外红庙山东南坡。1986 年发现。陶器主要以夹炭陶、夹沙陶为主，器形有釜、鼎、罐、盆等。1988 年，经专家确认为新石器时代村落遗址，稍晚于塔山遗址。

珠门大沙湾遗址

位于高塘岛乡珠门村大沙湾。沉埋于海涂面 3.5 米下沙砾层中。尚无法确定地层关系。采集到陶器以夹炭陶、夹沙陶、泥质红陶为主，器形有釜、罐等；石器有斧、锛、箭镞等，磨制光滑。初步认定遗址时代相当于塔山遗址，距今约 6000 年。遗址还出土双层夹沙陶片，制作原始，有专家提出该遗址可能早于塔山遗址。

满山岛遗址

位于高塘岛乡花岙附近的满山岛东岸，沿山坡分布。面积约 4000 平方米。为春秋、战国时期遗存。海润庙北侧坡地和庙南 300 米山坡上，陶片分布集中。庙南区域地层断面上裸露不少陶片，遗址下为鹅卵石。出土陶片以印纹硬陶、泥质红陶居多，纹饰以网纹、回纹、米格纹为主，器形有罐、盆、碗等。对研究海岛古文化具有重要价值。

第二节　古 窑 址

已发现古代窑址 8 处，唐代陈岙青瓷窑址被列为县级文物保护单位。

陈岙青瓷窑址

为唐初青瓷窑址，位于黄避岙乡黄大山北麓塔曼礁村西一山丘上。山坡平缓，背山面海，海上交通方便。1974 年 10 月，中国历史博物院、故宫博物院专家根据史籍记载，实地查看发现。两座青瓷龙窑，依坡并列而筑，窑头朝西，窑尾在东，各长 50 米、宽 5 米。窑体已没于地下，周围瓷片堆积层，东西长 100 余米，南北宽约 60 米，厚逾 1 米，今已辟为茶园。窑南有一圆形原料加工场基，直径 20 余米，西边山脚有一沟壑，裸露灰白色瓷土，似为当年制瓷取料之地。出土物器有碗、罐、盘、钵、瓮等。碗的残片极多，出土比重量大，造型的基本特征是敛口、曲腹、平底，口径 13.4~18 厘米，底径 6~8 厘米，高 4.6~6.4 厘米。其次是罐，主要特征是短颈、侈口、卷沿、圆唇或尖圆唇。盘仅高足盘一种，盘体坦而浅。钵造型与碗大体相同，形体大，腹部浅。瓶有两种，从口沿到肩安两个竖耳的是长颈瓶，肩部横安双耳的是双短颈瓶，造型特点古朴、结实，无华贵繁缛装饰。色彩调配与装饰技巧，在青瓷装饰历史中，均早于河南县郏县窑、湖南长沙窑。在堆积层中还发现匣体、垫饼等窑具，数量较多。1982 年 10 月，列县级文物保护单位。

东塘山青瓷窑址

丹东街道东塘山南麓，青瓷废品与残片原始堆积层离地表 30 厘米，东西长 50 余米，厚度不一，最厚 74 厘米。堆积层中有碗、盏、瓶、罐、鼎等十余种器形，以碗类和大小鸡腿瓶为大宗。物器造型古朴，釉色少变化，少装饰。碗造型敞口、薄唇、内壁斜直、圈足，大小有异，平底或平底内凹，胎色灰，淡青釉。鸡腿瓶均圆口、翻唇、颈微敛、斜肩、弧腹，下部平缓缩收，平底微凹，大小不一，胎色灰白，淡青釉。经考证，东塘山窑址为宋代青瓷窑址。

缸窑蒋窑址

大徐镇甲田弄村缸窑蒋自然村西北部。遗址呈东西向分布，面积6000余平方米。窑址破坏严重，窑床具体位置不清，现场发现大量碎瓷片、窑砖、窑具等，产品单一，皆为鸡腿瓶，胎色灰白，胎质厚重、粗糙。根据采集到的器物断定其为南宋时期窑址。

白象头窑址

涂茨镇永联村西北部将军山北麓（俗称“白象头”），横穿汤钱公路。为宋代越窑窑址，面积约800平方米，窑址延山坡南北向呈斜坡状延伸数十米，窑址西半已被挖掘，破坏面积200余平方米。现场器物瓷片堆积层清晰可见，并首次出现白瓷。器物有碗、鸡腿瓶、盏及窑具等。瓷片釉色青中泛黄，胎质粗糙。

黄狗盘山窑址

大徐镇新凉亭村黄狗盘山山麓。为宋代越窑窑址，面积约500平方米。2004年，发现时已被严重破坏，为配合基本建设，县文物管理委员会办公室抢救性发掘该窑址，出土残存的小型龙窑下部一段、大量窑具和瓷片堆积层，器物有碗、鸡腿瓶、花瓶等，以鸡腿瓶为大宗，皆施青釉，间有满釉者。

大百丈窑址

鹤浦镇大百丈村西南部。为宋代越窑窑址，面积约800平方米。窑址所处位置较为平坦，据调查，原有一定坡度。现场发现青瓷残器较多，多为青瓷鸡腿瓶，碗类等甚少，瓷片胎质粗厚。

西桥头相思岭窑址

丹西街道西桥头南，俗称“相思岭”。在修建道路时，相思岭东侧风跃溪及溪两侧发现大量的青瓷残片，器形有鸡腿瓶、碗、盘等。推测，为窑场废品堆积，并已被毁坏。其窑址应在相思岭民居下。

山厂青花瓷窑址

贤庠镇山厂村东300米龙角岩南麓坡地上。窑址东端南侧与西端北侧各有一废品堆积层，南面约70米处有加工场遗迹，往西10余米处有窑工居室残址。产品以碗为主，另有盆、杯等。釉彩为青绿、青灰、白色等，釉层薄，光泽亮，胎体呈灰白色。质地细腻，内壁或外壁绘花卉图案等。经地坎坑面调查，尚有窑址下部的残存，确认为明清两朝青花瓷龙窑遗址。

第二章　塔山遗址

塔山遗址位于丹东街道城东村塔山南麓缓坡上，依坡濒海，由塔山遗址、姚家山遗址及处于两者之间的链接地带共同组成，总面积约3万平方米。1988年发现后，在浙江省考古研究所主持下，分3期发掘，共1610平方米。该遗址的发掘，使象山地域人类活动历史，从春秋战国时期，上溯至6000年前的新石器时代。遗址文化层堆积厚0.8~2.3米，分10个地层，时间跨度3000余年。早期属于新石器文化，晚期属于商周文化。新石器时代文化又可分为三个文化层：下层文化中的数十座墓葬．其形制和人骨架显示的葬式，及其陶器、石器、玉器等随葬品组合，反映了该时期的塔山人为河姆渡文化与马家浜文化在这里相遇而不完全相融的状态，文化面貌正好填补河姆渡二、三期间的空缺。为此，亦有考古学专家提出“塔山文化”的命名；中层类似崧泽文化，上层则相当于良渚文化。在某种意义上，塔山遗址代表宁绍地区河姆渡文化以后新石器文化发展的序列。遗址中大量人骨架、大型兽骨、各类器物的出土，为研究体质人类学和东南沿海地理环境变迁，及当时的社会情形，提供极为宝贵的资料。国家文物局评价：“象山县塔山史前文化遗址的发现和发掘，体现了我国考古工作的新成就，对江南地区史前文化乃至中国历史都具有重要意义。”

第一节　塔山遗址发掘

1990年10月、1993年3月、2007年10月，分3期考古发掘塔山遗址。浙江省文物考古研究所、宁波市文物考古研究所、象山县文管会办公室参与遗址发掘。《光明日报》《文汇报》《新民晚报》《浙江日报》《钱江晚报》《中国文物报》《宁波日报》等进行专题报道。发掘成果得到国家文物局高度评价。

塔山遗址位置

塔山遗址位于县城东郊，北纬29.5°、东经121.8°，东距大海6千米。遗址坐落在塔山南麓海拔约4~12米的缓坡与坡前平地，东南面向南庄平原，系县内最大平原，面积63平方千米，平均海拔3~10米。塔山是南庄平原北部山脉南缘的一座小山，山顶有塔，因名之。隔南庄平原向西3千米处，有另一新石器时代遗址——红庙山遗址。塔山遗址的界定范围为：北依塔山，东至姚家山，南过塔山路至象山福利院及东侧耕地、民宅片区，西北为东谷湖。遗址的东面500米处，是县级文物保护单位——姚家山新石器时代遗址。随着对遗址了解的深入，发现塔山遗址与姚家山遗址可以划归同一个遗址。遗址面积扩大为3万平方米。

塔山遗址三期发掘

1987年冬，象山中学学生励江一在塔山脚下偶然发现一块陶片，上交给象山中学历史教师胡朝胜。胡看了陶片后，觉得时代较早，到现场发现有更早时代陶片，1988年1月27日，把此信息报告给县文管会办公室。1月28日，县文管会办公室夏乃平、符永才至塔山调查，发现为新石器时代文化遗存。后以塔山为名，定名为塔山遗址。是年6月，浙江省文物考古研究所刘军、蒋乐平及宁波市文物考古研究所林士民、丁友甫、贺宇红等一行6人到象山实地勘察，通过对地坎剖面及所见器物残片分析，认为遗址年代可达河姆渡文化晚期。

第一期发掘　1989年4月5—11日，浙江省文物考古研究所委托宁波市文物考古研究所对遗址试掘。证实遗址有新石器时代至商周时期的文化层堆积，确定该遗址面积约1.5万平方米。1990年，象山县政府计划在塔山建广播电视差转台，塔山遗址受到被破坏的威胁。经国家文物局批准，对塔山遗址进行第一期抢救性发掘。1990年9月28日正式动工，第一阶段布5米×5米探方6个，出土、清理大量陶片、石器及灰坑等遗迹，证实遗址保存较为丰富的文化内涵。11月3日，开始第二阶段发掘，发掘区在第一阶段的西南方向，布5米×5米探方8个。12月初，遗址第9层发掘完毕，发掘面接近生土，剩一些不成规律的柱洞。在清理柱洞等遗迹现象的过程中，揭露出塔山先民墓葬群，皆为竖穴土坑墓，墓坑、尸骨保存较为完好；出土许多完整的陶器、玉石器等随葬品，部分墓葬还存在着叠压。根据墓葬群向西南方向的分布趋势，又进行适当的扩方发掘。根据墓葬群向西南方向的分布趋势，又进行适当的扩方发掘。在发掘将近结束时，在发掘区东面50米处试掘2米×10米探沟。12月26日，第一期发掘基本结束。第一期发掘总面积410平方米。1991年7月16日至9月20日，浙江省文物考古研究所蒋乐平撰写成《塔山遗址第一期发掘成果报告》。1991年10月29日，象山县人民政府在县图书馆举行“1991宁波市国际旅游文化节象山塔山遗址首期发掘成果新闻发布会”，此次新闻发布会引起海内外新闻界、史学界的广泛关注，《光明日报》《文汇报》《新民晚报》《浙江日报》《钱江晚报》《中国文物报》《宁波日报》等进行专题报道。第一期发掘成果得到国家文物局高度评价。国家文物局认为，象山县塔山史前文化遗址的发现和发掘对研究江南地区史前文化乃至中国历史都具有重要意义。

第二期发掘　1993年3月中旬至6月中旬，浙江省文物考古研究所主持塔山遗址第二期发掘，从第一期发掘区向西、南方向扩大，布5米×5米探方8个，发掘面积200平方米，进一步揭示塔山遗址文化内涵，7层下新发现十几座新石器时代墓葬；补充9层下墓葬群的分布资料。1994年形成《象山县塔山遗址第一期、第二期发掘报告》，发表于《浙江省考古研究所学刊》（长征出版社，1997年）。

第三期发掘　因象山县城规模迅速扩大，塔山路必须从塔山遗址通过，与东侧相继建成塔山花园、龙泽名园等居民小区连接，而塔山遗址为浙江省级文物保护单位，成为县城向东北方向发展的交通瓶颈。经国家文物局批准，2007年10月上旬至2008年1月下旬进行塔山遗址的第三次发掘，由浙江省文物考古研究所主持，象山县文管会办公室协同，发掘区域在塔山路北侧，发掘面积1000平方米，发掘经费由象山县建设局提供。布10米×10米探方10个，发掘历时3个多月。文化堆积最厚处有3米左右，遗存类型丰富，有墓葬、建筑遗迹、灰坑、水井等；出土文物种类丰富，有陶器、骨器、玉器、石器、青铜器、原始瓷器等。陶器中有陶网坠数十件。青铜器有青铜镞和青铜鱼钩等。发掘期间，邀请专业人员对塔山遗址地层中的土壤采样，进行塔山遗址古环境研究；此外对塔山遗址人骨架采样，以揭示塔山人饮食结构。

第二节　塔山遗址遗迹

塔山遗址遗迹主要由房址、墓葬、灰坑等组成。塔山遗址下层发现一个距今约6000年的氏族墓地，为确定河姆渡文化早、晚期关系的性质，找到实证材料。

房址

新石器时期下层柱洞与房址遗迹：柱洞数量很多，1990年、1993年和2007年发掘区均有发现，但分布未见规律。单个柱洞有两种形式，一种柱坑与柱洞套合，另一种只见柱洞，反映坑埋式、栽桩式两种立柱方式。前者底部偶见块石基础。为栽桩式立柱。新石器时期中层柱洞与房址遗迹：房址仅在1990年发掘区发现1座，建筑残体由红烧土墙、碎陶片铺成的室内残面、室外南面的石砌护坡三部分组成，为朝南建筑。商周时期红烧土遗迹：一处碎块较多，成大片较少，表面凹凸不平，周边剥落不齐，土质坚硬，结构紧密，大多为红褐色。边沿一般是灰或灰褐色。另一处大约呈西南—东北走向，长条形。烧土面保存不甚规整，表面孔洞混乱，烧结面稍硬，局部还有草拌泥痕迹，红褐色，内含原始瓷片，印纹陶片、鼎足等。

墓葬

新石器时代下层墓葬：1990年第一期发掘和1993年第二期发掘，共发现墓葬40座。当属一个较完整的墓区。墓葬为长方形竖穴土坑墓。未见葬具痕迹，但从头骨呈扁状，似原有一定空间，为坍压致使头骨变形，故原存在葬具可能。仰身直肢是最一般的葬式。头向分东、东偏南、东偏北三类，大致在140°~170°之间。在仰身直肢葬中存在二次葬式。二次葬分两种情形，一种骨架混乱，但头骨位置仍在墓葬群头向的同侧，往往可从中辨识部分骨骼的错位或误置，这类墓葬可排除被后人扰动或自然移位的可能性。一种屈肢葬，下肢微向右弯曲，面部亦同侧倾向西随葬品以陶器为主，少量玉（石）器。陶器一般见于足部，分布较散乱。种类有豆、釜、钵、盘、罐、鼎、壶及器盖等。玉玦6件，玉管饰2件，多见于头部。石器仅有石凿1件。墓葬之间存在叠压与打破现象，可见墓地延续时间较长。新石器时代中层墓葬：墓葬有15座。均为成年人墓葬，墓向东偏北（23°~82°）。从葬式、墓向、随葬品等几方面考察，当为一小墓区。均未存葬具。三座墓内有多具骨骼个体，属于特殊的合葬现象；大多为仰身单人葬，可定为一次葬其中一座骨架保存相对良好，唯不见盆骨，疑为二次葬。商周时期墓葬：破坏较严重，方形土圹界限比较模糊，方向97°。骨架保存较差，不见头骨，仅见大腿骨、肋骨等。从脊柱骨、肋骨可推测，头朝东，足朝西。未发现葬具，无随葬之物。

灰坑

新石器时代下层灰坑：共发现新石器下层灰坑16座。根据现状特征分为4型：A型为平面圆形，5座，土坑平面略呈圆形，敞口，斜直壁，平底，制作比较规整；B型为椭圆形，6座，坑内有夹砂釜、鼎足、豆把、陶片、骨块、橡子、木版等；C型为方形，2座，填土青灰色，含少量砂粒，土质松软，出土有夹砂、夹炭陶、骨耜等；D型为不规则形，3座。新石器时代上层灰坑：新石器时代上层遗迹主要有灰坑、灰沟两类。灰坑12座，分2型：A型为圆形，4座；B型为不规则形，7座，其中出土鱼鳍形鼎足陶片等，其性质当属某种建筑基槽。商周时期遗存：分两类，一类为功能不清晰的普通灰坑，另一类是较明确的窖藏与水井。普通灰坑50座，一般有硬陶罐、鼎足、釜支子、条形鼎足、陶罐片，以及釜、鼎、豆柄、甗等器形。水井，2座。由外土圹和内堆石两部分组成。其中一座直径340厘米，深134厘米。窖藏2座，一座由土圹和圆形木器两部分组成，另一座土圹平面呈圆形，敞口，斜直壁内收，底部平坦。地面铺树皮或是其他编织物。汉至唐宋时期遗存：本期的遗迹有灰坑6座、陶井1座。灰坑有4型，出土瓷碎片和大量的石块，大量的印纹陶片、鼎足、残罐，还有骨镞、铜钱、瓷钵等。陶井由土圹和砖筒两部分组成。下口较小圆筒状，斜直壁内收，制作比较规整。弧底，长132厘米，宽115厘米，深135厘米。砖筒呈圆圈状、青灰色、砖块表面打磨痕迹明显。由上下九层，每层12块，侧砖错缝堆砌而成，整体总深205~210厘米。

第三节　塔山遗址遗物

塔山遗址出土遗物主要为遗存于墓葬和生活场所的劳动工具、生活器皿、随葬品等，有陶器、石（玉）器和骨（角）器三大类，以陶器数量最多。延续时间从史前到唐宋。

陶器

新石器下层陶器均属生活器皿，可分夹砂、夹炭、泥质。所占比例在墓葬、不同发掘区的地层中略有不同。1990—1993 年发掘区的墓葬随葬品多能复原，地层及灰坑中的大致比例为：夹砂陶 46%，夹炭陶 38%，泥质陶 16%，泥质红陶为主，夹砂陶主色偏红，因烧制时火候不均或使用所致，常见黑褐斑驳状；夹砂黑陶数量极少。夹炭陶一般外涂红衣，常因红衣剥落而露出黑胎。夹炭陶的破口上少见植株谷壳痕迹，而更似炭粉、细泥的混合物，其中细泥亦可用砂泥代替，成为一种特殊的夹砂黑胎陶。纹饰以拍印绳纹为多，墓葬中为 19.2%，地层中约为 21%，以下依次为镂孔、弦纹、刻划、戳窝等。绳纹施于釜、鼎等砂质（炭质）炊器；弦纹多见于夹炭陶器的沿部内侧；戳窝多施于鼎足跟部；镂孔见于圈足器的圈足部位，分圆形、楔形、半月形等。圜底、圈足、三足、平底器并存，前三者数量占多数。釜、豆、鼎、罐为最常见器形。器形共分釜、釜支子、鼎、豆、罐、钵、簋、盘、圈足盘、甑、缸、盆、甗、壶、异形鬶、刻槽盆、盉、器盖、铲形器、灶形器残件、匜、圆陶片等。釜的数量最多，形式多样，是该时期的最主要陶器。鼎是主要器形之一。新石器时代中层陶器亦为夹砂、夹炭、泥质三类。泥质陶中灰陶、黑衣陶数量增加。制法采用手制、轮制结合，慢轮修正技术提高，器物更加规整。圈足盘数量较多，豆数量较少，罐数量虽少，形式多样，另外鼎足 12 件，其中有截面刻画似鱼鳍形的 4 件。新石器时期上层陶器仍可分夹砂、泥质、夹炭三种，其中，夹砂红褐陶约占 43%，泥质灰陶占 20%，泥质黑皮陶占 11%，泥质红陶 4%，夹炭红衣陶占 6%。泥质黑皮陶数量增长是该阶段的特征。器形更趋规整，已采用轮制技术。器形有鼎、豆、釜、壶、盘等。绳纹、弦纹、镂孔，刻划纹是主要的装饰手段。其中一纺轮，泥质灰陶，手工制作痕迹明显。商周时期陶器沿袭新石器时代的传统陶系，夹砂陶、夹炭陶、泥质陶，依然占相当比例。新出现硬陶、原始瓷，前者多拍印几何纹样。陶器以轮制为主，手制次之。大多为手轮结合。器表的旋纹和瓦楞纹常用轮制，有的内表轮制手修明显。一般外表有拍印纹，内壁手掌、手指支垫痕迹明显。器形较丰富，有鼎、釜、豆、盘、盆、钵、甗、杯等。纹饰十分丰富。以叶脉纹、节草纹和席纹为数量前三位。釜是这时期主要器形之一，质地均为夹砂陶。这时期原始瓷类所出数量较多，均为可复原器，一般器表上均施绿釉。圈足盘，所出数量较多，均为泥质陶，陶色以灰色为主，褐、红陶依次减少，器形低矮，大多模印云雷纹等图案。三足盘数量不多，大多为碎片。盘数量较少，均为泥质灰陶，轮制。原始瓷碟 3 件。鸭型壶 1 件，复原，印纹硬陶。瓿，复原器 1 件，印纹硬陶，卷沿扁腹矮圈足，双耳，腹饰回格纹。勺数量很少，均为带柄残件。甗，标本 5 件，所出均为残件，无完整器形，均夹砂陶，均腰部有一周箆沿，凸出程度不一。纺轮数量较多，大多完整。陶环仅 1 件。甑 1 件，斜壁，仅存底一小块，底从外向内有数个镂孔，细砂灰陶。器耳数量较多，形式多样，均为器物的部件，质地以夹炭为主，还有夹砂和泥质。陶网坠标本 3 件，其中一件，圆柱状，两端有凹槽，泥质，长 2.7 厘米、径 1 厘米。流，所出仅一件，残，夹炭黑心褐皮，表饰齿状竹节，残长 8 厘米。

石器　玉器

新石器下层玉、石器数量较少。器形有斧、锛、凿、镞、刀、砺石、磨棒、刮削器、玉玦、玉管、玉璜、石纺轮、玉环、石陀形器、石轮等。玉玦均为装饰品。经鉴定，均非真玉，但制作精良，表面光滑细腻，光泽非常明显。出土石纺轮2件。新石器时代中层玉、石器数量较少，石器主要器形有锛、凿、刀、镞、钻型器等，石质以沉积岩、火山岩为主。均磨制规整。石锛标本5件，皆比较完整。新石器时代上层石器见有锛、斧、凿、刀、耘田器、钺形器、厨刀、犁、镞、砺石、雕刻形器、尖状器、磨石、带凹窝卵石、打制石器等。玉器见有璜、环等。石锛、石刀数量较多，制作比较粗糙。有耘田器完整器1件。玉器见有玉管，钻孔技术成熟。玉璜1件，横截面为椭圆形，残见两小钻孔。玉环2件。

骨器　角器　木器

新石器下层数量较少。骨角器见有骨耜、鹿角器、骨片、骨饰、骨镞。木器见有锥形器等。骨耜利用大型动物的肩胛骨制作，骨镞、骨片多利用动物的肢骨，运用磨、切、割等技术。其中骨耜2件、骨饰1件、骨镞1件、鹿角器1件。新石器时代上层的骨器，由于保存原因，有机质器物罕见，仅见骨镞、骨饰标本2件。

第三章　海防遗址

象山地处东海前哨，宋元以来渐成海防要津，明代更是抗倭要地，设置卫、所、寨、堡等，并在周围分布大量烽堠，作为相互联络工具。清时为防反清势力滋扰及列强入侵，继续加强海防建设。这些海防设施被废弃后，多数坍塌毁损，或被占作他用。赤坎游仙寨遗址、花岙岛兵营遗址被列为省级文物保护单位；爵溪抗倭城墙、周家山防倭烽火台、金鸡山炮台被列为县级文物保护单位。

第一节　卫所营寨

全县卫所营寨共7处，多为抗倭设施，以明朝建筑为多。清代得以修整。现多被列为县级文物保护单位或文物保护点。其中赤坎游仙寨、花岙兵营遗址被列为省、县级文物保护单位。

昌国卫城

位于石浦镇昌国。明洪武十二年（1379），信国公汤和经略海疆，于昌国县（今舟山）设守御前后千户所，洪武十七年升为卫。洪武二十年，移卫于象山东门岛。洪武二十七年，改迁后门山，即今昌国。卫城建于大明山东麓山谷地带，明嘉靖府志称，“指挥武胜掘隍筑城”，城“高二丈三尺，广一丈，延袤七里。辟四门，楼如之，设吊桥三，辟水门于西南二门之侧，罗以月城。城上雉堞一千九百十有四，警铺七十二，敌楼三十六。濠一百二十六丈，西北九百一十丈阻山不设”。南门外教场，东门外屯田。辖烽堠九处，与石浦所、爵溪所所辖诸烽堠、烽火台相呼应。永乐十五年（1417），指挥谷祥首次重修，成化间指挥张勇又葺。嘉靖三十三年（1553），城为倭据，倭退，都指挥梁凤加筑之。清顺治十八年（1661），居民内徙，城毁。康熙二十三年（1684）展复，修筑如故。乾隆二十一年（1756）、道光五年（1825）两度重加修整。今东、西、北三面残城尚存，以西门及其两旁城墙保存较完整，列县文物保护点。南城及南门因扩展城区，连濠一并夷平，惟南水门拱圈因兼作桥梁而幸存。

东门岛昌国卫城

位于石浦镇东门岛。元末，邑人王刚甫摄东门巡检，清乾隆《象山县志》称："王刚甫故垒在石浦老城（即东门）。"据雍正《宁波府志》知明洪武二十年（1387）昌国卫（今舟山定海）徙象山县东门，龙骧卫副千户备倭宁波万钟治城垣，修战舰，屹然海上巨镇。洪武二十七年，以"东门悬海，不便薪水"，再徙后门山（今昌国），故知老东门城垒始筑于元末，增益完固于明初，昌国卫迁后门以后，东门更称石浦关。东门卫城周长2.2千米，乱块石砌筑，设四门，南门之一侧辟水门，并建城隍庙，兼为卫署。庙前东西向300米城墙，因墙顶兼作通道至今保存完整，依山部分残形大部尚存，惟东门村中直街至呼应台山与西门口段因建民房及劈山取石遭拆除。大炮台山北城上、城东小炮台山、城西呼应台山均有烽堠，形势天成。现为县文物保护点。

爵溪所城

位于爵溪街道。明洪武二年（1369），置爵溪巡检司。洪武三十一年，司迁县西姜屿渡（今西周镇西前村即旧称司前村北），于爵溪设千户所。千户王恭筑城，"东南负海，西北依山……高二丈八尺（8.96米），址广三丈（9.6米），延袤三里（今测得2000米）。辟东、南、西三门，楼如之。设吊桥于南门，外罗月城。城上雉堞八百有三、警铺二十三、敌台十一。外为濠三百五十丈（1120米）。"建城时原有北门，因故封堵，1983年，围垦北塘时辨原迹复开。"南门月城下有气喉"，北门外置教场。永乐十五年（1417），千户翟通增修。嘉靖三十一年（1552），指挥刘恩至再修。清顺治十八年（1661），内徙沿海居民，卫所皆空，惟爵溪扼县东咽喉而免徙。乾隆二十一年（1756），领帑整修。光绪二十三年（1897），营官吴中选重修。光绪二十五年，象协文占魁再修。1956年8月1日台灾，南庄平原沦为泽国，爵溪藉城为防，因城门草物堵塞海潮未殃及城内，仅坏东城130余米。翌年，镇政府筹资拆西城修补之。今东城约400米尚完好，东门依然，城顶辟为车道，西北依山段城墙尚存，尤以北城约600米较完整；西城与南城以扩展城区大部被拆，仅南城东段近100米基本完整，但城顶建房；南城西段局部遗有残迹（菜市东首）。现存城墙与黄沙堠（周家山烽火台），均于1986年列为县级文物保护单位。

石浦所城

东南面海，西北依山。辟西南北三门，楼如之；辟水门于西南二门之侧；城上雉堞一千九百六，警铺二十九，敌台十有三；濠一百十丈，其西北百六十丈阻山不设。其地旧为石浦巡检司，明洪武二十年（1387）信国公和汤徙司于县南之青山，乃调昌国卫前后二所于石浦筑城捍守。建城隍庙于西门内，外设教场。永乐十五年（1417）、嘉靖三十四年（1555），都指挥谷祥、梁凤先后重修。清顺治十八年（1661），居民内遣，城毁。康熙二十三年（1684）展复，修整如故。乾隆二十一年（1756）重修，同治六年（1867）再修。石浦前后二所辖烽堠六处，与东门关及昌国卫相呼应。城周长607丈，现实测为2.3千米。现存城墙遗址仅存吉城路、南门瓮城、城东路这3处。吉城路段城墙由北至南到南门关帝庙约244米，墙残高4~5.2米，墙顶为石板或卵石铺设地面。南门瓮城处门洞外其余皆为重建，原城门由条石砌筑，门洞残留高2.35米、宽3.1米、深

7.2 米。老城区东南部为城东路城墙，依山势而建，东高西低，东段城墙自关帝庙转向水门头，此段残存 136 米城墙，高 4.3 米，水门段至城隍庙为城东路西段城墙，长 268 米。现存城墙为石浦省级历史文化名镇重要组成部分。

钱仓所城

位于涂茨钱昌村，东临乱礁洋，北控象山港口，与爵溪、鄞县大嵩两所为掎角之势。明嘉靖府志载："四面际山，因垒以城，高二丈六尺，广一丈三尺，延袤三里。辟四门，楼如之。辟水门于西门之侧，外设吊桥，罗以月城；雉堞一千二百，警铺二十，敌台十二；外为濠六百丈，余二十丈阻山不设。明洪武二十年（1387），千户王普筑。其西门外设有教场。永乐十四年（1416），千户徐昇修城。嘉靖三十二年（1553），指挥刘恩至加修。"清乾隆县志载："清顺治十八年（1661），居民内徙，城毁。康熙八年（1669）展复，截留所域之半改为寨"，为象协标分汛。实地考察，"四面际山"当为三面，因西门段地处平川。城周长近 2 千米。今西门段 300 米城墙及壕河悉拆填无存，余依山城垣残迹尚存，城中寨墙夷为道路。

赤坎游仙寨

位于丹东街道赤坎村东南、寨里村北、大爿山西南麓台地上。明周希程《筑象山县城记》："（永乐间）立南堡、游仙二寨。"《大明一统志》："游仙寨即赤坎寨，明正统八年（1443）筑，有城，周不及一里。"明嘉靖县志："城高一丈八尺，门一、有楼，四角置窝铺。正统八年倭寇由此登陆，乃筑城。嘉靖三十一年（1552），倭贼攻寨，失守，百户秦彪与弟豸举兵来援，俱遇害。暨贼退，统兵刘恩至乃增筑城。"同年令毛德京又增修。清顺治年间（1644—1661）居民内徙，寨因关县城安危而保留。清晚期，城渐废，城内成为村居。1957 年开始，因建赤坎水库，城石除基石残存外均被挖用，幸泥夹砾肚夯筑牢固至今尚存。1986 年 4 月，列县级文物保护单位；1989 年 12 月，列省级文物保护单位。今存遗址坐东北朝西南，略呈横长方形，周长约 600 米，墙残高 6.2~8.2 米，顶残宽 1.2~2.1 米，底宽 4 米。西南城墙正中辟城门一座，城门宽 2.5 米。外罗以瓮城，坍塌严重。外绕护城壕，壕宽 4.3~5.3 米不一，因淤，最深处仅 2.5 米。距城西北有大小二校场遗址。寨城内原兵营房屋已无存，残留纵横鹅卵石铺砌小径。小径两侧兵营格局及墙址还有迹可寻。城墙四角原各有水井，今惟剩北角一口，深 3 米。寨里村东有犁头朴烽火台，赤坎村西有炮台山烽火台。此两烽火台成为赤坎游仙寨的耳目。

花岙兵营

照 43-1　花岙岛兵营遗址

位于花岙岛。面积 9.83 平方千米，清初南明抗清将领张苍水驻兵于此，筑有营垒 50 余处。其中，岛南雉鸡山兵营与岛北高涂岙兵营两遗址规模最大。1982 年 10 月，列县级文物保护单位；2005 年 3 月，列省级文物保护单位。雉鸡山兵营建于山之南坡，城墙残垣尚完整，兵营城墙长 310 米，包围面积约 4800 平方米，地下布有地道、洞穴，营前有 3 座校场。高涂岙兵营，城墙全长 600 米，面积在 1 万平方米以上，地下亦布有许多地道、洞穴，营前有 1 座兵营。两兵营均乱石砌筑，两营间有小道相通，距离 700 米，互成正奇，上下呼应。

第二节 烽火台

全县有明清时期烽火台遗址 50 多处。烽火台形制基本相同，多呈梯台形，由乱石砌筑而成，也有底部呈方形，上部圆形。多数烽火台由大小 2 座组成，也有多至 5 座烽火台组成的烽火台群。现除部分烽火台保存较好外，大多已坍塌。

周家山烽火台

爵溪街道东北周家山山顶，海拔 80 米。系明代防倭烽堠，属爵溪所。明嘉靖《象山县志》称弓岙堠，清废。建筑实体保存完好，台基近方形，占地面积 100 平方米，台身梯形、乱石砌筑，高 5.6 米，四面底宽 10~10.6 米，顶宽各 6.3 米，顶中凹形。1986 年 4 月，列县文物保护单位。

青雷烽火台

贤庠镇青莱炮台山上，海拔 83.3 米。明洪武年间建。明嘉靖《象山县志》称青门堠，属钱仓所。清废。

蒲门岭烽火台

贤庠镇蒲门岭东北长沙炮台山上，海拔约 200 米。民国《象山县志》载，堠在县东北五十里，有东、西屿山，前与韭山相对。明洪武间置，属钱仓所。清废。

东门岭烽火台

涂茨镇钱仓村东门岭北炮台山上，海拔 154 米。明洪武年间置，属钱仓所。北有百亩田哨。清废。

中堡烽火台

涂茨镇中堡村东炮台山上，海拔 215.9 米。明洪武年间置，属钱仓所。清康熙间改为中堡台，属钱仓寨汛，驻瞭兵 5 名。遗址存。

涂茨烽火台

涂茨村东风山上，海拔 168.1 米。明洪武年间置，属钱仓所。清康熙九年（1670）改置涂茨台，属钱仓寨汛涂茨隘口，驻瞭兵 5 名。遗址存。

杉木洋烽火台

涂茨镇涂茨村杉木洋村东北炮台山上，海拔 79 米。明洪武年间置，属钱仓所。清废。

赵岙烽火台

丹东街道赵岙村东鼓吹山上，海拔约 106 米。明洪武年间置，高 3 米，属爵溪所。清废。

爵溪岭烽火台

爵溪街道炮台山巅，北距爵溪约 500 米，能遥见周家山、外岭、惠泉岭等堠。东临大海。台呈梯形，边长约 7 米，高约 5 米，顶部下凹。台身外砌石崩塌，成一泥墩，台形未变。

沙岭烽火台

爵溪街道下沙岭头南侧炮台山东北坡，海拔约 90 米。明洪武年间置，东望大海，属爵溪所。清顺治初属爵溪城汛，称屏风台，驻瞭兵 5 名。高为 2 米，呈方形。清末废。

屏风烽火台

爵溪街道西南龙春山上，海拔 325 米。明洪武年间置，爵溪所。平面呈正方形，高约 3 米。

清废。

半路烽火台

爵溪街道赵岙岭烟墩山上，海拔 192.1 米。明洪武年间置，属赵岙巡检司。烟墩 2 个，相距 10 米，高约 3 米，可见鼓吹山上赵岙堠。

司后烽火台

爵溪街道前岙村马栏山上，海拔 110 米。明正统八年（1443）置，属陈山巡检司。存土墩，高 3 米。其南麓下有陈山巡检司遗址。

外岭烽火台

丹东街道赤坎村西炮台山上，海拔 97 米。明洪武间置，清顺治初属爵溪城汛龙洞台。存遗址，台呈梯形，高 3 米。与司后堠、爵溪岭堠、惠泉岭堠遥相呼应。

黄沙烽火台

东陈乡岳头村南门前山黄沙岭东 250 米处，海拔 70 米。明洪武年间置，属昌国卫。明嘉靖《象山县志》称黄沙寨。清废，遗址存，高 2.5 米，有残墙。

松岙烽火台

东陈乡松岙炮台山，一名烟墩山上，处岬山之巅，海拔 92.2 米。明洪武年间置，属石浦前所。清康熙二十六年（1687）改置松岙台，属昌国卫汛，驻瞭兵 5 名。遗址存。

大金山烽火台

石浦镇西大金山上，海拔 388 米。明洪武年间置，属石浦所。清废。

后山烽火台

石浦镇北后山上，海拔 180 米。明洪武年间置，以后岗山别名得名，属石浦所。清废。

土湾烽火台

石浦镇坦塘炮台山上，海拔 196 米。明洪武年间置，属石浦所。民国《象山县志》载，土湾堠“左与海中三门碗盏礁相对”。清废。

青山烽火台

晓塘乡青山头西南端，九龙江口南炮台山上，海拔约 30 米。明洪武年间置。遗址存，高约 2 米。

蒲门烽火台

涂茨镇屿岙村北炮台山上，海拔 93.6 米。清康熙年间置，属钱仓寨汛，驻瞭兵 5 名。台基存，高 4 米。

白屿烽火台

黄避岙乡白屿村上蒋山上，海拔 236.3 米。清康熙九年（1670）置，属海口汛，驻瞭兵 5 名。遗址存。

鸡报烽火台

涂茨镇旭拱岙上厂南炮台山上，海拔 116 米。清康熙九年（1670）置，属钱仓寨汛涂茨隘口，驻瞭兵 5 名。遗址存。

虾蟆烽火台

西周镇东北角虾蟆山上，海拔 65.3 米。清雍正五年（1727）置，属西周汛，驻瞭兵 5 名。遗址存。

岳头烽火台

东陈乡岳头村东南鹤头山上，海拔114米。清顺治初置，属爵溪城汛岳头隘口。今遗址有二：一在鹤头山顶，高2米；一在鹤头嘴，高1米余。

金井烽火台

东陈乡金井头山上，海拔112米。清顺治初置，属爵溪城汛岳头隘口，驻瞭兵5名。遗址存。

东溪烽火台

新桥镇东溪岭顶北侧高坡上。清康熙年间置，属关头汛。后废，遗址存。

田湾烽火台

东陈乡松岙岭北。清雍正年间置，属爵溪城汛岳头隘口，驻瞭兵10名。遗址存。

第三节　炮台　关隘

全县主要炮台关隘共4处，多为明清时期军事建筑。炮台有建在海岛、山顶；关隘建于岭顶，防护墙也起关隘作用。金鸡山炮台被列县重点文物保护单位。

东门炮台

石浦东门岛上。明洪武年间，东门设卫时，指挥万钟在东门岛海拔约100米黄泥崩嘴上修烽堠，其北面铜瓦门，南面东门头。于遥对的官基山嘴，修筑呼应台，扼石浦港口、下湾门、三门口水道，在岛之高峰大炮台山（今气象站）、谢家山、南汇铜瓦门嘴等处置相连烽堠5个，报警呼应，有“浙东第一烽堠”之称。清道光五年（1825），黄泥崩嘴烽火台改置东门汛炮台，台周原砌有块石，台长12米，宽5.5米，高4.5米。放置铜大炮一门。岛之西南呼应台、烽堠也改置炮台。

金鸡山炮台

金星金鸡山顶。清代建，年份不详。扼守三门湾海道，东南临石浦港。台基呈长方形，占地面积118平方米，台身梯形，高3.8米，东北、西南底宽各8.5米，顶宽7.6米；西北、东南底宽13.85米，顶宽13.5米。四面砌条石，西北面墙上挑出石阶，19层，每层1块，挑出40厘米，成45度坡，现存8块。1986年4月，列县文物保护单位。

照43-2　金鸡山炮台

石门岭关隘

位于西周镇关山村西南石门岭顶，清晚期建筑，旧时象山西周通往宁海的交通要塞。原建筑格局不明，现仅存由长方形墙体组成的残迹。墙体四角外部呈圆弧形，内呈方形，墙体用乱石砌筑而成，东西长31米，南北长14米，高1.2~2.3米。墙体南段和北段近中部辟有两城门，外窄内宽。现除关隘西段墙体损坏较大外，其他基本保存较好。

石鼓岭防护墙

位于茅洋乡屠家园村石鼓岭脚自然村西面的石鼓岭顶，这是茅洋乡通墙头镇的古要道。具体建造年代不详。防护墙南面有一茶亭，2008 年重建。防护墙用乱石砌筑，总长 16.7 米，高度 4 米，厚有 1.12 米。中间有一券拱门，高 2.63 米，宽 196 米。茶亭坐东朝西偏南，五开间，五架梁结构。明间立有一经幢，六边形，局部损坏，上面刻字现在较为模糊。北次间后墙处有两块民国时期的碑刻嵌入墙体，名为“茶会碑记”，一块记茶会事由，一块刻重建茶亭捐助者名单。防护墙保存完整，历史悠久，有一定文物价值。

第四章　历史建筑

象山古代建筑常见有寺庵、教堂、宫庙、祠堂、牌坊、民居、坟墓、桥亭、灯塔、井池、碶闸等。寺庵、教堂、宫庙为居民信仰所系，在不断的修缮建设中得以保存；祠堂分布全县各个角落，是村落公共建筑，为境内数量最多、保存最好的建筑；古墓葬因与民争地逐渐减少，民国县志中记载的墓葬，大多不存；古桥、古亭，除一批文物历史价值较高的被保存外，大多被改建或废弃；名人故居、宅第院落，因房地产业发展和农村居住环境改善，迅速消失。20 世纪 80 年代，县成立文物管理委员会，开展文物调查和保护，一批历史建筑被保存下来，并得到修复和妥善保护。

第一节　寺庵　教堂　宫庙

寺庵、教堂、宫庙分布全县各地。列省级文物保护单位 1 处、县级文物保护单位 6 处、县级文物保护点 7 处，现均得到妥善保护。

寺庵

历史上象山寺庵众多，其中列县级文物保护单位 2 处、县级文物保护点 3 处。详见本志“宗教　民间信仰”篇。

象山县县级文物保护寺院情况表

表 43-1

寺院名称	所　在　地	始建时期	备　　注
等慈禅寺	丹西街道凤跃路 5 号	南朝宋元嘉二年（425）	1984 年 6 月，列为县级文物保护单位
宝梵讲寺	丹东街道东澄河路 82 号	宋建隆二年（961）	1990 年 1 月，列为县级文物保护单位
瑞龙寺	丹东街道瑞龙山西麓	宋乾德四年（966）	1993 年，列为县级文物保护点
大雷禅寺	墙头镇大雷山西北麓	明嘉靖年间	2000 年，列为县级文物保护点
珠山法王寺	涂茨镇珠山峰西南	宋建隆二年（961）	2000 年，列为县级文物保护点

教堂

至 2008 年，全县教堂共 6 座，其中墙头老教堂被列为县级文物保护点。详见本志“宗教　民间信仰”篇。

宫庙

石浦城隍庙　石浦镇老城区西门内，西北近山，东南面海。出西门跨溪濠原为校场，东南侧隔路有营房街。明洪武二十年（1387），石浦置前后千户所筑城戍守，庙随之创建。清乾隆五十二年（1787）重建。道光五年（1825），知县吴锡畴募捐更新之。光绪八年（1882）重修。光绪二十四年修后殿，左厢祀明抗倭名将戚继光。民国30年（1941），后殿被日军飞机炸毁。民国33年小修。中华人民共和国成立后，后殿基上建平房。1992—1998年，县文管会、石浦镇城隍庙文物修复委员会分两期整修并重建照壁与后殿。平面呈一大一小两纵“日”字形建筑，占地2400平方米，中轴线上自前至后有外照壁、门楼连前戏台、大殿，后倒座台楼连后戏台、后楼阁（后殿），前后两院各有东西厢楼与台楼连建；庙西附建观音阁（永丰庵）。前院为清中期建筑，后院清晚期建筑。庙基前低后高，以踏跺递升，石板地面，平缝错墁；倒座、厢房、后殿、观音阁硬山顶，其中门楼明次间、后殿前立面与后厢房后立面重檐，戏台、大殿歇山顶。是庙建筑之规模、布局、结构、装饰均堪称县内同时代同类建筑之上乘。为当地规模最大的元宵、“六月六”民间赛会举办场所。1984年6月，列县级文物保护单位。2005年3月，列省级文物保护单位。石浦城隍庙迎神赛会内容详见本志“宗教　民间信仰”篇。

镇潮庙　定塘镇大塘中站村。此庙纪念的是清道光年间围垦大塘的“十八太公”。庙坐北朝南，中轴线为：广场、门庭、戏台、穿堂、大殿。大殿五开间，明间抬梁式，余皆穿斗式，通面宽16.85米，通进深8.4米。梁弯月形，梁头等部分构件有雕刻。穿堂抬梁式，戏台与穿堂构体多雕饰。东西厢房各四开间，通面宽13.65米，进深4.9米，穿斗式构架。厢房与穿堂戏台间有左右天井。东厢房辟有后门通东偏院，东天井南端有偏门。门庭无楼，辟三门；中门过梁上嵌石额，刻“镇潮庙”三字。因庙四周外墙皆棕红漆装饰，故俗称“红庙”。2007年1月，列县级文物保护单位。镇潮庙会内容详见本志“宗教　民间信仰”篇。

东门昌国卫城隍庙　石浦镇东门村象鼻山嘴，海拔近60米。坐北朝南，背倚炮台山，面对东门港。庙前东西向道路为原东门昌国卫临海城墙顶，港面、港口尽在视线中，现四旁皆为民居。明洪武二十年（1387），昌国卫自舟山迁此，指挥万钟筑城建庙，并以庙兼为卫署。清道光十三年（1833），重修。民国2年（1913）又修。1981—1988年村民再修。庙筑于乱块石与条石砌高坎基上，三进两横，逐进提升，由门楼与戏台、大殿、后殿及厢楼等组成前后两四合院。殿、台歇山顶，余硬山，总平面呈纵长方形，占地约1600平方米，砖木结构，混合构架。石板地面。庙之木雕本多朱金，木作以暗红色断白，外墙除后殿老黄色皆髹红色，合“红庙黄寺”之惯例。东门城隍庙与村中天妃宫、王将军庙平面布置、建筑风格、装饰手法相近，始建时间似亦相近，为象山海岛庙宇建筑之代表。1998年，列县文物保护点。

东门天后宫（妈祖庙）　石浦镇东门村直街北，背依官基山、面东门港，祀妈祖，又称妈祖庙。妈祖，自宋以降，历代多有“天妃”等封号，至清康熙年间册封天后。东门天后宫创建年代不详，考其遗留石构件形制，似为清前。现存建筑为清嘉庆二十四年（1819）重修，向为渔民聚会活动、祈佑庆谢之所。曾作小学校舍，拆去戏台。小学出迁后，村人潘妙青、许良玉等募资重建戏台，至1998年基本告竣。宫坐北朝南，门楼连戏台、厢楼，与大殿合为纵长方形四合院落。天后宫国内沿海建造普遍，内地与国外亦有一定数量。东门天后宫造作古朴，为县内原有五座较具规模之天后宫中唯一尚存者。2002年12月，列县级文物保护单位。一说，东门天后宫祀寇珠。

延昌宋皇宫　宋皇宫位于石浦镇延昌老街，始建年代不详，现存为清中晚期建筑，门楼连戏台、大殿和两厢楼组成，砖木结构，硬山造，除戏台外基本保存完整。大殿五开间，进深八架，用材粗壮，混合构架，柱及柱础较具特色，梁、枋精雕细琢，石刻线条流畅，艺术价值突出。该建筑是石浦延昌一带民间为纪念南宋小皇帝赵昺而建。2007 年 10 月，列县级文物保护单位。

姜毛庙　俗称“姜殿庙”，丹城南街 22 号。相传有唐姜、毛二进士，弃官隐此，悬壶济世。卒后，民众立庙以祀。后多次毁圮、修扩，明嘉靖间规模扩大。清嘉庆十八年（1813）再修。同治五年（1866）前部焚，同治十三年重建倒座楼、两厢楼及戏台。民国 9 年（1920）修建后殿，民国 32 年凿“濂井”。历为民间文化活动场所，中华人民共和国成立后一度移作他用。1994 年，列县级文物保护点。姜毛庙庙会内容详见本志“宗教　民间信仰”篇。

昌国大庙　昌国卫城内西门街，坐西朝东，临街。唐乾符五年（878）建，祀唐名相刘晏，神号“勇南王”。刘氏曹州南华人，领度支、盐铁、转运、铸钱、租庸等使，政绩卓著，民感其恩，卒后立庙祀之。大庙建成后屡修屡圮，明、清时亦数次整修。1978 年，所在生产大队修复庙宇戏台，募塑刘晏像。20 世纪 90 年代，复筹资 10 万余元重修。庙之始建距今 1100 余年，为昌国“十庙九祠”之首。2000 年，列县文物保护点。

照 43-3　昌国卫大庙

第二节　祠堂　牌坊

全县保存较好的祠堂、牌坊各有 3 处，为明清时期家族建筑。墙头欧家祠堂、东陈鉴池公祠、晓塘月楼岙“锺郝遗徽”石坊被列为县级文物保护单位。

新桥东溪励氏宗祠

位于新桥镇东溪村中部，建于明代，后历次重修，主体建筑仍保留明之遗风。总体布局平面纵长方形，建筑依次为大门、道地、山门、戏台、正殿及左右厢房，戏台与正殿间穿堂相连，占地面积 1008 平方米。大门门额为“励氏宗祠”，左右对联为“迄今支派衍东溪”“当日声名重魏郡”；戏台穹形藻井，雕刻细致；正殿七开间，明间、次间为抬梁式结构，侧缝五架前后廊；梢间、尽间为穿斗式。建筑结构宏大，造型简洁，用材粗壮，梭柱与圆形垂腹式柱础都体现明代风格，抬梁、月梁、撑栱均精雕细作，技法高超。宗祠保存完整，工艺有特色，为县内现存宗祠颇具代表性建筑。

照 43-4　东溪励氏宗祠

墙头欧家祠堂

照 43-5　墙头欧家祠堂

位于墙头镇墙头村西端。村西原有欧家祠堂，清季欧氏西二房仁在专为祀助义田的元相等五代祖先，在其西百余米处建家祠，因称“新祠堂”。与东侧东三房季通所创果育小学（现为粮管所）、观海楼（藏书楼）、荷池竹屿、教育楼等同处欧氏大园围墙内，欧氏大园整体面积达 1 万多平方米。祠于清宣统年间（1909—1911）动工，民国 3 年（1914）年完竣。耗银万元，把作郑开荣。民国 28 年，西大门被日军飞机炸毁。祠坐北朝南，自前至后为荷花池、门楼连戏台（倒座台楼）、大堂与厢楼合为四合院式。西、北两面以欧氏大园围墙为围墙，东、南另筑围墙与大园隔开，形成四合院外加三园纵长方形格局，占地约 2060 平方米。前园荷花池周与后园、西园植花木，前园两侧围墙辟东西二门。砖木结构，混合构架、硬山造，石板地面、磩磴，砖望、小青瓦顶、清水脊。祠堂造作规整，一概杉木木作，不施色漆，青瓦粉墙，素雅有致，多木雕，建筑介于大小式之间，又不失大式气度。戏台藻井别具一格，使用铸铁台柱减少视线影响。大堂水门汀地面。1990 年 1 月，列县级文物保护单位。

东陈鉴池公祠

东陈乡东陈村西北百米。清光绪二十七年（1901），陈孔氏粹卿出资营建，参照天童、国清寺诸建筑样式，历十载而成，以自闽迁象陈氏第十四世祖茂宁号鉴池名之，俗称“新祠堂”（原村中有老祠堂）。民国 20 年（1931）始，数次作小学校舍与厚生职业补习学校与树人中学校舍。中华人民共和国成立后，曾作粮库与厂房。1956 年，祠之照壁、耳阁（瞭台）等建筑与老祠堂同毁于台灾。1966 年，祠部分艺术雕件作“四旧”破除，后又拆除东厢房与附属经堂（“尚义堂”），于东部新建校舍，祠占地面积自 6666.7 平方米减至今 1810 平方米（不含祠堂河）。1992 年，村出资维修大堂、戏台。祠面南偏西，前起为祠堂河（池）、照壁、门楼连戏台（倒座台楼）、大堂、后堂，三进二院，前院有耳阁、厢楼，东侧附建“尚义堂”，周有围墙。祠堂规模大，重檐歇山顶，用料好，融合壁画、木雕、石雕、泥雕多种装饰工艺，三进建筑明次间均作前轩廊，有异曲同工之妙，大堂建筑尤为庄严宏伟。2002 年，列县级文物保护单位。

何恭房祠堂

在西周镇儒雅洋村。现存何恭房祠堂面朝东南，由大门、门厅、正堂、荷花池等部分组成。祠堂总建筑体式为硬山造、砖木结构，石板铺砌地面。大门，三开间，面阔 5.25 米，檐高 3.20 米，穿斗式，三柱。门厅，三开间，面阔 14.42 米，进深 7.80 米，檐高 3.65 米，外筑八字墙，深达 3.85 米，四柱五檩，侧缝梁架抬梁式，前后卷棚式轩廊，平身科七踩，西侧为穿廊；月梁上浮雕、圆雕相结合，雕饰人物、花卉、鸟兽等图案，墙上砖雕、石墙裙雕刻工艺精湛。门厅两侧建有侧室，三开间，面宽 7.52 米，进深 8.86 米，五柱六檩，抬梁式与穿斗式相结合。侧室前建有小花园。正堂，三开间，面阔 14.42 米，通进深 12.70 米，两侧为穿廊，前有前廊，明间侧缝抬梁，七柱八檩，次间用八柱八檩穿斗。正堂两侧连存侧室，三开间，面阔 7.52 米，进深 12.70 米，用七柱八檩。正堂与门厅间为天井，中间高起为通道，用石板横铺。祠堂四周砖砌围墙，总面积约6660平方米。何恭房祠堂又称"承志堂"，建于19世纪90年代，由何恭房独立营建作家祠，后来成为何氏祠堂组成部分，曾集族中亲友子弟于此，延师设塾，不久停办。民国2年（1913）开办女子小学，名广志女校，4年后停办。民国24年至民国28年，续办小学5年。民国30年，国民党象山县政府曾迁祠堂藏书楼办公。民国34年7月，象山县立中学由和平寺迁承志堂，后迁丹城。中华人民共和国成立前一直作校舍。1956年后，为儒雅洋中学校址。2001年儒雅洋中学与西周中学合并，何恭房祠堂成为空舍。

贤庠沈家洋"瑶池冰雪"石牌坊

在村西百米田畈中村道东侧。清乾隆四十五年（1780）为旌表沈在缙妻王氏建。四柱三间三楼，前后抱鼓、石板地坪，中华人民共和国成立后毁于台灾或移作他用，坊面雕饰毁于1966年。列县文物保护点。牌坊青石作，通面宽5.68米，明次间各宽2.64米、1.91米，明间残高（中柱高）4.4米，次间残高3.5米，边柱高3.3米；明间由上、下额枋与其间匾牌板构成，上额枋以上缺如，次间由横梁、额枋与其间匾牌板构成，横梁以上亦缺如。匾牌板正面阴文通刻："总督部院兼理浙江巡抚陈辉祖、提督浙江学政王杰、浙江布政使司布政使□国栋、浙江分巡宁绍台道蒋全迪、宁波府知府宁廷璋、象山县知县冯国璋、象山县儒学教谕孙鲲化、象山县儒学训导赵庭鲲、象山县赵岙巡检朱士隅、象山县典史袁大授乾隆四十五年二月题请，本年十二月命下"，文与书丹者篆文印①。是坊石刻题材、构图、造型、雕琢均具较高水平，为县境内七十余牌坊中三座幸存者中之最早一座。

照43-6　沈家洋牌坊

石浦"瑶池冰雪"坊

在石浦镇后街方井头北侧街沿。清嘉庆四年（1799）为旌表吴元镐妻史氏建。20世纪90年代，明间、北次间局部被居民拆除建私房。今为县文物保护点。牌坊石作，面西南而立。四柱三间三楼，楼面歇山式。通面宽4.43米，明次间各宽1.91米、1.26米，各高4.91米、4.55米；坊柱方形，边长0.36米，中柱高4.55米，边柱高3.8米。明间上额枋上安三块"栱垫板"，旁两块镂孔装饰，中块浅浮雕海山牙子双云龙戏火珠边框，内阴刻"圣旨"二字；上下额枋间匾牌板用小枋隔开，上部镌剔边阳文大楷"瑶池冰雪"，下部阴刻"为故儒士吴元镐发妻史氏立。"次间做法雷同。匾牌板通刻"钦命闽浙总督王德、浙江巡抚阮元、提督浙江学政刘寰之、浙江布政使司布政使谢启□、分巡宁绍台道扎克立阿、宁波府知府克什纳、象山县知县徐元梅、

照43-7　石浦牌坊井

①此碑文有多处内容可补史志之不足：1. 分巡宁绍台道蒋全迪为《宁波市志》（1995年版）州府道署章，《清代分巡宁绍台道表》所遗。2. 象山知县冯国璋为民国县志职官表所遗。3. 县学训导赵庭鲲，民国县志职官表及名宦传均作赵起鲲，碑文与志文有异。4. 县典史袁大授，民国县志作袁大受两者亦有异。

象山县儒学教谕唐仪方、训导袁师正、典史女士吴，嘉庆四年十二月题请，五年十二月命下”文①。坊前方井，俗称“牌坊井”。为石浦地方特色井之典型。牌坊为象山现存三旌表坊之一，虽残，尚可修复。

晓塘月楼岙“锺郝遗徽”石坊

在晓塘乡月楼岙村，原处村北路口，因村扩展，含于村内。清道光《象山县志》记：“黄氏适庄耀序结褵未久，耀序病殁，姑老在堂，素患目疾，氏奉汤药唯谨，年五十余亲理内政不少懈，人咸敬之。”清咸丰元年（1851），旌表建坊。1984年6月，列县级文物保护单位。牌坊面东南，为粉紫色蛇蟠石仿木结构正方形单间重檐歇山顶楼房建筑。石坊通高5.30米，下层面宽、进深皆1.56米，高3.1米，圆柱。上层内收，面阔、进深约1.08米，高2.2米，四方柱插入下檐立于低层梁上。坊之上、下层间本有石楼板，今缺失。石坊下层正面额枋中部隐凸横长方形匾额，镌“钟郝遗徽”四字，柱面刻“冷抱冰心尽节尽孝，苦丸熊胆课子课孙”联。上层正面额枋中部隐凸书卷式匾额，刻“紫宸宫”三字，方柱楹联“九重凝雨露，四德灿云霞”。坊中置石碑一通，中直式阴刻“坤德永贞”四大字，款为“浙江巡抚院富、布政使司庆、宁绍台□□、宁波府正堂吕、象山县正堂童、象山县教谕周、训导马题请旌表节孝，为儒士庄耀序发妻黄孺人立，大清咸丰元年岁次辛亥仲春月彀旦”。坊中文字皆为楷书。

“锺郝遗徽”石坊若干史实考　民国县志列女传下：“黄氏，适庄耀序……（今民国采访册：道光十二年旌）。子华县学生员，妇黄氏，亦以节孝旌。”查职官表时知县为童立成（八年署任到十二年）。教谕为周樗（嘉庆十八年任）训导冯组（道光十一年任）与碑文合（训导冯、马两字当为碑文漶灭所致）。民国县志列女表有庄耀序妻黄氏，亦有庄耀序子庄华之妻黄氏：“生员庄华妻黄氏守节十九年卒（咸丰元年旌）。”复有“生贞（员）庄华妻黄氏（同治六年旌）”民国志按：与前复出，咸丰元年旌。碑文纪年在咸丰元年仲春。但咸丰元年无童姓、周姓、冯（马）姓之知县、教谕、训导。故其事应为道光十二年知县童立成等为庄耀序妻黄氏请旌。而建坊则在咸丰元年仲春，庄耀序之子庄华妻黄氏得旌时。坊名“钟郝遗徽”而坊中又置“坤传永贞”碑，此实为庄氏婆媳两黄氏合旌之坊、碑。而《宁波市志》道光十五年有吕子班为宁波知府，此前后更无吕姓之知府。则此事或当为象山为庄耀序妻黄氏请旌在道光十二年，逐级上报至十五年才经时宁波知府吕子班等上达，拖延十八年之久，才得立坊事于地方，而或无关朝廷。而据《宁波市志》道光十五年有宁绍台道周彦，则碑文“宁绍台”下空缺二字当为“道周”。石坊似亭似轿，如楼如阁，造型独特，构筑精巧，是一件罕见的有地方特色的古建筑物。

第三节　名人故居　宅第民居

境内未发现元代以前古建筑，有少数明代建筑遗存，多数古宅为清代所造。其中陈汉章故居、黄埠村“三戒堂”被列为县级文物保护单位，另有4处民居被列为文物保护点。

名人故居

石浦镇昌国卫邵景尧故居　明代建筑。邵宅规模较大，沿街前、中、后三院，各西向临街构

①分巡宁绍台道扎克立阿、宁波府知府克什纳亦为《宁波市志》（1995年版）所缺。象山教谕唐仪方，民国县志作唐以方；典史女士吴则为民国县志所缺。

建宅门，后院书房回禄，所剩两院以中院较完整。两院均面南偏东、一正两横合限连建。中院平面呈“H”形，前后天井，正屋三开间，两横重檐楼房各七开间，均深八架，混合构架，前廊露明。正屋前廊用讹角方柱、鼓腹方础，横屋前廊用圆柱与肩部内幽页之礩磴。正屋前檐平身科，明间四攒、次间二攒。廊柱头卷杀，用方形或梅花坐斗，斗栱三踩单翘，构架用月梁，鱼鳃纹深峻，梁头多直承或中榫做法，瓜柱鹰嘴式，梁、梁头、雀替、绮疏等装饰以卷草纹与弧瓣为大宗。邵景尧，明万历年间“浙东十四子”之一，万历二十六年（1598）榜眼，授翰林院编修，进太子洗马，掌司经局，后以左谕德乞休，雅望乡人，县志有传。

石浦镇昌国卫董梦蛟故居　九井横弄西侧董家，是院为明代建筑，南向，平房三合院，石板天井。正屋显五间，混合构架，用月梁，柱梁结点上斗栱与平身科，正心方向均用重栱。所见雀替，有头小腹大刻出弧瓣者，其前廊露明，用方柱、鼓腹方础，廊梁由讹角坐斗直承，梁头刻“节节高”之类。明间不设平身科，堂屋高旷，在柱头科堂屋一侧正心重栱栱头上附饰如意等雕件，增加美观。是屋雕饰简洁，线条流畅明快。厢房各三间、东厢南间原为大门。正屋东尽间与东厢为董梦蛟故居。

东陈乡陈汉章故居　东陈陈氏，县南望族。陈汉章（1864—1938），谱名得闻，清末举人，著名经史学家。故居主建筑前后两座，面南偏西，前曰“学圃堂”，后曰“缀学堂”，均三合院石板明堂。学圃堂，正屋重檐楼房五开间，两厢平房各三开间；前院墙辟石窟门，雀替圆雕对狮对鹿，构思独特，石刻门匾“戬穀”二字，字体雄浑，花砖花瓦顶前院墙连接厢山马头墙，正屋前廊明间地坪石墁“金铤宝瓶”。缀学堂，重檐楼房，正屋开七间，南次间楼上为汉章先生缀学之所，两厢各三开间，正厢三面卷棚顶前廊，廊柱头撑栱、斗盘刻为牡丹、莲花，梁头刻作象首，比学圃堂仅用十字斗栱显得花哨；八字墙院门，平身科两攒，与角科同为七踩三假昂，并做门簪两支，其上原有“文魁”匾额，故后院规格高于前院。院门外门道北首有三道门杠的石库头门，南首原有三层楼瞭台一座，为汉章夏日诵读之处，已塌毁。2007 年 10 月，列为县级文物保护单位。

照 43-8　陈汉章故居

宅第民居

丹城东门外郑家大屋　前清建筑，一正两厢前后天井，重檐楼房，正屋前廊设卷棚顶，雕刻繁华，风格清新。惜遭火灾，残存无几。通堂前院墙作照壁之雕砌，裙肩以不同规格的紫色蛇磻石条石叠出须弥座，严丝合缝；砌海水纹雕花砖作基皮，用砖柱隔成与正屋面宽对应三间，明间磨砖对缝，次间席纹，上部以雕有各种纹样与斗栱的花板砖依次砌出额枋、斗栱层与檐枋，叠涩出檐，小青瓦盖，骑马砖顶，明间复塑拐子龙作正吻。影壁宏观大气、微观细腻。砖雕麒麟、鹿、牡丹、莲花、石榴、佛手、松、桂等诸般吉祥纹样，题材丰富。此类做法照壁，县内唯一。

丹城汤家大屋　清乾隆年间建筑。原宅范围较大，今存三进二院与院门前八字照壁、后院左外一栋书房。宅面东南，前重檐夹厢楼四合院，上房一字 9 间楼屋。前院正屋五开间出面，深九架，明间两缝侧样为前并单步廊后双步梁用五柱，次间两缝样为前后各并单步梁分心用七柱。五架梁用材硕大，梁架结点多施三踩单翘十字隔架科等斗栱，并多雕饰，明间中堂与次间屋内不作隔断，卸去次间前后装修，厅堂面积之大，恐为县内唯一；铺对斜缝石板明堂，有甬路。后楼明间后步不设楼板，安置祖龛。全屋布局、构架、用材、斗栱、装修、墙体、装饰、用水与排水配置合理，为昔丹城“邓吴姜汤”四大家之一。现为县文物保护点。

丹城李宅　明末清初钱姓营建，后归姜氏，清末卖于李姓。1992 年，东厢与东偏院局部被拆建。宅南向，横“目”字形布局，中大、偏小 3 只四合院，原有对应后天井，占地 1532 平方米。大院正屋高平房，与两横重檐歇山顶楼房搭桁连建，除此二横外全宅均为硬山平房。大院正屋五开间，深九架，明间抬梁式，厅堂彻上明造，其余混合式，双联房阁楼；平身科明间四攒，次梢间各二攒，与柱头科同为单斗花枋（明间前金柱间作单斗素枋）。柱头皆卷杀，用月梁，构架结点上用方斗。雀替头大腹小、掐前急后缓出入瓣。前廊用方柱、讹角鼓腹方础，余础皆为最大径在中腹以下之磉磴，屋势较平缓，重唇沟滴，清水脊以蔓草纹骑马砖压顶，内外装修隔断多用编竹或编苇夹泥墙。现为县文物保护点。

丹城吴家明堂　昔为老县城“邓吴姜汤”四大家之一。在小河头西侧，前至小南门、北至磨石桥，号称“九进十明堂”，院院相通。建于清乾隆年间，今存南端两进。前进构造华美，原有偏院余屋与较大的前花园，天井东侧开院门，经二门至小河头河边建头门及照壁，门道迂曲。屋面宽五间、进深九架，与汤家大屋正屋结构大同小异，用材粗大，结点用十字隔架科三踩，明间抬梁式，次间以穿斗式为主，明、次间连通、形成大厅堂。堂门与屏门隔扇均三关六扇，地铺方磨砖，次间正缝，明间斜缝，正中聪明孔用钱纹。前轩廊卷棚顶，重要用础皆选青石。廊子、明次间身内梁架、柱头科雕饰均繁华。廊子除柱子、桁枋与罗锅椽外，雕饰密布，工艺高。雕刻题材大量使用草龙、人物故事、灵芝、名花、珍禽瑞兽。现为县文物保护点。

丹城后翁民宅　位于丹东街道庄穆境村青龙桥 20 号，明代建筑，几经维修，基本构架未变。院落正方形，一正二横“H”形布局，东厢南间为院门，现改为居室后，以正屋前廊端旁门出入。正屋庑殿顶，为县内唯一，彻上明造。房屋较低矮，屋面平缓，圆椽（东西坡为竹椽）、篾箯，小青瓦宽大厚重，正脊与垂脊均清水做法，蔓草纹骑马砖压顶。前廊柱础方形讹角、剥蚀严重，其余用磉磴，大腹在下。下檐出铺石板外，室内、天井均夯泥地面。正屋三开间两弄外加耳房，进深九架，明次间以穿斗为主混合构架，前设露明廊。廊柱与老檐柱头卷杀，柱头科与身内十字隔梁科同为单斗雀替；雀替蝉肚形，卷瓣前紧后缓；月梁拱背琴面，内端插入柱中、外端直接压于柱头或坐斗上，梁底两端与梁头刻简洁卷草纹样出入瓣作装饰。用材粗壮，周氏望族建，清时转翁氏。现为县文物保护点。

丹城下半河郑氏居群　下半河，郑氏为主，村多晚清大院、楼屋，大多为坐北朝南一正二横三合院，混合构架硬山顶，前檐构露明廊，廊梁及廊柱头科施以雕饰；天井多以石板铺墁，少有弹石者；往往于“巽方”开院门，若院门在“离方”，亦设法在“巽”方“生气纳福”，即于院门外门道东端复开石库头门。下半河村北“合族公立”一通“坎”字碑，时于“同治七年三月吉旦”，正面碑额刻“坎”之卦象，碑身浮雕一狮一蝠一钱一绶带，意为“平安幸福在眼前”。

丹城河东余氏“五联院”　余氏，河东大姓，居宅遍村，村西临演武场并列五个大院落，皆为余姓，自南至北：书房道地、上宅门北院南院、第三份、下宅门。清中晚期建造。院落均为坐东朝西、混合构架、硬山平房。除书房外，至少前部均为三合院布局，院门皆有木构架门屋，各厢房后墙辟小门连通五院。上宅门两院仅三幢厢房，北院左厢即南院右厢；营造级别，上、下宅门，比第三份高。第三份门屋矮小、天井泥地。而上、下宅门门屋高大、装饰考究；上宅门北院原有前照壁，下宅门安有门簪，前后檐刻鸱尾、草龙之“S”形撑栱，较为少见；石板天井，上宅门北院与下宅门对斜缝铺墁，北院天井中心少铺九块，说为“立旗杆”用，下宅门天井两内角置与阶沿石上皮齐平之角石，以安放接檐头水之缸；上、下宅门又多石窗，雕琢精细。

大徐镇大徐村周家大堂前　清代中晚期建筑，院落南向，两进前后三合院，因开间面宽又进深大，故堂屋宽敞。院落前院墙通常有照壁的功能，该院屋主在正对堂前的前院墙中段嵌砌五块蛇蟠石板，四角以直角等腰三角形小石板示出矩形轮廓，中心位置则以正方形大石板为之，共同构成照壁。石面上各深浮雕名花珍禽，又将水禽池荷图置于中心位。画面构图得体，形象生动，立体感强。

贤庠青莱樊新房　清晚期建筑，坐西朝东，石板明堂，布局合理，用材上好，营造精细。前后两院，前四合院，后三合院。后院墙壁洞门与前院相通。两院均于北厢东间开院门，通东西向门道，于门道东端设置大门。该门头墙砌筑与塑饰精细。下部旁作卷草，中间锦地包袱“团寿”开光；中部雕栏突出，上置五个槅堂，中以极精细的龙凤纹作边框剔刻隶书“戬穀”门匾，两旁四幅高浮雕人物与松竹，均形象逼真；上部做出挂络、砖雕垂莲柱头刻成花篮状，额枋上浮雕梅、兰等名花，其下锦地三蝠，配以蔓草纹牙子，工艺精湛。正屋前廊廊梁面两端刻灵芝卷草，中部拐子纹框中的剔地高浮雕历史故事，人物有序，栩栩如生。柱头科雀替，镂雕双狮绣球，流畅，双狮精神十足。

东陈乡西庄村胡氏元房　村胡氏元、亨、义、景等房建筑均各有特色。景房两正四横六天井，西南面又有园圃马房，占地约3000平方米。元房，石库院门，门头墙高耸，石匾额刻“乌头绰楔”四字，“乌头”为“乌头白，马生角”之省略，指不可能或难以做到之事，而胡氏元房祖上或屋主人竟做到了，以此“绰楔”（古代用以旌表之立柱）光耀门庭。该门与门头墙装饰繁华而精微，门内侧门屋下，装有二道门扇，前为铁箍实板门，后为上部矮门、下部用闸的两截门，颇为特殊；隔墙弄对面为元房“适园”，房主自号“适园主人”，建有书房与花园，书房一字屋，使用青、红两色八角形前廊柱础。适园规模适中，四周围墙，临墙弄亦辟石库门，门顶有隶书“睫巢”石刻匾额，为光绪“戊戌四月”“卯□生题”。

茅洋乡大地园村陈氏秀才古宅　清晚期建筑，正南向，二进前后院，石板明堂、内外院墙，传为陈氏三代秀才之古宅，村中最好民居。风水讲究、构筑严谨、雕饰精致。四重宅门安排于“巽方”，门道曲折，并砌有两座照壁。建筑硬山式混合构架，前后院正屋皆为显七间重檐楼房，明间堂屋，前进作过厅，后进置龛作祖堂，次梢间双联大房，尽间为厨房。空斗山墙与院墙之裙肩均以条石叠砌，正、厢所用阶沿石各依规矩，厢房的石槛壁严丝合缝，棂格窗花格统一。正屋前檐廊梁、斗栱、柱础、雀替、槅扇、祖龛前几腿罩等构件均有雕刻，所见石窟院门门头墙与照壁上有泥塑、彩绘，花瓦顶院墙墙帽。

新桥镇黄吉岙村林氏上三份　均石板明堂，临墙弄置东向头门，入内即为外天井，南面围墙兼作坐北朝南三合院院门前的照壁。大份照壁上部砌出槅樘，堆塑图案，模仿木结构建筑之彩绘额枋，其上出线象征平板枋，筑置斗栱承托叠涩出檐之墙帽，木雕亦佳。大份院落比二、三份显早些，二进二院，前为三合院楼房，后设上房，因为老大，祖堂设于此院。院中残留覆盆式的灯座石，昔日悬挂灯笼，彻夜照明。二份，仅一正两厢三合院，却精致而完整，木雕多而精美，石作亦好。正屋前廊柱础刻牵牛花，纹理细腻清晰，厢房前廊柱础虽素面不雕，但光溜圆润。其头门门屋高大，八字墙墀头裙肩—石作凸腰须弥座，刻蔓草纹作花边，衬托凸腰“松荫双鹿”浮雕。

定塘镇大塘中站村民居　大塘原系海岛，大多村子建于清嘉庆围海之后。从中站所剩无几的清晚期老房子看，建筑生动活泼，与装饰大有关系，特别是脊饰。项家三合院，屋脊与院门门头墙墙帽脊饰竟有14个之多；叶家一字屋，马头墙脊端起翘翻卷，除福禄寿三星、太极图等主题纹样外，以枝叶舒卷、点缀如意头的蔓草纹为大宗，线条细腻流畅、灵动。槅扇窗等花格、吉祥纹结子，制作细巧。郑家石库门上的泥刻匾额“人之安宅”，用行草书体，匾额两旁塑饰青松翠竹，八字墙墀头上绘绿叶红花。

定塘镇定山村奚家　村奚姓居半，奚姓祖笼山自新桥七里迁入。奚氏院落为清代中期建筑，极有可能为笼山建造，风格与鹤洋潘宅一脉相承，似为同一匠师设计营造。正屋平房，两厢楼房，天井石板铺墁。正屋明间和前廊照面等处木构件多有雕饰，前廊柱梁结点和槛窗雕刻尤佳。梁及梁头刻为草龙，牛腿深浮雕众多人物，撑栱圆雕成倒挂狮子，柱头科除用梅花坐斗外，其余斗、栱悉以雕刻件替代，以拐子龙为基纹，附刻瑞兽、名花、时果等，突现装饰性。槛窗槅扇，绮疏镂相向两条草龙，格心则用拐子龙盘出，中间镶嵌荔枝图，绦环板浅浮雕凤凰牡丹富贵图，插关也刻花草。

晓塘乡黄埠村高宅门　建清乾隆年间，上、下道地，风格近似。其中，下道地为皇后治病“一帖而愈”的“潘一帖”必録所建。南向，石板明堂三合院，本地优质木材构架。正屋为显五间平房，前檐明间为使高敞而不设平身科，次间用一斗六升平身科两攒，前设轩廊，方形廊柱、础。厢楼重檐，南端作小歇山式。全屋沿袭明代精雕细刻一路之豪华风格。梁、枋、斗栱、雀替、牛腿、撑栱、槅扇、墩、础等均有题材丰富的诸如龙、凤、麒麟、鱼藻、人物、“卐”字、如意、花果等雕刻。

照43-9　黄埠村潘季房照壁

晓塘乡黄埠村“三戒堂”　位于晓塘乡黄埠村，该院落南向，三进三院石板明堂，占地约2000平方米，系清乾隆年间府按察知政潘必金建。正屋（高）平房，混合构架，用月梁。两侧重檐楼房，南山做成小歇山式，左厢南间辟为院门，门外原有八字影壁。建筑用材粗大，制作规矩。一、二进正屋梁架接点多斗栱，平身科，明间三攒，次间二攒。明间皆为过厅，侧缝为五架梁。第一进，厅后上方悬挂“三戒堂”木匾，明示屋主笃行儒家“戒僧、戒尼、戒道士”的观念。第二进正、厢之前廊均用方柱方础，正屋前廊建卷棚顶；过厅后上方设祖龛，前隔扇一马三箭，落地明造。整个院落除上房较朴素外，其余建筑露明部分多装饰，尤以木雕精细。特别是一进过厅前檐桁之桁下枋雕刻的，以太极图为中心的灵芝群鹿（36只）图，鹿之动态各异，又第二过厅前廊柱头上整个撑栱雕成倒挂鹿，造型精良。2007年10月，列县级文物保护单位。

晓塘乡黄埠村上新屋　清嘉庆年间潘其润建。坐北朝南三合院置前后天井，布局、造型承袭三戒堂、高宅门等先期建筑，但前院墙上部泥雕骤增，筑槅、塑人物、刻书“居之安”，突出照壁功能，显现清晚期院墙辟门、筑装饰性很强的门头墙风气之兆。屋的木雕仍豪华，目光易及的前檐廊、院门木构架结点上的构件均施雕刻，梁身卷曲似如意、梁头刻拐子龙、栱头悬附牡丹、牛腿侧面浮雕“牧童遥指杏花村”等诗意故事，撑栱圆雕倒挂狮子，可工艺的量与水平已有逊于此前，梁面花草刻画浅陋，斗栱头附刻牡丹粗糙，牛腿正面博古图以锯花贴饰代替浮雕。

晓塘乡黄埠村“三三堂”　清嘉庆年间“三戒堂”主次子生员潘其江妻奚氏建。“三三”者，继“戒僧戒尼戒道士”三戒外，增“立功立言立德”之三立。“三三堂”与先期潘宅比较，虽仍三合院布局，风格却为之一变。正屋增为重檐楼房，厢房小歇山不见；天井作弹石地坪，当地称为“荷花地”；木作中斗栱消失，雕刻简约；院门在前院墙正中，其外又筑一道围墙，在正对院门的壁面上书大“福”字，于东侧辟二门，院墙围墙间铺石板作外天井，二门之外筑有头门。从现存的二门与院门考察，一反先期状态，变化为精致的蛇蟠石石库门，过梁、雀替上龙凤、狮子、花草、博古、八仙、和合等雕刻，线条流畅，造型生动；二门门头墙上砖雕“荥阳氏”匾，点出潘祖地望，院门两面均有门罩，制作工整，雕刻精细，外侧门匾“三三堂”名，内侧门匾“爱吾庐”，与二门门匾“荥阳氏”，均颇具书法功力。

晓塘乡鹤洋村潘家 清代中期富家宅院。一正两厢，石板明堂，前院墙辟门。正屋为高敞的设阁楼平房，明间厅堂宽大，后上部构有祖龛，龛前六扇移动槅扇，落地明造，实不多见，棂格分为上下两段，中间以“卐”字纹作隔，上下棂格间均以变体“寿”字作主题纹饰，周嵌花结。设计至诚，透示孝心。厅堂侧缝上部用以采光、透气之阁楼棂格窗。两厢楼房，各三间，惜不完整。其厢堂门与正屋槛窗等亦用棂格考究槅扇。屋之梁头、斗栱、牛腿、撑栱、雀替、横披等木构件上多有精细雕刻，正屋前廊柱梁结构上的雕饰可谓集萃之作，题材繁多，技法备臻，撑栱前立面“天官赐福”圆雕，寓意吉祥。

石浦镇昌国卫潘宅 右所庙东，临中街面南而建，清中期优秀民居。主建筑一正两横前后院，正屋显五间，两厢前三间后一间，均作露明前廊；西南有偏院余屋与小园。砖木结构硬山造，穿斗式为主混合构架，用材上好，装饰华美，木雕出众。繁简得当，纹样丰富刻艺精湛。构件雕饰，身内少而简洁，梁、蝴蝶木仅刻卷草式鱼鳃纹，前檐雕饰普遍且繁华，梁头、雀替、撑栱、斗栱、门窗槅扇均作刻饰，以线刻、浮雕、透雕、圆雕等多种技法表现草龙、拐子龙、花鸟、山水、博古、人物等，造型精美。前檐雕饰中，主建筑比头门豪华，正屋比厢房更精彩，其中撑栱两面的“渔翁得利”“存孝打虎”“刘海戏蟾”“蟾宫折桂”四幅刻图形神兼备。

石浦镇昌国卫俞氏居群 俞氏“九代书香”，昌国大姓。居群在西门街南段两侧，占地约3.5万平方米。街西8个院落、1座宗祠、三面围墙，近山围墙内为厝棺坟地与坟庄屋。今前部5个连建楼院大部分完整，多为晚清建筑，间有自名“半耕居”者，示屋主崇尚耕读文化。5院厢房前廊贯通南北，临街厢房后墙辟3座石库门，上有“文林第”等门匾，知主人曾任文林郎。街东书法家俞怀白故宅，为近代中西合璧砖木结构四合院楼房，正屋显五间、倒座三间，两厢各三间(外观四间)。临街西厢明间辟随墙券顶大门，壁面为水磨砖清水墙，青红相间，正屋楼层前廊沿作刻花装饰瓶式栏杆，均显西洋风格。院东、南两面，另有清中前期至晚期木结构三合院3座、四合院1座，院院相通。布局、造作、装饰均为当地上流，惜部分已损毁。

墙头镇洋北村俞氏第四份屋 俞氏为洋北主姓，是屋乃清中晚期建筑。在前后有六道宅门之南北向墙弄内两侧分布，西侧主建筑重檐楼房三合院，东侧余屋平房四合院，均面东而建。该宅造作考究，尤以石作杰出。一是石作布排恰当，用于最体面与最需要牢固之处；二是所用蛇蟠石颜色统一、质地纯正；三是做工出类拔萃。三合院石库门过梁线条笔直、弧面圆润；雀替高浮雕戏球狮子与翔凤，造型准确生动；门头墙正中匾额位置，安排大块面石料，浮雕精细：以“卐”字纹与草龙纹构框，中隔三樘，旁块松竹梅柳，中块福禄寿三星，门头生辉；门后两侧插门杠石孔，凿出曲尺形且深度不同凹槽，安全牢固；泔水洞用挖槽长条石伸出墙外，端头槽底镂孔，使泔水向下流入阴沟而不致远冲四溅；多精美石窗，集透气、采光、防盗、耐风雨、墙面装饰诸功

能于一体。第四份之石窗构图美妙、纹样吉祥、做工细腻。

墙头镇蔡家岙村蔡家大堂前　宅院坐东面西，“H”形布局一正两横前后天井，硬山式平房。正屋五间二弄，两横各七间，均构露明前廊，廊子柱头科三踩单翘，廊梁头、槛窗栓斗刻出弧瓣。前院墙南端辟大门，门屋三架梁，柱头科三踩单翘，延用礩础。天井以长条形石子弹成，正中有石垒深井一口，圆形井栏以整石凿出，外观瓜棱腹，上下各施弦纹二道，使井栏有寻杖、栏板、地栿意象。蛮石砌前院墙上与水井对应位置筑出一窟，设石龛，供一石琢坐像，曰石井神，为县内所仅见。

墙头镇溪里方村方氏新屋　清晚期建筑，坐北朝南三合院，重檐楼房，前廊地坪、天井均石板铺墁，天井铺出甬路。正屋显五间，两厢各三间，前廊梁、柱头科等有如意纹等些许阴刻装饰，保存完整。正屋明间堂屋屏门上贴有多份当年官方对方可钦科试入泮、赏加军功五品衔等捷报与喜庆对联。开于院墙正中之宅门，砖砌粉白，不事雕饰，过梁上方泥框门匾，仅以墨书之，曰“可以棲迟”。

墙头镇墙头欧氏西一大、三房　清咸丰年间，欧氏西房祖行机建，后归长子，继析长孙、三孙，中华人民共和国成立后作墙头区署。院落坐北朝南。东侧大院，石板明堂一正二厢前后天井，西侧偏院，朝东一字屋弹石天井。院落布局合理、用材优良、造作精致。屋前东西向石板门道，筑有头门、二门与两个院门；门道西端南向石库头门门顶屋挑檐斗栱七踩三假昂，在边位者用石凿成；二门门屋侧样五架前后廊，木作多雕饰；大院石库院门门屋置卷棚顶，门槛内设“强盗”井；偏院石库院门内东首墙根有造型特殊的饮水井。大院正、厢独立建造，各有防火山墙，正屋山墙外筑耳房与两厢合限；正屋楼上下均置前廊，廊端开拱门与耳房、厢房相通；耳房多门，其通前后天井小门狭窄且牢固；正屋穿斗式构架，上、下层明间皆作厅堂，上层厅堂两缝柱间通排槅扇；桁下枋墨书建屋年份。号称“西乡第一屋”。

儒雅洋村何氏新大份　清中期建筑，面向东南，右与友二房邻，合用西南向头门。前三合院楼房，天井石板斜缝铺墁，上房一字九间，对应三天井，中天井铺石板，两旁天井弹石子，花纹细腻美观。三合院正屋明间过厅，彻上明造，两层屋盖，两屋盖间草架做法。全屋前廊与过厅梁架木作、门槅扇雕刻繁盛，工艺精良。窗两扇槅扇，上下绦环板精雕细刻人物故事，格心以“卐”字一根藤，四角嵌“团寿”，中心嵌“双鹿”或“双鹤”组成，意“吉祥多寿、鹤鹿同春”。

儒雅洋何恭房　恭房民居群，主要集中于村西南。与友大房共用之清中晚期大厅，两进数院，高大宏伟。此外，多为因地制宜清季至民国间“一”字形、曲尺形小院与跨溪楼等单体建筑。连成一片，巷道曲折，门户相通，外人入内，如入迷宫。恭房内唯一一条约 70 米长直巷，巷头巷尾做总门，巷内辟支门，共有门近 10 洞。恭房内有石库门、月洞门、砖券门、变体垂花门、跨巷楼门，还有闸门，既便利生活，又可防匪防盗。除本房门户严整外，又关心同族与全村的安全，于后墙弄建连通友二房、新大份之跨巷楼（已毁），在西南村口筑瞭台（碉楼）、东北村口修十五间团练房。建筑大多为传统楼房，但民国西风已入，故有女子学校校舍“老洋房”、书房“红屋间”、会客宴客小洋房等创建。

儒雅洋何氏友二房　友二房为一精致清中晚期仕禄之家四合院，面向东南，重檐楼房。左邻新大份。入西南头门，即见倒座后封护檐墙上装饰砖柱、挂络，院门有门罩、门匾与门簪。正屋、倒座均五开间，两厢各三开间，因非合限齐檐而各砌山墙，正屋与倒座山墙间砌月洞门瓦花漏窗墙，形成中大偏小之 3 个石板天井，大天井甬路凸起。将常见于园林之月洞门漏窗墙用于居宅内的手法，县内仅见 3 例，此院最早。正屋前檐卷棚廊与倒座前檐之木作雕刻繁华，以至于冗缛。梁面梁头、斗栱、雀替、撑栱、牛腿竭尽圆雕、浮雕、阴刻、阳刻、开光诸手法，纹样吉祥，五花八门，连卷棚桁亦悉作减地浮雕，画面有二龙戏珠、双狮绣球、五福捧寿等20幅之多，无不精彩。

儒雅洋何氏友五房　清中期营造，面向东南，倚山而建，环境幽静，占地约2000平方米。前三合楼院，用作居室，后两进一字屋，用于炊膳与杂储，屋后为园，西南侧门道墙外另有马厩牛舍，四周围墙。自西北角入头门，经院一侧入三合院，门径四曲，宅门四道。合院天井两侧筑月洞门瓦花漏砖墙，楼上楼下正、厢均有前廊连通；天井与堂屋内地面不铺砖石，正屋卷棚前廊，顶梁用垂莲柱结构，柱头刻作“花篮”。三合院下檐与正屋明间祖龛前立面木作有大量雕刻，以人物故事为大宗，辅以花鸟瑞兽与博古等，无不精湛，前、后院墙上沿绘白描壁画，古朴简洁，石窗、柱础、下槛气孔石雕规矩。

西周镇乌沙村走马楼　清乾隆年间，李姓祖世湜自鄞县迁此建村。清同治年间，其后裔建走马楼。是楼院，人称“24间”（实为40间以上）。院落南向，两厢北山马头墙，南山庑殿式、翼角起翘，与前院墙及其中间大门、两旁偏门之牌楼式门头墙、大门前影壁成起伏错落有致之前立面。院落低层露明前廊之梁、柱头科、柱础与石库院门及其门头墙雕饰精美。大、前、后三天井均石板铺墁，大天井四周置排水浅阳沟，精凿细磨，水流顺畅。乌沙走马楼，选址布局、用材结构、装饰工艺均堪称优秀。

新桥镇黄公岙村紫荆花馆　位于村东南部，清中晚期建筑。坐北朝南，平面由大门、前三合院和后院一字形正屋组成。石库大门开于前院围墙正中，顶部为仿木重檐楼阁式门头墙建筑，门额用蛎灰堆塑三开屏，中屏塑有“紫荆花馆”四篆字。前进正屋为三开间两弄高平房，深七架。耳房各二间，东西厢房各一间一弄，深五架。后院正屋为七开间一字形平房，亦深七架。以穿斗式为主的混合构架均设露明前廊。后屋山外，东西各搭建一间余屋。后天井东侧有一口水井，圆形石质井栏，水质清澈透明。屋顶硬山造。廊子及天井地面均为石板铺设。布局合理，制作规整。前进檐柱上撑栱和月梁、门额部分雕塑工艺精湛，体现较高民间工艺水平。

西周镇文岙村夏氏“品字宅门”　“品字宅门”一带有乾、仁、成等房，清中晚期建筑。“品字宅门”，即从总宅门进入后分两个方向再建宅门，其内又有院门，门户重重，围墙层层。乾房，马头山三合院，正屋楼房七间，前置轩廊，明间“崇善堂”匾额高悬，两厢平房各三间；石板天井铺出甬路；花瓦顶院墙，中辟院门，旁开小门，院门石刻细腻；各式槛窗花格装修尤见功夫。仁房院落残存头门过梁上高浮雕“九狮戏球”，堪称县内民居石雕艺术佼佼者。成房三合院院门门头墙用刻有团“寿”等吉祥纹样之花砖砌饰，域内仅见。

第四节　建筑旧址

境内文物保护价值较高的建筑旧址7处。清前建筑1处，清末民初建筑3处，民国时期建筑2处，中华人民共和国成立后建筑1处。

南田县署监狱旧址

位于鹤浦镇樊岙村中部，下街271号，建于清末民国初，坐北朝南，为七开间“一”字形屋。内部结构五架梁用三柱，外墙为乱石砌筑，屋顶硬山造。据《南田县志》记载该监狱原为南田县衙前门厅。由于当时实际需要而改作监狱使用。象山县衙被以后历次新建重修代替，旧貌消失，南田县署监狱的建筑状貌为难得的实物遗存。

爵溪街心戏亭

在爵溪街道内，因位于所城十字街心而得名。爵溪千户所城，依山濒海，形若沙舟，而亭居其中，故旧有“桅亭”之称。观其遗用之石构件形制，亭可能建于明代；现存建筑为清咸丰年间（1851—1861）重建，原正面额坊上有“朗鉴蓬瀛”匾额，落款为“乾隆戊午年”（1738），20世纪50年代散失。1956年“八一台灾”，台亭屋顶毁损，镇政府旋加修葺，但未复原状。1982年10月，列县级文物保护单位。1984年12月至翌年2月，县文管会按灾前原貌重修。1997年8月，列省级文物保护单位。戏亭坐西北朝东南，平面呈倒“凸”字形，前为四角重檐攒尖顶台亭、后接4间小式硬山顶厢楼；通面宽9.63米，通进深11.42米，占地约100平方米。台亭边长4.95米、高11.2米，4间厢楼中的东起第二间为过街楼，下为北街南口，其余厢房下层临街，外檐排门装修，似作商业用房，内有小梯登楼。戏亭选址既特殊又合理，地处渔货商贸中心街区，但平时不妨碍十字街的正常交通和设摊，演剧时，以东南西三条街道为观众区，集散便捷、安全；其结构科学，造型稳定而秀美，以朱金雕刻为主要手段的装饰具有较高的艺术性。亭北百步另有所城城隍庙戏台，此现象对研究明、清两代濒海所城、渔镇的军民生活习俗与戏剧史提供一处不可多得的实物依据。

鹤浦老街

位于鹤浦镇鸭嘴头村东部，建于清末至民国。由横直两条街组成，平面呈丁字形布局，东西为横街长120米，部分街屋的另一半筑于老塘坝之上，外看似单层，其实地下又设一层。沿街台阶下设有气窗，起到一定防潮作用，较有特色。南北为直街，建于原中靖河东岸，总长约280米，宽3~5米，贯穿镇中心。两街现存原街铺老楼屋数十幢，均为单檐混合式构架。部分墙面上“邱森盛布庄”“春寿客栈”等老店名墨迹依然清晰可见，可想当时之繁荣景象。原均为石板路面，1980年后因路面改造改建为水泥路，南至卷洞桥。20世纪90年代后直街被改名为鸭嘴头街，现今虽无往日的繁华，但作为该镇仅存的两条老街，为现在研究旧时鹤浦的商贸文化提供实物资料。

金山旅馆

位于石浦镇文澜社区福建街42-1号，建于民国时期。坐东南朝西北，由南、北两幢房屋组成。依山势而建，北高南低。前幢两层楼房，三开间，明间五架梁，东缝用四柱，西缝用三柱。后幢地势较高，三开间，明间九架梁，用五柱；次间西缝用七柱，东缝用八柱；靠南首五架梁下因地势低又加建一层，二层置前廊。南北墙体正中辟砖砌大门。硬山造，天井和地面用石板铺砌。民国22年（1933）9月初，电影《渔光曲》剧组30余人下榻于此。

羊行街联合救火会旧址

位于丹西街道五丰村羊行街28号。清咸丰五年（1855）丹城设“卫安水龙局”，为民间义务消防组织，后改名救火会，存至中华人民共和国成立初。建筑坐北朝南，单层三开间，总面宽9.13米，明次间进深5米，屋脊高度约3.2米，明间辟大门，门面墙高4.3米，门框为拱券顶，高2.3米，门宽1.6米。门额用蛎灰封面，

照43-10　建于民国的丹城保安联合救火会

并用蛎灰堆塑两行字，上排是“丹城保安”，下排为“联合救火会”字样。东西次间各开一窗，墙体用薄青砖砌筑，蛎灰封面。现除屋内部分柱架变动更换和外墙蛎灰局部剥落外，其余保存尚好。

大金山碉堡

位于石浦镇老城区西侧大金山岗头，建于民国33年（1944）年初，日本在太平洋战争失利，为防盟军攻击和掠夺矿石需要而建。碉堡主体平面呈圆形，两层，乱石砌筑，水泥浆嵌缝。底部外径4.6米，内径3.1米，墙厚0.75米，总高4.88米；二层顶部砌围栏，并设有6个凹口。靠东北侧设有小木梯。一层和二层东南北墙上共有8个射击孔。碉堡西北部辟门，内窄外宽，门外建有近方形小房，为入口处。该碉堡是日军侵略象山的重要见证物。今为县爱国主义教育基地。

大溪蒋铜矿冶炼厂旧址

位于墙头镇大溪蒋村的象山制阀有限公司内，据象山县档案馆资料记载，建于1960年。坐西朝东，由大厅及两侧翼房和北后翼房组成，为集办公、医疗、大礼堂、宿舍、食堂为一体的建筑。屋顶全部采用双曲拱顶连建，风格独特；大门上券拱门墙面上部有“齿轮、稻穗”等组成的徽标型堆塑，两侧柱墙有上下两层欧式蔓枝堆塑，增强门面活泼气氛。大门前为七级圆弧形台阶。该处铜矿场是象山唯一一个铜矿矿冶旧址，房屋基本保持原先的建筑格局，冶炼厂房等已被改建。

第五节　名人墓

境内列入县级文物保护单位的名人墓有3座，均建于民国期间。中华人民共和国成立后，县人民政府加强对名人墓的维修管理，使名人墓得到妥善保护。

陈汉章墓

东陈乡姆岭洞水井跟山北坡。建于民国27年（1938），20世纪40年代末，墓室被掘。尔后因修筑公路、水库数次被损，1958年中又遭挖掘，终坍于草丛之中。1982年年末，县人民政府念及先生生前学术贡献重大，拨款重修其墓，并请早期在北京大学与先生有师生之谊的全国人大常委会副委员长许德珩题书墓碑，翌年清明节前夕竣工。1992年，其孙陈昂先生出资，于墓侧建纪念亭1座，名“缀学亭”，原最高人民检察院检察长黄火青题额。1986年4月，列县级文物保护单位。

纪子庚墓

石浦镇汝溪村路旁，松柏环抱，约80平方米。墓为座椅形，东南向，周乱石块砌成，墓前原为大石栏栅。墓面雕石象、石狮，中刻“遗泽孔长”四字，两旁刻有“花笏罗千璋，朝宗汇百川”与“牛眠占地吉，鹊起兆人文”二联，笔力苍劲。墓道原铺石板。1987年1月，县人民政府拨款修缮。纪公系石浦盐仓前（延昌）人，祖籍福建。清同治四年（1865）生，早年营商，家道日裕，好施与，行善举，屡捐资建灯塔、桥梁、码头、学校等，曾资助蔡元培、马叙伦避难福州，扶持张葆灵创办延昌橘园。民国总统黎元洪赐“孝义可风”匾，世人称颂“乐善好施”“急公好义”，被誉为慈善家。民国22年（1933）卒。民国24年，著名教育家蔡元培敬题墓碑，耸立于墓地中央。国立北京大学教授马叙伦撰并书900余字墓志铭，置于右侧。墓地古朴清明。2007年10月，列县级文物保护单位。

任氏二难墓

位于东门岛门头灯塔西面百米处。“二难先生”为任筱和（1876—1944）、任筱孚（1879—1953）二兄弟，东门岛人。民国4年（1915），于东门岛门头买山，建筑灯塔，以利航行，时为象山胜景之一。清光绪乙未科榜眼黄岩喻长霖撰文并书《象山东门岛灯塔记》，勒石塔旁。此后，兄弟俩又募建灯塔于台州磨盘山、舟山菜花山、烈表嘴、象山鸡娘山、铜瓦门、三门山等处，方便过往船只。此外，任氏昆仲在家乡建亭筑路，修码头道头，不胜枚举。时人称“二难兄弟”，卒后合葬于一墓。“二难先生”墓为座椅形，南北朝向，方块石砌成，入口处有二尊石狮。墓碑上书“任氏筱和筱孚二难先生之墓”，两旁各有一块介绍二难先生事迹的墓志铭，由象山名书法家俞怀白（世清）撰并书。墓志铭上首雕书有：“苞刊永固、气聚风藏、山明水秀”横幅，两旁有“海云封谷口，山色绕江城”与“原鸰依旧双飞起，荆阙仍然一禄荣”二联。墓面有人物、花草、鸟兽石雕及石象一对。2002年12月，“二难先生”墓与东门灯塔一起，以“东门灯塔暨任氏二难墓之名”，列县级文物保护单位。

第六节　桥梁　路亭　灯塔

桥梁、路亭、灯塔为道路交通的重要设施。县里保存较好的古桥梁有20余座，另有古路亭6座、古灯塔4座，反映当时象山交通现状。欧阳桥、庆丰桥列县级文物保护单位。

桥梁

欧阳桥　二墩三孔陡拱石拱桥。位于西周镇儒雅洋村与伊家村间的西沙岭脚，东西向跨缘溪。原名儒雅洋桥，木结构，在今桥东南250米处，宋宝庆《四明志》有载，作“陈雅洋”桥。明成化时重修。清乾隆间（1736—1795）里人欧允峨捐资重修。嘉庆二十一年（1816）欧夏氏重修，同治初复圮。同治六年（1867），胡长荣母李氏募资移至今址改建三孔石拱桥。光绪十年（1884），胡承志母复捐修。现存为民国27年（1938）重修。桥全长52米，正桥长28米，引桥东13米、西11米，桥高7米，面宽5~5.3米。中跨9.6米，半船形桥墩，条石平顺错缝叠砌，毛块石纵联砌置法成券。桥面稍拱，以小砾石弹出花纹。桥东依山有石木结构硬山顶桥亭三间，亭南原有石塔。另有桥碑两块，今移作他用。欧阳桥雄踞青峰翠峦夹峙之谷溪上，昔为县西驿道重要桥梁，为县内历史悠久、规模最大多孔石拱桥。1990年1月，列县级文物保护单位。

西周庆丰桥　位于西周镇车岭，东南—西北向跨庆丰溪口，始建年月不详，原系木结构风雨桥，上建廊屋。明嘉靖年间、清初及乾隆十九年（1754）里人张景旭兄弟、四世孙子春，七世良思三次修桥。现存条石平桥为光绪十七年（1891）蒙顶山僧定荣募资改建。桥长11.6米，宽3.6米，高3.5米，半船形桥墩与桥台均条板石平顺错缝叠砌，墩上叠涩4层条板石，承4条石梁夹铺3列石板桥面。石栏杆，栏板内侧分16幅浮雕珍禽瑞兽、龙凤花卉与暗“八仙”“四艺”“寿”字等纹，中栏外侧阴刻“庆丰桥”名，望柱头圆雕，中间4柱，一侧为2坐象，一侧为2坐狮，造型夸张别致，余4柱为仰覆莲。尚存清光绪十七年助资碑一通。是桥为县西驿道桥梁之一，选址特殊，保存完整，雕刻多且好为县内桥梁之最。1986年4月，列县级文物保护单位。

瑞安桥　半圆券单孔石拱桥。位于墙头镇方家岙村东北口。东北—西南向跨越大雷溪。原为石梁桥，初建于清嘉庆二十二年（1817），俗称大桥头。道光二十三年（1843）秋毁于洪水。今存拱桥为同治九年（1870）里人欧起模倡募修建。桥整体平面呈弯弓形，全长62.5米，正桥长31.6米，引桥各长14.9米、16米。桥面宽4.5米，高6.7米，跨10.5米，矢高5.2米。乱块石砌筑，桥面弹石，以乱石矮墙与排置大毛块石作为栏杆。桥下乱块石过水坝与下游溪底落差1米余，桥东北端立有清同治年间《瑞安桥》碑一通。瑞安桥为县内最大单孔石拱桥，为南经石鼓岭通达南乡、北走西沪港滨、东转县城之重要桥梁。

鹤龄桥　位于西周镇杰岙村，跨黄溪。清宣统二年（1910），里人王天锡、赖昌鋆募建，以“松鹤延寿”意得名。条石平桥，7孔，条石台墩，每孔净跨2.5~3.5米不等。长25米，宽2.05米，高2.3米，设分水尖。

长庆桥　十六墩十七孔石梁桥。位于下沈镇下沈村北老街西头，东西向（各偏南、北12°）跨下沈港。清光绪二十六年（1900），张茂华从下三府（浙北杭、嘉、湖三府）募资建造。1963年曾作维修，1989年前后洪水冲垮四墩，旋加砌复。近年修公路占堵西端2孔与东端3孔，遂成11墩12孔。原长87.4米（现长60米），单跨3.5~5米不等，桥面阔2.77米，高2.95米。桥台条石平顺错缝叠砌，半船形桥墩条石一丁一顺错缝叠砌；墩上叠砌三层条板石，承三条石梁夹铺二列石板桥面。原有石栏杆，望柱头原相间圆雕狮子与大象（或说猴子）。大砾石铺墁宽阔护底。桥东端南侧原建有高约3米六面三级石塔，桥西原有坐北朝南一院一进，每进三开间之硬山造小庙，今均无存。长庆桥为西乡驿道要桥，县境内最长古桥。

万安桥　位于西周镇隔溪张村西，跨于家溪。清宣统元年（1909）建。条石平桥7孔，长25米，墩有撑石。

清水桥　又名青龙桥，位于墙头镇黄溪村东北，跨凫溪。清乾隆五十五年（1790）建，先后于道光十五年（1835）、同治三年（1864）、光绪八年（1882）重修。4孔，长22.5米。原东西各有五层经幢与碑亭1座，民国间圮。

海口桥　位于大徐镇海口村北，跨枫溪。分南北二桥，长堤连接，桥堤长147米。南桥明弘治六年（1493）知县郑琳建。5孔，长25米。明嘉靖三十四年（1555）县令毛德京修，清乾隆间，里人劳狷亘修。道光二十三年（1843）圮，县人黄得海、黄得能、何兰等重修。为增加泄洪量，增建北桥，3孔，长12米。二桥均高2.4米。桥墩两头均设分水尖。军民塘未围时，海潮上溯1.5千米至铁丈岙，可泊百余吨海船。

东溪桥　十一墩十二孔石梁桥。位于新桥镇东溪村西南，南北向跨东溪，俗名“老大桥”，宋宝庆《四明志》有载。1971年修旦东公路填占北端2孔，1980年，桥墩以上改为钢筋混凝土结构。原桥长约45米、宽1.4米，跨2.95~4.23米不等，桥台与半船形桥墩均条石平顺错缝叠砌，背水面支戗石，墩上置大条石，承托五条石梁并出之桥面。今桥长37.8米，面宽3.9米，桥高2.5米。拆下之桥梁条石在下游4米外增砌斜坡护底。东溪桥为县城沟通昌国、石浦等地古道上主要桥梁，亦为县内现存最古梁桥之一。

玉带桥　四墩五孔石梁桥。位于新桥镇井头村南，南北向跨玉带溪。始建年月不详。民国9年（1920）水毁，民国11年里人顾文黻募款重建。20世纪90年代，于桥面两侧以钢筋混凝土增宽之，由原墩台余长部分承重。桥长19.78米，原宽2.1米，高2.47米，跨2.5米、3.7米、3.9米、3米、2.9米不等。半船形墩与桥台均以条石平顺错缝、偶杂丁砌叠筑之，上置二层条石作“雀替”承桥梁，桥面由三条桥梁夹铺二列石板构成。中孔桥梁东侧阴刻楷书“玉带桥”名。过水坝下游侧边沿见松木排桩。桥北原有《玉带桥重修碑记》，今移置于桥南约3里之板岭凉亭内。昔为县南北陆路交通主桥之一。

永新桥　位于新桥镇新桥街北，跨石柱溪。3孔，长12米，宽1.75米。始建年月不详，清道光《象山县志》载，传说桥成之日，由县令开桥，适逢新娘花轿经此。县令谓："今日新娘为大，应由新娘开桥。"新娘答："太爷开，做官节节高。"太爷道："新娘开桥万年牢。"互让后由新娘开桥，命名"永新桥"，习称"新桥"。

昌国大桥　昌国城区内。明洪武间建，石拱桥，单孔，跨度5.5米，高宽各2.2米，处城内中心地段，历有"桥上八百（户），桥下一千（户）"之说。

镇源桥　位于石浦镇金丰村水门头弄西侧大明溪上，为昌国卫村交通要道。始建于明，历经数次维修，现存桥体为民国28年（1939）重修，为单孔乱石砌筑拱桥，桥长5.5米，桥宽2.83米，面厚0.26米，矢高2.4米，桥孔跨度4.8米，东西向横跨于大明溪上。桥面西端高，东端低。

五里桥　八墩九孔石梁桥。位于石浦镇五爱村北，南北向跨女溪。始建于明洪武年间（1368—1398），5孔，故名五眼桥。清同治志稿："旧传与昌国卫、石浦所各五里，原名五里桥"，后曾改名永福桥。民国9年（1920），石浦纪子庚、东门任筱甫出资重建，改为8墩9孔。1964年，洪水冲垮一墩，县交通局敷钢轨砼板架通，遂成7墩8孔现状。列县文物保护点。桥面连引桥呈"Z"字形，全长约68米，正桥长45.2米，宽2.35米，高3.3米，跨3.05~5.9米不等。桥台与桥墩均为条石一丁一顺砌筑，半船形墩，背水面竖砌大条石，凿有支斜戗之卯孔，戗石已无存，桥面，三条石梁夹铺两列石板。素面条板石栏杆，乱块石墁砌护底。中孔两外侧栏板上镌有"五里桥"名，桥南建有永福庵与四间五架"五爱亭"，亭内有桥碑。五里桥为象石古道主要桥梁。

狮象桥　二墩三孔石梁桥。在石浦镇番头岙村东北约1000米圆峰庙前，因介于南侧狮山与北侧象山间而命名，又称圆峰庙桥，南北向跨铜桥溪。宋代始建，桥长11米，面宽2.38米、高2.3米。桥面，三条石梁夹铺两列石板；两侧栏杆各五栏六柱，两端抱鼓，中间二望柱头，南柱头圆雕坐狮，北柱头圆雕坐象。是桥沟通石浦至半山庵道路，为县内现存最古梁桥之一。

路亭

双汪亭　位于西周镇莲花双汪岭。穿廊3间，砖石结构，石柱12根，上刻楹联2幅："座中列岫森罗自多雅趣，亭外弧松挺秀别有清凉""已过数重山到此何妨小憩，还有几许路请君慎勿耽延"。

双解亭　在西周镇文岙村黄栀岭。清光绪四年（1878）建。三间穿廊，中间北面开窗。石柱、条石凳，卵石铺地。中有双联式石茶槽一只，前后均有文字镌刻，正面卷画形图案，以"饮水解渴，小憩解惫"之意刻"双解亭"三字，旁有联"一杯能止渴，两腋便生风"。背面刻"式饮庶几"四字，旁有联"可济行人渴，聊抒旅客情"，并刻"光绪戊寅年十月立"。

七里亭　在墙头镇七里亭村内。清道光十八年（1838）建。传新任县令从黄溪渡登岸至此小憩，一算里程，西去黄溪渡、东去县城均7里，遂建亭名"七里"。民国14年、民国28年两次重修，1956年再修。穿廊式，3间，砖石结构，石柱8根。

罗汉堂亭　在丹城东北郑家岙村内。清宣统二年（1910）重修。穿廊式，5间，中3间为明间，北通罗汉堂。砖石结构，石柱8根，两旁置石凳。

三湾路廊　在石浦镇东北二湾路。民国9年（1920），纪传长、任筱甫、俞怀白、丁希圣等募

建。象石古道十八亭之一，穿廊式，3 间，石柱 10 根，拱门，石凳、墙裙均用条石，亭中 2 石柱，刻楹联“一宇拓江壖赫赫明神常庇护；三湾通石镇劳劳过客暂勾留”。孙荣桂撰并书。墙上有钱形旋读凸文两个，一为“坐坐也好”，一为“去去就来”，系昌国俞怀白书。西墙有雕刻精细的宫殿式神龛，楹联“泗水恩波长流千古，荔江法雨普及万民”（石浦简称荔，石浦港又称荔江，见文以此为最早）弧形条石拱门，地面铺石板。亭西有庵 3 间，神龛左右有拱门，以回廊通庵。建筑结构对称精巧，号称“浙东第一亭”。

铜关路廊　在石浦延昌东关。清光绪十九年（1893）建。穿廊式，3 间，砖木结构，有刻楹联二副：“依然极浦遥天，相见阁中帝子；安得长风巨浪，送来江上才人”与“坐客为谁，听二分明月声箫，依稀杜牧；主人休问，有一管春风诗笔，点缀扬州”。

灯塔

北渔山灯塔　位于石浦镇渔山渔村大岙自然村南，清光绪二十一年（1895），上海海关派员在北渔山建成时称远东第一大灯塔—渔山灯塔。灯塔总体分为塔顶、塔身、塔基三部分，总高 16. 9 米。塔顶为 1987 年重修，16 根方形铁柱支撑穹形塔顶，方柱间安装玻璃，内置灯器。塔身呈圆台形，用生铁所铸，上部直径 4. 7 米，下部直径 5. 4 米呈圆筒形；塔身外侧置两层外廊，近塔身顶部两米处设置一层，以三角铁作为支撑物，周围围以铁栏栅：塔身底部也置外廊，以钢筋条做间隔，三道铁圈加固；塔身内沿塔体置盘旋式楼梯，塔东南辟有门。塔体外以红白相间的油漆作装饰，并在塔身上布置若干海员望海孔。塔基护坎于 1987 年重修，筑成圆形，以块石砌筑，内以小方块石铺砌。渔山灯塔所在的渔山列岛为浙江领海中部最东端的列岛，扼浙洋中路，其外 12 海里为公海，战略地位十分重要。该灯塔目前仍在使用，属国内一级灯塔，该灯塔对研究近代科技、航海史都有一定价值。

东门灯塔　东门灯塔位于石浦镇东门岛东南，由里人任筱和、任筱孚兄弟于民国 4 年（1915）春筹资建成。塔东立一碑刻，记东门灯塔修建原因及过程。灯塔由塔身与灯室组成，三层，圆柱形，内径 2. 13 米，外径 3. 7 米，厚 0. 59 米，塔高 5. 44 米。塔基用条石砌筑；塔身圆弧形，用石块拼接构筑而成，蛎灰封面：内部设旋转楼梯，通注塔顶；塔上端用圆弧形石块外挑做成檐廊。塔顶用八方形条木纹支撑，穹隆顶。窗槛用八块石板拼接而成；其上用八块玻璃构成窗户。室外设走廊，廊外设铁护栏。东门灯塔整体保存较好，是重要的海上交通设施，对研究象山交通史具有一定价值。

前龙头灯塔　位于鹤浦镇前龙头村蜊门港至石浦港水道的龙嘴礁上，据鹤浦镇史料记载建造于中华人民共和国成立初期（1950 年）。灯塔高度约 20 米，被两层圆形走廊分隔成三个部分：底部立于礁石上，呈圆台形，由块石砌筑而成，西南面有铁攀阶梯；中间一层圆柱形，水泥砌筑，用黑色瓷砖贴面；顶部为置灯处，生铁铸造。该灯塔整体保存完好，是象山社会主义建设初期海上交通事业发展重要见证物。

照 43-11　前龙头灯塔

大雷山灯塔　位于墙头镇方家岙村东面大雷山顶部，据墙头镇资料记载建于民国时期。灯塔面朝东南，用乱石砌筑，由圆台形灯塔和南侧券顶石屋连体组成。灯塔体外圆内方，原有灯座，现毁，残高3.2米，外径5.4米，墙体厚1.7~2米不等。正东面开有穹顶小门，矢高2米，宽1米。门内为一间方形小屋，东西边长2.28米，南北宽2.24米。西墙中部有壁龛，南墙北边开有通往石屋小门，门口铺设五级石台阶。石屋重修穹形。大雷山灯塔是民国时期国民政府所建航空标志，是航空事业发展见证物之一，极具历史价值。

第七节　井池　碶闸

井池、碶闸为旧时重要的水利设施，为农业生产和人民生活发挥重大作用。境内保存著名古井2口、古池1口、闸3口，反映当时象山的水利状况。丹山井、淳熙井列县级文物保护单位。

井

照43-12　丹山井

丹山井　在丹西街道方井头村丹井巷4号南侧。相传秦方士徐福为秦始皇求不死之药经蓬莱山时所凿，南朝梁陶弘景（字贞白）于此修道炼丹，投丹于井故名。清康熙间，改蓬莱山为炼丹山（简称丹山）。清乾隆《象山县志》载："泉可透锡，饮之可以已疾"，故又有"透瓶泉"之称。南宋嘉定间，县令赵善晋题诗："泓泓沏底清，滴滴透瓶冷。灵源何处来，独昭贞白影。"井体圆形，石砌，深2.47米，内口直径0.51米。元王传宗《井亭记》载，"宋大中祥符间（1008—1016），濮阳吴处士琢石为栏，瓮四周。厥后，王邵（1102年任县令）、杨景略、胡宗师、杨志、沈中父、毛遇顺（1208年任县令）咸镌名于后"。今存六角青石井栏，高0.43米，厚0.15米，东面外侧刻"丹井"二字。另一面有"嘉靖元年壬午年岁正月十五吉日"字样，当为井栏重置年月。余几面均为捐助者姓名，但已无一可认。1984年6月，列县级文物保护单位。

淳熙井　在县政府大楼前花坛东侧。旧称"县署井"，建于南宋淳熙三年（1167）。井体圆形，石砌，沙底，深约6米，内口直径1米，围有石井栏，栏高0.4米，厚0.2米，栏圈顶上刻有"淳熙三年重阳日建"八字。井水清澈甘润，久旱不干。清道光年间，宁波府学教授冯登府曾赋诗颂曰："秋风冷到旧银床，山县萧条未改唐。六百年来陶令醉，黄花酒说古重阳。"1982年10月，列县级文物保护单位。

池

叶公流芳池　清光绪三十四年（1908），宁波府驻石浦同知叶元芳，虑及石浦濒海，一有旱象，即有绝饮之困，乃动员民众疏浚九曲溪，继于西门外凿一大水池，供民饮水。民感之，竖碑于池侧，称"叶公流芳池"。因地处校场边，又称"校场河"。为梯级船坞状建筑，池长51米，宽17米，最深8米。池壁上部悉条石砌筑，下部乱块石砌，每一台阶前沿铺石板。四周围以铁栏，铁石结合部铅灌注。池北有八角亭一座，民国7年（1918）建，钢筋混凝土结构，亭前有石阶通渠底。池西有井，名校场井，里、外二口，里井，井深而水清，条石砌筑，井上置石梁便绠汲，有脚手穴可上下。1958年"大办钢铁"时铁栏杆被拆。池今已疏通，建亭榭栏栅，围铺新道，成游乐休憩之地。

碶闸

文山塘坝　位于茅洋乡文山村南面，始建于明代，清至现代进行局部维修，一直沿用至今。乱石砌筑，呈梯形，长1700多米，高1.4~2.8米，顶部宽0.9~1.5米不等，沿蟹钳渡北岸呈曲线形分布，蜿蜒曲折。呈大曲线布置的海塘建筑，沿海边方向凸出的部位布置巧妙，具有分水作用，缓冲海水冲击。塘坝、埠头、碶门、古桥，构成农业生产、养殖、防潮、泄洪的水利体系，为象山县内保存较完整的古塘坝。

障川碶　位于丹东街道下余村门前涂自然村东南面东大河上。建于民国时期，南庄平原东大河所属重要碶门。碶门由东西向四个碶门墩组成，碶门墩用条石叠砌，墩上安置条石，成为梁桥，碶门墩宽0.41米。在碶门墩南端两侧凿有双道闸门槽，现闸门板无存。桥面由条石呈顺丁铺设而成——直铺三块、横铺三块；中闸南侧桥板南面刻楷书“障川碶”，上款“民国三十二年二月重修”，下款字迹不清。障川碶目前保存较好，是水利事业发展的见证物。

照43-13　双道闸门的障川碶

人民胜利碶　位于定塘镇长塘河入海口，建于1953年。碶门西北至东南走向，总长约18米，宽约9.5米，用块石砌筑，水泥嵌缝，五墩六孔，南北两侧均用条石筑成八字形护堤，北面筑5个分水尖，南面6孔做成券拱状，每一孔正上方均设有螺杆开闸器。碶门西侧另建一个闸门，连接圆弧形渠道，用以引水灌溉农田。此碶门规模较大，发挥灌溉、排水等重要作用，同时可作桥梁使用，是水利事业发展的见证物。

第五章　德育基地　革命胜迹

20世纪50年代，为缅怀先烈，继承革命传统，象山建造烈士纪念馆、烈士陵园等。90年代之后，更多先烈故居、烈士墓穴等得到修缮，革命纪念地的景观得到保护，一批纪念馆、纪念亭、纪念碑陆续建成。其中有的被列入市、县爱国主义教育基地，党史教育基地，有的列入县文物保护单位、保护点。

第一节　市级德育基地

境内列入市级德育基地3处。山海楼、殷夫烈士故居被列为县级文物保护单位，另被列为爱国主义教育基地、中小学德育教育基地、中共党史教育基地。

象山县革命烈士纪念馆

位于旧城区北部，象鼻山南麓，西与县政府一墙之隔。坐北朝南，为园林式建筑。1957年，拆樟木庙、永福庵、鲁班殿，建象山县革命烈士纪念馆，原为纪念在1956年“八一台灾”抗台中牺牲的50位烈士。纪念馆由烈士陈列厅与两座亭阁组成。占地面积4200平方米，建筑面积480平方米。大门右侧镌刻顾廷龙所书的“象山革命烈士纪念馆”9字。大门内正中又一花坛，矗立高7米、四方形纪念碑，正面镌刻郭沫若题写的“革命烈士永垂不朽”8字。花坛北首一条宽为2米的鹅卵石路，直通烈士事迹陈列大厅。陈列厅为殿堂式仿古建筑，通面宽22.85米，进深15.5米，硬歇山顶，红瓦丹墙，仿木钢筋混凝土墙柱，木结构房顶，花格子门窗。正门上方悬挂沙孟海所书“象山革命烈士事迹陈列馆”匾额。陈列厅分3室，陈列着大革命以来166名烈士（含外地籍贯烈士）的照片及实物手迹。馆内树木郁葱，花香草绿，庄严肃穆。1992年，被宁波市人民政府列为“宁波市中小学教育基地”。1997年10月，被宁波市委、市政府列为爱国主义教育基地。2005年被宁波市委列为中共党史教育基地。

山海楼

中共象山工委旧址。位于新桥镇黄公岙村。楼建于民国7年（1918），一座砖木结构的三开间二层楼房，坐北朝南，总建筑面积200平方米左右，保护面积300平方米。民国37年2月20日晚，共产党员唐侃和郝孝婉夫妇受中共中央上海局外县工作委员会派遣，在此成立中共象山工作委员会，领导象山、宁海边区人民进行革命斗争。1990年1月，被列为县级文物保护单位，1998年10月，修缮山海楼，在二层楼设“中共象山工委史迹陈列室”。2001年，山海楼全面整修。

照43-14 山海楼

日本侵略军在象山罪行陈列馆

位于茅洋乡茅洋村原日军警备大队部遗址。总投资50万元，面积5333平方米，1996年10月动工，1997年8月15日落成。正墙南侧为入口处，上有“遇难者3000”的字样。陈列馆展出象山在抗日战争时期的图片200余幅以及实物30余件。1997年8月15日，被列为县级爱国主义教育基地；2003年，被列为市级爱国主义教育基地。2005年，纪念抗日战争胜利60周年之际，象山县委、县政府下拨20万元专款，全面修缮该馆，并增添馆内陈列实物20余件。万人坑在馆东500米处，立有毋忘碑与碑亭。

殷夫烈士故居

位于大徐镇大徐村。始建于清光绪二年（1876），一正五间，二横各小间，砖木结构，三合院平屋，占地742平方米，建筑面积262平方米，屋后有300平方米的小院。1986年4月，列为县级文物保护单位，并于殷夫烈士80周年诞辰时对外开放。1992年，被列为宁波市中小学德育教育基地。1995年2月，被宁波市委、市政府列为市级爱国主义教育基地。2005年6月，被宁波市委列为市级党史教育基地。

照43-15 殷夫故居

第二节　革命旧址　烈士故居

境内革命旧址、烈士故居分布全县各地。其中，革命旧址4处，烈士故居6处。贺威圣、王家谟、陈照华烈士故居内建有烈士史迹陈列室。

南田县政府旧址

民国元年（1912），象山南部的南田、高塘、花岙、坦塘、对面山、檀头山、南渔山、北渔山等8岛设置南田县。在国共合作形势下，民国16年2月，共产党员陈良义、吴德元、叶刚等20余人重新组建以共产党员为骨干的南田县政府。5月，“四一二”反革命政变波及南田，陈良义、吴德元被捕牺牲，地方革命政权被颠覆。民国时期南田县政府旧址在鹤浦镇樊岙村内，建筑占地面积600平方米，在中华人民共和国成立初作为樊岙乡政府办公地，后又将原房进行改造、拆建成办公楼、电影院及政府附属用房。旧址仅保留原监狱和警署6间瓦房。

回春斋

中共象山区委成立地旧址，位于东陈乡岳头村。民国16年（1927）“四一二”反革命政变后，已任上海中华海员工会书记的杨白在上海被国民党反动派通缉，返回象山开展武装斗争。躲过国民党特务的多次追捕后，转移到岳头村中医励继怀家的药店回春斋隐蔽。7月，中共宁波市委组织部主任沈本厚回象山整顿、恢复党组织，在回春斋召开党员骨干秘密会议，将中共象山支部改为中共象山区委，杨白任书记。此后，中共象山区委多次在“回春斋”召开会议。回春斋也就成为当时象山党组织的活动中心。回春斋建筑面积约150平方米，土地改革时分给农户作民居。

檀头山人民营救美军飞行员旧址

民国31年（1942）4月，美国远程轰炸机轰炸日本东京，在返程中，燃料耗尽，其中一架飞机于4月18日傍晚坠落在檀头山大王宫前稻桶礁附近海面。5名跳伞的美军飞行员被本地居民赵小宝、麻良水夫妇救回，并由麻良水用小船护送至三门县，得以安全脱险。1992年，赵小宝受邀赴美国参加“杜利特尔行动”50周年纪念活动。赵小宝、麻良水夫妇原居住地旧房拆除后建楼房。旧址在，旧貌消失。

义春广货店

中共象山工委机关旧址。位于石浦横塘岸福建街。店坐东朝西，面积200平方米。中华人民共和国成立后划拨给国营化建公司，1986年首次国家房改时，作为化建公司职工个人住房，现已改建为三层水泥结构的楼房。中共象山工委在新桥黄公岙山海楼成立不久，为了安全，唐侃、史中平、郝孝婉在义春广货店楼上租其一间房子作为象山工委驻地。

贺威圣烈士故居

位于象山县贤庠镇海墩村，建于清嘉庆二年（1797）。坐北朝南，砖木结构，硬山式四合院平房，石板明堂。院落“口”字形布局，四角合限，混合构架，共29间。正屋与倒座可视为五开间，该院前后均为贺姓本家院落。贺威圣在这里度过童年、少年时代。其遗孀姚瑞莲守此屋直至20世纪90年代去世。2002年，为纪念贺威圣烈士100周年诞辰，进行整修，建成面积150平方米的贺威圣烈士史迹陈列室。

王家谟烈士故居

位于丹西街道北山路14~16号。故居为王家道地原西厢房，明末清初的砖木结构建筑，面积108平方米。2006年，为纪念王家谟烈士100周年诞辰，迁出故居内的住户。开辟两间王家谟烈士史迹陈列室。故居内安放着用汉白玉制作的王家谟烈士雕塑一座。

史奇涛烈士故居

位于新桥镇关头村，占地面积1100平方米。两层楼四合院，史奇涛居住于右边两间。四合院内住居民4户，部分改造为新楼房。所保留的是史奇涛少年时所居住的两间，房子原结构完整，基本保留。

吴烨烈士故居

位于新桥镇洋坑村。建于民国初年，砖木结构四合筑。正屋坐东朝西，五开间二层楼房，南、北建平屋厢房，总建筑面积400平方米左右。房子大部分在土地改革时分给农民居住，留下3间为吴烨烈士亲人所有，西首原旧屋改建成楼房。四合院的结构基本保持原貌。

陈照华烈士故居

位于定塘镇下营乌岩垄村，建造于19世纪初期，建筑占地面积75平方米，保护面积120平方米。坐南朝北，砖木结构，现保存有大灶间、卧室、中堂等3间。其中灶间内尚留存着原来的灶头和庎橱。中堂为定塘镇革命烈士史迹陈列室，陈列陈照华烈士像和生平史迹介绍等，定塘籍的罗宝贝、蒋金志、桂礼俊、张吉满、邱冬林等五位定塘镇烈士照片亦陈列其中。2002年7月，故居整修，开辟定塘镇革命烈士史迹陈列室。2003年，修筑长1000米、宽2.5米通往陈照华烈士故居和墓穴的混凝土道路。

盛城烈士故居

位于泗洲头镇灵南大麦塘村。建于20世纪初，建筑占地面积为60平方米。房子为标准老式农家居室，砖木结构平房3间，坐北朝南。

第三节　纪念碑

本节记载境内纪念碑亭。有浙江省早期献身革命的中共领导人之一的贺咸圣纪念碑，南田武装暴动纪念碑，蛎港埠战斗中牺牲的解放军指战员纪念碑及1956年“八一台灾”中牺牲的烈士纪念碑等。

茅洋乡革命烈士纪念碑

位于茅洋乡茅洋村金山头小山顶上。1978年始建，1999年重修。建筑面积为150平方米，保护面积200平方米。为纪念1949年7月8日在蛎港埠战斗中牺牲的解放军指战员而建。列县重要党史教育基地。

南田暴动纪念碑亭

位于鹤浦镇樊岙村村口，为纪念民国36年（1947）10月23日在南田樊岙的武装暴动，建于2002年10月。纪念碑、纪念亭建筑面积29平方米，保护面积500平方米。“南田暴动纪念亭”七字由暴动领导人、原中共台属工委书记邵明题写。

贺威圣烈士纪念碑

位于贤庠镇海墩村。为纪念贺威圣（又名贺刚峰）烈士100周年诞辰，于2002年12月在海墩村老年活动中心广场修建贺威圣烈士纪念碑。纪念碑底座占地25平方米，碑高8米，纪念碑正面刻有“纪念贺威圣烈士百年诞辰”十一个大字，右边刻“贺威圣烈士纪念碑记”，记载贺威圣烈士的生平业绩。

照43-16　建于原中山公园内的贺刚锋烈士纪念碑

八一台风纪念碑

位于丹东街道门前涂龙洞门山顶。1956年8月1日，“5612”超强台风在该处登陆，造成历史上罕见的“八一台灾”，为象山历史上因台风致灾最惨重的事件。2006年，值“八一台灾”50周年建纪念碑。5月25日开工建造，历时2个多月的昼夜施工，于8月1日前主体工程落成，总建筑面积625平方米，占地面积2000平方米，造价240万元；2008年完善栏杆、铁门和玻璃等附属配套设施，造价63.6万元。碑体净高19.56米，寓意1956年。基座为八角形，自地面至绿色坪砖到浮雕平台三个层面，寓意“三防”；南、北踏步各有12级，寓意12号台风；碑体由一个三角形的“1”字和环绕三角形的“8”字组成，寓意8月1日。碑基由八个立面组成。碑名“八一台风纪念碑”由原浙江省委书记铁瑛所题。其中一面镌刻“海魂”两字。

照43-17　“八一台风”纪念碑

第四节　烈士陵园　烈士墓

境内烈士陵园6座、烈士墓25座。贺威圣烈士牺牲于大革命时期、王家谟烈士牺牲于土地革命战争时期。贺威圣、王家谟烈士墓被列为县级文物保护单位。

象山县前山革命烈士陵园（烈士公墓区）

原建于丹城宝梵讲寺（东寺）后山坡下，占地350平方米。安葬1956年“八一台灾”牺牲烈士。墓穴正面上方分别刻有“永垂不朽”“抗台烈士公墓”字样。2007年，墓群迁移至丹西街道普明公墓对面的前山山顶上。是年9月动工新建，12月落成。占地面积2670平方米，其中墓地和广场面积1770平方米，总投资130万元。为坐西朝东生态园林式建筑。建有298级墓道台阶，广场正中矗立的青石碑正面镌有“革命烈士永垂不朽”，背面刻革命烈士墓群碑文。墓地安葬58位烈士，其中47位为1956年“八一台灾”抗台中牺牲烈士。

爵溪大燕山五烈士陵园

位于爵溪城东北大燕山顶。安葬着20世纪50年代初剿匪牺牲的山东籍烈士聂延忠、郭顺荣等5名烈士。山高77.7米，碑高4.85米。碑正面（南）“革命烈士永垂不朽”8字由全国人大常委会副委员长许德珩于1983年8月专为该烈士陵园题词。

石浦延昌柑橘场烈士陵园

位于石浦镇延昌柑橘场。烈士陵园占地1000多平方米，建筑面积600余平方米。始建于1951年。1954年3月18日，三门湾空战牺牲海军指战员周金生、冯匡国、范林生；5月18日，东矶列岛战斗牺牲的部分战士安葬于此。

鹤浦镇革命烈士陵园

位于鹤四村东南山冈上，初建于1950年，是为纪念在南田岛下湾剿匪战斗中牺牲的郝广平等4位革命烈士。初建时仅乱石堆砌，1989年2月重新修缮，立墓碑。1997年2月，原有30平方米烈士墓地扩建成1000平方米的烈士陵园。叶刚、周德文等10位在不同时期牺牲的烈士墓穴亦迁葬于此。是鹤浦镇重要党史教育基地和爱国主义教育基地。

涂茨镇革命烈士陵园

位于涂茨镇东港村潘家坎。20世纪60年代初建造纪念碑、墓。1982年，进行修缮。2001年11月烈士陵园进行扩建和重修，占地200平方米，由烈士纪念碑、烈士事迹碑、凉亭三个部分组成。

东陈乡革命烈士陵园

位于东陈乡松岙隧道口西侧，建筑面积600平方米，保护面积700平方米，1995年建成。在1949年蛎港埠战斗中，5名解放军伤员从茅洋台头送到东陈南堡抢救，牺牲后被安葬在南堡村白鹤庙旁。1951年，象山县民政科在此地立简易纪念碑；1977年，迁至沙岗村犁头山脚；1995年6月，址迁至今址。有墓道、墓庭、墓碑等。

贺威圣烈士墓

位于贤庠镇下庄溪东南山脚。民国26年（1937）年初，贺威圣遗骸从杭州四明会馆迁葬于此。墓碑上刻“殉难义士沪江大学毕业生贺威圣暨配姚氏孺人之墓”。原有林森题“尽忠党国”1通、蒋中正题“成仁取义”碑1通，失于“文化大革命”中，后皆藏于象山县文管会。1983年，找回“贺威圣事略”志碑，藏于象山县文管会。1986年4月，列为县级文物保护单位、爱国主义教育基地。2002年12月重修。

王家谟烈士墓

位于丹西街道鸡笼山麓。原墓用乱石堆砌而成。1983年整修，墓门前立高2米、宽0.78米石碑一块。1986年4月，列为县级文物保护单位。2001年，拨款整修，以鹅卵石铺设墓前平台，立王家谟烈士事略石碑。2006年12月，墓前修80平方米水泥地坪，建长400米、宽3米烈士墓通道。

象山县烈士墓情况表

表43-2

墓　　名	烈士姓名	牺牲时间	墓　　址	修建修缮情况
杨白烈士墓	杨　白	1929年冬	丹东街道南门村牛游塘岗头	2003年扩建、整修
郑光祖烈士墓	郑光祖	1932.05	丹东街道岙里村青湾	1999年立碑
倪新木烈士墓	倪新木	1952.06	丹东街道大碶头村东山太婆坑三岩弄半山冈	与父母合葬

续表43-2

墓　名	烈士姓名	牺牲时间	墓　址	修建修缮情况
王家谟烈士墓	王家谟	1927.11	丹西街道鸡笼山麓	1983年、2001年整修
白蟹潭五烈士墓	宋无畏 胡善继 桂礼俊 陈希贵 陈双辉	1949.07	丹西街道白石村白蟹潭	1950年建，1997年5月整修
朱红世烈士墓	朱红世	1952.06	丹西街道杨蓬岙村朱家山溪岸边	与母合葬
蒋金志烈士墓	蒋金志	1976.08	丹西街道普明公墓内	2005年迁入
章满生烈士墓	章满生	1998.06	丹西街道普明公墓内	2007年整修
许生根烈士墓	许生根	1949.11	爵溪街道前岙岭脚	与母合墓。碑刻“许公季生大人之墓”
吴德元烈士墓	吴德元	1927.06	鹤浦镇大百丈村东部	民国年间建
杨道友烈士墓	杨道友	1951.10	鹤浦镇杨柳坑村小湾塘里	1951年9月与父母合葬，1988年重修
李阿义烈士墓	李阿义	1951.10	鹤浦镇樊岙村百脚岙	1951年建。1989年立碑修葺
贺威圣烈士墓	贺威圣	1926.11	贤庠镇下庄溪东南山脚	2002年12月整修
陈照华烈士墓	陈照华	1949.05	定塘镇下营乌岩垄村旁小山脚	1997年整修
盛雅春烈士墓	盛雅春	1949.05	泗洲头镇大理村白沙湾	1996年5月整修
何亚韵烈士墓	何亚韵	1950.04	泗洲头后王村小杨山上	1981年、1997年整修
朱仁忠烈士墓	朱仁忠	1969.09	泗洲头镇东联村石柱山脚	1969年建
陈增木烈士墓	陈增木	1973.12	泗洲头镇上马岙村牛头山上	1973年建，1984年整修
汤伟国烈士墓	汤伟国	1979.02	泗洲头镇何婆岭村大路半山	1979年建，2004年扩建整修
周根木烈士墓	周根木	1950.10	涂茨镇汤岙村枫树院	1998年整修
鲍丁兴烈士墓	鲍丁兴	1950.03	东陈乡樟岙村水库旁山脚	与父母合葬
石根才烈士墓	石根才	1956.08	东陈乡汽车城北面山脚下	1956年建
林凤英烈士墓	林凤英	1956.08	黄避岙乡大林村孟岙桥山上	1956年建
郑和浒烈士墓	郑和浒	1950.02	黄避岙村大地坑山上	1950年建，1951年整修
祝世香烈士墓	祝世香	1950.04	茅洋乡溪口小白岩山脚	1992年整修

第六章　石刻　石雕

石刻与雕塑，象山并不多见，但因历史悠久，尚有不少遗存。存在较多是民居中的墙垣、门框、窗户及墓道，随着传统房屋等建筑物的逐渐消失，这类石刻正在消亡。摩崖石刻多在沿海地区，其造型和内容与海洋生活关系密切。中华人民共和国成立前，与宗教有关的泥木类、墓葬有关的石像类等雕塑有一定数量，随着各类政治运动和平坟整地等活动，这类雕塑现存很少。

第一节　岩画　摩崖石刻　石雕

境内已发现保存较好岩画2幅、摩崖石刻3幅、墓道石雕1处。其中，大百丈岩画为汉以前作品。二湾摩崖石刻、吴乾养墓道石雕，被列为县级文物保护单位。

大百丈岩画

位于鹤浦镇大百丈村坑门里山的山腰岩石上。临坑门里溪而刻，共16幅，面积达20余平方米。岩画内容丰富，可辨认的有神像、鱼、船、驴等纹饰，线条简洁、流畅，造型准确、生动，部分纹饰已模糊难辨。据其特点，初步推断为汉以前作品。

百花洞岩画

在石浦南百花洞旁岩壁上。旧志无载。岩壁上方刻有大、小帆船各1艘，呈元宝形，首尾高翘，中部较平。大船长150厘米，高42厘米，挂有三道风帆，且有船锚、船眼，比例得当。小船长与高均为大船之半，有桅杆三支，后有舵，似泊于水边。现除上部略剥蚀外，余皆清晰可辨。

二湾摩崖石刻

照43-18　二湾摩崖石刻

在石浦二湾头朝东岩壁上。壁下原为二湾路，后因附近建房，路塞道改。石壁长20余米，高4米，峻峭陡立，顶上灌木藤蔓丛生。上有摩崖10条，均楷书阴文题刻。最大者为“视卒当如婴儿”横条，长226厘米，高39厘米，字迹粗壮圆润，刚劲有力。上款“万历癸巳”（万历二十一年），下款“钱唐单椿”。单椿其人，旧志无载，生平不详。余9条皆直书。“季侯顾我”条高147厘米，宽25厘米。左侧有“德与石存”，右侧有“恩同海永”，两条均高57厘米。上3条字体相同，似出一人手笔，惜无落款。元、明二代象山无季姓县令，唯宋嘉定十七年（1224）县令名季齐愈。民国《象山县志》载，“所谓季侯者，当即其人”。“将苑羽仪”条高115厘米，上款“游击将军郑公尽忠”可辨，似郑带兵御寇堪称楷模而镌，惜下款字迹已不可辨。

“严侯永瞻”“石存恩在”两条分别高135厘米和120厘米，均于明崇祯九年（1636）题刻，前者题款尚存“昌国都司三所公遗”八字，后者仅可认“东营守备”四字。另有“如海恩波”“岘石恩同”“松屏蒲口”三条，高117～130厘米，均不见题款。石浦历为海防要地，明代更是抗倭前哨。洪武二十年（1387）设前、后千户所，屯兵二千余人，屡御倭寇。二湾摩崖石刻多为明代抗倭将领所镌。1984年6月，被列为县级文物保护单位。

石屋及摩崖石刻

坐落在丹山半腰。因有一天然岩穴状若穹庐，故有“石屋”之称。洞穴口宽5.5米，内宽3.7米，进深8.3米。上覆巨石，面平如砥；左壁乱石支撑，右壁与石壁巨石嶙峋。后壁有泉水自岩缝中流出，曲折而下，淙淙有声。相传为梁陶弘景炼丹、修道处，明万历年间建石屋禅林。清时，石屋禅林是县内十大禅林之一。石屋附近有摩崖石刻多处。清乾隆五十八年（1793），象协守备陈广宁偕同书法家钱泳等题刻石屋八景景名：雨香庵、听秋室、眠云坞、招鹤峰、洗心池、指迷石、流华涧、移情台。于洗心池崖石上，存一处隶书石刻：“乾隆癸丑夏四月陈广宁徐华萧鸿章同来钱泳题记”，高77厘米，宽26厘米。其余石刻多已不存或字迹剥蚀难辩。尚可辨认者有：“洗心池”“眠云坞”等。此外，还有“蓬莱胜景”四字，落款为“春江书”，石屋北面山崖上有“飞霞洞”三字。

江心寺摩崖石刻

在石浦江心寺原址背后岩石上。抗日战争期间，江心寺被日机炸毁，中华人民共和国成立后建为粮管所。有石刻三条：“恩绩如山”“世侯永乾”“沧海恩波”，均直书，阴文题刻，落款字迹皆模糊不可辨。清同治《象山县志稿》载，“皆嘉靖以后备倭备海寇所刻”。

吴乾养墓道石雕①

在大徐三角地村东山麓。明代遗物，原共有石人石马等四对，分列于长约50米、宽约8米的墓道两侧。1958年墓被掘，石雕六具被毁，或散失，存人马各一。武士造型比真人高大，高约2.7米，宽约0.95米，厚约0.5米。身穿甲胄，头戴翘盔，双手捧剑腹下，双脚平行而立。石马比真马矮小，背负马鞍，头部平伸，尾下垂。比例准确，雕工精细，武士服饰与马身鞍辔等雕刻线条精细清晰，具有一定艺术价值。1982年10月，被列为县文物保护单位。

第二节　石　　碑

本志收录现存石碑45通。其中，宋代石碑2通，元代石碑1通，明代石碑2通，清代石碑33通，民国时期石碑7通。《尚书省劄付延寿禅寺》《大瀛海道院记》《钱仓千户易暹墓志铭》《吏弊禁碑》《奉谕准两舍通食盐示碑》《宪行勒石永遵》《尽忠》《成仁》碑8通，收藏于县文管会，余分立各地。

宋代石碑

尚书省劄付延寿禅寺碑　高217厘米，宽107厘米。额正书“尚书省劄”4字，正文570余

①吴乾养，号绿野，象山县人。明嘉靖十六年（1537），由乡荐任星子县令“三年后以政绩升钧州知府，后以劳卒于官，囊橐如洗，丧既久不克举，民醵资以归”。

字。今由县文管会收藏。

尚书省敕赐延寿禅寺牒碑　高217厘米，宽107厘米。存70字。碑文清晰可辨有“尚书省牒”“山延寿报国禅寺为额”及“左丞相”“宝祐贰年（1254）闰陆月日牒”等字样。今存延寿寺大殿右前。

元代石碑

大瀛海道院记碑　高221厘米，宽109厘米，残碑。正文约740字，失200余字。集贤直学士、奉议大夫吴澄撰文，翰林学士、荣禄大夫赵孟頫书，集贤直学士袁桷篆额。是碑记撰、书皆于元延祐六年（1319），行书、楷书并用，字里行间有一股凝重之气，堪称赵孟頫晚年书法代表作，弥足珍贵。碑成，置于大瀛海道院前殿左侧。明万历三十四年（1606），吴澄后裔吴学周知象山县事，以岁久石圮，命工另镌，故有新旧二碑。至清乾隆二十三年（1758），赵岙巡检司巡检盛熙（苏州人）到任象山，寓道院，寻获旧碑于元武殿。见碑仅漶灭百余字，余尚完好，便拓数纸，并告知象山知县史鸣皋。“文化大革命”时，新碑被砸。旧碑因嵌砌在光线昏暗的墙上，又蒙积年灰尘，逃过一劫。20世纪80年代，由县文管会收藏。

明代石碑

钱仓副千户易暹墓志铭碑　碑身正方形，边长0.63米，碑盖、碑身均完好。碑记正文1000余字，记述易千户绍宗四世孙、世袭副千户易暹抗倭捍卫海疆之功绩。1980年，在钱仓北门外炮台山脚出土。屠暹撰文，洪常篆盖，王涣正书。今收藏于县文管会。

周公生祠碑　碎为数块，其中最大2块，一长57厘米，另一长54厘米，宽均50厘米。碑记正文400余字，能辨认仅半。象山邵景尧（明万历二十六年榜眼）于明万历三十三年（1605）撰。今见丹西街道温家弄14号出口处（原周公祠旁）。

清代石碑

佚名碑（残碑）　高45厘米，宽60厘米。碑文仅“□□浙江学帅念挂，浙江布政使司布政使张□震，分巡宁绍台道孙论，宁波府知府王坦，象山县知县张珽”字样。清雍正年间立。今存茅洋乡民俗文化村内。

宪行碑　高200厘米，宽95厘米。碑记正文520余字。清乾隆三十九年（1774），住持僧立。今存丹西街道等慈禅寺（西寺）天王殿东山墙。

挽钱烈嫒诗碑　俗称《节孝祠碑》，高220厘米，宽90厘米。碑记正文140余字，系五言诗。邑令袁淑先撰，清乾隆五十三年（1788）正月立。今存丹城后堂街23号县信访局大门右侧（碑体左侧砌入墙体，难以全阅。钱氏系周光祖妻）。

灵静庵碑　高150厘米，宽40厘米。正文约200字，系庵之开销预算公示碑。清嘉庆七年（1802）立。今存泗洲头镇灵岩山灵静庵佛殿左。

公禁碑　高130厘米，宽70厘米，丹西街道姜毛庙后院左侧门外山墙。正文73字。清嘉庆十八年（1813），九班公立。按：背面字甚漶漫，内容不详。

三官堂碑记碑　高180厘米，宽75厘米，石浦镇三官堂庵内。碑记正文约800字。清嘉庆二十二年（1817），僧印善立。

禁赌碑　高148厘米，宽54厘米，新桥镇海台村韩氏宗祠山门外左侧。碑记正文约150字。清嘉庆丙寅（1806）阳月（十月）立。

金七门封禁碑　高109厘米，宽33厘米，鹤浦镇金七门小南山嘴上圣母宫（娘娘宫）前。正面刻“奉旨永远封禁金漆门一带各岙”，侧面镌“道光三年立”字样。明洪武十七年（1384），因东南沿海倭患，金七门一带为封禁之地，立有永远封禁碑。后碑失。清道光初因匪患严重，又立碑封禁。

照 43-19　金七门封禁碑

弥陀寺碑　高 145 厘米，宽 53 厘米，爵溪街道弥陀寺佛殿外左侧。碑记正文 200 余字。清道光七年（1827）立。

大珠山庙碑　高 160 厘米，宽 50 厘米，贤庠镇珠山岙大珠山庙殿内。功德碑。清道光二十八年（1848）九月，境下首事公立。

塑佛砌路碑　高 170 厘米，宽 70 厘米，墙头石鼓岭顶亭内。记述塑佛砌路事由，另镌功德者。清咸丰八年（1858）七月立，首事屠坤能。字甚漶漫。

坤德永贞碑　高 173 厘米，宽 81 厘米，晓塘乡月楼岙村北“钟郝遗徽”石亭内。碑记正文 20 字，表彰儒士庄耀序发妻黄孺人。浙江巡抚部院富，布政使司庆，宁绍台道周，宁波府正堂吕，象山县正堂童，象山县学教谕周、训导冯，题请。清咸丰元年（1851）岁次辛亥仲春月穀旦立。

将军铭志碑　高 134 厘米，宽 57 厘米，墙头镇蚶岙将军庙内。碑记正文约 400 字，镌刻张苍水《驻师林门》等诗 6 首，记述张苍水麾下七参军事迹。清咸丰二年（1852）立。

重建姜毛庙两廊楼台碑　高 169 厘米，宽 64 厘米。正文约 800 字，记述唐进士姜、毛二公为避官隐居象山，施药济人，邑人感其德，仙逝后庙祀之事；清同治三年（1864）庙失火焚毁，不久众柱友集资 3000 缗重建事由。邓克甸记，王翰臣书。今存丹西街道姜毛庙北外墙。

吏弊禁碑　高 110 厘米，宽 64 厘米，清同治六年（1867）八月，立于县署大堂侧。正文近 460 字（多有剥蚀），知县黄丙堃为杜吏弊，奉订例禁六条，并勒石永禁。20 世纪 60 年，拆建县署时一度散失。1983 年，收藏于县文管会。另，泗洲头亦有同类禁碑，名为“严禁衙役下乡敲诈勒索”，嘉庆年间（1796—1820）立。失于“文化大革命”期间。

永古不磨碑　高 177 厘米，宽 72 厘米。功德碑。清同治六年（1867），僧敏池偕徒同立。今存丹东街道瑞龙寺内。

奉谕准两舍通食盐示碑　高 154 厘米，宽 106 厘米，正文约 365 字，公文告示碑。清同治七年（1868）十一月初十日，五境绅士公立。原立碶（溪）头陈村，今收藏于县文管会。

佛子井碑　高 80 厘米，宽 50 厘米。碑记约 300 字。清同治十一年（1872）立。今存石浦镇后岗山佛子井旁。

瑞安桥碑　高 170 厘米，宽 70 厘米，墙头镇方家岙村瑞安桥东首。字甚漶漫，疑为修建是桥事由。欧隆昂撰。清同治年间（1862—1874）立。

紫云庵碑　高 165 厘米，宽 58 厘米。碑记正文约 120 字。清光绪二年（1876）立。今存丹东街道紫云庵斋堂外。

天妃宫记碑　高 165 厘米，宽 65 厘米，驳蚀严重。碑记正文约 300 字。清光绪四年（1878）二月立。今存石浦镇东门天妃宫内。

宪行勒石永遵碑　高 165 厘米，宽 65 厘米，碑记正文约 500 字，甚漶漫。系禁碑。清光绪五年（1879）五月二十七给。原立石浦后岗山文昌阁，今收藏于县文管会。

钟灵庵碑　高170厘米，宽54厘米。碑记正文约280字。庚午岁（1870）进士，国子监学正天台一峰齐其仪撰并篆额。清光绪八年（1882）四月立。今存丹东街道钟灵庵山门外左侧。

灵泉庵碑　高180厘米，宽55厘米。碑记正文320余字。庚午岁（1870）进士，赤城餐霞洞主人一峰齐其仪撰并书。清光绪八年（1882）立。今存丹西街道灵泉庵山门右侧。

兰盆会碑　高145厘米，宽50厘米，碑记正文约400字。清光绪十年（1884）立。今存石浦镇东门城隍庙内。

助田碑　高135厘米，宽45厘米，刻“等慈寺蓬蒿地村田贰亩，邑人史善谔助入”。清光绪十一年（1885）十月立。今存圆通殿东山墙外侧。

三亹保善庵天灯记碑　高约175厘米，宽约70厘米。碑记全文450余字，备言航道之险，舟行者常随流旋转以触礁，败坏死伤者相继，其惨状耳不忍闻、目不忍睹，宜设灯标。僧人显德乃募建灯塔，将成而资竭中辍。昌石营都司郑碧山（光绪九年署任，二十年实授）见此，奋然以为己任，躬自经营，乃终其事。正书，篆额。为国内目前发现的较早记载航标碑刻之一。秀山陈宝治撰，清光绪十三年（1887）立。今存石浦港三门山东麓保善庵遗址旁。

白云庵碑　高120厘米，宽50厘米，碑记正文约300字。清光绪十六年（1890）立。今存石浦镇白云庵大殿旁。

永济庵长茶碑　高160厘末，宽80厘米。功德碑。“清光绪岁次昭阳大芒落（1893）元月下浣立”。新桥镇高塘永济庵佛殿西山墙外。

慧云庵碑　高130厘米，宽55厘米，石浦镇三家村慧云庵佛殿门左侧。碑裂三块，字甚漶漫，正文约300字，记述庵之沿革。清光绪二十六年（1900），天台山僧□□重修并立。

东亭庙碑　高210厘米，宽100厘米，丹东街道东亭庙东山墙内。碑记正文约230字，记述明嘉靖四十年（1561）旧碑的发现与是碑所载的神灵显征退倭夷之事；尚刻功德者姓名及捐资。清光绪三十三年（1907）立。

戏文会碑　高160厘米，宽52厘米。碑记正文约500字，记述落戏文会事由。碑体右侧剥蚀严重，撰、书与时间不详。今存贤庠镇乌屿山关帝庙东侧平房内。

湖滨镇碑　高260厘米，宽120厘米，西周镇湖边村会所花坛内。上刻“湖滨镇”三隶书大字，传为清朝一官员到湖边察访时所题。由此，湖边村、湖滨镇，一地两名沿袭至今。碑体剥蚀严重，书者与时间不详。

民国时期石碑

茶会碑　高176厘米，宽60厘米，并立2块，墙头石鼓岭顶亭内。民国11年（1922）夏立。记述茶会事由，另镌功德者。字甚漶漫。

贞妇郑应氏墓志碑　高155厘米，宽53厘米。碑记正文约450字，记述郑应氏之贞节事。民国11年（1922）八月，里人陈显伟撰文。今存茅洋乡南充村后山脚。

东门岛灯塔记碑　高186厘米，宽72厘米。碑记正文240余字，云：群岛罗列，扼三门湾航路要津，海舶过此，咸视为畏途；任氏筱和、筱孚兄弟醵资建灯塔，指迷航路，从此海波不惊，商人歌颂；任氏兄弟乐善好义之风，与斯塔并垂不朽。清光绪二十一年（1895）榜眼、黄岩喻长霖撰并书。甲子（1924）孟秋之月立。今存石浦镇东门灯塔旁。

纪念林碑　高190厘米，宽33厘米。碑文“浙江省象山县县后山中山纪念林碑”。民国23年（1934），县长李学仁题。今存茅洋乡民俗文化村内。

尽忠碑　高205厘米，宽70厘米，碑文“尽忠党国·威圣先生千古”。民国25年（1936），民国国民政府委员会主席（代）林森题。原立于贺威圣墓道碑亭内，今收藏于县文管会。

成仁碑　高174厘米，宽64厘米，碑文“成仁取义·威圣同志”。民国25年（1936），民国国民政府军事委员会委员长蒋中正题。原立于贺威圣墓道碑亭内，今收藏于县文管会。

尚书省劄付延寿禅寺碑　南宋淳祐八年（1248），置于延寿寺大殿之壁，后立于殿外右碑亭内，高217厘米，宽107厘米。额正书“尚书省劄”4字，正文570余字。今存县文管会。

第七章　馆藏珍品

库藏文物多为1961年后出土及征集，后经多年积累，现登记在册2200余件。另有古籍6000余册，不计重复的家谱80余种。其中，有战国时期的印纹陶罐、鼎、碗，唐宋以来的各种瓷器，汉晋以来的铜玉器，各朝代的古字画，以及一定数量的古钱币、碑刻、家具、雕刻工艺品和革命文物等。现有一级珍贵文物8件，二级24件，三级300余件。

第一节　陶　　器

塔山遗址出土6件，为新石器时代留存。陶瓿为西汉时期作品，印纹硬陶罐为战国时代作品。

陶豆

食器，塔山遗址出土。公元前4000年，新石器时代。口径16.5厘米，底径13.8厘米，高15.8厘米。平细砂橙黄陶。口微侈，折腹，盘腹较深，喇叭形圈足。盘上腹饰凹弦纹，足部对饰两个月牙形镂孔。整体造型厚重。

陶单把罐

盛贮器，塔山遗址出土。公元前4000年，新石器时代。口径15.2厘米，底径12.8，高12.2厘米。夹细砂橙黄陶。制作规整，侈口，弧腹，圈足；下腹置牛鼻状单把，腹部等距分布4个竖向椭圆形浅窝；足部有3个月牙形镂孔。造型富有地域特征。

陶圈足盘

食器，塔山遗址出土。公元前4000年，新石器时代。口径20厘米，底径16厘米，高9.2厘米。泥质灰陶。直口，折腹，圈足。圈足处饰三组中间圆形、两旁弧边三角形组成的镂孔图案。该器造型美观，工艺水平较高。

陶釜

炊器，塔山遗址出土。公元前4000年，新石器时代。口径14.7厘米，低径9.0厘米，高9.8厘米。夹砂夹炭橙黄陶。侈口，折腹，下腹弧向内收，平底。制作规整。造型较为奇特，具有地方个性。

陶双别壶

盛贮器，塔山遗址出土。约公元前3300年至公元前2200年，新石器时代。泥质黑皮陶。侈口，长颈，腹部扁圆鼓起，圈足外撇，口部两侧各附一贯耳。整体造型秀美，制作工艺高超。

陶壶

盛贮器，塔山遗址出土。约公元前3700—3400年，新石器时代。口径7.2厘米，底径7.2厘米，高17.4厘米。泥质灰陶。喇叭形口，纺锤形腹，圈足外撇，腹饰凹凸弦纹，器身薄施黑衣。在新石器时代，造型如此复杂的陶壶较为罕见。

印纹硬陶罐

盛贮器，丹城东塘山出土。战国时代（前480—222）。口径8.2厘米，底径8.0厘米，高7.6厘米。整体敦实。口微敛，短颈，广肩，上腹圆鼓，下腹弧收，平底稍内凹。拍印米格纹作装饰，色呈红褐。

陶瓿

盛贮器，丹城珠水溪出土。西汉时期（前206—8）。口径14.8厘米，底径18.0厘米，高24.8厘米。灰黑色硬陶。敛口，翻唇，丰肩，圆腹，平底。肩腹处两侧各安一辅首形耳，肩腹部划九道凹弦纹，间刻“3”字纹，中腹划饰水波组纹。

墓志砖　随葬品。1986年鹤浦樊岙洋厂湾出土。唐代。砖长32厘米，宽15.7厘米，厚5.3厘米。长方体，砖色灰黄。砖面刻楷书五行50字：“维大唐元和十二年岁次丁酉十二月丙辰朔廿七日壬午台州宁海县依仁□万岁里邳下郡沈氏二□墓南田山景向坟记”。砖侧面饰几何纹。

第二节　瓷　　器

本节收录瓷器17件。其中战国时期1件、东汉2件、西晋1件、东晋2件、唐至清11件。

原始青瓷盖鼎

原址西门的象山中学出土。战国时期（前480—222）。口径7.9厘米，底径4.7厘米，通高8.7厘米。整体扁球状，子母口，弧腹，平底，兽蹄形三足，上腹两侧各安一竖耳。半球形盖，盖顶置三只猫耳状钮，顶面饰数道弦纹。暗红色胎外壁施釉。

越窑双系盘口壶

丹城红庙山出土。东汉（25—220）。口径10.9厘米，底径12.7厘米，高19.5厘米。盘口，矮颈，溜肩，鼓腹，平底，肩两侧各安一叶脉纹系。体施青釉不及底，饰弦纹。造型端庄。

越窑盘口壶

丹城红庙山出土。东汉（25—220）。口径6.4厘米，底径7.2厘米，高11.1厘米。盘口，溜肩，球腹，平底，肩上以凹弦纹作装饰，施青灰色釉不及底，胎质细密，釉层稳定光亮，是我国青瓷走向成熟的典型器。

越窑四系罐

丹城出土。西晋（265—317）时期。口径9.2厘米，底径7.7厘米，高10.8厘米。直口，圆肩，上腹鼓起，下腹弧收，平底略内凹，肩置四桥形系。施青灰色釉。

越窑点彩蛙形渣斗

洁具。丹城珠水溪出土。东晋（317—420）时期。口径8.9厘米，底径5.7厘米，高9.2厘米。敞口，高领，扁球腹，平底。腹前贴安蛙头，两侧各置蛙腿，整体造型生动。领部两侧置半环形复系。肩部以数道弦纹装饰，蛙头、蛙腿等部位点饰褐彩。满釉，釉色青中泛黄。

越窑水盂

文具。丹城珠水溪出土。东晋咸康二年（336）。口径4.17厘米，底径5.0厘米，高3.1厘米。敛口，整体扁圆，底内凹，施青釉。上腹饰弧形线形成大网格纹，格内填饰小方格纹。为东晋水盂标准器。

越窑褐彩钵

盛食器。南田高坎头出土。唐代（618—907）。口径20.3厘米，底径10.3厘米，高12.5厘米。敛口，平唇外翻，唇面开有浅槽，深腹孤敛，矮圆足。除足底外满施青釉，以褐彩斑块作装饰。

越窑钵

墙头盛王张出土。唐代（618—907）。口径21.3厘米，底径11.3厘米，高11.0厘米。器体厚重。敛口，宽唇外翻，鼓腹，平底。通体施青黄釉，均匀滋润。

越窑玉璧底碗

儒雅洋花山岗出土。唐代（618—907）。口径14.6厘米，底径7.0厘米，高4.9厘米。敛口，弧腹，玉璧底，满釉，釉色青黄，釉质肥厚滋润，是唐代越窑青瓷中佼佼者。

长沙窑褐彩青瓷钵

爵溪公屿出土。唐代（618—907）。口径14.5厘米，底径7.5厘米，高9.5厘米。敛口，深圆腹，圈足。近口部对空两圆孔为系，外贴当卢形耳饰。青色釉不及底。耳部施大块褐彩。为长沙釉中精品。

越窑蘑菇钮盖盒

妆具。象山出土。五代（907—960）时期。口径8.6厘米，底径5.5厘米，高9.3厘米。造型规整，子母口，腹略弧，矮圈足。穹形直口盒盖，盖钮蘑菇形。通体施米黄色釉，釉层肥厚，光泽好，是越窑青瓷上品。

越窑绿釉瓷托盏

饮具。丹城珠水溪出土。北宋（960—1127）。盏口径7.8厘米，底径3.8厘米，托沿口径11.4厘米，底径7.9厘米，总高12.1厘米。整体造型秀气。由可分离的盏、托组合而成。喇叭形足，烛台式托，托沿平宽，中间为圆柱状托台。内外壁皆施绿釉，釉色纯正。是越窑中稀见孤品。

影青执壶

珠溪常乐寺黄浦墓出土。北宋（960—1127）。口径8.7厘米，底径7.5厘米，高21.7厘米。整体造型修长而美观，喇叭形口，翻唇，长颈，圆肩弧腹，圈足稍外撇，一侧肩劲处置曲把，另一侧安曲流。施青白釉不及底。

青花描金暗龙纹高足碗

旧藏。清代（1644—1911）。口径13.4厘米，底径6.6厘米，高9.8厘米。侈口，弧腹，竹节状把。喇叭形圈足。内底饰五福捧寿，外壁暗刻双龙抢珠，局部描金，碗口和底足外壁分别饰青花折枝纹和水波纹。足底书“若珍深藏”四字横款。

青花直筒瓶

摆件。旧藏。清代（1644—1911）。口径5.5厘米，底径6.2厘米，高24.4厘米。口微侈，短颈，溜肩，直腹，平底，满釉。颈部饰花草，一腹绘一人捧一盘，盘放插三戟之瓶，送于一官，意为“平升三级”。设色淡雅。

豇豆红釉暗龙纹把盏

茶具。旧藏。清代（1644—1911）。口径 9.5 厘米，底径 3.8 厘米，高 4.9 厘米。广口，圆唇，弧腹，圈足，耳形单把，外壁施红釉，暗刻两条同向行龙，衬饰云、水、火球，盏底以矾红直书两行六字“大清乾隆年制”楷款。

粉彩花果图瓷板

清道光（1821—1850）。长 32.8 厘米，宽 23.8 厘米，厚 0.6 厘米。瓷板主画面由石榴和菊花组成秋花秋实图，菊花妍丽逼真，石榴树形象生动。右下方两排 6 字楷书“大清道光年制”。瓷板构图精巧，是中国传统绘画与制瓷工艺有机结合产物。

第三节　青铜器

本节收录青铜器 6 件。其中商周时期 2 件、战国时期 1 件、东汉 1 件、唐至宋 2 件，其中商周时期青铜鱼钩十分珍贵。

青铜鱼钩

塔山遗址出土。商周时期（前 1600—256）。长 3.5 厘米，宽 2.0 厘米。与现代鱼钩类同，并有倒刺，钩柄近顶端有一凹口，为系钩线所用。工艺精巧。

青铜矢镞

兵器。塔山遗址出土。商周时期（前 1600—256）。长 13.5 厘米。三棱形细长铤，镞与铤等长，锋刃制作科学，工艺高超。

青铜剑

西沪港出土。战国时期（前 475—221）。通长 51 厘米，格宽 4.6 厘米，首径 3.6 厘米。剑长短适中，下段宽，上段窄，脊呈直线状隆起，两纵斜面微凹，两侧稍突，形成血槽，锋刃棱形薄格，圆茎无箍，下部中空，近首有穿。

青铜神兽镜

丹城红庙山出土。东汉时期（25—220）。直径 11.7 厘米，缘宽 1.8 厘米，缘厚 0.4 厘米。圆形，镜面微鼓，镜背半球形钮，近钮处铸饰外凸四神四兽，其外铸 12 字铭文，铭文间饰以云纹。缘内侧栉齿纹与外侧云纹间铸一周 48 字铭文。该镜是东汉时期较为典型的神兽镜，铸造工艺高超。

雀蝶花枝镜

南田大百丈出土。唐代（618—907）。直径 18.5 厘米。圆形，狭缘，半球形钮。镜背铸四折枝花，四喜鹊和四蝴蝶环绕其间。整体布局合理，雀蝶形象生动。

钟形镜

墙头塔岭出土。宋代（960—1279）。高 18 厘米，宽 13.3 厘米，缘厚 0.9 厘米。状如悬钟，镜背铸阳文篆书“尔心不正，尔容不囗，匪容不囗，匪囗尔容，亦正尔心”。该镜寓意深刻，制作者匠心独运。

第四节　石器　玉器

本节收录石器 3 件、玉器 4 件、微雕板象牙 1 件。其中石凿、半月形石刀、石戈、白玉玦、青玉玦为塔山遗址出土，历史悠久。

石凿

塔山遗址出土。约公元前 4000 年新石器时期。长 13.2 厘米，宽 1.7 厘米，厚 1.3 厘米。方长条形，色灰白，厚薄较匀，一端磨出单面刃。

半月形石刀

塔山遗址出土。约公元前 3300 年至公元前 2200 年。刃沿长 9.5 厘米，最宽处 2.8 厘米。玄色，半月形，单面刃。近背处镂双孔，整体造型美观大方，制作线条流畅。

石戈

塔山遗址出土。商周时期（前 1600—256）。长 26.5 厘米，宽 10.6 厘米，厚 1.1 厘米。直内式，内援间起阑。长条扁平形，短内，两面打磨光滑，援部宽叶形，两侧开刃直达锋尖。

白玉玦

饰品。塔山遗址出土。约公元前 4000 年新石器时期。外经 6.0 厘米，内径 3.4 厘米，厚 0.6 厘米。制作规整，白色，半透明。平面呈圈环形，一侧缺口，截面隆厚，打磨光滑，制作水平较高。

青玉玦

饰品。塔山遗址出土。约公元前 4000 年新石器时期。外经 6.0 厘米，内径 3.5 厘米，厚 0.6 厘米。制作规整，打磨光滑。青色，平面呈环形。工艺水平较高。

青玉璧

礼器。汉代（前 206—220）。走私截获。外径 14 厘米，内径 3.4 厘米，厚 0.5 厘米。青玉色泽纯正，两面布满阴刻的芽谷纹，线条流畅、有力，见端见锋，体现“汉八刀”玉琢风格。

双螭纹白玉璧

墙头沈山岙出土。宋代（960—1279）。外径 9.5 厘米，内径 2.5 厘米，缘厚 0.4 厘米。圆形，中孔，璧正面浅浮雕双螭，背面阴刻双螭。雕刻技法精湛，体现宋代玉雕工艺技法。

微雕象牙板

旧藏。清代（1644—1911）。纵 8.5 厘米，宽 5.7 厘米，厚 0.6 厘米。双面雕刻。正面为《当垆酒图》，右上角 1 厘米×1.6 厘米范围内刻 600 余字，详释其事。背面为《司马长卿离蜀父考》千字全文。图文精微，刀功娴熟。

第五节　书　　画

本节收录书画 32 件，以清代、民国时期画家作品为多。节附太平天国捐照，为反映太平天国经济管理情况的实物资料，可补太平天国研究史料之不足。

李因松鹰图轴

李因（1616—1685），女，钱塘人，明末清初女画家。图轴纵 103.3 厘米，横 50.5 厘米，绢本。画面为一鹰立于松枝上。

倪象占兰花图轴

纵 63 厘米，横 29.6 厘米，纸本。倪象占为乾隆时象山著名学者，丹城人。擅画兰、竹、松石，几入逸品。

陈允升月下归樵团扇图

绢本。陈允升（1820—1884），浙江鄞县人。寓上海卖画，为海上画派代表人物之一。

任伯年花鸟团扇面

纸本。任伯年（1840—1896），浙江绍兴人。我国近代美术史上杰出画家。

朱偁清供图轴

纵 134 厘米，横 34 厘米，纸本。朱偁（1826—1900），浙江嘉兴人。为海上画派名手。

吴昌硕、高邕等书画成扇

纵 18.5 厘米，纸本，竹骨。扇之一面是画，另一面为吴昌硕、高邕等 4 人书法。吴昌硕（1844—1927），浙江安吉人。近代金石书画大家。高邕（1850—1921），仁和（今杭州）人，官江苏县丞，工书。

张謇、沈燧书画成扇

纵 18.2 厘米，纸本，竹骨。扇之一面是沈燧画，另一面为张謇书法。张謇（1853—1926），江苏南通人，清光绪二十年（1984）状元。清末民初著名实业家。书法挺秀。沈燧，嘉兴人。工人物。

王素平山秋泛图卷

纵 32 厘米，横 433.5 厘米，纸本。王素（1794—1877），甘泉（今扬州）人。颇有画名。

吴逃禅松阴高士图轴

纵 104.3 厘米，横 51.5 厘米，纸本。吴逃禅，吴兴（今湖州）人。清末民初海派名家。

金梦石菊鹿图轴

纵 150.5 厘米，横 81.5 厘米，纸本。金梦石（1869—不详），江苏吴县人。清末民初海上画派代表之一。

王震绣球花图轴

纵 175 厘米，横 45 厘米，纸本。王震（1867—1938），浙江吴兴人。信佛，工书画。

郑孝胥松树扇面

纵 19.7 厘米，纸本。郑孝胥（1860—1938），闽县（今福州）人。从溥仪任伪满洲国总理。工诗，擅画松。

冯超然菊花图轴

纵 82 厘米，宽 43.5 厘米，纸本。冯超然（1882—1954），江苏常州人。“海上四家”之一。

汤涤松树图轴

纵 142 厘米，横 67.5 厘米，纸本。汤涤（1878—1948），武进（今江苏常州）人。在北京画界任多年导师。

徐悲鸿立马图轴

纵 88.5 厘米，横 44.3 厘米，纸本。徐悲鸿（1895—1953），江苏宜兴人。现代绘画艺术大师、美术教育家。

徐悲鸿奔马图轴

纵128厘米，横75.3厘米，纸本。

陆俨少疏林远岫册页

纵32.5厘米，横25厘米，纸本。陆俨少（1909—1993），上海嘉定县人。现代山水画一代大家。

吴徵梅花春意册

纵32.8厘米，横25.5厘米，纸本，吴徵（1878—1949），字待秋。浙江崇德人，客居上海。为“海上四家”之一。

溥儒、沈尹默书画成扇

纵18.9厘米，竹骨。溥儒（1896—1963），清宗室，河北宛平（今北京）人。现代国画大师，与张大千有“南张北溥”之称。

吴湖帆山水图轴

纸本。吴湖帆（1894—1968），江苏苏州人。“海上四家”之一。与溥儒并称“南吴北溥”。

唐云雨霁图轴

纵103厘米，横37厘米，纸本。唐云（1910—1993）杭州人。上海美专教授，上海博物馆鉴定委员。

陆抑非燕蹴飞花图成扇

纵18.4厘米，纸本，竹骨。陆抑非（1908—1997），江苏常熟人。现代著名中国画家、艺术教育家。

陈半丁、郭则沄书画成扇

纵18.8厘米，纸本，竹骨。陈半丁（1887—1970），浙江绍兴人。现代著名画家、诗人。郭则沄（1886—1948），福建闽侯（今福州）人。工书，善画，精诗文。

王文治行书联

“活计敲诗读画，生机养竹栽花。”纵100厘米，宽28.5厘米，纸本。王文治（1730—1802），江苏丹徒人。清代书法家、文学家。

吴大澂篆书联

“一榻茶烟无墨画，半窗蕉雨有声诗。”纵121.5厘米，横29厘米，纸本。吴大澂（1835—1902），江苏吴县（今苏州人）。工诗文书画，最擅篆书。

翁同龢行书联

“史府清班纲纪所出，礼堂高席美富无伦。”纵346.2厘米，横64.8厘米，纸本。翁同龢（1830—1904），江苏常熟人。光绪帝老师，户部尚书，参机务。戊戌政变后，罢职归里。

康有为行书联

“竹林诸贤相与俛仰，兰亭之会岂有古今。”纵167厘米，横36厘米，纸本。康有为（1858—1927），广东南海人。“康梁变法”（戊戌变法）之首要人物。

章炳麟行书联

“轻裘不羡羊叔子，下泽相携马少游。”纵167.5厘米，横37.5厘米，纸本。章炳麟（1868—

1936)，浙江余杭人，近代国学大师。

马一浮篆书联

“庭养冲天鹤，山藏太史书。”纵132厘米，横32.5厘米，纸本。马一浮（1883—1967)，浙江绍兴人。著名大学者、诗人、书法家。

钱罕行书四屏论书法

133字。纵174厘米，横46厘米，纸本。钱罕（1882—1950)，宁波慈城人。擅魏体，精行书。

黄炎培行草诗轴

七律一首。纵118厘米，宽54厘米，纸本。黄炎培（1878—1965)，上海人。曾任全国人大常委会副委员长、全国政协副主席等。

沈尹默行书诗轴

录黄峪诗二首奉友人。纵80厘米，横27厘米，纸本。沈尹默（1883—1971)，浙江湖州人。现代著名书法大师。

太平天国捐照　纵490厘米，横42厘米，纸质，共两件。内容一致，分别为太平天国第八十七号照和第八十八号照，前者较为完整。该捐照是反映太平天国经济管理情况的实物资料，尤其珍贵的是该捐照内容在以往太平天国研究资料未曾发现过，可补太平天国研究史料之不足。

第八章　文物调查　文物保护

民国时期，文物由县政府教育科兼管。抗日战争期间，大量文物毁于战火。中华人民共和国成立初，文物归县文化馆掌管，但无专职人员。1957年，宁海并入象山县，县文物运宁海城关收藏。1959年，建“象山县博物馆”，隶属文化馆，配备专职干部。1961年，宁海、象山分县，博物馆被撤销，文物暂留宁海保管，至今无法取回。“文化大革命”期间，文物工作停滞。1980年，县文物管理委员会成立，下设办公室，与文化馆合署办公。1982年，县文物管理委员会办公室独立设置。文管会建立后，文物调查与保护日渐严谨规范，民众文物保护意识逐渐增强。

1956—2008年，象山参加全国3次文物普查，基本查清境内文物，并收藏一批珍品，为文物研究和保护打下基础。

第一节　文物调查

1956年，全国第一次文物普查，象山未留下统计数据。

1981年秋至1985年，全国开展第二次文物普查。象山于1983年1月进行，历时1年，除个别海岛外，基本完成37个镇、公社的普查。是年，发现古窑址2处，古墓葬6处，古建筑5所，碑刻6块，摩崖1处6条。翌年，再次重点复查。第二次文物普查，共发现文物点217处，填表上报 92 份，10 处批准公布为县级文物保护单位。

2007 年 6 月，全国开始第三次文物普查。象山于 2007 年 4 月相继建立各级普查领导机构。10 月，抽调业务骨干，招聘普查队员，组成文物普查队伍。2008 年 1 月，在新桥镇开展普查试点，上至蒙顶山、大雷山顶峰，远至南韭山、渔山列岛海角，完成全县 18 个街道镇乡的 490 个行政村 1107 个自然村的野外实地调查，覆盖率达两个 100%。此次共登录不可移动文物 893 处，历史街区、古镇、古村落类 13 处，不可移动文物信息点 2214 处。有灯塔、码头、碶门、塘坝类海洋文化遗存，卫、所、寨、堡、烽火台等系列海防军事文化遗址，岩画、碑刻等石刻艺术遗存，新石器时代文化、窑址、古墓葬等地下文物遗址，古桥梁、路亭、精美古民居、庙宇、寺院等古建筑，优秀近现代建筑与纪念性建筑，社会主义建设时期的文物点，以及水下文物遗存等。可移动文物 4310 件（套）。一级文物共 5 件，均发掘于塔山遗址。二级文物共 24 件，除 1 件古书画、1 件革命文物档案文书外，绝大多数来自于考古发掘。三级文物 235 件，主要来自于考古发掘、县文管办古书画收藏、革命文书文物档案。一般和未定级分布于各种文物类别，其中书画、绘画，古籍图书、文件、宣传品占大宗。新石器时代文物占比较高，春秋战国至唐宋文物零星分布，但一直有延续，元明文物相对较少，出现断层，清、民国文物占绝大多数。第三次文物普查，在不可移动文物中以保存完好或者文史价值较高的故居、宅第最多，其次为寺庙、祠堂等具有公共性质的建筑类遗存。

2008 年，配合国家水下考古中心宁波基地在象山海域进行水下文物遗存多处调查，登记水下文物遗存点 37 处，其中列入第三次全国文物普查不可移动文物登录表 6 处。

2007 年象山县文物普查民居情况表

表 43-3

所在地	民居名称（合计 387 处）
丹东街道	王家谟烈士故居、上进路 21 号民居、上进汤家弄 25 号民居、上进汤家弄 33 号民居、南门象山桥路 78 号民居、南门南街 142 号民居、庄穆境东街 28 号民居、庄穆境青龙桥 20 号民居、庄穆境青龙桥 5 号民居、庄穆境黄家桥 17 号民居、庄穆境马乌岭 3 号民居、东门外祠堂弄 5 号民居、上余 523 号民居、河东 199 号民居、河东 218 号民居、河东 227 号民居、桥头林 23 号民居、大碶头 343 号民居、大碶头 335 号民居、下半河 234 号民居、下半河 157 号民居、下半河 121 号民居、下半河 354 号民居，计 23 处
丹西街道	北门青草巷 11 号民居、北门铁店弄 1 号民居、五丰象山桥路 43 号民居、秧田头营门路 4 号民居、方井头小井路 10 弄民居、方井头小井路 41 号民居、北门青草巷 3 号民居、北门后周巷 17 号民居、北门西澄河路 25 号民居、西门井花巷 6 号民居、西门大井路 17 号民居、冷水潭 12 号民居、冷水潭 30 号民居、巴龙头 30 号民居、九顷 148—150 号民居、潘家桥 67 号民居、潘家桥 93 号民居、仇家山 200 号民居、仇家山老墙弄 137 号民居、仇家山 147 号民居、胡家碶 81 号民居、胡家碶 29 号民居、山头董 139 号民居、杨家 102 号民居、上吴 73 号民居、上吴 34 号民居、上吴 43 号民居、上吴 63 号民居、小河头 39 号民居、横墙弄 9 号民居、菱河头 132 号民居、北门西街 161 号民居、洋心 389 号民居、洋心 99 号民居，计 34 处
爵溪街道	玉泉社区十字西街 70 号民居、公屿 111 号民居、玉泉社区斗嘎路 29 号民居、玉泉社区斗嘎路 14 号民居、牛丈岙 105 号民居、瀛海社区营房弄 1 号民居、瀛海社区营房弄 6 号民居，计 7 处

续表43-3

所在地	民居名称（合计387处）
石浦镇	董梦蛟故居、九市曲社区公馆弄3号民居、东卫昌前街40号民居、文澜社区西门外路39号民居、文澜社区人民路51号民居、文澜社区蔡家弄10号民居、九市曲社区后街2—5号民居、九市曲社区后山路33号民居、文澜社区吉城路9号民居、九市曲社区高见弄1号民居、九市曲社区仓桥路7号民居、九市曲社区中街68号民居、文澜社区城东路22号民居、文澜社区城东路24号民居、东门沿港路30号民居、东门横街路35号民居、东门沿港西路45号民居、延昌社区天宫弄1号民居、鸡鸣五房弄1号民居、昌明西门街94号民居、昌明卫前街37号民居、金丰西门街107号民居、大明社区卫前街69号民居、东卫苏家弄23号民居、东卫昌卫街127号民居、东卫苏家弄41号民居、南向南向街37号民居、蒋家湾27号民居、九市曲社区城隍庙路25号民居、九市曲社区黄家井弄8—2号民居、九市曲社区黄家井弄9—2号民居、九市曲社区黄家井弄15号、九市曲社区后街25号民居、九市曲社区民丰弄2号民居、九市曲社区后街26号民居、九市曲社区幸福路18号民居、九市曲社区紫荆弄4—1号民居、九市曲社区后街16号民居、文澜社区谢家弄19号民居、文澜社区谢家支弄10号民居、文澜社区谢家支弄20号民居、文澜社区巡司弄20号民居、文澜社区巡司弄22号民居、东门小路谷西10号民居、延昌社区卢家弄4—6号民居。延昌社区卢家弄9号民居、延昌社区道头街59号民居、鸡鸣五房弄41号民居、九井昌卫街166号民居、九井九井弄98号民居、九井九井弄138号民居、九井九井弄16号民居、九井九井弄46号民居、大桥昌卫街215号民居、东卫苏家弄93号民居、南向南向东路27号民居、南向南向中路61号民居、树桥头35号民居、星塘107号民居、昌卫街79号，计60处
西周镇	蚶岙尹氏民居、湖边杨氏民居、乌沙李宏光民居、文岙文明路40号民居、琴诗岙沈祖培民居、琴诗岙沈云引民居、柴溪陈卫国民居、柴溪陈照明民居、牌头牌头中路291号民居、牌头32号民居、牌头34号民居、关山朱财发民居、下沈老街巷15号民居、弘瀛西山路1号民居、弘瀛西山路5号民居、瀛洲瀛洲路40号民居、瀛洲方井路7号民居、瀛广东溪路3号民居、下芭蕉赖伟林民居、山顶岭林氏民居、西岙郑郑照生民居、西岙郑郑佳财民居、倪家倪增利民居、倪家林江民居、倪家倪永加民居、箬岭里岙93号民居、隔溪张起源路10号民居、儒雅洋弘儒路96号民居、莲花元昌路5号民居、儒雅洋承志路41号民居、儒雅洋承志路71号民居、儒雅洋承志路9号民居、儒雅洋大口巷26号民居、儒雅洋承志路21号民居、儒雅洋承志路43号民居、儒雅洋蒋才育民居、莲花翁氏民居、潘埠潘耀宗民居、勤丰周友青民居、勤丰周伟平民居、文岙忠义弄20号民居、文岙百合路52号民居、柴溪朱财运民居、柴溪陈建联民居、牌头牌头中路122号民居、牌头牌头中路271号民居、田岙张德山民居、赖岙赖万里民居、关山朱玉山民居、庆丰桥张宝林民居、瀛洲鲍家弄12号民居、瀛洲瀛洲路22号民居、东瀛东溪路7号民居、东瀛西瀛大街187号民居、东瀛陈家弄5号民居、上芭蕉赖宝亚民居、山后胡胡胜远民居、栲树岭俞兴常民居、儒雅洋王祖利民居、儒雅洋弘儒路56号民居、儒雅洋古雅巷10号民居、儒雅洋弘儒路8—18号民居、儒雅洋古雅巷2号民居、儒雅洋承志路55号民居，计64处
鹤浦镇	小岙大寨屋、牧童岙林保中民居、犁头磈60号民居，计3处

续表43-3

所在地	民居名称（合计387处）
贤庠镇	贺威圣故居、木瓜狮山路127号民居、海墩海新路101号民居、海墩海新路28号民居、海墩海新路121号民居、岑晁龙山路117号民居、着衣亭金陵路44号民居、岑晁陆苑路24号民居、岑晁陆苑路10号民居、着衣亭珠峰路9号民居、着衣亭金陵路68号民居、沈家洋23号民居、沈家洋14号民居、沈家洋152号民居、路下庄26号民居、上白家上白路14号民居、上白家上白路30号民居、西山下缸井路21号民居、贤庠兴贤路38号民居、贤庠兴贤路64号民居、青莱蓬莱路22号民居、芦岙碶头芦岙33号民居、青莱方圆路8号民居、盐厂东大路77号民居、木瓜狮山路99—1号民居、溪沿双井路73号民居、溪沿昌兴路124号民居、溪沿上盛路65号民居、溪沿上盛路91号民居、珠溪姚吉洪民居、乌屿山五丰路26号民居，计31处
定塘镇	陈照华故居、下营144号民居、下营223号民居、下营333号民居、下营55号民居、定山奚根法民居、下营57号民居、下营90号民居、下营209号民居、周岙康家弄153号民居、周岙91号民居、小花港96号民居、周岙145号民居、后洋塘后洋塘北115号民居、镜架岙130号民居、洋岙129号民居、岙底44号民居、镜架岙192号民居、新岙俞清存民居、田洋湖290号民居，计20处
墙头镇	玉山58号民居、黄溪158号民居、黄溪270号民居、亭岙202号民居、沈家130号民居、岭下184号民居、方家岙中大路55号民居、溪里方25号民居、溪里方83号民居、溪里方133号民居、溪里方125号民居、孙家188号民居、孙家193号民居、舫前110号民居、丁家孔庆祁民居、墙头15号民居、墙头立三路2号民居、渡头王小成民居、黄溪465号民居、沈家135号民居、沈家176号民居、沈山岙59号民居、方家岙新屋墙弄3号民居、方家岙新屋墙弄9号民居、溪里方98号民居、溪里方104号民居、舫前130号民居、岭下32号民居、丁家黄国华民居、墙头红杏路11号民居、墙头红杏路5号民居，计31处
泗洲头镇	何婆岭13号民居、下西庄19号民居、后山村委路15号民居、上峙后86号民居、下峙后119号民居、泗洲头夏家路7—4号民居、萧胡215号民居、塘岸117号民居、泗洲头叶家弄6-1号民居，计9处
涂茨镇	萧家199号民居、萧家192—194号民居、上毛湾裘优生民居、萧家萧氏民居、毛湾隔溪坑78号民居、毛湾96号民居、汤岙郎氏民居、后七埠郑岳成民居、涂茨泰和路26号民居、涂茨复兴路63号民居、钱仓城寨路67号民居、钱仓寨南路51号民居、前山姚198号民居，计13处
大徐镇	殷夫故居、大徐龙溪路88—2号民居、相思岭57号民居、陈山128号民居、下岙111号民居、雅林溪56号民居、夏雨岙3号民居、夏雨岙62号民居，计8处
新桥镇	史奇涛故居、外岙38—39号民居、海台227号民居、海台235号民居、山根330号民居、山根107号民居、黄公岙沙坑路98号民居、洋坑114号民居、里岙72—75号民居、井头塔灯路131号民居、东溪北街路23号民居、东溪隔溪坑7号民居、东溪明堂路25号民居、东溪明堂路45号民居、黄公岙沙坑路89—90号民居、郎家岙励氏民居、洋坑17号民居、洋坑99号民居、海台韩世根民居、海台180号民居、山海楼、黄吉岙99号民居、黄吉岙103号民居、黄吉岙86号民居。关头脉山路8弄13号民居、高湾北山路199号民居、下七里192号民居、井头塔灯路132号民居、里岙69号民居，计29处

续表43-3

所在地	民居名称（合计 387 处）
东陈乡	陈汉章故居、樟岙 298 号民居、南盘俞志根民居、沙岗 63 号民居、双桥 36 号民居、旦义 165 号民居、东陈 10 号民居、东陈 191 号民居、东陈 92 号民居、东陈 116 号民居、东陈 150 号民居、西庄 18 号民居、西庄 89 号民居、樟岙 46 号民居、西庄 70 号民居、大塔 107 号民居、沙岗 14 号民居、东陈 167 号民居、西山 98 号民居、西山 62 号民居、南堡中街路 36 号民居、岳头 250 号民居、岳头 185 号民居、岳头 277 号民居、岳头 382 号民居，计 25 处
晓塘乡	鹤洋 27 号民居、黄埠 128 号民居、黄埠 185 号民居、黄埠 174 号民居、黄埠 140 号民居、黄埠 155 号民居、黄埠 231 号民居、黄埠 165 号民居、鹤洋 71 号民居、金家 10 号民居、黄埠 215 号民居、花湾 32 号民居、中岙 92 号民居，计 13 处
黄避岙乡	龙屿张卫平民居、龙屿明堂弄 12 号民居、龙屿公正路 77 号民居、龙屿 18 号民居、龙屿明堂弄 2 号民居、兵营 184 号民居、大林林氏民居，计 7 处
茅洋乡	大地园 82 号民居、南充 329 号民居、南充 173 号民居、南充 93 号民居、朱周 96 号民居、台头 104 号民居、小白岩 245 号民居、李家弄 187 号民居、李家弄 149 号民居、文山 162 号民居，计 10 处

2007 年象山县文物普查寺庙情况表

表 43-4

所在地	寺庙名称（合计 111 处）
丹东街道	宝梵讲寺、瑞龙寺大殿、桥头胡穆清庙、岙里延寿庵、西林观嘉庙、东亭庙、金竹庵，计 7 处
丹西街道	等慈禅寺、西街平水庙、姜毛庙、杨家善智庙，计 4 处
爵溪街道	爵溪文昌阁、爵溪城隍庙、公屿沐清庙、爵溪西门庙、蓬莱古刹，计 5 处
石浦镇	宋皇庙、尊王宫、慧云庵、延昌保生庙、延昌宋皇宫、昌国卫大庙、半岭西福庵、马峙武圣庙、低崄圆峰庙、蒲湾天母娘娘庙、蒋家湾普堂庵、真武宫、东门天后宫、九井右所庙、南向行馆、金鸡山圆峰庙、横峙白鹤庙、东边西方庵、东边行馆、东门城隍庙、东门王将军庙、石浦城隍庙、浮礁湾娘娘庙，计 23 处
西周镇	天寿寺、牌头行馆、文岙庙、柴溪东奠庙、田岙戬谷庙、关山南奠庙、航头行馆、西周文昌阁、下芭蕉乾头庙、山后胡蛟龙庙、西岙郑西岙庙、箬岭凤山庙、隔溪张金谷庙，计 13 处
鹤浦镇	保国洞寺、小百丈行馆、蟹厂武圣庙、犁头𡏟天母娘娘庙，计 4 处
定塘镇	方前庵、沙地圆峯庙、斜岙龙王庙、岙底平屿庙、镜架岙武圣殿、大湾山海头庙、小太平白鹤庙、镇潮庙、定塘经藏庵、小湾塘关岳庙、下角关帝庙、竿头灵峰庙，计 12 处
墙头镇	大雷禅寺、白墩新丰庙、东山钟山庙、五雷庙、大雷庙、周家路廻龙庙、方家岙后庙、墙头镇海庵，计 8 处
泗洲头镇	复兴禅寺、横山镇水庙、倪家行祠庙、何婆岭龙宫庙、后山行馆、塘岸中保庙、下马岙金星庙、灵静庵、西洋行馆、中央岙金山庙、小石坑茅山庵，计 11 处
涂茨镇	珠山法王寺、潘家坎圆峰庙，计 2 处
大徐镇	林善岙海潮庙、安东庆丰庙、海口叶庆庙、三角埭三官堂、护境庙，计 5 处
新桥镇	板岭东岙庙、山根白查庙、里堡庙、蛤沙土地庙，计 4 处

续表43-4

所在地	寺庙名称（合计111处）
东陈乡	南堡黄平水庙、神庆庙、南堡东岳庙、西山行宫，计4处
晓塘乡	黄埠圆峰庙、月楼岙圆峰庙、礁头圆峰庙、岭头胡公庙、中岙白岩庵、励家坪圆峰庙，计6处
茅洋乡	南充永丰庙、杨家岙祥嘉庙，计2处
高塘岛乡	乌岩武圣庙1处

2007年象山县文物普查烽火台情况表

表43-5

所在地	烽火台名称（合计48处）
丹东街道	赤坎烽火台、梅岙烽火台、龙洞山烽火台，计3处
爵溪街道	周家山烽火台、龙冲山岗烽火台、外跳山烽火台、小盐山烽火台、司马堠、沙岭堠、地厂烽火台、下沙岭烽火台，计8处
石浦镇	沙塘湾烽火台、后门山烽火台、烟墩山烽火台、昌国卫前山堠、东门岛烽火台、石浦前山堠烽火台、大圻头烽火台、和尚岗烽火台、晓湾山烽火台，计9处
鹤浦镇	大沙烽火台、小南田烽火台、吉港烽火台、林门烽火台、杨柳坑烽火台、鸡笼顶烽火台、荷花芯烽火台，计7处
贤庠镇	下庄烽火台、木瓜烽火台、青莱烽火台、李家山烽火台、寨后山烽火台，计5处
定塘镇	小太平烽火台1处
涂茨镇	中堡烽火台、钱仓烽火台、前山姚烽火台、旭拱岙烽火台、黄沙新烽火台、黄沙老烽火台，计6处
大徐镇	杉木洋烽火台1处
新桥镇	鸭嘴山烽火台、纱帽捧烽火台，计2处
东陈乡	旦门烽火台、岳头嘴汛烽火台、王家榄烽火台，计3处
晓塘乡	木杓山烽火台1处
黄避岙乡	白屿烽火台1处
高塘岛乡	箬鱼山烽火台1处

2007年象山县文物普查宗祠情况表

表43-6

所在地	宗祠名称（合计73处）
丹东街道	桥头林林氏宗祠、陆家陆氏宗祠、下半河郑氏宗祠，计3处
丹西街道	仇家山仇氏宗祠、杨家杨氏宗祠、上吴吴氏宗祠，计3处
石浦镇	鸡鸣林氏祖祠、东卫陈家祠堂、鸡鸣林氏宗祠、九井邵氏宗祠，计4处
西周镇	蚶岙尹家祠堂、牌头吴氏宗祠、杰岙赖氏宗祠、西周周氏宗祠、何恭房祠堂、儒雅洋何氏宗祠、柴溪陈氏宗祠、赖岙赖氏宗祠、下沈孙氏宗祠、沙泉张氏宗祠、上芭蕉赖氏宗祠、下芭蕉赖氏宗祠、普塘赖氏宗祠，计13处

续表43-6

所在地	宗祠名称（合计73处）
定塘镇	田洋湖胡家祠堂、下营陈氏宗祠、下营罗氏宗祠、周岙康氏宗祠、新岙俞氏宗祠，计5处
墙头镇	欧家祠堂、墙头蒋家祠堂、岭下陈氏宗祠、墙头孔氏宗祠、墙头陈氏宗祠、下沙何氏宗祠、沈山岙励氏宗祠、孙家孙氏宗祠、盛王张宗祠，计9处
泗洲头镇	杨大场柳家祠堂、后王祠堂、东岙黄氏宗祠、苏岙张氏宗祠、萧胡胡氏宗祠、上马岙黄氏宗祠，计6处
涂茨镇	里庵陈氏祖堂、萧家萧氏宗祠、汤岙周氏宗祠、钱仓郑氏宗祠，计4处
大徐镇	下岙周家祠堂、杉木洋徐公祠，计2处
新桥镇	东溪励氏宗祠、高湾祠堂、中灵岙祠堂、井头顾氏宗祠、山根顾氏宗祠、黄公岙史氏宗祠、洋坑吴氏宗祠、海台韩氏宗祠、黄吉岙林氏宗祠、上七里奚氏宗祠，计10处
东陈乡	东陈陈家祖堂、南堡严家祠堂、普陀何何家祠堂、咸水祠堂、鉴池公祠、上周周氏宗祠，计6处
晓塘乡	礁头祠堂、黄埠潘氏宗祠、后岭潘氏宗祠、美石潘氏宗祠、中岙陈氏宗祠，计5处
茅洋乡	花墙上祠堂、兴坑石氏宗祠、白岩下胡氏宗祠，计3处

2007年象山县文物普查桥梁情况表

表43-7

所在地	桥梁名称（合计62处）
爵溪街道	白沙湾桥1处
石浦镇	昌国镇源桥、昌国西桥、五里桥、九井新桥、狮象桥、金丰下旗桥、石累桥、大桥水门桥，计8处
西周镇	长春桥、关山尹家桥、长庆桥、长岩桥、倪家石拱桥、初坑石拱桥、欧阳桥、牌头大溪坑拱桥、关山富贵桥、庆丰桥、上芭蕉石拱桥、下芭蕉石拱桥、柴溪万春桥，计13处
鹤浦镇	大南田小坑头桥、樊岙平安桥，计2处
贤庠镇	碶头陈吊桥头、溪沿鸣凤桥，计2处
定塘镇	方前大桥、保安桥、方前猪娘桥、中垊大树桥，计4处
墙头镇	七里亭后溪桥、瑞安桥、东山石板桥，计3处
泗洲头镇	井坑永庆桥、泗洲头倒佬桥、萧胡黄泥桥、峙前双连桥、东岙太平桥、小石坑桥、金家岙大坑桥、泗洲头新桥、小石坑茅山桥，计9处
涂茨镇	萧诸祖桥、萧家中房桥、里庵石拱桥，计3处
大徐镇	里考坑玉带桥、里考坑小桥，计2处
新桥镇	井头玉带桥、山根横坑桥、东溪大桥、洋坑风水桥、东狮桥，计5处
东陈乡	樟岙迴龙桥、樟岙青龙桥、仁义大桥，计3处
晓塘乡	双眼碶桥、黄脚碾子墙拱桥，计2处
黄避岙乡	鲁家岙石拱桥、白屿清阳桥、大林栏杆桥，计3处
茅洋乡	染缸间石拱桥、天打路石拱桥，计2处

2007 年象山县文物普查碶门情况表

表 43-8

所在地	桥梁名称（合计 8 处）
丹东街道	障川碶 1 处
西周镇	勤丰增产碶 1 处
鹤浦镇	凤凰头碶门、小鱼山碶门、埠头塘碶门，计 3 处
定塘镇	人民胜利碶 1 处
黄避岙乡	里高泥碶门、大湾山碶门，计 2 处

2007 年象山县文物普查路亭情况表

表 43-9

所在地	路亭名称（合计 20 处）
丹西街道	行者岭路亭 1 处
爵溪街道	欢喜岭路亭 1 处
石浦镇	三湾路廊、东关路亭，计 2 处
西周镇	琴诗岙路亭、赖家路亭、下沈里道头路亭、外静岭路亭、双汪岭路亭、牛卧岭路亭，计 6 处
鹤浦镇	石屋路亭、双湾路亭、吉港岭路亭，计 3 处
定塘镇	斜岙岭路亭、田洋湖路亭，计 2 处
泗洲头镇	路西跳大路亭、泗洲头路亭，计 2 处
晓塘乡	黄埠岭歇轿岩路亭 1 处
黄避岙乡	见岙岭路亭 1 处
高塘岛乡	高塘路亭 1 处

2007 年象山县文物普查水井情况表

表 43-10

所在地	水井名称（合计 45 处）
丹东街道	淳熙井 1 处
丹西街道	丹山井、龙泉井，计 2 处
爵溪街道	东方红井、爵溪明井、河头街杜家弄井，计 3 处
石浦镇	城西路黄鳝井、佛子井、咸水井、昌国下沙井、昌国署前井、昌国丁家井、叶公池、石浦校场井、五爱四方井，计 9 处
西周镇	上张张氏井、西周方井、儒雅洋应家井、赖岙八角井，计 4 处
贤庠镇	蒲门店门口井、蒲门后井、下庄柴间屋井、下庄桂花井、珠北方井，计 5 处
定塘镇	地垄龙眼双井、沙地和尚井、新岙上爿店井、中泥竿头玉环井，计 4 处
泗洲头镇	后山魏家井 1 处
涂茨镇	黄家坦水井、泊戈洋蔡家井，计 2 处

续表43-10

所在地	水井名称（合计45处）
大徐镇	缸窑蒋井、大磊头上拗井、拾亩地樟树井、甲田弄井，计4处
新桥镇	井头水井、山根老井、高湾大井、王岙拗棚井，计4处
东陈乡	沙岗方井1处
黄避岙乡	龙屿花柴门井、白屿双口井、大林保安井、大林新霞井，计4处
晓塘乡	励家坪方口井1处

表43-11

2007年象山县文物普查坟墓情况表

所在地	坟墓名称（合计27处）
石浦镇	任氏二难墓、潘金标夫妇墓、许云萼夫妇墓、纪子庚先生墓，计4处
西周镇	万金山方氏祖坟、郑和清夫妇墓、牌头王氏安人墓、下沈孙氏祖墓、陈祝三墓，计5处
鹤浦镇	林存标坟、王增林墓，计2处
贤庠镇	山下孙宋墓1处
定塘镇	蒋人雷妻墓、薛尚钰夫妇墓、薛际泰夫妇墓，计3处
新桥镇	顶坛山励公墓、黄泥头墓群、陶克荣墓，计3处
东陈乡	陈汉章先生墓、何秀才坟、武家山武氏墓，计3处
晓塘乡	周承模夫妇墓、周文德夫妇墓，计2处
黄避岙乡	陈光云坟、张履平夫妇墓、大林林氏祖坟、林子屏墓，计4处

表43-12

2007年象山县文物普查遗址情况表

所在地	遗址名称（合计27处）
丹东街道	后山馒头窑址、东塘山窑址、赤坎游仙寨遗址、姚家山遗址、塔山遗址，计5处
石浦镇	小白礁古沉船遗址、后门昌国卫城遗址、东门岛昌国卫城墙遗址、石浦所城墙遗址、石浦巡检司遗址、土湾寨遗址，计6处
鹤浦镇	大百丈窑址、小百丈铸铁遗址、白龙潭祈雨遗址，计3处
贤庠镇	山厂窑址、民丰江口水下遗址、万礁水下遗址，计3处
涂茨镇	白象头窑址、角屿孔遗址、大双岙遗址，计3处
大徐镇	缸窑蒋窑址1处
黄避岙乡	陈岙窑址、磨刀石矿遗址，计2处
茅洋乡	庙山头遗址、茅洋日军华中矿业公司遗址，计2处
高塘岛乡	花岙兵营遗址、满山岛遗址，计2处

其他各类不可移动文物86处，分别有码头、碶门、石碾、塔、塘坝、岩画、驿道、宅门、牌坊、粮仓、孩儿塔、风水墙、封禁碑、店铺、沉船、引水渠等。

第二节　文物保护

遵循“保护为主，抢救第一，合理利用，加强管理”的工作方针，县人民政府于1982—2007年公布县级文物保护单位共6批42处。另，塔山遗址、姚家山遗址两处被特批为县级文物保护单位。赤坎游仙寨遗址、塔山遗址、爵溪街心戏亭、花岙兵营遗址、石浦城隍庙等5处先后被列为省级文物保护单位。

2007年，象山第三次文物普查开始，组织文物普查骨干和全体普查队员、各街道镇乡文化站业务干部、业余文保员参加业务培训，提炼工作方法，归纳出“观、谈、证、录”科学普查方法。对每个排摸对象详细记录其人文自然环境，做好GPS定点测位、测量、绘图、拍照、标本采集等信息收集和数据登记，并对记录情况做点评修正，确保普查资料质量的真实性、科学性、完整性。根据收集到的研究资料，制定详细修缮方案，进行专业化抢救。同时，注重文物的整体价值，领会文物文化内涵，珍惜原有构件，保持传统工艺，尤其注意保持文物的细部特征，按具体情况慎重选择施工机具和手工操作技术进行修复。

象山县文物保护单位情况表

表43-13

遗址名称	年代	类别	公布时间	批次	所在街道镇乡
省级文物保护单位					
赤坎游仙寨遗址	明	古遗址	1989.12	第三批	丹东街道赤坎村东部
街心戏亭	清	古建筑	1997.08.29	第四批	爵溪街道玉泉社区十字街口
塔山遗址	新石器	古遗址	1997.08.29	第四批	丹东街道城东村塔山南麓缓和坡地上
花岙兵营遗址	明末清初	古遗址	2005.03.16	第五批	高塘岛乡花岙岛村花岙自然村东北面
石浦城隍庙	清	古建筑	2005.03.16	第五批	石浦镇九市曲社区城隍庙路
县级文物保护单位					
街心戏亭	清	古建筑	1982.10.04	第一批	爵溪街道玉泉社区十字街口
花岙兵营遗址	明末清初	古遗址	1982.10.04	第一批	高塘岛乡花岙岛村花岙自然村东北面
陈岙青瓷龙窑遗址	唐	古遗址	1982.10.04	第一批	黄避岙乡高泥村东塔自然村陈岙黄大山北麓
淳熙井	宋	古建筑	1982.10.04	第一批	丹东街道庄穆境村县政府院内
吴乾养墓道石刻	明	石窟寺及石刻	1982.10.04	第一批	大徐镇三角埭村东面100米坟地山西麓
石浦城隍庙	清	古建筑	1984.06.14	第二批	石浦镇九市曲社区城隍庙路
丹城西寺	清	古建筑	1984.06.14	第二批	丹西街道北门村凤跃路5号

续表43-13

遗址名称	年代	类别	公布时间	批次	所在街道镇乡
丹山井	明	古建筑	1984. 06. 14	第二批	方井头村丹井巷 4 号南侧
二湾摩崖石刻	明	石窟寺及石刻	1984. 06. 14	第二批	石浦镇文澜社区沿江路（宁波海军预备役扫雷船大队）
“锺郝遗徽”石亭	清	古建筑	1984. 06. 14	第二批	晓塘乡月楼村月楼岙自然村 78 号西侧
赤坎游仙寨遗址	明	古遗址	1986. 04. 25	第三批	丹东街道赤坎村东部
爵溪抗倭城墙	明	古遗址	1986. 04. 25	第三批	爵溪街道玉泉社区
公屿峰堠（周家山防倭烽火台）	明	古遗址	1986. 04. 25	第三批	公屿农村周家山岗顶上
金鸡山炮台	清	古遗址	1986. 04. 25	第三批	石浦镇下金鸡村金鸡山自然村金鸡山山顶
车岭村庆丰桥	清	古建筑	1986. 04. 25	第三批	西周镇庆丰桥村庆丰溪上
陈汉章先生墓	近代	近现代重要史迹及代表性建筑	1986. 04. 25	第三批	东陈乡东陈村姆岭洞水井跟山北麓
贺威圣烈士墓	现代	近现代重要史迹及代表性建筑	1986. 04. 25	第三批	贤庠镇海墩村下庄溪自然村东南面
王家谟烈士墓	现代	近现代重要史迹及代表性建筑	1986. 04. 25	第三批	丹西街道西门村西门外鸡笼山东北麓
殷夫烈士故居	现代	近现代重要史迹及代表性建筑	1986. 04. 25	第三批	大徐镇大徐村英烈路 3 号东侧
茅洋“日寇华中矿业公司”遗址	现	近现代重要史迹及代表性建筑	1986. 04. 25	第三批	茅洋乡茅洋村五狮山北麓、茅洋砩矿矿区附近
石屋及摩崖石刻	清	石窟寺及石刻	1990. 01. 04	第四批	丹西街道方井头村北蓬莱山山腰
丹城东寺	清	古建筑	1990. 01. 04	第四批	丹东街道庄穆境村东澄河路 82 号
欧阳桥	民国	古建筑	1990. 01. 04	第四批	西周镇儒雅洋村东北西沙岭脚淡港溪流上
黄公岙山海楼	现代	近现代重要史迹及代表性建筑	1990. 01. 04	第四批	新桥镇黄公岙村黄新路 101 号
欧家祠堂	清	近现代重要史迹及代表性建筑	1990. 01. 04	第四批	墙头镇墙头村西部中心小学内
塔山遗址	新石器	古遗址	1995. 12. 26	特批	丹东街道城东村塔山南麓缓和坡地上
姚家山遗址	新石器	古遗址	1995. 12. 26	特批	丹东街道梅溪村姚家山自然村村西西山岩头小山丘上
渔山灯塔	现代	近现代重要史迹及代表性建筑	2002. 12. 31	第五批	石浦镇渔山渔村大岙自然村南

续表43-13

遗址名称	年代	类别	公布时间	批次	所在街道镇乡
东门天后宫	清	古建筑	2002.12.31	第五批	石浦镇东门渔村天妃宫西路11号东侧
东门灯塔暨任氏二难墓	清	近现代重要史迹及代表性建筑	2002.12.31	第五批	石浦镇东门渔村门头山山东部
金山书院	清	古建筑	2002.12.31	第五批	石浦镇九市曲社区石浦小学第三分部校区西北侧
东溪励氏宗祠	清	古建筑	2002.12.31	第五批	新桥镇东溪村宁康路21号
东陈鉴池公祠	清	古建筑	2002.12.31	第五批	东陈乡东陈村村口
茅洋庙山头遗址	新石器	古遗址	2002.12.31	第五批	茅洋乡溪口村东北约1千米处的庙山头南面缓和坡地上
陈汉章故居	近代	近现代重要史迹及代表性建筑	2007.10.30	第六批	东陈乡东陈村西北部古民居群中
何恭房祠堂	近代	古建筑	2007.10.30	第六批	西周镇儒雅洋村弘儒路2号
白龙潭、蟹厂武圣庙民俗遗址	近代	古建筑	2007.10.30	第六批	鹤浦镇蟹厂村东部
纪子庚先生墓	近代	近现代重要史迹及代表性建筑	2007.10.30	第六批	石浦镇五新村汝溪自然村
镇潮庙	清	古建筑	2007.01.30	第六批	定塘镇中站村209号
三戒堂	清	古建筑	2007.10.30	第六批	晓塘乡黄埠村140号
瑞安桥	清	古建筑	2007.10.30	第六批	墙头镇方家岙村东部大雷溪上
沈家洋牌坊	清	古建筑	2007.10.30	第六批	贤庠镇沈家洋村北部
王家谟烈士故居	近代	近现代重要史迹及代表性建筑	2007.10.30	第六批	丹西街道北门村北山路14—16号
延昌宋皇宫	清	古建筑	2007.10.30	第六批	石浦镇延昌社区延昌街31号

第四十四篇
非物质文化遗产

本篇目录

第一章　非物质文化遗产保护

2006年始，象山建立县级非物质文化遗产代表作品名录。2007年5月，组织开展覆盖全县490个行政村、24个社区的非物质文化遗产大普查，基本掌握全县非物质文化遗产资源的种类、数量、分布情况、生存状态、保护现状和存在问题。在此基础上，象山文化部门积极开展各项申报工作。至2008年年末，入选国家级非物质文化遗产名录项目4个、省级名录项目6个、市级名录项目28个，公布县级名录项目84个。

第一节　非物质文化遗产门类、分布

象山县非物质文化遗产调查自2004年始，普查面覆盖全县18个街道镇乡、24个社区、490个行政村，调查各类人员7000余人次。本土文化与移民文化的融合构成了象山非物质文化遗产的基础。移民文化主要由中原地区、宁绍地区、温台地区、闽南地区传入。非物质文化的特点主要是海洋特征、口头传承、原汁原味。

门类

象山县非物质文化遗产，包涵门类广泛，大致可分为民间传说，民间故事，民间歌谣，民间音乐，民间舞蹈，戏曲，曲艺，民间美术，民间手工技艺，生产商贸习俗，消费习俗，岁时节令，民间信仰，游艺、传统体育与竞技，传统医药、民间知识等17类。

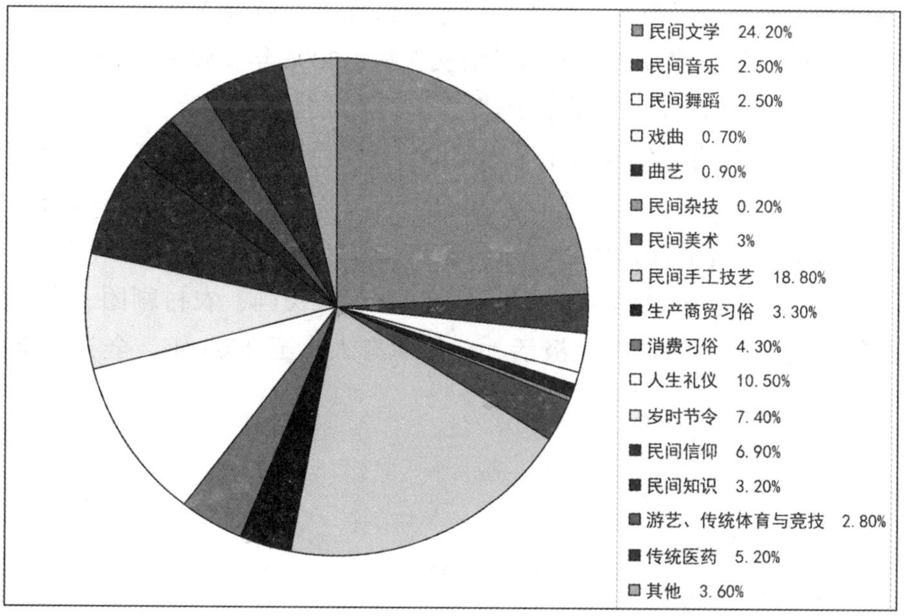

图44-1　象山县非物质文化遗产资源主要种类分布比例图

说明：据2007年开展第二次非物质文化遗产资源普查。全县普查成果共计17类1100余项

分布

从区域分布看，象山“非遗”项目，全县城乡分布均衡，大多项目皆可在村落找到传承。生活习俗、节时习俗、民间艺术（龙舞、灯舞、服饰）全县各地大同小异。在渔区，渔家号子、渔歌、渔谣、渔谚相当普及，但年轻一代几无传人。主要传说有徐福、赵五娘等，知晓率较高。百余年前，从福建渔民传入石浦的民间音乐《细十番》，在丹城、墙头、高塘岛等地能较完整演奏的队伍有10余支。

非物质文化遗产的核心内容，地域分布相对集中突出，形成5个文化丛：以石浦为中心，东门、渔山、鹤浦、高塘岛与昌国、旦门等沿海一带，系渔区的海洋渔俗文化丛；以丹城为中心，墙头、茅洋、爵溪、涂茨沿海一带，系徐福、安期生、陶弘景方士道家长生文化丛；以东门岛为中心，延昌、鹤浦、渔山一带，系海神妈祖、如意等信仰文化丛；以石浦（金星、延昌）为中心，新桥、涂茨一带，系盐技盐俗文化丛；以爵溪（白沙湾）为中心，丹东街道、大徐镇、涂茨镇一带，为赵五娘儒孝文化丛。

第二节　非物质文化遗产保护、传承

海洋文化是象山非物质文化遗产的重要特色，石浦地区为象山海洋文化发源、传播、传承的集中地。2003年，县政府颁布《石浦历史文化名镇保护管理办法》。2004年，石浦镇政府制定《石浦镇历史文化街区规划设计文本》。2007年，全县非物质文化遗产全面普查后，保护工作得到进一步加强。县政府启动石浦中街修整保护开发工程，约投入1.2亿元，街区内3座古庙寺、5条古街、100余家古商号、数百个古迹名胜、大片古宅得到修整。又开设“港城沧桑”“渔家风情”等历史文化展馆10余个，使“非遗”相关项目得到保护性展示。

民间保护非物质文化遗产积极性高涨。2004年成立象山县渔文化研究会，创办《渔文化》刊物；2007年，成立徐福研究会。部分非物质文化遗产传承人在政府支持下，自筹资金建设非物质文化遗产传承基地。2005年，建成象山茅洋民俗文化村；2006年，建成张德和根艺美术馆；2008年，建成象山才华剪纸艺术馆。东门海岛之妈祖文化相关项目，均依靠民间自助力量，得以保存。民众集资50万元，修整天妃宫；集资100余万元，新立汉白玉妈祖雕像等。渔山岛如意文化相关项目，由台湾台东富冈新村和石浦渔山岛两岸民众，自发资助数十万元，重修渔山娘娘庙，传承基地得以保存。民间集资重建石浦渔师殿。东门船鼓、爵溪渔鼓、石浦《细十番》、昌国抬阁、延昌鱼灯、龙灯、马灯、狮舞、船模制作、剪纸、竹根雕、农民画、农村剧团、大塘红庙庙会等遍布全县上百支民间文艺队伍，均自发积极活动，传承有人。至2008年，全县有市级以上传承者29人。

第二章　国家级非物质文化遗产

象山未参加首批国家级非物质文化遗产名录评选。2007 年，非物质文化遗产普查后，参加第二批国家级非物质文化遗产名录评选。翌年，即有“徐福东渡传说”“海盐晒制技艺”“渔民开洋谢洋节”“石浦—富冈如意信俗”4 项，入选国家级非物质文化遗产名录。

第一节　徐福东渡传说

属民间文学类，申报地区为象山县、慈溪市。徐福东渡传说长期流传于象山沿海一带。象山主要流传于丹西街道一带，后流传至宁波、慈溪等境内。传说才识和胆略过人的秦方士徐福，为逃避秦朝苛政，利用秦始皇梦寐以求长生不老药机会，自愿上书效劳，赢得秦始皇信任，率三千童男童女和百工，到象山县蓬莱山（古称小蓬莱，自清康熙年间起又称炼丹山、丹山）隐居“生聚”，被秦始皇发觉后，他沉着应变，稳住局面，率领船队星夜从蓬莱山脚——垄船径渡口入海，开始东渡日本的大规模探险活动。象山徐福东渡传说，是以徐福隐居象山这一事件为中心而形成的系列传说。这些传说多以象山各地的徐福遗迹为引子，衍伸成篇，内容主要涉及徐福东渡的缘起、隐居生活和最后起航三方面。这些传说在漫长的流传过程中，形成丰富多彩的主题内容。按照传说内容划分，象山徐福东渡传说主要有：

东渡与起航传说。这类传说主要讲述徐福东渡这一事件的过程或相关片断，包含东渡缘起、落脚象山及最后起航东渡日本这几个阶段。象山徐福传说，弥补了徐福从出海访仙山到东渡日本期间的时空空白，将始末连成一线，为徐福东渡传说的东渡与起程，提供了较为完整的资料。当地的相关传说有《徐福落脚象山的传说》《徐福与东瀛仙山的传说》《徐福和蓬莱山》《徐福的传说》《徐福夜游西沪港》《徐福夜访新罗岙》等等。

遗迹传说。这是象山“徐福东渡传说”中数量最多一类。传说主题与徐福隐居象山期间，在各处所留遗迹有关。传说讲述当地与徐福的渊源，传递了徐福曾在此生活的信息。这类传说有《蓬莱泉的传说》《丹山井传说》《徐福留字》《徐福点化水牯岩》。有关“留字石碑”（亦称蓑衣岩、水牯岩），因传说出处不同，内容也不断被丰富。《石屋洞的水》《徐福筑蓬莱观》《茅洋“蓬莱寺”的来历》等传说，将徐福到象山筑观、求仙、修炼、生活等方方面面联系起来，从侧面证实象山与“蓬莱山”的关系。而命名传说主要讲述象山当地一些地名产生与徐福隐居象山这一事件的渊源，如《丹城》《道人山传说》《龙船津》《船倒山》等。相关传说还有《登瀛门的由来》《徐福与玉鱼山的传说》等。

生活与神话传说。此类传说讲述的是徐福在象山隐居期间生活轶事和后期人们将他神化后的内容。传说体现了徐福的智慧与勇气，也折射出他融入象山人民生活的点滴。如《徐福抗飓风救灾的传说》《徐福救难》《梓树脑》《徐福与乌饭团》《徐福与蝙蝠结友的传说》《徐福凿蛎》等。

衍生传说。这类传说讲述的是象山“徐福东渡传说”引发的更多传说。其中，有其后人慕名而来考察徐福留居象山遗迹的传说，也有徐福后人遗留象山的传说等等。包括《透瓶泉》《蓬莱胜迹引才来——姜毛二公隐象记》《姜炳璋寻找蓑衣岩》与《徐福的后人——徐家岙人》等。

第二节　海盐晒制技艺

属传统技艺类，申报地区为浙江省象山县。海盐晒制技艺是手工技艺中历史悠久的一种，其产品与人们的日常生活和工业生产关系密切。它以海水作为基本原料，利用海边滩涂及其咸泥（或人工制作掺杂的灰土），结合日光和风力蒸发，通过淋、泼等手工劳作制成盐卤，再通过火煎或日晒、风吹等自然结晶成原盐。整个工序有10余道，手工操作，蕴含着丰富的具有地区特征的科学技术知识。

象山地处浙江中部沿海，三面环海，海陆岸线长，浅海滩涂面积广阔，海水盐度年均30.8‰，日照时间长，风力资源丰富，具备晒海盐的优良条件，是浙江省三大产盐县之一。

象山晒盐历史悠久，《新唐书·地里志》等正史中已有象山产盐的历史记载。宋政和四年（1114），以县内玉泉山命名设玉泉盐场。元人称制盐为“熬波”。元代以后，逐渐采用刮泥淋卤和泼灰制卤法，清嘉庆开始，从舟山引进板晒法结晶，清末又引进缸坦晒法结晶，成为盐业生产工艺上的一大变革。20世纪60年代后实验成功平滩晒法，采用新技术，并用机器逐渐代替手工操作，但传统晒盐技艺仍有一定保留。

晒盐工艺流程虽仅十余道，但每道工序繁复，要求高，什么时候做，做得怎么样均会影响原盐的质量和产量，全凭人经验和感觉掌握。此外，晒盐靠日光和风力蒸发，制盐过程又与悬沙、潮汐相关，须有经验的人把握潮汛、季节等变化，蕴含着丰富的科学技术知识。晒盐的工艺，不但满足了人们的生活需要，创造财富，而且对人们的生活习俗、民间信仰、文学艺术创作等产生重大影响。衍生出盐神崇拜（盐司神、盐熬菩萨，刘晏神）、盐民习俗、语言等非物质文化。继承和保护其传统技艺，对当地文化、教育和经济等方面的建设具有重要意义。

“原盐制法”相关内容详见本志“盐业”篇。

第三节　渔民开洋、谢洋节

属民俗类，申报地区浙江省象山县、岱山县，山东省荣成市、日照市、即墨市。象山渔民开洋、谢洋节节日时间与妈祖有关。石浦东门岛有妈祖庙，供奉妈祖娘娘、千里眼、顺风耳、戚老爷、财神爷等。祭祀时间是农历三月十五至二十三日之间，称“开洋节”。又有农历六月二十日至二十三日之间，称“谢洋节”。开洋、谢洋节活动包括渔民祭祀活动和传统民间文艺表演等内容。“开洋节”是渔船出海时，渔民祈求平安、丰收的民俗活动；“谢洋节”则是渔船出海平安归来，渔民为感恩大海的民俗活动。开洋、谢洋节作为渔民一种精神寄托，主要有娱神、娱人两大功能。以祭祀为核心，以民间文艺表演为形式，含有历史、宗教、生产、民俗等诸多文化内容。根据《象山东门岛志略》记载，渔民开洋、谢洋节活动，由来已久。清雍正至民国为鼎盛期，后趋衰，

“文化大革命”间停止，改革开放后恢复，象山东门岛渔村尤为兴盛。象山渔民开洋、谢洋节已形成固定活动形式，举办这些活动原始意义是希望神灵保佑渔民出海能一帆风顺，满载而归。因此，它具有祭祀对象的多元性，包括天后妈祖娘娘、如意娘娘、保生大帝、渔师大帝等；活动形式、内容的丰富性，包含祭祀和各种民间文化活动等；活动目的唯一性——出海平安、渔业丰收等特点。2003年农历六月二十三日，东门岛举办的大型“谢洋妈祖赛会”，2007年农历三月二十三日，举行的大型“妈祖诞辰开洋典礼”。2002年8月至2005年，中日民俗专家组成的江南沿海渔村民俗研究考察团，连续4次到象山东门岛考察海洋民俗文化，认为东门岛是一个具有深厚民族历史积淀和海洋民俗文化遗产活宝库，在中国沿海极富典型意义。

第四节　石浦—富冈如意信俗

照 44-1　石浦如意信俗

属民俗类，申报地区浙江省象山县。20世纪50年代，象山渔山岛上居民487人被带去台湾，柯位林等渔民把如意娘娘与庙中池府王爷也一同奉至台湾富冈。台东县富冈新村依山傍海，与石浦极为相似。半个多世纪过去，当年的四五百人已发展为1500余人，村民们依旧说着石浦方言，延续着石浦乡风民俗，因此又称“小石浦村”。居台后，渔民们集资在小石浦村建造海神庙，供奉如意娘娘。传说的“如意娘娘”原为渔山岛上的渔家少女，一日，得知捕鱼、铲淡菜的乡亲与父兄皆落海遇难，她奋不顾身冲向大海拯救。后姑娘下海处浮起一段木头，于是村民将它雕成一尊像，并建娘娘庙供奉，“如意娘娘”遂成为当地渔民战胜惊涛骇浪的精神支柱。

2003年9月，祖籍象山的台湾亚洲飞人柯受良率富冈新村代表10余人，赴渔山岛祭祖、祭庙，再次串联起如意信俗的两岸联系。2007年7月，总发起人柯位林（82岁，柯受良之父，渔山岛原住民，富冈新村海神庙始建人），率长子柯受球、四子柯受雄等回乡祭祖团一行54人，从台东经香港飞抵宁波，到达渔山岛。祭祖团敬奉从台湾随团请来的如意娘娘小塑身及池府王爷、广泽尊王，与海神庙会的阵头八将、令旗队、锣鼓队、七星阵、八卦阵等，省亲家乡娘娘庙，活动为期3天。2007年9月14日，值象山举办第十届中国开渔节，富冈新村海神庙如意娘娘再次应邀参加中国开渔节石浦渔港“妈祖祈福巡游”活动。渔家认为如意娘娘、妈祖娘娘同为海神，在神界也是姐妹一家。于是，如意娘娘以妹妹身份，做客东门岛妈祖庙，并参加开渔节

照 44-2　渔山岛妈祖巡游

渔港巡游。省亲迎亲仪式，有很多古老信俗，如起身祭、落地祭、守夜、赠礼、客祭、送别祭等。

象山渔山如意娘娘庙，位于北渔山岛大岙，始建于清，1956年废。1989年，台湾富冈村民柯位林与其弟柯位方等返渔山岛祭祖、祭庙，见庙废，遂捐款修庙，翌年成。供奉如意娘娘与观音、财神菩萨。祭祀时间为农历七月初六娘娘生日。台湾富冈村海神庙位于富冈村东海岸，始建于1960年，供奉如意大娘娘（原渔山娘娘塑身）、二娘娘、三娘娘（仿小），妈祖娘娘、保生大帝、池府王爷、广泽尊王（药王爷）、财神菩萨以及众兵将计100余尊。祭祀时间同为农历七月初六。

“如意娘娘”省亲迎亲仪式 2007年9月14日，台湾富冈新村原渔山村村民护送妈祖、“如意娘娘”回到象山，在石浦镇东门岛妈祖庙内举行了一场盛大的“如意娘娘”省亲迎亲仪式，保留了很多古老信俗。

起身祭。如意娘娘在富冈海神庙动身前一天，庙里要为她诵经祭拜。置八仙桌祭台，放鸡、鸭、鱼、肉、水果、饼干等祭品，祭司告知娘娘，某年某月某日，因何要启身回大陆家乡省亲。

落地祭。如意娘娘队伍到达家乡目的地、目的庙的村口，必定有落地祭形式，有如现代社会欢迎仪式。落地祭设祭桌，一般是八仙桌1~2张，置祭品酒杯，置香炉，吹打乐队迎候。村中信徒持香接驾。省亲队伍，要在村外下车步行进村，有乐队开道。当“娘娘”坐轿到接待方祭桌前，要停轿受拜，念经烧纸。然后进庙。如意娘娘到渔山娘娘庙，因为是到“家”，可以居中停放。到东门妈祖庙，因为是在“姐姐”家作客，妹妹如意只能停放于大殿中堂小位（即左侧）。以后出巡，也是姐姐（妈祖）在前，妹妹（如意）在后。

守夜。如意娘娘省亲来访，一般均要在客庙住上几天，夜间香火与陪客不断。双方各指派信徒4~6人，通宵上香陪护。

赠礼。神明往来赠礼也不可或缺，礼品重轻不计。2007年7月，富冈村海神庙赠渔山岛娘娘庙功德红包人民币6000元，功德铜香炉一尊（100公斤）价值2.5万元人民币。渔山娘娘庙没有回赠。2007年9月，富冈村海神庙赠东门岛妈祖庙功德红包人民币1200元，“安澜赐福”旌旗一面。东门妈祖庙回赠红包人民币1888.88元，“百世蒙庥”旌旗一面。

客祭。对于远道而来的客神如意娘娘，当地信徒虔诚有加，不断前来上香祭拜，祈祷合境平安、生活安康、学业有成。客祭一般仅上香，个人不设祭品。

送别祭。如意娘娘回程、启身之日，同样要在村口设祭送行，仪式与落地祭相同，众信徒护送一程。

回庙祭。如意娘娘返回台湾本庙后，举行回庙祭拜仪式，告慰娘娘，一路辛苦，平安到家。

第三章　省级非物质文化遗产

2007年，浙江省公布第二批非物质文化遗产名录，象山“徐福东渡传说”“唱新闻”“象山竹根雕”“海盐晒盐技艺”“祭海”“石浦妈祖信仰及迎亲习俗”6个项目入列其中。其中，“徐福东渡传说”“海盐晒盐技艺”“祭海”（入国家级“非遗”名录时改称为“渔民开洋、谢洋节”）、“石浦妈祖信仰及迎亲习俗”（申报国家级“非遗”过程中，其中“石浦—富冈如意信俗”部分被单独列出，入国家“非遗”名录）4项目后列入国家级“非遗”名录。

第一节　唱新闻

属曲艺类，申报地区为浙江省象山县。又称“锣鼓书”，俗称“讨饭唱”，原是盲艺人求乞时的顺口溜，节奏鲜明，音韵铿锵。后演变为一种曲种，广泛流行于浙东地区，清末传入象山，称“象山唱新闻”。民国初，溪沿村盲艺人“花眼定”等念中加唱，形式遂趋定型。其表演方式，说唱相间，竹板、锣鼓等伴奏。其演唱内容，故事、传闻、花名皆可入戏。其演唱形式有唱门头、唱道地、唱航船、唱灯头、唱场子等。其作品长篇、中篇、短篇，既有传统的，又有原创反映现代生活的。其常用曲调有词调、哭调、赋调等数十种地方小调。其伴奏乐器有鼓、锣、竹板。著名艺人有贺根木、傅天龙、周成法、顾正春、邹鸣高、叶荣彪、董顺发、叶胜建、李素琴等。“象山新闻（唱新闻）”详见本志“文学　艺术”篇第三章“戏曲　影视”第七节“曲艺”。

第二节　象山竹根雕

属民间美术类，申报地区为浙江省象山县。

照44-3　位于东谷湖畔的德和根艺美术馆

象山盛产毛竹，为竹根雕创作奠定物质基础。竹根雕艺术源于竹器生产，竹编、竹刻工艺影响尤大。清嘉庆年间有竹根制作的“秋叶贡盘”，民国时期有“梅花诗文笔筒”。20世纪70年代，通过去外地取经，西周一批爱好工艺美术的同仁，开始以竹根雕为重点进行创作。80年代以后，竹根雕创作发展迅速，不但取得良好的经济效益，而且取得很好的社会效益，作品获奖，名声渐响。1996年，象山成为“中国民间艺术（竹根雕）之乡”。至2008年，4人获称中国竹工艺、中国根艺美术、中国民间雕刻艺术大师，获全国、省级奖项300多项，创办竹根雕艺术馆1座，多名竹根雕艺术家出国交流。竹根雕已成为“浙江三雕”之后的“浙江新一雕”。竹根雕艺术详细内容见本志“文学　艺术”篇第二章“艺术”第四节“雕塑”；竹根雕创作单位、企业详见本志“工业”篇第十一章“竹木制品加工业”。

第四章　市县级非物质文化遗产

至2008年，象山县列入宁波市第一批、第二批非物质文化遗产项目（扩展项目）计28项，分民间文学、民间艺术、民间习俗、传统技艺4类。其中，以民间艺术和民间习俗类最为丰富。根据《宁波市非物质文化遗产代表作申报评定暂行办法》第十条规定精神，先期申报的国家级与省级“非遗”，自然进入市县级名录（部分名称有所变化），故这部分“非遗”项目本章不述。

2006年始，建立县级非物质文化遗产代表作品名录。至2008年，全县共有县级非物质文化遗产名录84项，其中民间美术项目（扩展）1项。

第一节　市级非物质文化遗产

民间文学类

象山抗倭故事　象山历为海防重地，明初驻守舟山的昌国卫因军事所需，将整个机构迁于石浦东门岛，后又迁今昌国卫古村（旧称后门山）。时象山有1卫、4千户所、3巡检司、20余寨堡，军事设施遍布沿海。象山为浙东抗倭斗争重地，大大小小发生过几十次倭寇入侵事件。在与倭寇百余年斗争中，产生许多惊天地泣鬼神的抗倭英雄。到象山参战的有谭纶、戚继光、俞大猷、汤克宽、卢镗、刘存德、张鈇、王春泽等将领；象山本地如钱昌千户易绍宗、象山县丞宋寘、教谕蔡海、爵溪百户秦彪与弟秦豸，昌国百户陈表、象山县令毛德京、蒋三才，昌国卫指挥武胜等；民间有西泽民众、钱仓钱公、开口岩义士朱汀父子及王永希、西山王村王维希妻邱氏、机工张守纪、前山姚家兵、东溪励敬爵等。他们浴血抗倭事迹民间传说众多，由此产生有“吃倭豆”“倭倭来”、丹城“骂倭岭”“泥马传说”“十四夜吃糊腊羹”“石浦戚老爷为什么黑脸”等与抗倭相关的故事和传说。明代象山抗倭史实详见本志“军事”篇。

赵五娘故事　赵五娘故事自东汉至魏、晋时期，即开始广泛流传于民间。隋、唐始，即有多种文学作品问世。《琵琶记》是元末明初高明写的南戏，借《后汉书》蔡邕故事为由因，糅合历代传说和作者创造力，以蔡邕妻子赵五娘为主角。高明在宁波栎社写成此剧，而赵五娘的传说则在象山最为丰富。根据象山县《爵溪镇志》记载：明洪武、嘉靖年间有两批河南开封陈留人（赵五娘家乡）从戎驻爵，筑城抗倭，留居爵溪。他们极有可能带来赵五娘故事。这一故事，经与当地故事黏附，又建起赵五娘庙。每年八月初三都会举行祭祀赵五娘庙会。从此民间流传的《赵五娘东京寻夫》《伯喈负心》《寺中失画》《离恨升天》《沉东京涨崇明》《赵五娘歇足点——泊戈洋集福庵》《相思岭》《赵五娘岭》等故事便生根于此。故事中，赵五娘无依无靠，思念丈夫，便叫人画了公婆制像，孤身一人，挟一雨伞，肩背琵琶，黑衣白裙，风餐露宿，一路乞讨，竟走到东海之滨象山之地。一路留下了“相思岭”“大岙（袄）”“下沙（纱）”“七弯八岗”“赤坎”“印伞石”等故事遗迹。最后赵五娘来到爵溪白沙湾“弥陀古寺”，得知夫君伯喈已在东京牛宰相家招亲，做了女婿。五娘万念俱灰，八月初三这天，在爵溪大爿山蹬“升天石”升天。后人为纪念这位忠贞的五娘，在爵溪白沙湾建造赵五娘庙，每年八月初三举行声势浩大的庙会。进入当代，赵五娘的传说被深入挖掘和发挥。发表的著作和文章有吴国华历史小说《古道侠情》，倪水汶民间故事《赵五娘隐真白沙湾》，诗歌《赵五娘新传》《谒赵五娘像》《赵五娘民间传说歌》；连环画《赵五娘》；论文《关于赵五娘的传说》；新闻报道《赵五娘庙会》等。

象山渔区歌谣　象山渔区歌谣是象山渔民从渔业生产、劳动习俗中创作出的一种口头文学。这些歌谣内容与形式丰富多彩，地域特色明显，海洋文化底蕴丰厚，渔业、渔村、渔民的气息浓重。千百年来，渔区人民通过口授传承，把出海航行、捕捞作业、海洋气象以及渔业习俗等内容知识，以歌谣形式一代代口口相传，在民间文艺创作中独树一帜。象山渔区歌谣格式为每首唱词基本在八句以上，每句字数通常为五至七字，句尾多押韵。按内容与作用，大致上可分为渔业劳动、渔民生活、渔家情感三类。渔业劳动类：“劳者歌其事”，在渔歌中，劳动歌谣最为普遍，由体力劳动直接激发，最具代表性的是《渔家号子》。《渔家号子》节奏鲜明急促、顿挫有力，给人以雄壮的集体力量和劳动创造世界的有力感染，具有深刻的渔文化内涵价值。在象山渔区民谣中，占大多数的是这些渔业劳动歌，如《拘鱼山歌》《渔民头上三把刀》《鱼谣》等。渔民生活类：渔区民歌中的生活歌谣，所唱的是渔区民众的日常生活，表现渔区人民对渔猎生活的感慨和调侃，借以自我表现、自我娱乐，抒发蓄积力量再去搏击大海的胸怀，如《四季渔歌》《渔民灾难多》《渔民六“头”》等。渔家情感类：渔家情歌以其特有的方式袒露胸臆，抒发对出海远航的亲人思念和挂牵，表达打鱼人丰富多彩的内心感情世界，如《我郎命真苦》《好女勿嫁撑船郎》《丈夫拘鱼人》等。渔区歌谣创作于民间，生存于民间，承载的也是民间，它不是固态停止的，而是随着时代前进、社会变迁不断发展。象山渔区歌谣在早期创作与现代创作上有着形式、内容上的联系与区别，有明显的时代印记，有与时俱进的创新精神。

民间艺术类

农民画　象山是中国农民画的发祥地之一。始于20世纪50年代高妙兰农民画。高妙兰一生共创作3000余幅，多幅作品刊登国家级报刊，入选华东美术作品展，两次举办“农民画家高妙兰作品展”，作品并被选送到国外展出。在高妙兰带动下，农民画创作大兴。80年代，县里举办农民画培训班，多名农民画画家的作品入省级展览并获奖。并承办宁波市农民画评奖大会。90年代以后，茅洋乡、鹤浦镇、高塘岛乡成为农民画创作基地。象山农民画详细资料详见本志“文学　艺术”篇第二章“艺术”第二节“绘画　书法　篆刻”。

照44-4　高妙兰农民画

高妙兰农民画表现手法和风格　1. 构思：作者根据自己现实生活中所见所闻，选取新农（渔）村建设中的各类健康题材，歌颂物质文明和精神文明建设的人物和事件，进行画面构思。2. 构小图：形式要有民间绘画的特色，可变形、夸张、不一定强调透视。作者根据自己的想法，用绘画手段把它充分表达出来。3. 画稿放大，大稿造型要正确，局部、细部都要表现得具体，勾勒线条要肯定，不能模棱两可。纸张的选择，可以根据画稿而定，水彩、水粉可用铅笔纸，中国画法可选宣纸，油画可用布、板或自制油画纸。4. 搞好彩色小稿，运用民间绘画的特点，彩色要鲜艳夺目。可对比强烈，也可抒情和谐，根据画面内容而定。5. 大稿上色，根据彩色小稿的要求上。

剪纸　明清期间象山剪纸广泛流传。民国前，南堡樟岙村鲍其山妻子剪纸远近闻名。民国时，民间剪纸能手众多，如徐祝三、高妙兰等。中华人民共和国成立后，徐忠杰等文化工作者成为民间剪纸专家。谢才华不仅继承传统剪纸艺术，而且形成了自己特有的艺术风格，剪纸作品多次获各类奖项，两次列入上海世界吉尼斯之最。2008 年，“象山才华剪纸艺术馆”建成。象山民间剪纸的传承，以前以一对一传授为主，中华人民共和国成立以后，开办过培训班。20 世纪 90 年代以后，老年大学、中小学都开办过业余剪纸班。象山剪纸详见本志“文学　艺术”篇第二章“艺术”第五节“剪纸　刺绣　编织”。

照 44-5　谢才华剪纸作品

象山民间剪纸一般工艺流程　1. 构思：根据作品内容，通过谐音，象征，寓意等技术来烘托主题。2. 起稿：装饰性题材一般不打素描稿，只要有腹稿即可，或者用剪刀或大拇指甲在纸上划出大体轮廓，在剪的过程中加以细致刻画，这样的方法达到了既概括，又有变化的效果，剪人物或大幅图案等复杂的作品，则要起好底稿。3. 剪刻：用剪刀剪出图样，剪时要仔细精到，不能粗制滥造。有的可用刻刀配合使用。分阳刻和阴刻两种。4. 衬背景纸：把剪成的图像压平，然后在背后涂上糨糊或白胶，粘贴在纸质较厚的背景纸上。背景纸的颜色及肌理要根据画面内容而定。

船模　象山船模是按真船等比例缩小后，做成模型的民间艺术，主要流传于石浦城区及东门岛、鹤浦、高塘、晓塘、爵溪等沿海街道镇乡。其中，以石浦地区和爵溪街道的船模最为有名，影响遍及舟山、温州和江苏、福建等地。船模起源于造船及渔民民俗信仰，起源时间可追溯到清早期。清康熙年间，福建人赠石浦东门岛一艘绿头商船模，置于王将军庙大殿梁上，岛民随后自制东门大捕船船模一艘，置王将军庙大殿中堂右侧，形成一对，祝愿渔民平安丰收。象山船模种类丰富，有小船与大船、帆船与机动船、渔船与运输船、轮渡与渔政船及仿古船等，应有尽有。象山各地制作船模的工艺流程大同小异，一般流程为画图纸、选材、定龙筋和船头鼻、固定梁和绕柱、制作底板、船尾栏板、船侧栏、填缝隙、上漆及制作锚桅篷橹桨等部件。船模是工艺品，做工精致，色彩靓丽，装饰丰富，特别是传统船饰在船模上的应用，极具当地文化特色。象山船模制作著名者有詹孟福、胡根财、王月生、谢配祥、张德兴、杨雪峰等，其中詹孟福和杨雪峰是市级代表性传承人，杨雪峰的杨氏古船坊是市级传承基地。

石浦鱼灯　鱼灯制作历史悠久，相传明嘉靖末年即有鱼灯出现。时老百姓为纪念抗倭将士及喜庆渔业、农业丰收，举行踩街活动，人们手持彩灯跑步表演灯舞。鱼灯制作工艺比较复杂，以手工制作为主。先根据鱼灯的大小劈制篾丝粗细，又弯头处用火熚成弓形，后用线或铁丝扎紧交接处。有些工匠还专门设有图纸比例扎鱼灯的筐子，扎好筐子，再用纸或布、糨糊包住筐子，然后进行精工细作。纸、布包紧，交接处要随缝相叠（5 ~ 10 毫米），剪去多余部分，交接处用金纸黏合。框架做好，也就定型，然后绘上各种鱼灯颜色。早期鱼灯画上或贴上鱼眼睛，画上翅膀、鱼尾巴等，有些装上蜡烛。现在大都装电池，有些大灯在鱼眼上装灯泡，更灵动。作为表演鱼灯在鱼身上扎一根直棒，可以手握着舞动。鱼灯制作器具主要有毛竹、篾、纸粘、麻绳、铁丝、各色颜料、各色手工纸、蜡光纸、金纸、银纸、透明纸、尼龙布、电珠、蜡烛及棉线等。作品有黄鱼灯、鲳鱼灯、虾灯、马鲛鱼灯、蟹灯、带鱼灯、鲎灯、墨鱼灯、红洋鱼灯、稻蟹灯、鲫鱼灯等。

刻板牒印　象山刻板牒印历史悠久，很多古刹便有刻板牒印存在。各大寺院、庙宇举行法事、庙会都广泛应用，因此各地都有一批刻印民间艺人。牒印图版内容丰富，“观音菩萨”牒，刻有南海观世音像；“三官”牒，刻有天官、地官、水官像；“八宝”牒，刻有八仙所用器物：宝剑、箫、荷花、道情筒、蒲扇等；另有“双龙戏珠”牒。雕刻一般采用阳刻技法，线条流畅明快，有力度；造型变形夸张，人物面部表情刻画得安详自然，有浓郁的民间年画气息。印刷采用印拓法，单色印于黄裱纸上。工程流程：选材，选用上好香樟木；加工，剖成木板，面刨平；作画，用毛笔将图案画于宣纸上；拓画，将画好宣纸放在加工好的樟木板上，平铺开，喷上水，直到墨渗透到樟木板上。然后将已拓有图案的樟木板晾干；雕刻，用刻刀在樟木板上雕刻，以阳刻为主；印拓，在雕刻板上用刷子刷上墨，然后铺上纸张，刷子来回匀刷，将纸揭开，图案便印于纸上。

鱼灯舞　鱼灯舞是东南沿海一带渔民在喜庆丰收灯会中表演的一个舞蹈，流传于象山石浦一带。相传100年前，人们为纪念龙潭坑白龙潭鱼娘娘发慈悲，普救众生使渔民丰衣足食，就扎起各色鱼灯，出现在每年元宵节上。石浦、昌国一带村村举行迎龙会，渔村的鱼灯会最闹猛，家家以鱼灯上门为富，伴灯舞为幸。鱼灯的种类有鳌鱼灯、黄鱼灯、鲳鱼灯、带鱼灯、马鲛鱼灯、马尾豚灯、虾灯、蟹灯、鲎灯等。鱼灯舞以演员跑、跳，摆动鱼灯体现鱼在海里跳跃游动的欢乐情景，再伴上节奏强烈的锣鼓声、喇叭声，以及圆形、交叉形、方形、螺旋形等队形变化，使鱼灯舞的表演更具魅力。

灵南狮舞　上马岙狮舞于清前即存在，每到春节、元宵等传统节日都要表演，具体产生年代无法考证。据民间舞狮艺人介绍，春节元宵期间村庄里舞过龙灯、船灯、马灯后，必须用狮子再滚一下，认为狮子是“文曲星”，通过滚狮，解晦气，保平安。狮舞由二人扮演，动作难度大，主要有“狮子出门”“狮子戏灯笼”“狮子打棒”“狮子戏火球”“狮子戏钢叉”“狮子跳桌角”等。它与众狮舞不同，若夜间表演，更显精彩。

大塘车灯　大塘车灯起源于清嘉庆九年（1804）。旧时每当正月十四元宵节或庙会等均表演。表演内容主要是颂扬“刘、关、张”桃园三结义，主要情节是“关公送皇嫂”。整个车队2顶车轿，分坐着2皇嫂，5匹马，1关公、4护将，散灯4盏，车夫2人，乐队7人，共25人组成。表演队形：前面城门，关公骑马，马童牵马绳，后随2座轿子皇嫂，轿后两旁骑马护卫4将。表演时先有关公城内唱“倒板”，打开城门，马童翻斗跌出，引出队伍，然后“剪刀阵、云头阵、四角阵、大团圆”4个阵形，边唱边舞。

象山渔民号子　由传统渔业生产产生的渔民号子和海洋运输业中船工号子等组成，统称渔民号子。有强烈海洋生活气息。象山三面环海，有大目、猫头、渔山三大著名渔场。清中叶、民国直至中华人民共和国成立初期，江、沪、浙、闽等沿海各省数以万计渔民聚集三渔场围捕大黄鱼、带鱼等经济鱼类，大部分渔船都在象山石浦、爵溪等地停泊、加工鱼货及生活补给。为此，石浦、爵溪等地就成为象山渔民号子的主要发源地和传承地。象山渔民号子在唐宋时期已经初步形成，清康熙年间至民国达到繁荣期。象山渔民号子按作业环境，分岸上号子和海上号子两大类；按工序分为："起锚号子""拔篷号子""摇橹号子"等26种；按劳动强度大小又可分为大号、小号、一六号、对号四种，各类号子之间相互灵活通用。音乐结构单纯、展衍成号，强弱有致、曲调丰富，浑厚有力、节奏强烈，轻松明快、旋律动听，表演形式有一领众和、集体演唱，随口编词、自由发挥，一号多用、随机应变，实词精炼、衬词丰富等。20世纪60年代中期，由于手工化捕鱼作业逐渐被机械化所替代，繁重的劳动逐渐变得轻松，号子的生存空间不断萎缩，渔民号子渐渐消失。迄今代表性传承人陈瑞春整理出20余种常用渔民号子。

岸上渔民号子 1."拖木头号子"：造新船或修理船只，都需要很多木头，长在8米以上，重有几百斤或几千斤。较大的木头靠拖，这时就用"大号"（或"一六号"），它特点是节奏缓慢（大号节奏略快），旋律高亢，较多表现庄重、严肃、有号召力的情绪。2."抬木头号子"：造船用的几百斤的木头都要几个人一起从海边抬上来的，为了步伐一致，常用吆喝型的两拍子的抬木头号子。3."牵钻号子"：又称"起钻号子"。造新船或修理船只时，需要钻木打孔。起钻时，一人紧握钻头把柄，另外两人各执钻头麻绳一端，在左右两侧牵拉钻子。一拉一送，一领一合，使牵钻动作极为协调，提高了钻孔的速度。4."牵锯号子"：造船匠（大木师傅）在造船剖板牵锯过程中两人对牵对唱用的号子。5."敲对钉号子"造船的钉是方形的，头尖、尾大，大小、长短不一。长而大的钉，都由二人对敲，为了协调，规定喊号子的敲，没喊号子的停，如此你喊一句，敲一下，我喊一句，敲一下，反复交替敲击，直至把钉敲进去。敲对钉一般用的是"对号"。"对号"是由甲乙交替喊的一种号子（一会由甲变乙，一会由乙变甲），如果前者最后一个字喊的是"嗨"，后者接音时也喊"嗨"，决不允许把"嗨"喊成"呵"，否则会影响效果。6."斩对斧号子"：造船时，要把木料加工成各种所需的部件，除用锯外，有些部件是需要弯型的，如：船的龙筋，这时就需船匠师傅用斧子来斩，有时木料较大，就由两人来对斩，为了斩时两人不同时下斧，就用号子来区分，喊号子的人下斧，一人喊一句，如此交替着斩，这样可以增添欢乐的气氛，常用的是对号。7."抬船号子"：将小型木船从船厂或岸上抬到海里的一种号子，由于多人抬船需要统一步伐，故称"抬船号子"。此号子与抬网号子相似。8."拔船号子"（用大号或一六号）：台风来临或修理船只时，需要把船只从海里拖到岸上，出海时，又需要把船只推下海。在这个过程就用大号或一六号（拔小船时用大号、拔大船时就用一六号），所喊的号子就是"拔船号子"。9."拔舢舨号子"（用大号）：将舢舨从海里拖到岸边泥涂或沙滩时喊的号子。10."打大绳号子"："大绳"俗称"三股头"，是网绳或锚索最大的一种。打大绳是分别把三单股挂在专用工具的左、中、右同一架上的三个铁钩上摇，叫作"摇三星"。把三股拧成一根绳挂在另一端架子的单钩上，叫作"摇后送"。为了能把"摇三星"三人的三个单股松紧摇均匀，所以需要三个人步调一致同时用力，于是就用号子来统一。"摇后送"是二人同握一个铁钩柄，用的也是同一号子，此号子的节奏近似摇橹号。等到绳索快摇紧时，速度加快，即用吆喝型短号"哎嗦""哎嗦"（后附七）。11."纺缆号子"：张大捕、张小网（张小虾）的主绳是用稻草包在篾丝外面的三股绳索。张大捕的把它叫"根"，分上根下根，张小网的主绳叫"缆"，付绳叫臂。在加工时称"纺缆"或"纺根"，此号与打大绳号相似。12."抬网号子"：对网船的围网（网具的一种）有数十米长，从岸上搬到船上需要十多人分组抬着走，为取得步伐协调整齐，常喊两拍子的抬网号子。13."夯箍号子"：木碇是张大捕作业的主要工具之一，由碇身和碇齿组成，碇齿与碇身合并的一头叫"米鱼头"，米鱼头有二道小箍（土话叫抽），一道大箍，大箍称"蟹裹抽"（是用篾根盘成的），用小榔头紧贴蟹裹箍，大榔头（重约40斤硬木）用力敲着小榔头，使蟹裹箍由外向里步步箍紧。这种操作叫“夯椗”，用的是吆喝型的短号，在大榔头提起时，即喊“吔——嗨”，大榔头有力地打在小榔头上，握小榔头紧接着喊“煞手”或“再来把”，为其鼓劲。反复地夯，直至夯紧为止。喊的号子称敲鼓号子。14.“敲草号子”：张小网（张小虾）的主绳叫“缆”，是用稻草包在篾丝外面的三股绳索，打“缆”的稻草要把它敲软才可包裹篾丝。敲稻草是由1~2人敲一人翻，一人敲或二人翻二人拷。（独有东门岛渔民由一人操作，手握木榔头，用脚翻滚稻草，配合非常默契，这种敲法东门岛现在55岁以上的渔民都会，可算是东门岛的传统绝活。）一边喊两拍子“短号”助劲，一边翻滚稻草用木榔头敲稻草。喊的号子叫“敲草号子”。15.“汏（洗）网号子”：渔网在海水中会沾上许多泥浆和污垢，回港时必要清洗。渔民称“汏网”。它是二人分别拉住网的两头，紧握渔网上下抛甩，一人泼水，一段一段地汏，随着抛甩的节奏喊号子助劲。16.“起舱号子”：类似“吊水号子”，用于在船舱里提货。此号子先短后长。货物满舱时，因货离舱甲板的距离短，所以号子也短；随着货逐渐卸出，货与舱甲板距离越来越长，于是号子长度也越来越长。

海上渔民号子　1.“拔篷号子”（分别用小号、大号、一六号三种）：古时，风是船舶航行的主要动力能源，而篷（即“帆”）则是充分利用风力的作用的工具。船要加速，必须要起篷。起篷初，篷吃风小，轻松省力，就用“小号”。当篷拉到一定位置时，篷吃风渐大，拉篷的感觉也随之越来越沉重，需要的力也渐渐增大，这时就需要改喊“大号”。喊“大号”时，众和部分的末尾一个音常拖延一些，好使领号与众和者取得和谐的衔接，把握好节奏。“起篷号子”是象山渔民号子中最具气势和力度的典型性号子。2.“起锚号子”（分别用小号、大号两种）：船只停泊时，为了避免移位以致触礁毁船或搁浅，因而需要抛锚。开船起锚时，起初因锚松而省力，此时就用“小号”；待锚索绷紧时，由于锚扎在淤泥深处，再加上海水的压力以及锚索本身的重量，致使重量加大而费力，此时就将“小号”改喊“大号”。当锚离开淤泥，浮于海水中时，海水浮力使锚索变轻，此时又可将“大号”改喊“小号”。3.“拔椗号子”木椗是张大捕作业的主要工具之一，它形如铁锚（单齿），是用硬质木材制的，椗长一丈六尺（鲁班尺——1公尺=3.6鲁班尺），椗齿长八尺二寸，重四至五百斤。张大捕结束时，需把笨重的木椗（木椗本身的重量加上海底淤泥的重量）拔回来，这就利用手拉和借助海浪的起伏巧取。方法是由手头或三肩握着“夹头柴”〔把根（绳）索卡在船头上的木棍，1米多长〕，看准海浪的动向和船头起伏，把握时机，当船头下去时，把“夹头柴”迅速开启，即领喊“喔”，拉椗的人迅速拉起，和喊“啊”，时间不超过三秒钟，随即把根（绳）索卡住，利用船升起时把椗拉起，如此反复，及至把椗拉上来。这种号子，无固定节奏，声腔雄壮有力。“喔”是“下令”“啊”是“用劲”。4.“摇橹号子”（分单人摇、双人摇、多人摇三种）：单人摇适合于体小船轻的小舢舨；双人摇，由两个人合摇一支大橹，摇橹开始时，由于两人动作不易取得协调，因而号子的前数小节作为调整动作之用。待动作取得协调一致后，就可一领一和地交替进行，领时拉，休止时推，一拉一推动作及位置整齐，有力地配合了摇橹动作，达到和谐省力的目的。多人摇则是一条船上用三支橹以上同时进行，协调性要求很高。如流网带角船因无篷，其动力全靠橹摇，所以往往船尾一支橹，船舷两侧各一支橹同时摇。冰鲜船（运输船）摇橹号子与小对带角船（流网船）摇橹号子由于船体大小不同，号子也不同。另外，顶水摇与平水摇，由于水势不同则用力不同，故喊号子也有一定的区别。5.“打水号子”：又称“吊水号子”它用于打捞船舱里的积水。打捞时，四人各拉一根吊桶绳，待吊桶装满水时，指挥者领号“哦——吼”预备句，四人就接和，并边和边拉，每喊一句，就拉一把，第四句时，就可以把吊桶里的水泼到大海。货舱深的船，可多拉几把，直至水桶吊上舱面，然而将水泼入大海即可。6. “吊舢舨号子”：将舢舨从海面吊至大船后尾部时喊的号子。7. “打桩号子”：张小网是一种固定地点的捕捞作业，先选择好行（洋）地，在海底打桩（桩是由较大毛竹制成的长约4米），打桩时需召集很多人去船上拉斗索（斗即夯，形有所不同），由船老大把“斗”喊“大家来啊”或喊“用力拉啊”，紧接着夯下去喊“桩桩实啊”，这“啊”字不能拖太长音，属吆喝型长号，粗犷、节奏不规律。8. “抛椗号子”：张大捕是两枚木椗连着根索，抛下水中扎在海底，渔网系在根索的上端的一种捕捞作业。木椗分腰椗和头椗，抛行时（操作名）船老大看定方向严肃地喊“抛”，接着三肩（船上职称，即三老大）“哎”的一声把腰椗翻入海里，等根索放到一定距离时，老大又次下令“抛”，头手（船上职称，即副老大）紧接“哎”的一声把头椗也翻入海中，这种吆喝型短号，干脆、利索。9. “扛鱼号子”：有时一网捕到几万斤的鱼，无法拉上来时，就让渔网的尾部（网袋底）在海中，把网袋里的鱼分成若干小段，每一段两头各有2~3人扛，这种取渔方法叫“扛鱼”，每扛有300~400斤，用的号子是前句是“拉”，后句是“抛”，拉袋口的喊到后句最后一个音符时，必须立即放手，鱼货即从袋口卸到舱里。这种号子带有喜悦和幽默。10. “撑船号子”：有时船只会遇到浅水或海涂平坦地方，在不能用帆和橹的情况下，就要用撑竿（篙）用力把船撑到深水区，撑时各人会喊些吆喝型的单号，也会喊几句带词的号子，如：“船到青龙头啊！”（在岱山东沙镇铁畈沙）“喝酒横街头啊！”（东沙镇主要街道）或“后生用力撑啊！上面有大姑娘啊！”周边的船也会接腔附和，充满喜悦心情和满载而归的景象。

高塘提线木偶　高塘提线木偶于民国17年（1928）从温岭传入。1960年，成立象山县提线木偶剧团，由于提线木偶表演空间大，不受“天”“地”限制，可以把上天、下海、入地人物演活，因此在县外也很受欢迎。主要剧目有《西游记》《封神榜》《征南唐》《赵匡胤》《劈山救母》《凤凰簪》《天宝图》《杨文贵上考》《石宝下红蛇洞》等。1971年，开始演《半夜鸡叫》《血手印》《墙头记》等现代剧。1979年，成立高塘公社提线木偶剧团。高塘提线木偶特征一是“大”：表演舞台长10米、高4.5米、宽8米，并要有两层结构，5人在高层提线木偶表演，2人在底层用布袋木偶表演。二是“全”：“麻雀虽小，五脏俱全”。不仅要有两层大舞台，且乐队人员全，有打击乐、弹拨乐、管弦乐等。舞台背景丰富，有山水景、海景、夜景、宫殿景、天空景等。三是“真”：有身临其境的感觉。提线木偶戏在两层台上，手提木偶和布袋木偶配合演出，舞台上表演的木偶，层次感、空间感强。木偶角色的眼、嘴、手足都能动，表演者既能用手表演木偶动作，又能根据角色演唱、对白。四是“俗”：该木偶剧演出与民俗风情活动紧密结合，各地庙会、节会、红白喜事、寿庆等活动，会邀请其演出。李贵富为该项目市级代表性传承人，高塘岛乡江南村为市级传承基地。

民间习俗类

大塘红庙庙会　即镇潮庙会。大塘镇潮庙，俗称“红庙”，建于清道光五年（1825）。庙内供大禹、孔子、关公、岳飞四圣人，魁星、刘猛、土地公婆三尊菩萨及大塘围海垦地的十八先贤。农历五月廿七为庙会期，祭祀，巡游，做麦糕等招待四方来客。镇潮庙会内容详见本志“宗教民间信仰”篇第六章“民间信仰”第三节“庙会”。

象山“七月半”　“七月半”节是象山古老的民间传统节日，源于古代中元节和佛教盂兰盆会。象山爵溪称为“赛神会”（又称“迎神会”“赛龙会”），石浦东门称为“太平节”，定塘周岙村称为“鬼节”，涂茨钱仓等大部分地方称为“七月半”，珠山村称为“中元节”。名称不一，其内涵一致：祀祖宗，祭亡灵，聚亲友，祈菩萨，保安康，消祸灾，庆丰收，贺吉祥。爵溪七月半会期以七月十五行会为中心，分初十开印、十四扫街、十六放水灯、三十拜忏等，历时20天。七月初十开印为序幕。七月十四扫街为行会前奏曲。七月十五，户户蒸大糕，家家有客人。午后，长老妇孺、少男淑女、过客来宾聚集街旁巷口，翘首以待行会队伍。行会队伍聚集城隍庙，柱首发令开行。每街必到，先后有序。从城隍庙出发至东城弄到东城门，全程毕。途中，每街均须“祝献”，由祝献会举办，一俟城隍莅临街口时，即在街道陈设方桌，献贡品，以示尊戴。本行会族长行跪拜礼，以祈赐恩，消祸免灾，合街平安。判官代城隍还礼，仪毕即收拾贡品、方桌，行会继续。行会队伍出东城门后即分两路，监斩“犯人”一路沿沙滩进至校场宫“行刑”。其余折南由南城门进城队伍散解。城隍由原班人马抬进南城门至十字街亭对面空棚内安座，待晚间观摩上演戏剧。七月十六（遇风雨可延至十八）夜间，在沙头放水灯。灯笼底部扎稻草作垫，点燃蜡烛，轻置于海面，家人伫立海滩，默默祈福，超度海上亡魂。七月三十拜忏由盂兰盆会组织。有法师到半山庵（上庵）玉泉井取净水，十字街亭戏台放焰口，家家户户造沙纸船，街旁巷口摆羹饭桌。深夜，焰口毕，纸船等就地焚化。历时20天会期始告结束。石浦镇东门村七月半举行盂兰盆会。由庙祝（当家人）在庙里拜3天太平忏，求神保佑出海平安外，还请6~8名和尚念经做道场。傍晚时分，在船埠头高台，挂“鬼门”“人门”两门，设盂兰盆一只，为八角长方灯，另有“东、南、西、北”四城门，设斋供僧。是日，家家制作水灯，五彩缤纷，品种繁多。施放水灯，把祭祖活动推到高潮。施放者候平潮时分，把一盏盏水灯装在舢板上，摇至海港中央，择落水（退潮）顺风顺水放灯。一次放水灯，少的几百盏，多时有上千盏。“万点红灯波历乱，星河倒影水连天”。水灯随波逐流，飘荡远逝。

船饰习俗　象山船饰文化寓意深刻、内容丰富、形式多样，在海内外船饰文化中堪称独创。主要流传于象山县沿海地区的石浦、爵溪、鹤浦、高塘、东陈、新桥、涂茨、定塘等街道镇乡。自明清始，一般船尾和船舷护板上雕有龙虎之首或海泥鳅（通常视为龙外甥）、莲花，船头上则是两只翘首的船角。旧时渔船上装饰，与先人鱼神（龙）崇拜有关。渔民称渔船为“木龙”。人们认为，海洋为龙王所主宰，虾兵蟹将都听他调遣。渔民出海怕遇大鲨鱼，大鲨鱼袭来，不只是鱼虾被吓跑，捕不到鱼，还担心遭难。于是，把船装饰得像龙一样，以吓跑大鲨鱼。从此，船饰习俗就流传了下来。经漆饰后的渔船，犹如一件精美的实物画作。渔民对船首、船尾、船舱和桅杆等各个部位如何用漆、漆的颜色如何搭配等都十分讲究，并逐步形成一种共同信守的规矩。如：船头正中挡浪板上绘有太阳、铁碇、海浪等图案，希望吉阳高照、镇海平波、乘风破浪；有的挡浪板上画上一条鱼，似鱼跳跃，象征着“鲤鱼跳龙门”；船头上有两只高翘的船角，称“龙角”，意为驾龙闯海、一帆风顺、四海平安；渔船船角下方两侧，通常有一对外围白、中间乌黑的眼睛（俗称“船眼”），据说船眼睛一只关注着天，能知风云变幻，另一只关注着海，能知浪涛变化和海里鱼群动向。船身在吃水线的位置，为淡黄色或棕黄色，船底到吃水线为“赭色”，以防止“水蛭”蛀船板，并防止贝壳类在船底繁殖；船舷上用红、黑、绿、白等色，绘上抽象鱼类的图案，寓意鱼舱满载、顺风得利，或以莲花和鲤鱼构成吉祥图案，寓意为“年年有余”。船尾颜色为红蓝或红黄蓝。船尾“U”字边上以红色为主，有警示作用。船的后挡上绘白藕生莲叶及并蒂莲，以荷花、莲蓬、白藕构成的图案，寓意因和得偶、天配良缘、夫妻和睦，也有海鸥、波浪图案，寓意乘风破浪、一帆风顺，或写上“福”“兴”“丰”等大字，以表达满载而归的愿望。桅杆顶端小圆柱要漆成红色，小圆柱上插小三角旗，以方便掌握风向。小圆柱下方有几十厘米长的四方物与桅杆连接。此物要漆成黄色或淡蓝色，忌白色。船上渔民多不喜欢白色，认为白色不吉利。船旗是渔船上的重要装饰，以三角形彩旗居多，有红底黄字或黄底红字或红白相间。下水后，哨灯旗杆挂上大三角旗或矩形顺风旗，旗上写有船名号或“一帆风顺”“满载而归”之词，也有写上船主姓名和船名号。大三角齿状旗边，亦为黄色。旧时船多不大，有“独户”或“并股”之分。独户者写姓氏旗，以方便群船互相呼应，但如遇姓“施”“史”“范”“潘”“陈”“程”“郑”“秦”等，绝对不能写。因为此类姓氏音谐“翻”“沉”“死”“倒”，为船家禁忌。随着机帆船代替小型木帆船，三角形小旗就不再插在船尾，而是高高地升在主桅杆上，俗称“定风旗”，它可随风而转向。停泊海港的大船上，可见许多印着各种彩色图案的小方旗或小三角旗，成排挂在船头、船尾和中舱的桅杆、信号杆之间，十分壮观。这是为新船下水、丰收归来或传统岁时节令表示庆贺而悬挂，出海时即卸掉。船的队旗颜色，也有不同。如象山县东门渔队队旗为“天红地白”，石浦渔队为黄色，另外还有“大风旗”“丰收旗”等不同着色方式。船饰画通常绘在船体比较引人注目的驾驶舱前板上。早期船饰画内容，大多为足踏莲花的南海观世音菩萨、脚踩风火轮的哪吒太子、八仙过海及有武松、关云长等人物像。改革开放后，船饰画多了展示新时代风采画面。近年来，随着捕鱼机械化、钢质渔轮的发展，木帆船逐渐退出历史舞台。过去从事船饰图案制作的渔家画师大多改行转业，船饰图案也日趋简单起来，船体色彩更是越来越单一。历史上许多优秀的船饰图案因难以保存，已不易找到。

海洋捕捞习俗 海洋捕捞习俗主要沿袭在象山沿海渔区一带，是当地渔民生产、生活历史和现实的反映。据考古，先民在6000多年前已有捕鱼生产，先是海涂，后至沿岸，再至浅海近海；先是手抓棒打，后使用渔船渔网，数千年来，逐渐形成一系列捕捞习俗。其中，有许多还被现代人们所信奉，有的还成了渔区特定的岁时节令，如开渔节（旧称“开洋”）。捕捞习俗主要有十方面：1. 造船习俗。由请造船大师傅、选料、开工、安装船眼、赴水以及在造船过程中的各种祭神、择吉等组成。2. 生产关系习俗。有租赁制、单位制、合议制、长元制、借贷制等。3. 分配习俗。如过鲜和吃倒账、借贷、分私脚、分红等。4. 船上分工习俗。有老大、多人、出网、出袋、拖下网、拔头片、抛头锚、仪桨等职位。5. 渔汛和潮期习俗。分春、夏、秋、冬四汛与潮期。6. 鱼货保鲜加工习俗。有充冰、腌渍、淡干、咸干等。7. 祭祀习俗。有拜船龙、开洋节、谢洋节、祭小海、出海祭等。8. 禁忌习俗。含行为习俗、语言习俗和饮食习俗等。9. 饮酒习俗。有喝祭海神酒、庆新船赴水酒、年节酒、新岁酒、扶阳酒等；10. 其他习俗。如遇险和救险、看潮候、测时间、测鱼群等等。随着社会不断进步，上述习俗有的淡化，有的消失，但祭海、祭神、分工、开洋和谢洋、新船下水、拜船龙、渔汛、潮期、加工等许多习俗尚保留着，个别习俗，如开洋节等已被赋予现代含义而发扬光大。“海洋捕捞”内容详见本志“渔业”篇“渔业生产习俗”内容详见本志“生产习俗　岁时节日”篇。

石浦“十四夜” 石浦元宵节过十四，而不过十五；不吃元宵而吃“糊腊”。据传与沿海抗倭有关。有一年正月中旬，倭寇乘着农民忙于过节，大举入侵昌国、石浦、南田一带。戚继光的军队和老百姓一道奋起抗击，打胜仗。正当大家杀鱼宰猪欢庆抗倭大捷，各种菜肴准备就绪下锅时，探子急报，另有一股倭寇入侵。军情危急，来不及一盘盘烧煮，伙夫就匆忙把切好的各种小菜一起倒进锅里，煮烧一段时间后，加上薯粉，做成“糊腊”，既当饭又当菜。将士们吃饱后，士气大振，一阵拼杀，大获全胜。这天正好是正月十四。从此每逢正月十四，家家户户都吃“糊腊”以示纪念，象征着团结、胜利、欢庆和美满。这种传统一直流传至今，已沿袭成一种民俗活动。这种活动除元宵时间独特性、故事历史性外，还具有活动丰富性。石浦“十四夜”除吃糊腊羹外，

还有“请背箕姑娘”“走十四”“点天灯”“看新媳妇”“摇十竹娘”“扮故事”“打生”等民间活动。是夜渔港张灯结彩，放烟火，鸣鞭炮，龙灯、马灯、鱼灯、腰鼓一齐上街表演。

吃糊腊 象山石浦、定塘、鹤浦、高塘等地的群众，在正月十四晚餐，家家做糊腊，吃糊腊，小孩子们自带碗筷，挨家挨户说一声“吃发财羹啦!”，主人不分熟人或陌生人，都笑脸相迎，每人一瓢。意谓串门越多、吃得越多越聪明。讨糊腊的人越多，主人家越会发财。“糊腊”制作的主料有肉、芋艿、萝卜、虾仁、茭白、牡蛎、年糕、花生仁（炒熟）、墨鱼干、香肠、香干等（根据各人喜欢的口味配制）。

海岛婚姻习俗 古代海岛盛行的各种婚姻形态较为突出的有早婚、代婚、冥婚、入赘婚等。早婚，除童养媳、指腹婚等形式外，海岛人的早婚形态主要表现在幼小定亲和过早结婚两种形式。旧时，海岛孩子至六七岁，父母双方就要为他们定亲。如果女孩子到十四五岁，还无人来下聘定亲，这是件很不光彩的事。如果男孩子到16岁，还未定下亲事，再想在本岛找个称心的姑娘，这就很困难。幼小定亲或为海岛的普遍现象。结婚年龄在16岁上下，早的也有14岁结婚的。“代婚”，是海岛人的特殊婚礼，即为“小姑代拜堂，公鸡入洞房”。海岛人对婚期的日子非常看重，一旦选定，不能更改。但因海岛人以捕鱼为业，渔汛不等人，所以在婚前一般仍坚持在洋面生产，待到结婚日才匆匆赶回来。一旦喜期之日，新郎不能及时赶回，就出现“代婚”这一特殊婚礼。由新郎的妹妹手抱大公鸡代兄与嫂嫂拜堂，尔后抱鸡与新娘一同入洞房，共度新婚之夜。入赘婚，海岛人俗称“招上门女婿”。即渔家膝下有女而无丁者，只得招婿上门，“顶香火”，支撑门面。冥婚，俗称“阴配”，即为父母为亡故的儿女寻觅配偶，其结婚仪式似“阳婚”。若溺死在海里的男子，为未婚者，则“招魂”后，除稻草人代葬外，还要择已亡未婚女为他“阴配”，海岛人对此也格外重视。“以渔为业”的海岛人，常年漂泊海上，风浪突变，随时有葬身大海的危险，而从事渔业捕捞养家糊口的又必须是男孩。因此，早婚、代婚、冥婚、入赘婚等婚姻形态，实为海洋的特殊环境和捕捞作业的风险性所致。“渔区婚俗”内容详见本志“生老病死”篇第二章“成家立业”。

石浦三月三 农历三月初三，俗称“上巳节”，产生年代久远，文化内涵丰富。而象山石浦的“三月三·踏沙滩”活动的来历，众说不一。说法一：相传在很久以前，象山昌国卫九条龙与兴风作浪危害百姓的乌龟精展开激烈的搏斗，最后九龙为免除百姓的灾难，骑到乌龟精背上，把它镇在海边的沙滩（现皇城沙滩）上，自己变成一条长长的沙堤。九条龙和乌龟精搏斗的这天，正好时农历三月初三，后来百姓为纪念九龙，每年这一天，便带供品，结队到皇城沙滩祭拜它，在经过长期的历史演变，便变成“三月三·踏沙滩”民俗活动。说法二：传说南宋末年，石浦沙滩附近有一美丽、善良的渔家姑娘，因以捡辣螺为生，人们就称她为“辣螺姑娘”。一次姑娘在沙滩拾螺时发现一外地受伤男子，遂将他救起，并带回家悉心照料，那男子就是南宋大臣陆秀夫。在疗伤期间，陆和辣螺姑娘渐生爱慕之心。伤愈后，由于陆秀夫国事在身，匆匆告别，临行之前许诺功成之后娶“辣螺姑娘”为妻。不幸的是，陆秀夫走后，“辣螺姑娘”被一渔霸看中，欲强迫成亲。娶亲当日，“辣螺姑娘”以死相拼，投海身亡。这一日恰为农历三月初三。以身殉情的“辣螺姑娘”冤魂不散，每年此日都会爬上滩，翘首北望，等候情人归来践约。后来陆秀夫背负小皇帝赵昺跳海殉国，也许是不忘当年与“辣螺姑娘”之约，魂魄漂至皇城沙滩。据明嘉靖《象山县志》载，南宋末年，有乡人发现皇城沙滩附近，海面有许多浮尸，其中有少年着黄龙袍。人们怀疑是崖山海战阵亡将士，而着黄龙袍少年应为与大臣陆秀夫一起殉国的小皇帝赵昺。“遂葬焉，外

围以墙，因名宋皇城”。于是村以此得名，而沙滩以“宋皇城沙滩”名。后来，善良的村民每月三月三都会赶到沙滩，纪念这对忠贞不渝的恋人，最后竟渐渐衍化成传统民俗活动。说法三：据龚世财等老渔民说，“三月三·踏沙滩”的由来与生产劳动有关。在农历三月初三前后，地温、水温开始升高，这时“浅海辣螺先知暖”，辣螺争先恐后地爬上滩头繁殖后代。民谚有：“三月三，螺子螺孙爬上岸”之说，海边的人们便在这个季节相继去沙滩拾螺，于是有“三月三·踏沙滩”的壮观场景。经过长期演变，现“三月三·踏沙滩”活动以当地的民间民俗文化活动为主体，以体育、渔业的竞技项目为陪衬。其表演形式多种多样，民间杂艺，马灯以跑为主，彩阁以巡游为主。“三月三”主打节目《辣螺姑娘招亲》，则以民间故事改编的戏曲片段，辣螺姑娘抛绣球在观众中招亲为主线，与观众形成互动，充分体现“三月三·踏沙滩”活动的群众性、娱乐性。

传统技艺类

象山米馒头制作　米馒头是象山民间普遍喜爱的一种特色食品，以稻米水磨粉拌以酒酿或白药发酵蒸制而成。其系列产品有舀糕馒头、丰糕、碗儿糕、搓糕馒头等。象山米馒头如海绵般柔韧、棉花般洁白，而且醇甜适口。冷热均可食，多食不伤胃，是居家之点心，行旅之精品干粮。相传米馒头制作是南宋淳祐八年（1248），南宋丞相史浩一子嗣自鄞县东钱湖迁入九顷村传入。在九顷还按老规矩用馒头祭祖，每年农历十月十三日，九顷、冷水潭、巴龙头等地史氏后裔均要做米馒头，到九顷祠堂祭祖。因为史浩母亲洪氏太君爱吃的是米馒头，因此规定60岁以上史姓男性可以到祠堂宴会上吃米馒头，16岁以下史姓男孩发米馒头二只，女孩一只。此俗延今700余年，年年如此。做米馒头工艺也流播到象山农村各地。另一说，相传诸葛亮平南蛮时，突遇到天昏地黑，狂风大作，飞沙走石，夹着许多无头鬼魂大喊：“还我头来！”诸葛亮用米粉做成团摆香烛祭拜。这才风平浪静，无头鬼散去。这样，称米粉团为“蛮头”，后来在历史沿革过程中称“馒头”。搓糕馒头制作过程有5道工序：一是培养酵母菌（白药）。用早米粉，小暑辣蓼，木斗草（黑干莲）制成白药，晒干储存，要防潮防蛀。二是培养酵娘（酵头）。先繁殖酵头，以馒头米粉10，白药1配比，定温定时配制。三是配制米粉。比例计量粳米5公斤，糯米1公斤，略加清水拌湿，石磨磨成粉。四是米粉发酵。将配制米粉，用沸水调和、拌匀、搓压，稍冷后（40℃～28℃）酵0.5公斤拌入米粉中，再次拌匀搓压，后放入比米粉体积大数倍容器中桶或缸内发酵。五是入笼套蒸。先“培笼”，将米粉一小团搓成圆团排列于蒸笼内，水温要保持70℃～80℃之间；后蒸制，至发酵到一定大小时，将培笼好的蒸笼放入第二口锅，米馒头即可出笼。

木海马制作　县人使用“海马”作海涂作业工具。发源时间无考。清乾隆时，县人钱沃臣《蓬岛樵歌》注云：“邑以梅熟时弹涂最肥美，曰‘梅弹’。我邑渔人取之乘橇，其行如船。约五尺许，以左膝跪橇中，右腿代篙行涂中，橇，俗称‘泥马’。”所称“泥马”即现时“海马”。木海马特点：一是小巧轻盈，携带方便，长1.5米、宽20厘米，由于分量轻，一个人能扛能提。二是结构简单，制作容易。三是用途多样，有“海上自行车”之称，它可以在海涂上自由、快速滑行，也可运载小件渔具，如竹管、砺桶、小篮、小背箩等。四是操作简单，只要一条一只脚踩在海马内，双手握住木马扶手，另一脚蹬泥涂即可快速前进。制木海马的工艺流程有四道工序：先是截取一段弯杉树或楝树，角度100～150度，长度不少于1.5米；然后剖两块1厘米宽度板材，截取一块宽20厘米、长1.5米的平板；接着把两块同样弯度木板刨滑，制成需要尺寸；最后把平板刨滑，用沸水烫，它会成和上述两块板一样的弯度，再制一个20厘米木墩，打上眼子，按上扶手即成。

第二节　县级非物质文化遗产名录

2006年始，象山县建立县级非物质文化遗产代表作品名录。当年公布第一批县级非物质文化遗产名录计23项。2008年，公布第二批县级非物质文化遗产名录计60项，涉及民间文学、舞蹈、美术、曲艺、习俗、技艺等类别。另有第二批县级非物质文化遗产扩展项目民间美术1项。两批县级非物质文化遗产项目及扩展项目共计84项，包括列入市、省、国家级非物质文化遗产的名录。

象山县第一批县级非物质文化遗产情况表

表44-1

类　别	项目编号	项 目 名 称	申报地区或单位
美术	Ⅰ-1	竹根雕	西周镇
美术	Ⅰ-2	农民画	茅洋乡
美术	Ⅰ-3	剪纸	东陈乡
美术	Ⅰ-4	麦秸画	晓塘乡
手工技艺	Ⅱ-1	象山彩带刺绣	黄避岙
手工技艺	Ⅱ-2	晒盐技艺	石浦镇
舞蹈	Ⅲ-1	母子龙	丹西街道
舞蹈	Ⅲ-2	打结龙	贤庠镇
舞蹈	Ⅲ-3	珠山夫妻龙	涂茨镇
舞蹈	Ⅲ-4	五狮山白老龙	新桥镇
舞蹈	Ⅲ-5	龙舟舞	鹤浦镇
舞蹈	Ⅲ-6	灵南狮舞	泗洲头镇
舞蹈	Ⅲ-7	马灯舞	石浦镇
舞蹈	Ⅲ-8	鱼灯舞	石浦镇
舞蹈	Ⅲ-9	车灯	定塘镇
戏剧	Ⅳ-1	提线木偶	高塘岛乡
戏剧	Ⅳ-2	三角埭紫云乱弹	大徐镇
曲艺	Ⅴ-1	象山走书	茅洋乡
曲艺	Ⅴ-2	象山新闻	墙头镇
音乐	Ⅵ-1	细什番	石浦镇
音乐	Ⅵ-2	爵溪渔鼓	爵溪街道
民俗	Ⅶ-1	祭海	石浦镇
民俗	Ⅶ-2	三月三·踏沙滩	石浦镇

象山县第二批县级非物质文化遗产情况表

表 44-2

类　别	项目编号	项　目　名　称	申报地区或单位
民间文学	02-1	象山歌谣 （儿歌、田歌、民谣）	丹东街道、丹西街道、石浦镇、鹤浦镇、定塘镇、泗洲头镇、涂茨镇、东陈乡、晓塘乡、黄避岙乡、茅洋乡
民间文学	02-2	象山笑话	丹东街道、贤庠镇、东陈乡、黄避岙乡、茅洋乡
民间文学	02-3	谚语 （生产、生活、社交、气象、渔业）	爵溪街道、石浦镇、鹤浦镇、定塘镇、泗洲头镇、大徐镇、新桥镇、高塘岛乡
民间文学	02-4	赵五娘的传说	丹东街道、爵溪街道、涂茨镇
民间文学	02-5	象山抗倭传说	丹东街道、石浦镇、爵溪街道、涂茨镇、新桥镇
民间文学	02-6	出骨阑胡的故事 （跳鱼、弹跳鱼）	墙头镇
民间文学	02-7	海山的传说	墙头镇
民间文学	02-8	白玉湾的传说	晓塘乡
民间文学	02-9	黄埠长工龙故事	晓塘乡
民间文学	02-10	一个员外三个女儿的故事	定塘镇
民间文学	02-11	珠山与射箭山的故事	大徐镇
民间文学	02-12	白岩山的故事	大徐镇
民间文学	02-13	“祥发三鱼” 的传说	贤庠镇
民间文学	02-14	西山下村民俗文化节的来源	贤庠镇
民间文学	02-15	郑开清巧戏宰相爷	西周镇
民间文学	02-16	阿乌阿白的传说	西周镇
民间文学	02-17	旋潭龙惩恶的故事	新桥镇
民间文学	02-18	五狮山龙的传说	新桥镇
民间文学	02-19	花岙石林的传说	高塘岛乡
民间文学	02-20	沉东京　涨崇明的传说	爵溪街道
民间文学	02-21	安其生其人其事	爵溪街道
民间文学	02-22	珠山白毛尖的传说	黄避岙乡
民间文学	02-23	徐福隐象东渡传说	丹西街道
民间文学	02-24	舍身岩的故事	泗洲头镇
民间音乐	02-25	渔民号子	爵溪街道、石浦镇、鹤浦镇
民间音乐	02-26	东门船鼓	石浦镇
民间音乐	02-27	古琴	贤庠镇

续表44-2

类　别	项目编号	项　目　名　称	申报地区或单位
民间音乐	02-28	挖花牌小曲	丹西街道、定塘镇、涂茨镇、晓塘乡、黄避岙乡、茅洋乡
民间舞蹈	02-29	昌国抬阁	石浦镇
民间舞蹈	02-30	五狮山龙狮舞	茅洋乡
曲艺	02-31	阿相打洋	黄避岙乡
民间杂技	02-32	魔术	茅洋乡
民间美术	02-33	木雕、根雕	大徐镇
民间美术	02-34	船饰文化	爵溪街道、石浦镇
民间美术	02-35	刻板印牒	高塘岛乡
民间美术	02-36	石雕	大徐镇
民间手工技艺	02-37	木海马制作技艺	墙头镇
民间手工技艺	02-38	鱼灯制作技艺	石浦镇
民间手工技艺	02-39	船模制作技艺	爵溪街道、石浦镇、晓塘乡
民间手工技艺	02-40	跳鱼鲞制作技艺	墙头镇
民间手工技艺	02-41	爵鲞制作技艺	爵溪街道
民间手工技艺	02-42	米馒头制作技艺	丹西街道、西周镇
民间手工技艺	02-43	香袋制作技艺	高塘岛乡
民间手工技艺	02-44	打篾席技艺	大徐镇
生产商贸习俗	02-45	集市	丹西街道、鹤浦镇、东陈乡
生产商贸习俗	02-46	捕捞习俗	爵溪街道、石浦镇
消费习俗	02-47	农村点心与节气习俗	涂茨镇
消费习俗	02-48	十二月廿四吃萝卜团	爵溪街道
消费习俗	02-49	十四夜	石浦镇
人生礼仪	02-50	渔区人生礼仪（生育、婚嫁、丧葬）	石浦镇、定塘镇
岁时节令	02-51	七夕习俗	西周镇
岁时节令	02-52	趣说传统习俗	东陈乡
民间信仰	02-53	大塘红庙行会	定塘镇
民间信仰	02-54	石浦六月六庙会	石浦镇
民间信仰	02-55	祭祖庙会	贤庠镇
民间信仰	02-56	七月半	爵溪街道、石浦镇、定塘镇、墙头镇、涂茨镇

续表44-2

类　别	项目编号	项　目　名　称	申报地区或单位
游艺、传统体育和竞技	02-57	渔区传统体育竞技	石浦镇
民间传统医药	02-58	毒蛇秘方	西周镇、茅洋乡
民间传统医药	02-59	吊兰膏药	石浦镇
民间传统医药	02-60	烫伤药方	西周镇

象山县第二批县级非物质文化遗产扩展项目情况表

表44-3

类　别	项　目　名　称	申报地区或单位
民间美术	船饰文化	鹤浦镇

第四十五篇
人　口

本篇目录

第一章　人口总量

“任何人类历史的第一个前提无疑是有生命的个人的存在”①。象山社会是由人口的活动和人口在社会实践中发生的种种关系组成的，最早可考者为距今近六千年的“塔山人”。发展到唐代，人口已有一定数量，故可立县。至宋乾道年间，始有人口统计。明所载人口数量，多非确数，乃因所据黄册，人口多有隐匿。清康熙年间摊丁入亩，长幼入册，始有较为准确的人口统计。清后期至民国，境内居民数量方有较为翔实的记载，但亦有隐匿、漏报。中华人民共和国成立后，人民政府先后开展5次人口普查，统计项目日趋完善，数据准确。至2008年统计，境内人口总户数为189500户，计535051人，其中男273712人、女261339人。

第一节　宋代至1948年人口②

唐时象山人口无考。其后历代统计户口编造黄册，以征收赋税或分派徭役为目的，且黄册计户不计口，统计方法和项目设置各异。因官员敷衍，百姓隐匿，故虽5年一小造，10年一大造，数字却难以确信。宋时人口分主、客户，计男不计女。明以男为丁，女为口，男16岁丁成，60岁免役。光绪间，为推行宪政调查户口，民间则误以为加税，故亦有隐匿。民国期间，有因争选额而虚报，亦有因避抽丁征兵而匿报。

宋

宋时以在户籍地有无土地，区分民户为主、客户。乾道四年（1168），象山人口始有确数：主户8805户、口24601；客户3499户、口8361。至宝庆间，人口数为：主户9756户、口28928；客户3624户、口14892。人口明显增加。

元

延祐、至正两《四明志》均失载户口，象山人口无从探求。

明

洪武二十四年（1391），象山民户11583户、口44470。这一统计应是比较可信的。此后永乐、正统、景泰、天顺、成化直至万历三十年，“时际承平，生齿之数远不逮高帝时何也？……盖田有赋、丁有粮，意者合户附籍、漏口、脱户之弊有不能尽绝者欤？③”民国《象山县志》于此加按曰：“明代编审之弊甚大，长官调剂其间，不得不以多报少，故每朝类减其半，至万历实差人丁又

①《马克思恩格斯全集》（第1版）第三卷第23页。
②民国以前人口，据历代志书；民国时期则据县档案馆藏档案资料。
③清乾隆《象山县志·地里志·户赋》。

只一万之半，盖力差、银差之实数非必合附，漏脱也。”

清

顺治三年（1646），象山入清版图。《浙江通志》载：“象山县照田地起丁，原额户口人丁18665，丁口五分。康熙二十年，实在人丁11315，丁九分三厘。①”“原额户口人丁”即明末留下全县缴纳丁银者之总数。康熙“实在人丁”则为清初“徙界”，因而弃置6184丁后又加上新增人丁之数。后一数字远少于前一数字，为保证税赋收入不减，故增加每丁之税银由五分至九分三厘。清初至雍正五年（1727）皆仅有人丁数而无户数。道光《象山县志》云：“马志（雍正《象山县志》，令马受曾主修）、史志（乾隆《象山县志》，令史鸣皋主修）所载国朝丁口，俱指赋役额数而言，故有丁无户。”清前期丁数非确实人丁数，更非人口总数。

雍正九年（1731），象山有男13361丁、女8849口。至嘉庆二十一年（1816），人口猛增至32079户，167568丁，76723口②。

此后，象山户口保持平稳、较快增长。至同治七年（1868）增至有户41142户，男114476丁，女97499口，总人口211975人。

民国

民国3年（1914），户数增至50090户，男减至110080丁，女减至90141口，总人口减至200231人③。民国《象山县志》亦以为：“积四十余年之久，报册丁口不惟一无增添，比较前数，短一万有余，或曰男女出外营生者不计，惟核实计现住邑中之数耳，毋亦视户口消长为具文欤!④”民国期间，总体处于比较平稳发展中。民国30年至民国34年，全县人口减少8691人，系日军入侵所致。民国34年至民国35年，人口增加4661人。民国36年减少至民国34年水平。民国37年人口数为208360人，尚未达到战前水平。

---

①引文中“照田地起丁”“原额户口人丁”“丁口五分”“实在人丁”“丁九分三厘”等文字均说明古代之户籍实为征收租赋、差徭、兵役而编定。

②明行“一条鞭法”后，代役丁银逐渐摊入田亩征收，但未普遍执行。清继续施行，康熙五十一年（1712）诏“以五十年编册为率，永免增丁之赋。”清乾隆县志载：“（象山）自雍正六年为始，丁口随田地起课，无产穷黎永免追呼。”此后，在民不必再行隐瞒不报，在官不必“调剂其间，不得不以多报少”。民国县志按称：“乾隆三十七年（1772），又停五年编审之例，各直省年底奏报民数、谷数而已。”故雍正九年（1731），象山有男13361丁，有女8849口，到嘉庆二十一年（1816），八十一年间猛增至32079户，167568丁，76723口。但民国《象山县志》犹引《鄞县志》：“自丁粮摊入田亩，此后编审徒为具文。嘉道以来，每届十年之期，官吏通行图保，各就原册重复誊写增加而已。”民国《象山县志》加批曰：“此《鄞县志》犹未知乾隆间已罢编审，凡奏报黄册，固不实不尽也。”

③本志以为清末象山社会平稳，人口不当有这样的自然变动。可能数字有差错。也可能是大量象民迁出去“下三府”（今杭嘉湖地区）。

④本目内引文均出自民国《象山县志·赋税考·户口赋》。

宋至清代象山县人口情况表

表 45-1　　单位：户、人

时　间	户数/户平均人口	总人口	男	女	资料出处
宋乾道中（1165—1173）	12304/2.68	32962	—	—	嘉靖《象山县志》
宝庆间（1225—1227）	13380/3.28	43820	—	—	宋宝庆《四明志》
明洪武二十四年（1391）	11583/3.83	44470	—	—	嘉靖《象山县志》
永乐十年（1412）	7340/3.02	22183	—	—	嘉靖《象山县志》
正统七年（1442）	6905/2.81	19371	—	—	嘉靖《象山县志》
景泰三年（1452）	6711/2.53	16953	—	—	嘉靖《象山县志》
天顺六年（1462）	6798/2.72	18459	—	—	嘉靖《象山县志》
成化八年（1472）	4534/3.75	16983	—	—	嘉靖《象山县志》
成化十八年（1482）	3802/4.68	17812	11061	6751	嘉靖《象山县志》
万历三十年（1602）	3802/6.36	24119	11061	13138	雍正《象山县志》
清顺治三年（1646）	3802/6.36	24119	11061	13138	乾隆《象山县志》
顺治十八年（1661）	—	15726	8772	6954	乾隆《象山县志》
康熙二十年（1681）	—	—	11315	—	民国《象山县志》
康熙六十年（1721）	—	—	13129	—	民国《象山县志》
雍正五年（1727）	—	—	13254	—	民国《象山县志》
嘉庆二十一年（1816）	32079/5.22	167568	90845	76723	道光《象山县志》
道光十年（1830）	35036/5.17	181069	97801	83268	道光《象山县志》
同治七年（1868）	41142/5.15	211975	114476	97499	民国《象山县志》

说明：清顺治十八年（1661），清政府“徙界”，弃置象山 2289 丁、6184 口

民国时期象山县人口情况表

表 45-2　　单位：户、人

时　间	户数/户平均人口	人口			资料出处
		合计	男	女	
民国 3 年（1914）	50090/4.00	200231	110090	90141	民国《象山县志》
民国 17 年	52046/4.09	212902	—	—	《中国实业志》
民国 18 年	52046/4.11	213902	—	—	《省民政年刊》
民国 21 年	52572/3.88	204067	111333	92734	《浙江省情》
民国 22 年	—	210402	118282	92120	《中国实业志》
民国 23 年	—	213945	120164	93781	《浙江省情》
民国 24 年	54206/3.94	213498	119332	94166	《浙江经济年鉴》
民国 28 年	—	215437	—	—	《象山建设工作报告》

续表45-2

时间	户数/户平均人口	人口			资料出处
		合计	男	女	
民国29年	53987/4.12	222302	122016	100286	《浙江经济统计》
民国30年	49658/4.27	211982	113771	98211	《象山政情》
民国34年	54297/3.74	203291	104177	99114	《象山政情》
民国35年	50287/4.14	207952	112229	95723	《象山政情》
民国36年	48745/4.17	203271	109155	94116	《浙江经济年鉴》
民国37年	49243/4.23	208360	111671	96689	《浙江经济年鉴》

说明：象山县档案馆藏民国档案（02-3-220〔1〕），民国18年（1929）有户52046、人212899

第二节　1949年以后人口

1949年，象山人口猛增，这与较为确切掌握全县人口数有关，也与中华人民共和国成立后人口回流有关。是年后，象山人口增长经历平稳发展、快速增长和增长放缓三个过程。除常住人口外，随着改革开放深入，外来务工人员不断增加。至2008年，外来务工人员已达14.38万人，占全县常住人口26.87%。

常住人口

1949—1953年，全县人口增长比较平缓。1949年年末，总人口为248250人，1953年为254353人，4年增加了6103人，平均每年增加1525.75人，年平均增长率为0.6%。1954—1986年，象山人口进入快速增长阶段。根据增长的快慢分成两个时期：第一个时期是1954—1957年；第二个时期是1958—1987年。1954年当年全县人口为263197人；比1953年增加8844人，比过去4年增长的总人数还多。1957年，象山县人口达282382人①。1957—1958年人口增长趋于平缓，仅增长2207人，增长率为0.78%。1958—1987年是象山县人口增长的一个高峰。1958年的人口总数为284589人，至1960年，象山县总人口突破30万人，1971年又突破40万人，1986年突破50万人，1987年人口达513973人。近三十年人口增加了20多万人，平均每年增加人口7900多人，平均年增长率为2.04%。1987年开始，人口增长速度明显放缓，再次进入了平稳增长。1988—2008年的20余年间，共增加人口16102人，平均每年增加805人，年平均增长率为0.19%。在某些年份，尚出现人口负增长的情况，如1990年、1998年及2001—2004年②。

①中华人民共和国成立后，民生得到了恢复，经济有所复苏，因此可以将1954—1957年这一段时期的人口增长看成是战后的补偿性生育部分。1954年人口快速增加的原因，推测原因为1952年南田区从三门县回归象山，可能在当年和次年其人口未及计入象山，而在1954年统计入象山之故。

②这一阶段的人口增长放缓主要有两个原因：一是计划生育工作的开展，以及社会经济的发展，使人们生育意愿与生育水平下降而造成的；二是来自于改革开放等社会背景的变化，以及由此导致的迁移与流动程度的活跃，使得总人口规模的增长速度趋缓。

1949—2008 年象山县人口情况表

表 45-3　　　　单位：户、人

年份	总户数	总人口	年份	总户数	总人口	年份	总户数	总人口
1949	67447	248250	1969	87264	390288	1989	164642	522267
1950	68014	249501	1970	90181	398643	1990	164049	519322
1951	68590	250502	1971	91968	407532	1991	166043	521647
1952	69116	252935	1972	93906	414598	1992	170699	523441
1953	69551	254353	1973	97088	422154	1993	172602	524942
1954	69560	263197	1974	101104	427756	1994	173359	526501
1955	69750	268180	1975	106544	434540	1995	175425	528553
1956	70733	277013	1976	109074	441214	1996	176650	530388
1957	71082	282382	1977	112883	447425	1997	178060	531796
1958	70632	284589	1978	116383	452048	1998	177738	531561
1959	71328	294231	1979	116655	457185	1999	179718	532236
1960	72429	304415	1980	123911	462111	2000	179897	532388
1961	75240	312217	1981	129588	467527	2001	182843	530492
1962	76875	320985	1982	130166	475720	2002	178785	528579
1963	77821	337624	1983	133438	482638	2003	178295	526335
1964	78096	346048	1984	136619	488031	2004	180532	523695
1965	79659	356158	1985	153379	496838	2005	182864	527360
1966	81025	366499	1986	154302	505284	2006	184934	529489
1967	82551	374805	1987	159267	513973	2007	187154	531781
1968	85057	381001	1988	163200	518949	2008	189500	535051

说明：1. 此表据县统计局统计资料，系户籍人口；
2. 1952 年 7 月，三门县南田区划入象山县，人口 17000 人以上，此事在本表没有反映；
3. 1958 年 10 月至 1961 年 9 月间，宁海并入象山，本表亦未将原宁海境区人口计入；
4. 1953 年、1964 年、1982 年、1990 年、2000 年五次人口普查数据，详见本志《大事记》

暂住人口

改革开放以后，象山外来务工人员逐年增加。1984 年 7 月，县公安局在丹城镇进行暂住人口登记试点，共登记 4083 人。后在石浦、爵溪、西周、鹤浦 4 地逐步开展，最后在全县全面推行。据公安局暂住人口登记，在有数据可查的年份，象山县外来务工暂住人口逐年增加，至 2008 年已达 14.38 万人。

1990—1998 年间部分年份象山县暂住人口情况表

表 45-4　　　　单位：万人

年份	人数	年份	人数	年份	人数
1990	1.53	1999	2.77	2004	8.56
1992	1.41	2000	4.12	2005	9.38
1993	2.61	2001	4.55	2006	12.52
1994	2.64	2002	5.03	2007	14.10
1998	1.88	2003	4.04	2008	14.38

第三节　人口分布

象山人口分布，通过不同历史阶段的区分比较，大致以 1985 年为分界点，区分成两个阶段，前一阶段人口空间分布相对比较凝固；后一阶段人口则以向丹城镇集聚为主，其他乡镇的人口仍然比较凝固①。

分布情况

中华人民共和国成立前，无考。中华人民共和国成立后，行政区域变动频繁，总体是城镇人口增长较快，其他地区人口变动平稳，有些地区人口存在下降趋势。

1953 年，全国举行第一次人口普查，时象山 3 镇 7 区，其中 7 区共辖 82 乡。3 镇中石浦镇人口最多，11671 人；其次是丹城镇，9981 人；爵溪镇人口最少，5346 人。7 区中大徐区人口最多，50940 人；其次为墙头区、新桥区和定山区，人口最少区是南田区，14157 人。

1953 年象山县各乡镇人口分布情况表

表 45-5　　　　单位：人

乡镇	人口数	乡镇	人口数	乡镇	人口数
石浦镇	11671	苏岙	1116	下沈	3188
丹城镇	9981	定山区	29713	闻岙	1813
爵溪镇	5346	大塘	5985	亭溪	1871
南庄区	25924	定塘	2695	蔡仓	2662
南庄	3040	晓月	3282	舫前	2731
洋心	2576	坦塘	1314	墙头	3938

①由于各乡镇的行政区划在不断的变化中，又由于目前所能得到的各历史阶段数据资料的来源各不相同，各个时间段的人口区域分布也就存在着不可比性。因此，在描述不同阶段的人口分布状况时无法用统一的口径来进行。分区域的人口总数与历年的总人口数之间存在着一定的差异，这与资料的不同来源及不同的统计口径有关。又由于资料的限制以及各历史阶段行政区划的改变，本志亦无法完整地描述、比较象山县人口分布的变动情况。

续表45-5

乡镇	人口数	乡镇	人口数	乡镇	人口数
九顷	2980	中屿	2734	黄洋	2548
沙岗	2485	鸡鸣	2168	西周	3318
樟岙	2895	下营	2866	儒雅洋	2452
梅溪	2378	中楼	3495	芭蕉	1793
桥头林	3711	镜田	2777	伊滨	2505
海塘	3416	华溪	2397	莲花	2606
东陈	2443	石浦区	20639	关山	3849
新桥区	37982	金星	5157	大徐区	50940
马岙	1580	五爱	2763	民主	3964
高湾	1992	横屿	1587	雅林溪	2860
茅溪	2614	昌国	4417	霞庄	4291
张岙	2188	东门	2133	海口	2211
东溪	2765	檀渔	1732	菁莱	3449
黄新	1819	番头	2850	林善	2856
新桥	3280	南田区	14157	大徐	3357
文洋	2313	湾塘	2297	涂茨	3684
平柱	902	南田	3165	黄避岙	3015
泗洲头	2277	鹤浦	3407	大林	2641
南屠	2148	珠门	2890	珠山	2068
郑园	1831	文山	3173	珠溪	3133
岭下	1839	高塘	2665	着衣亭	2821
十里	2586	四都	3698	贤庠	4172
黄七	1669	杏港	2862	龙屿	2494
山海	2741	墙头区	38054	汤岙	3924
旦门	2322	车岭	2780	总计：254353	

说明：表中南田区8乡加上定山区的檀渔乡和坦塘乡，原属三门县南田区，1952年3月划归象山县。从表中我们可以加得这10乡的人口为17203人。象山县总人口在1952年应增加此数。但在1949—2008年象山县人口表中却未能得到反映。故知此表中1952年及1953年等年数据必有误

1964—1991 年，象山总人口规模持续增长，而且各区、镇的人口在总人口中所占的比例也有过一些变动，如石浦区的比例在 1964—1982 年间有所下降，而石浦镇的比例则有所上升。其中最关键的原因在于两个区、镇所属的行政区域的重新划分；但从全县人口分布的角度来看，各区、镇人口占总人口的比例的排序基本上没有变化。因此，人口分布特征并没有发生根本的变化，特别是在 1982—1991 年的十年间。

1982 年，第三次人口普查，象山共有 470522 人。其中：丹城镇和石浦镇人口都超过 2 万人；昌国镇、高塘乡、鹤浦镇、南庄乡、贤庠乡、林海乡、珠溪乡、新桥乡、下沈乡、茅洋乡、东陈乡、黄避岙乡、东港乡、西周镇、樊岙乡、泗洲头镇、爵溪镇、金星乡、晓塘乡、墙头镇、东溪乡、亭溪乡、大徐乡、中楼乡、定塘镇、大塘乡、莲花乡等 27 个乡镇人口逾 1 万人；涂茨乡、儒雅洋乡、番头乡、旦门乡、雅林溪乡、后岭乡、东门乡、灵南乡人口逾 5000 人；檀头山乡人口最少，3137 人。

1964—1991 年象山县各镇区人口分布情况表

表 45-6　　单位：人

区镇＼年份	1964	1982	1986	1987	1988	1989	1990	1991
总计	341243	470522	505284	513973	518949	522267	519322	521647
丹城镇	17486	21995	28262	29332	30177	31095	31801	32748
石浦镇	16396	21016	38487	39072	39478	40248	40707	40968
爵溪镇	9050	12010	12836	13444	13787	13852	13777	13833
西周镇	9943	13065	13956	14395	14312	14292	16091	16098
鹤浦镇	11823	17645	19203	19540	19680	19717	19614	19611
大徐区	64828	86246	91704	93485	94329	94693	93968	93923
南庄区	64131	91642	95730	96629	97374	97524	95915	96265
西周区	37609	50993	51712	52405	52721	52652	51869	52145
定山区	56807	77570	82590	83793	84661	84764	84182	84271
石浦区	53470	78340	68975	70039	70638	71681	71398	71785

1964—1991 年象山县各镇区人口所占比例情况表

表 45-7　　单位：%

区镇＼年份	1964	1982	1986	1987	1988	1989	1990	1991
丹城镇	5. 12	4. 67	5. 59	5. 71	5. 82	5. 95	6. 12	6. 28
石浦镇	4. 80	4. 47	7. 62	7. 60	7. 61	7. 71	7. 84	7. 85
爵溪镇	2. 65	2. 55	2. 54	2. 62	2. 66	2. 65	2. 65	2. 65

续表45-7

区镇＼年份	1964	1982	1986	1987	1988	1989	1990	1991
西周镇	2.91	2.78	2.76	2.80	2.76	2.74	3.10	3.09
鹤浦镇	3.46	3.75	3.80	3.80	3.79	3.78	3.78	3.76
大徐区	19.00	18.33	18.15	18.19	18.18	18.13	18.09	18.01
南庄区	18.79	19.48	18.95	18.80	18.76	18.67	18.47	18.45
西周区	11.02	10.84	10.23	10.20	10.16	10.08	9.99	10.00
定山区	16.65	16.49	16.35	16.30	16.31	16.23	16.21	16.15
石浦区	15.67	16.65	13.65	13.63	13.61	13.72	13.75	13.76

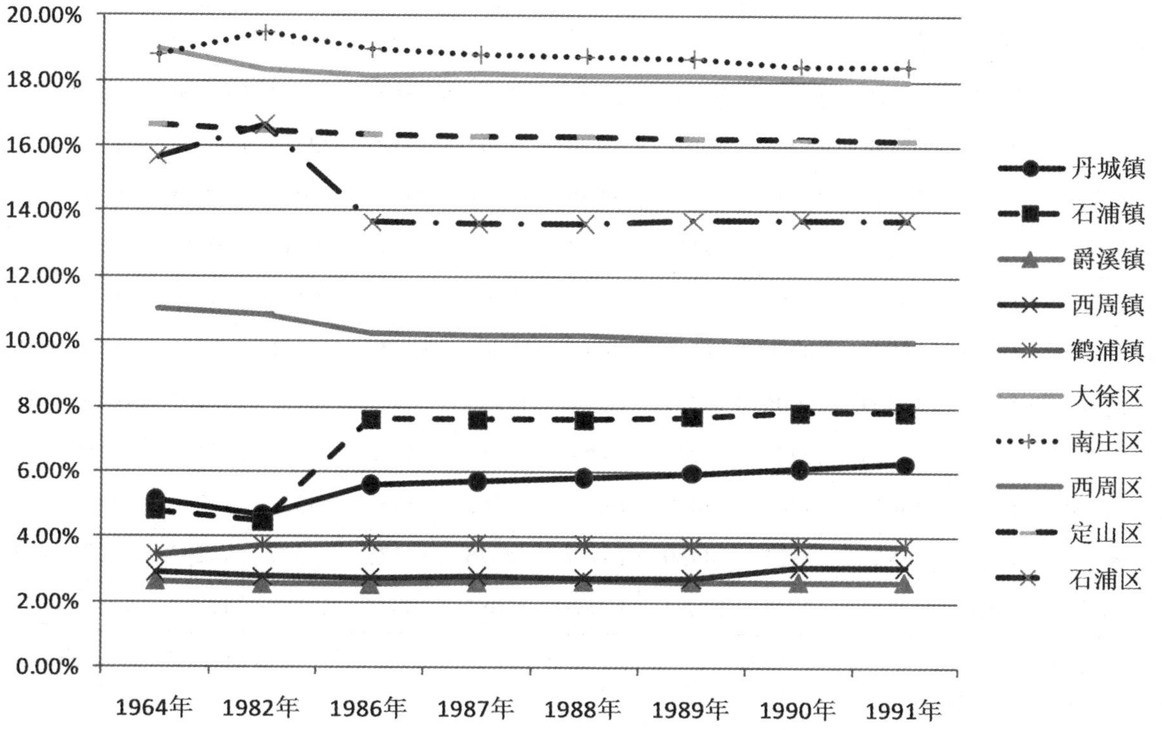

图 45-1　1964—1991 年象山县人口分布变动状况图

说明：图中各点表示各区、镇人口在全县人口中所占比例

1990—2000 年，丹城镇人口在全县总人口中所占比例呈上升趋势，而其他镇乡人口所占比例则逐步下降。丹城镇人口数位居全县第一。事实上，自 20 世纪 80 年代中期开始，丹城镇人口规模的增加及所占比例开始逐步上升。此因丹城镇作为县政府所在地对于全县人口的集聚作用。其次是石浦镇、定塘镇、贤庠镇、鹤浦镇和西周镇人口 3.3~3.6 万人之间；新桥镇、涂茨镇、墙头镇、东陈乡、高塘岛乡人口 2~3 万人之间；晓塘乡、大徐镇、泗洲头镇、下沈乡、茅洋乡、黄避岙乡、爵溪镇和昌国镇人口低于 2 万人。昌国镇为人口最少行政区域，2000 年人口减至 12724 人。

1990—2000年象山县各乡镇人口情况表

表45-8　　　　单位：人

年份 乡、镇	1990	1991	1992	1993	1994	1995	1996	1997	1998	1999	2000
丹城镇	66052	67240	71216	72252	73213	74272	76222	78425	79771	81794	84375
石浦镇	64123	64599	65296	66308	67032	68168	68859	69353	70388	70636	70429
定塘镇	35322	35409	35544	35561	35607	35707	35852	35835	35614	35611	35600
贤庠镇	35241	35166	34613	34438	34375	34486	34475	34327	33836	33646	33179
鹤浦镇	33767	33859	33591	33466	33369	33368	33293	33197	33026	32790	32701
西周镇	33109	33180	32990	32866	32823	32582	32420	32363	32126	32059	32001
新桥镇	29453	29398	29272	29237	29212	29164	29118	28938	28791	28639	28663
涂茨镇	24410	24340	23913	23887	23955	23912	23802	23625	23446	23193	22893
墙头镇	24138	24125	24002	24005	24054	24105	23470	23007	22860	22870	22825
东陈乡	22173	22250	22068	22102	22110	22103	22096	22214	22083	21874	21882
高塘岛乡	20149	20133	19957	19985	19989	19981	20066	20037	19924	19948	20134
晓塘乡	19407	19464	19251	19347	19434	19477	19467	19417	19316	19342	19383
大徐镇	19789	19804	19351	19301	19266	19263	19198	19108	19006	18915	18666
泗洲头镇	18935	19054	18969	18921	18893	18899	18926	18941	18877	18503	18461
下沈乡	15916	16009	16006	16017	16060	15985	16119	16135	16109	16003	16002
茅洋乡	15353	15398	15248	15247	15260	15256	15212	15245	15180	15180	15168
黄避岙镇	14528	14613	14500	14478	14364	14367	14365	14327	14246	14199	14043
爵溪镇	13777	13833	13927	14430	14417	14376	14376	14337	14249	14241	13259
昌国镇	13680	13773	13727	13094	13068	13082	13052	12965	12713	12793	12724

说明：该表与表45-6“1964—1991年象山县各镇区人口分布情况表”中1990—1991年部分人口数据因统计依据不同而有差异

1990—2000年，丹城镇的人口增长最快，年平均增长率约为2.49%；其次是石浦镇，年平均人口增长率为0.94%；其他乡镇人口数基本无大变化。有些乡镇在某些年份，人口还呈现负增长，如鹤浦镇、贤庠镇、西周镇、新桥镇、黄避岙乡等。

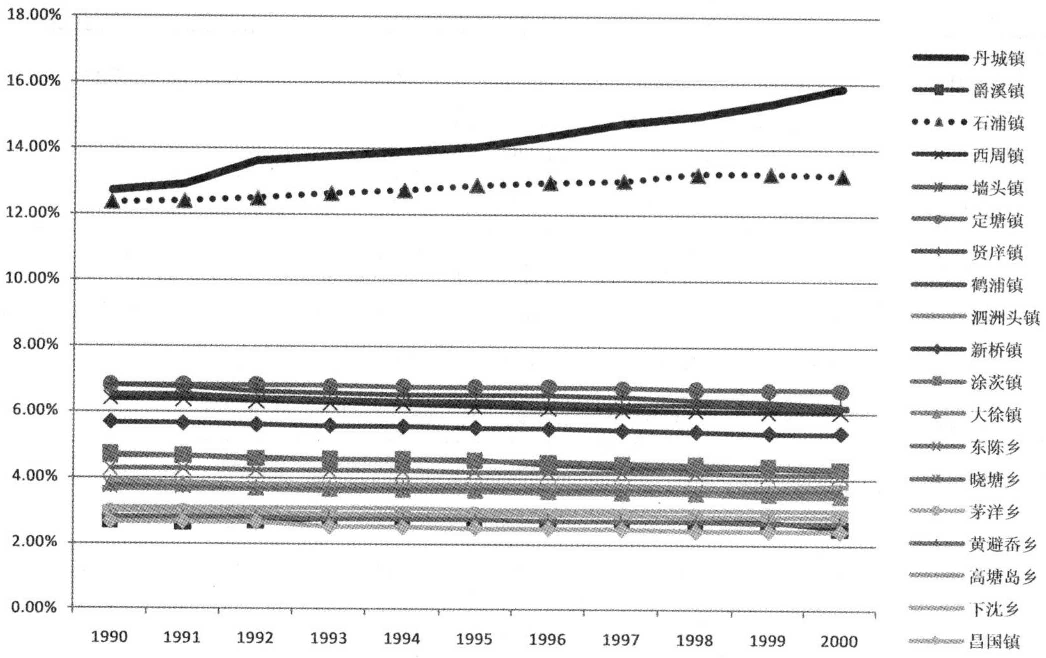

图 45-2　1990—2000 年象山县人口分布变动状况图

说明：图中各点表示该乡镇在当年全县人口中所占比例

2001 年和 2002 年两年中，县行政区划变动较大。特别是 2002 年行政区划改革中，撤销丹城、爵溪两镇建制，改建丹东、丹西、爵溪 3 街道。为便于和以往数据对比，仍将丹东、丹西合并，统称为丹城。2001 年，丹城人口达 101273 人，2002 年增至 104389 人。石浦镇 2001 年人口为 82521 人，2002 年人口略有减少，为 82030 人。西周镇人口则维持在 4.75 万人。定塘镇、鹤浦镇、贤庠镇人口则在 3~3.5 万人之间。新桥镇、墙头镇、东陈乡、涂茨镇人口超过 2 万人。其他乡镇人口则在 1.3~2.0 万人之间。总体来说，从 2001—2002 年，丹城镇人口增加，其他乡镇人口基本保持不变，或略有减少。

象山县人口最多行政区为石浦镇，2003 年总人口 81723 人，之后人口稍有下降，至 2008 年总人口为 81415 人。丹东街道其次。西周镇和丹西街道的人口数则一直维持 4.7~4.5 万人之间。定塘镇、鹤浦镇和贤庠镇的总人口则维持在 3~3.3 万人。东陈乡、涂茨镇、墙头镇、高塘岛乡等乡镇的人口不足 3 万人，而且从 2003—2008 年总人口变化幅度不大。大徐镇、晓塘乡、泗洲头镇、茅洋乡、黄避岙镇和爵溪街道的总人口则不到 2 万人，且每年的人口变化幅度甚微。

表 45-9

2001—2008 年象山县人口分布情况表

单位：人

年份 单位	2001	2002	2003	2004	2005	2006	2007	2008
丹城	88628	91884	93559	95477	97343	99329	100972	102572
爵溪街道	12645	12505	13349	12994	13035	12927	12928	12972
石浦镇	82521	82030	81723	81287	81273	81009	81216	81415
西周镇	47546	47590	46700	46704	46849	47212	47289	47234

续表45-9

单位 \ 年份	2001	2002	2003	2004	2005	2006	2007	2008
墙头镇	22441	21834	21528	21056	21019	20801	20811	20887
定塘镇	35439	35120	34875	34269	34303	34014	34109	34350
贤庠镇	32231	31249	30393	30334	30784	30879	31009	31061
鹤浦镇	32456	32148	32015	32159	32151	32153	32290	32453
泗洲头镇	18381	18285	18521	17594	17587	17623	17483	17561
新桥镇	28329	27913	27115	26692	26572	26477	26351	26502
涂茨镇	22113	21432	20959	20749	21025	21302	21433	21507
大徐镇	18230	17896	17702	17668	18017	18442	18510	18551
东陈乡	21681	21508	21688	21058	21673	21776	21796	21951
晓塘乡	19392	19253	19055	18642	18463	18270	18341	18453
茅洋乡	14951	14180	14174	13867	13947	13934	13797	13844
黄避岙乡	13736	13120	12914	13071	13191	13272	13329	13325
高塘岛乡	19772	19912	20065	20074	20128	20069	20117	20413

2003—2008年，除丹东街道人口有较快的增长外，其他乡镇的人口变化很小，甚至有些乡镇2008年的人口比2003年有所减少，如石浦镇、茅洋乡、爵溪镇和新桥乡等。

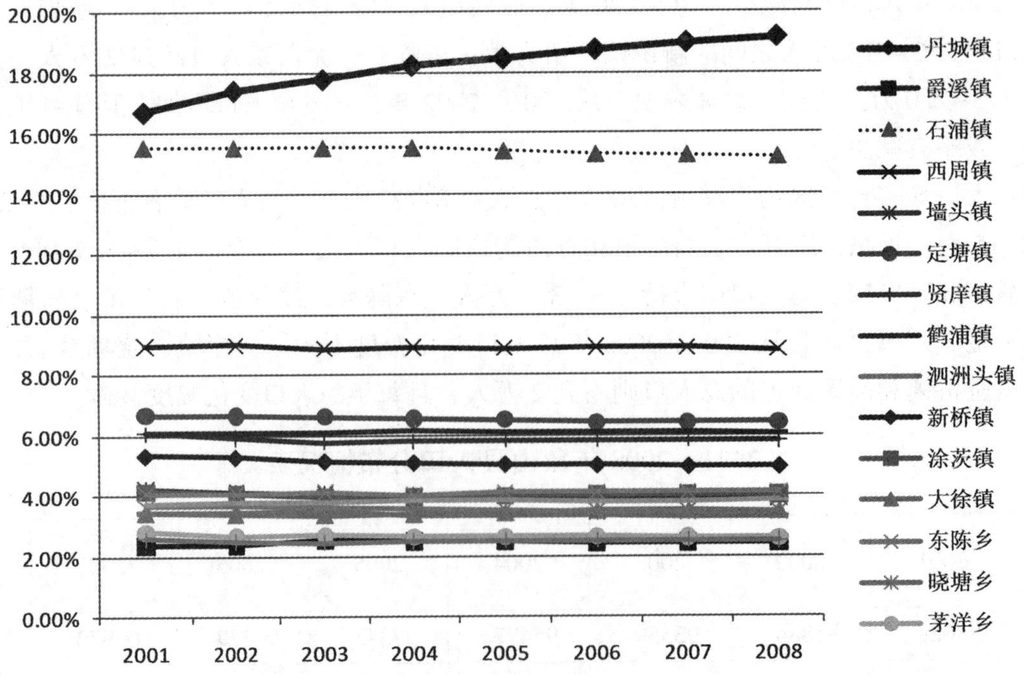

图45-3　2001—2008年象山县各乡镇人口分布变动状况图

说明：图中各点表示该乡镇人口在当年全县总人口中所占比例

人口密度

计算人口密度之土地面积为象山陆域面积，包括陆域内的水面面积，不包括海洋面积。人口则为常住人口数。象山人口密度与全省人口密度接近。

象山县四个年份人口密度情况表

表 45-10

年份 / 地区	1990		2000		2005		2008	
	常住人口（万人）	人口密度（平方千米）	常住人口（万人）	人口密度（平方千米）	常住人口（万人）	人口密度（平方千米）	常住人口（万人）	人口密度（平方千米）
象山县	50.16	427	48.42	412	52.74	448.8	53.5	387.2
浙江省	4414.60	400	4593.07	443	4894.00	472.0	5120.0	494.0

说明：表中数据，1990 年、2000 年人口用人口普查汇总资料。2005 年浙江人口数用《全国 1%人口抽样主要数据公报》数据。2008 年浙江人口用 2008 年 11 月 1 日，全省 5‰人口抽样调查数据。象山县 2005 年和 2008 年人口数则用县统计年鉴。浙江土地面积用 103637 平方千米。象山县面积 2008 年用 1382 平方千米，其余均取 1175 平方千米

第二章　人口变动①

人口变动与政治、经济、战争、自然灾害等密切相关。明洪武年间，象山人口比宋乾道年间增加 1 万余人，为境内人口一鼎盛时期。清顺治年间比明洪武年间减少 2 万余人，为境内人口低谷时期。至清嘉庆后期 155 年间，人口猛增 15 万多，与“摊丁入亩、长幼入册”政策有关。民国 34 年（1945），人口增加不到 1 万人。中华人民共和国成立后，社会稳定，经济发展，人民生活条件逐渐改善，人口自然增长率不断提高，1963 年达 40‰多。实行计划生育后，人口增长得到控制。至 2008 年，人口自然增长率仅为 3.21‰。

第一节　自然增长率

1949—1963 年，除 1959—1962 年出生率有所下降外，人口自然增长率尚处于较高位，且呈上升趋势。1964—1973 年，缘自出生率的下降，人口自然增长率渐趋下降。1974—1984 年，人口自然增长率相对比较稳定，一直保持在 10‰~15‰之间。1985—2008 年，除个别年份人口自然增长率高于 5‰之外，其余各年份自然增长率均在 5‰以下。象山人口已经处于低生育、低死亡、低自

①人口自然变动包括人口的出生和死亡，一般用人口自然增长率来表示。人口自然增长率是每年的出生率减去死亡率，表示每年人口增长的速度。当人口自然增长率大于零时，表示人口处于增长状态；当自然增长率小于零时，则说明人口处于减少的状态。本章记述人口自然变动。人口迁移另设专章记述。

然增长状态。其间，人口死亡率相对比较稳定，基本上都在5‰~9‰之间。历年自然增长率主要受出生率影响。

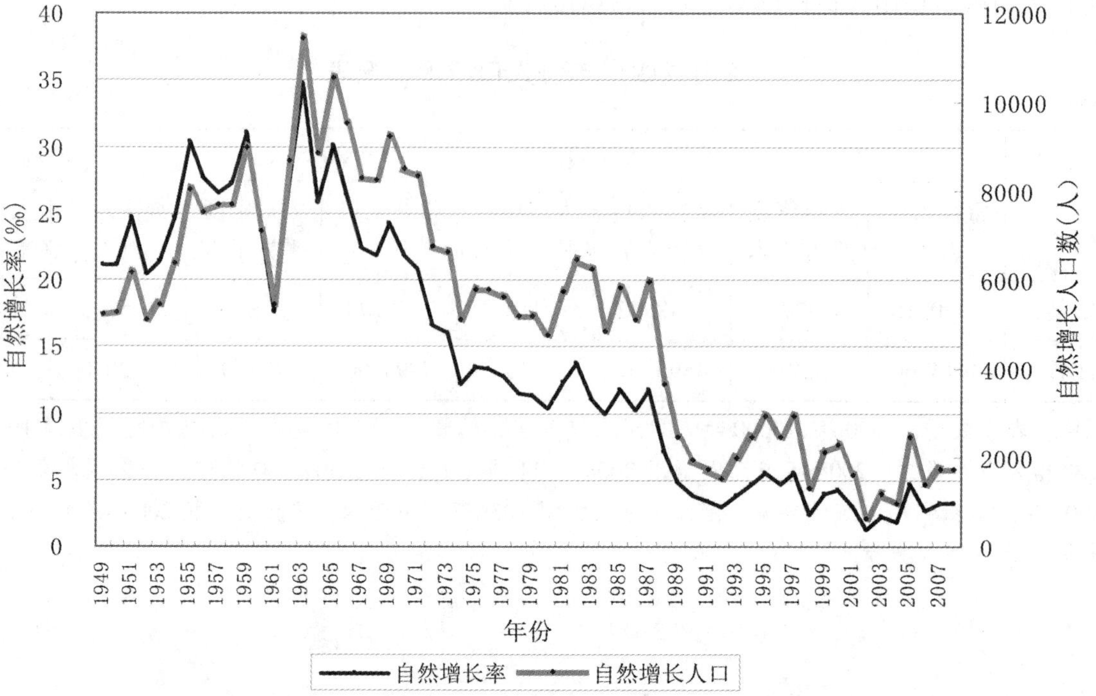

图45-4　1949年以来象山县人口自然增长变动状况图

图45-5　1949年以来象山县人口自然变动图

说明：本表横坐标为年份，纵坐标为人口出生率、死亡率、自然增长率的千分数

第二节　生　　育①

人口出生数与出生率是反映人口生育状况最基本指标。中华人民共和国成立后，象山除 20 世纪 50 年代人口出生率和人口出生数有较大增长外，60 年代中期始总体呈下降趋势。生育率与出生率基本同步。

出生率

中华人民共和国成立后，人口出生数变动与人口自然变动情况相一致。1949—1963 年，出生数和出生率均处于较高水平。出生率由 1949 年的 26.92‰提高至 1963 年的 41.66‰。1964—1973 年，出生率由最高处逐步下降。1974—1984 年，出生率相对比较稳定，一直在维持 15‰～20‰之间。1985—2008 年，历年的出生率都在 15‰以下，且基本上在 10‰左右波动。

图 45-6　1949 年以来象山县出生人数和出生率变动状况图

①常常将一般生育率转换成按年龄来计算的年龄别生育率，由此而剔除了各种年龄结构对生育率的影响。而年龄别生育率由于涉及从 15～49 岁共 35 个年龄，在表述时相对比较麻烦，因此，往往将年龄别生育率予以累加，而得到总和生育率。尽管总和生育率同样存在各种问题，但相对而言是可以简单、准确地描述一个人口生育水平的指标。

1949—2008年象山县出生人口数和出生率情况表

表45-11

年份	出生人口数（人）	人口出生率（‰）	年份	出生人口数（人）	人口出生率（‰）
1949	6683	26.92	1979	7692	16.92
1950	6700	26.91	1980	7160	15.58
1951	7980	31.92	1981	8260	17.77
1952	6990	27.77	1982	9121	19.34
1953	7196	28.37	1983	9252	17.22
1954	8253	31.89	1984	7487	15.43
1955	10111	38.05	1985	8417	17.09
1956	9744	35.75	1986	7703	15.37
1957	9822	35.12	1987	8699	17.29
1958	10040	35.42	1988	6289	12.18
1959	11190	38.66	1989	5255	10.09
1960	9626	32.16	1990	4777	9.17
1961	7802	25.31	1991	4463	8.58
1962	11227	35.46	1992	4429	8.48
1963	13719	41.66	1993	4787	9.13
1964	11967	35.01	1994	5283	10.05
1965	13605	38.75	1995	5902	11.19
1966	12460	34.49	1996	5327	10.06
1967	11068	29.86	1997	5708	10.75
1968	10703	28.32	1998	4273	8.04
1969	11750	30.78	1999	4963	9.33
1970	11034	28.29	2000	5231	9.83
1971	10952	27.46	2001	4385	8.25
1972	9428	23.16	2002	3863	7.30
1973	9209	22.21	2003	5060	9.59
1974	7724	18.32	2004	5017	9.56
1975	8482	19.82	2005	5932	11.29
1976	8350	19.22	2006	4665	8.83
1977	8569	19.43	2007	5084	9.58
1978	7540	16.76	2008	5058	9.48

说明：人口出生数与本章第三节“计划生育情况表”数据多有不一。本表包括部分补报户籍的人口出生数

生育率

象山人口总和生育率1982年时为2.16‰，1990年、2000年分别为1.07‰、1.10‰。生育水平逐步下降，人口生育率已很低。

表 45-12

象山县人口年龄别生育率及总和生育率情况表

单位:‰

年份 年龄段	1982	1990	2000
15~19 岁	19.15	43.45	2.85
20~24 岁	831.05	595.05	452.50
25~29 岁	1022.80	351.85	485.70
30~34 岁	216.30	62.25	137.95
35~39 岁	49.95	15.55	18.05
40~44 岁	17.20	4.10	2.30
45~49 岁	4.95	1.65	2.75
总和生育率	2.16	1.07	1.10

生育模式

1982 年，生育模式呈现出较高状态，各年龄别生育率都明显高于后两次普查时年龄别生育率。生育高峰（即年龄别生育率最大的年龄或年龄组）出现于 25~29 岁。到 1990 年时，各年龄别的生育率均相对低于 1982 年，且生育高峰出现在 20~24 岁组；25~29 岁组及以后的年龄别生育率则迅速下降。2000 年，总和生育率相对稍高于 1990 年，其年龄别生育模式则发生明显变化，其生育高峰出现在 25~29 岁组；而且 20~24 岁组与 25~29 岁组水平基本相当，低于 1990 年时的该组水平。

年龄别生育率模式反映象山人口生育模式自 20 世纪 80 年代后已发生很大改变。1982 年，生育模式是早生、多生；1990 年，转向少生、早育；2000 年，则反映为向少生、晚育转变。这种生育模式转变，反映了计划生育工作的成效，也反映了象山经济社会发展与人们生育观念的转变。

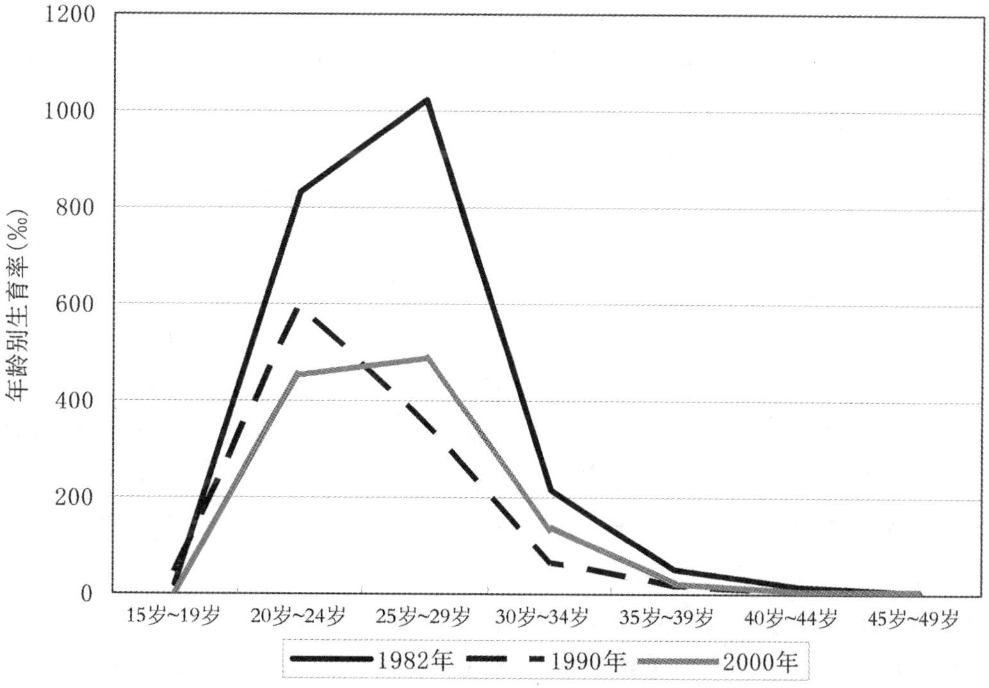

图 45-7 象山县三次人口普查时人口年龄别生育率模式状况图

第三节 计划生育

象山计划生育工作始于20世纪50年代中期，至70年代末大力推行。1982年12月4日，第五届全国人民代表大会第五次会议通过中华人民共和国第四部宪法，其二十五条：“国家推行计划生育，使人口增长同经济和社会发展计划相适应。”计划生育成为国家的基本国策。2001年12月29日，第九届人大常委会第二十五次会议通过《中华人民共和国人口与计划生育法》，使计划生育工作有法可依。计划生育主要采取节育、优生、晚婚晚育等措施。

节育

1956年始，在丹城、石浦宣传避孕节育。翌年，县节育中心指导小组成立。1963年，成立县计划生育委员会，逐步推广节育环避孕及输精管或输卵管结扎手术，收效甚微。全县仅100余人接受节育措施，年人口出生率41.66‰，净增11466人，为历史最高。1965年，接受节育人数增至400余人，出生率38.19‰，净增10537人。1966年2月，县委提出“力争年出生率控制在23‰以下”。后因“文化大革命”原因，未能实施。其后，推行放环、男女结扎等节育措施，终因社会动乱，不能很好贯彻。1974年，成立县计划生育领导小组。1978年，计划生育被列入县委重要议事日程，加强领导，充实力量，抓紧工作。是年，全县接受各项节育措施育龄夫妇40657对，采取节育手术24077例，其中男女结扎13253例，节育率76.72%，人口自然增长率降至11.52‰。1979年，以提高“计划生育率”为重点，控制超计划生育和多胎生育。翌年，结扎人数3672例，放环3873例，其他3444例，节育率83.07%，人口生育基本纳入计划管理。1981年，普遍提倡“一对夫妇只生一个孩子”，1437对夫妇领取独生子女证，占已生一个孩子夫妇总数12.12%。“一胎率”由1980年51.07%上升至57.64%；多胎生育1008人，多胎率12.20%。1983年1月始，全县开展“计划生育宣传月”活动3次，实行四项节育手术23638例，其中，结扎15127例，放环4954例，其他3557例。1984年，成立县计划生育委员会及所属计划生育宣传技术指导站。翌年，有区、镇、乡计划生育专职干部45人。已婚育龄夫妇中，76901人落实各种节育措施，其中施行节育手术8822例，节育率89.44%。

提倡节育时间考 象山历史上盛行“多子多福”的习俗，民间节育方式，无法考实。中华人民共和国成立初期，国家提倡苏联的“光荣妈妈”政策，鼓励多生。随着人民生活和卫生条件的逐步改善，象山人口出生率与全国各地一样，增加较快，由1949年的26.92‰上升至1955年的38.05‰。1955年，国家开始提倡节制生育，并在城市进行宣传。1956年，象山亦开始宣传，可资印证材料有三：其一，《象山县妇联十一月份工作汇报》（1956年11月24日象山县妇联印发、档号1-8-31-1956），共3页，其第三页有“在妇婴卫生方面，开展了广泛的避孕法宣传。宣传好的地方，收效也是大的，群众反映良好”。如：（以下为举例说明农妇对避孕工作的积极反应）等文字。其二，《县妇联关于1957年的工作总结》（档号12-7-5-1958）共9页，其第七页总结有“避孕工作，在和保健部门配合下进行的，在丹城、石浦两镇开展了避孕的宣传。如运用广播、黑板报等形式，并且还在丹城、石浦两镇设立避孕展览会，共计×××人参观。通过宣传展览以后，工商界妇女和居民中的妇女也有许多用了避孕工具，运用阴茎套进行避孕”。其三，《县妇联关于妇女工作意见批示及纪念“三八”节的通知》卷（档号12-7-8-1957年），封面写明“本卷内共94张、自1957年2月起至1957年10月止”。内有《避孕宣传提纲》一件，共8页。由以上三份档案，可得出以下四个方面的结论：一是象山县计划生育工作1956年确已开始，二是计划生育的内容以宣传避孕为主，三是宣传的重点地区是城镇，丹城和石浦，四是避孕的方式是使用避孕工具。

晚婚晚育

1956年始，提倡晚婚。1964年，规定晚婚年龄：男30岁，女25岁，并将晚婚计划列入生产规划。至20世纪70年代中期，晚婚年龄调整为男25周岁，女23周岁，并建立奖惩措施。1978年，全县2239对新婚夫妻中，有2230对晚婚，晚婚率99.6%。翌年，再次调整晚婚龄限，规定城乡国家供应户口男为26周岁、女24周岁，晚婚率降至72.96%。1980年9月，新《中华人民共和国婚姻法》颁布，法定婚龄为男22周岁、女20周岁，与原晚婚年龄差距较大，几个婚龄组男女青年同时进入婚期，新婚人数剧增。1981年，全县新婚人数达4695对，其中晚婚仅2879对，晚婚率下降至61.32%。此后规定凡按法定婚龄自愿推迟3年结婚者为晚婚，已婚妇女24周岁以上或晚婚后生育第一个孩子的为晚育。凡双方都实行晚婚者，各增加婚假15天，晚育者增加产假34天。

优生

20世纪70年代后期，“优生”列入计划生育工作范畴。1980年，颁布新《中华人民共和国婚姻法》，以法律形式把优生政策固定下来。县内近亲结婚与遗传性疾病患者婚嫁被禁止。1982年起，实行孕产妇系统管理，建立《孕产妇分娩档案卡》《孕产妇健康记录》《产前检查记录》《产时情况记录》制度。翌年，建卡838人，1984年、1985年分别增至1747人、4329人。县第一人民医院于1983年3月起设“计划生育门诊”，开展“优生咨询”服务。1984年7月，县妇幼保健站增设“婚前检查”项目，有138对未婚青年接受检查。同时普及新法接生，是年新法接生率达99.78%。

照45-1　1995年大徐镇举行计划生育宣传技术服务活动

1978—1988年象山县计划生育情况表

表45-13

项目			1978	1979	1980	1981	1982	1983	1984	1985	1986	1987	1988
出生人数（人）	合计		7270	7692	6474	8260	8847	9164	7606	7945	7900	8788	6291
	计划内	一胎	—	3565	3028	4671	4790	5220	1511	5220	4903	5827	4406
		二胎	—	1581	1594	1513	1659	1012	793	378	370	617	775
		小计	5510	5146	4622	6184	6450	6232	5304	5598	5270	6463	5193
	计划外	其中：二胎	—	975	732	1068	1244	1796	1536	1933	2225	1884	909
		多胎	—	1571	1120	1008	1153	1136	665	344	323	343	153
		小计	1760	2546	852	2076	2379	2932	2302	2347	2630	2325	1098
只有一个子女的夫妇（人）			—	9761	10118	11860	13223	15071	17017	20005	23036	26667	28778
领取独生子女证的人数（人）			—	683	1175	1437	2619	5178	5814	6330	6634	7068	7470
女性新婚人数（人）	合计		2239	2919	4316	4695	5653	4738	5071	3834	5780	4708	5342
	其中：23岁后结婚人数		2230	2130	3540	2879	3855	2832	3040	2020	2911	2240	3066

续表45-13

项目 \ 年份			1978	1979	1980	1981	1982	1983	1984	1985	1986	1987	1988
已婚育龄妇女人数（人）			59188	60358	64815	69353	73326	76000	82087	85977	91653	95572	99031
计划生育率（%）	合计		75.79	66.90	71.39	74.87	72.91	68.01	69.73	70.46	66.71	73.54	82.55
	其中	多胎率	—	20.42	17.30	12.20	13.03	12.40	8.74	4.38	4.09	3.90	2.43
		晚婚率	99.60	72.97	82.02	61.32	68.19	59.77	59.95	52.84	50.36	47.58	57.39
		独生子女领证率	—	7.00	11.61	12.12	19.81	34.35	34.16	31.64	28.80	26.50	25.96
		节育率	68.69	81.01	83.07	77.07	78.84	83.85	89.53	89.44	91.01	89.48	92.72

说明：据象山县统计局《象山在前进》一书编制

1989—1994年象山县计划生育情况表

表45-14

项目 \ 年份			1989	1990	1991	1992	1993	1994
出生人数（人）	合计		5241	4730	4606	4789	5314	5295
	计划内出生	一胎	4301	3958	3830	3733	—	3827
		二胎	591	637	755	1027	—	1377
		政策性	—	—	—	—	—	18
		小计	4905	4603	4512	4683	5229	5222
	计划生育率（%）		93.59	97.32	97.96	97.79	98.40	98.62
女性初婚人数	合计		3893	4183	3304	4248	3356	4121
	其中：23周岁及以上人数		2112	2547	2107	2849	2443	3053
	晚婚率（%）		54.25	60.89	63.77	67.07	72.79	74.08
已婚育龄妇女人数			101161	103965	105104	107805	108470	110321
领取独生子女证人数			8098	9171	9799	9960	10628	10834

说明：摘自象山县《计划生育年报》

1995—2001年象山县计划生育情况表

表45-15

项目 \ 年份			1995	1996	1997	1998	1999	2000	2001
出生人数（人）	计划内出生	小计	5816	5179	5217	4328	4482	4889	4374
		一胎	4441	3952	4066	3455	3669	3894	3569
		二胎	1353	1253	1187	865	804	932	801
		政策性	22	16	13	8	9	12	4
	计划生育率（%）		98.81	99.01	99.04	99.02	98.83	98.96	98.34
女性初婚人数（人）	合计		3228	4309	3537	4188	4002	4093	2946
	其中：23周岁及以上人数		2419	3402	2734	3108	2974	2929	2096
	晚婚率（%）		74.93	78.95	77.30	74.31	74.31	71.56	71.15

续表45-15

项目＼年份	1995	1996	1997	1998	1999	2000	2001
已婚育龄妇女人数（人）	111381	113607	114017	115608	117185	119281	120954
领取独生子女证人数（人）	11037	10179	9525	9057	9825	7273	7151

说明：根据象山历年《统计年鉴》编制

2002—2008 年象山县计划生育情况表

表 45-16

项目			2002	2003	2004	2004	2006	2007	2008
育龄妇女（人）	人数		162845	162523	—	164326	161959	160731	154930
育龄妇女（人）	其中：已婚		122417	122751	124497	124182	123363	122325	117186
领取独生子女证户数（户）			6779	6480	10783	15656	19187	20602	21401
女性初婚人数（人）			4959	2690	4191	3365	4348	3316	4079
出生（人）	人数合计		4398	4787	5020	5118	4843	5225	4873
出生（人）	其中	女性	2061	2300	2481	2444	2343	2513	2345
出生（人）	其中	补报	81	100	74	79	142	120	150
出生（人）	其中	合法出生	4317	4687	4846	4983	4697	5079	4732
出生（人）	其中	一孩	3582	3896	3967	4018	3692	4029	3629
出生（人）	其中	二孩	801	882	1036	1079	1131	1176	1215
出生（人）	其中	多孩	15	9	17	21	20	20	29
出生（人）	计划生育率（%）		98.20	97.91	96.53	97.36	96.99	97.21	97.11
出生（人）	性别比（女=100）（%）		113.39	108.13	102.34	109.41	106.70	107.92	107.80

说明：根据象山历年《统计年鉴》编制

第四节　死　　亡

死亡水平，可以用死亡人数与死亡率、年龄别死亡率（也称死亡模式）和平均预期寿命衡量。死亡人数与死亡率会受到人口年龄结构影响。平均预期寿命能够较全面地反映人口死亡水平，同时也是衡量人口健康水平的重要指标。

死亡率

1949—1964 年，人口死亡率虽有波动，总体呈现出上升趋势。1965—1977 年，全县人口死亡率呈逐步下降趋势。1978—2001 年，全县人口死亡率基本上比较平稳，都在 5‰~6‰之间。2002 年以后，全县人口死亡率呈逐步上升趋势，大多 6‰以上，主要是由人口年龄结构变化所致。象山已步入老年型社会，60 岁及以上老年人口比例已经达 13.17%以上。

1949—2008 年象山县死亡人数情况表

表 45-17

年　份	死亡人数（人）	人口死亡率（‰）	年　份	死亡人数（人）	人口死亡率（‰）
1949	1434	5.78	1979	2505	5.54
1950	1440	5.79	1980	2397	5.23
1951	1823	7.29	1981	2501	5.38
1952	1865	7.40	1982	2647	5.61
1953	1758	6.91	1983	2980	6.22
1954	1885	7.28	1984	2640	5.44
1955	2059	7.75	1985	2602	5.28
1956	2219	8.14	1986	2601	5.19
1957	2139	8.64	1987	2740	5.38
1958	2320	8.18	1988	2610	5.05
1959	2196	7.59	1989	2777	5.33
1960	2509	8.38	1990	2800	5.38
1961	2372	7.69	1991	2703	5.38
1962	2538	8.02	1992	2903	5.19
1963	2253	6.84	1993	2768	5.56
1964	3131	9.16	1994	2805	5.28
1965	3068	8.74	1995	2973	5.34
1966	2919	8.08	1996	2857	5.64
1967	2778	7.50	1997	2761	5.20
1968	2462	6.51	1998	2973	5.60
1969	2515	6.59	1999	2841	5.30
1970	2530	6.49	2000	2935	5.50
1971	2631	6.60	2001	2775	5.22
1972	2672	6.56	2002	3221	6.08
1973	2577	6.21	2003	3852	7.30
1974	2602	6.17	2004	4057	7.73
1975	2707	6.32	2005	3476	6.61
1976	2569	5.91	2006	3243	6.14
1977	2952	6.69	2007	3335	6.28
1978	2359	5.28	2008	3301	6.19

说明：1956 年台灾死亡 3402 人未计入

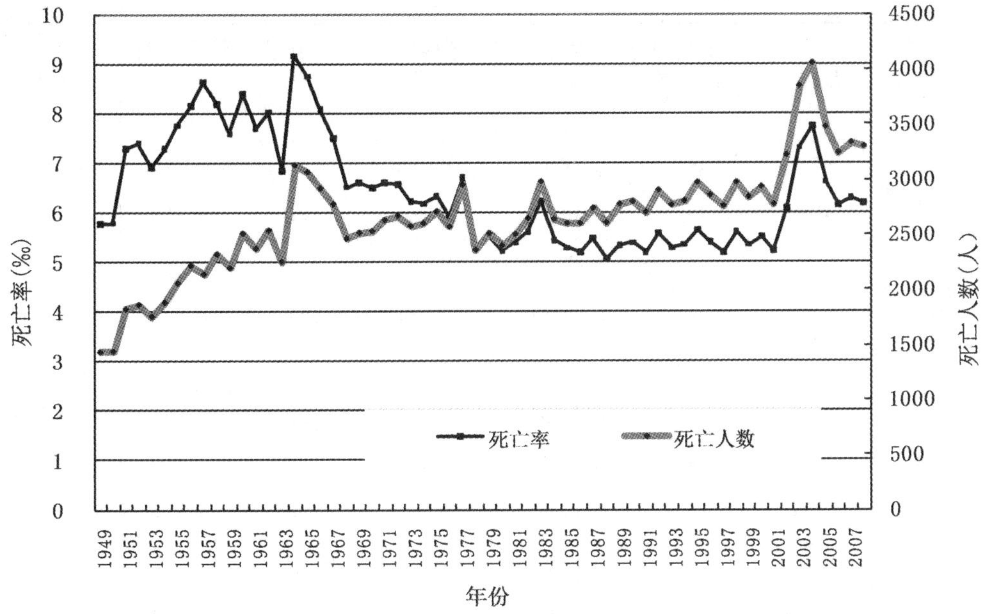

图 45-8　1949—2008 年象山县死亡人数及死亡率变化情况图

平均预期寿命①

随着社会经济发展及生活水平提高，人口平均预期寿命延长。平均预期寿命能比较全面地反映人口死亡情况。根据推算，象山人口 0 岁平均预期寿命，1982 年为 69. 1 岁，1990 年为 67. 44 岁，2000 年为 79. 44 岁②，呈逐渐提高趋势。

1990 年象山县人口平均预期寿命情况表

表 45-18

年龄（岁）	死亡人数（人）	年中人口数（人）	年龄别死亡率（mx）	死亡概率（qx）	尚存人数（lx）	表上死亡人数（dx）	平均生存人年数（Lx）	累计生存人年数（Tx）	平均预期寿命（岁）
0	149	5575	0. 02673	0. 02637	100000	2637	98022	6743717	67. 4372
1	20	7429	0. 00269	0. 00269	97363	262	97232	6645695	68. 2569
2	19	9392	0. 00202	0. 00202	97101	196	97003	6548463	67. 4397

①随着社会经济发展及生活水平提高，一个地区的人口平均预期寿命会有延长，而且平均预期寿命是根据各个年龄的死亡率经过换算以后计算得到的。因此，它可以比较全面地反映一个地区人口的死亡情况。但由于它需要分年龄（或年龄组）的死亡人口数及相应的年龄别存活人口数，因此，它对数据的要求也相对较高，多数只能利用人口普查的信息来推算。但 1953 年和 1964 年这两次人口普查并没有提供相应的年龄别死亡人口。因此，只能利用 1982 年、1990 年和 2000 年这三次人口普查的有关资料所提供的信息推算。

②2000 年的平均预期寿命过高，可能与死亡漏报有关。2000 年 0 岁时的平均预期寿命为 79. 44 岁，而 1 岁时的平均预期寿命则为 79. 29 岁。这与一般的死亡模式存在着明显的差异。一般情况下，1 岁时的平均预期寿命要高于 0 岁，这是由于婴儿死亡率较高而引起的。但在 2000 年时，象山县人口的平均预期寿命表中并没有出现这种情况。一种可能是现实生活中婴儿死亡率的下降，而导致的平均预期寿命回归到真实水平；另一种可能则是婴儿死亡率存在着严重的漏报情况。另外，一般而言，人口的平均预期寿命在没有发生特别的社会经济发展与技术革新时，十年间的平均预期寿命变动基本上是在 1 岁左右。而象山县在 1990—2000 年这十年间，平均预期寿命提高了 12 岁。因此，尽管能够肯定象山县人口的死亡水平是在逐步下降，平均预期寿命有一定的提高，但是在 1990 年与 2000 年间平均预期寿命的变化，可能存在着受到死亡漏报的影响。

续表45-18

年龄（岁）	死亡人数（人）	年中人口数（人）	年龄别死亡率（mx）	死亡概率（qx）	尚存人数（lx）	表上死亡人数（dx）	平均生存人年数（Lx）	累计生存人年数（Tx）	平均预期寿命（岁）
3	12	9525	0.00126	0.00126	96905	122	96844	6451460	66.5751
4	13	8967	0.00145	0.00145	96783	140	96713	6354616	65.6584
5	11	9484	0.00116	0.00116	96643	112	96587	6257903	64.7528
6	12	10092	0.00119	0.00119	96531	115	96474	6161316	63.8273
7	4	9904	0.00040	0.00040	96416	39	96397	6064842	62.9029
8	2	8662	0.00023	0.00023	96377	22	96366	5968446	61.9281
9	4	7678	0.00052	0.00052	96355	50	96330	5872080	60.9421
10	3	7980	0.00038	0.00038	96305	36	96287	5775750	59.9735
11	3	8514	0.00035	0.00035	96269	34	96252	5679463	58.9958
12	6	8650	0.00069	0.00069	96235	67	96202	5583211	58.0164
13	3	8422	0.00036	0.00036	96168	34	96151	5487009	57.0565
14	2	8063	0.00025	0.00025	96134	24	96122	5390858	56.0765
15	9	8010	0.00112	0.00112	96110	108	96056	5294736	55.0904
16	9	8671	0.00104	0.00104	96002	100	95952	5198680	54.1518
17	18	8980	0.00200	0.00200	95902	192	95806	5102728	53.2077
18	17	9331	0.00182	0.00182	95710	174	95623	5006922	52.3135
19	14	9942	0.00141	0.00141	95536	134	95469	4911299	51.4078
20	22	10195	0.00216	0.00216	95402	206	95299	4815830	50.4793
21	15	10125	0.00148	0.00148	95196	141	95126	4720531	49.5875
22	16	9978	0.00160	0.00160	95055	152	94979	4625406	48.6603
23	22	11032	0.00199	0.00199	94903	189	94809	4530427	47.7374
24	19	11587	0.00164	0.00164	94714	155	94637	4435618	46.8317
25	30	11475	0.00261	0.00261	94559	247	94436	4340982	45.9077
26	20	12556	0.00159	0.00159	94312	150	94237	4246546	45.0266
27	18	10662	0.00169	0.00169	94162	159	94083	4152309	44.0975
28	18	7623	0.00236	0.00236	94003	222	93892	4058227	43.1712
29	19	8090	0.00235	0.00235	93781	220	93671	3964335	42.2723
30	13	9063	0.00143	0.00143	93561	134	93494	3870664	41.3705
31	20	9518	0.00210	0.00210	93427	196	93329	3777170	40.4291
32	15	9684	0.00155	0.00155	93231	144	93159	3683841	39.5130
33	31	9314	0.00333	0.00332	93087	309	92933	3590682	38.5734
34	18	9113	0.00198	0.00197	92778	183	92687	3497749	37.7002
35	25	9194	0.00272	0.00272	92595	251	92470	3405063	36.7737

续表45-18

年龄（岁）	死亡人数（人）	年中人口数（人）	年龄别死亡率（mx）	死亡概率（qx）	尚存人数（lx）	表上死亡人数（dx）	平均生存人年数（Lx）	累计生存人年数（Tx）	平均预期寿命（岁）
36	14	8561	0.00164	0.00163	92344	151	92269	3312593	35.8723
37	22	7251	0.00303	0.00303	92193	279	92054	3220325	34.9302
38	19	6691	0.00284	0.00284	91914	261	91784	3128271	34.0348
39	20	6896	0.00290	0.00290	91653	265	91521	3036488	33.1303
40	17	6848	0.00248	0.00248	91388	227	91275	2944967	32.2249
41	21	6488	0.00324	0.00323	91161	295	91014	2853693	31.3039
42	29	6529	0.00444	0.00443	90866	403	90665	2762679	30.4039
43	30	5527	0.00543	0.00541	90463	490	90218	2672015	29.5371
44	12	4257	0.00282	0.00281	89973	253	89847	2581797	28.6952
45	26	4438	0.00586	0.00584	89720	524	89458	2491950	27.7747
46	28	4497	0.00623	0.00621	89196	554	88919	2402492	26.9350
47	17	3766	0.00451	0.00450	88642	399	88443	2313573	26.1002
48	26	3531	0.00736	0.00734	88243	647	87920	2225131	25.2159
49	26	3611	0.00720	0.00718	87596	629	87282	2137211	24.3985
50	36	3768	0.00956	0.00951	86967	827	86554	2049930	23.5713
51	44	4273	0.01030	0.01025	86140	883	85699	1963376	22.7928
52	38	4454	0.00853	0.00850	85257	724	84895	1877678	22.0237
53	47	4170	0.01127	0.01121	84533	947	84060	1792783	21.2081
54	47	4205	0.01118	0.01112	83586	929	83122	1708723	20.4427
55	53	4260	0.01244	0.01236	82657	1022	82146	1625602	19.6668
56	52	4279	0.01215	0.01208	81635	986	81142	1543456	18.9068
57	66	4413	0.01496	0.01484	80649	1197	80051	1462314	18.1318
58	81	3952	0.02050	0.02029	79452	1612	78646	1382263	17.3975
59	66	3416	0.01932	0.01914	77840	1490	77095	1303617	16.7474
60	55	3375	0.01630	0.01617	76350	1234	75733	1226522	16.0645
61	63	3475	0.01813	0.01797	75116	1350	74441	1150789	15.3202
62	74	3340	0.02216	0.02192	73766	1617	72958	1076348	14.5914
63	77	3062	0.02515	0.02484	72149	1792	71253	1003391	13.9072
64	85	2969	0.02863	0.02823	70357	1986	69364	932138	13.2487
65	88	2948	0.02985	0.02941	68371	2011	67366	862774	12.6190
66	84	2843	0.02955	0.02912	66360	1932	65394	795408	11.9863
67	84	2479	0.03388	0.03332	64428	2147	63355	730014	11.3307
68	98	2212	0.04430	0.04334	62281	2699	60932	666660	10.7041

续表45-18

年龄（岁）	死亡人数（人）	年中人口数（人）	年龄别死亡率（mx）	死亡概率（qx）	尚存人数（lx）	表上死亡人数（dx）	平均生存人年数（Lx）	累计生存人年数（Tx）	平均预期寿命（岁）
69	95	2156	0. 04406	0. 04311	59582	2569	58298	605728	10. 1663
70	107	1956	0. 05472	0. 05326	57013	3037	55495	547431	9. 6019
71	89	1752	0. 05081	0. 04955	53976	2675	52639	491936	9. 1140
72	93	1608	0. 05784	0. 05621	51301	2884	49859	439298	8. 5631
73	97	1451	0. 06685	0. 06469	48417	3132	46851	389439	8. 0434
74	99	1341	0. 07385	0. 07122	45285	3225	43673	342588	7. 5651
75	102	1325	0. 07698	0. 07413	42060	3118	40501	298915	7. 1069
76	103	1279	0. 08056	0. 07744	38942	3016	37434	258414	6. 6359
77	108	1064	0. 10150	0. 09660	35926	3470	34191	220980	6. 1510
78	92	913	0. 10082	0. 09598	32456	3115	30899	186789	5. 7551
79	88	780	0. 11282	0. 10680	29341	3134	27774	155891	5. 3131
80	72	635	0. 11348	0. 10738	26207	2814	24800	128117	4. 8886
81	92	615	0. 14959	0. 13918	23393	3256	21765	103317	4. 4166
82	113	605	0. 18693	0. 17095	20137	3442	18416	81552	4. 0498
83	99	522	0. 18966	0. 17323	16695	2892	15249	63136	3. 7817
84	88	435	0. 20253	0. 18391	13803	2538	12534	47887	3. 4693
85	67	342	0. 19591	0. 17843	11265	2010	10260	35353	3. 1383
86	50	260	0. 19268	0. 17575	9255	1627	8442	25093	2. 7112
87	66	209	0. 31655	0. 27329	7628	2085	6586	16651	2. 1829
88	46	163	0. 28308	0. 24798	5543	1375	4856	10066	1. 8159
89	33	116	0. 28571	0. 25000	4168	1042	3647	5210	1. 2500
90 及以上	104	148	0. 70508	1. 00000	3126	3126	1563	1563	0. 5000

2000 年象山县人口平均预期寿命情况表

表 45-19

年龄段（岁）	死亡人数（人）	年中人口数（人）	年龄别死亡率（mx）	死亡概率（qx）	尚存人数（lx）	表上死亡人数（dx）	平均生存人年数（Lx）	累计平均生存人年数（Tx）	平均预期寿命（岁）
0	49	4525	0. 010829	0. 0107	100000	1072. 33280	99195. 75	7943539. 9	79. 4354
1~4	21	19033	0. 001103	0. 0044	98927. 667	435. 29734	396581. 26	7844344. 2	79. 2937
5~9	10	24190	0. 000413	0. 0021	98492. 370	203. 16020	492969. 75	7447762. 9	75. 6177
10~14	15	38327	0. 000391	0. 0020	98289. 210	191. 98275	491926. 01	6954793. 1	70. 7585
15~19	21	36934	0. 000569	0. 0028	98097. 227	278. 74561	491183. 00	6462867. 1	65. 8823

续表45-19

年龄段（岁）	死亡人数（人）	年中人口数（人）	年龄别死亡率（mx）	死亡概率（qx）	尚存人数（lx）	表上死亡人数（dx）	平均生存人年数（Lx）	累计平均生存人年数（Tx）	平均预期寿命（岁）
20~24	23	31757	0.000724	0.0036	97818.481	353.45036	489976.03	5971684.1	61.0486
25~29	32	42042	0.000761	0.0038	97465.031	370.15023	488250.53	5481708.1	56.2428
30~34	40	49622	0.000806	0.0040	97094.881	390.53691	486450.75	4993457.6	51.4286
35~39	74	47364	0.001562	0.0078	96704.344	752.55729	485403.11	4507006.8	46.6060
40~44	89	43098	0.002065	0.0103	95951.786	986.01910	482223.98	4021603.7	41.9128
45~49	103	36234	0.002843	0.0141	94965.767	1341.16860	478181.76	3539379.7	37.2701
50~54	154	28077	0.005485	0.0271	93624.599	2534.97940	474460.44	3061198.0	32.6965
55~59	137	18283	0.007494	0.0368	91089.619	3352.82550	463830.16	2586737.5	28.3977
60~64	240	18177	0.013204	0.0640	87736.794	5614.46300	452720.13	2122907.4	24.1963
65~69	328	17244	0.019021	0.0910	82122.331	7469.26920	429284.83	1670187.2	20.3378
70~74	385	12554	0.030669	0.1426	74653.062	10647.62200	399884.36	1240902.4	16.6223
75~79	467	8320	0.056130	0.2467	64005.440	15791.50300	359505.96	841018.1	13.1398
80~84	392	4000	0.098000	0.3905	48213.937	18827.56600	288138.60	481512.1	9.9870
85~89	241	1580	0.152532	0.5402	29386.372	15874.22600	186617.42	193373.5	6.5804
90及以上	111	417	0.266187	1.0000	13512.146	13512.14600	6756.07	6756.1	0.5000

死亡模式

人口年龄别死亡模式，1990 年与 2000 年间主要变化在于高年龄段。2000 年，每个年龄段人口死亡率均有所下降（10~14 岁除外），最主要变化是 40 岁后，该年龄后年龄别死亡率下降速度较快，0~4 岁段年龄别死亡率下降较多。

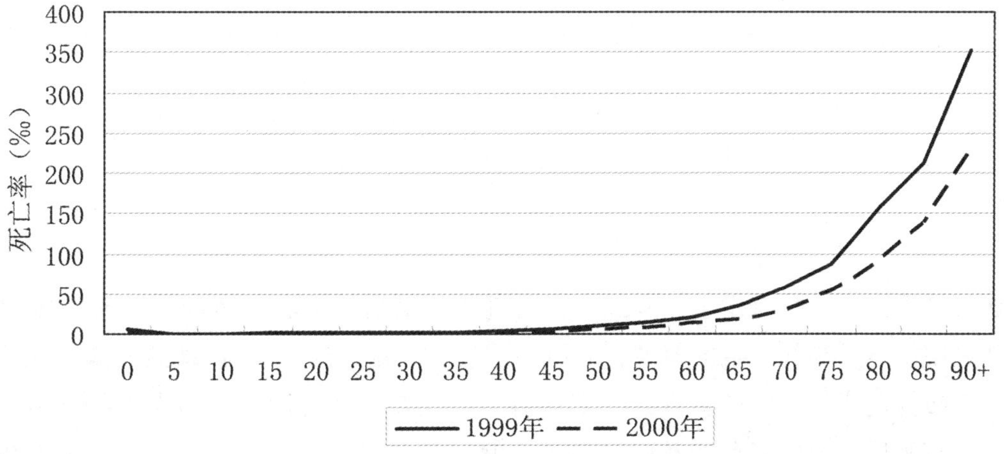

图 54-9　1990 年和 2000 年人口年龄别死亡情况图

说明：本表横坐标所示数字为人口年龄

表 45-20

1990 年、2000 年象山县人口年龄别死亡情况表

年份 年龄段（岁）	1990			2000		
	死亡人数(人)	存活人数(人)	死亡率(‰)	死亡人数(人)	存活人数(人)	死亡率(‰)
0~4	213	39165	5.4385	70	23236	3.0126
5~9	33	46209	0.7141	10	24446	0.4091
10~14	17	41791	0.4068	15	36714	0.4086
15~19	67	43597	1.5368	21	38756	0.5419
20~24	94	52579	1.7878	23	30527	0.7534
25~29	105	51297	2.0469	32	40639	0.7874
30~34	97	46819	2.0718	40	49160	0.8137
35~39	100	39401	2.5380	74	48468	1.5268
40~44	109	31308	3.4815	89	43384	2.0514
45~49	123	20014	6.1457	103	37223	2.7671
50~54	212	20499	10.3420	154	29217	5.2709
55~59	318	20812	15.2796	137	18675	7.3360
60~64	354	16438	21.5355	240	17739	13.5295
65~69	449	13037	34.4404	328	17761	18.4674
70~74	485	8534	56.8315	385	12906	29.8311
75~79	493	5656	87.1641	467	8787	53.1467
80~84	464	2956	156.9689	392	4355	90.0115
85~89	262	1235	212.1457	241	1757	137.1656
90 及以上	104	295	352.5424	111	486	228.3951

第三章　人口迁移

人口迁移在象山历代均有发生，有迁入亦有迁出。明嘉靖县志“风物纪”称：象地“川泽沃衍，有海陆之饶，君子尚礼，庸庶淳庞，故风俗澄清，教化隆洽”。加以地处海隅，往往为大规模战争所不及，故为避战乱、灾荒多有迁入定居者。历代亦有因统治需要而强令民迁他乡者，规模有大小，地方有远近。前志多有涉及此项内容，但往往并非专门正面记录，因而不详尽。中华人民共和国成立后，经济建设兴起，象山县人口迁移无论绝对数还是迁移率呈总体上升。在此背景下，除个人（家庭）因素外，尚有国家（政府）政策计划决定之迁移，此类迁移多在象山县内进行，即令有县省间迁移，多数即在不久之后迁回，且得到妥善安置。自发的人口流动，历史上一直受政府严格控制。改革开放后，中西部人口流动到东部沿海地区形成了“民工潮”，象山外来人口大增。同时，政府加强对流动人口（主要是“外来人口”）管理，改善“民工”就业、居住、子女入学等条件，给予其各项基本权利的一定保障①。

第一节　历代迁移

在古代，如明朝规定：“凡户三等，毕以其业‘著籍’。……其人户避徭役者曰‘逃户’。年饥或避兵他徙者曰‘流民’。有故而出侨于外者曰‘附籍’。朝廷所移民曰‘移徙’”（《明史·食货志·户口》）。对“逃户”“流民”除给以一定的救济外，国家往往有严格的限制。对“附籍”国家也有种种条件规定。“移徙”则多强制且严厉执行。

象山人口，于唐及五代均无记录，但在神龙立县80年后，至唐德宗贞元年间定为中县。按唐制二千户以上为中县。又定一乡五百户，唐时象山有五乡，正合二千户以上。唐杜佑《通典》记天宝十四载全国有户8914709，口52919309，户均5.94口。若按此推算当时象山人口应在11880人以上。此后影响象山人口总量的除人口自然增长因素外，人口迁移是一重要原因。民国《象山县志》卷七《氏族表》内列有民国初象山（不包括南田）795个氏族（宗族）中608族迁入地和463族迁入时间②。

从迁入时间看，795族中除332个氏族无记录外，到象山的最早记录为南北朝迁自河东（今山西夏县一带）西三乡柳岙（今横埕，属泗洲头镇）的柳姓一族（有分派至洋大张——今作杨大场、小石坑）。唐、五代迁入的9族：城区的姜姓、倪姓、刘姓、黄姓；西三乡的袁姓；怀珠乡的俞姓、徐姓；磐安乡的张姓；昌石镇第二区黄姓。宋时迁入59族，与宋皇室南迁，定都临安，明州象山地近国都有关。宋末元初及元代迁入17族。明朝迁入112族，占有迁入时间记载总数463族的24.19%。但明朝人口记录并无甚增加，可见其时人口统计大有问题。清时迁入象山的有264族，占有迁入时间记载总数463族的57.02%。可见清朝象山人口大增并不是光由人口的自然增长而形成的。明、清两代从外地迁入象山的移民占到移民总数的81.21%。

除187族无迁自地记录（其中121族且并无迁入时间记录）外，象山迁入氏族（宗族）最大来源，以县来看，最多是鄞县，有85族，占有迁入地记载总数608族的13.98%，其次是宁海，有73族，占有迁入地记载总数12%。唐神龙二年（706），象山立县，裂鄞县、宁海二地而成，故象山与鄞县、象山与宁海的居民的“互相迁移”会特别频繁。以府来看，最多是宁波府，包括鄞县、奉化、镇海、慈溪、定海等，有186族，占有迁来地记载总数608族的30.59%。其次为台州（包括宁海、天台、黄岩、温岭、仙居、章安等地），有139族，占有迁来地记载总数608族的

---

①在我国，人口迁移可分为两种不同情况：一种是人口迁移因而也发生户籍的变动的；另一种是人口迁移，但其户籍不发生变动的。为方便，我们把户籍发生变动的人口迁移称为“人口迁移”；把户籍不发生变动的人口迁移称“人口流动”。流动的人口通常称为“外出人口”和“外来人口”。今县内无“外出人口”统计，“外来人口”统计见第一章第二节。

②时象山分为一区（城区）、十乡、一镇，共十二个区划。《氏族表》又把昌石镇分为四区（一区大致为今定塘镇，二区大致为今晓塘乡，三区大致为今石浦镇之昌国一带，四区大致为今石浦一带）。这样我们把今象山（除鹤浦镇和高塘岛乡及其他原称南田地区所属之岛屿外）分为十五个区块，统计其地氏族（宗族）迁来时间和迁来地方。

22.86%。第三为温州（包括平阳、玉环、乐清、永嘉等地），有56族，占有迁来地记载总数608族的9.21%。以省来看，浙江省内迁入的为431族（不包括象山县内互迁的），占有迁来地记载总数608族的70.89%，外省迁入的为91族，最多的是福建省，共66族，占有迁来地记载总数608族的10.86%。象山县内互迁共86族，占有迁来地记载总数608族的14.14%，其主要迁入地为城区及城区之南的靖南乡。可见象民在古代农业社会时“重土难迁”之风。

象山被外来各族选择为定居地的主要有三地。一为昌石镇四区（今石浦及其附近）。省外迁来者有35族（其中福建32族），温、台两地迁入的有近40族。而自县内别地迁入的仅2族。显然与其地商业繁荣、渔业发达、海上交通便捷有关。二为怀珠乡和磐安乡，两乡从外省迁入者分别为14族、8族；从省内市外迁入者为37族、15族；从市内外县迁入者为56族、61族。这当与古代象山与宁波府城交通多赖津渡，而此两乡正踞其地有关。三为城区，当然与一县之政活动中心有关。此外，县内各地间迁徙后定居的共86族，而定居靖南乡的有26族，占30.23%。靖南乡有全县最大的南庄平原，而南庄平原却是历唐、宋、元、明、清，由围塘开垦而最终形成的邑之粮仓。故能吸引县内人口的聚集。很多氏族迁入定居后，尚有分派至别乡者。

除历代迁入情况之外，历史上象山尚有几次大规模迁移，有从外地迁入县内的，有从县内迁出县外的，亦有县内迁移的。造成大规模迁移的原因，主要源于朝廷政令，亦与战争和自然灾害等有关。

民国前象山县历代氏族（宗族）迁徙情况表

表45-21　　单位：族

迁来时间 居住乡区	南北朝	唐	五代	宋	元	明	清	无记录	小计
城　区	0	3	1	11	0	14	63	10	102
西一乡	0	0	0	8	4	15	12	13	52
西二乡	0	0	0	2	1	6	6	47	62
西三乡	1	1	0	4	0	2	9	5	22
西四乡	0	0	0	2	0	0	2	17	21
西五乡	0	0	0	5	1	5	7	11	29
宝海乡	0	0	0	0	0	2	0	10	12
怀珠乡	0	2	0	3	0	11	17	90	123
磐安乡	0	0	2	5	2	17	44	26	96
靖南乡	0	0	0	11	3	12	28	24	78
奠南乡	0	0	0	6	3	5	3	3	20
昌石一区	0	0	0	0	1	6	26	3	36
昌石二区	0	1	0	0	2	0	17	9	29
昌石三区	0	0	0	1	0	14	5	7	27
昌石四区	0	0	0	1	0	3	25	57	86
合　计	1	7	3	59	17	112	264	332	795
占比（%）	0.13	0.86	0.38	7.42	2.14	14.09	33.21	41.76	100

说明：根据民国《象山县志》编制

民国前象山县氏族（宗族）迁徙情况表

表 45-22　　单位：族

迁来地区／迁居地区	浙江省外（福建省）	浙江省内宁波市外	台州（天台）	温州（平阳）	宁波市内象山县外	鄞县	宁海	象山县内	无迁来地记录（无迁来时）	小计
城　区	9（5）	19	9（6）	5（2）	44	18	3	14	16（5）	102
西一乡	1（0）	3	0	0	8	4	2	5	35（12）	52
西二乡	0（0）	0	0	0	3	0	3	1	58（58）	62
西三乡	2（1）	5	2（1）	1（0）	7	0	4	7	1（1）	22
西四乡	3（3）	3	0	0	9	4	0	3	3（3）	21
西五乡	2（1）	2	2（2）	0	17	5	10	7	1（1）	29
宝海乡	1（0）	0	0	0	1	0	1	0	10（10）	12
怀珠乡	14（11）	37	14（6）	17（17）	56	23	8	1	15（10）	123
磐安乡	8（7）	15	2（1）	11（8）	61	24	4	8	4（0）	96
靖南乡	4（1）	9	2（1）	2（1）	21	3	8	26	18（10）	78
奠南乡	2（0）	2	2（1）	0	1	1	0	3	12（3）	20
昌石镇一区	2（2）	24	7（1）	16（8）	5	2	3	4	1（1）	36
昌石镇二区	1（1）	9	7（2）	2（0）	10	0	7	5	4（2）	29
昌石镇三区	7（2）	7	4（1）	1（0）	5	1	1	0	8（5）	27
昌石镇四区	35（32）	18	16（9）	1（0）	30	6	19	2	1（1）	86
合计	91（66）	153	67（31）	56（36）	278	91	73	86	187（121）	795
占比（%）	11.45	19.25	8.43	7.04	34.97	11.45	9.18	10.82	23.52	100

说明：民国《象山县志》共分 15 个区块，列述县内 795 个氏族，有 3 个区（昌石镇一区、二区、三区）注有："尚有数姓匿谱不睹，无由采录""无谱可查者多挂漏""无谱者多遗漏"。有谱而未录者当为数甚少，而无谱者可能挂漏较多。表中无迁来时间或无迁来地点之氏族，除采访册失记之外，其中应有很多属立县即居象山者，为"象山原住民"

卫所人口迁入

《明史·汤和传》载：明初信国公汤和奉旨经略海上，于浙东、西"设卫所城五十有九，浙东民四丁以上者户取一丁戍之，凡得五万八千七百余人。"《明会典》载："系一郡者为设所，连郡者设卫，大率五千六百人为卫，千一百二十人为千户所，百十有二人为百户所，皆世袭。……在宁波者四：宁波、定海、观海、昌国是也。洪武四年（1371）命靖海侯吴贞，籍方国珍所部温、台、庆元三府军士及兰秀山无粮田民凡十一余万人，隶各卫为军。"象山于明初有 1 卫、4 所（不计四巡检司）。据嘉靖县志：昌国卫原额旗军 4480 名，减至 2661 名，后（嘉靖时）存 1500 余名。石浦前后二千户所原额旗军 2240 名，后存 1421 名。爵溪千户所原额旗军 1130 名。钱仓千户所原额旗军 1120 名，后存 910 名。则明初卫、所军人共 8970 名，连同其家属象山增加的人口当在 2 万以上。洪武二十年，昌国卫自舟山移象山，至嘉靖三十五年（1556）历时一百七十年，卫所军士减少了将近一半，为4961名。嘉靖县志又有："旧册所载（本县军户）一千一十一户"。可见因卫所之设立象山人口中增军户人口数千人，是历史上一个大的人口迁移事件。但与这一事件同时却又发生了另一事件，就是时明洪武二十年封禁南田诸岛。嘉靖县志卷二《区域纪·古迹·南田》载："旧设三里，村落有范岙、林门、朱门、金砦、下湾等处。……国初起发沿海居民，遂空其地。"王士性《广志绎》载："宁、台、温滨海，皆有大岛。……咸有大姓居住，国初，汤信国奉敕行海，惧引倭，徙其民市居之。约午前迁者为民，午后迁者为军。"从"市居之""为民""为军"等词可知南田诸岛居民有一部分可能迁居象山，多数当迁居温、台诸县之县城和市镇了。当然尚有一部分被编入军籍。

迁海展复

在清顺治十八年（1661），为隔断沿海人民与郑成功及张煌言等抗清军的联系，断绝人们对抗清军的支持，清政府下令东南沿海各省居民内迁30~50里，并尽烧沿海民居、船只，沿海港口竖木栅禁民进入，时称"迁海"。当时全县所辖原有22里（"乡里"之里，为行政区划）仅存16里。原额人口13138口，题准弃置人口6184口，原额人丁11061丁，弃置2289丁，共计8473人。后自康熙九年（1670）至康熙二十三年台湾入清，象山沿海全部展复（展界、复业）招回人口2254口，人丁1143丁，共计3397人（民国志P590引乾隆县志）。至道光四年（1824）距顺治十八年（1661）已一百六十余年仍有招回人口。上述数字实在还不是象山实际的人口。而只是政府掌握之完税（赋）人口，被弃置的人口也应有一小部仍留象山谋生，但多数均应离象。而招回人口时长达一百六十余年，当然也不能是原弃置之本人，而应是他们的后人。

迁徙"下三府"

又一次规模较大之迁徙发生于太平天国运动失败后。此事不见于前志正面记述，却累累散见于多种不同文字，可见其时象山民众迁徙之规模甚大。

迁徙"下三府"考 明清之际，浙江有"上八府"与"下三府"之说，钱塘江以南地势较高的宁波府、绍兴府、台州府等八个府为"上八府"，而钱塘江以北平原沃野的杭州府、嘉兴府、湖州府则为"下三府"。明代，这片区域已是富饶之地，王世贞《弇州四部稿》卷六十八载："地独坦衍，饶水稻禾、蚕桑、织绣工作之技，衣食海内弗尽。"清太平天国运动时，下三府地区因太平军与清军几番争夺得失，居民逃死几尽。同治间遂有大量象山贫民赴"下三府"垦荒谋生。可资印证的文字有：

其一，民国《象山县志·志余》载俞樾《右台仙馆笔记》有象山人阿三"至湖州开垦荒田，居孝丰之乌泥坎"遇鬼遭殴而得土地救护之事。民国《象山县志》加案曰："同治间，吾邑人往杭嘉湖垦荒者甚多，号之曰'下三府'，其遗民则号之曰'老百姓'。"

其二，象山县西周镇下沈村北老街西头有一座十六墩十七孔石梁桥，跨下沈港，原长87.4米，为境内最长古桥，名长庆桥。桥东端原有高约三米之六面三级石塔。桥西原有坐北朝南一院二进、每进三开间之硬山造小庙，内有碑记桥系清光绪二十六年（1900），张茂华从"下三府"募资建造。光绪二十六年上距同治有30年之久。从"下三府"募资，当从象山西周、下沈迁居其地之人或其后人处募集，可见象山人迁徙其地者甚多。

其三，象山著名农民画家高妙兰1987年《我的回忆》一文中，称她于清光绪二十七年（1901），生于嘉兴府吴江县平望村。其祖籍是象山旦门乡王家榄村。父王忠良，母胡氏，父19岁、母17岁时两人结婚。"逢连年灾荒，家境极度困难。因此，我父母婚后即离家出走，投奔他乡‘平望’。这个地方是一片平原，下游是河流纵贯，沿河两旁都是村庄，土地肥沃。由于战乱，村上群众杀的杀了，逃的逃了。有地无人种，有屋没人住。可四面八方逃荒的人都来这里栖身。”高妙兰在15岁时，其父母在平望已有家业：种田100亩、植桑400株，养猪16头、牛6头、几十只鸡鸭鹅，租住5间平房，自造茅屋5间。就在这一年，父母携高妙兰返回象山旦门王家榄村。以变卖平望家产所得在王家榄造一座四檐齐的平房、买了100多亩田地。高妙兰在17岁时和南堡樟岙鲍大金结婚。鲍大金家“原和我们一起平望务农，和我们一家同时返回的。”“婚后不久父亲73岁与世长辞了。”按此，高父出走“下三府”当在同治三年（1864）。这一年正是太平天国天京陷落，杭嘉湖地区战争结束，形势稳定之年①。

其四，象山泗洲头唐翰（今称塘岸）朱氏族谱，刊于清同治年间。据统计，有48人，在同治年间从象山唐翰、田坑、下溪流、中央岙、后山、西洋、茅洋、仓岙、何婆岭等地迁往下三府（武康、嘉善、广德、安吉、嘉兴、于潜、杭州、长兴、余杭等地）。

其五，民国《象山县志·史事考》载：光绪三十二年（1906）象山西乡张岙张小金“作乱”，二月四日，练兵捕获“作乱者”30余人，但张小金已在此前逃脱，不知所踪。至六月间，张氏族长在下三府“秀水”侦获张小金，送府枭首。张小金逃至下三府隐匿，张氏族长知道张小金隐匿于下三府，可证当时下三府有很多从张岙或附近村庄迁入者。

从以上五例反映当时象山迁出人口有西乡，亦有南乡。迁入地有杭州、嘉兴、湖州等，是一次相当规模的移民。

南田封禁开禁

历史上南田封禁、开禁、立县和1952年划入象山等一系列事件，从今日角度看，是一次重要的人口遣迁现象。

明洪武二十年封禁时，南田户口数无记录。唯明嘉靖《象山县志》载：“旧设三里（明制，一百十户编为一里），村落有范岙、林门、朱门、金砦、下湾等处。”明崇祯《宁海县志》则称：“南田山东海中，上有平畴可三十顷，昔居民繁盛，国初迁其民，今墟其地。”明初南田被迁人口当在千数以上。

南田封禁自明洪武二十年（1387）至清光绪元年（1875），历时近500年。明之封禁甚严，清中叶后稍宽松，遂有温、台一带贫民私入垦植者。道光二年（1822），浙江按察使朱桂桢查勘南田，计得南田山内11岙共户1574家②，男女共4098口。其附近之山七岙共垦户837家（民国《南田县志》作838家），男女2389口。两者合计人口6487人、人户2411家。而其人“皆系无业贫民，临海、黄岩县人民居其大半，温州、平阳人十之二三，象山县虽附近，不过百余人。有祖孙、父子数世在山开垦者，有三四十年、有二三十年不等，皆有家室。③”这次查勘结果朱桂桢建议开禁，却遭闽浙总督与浙江巡抚反对，南田18岙6000余垦民尽遭遣返原籍。

清光绪元年（1875）南田开禁拓垦，民国《南田县志》载：“案内编户四千，男女丁口一万有奇。”（《易公德政碑记》，此碑今不存）。此等人口来源当大致同道光查勘：台州人占大半，温

---

①对于某一特定区域而言，迁出与迁入总是相对进行的。大多数移民过程都是一种双向运动。“每次移民潮发生之后，总会有一次反向的、补偿性质的移民潮出现”（E. G. 拉文斯坦交英国皇家统计协会发言1885年第199页）。高妙兰及其夫家先迁“下三府”后又回迁象山，正符合人口迁徙理论中“拉文斯坦法则”。

②陈汉章《南田志略》，民国《南田县志》作1474家。

③朱桂桢《奉抚札查勘南田山开垦状》。

州人占十之二三，象山人则不多。

民国元年（1912），南田独立为县，“民国元年，内务统计表载：南田全县4457户，男12965口，女7393口，合计20358口。”①

1952年3月，南田自三门县析归象山，置南田区，辖高塘、杏港、珠门、鹤浦、湾塘、文山、樊岙、四都、檀渔、坦塘十乡。1953年统计，十乡人口为17203人，较南田立县时少3155人②。

第二节　中华人民共和国成立后迁移

中华人民共和国成立后，随着国家经济建设发展，加上象山人口总量不断增长，除个别年份外，人口迁移数量和迁入、迁出率总体上呈逐年增加趋势。迁移主要原因有：参军、复员、升学、工作分配、工作调动、招工、精简下放、外出创业及婚嫁等。另，尚有政府有计划、有组织水库移民、高山海岛扶贫移民、灾后重建移民等，此类迁移多在县内。

迁移人口　迁移率

1965年前，无迁移人口统计资料。1965—1981年，迁移人口统计资料不全。此后，迁移人口统计资料逐步完整。1965年、1968年，迁出人口多，迁入人口少，净迁移人口为负数。1974年，迁入人口比迁出人口要多，净迁移人口为133人。1982年及后多数年份，无论迁入还是迁出人口数均较1965年、1968年、1974年数字要高1~2倍，这与改革开放形势有关。1982年及前各年，迁入和迁出人口数基本保持相当。1983—1989年，人口数迁入均远高于迁出，其中以1985年为最高，迁移率为7.78‰。其主要原因为当时象山经济发展较快。

1990—2004年，除1991年和1992年外，县人口迁移率均为负数，以2002年数值-5.4‰为最大。实际迁移人口，不管入还是出，多数年份之数值均并不小。其中：1999年迁入12293人，迁入率23.11‰；迁出13684人，迁出率25.73‰。是年，人口迁移率-2.62‰。其前一年和后一年无论迁入和迁出人口均仅为该年的二分之一多一点，甚至仅三分之一，而且除个别年份外，迁出入人口数均大致保持平衡③。

2005—2008年，迁入人口7000人至近10000人，迁出人口6000余人至8000余人之间，且迁入人口数历年均高于迁出人口数，出现象山人口迁移的新变化。

1965年后象山县人口迁移情况表

表45-23

年份	迁入人口（人）	人口迁入率（‰）	迁出人口（人）	人口迁出率（‰）	人口迁移率（‰）
1965	3633	10.35	4119	11.73	-1.38
1968	2364	6.26	2537	6.71	-0.46
1974	2854	6.72	2721	6.40	0.31

①民国《南田县志》（象山县地方文献丛书，中华书局2010年版）第129页。

②南田立县和回归两事其牵涉人口，但不属人口迁移问题，而和象山县人口总量有关。

③以上情况除反映当时象山经济有一个相对平缓但依旧发展的过程外，亦反映了人口迁移的户籍管理中有政府政策调控的作用。在统计数字上可以看到此种政府调控作用尤为明显。

续表45-23

年份	迁入人口（人）	人口迁入率（‰）	迁出人口（人）	人口迁出率（‰）	人口迁移率（‰）
1982	6549	13.89	6285	13.33	0.56
1983	6211	12.96	5696	11.89	1.07
1984	7649	15.76	6964	14.35	1.41
1985	5241	10.64	1410	2.86	7.78
1986	8628	17.22	5927	11.83	5.35
1987	7619	14.95	5593	10.97	3.94
1988	6223	12.05	4784	9.26	2.79
1989	5901	11.33	5440	10.45	0.88
1990	5795	11.13	7255	13.93	-2.81
1991	4249	8.16	4002	7.69	0.50
1992	8283	15.85	7942	15.20	0.70
1993	3379	6.45	3944	7.52	-1.10
1994	3792	7.21	4671	8.88	-1.70
1995	3781	7.17	4484	8.50	-1.33
1996	4173	7.88	4960	9.37	-1.49
1997	5057	9.52	5497	10.35	-0.83
1998	4024	7.57	5983	11.25	-3.68
1999	12293	23.11	13684	25.73	-2.62
2000	6991	13.13	8237	15.47	-2.34
2001	6214	11.69	8885	16.72	-5.03
2002	7575	14.30	10433	19.70	-5.40
2003	6672	12.65	7750	14.69	-2.04
2004	8296	15.80	9888	18.83	-3.03
2005	7343	13.97	6630	12.62	1.35
2006	8209	15.53	6428	12.16	3.37
2007	9989	18.82	8454	15.93	2.89
2008	7829	14.68	6397	11.99	2.69

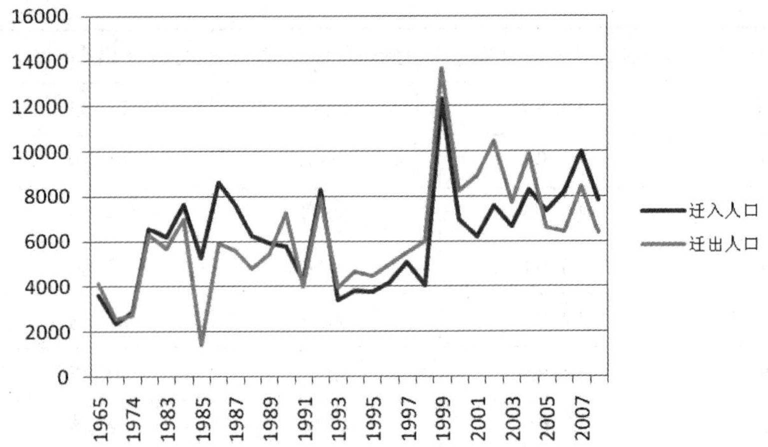

图 54-10　1965 年后象山县人口迁移状况图

说明：表内横坐标为年份，纵坐标为人数

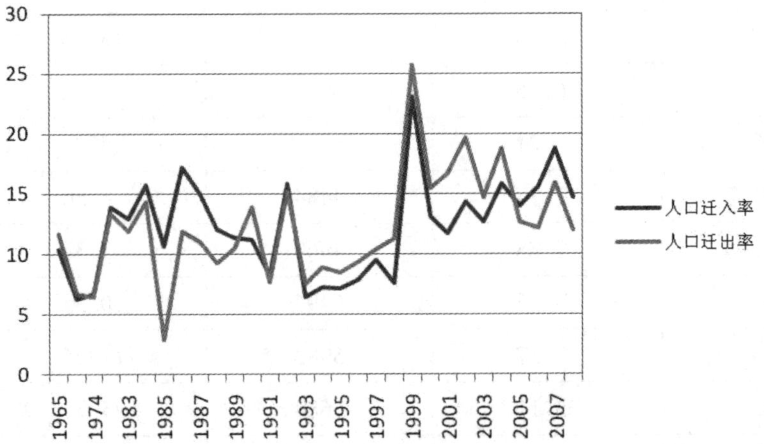

图 54-11　1965 年后象山县人口迁移率变化情况图

说明：本表横坐标为年份，纵坐标为人口迁入、迁出率的千分数

县内迁移

中华人民共和国成立后，象山乡级行政区划变动频繁，不同年代各乡（镇）间人口迁移情况无法分析比较。2001 年，全县划分为 3 个街道、10 个镇、5 个乡，至 2008 年未有变动，故仅比较分析此一时段象山各地人口之迁移。

2001 年，全县共迁入人口 6214 人，迁出人口 8885 人。其中，丹城地区（丹东、丹西、爵溪 3 街道）迁入 4420 人，迁出 1545 人，为全县迁入和迁出人口最多乡镇。

2002 年，全县共迁入人口 7575 人，迁出人口 10433 人。人口迁入率为 14.31‰，迁出率为 19.70‰，净迁移率为-5.39‰。除丹城地区，全县其他乡镇人口净迁移率均为负值。人口迁入率最高为丹城镇（49.21‰），其次为石浦镇（9.25‰）和西周镇（7.90‰）。人口迁出率最高是黄避岙乡（38.21‰），其次为贤庠镇（34.88‰）和墙头镇（29.45‰）。人口迁入率和迁出率相差较大乡镇分别为黄避岙乡、贤庠镇、涂茨镇和丹城地区。

2001—2002 年，全县共迁入人口 13789 人，迁出人口 19318 人。丹城地区的迁入和迁出人口分别为9480和3798人。

2003—2008年，全县共迁入人口48338人，迁出人口46547人，迁入人口多于迁出人口。丹东街道迁入人口最多，为17480人，其次丹西街道、石浦镇、西周镇、鹤浦镇，迁入人口依次为8491人、5998人、2444人和1895人。同时，丹东街道迁出人口也最多，为9163人，其次是石浦镇7845人、丹西街道7725人。

2003—2008年象山县各乡镇人口迁移情况表

表45-24(一)

单位＼年份	合计		2003		2004				
	迁入人口（人）	迁出人口（人）	迁入人口（人）	迁出人口（人）	迁入人口（人）	人口迁入率（‰）	迁出人口（人）	人口迁出率（‰）	人口净迁移率（‰）
合计	48338	46547	6672	7750	8296	15.80	10888	20.74	-4.94
丹东街道	17480	9163	2593	955	2512	51.05	1117	22.70	28.35
丹西街道	8491	7725	1810	753	1522	33.59	1323	29.20	4.39
爵溪街道	344	420	38	111	68	5.16	122	9.26	-4.10
石浦镇	5998	7845	343	823	753	9.24	1396	17.13	-7.89
西周镇	2444	2901	277	656	460	9.85	582	12.46	-2.61
鹤浦镇	1895	2453	267	440	616	19.20	754	23.49	-4.29
贤庠镇	1249	1526	93	475	460	15.15	582	19.17	-4.02
定塘镇	800	1747	61	513	145	4.20	500	14.46	-10.30
墙头镇	616	968	103	359	160	7.52	381	17.89	-10.40
泗洲头镇	583	1017	58	277	112	6.20	316	17.50	-11.30
涂茨镇	1659	1615	114	342	287	13.76	508	24.36	-10.60
大徐镇	1551	1133	122	273	286	16.18	287	16.23	-0.05
新桥镇	1089	1936	98	452	261	9.70	581	21.60	-11.90
东陈乡	1898	2047	373	266	272	12.72	817	38.23	-25.50
晓塘乡	427	893	60	297	38	2.02	286	15.18	-13.20
黄避岙乡	507	706	74	406	147	11.31	134	10.31	1.00
茅洋乡	429	706	51	141	98	6.99	184	13.12	-6.13
高塘岛乡	959	1097	137	211	180	8.97	369	18.39	-9.42

表45-24(二)

单位＼年份	2005					2006				
	迁入人口（人）	人口迁入率（‰）	迁出人口（人）	人口迁出率（‰）	人口净迁移率（‰）	迁入人口（人）	人口迁入率（‰）	迁出人口（人）	人口迁出率（‰）	人口净迁移率（‰）
合计	7343	13.97	6630	12.61	1.36	8209	15.54	6428	12.16	3.38
丹东街道	2414	47.48	993	19.54	27.94	2777	52.70	975	18.50	34.20

续表45-24(表二)

单位＼年份	2005					2006				
	迁入人口(人)	人口迁入率(‰)	迁出人口(人)	人口迁出率(‰)	人口净迁移率(‰)	迁入人口(人)	人口迁入率(‰)	迁出人口(人)	人口迁出率(‰)	人口净迁移率(‰)
丹西街道	1137	24.95	1230	26.99	-2.04	1062	23.26	1250	27.38	-4.12
爵溪街道	47	3.61	43	3.30	0.31	56	4.31	54	4.16	0.15
石浦镇	602	7.41	1006	12.38	-4.97	1269	15.64	1583	19.51	-3.87
西周镇	491	10.50	496	10.60	-0.10	593	12.61	360	7.66	4.95
鹤浦镇	288	8.96	464	14.44	-5.48	250	7.78	337	10.48	-2.70
贤庠镇	226	7.40	195	6.38	1.02	159	5.15	134	4.34	0.81
定塘镇	149	4.34	395	11.52	-7.18	104	3.04	154	4.51	-1.47
墙头镇	73	3.47	86	4.09	-0.62	110	5.26	63	3.02	2.24
泗洲头镇	91	5.18	99	5.63	-0.45	106	6.02	199	11.31	-5.29
涂茨镇	471	22.55	317	15.18	7.37	423	19.98	192	9.07	10.91
大徐镇	457	25.61	208	11.65	13.96	441	24.19	143	7.85	16.34
新桥镇	252	9.46	392	14.72	-5.26	210	7.92	381	14.36	-6.44
东陈乡	318	14.88	174	8.15	6.73	228	10.5	162	7.46	3.04
晓塘乡	61	3.29	162	8.73	-5.44	53	2.89	70	3.81	-0.92
黄避岙乡	61	4.64	78	5.94	-1.30	95	7.18	29	2.19	4.99
茅洋乡	42	3.02	82	5.90	-2.88	109	7.82	209	15.00	-7.18
高塘岛乡	163	8.11	210	10.45	-2.34	164	8.16	133	6.62	1.54

表45-24(三)

单位＼年份	2007					2008				
	迁入人口(人)	人口迁入率(‰)	迁出人口(人)	人口迁出率(‰)	人口净迁移率(‰)	迁入人口(人)	人口迁入率(‰)	迁出人口(人)	人口迁出率(‰)	人口净迁移率(‰)
合计	9989	18.83	8454	15.93	2.90	7829	14.67	6397	12.00	2.67
丹东街道	4411	80.96	3243	59.52	21.44	2773	49.57	1880	33.60	15.97
丹西街道	1422	31.14	1602	35.07	-3.93	1538	33.56	1567	34.20	-0.64
爵溪街道	86	6.65	46	3.56	3.09	49	3.79	44	3.40	0.39
石浦镇	1435	17.69	1468	18.10	-0.41	1596	19.62	1569	19.29	0.33
西周镇	337	7.13	426	9.01	-1.88	286	6.05	381	8.06	-2.01
鹤浦镇	342	10.61	365	11.33	-0.72	132	4.07	93	2.88	1.19
贤庠镇	186	6.01	75	2.43	3.58	125	4.02	65	2.09	1.93
定塘镇	212	6.22	100	2.93	3.29	129	3.77	85	2.49	1.28

续表45-24(表三)

年份/单位	2007					2008				
	迁入人口（人）	人口迁入率(‰)	迁出人口（人）	人口迁出率(‰)	人口净迁移率(‰)	迁入人口（人）	人口迁入率(‰)	迁出人口（人）	人口迁出率(‰)	人口净迁移率(‰)
墙头镇	89	4.28	48	2.30	1.98	81	3.88	31	1.48	2.40
泗洲头镇	130	7.41	59	3.36	4.05	86	4.91	67	3.82	1.09
涂茨镇	283	13.25	216	10.11	3.14	81	3.78	40	1.87	1.91
大徐镇	187	10.12	182	9.85	0.27	58	3.13	40	2.16	0.97
新桥镇	133	5.03	82	3.11	1.92	135	5.11	48	1.82	3.29
东陈乡	289	13.27	319	14.64	-1.37	418	19.11	309	14.13	4.98
晓塘乡	141	7.70	46	2.51	5.19	74	4.03	32	1.74	2.29
黄避岙乡	82	6.17	22	1.65	4.52	48	3.60	37	2.78	0.82
茅洋乡	77	5.55	44	3.17	2.38	52	3.76	46	3.33	0.43
高塘岛乡	147	7.32	111	5.53	1.79	168	8.29	63	3.10	5.19

本地移民安置

水库移民　20世纪50年代至2008年，全县先后修建大小水库280余座，库容7000余万立方米。库区涉及移民总计22个村、1744户、5570人。

灾后移民　始于1956年“八一台灾”，时南庄平原村庄多毁，有的幸存者在原址重建，也有迁入他村。规模较大原址重建有：孙家村、上张家村、虞家村、杨家村、下张家村、李家村。

高山移民　始于20世纪80年代末。从高山迁移下山的有：1989年，西周镇仙人岩村，从海拔300余米的山上迁至关山村；东陈乡悬基坪村从海拔250米高山迁至沙岗西南侧建村。90年代，西周镇白岩后村从海拔500余米高山迁至下沈长庆桥西建村；里静、外静村，从海拔380余米高山迁至下沈长庆桥西；另，普塘村从五台山西南坡迁至下沈长庆庄桥西建村。2001年，西周镇沙泉村从车岭迁至西周城区建村，至2004年每年均有村民迁移。

海岛移民　1993年，昌国半边山村迁石浦金山路侧建村。翌年，檀头山岛前卫、双前、长坑、六股头、小沙、大沙、小宫后、东卫8行政村（10自然村）迁石浦城区葛峙山西侧建村。1996年，渔山村96户、290人，迁至石浦城区。

外县移民的安置

2003年，接收丽水市青田县滩坑水电站移民500名安置任务，2006年完成，安置在自然条件较好的12个镇乡、17个行政村。详见本志“民政事务　社会保障”篇。

支边返里　下放返城

支援宁夏人员返回　1958年，按国务院和省政府要求，县委、县政府（时宁海象山合县，称象山县）发动全县青年积极报名支援宁夏建设，1959年和1960年先后两批共1000余人去宁夏支边。1959年第一批600余人，安置中卫县先声公社曹闸管理区。1960年5月，第二批598人，由宁夏水电站接收。第二批宁波地区支援宁夏青铜峡水电站共有7个营，象山为第4营，下设4个连。原象山县支宁人员组成第一连、第二连；原宁海县支宁人员组成第三连、第四连。1961年后，支宁人员先后返回，县政府安置返回人员回原公社、原大队务农。

照 45-2　泗洲头镇上马岙村“支宁亭”

压缩精简人口返城　1962 年 2 月，开始压缩城镇人口和精简职工，至 1964 年，全县压缩城镇人口 10200 人，精简职工 8525 人。其中，丹城、石浦 2 镇知识青年 178 人，分 2 批到门前涂，建农场，分属门前涂和岳头嘴 2 个居民点。1965 年，改为门前涂大队。1978 年后，压缩城镇人口与精简职工，采取返城复职、复工安置与现金补偿、子女顶替等方法落实政策。至 1990 年，这些返城人口基本落实政策，完成安置。参加门前涂创建农场知识青年，也于 1978 年后陆续返城。

知识青年上山下乡返城　1969 年 1 月 5 日，县革命委员会发出《关于立即动员知识青年到农村去的通知》，要求全面动员城镇知识青年上山下乡，插队落户。4 月 13 日和 6 月 12 日，象山中学 20 名学生分 2 批赴黑龙江建设兵团。9 月，130 名象中学生赴温岭建设兵团和金华轮胎厂参加生产建设，另 70 余名学生赴黄避岙公社和莲花公社插队落户。1970 年 10 月 11 日，195 名知识青年赴温岭浙江建设兵团（丹城 147 名、石浦 48 名）；另 60 名去金华地区建筑公司和运输公司（丹城、石浦各 30 名）。后，动员范围由丹城、石浦 2 镇扩大到贤庠、墙头、林海、鹤浦、爵溪等公社所属农村的国家供应户口初高中毕业生。每年均有成批知识青年到农村去，其中 1975 年为人数最多的一年，共动员 1006 名知识青年上山下乡。

1969—1978 年，象山共有 3859 名知识青年上山下乡，其中农村插队落户 3153 人。农村插队落户知识青年中，还包括宁波市成批分配安置 39 人，以及户口在外地，祖籍在象山，投亲靠友到家乡插队落户 452 人，其中上海知青 200 余人。

1978 年，首批下乡青年被招工回城，至 20 世纪 80 年代，广大知识青年先后返城、返乡并得到安置。

第四章　人口结构

人口结构包括很多内容，除描述人口性别结构和年龄结构两个基本的结构外，还可以包括人口的阶级结构、家庭结构、职业结构、教育结构、民族结构、宗教结构等以各种不同的社会、经济特征为视角的人口结构。本章仅从人口学意义上来描述象山县人口性别结构与年龄结构状况及其变化历程。

第一节　性别结构

性别结构属人口的自然结构。总体说人口的性别结构是趋向于平衡。目前发展中国家人口性别结构一般是男略多于女，而发达国家一般是女略多于男。象山县人口性别比例的变化，总体上明显地呈现出由高到低的发展趋势。

历史人口性别比

明成化十八年（1482），县第一次有史记载男女人口数，时男性为11061人，女性为6751人，性别比为163.84。万历三十年（1602），县第二次有史记载男女人口数，男性为11061人，女性13138人，性别比仅为84.19。清顺治元年（1644）至嘉庆二十年（1815），性别比为118.41；道光二年（1822）至四年，性别比为148.74，性别比偏高；同治八年（1869）至民国25年（1936），性别比一直维系在120以上。民国26年，性别比降至106.54。民国35年，性别比为117.24。

历史上象山男女比例尚正常，出现异常性别比或者性别比突然变化，除受自然增长率影响，主要是自然原因如灾荒和政治原因如战争等因素影响。

中华人民共和国成立前象山县部分年份人口性别比情况表

表45-25　　单位：人

项目 年份	男	女	性别比	项目 年份	男	女	性别比
1482	11061	6751	163.84	1935	119332	94166	126.73
1602	11061	13138	84.19	1936	120164	93781	128.13
1750	4381	6446	67.96	1937	100812	94625	106.54
1817—1830	97801	83268	117.45	1939	121844	99441	122.53
1868	114476	97499	117.41	1940	122016	100280	121.68
1869—1914	110090	90141	122.13	1944	118243	99480	118.86
1924	119332	94166	126.73	1945	113534	109066	104.10
1929	119973	92929	129.10	1946	112229	95723	117.24
1931	118282	92120	128.40	1947	111713	96721	115.50
1932	115302	93807	122.91	1948	113771	98211	115.84

说明：性别比，亦称“两性比例”。为一定地区的某一时间上人口总体中男性人数与女性人数对比的相对数。计算公式：性别比=某一人口体中男性人数/该人口体中女性人数×100

中华人民共和国成立后人口性别比

中华人民共和国成立后，象山人口性别比经历小幅波动、骤然下降、大幅波动、平缓下降、急剧下降等几个阶段。1949—1958年，性别比在112.72~111.57间小幅波动；1959—1963年，从骤然下降后连续上升又连续回落的大幅波动；1964—1978年，人口性别比平缓下降；1979—1983年，性别比急剧下降，这与计划生育政策推行有关；1984—1994年，性别比一直在108~108.5间波动；1995年后，人口性别比开始直线下降，至2008年为104.73。

1949—2008 年象山县人口性别比情况表

表 45-26　　单位：人

项目 年份	男	女	性别比	项目 年份	男	女	性别比
1949	131544	116706	112.71	1979	238983	218202	109.52
1950	132208	117293	112.72	1980	241026	221085	109.02
1951	132739	117763	112.72	1981	243231	224296	108.44
1952	133600	119335	111.95	1982	247465	228255	108.42
1953	134730	119623	112.63	1983	250620	232018	108.02
1954	139071	124126	112.04	1984	253509	234522	108.10
1955	142659	125521	113.65	1985	258358	238480	108.34
1956	146145	130868	111.67	1986	262435	242849	108.07
1957	149419	132963	112.38	1987	266809	247164	107.95
1958	150078	134511	111.57	1988	269146	249803	107.74
1959	153046	141185	108.40	1989	271767	250500	108.49
1960	161266	143149	112.66	1990	270010	249312	108.30
1961	165800	146417	113.24	1991	271300	250300	108.39
1962	169222	151763	111.50	1992	272300	251100	108.44
1963	176939	160685	110.12	1993	272800	252100	108.21
1964	181946	164102	110.87	1994	273800	252700	108.35
1965	187008	169150	110.56	1995	274600	254000	108.11
1966	192282	174217	110.37	1996	275032	255356	107.71
1967	196668	178137	110.40	1997	275495	256301	107.49
1968	200100	180901	110.61	1998	275314	256247	107.44
1969	204869	185419	110.49	1999	275519	256717	107.32
1970	208008	190635	109.11	2000	274586	257802	106.51
1971	213784	193748	110.34	2001	273781	256711	106.65
1972	217184	197414	110.01	2002	272415	256164	106.34
1973	220999	201155	109.87	2003	271749	254586	106.74
1974	223811	203945	109.74	2004	269139	254556	105.73
1975	227395	207145	109.78	2005	270842	256518	105.58
1976	230983	210231	109.87	2006	271408	258081	105.16
1977	234195	213230	109.83	2007	272280	259501	104.92
1978	236505	215543	109.73	2008	273712	261339	104.73

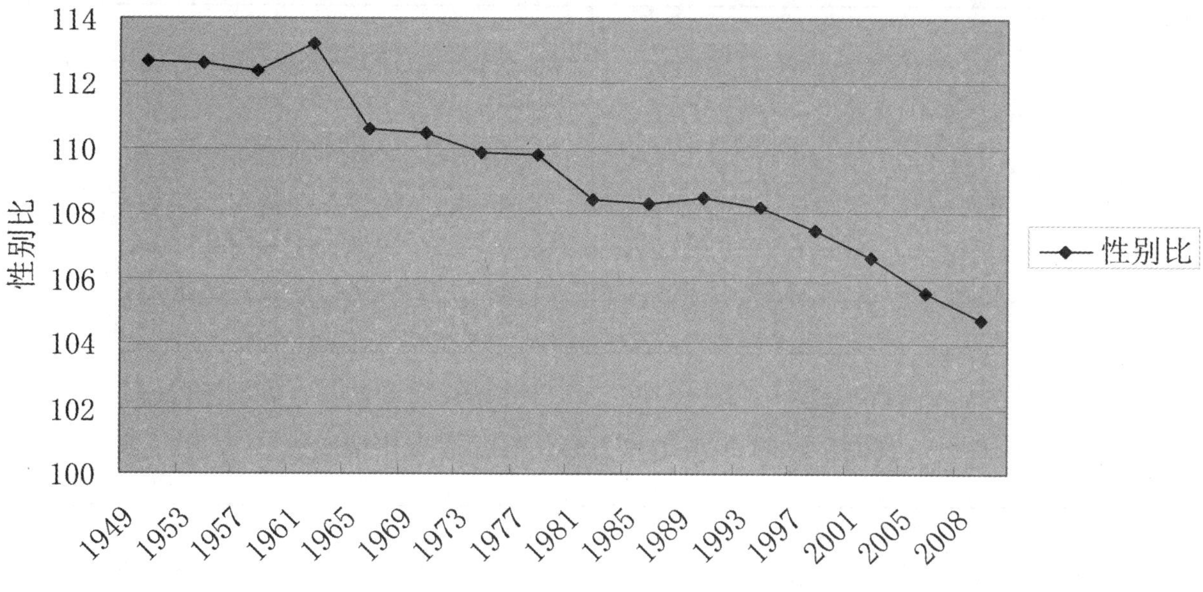

图 45-12　1949—2008 年象山县人口性别比演化图

说明：横坐标为年份

第二节　年龄结构

人口年龄结构是指各年龄组人口在总人口中所占的比重及其相互关系。1953—2000 年间，年龄组分少年组（0~14 岁）、中青年组（15~59 岁）、老年组（60 岁及以上）。2003—2008 年间，年龄组分少年组（1~17 岁）、中青年组（18~59 岁）、老年组（60 岁及以上）。

年龄组人口变化

1953 年，全县 0~14 岁人口比重为 35.96%，15~59 岁人口比重为 57.72%，60 岁及以上人口比重为 6.31%。1964 年，全县 0~14 岁人口比重上升为 43.06%，而 15~59 岁人口比重则下降为 50.11%，60 岁及以上人口比重有所增加，为 6.83%。1964—2000 年间，象山县 0~14 岁人口比重在逐步下降，60 岁及以上人口比重则逐渐增大。

2003—2008 年，全县 0~17 岁人口所占比重呈下降趋势（2004 年、2007 年除外），60 岁及以上人口所占比重逐渐增加。

1953—2000 年部分年份象山县人口年龄构成变化情况表

表 45-27　　单位：%

年份 \ 所占比重 \ 年龄段	0~14 岁	15~59 岁	60 岁及以上
1953	35.96	57.72	6.31
1964	43.06	50.11	6.83

续表45-27

年龄段 所占比重 年份	0~14岁	15~59岁	60岁及以上
1982	29.85	62.14	8.00
1987	25.39	65.16	9.46
1990	25.35	65.05	9.60
2000	17.43	69.40	13.17

2003—2008年象山县人口年龄构成变化情况表

表45-28　　单位:%

年龄段 所占比重 年份	0~17岁	18~59岁	60岁及以上
2003	17.08	69.27	13.65
2004	17.62	68.67	13.70
2005	16.78	69.27	13.95
2006	16.04	69.60	14.36
2007	16.06	69.29	14.65
2008	15.54	69.12	15.34

老少比　抚养比

1953年，全县少年儿童系数（0~14岁）为35.96%，1964年增至43.06%，之后开始下降，1982年降为29.85%，至2000年降至17.43%。

与此同时，老年系数（60岁及以上人口）一直增长，1953年为6.31%，1964年为6.83%，1982年升至8.00%，到2000年增至13.17%。

1953年，全县老少比（60岁及以上人口数与0~14岁人口数的比例）仅17.56%。1964年，略有下降，为15.86%。之后开始上升，1982年升至26.81%，1987年达37.26%，到2000年老少比猛增至75.59%。

1953—1964年，少年儿童负担系数（0~14岁人口数与15~59岁人口数的比例）由62.30%增至85.93%。之后开始下降，1982年减至48.04%，2000年降至25.11%。

老年负担系数（60岁及以上人口数与15~59岁人口数的比例）1953年为10.94%，1964年增至13.63%，1982年有小幅下降，为12.88%，1987年又有所上升，为14.52%。之后一直呈上升趋势，至2000年增至18.98%。

全县社会总负担系数（60岁及以上老年人口与0~14岁少年儿童人口之和与15~59岁人口数的比例），1953年时为73.24%，至1964年升为99.56%，之后开始下降，1982年为60.92%，1987年为53.48%，至2000年降至44.10%。

1953—2000 年部分年份象山县老少人口有关指标变化情况表

表 45-29　　单位:%

指标项目＼指标值＼年份	1953	1964	1982	1987	1990	2000
少年儿童系数	35.96	43.06	29.85	25.39	25.35	17.43
老年系数	6.31	6.83	8.00	9.46	9.60	13.17
老少比	17.56	15.86	26.81	37.26	37.86	75.59
少年儿童负担系数	62.30	85.93	48.04	38.96	38.97	25.11
老年负担系数	10.94	13.63	12.88	14.52	14.76	18.98
社会总负担系数	73.24	99.56	60.92	53.48	53.72	44.10

人口老龄化

1949 年后，象山县老年人口比重逐年增大。1953 年，第一次全国人口普查时，全县 60 岁及以上人口为 16059 人，占全县总人口的 6.31%；1964 年第二次人口普查时，全县共有老年人口 23288 人，占总人口 6.83%；1982 年第三次全国人口普查时，全县有 60 岁及以上人口 37662 人，占总人口的 8.00%；1990 年第四次人口普查时，全县老年人口有 48151 人，约占总人口 9.60%；2000 年第五次人口普查时，全县 60 岁及以上人口有 63791 人，占总人口 13.17%。按照联合国的规定，若某一地区 60 岁及以上人口超过 10%，则意味着该地区已进入老龄化社会。按照这一标准，象山县在 2000 年时已进入老龄化社会。2003—2008 年，象山县 60 岁及以上人口逐渐增加，所占比重也逐渐增加。2003—2007 年，60 岁及以上人口占总人口的比重分别为 13.65%、13.70%、13.95%、14.36%、14.65%。2008 年年末，60 岁及以上人口为 82058 人，占总人口比重达 15.34%。

1953—2000 年部分年份象山县老年人口情况表

表 45-30

年份	60 岁及以上人口（人）	60 岁及以上人口所占比重（%）
1953	16059	6.31
1964	23288	6.82
1982	37662	8.00
1990	48151	9.60
2000	63791	13.17
2003	71825	13.65
2004	71754	13.70
2005	73592	13.95
2006	76021	14.36
2007	77888	14.65
2008	82058	15.34

地区别老龄化　2003 年，各街道镇乡老年人口比重已超过 10%（黄避岙乡除外）。由于行政区域重新规划和人口迁移等因素的影响，一些乡镇的老年人口比重有所下降。2005 年年末，各乡镇老年人口比重均有所增加。2008 年，各乡镇老年人口比重比上年均有所上升（晓塘乡除外），其中比重最大是墙头镇和贤庠镇，分别为 18.98%和 18.62%。

2003—2008 年象山县各乡镇老年人口所占比重变化情况表

表 45-31　　　　单位:%

年份 / 地区	2003	2004	2005	2006	2007	2008
丹东街道	10.08	9.90	9.92	10.03	10.36	10.77
丹西街道	11.29	11.37	11.62	12.10	12.74	13.20
爵溪街道	14.65	14.48	14.92	15.56	16.34	17.20
石浦镇	12.48	12.65	12.89	13.59	13.06	13.54
西周镇	15.33	14.83	15.16	15.56	16.22	16.86
鹤浦镇	12.93	12.38	13.36	12.33	11.72	14.51
贤庠镇	16.78	16.38	17.06	17.49	17.93	18.62
墙头镇	16.20	16.38	16.85	17.34	18.15	18.98
泗洲头镇	14.88	14.54	15.53	15.89	16.75	17.37
定塘镇	14.13	14.56	14.79	15.64	16.22	16.48
涂茨镇	16.53	16.52	16.42	16.69	17.47	18.01
大徐镇	15.47	10.25	15.34	15.22	15.96	16.93
新桥镇	14.22	15.16	15.12	15.81	16.40	16.84
东陈乡	14.97	14.88	14.69	15.14	15.72	16.27
晓塘乡	15.29	15.43	15.68	16.61	16.99	16.95
黄避岙乡	9.18	15.02	15.76	15.91	16.02	16.65
茅洋乡	16.18	14.85	15.77	16.20	17.05	17.70
高塘岛乡	12.12	11.86	12.48	11.98	11.54	13.08

性别别老龄化　1953 年，象山县总人口性别比为 112.63，60 岁及以上老年人口性别比仅 77.88。其中：60~69 岁人口性别比为 89.16；70~79 岁人口性别比为 60.18；80 岁及以上人口性别比只有 39.11。1964 年，全县的总人口性别比为 110.87，60 岁及以上老年人口性别比为 85.21。其中：60~69 岁人口性别比为 94.79；70~79 岁人口性别比为 71.10；80 岁及以上人口性别比为 48.17。1982 年，全县的总人口性别比为 108.42，60 岁及以上老年人口性别比为 93.73。其中：60~69 岁人口性别比为 107.91；70~79 岁人口性别比为 83.04；80 岁及以上人口性别比为 55.10。1990 年，全县的总人口性别比为 108.30，60 岁及以上老年人口性别比为 98.89。其中：60~69 岁人口性别比为 113.03；70~79 岁人口性别比为 87.87；80 岁及以上人口性别比为 59.02。2000 年，全县的总人口性别比为 106.51，60 岁及以上老年人口性别比为 102.41。其中：60~69 岁人口性别比为 112.83；70~79 岁人口性别比为 99.70；80 岁及以上人口性别比为 66.11。

1953—2000年部分年份象山县60岁及以上人口性别结构情况表

表45-32　单位：人

年份＼项目	合计	男	女	性别比
1953	16059	7031	9028	77.88
1964	23288	10622	12466	85.21
1982	37663	18222	19441	93.73
1990	48151	23941	24210	98.89
2000	63791	32276	31515	102.41

说明：根据历次人口普查资料编制

60岁及以上老年人，分年龄段性别比，年龄越大，性别比越底。

1953—2000年部分年份象山县60~69岁人口性别结构情况表

表45-33　单位：人

年份＼项目	合计	男	女	性别比
1953	11049	5208	5841	89.16
1964	16002	7787	8215	94.79
1982	22569	11714	10855	107.91
1990	29475	15639	13836	113.03
2000	35500	18820	16680	112.83

说明：根据历次人口普查资料编制

1953—2000年部分年份象山县70~79岁人口性别结构情况表

表45-34　单位：人

年份＼项目	合计	男	女	性别比
1953	4384	1647	2737	60.18
1964	5874	2441	3433	71.10
1982	11643	5282	6361	83.04
1990	14190	6637	7553	87.87
2000	21693	10830	10863	99.70

说明：根据历次人口普查资料编制

1953—2000年部分年份象山县80岁及以上人口性别结构情况表

表45-35 单位：人

项目/年份	合计	男	女	性别比
1953	626	176	450	39.11
1964	1212	394	818	48.17
1982	3451	1226	2225	55.10
1990	4486	1665	2821	59.02
2000	6598	2626	3972	66.11

说明：根据历次人口普查资料编制

高龄老人

1953年，象山县共有80岁及以上老年人626人，其中，80~89岁人口为611人，90岁及以上仅15人，年龄最高者97岁，1人。1964年，全县高龄老人猛增至1212人，80~89岁1169人，90岁及以上43人，其中，90岁13人，91岁10人，92岁5人，93岁4人，94岁5人，95岁2人，96岁、97岁、98岁、99岁各1人。1982年，全县高龄老人增加至3452人，80~89岁3311人，90岁及以上141人，其中，95岁及以上20人：95岁9人，96岁5人，97岁3人，98岁、99岁、100岁各1人。1990年，全县高龄老人为4486人，80~89岁3311人，90岁及以上295人。2000年，全县高龄老人增至6598人，80~89岁6112人，90岁及以上486人，而95岁及以上67人，百岁老人4人。2008年，百岁老人22人。

1953—2000年部分年份象山县80岁及以上老人分年龄人口情况表

表45-36 单位：人

年份/年龄（岁）	1953	1964	1982	1990	2000
80	141	259	693	682	1202
81	169	230	613	587	1085
82	93	162	547	643	796
83	63	141	362	566	689
84	35	106	344	478	583
85	40	98	231	391	492
86	26	68	199	293	440
87	21	52	157	226	381
88	19	28	89	191	261
89	4	25	76	134	183
90	5	13	60	97	138

续表45-36

年份 / 年龄（岁）	1953	1964	1982	1990	2000
91	2	10	24	65	79
92	2	5	15	53	86
93	2	4	17	28	58
94	0	5	5	26	58
95	2	2	9	12	29
96	1	1	5	7	11
97	1	1	3	4	8
98	0	1	1	2	8
99	0	1	1	0	7
100	0	0	1	1	4
总计	626	1212	3452	4486	6598

说明：根据历次人口普查资料编制

第三节　婚姻结构

中华人民共和国成立前婚姻结构资料较缺。民国 34 年（1945）至民国 37 年期间，婚姻结构不稳定，未婚人口性别比和丧偶人口性别比变动明显，其中，民国 37 年丧偶人口比例最高。中华人民共和国成立后，离婚率逐渐提高，中华人民共和国成立初期为 0.32%，1982 年达 0.61%。

婚姻结构历史变动

民国 34 年（1945），全县 15 岁及以上人口共计 141855 人，其中男性 70605 人、女性 71250 人，性别比为 99.1。民国 37 年，全县 15 岁及以上人口共计 140651 人，其中男性 74432 人、女性 66219 人，性别比为 112.4。

民国 34 年（1945）至民国 37 年，15 岁及以上总人口减少 1204 人，减幅为 0.85%；未婚人口减少 11419 人，减幅为 28.39%；有配偶人口减少 1337 人，减幅为 1.44%；丧偶人数增加较多，为 11295 人，增幅为 127.05%；离婚人数增加 257 人，增幅为 135.98%。其间，全县丧偶人口和离婚人口的变动人数和比例比较明显。未婚、有配偶、丧偶、离婚的性别比变动幅度较大，特别是未婚人口性别比和丧偶人口性别比变化最为显著，反映抗日战争、内战期间，象山社会动荡和变化。

1945年、1948年象山县15岁及以上人口婚姻结构情况表

表45-37

项目	年份	1945 总计	1945 男	1945 女	1948 合计	1948 男	1948 女
人数（人）	合计	141855	70605	71250	140651	74432	66219
	未婚	40221	21688	18533	28802	20055	8747
	有配偶	92555	46051	46504	91218	45579	45639
	丧偶	8890	2720	6170	20185	8446	11739
	离婚	189	146	43	446	352	94
比例（%）	未婚	28. 35	30. 72	26. 01	20. 48	26. 94	13. 21
	有配偶	65. 25	65. 22	65. 27	64. 85	61. 24	68. 92
	丧偶	6. 27	3. 85	8. 66	14. 35	11. 35	17. 73
	离婚	0. 13	0. 21	0. 06	0. 32	0. 47	0. 14

1982年，全县15岁及以上人口330070人，其中，男性171948人，女性158122人，性别比为108. 7。未婚、有配偶、丧偶、离婚人口分别占15岁及以上总人口31. 1%、61. 4%、6. 89%、0. 60%。未婚、有配偶、丧偶、离婚性别比为155、99. 1、43. 4、771. 4。

1990年，全县15岁及以上人口374477人，其中，男性192001人，女性182476人，性别比为105. 2。未婚、有配偶、丧偶、离婚人口分别占15岁以上总人口24. 4%、68. 6%、6. 4%、0. 6%。未婚、有配偶、丧偶、离婚性别比为155、98. 7、41. 3、456. 6。

1982年、1990年象山县15岁及以上人口婚姻结构情况表

表45-38

项目	年份	1982 总计	1982 男	1982 女	1990 合计	1990 男	1990 女
人数（人）	合计	330070	171948	158122	374477	192001	182476
	未婚	102655	62411	40244	91541	55645	35896
	有配偶	202672	100876	101796	257018	127660	129358
	丧偶	22730	6879	15851	23803	6961	16842
	离婚	2013	1782	231	2115	1735	380
比例（%）	未婚	31. 10	36. 30	25. 45	24. 45	28. 98	19. 67
	有配偶	61. 40	58. 67	64. 38	68. 63	66. 49	70. 89
	丧偶	6. 89	4. 00	10. 02	6. 36	3. 63	9. 23
	离婚	0. 61	1. 04	0. 15	0. 56	0. 90	0. 21

丧偶人口，从1945年、1948年、1982年、1990年4年丧偶人口比例看，中华人民共和国成

立前夕社会比较动荡，改革开放后社会则相对平稳。

象山离婚人口的比例变化，主要与社会变革和婚姻观念变化有关，其适度上升，系社会进步之反映。

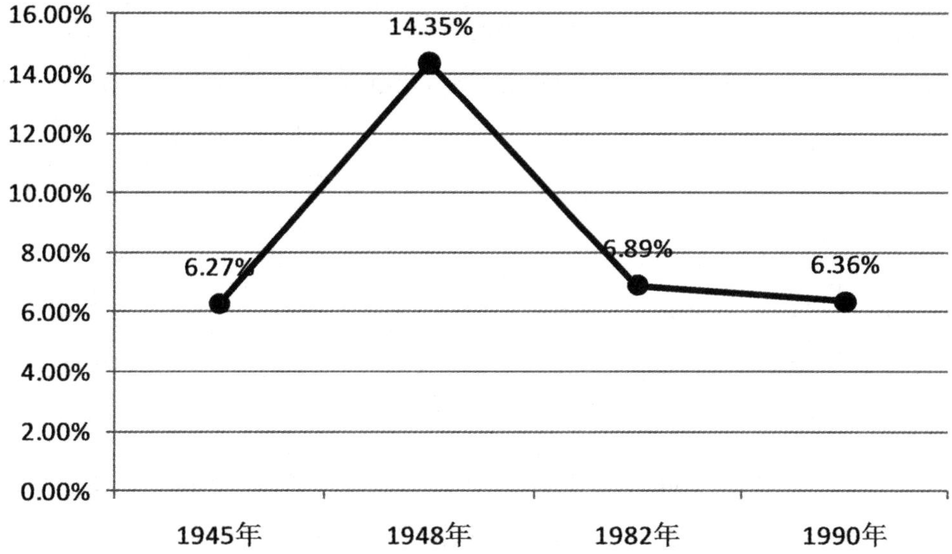

图 45-13　象山县丧偶人口比例历史演变图

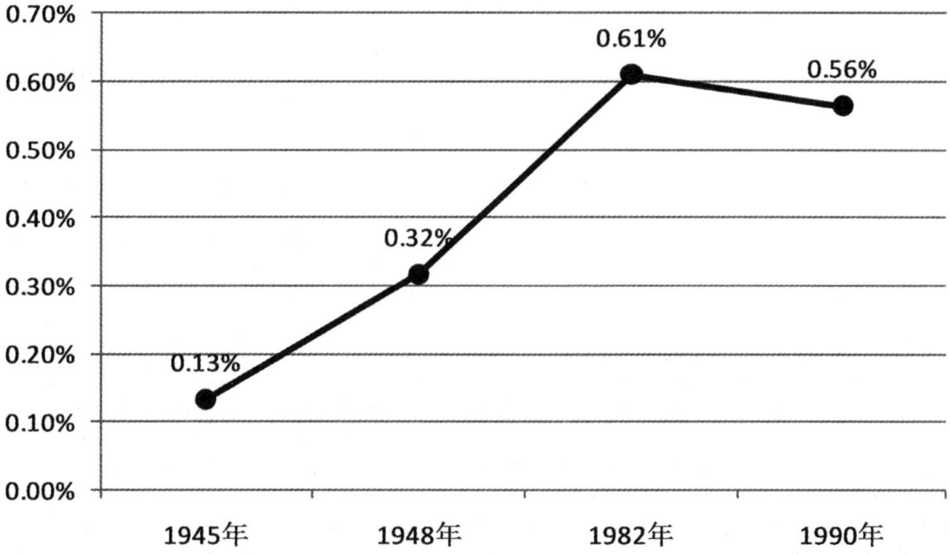

图 45-14　象山县离婚人口比例历史演变图

年龄别婚姻结构

从 1982 年与 1990 年两次人口普查数据看，年龄别人口婚姻结构状况在这段时期内并无很大变化，两个时期各类婚姻状况人口比例基本上相同，这是象山社会平稳发展的反映。

1982年、1990年象山县年龄别人口婚姻结构历史变动情况表

表45-39

项目＼年份	年龄别	1982 人口数	1982 未婚	1982 有配偶	1982 丧偶	1982 离婚	1990 人口数	1990 未婚	1990 有配偶	1990 丧偶	1990 离婚
人数（人）	总计	330070	102655	202672	22730	2013	374477	91541	257018	23803	2115
	15~19岁	61608	60779	828	1	0	43597	43220	373	3	1
	20~24岁	45094	29728	15338	9	19	52579	34969	17533	30	47
	25~29岁	46199	6544	39453	88	114	51297	7055	43944	115	183
	30~34岁	34864	1213	33350	154	147	46819	1664	44716	207	232
	35~39岁	25076	746	23931	254	145	39401	959	37822	377	243
	40~44岁	20049	824	18587	438	200	31308	623	29869	602	214
	45~49岁	22696	1048	20328	1025	295	20014	525	18597	716	176
	50~59岁	36821	1125	30770	4279	647	41311	1516	35628	3685	482
	60~79岁	34212	613	19495	13669	435	43665	968	27607	14570	520
	80岁及以上	3451	35	592	2813	11	4486	42	929	3498	17
比例（%）	总计	100	31.10	61.40	6.89	0.61	100	24.45	68.63	6.36	0.56
	15~19岁	100	98.65	1.34	0.00	0.00	100	99.14	0.86	0.01	0.00
	20~24岁	100	65.92	34.01	0.02	0.04	100	66.51	33.35	0.06	0.09
	25~29岁	100	14.16	85.40	0.19	0.25	100	13.75	85.67	0.22	0.36
	30~34岁	100	3.48	95.66	0.44	0.42	100	3.55	95.51	0.44	0.50
	35~39岁	100	2.97	95.43	1.01	0.58	100	2.43	95.99	0.96	0.62
	40~44岁	100	4.11	92.71	2.18	1.00	100	1.99	95.40	1.92	0.68
	45~49岁	100	4.62	89.57	4.52	1.30	100	2.62	92.92	3.58	0.88
	50~59岁	100	3.06	83.57	11.62	1.76	100	3.67	86.24	8.92	1.17
	60~79岁	100	1.79	56.98	39.95	1.27	100	2.22	63.22	33.37	1.19
	80岁及以上	100	1.01	17.15	81.51	0.32	100	0.94	20.71	77.98	0.38

说明：人口数系指15岁及以上人口

第四节　家庭结构

自古以来，国家统计家庭均以“户”为单位。中华人民共和国成立后尚有“集体户”户籍设置。2000年人口普查，象山总户数为169834户（户籍登记户数为179897户，两数不合），其中家庭户166735户，集体户3099户。集体户占全县总户数1.8%。本节仅记述象山县家庭户情况。

总户数

象山县历史上家庭户数见本篇第一章第一节《宋至清代象山县人口情况表》和《国民时期象山县人口情况表》。

1949年后，象山家庭户数一直呈增长趋势（见本篇第一章第二节《1949—2008年象山县人口情况表》），从1949年67447户增长到2008年189500户。其间可以分为两个阶段：第一阶段是1949—1985年间，其中1949—1959年，全县家庭户数量增长缓慢，其他年份家庭户数的增加速度相对较快。1956年，总户数突破7万。1960年家庭户数量的增长加速，到1966年，总户数突破8万。1970年突破9万，1974年达10万之多，1977年又突破11万，至1980年已达123911户，1982年达130166户。第二阶段是1985年以后，尽管1985年总户数突破15万，1988年总户数达163200户。但1988年以后，家庭户增长速度开始放缓，1992年，全县总户数为170700户，2001年，全县总户数突破18万。

平均户规模

象山县历史上平均户规模见本篇第一章第一节《宋至清代象山县人口情况表》及《民国时期象山县人口情况表》。

1949年后，象山县家庭户平均规模的变化也可以分为两个阶段，但划分时点与家庭户数的变化不同。第一阶段是1949—1967年，家庭户的平均规模一直处于上升的态势，由1949年平均每户3.68人，增加到1967年的4.54人。尽管中间有几年的平均户规模有所下降，如1950年和1951年稍有下降，为每户3.67和3.65人。第二阶段是自1968年开始，平均户规模开始逐步下降。1977年平均户规模为3.96人，降低到4人以下；1997年平均户规模则下降到2.99人，平均每户不足3人；至2008年，平均每户只有2.82人。这显然与计划生育政策的实施有关。

1949—2008年象山县总户数及家庭户平均规模情况表

表45-40

年份	总户数（户）	平均户规模（人）	年份	总户数（户）	平均户规模（人）	年份	总户数（户）	平均户规模（人）
1949	67447	3.68	1955	69750	3.84	1961	75240	4.15
1950	68014	3.67	1956	70733	3.92	1962	76875	4.18
1951	68590	3.65	1957	71082	3.97	1963	77821	4.34
1952	69116	3.66	1958	70632	4.03	1964	78096	4.43
1953	69551	3.66	1959	71328	4.13	1965	79659	4.47
1954	69560	3.78	1960	72429	4.20	1966	81025	4.52

续表45-40

年份	总户数（户）	平均户规模（人）	年份	总户数（户）	平均户规模（人）	年份	总户数（户）	平均户规模（人）
1967	82551	4.54	1981	129588	3.61	1995	175400	3.01
1968	85057	4.48	1982	130166	3.65	1996	176650	3.00
1969	87264	4.47	1983	133438	3.62	1997	178060	2.99
1970	90181	4.42	1984	136619	3.57	1998	177738	2.99
1971	91968	4.43	1985	153379	3.24	1999	179718	2.96
1972	93906	4.42	1986	154302	3.27	2000	179897	2.96
1973	97088	4.35	1987	159267	3.23	2001	182800	2.90
1974	101104	4.23	1988	163200	3.18	2002	178785	2.96
1975	106544	4.08	1989	164642	3.17	2003	178295	2.95
1976	109074	4.05	1990	164049	3.17	2004	180532	2.90
1977	112883	3.96	1991	166000	3.14	2005	182864	2.88
1978	116383	3.88	1992	170700	3.07	2006	184934	2.86
1979	116655	3.92	1993	172600	3.04	2007	187154	2.84
1980	123911	3.73	1994	173400	3.04	2008	189500	2.82

（单位：户、人）

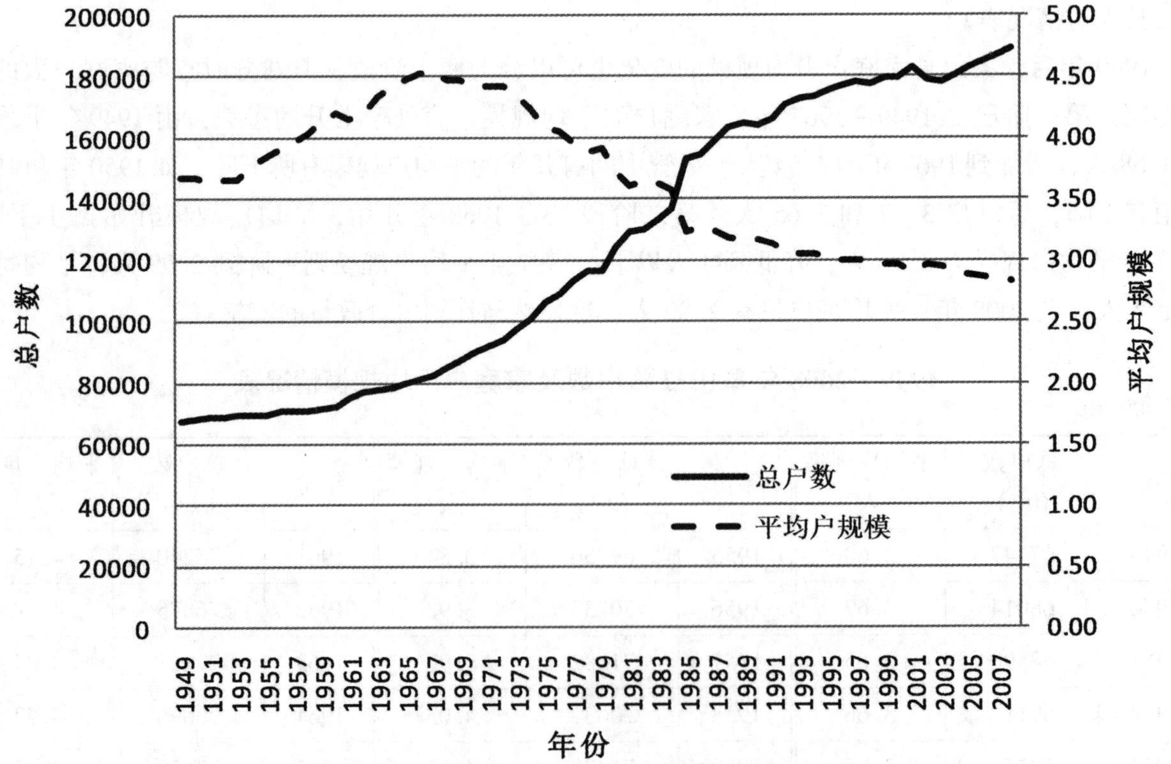

图45-15　象山县历年总户数与平均户规模的变化趋势图

2000年，全县的平均户规模为2.96人，但各乡镇之间尚存在着一定差异。平均户规模大于3人的乡镇有高塘岛乡、晓塘乡、大徐镇、定塘镇、西周镇、下沈镇、新桥镇、贤庠镇、茅洋乡、黄避岙乡、鹤浦镇、昌国镇、涂茨镇，其中以高塘岛乡最高，平均户规模为3.41人。东陈乡和泗洲头镇的平均户规模与全县平均水平基本相同，爵溪镇、石浦镇、墙头镇、丹城镇4镇的平均户规模相对小于平均水平。其中，墙头镇、丹城镇的平均户规模仅为2.66人与2.65人。

2000年象山县各乡镇总户数和平均户规模情况表

表45-41

乡镇名称	户数（户）	平均户规模（人）	乡镇名称	户数（户）	平均户规模（人）
全　县	179897	2.96	昌国镇	4202	3.03
丹城镇	31868	2.65	新桥镇	9251	3.10
石浦镇	25234	2.79	涂茨镇	7605	3.01
爵溪镇	4628	2.86	大徐镇	5773	3.23
鹤浦镇	10753	3.04	下沈镇	5137	3.12
西周镇	10092	3.17	黄避岙乡	4602	3.05
贤庠镇	10704	3.10	东陈乡	7342	2.98
墙头镇	8593	2.66	茅洋乡	4937	3.07
泗洲头镇	6236	2.96	晓塘乡	5822	3.33
定塘镇	11207	3.18	高塘岛乡	5911	3.41

第五节　文化结构

文化科学技术水平和劳动技能，是人口质量核心内容，也属人口社会素质。衡量标准一般有文盲率；每10万人中各种文化程度人口数；人口平均受教育年限；科技人员占全体人口比重；劳动人口技术级别；实现重大科技项目创新人数；高、中、低智商比例；科研门类与机构数量、水平及科技成果普及、应用程度等。

文盲率

中华人民共和国成立后，象山人口文盲率不断下降。民国37年（1948），全县6岁及以上人口文盲率87.72%，1964年下降为59.62%。至2000年，文盲率为11.00%。文盲率不断下降表明象山人口受教育水平不断提高。

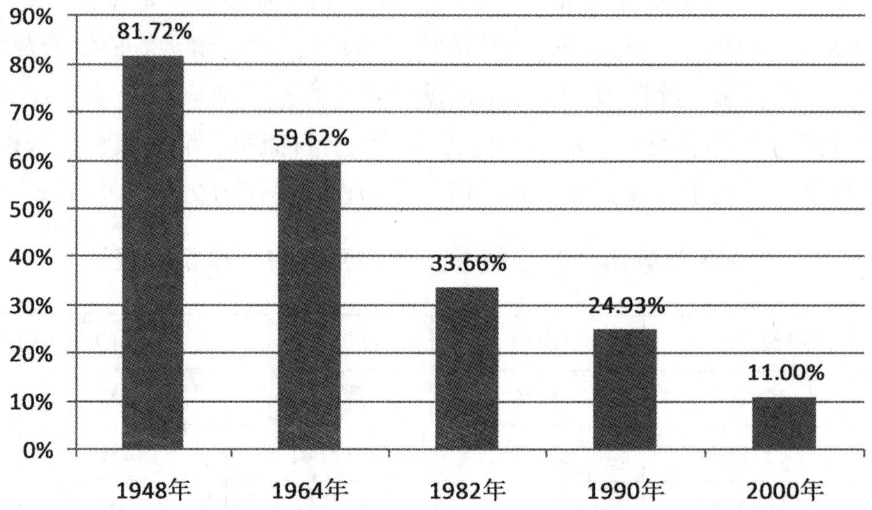

图 45-16　象山县 6 岁及以上人口文盲率历史演变图

1990 年，全县文盲率为 24.93%。有 4 个区、24 个乡镇文盲率超过全县平均水平，最低是丹城镇，为 12.17%。

1990 年象山县各镇乡文盲率情况表

表 45-42　　单位:%

镇乡	文盲率（%）	镇乡	文盲率（%）	镇乡	文盲率（%）
丹城镇	12.17	墙头镇	26.86	定塘镇	30.66
石浦镇	18.40	林海乡	26.36	东溪乡	32.70
爵溪镇	18.28	南庄乡	25.71	新桥乡	35.31
西周镇	20.59	东陈乡	29.96	中楼乡	27.43
鹤浦镇	25.59	旦门乡	34.03	大塘乡	32.01
大徐区	21.42	茅洋乡	32.53	晓塘乡	29.09
贤庠镇	20.77	亭溪乡	25.28	后岭乡	35.08
东港乡	20.83	西周区	26.33	石浦区	30.15
涂茨乡	19.31	泗洲头镇	26.39	昌国镇	26.77
大徐乡	21.24	下沈乡	24.85	樊岙乡	37.21
雅林溪乡	22.71	莲花乡	26.40	高塘岛乡	31.57
黄避岙乡	25.54	儒雅洋乡	32.79	金星乡	30.34
珠溪乡	19.86	灵南乡	21.72	东门乡	19.94
南庄区	28.32	定山区	31.69	檀头山乡	26.39

2000 年，全县文盲率为 12.56%。有 13 个镇乡文盲率高于全县平均水平。其中新桥镇文盲率最高，为 24.65%，丹城镇最低，为 3.9%。

2000 年象山县各镇乡文盲率情况表

表 45-43

镇乡	文盲率（%）	镇乡	文盲率（%）
总计	12.56	墙头镇	14.36
丹城镇	3.90	泗洲头镇	10.40
石浦镇	13.30	涂茨镇	10.89
昌国镇	9.27	大徐镇	9.99
爵溪镇	4.79	新桥镇	24.65
西周镇	14.85	东陈乡	18.42
下沈镇	15.04	晓塘乡	17.48
鹤浦镇	14.12	黄避岙乡	15.58
贤庠镇	16.60	茅洋乡	19.86
定塘镇	21.64	高塘岛乡	18.39

受教育年限　受教育水平结构

平均受教育年限是一个人口受教育水平重要指标。自中华人民共和国成立后，象山人口平均受教育年限呈不断延长趋势，反映县人口文化科学素质的提高。

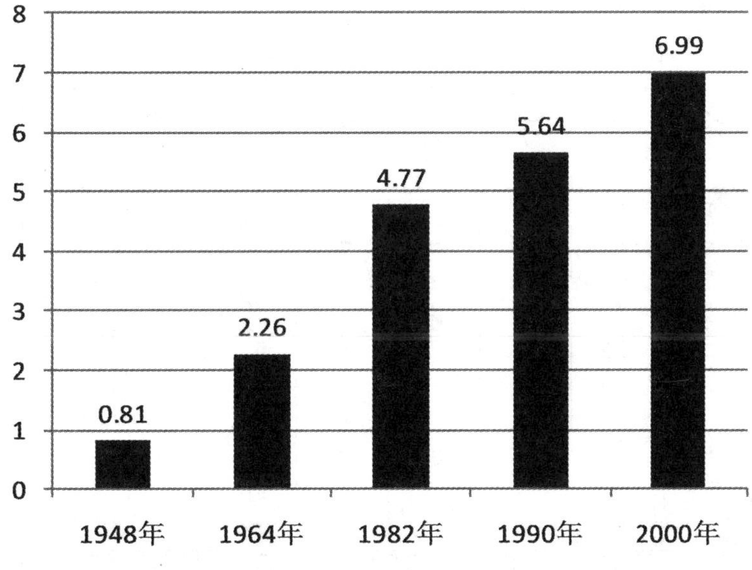

图 45-17　象山县人口平均受教育年限的历史演变图

说明：本表纵坐标为人口平均受教育年数

1948—2000年部分年份象山县6岁以上人口受教育水平结构情况表

表45-44

项目＼年份	1948		项目＼年份	1964		项目＼年份	1982		项目＼年份	1990		项目＼年份	2000	
	人数（人）	比例（%）		人数（人）	比例（%）		人数（人）	比例（%）		人数（人）	比例（%）		人数（人）	比例（%）
小计	181179	100.00	小计	231684	100.00	小计	419722	100.00	小计	453775	100.00	小计	455431	100.00
识字	148059	81.72	文盲半文盲	138125	59.62	文盲	141269	33.66	不识字或识字很少	113137	24.93	未上过学	50086	11.00
私塾	6778	3.74	小学	81729	35.28	小学	186942	44.54	小学	200278	44.14	扫盲班	17962	3.94
初小1~4年级	18882	10.42	初中	9459	4.08	初中	73756	17.57	初中	110617	24.38	小学	176747	38.81
高小5~6年级	4406	2.43	高中、中专	2053	0.89	高中	16845	4.01	高中	23035	5.08	初中	153542	33.71
初中	2053	1.13	大专及以上	318	0.14	大学肄业或在校	86	0.02	中专	4149	0.91	高中	39294	8.63
高中	705	0.39	—	—	—	大学毕业	824	0.20	大学专科	1834	0.4	中专	9123	2.00
受高等教育者	296	0.16	—	—	—	—	—	—	大学本科	725	0.16	大学专科	6499	1.43
—	—	—	—	—	—	—	—	—	—	—	—	大学本科	2144	0.47
—	—	—	—	—	—	—	—	—	—	—	—	研究生	34	0.01

各队列人口受教育水平

根据1990年与2000年人口普查资料，分析象山人口按年龄、性别、地区分类等方面受教育水平。

年龄别受教育水平　一个人口，选取其在某一年份，按不同年龄别受某一教育水平之人口数，占该年龄别人口总数百分比数统计列表，可得到年龄别各类受教育水平的人口构成。按比例反映该年、该年龄别受教育水平，还可反映此前数十年中人口受教育水平的变化。

2000年象山县年龄别各类受教育水平人口结构情况表

表45-45　单位：%

年龄别	未上过学	扫盲班	小学	初中	高中	中专	大学专科	大学本科	研究生
总计	11.00	3.94	38.81	33.71	8.63	2.00	1.43	0.47	0.01
6~9岁	3.93	—	96.07	—	—	—	—	—	—
10~14岁	0.14	—	50.90	47.55	1.29	0.13	—	—	—
15~19岁	0.22	—	4.21	53.23	35.31	6.01	0.81	0.20	—
20~24岁	0.48	0.01	11.01	61.80	15.62	6.35	3.70	1.00	0.02
25~29岁	0.87	0.29	21.25	57.10	12.41	3.27	3.72	1.08	0.01
30~34岁	1.86	0.73	34.18	49.73	8.49	1.43	2.62	0.94	0.02
35~39岁	3.38	1.70	35.87	43.81	11.48	1.14	1.86	0.75	0.02
40~44岁	7.83	4.91	50.18	27.29	6.94	1.34	1.24	0.25	0.01
45~49岁	11.48	7.29	60.54	16.16	2.14	1.44	0.78	0.16	—
50~54岁	14.23	7.39	61.74	12.72	1.78	1.35	0.57	0.22	—
55~59岁	20.69	9.19	49.60	15.33	2.71	1.37	0.62	0.49	0.01
60~64岁	32.63	12.24	42.84	7.94	1.79	1.32	0.66	0.57	—
65岁及以上	53.59	12.52	28.01	4.04	0.94	0.48	0.26	0.16	—

又一个人口，选取其在某一年份，按某一年龄别受某一教育水平人口数，占该受教育水平之总人口数的百分比数统计列表，可得到各类受教育水平人口的年龄构成。2000年，象山低学历者主要是40岁及其以上人口，40岁以下人口则接受较好教育。

2000年象山县各受教育水平人口的年龄构成情况表

表45-46　单位：%

年龄别	未上过学	扫盲班	小学	初中	高中	中专	大学专科	大学本科	研究生
6~9岁	1.48	0	10.26	0	0	0	0	0	0
10~14岁	0.10	0	10.57	11.37	1.20	0.52	0	0	0
15~19岁	0.17	0	0.92	13.44	34.83	25.54	4.85	3.64	0
20~24岁	0.30	0.02	1.90	12.29	12.14	21.24	17.39	14.27	17.65
25~29岁	0.70	0.66	4.89	15.11	12.84	14.58	23.28	20.43	8.82

续表45-46

年龄别	未上过学	扫盲班	小学	初中	高中	中专	大学专科	大学本科	研究生
30~34岁	1.82	1.99	9.51	15.92	10.63	7.71	19.83	21.50	29.41
35~39岁	3.27	4.59	9.84	13.83	14.15	6.07	13.86	17.02	23.53
40~44岁	6.78	11.87	12.32	7.71	7.66	6.38	8.29	5.04	14.71
45~49岁	8.54	15.11	12.75	3.92	2.03	5.86	4.48	2.71	2.94
50~54岁	8.30	12.01	10.21	2.42	1.32	4.32	2.57	3.03	0
55~59岁	7.71	9.56	5.24	1.86	1.29	2.80	1.78	4.24	2.94
60~64岁	11.56	12.09	4.30	0.92	0.81	2.58	1.80	4.71	0
65岁及以上	49.27	32.10	7.30	1.21	1.10	2.41	1.86	3.40	0

性别别受教育水平　1990年，象山从小学至初中、高中、中专、大学专科、大学本科，男性不论在占6岁及以上总人口，还是占6岁及以上男性总人口百分比数均高于女性。而不识字或识字很少者占上述百分比数字则反之，女性要高出男性近一倍。总体上，男性受教育水平远高于女性。

1990年象山县各受教育水平人口的性别构成情况表

表45-47

受教育程度	总计（人）	男			女		
		人数（人）	占总人口比例（%）	占男性比例（%）	人数（%）	占总人口比例（%）	占女性比例（%）
大学本科	725	586	0.13	0.25	139	0.03	0.06
大学专科	1834	1349	0.30	0.58	485	0.11	0.22
中专	4149	2458	0.54	1.05	1691	0.37	0.77
高中	23035	13715	3.02	5.88	9320	2.05	4.23
初中	110617	66014	14.55	28.30	44603	9.83	20.23
小学	200278	108007	23.80	46.30	92271	20.33	41.85
不识字或识字很少	113137	41146	9.07	17.64	71991	15.86	32.65
6岁及6岁以上人口	453775	233275	51.41	100.00	220500	48.58	100.00

2000年，象山男女受教育水平均有显著提高。男性受教育水平在大学本科、大学专科、高中段对女性的优势仍在，而且还有扩大。女性仅在中专段受教育百分比数超过男性，而在初中和小学段女性受教育占总人口百分比数与男性比有一定上升。不识字或识字很少的女性占总人口数百分比数虽有降低，但与男性比仍有较大差距。总体上女性受教育状况虽有改善，但依然低于男性。

2000年象山县各受教育水平人口的性别构成情况表

表45-48

受教育程度	总计（人）	男			女		
		人数（人）	占总人口比例（%）	占男性比例（%）	人数（人）	占总人口比例（%）	占女性比例（%）
研究生	34	29	0.01	0.01	5	0.00	0.00
大学本科	2144	1437	0.32	0.62	707	0.16	0.31
大学专科	6499	4005	0.88	1.74	2494	0.55	1.11
中专	9123	4511	0.99	1.96	4612	1.01	2.05
高中	39294	22294	4.90	9.69	17000	3.73	7.54
初中	153542	84738	18.61	36.85	68804	15.11	30.52
小学	176747	90042	19.77	39.15	86705	19.04	38.46
扫盲班	17962	7214	1.58	3.14	10748	2.36	4.77
未上过学	50086	15711	3.45	6.83	34375	7.55	15.25
6岁及6岁以上人口	455431	229981	50.51	100.00	225450	49.51	100.00

地区别受教育程度　根据1990年与2000年象山各镇乡人口受教育各水平段人口占本镇乡总人口（6岁及以上）百分比分析，丹城镇平均受教育水平最高。石浦、西周两镇相对较高。较低的为茅洋乡、新桥镇、高塘岛乡、定塘镇。这不仅和当地教育事业发展情况有关，而且和工作单位招聘员工的趋向及个人从业选择有关。由各乡镇社会经济、政治发展情况所决定。

1990年象山县各镇乡人口受教育程度情况表

表45-49　　单位：%

地　区	大学本科	大学专科	中专	高中	初中	小学	文盲或初识
丹城镇	1.35	2.57	4.80	17.32	33.50	28.29	12.17
石浦镇	0.29	0.70	1.63	8.93	30.31	39.75	18.40
爵溪镇	0.06	0.26	0.55	5.08	31.46	44.32	18.28
西周镇	0.35	0.76	1.81	7.26	27.30	41.93	20.59
鹤浦镇	0.02	0.25	0.58	3.42	23.06	47.08	25.59
大徐区	0.03	0.18	0.47	3.79	24.84	49.27	21.42
贤庠镇	0.01	0.23	0.73	4.41	26.63	47.22	20.77
东港乡	0.04	0.17	0.40	3.67	24.18	50.71	20.83
涂茨乡	0.03	0.11	0.49	4.08	24.75	51.22	19.31
大徐乡	0.03	0.19	0.46	3.83	25.89	48.35	21.24
雅林溪乡	0.02	0.06	0.24	3.63	26.62	46.71	22.71

续表45-49

地　区	大学本科	大学专科	中专	高中	初中	小学	文盲或初识
黄避岙乡	0. 03	0. 10	0. 34	3. 04	21. 53	49. 41	25. 54
珠溪乡	0. 07	0. 29	0. 46	3. 72	24. 89	50. 72	19. 86
南庄区	0. 01	0. 14	0. 40	3. 58	23. 56	43. 99	28. 32
墙头镇	0. 01	0. 18	0. 50	3. 47	22. 48	46. 49	26. 86
林海乡	0. 03	0. 19	0. 32	3. 93	25. 38	43. 79	26. 36
南庄乡	—	0. 11	0. 41	3. 70	26. 15	43. 91	25. 71
东陈乡	0. 03	0. 15	0. 34	3. 69	22. 80	43. 04	29. 96
旦门乡	—	0. 11	0. 37	3. 12	20. 98	41. 38	34. 03
茅洋乡	0. 01	0. 12	0. 42	3. 36	20. 61	42. 95	32. 53
亭溪乡	0. 01	0. 11	0. 45	3. 52	24. 67	45. 96	25. 28
西周区	0. 01	0. 14	0. 42	3. 44	21. 93	47. 72	26. 33
泗洲头镇	0. 01	0. 17	0. 52	3. 09	22. 50	47. 32	26. 39
下沈乡	0. 01	0. 18	0. 37	3. 21	20. 84	50. 53	24. 85
莲花乡	0. 01	0. 17	0. 32	3. 89	22. 87	46. 34	26. 40
儒雅洋乡	—	0. 08	0. 43	3. 64	24. 18	38. 88	32. 79
灵南乡	—	0. 04	0. 48	3. 89	19. 23	54. 64	21. 72
定山区	0. 04	0. 14	0. 43	3. 07	20. 41	44. 22	31. 69
定塘镇	0. 15	0. 30	1. 02	3. 90	23. 25	40. 71	30. 66
东溪乡	0. 04	0. 16	0. 29	3. 18	21. 16	42. 46	32. 70
新桥乡	0. 01	0. 11	0. 29	2. 89	19. 30	42. 08	35. 31
中楼乡	0. 01	0. 11	0. 42	2. 54	19. 43	50. 06	27. 43
大塘乡	—	0. 05	0. 29	2. 46	18. 90	46. 29	32. 01
晓塘乡	0. 03	0. 12	0. 28	3. 15	20. 51	46. 81	29. 09
后岭乡	—	0. 11	0. 50	3. 77	21. 01	39. 53	35. 08
石浦区	0. 01	0. 08	0. 32	2. 48	19. 93	47. 02	30. 15
昌国镇	0. 03	0. 13	0. 37	2. 50	21. 86	48. 33	26. 77
樊岙乡	—	0. 12	0. 23	2. 49	17. 52	42. 44	37. 21
高塘岛乡	0. 01	0. 04	0. 23	1. 87	18. 77	47. 52	31. 57
金星乡	—	0. 10	0. 49	2. 87	20. 78	45. 43	30. 34
东门乡	0. 02	0. 02	0. 21	2. 82	21. 71	55. 29	19. 94
檀头山乡	0. 04	0. 12	0. 70	4. 20	22. 58	45. 97	26. 39
合　计	0. 16	0. 40	0. 91	5. 08	24. 38	44. 14	24. 93

2000 年象山县各镇乡人口受教育程度情况表

表 45-50　　　　单位：%

地区	研究生	大学本科	大学专科	中专	高中	初中	小学	扫盲班	未上过学
丹城镇	0.03	1.52	4.22	5.06	17.22	35.55	29.97	2.92	3.51
爵溪镇	—	0.24	1.15	1.99	10.23	39.58	36.39	5.96	4.47
石浦镇	—	0.44	1.21	1.95	10.66	35.06	36.32	2.46	11.90
昌国镇	—	0.08	0.44	0.84	4.35	34.93	42.58	8.59	8.20
西周镇	—	0.45	1.28	1.67	9.78	31.88	38.40	4.07	12.48
下沈镇	—	0.12	0.67	1.06	6.06	29.98	46.30	2.72	13.08
鹤浦镇	—	0.09	0.45	0.87	4.22	35.22	40.32	6.53	12.30
贤庠镇	—	0.05	0.42	0.60	4.54	34.51	43.16	2.74	13.98
定塘镇	—	0.07	0.37	0.84	3.70	30.30	42.49	3.60	18.62
墙头镇	—	0.06	0.23	0.76	3.36	33.85	43.50	5.72	12.51
泗洲头镇	—	0.06	0.44	0.76	4.72	26.28	48.14	10.56	9.04
涂茨镇	—	0.04	0.37	0.79	5.41	36.94	44.44	2.32	9.70
大徐镇	—	0.01	0.16	0.60	4.72	37.51	44.22	4.02	8.77
新桥镇	—	0.05	0.40	0.74	3.47	29.53	42.74	2.10	20.97
东陈乡	—	0.10	0.32	0.91	4.42	31.06	43.70	3.39	16.09
晓塘乡	—	0.11	0.28	0.80	3.76	29.65	45.74	4.40	15.26
黄避岙乡	—	0.03	0.35	0.79	4.06	29.30	50.00	2.04	13.43
茅洋乡	—	0.04	0.31	0.84	3.53	29.04	41.47	7.17	17.61
高塘岛乡	—	0.08	0.46	0.80	3.47	31.44	40.90	6.80	16.05
合计	0.01	0.47	1.43	2.00	8.63	33.71	38.81	3.94	11.00

第六节　行业结构　职业结构

古时，就有将居民按行业区分之制。最早见于《榖梁传·成公元年（590）》："古者有四民，有士民，有商民，有农民，有工民。"《汉书·食货志上》则称："士农工商，四民有业：学以居位曰士，辟土殖谷曰农，作巧成器曰工，通财鬻货曰商"。四民之分在中国一直延续到清，且有进一步细分之趋势。宋《四明志》无此等户籍区分之记录，但实际上户籍区分应是存在的，如象山有著名的玉泉盐场，其盐民在当时编户称"亭户"或"灶户"；从商的市民称"坊廊户"等等。

元朝及以后再无主、客户名目，而有按户籍行业区分。但象山于元朝并无此项内容的记录。明、清两朝户籍均有按行业区分。《明史·食货·户口》载："凡户三等：曰民，曰军，曰匠。民有儒，有医，有阴阳。军有校尉，有力士，弓、铺兵。匠有厨役、裁缝、马船之类。濒海有盐灶。寺有僧，观有道士。毕以其业著籍。”明嘉靖《象山县志·版籍记·户口》留下历代县志中唯一的象山居民行业区分记录：“成化十八年（1482），核逃绝户（按：其人户避徭役而迁他乡者为逃户，其户人口死绝者为绝户），编畸零（按：鳏寡孤独不任役者，附十甲后为畸零，僧道无田者亦为畸零），（全县）并为三十二里（按：明制：以110户为一里，推丁粮多者十户为长，余百户为十甲，甲凡十户），计户3802（以下文各户计之当为3804），口17812（以下文各户计口为17902）。男子11061丁，妇女6751口。官户15，口92。民户2385，口8567。军户1011，口6749。灶户（按：盐民）254，口1751。匠户112，口636。当户（按：当铺）1，口6。厨役户1，口5。校尉力士户6，口27。窑冶户1，口6。僧户16，口54。道户1，口3。捕户1，口6。”《清史稿·食货·户口》载：“凡民之著籍，其别有四：曰民籍；曰军籍（亦称卫籍）；曰商籍；曰灶籍。明、清于四民皆定为‘良’，奴仆及倡优为‘贱’。”清朝还规定“凡衙署应役之皂隶、马快、步快、小马、禁卒、门子、弓兵、仵作、粮差及巡捕营番役皆为贱役，长随与奴仆等”。明户籍分别相当固定，世袭难变，清朝中叶之后户别开始松动。民国户籍不再按户主行业之别区分，但户籍内容尚有职业登记。

中华人民共和国成立后，按行业分农业户口与非农业户口。改革开放后，特别是20世纪80年代中期后，此种区分逐步松动。今人们从事何种职业已不再受农业户与非农业户限制。

1949—2008年象山县农业和非农业人口构成情况表

表45-51

年份	总户数（户）	总人口（人）	其中			
			农业人口		非农业人口	
			人口数（人）	占总人口比例（%）	人口数（人）	占总人口比例（%）
1949	67447	248250	234631	94.51	13619	5.49
1950	68014	249501	235814	94.51	13687	5.49
1951	68590	250502	236761	94.51	13741	5.49
1952	69116	252935	238686	94.37	14249	5.63
1953	69551	254353	239927	94.33	14426	5.67
1954	69560	263197	248194	94.30	15003	5.70
1955	69750	268180	254385	94.86	13795	5.14
1956	70733	277013	257364	92.91	19649	7.09
1957	71082	282382	259040	91.73	23342	8.27
1958	70632	284589	251167	88.26	33422	11.74
1959	71328	294231	250674	85.20	43557	14.80
1960	72429	304415	266057	87.40	38358	12.60
1961	75240	312217	271791	87.05	40426	12.95
1962	76875	320985	286415	89.23	34570	10.77
1963	77821	337624	298101	88.29	39523	11.71
1964	78096	346048	312819	90.40	33229	9.60

续表45-51

年份	总户数（户）	总人口（人）	其中			
			农业人口		非农业人口	
			人口数（人）	占总人口比例（%）	人口数（人）	占总人口比例（%）
1965	79659	356158	320136	89.89	36022	10.11
1966	81025	366499	332703	90.78	33796	9.22
1967	82551	374805	340101	90.74	34704	9.26
1968	85057	381001	347511	91.21	33490	8.79
1969	87264	390288	351976	90.18	38312	9.82
1970	90181	398643	354040	88.81	44603	11.19
1971	91968	407532	368104	90.33	39428	9.67
1972	93960	414598	368014	88.76	46584	11.24
1973	97088	422154	375246	88.89	46908	11.11
1974	101104	427756	389783	91.12	37973	8.88
1975	106544	434540	400758	92.23	33782	7.77
1976	109074	441214	405780	91.97	35434	8.03
1977	112883	447425	412661	92.23	34764	7.77
1978	116383	452048	417968	92.46	34080	7.54
1979	116655	457185	421460	92.19	35725	7.81
1980	123911	462111	423984	91.75	38127	8.25
1981	129588	467527	436453	93.35	31074	6.65
1982	130166	475720	431469	90.70	44251	9.30
1983	133438	482638	437035	90.55	45603	9.45
1984	136619	488031	441211	90.41	46820	9.59
1985	153379	496838	441014	88.76	55824	11.24
1986	154302	505284	447515	88.57	57769	11.43
1987	159267	513973	455095	88.54	58878	11.46
1988	163200	518949	458849	88.42	60100	11.58
1989	164642	522267	460949	88.26	61318	11.74
1990	164049	519322	456328	87.87	62994	12.13
1991	166043	521647	457418	87.69	64229	12.31
1992	170699	523441	455221	86.97	68220	13.03
1993	172602	524942	454707	86.62	70235	13.38
1994	173359	526501	455001	86.42	71500	13.58
1995	175425	528553	455603	86.20	72950	13.80
1996	176650	530388	449574	84.76	80814	15.24

续表45-51

年份	总户数（户）	总人口（人）	其中			
			农业人口		非农业人口	
			人口数（人）	占总人口比例（%）	人口数（人）	占总人口比例（%）
1997	178060	531796	446811	84.02	84995	15.98
1998	177738	531561	437201	82.25	94360	17.75
1999	179718	532236	435677	81.86	96559	18.14
2000	179897	532388	437388	82.16	95000	17.84
2001	182843	530492	433396	81.70	97096	18.30
2002	178785	528579	428981	81.16	99598	18.84
2003	178295	526335	425349	80.81	100986	19.19
2004	180532	523695	420780	80.35	102915	19.65
2005	182864	527360	423054	80.22	104306	19.78
2006	184934	529489	422984	79.89	106505	20.11
2007	187154	531781	423015	79.55	108766	20.45
2008	189500	535051	424829	79.40	110222	20.60

行业构成

从1982年、1990年两个人口普查年数据和2000年、2008年两年县统计年鉴数据分析，随象山经济发展和总人口增加，从业人员总量及行业构成呈不断增加趋势。其行业构成变化与全国情况保持一致，即第一产业从业人口比例减少，第二产业，特别是第三产业从业人口比例则呈不断上升趋势。

1982年，象山从业人员207807人，占总人口44.16%，占15岁及以上人口的62.96%。1990年，249681人，占总人口的49.77%，占15岁及以上人口的66.67%。

1982年、1990年象山县从业人员行业构成情况表

表45-52

行业 \ 年份		1982		1990	
		人数（人）	占总人口比例（%）	人数（人）	占总人口比例（%）
第一产业	农、林、牧、渔	124568	59.94	133309	53.39
第二产业	矿业及木材采运业	4087	1.97	58946（工业）	23.61
	电力、煤气、自来水生产和供应业	391	0.19		
	制造业	45836	22.06		
	建筑业	9393	4.52	18078	7.24
	地质勘探和普查	2	0.00	6	—
	小计	59709	28.73	77030	30.85

续表45-52

行业 \ 年份		1982 人数（人）	1982 占总人口比例（%）	1990 人数（人）	1990 占总人口比例（%）
第三产业	交通运输、邮电通信	5007	2.41	8480	3.40
	商业、饮食业、物资供销及仓储业	7661	3.69	15426	6.18
	房地产管理、公用事业管理和居民服务业	901	0.43	3370	1.35
	卫生、体育和社会福利事业	1337	0.64	1663	0.67
	教育、文字艺术及广播电视事业	4280	2.06	4921	1.97
	科学研究和综合技术服务事业	68	0.03	74	0.03
	金融、保险业	507	0.24	912	0.37
	国家机关、政党和社会团体	2522	1.21	4370	1.57
	小　计	22283	10.72	39216	15.71
其他行业		1247	0.60	126	0.05
合　计		207807	100.00	249681	100.00

说明：根据人口普查资料编制

2000年，象山从业人员36.5万人，占总人口的68.56%，占16岁及以上人口的82.58%。2008年，从业人员37.27万人，占总人口的69.65%，占16岁及以上人口的82.22%。

2000年象山县城乡从业人员行业构成情况表

表45-53

行业 \ 项目		全县 人数（万人）	全县 占总人口比例（%）	城镇 人数（万人）	城镇 占总人口比例（%）	乡村 人数（万人）	乡村 占总人口比例（%）
第一产业	农林牧渔业	16.1	44.11	0	0	16.1	53.14
第二产业	采掘业	0.1	0.27	0	0	0.1	0.33
	制造业	8.5	23.29	1.0	16.13	7.5	24.75
	电煤气及水的生产供应业	0.1	0.27	0	0	0.1	0.33
	建筑业	5.6	15.34	1.8	29.03	3.8	12.54
	地质勘探水利管理业	0	0	0	0	0	0
	小　计	14.3	39.18	2.8	45.16	11.5	37.95
第三产业	交通运输、仓储及邮电通信业	1.0	2.74	0.3	4.83	0.7	2.31
	批发和零售贸易餐饮业	2.5	6.85	1.1	17.74	1.4	4.62
	金融保险业	0.2	0.55	0.2	3.23	0	0
	房地产业	0.1	0.27	0.1	1.61	0	0
	社会服务业	0.8	2.19	0.4	6.45	0.4	1.32

续表45-53

行业		全县 人数（万人）	全县 占总人口比例（%）	城镇 人数（万人）	城镇 占总人口比例（%）	乡村 人数（万人）	乡村 占总人口比例（%）
第三产业	卫生、体育和社会福利业	0.2	0.55	0.2	3.23	0	0
	教育、文化艺术和广播电视业	0.1	1.64	0.6	9.68	0	0
	科学研究和综合技术服务业	0.8	0	0	0	0	0
	党政机关和综合技术服务业	0.4	1.10	0.4	6.45	0	0
	小　　计	5.8	15.89	3.3	53.23	2.5	8.25
其他行业		0.3	0.82	0.1	1.62	0.2	0.66
合　　计		36.5	100.00	1.2	100.00	30.3	100.00

说明：根据2000年《象山统计年鉴》编制

2008年象山县城乡从业人员行业构成情况表

表45-54

行业		全县 人数（万人）	全县 占总人口比例（%）	城镇 人数（万人）	城镇 占总人口比例（%）	乡村 人数（万人）	乡村 占总人口比例（%）
第一产业	农林牧渔业	11.59	31.10	0.01	0.13	11.58	39.27
第二产业	采　掘　业	0.02	0.05	0	0	0.02	0.07
	制　造　业	6.43	17.25	1.77	22.75	4.66	15.80
	电煤气及水的生产供应业	0.08	0.21	0.08	1.03	0	0
	建　筑　业	10.65	28.58	1.08	13.88	9.57	32.45
	小　　计	17.18	46.10	2.93	37.66	14.25	48.32
第三产业	交通运输、仓储及邮电通信业	1.05	2.82	0.13	1.67	0.92	3.12
	信息传输、计算机业	0.26	0.70	0.14	1.80	0.12	0.41
	批发和零售业	2.03	5.45	0.82	10.54	1.21	4.10
	金融业	1.9	5.10	0.76	9.77	1.14	3.87
	房地产业	1.03	2.76	1.03	13.24	0	0
	社会服务业	0.06	0.16	0.06	0.77	0	0
	租赁和商务服务业	0.02	0.05	0.02	0.26	0	0
	科学研究、技术服务和地质勘查业	0.02	0.05	0.02	0.26	0	0
	水利、环境和公共设施管理业	0.14	0.38	0.09	1.16	0.05	0.17
	居民服务和其他服务业	0.59	1.58	0.43	5.53	0.16	0.54
	教　　育	0.55	1.48	0.51	6.56	0.04	0.14
	卫生、社会保障和社会福利业	0.29	0.78	0.27	3.47	0.02	0.07

续表45-54

行业 \ 项目		全县 人数（万人）	全县 占总人口比例（%）	城镇 人数（万人）	城镇 占总人口比例（%）	乡村 人数（万人）	乡村 占总人口比例（%）
第三产业	文化、体育和娱乐业	0.05	0.13	0.05	0.64	0	0
	公共管理和社会组织	0.51	1.37	0.51	6.56	0	0
	小　　计	8.50	22.81	4.84	62.21	3.66	12.41
合　　计		37.27	100.00	7.78	100.00	29.49	100.00

说明：根据2008年《象山统计年鉴》编制

性别别行业构成　1982年，象山男性从事农林牧渔劳动者人数最多，比例最大；从事地质勘探和普查业人数最少、比例最小。女性从事农林牧渔劳动者人数最多，比例最大；从地质勘探和普查业人数最少、比例最小。从业人口性别比最高的行业是交通运输、邮电通信业；性别比最低行业是卫生、体育和社会福利事业。

1982年象山县各行业从业人口及分性别人口分布情况表

表45-55

行业 \ 项目	合计 人数（人）	合计 占总人口比例（%）	男 人数（人）	男 占总人口比例（%）	女 人数（人）	女 占总人口比例（%）	性别比
合　　计	207807	100	155014	100	52793	100	293.63
农、牧、林、渔业	124568	59.94	100097	64.57	24471	46.35	409.04
矿业及木材采运业	4087	1.97	3609	2.33	478	0.91	755.02
电力、煤气、自来水的生产和供应业	391	0.19	306	0.20	85	0.16	360.00
制造业	45836	22.06	26612	17.17	19224	36.41	138.43
地质勘探和普查业	2	0	2	0.00	0	0.00	—
建筑业	9393	4.52	8567	5.53	826	1.56	1037.17
交通运输、邮电通信业	5007	2.41	4703	3.03	304	0.58	1547.04
商业、饮食业、物资供销及仓储业	7661	3.69	4389	2.83	3272	6.20	134.14
住宅管理、公用事业管理和居民服务业	901	0.43	564	0.36	337	0.64	167.36
卫生、体育和社会福利事业	1337	0.64	652	0.42	685	1.30	95.18
教育、文化艺术事业	4280	2.06	2230	1.44	2050	3.88	108.78
科学研究和综合技术服务事业	68	0.03	48	0.03	20	0.04	240.00
金融、保险业	507	0.24	337	0.22	170	0.32	198.24
国家机关、政党和群众团体	2522	1.21	2083	1.34	439	0.83	474.49
其他行业	1247	0.60	815	0.53	432	0.82	188.66

1990年，象山男性从事农林牧渔劳动者人数最多，比例最大；从事地质勘探和普查业人数最少、比例最小。女性从事农林牧渔劳动者人数最多，比例最大；地质勘探和普查业人数最少、比例最小。从业人口性别比最高行业是建筑业。

表45-56

1990年象山县各行业人口及分性别人口分布情况表

行业 \ 项目	合计		男		女		性别比
	人数（人）	比例（%）	人数（人）	占男性从业人口比例（%）	人数（人）	占女性从业人口比例（%）	
农、林、牧、渔、水利业	133309	53.39	94460	55.98	38849	48.00	243.10
工　业	58946	23.61	32489	19.25	26457	32.69	122.80
地质普查和勘探业	6	—	6	—	0	0	—
建筑业	18078	7.24	17549	10.40	529	0.65	3317.40
交通运输、邮电通信业	8480	3.40	7836	4.64	644	0.80	1216.80
商业、公共饮食业、物资供销和仓储业	15426	6.18	7385	4.38	8041	9.94	91.80
房地产管理、公用事业、居民服务和咨询服务业	3370	1.35	1793	1.06	1577	1.95	113.70
卫生、体育和社会福利事业	1663	0.67	751	0.45	912	1.13	82.30
教育、文化艺术和广播电视事业	4921	1.97	2345	1.39	2576	3.18	91.00
科学研究和综合技术服务事业	74	0.03	52	0.03	22	0.03	236.40
金融、保险业	912	0.37	572	0.34	340	0.42	168.20
国家机关、政府机关和社会团体	4370	1.75	3453	2.05	917	1.13	376.60
其他行业	126	0.05	55	0.03	71	0.09	77.50
合　计	249681	100.00	168746	100.00	80935	100.00	208.50

根据《象山县2000年全国人口普查资料》，2000年各行业在业人口性别分布，从事农林牧渔业人数最多，比例最大；从事科学研究和综合技术服务业人数最少、比例最小。其中：男性从事农林牧渔业人数最多，比例最大；从事科学研究和综合技术服务业人数最少、比例最小；女性从事制造业人数最多，比例最大；从事地质勘查业、水利管理业人数最少、比例最小。从业人口性别比最高行业是建筑业，最低行业是卫生、体育和社会福利事业。

2000 年象山县各行业在业人口及分性别人口分布情况表

表 45-57

项目 行业	合计		男		女		性别比
	人数（人）	比例（%）	人数（人）	占男性从业人口比例（%）	人数（人）	占女性从业人口比例（%）	
农、林、牧、渔业	9337	39.36	6743	44.60	2594	30.15	259.95
采掘业	193	0.81	158	1.04	35	0.41	451.43
制造业	5853	24.67	2837	18.76	3016	35.05	94.06
电力、煤气及水的生产和供应业	115	0.48	89	0.59	26	0.30	342.31
地质勘查业、水利管理业	17	0.07	15	0.10	2	0.02	750.00
建筑业	1737	7.32	1678	11.10	59	0.69	2844.07
交通运输、仓储及邮电通信业	1128	4.75	978	6.47	150	1.74	652.00
批发和零售贸易、餐饮业	2856	12.04	1312	8.68	1544	17.95	84.97
房地产业	27	0.11	15	0.10	12	0.14	125.00
卫生、体育和社会福利事业	255	1.07	104	0.69	151	1.75	68.87
教育、文化艺术及广播电影电视业	636	2.68	262	1.73	374	4.35	70.05
科学研究和综合技术服务业	15	0.06	9	0.06	6	0.07	150.00
金融、保险业	186	0.78	88	0.58	98	1.14	89.80
社会服务业	816	3.44	441	2.92	375	4.36	117.60
其　他	553	2.33	391	2.59	162	1.88	241.36
合　计	23724	100.00	15120	100.00	8604	100.00	175.73

1982—1990 年，象山从事农林牧渔业的男女比例都最大。2000 年，女性从业比例最高由原来农林牧渔业转变为制造业。地质勘探和普查业，男女比例均最低。性别比最高行业为建筑业，性别比最低行业为卫生、体育和福利事业。

性别年龄别行业构成　1982 年，象山各行业从业人口不同性别年龄段分布有如下规律：男性 35~54 岁年龄段在各行业中所占比例均为最大（建筑业和制造业则例外）；各行业所占从业人数比例列第二位年龄段是 15~19 岁、20~24 岁、25~29 岁三个年龄段。女性就业年龄结构中，有一半职业均以 15~19 岁年龄段比例为最高；另一半的职业比例最高则是 35~49 岁这个 15 岁组的年龄段，除去这个年龄段就是 25~29 岁年龄段所占比例最大。男性从业人员所占比例最少的年龄段大多在退休年龄之后，在诸如农业、矿业、制造业、电力、水生产供应行业中，退休前年龄段（55~59 岁）比例最少；女性，大多数行业都是退休后的年龄段比例最小，但在矿业及木材采运业、电力、煤气、自来水的生产和供应业、商业、饮食业、物资供销及仓储业、住宅管理、公用事业管理和居民服务业则在退休前的年龄段（50~54 岁）比例最小。男女年龄比例差异最大年龄段集中在 15~19 岁。

1982年象山县各行业在业人口分性别年龄比例情况表

表45-58

单位:%

年龄段 / 行业	15~19岁		20~24岁		25~29岁		30~34岁		35~54岁	35~49岁	55~59岁	50~54岁	60岁及以上	
	男	女	男	女	男	女	男	女	男	女	男	女	男	女
农、牧、林、渔业	14.35	39.32	11.75	19.38	13.78	12.55	11.80	10.18	33.34	15.03	6.70	2.05	8.29	1.49
矿业及木材采运业	15.9	42.05	19.92	33.26	21.5	9.21	13.08	8.79	23.64	6.49	3.57	0	2.38	0.21
电力、煤气、自来水的生产和供应业	12.42	25.88	12.42	15.29	16.67	16.47	14.38	8.24	42.48	32.94	0.65	0	0.98	1.18
制造业	23.91	27.66	20.85	23.20	18.12	17.50	10.62	13.59	21.61	16.29	2.40	1.16	2.50	0.61
地质勘探和普查业	0	0	0	0	0	0	50.00	0	50.00	0	0	0	0	0
建筑业	40.75	53.27	26.08	24.58	16.48	9.93	6.91	6.54	8.61	5.21	0.63	0.36	0.54	0.12
交通运输、邮电通信业	6.87	25.33	17.69	16.78	19.43	14.14	15.95	16.12	35.68	26.64	3.17	0.66	1.21	0.33
商业、饮食业、物资供销及仓储业	11.37	13.81	14.65	18.95	14.58	20.72	14.24	17.73	32.51	21.15	5.24	3.12	7.40	4.52
住宅管理、公用事业管理和居民服务业	10.28	16.62	15.25	21.36	9.75	19.29	10.46	12.17	33.87	21.96	9.40	4.15%	10.99	4.45
卫生、体育和社会福利事业	5.67	11.24	10.58	12.99	19.17	21.90	16.87	18.10	40.34	32.99	3.53	1.61	3.83	1.17
教育、文化艺术事业	5.16	15.76	15.70	18.29	18.52	18.73	12.42	15.51	43.23	29.17	2.91	1.66	1.79	0.88
科学研究和综合技术服务事业	14.58	0	18.75	20.00	12.50	35.00	10.42	15.00	41.67	25.00	0	5.00	2.08	0
金融、保险业	15.73	27.65	21.96	29.41	14.24	20.00	8.31	4.12	36.8	15.88	2.67	2.94	0.30	0
国家机关、政党和群众团体	7.35	12.53	17.14	19.36	13.20	22.55	12.43	11.16	44.79	28.70	3.26	4.56	1.82	1.14
其他行业	4.79	7.87	8.59	10.19	30.43	35.42	13.13	25.23	39.75	15.74	1.23	0.46	2.09	5.09
合计	16.85	31.68	14.70	20.77	15.21	15.51	11.59	12.28	30.17	16.68	5.25	1.74	6.23	1.33

职业构成

1982年，全县职业构成以农林牧渔劳动者和生产工人、运输工人和有关人员为主体。而办事人员和有关人员及不便分类的其他劳动者人数甚微。1990年，农林牧渔劳动者、生产工人、运输工人和有关人员仍然为在业人员主体，但比例有所下降。而办事人员和有关人员及不便分类的其他劳动者人数仍甚微。

1982年、1990年象山县在业人员职业构成情况表

表45-59

职业 \ 年份	1982		1990	
	人数（人）	占在业人员的比例（%）	人数（人）	占在业人员的比例（%）
各类专业技术人员	9778	4.71	12616	5.05
国家机关、党群组织、企事业单位负责人	3488	1.68	4672	1.87
办事人员和有关人员	1578	0.76	3845	1.54
商业工作人员	5134	2.47	13796	5.53
服务性工作人员	4205	2.02	7189	2.88
农林牧渔劳动者	122466	58.93	129766	51.97
生产工人、运输工人和有关人员	60880	29.30	77648	31.10
不便分类的其他劳动者	278	0.13	149	0.06
合计	207807	100.00	249681	100.00

性别别职业构成　1982年，象山男性从事农林牧渔劳动者人数最多；不便分类的其他劳动者人数最少、比例最小；其次人数最少的是办事人员和有关人员。女性从事农林牧渔劳动者人数最多，比例最大；不便分类的其他劳动者人数最少、比例最小；其次人数最少为国家机关、党群组织、企事业单位负责人。从业人口性别比最高职业是国家机关、党群组织、企事业单位负责人，性别比最低职业是服务性工作人员。

1982年象山县性别职业分布情况表

表45-60

职业 \ 项目	合计		男		女	
	人数（人）	占在业人员的比例（%）	人数（人）	占男性在业人口的比例（%）	人数（人）	占女性在业人口的比例（%）
各类专业技术人员	9778	4.71	5612	3.62	4166	7.89
国家机关、党群组织、企事业单位负责人	3488	1.68	3214	2.07	274	0.52
办事人员和有关人员	1578	0.76	1206	0.78	372	0.70
商业工作人员	5134	2.47	3262	2.10	1872	3.55
服务性工作人员	4205	2.02	2160	1.39	2045	3.87
农林牧渔劳动者	122466	58.93	98224	63.36	24242	45.92

续表45-60

项目 职业	合计		男		女	
	人数（人）	占在业人员的比例（%）	人数（人）	占男性在业人口的比例（%）	人数（人）	占女性在业人口的比例（%）
生产工人、运输工人和有关人员	60880	29.30	41161	26.55	19719	37.35
不便分类的其他劳动者	278	0.13	175	0.11	103	0.20
合计	207807	100.00	155014	100.00	52793	100.00

1990年，象山男性从事农林牧渔劳动者人数最多，比例最大；不便分类其他劳动者人数最少、比例最小。女性从事农林牧渔劳动者人数最多，比例最大；不便分类其他劳动者人数最少、比例最小；其次人数最少国家机关、党群组织、企事业单位负责人。从业人口性别比最高职业是国家机关、党群组织、企事业单位负责人；性别比最低职业为不便分类其他劳动者。

1990年象山县性别职业分布情况表

表45-61

项目 职业	合计		男		女	
	人数（人）	占在业人员的比例（%）	人数（人）	占男性在业人口的比例（%）	人数（人）	占女性在业人口的比例（%）
各类专业技术人员	12616	5.05	6421	3.81	6195	7.65
国家机关、党群组织、企事业单位负责人	4672	1.87	4383	2.6	289	0.36
办事人员和有关人员	3845	1.54	2839	1.68	1006	1.24
商业工作人员	13796	5.53	6938	4.11	6858	8.47
服务性工作人员	7189	2.88	3403	2.02	3786	4.68
农林牧渔劳动者	129766	51.97	91628	54.30	38138	47.12
生产工人、运输工人和有关人员	77648	31.10	53072	31.45	24576	30.37
不便分类的其他劳动者	149	0.06	62	0.04	87	0.11
合计	249681	100.00	168746	100.00	80935	100.00

2000年从业人口分性别职业分布：2000年，从事农林牧渔劳动者人数最多、比例最大；不便分类其他劳动者人数最少、比例最小；其次人数最少为国家机关、党群组织、企事业单位负责人。男性从事农林牧渔劳动者人数最多，比例最大；不便分类其他劳动者人数最少、比例最小；其次人数最少是国家机关、党群组织、企事业单位负责人。女性从事农林牧渔劳动者人数最多，比例最大；不便分类的其他劳动者人数最少、比例最小；其次人数最少为国家机关、党群组织、企事业单位负责人。从业人口性别比最高职业是国家机关、党群组织、企事业单位负责人；性别比最低的职业是各类专业技术人员。

2000年象山县性别职业分布情况表

表45-62

职业＼项目	合计		男		女	
	人数（人）	占在业人员的比例（%）	人数（人）	占男性在业人口的比例（%）	人数（人）	占女性在业人口的比例（%）
各类专业技术人员	1364	5.75	528	3.49	836	9.72
国家机关、党群组织、企事业单位负责人	230	0.97	214	1.42	16	0.19
办事人员和有关人员	554	2.34	393	2.60	161	1.87
商业、服务性行业工作人员	4249	17.91	2090	13.82	2159	25.09
农林牧渔劳动者	9952	41.95	7125	47.12	2827	32.86
生产工人、运输工人和有关人员	7375	31.09	4770	31.55	2605	30.28
不便分类的其他劳动者	0	0.00	0	0.00	0	0.00
合计	23724	100.00	15120	100.00	8604	100.00

1982年、1990年、2000年，全县从事农林牧渔业的男女比例都最大。办事人员和有关人员在1982年和1990年男女比例都最低。2000年，从业人口比例最低是国家机关、党群组织、企事业单位负责人。性别比最高职业始终是国家机关、党群组织、企事业单位负责人。

从性别分工看，男女在各种职业中比重的序列完全一致。女性中专业技术人员、商业工作人员和服务工作人员比重大于男性。

性别年龄别职业构成　1982年，职业分年龄结构中，男性35~54岁年龄段在各职业中绝对人口数和相对比例都最高。

各类专业技术人员中，人数和相对比例最高年龄段为35~54岁；相对比例最小年龄段为60岁及以上的年龄段。国家机关、党群组织、企事业单位负责人中，人数和相对比例最高年龄段是35~54岁；人数最少和相对比例最小的年龄段为15~19岁年龄段。办事人员和有关人员中，人数和相对比例最高的年龄段是35~54岁；人数最少和相对比例最小为60岁及以上年龄段。商业工作人员中，人数和相对比例最高年龄段是35~54岁；人数最少和相对比例最小年龄段为55~59岁。服务性工作人员中，人数和相对比例最高年龄段是35~54岁，其次是60岁及以上；人数最少和相对比例最小年龄段为30~34岁。农林牧渔劳动者中，人数和相对比例最高年龄段是35~54岁；人数最少和相对比例最小年龄段是55~59岁；生产工人、运输工人和有关人员中，人数和相对比例最高年龄段为35~54岁；人数最少和相对比例最小年龄段为60岁及以上。不便分类的其他劳动者中，人数和相对比例最高的年龄段是35~54岁，人数最少和相对比例最小年龄段为60岁及以上。

1982 年象山县男性各职业的年龄分布人数和比例情况表

表 45-63　　　　单位：人、%

职业 \ 人数和百分比 \ 年龄段		小计	15~19 岁	20~24 岁	25~29 岁	30~34 岁	35~54 岁	55~59 岁	60 岁及以上
各类专业技术人员		5612	36	824	917	706	2493	209	98
	占比		6. 50	14. 68	16. 34	12. 58	44. 42	3. 72	1. 75
国家机关、党群组织、企事业单位负责人		3214	7	118	328	535	2020	165	41
	占比		0. 22	3. 67	10. 21	16. 65	62. 85	5. 13	1. 28
办事人员和有关人员		1206	101	259	192	177	445	24	8
	占比		8. 37	21. 48	15. 92	14. 68	36. 90	1. 99	0. 66
商业工作人员		3262	293	422	571	511	1055	162	248
	占比		8. 98	12. 94	17. 50	15. 67	32. 34	4. 97	7. 60
服务性工作人员		2160	224	251	235	200	721	217	312
	占比		10. 37	11. 62	10. 88	9. 26	33. 38	10. 05	14. 44
农林牧渔劳动者		98224	14151	11583	13652	11640	32426	6574	8198
	占比		14. 41	11. 79	13. 90	11. 85	33. 01	6. 69	8. 35
生产工人、运输工人和有关人员		41161	10945	9289	7663	4178	7553	779	754
	占比		26. 59	22. 57	18. 62	10. 15	18. 35	1. 89	1. 83
不便分类的其他劳动者		175	30	43	22	18	55	5	2
	占比		17. 14	24. 57	12. 57	10. 29	31. 43	2. 86	1. 14
合计		155014	26116	22789	23580	17965	46768	8135	9661
	占比		16. 85	14. 70	15. 21	11. 59	30. 17	5. 25	6. 23

1982 年，职业分年龄结构中，女性 35~49 岁年龄段在各职业中这个年龄段的绝对人口数和相对比例均最高。

各类专业技术人员中，人数和相对比例最高年龄段是 35~49 岁；人数和相对比例最小年龄段为 55 岁及以上。国家机关、党群组织、企事业单位负责人中，人数和相对比例最高年龄段是 35~49 岁；人数最少和相对比例最小年龄段是 15~19 岁年龄段。办事人员和有关人员中，人数和相对比例最高年龄段是 25~29 岁；人数最少和相对比例最小年龄段是 55 岁及以上。商业工作人员中，人数和相对比例最高的年龄段是 25~29 岁；人数最少和相对比例最小的年龄段是 50~54 岁。服务性工作人员中，人数和相对比例最高年龄段是 35~49 岁；人数最少和相对比例最小年龄段是 50~54 岁。农林牧渔劳动者中，人数和相对比例最高年龄段在 15~19 岁；人数最少和相对比例最小年龄段是 55 岁及以上。生产工人、运输工人和有关人员中，人数和相对比例最高年龄段是 15~19 岁；人数最少和相对比例最小年龄段是 55 岁及以上。不便分类的其他劳动者，人数和相对比例最高年龄段是 15~19 岁；人数最少和相对比例最小年龄段是 50~54 岁与 55 岁及以上。

各职业分年龄段不同性别分布规律：男性35~54岁年龄段在各职业中所占比例均最大；女性就业年龄结构中，占某个职业从业人口比例最高的年龄段多集中于25~29岁、15~19岁及35~49岁三个年龄段。男性从业人员所占比例最少的年龄段大多在退休年龄之后；女性大多数行业均是退休后年龄段比例最小，在个别职业退休前年龄段（50~54岁）比例最小。男女年龄比例差异最大年龄段集中在15~19岁，差异最少年龄段则在退休后年龄段。

第五章 民族 姓氏

自夏、商、周以降，象山居民均属越国于越族。公元前四世纪末（战国中、晚期）楚灭越，仅据越国北境地。越之南境（今钱塘江以南），虽臣服于楚，但仍为原越王无疆之子孙分据，称王称君。估计此等地方（包括今象山地）其居民当仍属越族。秦灭楚后在原越国地建会稽郡，越族开始和中原民族（古称华夏族，后称汉族）融合、同化，这一过程迟至东汉末、三国时应已基本完成。唐朝立县时，象山居民均为汉民族。元代有蒙古族官员象山任职，有后裔在象山繁衍。20世纪80年代后，大量少数民族居民因工作、就业或婚姻等原因居留象山，象山少数民族人口逐渐增多。象山人口规模不大，但姓氏众多，来源复杂，是典型的移民社会。与宁绍地区、台州地区、温州地区、闽南地区、中原地区姓氏宗族联系紧密。重视宗族、宗谱、祠堂等公共事业。

第一节 民 族

境内居民古时为于越族。秦统一中国，由于同化与迫迁，居民渐化为汉族。象山立县后，历唐宋元明清至民国，少有其他少数民族入迁记录。元、清两朝均有蒙古人、色目人、满洲人到县为官，在其卸任后，亦有在象定居的家谱记载。石浦忙氏、秤氏，均为蒙古族后裔。至中华人民共和国成立前，象山人口的民族结构基本上为单一汉民族结构。中华人民共和国成立后，经历五次人口普查，获得境内人口民族结构的情况。

1953年，境内人口均为汉族，无少数民族记录。1964年，有汉族、蒙古族、回族、苗族、藏族5个民族，少数民族共16人，占总人口0.0047%。其中：蒙古族10人，均居新桥公社；回族3人，分居丹城镇、亭溪乡和晓塘乡；苗族2人，分居南庄公社和檀头山公社；藏族1人，居下沈公社。1982年，有汉族、蒙古族、回族、满族、苗族、藏族、瑶族、畲族、朝鲜族9个民族，少数民族共32人。其中：蒙古族10人，均居新桥公社；回族6人，丹城镇、石浦镇、亭溪公社、晓塘公社各1人，莲花公社2人；满族6人，石浦镇5人，檀头山公社1人；苗族4人，南庄公社、檀头山公社各1人，莲花公社2人；朝鲜族2人，居西周公社；畲族2人，分居新桥、莲花两公社；藏族1人，居下沈公社；瑶族1人，居莲花公社。1990年，有汉族、蒙古族、回族、藏族、维吾尔族、苗族、壮族、布依族、朝鲜族、满族、侗族、瑶族、土家族、畲族、撒拉族15个民族，少数民族人口共50人。2000年，有汉族、蒙古族、回族、藏族、维吾尔族、苗族、壮族、布依族、朝鲜族、满族、侗族、瑶族、土家族、畲族、彝族、白族、黎族、傈僳族、水族、土族、仡佬族、纳西族22个民族（尚有1人未能识别为何民族）。

象山县历次人口普查少数民族人口情况表

表45-64 单位：人

年份／人数／民族	1953	1964	1982	1990	2000		
					合计	男	女
蒙古族	0	10	10	7	29	11	18
回族	0	3	6	7	20	11	9
藏族	0	1	1	1	4	2	2
维吾尔族	0	0	0	1	3	2	1
苗族	0	2	4	5	167	92	75
壮族	0	0	0	4	24	4	20
布依族	0	0	0	1	129	54	75
朝鲜族	0	0	2	4	17	7	10
满族	0	0	6	2	13	4	9
侗族	0	0	0	1	16	7	9
瑶族	0	0	1	1	1	0	1
土家族	0	0	0	5	93	55	38
畲族	0	0	2	10	15	5	10
撒拉族	0	0	0	1	0	0	0
彝族	0	0	0	0	21	6	15
白族	0	0	0	0	11	1	10
黎族	0	0	0	0	7	0	7
傈僳族	0	0	0	0	4	0	4
水族	0	0	0	0	1	0	1
土族	0	0	0	0	1	0	1
仡佬族	0	0	0	0	4	0	4
纳西族	0	0	0	0	2	1	1
其他未识别民族	0	0	0	0	1	0	1

塔山人考 象山境内，已发现的最古人类是塔山人，在今丹东街道塔山南麓一片平缓坡地上发现其生活遗址。遗址海拔4~12米，背山面海，是一适宜古人类居住地方。

遗址地层堆积可分为十层，分属三个文化时期。第九层之下发现一片墓地。出土的器物具有河姆渡文化特征。文化相当于河姆渡遗址三期，距今当在6000年以上。

1990年9—12月间，塔山遗址进行第一期发掘，在该墓地共揭示38座墓葬。其中墓号M1-10在12月17日前揭示出土，由浙江省考古所进行鉴定。墓号M11-38共28个墓葬之人体遗骸，由上海自然博物馆黄象洪于1990年12月17—25日鉴定。此墓地墓葬较为密集，有叠压和打破现象。28个墓葬中每一墓葬均有且仅有一具骨架，无合葬墓。骨架大多保存完整，亦有个别仅存残迹。

1990 年鉴定的主要结论有：

1. 年龄组合：全部骨架均属成年个体，大多是壮盛年（三四十岁）个体，个别为青年和老年个体。无儿童个体。可推断此为一氏族成人墓地。

2. 性别情况：共鉴定 28 具骨架（M11-38），男性 12 具，女性 8 具，无法鉴定者 8 具。

3. 体质形态特征：塔山人颅形为卵圆形和楔形，矢状缝简单，眉弓由不显到中等（男性比女性显著），翼区为“H”形，眶形呈正方形而较圆钝、较小，鼻孔多梨形，鼻孔下缘呈鼻前窝形，鼻棘弱稍显，颧骨较突，其转角处欠圆钝，大齿窝不显到中等，门齿呈铲形。具蒙古人种（黄种人）的主要特征。从测量值来看，塔山人颅形为长颅、高颅，面形较狭，上面高较低（接近 70 毫米），鼻梁不高，鼻骨宽而平，呈明显突颌。

塔山人的四肢骨骼，尤其是男性的四肢骨均显粗壮强大。对墓号 M13（男性）的一支保存很完整的左股骨，进行实验室观测，得到塔山人身高约 1.67 米，女性稍矮。

4. 族属：上述由初步观测所得的塔山人体质形态特征与河姆渡人的某些特征是相同的，可能和河姆渡人同属一个族属，此一推测尚待进一步比较、研究。

塔山人是已知的象山境内最早居民，但显然不是今天象山人的祖先。

惰民考 惰民亦称“堕民”（方言音如“惰平”“惰皮”）。散居于浙江绍兴、宁波、金华三府各属县。

数百年间深受社会歧视。其起源虽有多说，但有一点却是一致的，即惰民不是一个民族、种族概念，而是因某种政治原因而引致的、由当时统治集团对其社会地位作出贬损性规定的一个人群。这一群体的存在自南宋算起，至 1949 年中华人民共和国成立，绵延七百多年，即令从明洪武年间算起亦长达近六百年。

民国《象山县志·风俗考》引鄞县屠本畯《惰民猥编》：“（惰民），杂处民间。元人名为怯怜户。明太祖定户籍，匾其门曰（丐）。即有产（指家产），禁充吏员（指官府中办理文书的胥吏，这样当然也禁止参加科举考试和当官）、粮里长（按：明制，洪武四年，初设粮长、粮副各一人，令掌收民租。十四年，编户役黄册，以一百一十户为里，十人为长，余百户为十甲，甲首凡十人）、乘车马，令其自相配偶（禁止与平民通婚）。男子则捕蛙卖饧（用麦芽或谷芽熬成的糖），拗竹灯檠（檠即灯架），锻炉铁，编机扣（不知何物），塑土牛土偶。正旦、元宵，执响器（打击乐器）以闹人堂，立春，持土牛以闯人室，社会（社指土地神。引申为祀社神之节日。会即赛会）参神送圣、迎灯走马、钟鼓戏剧，种种沿门需索。其妇人则为人家拗发髻、剃妇面毛、伴良家新妇梳发、为髢（假发）。四民（指士农工商）居业彼不得占，四民所籍彼不得籍（籍指户籍，明制四民之籍分三等：曰民、曰军、曰匠。堕民籍曰丐户）。四民所常服彼亦不得服（服此处指穿戴），所以辱且别之者也（使其蒙羞辱并且把他们和平民相严格区别开来）。”

清邑人倪象占《蓬山清话》“堕民”条有：“鄞屠田叔（即屠本畯）《堕民猥编》六条，因《别贱录》传为明太祖制定而详之（依据《别贱录》而补充内容使更详细）。《别贱录》，盖明太祖定制，服式居业（居业即所从事的职业），不与齐民（平民）等也。”

清雍正元年（1723），始令除“丐户”之籍。至光绪间（1875—1908）又经呈奏，准与四民同等看待。于是开始陆续有人改业。但多数人因生活所迫仍从业如旧。男子专业薙发及为人服贱役；妇人出门执役时，衣黑衣、系裙、束腰带以自别于平民。在社会上依旧被歧视。辛亥革命后，民国元年（1912）3月17日，临时大总统孙文又颁布开放“惰民”令。但在民国时期堕民的情形改变还很不彻底。直至中华人民共和国成立后，他们与当地其他居民的区别才完全消除。

疍民考 亦称“蜑”“疍”“疍户”“蜑民”等，中国古族名。见于文献记载的最早在晋代。南北朝至隋唐时散居在中国西南各郡县，后分布在闽、粤、桂沿海港湾和内河，以珠江三角洲较多。其人世代以船为家，以渔业或水上运输为生。清雍正（1723—1735）以后，始有部分移居陆上，改务农业，其后裔已融合为汉族。

清同治《象山县志稿》有《蜑女行》诗、序及其他介绍文字，反映疍民有关史实。（1）名称。象山有“蜑女，俗称‘踝蹄婆’，”疍民人家亦称“龙户”。蜑户有“大罾、小罾、布篸、竹簟；鱼篮、蟹篮等名，见陆氏《小知录》”。（2）来源。来自福建：“系闽产”。（3）迁入时间、地点。为同治年间，在石浦港、石浦、盐仓前：“近来泊吾邑石浦港”。“惟石浦、盐仓前有之。近则错居岸上矣！”（4）居所、从事行业。“以船为家”“多捕鱼为生”。蜑女所居“花艇”曰“横楼”。（5）蜑女别称，大曰“鱼姐”，小曰“蚬妹”。（6）蜑女招亲习俗：“蜑女未字，置盆花于船梢，聘之者则置盆草，以致媒妁。”

第二节　姓　　氏

民国《象山县志·氏族表》记载时象山有氏（宗）族795族。据统计，得当时象山人有145姓氏。一个姓可能有1个宗族，也可能有2个、3个乃至更多个宗族。时拥有20个及以上宗族姓有11个。分别为：陈姓54族、王姓42族、张姓33族、周姓26族、郑姓23族、林姓23族、徐姓23族、胡姓22族、李姓20族、俞姓20族、谢姓20族。

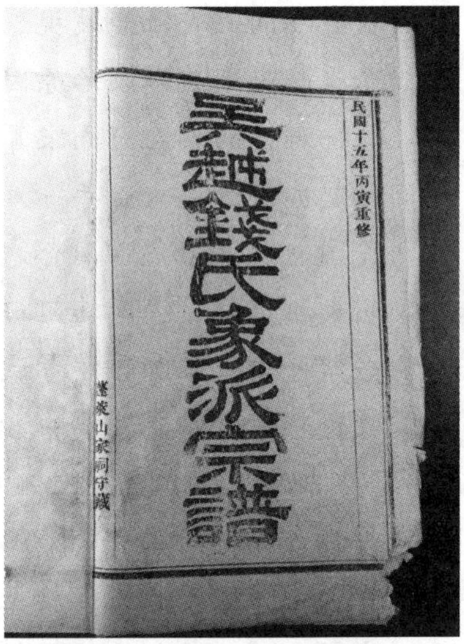

照45-3　民国15年（1926）吴越钱氏象派宗谱

2007年10月，县公安局统计全县姓氏519个，万人以上大姓为陈、张、王、郑、林、周、黄、吴、朱、李、徐、胡12个姓。其中陈、张、王、郑、林、周、李、徐、胡9个姓均在民国《象山县志·氏族表》11个拥有20个宗族姓氏中。民国初，象山795个氏族中除去187个族无迁来地记录外，县内迁移因而分派形成新宗族仅86族占14.14%，其余522族占85.86%，均迁自外地。在795族中若除去322族无迁徙时间记录外，有376族占81.21%，是在明、清时期迁入的，仅87族占18.79%，在明以前迁入。故象山人口中之大姓，能和全国之大姓有高度一致性。象山之大姓往往即为全国之大姓。

2007年统计中，全县还有507姓人数在万人以下。其中俞、杨、史、叶、赖、鲍、金、蒋、潘、沈、何、励、谢、蔡、顾等15姓，人口均在5000人以上。另有138姓，每姓仅1人。

2007年象山县人口姓氏情况表

表45-65

序号	姓氏	人数	序号	姓氏	人数	序号	姓氏	人数	序号	姓氏	人数
1	陈	44869	33	章	4158	65	梁	1624	97	柴	867
2	张	31444	34	欧	3957	66	郭	1594	98	苏	846
3	王	26900	35	韩	3855	67	肖	1592	99	邬	816
4	郑	20259	36	许	3680	68	施	1564	100	程	703
5	林	19318	37	奚	3478	69	项	1545	101	傅	699
6	周	18099	38	罗	3271	70	柳	1541	102	魏	679
7	黄	17205	39	陆	3235	71	宋	1525	103	莫	668
8	吴	15809	40	戴	3202	72	柯	1487	104	裘	655
9	朱	15661	41	夏	3185	73	练	1415	105	陶	634
10	李	13029	42	赵	3070	74	姜	1360	106	孔	626
11	徐	12393	43	葛	3060	75	严	1335	107	唐	573
12	胡	11100	44	余	2990	76	江	1303	108	尤	568
13	俞	9814	45	方	2922	77	汪	1287	109	钟	555
14	杨	9273	46	冯	2886	78	梅	1265	110	秦	547
15	史	8793	47	邵	2862	79	高	1210	111	樊	519
16	叶	7778	48	袁	2768	80	范	1198	112	曾	493
17	赖	7632	49	翁	2761	81	泮	1193	113	娄	488
18	鲍	7405	50	姚	2528	82	仇	1137	114	乐	487
19	金	7081	51	屠	2434	83	龚	1096	115	黎	482
20	蒋	7023	52	应	2350	84	包	1084	116	康	475
21	潘	6290	53	盛	2338	85	童	1083	117	管	473
22	沈	5859	54	邱	2196	86	汤	1082	118	易	458
23	何	5818	55	任	2155	87	楼	1028	119	尹	455
24	励	5611	56	洪	2140	88	毛	995	120	茅	448
25	谢	5477	57	马	2106	89	芦	958	121	骆	434
26	蔡	5255	58	丁	1882	90	干	952	122	颜	428
27	顾	5232	59	倪	1879	91	舒	936	123	忻	427
28	董	4844	60	贺	1848	92	白	926	124	祝	425
29	刘	4676	61	伊	1782	93	杜	912	125	侯	413
30	石	4665	62	虞	1764	94	曹	898	126	庞	394
31	孙	4493	63	吕	1688	95	阮	892	127	彭	382
32	钱	4179	64	卢	1644	96	薛	874	128	钮	390

续表45-65

序号	姓氏	人数	序号	姓氏	人数	序号	姓氏	人数	序号	姓氏	人数
129	齐	378	162	邹	150	195	卜	70	228	苗	21
130	崔	367	163	闻	146	196	辛	68	229	斯	20
131	邓	365	164	牟	144	197	柏	67	230	乔	19
132	武	352	165	褚	139	198	车	62	231	密	19
133	郏	339	166	于	134	199	鲁	62	232	国	18
134	卓	333	167	雍	134	200	符	59	233	桑	18
135	池	332	168	凌	133	201	岩	57	234	秤	18
136	郎	305	169	季	127	202	谷	55	235	龙	18
137	纪	288	170	储	126	203	岑	54	236	郦	17
138	于	287	171	忻	112	204	常	54	237	岳	16
139	詹	260	172	贝	112	205	房	53	238	皇甫	15
140	聂	258	173	连	112	206	竹	51	239	阙	15
141	伍	252	174	桂	110	207	麦	48	240	宁	12
142	庄	252	175	殷	109	208	占	45	241	申	12
143	竺	248	176	华	107	209	萧	45	242	诸葛	12
144	屈	241	177	廖	105	210	滕	40	243	喻	11
145	沙	227	178	邢	104	211	佘	39	244	甘	11
146	付	208	179	贾	98	212	谭	37	245	苑	11
147	段	200	180	称	97	213	历	35	246	覃	11
148	温	199	181	单	95	214	狄	35	247	释	11
149	向	191	182	蓝	94	215	戚	34	248	关	10
150	郁	190	183	戎	93	216	韦	34	249	冀	10
151	雷	190	184	缪	93	217	官	30	250	冉	10
152	熊	189	185	仲	91	218	杭	29	251	宫	10
153	孟	188	186	侯	89	219	蒲	28	252	成	10
154	翟	177	187	毕	86	220	南	27	253	郜	10
155	费	173	188	万	82	221	安	27	254	郝	10
156	计	171	189	霍	81	222	阎	26	255	靳	10
157	穆	158	190	富	80	223	解	25	256	饶	10
158	麻	157	191	尚	80	224	牛	23	257	井	9
159	兰	155	192	瞿	74	225	闫	23	258	文	9
160	田	155	193	供	72	226	厉	22	259	时	9
161	裴	155	194	水	71	227	祁	21	260	涂	9

续表45-65

序号	姓氏	人数	序号	姓氏	人数	序号	姓氏	人数	序号	姓氏	人数
261	艽	9	294	边	5	327	荆	3	360	盐	2
262	花	8	295	阿	5	328	庄	3	361	硕	2
263	谈	8	296	隆	5	329	荷	3	362	禹	2
264	东	7	297	匡	5	330	薜	3	363	窦	2
265	代	7	298	呙	4	331	郛	3	364	简	2
266	吉	7	299	哑	4	332	鄂	3	365	箫	2
267	宗	7	300	商	4	333	鄢	3	366	胥	2
268	寇	7	301	姬	4	334	欧阳	3	367	苟	2
269	寿	7	302	惠	4	335	鞠	3	368	荣	2
270	左	7	303	承	4	336	丰	3	369	观	2
271	查	7	304	敬	4	337	么	3	370	谌	2
272	薪	7	305	景	4	338	佟	3	371	资	2
273	越	7	306	班	4	339	修	3	372	达	2
274	亓	7	307	糜	4	340	克	2	373	远	2
275	元	6	308	经	4	341	农	2	374	迟	2
276	力	6	309	英	4	342	冬	2	375	逯	2
277	危	6	310	衡	4	343	司	2	376	阚	2
278	古	6	311	路	4	344	唯	2	377	院	2
279	壮	6	312	闵	4	345	宏	2	378	隋	2
280	沃	6	313	注	3	346	封	2	379	雇	2
281	没	6	314	党	3	347	山	2	380	雒	2
282	濮	6	315	印	3	348	巫	2	381	鲜	2
283	耿	6	316	宣	3	349	平	2	382	上	1
284	艾	6	317	席	3	350	弗	2	383	丘	1
285	冷	5	318	曲	3	351	戈	2	384	从	1
286	卞	5	319	槐	3	352	战	2	385	丧	1
287	宓	5	320	檀	3	353	户	2	386	串	1
288	稽	5	321	母	3	354	扬	2	387	乌	1
289	彦	5	322	求	3	355	昊	2	388	书	1
290	游	5	323	粟	3	356	明	2	389	乾	1
291	米	5	324	腾	3	357	晏	2	390	亦	1
292	臧	5	325	若	3	358	焦	2	391	仉	1
293	谬	5	326	茹	3	359	玉	2	392	介	1

续表45-65

序号	姓氏	人数	序号	姓氏	人数	序号	姓氏	人数	序号	姓氏	人数
393	仝	1	425	妙	1	457	東	1	489	荻	1
394	伏	1	426	委	1	458	来	1	490	菊	1
395	伯	1	427	完	1	459	树	1	491	蒙	1
396	但	1	428	苑	1	460	桌	1	492	蒯	1
397	—	1	429	宝	1	461	棒	1	493	蓉	1
398	催	1	430	宿	1	462	楚	1	494	蔺	1
399	僧	1	431	将	1	463	泰	1	495	藤	1
400	兆	1	432	小	1	464	淼	1	496	藩	1
401	全	1	433	巢	1	465	渠	1	497	蜂	1
402	公	1	434	巨	1	466	渴	1	498	记	1
403	冠	1	435	巩	1	467	滑	1	499	豆	1
404	冻	1	436	带	1	468	满	1	500	贡	1
405	凡	1	437	幸	1	469	潜	1	501	贤	1
406	刁	1	438	强	1	470	爰	1	502	赛	1
407	初	1	439	念	1	471	琚	1	503	载	1
408	加	1	440	怡	1	472	留	1	504	辜	1
409	勾	1	441	恽	1	473	眭	1	505	逄	1
410	化	1	442	戍	1	474	社	1	506	遇	1
411	卫	1	443	把	1	475	神	1	507	那	1
412	卿	1	444	拥	1	476	褚	1	508	都	1
413	原	1	445	接	1	477	移	1	509	钿	1
414	发	1	446	揭	1	478	端	1	510	银	1
415	可	1	447	操	1	479	笪	1	511	锡	1
416	后	1	448	攀	1	480	篮	1	512	锤	1
417	员	1	449	支	1	481	梁	1	513	长	1
418	和	1	450	敖	1	482	系	1	514	间	1
419	哈	1	451	新	1	483	索	1	515	阴	1
420	基	1	452	春	1	484	绪	1	516	靖	1
421	士	1	453	朗	1	485	罕	1	517	顿	1
422	夫	1	454	望	1	486	翕	1	518	频	1
423	奠	1	455	木	1	487	舍	1	519	鹿	1
424	如	1	456	权	1	488	芳	1	—	—	—

说明：397 号姓，公安局原件未表示

第四十六篇
衣食住行

本篇目录

第一章 衣 饰

《礼记·王制》中古人对日常生活定有“六礼、七教、八政”。“冠”列“六礼”之首，“衣服”列“八政”首位“食”之后。《艺文类聚》卷六十七“衣冠部”中，“衣冠、貂蝉、玦佩、巾帽、衣裳袍、裙襦、裘、带”独为一节。不过历代史书中多皇家、官府、士人穿戴记录，少农渔、工商等普通民群穿着记载。历史上普通百姓与统治者穿着区别较大，穿着款样变化与朝代更替关系紧密。民国后，人们穿着更多受时尚文化、外来文化影响，与服装新材料出现与制作工艺发展也有直接联系。

第一节 服 装

《毛诗》：上曰衣，下曰裳。至今邑人依然称衣、裤等着装为衣裳，保留古语词义核心①。象山历史上记载服装极少，只能从诗文、砖雕、绘画作品及民间俗语等获知大概。清末、民国时期服装，普通百姓仍以热时穿凉、冷时穿暖为基本追求，与江浙各地服装流行式样差异不大。中华人民共和国成立后至20世纪70年代，服装材质、颜色、式样比较单一。80年代后，普通百姓服装逐渐讲究，追求流行，表达个性。

衣

宋、明时，百姓服式区别不大。宋钱延庆《游蓬莱山》诗云：“摄衣徐步上蓬莱，古径林深长翠苔。”② 当年钱延庆上丹山需提衣行走，所穿长衣（古时称深衣），为庶人吉服③。深衣延续汉服特点。女子服装基本保留汉代上衣下裳风格，掺入一些唐代元素，但随着时代推移，这种体现女性特质之美的唐代元素渐渐消亡。

上衣外套　宋、明时期，男女上衣多右衽，少左衽，为最早称“大襟”的衣裳。庾信《镜赋》谓：“衣正身长，裙斜假襻④”。宋代斜襻，两带相扎系缚。明时，系带演化出“纽子”与“襻”，坊间统称“纽襻”，俗语“纽子配纽襻，小生配小旦”。后习惯称布纽襻为盘扣，即今谓“中国扣”。男女所穿“背子”乡间普遍，长背子为男女宽松外衣，短背子为“褂”。女子前开襟服装始行。

明洪武间建石浦城隍庙，左右山门有砖雕四幅，其上人物穿着即宋、明时期服装款式。其中穿深衣书生站船上，头戴纱翅乌纱帽，所穿改良后深衣；几个渔、樵、耕等人物穿着，皆上衣、下裤，

①《释名》“释衣服第十六”：“衣，依也，人所依以芘寒暑也。裳，障也，所以自障蔽也。”“障”意为挡、隔，“蔽”为遮盖之意。

②《象山历代诗选·唐宋元》。

③《礼记·玉藻》云：“朝玄端，夕深衣”。孔颖达疏：“庶人吉服，亦深衣。”宋司马光《独步至洛滨》诗：“草软波清沙径微，手持笻竹著深衣。”

④许梿《六朝文絜》卷一。

衣长遮臀部，腰间扎带，农人挽裤筒，樵夫扎裤腿，两船夫腰间系裙；官兵模样穿着，则另一装束。渔樵耕读人物穿着所展示出的一些元素，在境内农村一直延续到中华人民共和国成立。

照 46-1　晚清时期的女装

清顺治九年（1652），清皇朝颁布《服色肩舆条例》，有严格的规定。但事实上，官、民服装式样，汉族传统服装和清朝服装式样，在几百年演绎过程中，却演化出融合两个民族穿着元素的新式服装。象山地处边远，衣着自由度更大。长袍、马褂、马甲，为当时的国服，其中长袍在坊间较为普遍，因其本质上具有汉服基本特质。但三者组合穿着在民间并不流行，仅为有一定社会、经济地位人士穿着。劳动者穿着，男性右衽短式上衣渐渐退出舞台，下着中式裤，上穿盘扣对襟衣渐渐流行，工匠、服务业及一些闲散人士下身穿裙的数量不少；女性因“男从女不从”规定，可不随满俗，较多保持明代风格，以上衣下裙（或裳）为时尚。清姚燮在象山境内所作《西沪棹歌》诗云：“秋田罢刈喜盈车，打稻床边犊卧莎。嫂束秸根姑运粒，宽襕齐乳背孲㸑。”① 因在衫下边接缝一幅横襕充为裳而得名为“宽襕”。清嘉庆三年（1798）举人，秦镜《由三条岭至昌国》云：“衣冠淳朴风犹古，田野膏腴地不硗②。”反映民间尚保持明代穿着风格。清后期，满族效仿汉族风气日盛，出现“大半旗装改汉装，宫袍截作短衣裳”。汉族仿效满族服饰风气渐起。两种服饰风格相互交融，演化出富有特色的清式女装。大多为上衣下裙（或下裤）式，衣通常为左、右衽大襟、琵琶襟等，衣身左右下摆开衩、袖宽大，上衣齐或过膝。衣领、沿襟、袖口、衣与裤脚下摆多刺绣，富贵人家绣品繁复厚重、所占面积较大。满族女子“旗装”与汉代的“深衣”相融，出现了“旗袍”。其特点是宽大、平直、下长至足面，无曲线，受到乡里女性推崇。但在乡间，男子穿着，多数还是对襟布扣衣，传统中式裤，女子则斜襟上衣、中式裤或裙。清末民初，本邑在沪、杭、甬等外地生活者，有人开始穿西装打领结。

受五四运动影响，学生装在县城出现，款式当属西式改良、中西元素相融，式样为对襟竖领、三只贴袋。青年知识女子服装也趋简约朴素，衣衫偏向狭窄挺修，黑色长裙相配，袄裙不施绣纹，俗称“文明新装”。民国12年（1923）后，兴起中山装，在新一代知识阶层渐趋流行，西装比重提高；学生穿长衫、穿对襟立领布纽服、穿中西相融服装共存。女式旗袍尤为风盛，从早期的平直宽松走向紧身挺秀，样式更是迭出，长短，宽紧，单、夹、棉等款式旗袍齐备；如意襟、琵琶襟、斜襟、双襟；高领、低领、无领；长袖、短袖、无袖；高、中、低开衩等一齐上阵；传统服装中绣品等装饰日趋减少，镶滚不再时兴。20世纪30年代起改良后的旗袍，成为象山知识女性的标准服装。但街巷乡里女性则还多穿大襟衣、中式裤。民国18年，国民政府第二次制定《服制条例》，只对男女礼服和公务人员制服作了规定，对于平民百姓所穿便服，未作具体规定。当时社会上的服装式样和品种，远比条例所规定来得丰富。马褂抛弃，留下长袍，演化出长衫，充满汉服元素，成为知识界及有身份男士的主流着装，也为乡间年轻人所爱；革命人士、留洋人员西装革

---

①民国《象山县志》卷三十二“文征外编下·七言绝”。其诗下有注云：“沪东一带农家于收割时，妇女皆出外主播散之事。有婴孩子者，各以腰带络背上，其往来乃便捷也。钱薪溪《樵歌》有‘时牵阿姥叫孲㸑’之句。据《直语类录》，呼赤子曰孲㸑。”

②民国《象山县志·文征外编下》。

履人群渐盛；豪绅在正式场合也有穿长袍马褂的。但在乡间，多数男性依然保持传统风格，女性还是上穿大襟布衫，下穿中式裤或裙，不过女子的对襟上衣开始出现。

20世纪50—60年代，长衫、长袍渐渐退出舞台，西装骤减，中山装渐成男子主体服式，同时流行列宁装、军便装（干部服）、人民装、青年装等。男式衬衣开始走出对襟、盘扣、立领的式样，西式衬衣渐多。乡村中，年长一代还是多着长袍、中式上衣、中式裤，年轻人和新生代基本上改穿这一时代的中式上衣和西式裤；传统妇女多着大襟上衣，但多变短及胯，中式女裤渐渐退出。因受当时苏联影响，女式列宁装成为职业女性的“专用装”。50年代末60年代初，中西相融的女装相继推出，名作“春秋衫”，春秋衫系直筒不箍腰，对襟平翻领，有一字领或八字领，领有圆角、方角、尖角，两只帖袋，三颗扣为开领，四颗扣的可为开领也可为合领，衬衣大致与此相仿。这种服装在衣服前腋下至胸左右剪出“省道”，象山话说“打褶”，以显示女性胸部特征。随之紧身衣裤也开始出现在年轻一代女士身上。1966年“文化大革命”开始，“不爱红装爱武装”，军便装成为首选，出现青年男女“同装”现象。但在乡里，中山装、三只口袋的服装依然流行，70年代末，中式棉衣与罩衫在城乡悄然兴起。

20世纪80年代，中山装淡出视线，军便装退出舞台，各式西装兴起，夹克衫、风衣、牛仔衣等紧随其后，T恤长久不衰。女式紧身衣复现，女式西装与西装套裙风行，西装套裙成为部分职业女性的典型服装与工装。90年代初，蝙蝠衫流行一时，旗袍再度登上婚礼大堂，款式充满时代韵味，多为紧身，无袖、短袖、中袖、长袖兼备，立领、中领、无领皆有；旗袍下裾开衩，高低任凭各自需求，体现出追求个性特质，但均为夏、春、秋三季身材相对较苗条女性穿着。进入21世纪，女性衣服越穿越小，也越穿越少，越穿越紧，“小一号”风格在年轻人身上大行其道，甚至塑身内衣外穿。城乡穿着出现紧窄超短与宽松飘逸、保守与开放、老式与新式并存格局，体现出服装穿着个性化、多元化、时尚化、职业化。改良后的对襟、立领、盘扣传统服装走上街头，名之为“唐装”，为一些传统情结较深人士所喜爱。

儿童服装在幼儿期时与成人服装有着较大的区别，进入少年期后与成年男女服装区别不大。传统幼儿服装，未满月幼儿，根据气候用棉或夹布、单层布料，多以全身包扎保暖；幼儿的斗篷（披风）称作“一口钟”，醒时作披风，睡着时裹紧便可作小被；考究的披风制作精美，多绣品、饰物，寄托长辈对晚辈的希冀。幼儿、儿童除通行戴肚兜习俗外，内衣均为右衽斜襟，以细软带子系扎，无纽无襻，更不用扣。无论内裤外裤，5岁前多为开裆裤，俗称“脲脚裤”。

冬衣　历史上棉袍在乡间颇为流行。清代县人吴桂擎，在其《曝衣口占四绝自嘲》① 其一：“青袍一袭几经霜，敝缊又烦三伏阳。不顾旁人嗤措大，总怜纤手费裁量。”诗中所述“青袍”，就是指冬天穿的棉长袍。民国期间女式棉旗袍依然流行。中华人民共和国成立初，穿着有斗篷棉袍的老年人在城乡仍存在。时有长袍情结者，不乏其人。

袄在历史上常见的有：棉袄、夹袄、皮袄、丝棉袄、骆驼绒棉袄等。棉袄和夹袄是县人最普及的御寒冬衣。清代县人张凌霄《采桑曲》诗云：“仓庚催起采桑人，朝采暮采忙过春。但愿丝成贸布絮，不愿寸丝上妾身。”吴桂擎《曝衣口占四绝自嘲》其四：“炎蒸纱縠自相宜，絺绤丛中暑亦离。不泽钓竿容易把，羊裘踪迹有谁知。”显然，皮袄、丝棉袄只是极少数富家的穿着。姚燮

①《象山历代诗选》，第185页。

在描述西沪港风情中，记录了一个回娘家少妇的穿着："裙褶青罗袄翠纱①"，她上穿"翠纱袄"，下着"青罗裙褶"，袄与裙的搭配成套，约莫是少妇的倩装。而棉袄有大棉袄和小棉袄之分，大棉袄来得长、宽、松，多无外罩。小棉袄则显紧身些，多有罩衫，女性穿小棉袄的要比穿大棉袄的多。传统棉袄施的是盘扣。民国开始，男式棉袄从右衽渐改为对襟，而女式右衽棉袄则延伸到中华人民共和国成立后的一些年份。1960年后，棉袄施盘扣的渐少，除极少数年长者外，女式均改为对襟。其间，出现对襟过膝的长棉衣，但不称为"袍""袄"，而叫作"长大衣"，不过膝的称"短大衣"。军式棉衣则称为"军大衣"。"文化大革命"期间，军大衣一度成为青年男子追逐的服装。呢子质地称作"呢大衣"，而短装呢制服则叫"呢衣裳"。呢制服县内20世纪20年代左右出现，因其昂贵而只有少数人为之，后一直处于不温不火状态，80年代后期曾流行一时。

20世纪70年代，曾流行一款"脱卸大衣"，因其衣面可与内袄分开，洗涤方便，穿上时就看不到内袄固定絮绒的针脚，更显整洁利落，深受追捧。脱卸大衣领有"海肤绒"，更加令人羡慕。后一度兴起男女对襟中式盘扣棉袄（配套罩衫），所选用布料也多元化，内絮多用丝棉、驼绒等，少数用棉花。1980年后，脱卸大衣失宠，羽绒衫兴起。一款有斗篷，外罩也可脱卸洗涤的羽绒衫，曾风行一时。

1990年后出现的"冬装"，少有称作"袄"的，多依时代的新名词呼其名，如羽绒衫（服），太空衫、保暖衫、锦纶棉袄、皮夹克、皮袄（裘）等。进入21世纪，各式皮衣和轻薄型保暖冬装不断推出，羽绒服以新的形式出现。各式宽松女性长、短羽绒服，式样年年有变。真皮和人造皮的"皮袄"不断推出，更趋时尚，为大众所接受。冬季以棉袄御寒已少见。

内衣　传统贴身的内衣，流行最广泛的是肚兜，也称"抹胸""抱腹"②。本邑幼儿出世不久，都要穿带精心缝制的肚兜，有的人甚至一穿到老。肚兜上所绣图案随年岁不同，会有较大区别。但都表达喜庆吉祥、福禄寿喜财等寓意，如："吒咤闹海""长命富贵""五子登科""彩蝶牡丹""喜鹊登枝""鸳鸯戏水""并蒂莲花""龙凤呈祥""百年好合""麒麟送子""仙鹤祥云"等。象山民谣《姑娘瞭春》中有："做起肚兜起花头，送给情哥出风头"，可见肚兜亦是民间男女私下定情的一种信物。中华人民共和国成立后，带肚兜风俗逐渐淡化。

背子，源自宋代，长背子可为男女宽松的外衣。短背子，方言称褂，20世纪50年代尚有一定市场。男子短式样的背子即是将单幅布料依个头高矮所需，予以对折，在中间部位开洞为领，腋下稍加缝剪、两侧缝上相对称的带子，用作系扎。另一种做法的褂，系为对襟盘扣小褂子。两者冬充内衣、夏为"背心"。女式贴身内衣除肚兜外，多是紧身窄袖的右衽或直襟小衣。男子亦有相仿内衣，皆俗称"贴里布衫"。后兴起名为"运动衫"的套式女性圆领内衣，有短长袖两种，冬作内衣，夏充衬衣，女性皆穿，至90年代后不兴。与此同时，女性西式改良衬衣开始兴起，式样似春秋衫，四颗扣，稍小，布料软薄。

1960年后，女性中流行一种状如半截背心式紧窄胸衣，以示女性特质。"文化大革命"期间，紧窄胸衣更趋"紧窄"。1980年后，女性逐渐重视优化体态，文胸普及，俗称"胸罩"。

1970年前后，单色纯棉的"卫生衫、卫生裤"，即所谓针织内衣在农村出现并逐渐流行。至

---

①民国陈汉章总纂《象山县志》（点校本），方志出版社2004年版，第1830页。

②汉刘熙《释名·释衣服第十六》曰："抱腹，上下有带，抱裹其腹，上无裆者也。"清徐珂《清稗类钞》服饰类曰：肚兜，夏纱冬绉，贮以麝屑，缘以锦缘。

1980年布票取消后，全面替代布褂、衬衫、运动衫。

背心，俗称单的为“背单”，古称“背搭①”。传统的棉背心，习惯叫作“棉褂”，棉褂有“背子”式的，两腋下系扎，而更多的为斜襟右衽，从以带系扎，发展到布纽，有圆领或鸡心领，有窄肩也有宽肩。民国时，男式对襟棉背心兴起，女式棉背心至中华人民共和国成立初，依然多右衽。儿童右衽棉背心延顺时段更久长些。另有“夹背心”款式，即是用厚实双层皮料制作。两种背心皆是传统御寒的主要内衣。绒布背心、毛线背心流行于1970年后。皮背心民国时期偶有穿着，1990年后流行，多为春秋季节外穿，其装饰性强于实用性。随后羽绒背心兴起。

假领，1970年前后流行。俗称“假领头”。其作用与文胸有相似之处，不同的在功能上，前者是脖上衣领，后者是胸前护托。假领男女皆用。但在乡间劳动者群体中并不流行。他们仍然破旧领子补上加补，或者把领子拆下，反面充新。

绒衣，俗称“绒衫”，不是指绒线所织的衣衫，而是一种绒布做成的衣服。绒衫有厚薄之分，厚的普及要比毛线衣来得早，始于20世纪50年代末，多从店里选购。自制的绒衣裤多用较薄的绒布（多用“斜纹绒”）做成，称“贴里衣裤”。用“斜纹绒”布做成的上衣，多系夹背心。

纱衫，传统流行较广泛的针织服装。民国末年始流行。手工针织在民间源远流长，但手工针织毛线（纱线）成衣却由西方传入。纱衫是民间以纱代替毛线编织而成。棉纱有手拧，也有纺车纺出。20世纪80年代前，工厂发白纱工作手套，也有拆下纱，织成棉纱衣裤。

毛线，20世纪30年代出现。中华人民共和国成立初，穿毛线衫属凤毛麟角。50年代末，60年代初，生活条件较好的开始穿毛线衣裤。1980年以前，毛线曾是重要的聘礼之一。之后，毛线衣裤开始流行，但式样色彩单一。1990年后，各种质地、色彩的毛线（绒线）接踵而来。毛、绒线衣从大的门类可分为：紧身、宽松，开衫、套衫、大衣、风衣（织有斗篷），毛衣直袋和斜插袋也普遍流行，并出现了用于装饰的毛线腰带。本为保暖内衣的毛线衣变为外套，替代棉背心。

裤

袴是“传统裤”的始起，古人也称“胫衣”②。这种最早期的“裤”不是现代意义上所说的裤。中式传统的裤，不管是长裤、半长裤、短裤，棉裤、夹裤、单裤，无论男女老少都无裤袋，裤的腰际或小腹前均不开衩，上端有与裤缝作一体的“裤腰”，裤腰宽度一般在五寸以上，宽者近尺。裤腰宽大，便于穿着、塞掖，以及生活、劳动所需操作。穿裤的男女，常年都在腰上扎着一条带子，俗称“裤腰带”，供掖与塞裤需要。在坊间，有一句告诫生活不检点女子“裤腰带缚缚紧点”的俗语。中式裤也有缝制腰带的，但大多的内层裤都不缝带，而用“裤腰带”系扎。这种穿着方式在老一辈身上延续到中华人民共和国成立后，随着西式裤的普遍兴起才退出历史舞台。

橡皮筋输入流行后，内裤不再塞、掖腰间，或以带子系扎，肥大裤腰的内裤淡出。县人称橡皮筋为“蚂蝗筋”，皮筋直接缝在裤腰上。橡皮筋在城乡出现于民国末年，普遍使用则是中华人民共和国成立后。各式质地布料做的裤，用上橡皮筋后，不管短裤、长裤，皆统称为“松紧裤”。

20世纪20年代，县人已穿有西方传入裤式，长短不同称为“西装长裤”“西装短裤”。西装

①民国郑永禧纂修《衢县志》卷八“风俗志·动词”载：“无袖衣曰‘背搭’”。《敬止录》：古谓之“背子”，又谓之“搭护”，故合为“背搭”。

②东汉许慎《说文解字·衣部》“袴，胫衣也”。清段玉裁《说文解字注》：“今所谓套袴也。左右各一，分衣两胫。”宋朱彧《萍洲可谈》卷三：“馀大父至贫，挂冠月俸折支，得压酒囊，诸子幼时，用为胫衣。”

男裤前腰际开衩，腰间扎皮带；西式女裤为右则腰际开衩，多不扎皮带，以扣和织带替代。60年代初，兴六寸裤脚管以下“小脚裤”“紧身裤”，被称为“包屁股”裤。“文化大革命”期间，“小脚裤”“紧身裤”销声匿迹。满街流行宽肥军式裤。70年代后期，紧身裤、小脚裤回潮。80年代后，年轻人开始流行喇叭裤、萝卜裤，随之而来是牛仔裤、踏脚裤（健美裤）、裙裤、中腰裤、低腰裤、半长裤等。其间，黑色弹力针织“踏脚裤”为各个不同年龄段女性所钟爱，风靡城乡。21世纪后，变异的女性西装裤及西装短裤流行，高腰裤则成为年长女性和较传统女性的裤式。新式样女裤还有露脐裤及内裤外穿的塑身裤。其间，各种化纤物质作为填充物的保暖裤和呢裤、羽绒裤、皮裤、厚实针织弹力裤等不断涌现。

渔家衣裤

境内渔民服装式样有两大类型，其一，在港湾捕捞者服装，因大多亦农亦渔，多在港湾和海涂上作业，候潮进出，少在海上过夜，穿着与农民相似。其二，大海大洋捕捞者，其衣裤则具渔家特色。最为独特的是渔家笼裤，以东门渔民的笼裤为典型。笼裤在宋代前已经流行，清胡华写有一首题为《石浦东门竹枝词》①，有：“万里洪涛一棹通，春风吹送又秋风。街头最是虾皮客，栲袴猩猩血样红。”词中所说的“栲袴”，即笼裤俗称。“猩猩血样红”，既是夸张，也是事实。栲裤用布经土法烧染而成，烧染时所用材料是一种树根皮、再加上适量猪血，这种树俗称“栲桐树”②。栲树根部皮质中含有丰富的胶原汁，主要化学成分是单宁，通常为棕黄色和棕褐色。因此．用栲皮汁液加适量猪血烧染出的布料成红棕、深褐、乌红等色。因其呈酸性，烧染后布料耐咸性大增，防水功能亦大增。用栲布做成的衣裤称“栲衫”“栲裤”。栲裤式样肥硕，针丝密匝，做工精致。裤裆用“十字档”，裤腰左右开衩，缝盘扣，并缝接寸余宽的带子，用于系缚。腰际前后叠缝成褶皱。直筒大裤脚。整体设计，便于穿卸、劳作。因其圆大如笼，又因海风一吹裤管犹如灯笼，故俗称“笼裤”。在腰际衩口两旁，绣有“八仙过海”“观音祥云”“青松仙鹤”“龙凤呈祥”“花鸟虫鱼”等图案。做工精到的笼裤，腰前饰有网格纹饰。栲衫与栲裤相配，亦宽大简洁，早期为右衽斜襟、无襟的套式，后多为对襟盘扣。民国末年，外来布料“香港纱”，厚实不易吸水，渔民逐渐用其代替栲布缝制栲衫、栲裤，做工更简洁，也不见绣花。

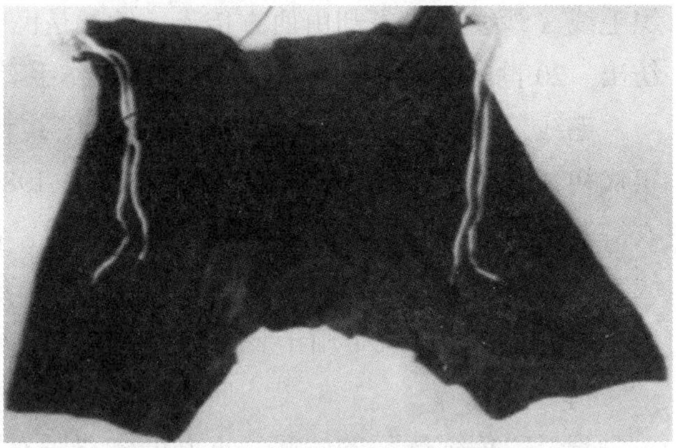

照46-2　旧时东门渔民所穿的笼裤

裙

史上裙比衣裤早。清代，女诗人叶兰贞《金烈妇》描写金烈妇：“布裙一幅钗一面，淡妆更觉天真见。”清代文人姚燮描述回娘家少妇穿着“裙褶青罗袄翠纱”，正是青色麻质皱褶裙子。旧时，富家女子裙长几平脚趾，为淑女“笑不露齿、行不露趾”礼仪要求。平民百姓家庭女子裙下裎不低于“脚眼睛”。这种穿着一直延续到20世纪50年代。旧时，从事商店经营、工匠手艺的男

①民国陈汉章纂《象山县志》（点校本），2004年版，第1821页。

②栲桐：树名，即山樗。常绿乔木，叶子长圆状，披针形，果实球形，树干表面有短刺，木材坚硬细密，可做轮轴等，树皮含鞣酸，可制染料与胶。

性，亦流行穿裙。时裙多为单层棉布，冬天里也有厚棉的。不过，不管男女，穿裙时内皆穿中式长裤，绝无不穿长裤而穿裙的。

20 世纪 50 年代，花布连衣裙开始在年轻女性中流行，里边不再穿长裤，式样变得活泼，穿裙尽在夏季。60 年代，乡村年长劳动妇女仍保持着传统穿裙习惯，所穿裙多为黑色、灰色，长及小腿。“文化大革命”开始后，穿裙者顿减，所穿裙子式样单一，花色素净，以蓝、黑、白、军绿色、咖啡色为主。1976 年后，女性穿裙渐多。80 年代后，女性穿裙全面兴起，式样增多。90 年代始，连衣裙兴宽挺垫肩，随后体现女性曲线的一步裙、紧身裙风行。进入 21 世纪后，超短裙以“迷你裙”名称复出，旗袍裙、裙裤、单边裙、塑身裙、牛仔裙等时装裙式样更新。穿裙从春夏变为常年。

第二节 鞋袜 冠帽

古代仪礼重冠，民间重鞋。旧时有以麻葛制作的屦、木制作的屐、皮甲制作的履及布制作的鞋。绣花鞋，历来颇受女性钟爱。中华人民共和国成立前，百姓少有袜穿。中华人民共和国成立后，随人民生活水平提高，县人才普遍穿袜。20 世纪 70 年代，布鞋尚是普通家庭的高端用品，男式鞋以芒鞋占多。1980 年后，皮鞋、旅游鞋成日常用品，穿鞋开始四季分明，进入时尚化。象山气候温暖，戴帽多为儿童及老者。清代，通行瓜皮帽、棉帽。民国后，西式礼帽渐多。中华人民共和国成立后，军式棉帽、列宁帽时兴一时。90 年代后，帽子款式、质地多样。象山称鞋、帽、袜时，后边皆不带“子”字。

鞋

芒鞋、木拖鞋　芒鞋泛指用植物类所制作鞋子，百姓称之为草鞋、蒲鞋。象山芒鞋历史悠久，明吴元锦《渡黄溪》诗：“支离襆被吾生事，布袜芒鞋尽一肩。”清赖鹏飞《题樵夫》：“芒鞋踏云峤，生计无冬秋。”除草鞋、蒲鞋外，还有草或蒲编织的拖鞋，后者较少。竹壳鞋、棕叶鞋等也包含芒鞋中，多穿布鞋外面，充传统“雨鞋”。

草鞋有底无帮，后跟部耸起寸余宽、高二寸左右的连底草编，其余三面以绳代帮以系扎，为农家、渔家和山民最常穿着。质地大致有纯茎草制作，麻为筋以草为编，草、麻、布条相间 3 种。蒲鞋用蒲类草编织，多从商、工匠及闲暇人士穿着，底帮一体，和软爽脚，不经穿，也有用蒲草与布条（拧成布条）相间编织。拖鞋，用蒲类植物的茎，一般分三角蒲、水蒲，式样与今同，系休闲式鞋子。中华人民共和国成立初，民间尚保留风俗：一些路廊（凉亭）里，热心公益者，将所购制草鞋挂显目位置，任草鞋破损无法行走之人取用。

木拖鞋为史书记载之木屐①。县人穿木拖鞋历史悠久。旧时，除年长妇女之外，自五六岁孩子起无论男女多穿“木拖鞋”。夏季的傍晚，街坊村头往往一片木板踏地声音，此起彼伏，不绝于耳。清鲍淦写晓塘《厉坪八景·虎岩春眺》诗曰：“到处移双屐，登临复此身。”《崛坡八景·桃溪呼雨》诗曰：“徘徊归去晚，双屐印泥香。”20 世纪 60 年代，店铺仍出售木拖鞋，每双 3 角多。

---

①东汉刘熙《释名·释衣服第十六》云：“屐，搘也，为两足搘以践泥也。”唐颜师古《急就章注》：“屐者，以木为之而施两齿，所以践泥。”

百姓常舍不得花钱买木屐，多自行制作，从废皮或纱织腰带剪相应长度的带，钉在拖板上，也有自缝带子的。木屐钉带处易脱裂，常修了穿，穿了修。70年代，塑料拖鞋普及后，木拖鞋渐渐淘汰。

芒鞋、木拖鞋，左右脚皆有相向弯度，也有左右互穿的，称作“直脚鞋”。虽不爽脚，但不分左右，穿着方便，因可互穿，延长使用寿命。

布鞋　男性木质底皮面、布面鞋属高档鞋，古时称为木履。有两种式样：一有脚筒，即靴；二木底相连接，即普通圆口鞋，有钱人或官家所穿。明宁波府官员王守到象山，登丹山时有《炼丹山》诗：“停车临碧海，飞舄陟丹山”，其所穿履当是皮子（干腊）帮面、木质底鞋子①。后布鞋采用旧布纳成的布底，成全布制品。

民间男性布鞋式样演变缓慢，传统中有夹鞋与棉鞋之分。单鞋为倒“U”形圆口，20世纪60年代后出现男式方口鞋、松紧鞋。松紧鞋即鞋面缝有横向“松紧带”，松紧带宽寸余。传统男性布质棉鞋有三：一元宝式棉鞋，自古如此；二低帮棉鞋，中华人民共和国成立初流行，棉鞋脚面有“舌”，舌一半能翻动，便穿着，另有外形与“松紧鞋”相似；三仿高帮胶鞋式样系带棉鞋。现市面有专业布鞋店，出售传统棉鞋，列入工艺鞋、休闲鞋系列，有全布底，也有布底粘橡胶。

女性鞋子比男性讲究。历史上女性有裹脚习俗，故有“小脚鞋”。民国禁止裹脚，但禁而不止。中华人民共和国成立后，裹脚风才刹住。其间，裹缠半途而止，戏称“解放脚”。小脚鞋尖头，多绣花，绣工精致、细腻，图案寓意美好，有红、蓝、碧、紫等色。“解放脚”所穿鞋子，绣品相对少些，讲究穿着舒适。绣花鞋为女性钟情。历史上，姑娘出嫁上花轿常穿凤头绣花鞋，中华人民共和国成立初期仍风行，1958年后逐渐绝迹。21世纪后，绣花鞋再度兴起，一作休闲使用，二作工艺品收藏。石浦有人依市场需求，开办绣花鞋厂。2008年，600双女式手工系列绣花鞋与上海一公司所产中国传统旗袍配套，为奥运期间礼仪小姐所用。

传统劳动女性中“大脚婆”，布质鞋与男式平底圆口鞋相仿。年轻女性鞋面面料色彩较艳，年长女性多黑、灰、蓝等深色，鞋面有绣品。女式鞋多数有鞋襻，襻带从鞋子内侧顺脚脖向外侧扣。中华人民共和国成立后，女性方口鞋占多，多数有鞋襻。

布质童鞋花式较多，多限于六七岁前儿童。20世纪70年代前，乡村中小学生多数打赤脚，女生也不例外。幼儿鞋无论春夏秋冬，多为绣花鞋或彩色布面缝制，流行虎头鞋。同是虎头鞋，做工、品质大有区别。精致幼儿鞋子镶小银铃或铜铃，缀以闪光片，黑珠为虎眼，纯白兔毛饰虎耳等，方寸之间尽显母爱。现幼儿布质鞋皆工厂生产，式样繁多，质地上乘，传统文化意韵不复存在。

胶鞋、车胎鞋　中华人民共和国成立后，乡村供销社始出售少量胶鞋，式样模仿军鞋，俗称“解放鞋”。时胶鞋属高档，一双解放鞋穿上三五年，洞上补洞为常事。胶鞋有低帮、高帮，高帮胶鞋称“回力鞋”，白色轻便型胶鞋称“运动鞋”。不同类型胶鞋，在乡间统称“跑鞋”。同时，雨鞋开始流行，式样有三：一为低帮雨鞋同布鞋；二为“元宝套鞋”；三为雨靴，称“长筒套鞋”。

1958年“大跃进”期间，手拉车数量大增。利用破损手拉车外胎制作车胎鞋，式样与草鞋相仿，保护、耐磨损功能比草鞋强，一时为劳动者喜爱。

皮鞋、塑料鞋、旅游鞋　民国时期，县人穿皮鞋者少。20世纪60年代初，商业职工及中学、

---

①舄，音xì。晋·崔豹《古今注》：“以木置履下，干腊不畏泥湿也”。舄在古代也可泛指为各式鞋。

卫生院、政府机关人员，因生活相对较好，始穿上皮鞋。改革开放后，皮鞋普及。60 年代中后期，出现塑料凉鞋，百姓称“塑料皮鞋”，一双 3 元多，占中等工薪者月工资 1/10，为高档奢侈品。塑料鞋晴雨两用，没几年便广为流行，逐渐取代车胎鞋。90 年代，各式旅游鞋兴起，用料有真皮、毛皮、仿皮、合成革等。一经面市，就受到年轻人追捧。因其具有运动、休闲功能，不久即被各年龄段人们喜爱。

袜

传统袜是自行缝制的布袜，清代邑人吴元锦有诗：“支离襆被吾生事，布袜芒鞋尽一肩。”①民国时出现现代意义的袜，为外国舶来品，时称“洋袜”“长筒洋袜”“短筒洋袜”，普通百姓无钱购买。民国后期，始出现用竹针编织的纱袜。中华人民共和国成立初，乡间依旧有自己缝制布袜的习惯，多数人经济困难，冬季也不穿袜。之后，编织袜在乡间开始流行。毛线兴起后，有人用毛线编织袜子，多为儿童、女性和年长者穿着。20 世纪 60 年代，出现化纤袜子，称“尼龙袜”，比纱质袜耐穿，因价贵，农家少有问津。90 年代以后，穿袜普遍。

20 世纪 60 年代，多数家庭用白色帆布缝制劳动袜，称“上山袜”，为县内特色。为上山劳作及搞运输者所穿，供销社有售。上山袜比普通袜厚实、牢固，像薄型的靴子。

帽

宋明时代，兵和秀才所戴乌纱类型不同。石浦城隍庙砖雕上有：渔夫、船夫戴斗笠，读书人戴巾帻，农家、樵夫和渔民扎发结，状如方巾②。因处亚热带，冬天，年轻后生较少戴帽，姑娘和中年女子亦不戴帽，戴帽多为儿童和男性年长者。清代，通行“六合一统帽”，称“小帽”，三红三黑相间，形似西瓜，亦称“瓜皮帽”。普通百姓讲究经济实用，多用黑灰布，像扣在头上的单色碗，谓“帽碗”。年迈男性有斗篷式棉帽，帽子下沿向两肩和背部扩展，遮着两肩和背部上截。

五四运动后，年轻一代时兴戴“学生帽”，瓜皮帽仍延续，西式“礼帽”渐多，本地称“大帽”。乡间中老年群体流行小毡帽、吕宋帽。吕宋帽百姓称之“老头帽”，始无帽舌，后增之。多为中老年男性所用，20 世纪 70 年代后逐渐减少。中华人民共和国成立初，军式棉帽渐多，“列宁帽”时兴。“文化大革命”期间，流行军帽式样的单帽和棉帽。90 年代后，鸭舌帽、礼帽、瓜皮式裘皮帽、绒线帽等不同款式、不同质地的男帽面市，再难定位某一种帽是时代主流式样。

年长女子戴黑色丝绒、平绒帽，称“尖门丝绒帽”，乡间称“老太婆帽”，呢质料兴起后有用呢布制作。还有帽子无帽顶，只一个帽圈，额前呈“A”形或倒“U”形，向上微耸，扣于脑后。因从中对折形，如鞋匠切割鞋底的“皮刀”称“皮刀帽”，颇为流行。以上女帽，多绣花卉，图案简洁，中华人民共和国成立初，货郎担上有售。政府机构及单位上班的职业女性，时兴列宁装配戴列宁帽。“文化大革命”初期，追求黄色军式单帽。20 世纪 90 年代起，出现自行编织的绒线帽。年轻女性的绒线帽色彩缤纷，戴帽大多不为保暖，只为时尚，年长女性戴绒线帽，式样和色彩略显拘谨。

传统童帽色彩丰富、式样可爱，尤幼儿帽色彩更艳丽，寓意明了。质地有布、丝绸、绒线、皮毛等。坊间儿童有戴瓜皮帽习俗，最钟爱“虎头帽”，帽前绣或缝制“虎头”图案。上乘童帽有绣花，饰品有银或铜质铃铛、玉片、闪光片，珠饰虎目，毛饰虎耳。

---

①1995 年版《象山历代诗选》，第 120 页。

②东汉刘熙《释名释首饰第十五》：“巾，谨也。二十成人，士冠，庶人巾。”

第三节　佩饰　化妆

境内佩饰历史悠久。距今近6000年的塔山遗址出土玉玦。传统头饰有笄、簪等。现代头饰有头巾、头绳等。体饰有戒指、耳环、手镯、手链、佩玉等。中华人民共和国成立后，年轻人不重佩饰。“文化大革命”时期，流行佩戴毛泽东像章和“为人民服务”“为人民立新功”等语录徽章，传统佩饰视作“封资修”被废弃。20世纪80年代后，佩饰重又兴起，材料更显多样化，式样翻新，做工精细，意韵更为丰富。

民间传统“花饰”颇具特色。用季节性鲜花或植物茎叶，作头饰、体饰、衣饰，自古受人喜爱。女性和儿童佩带为盛。清鲍振《厉坪竹枝词》云：“新鞋不惜踏苍苔，阿姐前行阿妹陪。斜插蔷薇花几朵，姑嫂酬拜葛仙来。”花饰有从山上采来的黄栀花、野菊花、兰花，也有家庭种植玉簪花、蔷薇、白兰花、茉莉花、桂花、水仙。乡村儿童则更随意，清王予衮《登西沙岭口占》云：“忽见牧童岩际出，满头红紫插山花。”今民间端午节仍有佩插艾叶习俗。

传统化妆主要有描眉、施粉、描口红、扎发等，为女性专利。现代化妆随化妆品增多而日益精细化。20世纪80年代后，象山出现专业化妆美容店。

头饰

古代妇女头饰，百姓家庭简洁、朴实，官商财主家庭繁复、富贵。传统头饰有：笄、簪、钗、华胜、花钿、步摇、梳篦、巾等。清末前，无发夹。中华人民共和国成立后，头巾、头绳、皮筋、梳饰等为常用，发夹样式多变化。

笄簪钗　笄为后称的簪（《说文》：“笄，簪也。”），男女皆有使用，男显简洁粗犷，女显婉约秀气。清代，县人王予卢《钱烈妇》诗：“上头夫婿金戈秀，及笄年华风箫奏”。把簪称作笄①。

簪与钗是中华人民共和国成立前常见头饰。“簪”古代称“擿”，由“笄”发展而成，簪体单一材料制成，也有不同材料合成。“簪”比笄尖，可用以划挠头皮，民间俗称“搔头”。境内有以豪猪刺充簪，取于自然、用之得体，不失本意。乡间银质簪子较普遍，贫寒家庭有用木、竹簪。年长女性，有银或铜、玉质簪子，一头是掏耳勺，一头是搔头，旧时较为常见。

钗用以绾发，可把帽子别发上，为钗的本意②。簪，古代男性用作固定帽子。体小的钗为乡间女性常用头饰，故以“裙”“衩”指代女性。质地有金、银、铜、铁、玉、骨、玳瑁、木等。民间多银、铜、铁质钗子。20世纪60年代前，货郎担出售传统式样涂银、铜钗子。

华胜　即花胜，与传统钿花（花钿）有相同之处③。清代姚燮《西沪棹歌》：“今朝佳节遇中天，早起梳头倚翠栊；五色蛮笺缠彩胜，鬓边不插石榴肩。”诗中“彩胜”，即花胜。传统尚有蚕茧（去蛹）染彩后所做成各形花饰。自制华胜，有用绢、绸、丝、布、纱线等，因材料普通，制

---

①西汉戴圣《礼记·内则》：“女子许嫁，……十有五年而笄。”

②五代马缟《中华古今注·钗子》：“钗子，盖古笄之遗象也，至秦穆公以象牙为之，敬王以玳瑁为之，始皇又金银作凤头，以玳瑁为脚，号曰凤钗。”

③东汉刘熙《释名·释首饰第十五》：“华胜，华，象草木之华也；胜，言人形容正等，一人著之则胜，蔽发前为饰也。”东汉班固《汉书·司马相如传下》：“翯然白首戴胜而穴处兮。”唐颜师古注：“胜，妇人之首饰也，汉代谓之华胜。”

作简便，一般百姓能承受，流行范围也广。至20世纪50年代，年长一辈尚有华胜、钿花情结。

花钿　用金、银、玉等材料制作，价格昂贵，普通百姓较少佩戴①。清代女诗人叶兰贞，描写金烈妇（象山李氏，适慈溪金氏子）："珠环玉佩翠花钿"，头上饰翠玉花钿。

步摇　因走路时摇动，衬出女性婀娜之姿，故称"步摇"。史书记载：多皇家和富贵家佩戴。在簪、钗基础上将珠、链、坠、环及其他精小工艺品连成一体，便成步摇。普通百姓的步摇造型简洁，用细银、铜质链下坠一银或玉、铜质小件工艺品。中华人民共和国成立初，女人佩戴步摇时常可见。爱美姑娘，在簪或钗上扎丝线，上串玻璃珠子、闪光片或玉、铜质小件工艺品，佩戴头上自得其乐。乡间儿童游戏中也见步摇，每当番薯藤蔓长成，孩子摘带长柄叶子，做成绿色的链，挂在耳际或发上，孩子称"钉镶"。20世纪60年代后，步摇消失。90年代后，步摇再度现身，时改称头饰，式样趋个性化，质地更广泛。

头巾　象邑民间叙事诗《姑娘瞭春》云："瞭起后生眼睛亮，雪白丝巾头中央。"民间传统不行白色丝巾，通常色彩有青、蓝、黑、棕、绛等，材质多麻、棉，少丝。20世纪60年代，始流行针织头巾，方形，四边流苏，可围脖。劳作中头巾讲实用，能挡灰、防扎挂、防太阳晒，不究花式色彩，耐用为主。70年代，年轻女性出现少量丝巾和自织绒线巾。90年代后，头巾多柔软、飘逸，色彩多变。另有网巾，状如网络，多作发髻固定，近年多现。

头绳、皮筋、塑料丝　头绳最常见。老年和中年妇女喜黑、灰、蓝，姑娘、女童多大红、紫红、黄、蓝、粉等，鲜艳颜色。头绳有纱、绒线，姑娘和儿童流行纺绸布条，俗称"小纺"，通常扎成蝴蝶结，也有用绢、缎、丝等材料作头绳。现今不流行，被各式发夹、皮筋替代。橡皮筋作头饰，类似头绳，方便、不易脱落。20世纪60年代后，彩色塑料丝开始被不同年龄段女性喜爱。90年代始，缠绕各种色彩的细丝线、绒线皮筋面市。后，皮筋变粗，上附造型美观、做工精细的饰品。

梳饰　即用梳子作头饰。常用有二，一称"头梳"，二称"篦箕"，由银、铜、玉、角质（牛角为多）、玳瑁、木等材料制成，娇小、精致，梳齿排列造型有一定弧度，制作工艺精细。一般头发多、长的女性以此作饰。今梳饰式样趋艺术化，除金属、木质外，多人工化学材料制作。

发夹　中华人民共和国成立后，乡间广泛应用发夹。长期流行状如钗子的"钢丝夹"，使用寿命长。20世纪50年代至80年代初，发夹式样不多。进入21世纪后，头夹式样变化较大，出现弹压式、卡式等，材质繁多，色彩缤纷，造型多样。

体饰

常见现于耳、脖、腕、指上。耳饰上溯至新石器时代，出土有做工精良的白玉环和青玉玦。无玦口称环，有玦口称玦，被用作耳饰和佩饰。

旧时，男女老少佩带锁片、玉坠、项链。儿童三四岁就戴银项圈，项圈直径大多可调，在发育前无须更换，成年时仍然可戴。项圈有实心空心之分，家境好者多实心，次者为空心。做工考究者，圈壁刻有喜庆吉祥线条图案。儿童盛行挂银锁片和玉佩，银锁片正反面刻图或文，如"长命富贵""荣华富贵""五子登科"等。家境好儿童，两手腕同时戴银手镯，脚脖有银脚镯，大多戴一只；经济条件差者，挂铜质"长命锁""长命钱"及布制绣品"长命袋"。成人后会留玉佩，手脚镯子除去，少有成人戴项圈。

---

①明宋应星《天工开物·玉》："凡玉器琢余碎，取入钿花用。"钟广言注："钿花：用贵重物品做成花朵状的装饰品，如金钿，螺钿，宝钿，翠钿，玉钿等。"

佩带锁片、玉坠、项链者众。民国前，县人持银项链比持金项链多，珍珠项链比较稀罕。“文化大革命”期间，佩戴体饰绝迹。20世纪90年代起，民间佩带锁片、玉坠、项链流行，儿童佩带玉坠成风。玉坠多刻生肖、佛像、花鸟虫鱼等，象征吉祥喜庆，质地有水晶、翡翠、高档木材、合成材质等。现今普遍佩戴各式质地项链及挂件。

民间流行耳环、戒指。龙凤金戒旧为上等饰品，民国前系地位、富裕象征，为大户人家的定亲之物。钻戒凤毛麟角，多深藏不露。女性普遍戴戒指、耳环，戴耳环比戴戒指多。戴戒指男性都为富家弟子。时兴把戒指、耳环作订婚聘礼。日常生活中，很少佩带戒指，耳环会常年佩戴。普通百姓家女性戒指、耳环做工简单、式样单一。耳饰中有少量“耳钉”。20世纪90年代后，男性戴戒指挂项链渐多，男生戴耳钉、耳环，渐被社会接受。

手镯质地金、银、铜、玉等。传统中，拥有金手镯者，多不佩带，怕露富招灾。多数戴银、玉及铜质手镯。民间相信玉器有护身驱邪功能，戴玉质手镯者众。21世纪后，佩戴金、银、玉、珍珠等饰品渐成时尚。男式手链粗犷，多金、玉或珍稀木材制作。女性手镯、手链细腻、精巧，材质多金、铂金、银、玉、珍珠等。

衣饰

衣饰包括挂腰间饰品。唐、宋、元、明时，民间服装上装饰不讲究。清代起，民间服装刺绣通行，富实之家女性服装绣品繁复。乡间服装绣品简洁，在襟、袖口、下摆、裤脚等部位有彩色绲边，绲边绣线条、花卉。坊间绣品，构图简洁、寓意明了。劳动家庭女性，多绲边无绣品。绲边称“贴边”（方言“边”读“皮”）。民国时，常见绲边右衽大襟女装。中华人民共和国成立初，年长女性尚穿。20世纪90年代后，女性绣品服装再兴，多机绣。儿童绣花服装式样繁多，两者所绣紧跟时代潮流。

腰间佩玉饰为古习俗，象邑清代白玉钺形佩，为腰间佩饰。民国时，富家男子有腰间佩玉习俗，大多掖衣内腰间，似露非露。现今，男子腰饰几近消亡，女性腰间饰品繁多，质地皮、棉、化纤、金属，尽显装饰韵味。

化妆

俗称梳妆打扮。古时化妆较普遍。传统化妆修饰有描眉、施粉、描口红、扎发等。清王予卢咏钱烈妇诗：“匀硃碾黛学鸦涂，月案花窗兴不孤。”民国时期流行“月里嫦娥牌扑粉”，民间称“扑粉”或“粉扑”，用作施面，非劳动家庭女性中较通行。口红以双唇抿合，红纸替代涂抹，描眉用细长木炭棒。乡间有淘米水洗发习俗。取榆树刨花，浸泡热水，成胶汁状，可固定发式、光润头发，同今护发胶。中华人民共和国成立初，货郎担出售榆树刨花，购者众多。

传统女性15岁前系垂发，后方扎髻成形。清末民国初，大姑娘编单一发辫垂脑后，额前梳“刘海”。中老年人则扎髻脑后，俗称“老太婆髻”。中华人民共和国成立后，兴双辫垂腰或齐耳短发等。“文化大革命”期间，发式单一。20世纪80年代后期，时兴烫发，发型趋个性化设计，出现女性男性化、男性女性化发式。

绞面系女性化妆特例。旧时，无退毛膏之类化学用品，女性不兴刮剃，兴绞面。新娘出嫁，更须绞面，中年爱美妇女有请专职为其绞面。20世纪80年代后，出现专业化妆美容店，绞面等传统化妆方式不再存在。

儿童和闲暇女性有用凤仙花“染指甲”习俗。每到凤仙花盛开时节，将采撷的凤仙花捣成花泥，用布扎在指甲上，第二天拆布去泥，指甲便染成棕红色。儿童化妆有趣味性和随意性，一般为额头点红。清代，清姚燮《西沪棹歌》描绘儿童点“灶记”：“裙褶青罗袄翠纱，过桥红舄（鞋）满帮花。灶煤一点涂儿额，抱坐娘兜往外家。”

第四节　衣着制作

境内衣着制作原料丰富，史料记载常见有菅、芒、蒲、稻草、葛、苎麻、蚕茧、棉花、棕榈、竹箬等。另有水獭、貉、山羊、兔等皮毛，大雁、野鸭等羽毛。衣着染色以蓝为主，也有黄、红等色。靛蓝染蓝色苎布，栲皮染红色衣裤，均具特色。纺织苎布，制作苎布衣服、鞋帽系象邑服装史上重头戏。

衣着材料

不同时代衣着材料有不同选择。棉花种植前有葛、苎、芒、蒲、草等。宋元起以棉为主。20世纪80年代起，主天然原料及化纤、人工合成材料。蚕丝、裘皮品位较高，因域地冬无严寒及百姓经济条件差而少有使用。

菅芒　菅称茅秆，《蓬山清话》有记载，多生于山坡、荒草地，邑人用其穗做扫帚、刷子等，少用于衣饰。芒有20余种，田间有称“千斤拔”（石芒），用以编织草鞋、床席、枕席等。用其“茎”编织之草帽色泽清亮，韧性强，被称“金丝草帽”。因质地柔软、光滑清亮，民间用以编织背心，供夏天享用。

葛、苎麻　用葛制布自古就有。明代县人周希程《丹山》诗：“拭目峰岚顶上行，风生两腋葛衣轻。”乡间称葛为葛藤。葛藤皮层纤维丰富，抗拉、耐磨。刮去表层肉质和内层“壁膜”，所得纤维丝是织布、做鞋的主要原材料①。苎麻纤维比葛藤纤维纤细，柔韧。在刮制苎丝时，皮层可刮取短细“苎麻绒”，古代用作造纸原料，以增加纸韧度，也用作冬衣、冬鞋填充物，增加保温性能。苎麻丝，主要制作苎布衣、麻线、包布、麻帐、被面等，细的苎麻布制作被里。中华人民共和国成立初期，乡村依然使用。

麦秆、稻草、蒲　麦秆可编头饰、拖鞋、鞋垫、扇子、帽子、盒子等，中华人民共和国成立后仍用。晚稻草可制作草鞋、床垫、坐垫，也可充填枕芯，俗曰：“绣花枕头稻草包。”糯稻草编织草鞋最佳。蒲，种类多，常有三：席草、蒲包草和三角蒲。席草编席子，也编草帽、蒲扇、蒲篮等。蒲包草（俗称蒲白、水蒲、水蜡烛、鬼蜡烛等）编席、袋、包、篮、蒲鞋、绳子等。三角蒲（莎草）抗拉力强，质地柔软，多编织蒲鞋和蒲拖鞋。

棕榈、竹箬　《民国县志》载：“‘《说文》：椶（同棕），栟榈也。’可作萆，即雨衣，又作荐，作帽，作鞋。”邑人用棕榈丝制作床垫、蓑衣、绳、草鞋等。竹箬，俗称箬壳、笋壳。坊间常用竹箬缝制鞋垫、鞋样。另制“箬壳鞋”，为乡间冬天下雨、下雪天所穿。20世纪60年代后消失。90年代，竹箬沤腐成丝，作沙发填充物，用箬丝编织地毯，行销国内外。

蚕茧　民国《象山县志》载：明嘉靖前，境内“桑枣园共有三十二所”。境内养蚕历史久远，

---

①《诗经》中描写葛的诗篇其中《葛覃》：“葛之覃兮，施于中谷，维叶莫莫。是刈是濩，为絺为绤，服之无斁。”就是讲葛可做布，做成衣服穿上后不感到厌烦；《葛屦》篇不仅描写葛可为鞋，同时也写到了葛布为衣：“纠纠葛屦，可以履霜。掺掺女手，可以缝裳。要之襋之，好人服之。”

数量不多，品质较低。仍有绢、纺、绸缎交纳皇家税赋，供官人、富人享用。

棉花　象山种棉，起自宋代。宋乾德年间（963—968）象邑上缴赋税，“绵三千四二四两二钱九分”。《蓬山清话·草棉赋》：“粤稽所由，赵宋伊始。”20世纪80年代后，棉花种植面积大增。棉花可纺纱织布，为现代衣着重要原料。

皮裘　历史上，有将小型动物皮毛充作衣着。明嘉靖《象山县志》载：贡办，“元延祐间，岁办鱼鳔四十斤，貉皮七十张……”；岁办，“杂色毛软皮五百一十张，鹅翎四千六百三十根……”。其他史料也有向官府上缴貉皮记载，供皇家和官府所需，百姓难以穿着。貉，乡间称田狗。20世纪60年代前后，收割晚稻时常发现。与此近似有“豻（同犴）”，史书解释是北方土狗，民间称“田狗”，与貉相比，其体形稍“瘦小”。貉皮毛蓬松、软柔、厚实，豻皮毛纯净贴伏，光滑温厚，两者各有千秋，均以冬季皮毛为佳。乡间百姓偶有所获，自行粗略加工，做背心穿着。县人喜爱獭皮，獭，亦称“水獭”，有山獭、水（淡水）獭、海獭。中华人民共和国成立后，各地建造山塘水库，改造烂塘田，河湖、溪流、山塘水獭渐绝。70年代，南韭山海域岛上，尚有近海水獭，后也消失。

羽绒　20世纪60年代前，冬季境内溪流、河湖、海湾天鹅成群，野鸭无数。天鹅称“雁鹅”，野鸭叫“水鸭”。民间用雁鹅绒或水鸭绒充冬衣填充物，多为富有人家使用。嘉靖《象山县志》载上交官府鹅翎事，所指鹅翎，即为鹅之硬羽，可作鹅毛扇、箭羽和饰品。

衣着工艺

纺织　塔山文化遗址出土陶质、石质纺轮，为古代纺织用具。纺车出现，改变手工捻线工艺。宋代用苎线织布，称“苎布”。粗苎布挺括硬朗、吸汗耐腐，适宜做夏天服装，亦称“夏布”。经纬稀疏的苎布可做蚊帐，称“帐子布”。明代用葛线织布，嘉靖《象山县志》载：象山物产“货之类”有葛布。民国县志“列女传”载：清道光十五年（1835），有一个为夫守节的张氏，“家极贫，以针黹纺绩养翁姑”。说明当时纺织普及。清咸丰年间姚燮所撰《西沪棹歌》中有诗曰：“兰冠荔袂饰姣童，鼍鼓喧阗竹炬红。村女压塍看故事，纻衫都带稻花香。”村女所穿的为苎布衫。民国时，乡间苎布作为嫁妆十分普遍，时称夏布，有粗夏布，与细夏布之分。用苎、葛线纺纱织布，至民国时仍为家庭、作坊式，后引进布机，开办布厂。象山解放前夕，全县纺织企业30余家，多在丹城、石浦两地，民间手工纺织尚存。详见本志《工业》篇。

夏布陪嫁口述（关头村老人）　20世纪30年代，我母嫁来时带了十多匹夏布，有粗夏布，也有细夏布，细夏布要比粗洋布来得细密。娘在临终前，将剩下的一些粗、细夏布一一分给三个儿子和一个女儿。小儿子除了分到粗、细布外，还分到了几件粗、细夏布做的夏布衫。

染色　布料染色工艺复杂。旧时，颜料多取自植物，少见矿物染色。漂染主要有两大内容，漂白与染色。染色在民间一般称作“染颜色”。用作染色的植物有：菘蓝，别名板蓝根、大青叶；蓼蓝，俗称“辣蓼”，有大暑辣蓼、小暑辣蓼等；马蓝，有别于县人所说的马头兰；木蓝，又名蓝靛、槐蓝、小青、野槐树等；苋蓝，即马齿苋。《蓬山清话》载：“蓝，本山亦有种者，而染坊青、靛价，却贵于他处。其叶捣烂治喉火，与青黛同。”蓝在本地野生颇多。

民间不仅会染青，也会染红、绿等色。明嘉靖《象山县志·版籍纪》载：“青、红、绿三色纻丝二十四匹。”栀子花结的果实，捣烂色黄，用作染黄，域上称栀子整树为黄栀树，花为黄栀花，而所结的果才称黄籽；栲树的皮染棕；红花，广义上有三种：即红花和野红花（大蓟、小蓟的花），大蓟因从上到下都长满硬刺，牛难以入口，俗称“牛口刺”“牛头摇”，小蓟俗称“刺蓟”；茜草，多年生攀缘草木，茎方形，叶片心脏形，生在山野，根黄红色，可作染绛色的染料；

紫苏也是可提取染料的植物。乡间染黑时有用河泥的习俗。河泥为绿色水生植物及岸上植物的腐殖质，与布一同搅和，浸渍，达到染黑效果。

家庭染色，一为新布、丝、纱，二为旧衣翻新。明嘉靖《象山县志》载：县仅有“染匠户七”，故多数家庭当自染。民国初，珠溪、大徐、丹城、石浦、贤庠、涂茨、大塘、鹤浦等地陆续开染铺。中华人民共和国成立后，不少家庭购买化工染料为布染色，植物颜色逐渐消失。渔区仍用栲树皮染渔网，直至推行化纤渔网后方停止。20 世纪 80 年代，取消布票后，家庭染布渐绝。

漂白　常将葛布、苎布、苎线漂白。境内近海少石灰，历史上百姓烧制蚓灰作漂白添加剂，民国《象山县志》载：“惟高隆蠔壳灰可漂麻布、麻线令色白。”乡间有利用草木灰液浸渍苎布、棉布、丝帛，昼曝夜收、反复七昼夜以精练和漂白。也有用石灰或蛎灰煮苎麻丝，摊开平铺水面苇帘，“半浸半晒”，至麻丝显白。此乃利用日光紫外线在水面，由界面反应产生臭氧，氧化纤维中杂质和色素，起漂白作用。用大石压麻丝或布料于溪流，昼夜漂拂，为山区漂白土法。民国《象山县志・麻业》有苎麻漂白记载。

衣着裁制　旧时，百姓穿着多自裁自缝，“师承母教”。女子纺织、缝制、刺绣技艺，统称“女红”。“女红”称谓因地域、年代不同，称法各异，又称“女功”“女工”等。民国《象山县志》记为“女工”。民间专业制衣人士称“裁缝”，尊称“裁缝老师”。后有街坊“来料加工”成衣铺。20 世纪 60 年代前后，缝纫机替代手工制衣。90 年代后期，县人穿衣直接从市场购来，“来料加工”逐渐减少。

明嘉靖《象山县志》载：域上有“裁缝匠户七”。衣裤制作多由家庭主妇承担。她们靠左邻右舍相互帮忙，能者为师，亦有代人缝制，而随人给酬的。大户人家常年聘请裁缝，依年计费、计米作报酬，中等富裕家庭也聘有短期裁缝。

民国初期，县城有来料加工的成衣制作铺。民国 15 年（1926），石浦中街开设“锦隆百货店”，店后附属用房办毛绒衫厂，手摇机生产毛绒衫，附带织袜，产品销上海。民国 27 年，全县裁缝 842 人，其中女裁缝 54 人。洋布及西式服装传入，中式服装裁剪方法随之变化，专业裁剪匠开始出现。民国后期，农家女虽保留自己缝制衣服的习惯，但自行剪裁不多。民间开始出现纸质“衣（裤）样”“鞋样”，家庭妇女多依“样”裁制。中华人民共和国成立初，全县来料加工成衣铺尚存 20 家，主要集中丹城、石浦两地，制作服装以中式为主，西式为辅。

20 世纪 50 年代，最有名望的裁缝是丹城的冯永昌，自小开始学艺，曾在上海多年，精通中西服装制作。另一位裁缝匠是爵溪的胡阿方，12 岁开始学艺，以制作精细而著称。此时，乡间缝纫机开始出现，各乡相继成立手工业综合社，其中包括来料加工的服装制作业。加工普通上衣每件 5 角钱，裤为 3 角，中山装制作要 8 角，几年后上衣为 8 角、裤 5 角、中山装 1 元 2 角。由于缝纫机功能实在，80 年代前后，缝纫机仍列为四大聘礼之一。其间，购缝纫机的人增加，个体缝纫营业人员街头巷尾多见。70 年代至 80 年代，渔汛季节一到，石浦街头的缝纫机一字排开，从天一放亮开始，直至摸黑，不停地为来自全国各地的渔民们补衣、修帆，场面火爆。布票取消后，成衣随处可买。世代以来“三年新、三年旧、缝缝补补又三年”的穿衣理念及家庭缝纫淡出历史。

民间鞋子自制自穿年头久长，尤布质鞋底缝制。缝制鞋底称“緁（jī）鞋底”。“緁”与“缉”相通，正如史志所述“林氏躬耕缉绩，与夜分灯”。20 世纪 80 年代前，农村妇女空闲时，随身带需缝制鞋底，走到那緁到那。鞋底布除表层外，内层多用破旧衣裤拆下旧布头和新碎布头，用麦粉糨糊将一块块布头依脚样层层粘上，厚约 2 厘米，晾干后一针针緁缝。故旧时旧布、零碎布头不舍抛弃。做鞋面需先打样，将纸剪成鞋样，在布上依画形剪成鞋面。传统式样棉鞋、小脚鞋鞋面做法不同现今，每只鞋面由左右两半缝合成，鞋面中间有缝合“筋”，此式样棉鞋延续至中华人民共和国成立初。女子、儿童绣花鞋，剪样后根据己之所爱绣上花色。

民国4年（1915），奚基来在丹城开设鞋作铺。中华人民共和国成立前，全县鞋作铺14家。穿鞋多为家庭自制。中华人民共和国成立后，乡村中年女性，能剪简单花样、鞋样的不少，街上有年长女性，托平底浅摊竹或藤编盛器，出售鞋帽、衣裤上的花样和传统棉、丝彩色织带。“大跃进”时期，各乡集体所有制服装社（有称“综合服务社”）相继成立。其间，原先裁缝少数加入服装社，充任裁剪师傅，多数回家务农。街坊上专业制鞋匠渐多，入行者一部分为体疾、行动不便者，他们入行只为求生。在农家、渔家和山里人，劳作时仍穿草鞋。20世纪60年代，因手拉车在乡间出现，制作、加工“车胎鞋”渐多，车胎鞋的式样为鞋底、鞋帮“一体化”。

20世纪90年代后，乡村购买力提高，各式成鞋琳琅满目，要求鞋匠制鞋的人群几近消失，“制鞋匠”成为“修鞋匠”，并为皮鞋掌底。布鞋的鞋底有机器缝制，成品布鞋实行批量生产古老的绣花鞋，成为工艺鞋。21世纪，批量生产休闲、工艺布鞋店相继问世。

第二章　饮　　食

古语云“国以民为天，民以食为天”，是说悠悠万事，以饮食为大。饮食除了能满足人们的基本需求之外，还是中国“礼仪之邦”之源，故《礼记》云：“夫礼之初，始诸饮食①。”“饮”在“食”先，是说重食前之饮，食不能无饮。“饮”的甲骨文字形，像人伸舌头向酒坛饮酒，是表示口之情，重滋味。《说文解字》说“食”字的意思是“集众米而成”，即所谓蒸谷为饭，烹谷为粥。故“食”者重烹饪。象山饮食，始于蒸米为饭为粥，并以米饭为主食正宗。缺粮时期，吃饱米饭为奢求，常以小麦、玉米、番薯为主食。烹饪深得三昧，融台州、宁波之法，石浦等地并兼得闽风，故饭粥种类繁多，点心丰富。口感滋味好鲜、嗜咸、喜酸。

第一节　食物原料

自上古时期开始，象山粮食以“五谷”为主，尤重水稻、麦、黍。明清以后粮食中始有外来作物玉米、番薯等。五谷与玉米、番薯并用，一直延续到20世纪70年代。蔬菜品种，80年代之前比较单调，当家菜种只有青菜、白菜、芥菜、芹菜、茄子、茭白、芋艿、洋芋、萝卜、大头菜、丝瓜、冬瓜、紫菜、苔菜等数种，及香辛类的大蒜、葱、韭菜、生姜等，以后品种繁多，好多蔬菜并不限于季节。肉畜饲养以杂食性的猪、鸡、鸭等为主，养鹅、羊等也相当普遍。海洋渔获原料丰富，常用的原料有带鱼、黄鱼、白鳊、乌贼、虾、蟹等，近海港汉、滩涂所产的梅鱼、箭鱼、

①《礼记·礼运》。

鲜鱼、望潮、弹涂及各种螺、蚶，更为百姓喜用。但旧时，供居民食用的海鲜并不多，只是渔汛时节稍多食用。过年过节备着“鲜鱼下饭”招待客人，其实就连客人也知道是不能动筷的，常常是蒸了又蒸，直放到清明节。50—70年代，居民发水产票才能买到“海鲜”。80年代特别是90年代之后，居民食用海鲜的原料才得到充分保证。

米饭原料

象山人历来以稻米为做饭的主料。距今6000年前的塔山人就以米食为主。传统籼米特产有早雪、早白，米饭莹白；红六十日、早红米，晚青、金城粒尖，米饭微红或赤红。籼米中的淮白米饭，莹亮、香软、可口，有俗语云：“淮白米饭一升，霜打鲜鱼一斤。”粳米特产温州青、碟子晚，谷性皆近糯，米饭香糯。糯米特产有虎皮糯、乌糯，后者米饭黑亮。20世纪50年代至70年代，米饭原料籼米有五〇三米、矮南早1号米，广陆矮4号米，吸水性强，膨胀性大，黏性低，口感粗。粳米有农垦58米，多作蒸捣年糕之用。90年代特别在进入21世纪以后，米饭原料多取用江苏、江西、东北及泰国等地所产的杂交米、东北大米、泰国米，以及象山自产的精制早米、大米等。米饭大多富有光泽，口感软硬适中，气味清香。出品商自荐米饭特色，有“晶莹如玉”“清香悠长”“香糯松软”“回味绵长”“清香弹牙”“软硬适中”“富含营养”等语。象山种植水稻内容详见本志“农业”篇第四章“粮油作物”。

麦食原料

小麦，有赤麦、白麦、淮麦、光头赤、光头白。20世纪50年代后，引种矮粒多、浙麦1号等品种。荞麦，清道光《象山县志》云：象山谓之花麦，作面，性软。米麦，亦名藟麦。民国《象山县志》引《嘉兴府志》云：“藟麦，无芒，色黄，可做饭及饼饵①。”大麦有稃大麦与裸大麦两种。前者稃壳和籽粒粘连，后者稃壳和籽粒分离。明嘉靖《象山县志》载，大麦有倮麦、六稜、清明齐。倮麦，即裸大麦，亦名饭麦、赤膊麦、青稞。苏恭《本草注》云，青稞似小麦而大，皮厚，故谓大麦。六稜，穗部六稜，有稃六稜与裸六稜。“清明齐”或为一大麦名称，具体已不可考。民国时，称本地大麦曰本大麦，称外来大麦曰洋大麦。70年代后，引种早熟3号。80年代后，麦类作物极少栽种。面粉多用江苏、河北、浙江等地出品的上白粉、富强粉、精制粉、特精粉、高筋粉、谷朊粉、馒头粉、面包粉等。象山种植大小麦内容详见本志“农业”篇第四章“粮油作物”。

薯食原料

清乾隆象山地方文献钱沃臣的《乐妙山居集》云：象产番薯，近四十年始繁，即丰年亦蒙其利，不独歉年藉之。《蓬岛樵歌》云，象地广种番薯之后，以之为“米谷果食”：“自从广种甘薯后，不尽充粮又永年②。”民国《象山县志》云，番薯旧有紫、白二种。主要加工方法为作片、称番薯片；作丝、称番薯丝；磨粉，称山粉。清光绪年间番薯品种曰“六十日”，20世纪50—70年代，番薯品种有胜利百号、舟农白皮、利群6号、60-13-8等。民国时期到70年代，番薯一直是主食，大量种植。80年代之后，番薯不再作为主食，少有种植。象山种植番薯内容详见本志“农业”篇第四章“粮油作物”。

---

①民国《象山县志》卷十二“物产考·植物各类·麦·米麦”。

②钱沃臣：《蓬岛樵歌》之“六十八”：“乌昧辛劳海米羶，农家歉岁剧堪怜。自从广种甘薯后，不尽充粮又永年。”其下注云：陈其畅《异物志》：南方用当米谷果食。

第二节　主　　食

象山主食重饭。指谷物（包括米、麦和豆）蒸煮的固态粒食。其烹饪方法，中远古多采用釜煮或甑蒸，以后用铁锅烧煮。铁锅烧煮的燃料多用薪柴、稻草、麦秆，以松毛丝、竹丝、刨花兼作引火之用。容易烧出锅焦。有锅焦的米饭饭香浓郁。锅焦民间又作帮助消化的“食疗”，锅焦煮成汤糊状，治小孩或老人消化不良。铁锅烧煮有“冷饭娘”法，即生米煮饭时掺入上餐吃剩的冷饭，以提高出饭率，此冷饭名“冷饭娘”。又有“抽饭汤”法，即于锅内米水内放一空碗，煮熟时碗内就会有饭汤。此法既可以使米饭干湿适度，又可以得到饭汤。民间认为饭汤可以养胃。20世纪80年代后普遍使用高压锅、电饭煲。

粥也常充当主食，并常在粥中掺入紫云英、南瓜藤等。早餐用泡饭，为部分居民习惯。一些地区，饼、面条等都是主食，象山在少饭年代，虽也作主食，但却视作点心。麦类、玉米充当主食，除与稻米同杂煮之外，另多作点心。番薯当主食，自明末清初番薯传入象山，非常普遍。有俗语云：“某某人扯淡（吹牛），番薯干当饭。”番薯丝、番薯片充当主食，主要是煮番薯干饭或番薯干粥来食用。稻米与番薯干的比例，各户根据自己的实际情况，有各占50%的，有少到稻米不占10%的。鲜番薯充当主食，往往削皮切块放饭锅上蒸或与饭同煮，或做番薯粥、番薯汤，也有焐而食之者。番薯粉作羹时用，做成甜羹时也充主食。洗番薯粉后剩下的番薯渣，食粮不足时代也用来食用，做成一种名为番薯渣糕的食品，用以充饥。番薯作主食，在象山城乡，普遍延续到20世纪70年代。除此之外，歉岁荒年，用来疗饥充当主食的，还有榨油之后的渣滓芝麻饼、豆饼和野生植物。

野生植物疗饥考　歉年、荒年亦用野生植物疗饥。《蓬岛樵歌》六十八诗云：“乌昧辛劳海米膻，农家歉岁剧堪怜。”乌昧，即蕨萁，俗称狼萁，其根为“乌糯”，《本草纲目》谓其“蕨，其根紫色，皮内有白粉。”掘根杵碎，澄为淀粉，作面作糕食用。但不能多食。乾隆《象山县志》云：“多食患脚软①。”乌糯的挖掘时间和产量，民国《象山县志》云：“《吴兴掌故》：蕨苗曰蕨萁，初春可作菜。根深者至三四尺，每根二斤，可充一夫一日之食。自九月至二月可采，至三月穿芽，则根虞不可食。可救半年荒②。”

至于海米食用，《蓬岛樵歌》“六十八”诗注引邻县宁海方孝孺《海米行》诗云：“海边有草名海米，大非蓬蒿小非荠。妇女携篮昼作群，采摘仍于海中洗。归来涤釜烧朽枝。煮以为饭充朝饥。莫辞苦涩咽不下，性命聊假须臾时。”方氏明代人。象山用海米疗饥明代或也同样盛行。

另据高塘岛乡采访册，一种山上野生名为“头痛锤”的植物，因其茎块含有淀粉，灾荒年代，亦以之加工为食品食用。此植物吃了要头痛。为了去掉能致头痛的毒素，加工时把其切成碎块，用水浸泡三十六桶。故此植物又名“三十六桶”。

20世纪50年代末60年代初，“三年困难时期”，以金刚刺根、乌糯加工后充食多见。以野葛藤根粉拌细糠充饥，因营养不良，不少村民患“浮肿病”，用黄豆粉治疗③。

---

①引文见本志“农业”篇第六章“园艺作物”第二节“蔬菜”《象山县主要蔬菜品种表》中有关“蕨”的页下注。

②民国《象山县志》卷十二“物产考·蔬类·蕨”。

③《爵溪镇志》第二章第八节“生活习俗·饮食”。《文岙村志》第十六章第四节“饮食”。

米饭

20 世纪 80 年代以前，米饭品种繁多，有纯米制作，也有稻米中掺入粟、麦、豆等其他原料蒸煮，形成粟饭、麦饭、豆饭等名目。以后，多纯米饭，少见他饭。有一种称“天外饭”，虽饭中也掺有他物，但却是因为特定时间放天外蒸煮而得名①。

米饭一般盛碗食用。旧时农夫下田耕作、樵夫上山砍柴、渔夫下海捕鱼，往往将米饭捏成饭团，带作中饭。

表 46-1

象山县米饭品种情况表

米饭品种名目	原料、烹饪方法及特色	食用情况
白米饭	精白籼米或粳米烧煮而成	旧时平民百姓少有食用
糙米饭	粗加工（仅脱壳而不精白）籼米蒸煮而成	旧时日常主食
黄炒米饭	据定塘镇采访册，用尚未成熟的稻米做饭，谓“黄炒米饭”	歉年时食用
麦饭	籼米掺小麦碎粒，杂以蒸煮而成	稻米不足时代食用；20 世纪 70 年代后少见食用
番薯饭	少量籼米掺新鲜番薯，杂以蒸煮	稻米不足时代食用；20 世纪 80 年代以后少见食用；21 世纪以后偶尔有人作绿色食品食用
番丝饭	少量籼米掺番薯丝，杂以蒸煮。据贤庠镇采访册，有一个关于番丝饭的传说。两个媳妇说吃饭，一个说：“我家是猢狲挑水”，另一个说“那还算好了！我家可是两龙抢珠。”意思是一家是两粒米，一根番丝，另一家则是两根番丝一粒米	稻米不足时代长年食用；20 世纪 80 年代以后番丝已不多见
洋芋艿饭	籼米掺新鲜洋芋艿、盐，杂以蒸煮。20 世纪 80 年代以后做洋芋艿饭多用粳米或糯米	稻米不足时代食用；20 世纪 80 年代以后当作调节口味或作为绿色食品食用
豆板饭	籼米掺去壳倭豆（蚕豆）或豌豆烧煮而成。20 世纪 80 年代以后做此饭多用粳米或糯米	稻米不足时代食用；20 世纪 80 年代以后当作调节口味或作为绿色食品食用
黑饭	糯米、乌饭树嫩叶汁；渍米蒸煮	食用时间：明嘉靖《象山县志》作清明节前后十余日，民国《象山县志》作清明节前。农历四月八日浴佛节黑饭做成糍状，称“乌饭麻糍”
五色米饭	糯米、肉、豆、笋、洋芋艿，杂以蒸煮	清乾隆《象山县志》谓立夏“炊五色米饭”
赤豆饭	糯米、赤豆，杂以蒸煮。清道光《象山县志》谓之可以逐疫	立夏食用
粢饭	糯米浸泡后隔水蒸烧而成，吃时包油条或咸菜捏团而食	多作早饭

黑饭考　黑饭，道家谓之“青精饭”或“乌饭”，《零陵杂记》云：居人遇寒食，采杨桐及冬青叶染饭，色清而光，食之资阳气，道家谓之青精饭，以馈施主。《本草纲目》称：乌饭乃仙家服

①天外饭，农历二月初二花朝节食用。清道光《象山县志》云：“食之使人聪慧。”其烹饪方法，用粳米或糯米、蔬菜由妇女天外搭锅蒸煮。

食之法。《熙朝乐事》云：僧道于清明日染青精饭，以馈施主。佛家谓之“阿弥饭”“乌饭”“青精饭”或“青餵饭”，《吴郡岁华纪丽》云：“浴佛日，市肆采杨桐叶及细冬青，染饭作青色，名青精饭，或作糕式售卖。僧寺以乌叶染米，或取南天烛叶煮汁渍米，造黑饭，以馈檀越，编户以之供佛，名阿弥饭，亦名乌米饭①”。《燕都游览志》称：四月八日，梵寺造乌饭。《芜史》云：西域祀佛用黑黍饭殆乌饭之遗，亦名青餵饭。

根据以上文献可知，黑饭源于道（仙）佛两家。食用时间为寒食节（清明节前一天）、清明节、浴佛节。而据明嘉靖《象山县志》记载，象山食用时间为清明前后十余日，而民国《象山县志》记载食用时间则是清明节前。可见象山食用黑饭的时间已不再局限于寒食节、清明节两个日子了。而四月八日浴佛节，象俗以黑饭作麻糍状，称“乌饭麻糍”，自食馈人。是日亦为牛生日，象俗以乌饭麻糍喂牛，给牛做生日。

乌饭麻糍亦为青精饭、阿弥饭，有《清嘉录》中有关“乌米糕”的一段文字可为旁证：四月八日，“市肆煮青精饭为糕式，居人买以供佛，名曰阿弥饭，亦名乌米糕。②”可见乌饭加工成糕状并没有改变其性质，同理可推，加工成麻糍状也还是乌饭。因此可说象山四月八亦食黑饭。

黑饭所用稻米原料为糯米。黑饭染米所用植物嫩叶，以上文献所称一为杨桐及冬青叶，二为南天烛叶。另有文献曰药草、乌饭草、枫叶、乌桕叶、榕树叶汁等都可以用来染米。陶隐君《登真隐诀》云：“青餵饭法，以药草密溲曝之也③。”《吴郡岁华纪丽》云：“今更有乌饭草，或以枫叶、乌桕染之，岭南或以榕枝，皆可以作青精饭。”民国《象山县志》云：“乌饭子即《曲礼》杨桐，名天竹，即青精。象山名乌饭子。……乌饭，别有南天竹木，一名南烛，即牛筋草，其嫩叶取汁和餈食，即青精干，石餵饭。《临海异物志》名猴总子④。”象山清代地方文献《蓬岛樵歌》云，四月八日人家采乌桐木叶渍米作饭糍，以相馈遗。据以上象山文献，象俗黑饭染米所用植物嫩叶当为杨桐中的乌桐叶及南天竹叶，前者俗为“乌饭树叶”，民间多用。

黑饭成饭之法，《吴郡岁华纪丽》卷四“阿弥饭”条按语引陈藏器语云：“乌饭取南天竹茎叶，捣汁浸糯米，九蒸九晒，曝干囊之，可适远方。”象山取乌饭树嫩叶捣汁浸糯米，蒸煮成饭后直接食用，没有晒囊之法。

泡饭　粥

冷饭着水烧煮而成之汤饭，称“泡饭”，民间早饭多吃泡饭，中晚餐多用米饭。青菜切炒后再泡饭曰“菜泡饭”，除早餐之外，中晚餐也有食用。

米食中的粥，多用粳米或糯米。民国《象山县志》云，亦有用米粞。掺新鲜番薯，称番薯粥；掺番丝，称番丝粥；掺红枣，称红枣粥；掺粟米，称粟米粥。以上为淡粥或甜粥。掺肉、鲞者，咸粥，妇女坐月子或婴孩断奶后食用，民间相信有营养保健作用。这类鲞肉粥的烹饪方法，往往用陶器罐或缸器罐，放灶膛中的炭火中焖烧，烧熬时间长者从黄昏到第二天黎明，称砂罐粥。坐月子妇女食用的白粥，亦用此法。石浦等地有姜米粥，亦为产妇食品，以姜汁碎米熬粥，加红糖食用。溽暑煮绿豆粥，谓可解热毒，止烦渴。节日没有吃粥的习俗，如寒食节不煮冬凌粥，农历十二月初八不煮腊八粥。

①[清] 袁景澜《吴郡岁华纪丽》卷四“四月·阿弥饭”。
②[清] 顾禄《清嘉录》卷四“四月·阿弥饭”。
③[清] 袁景澜《吴郡岁华纪丽》卷四“四月·阿弥饭”按语。
④民国《象山县志》卷十二“物产考·果类·乌饭子”。

酒浸米饭、粥、糊

用籼米浸米酒后晒干，入瓷酒盅或小碗内蒸熟，称酒浸米饭；入砂罐内熬，称酒浸米粥；磨粉，调水加糖煮烧成糊状，称酒浸米糊。酒浸米食色微黄，有酒香，助消化，是断奶期间婴儿专用主食或辅食。婴儿“遘周”（满周岁）前后准备断奶时，逐渐减少喂奶次数，用酒浸米食为辅食。完全断奶后的一段时间里，则以酒浸米食为主食，直至过渡到能与成人们一样吃锅饭为止。

第三节　点　　心

点心有米类、麦类之分，也有薯类、黍类制作。旧时逢年过节、宴请、招待客人多做点心，亦当“餐顿”。清明节后，天日渐长，百工农夫劳作，下午食点心，称餐顿。域内点心种类繁多，富有特色。清光绪间，丹城林大兴烧饼闻名乡里。2004 年 9 月，评出海鲜面、米馒头、麦饼筒、萝卜团、夹沙糕、麻糍、红豆团、象山糯米粽子、米大糕、炒米面为象山十大特色小吃。2008 年丹西街道九顷村的米馒头、石浦镇鸡鸣村的麻糍制作工艺被列入宁波市非物质文化遗产名录。

照 46-3　米馒头——象山县十大特色点心之一

旧时早餐，一般家庭多用饭或泡饭，饮食摊点以卖大饼、油条为主，少见饮料。20 世纪 50—70 年代，早餐点心店不多，供应大饼、油条、包子、麦糕、香干糕、粢饭、米馒头等，饮料豆浆、紫菜汤。90 年代后，城镇居民早饭自做渐少，少用泡饭，代之花色点心。上班族、学生早餐多上点心店食用，或买中西面点、饮料，在家中、路上乃至办公室食用。进入 21 世纪后，早餐食用面包、蛋糕、牛奶更为普遍。中晚餐选在点心店就餐，年轻人更多。

象山县点心店早餐品种情况表[1]

表 46-2

早餐点心店类型	主要早餐点心、饮料品种名目	经营者籍贯
豆浆店	点心：油条、葱油饼、蛋饼、小笼包、荷包蛋、卤蛋、台湾香肠、小馄饨、宁波汤团、鲜肉水饺、蒸饺、煎饺、豆沙包、奶黄包、南瓜饼、黄金糕、春卷 饮料：豆浆（甜、咸、淡）、豆浆加蛋、豆花（甜、咸）、刨冰（红枣味、凤梨味、柳橙味等）、冰沙（西瓜味、草莓味、椰香味等）	浙江宁海
粢饭店	粢饭（配料任选：炒咸菜、炒榨菜、炒韭菜、炒鸡蛋、炒绿豆芽、炒毛豆、炒茭白、炒肉丝、红烧烤麸、肉松、火腿肠、油条）	象山丹城
烧饼店	点心：烧饼（肉馅、葱花蛋、豆沙、咸菜、包心菜、韭菜等馅）	浙江台州
饺子店	点心：东北水饺（三鲜，鲜肉白菜、鲜肉芹菜、鲜肉韭菜、鲜肉萝卜、鲜肉元葱、鲜肉大葱、鲜肉冬瓜，大葱、酸菜等饺子馅）	辽宁抚顺

①采样地点：丹东街道、丹西街道。采样时间：2008 年 8 月。

续表46-2

早餐点心店类型	主要早餐点心、饮料品种名目	经营者籍贯
包子店之一	点心：以肉包子为主，另有萝卜包、咸菜包等　饮料：甜豆浆、咸豆浆	象山丹城
包子店之二	点心：玫瑰豆沙包、雪菜肉丁包、青菜香菇包、美味鲜肉包、白面馒头、玉米馒头、肉丁烧卖、葱油花卷 饮料：豆浆为主	河北保定
面条店	汤米面、汤麦面（以下配料任选：姜蛋、小白虾、虾蛄、梭子蟹、梅鱼、鲳鱼、虾鳠、熏鱼、沙蛤、蛏子、扣肉、大排、猪血、猪肝、荷包蛋）	象山石浦
点心店	点心：搓酵（方言读若“高”）馒头、舀酵馒头、夹沙糕、麻糍、寿桃、粽子、冷饮糕、萝卜团、红豆团、锦团、麻团、灰汁团	象山大徐
小吃店之一	点心：沙县馄饨、沙县面条、柳叶饺 饮料（汤）：花旗参乌鸡汤、滋补鸽子汤、百灵草水鸭汤	福建沙县
小吃店之二	点心：土制麦虾、西红柿麦虾、鸡块麦虾、三鲜麦虾、老三碗灌汤小笼、老三碗炒年糕、酒酿圆子、燕皮小馄饨、奶油刀切、奶黄包、豆沙包、葱花卷、水晶芋饺 饮料：老三碗什件鸡汁羹、豆浆（甜、咸）、桂圆汤、红枣汤、银耳汤、奶茶	浙江绍兴
面包店之一	椰丝条、肉松卷、吐司、小餐包（肉松、豆沙、椰蓉）、蛋挞、桔红糕	象山本籍
面包店之二	小餐包（奶酥、肉松、豆沙、椰蓉）、椰蓉吐司、咸方面包、港式菠萝包、寿司蛋糕、香妃蛋糕、美式蛋糕、布鲁蛋糕、元宝蛋糕、虎皮卷蛋糕、可可卷蛋糕、老婆饼、日式茶饼、奶油杯	外省（地）籍
奶茶店	奶茶类（原味、咖啡、草莓、芒果、香芋、木瓜、青苹果、哈密瓜等味）、奶绿类（哈密瓜、水蜜桃、木瓜等味）、雪乳类（柳橙、草莓、凤梨、百香果、红豆牛奶等味）、果乳类（柳橙、草莓、凤梨、百香果等味）、果汁类（乌梅、柠檬、芒果、黑加仑、鲜橙等味）、刨冰类（柳橙、草莓、凤梨百香果、红豆牛奶等味）、奶昔类（菠萝、抹茶、香草、巧克力等味）、冰淇淋类（抹茶、香草、巧克力等味）、冰沙类（柳橙、草莓、凤梨百香果、红豆牛奶等味）、冰粥类（柳橙、草莓、凤梨、百香果、红豆牛奶等味）、优格类（菠萝、抹茶、香草、巧克力等味）、热饮类（拿铁咖啡、珍珠奶茶、豆豆捞、优果CC、姜汁柚子蜜等）	外省（地）籍

米类点心

以原米、燥磨米粉或水磨米粉为原料制成。旧时多节日制作，不同节日有不同的米类点心。20世纪80年代以后，饮食店平时制作、出售米类点心渐多。进入21世纪后，市场上制作米类点心的“点心店”大增，平时或过节食用，多选择点心店购买。团、米馒头、麻糍等富有象山特色的点心，成为馈赠客人的礼品。

象山县主要米类点心品种情况表

表46-3

品种	原料、制作方法和特色	食用情况
上灯汤馃	燥磨糯米粉掺水作圆子，下汤锅煮熟，俗称上灯汤馃。 清道光《象山县志》谓各家正月十三夜用汤馃供祖先，毕而少长皆食之，谓之上灯圆，取团圆意	农历正月十三夜或十四夜食用

续表46-3

品种	原料、制作方法和特色	食用情况
冬至汤粿	燥磨糯米粉掺水作圆子，下汤锅煮熟，亦是汤粿。掺红豆（赤豆）同煮，称红豆汤粿。以上为甜品。也有掺入青菜、笋、肉同煮，为咸汤粿。 象山清代地方文献《蓬岛樵歌》云，是日各家用红豆汤粿供祖先，赠亲戚，以祝团圆。儿童谓吃汤粿后即添一岁	冬至日食用
汤团	水磨糯米粉为皮，内裹猪油芝麻白糖，作圆状或梨状，下汤锅煮熟。也有馅用肉菜的，称肉包汤团	旧时在晚稻收割之后食用。逢年过节、招待客人也有做汤团
沙里饽	水磨糯米粉为皮，内裹猪油芝麻白糖，作椭圆状，煮熟后起锅，放炒熟的黄豆粉上来回翻滚，直至均匀粘上豆粉	用来招待新女婿。亦办酒席常用点心
锦团　麻团	燥磨粳米或糯米粉，掺水蒸熟后，放捣臼内捣粘，摘成团状，裹入猪油、芝麻、白糖馅，放入圆状的锦团印（刻有吉祥图案的木模）中印出，两面洒上松花粉。做法同上，不用团印的，称麻团	小孩满周岁或老人做寿时制作，用来馈赠邻居、亲戚。亦办酒席常用点心
团	干磨粳米粉掺热水，反复揉搓使黏合柔软，摘成团状，裹入豆沙、桂花黄糖馅子，做成圆状，放已浸水的糯米上来回翻滚，直至团身上均匀地粘上糯米米粒。然后撮几粒染成红色的糯米放在团顶中间。之后放蒸笼内蒸熟。取团团圆圆、甜甜美美之意。一般称为“红豆团”，甜味。 做团也有团身上不粘糯米的，馅子多见为萝卜丝、笋丝、咸菜、鲜菜等。（一般称为“萝卜团”“咸菜团”，咸味） 以上两类团皆有用青（蓬蒿幼苗）入粉的	逢年过节时制作；邻居、亲戚相互馈赠。常见餐顿之一。亦办酒席常用点心
灰汁团	燥磨粳米粉早稻草灰汁浸泡，放锅里煮，变稠时起锅．搓成球后上蒸笼蒸熟。熟团成灰棕色	过年时制作；也用于招待客人。常见餐顿之一
糯米麻糍	糯米浸水后蒸熟，放捣臼内捣粘，擀薄后外洒松花粉，切成条块状	旧时在晚稻收割之后食用；逢年过节也有制作食用的
乌饭麻糍	以乌饭树嫩叶汁浸泡糯米，蒸熟后放捣臼内捣黏，擀薄后外洒松花粉，切成条块状。麻糍呈紫黑色	农历四月初八浴佛节，邻居、亲戚相互馈赠。是日亦为牛生日，谓牛食乌饭麻糍后可避免蚊子叮咬
蓬蒿麻糍	燥磨粳米粉掺水蒸熟后，掺入经水煮后挤干水分的青或青干（野生植物，有特殊草香），反复揉搓使均匀，擀薄后外洒松花粉，切成条块状。麻糍呈青绿色	旧时清明节食用。常见餐顿之一
年糕	燥磨粳米粉掺水蒸熟后，放捣臼内捣粘，切成长条状。也有用年糕印印出。 年糕也用水磨粉的，称水磨年糕，入口比较滑润。 《蓬岛樵歌》云，腊月各家屑米为糕曰年糕，又曰节节高，有多至数石者	农历十二月制作，有些人家到第二年四五月还有年糕可食用。食法炒、蒸、汤、煮皆用，多咸味。海苔糖炒年糕为甜食。常见餐顿之一
骆驼蹄糕	此糕或即南京人重阳所制之重阳糕——骆驼蹄。《金陵岁时记》云，此糕或粉或面为之，裹肉，称骆驼蹄。 此糕也有可能与重阳栗糕做法相仿，以蔗糖米粉糅杂为之，取骆驼蹄形状。 象山骆驼蹄糕做法已失传	民国《象山县志》引嘉靖志云，五月端午节，为骆驼蹄糕以祀其先，亲戚各相馈遗

续表46-3

品种	原料、制作方法和特色	食用情况
牡丹糕	又称牡丹饼、百花糕，是重阳糕的一种。《隋唐佳话录》载，此糕发明者为唐代武则天。制作方法为采摘百花，和米捣碎，蒸制成糕。吴自牧《梦粱录》载，南宋杭州“市食点心”有“金银炙焦牡丹饼”。崇祯《义乌县志》云：“农家做牡丹糕、方粽，在亲戚家互相馈赠”。 象山牡丹糕做法已失传	旧时重阳节制作。民国《象山县志》载：《浙江通志》引《象山县志》云，九月重阳日，象山各家做牡丹糕，亲戚转相馈遗
栗糕	《梦粱录》载，宋代即有此糕。此糕菱形，色酱黄、质糯、栗香，味甜。 象山栗糕制作民国时还流行	民国《象山县志》云，重阳日，市铺备售栗糕一日
米馒头	水磨粳米粉拌白药（发酵剂）、白糖，待其发酵“爬”至桶边时，用棒搅拌，称“打酵”。打酵二三遍后，即可用小盏舀入蒸笼内蒸熟。是为舀酵（方言 gāo）馒头。另一种用手搓揉而成，称搓糕馒头。前者口感松软，后者口感韧糯	旧时晚稻收割之后及逢年过节制作食用较多。常见餐顿之一
大糕（丰糕）	水磨粳米粉（有的掺入黄豆同磨）白药（发酵剂）、白糖，待其发酵“爬”至桶边时，用棒搅拌二三遍后倒入蒸笼内蒸熟，待其冷却后切成条块状	旧时晚稻收割之后及逢年过节制作食用较多。常见餐顿之一
夹沙糕	用小麦粉，掺水拌匀，用特制笼子，铺第一层加白糖的湿粉，然后铺第二层加红糖的湿粉，上面再一层加白糖的湿粉。蒸熟呈现两种颜色，上下层为米黄色，中间层为赤红色。顶上按吉祥纹饰或文字的红印	喜庆、节日时做
寿桃	燥磨粳米粉掺水揉搓至黏韧，摘团，裹入豆沙、桂花白糖，放入寿桃印（刻有吉祥图案的木模）中印出寿桃状，放蒸笼内蒸熟	中老年人做寿时制作，多用来馈赠邻居、亲戚。寿宴时的主要点心之一
粽子	明嘉靖《象山县志》称其为角黍。 横包粽，或称枕头粽，糯米浸水后放碱，用毛竹壳裹成枕头状，下汤锅蒸煮至熟。多为纯米粽，红豆粽因放碱，存放日期较长，并能保持湿软状态，旧时经常被用来作出门劳作时的主食。 三角粽，糯米浸水用箬叶包成三角状，下汤锅蒸煮至熟。品种比较丰富，有红豆粽、红枣粽、肉粽。有粽叶清香，但不易保存	端午节制作祀先、食用之外，重阳节时也制作食用。《浙江通志》引《象山县志》云，九月重阳日，象山各家制方粽，亲戚转相馈遗。粽子又是平时常作的点心，为常见餐顿之一
浆板	即酒酿。糯米浸水后蒸熟，放入白药，搭入缸器甑子中，中间挖一小洞，加盖。天冷时裹以棉袄或棉被保温，若干天后，小洞内出水，香气四溢，即可食用	民国县志引《樵歌·注》云：象俗，初冬，人家多造浆板。又初冬之际，村坊多卖瀹浆圆子。浆板食法，可冷吃，亦可与蛋、汤馃等同烧成“浆板蛋”“浆板汤馃”等点心
米面	以粳米为原料制成细条状。多为专业的米面店制作。宋时相邻的鄞县称米面为“米缆”，鄞人楼钥诗《陈表道惠米缆》云：“江西谁将作米缆，卷送银丝光可鉴。”	食法多作炒米面、汤米面。汤米面喜放海鲜，称海鲜面。既作主食，也作点心
米糋饵、粢、饼	民国《象山县志》云，以舂出的白米糁（米碎及米皮）作饵、粢、饼	作日常点心，粮食不足年代也作主食

青糍考　青糍，俗称蓬蒿麻糍或青麻糍。有糯米掺入蒿属植物及以糯米粉或粳米粉掺入蒿属植物蒸捣切块而成两个大类。制作时间，明嘉靖《象山县志》云，清明节前后十余日，各家为青糍。民国《象山县志》则云，清明节前，各家为青糍。青糍为祭扫坟墓的主要祭品之一，民国《象山县志·风俗考》引嘉靖府志云，各家为青糍，牲醴祭墓。

青类米食的创作思想，渊源于黑饭，也与寒食节禁火冷食的习俗有关。明《七修类稿》云："古人食采杨桐叶，染饭青色以祭，资阳气也，今变而为青白团子，乃此义也。"句中提到的"青白团子"，即为一种青类米食，与黑饭一样，亦有疗疾保健、上供祭先的功用。清《清嘉录》云青团可冷食，乃循寒食节禁火遗风。

青类米食掺入的野生植物，吴地用䅟麦。《清嘉录》卷三"青团焐熟藕"条云："青团，乡人捣䅟麦汁搜粉为之。"䅟麦，或为野麦之一种，类似于"雀麦"。《本草纲目》云，此野麦也。燕雀所食，故名。其药用价值为益肝利脾。浙东地区多用蒿属植物。民国《象山县志》考证于清明作粉餈的蒿类植物一为青蒿或名香蒿，一为白蒿或名蓬蒿。青蒿或名香蒿，或即《本草纲目》所称之"茵陈蒿"。淮扬民间称其嫩茎为"茵陈"，成草为青蒿。有顺口溜云："三月茵陈四月蒿。传于后人切记牢。三月茵陈治黄痨，四月青蒿当柴烧。"茵陈嫩茎可当菜食用，苏轼诗《春菜》云："茵陈甘菊不负渠，脍缕堆盘纤手抹。"并可和粉作饼，《本草纲目》云，淮扬人二月二日犹采野茵陈苗和粉作茵陈饼食之。白蒿或名蓬蒿，《诗经》称之为"蘩"，《毛诗传》称之为"皤蒿"，《僧深集方》称之为"白艾蒿"，《开宝本草》称之为"蓬蒿"。洪舜俞《老圃赋》云：今淮扬人二月二日犹采野白蒿苗，和粉面作白蒿饼食之。象山也有用"鼠曲草"来做青糍的。鼠曲草，菊科植物，二月生苗，叶长寸许，白茸如鼠耳之毛，黄花成穗，可作青类食品。《荆楚岁时记》云，三月三日，取鼠曲汁蜜和为粉，谓之龙舌，以厌时气。

青糍之"糍"，即"餈"或"粢"。《清嘉录》卷八"餈团"条有详尽考证："餈，又作糍，见吴自牧《梦粱录》：'怀信坊俗呼糍团巷'是糍团之名旧已。"餈，许慎《说文》云："餈，稻饼。"《辞源》谓，"餈"或作"粢""今多指江米蒸熟后捣碎做成之饼，字作'糍'"。因此糍者，乃稻饼也。

麦类点心

以麦粉为原料加工制作而成。除节日或特殊日子外，多为平日食用。旧时，大多麦类点心都在稻米不足时充当点心，或劳作时用作"餐顿"。今食用麦类点心，多为调节胃口。

象山县麦食点心品种情况表

表46-4

品种	原料、制作方法和特色	食用情况
春饼	或即后来的麦饼筒。《吴郡岁华纪丽》卷一云："饼薄形圆，以肉脍及野菜熟之，以佐春盘。"其做法：面粉掺水，放适量食盐，揉匀打透，随手抓撮粉团于灼热的平底铁锅拉成圆形薄饼，即成	食用时间，清《陈检讨集》谓为立春日，"立春日啖春饼"，叫作"咬春"。民国县志引嘉靖志则谓立春前一日："立春先一日，各家作春盘。"食用方法，春饼卷上油条、豆芽、豆腐干、猪头肉之类后食用，并与时鲜野蔬拼成"春盘"
麦虫糊	据高塘岛乡采访册，大麦灌浆成绿色并未成熟时采摘磨成"粉虫"，称"麦虫"。麦虫下汤，并放青菜丝、洋芋丝，成糊状，即为"麦虫糊"	歉年或青黄不接时充当主食

续表46-4

品种	原料、制作方法和特色	食用情况
麦糊	大麦、小麦或花麦粉，做法同“麦虫糊”	稻米不足时代充当主食
麦糁饭	大麦磨成碎粒入锅烧煮而成。蒸煮不易，水少难熟易焦，水多难成饭状。口感粗糙，无糯性，嚼之“扑扑”有声	稻米不足时代充当主食
麦鮀煎	大麦、小麦或花麦粉，润水揉捏作扁条状，下油锅贴煎	麦食美味点心
田鸡头	大麦、小麦或花麦粉，润水揉摘成团状，下汤锅烧煮，状如田鸡（青蛙）头，因以名之。甜咸皆可	稻米不足时代充当主食
大麦粽	大麦裹以去壳蚕豆、豌豆等，用毛竹笋壳或箬叶包作粽子，下汤锅煮熟	稻米不足时代充当主食
捣杵头	小麦麦麸皮掺一些白面粉，揉捏成长圆形粉团，状如捣年糕所用之“捣杵头”。烧煮有两法，一是蒸法，一是汤煮法	歉年充当主食
麦糕	多用小麦粉，掺水搓揉发酵后，切成枕头状，上笼蒸熟	常见点心。常作餐顿
麦馒头	多用小麦粉，掺水搓揉发酵后，摘成团形，裹以甜豆沙，做成半圆状，上笼蒸熟，出笼后每个馒头上按吉祥纹饰或文字的红印。馅子亦有用白糖加芝麻、苔条等	喜庆（婚庆、寿庆、建房上梁等）、节日时常作，分赠邻居亲戚
油包	制作方法同馒头。馅子用板油、白糖、桂花	用法同馒头
包子	制作方法同馒头。馅子用鲜肉、称肉包；用萝卜丝，称萝卜包；用咸菜，称菜包；用白菜、包心菜等，称鲜菜包；用笋，称笋包	常见点心。饮食店购买，多作早餐。家庭自制，多作中晚餐主食或餐顿
麦面	大麦、小麦或花麦粉，掺水搓揉后，擀成薄圆状，切成条线状，下汤锅烧煮	常见主食或点心
束面	也称长面、咸面。小麦粉通过特殊工艺做成，细圆条状，咸味。加工成面点时咸甜皆宜	坐月子妇女专用食品
麦饼筒	也称食饼筒。小麦粉掺水成稠糊状，用调羹舀入热锅中拖成薄圆饼状，包裹炒熟的蔬菜、豆芽、肉片等，卷成筒状食用	端午时的节日食品。亦为日常点心
天萝丝	油条。民国《象山县志》引《劝戒近录》自注谓其名曰“麦花”，俗称油札粿。象山俗称油杂规，又曰天萝丝	常作早餐

汤饼考 清乾隆时，钱沃臣《蓬岛樵歌》续编五十九云：“俗：育子……既生，三朝作汤饼会。《山堂肆考》《梦粱录》载略同。”

汤饼，也称索饼，水引饼，即今日所谓之面条。古人认为凡是用水和面做成的面食，皆可称之为“饼”。宋人黄朝英《缃素杂记·汤饼》云：余谓凡以面为食具者，皆谓之饼，故火烧而食者呼为烧饼，水瀹而食者呼为汤饼，笼蒸而食者呼为蒸饼。《儿女英雄传》第二十八回：“今之热汤儿面，即古之汤饼也。”《释名疏证补》：索饼疑即水引饼，今江淮间谓之切面。《齐民要术》“饼法第八十二”云：水引饼用肉汁调和细面粉，揉搓如箸，一尺一断，浸于水中，然后揉按“令薄如韭叶，逐沸煮”。这种放入沸水煮熟的“薄如韭叶”的“水引”，正是一种宽面条。唐宋之后，汤饼细条状多见。

汤饼会是古代的一种庆贺诞育的礼仪：婴儿出生三日或满月时，亲友们前来祝贺，主人家则举办宴席答谢，其中照例应有一道汤煮面条，故称汤饼会。《初刻拍案惊奇》卷二十：“转眼间，又是满月，少不得做汤饼会，众乡绅亲友，齐来庆贺。”

象山汤饼会上的“汤饼”作法，已无文献可考。汤饼会亦不流行。民国后盛行办婴孩“满月酒”，一般没有汤煮面条。民间面条的做法，擀而切之，谓之切面。少作浇头面，而喜将海鲜、荤素配料同锅烧煮。

林大兴烧饼考　清光绪二十八年（1902），林大兴于丹城东街黄家桥西北侧创办烧饼店，名“林大兴烧饼店”，开始制作销售烧饼。店朝南3间，前店后坊。面粉加工，自备畜力磨坊。烧饼品种有四眼酥、马蹄酥、咸酥饼、和尚饼、葱油饼等。其中，以葱油饼销售量最大，制作时间最长。此饼放在缸炉内用木炭烘烤，故曰“缸饼”。此饼形似福建光饼，银圆般大小，加工方法吸取了江苏黄桥烧饼的特色，香甜两面黄，外撒芝麻内涵葱酥。刚出炉的葱油饼，形如烧熟的蟹壳，故亦被称作“蟹壳黄”。此饼林大兴第三代传人制售至2004年歇业①。

卢穄点心

卢穄，方言读若“卢丝”。元王桢《农书》称“蜀黍”，一名高粱，一名蜀秫，一名芦粟，一名木稷，一名荻粱。民国《象山县志》考证：芦穄为黍之别种，其色紫黑，故名卢，称“卢穄”。卢穄所做点心：卢穄麻团、卢穄年糕。

蛋类点心

蛋类点心多招待客人、滋补身体。糖煮蛋，用鸡蛋或鸭蛋，去壳不打散，入汤锅煮熟，加白糖，为招待新女婿、尊贵客人的名点。姜蛋汤，生姜切末冷水下锅熬煮，姜汁浓郁时，下去壳整蛋，加红糖煮熟，石浦、鹤浦、高塘岛等渔区多用，谓可祛湿御寒。猪油蛋，猪油熬热，加入打散鸡蛋，谓食之有助睡眠。

第四节　饮料　零食

旧时饮料以茶酒为主。日常饮料为茶，中晚餐饮料为酒。一般有条件的人家，茶叶自制，酒浆自造。20世纪80年代以后，酒类以购买的啤酒、黄酒、白酒为饮者的主品，药酒及洋酒也受欢迎。90年代后，啤酒、干红葡萄酒、干白葡萄酒成为饮酒消费主流。其他饮料也逐渐丰富，碳酸类、果汁类、含乳类等饮料为日常及三餐饮用，但都从商店购买或饭店提供。咖啡饮料多在茶座、咖啡厅、娱乐场所等饮用。进入21世纪，乳品成为一般家庭常用饮品，鲜榨蔬果渐成风尚。零食可与茶饮共享，故入此节。

酒水

谷物酒以糯米加曲酿造，米酒常见。民国《象山县志·方言考》引《蓬岛樵歌·注》云：“邑酒早熟者曰十月红，又曰缸面清。”旧时酒曲自行配制，原料以米、细辣蓼为主。“酒”水取自山泉或井，秋冬春酿造。平常及过节，喜用酒曲制作酒酿，称浆板。

碧林禽考　民国《象山县志·方言考·饮食器附》引《乐妙山房集》云蜜林檎，谓之为“浆板”，即酒酿。钱沃臣《蓬岛樵歌》七十二注则云：“邑以烧酒和酒浆曰‘碧林禽’”，并引材料暗示“碧林禽”的说法源于《本草通雅》的“碧琳腴”与《事物绀珠》的“蜜林檎”。

碧琳腴，《本草通雅》说其为烧酒再烧而成的酒。但在古代文献中，常借代琼浆玉液般的美酒。如南宋周紫芝《鹧鸪天·荆州都倅生日》词：“微雨后，小寒初，满斟长寿碧琳腴。”碧琳腴

①据林大兴后人提供资料编撰。

的颜色，或为淡白色，陆游《寺楼月夜醉中戏作》云："水精盏映碧琳腴，月下泠泠看似无"，碧琳腴色如冷月。蜜林檎，《事物绀珠》云其酒"色如林檎味如蜜"。林檎，即花红，亦名花果，果实成熟时丹红。也就是说，蜜林檎色丹味甜。但福建泉州地方文献则说蜜林檎乃取白甜酒与烧酒同煮而成，想是色白而甜。

《蓬岛樵歌》作者钱沃臣说自己不善饮酒，但却喜欢饮"碧林禽"，可见酒精度数较低。

因此推论象山的"碧林禽"，当作"碧林檎"，以白甜酒（浆板）调和烧酒而成，色淡白而甜。

以米酒为滋补食品，有蛋酒、胡桃酒、肉淘酒。渔区流行酒淘鱼胶、酒醉蟹。酒醉蟹做法：大盆内盛黄酒，打入鸡蛋，放鲜活青蟹（俗称蝤蛑）"吃"蛋酒至"醉"，蟹连酒蛋烹煮，谓大补。

白酒称烧酒，谷物原料蒸馏烧制，也有米麦蒸之成酒。民国《象山县志》谓此酒"味最烈"。砻糠、糙米栖亦可烧酒。以新鲜番薯或番薯丝干为原料制作烧酒，称番薯烧。民国《象山县志》记野生毛栗"可蒸之为烧酒"。20世纪70年代，以榨糖后的甘蔗渣为原料制作白酒，称之为"甘蔗烧"。90年代始，用新鲜葡萄制作果酒逐渐兴起。

酒浸水果，以烧酒浸杨梅为著，几乎每家必做，称"杨梅烧酒"。所用烧酒用土制番薯烧，杨梅用新鲜杨梅。谓食之可以解暑、止泻。进入21世纪，象山桑葚大量出产，民间亦有用烧酒浸泡桑葚的。酒浸干果，有老酒浸红枣或乌枣。

酒浸药材，以祛风活血及滋补见多，如蕲蛇酒、竹花酒、首乌酒、十全大补酒。端午日，以适量雄黄、菖蒲根浸烧酒，名雄黄酒，谓食之可辟邪禳毒。

茶饮

旧时，县人直饮井水、溪水、山泉水。接天落水（屋檐水），用以瀹茗、煮粥、煎中药，谓饮之滋阴养阳。藏冬雪水夏日给小孩饮用，谓不生痱子、疔疖。春夏秋喝凉水，各户备大茶缸或大茶壶，盛凉水，冬日喝热水。茶叶茶，多招待客人。正月，用桂花白糖茶、红枣汤、桂圆汤招待拜岁客人。夏日喝绿豆汤、薄荷茶、金银花茶、秋蒿（艾）茶，谓饮之清凉解毒。解暑止泻用株树脑茶。阴湿寒冷季节，用姜茶。莲子汤、银耳汤等，为常见的滋补茶饮。20世纪80年代后，挑山泉水烧开泡茗，成时尚。

古代饮浆已不可考。民间流行所饮之浆，主要是豆浆。夏日，又有取木莲（薜荔）子作浆成冻来饮用的，民国《象山县志》云，夏月饮木莲冻"以解暑；多食泻痢"。石浦地区有"仙草冻"。

零食

俗称闲食，散口。旧时有两类，一类多为过年前各家自制，春节拜年时，用以招待客人，分给孩子。主要有炒倭豆（蚕豆）、炒花生、炒南瓜子、炒西瓜子、炒番薯糕（片）、番薯枣（蒸熟晒干）、冻米糖、米胖糖、芝麻糖、花生糖、黄豆糖、豆板糖（蚕豆去壳加麦芽糖制成）、粟米糖，等等。20世纪80年代后，随着食品丰富，自制渐少，购买见多。一类为南北货商店、糖果店制作、经营，多平时买给小孩、老人食用，或作为礼物馈赠亲友。这类零食亦称"茶食"。中华人民共和国成立前后丹城的大昌、阳泰等糕饼店，主要茶食有：香糕、盐炙香糕、桃酥、豆酥糖、麻酥糖、冰雪酥、花生酥、花生糕、椒桃片、生仁片、金钱饼（洋钱饼）、椒香糕、茯苓糕、苔月、隔沙月，等等。糖果主要有炒粉糖、薄荷糖、老姜糖、牛皮糖、芝麻空心糖等。50—70年代，宁波产、上海产糖果、糕点为馈赠亲友常见礼物之一。80年代以后，广东等全国各地的糖果糕点陆续进入象山市场。1990年以后，国外进口的糖果糕点渐多。消费者多选择超市购买糖果糕点。传统糖果糕点制作渐少。象山糖果糕点加工情况，详见本志"工业"篇第十章"食品加工业"。

第五节　菜　　肴

象山俗称菜肴为“下饭”，意即为佐饭之用。旧时咸下饭和干制下饭为常年下饭。称咸下饭为“长年下饭”。据贤庠镇采访册载，东乡有俗语云“夏天吃宕（读若“打”，垂吊、悬挂之义），冬天吃鮓（读若“把”）”。“宕”为南瓜、冬瓜、丝瓜、瓠（读若“蒲”）、茄等，“鮓”皆为腌、糟咸泥螺、蟹酱、咸齑菜、冬瓜糊等。象山俗语又有“夏弗吃宕，冬弗吃鮓”用来指称挑食。

过年过节或宴请客人，除备酒外，重备足菜肴，有“九大碗”“十大碗”“四盆八（碗）”等，承袭不衰。2004 年 9 月，评出“象山十大家乡菜”：象山咸宝（亦作“报”，本字待考）蟹、石浦鱼糍面、泗洲头青蟹土豆羹、墙头红烧望潮、爵溪三黄汤、象山咸菜黄鱼、东陈王家榄碗焖蛏、南田葱油泥螺、淡港肚网咸菜、象山白斩鹅。2006 年 9 月 9 日至 10 月 7 日，象山与沪、杭、甬、苏等地联合举行象山（石浦）“海鲜旅游节”活动。经群众推选、专家评审，评出象山（石浦）“海鲜十六碗”。冷菜：生泡银蚶、鲜鮯咸蟹、五香熏鱼、大焙目鱼；热菜：三鲜鱼胶、椒芹汤鳗、脆皮虾鳎、双色鱼丸、渔家白蟹、盐水白虾、清炖鲻鱼、葱油鲳鱼、红烧望潮、雪菜黄鱼、菜干鳓鱼、滑炒鱼片。

旧时石浦地区有所谓吃“会签”，菜肴丰盛、礼节繁缛。20 世纪 80 年代以后，饭店、酒家，开设渐多、进入 21 世纪，农庄、排档林立，成为招待客人、亲友聚会及婚丧喜庆用膳的首选，形成一批特色“菜肴”。另外，川菜、湘菜餐馆及西餐馆也成为年轻人爱去的地方。

宴请别称考　日常的宴请称“请吃饭”或“叫吃饭”，或谓之“聚一聚、聚聚、碰个面、碰个头”，等等。家族内或朋友间由各户分摊经费的聚餐俗名“烤古瓯”。要送“人情”的宴请称“吃汤水”。单位组织内部人员吃饭曰“会餐”。正式公务活动、商务活动请人吃饭称“宴请”。年关请人吃饭叫“吃年夜饭”。20 世纪 80 年代以后，以上宴请放到饭店渐多，90 年代以后，已很普遍。

咸下饭

腌、糟菜肴俗称“咸下饭”。蔬菜类有咸菜，亦称咸齑菜，原料多用雪里蕻菜；咸冬瓜，有生腌、熟腌；指甲花，其加工方法，取凤仙花秆切段，放汤锅煮后浸泡于冷水中，经冷水浸泡二三遍后，浸入溶有适量海盐的井水或山潭水之中，约半个月之后，即可食用。指甲花是神奇的咸下饭，不管放到何年何月，从不生虫。

海产品咸下饭，有咸鮯蟹。梭子蟹鮯入盐水一两夜后食用，有膏者称“咸宝蟹”。食用时蘸米醋。亦有鲜活梭子蟹去壳，切成六至八瓣，撒盐，半至一小时即可食用。俗语“洗手咸齑撒尿蟹”，谓腌咸蟹比腌咸菜时间短。咸蟹类另有鮯蟛蜞蟹、鮯红钳蟹。又有咸蟹糊、咸蟹酱、咸泥螺、咸辣螺酱。腌鱼多用鳓鱼、带鱼、鲳鱼、马鲛鱼。糟腌有糟鱼、糟鲎、糟虾、糟辣螺酱等。

鲍腌下饭

海鱼类洗净，内外抹盐，稍待片刻（一般半小时），即隔水蒸煮，称“鲍腌下饭”。既可去鲜鱼过度鲜味（俗谓“鲜漻漻”），鱼肉结而脆，不像咸鱼缺少鲜味。用来鲍腌的鱼类有带鱼、黄鱼、鲳鱼、鳓鱼等。

干制下饭

蔬菜类有菜干，芥菜或雪里蕻菜下汤锅煮后晒干，放蒸笼蒸后，再晒干保存，无霉化环节。

另有笋干，毛笋下汤锅煮后晒干。菜干、笋干用以放汤、烧肉、蒸鱼。

海产品干制下饭有苔条、紫菜、虾皮、虾干，海蜒、蛾、龙头鲓、章鱼鲞、鱿鱼鲞、乌贼鲞及各类鱼鲞，在太阳下晒干。苔条研末炒花生为常见下酒菜。紫菜、虾皮、虾干，海蜒、蛾多做汤。章鱼鲞、鱿鱼鲞、乌贼鲞多烧肉，谓“鲞焙肉”。黄鱼鲞，声名卓著，旧时妇女做产、招待贵客必用。黄鱼鲞头做汤，谓食之“去火解毒”。

海鲜下饭

烹饪前，要根据海鲜品种做好前期加工。望潮，学名短蛸，色褐，头圆，触脚细长。加工时，采用“跌”法，用辣蓼掺鲜活望潮，往石板地轻摔，至望潮躯体从柔软变韧结。“跌”过望潮烧熟后又嫩又脆。“跌”时所用拌料，亦用辣椒等。沙蒜（䗁），腔肠动物，民国《象山县志》载：“土人以沙盆揉去其涎腥，杂五辣煮之，脆美，为上味。”沙蒜加工用盆揉法。鲨鱼外皮有沙，用沸腾热水烫淋外皮，用竹筅帚刷去其沙，谓去沙法。蛏子烧煮前用割筋法，割断两壳开合之筋，烧熟时蛏壳就不会打开，味道尤其鲜美。一般的鱼类要去鳞，部分鱼鳞有油脂，则用留鳞法，加工时不去鳞，如带鱼、鲫鱼、箭鱼等。

民间喜食近海、港湾捕捞的海鲜，称“小海鲜”，认为小海鲜比大海与远洋的海鲜更细腻、鲜美。海鲜烹饪，除红烧、葱油等方法之外，另有以下几种：清蒸法，肉细味鲜的鱼类多用此法，如黄鱼、梅鱼、箭鱼、鲳鱼、鲆鱼、鲚苗、虾鳎等。虾鳎清蒸，沪杭人称之为“清蒸豆腐鱼”，吃象山海鲜，多点此菜。干焙法，海鲜洗净放入镬内，不放水，放调料直接焖烧至熟，蟹、虾、虾蛄等烹饪用此法。水煮法，海鲜放水放盐煮熟，虾、虾蛄、沙蛤以及各种海螺等烹饪用此法。水烫法，毛蚶、蚶子等烹饪用此法，用沸腾的开水烫一下即食。杂烧法，多种海鲜掺杂着烧，可清蒸、可红烧、可干焙、也可水煮。“干焙海鲜大镬”，用梭子蟹、对虾、沙蛤、虾蛄、蛏子等杂烧。“红烧杂鱼”，用梅鱼、鲳鱼、鲵鱼、箭鱼、鲆鱼、海鳗、虾、虾蛄等杂烧。放汤法，蛤蜊、弹涂鱼等特别鲜美的海鲜，多用以做汤。作羹法，鱼胶、鱼圆等与笋片、芹菜等作羹。作糊法，鱼面与绿豆芽等作糊。生吃法，牡蛎蘸蒜末酱油生食。

象山县饭店、酒家、农庄、排档招牌特色菜情况表①

表46-5

单位名称	招牌特色菜菜名、原料及烹饪方法
国际大酒店	冰镇望潮（望潮——烧）、雪花豆腐（豆腐、虾仁、冬瓜、芹菜——煮）、黑椒牛仔骨（牛仔骨、洋葱——炒）、鲍汁鹅掌扒百灵菇（鹅掌、百灵菇、西兰花——扒）、灌汤百花球（百花胶、肉冻、面包丁——炸）、脆瓜爆螺酱（脆瓜、海螺酱、肉丁——炒）、鹤浦海蛎煎（海蛎、鸡蛋、肉丝、香菇等——煎）、高汤鱼唇（鲨鱼唇、香菇——炖）、金牌烤鸡（鸡肉、芝士、洋葱——烤）
象山宾馆	铁板墨鱼（墨鱼——烧、焙）、红炖杂鲜（小梅鱼、小白鳊、小箭鱼等——炖）、川味基围虾（基围虾——炒、炸）、一品双脆（山楂片、南瓜泥——炸）、蜜豆炒猪颈肉（蜜豆、猪颈肉——炒）、雪菜野生黄鱼（雪菜、野生黄鱼——水煮）、清炖鲳鱼（鲳鱼——清蒸）
象山紫鲸湾大酒店	粤式布袋豆腐（日本豆腐、肉末——羹）、生者鲜虾伊面（小白虾、伊面——水煮）、广东罗家肉（西兰花、红烧肉、霉干菜——烧）、铁板牛仔骨（牛排、土豆——烧）

①采样地点：丹城、松兰山、石浦、爵溪、大徐、涂茨、墙头。采样时间：2008年8月。

续表46-5

单位名称	招牌特色菜菜名、原料及烹饪方法
象山黄金海岸大酒店	太极芋艿羹（瑶柱、香菜、芋泥——烩）、浓汤螺片（海螺肉、酸菜、金针菇——烩）、椒盐花枝片（墨鱼片、生粉——炸）、茶香银鳕鱼（银鳕鱼——煎）、酱青蟹（红膏青蟹、酱汁——腌）、烟熏婆仔（鲳鱼、酱汁——烤）、冰镇望潮（望潮、秘汁——烧）、蟹粉豆腐（蟹黄、蟹肉、豆腐——烩）、白松鱼圆（海鳗、红尖椒丝——滑）、法国肥鹅肝（肥鹅肝——煮）
象山海景大酒店	冰镇望潮（望潮——烧）、香辣手撕兔（野兔——卤）、啤酒基围虾（基围虾——煮）、剁椒双鲜（黄鱼——蒸）、金钱甲（小甲鱼——卤）、炭烤生蚝（生蚝——烤）、吉祥三宝（螺肉、鲍鱼肉——烩）、农家双拼（牛柳、虾饼——炸）
石浦半岛大酒店	半岛黄金甲（河鲫鱼——炸）、秘制水煮豆（蚕豆——煮）、茶树菇双爆（鲜茶树菇、干蛏、牛柳、蒜苗——炒）、核桃黑米羹（酒酿、黑米、核桃仁、枸杞——烩）、海皇菊花盅（虾仁、螺片、日本豆腐——炖）、飘香鸭（老鸦——炸）、酱汁黄鱼（黄鱼——卤制）、提子蛋酥（鸡蛋、提子、糖——炸）、海鲜麦虾汤（面粉、生粉、青菜、虾仁——煮）、榴梿酥（榴梿肉、酥片玛琪琳、鸡蛋、面粉——焙）
象山荔港大酒店	浓汤海鲜三耳盅（海虾仁、蛤蜊肉、鲜山药、黑木耳——烩）、荔港温蟹（红膏蟹、秘制调味料——炖）、芝士焗红薯（小地瓜、芝士、奶黄、鸡蛋——焙）、特色臭味宝贝（臭豆腐、海虾仁、猪肉、剁椒——清蒸）、吴山香辣鸭脖（鸭脖、香辣酥——炸）、啤酒基围虾（基围虾——焙）、金牌酱椒鱼头（千岛湖鱼头——清蒸）、鸭黄脆鱼条（豆腐鱼、咸蛋黄、脆衣糊——炸、焗）
石浦乾隆号	石浦鱼糍面（鱼糍面——羹）、大三鲜（贡丸、鱼丸、肉丸——水煮）、咸舱蟹（红膏蟹——腌制）、醉泥螺（泥螺——腌制）、杂螺（香螺、芝麻螺、马蹄螺、辣螺等——水煮）
墙头海波饭店	墙头红烧望潮（望潮——红烧）、红烧杂鱼（小白鳊、小梅鱼等各种小鱼——红烧）、弹涂鱼冬瓜汤（弹涂鱼、冬瓜——水煮）、野生池鳗（野生河鳗——清蒸）、青蟹土豆羹（青蟹、土豆——羹）、铁板蛏子（蛏子——铁板焙）、肚网咸菜（肚网、咸菜——水煮）
泗洲头夏军饭店	青蟹土豆（青蟹、土豆—羹）
崔家岙饭店	东港三黄鸡（土鸡——炖）、红烧土豆（土豆——红烧）、海鲜蛋面（各种海鲜、粉丝面——水煮）、凉沾章干（章鱼干——水煮）
徐家湾农家乐	杂鲜（小蟹、小虾、蛏子等各种带壳小海鲜——焙）、铁板杂鱼（白鳊、比目鱼、梅鱼等各种小鱼——铁板烧）、豆腐渣炒青菜（豆腐渣、青菜——炒）、凤味河螺（鸡爪、河螺——水煮）、指甲花炖蛏子（指甲花、蛏子——炖）、糟骨头炖香螺（糟骨头、香螺——炖）
爵溪好友多夜排档	蒸鲎（鲎——清蒸）、石头蟋（蟋——水煮）、海鲜杂焙（小蟹、小虾、蛏子等各种带壳小海鲜——焙）

象山县日常宴请账单情况表（一）①

表 46-6

菜　　名	主　要　原　料	烹饪方法	参考价格
冬茸开胃羹	豆腐鱼、冬瓜	烩	28 元/份
倒笃白蟹	白蟹	清蒸	160 元/份
白灼基围虾	基围虾	白灼	60 元/份
蛋面黄鳝	黄鳝鱼、鸡蛋、粉丝面	水煮	98 元/份

①采样饭店：象山宾馆；采样时间：2008 年。

续表46-6

菜　　名	主　要　原　料	烹饪方法	参考价格
红炖杂鲜	小梅鱼、小白鳊、小鲚鱼等	蒸	60元/份
黑椒牛仔骨	牛仔骨	煎	68元/份
脆椒蛏子	蛏子	炸	36元/份
鸳鸯墨鱼	墨鱼	烧	75元/份
宫廷小炒	海参、虾仁、蛤蜊、蛏仁、甜豆	炒	28元/份
冰镇橄榄	橄榄菜	—	28元/份
招牌五香茄	茄子、肉末	烧	18元/份
山药炒鱼排	山药、草鱼	炒	28元/份
双味蔬菜	青菜、鲜蘑菇	炒	26元/份
红膏鲶蟹	红膏梭子蟹	冷菜	108元/份
冷拌海蜇头	—	冷菜	38元/份
象山白鹅	—	冷菜	22元/份
鲻鱼冻	—	冷菜	22元/份
椒盐腰果	—	冷菜	18元/份
姜末银蚶	—	冷菜	26元/份
松仁万年青	—	冷菜	8元/份
美味金针菇	—	冷菜	12元/份
鲜肉小笼包	—	点心	20元/份
榴梿酥	—	点心	20元/份
水果拼盘	时令水果	—	15元/份
威龙橡木桶	干红酒	—	108元/瓶
52度小糊涂仙	白酒	—	70元/瓶
国宾啤酒	啤酒	—	15元/瓶
饮料	酸奶、橙汁、苹果汁	—	20元/瓶
烟	硬壳中华	—	55元/包

象山县日常宴请账单情况表（二）①

表46-7

菜　　名	主　要　原　料	烹饪方法	参考价格
杂鲜	小蟹、小虾、蛏子等各种带壳小海鲜	焙	68元/份
铁板杂鱼	白鳊、比目鱼、梅鱼等各种小鱼	铁板烧	22元/份
豆腐渣炒青菜	豆腐渣、青菜	炒	12元/份

①采样饭店：徐家湾农家乐。采样时间：2008年。

续表46-7

菜　　名	主　要　原　料	烹饪方法	参考价格
凤味河螺	鸡爪、河螺	水煮	28元/份
指甲花炖蛏子	指甲花、蛏子	炖	28元/份
糟骨头炖香螺	糟骨头、香螺	炖	38元/份
虮蛄炒芹菜	—	—	22元/份
葱油泥螺	—	—	20元/份
青蟹土豆羹	—	—	58元/份
椒芹汤鳗	—	—	30元/份
清炖鲻鱼	—	—	35元/份
盐水小白虾	—	冷菜	26元/份
香菜花生	—	—	18元/份
海蜇头拌黄瓜	—	—	30元/份
龙头鲓	—	—	18元/份
白斩鸡	—	—	22元/份
酱萝卜	—	—	10元/份
米馒头	—	点心	20元/份
大梁山啤酒	—	—	4元/瓶
小糊涂仙	—	—	60元/瓶
威龙橡木桶干红	—	—	98元/瓶
酷儿、可乐等饮料	—	—	15元/瓶
硬壳中华香烟	—	—	50元/包

第三章　居　　住

邑人口头禅“有吃没吃，三间朝南屋”，足见栖居之重要。住宅产生发展与社会政治、经济、文化相关，与人们生理、心理（精神）阶段需求同步。境内民居可溯6000年以上。2000多年前所住皆茅草房，先秦以降，齿口繁衍，瓦房出现。唐代始，聚落遍布（含南田等岛），瓦房渐入主流。宋、元、明、清愈盛，民国仍之。合院式住宅成居住建筑趋向性、代表性模式。传统瓦房造作受各时代营造法式影响，由“鲁班经”与风水理论指导，把作匠依屋主意图与屋基，商议辟划后实施，久之成一习俗。清末民国初，洋风潜启，住宅建筑渐受影响，后愈甚。20世纪70年代末始，大规模仿洋式造法一统天下，传统建筑濒临消失。现今，境内现代钢筋混凝土住宅，样式众多，风格各异，且追随时尚，不断翻新，风貌与周围各地类同，区域特征不明显。

第一节　住房来源

民间称草房或临时性棚屋为“厂”。《说文解字》曰：“厂，山石之崖岩，人可居，象形。”人类最先利用天然“厂”为住舍，后随着经济、社会发展，人们拥有草房、瓦房直至现代建筑。不同时代，各阶层、人员住房来源不一。封建时代，官员家庭和百姓住房来源不同。唐时，朝廷无偿划地给官员建住舍。明代，有官房出租。元代，战乱，前朝官员、大户人家逃亡、死亡，出现无主空房，官员能从政府免费得此类房屋为住房。清代，外来官员租住官房，付租钱，本地官员自己解决住房。民国，大致如此。百姓家住房来源，越往历史纵深，越显单一，即自己建造。住房土地来源各朝不同，宗族村落中一般为祖上遗留，或族长出面解决。历代均有公益住房，入住对象主贫寒老人。明嘉靖《象山县志》记居养院，建于宋建中靖国元年（1101），明洪武二年（1369）更名养济院，嘉靖五年（1526）移址于今东门菜场西北。民国《象山县志》对宋、明、清、民国期间公益住房皆有记载。民国时有救济院、养济院、小东洋欧氏义庄、蔡家岙沈氏义庄、干头姜氏、新塘郑氏敬承、石浦陈氏吉成义庄等。21世纪后，各镇乡建有养老院，性质基本相似，不以赢利为目的，孤寡人员入住由政府买单。

千百年来，县人自建住房，草房为大宗来源。20世纪60年代，乡间草房总量与中华人民共和国成立初期相仿。80年代前，乡间草房仍随处可见。80年代后，随经济、社会快速发展，住宅作大宗商品开发销售后，丹城、石浦居民自建房屋比率下降，城镇乡村草房剧减。县城，农户家庭住房以自建为主，非农户、无祖屋户及外来户以购置为主；乡镇农村，农民因有宅基地，基本自建。除建造外，住房来源有继承、购买、租赁、典借、分配、占用等。

继承

民间认为，中等瓦房，不遭灾害，稍作维修，能供三代人居住。草房屋基、墙体、框架牢固，可永久使用，盖顶需年年添换，否则会破败。明末清初，抗清英雄张苍水当年在花岙岛建军营墙体，至今基本完好。传统所说继承，非仅继承房产，还包括继承屋基，即“宅基地”。房产和宅基地继承，民间通行只有儿子有继承权。有女儿无儿子家庭，招女婿上门，也有继承权。出嫁女儿一般无继承权，侄子继承权高于出嫁女儿。丈夫早死而无子女妇女，房产被叔伯把持。此种情况多见。

中华人民共和国成立后，有儿子的家庭，女儿继承房产极少。20世纪90年代后，经济条件优越家庭，女儿继承房产或以房产作陪嫁渐多。普遍家庭房产继承依然重儿子，轻女儿，惟独生女儿家庭例外。

购买

民间多不赞同出售住房，“卖田、卖地、卖祖屋”多被视为破落户、败家子。巷头街尾，常能听到反对的声音：“作孽啊，卖儿卖囡卖田地!”出售祖屋包含其中。由于经济原因，买卖房屋还是经常发生，丹城、石浦等城镇比乡村多。20世纪90年代，尤进入21世纪后，卖屋“作孽”观念被打破。随经济发展、收入提高，商品房投入市场，房屋买卖大兴。房源成为财富，买房者受人羡慕。二手房大多通过中介，中介有现成印刷合同，双方签名订立。因买家多于卖家，形成房屋买卖惯例：卖屋者应交纳的相关税费，均由买方承担。不仅城镇居民购房，经济宽裕农民也到丹城、石浦等地购房。到宁波、杭州、上海、海南、北京等地购房者为数不少。

20世纪90年代，县内各大银行推出购房按揭贷款，催热商品房市场。购房者向开发商付首付款后（一般为10%~20%），其余房款由银行预先支付房屋开发商，购房者与开发商之间经济关系终止，房主按月支付银行本金、利息。付完所有房屋贷款本金、利息后，从银行取回房产证和土地使用权证。

《里韩韩有定卖房契》录①　立卖契韩有定。今因乏用，情愿将自己祖父遗下居住，东首楼顶房屋小房顶壹间，又灶间顶半间，共壹间半。上连椽瓦……墙宇周围，屋上应用之物，一并在内。其楼梯，公共出入，四至知明，不具。今立契出卖与兄，有望处为业。三面言开，当受卖得屋价钱足贰拾叁千伍百文正，即日收用。其屋自卖之后，任凭钱主管业居住，关锁别租。其屋日后墙崩屋坏，卖主自己承值不管钱主之事，此系两愿，各无异言，今款有据，立此存照。外吊楼板阁栅一并在内，并照。同治十二年十二月　日立卖屋契韩有定。为中有灿、有超、吴华。代字韩家源。

租借（赁）

租房自古至今为百姓住房来源之一，民间通行。明嘉靖《象山县志》载：洪武二十四年（1391），衙门收入有“房地价钞一锭一贯二百四十文，……官房屋赁钞八贯六百四十文”；又载，永乐十年（1412）税收和其他收入有“房屋地赁钞二锭四贯八百九十六文，……官房屋赁钞八锭四贯八百六十八文”。20世纪90年代，公房改革前，公务人员和国家事业、国营集体企业职工所住“公房”，应属租赁。也有租赁于民间私房。

典借

民间房屋典借称“典卖”，也称活买，有别租借。旧时，房屋、田地等限期内典押他人使用，期满后赎回，逾期不能赎回，视为出卖。中华人民共和国成立后，房屋典借乡村仍有，甲方将己有住房全部或部分交乙方使用，乙方一次性支付给甲方一定数额钱款。双方约定典押给乙方房屋，由乙方使用三年、五年或十年不等，到约定年份，甲方收回房屋时，返还乙方当年支付甲方款额。如约定年份甲方无力依约返还款子，房产权归乙方所有。

分配

住房“分配”有两种模式，一是无偿使用，二是给予。元时，政府无偿划拨住房给官员居住。其他年代，官员分得住房需支付房租，或买断。

1950年，土地改革时，将地主多余房屋收缴归公，分配予无房户居住。时全县征集房屋15083间，其中归公2014间，分别分予雇农3970间、贫农6828间、中农255间。至20世纪90年代房屋产权改革前，也有某处宿舍住房分配住户，入住需付费，实为租用。不仅机关、事业单位通行，学校、卫生单位和国营、集体企业亦盛行。“农业学大寨”年份，部分乡村也存在这种情况，横山村有二层楼房宿舍，美名“大寨屋”，分配给下放青年居住。

占用

旧时，占用他人或公共、公益性住房作为自己的住房现象发生概率低，大多是在非正常情况下如强权或暴力威胁下实施占用。而正常情况下，占用公共房子的往往是贫苦、落难人家，如入住凉亭、庙宇、祠堂等，这种入住多数是临时性的。有时，这种占用会被控告。清道光里韩人某

①清同治年间，《里韩韩有定卖房契》，原件丹城吴忠兴藏。

因僭住铁炉坑村韩宪祀香火祠内，被人控告，最后由中人调停处和。某立下字据，大致说，因年前家贫无依，借住祠内，因被控告，情愿迁居在外，至麦熟时归还，收割一半，余作赔偿。“此系凭中处和，免致争讼。恐后翻悔，立此字据存照”①。

第二节　住宅类型

中华人民共和国成立前，象山村落住宅以茅屋居多，石木结构低矮瓦房所占比率很小。民国时期出现“洋房”式住宅。中华人民共和国成立后，受土地限制，不再建三合院、四合院。村落住宅结构，逐渐以砖混取代砖木。1978 年后，村落建房大兴，茅屋逐渐减少，至 2000 年基本消失。21 世纪后，别墅式楼房建造渐成风尚，住宅格局、式样繁多。

茅草屋

大凡以毛竹、小树木作柱、梁、檩、椽、牵条等构件，捆绑扎搭成屋架。毛竹优于树木，除作栓子、桁条、柱子等外，可作草扇骨，亦可构壁，另可为门、窗、箱橱、床椅、桌凳等。

屋顶盖茅草、稻草。茅屋比草屋好，可隔年甚而二三年一换，拔取茅草挺且韧，耐烂。民俗：“乌紫杨梅小白岩，红茅坚（箭）秆大雷山。”大雷山多坚（箭）秆茅草。平原地区也有人至山区买茅草。平原、海塘地区盖稻草。稻草顶易透风漏雨，经不起雨打日头晒，草扇年年换，至少部分要换。

茅草房平面多长方形，视需要可分定间数、幢数及布局。齐净干燥茅草或稻草呈握束，紧密排扎长竹爿上，谓之打草扇，长度依需定，最长者同屋通面宽。草扇从各檐口层层叠向屋脊相交，上盖两三层“蜈蚣扇”（以倒顺相间草束中部扎于竹爿之草扇）或一层厚草，顺脊檩方向压“枕头把”（扎似草枕长条草把子），屋面分段压竹爿，用篾丝固定“枕头把”、竹爿与檩椽。为防风摧草顶，有用废旧渔网罩住屋面四下重坠之。

好茅草屋四面有墙，近溪滩者砌乱石墙，其他地方垒墙用石头，卵石、乱石、块石、条石、石板断块、碎石等，也可为地坪、壁、柱、石窗等。山里常版筑黄泥墙，平原一般灰泥砖坯墙。泥土夯实可为墙，做泥坯晾干可为墙，草与泥相和，可抹篱为壁，解决竹墙不隔音、透风等。室内砌筑工程，不受雨淋之地，泥为普遍黏合剂，打灶、砌墙，糊壁和粉墙时作底层用料等。有些茅屋用矮墙或无墙，以草扇依附竹木档子层叠挂披以代壁，亦二面或四面草坡顶直接拖披落地。

照 46-4　茅洋乡行者岭脚村茅草屋

门窗开向阳或临路一面，有草顶“挖亮瓦”（掏小方洞安装玻璃）采光，大塘草屋开窗、“挖亮瓦”质量好，晓塘一带也不差，南田、高塘稍逊。

茅草屋屋顶的形式有庑殿、歇山、悬山等，悬山顶多见，庑殿顶次之，歇山顶较少，硬山顶

①据丹城吴忠兴藏字据原件编撰。

仅为封闭贮物所需而建，故稀有。

茅屋冬暖夏凉，除人居之外，构牛、羊、猪栏间，关鸡、鸭、鹅，放农渔盐工杂具，作盐粮仓贮，堆番薯、柴草，兼便桶间，贵贱难分，能用皆用。常在居室外一端与居室呈角尺形另建，形成露天活动坪场，有的外围筑石墙、泥墙，有道地成庭院。庭院内、外用篱笆或矮墙隔出土地供种植，称园。

草屋建于山野，专用于做工、堆贮，亦居住，俗称草厂，花岙岛明末清初抗清屯兵茅屋石墙遗址，村民今仍称厂基。贤庠山厂、盐厂与晓塘做布厂等由来皆然。孤立一小间，下部为床、顶上单披称寮，用以栖身、管理山林、看守瓜果。

张苍水抗清兵营茅草屋考　张苍水抗清兵营茅草屋在花岙岛，主要分布在雉鸡山、高涂岙，两座山上大兵营各有近20栋、30栋茅房，加之遍布全岛的69处小型兵营，以平均每处3栋计，共有单体建筑约267栋，大多建于砾石流坡麓、坡旁，便于就地取砾伐木拔茅。建筑“单体平面以一字形为主，曲尺形者少。以面宽与进深比例或以内墙分隔计，栋1~4间不等，偶有7间者，朝向大多与兵营方向一致，依坎高低，参差不齐。墙体悉砾石叠砌，从山墙推断均作二坡顶，其上当初架檩盖茅，今已朽尽无存。单体建筑体量不一，墙厚度大多为0.45~0.8米，但高度雷同，山墙高度一般为2.5米左右。通常前墙、隔墙辟门，偶见山墙辟门，有门宽0.73米、残高1.4米者，往往后墙砌有壁龛、山墙砌洞窗，尺寸随意”。高涂岙“中心小区营房布置作院落状，推测为指挥机构所在，议事与生活两用。前部四合院，倒座74平方米，正屋104平方米，两旁厢房，均向天井开门；后部地坪突然提高，砌一字形东、西两栋后房，……后房后又有数间独立小屋，似为警卫用房，院西子城旁也有独立小屋，疑为厕所。……东后房为例述单体营房构造。朝向，西北偏西，残存墙体皆就地取材以大小不一的块砾砌造，不甚规整。通面宽（以砌体外皮计，下同）20米，通进深4.5米，四开间，自东至西分别面宽5.83米、5米、5.77米、5.83米，墙体厚度不够统一，在0.45~0.8米间，残高0.3~1.8米不等，其中东、西山墙分别残高1.8米与1.4米，东起第一、二、三间均前墙辟门，第一、二间门宽0.7米，第三间因塌不明，第三、四间间隔墙前部开内门，宽约0.6米，遂成套房。第一间内东侧有南北向墙体砌迹，因完全坍塌，致详情不明，似隔为暗室或储物仓之用，第二间东壁离地1.2米高度砌壁龛，高0.35米、宽约0.3米、深约0.25米，第三间后壁离地0.7米砌壁龛，宽约0.6米、高0.27米、深0.4米，西山墙则离地0.9米，砌宽0.3米、高0.4米洞窗。是房应为硬山或悬山造两坡（茅草）顶建筑。①”

中华人民共和国成立前，茅屋遍及境内，只有少数富户才住瓦屋、大屋。20世纪90年代以后，农村茅屋逐渐消失。中华人民共和国成立初，境内各地茅屋具体统计数据详见本志“乡村聚落”篇第三章“村落环境”第四节“村落住房”。

瓦屋　楼房

传统瓦屋是指小青瓦（阴阳合瓦）盖顶的木构架大（深）屋檐房子。瓦屋在草屋基础上发展而来，以土瓦替代草扇盖顶，因墙体材质不同，有泥木、石木、砖石木、砖木结构之别。秦汉时，境内建有蓬莱观。汉晋考古，境内墓葬皆砖室。由此可推，象山瓦屋与中原同步，与草房长期并存达两千年。南朝佛寺肇建，唐代立县，孔庙伟岸，民居瓦房渐成主流，历宋元迨明清，合院式住宅出现高峰。

---

①据夏乃平《花岙兵营遗址探究》一文编写，见《军事历史》，2006年第11期。

民国时期，部分瓦屋式样借鉴洋房。20 世纪 60 年代以后，出现钢筋水泥房，但大多为“公房”。1975 年前后，住宅楼层最高三层，户面积一般仅 25～45 平方米，楼道狭窄昏暗，如青草巷县机关三层住宅小楼，一排三梯，一梯多户，入住多为县级机关干部。1978 年后，农村实施联产承包责任制，调动了农民生产积极性，率先富裕户拆旧建新，新建房日多，但好多还是瓦房。

中华人民共和国成立后 30 多年来，农村所建住宅大多一字屋，少有合院。出现一批砖木人字架结构、小青瓦盖顶、浅檐与砖混或方块石墙平顶屋，各地“大寨屋”亦多属此类。1990 年以后，瓦屋建造已很少见，多造两层钢筋水泥房屋。进入 21 世纪，随着商品房普及，城市化推进及新农村建设，传统瓦房住人渐少，瓦屋弃居、倒塌、拆除常见。

多、高层住宅　别墅

1980 年后，多层住宅楼发展加快，各局、企事业单位、学校、医院等均开始建设，楼高多为五层，如，县机关在后堂街，拆除两幢原越剧团团所的传统二层楼房，新建前后两幢五层楼住宅。1984 年 5 月，《人民日报》发表邓小平《关于建筑业和住宅问题的谈话》后，县城乡建设房屋开发公司（今象山县房产地产开发总公司）着手开发商品住宅，购者踊跃。1985 年后，随着城乡经济发展和规划实施，境内新建住房日益增多，在建材与结构上，砖混、钢砼的框架结构代替了昔日的草、石、木结构。丹城、石浦等城镇的住宅小区新楼群大批开发和建成，居民率先更新旧房。农村民居普建式样块状、砖混结构的平顶屋和楼房，亦随之更新旧房。1990 年后，住宅建筑以发展商品房与个人自建并举，出现一批高级公寓、豪华别墅、新建小区。这类住宅组合配套合理，砖混与框架结构，基础和公用设计同步建设。复式楼、别墅、连体别墅等概念为世人所知。个人自建，再难看到传统的瓦屋，几乎为清一色的“洋房”。进入 21 世纪，城镇高层住宅楼大兴。乡村的洋房也越造越好，独门独院别墅式的建筑越来越多，不少村落的住房条件超过城镇居民。多、高层住宅，别墅内容详见本志“城乡建设”篇。

照 46-5　定塘镇宁波站村别墅

第三节　瓦屋院落

瓦屋为境内传统住宅。其成片布局，城区用地相对宽裕，布局较为舒展。境内平原地区，山区地形相对平坦地区，格局大致相仿。石浦地区沿山而建，布局相对紧凑。新围垦的海塘地区，屋边多耕地，故多不能连街成巷。

瓦屋院落单体布局，有简有繁，简者仅单体一座、不事粉饰。繁者可由照壁、多重大门及门巷（道）、多进屋宇及明堂（庭院）或天井、花园、井池、院墙围墙等构成，并尽雕饰之能事。

瓦屋成片布局

丹城传统老屋布局显得舒展，庭院纵横度、房屋纵深度大，因此庭院开阔，住舍宽敞；屋檐廊柱跨度大，檐阶回廊则多显高朗宽敞，而石浦因地皮狭窄，绝大多数只能以挑檐成廊，过道小巧，檐阶虽有柱架的也相对狭窄。丹城住宅院落间通道开阔，如汤家大屋，吴家明堂均有这一特性。山区里地形相对平坦的有黄埠村的“三三堂”，儒雅洋的新大房等古村落中的住宅亦有这一特性。

石浦老屋建筑与丹城相比较，前者对地皮利用精打细算，紧凑而不显局促。像目前依然如故的石浦中街上的原宏章布店、大皆春药房等布局格调就是一例；石浦后街许家道地整体布局也体现这一特性，一连三幢（分建于清早期、中、晚期）自东北向西北排序，因势微有高起，齐墙的三洞大门向西南一字铺排，大门与正屋成直角而侧向开启，每个庭院道地虽狭长，但因势布局，突显出它与自然地形相辅相成的合理性，也成就了紧凑、别致和儒雅，且不失富态。而中街联排的石库门式样住屋，有较明显的上海晚清、民国前期石库门的气息。地形狭窄的山村，如原下沈自然村的普塘（现已经成空村，移址下沈）的一老户人家，清末民初的两层建筑，也具有这一特性。而在地形相对宽舒山村的住宅布局多与丹城相似。

新围垦的塘区住宅则显得“随意”，住宅门前天地宽舒，住宅后方、左右多田地，大多不能相连成巷成街。清代吴世枚于《宿大泥塘》写道：“板桥欹侧危行步，茅屋东西杂乱畦。”中华人民共和国成立初十年里，塘区乡村的房屋依然是东一幢西一丛。像大塘中站项家大院，中华人民共和国成立时，其前后左右无别的房舍，而是一片田地。20 世纪 60 年代起渐有变化，直到 80 年代后才规划有序，变化加快。

瓦屋院落平面布局

传统住宅的平面布局，因地制宜，随基建屋是平面布局大前提，除园林式建筑住宅、曲尺形单体住宅、某些散道地住房群落外，最常见的是纵向中轴线对称布局，轴线与住宅正屋朝向统一。“一”字多间（排屋）、三合院、四合院、组合院（含套院）住宅均属此列，即使平面布置不规则的园林式住宅，院落部分建筑布局往往也有轴线。域内聚落多数背山而面海、面水、面小平原，坐落朝向四面八方，民居屋向总趋暖避寒追求向阳：朝南至东南为多数，朝东南偏东、朝南偏西次之，朝东、朝西、带北或朝北的也有，如丹城后堂街倪家四合院，但甚少，除非街面房子，但街面房子以商用为主，不是单纯的住宅。所有院落和单体建筑本身之平面，悉为大小长短不同之方形或若干方形之组合。

“一”字形布局　“一”字多间排屋住宅，在西乡山窝、山坡、山麓阶梯状地基建立的村子中较多，里岑、外岑、栲树岭、伊家山、箭岭头、大竹园、旁东、金竹坑、芭蕉、茅洋蔡家；在海岛与下南乡、东乡等海边较贫困村落也多，也有用作合院、套院组合的。排屋分间多按奇数布局，极少偶数，通常 3 间、5 间；大户人家套院中作为上房（即后屋），多至 9 间、15 间。前者如丹城汤家大屋、儒雅洋新大份，后者如东陈西庄胡氏景房，均非单体独立住宅。儒雅洋东北村口团练房单体“一”字 15 间楼屋，为特例。20 世纪 70 年代前后，集体统一建造的各式大寨屋、知青屋、林场集体宿舍间数无定规。单体排屋受地基或资金制约，屋前一般只有坪场，不作庭院；也有单独成院，如儒雅洋何氏西院，5 间 2 弄排屋前三面砌筑围墙成庭院；也有二进以上“一”字屋，屋前与前后山墙间砌以院墙，如石浦盐仓前（延昌）卢家。

曲尺形布局　域内分布大抵同“一”字形布局。排屋一端直角转弯又有房子，如“┐”“┌”“└”形，两边间数无定规，户主自便，但间数多的长边常向阳而建作为正屋。在曲尺形房屋的对立边置矮垣墙、篱笆墙门，成“田园式”院落。在曲尺边的延长线、对立边造曲尺形屋、一字屋、单间屋，成不设院门的非封闭性院落，无论一家居住还是几家聚居，习惯叫散道地。

三合院布局　平面“П”形或“H”形，均为一正（屋）两横（厢房）之直角合偎连构。平

面“Π”形三合院，有前厢而无后厢，少者前厢仅各一间，档次低的不砌前院墙或只筑矮墙，房子常为本地松杂次材构架、乱石墙、无装饰的中小户住宅。大户则不同，昌国卫中街潘宅和九井墙弄董梦蛟故居、龙屿张氏“新屋”、兵营村李家、黄埠潘氏下道地、溪里方方氏仁三房等大量道地，两厢前山墙间连（砌）上院墙，成像样庭院。庭院俗称道地，亦叫天井，大的叫院子，狭小称天井。平面“H”形三合院，还有后厢房，两厢后山墙间砌上院墙成后院，如早期的昌国卫中街明万历榜眼邵景尧故居、丹城青龙桥明代建筑后翁道地（原为周家），晚期有墙头欧氏西二房（老区委）与儒雅洋何氏友六房主要建筑（西南侧均另有余屋偏院）。通常三合院正屋为显5间、5间2弄、7间、7间2弄；前厢房大多为3间，少数有1间、2间、4间的；后厢房，多数1间，偶有2间；正屋两端大房（寝室）或两弄外与前后厢同向通排的房子亦是厢房，也可称为耳房，耳房间数视正屋进深大小有3间、2间1弄、2间等不同。如邵景尧故居、后翁道地和东陈陈氏老宅门、前孔房等。另外，平面同北京三合院——三面房子单体独立互不连接或局部连接，亦有一定数量。如东陈陈氏兰房，厢房在正屋山墙外侧位独立构筑；陈汉章故居、子庆粹学圃堂，厢房在正屋尽间前独立建造；墙头溪里方方氏仁三房主屋为朝南三合楼院，两前厢位于正屋山墙外侧位，正、厢各自独立，在正屋山墙外，贴壁建进深退后三步的同方向耳房3间1弄，其中内侧1间1弄向厢房北山插入搁梁等构件架出楼层，底层用作梯间与廊道，上层有门相通，正、厢局部直接连接。

四合院布局　平面“口”字形、“日”字形。“口”字形较多，在“Π”形三合院前增置与两厢合偎之倒座即成四合院，倒座，为隔着庭院面对着正屋建造的房子，面宽一般同正屋，如龙屿村的张氏花宅门、儒雅洋何氏友二房、墙头丁家孔智二房。“日”字形较少，在“H”形三合院前后各与厢房合偎加构“一”字屋，成为三进两横前后院住宅，后进俗呼后屋，如墙头村东楼里道地（即登瀛桥桥头下徐家）。另有在“H”形前加“一”字（后部不加）成四合院，如丹城汤家大屋前院，其与后部上房“一”字排屋作组合，出现倒“凸”字形后道地。

套（组合）院布局　是“一”字形、“┌”曲尺形、“Π”“H”三合形、“口”“日”四合形等诸平面元素中二个以上元素有机组合院落。“Π”后加“一”、两“Π”前后相接，如石浦许氏大夫第、墙头欧氏西二房（立三堂）；墙头孔家道地，则在这类前后重复三合院一侧又布置偏院。“Π”两旁各加“┌”曲尺形，成一正四横，中间大院、两旁偏院布局，如东陈陈氏前孔房。丹城汤家大屋是“H”形前增合偎倒座、后加“一”字上房，作三进两横之四合前院和倒“凸”字形后庭院组合。儒雅洋何氏友五房院落为“Π”后加“二”字形，即前三合院、后两列“一”字形排屋组合。丹城东街翁家道地，前“Π”形三合院、后续建“H”形三合院，中间砌内院墙开内院门，类似北京四合院垂花门，相隔而相通共用。前“H”后“口”字成“月”字形三进两横前中后3院，如黄埠三戒堂。丹城西街铁店弄王家，连续三个“Π”形三合院（均有前院墙），前后叠加。丹城小河头吴家，称“九进十明堂”，亦是。较复杂的，“开”字两侧各加一竖、前部砌院墙（其中与屋同向之右前增筑短“一”字形歇轿门厅），成二进（右部三进）四横之前后各三院布局；中前大院、右前四合偏院、左前三合偏院、后面三个窄院，如东陈西庄胡氏景房人居部分平面；鸡鸣村林氏大份明堂平面为二进三院，前“一”字形后“H”形组合。

瓦屋屋顶

屋顶最普遍样式为硬山顶建筑，偶见庑殿顶与歇山顶，三种房屋单体平面皆长方形。所见庑殿顶实物为明代建筑，歇山顶实物为明代至清乾隆年间建筑。

硬山顶　即硬山式屋顶，是传统两坡屋顶常见形式。屋两侧山墙多用砖石，砌高同屋面齐平或不同程度高出屋面，把檩头全部掩封于内侧，两端屋檐不出山墙，故名硬山。高出屋面的山墙称封（风）火山墙，利于防止火灾蔓延，大户多有砌成马头山、拉弓山（观音兜）的，石浦后街许氏大夫第、明经楼住宅群兼此两式。硬山顶建筑在传统瓦屋中等级最低，清廷规定，六品以下官吏及平民住宅的正堂只能用悬山顶或硬山顶。硬山顶出现较晚，明、清时期大量采用。披屋亦有采用，如昌国陈家道地西侧廊屋，东陈陈氏松房主院“半边楼”，将倒座屋面后坡增升一层成重檐楼房与正楼呼应，其底层山墙山尖以上部分砌高同楼屋面齐平，亦硬山式。

庑殿顶　传统建筑中级别最高，即五脊四坡顶，面宽大于进深，前后两坡相交处为正脊，左右两坡只同前后坡相交而成四垂脊，四面泄水。象山民居中，丹城后翁三合院正屋为明代遗存，采用庑殿顶，但并非单体，与两厢合偎连建，正屋与厢房高低甚殊；丹城东街徐素云故居后屋亦为四坡顶。

歇山顶　屋面是悬山顶与庑殿顶组合，上三分之二为悬山顶，下三分之一是庑殿顶，即四面斜坡的屋面上部两山面转折成垂直的三角形墙面，因而形成上部一条正脊、四条垂脊、下部四角与垂脊间有四条戗脊之九脊四坡造型。象山歇山顶民居不多，仅见龙屿公正路77号张氏花宅门，明末清初风格的合偎做法四合院，正屋、倒座为重檐歇山顶楼房，正脊、垂脊、戗脊齐全，翼角起翘，除起翘部分外均为清水做法。所见歇山顶多用于院落厢房，但只用于前面一端，以小红山配合单枝角梁起翘作为发戗。如丹城横十字巷李宅、原南街西侧温家弄口某宅，晓塘黄埠高宅门下道地、三戒堂前院、上新屋，昌国鸡鸣林氏大有轩厢房前山。

瓦屋装饰

装饰不影响屋舍的使用功能，却能增加文化、精神层面功能。象山传统富裕家庭住宅的装饰主要在梁柱、牛腿、门窗等构件上雕刻绘画作品。如黄埠村的“高宅门”“三三堂”“上新屋”，儒雅洋的“新大份”“友二房”“友五房”，丹城的“吴家明堂”“汤家大屋”，昌国的“俞氏住宅群落”“潘宅”等传统古建筑。在庭院大门及附属物上有浮雕、透雕及少量立体雕刻作品，如洋北的“俞氏第四份”大门、陈汉章故居大门，大塘中站项家大门，西周乌沙村“走马楼”门楼等，这些院落的门，习惯称门楼；项家大门檐有三重，与乌沙村走马楼大门三重檐相比，更显高昂，境内不多见。住宅室内墙面、围墙壁上有绘画、线雕、浮雕，如儒雅洋友五房的院墙上的渔樵图，石浦许家道地院墙的花卉、人物等。在墙顶、屋脊、屋檐（包括翘檐）等部位浮雕，使用烧制件。

装饰内容来自历史故事、民间传说中的正面人物，所涉的有天上诸神与历史人物、戏曲人物和宗教人物；有动物、植物、写意花卉；有福禄寿喜，琴棋书画，意示人丁兴旺、健康长寿、发财招宝等。普通百姓家庭住宅少有装饰。

现代家庭住舍装饰具时代感，镇乡民居，重住宅楼室外墙面、屋顶装饰。

大门　门庭

大门系通向外界主门，有辟于三合院前院墙、四合院倒坐或前两厢某间院门为大门，也有筑头门、二门、院门等，以头门或院门为大门。联通头门至院门或直或曲墙弄叫门巷（道）。有院门前筑小庭院，谓之门庭。院门、二门、头门所在或普通或豪华之屋可称门屋，门屋具一定规制称门厅。大门、门巷、门庭、门屋通常置宅院前部，少数建于一侧，儒雅洋何氏大厅、友五房、友六房之大（头）门与门巷便是。诸建筑、构筑物平面为若干大小不一，或长或短矩形有条理组合。

照壁

又称照墙、影壁、影墙，古称萧墙，设于建筑前部，在大门内外阻挡视线之墙壁。域内较多合院置照壁，平面一般“八”（⌒）字形、“一”字形、曲尺（∟）形。依居宅朝向及大门开辟情形不同，所用照壁形式与数量有别。置外照壁和前院墙兼照壁为多，正对院门之门巷（道）墙、门庭前墙为照壁或砌高装饰成照壁亦有，少数以大门外砌乱石墙成曲尺形简易照壁，以他人屋正好阻断大门外视线不影响出入省去照壁者众，中下档次合院常见。建于大门内独立内照壁未发现。穿堂屏风、前后院间砌墙设相似垂花门之内大门，亦可视为内照壁，通常以大门内阻断门外视线之院墙一段或厢房侧缝砖木壁等兼之。新桥山头王村清乾隆年间举人王兆乾故宅，以朝南八字院门（即广亮门）为大门，前置高大“八”字形照壁。丹城青草巷11号李宅原朝南二柱一间三架院门前、石浦后街许氏明经楼朝西大门外，均设“一”字形照壁。大徐周家大道地正屋明间所对段前院墙，以一块方、四块三角形雕花石板镶砌成盒子与岔角作出照壁。丹城郑家岙郑家大屋整堵前院墙，以水磨砖砌成域内首屈一指华美大照壁。黄埠朝南三合院三三堂前院墙开院门，以正对墨书“福”字之门庭前壁为照壁，东首辟大门，门前置“八”字形外照壁；墙头孔家道地亦然，门庭前壁不写字。丹城汤家大屋、墙头欧氏某宅倒坐明间辟大门，门前置外照壁，一端接砌门巷墙通至头门、二门。墙头孔家大明堂、丹城郑家岙某合院，大门前砌一人高直角转弯乱石墙为照壁。

庭院

庭院与天井是相对房屋建筑而言的构筑物，是布置于住宅范围内的露天场地，俗呼明堂，县人习惯叫道地。庭院与天井无绝对界限，通常高屋高墙包围的狭窄小院为天井。象山多庭院式住宅而少天井式住宅。视房屋进数多寡，位于中轴线上的有前院、大院、后院等，在两厢与两侧偏房间的为偏院，有些偏院也有前、后之分，于耳房、厢房之间的，县人一般称小道地。1个宅院内，至少1个院子，多至6个以上院子。东陈西庄胡氏景房、墙头溪里方仁三房均有6个院子；丹城小河头吴家九进十明堂，即中轴线上有9进建筑10个庭院，习称吴家明堂。

宅园

宅园式住宅，院落建筑为主，园林辅之，布局相对自由，规模、档次、风格有异。规模大、档次高者极少。清末民国初石浦延昌纪子庚“纪协顺”大院，占地30亩。中西部布置坐西朝东，轴对称三进四院，主要住房与临街商用房，自前至后为倒“Π”形、“H”形、“Π”形连续三合院。东北、东、东南部，种进口良种柑橘与葡萄、木樨等名贵果木，置台亭叠山及半环荷塘菱池，称园林式住宅，尚存。一般宅园式住宅，多为中、大户，在合院套院屋前屋后营造小型花园，院内构砌花坛和摆放盆景。东陈西庄胡氏元房，朝南三合院隔路辟“适园”，置一字五间书房，砌花坛、植花卉，园额石刻题字“睫巢”。昌国鸡鸣林氏大有轩四合楼院，南隔路三合院书房前挖大池营建花园。丹城小河头吴家明堂、昌国潘家、东陈西庄胡氏景房等宅院前部均置花园。东陈村陈汉章学圃堂，院门内两侧墙根砌条石花坛，栽紫薇、石榴等花果数种，花坛前、后院中架石几，置山石大盆景，后院墙根放一排兰花，煞是幽雅。缀学堂三合院后余屋，外凿池塘栽花木辟后花园；陈氏前孔房一正四横大楼后墙外，亦营造池苑。墙头溪里方仁三房，屋后拓种花木果林。凡此，皆合耕读传家之读书人口味，可谓宅园式住宅。普通人家住房周边空闲杂地，发些小竹栽点随季花木，有“采菊东篱下，悠然见南山”风情，非宅园式住宅。

第四节　室内陈设

早年室内陈设资料缺乏。六朝渐变席地而坐为垂足而坐，家具适变，自矮到高，唐代至五代基本定型。晚明以来，出现硬木家具、朱漆泥金（俗称朱红或朱金）家具、金漆描银（俗称金漆）家具、镶骨木（俗称嵌骨）家具、红褐漆（俗称黑漆）家具。屋内除家具外，还摆放“家堂”（祖宗木雕神像）或祖宗神主牌位、花瓶、书画等，按房子结构及功能，摆放不同物品。

厅堂陈设

明、清时期，厅堂分正屋厅堂、厢堂、穿堂（又称过厅或过堂）、后堂。正屋厅堂，后上方构置祖宗神龛，以安家堂菩萨（土地菩萨一种）或祖宗牌位等。堂里边（壁）摆享礼桌，由一副几架与长条面板组合，上陈花瓶、木架大理石镜屏之类，寓意家境平安，清乾嘉起或以彩瓷帽筒替代花瓶。享礼桌前置八仙桌与一对太师椅（俗名大座）。左右堂壁前各置茶几与太师椅，有一几两椅、两几三椅、多至三几四椅。大户有堂名等匾额的，通常挂于堂前楣枋前。家有纶綍诰敕者，往往制圣旨箱盛之附悬于脊枋下。屏风中央挂中堂画、两旁挂对联、亦有悬镶大理石红木挂屏的。遇红白喜事，则撤换成相应饰件。

东、西房陈设

东、西大房为长子、次子住宿之房，陈设家具有大眠床（含夜桶箱及夜桶、床头橱即灯橱）、衣橱、幢橱、书橱、被柜、三只头（小橱、开门箱、红板箱）、妆台、衣架、房桌、片条凳、换鞋凳、排凳、米缸（桶）等。

厨房陈设

厨房陈设，除固定的灶头外，有砧案（作板）、水缸、碗橱菜柜（俗名庎橱）、盘架，一般又兼吃饭间，则根据人口置八仙桌或大、小圆桌。炊事糕点制作工具如饭蒸、糕桶等，备陶瓷食具和腌储器皿。旧时，多竹制用具。

厢堂陈设

类正屋中堂，但视屋间大小相应减少品种或数量，如中间省去搁几以八仙桌代之。

照明陈设

古代室内照明，多用青油灯、烛台。油纸灯笼（一般为竹架子），备需要时（如过节日、出行）用。清末民国初煤油使用后，逐渐通行洋（煤）油灯（灯身多为铁皮）。20 世纪 20 年代石浦、丹城供电后，个别人家开始使用电灯。大多家庭仍用青油灯、烛台、洋（煤）油灯。40 年代以后，美孚灯、玻璃四方灯应用渐兴。1972 年华东电网入境后，户用电灯逐渐普及。1990 年后特别是进入 21 世纪后，随着住房条件改善及灯饰丰富，居民室内照明陈列始基础照明、重点照明、装饰照明并重，吊灯、吸顶灯、嵌入式灯、射灯、壁灯、落地灯、台灯等普遍应用。照明燃料内容见本志“供水　燃料　电力”篇第二章“燃料”第三节“化石燃料”。村落照明内容见本志“乡村聚落”篇第四章“村落设施”第一节“生活设施”。

第五节 建房 入住

建房是家庭大事，历经资金准备、选址择基、划算方案、备料、动土平基、立向放样、定磉、竖屋上梁、砌墙盖瓦、装修装饰等程序。其中，选址择基、动土平基、竖屋上梁等环节常有寄愿望、重人情、崇天地、敬神祇各种习俗。实际建造过程中，某几步程序习俗常相互交叉交融。早年，遵鲁班经匠师、高明道士，对造屋建宅有整套技艺和约定规矩，体现居民物质、精神需求。虽含封建迷信，也有一定科学道理。此等造房文化，随时代变化、科学进步而衰变，诸多旧规陋习逐渐革除。20世纪80年代始，新建住房，屋主、匠工大多乐尊旧规不疲。

选址择基

人口稀少年代，选择圈垦无主土地肇建新村筑宅。旧家谱常有某公“卜居”记载，部分当指此类活动。新建政权或革命、变革年代，如土地改革，可就分得土地改作地基。购他人地基或者接受馈赠，或拆己旧屋利用旧基、杂基地。旧时，基址是否适宜建宅，须请道士、风水先生及有关“内行人”，相地卜基看风水，含地理环境、坐落方向、地块大小、土质土色、与屋主关系等，趋吉避凶作出决定。有在寺庵、境庙、祠堂等求签诗问筊杯（即杯珓，象山俗谓：“珓杯”）或许愿决定。无神论者则由自家作主或请建房匠师择定。拆除旧屋改建，须择日出火、拜土地神后拆卸旧屋。

动土平基

原始土地经削高填低平整后方可放样挖基。平基动土，须预择吉日良辰。一般日出前，主家于基地一隅祭请土地神，祈求允准，保佑动土建屋平安，祈请依附此土神鬼、精怪、妖魔、生灵避离此地，另觅福址。大户人家专为动土请道士设坛打醮演法。亦有一人抡锄翻地数下，以示合时动土大吉祥，真正平基另行安排。

划算方案

延请建房工匠带班师傅（一般为木匠把作师傅，称作头、工头）看造屋场基。设计方案时，考虑约定俗成禁忌，倒坐厢房不高于正屋，西厢不高于东厢；大门不能与邻家大门直冲；住宅正对直道巷弄，所对宅墙立“泰山石敢当”石碑。依主人要求，结合地基出主意、议定屋向、平面、式样、等级档次等。大局敲定后，匠师肚里打图纸，亦有画出，老一辈常画在门板上。今再造老屋，多画纸上。

置办材料

方案划算后，带班师傅预计各类材料，宅主置办。木材或伐或购，伐宜择日上山，设祭祈告山林土地（山神，俗称山王土地）方能动斧。再圆木，拣选指定脊桁（俗名栋梁）和中柱（栋柱）。脊桁、中柱运下山后置僻静处，避免跨踏，尤忌妇女。砖瓦定购或建窑自烧。早年，建窑自烧须祭土地神、窑神。石料，蛮石、块石、乱块石、溪砾和条、板石材，取当地资源。

立向（屋向 门向）

指格定屋向、大门向。依堪舆之道，屋向、大门向涉及风水，至关家道兴衰。一般人家由鲁班徒子徒孙、经验丰富中木把作匠师（即师父头）确定，有钱人家多请道士、风水先生踏勘格定。

屋向以住宅主要房屋如院落之正屋为基准。大部90°~180°（东—南）、少部180°~270°（南—西）夹角范围中，真正坐北朝南甚少。建筑匠师世代相传，户里（民居）不能朝正南方向，否则子孙勿旺，一般朝东南，依地形适当调整。庙祠、寺庵、道观、塔、牌坊等可正南。道家风水理论与实践、民间工匠传统说法与做法、屋向客观存在三者基本统一。究其原因，是人们生活需光照、背阴向阳、避寒趋暖，避开大暑大热，为北半球高纬度住宅建筑共识，与南半球高纬度住宅朝向东北、西北方、正北方同。不能正南，除避开夏日正午烈日酷暑，恐与传统礼制有关，皇宫坐北朝南，君主面南而治，民居忌讳同向。

门向，把朝东南、西南甚至其他朝向住宅定为朝南，则大门朝向为南、东、西。开于前院墙或倒坐大门朝向为南，开于东、西厢房大门朝东、西，院门外有门巷并设置多道门，通常头门是大门，无论门巷曲直，皆与院门同向或与之呈直角转折，大门最终朝南、东、西，一般不朝北。住宅院落依实际朝向转动，按上规律，即知大门朝向。有大门设置墙中，叫随墙门，常见前院墙开石窟门，有设置三至五架独立小屋中，有直接安排于某间倒座或厢房。

竖（树）屋　上梁

制作就绪，大木作构件组装合成屋架，按进深方向每一缝（民间称博或拨）先行装穿成榀，再从地上树立，谓之发榀。把作匠师口赞发榀吉语指挥，当高声念完压句“青龙伏地，黄龙滚起，众班弟兄，缓缓掺起！”众人一齐用力，将柱榀竖起、撑住，然后，相邻柱榀间安装桁檩楣枋（留出正屋明间脊檩不装）成屋架。

安装正屋明间脊桁（檩），民间称脊桁（檩）为栋梁，故叫上梁。木构架是中国传统建筑主要部分，上梁是造屋大功告成象征。预请道士（念伴、巫婆、算命先生），或寺庙抽签诗摔珓杯，或自翻历书择定上梁吉日。届上梁日寅至卯时（3—7时），因天日长短有异，大凡选天刚放亮居多，前置八仙桌，供酒菜五果、点燃香烛，请奉祖师鲁班神灵（有说请奉值日神祇）莅位，把作匠师将刚完工前的栋梁两头锯下“盘子”和墨斗，分别安放桌前二角，祝告祭祀，祈上梁顺利、屋成大吉，屋主凑机参拜之。此前，将椽椀（俗名旗花）压住红布八卦图与五色丝线、钉于架在木马之栋梁（后多于两端披挂红布，西乡挂红灯笼或油灯，有在中间挂一盏，红布上放银线、红线，称“披红”）。荐爹娘双全工匠登梁架，木工东头，泥工西头，拉着系脊桁两头绳索，其余工匠、帮工到场，把作匠师视准备就绪，将斧头别于腰际，立于木马前面，左肩挎角尺、右手从木马操起丈杆，面对栋梁高声赞唱上梁吉语，待末句“青龙伏地，黄龙滚起，众班弟兄，缓缓拔起”后，将脊桁（栋梁）拉离木马升至屋架脊位，桁榫卧入蝴蝶木卯口——上梁告成。即时，“高升”（爆竹）、“百子”（鞭炮）齐鸣。早年富家还请人敲锣打鼓。把作匠师手托盛麦馒头红祭盘凳梯上屋，赞抛馒头吉语，将五双馒头抛入主家张开之拦腰手巾，众人不可哄抢。继则，泥木匠将预置屋上夹箩中馒头、小糖抛向四下，众人嬉笑哄抢，共图喜庆。办树屋酒，请谢鲁班先师、工匠老师、帮工、亲友，亲友送贺礼。现建造钢筋水泥框架房子也有上梁，流行吉日候潮涨健时分，工头吹哨或口呼“一、二、三”指挥，替代吉语赞唱，也抛馒头、小糖乃至香烟，已不用红祭盘，工匠取箩中馒头抛于主家拉开之红被单中。部分屋主改树屋酒为入住办进屋酒，至亲好友送贺礼。

发榀、上梁吉语录　发榀赞唱根据日子时辰不同语句有异同。早上太阳未升时赞唱：日出东方白洋洋，四面看照好住场。前面照着凤凰山，三军（泥木瓦匠）做事木中王，鲁班师傅徒子徒孙造木廊。造起四四方方一座基，鸳鸯（比喻磉子）停了勿错起。新做榔头五寸长，一打金来二打梁，三打榔头并鸳鸯。榔头向天，富贵万年。榔头向地，百无禁忌。榔头圆一圆，代代子孙出状元（郎啦）！青龙伏地，黄龙滚起，众班弟兄，缓缓掺起（来啰）！（始掺拔树起屋榀）

天未亮时上梁赞唱：淡淡御纸画牡丹，百客面前出口难，看似容易做时难，有话只可当堂说，闲人不可背后谈。背后谈呀背后谈，凤凰飞过九重山，凤凰要凳龙虎地，五百年前揭一番。大梁大梁出何方？出在海面山上，根绷五湖四海，荫遮万国九州。何人看见？关云长游山采猎看见。何人所判？程咬金所判。何人开作？鲁班师傅徒子徒孙开作。何人抵敌？木马将军抵敌。手拿掏斧一对，一架架着九重山。肩背顺趟角尺，手拿金竹杖杆，一行行过九重湾。手拿木马将军一对，不长不短，栽起一根紫金梁。大头做起龙吞口，小头做起五凤朝阳。前（右）手上去金银王，后（左）手上去积谷仓。手拿得宝金壶乐悠悠，代代子孙拜封侯。紫星搭梁耀（腰），代代子孙荡纱吊（纱帽翼翅）。……青龙伏地，黄龙滚起，众班弟兄，缓缓拔起！（栋梁始从木马上拉起至屋顶，榫头卧入蝴蝶木卯口——上梁）

抛馒头吉语录 由把作匠师赞唱："日出东方一点红，此地出个好玲珑。此地是什么地？是金龙之地。此山是什么山？是凤凰之山。"唱了这两句，匠师就捧馒头盘登梯，边登边接着唱："脚踏楼梯步步高，凤凰仙地采仙桃，仙桃本是凡人采，徒子徒孙助一遭。"唱这几句时，泥木工拉梁上屋合榫入卯，匠师已登至屋上，于是在屋上放开嗓子唱："四角被子四角方，四角里面馒头放。"唱了这两句，匠师就将盘中馒头抛于屋主张开的被面上，屋主收藏之；接着抛篮中馒头、小糖让众人接抢。那一边在抢，匠师一边又接着唱："头把馒头抛到东，代代儿孙做相公！二把馒头抛到南，代代子孙做状元！三把馒头抛到西，代代儿孙穿朝衣！四把馒头抛到北，代代儿孙做总督！抛饼抛馒头，起屋起高楼！"如当家人盖的是平屋，则可改为或加上："当家人今年起矮屋，明年升楼屋！"馒头抛毕，屋主将盘内红包送匠师，匠师祝谢："当家人人丁兴旺、财事两旺！"

作灶

新宅就绪，要打灶头。早年，为防风火、烂眼、招客、疾病、蚂蚁等，需拣日子，请土地神（一说灶神）。一般泥水匠均会打灶头，当地擅长作灶泥水师傅，受各家青睐。打一坛灶只请一位师傅（有时会带一徒弟来），依需决定灶口眼数，通常一眼一工日。灶初成，烧清汤测灵光与否以修进。成灶后，正式做饭菜前要炒豆，蚕豆（象山称倭豆）、黄豆均宜，沙炒盐炒亦可，炒得越爆越好，家人、邻居分食。民间信仰，灶有灶神，书称灶君，俗呼"灶山菩萨"，实居家之火神，传为司饮食之神。灶成后，请灶君画像或造像置灶山头供奉。1990 年前后，煤气灶普及，逐渐替代旧式灶而不再作灶。

民间建造用尺考 大式建筑尺度以斗口为衡量标准，一般民居小式建筑尺度依明间面阔及檐柱径为标准。这是建筑用材与结构比例方面标准，实际上，造宅施工仍须用尺。

1957 年，黄色的鸡眼扣八折公尺（米）开始行用，历今，在当代建筑中公制已完全替代旧制，但民间造传统建筑仍旧使用曲尺。

曲尺，又叫角尺，木工称"鲁班尺"，其实是官方、民间营造尺，专为泥、石、木、竹、箍桶等工匠所用，泥石木匠以之确定建筑构筑物高度、面宽、进深及梁柱等各种部件尺度。曲尺制长边 2 尺、短边 1 尺，1 尺分为 10 寸，1 尺相当于公制 28 厘米、市尺 8 寸 4 分，曲尺配合墨斗最便于短尺寸如打眼子（榫卯）等划墨。实际施工时，又另用木条制丈杆，长 6 尺，故又称 6 尺杆，1 丈杆相当于 168 厘米，杆上划预先算好的榫卯等尺寸，直接以之对较长构件进行丈量划墨，方便施工。

鲁班尺，为区别于曲尺俗呼为"鲁班尺"，而又称鲁班真尺，在《鲁班经》和知情行家中称名门光尺，外地有公门尺等叫法。门光尺 1 尺分 8 等分（8 寸），依次标：财、病、离、义、官、劫、害、吉，作为有实际意义的寸名，度量时，合于财、义、官、吉四字为吉，病、离、劫、害四字为凶（但对某些对象亦有例外），每字为1.7675（曲尺）寸，习惯作1.8寸，合5.4厘米，土木工常用于量阳宅、官衙、寺庙、祠堂及神位、家具等。后曲尺渐占优势，但认为以门光尺配合曲尺丈量门窗最优善吉利。此尺在精于卜术、堪舆术等道家、形家家中尚有宝藏。

挖井

先前，象山饮用水主要靠水井，村村有井，有些住家亦有井。新屋落成，往往配凿井池，古人动土挖井要拣吉宜时日、祭祀土地神抑或井神，井神即泉神。有除夕祭井神之俗，祭后“封井”不再打水，至来年正月初三或初五再祭后方可“开井”汲水，以谢井神一年供水与辛苦，并让稍事歇息。民国《象山县志·风俗考·岁时俗尚》载：“除夕，……仓廪井灶并祀，盖祭先代创始之人，不忘本也。《道光志》。”丹城民间至今尚存人故后沐浴须取用井水，汲前需点香向井神求之的风俗。亭溪蔡家岙村蔡家大堂前为清代早期三合院，弹石道地中央有鼓形石栏圈深井一口，直出乱块石院墙中砌小龛奉石井神造像。

房屋装修

传统住宅建造完工后有装修，皆由匠人为之。铺地面，民间俗称“铺地坪”。常用的有夯泥地面（含山浆树浆三合土地面），弹砾石地面，铺石板地面、方砖地面，构木板地面，碎瓷破瓦地面不多。晚期出现水门汀地面。夯泥地面出现最早，沿用时间最长，后来才出现砾石地面、木质地板和砖石地坪。“住宅装修”一词，出现在1990年后。钢筋水泥洋房基本普及以后，老一代匠人的手艺淘汰，全新一代的装修人员出现，谓水电工、木工、泥工等。进入21世纪后，装修行业渐成一体，住宅装修设计、厨卫、水电、天棚地面，墙壁门窗装修全程服务。

夯泥地面 早期的房屋地面多以泥为之。有山地区，室内地面用红黄壤（黄泥）摊平夯实；红黄壤掺蛎灰头，也有加些粗沙成三合土，夯后能提高硬度、减少雨天还潮黏滑；考究的再加山浆树浆，成为高档三合土，平整、坚硬、光而不滑，用于厅堂（俗名堂前），偶见于厢堂。平原地方，多以干燥的田烂泥填夯室内地坪，用蛎灰头、沙子和为三合土。院子等室外地坪常以自然泥地削高填低拓平，某角开通排水沟任其晴燥雨烂；亦见近海村子散道地上铺撒一层沙子细砾。

砾石地面 在夯泥基上撒黄泥，弹铺以砾石，砾石平整面（卵砾则侧立面）朝上，再撒泥灌缝促之黏结。整体平面要求略呈中间高旁边低，便于沥水。砾石多取于溪滩海滩。砾石地面一般用于道地、室外道路、房子露明前廊与下檐出。有石子道地、石子路、石子沿阶等称谓。精细者，概用细卵砾、小卵砾，以色别、石向或间以陶瓷片弹铺出狮子、鹿、花卉等图案。普通者，用拳砾，弹铺出框线路径、棋盘格、菊花纹。粗率者，大小砾夹杂统用之，框线路径弹出后，其余随手铺弹、无意纹饰。居宅露天场地纯用砾石地面大多为平房合院。砾石地面有晴天不扬尘、雨天不湿脚之利。

石板、木板地面 石板多铺堂前、道地，多用蛇蟠石。木板多铺房间，旧时多用松木，次为杉木。

入住

入宅前，民间有所禁忌，如宅前有邻屋山墙等尖状物冲对，要在己屋相应瓦顶上置口子朝前之酒埕；如冲对己屋门窗，要在门窗顶钉贴“八卦虎头”木牌、纸画，或贴符。然后预择吉日良辰（西乡等地择吉日候潮涨时机），由屋主捧迁火种即祖宗造像、神位上新居中堂祖龛，再依尊卑长幼不同身份先后搬相应家当入宅安置，亲朋邻居帮忙人随后协同之。亲朋邻居送油、酱、粉丝、碗碟等礼物庆贺，但主家不一定办酒。今盛行办“进屋酒”宴请，贺礼金额与红白喜事等同，风气奢靡。

第四章　出　　行

境内山海形势，决定道路三大式样：山路、海路、塘路。道路式样决定出行方式：爬山越岭是基本功，乘船过渡是必修课，俗语云“爬山越岭，坐船过海”，是对邑人传统出行的最好概括。

《浙江全省舆图并水陆道里记》卷七所载象山陆路道里，为县城始发东、南、西乡主干道，经行古道多须越岭。中华人民共和国成立后，随着公路发展，隧道开通，邑人出行，逐渐改变步行为主方式。代之自行车、摩托车、客车、公交车、电动车、小汽车等。

本邑半岛县，三面临海，港湾深入陆地。亦丘陵县，溪流遍布。故不但出县行须渡海涉港，县内行亦须跨渡过溪。20 世纪 80 年代后，公路桥梁建设力度加大，90 年代后，跨海大桥陆续建设，出行坐船大减。

境内平原，大部分围塘而来，出行须走塘路。塘路旧时多烂泥路，一下雨就泥泞打滑。20 世纪 80 年代始，大规模建设乡道、村道，塘路行即使步行，亦走宽敞舒坦道路。

第一节　县城起始行

县城起始行，有三条主干道，可达东、西、南三乡。因城北高山阻隔，而无北乡之称。南田岛，距离县城最远，地理位置独特，线路复杂，故另列一目。县城起始至“三乡”，详见本志“交通”篇第一章“道路”第一节“古干道”。

行东乡

东乡包括爵溪、大徐、涂茨、贤庠、黄避岙等镇乡，因大多出自丹城东门、少数出自北门，民间习称东乡。

县城去东乡，出丹城东门，或去爵溪，或去大徐、涂茨、岑兆、黄避岙等地；出丹城北门，经沙地岗、新罗岙、虎啸铺、汤家店等地，步行半日达大徐，或去贤庠，或去黄避岙等地。

县城至湖头渡，计程 20 千米，经虎啸铺、三角埭，至黄避岙湖头渡，摆渡象山港至鄞县地。县城至钱仓所，计程 20 千米，经杉木洋、水流桥、桐岭、金鸡岭，抵钱仓。东乡人进县城大多选这几条路线。

县城到爵溪，计程 10 千米。亦经东门沙溪亭至梅溪，越赵岙岭、半路亭稍歇，经长沙、灰窑岭，行 2 小时余达爵溪东门口。爵溪人进县城，除走赵岙岭官道，有出西门越前岙岭、桥头林、大碶头、南庄，到丹城。另有山间小道，越黄岭岙，从瑞龙寺下至南庄到丹城，此路虽近，但山道荒野，单人少行走。

东乡有岭道 97 条，行走多翻山越岭。民国 24 年（1935），丹城至西泽“象西国防公路”建成通车。1956 年，丹城至白墩公路通车。开通客运班车，与宁波、舟山客轮相接。以后，随着公路路网发展及西泽轮渡建成，东乡行方便、快捷。

行西乡

西乡包括墙头、亭溪、莲花、儒雅洋、西周、下沈等地，处县城之西，民间统称西乡。昔，县城人去西乡，出西门翻彭姥岭，经吊水岩、大溪蒋、墙头，越高架岭，经莲花抵西周，需半日。行至与宁海接壤之下沈，则需一日。有支路出彭姥岭，经三官堂舣舟亭西北行，至舫前，北行至莲池，西北行至长白沙村，西南行至淡港渡，西行至闻岙村，经郑诗岙村到西周，渡象山港，抵奉化。1978 年，象西公路（609 省道）全线贯通，县城西门至宁海梅林，境内段长 40 千米。穿宁海县境，至新昌县西山，全程 140 千米。境内设墙头、莲花、西周、下沈、柴溪等站，西周、莲花有过夜早班始发车。丹城至西周、下沈等地需 1 小时。21 世纪，高速公路象山连接线开通，丹城乘车至西周，只需半小时。

行南乡

南乡有上南乡、下南乡之分，距县城较近的南庄、林海、东陈、茅洋、旦门、东陈等地习称上南乡；较远的泗洲头、新桥、定塘、昌国、晓塘、石浦等地，则称下南乡，马岙等地单独另列。县城至石浦 45 千米。昔，县城人去石浦，起早从西门出，经三叉路、九顷、过行者岭，至南堡，越东溪岭，至新桥，新桥街中饭后赶路，经鸡鸣、昌国、延昌、三湾路廊方抵石浦，行色匆匆，需一日。清举人秦镜作《高湾望海》诗后，坐轿启程，沿途过三条岭，作《由三条岭至昌国》诗：“肩舆高下岭三条，十里行程路不遥；斥卤千家濒海口，孤城半壁跨山腰……”

1958 年 11 月，首建象山至宁海公路，去石浦方向，乘车至泗洲头蟹钳渡，渡口吃中饭后，由小舢舨驳乘客至客轮，水路途中停靠中泥、大塘、晓塘、三门口等渡口，至石浦已日落时分。石浦、泗洲头往返航程，亦需一整天。1969 年 10 月，茅洋至石浦公路通车，乘车去石浦，经杨岙山，过东溪、新桥、定山至石浦（番头）车站，费时 2 小时余。1981 年，县汽车修配厂、第二运输公司各置公共汽车 2 辆，运营丹城至石浦线，出行变得便捷。1985 年，东陈沙岗至石浦公路建成，乘公交车，丹城至石浦，50 分钟到达。进入 21 世纪，沿海南线象山段贯通后，丹城至石浦只需半小时。

行南田

南田岛北与石浦隔港相望，西与宁海隔海比邻。旧时，自县城去南田岛，陆海兼程，比去宁波更难，耗时更长。先行陆路至石浦，再行水路到鹤浦。如去高塘岛，则陆路至蜊门港，再摆渡，需在石浦宿夜，翌日中午到达。到高塘岛的另外线路：其一，由石浦摆渡至下湾门韭菜湾渡上岸，经大百丈到樊岙，越石门岭至四都，过牧童岙、虎头岩、杨柳坑、金七门再渡船到高塘；其二，从鹤浦龙头渡，经孝贤湾至高塘；其三，从定塘至金星金鸡山，经三门口渡到高塘等。石浦至蟹钳渡通航后，可坐船至高塘三门口。

旧时，南田至县城，多从韭菜湾乘航船至石浦，从鹤浦摆渡至石浦，至金星等。民国《南田县志》载：“津，济渡处也，渡则有官渡、私渡、义渡之称。南邑三都、五都、六都之间均有小河、山水所积，长或八、九十里不等，听民来去自渡，濒海皆然。”

民国时期至 20 世纪 60 年代，韭菜湾一都至石浦 10 千米，由下湾门北走石浦，时有渡船 4 艘，长山嘴渡至石浦航船 1 艘，烧盐湾渡至石浦航船 3 艘，乌岩渡至石浦航船 3 艘，龙潭坑、蟹礁头等渡亦有渡船至石浦。另有往来花岙岛渡船，龙头渡至龙泉塘渡船，等等。

1975 年 12 月，高塘岛乌岩山港口 200 吨级趸船码头建成。1982 年，有“象机 4 号”水泥客轮开通至乌岩山港航线。1986 年，南田岛樊鹤公路建成。起鹤浦，经石门岭隧道，至樊岙乡四都，长6.14千米。高塘岛乡乌岩港口至高塘公路同时建成，南田境内出行线路得以改变。1994年建蜊门港大桥，连接南田、高塘两岛。2008年9月19日，三门口跨海大桥建成通车，北段起自石浦镇泥礁，跨北门水域到庵山岛，跨中门水域到万金山岛，再跨南门水域达高塘岛拍脚湾，桥长5.6千米。石浦乘车直抵高塘岛乡。大桥建成，彻底解决鹤浦、高塘两岛5.3万多名居民出行难题。丹城至南田，仅需1个小时。

第二节 村周行

村周行，即村人出行至村落不远四周，在外时间相对较短，出行目的多为劳作，完工即归。亦有早出晚归，自带冷饭包或由家人送饭。1958年，实行“吃饭不要钱”，集体送饭到田头。村周行路途虽短，几千年来的出行目的却大致相同。20世纪80年代中后期始，行县内、行县外人次渐多，村周行人次减少。

山上行

居住近山、山麓、山中村民，为伐木、护竹、砍柴、采药等，需行山上。戴草帽，穿上山袜、草鞋等，后腰系木质刀鞘插柴刀，手拿楤杠、麻绳等。上山，一般走踩踏山道。无山道，用楤杠打柴草，以赶走虫兽，或用柴刀砍出一条路。下悬崖采药，找扎根深树种系绳索。上山采灵芝，在附近树木或岩头等作标记，因枯树根今年发灵芝，明年还发。山上要避马蜂窝、毒蛇及村民投放的兽夹。遇马蜂窝绕行，如专掏马蜂窝，当别论。马蜂蜇伤，重者可以致命。马蜂追来，卧地不动，待马蜂自行飞去。毒蛇一般在水边，水边有石蛙，就可能有蕲蛇，须十分小心。山上多山蚂蟥，扎紧袖管、裤管。村民投放兽夹地，一般有痕迹。山上野果，有些可吃，俗语说“上山吃毛楂（野山楂），吃得红花花”，毛楂助消化，对人体有益。有些可吃，但不提倡吃，如“山茄”，俗语说“上山吃山茄，肚痛叫老爷”。

田埂行

平原村民，村周行多走田路。春夏时，田埂杂草茂盛，走田埂用重重踏步声赶走虫蛇。入秋，晚稻收割完毕，稻田干燥，准备种草籽或麦子。为图方便快捷，常不走原弯弯曲曲田埂路，而从稻田走直路，谓之“撩田路”。冬季过后，稻田长出麦子或草籽，不再走。

塘堤行

村民住围塘内，村周行最多是塘堤行。塘堤指围海造田堤坝及地势较低的塘田中路基较高地径，俗称田岸路，构成农田与住宅之通行小道。昔农民种田、割稻、牵牛，背犁耙，多头戴草帽，脚打赤足，行走塘堤或地径。有的塘堤路面铺石板，防下雨泥泞路滑。大多塘堤是泥路，遇风雨，行人多卷裤脚，脱鞋行走，溅得满身泥浆。走泥浆路，防滑绝招：重心向前，脚后跟不着地，脚五指插入泥浆路。肩头挑担子，也如此行走。风大时，塘堤招风，沿塘堤脚边行走，虽不便，却较安全。

滩涂行

海边村民，下滩涂劳作，有滩涂行。好多时候，都是脱掉长裤赤脚在滩涂行走。有时，骑海马滑行，速度甚快，需脚力配合劳作。

第三节　山路行　越岭行

山路因形貌各异有别，有山岗路、山腰路、山脚路、山岭路等。山岗路、山腰路、山脚路起伏不大，路面无铺设，多山上劳作时通道。山脚路多村落间通道，由卵石铺设。

山岭路，如通往他乡必经之路，一般铺设卵石。民间称越岭为“爬岭头”或“翻岭头”。境内山岭多而不高，蟹钳渡杨岙山至晓塘一线，三面山系包抄，成“C”状。“C”状地形敞开一面，面对大海（海港）。较典型如东溪、新桥、中楼、定塘、晓塘等，丹城也具此特性。境内三面没山丘包抄乡镇，多数必依山，与海或港相对，如涂茨、珠溪、贤庠、墙头、西周等。石浦镇、新桥镇、大徐镇横跨县域陆地，边界抵达两不同海区，其内部丘陵、山岭纵横相坐。惟儒雅洋四面环山，与海无缘，从儒雅洋黄泥桥往芭蕉、横山、尖岭头走，得翻越山岭。西周镇、墙头镇境内，更是山岭纵横。

在无公路、隧道年代，往返村落须翻山越岭。茅石公路通车前，晓塘至定山，翻越抱儿石岭；定山至中楼，翻定山岭或斜岙岭；中楼至新桥，翻越上盘岭。从东海岸村镇出行至西海岸村镇，因原本处在南北走向山脉东、西坡，爬越山岭方能相向到达。

往南去石浦，路途遥远，只一官道可行，途中有“九岭十八亭”之说。第一条黄土岭，在丹城白鹤庙至三叉路间。岭边有真武庙。庙前有二株大樟树。行人远见两株大樟树，知已到黄土岭。接下是姆岭、和尚岭、东溪岭、梓树岭、三条岭（因三座山丘成一线、成波浪形）、武牙耸岭、黄芝岭，最后经铜关岭抵石浦，长百里，行程一天。其中东溪岭最高、最长，最难行走。富人坐轿过东溪岭也得下轿步行。民国时，马叙伦随蔡元培避难象山，赴石浦途中经东溪岭有诗：“吾非喜行役，海内满干戈。半日篮舆里，碧山无数过。岭高樵路曲，海近鲎帆多。岁晚勤封盖，犹闻何力歌。”过东溪岭，马叙伦坐半日篮舆轿。

丹城去西周方向，必越彭姥岭、西沙岭、高架岭等。民间有“十里西沙，廿里高架”之称。清乾隆时，县人倪象占《蓬山清话·陆道》：“……今土桥向南小路曰四条岭，可出田岙，经官山，上石门岭也。四条岭上有村曰破塘（即现在的普塘），殆破站之义欤。递铺役丁皆负斗桶而行，斗桶直掩半身，避虎狼荆棘之害也。”行走山间古道，须“负斗桶”，以抵挡虎狼之害，避免荆扎棘刺，为一大创造。

20 世纪 70 年代前，路途负重全仗肩挑背扛。因山上多岭，出行、劳作负重样式独特，有挑柴、担箩筐、抬轿子及背毛竹等。80 年代前，挑一百多斤货物上下山是平常事，能挑二百多斤柴或竹下山大有人在。担子式样不同，上山巧门各异，主要是防止担子与岭道相碰。若抬东西跨岭，上岭时高个子在后，下岭时高个子在前，使抬杠平衡。

空手行走山岭也有讲究，上岭时上身微向前拱，说是“脑袋带着身子往上走”，下岭时微挺肚子，说是“肚皮带着身子往下走”。遵循“上岭弗要急，落岭不要櫯（快步）”。丹城一带称“落岭难趄（也指快步）”。且有不成文守则，处岭道高处不可往岭下抛石、物，因看不清下边行人，随意抛掷易伤人。翻山越岭时，遇到要方便，年长者会告诉小年轻，叫他说一声，“我要撒尿”等，以免亵渎神灵。

岭道上一般设路亭。路旁多称亭，路中称路廊。一般 5 里 7 里设一亭（廊），走过几亭，大体能算出已走几里路程。民国至中华人民共和国成立初，丹城至石浦有18亭（廊），即白石亭、三叉路亭、和尚岭亭、南堡亭、东溪岭亭（有三亭）、庙前杨亭、乌江路亭、枫树亭、梓树亭、高湾岭亭、地下岭亭、半钓亭、武牙耸亭、黄芝岭亭、五里桥亭、铜关路廊，供行人歇脚，避风雨，喝茶。亭多建于溪流处，或有井泉。过凉亭有讲究，亭廊内供菩萨，应拱手相拜，说菩萨保佑一路平安。农夫挑粪便、猪、牛栏肥等不能入亭，须绕道亭外，歇距凉亭较远处，方能进亭休息。若走夜路过亭，快到亭门，须大声咳嗽，或说亭内有人吗？意谓有人来了不必害怕。如亭内有歇脚者，必须回声，告诉亭内有人。有些干脆不进门绕道过。

第四节　出海行　过渡行

海路，县人亦称水路。境内水路大略有四：海上捕捞之路，海上运输之路，海岛、陆域互行之路，陆路、渡口相接之路。

出海行

旧时，百姓海上捕捞、运输路线不会很远。明代侍郎俞士吉从石浦港起航，赴日本国事活动，属官方行为。文献未见民间远海航行记载。传统捕捞，北不过吕泗洋，南不过闽东洋面。海上运输线路基本与此相叠。近海行船能精准确定方向，靠海面岛礁，故有流传江浙闽沿海海路歌，其中云："……砚瓦、笔架、铜罗甩，尖仓、横果、蚊虫山，东柱、西柱、乱穿洋，乱礁洋西碎纷纷，大目小目舟山近，牛门、珠门连旦门，锁门劈开半边山，鹁鸪飞出淡水门……大目高、小目低，牛门湾进是爵溪"等。另一定时段以潮流为确定行船方向参考，不少船配"向盘"，即传统罗盘，晚上参照北斗和其他星辰。渔乡东门岛人，旧时用竹筒、火篮、向盘、摇车、听风、三角旗等作助渔导航器具。20世纪50—80年代，逐步配备助渔导航机械、仪器。

过渡行

昔时，东乡人去鄞县、宁波等地，多乘渡船过象山港。若去东门、鹤浦、高塘等海岛，须乘船达到。定山、定塘一带南乡平原，多河道港汊，港宽无力架桥，须摆渡达彼岸。乘船过渡系出行基本方式。有些地方虽陆路通行，但绕道多路程，渡船一摆，瞬间到达彼岸，方便快捷。

定山、晓塘一带，乘船过河去彼岸耕地劳作，耕牛一般不上渡船，而先赶牛下河自泅过渡，农夫坐船上牵着牛鼻绳。摆渡不便，有"迟了一步、搁落一渡"之说。

旧时，渡口摆渡式样有三：一是专人摆渡，象山港渡、石浦港渡通海，时有风浪，故渡船大，老大技术好，有撑篙手、带缆者等。一渡船至少需三五人，方能行舟。内河因河道较窄，风波小，一般一二人撑一渡船。二是拔渡，亦称牵渡。鹤浦、高塘一带牵渡，河两岸边打一桩系绳索至船头和船尾，行者自拉绳子过渡。拔渡通常在较窄河道。家临河边，也有用竹排制成。一家一小舟或竹排，农家可用在河中牧鸭，或载些轻便物品。三是自渡，过渡者自己摇渡船过渡。南田多此种渡口。民国《南田县志》载：南邑三、五、六都之间均有小河，听民自渡，濒海亦然。鹤浦埠至韭菜湾等渡共17处。20世纪60年代后出现机渡（机动船渡）。

撑渡船讲究技术，通常船头靠埠头，过渡人经跳板小心入船大仓中间后仓，老大要求乘船者站（坐）船中须均衡，不一边倒，保持船平衡，以免翻船。人多船小时，乘客需蹲下，免船只晃动。不能将船横着靠岸搭客或上客，容易翻船（乘客少，船大可以横着靠埠）。先下船者迟上岸，因上客先往后仓、中仓，最后船头仓，到对岸埠头，船头靠埠，船头仓客先上，中、后仓客迟上，故有俗语：“早落航船迟上岸。”篙手在船头帮扶乘客上下船，老大在船尾指挥乘客有序入位，撑舵保持船只平稳。

第五节　出县行

历史上境内有三条通道与外界交往。一是由石浦船渡去三门、宁海等地。唐初，石浦港地为日本贡道，时为番舶羁留。二是渡象山港至奉化、鄞县、宁波等地。沿港设陈山渡、姜屿渡、黄溪渡、湖头渡、墙头渡、淡港渡、西泽渡等埠。古代有私船、官船。三是经宁海去台州、宁波。中华人民共和国成立后，随公路网络建成和海上航运发展，县有长途汽车客运到上海、安徽、江西、山东、福州等各地，海陆交通便捷。

至宁海

境内陆地相接宁海，亦陆域唯一通道，历史上两地人员交往最为频繁。常走的陆道有三：一经东陈、南堡、茅洋、泗洲头，越西溪岭至宁海胡陈、沥洋，经白峤抵宁海县城关镇，计程50千米。1958年11月，象山经西溪岭至宁海公路建成通车。二从西周去宁海，经下沈、宁海县大佳河、梅林等地抵达宁海城关。1978年9月，象西公路建成，连接杭温国道，去宁海、宁波多选此道。三从马岙、苏岙一带通宁海地界。

赴宁海水路主要有2条。一是石浦（及泗洲头蟹钳渡、岳井洋一线）方向乘航船去宁海。有宁海县健跳（今属三门县）六市船每月往返6航次，通航石浦东关①。清嘉庆间（1796—1820），有白查渡（今蛎江埠）航船通宁海海游（今三门县城），复去宁海。清光绪三十四年（1908），石浦小轮通航宁海之海游，石浦人出行宁海多择此海道。二是象山港象山沿岸船埠，有民间船通往宁海薛岙等地。

至台州

历史上，象山曾为台州地，为台州府管辖。又南乡居民多从台州、温州等地移入，故县人行台州者甚众。至台州，陆路需经宁海转道台州临海。清赵嗣贤《过西沙岭》诗：“又循沧海接西沙……此去赤城原咫尺”，赤城即台州。1958年后，有汽车至宁海，复转车前往。1978年后，象西公路通车，多由西周方向经梅林，折南去台州。

水路先至石浦，乘航船抵临海海门上岸，再去台州、临海各地。清光绪二十九年（1903）宁波永川轮船公司“永川轮”等通航温州间，经停石浦、台州海门。县内居民去台州、温州多在石浦候船出行。民国8年（1919），台州临浦商轮公司之临浦轮辟石浦至三门海游航线，县人出行去台州多选此航线。后水路至台州，详见本志“交通”篇“海上运输”章。

---

①健跳六市船通航石浦记载，见浙江人民出版社1992年《三门县志》“大事记”：“唐贞观三年(629)，有定期航船往来健跳与东关（今象山县石浦镇）。”不知此说何据，多方查考不得。本志编辑查到相关资料有两条：其一，乾道《四明图经》载象山县祠庙“祚圣庙”：“唐贞观中，有会稽人金林，数往台州买贩，每经过庙下，祈祷牲醴如法，获利数倍。”其二，宁海胡陈《鲍氏宗谱》载鲍谦诗云：“明州隔界忆当年，健跳东关一水连。”

至宁波

昔县人去宁波通道主要有两条。一是从县城出发，渡象山港抵甬。历史上象山港南线可摆渡过港渡口较多。从县城出发赴宁波多择陈山渡与黄溪渡往来。明侍郎俞士吉曾题诗《陈山晓渡》。经黄溪渡路径：明代邵景尧上京赶考，从昌国出发，翻东溪岭，经南堡、丹城，翻彭姥岭摆黄溪渡，到奉化翔下潭，然后北上赴京。清道光年间，知县姚怀祥题诗作《发象山次黄溪渡》。道光二十年(1840)，开西泽渡，达鄞县横山埠，县人择此道至宁波。民国16年（1927），宁象商轮公司置“宁象轮”，定期航行宁波与象山港沿岸各埠，三日一往返。二是从石浦出行，多择宁波往返临海、海门弯埠石浦航轮，赴宁波。光绪二十九年（1903）起，有甬瓯班轮弯埠石浦，随后沪瓯、沪椒、甬椒等轮亦弯埠石浦。民国11年，本地有航船通宁波。1951年，恢复因战争暂停航船，宁波与象山通航，弯埠西泽、六横、定海。其间，自温州、椒江驶宁波、上海客船均弯埠石浦。民间石浦及周边海岛百姓多搭乘便船往返宁波。后水路至宁波，详见本志“交通”篇“海上运输”章。

中华人民共和国成立后，随西泽公路建成，县人多选择乘车至西泽，再摆渡至横码坐车去宁波。20世纪80年代，西泽汽车轮渡开通后，乘车从丹城到宁波东站不到2个小时。90年代，高速公路象山连接线贯通后，乘车经墙头、西周、梅林上高速到宁波南站，只需一个半小时。

至舟山

象山与舟山一水之隔，渔场共用，婚姻互通。特别是象山东乡与舟山的六横、桃花及附近岛屿往来频繁。

丹城赴舟山多取道宁波再赴舟山定海。民国11年（1922），白墩（后移西泽）有航船自宁海薛岙经停象山黄溪、白墩至舟山岱山、沈家门抵上海。民国16年，又有航船行走于宁波与象山港之间，接驳沿岸客货，抗战时停航。民国34年，再度开通该航线，船夜泊西泽。中华人民共和国成立初有短期停航，1950年再开宁波至陈山航船。1956年。白墩客货船停靠舟山多个码头，后入宁波。1958年，象山到宁波汽车开通，一度形成借道宁波赴舟山。20世纪90年代，北仑白峰码头建成，县人去舟山，一般选择西泽码头乘渡船在横山码头上岸，乘公交车去白峰码头，然后乘坐客轮抵达舟山。

沿海的昌国、旦门、爵溪、涂茨、旭拱岙、大港口、钱昌、陈山、道人港、海口、陈晁、浦门等沿线海埠，昔有木帆运输船往返于普陀县之间，运载柴、番丝、粉丝、生猪、水果、白鹅、竹椅等土特产到沈家门销售，乡人若去舟山，多搭乘运输船。

石浦及南田一带去舟山较方便。明永乐四年（1406）礼部侍郎俞士吉出使日本，由石浦南关桥发舟，弯埠沈家门。清光绪二十九年（1903），宁波永川轮船公司之“永川轮”“定海轮”等通航宁波与温州之间，其中弯埠沈家门和石浦，石浦人去舟山多乘此轮。1951年，浙江省航运公司宁波分公司504轮，通航于宁波与石浦，弯埠西泽、六横、定海，县人去舟山则乘坐此轮较为便利。1986年12月，县航运公司置“大金山”号客轮，辟石浦至沈家门航线，此为象山至舟山首条直航线路。

至上海

昔县城人去上海，多经白墩渡、西泽渡至宁波，坐船或火车至上海。民国期间，象山港象山一线有“东港轮”“开元轮”等通上海。弯埠石浦的至沪客轮，则有“新宝轮”“永浦轮”“三江轮”等5艘。民国29年（1940），甬江口沉船封港，上海至宁波客货运输，改由石浦港中转西周过象山港内运，石浦成浙东沿海联系上海的要埠，往返沪石的航船不下30艘。赴上海多去石浦乘坐此航班，在轮船过夜，次日上午到上海，靠埠十六铺。中华人民共和国成立后，温州、台州往返上海船只经停石浦成常态。1989 年 10 月 20 日，客货两用船“石浦 2 号”首航上海，泊十六铺码头。1991 年 11 月，县长途汽车运输公司首辟象山至上海客班线。丹城傍晚开班，凌晨便到上海汽车总站。1997 年 1 月 18 日，因客流量增加，改航“象山轮”，经停舟山六横，一度成为县人出行上海首选。1998 年 12 月，象山至上海客轮停航。详见本志“交通”篇第五章“海上运输”第二节“海上客运”。

至福建泉州

县南石浦等地区，历史上多福建移民。出行福建泉州等地，多有直接从海上乘船。今县人多选择先到宁海，再乘长途客运车，也有从石浦乘坐航轮至椒江，再到黄岩乘车前往。1998 年 11 月，开辟石浦至福建泉州、福州汽车客运班线。

第六节　出行方式

旧时，出行县内、外，富人坐轿，百姓步行。民国时，自行车属稀罕之物。20 世纪 60 年代后期，公务人员骑公用自行车渐多，百姓自行车拥有率极低；乡村有人乘坐拖拉机出行。80 年代中后期起，百姓自行车拥有率飙升。90 年代始，城乡公路发展加快，各类公交客车大量投入营运。21 世纪始，电动自行车、三轮车剧增，步行、骑自行车出行大幅减少。随家庭小汽车拥有量增加，居民出行方式愈加多样。

步行

旧时，步行系县人陆上出行唯一选择。出行经商，须带齐生活必用品，肩挑货物爬山越岭、走街穿村。农历三月、八月，气候多变，出行经商更为辛劳，俗语云：“三八月生意实难做，一头行李一头货。”走亲访友多步行，若带小孩，则将小孩放入竹制夹箩，由大人担着出行。年岁较大老人，不轻易出行，若出门则备手杖由家人陪同。20 世纪 70 年代后，农村拖拉机增多，乡村步行出行人群减少。现步行为锻炼身体，风行乡镇。

坐轿

旧时，有钱人出门坐轿子，轿子称肩舆，分高轿、小官轿、花轿、小轿、坐篮轿等。

高轿　藤制，形太师椅，有踏脚、靠枕、扶手，座下可放小箱。两长杠过扶手下，杠端各插一小竹杠，供搁置肩背。上置篷架，晴天罩蓝布轿帷，雨天上覆篾篷。坐者高高在上，故称高轿。民国时期，境内有营业性高轿 60 乘，专业轿夫 70 人，出行线路有丹城至石浦、东乡、西乡等。象山多岭，抬轿艰辛，谚语云“冷饭吊屁股，抬轿落石浦”。轿夫自带冷饭，途中就餐，坐轿人在酒店用餐。

小官轿　分竹、木质。有轿厢，顶微拱，厢壁篾篚，左右开小窗，前置布帘。顶部前后有穿洞穿杠，用铁箍固定，2 人抬，民间备用。

花轿　俗称“万工轿”，木质，做工精细，形式华丽，五岳朝天，顶部置大小不一铜镜 5 面，四角悬彩须。相传，宋高宗特准浙江女子新婚时享用一次花轿抬嫁。轿分 4 人抬、8 人抬两种。象山多 4 人抬。丹城、石浦、爵溪、西周等城镇各有贳器店，皆备此轿出租。中华人民共和国成立初期，花轿仍为新娘子出嫁时专用，20 世纪 60 年代后逐渐消失。

小轿　亦称亭子轿，供贫家子女出嫁乘坐，伴姑亦坐，2人抬。轿式似亭，前设轿帘，左、右、后有玻璃小窗。

坐篮轿　也称篮舆，民间通行抬行工具。竹制，无厢顶，平底，长方形，四周围栏，高约30厘米。四角兜底用绳索络住，系轿杠上，2人抬。坐时加竹靠背、棉被，呈半仰卧状态，杠上覆盖篾席或草席以遮阳，亦用轿帷。一般供老年人、妇幼探亲、看病坐用，亦用作杠箱抬礼物嫁妆。明、清时，有写篮舆诗文。民国时，马叙伦入象有“半日篮舆里”诗句。20世纪90年代后，坐篮轿出行基本不见，一些旅游区有见，成旅游特色项目。

黄包车

民国22年（1933），丹城至白墩、陈山线有营运黄包车15辆，鹤浦至樊岙线有7辆。中华人民共和国成立前后，黄包车远途载客逐渐消失。详见本志“交通”篇“陆上运输”章“陆上客运”节。

脚踏三轮车

分载货、载人两种。载货俗称“黄鱼车”。中华人民共和国成立后，城镇企事业单位自备。1988年年初，始置载客脚踏三轮车1辆，经营城区客运。翌年，丹城80辆、石浦18辆。1992年，全县有脚踏三轮车超过千辆。2002年，城区出现电瓶三轮车客运。2008年，有脚踏三轮车1309辆。丹东、丹西两街道有营运电瓶三轮车914辆。脚踏三轮车多在城区或近郊载客。另见本志“交通”篇“陆上运输”章。

自行车

俗称“脚踏车”。民国25年（1936）年初，象山有自行车13辆，除石浦明星电气公司1辆，余均在丹城。同年8月，丹城始设张霖记、崔炳记自行车行，出租兼修理。民国26年4月，增设徐隆记车行，计出租自行车10辆。中华人民共和国成立初，县农机厂于丹城南街门市部经营出租自行车10余辆。其后，单位、个人购买者日多。至1985年，全县有自行车62800辆，平均8人1辆。1988年，增至12万辆，平均4.5人1辆。1998年，全县自行车猛增至21万辆。进入21世纪后，自行车被电动自行车、小汽车等其他出行工具代替，骑自行车出行人群逐渐减少。

摩托车

1964年，省机要局拨给县邮电局幸福牌摩托1辆，以投递机要信件。1965年，县公安局置苏联产摩托车1辆。1985年，全县摩托车126辆。1988年增至621辆，轻便摩托车20辆，其中机关企事业单位172辆。

简易三轮机动车

1983年，始有机动三轮车从事客运，后发展迅速。1987年起，因安全等因素，限制发展。20世纪90年代，随汽车客运业发展，逐渐淡出。详见本志“交通”篇“陆上运输”章。

拖拉机

分轮式、手扶两种。1956年，象山首次引进拖拉机。至1985年，全县拥有轮式拖拉机185台，手扶及船型拖拉机2811台。拖拉机主要用于农村载货和农田耕作，但在农村，农民进城或出门，往往会搭乘运货的拖拉机出行。搭乘拖拉机很不安全，政府严禁载客。后随公共汽车、客运班车普及，今少有人搭乘拖拉机。

电动自行车

21 世纪始，电动自行车因操作简单、行驰快捷、环保节能、车价底廉，数量迅速增加。2002 年，全县拥有电动自行车 1917 辆。至 2008 年，电动自行车猛增至 54513 辆，平均每 10 人 1 辆，成居民上下班出行首选。

小轿车

占小型客车中绝大多数。中华人民共和国成立前，境内无小轿车。20 世纪 80 年代始，小轿车逐渐增多，均为机关单位公用车。90 年代，小轿车快速增加。1993 年 692 辆，1996 年 1545 辆，1999 年 2598 辆，开始出现私家车。21 世纪后，私家车大发展。2008 年，全县小型客车增至 27198 辆，其中大部分为私家小轿车。坐私家车出行成有车一族首选。

2008 年象山县部分型号小车拥有量情况表

表 46-8

车　型	数量（辆）
桑塔纳	2860
奥迪	899
别克	2277
尼桑	531
红旗	439
雅阁	1206
奔驰	192
宝马	348

第七节　出行习俗

旧时，民众生活清贫，科学知识少，加之出行艰辛、有风险，故有“好出门不如懒在家”“在家千日好，出门一时难”等俗语口谚。为祈求旅途平安、一路顺风，在长期出行历程中，形成诸多出行习俗。

出行称名

民间出行有特别的叫法，农村人到县城（丹城），多称“到城里厢去”。而石浦人到丹城，多称“到县里厢去”等。丹城人去县内各地，有称具体地名，如石浦、爵溪、南田等，也有笼而统之称为“到乡下去”。如出县外，多称“出远门去”。

占卜择日

旧时，出行是大事，尤长途出行或外出营生，能不能出行、何日出行、出行吉凶等，必要问神、求签，择黄道吉日出行。出门挑日子，系民间普遍风俗，一般以农历三、六、九为出门吉日，二、五、八为归返吉日。现今，仍有人出行看历书，择日出行。正月十一和十三为“杨公忌日”，这两天不出门远行。夏历各月的初一、十五，出行也有忌讳。

饯别

亲友出行离别，民间流行饯别（也称饯行）。延至当今，亲友当兵，外出读书，调外地工作，家人、亲友均设宴为其饯行，以壮行色。

赠别

赠别亦称“赠行”“赠送”。送行人给出行者赠送物品，以表离别不舍之情，祝愿一路平安、吉祥。旧时多送熟鸡蛋、糕点或出行生活必需品如毛巾、衣服等。今多送现金，以路费、行旅花费名义赠送，称“盘缠”钱。

尚早

民间出行有尚早赶路习俗。因旧时出行多步行，行路耗费时间长，急于到达目的地，想在天黑前多赶一些路程。故行旅人多早起，“鸡鸣早看天”“赶早不赶晚”是当时社会上流行语。

财不外露

出行者一般都尽量多带一些钱，以防不测，象山有“穷家不穷路”之说。但旧时强盗、土匪、骗子较多，行旅在外的人一般路上吃用比较节省，穿着打扮比较平常，只留少许零用钱放在外衣，多余钱财深藏内衣中，用针线缝好，绝不露身带钱财和贵重物品。

老人不出远门

旧时，年纪上了60岁就称老人。老人因年老体弱，行动不便，无特殊情况，一般不出远门。要出远门，必由儿女亲友相伴。出行县内，一般也不在客人家宿夜，怕出意外。另有俗话说：“家有老父母，儿孙不远行。”

配备行旅用具

旧时出门，多带雨伞（纸伞）、短棒棍。棒棍既可扶手，又可赶狗防身，还能肩扛行李。细心者带上绳索，俗话：“出门带个人，不如带根绳”，路上备用。百姓出远门还备草鞋，以便更换。妇女出行，用一块方布，四角打结成包裹，内包行路必用品，用手挽着，头缠小方巾，以遮阳、挡风。走夜路者备松树油樟枝，点燃作火把照明。

进门礼

旧时，农村人进城走亲访友，多挽上竹篮，带上土特产，多带鸡蛋，自产新鲜果蔬，称之为“进门欢”。城里人出行乡下，则捎上糖果，南北糕点。20世纪80年代以后，农村人进门礼仍多土特产，而城里人渐兴买水果、酒、营养品。

第四十七篇
生老病死

本篇目录

第一章　生养　抚育

民间对生老病死的认知，迷信与朴素唯物并存，科学与反科学同融。习惯上说“生”，仅指生命诞生、养育。口头禅：“生小人难，养其大更难。”婴儿养育与宁波、台州、温州、福建等地相似，又有独特之处。

第一节　孕　　育

在无法控制怀孕的年代，一些孕期间隔短、易受孕贫困家庭，视怀孕为愁心事，常现自虐性堕胎，如紧扎腹部系带、做孕妇不宜的体力活，也有乱吃堕胎偏方，闹出人命。大多孕妇听天由命，或将婴儿，尤其是女婴送人、溺殁。1956 年起，宣传避孕节育。20 世纪 80 年代始，实施计划生育政策，生育观念、行为发生转变，不再崇尚多子多福、重男轻女。

孕期

孕妇怀孕，初始称“有喜”；腹部突起后，称“大肚老女”，“大”方言读逃 tuó。判定女性是否怀孕，认同方式有异，直接感知是经期无故中止，喜欢食酸、发呕等。今多以试纸测试、上医院尿检。乡间尚有观察孕妇体型和饮食爱好识别胎儿男女。如孕妇肚子突出较大，脸长黑斑，爱吃酸，为怀男孩；肚子突出小，面色红润，喜吃甜，则怀女孩。虽少可信度，但百姓仍信。20 世纪 90 年代，B 超普及，有些孕妇会利用 B 超向医生打听胎儿性别。绝大多数仅想早知婴儿性别。亦有极少选择性别，作出保留或终止妊娠的决定。

孕期内节制性生活，双方母亲会作提示，以保护孕妇、胎儿平安。怀第一胎孕妇，受特别重视、关照。民间经验，怀第一胎孕妇，难产比率较高。孕妇可适当活动，但不能干重体力活。不可饿着，也不可吃太饱。不吃辛辣、冰冻类食品，不喝酒。不宜穿紧身衣裤，夏免“吃热”，冬勿“着凉”。居住干净、安静。房间内贴可爱婴幼儿图片，通过孕妇视觉影响胎儿长相，喜生儿子张贴男婴画，喜生女儿张贴女婴画。初怀孕及七月后孕妇不宜走亲访友，不坐长途车船。不招惹孕妇生气，否则会动胎气。中华人民共和国成立前，这些经验由母亲、婆婆及已婚姐妹传授。现今，“孕妇须知”多从课堂及书本、网络中获取，也由妇保医师培训、传授。

孕妇腹部外衣上扎金属“别针”，至今流行。前多普通别针，现喜造型漂亮、质地考究花式别针，别针挂小饰品。别针穿传统缝衣用“顶针”，谓可顶歪风邪气。孕妇腹部外衣扎别针，能告示来往人群，避免碰撞，以保孕妇外出安全。

临产

临近预产，娘家送“催生衣”。清钱沃臣《蓬岛樵歌》云：“俗：育子先日，母家馈彩衣、锦褓、绣粽、彩蛋之类，谓之催生。”彩衣，“彩”谐“催”音。县人称胎盘为“衣胞”，“衣胞落了”，为顺产、平安。锦褓，幼儿披风式服装，俗称“一口钟”“锦褓”谐音“金包”，生男女皆金宝宝、银宝宝。绣粽，“绣”近“诱”“粽”谐“宗”，意为生男孩传宗接代。彩蛋，“彩”谐“催”，“蛋”指男生殖器，意最好能生男孩，并蕴涵生小孩像鸡鸭生蛋那样顺溜。催生衣含物质馈赠、精神关爱，至今在亲朋中仍十分流行。市面上儿童服装店往往能看到“专营催生衣”的招牌。

孕期禁忌

怀孕时，家人谦让，营造舒适环境。讲究禁忌：孕妇不可做针线活，做针线活会使产儿没屁眼或手指分不开；不可敲钉、打洞，否则会使产儿长肉赘、唇裂；不可揭斧动刀、举重、动土、大哭、奇笑，否则小孩会破相或造成流产；不可吃兔肉和葡萄，以免胎儿兔唇、生葡萄胎；不可修理、绑扎物品、粉刷墙面，以免难产。民间有“孕妇乃不吉之妇”观念，忌孕妇参与红白喜事，尤忌丧葬。今，多数人不再相信，也有“宁信其有，不信其无”。

第二节　分　　娩

分娩，传统认为是产妇的鬼门关，尤头胎产妇，危险系数更高。临产时，请接生婆到家中候产。有产兆时，有条件的家庭，孕妇喝“全参汤”提升元气。常有家人上香，祈求送子观音给生儿子，保佑产妇、孩子平安。打开家中橱柜门、抽屉，祈祷生产顺利。

民国18年（1929），全县接生人员7名。民国34年，县卫生院始有助产士1名。乡间由接生婆承理。中华人民共和国成立后，县城接生婆逐渐淡出，乡间因交通不便、医疗条件差，一段时间仍保留旧式接生习惯。1958年前后，乡镇建立卫生院，培训接生员，配备煮蒸消毒器具及“接生包”，接生包乃包扎新生儿剪完脐带后所用纯白棉布。出现异常，由镇乡卫生院将产妇送往丹城、石浦医院。20世纪60年代始，丹城、石浦产妇习惯在医院分娩。区卫生院附近村庄产妇，多进区卫生院分娩。70年代后，家中分娩渐成历史。

生产

旧俗称生产为“生小人”，系大喜事，又看作“邋遢事”。旧时，多由包生婆接生，一包生婆负责周边村产妇接生，一般不收钱，只收礼。产妇生孩子，臀部垫“灰袋”（装草木灰布袋）以吸水。有将产妇置榻床（设床前，与床等长，宽约40厘米，高15厘米，供摆放鞋袜及夜间所需用品），在榻床做产远比躺床上好，背依床，臀部坐榻床，脚踏地，三处所成落差，有利做产姿态，使得上劲，也便接生操作，是近似产床设备。贫寒家庭用稻草充铺产床。有产妇将孩子生于脚盆。婴儿出生后，包生婆用碗利锋（碎碗片）或废弃生锈剪刀割脐带（用完丢弃）。大徐一带，男婴脐带搁至墙头，谓日后胆大，女婴脐带埋葱地，意日后聪明。因临时产房卫生条件差，所用器具未消毒，经常导致新生儿患“七日风”夭折。死亡婴儿被丢弃“孩儿塔”。

1951年始，县培训新型接生员，后专业助产人员增多。20世纪60年代起，孕妇多选择当地卫生院或医院生产。90年代后，流行剖腹产。进入21世纪，产妇多选择自然分娩，剖腹产减少。

孩儿塔考　乡间多称孩儿塔为“呜娃橱”，旧志载建孩儿塔入“善举”中。民国《象山县志》载“孩儿塔”40余处，乡间孩儿塔远不止此数。精致型孩儿塔高出地面2米左右，为塔状建筑，塔壁留一孔或两孔，以投放死婴。简易型孩儿塔最多，以四块石板呈井口围合，顶部盖一有洞石板。也有在地面挖竖井，井口四周砌一稍高出地面石质圆口，口子覆一块有洞石板，此为简陋型。中华人民共和国成立初期至20世纪60年代前，孩儿塔田野依然可见，后新生儿成活率提高，死婴掩埋，孩儿塔逐渐消失，今尚存晓塘乡黄埠村等几处，列为文物保护。

坐月子

坐月子亦称“做生姆”。产妇为防风伤身，额头缠扎黑巾，太阳穴贴头风膏药，腰、腹部缠宽布，婴儿肚脐贴“暖脐膏药”。现今，现代产后知识已代替传统做法，惟腰、腹部缠布仍被接受。

旧时，产后三日内，产妇三餐吃红糖煮咸面（石浦吃姜蛋面）、姜米粥、菜干、咸蛋、白鲞汤、桂圆汤、荔枝汤，产后喝气麻茶（益母草煎成的汤），可暖身去秽。三天后可吃其他荤食，坐月子常吃糖煮咸面。现今，产妇天天吃咸面的减少，吃姜米粥，喝红糖姜茶、鲫鱼汤较普遍，能去污驱寒、排毒、补铁、补血、活血、养颜、预防感冒，鲫鱼汤有催奶作用。多数产妇不再受老习俗束缚，只要有利产后恢复和奶水产生，吃什么都可。

产妇护理

旧时，富裕人家雇请有生养经验女士服侍产妇，习称“当值生姆”。多数家庭由婆婆或小姑、兄嫂等服侍。无经济条件、又无人照顾家庭由产妇自己料理。偶有邻里相助。中华人民共和国成立后，农村产妇多亲人服侍，城镇产妇多雇请保姆，产妇自己操持极少。20世纪90年代起，保姆被称“月嫂”，由经验丰富及经专业培训女性承担。2004年，月嫂月薪1000～1200元。2005年前后，月薪一路看涨，需3000元，有经验月嫂月薪达5000元。2008年，县城不少家政服务公司，受理中介保姆业务，有经验月嫂尤受欢迎。

分娩禁忌

旧时，产妇分娩，男性不进产房，防不吉利。禁无关人员入产房，以保持产房环境洁净。旧俗产房称“红房”，产妇和进过产房的人俗称“红过”，一月内不能去亲友家闹洞房，否则会被称“倒彩头”。20世纪70年代前后起，妻子做产，经医生允许丈夫可进入产房。

产妇做产后，一月内不能“落水”（指不沾冷水），不可冷水洗脸、淋浴，只能擦身。不能哭，不随意出屋，去门外上厕所要撑伞。未满月婴儿不能见天，出门时用手巾遮脸。今坐月子产妇、婴儿避太阳晒、雨淋、风吹，不冷水洗浴等习俗仍保留。

第三节　抚　　育

旧时，婴儿养育阶段，重“三日”“七日”“满月”“对周”等时段性节事，大人引导婴儿学话、学步、认物。周岁后，重培养孩子简单礼节，尊重长辈，学会父母辈、亲戚朋友间称呼。中华人民共和国成立初期，养育风俗沿袭旧式，传统“三日”“七日”概念始淡化，重“满月”“对周”。1958年前后，农村有短暂学前教育，因父母参加集体劳作，公社或大队成立带幼儿组织，但非真正意义学前教育。20世纪80年代后，农村学前教育兴起。90年代起，城镇除正规幼儿教育外，私人开办琴棋书画、武术、柔道、乒乓等培训班，家长恐其子女落队，美其名：“不能输在起跑线上”。参加培训无多大作用，不参加总觉不放心，实有“鸡肋”之疑。现今，婴儿、幼儿、学前儿童养育更现代化、专业化，专事婴儿培育机构不断涌现。

出生

旧时，婴儿出生用专门的布包扎，称“蜡烛包”，给婴儿打蜡烛包为母亲必备技能。蜡烛包正方形，边长一米，夏天单层，春秋为夹，冬天薄棉，亦称“包裙”“抱裙”。直至20世纪70年代，仍用两尺五见方的薄被样娖裙将婴儿四肢理连，连同身体包裹成直筒状，使四肢难以活动，唯露面部。满月后渐弃，三个月后不再包。传蜡烛包婴儿，不会用手抓伤脸，长大后不犯罗圈腿；有说婴儿长大后骨头硬朗；又说新生儿柔软，不能抬头，使用“蜡烛包”便于怀抱、喂奶。因缺乏科学依据，今多不用。

哺乳

旧时，多为母乳喂养，有钱人家雇专职乳母。小孩送乳母家抚养，称“贴奶”。乳母一般是刚没小孩，因旧社会婴孩夭折较多，故找乳母不难。贴奶小孩称乳母“奶娘”，称乳母丈夫“奶爸”。中华人民共和国成立初，讨乳母基本是机关、单位上班妇女。20世纪60年代，贴奶月工钱10元至15元。“抱小人”，即代照看幼儿，不供奶，今称保姆。70年代前，乡村几无奶粉供应，乳汁少者，用粥油（烧粥时锅中表面油亮一层）代替。三五月后，喂婴儿酒粉糊、粥、饭（详见本志“衣食住行”篇第二章“饮食”）。城镇食品店销售奶糕，开水冲泡，搅拌成米粉糊，间有奶粉香味。80年代，多以母乳或奶粉喂养。90年代起，较多婴幼儿主食奶粉。进入21世纪，医生主张母乳喂养，被多数母亲接受，奶水不足时奶粉兼之，国外品牌奶粉受欢迎。

三朝日

清钱沃臣诗记有孩子养育习俗：“汤饼三朝宴会奢”。意指婴儿出生后第三日为“三朝”，称“三朝日”“三朝会”“汤会日”“汤饼会”等。此习俗起源唐代，清代境内依然通行。诗中“奢”字道出民间重“三朝日”“汤饼会”（汤饼考，见本志“衣食住行”篇“饮食·点心”）。此日，产妇家人煎煮菖蒲、艾草或米汤给婴儿洗澡；泡黄连汤象征性涂抹婴儿嘴唇，在喂开口前，用黄连汤点口舌；做三朝饼或面分送左邻右舍；产妇吃河鲫鱼汤开奶。民国时，此俗已不多见。今仍在婴儿嘴唇上象征性抹黄连汤，蕴涵自幼吃得苦，长大后变得坚强。

送生姆

婴儿出生后请近邻、亲戚、朋友吃“落地汤馃”，告知生产顺利。这些习俗至今保留。7天后，亲友送糖、长面（麦粉特制，有淡淡咸味，烧做时加红糖，做成甜味），民间认为有催奶水功效。同时送鸡蛋、白鲞、桂圆、核桃、红枣等物，称“送生姆”。主家常以糖面招待。20世纪80年代后，市面上各种食品、补品丰足，改送礼金渐成风尚。

满月酒

流行为婴儿做满月酒，且相对隆重。除摆满月酒，还给婴儿剃发，称“剃胎头”。烧葱头汤洗头，谓日后聪明；男婴戴镯，女婴用针刺吊耳环孔眼，一般选初三、十六、廿七等吉日。女孩做单满月，男孩做“双满月”，宾客端盘面，送“红贴”贺礼。办满月酒，吃满月面，发红蛋等风俗，今仍盛行。

百日酒

清钱沃臣《蓬岛樵歌》诗：“儿生百日礼修髦，为祝延龄尚鬌桃。待看晬盘持俎印，愿郎十岁胜葡萄①。”今婴儿百日，依然有人摆百日酒，由家庭成员为孩子庆祝，少有外人参与。多流行孩子百日拍照留念。21世纪始，有家庭收集婴儿胎发做毛笔纪念。民间认为，婴儿出生三月剃尽

---

①《礼记·内则》载：“三月之末，择日剪发为鬌，男角女羁，否则男左女右。”这里的“角”即是“总角”，指“出生三月，男的要将其余头发剪掉，只留头囟两边的叫‘鬌’，把鬌收束起来，扎成两个小鬌，因其形状如角，故曰‘总角’”。

头发、眉毛，日后长出会更稠密厚实。

对周

满周岁生日称对周，仪式喜庆隆重。外婆家做一身衣服，称“对周衣”，亲友也有送对周衣。主人家备酒宴请，吃寿面、寿桃，有油包（谐寿）、糖包等。时兴做锦团，糯米捣成粉团，内包白糖芝麻馅，外抹松花，色金黄，分送亲朋邻舍。一般友邻送两对，不须还礼；至亲送十对以上，多则几十对，至亲以首饰、衣服、玩具等还礼，称“送对周”。旧时，有对周仪式：正堂摆酒食供奉父母，置笔、书、玩具、量尺、银圆等于盘上，让婴儿随意抓，察看志趣，以卜未来，称“抓周”。20 世纪 70 年代后期，传统过生日式样渐远，年轻一代购奶油蛋糕，用彩色奶油画上生肖，写祝福语，父母代幼儿点蜡烛、许愿、唱生日歌、吹蜡烛、吃蛋糕等。城乡百姓认同拍照留念。21 世纪始，“对周”除拍照片，尚有录像，做成光盘保存。

开荤

婴儿第一次吃荤食，称“开荤”。六个月左右，让婴儿吃大虾，意小孩日后活蹦乱跳，也有吃鹅舌头，谓之高昂，此俗今存。

割脚绷

婴儿周岁仍不会行走，让其立于门，用一绳横置脚下，用刀斩断，称割脚绷。也有认为幼儿刚蹒跚学步时，两脚有无形东西绷住，难以迈开。将幼儿置场上，父母在前逗引，使幼儿起步前行。当其蹒跚起步，父母手持镰刀，割两脚间所绷无形物，意愿婴儿更好走路。现今，此俗极少。

摘奶

民间称婴儿断奶为“摘奶”。旧时，多在一周岁前后断奶，亦有吃至第二胎怀孕止。最后一孩称“摁脚桶”，让其含奶头至五、六、十来岁。此习延续至 20 世纪 60 年代。80 年代后，“摘奶”提前，一般十个月左右就断奶。方法：将辣椒粉或黄连涂于乳头，孩子吸吮时反感，渐放弃吮吸，改食其他食物。

求学

清代前，富裕人家或书香门第孩子读私塾、儒学、社学，考取功名，贫寒之家极少。未达功名学子多教书乡间。家庭和家族所办私塾，其弟子五岁就可入读，女子不可，只在家“自学”。贫寒家子女读书仅识字，即乡间所说：“读点书，认得几只字”，做识字“亮眼人”，免做“乌眼人（瞎子）”。民国起，新文化运动理念传入乡里，境内出现幼儿园、女子学校。读完小学三年级，称“初小”毕业。读完小学六年级，称“高小”毕业，为乡间高学历。民国 27 年（1938）后，县开设初中，能上初中学生屈指可数。至中华人民共和国成立时，全县文盲率高达 80%～90%。

中华人民共和国成立后，教育事业发展。一段时间，读书无用和读书当官发财论交替出现。“文化大革命”前，小学普及。中途退学者，老师上门做父母工作，读至小学毕业。民间流行“学好数理化，走遍天下都不怕”。农村小孩想读书到单位或企业上班，有“跳出农门进龙门”之说。“文化大革命”初期，社会动乱，读书无用论一度流行：“学会车钳刨，天下到处跑”“小学毕业撮柴度日，中学毕业回家做农业，大学毕业讨饭度日”。父母为孩子谋工作胜过谋读书。1970 年起，初中开始普及教育，时有休学、停学流生。1977 年，恢复高考后，社会开始重视读书。1986 年，推行九年制义务教育，读书热忱更高，成家长重要任务。20 世纪 90 年代前后，学生读高中不够录取分数，可用钱买分入读“名校”，初几千元，后录取分数差 5 分需 1 万元，差 10 分需 2 万元，10 分以上无买分资格。高考落榜生续考大学，可选读“高考复习班”。

普通百姓家培养教育子女的投入大幅增长。从上幼儿班至高考有：择校、择班、培养才艺（琴棋书画等），小学、初中、高中均有学科补习培训班、奥数深造班等，费用甚高。父母尤重中考、高考。中考、高考前夜，不少家长半夜至庵堂寺院祈求，以求子女高考胜出。21 世纪后，送孩子出国留学增多，学成归国留学生戏称“海龟（海归）”。

成年礼

传统，男子 18 岁、女子 16 岁，步入成人行列。乾隆《象山县志》载：成人礼，“士大夫家间行之，民间绝无。然筮日筮宾，行于庙，冠于阼，三加弥尊，《礼经》具在也。秉经复古，正自不难”。旧时，乡间非士大夫富裕家有为子女举行成人礼，此做法与《礼经》所记不同。成人男女生日，需举办膳席，富家给儿女吃全羊，中等人家吃全鸡，贫寒家吃鸡或鸡蛋。席上膳食丰富，父母以已之生活实践告诉儿女：“今日起是大人了，往后做事要有大人样子。”此种简单节事，从无断过。现今，虽无正式成年礼，多数家庭会将这年生日过得热烈、隆重，且融入西化内容：吃奶油蛋糕、点蜡烛、许愿、吹蜡烛等。吃全羊、全鸡风俗已不兴。

第二章　成家立业

先成家，还是先立业，乡间无统一认同，多遵从男大当婚、女大当嫁信条。旧时婚姻习俗，由古代“六礼”演变，相对繁杂。民国时期，父母包办婚姻传统开始松动。中华人民共和国成立后提倡自由恋爱、婚礼简洁。随经济发展、生活水平提高，一度淡化的传统婚姻礼仪、习俗逐渐恢复。新时代礼仪增加，并渗入西方婚礼习俗，富裕家庭婚礼常见奢侈。进入 21 世纪后，出现婚庆公司，婚礼仪式由婚庆公司或业余专业人员策划，排场过度，花费过高，婚姻当事人被潮流绑架。

旧时，称求业为求“饭碗头”，没职业称没了饭碗头。立业层级有别，有行业出类拔萃立大业者，更多为不同行业普通劳动者。中华人民共和国成立前，谋生行业种类不多。20 世纪 90 年代后，新兴行业层出不穷，各业不乏创大业者。

第一节　立　　业

传统上的立业，仅对男子而言，不关女子事。唐代始，虽书院、儒学等求读处，寻常百姓弟子难有入读条件，乡间私塾也为大户人家所办。大多家庭读书成才欲望难以实现，但也有少数读书成才者。民国《象山县志·先贤传》载：宋代俞夔，魁岸修伟，昼渔夜读，登元丰五年（1082）进士；刘渭，家世业农，勤奋好学，遭村邻讥笑，置之不顾，宋代元祐间考取进士。民国《象山县志·列女传》所记丧夫女子，上有老、下有小，以缝补、织编、刺绣、饲养畜禽技能，做富家帮嫂、阿姆（即保姆）等谋生。民国始，女子渐参加社会工作，成职业人士。

中华人民共和国成立后，读书识字伴随少年儿童成长。女子融入社会各业。20 世纪 90 年代始，立业可选门类拓展，子承父业不再为多数人选择。尤市场经济确立，个人立业由国家和集体安排转自由择业，女子创业成平常事。女子事业有成者，有女汉子、女强人、女企业家之称。

子承父业

子承父业是传统立业方式，系立业主渠道，为历代朝廷相应制度决定。民国《象山县志·先贤传》载："武胜，昌国卫指挥，洪武二十七年（1394）筑城。子恭，袭指挥佥事，恭子銛，銛子绝云，云子椿，椿子荣，荣子兆南，兆南子自新，自新子宏基，皆世袭。"士兵户籍弟子，受戍边世袭约束。盐民，元和明中期前受承袭父辈职业约束。起自晋代的疍民及明代的堕民弟子从业亦世承。子承父业另一原因，为农业社会生产力低下，社会可选职业少。子承父业，入行成本低，立业谋生快，为有此条件家庭普遍接受。

中华人民共和国成立后，社会职业增多。除传统手工业劳作外，子承父业情况显著减少。1980 年前后，部分企事业兴"顶替"做法，即在职父母可提前办理退休，由儿女顶职。这是特殊年代特殊做法，不久即取消。

拜师收徒

不同传统行业，拜师收徒规矩有别。通常拜师先找保人，俗称"荐头""搭桥人"，由其领学徒上门见师傅，送一份见面礼。师傅面试，看是否合适其行业所须体形体质：学打铁须高大有劲，学篾匠可小巧些，学剃头个子稍高。同时问几个问题，对来者有基本估价。如有意收徒，会收下见面礼，改日再议具体事宜；如不想收，婉言谢绝，退回礼物。

正式拜师收徒，需择吉日，行拜师仪式。届时设香案，上供相应祖师神位，焚香燃烛。学徒行三跪九叩礼，奉上红包；参见众师兄，行三揖礼。请同行业人到场作证，书写师徒契约。契约一般写明学徒时间三年，不给工钱，若遇意外事故，师傅概不负责等。拜师仪式后，学徒家长设酒筵，宴请师傅、师母及师祖、师伯、师叔、师兄等，俗称"拜师酒"或"进师酒"，家贫办不起酒席，只简单从事，心到礼数到即可。

期满出师，学徒办"满师酒"，向师傅送大礼。仪式：祭祀行业祖师神，叩头谢师，设酒筵，宴请师傅师母、行业中工匠、至亲好友。徒弟送礼后，师傅回馈几件所需工具，称"家生伙"。也有学徒期满出师，再跟师傅三年，师傅付半份工钱，俗称"半作"，或称"伙计"。

旧时工匠师承有一定系谱性，所收艺徒大多该工匠子弟、亲戚或同乡，以保技艺不外传。久之，行业形成己之帮派，或同姓同宗，或同出某地。同行之间，一些关键技艺保密有严格规定。以至对徒弟亦留一手，一些工匠立"传男不传女""传儿媳不传女儿"规矩。

学手艺

旧时，职业排列为"士农工商"，让儿子学手艺是无奈选择，因手艺人在封建社会，地位较低，被称作"吃百家饭"。民谣"斧头口，口对口""耜头口，养百口"，指传统木匠所得仅能糊口，务农者生活比做手艺人好。农民地位高于渔民、盐民和各式手艺人。

学手艺亦称"学生活"。俗话："师傅领进门，修行在自身""徒弟出山，师傅讨饭"。师傅传艺留一手，民谣："三步留一步，省得徒弟打师傅。"不乏视徒弟为己出，民谣："一日为师，终身为父"。学徒期限通常三年，师傅提供食宿，不发工钱。有些行业，师傅会按月给点零用钱，用以理发等。刚进门小学徒，一般不教技艺，只差遣干杂活，除劳务杂事外，还承担挑水劈柴、买菜做饭、扫地抹桌、抱孩子、洗衣服、端尿壶、倒马桶等家务活。工匠师徒更像父子，遵从"师

照 47–1　工匠在箍桶

道尊严”。饭桌上，若师傅先吃好，徒弟得马上放筷、停吃、离桌干活。俗谚：“学徒盛饭靠锅边，夹菜分汤靠前面”。旧时，学徒吃饭需特快，不然挨饿。干杂活时间有长短，有的两年内什么也没学到。聪明孩子靠一旁观察，俗称“偷艺”。多数师傅在徒弟跟随一段时间后，会指导接触本行技艺，先打下手（助手），后慢慢放手。通常经三年苦熬，能独当一面时，可出师。出师习俗与“拜师收徒”大体相同。

中华人民共和国成立后，职业歧视消除。早期，手工业人员多数进国营或集体企业为职工，不再被人瞧不起。工厂或集体手工业企业新招职工，也由组织指定专人传艺，称拜师学艺。现县有各类职业技术学校，培养此方面人才。木匠、泥水匠、装修师傅，日均工资要高于社会平均工资。

创业

传统所谓创业，多为立业、守业，为谋生之举。仗创业而成功之人自古就有，有成家后创业，有创业后成家。清末民国初，石浦纪子庚从小本生意起家，后创办商行，是典型的创业人士。

清代及清代前，象山最大创业为围垦海塘。许多家族围涂造田扩大生产。民国期间，境内不乏开办电厂、轮船公司、织造厂，做长行（做生意），开照相馆，投资机械制造等人士。

中华人民共和国成立后，从业谋生须国家、组织“安排”。改革开放后，提供创业者良好就业环境。有农家子弟成工业、建筑业、金融业、商业、农渔业、广告业佼佼者。20 世纪 80 年代中后期，国营、集体、乡镇企业改变经营机制，成立股份合作制企业，部分职工下岗自找求业门路，促进服务业快速发展。90 年代后期，大专以上学历人员选择考公务员、事业单位，被认为热门行业。象山建筑企业拓展县外，吸纳很大一部分农村劳动力。民间顺口溜：“十万民工闯上海，十万劳力闯大海”，农村劳动力转移可观。随经济快速发展，旅游业一枝独秀，乡村办农家乐，促进当地餐饮、住宿等服务业发展，成为创业新途径。进入 21 世纪后，政府提倡、支持创业，出现大学生、研究生创业队伍及动画创作、养殖、海产加工等新兴产业。

第二节　择偶订亲

旧时，择偶订亲有一习俗性流程，富家礼厚习繁，贫寒家庭简单。大徐、爵溪、石浦东门、鹤浦、高塘等海岛和沿海渔家婚姻习俗更具特色。选择对象时，多有第三方（父母、媒人）介入，恋爱双方选择权有限，父母决定权大于一切。境内山多岭密，海隔港阻，交通不便，信息不灵，制约相亲地理范围。

民国始，父母包办婚姻弱化。政府设立证婚机构，法律保护婚姻合法性。中华人民共和国成立后，废除一夫多妻制，自由恋爱渐成主流，婚姻当事人决定权强化，绝大多数父母尊重子女婚姻选择。择偶订亲形式渐趋多样化、现代化。20 世纪 90 年代，男女交往渠道更广泛，有婚姻介绍所、集体相亲会、篝火相亲晚会、报刊、电视征婚、网上恋爱等。婚姻登记更趋人性化、合理化。21世纪后，相亲恋爱更自由、多彩，同时出现随意、随性、随心现象。择偶期间，未婚同居增加，闪婚闪离出现。

通婚范围

中华人民共和国成立前，邑内因山峦相阻、交通不便，男女通婚距离直径一般30里，不会超过50里。“上下山村”男女成姻普遍。商户、大村富家、望族子女，通婚距离相对远些。儒雅洋何氏宗谱有录，何姓家族嫁女丹城、半河、大碶头等地，均超过50里。与宁海陆地相接，两县通婚较多。

沿海村落，经海路与外界交往便捷，常有跨县结姻。贤庠与隔海鄞州，西周与隔海奉化，石浦、鹤浦、高塘与椒江、三门、黄岩均有通婚。

20世纪80年代后期起，外出经商、办厂、打工男女青年增多，加乡村通公路，男女通婚范围增大。近年，随外来人员增加，安徽、江西、湖南、贵州、四川、河南等省女性始有嫁入象山。

婚嫁年龄

民间老话“13岁的娘，16岁的爹”。中华人民共和国成立前，此年龄段结婚生子少数。女子16岁、男子18岁结婚普遍，与历史上记载婚嫁年龄大致同。女子18岁还未出嫁，称“老大（大，象山方言读若‘驮’）娘”。1950年《中华人民共和国婚姻法》规定：男20岁，女18岁就可结婚，男女在这虚岁年龄结婚常见。乡间，男女青年不到法定年龄结婚较普遍。20世纪70年代后，男女结婚年龄推迟，多数按婚姻法规定执行。1980年《中华人民共和国婚姻法》规定：男不得早于22周岁，女不得早于20周岁，提倡晚婚晚育。此后，多数男女青年结婚年龄均超过法定年龄，晚婚晚育成新一代人共识。90年代以后，被人称“老大娘（词义与今‘剩女’同）”的姑娘，其年龄一般在30岁左右或以上。

做媒　谢媒

封建时代婚姻由“父母之命，媒妁之言”决定，媒婆为主要婚姻介绍人。清代县人钱沃臣《蓬岛樵歌》有童谣：“妹妹茶来郎来，谢郎邀我来作媒，妹妹金屋银台，谢郎邀我来作媒。”男婚女嫁，素重门第，多择门当户对议亲，民间有“缎弗搭布，贫弗搭富”之说。“男大当婚，女大当嫁”，男女双方到婚嫁年龄，须经媒人说合结成连理。男家相中某家女孩为结婚对象，请媒人“贽雁”到女家说亲。中华人民共和国成立初期，表兄妹成婚依然存在。始现自由恋爱，成婚比率不高。自由恋爱成功，双方父母会找合适人选充“介绍人”，帮助解决婚事中具体事务。现今，这种做法仍为多数父母认可。亲朋好友介绍恋爱成婚居多。媒婆改称介绍人或做媒人。20世纪90年代，出现婚姻介绍所及媒体征婚。进入21世纪，有网络征婚，有电视台专门频道播放婚介资讯。也有单位、团体组织相亲会，撮合男女成婚。新一代人眼里，处女、处男已不十分讲究。

旧时，说媒成功可获财物，习称“谢媒礼”。谢媒礼多少，视主家经济状况决定，礼钱一般男家支付（如男到女家落户，由女家支付）。中华人民共和国成立后，介绍人除结婚日子吃喜酒外，主人需赠送猪胖蹄、酒、烟等。婚宴后，主人将介绍人所送贺仪（人情）退还。现今，婚姻介绍所收取服务费，团体、单位组织相亲活动免费。

相亲

旧时讲究闺范，富家未婚女子，平素很少出门，多待家中。男方请媒人到女方家探女子相貌、身材、家庭情况等，男家一般不跟媒人同去。媒人以串门聊天方式到女家相亲，女子大多一旁做针线，媒人一边与女方母亲聊天，一边端详女子相貌，观察手巧程度；找话题，与女子对话加深了解。若女子手巧，女方母亲会拿出女子针线活或手工作品让媒人看。媒人也察看其家庭生活状况及屋里屋外整洁程度，推测女子是否勤劳，善于持家。男女双方有联姻意愿时，媒人为双方定好时间地点，女家多父亲出面，男家多母亲前往，由媒人陪同去看未来女婿、儿媳。民国前，男女当事人少一同前往，即使一同前往，也有不知情的。媒人陪男当事人携礼物往女方试探性拜访，如男子被女方父母留下款待，即基本得女方父母及女子认可，若迟迟不备饭菜，任男方告辞出门，表示婚事难成。民国时，富家女子读书渐多，自主婚姻意识渐强，仍有部分女子保守传统女子理念行为。乡间，传统做媒仍占主流。

中华人民共和国成立后，农务人家与知识分子、有工资收入家庭相亲方式不同，前者多传统做法，后者多现代意识。首次相识地点、时间，多通过介绍人确定，地点多选在亲友家，双方感觉不相配，接触时间显短；双方觉得合适，会自行决定下次约会时间，直到谈婚论嫁，此过程称作谈恋爱。旧式男女授受不亲，先结婚后恋爱定式逐渐消失。20 世记 90 年代，恋爱方式日趋多元，一般选择影院、剧院、歌厅等场所见面，也选择咖啡厅、茶室、景区、游船等场所相亲。

合婚

旧时，男家有意与女家联姻，女家收下媒人说亲礼品，算是同意婚事，即纳彩已准。男方备果品礼物，派人与媒人同往女家，询问姑娘生辰八字，谓“请庚帖”，女方将生辰八字写红帖送男方；男方将生辰八字帖给女方，谓“过庚帖”。互换庚帖，推算男女年庚生肖有无冲克。男方帖子用描龙图案红纸，女家用飞凤图案红纸，表示男女双方龙凤相配，有贴上鸳鸯之类图案，以示相悦相亲之意。男女两家收到生辰八字后，赶紧烧香，并供正厅神佛祖先前，放 3 天，其间如家内吵架、失窃、摔坏东西及遭遇其他事故，被认为是不吉之兆，此门亲事免谈；3 天内男女双方家中无意外事故，为神佛祖宗保佑，乃大吉之兆，婚事可继续。男女年龄差距无严格标准，一般男大女二三岁，最忌大六岁，俗称六岁属正“冲”，不宜结合，也不宜相差 10 岁以上。今男女青年自由恋爱，不相信“八字相克”“年命不合”，择偶标准客观务实，没太多礼俗，双方讲究人品端正，性格、志趣相投便可登记结婚。乡间仍有家长选择门当户对，儿女八字做参考。

送日子

男女双方相过亲，合过婚，始考虑定亲日。把聘金、聘礼、婚书包在毯子里，新郎由至亲、媒人陪同送女方家，称“送日子”也称“发聘”。旧时，有钱人家送日子，选黄道吉日，一般双月双日，不能冲犯男女双方属相忌讳，否则“犯月”，乡间较喜欢农历十至十二月择选吉日。将结婚日期书送到女方家，女方家签署好合婚书交媒人带给男家。定亲到婚礼日子长则几月，短则几天。其间，如遇端午、中秋、春节，男方需送礼给女方父母，俗称“送节”，第一次送节尤客气，礼品除酒、烟、营养补品外，有送黄鱼、鲳鱼等。此后，逢端午节，女婿要去丈母娘家送礼。婚前一月，女方家大辈亲属要宴请新娘子，谓之请“大娘饭”，今尚有此俗，但不流行。

旧时，送聘礼、聘金、婚书，吹鼓手走前，媒人押后，沿街吹打送女家，女方家人在门口迎接，男方把礼物单子、仪式程序表“礼帖”及婚书交女方。礼帖用词讲究，如鸡鸭写“畜禽四翼，家鸟四掌”，金镯写“金镯成双”，蜡烛写“喜烛双辉”等。聘礼目录表用红纸折成 12 折，男方送女方，封面写“端肃”两字；女方送男方，封面写“肃复”两字。一般女方接受大部聘礼，备礼品回赠，其中礼饼分赠亲友，作订婚通知，称“分饼”，今多喜糖。受赠亲朋，日后须送结婚贺礼。定亲之日，男女两家供婚书于神佛祖先神位前，报告已和某家结亲。女方邀亲友和男方送日子人员入席，表示两家已结秦晋之好。“订亲酒”，俗称“小日子”，今多数家庭订亲酒不看重。

有钱人家聘礼讲究成双成对，红绸（将写有双方“年庚”金色字，缝在红绸上）、金花（金簪）2对，金戒指1对（1金1铜）、金耳环（金镯）1对。有羊、猪、鱼、酒、糕、水果、礼烛、礼香、礼炮、礼饼等。穷困家庭送2块银圆或1根银项圈，聘礼陈列于大食盒。给女方送礼，男方6人或12人抬送，女方收下后，奉置聘礼于神龛祖先案头供拜，请亲友观看，显示男方聘礼丰厚。未婚新娘捧甜茶上厅，媒人一一介绍与之见面，男方饮茶后，各自将奉送红包置茶盘。随后，女复出，坐堂前中央之椅上，由男家尊长挂戴戒指。戒指金铜各一（“金”谐“今”“铜”谐“同”，取意夫妇今日起永结同心），以红线系结，以示夫妇姻缘。戴戒指后，男方来人入席，订婚礼成。贫穷人家少繁文缛节，礼品、礼金亦少，程序简单。

中华人民共和国成立初期，聘礼简单。20世纪60年代，金银饰品稀少，生活物资、工业产品奇缺，家庭经济尚可者送绒线2磅、布料若干，聘金几百元用以置办家什及床上用品。农村家庭大多买不起手表，也难买到。70年代起，物资依然匮乏，男方千方百计购买手表、自行车和缝纫机作聘礼，聘金一般300元。90年代后，订婚聘礼多中高档服装、金耳环、金手镯、金项链、金戒指，高级糖果几百斤，价值万元以上。21世纪后，聘礼聘金看涨，聘礼有金、银饰品，钻戒始流行，服装趋高档，聘金约2~5万元不等。现今，经济一般家庭，聘金28888元，富裕家庭有188888元、288888元不等。女方收后按乡风，返还部分聘金。若女方经济困难，嫁妆少，聘金会多数返还，仅留8888元或888元；女方经济条件好，嫁妆远超聘金。金贵聘礼、礼金用红色毛毯包裹，放置皮箱内送达。双方协商结婚日期和喜宴安排。

送嫁

伴娘送新娘出嫁，称“送嫁”，婚前亲友送礼品，亦称“送嫁”。送嫁，礼品随时代发展变化较大。中华人民共和国成立初送枕套、小件绣品、头饰等自制物品；后送热水瓶、玻璃茶杯、台灯、小方凳、箱子；现今送羽绒被、高档碗盏，也有送微波炉等。至亲长辈，伯父、叔父、姑姑，舅舅、姨妈等，赠侄女、外甥女礼品，要送一定数量礼金，称“捏手钿”（送新郎礼金，包好挂于其身，称“宕身钿”）。20世纪80年代前数目小，为几元、几十元，90年代为100~300元。进入21世纪后，礼金看涨，至少千元以上。

拍婚照

中华人民共和国成立前，乡村无照相馆。丹城、石浦，民国期间有照相馆，少数新潮新人拍摄结婚照。1980年前，结婚男女到丹城或石浦拍照。始初，结婚照仅男女新人半身或全身合影，无化妆。20世纪90年代起，系列结婚照兴起，价格昂贵，一套结婚照最低千元以上。21世纪前后，流行西装与白色婚纱照，也有凤冠霞帔、状元及第的，有旗袍与长袍马褂、中山装等不同装扮结婚照。松兰山景区成象山、宁波以至上海、杭州等地新人拍摄外景场地。同时出现结婚录像拍摄，较早有县文联下属电视摄制服务社。

旧时婚俗

一夫一妻制度是旧时婚姻制度主流，但象山婚姻陋习、旧俗不少，予以记录存史。

童养媳　亦称“养生新妇”，指男家收养女孩或女弃婴为媳。女孩小于男孩，则称“童养媳”，大于男孩，则称“等郎媳”。童养媳在婆家多备受虐待，其夫一般家境为赤贫，也有的患有先天性疾病。1950年4月，贯彻婚姻法，禁止收养童养媳。

典妻　出典方因贫病难以维持生计，往往把妻子典（租）于他人；受典方多为妻妾不育或无力完婚者。典妻、租妻双方均有媒证，订立契约，明确写明典租期与典租价。典租价以期限长短而定。女方必须具有生育能力。典妻入门不行仪式，仅以薄酒谢媒，所育之子归典方。典期满回原夫家。中华人民共和国成立后，被政府禁绝。

纳妾　妾，俗称"小老婆"。旧时多为奴婢、娼妓，亦有贫穷人家姑娘。纳妾者多以妻子不育或无子女为借口，而行喜新厌旧之实。讨妾也明媒聘娶，但只准坐小轿进门，受正妻管束；也有为妾另置别室。旧时富贵人家常一妻多妾。

冲喜　男女定亲后，如男方或男方父母病重，提前择日迎娶进门，以"喜气"冲"晦气"，称为"冲喜"。婚礼照常举行。如果新郎卧床不起，可由其妹代替拜堂，引入洞房。旧时新娘多有在冲喜之日成为寡妇者，造成悲剧。

卖婚　丈夫因为家贫或赔还赌债，或嫌其妻不能生育而卖妻，称为"卖婚"。此种买卖关系往往是妻子并不知情，全由丈夫秘密成交，有的买方兼用暴力，强迫成婚。

冥婚　一是定亲后，双双暴卒。双方父母商定后，由童男童女各捧其木牌位拜堂，结成夫妻。婚礼举行后，然后再举行丧礼，移双方棺木合葬一穴；二是男女生前并无定亲之约。死后由父母央媒说合，称"订阴亲"。然后择吉日，迁棺合葬；三是男女双方定亲，后男方病死，新娘与亡夫木主（牌位）拜堂，并与木主共寝，终生为之守节。此类婚俗偶有发生。

迎椟　订婚后，女方死亡，男方恪守婚约，用彩轿迎娶亡妻木主，行庙见礼，题木立后，送木主上祠堂（供于祠堂内）。然后把亡妻像挂于洞房之中，新郎与之同卧同起，三日之后撤去其礼，称"迎椟"。

孝新妇　定亲后不久，本当举行婚礼，突遇男方父母亡故，于是暂不发丧而先举行婚礼，称"闷丧"。举行婚礼后，新娘脱下婚服，换上丧服，称"孝新妇"，然后发丧。

寡妇守节　妇女丧夫后，受族规约束不许再嫁，称"守节"。订婚后，如果男方身亡，妇女仍旧要按原定婚期同亡夫的木主完婚，并"从一而终"，在夫家守节。寡妇再嫁视为伤风败俗，前夫家属可向寡妇续夫收取"身价钱"。

入赘　即进舍女婿、上门女婿（象山俗称进舍子丈、上门子丈），也称"倒插门"。女方不出嫁，男方入女家，结为夫妇。一种情况是女方无男性继承人，招进女婿，所生子女，姓女方姓氏，为女方家长养老送终，沿袭女方香火；另一种情况是孀居妇女招夫上门，维持家庭生活。入赘者大都是家庭兄弟多，经济贫困，无力娶妻者。

第三节　出　　嫁

女儿出嫁，也称"嫁妠"。住宅挂灯结彩，大门、庭前贴大红对联。婚礼前一天晚上有暖房习俗，新郎、新娘这天不能见面。当晚，新娘请伴娘在娘家自己房间同睡，称"暖房"，伴娘需父母双全。

中华人民共和国成立初期，农村继续流行传统方式，新娘子坐花轿出嫁，身着凤冠霞帔，穿红色绣花鞋，戴墨镜。政府提倡"文明结婚"后，新娘步行去夫家。"文化大革命"期间，横扫

“四旧”，花轿不再，传统出嫁习俗消失。婚礼上有要新娘背诵毛主席语录，唱语录歌等内容。步行或自行车驮载新娘渐成常态。20 世纪 70 年代，乡村机耕路修通后，拖拉机搭载新娘常见。90 年代起，老百姓家庭经济水平提高，结婚场面渐繁复、铺张。进入 21 世纪后，婚嫁队伍皆用轿车（称“婚车”）接送。

嫁囡宴席

婚嫁宴席俗称“办汤水”，赴婚宴谓“吃汤水”“吃酒”。出嫁宴席一般于出阁前一天晚餐，称拢羹（拢纲酒）。终止于新娘出嫁当日晚餐，出嫁当日午宴为正餐。旧俗，客人就座，尊卑长幼有序，上（北）尊下（南）卑，右尊左卑，主席摆堂前上方正中，居中为新娘家辈分高者，新娘父亲和舅父坐左右作陪；新娘与伴姑，新郎与贺郎东西各一桌。其余依尊卑长幼按次入座。今仅留主席、新娘伴娘席、新郎伴郎席、特约贵宾席，余皆随意就座。客人按长幼和身份、地位依次排座。正餐时，新郎向女方亲朋好友敬酒，先长辈、年老者，若敬错，则罚酒烟或罚钱。席间给小孩发红包，给赴宴者发糖果、香烟等。晚餐称“洗橱酒”或“倒拢羹”，较简单，以示宴席结束。传统出嫁婚宴家中举办，场地小会临时搭棚子。20 世纪 90 年代前后，有在饭店、酒店设宴。现今，各村多有专门办酒场所，供办酒席者借用。有自行购物、委托加工；也有双方谈妥酒席要求、价格，委托他方办理。

新娘化妆

新娘出嫁当日晨早起、梳妆。旧时和中华人民共和国成立初期，请堕民嫂绞面（也称挽面），高挽秀发，施扑粉或固体化妆粉（民间称鹅蛋粉），务使脸、额、颈脖部位细茸毛发绞除，减少绞面痛楚。绞面方法：绞面人拿一坚韧细线，两手使线呈两角交叉状，紧贴女子脸部，一弛一张，以线作钳，拔掉茸毛，使脸、额、颈洁净。绞完面，给新娘梳头，插象征女子成年发簪。梳头插簪后，穿上结婚礼服。稍有经济能力家庭租用红色戏装（凤冠霞帔），一般家庭穿红色服装，年代不同款式有异。红盖头、红绣花鞋则必有。除“文化大革命”外，新娘穿红衣、红色绣花鞋习俗至今延续。今新娘化妆至专业美容店，时兴穿婚纱。

出嫁启程

传统，新娘启程前祭拜天公、三界公和祖先，向父母敬茶，父母喝后，祭拜天公诸神。中午，迎亲花轿临门，爆竹齐鸣，敲锣打鼓，男方代表拿出拦门红包后进门，抬上回娘菜，花轿庭前等待。午宴后，择良时起轿，新娘与双亲难舍难分，伴姑再三催促，并为新娘行前梳洗装扮，随后吃轿饭，饭中伴红糖，兆婚后甜蜜。新娘第一口饭进口后吐床前，以示反哺。穿上凤冠霞帔，跪拜父母。父母扶起后，多触景生情，母女相抱哭泣。新娘踏预先铺好席子步入花轿前，由长兄抱上花轿，俗称“抱花轿”“抱上轿”。将新娘洗脚水倒轿后地上，寓意嫁出去的女儿泼出去的水，姑娘嫁夫家后，会与丈夫白头偕老。新娘小弟（俗呼“新阿舅”）伴随同行。吹鼓手在前，四人花轿在后，新娘发红包予抬轿人，希轿子抬稳。

照 47-2　石浦婚育民俗节展示的抬花轿活动

当今，不少传统习俗渐失，新娘临行跪拜父母仍旧，即便新娘美容店化妆，穿婚纱，赴宴，待宴席结束后，也需回家跪拜父母，其后方由新郎接走，多用轿车（少则6辆，多则8辆以上）迎接。

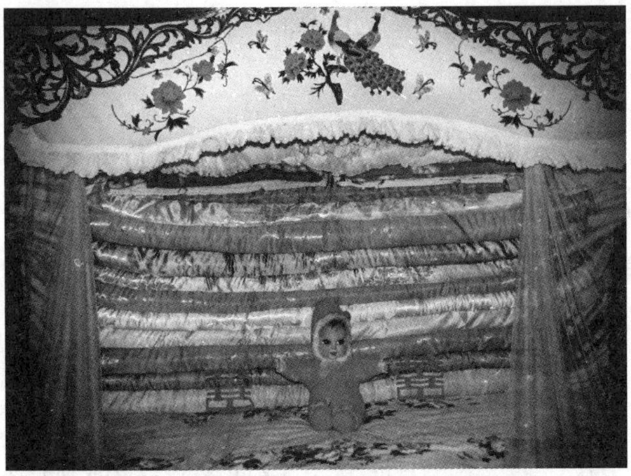

照47-3 20世纪70年代的嫁妆婚被

随行嫁妆

旧时，富户嫁妆有衣物饰品、精美家具，甚而随嫁金银财宝、田地山林。送良田作嫁妆称“拔邻田”。送嫁妆需几十人担挑扛抬，排起长龙，热闹非凡，有“十里红妆”之说，以显示其家境富裕，为出嫁女儿争光。大件有衣橱、幢橱、书橱、化妆台、橱顶箱、开门箱、红板箱、三斗桌附长短方凳及各式绸缎面子棉被等；小件有夜桶（即马桶、子孙桶）、火熜、家工篮（放剪刀、尺、针线，为必备品）。日用品有镴壶、镴烛台、镴茶壶、脚桶、托盘、桶盘、自织布料、灯、开明果、花粉、红十字线等。贫穷农家以锄头、畚箕、镰刀及种子作嫁妆，为乡间常见。

20世纪70年代，贫富差距较小，乡村嫁妆式样品类基本相同，因物质贫乏，嫁妆数量少，只求实用。80年代，随生活水平提高，嫁妆开始丰厚。时嫁妆以家具之“脚”衡量，由64只脚增至128只脚（指写字台、衣橱、被柜、五斗橱、床头橱及茶几、方凳、椅子等有脚家具）。90年代后，嫁妆从自行车、缝纫机、手表、收音机渐变成电风扇、电视机、录音机、沙发、电冰箱、洗衣机及VCD、电脑等。进入21世纪，有嫁金银饰品、轿车。富裕家庭嫁“宝马”等豪华品牌桥车，一般家庭所嫁轿车，价位10万元之多。更有嫁住宅套房和“别墅”。先前嫁妆是结婚之日送嫁，今通常结婚前与新房布置一起完成。传统嫁妆一些物件至今仍有，如热水瓶2只，美孚灯1对，铜质小火熜，缩小版红色工艺造型马桶、脚桶、粉桶、托盘等。除热水瓶有实用价值外，其余象征性嫁妆，寄托父母对女儿未来生活的祝福。

“十里红妆”考 所言“十里红妆”，嫁妆丰厚，婚嫁队伍盛大，多是理想，夸张说法。普通人家嫁妆队伍，亦有“十里红妆”表象，乃因民间盛行沿途拦花轿、看新娘、要喜糖果子。中华人民共和国成立后，新娘出嫁步行，亦常被拦。“文化大革命”间，拦新娘也未取消，要求新娘“背语录，唱语录歌”。20世纪70年代，用自行车、拖拉机接送新娘，乡间仍有拦新娘新郎索要喜糖、喜烟，常常出现索要方与新娘新郎讨价还价，充满喜气。参与拦新娘者多为少年，大人一旁谋划、指点。婚嫁队伍一路经过村落多，遇拦自然也多。无论民国或中华人民共和国成立后，新郎新娘们，与拦路者达成谈判，方能通行。一路上拦路人越多，说明新娘有人缘、相貌，新郎越光彩。拦轿中，嫁妆队伍一边等候，次数多了与花轿拉开距离，前者和后者相差三五里地，是正常事。若新娘家与新郎家相距远，前者与花轿相距十里亦有。唯鼓乐队和挑糖果“夜桶小叔”，始终伴随花轿。“夜桶小叔”为被拦新娘提供所需物品。因此，婚嫁队伍距离，出现既真实又虚幻的“红妆十里”现象。

随行人员

新娘出嫁，随行伴娘2~4人，始终不离新娘左右，直至将新娘送入洞房。“新阿舅”1人，亦称“舅爷”，由新娘兄弟担任，是婚嫁队伍中关键人物，负责处理女方一切事务。假若新娘是独生女儿，“新阿舅”则由堂兄弟或表兄弟充任。“新阿舅”有陪护三四人。进入新郎家门前，有“拦门头”习俗，被拦的是“新阿舅”。陪护人员出面与新郎方拦门头者讲妥条件，满足他们提出的要喜烟、喜糖或买喜烟、喜糖现金要求，方得放行“新阿舅”。另外，喜宴上，这些陪护人员还要协助“新阿舅”负责处理宴席间各种事务。

第四节　娶　　亲

娶亲，俗称“讨老女”“抬老女”“抬新妇”，也作“讨老婆”“抬老婆”等。娶亲日称拜堂日，雅称结婚日。婚日前一晚，新郎需请伴郎在新房暖房，伴郎需父母双全未婚青年。婚日当天，新郎和迎亲队伍，视新娘家路途远近，择吉时出发，海岛、渔村以船代步，余皆步行，当日午饭前到新娘家，共进午餐。

结婚仪式于晚宴前在家中堂前举行，场地狭小可在庭院临时打灶、搭棚子。中华人民共和国成立后，单位职工，有在食堂举办便宴，单位会议室举行婚礼。20 世纪 90 年代前后，丹城、石浦时兴在酒店举行婚礼、婚宴。进入 21 世纪后，城镇承办酒宴酒店更多，条件更好，并提供新人免费住宿。农村多建有老年活动室、村民会所，承办婚宴。

祭祖

婚日凌晨，新郎家中堂摆设香案，八仙桌 2 张，桌东首供猪头，西首供羊头，有茶、米、鱼、肉、鸡、水果、蔬菜、糕点等。困难家庭，猪头、羊头用面粉做，或剪纸代之。旧时请堕民嫂给新郎梳 3 次头，穿结婚礼服，戴礼帽，站香案右边，总管祝词，贺郎斟酒。先祖父、父亲敬拜，接着新郎祭拜天公（太上皇）、三界公（三界大帝）及祖先，祈求婚后子孙绵延，万世其昌，称“享先”。其后，做全堂羹饭，祭祀祖宗，共吃“享先”汤馃。早餐后，安排迎亲抬花轿、嫁妆队伍，随带一桌回娘菜去女方家迎娶。

当今，完婚当日祭祖事宜多父母代劳，祭拜心到、意到、境到即可，不再拘泥旧式程序，况现代套房也不宜传统方式祭祖。

迎亲

迎亲队伍以新郎为中心，有伴郎、赵子龙（新郎朋友充任，因为新郎保驾护航，故称）、抬嫁妆和鼓乐人员。富裕家庭迎亲队伍配鼓乐。新郎到新娘家时，放炮仗，女方亲戚用长凳子拦路不许进门，俗称“拦门头”。双方对峙，言语喜乐，多插科打诨，新郎答应出喜糖、喜钱后才放行。新娘家给新郎和随行贺郎吃糖煮蛋，象征“圆圆满满、甜甜美美”，至今流行。迎亲队伍参加新娘家午宴后，选择吉时接走新娘。

迎亲队伍返回，每进一村，随行乐队即鼓乐齐奏，出村方歇。无村落路途中，也会鼓乐悠扬。一路上隔三岔五遇到拦轿，看新娘，讨糖果，轿内新娘不可出声，新郎也不出面，由伴娘、贺郎和随行新阿舅处置，笑脸相待，巧妙应对，以求放行。拦轿风俗流行乡村，增路途喜庆欢乐，亦男女家庭人缘好反映。轿夫适时颠簸轿子，无恶意只为增添喜感。颠簸幅度较大时，新娘或伴娘、新阿舅、新郎出面讨情，答应另给“礼品”（多为酒、糖果），轿夫就会停止颠轿。颠轿多起轿不久，或近新郎家，路中少有，逗趣新娘、紧张新郎，系轿夫与新郎新娘间的一种互动方式。

傍晚，迎亲队伍回男家，礼炮齐鸣。轿至大门，帮忙人向轿顶撒盐、米，以示洁净，以避三煞（青羊、乌鸡、青牛之神，忙于啄食，免威胁新娘）。堂前放定轿子，小姑牵请新娘出轿，轿前麻袋铺地，随新娘行步交替递接麻袋，传袋人口喊“传袋罗、传袋罗”，意代代相传。当今，轿车迎娶新娘，多向新娘和其随行撒鲜花花瓣、彩纸、彩条等，麻袋改红地毯。新郎方设拦门头，所拦对象为“新阿舅”。详见前文。

迎娶酒宴

旧时，男方迎娶酒宴持续两三天，称“办汤水”。第一日称“拢纲”，第二日迎亲，第三日相亲（指男女双方亲戚欢聚一堂，相互认识，谓之“请大辈”）。现今宴期通常二天，爵溪仍流行三天。婚前一日，婚家邀请帮忙人商定办酒分工，办酒场所贴分工单，各司其事。有负责派轿迎亲，有借餐具，有安排厨房、饭房、茶酒房、库房等。住宅中堂悬灯结彩，通常门头、庭前、洞房贴大红对联、洞房窗户贴大红双喜。女家派人来新房铺床、挂窗帘、布置。傍晚，亲朋好友纷至，中堂檐下摆满桌席，主客入席欢饮。

宴席现场设库房和执事，执事负责查对宾客，宾客和娘舅到齐方上菜。库房负责接收礼金。旧时，富裕人家请乐班吹唱。客人座席按尊卑长幼排定（同前一节嫁妠宴席）。现今除主席、新郎新娘席和特别贵宾席，余皆随意就座，不讲辈分座次。中华人民共和国成立初期，生活条件较差，一般宴席9大碗或12大碗，有豆芽、鱼、菜、鱼胶、海参、鲻鱼、肉丸、鸡、红烧肉等。现今，酒宴丰盛，有多至20余碗。2005年后，中等档次婚宴，必上野生黄鱼、鲳鱼、咸舱蟹、龙虾、基围虾、大闸蟹、鲍鱼、海参等。

新娘由新郎小姑等陪同，向长辈、年长者敬酒，敬错罚酒。结婚须宴请女方与男方长辈，谓“请大辈”。菜品讲究，比正餐高档，上龙虾、扇贝、大闸蟹、甲鱼、河鳗、海参等。请大辈时，通常邀请单位领导、同事赴宴。

拜堂

旧时，婚礼在中堂（堂前）举行，称拜堂。司仪主持：一拜天地，二拜祖宗，三拜父母，然后新郎新娘互拜，以红绸作结，新郎新娘各执一端，两个贺郎各执花烛引送进洞房。拜堂后，新娘在新房落座，新郎走出接待贺客，喜宴后返洞房。中华人民共和国成立初期，机关工作人员婚礼简洁。婚礼当日，约亲友聚会就餐，多无酒水；晚间选一会议室，挂彩带，新人坐主席台，同事充司仪，围桌坐，席上备糖果、点心。乡村晚宴后，有相对传统婚礼仪式，但多掺杂现代拜堂做法。“文化大革命”期间，婚礼有向毛主席像鞠躬仪式。20世纪90年代后，结婚仪式多安排婚宴场所，有婚宴前举行，有与晚宴结合，婚礼结束晚宴可继续。

20世纪90年代常见婚礼仪式

婚礼个性化较强，司仪用词多样，并渗入西方文化。布置拱门、彩球、花柱、彩灯、冷焰火等。专业司仪主持，一边行婚礼仪式，一边开宴。婚礼结束，宴席继续。

司仪主持：

一、婚礼开始（奏乐，新人登场）。

二、介绍新人。

三、证婚人讲话。

四、双方父母代表讲话。

五、新人答谢、礼拜。

六、互换信物（戒指）。

七、新人交杯（时有开香槟酒，切蛋糕，放彩炮）。

八、相关情趣节目。

九、新人举杯敬酒答谢、开宴。

十、新人向来宾敬酒（时有助兴节目及司仪来宾互动）。

十一、新人送客。

闹洞房

旧时，新郎新娘进入洞房后，新郎新娘坐床沿，一女性“全福人”（父母双全）捧果盘，将盘中干果钱币，撒新人身上、床帐，边撒边念祝福语及歌谣。干果有核桃、枣子、栗子、花生、榛子、桂圆、石榴等。核桃取质坚味美，栗子谐音立子，榛子谐音增子，桂圆俗称龙眼，取儿子成龙意，石榴多籽，取多子意。有的拿枣儿，故意问新娘：“这是什么?”新娘回答：“枣儿。”又问：“是不是早生贵子啊?”新娘为求吉利，红着脸答：“是。”全福人又拿花生问：“这是什么?”新娘回答：“花生。”又问“是不是儿女花着生呀?”回答：“是。”围观亲友会哄堂大笑，有人还重复喊“早生贵子”“儿女花着生”，气氛热闹，俗谓撒帐。撒帐后，新婚夫妇喝交杯酒。现今结婚酒席散后，小姑、小叔、邻里、同学、朋友到新房闹洞房至午夜。民间有“不闹不发，越闹越发”之说。闹房者依照新郎、新娘性格、兴趣特长，或让新人讲述恋爱经过，或唱歌，或贺词，或跳舞，或讲笑话、故事。有新婚夫妇共吃一个苹果、亲嘴、拥抱等。闹洞房有“三天不分大小”之说，新郎新娘往往被晚辈或朋友取笑、捉弄，不能生气。旧俗闹洞房有极不可取、有损人格做法。闹房结束前，新婚夫妇与闹洞房朋友吃圆汤馃，意团团圆圆。当晚，有新娘坐桌旁守花烛至天明，谓之守白头，即夫妻白头到老，现今已无此俗。闹洞房时，有让晚辈小孩在新娘马桶里假撒尿习俗，新马桶里放礼品、红包，送撒尿小孩。凌晨，新娘新郎商量把糖果藏于枕头、抽屉、箱顶、马桶及床上各处，天明时，晚辈小孩敲门方可开门，让小孩争先抢货，俗称“讨商量果”。讨日后夫妻做事有商有量、和睦相处彩头。小孩藏新媳妇开门箱钥匙，新娘出钱取，索赠红包，谓“抢床头糕”。

闹洞房习俗至今流行，旧俗内容减少，陈设传统干果，借名寓意讨吉利。现今，多由时代、健康、文明、喜庆、诙谐、调侃类节目代替。

敬公婆

新婚后，新娘改称“新妇”。次日天未亮起床，沐浴更衣，准备拜见公婆。公婆进入厅堂，新妇拿笄和枣栗等物，随新郎进入，物品放祭桌，先拜神祖。公婆就座，新妇拜见公公，公公说祝福希望话；再拜见婆婆，婆婆扶起新妇，给笄，承认新妇为家庭成员。新妇与家庭其他成员一一见面，行长者拜见礼，全家共进早餐。如公婆已逝，丈夫带新妇至墓地拜祭，算行拜见之礼。早餐后，新娘由小姑陪同至长辈家跪拜，敬奉糖茗，谓见面礼。长辈受拜后回赠红包，曰拜见钿。此习俗今仍行，跪拜改鞠躬或合掌礼拜。新妇娘备少量钱币红纸包，夫家主要亲属小孩叩见时分送，谓“小见钿”。旧时，红包用花线捆扎，花线称“长命线”。20世纪90年代末，“小见钿”一般是20~50元，2008年前已增至50~100元。

回娘家

结婚次日，新郎新娘同往女方父母家，俗谓“过门”，又称“回娘家”。礼品桂圆、胡桃、枣子、烟、酒、糖、营养品等，赠送女方长辈。岳父家摆香案，岳父母及其长辈坐上席，新郎新娘行拜见礼，岳父介绍长辈身份及名谓，俗称“会亲”。礼毕，设宴款待女婿和陪客。席间，好事者集于新郎席位周围，祝贺划拳。托盘端炖蹄上桌时，“赵子龙”放红包于托盘中，分赠大厨和托盘，以示谢意。结婚时，在夫家，新娘是被嬉闹对象，回门时，新郎陪客成女方亲友调侃中心。猜拳灌酒，鱼鲜菜肴耍花样，墨鱼卷用白线串心，筷挟一片，挟起一串。汤团包裹松花粉等，咬吃时爆起，引满堂哄笑，逗乐增趣。新娘回娘家，距离不远，上午至娘家吃午饭，尽量当晚回婆家。路途远，新郎新娘在娘家住几天，回去由新郎弟弟或妹妹接回。现今基本同，乡村逗趣事比城镇多。往返多用小车，一般不宿夜娘家。

库房

库房亦称“账房”，接收婚宴来宾礼金。执事者称“账房先生”。多红色纸张装订账簿，账房先生记送礼人姓名、金额，便日后与亲友交往，送份子钱时参考。20世纪60年代，农村礼金1元、2元，70年代仅3元、5元。80年代后期，收入增加，份子钱30元、50元。2003年，工薪阶层儿女收纳结婚礼金：舅舅、姨妈、伯父、姑姑800~1000元；同学、朋友、同事500~600元。今近亲1000元以上，同学、朋友、同事500~800元。民间份子钱差距较大，爵溪、石浦较高。另有不成文规定：胞姐们给侄女、外甥辈送喜钱时，款额需一致，不可擅自多加，以免礼金厚薄，引起不和。若送份子钱者结婚早于结婚新人，所送礼金须超过当年。

第五节　渔区婚俗

海岛和渔村婚俗，与境内其他地区相比，更具独特性。现今，随交通改善，各地婚俗逐渐接近。海岛婚姻习俗内容另见本志“非物质文化遗产”篇第四章“市县级非物质文化遗产”。

相亲、订婚

旧俗，海岛人婚前礼仪有“请庚帖”“过庚帖”“纳吉”“过书”“下聘”“下定酒”“请婚期”“迓妇”（迎亲前三日，男方派人送凤冠霞帔至女方，再次确认婚期日子）、“挑嫁妆”“开面”等，程序烦琐，一环紧扣一环。男女双方有成姻意向后，男女生辰八字报算命先生推算，八字相合宜婚。男方备果品礼物，派人与媒人同往女家，询请姑娘生辰八字，女方写红帖给男方，谓之“请庚帖”，男方将八字交给女方谓之“过庚帖”。继而，男方供庚帖于灶神龛，三日内平安无事，婚事乃定。七日内平安无事，由媒人将男庚帖送至女方家，经卜吉，合则议聘，不退庚帖，不合侧退庚帖。

定亲习俗

海岛“定亲”礼仪，大致有三：一是帖，指旧式婚礼中询问和书写男女双方生辰八字纸帖。男方用描龙图案红纸，女方用飞凤图案红纸，以示双方龙凤相配。有纸帖贴两条“鸳鸯鱼”（比目鱼）图案，以示相悦相爱。二是礼，定亲过程，双方均送礼、回礼。男方下聘，礼品必有一对大黄鱼，新鲜锃亮，鱼头对女方家门。女方受聘礼后，此大黄鱼回送男方，鱼头对男方家门，以示女方游进夫家门一去不回，一心一意，白头偕老。三是定日期，海岛人幼年定亲，到结婚年龄，相隔十年乃至更长，其间礼仪众多。定亲后，未婚女婿首次上丈母娘家俗称“认亲”，礼品除酒、肉、营养补品外，送鲜鱼一担，必有小黄鱼、鲳鱼。小黄鱼是春鱼，又称“吉祥鱼”，示吉利。鲳鱼形如鱼镜，肤色如银，意谓“鲳鱼圆圆，一家团圆”。两鱼相谐，为“金银齐至，富贵有余

（鱼）”。逢端午、中秋等节，未婚女婿送礼丈母娘家，称“送节”，礼品不可无鱼。海岛婚俗礼仪渔文化寓意美好。

择日子

男方请阴阳先生选吉利日子，男方满意即为结婚日期，由媒人转告女方，称“送日子书”，又叫“请期”。女方无异议，结婚喜期确定，称“拣日子”。“送日子书”时，男女双方办酒，叫“送大日子酒”，专请长辈。

婚庆

海岛年轻男女，到结婚年龄，双方家长即时为儿女举办婚礼。海岛村落多处山岙坡地，范围狭小，人居集中，沾亲带故，故保留“一家结婚，全岙同庆”习俗。

新房布置

布置新房称“铺床”。准备新屋和新房，婚娶吉日前一日，女方派人到男方家布置新房，所需物件，部分在“挑嫁妆”时交男方“帮衬”带回男家。铺床时，请长寿长辈在四床脚各垫铜钱一枚，俗称“安床”。结婚前一日“暖房”，男方杀猪宰羊办“夜大酒”，设宴新房，热热闹闹，俗称“暖房”。

新娘出嫁

新娘出嫁前晚，女方由新娘母辈或已婚的姐、嫂充任“送娘”（方言，也作送亲娘子）。送娘给新娘修面、加笄、拜祖宗，俗称“开面”。当晚，新娘房里办酒一席，招待女宾，俗称开面酒。大堂另设酒席，由父母招待女方亲戚长辈，俗称“送嫁酒”。次日晨，新娘在家等待新郎花轿迎娶。

飨先

结婚当日晨，男方行飨先礼，与祭天公、三界公“享先”基本相同。

飨先礼程序

一、行飨先礼！礼仪齐备，执事者各负其事（或叫各行其是）。

二、乐人初擂鼓、二擂鼓、三擂鼓；鸣金三（锣三下）；大吹（指唢呐、喇叭）、细吹（指笛、响箫、胡琴、三弦）；齐鼓合吹、鸣炮。

三、请郎友斟酒、点烛（点烛后斟酒，先酒后香）。

四、请家长就位，正冠束带撩衣。跪，敬香（初上香、二上香、三上香）；兴—跪（一叩首、二叩首、三叩首）；兴—跪（一叩首、二叩首、三叩首）。

五、请家长退位旁坐（退位旁坐）。

六、请新郎伏拜，三兴三跪三叩首（同家长模式）。

七、新郎请起旁坐。

八、乐人初游席（吹拉唱后再喊）。

九、郎友二次斟酒（因神佛坐入席，要上边站着斟到手及不到后走到下桌角，从来酒杯处补起，总之有神佛坐着，既不能背后伸又不能冲他们的身躯而入，避人一般地斟法）。

十、新郎伏拜跪，三跪三兴九拜。

十一、请新郎旁坐。

十二、乐人二游席。

十三、郎友三次斟酒。

十四、请新郎伏拜跪，三跪九拜。

十五、新郎旁坐。

十六、乐人三游席。

十七、请新郎伏拜，三跪九拜。

十八、读祝文。

十九、新郎请起，退班，鸣锣发炮、烧纸钱。

二十、用一杯酒向纸灰周围滴洒或洒泼。

二十一、飨先礼毕，请诸位吃飨先汤馃。

迎娶

海岛结婚迎娶称“接亲”，颇具特色。新郎新娘同住一岛（或一村），新郎派人抬花轿迎娶。新娘妆饰特别，所谓“海岛女子三日王”，披戴凤冠霞帔，享受半副銮驾待遇，气度非凡。海岛人花轿，俗称“喜轿”，装饰精致，多饰龙纹。轿上有飞龙压顶，轿中有金龙盘柱，轿杠二头刻龙头雕饰。新娘新郎不住一岛，新郎接亲需派船迎娶，时无专门接亲“花船”，且常受天气、风向和潮汐影响，难以定日、定时。岛际距离近者，由描着炯炯船眼带角船改装“喜船”。船头悬挂大红球带，船上插龙凤彩旗，船上有锣鼓响器，“接亲”时鸣放鞭炮，敲锣打鼓，煞是热闹。距离远者用漂亮绿眉毛船或花雕船替代。接亲“喜船”由造型色彩华丽渔船或航船担任，以船代轿。预测天气、风向、潮流，若结婚日天气不佳，则提前一至两天去女方家，免误佳期。旧俗，用船接亲会惊动船龙爷，故开船前，新郎官亲到船头，用供品祭祀船神，求船神保佑，接亲迎娶顺风顺水；向船神敬祀喜酒，供奉喜果，求船神欢喜、保佑，保婚事圆满成功。

此外，喜船离岛迎娶，鸣放三声开船鞭炮。到女方家，船靠埠头要放三声喜庆鞭炮。因兄长背负新娘下船，再放鞭炮。新娘喜船到新郎岛屿，还得放鞭炮。俗语：“喜船迎娶锣鼓敲，一路不忘放鞭炮。”

婚礼

新娘到夫家后，结婚仪式一般在涨潮时举行。船靠岸，有“请出轿”习俗，新娘出船跨鞍后前行①，立于铺红地毯拜位上。司仪（即赞礼官）请新郎入华堂，连请两次才出。请夫家父母坐上位，赞礼者按程序举行结婚仪礼，俗称“拜堂”。

拜堂时，新婚夫妇一拜天地，二拜祖宗，三拜父母，尔后夫妇对拜，行合卺礼。由接郎囡捧花烛前导，送新郎夫妇入洞房。进入“拜堂”后历行礼俗：新郎为新娘“挑巾”，新娘“出厨”。俗谓：“洞房花烛夜，金榜题名时。”是人生最得意两事。海岛人中午“拜堂”后酒宴，“婚礼酒”场面最大、最热闹。新郎新娘敬酒，菜肴特丰盛。新娘谒见长辈，敬奉糖茗，俗称见大小。“喝糖茶”，长者赠钱币，俗呼“拜见钿”。

晚，新郎家办酒席，酬谢婚礼操劳帮忙人员，俗称“谢帮衬”。新郎新娘敬酒，任凭“帮衬”吵闹起哄，信守“新婚三日无大小”。筵散后，行“贺新郎”仪式。尔后，新郎新娘入房安寝，凑热闹者前去听“壁脚”，或“闹房”，嬉笑、讨彩，与丹城、石浦等地相似。至此，结婚礼仪结束。

---

①跨鞍习俗起于唐，系汉族婚娶时俗礼之一。明，顾起元《客座赘语·礼制》：“唯妇下舆以马鞍令步，曰跨鞍。”明，郑文康《跨鞍》诗：“莫跨鞍，莫跨鞍，跨鞍未必家平安……跨鞍不如不跨好，俗礼纷纷奚足道。”“鞍”谐“安”，取其“平安”长久之义。

拜堂仪式程序

一、拜堂事宜准备就绪，执行者各行其是（如乐队、放炮、郎友、伴娘、父母不要走远、族长准备入堂等）请族长出堂，新人出房。

二、请新人入华堂，拜堂礼仪开始，鸣金（锣）发炮。

三、郎友点起龙凤花烛，初行斟酒礼。

四、请族长（本姓辈分最大者，曰“撑香老”）正冠、束带、撩衣而入。行祭祖礼，向祖上行三个鞠躬礼，跪—先行上香礼，点香（族长自己勿动手，由郎友点即可）。初敬香，二上香，三上香，每上一支，族长应握拜一下，然后交给司仪官，上香毕。兴—跪，三拜九叩（三次兴，每跪拜三拜，合九拜）。毕，请族长大人旁坐，新人入华堂。

五、读祝文（也可读结婚证书）。

六、新人行拜堂礼，跪伏。

七、兴—跪，叩首、二叩首、三叩首；兴—跪，同上三叩；兴—跪，又同上三叩。

八、乐人初游席，无乐人即改变为郎友二斟酒。

九、新人二次拜堂，同上三起三跪，每跪三叩首。

十、郎友三次斟酒。

十一、新人第三次行大礼，插入念五色花线词（此词可随时代而改写）：五色花线真好看，好比万岁上金殿；天（桂）圆本是壳外黄，早生贵子状元郎；核桃外边柳加柳，生个儿子当国舅；花生节节在（胖），先生儿子后生妠。

十二、起立，新人转向外方，赞礼官曰：一拜天地；二拜高堂（二拜时转向堂前，此时已把父母请入堂前），向父母行三个鞠躬礼；然后夫妻相对而立，曰：“夫妻对拜”，一鞠躬、二鞠躬、三鞠躬，送入洞房前先念祝词：新郎新娘拜了堂，白头到老儿孙满堂，花烛引路入洞房，早生贵子状元郎。

十三、拜堂结束，送入洞房，鸣炮起锣，宾客入宴席。

十四、烧纸钱。

十五、开筵席。

贺新郎

婚礼中村民向新郎祝贺，海岛特有。清时，东门岛已盛行。“贺新郎”词调原为“花烛词”，源于新昌一带，后传入东门演变“贺郎调”。“花烛词”失传，而“贺郎调”沿传海岛至今，成独特风俗。“贺新郎”核心贺郎词调，有文场武场，文场流行海岛大渔村，武场流行偏远小渔村。现今逐渐消失。

文场贺郎程序内容：结婚当日，“谢帮衬”酒席散后，地点新房或大厅。事先，在新房设案摆设，邀男女宾客八人，以女为主，入房围坐，互唱“贺郎词”。宾客立四周，喧闹相贺。主角新郎新娘，坐案席上首，受众人喧闹，俗称“贺郎”。菜盘讲究，置瓜果糕饼、茶、酒、鱼鲜、菜肴，有吉利内容可唱。唱词多领唱者据房内摆设、桌上喜果、盆中菜肴、新人穿戴，即景编词，随编随唱，新郎新娘做出动作反映，逗趣嬉闹。如领唱人唱“红烧黄鱼”：“春汛鱼咕咕叫，阿哥捕鱼赶早潮，捕来黄鱼红烧烧，阿妹吃了眯眯笑。”贺郎人用筷子挟起桌上黄鱼，硬要新郎新娘对嘴尝鲜；唱到“乌贼鱼”：“夏汛乌贼爬上礁，阿婆剖鲞累弯腰，新来媳妇真孝道，端茶送饭敬两老。”新媳妇起来向公婆、长辈行鞠躬礼，以示孝顺；唱到花生，新婚夫妇互剥花生送对方嘴里；唱到枣子，新婚夫妇共食一颗枣子；唱到荔枝，新娘剥去荔枝壳，用嘴叼着荔肉让新郎亲嘴；唱到糖果，领唱人剥去糖果纸，新郎抛入新娘口中。唱词内容，如花生："新炒花生花绷绷，吃了花生恩爱长。"如枣："红枣红枣红喷喷，早生贵子跳龙门。"编唱词意大多与家庭美满、夫妇恩爱、子嗣繁衍有关，多吉利之词。此时，新娘和新郎受羞涩避之，贺郎之众推搡喧哗，逼其就范。嬉闹逗趣，此起彼伏，笑声不断，场面欢乐。直至深夜，领唱人唱完最后一曲，把桌上喜糖、糕饼抛撒在场客人，算意尽筵散。新郎新娘站立，敬众人糖茶，以表谢意，双双站房门口送客人，贺郎礼仪完结。此场面，新婚夫妇舒服坐上首，配合动作难度不大，故称"文场贺郎"。

武场贺郎程序内容：新娘和新郎所坐椅子绑起来，只允许椅子背靠背，配合动作难度较高。如叼鱼，贺郎者手执鱼竿，小梅鱼在新娘嘴前晃来晃去，忽上忽下，忽高忽低，新娘用嘴叼鱼实在为难。新婚夫妇拥抱亲嘴、恋爱介绍等，也较粗鲁，甚而野蛮，故称"武场贺郎"。

认亲、回门

按传统惯例，结婚次日新媳妇早早起床，敬公婆白木耳汤或糖茶。尔后，小姑陪同去岛上舅舅、姑父、外公家敬茶，俗称"认亲"。公婆、长辈喝茶后，送新媳妇"红包"，以示新媳妇孝顺回报。同日，孩子、女眷们到新房翻床褥，找糕点，或藏新媳妇开门箱钥匙，罚新娘出钱取，俗称"抄新房"。婚后第三日，新媳妇系布衫下厨房烧饭煮鱼，以侍奉公婆，是公婆对新媳妇治家能力考察。婚后仪礼，"三朝回门"最热闹，新郎新娘携礼回女方家拜见岳父母及亲戚。俗谓"回门"，又称"回娘家"。

海岛"回门"，当天去当晚归，双去双归。同在一岛，日日见面，有事随时往来。是晚，女婿、陪客常大醉而归。海岛人喝酒海量，"回门"节骨眼上，非醉不能归。

特殊婚礼

海岛人特殊婚礼，有"小姑代拜堂，公鸡入洞房"。海岛人看重婚期，一旦选定，不能更改。海岛人以捕鱼为业，渔汛不等人，婚前一般仍在洋面生产，结婚日方回家。如遇风暴，未能按时赶回，而喜期不能变改，会出现特殊婚礼。由小姑（新郎未婚姐妹）手抱系红布的公鸡代替新郎拜堂（举行结婚仪式）。小姑抱公鸡和新嫂子入洞房，小姑一直陪嫂嫂睡。按惯例，公鸡颈上悬一条红布，以示喜气，新郎未到前，洞房内用一只鸡笼养着，哺以饭食，直至新郎回家后，才换出小姑，放掉笼养大公鸡。代拜堂大公鸡，选鸡冠鲜红、体魄强健、当年养大新公鸡。随时代变革和作业条件改善，特殊婚礼现已不存。

第六节　户　　型

明代前，多小户型。明中、后期及清代中期始，家庭成员略增加。晚清、民国，婴儿出生率高，死亡率也高，虽有不少大户型家庭，总体中小户型家庭偏多，三兄四弟家庭少数。

1950—1970年，受"人多力量大"口号影响，多子女家庭福气好传统观念，得到广泛认同，不仅一家之福，社会上也"荣光"。新生儿成活率高，平常家庭三四个孩子、五六个孩子不算稀奇，八九个孩子家庭宣传上报。多子女母亲，被政府表彰为"光荣妈妈"。20世纪80年代，实行计划生育后，三口之家渐成主流。

家庭户型大小，成员多少，剔除自然因素外，取决是否有利于家庭经济发展、社会地位提升、繁衍培养下一代、获取社会利益最大化等。特殊社会背景下，会因政治需要另立门户。1966—1976年“文化大革命”中，遭受不白之冤的父母为了儿女前途，让儿女出面与父母分家，以划清界限。进入21世纪后，为应对分房、购房事由，获到“家庭”和公共利益最大化，有实施假离婚而另立门户现象。

户籍登记造册时，均设户主，旧时有称户长，均为“当家”男性，如失去“当家”男性，则多以长子为户主。中华人民共和国成立后，男女平等，女性为户主亦常见。

户型大小

乡间习惯所称“大户人家”，指人口多且祖孙同堂家庭，或非祖孙同堂但兄弟姐妹多家庭。“大户人家”或“大人家”，也是财产丰厚、房屋较多家庭统称。

历史上，三代以至四代同堂家庭，大多经过整合，非三代或四代全数家庭成员住在一块。如爷生三个儿子，其中两个婚后独立门户，祖辈选其中一儿子同住，同住儿子也生下几个儿子成婚后，也选留其中一个与父、爷、孙同住，此模式几代同堂家庭较多。明嘉靖《象山县志·人传列传》载：邑人周钦，“三世同居，数十人同爨，尝一人理家事，数人掌田业，分处有礼，人无间言。文雅虽不足而朴厚有余。”民国《象山县志·先贤传四》载：清代，邑人赖终臧，“六子耕读，数十口共炊，内外无间言。人皆谓其有德感云”。民国《象山县志·先贤传五》载：清代，西乡赖余薰，“……迨父母亡，一家合炊，共三十五人如一人者数年”。此种家庭模式少，作典范载入史册。且一般运行时间不长，属非常态家庭。

《蓬山清话·乡饮介宾象山倪泰庵先生九十寿辰征诗启》载：清代县人倪泰庵九十岁时“有子五人，女二人，今在者，长辅清，增广生①。四（第四个儿子）象占，候补八旗官学教习。女适国学生周学易。孙五人，堃在庠有声，余及曾孙一人皆习儒，先生犹能督课不倦也”。倪泰庵家已四代同堂，时年过九旬老人，据《蓬山清话》王定远撰寿亭载，浙江仅982名。

五世同堂更罕见，民国《象山县志》“清选举表”载有三户，即珠溪周氏、石浦许必登、灵下舍陈学泮。前两户，邑令给“寿满期颐”额、“五世一堂”额，后一户，被称为“福寿并尊”。

20世纪70年代后，祖孙同堂已不多见。年长父母与已婚儿女同住一屋檐下，相互间照应，户籍、经济单立，各自起居饮食。

小户型家庭民间称“小户人家”“小人家”，历为象山家庭户型主流。常态家庭至少五人方称三代同堂，五人以下属小户型，历史上占绝大多数。民国《象山县志》以为，历代史志于户籍人口记录微有出入，明代，因以户籍、人丁计算各类徭役、差役、赋税等，常有少报②。以此推算当时一户人数尚有一定参考。

20世纪80年代，实行计划生育后，户型人口减少，以三口之家居多。详见本志“人口”篇。

家庭类型

家庭户籍成员多少及身份差异，形成不同家庭类型。20世纪90年代后，出现“丁克”家庭。

---

①即增生。《明史·选举志一》：“一等前列者，视廪膳生有缺，依次充补，其次补增广生。”清俞正燮《癸巳存稿·释社》：“学生有五等：学生亦曰廪生，一也；增广生，二也。”

②清乾隆《象山县志》：“……盖田有赋，丁有粮，意者合户附籍，漏口脱户之弊有不能尽绝者欤。”民国《象山县志》有按：“明代编审之弊甚大，长官调剂其间，不得不以多报少，故每朝类减其半，至万历实差人丁又只一万之半民，盖力差、银差之实数非必合附，漏脱也。”康熙年间，海宇承平，户口日繁，人丁虽增，地亩并未加广，盛世滋生人丁永不加赋的谕旨，不独不必更出丁银，其地粮亦不必征收。雍正年间，将丁银并入地亩摊派，免除无地贫民的丁银负担，是清代税制上的一大特色。

核心型家庭　历史上占主导地位，由夫妇和未婚子女或收养子女两代组成。20世纪80年代后，核心型家庭含独生子女家庭。只一个权力中心，成员间易沟通、相处。

主干型家庭　亦称直系家庭。传统所说三代同堂，父母和一有孩子的儿女同住，若父母有未婚儿女，也相随同住。20世纪70年代前，乡间普遍存在，有主要权力和活动中心，也有权力和活动次中心。随社会发展，80年代后，此家庭类型大大减少，渐被核心型家庭替代。

联合型家庭　亦称复合家庭。为旧时大众向往和推崇的大家庭，但实际存在极少。包括父母、已婚子女、未婚子女、孙子女、曾孙子女等几代居住一起大家庭。联合家庭人员多、纵横结构繁复，内存主要和次权力活动中心。1958年人民公社大办食堂后，此类型家庭基本消失。

单亲家庭　民国《象山县志·列女传》载：单亲家庭自古存在，成因多系亡夫，因男性再娶不受非议，而女性亡夫唯有选择守寡才能得到称颂。中华人民共和国成立后，因病、因故死亡比率大幅降低，且无论男女再婚都属合理合法，因此，母性单亲家庭减少。20世纪90年代后，夫妻离婚率渐高，虽多数单亲家庭会重新组合，总量上单亲家庭也在增加。单亲家庭的特点是人员少、关系简单，家庭内只有一个权力和活动中心。

重组家庭　夫妇双方或一方已有过一次或多次婚姻，可能双方都无子女，或有一个或多个子女。婚后可能有共同生育的子女，也可能不再生育等，境内近些年来这类家庭在数量上有所增加。

空巢家庭　空巢家庭历来存在，今也包括部分失去独生子女的“失独家庭”。20世纪80年代出生的独生子女长大成人后，有些外出就学，工作后在外地组建家庭，他们的父母，多数成为空巢家庭。90年代前，此类家庭比率较少。90年代后，境内乡村新一代劳动力外出谋职渐成主流，乡间村落空巢现象亦日趋普遍。

失独家庭　独生子女家庭，后因子女死亡而形成的一种家庭现象。

第七节　职业　阶层

历史上供家庭成员选择社会职业范围狭小，多数家庭依顺“子承父业”传统，户主中途改变职业较少。传统家庭男主外女主内，户主职业决定家庭从业属性，至20世纪90年代仍为主体。今虽有变化，但乡间仍有其存在土壤。进入21世纪，家庭成员选择职业五花八门，一生多次变换职业，户主职业再难决定家庭从业属性。

家庭从事职业与家庭从属阶层各异，有时相互关联①。历史上境内曾有特殊社会属性家庭：堕民、疍民等，既包涵职业属性，又代表所处社会阶层。

职业

清代前，邑人以一家之主所从事职业评判家庭从业属性，如“农务人家”“当官人家”“做生

①封建社会，对于职业民间有多种说法，其中一种是将“农工商”排在上九流“帝王、圣贤、隐士、童仙、文人、武士”之后。而“举子、医生、相命、丹青（卖画人）、书生、琴棋、僧、道、尼；师爷、衙差、升秤（秤手）、媒婆、走卒、时妖（拐骗及巫婆）、盗、窃、娼等”分别列入中、下九流。但从事这些为谋生职业的“好”与“坏”，并不等于是一个家庭所处的社会阶层。道理很简单，务农人家庭中有豪富也有贫困，商人里有混个肚饱也会有大富大贵。因此，“士农工商”是传统社会对职业轻重、贱贵排序，而非阶层判断。

意人家”“做豆腐人家”等；也有把“人家”说成“屋里”的，如“教书先生屋里”“小铜匠屋里”“剃头人屋里”等，皆以户主所从事职业道之。旧时一个家庭的谋生职业，大多为始迁象者所决定。清前家庭主体职业类别，除农、渔之外，明嘉靖《象山县志》载有官、民、军、灶、匠、当、厨、校尉、力士、窑、僧、道、捕户等。清中期，人口增加较快，但家庭社会职业变化不大。至清末，随着近代工业兴起、商埠始开，出现从事新型职业家庭。

民国期间，境内妇女开始就业，出现女教师、女校长等，改变家庭男主外、女主内千年模式，但总体上仍保持传统家庭模式。时受西方工业化影响，城镇萌生新兴职业，出现董事、董事长、经理等。工人开动、修理内燃机，人称“老倌”①，其家庭即“老倌屋里”，中华人民共和国成立初期仍被乡间百姓尊称。其间，有专事机船航运、发电、轧米、电话、公路、半机械纺织生产等新兴行业家庭。民国时期县长、警察局掌权者多外地人，象山有异地为官家庭，本土乡镇长多由当地富人担任。中华人民共和国成立初统计，全县乡、镇长95%以上为地主家庭。民国时，乡村家庭职业，则多为传统行业。

1950年后，经土地改革、资本主义工商业改造，至1978年改革开放前，境内占主流家庭职业，多数还是农民（种田人屋里）、渔民（掆鱼人屋里），另有干部家庭（机关单位、党务、事业单位工作人员，国营、县属集体单位领导，乡村大队长、支书等，民间统称干部；教师、医生在干部编制内，属干部序列）、职工家庭（机关、事业单位及国营企业、大集体企业和国营农林场职工）、自由职业者家庭等。20世纪70年代起，乡、村集体企业建立，出现亦农亦工家庭。

家庭职业社会属性不同，使家庭户籍粮食来源各异。家庭成员口粮由国家供给，称供应户；参加生产队劳动获得粮食，称农业户；户主在国家或集体单位工作，本人口粮由国家供应，其他家庭成员回原籍购买生产队粮食，称农购户。

供应户家庭子女，成年后可由政府分配工作，农民、渔民子女不分配工作。改变家庭职业主要途径：参军复员和转业，大中专学校毕业分配及组织培养等，但比率较低。土地改革中被评地、富、反、坏家庭，1957年划为右派分子后代，与上述途径无缘，俗语：“龙生龙，凤生凤，老鼠生儿打地洞。”

1978年改革开放后，家庭社会作用有新的定位。1980年前后，个私商业、服务业兴起。1984年，农村土地承包责任制推开，多余劳力逐渐从大田解放出来，家庭成员有职业选择权。1988年《中华人民共和国私营企业暂行条例》出台，象山地方国营、集体企业承包、转制，家庭成员职业选择有真正自由。现今，家庭成员职业多元现象成常态。夫妻两人同操一业，儿女另谋他职；户主从事行政，配偶经商，儿女在企业上班；也有全家同谋一业。多数家庭，很难确定家庭职业属性。进入职场不再受“供应户、农业户、农购户”和家庭成分制约。往昔各类表格须填“家庭成分”或“家庭出身”一栏，逐渐取消。户口本也无家庭成分一栏②。家庭成员可从事社会职业拓展。

阶层

封建社会中，家庭分属哪一阶层，旧志列为“士农工商”阶层，属职业高低贵贱评判，非经

---

①倌　会意。从人，从官，官亦声。本义：主管驾车的小臣。《说文》：倌，小臣。《诗·鄘风·定之方中》：命彼倌人。传：“倌人，主驾者，盖掌巾车脂辖之事。”

②当年评为地、富、反、坏、右的家庭，被称为黑五类家庭。其儿女无论自己从事什么工作，在填写一切所需表格时必须填上父辈的成分，即家庭成分。

济、政治、文化等层面所划定阶层（阶级）。从庶民到官宦阶层转换，穷人小康阶层转变，须经科举（包含荐举等制度）、造反、拜师学艺、学匠等实现，能达目的较少。

民国14年（1925），毛泽东的《中国社会各阶级的分析》，分社会结构：地主和买办阶级（主要对象指军阀、官僚、买办阶级、大地主阶级及所附属的反动派知识阶级）、中产阶级（民族资产阶级，包涵各业富裕人户）、小资产阶级（自耕农、手工业主、小知识阶层，学生界、中小学教员、小职员、小事务员、小律师，小商人等）、半无产阶级、无产阶级等。境内家庭从属阶层概念逐渐确立。

20世纪50年代初，土地改革时期，最大范围确认家庭、人员阶级（阶层）①。随后，每一家庭成员，皆有家庭成分，历史文案称“阶级成分”，更多称阶层。统计表格、汇总材料登记更为细化，如革命军人、干部、工人、自由职业、医生、教师、破产地主、半地主式富农、工商业兼地主、自由职业兼地主、小土地出租、经营地主、反动富农、佃富农、佃中农、雇工、手工业者、船夫、店员、职员、商贩（小贩）、宗教、流民、寡独、渔业资本家、小业主、渔民、贫苦渔民、盐业地主、富盐民、中盐民、贫盐民、雇工、小盐田出租者等。90年代前，个人履历表必须填“家庭出身”，之后填“本人职业”。随着改革开放深入，尤90年代后期始，家庭社会阶层属性变化，阶级被“阶层”取代，以本人职业替代阶级成分和家庭出身。

第八节　财产构成

家庭财产类别，旧时单一。财产多少与家庭从业类型直接关联。民国前，普通百姓家庭财产类型少，最让人看中的是土地，其次是房屋。历史上，土地大多由官宦、豪富和富裕家庭掌控。清末民国初，随家庭职业门类增加，家庭财产类别有所增加，但变化不大，总量无改观。

20世纪80年代后，百姓家庭财产拥有量大增，由经营（生产）性家资、生活性家资及钱财珠宝等组成。

经营性家资

自然资源作家庭财产，乃家庭早期财产构成之一，如地、田、山、海涂、河等。封建时代，上述资源多属皇权所允，私有财产往往集中少数家庭手中，百姓向有产权家庭租用，租用期间有经营权。农民家庭，农业生产加工工具是重要财产，如耕牛、犁耙、水车、稻桶、风车、石磨、捣臼、纺车等大型农具，即使小件铁器工具，早期也属贵重家产。贫困家庭无力添置大型农具，需向人租借。此现象，民国时期依然存在。土地改革时，农具为重新分配家资之一。

境内还有一些家庭财产也占相当份额，即渔船及捕鱼用具，盐田及晒盐设备，小型生产作坊、各类工匠生产经营设备等。失去丈夫的女性家庭，“女工”用具，为重要生产性“家资”。贫穷妇女家庭纺车、织布机，为她们谋生工具。民国《象山县志·列女传上》载：明代周妙景，“勤自织纴，机声轧轧、课子业儒，迄于有成。卒年八十二”。清代有“林氏，潘其凤妻。怀遗娠……辛勤抚育，藉针黹以给饔飧，手皲指裂”。此类记述甚多。

民国后，出现新兴产业，家庭财富类型增加，如股份制海运、电厂、轧米厂、织布厂、公司、

①1951年象山县划分阶级详况见本志“农业”篇第二章“农业经营制度”第二节“土地改革”。

商铺、店铺设备和股权，工场、矿业等所有权和设备。少数家庭同具两个或两个以上产业（经营或投资）。

1950年土地改革，57440户中农、贫农、雇农家庭分得土地，42043户中农、贫农、雇农家庭分得农具或耕牛、房屋、粮食、盐具、私仓（存盐）、盐泥（晒盐流程过程中初级原材料）。在城镇，实行资本主义工商业改造。1958年，实行人民公社化，大件农机具归大队所有，家庭私有经营性财产几乎消没。1970年前后，人口增加，劳动力剩余，出现拖拉机运输及外出务工及少量新生代工匠。在外营业，不参加生产队劳动，每年按生产队最高劳力收入标准，上缴现金给生产队，称“投工”，全家参与口粮及其他分配。所得分配总数（实物和现金）没上缴现金多。

1980年后，实行家庭联产承包责任制，土地、山、海涂、河、海等不属家庭财产，但有使用、经营权。承包田、地、山上种植的庄稼、树竹、果木等作物，可作家庭财产，承包水体养殖之水产品是家庭“活财”。生产队经营性财产最大为农机、轧米机和耕牛，其次耙、犁等大型传统劳动工具；渔民为大小船只、网具；盐村为盐田及相关设施。使用经营权，村里定出价格，由家庭以“拈阄”取得。随后，生产队、生产大队工厂、农场、畜牧场、养鱼场等，也承包给个人或家庭经营，直至产权转移，成家庭（或个人）所有的私有企业。1990年后，国营集体工业、运输业及商业等相继转制，成家庭或个人产业。股票、股权等走进百姓家庭。

生活性家资

生活性家资最大件是住宅，是家庭生活中心，民间有“有吃没吃，三间朝南屋”“外边金窠银窠，不如家里草窠”之说。其次住宅内家具、设施，如橱箱、灶等。家庭生活中易耗用品一般不计家资范畴。中华人民共和国成立前，贫困家庭除房屋，少有经久耐用家具，灶多泥石垒砌。20世纪60年代后才发生变化，自行车、缝纫机、手表等进入百姓家庭。70年代末，少数家庭始有收音机、黑白电视机等，品种不多。

改革开放后，生活性家资种类丰富，数量倍增。从平房到别墅、电瓶车到汽车、14寸彩电到超大屏幕彩电。电视机一家一台到一家三四台，还有放映机、摄像机、照相机、手机、电脑等。缝纫机、自行车、手表等逐渐被冷落。各式高、中、低档家具及衣物、化妆品、家居日用品、厨房设施、家用电器等进入普通百姓家。健身运动器材始在家庭出现。

钱财珠宝

钱可以直接作生产性资本和生活资金，家庭拥有的金银珠宝，也可兑换成生产性、生活性资金。民国前，民间家庭只有少量金银及玉质首饰，少文物古董。中华人民共和国成立初期，民间不得进行金银交易，更少公开出售金银首饰。百姓结婚所需耳环（称“金钉镶”“银钉镶”）也只能私下交易取得。戒指则以包金、涂金的偏多，且品种单一。20世纪70年代后期，国营商店开始出售金银首饰，但购买能力极其低下。90年代开始，家庭拥有货币迅速增长，不少家庭除现金存款外，还有年金、各种保障基金，并涉足股票、债券、基金、理财产品及民间借贷等。拥有一般性金银首饰（如项链、戒指、耳环、玉佩）的家庭比率大幅增长，几乎户户都有，只是量上不同。拥有高档珠宝等的家庭激剧增加。收藏古董文物，贵重物品者大增。奢侈品（名贵表、包、穿着等）也开始进入部分家庭。

第九节　财产分割

民间家庭财产继承、分割经常发生，惜旧志少有记载。家庭财产继承和分割应合乎“礼”和历朝相关条文①。

按传统，分割家庭财产，舅舅须到场。舅舅与自己姐妹和外甥血缘亲密，财产无牵连，处理比较公平。舅舅作出决断前，权衡各方意见，选定双方能接受方案，作出决断，俗语“大勿过大娘舅”。若对舅舅所作决定不满，也有对簿公堂，但甚少。

21 世纪后，乡村、城镇因分家致冲突大幅减少，多协议分割。独生子女家庭无须财产分割；一子一女家庭，女儿一般不予财产分割，出嫁时，父母、兄弟馈赠，嫁妆丰厚。也有少数女儿，从父母处得到财产，与兄弟相当。

父母子女财产分割

父母与子女财产分割，本质是继承和转移。旧以儿子与父母分家不光彩，谓之“儿子闹分家”。与父母分家难免因财产发生冲突，但事后多不会伤害情感。以平和方式分家受赞颂，该得而推让被视作美德。嘉靖《象山县志·人物列传》载：庠生周黼，“学问宏博、性至孝义”。分家时“父析产益田四亩，以资力学”。周黼以庶弟家境不好，“辞不受，让之与弟”。

历史上乡村最大财产土地、山林，一般好差搭配后，让参与分割成员抓阄；房屋分割，东大房、大灶间分给大儿子，余依次往西类推，小儿子随父母同住，直至婚后成家，或仍与父母合住。传统做法，未成家立业儿女可适当多分，作日后结婚资本。儿女成家立业后，父母年迈，兄弟姐妹同议父母养老事宜，也有分家时确定赡养事宜。若父母负债，则多由儿子分担一定比率债务。至中华人民共和国成立初，百姓仍以分家不体面，多避而不谈。

20 世纪 80 年代后，财产继承、债务分割认作合情合理，儿女结婚后经济、居住分开是好事，不再认为三代同堂同住是大福。家庭财产分割吵闹减少，更少对簿公堂。土地不属家庭财产，只分割经营权。生活性最大家资住房，通过三种方式处理，一分原有部分房屋给儿子，二向政府申请建房土地，择机另建新房，三到城镇购买住房。有经济实力父母会出全资建造或购买。分家后儿女得到财产的同时，可能要分担一部分债务。财富或古董择机交由儿女继承。经营性、生活性资产数额巨大，继承分割时到公证处办理公证。

女儿出嫁，娘家提供嫁妆。分家时若女儿尚未出嫁，父母会留下一份财产，作婚嫁时置办嫁妆本钱。女儿不参与田地、山林、房屋等不动产继承分割。无儿子家庭，女儿可继承全部财产。中华人民共和国成立后，宪法规定女儿与儿子有同等继承权。境内仍保持民间传统做法，女儿一般不参加家庭资产分割，尤家庭相对贫困，无多少资产可分割家庭，父母尽己之力添置嫁妆，女儿亦多体谅父母兄弟，出嫁后若家庭经济条件好，多数会资助娘家人，帮父母、兄弟摆脱窘境。

---

①《礼记·曲礼》：“父母在，无私财”；《礼记·内则》亦有记：“子妇无私货，无私蓄、无私器，不敢私假，不敢私与。”历代皇朝和民国对家庭财产分割都制订有相关的条文，如《唐律》《宋刑统·户婚律》《大明令·户令》《大清律·户律》及 1912 年的《中华民国民法·继承编》等。大明律例卷 6 和大清律例卷 10 都明确规定：“其分析家财田产。不问妻妾婢生，止以子数均分，奸生之子依子量与半分。如无别子，立应继之人为嗣，与奸生子均分；无应继之人，方许承继全分。”

现今，富有家庭将车、房作嫁妆，也有将企业全部或部分产权、经营权、股权等由女儿继承、执掌。

夫妻财产分割

民国前，亡夫女性多选择留守夫家，养儿育女，供奉公婆。民国《象山县志·列女传上》载：清代史氏，二十五岁时亡夫，没转嫁，留夫家，将同族已故叔伯孩子（孩子母改嫁）悉收养之，里人称“众母”。夫亡离开夫家女性，不分大宗财产，但可带些随身物品和小件嫁妆、细软。旧时境内百姓倡导“劝和不劝离”，离婚事少。民国时强调女性自强，离婚后女子也能分割财产。

中华人民共和国成立后，妇女权益得到保障。1980 年前，大多家庭除少量家具和生活用品，几无他物，更少现金存款，乡村住房是男方祖屋，离婚后，也可分给女方，女方并可得到部分财产。20 世纪 80 年代后，家庭财产增加。90 年代起，离婚率攀升，多数家庭财产有一定积累，尤经营性财产、不动产等，财产分割较前复杂。女子有财产分割权利，少有净身出门。夫妻离婚，财产分割双方协议解决，达不成协议上法院解决。

兄弟姐妹财产分割

兄弟姐妹间自行财产分割，多系父母早逝，由长兄代行。民国《象山县志·先贤传四》载：清赖终臧“与兄弟析产相让”。又载：清“欧行简，字淡斋，郡贡生。为人孝友古朴。昆季五人，析居后，朝夕过从无间。家故贫，修脯外不名一钱。圃有隙地，自种桑麻、果、蓏之属，藉供甘旨”。此等兄弟均分家资，兄弟和睦，至今仍被乡间认可。传统流行长兄代父，长兄责任和义务大些，成为社会共识。兄弟与姐妹分割财产，大多遵从习惯，兄弟所得比姐妹多。近年，出现兄弟姐妹平均继承父母财产，但属少数。

第十节　日常生活

居舍，是家庭成员生活之地，亦家庭成员感情交流之所。家居生活，县人注重邻里关系，父母自小便向儿女灌输。现今，居小区、住套房，依附传统居舍的生活行为、方式、习俗发生变化。

邻里

住户注重邻居间关系，俗云：“远亲不如近邻”“邻居好、好靠老，田邻好、好田稻”。1970 年前，乡村住宅多不上锁，究原因，一几无小偷；二无值钱东西；三邻居相互关照。困难时相互帮衬，借米物，恪守“有借有还，再借不难”。有时新好吃东西邻里互送。对方家中有人无人，进院门需打招呼，不可蹑手蹑脚入内，无人在家须原道退出。遇紧急事，白天黑夜皆向邻居求助。别家发出求助信息，无条件相帮。乡村相邻住户若出售住宅，须得左邻右舍同意，在同等条件下，左邻右舍有优先购买权。同院落住户出售住房，邻舍优先购买。出售墙体相连住宅，左右邻舍购置权更大。购买房屋，邻居态度为重要条件。进入 21 世纪后，乡村有人在原址新建房屋，式样、面积、高度与原不同者，在符合政府规划前提下，须左邻右舍同意签字，有关部门才发准建证。购买商品房，一般不考虑邻居因素，因无法知道邻居信息。

起居

旧时百姓起居遵顺“日出而作、日落而歇”。元代，县人钱允鲜《即事奉和蒋研山先生原韵》云：“老农草舍濯缨溪，朱槿为篱竹作扉；晓出耕田一二亩，晚随樵牧二三归。”晨公鸡啼鸣起床，白天依某物太阳影子长短，晚间依月亮升落形状确定时间。民谣《月出迟早歌》云：“十七八，爬更挖；十八九，坐等守；二十亨亨，月上二更；廿一及廿二，迟到半夜底；廿三四，月亮上山四更四；廿五六，月上山头煮饭熟。”民国《象山县志》引用此歌谣后云：“我邑俗尚勤俭，人兼耕读，未有不黎明者即起者，耕夫五鼓必饭，故有‘月上山头煮饭熟’之谚。”清乾隆年间，起居变化，钱沃臣《蓬岛樵歌》云：“近来人习游惰，不耕不读，所作非为，迟眠晏起，空蝗粱食，可不诛哉。”海边人家依潮位定时间，准确度较高。百姓通行早睡早起。

民国时，富有人家有座钟，称“时鸣钟”。1958 年“大跃进”，生产大队专人敲锣或敲钟起床、吃饭、开工。县有线广播接通后，早晨、中午、傍晚有线广播开播，成起居时间参照。20 世纪 60 年代后，一般家庭有闹钟。中小学普及，学生放学成时间对照点，中午放学称“放昼饭学”，下午放学称“放夜晚学”。80 年代后，手表普及。电视转播台出现后，晚上开睡时间变化，县广播站电视差转台一般 11 时关停，多数人家，看到银屏出现“再见”方睡。90 年代，电视普及，电视节目决定早睡、迟睡。进入 21 世纪后，电脑网络兴起，手机普及，加劳动方式渐变，起居时间发生明显变化，变早睡早起为晚睡晚起。

炊饮

传统乡村办红白喜事，上灶大厨皆男子，主妇操持家中餐饮。乡里男人不上灶烧菜做饭，至多灶膛烧火添薪，即使是做厨男子，回家也不上灶。女儿长大后须学会上灶，母亲会悉心教导。母亲不让儿子上灶，认为男子家中上灶“没出息”“不像男人”，也损害主妇形象。中华人民共和国成立后，尤近 20 年，城镇家庭男子上灶渐多，乡村仍少。旧习，狗肉、蛇肉不进家门，更不可灶上烧制。今只要能吃，且与自身信仰无冲突，均可上灶烧制。

中华人民共和国成立前，一日两餐家庭不少。1965 年前后，冬季农闲时节，困难人家一日两餐仍有。吃饭传统习惯：父亲不到不开饭，桌上多余筷子吃饭前送回筷柱笼；吃饭时不架二郎腿，不讲话，否则斥为“鸭碌槽”；掉桌上饭粒、小菜立即捡食，不可浪费；吃完饭自己碗筷放灶台上。煮饭时考虑留些冷饭，曰“冷饭娘”，下一餐烧米饭时适量掺入冷饭可提高出饭率。

旧时用餐时间，白天三餐依日出、日影、日落为准。农忙时，中饭有时送田头，下午一顿点心，晚饭迟至晚上八九点，当家人没回家，不开饭。有广播后，听广播做饭、吃饭。城镇上班族，按上班、下班时间安排吃饭。城乡有顺口溜谓：“按部就班、敲钟吃饭。”20 世纪 80 年代始，土地承包后农民劳动时间自由安排，学生上学得重视，按学生放中、晚学安排吃饭渐多。

文化活动

传统普通家庭文化活动多随意展开，聊天说笑、讲相传民间故事、笑话，儿童做传统游戏，母亲哼自编摇篮曲；用通俗易懂俗语、俚语、顺口溜教子女为人待物、处世处事、勤俭持家、劳作农事等道理与做法。如“芒种芒种、样样要种”“你井深、我绳长”“人欺人欺勿煞、自欺人要欺煞”等。《红楼梦》中所说酒令、诗画、抚琴等文化活动，仅极少数文化人、富豪家有。

20 世纪 60 年代，广播接入家庭后，百姓听新闻、戏曲、歌曲、说唱、故事（说书）连播、科学知识，文化生活逐渐丰富。广播故障，主人会急着找人修理。80 年代，电视机走进家庭，百姓坐享视觉盛宴。电脑网络进家后，拓展与外界交往、互动空间。随文化提升及家庭收入提高，报刊订购及藏书增多。打麻将日趋普遍，成家庭娱乐重要内容。

经济活动

居舍经济，是千百年来家庭主要收入之一，妇女经济收益贡献率往往超过男子。历代县志“烈女传”记载女子承担家庭穿戴缝制、三餐烧煮、洗涤、鸡鸭猪饲养、纺纱织布、老人服侍、儿女养育等；山区女子善于小件家用竹器制作，中华人民共和国成立后仍传承。

男子负责劈柴，修理生产工具、畜禽笼舍等。塘区人家编制草鞋、蒲鞋，山区男子空闲时，做竹木家用器具，或自用、出售。多数家庭少有经营性副业，“天黑倒头睡、天亮田头走”。“文化大革命”时，被批判为“老婆孩子热炕头”，说是天生小资产阶级意识。下雨天、晚间、农闲时搞副业人家，收入比旁人多。20 世纪 90 年代后，乡村、城镇家庭传统经济活动渐少，多为小件工业辅助性零活，如拼装打火机、纺织拆纱之类，可减少企业成本，也给勤劳家庭带来收益。进入 21 世纪，从事网上商务活动渐多，有买卖股票，也有开网上商店。

第十一节　亲　　戚

家庭亲戚有血亲和非血亲之分。从儿女角度看，血缘亲戚有父系、母系、兄妹等；非血缘亲戚除姻亲外，有干亲、结拜亲与菩萨亲等。

亲属称呼，因地域及迁入象山原籍属地不同，东西南北称呼差异，以至同一村落因家庭始迁地不同，称呼不一。如父亲兄长有称“阿伯”，也有称“阿大”，伯父妻子称“阿姆”或“大姆”。丹城称母亲多叫“姆妈”，石浦、定山一片，称母亲为阿姆。

父系

父系亲戚有直系、旁系。旁系亲戚到第三代后，无大交往，第四代称远房。

直系　儿女称父亲为阿爸、阿大、阿爹、阿伯；称祖父、祖母为阿公（婆）、阿爷；称高祖父、祖母为太公、阿太、太婆。父母称儿子为细佬、儿子，称女儿为呐；称孙辈为孙子、孙女（呐）；称玄孙为孙孙子、孙孙呐。推行普通话后，流行祖父称爷爷，祖母称奶奶，父亲称爸爸。

旁系　称爷爷兄弟为伯公、叔公，其妻为伯婆、叔婆；称父亲兄弟为阿伯、叔叔，其妻为阿姆、阿婶；称伯父和叔叔儿女为堂兄弟、堂姊妹；称父亲姊妹为姑姑或孃孃、阿孃，其丈夫称姑丈；称姑姑儿女为表兄、表弟、表姐、表妹。

母系

母系亲戚有直系、旁系。民间母系亲属至第三代，基本无交往。

直系　儿女称母亲为阿姆、姆妈；称母亲父母亲为外公、外婆；称母亲爷爷、奶奶为太外公、太外婆，两者简称“阿太”。

旁系　称母亲伯父、叔叔为大外公、小外公，其妻称大外婆、小外婆；称母亲舅舅为舅公，其妻称舅婆；称母亲兄弟为娘舅、舅舅，其妻称舅姆、舅妈、娘舅姆；称母亲姐妹为姨娘、姨妈，其夫称姨爹、姨父；称舅舅与姨妈孩子为表哥（表兄）、表弟、表姐、表妹。

姻亲

男女成婚后成亲戚的为姻亲。男女双方家庭相关成员，虽非血亲，但家庭亲戚序列所占地位重要。此种亲戚于夫妻双方是姻亲，其儿女是血亲。主要有，妻子称丈夫为老倌、老公、爱人、老头等；丈夫称妻子老婆、老女、屋里、内人、爱人、老太婆等，爱人乃中华人民共和国成立后才称，一般向外人介绍时用。妻子称丈夫父亲为阿公，丈夫母亲为阿婆、婆，实际当着公婆面，皆随丈夫一样称阿爸、姆妈等，阿公、阿婆是儿媳妇在外人面前称呼；丈夫称妻子父亲为丈人、岳父；称妻子母亲为丈姆娘、丈姆、岳母，为在向外人介绍时专用，生活中随妻子称作阿爸、姆妈。父母称儿子的妻子为新妇；岳父母称女儿丈夫为子丈。

兄弟称呼：按传统，妻子对丈夫兄弟，随儿女尊称伯、叔，其妻称婶，现多随丈夫称哥、弟或姐、妹，向外人介绍称兄嫂、弟新妇；称姐姐丈夫为姐夫、妹妹丈夫为妹夫；称丈夫姐、妹，随儿女尊称大、小孃或大、小孃孃，现有称姑；称丈夫哥、弟，也随儿女称大伯、小叔，姐、妹称大姨、小姨。

称祖父哥哥为伯公，其妻称伯婆；称祖父弟弟为叔公，其妻称叔婆；称祖父姐妹夫妇为姑公、姑婆；称祖母哥哥、弟弟及妻子为舅公、舅婆；称祖母嫂嫂为舅祖母（妗婆）；称祖母姐夫、妹夫为姨祖父、姨公；称祖母姐姐、妹妹为姨祖母、姨婆。

干亲　菩萨亲

中华人民共和国成立前，境内结成非血缘关系亲戚较常见。结干亲有精神层面需求，也有经济及应对生存环境需要。如：化解子女“生辰八字”劣势，拓宽精神层面依托，接续父、母一辈友谊，扩大社会交往渠道，增加家庭人势等。结成晚辈与长辈关系称继拜，即干亲；结成兄弟、兄妹、姐妹等称结拜；认菩萨为亲称“菩萨亲”。

干亲　一般将子女承寄他人，认作干父母。有青少年自己行为，也有父母所为。长一方为干爸（爹）、干妈（娘），也称“寄拜爹”“寄拜娘”；晚一辈为干儿子、干女儿。流传至今，中华人民共和国成立后明显减少。

结拜　结拜多平辈之间结亲，如结成兄弟或姐妹关系，结成哥妹或姐弟形式较少。传统结拜“亲戚关系”乡间普遍。中华人民共和国成立后稀少，即便各自心中视对方为兄弟姐妹，称“兄弟家”“姊妹家”。现今流行“闺蜜”，称“姊妹家”。

菩萨亲　与菩萨结亲，多在幼年或少年由父母做主，成年后少见。因年少体弱多病，或发生意外时，百姓去庙里礼拜菩萨，认菩萨为父母，认为可改变现状。认女菩萨称菩萨娘、男菩萨称菩萨爹，更改原姓氏随菩萨姓，后代仍随原姓氏。认菩萨亲后，须在庙里规定日子供拜，家人代拜也可。中华人民共和国成立初仍流行，后渐少。今尚有存在。封建时代还有拜神树、神岩头等为父母的。

第三章　养　　老

养老，有“自养”“他养”两种。自养指老年人生活能自理，他养指自理能力丧失或基本丧失。民间“老”也包含死亡。传统养老，全仗自己和儿女。俗谓“积谷防饥，养儿防老”，大多数民众认可。

清前，历代官员有退休制，称“致仕”①。退休年龄，及“退休费”发放，朝代各异，有一次性发放，也有拨地赠山、依职取酬等。自古至今，农村老人劳作到“吃不落”（吃不消）才停止。20 世纪 50 年代始，将农村无劳力、生活来源或法定赡养人无力赡养的老人定为“五保户”（保吃、保穿、保医、保住、保葬），由镇、乡政府或村集体供养，指定专人负责，奉养于各自家中，“五保户”去世后，财产归集体所有。1958 年前后，有些乡镇办敬老院，年份短暂。90 年代起，部分乡镇、村建办敬老院，集中供养“五保”老人。

中华人民共和国成立后，尤其是改革开放后，国家建立多层次养老体制，靠退休金养老人群增多。现今，有儿女的老人亦入住养老院，传统居家养老与养老院集中养老并存。

第一节　老年生活

民国《象山县志·人物传·烈女传》有老年人晚年生活方式和奉养老人记载，有的记述较详尽。中华人民共和国成立后，养老方式变化。20 世纪 90 年代起，乡镇（村）普遍建立老年活动室，老年人生活丰富多彩，“老有所养”“老有所医”“老有所学”“老有所为”“老有所乐”渐成共识。

家务

中华人民共和国成立前，女子不参加工作，子女多由母亲养育照顾，老年人亦常照看孙辈。传统上，老人也喜祖孙同堂，以享儿孙绕膝之乐。老人多数与儿子合家，并掌控经济大权，在家庭有发言权。

中华人民共和国成立后，青壮年妇女参加劳作，照看孙辈落在祖辈身上，多由奶奶或外婆照管。20 世纪 90 年代后，孙辈普遍由老人照看，小孩上学和放学也由老人接送。另有为子女及孙辈提供晚餐。

学习

1990 年，县老干部局开办老年大学，招收机关、事业单位离退休人员，后向社会开放。报名参加老年大学人数增多，有些专业爆满。学习课程有书法、国画、文学、音乐、戏曲、二胡、花

---

①唐代散文家韩愈《复志赋序》中有“退休于居，作《复志赋》”一句。《宋史·韩赞传》上曰：“退休十五年，谢绝人事，读书赋诗以自娱。”

鸟、舞蹈等20余门。另开设阶段性课程，有健身操、交谊舞、电脑、烹饪、剪纸、柔力球、太极扇、太极剑等。进入21世纪后，部分街道镇乡办起老年大学，吸收当地老人就读。

健身

旧时，民间无健身项目，更无锻炼一说。老人普遍“能动就多动动”，有益健康。主动参加轻微劳作，如打理菜园、放羊、捡柴、洗衣及照看孙辈等。20世纪80年代前，乡村老人出门旅游，未被认可。说去拜佛，易被老年妇女接受。老人在乡间散步、跳舞，会被讥笑“吃得介泡春”、油头、花心、不入流，视作另类。80年代后，退休人员渐多，丹城、石浦两地建老年体育锻炼场所。90年代，农村普遍建立老年活动室，老年健身活动始从城区推向乡村。进入21世纪，老年人参加健身活动渐成常态，成为健身活动积极参与者。活动项目增多，有健步走、老年门球、老年锣鼓、广场舞蹈、健身操、健身球、太极拳、钓鱼、爬山、游泳及麻将、器乐、戏曲演唱、书法、作画、写作等。

聊天

历来老人喜欢参与聊天或听人聊天。现今，不少老人结群聊天，场面热络：“夏天聊天乘风凉，冬天聊天晒太阳。”丹城上进殿墙弄，靠墙放几块石条，遇天气晴好，老人便自动结集，聊生活往事、现实社会，也聊国家大事、新闻旧闻及街巷传说、八卦等。县城聊天场所不下20处。乡村也有，只要场所适合，老人天天凑聚聊谈。

第二节　养老方式

老人晚年生活方式，有自养和他养两种。民间世代相传：“积谷防盗、生儿防老。”人生晚年，需儿子照顾，儿子有赡养年迈父母义务。女儿出嫁后，习惯负责照管公婆晚年生活。

历史上不乏孝道儿子，县志多有记述。明代“周黼，父病，焚香吁天，愿以身代……”“邵招贤，字文达，奉父母孝，食必具甘旨”。清代，舫前王莳兰“代父服劳，孝养祖母，父先卒，祖母旋卒，又孝事母，乡里称王孝子”。民国《象山县志》载，有儿女为父母割股疗病。

年迈父母养护靠儿子，事务多落媳妇身上。宋代，张该妻子林慈午，“该奉老母菽水尽欢，林氏顺承惟谨”。元大德十一年（1307），象山“岁大祲，人相食。徐氏（徐妙梓）尽出匳具易粟为养，而自采蕨根荠叶以给”。旧志记明、清两朝奉养年迈公婆女子更多。《浙江通志》载：“象山翁氏，十九岁适谢仲辉，五载夫亡，纺织以供舅姑（公婆）。”

民间老年人过60岁就“颐享天年”不多，大多到无法劳作时才歇手。尚能照料自已，多不愿给晚辈添“麻烦”，坚持自己料理。直至自理困难，方让儿子照料。习惯认为，有子女的老人入敬老院有失面子。现今，此观念渐淡薄。

自养

中华人民共和国成立前，老人与儿子分家后，多数同住一屋。改革开放后，农村住房改善，父母与儿女分住增多。老人生活尚能自理，不给儿辈压力，力所能及提供儿孙辈方便。工薪阶层退休老人，多坚持自养，追求生活自由，不增添儿女麻烦。

子女奉养

子女奉养老人，做法大体有：父母长住某儿子家，儿子负责照顾服务，其他儿子依约出钱出物；儿子轮流照顾老人，依约在一儿子家住满一段时间，轮流住在其他儿子家；父母与儿女达成共识，老人进驻敬老院，费用由子女平摊；独生子女老人养老由儿女独自承担。

雇请保姆

老人自己有钱或儿女有钱会雇请保姆。虽不多，但有增加趋向。城镇，请钟点工照料老人渐成常态。传统认为，有子女的老人雇请保姆没面子。如今，此观念逐渐淡化。“存钱防老”成现实，“爹有娘有勿如自己有”“儿有囡有不如自己有”的观念根深蒂固。

入住养老机构

专业养老机构多国家或集体创办，现国家提倡私人开办。现今，养老机构遍及城乡各地。初期，养老机构只吸纳孤寡老人，有子女的老人入住则被认为是儿女不孝或与子女不和，不合传统养老理念。进入21世纪后，在养老机构养老，已渐被社会接受，出现公办养老院床位一铺难求状况。

第三节　做寿　寿事

旧时，经济许可家庭，年近60岁老人，开始筹办寿事，由儿女操持。老人多喜亲为，从寿坟选址、定式样，实地踏看确定，到定寿材材质、木板厚度、色泽，以及寿衣定料、定款式等，细致入微，面面俱到。经济稍差的家庭，降低标准，亦为寿事。中华人民共和国成立后，老人重寿事依旧。

老人重视自己丧事，生前告诉儿女，百年之后寿衣穿戴，及要带走的随身陪葬品。旧俗，富家有金银饰品陪葬。中华人民共和国成立后，随葬品皆铜、铁、陶、瓷等用品。实行火葬后，有所变化。

做寿

传统50岁始做寿，习俗“男不做十，女不做九”，年龄以虚岁计算。男49岁做首次寿庆，女为50岁，称50大寿。50岁之前称“过生日”。女儿挑送寿担，堂上设香案，置酒菜和点心寿桃、寿糕、寿面、寿团等，先祀祖，后做寿者受儿孙跪拜。亲友送寿礼祝贺。随之设寿筵，宴亲朋。此后，每过10年做大寿。一般邀朋友参加“送人情”，寿星向来宾分寿礼。做寿时，有些家庭贺礼有寿联、寿诗、寿文及书画作品。《蓬山清话》卷之九载：宋史浩有《史浩寄居为象山昌国诸乡老庆寿致语》，清陈之纲等有《乡饮介宾象山倪泰庵先生九十寿辰征诗启》《陈之纲祝倪泰庵先生九十寿旦序》等文。倪象占有《张母马孺人六十寿辰诗》。普通百姓做寿，主请吃，求热闹。

中华人民共和国成立后至改革开放前，做寿一度淡化，即便做寿，也不公开。20世纪80年代后，祝寿重兴且隆重。乡村做寿多家庭设宴，城镇居民做寿有在家摆酒席，也选择酒店设宴。

寿坟

寿坟也称“寿域”。先前，殷实之家请风水先生看风水择地做寿坟，贫寒人家依传统选定坟地。选坟地考虑环境安全、避水朝阳、避寒趋暖、视野开阔等。寿坟做好后，空穴内放“寿砖”、茶壶、油瓶各2只。墓碑字红色，以示空穴，老人离世进棺后改黑色。也有空坟不立墓碑，待老人百年后再树碑。

实行火化后，禁止个人择地做坟，政府统一安排土地做公墓。常有在世老人选择公墓、预定空穴作为自己的寿坟。

寿材

也作“寿棺”，俗称棺材。棺材带上寿字，意祝老人长寿。寿材因经济能力不同，材质各异。上等寿材选用柏木，其次杉木，再次松木；寿材尺寸，俗曰“长人自长自，棺材六尺四”；棺材式样、大小不尽相同，棺板厚薄不同。有统色平板、金漆描画、雕刻上色等；材质差的称薄皮棺材，厚度半寸，好的则厚三寸。旧时老人在世时做妥寿材，放中堂后面，有些农家当作谷仓，存放稻谷。有本家宗祠的老人习惯将寿材存放祠堂内，也有寄放邻近庙堂。实行火化后，规定不做寿材。骨灰盒殡仪馆有售，价格几百元至几千元不等。

寿衣

寓健康长寿意，美称寿衣，俗称“过老衣裳”“过世衣裳”。寿衣一般指老人亡后穿戴内外服装及鞋袜、帽子等，习惯寿被与寿衣一起操办。寿衣均生前做好，费用子女承担，一般家庭多主妇承办；富裕家庭请裁缝到家缝制。寿衣套数均单数，一般三套，有内衣、外衣、袍子、被褥、鞋袜等。寿衣，多“五领三腰”，即五件上衣，三条裤。无论何时亡故，均有棉衣。三套为贴身内衣、棉衣、袍子；五套为贴身内衣、内衣、棉衣、棉衣罩衣、袍子；裤为内裤、棉裤、罩裤。古历闰年做寿衣最佳，闰年比平年多一月，可为老人增寿。寿衣所用面料，皆纯棉布，外衣颜色男性多杏黄色，女性多青蓝、古铜色。讲究家庭，外衣里子用红布，帽子上缀红顶子，象征后辈红火。寿衣不用纽扣，用小条布带。以带子代纽扣，暗喻给家族带来儿子，后继有人。

20世纪末，开设专营寿事店铺，寿衣可定制，也可购买。穿大衣或长呢制服，不穿棉衣，多中山装、唐装、西装、旗袍等，不再避讳衣服有扣，多改扣为粘贴。男性寿衣以素净单色为主，女性则多彩。衣裤数目多守“五领三腰”习俗。选择寿衣注意搭配，衣、裤、鞋、帽、被，款式、色彩、图案协调。面料牵涉“殡”礼档次，缎织料较贵重。

第四节　临终关怀

临终关怀，历代有之。俗曰：“去得爽快些、少点苦痛”，意即祈求减少病人痛苦，消除死亡恐惧。民国《象山县志》载，清代许超：“事亲孝，母老多病，不入内寝，寝母榻下，晨昏服侍靡不周。”旧志所载烈女，不少涉临终关怀事。今承传统精义外，安宁护理理念渐被接受。

送终

亲情关怀，含物质与精神层面。临终老人多希望离世之前，儿女们能守候床前。儿女亦希望父母离世时能守其身边，否则会终生内疚和遗憾。好多老人临终时，为等儿女到齐，强撑一丝生命，待儿女到齐，方终止生命。乡俗，凡得知年迈亲戚、朋友、知交、同事临终，均去拜望、抚慰。

服侍

旧志多载服侍临终老人事。元周熙系宋代孝子鈇四世孙，在外谋文职，急赶回家：“母疾，寝不解衣，药必亲尝。”服侍周到者，历代皆予表彰。老人临终时，儿女对老人提出的要求，多百依百顺，予以满足。不再要老人禁烟、禁酒或节食。老人身边有家人或亲人陪伴，亲朋主动上门相助。

医治

病重老人提出就医要求，子女多给予满足。得知无法医治时，家人会将老人接回家中，终老自家。临终医治，多减少疼痛折磨，医生开太平方。多数老人虽有所感觉，子女一般也不会告诉真实病情。老人不想说穿，家人就当不知，双方心知肚明。俗谓“只能医病，无法医命”，多数人信奉“富贵在天，生死由命”。

精神抚慰

家人、亲友对临终老人精神关怀，较物质关怀更有效。老人安详、少些痛苦离世，成家人最大愿望。家人会想尽一切办法，满足老人临终要求。在民间，老人信奉较杂，有佛教、基督教，也有道教、祖宗及各种地方神，不一而足。老人临终前，子女一般都会问老人最后信仰，遵从其信仰决定殡葬仪式。

第四章　疾病　就医

疾病，民间称“毛病”。得疾病称“生毛病”。就医称“看毛病”“看医生”，现今多说“看病”。民间对疾病认知既有科学性，又大多夹杂封建迷信。旧时，人们无法解释病因，常求神驱鬼诊断、治疗。中华人民共和国成立后，随医疗技术进步和现代诊疗知识普及，传统迷信认知渐少。当现代医疗无法解决时，有些人也会用求佛、拜菩萨、降童等方法。

第一节　疾病俗称

疾病，邑人称“病”不称“疾”。患轻病时称“生病”“生毛病”“人难过”“人弗爽快”；病情加重时称“厉害起来”“病重起来”；患重病时称“生大病”“生恶病”；病情好转时称“人爽快点嘞”“病好点嘞”；病愈时称“人健嘞”“病好嘞”。体弱多病者称“生病黄鱼”；小病装大病称“老鼠尾巴生大庝”。按疾病的轻重，分小病、小毛病、大毛病、硬病（含硬伤）、重病；按疾病的缓急，分急病、慢病、长病、行迍病（慢性病）、有佬病（富贵病）、痨病（结核病，多指肺痨）等。

因病起因作病名，有上火、冻牢嘞、伤风、伤风气（感冒）、风气痛（风湿病）、伤寒病、火眼、癣咄（癣）、蛔虫穿胆（胆道蛔虫症）、腰骨闪起（急性腰肌劳损、腰扭伤）、吐血（咯血）、嗄腔（失音）、蛀牙、骨头断牢（骨折）、手肘头脱出（脱肘）、头颈骨困出（落枕）、厥气（昏迷）、生蛋火棚（淋巴结）、疳绩（小儿积滞）、皺痺（小儿惊风）、热头气咄进、咄热（中暑）、发痧、发流火（丝虫病引起的急性淋巴管炎）、撒尿出（尿床）等。

因病所在身体部位为病名，有牙齿蛀牢（龋齿）、手脚伤筋、嘴角疔、人中疔、地角疔、肚皮痛（腹痛）、肚皮馕（腹泻）、齆鼻头（鼻炎、鼻窦炎）、鼻头红（出鼻血）、生聤（化脓性中耳炎)、单娥、双娥（单侧或双侧化脓性扁桃腺炎)、心窝头痛（胃痛、胆囊炎、胆石症)、腰骨痛、腰缚头痛、臀皶、胁肋间痛、烂肺（肺脓疡)、小肠气（疝气)、弯角肠痛（阑尾炎)、腰子病（肾炎)、肚皮胀等。

因患病者症状得名，有咳嗽、气急、头痛、头晕、头昏、绞肠痧、上吐下泻、肌身发热、潮寒作热、田鸡咳（百日咳)、癫起来（精神病发作)、尿急病（尿路感染)、宕胴肛（脱肛，直肠脱垂)、宕儿袋（子宫脱垂)、黄烟风（面神经瘫痪)、哑中风打（脑中风突然失语)、作咽酸（吐酸)、打呃得（呃逆)、扫箕臌（气臌病)、抽筋（抽搐)、头眩病（眩晕)、气块（膨胀病)、逃阳（遗精)、羊毛疔（颜面疔疮)、老鼠攻（蝼蛄疖)、底子亏（虚病)、出冷汗（盗汗)、醺嘴风（面瘫)、搿鸭蛋（颈痈)、鲤鱼撒籽（腓发)、南瓜庯（臀痈)、奶块（乳癖)、甲子斑（黧黑斑)、生冻冰（冻疮)、田鸡秀（疣)、生透针（针眼病)、跳眼泡皮（胞轮振跳)、眼桃（胞仲如桃)、烂眼睑（睑弦赤烂)、嗥哼（哮喘)、糖尿病、痨串（淋巴结核)、抽脚筋（脚痉挛)、粉甲（灰指甲)、生木蛇（化脓性指头炎)、生虾眼（甲沟炎)、斗鸡眼（内斜视)、驼背、伛背、扑背（脊柱畸形)、大头颈（流行性腮腺炎)、烂脚丫、香港脚（足癣)、洋癫病（癫痫)、神经病（癫病、狂病，精神病，患病之人称为癫人佨)、轧热痱（痱子)、生热疖（疖病)、缠身龙（带状疱疹)、大脚风（晚期丝虫病引起的象皮腿)、乌珠上星（点状角膜炎)、胬肉攀障（又称上障，翼状胬肉)、痨病（结核病，多指肺痨）等。

病人患病部位体状异常得名，有哑子、哑子佬（聋哑人)、疯癫（精神病)、出痘（水痘)、出麻（麻疹)、杨梅疮（梅毒)、七日风（新生儿破伤风)、绞肠痧、瘪螺痧（霍乱脱水症)、卖柴病（疟疾)、鸡盲眼（夜盲症)、清盲瞎（青光眼)、老鸦臭（狐臭)、甲疵斑（雀斑)、牛皮癣（银屑病)、眼睛瞎牢（眼睛失明，瞎子称为花眼)、烂眼（睑缘炎)、麻皮（天花后遗症)、瘌头、聋甏（聋子)、半边风（脑中风半身不遂)、风瘫（瘫痪)、拐脚、宕手（柱手)、缺嘴（兔唇)、红眼病、红眼睛（急性结膜炎)、黄胖病（钩虫病贫血)、白眼（斜视）白疗风（白癜风)、乌青（紫癜)、红鼻头（酒糟鼻)、胁夹下痛（胁痛）等。

第二节　民间疾病认知

旧时疾病认知，一是代代相传，口口相授；二是凭各自所见所闻，主观判断。不同人群对疾病认知不同，会作出不同判断，其中不少含迷信成分。嘉靖《象山县志》载：“元至大元年（1308）饥疫”，为最早疫病记录。明宣德“九年大疫，人畜死伤甚众”，作“灾异”记载。明清两朝，灾异记载更多、更详。最早霍乱疫情记载，始于清朝，采用设醮驱疫方法。民国《象山县志·志异》载：清嘉庆二十五年（1820)，大旱，七月二十五日，风雨骤发，“秋，大疫，石浦尤甚，其症脚筋抽搐即死。城中设醮教场演武厅，七日，疫止”。医巫及懂医和尚、道士，年长有经验百姓，对同一疾病有不同看法。

民国《象山县志·先贤传》所载人物，涉及对疾病看法及治疗的内容有多例。元初周熙，在外为官，“母老乞归。母疾，寝不解衣，药必亲尝。既卒，亦如其祖，结庐墓侧。”明代胡景让，“字逊子。性至孝，父病，尝封股以进。”明，董儒，父病，医祷勿效，吁天割股和药而进，疾遂瘳。明代史起龙，万历二十九年（1601）进士，后知江西万载县，赴任，闻母病重，告假欲回象山，不准。“东望涕零，乃对天虔祷，愿减己年益母寿，病果愈。”清代韩之翰，“亦工医，起沉疴应手而愈，其酬勿计也。人窭入室，每解橐疗之”。夏国怀，是大孝子，“后患靡，子元琦性孝，日吮患处无难色。”王家献，“父病，医药不效，梦神授以方，服之，疾顿失。母患风，垢衣必手浣濯。二亲俱以耄年终。家献朝夕省墓，寒暑不渝”。钱志朗，“又工诗善书，兼精岐黄，遇贫病者，辄自往诊视，予以药不计其值，乡里德之”。以上所记皆有识之士，对疾病认知及其治疗各有持之，百姓大众认识更为不一。

中华人民共和国成立后，随医疗事业普及和发展，对疾病认知渐显科学性。20 世纪 90 年代后，特别是 21 世纪后，认知疾病更具科学性。

传统中医

民国《象山县志》多载传统中医，他们的中医理论和医治技能，影响周边百姓对疾病认识。其中一些中医师还著有医书，社会影响更大。宋代卞大亨编有《传信方》，其人“素习养生导行（引）之术，医药、占算尤极其妙，解衣推食，赈恤饥寒，手制药饵，惠利甚溥。”明嘉靖十一年（1532）进士王梴《同野集》收有高克学编注《灵枢经注》序，清倪象占《蓬山清话》收编此“序”时云：“予少时尚见之，未知检其所存也。”民国《象山县志·附寓贤》载：“高士，字克学……兼精于医，谓医之有《灵枢》，犹五经之有《易》也，爰为之注。”清钱捷著《山农药性解》、李如珠著《医解》、赖一贴著《伤寒馀义》。赖一贴，直岙人，自幼务农，成年后勤奋好学，入庠生，“旋参《灵素》（《灵素微蕴》四卷，清黄元御著），得脉诀，为人诊病，药一贴即愈，遂以赖一贴称”。庠生周天擎应乡试不售，慨然曰：“范文正公云：‘不为良相，必为良医’，医亦可济人也’，遂攻岐黄术。有求医者，风雨必赴，用药多验，不受一钱。”

医巫、和尚、道士

乡村医巫占民间诊病治病多数。《汉书·晁错传》：“为置医巫，以救疾病。”唐，元稹《叙诗寄乐天书》：“地无医巫，药石万里，病者有百死一生之虑。”医巫在乡村十分普遍，有的真懂中医，大部只略懂。民国《象山县志·先贤传四》载：清代，“朱道备，十余岁得目疾，就医于某山庵老僧，不愈，愤欲死。僧曰：‘吾相汝殆可习术者’。因教之星相与卜。”后学就，精通星相术、医术，方圆数百里闻讯来，台州一带百姓尤信，非常灵验：“或其家门户坟墓利病，言之如见，因皆称为半仙。”民国期间，大徐徐孔甫，是农民、乡间“念伴”，识字，无师自通，会医道，擅长妇科、麻疹等，乡间有名。中华人民共和国成立初期，乡间仍有男女医巫（念伴、降童等），百姓仍去求医。随老一代医巫死亡，现已少见。但有时也会有自称某大仙男女“医巫”出现。

象邑民间流传安期生卖过药，陶弘景炼过丹，旧志有载。宋景定三年（1262），县衙西边百步处，有三皇庙。《元史》载：三皇庙塑天皇、地皇、人皇神像，即为伏羲、燧人和药神神农。神农尝百草，掌管农业，左手拿“鞭”，用以抽打药草，检测是否有毒，给人间百姓治病。大殿左右塑十大名医：岐伯、雷公、扁鹊、淳于意、华佗、张仲景、皇甫谧、葛洪、孙思邈、韦善俊等。三皇庙为百姓寻医问药场所。乾隆《象山县志》载：药王庙祀神农，为民养和蠲疠也，在东岳宫后殿。民国《象山县志》转载：“雍正县志：南市中，二神姜姓、毛姓，古传为唐进士，弃官隐此，施药济人，卒而有灵，乃立庙祀焉。多著灵异，病有祷神，梦授以药，次日服之顿愈。”

通常，百姓去寺庙求医问药，取回多为“香灰”。今寺庙等相关场所求医问药取香灰的尚有。

经验人士

城乡缺医少药年代，一些有心人士，虽不是医、巫，但靠经验结累，懂些理疗和中草药功用，治某一常见病有疗效，故有俗语曰："草药一味，气死名医"。这些经验人士，善医疮疖、无名肿毒、扭伤；用株树脑治小孩消化不良，萝卜籽、柏籽等治便秘。一般不收取钱财，乐助乡邻，免费提供中草药。

普通百姓

旧时百姓对疾病认知，尤对重大疾病起因认识多元：一为鬼神妖魔作怪；二为自个命运不好，前世没修；三为天地四时之气不和；四为饮食不当、穿着不适等。常见小病小痛认知相对正确。

传染性疾病更无正确认知。乾隆《象山县志》载：旧民风尚可，清乾隆时始坏风气，"乃今所闻，则又有大可异者。山野愚氓，一人病疫，亲邻相戒屏迹。'疾病相扶持'之谓何？甚有父母沉疴，恐其子妇传染，驱之他出，而子若妇亦遂去不顾。噫，是尚有人心乎？夫疫以气相染耳。吾闻邑人多俗忌，卧病则衣垢不敢一更，（身积垢亦不浣濯，微独病者不能堪也）。沴气郁蒸，触之成疾，而且忧惧惶惑攻其心，巫觋祝史役其形，几何而不胥病，病而死也？去其至病之由，而绝嗜欲，慎寒暑，更番寝兴，庶疾者可已，而无疾者亦无由致疾。不然，死生亦命耳，岂有去则生不去辄死者乎？彼去而不得生者抑又何说也？则何不以孝子孝妇自处，而以冒征君、姜孝子为法乎？"民国《象山县志》就此案语："今西人说则又有所谓传染者，避病益加厉而死亦益甚。或迁病人于神庙，亦多无效。又佞鬼尚巫，虽士夫家不免缁黄送丧，能斥之者惟二三著姓而已。"无法应对重大传染性疾病时，避无奈而有效。因"孝"不避而得传染病，非正确做法。

今民间仍有把药渣倒大路上，让行人踩踏，谓病散；求菩萨问神，化解病痛。随科学传播及医疗水平提高，人们认识正在逐渐改变。

第三节　传统疗病方式

民间传统疗病，有精神、物理、药物和综合性疗法等。有时混合使用，手法有异，用药基本同。"抠田秀渍"（也称"抲田秀渍"）、"抲田鸡秀"最流行，是典型物理、精神、药物疗法综合。"田秀渍"即单纯性疱疹，民间用"抠"（抓、抲）法，用筷子夹住一烧红木炭，在田秀渍上熏灸，木炭距皮肤 3~5 厘米，念口诀："西，西，皮上嬉，莫吃黄帝子孙皮，要吃西山上木树皮，去，去。"念完 3 次，用痱子粉在门上画一蜘蛛图样，反复二至三遍。后用草药"五爪金龙"捣汁外敷患处。一天即痊愈，最多 3 天。此法念口诀、画蛛是故弄玄虚假象，熏灸，用痱子粉才是实际医疗。

近年，百姓注重既传统又具时代特色健身、饮食疗法。参加体育运动，活络筋脉，愉悦身心；饮食调节，有利健康。坊间说法：吃苦瓜清凉，芦笋防癌，南瓜利血压控制、降血糖，豆类防骨质疏松、便秘，竹笋纤维类通肠胃，野猪肚治胃病，猪肝益血。提倡少喝酒，少吃油肉，膳食低盐、低脂、低糖。其实都是生活经验总结。

精神疗法

亦称心理疗法，民间谓“心理作用”。但很多是迷信活动，属于糟粕。患病时至寺庙、道观问菩萨，卜病情趋势，讨香灰吞服，焚燃经文，恳求神佛驱邪除病。有将病者问巫觋，诸如降童、上坛、肚里仙、算命、撮字、看相等。又有敬鬼神，敬一切可能之神，如树神、山神、孤魂野鬼等。民国《象山县志·风俗考·古今习俗》载：“‘降童’之事虽由花会而起，然花会即止，而‘降童’仍有以疾病而求神方者，不问寒热外感或内伤诸症，一切假神话，取医生所不常用之药，或非《本草》所有，杂用以投病人之口，病人之死于童身者不知其凡几也。是亦弊俗宜禁也。”降童之事因由花会而起不确。《说文》：“觋，能斋肃事神明也。在男曰觋，在女曰巫。”徐锴注巫觋：“能见鬼神。”巫觋亦人亦神，二重身份，有“又做师娘又做鬼”之谚。

寄拜　民间认为生于农历初一、十五或身体虚弱的孩子“难养”，多灾多难，易患病，父母多选择寄拜。选一生肖契合长辈为孩子义父或义母。举行隆重仪式，孩子携礼品至义父母家行叩头礼，义父母回礼。20世纪70年代后，民间仍流传，不注重仪式，与疾病防治渐远，多注重感情联结。

街头贴纸　小儿夜啼不休，写一纸条，贴大路边墙头上、厕墙上、亭子间、路廊、庙边等行人往来地。上写：“天皇皇，地皇皇，小儿啼哭在娘房，行路君子念一遍，一夜睡到大天亮。”（不具姓名）。今偶有所见。

树下抽打　久婚未育妇女，石浦一带有“打生”习俗。正月十四日傍晚，将未育妇女缚于橘树或石榴树，亲友用小竹枝或树枝轻打女子。打一下，问一句：“生勿生？”女子不答，再打再问，至女子答应“生”方休。今石浦人民路溪坑头大橘树下，有时夜仍有人“打生”。

物理疗法

传统为手术疗法，借用针、刀、火罐等诊疗工具，也含医师用手、臂、肘等体位实施医疗，有针灸、刺血、推拿按摩、刮痧、贴敷、拔罐、火疗、气功等，含脓肿开刀、接骨、拔牙等。

不少传统疗法经现代中医学继承与发展，结合现代医学、中西医结合理论，继承基础上有创新，如腹针、平衡针、热敏灸、雷火灸、穴位埋线、电热针疗等，新有紫外线、红外线、激光等。20世纪后期，增部分自然物理疗法，有矿泉、气候、空气、日光、海水疗法等。县人普遍接受。

药物治疗

民间首选新鲜草药，其次中药店干药。中药三大类：一是原药材，包括植物药、动物药、矿物药、合成药等；二是丸、丹、粉等；三是内服外用膏、药酒、膏药等。有煎服、外敷、研磨后吞服及调和后外敷、涂抹。红糖姜茶治“伤风气”（即感冒）流行。中药著者有：“象贝”、石浦“吊篮膏药”、大皆春药房“金鹿丸”等。保健药推“十全大补酒”，由灵芝、何首乌、黑枣、红枣等浸泡，另有桂圆、荔枝、核桃之类。旧俗谓，寺庙所讨香灰驱邪治病，吃供过佛的水果有益健康。

综合性疗法

如腰扭伤，请针灸师针灸，贴膏药；卧床不起，请道士作法捉妖驱病，吃中草药。今提倡中西医结合治疗。

象山民间疗法口述及调查①

象山民间疗法历史悠久。梓树脑梢治腹泻，乌饭树叶强筋骨，千百年来一直在民间广为应用。历史上缺医少药的年代，正是单方祛毒、土法接骨、针刺除邪等大量民间疗法，发挥了为民除病

①据俞明德口述及《象山民间疗法拾遗》书稿编写。

的重要作用。解放后，特别是改革开放以来，随着经济社会发展，医疗事业快速发展，人民生活水平不断提高，医疗保障制度建立与推行，民间疗法的作用和影响在减弱。但是，简、便、验、廉的中医民间疗法，当今还有强大的生命力，仍将在惠及民众健康方面发挥作用。

多年来，通过调查基层医务工作者、民间医生、老药农以及得益于民间疗法的患者，俞明德等人收集了数千种民间药方和医疗技术，经统计，共有100余种民间疗法，对症治疗170多种常见病症，涉及内科、皮外科、伤痛科、妇科、儿科、五官科等方方面面。

一、象山中医民间疗法医治有特效的病症

（一）内科：痧气、呃逆、腹泻、高脂血症、面瘫、盗汗、肝炎、胆囊炎。

（二）皮外科：带状疱疹、疥疮、斑秃、轻度烧烫伤、冻疮、手足皲裂、痔疮、疔疮（木蛇）、单纯性阑尾炎、泥沙型结石、毒虫咬螫伤。

（三）伤痛科：脱位、软组织伤、风气痛、颈椎病、腰痛、肩周炎等。

（四）妇科：痛经、缺乳、回乳、乳痈。

（五）儿科：小儿夏季热、疳积、夜啼（附：慢痹）、抽动症、痱子、流行腮腺炎。

（六）五官科：针眼、胞轮振跳、夜盲症、鼻炎、口臭等。

二、象山主要中医民间疗法

（一）汤药法

1. 植物草药：（1）木本：根、皮、叶、花、果（如苦楝树根皮驱蛔虫、梓树梢叶治腹泻）。（2）藤本：根、全草、叶、花、果（如拉拉藤治血尿、番薯藤叶治便秘）。（3）草本：根、茎、叶、花、果（如鸭跖草退热、土牛膝根治伤、凤仙花治癣）。

2. 昆虫类药（如牛郎刺虫治疳积、蛞蝓治蜈蚣螫伤、苍耳虫治疔疮）。

3. 水产类药（如乌贼骨治胃溃疡、鳖蛋治锈钉伤脚、螺壳灰治烧烫伤）。

4. 其他类药（如山羊粪治过敏性皮炎、旧竹篾箍治带状疱疹）。

（二）散药法

1. 植物类药（如核桃分心木打粉末治失眠、虎杖根散治烧伤）。

2. 动物类药（如头发灰止血、蚌壳散治脓疱疮）。

（三）食疗法

1. 水果疗法（如烤桔治咳嗽）。

2. 蔬菜疗法（如萝卜缨治肝腹水）。

3. 脏器疗法（如野猪肚治胃脘痛、牛蹄治足跟痛）。

4. 药膳疗法（如鲫鱼炖通草治缺乳、黄芪烧鸡治子宫下垂）。

5. 药酒疗法（如金樱子酒治夜尿频多、杨梅酒治中暑腹痛）。

6. 药茶疗法（如梓树脑茶治高脂血症、罗汉果茶治慢性咽炎）。

7. 药粥疗法（如梨头粥治小儿感冒）。

8. 醋蛋法、醋花生法。

（四）针刺法

1. 毫针刺法（俗称“打银针”）。

2. 挑治法（如挑痔点、治痔疮、挑痧、挑疳积、挑“慢痹”）。

3. 火针法（如火针法治湿疮、带状疱疹）。

（五）拔罐法（竹罐、玻璃罐、抽气罐等）

1. 放血拔罐法（如放血拔罐治伤痛、水肿）。

2. 走罐法。

（六）熏灸法

1. 烟熏法（如无花果枝点火烟熏治痔疮、指甲烟熏吸入法治呃逆）。

2. 艾柱灸法（直接灸、间接灸）。

3. 艾条灸法（温和灸）。

（七）外敷法

1. 湿敷法（如米泔水食盐湿敷治皮炎）。

2. 涂敷法（如黄鳝血涂敷治面瘫）。

3. 贴敷法（如盐卤小丝瓜捣烂贴敷治“木蛇”）。

4. 涂搓法（如鼠婴调香油涂搽治烫伤）。

5. 涂擦法（如老姜、血竭涂擦治斑秃）。

6. 浸泡法（如萝卜缨烧水浸泡治冻疮未溃）。

7. 熨烫法（如铁末食盐熨烫治腰痛）。

8. 药枕法（如蒲绒枕治“三高症”）。

9. 药垫法（如威灵仙粉鞋垫治跟骨增生）。

10. 纳肛法（如咸萝卜条纳肛治便秘）。

11. 五官科类外敷法（如滴眼法、滴鼻法、滴耳法、塞鼻法、吸入法等）。

（八）推拿法

1. 专病推拿法（如肩周炎推拿法，腰突症推拿法）。

2. 正骨推拿法（如“郁手骨”法治脱位、关节错缝）。

3. 自我按摩法（如自我按摩治颈椎病）。

4. 拉筋拍打法（如下肢拉筋拍打法治腰腿痛）。

5. 撮痧筋法（治轻度中暑）。

6. 刨痧气法（治轻度中暑、颈椎病等）。

（九）运动法

1. 健步走法。

2. 倒退步行法。

3. 爬行法（治脊柱退行性病）。

4. 跳舞法（治高脂血症）。

5. 垂钓法（治失眠症）。

6. 太极拳法。

（十）沐浴法

1. 洗头法（如苦槿叶治头癣）。

2. 足浴法（如臭牡丹叶足浴治高血压）。

（十一）心理疗法

1. 暗示法（治神经衰弱）。

2. 行为疗法（治小儿抽动症）。

3. 气功疗法。

4. 教育法（治糖尿病等）。

（十二）其他疗法

1. 音乐疗法。

2. 唱歌疗法。

3. 佛禅疗法。

4. 自然疗法（日光浴、踏海沙法）。

三、亟待传承或申报及已失传的民间疗法

（一）亟待传承的民间疗法

1. 西周土桥沈氏（沈华仁）土法接骨。

2. 新桥石柱里杨氏（杨桂美）咽喉科。

3. 泗洲头峙前村陈氏（陈兆昌）挑痔疮。

4. 丹城俞氏（俞明德）、大徐朱氏（朱阿根）挑痧。

（二）已失传的民间疗法

1. 丹城原东街“薛家膏药”，如“红头膏药”“绿头膏药”“大膏药”“樟冰膏药”“头风膏药”。（“薛氏膏药考”，见《医疗　卫生》篇第六章第二节。）

2. 原丹城镇医院陆志璋眼科有关独特疗法。

3. 西周伊家蛇医等。

第四节　常见病民间诊治[①]

历史上，民间重疾病诊疗，并不断积累经验。由于缺少文化知识，对某些疾病病因存有错误认知。现今，科学知识普及，多相信医院诊断，旧时做法基本不用。

天花（痘）

俗称“出痘”，谚云“麻要藏，痘要晾[②]”。出痘时，浑身长出水泡，患者应在空气流通之地，暴露皮肤，不吹风。小孩出痘，需大人照看，长脸上水泡奇痒无比，防孩子手搔破水泡，成麻点。“麻皮”（麻脸）皆因出痘时搔破脸上水泡所致。天花“过”（传染）人，民间并无采取隔离措施，不分食。清末民国初，天花死亡率高。民国初，卫生部门推行天花疫苗，小孩五六岁时，左臂外侧注疫苗，外衣臂膀佩戴一红布记号，防他人触碰，俗称“种痘”。20 世纪 50 年代后，境内基本消灭天花。今小儿患“水痘”及麻疹，亦称出痘。

出麻（麻疹）

民间认为人一辈子出一回“麻”，在世不出，去世后棺里也出。“出麻”先从头和脸部出红疹，渐向身体漫延，至脚底。前后七至十日，有“三夜有麻四夜痘”之说。患者肌身发热，不用

---

①本节内容，钱东海采访金岳、石荣亘、俞明德、张贵杰、张妙英等编撰。

②晾：暴露在阴暗的地方。

药，不能吹风，一旦“出麻”中断，民间称“麻出不出”，会有生命危险。旧时“出麻”死亡率高，后期并发肺炎，东乡民间谓，“麻”从肺部始发。“出麻”后，一月内不能“落水”（碰水），否则全身发痒①。民间认为“出麻”会传染，但不“过”给出过麻者。旧时，民间有一生未“出麻”者被引为奇事。农村孩子出麻时，家里会买“麻糕”给孩子吃。多个孩子家庭，一孩“出麻”，会把“出麻”孩吃剩麻糕分享给没出“麻”孩子，望能“过”开，一次出尽，省却大人伺候误工。高塘岛流传“不出麻不算成人”民谚。民国时，丹城周英文诊所善治“麻痘”闻名遐迩。旧时，富家孩儿患“麻痘”，常雇轿夫抬至周英文家中就诊。20 世纪 80 年代后，实施疫苗预防，“出麻”渐消。

痨病

旧时称“肺痨”，病症“日轻夜重”，上午较轻，中午后加重，咳嗽气急，盗汗咯血。民国时，农村视“痨病”为“阴气跟着”，病家请巫婆“扛筒”②，茅洋、墙头等地有“抢精怪”治痨病方式。早时，民间知痨病易传染，但不采取隔离措施，不与患者分食，故一旦患病，传染面广，死亡率高。痨病死者，家人会在其口盖一煎蛋，传煎蛋如被狗食用，狗会死。中华人民共和国成立初，有抗痨药“雷米风”，得以治疗。1951 年，用链霉素治疗。现今用“利福平”医治。

“抢精怪”治痨病　1940 年前后，西一乡某村有一女儿患“肺痨”，家人决定“抢怪精”治病。事先安排四个人，不通知患者，在半夜时分，手拿“犸狸叉”（农村抓野兽的工具），突然闯入屋内，将患者抱起就走，飞奔而去，抱到庵里，早已等候的尼姑马上对患者做法事驱邪。而家人在患者被“抢”走后，马上拿起一瓷器，用力摔在院子里，摔成粉碎，喻义病情消散。抢“怪精”后，病女病情没有好转。家人又将患者抬到南庄请医生诊治，由于当年无有效药物，最终不治。后将病传染给其母，其母又将病传染给小女儿，小女儿又将病传染给其弟，一家四口都死于痨病。

瘪脶痧

霍乱，中华人民共和国成立后一度称“二号病”，俗称“发人瘟”。传染性强，无腹痛，上吐下泻。大便如米泔水，民间传有霍乱患者一次大便拉半便桶水状物，致身体脱水，指肚干瘪，眼眶内陷，不日便亡。民间称“瘪螺痧”（方言称手指纹为螺）。民国 27 年（1938），霍乱暴发，发病 1034 例，死亡 59 例，波及半县。疫区百姓求神祛病，时年 6 月 25 日《时事公报》载：“象山石浦发生霍乱症，连日颇为猖獗，死亡抚籍，尤以该处南关桥，死亡更厉……一般无知愚民，祈求神祛病，很是可怜，当局若不及早设法灭，后患不堪设想。”旧时，除求神外，乡间多刮痧治疗，以碗边或调羹（小汤匙）蘸水或油，刮患者背部脾俞穴、胃俞穴、肾俞穴，效果不佳。东乡有患者喝自配淡盐水，将养在水缸中田螺壳套十个指头，防手指干瘪，有一定治疗效果。中华人民共和国成立前，涂茨发生霍乱疫情，村民俞金水妻传染，俞把龙糠加热，装满大碗，反扣背部脾俞穴、胃俞穴、肾俞穴，病愈，逃过一劫。旧时，有人患霍乱，引发恐慌，妇女老少躲山上，村留青壮年处理遗体。发病高峰，部分村死者无数，来不及割棺材（制作棺材），埋葬土里，处理遗体青壮年亦被传染，死者男多女少。民间传说，瘪脶痧不传染“四大金刚”（民间指出殡时抬

---

①有患者自诉：当年出麻后不小心碰到过水，全身痒得没办法，后来外婆用蚕豆干烧汤，用汤水洗澡，连洗半个月，痒才退去。

②扛筒，又作“降童”，象山民间习俗，请菩萨附身的巫婆来解答阴病病因。

棺材的4个人)，无征。

卖柴病

疟疾，民间称“卖柴病”。患者发高热，寒颤，通常下午二时左右发病，一小时后症状消失，次日同一时间再发作，称“一潮”。有些患者隔日发作，称“间疟”。民间认为是“卖柴病鬼附身”。俗将患者抬海边，浸泡海水中，以驱散“卖柴病鬼”。重者转化伤寒，无法治疗。谚云“卖柴转伤寒，快快进堂前”。

稻瘟病

钩端螺旋体病，一般割早稻时发病流行，也称“打谷黄”。1957年前，境内无此病记载。病者肌身发热，小脚肚（小腿）疼痛。一般认为呼吸道无感染，属伤风感冒，用伤风感冒药治之。

杨梅疮

梅毒，俗称“杨梅疮”。中华人民共和国成立前，境内梅毒流行严重。患者无药可医，村民避之不及。民众知“杨梅疮”为性行为传染，患“杨梅疮”者是去宁波等地寻花问柳“过”来。患者生殖器长红色皮疹，逐渐蔓延全身，始羞于启齿，病症到三期，几乎不治。患者居单独房间，或安置远离村落废旧破屋内，日常三餐用专门碗筷。中华人民共和国成立后，取缔妓院，禁止卖淫，查治性病。至20世纪50年代末，梅毒得以控制。80年代后，随性生活观念改变，梅毒死灰复燃，得病者多去医院诊治。

白喉

系扁桃体发炎，成白色假膜，大都喉及气管堵塞窒息死。20世纪60年代，境内流行，死亡率高。新桥石柱里村一妇治白喉，远近闻名。自制小弯刀，大小如拇指，长柄。患者就医，将弯刀伸进喉咙，扁桃体“割”几下，待肿块变小，呼吸顺畅，可缓解病情。

流行性乙型脑炎

往昔农村卫生条件差，人畜共居普遍，引发流行性乙型脑炎。主要在蚊蝇人畜间传播。发作时，患者高热昏迷，村民惊慌失措，以为中邪，在患者额头点鸡血，绑黄历于患者身上，患者枕边置柴刀以驱邪。也有去庙里求神，患者喝香灰水。中华人民共和国成立后，交通、医疗改善，患者送医院就治，部分病家仍迷信喝香灰水。

大脚风

俗称“象皮腿”，血丝虫引发淋巴管堵塞发病，脚和腿部肿胀如柱，重者不能穿裤鞋，长年穿短裤赤脚，冬季只穿草鞋。旧时，“大脚风”基本没治，俗谓“大脚风吃‘家资’（方言，指财产）”。民间亦用来讽刺腿脚不勤、懒惰者为“大脚风”。患者不能下地干活，吃老本。农村患者以青壮年为主，家中主要劳力，只能拖着病腿下地劳作，痛苦不堪。民间也称大脚风为“流火”。大腿根部淋巴结发炎始，后出现“红筋”（淋巴管），直达小腿肚，似一条“流火”。刚发时，可用中药杀灭，后期医治困难。

癞头

旧时卫生条件差，“癞头”患者众多，头发脱落，头皮出脓，奇痒无比。“癞头”受歧视，直呼“癞头”为名。民国期间，有用蜡烛医治“癞头”，明矾涂于患处，烧热成液状蜡烛油浇，十分有效。也有民间医生介绍，有人用“板油”（生猪油）捣黄糖敷患处。旧时常见“癞头”，患者头发所剩无几，头顶红秃秃，因无生命之忧，大都不医治，顺其自然。20世纪60年代起，卫生条件改善，新一代人“癞头”减少，医治较易。80年代后，因头上长疮成“癞头”极少。

大头颈

民间称腮腺炎和甲状腺引起脖子肿大为“大头颈”。旧时常见，民众分不清腮腺炎、甲状腺，只知井泥可治。民间医生认为井泥治“大头颈”有效，但非所有井泥均可治。旧时，郎中常用靛青，也称靛蓝。有植物在河中年长月久腐烂后沉淀成靛青，旧时常用来染布；井边是乡村洗衣之地，井底年长月久沉淀有靛青。用表层河泥、井泥治“大头颈”有疗效，泥中靛青含量高，疗效明显。

化食痨

糖尿病，旧称“化食痨”。病人感觉饥饿，吃越来越多，人越来越瘦。患“化食痨”者，街坊邻居同情送食物，素不晓有害无益。20 世纪 80 年代后，方知是糖尿病。

浮肿病

20 世纪 50 年代末流行，为营养不良。手、脚水肿，面色蜡黄，浑身无力。医学分析，浮肿病由缺乏维生素 B 引起。面对饥荒，食不果腹，众以乌糯根、番薯藤粉、野菜、米糠等充饥，导致浮肿病暴发。1959 年，蔡家岙村暴发浮肿病，有村民死亡。县卫生部门派医疗队进村，4 名医生，每天两次派发“米粞糠”、黄豆粉，重症患者每日增一咸带鱼、几两白糖，增加患者营养。医疗队驻村半年。

汗厥

汗厥病多发生夏秋之交，患者突昏迷猝死。旧时，农村称此病遇“七煞”，患者往往来不及抢救就去世。1972 年 8 月，茅洋南充 40 岁女子溪坑洗衣，突晕倒不省人事，村民见状抬至屋内，请赤脚医生，打强心针不见效，身上罩渔网。中医石荣亘路过，见状予人工呼吸，灌入生姜捣碎汁。铺撒盐于患者肚脐，灸艾蒿，始苏醒。

头旋病

发作时旋转性晕眩，天旋地转，不明病因。反复发作，病后身体无大碍，习以为常。20 世纪 90 年代，丹城西门一老人，一生无疾病，唯患头旋病。发病时，无法站立，躺床上闭目养神，一睁眼，屋顶旋转。持续半天恢复，一两年偶发一次。民间吃孵胎蛋（未孵化出的禽蛋）医治，无证明有疗效。民众归结脑部病症，以吃天麻补脑防治。今知为眩晕症。

睏不揭

即失眠。以前，失眠不认为是病，大多以为是“依蚤”（民间谓牛鬼蛇神）跟着，重时请道士辟符，符咒烧灰喝下有效。后医家分析，符咒有朱砂，可治失眠。民间医生介绍，可用猪心（未落水）加适量朱砂，蒸熟后蘸酱油食用。

依蚤风

不明原因周身不适，时冷时热，背部红褐斑，旧称“依蚤风”。“依蚤”通指肮脏、不洁不净之物。民众“抲”“依蚤风”时，患者站立，施术者念咒语，用三棱针或缝衣针刺两腋，至出血。也有按摩不点刺，一般点刺一次即可。今此类疾病都送医治疗。

止血

旧时，民间认为出鼻血因过度劳累所致，抠鼻腔也会引发鼻子出血。出鼻血后，先让患者仰起头，轻拍额头，用棉絮塞入鼻孔。也有冷水浸毛巾，拧干后贴敷鼻腔上方，反复多次。若出鼻血正在野外，摘少量长毛蒿叶，搓成食指大小颗粒状，塞入鼻孔。此方法沿用至今。

另外，不小心手脚被利器所伤导致出血，以前都剥“火柴盒绒”（火柴盒上有磷的一面）贴于伤口止血。也有将钞票撕角包于伤口，外面用绳子绑扎止血。在田野干活手脚被割破，如能找到青蛙，就会剥青蛙皮来蒙在伤口处。20世纪80年代开始，用磺胺结晶止血，当时家家都备有此药，碰到手脚出血，将磺胺结晶散于伤口，出血严重的外面包扎纱布。

骨折

20世纪80年代前，境内医院无骨科，伤筋断骨由民间“接骨人”轻捏患者断骨，凭手感确定断骨位置方向，用力将断骨就位，用小杉树皮作夹板固定，活血去瘀。民间传“伤筋动骨一百天”，休养三个月方愈。民间又说，骨折后捏骨就位，把煮熟糯米饭和拔毛后童子鸡捣烂，包于患处，夹板固定。也有“黄栀子加麦粉”包患处，夹板固定，几天后患处变黑，逐渐痊愈。

牙病

坏牙须拔去。旧无牙科医生，儿童拔乳牙由家长或邻居胆大者为之，乳牙松动，家长用缝衣线绑住牙齿，一手拍孩子脑门，一手轻轻一拉，乳牙落下。上排牙让孩子扔屋顶，下排牙扔床底。扔牙时，孩子双脚并拢，预示换牙后长出牙齿整齐。民国时期，中医有用“离骨散”拔牙，河鲫鱼不去鳞，包一种有毒的化学物于鲫鱼肚里，晾在通风阴暗处，49天后鱼表面出现一层白霜，即“离骨散”，刷下后密封保存。拔牙时放“离骨散”少量于牙齿根部，稍后筷子一点，牙齿就落。中华人民共和国成立后此法不用。

旧时，百姓认为蛀牙乃“蛀虫”引起，无刷牙习惯，蛀牙后勤漱口。后有牙医，用石膏填补蛀牙。

疮疖毒

皮肤生疮疖，且红肿溃脓。旧时多以三棱针、眉刀等刺破皮肤，挤出脓水，也有用竹签、缝衣针代替。排脓时挤出“脓细头”排干净，疮疖愈合。排脓后土医生嚼烂一新鲜草药，敷患处，消肿吸脓。

毒蛇咬伤

民间有专业蛇医治疗，平时上山采集蛇药备用。云“七叶一枝花”可治蛇伤，民间传“有了七叶一枝花，不怕上山斗大蛇”说法。但非所有蛇毒咬伤均能治得。

畸形

民间称“胎里病”，传妇女怀孕6月后，去某场所或做某事，中邪气，场所内某器具或行为“意印”出生孩子身上，致畸形。如孕妇怀孕，看杀猪，婴儿某部位可能“印上”刀疤。旧时女子结婚，嫁妆有一手巾，怀孕时系上并放置铁器，可避邪。怀孕女子衣服别别针，此风俗延续至今。如孩子生下，手有六根指头，包生婆见之，用剪刀剪去多余手指，免得知晓后受歧视。

弱智

民间称“瘥乱（方言）”，先天或后天因病所致。妇女怀孕时生病或吃药，会导致先天性智障。旧时无孕检，出生时难辨智障与否，一岁左右，发现婴儿目光呆滞，为时已晚。也有认为，孩子高热持续多天，烧坏脑子，变成“瘥乱”。20世纪80年代前，弱智儿童较多。

癫人敺

精神病患者，民间分文癫、武癫。文癫游走街道，对行人不会暴力。“癫人敺”背后均有故事，常饭后茶余，津津乐道，口口相传，真假难分。文癫有失恋受精神刺激成病，亦称花癫。传花癫季节性发病，春暖花开易发作。有暴力倾向称武癫，一般囚禁家中，不外出游荡，防伤害行人。

拖儿袋

即子宫下垂。旧时妇女生头胎后，会患“拖儿（方言读若‘呃’）袋”。民间认为，产后气虚所致，喝高丽人参汤，子宫会回收。普通家庭不治疗，二胎产后自然痊愈。

葡萄胎

民国时期，涂茨一童姓女子产“怪胎”，形如肉团，装满“一脚桶”，民间称“葡萄胎”。早期认为生葡萄胎乃孕前内裤晾晒在露天，妖怪钻裤裆里，女子穿内裤后受孕，生“妖怪”，流传至今。今仍有此俗：遇雷雨天，妇女会尽快将晾晒内衣裤赶紧移入屋内，打雷时晾外面衣裤需重新清洗。现代医学认为葡萄胎乃子宫内绒膜病变所致，孕检时能发现阻止。

坠生　保胎

旧时称小产为坠生、坠产。旧时置剩饭于“饭筲箕”里，吊挂厨房梁下，孕妇做饭时取“饭筲箕”会坠生。民国时期，老人给孕妇喝“小针丝汤（小松树叶）”保胎，也有喝“千麻（益母草）汤”或“苎麻汤”。

七日风

旧时农村卫生知识匮乏，产妇生产大都用“碗利锋”（破瓷片）割脐带，引发破伤风，七日后病情发作，俗称“七日风”。死亡率高，谚云“生一间，死一山”。早时认为新生儿患“七日风”乃附上“七日风鬼”。新生儿患“七日风”去世，家人处理尸体，谓去除鬼怪，保佑下次生产顺利。

治七日风口述①　在我之前，父母生了3个孩子，全部患“七日风”夭折。我是第四个孩子，一生下来，母亲担心我又夭折，就在我的脑门上用刀敲出一个小洞，目的是破相丑化，那样“七日风鬼”就不会附上。等熬过了七天，父母又给我取小名“阿乌”，主要也是为了名贱好养。

疳积

小孩消化不良，面黄肌瘦，称疳积。传统找人“挑”，针刺关节等部位，俗称“华佗夹背”。民间有专“挑”疳积，疳积孩子手指第一关节处针刺后，渗出淡黄色液体。或用三棱针挑刺在四缝穴（经外奇穴），挤出少量血液或黄色黏液，连续3~5次，轻者隔日1次，重者8次，前三天每日1次，后隔日1次。也有用渍菜油绳子在患儿背部上下刮痧，热毛巾擦拭。有用“倒挂刺”枝杆内“虫”治之。虫状如春蚕，放酒里吐尽肚中物烘干食用。

蛔虫病

旧时，农作物使用人粪为肥料，导致蛔虫病流行。农村生吃番薯和萝卜，人粪蛔虫卵附于果蔬，进入人体。旧时不知蛔虫传染途径是“虫卵”，小孩喊肚子痛，家长认为“生蛔虫”，去副食品店买“红毛糖”，促蛔虫大便排出，也有蛔虫从孩子肛门或口中爬出。“红毛糖”含“山道年”（化学物质）成分，能麻痹蛔虫，随大便排出体外。蛔虫病流行时，患者常因蛔虫进入胆管，引发胆囊炎钙化胆结石。也有蛔虫穿胆引发死亡。西乡曾有一个八九岁孩子得蛔虫病，喊肚子痛，母亲以为孩子顽皮讨零食，给几分钱打发。后孩子脸色发白，急送卫生院。医生一摸，小孩肚子鼓胀，诊断患蛔虫性肠梗阻，即送县城医院。半途断气，医生确诊蛔虫引起胃穿孔。20世纪80年代以后，蛔虫病少见。

落枕

俗以为落枕是冲撞所致，两种方法治疗。一是狗套圈疗法，搓编稻草成约一米长稻草绳，圈

---

①据金岳口述整理。

成圆圈，套家狗脖子，取下套患者颈部片刻。二是孕妇抚摸，找一怀孕女子，在患者落枕部位抚摸。上述两法民间流行，无科学依据。

常见病医治往事口述① 记得天花在中华人民共和国成立前是流行的。现在，七八十岁的老人，个别人脸部尚有麻子，俗称“麻皮”，就是幼年患天花的证据。1944 年，我 6 岁，日本人还在石浦。一次日本兵挨家搜查，查至我家时，家人把我藏到一个患天花女孩的床上，对日本兵说这是天花病人。两天后，这个 8 岁的女孩患天花死了。中华人民共和国成立前，已经开始种牛痘苗，在石浦已经有专门种牛痘的医生。至解放，天花开始消灭。

中华人民共和国成立前，霍乱在象山流行很严重，夏秋季，患霍乱吐泻的病人很多，俗称瘪螺痧。当时，医学落后，吐泻病人的病因很难确定。一般说，是两种病，一种为霍乱，另一种为急性肠胃炎。霍乱来势凶猛，上吐下泻，数量极大，又没有输液设备，死亡率极高。沈保民医生对我说过，中华人民共和国成立前他任卫生院院长，霍乱发生时，他自己调配生理盐水，用铅桶盛，没有消毒，直接输液。对吐泻病人，民间用三菱针或小刀挑痧，深深刺入皮肤穴位，待出血为止。或用手搓痧，部位是喉头、后颈、背部两侧。或服“梓树脑”草药。

冬春季传染病有麻疹、流行性脑膜炎、白喉、百日咳、流感。麻疹流行极广，不患麻疹的儿童极少，所以民间称麻疹每人一生一定要“出麻”。患麻疹并发肺炎，死亡率很高。患流脑、白喉，因当时无特效抗菌素，必死无疑。

夏秋季除霍乱、急性肠胃炎外，尚流行伤寒、痢疾，患伤寒死的人也多，主要是并发肠穿孔和肠出血，民间称“漏底”伤寒。痢疾有两种，细菌性痢疾出现中毒性痢疾死亡率极高；另一种阿米巴痢疾，一旦并发肝脓肿就容易死亡。

新生儿死亡，患破伤风的很多，主要原因是旧法接生，用旧剪刀或碎碗片割脐带感染破伤风，患上破伤风必死，大多在生产后第 7 天，又叫“七日风”。

中华人民共和国成立前，结核病流行，称“肺痨”，是一种慢性传染病，病者常于二十余岁死于吐血。

地方病、寄生虫病尚有疟疾、丝虫病、钩虫病、蛔虫病等。

中华人民共和国成立前，缺少外科医生，也没有手术器械。除脓肿切开排脓外，一旦患外科疾病，就无法治疗。如患嵌顿疝、化脓性阑尾炎、胆囊炎、胆石症、肠梗阻、胃肠穿孔、胃出血等，最终招致死亡。

钩端螺旋体病流行于夏秋季，夏天割稻时，螺旋体侵入人体发病，发病的人很多，我县于 50 年代确诊。

象山尚有肺吸虫病流行，是生吃丘陵小溪的石蟹致病，痰中带血，常误诊为肺结核或支气管扩张，1963 年，从脑型肺吸虫病患者痰中找到肺吸虫病卵，始确诊。该病流行于亭溪凤山头、雅林溪一带。儒雅洋亦有流行。

20 世纪 70 年代，象山发现流行性出血热，初集中在墙头方家岙，后致墙头、大徐，以致蔓延全县。

中华人民共和国成立前，医生很少，尤其是西医，寥寥无几，且集中在丹城、石浦，每地仅 3~5 人。石浦主要有保康医院、聘三医院（三多医院）、同春医院三家。出名的中医也不多，广大

①口述资料采访记录时间 2008 年。口述者许祖黄，原象山第一人民医院主任医师。

农村都是土医、江湖郎中。生了病，西药极少，抗菌素只有磺胺类药，称“消治龙”片。治疟疾的奎宁片（称“金鸡纳霜”）主要是中草药为主。石浦、丹城均有中药店。如石浦，有“大皆春”“楼同盛”“冯仁堂”和“同德堂”。经济尚可的人家，一般服中药，但经济困难的及广大农村人家，只有土法治疗了。单味或二、三味草药煎服。头痛、腹痛、恶心、腹泻、咳嗽，谓“痧”，用刮痧或小刀挑痧。同时常常用迷信方法，拜佛、求神、服香灰，亦有请“肚仙”祛邪。遇到患流脑、脑炎引起神昏、谵妄之症，认为是鬼怪作祟，魂灵出窍，要用招魂。或请菩萨招魂，也有在半夜，家人爬上屋顶，手敲锣或破面盆，高声叫喊患者名字，听着甚是惊恐。

第五节 就医选择

民间谚云：“有铟当铟着，无铟当命着。”通常有三：一请巫婆神汉，求神拜佛；二用单方，问土方；三上药铺，请大夫。民国有医院、诊所多家，一般百姓因经济不富，少上医院。20 世纪 50 年代，丹城设卫生院及“联合诊所”，镇乡开办中心卫生院，生病始上医院就医。“文化大革命”时期，选择赤脚医生看病。80 年代，基本选择医院看病，某些疾病仍用单方，问土方，求菩萨，用巫术。90 年代后，普遍选择医院、医生。进入 21 世纪，选择大中城市看病趋多。

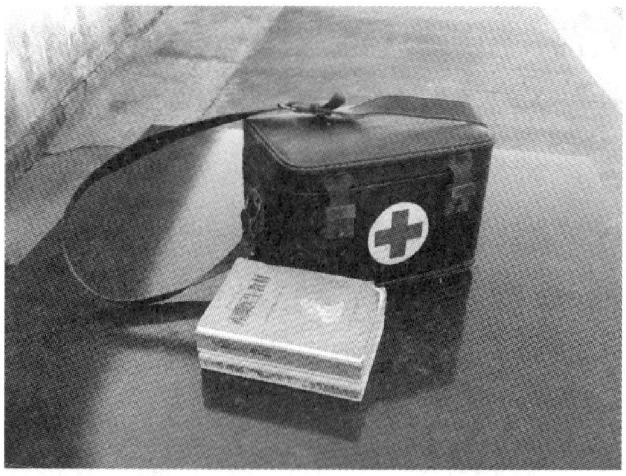

照 47-4 “赤脚医生”教材和药箱

求神请巫

旧时病人常求神仙、拜菩萨、请巫婆、邀神汉。旧俗，人病，有冥冥中犯忌，择“仪式”治疗。可不用药，寺庙赐香灰，巫婆神汉给仙水，也有草药方或中药方。中华人民共和国成立初，选择仪式、用药并用。20 世纪 60 年代后，乡镇医院建立。90 年代，医学知识普及，一般不迷信仪式治疗。怪病、重病或突发病、伤害等，仪式、医院双重治疗。现今，重危病住院动手术，个别也会贴符咒，有时在医院重症监护室或住院部可看到。

住庙宇 旧时，慢性病，久治不愈时，患者或家属采取改变居住环境方法，患者远离喧嚣，至清静处“养病”，多寄居庵堂寺院，祈求神灵保佑。

驱邪 旧时，事业不顺、时运不济、家中祸事或久治不愈病人等，以为邪气入室。病魔缠身，乃妖魔鬼怪作祟所致。通常两种方式：一是祈求祭祀、祭仪，供奉牲醴，贿赂妖魔鬼怪，祈求不作怪。二是强硬方式，借用超自然力量压制妖魔鬼怪，驱邪压煞，如大门前立一照壁，有在屋顶修一壁楼，上书“吉星高照”；有在大门墙上镶一石块，上刻“泰山石敢当”；有在大门镶一镜子，曰“照妖镜”；也有用黄表纸，朱砂画符，贴于门额。东乡农村称高烧不退病人“犯头顶”，请来巫婆，搭八仙桌，朱砂辟符治病。

招魂 又称“叫魂”“叫魂灵”。古人将有些病看作魂灵走失所致，普遍存在于乡村。一般分主动与被动走失。小孩跌跤或得点小病，是魂灵走失，通常父母或本人呼唤，迷失魂灵便返回人身，不酿成大病。大多“失魂”被动，由外力、鬼怪阻挠、惊吓、损伤、捕捉，甚至加害引起，由此出现招魂之俗，招回游走魂灵。招魂是旧时巫医治病手段，主要为活人举行，招生者之魂。

次为海难渔民招魂。

案：民间，“叫魂灵”乃小孩患病时常用治法。旧时缺医少药，小孩因没人照顾，不分场合，玩累了就睡，醒来迷迷糊糊，分不清东西南北，大人带其回家也呆若木鸡，如丢失魂灵一般，俗称“丢魂灵”。前辈说，一人换一地方睡觉，魂灵找不到自己身子，出现丢魂灵情状。若持续数天，要“叫魂灵”。拿一酒杯，盛水大半杯，酒杯盖“烟头纸”，酒杯放“灶山头”，点三支香。两人合作，一藏于灶后，一在灶前。灶前那个喊小孩名：“某某回来吧！”藏灶后那个答：“回来了！”连续喊多次。农村“叫魂灵”方法有异，东乡等地用煮好饭锅盖在孩子头上晃动“叫魂灵”，有把米、盐装入升（旧时量米工具），包后在孩子头顶摇晃。

选日子　民间红白喜事，通常先请算命先生“选日子”“选时辰”，生肖与“日子”不合者，称“冲”。与日子犯“冲”之人参加红白喜事，易“犯日子”，生病或遇不测。延续至今，通常犯冲“日子”之人，喜事不进婚房，葬礼不参加出殡。民间葬礼，抬棺材“四大金刚”推棺材入墓穴前，用弯刀割棺材脚小木块，置拜台。有说“犯日子”之人，肚痛或其他，家人取棺材脚方木块，泡茶喝，立时无恙。有此说而无征。

讲肚里仙　旧俗，人死后有灵魂，去世不久，其灵魂可知阴阳两界事。据传，有些人可呼唤灵魂附己身上，以死者生前口吻说话，称“降童”，又称“讲肚里仙”。久病不愈者，请“讲肚里仙”，询问已故家人，是否犯阴病。“讲肚里仙”时，巫婆念念有词，请逝者灵魂。有时说灵魂琐事缠身，请当事人下次来。待巫婆发出连续“打嗝声”，灵魂已附体，巫婆口吻声音转成逝者生前样子。据传，巫婆灵魂附体后，会指出在场人与逝者关系，甚而说些逝者生前之事。巫婆再次发出“打嗝声”，代表送走灵魂。中华人民共和国成立初期，“讲肚里仙”在乡村盛行。今偶有所见，渐消亡。以上相关内容另见本篇第三节“传统疗病方式·精神疗法”。

土方治疗

土方含草药、单方、偏方。在乡间，大多村落有一二个好土方之人，或走南闯北，或读书识字，人生知识丰富，称之“明白人”。村里有病，调治不好，找“明白人”一说病情，“明白人”即能说出一些土方。除草药、单方、偏方外，包含较复杂祛邪驱鬼法。有时亲至病家整治。此所说“明白人”不含职业或半职性巫医。用单方、土方治病，有时奏效，有时延误病情。

以土方治疗，除自己摸索、总结、学习外，也有家传秘方或独特医疗之法。丹城有专治疔疮、挑痧，西周土桥有接骨，下沈有专治皮肤病，泗洲头峙后村有专治痔疮，新桥石柱里村有专治咽喉病，定塘大湾山有专除褥疮，黄避岙大林有专治阑尾炎（俗称“吊角肠痈”），鹤浦有专治蛇伤等。相关内容另见本篇第三节“药物治疗”“民间疗法”等目。

城乡各地草药铺，除“文化大革命”时期较少看到外，历史上均存。2008年，丹城开设草药铺，老街七八爿，宾阳路二三爿，南街附近墙弄二三爿，蓬莱菜场附近五六爿。选择土方治疗，一般为慢性病，有肿瘤、肝炎、胆结石、肾病、消化不良、哮喘、风气、跌打损伤、小儿疳积、不育不孕、性病等。草药大部出自本土，有灵芝、栀子、金刚刺根、鸡头、何首乌、七叶一枝花、墨旱莲、铜钱草、半枝莲、葛根、桔梗、白茅根、土牛膝、象贝、麦冬、香附、半夏、草乌、天南星、艾叶、桑叶、荷叶、紫苏叶、枇杷叶、金银花、野菊花、红花、木槿花、月季花、马蜂窝、马蜂幼虫等。逢丹城集市，蓬莱菜场附近有草药集市，每市十多摊，草药皆新鲜采集、加工，谓“时鲜草药”，为土方治疗者觅药之处。疗效因人、因病，参差不一。

选择医生

民国前，懂中医人极少，百姓有病不找医生。民国时期，县城有中药房“杏林春”，大夫坐诊，普通百姓“人难过”，从街坊邻里、亲朋好友处询问土方治疗。病急或久病不治，请“杏林春”大夫看，也可请郎中上门，有邓家弄应大成（擅麻疹）、梅溪马福顺（擅儿科）等。也有边请医生治疗，边求神拜佛（信仰基督教做祷告），流传至今，民谚云：“没办法，求菩萨。”

民国中后期至今，百姓常找有名的医生看病。

表 47-1

民国至 21 世纪初象山县部分就医常选医师情况表

类别		姓名	时间	备注
中医		郑鼻峰、刘雪航	民国至 20 世纪 60 年代	丹城
		魏刚	民国至 20 世纪 60 年代	石浦
		经杏林	20 世纪 50—70 年代	石浦
		裘岳勇、陈嘉勉	20 世纪 60—90 年代	丹城
中西医		王德黄	20 世纪 50—80 年代	农村
西医	内科	徐志道	民国至 20 世纪 70 年代	丹城
		沈保民	20 世纪 40—70 年代	丹城
		许祖黄、王碧蓉	20 世纪 60—90 年代	丹城
		孙经荣、张永华	20 世纪 60—90 年代	石浦
		刘慕伟	20 世纪 60 年代	定山
		陆赛君	20 世纪 70—90 年代	丹城
	外科	徐寿昌	20 世纪 60—80 年代	先丹城后石浦
		王慕良	20 世纪 50—70 年代	丹城
		陈善校	20 世纪 60—90 年代	丹城
		蔡岳	20 世纪 70 年代至今	丹城
		方宰平	20 世纪 70 年代至今	丹城
	儿科	蔡瑾	20 世纪 70—90 年代	丹城
	妇产科	盛智煜	20 世纪 60—90 年代	先丹城后石浦
		朱爱玉	20 世纪 70—90 年代	丹城
	五官科	毛道明	20 世纪 70—90 年代	丹城
	眼科	陆志璋	20 世纪 50—90 年代	丹城
	心血管科	孙晓东	20 世纪 90 年代至 21 世纪初	丹城

选择医院

民国有医院后，普通百姓家经济差，费用负担不起，多不到医院求诊。中华人民共和国成立后，乡镇建有卫生院，小病就近医治，重病送丹城、石浦医院。20 世纪 90 年代后，县城医院增多，有县第一人民医院、县中医院、丹城镇中心卫生院、翁敬堂医院等，上县城治疗越来越多。大病、重病多选择县第一人民医院、县中医院、翁敬堂医院（骨伤科）。精神病选定塘爱心医院。石浦及周边乡镇多选石浦医院。县城有社区医院后，居民看小病、配药多到社区医院。进入21世纪后，大病、重病选宁波、杭州、上海医院逐渐增多。

2008年象山县部分县级医院就诊情况表

表47-2　　单位：人

项　目	象山县第一人民医院就诊	象山县中医院就诊
门诊	977318	576833
健康体检	21089	2950
B超检查	134576	41864
CT检查	66329	13230

2008年象山县病人出县就医情况表

表47-3

<table>
<tr><th>治疗地区</th><th>就医人数</th><th>主要疾病类型</th><th>主要就医医院</th></tr>
<tr><td>上海</td><td>1179</td><td rowspan="3">恶性肿瘤
器官移植
2型糖尿病
IgA肾病
非霍奇金恶性淋巴瘤化疗
脑梗塞
声带息肉
双侧结节性甲状腺肿
双眼老年性白内障
突发性耳聋
重症尿毒症
多发性子宫肌瘤
肝内胆管结石
股骨头缺血性坏死
冠状动脉粥样硬化性心脏病
系统性红斑狼疮
腰椎间盘突出症
椎基底动脉供血不足
高血压
白血病
精神分裂症
颈椎病
混合痔
慢性肾功能不全</td><td>上海市长征医院、瑞金医院、复旦大学医学院附属（中山、华山、耳鼻喉科、妇产科）医院、上海市胸科医院、上海市东方肝胆外科医院、上海市第六人民医院</td></tr>
<tr><td>杭州</td><td>747</td><td>浙大医学院附属（妇产科）第一、第二医院、浙江省人民医院、浙江省中医院、浙江省肿瘤医院</td></tr>
<tr><td>宁波</td><td>2568</td><td>宁波市李惠利医院、宁波市第一人民医院、宁波市第二人民医院、宁波市第三人民医院、宁波市第六人民医院、宁波市泌尿肾病医院、中国人民解放军113医院、宁波市肝病医院、宁波市中医院、鄞州人民医院</td></tr>
</table>

说明：据县医保中心资料编制

第六节　防病习俗

旧时，民间防病防疫知识来自宗教信仰和巫婆神汉、传统中医，主要靠生活实践积累。利用太阳杀菌防霉，农历六月初六成“晒霉日”，俗语：“六月六晒红绿”“六月六狗汰浴”“六月六洗垢龊”“六月六，晒霉毒”“六月六洗牲畜”等。艾、蒿等植物茎叶晒干点燃，借烟雾熏逐蚊子、苍蝇；养猫、放鼠夹捕杀、诱杀老鼠；向便坑、污水坑投放石灰、涕芫花、凤眼草灭蚊蝇幼虫。中华人民共和国成立后，一度用“六六六粉”“滴滴涕”等杀虫。今讲求环保，灭害虫方法创新，多用电、光、气等手段消灭害虫，除害防病防疫。

旧俗，“看风水”作防病防疫选项，寄托神、佛、菩萨和自然神。“看风水”除迷信成分外，有一定合理性。居住环境、房屋朝向、水源洁净、草木种类、岩石成分等，均影响健康。民间有“闹里使钱，静处安身”“要想寿延长，久住山水间”之说。

饮食起居

乡间饮食起居理念与中医所倡融会贯通。《黄帝内经》中“素问上·上古天真论”曰：“上古之人，其知道者，法于阴阳，和于术数，食饮有节，起居有常，不妄作劳，故能形与神俱，而尽终其天年，度百岁乃去。今时之人不然也，以酒为浆，以妄为常，醉以入房，以欲竭其精，以耗散其真，不知持满，不时御神，务快其心，逆于生乐，起居无节，故半百而衰也。”其观点民间认同，代代相传，但因经济限制、生活所迫而显无奈。“不妄作劳”系中医养生医学要求，“劳力”“劳心”“劳房”，统称“三劳”，引起疾病各不相同，但均以过“劳”致病、死。“三劳”过度而“劳倦”是致死（临床常见猝死）原因。往者难以“劳作”不过度，即使现代也难避免。民间提倡：做人远离病痛，要不饿着、不太饱，少食生冷，房事节制，不劳累过度，不“做时做死、嬉时嬉死”。又要早睡早起，民谚云：“早睡早起，病不惹你”“秋冬日出穿衣，春夏鸡鸣起床”等。衣着也有说法，“春捂秋冻”，秋天要“冻”，入冬加衣慢些，提高抗寒能力；春天转热要“捂”，春乍到，冬寒依然，早晚凉：“二月休把棉衣撇，三月还有梨花雪”“吃了端午粽，还会冻三冻”。民间所说春捂理念，今仍提倡，并有新内容，有“不要对着电风扇吹”“不要频繁进出空调房”等。饮食上，提倡饱饥适度，“不要饱一顿、饿一顿”“不要恶死吃、不要饿过头”“不要做咸骆驼（吃得太咸）”，吃饭时“不要像鸭碌槽（不要多说话）”。百姓归纳：吃饭宜缓（“吃饭不要像饿死鬼一样”），细嚼慢咽有利消化、吸收；宜悦（“吃饭时不讲不开心事”），开心愉快情绪有利消化，增进食欲，生气、发怒时吃饭易得胃病，碍消化；宜专（吃饭时要“正打正”），用餐不讲不愉快、扫兴、不卫生事，放弃心头琐事，专心吃饭，品尝食物味道，有助消化吸收。

老人、儿童、病人宜食粥，有益吸收，恢复体格。传统补身粥有纯米粥及米、红枣、莲子、桂圆、荔枝、米仁、红豆、绿豆等组合粥，称“百宝粥（八宝粥）”。民间历把粥看作有益健康饮食。讲究用餐，富家忌大鱼大肉油腻过度，贫家需“进鱼肉增油气”。多数百姓忌食生、冷、硬、辛辣等，姜不禁忌。民谚：“冬吃萝卜夏吃姜，不劳医生开药方”“萝卜熟，医生哭”“三天不吃青，两眼冒金星”。现今，流行“吃四条腿的（畜类），不如吃两条腿的（禽类）；吃两条腿的，不如吃一条腿的（菌、蘑菇类）”。

健身强体

在交通不便、信息不通年代，亲友见面后首问：“你父母、阿爷阿婆身子骨健吧？”今仍传承。健身强体民间普遍追求。百姓说体魄强“百毒不侵，百病消散”。但又相信体健在命，民谚谓：“天养人壮活活，人养人皮包骨。”

宋代起，各朝有射圃，为尚武而设，内容单一，强身防病，射圃受训却仅少数。民国前无体育一说，乡间武术爱好者，寥寥无几，传统武术多防卫御敌，健身为次。乡间提倡“动动其”“多动动”“活动活动”，目的为健身强体。1980年前，民间多说学点功夫可“防身”，强身健体为次。1990年起，兴起各式健身武术。21世纪开始，散步、武术、舞蹈等健身，百姓普遍各有所爱。

旧时节日特色食品、点心成补品，真正补品人参、鹿茸、驴皮膏（阿胶），因价格昂贵，一般人吃不起，春节时作礼品送人。平常选择红枣、黑枣、桂圆、荔枝、核桃、山羊肉、鸡、老鸭、糖煮蛋、鸡蛋酒等为补品。20世纪90年代前后，干果类食品丰富，却不是主要补品，时兴青春宝、西洋参等。21世纪起，虫草、铁皮枫斗仍属高档保健品，普通人家少有食用。普通保健品则鱼龙混杂。

节时民俗

节时防病防疫习俗较多。正月，喝屠苏酒，挂桃符，意“杜绝鬼气，苏醒人魂”。民国《象山县志》载，正月十四“妇女出户外，各持菜叶向溪上拂之，谓之打油肩，即祓除之义”。三月上，乡间铺荠菜花于灶上，放在坐、睡地方，可除蚂蚁等虫害；荠菜花、桐花藏衣箱内防蛀；妇女戴荠菜花于头上，不犯头痛病，晚上睡得甜。四月八日浴佛节，采乌饭树叶渍糯米，捣乌饭麻餈，相互馈送。吃鸡蛋酒进补，健身体，可进入农忙劳作。立夏日，流行吃小竹笋（又称鸡脚骨笋、脚骨笋），人脚骨成双，吃脚骨笋须成双成对，腿脚健壮。又：竹笋不可切断，以“脚骨健全”。吃青梅和青梅酒，入夏不打瞌睡，不疰夏（消瘦）；“立夏吃个蛋，气力大一万”。富者吃桂圆荔枝、人参，谓“千补万补，不如立夏一补”。端午节，家家洒扫庭除，以菖蒲、艾条插门楣，悬堂中；用菖蒲、艾叶、榴花、蒜头、龙船花制成人形或虎形，称艾人、艾虎，制成花环、佩饰，有芳香，妇人争相佩戴。端午节（五月初五），墙壁喷洒雄黄酒，房内熘菖蒲根，可避邪驱五毒，避瘟保健；儿童胸悬苎线串菖蒲片、各色香袋；家堂张挂钟馗像、五毒（蛇、蝎、蜘蛛、蟾蜍、蜈蚣）图、虎图；民间采集辣蓼、梓树脑晒干贮藏，作常年化食药物。六月，天热高温，乡间兴“蓬蒿茶”，用夏枯草浸泡，有清凉解毒功效；“六月六狗也热得想汏浴”，时梅雨过后，翻晒衣物、图书，杀菌保洁，防霉防腐，防病防疫，石浦云“六月六，晒红绿”。七月初七，传统为洗头日，妇女多用苦槿树叶洗头；初六下午，预先采摘苦槿树叶（一人洗头约需半面盆），洗净，放桶或盆里稍作搓揉、浸泡一昼夜，次日捞叶沥水，用浸泡汁液洗头，头发光洁发亮无油腻，杀菌去痒，现今乡村仍有此俗。重阳节，泡菊花酒，祛灾祈福。乡间有茱萸泡酒，常年备用，养身祛病；茱萸香味浓，驱虫去湿、逐风邪，民间消积食、治寒热用；喜佩戴茱萸以辟邪求吉，茱萸称之“辟邪翁”。“岁时节日”内容，详见本志“生产习俗　岁时节日”篇“岁时节日”章。

苦槿树叶泡水洗头① 7月31日，今年的第一个“七夕”节时，记者来到象山西周夏叶村，目睹了村里老人们用泡过的苦槿树叶水洗头过“七夕”的场景。当时，村里不少上了年纪的老太太，个个手端脸盆来到张玲娣老人家。她们先是拿出长板凳，放上脸盆，使劲搓脸盆里和着清水的苦槿树叶。清

---

①录自2006年8月30日《宁波晚报》，作者吕茂盛等。

水渐渐变得黏稠起来，并出现了细白的泡沫。接着，她们拿下发卡，开始“哗啦、哗啦”地洗起头。老人们用梳子梳起刚洗过的头发，显得油光锃亮，光可鉴人。昨天，记者再次来到夏叶村时，老人们又在泡苦槿树叶准备来洗头。88岁的沈梅凤老人自懂事起，就一直用苦槿树叶洗头。她对记者说，“用苦槿树叶酿出的水洗过的头发顺滑，不痒，还不长头皮屑，可保持一年头发乌黑呢”。

洗浴保洁

旧时不甚讲究洗浴。冬日，民间用汤锅水洗脸，然后洗脚，其他季节冷水洗浴。在乡村，春末到秋初，男人中午或傍晚收工后在池塘或河沟里洗澡。女人大多傍晚在家以脸盆盛水、用毛巾擦身。小孩一般大热天溪、河里洗澡游泳，其他洗澡较少。洗浴太少，不少人身积污垢，易患疮疖痈肿等皮肤病。女性虽每晚用温水洗下身，患妇科疾病仍多。民国时，县城、石浦等少数人家有洗脸毛巾，普通家庭用布巾。中华人民共和国成立初，一般家庭擦脸仍用布巾或自织纱巾，全家共用一条。20世纪60年代后，布巾淡出，多用毛巾，家庭成员共用为多。80年代后，毛巾敞开供应，家庭收入增加，一人一巾。

民国期间，很少刷牙，大多饭后漱口。20世纪50年代后，民间渐用牙刷，始用牙粉、食盐。60年代，用牙粉、食盐刷牙常见。90年代前后，丹城、石浦公共浴池少见，小型单间洗浴兴起，宾馆客房增设洗浴功能。普通家庭住房改善，卫生间安装燃气热水器，洗澡成常态。随后，电热、太阳能、空气能等热水设施进入百姓家。

物品洗刷

每年腊月，有大扫除习俗，沿袭至今。一年一次“掸尘”，家里角角落落收拾干净，桌椅板凳、锅碗瓢盆等用碱汤洗刷，用水紧缺，也洗得干干净净。民间有“若要不生病，锅碗瓢勺洗干净”。衣服鞋袜洗刷，一般去溪边、河边、塘边、渠边、井边。往昔贫困，可供换洗衣服较少，夏天穿得少，洗后干得快，衣服洗得勤些，其余季节洗得少些。洗涤除垢用品，旧时多用草木灰水、皂角、碱粉之类。20世纪60年代，始用肥皂，现大多用洗衣粉、洗衣液等。洗衣用具，旧时用洗衣盆、棒槌、搓板，现大多用洗衣机。

忌讳避讳

忌讳是一传统，与避讳内容基本相同。避讳有避离意，为防病防疫离开原地。忌讳避讳成因有三：一为民间历书和其他相术之书所写；二为算命人、巫婆神汉等人所指；三为本人心里所想。忌讳形式和内容也有三：一为在语言，特定场合、时间、人群等，不说不吉利、恶毒、伤感等语，万一说了马上补说“乌鸦嘴，溪坑水。”所说不洁之词，即似溪水远去不复；二为行为举止，宗教场所行为需得体，不做冲撞菩萨之事，特定场所不随便闯入；三为避讳出行，出门或做事，避开忌讳日子、时辰，地点、方位，若时间、地点、方位与主人生辰八字不合，会带来灾难，远行做生意、打工，违背忌讳，会撞邪气、撞神或妖，会患重疾。家里红白喜事、盖房建园、店铺开张等，均需忌讳。忌讳避讳系传统防病防疫文化现象，今仍有信奉者。

用水习俗

民间称下雨水为“天落水”，俗信诸多病痛须用此水煎药有效。立春前储存称“冬水”，浸年糕可久藏不坏。

民间讲究水源洁净，溪流、河道，上游地段多建有饮用水设施，其下相继建淘米、洗菜、洗衣物埠头，最下允许洗涤劳动所用粪桶、锄头等，约定俗成，绝无违规之举。20世纪80年代前，绝少向溪流、河道倾倒垃圾，乡间河道水碧草青。90年代前后，乡村自来水普及，出现向河道乱倒垃圾和人畜粪现象，水源受污染。

第五章　丧　　俗

百姓称老人自然死亡为“老了”“没了”“走了”等。年迈，传统多指活满60周岁，此后死亡属正常性死亡。非正常性死亡指暴病、久病及事故而亡。旧时，疫病、暴病而死，仪式简约，下葬迅速，且不举行仪式。儿童和未成年人死亡，随意做一“小棺材”埋了。户外死亡，遗体不能进堂入室，村落空场地搭棚入殓。现今乡村多保持此种风俗。病人住院即将离世前，多数家庭将其接回家中，在家中死去，享受正常死亡待遇。

中华人民共和国成立后，政府提倡丧事简办。向已故者敬献纸质花圈，戴黑袖套或胸前纸花较为通行。但传统丧事习俗还在一定程度上保留，如戴细布帽、披麻戴孝、骑红、大办丧酒等。2001年，实行火葬制度，丧事简办深入人心。

第一节　送　　终

送终是指亲属对临终者的照料。为死者办理丧事通常也称送终。送终后所事皆称“后事”，办丧事称“办后事”。

送终

旧俗，老人（病人）临终弥留之际，子女须环床前，长子俯身听临终嘱咐或遗言，目睹其气绝眼合，俗称“送终”。若子女尚在归途中，或时辰不佳，有为临死者喂参汤，或请医生打强心针，以拖延生命。老人弥留之际等儿女、孙辈赶到床前方气绝身亡时有发生。临终时，传统有立即撤去蚊帐，打开窗户，便于灵魂升天。随后，子女跪床前痛哭举哀，商议布置后事。

浴尸

老人、亲人逝世后，要为死者洗浴更衣。用新毛巾擦抹死者，一般儿子浴父尸，女儿浴母尸。也有请有经验老人代洗浴，不收钱，事后主人送谢礼。现社会有承担此事半职业性人士，年岁多50岁以上。浴毕，为死者梳发整容，修剪指甲，换穿寿衣、裤、鞋等。若死者生前有传染性疾病，家人煎鸡蛋饼复亡故者嘴上。现将死者拉至殡仪馆，请专业人员化妆美容。

移尸

将死者从床上移至板上，独扇、双扇门板一扇均可。移尸时，一般长子捧头，幼子扛脚，抬至中堂，头朝东，谓之“搁板头”。现城乡别墅、套房无中堂，可移至客厅，多数摆放死者原房间，挂帐帘，将遗体与孝堂隔开，帘前设烛台、香案，陈祀品，供上香祭拜。脚后点油灯一盏，谓死者行路照明，俗称“点脚后灯”。若移尸过天井，则撑伞遮住，谓尸不见日。现独扇门板难立时拆下，多用与床等长木板。

报丧

家庭有人亡故后，派人向亲友通报讣讯，称“报丧”，亦叫“报死讯”。报丧者不论晴雨均带雨伞，雨伞倒挟以示噩耗，沿途低头走路不与人讲话。到达目的地，将雨伞朝下放门外，告知对方简要情况及入殓日期，完后不作寒暄，即走。乡村有待报丧者一走，即在大门口砸碎碗或盆瓦，以示“百病消散、晦气全无”，随后前往赴丧。民国《象山县志》载：母死，为子者讣于舅氏之门，必待舅氏或舅氏之子侄男女亲至其家，许其办丧，始得成殓。

第二节　哀　　吊

旧时，哀吊一般设灵堂，灵堂素净、简约、朴实，以黑白两色为主调，几无它色。亲属轮流守灵陪夜，习惯以摆放时间越长越孝顺。其间，办酒招待奔丧来客。入殓前，亲人哭丧，开吊仪式讲究。现亡故者摆放时间一般三天，遇特殊“日子”延后，极少3天之内起丧。石浦一带灵堂设置繁华，讲排场，花费大，停尸多至7天，有超过10天。其次爵溪。

哀吊方式因家庭信仰不同有所区别，亡故公务人员、事业单位人员、大公司管理人员有开追悼会。民间虽提倡追悼会，但仍以传统方式为主。

设灵堂

灵堂悬挂幔帐，贴“奠”字，大门、中堂贴挽联，设祭桌，摆灵位（位牌）及奠祀品，焚香燃烛。尸体放幔帐里，念伴打醮。近亲、密友送“褈被”（一种小被），被角用白纸条写送者姓名，挂幔帐两边。现送绸被面、毯子，或送花圈花篮。吊者到死者家去，忌大声说笑，忌穿红衣。开灵之夜，家境富裕者请僧道放焰口，乐师奏哀乐，也有信仰有别设西方灵堂。20世纪90年代后，乡间所设灵堂繁华，传统和现代方式融合。

守灵

先做“灵前羹饭”，和尚或尼姑诵经，称“摊尸经”。死者子孙辈披麻戴孝，匍匐于灵堂两旁陪拜，亲属轮流守灵陪夜。守灵少则3日，多则9天。现富豪之家有超过10天。守灵期间，由和尚指挥，至亲晚辈每日披麻戴孝，灵前跪拜。

办丧酒

乡间多称丧酒为“吊纸酒”。习俗：若明日出殡，今晚开灵。时所办宴席称开灵酒，俗称吃“豆腐羹”、吃“丧饭”等。死者年龄较轻，或遇意外事故暴亡，忌禁酒席猜拳。亲友临席，需送丧仪，记入《丧仪簿》，俗称吊纸①、纸烛钱，谓吊灵或吊丧。国家工作人员死后灵堂简约、朴实。如今，丧酒依然多称吊纸酒，一般人家菜肴品位较高、酒烟饮料档次中上。

吊灵

吊灵仪式在灵堂举行，不同身份、信仰，吊灵仪式不同。乡间多佛教、道教（念盘）仪式，请入灵堂诵经吟文，和尚吟咏与念伴吟诵腔拍区别较大，后者随意性。吟咏间，隔三岔五举行佛、道“为亡故者”所作仪式，如放焰口、拜忏等。“文化大革命”期间，此习俗绝迹，后渐复起，时亲人披麻戴孝。有的以追悼会替代“吊纸”，播放哀乐代替吹打，送丧仪臂缠黑纱。

①吊纸：意即吊丧，旧时吊丧时要自带纸烛钱，故有此称。《儒林外史》第七回：“一连开了七日吊，司、道、府、县，都来吊纸。”张慧剑注：“吊纸，吊丧。自携香和纸钱去吊唁，是古时吊丧礼节，后有变化，一般习惯依然称吊丧为‘吊纸’。”

做“道场”时，家属亲友尽可能全参加，能随吟诵最好，儿女、至亲必参与上香、忏拜。在场亲属陪伴、聆听、忏拜，传统为“超度亡灵”。仪式虽烦琐，能增加灵堂“热闹”氛围，消除过度悲伤，减少凄婉凄惨情绪。灵堂所点香烛、焚烧锡箔、经文等香气、热气促进灵堂空气流动，驱除灵堂异味。

传统开吊仪式

司祭者唱：

一、主祭（长子）就位，陪祭者（装香佬）亦就位，孝子、孝孙们临礼送簿（穿好麻衣，戴好三梁冠）出堂。付杖（娘舅或族长、抬棺人分发孝子棒）。

二、上香，初上香，回唱初敬香；亚上香，回唱亚敬香；三上香，回唱三敬香。

三、鞠躬作揖，三跪九叩首，跪、叩首，再叩首，醒；跪，叩首，叩首，再叩首，醒；跪，叩首，再叩首，醒。休息片刻。各自就位，其余孝子、孝孙随主祭者跟拜。重复上香和三拜九叩礼。平身伏位（众祭者匍伏拜椅或蒲团），吹导班吹呜，醒。休息片刻。

四、重复第三项礼。

五、宣读祭文。

六、凭吊。亲朋吊丧、跪拜，丧偶领子孙还拜。

七、祭毕，鸣锣放炮仗。守孝期七七四十九天不理发、剪发，满七后方可理发、剪发，孝子孝孙佩戴过的白棉纱、麻头绳，在“满七”烧经时同时烧毁。

入殓

将死者从灵床转入灵柩，一般为亡后第三日。亲友毕集，直系亲属披麻戴孝，戴三梁冠，穿蒲鞋，腰系草绳。入殓一般拂晓前候潮涨时辰，亲属长子抬头，小儿子抬脚，另抬腰。家属号啕大哭，子媳儿女合牵两领草席围着，顺逆旋转各三周后入棺。众亲属手抚摸棺盖，表示与死者痛惜永别。入殓时，背后垫被（娘舅家送的褈被）垫于死者背后（意为背后有靠山），其他褈被取代表性一条入棺，余经擦棺边时喊明送者姓名后另放别处。入棺毕钉棺，拆除孝帘，置于中堂后面，撤香案及祭品，准备出殡。事后，将死者所用被、枕、衣等物品在夜间僻静处烧毁。

哭丧

哭丧乃妇女专长。有奔丧之哭、送终之哭、吊丧之哭、出丧之哭、下葬之哭、做七之哭。前五哭乃悲伤之哭，有号啕、有悲戚。做七之哭不同，谓哭七。石浦地区别有特色，如死丈夫，妇人不呼老公而拜“兄弟”。男子哭妻呼“兄弟”或“姊妹”。妇女哭得有板有眼、有腔有调，结合自己身世，发心中悲哀，出心底情思。也有少数家庭出钱雇人哭灵。

随葬品

历代随葬品有之，官方、民间高度认同。塔山遗址墓地发掘的新石器时代出土随葬品，分三类：一陶、炻器，二石器，三玉器，未见木器和骨器。东塘山墓有陶埕、罐及纺轮等15件，为春秋战国期间；丹西路西首山麓墓中出土有古币五铢、货泉、大泉五十半两、陶罐、铜镜、环首铁刀等，为东汉时期；唐代，樊岙墓出土有铜镜、开元铜钱、铁佩刀、青瓷器等。至清、民国，随葬品流行。随葬品优劣、多少，与墓主经济实力和社会地位相关。富家带少量金银、玉饰品入葬，随葬品多有五谷、雄黄、木炭、生铁等物。为防祖上墓穴被盗，少数有钱人家会派专人守墓。民国年间陈汉章墓就被盗两次。百姓墓葬也有随葬品，只随葬物品平常，多铜质饰品、陶、炻器日用品、死者生前喜欢之小件玩物、书、刀枪等，少有银品、玉器，故被盗不多。

中华人民共和国成立后，随葬品还有金、银、玉饰品，如戒指、耳环、发簪等，乡间时有盗墓发生。1958 年后，随葬品概念淡化。但陶、炻、瓷质小件生活用品为随葬品的习俗却无间断，陶、炻器多系象邑窑厂制作。茅洋窑厂于 2000 年前后，烧制陶质随葬品罐、坛、壶等。进入 21 世纪后，随火葬兴行，旧随葬品风俗淡出，新随葬品风俗兴起，会将纸质冰箱、洗衣机、电视机、小汽车等时尚“家私”模型及纸扎美女在坟前焚烧，意让亡故者阴间享用。

第三节　出　　殡

出殡，俗称“出丧”，亲友参加称“送丧”。出殡一般上午 8—9 时开始。由 8 名身强力壮者抬灵柩，移至巷口街路时，用灵柩盖罩套上。盖罩向贳器店租赁，木质框架，外套为红色黑边黑顶厚布做成。抬框为碗口粗杉木，前后杠端各联拼两条扁木，两杠四端用绳系联四条小杠，供八人肩抬。

传统，出丧队伍最前面破铜锣开道，敲打声音间隔较长，一般 3~5 秒。听到破铜锣响起，前方行人会避让。住民得知出丧队伍将至，一人将竹制扫把倒竖靠放自家门口，一人拿一捆稻草，点燃后摆放自家门口前方露天处，以避邪。20 世纪 80 年代起，此习俗渐渐消失。出殡回原地，入口处有一捆焚燃稻草，送殡人需跨焚燃草把，能驱寒、驱邪、防疾，薰除路途中沾带晦气。现民间仍流行。

2001 年 11 月 1 日起，象山县实行火葬，居民多将死者送殡仪馆，设灵堂，举行追悼会，行遗体告别仪式。

起尸

实行火葬后，亡故者第一次起尸离开摆放（亡故）地点，并非传统起灵前往下葬墓地，仅是移位，是传统起灵前一全新流程。也有不成俗仪式，若从住宅楼某一楼层移至一楼公共露天场地，也长子抱头，次子抱身，抬上殡仪车车载担架，长子抬头，次子或女婿抬脚，梯道下来所经家庭都紧闭门户，有些门框边倒竖扫把，也有点香以表尊重；家人将亡故亲人抬上灵车前大放鞭炮。殡仪车经过村落道路，虽无送殡队伍，所经路途门户住人做法与灵柩通过相同。

进入火化场所前，有专门设立拜别亡者祭房，内设香炉、供短暂祭祀。后即推亡故者至火化炉工作室大门外，门口有工作人员等候接入。现兴工作人员与亡者家属默契配合互动的“告别仪式”：开始时，工作人员拉“灵床”入室，亲人拉住不松手，工作人员就 3 次松手，家属接连 3 次将“灵床”拉出室外，第四次家属松手，让工作人员接入室内。此一做法颇具人性，工作人员和亡故者家属均能接受，成一新殡葬风俗流程。火化后，购殡仪馆骨灰盒或自备骨灰盒安装骨灰，取骨灰后盖上红布，由儿子接出。亲人为捧骨灰盒者打伞，女婿端捧灵位在前，乘自备车离开。

起灵

传统有破铜锣为出殡队伍前导，招魂幡随后，不时抛散纸钱纸箔，沿途放鞭炮，女婿捧牌位（未过门女婿要臂披红布），子孙穿麻衣，手捏二尺竹棒（有称丧棍、蟹杖棒）扶灵柩缓行。奠幛、挽联、花圈随后，乐队奏哀乐随行。灵柩后面为送丧者队伍，一般亲友戴白帽。送丧戴帽有讲究：子、媳戴白帽、草冠、草带，持孝棒；子孙戴红帽，重孙戴黄帽，曾孙戴绿帽，从送丧者戴帽见出死者辈分和年龄。现今，除传统做法外，有佩戴别有小白花黑纱布袖套，也有送白毛巾替代黑纱。送葬队伍所乘车子随后，丹城多数会赶赴殡仪馆送行，也有前往公墓途中等候送行。乡间多时先约定送殡队伍等候地点，骨灰到达后一起送入墓地。也有骨灰盒先返家，然后起灵出殡。

路祭

灵柩过桥，孝子孝孙须跪伏路旁，待灵柩过桥后起身。民国时，富豪人家亲友途中设祭，俗称“做路祭”。路祭常在十字街举行，请僧或道出场祭奠，仪式庄重。旧俗有心做祭仪式者可至丧家吃回丧酒（不用吊纸），俗称“背死人头”。灵柩出村后，撤灵柩盖罩，改四人扛抬，另四人更换。撤罩后，送葬队伍分两支，一般亲友送丧者跟随牌位回家，进门前须跨过点燃草结，待念伴泼净水后进门。牌位置中堂依壁祭桌、焚香，送丧者吃过“回丧酒”始散；直系亲属、至亲随灵柩至墓地，待涨潮时辰入穴后回家。

实行火化后，抬棺材取消。如今亡故者火化后，亲人将骨灰盒送入灵车，送丧队伍乘坐公交大巴，组成送葬车队。花车开道，乐车奏哀乐，中间灵车，后面送葬车、花圈车。乐车吹拉奏乐，一路鞭炮开道。送丧车反光镜缚上红布，表示送丧，以显吉利。现时路祭主要为桥头祭，灵车路途遇桥头，儿女、孙辈会下车跪桥头，点香，烧锡箔、经文，待灵车通过后上原车。有些家庭奉行遇桥必祭做法，实为烦琐，有儿女、孙辈因此伤身。定山、石浦地区由专门陪行火化者一路叫道：“过桥了”“转弯了”，子女跟着叫“过桥了”“转弯了”。

第四节　下　　葬

旧时，乡间有下葬风俗：与亡故人属相冲克亲友应回避。事先，念伴会据属相、生辰敲定回避对象，相冲相克人群属相写白纸上，贴于灵堂一侧，昭告来客。户外死亡、海上遇难、婴儿夭折有不同规矩。未做坟墓者需择地暂厝，或用草帘，或用砖瓦，搭建“厂屋”，俗呼“寄山厂”，待冬至或几年后再入坟墓。如寿域有二，其一已早埋入，后死者灵柩须厝置1~3年推入。现今，改土葬为火葬，建立公墓，此一习俗不存。

下葬

灵柩至墓地，亲人跪拜后沿墓坑走三圈，涨潮时由长子用内衣掸拂寿穴，芝麻秆点火烧坑三进三退。并丢下铜钱、铁钉，祈求财丁两旺。烧毕，亲人下坑踏火，称“踩坑”。亲属环跪墓前，随爆仗三声、铜锣急敲，送灵柩头朝里进坑，徐徐推入寿穴。封墓门，后覆土，烧纸钱。葬礼毕，脱丧服，凡草冠、草带及纸仆婢等皆墓前火化。送葬者原路返回。现骨灰安葬公墓，习俗方式基本同，原先进寿穴扫穴，改为伸臂入穴，拿衣掸拂，三进三出。

天外落材

旧时，户外死亡者，遗体不能入家中堂祭祀，须外面搭棚入殓，称天外落材。石浦地区外尸不得入城，只出不进，俗有“以尸入城，城门附近年内要死三人”之说。渔民海上遇难，亲属在海滩举行招魂仪式。婴儿夭折，则投入孩儿塔内。

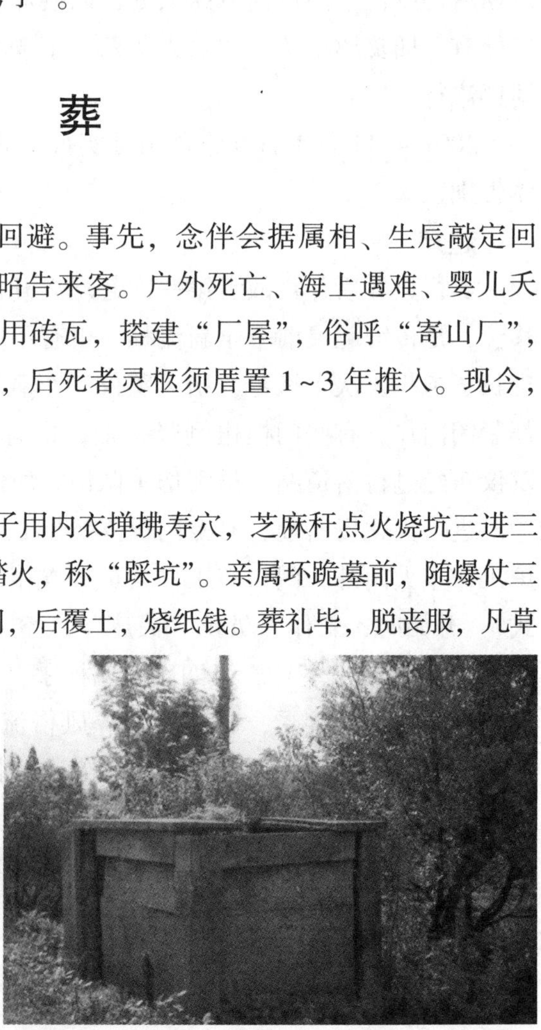

照 47-5　乌娃祠（孩儿塔）

招魂

旧时，大徐毛湾一带沿海村民，如有不幸葬身大海，尸体不能回家，亲友招魂。备好棺材，棺内置草人及生前衣物，为衣冠冢。4~5 米长竹竿缚一只大公鸡（用布包着鸡头蒙住双目），敲铜锣，孝子穿麻衣朝海边跪拜。涨潮时辰，请念盘念经，直至竹竿上公鸡啼叫时，意谓灵魂已回来，方收场抬空棺下葬。

寄山棺材

昔时遇夫妻合墓，先故者先入穴，后故者需择地暂厝，用稻草或砖瓦覆盖棺木，不使日晒雨淋。一年后，择时入穴，也有三年不等，称“寄山棺材”“棺材厂”“寿山厂”。此俗现已不存。

生态墓葬

2007 年 7 月 27 日，中共象山县委、县人民政府下发《关于开展墓葬专项整治工作的实施意见》，按生态县建设要求，弘扬新风俗，深化殡葬改革，解决墓葬管理存在问题，消除“青山白化”现象，保护生态环境和国土资源。拆除公路沿线、中心城区、风景区、开发区、城乡规划范围内及住宅区内的旧坟墓。全县拆迁“三沿五区”坟墓近 10 万穴。街道镇乡建立相配套公益性生态墓葬区，消除乱建坟墓现象。

照 47-6　黄土岭生态墓葬区

基督教徒丧葬

仪式简朴，临终时子女静立在旁，与信教徒共唱哀歌，以送其灵魂上天。遗体移入中堂，设孝堂不行祭祀，众多教友前来吊唁，同唱《赞美诗》。一般无哭声，称逝者为“上天堂”。不请和尚尼姑念经，出殡时用灵柩盖罩，一面红十字白旗覆盖灵柩开道，除亲友外，送丧教友不吃回丧酒。

第五节　丧　　祭

旧时，出殡后有一系列祭祀活动，名称、日期有伏三、做七、做羹饭等。多数家庭做一年，有的长达三年。次后，每年清明节时，亲人赴墓地祭祀。民国《象山县志》丧礼记：“初死，遇七必祭，谓之做七，七七及止，如七期逢月之七日，谓之撞七，礼加厚。”至今通行。传统做七时，均在亡故人牌位前举行。现室内设牌位作祭较少，多为故人遗像，相框装饰精致，有黑白、彩色照。用遗像替代牌位，体现时代进步。现今，有在传统牌位放置亡者遗照。祭祖内容详见本志“宗教　民间信仰”篇第六章“民间信仰”。

伏三

史料中有作“复三”，《醒世姻缘传》第六十一回：“出丧第三日，狄希陈也同了薛如卞他们早往坟上‘复三’，烧了纸回家。”俗称“发三日”，系出殡后第三日的丧祭活动，地点坟地墓前，也有叫“圆坟”。亲属至墓地送茶送酒。手提茶壶沿墓周围倒行浇酒，顺逆各三周；墓前设祭品、置酒、烧纸钱。伏三丧祀，传统为“孝子”和家人，现女儿会一道加入。独生子女家庭女儿视作儿子。伏三是赴坟地第一次祭奠，有重复出殡的意思。乡间有说行“伏三”，一是赴墓地看下葬时事是否完全、周详，有否需补做。二是有一说法，因故人恋家，魂魄未曾离开家居。亲人偕祭品作引领，再次送别。祭祀毕回家，不原路返回，稍走一段来时未经之路，亡灵找不准返回通路，不会顺着原路返回，安心落处。

做七

亲人亡故后第七日丧祭为“头七”，操办称为“做头七”。随后，每隔七天一次，共七次、七七四十九天。道教《魂魄聚散论》谓：胎生初成以七日为腊，一腊而一魄成，经七七四十九而七魄具；死则以七日为忌，一忌而一魄散，经七七四十九日而七魄泯。佛教《瑜珈论》：人死后，为寻求生缘，以七日为一期，如七日终，不得生缘，则更续七日，至第七个七日终，必生一处，以故有“七七”之期及逢七烧纸之俗。境内民间对佛、道礼数分不清爽。若做七日恰遇农历初七、十七、二十七，称“撞七”。会提前一日半夜做七，此日举行，需加重祭礼。“七七”中，“五七”“七七”看重。“五七”旧称“望五七”，传说搭简易台，称“望乡台”，亡灵会在台上展望在世家人一切。七七规模与五七同。习俗，死者“七七”未满，子孙忌理发剃头。

“做七”日备菜肴、水果和酒。灵前焚香上烛，烧经文、纸钱，家人吟念怀念、祝愿、希冀之词。有些家庭做“头七”“五七”，请和尚或道士做佛事或拜忏。也有在寺院或庙宇举行，各地风俗差异。做七时供品：一水果糕点，数量随意，盆数无严格规定；二菜肴，碗数为单数，如三、五、七。多数家庭为素菜，也有荤素搭配，另置酒一瓶。通常“头七”“五七”“七七”隆重一点，其余过场。传统做七时，由儿子和女儿轮流，“五七”需由女儿操办。独子独女或一子一女，则灵活安排。一般“头七”由儿子办理；“二七”为小七，出嫁孙女办理，也可女儿；“三七”由儿子、儿媳办理；“四七”属小七，孙子办理（也可儿子）；“五七”出嫁女儿办理；“六七”是小七，儿子办理。“七七”称“满七”或“圆七”，由儿子办理，意含有始有终，功德圆满。“七七”做完后，丧事完毕。

百日

亡故后满百日纪念，称“百日羹饭”，简作“百日”。百日羹饭后，灵牌寄放宗祠，无宗祠在堂前设神龛，现信奉者将牌位寄放庵堂或寺院，家中少摆放灵位。其中，信奉者会每年忌日赴寄放灵位庵庙做道场，以超度亡灵，祈在天亡灵保护在世后人。现今，热心操持此事务者，老年妇女多于中老年男子。

周年羹饭

亡故后一周年纪念、祭祀，称“周年羹饭”；二年称“二周年”；三年称“三周年”以此类推。也有家庭三年内每逢死者忌日，做羹饭，祭奠亡灵。

第四十八篇
生产习俗　岁时节日

本篇目录

第一章　生产习俗

象山是农业县，境内百姓生产劳动历以农、渔业为主，另有手工业和商业。劳动生产中留下的传统习俗，皆与季节、生产、生活息息相关，是人与环境协调的产物。旧时，人民生活清贫，缺乏科学知识，祈求上天神人保佑一方平安、人寿年丰，故许多习俗多带有特定的祭祀、饮食和娱乐活动，代代相传，沿袭至今。

第一节　农业生产习俗

传统农业主要从事粮食、蔬菜、瓜果、毛竹、苎麻、油料等种植。20 世纪 80 年代以后，粮食品种增多，园艺类水果、蔬菜、花卉等生产发展迅速，农业生产中还保留着不少习俗。

翻耕

先前，冬季农田大都播种绿肥（俗称“草子”），开春后翻耕作为早稻基肥。不种绿肥的冬闲田要灌水翻耕，俗称冬耕。冬耕有利于减少病虫害的发生，有利于加深土层，改变土壤结构，有利于培肥地力。提倡冬耕，是改良土壤、提高农作物产量的有效措施。

烧田坎毛

旧时正月十四夜，农村有放野火、烧“田坎毛”习俗。寒冬季节，百草枯黄，是夜在田间、田塍点火烧野草杂物，一为驱邪，二是除虫，三可为农田增肥。田塍干草燃着时，犹如条条火龙在田野上滚动，故称“熛火龙”，夜幕下尤为壮观。

罱河泥

象山平原地区有弯弯曲曲的河浜，水流缓慢，常有大量有机物淤积河底，成为河泥。每年冬春，农民有罱河泥习惯。罱河泥，又称“挟河泥”。通常是两人搭班，使用浅舱农船，载重量在 1~1.5 吨。一人使用捻篰将河底淤泥打捞上来，放入船舱，另一人撑篙驾船，两人轮流作业。待一船舱河泥装满，就将船摇到某处，把河泥舀到田边预先做好的河泥塘中，以作肥料。有的还会在河泥塘中加入杂草腐叶拌和，使之发酵，以增加肥效。有时候也可以直接用粪桶将河泥挑到麦田、桑地等浇盖在垅上。20 世纪 80 年代以后，普遍使用化肥，很少再有人去干这种苦活。

耕种

主要指播种和田间管理。俗语说：“三分种，七分管，十分收成才保险。”农民习惯将节气变化和种植管理紧密联系在一起，有“过了芒种，不可强种”“处暑不露头割割饫（方言音‘于’，意为喂）老牛”“头伏萝卜、二伏菜，到了三伏种荞麦”“一遍苗、二遍草，三遍顺着垄沟跑”等农谚。田间管理，包括耘田、施肥、灌溉、排涝、杀虫，直至收割。20 世纪 90 年代以后，农民爱科学、学科学，用科学方法种田，用除草剂灭草，很少投工锄地，锄头已完成历史使命。牛是农民的宝贝，用来耕田、车水等。按习俗，农历四月初八是牛生日，给牛吃乌饭麻糍和喂酒，让牛得到休息。今多用机械耕地、机电抽水，但此俗尚存。

插秧，农谚云：清明浸种，谷雨落秧。插秧是水稻种植中重要环节，包括拔秧、挑秧、插秧三步骤。插秧首日，主人用丰盛伙食招待插秧客。

竹子管理

象山盛产毛竹，多有生产习俗。其一，掘秋山。每年深秋，农忙一过，竹农便锄毛竹山，斩断浮出土表的竹根，把伐竹后留下的残竹蒲头竹节凿穿，利于雨水直流到底部，加快腐烂。同时要除去杂草乱柴。其二，掘团笋。团笋是冬天毛竹马鞭上萌生的笋，又称冬笋。这种笋不能成竹，掘挖掉有利春笋生长，又可增加收入。其三，挖毛笋，亦称春笋。竹有大、小年之分，大年要留竹，将笋顶尖须头发黑、光泽灰暗不能成竹的笋挖去，凡长势良好的笋不能挖。小年的笋通常生得很少，一般都要挖去食用。此外，立夏后长出的笋均可挖，不再留养，主人若不挖，别人挖去也不算偷。俗谚有“谷雨笋头齐，立夏笋散细”之说，过了立夏，不再派人管护竹笋。其四，芒种油竹，春笋留养，便长成新竹。竹农在芒种时节要拎着青油上山，给新竹做记号，也有用红漆墨汁写上字号。其五，挖鞭笋。鞭笋一年四季都可以挖，鞭笋是竹根马鞭的新生部分，不可全部挖去，挖光了就不会长新笋。通常是把那些表层土抬起成裂隙的浮鞭笋，或过密的鞭笋挖去。鞭笋可食用。

第二节　渔业生产习俗

旧时，渔业生产设备简陋，生产作业“三尺棺材里，三尺棺材外”，全凭运气。渔民祈求神灵保佑出海一帆风顺，返港鱼虾满舱，形成了渔区特有的生产习俗。

造船

渔船是渔民的主要生产工具，造新船比造房子郑重。昔时，开工要择吉日，亲朋送礼送物，有酒、肉、馒头等。上平底板时颇为隆重，如同造房上梁，要放鞭炮，分馒头、糖果等。造船竣工最后一道工序为钉船眼。旧时大小船只，均有一对船眼，黑白两色如太极两仪，炯炯有神，尤绿眉毛船眼睛神气十足。打船时在船眼中藏有金银，表示眼中有财。在石浦东门一带，渔民把船称为“木龙”，造船先由大木师傅剖木选样定龙筋，用三牲福礼求保佑，祭后，长元（船主）向大木师傅敬酒，送红纸包钿。新船船壳造成后，要在船头两侧贴“龙头生金角，虎口出银牙”对联，在船尾栏板上挂“风平浪静”或“海不扬波”横幅。大木师傅选用上等木材制作渔船眼睛，不得丝毫差池。船眼睛根据船只大小制作定型后，要讲阴阳五行，到天后宫，在妈祖神明前掷珓问卜择定时辰。安装船眼睛有专用术语，有三道程序：一为定彩，二是封眼，三是启眼。船眼睛黑白两色，有阴阳协调之意，按金、木、水、火、土五行，用五色彩条扎于银钉，每只船眼睛上镶入一枚银圆。请最好的造船师傅，用银钉将船眼睛钉在船头两侧。据说一只船眼睛紧紧关注着天，能知风云变幻；一只眼睛紧紧关注着海，能知浪涛变化和鱼群动向。渔船一钉上眼睛后，立时变得更有灵气，这一过程称作“定彩”。“定彩”之后是“封眼”“封眼”较简单，用红布或红纸把船眼睛蒙上。入水前须有隆重仪式，为“启眼”，需择妥吉日，候准潮时，方可进行。一切由民间俗套约束，要到天后宫殿妈祖娘娘前，“掷珓扶乩”选定黄道吉日。在鞭炮声、锣鼓声中，长元（船主）亲手把“封眼”的红布或红纸利索地揭去，便称作“启眼”。船眼睛好像巨目普光，银钉变得异常闪亮、生动，十分神气。船饰习俗内容详见本志“非物质文化遗产”篇第四章“市县级非物质文化遗产”。

新船入水

新船入水即“木龙赴水（谐音富庶）”仪式作为盛大节日。即使再贫困，也要置办水酒鱼肉，邀乡亲父老和船上伙计，开怀畅饮一番，以求出海风顺，鱼虾满舱。新船入水前，船头漆红、黑、白三色。要敬天地，祭海神。道头滩场东西两侧，各置八仙桌一张，供全猪全羊各一只。供上肉、蛋、鱼（或鱼胶）、豆腐、麦面、馒头等六至八大盘，供品放于红漆桶盘中恭敬天地。长元（船主）在妈祖神明前点烛，烧香，叩拜，虔诚祈祷“一帆风顺，满载而归，鱼丰人寿”。新船入水，需邀数十强壮人士推船下水。此时凡周边青年也讯闻赶来，加入推新船行列。时无机械设备索引，全靠人力推行。新船昂首翘尾，乌油呈亮，待大潮汛位到达高潮时，船老大在船上敲响铜锣，鸣鞭炮推船开始，锣声急促，众青年齐心协力，按着号子，或用棍撬或用手推，船体在众力推动下，徐徐入海。船上飘扬长红旗，长元站立船头，把供请过的馒头分给造船师傅，然后馒头糖果如雨点般纷落在围观乡亲中，引众人争抢。在一片呐喊声中，新船如蛟龙般入海，掀起千万朵浪花。船到海中竖起桅杆，桅杆上挂“大将军八面威风”条幅，桅顶挂“天上圣母”大红长幅，船舵书“万军主帅”，船尾书“顺风相送”或“顺风得利”。海上捕鱼下网前，用黄糖水洒遍全船及渔民身上，以示清净。并用盐掺米酒洒在网上和海面上，还要烧金箔，意为给鬼邪们一些好处，别来打搅。

出海

择日逢双不逢单，一般在农历三月廿二出海打头水。出海前先上香拜菩萨。船老大向菩萨许愿，祈求“给我第一对”（产量最高）以许请戏班做戏来还愿。然后，请菩萨下船，渔民要沐浴换新衣，手捧佛袋（约三寸见方的黄布袋，上书“天上圣母娘娘”，内装香料）边走边敲锣，锣声规定十三下。佛袋到船上，就把它钉在船舱内，然后摆开酒筵，宴请亲朋。妇女禁止上船。石浦一带供天妃娘娘，爵溪供赵五娘，希望在险象环生的海洋生产中，得到保佑。

鳥舡船装网

爵溪，昔以鳥舡船为海上主要捕鱼船只。鳥舡船的捕鱼工具主要是围网，围网由胎头网、肚网组成，计7托42块网拼装组成，平时不用就拆开翻晒贮放。出海捕鱼前，按顺序拼组成整体网具，亦择风和日暖之日，以便劳作。古有“初五、十四、廿三仙人走过提空篮”之谚说，故严避之。装网时，老大及弟兄将42块渔网挑至沙滩，按序编组成套，随后将月月红鲜花散落网衣。装网时，儿童不能往网底站，谓鱼要从网底溜走。收拢后置于碗口粗竹杠上，4人抬至船旁，众人扶着跟随。网进船时，用铜锣敲响节奏，当网尾最后装入船舱，弟兄高呼：旺！旺！旺！装毕，船老大用猪头、酒、糕点等拜祭海龙王，祈求开船洋山旺发。时夕阳西沉，船长元（船主）、网长元（网主）、老大等邀来亲友登船聚餐（妇女在禁止之列），曰吃神福。餐毕，老大分给每人两块饼一个鸡蛋（成元宝形状）后离船。

开洋

渔民出海捕鱼，谓之“开洋”，渔汛结束称“谢洋”。渔业须集体作业，各有分工，相互配合，听从指挥，同舟共济，人太平，鱼满舱。出洋捕捞请（祈祀）船龙，在船头供三牲福礼，摆酒具筷子，点燃香烛，行礼如仪。酒过三巡，烧化金箔，撮食、洒酒于海。新船出海，供品丰盛，有全猪、全鸭、盘面等（所谓全猪，实为猪头、猪尾，尾横插猪嘴间）。开洋谢洋详见本志“非物质文化遗产”篇第二章“国家级非物质文化遗产”。

押洋山

旧时渔汛俗称洋山，出海捕鱼称押“洋山”。昔石浦东门村大捕船北上岱衢捕“洋山黄鱼”，行前一早，各长元（船主）、老大、伙计至天后宫祈福，供三牲福礼。祈毕即船龙爷上船，由长元或老大手捧红桶盘，中有船龙爷和顺风耳、千里眼三神，前点红烛一对，清香三柱，一人撑黑面阳伞护盘，迎至船舱（即圣堂）恭拜，祈求保佑，平安丰收。北上之船，不少渔民携带家眷去岱山。北上之日，街头巷尾，人声鼎沸，船上红旗招展，岸上送行人众多，鼓乐喧天，鞭炮此起彼爆，祥和热闹。爵溪大目洋捕黄鱼，从立夏前后开始，谓之头水。一水历时一个大潮汛期，前后6~7天。二水在小满前后，俗称四月半水，黄鱼旺发。三水后黄鱼群散退，俚语云“头水黄鱼进洋，二水黄鱼满舱，三水黄鱼落洋”。

渔民对黄鱼极为尊重，视鳓鱼为不祥之物，若捕到鳓鱼，立即把其头斩掉。捕到一条黄鱼时，捧黄鱼至船舱，周游一遍，以求满舱而归。第一条大黄鱼先供船上的菩萨，供毕，老大吃鱼头，其余众人分吃。昔日渔船，一般船上五六人，爵溪多为十一人。老大一人，副老大二三人，称“多人或看舵”，弟兄五六人，伙计二三人，各有明确分工。老大为总指挥，押鱼时，船员要绝对服从。副老大在船舵底俯身贴耳听鱼，听到“鱼口”好（叫声密集），急喊“鱼叫”，老大听了断然下令“下网”，弟兄们立即把网抛入海中。出海前，渔民要吃天圆、核桃等补品，以增强体质，同时不能与妻子行房事。海上渔民遇浮尸，必须打捞拖至岸上埋葬，称“撮元宝”。海上渔船相遇，素重礼让，大船让小船，顺风让逆风，橹前船让橹后船。

立夏后，大黄鱼群集大目洋产卵，鱼群密集，海底一片喋唛声，悦如清明后田间蛙鸣声。一网撒开，围网收拢，渔船恍若浮于金灿灿黄鱼群上。洋山一到，北至舟山嵊泗，南至玉环、临海、温岭、石塘、平阳，远及福建连江等地渔民，开大小不一渔船，在大目洋海面作业。停潮时，高高低低桅杆遮住东海半边天。时，沙滩上补网、拷网、晒网、装网，一片繁忙。渔船出海时更蔚为壮观，千帆竞发、帆影叠嶂。傍晚，渔船归航，灯火晃动海面，如繁星缀空。沙滩上到处是忙碌着的人群，渔民及鲞工卷着裤筒到船旁将一筐筐黄鱼搬到沙滩及鲞厂屋棚下，过称收购后，开始加工黄鱼鲞，长达千米的沙滩上堆满金光闪闪的黄鱼。人来人往，熙熙攘攘，口哼自编渔歌。海棠糕、梅花糕等各色点心摊遍布沙滩各个角落，闽语温腔不绝，货郎摊琳琅满目，一派渔汛繁荣景象。

做渔戏

渔汛结束，遇到丰收要请戏班“做渔戏”。渔汛期捕鱼产量最高的称“红老大”，享有很高威望，由他出钱请戏班做戏，一是庆贺，二是还愿，一连几天几夜，是渔民最快乐、最开心的日子。

渔业禁忌

在渔船上，不许双脚荡出船舷外，说是可免“水鬼花脚”。不许头搁膝盖，手捧双脚，因姿势像哭，不吉利。不许在船上吹口哨，口哨会“招风引浪”。不许拍手示意打招呼，拍手意味两手空空，无鱼可押。不可用大土箕等不干净的东西装鱼。不许家有红、白事（红为产房，白为丧葬）未满月的人员下船，在家办过白事后的渔民，须带红烛和金纸到船上焚烧，以免带晦气上船。不许妇女上渔船，尤其忌讳妇女跨过“龙头下”，以为女人落船要冲犯船神。睡觉不可俯着睡，碗不可覆盖，筷不可搁在碗上，讳“船搁浅”。出网不许大、小便。在渔船上发生殴斗，输者跑到船后，胜者就不能再追击，若再追击，无路可走，就会投海。

在语言方面，船上不能讲“碰石岩”“碰秃横”等不吉利的话。话含不吉利的谐音土语都要改称，“猪”与“输”谐音，因此，猪头称“利市”，猪耳朵叫“顺风耳”。“石”“舌”与“蚀”字谐音，石浦叫“赚浦”，小石浦叫“小赚浦”，舌头叫“赚头”，食罩叫“赚罩”。船上不可说不吉利的话，说话忌带“倒”“翻”“没有”等词，更忌做倒、翻动作。筷子称“撑篙”，倒掉称“卖掉”“翻个面”叫“转个堂”“没有”改称“满发”。剩饭菜弃海不说“倒菜”，要说“过鲜”。船靠岸了不叫“到了”讳“船倒了”。

船上吃饭也有一套规矩，开饭时，先要拣几粒饭撒向海中，以敬鬼神，然后才能进膳，这叫“结缘”。酒杯和羹匙不可反扑，意忌“翻”船，吃鱼要先吃头，意示“一头顺风”。船中的鱼不可翻身，以为鱼翻身即隐示“翻船”。吃鱼的时候，不准先挖眼睛吃。在船上吃整条的全鱼，要先把上面吃掉，再吃下面，不准说“翻过来”，而应说“扳过来”。船上餐具也都有风趣的称谓，筷子叫“撑篙”，羹匙叫“掏”，菜桶叫“羹搭”，饭镬叫“锅子”。在小钓船上吃饭时忌讳说“不吃”，担心鱼不吃饵料不上钩。

第三节　手工业生产习俗

手工业技艺是工匠们得以生存、发家致富的根本保证，又是行业不断发展壮大的动力。封建社会里，手工业工匠很少读书识字，各种技艺的传承主要通过收徒授艺、言传身教的手段实施。

艺诀　艺谚

建筑行业中，有“木匠看三，瓦匠看二”的艺诀。旧时造屋，出檐部分的宽度是柱高的3/10，这要由木匠来掌握；而台明，也就是台基露出地面部分的宽度则是柱高的2/10，这要由泥匠来掌握。“干榆湿柳，木匠见了就走”，是木匠选材时艺诀。“千年水底松，万年燥搁枫”是木匠造船、造屋的选材。因松木在水中千年不烂，宜造船。而枫木遇水易腐，越干燥越坚硬，宜用屋梁。木匠制作家具及房屋门窗，高度和宽度都有相对固定的尺寸和规矩，甚至连棺木都有尺寸规定，象山民谚有“长人自长自，棺木六尺四”之说。

锻冶行业中，有“冷打锡，热打铁”“生打铜，熟打铁”之诀，告诫工匠要区分不同的金属，掌握不同的锻打温度。又“打铁无样，边打边相”“打铁全靠鎯头功”，强调铁匠手艺的灵活性。

裁缝行业中，有“做衣勿能长一寸，做鞋勿能长一分”“快尺慢剪刀”“裁缝靠熨斗，鞋匠靠楦头”。

厨师行业中，有“三烧勿如一焖，千师勿如一诀”“素油爆，荤油烧，麻油浇”。

竹篾行业中，有“编箩编筐，难在收口”“竹作勿用学，劈篾一寸缩一缩”等艺诀。

拜师　师承

历史上，工匠们的技艺传承主要是用拜师收徒的方式来进行。生活艰难和同行竞争，使技艺师承有一系列严格的俗规，选徒、拜师、传艺和出师，都被十分看重，并往往伴有一定的仪式。工匠的师承关系在旧时有一定的系谱性，所收艺徒大多是该工匠的子弟、亲戚或同乡，以保证技艺不外传。久之，许多行业都形成了自己的帮派，或是同姓同宗，或是同出于某地。详见本志“生老病死”篇第二章“成家立业”。

厌胜术

旧时手工业生产离不开烦琐的祭祀仪式。凡一些重大生产活动，事先必须占卜，用以择时、择地。在整个生产劳动过程中，历来都十分注意趋吉避凶及严守各项禁忌。

旧时造房时，如果造房主人对待工匠刻薄、怠慢、小气、刁难等。木匠、泥瓦匠还常常在梁柱或墙壁内某处故意放入某件具有巫术意味的物件，俗信认为可使主人家遭受灾祸。境内流传一则《陈家婆婆造屋》的民间故事，由于误会，工匠使用厌胜术，使造房主人一家蒙受灾难。

民间故事《陈家婆婆造屋》 陈家婆婆翻造旧屋，请来一帮工匠。老人竭尽全力招待工匠，烧鱼时连鱼骨都一一剔出，生怕工匠师傅鲠了喉咙。工匠们却误会了老人的好心，以为她故意把鱼弄得不像鱼样，是怠慢工匠，要设法报复，于是便在造好的新屋顶上放进三只骰子，摆成“么二三”的架势。从此以后，陈家婆婆的儿子嗜赌成性，陈家便败落得一贫如洗。几年后，此工匠故意旧地重游，要去看看陈家的报应。他向陈家婆婆讨口茶吃。老人已不认识工匠，抱歉地说，家里穷，茶也烧不起，只好请客人喝冷水。他舀来一碗冷水，又在水上撒一把米糠。工匠问她这是什么意思？她说，客人走路走得很热，猛一喝冷水会得病，撒把米糠，让你边吹边喝，喝慢些，就不会得病。工匠一听，大受感动，觉得老人是个好人。又与老人攀谈，终于弄清楚老人当年剔鱼骨头的一片好意，于是，工匠借口上屋顶看看，偷偷地把放在那里的三只骰子翻了个身，改成“四五六”的架势。果然，从此以后，老人儿子戒了赌，家道逐渐兴旺起来。

木匠俗规

木匠中有“三分手艺七分工具”和“当一辈子木匠置不全工具”的说法。通常工具有十大件：斧、锛、锤、锯、锉、刨、凿、钻、角尺、墨斗等。每一大件中，由于用途不同，又会有不同型号和样式。木匠十分珍爱工具，每年十二月三十日一定要把所有的工具都动一动，寓意生意好。平时对工具的装配、使用和放置，也有一定的俗规，如斧头柄不能装成满榫，要留有空间，称为“半榫子”，代表谦虚，又说是使用更灵活。刨平板时，在工作台上钉上一个卡子，把木板固定，称为“鲁妻”。传说当年鲁班推刨时，常要妻子帮助把木板压住，就发明这个卡子。木匠的墨斗，弹线时一端扣着一个小钩，俗称“替娘闲”，又称“班母”，传说当年鲁班弹线时，常要请母亲掐住墨线的一端，老母太累，才发明这个小钩。

木匠还有许多禁忌。收工时，锯子上绳子（俗称锯撬）要松开，使锯能保持弹性和韧性。锯子抓手一端称锯头，挂锯子一定要锯头向上。否则木匠会睡不好觉，会做噩梦。妇女不准坐在案头。忌讳早晨有人借锉，因为“锉”与“错”谐音。不准有人从工具箱上跨过，尤其是妇女。不准用扫帚扫案子上的刨花木屑，只能用木棒刮掉。打榫眼时有木屑，不可用手指挖，要用嘴来吹。据说榫眼是师傅的眼，不能用手挖。

祖师崇拜

祖师崇拜是工匠行帮习俗中的一个重要组成部分。三百六十行，行行都有自己崇拜的祖师神。建筑行业崇拜鲁班；锻冶业，金、银、铜、铁、锡各匠祀奉老君（俗称“老祖”）；造纸行业，大多祀奉蔡伦；陶匠礼奉范蠡；酒匠礼奉杜康、议狄、葛仙、李白；屠夫礼奉张飞、三圣财神；笔匠礼奉蒙括；染匠礼奉葛洪、梅葛二仙；篾匠礼奉张班；鞋匠礼奉孙膑、黄帝、鬼谷子；理发匠礼奉罗祖、吕洞宾；刻字匠礼奉文昌帝；补锅匠礼奉女娲、老君；豆腐匠礼奉孙膑、庞涓、乐毅、关公；油漆匠礼奉普安和尚、漆宝；纺织业礼奉黄帝、嫘祖、织女；棉纺业礼奉黄道婆。

第四节　商业习俗

商业重财利讲吉利，对财神特别敬仰。商业许多习俗都与敬财神有关，以求财神保佑。

请财神

旧时和现代商人多信财神，一般店堂设供财神像。财神像有泥塑、木雕、彩瓷、白瓷、神袛纸等多种。有的在偶像背孔内垂一条“银菱”。新店开张，在偶像内塞进一只活癞蛤蟆，以牛皮纸封口，久之成为蛤蟆干，谓可得灵验。平日供以清香、净茶，初一、月半置素食。逢年过节，根据季节变化而更换供品，如端午供粽子，中秋供月饼。学徒进店要先拜财神。

民间以正月初五为财神日。旧时，正月初一至初五，商人于五更开门请过财神后方“开市”营业。供财神祭品以猪、羊、鸡、鹅、鱼五牲，猪羊多扣头尾，中设一刀猪肉、羊肉，称“全猪全羊”，鸡、鹅、鱼须成双。所点龙凤烛又称“足斤”“脚缸烛”，称“接财神”。逢五月初五日，商店设五色茶点恭迎第一位顾客，并呼其为“财神”，不管营业额大小均给予优惠，或对折付款或馈赠礼品。若顾客衣着华丽、成交额大则预兆全年生意兴隆，称“接财神”。若开门后久无客人光顾，店主即焚香烛至财神殿祈祷或卜签，称“求财神”。若上年生意清淡亏本，商人则一家人都去境庙敬神，路遇僧尼，则将其夹在中间过市，以为财神常附身僧尼，此称“兜财神”。

财神酒

旧时，除夕夜，商家业主在财神堂置酒席宴请店员，俗称吃“财神酒”，也叫吃“岁饭”和“分岁饭”。当年盈利最多的分店经理或店员坐首席。酒毕多吃油菜汁水年糕汤，意来年油水好，盈利更多。并在财神堂吊纸元宝，贴“一本万利”“宝藏兴焉”等条幅。

行话

在商业行伍里，流传着许多业内行话、俗语、别称、绰号。有的全社会通用，众人皆知，有的业内专用。有部分现今仍在流传沿用，但大部分已经淹没失传，无人知晓。对商店和商人的称呼，过去称商店经理或店长为“阿大”（大，方言读若“舵”）；称会计、财务为“账房”（坐办公室当主办会计的称“内账房”，在店堂里收款付款的为“外账房”）；称熟练的老营业员为“客师或先生”；称新进店的学徒工为“学生仔、练习生”；称向外推销或采购商品的业务员为“跑街”；称挑货串街过巷摇鼓叫卖的年轻人为“货郎”；称长途返销的商人为“长行”（“行”土音读航）；称独自外出配货来贩卖的人为“行商”；称在农贸集市上为买卖双方过称算账的中间人为“主人”（“人”方言读银）等。

商业禁忌

旧时店员在店堂，禁忌伸懒腰、打呵欠，忌踏坐栿（门槛），忌手托门枋，忌背脊朝外。谓这样要挡住财神进门，生意要逃走。扫殿堂，要往里扫，忌往外扫；数钱币要往里数，忌往外数，谓之“招财进宝”。在称呼上要讨彩头，猪头称“利市头”，猪舌（与“蚀”同音）称“赚头”。遇顾客购买结婚用品，失手敲碎东西，忌说“碎”字，而说“先开花，后结籽”。卖布，忌敲量具。卖酒，忌摇晃酒瓶。药铺，年初进货先购进胖大海、大连子，意为大发大利。学徒进店，先拣万金枝、金银花，均取黄金、银子意。尚有以药名讨彩头，连翘称和合（状似），红毛大戟叫大吉，茱萸呼如意，贝母称元宝贝（状似），橘络叫福禄，陈皮称头红，橘红叫大红袍。中华人民共和国成立后，禁忌诸俗多数废弃。

第二章　岁时节日

岁时习俗，与天时、物候周期转换及本土自然、人文环境相适应，约定俗成。岁时习俗大多以节日的方式呈现，与法定节日、新兴节日一起构成喜庆的生活。传统节日时以农历计时，而法定节日、新兴节日是以阳历计时。

第一节　传统节日

春节

农历正月初一，古称“元旦”“元日”。男女老幼穿新衣，黎明燃放炮仗，称“开门炮”。旧时，大户人家于中堂设香案，陈果品，祀天、地、灶诸神，谓之请新年菩萨，最长者率全家在中堂“谢天地”“拜祖宗”。早餐多吃甜汤团、糖年糕、鱼、芋头等，取家人团圆、生活甜蜜、步步高升、年年有“余”之意。小辈至长辈、亲戚家拜岁，长辈受儿孙跪拜，给“拜岁钱”。出门见熟人，皆须拱手互贺新年。信佛人家吃素一日，不食荤腥。新媳妇端茶送左邻右舍，以示互敬互爱、和睦友邻。丹城、石浦一带初一还拜祖坟。夕阳西沉时吃晚餐，早关门、熄灯，意财气永驻。①

初二晨起，舞龙队串门走户，祈新年吉祥，户主分给红包（亦有用糕点）回谢。远近拜岁客往来，熙熙攘攘。旬内亲邻互邀互宴，称请新年饭。20世纪80年代后，请新年饭之风逐渐淡出，而外乡舞龙队、马灯进城、进乡镇串门进户，拜年之风兴起，单位、个人给红包还礼。②

初五日，俗称“初五架开”，农民下田干活，渔民出海捕鱼，各店铺开市营业，放爆竹，现店门置花篮。象山有“七人八谷九天十地”之说，意为七日为人日、八日为稻谷生日，九日为天生日、敬天，十日为地生日、祭地。

元宵

象山正月十四为元宵节（较全国各地早一天）。元宵活动自十三至十八日，例行灯会。分上灯、看灯、闹灯、倒灯。十三日晚，各寺庙高挂宫灯，谓之上灯。各族祠堂及各家中堂、家堂亦挂灯。街巷悬挂灯彩，红色灯笼大小不一，形状各异。丹城区域兴吃汤圆，石浦地区行吃糊腊羹。案：象山石浦、定塘、鹤浦、高塘等地的群众，在正月十四晚餐，家家做糊腊，吃糊腊，小孩子们自带碗筷，挨家挨户说一声“吃发财羹啦！”，主人不分熟人或陌生人，都笑脸相迎，每人一瓢。意谓串门越多、吃得越多越聪明。讨糊腊的人越多，主人家越会发财。“糊腊”制作的主料有肉、

---

①嘉靖《象山县志》兼道光《象山县志》载：正月元旦，晓起，家堂设香案，陈果品，供神祇，谓之谢天地。礼拜佛阁，上均供饭，谓之上佛饭。男子诣庙拜神祇及祖先遗像，序拜尊长，出谒亲邻，谓之贺岁。次日晓，陈酒馔以祀祖先，并亲族家各具酒食相延款。

②《蓬岛樵歌》：元日，不汲，不讨火，不扫地，本杜佑《通典》。岁开三日，乐户沿家鼓吹，谓之闹堂。贺客至，以金豆点茶。象俗：里人于上八日诣土谷神，求签卜珓，问田蚕。

芋艿、萝卜、虾仁、牡蛎、年糕、花生仁（炒熟）、墨鱼干、香干等（根据各人喜欢的口味配制）。农村多吃年糕。十四晚上举行灯会，街巷悬挂灯彩，看灯、闹灯。儿童手持兔、鱼、虾等各色花灯涌向街头闹市。灯尤以兔灯、锣鼓灯、鱼灯数为多。丹城五境（东境、南境、西境、北境、章穆境）举行滚龙灯、跑马灯、耍船灯、耍车灯等活动，鼓乐阵阵，游人如潮，蔚为壮观。石浦、昌国有跑马灯、跑船灯、跑鱼灯等活动，称为闹元宵。十四晚，各家吃汤圆，有"十四夜吃汤圆"之谚。乡间还有放野火，烧"田坎毛"之习，意在烧草为肥，杀虫除害。在石浦一带，十四晚上盛行请簸箕姑娘祈祷平安、幸福、四季丰收。一般以家族、邻居会聚形式同欢。屋内外点上亮灯，堂前放着一桶水，桶边挂着一面镜，选四位姑娘盘腿坐地，每人右手竖一根筷，上顶一只圆簸箕，簸箕上放剪刀、烙铁、尺、花四件。然后，姑娘们静心同诵："簸箕圆神滚滚，剪刀烙铁做媒人，花给你戴，粉给你揩（搽），请你簸箕姑娘来看灯。今年灯不比往年灯，四四方方角牌灯，两头尖尖橄榄灯，七手八脚稻蟹灯，扻鱼人喜爱是鱼灯。"念着念着，圆簸箕自然会按顺时针方向不停地摇摆起来。此时，问年龄、问亲情、问年成等等。簸箕便会一声声准确敲响水桶。旁人里三层外三层围观，既好奇又开心。民间还有走十四习俗："要睡冬至夜，要吃三十夜，要走十四夜。"旧时十四夜里，人们从寺庙抬出菩萨，称行神。一路上，锣鼓在前，龙灯、鱼灯、马灯、车子灯在后，男女老少提灯观灯，全家出动，大街小巷人如潮涌，热闹非凡。平时足不出户的大户人家女人，在十四夜可以涂脂抹粉，梳妆打扮，名正言顺串流于人群里走庙、观灯、看热闹。万众同欢"走十四"，表达了人们对生活的热爱，对劳动的赞美，对理想的追求。十五日前后，城乡常约请戏班演出，少则一二日，多则近半月。乐户（俗称吹唱）上门吹打，受赏年糕、馒头。十八晚灯会落幕，谓倒灯，元宵活动结束。此俗现尚存①。石浦"十四夜"内容详见本志"非物质文化遗产"篇第四章"市县级非物质文化遗产"。

端午

嘉靖《象山县志》："五月端午日，用菖蒲及艾插门户，杂雄黄、菖蒲根洒墙壁，以辟邪禳毒，为角黍、骆驼蹄糕以祀其先，亲戚各相馈遗，为衣香置之箧笥。"康熙《象山县志》："小儿以茧作虎，剪綵作健人之类。"《荆楚岁时记》称："五月一日为端一、余日为端二、端三、端四、端五。"今人多作端午。五月初五端午节，为象山民间传统大节日，亦称端阳。各家门口窗插挂菖蒲及艾，墙壁喷洒雄黄烧酒，谓"斩妖招福，避邪禳毒"。儿童胸悬苎线串菖蒲片和各色香袋。家堂挂钟馗像与驱符于门上。家家户户裹粽子互赠，当日饮雄黄烧酒，食端午鸡蛋、绿豆糕、麦花。石浦一带行吃麦饼筒。清倪象占《端阳》诗云："去年测景在楼东，今岁河滨折艾丛。曦驭推迁如过隙，榴花依旧发殷红。江南竞渡千家黍，湘楚投蛟五色绒。南北驱驰风物异，夜良愁绪寄诗筒。"

旧时民间姑娘制作虎形、人孩形、鸡心形等各色香袋，内塞棉花掺入香粉，挂于胸前。节前新女婿向岳父母家送节，结婚第一年称头节，较丰厚，少者四色，多者八色，其中鱼要成双，活鹅头颈涂红色，粽子、老酒用篾编套篮盛装满担，嗣后逐减。民间昔时还采集辣蓼、梓树脑晒干贮藏，作常年化食药物。民国张延章《鄞城十二月竹枝词》曰："五月端阳老虎画，艾旗蒲剑辟

①清钱沃臣《篷岛樵歌》诗云："亭亭女士走元宵，路入东亭鼓吹饶。欲访姜、毛两进士，东桥踏月上西桥。"东亭即起春亭，在宾旸门外，祀青帝。姜、毛二神庙在治中。二神唐进士，偕隐与此，详《旧志》。东桥在治东，名长乐桥。西桥在治西，又名永安桥，旁翼以平桥，钱完建。俗以关灯曰"走元宵"。

群妖；雄黄红蘸高粱酒，苍术还须正午烧。”

中华人民共和国成立后，吃粽子，小孩挂香袋，悬菖蒲、艾仍流行。近年，新婚女婿或未婚女婿向女方家中送端午节礼品仍丰，沿称“挑端午担”，丈母娘要请客吃饭，或买表、衣饰回赠。

中秋

八月十五中秋节，全国皆然，是个大节，唯宁波地区十六日为中秋，象山亦然。中秋，最早源于古代帝王秋天祭月的礼制，后演变成赏月、团圆的风俗。明嘉靖《象山县志》载：中秋，士人家置酒玩月为乐，以月饼相馈。道光《象山县志》载：以月饼杂酒馔祀其先。是日，买月饼孝敬长辈，赠送亲友。至夜，点香，供饼拜月，合家团圆赏月，吃月饼。出嫁的女儿还要向娘家送节。清康熙《鄞县志》及乾隆《象山县志》载：相传为宋宗藩所更，或谓易自史越王，以越王母夫人十六日生，故易是日为佳节。

重阳

九月初九为重阳节，亦称登高节。此日，人们登山、赏菊、演重阳戏。明嘉靖《象山县志》：九月重阳日，士人登高燕赏，以茱萸泛酒，各家制牡丹糕、方粽，亲戚转相馈遗。农村有蒸“重阳糕”或裹米粽的习俗。昔日，丹城店铺供应栗糕一天。

第二节　节气习俗

立春

农历二十四节气中的第一个节气，如遇到正月初一同日，则称“重春”。明、清时，象山立春之日有迎春、鞭春之活动。知县于先一日以彩仗迎春，县官率僚属至东郊外祭芒神、土牛，然后下田扶一下犁把，举行试耕仪式，以示劝农，重视农事，祈求丰收。届时，雇一名乞丐，饰以官服，令其坐在翻向的八仙桌上，由兵役抬着，跟在知县后面，称为“春官”，儿童喧逐鞭打“春官”，谓之打春。故俗谚“叫花子做春官，亦有一日”。此日，农家以艾草拌和米粉做春盘、春饼，饮春酒，谓之“接春”“迎春”“闹春”，祈求好收成。现在的春卷，相传系春饼演化而来。清钱沃臣诗云：“起春亭上翠旗翻，鼓吹街头綵仗攒。戏事服图黄矮菓，儿童喧逐打春官。”民国后，此俗已废①。

象山有“一年两头春，杀鸡无鸡肫”谚语。立春日忌出远门，不与人吵架斗殴；不向人借钱借物，不动柴刀；不挑粪桶施肥，不向街巷排污。旧时有乞丐登门送泥制涂色青牛，祝新年风调雨顺、五谷丰登，受户报以馒头点心或少许零钱。

清明

农事节气与习俗相融合。旧时，各家的门、窗插挂杨柳。妇女头发簪柳俏，小孩头上戴柳圈，寓“思亲”意，俗有“清明戴杨柳，下世有娘舅”之说。

时家家祭祀祖宗，并携酒菜、麻糍、香烛、纸箔上坟祭扫，上酒三次跪拜世祖，祈求全家平

①乾隆《象山县志》：至立春日，鞭土牛，颁春于士大夫家。《篷岛樵歌》：立春先一日，县令率所属迎春于东郊起春亭。俗有春官之戏，著纱帽、绛袍、补子、绘画黄雅菜。俗以五谷撒春官、春牛，谓之“打春”。

安。拜毕点燃纸箔，敬予逝者。插纸幡、纸钱（近年兴摆花篮、花圈），亦有放爆竹3枚。清除坟围、坟顶杂草，加土坟顶。旧时常有外人协助，可受用麻糍、点心，谓之“包麻糍”。扫墓毕回家中摆桌祀祖宗、长辈，称作“清明羹饭”。清明后进入农忙，民间有“清明麻糍心头块，冬至汤馃安乐园”之谚。旧时清明还有踏青，放纸鹞（风筝）之举。中华人民共和国成立后，学校组织学生，共青团组织带领团员青年祭扫烈士墓，进行革命传统教育。

扫墓供奉物品清单录　石浦崇德堂许氏清明祭扫始祖墓供奉物品清单：12碗1点心：鱼、鱼胶、笋、蚶子、红枣、绿豆芽、油泡、炸鱼、鱼饼、白丸、生鲢、红烧肉，点心；8大盘：猪头1只、鹅1只、鱼胶、鱼、蟹、红枣2斤、豆腐、鸭蛋22只，点心麦糕250只。经：土地经、心经、八佛。香烛：一斤装2副，大小爆仗若干。老酒。太婆（始祖）面前酒杯12只，筷12双；逢闰月则杯筷各13双。土地面前酒杯3只，不用筷。

立夏

立夏系夏季开始，农民插秧种田，沿海渔汛亦进入旺季，为劳动大忙时节。乾隆《象山县志》：权人轻重，以卜一岁旺迈，并驱疾疠。道光《象山县志》载：立夏日，炊五色米饭。造赤豆饭以逐疫，兼食笋肴，不切断，谓能健步，曰掌（撑）脚骨。食青梅子，为暑日止渴，且令人不疰夏，入夏不打瞌睡。昔时，每家吃糯米饭、茶叶蛋，间有吃红豆饭，食小竹笋，不切断，以求“脚骨健”。兴吃补品，贫者饮鸡蛋老酒，富者吃桂圆、人参，有谓“千补万补，不如立夏一补”之说。是日，人人称体重，谓立夏过称可免疰夏。小孩被告诫“不可坐门槛，坐了屁股要生疮，走路要脚骨酸”。现吃茶叶蛋习俗仍行，长辈用彩线编织蛋套，内装涂红色的鸡蛋，挂悬孩子胸前，小学生还流行相互碰蛋，比谁之蛋壳坚硬。

夏至

民国《象山县志》载：早禾将割之前，农家各造红米蜜果以祀田祖（俗称“田祖公”“田祖婆”）。昔时祭“田公”“田姆”，做夏至麦饼。饼分原色与青色两种，原色为咸饼，青色为甜饼，外涂松花粉者称松花麦饼。俗传，夏至日均须吃肉，否则来世将变知了。墙头仓岙周家路村等至今仍延此俗。

立秋

二十四节季中为秋天开始，择于交秋之时辰，象山人通称“交秋”。并从立秋时辰知下半年天气冷暖，如立秋时辰在早晨，谓之“穿衣秋”，意为下半年冬冷来得早；如在傍晚，谓“脱衣秋”，冬冷来得迟。是日，家家户户吃西瓜。

冬至

民国《象山县志》载：冬至日，各家礼神及祖先；惟仕宦家有具牲醴以祀其先者。各家屑米为丸，谓之冬至圆。以祝团圆之意，儿童谓吃丸子即添一岁。农事圆场，为农民安闲修养之时。早餐，家家吃红豆圆汤馃，民间有“冬至汤馃安乐园”俚语。冬至夜为一年中最长，有“要困（睡）冬至夜，要吃三十夜”之说。习俗吃了冬至汤馃，可算长了一岁。俗称“冬至小年夜”，俚语“冬至大如年，皇帝佬倌要谢年”。昔大户人家在家祭祖，做“冬至羹饭”，上坟割草培土祭祖。冬至后民间视为吃补药的进补季节。旧时，有乞丐戴着钟馗巾及红胡须，拿着木剑在街上手舞足蹈“驱鬼逐疫”，边舞边向店铺讨钱，称作“跳灶王”①。

第三节　民间节庆

花朝节

二月初二日，据《吴郡岁华记丽》载：在江苏一带传为土神诞日，但在象山相传为“百花娘子”生日，也是土地神生日。石浦等地建有百花洞庙奉百花娘子。是日，年轻女子携儿童结伴在户外聚餐，称吃“天外饭”，认为食后益智，可望聪明伶俐。是日，各家炒年糕，谓之“二月二炒糕头”。此俗现仍流行。旧时，母亲择此日为女儿缠足，穿耳孔，为成年的待嫁的姑娘“绞面”（用较细线在姑娘脸上绞线除痘清毛）。清道光《象山县志》载：二月初二日为花朝，妇女集资煮天外饭，杂以菜食之，谓令人聪慧②。

观音诞生日

二月十九日相传为观音诞辰日，六月十九日为观音成道之日。是日，民间信佛者插炷香于门厅院落中，妇女去庵堂庙寺进香拜佛，求子、求平安。

三月三

谚云：“三月三，螺子螺孙爬上滩。”三月春寒消退，海潮转暖，蛰居在海泥海岩缝隙的各种海螺纷纷出动，沐浴春光，是拾螺最佳时机。滨海镇村有游沙滩，拾海螺之举。石浦行灯会，有盘龙灯，跑马灯等。是日为爵溪大庙玄天上帝诞辰之日，昔时在十字街心戏亭演戏5日夜，县内各地香客纷至求神拜佛、看戏。石浦皇城沙滩年年举行“三月三，踏沙滩”活动。民国《象山县志》载：俗以三月初三日为上巳，祓除。女郎于溪上采芥菜花，簪之归，供于灶上。中华人民共和国成立前，各学校组织学生是日去沙头旅游。《篷岛樵歌》：三月春祈，凡土谷神祠及街巷桥道，皆演剧赛会。

三月二十七逛庙会

丹城旧有“会期”，抬神“行会”，彩灯缤纷，鼓乐齐鸣。邻近村民，纷至沓来，远道商贩，街旁设摊，观者摩肩接踵，热闹异常。据传已有七百余年历史，中华人民共和国成立后废止。

释迦牟尼生日

四月八日，传为释迦牟尼生日，信佛者去庵堂寺庙拜佛，买鱼龟放生（放于寺内放生池）。民国《象山县志》载：四月八日为浴佛节，家人采乌桐木叶渍米作饭糍，以相馈遗。此日，又谓牛生辰，耕牛放耕，农家以老酒、鸡蛋喂牛，以健牛壮体，耕勤于农事③。

关帝生日

五月十三，传为关武帝（关羽）生日。旧时募钱会祭，谓之“关武会”。爵溪一带称为弟兄

---

①《篷岛樵歌》：是日，丐头带钟馗巾，红须持剑，至街上驱鬼逐疫，向各铺敛钱，俗谓跳灶王，即古傩礼，又曰打野狐。

②《吴郡岁华纪丽》云：世言花朝月夕，在春秋之中，以二月半为花朝，以八月半为月夕。宋制，守土官于二月十五日花朝日出劝农。今吴俗以二月十二日为百花生日，宁波也以二月十二日为百花生日，象山为二月二日。

③《篷岛樵歌》邑各精蓝用五香水浴佛，作龙华会。是日，亦为牛生日。

会，系朋友结拜聚会之日。席日猜拳狂饮，至大醉方休。故有谚语云“五月十三，弟兄拢班，雨伞挟（拿）绽（错），爹娘撬坏（互骂爹娘名）”。爵溪镇西门有关帝庙“桃园结义”之日为庙祀日，十字街演戏二日夜。时正逢渔汛结束，若遇鱼丰年，各高产渔船出资延长演戏，多至二十天，俗称“船头戏”。在西周牌头村是日也举行“关公磨刀节”。五月十二在关帝庙祭祀关公。五月十三，家家宴请亲朋好友、远亲近邻。

六月六

明嘉靖《象山县志》：六月六日（初六），晒衣服、书籍等物，浴鸡犬。俚语“六月六，黄狗猫汏浴”。此日养有狗猫者，牵狗抱猫于河中洗浴，谓可避虱蚤。大人为孩童洗浴，谓可免病痛，小孩会像狗猫一样易养易长，无痛无痒。此日亦有为刚学步的孩童“割脚绷”，由肖虎的成年人持刀砍断放在地栿上的草绳，扶孩童开步跨过地栿，再由一个肖龙的成年人在后面吹火管，意谓割掉脚绷绳盘缠，以后脚劲好，走路不会跌倒。这天书香门第、藏书之家，在庭院晒书籍，谓可不生蠹鱼（虫）。寺院、庵堂亦于是日召集念佛婆帮助晒经，谓之念晒佛经。因梅季过后，天气晴朗，家家户户都把衣服在此日翻晒，故有“六月六，晒红绿”之说。石浦旧有会期，抬城隍老爷、戚老爷（继光）、周公公、矮伯伯等神像“行会”，间以乐队、彩灯，极为壮观。每户设香案敬神，远近村民，往观者如潮。中华人民共和国成立后渐废。改革开放后，石浦六月六庙会恢复，盛况空前。

七夕

明嘉靖《象山县志》：七月七日，天河无影，验几日现以占米价；验鹊首无毛，谓为填河作桥渡牛女。妇女陈瓜果乞巧，为手巾备仙桥，以一日成。七月七日传说天上银河两岸的牛郎、织女一年一度的鹊桥相会之夜，民间俗称“七巧节”。是夜，左邻右舍围坐天井，仰观银河二星。妇女则有用苦荆树叶洗发之习，谓“七月七洗头日”，又称“洗头节”。中华人民共和国成立后，牛郎、织女相会的神话故事仍广为流传。20 世纪 90 年代开始，小伙、姑娘称为“情人节”，男青年向心爱姑娘送玫瑰花，以示爱慕之情。玫瑰花以蓝色、黑色最佳，少则一朵，谓之“一心一意”，多则九十九朵，谓之“天长地久”。

中元节

七月十五日为中元节。明嘉靖《象山县志》：俗曰放焰口。以新米粉为麦馃（一作蜜馃），供佛及祭祖先，谓之荐新，亲戚各相馈遗。清道光《象山县志》：凡新谷既登，及瓜蔬等初上，必先供神与祖先，乃食。是月，赦游魂野鬼入人间受供食，故迷信者信七月多为鬼祟之月，亦称“鬼节”。旧时，乡间初一放开门焰口，月半放七月半焰口，三十夜放关门焰口。石浦、爵溪、丹城兴“盂兰盆会”①，请僧、道念伴拜忏醮祭，超度亡灵。

七月半，以新登场早米做糕馃，祀祖尝新。蒸食“糖漾豆羹”。系将米浸胀，水磨成羹，以赤豆沙加糖调制，层层蒸制，切成棱形，亦有用火腿、腌肉蒸制的咸豆羹。有些地方通行吃“芝麻锦团”。锦团用糯米粉搓成，烧熟后以炒芝麻、炒豆粉、红糖或白糖拌佐，有担“糖漾豆羹”或“芝麻锦团”祭祖上坟。爵溪、丹城、石浦等地还有迎神赛会。十六日夜，以草作底，上糊灯笼，中点蜡烛，散浮海上，曰“放水灯”，以慰海难者。大徐沿海乡村，墙头亦有此举。中华人民共和国成立后渐废。改革开放后，七月半迎神会复兴，尤爵溪最为浩大。

---

①同治《象山志稿》：中元，各家以牲醴羹饭祀其先，缁黄之流诵经供佛，谓之盂兰盆会。

地藏王菩萨生日

民国《象山县志》载：七月三十日夕，各家设香烛于地或阶上，谓之地藏王开地狱，或曰开眼。儿童以蛤蜊壳盛油，遍地燃之。七月三十日传为地藏王菩萨生日，是日，不往田中施粪，夜间，阶前庭院遍插香烛，称“点地香”。有的把香插在南瓜上，用竹竿高高挂起，称“点球香”。此俗中华人民共和国成立后一度渐废，今恢复。

十月醮

十月初一，昔在宁波府城隍庙设醮诵经，抬城隍菩萨出巡至此门，以恤醮孤魂，祭毕即回庙，谓之“十月醮”。象山昌国卫、爵溪有此俗。昌国卫大庙要举行盛大行会。九月廿外，爵溪十字街戏台连续演戏十余天，城内外各庙菩萨均请至墟里（城里）空棚（设在十字南街道中的路亭）观戏。青门宫（在青门岛上）菩萨，亦用船接来看戏。昔日，远亲近朋均来做客看戏，热闹异常。费用由它山庙基金（系爵溪沿海涂滩、海山所缴纳各项租金收入）开支。中华人民共和国成立后废止。改革开放后，许多地方陆续恢复。

十月半

十月十五日为“十月半”，晚禾登场，农村以新米做大糕、馒头尝新。

腊月

十二月，称腊月。嘉靖《象山县志》：腊月，各家拂尘，二十四夕，祀灶，谓之送灶。除夕再祀，谓之接灶。同治《象山志稿》：二十四日以前，市铺预备灶果，亲戚相馈遗。道光《象山县志》：廿六夜，传为“六畜日”，是日，屠夫一律停刀。十二月初八，俗称“腊八”，吃“腊八粥”，此俗仍流行。《篷岛樵歌》载：腊月舂一岁粮，藏之橐囤，曰冬舂米。又各家屑米为糕，曰年糕，又曰节节糕，有多至数石者。又尚赤豆炒沙团子。

十二月半之后，开始掸尘，洗衣被，擦祭器及门窗板墙、床椅几凳。廿三夜，传为灶君上天之日，称“祭灶”或“送灶神”。傍晚，送灶君。每户灶顶上贴一纸，灶君神祇居中，像下有5个小孩捧铜钱，谓“五子登科”。左右联为“上天奏好事，下地降吉祥”。相传灶神于廿三夜上天庭向玉皇大帝奏陈一家善恶，至除夕夜返回，奉旨赏善惩恶，或赐福降祸。祭灶用净茶一盏，供八色灶果，焚香燃烛，祭毕将旧神祇和纸马焚烧，谓“送灶”。除夕夜贴新神祇纸，再祀，谓“接灶”。此俗现仍有许多家庭流行。二十四夜，家家户户做萝卜团，请灶神，是传统新旧灶神“换岗接班”之时。旧时长工为雇主捣好过年年糕和各种点心后回家过年，留下粉头，以示来年有奔头。地主为请长工一年辛苦做萝卜团，一示感谢，二图吉利。中华人民共和国成立后，做团、做年糕之风俗仍沿袭。祭灶后至除夕前一二天，岁终祀神，为一年中祭神最为隆重之日，称为“谢年”。谢年前先要大扫除，俗称“掸尘”。入晚，在中堂摆案供五牲或七牲，需用祭盘供全鸡、全鹅、猪头（利市）或一刀肉。高叠年糕，活的鲤鱼（鱼眼贴上红纸）以寓全福、发财、高升、年年有余之意。祈求福至，谓之“新年”。在家堂祭祀祖宗、先辈，称“过年羹饭”。谢年后吃“青菜年糕汤”，以兆来年丰收，一年比一年好。

除夕

除夕，称三十年夜，月小称廿九夜。岁末，叫“过年”，出于辞旧迎新。嘉靖《象山县志》：各以牲馐果饵相馈，谓之馈岁；具牲礼送神，谓之送岁；以酒馔祀其先，召亲戚或聚家人饮食之，谓之分岁；除夕，明烛烧香，或炽炭燔柴，长幼坐以待旦，谓之守岁。用红线穿青线赉儿童压胜，谓之压岁。《篷岛樵歌》：先期预备品物，蒸米为粰，为新岁之用。写春联，易门联，谓之从新。

制辛盘，燃爆竹，爇苍术辟温（瘟）丹，谓之辟邪。清道光《象山县志》：除夕，凡家用刀、尺、斗、筲诸器，各祀以年糕；仓廪、井灶并祭，盖祭先代始创之人，不忘本也。又设牲醴祀床神，曰床公床婆。《篷岛樵歌》：今祀神谢大年。又祀仓及床与牛宫、鸡栖等，曰谢小年。除夕，士大夫家各悬祖先容像于祖堂，曰上容。其三五世合绘一图者曰“三代容”“五代容”。至明正落灯后，祀而卷藏之，曰落容。

旧时“过年”，多围绕祀神祭祖、祈求吉祥进行。易门神，贴春联，房门贴写有“青龙吉庆”字样的青龙纸或笑呵呵和合两仙，农家谷仓亦贴青龙纸。除夕，做年夜羹饭祭祖，祭毕，家人聚食，称“吃年夜饭”。席间长辈搛菜给孩子吃，讲吉祥话，讨新岁彩头。全鱼多不动筷，留至新岁，寓“年年有余”意。餐毕，长辈分“压岁钱”给孩子，压于枕下。此夜，要把次日（正月初一）需动刀的食物切好。地也扫好，扫时要从外面扫进来，边扫边说“元宝扫进来了”。农家还在地头祀“地孔大王”，牛栏、猪舍、鸡笼祀各神，祈求五谷丰登、家畜平安。传灶神二十三夜上天，除夕夜下界，清点名册，故媳妇须在夫家过年。此日，各家水缸都要挑满水，米缸盛满米，置元宝年糕、如意年糕和鱼、肉、饭各一碗于米缸内，谓之缸缸满、甏甏满。各室点灯，大户人家高烧明烛，通宵达旦，有的燃一斤重的龙凤红烛，从日落点起至初一日出止，谓之“接光”。信佛妇女坐夜待晓，或至寺庙坐夜“守岁”。

除夕夜合家聚宴，近年饭后观看中央电视台春节联欢晚会节目，多不出门。长辈分给小孩“压岁钱”数额趋增，小则50元，多则上千元。除夕12点，鞭炮齐响迎接新岁。

第四节 法定节日

元旦

1949年9月27日，中国人民政治协商会议第一次全体会议通告，定1月1日为元旦。乡镇、学校、机关、工厂、团体竖彩旗、挂横幅以示庆祝。此日放假，组织文艺、体育、展览等庆祝活动。有开座谈会、茶话会等形式相互祝福和问候。还有人向异地朋友寄贺年卡，发讯息寄去美好祝愿。街上游人数以万计，活动内容日益丰富。

妇女节

3月8日为国际妇女节简称妇女节。是日，各级妇联通常组织妇女集会庆祝。妇联组织文艺、体育比赛等活动，召开表彰大会，表彰先进集体和个人。

植树节

1979年2月23日，第五届全国人民代表大会常务委员会第六次会议决定3月12日为植树节日，是日，各级政府党政领导带头参加植树活动，并组织机关、学校、团体民众参加植树，绿化山林，美化环境。

劳动节

5月1日为国际劳动节。法定放假一天，各级工会组织职工开展文艺演出、体育比赛等，表彰劳动模范、先进集体和个人。各级政府领导赴工厂、企业慰问节日加班工人。20世纪90年代后，国家规定放长假7天（含周末）。是人们外出旅游的佳期，被冠以“五一黄金周”。

青年节

1949 年 12 月 23 日，政务院规定 5 月 4 日为青年节。是日，学校、工厂、机关团体青年举行庆祝活动和各种文体活动。共青团组织召开大会，表彰先进青年集体和个人。

护士节

5 月 12 日为国际护士节，邑内表彰全县优秀医护人员。

儿童节

6 月 1 日为国际儿童节。是日，学校放假。父母会带儿童去公园等地游玩。各种娱乐场所、儿童商店则以减价、优惠等优待儿童，让儿童度过一个难忘愉快的节日。许多学校、幼儿园也都在这天举行活动，以示庆祝。

建党节

7 月 1 日是中国共产党诞生纪念日。各级党组织都举行纪念活动，有召开座谈会，组织新老党员在党旗下宣誓、重温入党誓言，表彰先进党组织和优秀共产党员等。许多机关、团体、企业，组织党员去革命圣地，开展各项纪念活动。

建军节

8 月 1 日为中国人民解放军建军纪念日。各级政府和部门都会开展“拥军优属”“拥政爱民”等活动。现役军人放假半天。

教师节

1985 年 1 月 21 日，第六届全国人民代表大会常务委员会第九次会议作出决议，将 9 月 10 日定为教师节。具有弘扬中华民族传统美德，号召人们尊师重教的重大意义。每到教师节，各级党政部门的领导看望慰问教师。现在还流行学生向老师送鲜花，送贺卡。县政府还召开大会，表彰优秀教师。

国庆节

10 月 1 日为中华人民共和国成立纪念日，法定放假 2 天。各地举行庆祝活动，传统的庆祝方式为升国旗，插彩旗，挂横幅标语等。还召开庆祝大会，举行各种展览和文艺演出。1999 年 9 月 18 日，国务院调整法定假日为 3 天，加上前后 2 个双休日，连在一起共 7 天，形成长假，被称为“十一黄金周”。民众出门旅游或探亲访友，许多青年人士多选择此时举办婚礼。

老人节

1988 年，浙江省政府定农历九月九日重阳节为浙江省老人节。除保留重阳节各项活动外，各级政府官员走访慰问高龄老人，各地开展敬老、爱老活动，召开祝寿会，举行老年文体活动。

第五节　新兴节日

新兴节日，有国外传入和本土新创两类。国外传入的节日多为 20 世纪 80 年代以后兴起；本土新创节日，大多在 20 世纪 90 年代以后形成，产生背景与旅游开发有关，其内容与象山的产业、特色产品和风土人情相关。

国外传入节日

情人节　西方节日，每年 2 月 14 日为情人节。21 世纪后，此节在象山逐渐流行，多在年轻人之间赠送鲜花、巧克力等。城区摊点、咖啡店、茶室生意兴隆。年轻夫妇时兴过情人节，丈夫给妻子买鲜花、送礼物。

母亲节　西方节日，每年5月的第二个星期日为母亲节。现今，子女通常送康乃馨等鲜花给母亲，有的还为母亲买营养补品及衣物等。

父亲节　西方节日，每年6月的第三个星期日为父亲节。现今，子女送鲜花或礼品给父亲，以表达对父亲的敬意。

圣诞节　每年12月25日是圣诞节，为基督徒庆祝耶稣基督诞生的节日，是很多西方国家的公共假日。这天，全家人围坐在圣诞树下共进美食，发送贺信、贺卡。现今，过圣诞节现象十分普遍，前一夜为平安夜，境内各酒店、公共娱乐场所都置圣诞树、圣诞老人，绕以彩灯。

本土新创节日

三月三·踏沙滩民俗文化节　三月三，是象山久负盛名的沿海民间传统节日，尤以石浦一带为盛。漫步昌国千米皇城沙滩，观潮听海，享受阳光海风。当地渔民舞起东海龙灯、鱼灯、跑马灯和各式抬阁，吹起长号，唱起渔歌。活动内容日益丰富，游人数以万计。1998年，这一民间活动引起政府重视，于是将纯民间自发活动纳入政府引导、民间操作范畴，在传承基础上提升活动品位。现已形成固定节日，年年不衰。

贤庠放养节　2007年开始，每年3月中旬，贤庠镇都会在岑晁村举办放养节。为保护生态平衡，岑晁村在放养节中成立钓鱼协会，协会首届放养鱼苗6吨，上千村民参加活动。以后每年举办，渐成贤庠盛大节日。

象山汽车露营文化节　2008年5月，象山举办首届汽车露营文化节。在松兰山、中国渔村、白玉湾、新桥影视城等汽车露营地开展自行车环岛游、滑轮表演、音乐演出、篝火宴会等各种活动。第一个滨海型汽车露营地——松兰山国际汽车露营基地被国家体育总局授予“中国象山示范露营地”标牌。现今，象山已建成松兰山草坪露营地、中国渔村沙滩露营地、白玉湾采摘露营地、影视城休闲露营地等多个露营地。象山汽车露营文化节融合了汽车露营户外用品展、影视文化、沙滩文化等各种休闲节庆元素。在海风习习的夏季，各露营地搭起五彩缤纷的帐篷，现已形成固定节日。

桑果农民文化节　2007年开始，每年5月中旬，桑果成熟时，大徐镇雅林溪村村委会举办桑果农民文化节。邀请游客采桑果，吃桑果，同时还举行垂钓、烧烤等活动，吸引大量的都市居民到村休闲度假。以后每年举办，形成节日。

新桥枇杷节　2007年开始，每年5—6月，新桥镇都会举办枇杷节。节庆活动安排游客游枇杷园，摘枇杷，品尝评选“枇杷王”“枇杷公主”“枇杷仙子”等。境内游客及宁波、上海等外地游客纷至沓来，参加活动，同时还品尝各种小海鲜。2008年，获全国百强节庆之一。

高塘岛西瓜节　2008年6月，高塘岛乡举办首届西瓜节。高塘是象山著名的优质西瓜产地，西瓜甜爽、松脆，深受人们喜爱。西瓜节因瓜出名，瓜有节而更声名远扬。西瓜节期间，游客可在1500公顷西瓜园里，观赏踩不烂的“硬皮西瓜”，新奇的吊瓜，娇小玲珑的“小型瓜”，甜度特高的“顶呱呱”等稀罕品种。参与节庆的人，还可以参加吃西瓜、踩西瓜大赛和瓜王擂台赛等多项趣味活动。

中国象山国际海钓节　东海纳长江、钱塘江、甬江之水，兼台湾暖流作用，产生大量浮游生物、贝藻类生物，使象山海域常年有斑科鱼类与洄游性的鱼群活动，其中鲷、鲈类等贵重鱼种是国际海钓运动公认的海钓品种。境内纳入规划的钓区、钓点几十处，可钓指定鱼种在20余种，全年可海钓期达200多天，被“亚钓联”专家称为“亚洲人的海钓圣地”。渔山岛则享有“亚洲第一钓场”“海钓天堂”美称。2002年8月，在松兰山试办海钓活动。2003年9月，邀请国内外海钓高手在渔山进行比赛，作为开渔节一项活动。2007年，海钓活动单独成节，首次亮出“中国·象山国际海钓节”招牌。2007年6月，在石浦渔山岛举办首届国际海钓节。以后每年6月，海钓节如期举行。来自上海、北京、福建、香港、澳门、台湾以及韩国、日本等国内外海钓高手云集渔山岛参加海钓比赛，一决高下。渔山钓场被国家体育局授予“全国海钓竞赛基地”。

新桥海涂节　2008年7月，新桥镇在韩升村举办象山海涂节。象山海涂节在天然海涂乐园中热闹开幕，滑海马，打泥仗，海泥化妆，海涂寻宝，徒手捉鱼等趣味活动吸引县内外游客参与。还有龙舟竞渡助乐，让你回归自然，真实体验海涂带来的欢乐，有益身心健康。

中国渔村沙滩文化节　2007年7月，在中国渔村举办沙滩文化节。在1800米长的沙滩上，开展啤酒王争霸赛、渔家保龄球、渔夫大闯关、沙滩露营、沙滩海鲜烧烤、篝火晚会等活动，吸引游客在这里重温童趣、放松心情、收获惊喜和快乐，周边的青年男女多会在这里相会欢聚。以后每年都会举办。

中国开渔节　1998年创办以来，至2008年已连续成功举办十一届。现已成为在国内外有广泛影响力的文化大节和旅游大节，并列为国家旅游局十大民俗节庆活动行列。详见本篇第三章“中国开渔节”。

爵溪文化艺术节　1987年开始，每年9—10月，爵溪街道都会举办文化艺术节。时间约为半个月，期间有歌舞专场、书画摄影展览、电影送下乡；还举行球赛、棋赛、拔河、灯谜竞猜、服装表演、舞龙等活动。每年活动推陈出新，深受广大民众喜爱，参加活动人数超万人。至2008年，已经连续成功举办22届。

蒙顶山节　2007年10月，西周镇在蒙顶山举办首届蒙顶山节。以后每年“九九重阳节”前后，蒙顶山热闹非凡。节日期间，举办老年登山、铁人三项等比赛活动。晚上还举行“蒙顶山夜”篝火晚会和火堆烧烤，既充满刺激而不乏趣味性。现已形成固定节日。

晓塘柑橘文化节　2005年11月，晓塘乡在白玉湾生态农业观光园内举办首届柑橘文化节。今已形成固定节日，每年吸引上万游客。以“游生态晓塘，品中华名果”为主题的柑橘文化节，吸引各路游客到园内赏柑橘、摘柑橘，吃柑橘。活动期间，还举行“万象之春”农民文艺专场演出、“象山红之夜”文艺晚会，同时可到“海上布达拉”饭店体验垂钓，捕捞海鲜，采摘蔬菜等活动。

海鲜美食节　2000年，开始注重民间系列象山海鲜佳肴挖掘，创新海鲜餐饮特色，推出海产品展销展示、象山海鲜美食品尝、象山海鲜美食风情游等活动。海鲜美食节定在每年12月中下旬举行。2006年，在第二届中国节庆年会评选活动中，象山海鲜美食节被评为全国十大饮食节庆活动之一，2007年，纳入第四届中国（上海）国际餐博会，其中“千鱼百螺宴”集象山海鲜之大成，以造型、气势和丰富的想象力，获上海大世界吉尼斯纪录。2008年，海鲜节连续举办9天，海鲜品种超过500种。其中，12月20日在象山黄金海岸大酒店举办千人海鲜宴，场面宏大。

第三章　中国开渔节

1998年9月14—16日，象山创办首届中国开渔节，以后每年在休渔结束时举办，至2008年已举办11届。中国开渔节是以感恩海洋、保护海洋为主题，渔文化为主线的海洋民俗文化类节庆，在承袭传统习俗的基础上，通过节庆活动推进当地社会经济的发展，引导广大渔民热爱海洋、感恩海洋、合理开发利用海洋资源。现今，开渔节已经成为宁波市三大主要节庆之一，并跻身国家旅游局十大民俗节庆活动行列。

中国开渔节以主题性强、文化性强、民俗性强、群众参与面广、媒体关注度高、实效显著而成为国内有较大影响力、具有浓厚渔文化底蕴、海洋文化和海洋旅游的节庆活动，是象山对外宣传和展示形象的平台。

第一节　一至六届中国开渔节

第一届中国开渔节

1998年9月14—16日，象山举办第一届中国（象山）开渔节。开幕式主会场临时搭建在中国水产城内。9月15日下午4时10分，开船仪式正式开始。中共宁波市委常委、副市长陈敏尔出席开船仪式，并讲话祝贺。杭州市歌舞团演员徐宁、著名飞车特技演员柯受良、南京军区前线歌舞团演员分别为开船仪式歌唱，表演节目助兴。出席开船仪式的还有宁波市人大常委会副主任陈继武、陈泰声。开渔节期间，签订经贸合同5份、625万美元；投资合同2份、205万美元；合作项目合同2份、423万美元。还举办由国内旅游专家参加的“象山旅游资源恳谈会”。

中国（象山）开渔节由来　1995年，为保护渔业资源，象山渔民提出伏季休渔的建议，被农业部采纳，并从当年伏季始，东海、黄海实行全面休渔制度。1998年，象山籍台湾著名演员柯受良回乡，听说石浦实行伏季休渔，看到石浦港渔船众多，就建议县领导和石浦镇领导搞一个以渔民为主体的文化活动。县、镇领导当即表示赞同，并委托柯受良从中联系。柯受良联系上海东方卫视前来石浦策划。同年四五月，形成一档节目方案，并向石浦镇领导作了汇报。石浦镇领导感到这一节目与“文化搭台、经济唱戏”初衷相去甚远，只好就此作罢。由于举办文化活动县领导已经首肯，石浦社会已有影响。石浦镇领导于是向时任县委书记王同元汇报。王同元将任务下达给县委宣传部。县委宣传部征求各方意见，完成活动策划方案：利用东海休渔之后“开渔”这一特定时间，在石浦举行开幕式暨文艺晚会、妈祖文化巡游、开船仪式、经贸洽谈等活动。活动名称有几种方案，最终确定为“第一届中国（象山石浦）开渔节”。第一届中国（象山石浦）开渔节由县长王仁洲任组委会主任，下设办公室，由县委宣传部副部长沈需范任主任。

第二届中国开渔节

1999年9月13日晚，第二届开渔节开幕式暨文艺晚会在石浦皇城沙滩大型露天剧场举行，会场规模巨大，可容纳万人。中共宁波市委副书记、市长张蔚文宣布：第二届中国开渔节开幕。这届开渔节邀请的市领导有陈敏尔、陈勇、邵孝杰、陈艳华、王璋松、尹礼虎；另有国家旅游局处长马一里、东海渔区渔政局局长陆善祥、浙江大学副校长程家安、37532部队政委朱瑞云；还有国家、省、市有关部门负责同志和顾问单位、协办单位负责人。给开渔节发来贺电、贺信的有农业部、国家旅游局、国家海洋局、台湾中华国际观光协会理事长、香港旅游业议会主席、澳门旅游事务主管部门等单位和个人。晚会邀请董文华、阎维文、孟庭苇、郭蓉、孙涛、臧天朔、冯巩、李志强、柯受良等明星上台献艺表演。该届开渔节除保留首届开渔节举办的活动项目外，首次举行了祭海仪式。14日上午8时，祭海典礼在石浦皇城沙滩举行，仪式主要有读祭文、放海生、击鼓、鸣锣、吹号、放鞭炮等内容。县长王仁洲在典礼上宣读祭海文。同日，在象山宾馆举办科技经贸活动欢迎会，来自全国各地的110名专家、学者及20多名国内外客商参加会议。8家科研院所在象山设摊，共推出500多个科研项目，涉及工业企业的各个领域，其中汽车防锈油、大规模集线电路芯片等一批项目达成初步意向。县农委还邀请上海市农业科学院、浙江大学、浙江省林业科学院、浙江省农科院、杭州市果树研究所和宁波市种子公司等单位参加农业科技成果推介会。以图片展览、资料介绍的形式，推介100多种农业科技成果、项目和优良新品种。15日下午3时，在石浦港畔举行开船仪式。出席开船仪式的上级领导有潘云鹤、叶承垣、郭正伟、吕来清、陈高华、陈志耀、陆善祥、邬和民、高裕昌、朱至珍、周信章等。应邀出席开船仪式的嘉宾还有中央、省、市有关部门负责人。开船命令下达后，99艘首发船队在带头船浙象渔40107号的率领下，陆续从指挥船旁驶过，分成两列依次驶出铜瓦门，驶向大海。

祭海文：

维公元1999年9月14日，中国宁波石浦开渔节吉日良辰，浙江省象山县县长王仁洲率出席祭典者，秉承全县五十三万人民及县外人士之意，敬献礼品，谐奏民乐，祭颂大海于宋皇城沙滩之滨。祭曰：

混沌初开，大海漫漫。吞吐日月，含孕星汉。蕴无量之宝藏，涵不尽之资源。利舟楫而通五洲，奉鳞甲以济兆民。赖海恩泽，富民兴邦。泱泱中华，景曜东方。

浙东象山，缘海而邑。纵横百里，海域广袤。远古六千年，塔山人耕海牧渔。历秦汉南朝，传徐福弘景居蓬莱。千百年来，先民勤朴，后昆淳良，张银网罟海错，奋铁臂以创锦绣。佑平安妈祖鱼师传显微，靖海氛谭使戚军逞神威。世世代代，伴海而生，发奋图强，庶几海邑建乐园。

人与自然，戚戚攸关。陆与海洋，脉脉依偎。21世纪，瞩目海洋，前景广阔。然向大海索取无度，必危及人类自己。纳百川可不竭，节细源使永远。故自前岁，施行休渔开渔。政府立法，渔区尊奉，以保长渔久业。

方今世纪之交，建国五秩，开渔庆典又届。千余平方千米境域，龙腾虎跃。荔湾象港松兰皇城，舒怀开放。海内宾客偕至，万民空巷云集。船队列列，龙旗猎猎，征鼓阵阵，待等令下，千轮竞发，驰骋疆场。诚以阅师之际，祈告沧海，愿旗开得胜，丰产安康。襄我邑民，再创辉煌，尚飨。

第三届中国开渔节

2000年9月14日晚，第三届开渔节开幕式在象山剧院举行，浙江省政协副主席丁德云、中共宁波市委副书记郑杰民及宁波市领导陈艳华、陈泰声、魏建明、宋小六出席开幕式。郑杰民宣布中国开渔节开幕。出席开渔节的领导还有东海舰队政治部副主任朱瑞云、国家海洋局新闻办主任李红锋、东海渔政局副局长李富荣、浙江省海洋与渔业局副局长余匡军、国家旅游局代表李建平等。9 月 15 日的祭海典礼在石浦皇城沙滩举行，县政府主要负责人在祭海仪式上宣读祭文。同日，县领导会见了参加开渔节的日本吉田町（与象山结成友好县）友好访问团客人。9 月 16 日上午 9 时，在石浦港畔举行开船仪式，国家有关部门、省、市各级领导高占祥、于永维、丁德云、郭正伟、陈艳华、陈继武、宋小六、谭庆琏、韩梅平、张合成、李红锋、蒋学基、李建平、纪根立、李富荣、练兴常、朱至珍、刘振邦等出席开船仪式。开船仪式上宣读象山全体渔民向全国渔民朋友发出的《保护海洋，依法捕捞》的倡议书。其间举行的经贸投资恳谈会成果显著，一批投资贸易项目签订合同和协议，其中热电厂资产收购等 6 个合资项目总投资 4198 万元人民币，协议利用外资 143 万美元；4 个针织品和特色农产品贸易项目的贸易额达 2.5 亿元人民币。16 日晚的闭幕式暨文艺晚会在石浦皇城沙滩举行，关牧村、腾格尔、宋祖英等歌星上台献艺。人民日报社、中央电视台等 100 多家新闻单位的记者到象山采访开渔节活动情况，并在各种媒体上报道。

第四届中国开渔节

2001 年 9 月 14 日晚，第四届开渔节开幕式在石浦皇城沙滩大型露天剧场举行。全国人大常委会常委、财经委员会副主任委员葛洪升出席开幕式，另有宁波市领导张蔚文、王卓辉、陈勇、王小玲、邵孝杰、陈艳华、巫波伦、李秀琍、陈炳水应邀出席开幕式。中共宁波市委副书记、市长张蔚文宣布第四届中国开渔节开幕。参加开幕式的还有国家海洋局、国家旅游局、农业部渔业局、浙江省旅游局、宁波市外经贸委、市海洋与水产局、市旅游局、市环保局、中央国家机关有关部委，省、市有关部门的负责同志以及海内外客商。开幕式后，举行文艺晚会，著名歌星费翔、韩红、满文军同台献艺。9 月 15 日下午，在石浦皇城沙滩举行祭海仪式，农业部渔业局、国家海洋局、浙江省海洋与水产局、宁波市海洋与水产局负责人出席祭海仪式。县政府主要负责人宣读祭海文，后献五果、献酒、放海生，并表演“八仙游东海”“龙狮共舞”龙舟、马灯等民俗特色的节目。同日，举行经贸投资项目签约仪式，8 个合资项目总投资 4386 万美元，8 个内资合作项目总投资达 2.8 亿元人民币；同时签约的农业科技合作和招商项目 10 个，协议引资 611 万美元。9 月 16 日上午 9 时，开船仪式在石浦港畔举行，葛洪升、王其超、王小玲、李植安、吕国荣、李秀琍、范海波、李红锋、祝庆瑞、方建平、刘疆、赵安中、卢良宝、邱永年、练兴常等领导出席开船仪式。开船仪式上还宣读了象山全体渔民《致世界渔民兄弟的倡议书》，宁波市副市长下达开船命令。时晚，在县人民广场举办闭幕式烟火晚会。

第五届中国开渔节

2002 年 9 月 14 日晚，第五届开渔节开幕式在石浦皇城沙滩大型露天剧场举行，全国政协副主席李贵鲜宣布第五届中国开渔节开幕。中共宁波市委副书记、市长金德水在开幕式上致辞。全国政协常委、中共中央组织部原部长张全景，东海舰队副政委任光礼，省政协原主席王家扬，省人大常委会副主任张友余，副省长巴音朝鲁，省政协副主席程炜，全国政协人口资源环境委员会副主任陈洲其，中华全国工商联合会副主席、全国政协副秘书长保育钧，国务院发展研究中心副主任、全国人大常委会财政委员会委员陆百甫，全国政协人口资源环境委员会委员邹玉川，浙江省委组织部常务副部长王培民，省政府副秘书长王小玲，中共宁波市委常委、宣传部部长邵孝杰，市委常委、组织部部长郁义康，市人大常委会副主任张金康，市政协副主席李秀琍，联合国教科文组织驻北京办事处主任青岛泰之应邀出席开幕式。开幕式结束后举行有歌手谭晶、孙楠、瞿颖、那英、戴玉强及任贤齐、张明敏、林忆莲等参加的文艺晚会。9 月 15 日上午 8 时 30 分在石浦皇城沙滩举行祭海仪式。同日还举办东方投资高峰论坛会和经贸投资项目签约仪式，经贸签约共30个项目，协议利用外资9741万美元，协议利用县外资金2.98亿元人民币，贸易额2300万美元。9月16日上午9时30分在石浦海军码头举行开船仪式。全国政协副主席李贵鲜出席开船仪式，出席仪式的领导和嘉宾还有程炜、陈洲其、陆百甫、邹玉川、钮守章、郭正伟、张金康、李秀琍、张志顺等。县政府主要负责人在开船仪式上致辞。开船仪式上还宣读向世界渔家后代发出《保护蓝色海洋，共铸蓝色辉煌》的倡议书。中共宁波市委常委、副市长郭正伟下达开船命令。开渔节期间，来自国家、省、市30多家新闻媒体的100多位记者云集象山，采访报道象山开渔节活动情况。

第六届中国开渔节

2003年9月14日，第六届开渔节在石浦中国渔村开幕。浙江省政协副主席张蔚文，浙江大学党委书记张浚生，全国人大常委会原常委张序三，中国社会科学院数量经济与技术经济研究所所长汪同三，全国工商联原副主席王治国，国家海洋局原副局长杨文鹤，浙江省海洋与渔业局常务副局长余匡军，中共宁波市委副书记徐福宁，市政协主席王卓辉，市人大常委会副主任郑杰民，市长助理、市政府秘书长陈炳水等领导应邀参加开幕式。张蔚文宣布第六届中国开渔节开幕，徐福宁在开幕式上致辞。是日晚上，在石浦皇城沙滩举行“祝福海洋”为主题的大型文艺晚会。晚会由中央电视台主持人朱军、小燕主持。晚会上，香港著名歌星周华健、林慧琳以及内地歌星田震、张也、郭峰、李丹阳等同台献演。祖籍象山的台湾艺人柯受良也为象山渔民献歌。15日在石浦皇城沙滩上举行祭海仪式，同日在黄金海岸大酒店举行象山投资环境说明会暨项目签约仪式，签约项目30个，合同外资7629万美元，引进县外资金4.1亿元人民币。16日，在石浦港畔举行开船仪式，出席开船仪式的领导有陈群、张序三、张海峰、马瑞、陈鲁直、邵孝杰、陈炳水等。市长助理、市政府秘书长陈炳水致辞，渔民代表宣读护海宣言。中共宁波市委副主记陈群下达开船命令。

象山县第一至第六届中国开渔节情况表

表48-1

届别	举办时间	开幕式主会场	活动内容
第一届	1998.09.14—09.16	石浦中国水产城	综艺晚会、开船仪式、水产品交易会、渔港灯会等
第二届	1999.09.13—09.15	石浦皇城沙滩	专场晚会、祭海仪式、彩车巡游、飞车表演、开船仪式、渔业投资洽谈会、21世纪与中国海疆史研讨会等
第三届	2000.09.14—09.16	象山剧院	专题晚会、祭海仪式、渔港灯会、开船仪式、中国渔民“蓝色保护志愿者”行动、开渔节摄影大赛等
第四届	2001.09.14—09.16	石浦皇城沙滩	专场晚会、祭海仪式、开船仪式、向联合国及21个濒海国家发出护海倡议、召开浙江渔业博览会等。
第五届	2002.09.14—09.16	石浦皇城沙滩	综艺晚会、祭海仪式、开船仪式、举办东方投资论坛等
第六届	2003.09.14—09.16	石浦中国渔村	主题晚会、祭海仪式、开船仪式、举行国际海钓邀请赛、中国太平洋（海洋经济可持续发展）论坛等

第二节　第七届中国开渔节

2004年9月14—16日，象山举行第七届中国开渔节。中国开渔节已成为宁波市三大地方特色节庆活动之一，并跻身全国十大民俗节庆和国家旅游局一年一度的系列节庆活动行列。

第七届开渔节从4月开始启动宣传，时间跨度半年。7月下旬在甬、杭两地召开新闻发布会。8月份上旬，在宁波各家媒体上陆续刊出中国开渔节及象山的相关报道。8月下旬，在象山举行了媒体恳谈会。其间，中央、省、市各类媒体不间断刊发开渔节相关报道。同时，《今日象山》和象山电视台、广播电台在8月下旬开始开辟专栏，每日进行系列报道，将开渔节宣传工作推向高潮。9月12日，在宁波天一广场举办第七届中国开渔节“宁波·象山海鲜美食周”；在县人民广场举办的首届旅游与针织产业博览会。13日上午，由孙茂芳担任名誉团长的第七届中国开渔节环太平洋海洋环保志愿者行动在中国渔村大舞台拉开序幕。

9月14日上午，第七届中国开渔节在石浦皇城沙滩开幕。全国人大常委会原副委员长布赫，中央委员、全国社会保险基金理事会理事长项怀诚，中共浙江省委常委、市委书记巴音朝鲁，中国文联党组副书记、副主席覃志刚，省政协副主席张蔚文，省委宣传部副部长、省文联党组书记高尔颐，市委常委、市委秘书长程刚，市人大常委会副主任郑杰民、陈豹年，副市长余红艺，市政协副主席励奎铭，农业部东海区渔政渔港监督管理局局长李富荣，全国财政博物馆馆长，浙江省财政厅原厅长翁礼华、上海市徐汇区委副书记、人大常委会主任张贤洲等领导，以及著名相声演员姜昆，宁波市旅游形象大使曹真等嘉宾应邀参加开幕式。

上午8时许，副委员长布赫宣布第七届中国开渔节开幕，皇城沙滩上数万游人一片欢腾。随后，伴着古朴的渔工号子，一面高达8米的祭海祈福大旗在“中国渔村号”三桅仿古大船上缓缓升起，祭海仪式开始。祭海仪式由颂祭文、奏祭乐、献祭果、敬祭酒、放海生组成。周江勇县长宣读祭文：

万顷一碧，沧海茫茫，鸥鸟翔集，洪波逐浪，贝硕鱼丰，繁衍不息。万物生灵在此孕育，芸芸众生在此发祥。壮哉大海，伟哉大海！

半岛象山，古称蓬莱，物华天宝，人杰地灵，百里海岸，曲折蜿蜒，山岛竦峙，气象万千。遥朔六千余载，塔山先民，垦殖洪荒，耕海牧渔，生生不息。张网而取海珍，奋臂以创锦绣，勤劳淳朴，物阜民殷，绵延不绝。

方今海洋世纪之初，半岛大地，先声夺人，人尽其才，物尽其用。港域樯桅辐辏，东瀛渔舟驰骋，北通日韩，南达琼粤，乘风破浪，海业斐然。县强民富，享誉迩遐。

人与自然，休戚相关；陆地海洋，脉脉相偎。取之有度，赐之厚福；野蛮攫取，贻害无穷！循应自然，方能丰衣足食；善待海洋，即待人类自己。故政府立法，施行休渔，渔区尊奉，万民拥戴，以保长渔久业，富我家园。

县域内外，大地新颜，山海共荣，荔港松兰皇城，敞开宽广襟怀。海内宾客纷至，万民空巷云集。舸舟监阵列，旌旗蔽日，征鼓阵阵，千舟待发。诚以阅师之际，祈告沧海，潮遂人愿，锦鳞遍渊，凯凯而归，兴我象山！举此隆重庆典，把酒祭酹沧海，以示我五十三万赤子之诚。

幸哉，尚飨——

是晚，在石浦皇城沙滩举行《同一首歌·走进象山》大型主题演唱会。14—15日，在象山宾馆召开由中国民间艺术家协会、浙江民间文艺家协会、宁波大学、象山县人民政府联合举办的中国渔文化研讨会。15日，在北黄金海岸度假村，由县政府和市贸易局共同举办“宁波·象山海鲜美食周研讨会”。下午，来自美国、英国、日本、澳大利亚及中国台湾、香港地区的中外客商410余人（其中境外客商328名）参加“投资环境说明会暨项目签约仪式”，共签约投资项目23个，其中外资项目18个，合同利用外资6223万美元；内资项目5个，协议引进县外资金2亿元人民币；贸易项目4个，贸易额4840万美元。开渔节期间，接待国内外游客8.6万人次，客房入住率达89%，显示了象山海洋旅游业强劲的发展势头。

9月16日上午，祭海仪式在石浦海军码头举行。石浦港畔人山人海，上千艘大马力钢质渔轮整装待发。上午8时30分，开渔文艺表演开始，象山渔家歌手纪云飞唱起《一帆风顺》，俄罗斯姑娘跳起《康康舞》，象山渔民代表面向大海宣读《致全世界渔民倡议书》。9时15分，主席台发出开船命令。顿时，石浦港沸腾起来，千帆竞发，汽笛齐鸣，角号震耳，鞭炮喧天，浪花飞溅。渔港的岸上、海边的山上，尽是送行的人群。老人、小孩、妇女深情挥手，向船上的亲人依依道别。千余艘渔船首尾相接，宛如一支威风八面的庞大舰队，气势磅礴地驶离渔港，穿过铜瓦门大桥，直奔茫茫大海。

开渔节重要活动由中央、省、市主流媒体作了报道。开幕式及祭海仪式由宁波电视台直播，中央电视台综合频道播出新闻。《同一首歌·走进象山》演唱会由中央电视台综合频道播出。开船仪式由浙江电视台经济生活频道和宁波电视台现场直播。开渔节期间，到象山参与报道的中央、地方和香港的各类媒体有58家，记者200余人，发稿总量600余条。另外，上海东方卫视、香港凤凰卫视、《大公报》、新华网和新浪网等媒体也作了报道。

第三节　第八届中国开渔节

2005年9月15—16日，象山举行第七届中国开渔节。是年，中国开渔节荣膺“中国最具影响力节庆活动百强”和“中国节庆50强”称号。

第八届中国开渔节，主体活动在继承历届优良传统的基础上，又有进一步创新。开渔节宣传，从上半年启动，延续到节后10月，时间跨度半年。6月下旬，在上海召开中国开渔节暨环球皇后竞选全球总决赛新闻发布会。7月1日至10月15日，举行“象山半岛风光风情”全国摄影大赛，全国各地专业摄影家和摄影爱好者参加了比赛。9月9—10日，在石浦镇城区和东门村分别进行“唱响文明赞歌”浙江省百名艺术家进渔区活动。9月10—12日，在人民广场举行象山县群众文艺调演颁奖晚会。9月12—25日，沪杭甬和象山四地海鲜酒店联动举办象山（石浦）海鲜美食节，象山海鲜之旅系列活动同时举行。9月13—15日，在象山港国际大酒店举行由建设部和象山共同举办的全国建筑业改革与发展论坛。9月13—17日，在石浦镇渔港路举办石浦渔港古城渔灯赛会。9月14日上午，在中国渔村举行“蓝色海洋保护志愿者”行动。晚上，中央电视台“踏浪飞歌”文艺晚会在象山体育馆举行。

9月14日下午，象山与中国海洋报社、中国太平洋学会等单位联合发起的“中国海洋论坛”开幕。全国人大常委会副委员长蒋正华出席论坛开幕式并发表讲话。中共浙江省委常委、宁波市委书记巴音朝鲁，副省长茅临生，中国军事科学院原政委、中国太平洋学会副会长张序三，中国太平洋学会执行会长张海峰与来自国内外的30余位知名海洋问题专家、学者等参加论坛。论坛通过了《中国海洋论坛发起倡议书》，并确定象山为"中国海洋论坛"永久会址。

2005年9月15日上午，祭海仪式在石浦皇城沙滩举行。中共浙江省委常委、宁波市委书记巴音朝鲁，副省长茅临生，中国军事科学院原政委张序三，中国太平洋学会执行会长张海峰，市委副书记、纪委书记唐一军，市委常委、宣传部部长卓祥騋，市人大常委会副主任陈继武，市政协副主席项性平，市委副秘书长、办公厅主任郁伟年，省海洋与渔业局副局长俞永跃，上海水产大学党委书记叶骏，亚洲水产学会主席Chanlui Lee，大唐国际发电股份有限公司副总经理郑文元，韩国驻上海总领事馆文化领事卞吉吉焕，荣誉象山人、香港启骏实业有限公司董事长、宁波启新针织面料有限公司董事长周文杰，荣誉象山人、日本日中农业交流爱媛县协会会长吉本正，荣誉象山人、亚洲飞人馆名誉馆长、柯受良夫人柯宋丽华应邀出席开幕式。副省长茅临生在开幕式上致辞。

上午8时50分，中共宁波市委书记巴音朝鲁宣布第八届中国开渔节开幕。代县长李关定面朝大海诵读祭文：

维乙酉之秋，八月壬寅，百里海岸，千年渔乡，又届开渔盛典。象山县代县长李关定偕与会同仁，敬具时果醇酒，祭颂大海于宋皇城沙滩，而告之以文曰：

茫茫大洋，浩浩东海，涵承陆洲，吸纳百川，万物生灵在此孕育，芸芸众生在此发祥。壮哉大海！伟哉大海！

半岛象山，古称蓬莱，山岛竦峙，气象万千。遥溯六千余载，塔山先民，垦殖洪荒，耕海牧渔，生生不息。方今海洋世纪之初，海山仙国，引领潮头，人尽其才，海尽其利，港域樯桅辐辏，东瀛渔舟驰骋，海业斐然，饮誉遐迩。

人与自然，休戚相关，陆地海洋，脉脉相偎。取之有度，赐之厚福，野蛮攫取，贻害无穷！循应自然，方能丰衣足食；善待海洋，即待人类自己。故政府立法，定期休渔，渔区尊奉，万民拥戴，以保长渔久业。

象山何幸，又逢开渔，举国瞩目，合邑欢腾。街巷披节日盛装，山海同庆；渔港敞宽阔胸怀，开颜迎宾。高朋如云，共享欢乐。万人空巷，同度佳节。舸舰阵列，旌旗蔽日，征鼓阵阵，千舟待发。诚以阅师之际，把酒祭酹，祈告沧海：潮遂人愿，锦鳞遍渊，襄我邑民，兴我渔业！

尚飨——

随后，主祭人、陪祭人缓缓走向大海，他们将酒壶高高举过头顶，又低首撒于脚下。整篓整篓的花生、红枣、桂圆被抛向大海，既为祈求平安丰收，更为回报大海。来自韩国仁川的渔民代表同象山当地的渔老大们一起向大海献祭果、放海生；来自雪域高原的藏族同胞向大海敬献取自长江源头唐古拉山的圣水，共同表达保护生态环境、实现可持续发展的愿望。

9月15日下午，在松兰山景区举行象山投资环境说明会。首届"荣誉象山人、爱乡楷模"授予仪式、投资合作项目签约仪式、象山经济开发区滨海工业园投资恳谈会、象山产业区C区一期开工暨入园仪式等系列经贸活动同期进行。开渔节期间共邀请国内外客商325人，签约项目45个。外资项目投资额2.9亿美元；内资项目投资额11亿元人民币；合同利用外资1.18亿美元，利用内资9.69亿元人民币。开渔节期间，象山共接待外地游客6.65万人次，旅游经济收入3450万元，旅游宾馆入住率达95%以上。

9月16日上午，开船仪式在石浦渔港举行，市、县各级领导和数万名群众欢送1500余艘大马力钢质渔轮出海。

《人民日报》《浙江日报》《宁波日报》对开渔节进行报道。台湾中国时报、台湾联合报、香港文汇报、香港大公报派记者参加。中央电视台新闻频道播出开渔节开幕消息。中央七套对文艺晚会进行录播。上海东方卫视、浙江卫视、浙江电视台、浙江电台、宁波电视台、宁波电台以及象山广播电视台也对开渔节作了全方位的报道。新华网、新浪网、网易、腾讯、浙江在线、浙江都市网、中国宁波网以及象山港新闻网对开渔节主要活动都进行了现场直播。其间，共有近40家外地报纸、网络媒体70余名记者到象山采访，共刊出各类稿件200多条。浙江卫视派出40余人的直播报道小组，外地电视台、电台共播出各类稿件50余条。

开渔节期间，第十七届环球皇后竞选全球总决赛在象山举行，来自国外30个国家和中国国内（包括港澳台地区）16个城市的46位佳丽在象山参加总决赛。

第四节　第九届中国开渔节

2006年9月14—16日，象山举行第九届中国开渔节。节庆活动与纪念立县1300周年、象山港大桥奠基仪式等大型活动相结合，为历年来规模最大、持续时间最长、参加领导规格最高的一次文化盛会。中国开渔节被荣膺2006年“中国十大最具潜力节庆”“中国十大自然生态类节庆”称号。

9月14日，第九届中国开渔节在石浦皇城沙滩举行，全国政协副主席阿不都拉·阿不都热西提，浙江省委书记习近平及宁波市主要领导出席开幕式。8时20分，一袭古装的主祭人缓缓走上祭台，庄严地面对大海宣读祭文：

维公元2006年9月14日，值象山立县1300周年暨中国第九届开渔节之际，县长李关定，偕父老乡亲并县内外与会人士，谨具清酌庶馐之仪，祭大海于石浦宋皇城，而告之以文曰：

洪荒初开，即有大海。万顷深碧，无际无边。
浮沉日月，辉映星汉。化承雨露，吸纳百川。
伟哉大海，生命之源。育成万物，哺养人类。
半岛象山，古称蓬莱。先民居此，六千余年。
渔盐耕作，生息藩衍。缘海而邑，神龙立县。
凭海创业，代有先贤。借海行舟，围海造田。
美哉大海，朝夕相伴。风连浪起，月随潮归。
海山仙国，千崖叠翠。日浴鲸波，烟开鳌背。
恩我佑我，历历可鉴。不敢或忘，临风永怀。

今日象山，挟二十五年改革开放强劲之势，开拓进取，勇立潮头，已荣列全国百强，百业俱兴，政通人和。象山乃海之邑，邑人为河之子，尝以海洋大县起步，捕捞之艺日益精进，乃有竭海而渔之虞。邑人生于斯、长于斯，深知海兴我兴，海竭我竭，笃信善待海洋，即善待自身。于是有定期休渔之举，倡以时开渔之节，幸获举国认同，遂成全民之庆。

象山何幸，九逢佳节。举世瞩目，远来近悦。高朋满座，商贾友云集。渔港内外，千轮待发。

谨把酒祭酹，深祈佑我渔人：朝出暮归，常传平安之信；冲波踏浪，永无覆溺之虞。张帆则风顺，下网则鱼丰。茫茫洋面，蕙风和畅；碧波水底，锦鳞郁勃。获海之佑，敢不图报，誓当取索有时，以期生生不息；清理污染，奉洁净于左右，以期培育生机，赏心悦目。大海有灵，当鉴我之诚，与邑人共证斯言，共乐其成，振我渔业，襄我邑人。

尚飨——

祭海仪式保留了历届积累的精髓，增加了民俗表演力量，特别是“北狮王”“南狮王”的加入，台东大学“宋江颂”的参加，营造狮（四）海同庆的吉祥氛围。

9月16日，举行开船仪式。交通部副部长、中国航海日组委会常务副主任徐祖远，农业部总经济师（副部级）朱秀岩，交通部水运司司长、中国航海日组委会办公室主任宋德星，宁波市人大常委会副主任张金康，市政协副主席项性平，中国航海日组委会办公室常务副主任李育平，农业部渔业局副局长陈毅德，东海区渔政局副局长马毅，浙江海事局局长徐国毅，浙江海事局党委书记孙立成等领导，以及日本国爱媛县宇和岛市市长石桥宽久、日本国爱媛县日中农业水产友好交流协会会长吉本正与象山县领导一起参加仪式。仪式上象山渔民代表宣读《致全世界渔民的倡议书》，随后，环球皇后亚军得主爱沙尼亚小姐用英语宣读《倡议书》。来自五洲四海的不同肤色的参赛佳丽选手，手牵手围成半圆，用汉语共诉心声：“善待海洋就是善待人类自己。”

9月16日上午，在石浦港畔举行“2006中国航海日”系列活动闭幕式与开船仪式。交通部副部长、中国航海日组委会常务副主任徐祖远代表交通部和中国航海日组委会，在“2006中国航海日”系列活动闭幕式上讲话。12时整，农业部领导朱秀岩下达开船命令。顿时，千舟竞发，汽笛齐鸣，角号震耳，鞭炮声喧天，千余艘渔船首尾相接，在渔港内展开一场蔚为壮观的开船大巡游。

开渔节期间，由中国艺术研究院非物质文化遗产研究保护国家中心、浙江省文化厅、宁波市文化广电新闻出版局和象山县人民政府共同举办了“全国渔歌（号子）邀请赛”。同时，还举办象山（石浦）海鲜旅游节，并在杭州举办开幕式，60余家象山海鲜酒店联动，评出海鲜“十六碗”，挖掘和展示象山独特的海鲜资源和美食文化。还举办中国针织服装产业论坛、宁波象山竹产业发展研讨会和象山竹根雕艺术创作研讨会。全县宾馆、景区、旅行社接待游客6万人次，旅游收入4400万元，同比增长28%。

第五节　第十届中国开渔节

2007年9月14—16日，第十届中国开渔节在石浦皇城沙滩举行。中国开渔节已荣膺“中国十大品牌节庆”和“宁波市十佳节庆”称号。在2007年人民网举办的“最受欢迎节庆”排行榜上名列首位。

2007年4月，组建第十届中国开渔节组委会班子。6月，形成第十届开渔节活动总体方案。6月中旬，象山举办首届海钓节。9月5日，在石浦皇城沙滩举行“全民健身与奥运同行——2007年长三角体育圈海洋体育大展示活动”。来自长三角五省一市的20支代表队近600名运动员、教练员与县500多名渔家艺人同场展示技艺。为迄今宁波市规模最大、级别最高的群众性体育节庆。9月6日，在中国渔村举办“象山渔文化旅游工艺品设计大赛作品展”。9月9日晚，举行象山首届“明日之星”才艺大赛颁奖晚会。9月10—11日，举办“中国开渔节文艺精品会演”，同时，中央电视台“星光大道”冠军团走进象山，加盟中国开渔节广场文艺晚会。

9月14日上午，第十届中国开渔节暨祭海仪式在石浦皇城沙滩举行。中国商业联合会会长何济海，国家海洋局副局长王飞，中央人民广播电台常务副台长刘宝顺，中国作协出版集团党委副书记葛笑政，中国科学院院士、同济大学教授汪品先，宁波市政协主席王卓辉，浙江省高级人民法院原院长张启楣，东海舰队副政委朱瑞云，东海舰队舟山基地司令员包裕平，中共吉林省通化市委书记张安顺，中共浙江省委宣传部部副部长、文明办主任龚吟怡，中共宁波市委副书记唐一军，中共宁波市委常委、秘书长王剑波，中共宁波市委常委、宣传部部长宋伟，宁波市人大常委会副主任张金康，宁波市人民政府副市长陈炳水，浙江省旅游局副局长叶建国，浙江省海洋与渔业局副局长俞永跃，宁波市文化广电新闻出版局局长柴英，宁波市海洋与渔业局局长陈秀忠应邀出席开幕式。全国人大常委会原副委员长铁木尔·达瓦买提、浙江省政协原主席李金明、衢州市常务副市长郑金平以及中国龙虾节组委会、南海开渔节组委会等领导与单位，发来贺信、贺电。中共宁波市委副书记唐一军在开幕式上致辞。上午8时50分左右，国家海洋局副局长王飞宣布第十届中国开渔节开幕。县长李关定面朝大海诵读祭文：

维公元2007年9月14日，值中国第十届开渔节之际，主祭者象山县县长李关定，偕合邑父老并海内外与会人士，谨具清酌庶馐之奠，祭大海于石浦宋皇城，而告之以文曰：

洪荒初开，即现大海；吞吐日月，辉映星汉。

传承雨露，吸纳百川；包容五洲，无垠无边。

茫茫瀛海，生命之源；泽及万物，普天同沾。

大瀛海曲，疑是蓬莱；徐福隐迹，乃今象山。

凭海为家，代有先贤；渔盐耕作，创业维艰。

荒崖浮沙，因势造田；缘海而邑，神龙立县。

烟涛为伍，风月相伴；乘风弄潮，鱼蟹满船。

日浴鲸波，烟开鳌背；红橙蓝紫，气象万千。

片舟垂钓，碧海长天；落霞孤鹜，渔歌唱晚。

归泊向岸，千崖叠翠；仙子之国，远胜伊甸。

大海恩我，殷殷可鉴；不敢或忘，临风永怀！

象山乃海之邑，邑人为海之子，以海洋大县举国知名，渐有竭海而渔之虞。生于斯、长于斯，邑人深知海兴则我兴，海竭则我竭，善奉海洋，即善待自身。乃有定期休渔之举，首倡以时开渔之节；幸获举国认同，遂成全民之庆。

今日象山，本海纳百川、勇立潮头之精神，继二十余年改革开放之劲势。奉民俗文化，展渔家风物，辟休闲胜境；敞大海胸怀，纳八方志士，建和谐家园：已成邑人之共同理念。

象山何幸，十开盛典。举世瞩目，合邑腾欢。高朋满座，近悦远来。千轮竞发，待命港边。谨把酒祭酹，深愿金风和畅，锦鳞郁勃。佑我渔户：张帆则风顺，下网则鱼丰。朝出暮归，长传平安之信；履波踏浪，永无覆溺之虞。

受海之恩，敢不图报！定当取索有时，以期生生不息。大海有灵，鉴我之诚，请共证斯言，同乐其域；振我渔业，襄我邑人！

尚飨——

同日上午，由中国书法家协会主席张海题写馆名的中国渔文化博物馆（摄影馆）在开渔节期间开馆，该馆成为中国唯一以渔文化为主题的博物馆（摄影馆）。省委宣传部、《大众摄影》杂志社、省市摄影家协会负责人及来自全国各地的摄影爱好者参加开馆仪式。馆内收藏从全国 1 万余幅作品中甄选出来的 107 幅艺术摄影作品。下午，中国海洋论坛开幕。

9 月 15 日，经济开发区和产业区举行招商项目奠基、开工仪式。

9 月 16 日上午，在石浦港畔举行开船仪式。

开渔节期间，象山经济开发区签约项目 8 个，总投资外资 3800 万美元，内资 5500 万元，注册外资 2750 万美元，注册内资 3500 万元；12 家企业注册，总投资 10. 37 亿元，协议外资 800 万美元，注册内资 1. 26 亿元；7 个项目开工建设，总投资 9. 36 亿元。象山产业区 1 家企业落户并开工动建，总投资 2000 万美元，注册资本为 1000 万美元。全县共接待游客 11 万人次，旅游收入 5720 万元，比 2006 年分别增长 83%和 30%。

新华社记者郑黎《把美丽变成财富》《中国开渔节：象山十年成大器》《一条鱼吃出十条鱼》等文章在省市各大媒体刊发。《新华每日电讯》《中国海洋报》《浙江日报》《宁波日报》《宁波通讯》在主要版面或专版刊发第十届中国开渔节的相关报道。中国宁波网作为第十届中国开渔节指定新闻站点，联合新浪网对开渔节进行合力宣传。活动期间中央人民广播电台自 8 月 20 日起在《新闻和报纸摘要》节目中开设《2007 蓝色纪事》专栏，共 10 集。在《全国新闻联播》开设中国开渔节感动海洋环保人物评选。第十届中国开渔节活动期间，来自全国各地的 60 余家媒体、200 名余名记者来象山采访，报道见报 150 余篇，为历届之最。

第六节 第十一届中国开渔节

2008 年 9 月 14—16 日，第十一届中国开渔节在石浦举办。中国开渔节成功入围 2008 年人民网举办的“改革开放 30 周年 30 个最受观众欢迎的节庆”，并排列首位。

9 月 14 日上午，第十一届中国开渔节开幕式在石浦渔港路举行。全国政协副主席厉无畏，中国作家协会副主席蒋子龙，国家海洋局原局长、太平洋学会会长张登义，浙江省政协副主席冯明光，宁波市政协主席王卓辉，中共宁波市委副书记郭正伟，宁波市人大常委会副主任张金康，宁波市政协副主席王建康，宁波市人民政府市长助理林静国，中央人民广播电台副台长赵铁骑，中央财经领导小组办公室秘书局局长董兆祥，国家海洋局办公室主任、财务司司长李海清，中国民间文艺家协会党组成员、副秘书长吕军，国家海洋学会办公室主任、太平洋学会常务副理事长陈士标，中国作家协会主席团委员、蒙古族著名诗人阿尔泰，上海市闵行区人民政府副区长程向民，国家海洋局东海分局副局长刘振东，浙江省海洋与渔业局副局长俞永跃，浙江省台办副主任邵建伟，宁波市海洋与渔业局局长陈秀忠，台东县议会议长李锦慧，台东县政府副县长彭德成，日本国爱媛县日中农林水产交流协会会长吉本正应邀出席开幕式。中共宁波市委副书记郭正伟在开幕式上致辞。全国政协副主席厉无畏宣布第十一届中国开渔节开幕。

开幕式上，中国民间文艺家协会党组成员、副秘书长吕军代表中国文联、中国民间文艺家协会授予象山全国首个“中国渔文化之乡”匾牌，并确定在象山建立“中国渔文化研究基地”。

9 月 14 日下午，由中国太平洋学会、中国海洋学会、浙江大学、中国海洋大学等单位联合主办，浙江大学地方合作处、宁波市海洋与渔业局、象山县人民政府承办的“第四届中国海洋论坛”

在黄金海岸举行。论坛征集到40余篇论文，内容涉及海洋生态安全、海洋产业发展、海洋能源开发、海洋文化建设等。同时，国台办、省台办两岸交流重点项目“象山·台东文化交流活动”如期在石浦举行；浙江摄影创作研讨会暨摄影家创作基地挂牌仪式在石浦举行。晚上，在石浦皇城沙滩举办“象山·台东中秋联谊晚会”。

9月15日上午，在石浦东门渔村的古天门山举行祭海仪式。祭海仪式首次由渔民群众自己操办，台湾的台东渔业协会也派代表参加了祭海典礼。渔民代表宣读祭海文：

维公元2008年9月15日，岁在戊子，序属中秋，浙洋重镇，千年渔乡又届开渔盛典。主祭者石浦镇长孙文明偕渔区乡亲父老并台湾台东县渔业同仁，敬奉鲜花、素果、三牲，高奏大鼓雅乐，祭颂大海于古天门山麓，而告之以文曰：

鸿蒙初开，沧海在先。一碧万顷，茫无际涯。浮沉明月，辉耀星汉。博纳广藏，涵承陆洲。伟哉大海！生命之源。衍生万物，哺育人类。斗转星移，历经宇宙变迁；潮起潮落，阅尽人间沧桑。恩我佑我，殷殷可鉴。不敢或忘，临风永怀！

渔港石浦，浙东古埠。高峰嵯峨而峭立，大海浩渺而回环。渔舟晚唱，响穷五门之内；商贾辐辏，途通三山之外。贝硕鱼丰，饮誉迩遐。百业兴旺，敢为人先。顺应天常，首创休渔。善奉海洋，举国认同。方今海洋世纪，修渔区古迹，传民俗风物，辟休闲胜景，敞大海胸怀。载笑载言，游客懋迁。其乐融融，吉庆余年。

石浦何幸，又逢开渔。举世瞩目，合镇欢腾。千轮竞发，待命港湾。高朋满座，近悦远来。台东富冈，契阔谈宴。颂今思昔，共享和谐。谨把酒祭酹，深愿海不扬波，锦鳞郁勃。张帆则水顺，下网则鱼丰。日作暮息，长传平安之讯；履波踏浪，永远不测之虞。

爱海之因，敢不图报。定当索取有时，以期生生不息，大海有灵，鉴我之诚，共证斯言，同乐其域，振我海业，襄我渔民！

尚飨！

9月15日下午，象山和台东县举行合作交流关系备忘录通过仪式。根据备忘录，两地将进一步推进在经贸、文化、旅游等方面的交流与合作。这是近年来浙江和台湾建立的第一个县与县合作交流备忘录。浙江省台办副主任邵建伟、宁波市台办副主任江长荣，台湾台东县议会议长李锦慧、台东县政府副县长彭德成等出席仪式。双方还举行了海洋环境保护交流会。两地渔业协会代表共同宣读《象山·台东海洋环境保护倡议书》。当日晚上，在石浦港举行妈祖巡安仪式。

9月16日上午，举行开船仪式。晚上，在象山剧院举行以全国优秀人民警察、象山县公安局民警何利彩为原型的电影故事片《温暖》首映式。该片由浙江省公安厅、浙江省电视艺术家协会、中共象山县委宣传部联合出品。

第十一届中国开渔节活动期间，共接待来自全国各地70余家媒体的200余名记者；宁波电视台、象山电视台、宁波网对开渔节开幕式、开船仪式等进行了全程直播；中央电视台综合频道、中央电视台中文国际频道、中央人民广播电台、东森电视台作了相关报道。

第四十九篇
宗教　民间信仰

本篇目录

第一章　佛　　教

佛教传入象山约于南北朝时期。唐代，境内寺院渐多，其中，等慈寺以禅寺著称，普明院以律寺闻名。北宋初年，全县知名寺院多达21座。其间，高僧辈出，有天台宗高僧“真懿大师”德臻，临济宗禅师虚堂智愚等。南宋及元、明、清，佛教禅、净渐趋合流，并吸收道教、儒学思想，禅宗、天台宗、律宗等学者、名僧多兼弘净土，并向世俗化、大众化、民间化发展，僧团的信仰与修习仪轨始吸收道教与民间信仰元素，原属道教信仰系统的关帝搬进佛教殿堂，“武圣”也成为佛门弟子崇拜对象，成为“护法”，甚至被称之为“武财神”。中国化的观音信仰更是十分普及，诸如“白衣大士”“慈航大士”的塑像遍及大小寺院庵堂。同时修来世、求解脱、往生西方净土观念也日趋与追求现世利益、祛灾消灾、增福添寿功利要求结合起来，从事持戒、参禅、研究教义日少。明、清以降，家庵多有出现，便于个人修持。

中华人民共和国成立后，国家实行宗教信仰自由政策，各寺庵由当地乡镇政府予以保护、管理。土地改革时，有不少僧尼还俗参加社会主义建设。之后的历次政治运动，宗教信仰自由政策受到干扰，佛教寺院被占用或拆除，宗教活动受影响。1979年，中共十一届三中全会后，宗教信仰自由政策得到落实，佛教活动场所归还或重建，佛教活动渐趋正常。2006年6月下旬，释式清、释慧明赴香港承接释覚光法师法脉（第四十七代）。2007年6月28日，释式清、释慧明等3人受香港佛教联合会邀请，参加“香港回归祖国十周年鸣钟大典”仪式。

第一节　佛教源流

南朝宋元嘉二年（425），僧凤跃在象鼻山西麓创凤跃院，乃象山佛教传入之肇始。至唐五代，象山佛教传播日广，等慈禅寺以禅林著称，普明院以律寺闻名，常乐寺、蓬莱禅寺等相继建立。宋初，全县禅、律、教等各宗寺院知名者21座。宋室南迁之后，十八大寺院中16座已具规模。其间名僧有：宝梵讲寺住持德臻，曾依明州（宁波）延庆寺知礼习天台教观30年，赐以“真懿大师”称号；象山籍临济宗禅僧虚堂智愚，为宋理宗、度宗皈依师，教化鼎盛，法嗣10数人，法脉远衍日本；智门禅寺住持物初大观、灵岩禅寺住持兀庵、普宁等皆为南宋临济宗高僧。普宁在日本创立禅宗“宗觉派”，是中日佛教交往史上一宗大事。元，禅宗、天台宗、律宗等学者、名僧多兼弘净土，随着宋朝制定的水陆仪规逐渐传播，象山佛教寺院从事经忏佛事渐多，而从事持戒、参禅、研究教义日少。此朝名僧有善来、妙源、竺仙、梵琦、法衡及非象山籍云外云岫、福报、昙噩等。

明洪武二十四年（1391），等慈禅寺、智门禅寺被立为“丛林”成浙东名刹。常乐寺、伍师寺、太平寺重建，宝梵讲寺、护境寺、普明寺、延寿禅寺重修，玉泉寺、仙岩寺被毁，名僧有无愠、文述、潘头陀。清中叶，经济发展，社会稳定，新置、修葺寺庵众多，香火兴盛，然新置寺庵大都规模较小，也未见高僧现世。民国期间，象山佛教寺庵多至800处，几成佛国，为历朝之最。但寓僧、尼的仅363处，绝大多数为居士、俗家弟子所居。民国35年（1946）正月，佛教界召开全县代表会议，成立支会（属宁波佛教分部），象山始有佛教管理组织。

中华人民共和国成立后，各寺庵由当地乡镇政府予以保护、管理。土地改革，宗教活动暂停，全县僧尼参与土地改革，均同样分得一份土地。土地改革后，不少僧尼还俗，或年老离寺，人数锐减，寺庵被占。僧尼除修持、诵经、早晚功课等外，正常法事活动停止。1958年，宗教界开展社会主义教育运动，全县僧尼响应号召，先后在智门禅寺办起“六和纸厂”，在宝梵讲寺开办“草袋厂”“毛巾厂”等。这些企业后过渡为社办、县办集体企业，从业僧尼不少随厂转为正式职工，有的还俗。各寺庵还献出房产供社会使用，捐献“废铜烂铁”，支援“大办钢铁”。

1966年“文化大革命”开始，横扫“四旧”，正常宗教活动禁绝，僧人被遣散或还俗，有的到所在地生产队劳动，有的入社会福利工厂工作；佛像被毁，房屋相继被一些单位占用；名胜古迹毁坏殆尽，珍藏文物损失惨重。属宗教团体的寺庵房产由房管部门代为管理。

中共十一届三中全会后，宗教信仰自由政策恢复，佛教活动渐趋正常。1986年9月，县佛教协会成立。翌年9月，等慈禅寺被省人民政府批准为佛教活动场所，为县内首座开放寺院。尔后，寺庵房产政策不断落实，修建殿宇盛行，佛寺活动频繁，修持坐禅、讲经开示渐兴，流传宗派趋同。每年有港台同胞、海外侨胞等到等慈禅寺或其他寺院进香礼佛。1992年，贯彻省人民政府第25号令《浙江省宗教活动管理规定》，佛教始纳入依法管理、依法活动轨道。至2008年，全县依法登记寺庵130处，开放寺院55处，有僧尼370人。

1949—2008年部分年份象山县佛教僧尼、寺庵情况表

表49-1

年份 \ 数量 \ 类别	僧（人）	尼（人）	合计（人）	寺庵（处）	备注
1949	256	213	469	343	1. 1949年僧尼、寺庵数不含南田区 2. 僧尼包括沙弥、沙弥尼与比丘、比丘尼
1955	136	104	240	144	
1985	68	59	127	70	
1992	121	59	180	109	
2002	162	57	219	129	
2008	328	42	370	130	

第二节　寺　　庵

象山历史上寺庵众多。至2008年，全县依法登记的佛教活动场所53处，修持场所77处。

宝梵讲寺（东寺）

位丹东街道东澄河路82号。清雍正《浙江通志》列教院之一。宁波市级重点寺院。宋建隆二年（961）建，名东禅院，俗称“东寺”。治平二年（1065）改赐今额。政和年间（1111—1118），天台宗“真懿大师”、象山籍僧德臻驻锡，募建轮藏，兴作于建炎元年（1127），绍兴四年（1134）落成，“得经五百函以实之”，成名刹。明永乐七年（1409）重修，后为住僧所败。嘉靖二十五年（1546）邑令蒋三才拆建县治仪门，毁寺。清乾隆十九年（1754），郡守胡邦佑令张肇扬清理居民占地，僧支云重建大殿。乾隆二十一年，邑令曹鎜又毁之。嘉庆十八年（1813）僧尔贤募资重建。民国6年（1917）僧传田重修。民国县佛教会两届会址均设于此。1956年，修康尼师等移住，创办针织厂以生产自养。后部分殿宇被村民、企业占用。1958年，修康与众僧尼开办“草袋厂”。1992年，列佛教活动场所。1993年始，修康率众尼修建。2005年，尼达照主持。殿宇90间。与象鼻山西之等慈禅寺合称为“象之两目”。

紫云庵

位丹东街道范岙山。始建年代无考。清光绪二年（1876）重建。1955年，玉皇殿并地楼5间被村民拆去。20世纪80年代重修。1991年尼萃月又修，并新造砖混结构的斋堂、东厢楼。2004年2月，建大雄宝殿、两厢楼。殿宇42间。

龙泉庵

位丹东街道叶岭坑。清乾隆年间梁氏建。20世纪80年代，建大殿、厢房。90年代，僧萃杏与徒宝卫先后重建、新建前后大殿等。2004年2月，募建念佛堂、两厢楼。殿宇60间。

瑞龙寺

位丹东街道河东瑞龙山麓。寺以山名。清雍正《浙江通志》列甲乙律院之二。北宋乾德四年（966）僧曰蔡建。民国《象山县志》（点校本）称日蔡，误。熙宁元年（1068）加赐“寿圣”二字。南宋绍兴三十二年（1162）改赐“瑞龙广福院”额。元大德间礼请“佛真文懿禅师”昙噩驻锡。入清式微。清嘉庆间，延常乐寺广悦为住持。后其徒德悟主寺募修，殿宇遂新。宣统三年（1911），僧明耀重修。徒传常于民国6年（1917）又修。日军入侵，无僧居住。民国后期僧萃成等修持。土地改革时部分殿宇析为民居。1956年，“八一台灾”时损。1958年后陆续拆迁，至20世纪80年代仅存大殿数楹。1991年后，僧了根、莲德建观音殿、西厢楼、东厢楼、斋堂等。1996年始，僧提觉主持，大兴琳宇。殿宇180余间。

照49-1　瑞龙寺

等慈禅寺（西寺）

位丹西街道凤跃路5号。初名凤跃院。清雍正《浙江通志》列禅院之一。宁波市级重点寺院。南朝宋元嘉二年（425）置，宋治平二年（1065）改赐今额，俗名“西寺”。明洪武二十四年（1391）立为“丛林”，嘉靖四年（1525）重建，后圮。清乾隆三十四年（1769），僧会司支云重建，历3年成。又僧等缘建厢楼。乾隆五十四年，僧南乔重修。光绪十一年（1885）县令邹文沅、僧守福修。民国7年（1918）僧传

照49-2　等慈禅寺

常、民国9年师明耀又建地楼、大悲阁厢楼。民国12年，僧明耀率徒传常重建大殿并西廊。时以金刚殿、大雄宝殿和玉佛殿为中轴线，布列东西偏殿、方丈室、藏经室、寮房等，周围高墙。平面布局呈长方形。殿内石金柱刻前清进士、县人陈畲与民国象山县知事李芳撰题之联语。因与宝梵讲寺分居象鼻山东西两侧，有"象之两目"之说。1984年6月，公布为县级重点文物保护单位。1987年始，释可成主持，率众重修并扩建殿宇。殿宇200间。

飞泉庵

位丹西街道白石村白蟹潭山上，又名白蟹潭庵。清康熙初，僧普周复于庵旁跨泉建殿，曰"飞泉"。乾隆三十八年（1773）里人募化重建。1989年，焚毁。是年，僧英悟重建佛殿并西厢房。又于1993年，建观音阁。2008年，僧仁奇拆建殿宇、山门。殿宇51间。

普福庵

位丹西街道珠水溪村黄土岭。唐天祐元年（904）创建。旧有山门、前后殿、两厢房30余间，呈"日"字形布局。前殿中供真武帝，真武殿前置戏台。20世纪中叶，先后被村民、企业占用，一度废败。2000年后，僧证道重建、新建山门、前殿、大殿及两厢楼等。殿宇52间。

弥陀寺

位爵溪街道白沙湾龙春山麓。始建年代不详。宁波市级重点寺院。清道光七年（1827）重建。同治十年（1871）常住得乡绅赵开有资助重修。时有天王殿、大殿、观音殿及厢房、大斋堂等。1953年，为村小学校舍。"文化大革命"期间被黄沙加工厂占用。1978年，僧德空主持。1987年，礼请天台国清寺、象山籍僧莲智主持。1990—1992年新建斋堂，拆建东西厢楼。1994年始，先后拆建山门、天王殿、大雄宝殿，新建伽蓝（赵五娘）殿。2003年7月，新大雄宝殿上梁，一年后竣工。2008年，建砖混结构佛像珍藏馆。殿宇100余间。

照49-3　弥陀寺

玉泉庵

位爵溪街道后山，俗称"上庵"。创建于明代。1987年焚毁。1989年，僧克方重建大殿及两厢楼。又于1995年，筑钟楼。2003年，徒振慧新建大雄宝殿。2007年建山门。翌年，拆建祖师堂。殿宇55间。

蓬莱庵

位爵溪街道后山，俗称"下庵"。始建于明嘉靖年间。坐西朝东，四合院式建筑。清道光八年（1828）十一月，住僧募修。民国27年（1938）僧英毓主持大修佛殿，廊檐石柱刻楹联，梁枋饰挂件。1995年，尼永悟、永明又修，并新建砖混结构左、右厢楼。殿宇24间。

聚福庵

位爵溪街道后山，又名如福庵，俗称"中庵"。始建于民国初年，一正两横。土地改革时析为民居。1994年，僧若性自六村迁建于此。2007年，拆扩建大殿、西厢楼。殿宇38间。

三官堂

位石浦镇六村旧所城内后山。坐东朝西。明嘉靖二十年（1541）僧印善建三官殿。清道光八年（1828）拆建为一正两横。光绪八年（1882），尼若法建殿前地楼。1991年尼灵顺修。1997年，尼修慧建玉佛殿及两厢楼。2006 年 9 月，拆建三官殿、天王殿，改朝向西为南。殿宇 46 间。

药师庵

位石浦镇东门岛城隍庙内，通称城隍庙。明初设昌国卫于此时，与庙同建。清道光十三年（1833）修。民国 2 年（1913）又修。20 世纪中叶后，与庙同为东门渔业队仓库。1982 年，僧萃定修缮。1988 年，僧了清建砖混结构两厢楼。2004 年，建大雄宝殿。殿宇 18 间。

清凉庵

位石浦镇后岗山。清咸丰年间建，俗称“上清凉庵”。20 世纪 80 年代，僧振贤重建佛殿及半山画亭。1994 年，僧月常募建两厢楼。2001 年，僧其常主持，重建佛殿、伽蓝殿及厢房等。2007 年，募筑文（昌）清（凉）简易沙石公路。殿宇 45 间。

海明庵

位石浦镇南向村。清嘉庆二年（1797）尼了净募建，初名下里庵，俗名“南向庵”。清咸丰年间重修。20 世纪中叶，一正两横三合式殿宇村占大部。1991 年，僧允安主持修缮，并重建圆通殿及东西厢楼。1993 年后，又连年兴建大殿、天王殿及斋堂、厢房、山门等。殿宇 55 间。

西龙庵

位石浦镇玉女山。清同治二年（1863）建。民国 17 年（1928），僧从友大修，一正两横三合式殿宇。正殿石柱，名人撰书，廊檐丹墀，古朴整洁。20 世纪 80 年代僧式道修。1994 年，僧月栖建东院砖混结构厢楼，后又修。殿宇 20 间。

渔师禅寺

位石浦镇渔港路二湾森林公园。2001 年，经县政府批准建造。2006 年，僧莲国募建大雄宝殿。殿宇 20 间。原渔师庙建于清，在沿港路三湾路廊北百米处。殿有鱼骨大梁。每年农历四月二十日，成群海豚嬉闹于庙前，民曰“拜渔师”。20 世纪中叶被拆除。

天门庵

位石浦镇昌国大明山上，一作大门庵。清道光十年（1830）林史氏建。光绪十四年（1888）僧隆清重修。民国 36 年（1947）僧达高募又修。后僧萃兴重建大殿。20 世纪 80 年代后，僧月弘率徒可法募建圆通殿、厢楼，并筑 7 级石浮图一座。2006 年建西厢楼。翌年，僧可法主持，拆建地藏殿、大雄宝殿。殿宇 54 间。

清福庵

位西周镇蒙顶山上，又名宝福庵，俗称“大茅棚”。清嘉庆五年（1800）僧无为建。后圮。1990 年，尼修常结茅栖居。1993 年，募建大殿 3 间。翌年，于大殿两首增建阁楼。20 世纪末，又募建东西厢楼。2004 年，僧悟示主持，建寮房。翌年，建厢楼。2006 年，建“望朔楼”，又筑山路，并摩崖石刻 10 处。殿宇 35 间。

紫云庵

位西周镇蔡家田村白岩山上。始建于南宋淳祐三年（1243），为智门禅寺之支庵。早系史弥久状元夫人史顾氏之坟庄屋。清雍正年间智门禅寺住持释一柱修。道光七年（1827），僧太常、德同重建。1960 年始，僧若正主持修缮。2000 年，僧唯圆拆建西后厢房。翌年，拆建大雄宝殿。2002 年，又拆建东西厢楼，并建东后厢房。殿宇 32 间。

宝福寺

位西周镇蒙顶山东峦朱岗。僧仁茂始建于清道光二十一年（1841）。光绪二十年（1894）修。

人民公社化时期改畜牧、蘑菇场。1965年，天台山僧显定修持。1994年，募建前殿。翌年，与徒了忠造两厢楼。2002年，新建天王殿。2005年，释了忠重修。殿宇42间。

五峰庵

位西周镇陈隘村五雷山北麓。庵前并立有5座山峰，故名五峰庵，俗名“西庵”。清顺治八年（1651），陈德性创建，并捐田招僧体俊主持。20世纪50年代辟为蚕场。1990年始，僧菩达主持，先后募建大殿、厢楼等。2003年，徒提清主持，拆建地藏殿。2004年、2005年建洪福殿、大悲阁。2008年，建大雄宝殿。殿宇49间。

紫微庵

位西周镇上张村五雷山东麓。清初，陈隘村陈氏之女创建，初名八宝庵。较五峰庵东，俗称“东庵”。清乾隆九年（1744）重建。20世纪中叶僧谛罗主持。1984年，僧了法修建大悲阁。2002年，僧正修建厢楼。2004年，僧门生主持，于翌年拆建大雄宝殿，新建念佛堂。2006年，建地藏殿（楼）、斋堂。2008年，拆建观音阁（楼）。殿宇62间。

思孝庵

位西周镇金龟山南麓。始建于元，系西瀛周氏后裔二世祖守孝之草庐，故名思孝庵。人民公社化时期作西周中学校舍。1996年，改向朝南，拆建大雄宝殿、东西厢楼及山门。僧广宏、唯圆、性文，尼谛清、谛明先后主持。殿宇26间。

承龙庵

位西周镇毛竹山。陈氏母建于明万历二十三年（1595）。清嘉庆五年（1800）重建。嘉庆十九年，建厢房等。1991年，僧英理拆建大雄宝殿及两厢楼。1998年，徒萃照尼师主持。殿宇36间。

天定庵

位西周镇杭头村大岭丛南麓，俗名“杭头庵”。明洪武三年（1370），居士应宗义建。清雍正元年（1723）扩建。乾隆元年（1736），僧谷安重修。嘉庆二十一年（1816），应氏二妇募修。民国初尼音相修持。民国35年（1946）后，尼若德主持、修缮。1990年始，尼若德、唯达率众募化重建。2000年，唯达主持，筑路围墙，又建念佛堂、寮房。殿宇43间。2007年7月，释若慧尼师圆寂，火化后于烟灰中得舍利子数千颗。翌年6月，旁庵筑舍利塔一座。

报恩庵

位西周镇直岙村开口岩。始建于清乾隆二十五年（1760）。20世纪中叶，僧谛亮主持。1956年，“八一台灾”殿宇毁半。人民公社化时期辟为畜牧场。后圮。1980年，尼修常重建。1994年，僧了静拆建大殿。2002年，僧菩达建东厢楼。2004年，拆建两厢楼、南楼、山门，建祖师堂。2006年，建斋堂。殿宇41间。

法云古洞

位鹤浦镇樊岙村石屋山。清光绪十三年（1887），僧俗于石洞口依山构筑。20世纪80年代，僧振吉修建。1993年后，僧悟能率众建殿宇、筑山路、布电线。殿宇15间。

福田庵

位鹤浦镇樊岙村雉鸡山头。建于元末。20世纪80年代，郑钦式等修持。2001年，僧维通与徒可东修，并建左厢楼及盘山简易公路、半山画亭一座等。翌年，建斋堂。2008年，拆建大殿。殿宇20间。

报德寺

位贤庠镇着衣亭村。清光绪三十四年（1908）僧济定建，名报德庵。民国年间尼式慧主持。20世纪50年代初，设过乡公所，东厢房析为民居。“文化大革命”时期，佛殿与东厢房拆。1992年，尼远莲募建大殿，并修西厢房。2005年，僧常旸建东厢楼。翌年4月，新建大雄宝殿及经堂、斋堂。2006年，准称报德寺。旋又建天王殿、地藏殿、西厢楼。殿宇50间。

常乐寺

位贤庠镇下寺前村北山南麓。清雍正《浙江通志》列禅院之四。唐乾宁中（896）明州刺史黄晟建。系黄氏香火寺。宋乾德二年（964），赐名“宝庆院”。嘉祐八年（1063），邑令陈君玠易为十方之院，招僧道相、文应主持。治平二年（1065）改“常乐院”额。后圮。明永乐四年（1406）重建。清顺治初毁于火，康熙八年（1669）又重建，并设黄晟神位。清康熙间（1662—1722），延僧如思等复建法堂。乾隆年间（1736—1795）僧会司文明重建。嘉庆元年（1796），令叶和侃、黄氏裔延僧广悦主持修缮，并修黄太傅祠。民国18年（1929）仅一僧，寺内兴办“黄氏私立常乐小学”。未几改名“林溪乡常乐代中心国民学校”。1950年，小学外迁，除佛殿外析为民居，随之部分拆去。20世纪60年代初，殿宇作为麻纺厂车间。1969年，车间失火，佛殿等焚毁。80年代初，里人重建大殿5间。1990年，僧克义、印祥修建，1996年，僧宏杨建佛殿。1998年，僧萃贤又修，越二年，重建大殿、两厢楼。2008年，拆建圆通殿、东厢楼、斋堂。殿宇54间。

龙角寺

位贤庠镇溪沿大山，初名云峰寺，俗称“小灵峰”。僧金赤（施鳞琪）创建于南朝梁武帝间（502—557）。唐末僧佛陀修建。南宋乾道年间（1165—1173）僧益康修。绍熙（1190—1194）僧顺燕又修。清嘉庆元年（1796），僧普仔募修。后徒丹青改名为龙角寺。咸丰五年（1855），僧和生更名为小灵峰寺。民国20年（1931），僧小者募修。至民国末年，僧撮来主持，仅存四合院式殿宇1座。20世纪50年代，善信居住，并一度辟为茶场。1991年，僧明友主持修缮，并募建三圣殿（楼）。旋又募筑盘山简易车路5千米。1992年，准复称龙角寺。1994年后，复建香客楼、佛殿与天王殿。2006年，僧证慧重修。殿宇22间。

大悲禅寺

位贤庠镇岙里弄村，初名大悲庵。原址马岙仙岩岭外，创建于明洪熙元年（1425），民国元年（1912）迁至现址。土地改革时，横厢析为民居，余由村占用。1980年，盲僧克修募修。1992年8月，僧君剑修，并建西厢房、祖师堂。1995年，新建观音殿。2001年僧德敬主持，4月新建寮房，10月建天王殿。2002年，5月拆建西厢楼、寮房，8月又建寮房。是年，准称大悲禅寺。2003年11月，始建大雄宝殿、地藏殿、山门、斋堂、碑廊及放生池等。殿宇90余间。

斜山庵

位定塘镇田洋湖村。建于清乾隆十三年（1748）。民国末，尼音志主持。土地改革时，厢楼及部分殿宇析为民居，后被住户拆去。1956年“八一台灾”时毁。1992年，僧宏光重建东厢房并改坐向。1998年始，建佛殿、山门、三圣殿等。殿宇36间。

大雷禅寺

位墙头镇朱家村大雷山北麓。明嘉靖间智门寺僧建，初名大雷庵，又称“大雷庄”。清康熙四十五年（1706）重建。雍正十二年（1734），平庄亲王赐今额。道光二年（1822），智门寺僧瀛川重修。民国4年（1915），僧功莲又修。后功莲被日军杀害，遂衰。土地改革时半数殿宇析为民居。1986年，盲僧智觉主持，逐年修缮，香火复盛。2007年4月，新建圆通宝殿、斋堂、山门等，周围高墙。殿宇62间。

云门庵

位墙头镇洋北村郑行山西麓。南宋绍兴三年（1133）建。至民国末，殿宇一正两横又寮房6间。土地改革时部分殿宇析为民居。人民公社化时期，辟为畜牧、蘑菇场。1974年，被村沙发厂占用。1991年，僧印祥修缮，并建韦驮殿。1996年，僧延明等修。2002年，僧妙月主持，拆建天王殿、西厢楼等。2006年9月，重建大雄宝殿，翌年10月完竣。殿宇31间。

智门禅寺

位墙头镇舫前村白岩山东麓。清雍正《浙江通志》列禅院之三。始建于五代后周显德四年（957），初名保安院。北宋治平二年（1065），赐“智门禅寺”额。南宋嘉定六年（1213）住僧师哲得史越王府助银兴修。明洪武二十四年（1391），立为“丛林”。嘉靖二十八年（1549）重建。清乾隆、道光间先后又修，寺内创设宿驿。时殿宇近百间，僧人众多，有“千僧院”之说。为象邑十八大名寺之一。宋、明两代名僧迭出。民国时，住僧毁戒，遂败。至民国末年，寺僧仅英德等数人，僧二房析为民居。1954年，辟为国营苗圃（后改为林场、林区）。1976年后，办过宁波师专班、小学。是年，僧二房焚毁。1980年，茶厂占用。20世纪80年代始，僧俗多次着手重建，均未成。2002年，住僧清修与照灯、照德重建大雄宝殿。2005年始，僧中麟先后建天王殿、观音殿、念佛堂等。殿宇136间。旧有黄庭坚所书苏轼前后《赤壁赋》宋碑，惜已佚。传南宋丞相、鄞人史弥远年轻时曾寓此攻读诗书，卒后寺内供其神位。

灵岩寺

位泗洲头镇峙前村灵岩山南麓。清雍正《浙江通志》列禅院之八。北宋太平兴国二年（977），僧智瑫创建。熙宁元年（1068），加赐“寿圣”二字。南宋绍兴三十二年（1162），改赐“灵岩广福院”额。淳祐间，杨岐派著名禅僧兀庵普宁驻锡。元代曹洞宗著名禅僧云外云岫亦于此弘法。明中叶，天台宗第二十七世法嗣乘起修缮殿宇凡百余间，有“千僧过堂”之盛。后式微。清光绪间大修。抗战时，住持可友被日军杀害，僧散寺败。土地改革除两殿外余析为民居，并随之拆去。20世纪50年代初曾辟为畜牧场。1956年“八一台灾”，两殿坍塌。1984年，僧英悟从邻近拆得三官殿，重建佛殿。1993年始，僧萃志、照宣建寮房、新建斋堂、佛殿等。殿宇28间。《禅林珠玑》载，明初大和尚恕中无愠禅师，出世该寺。相传，被赵匡胤封为“天下第二寺”。

法王寺（上院）

位涂茨镇珠岩山峰下西南。宋建隆二年（961）建，初名石岩庵，后改称法云庵。清乾隆《象山县志》：僧明宇修。顺治十年（1653），僧明寅重修。宣统元年（1909）僧功仁筑石屋3间，并修。民国14年（1925），住僧修。人民公社化时期，被林场占用。1989年始，僧慧通修，并新建简易房。2001年，僧达文建佛殿、斋堂等。殿宇27间。

普陀禅寺

位涂茨镇中堡村西牛山东麓。始建于唐太宗贞观元年（627），初名观音堂，后称观音殿，俗名“小普陀”。清嘉庆十八年（1813）重修，改名普渡庵。20世纪50年代初，析为民居。“公社化”时，辟为畜场、茶场。1992年，僧了慧主持。1999年，准称普陀禅寺。僧俗先后建佛殿、厢楼等。殿宇70间。

玉泉讲寺

照 49-4　玉泉讲寺

位涂茨镇玉泉山下，寺以山名。清雍正《浙江通志》列教院之三。宋乾德二年（964）建。熙宁元年（1068）加赐“寿圣”二字。绍兴三十二年（1162）改赐“玉泉广福院”。焚毁于明初。1996年，僧证音于遗址蚕山南易地新建大殿。继而征地劈山，新建天王殿、两厢楼、斋堂、药师殿、山门、钟鼓楼、寮房等。2005年，释惟慈（证音）、仁道建安养楼、临终堂。2006年，天王殿、大雄宝殿、藏经殿（楼）三大殿奠基。2007年9月上梁，翌年竣工。殿宇200间。全国政协原副主席、中国佛教协会会长赵朴初题有匾额。关于玉泉寺焚毁一事，有多种传说。

万善庵

位大徐镇泥塘村官山东麓。僧轰岳、轰贤建于宋代。清光绪七年（1881），僧同兴修。民国19年（1930）后，僧成云与徒谛员修持。20世纪50年代，部分殿宇析为民居，后毁于“文化大革命”。1987年，僧克修、若念拆建大殿。翌年，僧若念，先后修建左右厢房。2008年，僧华杰奠基新大雄宝殿。殿宇21间。

福庆禅寺

位大徐镇大一村西山东麓，俗名“西山殿”。清道光四年（1824）建。民国间刘嘉会改为十方院。20世纪中叶尼演悟主持。60年代被公社玻璃厂占用。1971年焚毁。1984年，尼演悟重建大殿。1994年始，僧克定拆建大殿、厢楼、斋堂、药师殿。2007年2月，徒振兴新建大雄宝殿。殿宇58间。

东瀛庵

位大徐镇杉木洋村干岭头。建于明代中叶，系大徐村徐姓始祖徐旃衍脉杉木洋徐氏之香火庵。20世纪50年代，尼谛祥主持，“文化大革命”时被学校占用，后被大队拆去建校舍。1980年，僧克修建佛殿、两厢楼等。2008年，拆建大雄宝殿、斋堂。殿宇32间。

双龙庵

位新桥镇高湾村，俗称“双坑庵”。清乾隆《象山县志》载，僧广照修。民国10年（1921），僧式仁建地楼。民国21年，僧正全拆建后殿并两厢房。民国36年，正全与徒可成拆建佛殿。1951年，殿宇大都析为民居。1987年焚毁。1988年后，僧可成重建。1999年始，又新建三圣殿、地藏殿、天王殿、圆通宝殿等。2007年，僧华清建西厢楼。殿宇47间。

回龙禅寺

位新桥镇山根村五师山箭岭。昔有4姑娘修行、往生、瘗骨于此，故俗名“师姑基庵”。创建年代不详。清光绪元年（1875）修建。民国20年（1931）重修，殿分前后，前为玉皇殿，后殿中供佛像。2002年，僧了文募建佛殿。2003年后，僧瑞斌建东厢楼、斋堂、地藏殿，又建西厢、拆建玉皇殿。殿宇41间。

灵佑禅寺

位新桥镇关头村纱帽山南麓。始建于南宋，为鄞县迁徙新桥关头史氏所筑，系关头史氏香火庵。清雍正三年（1725），关头俗史姓僧心观与弟岳忆、心礼修庵置产。乾隆末年遭毁败。后信士恩贡、槐公等共相筹划，僧能彩、必慈先后主持。咸丰、同治间被住僧毁败，僧式仁、正传先后主持修葺。道光十九年（1839）重修，更名集福寺。后圮。民国24年（1935）九月，乡民自发筹资千余金整修。20世纪50年代初，为乡邻孩童识字与土改队工作场所。人民公社化时期，辟为畜牧场。至80年代仅存佛殿数楹。1992年，住僧萃智募化拆建大殿、厢房。1998年，僧式清、萃智于原址西首，历两年兴建大雄宝殿、藏经殿。新世纪初又新建法华楼、四合式西厢楼。殿宇100间。2007年4月，准称今名。

法云庵

位东陈南堡黄村，又名朱家岙庵。民国9年（1920）重修。20世纪中叶被拆，70年代末重建。1991年建东厢房。1997年建西厢房及山门、围墙。2000年始，僧果巨重修，并建厢楼、祖师堂、斋堂、观音殿等。殿宇43间。

保宁讲寺

位东陈乡马岗村。清雍正《浙江通志》列教院之二。旧名保宁院，后周显德五年（958）置。宋熙宁元年（1068）加赐“寿圣”二字，绍兴三十二年（1162）改赐“保宁广福院”额。民国末存大殿、东西厢房、观音阁，由二信女修持。20世纪50—60年代辟为社队畜牧场。1964年，大殿被拆除。“文化大革命”期间，观音阁被拆。1993年，里人重建观音阁。1995年始，僧月定先后建斋堂、厢楼、大雄宝殿。殿宇40余间。

宝山庵

位晓塘乡中央站村。建于明代，清嘉庆十年（1805），僧观一修，后顾裕福等又修。新、旧社会曾设过乡政府、乡公所。“文化大革命”期间被生产大队拆除。1993年，改向建佛殿，并建南首厢房。1994年，僧普高翻升厢房。殿宇17间。

护境寺

位黄避岙乡大林村白象山南麓。清雍正《浙江通志》列禅院之七。北宋建隆二年（961）建，初名“护境”。仁宗年间，赐建上下牌坊，并改名广福院。熙宁二年（1069）加赐“寿圣”二字。南宋绍兴三十二年（1162），改赐“护境广福院”额。明嘉靖三十八年（1559）重修。清香火甚旺，时得海外善信朝拜。民国末式微。土地改革时，厢、寮房析为民居。1956年“八一台灾”寺院被毁。1994年，信士杨子香购民宅筹复。1998年，里人于原址重建大殿。1999年，僧益民主持。2001年，重建东厢房、地藏殿。2006年，建千佛殿。殿宇21间。原有南宋高宗御碑、护境寺唐碑、护境寺重修记碑等多方，均佚。

翠罗庵

位茅洋乡徐家岙村。清道光三年（1823）建。土地改革时，殿宇析为民居，后被住户悉数拆除。20世纪80年代初，里人重建大殿5间。90年代中，僧修法先后募建两厢房、大殿。1998年拆旧大殿，新建山门及斋堂等。1999年建天王殿，2008年拆扩建。殿宇32间。

紫林庵

位高塘岛杏八村箬鱼山峦。始建于清光绪二十年（1894），一正两厢。民国末式微。20世纪80—90年代，信女林秀妹、黄玉英等修缮。2000年，僧法伟募建东厢楼。2003年，僧克吉重修。殿宇16间。

2008 年象山县佛教修持场所情况表

表 49-2

名　称	坐　落	始（重）建年份	备　　注
香谷庵	丹东街道梅溪村	清崇德元年（1636）	清光绪二十二年(1896)尼成寿修。21 世纪初尼克静修建。殿宇 19 间
延寿庵	丹东街道岙里村	明　代	僧续龄修,清光绪十年(1884)尼古清等重建。1984 年,始尼萃月、克桂、克慈修建。殿宇 20 间
支提庵	丹东街道岙里村金钟山西麓	不　详	清咸丰间(1851—1861)重修。民国 11 年(1922)释英法又修。1990 年后,僧萃华修建。殿宇 40 间
山田庵	丹东街道河东村钟灵山上	清光绪八年（1882）	一名钟灵庵、散田庵。原朝宗碶旁,今者由进士齐其仪等建。清宣统元年(1909)僧传授修。1956 年,僧达高大修。2002 年,僧则圆与徒慧法拆建大殿、厢房。殿宇 20 间
西坛庵	丹西街道西丹路 20 号	清嘉庆十年（1805）	一名地藏殿。里人吴道椒创建,周大鲲助田。清道光(1821—1850)、光绪(1875—1908)重修。1992 年始,僧克安、尼振明、僧提良修建。殿宇 34 间
福庆庵	丹西街道杨蓬岙村	清光绪间（1875—1908）	民国 34 年(1945)重建佛殿。1983 年僧光益、尼舒灵重建殿宇 30 余间。2006 年,僧振源拆建大殿、地藏殿。殿宇 48 间
灵泉庵	丹西街道三叉路村柴岙	清光绪九年（1883）	民国末尼英诵主持,时佛殿 15 间。1982 年始,僧英岳、萃永修建殿宇 40 间。有古碑 3 方
竺灵庵	丹西街道三叉路村竺家山	清嘉庆二十一年（1816）	竺氏家庵。20 世纪 80 年代信女莲秀重建。2000 年始,僧振通拆建地藏殿、厢房、佛殿。殿宇 32 间
福庆庵	石浦镇十二村	清　代	1998 年,僧圣空拆建大殿。殿宇 9 间
观音堂	石浦镇十二村	民国 7 年(1918)	尼贤宗与徒金玉英先后修。殿宇 4 间
龙圣庵	石浦镇七村北门后山	清嘉庆间（1796—1820）	俗名下清凉庵。清同治六年(1867)修。2001 年,尼修华拆建、新建大殿、厢房等。2007 年,僧达兴主持。殿宇 24 间
护龙庵	石浦镇五爱村	清咸丰三年（1853）	又名龙德庵。初创时殿宇 7 间。1958 年,改作生产大队食堂,后析为民居。1996 年始,尼克华与徒振定先后拆建。殿宇 17 间
王清庵	石浦镇东门村泗洲路	不　详	明永乐十三年(1415)闽人修建。清嘉庆十五年(1810)年重修。20 世纪中叶与庙同为渔业队仓库,后为电厂、民居。1988 年,僧妙华修。1997 年僧妙宗主持。殿宇 50 间
庆云庵	石浦镇马峙村	清咸丰五年（1855）	初创时殿宇 6 间。1997 年,尼振青修。2002 年,僧莲智助建大殿。后僧月求建两厢楼等。殿宇 47 间
西福庵	石浦镇半岭	清道光十二年（1832）	亦名西庵。初创时殿宇 9 间。1993 年始,僧化来修建。殿宇 17 间
永清庵	石浦镇蓝家村	清　代	1993 年焚毁。是年尼智定、了相建佛殿及两厢楼。殿宇 19 间

续表49-2

名称	坐落	始（重）建年份	备注
白云庵	石浦镇蒋家湾村山上	清乾隆间（1736—1795）	清光绪十六年(1890)修。1994年信女王彩娣建观音阁、厢楼等。2005年僧文勇,筑盘山公路。殿宇22间
天王寺	石浦大金山	清代	1996年,里人于旧址建佛殿、东厢楼。2001年,僧悟能扩建东厢楼,并于2007年率徒心海建地藏殿、钟楼、斋堂等。殿宇37间
福寿庵	石浦镇横路桥村田下岭	清同治四年（1865）	清光绪三十一年(1905)修,时殿宇9间。20世纪80年代善信修。2004年始,僧智良重建殿宇29间
北瑞庵	石浦镇昌国二村	不详	清雍正九年(1731)修建。1995年始,僧则钦拆建。殿宇19间
皇城禅寺	石浦镇昌国缸甅山南麓	1995年	开山,僧萃兴。1995年始,建地藏殿及东厢楼、寮房等。殿宇23间
佛子井庵	石浦镇七村北门后山	清顺治三年（1646）	一名静修庵。1998年,洞关善男董永泉筑地楼。后于2003年,拆建佛殿等。殿宇27间
凤南庵	西周镇伊家村乌岩山	清咸丰九年（1859）	尼能德重建。僧万培于1998年修,2003年建斋堂。殿宇16间
金泉庵	西周镇蒙顶山	宋(960—1279)	又称蒙顶庵,俗称"小茅棚"。20世纪70年代始,僧显定、尼谛定与妙音先后修建。殿宇27间
天寿寺	西周镇蒙顶山天池旁	唐(618—907)	南宋改建,赐"天寿寺"。明立"丛林"。清康熙四十六年(1707)僧月斋修。光绪间设坛开戒。民国32年(1943)僧功梅修建。2004年,僧悟示主持。殿宇19间。日僧几度朝拜,有古匾"海上奇观"等3块
白云庵	西周镇大坑村太平山	清初	民国时圮。1992年,僧月净建佛殿,翌年焚毁。1997年,郑世郎重建佛殿。2000年,僧华藏建两厢房等。2006年,僧了妙主持。殿宇14间
碧泉庵	西周镇车岭路1号	清同治十三年（1874）	开山,僧印转。初创时佛殿9间。1997年始,尼了富、振觉修建。殿宇40间
腾云庵	西周镇岙岭顶	清道光三十年（1850）	20世纪80年代,里人重建。2002年,僧月郎建斋堂、寮房。2008年,僧慈春主持。殿宇11间
永福庵	西周镇文岙村大坑山	清嘉庆五年（1800）	初创时佛殿9间。1990年,善信重修。后于1993年,建东厢楼。殿宇17间
乐善庵	西周镇车岭顶	明末	1995年重建。1999年,尼妙德升楼。2008年,僧如意主持。殿宇20间
芦山庵	西周镇田岙村芦山	民国24年（1935）	一名白云庵。初创时佛殿9间。尼觉信20世纪80年代建后厢房,1995年建右厢房。2000年,僧式定重建佛殿。殿宇24间
龙华庵	西周镇牌头村铁炉坑	—	一名白龙庵。清嘉庆间(1796—1820)僧道全修。1992年,僧悟能拆建大殿、厢房、斋堂。翌年,僧提慧建厢房。2004年,僧提高主持。殿宇13间

续表49-2

名称	坐落	始（重）建年份	备注
田湾庵	西周镇柴溪村大岗山田湾	清道光八年（1828）	庵以湾名。民国时废。1990年、1999年、2003年，里人建佛殿、厢楼等。2008年，建水泥盘山车路。殿宇24间
保安洞	鹤浦镇黄金坦村	清咸丰七年（1857）	峭壁有洞，以洞名。初创时洞旁建有3层楼2幢6间。后圮。1998年始，善男叶启忠先后于洞下方建殿宇7间、旁洞建半悬式佛殿2层楼3幢6间。殿宇13间
余庆寺	鹤浦镇凤凰山村	清同治八年（1869）	1989年，里人修建。2000年，僧显杰主持。2004年，后僧了心建祖师堂、伽蓝殿。殿宇9间
安乐庵	鹤浦镇门扇后	不详	里人修于1992年，后又于1999年拆建殿宇及山门。2004年，僧可静拆建右厢房。殿宇28间
梵教庵	贤庠镇溪沿下庄村	北宋太平兴国间（976—983）	黄晟衍脉之香火庵。1956年"八一台灾"圮。1984年，里人于旧址北首建佛殿。1986年后，僧萃觉与徒克仁重建。殿宇13间
元津庵	贤庠镇西山下村	清咸丰十年（1860）	又名回龙庵。光绪末年后，僧启常修持。1988年始，尼谛诚重建。殿宇19间
碧桃庵	贤庠镇珠溪羊中岙	清光绪间（1875—1908）	民国末废。20世纪80年代始，里人与僧维通、白光、慈雨先后重建殿宇20间
福庆庵	贤庠镇着衣亭村	民国间（1912—1949）	俗称半山庵。初创时殿宇4间。1991年始，僧了亮、照永、了清及益定建佛殿、厢房等。属报德寺辖管。殿宇13间
福成庵	贤庠镇沈家洋村大坪头	清末	民国末，殿宇10余间。"文化大革命"时毁。1998年始，僧维通、本义重建。2008年，僧中兵主持。殿宇18间
仙灵庵	定塘镇灵岩山	明下叶	清乾隆间（1736—1795）圮。道光末年里人募修。光绪二年（1876）僧寂妙重修。20世纪90年代后里人修缮。殿宇21间
经藏庵	定塘镇上岙村	清光绪十年（1884）	民国32年（1943），尼显道重建。1994年后，尼照慧建东厢房并修佛殿。殿宇12间
洞岩庵	墙头镇方家岙村大雷山西麓	清光绪二十二年（1896）	又名洞岩禅院。初创时殿宇10余间。1991年始，僧慧照、萃明先后修建。2007年，僧智斌主持。殿宇21间
镇海庵	墙头镇墙头村海山	清初	初创时殿宇13间。1987年，僧月净购房3间。僧照耀于1996年建雷公殿，2007年建厢楼。殿宇26间
慈云庵	墙头镇墙头村沙山岗	清顺治间（1644—1661）	俗称赖家庵。初创时殿宇5间。1994年始，僧化传、振才、融浩先后修建。殿宇28间
紫福庵	墙头镇玉山村玉山	清乾隆二十七年（1762）	开山，僧文弘。初创时殿宇9间。20世纪70年代末修。1998年始，僧白玉建佛殿等。2006年，僧演慧主持。殿宇21间

续表49-2

名　称	坐　落	始（重）建年份	备　　注
龙溪庵	墙头镇东山村龙虎山	清咸丰十一年（1861）	1988年，僧莲贵重修。2000年始，僧若园修建。2007年，僧安心拆建大殿。殿宇18间
灵静庵	泗洲头镇峙后村灵岩山	—	清嘉庆三年(1798)重修。光绪间(1875—1908)又修。民国后尼成忠修。2000年后，僧广宏、允德、华源先后修建。殿宇27间。有多副精妙古楹联
仁济庵	泗洲头镇路西跳岭上	清中叶	民国6年(1917)修，时有殿宇楼、平25间。2001年始，僧则广拆建。殿宇18间
永镇庵	泗洲头镇杨大场村	清光绪二十四年（1898）	清宣统元年(1909)，尼功静重建。1983年里人修。2008年，僧体强主持。殿宇9间
清隐庵	泗洲头镇西山村仰天湖	清乾隆间（1736—1795）	初创时有殿宇16间。2001年、2007年，僧月道修建。殿宇9间
集福庵	涂茨镇下陈村	—	俗名“西山庵”。1991年，里人于旧址建殿宇7间。1993年，后尼则薇、僧达安拆建。殿宇32间
荷花庵	大徐镇陈山村陈山	清同治七年（1868）	民国9年(1920)尼萃香募修。20世纪80年代始，僧谛定、然康修。殿宇11间
集云庵	大徐镇下岙村	清　末	初创时殿宇11间。2000年始，僧果吉修建。2005年建大殿、东厢楼等。殿宇35间
化山庵	大徐镇章家弄村	清康熙四十八年（1709）	1991年始，僧了清重建。2003年，僧达祖主持。2006年僧安荣主持。殿宇26间
清延庵	大徐镇水流桥村	清乾隆五年（1740）	清光绪十年(1884)僧文相修。1983年始，尼显富、了慈修建。殿宇15间
茶亭庵	大徐镇梅洋村樟树岭	民国间（1912—1949）	俗称“樟树岭庵”。20世纪50年代后，里人修。1994年始，信女李国梅拆建大殿、斋堂、两厢楼。殿宇15间
法王寺	大徐镇珠山西麓	宋建隆二年（961）	又名法云庵，俗称“下院”。在珠山顶者称上院。清宣统元年(1909)僧功仁重建。1994年始，僧克修等又重建。2006年，僧传辉主持。殿宇28间
安基山庵	新桥镇外岙村	民国间（1912—1949）	又名白云庵。20世纪50年代，僧永和修持。1993年，尼萃智重建。2008年，僧万富建左厢楼。殿宇20间
荷花庵	新桥镇石柱里村廿亩田	—	清光绪三十二年(1906)重修。1956年僧英尚修持。2001年始，后信女徐阿花拆建殿宇。殿宇17间
中龙庵	新桥镇山根村五师山	民国间（1912—1949）	又名中庵，原系回龙庵庄屋。1990年始，僧广培、果贤先后修建。殿宇41间
西方庵	新桥镇海台村铁炉坑	—	清康熙、乾隆间僧献朝修。嘉庆二十年(1815)僧日明又修。20世纪40—80年代僧达峰主持。后僧则钦、尼萃妙主持。2003年，僧果巨建三圣殿、斋堂。殿宇22间

续表49-2

名　称	坐　落	始（重）建年份	备　　注
衍庆庵	东陈乡西山村	明下叶	清乾隆志:僧澄道修。清道光三年(1823)僧支秀重建,亦名谢圣殿。1989年,尼达云修佛殿。2000年始,僧延慧建厢房、斋堂等。今殿宇27间
万寿庵	东陈乡南盘村	—	清乾隆十二年(1747)僧觉明修。民国末僧新明主持。20世纪90年代初僧迷度主持。1996年始,僧萃刚、现成重建。殿宇20间
南山庵	东陈乡马岗村,旧名翠微庵	乾隆四年（1739）僧永攀修	民国29年(1940)尼修定修持。1991年始尼修定重建佛殿、厢楼等。殿宇12间
灵佑庵	东陈乡松岙村	民国17年（1928）	又称灵寿庵。1979年始,尼维净、僧悟常先后修建。殿宇10间
太平庵	晓塘乡鹤洋村思娘岙	不　详	民国末僧功宝修持。1956年"八一台灾"中毁,1984年始,僧振学建佛殿、厢房等。2008年,僧果定奠基大殿。殿宇11间
石笋庵	晓塘乡美石村	清道光十三年（1833）	20世纪80年代末,尼则青重建。1996年始,里人拆建佛殿、厢房13间。殿宇13间
回龙庵	晓塘乡黄埠村	清嘉庆四年（1799）	民国末仅存佛殿两间半。1982年后,善男阿三建东楼1幢2间。1993年后,尼照慧建两厢房并佛殿2间。殿宇13间
白岩庵	晓塘乡中岙村	不　详	庵以岩名。民国末殿宇7间。1986年,僧克彦修建。殿宇8间
宝峰庵	晓塘乡黄埠村	不　详	又名宝丰庵。清光绪九年(1883)重修。民国末殿宇22间,尼达性主持。1983年始,里人修建。殿宇13间
西洋庵	黄避岙乡大林村	不　详	清嘉庆五年(1800)修建,光绪间重修。1991年始,尼达亮先后建东厢房、佛殿等。殿宇16间
瑞峰庵	茅洋乡断坑村	不　详	俗名"前庵""外庵""小灵峰"。清光绪九年(1883)僧信富修建。1956年"八一台灾"中毁,1988年始,僧式广等重建。殿宇25间
龙山庵	茅洋乡大地园村	清下叶	民国间尼德圆主持。1988年始,僧允如重建。首事史小花。殿宇27间
翠花庵	茅洋乡胡家村白岩山	明嘉靖十二年（1533）	清康熙间重建。1983年始,僧允德、可威、允亮先后修建。殿宇10间
发生庵	高塘岛花岙大佛头山	明崇祯十七年（1644）	民国末仅依山"一"字形殿宇数楹。1992年始,僧允兴、华根先后修建。殿宇9间。旁系张苍水抗清营垒

已废古刹

境内不乏古刹丛林。相传，明万历年间榜眼、昌国邵景尧曾作《十八寺院谣》："宝梵蓬莱到普明，等慈常乐玉泉净。智门伍师祈延寿，护境仙岩祝保宁。灵岩福聚祥光现，瑞龙潭底碧波清。

永明一进新安定，十八伽蓝护太平。”民国中期，时全县有寺、庵800座。中华人民共和国成立后，部分已废古刹虽有人重修，但未经管理部门批准登记。

普明院　丹城黄土岭东田横山南麓。清雍正《浙江通志》列甲乙律院之一。梁天监二年(503)置，名涌泉院。北宋治平二年(1065)，改赐“普明广福院”额。南宋庆元六年(1200)，临济宗杨岐派著名禅僧虚堂智愚披剃于释师蕴座下。明永乐七年(1409)重建。嘉靖三十七年(1558)重修。清乾隆时，僧会司伟震修。20世纪50年代，废。1990年始，村民在遗址旁募建。宋御史、鄞人王庭秀撰有《普明律寺方丈记》。

蓬莱禅寺　茅洋乡斧头山南麓。清雍正《浙江通志》列禅院之六。后汉乾祐二年(949)建。一说建于梁龙德二年(922)，名蓬莱院。北宋治平二年(1065)，令林旦命释永净主院事，并修建。宋熙宁元年(1068)，加赐“寿圣”二字。绍兴三十二年(1162)，改赐“蓬莱山广福院”额。清乾隆十四年(1749)，僧支云重建。嘉庆二十年(1815)，僧道川重修。“文化大革命”期间失火，仅存大雄宝殿，余殆尽。1997年，村民募修。宋刘渭撰有《蓬莱山寿圣禅院记》，碑佚文存。

延寿禅寺　大徐镇新罗岙村，瑞云峰下。清雍正《浙江通志》列禅院之二。旧名龙寿院，一作瑞云院。五代后汉乾祐二年(949)置。北宋治平二年(1065)改赐“延寿禅寺”额。后圮。明成化年间，僧德师重建。嘉靖三十七年(1558)重修。清乾隆《象山县志》载：寺有凭虚阁，应云鹫有诗。道光县志云：寺有宋代石碑亭二。倪象占《蓬山清话》云：王象之《舆地记胜》所云龙寿院碑已不可得，今寺也不支，唯大殿诸磉大如三石甕者尚存数枚，及宋时度敕尚刻诸壁。碑分三列：一列淳祐八年(1248)六月日，太傅右丞相兼枢密使越国公(郑清之)府申文；二列同年七月日，行在尚书礼部符；三列同年八月日，庆元府给据，并言瑞云山延寿功德禅寺专充太师益国公(郑清之父郑若冲)香火寺。明洪武十年(1377)四月，万寿禅寺住持清浚撰《延寿禅寺历代兴建碑》，教谕、县人蒋景高书，知县刘思齐篆额。后毁。清道光元年(1821)，僧永明修。折于20世纪50年代末(建水库)。2002年，僧了清于遗址东募建大殿及东厢房。清县人钱沃臣《蓬岛樵歌》注：县北瑞云山之麓延寿寺有铜巨钟，击之声闻数十里。清道光《象山县志》：明成化三年(1467)，铸延寿寺钟，悬于佛殿左偏。大十围，高九尺有咫。住持相延呼为庆历钟。上镌：“佛日增辉，法轮常转，皇图永固，帝道遐昌”16字。

新安禅寺　定塘镇沙地村。清雍正《浙江通志》列为甲乙律院之三。旧名新安院，建于五代后周广顺三年(953)。相传其后十年所建之太平寺及石浦江心寺，均归其统属。清嘉庆二十四年(1819)重修。后废。今仅存重建殿宇数楹及断垣残壁、天井石板。寺后卧龙山，有“龙头”“龙耳”“龙舌”“龙尾”等惟妙惟肖。左龙眼井，已填没。民间传有江西人到新安寺破风水，在卧龙山龙头处安铁链、筑石墙，镇锁卧龙，不使出王。

伍师院　五狮山南麓。清雍正《浙江通志》列甲乙律院之四。建于五代后周广顺三年(953)，传有五师修道于此，因名。后圮，明永乐二十一年(1423)重建。后又废。遗址尚存。殿前遗清乾隆四十五年(1780)莲花七佛出食台(施生台)一柱。近年，村民募建后殿。

太平禅寺　定塘镇田洋湖村。清雍正《浙江通志》列禅院之五。宋建隆三年(962)置。熙宁元年赐“太平广福院”额。永乐间重建。清乾隆五十三年(1788)又重建。后废。1975年折建为中学校舍。昔传太平寺僧众若满百名，要出一僧王。建寺千年，最多仅99名，满百必死一僧。据此，在港胞沈炳麟捐资所建的庆同楼落成时，有人撰联云：“太平寺千秋未出一个僧王，庆同楼三春定育无数栋梁。”宋时，县人俞观能撰有《太平禅寺佛殿记》，碑佚文存。

仙岩禅寺　贤庠镇马岙村。清雍正《浙江通志》列禅院之九。旧名仙岩院，建于宋乾德二年（964）。熙宁初加赐“寿圣”二字。绍兴三十二年（1162），赐“仙岩禅寺”额。明嘉靖废。清乾隆时，僧挟山修。道光间又修。20世纪50年代拆毁，今无存。

永明禅寺　在墙头镇下塔岭村。建于元至元二十四年（1287）。清雍正时，僧道立修。乾隆年间僧汉宇重修。20世纪50年代拆毁，今无存。

福聚教寺　俗称“王寺”，在梅溪王字山。元（后）至元二年（1336），邑人倪宏道建，后废。清同治十年（1871），里人邱全坤掘土得一莲花施食台柱，因捐建。光绪十五年（1889），尼法莲募修。20世纪50年代拆建为校舍，今无存。清道光十二年（1832），程璋撰碑记，碑存县文管会。

石屋禅林　清乾隆《象山县志》载：在县西2里大炼丹山之半，令吴学周建，僧惟镜修。清道光《象山县志》：清乾隆五十一年（1786），僧大彻重修。清县人钱沃臣《蓬岛樵歌》注：明万历初，僧大光于石屋后土中得片石，有“大光道场”4字，邑令倪甫英筑禅屋5间，令吴学周复建阁，翼以亭榭。毁于“文化大革命”。20世纪90年代，有僧俗募建殿宇。乾隆壬子守备陈广宁偕钱泳（梅溪）题以八景，摩崖云：雨香庵、听秋室、眠云坞、招鹤峰、洗心池、指迷石、流华涧、移情台，各系以诗。民国《象山县志》：明万历三十六年（1608），吏部右侍郎、鄞周应宾撰《重建丹山石屋记》，林芝书，邵景尧篆额。清道光间，宁波府学教授冯登府有《游象山石屋记》。民国时，章鋆亦撰有《游石屋记》。1990年8月，石屋洞摩崖石刻公布为县级风景名胜保护单位。

第三节　佛教团体

象山县佛教团体始于民国35年（1946）。是年，县政府批准建立筹备委员会，翌年1月正式成立，时称象山县佛教支会。会址设宝梵讲寺。历2届，释英高、释可成先后任理事长，释传常为监事长。民国38年3月后，佛教支会停止活动。

1986年2月24日，象山县佛教徒代表会议召开，建立象山县佛教协会筹备委员会，推选等慈禅寺住持释可成、宝梵讲寺住持释修康（女）负责筹建工作。是年9月25日，象山县第一次佛教徒代表会议在丹城县政府招待所召开，60余名佛教徒代表出席会议；成立象山县佛教协会，通过《象山县佛教协会章程》《象山县佛教协会第一次代表会议决议》，选举等慈禅寺住持释可成为会长，副会长1人，常务理事3人，理事4人。礼聘名誉会长1人。会址设等慈禅寺。县佛教协会其宗旨是：在中国共产党和人民政府的领导下，团结全县佛教徒，爱国守法，全面贯彻宗教信仰自由政策，积极参加社会主义两个文明建设。

1991年2月26—27日，象山县佛教协会第二届代表会议在等慈禅寺召开，64名僧尼、居士代表出席会议。大会听取县佛协一届理事会的工作报告，修订章程，通过决议，选举释可成为会长，副会长2人，理事6人。礼聘名誉会长1人。会址等慈禅寺。

1996年12月20日，象山县佛教协会第三届代表会议在等慈禅寺召开，105名僧尼、居士代表出席会议。大会听取县佛协二届理事会的工作报告，修订章程，通过决议，选举弥陀寺住持释莲智为会长，副会长2人，理事6人。礼聘名誉会长2人。会址等慈禅寺。

2002年4月22—23日，象山县佛教协会第四届代表会议在等慈禅寺召开，123名僧尼、居士代表出席会议。大会听取县佛协三届理事会工作报告，修订章程，通过决议，选举释莲智为会长，副会长3人，理事7人。礼聘释可成、释修康（女）为名誉会长。会址设等慈禅寺。

2006年6月14—15日，象山县佛教协会第五届代表会议在弥陀寺召开，96名僧尼、居士代表出席会议。大会听取县佛协四届理事会工作报告，修订章程，通过决议，选举释莲智为会长，副会长3人，理事6人。礼聘释名誉会长1人。会址等慈禅寺，后于12月15日，迁址丹西街道西街80-2号。

第四节　对外交往

来访

拜谒虚堂　凭吊虚堂　南宋淳祐十一年（1251），日本高僧道元弟子彻通义介（1219—1309）上径山拜谒虚堂，参学佛旨。翌年，日僧无象静照入宋，登径山嗣法于石溪心月，后又遍访育王、天童、净慈诸名刹，历参虚堂智愚等禅宿。著有《兴禅记》一卷，日本天皇赐号“法海禅师”。开庆元年（1259），日僧南浦绍明（1235—1308）入宋，在临安净慈寺从虚堂学法。虚堂奉诏迁主径山，他与另一日僧巨山志源随同上山继续学法，成虚堂法嗣。南浦回国30余年后，日本法道大振，圆寂后天皇赐谥“圆通大応国师”。

日本天皇（后鸟羽尊成天皇，一说顺德守成天皇）皇子义尹先后于宋宝祐元年（1253）、景定五年（1264）两度入宋，参学天童的义远和净慈、径山的虚堂智愚。咸淳三年（1267）义尹回国，创建大慈寺，弘扬曹洞宗法。第二次入宋，他专程上径山拜谒虚堂智愚，并请求为道元语录作跋。《中国佛学人名辞典》称，虚堂智愚曾应高丽国王之请前往居住8年，讲经弘法；至明嘉靖间，尚有高丽传法弟子前来径山凭吊。至元明，历住石门寺、智门寺、天宁寺、天童寺的云外云岫（1242—1324），“说法巧譬旁引，随机应变……日本、高丽慕名来访甚众”。象山籍临济宗禅僧妙源，得法于虚堂智愚。虚堂晚年驻径山，史志称“源为演法，代其酬答，从者如林”。楚石梵琦之师兄昙噩上人（1285—1373），历驻名山名刹，“日本僧人到处以重金索求和购买其手迹，予以珍藏”。明朝“第一流宗师”象山籍禅僧楚石梵琦，明初大学者宋濂，称其“举明正法，滂沛演迤，不知所穷……内而燕、赵、齐、秦、楚，外而日本、高丽，咨决心要，奔走座下，装潢袭藏，不翅拱璧”。《六会语录》收其偈颂300首，其中赠日僧28首、高丽僧人4首。据此，他们为日、韩僧师拜谒崇信。详情无考。

1986年10月5日、11月18日，日本村上博专程至径山寻找无准师范、虚堂智愚墓址，并赠送径山史料，回国后出版《万年正续院址圆照塔址考察》《虚堂智愚禅师考》。1987年5月21日，日本永源寺“访中代表团”由筱原大雄率领登山拜祭，并在虚堂祖师墓祭悼。1987年9月20日，“日中友好临黄协会”由相国寺有马赖底率领，一行45人登访径山，杭州市佛教协会会长俞昶熙陪同祭拜虚堂智愚祖师墓。1997年11月18日，日本信士国本至道先生一行4人，在访问佛教圣地径山、天童、育王等名刹后，专程到象山考察临济宗高僧虚堂智愚行状。2000年4月1日，日本国本至道先生一行3人，拜访虚堂智愚驻锡名山名刹后又专程到象山，凭吊虚堂的出家之地普明广福院遗址，在邻寺的山头董、三叉路、珠水溪等村探寻其出生地，并向县佛教协会赠送《虚堂智愚和尚庆元府万松山延福寺语录》《虚堂智愚和尚行状》等复印件。

朝拜名刹　清代象山佛教在对外交往中，主要表现为日本僧人到象山朝拜名刹。县治西40里蒙顶山天寿寺，始建于唐，南宋改建，传明代立为“丛林”，僧众成千，代出高僧，香火极盛。周有金泉等小庵数座，又有“白云大士”曾修行于此，日本僧人几度慕名登山朝拜，杨单仙并献“海上奇观”匾。

启建法会　1994年5月17日，美国籍华人何世敏等3人到象山，在爵溪白沙湾弥陀寺启建水陆法会，系中华人民共和国首批外籍华人到象山启建水陆道场。1996年3月22日、1998年10月25日，美籍华人、信士夏荆山先后两次进香弥陀寺、集福寺等。第二次他率国内外善信一行70人由释式清陪同，参加新桥集福寺的大雄宝殿上梁法会。副县长胡望真于东谷湖宾馆设斋宴招待。

出访

东渡日本　南宋末年和明朝末年一些僧人不甘异族统治，怀着“亡宋”“亡明”之痛，流亡出逃，曾出现过两次东渡高潮。南宋末，以“径山派”临济禅僧为主，象山籍与出世于象山名刹的普宁、梵仙等，避元兵赴日本弘传临济宗杨岐禅法；明初，出家径山，住持象山灵岩禅寺的无愠禅师被日本国“奏请为彼国弘扬佛法”。清代，日本僧人与蒙顶山天寿、宝福等寺亦素有交往。仰慕寺僧之梵腔，数次礼请法师东去传授，启建法会，超度亡灵，弘扬佛法。清末至民国初，蒙顶山法师几次东渡赴日弘法。今宝福寺佛殿前的七彩茶花系象山东渡僧人功诠等引入。

赴新马泰　1995年12月17日，县佛教协会理事、集福寺住持释式清偕释照力等应邀随中国法师团赴泰国合艾龙翔寺，为该国启建首场大型水陆法会，受到泰国佛教界热烈欢迎。泰国副僧王同参法会加持。龙翔寺住持释明三赠中国法师每人镏金释迦牟尼铜像一尊。1999年10月，释式清随福建厦门市佛教协会赴马来西亚槟城番怎寺，为该寺启建大型水陆法会。后应邀赴新加坡光明山考察佛教。2000年1月中旬，象山释式清、释照力等应邀随中国法师团赴马来西亚槟城妙香严寺，为该寺启建首场大型水陆法会。2001年5月下旬，集福寺住持释式清，应邀随中国法师团赴马来西亚首都吉隆坡观音古寺，为该寺启建首场大型水陆法会，并给总理义子的公司启建斋天法会。后赴新加坡毗卢寺，继中国佛教协会副会长释净慧讲经弘法圆满，启建水陆法会。2004年9月，释式清受马来西亚吉隆坡市拿督博士邀请，赴吉隆坡市考察佛教寺院。2006年8—10月，释式清应邀率浙江省佛教民间代表团，参加马来西亚吉隆坡市噶举佛教会成立30周年暨教会大厦落成庆祝大会。

访韩日　1997年6月9日，韩国小白山救仁寺（天台宗）“纪念中国国清寺智者大师圆寂1400周年”活动，象山县佛协会长、弥陀寺住持释莲智随中国佛教协会访问团赴韩访问。2001年1月12日，县佛协理事、集福寺住持释式清等应邀赴韩国广阳市，巡访名山名刹，与天台宗名宿交流心要，受到市长热情接见。对方向式清赠送韩国寺院画册等，式清向他们回赠自己沐手绘制的国画佛像。2003年10月27日，县佛教协会会长、弥陀寺住持释莲智随宁波市佛教协会访问团访问日本、韩国。为期13天。

第二章　道　　教

境内有记载的最早道观为建于蓬莱山麓蓬莱观。据唐《蓬莱观碑》载，最迟在东晋南朝时，已有道士在蓬莱山炼丹，丹井、药灶存焉。隋唐后，观舍时兴时圮。至元代爵溪“大瀛海道院”建成，象山道教为鼎盛期。后趋衰。据《运笈七签》载：象山南田为道教七十二福地之一。

第一节　道教源流

道教传入象山确切年代无考。境内有彭祖、安期生、徐福等仙人、方士、真人相关的古迹和传说。

彭祖传说及遗迹　唐《元和郡县志》载：象山东麓彭姥村置县。彭姥村为唐神龙二年（706）象山立县时的县治所在地。宋宝庆《四明志》载“彭姥岭”：县西一里，其下为唐彭姥村。清乾隆冒春荣作有《彭姥岭辨》：“予过浙东象山县西郊，有高峰焉，曰彭姥岭。岭上有庙，范土为姥像，前踞，庞眉白须者为老彭。”彭祖，刘向《列仙传》有载。

安期生传说　《史记·封禅书》说其为仙者，通蓬莱中，合则见人，不合则隐。宋宝庆《四明志》：“相传安期生常游双泉山，又名道人山，在象山县东四十里海中。”元吴澄《吴文正集》：“象山县东二十里爵溪，世传安期生之属所往来也，故其乡曰游仙。”

徐福传说　据唐《蓬莱观碑》载：闻图经宝书之蓬莱山，其迹近古昔。相语秦始皇帝使乎仙者辈徐福也，始泛沧海，访神仙之术于蓬莱山。蓬莱山，又名炼丹山。宋宝庆《四明志》载“炼丹山”云：“炼丹山，又名蓬莱山，县西一里。”

魏晋南北朝时期，五斗米道由北方传入江南地区，其时信仰者不仅有上层的贵族，如王羲之、许迈等，但更多的是下层的贫民。南朝时，相传道教茅山派创始人陶弘景至象山境内的蓬莱山炼丹，并有丹灶及炼丹亭址，故又名蓬莱山为炼丹山。

唐代，各地道教兴盛。境内道教活动也相对频繁。唐天宝十三年（754），蓬莱观（隋大业元年废）重建，大中元年（847）重修。至宋治平二年（1065），蓬莱观赐名栖霞观。北宋末年，宋徽宗钦崇道教，大力扶持道教，并下令限制佛教，甚至各地改寺为观，或寺院内供奉道教诸神，时象山诸多寺院内始供奉真武大帝、三官、玉皇大帝等。

元至元二十七年（1290），里人王一真在金钟山结茅为庐，祀真武帝。后迁建于爵溪南门。

宋、元以后，中国道教逐渐世俗化，儒、释、道三教日趋合流。宣扬忠孝仁义、修功积德，劝世醒人等，如栖霞观在清代改为关帝庙，至民国时期，神像中又塑岳飞，改名关岳庙；大瀛海道院中除塑道教神像外，又塑 24 孝等。同时，由于统治者对道教的崇奉仅限于低层次的营事斋醮，道士的活动和科仪多注重扶乩、降仙和各种方术。各地道士散居于寺庵、道观、庙祠等。至民国时，县内道士凭方术活动于民间。

中华人民共和国成立后，象山惟墙头（全真派）、泗洲头（正一派）等少数乡镇有道士活动，20世纪50年代末绝迹。1962年，复有正一派道士鼎久1人。至2008年，全县正一派道士又发展1人，蓬莱观重建启动。

第二节 宫　观

象山建道观的历史可追溯至隋唐之前。据历代志书所载，全县宫观仅四五处。

栖霞观

县治西北蓬莱山南麓，旧名蓬莱观。观始建于何时不详，据唐《蓬莱观碑》记载，秦时，相传徐福曾在此隐迹。南朝梁时，陶弘景曾于此炼丹，并遗留丹灶及炼丹亭。隋大业元年（605）废，唐天宝十三年（754），台州刺史袁仲之复置。大中元年（847），令杨弘正告于明州（今宁波）刺史李敬方重修。宋治平二年（1065），改赐今额。淳熙末，道士迁观于山之西。后圮。嘉定十三年（1220），道士张太原雍正《象山县志》作张文原、王虚壁相继于旧址重建。规模、形制不详。明嘉靖三十二年（1553）筑城，知县毛德京徙之城内下旧址20步，应道信重建。一正两横，三合院式殿宇11间。清雍正五年（1727）栖霞观改为关帝庙。民国4年（1915），政事堂礼制馆通行各地合祀关（羽）、岳（飞），改为关岳庙。关岳庙在缨溪书院（原蓬莱书院址）西，民国时，始达小学建于缨溪书院。中华人民共和国成立后，庙被拆毁，扩为实验小学校舍。1997年，陈垚廷道长与信众发心筹备建观。2008年，于蓬山头征地开始重建蓬莱观。

冲应真人祠（贞白祠）

乾隆县志：蓬莱山下，透瓶泉北，与栖霞观同建，有《宋灵验记》。（案：王钦若撰，与孙谏卿碑并详见《金石考》。）宝庆志：淳熙末，令王椿为旱祷而雨，上其事于朝，赐今封。吴志云：今祠废，迁像于栖霞观西偏。道光县志：乾隆四十年（1775），令鞠毓蕤迁建于蓬莱山下丹山［井］东北隅。嘉庆二十年（1815），里人张中敏捐修，并建炼丹亭。同治元年（1862）毁。民国《采访册》：光绪间，里人捐资重修，林彬文重建丹亭。

大瀛海道院

元至元二十七年（1290），爵溪人王一真在金钟山北麓结茅为庐，祀真武神。购搜“大瀛海”三字，悬挂于草庐，虔心修道。不久迁至爵溪南门，道院扩大。大德十一年（1307），天台崇道观道士吕虚夷至此，与王一真同修。后道院左首建牌坊，坊上“大瀛海道院”五字由樟岙秀才鲍谦书写。台门正书“大瀛海道院”、背“天上玉京”系东陈清光绪进士陈畲于民国16年（1927）题写。道院共5殿：真武大殿5间，哼哈殿、阎王殿、三官殿与关帝殿各3间。另，经堂、斋堂各3间，居室2间。大殿中供真武大帝，脚踏龟、蛇，旁列周公、桃花女，远为24孝。祖师堂5间供奉王一真祖师像。殿宇共30余间。明末清初道教渐衰，大瀛海道院败落。民

照49-5　大瀛海道院匾拓

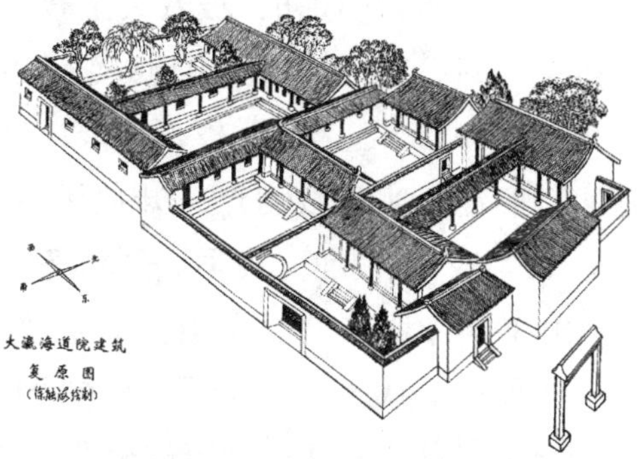

照49-6　大瀛海道院复原图

国3年（1914），道院改作区立爵溪初级小学。1950年后，为爵溪镇中心小学。1957年，拆院改建校舍。存大瀛海道院碑，详见本志“文物　名胜”篇。

保安洞

位鹤浦镇黄金坦村狮子岩下。峭壁有洞，以洞名之。传古有道士修持于此。清咸丰七年（1857），于洞口依岩凿壁建3层楼2幢6间。光绪年间（1875—1908）道士扎盘修持。继而道姑修持。后改佛院，称保安洞庵。

乌糯坪道观

位墙头镇大雷山顶岩洞旁。道观建造年代、毁于何时与规模形制无考。20世纪50年代初尚有全真派道士在岩洞修持，旁有一小屋。不数年道士自焚羽化，后无继者。

第三章　天主教

天主教（Catholic Church）是基督教中历史最悠久一派别。清光绪二十年（1894），天主教始传象山。光绪二十九年，在石浦建天主教教堂。2008年，全县有聚会场所8处，教徒800人，主要分布鹤浦、高塘岛、石浦及西周等地。

第一节　天主教传播

清光绪二十年（1894），绍兴籍传教士卢伯禄受浙江教区代牧主教赵保禄指派到石浦、丹城、鹤浦、高塘一带传教，天主教首传象山。光绪二十九年，赵保禄于石浦二湾头处建造天主教公所，为象山首座天主教堂。

民国4年（1915），司铎余志道在县城择地兴建天主教堂。尔后，以丹城、石浦两堂为基点，赴乡下传教，先后于鹤浦、鱼山、湾塘、高塘岛与西周、海塘设立天主教堂所。民国8年，安尔宜附设创办崇德国民学校，并于丹城秧田头天主教堂内设育婴堂。至民国末年，象山有天主教堂1所，公所7处，教徒1258人，神甫（父）1人，司事13人，隶于宁波教区。

20世纪50年代初，披着天主教外衣的“圣母军”一度渗入象山县，旋即以反动组织被县公安机关取缔。其后，因象山地处浙东沿海，军事形势紧张，公开的宗教活动停止，神甫等神职人员外迁。1955年，全县仅六七十教徒分散活动。1978年始，党的宗教信仰自由政策得以重新贯彻落实，归还落实宗教房产，开放天主教，活动转入正常。1985年，全县有聚会堂所5处，教徒455人，分布在鹤浦、樊岙、高塘岛、西周与石浦等地。

1989年8月5日，象山县天主教爱国会筹备小组成立，组长周椒妹（女），组员吴山、袁德声、张保禄。从此，县内天主教在爱国会（筹）的领导、管理下，逐渐走上爱国爱教，依法活动，与社会主义社会相适应的康健道路。1992年，全县依法登记的天主教堂所9处，教徒550人，神甫1人，修女2人。至2002年年末，天主教堂所8处（石浦、延昌合并）。其中，丹城、西周、高塘等3所系新建，石浦购入原镇政府楼房，修缮鱼山、吉港天主堂，里湾与珠溪祈祷所为私房。神甫1人，修士2人，教徒近800人。2008年，天主教堂所8处，即丹城教堂、石浦教堂、西周教堂、鱼山教堂、吉港教堂、高塘教堂与珠溪、螺蛳礁（原称里湾）祈祷所。石浦教堂易地新建，珠溪与螺蛳礁祈祷所仍私房。神甫2人，教徒800余人。

1949—2008年部分年份象山县天主教信徒、圣职人员、堂所情况表

表49-3

类别 数量 年份	信徒（人）	神甫（人）	司事、修士（人）	堂所（处）	备注
1949	1258	1	13	8	1. 信徒数含慕道友 2. 堂所包括借用民宅 3. 中华人民共和国成立后堂所一度关闭
1954	200	—	—	8	
1985	455	1	1（修士）	5	
1992	550	1	2（修女）	9	
2002	800	1	2（修士）	8	
2006	800	1	2（修士）	8	
2008	800	2	—	8	

第二节　天主教教堂（所）

清光绪二十九年（1903），建石浦天主教公所，为境内首座天主教堂。至1949年，境内教堂1堂7所。现今，全县有6堂2所。

丹城教堂

民国4年（1915），绍兴籍传教士卢伯禄在城西南秧田头购地建造，教堂砖木结构楼房9幢18间。20世纪50年代，陆续由部队、小学、文教印刷厂使用。2002年，在丹西街道百花路新建教堂。圣殿坐北朝南，殿门3洞，拱形，中大旁小，旁门上各横书“仁爱”“忠信”，门间罗马柱。中门上直书“天主堂”。北首简易水泥屋4间。整体建筑平面呈“T”字形。本堂主保为诸圣，每年11月1日聚会。

石浦教堂

清光绪二十九年（1903），浙江教区代牧主教赵保禄与绍兴籍传教士卢伯禄于石浦二湾头购地建石浦天主教公所。中华人民共和国成立初，由海军部队使用，后被拆。1996年，教会购石浦碗行街28号原镇政府办公楼作活动场所。2007年，易地石浦金山路葛峙山新建。圣殿坐南朝北，哥特式“岗”字形内凹门面。殿门3洞，拱形，“人”字形顶上置十字架。两侧透空拱形塔，置十字架。门厅台阶直上圣殿，下架空层。东首建筑平面呈“［”形附属房。绛红色墙面，门窗转角勾勒的白线。

西周教堂

位西周镇南山路21号。1995年新建。教堂坐南朝北，殿外加筑门亭，上建方形尖塔，顶置十字架。砖混结构，楼上圣堂，楼下生活用房。

鱼山教堂

位鹤浦镇鱼山村。清光绪二十九年（1903），由传教士卢伯禄购地建造。木结构，平瓦房。民国37年（1948），司事黄文华在教堂内办小学，招收教徒子女与贫苦子弟入学。2003年，加筑拱形殿门3洞，门内廊庑。中门上直书“天主堂”，二层上筑方形尖塔，顶置十字架。1996年，于教堂东首新建两层砖混结构办公、生活用房。

吉港教堂

位鹤浦镇吉港村。清光绪三十三年（1907），传教士卢伯禄购地建造。教堂坐南朝北，木结构、平瓦房。“凸”字形门面，拱形门3洞，中门上直书“天主堂”，再上安铜钟，顶置十字架。左首附属房。

螺蛳礁祈祷所

位鹤浦镇里湾村，又称里湾祈祷所。民国中后期有教徒聚会。1990年始，教会在黄道友住宅处作聚会场所。

珠溪祈祷所

位贤庠镇珠溪三村。民国后期有少数教徒在家聚会。1978年始，教徒在章仁生住宅处作聚会场所。

高塘教堂

位高塘岛乡一村。始创于民国21年（1932），购地主庄屋“胡家庄”为教堂。1970年被拆除。1991年，教会购高塘一村原生产队仓房作聚会场所。1994年拆建。教堂坐南朝北。楼上圣堂，下为办公、生活用房。门面4层，外凸，拱形大门，阳台上又辟拱形门。第三层直书“天主堂”。第四层钟楼，外围栏，攒尖顶，上置十字架。

东正教

东正教，即正教（Ortohodox），与罗马公教（天主教）（Catholic）、新教［也称抗议宗、抗罗宗（Protestant）］为基督教三大派别之一。又因它流行于罗马帝国东部希腊语地区的教会发展而来，故亦称希腊正教。

清咸丰八年（1858）5月，中俄《天津条约》签订，俄传教士在中国获自由居住、自由建教堂与自由传教等特权。光（绪）、宣（统）间，在上海闸北谋生的县人吴加祥、冯玉莲夫妇加入东正教。民国2年（1913），吴加祥夫妇受上海东正教教会指派，回原籍石浦传教，在城头顶设立祈祷所。未几迁城下文澜桥附近聚会，悬“大俄东正教”木牌，教徒40余人。民国5年，俄籍神父抵石浦主持教徒洗礼仪式，并创办小学。教徒人数增加。翌年，俄国爆发“十月革命”，石浦祈祷所津贴断绝，活动遂止。民国25年，上海东正教恢复活动，吴加祥在石浦城隍庙东首家中设祈祷所继续传教。民国30年，日军侵占石浦，祈祷所聚会停止。翌年，吴病故，部分教徒入天主教、基督教，后无继者。

第四章　基督教

基督教传入象山始于晚清咸丰十年（1860）宁波范三多到石浦。而后，又有英国人等前来传教，并建设教堂，发展缓慢，信徒不多。民国23年（1934），经石浦史悠卿推动，传道有所发展。至民国末年，象山和石浦两教区已有信徒（含慕道友，下同）2000余人。中华人民共和国成立后，象山基督教走上“三自”爱国道路。后受运动影响，发展受挫。1978年后，逐渐恢复聚会。1982年，象山首个基督教团体组织“三自”爱国运动委员会成立（以下简称三自会），并召开首次代表大会。自此，在宗教政策的保障下获得发展。至2008年，象山已有信徒16700人、堂所45处。

第一节　基督教流传

清咸丰十年（1860），宁波段塘基督徒范三多避兵燹辗转到象山石浦定居，基督教首传本县。同治九年（1870），有英国人传教到象山。随后，宁波张桂声到象山传教。光绪元年（1875），宁波偕我公会差派英国传教士燕乐拔（Swal Low）到象山丹城施医传教，并在黄家桥设立教堂。不久以白银181两先后3次购什地667平方米，扩建基督教堂，于光绪三十四年完竣。至民国25年（1936）止，信徒的比例数很低。

民国23年（1934），教徒史悠卿学医成，回石浦行医，见信徒灵性淡漠，遂于民国26年春，邀宁海牧师华世斌及助手王见真到石浦主领奋兴会7天，信奉耶稣者骤增。各堂所竞相仿效，传道甚见起色。至民国末年，象山联区堂所17座，信徒（含慕道友）增至1200余人；石浦联区堂所10座，信徒（含慕道友）800余人。

在此期间，西乡毗邻宁海的个别堂点，一些人接受基督徒聚会处的观点，但人数不多。

1950年夏，基督教界发起“三自”（自治、自养、自传）革新爱国运动，象山基督教顺应历史潮流走上“三自”爱国的道路。石浦教会响应，筹办纺织厂，走自养道路；新桥教会亦积极筹组，成立三自爱国革新小组。

土地改革，全县基督教堂所关闭，并大多被占用，公开的教会活动停止，教牧人员相继外流传道，或转业谋生。1958年，全国基督教界开展社会主义学习运动，基督教各宗派求同存异，举行联合礼拜。但象山仍无公开的礼拜聚会，唯有零散的家庭宗教活动。

1966年“文化大革命”开始，聚会几乎绝迹，基督教徒受到不公正的待遇，不少教堂房屋被占用、拆毁。

1978年后，各地基督教徒逐渐恢复聚会。1981年12月，全县基督教各派代表会议召开，成立象山县基督教三自爱国运动委员会筹备小组。1982年12月，正式成立象山县基督教“三自”爱国运动委员会。随着宗教政策的落实，教堂产权陆续归还教会所有。1988年9月，全县信徒人数逾8000人（含慕道友，下同），有堂所23处。1997年5月，象山县基督教协会成立。2002年，信徒 12000 人，堂所 38 处。2008 年，信徒 16700 人，堂所增至 45 处。

1949—2008 年部分年份象山县基督教信徒、圣职人员、堂所情况表

表 49-4

类别 数量 年份	信徒（人）	牧师（人）	教师（人）	长老（人）	堂所（处）	备注
1949	2619	4	4	—	22	1. 信徒数含慕道友 2. 堂所包括借用民宅 3. 中华人民共和国成立后堂所一度关闭
1954	2768	—	—	—	27	
1985	7000	—	—	5	15	
1992	8500	—	1	10	36	
2002	12000	3	8	13	38	
2006	13700	6	8	10	38	
2008	16700	9	7	10	45	—

第二节　基督教教堂

丹城黄家桥教堂创建于清光绪元年（1875），历 130 余年，为象山首座基督教堂（布道所）。现全县城乡拥有基督教堂所45 处，建筑面积达 5.18 万余平方米，占地 13.7 万平方米。以罗马式，哥特式建筑为多。

丹城教堂

清光绪元年（1875），英国传教士燕乐拔（Swal low），在县城黄家桥创建，为象山首座基督教堂。光绪二十八年、三十年、三十四年，教堂扩建，时坐北朝南，大堂临街。土地改革时，教堂关闭，房屋大部被拆。1988 年，教会在西门狮山路新建教堂。1999 年，改作丹城教会“安乐之家”。1999 年 9 月 30 日，在丹西街道西谷路 88~90 号购原象山县第一汽车运输公司房屋改建。2007 年 1 月，教堂重建。教堂坐西朝东，新古典主义方舟式建筑。十字架置于后端。2 层，上为圣殿，可供 2000 人聚会，下设副殿及膳厅、机房、车库等。

照 49-7　丹城基督教堂

大碶头教堂

大碶头教堂建于 1987 年。2000 年下半年房屋出售，教堂迁建于丹东街道后洋工业园区内。大堂坐西朝东，哥特式，门面呈“岗”字形。附属房内设学习室、办公室、文体室及膳厅等。

下余教堂

1993 年，在下余村余瑞祥杂基地上建布道所 2 间。2006 年迁建丹东街道下余村。大堂坐西朝东，门面呈“合”字形。

南庄福音堂

位于丹西街道六升村。1956 年，始有聚会场所。“文化大革命”时关闭。1992 年，恢复聚会。1996 年，教会购买民宅拆扩建而成。大堂坐北朝南，门面 2 层。

爵溪教堂

位于爵溪西门杏林路 31 号。民国 23 年（1934），教会在苏前街创建教堂。1988 年迁建。大堂坐东朝西，门面 2 层。2000 年、2001 年，先后购入相邻旧厂房作聚会场所。

公屿教堂

位于爵溪公屿村。20 世纪 80 年代教会购民宅作聚会场所。1994 年下半年始建，翌年 2 月完竣开堂。大堂坐西朝东，门面 2 层。

石浦灵潮堂

清光绪二十五年（1899），在横塘岸购房作教会聚会场所。民国 3 年（1914），在南关桥购地新建教堂，名灵潮堂。1987 年，迁建于半岭村。2002 年 4 月在石浦凤栖路 193 号建新教堂。地呈斜坡，后筑 2 层月台，座位 1800 余个。东首与大堂连体四方形塔式 8 层楼一座，为培训中心、学经室、教牧人员办公室等。大堂西、北首系膳厅等附属房。

坦塘教堂

位于石浦镇坦塘村。教堂创建于民国 11 年（1922），时 4 间平瓦房。1997 年，被台灾所损。翌年拆建。大堂坐西朝东，门面 2 层。

昌国教堂

位于石浦镇昌国东门外小山东麓。创建于 1993 年，坐北朝南，大堂 7 间，附属房 7 间。1998 年，大堂翻建为楼房，门面 2 层。2002 年始，附属房升楼。

金星教堂

位于石浦镇平阳厂村蜘蛛山街。1998 年，教会购原石浦供销社仓库改作聚会场所。2007 年 5 月拆建，12 月竣工。坐北朝南，门面 3 层。

文岙教堂

位于西周镇文岙村沙岗。坐北朝南。1983 年，教会购民宅 5 间作聚会场所。1990 年 5 月拆建，时为 1 层。1993 年，2 间附属房翻建楼房。1998 年 10 月，大堂升为 2 层楼，门面 3 层。

莲花教堂

位于西周镇莲花村。民国中后期，教会购民宅作聚会场所。1988 年 12 月新建教堂，大堂砖木结构平瓦房 4 间，门面呈“岗”字形。

西周教堂

位于西周镇八村。民国中后期，信徒租赁西周酒厂余房作布道所。1996 年新建教堂。大堂坐西朝东，门面 3 层。2001 年，建附属房。

儒雅洋教堂

位于西周镇儒雅洋村。1989 年 12 月，教会购儒雅洋村房屋作聚会场所。1991 年另购民宅 2 间半作布道所。2004 年 7 月，购民房作教堂。

下沈教堂

创建于民国 19 年（1930），由英国传教士购下沈直街民宅作教堂。西周镇下沈村里汰塘。

1992 年，教会在直街附近购民房作聚会场所。1998 年，购下沈供销社里汰塘原仓房作教堂，2007 年拆建。坐西朝东，砖混结构 3 层。占地 509 平方米。

四都教堂

位于鹤浦四都街，旧称南田堂。清光绪三十四年（1908），齐毓鑫、顾道原等于四都购地创建。2000 年拆建，砖混结构 2 层楼房，门面 3 层。2007 年，又购原供销社营业用房作附属房。

鹤浦灵声堂

位于鹤浦镇二村。创建于清宣统元年（1909）。2007 年 10 月拆建，教堂坐东朝西，哥特式，门面 4 层，呈“岗”字形。

马小坦教堂

位于鹤浦镇马小坦村，坐西朝东。2002 年，教会购房作聚会场所。2008 年 10 月拆建，门面 3 层，呈“岗”字形。

岑晁教堂

民国 30 年（1941）农历五月，于岑晁碶西山购地创建，时 4 间砖木结构，小青瓦屋面，巴西里卡式。1993 年，教会先后购得岑西村胡家山杂基地（贤庠镇岑晁村龙山路 3 号），建砖混结构大堂 4 间，附属房 4 间，门面 2 层。2000 年 8 月，大堂、附属房翻建成 2 层楼。

大塘教堂

清光绪二十九年（1903），盛承谟等建教堂于红庙旁。民国 23 年（1934），英国传教士汤灵生资助于村外又建教堂（现尚存）。1990 年，在定塘镇中毚村供销社棉花厂旧房改建而成，教堂砖混结构，简易平房 6 间。1999 年，教会又购入仓房改建大堂。

田洋湖教堂

民国 37 年（1948）始建，砖木结构楼房 2 幢 4 间。1956 年，教堂关闭，后被拆除。1988 年，在定塘镇田洋湖村六市山重建，坐东朝西，2 层。1993 年后，扩建附属房楼 2 层 10 间。

定塘教堂

位于定塘镇隔岸村。1989 年，教徒奉献平房 4 间作聚会场所。1991 年，拆建大堂，砖混简易平顶房 6 间，附属房 2 间。1997 年扩建楼房 2 幢 4 间。2000 年，大堂翻建为 2 层楼，门面 4 层呈“岗”字形。

周岙教堂

位于定塘镇周岙村。1999 年，教徒在家聚会。2008 年，教堂建造中。

中坭教堂

位于定塘镇中坭村。2001 年，教会购厂房食堂聚会。

墙头教堂

清光绪二十九年（1903）二月，宁波英国差会购舫前唐家岭沙塘 7 分地创建墙头堂。大堂 4 间，坐东朝西，属巴西里卡式。2008 年 1 月，易地墙头村新建，教堂坐西朝东，门面 6 层，呈“合”字形，年底落成。

塔岭福音堂

位于墙头亭溪塔岭村。1995 年建，历 2 年竣工。大堂坐西朝东，主体 2 层，门面 3 层。

泗洲头教堂

位于泗洲头镇泗洲头村。1991 年，教会购民房作聚会场所。1999 年，购县二轻塑料编织总厂厂房修缮成教堂。砖混结构2层。另有2层附属房一座。

苏岙教堂

位于泗洲头镇苏岙村。20世纪20年代，张知昌奉献楼房（上下2间）作聚会场所。1990年，教会购民宅聚会。1997年，建苏岙教堂，大堂坐北朝南，主体2层，门面3层。

涂茨教堂

民国元年（1912）农历四月，英国传教士海和德于涂茨营房下村黄泥塘山上，购地3亩零5厘创建，大堂5间，附属房2间，木结构，小青瓦屋面。1998年拆建，大堂坐东朝西，门面3层呈“门”字形。

钱仓教堂

位于涂茨镇钱仓村。民国11年（1922），教会在崔家岙购地创建教堂。1986年春，教会购原部队旧营房作聚会场所。2001年4月，部队旧营房作附属房。

大徐福音堂

民国21年（1932）农历五月，赵明光、钱昌林等在大徐村创教堂。1956年，房屋遭12号台风毁坏。1987年，教会购乡政府原办公用房作聚会场所。1996年10月，教堂迁大徐镇东郊路63号重建，城堡式造型。大堂坐东朝西，砖混结构，主体2层，门面3层。

新桥晨光堂

位于新桥镇新桥村。清光绪二十六年（1900）创建，时木结构楼房2幢4间，平房7间。光绪三十二年被西乡张小金聚众捣毁。后重建。民国37年（1948），改名晨光堂。土地改革时教会关闭，房屋被占用。1986年，落实宗教房产政策，教堂归还，恢复聚会。1993年，教堂拆建，大堂坐东朝西，门面4层。1996年后，教会先后购供销社营业用房、原县科委板材厂厂房、住户民宅建辅助用房。

山根教堂

位于新桥镇山根村。1997年，教会购供销社营业用房改作教堂。

沙岗教堂

位于东陈乡沙岗村。创建于1991年，大堂坐西朝东，砖混结构，7间平台，门面2层，呈“岗”字形。1996年，大堂翻建成2层楼，门面4层，修建附属用房11间。

樟岙教堂

位于东陈乡樟岙村。民国20年（1931）购民宅作布道，土地改革时关闭，后圮。1986年，教会购民宅作布道所。1999年5月易地重建。大堂坐西朝东，砖混结构，2层，门面3层呈“岗”字形。

东陈教堂

位于东陈乡东陈村。1989年，教会购生产大队旧仓房作聚会场所。2003年拆建，大堂坐东朝西，砖混结构，2层，呈“岗”字形。2004年3月完竣。

松岙教堂

位于东陈乡松岙村。1979年，购旧房3间作聚会场所。1996年6月拆建，大堂坐东朝西，砖混结构，2层，门面3层呈“会”字形。

旦门教堂

位于东陈乡旦仁路262号。1996年始，教会购民宅作聚会场所。

岳头教堂

位于东陈乡岳头村。2003 年 12 月，教会购岳头村废弃米厂。2004 年拆建，大堂坐北朝南，门面 4 层，呈“岗”字形。

晓塘教堂

位于晓塘乡胡家屿村。1987 年与 1990 年先后购原生产大队仓房 6 间作聚会场所。1994 年 8 月拆建，大堂坐东朝西，砖混结构，平台 7 间，门面 1 间，附属房平屋 8 间。2005 年上半年翻建。

月楼岙教堂

位于晓塘乡月楼岙村口。1995 年 4 月，购县二轻公司厂房 14 间作聚会场所。2002 年 12 月翻建完竣，大堂砖混结构，主体 2 层，门面 4 层，呈“肖”字形。有附属平屋 6 间。

白玉湾福音堂

位于晓塘乡白玉湾村。1996 年 12 月，教会购生产大队仓库 2 间作聚会场所。2001 年拆建，大堂坐西朝东，砖混结构，主体 2 层，门面 3 层呈“岗”字形。

礁头教堂

位于晓塘乡美礁碶村。2003 年，教会购晓塘双峰罐头厂厂房作聚会场所。

茅洋教堂

1991 年，在庙山村购民宅作聚会场所。2006 年，迁茅洋乡金山头新建。教堂坐西朝东，门面 3 层，呈“岗”字形。

高塘教堂

位于高塘岛乡杏十三村。1990 年，教会购高塘小学校舍作聚会场所。2002 年 9 月拆建，翌年 4 月竣工。教堂坐东朝西，门面 3 层，呈“岗”字形。

第三节 基督教团体

民国时，象山县基督教分象山与石浦两教区，无基督教团体组织。

象山县基督教“三自”（自治、自养、自传）爱国运动委员会（以下简称三自会）筹建于 1981 年 12 月，成立于翌年 12 月。

1982 年 12 月 15—17 日，象山县基督教第一次代表会议召开。40 余名代表讨论制定《象山县基督教徒守则》，通过《象山县基督教三自爱国运动委员会章程》（以下简称《章程》），成立象山县基督教“三自会”。根据《章程》以无记名投票方式选举产生，象山县基督教三自爱国运动委员会第一届领导机构成员，主席励洁瑗（女），副主席史悠生，秘书长朱舫。常委 5 人，委员 9 人。

1986 年 4 月 1—2 日，象山县基督教三自爱国运动委员会在丹城教堂召开第二届代表会议。55 名代表听取并通过“三自会”工作报告；修改、通过“三自会”决议、章程；制定堂所《财务管理制度》《三自会会议议事规则》等，民主选举象山县基督教“三自会”第二届领导机构成员，主席史悠生，副主席鲍圣光、邵升康、黄烈明。常委 9 人，委员 15 人。

1989 年 11 月 25—26 日，象山县基督教“三自会”在丹城教堂召开第三届代表会议。80 余名代表审议并通过三自会工作报告，修订并通过三自会决议、章程、规章制度。民主选举象山县基督教第三届“三自会”领导机构成员，主席史悠生，副主席鲍圣光（兼秘书长）、黄烈明。常委 9

人，委员 16 人。

1993 年 4 月 23—25 日，象山县基督教“三自会”在丹城教堂召开第四届代表会议。87 名代表审议通过常委会工作报告，修订并通过决议、章程、规章制度，民主选举象山县基督教第四届“三自会”领导机构成员，名誉主席史悠生，主席黄烈明，副主席鲍圣光（兼秘书长）、黄伟光。常委 9 人，委员 30 人。

1997 年 5 月 12—15 日，象山县基督教“三自会”在丹城教堂召开第五届代表暨象山县基督教协会成立大会。95 名代表审议通过常委会工作报告；修订并通过决议、章程，修改、完善规章制度，民主选举象山县基督教第五届“三自会”与象山县基督教协会第一届委员会领导机构成员。“三自会”名誉主席史悠生，主席黄烈明，副主席黄方正、鲍圣光（兼秘书长）。协会会长黄方正，副会长黄烈明、鲍圣光（兼总干事）、黄伟光。两会常委 15 人，委员 43 人。

2001 年 5 月 15—17 日，象山县基督教“三自会”第六届、基督教协会第二届代表会议在丹城基督教堂召开。103 名代表审议通过上届两会常委会工作报告，修订通过两会章程、决议，民主选举基督教“三自会”六届与基督教协会二届委员会领导机构成员。“三自会”主席盛明山，副主席黄伟光，秘书长史奇妙。协会会长黄方正，副会长盛明山、史奇妙，总干事潘安平。两会顾问史悠生、黄烈明、黄方正。两会常委 19 人，委员 46 人。

2005 年 5 月 16—18 日，象山县基督教“三自会”第七届、基督教协会第三届代表会议在丹城基督教堂召开。99 名代表审议通过上届两会常委会工作报告，修订通过两会章程、决议，民主选举基督教“三自会”七届与基督教协会三届委员会领导机构成员。“三自会”主席盛明山，副主席黄伟光、史奇妙、张建国，秘书长史奇妙（兼）。协会会长黄伟光，副会长盛明山、潘安平、史旭东，总干事潘安平（兼）。两会顾问史悠生、黄方正、黄烈明。两会常委 19 人，委员 55 人。

第四节　三自爱国运动

1950 年，石浦教堂、新桥教堂等成立“三自”（自治、自养、自传）革新小组，学习“三自”理论，开展“三自”爱国活动，筹办企业，以带动全县教徒走“三自”道路。但因土地改革开始，象山地处东海前哨，教堂关闭，教会活动停止，教牧人员外迁，遂使这一基督教特色的爱国运动不能深入开展而夭折。其时，象山境内尽管有信奉聚会处观点的教徒，但 27 处堂所均属循道公会派。教徒 2700 人（含慕道友）。

1958 年，宗教界开展社会主义学习运动。县外基督教各派求同存异进行联合礼拜，结束历史形成的宗派林立、互相对峙局面，进入“后宗派时代”。但象山除鹤浦、南庄等个别堂所偶有活动外，余均在家庭聚会，使教徒们缺漏“社会主义学习运动”这一课。1963 年 2 月 13 日，樟岙 71 名基督教徒发起成立“象山中华基督教‘三自’革新爱国爱教协会”，又一次拉开象山基督教会走向独立自主、自办教会的帷幕。随后，爵溪基督教会杨大芳等 64 人也走上“三自”道路。时全县 27 个教会，有 22 个教会加入协会。1966 年，“文化大革命”开始，基督徒的宗教信仰自由权力被剥夺，全县教堂全部关闭停止活动，家庭聚会几近禁绝，基督教“三自”爱国运动被彻底封杀。

1978 年后，拨乱反正，正本清源，各地基督教徒陆续开始家庭聚会。1981 年 12 月 20 日，象山县委统战部召集基督各派代表座谈会，协商筹组象山县基督教“三自”爱国运动委员会。至 1982 年年底第一届象山县基督教“三自会”成立，4年间全县产生自发聚会场所22处。教徒6300余人（含慕道友），是20世纪50年代初期的2.3倍。各教会信徒走上自治、自养、自传三自道路。

为使全县基督徒过上正常健康的宗教生活，县基督教“三自会”酝酿，并向县人民政府提出合理安排基督教活动场所的建议。1985年9月，丹城基督教堂开放。翌年春，全县共有7处教堂、22处布道所开放。1993年，开放堂所达38处，且堂所产权均属教会。教徒们就近到开放堂所进行聚会活动。各堂所相继建立民主管理组织堂委会或管理小组。

全县基督教开放活动场所后，为增强自传的工作力量，根据教职人员缺乏，部分义工、教徒信仰基础差的实际情况，县“三自会”从1983年始，每年都要举办义工、骨干教徒学《圣经》培训班。同时，开展“三自”运动讲座、宗教政策和法制教育。至2008年已办班26期。

随着党的宗教政策的落实，全县被占用基督教房产也于1996年前陆续得已归还或退赔。个别如苏岙教会在购置新堂时，政府有关部门已减免税费等。截至2008年，全县经依法登记的基督教堂所有45处；基督徒16700人（含慕道友），牧师9人，教师7人，长老10人，义工180余人。

第五章　宗教事务管理

象山县衙设置宗教管理机构，最早可追溯到明洪武年间。明嘉靖《象山县志》卷一“建置纪”“诸属”目下有“僧道会司”条云：“僧、道会司，洪武十五年设，俱无公署。”“设官”目下“僧道会司”条云：“二司各一员。”僧会司，是县级掌管佛教的专门机构，仅给官不给禄，通常由德高望重的僧人担任；县道会司的职责与任事之人与僧会司略同，仅任事之人由德高望重之道士担任。僧会司与道会司通常寓于僧寺、道观内。清因明制，仍设僧会司和道会司。清中期以来，天主教和基督教也相继传入象山，然此两宗教均系外国差会，均不受清地方政府管理，由教区、联区、差会自治。民国以降，佛、道宗教事务管理隶于政府民政系统，而其时道教已十分衰微，境内仅少量火居（正一）道士。天主教、基督教仍属差会，归教区管理。中华人民共和国成立后，县人民政府设县民政科，内置负责兼理宗教事务的股室。“文化大革命”时期，宗教活动基本停止，县民政部门也失去宗教事务管理职能。20世纪80年代后，党和政府重视宗教工作，落实宗教政策，有计划地恢复开放和新建寺院教堂。1984年，县人民政府设民族宗教事务办公室，依法支持宗教组织独立自主的办教事务并加强管理，宗教管理逐渐规范。

第一节　落实宗教政策

民国以前，民众信仰随朝廷王公贵族或地方官员的喜好，或重佛抑道，或抑佛重道，历史曾发生“三武一宗”灭佛事件即便一例。自民国起，情况大为改观，民国2年（1913）制定《中华民国宪法（草案）》中专门规定“人民在法律范围内，有信教之自由”的条款；民国36年制定《中华民国宪法》第7条规定：“中华民国人民，无分男女、宗教、种族、阶级、党派，在法律上一律平等”；第 13 条规定：“人民有信仰宗教的自由。”

政府尊重人民宗教信仰自由。中华人民共和国成立初期，象山宗教场所由当地乡镇政府予以保护、管理，仍继续开展宗教活动。但自土地改革运动起，由于象山地处浙东沿海、军事前哨及其他原因，土地改革时即关闭教堂，教牧人员外迁，寺庵、宫观、教堂有的析为民居，有的被占用，仅剩下少部分由宗教界使用，“文化大革命”时期，宗教活动停止，人民信仰自由得不到尊重。

中共十一届三中全会后，宗教恢复合法地位，划归党委宣传（统战）部门掌理。1984 年，县人民政府民族宗教事务办公室成立，与县委统战部合署办公。1997 年，民族宗教事务办公室改称民族宗教事务局，挂靠县委统战部，局长由统战部副部长兼任。县内三大宗教从 1982 年始，相继成立县基督教三自爱国运动委员会（以下简称县三自会）、县佛教协会（以下简称县佛协）、县天主教爱国会筹备小组［以下简称县爱国会（筹）］、县基督教协会（以下简称县基协），依法开展独立自主自办教务。

1985 年 9 月，县委下发《关于有关落实宗教政策问题批复》，要求落实宗教房产政策。各级政府及有关职能部门认真贯彻党的宗教政策，本着实事求是、尊重历史的原则，开展大量艰苦细致的工作，认真调查摸底，反复协调各方立场，明确宗教场所房产权属界限，使一大批宗教房产政策得到较好落实，为宗教教职人员和信教群众开展正常宗教活动创造良好条件。至 2000 年，基督教房产政策得到全部落实。石浦天主教堂 450 平方米教产中华人民共和国成立后一直由部队使用，房子大多被拆建。教会从 1989 年始提出产权所有，县政府职能部门与部队、县天主教爱国会（筹）先后 4 次商讨解决办法。1994 年春，由部队与地方政府共拨款 3 万元予以经济补偿，并为信徒群众安排新活动场所。截至 2004 年，全县共落实佛教、基督教、天主教等宗教房产 100 余处、5 万余平方米，权属比较明确的房产归还率达 99%，迁建、翻建、扩建宗教活动场所 50 余处、3 万余平方米。基督教石浦、大碶头、田洋湖、爵溪、丹城新堂等相继建成，满足信教群众过宗教生活需要。

第二节　依法管理

1982 年，中共中央下发《关于我国社会主义时期宗教问题的基本观点和基本政策》。1983 年，县成立宗教工作领导小组，开展取缔邪教组织“呼喊派”专项斗争。1984 年，县人民政府民族宗教事务办公室成立，开始加强各宗教团体、宗教活动场所建设，保护宗教界合法权益；抵御渗透，取缔邪教组织，制止宗教非法活动。1991 年，中共中央、国务院《关于进一步做好宗教工作若干问题的通知》，再次强调依法加强对宗教管理，并提出加快宗教立法工作。1992 年，省人民政府颁布《浙江省宗教活动管理规定》。1994 年，国务院颁布《宗教活动场所管理条例》和《中华人民共和国境内外国人宗教活动管理规定》。2003 年 7 月，市政府办公厅印发《宁波市宗教活动场所审批管理暂行办法》。象山县依照各级宗教法规，依法对宗教场所进行登记、依法对宗教活动进行审核、依法取缔非法宗教活动。

依法登记

1992 年，省人民政府颁布《浙江省宗教活动管理规定》，象山成立领导小组，根据该规定，开展全县寺庵教堂的登记发证工作。经县政府批准，佛教等慈禅寺等 15 处、天主教鱼山教堂等 9

处、基督教丹城教堂等 36 处为宗教活动场所（开放寺院、教堂）。另，94 处寺庵为修持场所，4 处因条件未成熟暂缓登记，4 处不予登记。通过登记，同时摸清全县三大教人数、房产等底数，佛教僧尼（含沙弥、沙弥尼）180 名，房产 29170 平方米；天主教信徒（含慕道友）500 人，房产 800 平方米；基督教信徒（含慕道友）8500 人，房产 6050 平方米。

1994 年，调整宗教活动场所、佛教修持场所。佛教新增普陀庵、永清庵、保宁讲寺、云门庵等为保留场所，基督教新增塔岭教堂为宗教活动场所，天主教撤延昌祈祷所并入石浦教堂聚会。

2006 年 6 月，省民宗委下达宗教活动场所换证登记工作任务，更换全国统一制发的有标准登记证号的宗教活动场所登记证，并且和机构代码证、开设银行对公账户、建立单位社保账户对接。至 2007 年 2 月，全县 179 个宗教活动场所完成登记换证工作。

宗教活动审核

2003 年 7 月，市政府办公厅印发《宁波市宗教活动场所审批管理暂行办法》，根据该办法规定，县民宗局梳理宗教方面行政审批事项，明确行政审批、审核、备案及事后监管等事项。2005 年 3 月 1 日起，国务院《宗教事务条例》颁布施行，县民宗局依照《宗教事务条例》有关规定，清理年检制度等行政许可项目，制定《宗教场所内改建和新建建筑物（审批）》《设立商业服务网点（审批）》《举办陈列展览（审批）》《拍摄电影、电视剧（审批）》等行政许可项目，并公开许可依据、许可条件、申报材料等。2006 年，在原有行政许可项目下又新增《举办非通常大型宗教活动（审批）》《扩建、迁建宗教活动场所（审核）》《举办宗教教职人员和义工培训班（审批）》3 项行政许可项目，并统一由县便民服务中心综合窗口办理。2007 年，按照《中华人民共和国行政许可法》规定，县民宗局清理涉及行政许可和审批（核）项目，并通过政务公开明确行政许可和审批（核）事项的办理程序和时限，完善配套制度建设及行政许可项目后续监管工作。

规范化管理

1982 年，县基督教“三自会”、县佛教协会先后成立，各自制定《章程》及寺庵教堂的《管理细则》《财务制度》等，探索宗教事务自主管理。1984 年，县民族宗教办公室成立之初，即制定《象山县僧尼坚决制止迷信活动公约》与《关于落实宗教政策问题的意见》，为宗教团体与信教群众开展正常宗教活动提供初步依据。1992 年浙江省人民政府第 25 号令，1994 年国务院第 144、145 号令，1997 年《宁波市宗教活动场所管理办法》《浙江省宗教事务条例》相继出台，县民宗部门根据以上法规、规章等提出学习贯彻意见，协助各宗教团体与寺庵教堂修订、完善《章程》及《管理细则》《财务制度》《学习制度》《会议制度》等规章制度，与法规、规章等装框一并上墙。2008 年，县基督教“两会”相继制定《象山县基督教堂所管理制度》《象山县基督教堂所财务管理制度》《专职传道人聘请制试行办法》《象山县基督教堂所管理组织选举办法》《象山县基督教堂所管理委员会组建办法》以及人事、卫生防疫、消防安全、治安、财会、档案等 13 项管理规定。县佛教协会根据国家宗教法规和本教实际，制定《象山县佛教场所管理制度》，内容包括人员、财会、消防、治安、卫生防疫、环境和文物保护、档案七方面管理制度，并上墙公布，接受广大僧尼及信教群众的监督。天主教堂在各自场所内悬挂由宁波天主教区制发的《天主教堂（点）管理制度》。

取缔非法活动

1983 年 8 月，象山县委成立宗教工作领导小组，抽调 85 名干部开展取缔“呼喊派”邪教组织专项斗争，逮捕首要分子6人。1992年，开展为期一个月的打击取缔“呼喊派”专项斗争，举办法制学习班2期，受教育人数1100余人，办理登记手续2358人，办理脱离手续1769人，拘捕3名为首分子。1994年，一青年自称修“唯识宗”，没受过大戒，占着女僧部分房子，拉拢一些在校学生与社会青年进行“说法”。县、镇有关部门对其进行严肃批评教育，坚决取缔这一非法活动。2001年，辽宁“自由传道人”于凤英等通过个人关系到墙头基督教堂“讲道”，被县民宗局、县基督教“三自会”制止。

第六章　民间信仰

民间信仰，亦称民间宗教、民俗宗教。象山民间信仰，源自越族好鬼神、尚祭祀的文化背景，又与山隅海角的环境相联系。聚族而居，神权与族权交织，体现山海文化、宗族文化、移民文化特点。旧时，民间宗教多入祠祀志、祠庙志。由于民间宗教或信仰多带有迷信成分，且信仰对象颇为庞杂，历代统治者亦时有斥之为“淫祠”以“辨风正俗”，甚至加以毁废。随着近代科学日渐昌明，诸多民间信仰成为历史陈迹，被淘汰或消亡，部分作为民风习俗延续至今。中华人民共和国成立后，移风易俗，观念变化，民间“求平安、保发财、祛灾、延寿”等为需求的功利思想依然存在，作为一种文化现象，民间信仰仍有一定影响力。

第一节　信仰对象

象山民间信仰崇拜大致可分自然物崇拜、至圣至贤的有德人物崇拜（人神崇拜），此外借用佛教、道教及儒家崇拜的对象为信仰。

自然物

自然崇拜对象分天、地、万物。邑人崇天，天有天宫，民间信奉玉皇大帝为天帝，天上有天兵、天将、天神，主宰人间社会。称太阳为“太阳菩萨”，不可冒犯。崇拜的星宿有月亮，称“月亮菩萨”，北斗星（文昌宫）、魁（奎）星、文曲星、武曲星、寿星（南极仙翁）、岁星（太岁）、祝融（火德星君）等。奉雷公、雷婆或雷部邓元帅为雷电神。建有众多庙宇、祭坛，诸如神祇坛祀风云雷雨、山川、城隍之神。文昌阁祀文昌星，象山各乡皆建。

地者包括山川、土地。象邑以山名。县人认为凡山凡水均有神，山有山神，水有水神，当得尊崇。泰山为五岳之尊，象山建有东岳以祀之，民间谓“泰山石敢当”常刻于房屋址界中，意有神山泰山之石耸起，不可侵犯。县内东岳行宫颇多，县城内东岳行宫创建于宋大观中，在栖霞观侧，历代皆有修建，且庙会甚盛，县内大雷山、珠山均建庙以祀山神，较著名者有圆峰庙。宋乾道《图经》、宝庆志并云：旧系圆峰庙，在象山县西北一百四十步。按唐会昌中，王关撰《文宣王庙记》有云“自圆峰庙历城隍中”，则此祠其来尚矣。或以为县主山形圆，因名之。一日亭午，自其旧祠飞片瓦，止于今庙之基。邑人姜皋因迁焉。南宋建炎四年（1130），有旨赐昭应庙额。水旱疾疫，有祷必应，远迩争奉香火。每岁六月七日为生辰会。累封灵泽孚佑昭贶显济侯。清雍正县志：每岁春秋里境有祭。乾隆《象山县志》：祀山神也。道光《象山县志》：明洪武间，邑主簿孙德仁创修，邑人蒋景高记。乾隆九年（1744），邑令张绣创修庙，以县治西北一百步为行宫。光绪八年（1882），水圮行宫，重修。宣统三年（1911），重修庙。中华人民共和国成立后，因修建自来水厂，庙废。今又在旧址旁重建。各乡也有诸多圆峰庙。

水神当推龙王，龙王为司雨神，故天旱时求雨请龙仪式隆重而不绝。崇祀龙之庙宇甚多，诸如灵济庙、五龙行祠、龙神祠、龙王庙等。灵济庙，明嘉靖《象山县志》载，在县东南二十五里，祀锯门龙神。清乾隆《象山县志》：宋建炎四年（1130），高宗航海，龙有护舟功，敕赐庙额，春秋祭之。明洪武二年（1369），主簿孙德仁修。后圮，有司野祭。嘉靖二十八年（1395），巡检周良重建。以春秋二仲庚日致祭，祭品帛一、爵三、羊一豕一。《浙江通志》：灵济即普济原名。又有普济庙五龙行祠，据《浙江通志》引明嘉靖《宁波府志》：象山县普济庙，祀龙神。宋南渡初，赐额曰灵济，明改赐今额。嘉靖县志：五龙行祠，旧在东岳庙西。后圮。迁建于唐家河头，祀五龙、谢仙二神。明太祖起兵，适盛暑，军行渴甚。二神贮水二桶迎之，军马纵饮不竭。太祖异焉，问其名，曰象山柳秀才、谢道人也。后诏访二人得秀才庙，赐额普济，敕有司春秋致祭。而谢为时所陷，遂弗及。岁旱，祷于二神多应。清康熙《象山县志》：万历间更新之，设关帝像于右。雍正《象山县志》：或云“五龙即锯门龙神”，又云：“神与锯门龙神皆兄弟。”乾隆县志：普济庙，旧名五龙行祠，在县治西唐家河上，其在锯门者名灵济庙。旧志并误。庙祀柳、谢二神，旧志谢为时所隐遂弗及，而乡人并祀谢。旱，祷之有奇。今前殿奉关帝像。旧志称柳即锯门五龙之神。蒋景高记谓柳为龙神之功曹，无所据。道光《象山县志》：古五龙行祠，旋祀关帝于中，左祀马王，右祀火神，旁仍龙神。乾隆三十年（1765），象协章绅以行营同音，改行祠为营祠，自书之（此本《蓬山清话》）。道光元年（1821），象协集资撤建。南门外祭，雍正《象山县志》：每岁六月十二日，俗传彭祖忌辰，必有飓风为厉，皆云锯门龙神实主之。早禾正颖，常为所败。康熙五十一年（1712），当事于南门外设牲醴，望而祭焉，果静息不为灾。此后，岁祷以为例，而是日亦无复疾风暴雨矣，龙信神物矣乎。道光《象山县志》：岁支彭祖忌祭龙神银八钱。

土地为万物之本，邑人信奉城隍、土地菩萨，还信奉门神、灶神、路神、桥神。土地神信仰盛行于宋，凡城乡、住宅、园林、寺庙、山岳、道路都有土地神，俗称“土地菩萨”。土地庙多建于村头桥旁，内塑布衫草履如田夫的土地公、土地婆。土地神是与寻常百姓最亲近神，反映农业社会人们崇尚土地之心态，庙较矮小，但无处不有，分布于象山乡野。城隍庙源于古代水（隍）庸（城）祭祀。“城”为垒土的高墙，“隍”原来指无水护城壕。古人认为城与护城壕、护城河均有神，于是城和隍都神化成城市的保护神，象山凡城寨均建有城隍庙，诸如丹城、昌国、石浦、爵溪及游仙寨、陈山寨等。丹城城隍庙建于唐神龙二年（706），为象山邑城隍庙之始。

此外，门神为驱鬼辟邪，护家之神。民间多贴有钟馗或秦琼、尉迟恭等作为守护神，灶神俗称“灶山菩萨”，家设神龛供之，俗认为是玉皇大帝所派保护和监视该户行为之神。每腊月二十三上天述职，家家需供果品香烛祭祀，称“祭灶”，祈求“上天言好话，下界降吉祥”。另，路神、桥神皆由土地神衍生而出。

动植物崇拜也属自然崇拜的重要内容。象山民间认为动物拜月后可成精怪，故有狐狸精、黄鼠狼精等说法。有些动物与象山人生产、生活关系密切，故产生牛神崇拜（牛王、牛栏菩萨）、猪神崇拜（猪栏菩萨）、马神崇拜（马祖）、蚕神崇拜（蚕花姑娘）、蛇神崇拜（蛇神、白蛇、青蛇）、煌虫神（蚱蜢将军）、蝙蝠神（蝙蝠将军）崇拜等。家中有蛇，则敬之为家神，不能伤害它，只能驱赶它，否则家庭将遭受灾难。牛是农耕社会最重要生产工具，在古代农业经济中发挥重要作用。农民普遍敬牛、爱牛。旧时象山有鞭打春牛祈求一年五谷丰登习俗。四月初八为牛生日，农家要让牛吃鸡蛋老酒。即使20世纪60年代三年困难时期，老酒凭票供应，每人每月1斤，春耕时，耕牛也可分得5斤酒票。此外“五通”神，又称“五圣”，是江浙一带重要民间信仰，在象山也很流行。宋洪迈《夷坚志·癸集》卷三“独脚五通”条记载：“五通”是一位神，又称“五郎”。又有人认为“五通”是五位神。象山民间认为“五通”是一种似人非人的生物。明时有“北方狐狸、南方五通”说法。象山西周地区称“五通”为“阿乌”“阿白”，传说“五通”常常能搬迁财物，若“通进”，则家中财物会源源而来，“通出”则反之。植物崇拜中最常见是对树的崇拜。县人认为古老的大树都有树神，应该得到崇敬。村庄中大树，视作风水树，是村庄“保护神”，得以保护。被崇拜的树木中最多为樟树。许多古老樟树有数人合抱之粗，中间有树洞，大者可钻进十数人。许多人会在樟树旁插香，祈求樟树神庇护，而且认为樟树神能治病，各地并立庙祭祀樟（章）先生。此外还有杉树、枫树等。象南石浦正月十四，受闽南风俗影响，旧时有“摇竹娘”风俗，家长领着孩子去山后竹林中，选一挺直不高青竹，双足并立，双手高举过头，扶着竹子不住摇动，孩子就能长高个子。百花也是崇拜对象，花有花神，称为“百花娘子”，农历二月十二为其生日。谷物在古人心目中是个圣物。出于对人类赖以生存的谷物崇拜，旧时象山设社稷坛、里社、先农坛、先农殿，就含有祭五谷之意。农历八月二十四为稻谷生日，这些都反映民众对植物的崇拜。

县人的自然物崇拜中尚有对海洋的崇拜。象邑三面临海，人濒海而居，伴海而生。面对汪洋大海，渔民无不生敬海、畏海、惜海、爱海之心。大海的神秘，以及在与风暴浪涛搏斗中，希望各路神灵助一臂之力，祈求诸神保佑，自然产生海洋崇拜。象山滨海之乡村多建各种海神庙、海潮庙，祭祀海神、渔师及观音、妈祖、如意娘娘，孔侯、陶弘景、天门都督、东海龙王、关帝等。祭海、放海生、放水灯是象山海洋崇拜主要内容。

神道

神道既包含“自然之道”“神明之道”“道德之道”，也就是圣人通过设立自然、神明与道德之道，教化百姓，使天下归心，统治永固。神道设教通常崇拜的对象有两类：第一类是至圣、至贤的道德之士，如至圣的文圣孔子、武圣关羽，至贤的孔子72弟子及宋明理学的诸贤，历代对国家有杰出贡献的如大禹、岳飞等。此类入国家典祀，全国各地均有。第二类是有功、有德于一方的官宦，百姓感其恩，为其树碑立传建祠，此类即名宦祠。除此两类，不少旧志还记载当地士民中忠孝节义之士，地方官员为其立碑建祠，此类即乡贤祠，象山历代县志亦有记载。

孔庙　孔庙各地皆有，其称谓历史上有文庙、夫子庙、至圣庙、先师庙、先圣庙、文宣王庙等，皇帝下诏统一修造，遵守共同规制。曲阜孔庙是全国各地孔庙的本源，地方孔庙形制依循曲阜孔庙。孔庙作为祭祀孔子殿堂，规模宏大，气势雄伟。整个建筑均衡对称，以纵轴线为主，横轴线为辅。各地孔庙建筑一般可分为前导、主体、后部三部分。前导包括万仞宫墙、棂星门、泮池等；主体包括大成门、大成殿以及两庑等；后部主要有崇圣祠（启圣祠）。象山孔庙，又称“至圣文宣王庙”，俗名“孔圣殿”。县治东南百步，建于唐会昌六年（846），宋时重建，历代依其旧制，或有修葺。祀孔子，配祀复圣颜子、宗圣曾子、述圣子思子、亚圣孟子。殿内东西祀12先哲，东西二庑配享分别有62位、61位先贤，岁春秋仲月上丁日，知县主祭，陈设祭品。20世纪70年代，拆建为县府招待所。今大塘镇潮庙（红庙）等尚祀供孔子。

关帝庙 亦称关圣庙，广布全国，祀武圣关羽。关帝庙的数量远超文庙，尤其是中国封建社会晚期，有“县县有文庙，村村有武庙”之说。据有关资料记载，在宋元明清社会中，对“武圣”关公崇拜的虔诚和普及，超过了被人们盛赞为“千古一圣”的孔子。境内关帝庙、关圣殿、武圣庙有40余所之多。县城关帝庙，在县治西五百步。即栖霞道院前殿故址。祀关羽，祭以五月十三。明嘉靖十年（1531）称汉前将军汉寿亭侯。汉寿本为封邑。关帝自宋代始作为护法神搬进寺院、宫观，象山诸多寺院中亦有关帝塑像，称之为伽蓝即护法神，民间直称之为关帝菩萨或财神菩萨。这也是宋明以降佛、道教世俗化的结果。

平水庙 境内多平水庙，县城平水庙，据清乾隆《象山县志》：在县治西一里，祀大禹也。水旱疾疫，祷之必应，里境春秋有祭。20世纪80年代，因城镇建设拆除部分建筑，尚存大殿一座。按闻氏性道云：“浙江为大禹存神过化之地，故祀之。”夫圣人过化之地何但浙东哉，考夏少康封庶子无余于堇（为堇子国）。春秋象山为越境，汉又封王摇主越祀，皆禹后也，故浙江多禹庙。象山除县城平水庙外，各乡也多有建造，至今各乡镇平水庙尚存20余座。

名宦祠 多祭祀为象山建功、立德、立言者的名宦。境内有顾长官祠、朱文公祠、钱尚书祠、羊府庙、王御史祠、王参政祠、胡中丞祠、凌公祠、景止祠、蒋公祠，毛、崔、许、胡四侯祠，周公祠、吴公祠、姜忠肃公祠、张忠烈公祠、慕勋祠、立德祠、张副将祠、胡公祠、马公祠、邵公祠、招讨副使祠、七将军庙、易忠烈庙、神武陈公庙、王将军庙等，他们中或治象邑时有德于民，或在明代抗倭中有功于象山，民立祠以祀。名宦祠因名宦之后人居象山后，转为一族之宗祠者有钱尚书祠、招讨副使祠等。

第二节 祭祀仪礼

祭祀仪礼，明正统元年（1436）以来，有较为统一的仪礼。明制，凡社稷、风云雷雨山川城隍、岳镇海渎、帝王陵庙，皆同释奠礼，州县皆然，则凡祭祀先贤、先烈，皆应仿此。释奠之义，乃是追慕先哲，故尽诚而已，无酬酢、祝嘏之幸，是祭祀中最为平正者。祭祀仪式一般包括九个仪程，即迎神、奠玉帛、进组、初献、亚献、终献、撤馔、送神、望瘗等。各仪程演奏不同的乐章。祭祀前需斋戒，至圣先师为大，散斋叁日致斋二日。其余小祀散斋二日致斋一日。若书院学堂开馆，拜师收徒结拜之礼，一日可也。礼，散斋在家，斋必变食，居必迁坐；致斋在斋宫。由于上述祭祀，全国较为一致，不作详述。

祭祖先

《中庸十九章》云：“事死如事生，事亡如事存，孝之至也。”儒家伦理认为祭祀是一种教化方法，培养孝道途径。“生则养，死别敬享”祭祀祖先赋予报本、追远、崇德的意义。象邑民间兴盛祭祖，分祠祭、家祭、墓祭三类。丧祭内容详见本志“生老病死”篇。

祠祭 祭始祖及高曾祖，一年两次，或岁首年尾，或清明、冬至。也有四祭：春分、夏至、秋分、冬至。有族内子孙集体在祠堂祭祀全族的祖先，族长或房长为主祭人，祠祭迁须斋戒三日，祭前一日准备祭馔、祭品，次日开始祠祭。旧时连祭服都有规定，有爵者必须穿公服，致仕官、选选官、进士、举人、乡员、例员各依职穿补服、朝服、披肩。以常服奉祭者为不敬庶人也必须洁衣，不衣冠者不得与祭。祭仪有序庄重，须宣读祭文。无故缺席，要受处罚。族内重大事件，如关谱等祠祭益见隆重。家谱载宗祠条规，对祠祭作严格规定。

家祭　以家庭为单位，在家中设祭，祀本家近代祖先（辞世的祖父母、父母及先祖）忌辰及每年清明、七月半、中元、冬至等节时。地点设于家中中堂（或敞堂）。奉馔、供香点烛、酌请、跪拜、焚烧纸钱。谢年是一年中最隆重的家祭，祭品用三牲，一般在午夜，祭器用祭盘（今用瓷盒）。主祭者必前一日洗手沐浴，不行房事，以见虔诚。

照 49-8　镴质蜡烛台

墓祭　俗称“上坟”，今称“扫墓”，一般在清明节前，也有在冬至日。今象山丹城、石浦一带兴正月初一拜坟岁。墓祭一般仪程为坟边除草、坟头加土、坟尖插幡，俗称为插坟头宝纸，今有挂花篮、献花圈、花环或花束；供祭品。祭品有鱼、肉、蛋、豆腐、香干、麻糍、青菜等，今也有供糕点水果等，用酒肴，酒过三巡；坟前备香炉、烛台、上香、点烛、跪拜，祈求死者亡灵接受祭祀。坟旁左侧附祭坟头土地，用生鱼、生肉、豆腐、香干等；读祭文或致祝词，祈求保佑；烧纸钱，洒酒祭奠；燃放鞭炮，扫墓毕。2008 年，法定清明节放假一天。是日祭扫先烈、先祖成为全民活动。

祭海

海洋是象山经济生产和物质生活重要资源，祭海为象山海洋崇拜重要内容，明清以来，逐渐盛行，并由自然神崇拜向人物崇拜、传统祭祀向娱乐性祭祀转变的趋势。并有放海生习俗。

开洋祭　渔船出海前向大海祈求渔业丰收和人身平安，盛于石浦、东门、爵溪、南田等出洋捕捞地区。①

谢洋祭　捕鱼结束后向大海表示答谢、感激以及庆祝丰收的祭祀，一般在渔汛结束后进行。谢洋再祭叫“散福”。

新船祭　新船造成后举行的祭海活动，向海神祈求新船下海能平安顺利，满载而归。

祈禳祭　在海上遇到怪物或奇异之事进行的祭祀活动，主要是祈吉禳灾，避免灾难。

祭小海　渔民小规模的从事“小海”采捕劳作的一种祭祀活动，祈求平安、顺利、丰收。

祭船龙爷　旧时大捕船后舱有一个专供菩萨神像，当地渔民称“船龙爷”，两侧有两个木头神像，一谓千里眼，一谓顺风耳，以求出海能眼观千里路，耳灌顺路风，丰收平安。

放海生　旧时渔民把海洋中捕捞到的鼋、龟灵异物及奇异生物和尚未长成幼小的鱼类放归大海的行为，称为“放海生”。

①船头祭神，烧化纸牒称“行文书”；祭后投杯酒、肉等于海，谓酬游魂。

第三节 庙 会

境内祀庙众多，遍及城乡。庙神生、忌日或春秋之时，庙社多组织报赛以酬神、娱神，统称为庙会。庙会规模小则一乡数村，大则几乡联合，敬神演戏是庙会的基本内容。有的庙会组织游行，称为“行会”。旧时庙会中摊货夹道，卖艺要拳有之，进香嬉戏者有之，人头攒动，热闹非凡。崇拜、娱乐、交易融于一体，是民间以娱神为由而组织的自娱自乐的吉庆活动。中华人民共和国成立后，提倡科学，破除迷信，酬神赛会活动式微。20世纪80年代始，传统庙会活动复苏，但庙会内容从祭祀性转向娱乐性，成为普通民众喜闻乐见的文娱活动。

圆峰庙迎神赛会

圆峰为象山主山，因主山形圆，故名之。《乾道图经》、宝庆《四明志》称庙在县治西北一百四十步，称圆峰庙。是庙始于唐代，为象山最早古庙之一。圆峰山灵（神）姓袁，民间尊为圆峰大帝。相传保境安民，惠泽地方；水旱疾疫，有祷必应，远迩争奉香火，受到百姓敬奉和朝廷封敕，累封灵泽、孚佑、昭贶、显济侯。南宋建炎四年（1130），有旨赐昭应庙额。圆峰庙支庙遍及县内各乡镇，达46处之多，为县内之最。旧时，每年六月初七日圆峰大帝寿诞之日，前两天即开始举办庙会。

圆峰庙迎神赛会仪式实录 2000年，迁建圆峰庙，新戏台落成之时，初五清晨，请戏班开台；圆峰大帝坐像供奉五谷、六畜、糕点、水果、酒菜。吉时一到，请“鲁班”师上香敬礼，诵读祀文，以示开台吉祥。然后“关公”领关平、周仓众兵将“扫台”，挥舞青龙偃月刀，盘绕舞台，驱邪降魔。祈求新台永固，合境平安。下午迎神赛会，抬出圆峰大帝神像巡安，仪仗执事开道，琴弦管乐伴奏，群众焚香恭敬送行、迎接。队伍由北门行宫下，过后堂街县府门前南下，经西大街至西桥头北上，经北山路回圆峰庙，大帝像归殿。晚餐设庆丰宴，赴席者络绎不绝，盛况空前。晚上组织“六·六”社戏，又寓含“六六”顺流之意为名。邀请剧团登台演出，连演三天三夜，至初七日，以示国泰民安，风调雨顺，万民欢乐。

姜毛庙庙会

姜毛庙位于丹城南街北段。清雍正《象山县志》载：“南市中二神，姜姓、毛姓，古传为唐进士，弃官隐此，施药济人，卒而有灵，乃立庙祀焉。”旧时，丹城分六境：东境、南境、西境、北境、中境及庄穆境。其中，中境地段在旧城十字街以南，羊行街以北，范围较小。姜毛庙庙界于此。后，中境并入南境，辖区为今南门、五丰。羊行街三村及市中、公园、新建三个居民区，成为姜毛庙庙界村坊，并辖有南门行宫。时姜毛庙庙产殷实，祀田广沃。农历三月十一日至二十七日为姜毛两公祭祀纪念之期，必兴社戏庙会。十一日夜为“陪生”期，十二日晨，将姜、毛两公神像抬至南门行宫“落座”看戏，至二十七日。姜毛两公请回姜毛庙大殿安座。是日，举行盛大迎神赛会，为庙会高潮，全镇各境协办，游行队伍中有灯彩，如大肚灯、四季花灯、十二生肖灯及龙灯；有孩童装扮各种戏文的抬阁；有扮成“八仙过海”“唐僧取经”等人物造型的高跷表演。旗锣、执事盾牌开道，中间夹随“细十番”“大十番”或“龙灯甩”锣鼓、吹奏乐队。队伍从庙旁羊行街开发，向南境，绕东境，经庄穆境，过县堂前，盘北境，往西境，再回羊行街散会，俗称“羊行街双转回”。民众倾巢而出。清乾隆倪象占《象山杂咏》有一首描述姜毛庙灯会盛况：

"通衢喜见踏橇人，三月城中社鼓闻。莫遣火龙明盟海，双灯防遇万将军。"

东岳会

东岳行宫，位于栖霞观侧，建于宋大观年间，祀泰山东岳神。《蓬山清话》曰：象山俗有东岳会，云东岳帝生于三月二十八日，前一日，境赛社迎神至岳庙祝寿，灯火旗鼓引导之庙甚盛。明谢翰《东岳行宫记》云："象邑东岳庙建自宋大观四年（1110），里人于岁春之杪，以五方土谷神迎于庙，金鼓灯火之赛，周遍城中，或者古傩于九门之意以毕春气者欤！"是邑赛会久矣。

神武坊陈元帅巡安行道会

神武陈公庙位于今东陈乡，又名灵济庙、陈元帅庙，祀宋丞相陈宜中从子（侄）排行十五，名失传。相传宋理宗时，屡立大功，为大元帅。德祐间，陈宜中、陈元帅拥立益王赵罡及赵昺抗击元军，赵罡死后，又奉赵昺（祥兴帝）继续抗元。乘船南退福建，途经象山金井湾（今金井头），陈元帅忽得暴疾，不能随行，向祥兴帝叩头长恸曰："臣死当为厉鬼杀贼。"遂卒。葬姆岭南麓。不久元兵追来，陈元帅显灵，率领阴兵打着帅旗，布列海岸。元兵见状，不敢登岸而退，东陈地方百姓感其保境安民，立庙祀之。明嘉靖三十八年（1559），海道谭纶征倭抵象，梦见陈元帅，令明日午刻出兵，纶如其言，于金井湾伏击倭寇，大胜之。见庙，知是神助，捐资重修陈元帅庙，并题书"神武"，建石牌坊，故有"神武坊"之称。明嘉靖进士周希程作《陈元帅庙记》。清光绪二十九年（1903）进士陈畲为正殿作联："世事等浮云，过眼片时已万变；臣心终向日，到头一节各千秋。"当地百姓在陈元帅生日七月十二前三天，即农历七月初九，举办颂扬陈元帅功德和庆贺寿诞的巡安行道会。是日，周边各村人（初为东陈、沙岗、马岗、海墩、岳头、北山下6村共祀，故又称"六保庙"。后岳头村扩大分出二保，又有大塔、西庄二保加入，而海墩保退出，改称为"八保庙"。近年外东岙村加入，九村共祀。）队伍从神武坊始发，依次北山下、岳头、东陈、大塔、西庄、洋里、沙岗、马岗、外东岙再返回神武坊。数以千计村民参加活动，沿途男女老少，手奉清香，头顶烈日，虔诚恭候相迎，各村彩旗飘扬，锣鼓喧天，场面十分热烈。农户用新稻米做灰汁团、麦馃，发大糕、馒头，摆放村口或家门，供"行道会"队伍经过时随意取食。陈元帅神像抬进村，各村均摆设香案供桌，信众前来礼拜祈求。旧时"行道会"旗锣开道，用四条扬绳牵引大帅旗前行，执事盾牌、彩旗队伍随后。陈元帅神像坐在五彩亭轿内抬行。戏班演员化妆随行表演。"细十番"，锣鼓乐队伴奏，"行道会"队伍二三百人。七月十一日，于神武坊操办庆丰万民宴。至东陈鉴池公祠（即新祠堂）演社戏三天三夜或五天五夜。最后施放七月半太平焰口，活动结束。

镇潮庙会

俗称"红庙庙会"。镇潮庙位于大塘，清嘉庆五年（1800）由张贤均、黄衍美、辛茂荣等18先贤合股围垦大泥塘，使沧海成桑田，荒涂成绿洲。为纪念十八先贤围海之功绩，道光五年（1825）建镇潮庙，供平水大帝（夏禹），十八先贤长生位。后又以宁波三北请来刘猛将军塑像，灭蝗保丰收，保佑庄稼。以农历五月二十七为刘猛将军诞期，组织红庙庙会。庙会从五月二十六日开始至五月二十八结束，历时3天。

照 49-9　定塘镇大塘庙会

五月二十六日开始演社戏，亲朋好友上午赶至大塘参加庙会，旧时五渡口总计客人不下千人。家家发麦糕、包粽子、买小菜，招待客人。五月二十七日早晨敲锣打鼓，吹喇叭、放鞭炮，恭请平水大帝、刘猛将军出神龛，洗脸换衣，加上披风，插上雉翎，并在庙前道地举行祭祀仪式，两张八仙桌上供猪、羊、鱼、面、点心等八素八荤盘头，焚香点烛参拜，宣读祭文。祭祀完毕，鸣锣行会开始。清道旗三面，大锣开道，四十青壮年高抬平水大帝、刘猛将军塑像与十八先贤长生位，后跟道士，四个戴红黑帽者跟随刘猛出巡。帅旗、罗伞、彩旗紧随其后，后有锣鼓队、腰鼓队、龙灯队、车队等。队伍从庙东向南到礁横、金牛江、蒲白墩、英山、西洋塘、叶口山、宁波站、胜利、小花港、漕后、中站绕行一圈回庙。村村设祭坛，队伍每过一村均需祭祀，焚香祈祷。下午三时许巡游结束，神像从中门入庙安座。庙会有刘猛将军出巡，又称“蚱蜢会”，又庙会间家家做麦糕，又戏称“麦糕会”。

石浦城隍庙迎神赛会

明石浦建前、后千户所，西隅有城隍庙，前殿祀城隍，莫姓。相传为莫怀古（明贤臣王忬之化名）替死之管家莫成。附祀戚继光、财神。后殿祀道光年间捕海盗殉难之石浦守备（一说昌石营都司）刘朝元等。是庙每岁六月初六举办迎神赛会。先于五月晦日（农历五月三十日），演戏达旦。城隍神与戚少保即于是夕降座，名曰“落殿”。石浦城乡盈千妇女，在庙坐夜，名曰“贺寿”。六月初一，以椅轿抬戚少保像，巡行四处，仪卫甚盛，名曰“扫街”。初二、初三、初四日，乡人入城，拜神许愿。邻境宁海及南田亦多梯航而至，又有披发摄裙，披枷带枢，身穿囚衣，背插斩牌者，名曰“做犯人”。城隍庙前鬻拳者、卖药者、吹箫者、喧百戏者，聒耳眩目，拥挤无隙。初五、初六为迎神赛会之期。初五，往盐仓前（今延昌）迎赛，城隍神不出庙；初六日，则在石浦迎赛，城隍、戚老爷二神俱出。赛会按成规，全镇东南西北四境分别负责会合办理，出巡时间是下午二、三时，先是各色仪仗队伍，罗伞旗幡，盾牌执事，威仪非凡。紧跟号称“百将军”的“卫队”，手执兵器，威风凛凛。后八抬大轿，抬出城隍菩萨，陪同出巡的戚继光将军（俗称戚老爷），银冠蟒袍。抬轿者白衫红裤，先一日斋戒沐浴，甚为虔诚；且加倍的跟班，以资随时替换休息。队伍中有判官、无常、神将、皂隶、刀斧手，应有尽有；更有香亭、高跷、抬阁、沙船。鼓乐穿插其间。细十番箫、筝、琴声悠扬入胜，三面铜锣节拍音响别有韵味。游行队伍从城内到城外，举城若狂，观者似潮，称一时之盛。

石浦七月半纸会

石浦纸会始于清光绪二十一年（1895）。是年七月，石浦疠疫盛行，死亡枕籍，居民惶惧异常，乃集资设醮。造木船一艘，如舢舨大，船内衣服、饮食、仪仗、器具皆备。夜间设俎饯后，扛至江岸，扬帆安舵，放乎中流，乘潮送出港门。是秋，疫比以前更烈，天色未暮，家家闭户，行人绝迹。镇人不得不作大规模送神活动，实借金鼓之声，凭人多之旺气以驱疫。后疫止，此俗沿袭。七月半纸会，纸糊彩阁、沙船、龙舟、凤亭、联灯、香亭、神轿、保马、花灯、旗、牌、伞、扇、刀斧，斗奇夸巧，花样迭出。晚上迎会举行，千灯竞出，万炬成行，十分辉煌。民国19年（1930）9月13迎赛之夜，观者络绎不绝，大街小巷为之堵塞。最精彩为崇济会龙舟、源庆会凤舟，两旁划桨者约20人，一俯一仰，煞是起劲；抬阁则以仁济会之“仙女散花”为最，今际会之“蜘蛛”，济安会之“火烧琵琶精”做工亦十分细腻。会至西门空旷处，人扮之判官、无常、神将、鬼卒，同于“六月六”迎会。观者如织，唯见万头攒动。旧时石浦纸店多有扎灯名家，所扎灯彩、彩牌楼、鳌山福海，人物均为一流。七月半纸会在中华人民共和国成立后渐渐销声匿迹。

昌国两头会

昌国自建卫至明嘉靖元年（1522）始，有一年两头会传统。清明会、十月初一会（十月交会）两次大型庙会，后者因经费等原因约于民国9年（1920）停办外，清明会年年坚持，直到中华人民共和国成立后。历时400年。2015年“两头会”恢复活动，盛而不衰。

“两头会”的具体操办城内有东南西三境组成的“长生会”，三境每年轮流执办，轮到的称“大头”（主办境），其余两个为“小头”（协办境），故流传有“大头忙抖抖，小头跟着走”之说。

行庙会系奉嘉靖皇帝旨意。明嘉靖三十一年（1552）后数年中，倭寇数犯昌国，其中，一次达5000余人。战争之残酷，骇人听闻，陈百户巷战而死，武指挥战死仅存一副牙齿入墓，戚继光儿子阵亡在王子岭头，其他军士难以计名。为祭阵亡将士英灵，《奉旨恤孤》文告在行会前一天贴在四城门，以告慰将士英灵，届时前来接受祭拜，以达到人神合一祈太平、欢乐祥和行庙会之目的。

昌国两头会与农业生产、消费。两次庙会不仅是祈祷超度阵亡英灵，完成“奉旨衃孤”。更有现实意义是以看庙会、看戏文、拜菩萨为载体，实为（清明会）备耕春耕生产物资交流动员大会。也为（十月初一会）秋收冬种庆丰收农资物资交流大会，为走亲访友增加亲情搭起平台。是会商贾云集，三里长街两旁均为竹、木、铁、农家具摊，南北货摊，棉百货摊，人山人海热闹非凡。行会前必是一次全民大扫除，清清爽爽迎接菩萨巡游。

清明会、十月初一会（也称十月交会）出游序列①

1. 西境大庙金龙引路，以示九龙之地祥和。

2. 小丑扫街。一人化装成小丑挑着千斤担，一手拿着竹响扩东倒西歪似醉非醉横冲直撞扫街路，意在把观众向两边避让，给行会队伍留出大通道。“小丑”沿街小店可免费喝黄酒一碗。

3. 牛头、马面、鬼王、判官（均是阴司殿上鬼卒）随后。

4. 短无常（或叫黑无常、短菩萨），头在扮演者胸部，扮演者的头藏其帽内，帽前开方纱窗供视，手拿勾魂令牌和铁链子，合着锣鼓在街道上或缓行，或快跑，是行会中最活跃者。

5. 长无常（或叫白无常亦叫长菩萨）身高4公尺，头戴白高帽，帽子写有“一见生财”字样，肩背一串和尚饼一手拿着芭蕉扇，全身白长衫，扮演者藏在白衣内，又肩扛着身架，在数人护卫着缓缓前行，血红舌头伸出口外，甚是阴森。

6. 八将，有徐茂公、程咬金、尉迟恭、秦叔宝、门神、武将，还有四文官等组成随从。

7. 城隍爷坐着銮舆大轿，由八人抬着巡行全城。

8. 大庙勇南王菩萨是唐名相刘晏，位十庙之首，也坐着銮舆大轿协同巡游。行会期间，城隍爷勇南王及左右所庙的勇南王菩萨都抬下神龛，端坐各自庙中大殿，供奉祭品，接受礼拜与祈祷，其他各庙都有香烛供品祭礼，共庆庙会。

9. 昌国独有地方特色的东、南、西三境抬阁，各境选择内容不同戏曲故事，挑选长相俊美的男女孩童扮演，如三国桃园结义、梁山伯与祝英台、白蛇传等坐在彩阁内，由4个年轻力壮者抬着游行。民间有：女孩子过抬阁，婆家相亲不用看；男孩上阁化妆，长大一定把官当一说。大人们都想让自己的孩子扮抬阁角色。整个游行队伍中有前、中、后三堂器乐锣鼓伴奏，十分热闹。第三天晚上举行庙会结束仪式，在主办境城门外，由柱头当首人点香烛、供祭品，和尚念经做道

①据施锡幸、施锡曹相关书面资料整理。

场，烧纸钱卹孤后，圆满结束。

弥陀寺赵五娘殿坐夜会

爵溪赵五娘殿，祀赵五娘。相传赵五娘千里寻夫到爵溪，想不到丈夫蔡伯喈抛妻别子，贪图荣华富贵，在牛相府成亲，忘恩负义。她悲愤交集，左脚在大青石上一蹬，大青石不仅留下她脚印，而且冒出青烟，托起赵五娘升天而去。后人崇敬赵五娘，把这块青石称为“升天石”，将高岭称为赵五娘岭，岭下弥陀寺内建赵五娘殿。五娘升天之日是八月初三，每当八月初二，成千宁海，奉化及本县女信众到赵五娘殿坐夜，她们秉香烛，烧香跪拜、许愿、祈祷，为赵五娘升天守夜，于初三早晨逐渐散去，称为赵五娘殿坐夜会。参与坐夜人远路者八月初一即已赶到，八月初二聚集游客人数达一、两万人。赵五娘殿周围人山人海，各种商摊密布，餐饮兴隆，间有唱戏、杂耍等，俨然成一集贸市场和文化活动盛会，此俗沿袭数百年至今不衰。20世纪90年代后，由于赵五娘殿重新修建，影响日渐扩大，年年坐夜都在万人以上。

黄土岭真武庙庙会

黄土岭真武庙，又称玄真宫，位于丹西街道珠水溪村，祀真武大帝，民间传真武大帝为汉光武帝刘秀。庙会每年农历三月三，为真武大帝寿诞之期。旧时，台州、宁海、奉化及本县石浦等地信奉者均步行到黄土岭参加庙会，并在黄土岭古樟下水月井饮喝圣水，并盛装回家供奉饮用，说能消治百病。是日庙内供奉祭品，请和尚做道场，焚香点烛，并开演社戏，少则三天三夜，多则五天五夜、十天十夜，信众成百上千。庙会举行盘龙赛会、民俗表演。灵霄殿前设宴庆贺，镇武庙前车水马龙，客人云集。

镇安庙保稻会

镇安庙保稻会，始于清代，具体时间无考。时间是农历六月十五，是西周一带民间为祈求丰收而进行的祈神赛会的泛称，各村均举行，以镇安庙为最。镇安庙在县西60里之西周，位于稻田中央。是日，周围十数村村民均聚集在庙中，在当境菩萨塑像前安放两张八仙桌，上供猪（有时以猪头插上猪尾巴代替全猪）、羊、鸡、鲞、蛋等各色祭品。在中堂两侧亦各放八仙桌一张，各设祭品祀庙内各尊菩萨。天井内放八仙桌两张，放上祭品，由道士手执宝剑，在锣鼓声中，站在正上方作法行道，驱邪除魔，保境内农家风调雨顺，五谷丰登，参加保稻会乡民跟随行走于庙内，虔诚跪拜各尊菩萨，祈祷丰收。各村做法不一，有的鸣锣击鼓，鸣铳放炮；有的抬神游行，穿行乡间，场面甚为热闹。西周一带保稻会一直延续至1966年“文化大革命”前才消失。

谢圣岙显济庙“八保”会

西周谢圣岙显济庙祀宋谢宝。谢宝，象山乌岩村人。相传生时有金光烛堂之异样，天旱，偶与群儿嬉，束刍龙祈雨，雨即至。以刍龙放溪上，触石而没成深潭。尝与人耘田，所耘处每有云气霞其上。邑苦旱，令召宝，使祈雨，多灵验。北宋元祐间，事闻于朝，赐以金帛，不受，唯求居东摄潭，逝后多显迹。南宋建炎三年（1129）三月，容颜如生。忽见火从其顶出，化焉。邑人皆称“谢仙”。时金兵南侵，追高宗至明州象山海上，危急之中，见一位老人手执大纛，上书“谢”字，指挥兵马杀敌，金兵败退。皇上访知谢宝阴助，立庙祭祀，称谢圣殿。后谢圣殿举行“八保”庙会，即伊家为二保，蔡家为二保，陈隘为一保，湖边为二保，潘埠为一保，共8保，设柱首。伊家为总柱，其余各村为小柱，柱首掌官收支账目，规定每年八月初开始演戏，一保演一天，共演8天，至八月十二日夜止。1956年“八一台灾”，殿宇俱毁，重新建造。上张村要求加入“八保”庙会，演两天戏。时六村共演十天菩萨戏。八保庙会十分盛大，戏演到那村，菩萨抬到那村。出村与进村路上均用红毡（红布代）铺地，行进中由十来个信女轮番铺红毡，揭后的即赴前铺设，穿梭往来。游行队伍，由“肃静”“回避”二牌子开道，手擎黄色罗伞，大纛（大纛用四五丈白布做的一面直角三角形大旗，上画一条巨龙，旗杆二丈余，旗下有两条短木横档，为扶杆人扛肩之用）引路，旗下一批扛着大刀的武士，紧跟双锣开锣喝道。谢圣菩萨坐在四人抬轿内，紧跟簇拥是旌旗队，迎风招展。信徒双手捧着点燃的长香，乐队吹打，锣鼓喧天，鞭炮齐鸣。所到村庄均置“花筵”（置高桌，放上祭品，由道士主持）迎神。到村祠堂，“谢圣菩萨”坐于当中，村人上来供奉祭品，焚香点烛，虔心跪拜。八月二十日早上，“谢圣菩萨”归殿。傍晚，各村信徒为“谢圣菩萨”陪生。

茅山庙庙会

茅山庙在县西58里金家岙。清道光八年（1828）由金家岙、何婆岭、洋大张、张岙合建。八月初三为茅山大帝神诞日，八月初一至初三为庙会期。从初一至初三，演戏三天三夜，俗称“菩萨戏”。初二夜里，周边村民到庙为菩萨坐夜，称“陪生”。庙院里安放10张八仙桌，桌上安放祭品，附近村民在傍晚用三支清香，恭请祖先来庙吃饭看戏。庙会期间，县内各地有人烧香求神，保佑风调雨顺、四季平安。初三早晨，茅山大帝请出大殿，抬轿巡行。队伍由大旗开路。大旗高十来米，举旗杆者为村中大力士，拉旗绳者均需有平衡的技艺。乐队、彩旗、菩萨抬轿、抬阁、鼓琴，吹吹打打，浩浩荡荡，先后经杨大场村、张岙村、金家岙村、河婆岭村游行一周，把庙会推向高潮。

钱仓城隍庙太平会

钱仓明为钱仓千户所，建所城，设城隍，城隍名为宋兼青，山东人，生辰为六月初八。每逢六月初七下午，周边村庄善男信女均来城隍庙烧香陪生，祀神鼎盛。七月十五城隍老爷出殿巡行保佑太平，故城隍庙庙会称“太平会”。是日，行会队伍由龙旗开路，60余面大小彩旗紧随其后。接着铜锤、华戟、拳笔、“花扁担”队伍顺次行进。随后是“肃静”“回避”，旗牌兵身着红褂，头包红巾、手提单刀，簇拥其后。开锣喝道，摇旗呐喊，威武雄壮。紧接四人扛着城隍老爷大轿，上张橙黄色两顶罗伞，旁卫巨扇，周围数人护卫，沿村穿巷，按一定线路，出巡所城，沿途百姓焚香迎候。绕行后供在西城门地主庙广场上，上半夜邀和尚、念伴，放焰口，超度众生。焰口结束，抬城隍回殿安座。

珠山庙五境庙会

珠山为县邑东乡小祖山。珠山庙有三：大珠山庙在贤庠镇珠山岙村，小珠山庙在贤庠镇珠溪村，另一在涂茨镇珠山脚村。祀珠山神。大小珠山庙建于唐神龙年间，珠山岙为珠山北麓登珠山必经处，此庙为五境主庙。五境者即马岙、塘岙大老境，路下庄、张家岙新老境，碶头陈、山下孙龙王境；珠山岙、着衣亭沿海庙境，沈家洋谢金兴境。五月初五端午日把五境菩萨请抬至珠山庙。善男信女，掐毛竹梢回家，传带回毛竹梢打猪猪会大，打小孩小孩会乖。农历八月十五为珠山大帝生日，八月十四周边五境村民来珠山庙坐夜，称为“陪生”。是夜，点香烛、放焰口、燃爆仗，非常热闹。神座前安放几十桌供桌，供奉五牲福礼，香烟缭绕。八月十五行会，抬五境菩萨出巡五境各村，大旗引路，锣鼓开道，彩旗簇拥，乐队吹打，配以抬阁、鼓琴。游行者手举火把，火光熊熊。青年人争抬菩萨坐轿，以期好运。五境菩萨进入一境，即放回原殿安座。从珠山岙出发，沿线绕行一周。沿途观者如堵，村有香火迎候者，至十五日结束。

爵溪城隍庙庙会

每年七月半举行，延续至今不衰。详见本志《非物质文化遗产》篇。

鄞县天童镴会① 唐咸通元年（860），象山杜雍携母挈子至少白岭，遇乱兵，置子于大镴岩隅，母隐于岩洞，子被杀而母活。遂隐天童清水潭侧，躬耕养母。人感其孝，立庙奉祀。明崇祯间迁溪南，名太白庙。后又在三塘头建神娘庙，失子大岩改名相子岩。以农历正月行灯会、九月十四至十七为庙会。太白庙有蔡、王、徐、谢、应5堡庙脚，推总柱首负责柱首会议，三年一任。行会组织有东村庆云社、众姓社，西村茶亭社、聚升社、梦渔社，石仓岙庆丰社、上三塘得胜社、下三塘同仁社。均备会器。杨岙茶亭会、炮担会、沙地里沙船会均以客会参赛以贺。正月灯会祈神为期短。九月半庙会共四天，每日均演戏。十六日上午，东、西两村会队聚于庙前，出发经东村去三塘头神娘庙“省亲”，使之“母子相会”。行告别礼后，去下三塘返天童街赛于西村。三塘头的两社头，代表母庙送客，迎赛至夜；凌晨两点，点灯燃烛赛夜会，灯会沿下岙弄缓行；神轿去相子岩卜问明年收成。尔后，两队会于阳下地，天将晓回庙，演安神戏。庙会爵献点共19处，为干溪桥陆家、伏虎亭、上三塘神娘庙、下三塘、下埭塍、徐家祠堂、史家桥、戴家门口、大松树下、王家祠堂、相子岩、张鉴桥、阳下地、里房、外房、方岭下、蔡家祠堂、史家桥、徐家大墙门等。“拥菩萨”仪式在神娘庙选青年拥，相子岩挑牧童拥。如神轿倒地，便遭打，常引起殴斗，但拥菩萨者仍踊跃。庙会的会器以镴（锡）制为主，故称“天童镴会”。除西村聚升社的抬阁、仪仗和梦渔社莲灯外，其余6个会社均有24件镴制会器。庆云社有杨家将镴灯，东村史姜戴三姓合办的众姓社有镴制銮驾会器（18件兵器、兵书等），西村应姓后拥会有镴制大刀、锤等兵器。庆丰社、同仁社，有镴制“暗八仙”，如吕洞宾的剑、曹国舅的扨板等，得胜社也有镴制18般兵器。镴制会器最轻7.5公斤，最重14公斤，一般10公斤。会器由庙脚子弟自愿认会后会社雇人打制保管。赛会时认会之户派孩童参赛，均着彩衣武士打扮。若无孩童，须雇请。因镴会器可长期使用，故会费所需较少，初时用兜捐筹集，后以会田、祀山收入收赛会费用。镴会始于明崇祯间，历时300余年，中华人民共和国成立前夕庙会终止，镴会解体。1952年，为庆祝土地改革胜利结束，重赛镴会。此后未再举行，镴器亦被销毁。

第四节 预兆信仰

象山旧俗中有预兆信仰，旧志等文献中也多有记载，有植物兆、动物兆、人体兆、梦兆、物候兆、星兆等。又可分为凶兆、吉兆。

植物兆

对异常植物出现或平常植物的异样表现为征状的前兆信仰。植物生长逆时、异样，如桃李未开花、瓜果长成畸形等。象山民间认为竹子开花是一种凶兆。木樨忽变红色、异香为祥。

红木樨 陈郁《藏一话腴》：宋之象山士子史本初，有木樨忽变红色、异香，因接本以献阙下，高宗雅爱之，曾画为扇面，乃制诗以赐从臣。

陇麦 南宋淳熙三年（1176），陇麦一茎两歧。案：当为祥兆。

①录自《鄞县志》。

竹子　元至正二十一年（1361），竹穗生实如小米，可食。明嘉靖府志、清乾隆县志：竹穗生实见《元史五竹志》。民国县志：今年亦间有之。20世纪60年代初，象山亦有竹子开花事。民间云“竹子开花，家破人亡”，凶兆。

李树　明嘉靖三十年（1551），李树生王瓜。清乾隆志作黄瓜。谚：“李树生黄瓜，百里无人家。”后，果为倭寇剽掠甚众。

柏木　明嘉靖三十五年（1556）四月，柏木生花如鸡冠。《二申野录》云：“嘉靖三十年正月，象山县柏树开鸡冠花。”与县志载异。

大麦　清乾隆四十三年（1778）十一月，大麦生穗。谚：“大麦当年熟，四十八年疫。”

动物兆

对异常动物出现或平常动物的异样表现为征状的前兆信仰。象山民间认为喜鹊叫是报喜，乌鸦叫是报丧，猫头鹰叫是报丧，狗哭是报丧，母鸡打鸣、狗上房不吉，鸟屎落到身上预示有不幸降临，家中有蟢从房中坠落有喜，蚂蚁搬家有大水，老鼠大白天搬家、动物突然暴躁预示有震动（地震）。

民谚：年夜狗吠叫，来年疾病少。猪来穷家，狗来富家，猫来孝家。冬至牛游塘，年成阿𦲷讲（意谓冬至暖，翌年大熟）。喜鹊喳喳叫，喜事要临家。田鸡（青蛙）叫得哑，低田好稻把；田鸡叫得响，田内好牵桨。乌鸦叫声为“一声火，二声祸，三声平平过”。

《蓬山清话》“先兆”云：“一钱宅将火，数日前有大蛇坠于堂。一周姓宅将火，则牛过堂下，惊逸再回，强牵之乃行。”

民国《象山县志》：清乾隆十八年（1753），山羊入城者再，大如马，是年饥。……乾隆二十年正月朔，海鳅入岳头港，大如岛屿。脔取者日数百人，肉可熬油，骨节如臼。是夏，岳头疫。

人体兆

人体生理异常表现为兆征。流行“左眼跳财，右眼跳灾”，认为人的眼皮抽搐为祸福之兆，左眼跳兆吉，会有意外之喜降临，会有好运；右眼跳兆凶，会有不愉快麻烦的事发生。人体征兆往往与人体疾病有些关联，但与命运挂钩则迷信。

象山民间常见人体兆有：打喷嚏时有人在念叨；耳朵发烧（痒）是有人想念或有人说坏话；睡觉咬牙有灾病；吃饭咬筷子是穷命；吃饭咬两内颊或舌头想吃肉；脚痒预示要上路；到筷厨笼取筷筷子掉地，预示有客来（桌上发筷，多分，预示有客来）；指甲有白点，名“淘气星”，有气恼事发生。

梦兆

指事物发生前在梦中显示的迹象，即一人体兆。民间认为“日有所思，夜有所梦”，又以为梦是人与神鬼的沟通渠道。象山自古有占梦之习。梦在人们的生活中有很大影响，好梦会使人心神愉快，噩梦会使人心神不宁。民间中常有说梦、解梦（详梦）之举。民间解梦常流行相反说。如梦中遇害，兆现世健康；梦中见棺材，主大吉，预示有“官”有“财”，将来可升官发财；梦中见火烧，兆大吉、兴旺，梦水上行走者，大吉；梦龙蛇入门主得财等。这种解梦会给人一种心理安慰。解梦方法不全都是相反律，民间常见使用的是《周公梦解吉凶表》。

物候兆

指物体特定形态或时辰气象征候预示的征兆。天象兆是物候兆中最为普遍。旧时象邑农人测气候雨旸、丰歉，颇有征验。民国《象山县志》“岁时占验”云：“正月元旦晴，主年丰。俗以一日鸡、二日犬、三日猪、四日羊、五日马、六日牛、七日人、八日谷，均以晴霁为吉。又以初八日为头八，十八日为二八，二十八日为三八，与立春日均宜晴。谚云‘头八晴，好年成；二八晴，种得成；三八晴，不用刀。’上元日晴春雨少。谚云‘上元无雨多春旱，清明无雨多黄梅’，又云：‘风吹上元灯，雨打寒食坟。’十七及二十日为秋收日，宜晴。”以上仅是象山正月天象兆，足证古人对天文气象经验总结丰富，内有不少科学的东西。

物候谚语　正月：略。二月：惊蛰前响雷，七七四十九日勿见天。（言多雨）花朝清，百果生。（初二花朝节）有利无利，但看二月十二（俗又以二月十二为花朝节）。清明晴，谷价平。清明插柳青，农夫休望晴；清明插柳焦，农夫好作娇。清明要晴，谷雨要雨。春分无雨病人稀，春社无雨莫种田。三月：三月三日晴，桑上挂银瓶。三月三日雨，桑叶无人取。四月：四月初一见青天，高山平地任开田；四月初头满田涂，丢了高山去种湖。有利无利，但看四月十四。雨打立夏，无水洗耙。立夏不下，田家莫耙。小麦不怕神与鬼，只怕四月八夜雨。小满不满，芒种莫管。芒种雨，百姓苦。五月：端午晴干，农夫喜欢。五月十三连夜雨，来年旱种白头田。二十分龙二十雨，八十公公去车水；二十分龙廿一雨，水车流入弄堂里。六月：六月三日雨一阵，上昼耘田下昼睏。六月三日晴，山篠尽枯零。六月初一一剂雨，夜夜风潮到立秋；六月初三一阵雨，夜夜风潮到处暑。雷不鸣，蝗虫生。七月：七月七，无洗车；八月八，无蓼花。雨打秋头，无秆饲牛。夏旱不算旱，只怕立秋廿日旱。处暑根头乌，到老晒旬枯；处暑根头白，白露枉来霖。八月：八月初一一阵雨，旱到来年五月尽。云掩中秋月，雨打上元灯。九月：重阳无雨一冬晴。十月：十月初一晴，柴灰贵如金（主雨）。十一月：冬至月头，卖了被买牛；冬至月尾，卖了牛买被。

星兆

物候兆中星辰征候作为预示的兆征。象山民间认为扫帚星（彗星）出现为凶兆，以为将出现瘟疫、灾荒、战乱等各种灾难。七月初七天河（银河）星体晦兆米贵，明则主米贱。正月初八黄昏时参星明则兆年成好，晦则兆水旱之灾。另，灯花兆。旧时以烛照明，灯烛余烬结成如花状，故名灯花。古人以它的出现为喜兆，谚曰：“灯花爆，喜事到。”同房花烛，以灯花为兆，预示夫妻和合。

象山星兆谚语：（九月）十三日一夜星，一直到清明（兆冬晴）。（十二月）初三初四见星月，初八初九见雨雪。开天门（海市蜃楼）大吉。大晕凡三日，小晕日不出（月晕主风、日晕主雨）。《月出迟早歌》：“十七八，爬更挖；十八九，坐等收；二十亨亨，月上二更；廿一及廿二，迟到半夜底；廿三四，月亮上山四更四；廿五六，月上山头煮饭熟。”

民间信仰中还有巫术及术数，虽现代人中仍有信仰者，但其过多的迷信成分，与现代文明格格不入，未予记载。

第五十篇
方　　言

本篇目录

第一章　丹城话

丹城话，特指以县城丹城为中心的北片小区方言。使用人口约27万人，占全县总人口的1/2。地域包括东乡的黄避岙、贤庠、涂茨、大徐4乡镇，西乡的西周、墙头2镇，上南乡的原丹城、原爵溪（城里除外）2镇以及东陈乡的岳头、北山下2村，面积约610平方千米，占全县总面积的1/2强。丹城历为象山县治，全县政治、经济、文化中心和全县陆路交通中心。丹城话在县内外的影响最大，人们所说的“象山话”，指的就是丹城话。

丹城话的形成，有着深厚的历史原因。象山在唐中宗神龙二年（706）立县，设3乡，2千户，属中县。经五代战乱，至北宋初年，全县不足100户，降为下县。此后，外地移民开始涌入，经80余年的生息休养，户籍大增，复为中县。调查表明，北片小区的自然聚落大都于唐、宋、元、明四朝建立，其建村姓氏始祖大都来自中原地区的河北、河南、山东，有的还来自陕西、山西。有些直接从中原迁来，有些先迁浙江，后迁象山。他们在这块美丽的土地上生活、劳作、繁衍，逐渐形成了以丹城为中心的“丹城话”。

丹城话的形成，还与特殊的地理自然环境密切相关。象山是个三面环海的半岛县，地形西北高东南低，县内有名的高山如蒙顶山、大雷山、荷花芯山、射箭山、珠山都在县北部，县内的几条大河如下沈港、西周港、淡港以及南庄平原的东、南、西三大河也都在县北部。分布在山区特别西乡山区的许多聚落“望望望得见，叫叫叫得应，走走要半天”。生活在这种自然环境里，人们为了交际交流，必须提高嗓音，拖长语调，千百年来逐渐形成了特有语言风格的“丹城话”。

丹城话就是象山话，其特点是多高平调和高降调，如阴平，宁波话调值为53；象山话为55；宁波话有阴上，调值为445，象山话已并入阴平；阴去，宁波话调值为44，象山话为51。象山话语调很特别，语尾好拖长腔，叫起来又“软和”。“高亢中有软和，软和中有高亢”，这就是象山话所特有的语言风格，在宁波方言区里独树一帜。

象山话自身也较复杂，存在着地域性的差别，从总体上说可分为南北两片，北片以丹城话为代表，南片以石浦话为代表。此外还有灵南话、南田话。另外象山还有两个方言岛，这就是爵溪话，沙塘湾铜钿礁话。

灵南话仅限于泗洲头镇灵岩山以南的峙前、马岙、苏岙、大麦塘等14个自然聚落，1700户，5900人。灵南地处县境西南角，北有灵岩山，西有白岩山，东有岳井洋，唯南与宁海岳井平原连为一体，所以过去，去石浦、丹城远不及去宁海岳井，长街、胡陈便捷。调查表明，14个自然聚落的居民先祖大都在明清时期从宁海迁来，且历来与宁海各地通婚。这一特殊的地理环境和历史原因，致使这里的居民说的是地道的宁海话，纯属台州方言。

南田话限于南田、高塘、花岙3岛，设有1镇1乡，1.7万户，5.4万人，占全县总人口的十分之一。南田诸岛自明洪武二十年（1387）为防诿患被封禁，居民尽迁，直至清光绪元年（1875）始准开禁。尔后，温台移民纷至沓来，围塘定居。民国元年（1912）建南田县，其时有居民3万人。民国29年撤县建区，划归三门县。1952年3月始划归象山县。南田孤悬于海，交通闭塞，受外界影响极少，直至今天，语言依然保持着台州方言的基本风貌，比之石浦温台腔更纯正。

沙塘湾铜钿礁话仅限于石浦镇的沙塘湾、铜钿礁两个渔村，420 户，1600 人。沙塘湾在石浦东北的皇城沙滩南端，背山面海，依山而建，其居民先祖是清道光年间（1821—1850）从福建迁来的渔民。铜钿礁在石浦港东北端的小岛铜钿礁上，其居民先祖是清康熙年间（1662—1722）从福建迁来的渔民。两村居民历来以渔为业，说的是闽南话，是象山两个方言岛之一。对外都说石浦话。

第一节　声　　母

丹城话有辅音声母 28 个，清、浊各占一半。

丹城话声母表

表 50-1

发音方法 / 发音部位	塞音			塞擦音			擦音		鼻音	边音
	不送气		送气	不送气		送气	清	浊	浊	浊
	清	浊	清	清	浊	清				
双唇音	p	b	pʻ	—	—	—	—	—	m	—
唇齿音	—	—	—	—	—	—	f	v	—	—
舌尖前音	—	—	—	ts	dz	tʻs	s	z	—	—
舌尖中音	t	d	tʻ	—	—	—	—	—	n	l
舌面音	—	—	—	tɕ	dʑ	tʻɕ	ɕ	ʑ	ȵ	—
舌根音	k	g	kʻ	—	—	—	h	ɦ	ŋ	—

例字：

P	宝	波	补	比	b	跑	爬	蒲	皮
Pʻ	抛	坡	浦	批	m	毛	麻	姆	米
f	方	夫	飞		v	房	父	肥	
ts	找	左	租	资	dz	曹	茶	助	迟
tʻs	炒	车	粗	此	s	扫	沙	苏	思
z	造	坐	床	是					
t	刀	多	都	低	d	桃	舵	涂	堤
tʻ	讨	拖	土	替	n	脑	挪	农	奴
l	牢	罗	鲁	利					
tɕ	佳	津	居	儿	dʑ	茄	群	距	旗
tʻɕ	笪	冲	驱	起	ɕ	写	凶	许	西
ʑ	斜	雄	雨	移	ȵ	娘	年	饶	泥

k	高 冈 改 古	g	共 掼 癸 戤
kʻ	考 康 空 苦	h	好 海 烘 火
ɦ	号 杭 红 胡	ŋ	外 我 傲 岩

说明：

丹城话有零声母，凡属零声母字的都是阴平、阴去、阴入三声，例如：矮、挨、袄、吞、爱、伛，鸭、屋、约。

第二节　韵　　母

丹城话有50个韵母：单韵母10个，复韵母14个，后鼻音韵母11个，入声韵母10个，自成音节辅音韵母5个。

丹城话韵母表

表50-2

	开口呼		齐齿呼	合口呼	撮口呼
		ɥ　朱母	i　衣	u　乌	y　于
单韵母	a　矮	—	ia　呀	ua　娃	—
	ɔ　袄	—	—	—	—
	ɛ　哀	—	iɛ　也	uɛ　弯	—
	o　哑	—	io　腰	uo　蛙	—
	ø　搬母	ɥø　专母	—	uø　碗	yø　冤
	ɿ　子母	ɿ			
复韵母	ei　安	—	iei　烟	uei※　威	—
	ou　欧	—	iou※　优	—	—
鼻韵母	aŋ　樘	—	iaŋ　央	uaŋ　横	—
	ɔŋ　肮	—	—	uɔŋ　汪	yɔŋ　双母
	oŋ　翁	—	—	—	yoŋ　永
	eŋ　恩	—	ieŋ※　英	ueŋ※　温	—

例字：

a	矮	摆	街	蟹	ɔ	袄	宝	高	好
ɛ	哀	板	单	山	o	窝	波	查	虾
ø	搬	潘	满	否	i	衣	几	起	希
u	乌	铺	祖	苏	y	于	居	区	女
ɥ	朱	处	水	徐	ɿ	子	此	思	是
ei	安	背	猜	台	ou	殴	斗	偷	头

ɥø	专	穿	宣	善
iɛ	也			
iei	烟	边	天	钱
ua	娃	拐	快	歪
uo	蛙	瓜	花	华
uei	威	规	亏	会
aŋ	犛	耕	打	猛
oŋ	翁	泵	风	同
iaŋ	央	张	枪	像
uaŋ	横	桄	逛	
ueŋ	温	滚	昏	混
yoŋ	永	中	充	云
ia	雅	姐	写	斜
io	腰	娇	巧	小
iou	优	洲	秋	守
uɛ	弯	关	筷	怀
uø	碗	管	欢	缓
yø	冤	娟	圈	拳
ɔŋ	肮	装	常	杭
eo	恩	本	分	文
ieŋ	英	品	京	绳
uɔŋ	汪	光	慌	黄
yɔŋ	桩	窗	双	

入声韵母例字：

aʔ	鸭	百	答	达
eʔ	遏	割	德	合
iaʔ	约	脚	削	药
uoʔ	骨	曲	忽	活
yøʔ	郁	决	缺	月
oʔ	恶	剥	角	壳
øʔ	屋	北	谷	哭
ieʔ	益	结	吸	叶
iaʔ	挖	刮	扩	划
ɥøʔ	质	出	雪	入

自成音节辅音韵母例字：

m　母　毋　拇　亩　无　呒　姥　姆

n　你　耳　儿

l　耳　儿　而　尔　饵　二

ȵ　你　耳　儿　尼　呢　泥　妮　二

ŋ　你　五　鱼　嗯

说明：

1. 带“※”的四个三合韵母 iou、uei、ieŋ、ueŋ，因其韵腹受韵头、韵尾的影响动程很小，当与辅音声母拼合时，可写作 iu、ui、iŋ、uŋ。

2. 五个自成音节辅音韵母例字中，凡下加黑点的字都属“文白导读”字，例如：你，文读音为 ȵ，如“你们”；白读音有两个，单数念 ŋ，如“你，姎你”，复数念 n，如“你乃，姎你乃”。儿，文读音念 l，如“儿子、女儿”，白读音念 ȵ 或 n，如“儿子、生儿生妠都一样”。

第三节　声　　调

普通话与方言的调值都采用五度制，丹城话也不例外，声调符号都由竖线与平线或斜线或曲线组成。普通话内部声调统一，调值一致，且无入声，也无浊音系统，因而竖线可以省去且可标在每个音节的韵腹上，变成—（阴平）、/（阳平）、∨（上声）、\（去声）。吴语内部声调数不一致，例如：绍兴话、温州话 8 个声调，苏州话、宁波话 7 个声调，上海话只有 5 个声调。同一个声调调值也不相同，以阴平为例，绍兴话为51，温州话、苏州话为44，上海话、宁波话为53。加上有入声和浊音系统。所以，吴语的声调符号的竖线不能省去，而且只能标在每个音节的后面。

象山方言也存在这种情况，例如：丹城话6个声调，石浦话7个声调。同声调的调值也不相同，例如：阳平，丹城话调值为31，石浦话为312；阴去，丹城话为51，石浦话则为45。并有入声和浊音系统，因此声调符号的竖线不能省去，而且要标在每个音节的后面。如“丹城话”3个音节，要标作 tɛ˥　dʑiŋ˨˩　ɦuo˨˩˧。

中古汉语有平、上、去、入四声，每个声调又分阴、阳，故有“四声八调”之说。而丹城话演变为“四声六调”。即阴平、阳平、阳上、阴去、阴入、阳入。其演变情况是：平声不变，阴上并入阴平；入声不变，阳去并入阳上。

丹城话声调表

表 50-3

名称	调值	符号	例字
阴平	55	˥	包抛风初当汤江空康保水小早党讲想晓土
阳平	31	˨˩	跑逃文传陈稻造全涂淡抱船杭寒近人胡红
阳上	213	˨˩˧	刨缚社队洞问步病树豆共站慢路沉道弄外
阴去	51	˥˩	报到送变告耗菜纪借志破诉信冻贡店富怕
阴入	5	˥	一七八北出职国哭约谷答接这脚菊客杀督
阳入	3	˧	别白独拾伏值学轧药麦袜纳捺辣烈日热六

第四节　声韵配合关系

我国传统音韵学根据韵母口型开合等情况把韵分为“开口呼”“齐齿呼”“合口呼”“撮口呼”四类，称之“四呼”。丹城话的50个韵母按照这“四呼”顺序与29个声母（含一个零声母）拼合，可以构成530个音节（不含声调）。要比普通话多出120个音节（普通话不计声调只有410个）。现列表如下：

丹城话声韵配合总表

表 50-4

韵母＼声母		零声母 ø	双唇				唇齿		舌尖前					舌尖中					舌面						舌根					
			p	b	pʻ	m	f	v	ts	dz	tʻs	s	z	t	d	tʻ	n	l	tɕ	dʑ	tʻɕ	ɕ	ʑ	ȵ	k	g	kʻ	h	ɦ	ŋ
开口呼	a	矮	爸	排	派	妈	—	—	抓	寨	蔡	彡	柴	带	汏	他	那	拉	—	—	—	—	—	—	解	懈	卡	哈	鞋	外
	ɔ	袄	宝	跑	抛	猫	—	—	早	曹	草	扫	造	刀	桃	讨	脑	捞	—	—	—	—	—	—	高	峧	考	好	号	傲
	ɛ	哀	班	爿	盼	慢	反	凡	斩	在	参	山	涎	丹	谈	坦	难	兰	—	—	—	—	—	—	改	—	刊	喊	咸	岩
	o	哑	波	爬	坡	麻	—	—	左	茶	车	沙	坐	多	陀	拖	挪	罗	—	—	—	—	—	—	加	跏	可	虾	河	芽
	ø	—	搬	盘	潘	满	否	浮	—	—	—	—	—	—	—	—	—	—	—	—	—	—	—	—	—	—	—	—	—	—
	ɿ	—	—	—	—	—	—	—	资	迟	此	思	是	—	—	—	—	—	—	—	—	—	—	—	—	—	—	—	—	
	ʮ	—	—	—	—	—	—	—	朱	除	处	水	徐	—	—	—	—	—	—	—	—	—	—	—	—	—	—	—	—	—
	ou	欧	—	—	—	—	—	—	走	骤	凑	搜	愁	斗	头	偷	—	娄	—	—	—	—	—	—	狗	跔	—	吼	候	牛
	ei	安	背	培	坯	美	—	—	追	才	催	虽	蚕	堆	台	推	男	雷	—	—	—	—	—	—	干	戤	开	海	旱	岸
	ʮø	—	—	—	—	—	—	—	专	全	川	选	船	短	断	蔛	—	乱	—	—	—	—	—	—	—	—	—	—	—	—
	aŋ	0	浜	朋	乒	猛	—	—	睁	橙	撑	省	—	打	宕	镗	—	冷	—	—	—	—	—	—	耕	哽	坑	夯	杏	硬
	ɔŋ	肮	邦	旁	胖	忙	方	房	庄	常	仓	伤	床	当	—	—	囊	浪	—	—	—	—	—	—	冈	扛	康	荒	杭	—
	oŋ	翁	泵	蓬	捧	梦	风	凤	宗	从	聪	深	仁	东	同	通	农	龙	—	—	—	—	—	—	工	共	空	哄	红	—
	eŋ	恩	本	盆	喷	门	分	文	增	存	寸	孙	层	灯	屯	吞	能	论	—	—	—	—	—	—	根	啃	肯	很	痕	—
	aʔ	鸭	百	白	拍	麦	发	乏	摘	择	尺	杀	石	答	达	塔	纳	辣	—	—	—	—	—	—	甲	轧	客	瞎	狭	额
	oʔ	恶	剥	薄	泼	摸	—	—	作	着	蠊	束	凿	笃	喥	脱	诺	录	—	—	—	—	—	—	角	—	壳	吓	获	岳
	eʔ	饲	—	—	—	—	弗	佛	则	泽	漆	塞	贼	德	沓	—	—	粒	—	—	—	—	—	—	革	—	刻	黑	合	隑
	øʔ	屋	北	勃	朴	木	福	伏	—	—	—	—	—	—	—	—	—	—	—	—	—	—	—	—	谷	—	哭	—	—	—
	ʮøʔ	—	—	—	—	—	—	—	这	族	出	失	拾	裰	突	宊	—	—	—	—	—	—	—	—	—	—	—	—	—	—
齐齿呼	i	衣	比	皮	批	米	飞	肥	—	—	—	—	—	低	地	替	—	里	几	其	起	西	移	—	—	—	—	—	—	—
	ia	呀	—	—	—	—	—	—	—	—	—	—	—	爹	—	—	—	—	佳	茄	宜	写	斜	—	—	—	—	—	—	—
	iɛ	也	—	—	—	—	—	—	—	—	—	—	—	—	—	—	—	—	—	—	—	—	—	—	—	—	—	—	—	—

续表50-4

韵母	声母	零声母ø	双唇				唇齿		舌尖前					舌尖中					舌面						舌根					
			p	b	pʻ	m	f	v	ts	dz	tʻs	s	z	t	d	tʻ	n	l	tɕ	dʑ	tʻɕ	ɕ	ʑ	ȵ	k	g	kʻ	h	ɦ	ŋ
齐齿呼	io	腰	—	—	—	—	—	—	—	—	—	—	—	刁	条	挑	—	辽	姣	桥	巧	小	摇	尧	—	—	—	—	—	—
	iei	烟	边	辩	偏	棉	—	—	—	—	—	—	—	点	田	天	—	连	尖	钱	千	先	盐	年	—	—	—	—	—	—
	iu	优	—	—	—	—	—	—	—	—	—	—	—	丢	—	—	—	刘	九	求	秋	休	油	扭	—	—	—	—	—	—
	iaŋ	央	—	—	—	—	—	—	—	—	—	—	—	—	—	—	—	凉	将	场	枪	香	羊	娘	—	—	—	—	—	—
	iŋ	英	—	—	—	—	—	—	—	—	—	—	—	丁	廷	厅	—	灵	京	近	青	星	绳	银	—	—	—	—	—	—
	iaʔ	约	—	—	—	—	—	—	—	—	—	—	—	—	—	—	—	略	脚	[illegible]	恰	削	药	捏	—	—	—	—	—	—
	ieʔ	益	—	—	—	—	—	—	—	—	—	—	—	跌	敌	铁	—	列	吉	直	切	吸	食	热	—	—	—	—	—	—
合口呼	u	乌	补	蒲	普	—	夫	妇	祖	助	粗	苏	—	都	肚	土	奴	鲁	—	—	—	—	—	—	古	跍	苦	火	湖	—
	ua	娃	—	—	—	—	—	—	—	—	—	—	—	—	—	—	—	—	—	—	—	—	—	—	拐	—	快	歪	—	—
	uɛ	弯	—	—	—	—	—	—	—	—	—	—	—	—	—	—	—	—	—	—	—	—	—	—	关	掼	筷	偎	怀	—
	uo	蛙	—	—	—	—	—	—	—	—	—	—	—	—	—	—	—	—	—	—	—	—	—	—	瓜	—	垮	花	华	—
	uø	碗	—	—	—	—	—	—	—	—	—	—	—	—	—	—	—	—	—	—	—	—	—	—	官	—	宽	欢	缓	—
	ui	威	—	—	—	—	—	—	—	—	—	—	—	—	—	—	—	—	—	—	—	—	—	—	规	葵	亏	灰	回	—
	uaŋ	横	—	—	—	—	—	—	—	—	—	—	—	—	—	—	—	—	—	—	—	—	—	—	桄	—	哐	—	迁	—
	uɔŋ	汪	—	—	—	—	—	—	—	—	—	—	—	—	—	—	—	—	—	—	—	—	—	—	光	逛	矿	慌	黄	—
	uŋ	温	—	—	—	—	—	—	—	—	—	—	—	—	—	—	—	—	—	—	—	—	—	—	滚	—	困	昏	混	—
	uaʔ	挖	—	—	—	—	—	—	—	—	—	—	—	—	—	—	—	—	—	—	—	—	—	—	掴	—	扩	掝	滑	—
	uoʔ	[illegible]	—	—	—	—	—	—	—	—	—	—	—	—	—	—	—	—	—	—	—	—	—	—	骨	—	曲	忽	活	—
撮口呼	y	于	—	—	—	—	—	—	—	—	—	—	—	—	—	—	—	旅	居	具	区	许	雨	女	—	—	—	—	—	—
	yø	冤	—	—	—	—	—	—	—	—	—	—	—	—	—	—	—	—	捐	权	圈	楦	远	软	—	—	—	—	—	—
	yɔŋ	—	—	—	—	—	—	—	—	—	—	—	—	—	—	—	—	—	—	撞	窗	双	—	侬	—	—	—	—	—	—
	yoŋ	永	—	—	—	—	—	—	—	—	—	—	—	—	—	—	—	—	中	穷	冲	凶	云	浓	—	—	—	—	—	—
	yøʔ	郁	—	—	—	—	—	—	—	—	—	—	—	—	—	—	—	—	竹	局	缺	血	月	玉	—	—	—	—	—	—
辅音音节		—	—	—	—	姆	—	—	—	—	—	—	—	—	—	—	儿	而	—	—	—	—	—	泥	—	—	—	—	—	五

从《丹城话声韵配合总表》中可看出丹城话和普通话在声韵配合关系上大体是一致的。

韵母方面，拼音面最广的是“开口呼”，除舌面音外，均有拼合关系，音节多达313个，约占音节总数的58%。“齐齿呼”也较广，与零声母、双唇音、唇齿音、尖舌中音、舌面音均有不同程度的拼合关系，有音节110个，占音节总数的20%。“合口呼”拼音面不广，仅与零声母、舌根音拼合，其中u还可与双唇音、唇齿音、舌尖音拼合，有音节77个，占音节总数的15%。拼音面最窄的为“撮口呼”，仅与零声母、舌尖音拼合，其中y还可与边音1拼合，有音节34个，占音节总数的6.1%。

声母方面，拼合面最广的是零声母，与“四呼”均有拼合关系。双唇音、舌尖中音次之，与开口呼、齐齿呼及合口呼中的u均有拼合关系。舌面音和舌根音与韵母的拼合互不重复，舌面音只与齐齿呼、撮口呼相拼，而舌根音只与开口呼、合口呼相拼。舌尖前音拼合面不广，仅与开口呼及合口呼中的u有拼合关系，拼音面最窄的唇齿音，只与部分开口呼、齐齿呼中的i和合口呼中的u有拼合关系。

但是，比之普通话，丹城话的声韵配合呈现以下7个特点：

1. 丹城话的合口呼拼合面比普通话窄，而其中的o拼合面又比普通话广。普通话的合口呼与舌尖前音、舌尖中音、舌根音均有拼合关系，而其中的o只与双唇音、唇齿音有拼合关系。丹城话的合口呼仅与舌根音有拼合关系，而其中的o（包括oʔ、øʔ）与双唇音、唇齿音、舌尖前音、舌尖中音、舌根音均有拼合关系。原因在于普通话由舌尖音构成的合口呼，到了丹城话，变成了开口呼。

2. 丹城话的鼻韵母比普通话少。普通话的in、en、un、yn，丹城话变成iŋ、eŋ、uŋ、yoŋ；普通话的an、ian、uan、yan，丹城话变成ε、iei、uc、yø。所以，尽管丹城话后鼻音韵母比普通话要多，但是从总体上说鼻音韵母要比普通话少。

3. oŋ、uŋ两个后鼻音韵母，丹城话和普通话拼合情况不同。oŋ，在普通话里永远不能自成音节，必须与舌尖音、舌根音拼合；uŋ，在普通话里只能自成音节，不能跟任何辅音声母拼合。这两个韵母在丹城话里，既可自成音节，又可与辅音声母拼合，oŋ，可与双唇音、唇齿音、舌尖音、舌根音有拼合关系；uŋ，与舌根舌有拼合关系。

4. ei、aŋ与i、oŋ两组韵母拼合情况，丹城话和普通话相反。在普通话里，ei、aŋ与唇齿音有拼合关系，i、oŋ与唇齿音无拼合关系。在丹城话里正相反，i、oŋ与唇齿音有拼合关系，而ei、aŋ与唇齿音无拼合关系。

5. 丹城话的舌尖音拼合面比普通话窄。普通话的舌尖音与合口呼有拼合关系，而丹城话除了u外无拼合关系。原因在于普通话的合口呼到了丹城话变成了开口呼。

6. 唇齿音的拼合情况，丹城话与普通话不尽相同。在普通话里，唇齿音与a、aŋ、ei、eŋ均有拼合关系，而与i、oŋ无拼合关系，而象山话与a、aŋ无拼合关系。普通话的唇齿音可与a拼合，象山话变成与入声aʔ拼合关系；普通话的唇齿音可与aŋ拼合，象山话的唇齿音与ei、eŋ无拼合关系。

7. 普通话的n是拼音面最广的声母，与“四呼”均有拼合关系。到了丹城话变成n和ȵ两个声母，且都可自成音节，n只能开口呼及合口呼中的u拼合：而ȵ只跟齐齿呼、撮口呼拼合，互不重复，共同“完成”普通话n的拼合“任务”。

第二章 石浦话

石浦话，即指以石浦为中心的南片方言小区，其使用人口约22万人，占全县总人口的42%。在地域上，除了石浦本镇外，还包括新桥、定塘、晓塘3镇乡（俗称“下南乡话”），泗洲头（灵南地区除外）、茅洋、东陈（岳头和北山下2村除外）3镇乡（俗称“山边话”），面积438平方千米，约占全县总面积的40%。

石浦是县南经济、文化中心，又是全县海运中心，石浦话在县南颇有影响。明洪武二十年（1389）为防倭患，移定海之昌国卫于东门岛（洪武二十七年移址后门山即今昌国），建石浦前、后二千户所，驻军数千，成为浙东海防重地之一。戍守将士都来自于中原河北、河南等地，他们退役后因难回故里，悉居城里。清顺治三年（1646）清兵入境，废卫所制，建昌石营，割昌国卫、石浦2汛。顺治十八年为切断郑成功、张煌言的抗清义军与大陆人民的联系，清廷强令离海30里以内的居民悉迁内地，致使县南的大部聚落变成了废墟，昌国卫、石浦也因此而人空城废。直至22年后的康熙二十三年（1684）始准展复，温台及福建之民开始迁入，但回迁之民很少。例如今天的新桥镇，63个聚落中，建于展复后的聚落有38个，约占60%，而建于宋、元、明3朝的只有25个，而且在这38个新建聚落中，一半是互迁而建，迁自宁海、天台、临海及福建的只有19个。石浦地区更甚，展复后渔商渐兴。温州、台州及福建沿海之民纷至沓来，或经商，或捕鱼，或务农。调查表明，原石浦镇境内的84个建村姓氏中，迁自温州、台州的有47姓，迁自福建的有22姓，共计69姓，占82%。特别福建移民，大都聚居于石浦城里，形成一条“福建街”，曾是石浦主街之一，商业中心。如今六七十岁以上的正宗石浦人不但能听懂而且会说福建话。由于这个历史原因，以石浦为中心的南片小区方言尤其是石浦地区至今摆脱不了浓重的“温台腔”，不像丹城话那样独具风格的“个性”。

第一节 声 母

石浦话的辅音声母与丹城话一样，有28个，清音、浊音各占14个。

表50-5

石浦话声母表

发音方法 / 发音部位	塞音			塞擦音			擦音		鼻音	边音
	不送气		送气	不送气		送气				
	清	浊	清	清	浊	清	清	浊	浊	浊
双唇音	p	b	p‘	—	—	—	—	—	m	—
唇齿音	—	—	—	—	—	—	f	v	—	—
舌尖前音	—	—	—	ts	dz	t‘s	s	z	—	—

续表50-5

发音方法 / 发音部位	塞音			塞擦音			擦音		鼻音	边音
	不送气		送气	不送气		送气	清	浊	浊	浊
	清	浊	清	清	浊	清				
舌尖中音	t	d	tʻ	—	—	—	—	—	n	l
舌面音	—	—	—	tɕ	dʑ	tʻɕ	ɕ	ʑ	ȵ	—
舌根音	k	g	kʻ	—	—	—	h	ɦ	ŋ	—

例字：

p	把	帮	补	比	b	排	棒	婆	皮
pʻ	颇	捧	浦	批	m	买	芒	姆	迷
f	夫	风	分	非	v	符	奉	份	唯
ts	纸	宗	租	庄	dz	池	常	在	助
tʻs	雌	葱	粗	昌	s	师	桑	稍	苏
z	是	床	层	仁					
t	德	党	等	都	d	夺	同	塘	涂
tʻ	拖	通	汤	土	n	捺	能	农	奴
l	粒	郎	龙	鲁					
tɕ	机	嘉	军	井	dʑ	其	强	穷	具
tʻɕ	起	青	冲	区	ɕ	希	香	兴	许
ʑ	移	斜	钱	余	ȵ	泥	银	娘	女
k	割	工	江	故	g	轧	共	掼	溃
kʻ	考	空	康	苦	h	海	好	很	火
ɦ	旱	红	杭	湖	ŋ	岩	傲	我	外

说明：

普通话的四声都有零声母字，石浦话与丹城话一样，只有处在阴平、阴去、阴入三声时，才有零声母字，如“衣、于、爱、呑、约、益”。

第二节　韵　　母

石浦话只有48个韵母，其中单韵母为10个，复韵母14个，后鼻音韵为11个，入声韵母8个，自成音节辅音韵母5个。

石浦话韵母表

表50-6

	开口呼		齐齿呼	合口呼	撮口呼
		ɥ　朱母	i　衣	u　乌	y　于
单韵母	a　啊	—	ia　呀	ua　娃	—
	ɔ　袄	—	—	—	—
	ɛ　哀	—	iɛ　也	uɛ　弯	—
	o　窝	—	iau　腰	uo　蛙	—
	ø　搬母	ɥø　专母	—	uø　碗	yø　冤
	ɿ　子母	—	—	—	—
复韵母	ei　安	—	iei　烟	uei※　威	—
	ou　欧	—	iou※　优	—	—
鼻韵母	aŋ　⿰牜营	—	iaŋ　央	uaŋ　横	—
	ɔŋ　肮	—	—	uɔŋ　汪	yɔŋ　双母
	oŋ　翁	—	—	—	yoŋ　永
	eŋ　恩	—	ieŋ※　英	ueŋ※　温	—

例字：

a　啊　摆　抓　街
ɛ　哀　板　斩　奸
ø　搬　潘　满　否
u　乌　补　租　固
ɥ　朱　处　水　徐
ei　安　贝　追　干
ia　呀　爹　写　斜
iau　腰　焦　巧　姚
iou　优　秋　守　有
uɛ　弯　关　惯　坏
uø　碗　官　欢　援
yø　冤　娟　圈　园
aŋ　⿰牜营　绷　打　耕

ɔ　袄　包　早　高
o　窝　把　左　加
i　衣　鸡　启　米
y　于　居　区　雨
ɿ　子　此　思　是
ou　欧　走　斗　头
iɛ　也
iei　烟　尖　浅　甜
ua　洼　拐　快　歪
uo　蛙　瓜　花　华
uei　威　轨　诲　会
ɥø　专　川　酸　善
ɔŋ　肮　装　当　江

oŋ	翁	工	风	空	eŋ	恩	本	登	根
iaŋ	央	将	枪	羊	ieŋ	英	宾	井	绳
uaŋ	光	框	横		uɔŋ	桄	眶	荒	黄
ueŋ	温	滚	坤	混	yɔŋ	桩	窗	双	撞
yoŋ	永	中	充	凶					

入声韵母例字：

ɑʔ	轭	百	客	狭	oʔ	恶	剥	谷	哭
eʔ	渴	德	克	合	iaʔ	约	脚	却	药
ieʔ	一	结	切	叶	uaʔ	挖	掴	骨	划
yøʔ	郁	菊	缺	月	ɥøʔ	这	出	雪	拾

自成音节辅音韵母例字：

m	姆	毋	亩	呒	n	你	耳	儿	
l	尔	二	耳	而	ȵ	泥	你	二	耳
ŋ	五	鱼	你						

说明：

1. 与丹城话一样，石浦话的 iou、uei、ueŋ、ieŋ 四个三合韵母，其韵腹由于受韵头、韵尾的影响动程很小，与辅音拼合时可简写作 iu、ui、uŋ、iŋ。

2. 石浦话与丹城话都有 o 韵，如“下、巴、爬、做、夏、茶、加、虾”一类字，都属 o 韵。但如“大、婆、罗、货、可”一类字，丹城话属 o 韵，石浦话却属 u 韵。所以，石浦话的 u 韵字比丹城话要多。

3. “恶、剥、落、角、壳”与“屋、北、谷、哭、勃”这两组字，丹城话不同韵，前者属入声 oʔ 韵，后者属入声 øʔ 韵。石浦话二类不分，同属入声 oʔ 韵，而这“屋”属 u 韵，不属入声字。又如“骨、曲、忽、话”与“刮、扩、灰、划”两组字，丹城话不同韵，前者属入声 uo? 韵，后者属入声 ua? 韵，石浦话也不分，同属 ua? 韵。所以，石浦话只有 8 个入声韵母。

4. 丹城话的 io 韵，到了石浦话就变成了 iau 韵。所以诸如“焦、浇、桥、赵、巧、翘、晓、小、摇、姚”这一类字，石浦话的舌位要比丹城话低些。

第三节　声　　调

石浦话有 7 个声调：阴平、阳平、阳上、阴去、阳去、阴入、阳入。

石浦话声调表

表 50-7

名称	调值	符号	例　字
阴平	55	˥	保风初水苏乡九关汤讲
阳平	312	˧˩˨	跑文传谈平场海船杭徐
阳上	213	˨˩˧	社队步认饭度路洞共豆

续表50-7

名称	调值	符号	例 字
阴去	45	˦˥	报送告志凉靠献店信莱
阳去	24	˨˦	刨稻造是事谈静坐抱重
阴入	5	˥	壹切入不发答出国哭壳
阳入	3	˧	别白伐独席直轧麦纳列

说明：石浦话与丹城话的最明显里的差异在于声调，具体表现为：（1）石浦话声调比丹城话多一个，原因是石浦话保留了中古汉语中去声分阴去、阳去的特点，而丹城话阳去并入阳上或阳平。（2）调值不尽相同，例如阳平声，丹城话为中降调，调值是31；石浦话为曲折调，调值是312。同是阴去声，丹城话属高降调，调值为51；石浦话属高升调，调值为45。

第四节 声韵配合关系

石浦话的48个韵母按“四呼”顺序与29个声母（含零声母）配合，可以构成514个音节（不计声调），比丹城话少16个，比普通话多107个。从声韵配合情况看，无论韵母还是声母，与丹城话完全相同，与普通话也大体一致。

石浦话声韵配合总表

表 50-8

韵母 \ 声母		零声母ø	双唇				唇齿		舌尖前					舌尖中					舌面						舌根					
			p	b	p‘	m	f	v	ts	dz	t‘s	s	z	t	d	t‘	n	l	tɕ	dʑ	t‘ɕ	ɕ	ʑ	ȵ	k	g	k‘	h	ɦ	ŋ
开口呼	a	挨	爸	牌	派	妈	—	—	抓	寨	蔡	彭	柴	戴	汏	他	那	拉	—	—	—	—	—	—	解	懈	卡	哈	鞋	外
	ɔ	袄	包	跑	抛	猫	—	—	早	曹	草	扫	造	刀	逃	讨	脑	老	—	—	—	—	—	—	高	峧	考	好	号	傲
	ɛ	哀	板	爿	攀	曼	反	凡	斩	在	参	山	涎	旦	淡	坦	难	兰	—	—	—	—	—	—	改	—	刊	苋	咸	岩
	o	哑	把	爬	坡	马	—	—	左	茶	车	沙	坐	多	驮	拖	挪	罗	—	—	—	—	—	—	加	跏	可	虾	和	我
	ø	—	搬	盘	潘	满	否	浮	—	—	—	—	—	—	—	—	—	—	—	—	—	—	—	—	—	—	—	—	—	—
	ɿ	—	—	—	—	—	—	—	资	迟	此	思	是	—	—	—	—	—	—	—	—	—	—	—	—	—	—	—	—	—
	ɥ	—	—	—	—	—	—	—	朱	柱	处	水	如	—	—	—	—	—	—	—	—	—	—	—	—	—	—	—	—	—
	ou	欧	—	—	—	—	—	—	走	骤	凑	搜	愁	抖	头	偷	—	娄	—	—	—	—	—	—	沟	跔	—	吼	候	牛
	ei	安	贝	赔	坯	梅	—	—	追	才	猜	虽	随	堆	台	推	男	来	—	—	—	—	—	—	干	戤	开	海	旱	岸
	ɥø	—	—	—	—	—	—	—	专	传	穿	酸	船	端	团	斗	囡	乱	—	—	—	—	—	—	—	—	—	—	—	—
	aŋ	樘	浜	朋	乓	猛	—	—	睁	橙	撑	省	—	打	宕	镗	—	冷	—	—	—	—	—	—	耕	哽	坑	夯	杏	硬
	ɔŋ	肮	邦	棒	胖	忙	方	亡	装	常	仓	伤	床	当	唐	汤	囊	浪	—	—	—	—	—	—	江	—	康	荒	杭	—
	oŋ	翁	泵	蓬	捧	梦	风	缝	总	从	聪	深	仁	东	同	通	农	龙	—	—	—	—	—	—	工	共	空	烘	红	—
	eŋ	恩	本	盆	喷	门	分	文	增	存	寸	孙	层	登	屯	吞	能	仑	—	—	—	—	—	—	根	啃	肯	很	痕	—
	aʔ	鸭	八	白	拍	麦	发	乏	摘	择	尺	杀	石	答	达	塔	纳	辣	—	—	—	—	—	—	甲	掰	客	喝	狭	额
	oʔ	恶	北	落	朴	摸	福	服	—	—	—	—	—	笃	踱	脱	诺	—	—	—	—	—	—	—	角	—	壳	吓	获	岳
	eʔ	锡	—	—	—	—	弗	佛	则	泽	漆	塞	贼	德	沓	—	—	粒	—	—	—	—	—	—	革	—	克	黑	合	—
	ɥøʔ	—	—	—	—	—	—	—	这	族	出	失	拾	夺	脱	嗖	—	—	—	—	—	—	—	—	—	—	—	—	—	—
齐齿呼	i	衣	比	皮	批	米	飞	肥	—	—	—	—	—	低	地	梯	—	里	几	其	起	西	移	—	—	—	—	—	—	—
	ia	呀	—	—	—	—	—	—	—	—	—	—	—	爹	—	—	—	—	佳	茄	且	写	斜	—	—	—	—	—	—	—
	iɛ	也	—	—	—	—	—	—	—	—	—	—	—	—	—	—	—	—	—	—	—	—	—	—	—	—	—	—	—	—
	iau	腰	—	—	—	—	—	—	—	—	—	—	—	刁	条	挑	—	辽	焦	桥	巧	小	摇	尧	—	—	—	—	—	—

续表50-8

韵母＼声母		零声母 ø	双唇				唇齿		舌尖前					舌尖中					舌面						舌根					
			p	b	p'	m	f	v	ts	dz	t's	s	z	t	d	t'	n	l	tɕ	dʑ	t'ɕ	ɕ	ʑ	ȵ	k	ɡ	k'	h	ɦ	ŋ
齐齿呼	iei	烟	边	辩	偏	棉	—	—	—	—	—	—	—	点	田	天	—	连	尖	前	千	仙	盐	年	—	—	—	—	—	—
	iou	优	—	—	—	—	—	—	—	—	—	—	—	丢	—	—	—	刘	酒	求	秋	收	由	扭	—	—	—	—	—	—
	iaŋ	央	—	—	—	—	—	—	—	—	—	—	—	—	—	—	—	凉	姜	强	抢	香	洋	娘	—	—	—	—	—	—
	ieŋ	英	兵	平	品	名	—	—	—	—	—	—	—	顶	廷	厅	—	令	井	近	青	星	绳	银	—	—	—	—	—	—
	iaʔ	约	—	—	—	—	—	—	—	—	—	—	—	—	—	—	—	略	脚	㤘	却	削	药	捏	—	—	—	—	—	—
	ieʔ	一	笔	别	匹	密	—	—	—	—	—	—	—	跌	敌	贴	—	列	吉	直	切	吸	食	热	—	—	—	—	—	—
合口呼	u	乌	补	蒲	浦	—	夫	妇	租	助	粗	苏	—	都	肚	土	奴	鲁	—	—	—	—	—	—	古	跍	苦	火	吴	—
	ua	娃	—	—	—	—	—	—	—	—	—	—	—	—	—	—	—	—	—	—	—	—	—	—	拐	—	垮	歪	—	—
	uø	弯	—	—	—	—	—	—	—	—	—	—	—	—	—	—	—	—	—	—	—	—	—	—	关	掼	筷	偎	怀	—
	uo	蛙	—	—	—	—	—	—	—	—	—	—	—	—	—	—	—	—	—	—	—	—	—	—	瓜	—	跨	花	华	—
	uø	碗	—	—	—	—	—	—	—	—	—	—	—	—	—	—	—	—	—	—	—	—	—	—	管	—	宽	欢	缓	—
	uei	威	—	—	—	—	—	—	—	—	—	—	—	—	—	—	—	—	—	—	—	—	—	—	规	葵	亏	灰	会	—
	uaŋ	横	—	—	—	—	—	—	—	—	—	—	—	—	—	—	—	—	—	—	—	—	—	—	桄	—	哐	晃	廷	—
	uɔŋ	汪	—	—	—	—	—	—	—	—	—	—	—	—	—	—	—	—	—	—	—	—	—	—	光	狂	矿	慌	黄	—
	ueŋ	温	—	—	—	—	—	—	—	—	—	—	—	—	—	—	—	—	—	—	—	—	—	—	滚	—	坤	昏	浑	—
	uaʔ	挖	—	—	—	—	—	—	—	—	—	—	—	—	—	—	—	—	—	—	—	—	—	—	刮	—	扩	揔	滑	—
撮口呼	y	于	—	—	—	—	—	—	—	—	—	—	—	—	—	—	—	铝	居	具	区	许	雨	女	—	—	—	—	—	—
	yø	冤	—	—	—	—	—	—	—	—	—	—	—	—	—	—	—	—	娟	权	圈	楦	远	原	—	—	—	—	—	—
	yɔŋ	—	—	—	—	—	—	—	—	—	—	—	—	—	—	—	—	—	桩	撞	窗	双	—	侬	—	—	—	—	—	—
	yoŋ	永	—	—	—	—	—	—	—	—	—	—	—	—	—	—	—	—	钟	穷	充	凶	云	浓	—	—	—	—	—	—
	yøʔ	郁	—	—	—	—	—	—	—	—	—	—	—	—	—	—	—	—	竹	局	缺	血	月	玉	—	—	—	—	—	—
辅音音节		—	—	—	—	姆	—	—	—	—	—	—	—	—	—	—	儿	而	—	—	—	—	—	泥	—	—	—	—	—	鱼

第三章　爵溪话

爵溪话仅限于爵溪城里，使用人口不足1万人，但在县内知名度很高。爵溪话不是吴语，而属北方方言。首先，没有“文白异读”。“文白异读”是吴语特有而普遍的语言现象，有无“文白异读”是区分吴语与非吴语的重要标志。爵溪话没有“文白异读”，说明不是吴语。其次，它的韵母系统与北方方言保持基本一致，鼻韵母也分前后。第三，保存着许多北方方言词语，例如代词，说“你、我、他；你们、我们、他们；你的、我的、他的；你家、我家、他家”。“俺、俺们”只有北方话才有。当只指说话一方，不包括听话一方时，老一辈爵溪人也说“俺、俺们”。过去，本县人进入爵溪城里很难听懂爵溪话。

第一节　形成过程

爵溪，地处滨海谷地，浮沙连片，原本以溪得名“雀溪”。元朝时，建有一道观外，别无居民。明洪武二年（1369）置爵溪巡检司，巡检一员，领兵百名。洪武三十一年为防倭患，迁巡检司于西周姜屿渡，建爵溪千户所，筑城捍守，有千户官以下官员13人，统兵1130名。这千余官兵均来自北方中原地区，退役后难回故里，悉居城里。官员一任又一任，兵士一批又一批，到了明末，城里聚居数千家。如今，爵溪人仍自称“所里人”，把丹城在内的城乡居民统称为“乡下人”。谢姓是爵溪大姓之一，据《谢氏宗谱》载，其始祖德本原居河南陈留望胄，洪武三十一年奉旨赴象任爵溪千户官，抗剿倭寇，倭寇败退后，见爵溪依山面海，“鱼盐蜃蛤，取之不尽，遂卜居斯土”。刘姓曾是大姓，据《刘氏宗谱》载。其始祖刘士春，原居河南陈留八角井，嘉靖三十一年（1552）时，“随都指挥宗叔恩至修爵溪所城。其时，倭患方亟，有犯爵溪，至公授（刘士春）千户以剿倭寇，倭退后卜居斯土”。身为千户官尚且如此，普通官兵更不待言，像张姓、郁姓、王姓等都是戍边将士之后。清顺治三年（1646）清兵入境，废卫所制，建象协营，爵溪千户所改为爵溪城汛，驻兵百余。顺治十八年为断绝张煌言抗清义军与大陆居民的联系，清廷强令离海30里内之居民悉迁内地，昌国卫和石浦、钱仓因此人空城毁。爵溪和游仙寨（址在今赤坎寨里）为县城前卫，为确保县城安全，居民未迁。康熙二十三年（1684）展复，爵溪军事地位下降，渔业渐兴，温台沿海各县渔民大量涌入，逐渐发展成浙东渔业大镇，直至20世纪60—70年代。

在汉语发展史上，元、明、清3朝北方汉语称“近代汉语”，中古汉语的浊音逐渐清音化，入声逐渐消失，最终只保留m、n、l、z（r）四个次浊音声母。所以，近代汉语与现代汉语已无明显区别。从北方中原地区来爵溪守边的明代将士说的是近代汉语即北方方言。爵溪系军事重地，禁止本地居民入居。加之山岭阻隔，交通闭塞，少受外界影响，因而聚居在爵溪城里的北方人能长期使用正宗的北方方言。到了清代，军事地位下降，渔业兴起，温台渔民纷纷入居，打破北方人“一统天下”的局面，南北居民杂处，南北语言交融，历经数百年的演变，浊音逐渐恢复，入音复苏，终于成了南腔北调式的特殊方言——爵溪话。

20世纪60年代末70年代初，海洋资源日渐衰竭，爵溪渔业也随之衰微，爵溪人陷入困境。但是，敢为人先的爵溪人开始从工业上谋求发展，经过近20年的艰苦奋斗，顽强拼搏，以轻纺织业为中心的现代工业迅速崛起，终成浙东著名的轻纺之城，跻身于全国百强镇行列。现在，外来务工人员已超过爵溪本地人，这不能不引起爵溪话的再次变化，纯正的爵溪话日益淡化。现在，年轻一代能说纯正爵溪话的越来越少，只有老一辈还说着纯正的爵溪话。为了保存爵溪话的本来面目，本志所描写的是老一辈爵溪人所使用的纯正爵溪话。

第二节　语音特点

爵溪话与丹城话最明显的区别在于语音尤其是韵母，而与北方方言相同或相近的也在于语音尤其是韵母。

（一）“巴、爬、怕、马、茶，做、多、舵、拖、罗，假、下、虾、夏”这类字，丹城话都属o韵，爵溪话与北方方言一样分属三韵：“巴、爬、怕、马、茶”一类字属a韵；“做、坐、多、舵、拖、罗”一类字属uo韵；“假、下、虾、夏”一类字则属ia韵。

（二）“摆、排、派、卖、带、太、晒、奆、他、那、卡、哈”一类字属丹城话a韵。爵溪话与北方方言一样分属二韵：“摆、排、派、卖、带、太、晒”一类字属ai韵；“奆、他、那、卡”一类字属a韵。

（三）“背、培、配、美、雷、猜、赛、抬、来、开、海”这类字，丹城话都属ei韵，爵溪话与北方方言一样分属二韵：“背、培、配、美、雷”这类字属ei韵；“猜、赛、抬、来、开、海”一类字属ai韵。

（四）丹城话有aŋ、ɔŋ、uaŋ、uɔŋ四个韵母，爵溪话与北方方言一样，有aŋ、eŋ、uaŋ，无ɔŋ、uɔŋ。如“浜、朋、孟、撑、省、冷、耕、坑”这类字，丹城话属aŋ韵，爵溪话属eŋ韵；“帮、旁、胖、忙、方、房、常、仓、伤、党、塘、汤、浪”这类字，丹城话ɔŋ韵，爵溪话属aŋ；“光、逛、矿、慌、黄”这类字丹城话属uɔŋ韵，“桄、逛”这类字丹城话属uaŋ韵。爵溪话都属uaŋ韵。

（五）“拐、快、歪、坏”这类字丹城话属ua韵，爵溪话属uai韵；“瓜、垮、花、华”这类字丹城话属uo韵，爵溪话属ua韵；“关、惯、筷、怀”一类字丹城话属uɛ韵，“官、宽、欢、援”这类字丹城话属uø韵，爵溪话都属uan韵。这些，爵溪话与北方方言又是一致的。

（六）“江、讲”与“冈、港”丹城话都属ɔŋ韵，爵溪话分得很清楚，“江、讲”属iaŋ韵；“冈、港”属aŋ韵。“借、茄、且、写、斜、谢、夜”这类字，丹城话属ia韵，“解、界、街、蟹、鞋”这类字丹城话属a韵；而这两类字爵溪话都属ie韵，这与北方方言又是一致的。但是，“姜、蒋”与“张、丈”，爵溪话反倒与丹城话相联系，都属iaŋ韵。

（七）丹城话只有后鼻音韵母，无前鼻音韵母，爵溪话既有后鼻音韵母，又有前鼻音韵母，但与北方方言又不完全相同。例如“班、办、盼、慢、反、万、斩、站、参、山、丹、摊、难、栏”这类字，丹城话属ɛ韵，爵溪话属an韵；“干、看、汉、汗”这类字丹城话属ei韵，爵溪话属an

韵；“边、辩、偏、棉、连、年、点、田、天、尖、钱、千、先、盐”这类字丹城话属iei韵，爵溪话属ien韵。这些与北方方言是相同的。但是，爵溪话en与eŋ、ien与ieŋ不分，即是说爵溪话只有eŋ、ieŋ没有en、ien。例如“本、盆、喷、分、文、门、嫩、怎、根、恨、肯、很”这类字，北方方言属en韵，爵溪话与丹城话一样，属eŋ韵；“宾、贫、拼、民、林、仅、亲、心”这类字，北方方言属ien韵，爵溪话与丹城话都属ieŋ韵，这显然是受吴语的影响的结果。

（八）在声母方面，爵溪话与丹城话区别不大，因为它数百年来受吴语的影响，浊音系统已基本恢复。不过，丹城话以d为声母的字，如“同、桶、童、堂、塘、停、庭”这类字，爵溪话声母依然是tʻ；“书、树”之类字丹城话声母为s、z；“许、雨”之类字母丹城话声母为ɕ、ʑ，而爵溪话二者不分，都念ɕ、ʑ。“日、热”之类字丹城话声母为ȵ，“拾、实”之类字丹城话声母为z，爵溪话二者不分，都念z。

爵溪话与北方方言有许多相同或相近处，但两者也有较明显的差异，这主要表现在声母和声调上。

1. 北方方言舌尖音分前、中、后，爵溪话舌尖音只有前与中，没有后。北方方言的舌尖后音ʈs、ʈsʻ、s、ʐ，爵溪话为舌类前ts、tsʻ、s、z。但是，有无舌类后音不是区分是否北方方言的标志，因为北方方言也有没有舌尖后音的，如镇江话、南京话、苏北、安徽、湖北、湖南、四川乃至山东、河北、河南的个别地方都没有舌尖后音，都属北方方言。

2. 北方方言除了m、n、l、ʐ（r）四个浊音声母外，都是清音。爵溪话由于受数百年吴语的影响，浊音已经恢复而形成浊音系统，例如“爬、文、茶、造、是、掏、奇、移、何、共、号、我”这类字，爵溪话都是浊声母。有浊音系统，这是爵溪话与北方方言最明显区别之一。

3. 北方方言，除了极少数地区还残留着入声之外，绝大部分地区没有入声。而爵溪话由于数百年来受吴语的影响，入声已“复活”，例如“百、白、法、乏、德、切、及、忽、国、血、月、额”这类字都属入声字。有无入声韵，这也是爵溪话与北方方言明显区别之一。

但是，尽管爵溪话与北方方言有如此明显区别，却并不属于吴语，这是因为它没有“文白导读”，韵母基本上与北方方言保持一致，所以说是南腔北调的北方方言。

第三节　声韵调

一、声母

爵溪有27个辅音声母，其中清音14个、浊音13个。

爵溪话声调表

表50-9

发音方法 / 发音部位	塞音			塞擦音			擦音		鼻音	边音
	不送气		送气	不送气		送气	清	浊	浊	浊
	清	浊	清	清	浊	清				
双唇音	p	b	pʻ	—	—	—	—	—	m	—
唇齿音	—	—	—	—	—	—	f	v	—	—

续表50-9

发音方法 发音部位	塞音			塞擦音			擦音		鼻音	边音
	不送气		送气	不送气		送气	清	浊	浊	浊
	清	浊	清	清	浊	清				
舌尖前音	—	—	—	ts	dz	tʻs	s	z	—	—
舌尖中音	t	d	tʻ	—	—	—	—	—	n	l
舌面音	—	—	—	tɕ	dʑ	tʻɕ	ɕ	ʑ	—	—
舌根音	k	ɡ	kʻ	—	—	—	h	ɦ	ŋ	—

例字：

p	把	波	补	比	b	爬	刨	部	避
pʻ	怕	坡	浦	批	m	马	磨	母	米
f	方	反	夫	非	v	访	万	妇	肥
ts	抓	左	租	资	dz	查	站	助	迟
tʻs	差	车	粗	此	s	洒	梭	苏	思
z	事	谁	树	拾					
t	带	多	都	低	d	大	舵	度	地
tʻ	他	拖	通	体	n	拿	闹	奴	挪
l	拉	劳	楼	里					
tɕ	家	交	酒	几	dz	茄	桥	骑	旧
tʻɕ	巧	秋	起	区	ɕ	休	写	小	希
ʑ	夏	摇	油	移					
k	高	工	干	古	ɡ	轧	共	葵	
kʻ	卡	考	可	苦	h	哈	好	海	呼
ɦ	杭	号	河	旱	ŋ	我	傲	硬	呆

二、韵母

爵溪话有韵母39个，比丹城话少11个，其中：单韵母6个，比丹城话少4个；复韵母12个，比丹城话少2个，丹城话有ɥø、iɛ、io、iei、uɛ、uø、yø7个韵母，爵溪话没有，但有au、ai、ie、iau、uai 5个；丹城话有后鼻音韵母11个，爵溪话只有9个，但爵溪话有an、ian、uan、yan 4个前鼻音韵母，故爵溪话共有鼻音韵母13个；丹城话有入声韵母10个，爵溪话只8个；丹城话有自成音节辅音韵母5个，爵溪话只有1可自成音节。

爵溪话韵母表

表 50-10

	开口呼	齐齿呼	合口呼	撮口呼
单韵母	—	i 衣	u 乌	y 于
	a 啊	ia 呀	ua 洼	—
	o 喔	ie 也	uo 窝	—
	ɿ 子母	—	—	—
复韵母	au 袄	iau 腰	—	—
	ai 挨	—	uai 歪	—
	ei 背母	—	uei※ 威	—
	ou 欧	iou※ 优	—	—
鼻韵母	an 安	ian 烟	uan 弯	yan 冤
	aŋ 昂	iaŋ 央	uaŋ 汪	yaŋ 装母
	eŋ 恩	ieŋ※ 英	ueŋ※ 温	—
	oŋ 翁	—	—	yoŋ 永

例字：

a	啊	把	怕	茶	o	喔	坡	可	河
ɿ	资	迟	此	恩	i	衣	奇	起	西
u	乌	都	雇	苦	y	于	居	区	雨
au	袄	保	道	高	ai	挨	摆	带	海
ei	背	培	水	随	ou	欧	斗	走	钩
ia	呀	家	夏	吓	ie	也	借	谢	鞋
iau	腰	交	桥	小	iou	优	海	秋	刘
ua	洼	瓜	垮	华	uo	窝	锅	舵	罗
uai	歪	拐	快	怀	uei	威	规	亏	灰
an	安	搬	斩	难	aŋ	昂	帮	忙	杭
eŋ	恩	本	分	文	oŋ	翁	东	通	聪
ian	烟	边	点	干	iaŋ	央	江	强	凉
ieŋ	英	兵	丁	静	uan	弯	官	宽	欢
uaŋ	汪	光	框	慌	ueŋ	温	滚	捆	津
yan	冤	娟	拳	园	yaŋ	装	窗	撞	双
yoŋ	永	军	穷	凶					

入声韵母例字：

aʔ	轧	百	法	纳	eʔ	则	泽	革	合
oʔ	恶	北	出	壳	iaʔ	鸭	甲	削	

ieʔ	益	笔	切	结	uaʔ	挖	刮	扩	滑
uoʔ	骨	窟	忽	话	yeʔ	郁	竹	血	月

说明：

1. 带“※”的四个韵母 iou、ieŋ、uei、ueŋ 的韵复由于受韵头、韵尾的影响，动程很小，当与辅音声母拼合时可以略去，写作 iu、iŋ、ui、uŋ。

2. 爵溪话只有 1 可以自成音节，如“而、儿、二、耳、饵、尔”等。

3. 爵溪话中有 ɥ、ɥø 这两个翘唇韵母，例如“知、耻、住、输”属 ɥ 母，“专、川、全、酸”属 ɥø 母，这显然受丹城话影响，因为旧时，爵溪人在城里说爵溪话，对外交往说带爵溪腔的丹城话。但是，只有少数爵溪人有这两个韵母，大部分爵溪人没有这两个韵母，如“知、耻”属 1 母；“住、输”属 u 母；“专、川、全、酸”是属 uan 母，故未列入《韵母表》。

4. “书、树、住”一些字，部分爵溪人念 u 韵，声母为舌尖前音 s、z；一部分人念 y 韵，声母为舌面音 tɕ、dʑ、ɕ。

三、声调

爵溪话既然有浊音系统、入声已经恢复，其声调就不能按普通话分阴平、阳平、上声、去声四声，而与丹城话一样先分平、上、去、入四声后，每个声又分阴、阳。但爵溪话不是“四声八调”，而跟丹城话一样“四声六调”。即阴平、阳平、阳上、阴去、阴入、阳入，但调值不尽相同。如阴平，二者一样，但是阳上，丹城话调值为 213，是典折调，爵溪话为 13，是低升调。阴去，丹城话调值为 51，是高降调，爵溪话则属高升调，调值为 45，与石浦话反倒相同。

爵溪话声调表

表 50-11

名称	调值	符号	例字
阴平	55	˥	包抛党汤家枪热工空
阳平	31	˧˩	逃文传陈涂人红湖杭
阳上	13	˩˧	步豆站路慢社树弄外
阴去	45	˦˥	报破到送信店纪告耗
阴入	5	˥	益切不职国哭希督约
阳入	3	˧	别独值伏药麦衲辣捺

第四节　声韵配合关系

28 个声母（含一零声母）与 40 个韵母（含一自成音节辅音韵母 1）按照“四呼”顺序拼合，可以构成 442 个音节（不含声调），比丹城话少 88 个音节，而比普通话多出 42 个音节。

爵溪话声韵配合表

表 50-12

韵母	声母	零声母 ø	双唇音 p	双唇音 b	双唇音 pʻ	双唇音 m	唇齿音 f	唇齿音 v	舌尖前音 ts	舌尖前音 dz	舌尖前音 tʻs	舌尖前音 s	舌尖前音 z	舌尖中音 t	舌尖中音 d	舌尖中音 tʻ	舌尖中音 n	舌尖中音 l	舌面音 tɕ	舌面音 dʑ	舌面音 tʻɕ	舌面音 ɕ	舌面音 ʑ	舌根音 k	舌根音 g	舌根音 kʻ	舌根音 h	舌根音 ɦ	舌根音 ŋ
开口呼	a	啊	把	爬	怕	妈	—	—	抓	茶	差	傻	—	奋	大	他	那	拉	—	—	—	—	—	尬	—	卡	哈	—	—
	o	哦	波	婆	坡	磨	—	—	—	—	—	—	—	—	—	—	—	—	—	—	—	—	—	舸	—	可	呵	河	我
	ɿ	—	—	—	—	—	—	—	资	迟	此	思	是	—	—	—	—	—	—	—	—	—	—	—	—	—	—	—	—
	au	袄	包	抱	抛	猫	—	—	早	曹	吵	扫	槽	—	—	—	—	—	—	—	—	—	—	高	考	好	号	傲	—
	ai	爱	摆	败	派	卖	—	—	灾	在	猜	赛	谁	带	但	太	奈	来	—	—	—	—	—	改	—	开	海	核	岩
	ei	唉	背	培	配	美	飞	肥	追	垂	催	水	蚕	对	台	推	男	雷	—	—	—	—	—	—	—	—	—	—	—
	ou	欧	—	—	—	—	否	浮	走	愁	凑	搜	—	斗	头	偷	—	楼	—	—	—	—	—	沟	—	口	吼	厚	—
	an	安	班	伴	潘	满	反	万	斩	站	参	山	—	丹	谈	摊	—	兰	—	—	—	—	—	干	—	看	汗	—	—
	aŋ	昂	邦	旁	胖	忙	方	房	怎	常	仓	桑	上	当	宕	汤	—	浪	—	—	—	—	—	冈	—	康	夯	杭	硬
	eŋ	恩	本	笨	喷	门	分	文	增	存	寸	森	—	灯	—	吞	嫩	冷	—	—	—	—	—	根	—	肯	很	痕	—
	oŋ	翁	泵	蓬	捧	蒙	风	凤	总	从	聪	松	神	东	洞	通	农	龙	—	—	—	—	—	工	共	空	烘	红	—
	aʔ	轭	百	拔	泼	麦	法	乏	摘	杂	尺	杀	石	答	达	塔	纳	辣	—	—	—	—	—	格	—	客	喝	—	额
	oʔ	恶	北	落	扑	木	福	服	服	族	出	刷	实	笃	喥	托	诺	陆	—	—	—	—	—	谷	—	壳	—	—	—
	eʔ	—	—	—	—	—	弗	佛	则	泽	测	塞	贼	德	特	—	—	—	—	—	—	—	—	革	—	克	黑	合	—
齐齿呼	i	衣	比	皮	批	米	—	—	—	—	—	—	—	低	地	梯	泥	里	几	齐	启	西	移	—	—	—	—	—	—
	ia	呀	—	—	—	—	—	—	—	—	—	—	—	—	—	—	—	—	家	—	—	下	夏	—	—	—	—	—	—
	ie	也	—	—	—	—	—	—	—	—	—	—	—	爹	—	—	—	—	姐	茄	且	写	谢	—	—	—	—	—	—
	iau	腰	表	瓢	漂	苗	—	—	—	—	—	—	—	刁	条	挑	尧	辽	交	桥	巧	小	摇	—	—	—	—	—	—
	iou	优	—	—	—	—	—	—	—	—	—	—	—	丢	—	—	扭	流	酒	仇	秋	休	油	—	—	—	—	—	—
	ian	烟	边	辩	编	棉	—	—	—	—	—	—	—	点	田	天	年	连	尖	前	千	先	盐	—	—	—	—	—	—
	iaŋ	央	—	—	—	—	—	—	—	—	—	—	—	—	—	—	娘	良	江	强	枪	香	样	—	—	—	—	—	—

续表50-12

韵母＼声母		零声母 ø	双唇音 p	b	pʻ	m	唇齿音 f	v	舌尖前音 ts	dz	tʻs	s	z	舌尖中音 t	d	tʻ	n	l	舌面音 tɕ	dʑ	tʻɕ	ɕ	ʑ	舌根音 k	ɡ	kʻ	h	ɦ	ŋ
齐齿呼	ieŋ	英	—	—	—	—	—	—	—	—	—	—	—	丁	廷	厅	银	令	京	近	青	星	引	—	—	—	—	—	—
	iaʔ	约	—	—	—	—	—	—	—	—	—	—	—	—	—	—	捏	掠	甲	—	却	削	药	—	—	—	—	—	—
	ieʔ	益	笔	别	匹	密	—	—	—	—	—	—	—	跌	敌	铁	涅	力	结	及	切	吸	叶	—	—	—	—	—	—
合口呼	u	乌	补	浦	亩	夫	妇	祖	助	粗	苏	—	—	都	度	吐	奴	鲁	—	—	—	—	—	古	—	苦	虎	胡	—
	ua	娃	—	—	—	—	—	—	—	—	—	—	—	—	—	—	—	—	—	—	—	—	瓜	—	垮	花	华	—	—
	uo	窝	—	—	—	—	—	—	左	—	—	所	坐	多	舵	拖	挪	罗	—	—	—	—	—	锅	—	—	—	—	—
	uai	歪	—	—	—	—	—	—	—	—	—	—	—	—	—	—	—	—	—	—	—	—	—	拐	—	快	坏	怀	—
	uei	威	—	—	—	—	—	—	—	—	—	—	—	—	—	—	—	—	—	—	—	—	—	龟	柜	亏	灰	会	—
	uan	弯	—	—	—	—	—	—	—	—	—	—	—	—	—	—	—	—	—	—	—	—	—	官	—	宽	欢	玩	—
	uɔŋ	汪	—	—	—	—	—	—	—	—	—	—	—	—	—	—	—	—	—	—	—	—	—	光	逛	矿	装	黄	—
	ueŋ	温	—	—	—	—	—	—	—	—	—	—	—	—	—	—	—	—	—	—	—	—	—	滚	—	困	昏	浑	—
	uaʔ	挖	—	—	—	—	—	—	—	—	—	—	—	—	—	—	—	—	—	—	—	—	—	刮	—	扩	惚	滑	—
	uoʔ	—	—	—	—	—	—	—	—	—	—	—	—	—	—	—	—	—	—	—	—	—	—	骨	—	窟	忽	活	—
撮口呼	y	于	—	—	—	—	—	—	—	—	—	—	—	—	—	—	女	旅	居	具	区	许	雨	—	—	—	—	—	—
	yan	冤	—	—	—	—	—	—	—	—	—	—	—	—	—	—	—	—	娟	拳	圈	楦	园	—	—	—	—	—	—
	yaŋ	—	—	—	—	—	—	—	—	—	—	—	—	—	—	—	—	—	装	憧	窗	双	—	—	—	—	—	—	—
	yoŋ	拥	—	—	—	—	—	—	—	—	—	—	—	—	—	—	—	—	军	穷	冲	凶	—	—	—	—	—	—	—
	yeʔ	郁	—	—	—	—	—	—	—	—	—	—	—	—	—	—	玉	—	竹	局	缺	血	月	—	—	—	—	—	—
辅音音节		—	—	—	—	—	—	—	—	—	—	—	—	—	—	—	—	儿	—	—	—	—	—	—	—	—	—	—	—

第四章　文白异读

“文白异读”是吴语特有的而且非常普遍的语言现象。有无“文白异读”，这是区分吴语与非吴语的重要标志之一。象山话属吴语的一个分支，自然存在着“文白异读”。

何谓“文白异读”？就是同一个字有“文读”和“白读”的两音现象，而其字性、字义并无改变，只是在用法上略有不同。例如“大”，文读音为da，白读音为do，在“大陆、大纲、大意”这些词语里要用文读音，在“高大、长大、大人、大树”这些词语里多用白读音。所以，“文白异读”与“多音多义”现象是有严格区别的。

“文白异读”现象早已有之。旧时，称文读为“官话”，称白读为“土话”。现在，称文读为“书面语”，称白读为“口头语”。在中华人民共和国成立前，文读音并不十分普遍，多在上层社会使用，如官场、知识界、工商界等，谁要是在普通老百姓面前用文读音，常常被指责为“打官腔”。中华人民共和国成立后，由于政治的高度统一，经济的日益繁荣，交通的迅速发达，文化科技事业的发展，普通话的大力推广，广大群众文化素质的普遍提高，文读现象也越来越普遍。

一般说来，知识分子多用文读音，非知识分子多用白读音；国家工作人员多用文读音；广大群众多用的白读音；青少年多用文读音，中老年多用白读音；城镇多用文读音，乡村多用白读音；交通便捷地方多用文读音，交通闭塞地方多用白读音；平原地区多用文读音，山区海岛多用白读音；政治、经济、文化等活动多用文读音，家庭生活、日常交往多用白读音。但是，尽管文读音大为普及，却并不能改变象山话的语音体系。

“文白异读”现象的产生，大体来自于两个方面的历史原因。第一，象山话中，有许多字上古音与中古音并存。例如“忘、望、味、尾、蚊、问、闻、万、物、晚”与“日、热、人、让、染、认、壤、任、韧、饶”两组字，前一组上古音声母多为m，中古音声多为v；后一组上古音声母多为ȥ，中古音声多为z。这样的情况非常之多。凡读上古音的就成了“白读音”，凡读中古音的就成了“文读音”。第二，受北方话的影响，特别是普通话的大力推广，产生了许多新的“文白异读”现象，如“集、净、齐、前、成、城、墙、晴”这类字，原来的声母为ȥ，在北方话影响下，声母变成dȥ。于是，出现了许多新的“文白异读”字。

“文白异读”大致有以下3种情况：

一、同韵不同声　有许多“文白异读”字，韵母、声调都相同，只改变声母，看下列例字：

	文读	白读
集	dzieʔ˥	ȥieʔ˥
净	dziŋ˨˩	ziŋ˨˩
晴	dȥiŋ˨˩	ziŋ˨˩
静	dȥiŋ˨˩	ȥiŋ˨˩
秘	mi˨˩	pi˨˩
齐	dȥi˨˩	ȥi˨˩

前	dʑiei ˨˧	ʑiei ˨˧
鞘	tɕʻio ˨˧	ɕio ˨˧
松	soŋ˥ 松木，洋松，五针松	zoŋ 松树，松毛、松花
忘	vɔŋ ˨˧忘年交，得意忘形	mɔŋ ˨˧忘记
望	vɔŋ ˩˧希望，名望，盼望	mɔŋ ˩˧望东（走），望一即
味	vi ˩˧滋味，体味，味精	mi ˩˧味道，气味，入味
蚊	veŋ ˨˧蚊子，蚊帐	meŋ ˨˧蚊虫，蚊蝇丝
闻	veŋ ˨˧新闻，闻所未闻	meŋ ˩˧听闻
贼	dze ˥	zeʔ ˦
物	veʔ ˦物体，事物，人物	meʔ ˦百物袋
万	vɛ ˩˧	mɛ ˩˧万子（赌语）
成	dʑiŋ ˨˧	ʑiŋ 现成
晚	vɛ ˩˧	mɛ ˩˧晚米，晚娘
		ma ˩˧晚界
城	dʑiŋ ˨˧	ʑiŋ ˨˧
墙	dʑiaŋ ˨˧	ʑizŋ ˨˧
详	ʑiaŋ ˨˧	dʑiaŋ ˨˧
祥	ʑiaŋ ˨˧	dʑiaŋ ˨˧

从上述例字可以看出，属“同韵不同声”的文白异读字都是浊音声母字。

二、同声不同韵　声母和声调相同，只是改变韵母，这类的“文白异读”字数量相当多，看下列例字：

	文读	白读
把	pa˥	po˥
坝	pa ˥˧	po ˥˧
爬	ba ˨˧	bo ˨˧
怕	pʻa ˥˧	pʻo ˥˧
彼	pi˥	pei˥
鼻	bieʔ ˦鼻子，鼻祖	boʔ ˦鼻头，门鼻
茶	dza ˨˧	dzo ˨˧
查	dza ˨˧	dzo ˨˧
吹	tʻsei 鼓吹，吹灰之力	tʻsʮ˥ 吹风，灯吹
炊	tʻsei˥ 炊烟，炊事员	tʻsʮ˥ 炊饭，炊淘馒
大	da ˩˧大陆，大纲，大意，大概	do ˩˧高大，长大，大人，大树
歹	tɛ˥ 歹徒，为非作歹，歹毒	ta˥ 好歹
丁	tiŋ˥	teŋ˥ 壮丁，人丁兴旺
停	diŋ ˩˧	deŋ ˩˧停顷，停一即
听	tʻiŋ˥ 打听	tʻeŋ˥ 听闻

瓜	kua˥	kuo˥
花	hua˥	huo˥
华	ɦua ˨˧	ɦuo ˨˧
力	lieʔ ˦	leʔ ˦
灵	liŋ ˨˧灵芝，机灵，神灵	leŋ ˨˧灵光，魂灵
领	liŋ ˨˧领导，领会，带领	leŋ ˨˧领头，领口，一领（席）
茂	mɔ ˨˧	mø ˨˧
莫	mo? ˦闲人莫入	mɔ ˨˧莫走，莫买
舍	sʮø˥ 舍弃，宿舍，舍己救人	so˥ 进舍，邻舍，舍命
生	seŋ˥ 生平，生动，生产	saŋ˥ 生活，生气，生姆
水	sei˥	sʮ˥
沙	sa˥	so˥
争	tseŋ˥ 斗争，力争	tsaŋ˥ 争气，争嘴
		dzaŋ 争东西，争家产
冷	leŋ ˨˧	laŋ ˨˧
特	deʔ ˦	dieʔ ˦
拖	t'o 拖网，拖拉机	t'a˥ 拖沙蟹

三、声韵均异 声母的变化往往引起韵母的变化，这类的“文白异读”数量最多，看下列例字：

	文读	白读
陷	ʑiɛ ˨˩	ɦɛ ˨˩
歪	uɛ˥	hua˥
坏	huɛ˥	ua˥ 坏派人，坏呥
闲	ʑiɛ ˨˧	ɦɛ ˨˧
龟	kui˥	tɕy˥
鬼	kui˥ 鬼子	tɕy˥ 恶鬼心
归	kui˥ 归还，回归	tɕy˥ 归家
贵	kui ˥˧˥富贵，高贵，珍贵	tɕy ˥˧˥价钿贵
价	tɕia˥	ko˥
家	tɕia ˨˧家庭，国家	ko˥ 自家，落家
	tɕyo˥ （旧读）	
假	tɕia˥	ko˥
加	tɕia˥	ko˥
		dʑia ˨˧加加野人头，加势道
嘉	tɕia˥	ko˥
	tɕyo˥ （旧读）	
间	tɕiei˥ 时间，空间，中间	kɛ˥ 房间，灶间，年间
江	tɕiaŋ˥	kɔŋ˥

讲	tɕiaŋ	kɔŋ˥˧
巷	ɕiaŋ ˧˦	ɦɔŋ ˩˧
降	tɕiaŋ ˧˦	kɔŋ 霜降˧˦
	tɕyɔŋ ˧˦降落伞	
	ɕiaŋ ˧˦投降	ɦɔŋ ˩˧投降
交	tɕio˥˧ 交通，交换，外交	kɔ˥˧ 交界，打交，交代
绞	tɕio˥˧ 绞架，绞刑	kɔ˥˧ 绞绳，绞面布
		gɔ ˩˧绞拢搨
搅	tɕio 搅动，搅拌	kɔ˥˧ 搅水，搅活猕，搅女人
		gɔ ˩˧搅头，噢搅水，搅七廿三
教	tɕio ˧˦教育，教师，教训	kɔ ˧˦教书，教牛，无爹娘教训
街	tɕiɛ˥˧	ka˥˧
解	tɕiɛ˥˧	ka˥˧
		ga ˩˧解树，解板，解胡琴
懈	ʑie ˩˧松懈，还懈努力	ga ˩˧懈口，懈门，懈开搨
牛	ɲiu ˩˧	ŋou ˩˧
铅	tɕiɛ˥˧	k'ɛ˥˧
夹	tɕiaʔ ˥	kaʔ ˥
狭	tɕiaʔ ˥	aʔ ˥
甲	tɕiaʔ ˥	kaʔ ˥
夏	ɕia ˧˦	ɦo ˩˧
下	ɕia ˧˦	ɦo ˩˧
心	ɕiŋ˥˧	soŋ˥˧
新	ɕiŋ˥˧	seŋ˥˧
信	ɕiŋ ˧˦	seŋ ˧˦
漆	t'ɕieʔ ˥	t'seʔ ˥
尺	t'saʔ ˥	t'ɕieʔ ˥
外	ɦuɛ ˩˧	ŋa ˩˧
行	ʑiŋ ˩˧行动，行政，进行	ɦaŋ ˩˧行为，行李，通行
		aŋ˥˧ 行田头，行转曲
	ɦɔŋ ˩˧银行，行伍，直行	
学	ʑyøʔ ˥	ɦoʔ ˥
哑	ia˥˧	o˥˧
鸦	ia˥˧ 乌鸦	o˥˧ 老鸦，鸦雀
雅	ia˥˧ 文雅，雅兴，雅致	ɦo ˩˧儒雅洋，雅林溪
日	zɥøʔ ˥日本，日程，日食	ɲieʔ ˥日生，日头，日脚
热	zɥøʔ ˥	ɲieʔ ˥
染	zyø ˩˧传染，染指	ɲiei 染色，染料

颜	ʑiɛ ˩	ŋɛ ˩
掌	tsɔŋ ˥	tɕyɔŋ ˥ 巴掌
壮	tsɔŋ ˩	tɕyɔŋ ˩壮丁
介	tɕia ˩介意，介入	ka ˩介间，介貌，介小
亲	tʻɕiŋ ˥	tʻseŋ ˥
缚	fu ˩	bo ˩
孝	ɕio ˩	hɔ ˩戴孝，孝杖棒
酵	ɕio ˩酵母	kɔ ˩酵头

还可以举出许多。

“文白异读”主要有以下两个作用：

第一，有区别词义的作用。

“文白异读”字都是多义字，因此可通过“文读”和“白读”来显示不同的词义。现举例如下：

尾 文读音为 vi ˩，白读音为 mi ˩。指动物躯体的末端部位或人体的某一凸出部位，多用白读音，例如：猪尾巴/尾巴梢/鲎尾巴骨；若指事物或事件的末后部分，则用文读音，例如：尾声/尾页/尾间。

贵 文读音为 kui ˩，白读音为 tɕy ˩。用于物价方面的，多用白读音，例如：价钿忒贵，买弗起/煤气又贵上起嘞；若用于地位高、权势大或值得珍重等方面的，则用文读音，例如：贵族/贵客/贵人/宝贵/高贵/珍贵。

信 文读音为 ɕiŋ ˩，白读音为 seŋ ˩。若用于书信、消息之类的，一般多用白读音，例如：写信/通信/寄信/平信/口信/讨信/带信；若用于确实、信用、凭据等等方面的，都用文读音，例如：信史/信用/相信/诚信/信奉/信托/信徒/信物。

解 是个动词，文读音为 tɕia ˥ ，白读音有两个，一念 ka ˥ ；二念 ɡa ˩。用于分开、放开、散开、交付、了解、注释等方面动作的，文读白读均可，例如：解剖/解放/解散/解困/解聘/解体/解债/非解/注解；若用于来回牵动方面动作的，一般用白读音 ɡa ˩，例如：解树/解断来/解板/解胡琴。

懈 文读音为 ʑiɛ ˩，白读音为 ɡɑ ˩。普通话词义比较单纯，多指放松、懒散方面，例如：松懈/懈怠/坚持不懈，象山话都用文读音。象山话由此引申出多个义项，都用白读音，（1）次数减少或关系逐渐疏远，例如：阿拉两份人家本来蛮莫逆个，该几年懈牢嘞；（2）消除，例如：本来蛮痛个，介间有点懈开竭嘞；（3）不喜欢，例如：懈口/懈门。

间 文读音为 tɕiei ˥ ，白读音为 kɛ ˥ 。若用于房屋、时间或数量方面的，一般多为白读音，例如：屋间/房间/灶间/客堂间/年间/三间打面；若用于时空、所处方位方面的，多用文读音，例如：人间/田间/中间/空间/同志之间/亲密无间。“空间”中的“间”，用白读音还是文读音，词义大不一样，若用白读音，指的是空着的屋间；若用文读音，指的是空虚而能容受的地方。

第二，能显示不同的语言风格色彩。

一般地说，方言土语多用白读音，通用词语多用文读音。现举例如下：

进 文读音为 tɕiŋ ˩，白读音为 tseŋ ˩。在“进肚、进食、进舍、进屋、进坑、进门、进账”这些地方色彩较浓的日常生活用语，多用白读音；在“进行、进军、进攻、进化、进步、挺进、前进、行进、促进”这类通用词语，都用文读音。

心　文读音为 ɕiŋ˥ ，白读音为 soŋ˥ 。在“心肝、背脊心、中央心、心窝头、头顶心、手底心、脚底心”这些方言词语里，多用白读音；在“中心、背心、心情、心血、心意，呕心沥血，尽心尽力”这些通用词语里，多用文读音。有时同一个词语，用文读还是白读，还能区分是通用词还是方言词。例如“心通”中的“心”字，若用文读音表示心脏痛，是通用词；若用白读音表示悲痛，是方言词。又如“心事”中的“心”，若用文读音是名词，指所思之事，为通用词；若用白读音是动词，发愁，犯愁的意思，为方言词。

晚　文读音为 vɛ ˩，白读音有两个：一念 mɛ ˩，二念 ma ˩。在“秈晚、晚米、晚爹、晚娘、前亲晚后”这些方言词里要用白读音 mɛ ˩，在“晚界、长晚晚”这些方言词里，要用白读音 ma ˩。而在“傍晚、晚上、晚年、晚辈、晚节、晚会、晚期”这些通用词里，都要用文读音。像“晚点”这个词语中的“晚”，用文读音还是白读音，词义大有区别，用文读音是动词，通用词语，意谓“不能准时到达”，例如：火车晚点/航班晚点；若用白读音是方言词语，意谓“迟会儿”，例如：你乃先走，我晚点去。

搅　文读音为 tɕio˥ ，白读音有两个，一念 ɡɔ˥ ，二念 kɔ˥ 。作“拌和”讲时用文读音，例如：搅拌/搅浑/搅匀。都是通用词语。作“干扰，扰乱”讲时多用白读音 ɡɔ ˩，例如：莫来搅我/搅七廿三/搅头真大/搅七搅八/嘞搅水；作“玩耍、戏弄”讲时，多用白读音 kɔ˥ ，例如：搅水/搅玩具/搅活猻。凡用白读音的大都方言词语。玩弄女性，普通话写作“搞女人”，这是“搞”的引申用法，象山话可直接写作“搅女人”。

交　文读音为 tɕio˥ ，白读音为 kɔ˥ 。在“交代、交托、交界”等词语中的“交”，文读、白读均可，这要看所表达的意思，如“交代”一词，若表示歉意要用白读音，如说“谈生活交代你弗过”，只有象山话有这种用法；若把经手的事务移交给接替的人要用文读音，如说“交代工作”。在“交通、交际、交情、交战、交易、交往、外交”等等通用词语里，无论什么场合都要用文读音。

加　文读音为 tɕia˥ ，白读音有两个，一念 ko ˦，二念 dʑia ˩，以“加”构成的复合词大都是通用词，“文白”两读都可以。“加”的本义是“凌辱、欺凌”。这个本义仍活在象山话里，而且念的是上古意 dʑia ˩，例如：加加野人头/七世加八世。引申为“依仗”，例如：加势道/加牌头。这些用法只有象山话有。

家　文读音为 tɕia ˦，旧读 tɕyo˥ ，白读音 ko˥ 。在“人家、全家”等词语中，“文白”两读均可。在“自家、天家、身家、落家头、人家份、和家老少”这类方言词语中，都用白读音。在“国家、家庭、家长、家园、专家、革命家”这些通用词语中，都用文读音。有时一个词，文读白读音很有讲究，例如“大家”中的“家”，用白读音，那是代词，指一定范围内所有的人。若用文读音，那是名词，指著名的专家学者或世家望族，例如：书法大家/大家手笔/大家闺秀。

在象山话里，“文白异读”字很多，而且大都是使用频率很高的常用字。一般说来，用白读音，多出现在口头语，“乡土味”较浓；用文读音，多出现在书面语，“书卷气”较浓。在什么场合用白读音，在什么场合用文读音，习惯成自然，象山人从来不会用错。

第五章　词类例选

第一节　名 物 类

天文

日（音捏）头	太阳
西趖（音梭）太阳	指西移的太阳。趖，移动
太阳地下	阳光下
阴子地下	遮阴处
天狗嘿（音它）日头	日食
天狗嘿月亮	月食
南风涨	刮南风房屋地面潮湿，故称
风水	①石浦地区称台风为风水，打台风称做风水；②住宅、坟地坐落的地理形势，如“坟场风水”
鬼（音居）摞风	龙卷风
风飑（音报）	寒流
斗风	顶风
出鲎	出现彩虹
龙闪	闪电
天打	雷击物
时雨	应时而下得平和的雨
雪石子	霰
天家（ko˥）	天气

地理

平洋	平原
田洋	田野
山弄田（地）	山谷或山坡的田或地
墩地	平原上地势稍高的地
山嘴	岬角
墜头	山坡；陡坡
洋山	①禁止砍伐树木的山；②指过去的黄鱼汛，如：搿洋山
众家山	旧时指一个家族共有的山；今指集体所有的山

倒死岙	出入非常不便的山岙
溪坑	泛指山间溪流
沙头	沙滩
海山	岛屿
拗井	山区灌田用井
水脚	江河、水库或盛水器里的残水
做大水	发洪水，常成水灾
翻潮	初涨之海潮
滒泥	泥土
岩头皮	裸露的岩石
瓦瓯	破瓦
码头嬉界	泛指城市
洋户头	平原地区的农村
山边头	山区、半山区的农村
人家	住户
落家	寻常百姓家
阳沟浃	农村里露天的排水沟
阴沟浃	农村里的地下排水沟
甴洞桥	石拱桥，也泛指拱桥。甴，音 ɡuɛ˩

时间·时令

旧年	去年
乃年把	最近一两年
咸打年	往年
年加年	每年
有年数	许多年
熟年	丰收年
乃个月	这个月
日昼	中午
晚界	下午
夜里厢	夜里
朦晙亮	黎明
日生头	白天
清大日生	义同“光天化日”
生春日	立春

农渔事

斫柴	砍柴
掏柴株	挖树根
叠草埲	堆草垛

大畚箕	挑土出粪用的竹制农具
簟	晒谷的大竹席
筛谷簝	翻晒稻谷时用的一种竹制工具
米筛箩	竹箩
倒拢簖	竹簖
楤（音匆）杠	两头尖的一种竹杠，用于挑柴
多拄	挑担时用于支撑的一种工具
弯刀	砍柴刀
小插子	匕首
削地	锄地除草
擭（音货）菜秧	把菜籽撒在菜秧地中培植菜秧苗
踏（音脑）咸菜	在头缸中腌制咸菜时，用脚把咸菜踏实，踏瘪，使茎叶出“水”
鱼簖	盛鱼器，矩形，石浦人称“亮眼”
鲜篮	盛鱼器，圆盘形，竹丝编成，多为扦网人用
鲞	鱼的干制品
糟鲞	将鲞切成小块，腌六七天后放入适量酒糟，罐藏密封，若干天后即可食用
糟鳓鱼	用酒糟腌制的鳓鱼
虾射	海蜇
植物	
六谷	玉米
路丝	高粱
倭豆	蚕豆
蚕豆	豌豆
夜开花	蒲，因夜间开花得名
笃鼓菜	包心菜
大头菜	芜菁
女菜	北方叫“君达”
糖梗	果蔗
老菱	菱角
柴宝剑花	杜鹃花
田坎毛	长在田间小路的野草的通称
胡荻秆	长在海滩的芦苇
灯芯草	野生的蔺草，旧时用其芯点油灯，故名
刺棚	荆棘丛
动物	
牛娘瓯	老母牛
小猪	幼猪

猫兔	兔子
草鸡	雌鸡
骟鸡	①阉鸡；②阉过的雄鸡
曼鹅	半大鹅
鹅公	专供配种的雄鹅
毛尖	麻雀
外鹅	大雁
竹狗	狐狸
角鹿	麋鹿
犁藤颗	眼镜蛇
鸡娘蛇	五步蛇
燕燕蛇	四脚蛇
田鸡	青蛙
蛎黄	牡蛎
虾蛄蛋	虾蛄
虾籽	一种海蚤，可食
乌鳢鲛	黑鱼
箬鳎	比目鱼的一种
蜞苗	凤尾鱼
剥皮鱼	马面鲀
蝤蛑蟹	青蟹
翻白	鱼将死

家居用品

灶间	厨房
杂套间	堆放杂物的屋间
道地	天井；院子
眠床	床
床头	枕头
机（音委）子	椅子
赖（音赖）椅	躺椅
夜桶	马桶
夜壶	尿瓶
痰甂	痰盂
面桶	洗脸盆
面布	毛巾
庎（音嘎）橱	厨房里放菜肴的橱柜，有木制的，也有竹制的
白刀	菜刀
镬铲	炒菜用的铲子

调羹	羹匙
甑头	一种瓦制的器皿，用于盛放食物
米筛	筛米用的圆形竹器
纱筛	筛粉用的竹器
替里布衫	内衣
褓裙	婴儿衣
袾裤	短裤
替里裤	内裤
蒲帽	用蔺草编织形如礼帽的草帽
褕（音余）巾	围巾

饮食

山粉	薯粉
生粉	藕粉
面	粉丝；面条
冬面	倭豆面、绿豆面的统称
汤馃	一种米粉做的点心，形似汤团，但无馅
麦馃	一种米粉做的饼状点心，无馅
下饭	菜肴；蔬菜
倒拢羹	多指红白事后剩下的菜肴
白煠（音石）蛋	水煮的蛋
大焐（音靠）肉	大块红烧肉

人物

奶花	婴儿
抱手	幼儿
细佬	小男孩
妠笃妣	女孩
老后生	大龄青年；未结过婚的中老年
新抬老女	刚结婚的少妇
后生老女	年轻妇女
老女瓯	中年妇女
你乃爹	你的父亲
你乃娘	你的母亲
阿拉爹	我爹
阿拉娘	我娘
其爹	他的父亲
其娘	他的母亲
老倌	丈夫
晚爹	后爹

继拜爹	义父
前亲晚后	
当大	儿女中最大者
甩（音或）脚桶	儿女中最小者
白脚肱	指脑力劳动者
红脚肱	指体力劳动者
老司	指手工业者
作头老司	指木匠、泥瓦匠领班者
乌眼人	文盲
亮眼人	有文化的人
田鸡学生	指小学生
书嗄头	书呆子
有老人家	富有之家
小人家	穷苦人家
蹩脚人	穷人
踣（音脑）氹（音塘）	精神不正常
白虎	败坏东西的人
花老店	妓院
空手人	游手好闲不务正业之徒
绿壳	土匪
俩老倌	夫妻俩
大号头	大儿子
小骨头	小儿子
顾老娴	背称，指家境比较富裕的独生女儿
大抬新妇	明媒正娶的儿媳妇
阿姆	伯母
两叔伯姆	妯娌
孃孃	姑母；丈夫的姐妹
子丈	女婿
进舍子丈	过门女婿

红白大事

讨老女	娶亲
讨新妇	娶儿媳妇
汤水	喜酒
挑羊酒	兄弟结婚，已出嫁的姐妹要挑一担老酒一只羊，称“羊酒”，后来折合成金钱
噻（音它）肚	怀孕
噻肚老女	孕妇

做生姆	做产
当值生姆	服侍产妇的妇女
送生姆	给产妇送礼品，过去送鸡蛋、糖、面，现在一般送现金
生姆饭	请送生姆礼品的人吃饭
做生	做寿
渤死	溺水而死
硬死	因事故而死
送吊子	亲朋好友给丧家送吊孝钱
做死期羹饭	为纪念死者的祭日而办的一桌酒席

第二节 动　　作

畹（音挖）起	起床
搢（音吉）被	叠被子
滰（音强）面	洗脸
梳（音斯）头	
揞（音塔）粉	
剅（音娄）耳朵	挖耳朵
呦早饭	
睏昼觉（音告）	睡午觉
讲白搭	闲谈；聊天
讲白谈	同上
车白水	同上
扯蛋	夸口；吹嘘
趤（音唐）街	逛街
肚皮瘪颹（音喝）	肚饥，饥饿
划水	游泳
豛（音督）	刺，如：小刺刀豛人
佝（音呵）背	背微曲
打俪	交往；结交
打水，打鸡水	鸡交配；形容时间极短
撒（音寨）污	拉大便
欺弛（音代）	欺侮
啜汤水	吃喜酒
嗒（音答）味道	尝味道
寐（音秘）会	小睡，如：到床头朅寐一即
寣（音忽）	小睡，如：寣一觉

尥（音辽）	取物；涉水，如：尥大水
迾（音辣）	阻拦，如：迾路抢劫
庉（音屯）	居住，如：庉公房
汏	洗涤
汭（音南）	吸，如：汭燥
沚（音志）	出汗；渗透，如：汗沚沚
滰人	洗澡
挼（音肉）衣裳	洗衣服
搛（音尖）	用筷夹取，如：搛下饭
揔（音忽）	甩；掷。如揔秋千
扐（音汤）河螺	用扐网捕捉河螺
攞饭筲箕	攞（音呵），从钩上或钉上拿下盛饭的竹制器具
㨪（音忝）手劲	掰手腕
緁（音切）鞋底	纳鞋底
绕毛线	把毛线绕成团
誂（音条）排	戏弄；哄骗
弄送	戏弄；哄骗
诶勒前头	多嘴多舌；抢着说话
誩（音枪）起来	出言不逊而引起激烈争辩
闾（音宁）牢	忍住；欲言又止
燂（音谈）茶	烧饮用的开水
燂火煻	烤火
斛（音跳）拔	给人以好处，如：有笔生意斛拔你
疴（音霍）牢	幼儿受惊得病
棚（音朋）开来	蔓延开来
㱿（音壳）起来	物体表层鼓起
寻散（音却）头	故意找茬
解债	还债
写赚（音站）牢	写错
趤（音荡）大街	逛大街
打脚踬（音扮）	打趔趄
踍（音雷）倒	跌倒；横，躺
污踣着	碰到倒霉事
陊（音督）落	掉下
隤（音队）落	下陷
皰（音报）开	皮肤开裂
畚（音贩）黄	变黄
齈（音农）牢	食物变质

摸蝱（音孟）	眼睛不便，动作迟钝
张瞐（音猫）	低目细看
眼弗瞭（音切）	嫉妒
清觔	比喻“无目的的争辩”
伤阴鹫（音吉）	缺德
讲账	评理
出条条	赤膊
呒告	不要紧
拆蚀（音叶）	亏损
转心（念审）	悔过
转朅（音气）	回去
看想	看中并希望得到
悉得	知道
着杠	着落；得到
落手	下手；动手
摆落坞	东西放妥当
歇手	完工；放弃
翻梢	赌博时赢回已输掉的钱
揿倒来	通过法律手段使有权势的人绳之以法

第三节　情态　色泽

勤力	勤快
嬲	纠缠
绝嫸（音赞）	很漂亮
宜罅罅（音哈）	稀少
宜绷绷	稀少
巴劼（音吉）	勤快；勤劳
慢迚迚（音吞）	动作迟缓
还债	归还债务；孝顺
弥来	漫长；未到
茫弥	漫长；未到
介湝（音星）	少；这么一点
惃力	疲劳；劳累
藿懵（音儿走）	心烦意乱
眼恙（音样）	羡慕
㔙䣊（音劳槽）	嘴馋

焢牢	熄灭
木犊（音拖）	动作迟钝
滚穳（音站）	谷粒饱满
腈（音切）肉	精肉
腌臜（音衣早）	不干净
空䥗䥗（音劳）	空虚
一眼侬	很少
醶（音辽）白	面无血色
大颀颀（音海）	面孔大
硬颉（音切）	刚正不阿
颹（喊）帮	穷苦
湮（音印）凉	凉快
倒灶	倒霉
登样	能看上眼
得人憎	令人憎恶
得人惜	令人可爱
好商（音香）量	所得东西不多
冷摸索	有点冷
冷湮湮（音益）	有点冷；凉爽
火脱热	很热
糙攋攋	粗糙
韧吊吊	食物嚼起来韧度好
木揖揖（音杂）	麻木
木佬佬	东西多
石骨硬	东西硬
团刮燥	干燥
浑涂涂	浑浊不清
贼沫糊	散乱，凌乱
糊渻渻（音达）	
水泱泱（音盎）	形容很湿
汗褺褺（音这）	出汗貌
雪刮亮	明亮
锃刮亮	明亮；漂亮
曚晙（音松）亮	黎明时分
渻渻滚	温度高
滗滗溚	湿透
长敹敹（音辽）	指东西长
岩岩硪硪（音鹅）	物体表面粗糙不平

精腘骶煞	一丝不挂
滑䣢䣢（音齐）	物体表面湿滑
铁笃实	结实，有重量，不虚空
实别别	有重量，不虚实；不弄虚作假
戇星星	人呆
碧波清	水干净透彻
清头	清静
贼皮	非常调皮
赖皮	不守信用；耍懒
滚得粪	肥胖
气酡肚	受气；生气
厚都都	厚实
的薄里	物体不厚实
结骨头酸	食物酸
贼墨苦	食物苦味重
辣呵呵	食物有辣味
生结咸	食物咸度高
淡刮刮	食物咸度过低
贼墨臭	臭味重
大道	宽松
一眼大	很小
老实细	不客气
铁脱宽	穿着宽松
琨崭新	崭新
贼墨旧	破旧
矮糊乱	做事糊涂，莽撞
笔毅直	笔直
直拔直	①指方向，笔直向前；②说话不转弯抹角
活络转	灵活
弗入相	不入流
弗张眉	低俗，下流
伸的平	物体表面平直
血出红	颜色很红
红辣里	
红辣辣	颜色鲜红，感官有刺激
红猛猛	指太阳猛烈；火势猛烈
红丢丢	儿童脸色红润；水果及女娃衣服鲜红美好
铁笃青	颜色很青

青鲎鲎	
青蟹蟹	颜色泛青如鲎背色
蓝掴掴	颜色蓝
蓝溢溢	
碧绿盎	颜色绿
绿溢溢	
雪白比	颜色白
白掴掴	
白亮亮	
灰渤老糟	颜色灰色
焦的黄	颜色很黄
黄辣里	
黄焦焦	
黄姑姑	
黄罅罅（音哈）	
黄偯偯（音衣）	
漆漆黑	①天色暗；②颜色黑
漆墨黑	形容黑如墨、漆
漆笃黑	形容黑如漆
黑黜黜	常用来形容器物，也用来形容天色
黑黝黝	常用来形容肤色；也用形容天色
黑秋秋	常用来形容肤色
漆墨乌	颜色很黑，如墨
漆笃乌	同“漆墨黑”
乌溜溜	常形容眼珠乌黑与灵动
乌黜黜	同“黑黜黜”
乌缁缁	乌黑，但不深
乌敦敦	同“黑黝黝”
乌洋洋	形容水深，水面宽阔

第四节　其　　他

代词

我个	我的
阿拉个	我们的
其	他
其个	他的

其拉	他们
其拉个	他们的
你（念n）个	你的
你（念n）乃	你们
你（念n）乃个	你们的
埌埯（音塔）	在这里
别埯	别的地方
别嬉界	别的地方
来埯（近指）	这里
来厢	义同上
来坞堘	义同上
该埯（中指）	这里，该地
该横垗	义同上
拐埯（远指）	那里
介间	此刻
介貌	这样
谁人	谁
偖（音造）人	什么人
阿个	哪个
亨貌人	什么样人
阿里	哪里
阿厢	义同上
阿埯	义同上
阿坞堘	义同上
阿横垗	义同上
偖坞堂	义同上
偖地方	义同上
亨貌	怎样
亨装	怎么办

副词

弗然	
本当	本来
带头	起先
滴落墨	早先，一开始
咸早即	早先
老早	很早
入早	
各各	刚刚

还即	义同上
介（音嘎）迟	
落脚	后来；后面
后屁股	后面
当忙	当即
到底	
竘（音叩）好	正好
晚（音慢）点	迟一会
随水	很方便
偏生	偏要
怕其	怕他
恐怕	也许
咸般	一定
蓝般	偶然
候着	义同上
凑着	义同上
时介（音嘎）	①经常；②长时间
长晚介（音嘎）	长时间
暴时	偶然
弗来	不能；不会
弗拢	不合；不和睦，如：谈弗拢
弗相样	不会，做得不像
和总	一共
聚队	一起；都
差眼	几乎
呒根脚	不一定

介词

把	①动词，如：把门。②介词，如：把门关牢
对	①动词，如：你对，其弗对。②介词，如：你对其讲
同	①介词，如：我同你讲。②连词，如：我同你一起去
兜	兜头一棒，兜屁股一脚头
望	①动词，如：骑车眼睛要望前头。②介词，如：望前头走
依	①动词，如：依你。②介词，如：依你意见办
根据	①名词，如：呒呗根据。②介词，如：根据大家的意见执行
让	①动词，如：让其一步。②介词，如：让其讲
代	①动词，如：我来代你。②介词，如：代我走一趟
用	①动词，如：用钞票。②介词，如：用笔写字
靠	①动词，如：靠大家。②介词，如：靠大家帮忙

得	①动词，如：书得你。②介词，如：A 表对象，如：得人家做小工；B 表被动，如：得其批评
问	①动词，如：你问我，我问阿谁。②介词，如：问你借样东西
非……弗可	如：非去弗可；非公开弗可
把……叫	如：把乃爹叫来
拿……当	如：拿老女当出气筒
把……点	如：缚把紧点
即牢……便	如：饭吃即牢便打麻将
像……介	如：像瘪三介
……介	如：疙乱介

助词

个	结构助词，用法同普通话的“的”
勒	结构助词，用法同普通话的“得”
介	结构助词，用法同普通话的“地”
牢	用在动词之后，为时态助词，用法相当于普通话的“了”
好	用“牢”的地方一般都可用“好”
勒狑	①用在动词之前是副词，正在，如：勒狑读书。②用在动词之后是时态助词，用法相当于普通话的“着”，如：站勒狑
过	用在动词之后为时态助词，用法同普通话的“过”
咄（音戳）	表某种估计的语尾助词，如：毛估是你咄
看（读若“克”）	表尝试的语尾助词，如：先买斤𧊅蛐即看
格拉	语尾助词，常出现在否定句，表示强烈的祈使语气，如：莫皮格拉
么	语尾助词，常出现在句中，表示忍耐，如：依我脾气么，掴都会掴

象声词

象山话的象声词非常发达，且很有特色。其源有二：一是模拟声音的象声词；二是借用的象声词。形式丰富多样，单音、双音、四音均有，特别是带“声、响”等词尾的三音象声词，普通话极少见。用法多样，可在句外，可在句中，可作状语，也可作谓语、补语。

偯（音衣）	儿童的哭声，如：偯呀偯呀，哭弗歇介哭
喉（音候）	痛哭之声，如：喉啊喉啊介哭
嚎唬嚎唬（音胡）	孩子学虎叫的声音
息吼息吼	喘气声
吼即吼即	喘气声
哴哴（音郎）	形容趾高气扬的人说话的神态
喈喈	鸭叫声
庉庉（音屯）	重重的脚步声，敲击声
湝湝	水沸的声音
渹渹（音轰）	水流湍急之声；水石相击之声，也指涉水之声
捌（音辣）	狗啃骨头之声，泛指其他声音

掴掴（音刮）	手掌击的声音，如：掴掴两个巴掌
捩捩（音列）	手掌击的声音
訇訇（音轰）	形容声音洪大
讧讧（音红）	形容人声鼎沸
諻諻（音黄）	①形容说话声音洪亮。②形容狗叫的声音
呢呢哝哝	形容话多而说不清楚的声音
呢諏呢諏	义同上
呢呢諏諏	义同上
嗀嗀（音童）	形容敲击鼓类的声音
啯啯呾（音旦）	母鸡下蛋后的叫声
嘎嘎嗡	公鸡啼叫声
唧唧咕咕	形容窃窃私语的声音
嗯嗯庉庉	形容不愿直言的神情
篷啊嘭	形容放鞭炮的声音
呕啊	痛哭之声
哈哈响	水将开时的声音
唏哅唏哅	形容跑步或爬山等活动的气急之声
啯落陊（音督）	形容动作十分敏捷之声
啊唷	形容疼痛而喊叫的声音
噗嗤噗嗤	形容抽烟之声
铛啷	形容碟、碗打碎之声
嘎嗡嘎嗡	形容鹅的叫声
乒铃乓啷	形容摔打东西之声
咕嗒咕嗒	形容抽烟或喝水的声音
笃笃镗	形容演戏时生或旦上场时敲击乐器的声音

第六章　语类例选

第一节　成　　语

成语是一种有着固定格式的短语，只能整个应用，不能随意变动其中的成分，也不能用一般的构词法来分析其义。成语的书面形式以四字为多，也有超过四字的，如“弗管三七二十一”“一弗做、二弗休”等，但为数不多。

朦胧打朦胧　糊涂；不明事理
贼头狗脑
呒要不紧
看人学样
硬绷硬颉（音切）刚正不阿
人情四海
活龙活现
要紧弗得慢
哄鬼（音居）上吊
要紧关头
死蟹一只
瘪死稻秆
四四十六
好清弗清
老三老四
外行夹七　一说“外行七八”
稳心（音审）乐业
红粉细白
死心服业
活龙虎跳
三抛三跌
明当响亮
七余八滚
三见六面
老鸟（音刁）呒毛
贼啮狗困
前啮后空
坐啮山空
一钱如命
污倒弗通
一钿弗值
搅七廿三
一毛弗拔
弗三弗四
一窍弗通
上落先生
七零八落
吃惊打痴
九九归一
奇巧古样
灰尘棚坌（音蓬）
贼出关门
万人咒詟（音拾）
坐地分赃
呒忖扮忖
趁早摸亮
呒数偺（音塌）账
六亲弗认
呒清唊头
四亲六眷
倭家乱筋
七手八脚
多嘴唊张
死样活气
扬脚舞手
七死八活
精蝈（音刮）觞（音辣）煞
滑塌精光
狂心夹脚
精光的滑
刁姆的笃
嬉皮笑脸
舔里舑（音他）拉
哭竹无赖
大手大脚
愁面哭竹
疑心两惑
神气活现
仰脬乱天
红头赤颈
油光水滑
活络天功
油头滑脑
声高气硬
呆的剥落
横直横竖

老实头气
撮虾饾酒　饾，音过，吃
欹（音钱）头欹脑
小生读书
横七戋（音钱）八
一眼瞭穿
横三胡琴
讴（音拗）口落舌
乱说刁皮
干姜瘪枣
乱七八肋（音堆）
马屁拍在马脚骨
空口讲白话
牛头弗对马嘴
乱讲乱念
水苦烂蒂
狗皮捣糟
乌风猛飑（音报）
责里责水
恶人恶势
横糊乱肋
恶赖叽叽
白衣白食
直刮爽利
白呭白弗呭
韧皮吊筋
半死滥活
呒神倒气
半副赖成
脚轻手健
半狼肆藉
龙光仙健
好心难生
万生万世（音西）
死人弗怪
百人百性
弗管三七廿一
地栿头踏沉
直拔侬侗（音龙通）
百步呒轻担
揞（音挖）小头，倒大头
有数豎（音孟）张
摇头抈（音压）脑
日讲夜影
欹面臭八横
灰墣（音勃）老糟
心心挂念
死劲外国人
点一点，拜一拜
当大日昼
自说自话
活撞活癫
血糊瀨瀨（音拉）
鸡毛当令箭
晐（音旱）到晐处
透骨新鲜
挑嘴弄舌
候斤搭数
远天八地
爹头肋（音堆）娘脚
各手弗知账
鬼肋羊肚肠
呒账得算
悖时倒气
闷声弗响
兜心（念松）兜肺
做假弗得知
棺材里捱死
脚高脚低
肚皮板搁（音别）
脚底趒（音掉）呒皮
一檗（音刮）糟生
搭死蛇头
癞头跼（音具）天
硬做四月八
偷天挖日头

痗（音每）心弗过
拖泥带水
绿壳头敨
瞡（音际）眉弄眼
新花暴鲜
夹抢夹夺
稳笃六株
生吞活剥
暴时暴日
一朝天子一朝臣
伍（音哑）肩搭背
嘴巴边饭糁（音虽）
胡咙入硬
害爹害娘
嘶（音这）来谝朅（音辨气）
嘸饭家生
好狗弗迾（音辣）路
前亲晚后
单身独臂
海外奇谈

第二节　惯用语

惯用语，又叫“习惯语”，也是一种日常生活中经常使用的固定短语。其书面形式以三字为多，也有四字、五字。其内部结构以动宾式为多，也有偏正式，主谓式。其意义多为贬义，中性、褒义较少。

十三点
三只手
敲乱钟
三脚猫
木屐（音直）鞋
下巴涎
轻骨头
下作坯
贱骨头
大戳戳
贼骨头
小气朊
吊煞鬼
嘸搅水
马屁鬼（音居）
嘸生活
乡下土佬
嘸白食
大水虾射
嘸豆腐　故意抚摸女人的身体
鬼（音居）摸头
嘸石袂
斗水屭孵　骂女人，骂男人叫“抖屭”
嘸宕饭
斗鸡眼
㹀姘头
尺七镬盖
偷老女
书嗖头
生病黄鱼
打独流
白眼泥蛇
炧（音塔）蛋糕
白虎呃
嘸孱头
弗入流
背鲻鱼头
弗入相
嘸赍头
弗怯气

噛牌头
弗张瞐（音帽）
多闹热
走后门
老弗大
塞后手
老实细
免弗得意思
上棚天萝
呒脚蟹
床头鬼（音居）
呒脚迹
空手人
呒做音
死藤南瓜
呒陶成
敧头鹅牌
呒结煞
污瘾舫
呒相貌
忖弗出
呒相干
寻开心
呒靠戤
干嬲和
打秋风
卖面孔
刨箩底
卖面情
燥饭桶
饭馒头苍蝇
放大铳
阿木林
单边捺
拖油瓶
油头子孙
扳（音豁）脚桶
空头舫

舑（音他）鼻头
要弗死
拆烂污
背木杪
抬城隍
挈后脚
苦相出
起血性
卖野人头
捏屄（音匹）撒尿（音水）
买青灰
捣脚头
跑龙套
捣彩头
刮皮刀
柴垫头
借影头
鸭尿臭
舫（音堆）百筋
借米聋
舫白藤
家主婆（音蒲）
摸被头
狗污粘
掼锣槌
冲山东
寻散（音却）头
猪半仙
裍裤嫂
嚜（音他）奶婆嫂
跌倒势
大侮贴塌
撮白撒
大货癞鼋（音斯）
抱小娘
大仆鼋
戤牌头
小吊码子

跽（音具）榻床头
捧大脚髈
咬你一口
生锈稻蟹
梅子头多
嚼麦羹
跔头天萝
酿茅坑
上落先生
小老女生
马后炮
念灶经
揩白油

第三节　歇后语

歇后语是生活中常用的现成句子。它的特点是分作前后两部分，前一部分说出“谜面”，后一部分揭出“谜底”。日常使用中可把两部一起说出，也可以把“谜底”部分略去，因而称作“歇后语”。

牛草螕（音比）——嘸进弗撒出
聋�人对课——答非所问
石板道地掼乌龟——硬碰硬
讨饭人撮死蟹——只只鲜
大目洋撒尿——当葱
灰堆库撒尿——瞎喷
猫哭老鼠——假伤悲
瞎眼鸡啄谷——碰巧
瞎眼猫碰着死老鼠——凑巧
黄泥打墙——两面光生
烂污冬田翻捣臼——越翻越深
弄堂里背毛竹——直进直出
鸦斑鸮嘡（音他）豆腐——日日度度过
门扇背后撒污（大便）——要天亮
热面孔贴冷屁股——弗岂肯
阿弄捣年糕——惻力弗讨好　一说“黄胖捣蟹酱　惻力弗讨好”
阿龙落石（旧读“叶”）浦——生活辛苦
狗头熊寻水喝——找死
风吹墙头草——两面讨好
毛笋壳包——弗（读贩）接倭脸
猢狲翻萝卜落船——空忙
七世（音“书”）加（音“茄”意为“欺侮”）八世——弗怕你
小人罾（音文）见大馒头——少见多怪

老鼠尾巴生大瘠——小病装大病
人家棺材抬来哭——多管闲事
牛屁股眼陷沙糖——枉费心机
自翻石头自尅脚——自作自受
麻袋里装钉铢——里戳出
竹篮打水——一场空
针尖对麦芒——顶真
驼背落材——摆弗调直
黄鲬鲖（音蒲同）做假死——认真弗得　黄鲬鲖：黄鳝
吊死鬼（音居）上门——哄人上当
大年初一死爹——候着候（偶然）
癞蛤蟆想呞天鹅肉——妄想

第四节　谚　　语

谚语也是日常生活中经常使用的现成话。象山话谚语非常丰富，内容涉及社会、自然方方面面。本志只选录人们所熟知而又容易写错的部分谚语。

只有纸笔通天下，呒呗拳头压太平　一说“笔墨”
气死弗可告状，饿死弗可做贼
缎弗搭布，穷弗搭富
有铜嫁呐（音难，女儿），呒铜卖呐
虱多弗咬，债多弗愁
穷弗穷到底，富𫠣富到头
看人家挑担弗惻力，自家挑担步步歇
打酒问（读若“门”）挈壶，买牛问牵绳
痄（音查）乱看大戏
会看戏看戏肉，𫠣看戏看服色
见人弗拜见鬼（音居）拜
死人臭臭一塔，活人臭塔塔臭，也说“死人臭一塔臭，活人臭塔塔臭”
独只皮鞋攏弗响　也说“一个巴掌掴弗响”
天下走转遍，仍旧东门下搰（音挖）沙蒜
弗当家弗知柴米贵（音据），弗养儿弗知父母恩
人情逼如债，镬𫌀（音爿）挈勒卖
好汉弗上两，三个要脤（音拍）鲞
笆里狗，走出笆外攏攏抖
老蟹还是小蟹僄，小蟹打洞会转变
呞饭要饳（音过）口，做生活要对手

天下十八省，马屁弗穿绷（也说“天下十八省，马屁大通行”“天下十八省，马屁头一样”。许多人把“穿绷”写作“穿帮”，是错的）

门前一条河，讨来新妇（读孙路）像阿婆

命生九合（音割）九，走遍天下弗上斗。十合为一升，十升为一斗

斧头口，口对口，耜头口，种百口

百步呒轻担

好愁弗愁，愁个大妠呒搭头　呒搭头：嫁不出去。一说“好愁弗愁，愁个六月呒日头”

人心隔肚皮，冷饭隔筲箕　也说“人心难瞭，鸭肫难剥”

人心弗足使横轧　横轧：秤

自傲馒头自傲白，一口咬揭（音气，同“去”）纯大麦

大人讲赚（音站，错）重讲过，小人讲赚打屁股

钱财莫露白，露白要出脚　露白：被人发现，出脚：比喻危险

瓶口好鞔（音满，封），人口难瞒

当着弗着，兜屡（音乱）一凿　也说“当着弗着，大板耜刨镬”

狗生狗值钿，猫生猫值钿　值钿：疼爱

苍蝇叮个落界牛　落界牛：瘦牛、病牛

讲讲笑笑是先生，动脚动手是众生　众生：畜牲

爹有娘有，勿如自家裹（音怪，胸怀）里有

秧边秧，娘边妠

甘蔗埔（音蒲）头甜，临老转少年

会赚（音在，挣钱）勿如会积

三十弗富，四十弗豪，五十趱（音爿）死路

只有丑郎独脚跔，呒呗丑妇挂墙头　跔：蹲。独脚跔，意谓打光棍。挂墙头，意谓嫁不出去

新春好一日，农夫人甮（音凤）�力　立春，象山人习称“新春日”

春天晚娘面，一日十八变　一说“一日变三变”

冬冷弗叫冷，春冷冻煞犃　犃：牛犊。一般指初春时节

惊蛰前响雷，七七四十九日弗见天

谷雨前，拌半田　拌田：车水灌田耕草籽田

雨打立夏，呒水滰（音强，洗）耙

夏至弗起坺（音板）　年成对半减　起坺：第一次耕草籽田

小暑热勒透，大暑冷飕飕

四月初八晴，岩头顶种老菱；四月初八落，岩头顶晒起皵（音壳）　起皵：表皮脱落

六月初一瓦瓪（音爿）翘，勤力人得懒个笑

六月发大浪，讨饭人有谷囥（音抗，藏）

六月六落，小署草候田塍；六月六晴，小署草像白藤　小署草：早稻秆

处暑根头乌，到老晒弗枯；处暑根头白，割割饫（音于）老鸭　一说“饫老牛”

秋分弗拢头，割割饫老牛　拢头：抽穗

七月西风转，八月带帽碗　帽碗：帽碗头，即瓜皮帽

重阳三日飑（音报），下半年头多恶飑　飑：飑头，现称寒流

冬至牛游塘，明年年成阿爹讲

一年之计在于春，一日之计在于晨

人误地一时，地误人一年

耜头杆六尺长，耥（音累）倒半年粮

九月十二晴，皮鞋老女嫁得瓦厂人；九月十二落，皮鞋老女晐（音早，到处）街踱

阿爹问爹娘，小麦出头好落秧

蛤蟆打个咽，还有廿日秧好豰（音督，指插秧）

雨打耜头翰，削草弗落空

楤（音充）杠两头尖，拔出现铜钿

人穷山不穷，摞摞（音罗）拢来挑弗动

对嘸对撒，六十日好卖　指鹅

三只兔，油盐醋；十只兔，有衣裤；百只兔，全家富

可怜相，正月初一采苔生（晒干后称苔条）

靠山嘸山，靠海嘸海

菜籽花结龙头，小黄鱼结棒头　结棒：成堆

四月半黄鱼弗叫，掏鱼人老婆上吊

北面生，南面养，又到北面来破鲞　这句谚语揭示了黄鱼的活动规律。现在黄鱼都养殖，无此规律

带鱼两头尖，生在海礁沿，要想嘸带鱼，还在浪岗面

鳓鱼肚下鳞，黄鱼嘴巴筋　肚下鳞、嘴巴筋：味儿最美处，也说“鳓鱼肚下、黄鱼嘴巴”

虾射望（读网）虾做眼　虾射：海蜇。海蜇裙上附有虾，遇危险，虾逃离，海蜇即知有险，立即沉入海底，虾射其名，亦因此而来

早稻发蕃（音蚌，分蘖），沙蟹满桶

六月蛏，剩桃筋

八月鳎（箬鳎），奘（肥胖）如鸭

九月九，望潮嘸脚手

桐子花落地，白鳊嘸吭味

上山靠健，落海靠犨（音坚，意谓坚持不懈）

山里头人烧青柴，海边头人嘸鲜蟹

掏鱼落洋嘸新鲜，种田人家万万年　意谓农民比渔民安全

顺风加镶边，老大敲潮烟，伙计讲聊天　镶边：镶边逢，这只有过去爵溪觞舠船才有

南风慢慢拖，老大篷下坐　拖：指渔船拖着海底的渔网

千摇万摇，勿如风篷直腰　指顺着风向拉足风帆

宁可家中火爝，弗可东门放落篷　东门：指石浦港东门口外，这里礁多流急，行船十分危险。放落篷；顺着潮流行船

人老露筋，船老露钉

北洋潮，南洋礁　北洋：指舟山渔场。南洋：指大陈渔场。这句谚语是说：舟山渔场潮流急，

大陈渔场礁石多

种田四月半，挕鱼四日半　意谓渔业比农业季节性更强

朝捕大戢，夜捕白吉　大戢：大戢岛，在长江口外，其附近海域称大戢洋。白吉：白吉岛，属嵊泗列岛

败落鱼头　指黄鱼汛洋山过后落流网

浪岗西嘴头，一网三船头　意谓带鱼丰收，也有说“北水缓落，只欠船载”“一十夜东涨，文书写两张”　文书：指契约

千网万网，候着一网

呆大捕，死张网，活络要算小对郎　大捕：大捕船，也指大捕船作业方式。张网：张网船，也指张网船作业方式，按桩头固定捕鱼，故称“死”。小对郎：指小对船，也指小对船作业方式，捕黄鱼灵活、流动性大，故称“活络”

一钓二流三张网，第四要算挕鱼郎　这里指的捕捞作业的劳动强度。挕鱼郎：指钓、流、张网以外的捕捞作业

第七章　词　　法

第一节　词　　缀

一、名词词缀

词头“阿”有三个读音。

（一）附着在表亲属、称谓以及兄弟姊妹排行的，读阴入声 aʔ1，例如：

①阿公　阿爹　阿哥　阿弟　阿侄

②阿青　阿祥　阿香　阿国　阿秀

③阿大　阿二　阿三　阿四　阿五

（二）附着在“谁、人、个、个人”及处所名词之前，一律变为疑问代词，读阳入声 ɦaʔ1 或阳平声 ɦa˩，例如：

①阿谁　阿人　阿个　阿个人

②阿伏　阿塔　阿埲　阿厢　阿里

阿嬉界　阿坞埰　阿坞堂

阿横埱　阿厢边　阿地方

（三）附着在否定副词“嫑、覅”前面，构成偏正式否定副词“阿嫑、阿覅”，要读作阳入声 ɦaʔ˥。

“阿”的这些用法宁波话里很少见。

词头“姎”　读阳平声 ʑiaŋ˩，见《说文·女部》，女人自称，同“我”。象山话已不能单独

使用，但作人称代词词头保存下来，例如：姎你、姎我、姎其；姎你乃、姎阿拉、姎其拉。宁波话里没有这个词头。

词尾“头” 其构词功能比普通话强得多。在普通话里，只限于与单音形容词结合构成偏正式名词，如“甜头、苦头、大头、重头、高头”等。在象山话里，它与名词、形容词、动词、数量词都可结合构成偏正式名词，少数还可成为名词兼形容词，例如：

A1	脑头	床头	稻头	脚头	埔头
A2	地栿头	碶门头	五更头		
B1	高头	低头	大头	多头	小头
B2	滑头	油头	腼头	生头	嗄头
B3	老实头	酸嘴头	苦舌头		
C	讲头	听头	搅头	派头	来头
	瞭头	想头	盼头	念头	搭头
D	五角头	五块头	拾块头		
	五斤头	一吨头	五吨头		

A1、A2 的词根是名词，与“头”结合依然是名词，但词义发生变化。例如“脑”是人或高等动物神经系统的主要部分，人脑又是人的思维器官。而“脑头”则是植物的末梢，例如“树脑头、草脑头”。B 组的词根是形容词，与“头”结合构成偏正式名词，但 B2 则是名词兼形容词。C 组的词根是动词，与“头”结合构成偏正式名词。D 组是数量词与“头”结合构成偏正式名词，如“拾块头”指票面为拾元的钞票；“五吨头”指载重量为五吨的汽车。

词尾“瓪” 读阳平声 bɛ ˩字见《说文·瓦部》，本义为破瓦。破瓦，象山话称“瓦瓪”。用的正是其本义。“瓪”作词尾，词根都是名词，以形容词作词根很少。

（一）附着在表物体的名词之后，含有“破旧”的附加义，例如：

鞋瓪 袜瓪 篮瓪 箩瓪 缸瓪

棉袄瓪 眠床瓪 箱子瓪 老屋瓪

（二）附着在表禽畜类动物的名词之后，含有“老”的附加义，例如：

鸡娘瓪 鹅娘瓪 牛娘瓪 羊娘瓪

猪娘瓪 狗娘瓪 雌狗瓪 雄狗瓪

（三）象山话的“老女”有两个义项：一指妻子；二指已婚女子。所以，娶亲叫“抬老女”或“讨老女”。新婚的叫“新抬老女”，年轻的叫“后生老女”，中年的叫“老女瓪”。“老女瓪”有时是贬称，如“该个老女瓪咋人算只鼎勒”；有时则表示亲昵，如丈夫称自己妻子“阿拉个老女瓪”。

（四）一些单音形容词重叠之后可加“瓪”如“旧旧瓪、破破瓪”，依然是形容词，表示程度加深。

词尾“相” “相”与“看”同义。作名词尾，有很强的构词功能。

（一）附在部分单音动词之后，一律变为名词，含有“……样子”的附加义。例如：

坐相 站相 走相 睏相 卖相

噛相 讲相 装相 做相 弄相

这类名词常作主语或宾语，例如“噛相介难看、睏相介坏；坐吡呗坐相、站吡呗站相”。

（二）附在名词、形容词、词组之后，大都变为形容词，例如：

绿壳相　流氓相　呆大相　无赖相

有趣相　可怜相　擦搭相　瘥乱相

哭穷相　讨饭相　吓人相　弗忍相

词尾“婄”“呸”　婄，字见《说文·女部》：“婄，不肖也。”“婄子”一词用的就是它的本义。呸，念阴入声 pʻieʔ1（匹），字见《集韵》：“呸，僻力切，呸，唾貌。”吐唾沫是一种表示轻蔑的方式，象山话因此引申作“轻蔑”讲，如“介呸人，介呸东西，闹热呸死”。“婄”作词尾，附在名词、动词、形容词之后，一律变为表人的名词，含有“不肖”的附加义，例如：

牛婄　贼婄　懒婄　强盗婄

讨饭婄　赌博婄　绿壳婄　下作婄

“呸”作词尾，附在名词、动词、形容词之后，一律变成表人的名词，含有“轻蔑”的附加义，例如：

贼呸　懒呸　白虎呸

犯贱呸　小气呸　讨饭呸　挑嘴呸

这类名词有一共同点，均属贬义词，有些还常用来骂人。

二　动词词缀

词尾“动”　“动”是构词功能较强的动词词尾，含有“……样子”的附加义。带“动”字词尾的动词有两个特点。

（一）凡带“动”字词尾的词根都是重叠形式的单音节动词。例如：

摇摇动　抖抖动　爬爬动　挈挈动

晕晕动　痠痠动　惶惶动　忙忙动

（二）凡带“动”字尾的，不论及物不及物，一律变成不及物动词。例如“摇”是个及物动词，可说“摇船、摇头”，也可说“摇摇船、摇摇头”，但“摇摇动”只能说“船摇摇动、房屋摇摇动”。因为，摇船中的“摇”的动作发出者是人；而船摇摇动中的“摇”是在外力影响下船自身发出的。故带“动”字的动词作谓语不能带宾语，例如：

背脊心爬爬动

胡咙头痠痠动

词尾“端正”　“端正”是形容词，它的重叠形式是“端端正正”，但它附着在动词之后，却变成了词尾，含有“事先怎么样”的附加义，例如：

坐端正　买端正　煮端正　写端正

准备端正　安排端正　分配端正

在象山话里，“坐端正”与“坐勒端正”意思是有区别的，“坐端正”是“事先坐好”的意思，“坐勒端正”是动补结构，与普通话的“坐得端正”是一个意思。“准备端正”，在象山话里是“事前准备好”的意思，普通话里没有“准备端正”之类的说法。

叠音词尾　在象山话里，有不少单音节动词可以带叠音词尾，表示某种情态，普通话里有这种说法，但远没有象山话普遍。带叠音词尾的动词有以下两个特点：

（一）大多见于表示心理活动和表情态的单音节动词，例如：

吓噤噤　怕势势　怏懵懵　慌瘩瘩

痛瘠瘠　痒飕飕　昏懵懵　喜滋滋

（二）这类动词都属不及物动词，其基本语法功能是作谓语，例如：

手指头痛瘠瘠

背脊心痒飕飕

也可作状语、补语、宾语，例如：

气吽吽介闯进来

看勒吓噤噤

浑身感到疲绵绵

三、形容词词缀

词头“隑”　读阳平声音 ŋei↘，原本动词，字见《广韵》：“隑，五来切，企立也。”象山话仍有这用法，如“东隑即西隑即”。由此引申作词头。单音形容词重叠，普通话表示程序加深，象山话表示程序减浅，如果附上词头“隑”，就表示程度加深。带词头“隑”的形容词有以下两个特点：

（一）词根必须是重叠的单音形容词，如：

隑高高　隑大大　隑粗粗　隑红红

（二）不受副词修饰，其主要语法功能是作补语，也可作定语、谓语，例如：

飞机飞勒隑高高

刀磨勒隑快快

隑粗粗的一桄绳

太阳隑猛猛

双音词头　双音词头非常发达，特别是表色、香、味及形态的单音节形容词大都可带双音词头，极言其程度之深。带双音词头的形容词有两个特点：

（一）词根与词头有一定的对应性。即什么样的词根与什么样的词头相结合有一定的规矩，不能乱加搭配，例如：

血的红　雪的白　焦的黄　浠的混

铁乱青　碧波清　漆墨黑　碧英绿

蜜通甜　冰骨冷　火脱热　个拢圆

有些词头可与多个词根结合，同个词根也可带几个词头，但词义无明鲜区别，例如：

笔笃直　笔笃尖　笔笃笪　血的红

血出红　血血红　漆墨乌　漆涿乌

石埴硬　石骨硬　贼沫苦　贼贼苦

（二）词根与词头结合比较松，可以根据表达的需要，中间省去一个音节或插入一个甚至两个音节，例如：

血的红　血红　血的里红

蜜通甜　蜜甜　蜜通水甜

贼沫臭　贼臭　贼沫烂臭　贼沫烂倒臭

但有些可以增加音节，却不能省去音节，例如“丁倒生、个拢圆、一眼大”可说“丁倒乱生、个拢斯圆、一眼眼大”，但不能说“丁生、个圆、一大”。

叠音词尾 普通话单音形容词带叠音词尾表示程度加深，象山话则相反，表示程度加浅。附加叠音词尾的形容词有三个特点。

（一）一个词可带多个叠音词尾，例如：

白雪雪　白懈懈　白澍澍　白亮亮

白洋洋　白茫茫　白掴掴　白灰灰

红辣辣　红猛猛　红冬冬　红呵呵

矮墩墩　矮跍跍　短柱柱　矮族族

冷飕飕　冷清清　冷湮湮　冷冰冰

长拔拔　长腰腰　长横横　长晚晚

（二）词根和词尾的结合非常紧密，中间既不能省去一个音节也不能增加一个音节。

（三）同一词根带不同的叠音词尾，其词义、用法有所不同，以“白”为例，形容时隐时现看不很清楚的远物时，要用“白雪雪”；形容一个人肤色白时，要用“白皙皙”；形容深色服装穿久而褪色呈白时，要用“白懈懈”；形容白墙时久剥落时，要用“白掴掴”；形容伤口发炎呈白色时，要用“白澍澍”；形容水面宽阔无边，要用“白洋洋”；形容水面在阳光照耀下光波粼粼时，要用“白亮亮”；形容大雨从远处移来的情景，则要用“白华华”；等等。再如说“长”，说时间长，要用“长晚晚”；说某物体长而难拿，用“长横横”；说某物体长且呈扁，用“长腰腰”。所以，带叠音词尾的单音形容词，富有极强的描写力。

第二节　重　　叠

象山话形容词重叠与普通话没有什么区别，本节只记述动词重叠，重点是单音动词重叠。

一、单音动词重叠 象山话单音动词的重叠形式有4种。

（一）“AA”式　这种重叠形式与普通话没有什么不同，但附加义不尽相同。普通话含有“短暂”或“尝试”义，象山话含有“短暂”义，如说“到外面趨走走”，但更多场合是一种习惯性说法，有“经常这样”的附加义，例如：

孙子抱抱，倭豆咬咬

墙弄头坐坐，白搭讲讲

夜饭嘀牢电视相相，报纸看看

如果表示“短暂”义，象山话经常用“A即”或“A-即”形式，例如：

自行车你乃伕搚即

你站即，我趨一即便来

如果表示“尝试”义，象山话经常用“AA看”或“A即看”，例如：

该东西先买斤嘀嘀看

该件衣裳合身弗合身，穿即看

（二）“A即A即”式　这种形式普通话所没有，象山话却十分普遍，它往往用来表示某种状态，含有“……样子”的附加义，如说“跳即跳即”，意谓“连走带跳的样子”。这样的例子很多：

摸即摸即　张即张即　暎即暎即

搭即搭即　碰即碰即　白即白即

（三）“A即B即”式　把两个词义相同或相近或相关的单音动词连起来构成“A即B即”格式，普通话极少见，象山话却很常见，含有“……样子”的附加义，如说“站即隑即”，意谓“一路走走站站、站站走走”的样子，例如：

撮即叮即　翻即勖即　张即睚即

走即隑即　点即拜即　碰即撞即

（四）“三A四A”“七A八A”式单音动词与数字“三”“四”或“七”“八”连用，构成“三A四A”或“七A八A”的格式，含有动作“连续不断”的附加义，这种形式普通话极少见，象山话却很普遍。这两种格式的基本语法功能是作动词状语，例如：

三弄四弄弄到自家头上来

三讲四讲和算讲起我来

三装四装结果装坏牢

七讲八讲讲穿绷牢

七查八查终于查出毛病来

七答八答答勒夜饭忘记牢煮

二、双音动词重叠　双音动词的重叠形式与普通话没有两样，但附加义不尽相同。普通话双音动词重叠含有“短暂”或“尝试”附加义，象山话双音动词重叠有时有“短暂”义，如说“到外面搨活动活动”，但通常多用“AB即”或“AB一即”表示“短暂”，如说“搨活动即”。至于“尝试”义，象山话多用“AB看”或“AB即看”，如说“得我使用一即看”。加之象山话单音动词特别丰富，而双音动词多属通用词，因而象山话双音动词重叠并不多。

第三节　象声词特点

象声词是一种特殊的词类，一是模拟大自然的声音，如风声、雨声、流水声；二是模拟人及动物的声音，如呼叫声、敲击声、鸣叫声等。象山话的象声词特别发达，很有特色，说起来绘声绘色，生动逼真。

一、重叠

象山话象声词分单音、双音、叠音，叠音象声词没有重叠形式，单音、双音象声词都有重叠形式，而且形式多种多样。

一、单音象声词重叠　有两种形式，一种是采用“AA”式，例如：喔喔、呜呜、喀喀、噇噇。最常见的是用“呀”或“啊”构成“A呀A呀”“A啊A啊”的形式，例如：

侬呀侬呀　喉呀喉呀　喔呀喔呀

篷啊篷啊　閧啊閧啊　玐啊玐啊

二、双音象声词重叠　可以同韵推延，也可以加衬音，构成“AABB”“ABAB”“A里AB”“A里BC”，例如：

嘀嗒：嘀嘀嗒嗒　嘀嗒嘀嗒

嘀里嘀嗒　嘀里嗒勒

叽咕：叽叽咕咕　叽咕叽咕

叽里叽咕　叽里咕噜

但不是所有双音象声词都有这四种形式，有的只有一种，有的有两种或三种，例如：

噗嗤：噗嗤噗嗤

唿嗦：唿唿嗦嗦　唿嗦唿嗦

哄跍：哄哄跍跍　哄跍哄跍　哄里跍噜

的笃：的的笃笃　的笃的笃　的咧笃落

一种表示惊叫的双音象声词没有重叠形式，例如“啊唷、啊呀、啊嗏、啊呢”等，另一种三音或四音象声调也没有重叠形式，例如“国落陊、扑隆通、嚎唬嚎唬、嗯嗯”。

二、词尾

象声词也带词尾，这是象山话特殊的语言现象，不过能带词尾的象声词只限于叠音象声词，常见的词尾有“声、响、叫”，例如：

哏哏声　嗜嗜声　庬庬声　滀滀声

嘭嘭声　嗡嗡声　諻諻声　讧讧声

哇哇声　呀呀叫　咕咕叫　呼呼叫

带“声”的象声词大都可带“响”。带不带词尾和带什么词尾，有的词义没有多大区别，多数词义有所区别，例如：

哈哈：形容大笑的声音

哈哈声：形容水将开时的声音

哈哈响：形容海潮涌来的声音

三、语法功能

象声词的基本语法功能是作状语，用以修饰动作行为或自然物体情状，所以通常都处在动词之前；有时为了表达的需要，也可将象声词状语提到句子外面，例如：

有钞票，好哏哏介讲人家

碶门一开，水便嗜嗜声介泂

傢呀傢呀，时介会哭过搨

该个女人万关厉害，諎諎声个

有时候，象声词还可作谓语或补语，尤其是带词尾的象声词，例如：

走路庬庬声

拷拷歌歌声

打勒呀呀叫

爬山爬勒息吼息吼

第八章　句　　法

第一节　主谓谓语句

主谓词组充当谓语的句子叫“主谓谓语句”。无论普通话还是象山话这种句式都是很常见的。只是象山话使用主谓谓语句的频率要比普通话高。这是因为在普通话里宾语提前要靠介词帮助，宾语一旦提前就与介词构成“介宾结构”充作状语，如说“你喝酒了”是主谓句，说成“你把酒喝了”依然是主谓句。象山话不同，可以直接提前宾语，可说“你酒喝牢”，变成主谓谓语句。例如：

你茶泻杯

我上海蒟勒转来勒

该人钞票万关会用

在普通话里，一般用主谓句：

你泻杯茶

我去上海回来了

这个人很会花钱

在象山话里，有三种情况经常采用“主谓谓语句”。

一、谓语带着补语　宾语、补语都是谓语的后置成分，当宾语和补语同时出现在谓语后面时，就往往将宾语提前变成主谓词组，充当谓语，句式从主谓句变成主谓谓语句，例如：

你饭吃过拉

两姊妹作业弗做好呒呗嬉

该双鞋号码对弗上

二、重叠式动词作谓语　单音节动词作谓语，宾语总在其后；如果单音节动词重叠起来作谓语，宾语往往提前变成主谓词组，句式也从主谓句变成主谓谓语句，例如：

许多退休老人饭啉牢呒呗事体做，日生头麻将车车，白谈讲讲，夜到头电视看看，报纸翻翻，日脚过勒蛮乐惠个

三、双宾语句　有些及物动词所表示的动作行为经常涉及人和事物，因而可带两个宾语，称“双宾语句”。在普通话里，表事物的宾语也通过“把”字将它提前；但在象山话里，表事物的宾语可直接提前，双宾语句也就变成主谓谓语句，例如：

我自行车还得你

老张钞票已经解得我牢嘞

你饭锢还赠付得我

能带双宾语的动词并不多，大多是一类给予性的动词，而且并不是所有的双宾语句都可变成主谓谓语句，例如：

他的话给大家很大启发

王老师教我英语

老王通知我晚界开会

第二节 被动句

被动句的特点是：主语是受事者，而通过“被”引出动作行为的施事者，或者将“被”直接附在动词谓语前面表示被动，因而被动句又叫“被”字句。在普通话里，表被动的介词常见的还有“叫、让、给”等。在象山话里，表被动的介词除“被、让”外，用得最多的是“得、贼”。

一、“被”字句 实际是从普通话“移植”过来的，一般出现在书面语上，口语上用得很少，例如：

他被村民选为乡人民代表

他被省里授予省先进工作者称号

他被叛徒出卖了

二、“让”字句 “让”是动词，常被用来作介词，表示被动，例如：

好好衣裳让其脲勒羞丝介

生活要做好，省勒让人家讲

自行车掼勒天外让太阳晒

“让”字句不同于“被”字句，“被”字后面的施事者可以省略，“让”字后面的施事者不能省略，省略了句子就不能成立，例如不能说“掼勒天外让晒”。

三、“得”字句 用“得”表示被动可称是“土生土长”的被动句，在象山口语里使用最为广泛，例如：

电瓶车得贼骨头偷搨牢

热水瓶得其拷牢

土匪老早得解放军消灭干净嘞

这里的“得”字都可换成“贼”字。

“得”字句与普通话“被”字句一样，谓语可经常带结果补语，但是，普通话“被”字句可以省略施事者，象山话“得”字句不能，例如：

一窠小鸡得黄鼠狼嚜搨一只

两部自行车得贼偷搨一部

三只碗得其拷牢一只

第三节 比较句

比较句也叫“比况句”，它是由两人或两事物通过相互比较而产生某种结果的句子。在普通话里，其基本格式是“甲比乙怎么样”“甲”是用来比较的人或事，作主语；“乙”是用来被比较的人或事，与“比”构成比况结构，作状语，“怎么样”表示比较的结果，通常由形容词或形补结构充当，作谓语。所以，在普通话里，比较句是一种主谓句，例如：

张三年纪比李四大

上海比宁波远，北京比宁波更远

这本书比那本书厚

在象山话里，比较句有两种格式，一种的基本格式也是“甲比乙怎么样”。这种格式是从普通话中“移植”过来的，多见于书面语，口语比较少见。另一种比较句在口语中应用最广泛，它的特点是：介词“比”不出现，只出现表示用来比较的人或事物的词语和用来被比较的人或事物的词语，而且它们的位置正好与普通话的比较句相反，所以，象山话比较句的基本格式是“乙甲怎么样”。这是一种特殊的主谓谓语句，“乙”是主语，“甲怎么样”是主谓词组作谓语。像上面三句句子象山话要这样说：

李四年纪张三大

宁波上海远，北京越加远

该本书拐本书厚

所以，同一个问题，象山话的回答与普通话不尽相同，如说“你们俩的年纪谁大?”象山话的回答是：“我大，其小”或“我小，其大”；普通话的回答是：“我比他大”或“他比我小”。

象山话的比较句还有另外两种格式。一种格式是“甲大乙”或“甲小乙”，例如：

我大你三岁

我小你三岁

我长你五公分

我矮你五公分

这里的“大”“小”与“长”“矮”，等于“大于”“小于”与“长于”“矮于”的意思，这两组话的意思就是：

我大于你三岁

我小于你三岁

我长于你五公分

我矮于你五公分

另一种是对举式，其基本格式是“甲怎么样，乙怎么样”，例如：

阿拉厂生产效益好，你乃厂退板

我部轿车贵，你部便宜

其钞票会用，你节约

第四节　“同”字句

象山话的“同”字句相当于普通话“把”字句，都是强调受动者加以处置的结果，所以，许多象山话“同”字句可转化为普通话“把”字句，如说“你同人家衣裳弄腌臜嘞”，可以换成普通话“你把人家的衣服弄脏了”。但是，普通话的许多“把”字句不能换成象山话“同”字句，如说“你把书给他”，不能换成“你同书得其”，而依然要说“你把书得其”。这是因为使用“同”字句要受两个条件限制。

一、要用代词充当“同”字句宾语 用代词作“同”字句宾语，往往出现在特定的场合，例如对话场合，因为在这种场合，代词所指的对象是确定的，例如：

车子借得你旺告，莫同其骑坏牢

铅笔借得我用即，𫠡同你漏牢个

同其装坏牢要赔个

𫠡同你装坏牢个

这里的“同”字句都可换成“把”字句。

二、名词作“同”字宾语要带定语 如果名词充当介词“同”的宾语，那么，那个名词一定要带定语，例如：

其同你衣裳滗牢嘞

该家伙同人家个自行车偷来

摩托车同人家自行车撞牢

张三同李四个雨伞漏牢

上述四句都可转化“把”字句。如果把名词的定语去掉，意思就表达不清，甚至会产生误解，如第一句，把“衣裳”的定语“你”去掉，可以理解为“其同衣服一起洗了”。在普通话里，可以说“他把衣服洗了”，象山话却不这么说。

“同”字，既可作表处置的介词，也可作表并列关系的连词，所以，有些句子貌似相同，实际不同，例如：

①大货车同小轿车撞拢𪤲

②大货车同小轿车撞翻牢

①句可说成“大货车与小轿车撞在一起”，这“撞”是对撞，是两者共同发出的；“拢”是彼此靠拢，因此，这“同”是连词，不是介词，不能转换成“把”字句。②句可以转化成“把”字句：“大货车把小轿车撞翻牢”“同小轿车”是介词结构，作状语。“撞”这动作是大货车出发的，而结果补语“翻”是小轿车发出的，即是说大货车“撞”后产生的结果是小轿车“翻”了。在处理交通事故中，分清楚“同”是介词还是连词很有讲究。

第五节 “得其”句

“得”和“贼”作介词，既可表被动，也可表处置，因此“得其”和“贼其”两个介词结构有“被他”和“把他”两个意思。在普通话里，表被动和表处置的介词结构只能放在动词谓语之前作状语。但在象山话里，表被动的“得其”和“贼其”也必须放在动词谓语之前作状语，但表处置的“得其”和“贼其”都必须放在动词谓语之后作后置状语。

一、表被动位在谓语前 表被动的“得其”和“贼其”结构，语序与普通话一样，放于动词谓语之前作状语，构成“得其怎么样”的格式，例如：

得其追上

得其关出门外

得其讲勒闷声弗响

“得其”都可换成“贼其”。“其”可换成名词或名词性词组，例如：

出门要当心，莫得坏人骗揭

被头晒勒天外得雨淋勒湉湉渧

一记功夫得其拉班人追出头

二、表处置位在谓语后 表处置的“得其”和“贼其”结构，语序正好与普通话相反，必须放在动词谓语之前，构成“怎么样得其”的格式，例如：

该批货，要及时处理牢得其

该只狗介坏，关起来得其

该瓶酒，我同你两人喝牢得其

“得其”都可换成“贼其”。“处理牢得其”意谓“把它处理掉”，如果把“得其”提到谓语之前，就变成“被它处理掉”。所以，表处置的“得其”结构不能提前，这是象山话特殊的语法现象。表处置的“得其”或“贼其”句式，有以下两个特点：

（一）在“得其”或“贼其”句前面，必须出现“其”所指代的人或物，像上面三句“其”分别指代：货、狗、酒。如果“得其”句前面不出现“其”所指代的具体对象，那么，意思就表达不清楚。

（二）“得其”或“贼其”中的介宾语“其”不能改用名词或名词性词组。表被动的“得其”或“贼其”中“其”，当所指定的对象不能确定时，要改用名词或名词性词组，但在“怎么样得其”或“怎么样贼其”的句式里，“其”都不能改用名词或名词性词组，如不能说“处理牢得货”“关起来得狗”“喝牢得酒”。

“得其”或“贼其”虽处在谓语之后，但它不是补语。作为谓语的后置成分的补语，回答“怎么样”“多少次”“多久”等问题，但在“喝牢得其”句式里“得其”，既不能回答“怎么样”，也不能回答“多少次”或“多久”，因为“其”所指代的是人或物，回答的是“什么”的问题。但“得其”或“贼其”不能是宾语，因为它是介词结构，并不像宾语那么单纯，只是回答“谁”或“什么”，它还有对“谁”或“什么”加以处置的意思。所以，“得其”或“贼其”既不是补语，也不是宾语，而是象山话所特有的语法现象：后置状语。

第六节 补　　语

补语，是动词谓语的后置成分，用以补充说明动词谓语所表示的动作行为的结果、程度、可能、趋向、数量、时间、处所等问题。比之普通话，象山话补语的表达方式有所不同。

一、重叠动词作谓语可带补语 在普通话里，单音动词重叠作谓语可带宾语，如“打打麻将，洗洗衣服”，但不能带补语。在象山话里，单音动词重叠可带宾语，如“车车麻将，潡潡衣裳”，也可带补语，如“麻将车车慢点，衣裳潡潡干净点”。不过，谓语后面不能同时出现宾语和补语，而要将宾语提前作主语，变成主谓句，如果已有主语，那么，宾语提前构成主谓词组作谓语，变成主谓谓语句，例如：

你船摇摇快点

你字写写端正点

你路走走慢点

不过，单音动词重叠作谓语，只能带肯定式补语，若要带否定式补语，动词不能重叠。

二、宾语和补语的位置不尽相同 当一个句子同时出现宾语、补语时，二者的位置，象山话与普通话不尽相同。

（一）结果补语，在普通话里一般补语在前宾语在后，如说“修好它，气死你”。在象山话里，既可补语在前，宾语在后，也可宾语在前，补语在后，例如：

修好其

修其好

气死你

气你死

如果补语是否定式，普通话有“动+补+宾”和“动+宾+补”两种格式。象山话除上面两种格式外，还有“动+补十宾+补”的格式，例如：

对弗住你

对你弗住

对弗你住

（二）趋向补语，在普通话里，一般补语在前，宾语在后，如“追上他”。在象山话里，既可补语在前，宾语在后，如“追上其”，也可宾语在前，补语在后，如“追其上”。如果补语是否定式，普通话依然是补语在前，宾语在后，如“追不上他”。在象山话里，既可补语在前，宾语在后，如“追弗上其”，也可宾语在前，补语在后，如“追其弗上”。如果是双音趋向动词作补语，普通话与象山话的说法是相同的。一种“动+宾+补”式，如“叫他进来”，一种是“动+补+宾+补”式，如“伸出手来”。

◆全国第二轮修志试点志书
◆浙江省第二轮修志创优工程试点志书

象山县志

XIANGSHAN XIANZHI

第五册

象山县地方志编纂委员会　编

方志出版社
Publishing House of Local Records

总 目 录

Content

第五册目录

第五十一篇　人物传

第五十二篇　从　　录

第五十三篇　象山舆图考

Volume V Content

Part LI Historical Figures

Part LII Collection of Selections

Part LIII Research of Map of Xiangshan County

第五十一篇
人物传

本篇目录

一　唐宋元人物（含唐前）

柳　憕　徐　旃　杨弘正　裘　甫　杜　雍　孔　侯　姜　晟　陈　浩　倪九畴　黄永阶
陈大雅　陈　辅　顾　方　林　旦　俞　夔　刘　渭　周思仁　叶　授　卞大亨　宗　珏
智　鉴　史本初　宋　砥　俞观能　刘　遵　钱庆延　卞　圜　刘　俣　赵彦逾　杨王休
许知新　方崧卿　法　平　李孟传　路　康　赵善与　韩元礼　杨　烨　赵善瀚　赵善晋
周　鈇　史桂叔(附从弟史钺翁)　**陈应魁　张　该**(附妻林慈午)　**蒋世杰　张润孙**
智　愚　陈复明　尤宗祖　善　来　蒋汝砺　高　珪　李天祐　樊天民　陈汝楲　徐妙梓
王一真　吕虚夷　周　熙　冰　壑　昙　噩　梵　琦　子　文　张　悌　竺　仙　王刚甫
张原楷　王厚孙　俞述祖　潘叔瑜　张士昂　杨用可　薛　敬

柳　憕（生卒年不详）　南北朝齐梁（479—557）时河东永济（今山西省）人。据家谱载：柳憕，举茂才，为宁海县令（南宋左丞相史嵩之误作象山县）。勤于政事，时象山西部属宁海县，乡民朱文清与王文威争田，柳憕处理时踏勘于此，见其地龙盘虎踞，山清水秀。致仕后遂置田筑室卜居于此，又筑小室于后山，为暮年栖息之所，额曰“道堂”，柳氏后人奉为祖祠，曰“道堂祠”，村名“柳岙”。柳憕为象山知名的唐代前住民（象山见于记载的唐前知名住民极少），故为之传。柳岙近泗洲头横埕村，早废。其一支后裔于宋咸淳间析建杨大场村，今全村80%柳姓。憕父柳世隆仕南齐司空。柳憕兄弟15人，中有4人入《南史》。《南史》柳憕传①：“憕字‘文深’，少有大意。好玄言，通《老》《易》。梁武帝举兵至姑孰，憕与兄恽及诸友朋于小郊候接。时道路犹梗，憕与诸人同憩逆旅食，俱去行里余，憕曰：‘宁我负人，不人负我。若复有追，堪憩此客。’命左右烧逆旅舍，以绝后追。当时服其善断。历位给事黄门侍郎，与琅琊王峻齐名，俱为中庶子，时人号为‘方王’。后为镇北始兴王长史。王移镇益州，复请憕。帝曰：‘柳憕风标才气，恐不能久为少王臣。’王祈请数四，不得已，以为镇西长史、蜀郡太守。在蜀廉恪为政，益部怀之。”《南史》未写憕任宁海县令事，姑存之。

徐　旃（684—764）　字志勉，奉川（今奉化）小万竺人。唐神龙二年（706）首任象山县令。县肇名创城，始建城隍庙，垦上洋田。停官后寓居邑东大徐，卒赠太中大夫。大徐镇杉木洋村为其后裔主要聚居地。

杨弘正（生卒年不详）　唐大中元年（847）象山县令。主持重修象山蓬莱观，竣工后，立碑记事，即著名“唐蓬莱观碑”。该碑拓最早被宋《宣和书谱》收录。今碑佚而文存，拓片存北大图书馆，有重要文史价值。弘正精苦吏事，勤政为民。县学建成不久，又于观右再建蓬莱书院以课士，振象山文教之风。清乾隆时乡贤姜炳璋有诗《赋蓬莱书院》，盛赞杨弘正，中有句云：“大中政治小贞观，守令堪入循吏传。”陈汉章赞云：“宋初有四大书院，《文献通考》推为书院始，岂知吾县有书院尚在四大书院之前乎！”

---

①唐李延寿《南史》卷三十八“列传等二十八·柳元景”，清《武英殿二十四史》本。

裘　甫（生年不详—860）　亦作仇甫，剡西人。唐宣宗大中十三年（859），起兵海上。十二月，攻占象山，有众百余人。咸通元年（860），攻下剡县（今浙江嵊州）。继在剡西（今嵊州西），歼浙东唐军，队伍增至3万人。称天下都知兵马使，以刘晊为副，建元“罗平”，铸印称“天平”，声威大振。乘胜下唐兴（今浙江天台）、上虞、余姚，破慈溪，经奉化，据宁海，分兵复围象山。四月，唐派王式为浙东观察使，率军镇压。月余，王式之东路军攻占宁海，象山围解。六月，裘甫被围剡县。起义军奋战，3日中激战83次，最后裘甫被诱捕，解送长安。八月，被杀。裘甫起义坚持半年以上，揭开唐末农民起义序幕。

杜　雍（生卒年不详）　字世杰，象山人。唐宣宗大中十三年（859）十二月，剡西人裘甫起兵海上，攻陷象山，进逼鄮（今宁波）、剡（今嵊州）等地。战乱中，雍背负母亲，怀抱儿子，渡海奔避鄮县东太白山。裘甫大军随后掩杀而至。孝慈不能两全，雍抛弃儿子，背起母亲再逃。奔数百步，方脱险境，爬上一处岩石，向弃子处引颈盼望。后遂居一清潭之畔，躬耕养母。其孝名闻于遐迩，有司多次征辟为官，均被婉拒。卒后，鄮县人钦其孝，建祠潭侧祀之，称“太白庙”；又祀其母于县城东60里三塘头，称为“神娘庙”；雍当年盼子所登之岩，亦被称为“相子岩”。

孔　侯（生卒年不详）　排行第七，失其名，童翁浦人。性刚志烈。遇志趣不合者，不与相交，乡里敬而惮之。唐咸通中，卒于望海镇（今宁波镇海）之富都里。巡吏刘赞立祠祀之。钱氏掌控吴越，有静海镇将为祈祐护，立庙于镇，称助海侯。兵部侍郎皮光业为撰记刻碑，碑文早佚。宋建炎中，高宗曾途经该庙，赐号“显灵”。孔侯有遗诗曰：“关津扼要独秉乾，万丈中霄剑气寒。百行终须由孝立，功勋切莫等闲看。”

姜　晟（生卒年不详）　字敬翁，原籍广东。唐乾符年间（874—879），任闽建州（今福建建安市地区）刺史。遇黄巢在闽攻城略地，势难抵御，遂弃官航海至象山，卜居县治之宴清坊（县衙西南二里许）。坊之侧，凤跃溪呈燕尾分流，附近居民常遭火灾。姜晟于此处造堂建祠，并凿一大池以御火灾。此池直至20世纪末，以道路改造而被覆盖。

陈　浩（生卒年不详）　南田陈氏之祖。唐乾宁四年（897）自福建宁德南城至南田，任临门巡检。娶周氏，生3子：德贤、德贵、德显。陈浩之父陈怀锐，亦游宦临门，遂家于此，成为“南田陈氏始迁祖”。考《新唐书·百官志》，唐代并无“巡检”一职，但有“巡官”之制，为外官之一，为州郡之属僚。陈浩当为巡官，掌一地巡逻，捕盗之事，后发为一族。明洪武“徙发沿海”，其后裔迁居宁海县十都版水岙之下蒲（今宁海强蛟镇），称“竹溪下洋陈氏”。

倪九畴（生卒年不详）　平阳人。唐昭宗时，官至招讨副使。朱褒（旧志作朱温，误）之乱，九畴称疾不仕。后航海至象山，于缯棚岭（林善岙与梅溪间），见有人“绰约若处子”，徘徊海边。九畴登岸招呼，忽又不见人影。九畴奇之，登高四望，仍不见其人，但见青山连绵，峰峦四起，景色秀丽。九畴顿起流连之意，遂卜居此地。九畴好义乐施，县人怀之。逝后，葬梅溪乌岩后。元末至元年间，其裔孙倪钲请知制诰危素为撰墓碑铭。

黄永阶（生卒年不详）　字僧志，一字仁志，明州刺史黄晟孙。曾任象山镇遏副使，办事认真，待人严肃，明察是非。起初，海寇出入，莫敢谁何。永阶到任后，从容备寇，凡海寇来犯，或生擒之，或剿戮之，民众得以安定。在任九年，一旦以为官“志不可满”，遂辞职，卜居县东长乐寺祖茔（黄晟墓）之前村。永阶乃象山大姓黄氏始祖，今珠溪、下庄、溪沿，及南乡之南堡黄、月楼岙、励家坪，西乡之马岙等，皆为其苗裔聚居地。明鄞县黄润玉曾为作赞曰：“公惟五季，远迹虞罗。吏隐象山，子孙靡他。诜诜珠溪，螽斯实多。”说的均为实事。

陈大雅（生卒年不详）　四世祖陈荣绪为吴越国时东府安抚使司马。吴越国纳土归宋后，大官被异地安置，荣绪由福建泉州仙游徙明州象山，三代子孙因而不能入仕。大雅善诗文，重情义，性慷慨，时常接济亲族里党与族中贫困者。与人交，重诚信。宿旅店中，遇到一赴远地任职之官员病倒，生命垂危。同住旅客纷纷避散，而大雅却与他晨夕相守，并倾囊为之请医购药，留看一月，直至其病愈动身，方才离去。其为人作诗均深受“铁面御史”赵抃所赏识。享年88岁。

陈　辅（生年不详—1089）　字安国，大雅子。禀赋卓异，七岁便诵书百卷，能为人言其意。宋嘉祐二年（1057）进士及第，授校书郎、滨州军事司理。部使者、郡守都争着要收列门下。后迁任婺州义乌县令。时义乌县尉王锡处事轻率，一日，无罪而鞭打役卒十来人，众衙役不服，哗然欲闹事。辅前往，分辨是非，平息事端。王锡心服而表谢意。迁均州武当县令。武当近邻汉水，江堤常因发大水而溃。辅遂教民众以大竹筐装石块，堆垒筑岸。次年，江水大发而石岸无恙。改任湖州安吉县令，逢灾荒，流民甚众，辅募集富户钱粮赈灾，救活饥民数以千计。任期将满，部使者知辅有才干，命代理秀州华亭县令，且俾求前任罪状。辅不愿，部使者怒，徙摄睦州寿昌。寿昌小县，辅受抑，每日与同僚游山玩水、饮酒吟诗，赋诗百篇，全以“县小为官乐”一句开篇。时王介知湖州，请于使者道：“安吉不可以无陈君也。”才被调回。途中，听说县里关了好多囚犯，即连夜赶路，清晨抵县衙。连忙翻阅案牍，其中有一案，为民间因争渡而聚众斗殴，出了人命，为此关押了百来人。辅审明实情，只将首要几人依法办罪，余皆释放。到傍晚，县堂之下已空无一人。当初，朝廷分七十五等定家业，均役钱。部使者命辅据此为浙西立法。适逢太子中允沈括察访二浙，对“浙西法”甚感满意，即上奏朝廷，以此法推广至浙东。辅之名声亦由此远播。在任成都路转运司时，有人匿名检举：“井研县令申宗道向盐民索取钱财。”适遇申宗道在府，部使者遣人搜其行囊而得银。使者大怒，欲亲自刑讯。辅说：“凭一纸匿名信，何能追究，就算从其囊中搜出银钱，亦未必能定此银来自盐户。事实未清，不如将此事交有关官吏去办。”后经相关部门官员审定，此银别有正当来路，宗道得以免罪。有些州官治郡不力，诏令廷臣每年荐举堪任知州者一人。门下侍郎许将首以陈辅应诏，差知邛州。丞相吕大防、范纯仁亦渐知辅之能，惜辅已因疾致仕。元祐四年（1089）十一月卒。辅为人敏明、自强，轻财重义，心胸豁达。少时致力于学，夜不睡床，将脚放置冷水中以防瞌睡，其刻苦为学之精神于此可见。

顾　方（？—1060）　字正夫，丹阳人，宋皇祐五年（1053）进士。初授象山尉。象山环海岛居，陆不通人，令无督责，因循苟且，以延岁月。猾吏奸巧，而民始病。嘉祐三年（1058）再调象山县令。下车视事，召见县内父老，询民间利病及其善恶。民有善者，勉励之；有恶者，警诫之。于奸巧阿谀之吏，严加约束，于该办而拖延之事，立即办理。平冤狱、恤穷困、持廉洁，去烦琐，吏风为之一振。并修建学馆，选拔优秀子弟入学，亲自授课、指导，鼓励学子上进。上任逾年，民大化服，政绩卓著，深孚众望。不意忽染重疾，生命垂危。县民得悉，为祈祷者数以千计。闻东藩有以割股（大腿）疗绝症之俗，竟有30人为之割肉，惜回春乏力。县民无不伤心落泪，后在弦歌市建“顾长官祠”，以作祭祈和纪念。其后代定居象山山根。

按：宝庆《四明志》：弦歌市，在政实乡美政里，市心县南七十步。顾方任象山令，旧传作至和四年。职官表在嘉祐三年（1058）。宋仁宗至和仅三年，无四年，应以表文为准。

林　旦（生卒年不详）　字士明，又字次中，长乐人。宋嘉祐二年（1057）进士。与苏轼、苏澈、曾巩及邑人陈辅同科。嘉祐八年［一说治平元年（1064）］，任象山县令。性宽厚，有雅量，长于文教。版筑县城（为土城墙），恢复学宫，正社稷位，开西沙港以道（修道头）利涉海者。三年政成，多从前所未有。又修治西谷，广植花卉，因其老木修竹，筑为亭榭，以眺望沧海而相蓬莱。邀明州通判许将（同科状元）游西谷，以诗唱和。人道其非惟善于政治教化，且胸襟超然，有孔圣遗风。不久迁任监察御史，因弹劾李定，被谪归里。起官，仍不畏权贵，又弹劾吕惠卿、邓绾等，其刚正之风如是。终任河东转运使。

俞　夔（生卒年不详）　字尧臣，身材魁梧高大。白天捕鱼，晚上读书，有天赋且勤奋，登宋元丰五年（1082）进士第。崇宁初（约1102），辰州蛮叛，尧臣随直龙图阁舒亶平叛。寇平，舒亶上奏朝廷，定尧臣筹划之功为幕府中第一，舒亶亦以功擢龙图阁待制。时人有言舒亶由假龙（直龙图阁）而得小龙（龙图阁待制），皆俞尧臣筹划之力。足见尧臣虽为文臣，亦甚有武略。后终于建德县令。

刘　渭（生卒年不详）　保德村人。刘家世代务农，刘渭却立志为学，邻人因此笑话他，毫不在意。诸子百家，融会贯通，一灯荧荧，达旦弗辍。后登宋元祐六年（1091）进士第，授荆门军长林令，代理婺州永康县令。累官至西京留台。其读书堂遗址尚存，泽被后人。官虽不大，但农家子弟亦能中进士，对于后代象山人形成“耕读传家”之风，影响很深。著有《留台集》等。

周思仁（生卒年不详）　字保元，先世骏，知奉化县，遂居其县。绍兴间，以奉化籍为玉泉场榷盐大使，上裕国课，下惠仓囤，商民恋之。迁其家居象山谷囤山（今大徐章家弄）下，后又迁丛桂坊。

叶　授（生卒年不详）　成都人，宋元祐六年（1091）任象山县令。象山自立县以来，于上洋塘（即今南庄洋）建有四处水闸，分别称朝宗、理川、灵长、会源，调控该地河道之水入海，以抗旱、涝，其中朝宗尤为重要。此碶最先为宋初瑞龙寺僧曰蔡所筑，“伐木为闸”。宋治平中，县令林旦主持重修，仍为木闸。而木材易腐易损，使用寿命不长。叶授于任职期间，始命人以石代木，重修朝宗碶，以保旱涝无忧。

卞大亨（生卒年不详）　字嘉甫，原为泰州人。由举人入太学，以学业优异出名。靖康之变中，携二子南渡。宋建炎四年（1130），丞相范宗严以“遗逸”荐，特恩任舒州怀宁县主簿。绍兴中，隐居象山钱仓村。亲手植松万棵，婆娑成荫，行吟其间，自号“松隐居士”。平时好读《左传》及《史记》《汉书》诸史，尤喜好杜甫诗，每有喜怒哀乐，亦尽寓之于诗。平素习养生导行术，对医药、占卜均精通。常舍衣施食，赈恤饥寒，制药饵施人，惠民利民之举甚多。著有《尚书类数》《松隐集》《传信方》等。

宗　珏（生卒年不详）　和州乌江人，姓孙氏。为宋代曹洞宗禅僧，其师为真歇清了禅师。宋宣和中，真歇清了住持真州长芦寺，学徒云集，多至1700余人。宗珏为首座，常代师为众说法。南宋建炎初，避地浙东，侍真歇清了于补陀岩。时象山延寿禅寺虚席，使者恭请再三，宗珏方始从之，主席六年。绍兴二年（1132），明州太守请宗珏住奉化岳林布袋道场，备礼开堂。弟子30余人，其中足庵智鉴最为著名。

智　鉴（1104—1191）　号足庵，滁州全椒人，俗姓吴。宋代曹洞宗禅僧。儿时喜佛书，少长，日记经文千余言。出家誓修苦行以报父母恩，往投长芦寺真歇禅师。时宗珏为首座，独指其为法器，曰：“汝当振吾宗。”侍真歇来四明，受戒于京城三藏道法师。真歇住雪峰，虽每日亲自指教，智鉴终未彻悟。南宋绍兴三年（1133），复回四明，遁于象山之郑行山（县北十里，高耸险峻）。相传，山有怪妖，旁人劝阻。鉴道：“吾为法忘形，何惧耶?”即于山中垒石结茅为庵。地高无泉脉，祷毕锄一小坑，不久水满。食不继则吃松子以疗饥。一日，有巨蟒入庵，岩谷崩塌，变怪百出，鉴不为动，终不能害。过了一年，正月十四夜，鉴于禅定中豁然开悟。一日，至陈山，欲渡海，逆风不可航，鉴谓船家道："我为你借风。"到登舟时，风顺，一会儿就渡至彼岸。抵岸，则逆风如故。径至岳林寺，见宗珏，受具足戒。绍兴二十四年（1154）主栖真。隆兴二年（1164），移定水开堂，继承宗珏衣钵，为曹洞十一世孙。后至天台，又住广慧、香山、报恩诸寺。淳熙十一年（1184），雪窦虚席，一住8载。绍熙二年（1191）谢事，止于寺之东庵。三年七月示寂，趺坐而化。寿88。鄞人楼钥为之作塔铭，铭曰："蛇虺之宅，闻者恐怖，惟师宴坐，曾不为动。振锡出山，据大道场。四众归仰，广为津梁。"

史本初（生卒年不详）　出溧阳史氏，始迁祖二十八世史绾自绍兴迁居象山。父史纯臣，宋高宗绍兴二年进士，任湖州教授，生子二：本初、复初（居丹城经堂桥）。传宋高宗南渡时夜梦红木樨，次日洗脸金盆，内见木樨开红花与梦无异，次日召占梦者占之，以此神花出于江南积善之家，遂遣使取。本初即以丹桂（变色木樨，即红木樨）献上，植于禁中。高宗题诗团扇二首。明州太守胡渠与越王史浩互有吟咏，江南共称"象山丹桂史"。本初赐授吉安知县，为象山丹桂堂上史之祖；弟复初为象山下史之祖，丹城旧建有上史祠堂、下史祠堂。后裔一支后居大徐泥塘。

宋　砥（生卒年不详）　字国平，莆阳人。宋绍兴七年（1137）任象山县令。之前，征徭繁重，民生甚苦。到任后，体察民情，减轻徭役，解民疾苦。复又锄除奸豪，教民以孝悌，树立正气。其政绩最卓著者，莫过于大兴水利。时治东南洋（今称南庄洋）为象邑粮仓，其重要水利设施朝宗、理川、灵长、会源诸碶年久失修，难以泄蓄，县民复受旱涝之苦。宋砥见此喟然叹道："民之水利，衣食之源也，乌可不治！"于是筹划资金，收取赎罪之罚金，置制盐之利，积钱至300万。"躬即其地，以勉民作"①。疏浚河、沟，增固堤防。自绍兴八年秋始，历时数月，在山上开采石材，作诸碶闸门之框，全面提升诸碶抗旱泄洪功能。工竣，县人感宋砥功德，请鄞人廉布撰《朝宗碶记》，盛赞其务本重农，治县有方。有赞语云："今宋君独深思长虑，以兴水利，其惠爱斯民，即方之古循吏宁有让焉！"

俞观能（生卒年不详）　字大任，夔之子。绍兴初，应诏诣阙，上书称旨，特授德安府录事参军。绍兴十二年（1142）登进士第。时徽、钦二帝被掳至北方。观能取出古今君臣孝友数十事，曰《孝友类鉴》，上之。有旨召审察，授江阴军教授。改秩而卒。子茂系，字唐英，登乾道二年（1166）进士第。临政以平允称。终和州通判。

刘　遵（生卒年不详）　字继道，渭之族中人。博学强记，尤精于经术。受业者不远千里，多有所成就。绍兴十四年（1144）及绍兴二十九年，兼经取士，遵及长子该皆以诗举。遵特恩授文学。

钱庆延（生卒年不详）　字嗣宗，又字云庵，吴越王钱鏐九世孙。刚成年，父母相继去世，庆延好学笃行，勤奋努力，举德行茂材科。朝廷授会稽县丞，未就任。金人陷洛阳，庆延携家人随宋高宗一行南渡，侨居台州崇和门。宋绍兴二十年（1150）春，因内侄谢徽于前一年任象山县令，到象山探访。由奉化乘船到象山陈山渡登岸，见陈山一带山水明秀，居民多住茅屋，菜麦芬芳，别有天地，顿生爱意。不久，举家从台州迁至陈山落户，成为象山大姓钱氏之始祖。明初，刑部尚书钱唐，亦其后裔。庆延对陈山情有独钟，曾说："斯村也，有田可耕，有山可樵，有水可渔，有林木花卉可供玩赏，有良朋胜友可资座谈，且有海市蜃楼为宇宙奇观。故虽逢干戈倥偬，

①民国陈汉章《象山县志》卷三十二"文征外编·文征外编目上·碑记·朝宗碶纪"。

而抱膝长吟，不知身世之为荣辱也。”

卞　圜（生卒年不详）　字子车，一字养直，卞大亨之子。禀性颖异，从小无书不读，许多精深之学均得自庭训。后人太学，蜚腾英誉，人号为“卞夫子”。登宋绍兴三十年（1160）进士第。乾道间，授唐山县令，勤政爱民，百废俱举。又收集唐山历代县人之著作编成《唐山集》，使唐山县诸多文史资料得以保存。著有《改注杜诗》《论语大意》《孟子大意》等。后改授扬州通判，卒于任上。

刘　俣（生卒年不详）　字硕翁，自号益斋。乃刘渭世孙，刘遵之次子。自小敏慧异常，童年时便能日诵千言，作文操笔立就。登宋绍兴三十年（1160）进士第，任华亭县令。平易近人，而决事若神。华亭县户籍、土地较少，故县里税赋亦少，县衙常向富豪借贷以助开销，县事亦因之常受制于富绅，致几任前令，少善政而去。俣接任后，大力整治酒税、关税，不到3个月，县税便增加一倍，前欠一概偿还，豪滑之徒，难售其奸。知兴国军时，向朝廷请求免去萧山废田之税、修缮华亭海塘，禁止逻兵胥役骚扰沿海民船。后来所请诸事都得到实施。曾监广东仓，适逢四明一带大饥荒，俣遂从广东拨粟五万斛，海运至四明赈灾，象山亦赖此得以救助。迁福建提刑按察使，其间，莆田有狱中囚犯斗殴，两犯共殴一人致死。审讯时，两犯各称对方下手重，应负主责，案子数年不决。俣被派往审理此案，了解案情后，认为此两犯是夜间相殴，难以说清谁先下手，更难定孰轻孰重，并非共谋杀人。遂奏请俱免死罪。俣为人风格清整，笃于孝友。据清乾隆《象山县志》载，刘氏自刘渭之后，耕读传家之风，代代相传，一门世科。传至八世孙、俣之子刘炳，该之子刘燧、刘烨、刘炤、刘熺，先后于绍定、端平、嘉熙年间成进士，半个世纪中，刘氏一门七进士，传为美谈。著有《益斋诗文集》。

赵彦逾（生卒年不详）　字德先，宋皇室后裔，南渡后居于鄞。宋绍兴三十年（1160）登进士第，授象山县主簿（兼知县事）。彦逾秉性介洁，视贪墨如仇。办事公正廉明，效率高，“事至即决，狱无冤滞”。于县东南史家泾主持开河挖渠，以利灌溉。县民称所挖之河为“主簿河”。捐俸银修朝宗碶，并置碶屋于碶旁，遣专人留守，视水旱之情管控水闸启闭。当时，陈山为象山人赴宁波之重要渡口，前以私家小舟往来，常有风涛、盗劫之虞。彦逾为陈山渡置办大船两只，募招善操舟28人为艄公，每月付给工钱，使乘船旅客既感舒适又多安全保障。后来，其下属鄞县楼钥问彦逾：“公何以能办？”① 彦逾回答：“我一区区主簿，安有如此能力。因偶得机遇，受郡衙委派征收商税，按旧例，于所纳税中取二成为导行费。而我先退其中一半还商家，其余分给办事者。又另置一储钱罐，告办事者，今不按惯例取一钱，但请于收入百钱后，即投一钱入此罐。仅二年余，所积已多。今首以用于修朝宗碶，又用助勅书楼与学馆，复又用于造此二船。躬自课督，费省而功倍。人乐为用，故能办成。”楼钥听后大为赞叹：“试吏之初，谁能用心及此。今日勋在社稷，岂偶然哉！”后赵公知秀州，改知镇江府，有惠政。又迁户部、工部侍郎、尚书等职。与赵汝愚策立宁宗等，晋封观文殿大学士。卒于宋嘉定间（1208—1224），赠“太师吉国公”。

杨王休（1135—1200）　字子美，象山政实乡美政里人。形貌不俗，少年时便显露成人气概。家苦无书，其父倾资购经史典籍于国子监。日夜刻苦攻读，屋外雪积满阶亦不觉。尤好辞赋，兼通春秋。游学郡庠，名出诸生之右。登宋乾道二年（1166）进士第。任台州黄岩县尉，县内有奸民结党，号为“三神”，作恶多端，而官吏不敢惩办。王休到任，一举捕获，审明罪状，上报郡

①民国陈汉章《象山县志》卷二十一“名宦传·赵彦逾”。

府，终将首恶者流放。郡县因之称其为“铁面少府”。知合肥县调和帅漕矛盾。淳熙五年（1178），授南康军签判，值朱熹为知军，朱熹对王休信任有加，事无巨细悉委托其办理。后守扬州、金州，其间大办学校，振兴教育。绍熙二年（1191），任利川路转运判官，适金州大火，王休尽发库钱赈灾。王休治蜀尤多善政，大修栈阁，凿鬼愁滩，筑堰蟆眉州颐山；分西城、汉阴、平利三县马纲以便民；筑汉嘉、西门石梁，蜀地民众深德之。光宗绍熙年间（1190—1194），先后任成都路提刑按察使、提举常平使、转运使，还代理经略安抚使。庆元二年（1196），为中书门下省检正诸房公事，庆元三年六月，假显谟阁学士兼侍读，出使金国后官礼部侍郎，兼修玉牒（皇室宗谱）官6年。光宗朝全国名监司4人，杨王休即其中之一。著有《诸史阙疑》《浙岷漫笔》《东斋集》等。

许知新（生卒年不详）　仁和进士，宋淳熙五年（1178）任象山县令。清正勤勉，颇有才干。为政崇尚平和宽厚。在象任职期间，为民谋利造福，多有建树。主持修下洋塘，开挖千丈、马岗、瑞龙3河道，以灌下洋大片农田；又筑两碶：秀才碶与永丰碶。使本为劣质之盐碱田变为肥沃良田，县民永受其益。

方崧卿（生卒年不详）　福建莆田人。曾为明州（今宁波）通判。宋淳熙九年（1182）秋，明州地区灾荒严重，州府分派官员至六县施行“荒政”，执行赈灾任务，帮助当地官员采取措施，稳定社会秩序，维持农业生产。方崧卿负责主持象山县“荒政”，积极救灾，措施得力，在其努力下，当年六县之中，独象山无饥民，功莫大焉。后知台州军事，撰《韩集举正》十一卷。

法　平（生卒年不详）　字元衡，嘉禾（嘉兴）人，南宋名禅僧。初受度即参妙喜师。居天童禅寺时，号“平书记”。工文能诗，备受孙觌尚书、朱希真郎中赞赏。受请住持象山延寿院，又号“怡云野人”。尝以诗偈呈越忠定王史浩。有《语录集稿》二卷行世。史浩酬法平诗：“团团璧月印寒潭，时有清风扫碧岚。照见山人方隐几，洒然无物自沈酣。”陆游寄法平诗有句云：“江湖安得常相从，浩歌相踏卧短蓬。功名渠自有人了，留我镜中双颊红。”平有《语录集稿》二卷留山中。

李孟传（1135—1218）　浙江上虞人。宋绍兴年间参知政事（副宰相）李光之幼子。淳熙十五年（1188）由江东提刑司，易浙东常平司，调江山县丞，改楚州司户参事，最后贬知象山县事。贬官期间，等候考察荐拔，谓之“守荐”。李孟传在邑内守荐4年，时间最长，严于律己，多有政绩。县内同僚联合推荐其绩效优秀，明州主管亦以此报告御史台谏院，入朝复职，任浙东点提刑狱。因为有李光临终时的表章，累官至太府丞，以朝请大夫直宝谟阁而致仕。

路　康（1153—1196）　字子龄，路觐之子。金据中原，觐义不臣属，迁居象山。康体貌高大，性格沉稳刚强，好钻研学问有父风。从兄惟谨；遇诸弟爱而严；对朋友重信义，始终如一。贫无余资，洁身自爱，非其所有，虽一毫不取。若遇所当用，却不吝惜。精于八股文，尤工辞赋。屡试不利，益自砥砺，学古人进德修业之精神，不敢自欺懈怠。家人、朋友都说他是可信赖者。曾受教于袁燮，当燮调迁江阴为官时，为子择师，想请路康同去。康娶妻不久，妻子家人都不舍，康道：“吾亦欲卒业也！”不顾反对而去。真州知州林某以礼聘康。康去真州，道经京口，遇有去安丰为官者陈某，约定同行。路上，陈氏夫妇、仆妾均染重疫，无敢近者。康却带着医生数次去探视、诊候。旁人劝阻，他都不听。结果都被治愈。路康这样做，并非故作高尚，而是出于善良和仗义秉性。袁燮曾赞叹：“充子龄之心，使之仕进，略见于施设，其济人及物岂少哉！”

赵善与（生卒年不详）　赵宋宗室，进士。南宋庆元初年（约1195）任象山县令。在任期间，关爱民生，教导学子，皆出于一片至诚。曾据情向上请示，免去爵溪、赤坎、后陈三地之商税。知象山县虽才两年，但政绩甚多。后迁任福建漳州别驾。

韩元礼（生卒年不详） 字子敬，原籍开封雍邱。宋淳熙九年（1182）进士（嘉靖志），补省令史。光宗时授中书舍人。以言事忤帝旨，庆元四年（1198）六月，以承直郎（从九品）知象山县。刚一到任，便问民疾苦。得悉陈山渡自赵彦逾治理之后，又因一船损坏、一船破旧，行旅复归不畅，私渡又起，事故多发。元礼遂新造渡船一只，又修葺旧船；再以赵彦逾治渡之法，重整顿渡口秩序，陈山渡面貌焕然一新。元礼又复修学宫，刻桐阴《韩氏家问》教育士子。开禧二年（1206）调松溪。嘉定八年（1215），以承议郎提举两浙东路常平茶盐公事，兼署庆元府。后以权相韩侂胄被杀玉津园，史弥远以礼部侍郎拜相入阁。元礼怕受牵连，又自感有惠于象山，遂渡海卜居象山西南乡。韩氏家谱载："航海隐于象山龙峰，即外韩。"

杨　烨（生卒年不详） 一名熚，华文阁待制王休子。王休卒时，熚官将仕郎。王休临终遗言熚曰："吾家素寒微，群从多困，其有以助之。"熚泣曰："敢不承此志!"。后历官至工部尚书，转吏部，兼礼部尚书。理宗绍定六年（1233）己卯，祀明堂，大赦。以知枢密院事薛极为明堂大礼使、参知政事郑清之礼仪使、佥书枢密院事乔行简礼卫使、同签书枢密院事陈贵谊礼器使、烨为礼顿使。十一月癸亥，新授徽猷阁学士。知平江府。烨因奏对，乞于吴淞江置寨以备边海道。上曰："许浦今多少人?"烨奏："许浦万二千人额。向来逆全多从顾泾运米，万一自海洋窥吴淞江口，平江必为震惊，况密迩行在乎?"上曰："卿宜严行关防。"后以学士终于家。熚有弟燧，早卒。从弟燫，以王休任子恩循从事郎，监台州支盐仓。

赵善瀚（生卒年不详） 赵宋宗室。宋嘉定六年（1213）任象山主簿兼知县事。其间，念及县民生机艰难，于县内三乡各建义仓，储备救灾之粮，以备灾年赈济之用。又主持修筑碶闸以抗御境内水旱之侵。有土豪杨圭，私设税局，分布爪牙，为非作歹，成一县之大患。善瀚掌握罪证后，向郡守王介力陈杨圭为害之烈，后又申报朝廷，最终铲除杨圭五都团屋黑据点，并出榜告示于民。此举大快人心，县民无不悦服。

赵善晋（生卒年不详） 字公直，亦为宗室。南宋嘉定十一年（1218）由进士任象山县令。他既重农桑耕织，亦重教化民众。任职期间，重修孔圣殿，修建会源碶。邑内百废俱兴，四民乐业，全县上下，俗成礼让之风。

周　鈇（生卒年不详） 字松坡，邑西周（宋时为姜屿保）人，性至孝，父母去世，哀毁骨立。殡葬后，筑草庐于村西金龟山，与父母之墓相依。郡守胡榘表彰其孝行，题额其庐曰："思孝"。一时孝名远扬，请业门下者甚多。道光县志按："西周金龟山左周孝子鈇墓有周孝子庐。"周庐后称"思孝庵"，今存。

史桂叔（生卒年不详，附从弟史钺翁） 字孟芳，号石兰。少年丧父，长大后孝顺母亲，友爱诸弟，为时人称道。其曾祖父史师雄有"铁砚堂"，藏书万卷。桂叔常食宿于"铁砚堂"，专心攻读，希望能继承先辈精研学问之志。师沈发，微言眇义，日相讲求，学业精进。宋淳祐三年（1243），与其从弟钺翁（字明叔）同科中举。兄弟俩曾一度同办家塾，切磋理义，共教学子。因教学有方，学子盈门。钺翁又于端平二年（1235）登进士第，官至郡守；而桂叔亦被荐授华亭县主学。宋亡入元，桂叔与钺翁皆隐居不仕。桂叔享年75岁。王应麟铭其墓曰："兰之漪漪，扬扬其香。不采而佩，于兰何伤?石兰之不逢，芳菲菲其弥章。"又曰："粥粥孟芳，素位行愿。渊潜自修，志学不倦。"可以想见其为人云。与弟荣叔、从弟钺翁唱和诗文，同撰《怡偲集》。

陈应魁（生卒年不详）　字君玉。其先五代末有仕闽为光禄大夫者，避乱，自闽长溪航海迁象山。五传至显为，生子彦发，彦发生雷，雷生应魁。登宋季进士第，为国子助教，有学行。宋亡为元，遂匿不起，不仕元，有气节，学者尊之。（方孝孺《逊志斋集》卷二十二）。

张　该（生年不详—1251，附妻林慈午）　字子博，世居象山。本姓盛，后随舅家姓张，更名张祖珍。娶同里林氏，名慈午（？—1268），同心同德。析炊时，以应得资产让于诸兄，林氏无怨言。夫妇奉老母甚孝。该居乡里，急公好义，见人有患难，必尽力扶助，夫唱妇随，林氏亦乐于助人。该教子润孙读书，要求甚严，林氏亦每晚绩麻，伴儿夜读。润孙从师求学，夫妇不惜竭尽财力。宋淳祐十一年（1251），张该卒。景定三年（1262），润孙进士及第，林氏对儿道："恨汝父不及见，其毋负父训，如其生。"润孙为官时，林氏随住衙门，每闻公堂上责打涉案人之声，便愀然作色，心中不乐。

蒋世杰（生卒年不详）　自号梅心，宋末进士。开庆元年（1259）任黄岩县尉，迁安庆府司理参军，知福州闽县。历官以廉慎勤清著。见郑真《荥阳外史集》《蒋氏谱》。

张润孙（生卒年不详）　字泽民，张该之子。幼承父母教，读书刻苦用功，寒暑不懈怠。就读于郡学，时值盛夏，每晚凉，新浴，同舍生方散步清淡，润孙独口诵古文不少息。平时非公堂讲肆，足不出户。后润孙入太学，擢进士第，凡其为官之地，人皆称其贤能。初，润孙调建康府为里曹参军，因家贫不能携母赴任，不敢行。正逢潜说友以户部尚书知临安军府事，闻润孙之贤名，礼致至幕下。后其母卒于京城，穷得难以举丧，又得潜说友资助。过六年，宋亡，润孙不愿出仕，隐退家居。

智　愚（1185—1269）　南宋临济宗杨岐派著名禅僧。象山人，俗姓陈，号虚堂、息耕叟。传"有异相，舌可贯鼻端"。祖上崇佛，从小耳濡目染，16岁从距村里许普明广福院师蕴出家。在湖州道场山护圣万寿禅寺受法后，历住育王、雪窦、延福、径山、瑞岩、金娥以及金华宝林和杭州净慈等11寺。虚堂于南宋绍定二年（1229）初，至径山兴圣万寿禅寺，宣讲临济杨岐之法。景定五年（1264），奉诏住持净慈寺。入院之日，宋理宗诏考虚堂："赵州因甚八十行脚，虚堂因甚八十住山？"虚堂即以赵州行脚到临济求法的内容吟道："赵州八十方行脚，虚堂八十再住山。别有一机恢佛祖，九重城里动龙颜。"此咏甚合宋理宗心意，倍加赞赏。为理宗、度宗皈依师。日僧南浦绍明于开庆元年（1259）入宋，随虚堂在净慈、径山寺学法。景定末年，日僧寒岩义平（尹）携道元语录《永平集》，入宋求虚堂作跋。据《中国佛学人名辞典》称"虚堂曾应高丽国王之请，前往居住八年，讲经弘法"；直至明嘉靖间，尚有高丽传法弟子前来扫墓。虚堂于咸淳元年（1265）八月，再主径山，于咸淳五年十月十七日圆寂，世寿85岁，葬于径山直岭下天泽坞里洪村，墓址尚存。有《虚堂录》3卷、《虚堂和尚语录》10卷、《虚堂和尚颂古评唱折中录》2卷行世。

虚堂智愚是继鉴真大师之后在日本而备受尊崇的中国高僧之一。在茶文化方面，尤其如此。其日本弟子南浦绍明，被日本天皇敕封为"大応国师"，最早带去中国茶台子、茶道具和茶典，在日本茶道中占有重要地位。在日本古代茶书中，提及虚堂智愚达70多处；在佛教典籍中被提到则难以计数。

陈复明（生卒年不详）　南宋咸淳二年（1266）任象山县令。重视以儒学教化民众，到任即修孔圣殿，塑曾参、子思像；又修葺县学宫内明伦堂，建先儒祠，添设厨房和浴室。次年，又重修孔圣殿，绘塑从祀儒家诸先贤像。能够克尽职守，治理县事平和公允。在任3年，县中无一囚系狱。

尤宗祖（生卒年不详） 宋末元初象山人。临安失陷，益、广二王航海（1276），枢密副使张世杰奉广王赵昺居厓山（今广东新会），尤宗祖在象山起兵抗元。清邑人姜炳璋诗《南田引》称“尤家楼橹若云屯，南堡朱溪烽火新”。尤宗祖抗元斗争一直坚持到元至元二十年（1283），最后降元沿海都元帅哈剌带，时尚有众9592人。陈邦瞻《宋史纪事本末》引明张溥《史论》曰：“象山之尤宗祖，以大宋观之，亦‘殷多士’之伦也！”

善　来（生卒年不详） 号石门，俗姓樊，象山人。元代临济宗僧人。嗣法灵隐寺大川济禅师，尝作《剪刀颂》曰：“浑钢打就冷光浮，两刃交锋未肯休。直截当机为人处，何曾动着一丝头。”元至元十七年（1280），住持奉化雪窦寺。至元二十五年大火，唯存涅槃堂。善来重建，3年完工。

蒋汝砺（生卒年不详） 字商卿，又字研山，宋进士蒋世杰季子。至元初，由儒生被荐举为通州学正（元时设学正一员，从九品），后迁太常礼仪院博士（正九品）。英宗《封功臣册》《尊帝后谥议》皆出自汝砺之手，朝中士大夫亦多效法于他。转著作郎，升成都推官致仕（退休）后，自号“�栖居士”，悠游于林泉之间。曾于上巳日采荠菜于凤跃溪畔，遇好友钱君濯垂钓归来，作诗相赠：“修禊人游凤跃溪，偶过吴越叩宗扉。痴情欲效油花卜，高友欣逢垂钓归。嫩荠春迟香且绿，鲜鱼水暖脆还肥。坐评宋室迁移事，谁似君家晏海圻。”可以想见其高士之风采。

高　珪（生卒年不详） 一名穆卜帖儿，至元二十九年（1291）任县尹。奉化陈著记《庆元路达鲁花赤月列通议德政记》曰：“明郡邑于海之岛者曰象山，正供之米，视所出而输，水行则渡东宿，寄命于一苇之航。山行则道宁海，与豺虎出入。通议大夫月列公之来，听民随米值准币上送，于路官自任责，民不与焉。数百年积弊，一朝而革。邑宰高君状其实属余，以记请。余闻高君之入仕，积有善政，今宰斯邑，仁闻益都。是能以贤守贰之心为心，亦可书也。”又与书曰：“道旁口碑，谂卓鲁之风实甚。”高珪实元初贤令尹之一。时象山至府，水陆两路皆难于行走，大力施行以纸钞代替实物赋税，确有利人民。

李天祐（生卒年不详） 字吉甫，山东高唐人。元贞初年（约1295），调任象山县尹。境内有强豪之徒20人，结成团伙，号称“龙虎”，以张声威。平常腐蚀官府，虐害民众。天祐到任后，一一逮捕法办。象山在庆元路东南海域中，有海盗数十人，常出没海上，剽掠过往船只。天祐遴选逻卒中骁勇者，亲自率队入海，悉数擒捕。且按逻卒捕盗时所付辛劳和贡献大小，报告上级，所得赏钱悉归逻卒，而不言自己之功。县民中有丧亲而不葬者，他即以礼法劝告；若是因贫困而无力举丧者，则出己俸以助。又与达鲁花赤答失蛮重修学宫。当春秋之际，亲自到乡间，以孝悌忠信等孔孟之道教导乡民；视乡民勤劳或懒惰之程度而行赏罚，以勉励农桑。每月初一，带领属下官员入学宫听师生说经训，使为官者常记礼义廉耻，逐渐改变官场习俗。曾遇朝廷派遣使者巡行各地，考核各地官员廉贪情况。郡内各县尹均被罢免，独天祐以廉明著称。惜在任2年，病逝。

樊天民（生卒年不详） 象山人，与长灯卓宜之一起就读于鄞县之青山。当时名士刘潜斋亦居青山，名士袁士元设教于湖上，三人皆地方名流，志趣相投，相与徜徉于山水之间，以诗酒自娱，如此交往十有余年。天民有叔父樊石壁，颇有学养。天民得石壁之学，又自己之所学传之子樊余庆。

陈汝樴（1293—1372） 字傅岩，别号“疏清”。其父陈应魁为南宋末（景定年间）进士，曾为国子助教，有学行，宋亡，居家不仕，为当时学者所敬重。汝樴品行端正，性格沉稳，不为世俗哗嚣所惑，世人虚浮浅薄之习，好读书喜学问。事亲有礼，乡人皆钦服其孝。堂弟汝舟，病重将死，以幼子相托。汝檝泣曰：“尔子犹吾子也，吾岂敢忘。”汝舟死后，汝檝扶养其子长大，为之立业成家，又将汝舟之遗物一一点交归还。平素诚信待人，凡与接触者无不慕其贤，闻其名者无不称其善，皆喜与之交往。逢年过节，常携宾客及族中子弟，一起歌舞欢乐。穿戴整齐，论辩雄健。乡中名士蒋景高名其所居曰“嘉贤堂”，翰林学士危素特为之题额。曾有部使者推荐为郡学录，不久辞归。入明后，其子陈德星亦因推荐而出仕，而汝檝已老。著有《疎清轩集》

徐妙梓（生卒年不详）　儒士陈汝檝之妻，事公婆尽妇道。元大德十一年（1307），大饥荒，人相食。徐氏尽出陪嫁之金银饰物，换成粮食，奉养公婆，而自己却采蕨根茅叶充饥。公婆去世，灵柩尚停于家。一日，邻居起火，众人皆惊恐避走。而徐氏夫妇以身护柩，不肯离去。眼看大火将及，旁人强拽使避。徐氏大恸欲绝，不为所动。突然风向反转，火势掉头，柩得不毁。人谓此乃孝感所致。

王一真（生卒年不详）　象山游仙乡人。元代道士，大瀛海道院之开山。元至元二十七年（1290），弃妻、子学道，改名一真。结庐爵溪金钟山麓，广交方外之友。购得前代善书者所书“大瀛海”三字，作为道院匾额。大德十一年（1307），见天台道士吕师虚夷，成莫逆之交，请其共事，使“大瀛海”道院成境内名观。

吕虚夷（生卒年不详）　字与之，奉化人。元代道士，天台崇道观主持，受上清法箓于华阳宗坛。尝游京师，士大夫皆以诗文投赠，与学士院虞集、吴澄、危素有交往。元大德十一年（1307），象山大旱，知县请虚夷求雨，雨及时下降，遂留在象山，与王一真共居大瀛海道院，成莫逆之交。虚夷求集名公题咏，编为《瀛海纪言集》。王一真过世后，虚夷主持院事，立大瀛海道院碑。后以“澄碧”名其堂，金华黄溍为之记。元天历二年（1329），招以郡城，重建福聚院于四明山，名以“四明别馆”。竣事后，仍归老瀛海。虚夷丰仪俊爽，才思敏捷，品行严谨。不羡慕正一道张天师“执不祥、劾鬼物”之教义，追溯道家之正传。著有《老子讲义》行世。

周　熙（生卒年不详）　大孝子周鈇四世孙。元初，以辟荐授夔州府教授，因母老乞归。老母有病，寝不解衣，精心服侍，以药奉母，必先亲尝，以试温热。母亲去世后，也继祖上遗风，结庐于墓侧。当时有司以“风木两庐”喻孝思之意而表彰之。

冰　壑（1245—约1324）　俗姓朱，西乡塘岸村人。及长，身材伟岸，容颜秀气，见村南灵岩山高耸入云，变幻无穷而有悟，入山南之灵岩寺出家为僧。但因离家较近，常有“一个葫芦怀两家”之困惑，遂远游苏州，入住苏州城西南之灵岩寺。后移住秀州（今嘉兴）能仁寺。又移住庆元（今宁波）育王寺。元大德年间（1297—1307），以德业俱佳，奉朝廷诏旨赴湖南常德路总管府任僧录（阶在从七品），掌全路寺院、僧尼“账籍”，以及属县僧官补授等事。自此，他为向朝廷奏明本路僧尼生活状况，申领御府补助膳食资费，徒步奔波于常德、大都（今北京）之间20余年。泰定三年（1326），年已80，因所奏不获皇帝硃批，仍徒步赴京上奏朝廷“西蕃诸师厌粱肉”（意为常德路少数民族地区僧尼不喜精美膳食）之意愿，请求御府如数拨给银两。期间，曾与时在京城的象山籍高僧梵琦会见，并“谈桑梓之乐”。梵琦禅师曾赋《徒步行，赠晋冰壑并序》一诗，内有“念君往来徒步勤”“御府往往倾金银”等句，称颂他为僧录一职的尽责精神，并且以南宋时期象山籍高僧虚堂“八十往径山”的故事相进奉，祝愿他老而更有作为。

昙　噩（生年不详—1373）　字梦堂，号西庵，慈溪人，俗姓王。元末明初临济宗僧人。于慈溪东皋寺削发为僧，复主奉化长庐寺，后参元叟行端而悟道。元大德中，住天台国清寺时，象山瑞龙寺请为住持。明洪武二年（1369），以戒行高僧被皇上召至京城，于蒋山寺与昙耀等十余高僧一起说法。事毕仍归瑞龙寺。途中遇一达官，因未及回避，遭打罚，昙噩当场口占一绝，朗声而吟道："沙门原不拜侯王，谁道菩提证法场。二十黄荆生受得，袈裟曾惹御炉香"。达官一听，知眼前僧人在皇帝身边待过，身份颇不简单，慌忙愧谢。昙噩居于瑞龙寺，禅房处钟楼之侧，一天晚上，飓风大作，楼俱倒塌。众往视之，昙噩仍危坐其中，一木斜支卧榻，有如神助。洪武六年六月六日，昙噩对众僧道："吾当去矣。"乃作偈云："块然一物，或有或无。翻身归去，踏破毘卢。"端坐合掌而圆寂，法腊89。世昙噩文章古雅，广受士大夫们推重。著有《梁唐高僧传》若干卷。昙噩由儒入释，出身教书世家，自小受良好经典教学，亦曾师从金华名儒胡翰。后慈溪学者乌斯道读书于东皋，又从噩学文，并题自己学堂之匾额曰"噩公"，以志不忘昙噩。惜其诗文集皆不传，惟《西湖志》有《题报国寺仪凤轩》一律。

梵　琦（1296—1370）　字楚石，小字昙耀，俗姓朱，父杲，象山人。传说其母梦见红日堕怀而生琦。襁褓中，有神僧摩其顶道："此佛日也，他时能照烛昏衢者，必此子矣。"琦自幼敏慧异常，年方7岁，读书即能了知大意。人问喜爱书上何言，他应声答道："君子喻于义。"每当造句属文，皆能超越其他学子，故被远近称为"神童"。9岁时，琦就弃俗入海盐永祚寺，不久又入湖州崇恩寺。其间，为赵孟頫赏识，助琦买得度牒，落发入沙门。16岁那年，琦往杭州昭庆寺受具足戒，取得正式僧人资格。琦具非凡阅读天赋，旧志说他"历览群书，不假师授，文句自通"。然而，对佛理有时难免胶柱鼓瑟，纠缠于对事物表象性状之判断。为此，获悉元叟端公倡道于双径，便前去请教。琦问端公："言发非声，色前不物，其意何如?"不意元叟随即以同语反诘。琦刚欲作答，端公已大声叱斥，逐其出去。琦空跑一趟，一无所获。从此众多疑问阻塞于胸，似感巨石填于心头。适逢元英宗下诏，要以金粉书大藏经。琦因工于行草，颇有书名，被选入京都。一夕，闻西城楼击鼓之声，琦汗如雨下，顿然大悟，手拍书案道："径山鼻孔，今日入吾手矣。"兴奋之余，遂成一偈，其中有"拾得红炉一片雪，却是黄河六月冰"之句。立即南下，再入双径。端公见琦精气十足，神采飞扬，知其已悟佛法真谛，便道："西来密意，喜子得之。"且对他人道："妙喜大法，尽在于琦。"此后，凡有登门讨教佛理禅趣的，皆令琦代为辨析作答。元泰定中，琦奉行宣政院之命，于海盐福臻院出世传法，后又为永祚寺住持。为该寺创建大宝阁、铸文殊、普贤、千手观音诸铜像，复造七级佛塔。后再迁杭州报国、转嘉兴本觉寺，其间又构建万佛阁，宏伟壮丽，俨如天宫。终因于释门功业卓著被朝廷赐号"佛日普照慧辨禅师。"

明洪武元年（1368），朝廷下诏举荐江南大寺院10余高僧人作法会于京都（南京）蒋山禅寺，以超度战乱时期将士民庶死于非命者。琦以73岁高龄主讲，升座说法。法会圆满成功，朱元璋大悦。次年，朝廷复召琦说法，赐宴文楼下，并出内府白金赐还。洪武三年秋末，琦忽染微疾，自感大限已至，遂作偈："真性圆明，本无生灭。木马夜鸣，西方日出。"溘然圆寂，世寿75。火化后，有舍利附遗骨累累如珠。遗骨由弟子奉归海盐，并建塔葬于永祚寺。琦形躯矮小，而精神旺健，气质特异。所到之处，无论达官显贵还是细民百姓，无不敬慕。群情所归，如水归壑。名声远播，不但遍于国中，且及日本、朝鲜诸邦。人得其片言，如获至宝，将之装潢收藏视若拱璧。琦生前著有《六会语》《净土诗》《慈氏上生偈》及《北游》《凤山》《西斋》三集及《和天台三圣诗》《和永明寿禅师山居诗》《和陶潜诗》《和林逋诗》等。死后，当朝大名士危素、宋濂皆哀悼之。濂奉诏为作《塔铭》。作为元、明时期佛界一流宗师，梵琦继承永明延寿以来禅、净双修传统，成为后世中国佛教的精神源头。不但影响晚期四大师中袾宏、蒲益等众多僧人和居士，还影响来华日本、朝鲜等僧人。《六会语录》收梵琦偈颂约300首，其中赠予日本、朝鲜僧侣32首。

子　文（生卒年不详）　字宗周，象山人。得法于北溪闻法师，后住持宝云寺。博通天台教观，奉持戒律甚为严谨。平常说话木讷，而升座说法则滔滔不绝，毫无滞碍。

临终前，讲《十六观经》圆满后，即就座告别大众，表示将要入灭。有人启禀："和尚后事未曾嘱咐，为何那么快就要走了？"子文曰："僧家要行便行，莫做俗汉伎俩，为儿女计而有后事。"大众更加恳求他住世。子文于是下座，回到方丈室，一一条列计划之后，即合掌称念西方三圣号，回向发愿完毕，立刻往生。火化后，得舍利子无数，异香袭人，整整一日才散去。

张　悌（1279—1327）　字信甫，象山人。素有孝名，平时尽力满足父母温饱，而自己与妻子仅衣粗食糙而已。其父曾因门户之事而得轻罪，当被逮捕见官，悌奋身而出道："父已年老，我愿代父受罪，虽万死不敢辞。"其父藉此免罪。为人慷慨，好结宾客，请人饮酒，常倾其所有，毫无吝色。悌早年就跟从方士听习长生之道，到了壮年，走南闯北，独爱武当山道法奥妙，岩峦峭深，溪谷幽美，以为道家炼形服气，此地最宜。一日，对亲朋好友说："我要去武当山修道了。"众人纷纷劝止，悌假装应允。次日清晨，悌引刀截发，一身道士打扮，出门修道。并对其长子古初道："你当照顾好你母亲，教育诸弟，不要以我为念。"从此自号"无为子"。到了武当山，在紫霄宫师从宫主张守清。张真人见其诚恳，传授道法精要，并授予首众之职。悌白天砍柴担水，与众人同甘苦，吃食取最清淡者。夜晚则危坐一榻，两膀不沾席，这样修炼三年。一日晨起，忽与众告别，众人正怪疑间，张悌已羽化。是日，元泰定四年（1327）四月二十日，享年48岁。

竺　仙（1292—1348）　字梵仙，号来来禅子、最胜幢、思归叟。元代临济宗禅僧，俗姓徐，象山人。10岁到浙江吴兴资福院，为别源流侍童。18岁依杭州灵山瑞云隐受具足戒。不久，游访诸山名刹，并参谒晦机元熙、云外云岫、元叟行端、中峰明本等师，后为古林清茂法嗣。元天历二年（1329），跟随径山寺首座明极楚俊至日本，受到北条高时、足利尊氏信任、尊崇。次年，到镰仓，任建长寺第一座。之后，曾住净妙寺、南禅寺、建长寺。日本后醍醐天皇建武二年（1335），成为无量寺开山祖。日本长庆天皇正平三年（1348）示寂，世寿57。继承者有大年法延、椿庭海寿等，该法系为竺仙派（又作楞伽派），为日本禅宗二十四派之一。除《竺仙和尚语录》外，还有《天柱集》《来来禅子歌》《来来禅子东渡集》《来来禅子行实》等诗文卷。

王刚甫（1312—1379）　其先祖自闽迁象山。刚甫年轻时风流倜傥，崇尚气节，为人敦厚有雅量。其祖与父皆善士，世以资闻。刚甫亦善理财，能操纵敛散，家资愈富。刚甫重义，好周施他人，喜交结有识之士。通蒙文，被推荐为庆元路蒙古字学录。元至正中，方国珍横行浙东沿海一带，庆元路岌岌可危，江浙行中书省无法抵御，"檄庆元学录王刚甫摄东门巡检司事"。为保民生之安定，王刚甫不顾职微而责重，毅然赴任，扼守六年，"盗不敢犯，民安之"。庆元路总管惊服于刚甫之才干，遇难以决断之事常交刚甫处理。刚甫办案，明辨善断，士民皆信服。远近涉官司者，多不愿去县衙而去东门请刚甫决断，得刚甫一言，双方憾意尽消。后以元朝廷枢密院院判恨刚甫不肯附己，竟撤其职。刚甫一去，方国珍部遂不可制。东门民众追思刚甫，歌慕之。明洪武初，兰秀山民兵袭击象山，虏县丞王茳，继而又占据县衙及县中大户。刚甫与其友蒋公直商量："狂徒虏县官，据县境，其诛死固宜。然事闻于上，大兵必来，县民皆成齑粉。我辈岂可坐视不救？"遂散家资，募民兵。率勇士袭破对方所据之处，执缚魁首数十人，立斩之，而尽释余众。众皆跪谢不杀之恩，叩头散去。刚甫于是迎县令、县丞归县衙。朝廷闻乱，已发大军已抵象境，"欲屠从贼者"。幸亏刚甫已得完胜，来剿之军遂自行退去。象山数百民众闻之，环刚甫而拜："微君，吾邑几以不义死，数万人皆为鬼矣。”庆元路总管亦特赐其白金二十两；县衙命人于凤跃山寺（西寺）之墙壁上画刚甫破贼图。由此，刚甫名闻浙东。别人有难，刚甫不问利害，尽力相援，不求报答，心胸豁达磊落，里中有告贷者，不多取利息。与人交往，皆诚信朴实。晚年遭人诬告，被逮囚京城，明洪武十二年（1379）卒于狱中，闻者为之叹泣。今石浦东门仍有奉其为神之庙——王将军庙。

张原楷（生卒年不详）　字公异，号方溪。宋中书令门下平章事文节公张知白之后。自幼颖悟，志操清慎，端严持重。元至正十一年（1351）授象山教谕。以身作则，亲授经义。端严持重，从来不肯受托徇私为人办事。与王厚孙先后为象山教谕，皆有名。受他俩影响，象山学人咸知崇尚正直，遵循正道，立身行事，文质彬彬，有孔孟遗风。原楷与厚孙、包莘（时为定海教谕）三人振兴道德学问，人称“四明三先生”。

王厚孙（生卒年不详）　字叔载，一字燕贻，鄞县人。祖父王应麟，宋礼部尚书。厚孙小时常侍候祖父左右，见闻充积。8岁能赋诗，每日写数百字文章，操笔立就。长大后涉猎甚广，学问渊博。元至正十三年（1353），授象山教谕。时象山学子久失教养，厚孙设立“主善文会”，以振兴儒生文化学习和道德修养。县学可收租粟数百石，常因拖欠或管理不善而致库粮不足。厚孙到任后，认真考核粮库管理，严防不良之徒从中渔利。学宫库粮充足，远近学子皆视学宫如家，安心求学。任三年，调浦江，才一个月，即解官归里。后虽多次被推荐为府、路教授，乃至福建省副提举，均不赴任。曾训诫其子：“继承家业，不在名位，而在不失自身的节操。”晚年自号“遂初老人”。有《遂初集》三十卷，增补《尚书》《玉海》二书，其他尚有12种著作留至后世。

俞述祖（生卒年不详）　字绍芳。年轻时游历武林，遇知交，相偕至京城，留守贺惟一延为幕僚。至正四年（1344），贺惟一升中书平章政事，朝中有大事，退朝后必请述祖相商决定。由翰林书写调任广东元帅府都事，又入京为国史院编修官。之后，出任沔阳府推官。至正十二年，湖北蕲黄地区红巾军头领丁普郎率众攻陷武昌，进攻沔阳，兵锋直逼州境。述祖领城中兵民，奋力抵御。相持十余日，终因兵力不支，沔阳城陷，述祖被红巾军所执，被押至大首领徐寿辉处。徐诱劝述祖投降，并绑其5岁儿加以胁迫，谓若不降则杀此儿。述祖不屈，厉声斥骂，被肢解，幼儿一同被杀。次年，元兵克复沔阳，朝廷表彰述祖，追赠其为奉训大夫、飞骑尉、礼部郎中、象山县男。并诏沔阳地方为其建祠以祀。

潘叔瑜（1332—1414）　晓塘后岭人。叔瑜身高力大，工于诗文，兼有武略。元末，叔瑜与一挚友北上投军，入都元帅伯颜察汗帖木儿部下为将。以武略出众，深得青睐。后因挚友于军中遇害，遂翻然弃归。叔瑜曾作《吊友诗》云：“忆昔双凫并北翔，何当半饷渐分张。子罹罗网埋沙漠，我脱干戈归故乡。春草萋萋生别恨，暮云黯黯断愁肠。夜深几度疑颜色，落月斜辉满屋梁。”大将伯颜留之，勿果，有诗送之曰：“送君归古越，云树暗江村。武略孙吴右，襟怀楚汉吞。有意驰乡国，无心住戟门。奇才难苦屈，挥泪倒金樽。”至今后岭潘氏总祠尚存其当年练武所用大石锁两只，一重350斤，一重200斤。又有双刀一副，重36斤。

张士昂（生卒年不详）　字仲高，号桧轩，车岭张顺祖长子。身体魁梧，长髯美须，挽弓三百斤，擅长骑射。曾率义兵于西周姜屿渡跟方国珍部属交战，并挫败之。时与王刚甫东西呼应，为掎角之势。后为方国珍所杀。

杨用可（生卒年不详）　元至正十二年（1352）任象山县尹。至正十五年，海盗犯爵溪，斩海盗樊应等。至正十六年，御宁海杨慎龙起事。至正十七年，平袁元良。至正二十年核田，县人蒋景高作记，曰："荣禄方公发省于四明，亚中方公治兵于分省，考核官、民之田，以稽户籍而足财用。乃拔才良，遴廉干，召属邑令长之贤以一教令，而象山令［尹］杨君与焉。象山僻壤，其田惟下上，其赋错上中。前代以降，载籍无稽，隐陋［漏］泯绝，视而弗理。夏闰五月初吉，杨君归语其曰：'省院官修尔田政'。乃戒居人之有物力者，为书算、为保长，各司其局。谕编户之有田里者，细计步亩，自占其业，而又躬自履亩，覆验其实。疏纷雪讼，除旧合新，官备纸墨，工绘原隰，曰鱼鳞图。亩班号字，次第循序，曰流水册。田给由券，赋随其产，上下戮力，克成厥志，其于军国大事，可谓知所先后矣。"杨用可核田清赋，躬自履亩，绘制图册，清除积弊，以助军需，可谓贤尹。

薛　敬（生卒年不详）　字原礼，号退翁，《鄞县志》作退庵，鄞人，宋进士朋龟九世孙。元至正十五年（1355），任象山教谕。稽古好修，不懈于训导、启迪，日集诸生阐发、彰明先圣诚意、慎独之义。任职期满，调鄞县。时元政不纲，退隐于乡，以医术自老。明洪武初，授吉安州龙泉司税。著有《三江集》《默翁自潭》行世。

二　明代人物

孔　立　**钱　唐**　**蒋公直**　**蒋景高**　**蒋景武**　**汤　式**　**顾　田**　**姜士周**　**黄思铭**　**樊余庆**

刘思齐　**法　衡**　**应宗义**　**陆维远**　**万　钟**　**史惟时**　**武　胜**　**周弘宗**　**王大用**　**俞士吉**

易绍宗　**周孟初**　**宋　寘**　**蔡　海**　**史思古**　**孙　枢**　**何　观**　**张文曜**　**应元徵**　**凌　傅**

周　璋　**郑　琳**　**王　涣**　**马思聪**　**谭　纶**　**徐　相**　**陈文讲**　**应振翻**　**应振肃**　**李　凤**

俞振纪　**吴　璋**　**王　棉**　**王　梃**　**史安邦**（附子选）　**何　荣**　**俞　氏**　**吴乾养**　**陈文昌**

黄　泮（附子文璧）　**周希程**　**周大綎**　**吴允裕**　**应云鹫**　**蒋三才**　**杨继宗**　**邵　侄**

毛德京　**秦　彪**　**陈　表**（附方锦、赵乾佾、王永希、朱　订、朱友章）　**周　翻**　**周宗达**

邵招贤　**钱　完**　**王　厢**　**王良璧**　**骆　元**　**张　达**　**姜文源**　**张　璇**　**林　森**　**史元哲**

徐廷龙　**陈思爱**　**周光镐**　**郭立之**　**唐师锡**　**黄士奇**　**李　钺**（附王斗、韩国彦、陈应龙）

崔振臬　**袁文信**　**金可久**　**李多见**　**罗　彦**　**汤　宥**　**倪甫英**　**邵景尧**　**应逢显**　**陈伯道**

史起龙　**顾祚万**　**吴学周**　**邵怀堂**　**钱守荐**　**陈守祜**　**王国桢**　**潘　氏**（诸生姜仲春妾）

周　氏　**潘起鹏**　**包元会**　**邓元春**　**张应昌**　**詹嘉言**　**姜昌周**　**吴季肃**　**张名振**　**姜　圻**

娄文焕　**姜镇重**（附陈文章）　**朱以海**　**张煌言**　**王朝先**　**王家勤**　**方　授**　**骆国挺**

史学易

孔　立（生卒年不详）　字介夫，庐州人。明洪武元年（1368）由秀才知象山县事。象山原在方国珍治下，归附之初，百废未兴。孔立到任，秉正直廉洁之心，兴废起坠，创官吏官舍，建石浦、爵溪巡检使、重修社稷坛，庶政毕举。是年夏，兰秀山（在今舟山）兵民侵扰象山，占据县治。孔立接受县人王刚甫、蒋公直所议之计，歼其魁首，余众悉平。又重教化，推荐贤士，登门造访，关心民瘼，浚玉带溪，政绩卓著。与鄞知县冷麟，被时人并称"孔、冷"。

钱　唐（1314—1394）　字惟明，号“白石山人”，白石村人。体貌魁梧，善饮啖，才学出众，常以豪杰自负。元末天下大乱，隐居山谷中。明洪武元年（1368），朝廷举明经对策。唐年将六十，应召赴京，阐述当如何行施王道、裁正礼乐。颇合皇帝旨意，特授刑部尚书。翌年，皇帝下诏，孔庙春秋祭祀典礼只在曲阜举行，全国不必处处祭孔。唐长伏于殿上向皇帝谏道：“孔子垂教万世，百王宗师，先儒谓仲尼以万世为王，天下共尊其教，故天下得通祀孔子。此正如天下祝皇帝万寿，报本之礼不可废。”皇帝尝读《孟子》。读到论述君臣关系处，中有“君之视臣如土芥，则臣视君如寇仇”等语，斥之为非臣子所应说，决定废止对孟子祭祀。并下诏：如有进谏者以大不敬论处，且命宫廷卫士以箭射之。唐让人抬着棺材随其入朝，敞开朝服，袒露胸脯，朗声道：“臣得为孟轲死，死有余荣”。当场中箭。朝廷大臣无不为他的生死担心。皇帝见其坦诚恳切，命太医疗其箭伤。第二年钦天监奏报“文星暗”，才恢复祭祀孟子。

钱唐曾奉诏至经筵，为皇帝讲析《虞书》《尧典》《舜典》及《大禹谟》，站立从容应对。有人当即叱责“草野不知君臣礼。”唐正色道：“以古圣帝之道，陈于陛下，不跪不为倨。”又曾进谏：宫中不宜挂武则天画像。因干预后宫事务，有违皇帝旨意，在午门外待罪一日。之后皇帝怒气渐消，赐食，并撤去武后像。

明洪武五年（1372），唐以耳聋请辞归故里，未允。不久，贬谪寿州。洪武二十七年在寿州去世。由其子护丧归葬。著有《疏稿》及《白石山人集》。钱唐因生前力谏尊孔，冒死卫孟，深得时人敬佩。死后，受从祀于山东邹县孟庙，得后人永世敬仰。

蒋公直（生卒年不详）　智勇出群，且孝顺父母，友爱兄弟，礼让乡人。明洪武元年（1368），兰秀山（在今舟山）民军乱起，占象山县治，众莫能御。公直与其友王刚甫谋划，募民为兵，合力袭之。公直率众埋伏宝梵寺，用计先捕为首者，招降其余协从者，县治得以安宁。县令孔立欲为刚甫报功，刚甫让之公直。奏报朝廷，朝廷赐白金50两，并任之为桂林府阳朔知县。时阳朔县民不识蚕桑，公直督促民众种桑，从外地引进蚕种，教以养蚕之法，民甚德之。后卒于任上。

蒋景高（生卒年不详）　字伯尚。东陈马岗人。元至顺年间乡贡，历官台州府教授。后景高隐居不仕，与堂弟景武筑室山中，通百家、子史、星历之学。至正末，中原动荡，四方宿儒会聚台州、庆元间，相与切磋诗文，缔诗文之交，学者称景高为丹台先生。时方国珍主政浙东，蒋景高曾为撰《象山核田记》，有赞颂之语，亦微露投效之意。洪武元年，以“明经”，受推荐，授国子助教，不久改任象山教谕。后因“笺表”之祸，逮捕至京师，被诛于市。后世谈明代文字狱，曾引景高为前一二例。士林中人莫不冤之。著有《丹台外史集》《云屋集》等。景高子天申，以选贡为华亭县丞。

蒋景武（生卒年不详）　字伯承。景高弟，与乃兄互为师友，尤长于诗。官府有关部门多次向上级推荐，景武因痛恨其兄死于无辜，借故不赴。时规定对推荐不至者可治罪，遂逃入深山隐居，终生不仕。与蒋景高共撰《二蒋诗文合稿》。

汤　式（生卒年不详）　字舜民，号菊庄。据考，象山下汤人。元末明初散曲家、戏剧家。曾为象山县吏，不得志，落魄江湖。入明，流寓北方，成祖在燕邸时，为文学侍从，宠遇甚厚。永乐间，常得恩赏。有杂剧《瑞仙亭》《娇红记》二种，今俱佚。散曲有明钞本《笔花集》传世，书有残缺。今本《笔花集》之外，尚有一些散曲，存录于《雍熙乐府》《盛世新声》《彩笔情词》等集中。今存套数68首，小令170首，残曲1首。汤式散曲明艳工巧，技巧圆熟老练。贾仲明

《录鬼簿续编》称其作品“语皆工巧，江湖盛传之”。

顾　田（生卒年不详）　字九畴，号耕云散人，元末明初南田临门人。时属台州宁海县宁和乡五十一都。兄弟中排行第十九，故称“行十九”。元末副贡，善诗。经历明洪武二十年（1387）南田“迁徙封禁”，时为三月二十二日。“上午迁者为民，午后迁者为军。”顾田逃离临门故家后，一直流离失所，在象山、宁海两县间漂泊无定，“杜鹃劝我归家去，我竟无家何处归?”“芒鞋踏破天涯云，漂泊江湖日已久。”其间写下了许多怀南田故土的诗篇，记录了南田封禁许多历史信息。曾回宿宁海梅枝茅廷静草堂，然“往依不果，落魄风尘”。后人赘象山井头的堂兄顾万“怀昆弟之情”，将他“延至家。卒以寿终，遂卜葬于岙底凤凰山祖坟之南”。其诗作由堂兄顾万“抄录十余首，俱藏于家”称“九畴公怀南田诗”。现经收集，共得“怀南田诗”33首。

姜士周（1309—1368）　字惟元，博学能诗。为人方正自持，不苟取予，为乡邦尊重。乡里如有不平之事，凡士周出面调解，众人皆能爽然离去。知县孔立仰慕其品行，登门拜望，士周称疾不见。孔立感叹道：“凿坯、逾垣（古隐士之典故），有是哉。”赞他有古代隐士之风。学使欲以“高年硕德”推荐，士周避隐，遁至海滨。家徒四壁，栽花辟径，每日啸咏其间。季子珉选贡，任国子学录。

黄思铭（生卒年不详）　号“东谷”。体质差，弱不胜衣，但志向不俗。好读书，作诗清丽纤美，无山林枯淡寒陋之态，独具风格。生性恬淡，不嗜荣禄，遍游名山大川，以助吟咏。有人劝其出仕，不应。明洪武初年，屡次以明经受荐，皆坚辞不赴。著有《东谷诗集》。宁海方孝孺题其诗集云：“近时诗人如君之可贵者鲜矣。”

樊余庆（生卒年不详）　天民之子。幼时聪颖敏异常，以文章德行著称。明洪武五年（1372）中举。于明一代，象山之中举者，实从余庆始。此后余庆更加重视德行修养。赴进士试未中，隐居不仕，远近学者皆持礼求见。过世后，受到乡人祭祀。《蓬山清话》有云：“元时，象山樊氏之盛，见于篇章者五人：石壁、天民、牧斋、寓斋，或号或字，而名皆不详；详者惟余庆，而字又不复知矣。”樊牧斋，馀庆从兄。官凤阳府税课局大使，清慎自律。上级考评其任内业绩优良，曾以代理鄞县令。

刘思齐（生卒年不详）　河南彰德人。明洪武七年（1374），以人材知县事。虽已六七十岁，仍头脑清晰，反应敏捷，深识一县管理之道。所有案子，均由自己决断，属下官吏不敢欺其年老而胡作非为。勤于政，慎于事，清正廉明，作风严谨，仪容威严，深得民众钦敬。履任3年后致仕，名士方孝孺有文送他，其中赞道：“刘侯为令象山三年，以民情为赏罚，而不参以私；视富贫为征发，而不可动以利。”①

法　衡（生年不详—1379）　字允平，俗姓徐，象山人。11岁在智门寺削发为僧。博览佛经，住持慧和尚选其任典赋，执掌银库，坚决推辞。法衡于寺南松林结庵居住，人们对他礼敬有加。明洪武十年（1377），鄞县大儒单仲友因事到象，投宿智门寺僧舍，曾请教法衡：“如何是芥子纳须弥（山）?”衡立刻答道：“先生读五车书，今安在何处?”单大惊而顿悟，知法衡佛学修养精深，不由得肃然起敬。之后，住持推举衡为首座，遂名扬湖海。洪武十二年六月微疾，危坐圆寂。火化之后，得舍利子，光明莹彻，状如冰雪。

应宗义（生卒年不详）　字直中，号宜所。明洪武十八年（1385）进士，试用为户部主事。

①明方孝儒《逊志斋集》卷十四“送刘侯序”，清《钦定四库全书》本。

参与讨论两浙输粮额是否应与直隶等同之事。时直隶计亩征收钱粮较他省为重，而户部奉皇帝旨意又唯命是从。宗义与副郎孙崇、司务陈广商议说："吾辈浙人，深知浙江土地实情，若一时惧祸而迎合旨意，将使浙江之民不堪承受，姑且暂缓此事，慢一步上报。"不久，果然因此事缓办，遭皇上谴责："从来浙人善于袒护，确实如此。"从此浙江人不得入户部，并成为律令。宗义亦因此被贬谪远州戍边。过了很久，皇上才明白知道浙江土地贫瘠，不可与直隶相比。于是恢复宗义官职，升为工部员外郎。旋病卒。著有《于于集》。

陆维远（生卒年不详）　福州人。明洪武二十年（1387），由人材授象山县丞。维远严于律己，清正廉洁，执法威严，铁面无私，吏、民皆敬畏于他。后因病死于任上。传，维远死之前夕，象山城隍庙看门人，于夜间恍惚听到庙里有人在呼："新官到任！"又有人问道："新官为谁？"答道："陆相公。"待到天明，即闻陆县丞病逝。时象山民众遂认陆维远为新任城隍神。

万　钟（生卒年不详）　昌国卫指挥。明洪武十七年（1384），以龙骧卫（在京所属卫名）副千户剿捕倭寇至宁波，调守定海（今镇海），再调昌国卫（今舟山）。洪武二十年春，昌国卫迁至象山县东门岛。为防倭寇等海盗侵犯，万钟修城垣，造战舰，使昌国卫成海滨巨镇。

史惟时（生卒年不详）　字懋功，明洪武间举人，初署当涂县学教谕。以文才品行受明成祖识拔，特升四川按察使。"靖难之役"后，巴蜀人心骚动，惟时悉力安抚。召拜礼部郎。正当受皇上恩宠重用时，多次以父母年老上疏请求归乡。一时缙绅皆敬其淡于名利、安于退让之品格。

武　胜（生卒年不详）　号凯亭。昌国卫世袭指挥佥事。父德，凤阳府寿州人，世袭副千户。明洪武十四年（1381）三月，父年老，胜替职，仍授副千户。十月，领军攻打平阳小龙山，生擒贼首。洪武十六年六月，领军沿海把守，亲登小镬岙，杀退倭寇，生擒贼首解京，授世袭诰命武略将军。闰十月，改调盘石卫前所。洪武二十六年十月，越正千户，钦升明威将军、昌国卫世袭指挥佥事。疏请徙旧卫（东门岛）至今处，筑城浚池。据《通山清治》谱载。永乐七年（1409），钦赐蟒玉，出使西洋，九年六月初，回至南亭海洋，病故。钦差礼部办事官刘谊到昌国卫赐祭。葬昌国卫西门外武牙峻。县人俞士吉撰《凯亭公传赞》云：为人豪隽绝伦，夙娴韬略。

周弘宗（生卒年不详）　字大本，宋象山玉泉场榷盐大使思仁之后。明洪武二十九年（1396）中举，任湖广公安县学教谕。受到湘王朱柏赏识，湘王手书"临清轩"三大字赐之。永乐间，明成祖下诏："简老成有文行者擢近侍"，弘宗入选，拜工科给事中。适逢皇上西征，选拔随从，同僚推及弘宗，当时年已六旬，欣然勇往。仁宗继位，有建议应选近侍中之贤能者为守令，弘宗亦在选中，然以年老，须发尽白。皇帝怜惜，特予致政还乡。公卿赋诗饯行，有"山中应喜归耆旧，阙下偏惊去老成"之句。乃丹山四绝之一。

王大用（生卒年不详）　字国衡，又字竹轩。门前多长者车辙，与张文曜、李文显、周弘宗为莫逆之交，时称"丹山四绝"。父名迁，当初属方国珍部将，大用因而去说服国珍，晓以大义。国珍认为其言极是，于是举所部投降明太祖。太祖"安置"其父于扬州，而父已年老多病，大用就留兄德与弟彬代父服役，自迎父归故里，侍养终身。明洪武二十九年（1396），大用举茂才赴京，以父母年老而辞归家居。一生力行善事，晚年德望更高，常充当乡饮大宾。89岁过世。直至清嘉庆时尚有象山知县孙廷松为之撰诔。

俞士吉（1360—1435）　字用贞，号栎庵，晚号"大瀛海客"。丹城人。明洪武三十年（1397）中举，授兖州府学训导。建文中，曾上疏言时政十余事，为朝议所赞赏。晋监察御史，巡行凤阳、徽州，继又巡行湖广。其间辨释疑狱，整肃风纪，政绩卓著。永乐元年（1403），擢右佥都御史。奉命出使朝鲜，朝鲜王遣陪臣来迎。士吉以不合君臣大礼相责，拒宣诏书。朝鲜王慌忙亲临郊外，俯伏道旁，恭迎士吉一行。士吉向朝鲜君臣宣谕永乐帝怀远睦邻之意，朝鲜王按惯例出鞍马、貂裘、黄金等为礼物奉赠。士吉一介不取，显示上国大臣之清廉风范。之后朝鲜王遣使随士吉同入明朝廷，表示今后将恪守贡职。永乐二年，诏命士吉去浙西督农政。是年湖州因水灾严重，一州之民拖欠官粮60万石。士吉上奏疏，要求朝廷免除欠粮，并再出库粮赈济灾民。同事者以为亏欠数额太大，欲少报以瞒实情。士吉力争："欺君病民，吾不忍为也。虽重得罪，吾自任之。"以实情奏。此奏得皇上允纳，保护湖州民生。永乐四年，复以礼部侍郎职衔出使日本。日本王源道义于此前向大明朝上表进贡，又发兵剿灭扰掠我滨海之诸岛贼寇（即倭寇），执其魁首多人，于永乐三年献于大明。士吉赴日，携带永乐帝对日本王之褒嘉玺书，并赐金银绸缎、海船等大批礼物，封其国山为"寿安镇国之山"。此行又颇称皇帝旨意。永乐六年，出任襄阳知府，政清讼简，一郡大治。后升山东左参政。不久，当地暴发唐赛儿聚众起义，布政使、按察使等都因失职下狱。士吉因督浚后至。众谓奏明情况，可避免罪责。士吉道："背死逆命，非臣节也。"主动入狱。皇帝念其旧臣，予以赦免。洪熙改元后，改授刑部侍郎，命清理直隶郡县军伍，政绩尤著。宣德初，因年老授南京刑部侍郎。宣德五年，士吉致政荣归，国子监司业慈溪陈敬宗为撰《赠刑部侍郎俞公栎庵致政归四明序》。俞士吉故宅在治东神济庙（上尊殿）下，后迁郡城之湖西。其墓在宁波城西40里武陵山。

民间传说，士吉父亲一夕于梦中得"老桂古香分月窟，移将天下压群芳"之句，忽然醒来，正值士吉降生。士吉仪表修洁，举止清雅，文采蔚然。谀之不喜，犯之不怒，伟度洪量是如此深广。所著有《栎庵自怡稿》。

易绍宗（生年不详—1401）　湖广攸（今湖南攸县）人。明洪武时从军有功，授象山县钱仓所千户。建文三年（1401），倭寇登岸剽掠，抢劫汤岙、潘家坎。绍宗挥笔大书于壁曰："设将御敌，设军卫民。纵敌不忠，弃民不仁。不忠不仁，何以为臣。为臣不职，何以为人！"书毕，自料必死，命妻子儿女备牲、酒为己作生前祭奠，诀别而出。密令游兵避开贼寇，间道而行，至海岸，焚烧贼舟。倭贼大惊，返还救援。绍宗驰马挥戈追之，身先士卒，与贼格斗，杀贼无数。直追击至海岸，不幸战马陷入泥涂，倭贼乘机返回围攻。绍宗抽身上佩刀，又歼十贼。终因寡不敌众，壮烈殉职。

其妻李氏携孤赴京，奏报朝廷。赐祭、葬，谕立碑以表彰其忠。绍宗墓于象山钱仓玉泉山，如今与碑俱已平毁，其事迹入《明史·忠义传》。其妻因明大义、有见识，县志收入《列女传》。易氏子孙入象山籍，世袭钱仓所千户之职。其孙易宁、易显就绍宗阵亡处建桥，号"太平"，清末毁。2002年，村民于其地重建太平桥。

周孟初（生卒年不详）　字仁长，刚强正直，品行端方。与人交往，从不附和、迎合。明永乐六年（1408）中举，授镇江府同知，改福州知府。在任8年，清正廉明，锄抑豪强，令执法官吏判案不敢有出入。闽人称其为"铁面周"。调往泉州任知府，惜未至而卒。

宋　寘（生年不详—1422）　和州人。明永乐十三年（1415）授象山县丞。处事公平，刚柔相济，每自许以身殉国。永乐二十年冬，倭寇侵犯县城。时县城尚无城墙，官民望风而逃。此日，寘刚巧外出归城，身边众人拉住他车马，竭力劝道："贼至矣，当避之。"寘说："吾司民牧，当与民同安危。民既受患，我将安归！"于是不管众人离去，孤身一人，从附近操起一根长竹竿，便与来犯之寇格斗，杀敌数人。不久竿断，贼众围之。寘仍毫不畏惧，赤手空拳继续与敌搏战。终因寡不敌众，死于众贼乱刀之下。

蔡　海（生年不详—1422）　闽县（今福州市）举人，文学优长。永乐九年（1411）任象山教谕。永乐二十年冬，倭寇犯县城，军民奔散一空。而蔡独自正襟危坐，置生死于度外。不久贼至，见他面对强敌，毫无惧色，镇定自若，不禁肃然起敬，不忍加害。可蔡海却不买账，指着倭寇厉声大骂道："丑徒自当称贡中原，乃敢寇境扰民耶！"贼怒，用刀刺杀之。蔡海视死如归，至死骂不绝口。蔡海被杀之地因得名"骂倭岭"，今讹作"马乌岭"，在丹东后堂街东端至东塘山路间。

史思古（生卒年不详）　字复之，号诚斋，丹城人。博通经史，明永乐十五年（1417）岁贡，入国子监，受六馆之士器重。出任江苏六合知县。时有吴氏军侵占民田，民呈递诉状。吴氏惧，暮夜以银酒瓮贿赂思古，不受，公正处理此案。一日，道中遇一新丧妇人哭其夫，其情并不哀伤。诘其缘由，妇人坚不实说。忽有一犬以嘴牵一役卒之衣，跳吠不止。思古下令随犬足迹跟踪，至水滨，看到其夫尸体。遂深究妇人作奸之事，绳之以法。此案一破，百姓皆称颂思古神明。后升迁福建漳州府判官，知盐枭害民，便捣毁贩盐船只十余艘，覆灭其巢穴。六合、漳州两地皆立祠祭祀。

孙　枢（生卒年不详）　字叔纲，武进人，明正统间，以岁贡任象山知县。为官廉正，待民不苛严。曾捐己俸修及两斋廊舍，重整孔庙祭器。退休归里，囊空如洗，难以安家。郡守刘珏知其穷困，购宅使居之。人虽离去，象山民众难忘其惠。

何　观（生卒年不详）　字象明，晋江（在闽南）举人，授中书舍人。刚正不阿，曾以"昔附权奸，不宜在位"之由弹劾尚书王直等人，因有忤皇帝旨意下狱。后受杖责，贬谪九溪卫经历。明天顺八年（1464）转任象山县令。在任4年，爱民礼士，有惠政。致仕归故乡时，象山有士民送他至衢州者。善书法，尤擅草书。嫁女时无钱为女置嫁妆，仅赠女以一箧书法作品而已。

张文曜（生卒年不详）　字晖吉，象山人。少时聪颖好学，师从鄞县杨守陈。老师勉励他要致力于儒家正学，文曜慨然以古代贤人大德为楷模，严格要求自己。杨守陈对人道："此伟器，行当贡之清庙。"喻其为可担当国家重任之人。明天顺八年（1464），登进士第。任行人（明时行人掌持节奉使之事，由进士充任），出使外藩，赠予财物一介不取，清廉气节闻名朝廷。惜30余岁过世，家境清贫至不能办丧事。文曜刻苦力学，曾通宵达旦挑灯读书。时有乡谚道："种田须学田洋史，读书须学张进士。"乃丹山四绝之一。

应元徵（生卒年不详）　字敬之，又字澹庵。明成化十三年（1477）举人，授武宁县学教谕，转国子学录。以文学著名，颇得礼部右侍郎掌祭酒事邱浚赞赏。弘治元年（1488）三月，祭奠孔子，皇帝（明孝宗）亲临太学，元徵为讲授《大学》平天下章。元徵仪容端雅，讲解详明。皇帝大悦，赐锦衣、白金。后迁延平府为通判，筑沙县、尤溪二城，功劳最大，升兴化府同知。初，知县凌傅扩建学宫，出金购元徵居室。元徵让出土地，推却购金。过世后，故吏、门人谥称其为"启文先生"。元徵有子九人，以振肃、振纶、振黼最具名。著有《澹庵稿》。

凌　傅（生卒年不详）　字汝弼，江苏句容举人。明成化十七年（1481）授象山知县。任职期间，为民兴利，围塘造田，主持筑岳头、陈岽二海塘，得田3万余亩，使象山民众得永世之利。又关心水利，疏浚东河、中河、西河；修葺学宫，拓宽旧址，更新屋宇。得里人应元徵捐赠居室，扩建大成殿及从祀廊庑。斋房、号舍，悉为更置。整顿法规，使百废俱兴。公务之余，则召集诸生讲经论道，常有真知灼见。后死于任上，士民难忘其功德，建祠立碑。

周　璋（生卒年不详）　字廷珪，弘宗之孙。读书过目不忘，明成化十九年（1483），刚成年就中举，授海州学正。任职时选拔人才以品德为先，当地士子欣然相从。学生中因贫困而无力求学及无力婚、葬者，周璋多方设法给予解决。死于任上，时子希程仅3岁。

郑　琳（生卒年不详）　明弘治四年（1491）由举人任象山县令。生性刚直，作风清廉，执法不阿。境内豪强见之收敛，不敢冒犯。原吏部尚书屠滽致仕家居，雅重之，称："此硬头官也。"时人因而呼称他为"郑硬头"。

王　涣（1459—1522）　字时霖，初号"毅斋"，晚号"丹台逸史"。明弘治八年（1495）举人，次年登进士，授福州府长乐知县。持廉秉公，豪强触禁，严惩不贷。又赈饥民，筑塘坝，修学馆、乡贤祠，表彰节妇、孝子，政绩卓然，晋升监察御史。正德元年（1506），宦官刘瑾专权，朝政日衰，常叹"时事如此，而君父不知，安事谏官"！六月，涣向朝廷上"'应天要事'五事"疏：一曰崇圣学以正君心；二曰申诏令以终大孝；三曰公赏罚以服人心；四曰绝内批以防欺蔽；五曰节财用以恤民穷。疏中语多斥宦官，刘瑾读至"绝内批"一语，大怒而骂，掷疏文于案。王涣闻而复上疏劾刘瑾，并请诛杀谷大用、马永成等八党。刘瑾恨之入骨，留疏不发。王涣又劾右副都御史韩福、将官王佐失职，论佥都御史王璟与浙江布政使毕亨乘赈济谋私利。正德三年，终因刚正不阿，得罪奸佞，遭刘瑾等报复，削职为民，回归乡里。正德五年，刘瑾被诛，昔日反刘瑾者都被起官大用。涣虽复官，但随即令致仕归乡。

王涣未满52岁即被致仕，一时间朝野舆论多有不平。同时复官致政的阁老、昔日恩师谢迁，即两次率子谢丕（后为礼部侍郎）到象山探望。王涣安于淡泊，"于西乡郑施岙筑海塘一围，诛茅为屋，率弟子讲学其中"。（据《王氏宗谱》）。王涣幼年从姐夫应元徵学经史。起初入塾者多为王氏、应氏子弟。王涣有子6人，应元徵有子9人。王梴曾有诗纪其实云："两家伯仲总文献，一脉师生共本源。"复官致仕后，闻风向往，负笈从游者日多。他后半生耕读兴学，丕振士风，培养了许多子弟，成为当时象山一代文宗。王氏6子中，王梴成进士，后官至湖广参政。棉、栋、楠均举选贡，成为各县教谕。应氏子9人，3人成岁贡，一孙中进士，成兵部主事。王、应两姓子弟外，负笈以之最著名者乃周希程。其他如史安邦（选贡，知亳州）、吴乾养（举人，后知钧州）、陈文昌（举人、罗山知县）、吴乾抚、黄泮、杨民彝（均为岁贡）等等，不胜枚举。

马思聪（生年不详—1519）　字懋闻，福建莆田人。明弘治末年中进士，正德元年（1506）授象山知县。初到任时，有部使者（省级大员）遣一胥吏到县衙例行督察。该胥吏小人得志，仗部使者之权威，乘机作奸犯科，甚至干预县衙办案，扰乱公堂。思聪遂与县名士应振肃商议，将此胥吏行状上告上级，请予以制裁。重视水利，主持修复境内26条水渠，以利大片农田浇灌。累迁南京户部主事，督粮江西，驻安仁。适值宁王朱宸濠谋反，思聪被执系狱，不屈，绝食六日而死。待世宗继位，追赠光禄少卿，配享旌忠祠。其事入《明史·忠义传》。

谭　纶（1520—1577）　字子理，号二华。江西宜黄县谭坊人，明代抗倭名将。明嘉靖二十九年（1551），受命任台州知府，在当地招募乡勇千人，练兵御倭。嘉靖三十六年，大挫倭寇。翌年，倭入南田朱门，劫松门，寇台州、象山，谭率军迎击，三战三捷，全歼倭寇。嘉靖三十八年三月，一股倭寇从象山何家榄登犯。他们据险为巢，树木营以自固。浙江总督胡宗宪檄海道副使谭纶剿之。谭纶与总兵俞大猷商计，并令大猷率舟师备之于海，一旦倭寇海上逃窜，即于拦截。而谭亲率陆兵即欲进剿。将士请求"乞休三日而战"，纶曰"宜出其不意急击之"。大军迅速进军象山马岗。倭寇五百余人自金井头而来，谭纶即移兵先击之，又分兵从中冲之，倭遂大败。谭兵追之岳头，斩级以百计。倭避入山中，宵遁。翌日，纶率军直捣何家槛（今名王家滥），贼作殊死战。纶出奇兵从间道出贼后，击破之。倭溃入舟中，纵火焚之，俘斩略尽。倭遁之宁海，谭纶率兵会参将戚继光追之，复歼灭倭七十余人。马岗一仗奠定了象山乃至浙东抗倭胜局。

徐　相（生卒年不详）　江西都昌人。明正德九年（1571）由举人任象山知县。为人清正耿介。教民俭朴，且以身作则，每日惟以蔬菜佐餐。妻子不堪艰苦，口出怨言。徐相对妻道："为清白吏妇，不愈于赃败为被戍卒之妇耶？"嘉靖中县里甲均徭十年一轮，从徐相立法开始。后迁知州，民追思之。仕至佥事。

陈文讲（生卒年不详）　福建莆田举人。明嘉靖二年（1523）授象山教谕。为人质朴正直，疾恶如仇，连知县史簠都有所忌惮。当年，文讲主持修大成殿，县衙为之征丁助役（抽民做义务工）。有人以二十金向文讲行贿，以免服役。文讲拜于孔子像前道："吾受此，何以对先圣！"将行贿者却之门外。又捐出自己俸银为大成殿添置祭器，这些祭器直至明末尚存。后升崇阳知县，惜至鄞县而病逝。

应振黼（生卒年不详）　字绣夫，又字寻乐，元徵子。明嘉靖二年（1523）岁贡。授常山县学教谕，未成行，改授泗洲通判。莅任后，筑堤治水，兴利革弊，贤能之声大著。后弃官归乡，悉以月俸散发三族，设家塾以教乡里子弟，连老师所需酬金，亦替学生代付。故乡人凡称颂厚德君子，必曰振黼。

应振肃（生卒年不详）　振黼兄。明经修行，笃于孝友。振纶字诚夫，句容县学训导。振肃子云鷟自有传，云鷟字子神，与振纶子云凰、振黼子云鹭并为监察御史王涣之门人，与王涣儿子切磋学问，以道义相勉励，都成为县内名儒。

李　凤（生卒年不详）　祁州人。明嘉靖五年（1526）由监生任象山县训导。衣着古朴，学古圣贤。学识广博，志趣高雅，尤工书法。妻子双目失明，李凤不嫌弃，爱礼有加。儿子拾金于道，他即命儿子等候失主，归还失物。每日于斋室，为诸生讲学解惑，多有独到见解。恰有督学使者汪某人，骄慢任性，凡士子对其稍有不从，便恶语训斥。李凤忍无可忍，整冠向前，掀髯而厉声道："大人身为儒学宗师，理当为士子之楷模，却为何如此性浮气躁，狂妄自大？"又告三条"不可"之诫。时学宫在场者，无不为之股栗。不意汪某虽于平时刚愎自用，这次却被凛然正气所慑，自觉气短，不敢发作。李凤将汪某人教训了一顿，便从容而回。随即请求辞职归里。留之，终不得。未及成行，竟一病离世。

俞振纪（生卒年不详）　字肃夫。自幼父亡，事母至孝，忙极时亦不忘早晚问安。家贫力学，与人相处平和无冲突，虽困顿，处之泰然。曾从道侧拾到布袱，得粮券多张、白金若干两。无人认领，寻找失主还之。明嘉靖五年（1526）岁贡。分发安徽旌德县教谕，以师道自任，颇得士子敬佩。后因母亡丁忧归乡，送行者不远千里。守庐3年不出，至服孝期满，起为道州学正，未到任而去世。

吴　璋（1468—1553）　字珍侯，世袭从三品官，以指挥同知隶昌国分巡石浦，昌石为滨海要地，自明正统七年（1442）壬戌倭寇焚劫卫所，而昌国卫等官以失律被刑者三十六人。嘉靖十八年（1539），闽人李光头、徽人许栋以事系狱，因除夕禁卒引岁酒，倾醉疏防。夤夜越狱，其党王直、徐惟学等遣人舣舟岳头，接应入海，官军捕之不得。明年庚子春正月，勾引倭奴结寨于郭衢之双屿港，分艅剽掠。吴璋时巡守石浦，贼艘舣集，潜结巢于外港隘口。吴璋夤夜抽乡兵善登山者五十人，使人各执旗赍铳炮，由间道攀崖伏于近巢之高岩，俯而觇贼，且度我兵至以炮应。

预遣其子道南潜踰蹄岭涉岙，先发其滚木垒石之伏险者。于是，璋率卫兵出隘骤进，贼甫迎敌，忽山岭炮发声如雷，烟滔蔽天，回视之，则红旗满山隘，间谓官军已据贼巢，将弃隘走。而道南兵呼噪冲突，公麾益进。贼四顾失据，弃大舰，乘小舟，飚流而遁守双屿港，频年不敢一窥昌石等处。嘉靖二十五年，贼更招集亡命，挟倭奴，大举入寇。舳船蔽海，而漳贼一队因风利直捣石浦。后船继进，绵亘铜瓦、石坛间，掳劫备倭把总白濬、巡检汤英。贼锋勇锐，莫可当。时公已家居，愤然而起。适邑令蒋公三才团父子乡兵，会璋于黄部。道南公亦至，觇贼列踞平岩，势张甚，璋领前军进击，贼争进，离其前后，璋使道南一军横贯其间。蒋公率父子兵左右夹击之，贼首尾不相应，且战且退，顺流而东，倭复退守双屿港。

王　棉（生卒年不详）　字子瞻，又字鹤野。王梴兄。为诸生时，以“象山密迩岛夷，据郡上游，无城何以守御?”上书当道，众讥其迂腐。后倭寇蹂躏，人始服其远见卓识。象山县治于明嘉靖时筑城。鹤野可谓首先发起者。曾以选贡任南直泰兴县学训导，后迁宁化县教谕，以益王府教授退休归乡。鹤野学识渊博，节操清高，士人奉为楷模。居乡恭谨温顺，兄弟7人，至白首无间言。

王　梴（生卒年不详）　字子长，又字同野，王涣第三子。明嘉靖十一年（1532）进士。初，供职礼部，值天现彗星，朝野邪说纷起。梴上疏，向皇帝大胆直谏六条，要求皇帝做到慎独、寡欲、防微、广言、备边、司乐，并逐条阐述。观点鲜明，言辞尖锐，忠诚可见。一时间，因大胆、正直，无私无畏而声震京都。翌年，授中书舍人。奉诏传谕江南，升兵科给事中，又改工部营缮司员外郎，督修大内城。嘉靖十六年，进本司郎中。皇太后崩，朝廷议迁睿庙合葬，忽又改议。梴陈必可迁者有理由三，必不可改者有理由四。当时大工繁兴，每年所费数百万，且议添雇夫役。内侍高忠、武定侯郭勋主办其事，梴极力请求大司空罢此两人。下之部议，久不决。监督哗然道：“毋听王郎中主使。”梴厉声道：“国用至此，诸公尚泄泄耶?郎中止此身耳!”最终停添夫役，并罢云贵之采木者，每年节省国费以万计。又上书于都御史王廷相，言民生疾苦，廷相深纳之。升江西左参议，提督粮储，推行“一条鞭法”，革除陈年弊端。又请立新建伯王守仁祠。闲暇时则单车过庐山白鹿洞书院，引进诸生讲明理学，作《四箴》以示警。入觐，举乙榜以下长才受屈者七人。转山东副使，备兵徐州。其间开屯粮，谨军堡，限定赋役规则。并大修学宫，置东西两馆养文武士。民安居乐业，遂有江南富庶之风。梴亦颇具武略，曾多次指挥官军，为朝廷平息流寇，剿灭水匪山贼，于是以知兵闻名于朝，欲授边方重任，内侍高忠以前憾阻之。嘉靖二十七年，迁湖广参政，徐州民众泣留不得。后因刚强正直得罪巡按御史，被劾免官。梴7岁解文义，博览群书，过目成诵，为文闳肆豪迈，诗更精诣，有汉唐风格。入都，以泾阳吕柟、后渠崔铣游，一意反约为躬行实践之学。复与罗洪先、邹守益、赵树春等人论辩往复，力阐“致良知”之旨，与同郡张邦奇、万良，尤其契合。晚年见道益精。撰有《徐州府志》《王氏家乘》《疏议稿》《涉江集》等，《四明丛书》收《徐徐集》一册。

史安邦（生卒年不详，附子选）　字德卿，又字碧川，丹城人。明嘉靖十二年（1533）选贡。于太学完成学业，司成费案、李舜臣深器重之。授职合肥县丞，时恰值县令暂缺，安邦代掌县令之职。清正廉洁，洞察民隐，平徭理讼，县内小吏及衙役等不敢作奸犯科。县有窦象池，旧为马氏业。土豪杜氏夺之，诬以杀人，案久拖不决。安邦一审而结案。四方民众将安邦当作神明赞颂。后归故里，闭门讲学，谊笃兄弟，赈济贫族，不巴结当道权贵。子选，字凤峰，登嘉靖四体贤书，授虹县令。调知安东，以浚河功受文绮之赐。后知亳州。致仕归。

何　荣（生卒年不详）　茂名人。明嘉靖十五年（1536）由监生任象山知县。荣洁身自爱，公正廉明，勤于处理公事文书，狱无留滞。上司知其长于办案，凡遇死刑案，辄委检断。荣所拟最后结论，皆严格合于法律，从不徇私包庇。何荣因此得罪权要，被造谣中伤，贬官离任。象山民众深念其好，许多人流泪送他离境。

俞　氏（生卒年不详）　吴旻妻，生二子，长乾抚，次乾养。年 21，夫亡，水浆不入口 7 日，愿以死殉夫。族人交劝曰："二子俱在襁褓之中，汝死，谁能为汝立孤乎？"于是强起料理丧事。服丧期满，有富人欲娶之，遣媒提亲，俞氏严词拒绝。次日，媒人再至，便截去头发，坚示不嫁。过了一天，媒人居然又来，俞氏泣道："看来不死不足以明志。"就对二子道："倘若我死去，你兄弟俩可以去外婆家。"便关上房门，悬梁自尽。乾养尚幼，发觉母亲有异，失声大哭。家里人闻声急开门抢救，幸获苏醒。家境越来越穷，仍训导二子刻苦力学。长子乾抚，明隆庆四年（1570）岁贡，曾任教谕。次子乾养，嘉靖十六年（1537）举人。家有凤尾池，养有荷花，曾现一蒂双葩，人们都以为乃俞氏苦节感动天地所致。

吴乾养（生卒年不详）　号绿野。祖父吴琏监生，弘治间为安东教谕，以清节为诸生楷模，光绪安吉县志曰：操身端谨，调海严勤。父旻，早逝。乾养 3 岁丧父，家贫，从小矢志自立，与兄皆师事王涣。明嘉靖十六年（1537）中举，授江西星子知县。星子县地处冲要，事务繁重，然经济凋敝，民惯于攻讦诉讼。乾养至则爱民省费，禁奸息争，夙弊尽除。三年后，地方风气大为改变。升任钧州知府，却因操劳过度，未到任而去世。乾养介洁自持，一贫如洗，过世很久都未能下葬。乡人悼念，集资为其举丧。墓在大徐三角埭，今为县文物保护点。

陈文昌（生卒年不详）　字子华，又字五山。自幼丧父，事母极孝。母有病，必亲自料理汤药，专心伺候，衣不解带，不辞劳累。与邑中吴乾养、黄泮一同受业于王涣门下，涣子王梃称赞他们"强毅开朗，皆任道之器"。族中有贫困者，文昌必赈之，友人有难，辄冒险排解，无异己事。明嘉靖十年（1531），以选贡身份入太学，学中颇有名声。嘉靖十六年中举，任河南罗山知县。清操苦节，勤于案牍，政声大著。进京朝见时，病殁于途中。罗山士民感其恩德，立祠祀之。

黄　泮（生卒年不详，附子文璧）　字本育，象山人，师事王涣。明嘉靖十九年（1540）岁贡，任直隶长垣县教谕。其间，县令以丁忧离任，监司命泮暂代。泮竭力谢绝道："儒官不谙吏事。"深得监司器重。诸生唐守约，家贫早逝，其妻自殉于丈夫灵柩前。泮将其事迹上报学使，得题墓表彰，而树坊、治墓等后事，皆由黄泮捐俸以助。省试，一廪生高才而被黜，泮为其陈述冤屈，获士人一致赞扬。黄文璧，黄泮子。读书尚义，以诸生承传家学。散谷赈饥，拾遗金塔下，守候还主人，乡人称其德行极似乃父。

周希程（生卒年不详）　字道夫，又字凤山，周璋子。从小受母亲杨氏教诲，读书手不释卷。明嘉靖十三年（1534）乡试中举。赴礼部试，以乙榜授寿张县学教谕。6 载后，又参加会试，中进士，授广东番禺知县。革除时弊，惩罚刁顽，表彰节烈，风纪肃然。转苏州府同知，消弭盗贼，修筑堤坝，免除荒区积欠赋税，民乐更生。因病致仕归故里。嘉靖三十五年，毛德京任象山县令编纂《象山县志》时，参与校定。共襄县城建筑，筑象山县城时为作《象城记》。著有《仕余录》《凤山集》《平夷功次录》（陈汉章有考证）。吴人立祠祀之。

周大綖（生卒年不详）　字粹白，希程子。年幼就专注读书，不苟言笑，俨然如成人。及长，品学兼优。以乡贡任天台县学训导，师严道尊，儒士学风端正。迁广西来宾知县。编辑地方志，召集安置流亡者，善政益彰。然生性冲淡，不恋官场，任期未满，慨然赋归。破车瘦马，囊箧萧然。其子明新，别有传。

吴允裕（生卒年不详）　南海人。明嘉靖二十年（1541）由举人任象山县令。洁己奉公，秉性淳厚，爱民如子，深受民众爱戴。时象山县尚未筑城。一夕，山贼入城，将县中库银盗窃一空。允裕认为自己失职，遂以全部俸钱补偿，但尚不足需补之半。民众闻之，相互告知，争着捐资代为补偿。调任东安县令，象山百姓立生祠祀之。后迁调府丞，又署象山县事，而允裕清操介节始终不渝。象山百姓皆相庆贺："福星再临矣！"

应云鸑（生卒年不详）　字瑞伯，又字东塘，振肃子。生来聪敏异常，年尚小时，到其父读书处，看到《坟》《典》内容富博，就说："当须读尽此书，方为男子！"其父暗为惊异。稍长，随父从王涣学，研读六经、子、史，无不贯通。明嘉靖二十年（1541），中进士，任临川县令。该县前几任为官不力，致使境内民风不正，欠赋逃税现象严重，争讼不断，百业不振。云鸑一到任，即禁奸息争，搜剔吏弊，清查丁粮。应云鸑善于治理一县财经事务，定提纲振目者二事：一曰据总以核国实，二曰循辙以稽国虚。沿流寻源者四事：一曰清赔虚之弊，二曰清诡冒之弊，三曰清逃绝之弊，四曰清飞倒之弊。以各都、图之实粮，补各都、图之虚数。云鸑所定措施，上不病国，下不害民。呈上抚按，被采纳推行，一时成治县之通则。又于临川县内修筑文昌堰，疏理千金陂，议设巡司，建树声楼，印行《王荆公全集》，临川县得以大治。嘉靖二十三年夏遇大旱，则预防荒歉，抑债主之勒限，禁租额之取盈，照时价以出粜，多利息以交贷，发赃罚以备籴，缓京折之征催。又芒鞋徒步，祷于戚姑井。果然天降大雨，当年丰收。云鸑又长于审案，当道每有疑狱，发给审讯，都能谙练明断，多所平反。升兵部车驾司主事。曾应命陈述边塞防秋之策，得尚书王以旂、赵廷瑞赏识，迁职方司员外郎，进武库司郎中。当时有边警，云鸑数议征讨防御之计，深受好评。因丁忧返乡，适值象山县建城，规制谋划，不遗余力。守孝期满，又重返原职。朝绅竞誉，谓有经世济邦之才，正要被重用之时，因病逝世于任上。云鸑仪表修洁，品行端正，好古文辞。著有《书经讲意》《临川集》《象川杂稿》等。

蒋三才（生卒年不详）　字位中，全州人。明嘉靖二十四年（1545）由举人任象山县令。为人刚正，有治世之才。时象山海上、陆上诸盗频发，扰害村落，全县惶惶不安。三才到任，于各乡各村倡立"父子乡兵"，互相策应。每当有贼寇犯境或境内不肖之徒私相劫掠者，一方报警，多方相应，合力捕之。一旦抓获，审讯核实，便绳之以法。一段时间后，境内之盗贼见形势不妙，纷纷散伙，县民得以安居乐业。三才平素以气节清高自负，不能在上官面前委曲求全，更不会奉迎，故几年后被罢官。象山百姓深受其惠，立生祠以祀之。

杨继宗（生卒年不详）　福建莆田人，明嘉靖二十九年（1550），署理象山教谕。捐俸钱修葺学宫，并创礼门、建泮桥，改善学宫风貌，关爱贫寒学子，无微不至。为人师表，高风亮节，唯以培植士子浩然正气为己任。在职五年，从不因私事而求见上官。虽与当时县令关系甚好，但从不通关节、营私利。每日与诸生讲经解惑，寒暑不停。后升任叶县知县。

邵　侄（生卒年不详）　昌国卫人，生活于明正德、嘉靖年间。素性好施，游仙乡一李姓人借贷十余年不还，且说："家太贫穷，债无法清偿，请减半。"即慨然许诺，后其子又来说："家比以前更穷，减半也还不清，只有求全免了。"亦不与计较，此后又有借贷，也未因其以前不还而拒绝。有一个落泊千户因家中绝粮来告贷，立即派人送十天粮食。又一王姓人，所借常十不偿一，亦屡加优恤。一日，欲卖其妻抵债，说："与其饿死而别，还不如生而分离。"其妻来哀求，说："只要得三数金，就可以保全我夫妻。"即倾囊与之。卫城南有塘田千余亩，地势低洼，每年都会遭水淹，侄忧，说："每年无收成，还要赔缴国家钱粮，如果不改造它，这危害不知道什么时候是尽头。"于是亲自主持，组织有田的，各出资财，买田开港，疏导淤塞，而后水道通达，田有收成，后人久享其利。

毛德京（1523—卒年不详） 字子极，广西富川人。年十九中举，明嘉靖三十年（1551）任象山知县。刚一上任，便报倭寇侵扰。毅然指挥军民抗击，亲临前沿，昼夜戍守，士民同仇敌忾，无不以一当百。贼众皆相互告诫说，"宁拉虎头，无犯毛侯"。自此县治安泰七载。时象山县治尚无城垣，每遇寇警，县人则四出逃奔。为保县治久安，德京倡议筑建县城。从向上申报，到筹募资金、设计方案、发动民众、组织施工，不避劳苦、尽心竭力，历时二载，终于竣工。象山致政名宦周希程撰《筑象山县城记》一文，对此赞曰："奠象民于磐石之安，而敌人不敢肆其觊觎矣"。"象山之士大夫与诸父老相与语曰：'象自建县以来，千有余年，莫为城守，至毛侯始为之，厥功懋矣！'"德京又修学校，新县署，扩建圆峰庙。象山之前虽曾有过志书，但早已残缺。德京于百忙之中组织人员重修县志，任主修并亲自撰写人物传，文献赖以有征。德京明职守，简胥役，辞请谒，拒贿赂，礼贤下士，平易近民，故深孚众望。后升台州府同知，离象时，送者塞途，且立祠以祀之。

秦　彪（生年不详—1552） 世袭爵溪所百户。明嘉靖三十一年（1552），倭寇进犯赤坎，攻打游仙寨，情况紧急，秦彪闻讯后，对其弟秦汉（一作豸）说："游仙与爵溪唇齿相依，无游仙，是无爵溪也。先人遗我汗马勋，不死战，而死法，何以见先人于地下！"于是和弟秦汉疾驰杀贼，终因力不能支，双双战死。次年三月，倭寇又攻陷昌国卫。其时已致仕指挥使吴璋携妻子遁去，以为国而死之责嘱其子道南。有顷，道南来见其父。吴璋惊曰："若（你）复来耶！失城，守者死无赦。盍不为忠义鬼乎？"道南俯首，无言可答，最终死于军法。论者每以秦彪事指责道南。明名将卢象升有言道："不死疆场，乃死西市耶！"正与秦彪所言相一致。

陈　表（生年不详—1553，附方锦、赵乾佾、王永希、朱汀、朱友章） 世袭昌国卫百户。明嘉靖三十二年（1553），倭寇攻城，情况危急。陈表对母亲说："吾不能奉母矣，然不可致母于此。"于是送母亲出城，纳所摄印于千户金鳌。出城门奋力格斗，随后退入城中死守。不久城陷，表持刀巷战而死。军士方锦亦奋勇杀贼，壮烈牺牲。为表彰陈表与方锦，后特为建忠烈坊于昌国卫西门外。

其时，赵乾佾在梅溪抵御倭寇，王永希、朱汀父子在李家岙抵御倭寇，皆奋不顾身，最后战死。知县毛德京申请立祠于山川坛北。乾佾年少时就有勇有谋。倭寇进犯锯门（位于象山东南锯门山北侧，直面大目洋，距丹城约 15 千米），集聚游仙寨，掠至梅溪，逼近县城，官民惊恐。乾佾率数十人追剿倭寇，杀二人，贼众稍稍退却。乾佾乘胜追击，陷入倭寇埋伏中，遂被杀。时县治（今丹城）尚无城墙，倭贼之所以不敢进犯县治，其原因在于乾佾之勇略夺其魂魄。朱汀颇具勇力，平素善使剑、槊。倭贼犯赤坎，进驻李家岙，大肆掳掠。汀与其友王永希及其子友章，率数十人直捣其穴。贼弃营而逃，至开口岩，时已傍晚，倭寇无计可施，遂反击。激战多时，朱汀被流箭射中，犹手刃数贼。终于不支，回头对儿子说："我已无济，汝等速去。"友章不忍丢下父亲，与永希奋力上前格斗，一起战死。县内名士姜文源等向官府提出请求，称汀等民间人士，本无守城之责，以激于义愤，挺身杀贼，父子战死，值得表彰。官府下令为朱汀父子与乾佾、永希等立祠，共同祭祀，以激励民心。

周　黼（生卒年不详） 字子用，县秀才，学问广博。父病，焚香恳请上天，愿以身替父，不久父病愈。分家时，父要多给田产，资助他完成学业；周黼没接受，均分与同父异母兄弟。妻吴氏病危，临终前说：“无他嘱，勿以吾子衣芦花耳!”黼听后甚为感伤，于是终身不再娶。设家塾授徒，于贫而不能出学费者，同样教之不倦。一日，邻居发生火灾，殃及百余家，延烧至周黼之庐，风忽转向。又有周钦，三世同居，数十人共炊，内外无间言。邑令闻其贤，延为乡饮宾，不受。

周宗达（生卒年不详） 孝事孀母，兄弟共炊同寝，有汉代姜肱“大被同眠”之古风。象山县治未筑城时，倭寇突至，邑人尽奔避。时监牢关着犯人，即使其妻子亦无暇顾及。宗达说：“囚亦人也，可令槁腹死耶?”独自冒着危险，为囚犯煮粥。知县毛德京表彰其道义。鄞县商某，夜遇邻家火，混乱中失篚中金，坐号达旦。宗达说：“吾从众中攫得，惧被他人攘去耳。”如数还之。商人谢而纳，不知此非其所失之金也。

邵招贤（生卒年不详） 字文达，奉父母极孝，每供父母食，必有美味。生性醇厚，处事谨慎，乡村中若有不平之事，常得招贤片言而解。一天夜里，有小偷越墙进入其家，被捉。招贤却拿酒菜款待，教他改邪归正。小偷悔悟，感谢离去，后终成良民。儿子邵景尧，高中榜眼，授翰林编修。招贤去北方，途经淮阴，谒见督河刘尚书。刘赠他有帷幕之车。招贤坚拒不受，说：“安敢以短褐重累舆人!”刘又赠他“传符”，可以凭此而享受驿站提供的车马与食宿。招贤欲拒，又恐拂其好意，假作接受，过后告诫随从道：“蓬虆而行，吾分也，乌可溷?”遂将传符缴还给驿站。晚年遭卑鄙小人欺蒙，致卧病三月。有人向他揭发这蒙欺者，但招贤只是仰头看着房顶道：“我为恶人所误，不是有‘天网恢恢，疏而不漏’之说吗?”始终不向人说自己受欺之内情。故人们皆称道招贤厚德。

钱　完（生卒年不详） 字汝璧，号庸庵，司寇钱唐后裔。颖敏博学，慷慨有大志，平生不求闻达，唯以济人利物为心愿。明嘉靖三十四年（1555）春，路过彭姥岭麓，见荒野中有尸首被群犬争食，心甚恻然。即出资于彭姥岭下购地一区。因地设计，平整地面，开通道路，又筑围墙、立石门，建“钱氏义冢”。凡暴露于野之尸首及因贫而无力置墓者，皆收而葬之。又于义冢侧辟建“义馆”，高大宽敞，以便祭祀者食宿，亦可作来此迎送者饯行之所。馆外又建侧室，以田、地各六亩之收益充作报酬，募人掌管看护，为“义冢”“义馆”提供各项服务。钱完一生，乐善好施，热心公益，事例诚多。诸如捐地基以助迁徙城隍之庙，建粥棚以济筑城之工，捐学田以赡养贫士，设书塾以训导儿童等等。其高风义举，赢得官民一致称颂。县令毛德京，特书“旌善堂”匾，率属下登门相赠。学者蒋宇为撰《钱氏义冢记》。

王　厢（生卒年不详） 字朝宁，镇江府丹徒人，明嘉靖十六年（1537）举人。嘉靖三十五年任象山县令。时舟山为倭寇占据，浙东沿海包括象山之民亦有从贼为乱者。王厢到任，率民积极御寇，并乘俞大猷、戚继光等将领在浙东一带取得抗倭胜利之际，招抚从寇之民数千，功莫大焉。后调迁湖广益阳县。时益阳洪涝，王厢为解灾民之苦，缓期征收赋税，平价卖官粮，开仓赈济饥民，灾区得以较快复苏。后因积劳成疾，死于任上。县主簿李孟春治丧，发现王厢在衙署尚积有赎金二百。而此时，王厢家属已在归乡路上。李孟春即遣人携款快马追赶，于途中追及。王厢妻杨氏对来者说：“我两次伴夫君在外为官，从未听说过赎金当属县令所有。”坚辞不受。

王良璧（生卒年不详，附黄文魁） 平素喜好施舍。曾经有向他借钱而拖欠者，因无力还债，想卖妻子偿付。良璧听到后马上制止，并烧借据。一天夜里擒获一小偷，发现是旧邻，就劝慰他说：“尔为累贫故耳!”又济以钱谷，并终生不露其名。村里有人拖欠官租若干，几乎死于牢狱，良璧拿出三百余金代为缴纳。有司察访到这些事之后，表彰他崇尚道义。夫妇并寿97岁，无疾而逝。又有名黄文魁者，性好施，出谷赈饥，常为人辩白冤屈，解决纠纷，仗义执言，有古仁人之风。

骆　元　（生卒年不详）居住县之南乡。明嘉靖末年，岛外渔舟约60余人，因大风而飘至金齿门，进入内地。守汛地士兵见此大叫“此可擒也”，绑之以献主管。时骆元为村中耆宿，从旁力诤：“天道神明，炯于白日，奈何妄杀无辜！”辞色凛烈。主事者心动，释之，难民皆磕头而去。

张　达　（生卒年不详）福建人。明嘉靖三十九年（1560）任象山典史（掌管缉捕、监狱）。到任之初，适值有大股海岛贼寇攻击县城。县城武备松懈，兵无斗志，官无良策，情况危急。张达慨然道：“西门，贼冲也，吾其御之。”就披甲上马，鼓励勇卒相随，驰救西门，拼死坚守。达对身边士卒道：“脱有不测，当戮力巷战，勿他顾也。”贼寇一时攻不下，以为县城早有防备，于是散去，县城得以安定。

姜文源　（生卒年不详）字道本，博学高才，擅长作诗。少时与王梴友善，偕王门弟子朝夕研讨，素以阐明理学为己任。明嘉靖三十九年（1560）岁贡，授闽（县）训导，调任怀安教谕。以身作则，严肃谨慎，有师者风范。年老归乡后，仍讲学不辍，乡人敬之为楷模。文源孝顺父母，友爱兄弟。为诸生时，正遇象山筑城，听说役卒中有擅取无主墓石的，就筑居墓侧，蜷伏守护，役卒无间可乘。晚年，买墓地，与弟文泽的坟墓相连，以显“大被同眠”之古风。县内城濠、文塔等大量工程修建，文源大多参与筹划。一生做事小心谨慎，从未因行为轻率而失跬步。在102岁那年，巡抚常居敬、学使李同芳为他建百岁坊，又为其宅题：“海邦德寿”。

张　璇（生年不详—1562）　字百祥，又字鹤皋，世代武官。璇自少聪颖异常，发愤读书，曾有言道：“先世以武功兴，吾今日以文学显，庶亢吾宗。”登明嘉靖四十一年（1562）进士，任常熟县令。铲除奸猾小人，除去各种弊端，民所不便者力革之。暇时召集诸生讲授学业，出己俸以济贫困，当地均将其看作可依靠者。惜上任才一月，便猝然去世，士民无不为之流涕。同母弟应麟，博学善文，崇尚气节，廉洁守法，不取非分之财。与璇齐名，乡里称之为“张氏双璧”。正准备以岁贡身份去京师太学，却不料也撒手离世志愿未遂，皆惜之。

林　森（生卒年不详）　字世茂，号芹峰，福建长乐举人。性至孝，曾云：“吾何以奉母，惟当为好官耳。”明嘉靖四十二年（1563），由知嵊县调知象山。离嵊时，当地父老带礼物送行，森坚辞不受：“吾囊中有一钱为他人所赠，心便不安。”一到象山，便察访民间，着手兴利除弊。清囹圄、省刑罚、正版籍、均徭役，抚恤孤寡老人、招抚逃亡之民；又修整城墙、捐建铺舍，除盗贼以安民、省公务支出以节约公费。森才识明敏，尤善摘发弊端，明辨是非，而心主慈爱，卒多原宥。林森刚直无所疑畏，尝奉编里徭于鄞，鄞俗多冒倚官势，滥叨蠲免者，都毫不留情，一一纠正。定海（今镇海）有富人蒙冤入狱，参与审查者都怕受嫌疑，致案子久拖不决。其子向上一级击鼓鸣冤，上级将此案转交林森审理。森不拘泥于原审之定论，竭力为其辨清事实，终使冤情得以昭雪。森自奉淡泊，始终不渝。政绩卓著，上司考评赞云：“气高于山，心清若水。”人以为知人之论。后升知均州，民间为他立碑颂德，立祠塑像。

史元哲（生卒年不详）　史惟时远孙（颜师古谓八世孙）。明隆庆、万历年间，县内多次遭遇水旱之灾，沟壑间到处可见饿殍。元哲呼其子翰道：“司马迁曰：‘富而好行其德。’吾力稍赢余，可坐视闾里槁腹死耶！”于是把所储积谷物全部赈济闾里，不够，再佐以家中积蓄银钱。有司上报此事，部使者题其门曰“旌义”。其子翰克继先志，亦多行赈济，于宗族尤笃。元哲从弟元谋，亦仗义好施，堂中高挂《麦舟图》，以明其志。

徐廷龙（生卒年不详）　字梅松，福建莆田举人。明隆庆二年（1568）授象山知县。时象山民多顽梗，好讼诉。廷龙到任，不施杖责，而是教之以德，动之以情，使受感化。县因连遭兵燹，民多逃至境外。廷龙到象后，亲民善治，县境平安，逃亡者陆续返回，象山户口得以增加。廷龙又主持修固城墙，加强城防；建立乡间民团，增设防御工事，岛夷闻风远遁。任职3载，政绩卓著，受都御史谷熊、御史周吴交章荐举，升南京兵马司。

陈思爱（生卒年不详）　德化人，明万历元年（1573）由举人任象山知县。日夜关心民众疾苦，有利百姓之事无所不办，曾报请上级拨款修葺诸庙学、殿庑、门堂、祠亭、斋舍。重视军事防务，整修战船、兵器及东城楼、北水门、敌台、警铺，以备寇警。平整修建昌国、石浦等地道路交通，以便民众行旅。又修建衙署、后堂、川堂及东西曹房，所需之费皆出自县衙公务省俭之款。对此，县民大多不知。思爱去世后，民间立祠祀之。

周光镐（1536—1616）　字国雍，广东潮阳进士，明隆庆六年（1572），以府推官（掌司法）身份署象山县事。一到象山，首先入学宫拜谒先圣，询问有无典籍。得无典籍时，不禁感叹道："象山故僻陋，士寡见闻，奈何复令经史缺逸耶！"即捐月俸，购书若干卷，贮之学舍，供学子阅览。光镐常坐巾车下乡察访，仔细了解民情。当其查察到山林也需交税，以致民生艰难时，惊诧道："如许贫瘠之地，而令民为输税奔波，怎能承受！"遂立即向两台（省布政使、按察使）陈述其考察之情，请得两台同意，为象山的山林和水荡减少税额千余两。又将象山700余金之杂税，均分到郡内五县，以减轻象民负担。光镐暂代过慈溪、奉化县令，曾于天台、永嘉、绍兴等地担任过省级使者，留下众多政绩。如修戴拾遗墓，扩其祠宇，置田20亩。报请朝廷同意，使受宁海方孝孺案所牵连的300余户人家解除戍籍。曾帮助裁掉不合理盐税2万，十县商家称便。这些只是光镐功绩较大者。后迁升户部主事。

郭立之（生卒年不详）　字守道，晋江举人。明万历六年（1578）署象山县教谕。上任之初，见学宫屋宇荒陋，墙壁漶漫破败，不禁叹道："儒者讲学之地，怎可任其荒败到如此地步！"于是捐出俸钱，召集工匠，整修斋舍、廊庑，又添置器皿、床几等。象山境内田地贫瘠，百姓生活艰苦，学宫里诸生十分之九出身贫困，立之为此多方奔走，想方设法帮助接济。并为学子制定规章制度，督促学子勤学苦读，严格约束学子毋得干扰地方官办事。县里有官仓，地处偏僻海滨，向为营私舞弊频发之处，上官命立之前往查察。一天夜里，有一奸猾之吏怀揣赂金，候于立之宿舍门外，欲行贿赂。立之发觉后，怒斥后逐出。继又清查公布此人所有贪污行为。万历七年夏，滇南聘立之任考官，适值训导唐豹病重，他不忍弃下同事不顾。未几，唐豹去世。立之一手操办丧事，并为其家属精心安排以后生活，最后竟未能去云南任考官。

唐师锡（生卒年不详）　福建莆田人。明万历九年（1581）任象山知县。以淡泊为属下之表率。平素布衣蔬食，从不取用县民所供之一束菜。属下官吏畏其清廉，都谨慎守职，不敢违法。曾坐大堂办公，要取一杯茶都没有，仆役只好以椒汤充茶进奉，师锡也笑而饮之。适值歉收之年，县民多有菜色，督饷者责备象山县衙催交税粮未能按期，师锡答道："吾忍以敲扑残民命耶？宁坐催科政拙耳。"结果考职时被评为下下等，亦因此而被罢免。离任之时，行李仅一布袋而已。

黄士奇（生卒年不详）　字儒正，明万历十年（1582）以超贡入南京国子监，领应天乡荐。任广东澄海令。邑故盗薮，民不易治。先是，历任知县大多应治不善，都没有好的结局。士奇至，廉知里豪某为诸恶少所严事，招之来，谕以祸福，勉其子向学，列青衿，遂帖然向化。盗发，即捕以献，不期月而四境平安。岁苦徭役不均，士奇核定户口，著之版籍，积蠹立清。稍暇，进诸生谈经讲义，莫不厌志而返。转江西临江通判。被谪。卒。

李　钺（生年不详，附王斗、韩国彦、陈应龙）　象山仁义村人。喜欢做善事。明万历十五年（1587），县饥荒，罄其所有救济遭荒灾民，又出资将死而无人埋葬者悉数殡葬。因德高望重，被推举为乡饮介宾。时，尚有个王斗，字三台，万历十六年赈粥疗饥，家里人口多的则根据人口授米，使很多人活了下来。万历二十六年县里又发生灾荒，仍然一如既往救济百姓。韩国彦，字昆柱，乃县秀才。施舍棺材掩埋露野尸骨，煮粥救饥。陈应龙，字瑞云，施药赈粥，屡行其德。皆惠行可风，臻于高寿。

崔振臬（生卒年不详）　号淑寰，番禺人。明万历十六年（1588）调任象山知县。任职期间，政平讼简，不事苛察。因宽厚待民，故民亦爱戴他若慈母。适值海上戒严，以防海寇侵扰，振臬便组建、训练乡兵，修理兵器，操办强弓劲弩千余张，分发给守城者。每有寇警，身先士卒。护城御寇。孤城象山恃以无恐。又捐俸钱刻印《王文成年谱》，以教化县民，激励士人上进。忽被降级调遣。慨然说："昔日居于峦瘴之地（柳州府怀远），今作波臣（喻被贬），劳苦逢诽谤，岂不是命运耶？"由县丞暂理县令职务。此人一掌县印，便一反往日谨慎、谦恭之态。振臬丝毫不与计较，离象时，将自己县里应做而未做之事，一一嘱托，挥泪相别。其内心之仁厚，对象山百姓之关爱，由此可见。象山民众为感念其恩德，也为他勒碑建祠。

袁文信（生卒年不详）　明万历十六年（1588），县内严重歉收，饿殍遍野。官员向富户募粟以赈济灾民，文信与弟文仁共捐粟1000石。四十四年又发生饥荒，远近百姓饿着肚子慕名上门乞讨，文信又拿出米谷赈济，全活甚众。

金可久（生卒年不详）　义乌人。明万历十九年（1591）任象山县训导。严于律己，宽厚待人，博雅好古。召集诸生讲论经史，释义解惑，竟夕不休。尤喜选择年少才俊而可深造者，每十天讲学一次；而对学业差者，严格督促。学子们无不奋起、振作，力求上进，私下里说："怎么可以辜负金先生殷切训导呢！"资俸所入，多用以周济贫寒之士举办婚丧，士人莫不颂其恩德。

李多见（生卒年不详）　字子行，福建莆田进士。明万历二十一年（1593），由松江知府贬为宁波通判。离任之日，大批松江士民遮道相送，无法成行，滞留数日才动身。适值象山知县空缺，多见遂署理象山县。其间，振兴县学，以培养和造就人才；治理堰坝，改善水利设施，以利农田灌溉；惩恶除奸，以整顿吏治和社会治安；公正断案，以平息民间纷争。管理象山事务虽只短短三月，士民爱戴之情，已不亚于松江。

罗　彦（生卒年不详）　字士美，南海人，明万历二十三年（1595）任象山知县。审结积案、按法律严惩奸恶、振兴学校，属吏畏其威严，百姓感其恩德。于是民谣流传有："冷面阎罗，拨雾澄波，发奸擿伏，抚字催科，天如祚我，老此若何？"有忌之者，竟以此谣报告上司。罗彦听说，就拂袖请辞而去。

汤　宥（生卒年不详）　歙县监生，明万历二十四年（1596）任象山县丞。洁己爱民，早晚间都小心谨慎忙于公事。除了应得俸禄外，不多取公私一钱。任4年县丞，因病致仕，行李萧然。象山父老追相送行，有不禁流泪者。

倪甫英（生卒年不详）　字华月，上海人。曾任分水（今并入浙江桐庐）县令，政声卓异。明万历二十五年（1597），调任象山知县。前几任知县均认为象山土地贫瘠，民风顽劣，因而经常有人拖欠赋税。甫英到任，廉洁奉公，一意节俭，安抚民心，以德感人。赋役向为不良官吏作弊之区。甫英深知象山民众拖欠赋税原因之所在，他曾感叹道："病在版籍不明故也！"由于官府掌握的户籍（即版籍）与民众实际的户籍常有出入，为官吏贪污提供条件。甫英经实际调查，重新查明全县户籍情况，又据此校定《经赋全书》，使上下官吏对县民之交税服役皆有章程可循，奸椙之吏难以从中作弊，象山民众也乐于交税。甫英还为象山积谷备荒；为县里学宫购置田产，以助教育；平时练兵，以防海寇侵扰。邑人邵景尧有文纪其功。

邵景尧（1551—1623）　字熙臣，又字芝南，招贤之子。年少时就以才华出名。后来寓居甬上，结社赋诗，号“浙东十四子”。明万历二十六年（1598）进士，殿试第二（榜眼），授翰林院编修，不久进太子洗马，掌管司经局（掌图籍）。谙熟历史掌故，以学识渊博称誉于世。万历三十一年，偕谕德赵秉忠典试南京，以振拔孤寒之士为己任。正此届考试，一贫寒考生张炜名列前茅；华亭一普通人家三兄弟张拱端、张履端、张轨端同时中举，一时传为美谈。后来，景尧以左谕德官职请求退养。晚年，与同郡邑周应宾、詹天叙、陈之龙等文人缔结诗文之交。耳顺之年颇有雅望，受乡人普遍尊敬，并以之为楷模。曾经纂修万历《象山县志》十五卷，著有《邵太史诗文集》。

应逢显（生卒年不详）　号界川，昌国卫人。祖上世有隐德，至逢显，以孝行闻名。少年丧父，刻苦读书，却不得志。后以纳钱捐官功曹（为县令佐吏），转河南孟县丞。值河工告急，逢显竭尽全力，还参与筑堤劳动，受到各台使者先后褒奖。更捐俸薪赈济饥民，收葬野外尸骨，口碑载道。任职到期，以积劳成疾乞归，孟县父老泣送百里之外。回家乡后很少出门，手不释卷，对子孙说：“马少游（汉将马援从弟）不云乎：布衣蔬食，乘下泽车，甘于清贫，为祖、父守坟墓，乡里称善人足矣。”诸后辈都很尊敬他，被称为“质直君子”。

陈伯道（生卒年不详）　县秀才。父福昙，二子嫡出。伯道乃妾谢氏所生，事亲勤谨。父亲死后，嫡母（父之正妻）夺生母志，强嫁之。伯道进家门暗泣，惧嫡母虐待；出家门也暗泣，惧兄长欺负；夜间蒙被擦泪，枕席间泪痕斑斑。及长，嫡母卒，伯道依然按礼制守丧。时值三月，守丧所居茅屋前紫荆花一夕尽放，人言乃其孝行所致。待到生母后夫卒，伶仃无依，伯道奉之归，即便食贫亦具甘旨。母殁，值寇乱，人皆奔避，伯道守灵柩不去。

史起龙（1581—1618）　字傅霖。史元哲孙。幼有异质，年十三郡试，学使以其文为异，拔冠六县。年十九领乡荐。明万历二十九年（1601）成进士。以未娶乞假，赐归完婚。知江西万载县，赴任途中，闻母病笃，即告归，不许，东望涕零，乃对天虔祷，愿减己年益母寿，母病果愈。起龙英年出仕，勤于其职。三载，调繁宜春，并以激浊扬清著声于时。旋升刑部主事，转工部营缮司郎中，擢福建兵备副使。便道归省，卒于家。

顾祚万（生卒年不详）　嘉兴举人，明万历三十年（1602）署理象山教谕。博学工文章，磊落有奇气，平素待诸生蔼然如父子。遇有贫寒学子生计困难，捐薪给予资助。后升迁广西推官，临行时，身无分文，赖学生陈廷懋借资治装，方得成行。时人均赞顾祚万和陈生品行高尚。

吴学周（生卒年不详）　字养台，崇仁人。明万历三十四年（1606）由选贡任象山知县。到任不久，便组织人员搜辑材料，编纂县志。人们因此而称赞他深谋远虑，善识大体。学周重视水利建设，首先主持疏浚大河，改善境内6万亩农田灌溉条件。为方便县人渡海去宁波，他又主持于黄溪渡对岸登陆处（奉化）凿山辟路，修建码头，所建渡口称为“吴公渡”。明初时刑部尚书象山人钱唐，因卫护孔孟之道而配享孟庙，而象山却无钱唐之祠，遂申请批准，为建钱司寇祠。学周还节省公务开支，体恤民众，修学举废，事事备兴，其惠多矣。

邵怀棠（1574—1634）　字周望，号昭余，昌国卫人。岁贡，明天启三年（1623），任山东招远县知县。时山东乱民蜂起，劫掠诸县。武将畏葸，不足以抵御，邵以义激其勇，设计诱敌，诛其首脑，释其从者，不浃旬，乌合星散，邑赖以安。事见清《招远县志》。初，因幼而颖异，弱冠游庠，文墨为时人所贵，同乡榜眼邵景尧目为"亢宗之才"。后困于棘闱，久不售，一日院试，学政点其名，始以为窃取前辈之名，终拱手相请，曰："本道幼年即读先生文章，因何犹未获高报乎。"暨后拔取贡元。

钱守荐（生卒年不详） 字国衡，县秀才。事父母孝顺，尤善事继母，极得欢心。生性笃厚，素重友爱，尝与兄分家析产，守荐云："手足，孰重于产？"竟将财产全让予兄，甘于受贫，一生淡泊而快乐。

陈守祐（生卒年不详） 象山竹山（中岙）人，家贫好义。遇乡里中人染疫，多方延医施药以治。值岁荒，乞籴台州宁海，得米数十担，减价以粜，一时间暴涨之米价得以平抑。人们深受其恩德，皆以为如此贫而好义，古所少有。

王国桢（生卒年不详） 字君柱，一字名石，昌国卫人。秀才。颇有膂力，喜谈武略。由鄞人、吏部尚书沈一贯推荐，隶贵州镇标效用。屡立战功，累官至副总兵。明天启元年（1621），四川永宁宣抚司奢崇明反。翌年，贵州水西土司头目安邦彦，挟宣抚司安位亦反，并与崇明相呼应，联合四十支其他地方武装攻城堡，杀官吏，围贵阳，全黔震动。贵州巡抚王三善遇伏兵被害，总理川贵湖广军务之大臣鲁钦被逼自刎，震惊朝廷。国桢奉檄率部进剿，先克沙河坝、猡鬼，并攻广顺、定番、青岩、白纳诸蛮，皆取胜，大挫贼兵锐气。崇祯元年（1628），朝廷重新起用前川督朱燮元总督云贵川广军务，兼巡抚贵州。次年，朱燮元统兵大举讨贼。国桢一军，从陆广攻入，与四川诸军会合，奋力击贼至五峰山桃红坝，又胜贼兵于红土坝，贼兵大溃，死者数万人。贼首邦彦、崇明相继授首。进攻水西，国桢又与诸将屯据要害之地，四面迭攻，紧逼安位，迫使安位于次年出降，水西之乱平息。国桢忠勇善战，所向无敌，为统帅朱燮元所倚重。朱帅平定诸蛮及筑三十六城为善后之计，国桢都参与其中。朝廷录平蛮诸将之功，以国桢为第一，升任总兵，镇守贵州。所到之处，恩威并重，蛮民爱戴如父母。迎母至贵州就养。国桢卒，赠"太子少保"，赐祭葬。其母后国桢卒，寿103岁。

潘　氏（生卒年不详，诸生姜仲春妾） 象山人，潘氏归姜时。仲春年已60。姜对潘氏道："吾娶若，非图儿女之欢，专恃操作，以持家政也。"潘氏道："公以为妾为弱女子耶？然缓急间，犹可恃也。"数年，夫殁，子增吉亦相继去世。潘氏与媳妇周氏共抚孤孙昌周（另有传），内外肃然。每冬夜兀坐，持刀斧以备盗贼。一闻动响，即迅捷如健儿。时值明季寇乱，潘氏百计扞护，不及于难。天加其寿，享年88岁，见玄孙而终。(其玄孙即姜炳璋之祖父姜澐)

周　氏（生卒年不详） 象山人，昌周父增吉为邑诸生，以痘死。时昌周母周氏方22岁，孕昌周才六月。周氏母欲其嫁而微讽之："腹中孕，苦汝矣。汝将若何？"周氏愕然而应曰："姜氏惟此一脉，脱有他故，儿与俱死！"终于平安生下昌周，周氏寿68岁。

潘起鹏（生卒年不详） 字以凌，号扶翼，广东新会人。明天启七年（1627）由举人任象山县令。关心民瘼，厘剔奸弊，属下官吏对他畏若神明。其间，逢海寇攻击昌国、石浦、爵溪诸城，起鹏率乡兵救御。三月后，有海寇进逼县城，起鹏率乡兵登城固守。城中官吏亦皆露宿城头，轮流用餐，昼夜巡缉，曾捕获海寇间谍曾伯仁等4人，当场斩首。海寇知县城中有备，不敢贸然进攻。后见各处援兵到来，只得逸去。起鹏于是率民众修缮城堡，整顿哨所；又慰问疾苦，扶持农桑，兴办教育，令县民有再生之感，有《平寇德政录》记其功德。后迁升南康府理刑。崇祯五年

（1632），象山钱仓山野出现一只白鹿，民众皆以为此乃祥瑞之兆，遂顺民意，建白鹿亭，立碑记其瑞。

包元会（生卒年不详）　字会嘉，邑庠生。读书通大义，遇到荒年，发米煮粥，接济贫困者，救活很多饥民。明末，海寇刘香老等猖獗，元会建议修筑报警台，作瞭望放哨防守之用，海疆赖以平安。天启七年（1627）乡试中举。因才华出众，每当进京会试，有很多京中人士上门求识面，然而最终未能及第。清康熙三年（1664），入祀乡贤祠。

邓元春（生卒年不详）　字始和，号东庵。明崇祯元年（1628），世袭石浦前所指挥正千户。其时，郑芝龙将攻昌国、石浦、爵溪等城，海道副使萧基传檄元春守大洋之要冲井水台。一日，报海贼至，元春加固阵地并不出战，伺机以巨炮轰击，海贼夺魄而逃。随后，海贼又逼近所城。陆师统领蔡维周督兵抵御，元春与之会合，埋伏于山谷间。适遇大风折木，尘沙扑面。元春立急诣维周说："贼辎重犯沓浪，乘风纵火，天助我也。"于是命令军士各持草一束，灌以油膏，藏火媒于腰间所配带竹筒里，率先冲向敌阵，维周率军继后。俄顷，烈焰烛天，海贼死水火者无数，而贼首急换乘小船远遁。遭此重挫，郑芝龙数年不敢窥视石浦。

张应昌（生卒年不详）　号石坛。性情豁达，才华出众，风度洒脱，发愤科举。赴北京国子监，九次参加会试，两次中乙榜。晚年授冀州判官，清介有能声。不过三月，便受到四次推荐。当时，皇帝诏令议论有关治理边疆人才事宜，应昌逐条上奏时政八事，侃侃而谈数万言，直指时弊，结果悉为部议所搁置。应昌怆然曰："时事危殆，而自己却无能为力。"固请退隐，拂衣而归。年85卒。

詹嘉言（生卒年不详）　字心声，松阳人。年轻时就十分出众，常以忠义自许。明崇祯四年（1631）以举人任象山训导。海寇屡犯，嘉言助县令登城共守，屡出奇计，平息寇乱。曾拟《进钱唐从祀南太学疏》，事虽未实行，其崇儒扶道之意愿，可见一斑。后任四川梓潼县令，到任不久，便遭李自成农民军二次攻袭。嘉言见城墙毁败，已难固守，遂命儿子詹瑗携其官印，随同县吏带着干粮觅小路出走。李自成军进城，被逮。嘉言不屈，大骂六日，死。

姜昌周（生卒年不详，附母周氏）　象山人，字受书。遗腹子，孤苦无依，及长，事母至孝，刻苦攻读而成名诸生。遇国家危亡之秋，重节操，擅长作诗，与同县余道星、林应乾等常有唱和，感慨国事，珍重名声，相互勉勖。曾任国子监学录，明朝灭亡后离职。与昌周同时期尚有俞廷俊（字英子）、林梦斗（字天侯）、周二监（字元客），均以诗文享誉文坛。

吴季肃（生卒年不详）　字有泉，读书知大义。明崇祯十四年（1641），县内发生饥荒，县令黎民化劝富户赈济灾民，无人响应。季肃叹曰"我等均属国家苍生，何忍己饱而人饥乎？"于是发粟施财救灾，救活多人。地方官颁予题有"溥济"二字牌匾表彰。季肃又出资于金井头港建桥三座，行人称便。

张名振（1601—1655）　字侯服，籍隶南京锦衣卫（当为应天府江宁县人）。明崇祯十六年（1643），以副将任石浦游击。清军陷南京，遣安抚使至浙东，名振拒不受命。鄞县钱肃乐举事，名振与驻西周平西将军王朝先率军赴郡响应。鲁王监国，授名振富平将军，仍驻石浦。时肃虏伯黄斌卿奉唐王之命，守舟山，舟山与石浦互为犄角。鲁王监国二年（1646），钱塘师溃，名振命方简至海门迎鲁王至南田。于是弃石浦，迎鲁王于海上，往投黄斌卿，被拒。名振乃与右佥都御史张煌言护卫鲁王入闽，依永胜伯郑彩。名振封定西伯，又复晋爵定西侯。

不久名振自请归浙东召集旧部。及还，石浦已入清，乃往依斌卿，斌卿以名振军少，不再以礼相待。名振乃应清吴淞提督吴胜兆约，以一师援其反正，军至崇明，遇海啸、大风，舟覆，其军尽失。名振与监军煌言还舟山，更为斌卿轻侮。于是召集旧部，立营于南田。监国四年（1649），名振从南田出军，收复健跳所。而鲁王在闽中累败，尽失其地。名振乃迎鲁王驻骅南田，后至健跳。是年九月，名振合平西伯王朝先、荡湖伯阮进军攻杀黄斌卿，迎鲁王驻舟山。名振晋太师，当国政。

监国六年（1651），名振以王朝先在舟山争粮、争汛，因袭杀之。而清军逼舟山，名振与煌言护卫鲁王出海，清军遂破舟山。明年，名振扈卫鲁王至厦门，见延平郡王郑成功。成功责之，名振背上“赤心报国”字，双方释嫌。待名振以上宾，行交拜礼。名振遂奉鲁王居金门。

监国八年（1653），鲁王去监国号。名振请师北上，成功与兵3万，粮3月，以煌言监军，遂入长江，趋丹阳，掠丹徒，登金山。退驻崇明，入冬还军。次年，以上游有密信约应内应，仍再举入江县，抵燕子矶，扎营平阳，而所约终不至，还军复屯南田。名振与士卒同甘苦。时适有三路明将率军来投，名振立营号，召旧部，声势益振。遂自南田复攻崇明入吴淞，掠战船600余艘，北上登莱诸处，直抵朝鲜而还。又明年（1655），成功遣将破舟山，名振痛哭入城，祭鲁王妃陈氏及死难诸臣，又祭其母、弟，哀动三军。不久染病，临终起坐击床，连呼先帝数声而殁。遗言以军归煌言。煌言葬之芦花岙。名振兄名甲、弟名扬、母李氏、庶母范氏、妻马氏，并死于监国六年舟山破时，一门30余人无一幸存者。

姜　圻（生年不详—1646）　字墅圃，山东莱阳人。圻父姜泻里，于莱阳英勇抗清，壮烈殉国，福王立于南京，赠谥“忠肃”。圻为长子，因父死节而受荫，于明崇祯十七年（1644）以贡生授兵部职方司主事，知象山县。时浙东尚属南明，滋阳、阳信二王皆驻象山，石浦、西周并屯重兵，象山重受赋税徭役之苦，民不聊生。圻特为此上疏监国鲁王，求免诸种横加之税。驻象客兵军纪涣散，悍卒乘机为乱，杀民如草。恰逢大理评事王家勤以祀忠肃祠到象山，圻遂将其事告之，家勤复上疏陈其事。鲁王诏令捕首恶者诛之，客兵之乱得以平息，诚可谓拯象民于水火之中。由于姜圻“下抚疲氓，有如父母”，待民一贯以诚相感，故深受民众爱戴。“顺治三年（1646）六月，（清）大兵平宁波，县主姜公圻奋身抗拒，割舌钳齿，一门死难。”（《谨记簿》）

娄文焕（生年不详—1646）　字长明。县学生，世居昌国卫，小有大志。有人夸赞县人邵景尧及第之荣以激之，文焕笑着说：“千里生民之业，而但尔乎？”读书磨砺操守，慨然以古贤自期。江东（指杭州）被清兵攻破，文焕叹息说：“事竟至此！吾当死国。”友人劝他，那是当官应该做的，你一介秀才又何必呢？娄不答应，痛哭，穿戴好衣服帽子，遍别亲族，拱坐海滨沙滩上。海潮大至，渐没于顶，须臾无所见，随水而去。几天后，遗体复随潮而转，僵坐如故，颜色不变。人惊以为神异。驻军石浦富平将军张名振闻之，亦亲临哭祭，义动一军。清乾隆四十一年（1776），入祀忠义祠。

姜镇重（生年不详—1646，附陈文章）　字玉简。象山人。明末任参将，在明监国鲁王军中效力。鲁王监国二年（1646）五月二十日，与诸军列营西陵（钱塘江东今萧山西兴），绵延二百余里以御清军。时清征南大将军贝勒博洛率大军至杭州，六月初一日，钱塘江沙暴涨，清军策马而渡。总兵方国安先遁，江上诸军尽溃，姜镇重战死。时象山尚有陈文章者，官南京留守，亦战死。邑人从军者：指挥、千、百户及效用官多被杀，而传名者唯姜、陈二人。

朱以海（1618—1662）　字巨川，号恒山，别号常石子，明太祖朱元璋第十子鲁王朱檀之后。明崇祯十七年（1644）二月，袭鲁王封爵。是年北京失陷，仓皇南奔。十一月奉弘光帝命移居台州。次年清兵攻陷南京，张国维、钱肃乐起兵浙东拥戴他在绍兴监国。一时浙江各路义军纷集，于钱塘江南岸抗击清兵，数次获胜。监国元年（1646）5月，清兵过钱塘江，鲁王出逃海门。石浦定西将军张名振闻讯接鲁王至南田岛，遂依附张名振，流亡海上。后入闽，一度克三府一州二十七县，颇有中兴气象。监国四年，闽地失。张名振迎鲁王还浙渐次南田，后至舟山。舟山陷，鲁王又至闽。永历七年（1653）取消监国名义。清康熙元年（1662）病故于金门。

张煌言（1620—1664）　南明大臣，文学家，字元箸，号苍水。鄞县人。明崇祯十五年（1642）举人。弘光元年（1645），与钱肃乐等起兵抗清，奉鲁王监国，赐进士出身，授翰林院编修，兼行人司事，入典制诰，出筹军旅。丙戌六月，江上师溃，辞父别妻，扈王南田。旋入舟山，为黄斌卿不纳，流离海上，后入闽。主动请缨，与名振重返浙东南田，重建义军，时为右佥都御史，监名振军，授松江吴胜兆反正，突遭飓风，几覆没，仍还海上。丁亥，移节上虞平冈，与王翊等犄角结寨。清顺治七年（1650），以平冈兵授刘翼明、陈天枢，率亲军入卫舟山，加兵部右侍郎。辛卯，父艰讣至，提督田雄、海道王天锡以书说降，煌言复书不屈。其年舟山破，与名振奉鲁王再入金门。时闽政皆主郑成功。煌言和谨调护，鲁王赖以安。顺治十年，张煌言与张名振返回浙东南田，屯田训军，三入长江。多次出师，力图恢复。顺治十二年，名振病故，以所部归煌言，驻军南田，转战多地。顺治十五年，桂王遥授兵部尚书。顺治十六年，与郑成功合兵，进入长江，围攻南京。作为前锋，溯长江到芜湖，乘胜攻下4府、3州、24县。终因郑成功兵败，扬帆远去，孤军无援而退。后鲁王政权覆灭，他又派人与荆襄13家农民军联系抗清。至康熙三年（1664），因见大势已去，遂解散余部，隐居象山南田花岙岛，结茅而居。随从有罗子木、王采薇及仆人杨冠玉。不久，因叛徒出卖，于是年七月十七日被俘。自石浦至邑钱司寇祠，方巾葛衣，观者如堵。解至杭州，总督赵士麟劝降，当以原官大司马起用，煌言坚守节操誓死不从。九月七日在杭州就义。临刑前，写绝命诗云："我生适五九，更逢九月七。大厦已不支，成仁万事毕。"葬于杭州南屏山荔子峰下。乾隆四十一年（1776），赐谥"忠烈"。所作诗文，慷慨激昂，有《张苍水集》。罗子木，名纶，句容举人；冠玉，鄞县人，均与煌言一同慷慨赴死。王采薇同时被执，后以计得脱，削发为僧，不知所终。象山有张煌言旧部7人，闻煌言死，自殉之，于淡港等处，墓在乌岩，今象邑有七参军庙。

王朝先（生年不详—1651）　原为四川土司。明崇祯年间被调往辽东，官平西将军。京师失陷后，南逃。因为阳信王在象山，遂守象山西周，与石浦富平将军张名振均受命于监国鲁王。江上师溃后，鲁王脱走南田。朝先离开西周，率军护送鲁王至舟山，守将黄斌卿不愿接纳。却欲吞并朝先之兵，派人致书招之。朝先率二只战船渡横水洋时，遭斌卿部将劫持，朝先跳水得免。到舟山后，朝先被斌卿摘去大印，留在部下而无所委任。时定西侯张名振因军事失利亦在舟山，他力劝黄斌卿归还朝先之印，并拿自己衣服给朝先穿，又赠朝先千金，于是朝先与名振深相结纳，而对斌卿则衔恨甚深。朝先在舟山无所事事，于是向斌卿提出去边海一带发展。至奉化鹿头颈，经四五个月即聚兵数千，声势大起，故佥都御史李长祥前往依附，朝先助他兵粮，使李长祥又自成一军。鲁王封朝先为平西伯。朝先因与斌卿有宿怨，斌卿仍无意接纳鲁王。朝先和荡胡伯阮进，清顺治六年（1649）九月，随定西侯张名振攻舟山，杀斌卿，收其部队，遂迎鲁王居舟山。李长祥朝鲁王于舟山，加兵部左侍郎。长祥请鲁王集聚朝先部队，与沿海各部互相衔接，以为舟山外卫。张名振不悦。朝先亦渐与名振各怀二心，争粮争汛。顺治八年二月，名振突然从南田袭朝先。朝先仓促无备，徒手格斗而死。朝先死后，部将多降清，并为清兵充当向导进攻舟山。舟山于当年九月失守。

王家勤（生年不详—1647）　字卣一，号雁石，鄞县人。诸生，师事山阴刘宗周。清顺治二年（1645），与华夏等6人（时称“六狂生”）拥明刑部员外郎钱肃乐聚众于城隍庙起兵。鲁王监国，授大理评事。江上兵溃后，清军破宁波，家勤与华夏等坚持抗清。顺治四年，约舟山明将黄斌卿攻府城，而家勤等以为内应。事为降绅谢三宾告发，华夏等5人被捕，被杀于宁波，时称“宁波五君子”。家勤急走告与事者，途中被捕，就义于省城，门人私谥“忠洁”。

鲁王监国二年（1646）敕建姜忠肃公（时象山县令姜圻之父，山东莱阳抗清殉国者，名姜泻里）祠于象山，特遣家勤致祭。时象山多兵多盗，兵戎争斗，刈民如草，派捐竭壑，象山民众苦不堪言。家勤上疏陈其事于鲁王。五月，诏捕首恶者诛之，象山事平，民心悦服。

方　授（生卒年不详）　字子留，桐城县学生员。到鄞县后，与华夏等“宁波五君子”成为好友。明亡后，寄居甬上，参与五君子抗清之事，几乎一起遇难。时久，归乡探望母亲，又参加英霍山寨抗清斗争。后归桐城，被囚禁于牢狱，却终幸免于难。之后回鄞县选择住处，与鉴湖诸君以诗文相酬答。时岳父张苍舒为郡丞（郡守佐官），也未曾一次至其室。不久自天门山游石浦，病逝于石浦。有《象山卧病杂咏》，诗云：“半闲栖息一身微，出入逢人倩掩扉。小草自能存远志，药囊底事见当归？飞来日夕鸦声恶，梦入乡园树影稀。莫使寒风吹我泪，恐防飘洒到庭闱。”著有《心斋全集》《残余文稿小草》。

骆国挺（生卒年不详）　字天植，号寒崖，诸暨人。寄居在鄞县东城外，生有殊才，江东兵起，破家输饷。参加东江幕府。东江兵败后，骆国挺参与董志宁、华夏、屠献良、王家勤等密谋，约舟山明将黄斌卿攻宁波府城，事泄被捕下狱。时顺治四五年间，不久被释放，重新奔走于林门、桃渚之间，从事反清大业，百死不回。清康熙三年（1664）张苍水被执以后，他深感复明无望，曾夜间做梦与张忠烈公苍水相语于荒岛之中，不觉失声痛哭。四邻为之惊起，而国挺自己却尚未醒。后终因困厄穷愁而死。

史学易（生卒年不详）　字儒吉，史安邦曾孙。幼学书于鄞县林芝，后遍求二王真迹，心追力摹，遂工行楷，以诸生升太学。明崇祯十二年（1639）授光禄寺丞，后庄烈帝命随侍经筵。乞归。逾年明亡国变，屏绝人事。举乡饮介宾，拒而不受。弟析产，自取其瘠薄、不肥沃的土地。暮年，犹能手作大字，人得之为宝。

三　清代人物

姜增寿　**吴三畏**　**钱继起**　**史起魁**(附史珥玫)　**陈白辂**　**董　治**　**余　敏**　**周明新**　**钱　捷**
李时芳　**陈　赟**　**倪光宾**(附子一治)　**李如珠**(附韩之翰)　**马　鲲**　**张秉乾**　**王天才**　**谢　逢**
郑乾鸾　**夏国怀**(附子元琦)　**汪国祥**　**普　周**　**等　月**　**刘廷谏**　**陈衷愿**　**张　进**　**姜　澐**
励　旭　**马受曾**　**吴元锦**(附长子山潮)　**张昌龄**　**史　钊**　**史宗愈**　**夏千之**　**王　氏**　**林文懋**
钱志朗(附子钱鸿基媳徐氏)　**沈绍佺**　**周家冕**　**钱志汉**　**倪之尧**　**史　氏**　**袁　澄**　**周宗茂**
朱　氏　**顾　氏**　**周　氏**　**周天植**(附子风庠、周　鲸)　**陈其璜**　**张人崧**　**张　绣**
姜桂萼(附妻何氏、弟桂彩)　**潘廷文**(附潘国印)　**张凌霄**　**夏金奎**(附子鳌柱、凤　池)

邓怀圣(附谢天桂)　**姜炳璋**　**曹　鋆**　**史鸣皋**　**励元澳**　**孙鲲化**　**赵起鲲**　**倪桂馨**(附子吉士)
石大成　**张光珮**　**周　载**(附周元鈂)　**华瑞潢**　**倪象占**　**钱沃臣**(附从侄钱嗣容)　**袁淑先**
汤曰涟　**赖鹏飞**　**邓嗣宗**　**邓亢宗**　**叶和侃**　**陈广宁**　**姜人烈**　**张吉安**　**马丙书**　**倪　坤**
潘其钊(附族叔必球)　**王士达**　**蔡　牵**　**姚锡金**　**俞凤德**　**伊一经**　**赖一帖**(附史亦书、周天擎)
陈铭祖　**夏　氏**　**孙廷松**　**秦　楠**　**张学韩**　**姜鸿纶**(附子继勋,媳兰贞)　**林逢恩**　**袁　恺**
许　超　**吴　丙**　**童立成**　**林　氏**　**夏　濠**　**赖终臧**　**陈云青**　**郑亨仲**(附妻龚氏)　**姚怀祥**
夏仁标　**葛　氏**　**欧承天**　**杨　氏**　**佘勉翰**　**周丹枕**　**潘　煦**　**周学谦**　**张兆熊**　**沈炳如**
孔继铭　**姚　燮**　**虞　峻**　**王植三**　**陈之翰**　**郑维春**　**朱文杏**　**谢　涛**　**王莳兰**　**顾景涓**
欧景辰　**欧景岱**　**王莳蕙**　**邓克旬**(附吴皞如)　**张得胜**　**倪本泗**　**王芳棣**(附周有光)
韩　氏　**郑胜元**　**贺兴烈**　**王大川**　**巢日升**　**黄丙堃**　**林在钤**　**俞兆元**　**刘定国**　**杜冠英**
吴承墡　**何　源**　**邵正寅**　**易镜清**　**何　涵**　**忠　满**　**丁　谦**　**贺璜轩**　**郑碧山**　**苏良彝**
王予卢(附王予衮)　**龚泰尌**　**孔粹贞**　**何　氏**　**朱　氏**　**欧仁衡**　**秦英鉴**　**赖余薰**　**范三多**
蒋　黼　**陈得善**　**张小金**(附无牙大姑娘)　**叶元芳**　**鲍　氏**　**朱学文**

姜增寿（生卒年不详）　字五先，学识渊博，行为举止端正严肃。清顺治四年（1647），以恩贡授黄岩县学训导。时兵燹后，士不知学，增寿力为振兴，日聚多士以课之，同时修缮学校，周济贫穷学子，一县文风大变。后升任长兴县学教谕。待士子以礼，遇言行不规者，则义形于色，从不以杯酒笑言取悦宵小之徒。有秀才贫而有才，因受吏议牵连，增寿竭力为之开脱，且体恤其家；待其人骤贵，未达增寿预想，则断绝交往，其性格之耿介如此。后转任温州府学教授，时值荒年，增寿建议适当提高米价，于是米船云集，米价渐渐平抑。年70致仕归。

吴三畏（生卒年不详）　初名义，字君望，世居县内岳头。臂力过人，富有韬略。补学武生，游历京师。时海疆动乱未定，三畏因熟悉海上情形，受满族大臣举荐，被派遣到台州、温州一带效用。每遇战斗，身先士卒，艺高力大，高崖绝壁，一跃而上，军中称他为“飞虎”。累功至副将。有时意气用事，不能与同僚和睦相处。由于和总督意图不合，托病辞职归田。每逢冬季南风天，小腿上下会有肌肉隆起，疼痛难忍，乃矢石陈伤所致。恰逢一富家办丧事，三畏忽对人道：“我肌肉又奕奕震动，今夜当要杀贼。”跃上高处一望，见岳头港水面上有火炬数百，便道：“贼进港了，当即就到，赶快关门！”令男女皆上屋顶，准备以瓦爿投击来袭之贼。海贼入村，三畏持铁棍连毙7贼，众贼惊恐而逃。官兵闻讯赶来，三畏以7首级付之，官兵献于上司而皆得功。海盗从此不敢再犯岳头。

钱继起（生卒年不详）　字雅仲，以侍奉父母孝顺而闻名。顺治间，曾捐谷赈饥，慷慨资助别人完婚。看见有人因欠债而被欺侮，就替他偿还债务。三次被推选为乡饮介宾。年90而卒。

史起魁（生卒年不详，附史珥玫）　清顺治五年（1648）拔贡，授福建按察使经历。弟奭，秀才，曾贴“存心答天地，积德遗子孙”一联于壁上。奭子珥玫，字亚璋，侍奉父母极孝。珥玫以此为立身之道，终生坚守。康熙十五年（1676）遭寇乱，幼弟不幸被寇掳去。父、母痛心失子，日夜悲伤。珥玫不忍，遂独自冒险赴福建、广东寻访其弟。历经3载风霜，卒携幼弟而回。

陈白辂（生卒年不详）　字婴白，江南人。明敏有才干，秉性刚介，为官爱民若子。清顺治六年（1649），以恩贡任象山知县。时离清兵平宁波（包括象山）不过三年，东南沿海抗清复明势力方兴未艾。战乱频发，民众深受其困。白辂策划防御，安抚民众；轻徭役、缓催科，改善民生。其布衣粗食，自处怡然。每行一事，必先思及为民节省。常有暴兵悍卒到县衙需求百端，置之不顾。前，每当郡檄到县，送檄郡卒往往乘机发威，横加勒索。县里小官吏畏之如虎，即使是县令也得曲意逢迎。可白辂恃其廉洁刚直，不屈挠，凡行贿受贿，一概杜绝。终因有违上官之意，以考核不良而遭罢免。离任之日，囊空如洗，士民捐资，以为赠别之礼，皆却而不受，随手取其中一钱，以表受赠之意。人虽离去，口碑长存。

董　治（生卒年不详）　清顺治七年（1650）由余杭继任象山教谕。其间，有大员名杜心到象山巡视，令董治陈述当时政令中既便利民众又合乎时宜之事。董治据实陈告八事。其中最不利民众者有二：其一为“飞山”，即“山粮之飞洒者”，实为向山民收取不合理之赋税。其二为“涂田”，即“塘田之升科（增加田赋）者”，其实是加重农民之税负。巡视大员杜心经实地查察，证实董治所言不虚，特为此上疏朝廷，报请免征。象山百姓于重困之中得以喘息，董治功不可没。

余　敏（生卒年不详）　字孙庵，宛平人。顺治九年（1652）任象山县丞。余敏相貌堂堂，仪表不俗，才识老成。曾为县内官府粮仓革除许多弊端。顺治十五年，协同李时芳积极守城，后迁升嘉定县令。

周明新（生卒年不详）　字朏生，又字菊人，周希程曾孙。少年老成，天赋异禀，专心好学，喜读古籍。弱冠之年乡试中举，清顺治九年（1652）成进士。初任陕西平凉府推官。有悍帅，纵兵为民害，太守以上官员慑于威势，不敢过问。明新感叹道：“设兵卫民，而反以虐民乎?”即擒获治罪，并呈报上司，平凉民众如出汤火之境。随后治狱平反，大兴郡学，清除贪官污吏，断狱公平，平凉府自此风纪肃然，四境安宁。于是升刑部主事、迁员外郎，擢兵科给事中，开始进入谏官之列。痛陈旧弊，不避嫌怨，举朝惮之，鲠亮之声，时人比之为鸣冈之凤。顺治十七年主持江西乡试，选拔者皆知名之士。转任吏科，历任左、右给事中。康熙三年（1664）晋掌都给事中，前后上书言事凡四十余条。其大者如图实政、清漕弊、肃计典、严滥委，酌督臣之驻扎，纠茶马之虐政。论明降臣提督田雄不应谕赐祭葬，又论巴都公参三藩吴三桂、耿继茂、尚可喜事，尤系国家大计。康熙六年，奔走京郊，踏勘八旗地亩，为之苦心整顿调剂。所现忧伤之情，所发直率之言，无不出于内心至诚。皇亲国戚有人对他晓以利害，浑然不顾。政绩考列上等，内升京堂。因待补缺告假回乡，卒于杭州府。明新生性孝顺、友爱，关心和周济亲戚，从不吝啬，故家无余资。从司法官员到朝廷谏官，始终刚正不阿，岿然如同高松，从不依附于人，人皆也不敢依附于他。每当廷诤之时，旁人喘喘不敢出声，而明新则据理直言，卓然有古直臣之风采。著有《疏议》四卷、《给谏诗文集》等。

钱　捷（1619—1704）　字月三，又字陶云。周明新之甥。父继闵，字翼圣，敦厚聪明，勤于学习，融会贯通经史。钱捷受父亲教诲，与舅氏周明新同登清顺治九年（1652）进士，授岳州府（今岳阳市）推官。岳州地处湖南要冲，为清军新辟之地，一切章程，多经钱捷参酌商定。打通粮运之道，安定乱民，招回逃亡者使其重操旧业等，保全救活者不计其数。为政崇尚平和公允，由总督推荐排名湖南循吏第一，内擢历吏、礼、刑三部郎官，恪尽其职。先主粤东乡试，后任贵州学政。时值兵灾战乱之后，捷鼓励勤学，重振文风。后升任布政使司参议，督理江苏粮储，直至告老回乡。博学工诗，又精医道。为文内容精深博大，风格清丽挺拔，有上古之风。晚年择居甬上，与年高望重者相唱和。年86，无疾而卒。著有《陶云诗集》《畅余堂诗抄》《山农药性解》等。

李时芳（生卒年不详）　字秀溪，山西临汾人。清顺治十年（1653），由将材任象山协镇副将。顺治十五年，郑成功遣将围象山县城，时芳竭尽全力，分兵设防，亲临一线。全军士气高涨，坚守7日7夜，直至郑军退去，县城保全。时芳终以劳累过度，死于任上。后其子李郁于康熙十五年（1676）任象山县令，士民请祀于名宦，又塑像、勒碑以铭其绩。

陈　簧（生卒年不详）　字升书，福清人。清顺治十一年（1654）由进士任象山知县。节操清正，在任7年，讼简刑清。其间，重建明伦堂，修葺城墙，诸废俱举。顺治十五年，与协镇副将李时芳共同谋划，抵御海寇，固守县城，保境安民。

倪光宾（生卒年不详，附子一治）　字鹿鸣，以好行善闻名乡里。清顺治十七年（1660）县饥荒，光宾赈谷100石。康熙六年（1667），为饥民施粥1月。又建义仓储粮以备荒年济民，捐钱200缗修建南洋大路十里。遇到雨雪天气，就准备棉衣、炭、米送到养济院（收养鳏寡老人和乞丐的场所）及监狱，救济饥寒者。巡按王垓赠其一匾，上题“葛天一叟”。倪一治，字抡之，光宾次子，家素封。康熙十四年，副将罗万里降贼，受耿精忠伪札为都统入海。明年，率贼伍陷城，掳掠民财，一治被执至贼所。勒以金不授，胁之降不屈，遂为所杀。妻史氏以节终。

李如珠（生卒年不详，附韩之翰）　钺之孙，精于医道。恰遇一大官（部使者）得了隐疾，请了好多医生，都不明病因。如珠因县令推荐，很快就将他治愈。如珠虽医术高明，可志在利人，无借以谋取钱财之心，人们非常敬重其人品。时尚有一名叫韩之翰者，也精于医术，起沉疴应手而愈，不计报酬。进入贫穷人家，还为之解囊购药。

马　鲲（生年不详—1676）　仪封人。清康熙九年（1670）由进士任象山知县。清廉勤慎，能顺民意，颇得民心。曾与县人周光春编纂县志，惜未成。康熙十四年，耿精忠部将曾养性遣军围县城，协镇副将罗万里叛变降敌，逮马鲲，逼缴印投降。鲲不从，缚之去。次年冬，罗万里被擒，鲲同时被执。大批士民赴县署为鲲伏地鸣冤，知县方知鲲原有不屈之节，释之。旋里。鲲离象之日，许多士民凑钱相送，其中有洒泪者。

张秉乾（生年不详—1678）　字冶屏，号肥堂，江宁上元人。清康熙九年（1670）由武进士任象协左营守备。能诗文，工书画。时象山海氛不端，秉乾一到任，考察形势，策划防务。所提建议，悉中机宜。康熙十年夏季大旱，县内米价暴涨，秉乾掌管营务粮饷，遂想方设法从各地调运粮食，使当地军民都得救济。康熙十五年，叛将罗万里率部犯象山县城，秉乾领兵坚守。敌久攻不能得逞，被迫退去。不久，罗万里重来，势更凶猛，秉乾单骑迎敌，在栖霞观前奋勇力战，终因寡不敌众，被敌逼至城下。眼看大势已去，他下马登城，于城楼壁上大书“秉乾死矣”四字，又面北叩拜数下，随即以头撞石，未死，复拔匕首自刎。身边从卒见秉乾已死，遂推倒一墙覆其遗体而远遁。敌兵退后，人们不知秉乾遗体所在，但见秉乾生前坐骑奔至一处长嘶不已。人们感觉有异，遂扒去砖、土，果见秉乾之尸。后来鄞县人姚毅斋特为作《义马传》，象山名贤姜炳璋亦为之赋《义马行》。

王天才（生卒年不详）　字汉升，鄞县人，由士兵历阶升任象协右营千总。清康熙十三年（1674），福建耿精忠造反，猖獗于海上。水师提督常进功率水师讨贼，天才随从。与耿贼战于毛夹洋（一作“旄头洋”）。贼势甚嚣张，清水师迟迟不进。天才大声疾呼：“军队以正义取胜，今以顺攻逆，有何惧哉!”奋身前进，持矛直刺，手刃17人。贼船聚而围之，自巳时战至申时，矢尽力竭，后无援兵。贼蜂拥入舟，天才与敌短兵相接，终因力不能支，跳海而死。事迹上报后，朝廷赐祭葬。儿子朝佐，因父得朝廷荫庇，历官至广东徐闻营守备。乾隆六十年（1795），被册封为“恩骑尉”。

谢　逢（生卒年不详）　字于荆，恩贡生。为人讲义气，时值荒年，官府又内迁沿海居民。

谢逢赈粟、给棺、施药，为德不倦。后入京都，以教习考授知县，回归乡里，等候补缺。清康熙十四年（1675），耿精忠叛清，其属下曾养性率部攻象，象山协镇副将罗万里叛降。逢被捕不屈。贼拥其至彭姥岭，逢乘贼不备以头触石而死。主事者，以礼厚葬。

郑乾鸾（生卒年不详）　字思详，侍奉父亲甚孝顺。清康熙十四年（1675），耿精忠攻劫象山，副将罗万里叛降。贼船停靠海滨，四出劫掠。乾鸾父廷梧遇贼，与之对抗，被刺伤后绑架。贼欲以锦赎。乾鸾闻变，急赴海船，抱父号泣，对贼人道："父老矣，且受伤，留之无用，吾请代父系于此。"贼怒，将杀其父，乾鸾请代死。贼即移刃，将杀之。乾鸾慷慨引颈就刃，贼人被其胆气所慑，竟收刀不杀。乾鸾恳求释放其父回乡。贼之妻怜其孝顺，好言劝贼，使之感动，敷其父以金疮药，与乾鸾一起放回。乾鸾享年85，受官府恩赐而终。乡贤姜炳璋曾为作《郑孝子传》。

夏国怀（生卒年不详，附子元琦）　西周闻岙人。名夏大信，字国怀。父以事触犯县侯，县侯发怒，欲鞭打其父。是时，大信年幼，跪求县官，愿代父挨鞭，县官感其年少孝顺，遂俱释放了事。后来父亲病危，他日夜呼天，愿以身代，父亲竟无恙，人们以为孝心感动苍天所致。平素以孝顺恭谨侍奉双亲。清康熙十五年（1676），遭耿精忠之乱，父亲被掠走，自缢而死。国怀冒死赴叛军处，力求发还遗体归葬。子元琦也很孝顺，后国怀患痈，元琦每日吸吮患处，脸上不露一丝难色。周边邻人大为感动，闻于县官，胡知县大力宣扬其事迹。后来知县史鸣皋修志时，把其人其事采入"孝行传"。夏大信生平耿直不苟，平易近人，好读书，涉猎经史，手不离卷，喜用格言诗句，写在壁上，以教育子弟。有一年，发生飓风，大浪扑岸，海塘决堤，他就捐资修筑塘坝，不求同村人偿其费用，受到乡邻称颂。

汪国祥（生卒年不详）　字君宠，湖广江陵人。由将材任台协宁海营参将。清康熙十五年（1676）因恢复仙居有功，加左都督衔。时象山已陷。国祥自宁海奉檄援象，率部斩关夺隘，势如破竹，兵锋所向，敌军视为神兵。耿军大溃，弃城从海上遁去。象山恢复，国祥因功加右都督，就任象山协镇副将。详察地形，加强海防。建瞭台、买号炮，于东西南北重要地段，每十里置一炮，一旦某地有敌情，即发炮为号，由近及远，各处号炮响应而发，顷刻传至数十里。国祥即身先士卒，飞骑应敌。往往某地敌刚登岸，各处援军便很快赶来。康熙十六年十月，敌登淡港口，犯庙岭、湖边。国祥闻号炮声，即驰截港口，分兵回击。船上守敌见势不妙，不顾岸上同伙，驶船出逃。而岸上之敌，见船离去，走投无路，或自沉于水，或毙于炮矢，尸横海岸，被俘百余人。康熙十八年冬，敌寇夜掠儒雅洋，号炮一响，国祥飞骑到达。敌见无归舟，挈所掠财物匿莲花。国祥率兵搜捕，无一脱者。康熙十九年春，侦得敌舟入湖头洋，国祥率师埋伏于象北海岸，会同宁海营一起夹攻，又全歼敌众，使敌寇从此不敢近象侵扰。御敌作战之余，安抚遗民。又赈凶荒，设义冢。捐己俸钱二百金，重建学宫两厢房，兴办书院义学，培养学子。在象山任职11年，因政绩卓著，得朝廷嘉奖。后因病卒于官，受祀于名宦祠。

普　周（生卒年不详）　字月斋，一字鹤亭，号飞泉隐者，鄞州人。能诗文，工书画。自普陀山到象山居白蟹潭，后驻蒙顶山，所卓锡处必庄严佛宇及幽斋静室。时有盗贼数人窥其积蓄，夜半至山，明示劫财之意。普周方坐禅堂，呼一癞子侍者，令演拳术。癞子飞步抽檐瓦二片而下，复飞步安之原处，闻普周武功更高超，盗惧乃去，普周曾作《过惠众寺》，诗云："嵝崎山下古招提，山静云闲听鸟啼。远岫带烟来小阁，野泉绕径落寒溪。雨花飞处家声起，钟鼓鸣时梵韵齐。若问匡庐幽胜地，高风犹在雁湖西。"

等　月（生卒年不详）　字印千，又字守山，号守山奴。里籍、俗名无考。出身儒生，工诗善画。尝应象山令李郁之聘，以法律辅佐其吏治。著述多奇古，颇有价值。后出家为僧。

刘廷谏（生卒年不详）　辽宁奉天人。清康熙二十三年（1684）以贡生任象山知县。虽不免征赋收税，但能虑及民生，爱抚百姓。遇有诉讼，常令涉案双方各自主动到县衙，以免胥吏役卒施诈施暴，乘机扰民。审讯期间，人不得以私干预，不徇私枉法。康熙二十六年，因轮修战船，须征不少人力，象民叫苦连天。廷谏竭力向上申述，终获免。后迁升泸州知州。

陈衷愿（生卒年不详）　字童予。清康熙三十一年（1692）岁贡。父明瑛，顺治年间在福建建宁道为官，后罢官归故里，为营弁（下级武官）所诬陷，充军辽阳。时家已破，衷愿踯躅悲号，多次去戍所探望父亲，身无盘缠，沿途靠卖字糊口。杭州顾太史祖荣赠以诗云："君是四明古孝子，寻亲匹马客天涯。"父亲去世后，衷愿跋涉八千里，护送父亲灵柩南还。船过大江时，遇大风几乎倾覆，衷愿仰天呼号，忽然风向反转，船得以顺流而过。衷愿诗文隽美，且文思敏捷，倚马可千言，从学者甚众。

张　进（生卒年不详）　字维贤，漳州人。清康熙三十三年（1694）任象山协镇副将。秉性仁慈，乐于义举。县西黄溪渡口，设施简陋，道路恶劣，若雨夜登舟，旅客多苦于泥淖。张进遂于两岸铺石筑成平宽大道。又设义冢，捐资修桥铺路。还常施衣予贫寒者，施棺予无力举丧者，播惠甚广。延邑诸生张贞课其子弟。贞为人严厉，子弟中稍有不顺其意者，贞便训斥道："汝家但事长枪大戟，安事毛锥子哉?"张进必诣门谢过，延之复入。士林中人都称道其谦恭而有雅量。在象山任职15年，民立祠祀之。

姜　澐（生卒年不详）　字若水，昌周之子。兄澍，字若霖，兄弟敦行绩学，试辄冠军，因有"姜氏双璧"之称。澍早逝，澐尊奉寡嫂，抚育孤侄，无不周到。后更励志于学，而无意仕进。壮年时游历燕、赵、闽、越之地做幕僚，当地著名官宦待之为上宾，但是只要一语不合，常会拂袖而去。所到之处，向他执弟子礼者甚众。倦游归来，清康熙四十一年（1702）举岁贡，终老于家。著《行瓢集》。

励　旭（生卒年不详）　性慷慨好义。清康熙四十五年（1706），飓风坏学宫东庑，旭独力捐修。当事嘉其义，给以匾额。雍正四年（1726）大修学宫，旭诸子大成、鳌、明辅，孙申锡等继述先志，捐资重葺。知府孙奉巡抚檄，旌以"高义传家"之额。道光元年（1821），裔孙国栋又补砌石于东庑中。

马受曾（生卒年不详）　字念功，号石崖，应天府溧阳进士，清康熙五十七年（1718）任象山知县。善明察，有才干。任职13年，惠政甚多。择其大者有：修葺学宫，创建义学，疏浚南河，修纂县志。其他如缓催科，严保甲，劝农桑，崇节俭，赈饥荒，收葬露野尸骨等等，不辞辛劳而为之。在象之惠政，邑人袁澄曾有专文记述，言及象山于康熙六十年、雍正元年（1723）连续两次大饥荒，受曾为民请命，得朝廷下旨调粮赈饥，救活全县民众10万余。自身亦捐俸以补救济之不足，与民共度艰难。后死于任上，民众敬慕之情，经久不衰。

吴元锦（生卒年不详，附长子山潮）　字天裳，邑诸生。秉质厚重，说话谨慎，而喜任公事。知县马受曾嘱督修丹山书院，元锦又出己资修建泮池和崇圣祠。县疏浚河道，需征派徭役，邑令马受曾率吴元锦同主其事。长子山潮，字东澜，援例为州司马。克绍父风，于丹山书院中创建养正堂，以为延师训蒙之所。清乾隆五十三年（1788），粮食歉收，赈米200石，次年又赈济100余石，乡人德之。

张昌龄（生卒年不详）　字遐生，诸生，张岙人。笃于孝友，乐善好施。有庶母所生之弟不事生产，曾聚白鸭千只，染成五颜六色，已则穿皮毛大衣，骑一马，执长竹竿，奔踏于鸭群中取乐。昌龄每过其旁则流泪。弟请析产，分一半与之，未几荡尽。其养母抚弟，一如同炊之时。康熙六十年（1721）大灾荒，鬻产易米于江苏，亲邻悉来告贷，不二日而尽。又鬻如故，则又尽。如此反复，一年废产200余亩，自此家道中落。贫士拜访，昌龄知其有求，即主动示意，唯恐因有旧欠而难以启齿。临终前，聚集旧债券千余张，谓其子时雍、时中曰："若等因贫，或持以索于人，是重吾过也。"烧尽债券，曰："没，吾宁矣！"遂卒，乡民皆流泪。

子时雍、时中皆为诸生。时中，字立臣，能诗，工于行楷。学使常以其文为诸生范式。与乡贤姜白岩同为里中所推重。惜年未30而卒。

史　钊（生卒年不详）　字康侯，象山九顷人，诸生。每当碰到饥荒，他就出米粟赈灾，对于宗族加意周恤。清康熙六十年（1721）象山大饥荒。春耕时，大多人家挂起农具无法耕种。史钊遂按自家出租田亩数分别赠送佃户谷种，不索取补偿，近村20里内农家皆视为及时雨。儿子翔翰、翔洙，在县学都以道德高尚著称。

史宗愈（生卒年不详）　字及韩，号闲斋，世居山村。自幼以成为大儒自期许。不轻易入城，专心研读各类经史书籍，尤其精通《周易》。曾经过东溪岭，到半山腰，闭目而坐，有人问他，则云："方有绨思，无相扰也。"乡试寄居杭州馆舍，士子相聚，各显才学，整日喧哗。一友大谈"天根""月窟"，旁人追问相关问题，即张口结舌不能对答。宗愈为析三十六宫之理，自晨至午，原原本本，听者豁然开朗。由于入神忘倦，馆舍也寂然无声。性至孝，居丧尽礼，夫妻不同房。初，丧母，迎妇姜氏奉父膳食，3年后始成合卺礼。姜氏卒，遗一子尚在乳。为抚养孩子，又迎林氏。父丧，又过3年后才与同房，士林中人都以为不易。与同邑胡介蕃友善，读书山寺，相互辨析，有心得即记之，名为《札记一得录》。曾著《太极图说》《朱子河图析补》，撰写《八卦方位说》，尽道前人之所未道，著述甚多。英才早逝，士人无不为之惋惜。

夏千之（生卒年不详）　西周闻岙人。才14岁，随父亲国遵上山砍柴。忽然林木啸号，一虎突然跃出，啣国遵去。千之奋力追击，两手掣虎尾，虎伏地不敢动。砍柴者皆赶来相助，虎见人多，弃国遵一跃逃去。国遵已死，千之亦似死去。众即将两人抬回。千之左目突出，尚在流血。双手握拳，扳之不放，3天后才苏醒，但从此落下疾病，年未30而去世。

王　氏（生卒年不详）　年19嫁秀才史寿龙为妻。公公去世，王氏辅助丈夫，服侍婆婆，举办丧事，内外皆尽妇道。不久，丈夫病重，对王氏道："汝娠三月，幸生男，善抚之，俾延一线，我目瞑矣。"后生下儿子一经，王氏以养以教，迄于成立。王氏乐善好施，有人为贫所迫而鬻妻者，出所积以赎之。有死而无力置棺者，则购棺而殡殓之。又出资建义冢，收葬露野尸骨。享年82。清雍正八年（1730）获题旌。

林文懋（生卒年不详）　字昭德，号梅皋。幼年丧父，母亲葛氏苦守志节抚养成人。文懋勉力为学，从不诋毁和讥笑别人。清雍正元年（1723）以恩贡任天台教谕。县令多次因案涉诸生交办，剖决平情酌理。如有言及钱物，总严加拒绝。有人劝他变通一些，他就反问："吾不爱钱，子孙贫。如某者爱钱者，而子孙亦贫。何也？"劝者便不敢多言。他还拿出薪俸建立县学宫两石坊及明伦堂，振兴文教。等到告老归乡，仍囊空如洗。曾主讲丹山书院，求学问业者如坐春风。雍正七年，县令马受曾聘请他分纂县志。

钱志朗（1679—1729，附子钱鸿基媳徐氏）　字于高，钱捷之孙。工文章，考试常列前茅。清雍正元年（1723），举拔贡。勇于行义，公家之事多出其谋。又工诗善书，兼精医术，遇贫病者，常亲自前往诊视，予以药不计其值，乡里德之。子鸿基，字肇邠，一字韦轩，书效法董其昌，兼擅墨菊、墨蟹小品，画有逸致，亦兼精篆刻。雍正十三年，拔贡，后授泰顺教谕。在任 3 年，辞归，优游乡里以终。雍正七年、乾隆二十四年（1759），象山县两次修县志，鸿基均在分纂之列。媳徐氏，东乡大徐人。雍正年间，已字钱志朗之子鸿基（1700—1776）。尚未成婚，夫家染疫，多人得病。钱志朗乃一方名医，今染疫至一家受殃，其凶险可以想见。邻族皆不敢过问。徐氏闻之，请于父母道："女为钱门妇，今舅姑危在旦夕，而不往救，安用妇为！"父以未成婚感到为难，女请益坚，父无奈，送往钱家。只见家中自舅姑及夫兄弟并诸小姑，颠连枕席者 10 余人。徐氏一到，便为他们一一涤污、进汤药，精心伺候料理。数日后，一家人尽皆康复。于此，姜炳璋有诗云："夫人孝胆大如斗，入室百邪都惊走。粥药茶汤次第排，一时忙煞单双手。"钱志朗著《嘉会堂诗稿》，子鸿基与鸿祺、鸿猷、鸿图著《棣萼轩诗草》。

沈绍佺（生卒年不详）　家仅中产，慷慨乐施，视他人之事如己事。清雍正元年（1723），象山发生饥荒，绍佺捐米 60 石，为赈济者首创。其时，有汪氏因无资丧葬而鬻儿，龚氏因极贫而典妻，又有丧葬无资者，绍佺皆出钱代赎而周恤之。时修文庙，绍佺捐资之后，又不辞辛劳，赴郡购建材，费用悉由己出。做其他公益之事，亦多如此。

周家冕（生卒年不详）　象山西周人。以例贡生任四川彭水知县。彭水分为五里，各设一里长，以善良质朴者报充。由于里长所管人口多，承受任务繁重，且又都是良朴者，"督促"不狠，故常完不成任务，自己还得承担赔偿（称"帮贴"），无不叫苦。冕奉命清丈土地，改编五里为二十七堡，每堡以户首一人督催，于是减轻了"督催"任务，杜绝帮贴弊端。其时，有上官将增加盐税之事集众令议。家冕力争，忤上官意，课税未增而职亦去矣。后得平反，改官陕西临潼县。不幸卧病京都，被医者所毒。直至病危，医者明告乃由增收盐课上官指使。家冕已无可奈何，只能写封遗书给家里而已。

钱志汉（生卒年不详）　字子沛，由侍卫升至广东龙门协副将。于历次作战中擒贼数十，曾夺取过一艘安有巨炮之贼船。后代理潮州总兵，肃清海道，两广总督举其为广东军政第一。因历任水师，常年于海上，不免身染风寒之疾，病重至难以拉弓，方准予告归。49 岁，病逝。

倪之尧　字宁园，居丹城弦歌里。工花鸟，得鄞人杨治卿（鄞县著名画家）笔意。县令李仙洲喜爱其所画八哥，索去百幅。因此更受人们看重。之尧身材高大，容貌朴实。不多言，亦不多作画，故流传甚少。享年 90 余。

史　氏（1652—1733）　年十六嫁袁珽为妻，事姑以孝闻。25 岁时不幸夫亡，子澄，方满周岁，而姑老矣。清康熙十五年（1676），叛将罗万里两陷县城，史氏扶老携幼逃匿于山谷之中，采食野果及草根充饥，终于度过劫难，得以生还。兵燹后，家益败落，朝夕纺织，只够食粥度日。机前教子甚严，袁澄早年为廪生，雍正八年（1730）岁贡。姑殁，变卖家产治丧。又丈夫袁珽兄弟相继离世，因无钱下葬，遗柩累累。后儿子成长，命皆卜窀穸，一一入土。同族有叔伯辈夭折者，其妻或有改嫁，所留稚弱无依，悉收养之，里人称之曰"众母"。苦守志节 57 年。雍正九年获旌。

袁　澄（1673—卒年不详）　字一泓，2 岁失怙。6 岁患水痘，医者皆云不能治。耿精忠叛逆，侵犯乡里，祖母偕其母以布包背之出逃，避匿深山，痘竟无恙。寇退，回到故里。长大后，砥砺志向，勤学苦读，曲承孝养，县令马受曾闻其贤，聘总纂县志。博采文献，决之公是公非。清雍正八年（1730），选岁贡，主讲丹山书院。与人谈论诗文，孜孜不倦，终日不言文外之事，学生大多脱颖而出。晚年，厌城里喧嚣，设教村舍，不再谋取科举功名，以诗文自娱。著有《池塘春草集》。

周宗茂（生卒年不详）　原籍鄞县。清雍正十二年（1734），任昌石营水师都司。设立学馆延请教师，给兵家子弟授课。常接济穷苦士兵，表扬节义之士。重军演，建演武厅（有碑记）。官至镇海参将。后移居象山。熟知海道，年80余犹能详言之。

朱　氏（生卒年不详）　年18嫁史积栻为妻。过门才五月，不幸夫亡，姑亦去世，只留下小叔积彬仅2岁。朱氏以冰清玉洁自守，尽心抚养小叔至成家立业。积彬生二子一女，其妻亦不幸早亡。朱氏又承担抚养之责，直至二子一女长大成人，为之完成婚嫁。作为长嫂，朱氏为积彬及其一家两代人，操尽心力。守节47年，常独居一室，不佞佛，不入寺庙，尤有卓识定见。

顾　氏（生卒年不详）　韩正祚妻。正祚家贫，加之终年耕耘，劳作辛苦，不幸早逝。顾氏年26，遗孤仅2岁。家仅瘠田四五亩，既无力雇工，又不欲令佣者入门。乃自结束，键户、负襁，荷锄入田。至则置婴儿于田边，手自劳作。邻人见其艰辛，愿出力助之，悉被坚拒。于是乡人皆望而嗟叹，以致顾氏在田，行人皆望之远避，其苦节坚贞，竟然如此。子既长，能力耕养母，里老犹指之云："此田畔呱呱而哭者也!"

周　氏（生卒年不详）　通文翰，嫁儒士沈芝为妻。沈氏一门诗书传家，沈芝兄弟4人皆秀才，所娶妇亦通文墨。妯娌于家务女工之余，相与观书、史，论文章。沈芝英年早逝，周氏年40而寡，无子，有3女。家中一贫如洗，为公婆举丧、丈夫下葬，全凭做针线活维持。甚至后来嫁3女，为己营寿坟，所有费用也皆出自十指针黹。周氏去世之夜，女婿丁茂贤于一破线筐里得其遗诗二首，云："两世风华一旦休，十分憔悴十分愁。假如化作子规鸟，叫到云山天尽头。""寂寂窗棂绝午烟，甘随夫婿入重泉。重泉相见无他语，数问何人守墓田?"道尽人生之艰辛。县令张绣闻周氏事迹，深感哀怜，特为她题写墓碑。

周天植（生卒年不详，附子凤庠、周鲸）　字德树，延师课子倜傥好施。雍正年间，象山粮食歉收。有客带来一批大米出售，天植为分与同里缺粮者。米尽，大多拿不出米钱，天植就变卖自己家产，为众人付款。由此家道衰落，然而他救灾济民之念不曾少衰。姜炳璋赞曰："翁身不游庠序门，而尊礼儒生；家无担石之储，而赈乏周贫。"次子凤庠，名圣瑞，擅长诗、古文，兼工小楷，钩银画铁。效法慈溪姜宸英而更胜一筹。三子周鲸，秉性刚直，博学而富有文采，考试总名列前茅。学使窦光鼐特别器重，上报其优良品行，膺清乾隆五十九年（1794）岁贡。晚年主事缨溪书院，经指授者多乡试中式，而周鲸却以贡生终老。其时孀嫂与侄媳孤独无依，周鲸与弟周鲲轮流提供膳食，俾得终生守节全志。

陈其璜（生卒年不详）　字尔璧，号鹤臞，贡生。能画梅。清乾隆元年（1736）恩贡。雍正十一年（1733）曾参修《宁波府志》。府中人多闻其璜名，索画者甚多。其《答郡中诸人索画》诗云："拙陋从来不自遮，惯拈画笔作生涯。酬柴酬米亦酬酒，换鹤换书兼换花。只好称尊无佛处，那堪见笑大方家。况今百事都慵做，一炷清香一盏茶。"

张人崧（生年不详—1742）　字维岳，号涵斋，山东堂邑进士。清雍正八年（1730）任象山知县，翌年调迁。乾隆五年（1740）复任象山知县。人崧施政，崇尚平和，不愿苛严。民有犯错，则晓以利害，重在告诫，不忍加刑。又振兴书院，关心教育，常与学子谈文论艺，为学子刻印文集，振一县之学风。遇歉收之年，市上缺米，人崧赴郡求援，竭尽全力。以劳累过度，于乾隆七年九月卒于任上。后人常思堂邑之宽和。

张　绣（生卒年不详）　号朴园，甘肃固原州进士。清乾隆八年（1743）任象山知县。施政崇尚严猛。县人有焚林制炭，致山林破坏，木柴涨价。绣令禁止，违者则绳之以法，使山复苍翠。又驱逐淫僧，捣毁淫祠，严禁赌博，清理私自耕种之河田；加强治安管理，颁令彻夜巡警，虽寒冬腊月也未曾少憩。后迁郡为官，卒于任上。象山士民常思念张人崧施政之宽，亦诚服张绣施政之猛。传曰“宽以济猛，猖以济宽，政是以和”。

姜桂萼（生卒年不详，附妻何氏、弟桂彩）　字月枝，号洁斋，姜漂之子。漂患风疾，每闻噪声，疼痛加剧。桂萼便告诫室内外切莫发声。而每当父亲有事呼唤，未尝不在身旁。凡饮食、寒热，都照料得无微不至，如此伺候父亲14年。当父病严重时，桂萼衣不解带，和衣而睡，但闻父声便立即站起。桂萼自幼丧母，靠祖母养大，对后母一如生母。后母身患蛊疾，而桂萼设塾馆于20余里外。晨昏往返，寒暑不间断定省，又足足2年。桂萼妻何氏亦伺姑疾维谨。后母性易怒，疾中尤甚，而桂萼夫妇精心侍候，仍能得其欢心。

桂萼弟桂彩一家曾染大疫，人莫敢过问。桂萼夫妇躬亲调护，弟家皆得康复。弟妇于病中无乳育儿。何氏饲己子以粥，而以己乳喂桂彩之子。桂萼夫妇之美德，乡里皆以为罕见。县令张人崧因于其闾门上题“双孝”二字。学使宁化人雷鋐为桂萼夫妇作《双孝传》，有句云：“孝子累世为学官子弟，至其子炳璋，乃科第崛起，人曰此孝子夫妇之报。虽然科第世恒有，其学行起为士林圭臬，殆古所谓立身行道者欤！”桂彩，象山诸生，号澹斋，画学南宋米友仁（小米），虽乏气韵而用笔古质可喜。

潘廷文（生卒年不详，附潘国印）　字殿飏，县学生员。清乾隆六年（1741），南乡发生饥荒。廷文将50里内极贫者300余家登记造册，按户给米。距县城10里，5日一给；20里，10日一给；30里以上，15日给之，救活千余人。潘国印，建公共墓地为穷人提供安葬之地，除夕之夜曾向穷人送米。

张凌霄（生卒年不详）　字广周，号云谷，黄避岙龙屿人。清乾隆六年（1741）拔贡，选任乐清教谕。时乐清正在修建文庙，凌霄刚上任，就以带头捐款作为倡议，没几个月工程完工。县里梅溪书院一半坍塌，凌霄捐出薪水交诸生修葺，召集诸生讲诵不倦。乐清县有千亩田地荒废，诸生史元富等呈状县衙要求免去田粮，又具文呈总督钟英行辕。总督发还县学审查核实。凌霄面陈述详情，说应筑复废田，使可耕种，则粮有着且民不累。钟英恻然，谓：果如是，则田当复筑。先拨银800两，谕县令及邑人捐筑，竣工具报。大家都说：“先生一言，百世之累免矣。”诸生朱香卓因事遭县差伤害。县令徐某却定性为拒捕，行文县学，并上报学使。凌霄与训导镇海人李三选检验受伤状况后，据实向学使陈述，学使于是转而呵斥县令包庇衙役、误报事实。自此，学中师生亲如父子。后训导三选死于任上，家属无力举丧。凌霄厚助路费，使得以归葬。凌霄还经常抚恤贫穷士子。乐清人感激凌霄恩德，为其立生祠“留恩亭”。在任5年，凌霄告老还乡，乐清人士绘《攀辕图》赠行。82岁去世。

夏金奎（生卒年不详，附子鳌柱、凤池）　字与参，号望云，为国怀之孙、元琦之子。侍奉双亲无微不至。入县学为增广生①，参加郡试时，听说母亲赖氏病重，立即返回。至奉化樯下潭，渡船因退潮已离岸远去，金奎呼号蹈水。附近另有一船，受感动接他渡过象山港，且不受渡费。母亲去世，极度哀伤。雕刻父母像放于墓前，早晚前往祭拜。时海疆动乱刚平，山田荒弃甚多。

①增广生，如今之扩招生。

金奎度山堤海，因地制宜，栽植水旱作物。一有积蓄就购书聘师，招优秀子弟在私塾诵读，还提供食宿。清乾隆十六年（1751）严重歉收，官府规定："捐赈如额者，例得议叙。"金奎说："吾不博此名，当罄所有施诸贫困也。"不惜花费千余金，抚恤灾民，使很多人得活。为砥砺志气，喜好读书，常手不释卷。写诗文，不肯一语因袭他人。儿子鳌柱，廪膳生①；凤池，增广生。鳌柱之孝行也被人称颂。父亲生重病，他默默祷告，割大腿肉和药给父喝，将父病治好。凤池天资豪迈，博学能文，然文运不佳，5次乡试，均未遂心愿。性醇厚，友爱兄弟，为人仗义，喜好施舍，有乃父之风。

邓怀圣（生卒年不详，附谢天桂）　字睿思，县学诸生。性好为善，凡里中义举辄以身先，屡行不倦。清乾隆二年（1737）后之12年间，3次赈米，每次百石。又修建缨溪书院，建造蚚江桥，为家贫无力埋葬者捐棺，冬天给穷人接济寒衣。乾隆十六年，县严重歉收，出现大饥荒，出银千余两买米赈济穷人。知县尤锡章行文上报，议叙主簿。子炳，字昭武，学行兼优，由贡生候补训导，力署嵊、松阳等学，所至造士有声。贡生谢天桂，其兄天枢、天柱都英年早逝。两嫂青年守志，天桂事之如母。乾隆十六年，破产买米，竭力接济乡邻。一生注重实行，不尚浮华，诗文风格亦然，远近咸钦仰之。

姜炳璋（1707—1784）　字石贞，号白岩。桂萼之子。自小禀赋超群，5岁入家塾，读书至"毋自欺"之句，恍然有所省悟，自是言动举止，一丝不敢苟且，俨然如成人。10岁能作文，且议论警拔，全县传为才子。年16，补博士弟子员，考试名列第一，学官皆视之为国士。浙江学政雷鋐称之为"东南一学者"，常取其所作为两浙士子之范文。清乾隆十八年（1753）中举，次年联捷成二甲第十名进士。然不谒"当路"，无以仕进，乃返乡。虽"七艺具佳""五策博赡详明"，同科进士纪晓岚作五言长篇《送姜白岩南归》相劝慰。

清乾隆二十一年（1756）至乾隆二十三年，应前后两任知县曹鎏、史鸣皋之邀，聘修《象山县志》。事竣，应邀相继于鄞县、兰溪两县书院主讲席，并作《诗序广义》与《读左补义》。乾隆二十八年，甲戌科会试总裁官钱惟诚巡视金华，姜氏携己作之未完卷《读左补义》拜谒，恭请作序。

清乾隆二十九年（1764），谒选授四川石泉知县。以58岁高龄单车赴蜀。刚一莅任，作"六勤、九戒"以劝儆民众。民业山，惟种荞麦充粮。因教以注水作堰法，民遵行之，造堰蓄水，变旱地为水田，习种水稻，始知有水田之利。又禁火葬，严嫁娶，相沿旧俗多所革去。整顿县学秩序，严惩胥吏中营私舞弊之辈，惩役士卒中胡作非为之徒，创书院于西山，复禹庙于石纽，劝民多栽桑柘椒桐，悉发于至诚，毫无饰智惊愚之举，使"民食日裕、民俗日淳"。并主持修撰石泉县第一部县志。"淳淳教谕，民有慈父母之称"。

此后，姜炳璋奉檄暂理江油县事。"邑中无赖闻之，皆走他所，店站赌具悉自毁之"。姜炳璋到任以后，亦以"六勤、九戒"劝诫民众。同时审结久拖未决之疑案，为境内书院增拨"膏火"田。整顿吏治，革除衙役中之陈规陋习。江油县旧有大坝，损废已久，引导民众加以修筑，并亲临工地，鼓励督查。堰成，开田数千亩，民因号为"姜公堰"。署江油仅6个月，但惠政甚丰，当他重返石泉县时，江油"士庶送之，伏道不能起"。面对依依相送之民，姜炳璋口占一绝："我吏此邦才六月，临歧事事费沉吟。江城父老何相忆，好把吾言仔细寻。"诗中之"吾言"，即指"六

---

①廪膳生，生员以享受公费供膳者。

勤、九戒”。

在蜀5年，石泉、江油两县“百废俱举、鸡犬不惊”。辞官回家后，“惟留心著述，于诸经史皆有讲解”。“年弥高，志弥笃”，仍笔耕不辍。“所著共二十四种，凡一百八十五卷”。其著《诗序广义》《读左补义》收入《四库全书》。姜炳璋死后，葬县东梅溪金钟山巅。

曹　鋆（生卒年不详）　字新塘，广西全州举人。其高祖曹学程，官至御史，曾以朝鲜封贡事弹劾兵部尚书石星，被下狱谪戍；曾祖曹正儒被表彰为孝子，有传略入《明史》。原为新昌知县，清乾隆二十年（1755）调象山任知县。到任即修学宫大成门。明成化年间，知县凌傅尝筑岳头、陈浞二塘，民为建祠，且有祀田130亩。岁久祠废。曹鋆清理祀田，恢复凌公祠。因祀田养祠有余，又将所余部分资助缨溪书院。乾隆二十一年，曹鋆请邑人乾隆十九年进士姜炳璋为总修，编纂县志，于四月开局修志。八月，曹鋆致政，此志由继任者续成，即乾隆《象山县志》。前礼部侍郎天台齐召南评曹鋆：“余家居养疴，有乡人自新昌来者，必称其令，曰‘粤西曹君’。旋调象山，象山人称君如新昌。君引年将归粤，而苦于贫。曹家名臣之后，复有廉吏，君能不愧其先也。”后象山民众祀曹鋆于凌公祠。

史鸣皋（生卒年不详）　字荀鹤，号笠亭，江苏如皋人。清乾隆十六年（1751）进士。由庶吉士授知县。先任职于昌化，于乾隆二十一年调象山。到任便亲自考察低湿田地，商议疏浚河道，修建会源、贤昌诸碶闸以助蓄泄，使象山农田水利状况大为改善。又筑砌海滨硗确路，以利交通，名之为“交绾路”。在任数年，百废俱兴，一切都整治得法。还专设“科举田”作为县内士子应试公费，又主修乾隆《象山县志》，惠政甚丰。升黄州府同知，后改授梧州府同知。

励元澳（1697—1758）　字启中。东溪人，父名锡祉，能文章，见重于当道。清康熙三十九年（1700），其父随象山知县胡祚远赴北京，寓居温相国（温达，康熙四十六年任大学士）府。后随皇六子允祚及相国出塞北10年，音书断绝。元澳4岁，即不见父。成人后，欲出门寻父，家人不许。直至入县学，为秀才，寻父之意愈烈，乃请于祖母与母亲：“家有二兄在，仰事不虚，元澳必出。”并安慰道：“且游而有方，招书即可回，不久滞也。”

元澳为寻父前后北上4次，孤身在外10余年。曾出山海关，至锦州、盛京、奉天，无果。更北至吉林乌拉岭，东南出凤凰城，直至高丽（今朝鲜），四处打听父亲下落，终无点滴信息，号哭而归。至清乾隆二十三年（1758）十月，方始抵家。七日后即病，终因大愿未遂，饮恨衔血而殁。所著诗稿名《愁中集》，皆为在外30年中血泪之语。

孙鲲化（生卒年不详）　字云翼，号后斋，长兴举人。清乾隆三十四年（1769）任象山县教谕。鲲化工文章，著《金丹文谈》，风采议论往往倾倒一座。在象任职18年，爱才若命，乐育为怀，造就诸多优秀学人。他将学子“月课文”择优编为《红木犀斋课艺》，凡三集。象山名碑“蓬莱观碑”于明中叶后失落，鲲化莅象时，有人于蓬莱山下挖土时发现。鲲化得悉，与人登山起之，并于学宫内建“宝贝亭”以护。鲲化于居室外多植松、竹、梅，戏称合己身即成四友，因题居处为“四友堂”。并集县内耆老，每月一期，携一壶一碟，相聚胜地，分韵赋诗，称之为“蝴蝶”（谐音“壶碟”）会。后有幸提升知县，可惜赴京报到时竟一病不起，卒于京中。

赵起鲲（生卒年不详）　字震川，号北溟，嘉兴举人。清乾隆四十年（1775）任象山县训导。起鲲嘉奖贤士，树立榜样。又善于识人，他初见学子，便能从其谈吐举止，判其日后能否成材。又诲人不倦，对向其求教者，指教不厌其烦。受其所教，后来多有成名者，起鲲亦因此被人称为“知人”。县里有一老秀才，不幸触怒了当局，蒙受委屈，起鲲性刚直，力为辨析，使之保全名节。在象山任职7年，修废举坠，与孙鲲化共掌教务，为象山培养人才，竭尽全力。后卒于任上，县民无不痛惜。

倪桂馨（生卒年不详，附子吉士）　字又兰，号小山。父成材，秀才。桂馨刚入私塾时，喜爱学习书法，博鉴古文。于是，父亲让他远游从师。清乾隆四十二年（1777）以拔贡赴京，考充《四库全书》馆誊录，受业于国子监学正陈之纲八载，学业益进。所著《秋海棠诗》传播馆阁，一时有“倪海棠”之称。任誊录期满，授职广西州判。先后署理泗城经历（职掌出纳文书）、天河县丞及郁林、博白、雒容等县分司。天河有旧俗：凡嫁娶，用一瓦器剖分为二，其半授媒人贻女家，瓦失则讼。桂馨教民以礼书代瓦器，讼息。桂馨下乡，必嘱其子弟俊秀者谈论诗文，声出户外，由是至处输课如市。有幕友卒于衙署，访无戚属，桂馨购地建坟，并购置祀田，派人守护。在广西七载，因积劳成疾卒于任上。子吉士，嘉庆二十五年（1820）岁贡，精于谱牒之学。撰有《小山草堂文集》《海曲烟村诗稿》。

石大成（生卒年不详）　字辉山，一字错庵，其祖自余姚入象山。因家居西周之西山，自号“西山居士”。性诙谐，常逗人开心。然性格傲岸，不善委曲求全。对曾相交友人，常各下评语一二句判其生平，记于纸上而藏之。死后，同人查其所藏，发现所言多中，其鉴人之才，令人信服。一生清贫，志澹泊。曾为塾师，好作诗，撰有《古香亭诗草》（存《蓬山清话》）。惜天妒其才，年39卒。有《居西山》一诗云：“南村非吾田，北村非吾园。既无田园债，不烦租吏喧。破屋无完扉，我与月共宿。清风欺人睡，掀被出两足。颓椽炊腐朽，开盂煮残粥。天运苟如此，呢呰空龃龉。阮陶醉乡中，谁竟与之处。”

张光珮（生卒年不详）　字声珊，幼年攻读儒家经书，后来改行。不擅长经营产业，家道日益败落。叔廷璋去世后，无子，有一妾方壮年。有客劝他说：“尔家贫穷，留之何益？城东有姓某者，欲纳汝叔妾为妻。君可与之，以用聘财自资也。”光珮笑而问道：“彼家有多少肥沃之田？”客说：“足供几代人之食。”又问：“他家有多少积蓄？”客人说：“取之不尽。”又问：“与你家相比怎么样？”客人说：“我家和你家差不多，怎么敢与他家比呢？”于是光珮拍桌问道：“那你为何不把自己妻子嫁给他？你是多么善于为人谋划而拙于为己打算啊！”那客惊愕沮丧而走。从此叔妾得以保全名节而终老。晚年更加穷困，为县巡检书写公私函牍，分文不敢多取。一天，巡检于民间得好处费若干千文，便分二千文给光珮。光珮笑道“这钱你帮我留着吧。”巡检惊讶道：“留此何用？”光珮说：“留给我子孙后代用吧！”巡检吃惊道：“如果这样，我们吃子孙饭、著子孙衣的事太多了！”为之惭愧良久。乡贤姜炳璋记述他事迹时说：“余与声珊善，每以星命之学相质，固不知其大行之卓然如此也。一日，其弟兼玉过余，历数其兄之短，枚举之为为诟厉。嗟乎！世有若人，而使之贫，贫而不容于其弟如实哉？吾邑人心日变为禽兽，其足以支撑世界，不使至于陆沉者，赖有此等人耳！”

周　载（生卒年不详，附周元鈛）　字尚年。父熙，有孝行。曾到夔州看望他父亲，夜晚寄宿途中旅馆，得别人遗失于床上银钱百余两。次日，便托言体有不适，暂留店中以待失主。到了中午，一人哭着到来。周载了解实情后，慷慨归还他。那人愿意拿出一半答谢，周载说：“我若要此钱，早就离开了。”坚辞不受。此事传开，有士大夫作诗相赠。又有周元鈛，字继权，尝客松江，遇有卖妻葬母的人，元鈛赠资使其埋葬了母亲，又保全了其夫妻，并送之余银为之谋生计，夫妻感泣而去。过了十来年，元鈛至松江，受金者途中认得恩人拜谢，元鈛却不承认其施恩不望报答到如此程度，实在令人敬佩。

华瑞潢（生卒年不详）　字泾阳，号秋槎，金匮人。清乾隆四十四年（1779）任象山知县。瑞潢为官，爱民如子。对不法之徒，却也执法严明，决不徇情。主持县试，甄拔人才，公平公正，士林悦服。识拔象山青年士子钱沃臣，聘为记事。调任临海知县，亦携之同行，于沃臣一生事业，影响极大。至临海，曾捕获大盗，为当地除害。后升同知，代理台州知府。性至孝，每到外地为官，必带母同往，以便尽孝，且每有事，不论公私，常向母请示。后罢官，居西湖，颇为当时浙江巡抚、大学者阮元器重。

倪象占（生卒年不详）　字九三，号韭山。丹城人。父嘉平，为乡饮介宾。世代以儒学为业，授之书，命受业于姜炳璋。清乾隆二十一年（1756），受知于县令史鸣皋，补入县学。史鸣皋时招入署，为讲授诗、古文及书画之法。因其家境贫寒，曾给田洋湖塘田为膏火费，而其父嘉平则请求将塘田作为全县士子的公田，充作乡会、岁科考试费用。乾隆三十一年，象占寓甬上虞氏抱经楼，校阅藏书8载，并为之撰《藏书记》。其间，结交陈之纲、邵洪、阮增荣、蒋学镛等地方名士，以诗文相互器重。乾隆三十年春、乾隆四十五年春，高宗南巡，二次选列迎銮。乾隆四十五年秋，为学使王杰拔充优贡。入都，经考试补为镶黄旗教习，不久奉调入志局分纂《大清一统志》。又与戴殿泗同编《千叟宴诗》。乾隆五十三年，期满回籍，应聘分纂《鄞志》。翌年，补授嘉善训导，勤于督课，兼恤贫士。在任12年，有《魏塘杂咏》诗付梓。又用8年时间编纂《周易索诂》，于注家外别备一解。有人说他著书太费精神气力，他说："吾职司训，著书吾本职事也。"空暇时，则吟诗作词，或写兰画竹，或莳花植木以遣雅兴。画兰、竹，几入逸品。著有《蓬山清话》《抱经楼藏书记》《象山杂咏》《青棂馆集》《韭山诗文集》等。

钱沃臣（1754—1825，附从侄钱嗣容）　字心溪，为五代时吴越王钱镠后裔。年方弱冠，受知县华瑞潢赏识，聘为记室（相当于今文书），有才名。遍游浙东西40载，各地官员争聘其为幕僚。平素好学，尤喜古文，所著诗、古文词皆可诵读，尤其擅长书画篆刻。所考安南正威炮图，为浙江巡抚阮元所欣赏，刻入《太平县志》。喜欢收藏书籍、名帖，精于鉴别。著有《乐妙山居集》及《蓬岛樵歌》，钱塘袁枚、临海宋世荦为之序，足备本邑掌故。

堂侄嗣容，字思白，清乾隆五十三年（1788）举人。家贫，教私塾，收入不足糊口。常篝火为灯，专心苦读，其父以身弱止之，仍不释卷。中举后赴京会试，未能遂愿，留京数载，诸名卿争器重之。回归乡里后，主教缨溪书院，门外屦满。

袁淑先（生卒年不详）　字模圃，湖南举人。清乾隆四十八年（1783）任象山知县。淑先颇具才干，尤善明辨是非，长于断案。凡其审案，言词严正，声音洪亮，人们于鼓楼（县衙大门）外即可闻其声。对讼诉两方之是非曲直，常能以数语而作出正确判决。时有海盗案发，累及他人，淑先讯辨其诬，故县中父老送其"明镜"匾额，以颂其明察秋毫。在任8年，卒于任上。出殡时，县民为之痛哭。

汤曰涟（生卒年不详）　字莘田。援成例纳捐，以盐大使身份分发入川，署理龙安府平武县丞。正值教匪闹事，曰涟负责后勤，因及时运送军粮，并截获黄号股匪贼有功，补夔州府大宁盐场大使。恰遇盗贼蒲天宝等窜入大宁之谭家墩，被曰涟率团勇平定。大宁场有白儿岩，是盐泉出涌之地。可岩下无集水之处，致盐泉四溢，不能得盐井之利。曰涟遂使人凿池，导盐泉汇流池中，使盐民、商人两获其利。后升山西隰州蒲县令。到任后，兴办文教，严督教学，劝农力耕。因病引退，囊橐萧然，蒲县民众称颂他"两袖清风"。

赖鹏飞（生卒年不详）　字程九，一字豫仙，诸生。贫而耿直、有骨气。时与骚人逸士游，工书法，善吟咏，遍游浙东西诸名胜，题名作“豫仙”字，析其字，即“予象山人也”。后客居海盐，卒于法喜寺，寺在海盐县西南30里。吴懋政为之传。

邓嗣宗（生卒年不详）　怀圣孙也，字慈钟，清乾隆五十四年（1789）拔贡。嗜学，精于《史》《汉》，尤详于古文。有卓识，里中公事，善于持议。嘉庆十年（1805），重建文昌阁，嗣宗经营筹划，力任其巨。又以县志未作为一邑切要事，拟修而未果。平时恤贫济急，克绍祖风。与从弟亢宗友爱，同居石屋庵读书作文，博览子史。著有《晚翠轩诗文集》。

邓亢宗（生卒年不详）　字汝成，一字绮园，炳之子。清嘉庆十八年（1813）举人。性友爱，明大义。从子某素慨慷，字中落。亢宗经常给予帮助，从子有惭色。他甚至拨自己田数十亩与从子。其他善举很多，皆有祖父风。学使周玉骐给以“品学兼醇”匾。咸丰中，邑令曹建春详请人祀乡贤。著有《〈诗经〉集解》《读〈左〉便识》《〈公〉〈谷〉合璧》等。

叶和侃（生卒年不详）　字萼亭，江西新建人。由副贡授文安知县，于清乾隆五十五年（1790）调任象山。居心慈惠，操守谨严。凡审讯犯人，总以恳切晓谕，未尝妄加刑罚。崇尚名节，表彰忠孝，每月初一、十五日，必亲临书院，与诸生讲学，并招其中优秀者入内署，另行严格辅导考查，造就不少有用之才。又免去某些不当税收，施实惠于民。后以政绩考核为优而调迁。离象之日，士民沿途泣送。

陈广宁（生卒年不详）　字靖侯，号默斋，浙江山阴人。自小聪明，好读书，能赋诗。因叔父陈圣传为国殉难，受荫庇世袭云骑尉，署绍兴都司。清乾隆五十八年（1793），署象山左营守备。某日，于东海中忽现三艘大楼船，继又泊于钱仓海面，士民疑为海盗来袭。消息传来，邑中全城惊骇。广宁带二卒驾一小舟出洋询察。原来是三艘英国船，由温、台洋面而来，欲经象山洋面北上，向朝廷进贡礼物。广宁遂上其船，先向翻译者了解情况。英人皆穿紧身之衣，戴饰羽之帽；左右列队，刀刃如雪。广宁向英人从容宣言中华大皇帝之威德，又云乃奉命特来护视汝国来朝之意。言毕，就座宾席，与英人中两位使节（两使为马戛尔尼、斯当东）晤谈，以英人之礼相待。临别时，英人以金盘捧出宝货数种馈赠，一无所受而回。嘉庆元年（1796），被保举孝廉方正，力辞曰：“粗官敢与耆儒争进耶？”后随巡抚吉庆剿海寇，军书奏折皆出其手。蔡牵之乱，又奉檄巡哨五虎门，献策主将李长庚。后又代理汀州、建宁、漳州、寿春、兖州等镇总兵。调腾越镇，卒于赴任道上。广宁孝悌成性，笃于朋友。虽为武官，于文章诗词、金石图书无不研究，著有《寿雪山房稿》。

姜人烈（生卒年不详）　字夏夫，炳璋之孙，埭之子。年轻时倜傥有才干。乾隆五十九年（1794）中举人，以例授知县。分发直隶，补授肥乡知县，后调任武清。上官称赞其练达，邻邑重案多委之。人烈在未补授肥乡知县时，历署理献、曲周、威、永年、衡水、交河、广平等县，于曲周最久。滏水绕曲周县城，一年，夏秋骤雨，水暴涨，位于城东南村庄的河堤都出现险情。县民建议决堤泄洪，让河水流入城南康台泽，以救一时之急。人烈不同意，亲自前往堵筑，使洪水顺流而下，并申详上司立碑堤上，告诫后人不可轻言决堤。县内有育英书院，年久倒塌，人烈捐俸兴修，请姚江孙寓泉掌教，文风大振。任肥乡知县时，有豪监自邻县过来在肥乡买田置庄，产业饶富，但多有违法行径。人烈拘案斥责，押解回籍，使不入境，县民感激。他兴利除弊，行为率直果敢，在直隶20余年，任职之处皆有惠政。

张吉安（生年不详—1829）　字迪安，号莳塘，江苏吴县人。清乾隆六十年（1795）举人，经大挑，嘉庆二年（1797）以知县署象山县。象山踞定海上游，海盗由福建北上侵犯浙江，必由县境内大佛头山（花岙岛）进入。沿海奸邪之民，多以米及淡水、火药济盗，且为作向导。吉安莅任，即严禁水、米出洋，并革除船埠地区商、渔之税，减轻民众之负担，使不致因过穷而通盗。如此一来，使海盗物资短缺，处境窘困，不敢侵犯象山。时李长庚为定海镇总兵，进剿蔡牵、朱濆于海上，兴师动众，还时受挫折。嘉庆帝得知象山县令对付海盗之法，不禁叹道："使守令尽如象山，盗可不战而溃矣。"县内台风重创禾苗，吉安又为民请命，缓征赋税，以便民救灾。有军工厂下令征取大量樟木造战舰，吉安上书，直陈数条不便于民之议，又力陈"石浦宜屯重兵""南田宜严封禁"。其后，朝廷同意，全按吉安之所议而行。不久离象山，又署新城、永康、丽水、浦江等地知县，所任之地皆有惠政。道光九年（1829）去世，永康、丽水、余姚等地民众皆立祠祀之。

马丙书（生卒年不详）　字丹崖，清嘉庆三年（1798）举人，性友爱，处戚族恩意兼至。后在京师某官宦家教书。季弟客居京都，因病去世，丙书即辞去教职，倾其所有，运灵柩归故里安葬。之后受某达官之聘，客居陕西做幕僚10余年，先后参加会试6次未第。归主缨溪书院讲席，参与修纂道光《象山县志》，助倪劢《彭姥诗蒐》采辑。担员公事，不染纤介私利。县有常平仓，按一向惯例由三乡采买，号曰"官谷"，有官吏从中谋利，民多怨愤，丙书请知县革除之。83岁高龄任定海厅学教谕。时定海已与国外通商，有诸生某因刚直触怒英国人，英国人逼郡守逮捕责罚该生，丙书力庇之。为剖析曲直而废寝忘食，士林中都钦佩他的德行。3年后在任上过世。其灵柩归象之日，送者塞途。

倪　坤（生卒年不详）　为倪象占侄，字赤芝，丹城人，清嘉庆五年（1800）岁贡，廉介寡言。身长八尺有余，为文纯以理胜。坤家贫，有愿以千金购其祖传之居处者，坤却而不受。遇灾荒，县令徐元梅遣使馈送上等白米2石，坤坚却之，告人曰："受人惠，是受人怜也。"乡中共同推举其为乡饮介宾，不就。参与倪劢《彭姥诗蒐》采辑。年73，尚执教于郑氏家塾，是年亡故。

潘其钊（1749—1816，附族叔必球）　一名象伟，字绍康，黄埠人，太学生。性格豪爽，知县徐元梅推重其为一乡之长者。幼习宋张三峰、王宗诸家拳勇，并熟悉少林诸种拳法。于山中建造别墅，请名师，教诸生演习骑射武功。不久，五子皆先后中武举。郡府赠"五凤齐鸣"匾额。因习武者多伤痛，其钊兼工外科。族叔必球，字秉权，亦太学生。因久侍生母郑氏之病，于是精通内科。为人治病，手到病愈，不受酬谢。曾注释《金匮》《经方》《本草》等书，与其钊互相探求研究，时人称誉他俩为"竹林二阮"。晚年焚毁全部所著书，告诫子孙毋习医："尔辈禀赋欠佳，业医恐误人命。"子潮，邑庠生；湄、藻，并贡生；孙晋三，以拔贡补充八旗教习。

王士达（生卒年不详）　字日上，诸生。生性清廉耿介。书法学习赵孟頫，尤善行草。教从学者习小楷时，笔画必依据《说文解字》。时象山善书法者有3人：柯履安、赵近山及王士达。士达弟士迈，廪生，精通棋艺。

蔡　牵（1761—1809）　福建同安县西浦乡人，农民出身。早年丧父母，伶仃孤苦。为生活计，为人出海押运货物，练成一身操舟渡海，如履平地工夫，人尊为"大出海"。清乾隆五十九年（1794）亡命出海，啸聚党徒。作为海上"小帮"依附于"安南夷艇"，为之报信引路，间亦上岸抢劫。嘉庆元年（1796）北上，在象山附近洋面一带活动。嘉庆二年，登爵溪公屿抢劫；嘉庆三年登白沙湾。时象山左营守备，奉檄巡哨五虎门，献策定海总兵李长庚，击退蔡牵，擒获其头目陈宝。象山知县张志安亦断陆上淡水、米粮出海之接济，蔡牵遂以檀头山岛为据点，称"大王宫"，施以小惠笼络当地渔民，有人称之为"义盗"。嘉庆五年，浙江巡抚阮元闻警赴台州督剿，会战海门，“安南夷艇”纠集凤尾、水澳、蔡牵等帮因飓风覆溺殆尽。嘉庆八年，李长庚阻击蔡牵于象山钱仓外洋面，蔡牵大败南逃。此后出没台湾海峡。九年秋八月，蔡牵、朱濆现浙，长庚合浙镇兵合击，激战于石浦铜瓦门外洋面，石浦城中居民逃至山中。嘉庆十年，蔡牵在台湾自称镇海威武王，建元光明。其所部泊象山青山门，几十人登白沙湾，至大岙，遭山农抗击逃窜。嘉庆十一年八月，长庚痛击蔡牵于渔山。嘉庆十四年，蔡牵率部至猫头洋，遭闽浙水师夹击于渔山，后追至舟山黑水洋，蔡自知不免，发炮裂船自沉。

姚锡金（生卒年不详） 珠溪人，以孝义受人称颂。村里建祖先祠堂，地基缺少左边一角，锡金己倍地易之。祠堂建成，即在旁边建立私塾，延师教子弟读书，对其中贫困者给予资助。有桥路损坏和崎岖之地，他率先修理。享年百岁。

俞凤德（生卒年不详） 字经五，昌国卫监生，以好义著称。县上、下南乡间有交绾村，道路在海边，屡被海浪破坏，使人行走困难，俗呼“砐硌路”。凤德出资千余金，砌筑成大路，又于路南建茶亭，施茶水，路西置田为修葺费。里人何如璋为之撰文，并立碑于茶亭之左。

伊一经（生卒年不详） 字殿玉，一介儒生，家中产而好施。有一堂弟，甚贫，三鬻其庐，为之三赎还。精于堪舆，但并不以此为业。若有报酬，亦皆舍施给穷困者。一次，有托其邻人寄金一经者，不料邻人将钱私吞。一经知道后，怕邻人难堪，假装不知而不问。心地善良，心胸旷达。县令考察其德行后，题其居所曰：“今之古人”。

赖一帖（生卒年不详，附史亦书、周天擎） 名失传，直岙人。小时务农，成年后入县学就读。不久研读医书《灵素》，参悟脉诀，为人诊病，用药一帖即愈，于是有“赖一帖”之称。一次，其叔挑柴回来，赖一帖偶然为叔诊脉，惊恐道：“按照脉象，当晚要死。”其叔骇而诟詈之，赖一帖只好赔礼，称自己失言。谁知当晚，其叔果然离世。智门寺有一僧暴病而死，其弟子准备将他入殓。碰巧一帖到寺，诊之，曰：“此必不死，然非药石所治也。”针之，应手而苏。

史亦书，字南辉，县秀才。亦精于医道，博参《内经·素问》及诸家医书，治病多有神效。常自己买药给贫病者治疗。女婿黄廷松得其真传。

周天擎，字月卿，县秀才。应乡试不中，慨然道：“范文正公曾说：‘不为良相，当为良医，’学医亦可济世救人。”遂放弃科举，改攻岐黄术，钻研《黄帝内经》等医典。凡有请出诊的，风雨无阻，用药甚灵验，且不受一钱。县令吴越、周兆增各赠匾额表彰。死后，邑令孙泉雯为之撰《墓志》。

陈铭祖（生卒年不详） 府学诸生。为人正派，与友人交往，以正直诚信自任，不稍曲从。亲友遇生活困难找他，均予相助。从府学回后，执教60余年，门徒最盛，有以父子孙三代从游者。家居新桥板岭村，90多岁时，从板岭至东溪，山路崎岖，步行不用拄杖。年百岁，族人为他请求表彰。

夏　氏（生卒年不详） 嫁儒士欧起予为妻。起予早逝，夏氏侍奉婆婆，守志不嫁。因操劳过度，致困于病。人劝：“你寡而无子，何必自讨苦吃？”夏氏道：“劳则善心生，寡妇尤其不可以苟安偷生。”夏氏又乐善好施，清嘉庆二十一年（1816），出重金重修欧阳废桥，筑墙头渡道头，以便行旅。

孙廷松（生卒年不详） 字友云，江苏上元进士。清道光元年（1821）任象山知县。莅政勤慎，处己廉洁。一上任就晓谕下属胥吏说：“我在职上，决不收别人一钱，你们等人勿要用钱物来送礼。”任职期间，疏浚大河，改善水利；修黄溪渡道路，使成平宽大道；修葺武圣庙、城隍庙，均轮换一新。马岙培水塘有田200亩，因讼诉之事而被充公，又以诸多因素，此事久未定案。廷松了解详情后，遂向上请示，将此充公之田定为科举田，以资助象山教育。后因事离任，送者塞途。

秦　楠（生卒年不详）　字南屏，昌国卫监生。以乐善好施闻名于乡里。清道光元年（1821），象山遇灾荒，楠罄其家中谷米为乡里赈灾。不够，又赴郡买苏米一千石赈济，救活很多人。县令孙廷松为之申报建坊表彰，赠“乐善好施”匾额。

张学韩（生卒年不详）　一名绍堂，象山县学生员。幼年失父，遵母训，行端志正，终身一致。母年80余，依然孝敬。叔德让，亦生员，虽分居已久，学韩不论寒暑，早晚前去探望。从弟岁贡学程病重，医生说需要人参，学韩不惜重金，购来相赠。待妹妹5人，尤耐心周至。清道光元年（1821）遭大灾，斗米贯钱。学韩赴郡买米300余斛，闾里亲族赖以举火者百余家。山有茂盛竹木，任凭贫困户采取勿禁。其家人口甚多，家庭内外肃然有序。与宾客应酬，终日正襟危坐，不失端庄，高雅有宋儒风度。

姜鸿纶（生卒年不详，附子继勋，媳兰贞）　字静宣，姜人烈之孙。人烈任职武清县时，鸿纶随任读书，倜傥有才干。年19，以资授山东荣成县尉。执法严明，有“活阎罗”之称。然威不废惠，每审察囚犯，必关心其饱暖。因为父守丧，不得已离任归象，于郊外饯行时，众人惜别，有泪下者。服丧期满，补山东新泰县尉。有大吏推荐他升任主簿，鸿纶以县民挽留，一再推辞。任职新泰20余年，革害民胥吏之职，削减超额征收，审察疑狱，民众称颂其德。鸿纶操行纯笃，母亲陈氏因年事高，不欲随他就养山东，则每夜必焚香拜天，祝母康健。后升河工通判，惜未赴任而去世。子继勋，字麓芝，廪生。继勋妻叶兰贞（1825—1862），原籍萧山。其父叶树芝，任江西广庆县尉，调任山东肥城县尉，工诗，教子女均能诗，兰贞更有悟性。时鸿纶正任新泰县尉，与树芝相友善。乃以兰贞配鸿纶子继勋。夫妇倡和，著有《芝兰合稿》。兰贞性和婉，善事舅姑。返回故乡，夫妇俱入红犀馆诗社。操持家务，诗不多作。只存《研香室吟草》二卷。五言如《叹金山寺》云：“楼阁成灰烬，繁华付水流。”七言如《海棠》云：“妃子最宜居上苑，神仙底事谪尘寰？”其骈文只存《诗草自序》及《祝宁海鲍淦六秩寿序》。38岁早逝。

林逢恩（生卒年不详）　字宝璐，号璞斋，象山人，以太学生试任县尉于闽中。起初代理同安县尉，严厉督办抓捕歹恶之徒，士民送“除暴安民”匾额。后补福鼎县尉。县有桐山书院，久已颓废，捐俸金修之。常设文宴，召集诸生勉以勤学。县令有公事与逢恩商量谋划，无不襄赞，并力挑重担。知县有善政，多凭逢恩之力。清道光四年（1824），逢恩因病归故里，福鼎绅民赋诗饮饯，成一时之盛，有林一鹍为之作《序》。逢恩卒于家，福鼎人闻讯，不远千里到象山祭奠。

袁　恺（生卒年不详）　字谦吉，清道光二年（1822）恩贡。廉洁正直，少言寡语。乡里以公事招之，裹足不至。其家门临大道，有在其门口歇脚而遗失衣裳包裹者，恺见即守而待失主，还之。与象占从子倪坤，性情投合，常有过往。玉泉场盐大使刘英，为江苏乡试第一人，经常造访其家，与之论文订交。

许　超（1763—1828）　一名廷枢，字卓轩，石浦人。太学生。事亲孝，母老多病，不入卧室，寝母榻下。晨昏服侍，无微不至。一妹出嫁，贫而寡。超体察母亲心意而厚济之，直至照顾一生。其他善举，如赈饥、施棺、修桥、砌岭，与弟、侄辈创建崇德义塾，皆承母意为之。清道光二年（1822），县令刘嘉会报请朝廷表彰，赠朝议大夫，建立牌坊，恩旨给“乐善好施”四字，又其旌庐曰“克顺义方”。

吴　丙（生卒年不详）　字仙里，清道光三年（1823）恩贡。性和顺，循循善训诱，子弟门徒不假夏楚而得教化。严于律己，一介不苟，有提出无理要求者，当面拒斥。然处姻族邻里间，不敢以贤良自居，如人有所咨询，回答合于情理。时人皆钦重之，目为人师。道光二年，县令孙廷松荐举其为孝廉方正。

童立成（生卒年不详）　字楚翘，江苏崇明举人。清道光八年（1828）由举人大挑任象山知县。性喜静，尚廉洁，视官事如家事。象山连年科第不振，遂以风水家之言，于城隍庙旁边重建文峰塔，以振文风。又疏浚城中河道，修葺明伦堂、药王殿。暇时则留意地方文献，主持重修县志，成二十二卷，即道光《象山县志》。后调任离象，士民久久怀念。

林　氏（生卒年不详）　为陈孔昭妻。婚后一年，夫积劳病死，遗幼子。林氏含辛茹苦，抚子长成。不幸子又早逝。林氏率媳养蚕、纺绩，又接针线活以维持生计。婆媳俩同心共德，几十年不辞辛劳，凭针黹所入，竟亦积少成多，置田10亩。清道光十年（1830），将此田产捐入普济堂。善举感人，人称其“节义兼至”。

夏　濠（生卒年不详）　又名美潮，字岸平，号墨溪，闻香人。金奎孙，鳌柱子。国学生。践行中庸之道，大有祖上风范。因累世好施舍，家渐中落。濠节缩数年，家道重振。叔某，一娶季氏，生3女，再娶杨氏，无子，分家后不久过世。两叔母寡居，濠请得继母同意，命弟耀坦为之后，并割己财产之半与之；三妹出嫁，悉按礼制。初，濠幼丧母，时才5岁，哭泣至废寝食。及丧继母，濠年逾40，悲痛无异于失生母，人皆以为难能可贵。族中有穷者之子，从小由祖父金奎抚养。濠承先人遗志，亦资助其嫁娶，仁义之声乡里皆颂。县令推举为乡饮介宾。享年81。有《上巳游笠山》诗。

赖终臧（生卒年不详）　字卜云，号惠斋，性孝友。父临终时，嘱以读书成名，终臧泣受命。因素质迟钝，遂勤奋苦学，寒暑不间断。乡里先生辈都期待他能成大器，可时乖命蹇，仅中秀才。老母在堂，终臧以和颜悦色侍候老人。与兄弟分财产亦主动相让。身处乡里，崇尚守信诚实，戒争避讼。一生清静寡欲，不嫉妒，不奢求。培养后进，必严以规矩，受其益者不胜枚举。六子耕读，一家数十口共炊，内外无闲言诽语。县人皆称颂其为有德之人。

陈云青（生卒年不详）　诸生，性好善，深明义理。有人贫极，卖其妻，已成契约。云青变卖家产为助，成全其伉俪。有邻居染疫病，亲友惧传染，不敢问讯。云青道：“寿夭命也，疾病相扶持之，谓何?”亲自前往调剂汤药，送稀饭，邻人竟得痊愈。深受县人称颂。

郑亨仲（生卒年不详，附妻龚氏）　字吉斋，石浦星塘人。太学生。好善，有义举即率先响应。清道光十二年（1832）岁歉，施济粮米70余石，并出资浚港以防旱，为济荒计，全活甚众。道光二十七年大饥，赈济粮米80余石。不足，再买苏米300石，减价平粜。石浦同知陈遇隆赠以“谊敦古处”匾额。咸丰三年（1853），又赈济粮米百石。同治元年（1862），斗米千钱。亨仲罄家所有，出资采办，折半价粜之。助修石浦东岳宫、造励家坪渡桥与女溪五里桥、砌番头塘岸、修半山庵，独建乌江茶亭等，为经久计，置田维护。费浩工巨，始终无倦。邻里乡党有纷争，开诚布公以相规劝，使勿涉讼，或倾囊为之调解，乡里德之。终年84岁。龚氏，郑亨仲妻。好义举，出自己陪嫁之金银饰物，建凤阳义塾于铁炉山。并置田50亩，以每年租谷为教师及学子津贴。同治七年，县学官赠“惠溥宣文”匾额。

姚怀祥（生年不详—1841）　字斯正，号履堂，福建侯官人，清嘉庆二十三年（1818）举人。道光十五年（1835）署象山知县。怀祥重文好士，每月考核缨溪书院，凡学子诗文，亲为点定。每当县试结束，则招名次靠前者至县衙内，再亲自教授，口讲指画，人才多所造就。道光十九年调龙游。道光二十年五月，调署定海。中英爆发鸦片战争，六月六日，英舰攻定海，定海总兵中炮伤股。“时承平久，兵不习战，仓卒应变，闻炮声多畏缩。”中军游击、守备和左右营游击等败走。怀祥率城中300军士抗击一日有余，城陷，出北门投梵宫池殉职。奉旨赐恤，建祠于舟山及杭州吴山。

夏仁标（生卒年不详）　字午中，从小丧父，侍寡母尽孝，大小事必禀命而行。母病重，求药割股皆无效。母亡后，推爱诸弟。性乐善好施。清道光十五年（1835），遇大饥荒。仁标慷慨出资，赴郡购米救济之，使乡里得以度过荒年。道光十七年冬，为亲戚朋友解决纠纷，乘船过高泥，遇风船覆，不幸罹难。闻者以善人遭厄，莫不为之落泪。

葛　氏（生卒年不详）　黄孝培妻。嫁到黄家时，姑及祖姑（丈夫的祖母）均在世，葛氏待两长辈十分孝顺，让人无一句闲话。时姑尚有子在襁褓中，葛氏迎承心意，善待小叔。不久夫亡，遗孤亦幼。葛氏仰侍俯畜，家务繁重，日事纺绩，以补家用。宁可自己粗茶淡饭，也不让姑及祖姑食无甘酯。小叔长成，又为择配迎娶，从无居功之意。祖姑与姑去世，力尽孝道，举丧礼如仪。葛氏为人谨慎，恪守妇道，足不出户，亦不大声说笑，非至亲者罕见其面。

欧承天（生卒年不详）　字福星，号瑞轩，太学生。父起炎，以义行称于乡。承天自幼读书明义，克承父志，善岐黄术，施方药不计其数。道光元年（1821）、道光十三年，两遭饥荒。承天择乡里之饥困者，每日计口与食，许多人得以活命。清道光二十年，英国人攻陷舟山。象山知县范先达筹备防务，因县城城墙塌坏已久，劝捐修筑。承天命儿子孔章独任之，出钱17000余缗。城修成，受到朝廷嘉奖。晚年，悯族人多赤贫，欲置义田，事未成而卒，年79。及同治三年（1864），子孔章踵成之，置义田12顷有余。

杨　氏（生卒年不详）　象山人，配水兆泮为妻，伉俪甚笃。家贫，姑改嫁，仍持媳礼，费用皆出自杨氏针黹所得。兆泮务农，租房于县城，家徒四壁，杨氏无怨言。数年后，杨氏生一女。不久，兆泮染泄泻之疾，无钱就医。有一卖货郎，鄞人，安家于象。妻亡遗一子，认兆泮夫妻为干亲，杨氏爱同己出。见兆泮病危，货郎慨然借钱，兆泮病故，又贷钱以助发丧。两月后，货郎来要债，杨氏坦言无钱。货郎上门再三催讨，并对杨氏说：“你即使终年辛劳，也不能自给，拿什么还债？不如就嫁给我，你女儿与我儿也正好相配。只要点头答应，我就把你家所欠之债作为聘礼，决不食言。”原来，货郎颇有心机，知道兆泮病入膏肓，存心让她背一身债，以便到时要挟。岂知杨氏生性刚烈，决意不从。货郎反复以债逼婚，杨氏大怒，以唾啐其面。货郎不听，又贿赂杨氏婆母相劝。杨氏以其已再嫁，无权干涉。货郎恼怒，以恶语威胁。杨氏遂生殉夫之念。先到兆泮墓前大哭一场，归家后卧床3日，服毒自尽。

佘勉翰（生年不详—1837）　字韦庐，石浦人。清道光二十三年（1843）举人。勉翰自幼聪敏，读书能一目数行。肄业郡城时，尝作文一篇出示同学。学人以意读之，谓平平无奇思。乃取而句逗之，重新出示，学人则大为钦服。乡试中式后，每日闻鸡即起。冬天夜寒，以木棉著布衾围座椅覆足，而手靠案几翻书册，双手因寒冷而皲裂。当校读时，或欣喜终日，或怒不可遏，或深思废寝食。诸生来请业者，亦课之，辞色不少假而慈爱过其父母。客或来塾中闲谈，惧废诸生业，必拱立其旁，客人相延坐，不坐，皆不久即去。某科乡试，有关《五经》考题中有“周尺八尺为步”一节，郡人应试者几至搁笔。勉翰为疏析经注疑义，始知经书之不可不读。惜后来两次会试皆未能遂愿。得咯血病，小愈，刚巧有童时之业师，因试事在郡城过世。勉翰迎其柩于路，大恸而号，血涌出不可止，遂至不起，年36过世。妻胡氏，抚养二子就学。长子炽宜，江苏候补县丞。次子燮宜，能诗。二子皆早逝，二妇皆俞氏，侍姑守节以终，人称“一门三节妇”。勉翰著述皆被人于二子丧时攫去，所传《戒口业文》及札记数则而已。

周丹忱（1796—1866）　字怀赤，号葵圃，榜名丹忱，岁贡生。父铭，县学生。丹忱少好学，老而学习不厌。孝于亲，友于兄弟，睦于乡党，以庄重对待妻子，而以敬重处交友之间。外若简旷而属于是非利害关键时候却很严格。饩于庠，以岁贡生终。鄞董沛铭其墓。

潘　煦（生卒年不详）　字春士。父型，岁贡生。煦受庭训，持身迂谨，言笑以时，步趋不苟。弱冠入府学，举优补增广生。循例入成均（古之大学）。设教石浦金山书院，就学者户外屦常满，络绎不绝。平居喜吟咏，与皋兰同知张兆熊、海宁学博陈宗浩结诗社，相唱和。年80，犹竞聘为人师。所得薪水，不置田产，不时地周恤亲族。一姊归秦氏者，寡居，家道中落，生活困难。潘煦迎养到家以终身。

周学谦（生卒年不详）　父名奠邦，武举人。学谦性孝友，慷慨豪迈，有奇气，读书注重明义。以例贡候选知县，实授山西大同府张家口丰镇厅巡检。其地处边塞要冲，民俗犷悍，为争吵、斗殴而诉讼者甚多。学谦到任，遇事判决如流，在职9年，有政声。清咸丰七年（1857），以父亡丁忧而去职。及服丧期满，座师朱方伯招之再出仕，以母老而辞。学谦侍母极孝，每日至母卧室问安，家中每来贵客，必向母告知姓名。母病，则亲尝汤药；母背痛，则亲手为按摩；母亲每有招呼，必小心应答。亲自为母亲洗涤污秽内裤，不令媳妇们代劳。事母25年，母去世，哀恸欲绝。年61，服母丧未终，病卒。终前嘱家人丧事从简，自己当穿布衣（即不着官服）入棺。学谦平生急公仗义，同治六年（1867）、光绪八年（1882），连岁逢西乡水灾，民大饥，学谦两赴省城申请赈济，各得赈银千余两，救活大量饥民。其他恤贫拯冤之事甚多。自己家业因而渐衰，亦不计较。死后，镇海名士姚燮铭其墓。

张兆熊（生年不详—1861）　甘肃皋兰人。清道光二十八年（1848），以进士任宁波府同知，驻石浦，道光三十年六月去任。十二月回任，咸丰六年（1856）复去任。咸丰八年十二月又回任。兆熊治军治民，皆有条理。攻剿南田顽匪，理饷设防，匪乱甚快平息。兆熊善为文，屡被调为浙江乡试房考官，历任主考都推重他为前辈，解元亦多出其房。在象任职前后将近10年，始终清正廉洁。太平军进象，石浦人中有受太平军之职者逼迫他交印离署，致吐血而逝。兆熊生前两袖清风，死后贫无归资，葬于象山。

沈炳如（生卒年不详）　字豹章，又字亦仙，清咸丰元年（1851）举人。时象山海域有不少广东籍海盗，象山人谓之“绿壳”，因其常以蚱蜢艇（外涂绿色）横行海上，民众深受其害。炳如自发组织乡勇，积极抵御“绿壳”，乡里恃以安宁。曾参加红犀馆诗社。太平军进象山，遍设乡官。有人以利禄引诱，有人以威武逼迫，炳如皆不为所动，拒任乡官。平素仗义执言，公正行事，常为乡民排难解纷，本乡民众无涉诉讼者。

孔继铭（1802—1859）　字金明，一字鉴鼎，墙头人。自幼聪慧，善读书。师从绍兴屠湘之先生，数年后，益工于文。年23入县学。继铭相貌堂堂，风采动人，见者多认为日后能成“玉堂人物”。几次乡试都未遂愿，后经纳捐为增贡生。此后绝意仕途。与弟继忠分家产，分配田舍、财帛，全听弟处置。有人在他面前说继忠有私心，继铭不听：“家业皆先世所留下，家中器用、衣物置办皆由弟打理，兄弟向来友爱，请勿妄言。”乐善好施，每年以棉衣施贫者；修成大溪蒋村石桥以利行人。平时，家事悉付之于子广仁，己则攻读岐黄及堪舆家言以自娱。清咸丰九年（1859）

过世。孙昭藜，光绪八年（1882）举人，曾任云和县训导。入民国后曾为县议会议员。

姚　燮（1805—1864）　字复庄，号梅伯，镇海举人。幼承庭训，及长博览群书，喜游好吟。清道光十四年（1834）中举，后4次会试均不第，遂绝意仕进，沉潜诗画，时与名士相往来。大学士阮元见其诗画，比其词如姜夔（白石），画如王冕（煮石），因赠号“二石生”。咸丰间两度至象山，客居舫前王氏翠竹轩，参与组织象山红木樨诗社，任祭酒（社长）。曾游石屋、海山诸胜景，各纪以诗。后迁寓鄞县城中，从学者甚众，其中不少成为一方名家。晚年致力戏曲音律、小说、经史研究，著述以终。著书20种，其已印行者仅诗词与骈文。

虞　峻（生卒年不详）　字竹亭，世居爵溪。清咸丰四年（1854）恩贡。咸丰十一年，太平军进象山，占县城，向爵溪索要物资，士民谋划起兵抗拒。峻审时度势，认为一时尚不能与太平军抗衡，即向士民讲述戚继光治军之法，说兵当精练而后出，不盲动躁进，勿贪眼前小利。爵溪民气奋不可遏，不用峻言，草草出城。众人走后，峻急谓留守者曰：“此去不利，必受其害，何不登城作防御之计!”果然，攻县城者已被击败，爵溪守御尚未周全，太平军已接踵而至，沿路烧杀，迫临城下。峻急督守城者发红衣火炮，一击未中。仓促间，未洗炮而装火药，幸好，再发击中太平军挥大旗者，顿挫其士气。太平军望见城上防守者甚多，又见一将匹马出城甚勇，遂收军返回县城，爵溪得免兵燹。此后，峻迁居潘家桥村，务农自给。同治元年（1862），被举为孝廉方正，辞不就。后主讲缨溪书院10余年，以《五经》《八铭》课士。终日衣冠整饬，正襟危坐，虽暑天六月，亦讲诵不倦。晚年辞书院院长席，执教家塾，仍教人诵《五经》。即使是成年学子，但有诵经不熟者，务令其熟诵至一字不误方休。峻家贫，除修脯之外一介不取，而资助贫困人士，却不吝啬。曾有伪造他父亲借券者，向他索债。细辨即能识其真伪，而峻却以券上既有故考之名，不忍诉诸官府，遂按假券如数偿还。峻还精岐黄术，为穷人治病，均不计酬谢。其为人处世如是，故县中无论识与不识者，皆称之为“虞先生”而不呼其名。享年84岁。峻所著有《见心录》七卷，《望海居笔记》无卷数，皆散佚。只存文、诗数章。民国3年（1914），合县士民公请入祀乡贤祠。大总统褒为“一乡善士”，士民犹未谓允称也。

王植三（1808—1862）　名定铨，字愧卿，号蓑岩，又号彭姥村农，居丹城西桥东岸。幼从舅父学，课甥甚严。父亲手抄唐诗数百篇，命其日诵一篇。年15受业于甬上名家顾雪樵，历4载，获益颇深。清道光十年（1830）参修县志。道光十七年，补廪生额，先后设帐授徒。咸丰六年（1856），举恩贡。植三善文辞，尤喜吟咏，有所感触，即闭门构思。著有《彭姥文存》《彭姥诗存》《彭姥村农歌》《彭姥村农吟稿》《埋香集》及《吟翠山房诗文稿》等。《琅琊王氏象派宗谱》收其《靠地船棹歌十首》。

陈之翰（生卒年不详）　字树屏，东陈人。少游县庠，笃志好学。从鄞县周岱、天台陈省钦学文，又问业于石浦同知张兆熊，融合各家之长，时有创新。清咸丰六年（1856）夏，鄞人顾某，从海道来东陈买粮，游民乘机滋事，以粮食不得出口为名，纠集数百人威吓。骤至之翰家，之翰扶患病之老父上楼躲避。有凶悍歹徒赶到楼上，将其父牵拉下楼，欲加刃相害。之翰心急忙追，失足坠楼下，亦不顾剧痛，急追至门外，大呼愿以身代。歹徒遂放其父而执之翰至宗祠。族人纷集，赶来救护，之翰乘机请众人午饭，再好言相劝，终致事态平息。同治四年（1865）补行乡试，中式，求学者接踵而至。居室自号“绿满庐”。取“读书之乐，乐与人同”义也。著有《绿满庐文抄》一卷，《诗抄》一卷。子得善，有传。

郑维春（生卒年不详）　字月峰，先祖自兴化莆田迁居象山石浦。清咸丰四年（1854），红巾军刘丽川据上海，维春奉札，分带夹板艇士兵60名，随从广东千总刘某。咸丰五年，攻克上海，苏松太道奖给六品功牌。继而太平军占领绍兴府，宁绍台道张景渠招维春入保卫公局。咸丰十一年十一月，宁波被占。维春招募兵勇300名，与英国领事夏福礼防堵江北岸。同治元年（1862）夏四月，夏福礼得英国国王书，将出英军助剿太平军。维春得知后，告内阁中书鄞人陈政钥。政钥遣使迎逃奔定海之道台张景渠与提督陈世章，并招太平军降将范维邦为内应，克镇海。提督、巡道率诸军直达江北岸，欲攻宁波。太平军死守。维春添募乡勇，率领队伍，缚长梯，集合灵桥门下。英国参将科诺华先登，中炮弹倒下。维春指挥继续进攻，发枪击中太平军黄衣头目。英将呔乐德克连放炸子炮，维春首先登城。太平军开西、南二门分路撤退。府城克复，巡道史致谔叙功保举，即选知府，赏戴花翎。秋七月，随从中外诸军进克上虞、余姚。八月，太平军回到慈溪、奉化，欲进攻府城，维春又扼守府城南门，攻打太平军，进复慈溪、奉化。同治二年春正月，从复绍兴。二月，进复萧山，与浙江布政使蒋益沣之师合会。叙功，以盐运使司运同选用，并加盐运使衔。撤散所领兵勇，帮办各国兵税事务，并帮办英、法、美三国交涉事务。不久，因病卒于任上。

朱文杏（1800—1857）　字午桥，又字青石，鄞县人。少年时父母双亡，家贫，为人抄书。自负有经世济民之才，任气敢言，常与人慷慨而论气节。执教于象山石浦书塾，为石浦人出谋划策，其利于石浦者甚多，民众为建生祠。与四明文坛徐时栋相友善，徐氏闻有建生祠一事，怪而问之，文杏笑而不答。清咸丰七年（1857）亡故。时石浦诸生方因试事而居甬，乃与鄞县士子相率敛葬之。石浦有地方曰白涂，多为煮盐亭户，青石祠在焉。初，盐民常受制于盐商，而朱文杏辄仗义执言。盐商衔怨，而盐民则感其盛德不衰。文杏生前，一日，盐民杀猪羊，演戏剧，罗拜于像前为寿，而文杏适至。众大喜欢呼，拥朱坐其塑像下，歌舞、酣笑，为乐竟日夜。及文杏既卒，或见其自海上骑白马入祠，迹之却不可见。由是村民益信文杏为神人。事近传说，均由石浦人告知。徐时栋即据此为朱文杏立传。文见徐氏《烟屿楼文集》卷七。

谢　涛（生卒年不详）　字汶水，又字松崖。6岁丧父，弟必溶仅3岁。涛事母孝，抚弟爱，为照顾家庭，不求仕进，习医为业。作为医生，济人为乐，不计报酬。侄子感染疫疾，乡人避之唯恐不及，而涛却每日赴诊，疫病竟愈。年56，母去世，涛大恸，哀哭不已。与弟相爱，兄弟俩到老不析炊。享年86岁。子补衮，清光绪十四年（1888）副贡，官德清、武康、天台教谕。

王莳兰（1820—1878）　原名尚忠，字纫香，号渚山，象山舫前村人。弱冠入县学。代父服劳，孝养祖母。父先卒，祖母旋卒，又孝事母，乡里称为“王孝子”。纂修宗谱，访得远祖古墓。改建宗祠。创立义塾及义冢地，并修筑道路、桥梁，施药饵以济贫者。尝往郡岁试，适值亲戚病势危急，不应试折回护之归，殁于船上。恐舟人觉，拥尸并卧如伴病人状一昼夜，得返家乡。

乡里有为强暴所困者，出巨金托付莳兰为其消灾。莳兰知强暴将败，返还其金。清咸丰初年，时有匪警。纠练乡团，得数千人，出家资，制器械，日夕聚团民讲忠孝事。及太平军入县城，知县走匿民家，他乡动荡而乡里一方安定。或有人持太平军令至其村需索供应，莳兰手折其旗，激励团民，整队架炮以待。太平军不敢犯。

镇海姚燮以避太平军至其家，莳兰为特辟翠竹轩，弟莳蕙即在座右受业，莳兰亦执弟子礼。骚人墨客，来拜谒求教者甚多。莳兰因立红犀馆诗社，一时多兴于诗者。待人无贵贱贫富，悉加礼貌。援例贡成均，不求仕进。年五十九过世。临终前，教其三子曰：“做人须从心做起，方可努力做人。”又曰：“余一生惟‘讷言敏行’四字耳。”口占五言绝云：“堕行慝蘧教，平生孰识然。

今收三子养，难到六旬年。”著有《渚山诗文集》二卷。民国8年（1919），大总统褒莳兰匾额曰“孝先百行”。子予彤，廪生。予卢、予衮自有传。

顾景涓（1820—1862）　亦作景鋗、景眷。字宝西，号念泉，山根人。父良智。参加太平军后，易名廷菁。性强悍，业儒，初应童子试不第，被黜。曾因与其嫂争田产，被邑令杖数十。清咸丰十年（1860），应募为浙营水师，得充勇目。咸丰十一年秋，太平军大举入浙，顾景涓率本队响应，收降溃败清标兵八营二百人。因作战勇敢，封参天豫。同治元年（1862）正月，原驻象之余姚“十八局”农民起义军陆续撤离，参加围攻温州战斗，顾景涓遂率队千余人，进驻象山。

时千总姜金保（本县人），罢官家居，曾与顾景涓在浙营共事，常相往来，时见太平军在城者不过数百人，谋请定海官军袭取县城。顾景涓遂告于太平军，设计捕杀，悬首示众。驻象期间，推行太平天国制度，筹办军饷，维持社会秩序。牌头赖大吉、西周蒋小麻通匪抢劫，被村人捕送监军局，廷菁立于就地正法，“数十村同声称快。”其间，爵溪民团千余人及南乡昌国卫、黄公岙等纠众三千余，先后攻城，均被顾景涓率兵击退散去。其后又拟兴筑海塘，可造田三四万亩，不久，因太平军失守未成。景涓同砚好友，郡庠生俞绶（新岙人），曾在黄公岙乡官局做事，修书劝顾，触怒景涓，被杀，又无辜囚禁士绅史某等，勒索5万金。范汝增获悉即将顾禁押宁波郡城主将黄呈忠处，并以令箭饬放该士绅。后顾赂监者回象山，黄知之，即遣十余人将其押回，并提其二女、妻子同去，其部下数百名亦上调，分隶各营。宁波破日，景涓原想航海远遁，不意为豪绅郑维春（监生）所获，解至道署，经道台府、参将审判，与其侄顺培、宁波府总制陆心兰（慈溪人）同被杀。其子为太平军慕僚张白心所藏，后转辗为戏班旦角，客死他乡。县倪本泗曾作新乐府《顾景涓》诗，谓：“顾景涓，顾景涓，参天豫爵何巍然？”虽属讥刺，亦足以说明顾景涓参加太平军影响之深。

欧景辰（1827—1896）　字星北，号茶仙，曾以附贡生代理浦江教谕。又迁代理乐清教谕，有政声，保升福建试用同知。时局有变，未赴任。归里后随妻舅王莳兰、莳蕙同举红犀馆诗社。清咸丰十一年（1861）太平军入象，为象山监军，于地方多有保全。一生建宗祠，修家谱，增置义田，推广义庄，创置义塾。并助饷助赈，平粜积谷。费用浩繁，幸得弟景岱资助，得以周转。晚年任丹山书院院长。著有《楞严草堂诗集》四卷。

欧景岱（1833—1870）　字仲贞，孔章第二子，象山墙头人。资质聪明，读书一目十行。平时沉默寡言，终日端坐，手握一卷，寒暑不变。尤服膺朱子《近思录》。曾赴郡试，试卷误写隔页，知府召往，嘱易卷。景岱答曰：“科场中岂容人舞弊耶？”拂袖而归。次年应县试，考罢三场，与人并列前茅，至四场，知县对他说：“汝文章佳，而年已长，今予将畀汝案首。”景岱不悦，即不入场，绝意进取。援例贡成均，游学省垣，以太平军入浙而回象。其父孔章为兄弟分家，景岱辞多受寡。后其兄费巨多债，即以所分钱5000余贯让之。景岱通经，尤精通《周易》。其兄曾得堪舆家言《太玄》一书，旨意虚空玄秘，语句古奥，不能卒读。景岱以《周易》之理分析《太玄》，从事堪舆者遂奉为枕中秘。所作诗、古文词，不存稿，曾与人道：“我必俟四十岁后，南过大庾，北度太行，周览名山大川，然后发为文章，或有可观。戋戋小言，何足存世！”清同治九年（1870）病逝。著有《无名指斋诗》一卷。评选《古文辞类纂》及《唐诗别裁集》而外，仅存经解数纸而已。

王莳蕙（1835—1894）　字撷香，号砚农。少丧父，受兄教养，又从镇海姚燮游，善为古文词，又善书画。书法颜真卿，径尺以上尤雄奇俊迈，画墨梅独擅胜场，兼明医理及棋谱。清咸丰十一年（1861），受知张文贞公，膺拔贡。时太平军入象山，协助兄长办民团，保卫桑梓。太平军平息后，当道叙其功，赏给内阁中书。莳蕙不乐求仕。筑室三楹为作画习书，与客围棋之所，旁植花木，颜曰“抱泉山馆”，自号“抱泉山人”。又于潜山之麓辟地筑室，名曰潜山别墅，又名陶园，自号陶园先生。与鄞县郭传璞、董沛、镇海谢辅濂诗简往来，时相酬唱。著有《抱泉山馆诗集》及古文、骈体文及诗十卷，散文《辛壬脞录》一卷等。

邓克旬（生卒年不详，附吴皞如）　字谱庵，少入县学从虞峻学，循规蹈矩，言行谨慎。廪贡生。入红犀馆诗社，工诗词。同治县志收其《象山海错诗》《蓬莱山寻陶弘景丹井》《雨中游蓬莱山用壁间韵》等诗。60余岁过世。吴皞如，字雨岑，亦虞峻弟子，能承师法。曾入红犀馆诗社。有年大疫，长兄病，家人避之，皞如独留视汤药。有人劝其避去，曰“吾不忍也”。长兄竟然病愈。其侄卒，遗孤才三岁，皞如抚之成立。教族人读书，不受报酬；倘若应试，还为其出舟车费。年64过世。

张得胜（生卒年不详）　楚人，太平军将领。清咸丰十一年（1861）十一月八日，太平天国宝天义黄呈忠、进天义范汝增率军下宁波，遣张得胜率部收象山。张由奉化入宁海，驻黄溪口。象邑官绅集议姜毛庙，遣贡生王芳棣、廪生周有光谒迎，献犒军财物。张得胜乃给令旗、告示，谕城中民人，但贴“太平天国顺民”字样于门，即不须迁避。十四日，张率部由西溪岭屯泗洲头。十五日由西沙岭入城，众约二三千人，半为黄溪口人。张得胜治军严整，官兵分居官舍民房，不轻出入，更不许一人出城。十六日，传令各乡进贡：一、花边（银圆），二、粟米杂粮，三、牲畜。十七、十八日，命城绅出乡，物色各处殷实士绅充当乡官，组建太平天国象山基层政权：欧景辰为象山县监军，樊沛如东乡军帅，史积诚南乡军帅，石天富西乡军帅，陈庆安下南乡军帅，王芳棣仍为城中团董。其下尚有师帅、旅帅。十二月初五日，张得胜在丹城接见众乡官，甚有礼貌。十二月十三日始，张部分批移屯奉化。其月二十日，南冲有土匪欲聚众劫富户。张得胜应南冲旅帅郑卜棠之请，出兵300进剿。劲骑一出，数百匪徒尽作鸟兽散。张部驻象历30余日，军纪严明，少有扰民之事，允为太平军之劲旅。

倪本泗（生卒年不详）　字醉卿，象占曾孙。善为诗。清咸丰十一年（1861）太平军入象山，本泗以时事作《新乐府》。如《顾景銆》云：“顾景銆，顾景銆，参天豫爵何巍然。”又《八标兵》云：“八标兵，八标兵，嵊县杀贼素有名。”下云：“偶杀土匪称英豪，如何又去投‘长毛’。”下又云：“长矛直向公堂入，长官犹幸逾墙出。”不失元白遗风，惜已散失殆尽。当太平军势力盛时，有旅帅某请代作《贺天朝表》，以颂太平军，本泗拒绝。旅帅乃诱而闭之斗室中，绝其饮食，室中惟具笔墨纸砚而已。本泗困室中，饥渴不堪。不久忽然大呼：“表已成矣！”旅帅大喜。开室视之，则见纸幅上大书十四字云：“醉卿不改生平傲，肯向‘长毛’颂太平？”旅帅最后也拿他没法。年30余，以县学廪生终。

王芳棣（1826—1862，附周有光）　字萼堂，象山丹城人。例贡生。有胆识，热心公益。清咸丰十一年（1861），太平军入浙。十一月八日，太平军黄呈忠部与范汝增部攻占宁波，黄呈忠部将张得胜率军由奉化进入宁海，驻黄溪口，声言将于十五日兵临象山。全县人心惶惶。在城绅耆集于姜毛庙，至者数十人，县令严家承亦来定策。与会者皆以为县内兵力单薄，无法抵御。众人议定：派员去黄溪口，迎之于境外，并相机劝阻入境。最后共同推定，委派贡生王芳棣、廪生周有光两人前去。与会者人人签名，末尾钤以县印，知县愿与乡绅共同负责，并将誓券交王芳棣保存。十一日，王、周两人先至墙头欧景辰家商量定计，十二日晨，由墙头渡下船，至夜三更抵黄溪口。当即携羔酒银币谒见张得胜。王芳棣等陈说象山地瘠民贫，连年荒歉，求勿入境，张得胜执意不允。只给以令旗告示，谕城中人民，但贴“太平天国顺民”于门上，则不须迁避。还给予周有光军令二张，一书“杀人放火者斩”，一书“烧毁房屋者斩”。辞别时，张得胜微讽妇女尚须忌避。十五日，张得胜部进县城，尚能约束军纪。待一月后张部撤去，由潘世忠部与顾景涓部相继驻象，不顾前约，军纪大坏。顾部进城时，王、周家中财物皆被掳掠一空。

清同治元年（1862）四月，太平军退去，严家承重执县印。上峰追究象山失守之责，严家承等为逃避罪责，先是秘密使人于周有光家窃去“誓券”。于八月十五日突袭拘捕王、周二人，随即将王、周“迎降”情节呈报上司。上峰回文，就地正法。八月二十三日，王、周被害。周有光生年不详，其被杀前曾题绝命诗，中有句云：“万姓生余多造化，一身死后有公评。”直至民国12年（1923），丹城城区自治委员冯桂馨等公举事实，呈请政府褒扬，浙江省省长颁给“义行可风”匾额。

韩　氏（生卒年不详）　山根人，顾景电之妻，顾景涓之嫂。夫殁时，韩氏年三十，上侍婆母，下抚两子，含辛茹苦。叔顾景涓欲与争家产，被轰出公堂。清同治元年（1862）一月，太平军张、潘两部撤出象山，顾景涓率部进驻，一时得势，逞凶作恶。韩氏长子顾顺培想入县城投靠其叔顾景涓，韩氏不许。顺培再三请求，韩氏不为所动。顺培寻机偷逃，韩氏急追至东溪岭顶，紧拉衣袖，继续劝阻。顺培去意已决，出刀恫吓，韩氏松手，顺培下岭疾奔。眼望其身影消逝，韩氏大哭而回。不久，顺培充任驻象太平军巡阅使，持令箭、着红衣、骑高马，携随从，路经山根，欲入家门。韩氏闭门拒见，对顾景涓所赠之物，一概不收。一生与次子培坤同住，纺麻绩线，自食其力。后顺培与顾景涓，同被斩于郡城宁波。韩氏闻之，一哭而止，以勤劳刻苦终其一生。

郑胜元（生卒年不详）　本名维亨，字心孚，维春弟。清同治元年（1862）投效水军。四月，随从攻克镇海、鄞县，进攻余姚。改从楚军新右旗游击刘光明，战斗出力，浙江巡抚左宗棠赏给五品军功。同治二年，随从攻克金华、兰溪、龙游、汤溪，拔补千总，赏戴蓝翎。同治四年，随从攻克武康、德清、石门、孝丰、安吉，以守备尽先补用。同治九年，随从福建船政局办理各省沿海舆图。同治十一年，受派赴闽、浙、粤各海洋测量沙线、礁石。光绪元年（1875）结束公务，回本省。光绪九年，署提督左营左哨千总。光绪十年，回右营候补守备。光绪十一年，定海镇总兵咨调，委任宁军敏字正旗左哨正哨长兼洋操教习。光绪十九年，署温州镇标左营右哨千总，旋署中营守备。光绪二十七年，试署定海镇标中营守备。次年，回避本籍，与海门镇标左营守备何桢对调。光绪三十四年，代理海门镇标左营游击。宣统元年（1909），奏补中营游击。因绿营裁撤，未到任，候发浙洋水师差遣。辛亥革命后回象山，70余岁卒。

贺兴烈（生卒年不详）　海墩村人，曾为村人做3件事：其一，与县令商定，海墩土地，因皆由村民自己围垦，丈量土地时不能向田户收缴丈量费。其二，海墩历来晒盐，村民食盐系自产，政府不宜查抄。其三，清同治二年（1863），在西碶头建义冢于南山。死后，村人念其为民办事之恩德，设其灵位于村庙（龙山庙）供奉。

王大川（生卒年不详）　字精阅，号琴溪。年幼丧父，祖母尚在。大川对祖母之孝顺，直如父亲始终在世。祖母90余岁寿终，大川尽心孝养28载。大川为疗家贫，自习医道，识解过人，医术精进。每值夏秋之际，患者接踵而至，每日上门者数以百计，以至无暇问病人姓名。诊得症候，立即处方，无不应手而病愈。对事后付酬金者，大川必要对方告知原委，否则，他会因不认识而拒收。晚年，有人劝他著书。他说：“从医者，须能‘移步换形’，若不善于临床诊断，处方何益?”大川性耿直，朋友有过错，他亦必当面指责，即使要绝交也不顾。

巢日升（生卒年不详）　长沙人。同治三年（1864），以军功授象山协镇副将。整饬军队，讲习武略，治军有方。曾有县城人家遭火，日升奋不顾身，一跃而上层楼，手持巨斧砍断屋栋，使火势不再蔓延。翌年，皇帝诞辰，象山知县朱日昇未行庆贺，被士民揭发，朱日昇为己诡辩，上级误信其言，以为士民诬陷知县，遂加罪于士民之为首者，将举人黄锦江训斥，并革除功名。巢日升见而不平，为此上诉布政使蒋益澧。益澧以前深信日升，黄锦江遂获平反，其他士民亦一并免罪。

黄丙堃（生卒年不详）　四川秀山监生。清同治四年（1865）八月任象山知县。时县衙因三年前太平军入城损毁，丙坤捐养廉银（正俸外之补贴部分）以助修葺，恢复原貌。并于县衙大门题十四字云:“不见是门身即乐，未尝至室事非公。”百废俱举，除暴安良。又重修象山县城及孔圣殿两边厢房，发动民众捐钱建育婴堂，且自己带头捐款，直至民国时，象山育婴堂还保持当时规模。任满离象时，士民夹道相送。

林在钤（生卒年不详）　字星耀，国学生。性友爱，兄在钧早逝，敬奉寡嫂倪氏如母。与乡人相处忠实厚道，有占有其山地者，族人怂恿上诉官府，在钤不听，任其侵占。与人交易，不计较价格，人都称他为长者。清同治六年（1867），县令黄丙堃题其门额曰“躬行君子”。

俞兆元（生卒年不详）　字捷三，号月槎，幼孤，力学。年二十一入泮，四十二举于乡。一上春官考试落第，遂绝意进取。居家养母读书，旁及篆刻绘画，皆称精能。世居昌国卫，卫人多于他处就质是非曲直。又喜举行公益事，为乡民办事竭尽全力。兄弟析产无间言，人称其能孝让。年50卒。

刘定国（生卒年不详）　广东吏员。清同治八年（1869）三月，署象山知县。定国以振兴文教为己任，对缨溪书院院长虞峻敬重有加，常以祭礼肉食馈赠。每月初一、十五日，考核学子文章，一一秉公评断。主持县试，甄拔真才，亦一概公正公平，从不徇私。因曾率船巡洋获盗有功，为忌妒者诬陷，以致抑郁抱病而逝。

杜冠英（1840—1890）　字芝生，号徵三，安徽太平县人（今黄山市黄山区永丰乡卓村）。少习儒，勤奋上进。清咸丰初弃文从武，随乡人浙江候补道苏式敬往浙江，因督办军饷和天津海运有功，保授知府衔。光绪三年（1877），任浙江玉环同知。光绪五年调任南田垦务局任垦务委员，援照玉环征收租谷成案，驻南田办垦。踏勘土地，编查人口，界划桃源、蓬莱、三山、瀛洲四乡，区分十都，草创衙署，简舆周视，相与规划，招募宁、台富户围筑龙泉、鹤浦大塘，付出良多。光绪六年春，奉调镇海营务处，协同海防事务。建镇海、温台炮台12座，以御外侮。光绪十一年，法军进犯镇海，杜亲临一线协调指挥作战，化解矛盾，致敌舰身受重伤，狼狈逃窜，取得抗法斗争重大胜利，成为抗法英雄，御赐“奋勇可嘉”匾，功加三品衔，升道员补用。念及邦国多难、海衅迭起，杜继续筹办镇海防务。补罅添缺，重新规划设计镇海防御体系，从采购、配置到工程实施，一手经营，历四年而完成。为浙东海防做出重要贡献。杜在镇海从事海防之余仍关注南田垦务。光绪九年，著《南田风土志》，其中《南田开禁十载记》，条陈十则，提出建议，用心良苦。由于其朴练耐苦、事必躬亲，以致积劳成疾，病逝于任，终年50岁。

吴承墉（1840—1884）　字岱生，号松岚，石浦人。幼孤，力学，清同治十二年（1873）优贡。性纯挚，正身接物，律己化人，事继母尽孝。里党有纷争，持正无偏颇；使直者无余憾，曲者无遁词，由是远近悦服，莫不以吴之片言为准则。南田诸岛，向来属封禁之地，清乾隆以降，历任帅抚折奏开禁，散见于《经世文编》者不一而足，事皆未果。承墡以南田私垦渐多，臬司朱庄恪履勘南田，开禁似有机遇，乃约黎鹤鸣赴省面谒浙抚杨昌浚，慨请开禁，分条陈述龙泉（今高塘岛）、鸭浦（今鸭嘴头、鹤浦）可兴筑大塘之策。杨抚因而申奏，光绪元年（1875）十月十七日，诏准开禁招垦。南田垦局招徕富户，修筑龙泉、鹤浦二塘。吴承墡、叶天镛、苏良彝、郑世华等认筑龙泉塘，墡为象帮总董。因象帮财力绵薄，虽奔走劝筹，尚难足数。乃邀鄞县史久铭（鄞帮总董）、施瀛芳等筹资而足之。光绪六年十一月开筑，次年告成，得田15000亩余。塘成，吴以己之田200亩捐助公所，并任下南乡保甲社仓总董。终因积劳成疾，于光绪十年谢世。主金山书院讲席有年，作育后进，教诲不倦，以是桃李遍邑南，授徒多成名。又捐塘田50亩，额曰"石文阁"，借以生息，济助清寒子弟。与士绅举办敦仁堂，救济贫病，抚育孤茕。著有诗文遗稿《茶园课艺》十卷。

何　源（1837—1910）　谱名开源，字广川，号秋槎。忠肝侠胆，持身整饬。年14通"四书""五经"，18岁游庠成秀才，20岁食饩（享受县学粮米补贴）。廪贡生。咸丰间尝赴郡城宁波考选贡，寓同乡会所。一日薄暮，见广匪数人，持刀入同寓诸生室，意图勒赎。寓中诸生皆走避，源奋身独挡其前，匪不得入。拇指被创，惊动四邻乃罢。归后秉父命主办团防，督率不懈。不特土匪敛迹，"即洪杨军往来如织（张得胜部曾经经过儒雅洋），亦合境晏然"。清同治间海溢，淡港阜成、永茂两塘堤岸死百余丈全溃，受害田4000余亩。合议修塘，众推主其事。于是寝食于塘堤上者两月有余。堤成，父老赞叹："有生以来，未见塘堤之高厚若是也。"晚年署孝丰县训导，不久辞归。居缑山之麓，自号缑山遗叟。旁有山庄，读书吟诗自适。诗皆散失，唯存《游安乐岭作》（见县志文征内编）及《红犀馆诗课》所辑十余首。

邵正寅（生卒年不详）　字宾谷，直隶举人。清光绪元年（1875）任象山县令。县城原有丹山书院，道光初改名蒙养书院，时已衰败不堪。正寅闻说城西严氏有广厦，西洋人欲购之作教堂，急忙筹款购得，恢复宋时书院旧名，改称为丹山书院。从此对士子之考校、教学都有固定处所。凡每月初一，学子之课艺（作文），必亲自评点。凡士人偶旷一课，必询以何事致旷，致函斥之。公务之余，常独自穿便服出县署，漫步于市巷中，与农夫、樵人交谈。遇后生小子，即教以孝悌之道。非但廉洁，且颇有治才。凡坐堂审案，判断结论无不遵循法规，办案又公开透明，民众无不服者。后因病卒于任上，士民为立"邵公祠"。

易镜清（生卒年不详）　字芝山，生卒年不详。江西万载县东都人。由监生署浙江会稽县丞。清光绪六年（1880）冬，由瑞安知县任上，奉省委调莅南田垦务委员，专任南田垦务事宜，时南田荒芜满目，户尽茅檐。易构廨办公，日与鸠形鹄面之民相望，坐问判决，朝夕不遑。招民开垦，清丈征租，审其条理，先后缓急而措施，因事而酌宜，民亦服帖。次年，招徕鄞、台富户资筑龙泉、鹤浦大塘，以史久铭为鄞帮总董，吴承缮为象帮总董，下设专人各司其事。光绪七年五月，龙泉大塘告成。是年秋七月，风潮环塘，损失尤巨，易协调诸公纠资，添修塘岸，方保无虞。光绪七年筹筑鹤浦大塘。光绪八年台帮无力负担，工程停顿，易镜清更章选董，邀鄞帮之施瀛芳，独肩其任。十月，塘始告成。易在南田，惨淡经营，百废俱兴，光绪十六年离任，政绩斐然。百姓于龙泉塘建遗爱祠一座，以资纪念，并附祀鄞象筑塘诸先贤。

何　涵（1845—1923）　字旭蕉。性至孝，自幼即知服劳奉养父母。入县学，后游学省城，学业日进，清光绪二年（1876）副贡。分家时，多让资产给兄何源。与其兄秉承父意，创筑响岩潭石堰，蓄淡水以利一乡数万亩田。光绪三十三年，象山境内张小金起兵，号召"仇教灭洋"。知县去省城未回，民皆逃避。涵召集丁壮，扼守要隘，广购线民，侦知张小金所在，连夜报官军进剿，动乱得以平息。曾出任桐庐县教谕，数月后辞归。又因为加强境内海防捐款，被奏请受内阁中书衔。一生不求仕进，甘居乡里。平素敬老爱幼，排难解纷，抑强扶弱，不避嫌怨。年60、70时，均拒绝亲朋为祝寿。晚年唯以读书和课幼子为乐。民国11年（1922），知县李洣聘修县志，惜次年病卒。临终时犹以县志未成为憾。

忠　满（生卒年不详）　字若虚，满洲人。清光绪四年（1878）署理象山知县。一上任，便效法汉代赵广汉办法，于衙内放置缿筒（类似今举报箱）一只，并令专人看管。但有人投牒其中，次日即升堂传讯，且当堂审讯，当堂结案。一时间，县里吏胥皆不敢贪赃枉法，昔日官场之弊端几被杜绝。惜未数月即调迁离象，虽所行措施未能始终。象山士民已深感受惠匪浅。

丁　谦（1843—1919）　晚清历史地理考证学派代表人物，人种学家，与杨守敬齐名。字益甫，嵊县人（原籍杭州）。早年丧父，由母蒋氏教养成才。年17，补杭州府学生员。清同治四年（1865）举人，光绪七年（1881）大挑二等①，署理汤溪训导。一年后，选授象山教谕，至光绪三十年始告归。在象任职二十余载，课士不倦，经其培养者均有好名声流播于学校间。

县有唐蓬莱观碑，明中期没泥砾中。清乾隆三十四年（1769），县教谕孙鲲化迁至学宫射圃，筑亭覆之。后亭毁废，碑久卧于蓬蒿之中。谦履职后拂拭清理，重新树起。为保护古碑，以免雨淋日晒，欲效前贤孙鲲化建亭护碑，限于财力，久未如愿。10年后，适逢谦50初度，诸生欲集资庆贺，谦乘机说服众人，以操办庆典之钱资助造屋。于所居教谕署旁建屋三楹以护碑，名之为“蓬莱轩”。从此，他自己亦常著书于轩内。

中法战争时，谦劝民团防海有功，奏加五品衔。又以教学士子成绩卓越，由督学使张亨嘉奏闻，奉旨嘉奖。不久，升处州府教授，因年老不赴。民国8年（1919）病卒。丁谦一生博览多识，藏书甚富，工骈、散文，精医学，笃嗜金石。喜治边疆及外国地理，著有《蓬莱轩舆地丛书》六十九卷，入浙江图书馆刊为丛书。一、二集中有《唐西域记考证》。日本人崛谦德作解说，多暗袭其说。其他著述尚有《宋谢灵运〈山居赋〉补注》一卷，《〈元木赤补传〉注》一卷，《〈宋徐霆黑鞑事略〉补注》一卷，《〈元马哥博罗游记〉补注》一卷等。《辞海》有其条。

贺璜轩（生卒年不详）　海墩村人，从事教育。清光绪八年（1882），鉴于丹城、石浦、东陈、昌国均有书院，唯东乡无。于是与里人王旭林、俞鄂楼，萧桃甫等，出金若干，置田15亩，创设文会。继向好义之士劝募，得田150亩，钱1100贯，在着衣亭魁照墩，建珠山书院，光绪八年春落成。

郑碧山（生卒年不详）　字仙厓，广州人。状貌魁梧，膂力过人，声若洪钟。清咸丰十一年（1861），随从永嘉知县高梁才以广艇入飞云江（在今温州），剿平瑞安“金钱会”匪，收复平阳县，积功累迁署象山昌石营水师都司（正四品）。碧山性刚直，不喜趋奉上官，视卑鄙者如仇敌。捕缉海盗，则忠勇忘躯。每一闻警，即督队亲往，与盗斗海上，身冒矢石，从不退却。故每出捕盗多有斩获。曾捐银五千打造护商船10余艘，与惠济兵轮相呼应，水师实力大增。碧山二署昌石营都司，前后在象山11年。后因督吏索贿，碧山恃功不应，诬其有违铨序定例，着其降调守备（正五品），人多惜之。未几致休。年已70余矣。

①大挑，清代从举人中选官的一种制度。三科以上会试不中的举人，由礼部分省造册，咨送吏部，钦派王公大臣拣选，称为“大挑”。选取者分二等，其中一等者以知县用，二等者以教职用。

碧山幼贫失学，不识字，然乐闻时事。常命吏朗诵报章，自己于旁坐听，无倦容。至会意处，则频频点头。凡公文、信柬往来，亦必听读后发、收。虽为武将，却好与文人雅士畅谈欢饮。又喜购书画、古董，常出手大方。亦关心公益，曾创建鹤浦东埠头，捐资修建三门口灯塔，以利航运。

苏良彝（1838—1903）　字镜山，例贡生，石浦昌国人。为人厚道，度量宽宏，慷慨好义，遇义举必起而行。与同志者创建慈善组织体仁会，置产业数千金，合昌国卫人皆响应资助。关心地方教育，设养正书院，助以南田龙泉塘田50亩。南田方开垦时，同知杨殿材聘良彝为董事。良彝遂弃举子业，为知己用，为之相水泉，筑塘堰。竭力数载，先后筑成龙泉、鹤浦两塘。南田民至今颂之。南田开辟之初，盗匪充斥，聚党成群，大施劫掠，南田民众深受其害。时兼管南田之石浦同知龚泰葑命良彝举办民团。良彝乃筹巨资，浚壕沟，筑土城，建营房，招雇义勇数十名，集民兵六百余。亲自督率，朝夕训练。后群盗来犯，良彝率义勇及团兵与之对垒，先后击毙盗首王老法、张小孟，贼众尽皆股栗，著名匪首老麻奥亦受震慑而投诚，于是南田一境太平。龚泰葑大嘉其功，上报督抚，奏请授五品衔，以为奖励。良彝平生疾恶如仇，如有扰害地方者，则不计亲疏，必鸣之官而置之法。其妻黎氏素仁慈，每劝之。良彝却道："去莠草正以植嘉禾，汝岂未知耶?"其为人之正直如是。

王予卢（生卒年不详，附王予衮）　为莳兰次子。弟予衮，字补廷，莳兰季子。幼禀庭训，足不出户，每日必认真完成相关课业。清光绪六年（1875）县试，予卢第一，而府试则予衮第一。二人同年入县学，院试名次亦第一、第二。故时人有"两昆仲，三案元"之誉。后来予卢六次赴乡试，皆未遂愿。而予衮于光绪十一年乡试中举。兄弟俩皆孝事母亲何氏，尊重大哥予彤，分家后仍亲密无间。族中有盛姓大娘，子孙早亡，家贫无依，兄弟共遵母命，请至家中，轮流供饭，十余年如一日。父母墓地选定后，或有告予卢云，此地风水不利于次子。予卢听后笑谢道："吾安亲，非为子孙谋富贵也。"惜积劳成疾，去世时才42岁。著有《诗草》一卷。予卢遗孤均年幼，予衮教之如己出。待予卢之子世琪进县学，予衮喜曰："吾有以告慰泉下之兄矣"。予衮设教于家，门下弟子多有成名者。曾主讲石浦金山书院2年。光绪二十四年春，大挑二等，定为候补教谕。不求仕进，常以吟咏为乐。村人与邻村人械斗，辄出一言而平之。光绪三十一年，知县黄羡钦礼聘为劝学所总董。后任知县程和又请兼任禁烟总董。予衮尽职尽责，不受薪水，四出劝导。一年之中，使县内小学骤兴，烟苗净绝。后又兼任自治坐办。宣统元年（1909），选为谘议局议员。次年病卒。著有《诗草》四卷、《诗余》一卷。

龚泰葑（生卒年不详）　字尧甫，江苏长洲监生。清光绪十二年（1886）至光绪三十四年，任宁波总捕府石浦海防同知。光绪十六年始，兼理南田民事。龚到任时颇威厉，后判某盗案，偶失察，牵涉良民，触犯众怒，几被联名控告。从此深自韬晦，遇有命案，则循旧例移送县衙。至于有关斗殴、钱债、田宅、婚姻等案，则一概批发巡检司处理。凡有文武官员莅临石浦者，若非顶头上司，便不往迎送，其秉性之廉洁朴实，官场实不多见。但亦因其不敢大胆处事，明哲保身，以致坏人猖獗，邪气张扬，造成石浦民间赌场林立，贻害地方。红单船广东籍兵勇裁汰者，不遣归原籍，任其沿途设花会（一种严重影响社会治安的赌博方式），公开聚众赌博。龚对此置若罔闻。致石浦一带花会流毒蔓延数十年，犹难铲除。龚在任20年，未严惩一人，故一般游手好闲者皆称颂他为"龚菩萨"。

时南田开禁未久，荒野初辟，道路桥梁，尚未修造，每遇阴雨，泥泞没胫，行旅者望途兴叹。

龚于石浦任上，兼办南田垦务，有意兴办交通，而工巨资乏，独立难支。适值胡定坤率军驻防南田，龚因与共商，以兵力代匠工。龚率先捐款500元购办材料，又劝募富户捐助。于清光绪十九年（1893）七月动工，修筑樊岙至鹤浦、樊岙至龙泉塘道路及桥梁；并建鹤浦、韭菜湾渡凉亭，次年三月完成。南田交通从此大为改观。

孔粹贞（1850—1922）　亦作粹卿，象山墙头国学生孔继忠三女，东陈廪生陈素涛妻。清光绪三年（1877），夫亡，守节。初，象山诸生赴省城乡试者，跋山涉水至杭州，苦无同乡馆舍，每挟行李，强忍路途疲劳觅客栈，成象山士子一大憾事。陈素涛生前夙具建会馆于省城之念。孔氏为实现亡夫夙愿，于光绪十三年，独自出资二万余金，建会馆于杭城文龙巷。馆为屋99间，厨房、浴室、器具毕备，其规模胜过鄞县、慈溪、镇海等各县。后奉化人集资建会馆，其规模样式均取法于象山。光绪十九年，获朝廷赐“乐善好施”匾。象山知县陈凤诰赠“义举可风”匾额，德清俞樾为作《象山试馆碑记》。孔氏又独资建家祠于本村，赡养和接济本家子孙。乡里间凡有善举，无不参与。毕生以救人之急为志，赢得乡里普遍赞誉。

何　氏（生卒年不详）　嫁翁良枨为妻。年30而寡，子开烈甫4岁。何氏不辞艰辛，抚养儿子成家立业。娶妻谢氏，生孙国初。未及3年，不幸接踵而至，子与媳相继亡故。孙国初未及3岁。何氏又含辛茹苦，抚之成立，勉之为善。邻里有孤寡者，必加周恤，还对国初说：“彼之窘苦犹我也。”凡有善举，无不相助。

朱　氏（生卒年不详）　袁国发妻。29岁夫亡。儿子方满3月，女儿亦尚幼小，家中甚贫。朱氏欲殉夫同死，众亲戚以抚养儿女劝阻。此后朱氏就登山砍柴，入海采苔，辛苦抚育子女。一日，有族人要将她强卖与人为妻，以谋取钱财，纠集一伙人于夜间上门掠劫。朱氏逾后墙仓促而逃。冒寒履险，跋涉榛莽，披发赤足，跌跌撞撞逃至一亲戚家，总算躲过此难。40年间，未曾有一日温饱。65岁时，女儿婚嫁皆毕，朱氏亦因病离世。

欧仁衡（1857—1920）　字平朔，又字月坪，欧景辰次子。年18入县学，次年即中举。清光绪十五年（1889）己丑科进士。仁衡登进士第后，曾任工部主事等职，后调任户部郎中。官制改革后，曾任财政处金银库长、实录馆详校官、统计处帮办等，皆能各称其职。辛亥革命后，国制改变，遂以为母守孝之由，辞官归里，闭门读书，不问国事。生平待人以礼，勇于任事。光绪年间，象山海匪啸聚，出巨资组建乡团，保护地方治安。有一年大饥荒，粮价飞涨，购泰国米千而数百石以平粜，活人无算。督理先世所立义庄之事务，为义庄增置良田数百亩，改义塾为小学校以教族人。又重修欧氏宗谱，创行小轮船，修建道路400余丈。知县汪东宝请督修文庙，不久告成。著有《经解》《诗文集》等，皆藏于家。

秦英鉴（1857—1945）　字少明，号蓉卿，石浦昌国人，生于清咸丰七年（1857）八月二十七日。光绪十二年（1886），以学院岁试光绪丙戌科取入县庠。历任象山县学、昌国正谊高小、石浦敬业高小、盐仓前斐成小学校长。民国初，任石浦昌石镇（议事会）议长，呈请将昌石镇、奠南乡划归南田议案，并为之奔走，一度为临时省议会议决。后经象山合县士民力争，并上书大总统。省议会根据民意议复象山区域得不变更，南田县仍治樊岙。满门桃李，育成人才辈出。在台湾的徐培根是少明先生的开笔学生，为歌颂先生功德，曾赠书一联曰：“山静日长仁者寿，荷香风善圣之清”。光绪三十二年，与秦兆鹏、陈步鳌创昌国正谊学堂（今昌国中心小学）。该校大礼堂石碑和功德祠石碑，均系先生撰文刻石，记录其经手办学业迹。先生平素善诗，勤写日记，为人编纂家谱无数。著有《补蹉老人日记》《榆影诗文集》，惜在“文化大革命”中荡然无存。

赖余薰（生卒年不详）　字香南，清光绪十八年（1892）岁贡。兄弟6人，惟余薰自小读书。父语之曰："汝弟若兄业农，汝不得以文人自居，有农事时宜作劳。"余薰遵父训，读书但有少暇，即采于山，或牧于野；夏而耕，秋则获，以致手足胼胝。一般读书人不堪其苦，余薰守父命不敢少弛。父母过世后，35人相合一家者竟达数年。一日，自乡试归，或有请析炊者。闻之，即涕泣，水浆不入口者3日。无法阻挡，即选择家中田产、器物中最瘠恶者归己。已则坐塾馆于邻村，牌头陈氏三世人以之为师。教育重品行，然后再论学问才艺。平素以身作则，正身处世。若有人投以非分之财，必被严厉呵斥。两兄早殁，于所遗之孤，教养备至，各得成立。又出束修之资，为先祖墓置祀田，捐廪饩以赡妻族寡居之人。享年80而终。

范三多（1843—1902）　鄞县人，石浦基督教会创始者。清道光二十三年（1843）出生于鄞县段塘，初识文化，以大木（修造木船）为业。清同治年间，为避兵灾，辗转至石浦落户，租赁横塘岸路16号，配东门奚氏为妻。技艺精湛，又具匠心，对船上各种海损器物，巧为解决，令名远播鲁、江、浙、闽沿海。工余之暇，在住处开设布道所，传讲基督教义。后因信徒增多，于光绪二十五年（1899），代宁波基督教圣道公会购得其隔壁楼房两幢作聚会之用，人称"礼拜堂"。光绪二十八年，瘟疫流行于石浦，范已病入膏肓，仍上讲台主礼、讲道至毕。

蒋　黼（1844—1930）　谱名丕祥，字粹甫，西周人，清附贡生。曾应舟山、明州、乍浦、吴淞等地渔商之聘，任太和、安澜等渔业公所坐办或主任，计50余年，办事干练，信用素孚。首倡办宁象行轮，开宁海各局之先。清光绪二十年（1894）前后，意大利兵舰航行至三门湾，周历各处，测绘水线。蒋黼奉命调查三门湾情形，呈文并附图说。光绪二十三年前后，意大利兵舰游弋象山港，遍测沿岸。蒋黼赴营、县面呈意舰情况并提出处置建议。光绪二十六年，意大利兵舰停泊象山港。12月15日，意兵200余人自尖礁登岸，至西周巡行，声请通商。时蒋黼受村民所托，往见意军提督堪敌安义，允小贩与做买卖，事遂解。光绪三十一年夏，宁绍台道张鸿顺到港察看，停轮高泥，遣人至西周，邀蒋黼出见，随轮回甬，上图说条陈数百言，建议于象山港辟军港，立军港基。翌年，闽浙总督、浙江巡抚上《奏请以象山港为军港折》，获清廷允可。光绪三十三、三十四年间，蒋黼呈《上冯巡抚象山港内外险要门户条陈》，述象山港情形及立军港事宜甚详。时蒋黼被委为军港顾问员、持龙旗与外舰交涉已十年有余。宣统元年（1909），象山港遂辟为军港，派一兵舰驻泊港中，筹备事宜。7月18日，洵贝勒乘兵轮驻节高泥，随员萨镇冰及督抚提镇俱至。合县士商开欢迎会，献上黄缎龙旗，多引见登轮者。一时港中纷集大小轮船40余艘，帆船不计其数，观者如堵。知县胡远芬、县人蒋黼，承办公事出力。时蒋黼为洵贝勒驻跸象山军港开港总办、供账兼顾问。8月，即以"开设军港必先造局厂，方足兴工。而建造局厂，尤必需用红砖青砖瓦片诸物"，不惮劳顿，遍向沪甬富商筹集股份，议定百股，每股出洋百元，合计洋10000元。自先垫付洋1200元，于距军港水程相近之西州港外之大涂塘等处，买田40亩，开办象山港发轫造砖有限公司。具文晋省面禀抚宪，巡抚增韫令知县胡远芬批准立案。宣统三年（1911），清廷令督办曹嘉祥、胡应祥发帑金买高泥民房、田地，以立军港基础。10月，辛亥革命爆发，曹嘉祥挟公款逃遁。

陈得善（1853—1908）　字一斋、薏斋，又字三蕉，别号南乡子，之翰长子。少为制举业，下笔千言。弱冠入府学，肆力治诗、古文词，购书数千卷，学业日进。孝事祖母钱太宜人、母史宜人，友爱弟得先及从弟得闻、得心。有幼弟得森，尽心教养，亦工为诗。早岁入县学，与得先相先后也。得善诗有别才，不屑于绨章绘句而自成一家。与从祖姑子周琛隆及姊婿钱霖，效元稹、白居易诗笺往来，编成倡和集。县先辈工为词者惟倪象占，得善扩而大之，出入南、北宋诸家，视《青棂馆词》更繁复精美；散文、骈体文各有法。居舍遇火，藏书尽焚，兼及著述。复掇拾于煨烬中，辑为《诗文集》四卷、《词》三卷。年54，寄居继室胡氏母家，病卒。得先、得森亦各有《赘人诗集》《可园诗集》。学使潘衍桐采入《两浙輶轩续录》中。

张小金（1875—1906，附无牙大姑娘）　谱名乾安，号志云，张岙人。曾入县学为武生。生性强悍，有膂力。

清光绪三十一年（1905），宁海爆发王锡彤反洋教起义。受其影响，光绪三十二年春正月，象山张小金反教会起事。此前，象山大泥塘围垦董事某（失其名）奉有文书，设立小学，因经费不足，欲改蒲白墩村某尼姑庵为小学堂。尼姑不肯，便扶乩作神示，借以拒绝。继而又请人降神，人借神言："洋教强迫中国，幸有天降神兵四百余名，助西乡人张小金灭洋人，且有无牙大姑娘为内助。"于是，民间纷纷传扬此事，却不知降神者即张小金一伙中人。无牙大姑娘者，佚其名，文山村石某妻。夫死，入异教惑人。因其门牙脱落，而年轻貌美，故有此号。

时宁海王锡彤起义已败，远遁他乡。却有人冒名王锡彤潜入象山，结识张小金一同起事。闻说北方义和团都以扶清灭洋为号召，于是张小金也于清光绪三十二年（1907）正月，在张岙聚众数十人，树"保清灭洋"大旗。冒名王锡彤之宁海人自称"皇帝"，立无牙大姑娘为"皇后"，张小金为"丞相"，又从宁海招来号铁龙者为"大将军"。

张小金率众由泗洲头张岙到达洋大张村，向洋教徒柳康宁索银600元。柳不予。张小金又率众至横埕、萧胡两村，抢得民团枪械，再到泗洲头索银400元。依附者日增，声势渐张。继而捣毁新桥教堂，抓走教士2人。并扬言要率众进入县城。时县城尚有绿营兵400余人，正值奉命裁兵之际，士兵心有怨气，不听象协副将乔炽昌指挥。典史俞茂村出城探听情况，途中被执。小金夺其轿子，放其回城。当时知县黄羡钦在府城宁波，闻讯即返县城筹划攻守方略。练兵统领常荣清、谢得胜两人亦率兵500同至县城。

二月四日夜，县城接获乡绅何涵密侦，报告张小金所在。练兵即出城由行者岭到溪口村，与杨家岙民团会合，突袭张小金部众，杀其2人，俘30余人，余众逃散。冒名王锡彤而称皇帝者前已逃走，小金亦于此时远遁。被俘30余人，后被斩15人，另胁从15人被释。"大将军"铁龙同时被斩。不久，张氏族长侦知张小金逃匿秀水县（今嘉善），派人抓获，送宁波府处死。而无牙大姑娘一直囚禁狱中，辛亥革命后被释放。

叶元芳（生卒年不详）　字祖香，江西人。清光绪三十三年（1907），以统计调查委员至石浦，次年，署理驻防石浦同知。元芳莅任，力革前任萎靡之习，刑赏严明，断案公允，奸刁游民尽皆敛迹。公务之余，了解民间疾苦，知石浦城内九曲溪多年未浚，沿溪居民日弃秽物于溪，以致藏垢纳污，秽气熏蒸，夏秋之交，易发时疫。元芳乃召集士绅，募捐浚溪，禁民乱抛垃圾于溪，违者严惩。又以石浦滨海，民众繁庶，素乏淡水，天若稍旱，即有涸鲋之忧。元芳倡议于城西门外购田数亩，开凿大池。他本精于地理，掘池得泉，源泉滚滚。数月告成，百姓额手相庆。人们饮水思源，为立石碣，铭曰"流芳"。民间遂称此池为"叶公流芳池"，亦称"叶公渠"。

时昌国有"龛党"，号为"铜炮""铁炮"。石浦驻军有把总（正七品）之子亦参与其中。元芳捕其子，而对把总道："我来上任时，军门（提督）大帅曾口谕，命汝严管族中子弟，不许妄作妄为。"把总及其子均被慑服，"龛党"亦随之解散。不久，元芳调任台州府，"龛党"又聚而为患。

鲍　氏（生卒年不详）　林有银妻，南向村人，性好施舍。清宣统三年（1911），建义仓，储谷1万斤，选董事负责管理，每年春分发贫苦人家。享年60余岁。

朱学文（1873—1909）　原名福彤、字小方、号贻甫。幼时，无师即能制铁工、铜工、木工等器物，见辄仿之，皆毕肖或胜之，因以修洋枪为业。时知象山、溧阳史悠扬甚赏识。适离任，挈之省城杭州，揄扬于当道，令自制手枪一，献诸抚部廖公（廖寿丰），精好胜洋厂所造，赏识尤至，欲大加造就。悯其幼未读，易名曰“学文”，饬以官费游历日本。因日本拒而未入，遂返浙。廖公复命入机器局。惜时命艰屯，未几，廖公以疾引归，史公亦蹭蹬，至漂泊无依，以私造铜帽糊口。清光绪三十四年（1908）十二月十二日夜半，强水炸发受巨伤致死。适史悠扬署理定海厅，闻之悲而亲书祭文，奠于灵前，丁谦为传。

四　民国人物

叶桐葑　李蓴生　陈汉章　纪子庚　陈　畬　史翰章　许承勋　张葆灵　王醒华　任筱和
任筱孚　俞世清　张光陶　王　皋　董人宝　吴开科　张　田　沈春堂　董梦蛟　孙乃泰
桑宝章　传　常　仇水心　董湘坡　黄德堂　周大烈　傅规清　陈贞文　林鸿杰　励乃鹏
姜梅坞　郑圣良　徐培根(附妻徐芳)　**王之屏　张闻遗　蒋伯真　纪　敬　许剑华**
李高涓(附弟李高滏)　**顾圣仪　盛世馨　励乃骥　叶实甫　赖云章　顾福漕　陆昌世　张智临**
徐兰庭　徐文达　蒋子奇　贺威圣　忙卓人　杨　白　赵文光　赖大滋　秦京康　何志浩
陈良义　吴德元　范船僧　姜冰生　王家谟　吴祖龙　董世观　章昌琛　史佩左　沈本厚
叶　刚　郑光祖　刘积铨　林友梅　苏本善　殷　夫　黄道刚　张国宝　王孝南　吴　烨
何　纯　史致圻　史奇涛　张在法　孙德馨　宋无畏　陈照华　盛　城　徐素韵　姜梅英

叶桐葑（生年不详—1917）　原籍玉环，徙居南田。善读书，有大志，年18入县学为廪生。为人疾恶如仇，见义勇为，向为南田民众所敬重。民国元年（1912），由省临时议会议决，浙军都督批准，将象山昌石镇、奠南乡划归南田县，并将南田县治由樊岙移至石浦。南田大小官吏奉命即迁往石浦新署。士民亦随之而迁者不少。南田民众见此景象，皆知后患不堪设想。于是公推桐葑为代表，赴省请愿。桐葑以为南田县治忽移石浦，势必祸患丛生，衙署旷废，人心动摇，盗贼蜂起，户口逃亡，选举公权无形剥夺；政事隔膜，垦务废弛，均为南田人民切肤之痛；若稍延时日，则补救为难。故被举为代表之日起，即不辞劳瘁，赴省城为民请命。他坐省2载，矢誓力争，终于在民国2年10月，南田县治回移樊岙。之后百废待举，盗贼敛迹，2万余人民安居乐业，桐葑功不可没。

南田龙泉大塘，系由鄞象实业家围筑成田，计田15000亩，其中抽出1000余亩永为地方公益需要，设董管理。后日久弊生，董事吴世凤及赵远熙等狼狈为奸，侵蚀公款。桐葑深知塘务与全塘生命财产攸关，顿起不平。群众公推其为龙泉塘民众代表，先诉诸县令，复诉诸道尹，县政府终于同意查办此案。民国4年（1915）三月，案情查清，证据确凿，正要追偿之际，赵远熙（兼充塘田清丈员）竟失足落水身亡。此事本与桐葑无关，可赵氏家属亲戚恃众报复，将桐葑私行绑至县署，诬其逼死赵氏。县主徇情枉法，妄加判决。桐葑不服，依法上诉，但拘禁于狱，身不由己，加以炎气熏蒸，人犯拥挤，因此忧郁成疾，于民国6年三月病死狱中。其所经手之案亦不了了之。直至民国17年至民国18年间，桐葑之子叶青任国民党区党部常务委员，重提旧案。追诉两载，才终于奉准将龙泉塘公款交由村里联合会保管。

李萼生（1861—1942）　象山高塘岛乡林港村人。一生从医，医术精湛，遐迩闻名。医德高尚，令人敬佩。有钱者请他治病，通常均雇轿抬，他并不推却，坐轿来去。若穷苦者请，他则是背起药箱，夹着雨伞，步行出诊。有过意不去者，亦欲雇轿，他坚辞不就，说："你们家人患病，已不堪重负，若让我坐轿又得破费，我于心何忍!"李为人治病，尤重"望"诊，对病人大小便、痰、唾液之类，他不避污秽，必仔细审查后，方开列处方。甚至连煎药也要过问，常亲尝药汁。卒时，出殡之日，乡人纷纷前来送丧。是日，遇大雪纷飞，满山皆白。送殡者尽道："这是李先生精神感天动地，故天地亦为其披白致哀。"

陈汉章（1864—1938）　谱名得闻，又名焯，字云从，号倬云，晚号伯弢，象山东陈村人，国学大师，经史学家，教育家，国立北京大学、中央大学史学系主任、教授。读书明敏强识，文章过目成诵，晓以求学务渊博，为文尔必瑰奇，汲汲有欲穷《四库》之志。清光绪八年（1882）补县学生，光绪十一年得副贡，光绪十四年中举人，次年会试不售。旋以举人应浙江巡抚征选考职，名列第七。考职后得候选广东省直隶州州同，不任。乡榜同年汤寿潜屡劝出仕，均辞谢。光绪三十二年，任象山首任劝学所总董，奔走城乡，劝设小学30余所，又斥私财，设东陈小学。次年春，创办县师范讲习所。宣统元年（1909），应京师大学堂之聘，赴京任教。到京后，见京师大学堂章程：毕业生钦赐翰林。汉章想得翰林这个头衔，遂过上"亦师亦生"的生活。中华民国成立，京师大学堂改称为北京大学。民国2年（1913），汉章于北大文科毕业，北大仍聘请他任国文、哲学、史学系教授，是京师大学堂、北大开课最多的教授，前后历20年。民国11年，主纂《象山县志》，其后纂写《江苏通志》方物、金石二考。民国17年，任南京中央大学教授兼史地系主任。3年后，年老归里，著书立说，乐善好施。民国26年，捐银圆2000元，设县公立医院，以襄其成。民国27年6月29日，病逝东陈。

陈汉章治学严谨，涉猎广博，先后师事德清俞樾、定海黄以周。遍读汉唐以来先儒经史诸书，兼治汉学考据、宋学义理，著作等身，有《缀学堂丛稿》百余种。手稿多存浙江图书馆。中华人民共和国成立后刊出有《周书后案》（中华书局1960年出版）、《后汉书补表校录》（中华书局1960年出版）、《辽史索隐》（中华书局1960年出版）。大量手稿未刊，有《诗学发微》《礼书通故识语》《周礼孙疏校补》《周易杂说》《周易古注兼义》《古微书补遗》《公羊旧疏考证》《孔贾经疏异同释》《论语征知录》《中国史学通论》《中国通史讲义》（五册）、《中国上古史》《史通补释》《史学通论》《尔雅学讲义》《说文学讲义》《文字学概要》《本草纲目补正》等。2006年，浙江省政府把编纂出版《陈汉章全集》列为浙江省文献集成编辑出版一号工程。

陈汉章先生门下名人有著名文学家茅盾、哲学家冯友兰、社会活动家许德珩及史学家范文澜、顾颉刚、罗家伦、傅斯年等。章太炎赞其"浙中朋辈，博学精思，元出阁下右者"，蔡元培称其"两脚书库"，茅盾颂其"爱国怪人"。

纪子庚（1865—1933）　名传长，号子庚，石浦延昌人。幼丧父，事母至孝。小本经营起家，后创办商行，经营船运，家道日隆。平素乐善好施，热心公益。遇青黄不接，必首倡平粜；年终，邻里贫困者各发给银钱2元、米2斗，竟为成例。清光绪间，有一福建船中途染疫疾，飘至石浦，岸上人得知其情，无不恐惧，要驱逐此船。子庚闻讯，大胆下船，请医施救。11人中9人亡，他又出资殓葬，并代为保管船上财物，通知死者家属来石浦料理。民国8年（1919）、民国12年，两次焚去贫户债券7万余元。民国8年，助任筱和、筱甫兄弟重建石浦东门灯塔，又捐建桥、路、学校、善堂、育婴堂等。民国11年秋，其商船运货驶闽，泊玉环盘港（今洞头县境内），风浪肆虐，18船员中17人乘小艇逃生，皆葬身鱼腹，仅1人因病卧守待毙，孰料翌日风静浪平，竟得不死，上岸乞援。乡人获知船中无人，纷来掠取，（财物）殆尽，并毁船灭迹。后经股董任筱甫查实追究，省府令玉环知事会同水警严治，着将山盘百余家房产发封拍卖赔偿。玉环县乡绅郭某等赴石浦，陈述山盘瘠苦，及讼后乡人颠沛之状。子庚闻而恻然道：“宁吾一家冻馁，安忍千家破产。”征得股董任筱甫同意，分文不受，慨然销案。山盘绅民特树碑亭纪念。民国16年1月，蔡元培、马叙伦遭军阀孙传芳通缉，避难象山，子庚提供食宿且资助转赴福州。热心振兴实业，助鄞县张葆灵创办盐场柑橘园。其60岁生辰，国民政府大总统特褒“孝义可风”匾额及金质褒章一枚；道、县均有匾额相贺，被尊为大慈善家。卒后，蔡元培为书墓碑，马叙伦撰墓志铭。

陈　畬（1867—1930）　榜名畬，亦名柽，原名得心，又作得新。字德馨，又字宇襄、应文，号我先，一号雨香，自号沧浪词人，东陈乡东陈村人，从小博闻强识，文章过目不忘。清光绪十五年（1889），中恩科第13名举人。光绪二十九年，会试中式第55名，殿试三甲第124名进士。任工部主事，旋调吏部，历任文选司主稿、考功司分核、稽勋司副掌印、艺学馆监学、学治馆副提调、实录正校官、经筵掌故课撰文，后升员外郎、丞参上行走。任工部代奏主事时，以奏请“经理南田，安内靖外”一折①，引起清廷重视，产生一定影响。并建议将陈氏杭州试馆助为学堂，并关心家乡创办学校，光绪三十四年，斥私资与兄创办东陈小学。家多藏书。生平有印三颗，一“前进士”，一“吏部郎”，另一印文“有书卷气”，旁镌长龙，额刻“圣谕”两字，疑殿试卷评语，均一寸见方。辛亥革命后，犹以前清遗老自居，留蓄发辫19年。卒时，仍颈挂朝珠，脚着皂靴入墓。民国6年（1917），应聘主纂《新昌县志》至8年成。民国15年，开办米厂于东陈，五年后经营不善闭歇。长制艺、书法，多应酬文章，所遗文稿、奏议，土地改革时皆散失。书艺未脱台阁体，常为乡人书寿屏贺联。晚年，修陈元帅庙（俗呼大庙），柱联、殿额皆出其手笔。今大塔河头埠尚存为其父所书写墓碑，碑面字毁，侧面尚留“会试中式第五十五名陈畬”12字。

史翰章（1873—1951）　谱名久香，字苑伯，号雪坡、行一。丹城人，世居象城协台衙门前。为象山“丹桂堂”史氏史复初、史师雄（下史）后裔。父汝渊，字松舟，号雅泉，例贡生，五品顶戴，例授修职郎，诰赠征仕郎。幼随父攻读，为优廪生。后就读于丹山书院，师承多人，学渊博采。清宣统元年（1909）为乙酉科拔贡，三场试文，得阅卷老师高评，朝考一等，分发福建候补知县，未得缺归。民国期间历任县考试员，民政科长、教育科长及救济院院长等职。民国11年（1922）为县参事会参事。曾分修民国《象山县志》。后在县政府内任文牍兼书记。家有藏书，蔚为可观，惜中华人民共和国成立前后散佚。民国15年，编修《吴越钱氏象派宗谱》（20册），无论规模与质量，均为上乘。并为多家宗谱作序。

许承勋（1874—1949）　原名承富，字传贵，别名梅舫，浙江天台县义里人，清末迁居象山，在丹城西街开设源丰布店、裕丰南货店。清宣统二年（1910），象山县设立工商会，县公署委札许承勋为首任总理。其晚年曾参与民国县政府整饬城区市容，划分菜行、粮行、竹木行、柴行等，

---

①《清实录·光绪朝实录》：“光绪三十一年，乙巳，冬十月·丙辰。”

划段就市。中华人民共和国成立前卒。

张葆灵（1874—1955）　浙江宁波人。青年时期留学日本，毕业于弘文学院，居住日本七、八年。性喜园艺，对日本特有良种柑橘，爱慕尤加。回国后，先后任职于南通财政局、龙游纸厂、海门水产学校等处，但爱橘之心，始终未泯。曾拟在黄岩置地辟园，未成。秋后归里，途经石浦，见延昌有橘园，即访业主纪子庚先生，在纪子庚先生全力斡旋下，取得纪宅东北首苔条塘荒涂部分所有权与全部种作权，并起草《石浦柑橘园集股启》筹集资金，规划建园，总投资14400元，分7年完成。延请延昌纪子庚、宁波张申之、上虞高翼程、上海盛丕华等象山及外地士人参股。民国15年（1926）着手围筑苔条塘，面积80余亩，定名保定塘。东临大海，南接道头，西隔新塘为羊角湾诸山，北界塘头港与五爱溪相接。堤高5米，面宽3米，底阔10米，内坡植洋槐、皂荚、苦楝、乌桕、棕榈5排，以防风固土；外坡种杞柳、芦苇等3行以御海潮，堤内环以河流，以资灌溉，张葆灵从设计至施工，事必躬亲，席不暇暖。民国16年又选拔人才前往南京金陵大学农学院学习，继又往黄岩小南门林祥土处学习，掌握育苗、嫁接、定植培育一整套栽培技术。民国18年从黄岩引入本地早、早橘、朱红、乳橘、槾橘5个品种，又从日本引入脐橙、日本夏橙、刘勤光夏橙、伏令夏橙、日向夏橙、葡萄柚等新品种200余株，还有温州柑橘（无核蜜橘）百余株，大多栽于羊角湾3亩山麓上，少量海涂试栽。翌年，又在延昌乐善堂增辟苗圃。张葆灵入园察看检查，抚摸观赏，欣然忘食。民国21年，橘树初结硕果。民国30年，奉化三十六湾苗圃慕名委托代为嫁接无核蜜橘苗1000株。橘苗良种开始走向外地。至中华人民共和国成立前夕，全园已发展无核蜜橘46亩，金柑5亩。中华人民共和国成立后石浦柑橘场发展成千亩大场，张葆灵为象山柑橘种植业发展做出重大贡献。

王醒华（1875—1945）　原名陞，字栋仕，号跻堂，晚年自署家园为默园，赋一联曰："流水行云，付诸一笑；落花芳草，相对无言。"自号默园老人。象山东乡涂茨人，光绪中叶举秀才，后科举废，入宁波府师范学堂肄业。时国难频仍。王醒华以为救国之道，首在普及教育，而普及教育之道，必须先提倡白话文。光绪中叶，即著有《白话读本》一册，交由宁波汲绠斋书局印行。书为三十二开本，红色封面，其首句为："大清国，本部十八省，河南省在中央。"中有"称东西，要用秤，十六两，算一斤。""涂茨街，牌门两边开，东边有海鲜，西边有蔬菜。"似较胡适之等先生提倡白话文，早于10年以前。后又著《蒙学造句教科书》，以文法教授学童造句。海禁初开，西风东渐，时邑县教谕丁谦提倡女子教育与不缠足运动。王醒华首先响应，著女子不缠足歌，镂刻三色套印木板，刷印分赠张贴。其女生于清光绪二十五年（1899），竟是天足。后不缠足运动推行全县，王醒华有首开之功。王一生献身教育，主张以爱的教育为本，积极诱导言教不如身教，反对体罚。日常以"做大事不做大官""有所为有所不为""择善而固执之"勉励子女。民国初，响应国语统一运动，一面自己认真学习，一面指导学生。抵制日货运动时，见某先生新购日货，即义正辞严斥责，并云："须知吾一人不购日货，即为国家存一份正气，省一份漏卮。"关心公益。时稽征系采包商制，承办其事者，对于折算率，例多秘而不宣，愚弄乡民，多有被其冒征者。王每于开征之先，雕刻木板，上书"今年秋米，每斗折合法币×元×角×分正，某月某日开征，逾期每斗加罚金×元×角×分"等字样，告知乡亲，以减少乡亲损失。

曾参与民国《象山县志》采访与校刊。晚年家居，浸淫于金石文字之学。著有《求是录》，适值抗战，未付梓。

任筱和（1876—1944）、**任筱孚（甫）**（1879—1953）　同胞兄弟，象山东门人，祖籍宁海亭旁（今三门县境）任家村。父早逝，母黄氏，性慈善，课子严。筱和读书两三年，即命业渔筱甫业商，于沈家门等地开设任宝泰行，入股石浦大皆春国药号、新协元运输船等。兄弟事母至孝，又兄友弟恭，自立成家。凡地方公益善举，不分难易远近，皆视为分内之事。民国 4 年（1915），于东门岛门头买山，建造灯塔，以利船舶航行，此塔在象山海域规模仅次北渔山灯塔，且为象南胜景之一。前清榜眼黄岩喻长霖撰文并书《象山东门岛灯塔记》，勒石塔旁。后蔡元培避难象山，游东门，览灯塔，题“出其东门，介尔昭明”8 字。此后和、甫又募建灯塔于台州磨盘山，舟山菜花山、烈表嘴，象山鸡娘山、铜瓦门、三门山等处。民国 9 年，与纪子庚合资改建五里桥，创建仁义桥，与俞怀白、丁希圣、纪子庚等创建石浦三湾路廊。建亭筑路，修码头、道头等不胜枚举。任氏昆仲于沈家门、石浦等地舍施棺材，不下千余。乡里有难，不吝救济。凡修建、管理灯塔等事宜，皆由筱和主持。有关地方公益善举及向上海海关争取灯油给养、劝募资金等由筱甫办理，数十年如一日。自奉简朴、辛勤积蓄，悉付诸利人济世。兄弟同心同德，至老不休，诚为难乎其难，时人称“二难”，即难兄难弟。兄弟俩死后合葬一墓，墓在东门岛，即“二难墓”。2002 年，东门灯塔暨任氏二难墓被列为县文物保护点。

俞世清（1877—1954）　字怀白，昌国人。父母早亡，出身贫寒。早年为生活计，与友人合营石浦大皆春中药铺，自学医道药理，乐善好施。对贫病无力延医买药者，每亲至其家诊治，并免费施药。喜交游，与东门任筱和兄弟及医界丁洪雷、忙兰生等友善。某年象南大旱，时疫流行，死者以百计。世清等发起募捐赈灾，集资施粥。中年时，曾合营昌国沙头窑厂，兼以教书为生。平生善书法，尤工隶书，临摹唐宋拓帖，甚有功力。昌国、石浦一带凡中堂、屏风、楹联、墓碑、店铺招牌、祠堂匾额等，多出其手。今石浦三湾路廊尚存其“去去就来”“坐坐也好”等石刻手迹。平素居家简朴，不慕名利，常以“勤、俭”两字教育儿孙。乡里有婚丧喜庆，常邀其主事，为邻里排难解纷，也无推却。曾书联称：“居之安，屋何妨古；和为贵，家自然昌。”民国元年（1912）至民国 3 年，曾选为象山县议会议员。1954 年，出席第一届人民代表大会，是年去世。

张光陶（1878—1924）　又名天明，俗呼阿桃，西周下叶村人。身长，面麻色，有膂力。家贫，从小承祖父业，学做裁缝，及长，领童养媳，向寒山地主借高利贷，利上加利，无法还清。因迫予债务，于民国 8 年（1919）2 月，聚众十数人，结伙起事，首打黄泥桥长行，得银洋 2000 圆，以为经费。因其尚义气，善发枪，被推为首领。未几，芭蕉赖富贵亦领众来附。谋以母死盘丧，扶棺归里，内藏武器，披麻戴孝，从上海至象山，其势遂大增。新昌、嵊县诸县游民纷来归，队伍扩至四五十余人。遍贴布告，网罗游勇。平素劫一富户，有时散济贫民。故闻官兵来剿，多为报信。官府三令五申缉捕，西周汪哨官但求平安，不敢进剿。民国 12 年，县知事李芳修书上达浙江省长公署，明令拿获著“匪”张光陶者，赏格五十圆，外加赏百圆。着警役追击，屡脱免，附者日众。民国 13 年 6 月，又劫儒雅洋富户，得银 3500 元。8 月，因其一部属通官兵，被光陶部下杀死，其弟导西周警备队，先夺其所居寒山，伏兵于山岩及土坑内，伺光陶回山，四出伏击，遂被乱枪击伤。光陶见被围不能出，与余众 17 人同自杀身亡。

王　皋（1878—1940）　字佐廷，丹城西门人。清光绪二十三年（1897）秀才。光绪三十二年，与翁学熙、方鼎、陈陛森一起于缨溪书院旧址创办私立始达小学，宣统元年（1909）任校长 20 余年。其间，延聘良师，知人善任，且身兼文史教职，诲人不倦，自责甚严。学校教师团结，学生勤奋。声誉日上，人称“王皋校风”。平素洁身自好，不愿涉足政坛，终其生两脚不入公门。家徒四壁，箪瓢屡空，除敝屋数椽，余无恒产，每月除微薄薪金，别无收入。其妻常等候校门，向他索要购米买柴之钱。王皋从不戚戚于贫贱，汲汲于富贵。呕心教育，数十年如一日，终因积劳成疾，于民国29年（1940）病故。一生擅长古诗文，惜讲稿、史论及诗词均散佚，仅存《十六字令·楼》及《七律·蓬莱》两首。

董人宝（1878—1957）　昌国人。家庭素称小康，属小土地出租者。常酗酒，人称“疯子董”，但秉性豪放，人有难处，必竭力扶助。其母于鸡鸣村外筑塘造田，人宝以其中20亩田捐助昌国小学。田虽已捐，税仍由己出。民国36年（1947）7月，民国政府教育部颁发《捐资兴学一等奖状》，奖状文曰：“浙江省象山县董人宝，捐助该县昌国乡中心国民小学校国币三百万元（即捐田20亩之值，时田土每亩值银圆百枚），照捐资兴学褒奖条例之规定，特授予一等奖状。”中华人民共和国成立后，人宝免费督修昌国小学大礼堂，时缺砖，人宝即带人到家，拆自家房屋之分间墙砖，济校方用砖之急需。

吴开科（1879—1937）　象山林海人。清末秀才，以乡村私塾教书为业，与东陈举人陈汉章交往甚密。20世纪初，象山南庄平原因水利设施陈旧，水、旱灾频，吴家20余亩田亦深受其害。吴开科找人商议，呈请政府同意，开挖一条由田横山经洋心村、西林村、夏家村至大碶头河道。工程所需资金：以河道两旁受益田地按亩数分摊，并补偿因挖河所毁之田地。后资金严重不足，吴遂卖田20余亩，用于填补，以致全家生活清苦。工程告竣，陈汉章曾为之作序，盛赞其奉献精神。此后，县里开挖梅溪至大碶头百丈岸河，吴又抵押西林村房产，捐资挖河，全家租房蜗居于蒋家村，直至河道挖成。时先后相继之两任县长徐倞、张周汶题词赠吴开科，分别为“有功水利”与“不辞劳瘁”。两题词至今被吴家后人收藏。

张　田（1879—1913）　乳名土生，字子南，号显扬。昌国镜架山人。父洪金，业农；兄弟4人。张排行第二，躯体瘦短，而肝胆雄壮。清光绪年间，入县学，后毕业于县立高等小学。先后于几家小学执教。张愤于清廷腐败，丧权辱国，因此仰慕革命党人，常与董梦蛟等党人秘密往来，加入同盟会。清宣统三年（1911）11月6日，根据宁波同盟会支部召开的光复宁属各县誓师大会之精神，张与驻石浦新军防营管带杨万泰等共谋光复象山计划。11月10日，石浦光复，公推张为民事主任，收缴“石浦海防同知”及“巡检司”等印绶。旋即率队往县城，宣布光复。待象山时局稳定后，张田赴省谒民政司司长褚辅成。褚委张任民政司科员，留杭任职。民国2年（1913），褚离去，张亦离杭至沪，投上海沪军都督陈其美，参加讨伐袁世凯的“二次革命”。是年，袁世凯授意淞沪护军使郑汝成扑杀革命党人。侦骑四出，图一网打尽。张田胆魄素雄，且行动迅猛，奉命率同志，暗挟枪弹，欲潜往湖州起事讨袁。事为变节投敌之旧识陈子文所侦知。农历九月二十日，张田于黄浦江租船去湖州，陈子文率淞沪护军使部下，缚之舟中，押还旅邸（天然旅馆），遍搜张之革命同人。幸何炳辉、何国安等闻讯乘隙逃脱。仅张田一人被捕。审讯时，张田备受酷刑，体无完肤，犹大声疾呼，历数袁氏罪状，而不露内部组织纤毫。乃于当年农历十月初九日，被残酷杀害。

沈春堂（1880—1963）　又名毓燕，西周土桥人。出身农民，少时只读过一年私塾，但天资聪颖，才气出众，旁通书画、案牍。耕田种地，亦为常人所不及。早年曾为儒雅洋何恭房管账3年。又跟人习武，又懂医道，常以“郎中”为务，时称“郎中先生”。民国15年（1926）3月，全国农民运动促使当时的国民政府推出“二五减租”政策。然乡间多难实行，地主豪绅仍勒索如常。沈春堂见此，揭竿树旗，发动农民组织农会。本人被推为会长。农会下分17小组，遍及上谢、白箬岙、西周、大坑、土桥及车岭等乡村。农会宣布“二五”减租，遣农会小组封存粮库，清算多余仓谷，平粜农户，深得民众拥护。“二五”减租触及地主阶级利益，上谢大地主谢谨对抗农会，触怒农民，其家遭农民冲击，粮食全被清出分光。谢出逃上告，县政府派兵弹压。捕去沈岳鸣等7人，并声言要抓沈春堂。为救出农会骨干，春堂挺身投案，遂被逮至县城监狱，判处死刑。他不服上诉，下笔千言，怒斥时政，痛陈农民减租要求。于狱中自处泰然，还教狱友识字。其间，屡修书上诉、雄辩不辍。最后，诉至南京，改判6年。刑满归里，行医为业。治病济贫，一如既往。对贫病交加者，诊治不收钱，甚至补助药费。常为民排解纠纷，视人事为己事，深得民众爱戴。中华人民共和国成立后，仍以医为业。

董梦蛟（1882—1956）　原名瑞珍，学名威，号梦蛟，昌国卫人。从小读书。及长，从事鱼货推销营生，在宁波、上海等地交游甚广。辛亥革命前夕，追随陈其美等民主革命人士，加入中国同盟会，奔走于沪杭之间，联络党人，图谋反清义举。武昌起义胜利，沪杭纷起响应，梦蛟奉沪军都督陈其美指派，清宣统三年（1911）11月3日与王金发、蒋介石、王文清、张伯岐、孙贯生、孙乃泰、蒋著卿等同志率敢死队百余人，赴杭参加光复杭州之役。4日晚至5日凌晨，在炸弹队临时指挥官蒋介石指挥下，梦蛟率第三先锋敢死队与张伯岐的第一、第二队，会同杭州新军二标三营第一路官兵攻陷浙江巡抚署，俘获巡抚增韫。据1911年11月9日的《民立报》报道：“第三队由队长董梦蛟率领。攻击抚署，以十五人为一队，每队手枪手十名，炸弹手五名，先后继进。当攻击头门时，连抛炸弹八枚，破坏头门，各枪手奋勇直前，冒炸而进，及至二门，乃由豫伏于署旁民房内敢死队之炸弹轰轰抛下。第二队与第三队之炸弹手亦向前猛抛，声振天地，火光大起，于是二门遂焚烧殆尽，第一队官以火烈难进，即发停止号，而队员以民国兴亡，即此一举安可偷生畏缩？为我辈区区一身计哉；乃第三队即发向前猛进口令，于是第一、二各队亦争先而进于大堂，连抛炸弹，直入上房花厅，惟见着白衣旗女二队，遂引导去路，护其出门。然后将上花房厅，放火而出。迄黎明，各归于集合地，秩序井然，受总指挥官检查点名，然后散队朝食。”杭州光复后，回沪参与组织江浙联军进攻南京事宜，随部参加作战。南京临时政府成立后，参与反对袁世凯的“二次革命”斗争。失败后，潜回家乡，即遭浙江军政府通缉逮捕。在狱三年释归，赋闲家居。抗日战争期间，石浦沦陷，日伪欲利用梦蛟之声望，多方拉拢。他不为所动，避居宁海乡下。中华人民共和国成立前后，梦蛟蛰居故家，不问世事，顺时应势，顾全大局，1956年12月病逝，墓在卫城西门外马鞍山。梦蛟善书法，人称其书“矫若游龙”。

孙乃泰（1883—1936）　又作孙鼐泰，谱名光铄，字冠生（一作贯生），号勉斋。宁海西店樟树村人。清光绪三十年（1904），入杭州浙江师范速成科。毕业后曾短期在杭任教。光绪三十二年秋，孙乃泰加入光复会（会员登记名册为“孙乃泰，象山人”）。宣统三年（1911）10月10日武昌起义成功，孙乃泰受命任“光复军”管带，经数小时战斗夺取江南制造局，救出陈其美，苏淞太兵备道官员纷纷出逃。11月4日下午，孙乃泰又与上海所派的蒋志清（介石）、王季高（金发）、董梦蛟、张伯岐等同志数十名，携带印信、旗帜、手枪、炸弹到杭，率敢死队百余人攻占浙江抚署。5日，浙江宣告光复。孙乃泰旋回上海，受命去台州招募数营军队，开赴南京，与浙军会师，组成江浙联军。参与南京光复。孙乃泰荣获“奠定东南”纪念章回浙后，作为全省22位代表之一，参加记名投票选举浙江都督蒋尊簋，省都督蒋尊簋委任其为南田县知事。

南田县为新设的海岛县，创设之初，诸事冗繁。然孙身体力行，雷厉风行，安定人心，搬迁县治于石浦，安排人事，平定匪患，统计人口，收缴田粮，于艰难中开展工作。民国2年（1913）秋，迁县治回樊岙。在南田治政之余，保持与革命志士联系，并将俸给尽力帮助旧时革命同志。

是年10月，孙离任。次年，象山何炳辉与丁仲生等人策动牌头某地方武装起事，响应二次革命，被宁属七邑知事水陆堵缉。何炳辉率同志连夜出奔。渡海到樟树求助于孙乃泰。孙方卸任在家，出金400元，慨然相助，与何炳辉等到宁波活动，密设机关于宁海同乡会。

民国3年（1914）之后，孙乃泰先后任过玉环县知事、浙江省禁烟调查宁台镇守使署谘议、浙江省自治法会议代表。民国12年至民国14年，任宁海县国民议会议长。民国15年，北伐革命开始。北伐军进军浙江，宁海发生战事，县长李洣逃走，孙乃泰被县城士绅民众推为代理县长。上任不久，又随军北上参加北伐战斗。孙担任十九军（后缩编称十五师）第三团团长，领上校衔。在栖霞山三进三出，颇著战绩。

民国16年（1927）12月3日，中共浙江省委制定浙东暴动计划，省委派特派员卓兰芳和奉化区委书记沙文汉来鄞奉交界处松岙发动农民，举行武装起义，并派人与孙联络。孙出于对北伐时蒋介石作为的不满，答应届时派人支持。后因起义消息泄露而停止，宁海樟树武装返回。孙仍毅然掩护两名松岙起义骨干，加以保护。

民国17年（1928）调整乡镇设置，任樟树乡乡长，修筑海塘，开发货运，调解纷争，服务桑梓。民国25年1月29日，宁海县长李涵夫得知孙乃泰离开家乡樟树住于城关杨柳巷任宅时，以“通匪”之罪名，将孙逮捕。2月4日被处决。

桑宝章（1884—1951）　本名学礼，字宝章，浙江省慈溪人。十一二岁经亲友介绍到象山县丹城镇海人周氏开设的隆润南货店当学徒，3年满师留店，后被业主委任经理，又赠予若干股份与不动产，成为隆润股东之一。数年的悉心经营，使隆润跻身于城中大店号之列，青年得志，在工商界中颇有名望。

20世纪20年代初，当选象山县商会会长，民国14年（1925）2月4日被推选为县国民会议促进会经济股主任、会计主任等职。是年春夏之交，号召工商界同仁并以商会决议形式，对英（国）日（本）货物和钞票一律停止配购、禁止入市，以此声讨震惊中外的“五卅惨案”。民国16年春，孙传芳部溃兵窜至县邑境内，临危受命到姥姆岭外与溃兵谈判，阻止入城，筹款发给遣散费，县城免遭骚扰。民国20年前被委任丹城镇镇长，未接任而免职。民国26年再次当选县商会主席。是年抗日战争爆发，发动工商界捐款捐物，支援前线，购买救国公债，慰问抗日将士家属，协助政府处理城区遭日机轰炸善后事宜。民国28年秋，奉县政府令，以大商号资产抵押，印发分、角、元“代用券”“临时券”等商会票，以抵制日币渗入和解决市面法币辅币的紧缺。民国31年丹城沦陷，县商会外迁，忍辱负重，孤身留城。日军企图染指县商会，其连夜出走，翻山越岭长途跋涉回慈北东埠头老家隐居。民国32年11月25日，再次委任为丹城镇镇长。在任职期间，创办商团，维护工商界利益，为民众谋福祉。为人平易近人，艰苦朴素，曾着补丁衣衫出入县政府公干，在商界传为美谈；热心社会公益事业，济贫救急、赈济工人，捐资并劝募创办县公立医院；整饬市场市容，发展民族工商业，不遗余力。抗日战争胜利后返回丹城。1951年5月28日，在家中病逝。

传　常（1885—1966）　俗姓汪，世居丹城。少丧母，7岁就学私塾，塾师常夸他聪明。年12，不堪后母虐待，出走，至南庄小东洋为人放牛，颇知勤勉，既而为雇工。年18，入河东瑞龙寺，奉敏兆和尚为师，赐法名传常。五六年后，县城城隍庙、西寺及瑞龙寺悉归其持理。传常精明干练，善化募，甚俭约，经10余载积累，财用裕如。寺庙凡田地千亩，尚有布庄、染坊等。将三寺庙或加高，或扩建，修葺一新。民国23年（1934），开办佛教孤儿院，收容孤儿约百人，另设小学一所，培养孤儿至十六七岁出院，其中聪慧者，则资助上中学、大学。民国30年，疫病流行，传常约同邑人萧伯元，聘医务人员10名，开设时疫医院（临时）于汤家祠堂，患者获救甚多。民国36年夏大旱，水源匮乏，传常又出资于县城东西两地挖井两口，惠民饮水。翌年3月，选为县佛教支会监事长。从此，为公益事业，自仕宦至乞丐，无不应接，终岁殊少暇日。然其一生敬重纯朴，轻蔑邪恶，心胸朗然。中华人民共和国成立后，历任县人民代表。

仇水心（1886—1971）名训祟，水心其字，仇家山人。清光绪三十一年（1905），赴县试。宁波初级师范学校毕业后，执教东陈小学。旋肄业浙江优级师范，专习数理。宣统三年（1911）八月，任县立高等小学教员，嗣任校长，题“勤恕诚朴”四字为校训。民国11年（1922）后历任劝学所巡回指导员、县立师范讲习所讲师、宁波省立第四中学教员、上海私立青华中心小学、定象联立中学等校教员。中华人民共和国成立后，应聘为华东建筑工程训练班、缙云县立高中教员，先后执教50年，身体力行。长数理、化学，著有《高中平面几何解题》，曾翻译日本帝国大学数学博士长谷龟子助《几何辞典三百题》。卒后留有《行余集》手稿两册。

董湘坡（1886—1952）　字耀熙，号湘坡。梦蛟弟。少时笃志好学，13岁中府学第8名秀才。宁波中学堂毕业。几年后赴日就读东京高等工业学校窑业科。时孙中山先生从欧洲回到东京，组织同盟会。董湘坡与象山留日同学多人一起加入同盟会。清光绪三十四年（1908）在日本高等工业学校毕业，获硕士学位。回国后，受聘为龙泉瓷厂厂长。在任10年，刷新瓷器生产工艺，开拓产品品种。因胃病而辞职返回省城，受聘于浙江公立医药专科学校兼浙江公立甲种工业学校，教授化学、物理，历时16年。终因胃病加剧，辞职回乡养病。抗日战争时期，石浦沦陷，驻石浦日军首脑得知他曾留学日本，带人来访，他装大病于床，把粪桶置于床边，日本人见状，悻悻而去。中华人民共和国成立初，浙江省工业厅为振兴龙泉瓷业，曾派员特聘其为顾问。因年老有病，未能赴任，遂将保存多年的瓷器表面贴花样版及配方，无偿奉献给龙泉瓷业，不久病逝。

黄德堂（1887—1981）又名金土，镜田乡（今属定塘镇）田洋湖小湾塘人。象山基督教著名义务传道人。家境贫寒，读过2年私塾休学。为谋生学过漆匠、船匠、演戏，做过糕饼，当过官差，均无结果。21岁结婚后以种田、卖货郎为生，生活渐有好转。29岁，左脚得骨髓炎，在当时为不治之症，绝望后信奉耶稣。病愈后于田洋湖开一家“义庄”店，经营有方。民国23年（1934），经人介绍，去上海另谋出路。其间在沐恩堂接受了宋尚节博士讲道，遂笃信基督，辞职回乡，开始了拓荒布道，传福音的生涯。他深入浅出，自编歌谣，无论住家、街市、村落，当众一站，曰：“我给大家送‘哈哈’（意为喜悦、福音）。”他义务传道，无固定报酬，生活清苦，无钱买鞋、理发，常跣足蓬发而行，仍自得其乐，平常能急人所急，忧人所忧，凡遇贫、病、灾等事他都赶到相助，足迹遍及宁海、象山城乡。祷告虔诚，数十年如一日，清晨上山祈福，除夕夜去大雷山顶岩穴作禁食祷告。1981年无疾而终。后人撰有《黄德堂先生见证集》《一个与神亲密交谈过的人——黄德堂先生生平》。生4子1女，三子黄方正曾任南京市基督教“三自会”副主席，象山县基督教协会第一任会长。孙子黄伟台为加拿大《世界日报》总经理。

周大烈（1888—1950）　字汉屏，丹城人。早年曾任宁波市警察第四分署署长。民国13年（1924）毕业于保定军官学校第三期，历任东三省铁路护路军总司令部副官、黑龙江省公署咨议官。后赴广州，参加北伐军，任连长。北伐军进入宁波后，任宁波防守司令部参议。时《时事公报》以直言时弊遭封闭，周尽力斡旋，使复刊。后弃政经商，创办象宁轮船公司，任经理。嗣又任宁波通商银行经理、宁波冷藏公司董事长、宁波商会会长、象山县银行董事、鄞县参议会议长、省第二届临时参议会参议员等职。大烈身为宁波政商界名人，关心桑梓，有民族气节。民国25年，进步青年学生、《战线》月刊主编杨绍昌到甬访友，被刑警队盯梢，得其疏通，杨安然回桐庐原籍。西安事变前夕，钱业界青年范雨峰等十余人，因读毛泽东著作等进步书刊被捕，拘于警局，时称“宁波七君子事件”。后经周大烈等人多方营救，仅范一人送苏州反省院，余皆获释。民国37年，被选为国民党中央立法委员。中华人民共和国成立后，留甬并协同组织“宁波地方公益协进会”，维持社会秩序。曾被宁波冷藏公司职工推为经理。1950年，年关将近时，老板挟资潜逃，工人哗然，大烈许3日后答复。董事会上，众人一言不发，大烈深感自己难有作为，将失信于工人，遂在冷库内服毒自杀。冷藏公司为其治丧。出殡时，宁波街上诸多店铺关门，人们纷纷尾随送丧，道路为之阻塞。

傅规清（1889—1979）　女，贤庠乌屿山村人。清光绪三十年（1904），赴杭州师范求学。毕业后，任杭州、湖州、孝丰、宁波等地小学教师。民国元年（1912）至民国4年，在宁波创办崇本私立女子小学，得到著名人士张葆灵、孙莘墅等人热情支持。民国9年，应县知事刘蔚仁之命，回象创办县立女子完全小学。许多家长不愿送女孩上学，规清登门劝导，先免收学费。家境清贫者，还发给纸、笔、墨、砚。因办学经费不足，她利用课余假日编织绒衣、画扇面、床额等出售，甚至变卖首饰，全部收入用于助学。学生从初办学时仅数十人，增至200余人。民国13年冬，正是大革命酝酿时期，象山地下党负责人贺威圣邀同石愈白、干翔青等革命党人来象山作促成国民会议宣传，傅规清积极协助宣传，并组织学生唱歌演出。与此同时，以改造社会、解放妇女为己任，组织妇女协会，创办妇女夜校，宣传男女平等、婚姻自由，发动妇女剪发放足，废止童养媳。民国14年，在象山女权运动团的基础上发起成立象山女权运动委员会。至民国16年，培养了象山第一代知识妇女，为20世纪20年代象山县的妇女解放运动奠定基础。是年，傅规清去舫前，旋至镇海任教。次年得著名史学家陈汉章先生引荐到中央大学，先后任史学系助理，文学系、文史组组员等职。民国21年，因英、日、法、俄4国炮轰南京下关，回乡避难。校方以返校逾期，强行停职。转至鄞县女中和小学代课。中华人民共和国成立后虽年逾六旬，仍热心公益，资助平民夜校，亲往授课。抗美援朝运动中参加义卖，踊跃捐献。“文化大革命”中身心屡遭摧残。

陈贞文（1889—1963）　女，原籍南京，浙江省湖州仁志产科学校毕业。民国2年（1913），随夫史致和（1875—1919）从镇海迁至石浦，创建象山首家西医诊所保康诊所（今福建街34号）。内设西医外科和妇产科，子悠卿、悠扬、悠生及女儿非比皆从医。民国27年，支持儿子悠斌赴延安参加抗日，变卖仅有一对金耳环，给作路费。一生救死扶伤，为家境贫困者接生、治病，免收诊疗费。甚至还送米油接济。刻苦钻研，医术精湛，经接生产妇，无一例伤亡，人称“史家婆”。

林鸿杰（1890—1951）　字林山，号鹏飞，象山丹城人。长大后见清廷腐败，列强欺凌，国家贫弱不堪，遂弃文习武，期日后以武报国。风流倜傥，才气纵横。加入洪门致公堂。后赴日留学，以洪门弟子身份加入同盟会。曾随孙中山赴南洋各地，在华侨中作反清宣传，筹集起义款项。孙中山对他甚为赞许，优礼有加。林还有数帧与孙中山等人一起的合照。清宣统三年（1911）10月，武昌起义成功，林一度在上海同盟会总部，帮助沪军都督陈其美在会党中活动，借会帮力量，为革命服务。民国5年（1916），陈其美被害，林遂回归故里，在丹城招徒习武。民国16年，国民党“四一二”清党时，以林的大女儿林友梅曾任中共宁波地委委员、妇女运动委员会书记为由，要将他拘捕。林为己力辩，并出示由孙中山题赠的照片，乃告无事。1951年，病逝。

励乃鹏（1890—1951） 谱名先衡，又名民鉴，字善铨，号展程，东溪人。早年毕业于杭州木业两等小学堂，后入宗文中学肄业。历任区立义阳小学校长、培本小学董事长、汇溪乡乡长、航空协会浙江分会鄞县区一八〇支队长、县防护团第三区四十八分团长、县党部临时监察委员等职。

抗日战争前夕，曾化名古臣，结交上海日侨三井洋行江原吉之、北田洋行洪少圃、新义洋行高岛等人，先后同往金华、新昌、诸暨、绍兴等处，采取矿苗。并开采象山五狮山砩矿，一度任上海日商义太洋行职员。抗日战争开始，政府明令禁止，励遂于民国29年（1940）赴上海，勾结日华中矿业公司头目到象山开采。筹划征工及有关事宜。翌年5月，日军侵占茅洋，设华中矿业公司茅洋砩石开采所。6月，励乃鹏回乡组织维持会，任华中公司茅洋开采所总务科长兼联络官，与日酋少林武夫、松原、木股龙一，及安步安武五十兰等，过从甚密。未几，又招陈慎远等，成立伪民生队、谍报、税警等，征收钱粮。强征峰北、定塘、月华等乡军谷37万斤资敌。且以每斤15元盗卖军粮10万斤给日军。高桥乡胡开治、胡宗祥因征船不遂，被架至茅洋遇害。其侄女出嫁，更广邀日军官佐及公司职员聚宴，厚赠牛、猪、老酒等物。又勾结伪军第十师师长谢文达等，时相过从。并至爵溪同与监督税务，从中牟利。民国33年6月，国民党三战区长官司令部李林至象山下南区视察，励得悉，即通报日伪，致被拦截拘禁。次年，日军撤离，受华中公司馈赠房屋一座，且尽数将遗留物资占为己有。及各界民众奋起惩治汉奸，励几度拘捕，乃寅夜以鱼腹藏黄金等手段，行贿疏通，屡得以交保释放。1951年9月伏法。

姜梅坞（1892—1967） 谱名颖荚，学名绍祖，字梅坞，丹城人。毕业于北京大学哲学系。民国6年（1917）4月，参加文官考试，名列优等第一。入审计院工作。并先后在新华商业专门学校、民国大学兼课。其国文为桐城马通伯赏识，刊入《丁巳校士录》。一度从政，民国9年曾任西北筹边使公署佥事，兼商务委员，驻外蒙古库伦，促外蒙回归版图。留6月，著《蒙疆丛谈》二卷，刊入北京地学杂志。又任外交部咨议等职，后辞去。民国11年夏，鉴于北京有添办私立大学之需要，约江苏张维城，象山林晓等十数原北大同学，创办华北大学。租西四牌楼马市大街为校舍。于9月21日开学，学生80余人，一为大学预科，一为银行专科。并推蔡元培为校长，自任总务长。并增办华北中学。民国14年"五卅"运动爆发，北京教育界成立外交后援会，被推为代表，赴沪声援。民国17年，专任华北中学校长。民国19年，赴日本考察，深信强国之道以振兴教育为要。遂组织北平市中等学校联合会，任主席。又设中等教育研究会，为常务理事。主持北平教育学会15年。抗日战争爆发，南下归里，集资2万余元，辟址修房，聘医购药，筹措经费创办象山县公立医院和中医学会。在沪求医期间，又复建象山旅沪同乡会，推为会长。抗日战争胜利，返北平复校，特于高中部设免费名额，招家乡成绩优异者入学。还兼任民国大学及平民大学教授。民国36年，被选为北平市第一届参议院及国民大会代表。中华人民共和国成立后，迁居台北。1962年赴美考察文物。5年后，卒于台湾。

郑圣良（1893—1954） 号直甫，爵溪人。父郑光法，曾任玉泉乡长。圣良自小入私塾六年，后进宁波第四中学。民国20年（1931），加入中国国民党。民国22年，接其父任玉泉乡长。次年，玉泉、大瀛两乡合为爵溪乡，仍任乡长。是年旱，乡里无米可籴，即派人赴宁海薛岙、硖山等地购米，接济饥民。之后，每遇灾年，开仓米平粜，或登门向各大户劝募，赈济灾民。民国27年，海盗猖獗，骚扰渔业生产。郑时任象山渔会爵溪分会理事长、爵溪制鲞业公会理事长，乃呈文县政府，要求成立地方自卫组织。得批准，选青壮渔民80余人，发枪训练，以备出海时自卫。

又选8名善射者，驾船巡逻，专门护渔，使爵溪渔业生产得到安全保障。作为乡长，能秉公办事，不畏强势。民国36年春，渔霸叶文林向镇上渔民刘保仁、吴惠生等购得大黄鱼10万余斤，汛后拒不付款。郑仗义执言，并出面调停，终使付清。1954年病逝。

徐培根（1895—1991，附妻徐芳）　名孝瑞，字芝庭，大徐人。幼读珠山书院，清光绪三十三年（1907）入读象山县立高等小学，毕业后，入宁波府师范学堂。未几，入浙江陆军小学堂第三期。辛亥革命时，参加学校“学生军”，投身“光复杭州”战斗。民国3年（1914）入保定陆军军官学校第三期，毕业后任浙江陆军第一师援闽浙军讲武堂教官。民国8年，入北京陆军大学第六期，民国11年毕业后，回浙江陆军第一师，任少校营长。民国14年，任陈仪部第一师第四团团长。后任第八十五师参谋长、中央陆军军官学校军官教育总队总队长。民国16年秋，奉命赴德国考察军事教育，嗣后，考入柏林陆军大学研读。民国20年5月，奉召回国，任第五军参谋处处长，参加淞沪抗战。民国22年，任参谋本部第二厅厅长。7月，以陆军少将衔出任南京国民政府军事委员会航空署署长，兼任中央航空、防空两校校长。曾提出“空军建设三军计划”，策划空军与防空设置。翌年，任军事委员会空军事务处处长。7月1日，因“航空署火案”受审查，不久，得还清白。民国24年，任兵工署机械司司长，修建长江沿岸及东南沿海要塞。民国31年，任驻美军事代表团参谋长，参与协调中美两军抗日事务。民国32年，任陆军大学教育长。民国34年，授中将。1949年，南京解放前夕，随校迁往台湾。1952年，任台湾“国防部”作战参谋次长。1954年升任副参谋总长，晋“陆军二级上将”。1991年，病逝台北。著有《太公六韬》《孙子兵法注释》《五十年来的中国军事》《中国历代战争史》《国防论》等。人称“中国近代兵学泰斗”。

徐　芳（1912—2008），徐培根妻，江苏无锡人。民国20年（1931）入北京大学中国文学系，专攻现代文学。梁实秋、朱光潜、梁宗岱、叶公超、胡适都曾指导过写作。民国24年，毕业留校，任北大文学研究所助理员，协助胡适编辑《歌谣周刊》，曾收集北平一带儿歌、喜歌、数来宝，特别是民谣。“七七事变”后抵香港，不久至湖北汉口艺文研究会写稿。民国28年，到昆明，任教云南大学。后又至国民经济研究所任编辑。民国29年，到重庆入中国农民银行任文员，结识徐培根。民国32年，结为伉俪。1949年移居台湾。著《中国新诗史》《徐芳诗文集》等。台湾出版公司称：“她是寥若晨星的女诗人中的一员，也是林徽因、冰心以降，一颗被遗忘的明珠。”

王之屏（1895—1958）　学名鳌，别名皓，字占元，号晓峰、笑风，别号驾六散人，下沈杰岙人。宁波斐迪大学肄业。从军，自题诗云：“脱下蓝衫换戈装，军人态度严如霜。”任国民革命军军史编纂。后返乡家居授徒，之后，辗转杰岙、下沈、杨岙、普塘及宁海硖山等地任教。平生喜藏书，善诗文，慕伯祖王维三无意功名之风范。心境淡泊，晚年居家，啸傲林泉，积诗2000余首，诗酒自娱。所著诗稿、文集、笔记各2集，题曰《尘定轩诗文稿》，未梓行。“文化大革命”中荡无孑遗。惟《三桥王氏宗谱》存其序文及诗48首。晓峰诗立意清新，咏唱自然，无雕琢痕。抗日战争时期，诗云：“文章无补凋残局，当效班公把笔投；扶危愧乏贾生策，悲世徒挥涕泗流。”劝勉世人“精神宜抖擞，莫悔初意学偷安”。主张“我劝中华人，同胞休怀忌；倘亦久相持，定遂列强觊”。最痛恨私欲者，“堪叹世间人，心为私欲绊”，表现了诗人的爱国济世情怀。

张闻遗（1895—1942）　又名闻怡，字再生，号九泰，象山黄避岙龙屿人。清宣统三年（1911），毕业于象山县立高级小学堂，后入浙江省两级师范学堂。结识革命党人，向家频索资斧以资助。后家道中落，遂回家。民国16年（1927），岁旱，继之冬雷发洪，人尽苦饥。慨然倒廪以济，民咸感德。民国20年，会同乡绅萧志鸿，参与筹集资金成立东港轮船公司，开通沪象航船，畅销商货。民国26年，抗日战争爆发，目击时艰，欣然受命奠安乡乡长，报请免去名目繁多非法附加税。凡民间讼端，必亲为甲乙双方排解劝息。民国30年，苏本善接任象山县长，为扩展抗战力量，任命张闻遗为第三大队大队长兼乡长，驻地珠山庙。是年秋，东乡部分地区瘟疫肆虐，抗菌类药品奇缺，迅速蔓延，部队士兵已有感染，患者多死。张忧心如焚。后获悉岱山地区药源充足，于是毅然冒险去敌占区购药，云“担当救亡事，何计个人危”。在岱山高亭被汉奸密告被捕，拒日酋威逼利诱，被害。

蒋伯真（1896—1978） 一说百珍，又名有忠，西周人。生于清光绪二十二年（1896）。早年入黄埔军校第三期步兵科。毕业后，参加东征陈炯明之役，旋北伐，历任排长、连长、营党代表、团政治指导员、江苏靖江县知事。北伐胜利后，调任南京航空学校学生队队长。尔后，任首都警察厅警士训练所区队长。不久调浙江保安处，先后任象山县西寺常备队区队长、保安警察上尉中队长、象山县政府督练员。因“剿共”不力，被专员徐箴告发坐牢。七七事变后，同赴国难，投入抗战，任第三战区挺进三纵队参谋长、副师长，及敌占区地下工作组组长、某干部训练班教育长等职，参加浙赣战役。

抗日战争胜利，部队整编，解甲入杭州第十二军官总队七校受训，任大队附。民国35年（1946），以陆军步兵少将退役。遂与同学郑国琛等发起组织杭州市陆军在乡军管会，任事业干事。中华人民共和国成立后，至余杭县良渚乡杜甫村服刑，后以民主人士身份寄居杭州。

纪　敬（1896—1928） 原名进，谱名经典，字往我，子庚长子。幼受家教，温和笃实，勤奋刻苦。毕业于正谊高等小学，后考入宁波中学，转学于上海澄衷中学毕业。民国12年（1923）毕业于厦门大学。次年又在大夏大学读商科，为大夏大学第一期商学士。民国14年，任浙江省水上警察厅秘书咨议。民国16年，北伐胜利，蔡元培、马叙伦为浙江省政务委员，荐纪敬为南田县长。南田为海岛，穷乡僻壤，塘田性咸，常年歉收。以往到任县长见县境凄凉，束手无策，一年半载即弃官卸任，甚至有一到任即畏难溜走者。是年8月，纪敬到任，重聘名士，调拨现款、粮食，大力整治。经费短缺，甚而变卖自己家产以助公用。终因身心憔悴，殁于任内。县民为之痛哭。蔡元培、马叙伦惊闻噩耗，亲书挽联挽轴追悼：“廉政爱民，两袖清风，政绩未成，为国身亡。”

许剑华（1896—1950） 谱名乃准，字沄非，又字去非，东陈西山村人。幼年失怙，事亲更孝。母尝患乳痈，剧痛难忍，剑华常跪吸脓水，又嚼草药敷理。稍长，入私塾，5岁能作对，7岁能诗，颇得父辈和近邻赏识。长成后毕业于浙江政法学校，曾执教北平华北大学。民国15年（1926）春，考取县长职，任缙云县长。颇有惠政，深孚众望。不久，因严厉整治烟苗，损害某些豪绅利益，遭人诬告革职。归乡后，一度任靖海乡乡长，创办西山行余小学，亲聘名师，教授家乡子弟。象山沦陷，避居宁海黄坦。民国32年，应聘任定象两县联立初中学生补习学校（简称“定象联中”，为象山中学前身）校务主任，未几卸任归里。许工诗，曾为“定象联中”作校歌歌词云：“定海怒波，象山巍峨，菁英荟萃，聚此中阿；读书救国，卧薪枕戈；历尽千辛万苦，光阴更宝贵，砥砺莫蹉跎；誓湔羶腥，复我山河！”其长子许景山慕共产党抗日救国，未得父母同意，离家去延安。闻儿子已在山西潞城抗大读书，乃撑起病体，亲书明信片，中有“匈奴未灭孰为家，吾儿报国志可嘉”句。晚年为县文献委员会文献征集组长，辑《彭姥诗蒐续编》二卷。其余诗稿无存。1950年病逝丹城。

李高涓（1896—1934，附弟李高漨）　丹城青草巷人，中国最早领港员之一。自小勤奋，有壮志。民国初，就读于宁波商船学校，学业优等。毕业后至三北轮船公司谋职，才干突出，被总裁虞洽卿赏识重用，任命为申甬线客轮大副，3个月后升任船长。他拓展航线，延伸走长江线，达武汉、重庆。后驾驶海轮，行驶中国沿海南北各港口间，颇具名气。时中国航运权几乎全由列强特别是英国人操控，国家自身的航海业相当落后，国内所有港口领航员，几乎全是外国人。一次在上海，高涓得到要招考领港的消息，在虞洽卿支持下，毅然赴考，并以丰富的学识、卓越的技能，一举胜出，正式取得领港资格。高涓之名字出现榜上，大快国人之心，在上海的宁波同乡尤感自豪，他们制作了一块金漆木匾相赠，上题“中国第一领港李高涓”。正当事业有成之际，因操劳过度，染患肺结核病，归象休养。

李高漨，民国7年（1918）毕业于宁波斐迪中学，后又入商船学校。该校一名崇明籍教师，闻知他为高涓胞弟时，惊异道：“我是高涓先生的同学，他实在是太聪明了，太神奇了，你要好好以他为榜样。”因此，他对高漨特别留心辅导，使高漨成为一名高才生。高漨毕业后在高涓引荐下，在宁波港担任多年领港之职。

顾圣仪（1896—1986）　新桥镇东溪井头村人，后迁丹城。民国7年（1918），国立北京大学工科（学士）毕业，旋至交通部铁路技委会工作。民国8年，参加民国第二届高等文官考试合格，任职交通部路政司。民国9年，任沧石铁路线测量队帮工程师，成绩卓异，获交通部二等奖章。民国26年至民国37年，先后任少校级正太铁路股长、宁波高级工业职业学校土木科主任、教务主任，四川省东溪场钢铁厂、煤、铁两矿，聊络铁路工程师、工程段长、测量队长、领上校级薪。1949年6月，宁波解放后，任宁波高级工业学校土木科主任、校务委员。1951年，任浙江省工业干部学校土木科主任，至退休后返乡。参加泗洲头公路和陈山、石浦五爱桥钢铁厂、大溪蒋铜矿建设。1959—1974年，先后协助县建公司、丹城建筑社建丹城北门宿舍、南峰岗钢筋砼平顶屋、调羹河公房等，设计县纺织厂宿舍、办公楼。1986年病故。

盛世馨（1897—卒年不详）　字桂山，辽宁复县人。生于清光绪二十一年（1897），国立沈阳高等师范学校史地专科毕业。曾任东三省特别区行政长官公署秘书、北宁路运输处人事股股长与江苏铜山淮阴、南通、无锡等区及浙江第六区行政督察专员公署科长、秘书等职。民国26年（1937）11月4日，任象山县县长。时抗战爆发，成立象山抗日自卫委员会，盛世馨任主任，创《抗日旬刊》。民国27年3月，奉令成立象山自卫团指挥部，盛兼任指挥官。翌年6月，“抗日自卫委员会”改为“抗日动员委员会”，《抗日旬刊》改为《象报三日刊》。10月1日，正式更名《象报》。民国29年，象山县运动委员会改组成立，盛世馨任主任委员，下设组训、征训、救济、宣传、总务5股。民国30年5月，盛世馨组织部分爱国青年成立“陷区文化教育工作队”，支持开展抗日救亡活动，并积极发展象山国民兵团，扩展至4个中队。后与县党部书记长章昌琛、CC分子穆仲华发生矛盾。章、穆两人以盛世馨违反国民党剿共政策为由，勾结“三象指挥部”指挥官吴仲翰，拉拢国民兵团第一中队长徐楠，并收容车岭一带散匪40余人，借口“军事纠纷”，在儒雅洋发动兵变，拘捕盛世馨，并把他关进谷桶仓，打死警备班队士，逮捕10余名爱国青年入狱。后由省长黄绍竑调停，委派苏本善平叛，解除“三象指挥部”指挥吴仲翰和中队长徐楠兵权，由苏兼任定海、象山两县县长及“三象”指挥部指挥官。盛世馨调离象山后任慈溪县县长。日本投降后，随国民党军进入东北。民国35年3月，任辽宁省鞍山市第一任市长。翌年离任。

励乃骥（1897—1969）　谱名先渊，字善湛、潭深，号德人，东溪人。以优异成绩，肄业于北洋大学特别班，旋改采矿冶金门。民国9年（1920）转北京大学毕业。先后任中学教员，省教育厅视学、科员。曾组织暑期回乡联谊会及癸亥俱乐部。民国15年2月，在杭州加入国民党，3月入孙文主义学会。是年冬，在革命形势影响下，追随革命，任联络工作，奔走于苏、闽、沪、杭，冒死为北伐军护送饷银10万元（银票）。因夏超兵败，蔡元培、马叙伦遭军阀孙传芳通缉，励乃骥曾陪同蔡、马避难到象山，辗转至福州。民国16年，北伐军进驻浙江，蔡元培任中央政治会议浙江分会主席，委励乃骥为秘书长。旋推荐为鄞县、慈溪、镇海县长，嘱其择一就任。唯其志在教育，乃改任宁波省立四中校长，兼任宁波市党部执委、市政府参事，主持清校事宜。对于已列入黑名单的中共党员学生，借开除为名，促其及早离校，暗为保护。民国20年暑假，辞职去上海，就任私立澄衷中学校长。民国23年，应宁益银团之邀，协办长兴煤矿，初长总务，后任总经理。民国24年2月，应马叙伦之邀北上，任国立北平故宫博物院总务科长。5月，因拒绝登记，声明脱离国民党。北平沦陷，返里任迁象山之安定中学教务主任。后受聘为私立立三中学常务董事兼校长。民国28年8月，至重庆为故宫博物院科长。9月，奉行政院派赴苏举办莫斯科中国艺术展览会，考察文化事业，受聘为鉴别古物专员。民国34年1月，任中国文化服务社出版部主任。抗日战争胜利后，任故宫博物院南京分院院长。中华人民共和国成立后，应马叙伦先生之邀赴沪，任教于上海中学、新沪中学。1962年退职后，受聘为上海文史馆馆员。擅长考古、文物鉴定。1969年2月病逝。著有《世界代数学》《新嘉量》《释庣》《九章算经园周注释》等。

叶实甫（1897—1971）　名华，号燕门，以字行。茅洋乡山下叶人。出身贫寒，幼聪颖。民国元年（1912）毕业于始达高等小学，为校长王皋所称道，勉其专攻古文辞。民国2年，负笈从鄞县瞻琦宿儒杨霁园先生，沉潜苦读四载，备诵春秋、诸子、通鉴及唐宋八家文、全唐诗等。作书逼似欧阳信本，吟咏无不得体。民国11年应邀任始达小学教员，一就二余载。执教期间，以自作诗篇或历代名著作课文，讲课时，能据文本之势，熟背课文，一气呵成，一字不漏，感情充沛，声如洪钟。训导学生，宽严适度；学生自修，勤行启发，受诲者无不为之奋勉。抗日战争时期，学校迁仇家山及蓬莱寺，实甫随校任教。后受传常和尚敦聘，任佛教孤儿院小学主教，留院六载，辞归。中华人民共和国成立后，任溪口小学教师，后又在白岩下小学任教。1951年，因病离职，在家垦地、植蔬、采薪、担米谷，辛勤劳苦。嗣为农业社放牛，失慎，跌折腿骨，经医愈后跛行。时值岁歉，受饿几死，幸其学生岭脚励乃斌给食方生。后为村中负责养猪场，躬其饲料，协力清理栏圈，牲畜肥硕异常，甚得公众赞扬。其持身洁廉正直，相识者不论农工老少妇女儿童，莫不相与尊之。惜年衰病侵，晚景殊困。生平好诗，著有《闲吟集》数卷，毁于“文化大革命”中。先生曾命其书斋为“守寒山舍”，自号“守寒山人”。

赖云章（1898—1975）　谱名大钜，乳名阿道，学名赖舵，下沈乡外静人。生于清光绪二十四年（1898）。县立高等小学毕业后，肄业杭州浙江省立体专。后改名赖舵，与俞济时、俞济民，时相过从，传为结义兄弟。受聘任县立高等小学体育教员。著名诗人殷夫是其学生，曾传授十八路弹腿等武术。其间，协助举办《鸣报》，负责铅印，后以攻讦豪绅，勒令停办。编有《普陀游览指南》铅印单行本。民国30年（1941）至民国32年任宁波警察总队支队长。民国33年至民国34年，任慈溪县长。民国36年同徐培根、励乃骥等参加象山“国大”代表竞选。民国38年任宁海县长。后宁波解放，俞济民出逃台湾，委赖回象山任宁奉象地区指挥官，沦为政治土匪。同年10月17日潜舟山，旋去台湾。任台湾省保安警察第二部队额外专员。1975年卒于台北。台湾解禁之后，曾短暂回象山，其间为本村筑三里长过山岭道一条及岭顶凉亭三间。

顾福漕（1897—1996） 新桥镇山根村人。书香门第出身。早年曾从东陈村陈汉章先生学，深得先生器重与爱抚。后入丹城县立高小，两年后肄业考取宁波省立第四中学，于民国5年（1916）毕业，考取北京大学。翌年7月，考得“庚子赔款余额”公费名额，留学日本，不久升入高等学校。民国16年3月，毕业于日本帝国大学，获法学学士学位。同年回国，应聘至浙江警官学校任高级教官。后历任南京中央大学、杭州浙江大学、上海同济大学法学教授。民国24年入南京国民政府内政部任督察专员，奉部派赴陕西、甘肃、青海、宁夏考察地方政治状况。全面抗战爆发，奉命赴西安主持创办党务训练班（后称中央训练团），并任教官。抗战中期，一度回乡，曾任私立立三中学校长。不久赴重庆国民政府军事委员会，任第二厅总务课长。抗日战争胜利，军事委员会结束，至上海市警察局任刑事处长。同时，应聘任同济大学、上海法商学院等校兼职教授。1950年年初，从上海至舟山转台湾，补领律师证书，在台北长期执行律师业务。1996年病故。

陆昌世（1899—1954） 又名沧水，字沧浩，大碶头陆家村人。生于清光绪二十五年（1899）七月。父务农，生3子，唯其聪颖，仅读3年私塾，便自学成医，开设诊所，擅眼、骨科，方圆闻名。后以武训办学自砺，在本村创办树伦小学，不久并入靖河乡中心小学。自幼嗜爱泥塑，无师自通，尝替一村老塑像，戴西瓜顶帽，穿长袍马褂，放“七星㔶”店铺，路人见之，皆谓是“义江先生”。是以名声大作，人多称之。其塑关云长赤兔马，先拴一活马，观察其形态，然后据小说描写情状，支架布局，以白泥丝绵作体态，饰以银箔、珠子，势如奔驰。关公丹凤眼、重枣面、美髯须，惟妙惟肖；铠甲、战袍、虎头靴，有棱有角，纹褶清晰。作品多取材历史故事、现实生活，富有教育意义。大型泥塑《吸毒的危害》，通过一人吸毒后细瘦如柴，流落为丐，告诫人们万不可吸鸦片，较有影响。民国37年（1948）1月，县举办艺术展览会，应募展出《岳飞精忠报国》《苏武牧羊》等51件作品，并全数义卖，捐献靖河小学，得县奖励。其余作品，今能知者有《孙中山先生遗像》《勤耕苦读》《卧薪尝胆》《岳母刺字》《关公看春秋》《张飞大战芦花荡》《济公活佛》《八仙过海》《嫦娥奔月》《老寿星骑鹿》《崇祯王逼上梅山》《陆秀夫负王跳海》等。留存仅“松鼠偷葡萄”1件。

张智临（1900—1945） 名在熙，字智临，象山南庄菱河头村人。读书唯明大意，而好任侠，喜结交当时青俊。民国26年（1937）年末，曾与丁斐章组建实业公司，在茅洋开采硃石。时辽宁盛世馨任象山县长，委任为象山粮食管理委员会副主任（盛自兼主任），命主持修理年久失修之灵长碶。智临亲临监督工地，力杜偷工减料之弊，修成后此碶不渗不漏，深得乡民信任。

民国30年（1941）7月中旬，浙江省政府任命定海县县长苏本善兼任象山县长及三象地区指挥部指挥官。丹城沦陷，县署迁本县牌头。为适应抗战新形势，时象山设象东、象西、上南、下南4区。因张智临精明干练，有勇有谋，委之为上南区区长。张招募爱国志士，扩编区自卫队，对抗日伪势力，办事公道，颇得人望，复令兼任下南区区长，行使自东溪以南至石浦政务。上任以后，张智临曾密派自卫队员潜入丹城，处死作恶多端的“和平军”（日伪军）队长林某。民国33年5月渔汛，日伪军第十师师长谢文达到象山，强向爵溪勒索鱼税法币1亿元。智临得悉其住宿地点，密报苏本善。苏氏即部署军队分路暗入丹城缉拿，谢文达越窗跳墙逃跑。后张智临因将地方自卫队变节为汉奸的队员捕捉河东村正法，汉奸队员系原三象地区指挥部国民兵团副团长王孝南部下，触犯王孝南。王勾结伪军，伺机报复。民国34年5月25日，张智临策动溪口伪保安队120人持械反正。5月27日下午，张智临坐轿携税款6000万元，随带4名卫士，绕道潘家桥过仓岙岭赴西乡牌头，向县府缴付钱粮。途中，先后遭日伪军谢文达、王孝南所派4名部下埋伏，不幸遇袭身亡。

县政府呈文上报云：“张区长因公遇害，死于日伪枪口之下，理应赠为烈士，例彰国法而励来兹。”民国34年（1945），抗日战争胜利后，县政府在南庄造纪念塔，正中有孙科所题“为国捐躯”四字。

徐兰庭（1900—1951）　本名孝祥，字兰庭，号文馨，大徐村人。儿时就读大徐徐氏义塾。因兄徐培根，弟文达、殷夫在外谋职或就读，只好辍学务农，支撑门户，世称“兰房”。民国16年（1927）秋，一度曾在白墩码头“通惠轮船公司”工作，因工薪低，难以养家，又回家务农。民国22年，徐培根将其召往南京，在“军械司”所属“金陵军械库”当库员，因工作勤快，升至少校库长。抗战时期，“金陵库”迁湖南第九战区，任联勤总部军械库中校库长。时第九战区是对日作战正面战场，军用器械物资储备调运业务十分繁忙，而且往往要穿越日军封锁线，极具风险。徐兰庭则每每沉着应对，出奇制胜，化险为夷，屡受上司嘉奖。抗日战争胜利，奉命前往江西九江机场接受日军投降，负责收缴投降日军轻重武器装备，管理精细，符合规定，又受嘉奖。受降结束，入选“庐山军官训练团”受训，训后即可升迁。徐以文化水平不够为由，主动要求退役。回乡后，一心赋闲，曾与友人组建“水石组”承建房屋、修路、铺路业务，但分文不取酬劳，人称“好好先生”。中华人民共和国成立前夕，安然居家，不赴台湾。土地改革时，评为中农成分。1951年“镇反”运动中，因慑于形势，饮盐卤亡故。

徐文达（1902—1960）　本名孝鄞，字松庭，学名文达，又字墨涛，后以文达行，大徐村人，徐培根之二弟。民国7年（1918）县立高中毕业，升入宁波月湖省立第四师范。两年后，肄业赴广东黄岗投考军校。受训半年，分配浙江陆军第一师，任初级军官。不久，因不适应军旅生活，转赴上海一家工厂任职员。民国17年1月，回乡任县立女子高等小学国文教员（校长为其妹徐素韵）。翌年10月，离家赴沪，至南京国民革命军总司令部任上尉参谋，后晋升为少校参谋。民国24年12月，离开南京，重返上海某工厂任职。抗日战争中期，至重庆任国民政府“军政部”军械司中校视察员，从事各战区军用物资储备，调任督察事宜。民国36年3月，调任上海“港口司令部”军械处上校处长。民国38年5月，上海解放。徐文达于同月27日向人民解放军第三野战军后勤部第二处接洽办理军用物品交割手续，计移交各类军用器械设备及物资1.4万吨。6月，参与三野军训第十团赴苏州集训学习，接受政治审查。至1950年3月学习结束，由三野司令部、政治部颁发《遣归证明书》，回上海分配工作。7月，分至上海大明造纸厂从事后勤管理事务，并加入市化工工会为会员。1958年9月因有人检举“私藏枪支”“参加反动组织”，于同月15日被捕入狱。翌年3月，被判处有期徒刑12年。徐文达不服上诉，未及复审，于1960年年初病亡狱中。

蒋子奇（1902—1968）　谱名有鑅，又名恭晟，西周人。5岁入馆启蒙，民国4年（1915），入县立高小。5年后，以成绩优异升省立宁波第四中学。民国11年，投考东南大学未取，去南京江苏省立高级中学三级文科学习。翌年，考入东南大学。学校党派林立，蒋始以超然派自居，旋见国家主义派尚能研究学问，遂与之接近，并一度加入。民国16年，因时局动乱，学校停课，学生提前毕业，遂由人介绍，回宁波私立效实中学任教，兼课毓秀女子中学。时宁波各界纷起反英美斗争，并成立“收回教育权急进会”，被推为会长。不久，蒋介石以宁、汉分裂下野返奉化。蒋子奇因人告密，被拘捕。释放后，校方疑惧，遂以胃病发作辞职。次年，经人介绍，回南京市立第一中学任教，频与国民党军政要人接触，过从甚密，终倒向国民党。民国 24 年，因与校方不合，辞去教职。翌年 1 月，以张其昀介绍，南下至浙江省立温州中学任教，兼高中部教导主任。民国 27 年，由陈布雷之斡旋，被教育部派至重庆教科用书编辑委员会任历史编辑。民国 30 年春，编委会裁撤，调任国立编译馆编审，编写不少初高中历史教科书。民国 32 年 6 月，调至教育部蒙藏教育司，任特约编辑，兼职国立边疆文物馆征集组。次年 5 月，又东返浙东战区教育主任督导员，名为抢救战区青年学生，实则阻挠革命青年去延安。民国 34 年 12 月，督导处裁撤。民国 35 年 1 月，去鄞县县立中学任教。民国 36 年 1 月，重回国立编译馆，直至民国 38 年 5 月南京解放，回象山原籍。中华人民共和国成立后，历任象山西区补习学校、上海肇光中学、苏北师范专科学校任教员，又至电协补习班、上海第二医院职工子弟中学教课。1961 年回籍。

蒋子奇一生从事教育和历史学研究，懂英、法两国文字，其在东南大学文学院历史系毕业时，得文学士，后由铨叙部铨叙合格，为副教授，于教学与工作之余，悉心研究历史，而对中外关系造诣尤深，著有《中华国耻史》《中美关系纪要》《中德外交史》《美国复兴运动》《法奥合并问题》《西北民族史》及中外历史教科书多种。中华人民共和国成立后，又撰《古代希腊与罗马》《中外交通史》，未印行。

贺威圣（1902—1926）　字刚峰，号薏农，化名珊瑚、吴威、惠生，海墩人。民国 7 年（1918），毕业于县立高小。民国 9 年春赴沪，先后就读于澄衷中学、上海公学、东吴二中，民国 11 年考入沪江大学。民国 13 年 2 月，改入于右任为校长的上海大学社会科学系，遇瞿秋白、恽代英、蔡和森等共产党人，参加中国共产党。次年初，恽代英指示贺威圣趁回乡之机，宣传马克思主义，点燃革命之火。他将赵文光、范船僧、杨白、姜冰生等请到家里，组织“乐群学会”，宣传革命，介绍杨白加入中国共产主义青年团，并发动进步团体建立县国民会议促进会。民国 14 年“五卅”惨案发生后，被选为上海大学七人临时委员会委员。6 月初，接受党派遣，与张秋人共同以全国学联总代表身份，重新组建宁波学生联合会，积极组织学生抗议帝国主义侵华暴行。6 月末，贺威圣特地赶到象山，指导杨白、王家谟、范船僧等组织的外交后援会，并在丹城东岳宫的千余人集会上发表演说。10 月，以中共江浙区委代表身份与恽代英、张秋人等至宁波建立地委。返回上海后，任共青团上海闸北区委书记，兼任上海全国学联主任、秘书、宣传部部长。民国 15 年上半年，贺威圣积劳成疾，回家乡养病。其间，与王家谟、范船僧一起组织象山各业同业工会。不到两个月，就被召回。6 月，就任中共杭州地委书记，策动浙江省长夏超独立。夏兵败后，贺抱病主持会议，分析形势，研究对策，被孙传芳部侦悉，于 11 月 3 日，在城站仕学旅馆被捕，在狱中受尽严刑，威武不屈。13 日就义于杭州清波门外梅东校场。

忻卓人（1902—1923）　本名开汉，学名倬，字柏亭，一字梦觉。号卓人，以号行，下南乡交绾村（今新桥镇高湾村）人。父忻之蛟（1863—1924），字灵夔，号爱山，为“一乡之善士”，常言：“宁减我一日之粮，不可使人有一日之饥。”曾烧茶路亭、修桥造路，并建“孤魂祠”，创“育婴堂”于石浦。

忻卓人生有异禀，颖悟逾常，幼时向诸父（父亲及堂伯、堂叔）学《九章术》（即古代数学名著），一夕而竟。诸父喜曰：“此吾家千里驹也！”入小学，每试辄冠其曹，校中师友咸称之。而其虚怀谦逊，不以自矜。昌国卫正谊小学毕业，即偕堂兄忻开霄人绍兴省立五中。民国 9 年（1920）秋，转至上海澄衷中学，继续高中学业。其间，与同学相与切磋砥砺，不仅颖悟，且好学问；不仅谦虚，且重气节。察人伦，阐物理，善辞令，娴音乐。偶有所触发，而为文则理沏玄微，妙语天下。民国11年，作《桃花源记书后》一文："噫！世外果有桃源者，在地处绝境，间隔世尘，田良池美，可效半耕半读。无资本劳动之阶级，无男尊女卑之歧别。既无政府又无军人之扰，车服不难，刀锯不加，实行大同主义，发展自由精神。无利欲之乱心，无案牍之劳形，且屋舍整齐，阡陌交错，山清水秀，莺啼燕语，蝶舞花飞，大似别有洞天。入其中，殆无异置身于蕊珠宫里也。虽同今理想中之新村，且不及焉。……余生晋世，必继之亲往。"从中可见他"实行大同主义，发展自由精神"之追求。他曾对人直言："今国家政纲陵夷，民心涣散，内讧未清，外患日亟，覆亡之祸，迫在眉睫。吾辈浸受教育，得天独厚，而可以袖手不图救乎?"表现了"矢志改革，救亡图存"的爱国抱负。是年高中毕业，考取上海沪江大学社会学系，与正在上海东吴第二中学读高中的贺威圣从相交到相知，并一同发起成立"象山旅沪同学会"，忙卓人任会长，贺威圣为副会长。翌年，回乡举办"暑期义务学校"，以"补习文化知识"的名义，组织旅沪、杭、甬同学和县立师范讲习所、县立高小、始达小学青年学生，以及丹城、石浦等地小学教师，学习宣传国民革命思想和马列主义基础理论。参加人数近百人，分初中、高中两班。由忙卓人、贺威圣上"大课"，作讲演。观点鲜明，论据充分，入情入理，大家都感觉新鲜。

暑假结束，重回上海，与贺威圣交往更加密切，校内外活动也更加频繁。引起校方注目。遂与贺威圣对调职务，任副会长。民国12年（1923）夏天，贺威圣高中毕业，在忙卓人的影响下，考取了沪江大学社会学系。暑假期间，回丹城筹备召开全县新进青年代表会，成立"象山县青年协进会"。忙卓人为"筹备主任"，对代表、会议程序以及会务安排、注意事项等详作考虑。故冗杂倍于众人。一意公务，几忘溽暑，目不交睫者3昼夜，终于如期开会，当选为副会长。同时挑选各部干事，设立协进会会址，会后编印"会刊"数期，主要宣传求学、就业、婚姻"青年三大问题"。出人意料的是，协进会成立未满月，忙卓人于同年农历七月初六日（民国12年8月17日）辰时，突发病逝于交绾家中。据传，他在病时，"神气极清。卒之日，犹以青年协进会前途为念。既乃环拱家人而瞑。"

杨　白（1903—1929）　原名杨永清，化名杨广武，丹城人。民国13年（1924）寒假，正在象山县立高小就读毕业班的杨白，应共产党员贺威圣邀约，在丹城汤家大屋参加"群乐学会"，初步接触了马克思主义思想。民国14年年初，在返回上海前夕，贺威圣介绍杨白加入共青团，成为象山第一个共青团员。"五卅"惨案发生后，参加县外交后援会组织工作，发动群众示威游行，查禁仇货。县高小毕业后，因家境清贫，无力升学，应邀到东溪村义阳小学教书。10月，任共青团象山支部书记。翌年2月，转为中共党员。5月，在丹城秘密建立中共象山支部，首任中共象山支部书记。6月，任中共象山独立支部书记。民国15年7月，国民革命军誓师北伐，中共上海区委抽调一批干部分赴广州、上海。7月，杨白奉命到达上海，安排在浦东烂泥渡中华海员工会小船部附属小学教书。以教师职业为掩护，调任上海海员工会书记，成为一个职业革命者，领导海员参加上海工人三次武装起义。是年冬，以上海海员工人代表的身份，赴武汉出席由中共中央召开的第一次全国劳动者大会。旋赴广州协助邓中夏领导省港大罢工。"四一二"反革命政变后，回乡任中共象山区委书记（时支部已扩大成区委）。先后在岳头、海塘等地小学任教，坚持斗争。民国18年12月，因积劳病逝。

赵文光（1904—1982）　字燕孙，化名郁恭，丹城西门人。民国14年（1925）加入共青团。翌年春，转为中共党员。曾任中共宁波地委农运委员、中共慈溪县委书记。民国16年10月，中共浙江省委领导浙东武装暴动，在慈溪组织农民武装积极响应。11月，浙东武装暴动失败后遭国民党通缉，在奉化被捕。民国21年11月，因病保释出狱，脱党，入教育界。民国24年，协助吴烨创办培本小学。抗日战争期间，参加陷区文化教育工作队，投身抗日救国宣传活动。担任国民党象山县政府社会科科员、指导员等职。中华人民共和国成立后在小学任教。1957年，被定为“叛徒”“反革命”，长期在生产队受监管劳动，直至1981年平反。1982年病逝。

赖大滋（1904—1957）　字荣椿，号梦阳、旭东，丹城人。民国15年（1926）加入中国共产党。翌年5月任中共象山独立支部负责人。7月任中共象山区委副书记。民国18年8月，任中共象山支部副书记。12月，书记杨白病逝，宁波党组织遭破坏，赖大滋在失去上级党组织领导的情况下，继续领导中共象山支部在西乡坚持斗争。民国20年7月，因叛徒出卖在丹城被捕。民国23年，刑满释放后与党失去联系。抗日战争时期，积极投入抗日救亡活动。抗日战争胜利后，在丹城始达小学等处任教。1957年2月，病逝于家中。

秦京康（1905—1984）　谱名世荣，入伍后为景康。昌国人，生于清光绪三十一年（1905）4月。少时聪明，6岁即毕业于昌国正谊小学。因父为人做账房，家贫。14岁为石浦万年春中药店学徒。满师后不久，由董世观介绍去广东潮州，在其连为司务长。半年后，考入黄埔军校，为五期生，先入炮科，后改入政治科。2年后毕业，随西路军北伐，参加湖北汀泗桥战役，攻打军阀吴佩孚。北伐胜利后，曾在扬州某部队做政治工作。未久，即至省立宁波四中任军训员。3年后，奉调衢州公安局局长，因厉禁鸦片，遭人陷害，诬告为渎职罪，逮捕判刑2年，越狱回家，又遭通缉。因浙江保安司令俞济民是其黄埔同学，遂撤销通缉令。半年后，回部队，任胡宗南部营长，守陕西。民国36年（1947），升上校督察员。不久，调河南保安司令部政治部，旋调山西陆军整编55旅（师）政工处上校主任。半年后，又调邱清泉兵团新五军政工组上校副组长。后新五军扩充为第二兵团，仍为政工组副组长。淮海战役中，邱清泉兵败，移驻苏州木渎镇。秦一度为军官教导团教育长。未几，又从木渎出发，长途步行至福建铜安、惠安，后移集美，任二兵团二〇〇师办公厅少将主任。民国37年11月。即从福建去台湾。曾被台湾当局派赴金门，负责金门防线。后调任“台湾驻加拿大大使馆”武官。其后蛰居台北，后移居台中彰化。

何志浩（1905—2007）　清光绪三十一年（1905）出生于浙江象山儒雅洋一个知识分子家庭。父亲何炳辉饱学而家贫，是省内知名的辛亥革命志士。何志浩幼承庭训，敦厚好学，象山县立高小毕业后，因家贫而就读于宁波高级工业学校，半工半读。

民国14年（1925）承父命入黄埔陆军校第四期步科。毕业后随军北伐，参加南昌战役，任敢死队队长。民国16年“四一二”政变时，因“共产党嫌疑”被囚于南京陆军监狱，百日后获释。随后在陆军大学、陆军指挥参谋大学学习。民国19年始，任军事委员会训练总监部上校主任。抗日战争期间，任金陵师管区司令，参加首都保卫战。迁都重庆后，任军事委员会国际问题研究所顾问、侍从室机要组组长、兵役署少将副主任。民国35年，任国防部第一厅副厅长、浙江绥靖总部中将副总司令等职。1949年年初赴台湾，曾任国民革命军第二十五师师长、总统府中将参军、文艺协会理事、民族舞蹈协会理事长等职。1967年退役后，受聘为中国文化大学教授。一生酷爱诗词，生前留有10种200余册（本）诗词、歌曲等作品，中国抗日军歌、国军陆军军歌、国军空军军歌等都由他作词，获国际桂冠诗人协会颁发之金冠奖，并获得国内外知名大学文、史、哲学、教育、美学、音乐等多个博士学位。其作品内容绝大部分是赞颂祖国各地的美好河山，主张民族团结、一致抗日、统一祖国、反对“台独”等，具有爱国的民族精神。更可贵的是还收录保存了全国各地具有特色的民族、民间歌舞曲调，留下丰厚的文化遗产。2007年8月3日凌晨，病逝于台北市立仁爱医院，享年102岁。

陈良义（1905—1927） 字仲宜，南田高塘江北人。8岁入高塘小学，14岁进临海回浦高小，毕业后，于民国9年（1920）入宁波省立第四中学。常聆听恽代英、张秋人、贺威圣演讲，接受进步思想。民国14年，“五卅”惨案发生，积极参加反帝爱国运动，和吴德元、叶刚及舟山籍同学，组织宣传队，赴定海、沈家门、石浦等地，宣传演说，抵制英、日货，散发传单，发动群众游行示威。是年秋，加入中国共产主义青年团。民国15年，同转为中共党员。夏，考取浙江大学。接党组织通知，弃学从戎。旋调广东北伐军学兵队学习，参加北伐。翌年，随国民革命军第十七军进驻宁波。2月，与吴德元受十七军政治部和中共宁波地委委派率同志20余人回南田组建国民党县党部，驱逐旧知事陈炳业、朱锡康等人，成立县政府，由刘炯（中共党员）任知事。并秘密改组中国共产党南田支部。陈良义任支部书记、国民党县党部副主任兼秘书。建立南田县农民协会、妇女协会，开展反霸斗争。时大旱，土豪何苇渡侵吞县仓积谷，民情激愤，遂发动4000余名群众查封何源大南货店，并公审其劣迹。又搜查富户奸商屯粮，限价平粜。进购大米、番薯干10余万斤，救济灾民。5月22日，因何苇渡告密，被国民党“宁台温”防守司令王俊逮捕。狱中被严刑拷打，宁死不屈。6月24日，就义于宁波。狱中遗书：“光明磊磊，死实荣幸。”

吴德元（1906—1927） 一名明心，字善长，鹤浦大百丈村人。8岁入大百丈村岭头小学，13岁考入临海回浦高等小学。民国9年（1920）夏，考入浙江省立第四中学（今宁波中学），与陈良义为同班同学。接触进步师生，接受革命思想。民国14年1月，参加了由共青团员华少峰等人组织的“宁波社会科学研究会”，成为研究会里活跃分子。是年“五卅”惨案发生后，与定海、南田同学组织宣传队赴定海、沈家门、石浦等地进行宣传演说，抵制英、日货。是年秋，加入中国共产主义青年团，不久转为中国共产党党员。民国15年夏高中毕业，接党组织指示，与陈良义去广东北伐军学兵队学习，毅然弃学从戎，参加北伐军。翌年2月，北伐军进驻宁波，受十七军政治部党组织与中共宁波地委委派，与陈良义等20余人重返南田，开展斗争，成立以共产党人为核心的南田县政府和国民党南田县党部，吴德元任宣传部部长。在共产党支部内，任宣传委员。开展群众运动，组织农民协会、渔民协会、工人协会、妇女协会，开展反霸斗争，兴办农渔民识字班，宣传革命道理。4月，蒋介石在上海发动政变。5月22日，宁波“宁温台”防守司令王俊遣副官率武装人员百余名，包围南田县党部，吴德元与陈良义等4人不幸被捕，身受酷刑，坚贞不屈。6月24日，就义于宁波府后山。

范船僧（1905—1935） 原名范有生，号寄沧，丹城人。民国14年（1925）8月，加入共青团。10月，任共青团象山支部宣传委员。在王家谟协助下，建立宁波地委刊物《火曜》发行站，成立鸣社，创办《鸣报》。翌年2月，转为中共党员，奉命赴广州参加农民运动讲习所学习（是届毛泽东为所长）。结业后派至国民革命军第六军参加北伐战争。民国16年，“四一二”反革命政变后共产党员转入地下斗争，回浙与中共浙江省委接上关系。是年秋，赴杭州任中共浙江省委职工运动委员会书记。11月，省委遭破坏，被捕入浙江陆军监狱，虽酷刑逼供，坚持不暴露真实身份。民国22年，因病保释出狱。民国23年，以寻妻为名徒步去江西寻找党组织和红军，无果。民国24年，病逝于南昌。生前曾在北伐军江右军负责战地通讯工作。作《行军日记》2万余字。

姜冰生（1906—1937） 一作姜彬森，谱名树琳。字馥生，号佰莹。清光绪三十年（1906），生于丹城北门村。民国10年（1921）夏，县立高等小学毕业，先后考入省立八师、省立四中。与华少峰为同学。民国13年，于省立四中加入青年团。翌年初，转为中共党员。团宁波地委创办

《火曜》周刊，为主要撰稿人之一。

民国14年（1925）1月，与贺威圣等组建象山乐群学会。回宁波后从事党的工作。秋去北京中俄大学补习俄文。上海“五卅”惨案发生后，从北平赶回上海，调查惨案真相，声援工人爱国反帝运动。6月，与贺威圣等一起，参加宁波旅沪同乡会回乡宣传队，帮助成立象山“外交后援会”，赴各地宣传演出，控诉帝国主义屠杀中国工人罪行，并募捐声援困难家属和罢工工人。是年10月，共青团象山支部成立，他“冒着十分危险”，从北京寄来一“红本子”，即共产党党章，供共青团员学习。民国15年11月，受中共宁波地委派遣，与方文熙到象山重建中共象山独立支部，并筹建国民党象山县党部。民国16年年初，调任中共定海支部书记，以定海县立女校教师身份为掩护，开展党的工作。“四一二”反革命政变后，遭国民党通缉。在校长沈毅掩护下，转移至上海隐蔽。不久，应同乡姜梅坞聘请，至北平，任华北中学教务主任，并继续在北京中俄大学学习。其间，常与象山党组织联系，寄回《响导》等刊物，指导工作。中俄大学毕业后，调任中国驻朝鲜总领事馆任馆员。民国26年12月病逝，葬北京宣武门外白纸坊宁波同乡会墓地。

王家谟（1906—1927）　又名小曼、亦政、嘉谟，丹城西桥头人。民国8年（1919），县立高小毕业，翌年，入县署司书室为练习生，抄写公文。民国12年曾应聘为姜氏学堂教员。民国14年春，组织“国民会议促进会”“外交后援会”，领导罢课、罢工、罢市，声援上海“五卅”运动，控诉帝国主义罪行，追悼“五卅”惨案中死难烈士，并募捐支持。夏，发动小教界及同学好友参加贺威圣主办的暑期讲习所。8月，加入中国共产主义青年团，负责支部组织工作，组织鸣社，创办《鸣报》。成立团外围组织青年娱乐社。翌年2月，转为中共党员，参与成立中共宁波地委，任地委组织部主任。曾深入农村调查，写下调查报告多篇。组织和丰纱厂、四明中学等工厂、学校罢工罢课。10月，赴上海参加上海区委外埠负责同志会议，听取罗亦农、赵世炎等同志报告，准备秘密发展工农武装，作好武装起义准备。12月又参加江浙区委在上海举办的党训班学习，任支部组织委员，受周恩来、王若飞等领导教育。翌年2月9日，上海区委召开委员会议，讨论江浙区第一次代表大会筹备工作。王家谟与周恩来、赵世炎、徐伟等7人为组织问题委员会成员。回宁波，兼任宁波《国民日报》副刊编辑。以“莫言”“一贯”笔名发表抨击时弊、宣传革命文章。“四一二”反革命政变后，接任地委书记，秘密召开会议，设法营救被捕同志，又赴各县整顿恢复党组织。7月，调任省委组织部主任，整顿、恢复地、市、县委党组织。8月，受命任代理省委书记。9月，省委改选后，任常委、组织部主任。10月，任浙东暴动委员会主任委员，制定北起钱塘江，南至温州湾暴动计划，旋至浙东各县，落实暴动计划。11月，赴浙南组织暴动，在温州被捕，遭严刑逼供，坚不吐实。11月18日，被枪杀于温州东门外狮虎山上。

吴祖龙（1906—1945）　字柏云，着衣亭人。民国16年（1927），毕业于上海复旦大学理学院化学系，学业优异，留校任教，至副教授。民国29年，任教上海租界内复旦大学分校。翌年末，日军入侵租界，辞职返象。时墙头欧氏族人创办立三中学，受战事影响，四年中四迁校址，三易校长，学校时停时办。民国31年秋，吴受聘出任校长，乃婉辞复旦大学之聘，致力于立三中学建设。鉴于县城沦陷，乡间成游击区，学校由珠溪常乐寺迁至着衣亭珠山岙，借珠山庙作校舍。又敦聘因战事离职返象的县内学者、教师及进步人士任教职，自己也兼教数理。学校场地狭窄，设备简陋，图书仪器很少，教材多出自教师自编。吴带领师生克服各种困难，团结一致，编唱校歌，健全制度，把学校办得甚有起色。浙江教育厅于民国32年5月核准立案，定名“象山县私立立三初级中学”，为县内最早一所正规中学。县内及鄞县、奉化、宁海等地学生慕名前来就读者甚多，学生从数十人增至190余人。吴为教育事业殚精竭虑，积劳成疾，于民国34年8月去世。是年秋，学校补开追悼会，并为之设“吴祖龙奖学金”。

董世观（1906—1945） 谱名人嘉，昌国人。早年求读昌国正谊小学、县立高小。民国13年（1924）6月入黄埔陆军军官学校一期步兵科（第三队）。毕业后即参加讨伐陈炯明叛乱，为连长。旋随军北伐，任国民革命军西路军第一军第十四师连长、营长。民国17年，任蒋介石侍从室副官。喜带兵，于民国22年离开总统府，在南京集训后，由蒋委派随甘肃省主席朱绍良至兰州，任省军机局局长、省府参议员。仍不如愿，不久即离职，仅挂参议员衔。民国25年，赴南京开会，适西安事变发生，未回甘肃。次年8月，任浙江保安处副处长。杭州沦陷，辗转至金华不久，又赴西安任职。民国34年1月，遇害于常州。人聪颖，好美术、书法，轻钱财，严涵养。时与胡宗南、宣铁吾有往来。

章昌琛（1906—1950） 又名章泽仁，大泥塘人。9岁入学，后进两浙盐务学校，毕业后入浙江法政学校肄业，为杭州中等以上学校学生联合会代表。民国16年（1927）初辍学，曾任两浙盐务缉私第四营第三队长。不久，考取北伐军东路军政治部宣传员，充驻杭办事处宣传科少尉科员，旋因该部北上，父母年迈离职。6月，由励乃骥介绍。蔡元培、马叙伦遂委为象山县党部改组委员。未及4月，又因上级党部改组离职。次年2月，赴杭应县长考试，未取。6月，省党部指导委员会成立，又应党务指导考试，录取后委象山县党务指导委员，办理“二五”减租及党员登记事宜。迨民国18年5月，象山县党部成立，选为执行委员兼宣传部长。民国20年10月，经蔡元培介绍，任省党部监委会干事，兼开化国民兵团副团长，旋调总务股，任中校股长。先后至中央防空学校、南岳游击干训班第二期受训。抗日战争爆发，省府迁金华，移方岩。遂因留职停薪，于民国29年转杭州防空司令部，任总务股股长。12月，调象山县党部书记长。组织行动队，与敌抗战，日伪乃焚其住房38间，兄被杀。抗日战争胜利，得浙江省主席黄绍竑嘉奖，委任缙云县县长。民国38年年初，又任景宁县县长，未及5月，象山解放，遂至定海，委匪余姚县县长，不就。9月间，避至定海，复委为匪象山县县长。1950年2月被人民政府逮捕，6月伏法。

史佩左（1906—1951） 九顷人，民国时象山著名律师。早年毕业于县立高小，即考入宁波甲种商业学校，19岁毕业，在宁波清水浦东浦小学等教执。民国17年（1928）夏考入上海持志大学，不久，转入上海法政学院法律系。毕业后，为上海普信营业公司文牍员。翌年，应励乃骥邀，任长兴煤矿总务科长，约8个月，离职返沪，重入普信公司。民国25年春，由人荐举，赴任福建东山县府秘书。次年夏，抗战爆发返象。民国27年春，入鄞县律师公会。翌年秋，由姜伯喈介绍，加入国民党。民国31年夏，任象山县政府社会服务处主任干事，2月后辞职，仍执律师业。民国34年秋，抗日战争胜利，县成立善后委员会，被聘为总务干事，一月后，因省令归县府兼办，遂卸任。其年冬，章昌琛就任缙云县长，迭促其往，又至缙云，勾留一月余，仍返甬经营律师事务所。翌年秋，旅甬同乡会成立，被选为常务理事。

民国36年（1947）春，鄞县律师公会成立，史佩左被选为委员。同年，当选象山县参议会参议员。其间，聘为募捐象山地方法院监所委员会委员、象山县银行董事、县戡乱委员会委员、中国航空协会浙江分会会员。民国38年5月，人民解放军进入宁波前夕，赖云章溃退宁海，史代理旅甬同乡会理事长。次年参加宁波市慈善团体旅甬同乡会联合协会，选为该会托儿所所务委员会常务委员，曾资办或自办裕民烟厂、喜庆毛巾厂，不久倒闭。

沈本厚（1907—1931） 字朴斋，乳名阿莲，石浦镇人。父死，随母移居丹城北门，入竞化初级中学、县立高等小学。民国14年（1925）秋，在宁波加入共青团，翌年春转为中共党员。历任中共宁波地委技术书记、地委委员，组织部主任。“四一二”反革命政变后任中共宁波市委组织部主任、市委代书记、中共宁波县委书记。民国16年12月，任中共浙江省委委员。民国17年2月，任中共浙江省委浙西特派员。后协助卓兰芳组织奉化农民暴动事泄，3月初在宁波苍水街被捕，摧残致病，仍坚贞不屈，参加绝食斗争。民国20年春，在杭州浙江陆军监狱被折磨致死。

叶　刚（1908—1930）　原名叶道生，别号破浪，曾化名李建新，笔名一叶，南田樊岙螺蛳礁人。民国14年（1925）冬，在宁波浙江省立第四中学加入共青团。翌年春，转为中共党员。民国16年2月，随陈良义返回南田，任中共南田支部组织委员、国民党县党部组织部部长。“四一二”反革命政变后，南田党组织被破坏，是年5月，由党组织安排，辗转至南京晓庄师范学校，任中共晓庄师范支部委员。次年1月，参加校长陶行知组织“晓庄剧社”，演出进步戏剧。不久，任晓庄联村自卫团副总指挥，组织军训，保乡安民。民国30年2月，募捐钱物支援南京下关“和记”工厂工人反帝罢工。英帝国主义制造“四一二”惨案，叶带领各校师生代表现场慰问，并成立“学界后援会”，宣传、募捐、举行示威。是月20日，晓庄师范被封。叶刚坚持斗争，组织附小复课，并对学校驻地国民党军进行策反宣传。民国19年7月，被国民党逮捕，8月16日被害于南京雨花台。叶刚是中国早期革命童话作家，著有《红叶童话集》。

郑光祖（1908—1932）　字怡孙，化名武韬，南庄大碶头村人。民国14年（1925），在定海中学加入共青团。翌年，转为中共党员。后赴广州投奔国民革命军，被编入朱德任团长的军官教育团，随军北伐，参加光复南昌之战。民国16年8月1日，南昌起义，郑光祖随朱德领导的军官教育团和南昌市保安队，歼灭驻地附近敌军后，于3月撤出南昌，移师南下，转战湖南。民国17年6月，以定海中学高中毕业生身份考入南京军官学校。毕业后留校督查科工作，从事党地下工作。民国20年夏，不幸事泄被捕，于翌年5月31日，被害南京陆军第一监狱中。

刘积铨（1908—1945）　小名福寿，一名洁川、劫川。大徐下俞岙（夏雨岙）人。父刘企兰，经营药业，与徐培根之父徐孔有莫逆。积铨幼从家学，5岁入私塾，聪颖早慧。民国8年（1919）秋入县立高小。二年级时与三年级同学姜树琳（字冰生，后以字行）、一年级同学徐祖华（即徐白，后名殷夫）友好，义结金兰，习武强身，立志报国。民国11年秋，高小毕业，入宁波省立第四中学。民国13年6月，与许福莹发起成立象山旅甬学生进步团体“新蚶社”，联络乡谊，服务社会。民国14年年初，与许福莹等加入中国共产主义青年团。同年5月，“五卅”惨案爆发，刘积铨义愤填膺，参与组织发动宁波学生开展反帝爱国运动。6月下旬，与“新蚶社”成员一起返乡参加王家谟等组织的“外交后援”等活动，查禁日货、悼念死难烈士，揭露英、日帝国主义暴行。同年秋，考入宁波甲种商业学校，不久加入“日月文学社”，宣传国民革命，反对军阀统治。民国15年2月，与姜冰生、许福莹等先后转为共产党员。因言行激进，为孙传芳驻甬部属注目。民国16年年初避往上海，在日晖会计补习学校补习商务会计，并继续参加校外革命活动。时中共象山独立支部书记杨白，化名杨广武，任上海中华海员工会书记，发动上海“舢舨工会”海员以及渡口搬运工人、黄包车夫参加第二次工人武装起义，迎接北伐军进沪。刘与正在浦东中学读书的徐白参与其事。起义失败后，并与杨白一起，介绍徐白参加中国共产党。后又与徐白秘密配合杨白组织浦东工人纠察队，参加由周恩来、罗亦农等人领导的第三次工人武装起义。民国17年秋，考入上海复旦大学会计系，仍暗中从事进步学生活动，为校刊负责人之一，宣传革命思想。转入地下革命工作徐白保持联系。民国20年秋毕业，获学士学位。进上海卢鼎公司，任会计师。民国21年由上海海陆空运输公司周肇秀介绍，去南京航空署，任总务处财会科会计师。民国22年2月，航空署职员改叙空军军阶，被授予中尉军衔。同年7月，徐培根以陆军少将衔接任航空署署长兼航空、防空两校校长，基于同乡世交之谊，颇多关顾。11月，航空署迁江西南昌军用机场，刘亦随迁。民国23年7月1日，发生“航空署火案”，一度被作为“嫌疑人”立案调查。民国24年年初，因徐培根得还清白而消除嫌疑。刘后以“业务精良”晋升为上尉副科长。民国26年冬，航空署西迁汉口，又迁重庆，航空委员会则迁四川成都，刘携妻儿入川，投入抗战后方空军战勤工作，于民国30年晋升为少校科长。后调重庆陆军大学受训。此后由于生活艰辛，身患肺痨，调任航空委员会成都被服库中校库长。民国34年抗日战争胜利，本想携妻儿回乡养病，无奈病情加重，难以成行。同年年底，终因咯血而亡故。临终嘱咐夫人叶韵英：“我死后，你们可想办法到延安去找周恩来……”夫人不详内情，不敢贸然去找周恩来，并于1969年去世。其内中隐情未为外人知晓，成为不解之谜。

林友梅（1908—1969）　女，丹城县前街人。民国13年（1924），从县立女子小学毕业后考入宁波女中，后赴上海中国女子体育学校读书。民国14年，“五卅”运动爆发后，参加宁波旅沪同乡会，回象山发动群众，组织外交后援会，劝募救济死难烈士家属，开展化装宣传，支援上海工人运动。是年9月，加入共产主义青年团。翌年，转为中共党员。民国15年6月，女子体校毕业，任宁波培英女子中学体育教师；8月，补选为中共宁波地委委员，任地委妇女运动委员会书记；11月，奉命赴苏留学。民国18年，在反托派运动中受王明等人迫害。民国20年，学成回国到上海，被王明分子拒于党外。民国22年，与胡世杰结婚。民国24年，胡世杰出任国民政府驻苏领事馆商务参赞，林友梅随夫到莫斯科。在国民政府驻苏领事馆工作，其间，以同乡同学名义接触在苏联农村、工厂“改造”的蒋经国，照顾其在苏妻子芳娘和长子蒋孝文。民国26年，蒋经国回国。民国27年5月，应聘任蒋经国俄语翻译。是年8月，安排蒋方良（芳娘）在江西妇产科医院做产。民国30年后，林友梅又去苏联，在商务代办处作中文翻译工作。民国36年年末，国民政府驻苏商务代办处被撤销，次年6月随夫回国定居上海，从事俄语翻译和教学工作。民国38年3月，婉拒蒋经国去台湾邀请。中华人民共和国成立后，除协助丈夫做翻译工作，还任居委会主任，多次被评为上海徐汇区先进工作者。“文化大革命”期间曾遭不公正对待。1969年病逝家中。

苏本善（1909—1996）　曾用名德隆，湖南湘潭三门镇（今株洲县三门镇）人。民国16年（1927）年初，考入南京中央陆军军官学校（即黄埔军校第六期）步科，民国17年夏集体加入国民党，同年7月毕业后分配至河北玉田县驻军第十二军工作。旋即参加第二次北伐战争，时年冬随部经北平、唐山一直攻至山海关，历任排长、副连长、副营长等职务。民国19年12月，任长沙黄埔同学会干事；民国21年赴江西萍乡代理警察局局长；民国23年1月起，先后调任南京军事交通研究院第四队队附、南京中央训练总监部教官大队中校大队附、长沙第四陆军教导团中校教育参谋。民国26年10月，赴任国民革命军第十集团军司令部上校参议兼宣传科长等职，参加淞沪会战。民国28年3月15日，任浙江省定海县县长，组织定海国民抗敌自卫团，兼任团长。是年6月23日，日军侵占定海城，苏本善得到中共定海县工委的帮助，迅速重建政工队，委任中共地下党员为队长。8月，重回定海，抗击日军，维持农村秩序。12月，在柴桥休整，重新将部队整合为国民兵团，诱捕、枪毙罔顾民族大义汉奸丁淞生，扫除国民兵团重返定海的障碍，逐步建立各乡行政机构。民国29年3月28日杖毙汉奸丁紫垣于定海帅旗弄。不久又夺取不法奸商和日伪走私货轮“岱山轮”，以此补充给养，轰动浙东，重庆《中央日报》撰文作详尽报道。是年冬，苏本善遣部下化装成香客，将装扮成和尚的日本间谍负责人、退役海军将领村上独潭抓获，经省府转押重庆，一时成为争相报道的新闻。民国30年6月，象山县政府内部失意军人徐楠发动兵变，7月11日，苏奉命由宁海入象山平叛。7月23日，兼任象山县县长兼三（门）象（山）守备地区指挥官。主政象山其间，重用张亚华（张雪痕）及地下共产党员，建立抗日政治工作队。指挥所辖部队数次击退围攻县城的日军。丹城沦陷后，迁象山县政府于西乡关山一带坚持抗日。杀汉奸，擒敌情报人员，惩为非作歹士兵。收难童，创办定象联中，组织抗日剧团等。民国34年4月，任浙江省第三区（原绍兴专区）行政督察专员兼浙保第三纵队司令。抗日战争胜利后，即辞去军政职务，与人合办中原企业公司、新光明机制砖瓦厂，任董事长。民国37年冬，积极投身程潜、陈明仁领导的湖南民主和平运动，民国38年年初任华中军政长官公署中将视导专员，3月任湖南省财政厅长，巧妙化解白崇禧索要巨额粮饷及湖南金库南窜等企图。8月4日，在长沙参加程、陈领导的和平起义，任湖南省军政委员会顾问。1951年，受到错误处理，被捕改造。1961年获特赦，安排在长沙市政协工作。中共十一届三中全会后，平反昭雪。1981年1月任湖南省人民政府参事室参事。先后担任过湖南省第五、第六届政协常委，民革长沙市副主委、顾问，湖南民革第七届委员会顾问，湖南黄埔同学会副会长等职。1996年7月因病在长沙逝世，享年88岁。在象山民间甚有口碑，故老至今犹能言。

殷　夫（1910—1931）　本姓徐，名孝杰，小名阿白，字柏庭，学名徐祖华、徐白、徐文雄，笔名殷夫、殷孚、任夫、白莽、沙菲等，东乡大徐村人。民国12年（1923）秋，县立高小毕业，入上海民立中学，开始新诗创作。民国14年，目睹“五卅”惨案，与旅沪同学一起回乡，参加进步团体“新蚶社”，开展查禁英、日货，公祭死难者，声讨帝国主义暴行一系列爱国活动。民国15年秋，在上海浦东中学加入共青团，翌年9月转为中共党员。民国16年，“四一二”反革命政变后，被国民党当局逮捕，关押3个月。同年秋，考入上海同济大学德文补习科，常与中共党员王顺芳、陈元达等同学参加校内外秘密革命活动，还被推为学生代表，出刊油印刊物《漠花》。民国17年1月，加入共产党人蒋光慈、钱杏邨等组成的文艺团体“太阳社”。是年秋，因参加革命活动，再次被捕，经其大嫂托人保释后，仍回同济读书。后由组织决定，与王顺芳、陈元达转移象山，在县立女小代课。其间，曾随母寄住丹城西寺，写下一系列立志献身革命的诗作。民国18年3月，重返上海。接上组织关系后，专事青年运动。先后写下《血字》《别了，哥哥》《我们的诗》等“红色鼓动诗”，其间，经常与鲁迅有联系。不久，在参加罢工斗争中第三次被捕。获释后，受鲁迅接济，至共青团中央宣传部任干事，参与编辑《列宁青年》。民国19年3月，中国左翼作家联盟成立，他是发起人之一。积极为《萌芽》《拓荒者》《巴尔底山》等机关刊物写作，发表许多诗歌、小说、随笔，成为“左联”中很有影响的青年革命诗人。是年5月，他以“左联”代表的身份参加全国苏维埃代表大会。民国20年1月17日，在东方旅社参加党的会议，因叛徒出卖，与党的重要领导干部何孟雄、林育南以及柔石、胡也频、李求实、冯铿等人，同被英国巡捕房逮捕。2月7日，殷夫与22位革命同志被国民党上海警备司令部杀害于上海龙华。殷夫是著名的“左联”五烈士之一、无产阶级革命诗人。著有《孩儿塔》等诗文集。

黄道刚（1911—1939）　晓塘乡励家坪人。曾入松江盐务专科学校武科班，毕业后分配天津盐务税警队任警官。抗日战争爆发，税警队参与抗击日军，几次激战后被日军打散，又在山区打了三个月游击战。后队伍解散，道刚返乡。任励家坪一家小学校长，向学生宣传抗日思想。民国

27年（1938），受南田县长梁翼镐推荐，任南田县县中队中队长。率队剿匪，身先士卒，不到两年肃清南田匪患。民国28年12月20日，驻高塘岛部队报告，日舰一艘侵入高塘岛金高椅海面，可能登陆。梁翼镐与黄道刚共商对策，黄奋然请命，亲率30名战士奔赴高塘岛协助作战。次日清晨，进入金高椅前线。时日军已经登陆，以重机枪掩护冲锋，黄见敌强我弱，形势非常不利，便命部队后撤，等待战机。自己则用一把二十四响快机木壳枪顶住日军。勤务兵和身边的战士要求他一起撤离，他命令道："不用管我，你们快撤！"一人与日军周旋，壮烈牺牲。另有5名战士一起遇难。

南田县闻讯，在鹤浦村举行追悼会。时隔半月，烈士遗体运回乡，又举行葬仪。省主席黄绍竑送挽联，县长梁翼镐赠匾，上书"抗日英烈"。

张国宝（1911—1943）　字励，又名家麒，外号铁牛，昌国人。民国19年（1930）入宁波省立第四中学，后因父母相继去世，经济困难，转高中部师范科。毕业后，任教宁波湖西四中附属小学，后任鄞县西乡戴家明义小学校长。民国28年，日军进犯石浦被击退，张闻讯绕道探家，不得返。次年，任昌国体仁小学校长。民国30年4月19日，石浦沦陷，时张国宝任石浦小学校长。其间，以课堂为阵地，宣传抗日救国，激发学生民族自尊自强精神，反对日伪奴化教育，怒斥日伪分子侮辱女教师劣迹。民国31年冬，遭日军拘捕，关押石浦日军吉城司令部看守室，被施酷刑。张大义凛然，坚贞不屈。秘密传书家属，嘱勿向汉奸乞怜，自己也决不屈膝。翌年4月24日，被日军活埋于石浦后岗山。遗书《琵琶记》扉页上留有当年所书爱国短诗一首："巍巍大明山，伟伟昌国城。抗倭筑城垣，羞今奸佞行。"

王孝南（1912—1950）　又名方夏，旦门王家人。肄业于浙江法官学校。民国21年（1932），入慈溪县警察局实习，期满任职定海县警察局。民国26年9月，任定海县政府科员。民国29年改授瞿山警察局局长。2年后，回任定海县国民兵团司令部少校参谋。翌年，任副总队长、穿山地区指挥部中校参谋。不久回象山，任县自卫队大队长，抗击日军进犯。曾与县长贝再然在西周开设竹行。民国35年，又任县自卫大队中校大队长、县党部行动总队总队长、县参议会议员。民国37年县自卫总队成立，任副总队长，参加国民党，曾捕杀共产党员冯子德。翌年3月离职，为耀华电灯公司董事。6月，宁波行署主任俞济民委为宁、奉、象地区指挥部指挥官，未就任。中华人民共和国成立前夕，犹购买步枪40支，于靖河乡成立警察自卫大队，以武装对抗。象山解放后，亲运米140石、猪20余头，至定海资匪，并于六横岛附近海面，枪杀解放军一八九团五战士。1950年被人民政府逮捕，11月伏法。

吴　烨（1913—1941）　谱名吴炳文，原名吴炳金，化名吴越，笔名火华、走戊，东溪洋坑人。民国19年（1930）夏，入浙江省立四中，始接受进步思想。民国22年4月，加入进步组织"世界语者协会"上海分会。受校方迫害险遭开除，初中毕业后执教象山始达小学、培本小学。民国26年2月，受聘上海宁波旅沪同乡会第十一小学任教，加入党的外围组织"进取社"。"八·一三"抗战爆发，先后由组织分配到无锡伤兵医院、无锡抗日青年流亡服务团，开展抗日救亡工作。是年12月，赴江西铅山石塘参加新四军，并加入中国共产党。次年2月，新四军北上抗日后以小学教师身份转地方坚持地下斗争。11月，调入中共福建省委机关，做宣传、群众工作。民国28年6月，由中共福建省委委派，入国民党南平专员公署任文书。9月，调至新四军驻南平留守处任副官、代理主任。民国29年7月，任中共邵武中心县委宣传部部长。11月，改任中共上饶中心县委副书记兼宣传部部长。翌年3月11日，被国民党杀害于福建省崇安县岚谷乡岚斗村茅劳坪。

何　纯（1913—1977）　字兆麟，丹城北门人，家殷实，23岁上海正风中学毕业，后在慈溪、宁波、丹城等地私立、县立学校任教10多年。民国36年（1947），任象山救济院副院长，无薪金，总理日常事务。建育婴堂，收民间弃婴，供月米、衣服，雇人育养。翌年，院经费匮乏，将家酿陈酒出卖，兑米十几石支付育婴工米及职员工资。是年从己家搬桌、椅、器具，聘中西医16人在救济院设义诊，轮流行医，遇病贫者即施以药。又购杉木置棺，遇贫家死者无力葬殓，则施以棺。于冬至前后至荒郊野外，收露尸暴骨入棺埋葬。常开仓粜谷补救济院经费。1951年，象山救济院改名象山县人民社会救济院，1952年下半年移交县民政局。

何纯还擅长中医、针灸，经长期钻研和临床，在丹城，舟山的桃花、六横等地有盛名。20世纪60—70年代，西门陈某手指患顽疾，百治不愈，先生治之立愈；同邑金某患坐骨神经痛，痛彻肺腑，夜不能寐，先生每日上门针灸，不到半月彻底治愈；邑人潘某中风面瘫，先生施以银针，经月而愈。如是不胜枚举。临终留下墓联曰：满山柴草活人药，一径松竹居士墓。

史致圻（1913—2005）　新桥镇黄公岙人。民国14年（1925）插读正谊小学（昌国小学前身），师从秦英鉴。民国16年考取浙江省立第四中学。民国19年被杭州民众实验学校录取，师从钟敬文、孙晓村等。是校办学师资强，思想新，深受影响。3年后毕业，从事社会教育与学校教育。民国34年就任县政府教育科科长，8月15日晚，县政府官员在儒雅洋获悉日本投降，史当晚受命，冒死入丹城谈判，促伪军团长孟志杰和平撤离象山，劝其打消掠财自用企图，以苏民困。孟为寻后路而留下平日搜括的军谷20多万斤，黄鱼鲞2万余斤，柴爿30多万斤。1个月后获知，皆被接收官员私分。史外形矮小瘦弱，却行事果断，为人乐观。民国34年面斥县长贝再然收受汉奸励乃鹏的“鱼腹藏金”，愤然辞职。因经历复杂和阶级成分受株连，中华人民共和国成立后被遣外地“劳改”，晚年回乡。90岁时，知经络衰弱，或将卧床不起，嘱医生打封闭针，由夫人搀扶，再游昌国、石浦、丹城诸地。著有《浮生杂俎》。

史奇涛（1915—1940）　谱名史久涛，笔名史芳，化名史文实，新桥关头村人。民国18年（1929）夏，入浙江省立四中。民国21年夏，初中毕业后考入浙江省立医药专科学校。一年半后转入上海同德医学院，后又转上海东南医学院。民国24年年初，任教宁波旅沪同乡会第一小学，参加抗日救亡活动。民国25年春，被推为上海教育界党的外围组织“进取社”理事。8月，加入中国共产党。次年8月，成为上海教育界党支部成员。民国27年2月，成立上海市小学教师进修会，宣传抗战，开展反伪反特斗争。旋任小学教师消费合作社理事长。民国28年10月，调皖南新四军军部宣教科任副科长。11月，调新四军江南指挥部政治部，率组赴前沿地区发动群众，培养发展党员，组织游击队，搜集情报，与敌、伪、顽进行斗争。翌年2月，任丹北中心县委宣传部长。7月，在率部深入敌后途中被日军杀害。

张在法（1917—1946）　原名张翼，化名黄镇江，丹城人。始达小学毕业，即进上海泰利洋行为练习生。民国26年（1937），在上海参加革命。民国29年7月，加入中国共产党，从事党的地下工作。民国31年8月，调定海县敌后抗日政治工作队。在岙山、扎箬、小巨山等地建立联络点，向抗日武装“五大队”输送兵员和装备。民国32年10月，调任鄞县樟水区委书记，参加浙东第二次反顽自卫战。后兼区长，配合县大队和主力部队，打击敌人。翌年10月，调任鄞县栎社区委书记兼区长、区武工队队长，开辟平原游击区。抗日战争胜利后，随浙东纵队北撤至江苏涟水，任华东野战军一纵三旅九团三营六连指导员。民国35年6月，在解放山东泰安战斗中牺牲。

孙德馨（1918—1942）　石浦北门人，小学毕业后，入读墙头私立安定中学。多才多艺，善拉小提琴。爱好打球、射击等体育运动，曾获县运动会银质奖杯。后入上海江苏省立中学，于民国27年（1938）2月毕业。立志报国，赴丽水报考航空学校，被录取后被其父追回。民国28年，入读四川成都航空军士学校，刻苦学业，掌握空战技术，受校方器重。民国31年9月，即将毕业时能单飞上天。9月29日，在成都太平寺上空参与实战科目训练，跳伞时遇难。遗体葬成都凤凰山温江空军公墓。民国37年，国民政府特颁荣哀状，上书“因公殒命，忠贞为国，殊堪令式，特颁此状，永志哀荣”。

宋无畏（1923—1949）　字虞文，乳名成祖，民国12年（1923）1月生于南庄乡洋心村。民国29年毕业于宁波省立四中，后考入温州国立英士大学法学院。民国35年1月，为声援昆明学生，发起“倒杜学潮”（杜为英士大学校长），列举杜佐周十大罪状。宋无畏为“倒杜团”负责人，会同“护校委员会”“民主建校委员会”商讨，合三组织为一。2月初，成立“民主学社”，被选为常务理事。3月3日，新学期开始，校方施行高压政策，以“操纵学潮”罪名，贴出布告开除朱树屏等5名学生。宋无畏积极主张罢课，以示抗议。在“民主学社”同仁奔走下，全校举行为时一个多月罢课，同反动势力展开不屈的斗争，迫使重新选举法学院学生自治组织，宋无畏当选该院学生代表会主席。最后迫使杜佐周辞职。

民国36年（1947）5月，英大迁址金华，宋无畏被推选为民主学社社长。国民党当局委派杨公达接任校长。宋无畏和民主学社同仁以学生会名义，发起组织晋京请愿团，提出“要求迁校，撤换校长，恢复医学院”口号，深得师生们支持。请愿团设主席团，宋为主席团负责人之一。5月7日，宋无畏、主席团成员率600多名英大学生从金华站登车赴南京。此举震惊国民党中央政府。翌日，南京政府颁布《维护社会秩序临时办法》，严禁10人以上请愿。宋无畏与同学们冲破禁令，于5月28日直奔教育部，与当局面对面斗争，直至下午5时，当局不得不答应学生三条要求，始离开教育部。5月20日，宋无畏和请愿团成员率英大学生毅然加入京、沪、杭地区16所大专院校举行的“反内战、反饥饿、反迫害”游行队伍。不久，宋无畏加入中国农工民主党。6月26日，在金华率大学生举行“反饥饿、反内战、反迫害”示威游行。民国36年9月5日，宋无畏等9名学生代表以“煽动学潮”罪被开除。

宋无畏愤然返回故里。民国37年（1948）与中共象山地下党员陈照华接上关系，起草、散发《告象山国民党大小军政头目书》《告米蛀虫周凯旋——县参议长》，制定《丹城行动计划》《建设新象山》，积极参加革命斗争。民国38年6月28日被国民党八十九军谍报队逮捕。即于其家抄出《丹城行动计划》《建设新象山》等，将宋投入监狱。7月9日押至石浦转至六横。12日敌将宋无畏等5人押解定海，7月19日被害于定海西门蔡家弄。

陈照华（1924—1949）　字晓云，定塘下营地垄村人。民国30年（1941），因宣传抗日救国曾被伪军逮捕。民国37年4月，加入中国共产党。他以小学教师职业为掩护，负责联络全县小教界，配合抗丁抗粮斗争。先后联络了一大批进步的小学教师和进步青年，为象山工委领导象宁两县边区人民的斗争做了组织发动工作。11月，协助史中平举行黄公岙武装暴动。12月，史中平率部赴三门秋水山游击区后，陈照华成为象山地下革命斗争的主要领导人。民国38年5月1日，奉命去宁海，被任小青匪部杀害于宁海东乡乌沙岭头。

盛　城（1924—1949）　字雅春，乳名式藩，民国13年（1924）9月18日，生于灵南乡大麦塘村。自幼勤奋好学。小学毕业后，考入立三中学，后转入三门县侨光中学。在该校中共地下党组织的教育影响下，阅读进步书籍。民国30年毕业，适日军侵占象山，石浦、泗洲头、茅洋、宁海岳井等地相继沦陷。民国34年，在老师徐好慰（中共地下党员）影响下，在宁象边界参加抗日救亡宣传活动。7月间，被长街警察所以“共党”嫌疑分子逮捕，囚禁于冠庄第六专署保安司令部监狱。抗日战争胜利，经徐好慰、王继统设法营救，保释回家。民国36年，盛城任新桥黄公岙中心小学校长，结识该村地下共产党员史悠枢。后任泗洲头中心小学校长，在西乡泗洲头、张岙、后王、墙头等地，开展地下革命活动，参加县工委书记唐侃在后王召开的骨干分子会议。同年初夏，因叛徒出卖，县工委遭破坏，与党员陈照华等在大泥塘鹰山脚张生堂家参加秘密会议，讨论如何坚持革命斗争问题。支持执行县工委原定计划，坚持武装暴动、地下斗争。密切配合史悠枢等，在象宁边区举行抗丁抗粮的武装革命，建立“象宁人民抗暴游击总队”，协同陈照华坚持领导地下革命斗争。年底，奉命与陈照华去三门县秋水山游击区接受任务，回象发动群众，开展革命斗争。后引起当局注意，以“共匪嫌疑”，撤销校长职务，遂与胡才旺等一起转入隐蔽斗争。民国38年“元宵节”，在墙头果育小学校长陈明炎支持下，以“校庆”为名，召开有20余人参加的秘密会议，传达游击队首长指示，讨论建立革命武装。会后，又同陈照华、胡才旺等二上秋水山游击区汇报请示。经中共台工委书记、浙东游击纵队第四支队长兼政委邵明指示，一面在宁海东乡游击队“鲁迅”部队任生活指导员；一面协同陈照华领导象山革命斗争。4月末，又到墙头果育小学再次召开会议。5月3日，决定武装暴动，配合人民解放军解放象山。5月1日（农历四月初四），奉邵明指示，协同陈照华再次策反曾经愿意靠向共产党的宁象边区剿抚司令部第二支队司令任小青匪部，匪首任小青反复无常，当面答应配合暴动，暗地派爪牙将他与陈照华杀害于九江乌沙岭。

徐素韵（1905—1950）　女，本名徐素云，素韵为学名，一作疏韵。大徐村人。幼读大徐徐氏义塾，民国9年（1920）入县城县立女子小学。民国14年考入杭州横河桥浙江省立女子蚕桑讲习所。读书期间接受进步思想，声援“五卅”运动，参加查禁日货等反帝爱国运动，加入共青团，在同学中宣传革命，并参加校内外革命活动（一说转为共产党员），引起反动派注目。民国16年下半年，在杭州遭反动当局追捕，幸同学盛孰真通风报信才得以脱走至杭州武林门外观音庵。后避至宁波新鼎街宁波公学附小部任教半年，事过后复学，民国17年夏毕业。下半年任象山县立女小校长。时殷夫及王顺芳、陈元达等共产党员奉地下党组织决定从上海转移象山，徐素韵明知内情，遂聘为代课教师在校任教，给予支持和掩护。民国18年年初，徐素韵出资帮助殷夫重新返沪，参加革命工作。后殷夫成为职业革命家，素韵仍保持书信往来，并寄钱资助。民国19年，因“治学有方”，赴杭州出席全省小学教师讲习会，受“男女同校施教”理念，回县后，主动将县立女子小学并入县立高小。是年寒假赴沪结婚，婚后第二天，其弟殷夫即被上海淞沪警备司令部枪杀。她得悉后，瞒着母亲和丈夫，冒险至殷夫原住处整理遗物运回象山。民国24年创办培本小学，任校长，聘进步青年吴烨为训育主任，开展抗日救亡宣传，民国25年年末引起县党部注目，吴烨被迫出走上海参加革命。但徐素韵仍支持地方抗日救亡活动。民国27年7月，加入国民党，兼任县抗日后援会委员，妇女慰劳组组长。妇女救国团团副等职。民国29年，日机轰炸丹城，为保障师生安全，将学校分作两部，转移至乡下亭溪一带，坚持上课，并携母寄住黄溪村。不久母病故，料理丧事后，即回黄溪主持校务。丹城沦陷后，与抗日县长苏本善“战时政治工作队”（以地下共产党员为骨干）联系密切，坚持与敌伪势力做斗争。民国33年，培本小学迁回丹城，并入县立国民中心小学。不久，徐素韵当选为县妇女会理事长，国民党象山县党部执行委员。民国36年辞去各职，携子赴南京就读初中于翌年回乡，定居于家。徐为民国时期象山著名妇女活动家。中华人民共和国成立后遭错误处理，1986年予以平反，恢复名誉。

姜梅英（生卒年不详）　女，丹城北门村人。父也正（本名匡），毕业于四明法政学校，在宁波执行律师业务，并兼任小学校长。梅英从小随父居宁波读书，后毕业于上海中国女子体育专科学校，先后执教上虞春晖中学、宁波三一中学。民国26年（1937）抗战爆发，辞去教职，参加抗日救亡运动，加入国民党，致力于推进浙江妇运工作。曾率领青年妇女深入战地，抢救难童300余人，分批撤至后方予以保育。其间，一度兼任永康方岩（临时省政府驻地）新群高级中学教员。抗日战争胜利，受聘为省立育青幼儿院院长。该院创办伊始，她悉心筹划，白手起家。一年后，初具规模，院童增至500多人。又兼做妇运、农运工作，事迹为当局所称道。民国36年10月由省农运团体选举为国民大会代表。翌年3月29日至5月1日，出席国民政府在南京举行的“国民大会”。民国38年5月3日，杭州解放，她奉母离杭返乡，不久去定海，转赴台北，与友人创设培英幼稚园。1951年，又在阳明山区创办士光托儿所及幼稚园，亲任所长与园长。1954年，再在中和乡创办中和幼稚园，为台湾学前教育的开拓者。

五　中华人民共和国成立后人物

刘雪航　林　晓　金　瀚　史企文　郑鼻峰　高妙兰　方金火　王化祥　沈福寿　萧辅附
子永康　何春英　钱文梅　徐文铎　许福莹　张亚华　潘阿耀　应循之　周延瑾　陈平之
卢鸣治　夏荣裕　许兴汉　张轩朗　朱丁辛　潘铭恩　欧世璜　陈绳祖　陈少莲　夏亚鼎
励　刚　盛足风　张任伟　何敏求　萧善荣　励润生　池　鉴　殷　参　蒲　戈　念方之
徐金木　王家福　陈兆奎　李　伦　张利员　何　津　励俊年　孙吉春　张　侃　李　林
柯鸿彀　樊恭烋　周象人　樊恭炬　韩桂秋　谢世法　释了宁　桑　恭　苏　其　何亚韵
沈仁淦　施廷璧　周　彪　史中平　叶荣彪　顾满银　杨正弟　钱素苗　高　鼎　郑友庆
欧绪坤　纪乃咸　潘别桐　王性成　俞文鲋　柯受良　张华定

刘雪航（1893—1976）　名积劢，号谒士，字雪航，后以字行，夏雨岙人。民国2年（1913），肄业于杭州私立中医专科学校，回乡从中医郑杰甫实习。曾任定海、上海、慈溪等地小学教员、校医及校长，后为上海叶氏崇义公所施医部中医师，参加上海中医学会。抗战期间回乡设诊所，于组织中医学会、编辑医刊，多所尽力。后任中德医院副院长。中华人民共和国成立后，历任象城联合诊所、丹城中西医联合诊所负责人，兼象山中学校医及教员。1959年，调任县人民医院中医师。擅湿瘟麻疹、痢疾及妇科。多次被评为先进工作者，历任一至六届县人民代表、县人民委员会委员。著有《临床医案》二卷。

林　晓（1894—1978）　字觉辰，号式桃，黄避岙乡大林村人。民国10年（1921）7月，毕业于北京大学物理系。民国15年冬，助蔡元培、马叙伦由象避难至福建。民国16年5月至民国17年12月，任慈溪县县长。历任武汉大学、北京大学、中山大学师范学院、山西大学工学院、山西北联合大学讲师、教授及杭州高级中学校长兼教务主任。曾赴日本考察。民国30年6月，脱离教育界，赴四川任乐山、宜宾二造纸厂副经理兼总务处长。民国36年10月，荐为国大代表候选人，坚辞不就。中华人民共和国成立后，任宜宾六〇二纸厂副厂长，并选为宜宾市人民委员会委员。1956年11月，调天津筹办造纸学院。两年后任北京轻工学院物理教授及教研室主任。“文化大革命”中受迫害，粉碎江青反革命集团后，冤案平反。卒于天津。平素尚气节，唯志学业。工诗词，临终尤赋“与国同呼吸，祖国日繁昌”句。著有《大学物理学讲义》《东游随笔》等书。

金　瀚（1896—1989）　谱名仁荘，号霞浦，晓塘人。早年就读石浦敬业高等小学堂。民国元年（1912），入宁波省立第四中学。民国3年就读北京大学化学系，获理学士学位。民国8年，赴美国留学，就读缅因州大学造纸系。民国11年毕业，获造纸专业硕士学位。同年，在美国著名的大北造纸公司实习，旋任助理工程师。民国14年，为美国乾色勃穆艾造纸公司工程师。首次发表《用高浓度亚硫酸钠溶液制造漂白松木浆》及《利用热的黑色废碱液褪去废纸墨迹然后回收全部碱》等论文。民国16年回国，投身造纸工业建设。民国17年，在广西建设厅任技正，筹办柳州造纸厂。民国18年，任官商合办温州新闻纸厂筹建处副主任，均因故没有成功。民国19年，任沈阳东北造纸厂筹备处主任，又因“九一八”事变、日军侵略东北而告终。民国23年，任国民政府实业部技正，再次筹划在浙江温州附近，利用森林资源和瓯江水电生产新闻纸。民国26年，任温溪造纸公司副经理。民国27年，赴英国、瑞典和德国考察造纸工业，洽购设备。民国33年，发起成立中国纸业股份有限公司，任总经理，在四川宜宾安阜乡、岷江北岩鹭洲坝建厂。民国35年6月，造出中国第一张用百分之百机械木浆生产的新闻纸。是年11月，日产新闻纸10吨。1950年4月，中国纸厂更名为宜宾造纸厂，任经理、第二经理兼总工程师。1953年，任福建省工业厅一〇二工地总工程师，兼任中央轻工业部造纸设计院上海分院项目总工程师，负责设计南平纸厂。1958年，建成投产，成为国家自行设计和建造第一个较大新闻纸厂。金瀚首任总工程师，解决马尾松磨木浆新闻纸生产难题，建成我国第一个水上贮木厂，倡导研制陶瓷磨石以代替水泥磨石，1966年，在全国推广应用。1964年，任福建省轻工业厅总工程师。由于他对我国新闻纸生产发展做出贡献，在20世纪60年代，被选为第二、第三届全国人民代表、福建省政协常委。1985年，被授予中国造纸学会名誉理事，是国产新闻纸开创者和奠基人。

史企文（1896—1978）　黄公岙人。在象山小学、宁波中学毕业后，于民国4年（1915）赴杭州武林铁工厂实习，后任分厂主任。民国19年，在河南华县兵工厂任技术员。民国25年8月，赴南京白水桥研究所任技术员。民国26年至民国35年，在重庆二十兵工厂任所主任。其间，于民国29年年初加入国民党，是年5月脱离。民国34年抗日战争胜利，于翌年2月，以国民政府赴台湾接收团成员身份赴台，并任台湾钢铁机械公司工程师兼第八机械厂厂长。民国36年8月，回上海任交通部上海钢铁配件厂正工程师兼副厂长。1950年9月，赴太原重型机器厂担任三级工程师。1957年，被打成“右派”。翌年3月，被开除公职。1970年，下放到宁波机械厂，任安全技术顾问。1978年5月12日逝世。是年5月“右派”摘帽平反。

郑鼻峰（1900—2003）　名克忠，字子恕，号安国，丹城半河村人，鼻峰其医号。祖占瑞、父杰甫志儒业医，方便乡邑。7岁读书，诗文成诵，兼听中医知识。16岁毕业县立高小，考入宁波甲种高校，在读3年，因病辍学。20岁从鄞县国学名师杨霁园先生专攻古文辞5载，研读经史子集诸籍。26岁跟宁波范文甫习医，后又在上海汪洋医学讲习所学习西医2年。民国19年（1930），获中医师资格。此后在上海、天津、北京、汉口等地行医。民国26年，郑鼻峰返乡为邻里义诊，与邑友姜梅坞等设县公立医院，任中医师。又组织成立象山中医学会，被推选为常务理事长，主编《象山医刊》。翌年，组建中德医院，施行中西医结合治疗，被推为院长。民国30年，宁波、石浦等地沦陷，郑鼻峰尽心尽力为伤病员疗伤、治病。民国31年，瘟疫流行，郑被推为象山临时医院义务院长。义务救治，患者多得以活。民国32年，县内饥荒，倾资购粮，煮粥施民70余天，60余户得免饥死。中华人民共和国成立后，参加卫生工作者协会，赴爵溪、墙头、泗洲头救治麻疹病人。1952年春，在南庄区联合诊所负责预防和医疗工作，自费购置医疗药械，所购显微镜为县内第一架，并为贫病者免费诊治。1954年，受县委托，先后义务带中医学徒15名，兼授西医理论。1956年“八一台灾”后，率诊所医务人员携带药箱，连续3天下乡开展诊治，诊治愈病人600余人次。1972年，县开办工农兵技校，设中西医医务班，郑被聘为教师。1982年退休，郑又返聘行医10年。1985年，象山县中医院成立，被聘为名誉院长。于家中常为病患者义诊。郑鼻峰博学多才，1992年缨溪诗社成立时被聘为顾问。1994年，县政协文史委从他保存的600多首诗词中精选360余首，出版《鼻峰诗选》。今存《鼻峰诗文集》。他一生从医，医德高尚，深受人民爱戴，被选为县一至四届人民代表，县一至三届政协委员。

高妙兰（1901—1995）　女，一名阿兰，东陈王家榄村人。生于嘉兴府吴江平望村。本姓王，后因母改嫁同村高忠良，遂改姓高。15岁随父母回迁象山王家榄，其时学习剪纸绣花，制作布彩家什，手艺精湛，有“剪花阿兰”的美名。17岁结婚后，连遭厄运，丈夫子女皆亡，生活艰难，仅凭年轻时所学手艺赚薄钱度日。中华人民共和国成立后，高妙兰学文化，爱劳动，以满腔热情歌颂共产党、毛泽东主席。1957年精心制作了一套布彩戏人寄给党中央、毛主席，得到中央办公厅的回信。后高的剪纸作品相继在报纸上发表，同时开始农民画创作。1958—1964年，先后创作农民画和剪纸作品2000多幅，有40多家报章杂志发表了她的200多幅作品。1964年、1988年两次在杭州举办个人画展。一生创作的剪纸作品和农民画多达3000多幅，是一位名副其实的高产画家。1958年、1969年，先后出席宁波专区、浙江省文教系统社会主义积极分子代表大会，受到奖励。1993年，被省文化厅命名为浙江省民间艺术家。曾当选省三届、四届政协委员会委员，中国美术家协会浙江分会一届、二届理事会理事，省文艺界联合会第二届委员会委员。

方金火（1903—1969）　爵溪三村人。出身贫寒，从小替人放牛，能耕善捕，以劈鲞、木工等业维生。1949年秋，解放军为渡海解放舟山群岛，招募大批船工修造船只，方闻讯报名参加支前。随军在虾峙岛修造船只，任修船组长。为避敌机轰炸，发动全体船工，将未修好船只转移至离岛10里之大岙修理。带领66名船匠，8个月修造船288艘，被中国人民解放军21军81师司令部政治部授予“舟山战役一等功劳”奖状。舟山解放后，复员回乡。适土匪猖獗，方金火报名参加民兵，发动青年配合部队剿匪。1951年2月，出席浙江省首届劳模代表大会，获浙江省首届农业三等劳动模范称号。4月，被选为县第一届第一次各界人民代表会议常务委员会委员。

王化祥（1904—1982）　山东博山县夏庄区王家庄人。民国20年（1931）加入中国共产党。解放战争时期，任莱芜县农会会长、口镇区委书记、县民运部副部长。从事民运工作，曾被评为县扩军模范、学习一等模范，立过二等功。民国37年5月，随军南下，任宁波地委职工部副科长；7月，地委组建象山县工作大队，随军进驻象山，任工作队工委书记兼队长。带领工作队开展剿匪反霸、镇反、土改等运动及基层政权建设。县委成立后，历任民运部部长、组织部部长、县委副书记。1954年，调舟山先后任工会主任、地委工交部副部长。1957年，回象任县委副书记兼监察委员会书记等职。1980年离休。

沈福寿（1905—1993）　女，黄避岙驿下岙村人。出身贫农家庭，1953年，加入中国共产党。冲破封建陋习，带领全村妇女走出家门去种田、造田、修水库，成为全县农村妇女的学习榜样。1970年冬，带领103名妇女，开进了荒凉的白岩坑，苦战6冬春，筑成高15米、长100多米的白岩坑水库大坝，总用工量14.8万工，其中妇女投工占80%，因此被命名为白岩坑“三八”红旗水库。她先后任村妇女主任、党支部书记40多年，29次被评为省、市（地）优秀党员、先进工作者和劳动模范。1979年被评为全国“三八红旗手”。

萧　辅（1905—1968，附子永康）　字匡廷、参卿，号三生，涂茨镇萧家人。民国18年（1929），南京金陵大学农学院毕业，专攻农艺，获农学士。民国22年6月，赴美留学，入明尼苏达州立大学攻读植物育种学，获硕士学位。翌年8月回国，历任国立浙江大学农学院农艺系主任、省立棉业改良场场长、广西大学农学院农艺系主任。1952年后，任浙江农学院教务长、副院长、浙江农业大学副校长，省三届人民代表，全国四届政协委员，九三学社杭州分社副主任委员兼宣传部长。毕生从事植物育种学、遗传学、棉作学、生物统计学之教学与研究，学宗摩尔根学派，精研遗传理论，对米丘林学说亦有较深研究。曾任中国作物改良学会理事、浙江农学会理事长。著有《棉株性状之遗传》《米丘林路线的作物有性杂交选种法》《植物界异花受精和自觉受精的效果》《洋麻的感光性问题》等多篇学术论文。

子永康（1935—1983），毕业于浙江大学，专攻内燃机专业，任浙江农业大学讲师，曾试制成功东方-12型船式拖拉机，获省优秀科研成果奖。撰有《手扶拖拉机结构原理》《驾驶与机械常识》等书。曾任中国农机学会机耕船学科组领导成员、省五届政协副秘书长。

何春英（1906—卒年不详）　女，儒雅洋乡儒雅洋村人。中国民盟会员。民国24年（1935），南昌青云谱医院任助产士。民国27年，任军政部69兵站医院药局主任。民国29年始，在江西、南京等医院当助产士。民国37年，任江西省高级助产学校助产士长兼教师。1952年，任江西省妇女保健院保健干事。1967年，任该院群众向阳院院长。1980—1984年，任江西省妇女保健院顾问。

一生致力于妇幼保健工作，虽年逾80，还创建南昌“三八”老年康乐公寓，继续为人民服务。曾连续五年被评为“三八红旗手”，连续三届被选为江西省人民代表，连续四届被选为省、市政协委员、省妇联常委，连续三届任省、市、区妇联执委、常委，市妇联名誉福利部副部长。抗日战争初期，曾为蒋经国夫人方良女士接生，并被留下做特别护理4个月，蒋经国亲自赠予银盾，上书“造福社会”。

钱文梅（1906—1960）　一名文枚，又名钱青，林海大碶头人。少时入县立高小，后入宁波工业学校半工半读。毕业后回象，干过两年电灯公司职员，后由同学介绍至上海，为虹口昆明路培昌铁工厂技工，不到3年，转入义生橡胶厂。民国27年（1938），与该厂厂长李宝生、经理杜济成合股创办大生铁工厂，任厂长。民国33年，工厂改由文梅自主经营，厂亦易名为钱记大生铁工厂。抗日战争胜利后，工厂已有较大规模，有工匠40人，设备有车床、刨床、铣床等，包揽义生名下橡胶厂、塑料厂、纸厂、帆布厂等设备维修兼铸造，也产橡胶机、车床等。1956年，以所办厂参加公司合营，隶属于上海动力公司。1958年年初，与其他厂合为东兴机器厂，任副工长。勤于厂务，精于技术。平素生活节俭，不铺张，更不骄处傲居。抗战中一度避战乱回乡，不惜重金为民铺路、修桥，挖井，救济贫户。还捐款资助乡里小学及县城传常和尚所办的孤儿院。

徐文铎（1906—1987）　又名徐遒、九骏，象山县丹西街道（原丹城十村）人，宁波廿条桥高等小学肄业。民国10年（1921），先后在沈阳南洋烟草公司、金星保险公司任职员。民国16年

1月，任国民党象山县党部委员兼会计。民国18年，先后任安徽屯溪盐务督销局、哈尔滨华安保险公司会计。民国31年，任象山锦大号副经理。民国34年4月，与他人合伙开办锦生百货店，任经理。1950年11月，任象山县城区工商联筹备委员会副主任委员。1953年6月，任县工商联筹备会主任委员。1955年，任丹城镇工商联主任委员。1955年11月、1957年3月、1958年6月、1962年8月、1963年12月、1966年4月分别当选为县第一、二、三、四、五、六届人民委员会委员。1957年6月17日，县工商联第一次会员代表大会被选举为县工商联第一届执行委员会主任委员。1959年，象山县与宁海县合并，当选第二届副主任委员；1962年，宁海、象山恢复两县，再次当选为象山县工商联第三届主任委员，至1968年工商联撤销止。

许福莹（1908—1990） 丹城羊行街人。民国14年（1925）2月，由贺威圣介绍，在上海大学入团。民国15年春，由杨眉山介绍，在宁波加入中国共产党。民国15年7月，任中共象山独立支部委员。9月，以国民党员身份筹备国民党象山县党部，为召集人。民国16年“四·一二”政变后，虽遭反动派通缉，仍从事革命活动。民国20年回家探亲，被捕，囚禁3年，因而失去了与党的组织关系。民国35年9月，曾任象山县民众教育馆馆长。后从事教育工作。解放前夕，上海东吴中学校董邀请他去香港一起办学，给予较高待遇，但他婉言谢绝，坚持留在上海，为中华人民共和国的教育事业服务。中华人民共和国成立后，先后任上海东吴中学校长，中央轻工学校（北京轻工业学院前身，校长黄炎培）教导主任。1974年1月，在上海杨浦区树人中学（现改名为上海市25中学）退休。

张亚华（1909—2008） 原名张亨淇，乳名卫泉，化名雪痕，丹城北门人。民国15年（1926），在宁波甲种工业学校加入共青团，化名张雪痕，任共青团宁波培英女校支部书记。民国16年4月，转为中共党员。“四一二”反革命政变后，任中共定海县委书记，恢复定海党组织。10月，任鄞南暴动委员会委员。11月，因浙东武装暴动事泄被捕，囚于杭州陆军监狱。狱中接受拷问，不暴露自己身份，保持革命气节。民国22年出狱，改名张亚华，积极寻找党组织，但无法与党组织接上联系，转入教育界。抗日战争时期，先后任象山县沦陷区文化教育工作队队长、象山县战时政治工作队队长、青年服务队队长、定象战报社社长、定象保安纵队少校秘书等职，开展抗日救亡宣传，靠拢政工队地下党组织，并掩护地下党员王淑华脱离险境，保护和支持政工队地下党员活动。民国31年，政工队解散后赴上海教书。中华人民共和国成立后一直在上海从事教育工作。1957年，遭受不公正对待。1983年恢复工作，1986年恢复党籍。

潘阿耀（1909—1982） 莲花潘埠村人。早年去上海谋生，学徒期满后入大陆铜厂、慎昌五金厂。民国37年（1948）加入中国共产党。中华人民共和国成立初，帝国主义实行经济封锁，无缝铜管货源中断。遂利用旧设备，试制成功我国第一根无缝铜管。被评为全国劳动模范，出席全国劳动模范代表大会，被授予特等功臣奖。1957年，奉调至永鑫五金制造厂，经多次试验，攻克难关，研制出第一根小口径无缝钢管，质量超过当时英国雷诺专业厂的同类产品，被评为全国先进工作者。1960年以后，又创制70多种异型无缝钢管。多次被评为上海市先进生产者和劳动模范，选为市一至五届人民代表，受到毛泽东等党和国家领导人接见。“文化大革命”中受迫害，1978年12月平反。

应循之（1909—1994），原名应桔泉，又名应忍之，后岭乡黄埠村人。中共党员，民盟盟员。民国20年（1931）上海复旦实验中学毕业，曾在上海、鄞县、石浦等地任小学教员。民国24年参加左联群众组织国难教育社，投入抗日救亡活动。民国29年至民国30年年底，创办《上海儿童新闻报》，任发行人兼经理。民国35年任上海小学教师联合进修会理事，参与反饥饿、反内战的民主爱国运动，其间在南市协助举办《申报》义务小学。中华人民共和国成立前后转入宁波旅沪同乡会第五小学任教员、校长。1956年入上海教育行政干部学校学习，毕业后调任安庆路小学校长。1969年10月退休。

长期从事文教工作，并担任社会职务，1950年，出席上海市第一届工人代表总工会成立大会。1953年任北站区各界人民代表会议代表和政协委员。1954年起，历任闸北区第一届至第七届人民代表大会代表，第七届时并当选为人大常委会副主任；同时为第一届至第六届政协委员会常委；民盟第一届至第四届区委会主任委员，并分别为第七、八届市委委员、顾问。1985年受聘为闸北区社会福利基金会名誉理事。后任闸北区政协委员会联谊会理事。

周延瑾（1910—1985）　字子瑜，丹城人。早年就读宁波效实中学。民国20年（1931）6月，入上海吴淞商船专科学校轮机科。民国23年5月毕业，因学习成绩优异，派赴英国格拉斯哥造船厂实习，年末回国，继至香港招商局。1950年4月，受招商局及13艘海轮起义之感召，周延瑾等9名船员向周恩来总理发电，决定起义，粉碎台湾特务与英国当局夺船行径。起义后，先后任北京海运管理局机务科长、中国波兰海运公司波兰分公司机务处长、中国捷克联合海运公司机务处长。1956年，任交通部远洋运输总公司副总工程师、总工程师等职。周延瑾一生从事远洋运输事业，先后编写出版《远洋船舶建造参考资料》《船舶轮机自动化基础》《电和电子技术浅谈》《巡回监测记录装置》等书。系中国造船学会、中国航海学会、中国制冷学会会员。1953年参加中国农工民主党。1956年，加入中国共产党，被选为五届、六届全国政协委员。

陈平之（1910—2007）　又名陈田家、陈烈生，贤庠镇下庄溪村人，民国23年（1934）春，在上海任小学教师时，接受地下党领导，加入反蒋反法西斯青年同盟，掩护地下党组织开展工作。民国24年1月被捕，释放后回上海，参加地下党领导的“进取社”，动员和组织教师、青年学生学习和宣传马列主义，参加抗日救亡活动。由于上海爱国运动被国民党镇压，民国26年5月，到山西参加“牺盟会”。是年，“七七”卢沟桥事变后，由天津市党组织的介绍，到延安陕北公学学习。民国27年2月，被派到武汉《新华日报》社工作，以通讯员身份，至浙西南做群众工作，并撰文向《新华日报》社报道群众抗日救国运动；5月，参加中国共产党。民国28年，参加省政工队，到浙西杭县、武康、德清等地组织农民抗日斗争。民国30年，转入苏中抗日根据地，参加民主政权建设工作，任科长。后编入新四军一纵队后勤部，任军需科长。1950年，任二十军第五八师后勤处副处长。参加抗美援朝。1957年转业，任浙江省轻工业厅建设处处长。1983年离休、享受红军及副厅级待遇。

卢鸣治（1910—1985）　原名卢昌球，又名卢长缪，原籍温岭太湖寺前，国画家。早年求学黄岩剑山初级小学、樊川完全小学、定海中学。民国21年（1932），求学上海美术专科学校艺术系。一年后就读上海新华艺术专科学校国画系。毕业后先后任舟山中学、温岭新河育青中学、仙居民生中学、温岭授智中学、德明中学美术教师。曾任温岭县政府粮政科调查员、北盐场盐民教育馆主任、小学校长等职。中华人民共和国成立后先后执教黄岩灵石中学、泽国中学、宁海正学中学、长洋中学。1960年，调入象山第一中学。此后一直在象山从事教育与绘画创作。曾被选为象山县四、五、六届人大代表、县政协委员。一生从事国画创作，擅花卉。

民国24年（1935）8月，在南京举办画展，声誉鹊起。是年，入中国美术会，尔后入“墨社”。曾为温岭台风书画社副社长。中华人民共和国成立后为省市美术协会会员。在象时曾任丹山书画会副会长，为象山培养了多名艺术人才。作品《芦蟹图》为浙美院收藏。画风承吴昌硕，但有自己特色。印有画册，已少见。

夏荣裕（1911—1967）　原籍瑞安县墙头村，小时放牛做长工。21岁，家贫无以为生，遂到象山投兄，定居丹城，为陈荣兴铁店铺学徒。10年后，自立经营，打制小农具。1951年1月，响应党的号召，与杨有方等7人建立丹城铁业小组，带头将生产资料折价归集体所有。1953年4月，转为同心铁业生产合作社，历任理事会主任。1954年，加入中国共产党。生活俭朴，刻苦学习，关心职工，廉洁奉公，多次被评为县、地、省先进工作者。1956年，被评为全国手工业劳动模范，出席全国手工业代表会议。1958年，任象山农机厂党支部书记，以4台皮带机床、3只炉灶起家，与工人同劳动，使工厂初具规模。曾任县第三届人民委员会委员。

许兴汉（1911—1998）　丹城镇人，中共党员。中华人民共和国成立前曾任上海市公用局技正、副处长，并去荷兰出席国际自来水学会成立大会和学术年会，去英国考察城市给排水工程。中华人民共和国成立后，长期从事城市规划、城市自来水下水道、防洪水利、道路桥梁、公共建筑、居住小区、环境保护、园林绿化等市政工程和城市基础设施的建设工作。历任昆明市城市建设局副局长、总工程师；昆明市建设委员会总工程师、教授级高级工程师；并任中国建筑学会理事，昆明市科协副主席，昆明市人大常委会副主任等职。退休后，受聘为昆明市人大常委会城乡建设顾问，市科协名誉主席。

张轩朗（1912—1986）　昌国人。民国18年（1929），进公和洋行土建结构工程部，充实习生、技术员。民国21年12月，入英国“办纳脱工程函授学院”，肄业。后任上海、昆明公利工程司工程师。中华人民共和国成立后，拒绝香港和英国公司聘请，留上海联合顾问工程师事务所。曾参加设计上海大厦、锦江饭店南楼18层大厦等建筑。1953年4月始，历任轻工业部华东分公司、上海轻工业设计院工程师。1958年10月，调任广州轻工业设计院副总工程师。1962年10月，任上海食品工业设计院、上海轻工业设计院副总工程师、高级工程师。组织审查和参加广州、南平、芜湖等地工厂、冷库及一些援外项目的结构设计，获三项轻工业部及国家优秀设计奖。

朱丁辛（1912—1969）　官山人。历任互助组长、合作社长、西周人民公社副主任、生产大队长、党支部副书记等职。原西周下沈一带多塘田，亩产仅一二百斤。1953年，朱丁辛立志改造烂塘田，在白鲞塘试种1亩草籽，开沟迭畦，改种早稻，亩产400余斤。1956年，带领社员在石门岭植松树千余亩。1962年冬，又将57亩塘田种上草籽，开长100米、宽2米、深1米的排水渠道。次年，粮食亩产515斤。1963年冬，大面积扩种草籽，又毅然安家于塘田，搭草房，糊泥灶，带领群众开挖3条各800米长的排水渠道。1964年，亩产达800斤。1965年冬，生产队猪场失火，为抢救集体财产，自家草房全部财产被烧光。先后被评为县先进标兵、省劳动模范，多次出席县劳模和省农业先进单位代表会议。历任县第三、四、五、六届人民委员会委员。

潘铭恩（1912—1985）　昌国人。少时离家至石浦经商。中华人民共和国成立后，拥护共产党和社会主义。抗美援朝时，捐款1600元，购买胜利折实公债1200元。1956年，拥护“赎买”政策，参加公私合营。是年7月，被选为县工商联副主任委员。“文化大革命”中受冲击，1978年后平反、落实政策。潘铭恩一生从事商业，业务精通。历任县一届、二届、三届、四届、五届、六届、八届人大代表，五届县人民委员会委员，县一届、二届政协委员。被推选担任浙江省工商联一至四届执委。

欧世璜（1912—2001）生于墙头村。植物病理学家、水稻病害专家、哲学博士。欧世璜出身耕读之家，12 岁毕业于果育小学，之后入定海中学、四明中学、沪江大学求学。后转入南京国立中央大学，在中国著名真菌学家、植物病理学家邓叔群门下求学。民国 23 年（1934），毕业于中央大学，获农学士学位，入中央研究院任研究助理、副研究员。民国 30 年，以优异的工作成绩获中华文化基金会奖学金，赴美国威斯康星大学研究院，跟随名师华克尔深造，任中国同学会会长。民国 33 年冬，参加中国仁社，翌年春获哲学博士学位，结束求学生活，回国服务农学事业。先后任中国农复会委员会技正、台湾植物保护学会会长、联合国驻伊拉克农业官员、联合国驻泰国农业官员等职。1961 年始，任菲律宾稻米研究所植物病理系主任，至 1978 年退休，其间历访欧、非、南北美洲诸国研究稻病，三次主持召开国际稻病会议。欧世璜前后 50 年致力于农业科学研究事业，成果丰硕。抗战期间，就报告四川油桐叶枯病之有性世代，首次报道中国藻菌等，成为国际永久性资料。1972 年，著《稻作病害》一书，在英国出版后一时传诵世界各国，被誉为“稻病圣经”。有 150 余篇研究论文发表于国际各科学杂志。1978 年退休，受聘美国威斯康星大学教授。同年美国、菲律宾等国植物病理学会均推举欧世璜为杰出病理学者，荣获美国植物病理学人奖，为中国人获该奖第一人。

陈绳祖（1912—2005）　曾用名陈公硕，东陈乡东陈村人。民国 25 年（1936）毕业于上海交通大学，任教于清华大学。民国 26 年“七七”卢沟桥事变，抗日战争全面爆发后回乡。与陈子良一起筹办“战时补习中学”于民国 27 年春在东陈鉴池公祠开学，任教导主任。民国 29 年年底，应邀去柳州西南联大任教。后任湖南大学教员，重庆动力油料厂工程师。民国 34 年 10 月至民国 37 年 8 月在美国明尼苏达大学研究院学习，取得硕士学位。民国 37 年至 1954 年先后任广西柳州机械农垦处站长、工程师，柳州机械厂科长、主任工程师。1954 年起相继在黑龙江富拉尔基第一重型机器厂、四川第二重型机器厂任副总设计师、副处长。1981 年 4 月由国务院科学技术干部局授予高级工程师职称。

在一重厂和二重厂期间，筹建与健全了两厂的产品设计处，领导二重厂自用的数百台非标准设备的设计，为该厂的按期投产创造了条件。领导了全国第一台 4200 毫米特厚板轧机的试验研究及设计工作，曾获部奖励。1969 年以后，从事技术情报工作，翻译外文技术资料 240 余万字（另外校对 180 余万字），为解决该厂的产品设计和生产技术问题做出了贡献，曾获机械工业部重型机械科技情报网的奖励。退休后，仍经常翻译外文技术资料，供厂中设计与生产之用。1988 年获四川省德阳市“老有所为精英奖”。

陈少连（1913—2006）　东陈乡东陈村人。6 岁私塾启蒙，11 岁入始达小学五年级，14 岁入宁波商校，15 岁入宁波省立第四中学。民国 19 年（1930）9 月，考入上海大夏附中。民国 23 年 9 月入杭州之江大学。民国 25 年，转学上海光华大学。民国 29 年，光华大学土木系毕业后受聘立三中学，任数理教员。时日军占领石浦，丹城被炸，立三中学从墙头迁丹山小学补课，一月后于民国 31 年 1 月迁珠溪常乐小学，后迁至着衣亭珠山庙。在艰难岁月中迁校址、编教材、筹食宿、护学生，支持校长吴祖龙办学。民国 34 年任教导主任。民国 37 年，支持校长决策，迁校石浦办学。1950 年，与母亲奉献家产，作为乡土地改革“试点户”，积极配合土改工作队开展工作，受到赞赏。作为人民教师，他说：“凤凰涅槃，自己得以新生，教育报国夙愿可以实现了。”1956 年，立三中学更名为象山县第一初级中学。1956 年“八一台灾”，校舍倒塌。下半年，主持校政，借横山庵部队营房作校舍，继续复课。1957 年，任副校长。1958 年 10 月，调任象山中学副校长，主持日常工作，至 1966 年“文化大革命”开始。初期受到冲击，1969 年 7 月，被宣布“解放”，先后执教于大徐、儒雅洋、东溪中学，虽不担任行政职务，但敦品笃行，严于律己，仍为师之楷模。生平除教师之外，发挥土木工程所学之长，参与东陈中央港碶闸、石浦第二码头，定山浮礁渡大桥设计、施工，为家乡水利、交通工程建设做出贡献。曾担任象山县人民代表大会第二届人民代表，县第六届选举委员会委员。

夏亚鼎（1913—1991）　女，字重宜，象山文岙人。中共党员，民盟盟员。民国19年（1930）浙江省立第四中学毕业。民国24年，南京中央大学史学系毕业。民国35年，嫁与时任上海实业银行行长孙利瑜（奉化人）为妻。因不习惯丈夫工作之余过多应酬交际，遂走上社会，先后任宁波效实中学、上海正风中学及私立女子中学史地教师。民国36年，又回效实中学执教。1951年起任教导主任，1957年任副校长。1958年，调宁波师范学院任中文系副主任，1963年评为讲师，1971退休。曾为宁波第四、五、六届人大代表，浙江省第三届人大代表。“文化大革命”后，任浙江省政协第四届委员会委员，宁波市政协第六、七届委员会委员。1985—1987年，任宁波市退休教育工作者协会（第一届）会长。一生从事中学、高校教学和教育行政工作，长期讲授历史、文学等课程。因工作成绩显著，曾被评为优秀教师和劳动模范，1962年，起连续五年评为宁波师范学院先进工作者。

励　刚（1914—1987）　原名励钧先，象山县东溪村人。出生农民家庭。9岁入东溪义阳小学，启蒙教师为杨白。民国16年（1927）高小毕业，入浙江省立四中，接触了进步思想。民国19年，考入杭州高级中学师范训练班。一年后结业到义阳小学、丹城县立高等小学任教。民国24年12月，毅然辞去教职，随史奇涛赴沪，安排在宁波赴沪同乡会第一小学任教，参加陈企霞组织的抗日救亡读书活动。翌年2月，参加陶行知领导的国难教育社抗日救亡团体。3月，参加杜辉义、陈企霞组织的党的外围组织“进取社”，任理事会总务理事，与史奇涛共同募集图书5000余册，创办协进图书馆。后又创办女校，自编教材，宣传抗日救亡道理。协助陈企霞扩大救亡读书会，组建歌咏队，开展抗日救亡运动。民国25年8月，经杜辉义、陈企霞介绍，加入中国共产党。不久，协进图书馆并入左翼职工团体蚂蚁社下属蚂蚁图书馆沪西分校，与史奇涛同时加入蚂蚁社，成该社社员。10月，中央红军在甘肃会宁胜利会师，励发起并参与募捐活动，支援红军。民国26年5月，“进取社”与林淡秋所在“文艺研究社”合并为互助社。励成为“互助社”社员。“813”日军侵占上海，励调上海文化界内地服务团任副团长。赴浙江嘉兴、桐乡和江苏吴江、溧阳，安徽芜湖、皖北、皖西等地开展抗日救亡宣传。民国27年，到达武汉八路军办事处，担任职业青年抗敌工作团党支部书记，上前线慰问将士，并介绍孔厥（后为《新儿女英雄传》作者之一）等上海文化界内地服务团团员奔赴延安。武汉沦陷后，南下湘东醴陵县任《民锋日报》记者，发表抗日文章。民国28年，转移桂林到重庆，先后入胡愈之、范长江领导的国际新闻社和钱俊瑞介绍的民族革命通讯社编辑部工作。民国29年，患肺病，稍愈即入故宫博物院乐山办事处工作，参与繁重的文物清查、管理和押运工作。抗日战争胜利后，顺利完成文物押运至南京任务。南京解放时，励为故宫博物院南京分院负责人之一。1951年9月，调北京新闻出版社任科长。后蒙受“丁陈反党集团”错案牵连，长期遭受不公正待遇。1958—1979年，励在商务印书馆任编辑和编辑部主任。1979年，调任中国盲文出版社副社长。1984年，彻底平反。

盛足风（1914—2005）　鹤浦盛家村人。10岁随父移居慈溪骆驼桥，就读于钟毓私立小学。15岁考入宁波四明中学。23岁赴武昌华中协和神学院求学。毕业后，历任宁波北堂、开明讲堂、象山新桥堂、宁波锡安堂、江东堂、百年堂等基督教坐堂牧师。“文化大革命”期间受到冲击。中共十一届三中全会后，带头奉行党的宗教自由政策。1980年10月，出席中国基督教在南京举行的首次全国会议，后积极参与浙江教会的重建工作，先后在宁波、杭州、绍兴等地担任教牧人员进修班讲师、浙江神学院特邀讲师。盛足风师德高尚，在国内教会颇孚人望，亦受海外教会敬重。1961年后，历任宁波基督教“两会”主席、副会长、名誉主席及浙江省基督教“三自会”副主席、中国基督教“两会”委员，宁波市政协六至九届委员。

张任伟（1915—2000）　丹城西门人。民国15年（1926），县立高小毕业，随姑父至上海泰利洋行学生意。民国28年冬，熟悉在洋行采购物资的新四军上海联络站人员，并帮助运送上海至崇明物资。是年12月，任江苏崇明县抗日自卫队三营一连排长。翌年，加入共产党。民国30年5月，随江南行政委员会主任兼保安司令何克希进入甬之“三北”，任司令部侦察参谋。民国33年10月，化名张国光，调入实际上为共产党所领导的国民党新昌县行动大队，任副大队长。次年1月，率队上四明山，编为新四军浙东游击纵队四明游击总队新昌大队。是年5月，部队北撤至苏北涟水，整编后任新四军华东军区第一纵队第三旅司令部侦察科副科长。民国35年10月，奉命回浙东恢复根据地，在宁海一带组建武工队。民国36年6月，受浙东工委指示，在诸暨捣臼湾成立会稽山人民抗暴游击司令部，张任司令部参谋长兼游击大队长。次年1月，队伍改编为浙东人民解放军第三支队，张任支队参谋长。民国38年1月，改任浙东人民解放军第二游击纵队参谋长兼重组三支队队长，参加解放天台、三门之战。宁波解放后，任浙江第二军分区参谋长，负责宁波地区剿匪。后任浙江军区司令部军务处长。1955年1月，参加解放一江山岛战斗，任前线指挥部联勤总部副总指挥。同年9月，获三级独立自由勋章和二级解放勋章，上校衔。1960年晋升大校。系浙江省第四届政协委员。1982年离休，参加新四军军史资料搜集、整理工作。撰有《璀灿阳光照天台》等回忆录。1988年，荣获“独立功勋荣誉勋章”。

何敏求（1915—2006）　谱名明柔，儒雅洋人。民国19年（1930），入省立第四中学，民国26年考入中央大学地质系。民国27年随校内迁重庆，翌年秋，以大病回家休养。民国29年春，被选为儒蕉乡乡长。值连年歉收，乃平粜家藏积谷，并力请县府划拨储存本乡之稻谷两万斤，又同乡民，截获私运出海番薯丝万余斤，解饥民燃眉之急。民国30年8月，辞去乡长职务，回校复学。毕业后，民国33年返乡，应“定象联中”之聘，任教地理。年末，学校定名为“象山县立初级中学”。翌年六月，接任校长，因迁校儒雅洋而以家祠承志堂为校舍。日本投降后，于民国35年春再迁丹城。一年中两迁校址，可谓殚精竭虑。是年，被推选为县参议会副议长，又接任国民党县党部书记长。同年，与人合著《中国地理概论》，出版后成大学教材。民国36年春夏间，因痛疾时弊，辞去校长及所兼各职，迁居宁波，任教于效实中学等校。土地改革，悉数奉献家产，被评为开明地主。1951年，因政治历史问题受审查并服刑。1976年获特赦，回宁波工作，吸收为民革成员。退休后羁于乡情，先后在石浦及丹城各中学代课，遂定居丹城。1984年，应聘编纂《象山县志》《象山县地名志》，余暇中缩编台湾版《中国历代战争史》，将原著400余万字压缩为30余万字，题名《中国历代战争史简编》。书成，深受旅台乡贤军事理论家徐培根赞赏。蒋纬国作序，称全书“以简驭繁，文约句炼，能不失原著精神”。1993年3月，《中国历代战争史简编》在台北出版。1992年象山缨溪诗社成立，为名誉社长，其诗作《敏求诗抄》由县政协文史委辑集印行。2001年年初，又以耄耋之年，参与校点民国《象山县志》，查证据典，去讹存真，弘扬乡邦文化，嘉惠后学非浅。身居象山，关心国事，常有诗文发表于彼岸报刊，拥护一国两制方略，坚决反对“台独”。被民革宁波市委授予“民革荣誉老人”称号。

萧善荣（1915—卒年不详）　东港乡萧家村人，中共党员。早年就读于上海民主中学，在学校内参加抗日十人团。民国27年（1938），去陕西参加中国共产党领导的安吴堡青年训练班。是年，转延安入陕北公学工作，后在延安中央组织部、陕甘宁边区总工会、马列学院等处学习工作。民国34年，调东北解放区，曾任沈阳市区长、合江省汤原县县长、合江省财政厅副厅长等职。1949年南下至江西，历任萍乡市市长、江西省财政经济委员会秘书长、九江兴中纱厂厂长兼党委书记。1954年起，先后在江西省委工业部、省生产委员会、省轻工业厅、省基本建设指挥部、省计划委员会等部门，任副部长、副主任、厅长等职。1983年，退居二线，调任省顾问委员会委员。早年在延安参加农业生产时，被评为边区二等劳动英雄。

励润生（1915—1963）　象山东溪人。民国27年（1938），毕业于北洋工学院矿冶系。民国30年，赴美求学，入柯州矿学院，得硕士学位。先后任美国蔼纳康大铜矿业公司、凯纳柯特铜公司雷矿山工程师兼工务室主任。后归国，就职于国民政府资源委员会。民国38年年初，资源委员会撤往台湾，励润生拒绝去台，留守上海。中华人民共和国成立，任华东工业部矿业处计划组长。不久，任中央财委计划局重工业处二级工程师。后任云南有色金属管理局、云南铜矿公司及东川矿务局副总工程师。曾被选为东川市第三届人大代表。1958年，被错划为“右派”，下放冶金工校教书。1962年，由于周恩来总理过问，摘掉右派帽子。翌年8月，参加冶金部专家工作组，赴云南检查矿务，在东川意外跌伤。中央卫生部通知以飞机送北京治疗，临飞前，因输液药物过敏，医治无效于9月去世。1979年6月，中共东川市委为其被错评“右派”平反。

池　鉴（1915—1997）　原名蔡中心，石浦镇人，中共党员。早年任象山石浦小学第一届校长。民国27年（1938）春，奔赴延安，参加抗日战争，并在陕北公学和抗大二分校短期学习和工作，翌年始，起先后在河北省灵寿县政府、平山县政府冀晋中学教导处工作。民国37年，由党组织保送至中共中央马列学院深造。1951年，毕业后在中央直属机关党委宣传部工作。1961年，调中央档案馆中共中央档案部任副主任。“文化大革命”期间，一直在中央办公厅五七学校劳动。1975年，恢复党籍，调浙江省档案馆、省文管会工作。中共十一届三中全会后，彻底平反。1980年，调任中央档案馆党史资料研究室主任。1982年离休。投向革命50年，艰苦奋斗、忠于职守，忠于共产主义事业。

殷　参（1916—1995）　原名姜颖灿，学名姜方生。曾用名颖灿、殷三、粲然、姜渔、方迈、方韦白、艾子等。象山丹城人。民国24年（1935），加入“中国左翼作家联盟”，参加共产党领导的“一二·九”运动。民国27年7月，加入中国共产党。历任延安鲁艺编审委员会编辑，陕甘宁边区中共绥德警备区《抗战报》记者、编辑、主编，绥德分区文化协会主任兼绥德民众剧团团长。民国34年，随延安干部大队赴东北，先后任《胜利报》《新嫩江报》《西满日报》编辑室主任兼驻“三肇”地区特派记者；《新黑龙江日报》社长，《黑龙江日报》社长；《东北日报》第二总编辑、副社长兼总编辑；《辽宁日报》总编辑、中共辽宁省委常务委员，辽宁省政协常务委员，辽宁省新闻工作者协会主席，全国新闻工作者协会常务理事；《光明日报》副总编辑、光明日报社顾问。中国共产党第12次全国代表大会代表。1984年，中组部批准为副部级。1995年8月4日，在北京逝世。著有《殷参文集》，主编《延安鲁艺回忆录》。

殷参喜爱文学，一生热爱、忠诚党的新闻事业。在他50余年的新闻生涯中，写了数以千计的新闻、评论等宣传党的抗日主张和八路军抗日的功绩，针锋相对地揭露国民党顽固派破坏抗日民族统一战线的阴谋。殷参还是范长江主持的国际新闻社的特约通讯员，不少报道通过桂林的国际新闻总社转发给国统区、沦陷区、港澳的报纸，还转给新加坡、马来西亚等地华文报刊录用。

殷参领导和组织众多重大先进典型和先进人物的报道，其中如孟泰、王崇伦、苏广铭、吴大有、尉凤英、佟金凤、黄元龄、雷锋等，均是最早由《辽宁日报》宣传而闻名全国的。尤其是对雷锋同志的集中宣传报道，早于全国一个月，持续半年之久。

担任《光明日报》副总编辑期间，殷参坚决支持《实践是检验真理的唯一标准》一文的发表。不遗余力地协助当时的总编辑杨西光，做好拨乱反正和平反各种冤假错案方面的宣传报道。他审定签发为《海瑞罢官》平反的第一篇文章，勇气非凡。

蒲　戈（1916—2002）　原名史悠斌，象山石浦福建街人。早年在石浦读完小学。民国27年（1938），向往抗日，投奔延安，进陕北公学分校，参加革命。是年转入晋察冀抗大二分校。翌年秋，毕业后分配到一二九师三八六旅工作，先后任教育科干事，旅宣传队教员、指导员等职。民国29年参加百团大战。民国37年，担任十旅敌工科副科长。民国38年，调任十三军敌工科科长。解放战争中参加“上党战役”“淮海战役”。1953年，任赴朝志愿军俘管处科长。曾为志愿军谈判代表之一。中印边境和中越边境冲突时，为解放军谈判代表之一。1954年，任总政联络部干事。1955年起，历任广州军区政治部联络部科长、副部长（上校军衔）。1981年11月离休，正师职。从戎50余年，长期从事联络工作。1955年，先后获“三级独立自由勋章”和“三级解放勋章”。1988年，获“独立功勋荣誉章”。

念方之（1917—卒年不详）　山东省聊城县人，大学文化。民国27年（1938）3月参加革命，4月加入中国共产党。抗日战争时期，历任连指导员、聊（城）堂（邑）边区宣传部长、堂邑县委组织部部长。解放战争时期，先后任新四军聊城新兵训练团副政委、华东野战军三纵第三师青年科科长、堂邑县委组织部部长。民国38年2月，全军统一整编后，任第二十二军民运科科长，参加华东战场各大战役。4月，渡江战役胜利后，昼夜兼程随部队追击敌军，先后参加解放长兴、绍兴、余姚、慈溪等县战役。5月25日，宁波解放，旋即参加宁波军管会工作。7月，转业至地方任中共奉化县委书记。1949年10月8日，念方之在中共象山工委委员李祝三及县大队一个班接引下，率从宁波各地调集的象山籍干部及省里分配到宁波的南下干部等18人赴象，与岳凤展、李海瀛、李效之等，参与筹建象山县委、县政府。念方之和省委从淳安等地调来的梁玉如（任象山县委副书记）等30余人一起开展工作，开展剿匪。经过一年清剿，消灭土匪30多股，毙、伤、俘4000余人。1950年10月，先在雅林溪乡试点，然后有计划、有步骤地开展土地改革。经过抗美援朝、镇压反革命运动，迅速恢复国民经济，为象山新生政权建立做出贡献。1951年5月，念方之调离象山，到福建工作。

徐金木（1917—2000）　晓塘中央di村人。出身贫困，8岁给人放牛、打工。民国32年（1943），为躲避抓壮丁，到大徐落户。中华人民共和国成立后，历任民兵队长、互助组长、农会主任、合作社长、人民公社副大队长、生产大队长、党支部书记等职。1950年年初，参加剿匪63次，俘国民党散兵连长2人、匪36人，缴冲锋枪1支、长短枪17支、无线电台1架。同年，抗美援朝战争爆发，他率先捐献粮食200斤。1951—1953年，创办县第一个互助组、第一个农业生产合作社。1954年春，响应县委“开发海岛、建设海岛”号召，动员、带领80名垦荒队员渡海开发南韭山荒岛，任队长。是年，加入中国共产党。1962年，带领社员改造冷水田，水稻获得大丰收。1963年，坚持科学种田，推广良种，使大队早稻产量从1961年的520斤增加到900斤。不久，他被地区、县农科所聘为农业研究员。1950—1977年，他所领导的互助组、合作社和生产大队先后6次获得省或华东地区“爱国丰产模范单位”“农业先进集体单位”光荣称号。1950—1978年，先后12次评为县劳动模范、先进工作者。历选为县第三届党代表，县一至九届人民代表和人民委员会常务委员会委员，县政协二届、三届特邀委员。1951年，《宁波时报》以《省劳动模范徐金木领导生产又代耕》为题进行报道。1960年，《浙江日报》以头版半幅版面两次对徐金木作详细报道。

王家福（1917—1992）　墙头白墩村人，爱国华侨，日本东京滨园饭店业主。10岁丧父，家境贫寒。13岁过继给镇海沙河乡的叔叔当儿子。14岁到上海谋生。先同裕大酱园店当学徒，之后在日本轮船上当搬运工，漂泊至日本。后日本船东破产，王家福也因此失业。1970年，他离开繁华的都市，来到当时人烟稀少的东京郊外的港区，廉价买下一家小吃店，苦心经营。不久港区开发，成为东京水陆交通枢纽，王家福的小吃店生意也日渐兴隆。经过四五年经营，小吃店发展成颇具规模的滨园饭店。王家福一生不忘自己是中国人，坚决不加入日本国籍。1981年11月，第三届世界杯女子排球赛在日本大阪举行，王家福与好友蔡世金一起，鼎力支持中国女排。为女排做大衣、买球鞋，不惜重金购买比赛门票，赠送给当地华侨观看中国女排的比赛，带领浙江同乡会成员为中国女排呐喊助威。王家福不忘家乡建设发展，先后资助家乡文化、教育、医疗卫生事业。1981年，为白墩村海运事业捐资1.8万美元，又捐赠5400元人民币修建白墩小学；1983年，捐资2.1万美元兴建象山图书馆阅览楼，后又捐资4.6万元人民币为图书馆购买图书8000余册；1984年，捐赠象山归国华侨联合会一辆价值7000美元的日产五十铃面包车；1987年，捐赠5万元人民币设立象山县王家福奖学金基金会，后又充实基金，达18万元；1988年7月，宁波市遭受“7·30”洪水灾害后，王家福立即发动旅日浙江同乡会会员为灾区募捐184万日元。1992年，王家福病故，骨灰安放上海。

陈兆奎（1917—2006）　又名陈文星（Vincent. Chen），字方堃，博士，晓塘乡中岙村人。任美国纽约圣约翰大学国际公法兼外交事务终身制正教授。少入昌国卫正谊小学。民国21年（1932），就读于宁波效实中学，民国24年入杭州高级中学。在中学阶段，参加抗日救亡运动，继而投笔从戎，参加抗战行列。民国29年，转入江西中正大学，攻读政治系，民国33年毕业，获法学士学位，旋去重庆市政府任职。抗日战争胜利后，于民国35年任上海《东南日报》教育新闻记者，其间考取自费留学。民国36年赴美国，先入芝加哥大学（The university of Chicago），于1951年得政治学硕士学位。同年转入耶鲁大学（Yale university），于1957年得哲学博士学位，即任大亚柏学院（Albertusmagnus College）政治学教授兼系主任。1964年，去纽约任教于圣约翰大学。任教国际公法兼外交事务终身职正教授，至退休。

抗战时期，著有《五权宪法的理论与实际》，于民国32年（1943）《江西民国日报》上发表。1966年出版英文著作《十七世纪中俄关系史》（Sino-Russian Relations in the seventeen Century），其他著述发表颇多。

李　伦（1917—2006）　原名李金耕，定塘镇方前村人，中共党员。民国34年（1945）毕业于国立英士大学医学院医学系，旋即任浙江省立杭州医院外科医师。1950年经浙江省卫生厅推荐至上海市军管会医务处师资进修班学习一年。1951年，任浙江省中医院外科主治医师、党支部书记，兼浙江医学院外科学讲师。1955年，担任解放一江山岛医疗队副队长。1960年，担任浙江医科大学附属医院外科副主任医师。

从事医学工作30多年，中华人民共和国成立后为医院培养外科工作人员，提高外科医疗质量，抢救垂危病人及改进管理制度等方面，做出一定成绩。在医疗上曾作过“肾结石”“巨脾症”等学术报告。1958年，获浙江省建设社会主义积极分子称号。1959年10月，参加中华人民共和国成立十周年全国群英大会。1960年，被评为浙江省先进工作者。

张利员（1918—1968） 赖家人。中华人民共和国成立初在参加剿匪、土地改革中加入中国共产党，历任赖家农业生产合作社主任、蒙顶山大队党支部书记。1955年，响应“开发山区，建设山区”号召，率68名垦荒队员上蒙顶山开荒。翌年8月，受强台风袭击，作物尽毁，不少人动摇下山，他对留下的3个党员说：“党要我们在高山创业，天塌下来也要顶，地陷下去也要站。即使剩下我们4个党员，也要坚守山头！”又对留下的群众说：“台风刮走了劳动果实，却刮不走我们的干劲，一定要坚持下去！”他带领大家修房子、砍毛柴，渡过难关。摸索到高山生产规律，以种植番薯、洋芋等块茎作物为主，兼植白术、贝母，发展副业。1957年，又开辟茶园，周围种植松、栗，以挡风沙。经几年奋战，茶叶年产3000余斤，提供药材4.2万余斤。先后被评为县、省劳动模范，出席省劳模代表会议。

何　津（1918—2000） 又名何九鹤，学名何岳，字积皋。丹城镇北门后堂街人。民国21年（1932）起，就读于浙江舟山中学及杭州高级师范学校。民国26年，抗日战争抗战全面爆发，与同学一起组织抗日救亡宣传，深入富阳、桐庐等地抗日救国。10月与申屠筠结伴北上，到达西安，进八路军干部学校学习。不久，干部学校与八路军总司令部随营学校合并。临汾失守后，随营学校转移陕北延安，并入抗日军政大学。河津编入二大队学习。民国27年4月，加入中国共产党。历任中央军委二局秘书、组长、股长、副科长、科长等职。民国32年，被授予军委二局模范工作者，朱德总司令特地为他题词“学习不厌，胜利不骄”予以嘉奖。民国35年3月至民国38年9月，任军委二局科长、副处长。

1950年2月，任军委情报部处长。1951年1月，任军委技术部处长。1952年9月至1955年7月，进中共中央马列学院（后改为中共中央高级党校）学习。1955年7月，任总参三部研究所所长。翌年，兼任由总参三部、二机部和高等院校专家组成的中国科学院计算机技术研究所筹委会副主任委员（华罗庚任主任委员）。1957年6月18日，何津被授予中华人民共和国“二级独立自由勋章”和“二级解放勋章”。1959年，被全国科学技术委员会主任聂荣臻聘为“技术委员会计算机技术组成员”。1965年，任三部一局代理局长。1975年，因传达成都军区党委扩大会议上讲话精神被人告发，遭“江青反革命集团”追查，听候审查。受到总参伍修权等保护。1978年，任命为总参三部六局局长。1978年11月，任总参三部参谋长。1987年3月离休。

励俊年（1920—1978） 名维豪，字慎温，东溪人。入省立宁波中学时，抗日战争爆发，遂组织读书会，阅读进步书刊。民国27年（1938），转天台育青中学，投入救亡运动。8月，加入中国共产党，历任党支部委员、中共天台县城西区工委委员，县委青年、宣传二部部长，省委特别交通员。民国29年夏，赴上海美术专科学校读书。其间，组织中共台属特委上海特别支部，建立秘密交通站，护送近百名干部到苏北抗日根据地。民国32年，毕业后即留学日本，专攻西洋画史。中华人民共和国成立后，任上海虹口中学、行知艺术师范学校、高桥中学、上海美术专科学校校长兼党支部书记。“文化大革命”期间，遭诬陷迫害，1978年9月平反昭雪。

孙吉春（1920—1980） 东溪乡外岙村人。9岁始为人放牛、做长工。1950年，参加土地改革，加入中国共产党。历任村农会主任、村主任、乡委员、高级社社长，新东公社山海管理区党总支副书记、大队党支部书记、平岩头海涂围垦委员会主任。一生致力养猪和海涂围垦事业，带领群众向荒山、河塘、海涂采集饲料，互助互济，发展养猪生产。1954年，全村户均养猪5.87头，1957年增至7.56头，被评为省养猪先进集体。1968年，又发动3000余名民工围垦平岩头海涂，前后10年，抱病堵口，浸泡水中，大坝合龙，即一病不起。临终前，还要求抬他绕堤一看。

1952年始，历次被评为县、省劳动模范和先进工作者，选为县党代表和人民代表。1959年，曾赴京参加中华人民共和国成立十周年国庆观礼。

张　侃（1920—1981）　黄避岙龙屿人。民国23年（1934）毕业于始达小学，后考入省立宁波中学。发愤学习，品学兼优，积极参加各种抗日救亡活动。民国30年于第三战区经济委员会湖墩合作社任会计，后调广丰军三分校合作社工作。民国31年春夏间，日军进犯浙赣线，随分校合作社撤离福建，适逢东南联合大学在建阳招生，侃辞职以公费考入东南联大就读。民国32年，由东南联大先修班报送入国立英士大学法学院政治系学习，积极参加进步学生运动。民国34年冬，与同学黄旭发起组织民主学社，以研究学术、联络感情、团结公众、促进中国民主政治为宗旨，开展反对校长贪污渎职、开除进步学生及奸商囤米牟利等斗争，表现对时局的不满和拥护中国共产党的倾向。

民国36年（1947），张侃英大毕业后，受职任教奉化中学历史、地理等课，嗣任教导主任。工作勤勉，思想进步，接触、支持共产党地下组织，其家庭成为地下党的北区秘密交通站，并数次掩护地下党同志，提供膳宿和联络。奉化解放后，张侃任校务委员会委员兼教导主任。1950年1月，由宁波专署文教科委派，接管并出任象山中学校务委员会副主任委员，主持学校全面工作。时象山解放不久，土匪猖獗，学校秩序混乱。张侃为建立教学新秩序、确立学校规章制度、开齐各门学科、改善办学设施、做好留用教师工作，花费大量心血。他事必躬亲，亲力亲为，带领师生积极参加土地改革，开展抗美援朝宣传，开展政治学习，劳动建校，扩建体育场地，开荒种田，开展文体活动，使学校面貌大为改观。1951年4月，象山县第一届各界人民代表会议第一次会议举行，张被选为副主席。为县一届、二届人民代表会议代表，后因积劳成疾，张侃终得肺结核多次咯血，后又患脊椎骨髓炎，但仍抱病工作，终日不辍，直至卧病不起，还心系教育，说："寸阴难留，愿为党的教育事业竭驽骀之力。"1953年，因病被辞，贫病交加，晚景殊困。1981年4月卒。

李　林（1921—2001）　定塘镇方前村人，中共党员。1949年，毕业于上海同德医学院医疗系，旋即任杭州市人民政府医务室医师；1950年，任上海市同德医学院病理学、生理学助教；1951年，调任上海市第一劳工医院外科住院医师；1955年，升任外科主治医师。1956年，调至安徽省芜湖市第一人民医院，历任外科主治医师、外科副主任。1987年，晋升为外科副主任医师。1980年始连任芜湖市政协五届、六届常委。

从事医疗工作40年。20世纪60年代初就作过脾肾静脉分流术、甲状腺切除术、肝叶部分切除术、食道癌切除术、子宫全切术、巨脾症等高难度手术，并作了学术报告。1956—1963年，为所在医院及安徽省的无为县、泾县、当涂县医院培养一批外科工作人员，在提高外科医疗质量及医院管理制度等方面，做出一定成绩。1956年被评为芜湖市积极分子，1959年获芜湖市先进工作者称号。1987年，受中华人民共和国国防部颁发荣誉证书和纪念章。

柯鸿弢（1921—2008）　又名洪群，石铺镇人。民国27年（1938），入延安陕北公学、抗日军政大学学习。民国28年任晋察冀日报社、通讯社编辑、记者、科长。民国31年，任盂平县委、县政府秘书、区长，建平县委宣传部副部长。民国36年至民国38年，任《冀晋日报》《石家庄日报》，新华通讯社记者、科长。1949年，任内蒙古新华通讯社编辑采访主任。1951年，任中共中央华北局宣传部干部。1955年，任北京汽车制造厂党委副书记、副厂长。1965年，任第一机械工业部汽车局办公室主任。1972年始，先后任北京第二轻工业局五金公司党委副书记、副厂长。1972年始，先后任北京第二轻工业局五金公司党委副书记、书记，北京煤气公司党委书记、副经理。1983年12月离休。

樊恭烋（1921—卒年不详）　青莱村人，中共党员。民国31年（1942），以昆明考区工学院榜上第一名的成绩考入昆明国立西南联合大学工学院航空系，获多种奖学金。民国34年，在"一二·一"学生民主运动中，为昆明学生、西南联大罢课委员会常委，并为工学院主要负责人。民国36年，毕业于清华大学，是年在北京大学工学院任助教，并任讲师助教联合会会长，从事反蒋民主运动。民国37年，在清华大学任助教、讲师。中华人民共和国成立后，任清华大学校党委常委、校务委员会秘书，并当选为北京市第一届人民代表会议代表。1952年，调北京工业大学，曾任党委常委、副书记、副校长、常务副校长、校长、名誉校长、中国人民政治协商会议第七届、第八届全国委员会委员、中国产学研合作教育协会会长、世界产学研合作教育协会理事。中国高等教育学会常务理事、中国高等教育管理研究会顾问，北京市高等教育研究所名誉所长、一级研究员。

长期从事教育工作，积极探索高教办学规律，先后在《人民日报》《光明日报》《瞭望周刊》《高教战线》《中国教育报》《高等教育学报》等报刊上发表论文40余篇。1983年，在北工大进行改革试验，取得比较明显的效果，得到国家教委的肯定和推广。1984年，被授予"北京市特等劳动模范"称号。1985年，被授予"全国先进教育工作者"称号，同时获得"五一劳动奖章"。后从事产学研合作教育的研究工作。他的事迹被英国剑桥大学国际传记中心、美传记研究院收录在6种世界名人传记。

周象人（1921—2001）　亦作周象银，象山南田岛南弄堂村人。兄弟姐妹9人，排行第八。抗日战争时，南弄堂20余户房子大半被日伪烧光。出于对日军仇恨，组织同村二三十个青年打鬼子，并参加当时三门县抗日自卫队，任分队长。民国35年（1946）12月，共产党员陆圣生（董方红）带周象人到嵊县与中共地下党领导人邵明会面后回南田组建武装。民国36年周象人在南田，组织20余名青年（枪10余支）准备起事。10月上旬，邵明和政治交通员鲁华（凌广德）、武工队员王阿法（吴麟法）、王蔚青、陶秀贤（应贤）携带6支短枪，与陆圣生、周象人部会合，活动在海岛山洞中。23日利用集市，组织南田暴动，与邵明一起负责指挥。暴动缴获轻机枪1挺、冲锋枪2支、步枪20余支。然后又到陈利生处缴来步枪4支并击毙区长戴加恩。缴枪行动从进入区署到撤出樊岙，仅1小时。部队当夜在风门口乘船，翌日在沙柳港笔架山上岸，经宁海县桑洲，趁夜翻越三门湫水山，进入芦田山。在当地地下党组织掩护下活动在三（门）临（海）、三（门）天（台）、三（门）宁（海）边界亭旁山区。为巩固部队，台属工委从各县抽调县、区委干部和共产党员、进步青年等到部队工作，由周象人任大队长，下分3个分队。民国37年，部队在三门里金与凤鸣山进行战斗，粉碎国民党台州专属的围剿，后突围到宁海县，收缴国民党桑洲警察所和塔山乡公所等枪支以后，经天、嵊、新、奉地区，拟去浙东四明山与浙东主力武装汇合。在天（台）、新（昌）交界的儒岙、小鳖坑等地3次战斗后，部队改变计划，由东阳尖山折返台属，从大雷山区南下括苍山，在圣堂村与中共浙南党委领导的括苍支队胜利会师。5—6月返回台属时，台工委书记王槐秋遂以新四军军歌中的“铁流”命名之。是年8月，顾德欢、张任伟率领的主力由四明山到台属宁海县与“铁流”部队会合后，“铁流”被编入浙东游击第二纵队第三支队和第四支队，周象人任第四支队第三大队大队长。民国38年2月，第一次解放天台县城，是战战绩辉煌。台州解放后，“铁流”编入中国人民解放军浙江军区第六军分区（台州）警备团，周任警卫营营长。后转业于上海建工局配件公司工作。

樊恭炬（1921—1974）　青莱人。民国33年（1944），入东吴大学。民国37年9月，转台湾大学植物系。毕业后任台湾水产试验所技士。1954年1月，美国芝加哥大学植物学肄业，专攻海藻学，得硕士学位。翌年9月始，先后肄业兼教美国肯萨斯大学、北卡罗拉州杜克大学、加州大学，获博士学位。1960年9月回国，任暨南大学生物系教授。1971年，转中山大学生物系，任教研处主任、教授，兼中国科学院青岛海洋研究所副研究员，曾指导湛江水产学院等研究人员进行藻类研究。未几病卒。著有《中国管技目植物地理分布的研究》《红藻生殖器官的研究》及《西沙群岛海藻研究》等。

韩桂秋（1921—1956）　曾用名亓健民，山东泰安峋峪乡鲁东冶村人。民国32年（1943），在泰安参加中国共产党领导的抗日队伍。民国34年1月，加入中国共产党。民国38年4月，随解放军南下，7月参加象山工作队，历任县委秘书、南庄区区长及定山、南庄、大徐区委书记，县委宣传部第一副部长、部长等职。1956年8月1日，超强台风在象山登陆，时任前线总指挥的韩桂秋受命奔赴抗台抢险第一线，奋力守塘护堤。当巨浪越过塘岸，人力不能抗拒时，他动员群众转移，自己则冒着生命危险，赶到林海门前涂龙王庙帮助庙内群众转移，用自己的肩膀将多名群众送上屋顶，后龙王庙被巨浪冲坍，他被巨浪卷走牺牲。

谢世法（1922—1981）　爵溪人。曾读4年小学，辍学受雇为鲞工，后以捕鱼为生。中华人民共和国成立初，参加剿匪、支前、土改运动，任四村渔民协会副主任。1952年4月，率先联合8艘舶舻船，组织渔民生产互助组。翌年冬汛，又发动组员，首改舶舻船长甲板为短甲板，试捕带鱼成功。春汛又试捕小黄鱼，获丰产。自此，爵溪舶舻由历史上夏秋二汛作业变为常年作业。其年，评选为省水产劳动模范。1954年7月始，历任省一、二、三届人民代表，县一至五届人委委员、爵溪渔业合作社社长。1955年，他所在社被评为省模范渔业社。1957年，加入中国共产党，次年任象山人民公社副主任。1963年，任爵溪渔业队党支部书记。1966年9月，动员并带领53户社员迁居开发南韭山岛，任大队长。翌年冬，其妻采紫菜时落海身亡，世法仍努力工作，使社员收入高于迁居前2倍。

释了宁（1923—2005）　女，又名修康，丹东街道下余村人。7岁进丹城永福庵皈依显英尼师。翌年，就读县立竞化小学，初小后披剃为沙弥尼。18岁于天童景德禅寺受具足戒。象山解放时，她带领女僧，慰问子弟兵。抗美援朝中，倾其所有并动员僧尼俗众捐献飞机大炮。20世纪50年代，响应政府号召，组织丹城寺庵的比丘尼创办针织厂，进行生产自养。后又发动僧尼创建草袋厂，使30多名僧尼顺利渡过三年困难时期。1986年9月，成立象山县佛教协会时，被选为县佛教协会副会长。1993年始，率众尼做佛事募化修葺东寺的山门、天王殿、大雄宝殿、五百罗汉堂及西厢房。后又重新建造大雄宝殿及祖师堂、斋堂、放生池等。

曾任县妇联执委，宁波市佛教协会理事，县五至九届人大代表，县一、三、四、五届政协委员，宁波市八届人大代表，县一至三届佛教协会副会长、四届名誉会长。

桑　恭（1923—2008）　又名松涛，丹城镇五丰村人。中共党员。民国29年（1940）入宁波高级工业职业学校机械科学习，民国32年6月毕业后任浙江省立造纸厂技术员、技士、车间管理员。民国34年入浙江大学工学院电机系学习；1949年毕业后，又入浙江干部学校第一期学习。1951年6月后历任上海第一汽车附件厂技术科长、工程师、副总工程师；1963—1983年先后任上海丰收拖拉机厂和上海拖拉机厂副厂长、厂党委委员、高级工程师；1984年任上海汽车拖拉机工业联营公司董事，副总工程师、事业部总工程师、高级工程师；连续担任上海市农机学会副理事长；连续五届当选为上海市人民代表和区人民代表。

从事汽车拖拉机设计、试制工作40余年，科研成果、重要的著作论文数以百计，并创多个国内第一，为中国的汽车、拖拉机生产发展做出重大贡献，成为闻名国内外的汽车、拖拉机设计制造方面的高级专家。数十次被评为上海市和全国劳动模范、先进工作者，先后受到毛泽东主席、刘少奇主席、周恩来总理、朱德委员长的多次接见。

苏　其（1924—1983）　昌国人。早年就读于定海中学、侨光中学和宁波高工。民国33年（1944）9月，毕业于重庆国立中央工校土木系。1950年6月，参加治淮工程时，于动力设施、施工机械有创见，被评为二等劳动模范、三等功臣。1953年，奉调投身佛子岭、梅山、响洪甸等大型水库建设。次年，加入中国共产党。1958年秋，调安徽省建设厅工业设备安装公司任总工程师、经理、党委副书记等职。1969年，负责安徽合肥东风塑料厂进口主机设备安装，编写详细施工工艺卡，使之如期投产。1972年夏，任安徽维尼纶厂工地副指挥兼设备安装技术总负责，带领技术人员，运用统筹法，检查、改造、安装并进，使价值13万元不合格设备免于损失。1980年，任安徽省建筑工程局总工程师兼技术处长、党委委员。1983年卒，省建委、省建工局党组按其遗愿，把其骨灰撒到佛子岭水库。并追授其为优秀共产党员、优秀工程技术干部。

何亚韵（1924—1950）　女，儒雅洋村人。民国37年（1948）4月，经地下党员陈照华介绍，参加革命活动。她以教师身份作掩护做联络工作，在课堂向学生灌输革命思想、教唱革命歌曲；晚上油印传单，常到深夜。她还经常去村里串联妇女，向他们宣传党的政策，讲解争取妇女解放的道理。6月，工委遭敌人被坏，她和丈夫朱华继续坚持斗争。民国38年6月，敌谍报队去后王围捕朱华等人，她巧妙周旋，引开敌人，使同志们得以脱险。并曾拿出700余斤大米和部分现金解决“四支五大队”的给养困难。中华人民共和国成立初，西乡匪特活动猖獗，她不顾个人安危，仍秘密搜集情报，为剿匪部队作耳目，并通过亲友瓦解土匪，劝其自新。由于她及时提供情报，活捉匪副总队长1名，缴获轻机枪和手枪等武器，受到军分区首长的表扬。1950年4月15日，匪首陈惠一行冒充县大队以剿匪为名，骗何亚韵带路。至小庙屋角时，何已察觉反抗，被土匪杀害。

沈仁淦（1925—2000）　奉化市裘村甲（爵）岙人。民国21年（1932）入奉化甲岙小学读书。后入宁海中学。大学文化。民国34年入奉化中学，任教务员兼数学教师。1950年奉宁波专署文教科之命，与张侃、王书佐接管县立象山初级中学，任教务员、教务组组长。1952年任象山中学教导主任，兼班主任和数学老师。1954年，其所任之班被命名为“古丽雅班”，成为象中历史上唯一以苏联卫国战争中女英雄名字命名的班级。“文化大革命”期间，任县工农兵学校数学教师、县共产主义劳动大学数学教师，教导主任。“文化大革命”结束后，任教师进修学校、宁波师范象山分校副校长。曾任浙江省政协四届、五届委员，县第二届至第六届人民委员会委员，县第八届县革命委员会委员，县第九届、第十届人民代表大会代表、常务委员会副主任。

施廷璧（1926—2003）　浙江吴兴县妙西镇妙西村人。民国34年（1945）1月参加革命，翌年7月1日加入中国共产党。入伍后，先后在新四军十六旅特务营、纵队司令部警卫营、三兵团政治部、浙江军区一军分区警卫一团五营、一营、吴兴县大队、省军区警卫营、华东海军舟山基地南田观察站、巡航大队、登陆艇大队四中队、“柳州”舰、舟山基地侦察船大队、猎舰艇大队、护卫艇91681部队工作，历任战士、班长、排长、副政治指导员、政治指导员、副政治委员等职。解放战争时期曾任王必成司令员、江渭清政治委员警卫员。1964年，授为海军少校军衔，被授予“解放奖章”“三级独立自由奖章”。1966年4月，转业在象山县水产系统工作，先后任县水产公司党委书记、副经理，县水产局副局长、副局级巡视员，1987年9月离休，享受地专级待遇。施廷璧在战争年代，参加过主要战斗13次（负伤1次），其中参加孟良崮战役。1950年，在吴兴剿匪战斗中荣立三等功1次。1951年，工作积极荣立四等功1次，出席军分区英模代表大会。任水产公司党委书记，为筹建县首座水产冷库做出贡献。离休后，参加新四军研究会，任宁波市新四军研究会象山县联络处副主任，撰有《戎马生涯》一书。

周　彪（1926—1951）　原名周来同，丹城人。民国28年（1939）6月，丹城培本小学毕业，因家境拮据，投奔洪塘姑妈周小英家，在洪塘南北杂货店当学徒。受新四军浙东游击纵队影响，改名周彪。民国33年2月，到大隐山参加新四军，被编入第五支队第二大队。抗日战争胜利后，随军北撤至苏北。民国34年10月，在苏北加入中国共产党。解放战争中，经莱芜战役，升任排长。民国37年11月6日，参加淮海战役，立二等功1次。民国38年2月，升任副连长。1950年10月，参加抗美援朝。1951年6月15日，在朝鲜芦洞里战斗中英勇牺牲。

史中平（1927—2004）　又名史悠枢，象山县新桥镇黄公岙村人，民国36年（1947）10月加入中国共产党，民国37年2月任中共象山工委组织委员，发动群众，开展斗争。是年农历十月二十日，发动黄公岙暴动，成立象宁人民抗暴游击队，任政治指导员。经数次战斗，穿越敌人封锁线，投奔三门湫水山游击区，找到浙东游击纵队第四支队“铁流”部队。后象宁人民抗暴游击队改名“两广”部队，参加过解放天台、三门的战斗，后随主力转移。1949年配合二十二军解放象山半岛。1950年12月，任宁波军分区警通连指导员。1953年1月，任余姚县人民武装部政治干事。1954年9月，任宁波军分区兵役科助理员。1955年3月，参加浙江省军区干事训练团学习。1956年任省文化局艺术处组长。1960年3月，任浙江省幻灯制片厂总务。1964年3月，任余姚县百货公司保管员。1981年11月，任象山县图书馆副馆长，积极争取象山县图书馆新馆会的立项和上级部门的财政补助。1984年6月离休，享受县处级待遇。离休后，撰写革命回忆录《曲途》，捐资创办黄公岙山海楼图书室。2004年1月病逝。生前遗嘱捐资新桥学校，其妻杨梅保、妻弟杨颂理遵遗嘱建立新桥学校“史中平教育基金”。

叶荣彪（1928—1990）　涂茨人。2岁双目失明，19岁起分别拜傅天龙、王阿根学唱曲艺。串村走户演唱，受尽辛酸、欺凌。中华人民共和国成立后，配合部队剿匪，向群众演唱《击毙小雄鸡》《敲锣打鼓送军粮》等曲目，鼓舞人民斗志。1951年，被评为宣传模范。翌年，参加县文化馆举办的盲艺人培训班。7月，县曲艺协会成立，被推选为第一届曲艺工作者协会主任。在此后的土地改革、抗美援朝、镇反、互助合作运动中，积极配合党的中心工作，创作《送军粮》《军民鱼水情》等曲目。不顾体弱多病，上山村、下海岛、赶田头、奔会场，宣传英雄人物及劳动模范的先进事迹。1955年，与郑秀月合编的《歌唱徐金木》在参加舟山地区文艺会演中获创作演出奖。1958年，在出席省曲艺工作者代表大会后，与县内艺人一起赴溪口进行宣传演出，7天时间演出47场，受教育者达3000余人次。1961年，参加省文化局和中国戏剧家协会浙江分会联合举办的“传统节目会演”，他的《秀娣闯海》获演唱奖。

从艺40年，5次评为县级先进工作者和模范，4次获地区奖，2次评为省先进工作者。曾任县四届人民代表、县残疾人代表大会一届代表、宁波市残疾人代表大会一届代表。

顾满银（1929—1994）　石浦人。少年失学，15岁在石浦码头当搬运工。中华人民共和国成立后，任搬运工会小组长、组织委员、主任等职。1952年，某部队调防，船舶不慎侧翻，他不顾个人生命危险，跳海抢救落水军人，并潜海摸上机枪2挺、步枪3支。同年，在码头又抢救落水军人，打捞步枪2支。1953年，下湾门驻军缺粮，炮艇拖着舢舨难于拢岸，顾满根纵身浪中，强拉舢舨靠岸，使粮食安全运抵军营。1954年，加入中国共产党。1955年，被评为省青年社会主义建设积极分子。1956年，担任石浦搬运站负责人。1957年，出席全国工交、基建、财贸先进生产者代表会议。1959年，台风袭来，顾带头跳入海中抢运木材公司在海涂中的200立方米木材，保护国家财产不受损失。同年，顾满根任石浦搬运站党支部书记，被评为省工业、基建、交通系统社会主义建设先进工作者。次年，出席全国群英会，被国务院授予先进生产者称号。1961年，获交通部颁发安全优质百日奖章。1971—1978年，任中共象山县委委员。

杨正弟（1931—2005）　名老大。东门渔村人。出生于渔民家庭。兄弟4人，排行第2。16岁，随其当老大的父亲，下海捕鱼。在父亲传授下，凭大黄鱼叫声“九腔十八调”判别鱼群多少、位置、雌雄比率，不久就成为船上代舵（副老大）。1954年，参加东门岛渔业生产合作社，1957年加入中国共产党。1964年当上机帆船老大。数十年战南闯北，熟悉北从吕泗洋南至闽南整个东海渔场情况。1974年，捕捞鱼品590吨，为县首创单产超万担高产单位，继后连续五年渔产超万担。1980年捕鱼750多吨，创机帆船捕捞产量历史纪录，为整个舟山渔场高产单位之一。杨正弟无保留地把捕捞技术、网具改革经验传授给别人，带出高产徒弟无数。1981年起，杨正弟连续三年被评为县、市优秀党员。1982年9月，被评为浙江省劳动模范，同年被选为省五届人民代表、县九届人大常委、九届二次党代会主席团成员。1987年退休，仍热心岛上社会公益事业。

钱素苗（1932—1956）　女，曾名钱阿英，林海大碶头人。7岁上学，因家中贫困，中途辍学。中华人民共和国成立初，象山土匪猖獗，不少农民不敢接近解放军和工作同志。她苦大仇深，觉悟高，痛恨土匪，热爱解放军，不顾土匪恫吓，发动妇女组织妇女会、女子民兵队，站岗放哨、做军鞋、送公粮支援前线。1951年1月，她发动妇女参加诉苦活动，斗争地主恶霸。6月，她被选为乡民主妇女联合会主任，兼乡文书。1956年，选为林海乡副乡长。1956年“八一台灾”，她参加桥头胡、蒋家、夏家、西林等村抗台。8月1日上午，钱素苗与县委工作组张式贞等在蒋家村抢收早稻。下午，大风暴雨，县委通知各工作组抗台抢险。接到通知，她不顾劳累，立即到她负责的村庄去传达。张式贞见她有病，叫她先喝点番薯粥暖暖身子，她说：“我负责的4个村庄，有3个已传达，西林村还没去过，不知村里部署，不管多么艰险，一定要去。”她戴着笠帽，穿着蓑衣，亮着手电，艰难地赶到西林村。这时村里正在开党支部会议，商量抗台对策，钱素苗传达了县委抗台抢险指示。10时左右，开会的房子摇晃，灯吹熄了，一片漆黑。大家决定分头冲出去救人、抢险！她刚一出门，就被倒灌的海水卷走，不幸牺牲。

高　鼎（1932—1998）　甘肃正宁县人。民国37年（1948）7月，在济南考入华东人民解放军银行干部学校。民国38年2月南下，任杭、甬人民银行工作员。1953年12月，调象山县人民银行工作。1957年，任县第一粮食加工厂厂长。1959年11月，参加黄坛水库建设。是年考入水电部水电学院函授部水利工程机械化施工专业，两年毕业。1961年，调财政局工作。1964年4月，调房管会工作。负责住宅设计，率先推广使用预制小梁、现浇板、1/2砖内承重墙于2层以下办公房和住宅建筑。负责设计大塘港堵口工程岸上建筑、县1500千瓦火力发电厂、铁合金厂、万吨水泥厂、石浦印刷厂主厂房等工程。1973年，负责象山糖厂施工，应用马鞍型板壳于主厂房、仓库、饭厅等大型屋面建筑，利用本地花岗岩块作墙体，7个月竣工投产。1974年，在省建科所建筑交流会上介绍，获县“科技成果推广”奖。在丝织厂丝织准备车间，改附梁式风道为钢混楼板式，获省轻工业厅表彰。设计象山县保险公司大楼、县政府大楼，均有特色和创新。1979年，负责施工象山电影院基建延缓工程。周密安排，调配适合人手把作，半年竣工使用。翌年2月，任县基本建设局副局长。1981年至1982年5月，兼任县房产地产管理委员会主任。主持城建规划。率规划组测绘丹城大街小巷，摸清山水地势，掌握第一手资料。提出丹城建设“二十年不落后，在宁波市内属上游”构思，5次编改规划方案。1987年，在宁波市技术鉴定中得好评，获县科技进步二等奖。1987年年底，任石浦渔港路改造工程总指挥，历时6月，推出因地制宜施工方案，比原计划提前半年完成，节约测绘、勘探费18万元，获县“有突出贡献的优秀专业技术人员”荣誉证书。1990年10月离休后，先后被聘为县建筑安装实业公司、宁波华厦建设公司等顾问。1993年，受聘任宁波市城乡建委村镇建筑设计所副主任、主任工程师，参与宁波市农村住宅建设施工通用图的审核、象山中学（新址）总平面图的布局设计等，负责步行街、象山宾馆施工管理。1994年评为高级工程师。著有《县城规划总体布局和空间艺术》《石浦绿化建议》等。

郑友庆（1933—1999）　宁波海曙区人。6岁丧父，8岁入学。小学毕业后因家贫入宁波凤宝银楼当学徒。1948年，时局动荡，银楼关闭，失业在家。不久母亡，家更贫寒。1950年，入宁波大德成百货商店当店员。翌年，再度失业。参加宁波青年中学、财经学校以及宁波专区供销合作总社训练班，学习会计业务知识。1952年10月，由专区供销合作总社分配象山，先后任南田、石浦供销社会计。1956年8月，加入中国共产党，旋升任石浦供销社主任。1958年11月，调任县商业局驻宁波办事处主任。1960年9月，调县计划委员会工作。1961年8月，调任县百货公司经理。1963年7月，任县物资局副局长。1970年7月，调任县商业局局长。1977年7月，改任县供销社主任兼县财贸办公室主任，从事商贸流通领域工作，在企业管理、经营核算、调节供需等方面积累了丰富经验；在物资匮乏的年代，尽职尽责，多方争取，保障全县生产、生活资料供给。1978年12月，在县第八届人民代表大会上当选为县革命委员会副主任。1979年10月，任中共象山县委常委、县革命委员会副主任兼财贸办公室主任。1981年1月，任县人民政府常务副县长，党组副书记兼县计委主任。1987年8月，任中共象山县委副书记。10月，代县长。1989年4月，当选为县长。走上县领导岗位后，勇于解放思想，坚持实事求是、改革开放，大胆探索富民强县之路，积极推动经济体制改革，构筑县域特色经济，致力城乡基础设施规划建设，改善全县水、电、路状况做出了卓有成效的贡献。1990年6月，退居二线，任县人民政府正县级巡视员。1993年退休。

欧绪坤（1933—2003）　曾名小仁，墙头村人。民国31年（1942）春，入本村欧氏私立果育小学读书。至民国36年1月，因丧父辍学务农。翌年2月，赴宁波商店当学徒。两月后回村继续学业。同年9月考取县立简易师范学校。民国38年春，因受学校进步教师影响，参加校内反对国民党特务斗争，被校方视为“闹事头子”，遭开除学籍处分。后经师生激烈抗争，始得保留学籍，继续读书。同年7月，象山解放，他响应中共象山县委号召，于11月参加县干部训练班，从此走上革命道路。受训期间，思想进步，表现优秀，被批准加入中国共产主义青年团。干训班结束，分配到墙头中共西沪区委、区公所任文书。1950年11月，被提拔为西周乡人民政府乡长。翌年3月，调墙头区委、区公所任统计干事。半年后，升任区公所副区长。1953年3月，调县委秘书处，历任助理秘书、秘书。翌年4月，加入中国共产党。1956年2月，县委秘书处改建为县委办公室，历任副主任、主任。其间，县遭“八一台灾”，他深入灾区，调查灾情，直接开展救灾工作。1958年7月，参加县级机关“整风反右”学习，因对农业合作化问题发表一些不同看法，被错划为“右派”，开除党籍，撤销职务，下放劳动。翌年12月，经上级批准，摘去“右派”帽子。1961年10月，抽调至大徐区委帮助工作。1962年6月，调任下沈公社管委会副主任。12月，调县人民银行，旋转至县农业银行长期从事农金员工作。1979年2月，经中共宁波地委批准，“右派”错案彻底改正，恢复党籍，恢复原工资待遇。5月，调县农业办公室工作。1980年11月，调县委办公室任副主任、主任。1984年5月，任县委常委，兼办公室主任，分管农村工作。他的《农村“三制”配套建设与实践》一文，曾受到中共宁波地委、浙江省委领导赞赏，被省农村政策研究室和农村发展研究中心聘为特约研究员。1987年10月，以县委常委担任县人民政府副县长，分管计划、财贸、对外开放等工作。其间，他坚持将农村改革和发展经验，运用到商贸金融领域，深化商业、银行体制改革。1990年5月，任县政协第四届委员会主席、党组书记。1993年4月退休。

纪乃咸（1935—2010）　又名纪乃言，石浦镇延昌人。少年时期就读于象山中学和立三中学。1949年年末考入华东军政大学浙江分校。1950年10月，任中国人民解放军第21军炮兵团文化教员，并加入中国共产主义青年团。1951年2月，入二十一军军部直属炮兵团炮兵干部训练大队任学员。同年10月，进入二十一军炮兵学校学习炮兵侦测技术，后任六十二师炮兵团山炮营观测员。1952年12月，参加中国人民志愿军，赴朝鲜战场。在志愿军先后任侦测班班长、指挥排排长、参谋等职。参加全城反击战，顺利地完成“拔除火力点”任务。1953年7月28日，参与中国人民志愿军总部组织的，与美军、南朝鲜军共同划分“三八线”测量任务。同年12月，加入中国共产党。

1958年，部队复员，9月考入上海戏剧学院戏剧文学系创作研究班学习。1961年9月，毕业后进上海越剧院任编剧。1970年，借调上海市文化局工作。1978年，重回上海越剧院，担任创作室副主任、主任。1985年，任上海越剧院党委书记、副院长。1990年，调任上海艺术研究所任党支部书记、副所长。曾创作《菜市春》《鲁迅在广州》《花中君子》《玉镯记》《风月秦淮》等剧本，其中《鲁迅在广州》《花中君子》剧分别参加上海市第一、二届戏剧节，《鲁迅在广州》获剧本创作奖。退休后，2000年创作新编传奇越剧《范蠡湖》，2007年创作《新桃花扇》。出版专著《海外游子陆锦花》（人物传记）、主编艺术文集《锦心花语》。著有戏曲论文《对当前戏曲“剧本荒”的辨析》《寻找越剧衰落的原因》《赖有微风送兰馨——评陆锦花现象》《对越剧列入国家非物质文化遗产后的几点思考》等。其中《赖有微风送兰馨——评陆锦花现象》一文，于2006年获王国维戏曲论文奖。

潘别桐（1936—1992）　泗洲头人。1955年宁波一中毕业，考入北京地质学院水文地质与工程地质系学习，1956年，加入中国共产主义青年团。1960年，以优异的成绩毕业留校任助教、讲师。1979年3月，加入中国共产党。1981—1984年，在英国帝国理工学院进修工程岩石力学。回国后，先后担任中国地质大学水文地质与工程地质系党总支委员，系副主任、主任，校学术委员会副主任委员、中国岩石力学与工程学会理事等职。在30多年教学实践中，曾讲授《工程地质学》《岩体力学》《地下工程地质》《岩体结构模型模拟》等课程。在指导研究生工作中，不断吸收国内外的新理论和新技术，形成自己的教学风格，被学生评为最受欢迎的老师。他承担铁道部襄渝线、沙通线部分地段的选线勘测，石油部黄岛水封石洞油库水封条件和稳定性研究，水利部黄河小浪底水库工程引水建筑物进口高陡边坡稳定性研究，化工部荆襄磷矿王集矿采扩工程稳定性研究，文化部门龙门石窟、大足石雕、连云港将军崖古岩画等国家重点文物保护研究。完成14项研究课题，特别在石窟文物保护方面的研究成果为国家文化部许多单位应用，《人民日报》（海外版）等多家报纸给予报道，获得重大的经济效益和社会效益。出版《岩体力学》《岩石力学原理和方法》等4本专著和数十篇学术论文，为工程地质和岩体力学学科的发展做出重要贡献。

王性成（1937—2008）　爵溪七村人，中共党员。1955年，就读北京水力发电学校。1958年，参加湖南省桃源马金洞水库工程建设，研究试验成功定向爆破筑坝新技术。翌年，编写《定向爆破筑坝工程地质》一文，出席全国水利水电工程地质会议。1959—1961年，参加湖北黄石水库工程，地处石灰岩岩溶渗漏地区，首用封、堵、截、导等技术处理措施，修建定座坝高42米，蓄水6.1亿立方米水库工程。1961年，参加全国高坝工程地质科研，编写《溧水皂布坝址右岩滑坡体工程地质条件》一文，由科学出版社编入《水利水电工程地质》一书。1963年，进修于北京地质学院，毕业后任水利电力部中南勘测设计院技术员、工程师。1978—1980年，主持完成中国最长大坝海南岛大广坝址选择工程地质勘测报告。1981—1983年，主持编写广西龙滩水库大坝坝基可行性研究报告，获水电部中南院科技二等奖。1983年，调象山县水利局任副局长、总工程师，兼任水利学会理事长、县长科技顾问，第二、第三、第四、第五届政协常委。其间，于1983年后，参加樊岙水库大坝堵口，负责大目涂第一期1.5万亩围垦工程地质勘测与试验，配合爵溪镇选址半路亭水库、前岙岭隧道，后任平潭水库和石浦三家村水库工程副指挥，负责指挥溪口水库引水输水隧道和石浦镇黄埠水库引水工程。接待和参加国家有关部门对沿海电厂选坝与考察、现场测量、勘察试验、设计等。1992年，获宁波市劳动模范称号。翌年，当选宁波市第十届人大代表。

俞文鮆（1940—2002）　昌国人。20世纪50年代，就读于立三中学。1961年，毕业于复旦大学数学系，留校任教。“文化大革命”结束后任复旦大学教授，博士生导师、统计运筹系主任、中国数学会运筹会常务理事、《高等数学与计算学学报》副主编、《应用数学与计算机学报》副主编、《复旦学报》等杂志编委、美国《数学评论》杂志评论员等，并为美国数学会会员、美国运筹学会会员。讲授过《数论》《数学分析》《数学模型》《运筹学》《线性规划与网络流》《非线性规划》《组合最优化》等16门课程。

专长应用数学、运筹学与控制论。在运筹学、偏微分方程等方面发表过《单纯形调优法的收敛性质》《关于不用导数的共轭方向法》《拟线性双曲组典型边值问题可解性条件的必要性》等60余篇论文。与谷超豪等合作研究的“非线性双曲型方程组与多变量混合型偏微分方程的研究”获1982年国家自然科学二等奖。与李大潜合著有《拟线性双曲组的边值问题》（1985），是美国杜克大学数学丛书作者之一，还有其他编译作6本。曾作为访问学者、访问教授到美国、新西兰等国，从事合作科研、讲学、考察等学术活动。培养应用数学硕士生30名，博士生7名，从事应用数学研究有一定成就。其事迹已载入由深圳海天出版社出版的《中国教授人名录》一书中。

柯受良（1953—2003）　石浦东关人。3岁举家迁往台湾台东县。1966年，初中辍学捕鱼。1970年，被电影明星学校录取，参加特技演出，步入文艺界。1975年，获台湾摩托车障碍赛冠军。1977年，进入香港影视圈，任武术特技指导、惊险片演员与导演。1986年，在南斯拉夫驾跑车飞越六车道高速公路（75米），震惊欧洲车坛。翌年，驾摩托车飞越素称“死亡谷”的台湾桃园海湖大峡谷。后在香港驾跑车飞越宽100米码头、70米双向高速公路。1992年，为中国体育基金会筹款，在北京金山岭驾摩托车飞越长城（38米），载入《健力士世界纪录大全》。1997年，为迎香港回归，驾跑车成功飞越55米宽黄河壶口瀑布，获“亚洲第一飞人”称号。2002年，出征雪域高原、世界屋脊，驾车成功飞越布达拉宫广场。2003年，出任“中国开渔节”形象大使。后因哮喘病卒。在石浦老街建有纪念馆，陈列柯受良遗物。

张华定（1957—2001）　乐清市大荆镇人，企业家。从事建筑、服装行业起家。1999年，在当地政府支持下，投资花岙岛旅游开发。至2001年，建成花岙山庄2000平方米，架石林观光铁索桥，新建2座码头，开辟1000多米盘山公路，安装自来水、有线电视、程控电话等设施，初步形成花岙岛景区旅游格局。2001年10月16日傍晚，“海燕”台风袭击象山，张华定时与民工架设铁索桥，被巨浪卷入大海殉身。出殡之日举村自发为送。

第五十二篇
丛　　录

本篇目录

一　案牍、文件选辑

1. 拟象山防英条议

夫自英夷犯顺，窜入浙江，攻陷宁郡，五县失守，官民遭其蹂躏，殊不堪言喻名状，惟我象山□能保守得全者，盖山海之险夷，邑民之贫富，与他县有不同耳！故寇意不在此，而我民亦得苟延时日。第象山既设重兵，又奉调拨严台各协兵防守，洵属屏藩要地，贼寇讵不留心图取，以逞其欲，以示其勇？果一失守被陷，我象之民，则为鱼肉，能不旦夕惶惑，纷纷思逃，扶老携幼，暂出避难乎！窃思建官设职，分兵防守，原所以捍社稷，为民生，未临事时，自应亲历山川地理形势，通为权谋，审其缓急，察其疏密，战守两策，当集议深究，未可拘泥成法，坐以待缚而已。如我象僻处山陬，虽三面环海，并非逼临深水大洋，贼船易于登陟，东距钱仓、爵溪，南距岳头、赤坎，迄至县城或四五十里，或二三十里不等，必须弃舟待潮，冒山涉险，远携战具，重负大炮，来攻山城，诚贼之所短，势有万难者。惟思邑西之黄溪，由乌屿进内港之虾蟆台，外通东海大洋，内达洋北、墙头、陈山等埠，一帆可抵县治，实堪忧虑，然其间亦有深浅之分，山谷或险或夷，道路或长或短，若能相度□□□□□□□□□多建瞭台，设屯卒、绝桥路、禁渡船，山立旗帜，以启彼疑，广方埋伏，以防进退，使贼不得坦然直入，民心可安，社稷可保，仓库军局可守矣。为国为民起见，急难深抱，故不揣愚昧，渎具末议，陈条规于左，是否仰乞仁慈，鉴核采择，遍访细询以行之。

一黄溪埠，向来通达县城，最属近便，由道头至县，计十五里，海船至虾蟆台，非潮泛大涨，不能驶拢近埠登岸。潮一退步，必搁浅陷沙。盖地高港浅，潮泛大小，即使大船在外停泊，小船进内，亦待次潮渐涨，方可行使走动，此海涂之险阻。登岸来城，亦必深入山谷，跋涉山岭，南北两旁，崇山峻岭，修竹茂林，惟由七里亭一路直达彭姥岭脚，路有十余里之遥，溪涧屈曲，山湾幽密，势若盘蛇，形同葫芦，天设关堑，此陆路之险要。应请于黄溪蚕山之后，七里亭之前，分设兵丁，携运炮具，扼守要口，不使直入，该二处均有大庙，兵丁屯宿，有所进出，亦责令盘查究诘，奸细不得混迹乱踪矣。

—黄溪、陈山、墙头、西周、潭港等处，上下渡船，设遇贼船被擒，走泄军情或夺船冒充，胁从使役或汉奸假扮混窥探，在在可虑，应请一概速行封禁止绝，不得私放出入。

—七里亭后山名化林，其巅颇高，海船进港，一望瞭然，应请于该山上下山腰，分设瞭台烟墩，如贼船一进，先举烽烟，使知警备。

—黄溪后蚕山，麻车岭后冈山，七里亭后杨家山，均系矮山，松竹茂密，最易登涉，最易隐伏，请于该处巧设埋伏。进，则同为呐喊，扬旗，施放枪炮，联络接应；危，则可以遁伏无踪，惊疑贼胆，壮助戎行。

—彭姥岭，两山壁立，危险异常，惟中一路可通，乃邑西之咽喉。请于该处分兵扼守，重设炮火，使贼不得平易登攻。

—黄溪、墙头、洋北一带通城大道，有桥头者，亟请暂行拆卸，断绝其道，事后再行修复。

一象山县城，原有额兵防守，现又添拨客兵，同为堵御，不为过薄。今若抽拨出城外，恐致不敷。现县中招募乡勇数百，应请会同议商，分派四门，严督勇头实力管带，昼夜协同，轮流防堵，时使团练技艺，出力图功，不得徒费经用，以收实效。

如此稍一变动，据险扼要，随机应发，贼寇闻风，不敢轻视，而象山外有唇齿依辅，犄角持守，内则磐石之固，衽席之安，百姓何必震惊惶惑，时刻思逃乎。苟恃握重兵，将调城内，团聚一处，师老饷糜，救兵不至，婴城独守，兵家之所深忌。况已贼寇直犯我境，乘上视下，据高攻低，炮石交加，形同瓦解，兵民犹如鱼鳖入罾，鸡凫入笼，早晚待其束缚，岂不深为痛惜也哉。

植三

谨案是议作于道光二十一年辛丑十二月

（丹城《琅琊王氏象派宗谱》）

2. 钦加同知衔宁波府象山县正堂加六级记录十×次黄遵奉

钦命浙江等处提刑按察使司按察使总理驿务王，为勒石永禁事：照得禁暴所以安良，息民必先去蠹。本使访闻，衙蠹病民，惟宁绍两属为甚。除分别出晓谕并访办，合再指摘其弊，酌定六条，勒石于该衙门大堂，并各刷印一道，悬诸座右，以便随时查察，各须永远遵循，毋得始勤终怠。本司实有厚望焉。

—民间词讼，除命、盗重情外，如应审办之案，只准佥差一名，并于票上朱书“不准乘船坐轿，随同多人，需索酒席差费”字样。如身以外，有多带一人，及船户轿夫帮同滋扰者，即许指名控官，将该差分别责革。其随去之人，亦一律惩治。原控案件改差承办。

—投递新呈，务按告期，当堂收受，不准胥差传递旧票，诉呈于状上注明原差姓名，有无得费字样。如有勒索情弊，即许县按例治罪。

—差役禀告毁票殴差，其捏饰者，即行严办、即使□□，仍查明胥差有无奉行不善，分别究治。

—诬告奸赌词状，应并究差役勾串情弊，审实，与原告一律严办。

—□□衙门差役，有持本官牌票需索者，一律办治，并将该员严参。

—访闻各衙门投充差役时，门守、长随悉有规费，同僚又有酒筵，方能入卯。其领票时，又□给门守钱文，藉事□弊，实在此始。须先革以□，俾免藉□，并禁止坐差求□恶习，正本清源，才收实效。

同治六年八月给

（录自1988年《象山县志》）

3. 巡抚杨昌濬开垦南田疏

光绪元年十月初四日，浙江巡抚臣杨昌濬，会同闽浙总督臣李鹤年谨奏，为浙江省沿海南田一岛，今昔情形不同，拟请开禁，听民耕作，以顺舆情，恭折具奏，仰祈圣鉴事。

窃浙江省宁波府属之象山，台州府属之宁海，两县交界地方，悬海一岛，总名南田。三面环海，北去石浦内地仅隔一港，形势联属，向来封禁，其所以封禁之由，年久无考。相传前明洪武中，汤和经略海道，迁舟山、玉环、南田三处之民于内地以避倭，遂虚其地。

我朝康熙二十四年始开舟山，更名定海。雍正五年，复辟玉环，仍循其名。惟南田一隅，乾隆、道光年间屡议开辟，卒未果行。咸丰末年，腹里诸郡，兵戈扰攘，沿海尚称乐土，民皆窜匿其间，事平之后，虽多各归故土，而无业编氓以力为活者，留恋于此，亦复不少。同治四年，匪徒邱才清等聚集千人，麇居伺劫，经前抚正马派兵剿除，声明善后事宜，饬司委勘定议再行具奏，乃因议论不一，迄未定案。自此十余年来，常川派拨水陆兵勇往来巡缉，尚无盗匪踪迹，惟该处土性沃饶，易于耕作，每有附近穷民，前往搭寮开种，虽经随时禁逐，而利之所在，人心趋之，兵至则逃，兵归复至，实有防不胜防之势。臣维沧桑变易，事理之常，昔之悬海孤岛，今则淤成平陆，渐与老岸相连，禁山以外，天涨沙涂，无知愚民开垦捕鱼，由渐而入，亦难尽绳以法。比年海禁大开，舟师按时巡缉，轮艘行驶如飞，洋盗固已敛迹，奸民无虞接济。况南之玉环，北之定海，皆距内地较远，久成熟地，南田一区，不隔大洋，周围约计二百余里，大小一百八岙，其中可立耕耨之田不下三四万亩，加以筑堤建闸，放盐养淡，三数年后，续可耕种者亦四五万亩，海滩渔盐花息尚不在内，此实天地自然之利，弃之可惜。徒袭封禁之名，后患难防，不若明示章程，用固吾圉。现值筹办海防，是处亦称要隘，不先招民耕作以实其地，难保无不逞之徒，引外人窥伺之渐。臣细加访察，僚属舆论咸以开禁为宜，不揣冒昧，据实直陈。可否仰恳天恩，准予开禁之处，臣未敢擅便。除已饬司委员会同石浦同知周历履勘外，如蒙俞允，再行拣派大员前往督同查办，将界址如何清丈，粮赋如何征收，以及招徕承垦、移官设兵、现需经费若干，逐一详慎妥议，分晰禀报，另行核明具奏。期于上裨国计，下益民生，以副圣主惠爱黎元、慎重海疆之至意。是否有当，谨会同闽浙督臣李恭折具奏，伏乞皇太后、皇上圣鉴训示。谨奏。

（录自 1988 年《象山县志》）

4. 二船失事殊甚痛恨著曾国荃查明严究（1885.3.22）

（光绪十一年二月丙子）两江总督曾国荃奏：总兵吴安康统带五船赴闽，突遇法船，适风雾大作，澄庆、驭远驶至石浦沉没，开济、南琛、南瑞被困镇口，嗣随同浙江防营叠次击退法船。

得旨：澄庆、驭远两船退入石浦被沉，管驾、弁员并未并力抵御，又不小心保护，以致失事，殊甚痛恨！著曾国筌确切查明，严参究办，不准稍涉回护。

（《清实录》卷 203 页 5）

5. 江督曾国荃奏查明澄庆驭远两船失事情形分析附上谕（1885.4.25）

两江总督曾国荃奏为查明澄庆、驭远两船失事情形据实分别参办事。

窃臣于光绪十一年正月二十九日具奏，开济、南琛、南瑞三船在镇海口，随同浙省防营抵御法船迭次鏖战各情形一折，声明澄庆、驭远二船被沉，已派道员胡家桢前往确查，并督同该管驾蒋超英、金荣等料理绞船捞炮，应俟事定后办理就绪，再行据实具奏。二月十四日递回原折内开：奉旨，览奏均悉。澄庆、驭远两船退入石浦被沉，管驾、员弁既未并力抵御，又不小心保护，以致失事，殊堪痛恨。着曾国荃确切查明严参惩办，不准稍涉迴护等因。钦此。仰见圣明洞烛万理之外，无任惶悚。臣以两船失事，俟胡家桢查复到日，谨当据实参办，二月二十九日先行电请总理衙门代奏在案。

三月初二日，胡家桢回宁，臣询问益知颠末。方该二船失事之始，宁绍台道薛福成电禀：正月初一日辰刻，澄庆、驭远为法人水雷轰沉。旋据邵友濂、龚照瑗电禀，询之驭远铁柜洋人力尺生，亦云被法人鱼雷轰沉。续据署定海镇总兵贝锦泉文，称有该二船系自行凿沉之说。臣饬胡家桢严切确查，毋许稍涉徇隐。兹据该道查明原委禀称：该五船上年十二月二十九日，由潭（檀）头山洋面甫经驶出，突见法船七艘，由北街尾冲来。正在前驶迎敌，忽然大雾迷漫，咫尺莫辨。所幸开济、南琛、南瑞三船驶行较快。澄庆、驭远开足机器，行驶迟缓，被法船开炮轰击，渐逼渐近，万分危迫。该船自知众寡不敌，遂驶入山口之三门湾。不料法船封围港口，有铁甲三艘将出路截住。蒋超英、金荣深恐以船资敌，遂入石浦为自守之计。戌刻，法小轮船入口，当经该船击退。并商之管带象石练军副将刘青山，派队排列岸上，帮同御敌。三十日卯刻，法舢板驶进内港，我轮船用炮轰退。巳刻，又由小火轮拖舢板两只，每只约数十人，由铜瓦门至东门外洋面测量水道，意图进口劫夺船只，并入港窥探。屡经开炮轰击，众目共睹。石浦厅黄伦桥等亦均禀明有案。是夜天色昏黑，远望各口门，时有法酋小轮窥探，均随时开炮轰击。初一日寅刻，法酋又以小火轮船夹杂于被掳渔船之中，乘黑潜入偷放鱼雷。该两船后艄均被碰伤，其船上水手勇丁，素未经过战阵，相率凫水潜逃。蒋超英、金荣力为阻扼，犹翼补救。讵料两船受伤之处逼近火药舱，倘被击燃，不特全船人命均成灰烬，且恐祸延居民，殃及商船；又恐法人掳去船炮，不得已亟放水管，引以自沉，救全船炮。时蒋超英、金荣志在与船俱没，经弁兵挟掖上岸。此系该两船先后被鱼雷伤损，开放水门自沉之情形也。

臣查澄庆、驭远两船，本不及开济、南琛、南瑞行驶之速，上年派令尽（凑）数出洋。驭远一船钦奉谕旨垂询，臣因无船可以改换，当经据实电奏在案。是该二船之力量更劣于三船，早在圣明洞鉴之中。洎夫两船失事，臣阅各处所绎（译）西字林报有记石浦战事一条，亦载澄庆、驭远两船驶入石浦，孤拔用水雷进攻之语，并有两船大炮、进口洋枪、格林炮抵御甚力之语；又有法水雷船前去，暗无声响，中国轮船一见其施枪炮等语。此与胡家桢所查该两船抵御情形，大致相同者也。至于贝锦泉等所报有未见法船进口，当系该两船自行沉没之语，若据胡家桢在石浦地方明察暗访，互相稽考，二说皆属有因。缘西报张大其词，谓该两船为鱼雷轰沉，自系夸说胜状，炫耀各国，以见功也。而其鱼雷船之来，夹杂渔划之中，西报亦言暗无声响，该处居民未见法船进口，自系指未见大兵轮而言。殊不知二船之尾艄已受鱼雷轰伤也。臣细阅胡家桢所绘石浦水面地图，于法国小火轮所由之水道逐一标注，瞭如指掌。惟该管驾二员概（既）未并力抵御，又不小心保护，以致失事，诚如圣训所谕，殊堪痛恨。自应严参惩办，何敢稍涉回护。

查驭远船副队总李时珍首先逃走，即应严拿务获，一俟到案，即行正法。其澄庆管驾留闽尽先游击蒋超英、驭远管驾准补太湖右营都司金荣，临到危险不能保护本船，即拟发往军台，亦属咎有应得。惟因众寡不敌，意在救全船炮，其情不无可原。且蒋超英由水师学堂出身，金荣亦久历重洋，均属有用之才；现拟扩充水师，筹防江海，正当用人之际，议法不敢太峻，诚恐以后员弁视管驾轮船为畏途，无以鼓励群策，合无吁恳天恩俯准，将该管驾蒋超英、金荣二员即行革职。至于可否责令随同道员胡家桢经理绞船捞炮各事宜，免其发往军台之处，出自天恩，非臣下所敢擅请。副将丁华容照料营务，本无管驾二船之责，且于开船之日奉札仓猝上船，既无随身亲兵，又无在手兵符。正月初旬即至镇口同吴安康日夜鏖战，倍极勤劳，保全三船功绩最著，吴安康、丁华荣二员应请免其置议。此外两船在逃之勇，受伤之弁，容俟查明办理。谨奏。

光绪十一年三月十一日，奉旨：李时珍着即严拿务获正法；蒋超英、金荣均着革职，发往军台效力，一俟绞船捞炮事竣，即行起解；余依议。该部知道。

（《清季外交史料》卷56页34下）

6. 张给谏嘉禄请开三门湾商埠疏

（清光绪二十五年八月十日）

奏为浙江三门湾形势紧要，请旨饬开商埠，以杜窥伺而重筹防，恭折仰祈圣鉴事。窃维先发制人，用兵之要义；有备无患，经国之良图。浙江之三门湾，环山滨海，可藏巨舰，其间岛屿纷列，尤足资控制而裕利源。闻从前刑部候补主事王咏霓，自随使泰西归，有于此地定辟船坞之请。本年春间，意国向我租地，浙江抚臣刘澍堂电请总理衙门，有于此地自开辟商埠之议，谋虑所及，具有远猷。目下意国虽有寝谋，而既为外人所垂涎，不能不筹先时之曲突。揆自力量，库藏既未充盈，船坞只从缓办。若度地自开商埠，预占主权，作先事之图，惟未始非无形之牵制。或请开设商埠，一切经费，筹款良难，矧该处土产无多，若专持洋货为大宗，无论征收税钞，未必畅旺。即使日有起色，而界在宁、瓯二关之间，盈于此者，必细于彼，欲以收利，特恐失算。不知商埠之耗损有数，而海防之钜糜无穷，若非据帜先登，绸缪未雨，倘别国复从而觊觎，一波甫平，一波又起，则沿海之地，疲于设防。通盘计算，孰少孰多，不待知者而办矣。且该处距南田仅隔龙头浅港，南田本属禁山，自开垦以来，田亩约有数万亩之多，特以滨海之区，盗踪易集，即金漆门等处，间或派兵巡缉，而防不胜防，每逢秋获，强割肆行。其间固尚有地未成熟，即有熟亦未升科。今若开设商埠，则士卒梭巡，既可清萑苻之渊薮，农民麇至，即可化瘠坏为膏腴，予以报部升科，一举而数善备，似于安内攘外两端，不无裨益。应请饬下总理各国事务王大臣并浙江巡臣，迅速筹设，度量施行，庶上以抒朝廷宵旰之忧，而下以杜强邻觊觎之渐。臣籍隶浙宁，据所见闻，谨恭折具陈皇太后上圣鉴训示，谨奏。

7. 善耆等奏请画——海军教育统编舰艇开办军港整顿厂坞台垒折

［宣统元年五月二十二日（1909. 7. 9）］

肃亲王善耆等奏：遵筹海军基础，自应熟劝财力，专举闳纲。先植兴复之基，再谋扩充之策。拟就现有款项，画一海军教育，编制现有舰艇，开办军港，整顿厂坞台垒，以期根基日固，凭藉有资。查现有海军官兵教育所在凡四：曰烟台，曰黄埔，曰南京，曰福州。原系各省自筹自办虽皆有成就，然各有短长。必分门专课，庶造诣能精；必增设枪炮、鱼雷练习所，练勇、雷勇等队及海军大学等，庶教程乃密。应请将烟台学堂改为驾驶专门，黄埔学堂改为轮机专门，福州前学堂改为工艺，定额收学生，陆续扩充。并就浙江之象山，设枪炮练习所，附以练勇队；水雷练习所，附以雷勇队。至海军大学堂为官长研究高等学术之所，设于京师，分选科将校轮机科。各科甲班，专设高深战术及海军机要。其将校轮机之乙班，专课高等炮术、鱼雷、水雷、航海、轮机、造船。此先就现有学堂练营量为增损，以储人材之基础也。

查各省现有舰艇，或拨款购造，制异饷殊，有乘统一。今计暂可编成队者，如"海□""海容""海筹""海琛"四艘，堪充巡洋舰；"飞鹰""飞捷""建安""建威""楚材""楚同""楚泰""楚谦""楚有""楚豫""楚观""伏波""琛航""元凯""南琛""福安""宝璧""镇涛""广玉""广金""广庚"二十一艘，堪充沿海巡防舰；"镜清""通济""超武""保民"四艘，堪充练习舰；"江元""江亨""江利""江贞""广元""广亨""广利""广贞""策电""登瀛洲"十艘，堪充长江巡防舰；"雷龙""雷虎""雷艮""雷乾""雷坎""雷震""雷坤""雷巽""湖鹏""湖隼""湖鹗""湖燕"及"辰""宿""列""张"十六艘，堪充守口雷艇；其余各船艇只可内河巡缉。此先就现有舰艇，量为编制，以立舰队之基础也。

海军根据地择适中之浙江象山先行开筑，除灯塔、设浮标等，应就海关船钞项下动支外，拟先将海军办公处所、演武厅、操场、靶场、望台、旗台、架炮台、仓库、码头、医院、枪炮鱼雷练习所、练勇雷勇营房、修械厂等，即行建设；并购置浚港轮剥等项机船，布置粗完，舰艇即可湾泊。至现需开办经费约银八十万两，常年约银十六万两。此择定军港以为海军根据地者也。

制造厂、船坞为海军命脉。近象山港择地兴建，以资联络。但现在度支奇绌，惟有将现在厂坞之大沽、上海、福建、黄埔四处先行整顿，选熟悉人员经理，就该坞原有经费应付。此整顿厂坞以备修理舰艇者也。

炮台与舰艇战守相资，当会商各督抚，切实改良，随时考察。各台官兵，即以海军人员陆续更替，薪饷亦由原发省分应付。此整顿炮台以为海军策应者也。

8. 政务处奏请详勘象山港折

［光绪三十二年七月十一日（1906.8.30）］

政务处奏：六月初十日，准军机处钞交兼署闽、浙总督崇善等奏：密陈象山港形势足为军港一折，奏朱批：政务处议奏。钦此。

查现在时局日艰，海权日重。欲谋自强之用，非振兴海军，无以外固洋面，内卫各省。而创建海军所最急者，尤在勘度完全足恃之军港。该督等所奏象山港一处，近来论列海军者，亦多称为中国军港上选。原奏于该港入境之道里，口宽水深之丈尺，避风之山，作坞之地，均已考查明确，了如指掌，洵称军港合宜之地。所请象山港可为军港之处，自属可行。惟创设军港，规模宏大，事体繁重。拟请饬下练兵处商同南北洋大臣，派员详细勘度具奏，再为经营布置，以重戎备而固海权。

得旨："如所议行。"

（《光绪朝东华录》）

9. 署闽浙总督崇善浙江巡抚张曾敭会奏请以象山港为军港折

［光绪三十三年（1907①）］

查明南田经理之法，业经会同奏陈在案。唯查该原呈，其言虽欲经理南田，而意实注重于经理三门，是以派员履勘外，复经函商。现统南北洋海军广东提督萨镇冰，亲往巡视。兹据先后声复前来，所谓三门湾者，如专指上下三门言，则该处水势遇潮涨时，或深至十丈及二十丈不等，风涛极为险恶；若遇东南风作，轮船亦难寄碇，此断难为军港者也。若就西人所指之三门言，则又形势散漫，口门众多，无要可扼，既无屏蔽之山可以避风，又无广大之坞足以造船，此不足为军港者也。

兹查得南田之北，定海之南，中有象山港，深入象山境内六十六里，口宽十二里，水深自二十一尺至一百十五尺不等，群山环绕，随处可以避风。港内向南，别有支港，曰西湖港，其口曰鹁鸪咀，关锁甚紧，地势平缓，可作船坞。由西湖港至象山县城不过五十里，陆路西达奉化，北达宁波，均在数十里内，作为海军根据之地最为合宜。或以口门较阔引为缺点，不知口阔则敌船易入，口狭则我船难出。敌船易入，犹得以港内之驻舰御之，我船难出，则直自封口而已。近人考查旅顺，有谓不宜于军港之用，正以口门过狭不能二船并出，设收口之后，敌人于口外驻师伺击，港内虽百师船而与敌交锋者，实只一船，此不得不熟筹审处者也。光绪二十五年意国兵舰去三门湾后，即改泊象山港，时来时去，将及两年。近年来各国兵舰亦多至港中游弋，若不早为之计，一经启口，因应为难。臣等以该港北控定海，南望南田，势成犄角，港口六横山横塞其冲，亦足稍资屏蔽。萨镇冰曾至港中勘验，盛称其口势纡长，众山环峙。至谓威海、旅顺港澳显露，故敌炮可捣中坚，不若象山港深藏可守，云云。目前之计，莫若声援象山港自作军港，而以定海、南田为犄角，使外人知其地为我所注意，庶可预杜觊觎。

下政务处议奏。寻复奏：崇善等奏密陈象山港一处，近来论列海军者，多称为中国军港上选，所请作为军港之处，自属可行。唯创社军港，规模宏大，事体繁重，请饬练兵处商同南、北洋大臣，派员详细勘度具奏，再为经营布置，以重戎备。

（《清朝续文献通考》）

10. 出使意国大使钱恂奏三门湾建军港片

［宣统元年十月二日（1909. 11. 14）］

再，筹办海军，非先谋一善良军港以为根据地，则军无由立。数年前意大利步俄德后尘，有租借我浙江三门湾之说，幸我坚持未允，尚留此港。臣籍隶浙江，于三门湾形势夙事考求。到意后，更探访其所以求借之故，愈知我国可以建立军港之地，仅此一湾矣。

---

①张侠等主编《清末海军史料》（海洋出版社1982年版）第三章“防务设施”录该折，时间为“光绪三十三年（1907）”。另，据白炎根《清末辟建象山军港初考》考证认为该折上奏时间为“1906年7月30日（光绪三十二年六月初十日）”。

查军港之设，必也形势便利，乃可以居中策应；必也山环水深，不受浪击，不患沙淤，乃可受停巨舰；必也后枕巩固，乃可以驻兵储械。尤必出入不止一路，一旦敌舰临口，封此则出彼，封彼则出此，乃可以固守摧敌，护舰通路不至困扼。具此数善者，中国向唯胶州一湾，今已割弃，追痛罔补。旅顺背线过狭，出仅一口，非可守之隘，不足珍惜。威海广湾又其次矣。今幸三门湾尚为我土，又北距旅、胶，南距澳、广，均非逼近，筹建军港，此为上选。此事提臣萨镇冰必已早有定谋，务请圣明坚断，无为外人浮说所摇。缘外人希冀我舍此良港，别图次地，则金钱空掷，要塞终虚；彼之利非我之利也。昔年外人劝我建军港于旅顺，而不劝我建军港于胶州者，一在防俄得此不冻之海口，一在防我觉察胶州之利益，误中其计。往事已矣，今后岂可再蹈前辙。臣于外交上不敢听怂恿之甘言，每窥味其不言之隐情，差有所得，故竭诚上陈。……

本年十一月十五日奉朱批：“览。”

（《二二五五疏》）

11. 咨照国会南田立县昌蓂仍归象山管辖文

（民国二年六月二十日）

案照南田象山区域划并一案，经本会于常年会重行议决，南田立县、昌石镇蓂南乡仍归象山管辖等情公布之后，佥谓此案当中央参议院时，曾有咨浙江临时议会调查之说，后虽未见咨行到浙，惟此案双方争执几及一年之久，公私损失，不知凡几。浙省议会四次提案，三次决议，地方利害，关系特重，不能不将议决原委咨照贵会。查浙江临时省议会第一次开会，前都督蒋即据石浦镇自治会禀请，分划象山蓂南乡并合南田为石浦县等情，咨交临时省议会付议。嗣因一时更动，于风俗习惯有种种妨碍，且分划支配于戎马倥偬之际，实难兼顾。经临时省议会咨复缓议。其后，浙江省官制公布第一条，各府厅州一律改县，南田本系抚民厅，当然改县。及临时省议会第二次开会，前都督蒋复据昌石自治会呈请交议，当以既已两次提案，未经实地详查，又以南田虽已设县，土广人稀，辅以昌蓂，亦属两得，遂议决归并南田。惟石浦镇自治会之呈请，意在吞并南田，移治石浦，临时省议会早已虑及，故止将石浦划归南田，不将南田归并石浦。后果有移治之举。诚以南田一岛，孤悬海外，地多未垦之土，村鲜归农之民，尚待经营布置。设治该岛，原所以实控制、谋生聚，移治石浦，于南田设县之意业已全失。临时省议会在当时已不能承认，曾经质问官厅。议决之后，象山县议会及昌蓂人民，函电纷驰，迭次陈请，亦不愿割旧属象山之昌石并合在内，且声明南田移治之，极不便利南田。仅昌石镇自治会以为利，其实，昌石镇人民及象山、南田人民均以为害。及临时省议会第三次开会，遂有南田改设岛司，昌石镇、蓂南乡仍归象山之议。此临时省议会先后议决之情形也。讵议决之后，并未公布，然而经界不正，民志不宁，行政秩序，不免纷扰。象山之旧有机关既因费绌而停废日多，南田之旧有人民复缘移治而托庇无所。是以各该县会、各地人民纷起迭争，迄无宁日。及本会成立，民政长复咨请付议，而县会人民亦纷纷陈请。本会以为昌石镇、蓂南乡既经临时省议会第三次议决仍归象山。昌、蓂之距象山，距南田，水陆虽殊，交通之难易则一。既为象山原有区域，历史上有不能分割之势，自应仍归象山。南田设县，原属遵照浙江省官制第一条改称，虽经议改岛司，而以南田之地势、人口、文化、地质实况，尤感开垦土地之不可缓，维持治安之不可少，非经设有县治不能进行。且各岛罗列，悬峙海中，新辟之土与旧治之地难相比例，不能以建制烦费，弃而不问，应与定海、玉环一律为县。此本会议决南田立县，昌石镇、莫南乡仍归象山之情形也。现此案业经公布，官厅来咨，依法执行。总之，以象山之地归诸象山，不仅保全固有区域，而分割之弊悉可扫除，南田之治仍隶南田，不独可以垦地殖民，而寄居之民得资安集。几经浙省议会讨论，万难再有更改，相应备文，咨行贵会，请烦查照施行。

此咨

参议员

众议员

（录自 1988 年《象山县志》）

12. 大总统徐世昌开发三门湾发布第二次令

内务、农业两部呈请：将浙江三门湾定为试办模范自治农垦区域，安置回国侨民，俾兴实业等语。侨商同属中华国民，比年以来眷怀祖国，咸思复我邦族于农工商各项实业，协力经营。本大总统迭经切令地方长官妥为抚辑。惟是该侨商等久寓海外，习尚各殊，或以非有定属而企业无由发展，或以初归故土而情形未及周知，非亟设法劳来何以资招来而慰人望。该部请将浙江三门湾定为模范自治农垦区域，自为优待侨民，振兴实业起见，应即准如所拟。由部会商浙江省军民长官切实规定并应由外交部分饬各埠领事，通知侨团公举代表回国妥筹办法，次第进行。总期旅外侨民闻风兴起，近以彰悦来之治，远以树拓殖之规，有厚望焉。

此令

总统　徐世昌

民国九年四月十五日

13. 象山县政府关于禁止缠足的布告

奉浙江省政府令，缠足束胸，残害肢体，妨碍发育，影响所及，弱种增虞，切实劝禁。

象邑僻处海隅，风气晚开，缠足恶俗，甚于他方。开通女子，虽先自行散放，而固陋迂执者，仍复密缠紧裹，不改故态，自诩美观。且有忍心害理，强迫女儿缠足，残毁其肢体，阻阏其血脉，以致步履艰涩，操作不便，伤身弱种，莫此为甚。曾经本县长迭次示禁在案。至束胸一事，多属青年妇女，出于本人自动，揆其用意，不外制止乳之隆起，免惹他人之注目。殊不知束胸过久，胸部不能充分发展，酿成呼吸器官种种疾病，非特自害身体之健康，仰且影响于儿女，将与民族体格之强弱，关系至巨。论其弊害，实与缠足相等。当今除旧布新之际，移风易俗，刻不容缓，此等恶习，尤宜先事：革除，藉挽颓风，而培国本，合行剀切告诫，以使家喻户晓。嗣后凡有年幼女子，一律不准缠足，其已缠足或束胸者，均应从速解除，勿再守陋俗，执迷不悟，自毁体躯，是为至要。特此布告。

县长　唐世维

民国十六年九月十二日

（录自 1988 年《象山县志》）

14. 象山县政府“破除迷信，改良风俗”训令

（民国二十年八月）

1. 饬属查禁张贴门神。
2. 通令不得假借祝寿等名义领钱。
3. 饬属查禁售卖冥国银行钞票。
4. 禁止各处迎神赛会。
5. 严禁蓄婢养妾等陋习。
6. 严禁装修淫祠偶像。
7. 禁领婴儿作童养媳。
8. 查禁先觉祠及道法学社。
9. 取缔典妻恶习。
10. 布告废除跪拜礼节。

（录自1988年《象山县志》）

15. 宁海至象山公路路线踏勘报告书

民国二十六年十二月

郑作橹

钧厅二十六年十一月　日，字第　号训令（适值迁金华之时，原令迄未收到，故缺日字第号），兹据浙江省公路工程处呈请，准予暂调职会同该处工务员范世弼赶即踏勘宁海至象山公路，绘制图说，编造预算，具报察核等因。奉此，职遵于本年十一月八日。会同范工务员世弼，偕测工两名，由杭赶宁海县城，准备一切。于十一月十二日开始工作，至二十一日蒇事，计勘定自奉海路梅林站起，经王墩、溪下王、大佳河、井栏村、柴溪、下沈、西周、庆丰桥，越车岭而儒雅洋、再越西沙岭，过墙头、彭姥岭至象山县城，全长六十一千米半，是线距离较短，工费较省，故属上选。……再该路工程预算书职谨编造甲乙两种，甲种预算总数为国币594584.41元，系一劳永逸之计。乙种预算总数为国币373549.54元，系因陋就简之计也，两者孰取，须视财力如何而后确定。

宁象路工程计划书

工程预算书（乙种）

工程预算书（甲种）

呈民国三十一年十月十五日

16. 为合资建筑海塘恳请准予备案由

窃民村青莱山外有庙湾海涂一区，三面皆山，形势环抱，可资建筑以利种植。前清光绪十八年间，曾由崇煦先考晋台府君出资建筑一次；宣统二年间，又由崇煦族叔仲伟公出资建筑一次；但均为建筑塘岸不顺潮流，尽被大风水冲坍，殊甚可惜。兹崇煦等为继承先志，并增益农田起见，特合资重建，期垂久远，除已由敬珪具呈象东区区署转请备案处，理合绘具图形草就计划书具呈钧府。谨请准予备案以利民生，实为德便。谨呈。

象山县政府林溪乡第七保三十甲三十户住民樊崇煦　敬珪

附呈：计划书一件、形势图一张。

建筑庙湾塘计划书

一、建筑理由。青莱一村，三面环海，地狭人稠，大有耕者不得其地之叹，崇煦先考晋台府君，曾于光绪十八年间，有出己资，一度圈筑，惜大功方成，玉楼递召，而二十年、廿一年间，叠遭大风水冲激，堤岸坍坏，挽救无术，八岁孤孩中心痛焉。宣统二年，族叔仲伟公又出私资，再度圈筑，而完成之后，一年内叠遭大风水七次，再塌再筑，旋兴旋毁，遂致资本告罄，兴修无力，又成历史上之陈迹，本年十月，从侄孙敬珪，拟从事小规模圈筑十数亩，以资种植，业经呈请象东区区署，转呈钧府备案在案，惟崇煦为继承先志，并增益农田亩积计，亦拟参加其间，与敬珪合资建筑，扩大范围，增加面积至三十亩左右。

二、建筑方法。甲、岸之斜势：前两次塘岸之被毁，均系逆潮斗浪所致，故此次建筑，力求避免风潮直冲，不自北直行向南，却逾沙栋，后三十丈处，急折而向西，藉免东北风浪之冲激。乙、岸之长度，宽度及做法：子，全岸九十丈，分三段建筑。丑，第一、三两段，筑泥扣，加右脚，共五十丈，泥扣顶宽五尺，底一丈八尺，高八尺；右脚高五尺底宽一尺顶七寸。寅，第二段，内泥扣，外石扣。（由脚到顶）泥扣顶宽六尺，底二丈，高一丈；石扣高一丈，底一尺，顶七寸。

三、建筑程序：从本年十一月初旬开始建筑泥扣，全岸分“龙骨”“斜面”“加顶”，三批工作，预定四十四天完成，明年九月，加筑第二段右扣，预定两月完成，后年九月，加筑第一三两段右脚，预定两月完成。

四、建筑经费。甲，第一、三两段，做泥扣五十丈，计顶五尺，底宽一丈八尺，高八尺，每丈需泥土九点二方，每天用土工十一人，每人工饭国币十元，约做二十三天，共计工饭国币二千三百元。乙，第二段，做泥扣四十丈，计顶六尺，底宽二丈，高一丈，每丈需泥土十三方，约做二十一天，共计国币二千一百元。丙，第一、三两段，做石脚五十丈，高五尺，底阔一尺，需石块三十万斤。凿工三十工，搬工三十工，砌工三十工，共约需工饭国币壹千五百元。丁，第二段，做右扣，四十丈，高一丈，顶六寸，底一尺，需石块四十万斤，凿工搬工砌工，各四十工，约共计工饭国币二千元。戊，碶门：子，碶柱，利用天然岩石，开凿成门，约需石工十工，计工饭国币二百元。丑，盖板，石条二根，计国币二百二十元。寅，碶板，木板十块，计工料国币一百元。己，预备费一千五百八十元。统计预算国币壹万元。

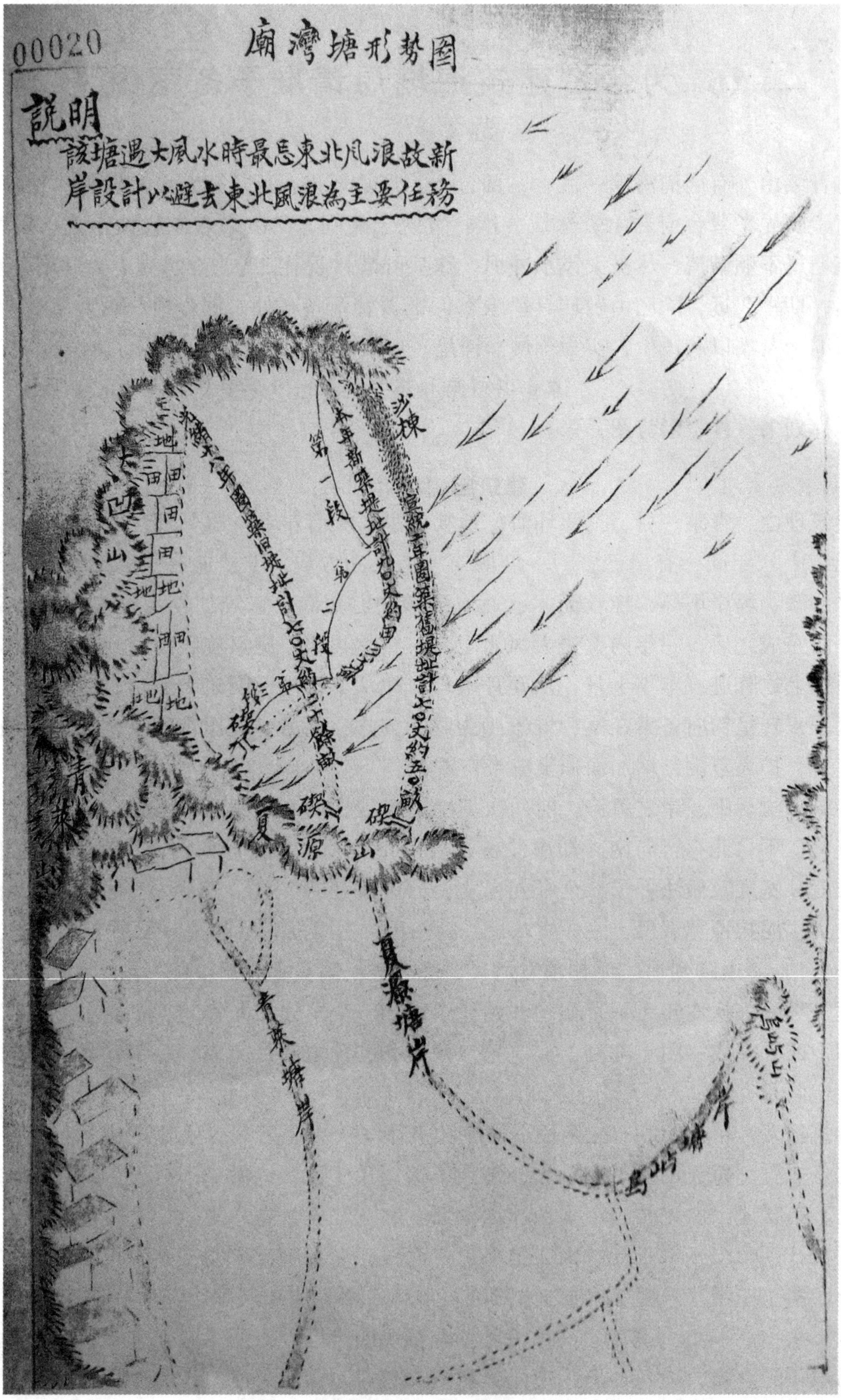

庙湾塘形势图

说明：该塘遇大风水时最忘东北风浪，故新岸设计，此避去东北风浪

呈民国三十一年十月十五日

17. 日军飞机轰炸东门乡罪行调查

（1940 年 9 月 15 日）

敌人罪行调查表

<table>
<tr><td>姓　名</td><td colspan="4"></td><td colspan="4">官职或职业</td><td colspan="6"></td></tr>
<tr><td>所属部队或机关</td><td colspan="2">名　称</td><td colspan="12"></td></tr>
<tr><td></td><td colspan="2">长　官</td><td colspan="3">姓　名</td><td colspan="2"></td><td colspan="4">官职或职业</td><td colspan="3"></td></tr>
<tr><td>姓　名</td><td colspan="3">陈玉耕等七人</td><td colspan="3">性　别</td><td>男</td><td colspan="2">年　龄</td><td colspan="3">二八岁</td><td>籍　贯</td><td>浙江象山</td></tr>
<tr><td colspan="2">职　业</td><td colspan="5">捕　鱼</td><td colspan="4">现在职业</td><td colspan="4">捕　鱼</td></tr>
<tr><td colspan="2">家庭住所</td><td colspan="5">象山县东门岛</td><td colspan="4">现在住所</td><td colspan="4">象山县东门乡</td></tr>
<tr><td>日　期</td><td colspan="6">二九年九月十五日</td><td colspan="2">地　点</td><td colspan="6">象山县东门岛</td></tr>
<tr><td>罪行种类</td><td colspan="14">肆意轰炸</td></tr>
<tr><td>被害详情</td><td colspan="14">敌机在本乡轰炸二次，第一次民国二十九年九月十五日炸毁民房十间，炸死沈春一人。第二次同年九月十九日炸毁民房四间，炸死邱大金一人，共被炸毁民房十四间，炸死居民二人，损失财产估计一百贰拾万元。</td></tr>
<tr><td>人　证</td><td colspan="14">甲种结文乙纸　乙种结文乙纸</td></tr>
<tr><td>物　证</td><td colspan="14"></td></tr>
</table>

（象山县档案馆馆藏档案，案卷号 01-2-1584）

说明：第二次轰炸在九月十九日，该调查估计时间误记。

18. 象山县石浦镇镇公所快邮代电

象山县长盛钧鉴：

本月九日敌人先派敌舰三艘停泊铜瓦门外，向本镇盲目轰击发炮十余响，又派敌机四架侵入本镇上空，滥肆狂炸，投下烧夷弹七八枚。一时火光烛天，延烧达数小时之久，被灾之户约计三百，毁屋七百余间，死三四十人，伤四五十人，损失约计百万金以上，全镇精华尽化灰烬，而平民赖以周转金融之乾大当亦遭焚及。查本镇自八月下旬起，二月以来迭遭敌人联合海空两军连续肆扰，损失奇重，被灾人民流离失所，衣食无着，目击心伤，惨极人寰。隆冬即届，冻馁堪忧，所有详情容调查明确再行呈报。外为急电请钧长迅予电请中央振委会驻浙办事处，暨省赈济会拨款救济。并恳召集全县各机关法团组织石浦镇灾民救济委员会，办理急振，以惠群黎，不胜感祷之至。

石浦镇镇长　佘克延

民国二十九年十月十一日

（象山县档案馆馆藏档案，案卷号 01-2-968）

19. 石浦警察所呈报日军轰炸情形

（1940年10月20日）

象山县警察所兼石浦防护第二区呈

事由　为被敌机轰炸损失详情列表锻祈鉴核由

案查本月九日上午九时四十分敌舰二只在东门口开炮十七发，第一炮中监察所前敦三栈房毁屋一间，延昌前毁屋一间，人无死伤，余均落荒郊。同时，九时五十五分由南面海门方向飞来敌机四架侵入市空盘旋投燃烧弹二枚，一落江心寺前文华纸店，一落当店弄口润和分号。二处当时起火，又投重炸弹六枚，万福街一枚、南店一枚、电灯公司右边老虎洞一枚、西门外叶公池岸边一枚、炮台山脚二枚。共计死17名，伤7名。又焚毁房屋共计七百三十间。当时火势猛烈，一警察在当店弄口抢救被炸断手指，未死被烧者四名，一面督司拆屋阻断火路及停止延烧复赶至江心寺前。斯时，东风火势极大，即率同长警、壮丁将文澜桥街屋拆掉几间，以断火路，一面令附近人持水协同水龙灌救，结果是处房屋均赖以保全。为此理合查明填就防空情况报告表及毁屋死伤详细调查表二纸一并备文呈报。

钧长察核！

谨呈

象山县县长兼防护团团长　盛世馨

附呈：

防空情况报告表一纸　轰炸破坏情形及损调查表一纸

毁屋详细调查表一纸　敌机行动标示图一份

死伤详细调查表一纸　入卡

石浦警察所所长兼防护第二区团长　魏人俊

民国二十九年十月

20. 石浦镇延昌乡被日军轰炸情况呈报

（1941年4月18日）

象山县石浦区区署代电　　民国三十年四月十八日

事由：为电报本月十六、十七两日石浦镇延昌乡被炸情形祈鉴核给恤由象山县县长钧鉴，查本月十六日上午八时二十五分钟由东北来敌机先后共十五架，向石浦天后宫下城隍庙番头岭区署前一带暨延昌乡后岗山等地方投弹轰炸，至十时三十分向北逸去。历二时另五分之久，共计投弹七十三枚，内有燃烧弹两枚，被炸死陈桂芳等五人，炸伤李世卿之妻等六人，炸毁房屋三百十三间。十七日上午七时十分钟起，有东北及南方先后共六次分批窜入石浦镇上空，计敌机五十四架（内三十架于上午八时三十七分由东北向南过境），余机分批轮流在天后宫、大金山、番头岭、文澜桥、小娘坑、木门头、东岳官等处投弹八十三枚。

（象山县档案馆馆藏档案，案卷号01-02-565）

21. 日本军舰炮击东门乡渔船罪行调查表

（1941 年 6 月 6 日）

敌人罪行调查表

<table>
<tr><td>姓　名</td><td colspan="3"></td><td colspan="2">官职或职业</td><td colspan="2"></td></tr>
<tr><td>所属部队或机关</td><td>名　称</td><td colspan="6">舟山海军司令部</td></tr>
<tr><td></td><td>长　官</td><td>姓　名</td><td></td><td colspan="2">官职或职业</td><td colspan="2"></td></tr>
<tr><td>姓　名</td><td>李阿来等九人</td><td>性　别</td><td>男</td><td>年　龄</td><td>三十六岁</td><td>籍　贯</td><td>浙江</td></tr>
<tr><td>被害时职业</td><td colspan="2">捕　鱼</td><td colspan="2">现在职业</td><td colspan="3">捕　鱼</td></tr>
<tr><td>被害时住所</td><td colspan="2">象山县东门岛</td><td colspan="2">现在住所</td><td colspan="3">象山县东门岛</td></tr>
<tr><td>日　期</td><td colspan="2">三十年六月六日</td><td colspan="2">地　点</td><td colspan="3">象山檀头山洋面</td></tr>
<tr><td>罪行种类</td><td colspan="7">击毁渔船</td></tr>
<tr><td>被害详情</td><td colspan="7">敌舰炮毁渔船计一次，被毁渔船有李阿来、陈小乌、张宝金、梅祥福、陈玉耕、周祥顺、奚西根等大捕船各一艘，死船伙计周福清等三十二人。</td></tr>
<tr><td>人　证</td><td colspan="7">甲种结文乙纸　乙种结文乙纸</td></tr>
<tr><td>物　证</td><td colspan="7"></td></tr>
</table>

（象山县档案馆馆藏档案，案卷号 01-2-1584）

22. 象山县东麓乡乡公所呈警察局文

（1941 年 10 月 28 日）

民国三十年十月二十八日发

查本月二十五日晨五时至九时，敌寇军八十余名、伪军十余名突来围劫本乡第九、十保东溪村。其搜括掳掠、残暴恶毒之行为痛恨切齿，乡民受尽威逼痛打，其畏惧恐怖之凄惨情况目不忍睹。并将围劫经过事实暨其抢夺情况陈述如后：

一、本月二十四日午夜十二时，敌寇军“小仓部队”及伪“和平救国军特行队”十余名，自茅洋出发过尖岭，经山根、井头，翌日晨三时至第十七保五狮寺，逼令寺中佣工带路，翻越东溪背后高山山岗。五时许占领东溪村东、西、北三面山头。

二、敌寇军围占后，散布东首叶家岗，北首来脈岗，西首小庵山头一带埋伏。六十余名日军自牌门头、隔坑弄、来脈岗、大坛等处四路冲下，将村庄两边包围。

三、冲入村庄后，在东溪街集合。经敌寇队长训话数分钟，遂即解散，分头乱窜，突入各店铺、各居户，大肆掳掠，翻箱倒箧，举凡值钱衣服、布料、器皿、杂物及银货币钞均被抢掠。是日，古农历九月初六日，适东溪街聚市，乡民上市者，身边币钞均遭抢劫，无一幸免。

四、寇军残暴凶狠，状似疯犬猛兽，乡民无不受殴打痛击；对于老幼妇孺胁逼尤甚。且吓叱乡民："此地有无中国兵游击队？"或因恐惧而言语吱唔者，则击以耳光或遭蹴踢，被其捆绑者更不乏人。

五、第九保乡民励维渭，家内搜得军帽一顶，认为匿藏兵士，遂被毒打，且扭至街上拟带往茅洋，经其老母及乡民之哀求，始行放回。然其身体已受重伤。又第八保乡民励继蓬，年六十余岁，为前特行组长励光斐之父，因汉奸唆使，寇军乃用刺刀劈其头部，受伤颇重。

六、敌寇队长一人随同翻译在东溪街店内询问店主励秉乾及第十保保长励维本云："你们东溪乡乡长是否励乃勤？他人在否？现居何地？"等语，并威胁该保长谓："限三天之内，你们乡长与保长至少二人前来茅洋，由溪口乡公所转日本司令部。否则皇军定要捉拿的，你们村庄也难保。"云云。复屡次查问王参谋行踪，且谓："王孝南初四日到东溪，并有游击队，特来包围搜查。嗣后，你们如不来报告，定要把东溪房子烧光。"云云。又伪军钮阿章对人讲述，亦是此语。

七、敌寇军大肆抢劫之后，至八时半复集合在东溪街，用轻机枪（其三挺）、小钢炮（一门）向小路方向射击，历半小时始停，弹多落剃头山（即东溪前面南山）。并强拉乡民十余人，挑负掳获物件。九时后集队离东溪，抢掠先后凡四小时。

八、敌离东溪后，经木头岙岭由岙底井头抵山根村庄，又大肆抢掠，始向尖岭原路回茅洋。

（象山县档案馆馆藏档案，案卷号 01-02-597）

23. 象山县溪口乡第十四保保长呈报

（1941 年 12 月 16 日）

为叶以尹、郑兹田被敌残害均系因公殉职续请讯予救济，仰祈准由：

一、案奉：钧府本年十月十日民字四九六号指令，略以情转请设法救济被敌残害壮丁家属，呈暨附表均悉。已予据情属转赈济会分别救济。惟查叶以尹、郑兹田两名是否因公殉职，讯即详查具报，以凭核办等谕。

二、奉此遵即往南充详查郑兹田于本年七月二十九日晨，在村后山脚瞭望敌人，不意敌人竟从该山脚冲入南充。该郑兹田退避不及，逃至溪坑已无生路，竟被敌人掳至村前三角地。郑兹田知无生命，当强硬力争欲脱，敌以该壮丁力大，恐被脱逃，当以刺刀将该郑兹田活活戳死。同日，郑世信与敌人抵抗未几，退避不及，又被敌人掳至溪口，以利刀剐割洞腹而死。其惨状言不堪闻。

三、查叶以尹于八月四日以守望班头未逮，故在家做工，突闻敌人冲入蔡家，由汉奸引路。叶以尹即逃至屋后，被敌人枪杀。乃该壮丁叶以尹其班头虽则未逮，义务尚未脱离。以上各三壮丁均属因公殉职。理合据实查报，据情迅予救济。仰祈核准。

谨呈

象山县县长　苏

保长　郑兆亨

民国三十年十二月十六日

（象山县档案馆馆藏档案，案卷号 01-2-1036）

24. 西陲乡日军罪行呈报

（1945年6月26日）

事由为奉令查敌人罪行等因复请督核由

案奉

钧府挺秘字第一六八号训令饬查报罪行等因奉查本乡管辖范围。兽蹄所至之地相隔数乡，敌人奸淫掳掠、焚烧屠杀等罪行，虽常有所闻，详唯于三十一年三月九日凌晨二时许，敌人第一次在下沈村登陆时，曾枪杀本乡陈阿际及赖岙住民赖昌土等二名。同年三月二十三日下午三时许，敌人第二次在下沈村抢劫时，烧毁下沈大庙余屋三间，确系事实。业经前乡长陈汝鲲呈报在案前因理合据实呈复仰祈。

（象山县档案馆馆藏档案，案卷号01-2-552）

25. 象山县人民政府成立通知

人字第一号

顷接省政府电令，内开“兹决定象山县成立人民政府，并令念方之为县长”等因，奉此，遵即于本月二十一日就职，启印视事。除呈报外，令仰所属知照为荷。

此致

县长　念方之

1949. 10. 21

26. 剿匪第一号通令（节录）

1950年8月3日

奉师令，本团进驻象山县境，实施分散性剿匪，并于十月底前将该带股匪肃清剿灭，以便配合今年土改工作顺利进行。

团率直属连及三营进驻县城，设营指挥。三营担任城周及以东爵溪，以北珠溪、海墩、钱仓地区剿匪任务。二营第一步进驻西南下缸厂、台头、大坑、白岩下部署宿营，并担任长街、胡陈及其驻地以北南潦崮山、南湾山、大小马鞍山、谢家山、关头、东溪等地，与活动于南田、昌国卫、石浦之县大队密切联系，南北协同剿匪。一营第一部进驻西周镇宿营，担任镇周山区、儒雅洋及宁海茶院等地剿匪任务。县大队与一营密切联系，负责昌卫、石浦、南田等岛屿剿匪。

剿匪总的方针是与群众相结合，实施军政民一体，军政配合，力求军事上歼灭，政治上瓦解。掌握剿匪政策，战术动作应掌握迅速突袭，发扬勇猛、顽强、机智、灵活、积极、艰苦的战斗作风。

对山区股匪应取夜间运动、拂晓攻击的奔袭，及多路分进合击战术。对游击分散小股匪特，加强便衣活动，实施夜间突然分袭、伏击，突然地开入匪巢。实施驻屯清剿、宣传群众，从思想根基上瓦解动摇匪特。

27. 浙江省象山盐场管理处联合公告

（象普产字第37号）

查全国盐务的基本情况，产多于销不相适应，就华东区盐的生产，即足供给全国而有余。本省一般中小盐区本高质劣，既不能与他场竞销而仍盲目发展，非但供过于求，造成普遍走私，妨害盐税任务的完成，且因大量过剩，堆而不销，直接遭受严重影响的是劳动盐民，生活势将增加困难。业奉政务院华东区军政委员会东办秘字第105号指示：将多余的不经济的盐场化成为有用的农田，将浪费于制盐的人力转移于农垦及其他生产事业，既促进经济繁荣，并得保障盐民生活。并在浙江省人民政府发布的关于加强盐区工作，贯彻盐务方针，保障盐税任务的决定中，亦有同样指示。查浦东西区、杉木洋、海塘、南堡等地产盐不合经济条件，均在裁废之例（列），其新开卤地，即应自动铲毁，凡我盐民必须了解浙盐前途，必须淘汰，要顾到长远利益，应一致自觉的准备转业。除由象山稽征所会同区政府动员进行外，特此布告。

县长　念方之

场长　李　铭

1950年8月

28. 县土改情况检查报告（节选）

概　况

象山县的地理特点是环海半岛，境内多山。农作物以水稻、番薯为主，麦、豆次之，经济作物有少量棉、麻，山货，毛竹、柴爿较多，而成片的森林、成林的木材，则极少，农村副产以养猪业为盛。矿石有茅洋的萤石矿（砩石，俗称绿石）、石浦的金矿等。而爵溪（石浦在内）的渔业则闻名全国。

农村因为长期受封建地主的剥削，加以山多田少，土地瘠瘦，所以农民生活极其艰苦，常年粮食以番薯为主，缺粮欠粮很多。

象山港是我国主要军港之一，是国防建设重地。

全县在行政上分5个区，76个小乡，358个行政村，有丹城（行政）、石浦（商埠）、爵溪（渔业）及西周四个市镇。

全县共63675户，238516人，其中男137495人，女101021人。

全县土改前土地情况如下：

占有土地：田269920.19亩，地78081.21亩，山262061.75亩，荡337452.2亩，折田8350.38亩，总计618413.52亩，平均数1.4102亩。使用土地：田272304.65亩，地78492.86亩，

山260741.86亩，荡339974.15亩，折田8575.75亩，总计620115.12，平均数1.425亩。以上系根据1950年征收农业税的统计。

象山县的土地改革是分批进行的。首先是1950年11月中旬开始到12月底完成了重点乡的土改试验，1951年年初到3月底完成全县28个乡的土改，3月底到5月中旬全县展开30个乡的土改，5月底完成了分配，并有力的结合了生产。

全县58个乡的土改分配工作，历时7个月。5月底到7月中旬，在抗美援朝、保家卫国运动的基础上，紧密结合爱国主义生产运动，检查并发现问题。7月中旬开始分批进行，结合镇压反革命，三类型乡的结束土改。月底完成18个未土改乡的土改工作，其中有3个盐区乡。这些工作都必须与深入开展抗美援朝、保家卫国运动、爱国主义生产运动密切结合，才可以胜利完成。

土改地区的一般情况：

（一）各阶层人口

阶层	户数	占%	人口	占%
雇农	2963	6.28	6357	3.49
贫农	22591	47.92	86030	47.17
中农	9920	21.04	47329	25.95
大佃农	33	0.07	188	0.10
富农	595	1.26	3440	1.89
地主	1296	2.75	6644	3.64
工商业者	80	0.17	483	0.265
其他	9670	20.51	21.20	17.5
共计	47148	—	182386	—

（二）各阶层土地占有与使用（土改前）

阶层	占有/亩	占%	使用/亩	占%
雇农	1037.66	0.42	2524.10	0.97
贫农	32084.69	12.85	97328.71	37.31
中农	60117.38	24.07	108114.93	43.45
大佃农	184.71	0.07	753.90	0.29
富农	12487.96	5.10	12465.33	4.78
地主	72913.66	29.2	20101.34	7.71
工商业者	782.75	0.31	345.19	0.13
其他	20601.81	8.25	17409.17	6.67
共计	200210.61	80.18	259042.67	99.31

（三）土改中没收征收土地

阶层	土地/亩
农民	228.55
地主	72305.96
工商业者	687.32
其他	4004.89
公共土地	47236.22
共计	124463.92

（四）土地的分配

阶层	土地/亩
农民	112179.95
地主	6751.64
工商业者	23.09
其他	11206.43
公共土地	4256.54
共计	135415.66

（五）各阶层土地占有与使用（土改后）

阶层	占有/亩	占%	使用/亩	占%
雇农	10177.96	3.9	10827.79	4.13
贫农	111410.39	42.74	121046.19	46.18
中农	83666.33	32.09	87697.79	33.46
大佃农	330.28	0.13	359.95	0.14
富农	12276.84	4.71	10594.54	4.04
地主	7359.11	2.82	6974.15	2.66
工商业者	118.53	0.05	117.51	0.05
其他	27803.37	10.66	23701.36	9.04
共计	253142.80	97.1	261319.22	99.7

29. 象山县人民政府布告

府字第 3152 号

查无为教、中教道义会、长生道等反动道会门，不仅为封建迷信组织，欺骗麻醉群众，诈取人民钱财。且为反革命操纵利用，散播谣言，煽惑人心，甚至组织叛乱，进行非法活动，破坏人民民主建设事业，捣乱社会治安。本府为镇压反革命活动，保障人民利益，维持革命秩序，特宣布取缔无为教、中教道义会、长生道等反动道会门，办法如左，自宣布之日起即予施行：

一、无为教、中教道义会、长生道等反动道会门及其支派或化名组织一律为非法组织，其坛堂一律予以查封取缔不得再有任何活动。

二、属于上列反动道会门财产，一律由政府查封没收。

三、凡无为教总敕、号票、蜡敕、传灯及堂主清虚专职办道表房以上，中教道义会专职办道人员、四步功以上、皈依董事以上，长生道祖师、护驾师、主师、主持、引进师、说仍师以上及专职办道人员，一律向本县公安局履行登记，如有违抗或继续活动者，经查明定予依法惩办。于布告之日起，即向本县公安局所设立之反动道会门登记处登记。（墙头区：蔡仓；大徐区：青莱；南庄区、丹城镇：丹城；南田区、石浦区：南田）。

四、凡上列反动道会门分子，曾与土匪、特务等反革命分子勾结，或有其他犯罪行为，如悔过自新，交出反革命组织关系及反动文件、武器、资财等，并保证今后不再作非法活动者，当予宽大处理，准其立功赎罪。

五、所有被欺骗参加上述反动道会门的一般道徒、会众，应声明脱离非法组织，停止活动，一律不予追究。如能揭发反动道会门罪恶及其破坏活动者，予以奖励。

此系有关本县安定社会秩序、巩固革命胜利之重要措施，仰我全体人民，群策群力，互相劝告，使误入歧途者从速脱离。对仍然执迷不悟、继续进行破坏活动者，得随时检举揭发，协助人民政府，镇压反革命活动，巩固革命秩序。

此布

县长　李瑞三

1953 年 8 月

30. 中国共产党象山县全体党员会议关于 1956 年农渔盐业合作化的决定（节录）

（1956 年 2 月 7 日全体党员会议通过）

自去年 7 月 31 日毛主席“关于农业合作化问题”指示及党中央七届六中全会决议以后，象山县执行贯彻了毛主席“关于农业合作化问题”的指示和六中全会决议的精神，不到半年的时间，农村面貌已起了根本变化，半社会主义合作经济已在农村居占绝对优势，分散的小农经济日趋缩小，截至 1956 年 1 月 31 日止，农区现有入社农户已占总农户的 68%，渔区入社户数已占总渔户

78.86%，盐区入社户数占总盐户的71.9%。

在这种新的形势下，党的任务是大胆地、有计划地领导运动前进，走在群众运动的前头。加速前进步伐，转变工作作风，深入下去，接触实际，调查研究，全面规划，为1956年在全县范围内基本上实现农、渔、盐业合作化而努力。

农业半社会主义合作化要求在今年春耕前基本上完成，即入社农户达到90%左右。其中南二区要到80%，北四区达到95%。同时通过搞生产规划，解决小社生产的矛盾，进行小社并大社，组织联合社，一般可在200户左右，待秋后取得管理大社的经验后，再作适当的合并与扩大。农区高级合作化在春耕前控制在县、区委和个别有条件的乡进行试办，但必须经县委批准。夏季充分做好准备，主要是搞好生产，保证增产，培养骨干，提高经营管理能力和社员社会主义觉悟。秋收前后全面发展，要求达到组织社员为总农户的70%左右，在五七年的春耕前争取基本上完成高级合作化。

渔区合作化：全县总渔户4768户，初级合作化在大黄鱼汛前进行试办（三个），大黄鱼汛后至带鱼汛前完成。

盐业合作化：全县共946户盐户，初级合作化在春耕前基本完成，高级合作化春耕办一社，秋后完成。

全县合作化大发展后，还未普遍进行一次整顿，因此在生产管理上存在着一定的混乱现象，一半社还没有建立起组织，部分社政策处理尚有遗漏。为保证社的质量，在春耕（夏汛）前必须对现有农渔盐业生产合作社普遍地进行一次整顿工作。整社的工作重点是改进合作社的经营管理。在所有的合作社中必须深入进行一次“全国农业发展纲要（草案）”和“农业生产合作社示范章程草案”的学习，以示范章程草案第六章到第九章（即生产、劳动组织和劳动纪律、劳动报酬、财务管理和分配）为主要内容，结合各个合作社的实际情况，进行检查，按照社章规定来改进合作社的经营管理，普遍推行按件计酬、包工包产和奖惩制度。此外，对合作社内存在的其他问题，如有些社领导组织未建立，领导成份不纯或政策遗漏等问题也应迅速加以解决。

31. 中共象山县委关于抗台救灾情况及下半年工作意见的报告

地委并报省委：

强大的台风中心位置—12级以上的风力于8月1日晚上10时后在象山登陆。现将全县受灾的程度、善后工作的处理情况及下半年的工作意见分别报告如下：

受灾的程度：

7月29日起，连续接到舟山地委对抗台工作的几次指示，因此县委也曾采取了一系列的措施，部署了抗台工作。这对减轻灾害的损失是有一定作用的。但由于这次台风势力强大，人力不可抗拒；再加我们对12级以上台风的破坏力认识不足，没有经验，因此仍然造成了严重的灾害。

一、全县受灾的程度分以下几方面说明：

1. 干部群众的伤亡是极其惨痛的：全县干部牺牲50人（其中县级1人，区级13人），受伤

61 人；群众死亡 3349 人（其中渔民 23 人），受伤 5503 人（内重伤 1436 人）；另外还有 3 个解放军牺牲。这次群众死亡最多的是南庄区的林海乡（原海塘、桥头林二个小乡），全乡死亡 2821 人，该乡靠近海岸的 2、3、4 村 3100 余人口，只有 700 余人未死，50 个干部也大都死在该地。主要原因是大风卷起海水越岸倒灌，被淹而亡。

2. 海水越岸倒灌，冲破海塘 191 处，碶门 129 处，被淹土地 116611 亩。其中有 106498 亩今年的中稻颗粒无收，晚稻也不能插秧，平均每亩按 300 斤计算，就要减产 3180 万斤；并且还有 1 万亩左右田由于碱性过重，在今后一二年内的生产也成问题。同时修复这些海塘的人力、物力、财力也是惊人的，据初步计划需要劳力 45 万工，经费 19 万元。

3. 房屋倒塌 77395 间（其中草房 43252 间），损坏更是普遍的现象，很多乡村几乎全部房屋都倒塌了，因此使部分群众处于无家可归的境地。

4. 各项生产计划的完成受到了严重影响，甚至造成了减产的局面。在农业生产方面，除了 116000 余亩被淹土地外，其他农作物也遭到了不同程度的减产，如番薯平均要减产 20%~30%，棉花、黄豆几乎全都减产，中晚稻的增产也受到了影响。渔业生产方面：船网遭到了严重损失，全县被冲走不见的船 102 只，被冲坏需要重修的 367 只。修补这批船只不仅需要 33 万元的资金，而且很多原料一时也不能办到，修船工人也大感缺乏。因此必然影响秋汛生产计划的实现。盐业生产这次被水冲走食盐 9500 担，制盐的灰卤全部冲失。林业生产：据新桥、墙头二区和黄避岙乡（是全县主要山区）的统计，拔倒大树 39742 株，拔倒小树 10399 亩，全县 5 万多亩毛竹 40%被风刮倒，如墙头区刮倒的毛竹就有 44 余万斤，价值 66 万余元。另外，工业方面停止生产三、五天的厂是很多的，交通也曾一度处于停顿，电线全部遭到损坏和阻碍。

5. 国家合作社和广大群众其他物资的损失也是惊人的。（1）国营企业和供销社的物资及财产损失数达 615150 元（其中物资损失 308676 元，财产损失 306482 元），尤以中粮、水产和供销社三个单位损失最为严重，中粮公司占 172041 元，水产公司占 20 万元，合作社占 152795 元。（2）农业社粮食被水冲走损失达 696 余万斤，还有尚未收进的早稻六、七千亩，估计损失 200 万斤以上。（3）关于群众的牲畜、家具、衣服及锅、灶、碗、筷的损失更是无法估计，尤其是南庄区的部分乡，所有家畜、农具、家具、浮财几乎一扫而光，很多灾民只光着身跑了出来。

但是由于全县各地地理环境的不同，因此受灾的程度也是不同的。一部分地区遭到了台风、暴雨、海水三重侵袭；另一部分地区只遭到了台风和暴雨的袭击，海水没有倒灌。根据土地、房屋、粮食、劳力及耕牛农具五个方面损失程度，以小乡为单位，可以分为四种类型：

1. 土地、房屋、粮食及耕牛农具冲光，人口死亡很多，劳力大大减少的严重灾区有海塘全乡（二、三、四村），东陈乡西港村，昌国乡黄岩塘村，民主乡的柱岙、碶门头、下盆岙村，黄避岙的高泥、兵营及鲁家岙村，墙头乡的下沙村共计 12 个村，受灾人口 8392 人。

2. 土地淹光，房屋、粮食大部倒光冲光，劳力农具损失不多，这样的重灾区有十个乡，受灾人口 23331 人。

3. 土地绝大部分被淹，今年生产已无收入，房屋部分倒塌，粮食、农具、劳力损失较少，这种较重的灾区共廿个乡（镇），受灾人口 63366 人。

4. 房屋部分倒塌（少数乡村也有全部倒塌的），土地没有淹掉，只是受到减产；粮食器具劳力损失较少，这种轻灾区共 4 个乡（镇），人口 167200 人。但这些地区仍有二、三类型的重灾村和重灾户。

二、善后工作的处理情况：

台风过境后，我们在上级党与政府的正确领导和大力支持下，在全省人民的热烈关怀下，大大鼓舞了干部和群众抗台救灾的斗争性，因此善后工作的处理和恢复生产方面获得了较顺利的进展，具体地说：

1. 重灾区（即指南庄区）的善后处理情况：当八月一日晚上海水在南庄区海塘倒灌后，全区及丹城南面成了一片汪洋。因此县委首先采取了各种措施，深入险地抢救灾民，使 11572 个灾民全部脱险。并对这些灾民进行了安置，及时解决了住、吃、穿、行四个问题，使灾民感动很大。其次在抢救和安置灾民后，随即着手处理尸体，现已处理了 2991 人。第三，组织灾区群众回家抢救物资，当前已经基本告一段落。向灾民进行了政治思想教育，特别是中央、省、专（地区）党政军民派来的慰问团进行慰问后，给灾民政治上鼓舞很大，更加密切了党与群众的联系。第五，及时进行了排水和勘察海塘，建立了指挥部，动员外区群众四千余人于 13 日即开始抢修，在七月半大潮汛前就可以修补完成。第六，除了进行上述工作以外，对于 11000 余灾民的长期安置问题县委也作了打算，总的方针是“出来进去，就地安置”，为了达到早日进去的目的，现已建立了南庄区工委，着手进行就地安置的准备，如排除污水开展防疫运动和发放救济款，帮助灾民修建房子等等。

2. 一般地区（即全县其他地区）的善后处理已经初步就绪。这就是说：（1）对无家可归的受灾户作了临时安置。安置的办法有的以乡为单位安插在邻居家里搭伙；有的安置在祠堂、学校、庙宇、营房合伙；粮食一般都在社内预支和借支解决，需要救济者今后由政府发放救济粮归还。（2）对死难的家属区乡政府和合作社就地都进行了慰问，尸体均作了及时处理，受伤的群众大多数也进行了医治。全县已经得到医治难民有 9597 人。（3）对被雨打湿的粮食和其他物资普遍进行了翻晒，因此损失不大。房子被损坏的瓦房 70%已经作了修理，倒塌的草房基本上都已重新修复起来。如定山区房屋已全部修理好的 1097 户，计 4404 间；利用材料合并修理可以暂时安居 1851 户，计 2989 间，全区住屋已基本得到解决。

3. 由于及时处理了上述一系列的善后工作，因此群众情绪很快稳定，当前除一、二类型重灾地区暂时尚未解决生产门路外，其他地区已普遍开始恢复生产。在农业方面，连作晚稻的抢种，全县已完成 7 万余亩，占可耕土地的 60%以上，番薯的培土、施肥和中晚稻的耘耥普遍都在进行；海塘的抢修已经普遍开始。如新桥、大徐、墙头三区已修好 79 处，用工有 6366 工。在渔业方面，可以出海的船只已经动员出海，如据新桥、石浦、南田、定山四区不完全统计，进行远洋生产已经有 190 个单位，近洋张网 740 株桩头。另外修船补漏也已普遍着手进行。盐业生产，被倒塌的灰坦已基本整理完毕，从 8 月 12 日起全面开始晒盐。此外，工业生产也是如此，暂时停工的工厂一般在四号以后就先后恢复生产了，电话部分线路已经恢复，商业基本上没有被停止，现在营业正常。

三、下半年的工作打算：（略）

以上报告是否有当，请省、地委批示。

中共象山县委

1956 年 8 月 16 日

32. 象山县人民政府关于象山县革命委员会改为象山县人民政府的通知

各镇人民政府（革委会）、公社管理委员会（革委会），机关委、办、科、局：

根据《中华人民共和国地方各级人民代表大会和地方各级人民政府组织法》《中华人民共和国全国人民代表大会和地方各级人民代表大会选举法》有关规定，象山县第九届人民代表大会已于一月三日至八日举行第一次会议，将象山县革命委员会改为象山县人民政府，并选举决定了县长、副县长。自即日起，启用省人民政府颁发的“象山县人民政府”印章，原象山县革命委员会印章同时停止使用。

特此通知

象山县人民政府

一九八一年一月十二日

33. 中共象山县委、象山县人民政府关于象山县级机关机构改革方案的报告

市委、市人民政府：

我县县级机关原有五十四个单位其中县委工作部门五个，政府工作部门四十一个，群团及其他部门八个。根据中央〔1983〕39号、省委〔1983〕43号和市委〔1983〕301号文件精神，在机构改革中，我们对县委、县府工作部门的设置进行了认真的讨论。现将改革方案报告如下：

一、县委工作部门：设办公室、组织部、宣传部、统一战线工作部、农村工作部，政法委员会。

此外，县委办公室内设党史征集小组办公室、信访室、档案馆；组织部内设老干部办公室；统一战线工作部内对外挂对台办公室、侨务办公室、宗教事务办公室的牌子；农村工作部内设多种经营办公室。

二、县人民政府工作部门：设办公室、民政局、公安局、司法局、劳动局、人事局、计划委员会、经济委员会、科学技术委员会、城乡建设环保局、物资局、统计局、交通局、农业局、林业局、水利局、水产局、社队企业管理局、财政税务局、商业局、粮食局、工商行政管理局、物价局、教育局、文化广播电视局、卫生局、计划生育委员会、审计局。

此外，县府办公室内设蔬菜办公室；计委内设经济技术协作办公室；经济委员会内设职工教育办公室；科学技术委员会同科学技术普及协会合署办公，两块牌子、一套班子；教育局内对外挂体育运动委员会牌子。

三、县纪律检查委员会、县人大常委会、县政协，共青团县委、县妇女联合会、县总工会，县人民法院、县人民检察院、县委党校等单位按照党章、宪法和有关规定设置。

当否，请审批。

中共象山县委

象山县人民政府

一九八四年一月六日

34. 县委、县府关于发展城镇集体工业经济的若干规定

为真正按照集体经济的特点办好城镇集体工业企业（指除乡镇工业企业以外的所有集体工业企业，下同），开创我县工业生产新局面，现根据省委，省府《关于大力发展城镇集体工业经济发展若干政策问题的规定（试行）》，参照海盐衬衫总厂的改革经验，结合我县实际情况，对若干问题作如下规定：

一、城镇集体工业企业是劳动群众自愿组织起来，集体占有生产资料、共同劳动、实行按劳分配的社会主义经济组织。在接受国家计划指导和遵守国家有关法律的前提下，企业完全有独立进行经济活动的自主权。

1. 企业可借鉴农业联产承包责任制的做法，确定和建立适合自己情况的责、权、利相结合的经营承包责任制和岗位经济责任制，促进生产发展，提高经济效益。

经营承包，可以由厂长为首承包，或全厂集体承包，也可以分车间、班组层层承包。但承包基数要合情合理。

经济责任制形式，可因厂制宜，采取定额计件，超定额计件，分成拆账，联销计酬等等均可。实行计件工资制，要注意制定先进的定额和合理的分值，并定期修订，以防分光吃净。

手工业厂社的经营承包责任制和岗位经济责任制，还可参照有些乡镇工业企业的办法，分车间、分班组核算，自负盈亏。长期无业务、生产不正常的厂社，可恢复原手工业生产合作社（组），以社（组）核算有些松散经营的社（组），则允许职工以上缴管理费的形式，分散经营，让他们串乡服务。

2. 企业生产经营，可根据人民需要与市场变化，多渠道，多层次，多品种，灵活安排。并可根据季节变化和任务多少，规定劳动时间。

企业可自行采购三类物资和协作采购一、二类物资投入生产。此类产品可按照优质优价、劣质劣价、薄利多销、有利竞争的原则，实行一定幅度的浮动价格和季节差价。

企业自销产品，凡国家提供原材料和能源的产品，按国家规定作价。凡协作和议价购进原材料、能源所生产的产品，允许高进高出，低进低出。

企业为开拓市场，可采取商品陈列，广告宣传，展销订货，送货上门，摆摊销售，前店后厂等多种形式，招徕顾客扩大业务。所需经营费用，在不超过产品销售收入总额百分之二的限额内，按实列支，列入成本。少数销售收入少的企业，经主管部门批准，可以适当超过这个限额。

企业试制新产品，凡经批准列入县科委项目的，其试制费用（除上级拨补和可出售价值以外）可列入营业外支出。新产品试销期两年内，可照顾免缴工商税。少数企业仍有困难，可由按税收管理体制权限，报经批准，给予适当减免工商税。

3. 企业可从生产发展需要出发，按照专业化协作和自愿互利的原则。进行灵活多样的联营业务。联营对象可以是集体企业、全民企业，可以是乡镇企业、合资企业，也可以是经济部门、事业单位、科研机构，大专院校，并且不受区域限制，允许跨县跨省，引进外资，应当受到鼓励。可以利用外资开展补偿贸易等多种形式的联营业务。联营内容可以是合资企业，设备投资、技术协作，也可以是来料加工、产品经销等等。联营后，企业的所有制性质和隶属关系，财务关系

不变。

4. 企业还可试行职工集资和吸收社会资金扩大生产。所集资金，可在税后利润中分期偿还。偿还之前，可以税后利润中提取一部分，用于股金分红。一年的股金分红，一般不要超过集资金额的百分之十五。

二、城镇集体工业企业在干部管理和人事、劳动管理方面，必须进行必要的改革，以充分体现集体经济组织的特点。

1. 企业的党支部书记、厂长一级干部，由主管部门党委（党组）负责调配任命，报同级组织、人事部门备案。

厂长是工厂的行政负责人，对全厂生产经营活动行使统一指挥权。副厂长由厂长推荐，经企业党支部讨论通过后报主管部门任命。中层干部由厂长提名，经企业党支部讨论决定，由厂长任免。

有条件的企业，也可由职工选举和罢免企业领导人，做到干部能上能下。

2. 企业用人制度方面，除固定工由劳动、人事部门按规定管理外，其余均由企业自招自聘，如需要增加合同工、季节性临时工企业可提出计划报主管部门备案，本着全面考核，择优录用的原则，采用公开招考办法，就地就近主要从城镇待业人员中招聘，并可根据生产需要与否，实行能进能出。

为推进技术进步，企业除接收国家分配（调配）一定数量的大、中专毕业生外，可根据生产需要，到外厂或外县招聘各种科技人员。其工资待遇可高于国家统一标准。聘用退休技术人员和聘请在职技术人员作顾问。企业可给予适当津贴。

3. 按照国务院颁布的《企业职工奖惩条例》。企业可结合实际情况，制订厂规厂法，严明赏罚。对完成生产、工作任务好，成绩显著或有创造发明、贡献较大的职工，给予奖励。对违反厂规厂法，屡教不改的职工，企业有权根据情节轻重，给予处分，直至开除。

4. 企业职工的劳保福利（包括医药费、病事假工资等），可根根自身的经济条件，量力而行，制订不同的标准和执行范围，可以高于、等于或低于国营企业的水平。

年老退休和丧失劳动能力的职工，企业应积极努力，切实保障他们的基本生活需要。各主管部门也应积极主动创造条件，逐步试行系统统筹，按各企业职工工资总额的百分之十至十五提取退休（退职）养老金，专款专用。该项经费，企业可作营业外列支。

三、城镇集体工业企业的收益分配必须兼顾国家，集体和职工个人三者利益。

1. 国家税金，必须依照税法及时足额缴纳。国家征收的能源基金，亦应及时上缴。

2. 上缴主管部门的合作事业建设基金，一般不超过税后利润的百分之二十五。主要用于统筹扶持所属企业开发科学技术和促进技术进步，资助遭灾企业恢复生产，以及适应举办集体福利事业。

上缴主管部门的管理费，也应按规定及时解缴。

3. 企业职工的工资和加班加点工资，可列入生产成本。职工工资收入可随企业经营效益的好坏和个人劳动成果的大小，实行上下浮动。

企业税后留利部分，安排生产发展基金一般不应低予百分之四十，职工福利基金和奖励基金（包括劳动分红）可以各占百分之三十左右。

实行基本工资加奖金的企业，规定以内的奖金可列入生产成本。超过规定的，应在奖励基金中列支。奖金的发放，应按照多劳多得、少劳少得和奖勤罚懒的原则，拉开档次，克服平均主义，实行上不封顶，下不包底。

有条件的企业，还可以试行岗位、职务津贴。

四、城镇集体工业企业的管理体制原则上维持现状，稳定不变。

1. 二轻系统所属各企业，仍由县二轻工业公司领导。该公司实行政企合一，负责所属企业的方针、政策的贯彻执行和干部职工的思想政治工作。以及有关人事、劳动管理工作。在生产经营业务上，负有检查、指导、监督、服务的责任。但不宜干涉过多。

2. 全民企业举办的城镇集体工业企业，应坚持独立核算，自负盈亏。目前仍“混岗”生产经营的，应积极创造条件，实行单独核算。一时难以单独核算的，则应按规定提取集体职工福利基金。

3. 城镇集体工业企业的财产所有权，正常经营活动以及正当收入，受法律保护。任何部门和单位都不得干涉、平调和并吞。

五、加强党政领导和部门支持，努力开创城镇集体工业新局面。

1. 各级党委和政府都要认识到，城镇集体工业在全县经济中是举足轻重的，必须引起足够的重视。切实加强领导。应从本地实际出发，调查研究，分类指导，大胆改革，搞活经营，发展生产，提高各企业的经济效益。

2. 企业党组织要以整党的精神，加强思想建设和组织建设，提高党组织的战斗力。要采取生动活泼的形式，把思想政治工作渗透到经济建设中去，向广大干部职工进行“五讲四美三热爱”教育。

3. 计划、物资、财税、银行、物价以及工商行政管理等部门，都要为发展城镇集体工业经济各尽其责，各司其职。要积极开展各项扶持，指导工作，大开绿灯，促其发展。

中共象山县委

象山县人民政府

一九八四年五月三十日

35. 中共象山县委、县人民政府关于开发石浦镇经济的十项规定

石浦镇素有“浙洋中路重镇”之称，历来是我县南部文化经济中心。石浦港既是极好的商港、军港，又是全国重要渔港之一，也是理想的避风港，是台湾渔船避风点。近几年来，台湾渔民常来避风补给，对台工作地位重要。

为了适应宁波的进一步对外开放和振兴全县经济，石浦镇必须从变行政、经济管理体制着手，采取若干特殊措施，充分发挥港口优势，加快开发石浦经济，促进县经济的更快发展。为此，决定如下：

一、加强和充实镇党政领导班子，主要领导干部配备的格局，相当于县级机关部办委一级。同时，相应扩大石浦镇的行政管理权和赋予一定的经济自主权。

二、为加强行政管理，镇党委和政府要按照精干，效能、务实的原则，下设办公室以及工业办公室、农业办公室、财贸办公室、城镇建设管理办公室、文教卫生计划生育办公室，分口负责各条战线的日常工作。

为便于某些行政管理的特殊需要，县公安、工商、财税、交通四局均在石浦设立分局。四个分局在行政上属镇政府统一领导，分别行使各主管局所授予的行政管理职能。

三、现有设置在石浦镇辖区内的县属企业、事业单位（包括全民及县属大集体）由过去条条领导为主改为条块结合、以块为主，即党政领导关系和组织人事关系，一律划归镇党委和镇政府统一领导。各项业务工作仍由县各主管部门领导。在生产、财务、经营和事业发展计划等方面，都要继续保持原来的业务领导关系。只准加强，不许削弱。

石浦镇应将这些企事业单位作为开发经济和发展各项事业的基础与依托，要按照简政放权、政企职责分开的原则，切实加强方针政策和政治思想领导，协调各方面的关系，做好有关服务工作，充分发挥他们的应有作用。

四、镇政府经济上建立半级财政。由县财政按年核定收入包干基数，实行超收分成。超收分成部分，由镇政府自行安排使用。

为开发经济和加快城镇建设步伐，镇政府可以根据需要，采取多种形式，筹集社会资金，包括发放建设债券，以吸收各方资金。

五、根据对内搞活、对外开放的要求，进一步搞好城镇建设规划。特别是城区、开发区和港口的建设规划，要在原有设想的基础上分别作出调整。

规划一经批准，即由镇政府全权负责分期实施。任何单位和个人都必须服从规划要求，不得各行其是。

为方便城镇建设，今后审批建设用地，可由镇城镇建设管理办公室行使县土地管理部门委托的审批权限，办理征用手续。要抓紧时间制订全镇经济发展和社会发展的规划措施，集中全力把经济建设搞上去。

六、为有利加快城镇经济的发展速度，今后镇上新置或增设工商企业（包括个体经营），除挂县以上牌子的外，一律由镇政府审批，工商分局核发营业执照。挂县以上牌子的工商企业，经上级批准后，亦由工商分局核发营业执照。

七、进一步改善内外交通设施，加强海陆交通运输管理。由交通分局负责海上交通监理，陆上交通秩序由公安分局负责维护。所有船只、车辆（包括国营、集体、个人经营的车船）都必须严格服从两个分局的统一管理。

城镇建设规划范围内的港口、航道、码头、公路等基本建设，由交通分局会同镇城镇建设管理办公室负责具体实施。

八、切实加强文化、教育、卫生和体育工作，搞好社会主义精神文明建设。

要动员各方面的力量，重视和加强智力开发。今后镇上所需的教育经费，除由县按规定下拨切块包干经费外，镇政府可根据事业发展的需要，按规定征集办学经费，兴办各类学校。

为加强城区卫生管理，镇政府可根据改善卫生设施、提高卫生水平的需要，征收卫生管理费。

九、对内对外实行全方位开放。要大开“城门”，欢迎省内外，县内外的单位和个人到石浦投资兴办各项事业。对外地到镇上经营者，尽量提供方便，并实行优惠的办法。对于到镇上办工业、商业和文化教育事业的农民，允许自理口粮，在镇上落户，并与城区居民一视同仁。对现有外地驻石机构，要加强联系，热情帮助他们开展各项业务。

积极开展外引工作，千方百计引进国外资金和先进技术。要搞好宣传联络，尽量吸引外商、侨商和港商到石浦举办独资，合资企业或补偿贸易。

十、县级党政机关各部门都要按照上述精神，积极做好支持开发石浦镇经济的工作。各部门在石浦的企事业单位党政领导关系和组织人事关系下划前后，要确定专人或一定力量帮助做好交接工作。不许随意抽调人员、资金、物资。按规定应收取的各项管理费仍要继续收取，待后由县研究是否确定一定比例返还镇里使用。按规定应统计报县的各项表报，仍要照常统报，不得中断。

今后各部门要安排建设项目或从外地引进建设项目，应尽量放到石浦镇，充分利用石浦的港口条件和资源，发展石浦经济。凡新置或增设的工商企业，其行政隶属关系可在县级主管部门。如与外地合资新建的，其领导关系应根据合同规定自行确定。

石浦镇本身则要积极主动争取各方支持，包括争取驻石部队支持城镇建设，全面开发经济。

中共象山县委

象山县人民政府

一九八五年三月二十八日

36. 国务院关于扩大沿海经济开放区范围的通知

各省、自治区、直辖市人民政府，国务院各部委、各直属机构：

为了贯彻实施沿海地区经济发展战略，充分发挥沿海地区的优势，积极发展外向型经济，促进我国的社会主义现代化建设，国务院决定适当扩大沿海经济开放区，现将扩大的范围通知如下：

天津市（略）

河北省（略）

辽宁省（略）

江苏省（略）。

浙江省：

杭州市及所辖的萧山市、余杭、富阳、桐庐、临安县；

绍兴市及所辖的绍兴、上虞、嵊县；

嘉兴市所辖的平湖、海盐县；

湖州市所辖的长兴县；

宁波市所辖的余姚市、慈溪、奉化、宁海、象山、鄞县；

温州市所辖的瓯海、乐清、瑞安、平阳、苍南、永嘉县；

椒江市、临海市、黄岩县。

福建省（略）

山东省（略）

广西壮族自治区（略）

《中共中央、国务院关于批转〈长江、珠江三角洲和闽南厦漳泉三角地区座谈会纪要〉的通知》（中发〔1985〕3号）中规定的各项政策，适用于上述地区。

中华人民共和国国务院

一九八八年三月十八日

37. 中共象山县委　象山县人民政府关于加快企业产权制度改革的若干意见

各镇乡党委、政府，县级机关各部门：

深化企业产权制度改革，建立现代企业制度，是贯彻落实党的十四大和十四届三中全会《决定》精神的重大步骤，是建立社会主义市场经济新体制的必然要求。为了进一步明晰企业产权关系，着力推进企业创新，形成新的制度格局，促进经济持续快速、健康发展，现就加快我县企业产权改革提出如下意见。

一、指导思想

1. 产权制度改革必须坚持以公有制为主体、多种经济成分共同发展方针，按照“产权明晰、政企分开、利益直接”的要求。以建立现代企业制度为目标，以推行股份合作制和有限责任公司为主要形式，以租赁、兼并、拍卖等为补充，以组建股份有限公司和股份集团公司为导向，重点突破，循序渐进。产权制度改革的目的是转换企业经营机制，使企业真正成为自主经营、自负盈亏、自我发展、自我约束的法人实体和市场竞争的主体。

2. 产权制度改革必须正确处理改革、发展、稳定三者之间的关系。总体改革力度要大，具体改革步子要隐。要立足于调动企业生产经营者和广大职工的积极性，立足于生产力的发展，立足于大多数人的根本利益。改革是局部权力和利益的重大调整，必须以大局为重，以“三个有利于”作为检验的标准，局部利益服从全局利益。在产权制度改革中，要切实保障国有、集体资产不流失，并实现资产的保值增值。

二、目标任务和主要形式

3. 产权制度改革要把调整存量资产和吸收增量扩股结合起来，并以调整存量资产为重点。国有企业、城镇集体企业（含各局属集体企业）要通过多种改革形式，明晰产权关系，转换经营机制，今年务必要迈出较大步子。对于已转制的乡镇村集体企业，要进一步做好资金到位、变更登记、领导体制、资产管理以及企业运行机制等方面的配套完善工作。同时积极推进未转制企业的产权制度改革，今年要求大部分乡镇集体企业完成转制工作。

4. 对符合国家产业政策、企业规模大、经济效益好的重点骨干，要根据《公司法》的要求，积极组建股份有限公司或股份集团公司，并进行建立现代企业制度的试点。

5. 企业规模一般、经济效益较好的企业，可按照《公司法》的要求，改组为有限责任公司。

6. 小规模国有企业、城镇集体企业、乡镇村集体企业可因地、因厂制宜，改组设立股份合作企业。

7. 国有企业、城镇集体企业、乡镇村集体企业尚不具备股份制或股份合作制改组的，可继续实行租赁经营、资产增值承包经营以及租售结合等多种资产经营方式。

8. 资产规模 100 万以下的工业企业，50 万元以下的商业企业（个别经营长期亏损、扭亏无望的企业和产业结构需调整的企业，资产规模规定可以适当放宽），可组织拍卖。

9. 凡新办竞争性项目，应按《公司法》的要求先设立项目法人，新办企业应直接实行有限责任公司或股份合作制等产权明晰的组织形式。

三、明晰产权关系

10. 凡确定转制国有、城镇集体、乡镇村集体企业都要清产核资；界定产权，清理债权债务，进行资产评估。

11. 清产核资和资产评估应由具有资格的机构进行，即由县会计师事务所和县审计师事务所承担。各乡镇政府和主管局可以设立资产评估小组，组织和主持资产评估，但涉及土地、房产等专项评估时应由专业部门参加。评估小组接受两个事务所的委托和指导，资产评估报告和验资报告由事务所出具。评估、验资要规范操作，保证质量，提高效率，低廉收费。对评估后的资产，国有企业由县国资办确认，城镇集体企业由主管局确认，乡镇集体企业由乡镇政府确认，村集体企业由村经济合作社确认。

12. 产权界定原则。产权界定要坚持“谁投资、谁所有、谁得益”的原则。土地资产界定按县府象政发〔1994〕6号文件办理。国家历年减免税形成的资产，国有企业归国家所有，县府委托县国资办管理；城镇集体企业和乡镇村集体企业归集体所有，分别由各主管部门、乡镇政府和村经济合作社负责管理。企业历年积累的资产，国有企业归国家所有；城镇集体企业和乡镇村集体企业归集体所有。一般不量化到职工。但对于资产积累较多的国有、城镇集体和乡镇办企业，在吸收现金入股的同时，允许在企业自有积累总额的50%以内，按工龄和贡献量化到职工，作为优待股享受分红权，职工个人不得继承和转让。

13. 资产管理。国有资产包括土地资产，县府委托县国资办管理，局级不设资产经营公司。镇乡和有条件的村可建立资产经营公司，集体资产由乡镇政府、村经济合作社和有关主管局设立的资产经营公司或资产管理办公室负责管理。公司或办公室不增编制，人员由内部调剂解决。对于转制收回的国有、集体资产要用于发展生产，不准挪作他用。

14. 要抓紧建立县级产权交易市场，促进股权和产权的合理流转，使生产要素逐步向优势行业、优势企业集中。

四、职工安置

15. 各类转制企业的富余人员以原企业消化为主，对企业消化确有困难的，应在系统内部安置解决。国有、城镇集体企业解散、歇业、破产、拍卖需要解除职工的，应发放一次性安置补助费，或按月发给一定的失业救济金。凡已除名、开除、辞退以及自动离职的职工不再享受任何补偿（包括量化股）。对于离退休人员，要确保其基本生活待遇不受影响。具体发放标准和实施办法由县府另行制定。

16. 转制后的企业应建立养老保险、失业保险、医疗保险制度。

五、转制审批登记

17. 改组为股份有限公司由县体改办负责，向市体改委报批。改组为有限责任公司由县体改办会同有关部门审批。

18. 其他转制形式，国有企业由主管局审核，县体改办、国资办审批；城镇集体企业由主管局审批；乡镇集体企业由各乡镇政府审核，县乡镇局审批；村集体企业由乡镇政府审批。

19. 所有转制企业均应按工商行政管理的要求，办理变更登记，但原隶属关系暂保持不变。

六、加强领导

20. 产权制度改革和企业制度创新，政策性强、涉及面广，各乡镇党委政府、各部门必须加强领导，认真研究，制订规划，落实人员，分解任务，精心组织。县级各有关部门要互相配合，各司其职。要切实做好改革的思想宣传工作，严肃工作纪律和财经纪律，确保产权制度改革的顺利进行。有关转制政策要配套完整，力求连续、稳定、统一，涉及的重大问题要按级请示汇报，慎重决策。各地各部门要树立大局观念、务实观念、服务观念、时效观念、创新观念，一步一个脚印地把改革推向前进。

中共象山县委
象山县人民政府
1994 年 4 月 29 日

38. 中共象山县委、象山县人民政府关于加快海洋经济发展的若干意见

各镇乡党委、政府，县级机关各部门：

海洋经济是我县构筑“一体两翼”经济格局的重要组成部分，是发展象山县域经济的潜力所在。为全面加快海洋开发步伐，向海洋开发的广度和深度进军，促进我县海洋经济再上新台阶，特提出如下意见。

一、进一步明确发展海洋经济的指导思想和总体目标

1. 我县发展海洋经济的指导思想是：以邓小平建设有中国特色社会主义理论和党的基本路线为指导，坚持以市场为导向，以改革为动力，以科技为支撑，围绕渔、港、岛、景资源的综合开发利用，优先发展海洋渔业，全面促进海洋工业、海洋运输业、海洋旅游业及其他海洋产业的快速协调发展。

2. 海洋经济发展的总体目标是：通过海洋资源的综合开发利用，形成海洋经济结构基本合理，生产设施和技术装备比较先进，象山港和石浦港功能齐全，海洋传统产业和海洋新兴产业并举发展的新格局。到本世纪末，全县海洋产业总产值达到 56 亿元，其增加值占全县国内生产总值 30%以上。水产品生产总量 45 万吨（其中海水养殖产量 6 万吨），产值 23 亿元，海洋工业产值 23 亿元，海洋运输、海洋旅游和其他海洋产业 16 亿元，主要海洋产业的技术水平和综合实力达到省内先进水平，初步建成海洋经济大县。

二、加大改革开放力度，建立海洋经济持续快速发展的运行机制

3. 进一步完善海洋资源管理体制，理顺所有权、使用权、经营权三者关系。浅海、滩涂、岸线属国家所有，在原定权发证时明确使用权属的基础上，由经营单位或个人与拥有使用权属的镇（乡）、村签订承包协议，经县浅海滩涂办公室核发《养殖许可证》后取得合法经营权。对那些包而不用、划地为营、荒芜二年以上的浅海、滩涂，使用权属单位有权收回承包权重新发包。提倡连片开发和集约经营，必要时可以通过协商进行承包权调剂或转让，促使资源有效利用。

4. 坚持“谁投资、谁开发、谁经营、谁受益”的方针，发动全社会以多种经济形式和多种经营方式投资开发海洋资源。鼓励全县农渔民、机关团体、企事业单位、科技人员和在职干部职工从事海洋开发，允许以资金和技术参股，其经营收入或分红属干部职工的归个人所有，属单位集体的全额留本单位使用。

5. 积极推行使用权招标、转让、拍卖、租赁等办法，广泛吸引县内外企事业单位、团体和个

人投资开发荒岛、浅海、滩涂，共同开发海洋经济。其使用权限一般为50年。并允许在受让期限内对使用权依法有偿转让、出租和抵押。对从事上述开发的，从有收入年度起2年内全额返还所得税、农林特产税。

6. 进一步完善海洋渔业经营体制。健全和规范对船股份合作制，在自愿结合的基础上，引导组建股份合作制船队，开发外海和远洋捕捞。鼓励以“公司+养殖户”的模式发展海水养殖，培植骨干龙头企业，实现海水养殖规模化、集约化。

7. 扩大海洋经济的开放度和外向度。鼓励企业争取自营进出口权，开拓国际市场，扩大出口。水产、外贸、边防、口岸等部门要密切配合，搞好服务，全力支持发展直销、鲜销，搞活海产品的国际流通，积极发展外向型海洋经济。

三、实施“科技兴海”战略，全面提高海洋经济的整体水平

8. 加强海洋科学研究和技术推广。围绕海洋渔业和海洋生物资源深度开发利用，联合高等院校和科研单位组织技术攻关，进行科学研究和技术推广。凡从事科技实验、攻关、开发、推广的项目，经县科技和税务主管部门确认后，允许从有收入年度起2年内全额返还所征农林特产税。

9. 加强海洋科技队伍建设，健全科技服务网络。按照县委〔1996〕5号文件精神，加大海洋专业人才引进和培养的力度。县渔业技术推广站要充实力量，增添设备，完善服务功能。渔业重点乡镇要建立渔技站，其他乡镇要配齐渔技员。鼓励科技人员创办各种实体性的渔业科技研究和推广组织，经县科技和税务主管部门确认后，享受科技型企业减免税优惠政策。县农函大、县水产技校等职技校要开设海洋知识课程，对农村基层干部、党员和养殖专业户开展技术培训工作。科技、水产部门要积极开展送科技下乡活动，做好技术辅导和技术咨询工作，努力造就一大批懂技术的领导干部和生产能手，为全面开发海洋经济服务。

四、增加海洋开发投入，完善海洋开发的服务保障体系

10. 增加海洋开发的信贷投入。各有关金融机构新增贷款中用于海洋开发的比例不低于15%，并逐年增加。对于市场前景广、科技含量高、经济效益好的海洋开发项目，要实行信贷倾斜。对于海洋开发龙头企业，以上年销售额的20%核定当年流动资金贷款额度。对于连片开发浅海100亩或滩涂200亩以上的项目和组织股份合作制船队从事外海或远洋捕捞的项目，经水产主管部门确认，以财产作抵押，给予投资总额20%~40%的配套资金贷款。

11. 建立海洋开发基金。浅海滩涂资源费县分成部分的50%、县科技发展基金的20%和县渔业发展基金合并组成县海洋开发基金，实行有偿使用，逐年滚动。该基金主要用于海洋科技开发、示范推广、规模型开发项目及渔业保险等。

12. 进一步完善产供销服务体系。以县渔业技术推广站为中心，石浦“中国水产城”为龙头，大力扶植一批科渔贸相结合的骨干企业，积极鼓励新办各种不同经济性质和从事多种经营方式的运销企业，开展市场预测、苗种购销、饲料供应、病害预报、保鲜加工和水产品购销储运一条龙服务，进一步拓宽流通渠道。凡新办的各种流通企业，2年内返还商品流转税。

13. 加强海洋交通设施建设。进一步拓宽资金筹措渠道，集中力量，搞好石浦港二类口岸功能设施建设和象山港辟为一类口岸的基础设施建设。提高港口的集疏能力，开辟国内、国际新航线，构成快速便捷的海陆交通运输网络。要积极创造条件，建立商检等涉外查验机构，进一步改善口岸投资环境，提高口岸通过能力。

14. 引导和动员农渔民和渔业联合体积极参加海洋渔业和水产养殖保险，县保险公司和县农

村风险保障中心要积极开设海洋渔业和水产养殖保险项目。为了增强赔偿能力，逐步健全海洋开发风险保障体系，对养殖重点户和渔业龙头企业给予适当的保险补助。

五、加强领导，强化管理，共创我县开发海洋的新局面

15. 充实县海洋开发领导小组办公室的力量，做到机构、职责、人员三落实。办公室负责贯彻领导小组的决议和决定，部署海洋开发的各项具体工作，协调乡镇和全县各涉海部门的工作关系，保证海洋开发目标任务的完成。各镇乡党委、政府要把海洋开发作为发展地方经济的一件大事来抓，明确分管领导，落实目标责任。石浦、鹤浦、新桥、墙头、高塘岛、黄避岙、涂茨、泗洲头等乡镇要设立海洋开发办公室，人员可从内部调配，并配定领导专门分管。抓好本地区的海洋开发工作，今明两年重点抓好总体规划和本乡镇示范点建设。

16. 认真执行《海洋法》《渔业法》《海洋污染防治法》和《宁波市象山港水产资源保护条例》等法律法规，切实加强海洋环境和海洋资源的保护工作，严格控制捕捞强度，做到开发和保护并举，实现海洋经济可持续发展，加强海洋监测和灾害的预警预报，增强应急救助能力，保障人民生命财产安全。各新闻、宣传部门要大张旗鼓地开展海洋开发的宣传教育，努力提高全社会的海洋国土意识、海洋经济意识和海洋环境意识，增强全县人民开发海洋经济的责任感和紧迫感，掀起全面开发海洋的热潮。

中共象山县委

象山县人民政府

1997 年 6 月 9 日

39. 中共象山县委、象山县人民政府关于加快建筑经济发展的若干意见

为全面实施“一体两翼”发展战略，努力实现从建筑大县向建筑强县迈进。结合我县当前建筑经济发展的实际，现就加快建筑经济发展提出如下意见：

一、加强领导，搞好服务，促进建筑经济健康协调发展。

1. 加强协调管理。成立县建筑经济发展领导小组，研究解决事关全局的重大问题，加强协调服务，监督各项政策的落实。聘请各类人才成立建筑经济发展智囊团，为我县建筑经济发展出谋划策。每年开展评选“建筑功臣”“十大项目经理”和“十大建筑技术明星”活动，由县委、县政府进行表彰。

2. 主动搞好服务。推行“一个窗口”联合办事制度，保证 7 个工作日内办妥有关手续或作出明确答复。企业在申报资质和对外经营权过程中，城建、交通、水利、外贸等部门及其负责人要给予积极支持，提供申报全程服务。政法机关要及时受理发生在建筑企业的经济纠纷和侵权行为，保护建筑企业的合法权益。县法院、县公安局确定专门力量，负责建筑企业各类纠纷的协调处理。认真做好企业减负工作，坚决制止向企业乱收费、乱摊派和乱罚款行为。

3. 加大信贷和财政扶持。一、二级资质企业通过银企协议，与银行建立稳定的信贷关系。对经营及财务运行状况良好的建筑企业，其合理的资金需求，协议银行一般应予解决。对企业承接大项目所需的资金，一家银行承担有困难时，组织联合贷款的办法解决。金融单位要多与外地金

融部门联系，争取其对我县在外施工企业的支持，提高我县建筑企业的融资能力。对一、二级资质企业实行“核定基数、超额分成”的企业所得税征收办法，基数按上年实现数的80%核定，超基数部分50%返还企业，总承包企业超基数部分70%返还，基数两年一定。

4. 强化行业管理。县建设行政主管部门要积极行使行业管理职能，负责制订行业规划和发展战略，搞好协调，加强管理，为企业发展提供更好的服务。发挥好建筑业行业协会的作用，使之成为政府联系企业的纽带和指导企业发展的参谋。

二、深化企业改革，建立和完善现代企业制度。

5. 加快企业转制步伐。县体改办和县城乡建委要加强全县企业转制工作的指导。各企业主管单位要加大工作力度，组织专门力量帮助企业开展转制。要求今年转制面达到60%以上，明年基本完成转制任务。

6. 因企制宜开展转制。企业净资产规模较大、生产经营较好、发展前景广的企业应改组为股份有限公司或有限责任公司，鼓励建立总承包企业；少数资不抵债、经营困难、信誉极差、扭亏无望的企业，按规定予以关闭、歇业、破产或拍卖；生产经营一般的集体所有制企业可以改组为股份合作制。已改制企业要做好规范、完善和提高工作，健全企业法人治理结构，逐步建立起现代企业制度。

7. 鼓励企业开展联合和兼并。引导企业进行新的联合，积极组建企业集团，增强对外竞争实力。支持优势企业通过承担债务、资产划归等形式兼并劣势企业，经财税部门认定，企业所得税超基数部分2年内60%返还。

三、积极调整结构，增强企业活力。

8. 引导企业向专业多元化发展。大中型企业要积极开拓高起点的建筑新领域，向专业多元化、集团化方向发展，努力成为多专业、高资质的建筑“龙头”企业。首次承接新专业项目缴纳的企业所得税全额返还，并免缴该项目的县建设行政主管部门管理费。同时，要积极引导中小企业向专业化发展。

9. 积极拓展相关产业。依据国家产业政策，开辟新型墙体材料、防水与节能材料等生产和经营领域，逐步形成专业配套、门类齐全、综合实力较强的建筑经济发展新格局。在县内新办工业企业的，享受县委〔1998〕9号文件优惠政策。

四、不断开拓国内外市场，提高建筑市场占有率。

10. 大力开拓国内市场。在巩固上海、杭州、宁波等传统市场的同时，积极开拓以重庆、湖北、河南、江西等为主的中西部新市场，参与水利、交通、能源等国家重点工程建设。首次承接省外建筑项目缴纳的企业所得税全额返还，并免缴该项目的县建设行政主管部门管理费，首次承接地以省外地（市）为单位认定。

11. 鼓励企业参与国际市场竞争。积极申报并取得对外经营权，千方百计开辟海外建筑市场。兴办中外合资企业，实现从劳务输出型向独立承包工程型转变。加大劳务输出量，增加劳务进入国。企业承建境外工程，每实现产值100万美元由县政府奖励人民币1万元。

12. 帮助企业开拓市场。在主要建筑市场和重点待开拓地区，县建设行政主管部门要设立办事处，负责本地企业的管理和对外联络事务，重点帮助企业办理进城许可证，协助企业承接项目。

五、坚持质量立业，鼓励企业创名牌工程。

13. 加强质量、安全管理。建立健全质量保证体系，贯彻国际ISO 9000《质量管理和质量保证》系列标准，提高企业的管理水平。进一步健全“政府监督、社会监理、企业保证”的质量管理监督体系，强化企业法人的安全生产责任制，积极开展安全生产标准化工地活动。建立和推行建筑产品质量保修和用户回访制度，树立建筑业良好的社会形象。大力推广新技术、新工艺、新设备，提高技术进步对建筑业发展的贡献率。

14. 实施名牌战略。建立创名牌责任制，把竞争机制引入创牌工作。企业要积极参与优质设计、优质工程的评选活动。荣获国家级优质工程奖的，每项由县政府奖励 8 万元；获省级优质工程奖的，每项奖励 3 万元；获地（市）级优质工程奖的，每项奖 1 万元；获县（市）级优质工程奖的，每项奖励 0.2 万元。若某一项工程多次获奖，以最高奖计奖；获国家级优质工程奖的项目缴纳的企业所得税全额返还，省级的 70%返还。并免缴获国家级优质工程奖项目的县建设行政主管部门管理费。

六、提高队伍素质，造就一支跨世纪的建筑大军。

15. 强化队伍培训。加强与高等院校、科研院所的协作关系，设立高级经营管理人才、项目经理和工程技术人员培训点，不断提高我县建筑业骨干力量的水平和档次。开展多层次、多形式的职工教育和岗位培训，每年全员培训的面不少于职工总数的 20%，五年内全面完成职工轮训。建立培训人才分级负责制度，县政府负责企业家的培训，县建设行政主管部门负责项目经理和工程技术人员的培训，企业负责员工培训。

16. 重视人才引进。县内各类人才到建筑企业工作，组织、劳动、人事部门都应及时办理有关手续。对企业引进外地具有中级以上职称的人员，允许其本人及家属在县城落户，其子女就学由教育部门给予适当照顾，其人事关系可挂靠县人才交流中心。积极创造良好的工作生活环境，吸引在外建筑骨干回归，稳定建筑队伍。

本意见自 1998 年起执行，以前规定如与本意见相抵触的，以本意见为准。

中共象山县委

象山县人民政府

1998 年 6 月 29 日

40. 象山县支持和鼓励下岗、失业职工再就业的若干意见

一、各类企业每安置一名失业职工或非本企业下岗职工，并签订一年以上劳动合同的，经劳动部门认定，税务部门批准，可按年人均 3000 元的标准，在计算应税所得额时予以税前扣除，招用列入重点对象（双失业、双下岗或一家多人失业）的失业、下岗职工，并签订三年以上（含三年）的劳动合向，经县再就业工程领导小组办公室审核批准，由“再就业工程专项经费”按每人每月 100 元标准补助给用人单位，年终结算，补助期限为两年。

二、各类新办企业（餐饮、娱乐业除外）安置下岗、失业人员达到企业从业人数 60%以上的（含 60%），经劳动部门认定，税务等部门批准，三年内免征营业税、所得税，二年内免收各种行政性收费；安置下岗，失业人数占企业从业人数 30%以上不满 60%的（含 30%），二年内减半征收营业税、所得税及各种行政性收费当年安置下岗、失业人数占企业从业人数 30%以下的，可根据实际安置人数按年人均 3000 元的标准，在计算应税所得额时予以税前扣除。

三、丹城、石浦两镇新开办或已开办的各类商品交易市场，应向下岗、失业职工提供不低于20%的摊位数。

四、对下岗、失业职工从事个体经营，合伙开办企业，在办理《营业执照》《税务许可证》《治安许可证》《卫生许可证》及《健康证》等注册登记和验讫检查时，工商、税务、卫生、文化、公安、消防、城建、环保、土地等部门根据各自职责要及时办理和简化服务手续，自开业起在二年内免收工商管理费等各种行政性收费，并在开办第一年免缴所有地方税，第二年减半征收；就业服务机构可将其失业救济金余额一次性发给本人，作为开办资金；对符合产业政策，产品适销对路的，金融机构应提供小额抵押贷款。

五、下岗、失业职工从事农业经营或成批承包土地，可享受当地镇、乡贴农、补农政策。

六、下岗、失业职工经营场所的水、电费，报经有关主管部门审核，二年内按工业类标准收取。

七、对生活特别困难的下岗职工子女就学（义务教育段），教育行政部门凭《象山县特困职工证》减免学杂费。

八、对要求从事个体，合伙经营和兴办私营企业的下岗职工原所在企业应予支持，并允许其在企业产权制度改革前保留劳动关系，在保留劳动关系期间，下岗职工在社会上（包括企事业单位和个体工商户）从事有收入劳务时所发生的工伤所需费用，由劳务输入方承担，其他医疗费用，在我县医疗保障制度改革方案出台之前，由原单位按规定支付。

九、企业下岗职工到乡镇企业、个私企业工作，仍保留原单位职工身份的，原单位和本人应按规定缴纳养老、失业等社会保险费，缴费年限可连续计算。

十、失业职工自谋职业或合伙经营，其劳动关系可挂靠县职业介绍中心，并通过县职业介绍中心以上年社会平均工资为基数缴纳社会保险基金，到期可享受规定的社会保险待遇。

十一、下岗、失业职工从事个体经营或组织起来（合伙）就业，凭《下岗证》《象山县城镇失业职工登记证》和身份证，向县劳动部门提出书面申请，经审核认定，核发《象山县下岗、失业职工自立就业认定表》，对合伙开办企业的，同时提交合伙人员与从业人员的花名册及有关证件，凭《认定表》及相关附件，按规定向有关部门办理免征营业税、所得税及各种行政性收费。

十二、对产权制度改革中自谋职业从事个体合伙经营的职工，在办理劳动关系挂靠及社会保险手续同时，发给《象山县转制企业职工自谋职业认定表》，凭《认定表》享受下岗、失业职工减免税收和有关行政性收费优惠政策，期限不超过两年。

十三、各新闻机构对县再就业工程领导小组办公室组织的转岗培训、用工信息等各类消息的刊登和发布应免费提供服务，并优先转发。

十四、各企业主管局和企业须定期组织下岗职工进行就业形势宣传和有关培训，下岗职工未经企业（主管局）批准，三次无故不参加学习、培训，企业可暂停发放基本生活费，三次无正当理由不服从企业安排上岗及劳务输出的，企业可予辞退。

十五、再就业工程重点对象，三次无正当理由不服从就业服务机构介绍就业的，取消其再就业工程重点对象资格。

十六、本意见由县再就业工程领导小组办公室负责解释。

十七、本意见从发文之日起执行，象政〔1997〕9号文第二条鼓励下岗职工，失业职工再就业政策停止执行。

1998年7月15日

41. 中共象山县委、象山县人民政府关于加快高新技术产业发展的若干意见

为了进一步落实“科教兴县”战略，加快发展高新技术产业，促进经济结构调整和经济增长方式的根本转变，根据上级有关文件精神，特提出如下意见。

一、发展高新技术产业的总体要求和目标

1. 大力发展高新技术产业，运用高新技术改造传统产业，是调整优化经济结构的必由之路，是培育新的经济增长点的有效手段，也是再创象山经济新优势的关键所在。面对新世纪科技革命的挑战和日趋激烈的国内外市场竞争，必须充分认识科技创新对经济结构调整和产业结构提升所产生的重大作用，把发展高新技术产业作为今后经济发展的主增长点，放到更加突出的重要位置抓好落实。

2. 今后一个时期，我县发展高新技术产业总体要求是，按照“突出重点、提高起点、市场导向、效益优先”的原则，逐步建立起以大专院校、科研单位为依托，企业自主创新与引进提高相结合的科技创新体系；以企业为主体，多元化、多层次、多渠道的风险投入体系；以人才为根本，支撑高新技术产业发展的人才保障体系，促进全县国民经济持续、快速、健康发展。

3. 发展高新技术产业的目标是：到 2002 年，全县高新技术产品产值达到 25 亿元，与 1998 年相比，年均递增 39%。高新技术产品增加值占全部工业增加值的比例达到 23%，高新技术产品出口额占全县出口额的比例达到 8%，市级以上高新技术企业达到 15 家高新技术产业的总体水平在全省处于中等以上地位。

4. 编制高新技术产业发展规划，重点发展电子信息、机电一体化、新型材料、海洋生物和节能环保等产品。

5. 运用高新技术改造针织、水产加工、机械加工、建材等传统行业。针织行业要引进先进织造设备、改进印染助剂和后整理技术，提高面料档次；水产品加工要广泛寻求与国内外合作，在开发功能食品、休闲食品、营养食品、餐桌食品上形成系列化；机械加工以应用单机、单元控制装置改造现有设备，提高加工精度和生产效率，全县推广应用计算机辅助设计、辅助制造的企业达到 50 家；建筑材料要向新颖、环保、功能化方向发展。

二、增强创新能力，使企业成为发展高新技术产业的主体

6. 实力型企业必须建立技术开发中心或厂办研究所，设立一批重点实验室、试验基地。进一步吸引各类人才，广泛寻求与高等院校、科研单位、国内外大公司以联合投资、参股、技术转让等方式实行联合。企业以产学研形式实施的技术开发项目，优先享受本意见的扶持政策。

7. 企业应成为技术创新的投入主体。实力型企业必须按不低于当年销售额的 3%提取技术开发费，一般企业按不低于当年销售额的 1. 5%提取技术开发费。技术开发费比上年实际使用额增幅在 10%以上的盈利企业，其当年实际发生的费用按规定据实列支后，年终经县财政部门核准，可再按其实际发生额的 50%，直接抵扣当年应税所得额。

8. 金融部门要努力扩大对发展高新技术产业的贷款规模，提前介入全程服务，主动参与前期论证工作，积极帮助一些前景看好的高新技术项目缓解资金紧缺的矛盾，支持企业增强技术创新

能力。

三、发展高新技术产业的扶持政策

9. 继续增加对科技的投入。县科技三项经费在预算内财政支出达到1%的基础上逐年增加，到2002年达到1.5%。从1999年起到2002年，在扶持发展高新技术税收返还中集中15%、县财政首次安排300万元，设立“高新技术风险投资基金”，重点用于高新技术中试项目的风险借款、成果产业化项目的贴息、引进高新技术项目资金的配套与奖励等。

10. 鼓励企业开展高新技术中间试验。经认定的中试项目，按7：3的比例共同承担风险资金。其中70%由企业投入，30%由风险基金借款解决。

11. 加快实施高新技术成果产业化项目。经认定的高新技术成果产业化项目，返还土地出让金，免缴购置生产经营房地产的交易手续费和产权登记费。项目实施后，其设备投资额的贷款部分，按同期银行一年期贷款利率在限额内给予贴息一年。

12. 鼓励引进高新技术项目和资金。对县外带资金来本县兴办高新技术项目的，经认定后，其实际投资额在300万元以上的，按20%比例提供生产性固定资产购置配套资金。对引进项目资金的单位或个人，按实际到位资金额的1%予以奖励，所征个人所得税全额返还；对引进高新技术项目的单位或个人，在项目投产后，按实际投入资金额的0.5%予以奖励。

13. 支持企业开发高新技术新产品。经认定的高新技术新产品，自认定之日起三年内，征收的所得税和增值税地方留成部分，经县财政部门核准，85%直接返还给企业，15%纳入“高新技术风险投资基金”，集中用于支持发展高新技术产业。

14. 扶持培育高新技术企业。经市级以上认定的高新技术企业，经县财政部门核准，头两年交纳的所得税留地方部分企额返还，后三年交纳的所得税留地方部分按50%返还；增值税以上一年为基数，新增增值税的地方留成部分，自认定之日起三年内由县财政按50%比例返还，但不再享受本意见第13条之规定。上述所有返还中其中85%直接返还给企业，15%纳入“高新技术风险投资基金”。

15. 大力支持硕士生、博士生及高级技术人才自带项目或产品来本县创办民营科技型企业。经认定后，免缴企业开办登记费、验资费，所需流动资金协调解决，按第一次到位资金的20%无偿提供启动资金，无偿提供临时住宅用房一年。并按项目所需资金，在限额内优先提供无息借款两年。

16. 积极鼓励个人拥有的成果、项目、专利等参与技术入股。其成果价值占股本金比例不受限制，今后视实际贡献大小，逐步扩大该成果的实际股权收益。具体由企业双方签订合同时明确，并经县技术市场管理办公室鉴证后生效。如股权收益再用于生产性投资的，在计征个人所得税时给予税基扣除。

17. 设立“科技创新奖”。“科技创新奖”是本县科技人员最高荣誉奖励，每两年评选一次，每次不超过3人。凡获得“象山县科技创新奖”荣誉称号的，县政府奖励人民币20万元，所征个人所得税全额返还（具体奖励办法另定）。对发展高新技术做出重大贡献的专业技术人员，破格晋升相应技术职称，并优先推荐为申报国家，省、市级有突出贡献和享受政府特殊津贴的人选。

18. 由县科委牵头会同县计委、县经委、县财政局等部门组建高新技术认定机构，制订认定办法和风险基金管理办法。凡经认定的产品和项目均可享受相应的扶持政策。

本意见由县科委、财政局负责解释。

中共象山县委

象山县人民政府

1999年8月29日

42. 中共象山县委、象山县人民政府关于加快全县工业经济发展的若干政策意见

为加快我县工业经济的发展步伐，经县委、县政府研究，提出以下政策意见：

1. 鼓励投资工业项目。（1）凡投资符合国家产业政策的工业项目（包括新办企业和技改项目），减半收取城建配套费、土地出让金、供水增容费和白蚁防治费，免收发展新型墙体材料专项用费、散装水泥押金。

（2）继续执行县委〔1999〕36号关于加快县工业示范园区开发建设的政策，鼓励工业企业落户县工业示范园区。对落户在巨鹰针织园区、石浦水产品加工区、象西工业园区的工业企业，减半收取城建配套费和土地出让金、造地基金，免收供水增容费、造地费、菜地建设费、统一征地不可预见费、发展新型墙体材料专项用费、散装水泥押金和白蚁防治费。

（3）对当年实际投资额在1000万元以上的技改项目，享受技改贴息一年（具体办法另行制定）。

2. 鼓励企业上规模。（1）凡年销售收入首次超过500万元的企业，奖给企业厂长（经理）人民币1万元；年销售收入首次超过1亿元的企业，奖给企业厂长（经理）人民币5万元。

（2）对上年实缴增值税、所得税（以下简称税金）超过500万元的工业企业，其当年实缴税金递增18%以上部分，以地方财政所得部分的80%给予奖励；上年实缴税金超过200万元的，其当年实缴税金递增20%以上部分，以地方财政所得部分的80%给予奖励；上年实缴税金超过100万元的，其当年实缴税金递增25%以上部分，以地方财政所得部分的80%给予奖励；上年实缴税金超过50万元的，其当年实缴税金递增30%以上部分，以地方财政所得部分的80%给予奖励。

3. 鼓励发展高新技术产业。对从事高新技术产品生产的科技型中小企业，经县科委批准，其每年实际用于新产品开发的试制费由县高新技术风险资金给予配套20%。建立高新技术成果项目孵化基地，凡携带项目资金来我县进行中试孵化，经县科委认定后，无偿提供生产场地，并根据项目情况一次性提供补助资金。

4. 鼓励有条件的企业建立研究所、技术开发中心等机构，提高自主创新能力。凡符合条件并按规范运作的，县科研经费给予每家研究所或技术开发中心10万元的资金补助。

5. 鼓励全方位、多层次、宽领域开展招商引资活动。落实招商引资责任制，实施工作目标考核，动员全社会力量参与招商引资。凡引进外资按实际到位额的1%给予奖励；以技术设备投入的，按折算实际额的0.5%给予奖励。

6. 鼓励企业创名牌。对于获全国名牌产品称号的企业，由县政府奖励10万元；对于获省、市名牌产品称号的企业，分别由县政府奖励5万元、1万元。

本意见适用于全县各类工业企业，自发文之日起执行，以前规定如与本意见相抵触的，以本意见为准。原象政〔2000〕1号、象政办〔2000〕50号关于鼓励出口创汇的政策和象政〔1999〕7号关于引进人才的政策继续执行。

中共象山县委
象山县人民政府
2000年10月10日

43. 象山县人民政府关于推行殡葬改革的通告

根据《浙江省殡葬管理条例》《宁波市殡葬管理条例》和《象山县殡葬管理暂行办法》规定，现将殡葬改革有关事项通告如下：

一、从2001年11月1日零时起，本县行政区域内全境推行火葬。

二、下列对象一律实行火葬：

（一）实行火葬区域内的常住人员死亡的；

（二）实行火葬区域内的常住人员在外地死亡的；

（三）外来人员在实行火葬区域内死亡的。

三、应当实行火葬的人员死亡后，丧户或死者生前所在单位应当在二十四小时内向所在地村民（居民）委员会报告，村民（居民）委员会应积极协助丧户及时与县殡仪馆联系接运遗体和办理殡葬事宜。

四、火葬的遗体，由县殡仪馆殡仪专用车辆运送。禁止不符合国家技术标准规定的车辆运载应当火葬的遗体。

五、火葬区内禁止土葬，丧户将应当火葬的遗体土葬的，由当地镇乡人民政府或街道办事处责令丧户在七日内改土葬为火葬；拒不改正的，强制火化，一切费用由丧户承担，并由县民政部门对丧户处以一千元以上五千元以下的罚款。

六、严禁将骨灰装棺安葬，严禁自行择地建造骨灰坟墓。双穴坟墓已安葬夫妻一方的亡坟和2000年12月11日县委办、县府办《关于兴办骨灰公墓区和坚决制止突击建造寿坟的通知》下发前，在公墓规划区内已建的寿坟，暂时允许骨灰安葬。

严禁任何单位和个人擅自经营公墓业务；严禁任何单位和个人擅自出租、转让、买卖墓地或墓穴；严禁恢复和建立宗族墓地和修复宗族祖墓。

七、从推行火葬之日起，火葬区域内禁止加工、生产、销售、使用棺木和土葬墓石料及封建迷信的丧葬用品，违者按有关规定从严处罚。

八、丧户违反上述有关规定的，依照国务院和省、市殡葬管理条例，严肃查处。拒绝、阻碍有关国家工作人员依法执行职务的，由公安机关依照《中华人民共和国治安管理处罚条例》处罚，构成犯罪的，依法追究刑事责任。

九、少数民族公民、华侨、台湾同胞、港澳同胞、外籍华人及外国人的遗体按国家有关规定另行处理。

象山县人民政府

二〇〇一年八月二十八日

44. 中共象山县委关于加快实施桥海兴县战略的决定

（2006年7月28日）

为全面落实科学发展观，认真贯彻市委“六大联动”及象山港区域保护和利用的战略部署，科学把握象山港大桥建设和海洋时代的战略机遇，审时度势，积极推进桥海联动，促进海陆一体，营造桥海经济新时代，县委决定加快实施桥海兴县战略。

一、实施桥海兴县战略的基本构想

（一）总体思路。坚持以邓小平理论、“三个代表”重要思想为指导，按照科学发展观和构建和谐社会的要求，以象山港大桥建设为契机，积极推进象山发展格局的战略性调整；以创业创新为动力，充分发挥象山港大桥建设效应和海洋资源禀赋优势，积极培育后发优势；以大桥经济、海洋经济、港口经济和滨海旅游为重点，全面推进海陆一体化发展，主动迎接桥海经济新时代；以建设现代化新象山为目标，促进象山经济社会跨越式发展。

（二）基本原则。坚持科学发展原则，在开发中保护、在保护中开发，妥善处理海陆资源开发与生态环境保护关系，促进经济与社会可持续发展；坚持桥海联动原则，全力加快大桥建设，积极推进海洋资源的保护和利用，充分发挥桥海综合乘数效应，努力开创桥海经济新时代；坚持海陆一体原则，统筹推进海陆资源、产业、空间、文化、生态的融合，促进资源开发和产业发展在海陆空间的提升与延伸，形成海陆一体化发展格局；坚持四大战略协调推进原则，充分发挥桥海兴县战略的核心和基础作用，在大力实施桥海兴县战略的同时，积极推进工业强县、旅游富民、和谐惠民战略的实施。

（三）发展目标。到2010年，建成象山港大桥及接线工程，桥海兴县取得明显成效，初步形成海陆一体的产业体系、空间布局、生态系统、基础网络和文化发展格局，基本建成现代滨海新城、滨海产业新区、滨海休闲中心和海洋文化大县。

二、加快象山港大桥建设，充分挖掘大桥效应

（四）全力推进象山港大桥建设。把象山港大桥作为“一号工程”，集全县之力加快建设。分阶段、分层次制定切实可行的实施计划，明确各阶段的主要任务和目标，狠抓落实，着力推进，确保“十一五”末建成通车。

（五）充分发挥大桥效应。整合象山港大桥建设各种预期效应，及时推进空间格局和产业结构调整，优化生产力布局，推动象山新一轮大发展。积极改善投资环境，统筹安排、科学筛选、合理布局招商项目，重点突破投资额大、效益好、技术含量高的重大项目。

三、积极推进海陆一体，构筑现代滨海新城发展框架

（六）修编完善规划体系。全面分析和把握桥海综合乘数效应对产业、空间、城市功能及社会生产生活的重大影响，编制完善桥海兴县规划体系。加快完善象山县域总体规划和城市总体规划、土地利用总体规划，抓紧编制海洋经济发展规划，制定完善相关专项规划，为加快桥海经济发展提供科学依据。

（七）加快建设海陆一体的基础设施。积极推进与象山港大桥建设相配套的交通设施和中心城区基础设施建设，初步形成布局完整、档次高、密度大的交通格局，加快建设供水、电网、燃

气等配套基础设施，适应桥海经济发展需要。积极协助推进浙江沿海高速象山段建设。

（八）全面推进沿海、沿港、沿路区域发展。加强规划布局，积极引导要素和资源向“三沿”区域集聚，促进空间结构优化和生产力整合，全面提升“三沿”发展水平和辐射带动能力。加快建设沿象山港产业带和环石浦港产业带，构建沿海黄金旅游带，加强主干道城镇带建设，完善“1560”发展规划体系。高标准策划开发大目湾新城，加快构建现代滨海新城中心区。

四、优化调整经济结构，促进滨海产业集聚提升

（九）加大园区开发建设力度。集聚大桥效应和港口岸线资源优势，以象山经济开发区和象山产业区为重点，以乡镇经济集聚块和中心村经济集聚点为节点，加快开发建设步伐，为桥海经济发展搭建强有力的竞争平台。合理规划产业布局，加快基础设施建设，全面提升传统优势产业，大力发展新型临港工业、高新技术产业、港口运输业和现代物流业，营造海陆一体化发展新优势。

（十）加快突破新型临港工业。正确处理临港资源开发和生态保护的关系，加快发展新型临港工业。积极壮大船舶制造、钢铁制品、电力能源等产业，努力引进新型建材、先进装备、重型机械等重大项目，加快发展海洋生物医药、海水综合利用、海洋工程建筑等海洋新兴产业，稳步推进中石油海洋工程基地、大唐乌沙山电厂等项目产业链延伸，建成浙江省临港型特色制造业基地。

（十一）壮大港口物流业。发挥港口资源和区位优势，加强港口基础设施和集疏运网络体系建设，发展港口经济，培育和壮大港口物流业。利用象山港大桥临近区域港口岸线，结合甬台温铁路象山港支线，依托象山港大桥及接线工程，规划筹建5万吨级货运码头，建设象山港大桥物流园区。做大做强海洋运输业，努力构建海运强县。

（十二）加快发展现代渔业。大力发展绿色生态高效养殖，稳步拓展海洋捕捞，加快发展和提升水产品加工业，努力实现由渔业大县向现代渔业强县转变。

五、拓展滨海旅游广度和深度，打造现代特色的滨海休闲中心

（十三）丰富滨海休闲中心内涵。以建设长三角滨海休闲度假旅游目的地为目标，突出海洋、生态、文化、大桥主题，完善休闲度假核心功能区，延伸旅游产业链，提升旅游文化和休闲品位，大力发展海景房产，不断完善观光、旅游、度假、休闲功能，打响滨海休闲中心的整体品牌。

（十四）加大滨海旅游建设力度。充分发挥象山滨海旅游资源的特质性、区位优势的独特性和海洋文化的特色性，完善旅游业发展规划体系，加快旅游设施建设，提升已有景区功能，积极开发参与性强、文化内涵丰富的旅游项目，提高滨海旅游业发展水平。

（十五）打造最佳人居环境。依托良好的生态环境条件，全面推进循环经济发展，妥善处理开发与保护的关系，有效控制环境污染，建设资源节约型和环境友好型社会，生态环境质量保持全省领先水平，建成国家级生态县。

六、弘扬发展海洋文化，加快海洋文化大县建设

（十六）丰富和挖掘海洋文化。培育全社会现代海洋文明意识，加强对海洋环境保护和“海洋国土”的宣传，树立“善待海洋就是善待人类自己”的理念。建立健全海洋生态环境补偿机制，强化海洋资源管理和海洋生态环境容量控制，提高海洋可持续发展能力。总结和提炼我县在争取、建设象山港大桥过程中形成的文化品质，丰富海洋文化内涵。加强对桥海兴县战略思想的宣传和教育，引导人们转变观念，适应桥海经济时代潮流。

（十七）努力提升海洋文化竞争力和吸引力。大力弘扬实践象山精神，不断丰富以渔文化为

主体的海洋文化，进一步壮大海洋文化产业和海洋文化事业，全面推进海洋文化遗产的保护和开发，为加快实施桥海兴县战略提供有力精神支撑。

七、健全保障措施，加快推进桥海兴县战略的实施

（十八）加强组织领导。建立实施桥海兴县战略领导机构，加强对桥海兴县战略实施过程中重大决策部署、重要工作事项的组织协调和检查落实。各乡镇（街道）、部门要结合实际，相应分解落实领导职责和工作任务。建立健全工作推进机制，加强对桥海兴县各个工作环节的督促、检查和考核，求真务实，确保各项工作措施落到实处，形成合力推进的良好工作局面。

（十九）营造浓厚发展氛围。广泛利用各种新闻媒体和宣传载体，大力宣传象山港大桥建设及桥海兴县战略，充分展示象山的综合实力、良好生态环境和海洋资源优势，借桥打品牌树形象，借桥提升发展信心指数，广泛动员全社会力量服从、服务和支持大桥建设，齐心协力推进桥海兴县战略的实施。

（二十）强化要素支撑。科学合理调整用地规划，加强土地资源储备，有效增加土地供给。加快联网供水，抓好一批重点引供水工程建设，着力缓解水资源制约。加大资金投入，发挥政府投资的导向和带动作用，鼓励和引导民间资本以各种方式参与桥海兴县相关基础设施建设。加快科技进步，健全科技服务平台，加强人才培养和引进，加快科技强海步伐。

45. 关于加快开放型经济发展的若干意见

一、对引进国内外大项目实行经费补助。各镇乡、街道及县级部门凡引进 100 万美元及以上至 300 万美元以下的外资项目（指实际到位数，下同）奖励 3 万元，引进 300 万美元及以上至 600 万美元以下的外资项目奖励 5 万元，引进 600 万美元及以上的外资大项目奖励 8 万元，凡引进国内资金直接投资工业、农渔业、旅游及基础设施等项目，引进 2000 万元及以上至 5000 万元以下的大项目奖励 3 万元，引进 5000 万元及以上至 1 亿元以下的大项目奖励 5 万元，引进 1 亿元及以上的大项目奖励 8 万元。具体操作程序由县外经贸局和财政局另行制订。

二、凡实际利用外资在 100 万美元及以上的工业、农渔业、基础设施、旅游等重点外资项目，在土地征用中的所有费用，经批准，除农民征用和上缴中央、省、市外，免收县可得部分；企业利用厂房与外商合资的，免收过户所有费用。

三、继续鼓励引进外资。凡引进外资对当事人按实际到位额的 1%给予奖励，实物投资按折算实际额的 0.5%给予奖励。具体操作由县外经贸局、财政局根据《关于引进外资奖励办法的补充说明》办理。

四、各类自营进出口企业经县外经贸局和财政局审核确认，可按当年自营出口额的 1%提取风险基金，用于弥补外销风险和开拓国际市场。

五、经县外经贸局审核确认（以海关数为准），对各类自营进出口企业，其自营出口额在县外经贸局下达的计划内的。每出口 1 美元贴息 0.02 元。对超计划的，超计划部分在 100 万美元以内部分每美元再贴息 0.02 元；100 万美元至 300 万美元部分每美元再贴息 0.03 元；300 万美元以上部分每美元再贴息 0.05 元。以自己品牌和农副产品（除水产品加工外）出口的，每出口 1 美元另贴息 0.02 元。对自营出口额首次突破 300 万美元（含 300 万美元）、500 万美元、800 万美元、

1000万美元，1500万美元、2000万美元并且递增幅度达25%的，分别奖给经营者3万元、5万元、8万元、10万元、15万元、20万元（不重复计奖）；上年已突破2000万美元，但递增幅度达25%以上的，奖给经营者20万元。

六、鼓励企业发展加工贸易，每进口1美元奖励0.02元。

七、各类新批自营进出口企业获权当年有自营出口实绩，且自营出口在20万美元以上的，经县外经贸局审核确认，奖给经营者1万元。对获权企业连续二年内没有出口实绩的，注销其自营进出口经营权。

八、各类自营进出口企业凭真实有效凭证，经县外经贸局和财政局审核确认，参加境外交易会、博览会及广交会的，给予标准摊位费30%的补贴。

九、对各类自营进出口企业的退税账户托管贷款，经县外经贸局和财政局审核确认，给予贷款利息50%的贴息。

十、鼓励企业跨国经营，经县外经贸局审核确认，每新办1家境外生产性企业奖励5万元，贸易性企业奖励3万元、办事处奖励1万元。

十一、鼓励外经企业扩大对外承包劳务，对完成县外经贸局下达计划的，从事对外工程承包的外经企业奖励2万元，从事劳务输出的外经企业奖励1万元。

十二、享受以上各项优惠政策，须以完成县外经贸局下达的计划为前提，否则一律不予兑现。未下达计划的已获进出口权企业，自营出口实绩达到50万美元及以上的视作完成计划，新获权的外经企业其对外承包劳务营业额在500万美元及以上也视作完成计划。

2002年4月4日

46. 关于加快农村经济和社会发展的若干意见

一、大力发展特色效益农业，加快推进农业产业化进程

1. 大力发展农业主导产品。加快建设象山港现代化深水网箱养殖示范园区、特种畜禽加工科技示范园区和外贸蔬菜园区等科技示范基地，优化大黄鱼、梭子蟹、紫菜，柑橘、杨梅、出口蔬菜、白鹅、特种野猪等十大主导农产品。县农发基金安排80万元、渔发基金安排40万元，科技三项基金安排30万元，重点扶持发展十大主导产品和名优产品基地建设。鼓励农产品创名牌，对获得国家级，省级、市级驰名、著名商标和名牌的产品，由县财政分别给予5万元、2万元、1万元奖励。

2. 积极推进渔业结构调整。对250马力以上的钢质渔船调整从事洋地运销的，每艘补助2万元；对捕捞渔船转产从事休闲渔业或作为养殖生产专用船的，每艘补助2万元：对发展远洋渔业，其实际新投入额（不含政府补助部分）按一年期银行贷款利率的100%贴息一年；对自愿申请报废的渔船，按上级批准补助额的10%给予补助。上述补助资金由渔民转产转业资金解决。对新发展深水抗风浪网箱，除市补助外，县财政安排100万元、渔发基金安排20万元进行扶持，以降低养殖风险，捕捞渔民转业从事休闲渔业或海水养殖，五年内全额返还所涉海域使用金县收部分。

3. 全力培育农业龙头企业。鼓励兴办农产品加工企业（不包括小冷库），有关鼓励政策按照《关于加快全县工业经济发展的若干意见》执行。按照“扶大、扶强、扶优”的要求，县里选择

确定若干家有较强市场竞争力、对本地农业带动作用明显的农业龙头企业，“一厂一策”进行重点扶持，支持农业企业进行技术改造，对列入市级补助范围的骨干农业龙头企业当年技改投入全额贴息，对带动农民增收，吸纳当地农民就业作用特别明显的，全额贴息两年。加工型农业龙头企业销售收入首次超5000万元的，县财政给予奖励人民币2万元；首次超1亿元的，奖励3万元；首次超2亿元的，奖励5万元。实行税收、用电等优惠，属于增值税一般纳税人的农产品加工和流通企业购进农业生产者销售的免税农业产品的增值税进项税额扣除率提高到13%，对加工型农业龙头企业和农产品批发市场的用电，容量在315千伏安及以上执行大王业用电价，315千伏安以下的执行普通工业用电价。对农村综合变以下的农业企业，其生产用电价格按0.708元/千瓦时执行。

4. 加快科技兴农步伐。县财政安排50万元用于扶助种子种苗工程建设。设立优质良种引进推广奖和传统品种更新改良奖若干个，每个分别给予奖励5000元和1万元，经有关部门认定，对在育种上取得突破，并带动农户形成规模化生产的项目，奖励5万元。鼓励有条件的企业和个人建立农业研究所、技术开发中心和实验示范基地，凡符合条件并按规范运作的，由县科技三项经费和县财政分别安排5万元给予补助，科研活动成绩显著的给予奖励。加快农业科技信息服务中心、综合病虫测报中心和县水产动物病虫防治中心建设，县财政继续安排一定资金进行扶持。加强农村职业教育和农民技术培训，深化基层农技推广体系改革，加快农业科技推广和应用，鼓励引进高层次农业科研人才，在科技兴农中发挥积极作用。

5. 努力搞活农产品流通。县农发基金安排70万元，用于开拓农产品市场，大力发展连锁、配送等营销方式，抓好农产品批发市场的升级换代。鼓励农业企业、购销大户在国内外大中城市设立销售窗口、办事处等，获得大中城市农产品准入证的流通企业，给予2万元的奖励。资助企业参加国内外农产品博览、展销会，有计划地在省内外举办农产品展示展销和招商活动，对有关大宗农产品流通，继续实施“绿色通道”政策，凭绿色通行证减半收取汽车轮渡费，免收过路费、隧道费。鼓励发展创汇农业，有关鼓励政策按照《关于加快全县开放型经济发展的若干意见》执行。

6. 扶持发展农业合作经济组织。县农发基金安排30万元资金，用于鼓励和支持发展多种形式的农业合作经济组织，农村专业合作社自产自销的农产品，以及经营分级、整理、加工、包装加贴品牌商标等加工的农产品，按财政部、国家税务总局《农业产品征税范围注释》的规定，相应免征增值税；合作社为农业生产提供产前、产中、产后服务所取得的收入，免征所得税。组织评选若干个运作规范、带动力强、实效明显的先进专业合作组织和行业协会，县政府给予表彰奖励。

7. 重视农产品标准、质量安全认证体系建设。积极推进农业标准化建设，大力发展无公害农产品、绿色食品和有机食品，对申报国家级、省级、市级绿色认证并获批准的农业基地或农产品，县财政分别给予每个5万元、2万元、1万元的奖励；对获得HACCP、PDA等认证的农业龙头企业，给予适当补助。继续扶持县农产品质量检测中心建设。

8. 加大金融对农业的支持力度。金融部门要大力推广公议授信、存单质押，小额信用贷款等方式，方便农民贷款，积极鼓励对农业出口企业办理出口退税账务托管贷款，允许农户以房产（土地）权（证）、土地、山林、滩涂和养殖水面承包权（证）进行抵押贷款。银行和农村信用社对农业龙头企业要在授信额度、收购资金贷款等方面给予支持。允许农业龙头企业以自有不动产、动产以及注册商标等无形资产开展抵押、质押贷款。进一步发挥农业开发项目小额贷款担保基金作用，切实缓解农民贷款困难。

二、加大扶贫帮困力度，发展壮大村级集体经济

9. 扶持经济薄弱村发展。县财政按市下拨扶持资金 1∶1 的比例要求，安排 150 万元专项资金，用于扶持经济薄弱村发展经济开发项目。经济薄弱村转化和扶贫工作主要责任在镇乡（街道），各镇乡（街道）要按市、县、镇乡（街道）1∶1∶1 的比例要求落实配套资金，缓解经济薄弱村开发项目资金不足矛盾，增强发展后劲。

10. 健全结对帮扶制度。继续对 221 个经济薄弱村、109 个贫困村进行结对帮扶，挂联帮扶单位要着重从帮助发展村级集体经济入手，积极寻找项目，提供资金、信息、技术等支持，对每个贫困村的资金扶持全年力争达到 2 万元以上，要加强对结对帮扶工作的督查与考核，对按期完成转化和脱贫任务的给予表彰奖励，不转化、不脱贫的不脱钩。

11. 实施土地整理和开发优惠政策。鼓励经济薄弱村、贫困村积极开展农地整理和建设用地复垦，通过农地整理获得的折抵指标，允许在全县范围内有偿调剂使用，并在折抵指标中给每个薄弱村、贫困村调剂 2 亩土地，对折抵指标有偿使用费给予减免。调剂使用的土地可实行异地置换和异地开发，在规划指定的城镇或工业园区兴建商业用房或标准厂房等。

12. 妥善解决农村干部的报酬。建立村干部报酬保障机制，在综合考虑经济薄弱村、贫困村和其他村关系等基础上，由县委组织部会同县委农办等有关部门制订考核办法，各镇乡、街道对村干部工作实绩进行考核后，由市、县安排专项资金对经济薄弱村、贫困村干部报酬给予适当补助。

13. 切实扶持社会弱势群体。健全农村社会最低生活保障制度，扩大低保覆盖面，做到应保尽保。最低生活保障金支付实行财政分级负担，A 类地区县财政负担三分之一，B 类地区县财政负担二分之一，C 类地区县财政负担三分之二，最低生活保障标准随经济社会发展作适时调整。建立镇乡（街道）就业和社会保障服务站，承担就业培训、职业介绍，大病救助、低保医保和社会救济等职能。积极发展助医、助残、助学等各项慈善事业，广泛开展社会化结对帮扶活动，努力帮助弱势群体解决生产生活问题。

14. 加大移民脱贫工作力度。积极实施下山移民、生态移民，通过梯度转移和整体迁移，促进异地脱贫。对高山村要统筹规划，实施整体移民，优先安排用地指标，有关地税费实行优惠。对符合市级补助标准的高山村整体移民，在市对每户移民家庭补助的基础上，由县财政按每户移民家庭 5000 元标准再予补助；不符合市级补助标准但经县批准的，由县财政按每户移民家庭 2000 元标准予以补助。补助资金按户计算，用于移民村基础设施建设。具体操作办法另行制定。

三、加快推进城镇化进程，改善农村生产生活环境

15. 推进城镇建设。按照城乡一体化要求，加强镇、村规划。以中心镇为重点，加快城镇建设。城镇建设用地规划涉及基本农田保护区的，在保证基本农田不减少的前提下，按照法定程序，允许作适当调整。鼓励土地置换，对按规划向城镇迁建的农村居民点，在做好退宅还耕的基础上，经核准可按还耕面积等量置换到城镇建设规划区选址，其建设用地可以不占用年度建设占用耕地计划指标。建立健全村发展留用地制度，促进城镇建设和村集体经济发展。

16. 引导人口向城镇集聚。鼓励企业向城镇和园区（小区）集聚，积极吸纳农村剩余劳动力。鼓励农民离土离乡进城镇落户，在就业、子女入学、社会保障等方面与城镇居民一视同仁。农民

进城镇落户，可保留农村集体土地承包权，并鼓励自愿、依法，有偿转让，同时享受原村级集体资产的权益和集体可分配收益，承担相应义务。允许在三年内执行农村生育政策。对已转为城镇户口并放弃土地承包权的农民，其家庭收入低于最低生活保障标准的，可以享受城镇人口最低生活保障待遇。做好农村劳动力技能培训，增强农民就业能力。从今年起，在土地出让金净收益中提取1%，重点用于农村劳动力培训、转移。

17. 加强农村基础设施建设和生态环境建设，县交通、电力、水利、卫生等部门要划出专项资金，用于农村道路、电网、小型农田水利、饮水和环保设施建设。对实施农村电网标准化改造的农村生活用户给予补助，并逐步实现城乡用电同价。加强生态环境建设。县财政安排300万元资金，用于全县绿化。加大农村环境卫生整治力度，对垃圾清运做到专人负责，有统一收集、运输、处理场所，无露天粪缸，卫生户厕普及率在95%以上，卫生饮用水普及率达100%的村，给予一次性适当补助。

各地各部门要把解决好“三农”问题作为工作重点，放在突出位置。要坚持党在农村的基本政策，统筹城乡经济社会发展，积极探索农业农村现代化建设规律，不断提高农村工作水平。建立健全各级领导干部联系农业龙头企业和主导产业制度。进一步加强农村工作综合部门建设，各相关部门都要明确农村工作的分管领导和职能科室，自觉服从农业和农村现代化建设大局，转变作风，强化服务，切实加强对“三农”工作的扶持力度，为农业和农村发展提供良好条件。

2003年3月26日

47. 关于建立新型农村合作医疗试点工作的实施意见

一、指导思想

以“三个代表”重要思想为指导，以全面建设小康社会，提前基本实现现代化为目标，坚持统筹城乡经济社会发展的方针，按照政府推动、农民互助、社会参与、以收定支、收支平衡的原则，建立新型农村合作医疗制度，重点解决参加农民因病致贫，因病返贫的问题，促进农村经济社会的协调发展。

二、目标和步骤

我县新型农村合作医疗试点工作的目标是：2004年，确定爵溪街道、东陈乡、高塘岛乡为试点单位，确保三地农村居民参加率达80%以上。逐步建立以县为单位统一筹资、统一管理的工作机制，积极引导农民参加以大病统筹为主，医疗救助为补充的农民医疗互助共济制度，提高农民的医疗保障水平。

具体实施步骤：

2003年12月，确定试点镇乡、街道，做好政策制订，组织网络构建、宣传发动等工作。

2004年2月，正式启动试点工作，收缴基金，做好报支准备。

2004年3月，开始结报。

三、筹资范围和标准

凡户籍在试点镇乡、街道未参加城镇职工医疗保险的所有农村居民均可以户为单位参加新型农村合作医疗，市、县、镇乡（街道）三级财政分别给予参加合作医疗者每人每年18元、15元、

10元的补助，个人缴纳每人每年为15元。积极拓宽筹资渠道，鼓励社会团体、企事业单位和个人资助新型农村合作医疗制度。今后，随着农村经济的发展和医疗需求的增长，逐步提高筹资额度和保障水平。

四、资金管理

1. 县新型农村合作医疗管理委员会办公室（以下简称县医管办），在国有商业银行设立合作医疗基金专用账户。各级财政根据农村参加合作医疗的实际人数，确保补助资金及时、足额拨付到合作医疗基金专用账户，个人收缴部分由镇乡、街道经办机构统一纳入专用账户。

2. 集体扶持资金和参加人员个人应缴纳费用由镇乡人民政府、街道办事处负责收缴。

3. 农村五保户、低保家庭和特困残疾人等困难群体，其个人应缴部分给予全额补助，补助资金由县、镇乡（街道）财政各承担50%。

4. 个人以户为单位参加，以村为单位筹资，参加村的农村居民参加率不得低于80%。

5. 合作医疗经费以周年为单位收缴，统筹基金按年度自求平衡，不足部分由县财政承担，积余部分纳入大病救助基金。

6. 合作医疗基金由县新型农村合作医疗管理委员会（以下简称县医管会）统一管理，定期向社会公布基合的具体收支和使用情况，以保证参加合作医疗农民的参与权、知情权和监督权。

五、医疗待遇

1. 大病统筹待遇：参加合作医疗的农村居民因病住院而发生的符合结报规定范围内的医疗费用，按分段累进的计算办法实行分段支付，个人全年多次住院，可分次结付。全年累计最高支付额为20000元。

2. 大病医疗救助：对因发生重大疾病，医疗费用在5万元以上，并导致农民生活特别困难者，市、县财政给予医疗救助，最高救助额为每年2万元。

六、组织领导

新型农村合作医疗制度是符合我国国情的农村医疗保障制度，是实践“三个代表”重要思想的具体表现，对于保证农村居民获得基本医疗服务，完善社会保障体系，促进农村经济发展和社会进步具有重要的作用。各试点镇乡、街道和有关部门要切实加强领导，精心组织，各司其职，密切配合，不断完善新型农村合作医疗的管理体制、筹资机制和运行机制，把新型农村合作医疗纳入政府的重要议事日程和工作日程，列入干部政绩和目标责任制考核内容。县政府要成立县医管会，医管会下设办公室。试点工作期间，县医管办设在县卫生局内，承担新型农村合作医疗的有关组织、协调、管理、宣传和指导工作。各试点镇乡、街道也要相应成立组织机构，明确分管领导，建立专门工作班子和办公室，组织实施本辖区内合作医疗的宣传发动、经费收缴等工作。

建立新型农村合作医疗制度政策性强，任务艰巨。各试点镇乡、街道和有关部门要高度重视，把这项“民心工程”“德政工程”切实抓好，要采取多种形式、多条途径做好深入细致的宣传发动工作，向广大农村居民宣传新型农村合作医疗制度的意义和具体做法，引导农民增强自我保健和互助共济意识，动员广大农民积极自愿参加。

2003年12月22日

48. 中共象山县委、象山县人民政府关于创建旅游强县打造休闲象山的若干意见

（2007年6月5日）

为深入实施“旅游富民”战略，全面提升旅游开发建设水平，创建旅游强县，打造休闲象山，现就进一步加快我县旅游业发展提出如下意见：

一、明确总体思路和目标要求

1. 总体思路。牢固树立科学发展观，紧紧围绕创建旅游强县、打造休闲象山的目标，以象山港大桥建设为契机，以良好的滨海旅游资源和生态环境为依托，深入实施“旅游富民”战略，充分挖掘旅游文化内涵，全面加强旅游规划、建设和管理，大力提升旅游开发建设水平，加快推进旅游经济跨越式发展，把旅游业培育成为全县经济的支柱产业。

2. 发展目标。到2011年，“一带四区”旅游发展格局全面提升，休闲产品更加丰富，城市旅游功能不断完善，旅游发展环境更趋优化，休闲象山品牌进一步打响，成为长三角重要的滨海休闲目的地，建成全国旅游强县。年接待游客400万人次，旅游经济总收入40亿元以上，旅游总收入占地区生产总值的12%以上。

3. 发展要求。全县上下要进一步认清形势，把握机遇，开拓创新，合力推进旅游业又好又快发展。

科学编制完善旅游规划。按照《宁波市旅游发展总体规划》和《象山县旅游发展总体规划》，明确全县旅游业发展的功能布局和发展方向，细分片区功能，形成“一带四区”旅游发展格局。

加快项目引进和建设。认真落实“项目中心制”，全力加快项目开发建设。基本建成半边山旅游度假区、中国渔村二期、石浦渔港古城二期、象山海洋旅游剧场、白沙湾度假村等一批景区。精心包装旅游产品，加大招商选商力度，着力引进国内外著名企业来象山投资。有序开发海岛旅游产品和滨海景观房产，打造渔山国际海钓基地。

努力挖掘旅游文化内涵。加强旅游文化研究，打造四大旅游节庆品牌。推进文化产业区建设，争取石浦渔港古城成为国家级文化产业区。充实景区景点文化内涵，增加旅游亮点。

持续提升产业素质。努力提升旅游产品档次，积极延伸旅游产业链，优化旅游环境，构建大旅游发展格局。五年内新增国家5A级旅游区1家、4A级旅游区2家以上、省级农家乐特色村3个以上。

积极创新市场营销模式。加大旅游营销力度，拓展旅游营销渠道。强化旅游整体形象，创新办节模式，做足做好“以节促旅”文章，打响滨海休闲目的地品牌。

不断完善城市旅游功能。牢固树立休闲城市理念，加快推进城市亮化、美化、绿化工程，优化配置旅游集散中心、咨询中心、购物中心、休闲娱乐、餐饮住宿、城市交通、标牌标识等要素和设施，使整个象山成为长三角滨海休闲目的地。提升旅游管理和服务水平，优化旅游环境。

二、加大旅游开发建设投入

4. 加大政府投入。从2007年起五年内，县政府每年安排2000万元旅游发展专项资金，主要用于规划修编、配套设施建设、政府性旅游项目启动、旅游宣传促销、旅游招商引资、旅游商品

市场培育、旅游培训、旅游资源保护和网络信息化建设等。重点旅游镇乡（街道）也要积极设立旅游专项工作资金，并逐年有所增加。

5. 鼓励项目开发。经县旅游领导小组认定的旅游项目，优先安排用地指标。缓缴白蚁防治费、发展新型墙体材料专项费用、散装水泥押金等有关规费；海域使用金县收部分全额返还。土地出让金县可得部分由县财政专项安排给县旅游局；森林植被恢复费省返回地方部分由县旅游局提出使用计划，经县农林、财政部门审核，专项用于旅游项目绿化造林和恢复植被。旅游项目投入使用三年内，实缴的企业所得税，属地方财政部分的全额奖励给县旅游局。以上所有返还、奖励费用专项用于旅游配套设施建设。

经县旅游领导小组认定的旅游项目且符合以下条件之一的，加大扶持力度，实行“一事一策”：实际利用外资1000万美元以上或内资8千万元人民币以上旅游项目；利用荒山、荒岛、荒滩等资源开发的旅游项目；参与性、娱乐性强的旅游项目；能挖掘和丰富我县旅游文化内涵的项目；开发海钓、游艇等休闲旅游项目。

经县农家乐领导小组认定的农（渔）家乐乡村旅游项目，实缴的税费县可得部分予以全额奖励。

6. 健全融资担保体系。全县各金融机构要大力支持符合旅游产业导向的新建、扩建、改建旅游项目，优先安排贷款资金。县级相关部门要支持县旅游开发有限公司提高旅游开发经营和融资能力。

7. 加快基础设施建设。发挥政府主导作用，加大全局性、基础性的旅游配套设施建设。县各职能部门及镇乡（街道）要发挥各自优势，不断完善旅游景区（景点）的基础设施建设。

三、提升旅游产业素质

8. 鼓励景区上等级。旅游景区创建质量等级挂牌给予一次性奖励，“AAAAA”级奖励50万元，“AAAA”级奖励20万元，“AAA”级奖励10万元，五年内连续上等级给予差额奖励。

9. 鼓励酒店品牌经营。星级酒店挂牌后（除复评外）给予一次性奖励，五星级奖励50万元、四星级奖励20万元、三星级奖励10万元。对新建规模在100标间以上的经济型宾馆一次性奖励20万元。星级酒店（经济型宾馆）用电费用享受工业企业同等政策。

10. 鼓励旅行社做大做强。旅行社获“市十佳”奖励3万元、获省“五十强”奖励5万元、获全国“百强”奖励10万元，对引进的省“五十强”奖励5万元、引进的全国“百强”奖励10万元。

11. 鼓励乡村旅游发展。鼓励发展休闲特色农业，推进农（渔）家乐休闲旅游业的发展。被评为省级农（渔）家乐特色村的奖励10万元、市级的奖励8万元，并对农（渔）家乐特色村中的星级经营户给予一定奖励；评为省级农（渔）家乐示范点的奖励6万元、市级的奖励4万元、县级的奖励1~2万元。评为省级乡村旅游点的奖励6万元、市级的奖励4万元。评为全国工农业旅游示范点、浙江省休闲渔业示范基地的奖励10万元。

12. 鼓励旅游商品开发。鼓励开发特色旅游商品，经县旅游部门认定的旅游商品，其开发研制可享受我县工业技术改造扶持政策。旅游购物定点商场自营业起三年内，其实缴企业所得税地方留成部分，县财政给予50%的奖励。

四、创新市场营销模式

13. 强化旅游主体形象宣传。县旅游主管部门要围绕“休闲象山，百里黄金海岸”的形象定位。按照统一策划、整体包装、重点推介的要求，积极实施品牌营销战略，要制定切实可行的实施方案，运用多种宣传形式，集中推介象山旅游产品，提高旅游主体形象的宣传实效。各级各部门尤其是宣传、新闻、文化、外事等部门，要把宣传象山旅游主体形象作为对内、对外宣传工作的重要组成部分，纳入工作计划和目标管理，利用自身优势，对旅游主体形象进行广泛持久的宣传，共同向外推介象山旅游主体形象。

14. 做好“以节促旅”文章。……（略）县相关部门要挖掘特色、创新模式，办好“三月三，踏沙滩”民俗文化节、国际海钓节、中国开渔节和海鲜旅游节等四大节庆活动。力争把传统节庆办成有一定影响力的旅游大节，使之成为推销象山旅游产品、开拓旅游市场、塑造和推广象山旅游形象的有效载体。

15. 鼓励旅游企业宣传促销。县旅游业发展专项资金中要每年安排一定额度的促销经费，并注重资金使用效益。旅游企业要强化营销意识，加大促销投入，积极参加旅游整体促销。旅游企业凡参加县旅游部门统一组织的宣传促销、旅游招商活动给予参展摊位费50%的补贴。对年接待境外团队游客达到1000人次以上的旅行社，给予每人次10元的奖励。

五、完善旅游业管理服务体系

16. 规范旅游行业管理。建立旅游质监所、成立旅游协会，强化旅游质量管理，加强行业自律。加大对景区景点、旅游宾馆（饭店）和旅行社、导游队伍等监管力度，规范旅游市场秩序，保障游客的合法权益。

17. 提升旅游服务功能。建设旅游集散中心、旅游购物中心和旅游厕所，增强旅游服务功能。建立旅游咨询服务中心，提供优质的旅游市场信息服务，积极推进旅游信息化建设。加快开通旅游景区（海陆）旅游专线，完善县内外旅游标识系统，提高旅游可进入性。

鼓励旅游重点镇乡（街道）、村根据旅游配套设施要求，新建、改建星级厕所，被评为三星级的奖励2万元、四星级的奖励4万元、五星级的奖励6万元。

18. 重视旅游人才培养。建立旅游培训中心，抓好旅游从业人员业务素质培训和职业道德教育；充分发挥县委党校和县职业技术学校的平台作用，开设旅游专业班和培训班，使旅游从业人员参加旅游专业培训率达到100%。实施“名导”工程，对县内导游人员（讲解员）取得国导证的奖励培训考务费的50%，取得普通话语种以外的国导证全额奖励培训考务费。对引进和获得中级导游资格且在县内从事导游工作的每年奖励1000元，获得高级导游资格且在县内从事导游工作的每年奖励2000元。评为县级年度金牌导游的奖励1000元、市级金牌导游的奖励3000元。

六、加强组织领导

19. 健全旅游业领导组织体系。完善由县政府主要领导为组长，县委、县政府分管领导为副组长，县有关部门和镇乡（街道）主要负责人为成员的旅游发展领导小组，着重研究和协调解决全县旅游业发展中的重大问题。领导小组下设办公室，协调各部门开展工作。重点旅游镇乡（街道）建立旅游领导小组，确定分管领导，落实专职人员，其他镇乡（街道）确定旅游兼管领导。

20、加强对镇乡（街道）旅游工作考核。完善对重点镇乡（街道）旅游工作年度考核办法，设立旅游发展奖和旅游工作先进奖，其中旅游发展奖设一、二、三等奖各一名，经考核，对获得一、二、三等奖的镇乡（街道）分别奖励4万元、3万元、2万元。

21. 强化旅游管理部门职能。县旅游主管部门要加强综合协调，就全县旅游发展提出阶段性目标，牵头重大旅游项目的开发建设，包装、宣传、促销、推介我县旅游产品，提高旅游行业执法管理和服务水平；对全县旅游资源的开发、保护和管理实行统一协调，负责对旅游规划区内的各类建设项目及相关配套设施进行审核，会同县规划部门对全县旅游景区及具体项目规划（策划）方案组织会审。

22. 优化项目开发服务环境。各级各部门要树立大旅游观念，营造合力兴旅的氛围，大力支持旅游项目开发建设。对涉及多个部门行政审批的旅游投资项目，按联合审批办法办理。凡涉及旅游项目的政策处理工作，按照属地管理原则，由所在镇乡（街道）为主负责具体落实，旅游部门应积极主动地配合做好相关工作。

本意见自发文之日起施行，同时象政〔1997〕6号、象政〔2003〕13号文件废止。

二　碑铭选辑

1. 明州象山县蓬莱观碑并叙[①]

【唐】孙谏卿　金陵

闻《图经》宝书之蓬莱山，其迹近古，昔相语：秦始皇帝使乎仙者辈徐福也，使泛沧海，访神仙之术于蓬莱山。此□□□□游止之乐［药］灶残踪、丹井泉在观名焉。自□隋君统宇之二年，废去之。考乃遗址，肃皇在上，汝南袁仲宣守临□□□□，闻能祈福□上　□兴起焉。神龙之初，县肇名创城，□□诏属于台，及乎广德之二年，爰移于明。台守仲宣得□□□□，已七十年，□屋伐□，荆桧［榛］丛聚，荒山属层，叠翠寒冷，其徒无名人，不能宣举，□□□□□□□□□□□□霖□□□□□老［考］□像□儿还□欤□遭压□。今上登御之元年，县令弘农杨弘正，帝命而官也，精苦吏事，操心义□□□□□白玉投之者也，喟然而嗟之□□□□没于高蒿，牛羊牧之，狐兔驰之。訏乎！茸全不敢细其事，任力未堪足□□□□□今世，吾且不能率，不能不□尔子来，乃日计之；日计之不足，以月而年，必为之成功一唱也。而人罔不敢而□□□□□□人□□思尝望之□□不□□□其爽者也。县令然之，告刺史陇西李公敬方，既知不私也久矣。尝举□□□□□人私以太守登进士□□□试为美，岂知乎大惠生民，苦心建业而异之。我守明岁余年矣，恩更乎陈□□□□□事无堕焉。彭城刘操，郡督邮也，职御谨□□绳无□□□悉力而前□行其道者也。念此蓬莱，非弘农君不能□□□□陇西公莫从也。乃召工之能匠庸甃作□，□高□□□□是坛，划芜叠砌，筑室架栋，上构崇〈崇〉，屹倚横巘，虚峦□□，□□□起，自下而高，龙翔凤举，势压奔岭，海日□照，赫赫融融，亦孔之□。县□□四民之病，请祷而已。大字书贞元□□□□□之御序。而初止方之□数十□□俸无悔，以答尔庸，家无余储。县令仁乎，〈民乎〉知乎。既了事，他山凿石，是□□□□□负荷之力□入地，壮势如走，为秉笔者书之文章。铭曰：

周祚将衰，老聃隐也，其道明明，溥天之下其一。教言何有，可得闻乎？维道与德，古今共孚其二。难言隐去，厥德不死，□□□□，上善若水其三。道不可道，邈哉徵［微］言［舍］，众妙之门，玄之又玄其四。废［衰］兴定矣，败斯必成，在昔隋朝，当遭毁平其五。兴焉何自，自肃皇帝，天半瀑泉，高秋鹤唳其六。七十许年，犹孤殿□，愁大风起，吹落沧海其七。爰力爰谋，有弘农人，功而不费，焕然而［一］新其八。海月微明，仙衣栩栩，高坛步虚，声入松雨其九。建此大猷，实杨之功，报言其徒，自高清风其十。

大中二年六月九日建，清河贝冷该书，道士王方外篆额，北海戚文憓镌。

2. 陶真人灵验记

【宋】王钦若

年月剥蚀，在蓬莱观碑阴，行书，见舆地碑目，今存如左：

推忠协谋同德守正左理功臣枢密使、开府仪同三司、行吏部尚书检校太〈傅同〉中书门下平

---

①原名为《唐蓬莱观碑》根据碑拓文题改正为“明州象山县蓬莱观碑并叙”。

章事、上柱国太原郡开国公食邑一万七百户、食实封四千二百户臣王钦若下缺。

明州象山县蓬莱观，陶贞白真人梁朝修药之所，自写真于东壁之上一行，下缺，祈请效应甚多。有居人家在观侧，素亦口敬。每早朝二行，下缺常来往州中货易，三日五日，一归其□，一旦随船三行，下缺□船势飘荡，垂欲汩没。此人志念陶真人，应四行，下缺□士在黄庭□□□□□□上□□□约风五行，下缺□□□风□□□□□□□县步□见道士状六行，下缺□□□至□□□□□真人形仪与空中七行，下缺，八行至十五行，上模糊，下缺详因书附□□□□□□□□□□□□□□□□□□□□十六行，下缺日汝南袁广渊记□栖霞观道士□□额，天台□□□十七行，下缺。

3. 明州象山顾县令祠堂碑记

【北宋】胡宗愈　昆陵

夫养民而知所以为政，教民而知所以为法。行之以仁恕，继之以不倦，虽拘于文，限于势，勇自树立，而不恤乎其他。科指设施，一切可以通行而便于人。坐乎一邑之中，与其民相上下者三年尔。及既去，而思也若弃其母而不乳乎婴儿然，非贤而有道者孰能致此哉！余于正夫之莅象山，乃益信政教之感人也，在乎人之贤者耳。象虽隶明州，截然旁处，环海而岛居，陆不通人马。令无督责，辄因循苟且，以延岁月，簿书狼藉，猾吏得以逞其奸巧，而民始病。正夫至，于是向之缓而废者，或急以修；向之急而务者，或约以罢。括奸鉗［附］吏，亲与约束，民之恃以养生者无害矣。平冤恤穷，狱讼廉要。然后择民之秀者，居以学，坐而讲劝，相与为廉让之节。行之二年，民各自矜厉而不忍犯。及正夫之病且亟，有陈祐者，刲股以祷于神曰："冀神之复生吾县令也"。不幸而死，民之思而哭者如哭其父母。于是相与择地而居之，塑正夫之像于其中而祀焉。县主簿石君景渊为书抵予曰：愿得文以书其事而刻之碑。正夫讳方、姓顾氏，润州丹徒人。其生也，余固闻其治行，恨未识其为人也；其死也，民之思者又如此。余不能识正夫之为人果何如耶，然已试于事而民之思者如此矣，谓不贤而能之乎？余既为之书其事，又作诗以遣［遗］象山之民，俾刻于其碑左，岁时歌之，以祀于正夫之祠，且以慰彼民之思贤令不置也。诗曰：垸兮盐兮，穗兮稻稌，余簏兮人孰余盗。岁不腆兮令不挠，老幼嬉嬉兮环令以笑。饮我食我兮醉则饱，谁寒谁饥兮不驰以告？我形兮我役，畴伤余财兮畴竭余力。令之疾兮我心悒悒，刲余股兮行忧以泣。令之死兮无奈何，白露溥溥兮秋草湿。粳糯香兮鲚鱼肥，令彷佛兮乘车以归。苍烟暝兮风揭揭，朋鲝兮箫笳以咽。令之来兮余歌以嬉，令之去兮余伤以悲。维其不见兮我之思，子孙承兮维时祀之。

案：旧志称胡完夫记，已佚。兹文见《顾氏谱·存疑》。

4. 蓬莱山寿圣禅院记

【宋】刘　渭

四明东海之上有象山，象山境之西南有佛刹焉。五代之梁创之以蓬莱之额，是为龙德二年。我朝锡之以图书之文，是太平兴国四年。敕听以甲乙住持者，天圣三年也。蒙思［恩］易以寿圣之名者，熙宁二年也。是院隐然介众山之中，虽无崇岩巨壑，盘亘千里，高插天维，雄压地轴，而佳巘苍岫，周遭映带，卑相附，远相揖，亭然起，粹［睟］然止，朝阳暮霭，露花霜竹，出没于空旷有无之间，恍然若图画中见也。太仆卿直秘阁林公旦，昔宰是邑，意尤爱之。且叹基址颓圮，榛棘出入，庳堂隘宇，上破而旁穿，殆不足以擅斯景而奄有也。因命释永净主院事焉。盖永净者，余闻之，操行谨洁，智敏而谋多，又率之以不私。于是，登高而望，默画于方寸。辇粪壤，焚榴翳，却立而视之，为瓜分棋布，地形之崇庳，栏［檐］宇之闳狭，了然在目中矣。乃始即其旧而新之，规其小而广之。三门峙列，两庑翼张，阅经有堂，献供有廚，澡身有室，休宾有馆。轮焉奂焉，一切鼎新，若有鬼神阴来相之。独所谓佛殿缺焉，居者无以寓归依之诚，来者无以耸瞻仰之礼。适得邑之信向者相与出力，而巍巍之殿屹立矣。复建宝藏以居殿之中，金函玉轴，层见叠出，所谓妙典秘偈，悉募僧〈行〉笔之。盖其徒宝仙创其初，义肱赓其终，积之数年，而五千八百〈四〉卷之文灿然完成矣。既又辟田三百亩以赡二时之供羞，植松十万本以助象［众］山之森秀，亦其徒旧［慧］初、义琛，与夫郡豪吴君骥〈与〉有力焉。窃尝谓：事以速不达，以久而有成，天下之理也。是院由五代以迄于今，寥寥二百余年，乃始修□而成，补罅而完，易隘而旷，绩质而文，工告毕，事告成，岂一朝一夕为哉！又况永净与其徒数人，协心联力，率之以不私，如是宜其有成也。若夫升猊座而狮子哮吼，震雷鼓而法雨沾濡，闻之者声上上之真机，饮之者味如如之妙旨，此又有待于来者焉。

5. 朝宗碶记

【宋】廉　布　鄞人

象邑垦山为田，终岁常忧菜色。治东南洋有田四百余顷，邑人资生赖之，前人之经理甚备也。其畎浍距川，支分脉连，上枕大河，以资灌溉，下接潮港，以捍涨溢。自唐以来，为碶四：曰朝宗、理川、灵长、会源，而朝宗尤为诸汇之要。国初，瑞龙寺僧日蔡，始伐木为闸，以时启阖，民甚利之。治平中，令林君旦复修。其后潦水暴涨，堤屡决。元祐六年，令叶授始作石碶，自是水旱无忧，距今几五十年。隳圮，无复洩蓄，邑人病焉。绍兴七年，萧［莆］阳宋砥国平为令兹邑，喟然叹曰："民之水利，衣食之源也，乌可以不治？"于是收赎锾，置灰壤之利，积钱三百万有奇。躬即其地，以勉民作，浚流泉，增堤防，尽发旧址新之，即山伐石为函。经始于八年秋，至十月落成。窃谓《周官》遂人掌邦之野，既有沟、浍、涂、川之名；稻人掌稼下地，又有潴、防、沟、遂之别，其所以备旱暵者无不周。汉、魏以来，凡循吏亦莫不以是为意，若西门豹，召信臣、任延、史起、薛大鼎、韦丹之徒是也。后世号能吏者，敝精竭神，惟汲汲于催科之事，簿书之间，宁复知先王务本重农之意耶！今宋君独深思长虑，以兴水利，其惠爱斯民，即方之古循吏宁有让焉？碶成，邑人走鄞，求予文以纪之。予不可辞，故为之记。

6. 重修朝宗碶记

【宋】主簿　赵彦逾

象之为邑，环海东［束］山，为乡者三。负郭之南，豁然顷亩弥望，是为县洋，赋入居邑之半。洋之丰荒，民所利病，沟塍错列，汇为大渠，碶其南，以时启闭焉。初，碶之作，散镪万缗，率数岁一修，耗缗六［亦］千数。以是闻者惮畏，熟视圮漏，余［逾］十年莫敢出口。予到官，民以县无丞，水利乃簿之责，哗而告曰："今不修，潦降潮溢，土石将溃于海。"予不获已，行视，则信然也。问之故籍，纤悉必敛于民，规画支费，柄于胥吏里豪。予曰嘻！乃躬舍碶上，先倩屯夫偃流，一日毕。厥二月既望越八日，畚锸始用。月晦大雨，休工一日。暨三月哉生明越一日，告成。计其役仅十日，举易而新之。岸石旧皆斧形，外密中虚，射漏在是。今易以方矿，叠如砖平，水不能荡穴也。两旁旧甃四丈余，外即土岸，溃裂在是。今尽用新石易其旧石，以贴溃岸，水不能冲决也。碶板加旧五寸，备桥加旧一尺。碶内外植松桩数千，杀湍怒也。匠用石工、铁工、石［木］工，再膳一饮，官为出佣，役用保伍食利而乐从者，番休各一日。垂赏以别勤惰，犒肉以相筋力。罅不入锥，隙不进滴，虽曰修缮，实重创也。碶成，纪费止八十缗有奇，皆出公帑；羡余粒一十四斛［斛］有奇；稻一十一斛有奇，皆庵僧募于好施者，视旧费百用其一。峻广精致，不数十年未易圮也。暇日，邑之耆老士夫环予谓曰："吾邑视此碶为不轻，来视者皆如之，曩之不为，惧不足于财，重民之扰也。今而后乃知躬其事与委于人者〈异〉。苟无以告后人，他日必有胥徒，幸碶小隳，隐其实用，以大赋于民，其害岂细也哉？虽明者临之，且复惮费而止。盍刻诸石，此非近乎名也，心乎民也"。予曰唯。遂书之而详其实于碑，以敬告来者。隆兴改元四月乙丑左修职郎县尉兼主簿赵彦逾记。

7. 修学宫记

【宋】黄　蜕　淳安

今世自京师达于州县皆有学，学皆有孔子庙大成殿。象山之学之庙，唐会昌时所建。我宋嘉祐中，顾君方重修之。其后，林君旦、胡君琦、韩君元礼、赵君善晋又续修之。至咸淳四年，陈君复明来令兹地。始至，谒先圣，四顾倾圮，而侑祀之典犹有关［阙］者。喟然叹曰："吾其可以已夫？"即命塑郕公、沂公之像，升侑以称明诏，明年政成，乃重建明伦堂，堂有轩。又为堂曰君子之堂，左右序为先儒祠，为直舍、庖厨、库庾与焉。又明年，始重建大成殿，前垛绘七十子像。工毕而郡守刘公黻捐缗钱为助，于是并四斋两庑撤而新之。竣事，陈君以书属记于蜕。或谓蜕曰："县令，民之师帅，教化为先，狱讼催科次也。陈君知所先矣，是宜书"。蜕曰："是固然〈矣〉，抑教化不可以伪为也。世固有狱讼放纷，催科饕〈虐〉，不足语学道爱人之万一者，而曰：吾尊先圣也，崇学校也，则是粉饰以为名，并缘以为利耳，而谓君子信之乎？今陈君之为政也，盗贼无不戢者，讼师无敢教人讼者，狱三年无一囚系者。严而当，精明而浑厚，金谷无铢龠暧昧，里正无被一毫科扰者，乡间无一吏叫嚣隳突者，而又为民代输苗税之奇零者。则是役也，岂粉饰并缘之为哉！盖其仁于狱讼，则知所以治民矣；仁于催科，则知所以养民矣。知所以治民，知所以养民，必知所以教民。则其尊先圣也，崇学校也，皆由心以发者，是则可书也”。乃书以为记。

8. 大瀛海道院记①

【元】吴　澄　崇仁人

延祐六年，集贤直学士奉议大夫吴澄撰，翰林学士承旨、知制诰赵孟頫书，集贤直学士奉仪大夫袁桷篆额并正书。在大瀛海道院前殿左偏。今存文云：

外际乎天，内包乎地，三旁无垠，而下无底者，大瀛海也。非神融混冥，智周寥廓，能纳六合于方寸，未易与语此。而有客授予大瀛海之图，为之瞿然以惊，谓客曰：“此恶可图也，而孰为为之哉？”展而视之，则荒厓斥泽之间，浮沙浅土之上，一勺之沮洳，一撮之塉瘠，夫岂冲和清淑，明秀灵异之所钟，乃或堂而构焉，以为栖霞餐露之舘，而冒之以是名也。又为之喟然以吁。授图者曰：“达人奚索之之深耶！鄞之东南百里达于海，舟行八十里曰象山，有县。县之东二十里曰爵溪，潮汐啮冲，贾舶络绎，东望日本，南走天台，世传神仙安期生之属所往来也。故其民至于今好仙道，而其乡曰游仙。至元庚寅，乡之人王翁，弃妻子，改名一真，结屋其隈，延集方外之友。前代善书之人尝有‘大瀛海’三字，购而得之，因以为匾。大德丁未（1307），天台崇道观道士吕虚夷为县令祷雨有应，王翁一见而莫逆也，遂与共处。王逝而吕嗣，主教者命之世守。方将资众力大其居，又欲资一言久其名也，为是乎图以来。蚁之于垤也，蜗之于壳也，涔蹄之如广宫大囿也，亦各适其适也，而达人何索之之深耶？”于是遂进道士与语曰：“子生长海滨，请为子竟瀛海之说。《禹贡》叙事至讫于四海。而止讫者，地之尽处也。海之环旋，东、南、西、北相通也。而西海、北海，人所不见，何也？西北地高，或踞高窥下，则见极深之壑，如井沉沉然者。盖海之东南地卑，海水旁溢，不啻万有余里。中国之地，广轮方三千里耳，而东连海岸，以勾股稽之，水之所浸倍于中国之地者二十而羡。其间洲岛国土，不可胜穷。若三神山者，盖不知其几也，奚独蓬莱、方丈、瀛洲也哉？载籍之所不记，人迹之所不及，而惟长年度世之流，形质销铄，神气澄凝，逍遥飞步乎太虚之中者得而至焉。之人也，虽非彝教庸行，而胚间气秉绝识，超越凡庶万万也。企而慕之者，人人而然，能几其仿佛者谁欤？名不混世，实不离世，稷稷营营，卒与蝡软肖翘之类俱为尘泥，其亦可哀也夫！今子出乎四民之外，不与游方之内者为徒，讵可但以大其居，久其名之为务哉！必有事焉可也。他日朝燕暮越，瞬息八极，泠然御风，过三神山之顶，临睨旧乡而一笑，下戏人间，自称回道人，非子也耶”道士改容曰：“敬闻命，敬闻命。”于是乎书以遗之。日余，十有二，杓贞于天田。

延祐第六春也。至治二年二月十九日建。

邑令吴学周识云：周生，草庐先生之后。读其书服习其训者，亦既有年矣。今来为象令，数月，获览是碑，若恍然亲炙先生焉。夫先生之流风遗教，固不限于地，乃所谓恍然者，不得之彼而得之此，岂习惯者以为常，而骤然者乃足悟耶！毋亦守簿书，督钱谷，将化为俗吏，莫有以真

---

①原题为《大瀛海道院碑记》，今根据馆藏原碑改。碑文据《四库全书》文校定。

人之言。謦咳其侧，忽覩元元一脉者而喜耶？昔伯牙学琴于城连，数年不得，移之海滨无人之境，数月而得。周于先生之道，得与否所不敢妄论，其于伯牙学琴之意，则庶几近之矣。岁久石圮，命工改镌，浪书数语，以纪其事。象令宝水宗裔吴学周识。

《史志·轶事》：大瀛海东道院，吴澄撰，赵孟頫书。岁久，碑断字蚀。后之好事者抚勒一石，置之三清宫左。搨者遂不复识真本矣。戊寅，巡使盛熙寓院，寻获旧碑于元武殿。漶灭百余字，余尚完好。拓数纸，以告知县史鸣皋表著之。则物之晦显殆有时耶！

9. 重修学宫记

【元】周巽子

考周制，凡始立学，必释奠于先圣先师。盖周立四代之学，虞庠祀舜为先圣，夏学祀禹，殷学祀汤，东胶祀文王，因各取当时左右成其德业者为先师以配享焉，此立学之制也。秦燔《诗》《书》，斯道几废。汉矫秦弊，表章六经，圣孔子，师颜渊，史称得礼焉。象邑有学，自唐会昌间始矣。皇元统一区夏，诏有司立学，修孔子庙，广弦诵，蠲徭役，恩至渥也。邑虽小，士习素醇，学制犹古，殿庑粗具，而规模未完，观者不能无歉焉。大德间，县尹李公天祐、宣差公答失蛮来，进诸生语之曰："士子观法之地，而简略如此哉！"于是饬工庀材，不踰［逾］月而具举。从祀各有龛，明敬也；列仪门、戟门，明制也；辟讲堂及斋舍，重横经也；饰宾序，养老也；葺明伦堂，设贲鼓及祭器，趋跄肃而观听严也。教谕彭公升以书谂予曰："修学，吾职也，得邑士大夫以成吾志矣，子为我记之。"予曰："《诗》不云乎？'菁菁者莪，在彼中阿'，于以见朝廷育才之恩；'鲁侯至止，言观其旂'，又以见邑大夫承宣之美。然《大雅·〈文王〉之什》云：'肆［肆］成人有德，小子有造'，盖言受教者之有以成其德也。然则，学之设，惟其实，不惟其名；惟其道，不惟其功。尔多士摩仁砥义，纳之先圣先师之矩矱，处则修身、齐家，出则为治平之用，其于古先王建学校士之心，庶几其有合也。"是为记。

10. 大瀛海道院铭

【元】蒋宗简　丹阳

明〔州〕象山为县，傍大海，县东廿里曰爵溪。至元二十有七年，县人王一真筑工［宫］其上曰大瀛海道院，薙茂堞荒，宗桷颇具。大德十有一年，道士吕虚夷主之，克展其旧制度，遂视他观〔为胜〕。延祐六年，吴公澄为之记。

后十有八年为至元丙子，而丹阳蒋宗简复铭之曰：

于于象山，络以爵溪。有岿其宫，神人所栖。

孰克侈之，丹漆翼翼。奂于其初，维吕师绩。

于戏吕师，吾识其人。广颡疏眉，以养以存。

古［诂］老氏言，扶疏其文。抉剔根窟，不待于门。

其寝弛弛，其起九九［几几］。其语默无恒，惟老是似。

凡人有稽，弟子有嗣。嗟余汝铭，又恶可已。
老氏之兴，各有所名。沉于末流，来乃绳绳。
无沿是荒，诞以善其继。刻文坚石，诏尔来裔。

11. 庆元路达鲁花赤月列通议德政记

【元】陈　著　奉化

东南负海之郡，明其一也。邑于海之岛者，其一曰象山。沮洳斥卤，土而宜稻不三之一，故其民贫。正供之米，视所出而输。水行则渡东宿，沿而北，寄命于一苇之航，风涛盗贼，俄顷不测。山行则道宁海，迂而东，扶服数日之程，倾厓峭壁，与豺虎出入，幸而达，则炷香沥酒相贺。不幸而厄，有司抵其蠛而罪之，其难有如此者。通议大夫月列公之来，阅郡乘，察地险，谋及同僚，严禁苛政，痛汰冗费，听民随米值准币上送。于路，官自任责，民不与焉。方且钩摭吏欺，籍之以补来岁之入。审于上司，得请，既，揭示邑市。数百年积弊，一朝而革。旄倪聚观，欢声泉涌。向也，艰阻之间，期会之下，生死罪戾，凛乎在前，今而袵席之以子孙百世，亦仁矣哉！古者甸内之地，所纳总铚秸服，以至粟米，量远近，酌重轻，无毫厘不遂其情。自唐虞而三代，所以为生民计，一用此道。然事有因革，地有险易，物有懋迁。泥乎古则窒，因乎今则苟，权其宜以便安其民，其殆庶乎！此近民之官所急先务，而公力行之，公私不交病，古道在其中矣。盖公为政，本之以仁，畅之以智，专心一力，亦曰吾尽吾职而已，而民自不能忘也。一仁剂量环千里，六邑咸被其利，斯邑也，德之为甚。邑宰高君珪采士民之意，状其实，嘱余曰："仁政，大夫所乐闻，山林遗老，其言必公，敢以记清。"余谓贤守贰有德于此邦也孔厚，是不可不书，奚敢辞。闻高君之入仕，积有善政。今宰斯邑，仁闻益都，是能以贤守贰之心为心，成其美于下，其亦可书也夫。

12. 澄碧堂记

【元】黄　溍

道士四明吕君所作大瀛海道院，翰林学士临川吴公实记之。顷，余至四明，数与君游，后［复］求予记其所谓澄碧堂者，余未及为而去。后三年，来钱塘，见三茅观，求益力，余不能辞也。初，司马练师居天台，尝自题其宴休之所曰澄碧。而大瀛海者，陶隐君丹灶故处也。君既得度于崇道观，而受上清法录于华阳宗坛。至是因取练师旧题以名其堂，所以示后人使知承传之自也。按隐居始筑室华阳，寻变姓名至永嘉楠溪青嶂山，泛海诣霍山。经年，还木溜屿，受戒于鄮县阿育王山。今道院在象山县爵溪之阳，与阿育王山相望，其为隐居遗迹无疑。练师天台所居，则今崇道观是也。盖自杨君七传至隐居，隐居传昇元王君，昇元传中岳潘尊师，中岳传练师，由练师又三十三传至今刘君，号为宗师，君所从受箓也。昔刘歆序《七略》，神仙、数术与道家为三，而其后一归之老氏。老氏之徒以经箓相授受者，复分为三，而其后一出于张氏。张氏之传，子孙世守之，而其术长于执不祥，劾鬼物，人见其驱飙走霆，变化翕忽，无不敬异尊师焉。而又有穹官峻爵为世所歆艳，宜乎星冠羽服之士慕而趋之，虽华阳之弟子，亦未有不为其学也。君顾能拔去流俗，溯其所承传而表见之，岂不犹行古之道哉！嗟夫，古之学者必有师，自巫医百工莫不见［皆］然，非独儒者为然也。若君之为，可无作［怍］矣。此予之所不得辞而为之记也，其亦以厉［励］吾徒也。

13. 炼丹山井亭记

【元】王传宗

象邑蓬莱之名奚始乎？祖龙氏命徐福涉蓬莱山，掇长生不死药，憩兹筑庐，凿井以观焉。梁陶弘景修炼，自写容于东壁，后人镵诸石，丹井瓶灶，遗迹具在。世久庐废，唐肃宗时，临海守袁仲宣以疏闻，命复之，后宰弘农杨公弘正始大新之。井在东庑右，深不逾一丈，泉甘且洌，盛以瓶，液渗，昔呼为透瓶泉，相传真人投丹于中故然耳。邑人皆饮之，日百绠不涸，不绠不溢。宋大中祥符间。濮阳吴处士琢石为栏，甃四围。厥后王邵、杨景略、胡中师、杨志、沈中父、毛遇顺等咸镌名于石。后虽残缺漶漫，而宇［字］弗泯。今［令］赵善晋题曰：“泓泓彻底清，滴滴透瓶冷，灵源何处来，独照贞白影”。岁嘉定间笔也。井有亭，亮［亭］上有贞白祠。数十年来，亭与祠俱圮。徙像于廊［庙］，故址鞠为茂草。昭信公监县，凡亭馆、神祠、桥巷，悉焕然以饬。既释篆，乃捐俸数千缗，命住持溥慧躬其事，底绩。亭为楹二，祠六楹，栖像于中，树唐宋碑于左右焉。呜呼，自有宇宙，即有此山，有山乃有井，有亭，有石阑，有碑。自宋距梁八百年，迄今又三百余年矣。亭既久圮，复兴于昭信公。冷然一杯水，万古士民共之。今之井亭记，公之去思碑也。

14. 明谕葬易千户绍宗碑

嘉靖间在县治东玉泉山麓，碑额书将军易公忠烈碑记，其文剥蚀，存一百三十〈三〉字，今录如左：

江州第一行二字永新第二行二字一寇第三行二字百户□公创夷甚矣第四行，合七字上之之第五行二［三］字屯田介灾伤生□工作第六行，合八字改□钱仓时□三十年也。至三十四年九月十八日海寇第七行，合二十字一十五□淖深马陷，贼围兵刺之第八行十二字廷奏第九行二字皇□太□嗣□八□有司择玉泉山□公第十行，合十一字年征讨□二十三□俱第十一行，合七字妇皆守节以□身功□人第十二行，合八字奉大□千户□而谓第十三行，合六字无□永乐时而行□自第十四行，合九［七］字智彰世第十五行三字从一以终。厥子复干蛊□作求世德第十六行，合十三字其颠□励清□以传下第十七行，合七字宜顾宽第十八行，合三字功知□顺天杨□鹏第十九行，合六字仕第二十行一字县陈文第二十一行三字。

15. 凌公筑岳头塘记

【明】黄 隆 鄞人

距县南十五里有塘曰岳头，相传晋人陶凯所筑，计田二万三百二十二亩零。百年为海潮所啮，〈田〉弃税留，民甚病焉。成化壬寅，凌侯来为邑，首筑陈兆塘。工竣，寻及岳头。相度形势，邑之北，高山层叠，其下万派，俱从南三河流入于海。其支流由岳头西注，冲成海港，湍悍，难为功。侯令匠焚石凿河，引水别流，始得于港口立巨桩为外捍。畚锸云集，万夫毕作，不数月而塘成。高二丈，其广六丈，长二千五百三十五丈，东西弥望，屹若天成。塘之内凿河三，各阔六丈，深丈余，惟中河作三十六曲，河深而曲，缓流潴水，可以利灌溉。河设碶三所，甃以石，闸用木。〈西〉曰岳头，中曰庆丰，东曰高平，与上河三旧碶列而为六，以时启闭。又于堤上砌官衢一十余里，衢之旁植以柳，以冀蟠根久，塘益固，且以庇行者之憩息也。塘既成，武宁教谕邑人应元征致书于予曰："凌侯筑陈兆，夏官郎中洪君纪其事矣。兹筑岳头，视陈兆不啻十倍也。愿有所纪"。昔范仲淹筑捍海堤于迩［通］、泰、海三州之境，刘良贵筑万柳塘于会稽之〈新林〉，其功烈至今勿泯。凌侯筑岳头塘，功固不在二公下。然二公之功勿泯者，非独二公之功也，亦由继之者知作者之心，故民到于今受其赐。使继侯者知侯之心，恒葺之而不至于废，则利泽及于象人也，庸有既哉！是为记。侯讳传［傅］，字汝弼，句容人。

16. 重修象山县署记

【明】范 钦

象山为浙东支邑，去郡城二百七十里遥，三面距海，西阻岩谷，较若奥区，盖自唐然矣。地既僻遐，积岁使节不一莅民间，视为寻常。令兹者率鲜事事。而又荐罹倭警，转徙靡遑，以故百务颓弛，即诸所建置，□故简陋，日隧月剥，莫知所底。迨九江陈侯至，夙夜求民之瘼，悉心兴罢，纚纚既有绪。一日，周览境内，慨然有概于衷曰："夫牖物者振蛊，昌化者植表。邑以名胜称海上，即不能缔构宏丽与内邑捋［埒］，惟是树善出治，犹袭故是诿，将何以副仲尼之觌，避曾子之诮乎？于是品较重轻，首请发公帑葺诸庙学，殿庑门堂及祠亭斋舍，俱森整辉奕已，乃饬战舰兵械已，乃修东城楼、北水门雉堞、敌台、警铺已，乃修预备仓已，乃夷治昌国、石浦诸孔道，所在皆称快。"吏民又以公署请，曰："吾何暇于是。厅事洎吾衙，犹足支风雨。第丞无衙，延宾无馆，均田碑无亭，藏无石柜，后堂与串堂欹，东西曹吏房圮，狱禁隘，计且巨繁，奈何奈何！"乃鸠工庀材，诸作并兴。遂能拓旧更新，支倾起扑，中外井井，至者改观。经始于万历甲戌(1574)冬，明年春告成。费皆资于稽赢节冗，佐以谳狱柬金，民弗与知也。嗟乎，斯岂易易者哉！士当混迹里闾，蒙铅椠［椠］，一旦出而膺民社之寄，才质不伦，志亦异秉。彼庸琐巽软，狼顾莫措，及便利身图，恣睢饕餮者置勿论，上焉者凭藉才华，傲睨当世，视为卑猥末务，邈不婴心；次焉者循循岁月，积资取庸务为一切，鲜有久长之虑。乃若长视逖顾，洞变察衅，前有谤黩之虞，复有谴责之累，欲其教行无忌，宏济时艰，盖亦难矣。斯非才敏天植，志存康济，干之以廉，出之以逊，济之以沉毅，守之以悠久，无激无随，审势顺时，鲜克有成勚也。夫陈侯者不既贤乎哉！土木诚大事，往〈者〉境内有营，众辄汹汹，旋以报罢闻。斯则帖然称服，侯之所以收民心者宜有道矣。于是邑之士大夫周君希程、王君文照，暨庠生周诰、王文烛、周应祥辈，从舆吏民之计，礲石属纲纪之。他善政以非修创，不具论。侯名思爰，字□□，由乡进士历临淮教谕晋今官云。

17. 重修学宫记

【明】王　萱　慈溪

宁郡东徼海，又东所不尽海，为泻卤地，为支邑曰象山。唐神龙中始析明、台二州地为邑，其专事郡则自广德始。学又助［昉］于会昌中，历五代、宋、元，凡再毁而后址定，数修而后制完。语具郡志。追我皇祖荡平寰宇，濯磨日月，敷文教于四海，立轨极于百王。以为古学不一制，取士不一科，于是近取宋法而折宗［衷］之，垂二百年，象学不废。所陶铸培植之士，焕若尊镛，贲若草木，迭起为国家用，象虽泻卤，将比之神皋奥区焉。迩来承平日久，吏治玩愒，主者蔑成宪，具故事，视学舍如蘧庐，几使灌莽翳焉。学不严，其教且不尊，则安所视［事］学为也。闽陈侯来令象山，始舍菜于学宫，顾瞻栋宇，日就倾圮，涂塈丹雘，点剥殆尽。侯乃喟然而叹，谋于学博王君引［胤］麟、王君充、徐君有功暨其丞贰。发帑开庾，鸠工庀材，若殿若堂，若亭若庑，若庋若庖，若舍若墉，若扉若陛，不逾岁而落成。乡大夫偕其子弟谒予，请记其事。予闻而嘉之，曰：陈侯可谓知政本矣。夫标轨立极以彰士先，古之制也；作德育材以俾邦乂，古之心也。今学宫所崇祀者，非孔子也耶。孔子生衰周，慨王政之不行，悼斯文之欲丧，与七十子删《经》定《礼》，绍明帝王之统而佑启焉。使其后王若承天宇而戴日轮，无复污处冥行之咎，其有功于生民甚大，故后世追为素王，追［尊］为至圣，至于今百千万年，虽有明后哲牧，莫不师事而禀教焉。陈侯禀孔子之道，发迹贤科，试割岩邑，任公而不物，任法而不数，守其余以制其啬，是以其民不佻不病，俗无□事，而有乐生之心，陈侯盖曰民可教已夫。既与民以生，不复其性，非道也。于是饬学宫，崇师氏，舍奠以合学，振铎以厉民，陈侯其亦犹行孔子之志乎。昔者僖公能遵伯禽之法，俭而能广，重农茂牧，又能修其学宫，故"在泮"之诗，鲁人思乐而作颂也。其诗至于格烈祖，劝多士，克淮彝，所程功多矣。陈侯、王君皆能不隳其师保之任，以表宅里，以树风声，使东南扶舆之气，郁盘于象者，大泄于今，其德岂在鲁僖后哉！《易·象》曰："随风巽，君子以申命行事。"今日之□举，士渐于教，而民陶其性，庶其近之矣。是役也，乡大夫史君选捐资佐费，而丞陈侯文丰、簿徐君子律、尉罗君应奎相成事焉，得备书云。

18. 重建丹山石屋记

【明】周应宾　鄞人

去县治西三里许，有山突兀而出，踞坐海上者，是曰丹山。相传谓陶真人炼丹处，其巅尚有丹灶，麓有丹井，置井水军持中，水珠辄迸而出，即真人汲以炼药者。从山阳扪萝而登约二千余武，岩石开敞如室，其邃可容数百人。群峦叠嶂，巑岏苍翠，若环吾襟裾，而烟火万家，近在几席下，洵伟观也。昔人为构山房数楹，以供凭眺，岁久而圮。万历丙午，吴侯来令兹邑，日宣叙式法，以覆露其四封：右文则若泮宫、学田、贤祠、书院，靡不缮也；饬武则若城郭、要塞、堠堡、艅艎，靡不毖也；道利垦菑则若候馆、庾仓、狴犴、堤防、关梁、津渡，靡不营以度也。已，复辑邑乘，谛考丹山遗迹，喟然而慨。昔有虞氏疆理州境，分营〈表〉营丘，分幽表医无闾。兹丹山固邑之镇山也，奈何等诸培塿，为封域羞。于是捐俸入如干，鸠工庀材，即故址鼎创山房，而规制视昔有加焉。丛植卉木，蓊郁成林，遂称东南胜概。且侯才捷，游刃案牍多暇，时时集文学，纵谈名理其中，不移晷不撤去，于是都人士咸俛而深。惟侯之明德，固山川所笃祜，一日飞双舄集于交戟之班，则山吾岘也，树吾棠也。庶几表诸贞石，以仰止于不朽。而邑簿徐君因邀余识其石。余惟石室之役眇矣，而可以识巨。假令侯莅象，而岁不登，人不和，其忍以土木勤我父老？又令簿书狱讼，尽日劳扰，将饮冰之不遑暇，而皇及吾外观？故兹役竣而邑之阜诚［成］可知也，整暇可知也，识者于是乎壮侯之为邑。虽然，陟于斯也，侯之观与都人士之观有二〈綵〉焉。都人士南望锯门，西望石浦，扶桑万里，鲸波不扬，辄举手加额，谓侯之畴吾〈徼〉以外也，而侯则否，方日［且］衣〈袽〉之〈为〉亟。又俯瞰平原，芃芃者黍苗耶，累累者露积耶；前于而后喁者，闾井嬉以游耶，〈辄〉复举手加额，谓侯之畴吾封以内也；而侯则否，方且保障之为勤。夫不有侯忧，民何以乐；不有侯劳，民何以逸；不有兹土之建，何以知侯之大有造于兹邑也！不佞记此，岂为侈观美也欤哉！

19. 浚玉带溪记

【明】陈文昌

邑凤跃溪水，由永安桥直趋南河，无曲折，无回抱。洪武二年，令孔公立于中市浚玉带溪，引溪水而东，经县治前，过黉门，入青龙桥，分二派入河。沿溪，南为路，北开隙地阔五尺。如今黉宫前立七十二柱以应七十二候，列二十四碶以应二十四气，其说皆出自形家言。自是才人辈出，科第振兴。宣德后，沿溪隙地，民盖为屋，淤泥四塞，水不可行，复直趋而南，于是不登甲乙科者三十六年。嘉靖八年，主簿江右杨公格至精形家术，语曰："吾观象邑人士，岁久鲜科第，殆是溪壅塞之故欤！"于是令民毁所障屋，即日浚溪，又于永安桥堵以石，使水复东行故道，百八十年之旧一旦重新。明年辛卯，王君梴、应君云鸑举于乡。壬辰，王成进士。甲午，周君希程举于乡。丁酉，吴君乾养登浙榜，而予亦忝应天贤书。辛丑，周与应又成进士，科第复振焉。予因思天下事之莫不有会也。溪之废近二百年矣，必待今日而开；诸公之宜科第也久矣，必是溪之开而始振；是人才之生，一邑盛衰之会也；是溪之浚，又人才振兴之会也。砻石成碑，以志厥功，以告后人之浚是溪者。

20. 修学建城记

【明】应云鸑

象学昉唐会昌，中更废兴，前牒勿传，数百年来，明兴，天子广厉学宫之教，于是有司争奉称德意。成化间，凌侯傅令象，学宫滋益大起。初，学宫偏右阽隘，东邻起文府君居，侯欲购而辟之，府君让地却购金，自东庑以南迤东者即其地云。侯遂徙旷更制，翼然备矣，即今规划尚存大都。迨嘉靖戍［戊］申，益大坏。惟庙堂仅存，而朽敝漫漶，不可辨支，乃斋庑门祠，鞠为秽区。时有以修复请得帑金百有四十，会毛侯新莅，以谋诸学博杨君而交成焉。庀材鸠工，经始于嘉靖辛亥，越壬子冬讫役。为庑十六楹，为门三楹，为名宦、乡贤祠各三楹。泮故无桥，而修道、据德二斋仍缺，帑金且匮。故事，诸生时课犒［犒］赏，岁计四十金，杨君省以资费，毛侯是之，且各捐俸以助，而两斋成，泮始桥。惟庙若堂，易朽撤敝，陶甓黝垩，式廓一新云。

21. 筑象山县城记

【明】周希程

象邑阻三面而濒海，与东夷接壤，寇盗易于登劫。洪武初，汤信国之行边也，建议筑城，阻于时论，遂于沿海一带设一卫、八所及四巡司以守之。永乐间，复被倭患，又于邑东南要害处立南堡、游仙二寨，以相应援，俱未有［及］城也。嘉靖初，教授王棉为诸生时，始倡筑城之说，请于当道。众论迂之，议遂寝。嘉靖丙午，漳贼窃发，都宪朱公纨始以城象之议请于朝。事下省司，于是大参沈公继美、佥事陈公善诣县，相度地势，尼财绌，不报。壬子夏，倭奴倏登，劫赤坎，据游仙寨，官兵拒敌被伤，几及县治。毛侯德京乃愀然曰："贼已至此，势不可遏，尔民各保身家，极力防守，毋徒奔溃，以资敌势。"迨贼稍退，则毅然为城象计矣。始以本［木］城，继加以土。又以欲垂久远，非石不可，亟移檄当道，请资集石，不旬月而粗石之城竣矣。嘉靖甲寅春夏之交，霖雨浃旬，前所筑者十圮八九。适参议许公东望按视象城，见诸倾圮，歉之。时府判吴公允裕，节推昌公应时从旁赞曰："城之易〈坏〉，必条石始固"。毛侯因力请于许公，而象川应君云鸑以内艰归，与予皆为中丞王公抒［忬］之同年友也，先为言之太府孙公宏轼、海道李公文进，皆以为然。又得大参王君梃力赞于孙、李之前，遂从毛侯之请，得帑金若干两。侯乃分方起事，不三年而告成。城周环五里，高一丈六尺，基广二丈，濠堑萦绕，而穴城以通水者三，为门四：东曰宾旸，南曰来薰，西曰迎恩，北曰拱极，各冠以楼。睥睨一千二百有奇，敌台二十有四，上置铺舍，亦如其数，橹楯毕备，铃柝惟谨。奠象民于磐石之安，而敌人不敢肆其觊觎矣。象之士夫与诸父老相与语曰："象自建县以来千有余年，莫为城守，至毛侯始为之，厥功懋矣。非镵之石，曷以传之永久？"时致仕官蒋宇、史安邦，庠生姜文源、吴乾抚、应云鸑［鷟］、陆仪、周易，耆民周佑、杨宗彝等，嘉侯之绩，请余记之。余谓一劳永逸，暂费久宁，以佚道使民，虽劳不怨，毛侯之城象，万世之利也。余虽不敏，讵敢不从众人之请乎，因得叙其颠末而为之记云。是役也，毛侯之功尚矣，乃若邑丞华君崙、簿刘君守仁、尉区君升赞其始，丞林君希契、簿王君溥儒、尉林君章成其终，例得并书。

22. 创建文峰塔记

【明】周希程

县治东南隅，地势偏下。先是，大尹沙村王公相厥土，宜建塔巽方，所以奠坤维，翌文运也。

方定址起事，公即迁行，前功废圮。□□□［越二十］年，岁己卯，少丰曾侯以兴起斯文为己任，一日进诸生语曰：“象庠多士，才艺不在鄞慈后，甲科乃间发，何耶?”余闻曰：“城隍压学后，则地脉不钟；文笔风［峰］不起，则士风不振。易庙建塔，方今急务，此吾事也。但迁庙尚无址，塔旧有址，增而筑之，奖［奚］诿焉。”乃下牒巡司陈相估工费，计用金二百有奇。搏［传］书会府，以给官帑；捐己俸薪，以倡义声；维若僚属、若博士弟子员佥乐事助资；徒役竞劝，勿亟子来，不逾年而塔骎骎起矣。甫落成，侯迁秩东齐，奉檄将驰。诸庠士遮留之无计，乃亟石成碑，征余记之，以识不忘。予作而言曰：“诸君浅之乎知曾侯哉！先正有云：数其事而称之，所遗者尚多也。侯任象，屡抱宣猷，美政百出，非直建塔一事可纪。抑请托，杜苞苴，山阴之廉可纪也；广积贮，抚逃流，颍川之惠可纪也；繁剧□，狱讼简，朝歌之最可纪也；缉捕严，盗贼弭，渤海之勋可纪也；招海运，赈饥荒，南康之仁可纪也。他如团保甲、课农桑、清戍籍、均丈量、修公署、饬垣墉，凡此皆居官常法，侯以真心实意行之，卒有所效，可纪述者类若此。今又斡旋风起［气］，人文丕振，象之士且将振藻蜚英，扶摇九万里上，宜其独于建塔有感也。若前侯句容凌公以筑堤碑，富川毛公以建城碑，象已祠而祀之。今侯以建塔碑，崇德报功，后先继轨，直道岂以古今间哉!”予衰耄不能文，诸生因塔请，予乃因塔以颂侯曰：“绝顶凌霄，侯之功与塔俱高；八面玲珑，侯之祉与塔俱融；万年专耸，侯之惠与塔俱永。象之士民且立祠肖像，而俎豆之报、去后之思，耿耿然铭方寸者且变世不妄［忘］矣，一碑石讵能垂公于不朽哉!”时掌教郭公立之、少尹王公适、彭公可成、运幕朱公绍禹，皆与有助焉。爰书以纪之，以俟后之观者。侯讳学孔，号少丰，江右南城人。

23. 聚奎书院记

【明】邵景尧

周侯来治我象邑也，加意学校，每嘉多士，质有其文，可与闻道，遂卜筑书院于棂星门前。木石丹黝之费，捐俸为倡，出镪金佐之。经始于甲辰季秋，至乙巳仲冬告厥成。为堂五楹，楹接于寝，寝亦五楹。两翼各十舍，庖湢犁然具备，辟东南隅为门。置田若干亩，田有籍，租赋有会计。观于此，可知侯之所以立教矣。虽然，士善学，则矍相之圃可以习射；士不善学，则石鼓、岳麓之记，犹觉儒者为赘言。惟履斯土者代有伟人，表我东海，俾世世奉侯如畏垒，而人人慕义如甘棠。美玉成于匠琢，好音儴于泮林，家有絃诵，途尚斑白，是举为不虚矣。多士勉旃！侯讳官，彝陵人。继任者吴侯，讳学周，仍往绪而增饰焉。法得并书。

24. 辛丑进士史公传霖墓志

明故奉政大夫，讳起龙，字国士，别号传霖。万历辛巳六月二十三日酉时建生，治《诗经》。年十三岁入学，十八岁帮补，十九岁庚子中浙江乡试六十八名，辛丑会试中一百三十九名，殿试三甲九十名，礼部观政，初任江西万载县知县，调繁宜春，引取北京刑部主事，转工部员外郎中，钦差便道，回籍省亲，九年考满，候升参政，四十六年六月十七日卯时卒于家，居官十八载。本年，蒙府、县学申请乡贤，蒙学道蔡批：故官郎中史起龙，天授清英，性钟粹美，弱龄通籍，学止即胜，老成释褐，绾符循良，遂移繁剧，仁心为质，善政得民，戴晋缮司，分督砖厂，通陶立雇之法，设靡起指瘠之生。忧母而减年以祈，足征至性；追远而创祠以祀，时用展亲。何年垂疆而志齐，虽用未完而方远，彼天可问之人云亡。仰府行县卜日，制主送入乡贤祠崇祀，檄随择本年十二月十二日良吉送入乡祠。于天启三年内，孝子生员史辅明创造父坟，在六都柴岙地方，岙口西首桥边，离城二十里，坐西向东，庚申向，于六年九月念六葬于本山，又蒙县学以忠孝一节，详请三院各道蒙批助造银两，建祠、给扁、立碑，谨立墓志，永垂不朽。父史翰敕封文林郎，江西万载县知县，其寿墓同穴共五穴，居中间母林氏，敕封孺人，寿墓同穴居南首，与封君隔穴，有封君，次室李氏寿墓，居南首与太孺人隔穴，郎中史传霖葬北首，与中间父隔穴，郎中妻敕封孺人周氏寿穴居北首，与夫隔穴，其坟墓在天启六年九月念六日造，并蒙同年、浙江军门潘讳汝祯巡视，本府捐资助造坟茔，案存。

赐进士第资政大夫礼部尚书兼翰林院学士眷年弟薛三省

赐进士第嘉议大夫巡抚贵州等处兵部右侍郎眷年弟李枟

全顿首拜撰文立志

25. 东嶽行宫记

【明】谢　翰

泰山峙青兖数百里，王者治成必登封焉，谓其长四嶽而泽及海内也。但世俗谓少海氏十二子，长金蝉，为东华帝君，治方诸；次金虹，为东嶽帝君，治岱，汉文时封泰山元帅，掌人禄籍，凡人生死贵贱皆主之。其说不经甚矣。象邑嶽庙建自宋大观四年，里人于岁春之杪，以五方土谷神迎于庙，金鼓灯火之赛，周遍城中，或者古傩于九门之意以毕春气者欤！闻泰山之云触石肤寸，不崇朝而雨遍天下。故我国家不袭唐、宋“天齐仁圣”诸封号，特称曰泰山东嶽之神。吾邑虽僻在海隅，捍灾御患，神实庇之，宜其报赛之盛也。虽然，人求神佑，非以务闲为乐，尚凛“好乐无荒”之戒，而勿蹈“举国若狂”之讥，则神之愿也，民之福也。记此并以为勖！

26. 禹帝庙特置春秋祀田记

【明】陈明瑛

明兴御宇，纲纪〈坠〉舆，为省二十有五，东南称泽国惟浙，州郡属浙十有〈二〉，东南称泽国惟宁。宁凡五邑，象最险远，孤悬郛〈溢〉，□□□□□□□□□□□垦土斥卤硗确。秦汉间人所称三神山宛然在焉，山于斯尽矣。引睇扶桑，犹缥缈间。昔之怀□，浸淫潴汇。□□□□□□□□□□载，岛夷卉服，厥篚织贝，厥包橘柚，其兹土乎！蛟窟〈鼍〉宫，实逼处此，或潮汐吞吐，蜃气喷薄，雨旸愆期，飓飍（音 xiū）为沴，胡以有秋？昔之畏朱，□为镇厌，□□□□□□□□□□□大禹，手辟平成，奠丽奥区，浚畎距川，决川距海，溯江淮以达彭蠡震泽，东渐无涘，海其故所治也。且也，铸九鼎，知神奸，制□□，殄夭□，□□□□□矣，皇哉唐哉！洎东巡会稽，万国执玉帛，防风为戮，于越上升。窆形〈禹〉穴，迄今庙食鉴湖之间，不违咫尺。

爰兹起义饬检□□□□□□□□惠我海壖一坏土也。然□□帝之灵爽在天，无所不至。譬水之在地，掘地得泉，不可谓水专尽是，不可谓掘地而得者之非水也。是以功德在天，壤崇□□□□，而□□□□□，盖有所取尔也。矧东海其经纶之遗疆，丹峤为会稽之支壤哉！祠宇多历年所，士人杂沓，荐飨无时，未免以里巷樽罍□□于帝者之前，媟亵殊甚。岁己卯。邑汤父母请诸学宪，载入祀典，春秋罔陨越。届期，有司宰牲〈告〉虔，躬行三献，诸弟子□□得趋跄，一□黉□□□□□仪整肃，灌瘗芗泽，钟鼓喧阗，衣冠云集，仰曩圣之威灵，协今清于箕毕。蛟龙安厥居，天吴灵蠵，戢就清晏，五风十雨，云流卿星，瞻景象之人，耄耋享天年，稚弱获□长，千火粒食□□□□□五祀，非仅勤事定国，御灾捍〈患〉者差可彷佛，洋洋东海，实蒙余烈。昔刘定公所以临雒汭，覩河功，而谓弁冕端委，尚□□□积重以叹□明德□□□□。众祭户史元芳、王应祖、夏尚寅倡议首事，通里捐资置田，备祭器。每举供簿王［正］品物如许具勒诸石。当□［此］国家多事之秋，不费官帑分毫，而克襄令典，贻之后人，俾垂永久。呜呼，允治歌功，万世永赖，子孙勿替，明德荐馨。其尚□□之无□□。

27. 邑侯萧公请豁飞屯记

【清】袁　澄

宋臣有言：兴一利不如除一弊，信哉！象于浙东为极边地，海三面环之，南北楼船飞艇皆取道焉。明制，一卫三所，佥立屯军，令之耕且守，而应输之租，亦隶卫备征，解都司奏销。国朝定鼎，易屯而戍，银米悉归县辖矣。乃犹存有额无征之屯米二十一石有奇，不知始自何年，飞洒某隅某都等里，偏枯已甚。且军民科则轻重悬殊，而以非分之征，责以上错之贡，民益匆堪。岁壬辰，我公萧侯下车，遍访民间疾苦，众因备陈飞屯颠末，环廷［庭］哀诉。侯恻然叹息曰：“弊若此之甚也！余为尔父母，四境内皆吾赤子，宁忍尔数里中独〈罹〉陷溺而匆之亟拯乎？”爰是彻底清查，概从豁免，更改正旧籍，匆遗余孽，以致燃灰，俾世世子孙自此得安生乐业，而永无赔累之害。除一弊而利莫大焉，岂沾沾私恩小惠云乎哉！侯名世卫，四川邛州人，丙子举人。

28. 重修学宫记

【清】钱式庄

象学建于唐会昌六载，再易而定今址，则明成化之丙午也。阅兹二［六］百四十年，前人亦时时修葺，但旋修旋圮，今则渐且不支。平陵马公受曾来令邑，乃倡议大修以图永固。既兴事，旦昼躬亲董阅，复多方筹画，以济大工。适三山刘公职以名元儒将，节镇此邦，协力捐助，而司谕狄君、司训章君暨文武同城，复同心襄事，事乃集。经始于仲春，腊尽而落成，岁之干支亦值丙午，尤异数也。若购材之修伟，皆是邑千余年物，视蠹者蚀者悉易之，计旧存者仅十之一。至东西庑，文昌阁、崇圣、名宦、乡贤诸祠，以及大成殿礼门、泮桥，虽仍旧制鼎新之，而蔚然大观，非复旧时草略。如殿墙易以砖，池面甃以石，门缀以棂星，皆前此所未有也。是役也，功不可缓［没］，爰记之以石。

29. 丹山书院记略

【清】邵　基　郡人

略云：戊戌［戌］，马侯宰象邑，慨然以教育人材为己任，与邑绅士倡建丹山书院于黉宫东偏。辟基周围四百步，构屋前后凡三进计三十余间，门庑堂室悉备。讲堂后凿池，环以石栏，跨以石桥，后堂肖朱子像祀焉。是役也，耳目一新，人心踊跃，四境之负笈而来者踵相接。象之文风有不蒸蒸日起者乎！是宜勒之丰碑。

30. 修建缨溪书院记

【清】知府　史尚廉

岁戊寅，余奉圣天子简命，典守宁郡。郡，浙东文教之区。距东南百八十里海滨外隅，则象山也。皇上崇儒右文，声教讫海外。象邑固有两书院，一曰丹山，一曰缨溪。丹山为马令创建，缨溪则庚午王令就蓬莱书院故址议复新之，止建讲堂五间。旋因岁祲，议荒赈恤无虚日，继署篆令间年一易，无久任者，功未竣事。予按部行县，尝至其地，见室宇空凌，日暄雨筛，为流丐畜牧之所。予慨然曰："此不及期矣［年］，将无尺椽片瓦存者。"余闻邑绅邓君怀圣，素爽侠好义，敦请议之。君曰："此固某志也，谨承使君命，曷敢辞。"即择吉兴工，重复修葺，并增建东西廊、庖湢、大门、窗棂、阶砌，以及周遭，缭以垣墙，丹雘粉黝，焕然改观。于是担簦负笈者踵相接，而絃诵之声，琅琅乎与溪声相续矣。辛巳春季，予题以额云："敬业乐群"。君之子炳为予首拔士，请予记之。余曰：书院非古也。古者三代之学尝出于一，而今则科举之学与性命之学始岐［歧］而为二。居今论学，即于举业加一"行"字，使修其辞为其德之言也，见诸用为有德之学，循乎今之法而能合乎先王之道，惟在循吏鸿儒相助为理而已。今天子表彰四子六经，颁示中外，其广励之意綦厚，诚使博士之所以教，弟子员之所以学，毕出乎此，自一邑移之一郡，自一郡移之天下，即所为科举之学，而各有以自得夫圣贤之道，教化之成，非特生是邑者之幸，而典斯邑者之与有幸也。然则踵事之功诚巨矣哉！是为记。

31. 王学录祠记

【清】姜炳璋

吾乡自钱司寇、易千户而下，各有专祠，虽有举有废，遗迹犹可得而求也。独王学录之祠则未有闻，予考郡邑志，止载其洪武元年斩兰秀山贼事，功复归于友蒋公直，蒋膺上赏，授邑令，而公泊如也。殆神龙见首不见尾者欤！及读《逊志集》《明史·方国珍事迹》及万隐君志稿。夫乃知公固元臣也。至正间，以荐授蒙古字学录。适国珍乱海上，执主将朵儿只班，破董抟［抟］霄、泰不花军，锋甚锐。都元帅以公摄东门巡检，公率数十旌弓之士，风生焰发，趋贼，贼大衄，落胆走。庆元安堵，无一贼遗乡井，公之力也。当是时，诸大僚以厚利啖方氏。而撄其吻者，于慈溪则有县尹陈文昭，于姚州则有同知秃坚，于昌国则有达鲁花赤高昌帖木儿，于东门则有公。未几，安安判枢密院，恶公等不能下己，阴纵方氏，沉文昭于海，以台军攻杀秃坚于宝林寺，复杀高昌，并公去之，于是方氏坐受三郡之烬。然则公之不随诸公以死者，不可谓非天幸也。鼎迁入明，邑有山贼之变，则手挈贼人之头而注之竿。邑令将上其事，谢曰："吾岂事新朝者哉!"后以诬逮至京师，毙于狱。盖威名素著，不忘故国，无妄之灾自来矣。呜呼！公以七尺躯，系三郡存亡，而不能免枢密院之忌；能拔一邑生灵于汤火，而不能全垂老之身；能守西山之节，与杨廉夫、戴九灵齐名，乃不死于乱世而死于治朝，公亦委诸天命之适然。而当时不录其功，后世并泯其节，沉沦于千秋长夜而无〈能〉为白，呜呼，其可悲已！鄞人议建三仁祠，庶常全祖望有记。而吾邑议请于官，将显济庙故址构祠三间，以妥公之灵，卒未果，予特记之。盖四百年来缺典，而后学阐扬先达之心，未能一日忘者也。三仁祠祀陈公文昭、高昌公帖木儿，其一即公也。

32. 庆丰桥记

【清】姜炳璋

象邑山川间阻，村落崎岖，乱流病涉，惟桥是赖。县西四十里曰庆丰桥，尤行旅之要津也。前明嘉靖间，桥圮。里人张景昶偕从弟景旼创众修之。旁累大石，中叠以巨木，长三丈许，桥之上覆以屋，越月而告竣。国初，屋毁，其四世孙子春及族孙子纲又新之。乾隆十三年，洪水冲激，桥尽崩。十九年，七世孙良思创众重修，规模气象较昔有加矣。考张氏修桥之年，俱在甲戌之岁，前后合符，其殆有数存耶？顾一百八十年间，目击桥之坏而为［谓］宜修者非少也，齐心同愿而力能办此者不乏也。乃屡坏屡修，惟张氏视为家事，亦可见事之存乎人，而不存乎数矣。倘邑之桥梁，皆如张氏之绳绳继继，相修弗替，夫岂虞乱流之冲激哉。抑岂复有病涉者哉！事虽小，滋足纪矣！

33. 重修等慈寺记

【清】倪象占

乾隆三十五年，等慈住持等缘出己力以修其寺。阅三年，庄严成，予与同人游焉。因言曰：佛宇之兴，莫重于南北朝及唐盛时，天下寺著名者亦四千有六百。吾象自唐始置县。若等慈暨普明，已先建于刘宋之元嘉、萧梁之天监，余则率在五代及宋元间。盖唐置县，诸事创始，故事无闻欤？因尝考之县志，若常乐，为州刺史黄晟所建，虽云乾宁，而实在吴越。次蓬莱、延寿，则汉乾祐间所建也。次新安、五师，则周广顺，智门、保宁，则显德也。次太平、护境、宝梵，则宋建隆，而仙岩，玉泉、瑞龙则乾德也。灵岩则太平兴国也。又其次为元至大中之福聚，至元中之永明止矣。等慈，既出北门不一里而近，游人杂沓，瞻仰圣众，盛莫逾此，四方尤乐观其重兴焉。顾释氏之道以布施为缘，僧家之业以募化为功，木鱼饭钵，积日累月，若土若木，若石若金，楹丹桷刻，照耀辉煌，盖无不藉众以举事者；今等缘独割其耕租之入而勉为之，亦足异矣！同人曰："彼力足以有为，何异之有?"予曰：此非僧之异也。夫人情嗜佛，今昔所同，出资求福，尝较他役特勤，未有力足而不乐助者。今自五代逮元数百年间，创造日加无已，则后之继起，即兴废不常，而踵事增华要有可见，乃历明至今且四百余年，而山野寒旷，寂寂无闻，卒不及前此之兴之暴者何也？呜呼，此足以视一乡物力之盛衰矣！寺云乎哉！爰记之，并为颂曰：

佛法有言，檀波罗蜜，有如是人，佛亦喜悦，
佛喜云何，非贪供养，汝有赢余，遂现善相，
而今不闻，问何以故，海隅日出，岂惟兹土，
自昔大千，悉登宝地，方孽倭腥，元气凋瘵，
历三百年，谋不给日，生生莫吁，何以捨佛？
佛乃首肯，布泽下土，曰暘曰雨，各足愿去，
汝安汝业，汝尽汝道，皇朝之庥，万年是保！

34. 缨水书院记略

【清】知县　尤锡章

余署象篆，观风丹山，绅士告余曰："山下为栖霞观，观右为蓬莱书院旧址，唐令杨公宏正之创建也。自宋迄明，科甲皆出于此。明公能恢复之，斯文其幸乎！"余颔之。爰各捐资镼构学宫［舍］五间，中讲堂，旁絃诵所，具门窗庖湢。前有濯缨溪，因名曰缨水书院。其右建凌公祠。凌公名傅，成化间象令也，筑陈峞东西塘，民德之，设祠于埭，置祠田百三十亩，厥后祠废而田没。余以诸生请，命季尉廷英清彻之，仅得田六十亩。时以东作方兴，不堪查丈故也。于祀凌公外，余供膏火。揆诸崇德报功，兴学课士之意，庶几近乎！

35. 修赵岙司署记

【清】巡检　盛　熙

象山巡检之设始于元，而赵岙司则自明洪武间始也。初，署在赵岙，正统八年，倭寇由清水潭侵县，故移于清水。国朝署圮，官僦民房以居。乾隆十六年，巡检詹耀祖以旧址荒僻，详请移址于三角埭，设署焉。盖南当海口，西接湖头，北控珠溪，咽喉之地也。然岁久多颓。熙莅兹土，修葺之，完整如初。因思是职也，所以弭盗安民，辅令为治者也。循分称职，非易言矣。官虽卑，安得以传舍视之乎？爰记之以贻来者。

36. 修交绾路记

【清】知县　史鸣皋

象山南乡通衢，有交绾村，滨大海。其东沿山故有路，崎岖纡回，不便于行。土人于泥途叠石，别为道，行者便焉。岁久不治。海水冲激，石既湮没散乱，每昏暮潮涨，行者跕跕堕水

中，或至折伤。余尝数经其地，肩舆不能过，则徒步扶掖而行，惴惴乎蹉跌是慎，噫，何其危也。屡欲鸠工，苦执役无暇，而梗于余心者久矣。戊寅春，得近庵僧广源经纪其事，而其地之贤士庶人共乐成之，顿成康庄焉。季春之令曰：“修利堤防，开通道路”。盖时雨降，下水腾，畚锸良不可缓。吾乃知吾民乐趋事功矣。路不便于行，犹倾众力，而况事之远重于斯路者欤！旧名曰破确路，今则履道坦坦，予即以交绾路名之。盖欲后之君子，不懈益勤，惩前毖后，行人之便，岂有涯哉！

37. 修黄溪渡樯下潭两埠立石记

【清】倪象占

象山黄溪渡与奉化樯下潭为要津久矣。而登岸之埠，恒苦海潮冲激，立石不定，行者患之。岁在乾隆丙申，爰有商人沈文肇助资以先事，有邑民俞定［延］义竭力以鸠工，有蓬莱寺僧大彻募化以运谋。在樯下潭，则于近日所登山麓，斧岩去峭，贴石补仄，成若阶级者三。凡数月而及黄溪，黄溪有旧道头、新道头之别，乃于新道头外筑桩架石以高之，累石增砌以长之，工成又数月。自此，往来者舟与岸接，可望而知其便矣。然两埠乂安各数十步，而上下相通之水道方八十余里。象山以僻左之地，值日蕃之会，公私所集，乃惟以两舟递往来，譬如相逢于狭道，终莫得而他逾；莫得而他逾，则渡者之苦又恒不在埠而在舟。尝读宋楼宣献公《象山渡船记》，窃慕其时创议有人，设施有法，未尝不叹昔之便殊胜于今。今两埠既便矣，而舟不增号，人不定数，售渡者利赢，争渡者冒险；风涛之无情，晦明之不时，樯橹之单脆，仓口之偪仄，货蓄之纷拏纠错，赋招招者不闻欢声焉。亦安得有若而修埠之愿力，展而谋舟，而后普其利于永久！是所愿告当道君子之问此津者。

38. 重修陶真人祠记

【清】倪　坤

嘉庆乙亥秋，张君又江重建陶真人祠于蓬莱山下，落成，属余记其事。余谓真人祠，邑志称其与栖霞观同建，其来远矣。栖霞观改额于宋治平二年，其始名蓬莱观。唐晋陵孙谏卿《蓬莱观记铭》则曰：自［在］昔隋朝，尝遭毁平，盖建于梁，毁于隋，复建于唐耳。自明嘉靖间筑城而祠废，以祠在城址内外间也。乾隆四十年，邑令鞠公建祠旧址之上。今又将圮，而君撤其旧而新之，廓其基而大之，厚其土木以攻之，又于祠右建亭曰炼丹亭，此千二百年幅巾黄服之灵得所凭依者也。微子之力，余恐好善者力不从心，而从心者又吝于财，势必日就倾坠，其又谁过而问焉？窃闻真人之仕于梁而挂冠而去也，遍历名山。其在四明，则寓于鄮之阿育王寺，而于台，则与张小霞游，往来丹山赤水之间，岂直此蓬莱山下云乎哉！然所与张小霞游者，为盖苍山数里之丹山，而蓬莱山之复以丹山称者，以真人炼丹而名也。抑余又有说，蓬莱观为秦徐福隐迹之地。福之遗事，于邑不少概见，或者书缺有间耳。若真人汲水炼丹，写真东壁，汗简昭昭。而况一救贩米之舟，宋王钦若记之；再救运木之舟，袁广渊又记之。扶危济险，保护芸生，此乃大有德于吾乡，而不得仅以神仙之流目之也。吾子自出私财而亟亟于建祠者，意在斯乎！张君曰：“唯唯！敏父有此志，敏承之也。”余故记其岁月以遗之。又江，名中敏，例贡生。

39. 建镇西桥记

【清】邓亢宗

尝考罗参军宝庆志，象邑桥梁凡十有三。大溪桥在县西八里，知是地之有桥由来旧矣。盖自乌溪桥、蜈蚣桥而下，汇白箬岙、凤凰山、蔡家岙、昌岙诸流，并注大溪入于海。每霖雨，众流澎湃，捲石走沙，脱无桥以济，纵欲奋飞，蔑由也。且考《陈本堂集》，知元明以前，象山正供之米，视所出而输，水行则渡东宿，沿而北；陆行必由大溪桥，逾西沙岭，道宁海，迂而东，则此桥之相须又甚急矣。传言毁于明季。乾隆间，邑人沈丹墀、史圣治架木为桥，并置田四亩以为修理之需。道光五年，里人蒋渊、蔡致谦、俞锡章等，因水骤则木辄漂去，终非久远计，爰协勤募捐，集资数千缗，以建石桥。阅年告竣，历峙十一洞，高丈余，广称之，延袤二十余丈，名之曰“镇西”。于桥之右创集义亭以为憩息所。今之视昔，桥之同不同，未可知也，然而往者来者、肩者负者，朝朝暮暮，凌空迳度，如履康庄，莫不叹其成之速而功之钜焉。是役也，耆民沈霖第、张兆成、蒋永源、蒋本奎与有劳焉，例得并书。

40. 缨溪书院新建观海楼记

【清】知县　童立成

天下书院之设，昉于唐元和间。所以广教化，育人才，为士人敬业乐群地也。象山虽寰海一隅，而自唐神龙以来千有余岁，往往有长材秀民出于其间。县治西旧有书院，创于唐杨侯宏正，宋赵侯善晋曾修之，此缨溪［象山］之有蓬莱书院也，废而不治者久矣。乾隆二十三年，邑邓怀圣捐葺，史侯鸣皋记之，此蓬莱之易为缨溪书院也。迄今七十余年，陈丹暗粉，渐就颓陊，且院东西斋宇并高峻。因藉董事辛茂荣、林逢春暨诸绅士倡率公钱，于讲堂后置〈楼〉七楹，翼以廊，东为四公祠，又东偏为濯缨亭，以刘郊《西谷记》残石及潘国华题名立之墙角。浚一泉，泓然而碧，为缨水发源。登楼而望，大海环其南，鲎帆鱼市出没于丹山赤水间。风日晴美，纵目可百里外，苍岩无际，真胜览也。院故有田若干亩，于祀四公祠外，分给诸生膏火。择乡先生之有德者为之山长，殷实者为之司出纳，其用意可谓勤矣。夫象僻远，海濒胜国，时有水仙、山贼之警，迁徙兵革，以故缀学之士恒少。然忠节如俞绍芳、蒋公直，孝友如陈传［傅］岩、姜人［文］泽，博学如刘继道、卞子车，义行如陈大雅、邱世重，其人皆炳彪史乘，名播后世，今之遗风流韵，其留泽未湮也。后之人景慕扬休，其兴起奋发当如何也！况我朝生息化导百十年之久，瀛岛不波，民恬物阜。都人士踊跃鼓舞，答教化于无穷又宜何如也？然则斯楼之建，知不仅登〈高〉明而远眺望，为游观之助也已。余故乐为之记，以落成之。

41. 重浚三大河记

【清】知县　童立成

东南之利，在因水土之政，以立本而兴农。在位者每以縻财动众，乐因循以为治。而一二喜功之士，又务以智力相夸，往往不考山川之形势，古今之利害，燥湿高卑之异宜，刚柔缓急之殊制，故用力多而成功少。二者，皆不达于政者也。四明水利，莫重乎碶。潴蓄通塞之防谓之碶，水少则引诸河以溉田，水多则泄田水以入河，故无旱轧［干］横溢之虞。然治碶尤在乎治河，河不治则碶不治，而田亦不治。象山背山面海，东阜西洼，有三大河为经，三十六涧为纬，三碶以防上流，六碶以防下流。东河之源出玉带之水，南河之源出西溪之水，西河之源出梅山诸涧之水，同流合注而成大河，分注而成支河，此高下之田所赖以灌溉也。顾湮而不治者久矣。余下车以来，进父老而问疾苦，则以浚河为先务之急。爰集绅士，倡捐筹划，其有田者按亩率钱，既定其规，而城郭、村市、桥梁、坊巷去三之一，无亩可藉，乃假公田息租佽之。鸠工于道光九年仲冬，阅四月而告竣。以其余力修碶闸、筑堤堰。至是而大河之身八尺，支河之身七尺，视昔为宽焉。明年秋不雨，又明年夏，山水骤涨，而吾邑之田皆无害也，厥有成效矣。夫为政者审于当然之故，先乎未至之忧，任乎一日之劳，收乎百年之逸，因势而导之，相时而用之，毋病于工筑，毋扰乎胥吏，毋惑乎难易迁就之说，则天下事可举而利可久也。工既成，为文记之，庶以告后之牧是土者。

42. 建文峰塔记

【清】知县　童立成

士君子之为学也，层累以基，自下学以至上达，必期跻其域而诣其极，譬如为山然。莫高匪山，而昔人游华岳者，必极之三峰而后止，峰又造乎山之极者也。浮屠氏又创为无上之说，华严多宝，必以塔显。塔制：以层增造之，获无量无边功德。有檐，有轮，有廓，有觚棱，有幡幢、旃檀，埢垣窗寮，磨崟青荧，嶪嶪然凌霄汉而梯日月。梵言谓之窣堵波，亦谓之薮斗，振旦之壮观，瞻巴之法藏也。然其由一级以至千百级，必有层以阶之，有君子“登高自卑，行远自迩”之义焉。象山邑治之东南隅，地卑下。嘉靖二［三］十五年，邑令王公厢欲建塔以翌文运，基定而功未集。万历九年，曾侯学孔始落成之。至国初而渐颓废，百年来遗址无存矣。余下车以来，以象科甲之不振，乃重寻旧制，率公钱而建之。中甃以瓦，外甃以砖石。围凡某丈某尺，高凡某丈某尺，层以七，门以十二，杵土积砾，丹雘駊騀，越某月而告成。维时风日嘉丽，海天四照，云霞蓊蔚于若木，鸾鹤翔舞于林表，瑞气骈至，诸福告备。佥曰：文字之祥，宜以文峰名瞻斯塔也。聚沙以深厚之，欲其基之弗坏也；崇象以坚定之，欲其体之弗磷也；嵲硊［嵲嵬］亘视，欲其梯梁之直上也；半散照烂，欲其规制之踔砾［踩］也，积小以高大，笃实而辉光，刚健中正而不偏倚。士之学为文者，文如是而不造其极则不止也。异日者，书登科之记，题千佛之经，我知此邦文运之昌，斯塔将与慈恩并峙而传为故事也已。彼释氏侈言功德又何足云哉！是为记。

43. 崇德义塾记

【清】鲍 淦 宁海

古昔三代盛时，家有塾［塾］，党有庠，术有序，国有学。皆所以明人伦，厚风俗也。后世自京师以迨郡邑，悉立学，以所取之士居之。士大夫之有志于培植人才者，每于都会之地别建书院，俾比户子弟服习其中。其法与学异，其意与学同也。象城故有丹山、缨溪两书院，而石浦距象城百里之遥，肄业考课，往往茧足，识者慨之。许君卓轩超，偕昆季炯斋炡、乌岩纶，于道光戊子，择石城之北，创建义塾，规模粗具。卓轩、炯斋相继逝。而炯斋子缉庵、际熙与诸同气克承先志，力竟厥功。塾计三十余间，其中为敬业堂，左右各二楹，主讲者悬绛帐于左室。堂之后为楼者五，中楼奉文昌像，虚其承尘，为神陟降之所，而遇事祝告，观瞻亦肃焉。面堂而耸然起者一亭，为奎阁。祝奎星，取德星聚奎之意也。堂之左庑为楹二，横构小室，以备庖湢。右庑一楹，次旷其一，为门。由门而北出为就正堂。堂计五间，又延西宾训蒙其际，故亦谓之小义塾。小义塾之后为藏经阁，中祀苍颉先师。正计三间，购甲乙丙丁诸部书贮其中，以备稽考。左右各有耳房，亦便设馔。小义塾之南为大门，则义塾之正门也。义塾名曰崇德，德者何，行道而有得于心之谓。创建之意可味矣。其规制无雕镂，无金碧，坚其木石，固其垣墉；而又多置田亩，以岁所入为主讲者束修膏火之资，及乡会试宾兴。今而后会讲有堂，服习有舍，饮食有厨，师若友朝夕于兹，絃诵洋洋，人伦之明，风俗之厚，有出于不觉者。况迩年间，朝廷改宁波府同知官于斯土，更能于四时考察之，公其鉴别，当其去取，将培植人才，愈蒸蒸而日上。许氏所为，其裨益乎彼都人士何如耶！塾［塾］之门左有巨塍，上砌桥曰“登瀛”。吾见许氏之后人与石中之继起，磨砺专而薰陶久，必累有掇巍科，取青紫而平步瀛洲者。盍以仆言为券。仆持一砚，馆于卓轩之家，塾以碑请，是用作文，勒诸贞石。

44. 欧阳桥记

【清】郭传璞

在象邑西四十里，蒙顶山右出之水，迤于东岭头、山后胡、何婆岭，为一大支；左出之水，朱冈、赖家、山顶林，则皆小支也。霖潦暴涨，沍沦淴坏［瀼］，诡谲万状，恃桥以乱之，始不病涉。然是桥四面皆山，猝遇飓，大木斯拔，瘤者、角者、拳曲而臃肿者，胥矗奔豕突于桥之左右，不数十年桥辄坏。重修之可考者，惟欧允峨暨欧起予妻夏，皆乾嘉时人。今又圮倾。胡生长荣之寡母李，慨然出白银七百两，复醵诸君子乐成之，不可谓非东海之吕母、狄梁公之卢姨也。按志：旧名儒雅洋桥，明成化中，里人缉桥，适同知欧阳懋至，众以桥名请，遂字之。第懋诗有云：“欧阳子过欧阳桥，千载奇逢在圣朝”。似桥名不始于懋矣。予因生请记而附辨之。桥长八十有四尺，广十分长之二，支缗凡二千有奇。兴工于同治六年五月，越明年二月而讫工。

45. 石浦金山书院碑

【清】同知　杨殿材

同治甲戌仲秋，余自越郡移守石浦。至，假馆崇德义塾。见其上漏旁穿，门庭荒〈芜〉。询之耆老，佥曰："此道光初年许氏捐构者。岁俭，修脯不足，生徒星散。近为驻巡兵官所寓，益形颓圮。今不葺，后将无藉。"余为低回动念者久之。受事既月，进生童观风，彬彬然数十人，乙甲而奖励之。尤以洁白朴茂之资，末由日渐月磨，共厎于成为可惜也。夫士为四民之首，岂仅以其民哉，盖将以进明体达用之学，责以修己安人之效，终其身不容少懈。农勤四体，分五谷；工居肆成事，商牵车牛，日中为市；彼三代者，固未尝舍业以嬉也。而士自童子时早夜孜孜，惟求攻其应试之时文。一旦入籍学官，则并所谓时文者亦束之高阁矣。居其名而废其实业，不大失朝廷重士之本意耶？因与四品封职许振英、举人俞兆元、拔贡吴承墧、附贡黎鹤鸣、生员余勉寀暨众绅士等商议，禀明大宪，将义塾修整，标额金山书院，延致经师，朝夕讲业。每月合境内生童，朔望两课，诗文而外，兼及经古。凡工料之值，膏火之需，以及月课奖赏之用，则十七、廿一两都有余之家，量力输助。余与太守边公亦为捐廉为倡。群情踊跃，期月集钱二千余缗。建修屋舍之外，现存洋银一千四百元，又田二亩九分，由董在［存］店生息。加以义塾旧有产息，岁共得子银三百余元，专备延师，月课，及院中经费。从此士勤其业，循序渐进，必有英学崛起其间。而农、工、商、贾之民，渐染诗书礼乐之气，文教所被，蒸为善俗，岂不懿欤！

46. 象山试馆碑记

【清】俞　樾　德清

功令：凡子、午、卯、酉之岁，聚州县之士而试之行省，是曰乡试。而行省大者，所属州县以百计，次者亦以数十计。其所属州县之于行省，远者千里，次者亦数百里。吾浙凡为府者十有一，上八而下三。象山一县，属上八府之宁波，视温台所属诸州县犹为近者。然其至省乡试也，必先浮海而至宁波，然后渡曹娥、钱塘二江而至于省，其为地也七百五十里。江海间阻，舟车劳顿。一至省垣，无以弛负担，往往奔走于烈日或疾风雨中，求一东道主人不可得。而西兴担夫又迫〈于〉日暮，索佣值求去甚急，彷徨瞻顾，汗出如浆。噫，亦甚惫矣。其邑人有陈君素涛字白山者，邑诸生也，以高等饩于庠，屡赴乡试；议筑试馆，未逮而卒。其妻孔孺人，悲夫之志未遂也，又念邑人应试之艰也，乃出巨资，嘱其夫之从兄南屏明经，及其邑人郑君秀文至省城，买地于贡院之东桥。鸠工庀材，筑屋一区，为象山试馆，俾士之应试者皆得栖息于此。又买田二十余亩，岁入其租以备修葺，其用意可谓周矣。宁波所属，如鄞、如慈溪、如镇海皆有试馆，然距贡院或稍远；而寓其馆者，大率萃居而聚食，不能自适。此馆距贡院才数百武，又其制略仿贡院号舍之式，屋三间为一号、凡三十三号，为屋九十九间，庖湢器用咸备。士有同志切磋之乐，而无他族逼处之嫌，尤多士之所便，而他试馆所莫及也。《易》曰："涣，其群元吉。"群也而又涣之，斯之谓欤！其占曰"元吉"。昔卫史朝以《屯·象辞》元亨定其君之名，盖因文托义，古自有此占法。斯馆中人其有得元者乎，于斯兆之矣。

47. 禁赌碑

海潭村

粤穑，我祖建业海村数百余年，人敦古处，俗尚安和，自故兄贯生议禁。后各处赌风渐炽，入其中者如沉迷海，伊于胡底。夫农商具有本业，诗书尤惜分阴，视此狎比淫朋，缠绵永夜，伤何如之！兹金忝宗长，爰集众资，勒碑示禁：自本村、小白查、外韩以及海中船只，毋许窝局赌钱，倘或违禁，即就本祠治以家法。如更顽残，送官究治。愿子孙安分守己，庶乎俗美风清，观于乡而知王道之易易也。

大清嘉庆丙寅阳月立

48. 改砌东溪岭记

【清】虞　峻

东溪岭上达邑城，下达石浦，往来之要道也，故乾隆二十二年署协镇李都督倡修之。然其山与五师一体，上皆峭壁，下临深溪，崇峻嵯峨，与他岭异。间有一二纡曲之处，亦险仄悸人心魄，过客至北，莫不懔懔乎有陨坠之惧焉。昌国卫俞君宗点，慷慨乐善者也。其母，邑城孝廉邓如城［汝诚］先生胞姊，归宁经此，心焉危之。将以便行旅，归而与点谋。点奉母命，即率其子传厚至岭，相度形势，出己资买山地，雇土工，于岭右别开一径，直者曲之，险者夷之。将欲砌石，以母忧营丧中沮，继又以子传厚身故而止。中心于悒，渐以致疾，赍志以殁。嗟呼，古人云："有志竟成。"斯固若是之难耶？今其孙渡帆、晓帆，克绍先绪，弗惮辛勤，鸠工修砌，早作夜息，时自督率，不数月而告竣。向之险峻者，今为康庄矣，行人皆便之。邓生谱蕎馆于其家，渡帆昆季皆从其游，往来斯岭，亦相与商榷。功成，问序于余。余慨然叹息，既而应之曰："列禦寇'愚公移山'之说，余向疑之，今而知其非无为也。夫天下之为善者，不患其难成而患其不诚。邓一念所注，俞君乔梓虽未之竟，而其孙卒能成之。此固渡帆昆玉之善于继述也，而亦俞君父子孝感之所致也，且实邓善念之诚有以基之也。"因书其颠末，镌诸石以劝来者。

49. 重建象山县署碑记

【清】王莳兰

今上即位之五年，余由部选赴任象山，至则假署而居。盖自先皇帝大行之岁，粤匪鸱张，浙东西郡县俱失守。是年十〈一〉月十五日，象城遂为贼据。越明年四月始退，城中文武衙署拆毁殆尽，昔日轮奂尊严之地，竟成为颓垣废址。而前任朱君某，慨然与邑诸绅捐资建复，既集事而受代。余不才，适承其乏，距始事越十有□月，方克既功。自内宅、两堂、西厅事、曹房，以至谯楼、尉署，共计屋一百六十间，用钱二万一千缗有奇，盖工甚夥而费甚巨也。然余窃考象山之有县署，肇自唐中宗神龙二年。自后修葺之者，于宋则淳熙、庆元、嘉定、宝庆之间，邑令高、胡、韩、赵、季诸公，凡五次。元虽得国不久，而答令失蛮葺之于前，杨令［尹］用可新之于后。明则洪武元年孔令立，宣德三年陈令思敬，成化十九年凌令傅，正德九年徐令相，万历二年以及三十六年陈令思爱与吴令学周，凡六次。而蒋令三才改创仪门，毛令德京重建正堂，则又皆在嘉靖之间，而城亦建于是时。逮至我朝，康熙十六年，李令郁始一修之。而马令受曾之修也，则在于五十七年。嗣后乾隆十七年、二十三年、六十年，尤令锡章、史令鸣皋、叶令和侃凡三修。后惟道光六年，吴令锡畴与前叶令俱借廉修理，盖自李唐创建之始至是，凡一千一百一十有九年。其间续修之数，有可确指者二十有一次。或因陋补葺，或拓址增置，皆有旧可仍，未有如今日之荡焉无存也。则工之夥、费之巨，即稽赢节冗，出廉金以佐之，举不足以济事，而有待于集腋而成也，岂得已哉！且夫，过大河而渴饮者，必思其从出之源。故虽以圣主享玉食于万方，犹每饭不忘小民稼穑之艰难，矧抚之蕞尔，而居有广居者，皆出自民间。则万瓦之鳞次，比户之盖藏也；周垣之缭绕，百室之盈宁也；栋樽堂庑之巍焕，耒耜之辛勤而闾阎之竭蹶也。下焉者，悉索几疲，而上焉者岂惟出入起居，宅身莅众，以壮吾观瞻而已哉！必将垂心民瘼，彫敝未起，思辅翼之；痌瘝未除，思妪煦之；稂苗萧芷之杂陈，思芟刈而灌濯之。下以慰编民踊跃输将之瘁，即上以纾宸躬焦思旰食之劳。则以余今日谬膺是任而栖息兹所，以惴惴焉不克安定斯民是惧，而遑敢侈以为功？虽然，脂膏之所在，固不可没也；即前令朱君之创始，与邑诸绅士勤事之劬，亦不得而泯泯也。爰摭拾数语，劖诸贞珉，以示后来者。

50. 三亹保善庵天灯记

【清】陈宝治

三亹者，浙洋南北之中，帆楫之通衢也。两山夹峙如龛赭，中耸伏二屿，水势分而为三，故曰三亹，亹者门也，在水曰亹。亹前礁石森立，流水内北则外南，内南则外北，及礁而分，故礁以分水名。舟行者不得径行前进，设遇昏夜，远近莫辨，辄随流旋转以触于礁，败坏死伤者先后相继，其愁惨有耳不忍闻、目不忍见者。庚辰之秋，方外显德托钵得百余金，设灯山巅，而构庵于其麓，商渔称便。乃节棁甫架，而资用已竭，木质剥蚀于风日霜露者，将尽朽败。仙居郑都督率师海上，今之施黄也。甲申仲秋，摄篆石江，见所为善之，而惜其不终，奋然以为己任。首捐鹤俸，公余躬自经营，不足则广为劝募。不日落成，焕然巍然，光明洞彻上下，开不夜城，入水晶域，行路者莫不以手加额，颂扬公德。两载以来，无有一船失事者。顾其地无香火赀，则更置良田数区，以给住持饘粥，俾久远无匮乏。鸣呼，都督之用心周，爱民至矣。夫三亹一盗薮耳，历数十载，为航海患，公既殳而平之，顾此天险，害甚于盗而力易于盗，地方长吏，分所宜为，而卒莫之为耶！以口口生，若有意留待公之举行者，何耶？以上官督责所不及而忘之□德，郑公赖其□乎，□乐而为之。秀山陈宝治撰文。

龙飞光绪十三年丁亥仲冬月立

51. 九畴公墓碑记

顾祖良

公讳田，字九畴，生南田林门，元季副贡。与吾始迁之祖为堂兄弟，于前明洪武二十年三月二十二日被迁失所，星散异地，穷甚。有胞弟奔住宁海枚枝（一作梅枝），往依不果，落魄风尘。吾始祖以其白首流离，衣食不给，怀昆弟之情，延至家。卒以寿终，遂卜葬于岙底凤凰山祖坟之南。迄今，墓门颠倒，仅留一柱，而居民渐多，秽污无忌。我族恐其久而湮没不彰，爰立栏石，且置以碑，永垂不朽云。

窃思人情不平则鸣，有感斯叹。诗三百篇，大抵圣贤发愤之所为作也。公诗古最多，惜多残缺，不成篇什，只留十余首。而采入邑志者，亦删存无几。其词旨语气，大约欷歔太息，有不忘故土之思。可知断简残编，足以感泣后来者。何异三百之千秋而万古也。

公生为名儒，死为上鬼，垂光百世，照耀简策。诚所谓：在天为星辰，在地为河岳，幽则为鬼神，而明则复为人。此理之常也。吾愿近居公墓者，宜敬式焉，毋忽！

52. 修造道路桥梁碑记

［清］龚泰尌

南田孤峙海中，自前明汤信国徙民入内地后，迄今封禁有年。光绪乙亥，浙江巡抚杨公昌浚奏，奉旨准开禁，檄杨君殿材招民开垦，玉环同知杜君冠英总理其事，知县易君镜清继之。十余年来，建版筑塘，黎民聚处，惟道路桥梁尚未修造；每遇阴雨，泥深没胫，行旅兴叹。泰身任石浦厅事，兼办南田垦务，有以成之，然工资既巨，独力难支。适楚南胡定坤率军驻防南田，因共商以兵力代匠工，泰尌首捐银一百五十圆购办石料，贡生叶天镛、监生陈炳书、赵桂芳等劝募诸业户，同襄善举。经始于光绪十九年七月，竣工于光绪二十年三月。并于鹤浦埠、韭菜湾两渡口建设凉亭，为行人驻足之所。凡用银钱若干。计斯役也，以十数年未竟之工，不一载而告成功，初非泰尌意料之所及。虽由防兵之力，亦由诸生善劝、业户乐输之所致。用将捐户姓名及银钱数，镌勒石端，俾昭公信。爰濡笔以记其巅末云。

光绪二十年岁次甲午仲春月

53. 鹤浦航埠渡船碑记

昔我祖黄帝作舟楫以济川，印度释氏造宝筏以东渡，亦不外博施济众之遗意耳。如我鹤浦，乃南田第一埠也，西接龙泉，南及金七门，东至下湾门，四面环海，不便交通。惟北近象邑，与石浦仅隔一带泓，则商民往返皆借于此，实我南田全县之咽喉也。较台之海门、宁之江北岸、苏之上海、福之厦门、广之九龙、香港诸码头，亦无稍异；则汽车汽船何难设立。惜乎初建县治，人民稀少，商贩无多，为此权设航船以通出入。董事叶占先、金乔松、赵桂芳、王桂卿等禀准孙前任，出示立案。现今航舟往来石浦航艘过多，生计日绌，舵手难为谍，所在不无需索之弊，商民被累，啧有繁言，遇公则多方推诿，遇利则相持不下，遇忙则租船参夺，遇闲则各便私图，舵手商民，两方未便。先等爰集众议；舵手郑阿本等十六人，各航船一艘，常在该两埠轮流行驶，载送客货；并订定搭客每人收船价铜圆二枚，猪一只洋一角，黄牛每只洋两角，水牛每只四角，竹木柴炭米谷百货，小数每担照人给价，如系大数或独雇一船，当由该客人与舟主公同面谈，不得意外需索，至行趁人每舟限定三十七人，其余让后舟收给，并派驶次序，不许争先，又选总舵手一舟，以酬劳职务。其碑上无名者，不得私参图利。青训游至此，目击舟驶齐整，大有可贺，援笔挥毫，刊碑石以为序云。

民国二年岁次癸丑桃月下浣立。

54. 东门岛灯塔记

喻长霖

东门岛兀峙海中，为象山石浦屏蔽，旧志所称天门山者是也。唐设昌国卫城于此。群岛罗列，岛北港口曰铜瓦门，岛南港口曰老东门，扼三门湾航路要津。每遇天雾夜霾，港门莫辨咫尺，海舶过此，惊涛险恶，咸视为畏途焉。岁乙卯春，岛人任筱和、筱孚兄弟，醵金建塔于岛之东南，指迷航路，遂庆安澜。己未秋，役人弗戒，塔屋被毁，筱和昆仲复商纪传长等集资扩筑三层灯塔，更就塔旁造屋七楹，以为司灯栖息之所，庖湢备具，工坚且固，前后共费万余金，不惜毁家以成善举。从此海波不惊，商人歌颂，而任氏兄弟乐善好义之风，遂与斯塔并垂不朽，万年无终极。长霖亦浙人，同庆怀焉，遂为之记，以诏方来，垂后世。甲子孟秋之月，黄岩喻长霖并书。

注：卫所建制，始自明初，非唐代。洪武十二年舟山置千户所，十七年改卫，二十年徙象山东门岛，二十七年又徙后门山，即今昌国卫地。

55. 纪子庚墓志铭

国立北京大学教授马叙伦撰并书

云呼，若纪先生者，岂非豪杰之士哉！以孤稚子，无期功之亲，母子相依，饔飧不能常具。一旦慨然自奋曰："吾年虽少，何忍以饥寒贻母忧！"遂设计得资事商贾，谋多余之利。犯烈风、湛雨、祁寒、峻暑，踵战百重，始免其母于饥寒。不数年而致小富，复以多余与人共计，亦无败失，而分金则让饶于人，归瘠于己，其孝义之行，已始于此矣。

贾既大赢，乃独营其业。家日以隆，而义闻亦日以著。性好施予，乡里之益，无不先输。尝诫其子曰："钱者，泉也。欲其流通，虽积之，何为哉？乡里所需，当争助之，宁苦一己，而令众蒙其福。"故其行事，皆准于此。其创业之地曰石浦，浙江象山县之巨镇也。濒于海，而山岭般互，商贾凑集，苦于道路杠梁之不修。先生则或助人，或自为，所以便行旅者无不至，皆著于县史。凡石浦之贫疾者，先生予之医，予之药；不幸而死，则殓而葬之。石浦之商贾多福建人，先生故籍福建之同安县，因与人共立福建仁济堂，造病房以处疾者。先生念身遭贫困，尝独行千里，备悉远人之所苦，因于远人之病者，频济以资，死则独任其丧焉。石浦之人，以先生之好善也，有举女子而不能育者，辄置先生舍前，呱而泣者闻于先生；先生访人育之，而予之资，及长而嫁，复资之。盖生女子无算。石浦有学校曰“斐成”，其址为官业，官鬻之人，先生为赎之，且助银千余元，石浦之子弟学者得不废。此其所造又岂徒在乡里乎哉！

清德宗光绪卅四年，石浦饥。先生买米以济之。自此遇岁歉，必首倡平粜，舍银数千元；而每岁之暮，赠乡里贫者米二斗、银二元。平生借予贫乏者银至五万七千余元，中华民国十二年，先生一旦焚香告天，举贫乏者所誓券，尽毁之火，义闻大振，而先生不以此自满。盖既多得于天禀，而以身所遭会，推己及人，非闻道者，固不能行之泰然，其若此也。

有“新裕”轮船者，为军舰所触没。先生闻难力救，生二十四人，船主外国人在焉。先生既归其所赍金物，复贻以衣服资用，俾归其国。既而其人辇重金来谢，先生三却之，不可。则内诸上海红十字会。其施而不受报又若此。

先生尝遣一船，商于福建，经玉环县，避风山盘港。旋而风益甚，浪欲吞舟。舟中十八人，争乘小船，谋幸免，乃死于水者十有七。独陈安来者以病不能起，不及于死。明日风霁，船物无损，而山盘人获知船无人焉，纠众劫船中物尽，毁船以灭迹。先生宗人阿奢者谕之，为所殴。及先生获毁船劫物之证，诉之官。浙江省长令玉环县知事会水陆兵警严治，谳定以山盘人百余家居宅偿先生。先生曰：“一路哭何如一家哭，吾不忍山盘千人之无家也！”会山盘之人郭某来言，愿集银千元，为先生寿，求恕其劫者。盖习知先生之可以义动也。先生曰：“吾固无必偿心，诉之，欲山盘人不复犯法耳。且吾损银二万余元，宁复惜此戋戋者乎？”遂不受而请销案。玉环人大服，举耆正奉扁额万民伞，若百姓所以颂官吏者，以献先生，复建纪念碑于山盘。于是义闻益广。

尝遣其伙计陈阔智鬻货福建，遇风，船漂泊僻地。阔智以馁，上岸求食。至一家，主人初不之顾，既而知为象山纪协顺行夥，遽诏其子，妇曰：“伊主即纪子庚先生也。我建人之至象山盐仓前，若某，若某，皆受其惠；若某、若某，又受先生再造之恩。今遇其夥，如见其人矣。速酒食之。”其邻亦都来问讯。明日，买其货殆尽。其德为人所钦如此。

先生德既足以服人，乡里之争，得先生一言无不解。中华民国五年，白琦，肖厝二船帮相恶，各五百、六百人以械斗。水师官不敢止之。先生独犯险，至各船劝之而止。其功盖不仅止两帮之斗，所以免濒海居人之死者甚众。岂非所谓“仁人之言，其利溥哉”！

先生内行无不醇谨，尤笃于孝。少时有姑适杨者，猝病将危。先生负母视之，天雨泥泞，往返数十里，无倦色以示母。母疾，不离跬步，夜不解衣，药必亲尝；复吁天刲股，求以身代。母殁将殓，以首触棺不欲生，感动行路。居丧哀号，日不盥洗，夕不入内，啜粥茹素；夜半即起，焚香祝祷，晨昏起居进饮食，如母平生，三年同其始。及葬庐墓，寝苫枕块。时先生年六十余矣，戚属劝止之，而先生仍夕必芒鞋、衰绖诣墓，再三拜祷而后返。墓去其家三里，冬、夏、雨、旱不辍也。丧止而止，闻者贤之。

先生虽为商贾，而谋必依正，不为诡利。治事则无私袒。尝饬其子曰：“业无求大，但善为之，则小而大矣！”又曰：“食宜推让，事宜争作，居恒雍容，无剧喜盛怒；得意不自矜，失意无忧戚。”平日，蔬菜布衣。及居丧后，遂断肉食。每自语曰：“一家年省银数百元，可以救济饥寒者多矣！”盖其利人之怀，老而弥挚。

十六年一月，余受国民政府浙江政务委员会委员职。至鄞翌日，敌军迫鄞。余过象山，谋入福建，先生纳至其家。时主浙军事者方名捕余，而余与先生无谋面杯酒之欢，乃先生不顾淫威，而匿逋客。虽孙宾石之于赵台卿不是过。

余观先生披发如头陀，出言呐呐，而所行乃合于古圣贤之言。十一年大总统撮其行之大者，褒之曰："孝义可风。"呜呼，先生真豪杰之士哉！

先生名传长，子庚其字也。以居石浦久，遂为象山人。生于清穆宗同治四年十二月二十七日，逮至中华民国二十二年十二月　日，以疾卒于石浦盐仓前之私宅，年六十有九。夫人吕氏，乡称贤助。出男子四：长经典，浙江南田县县长，先先生殇于任；次经谟，三经训，四经诰。女子二：长适江，次适毛。经典无子。经谟男女子各三；男子长乃潢，次乃积，次乃谷；女子长励覞，次励华，次励源。经训四男子：长乃宏，以嗣经典，次乃同，次乃咸，次乃平，经谟昆季，以二十□年□月葬先生于石浦汝溪之玉女山冈。越□年，来请余志其幽堂之石。余谓先生之行，炯然昭于耳目，著于志乘，见褒于庙廷，其风世传后无疑。余以壁藏之谊，不敢辞，敬志其行事，而为铭曰：

商贾而儒者逊其贤，无所学而自然，此石浦人之天藏之玉女之冈，而为凭吊之所流连，曰："斯善人之宅，无伤其松柏，久之而弥坚，于斯万年！"

中华民国二十有四年吉月谷旦。

56. 渔港路拓建纪略

渔港路始建于六十年代，时渔业兴起，每逢渔汛，苏浙闽沪渔船结集石浦港，而港岸曲折，锚泊拥挤，行旅不虞，镇上单位，遂于沿港处劈山填海，构筑便道。七十年代省水产部门投资建桥修路，于是南起百花洞，北至塘头港，长一点九千米，连成通途。至八十年代中期，经济发展，车人日增，道路狭窄且多卡口，屡发交通阻塞及伤人事故。一九八七年十一月，县、镇人民政府以重点工程，复行拓建，经勘察设计，分段施工，先后拆迁码头、道头十八处，征地扩建九千平方米，于港一侧打桩二千六百零八支，砌墙一万八千零六十四平方米，填方十万六千一百八十二立方米，浇敷水泥路面二万七千五百八十平方米，并南北展延，使全线总长达四点零四千米，路宽十八至三十五米，与之配套沿途又辟停车场二处，置浮码头二座，设菜场等四个，于一九九一年三月基本完工，总耗资七百七十六点八万元。如今大达既成，绿带成荫，车人分流，坦荡如砥，尤以滨港公园景色宜人，观海听涛，是为佳处，古城石浦，大展新容，故略述始末，以昭镇人。

石浦镇人民政府，1992 年 8 月立

57. 彭姥岭隧道工程碑记

象山自唐立县，历以彭姥岭为西出要道。七十年代，辟越岭公路，建象西线，沟通县外路网。八十年代，改革开放，经济发展，经省交通设计院与县交通局联合测设，省交通厅批准，于一九八七年十一月开工兴建。工程包括隧道及东西接线，总长 3070 米，按国家平原微丘二级公路标准施工。其中隧道长 660 米，全衬砌，全照明，净宽 12 米，高 6 米，下敷双道混凝土隔离带。东口为三向曲面塔形建筑，西口为仿古丹城城门。东接线建互通式立交桥，长131米，宽13米，计15孔。主桥孔跨径14米，余皆8米。县政府专设指挥部组织实施，由温岭县交通工程公司承建隧道开掘与衬砌，象山县交通工程公司承建东面部分隧道开掘及直墙衬砌，象山县第二建筑工程公司承建明洞衬砌、东西洞口、立交桥及接线路面。施工期间，因洞内及西洞口地质复杂，先后塌方、滑坡百数次，且伴发强风化层冒顶崩塌四次，情势险恶。工程建设者发扬拼搏精神，克服重重困难，历时五载，耗资千万，终成通衢，于一九九二年十一月十一日通车。象山自此结束翻山进出历史，可谓：开凿凝神功，大逵贯西东，车流穿梭过，山县沐春风。特立是碑，以昭往来。

象山县人民政府　1992年11月11日

58. 重建文峰塔记

象邑城东有梅溪山，高90米，钟灵毓秀。明代前叶建塔其巅，东方主文，因名文峰。昔堪舆家视斯山为邑城之青龙首，故亦谓青龙塔。后山以塔名，名塔山。复塔以山称，称塔山塔。嘉靖以降，屡修屡圮，迨清末已荡然无存。

90年代经济勃兴，为顺应时势民意，振兴文事，乃决议重建斯塔，以壮塔山新石器时代遗址之胜，增东谷湖风景区之美。前岁元月，发掘原址陈迹，得六面石塔基础。翌年三月八日奠基，因增其制，仿明代六面、七级砖木结构楼阁式塔。历时11个月落成，耗资200万元。

塔高33.68米，傍东谷面广原，屏翠环青，玲珑俊秀。青龙塔刹，勾栏平座，胜檐风铃，黛瓦粉墙。内置扶梯盘旋至顶，登临其上。南眺平畴，瀛海遥接。北望群山连绵，湖光辉映。俯瞰城区，风光尽收眼底。诚物华天宝，一邑山水人文之焦聚，登高览胜佳境之所也，是为记。

象山县人民政府

59. 蜊门[①]港大桥记

林志龙

象南石浦，浙洋重镇。千古良港，四岛并列，南田、高塘兀峙海外，尤为南洋要冲，物阜民殷，历为开发重点。然隔港对峙，交通阻梗，经济开发滞后。1991年12月，县人民政府顺乎民情，放眼未来，决定兴建石浦—南田—高塘陆岛交通工程。蜊门港大桥坐于姑娘寨与蜊门头之间，横跨海峡，为其关键工程之一。1993年2月，成立石南高工程办公室大桥工程组，承交通部和当地鼎助，着手筹建。同济大学建筑设计院桥梁分院设计。次年6月动工，由交通部第三航务工程局第四工程公司承建。主孔桁片分四十二个单位二百五十一件预制构件，合拱结构新颖，加之港深50米，潮流湍急，崖石裸露，场地狭窄，水陆运输不便，施工技术难度较大。六十四位架桥工人、技术人员，不怕困难挫折，采用两向逐段浮吊悬拼新工艺，夜以继日，连续拼搏，历时13个月，于1995年7月21日晨5时合拢，9月底竣工通行。系预应力混凝土箱形组合桁架拱桥，长

①蜊门，旧称林门、临亹、临门。

219 米，面净宽 9 米，主孔净跨 150 米，通航高程 24.65 米，荷载汽车-20 级、挂车-100，总耗资 900 万元，为国内最大跨径桁式跨海大桥。从港面望去，一桥凌空飞架，势若长虹，气象万千，其下洪流滔滔，烟波浩森，金光攒闪，气吞山海。自此，两岛连成一体，利国惠民，泽被后世。

60. 缀学亭碑记

何志浩

陈汉章先生字伯弢，号倬云，世居象山东陈。其尊人绍尧公，清道咸间举茂才，生汉章先生与弟宇香。兄弟二人，同年中举，以联魁第为后人称颂。宇香好读书，光绪甲辰科成进士。汉章先生与汤寿潜为乡榜同年，于领乡荐后执贽于俞曲园之门，一时与章太炎齐名。既又考入京师大学堂治经史，总监督刘幼云礼敬之。迨卒业，受聘为经史教授，自此任教北京大学凡十六年，校长蔡元培礼遇备至，国学大师黄季刚亦称汉章先生为师焉。生平著述包括经、史、子、集、部百十二种，其目录载于宁波张寿镛所编四明丛书中。家有伯弢藏书楼，人称汉章先生为两脚书库，当世无出其右者。德配方氏、吴氏、叶氏，生子二，长庆麒，国立北京大学文学士，次庆粹，国立北京大学法学士。女婉荪、娩荪、听荪、增芳、增华、耆荪六人，皆娴内侧，孙辈杰出。嗣孙维昆、陈昂等为筑缀学亭于祖墓之上，嘱志浩题联曰：“大汉天声久，文章华国长。”噫！大儒也。

岁次壬申年清明日

61. 步行街纪事

王庆祥

象城古有弦歌市。弦歌乃礼乐教化之谓，由是民风启，商路开。改革开放，经济发展，商贸日隆。一九九四年，县人民政府征城南地五公顷，集民资一亿余元，委东南大学统一规划，县建筑村镇水利设计院室分项设计，延高级工程师高鼎执掌施工事宜。筑十字交错经纬二街，建街舍八万平方米，架天桥五座，立东西二门于街心，陈十二生肖音乐会，以昭象山弦歌之音不绝。今工程告竣，商家纷至，达四百余号。定于明年元旦开市。是街之繁盛，势在必然。

邑人王庆祥撰　一九九六年九月

62. 八一台风五十周年记

公元 1956 年 8 月 1 日，12 号台风来袭，543 名党员干部分赴各地，干群一心，抢险护塘。午夜，强台风登陆象山，门前涂海塘全线被毁，南庄平原一片汪洋。3352 名群众不幸遇难，50 位党员干部以身殉职。

八一台灾震撼全国。党中央、国务院遣团慰问，指导救灾。省委、省政府组织空投物资食品，济度灾民。八方支援，捐款捐物。象山人民奋起自救，筑海塘，排积水，重建家园，恢复生产。

五十年来，象山人民痛定思痛，以发展经济为基础，全面建设高标准海塘，筑就海上长城，民众安居乐业。树立以人为本、科学防台理念，促进人与自然和谐相处。

沧海桑田，弹指五秩。祭悼罹难，缅怀先烈；天人和谐，为政之道；捍海御潮，百折不回；铭记历史，昭示后世，美哉象山，永祈平安！

中共象山县委　象山县人民政府

二〇〇六年七月

三　旧志简介　旧志序跋

（一）旧志简介

1. 嘉靖《象山县志》（存）

明嘉靖三十五年（1556），知象山县富川举人毛德京感“虽邑旧有志，荒废已久，事迹罔稽，欲览无由，”乃辟圆峰庙为馆，聘县诸生杨民彝、卜乾、俞澜同参县志，版籍、数算经布衣周茂伯详订，而“人物”一纪则由毛德京自任之，自四月初起阅两月，稿初成。复经由毛德京“总其会而裁成”。终由邑人嘉靖二十年进士苏州同知周希程校定。乾隆县志以为八卷，道光县志作十五卷，今以毛德京序与天一阁藏隆庆增补本相校，应为十四卷：卷一建置纪、卷二区域纪、卷三山川纪、卷四风物纪、卷五版籍纪、卷六学校纪、卷七礼秩纪、卷八兵卫纪、卷九历宦纪、卷十人物纪、卷十一人物列传、卷十二杂志纪上、卷十三杂志纪下、卷十四艺文纪。毛德京有序。书见《内阁藏书目录》《千顷堂书目》、薛福成撰《天一阁现存书目》，今天一阁有明隆庆五年增补刻印本。嘉靖《象山县志》为现存象山最早的一部县志，不过，在毛序中称“邑旧有志”，故知象山修志，非自嘉靖始。乾隆县志《旧志考》曰：“邑志不始于嘉靖也。成化时鄞人杨实有象山县志，所谓成化新志是也！成化以前永乐时亦有志，所谓永乐旧志是也！”永乐、成化二志今均不存。

2. 万历《象山县志》（存、残）

明万历三十六年（1608），知县崇仁选贡吴学周主修，松江华亭布衣陆应阳、邑人赐进士及第翰林院编修邵景尧同撰①。逾月至四月初一而成稿。其书本十六卷，今仅存一、二、三、十四、十六卷及卷四《区域志》之一部，余卷五、六、七之《统制志》，卷八、九之《物土志》，卷十、十一、十二、十三之《杂志》尽佚。旧藏京师图书馆（今北京图书馆），陈汉章先生曾佣人录副本，计 20629 字。其卷首有陆、邵、吴三人序，邵序有：“事核文简，有光前志”之语。而陈阅后以为其文字多“讹错夺缺”，其纪事“更多伪缺”。书见《内阁藏书目录》《千顷堂书目》。残本仍藏北京图书馆。

3. 康熙县志稿（佚）

清康熙十一年（1672）知县仪封进士马鲲主修，县人周光春纂。乾隆县志载：“此志四卷成帙，适遭罗万里之乱，未实诸版。后李令重修时，多供采择。”

4. 康熙《象山县志》（存）

清康熙十七年（1678）（道光县志以为二十年，1988 年《象山县志》以为二十一年），知县大同拔贡李郁主修。（李郁为顺治间象协副将李时芳子，李时芳于顺治十五年（1658）秋，遭郑成功将周三围城七昼夜，时芳力疾坚持，城邑得完，因以劳瘁卒于官。郁以康熙十五年（1676）来任县令，即请以其父祀名宦祠，其志所记象邑顺治十五年事，当尤为翔实可信。）时值清鼎革后，李郁以“创制显庸，非复旧制，天下郡县举修志，象可独废乎？”乃不顾历变迁，经兵火，“事迹泯灭，载籍无所考，文献无所征，一时采风问俗，茫然无以对”之困难，搜得吴学周万历志

---

①万历《象山县志》编修时间，此据万历《象山县志》陆应阳序言落款：“万历戊申夏四月朔陆应阳谍”，及民国《象山县志·艺文考·旧志考略》“万历《象山县志》”条“案”：“象山县有专志自嘉靖丙辰后，重修于万历戊申。”本志《大事记》明“万历三十七年”条则据民国《象山县志·艺文考·旧志考略》“万历《象山县志》”条正文作“明万历三十七年”。

十六卷及马鲲康熙志稿四卷，“损益而补辑之，聊以成书。”总十六卷，有宁绍台道王垓及李郁序。民国志以为已佚失，1988 年《象山县志》编者访得今南京图书馆、北京师范大学图书馆、美国斯坦福大学均有藏。

5. 康熙《象山县志》（存、残）

清康熙三十七年（1698）知县奉天贡生胡祚远主修，教谕钱塘贡生姚廷杰纂。成志十六卷，分区域、经制、物土、杂志四门，下设三十九目。道光县志按：“胡志即李志（李郁康熙《象山县志》）原版，唯于艺文、秩官诸卷或更换数页，或挖补数行而已。盖李志成于康熙二十年，至康熙三十七年，相去仅十六年，其板完好无疑。乃姚广文竟为改头换面，名之曰：‘修’，是可怪也。”此书见雍正《浙江通志》卷二百五十三著录。民国志以为佚失，1988 年县志谓：“今北京师范大学图书馆、浙江图书馆均有藏本，卷九‘贡赋’佚。”

6. 雍正《象山县志》（残）

清雍正七年（1729），知县溧阳进士马受曾主修，县人袁澄总纂，王文懋、王元佐、陈其璜、钱鸿基、谢荣祚、史染、钱式坚、袁士范分纂。

马受曾于清康熙五十七年（1718）履任至雍正九年（1731）离任，计 14 年，其志修于雍正五年（1727）。马受曾序云：“（时武威进士孙绍来任宁波知府），饬行修志。爰集学博，遴邑士之行优学裕者芟芜、补漏，以前毛令志为式，折衷于张公时彻之郡志，益所未备。其增入者，大约经制则宁详、人物则务核，形胜则按图可求，徭赋则计册可考，而邑之文献亦犁然备矣！”书刊于雍正七年，陈才癸《稽瑞楼书目》载：《象山县志》四十二卷，雍正七年，四册。《宁属方志目》亦有著录。今北京图书馆有藏本，仅十七卷。

7. 乾隆《象山县志》（存）

清乾隆二十一年（1756），知县广西全州举人曹鎜请邑人乾隆十九年进士姜炳璋总修，仁和黄篁、邑人钱鸿基佐之，王德嘉、周圣瑞分校，于四月开局修志。八月曹去官，江苏如皋史鸣皋以翰林授象山县。“下车，披阅邑志，叹其岁久不修，而遗轶疏略之多也，因与绅士语及之。”得姜炳璋之响应。至二十三年夏乃复请姜氏总其事，适史令之友、同乡冒春荣来，因请共事，“遂开局于丹山书院纂辑焉。”阅八月至是年十二月而书成。共十二卷，为地理、经制、人物、艺文、杂志五纲，下设二十四目。有史鸣皋自序，知宁波府云中（大同）史尚廉（按：1995 年《宁波市志·清代宁波府知府》失之）、宁绍台道绵上（介休）范清洪均有序。史尚廉序称其：“于历修旧志外，旁采广搜，……阙者补之，讹者正之，繁者削之，其昔无而今有者则审慎而增益之。至若崇论宏议，经经纬史，皆是邑之大猷，……”阅之信然。此志刊于乾隆二十四年（1759），今北京图书馆、上海图书馆、南京图书馆、浙江图书馆均有藏。

8. 道光《象山县志》（存）

清道光十年至十一年（1830—1831），知县江苏崇明举人童立成主修，宁波府学教授嘉兴冯登府总纂，县举人马丙书、岁贡倪劢，太仓贡生赵庚吉分纂。其先邑令吴锡畴亦曾议修志，会朝廷遣其采办滇铜，事移童立成。童以为“邑志修于乾隆戊寅（1758），迄今垂七十余年矣。镂版残啮，漫漶不可卒读。加以规制变易，时物兴替，愀乎惧文献之无征”。又碰上马丙书等之请，乃决定请冯、赵、马、倪诸人，于蓬莱山下开局修志，次年稿成。吴锡畴滇铜事毕回任，得书稿送宁波府吕子班，吕以书“尚有择之未精，语之未详者”。乃亲为校定。于道光十四年付梓。共二十二卷，有宁波知府吕子班、宁波府学教授总纂冯登府、象山知县童立成、吴锡畴四人序。陈汉章先生以为是书引文所注出处多与本书不合。《列传》与《著述》之分类不合志法。鄞县董沛以为“童志亦佳，然叙述有误，《海防》《杂志》诸条，文亦不甚雅驯”。民国 4 年（1915），象山县知事萍乡拔贡张鹏霄重印木活字本，并序。今北京图书馆、上海图书馆、浙江图书馆均有藏。

9. 同治志稿（存）

清同治七年（1968），知县蜀秀山监生黄炳坤主修，鄞县江镜清，邑人马嗣澄（岁贡）、虞峻（恩贡）、王莳兰（诸生、例贡）、邓克旬、林曾安（两人布衣）同纂。共十二卷，为道光《象山县志》之续志。无序、跋。次年书成，送时称四明文坛盟主的徐时栋勘定，时徐氏方主持鄞县志局，以重修鄞县志为事，间亦辩象山旧志之误。同治十二年（1873）徐氏病故，而其前曾嘱友董沛留意。董沛因于卷末识云“鄙意以为此志暂缓刊印，俟他日当代校之，”此稿遂未刊。鄞县有郭传璞其人，初亦曾同纂此志稿，因与同事议多不合，遂求于书成后削其名。郭传璞赠象邑令邵正寅诗注中有“总纂徐舍人师又复下世”句，可知此志曾请或曾拟请徐时栋为总纂，但徐氏忙于鄞县志，未曾着手象山志，即不幸“下世”。故董沛又识云：“如即以此稿刊刻，万不可列柳翁（徐时栋号柳泉）姓名。”抄本今藏宁波市图书馆，南京大学图书馆亦有传抄本。

以上诸志，除马鲲主修之康熙县志稿已佚外，其存者，今象山档案馆均有复印或影印本可供查阅。

10. 民国《象山县志》（存）

民国 10 年（1921）县知事衡山李洣创议修志，得县内士人赞同，就户派捐约得万余金。于是修旧教谕署为教育局兼修志局，聘前清进士陈畬为总纂，寻以列传关系辞职。复聘奉化孙锵（玉仙），又迟延不到。至次年春改聘邑前举人陈汉章接任，陈三却聘书，至秋七月方到局草纲目说明书，规定门类及体例，并分工采访、撰写。原期十六个月完成，最后却历李洣、李芳、曾毓骧、劳伟章、郑迈、罗士筠六知事，经五年，至民国 15 年方才成书，于民国 16 年七月刊行。全书“为图说者二，为表者六，为考者十二，为传者四，余则志异、志余，而以文征内外篇终。”计二十八目，二百零四子目，其二十八目为：图说上、图说下（说二）、象纬、疆域、职官、选举、氏族、列女（表六）、史事、地治（上、下）、赋税（上、下）、物产、实业、教育、典礼、风俗、方言、艺文、金石、古迹（考十二）、名宦、先贤（一、二、三、四、五，附寓贤），列女（一、二）、方外（传四）、志异、志余、文征内编（上、下），文征外编（上、下）。末附《象山舆图》十九幅。有桐乡劳伟章、永嘉郑迈、高安罗士筠三任象山县知事序。郑迈序称此书“凡疆域、赋税、风俗、人物，其因革损益，隆污登耗之故，莫不部分类聚，酌古准今，更定篇章，网罗散佚，若网在纲，有条不紊。而发凡起例，改变增删，尤皆具有深意”。又称其“能事征其实，善从其长”“繁简得宜，不僭不滥”。

民国《象山县志》聘陈汉章为总纂，志局“同事至四十有六人”（1988 年《象山县志·历代修志纪略》作“48 人”，然而点数修辑姓氏，若合计监修者六县知事为五十一人，不计则为四十五人，可见陈汉章《象山县志补正》序中所言，“同事至四十六人”，是正确的。）协修为何涵、孔昭藜、陈畬，分修为王韶九、史翰章、周震隆。但除《象纬表》（周震隆）、《职官表》《选举表》（王韶九）、《教育考》（孔昭藜）、《风俗考》（史翰章）外，“其余无人任者”，最后均由陈汉章一人完成。

民国《象山县志》集历代县志之大成，堪称鸿篇巨制，时人誉之称江南名志，为民国四大名志之一。唯该志因刊刻校对不严，舛误极多，幸得陈汉章妹夫樊家桢费三年之力为作《象山县志文存疑》四卷（于 1947 年出版）。陈汉章据此作《象山县志补正》一书，以补正错讹。2004 年，民国《象山县志》点校重刊，极大地方便了一般读者，惜错讹之处、包括在标点上新增的错讹亦尚为数不少。

民国《象山县志》稿本今藏浙江省图书馆。今象山县地方志编纂委员会办公室有电子版。

11. 民国《南田县志》（存）

民国元年（1912），南田立县，8 年知事吕耀钤创修《南田县志》，聘其父吕芝延及学人施仁伟主纂，“广征邻志，详予参稽，遍托乡耆，就地采访”，初具规模。民国 9 年春，正拟审订成书，以吕耀钤奉调而未及刊印。至民国 19 年，杭县厉家桢知南田县事，饬秘书禹航等分类整理，校刊成书，凡三十五卷。首页有时任浙江省主席朱家骅题签：“海东掌录”。此志有铅印本，藏北京、南京、上海、浙江、宁波各大图书馆。台湾成文出版社有影印本。

12. 《象山县志（1988）》（存）

1982 年 9 月，象山县成立县志编纂委员会。1984 年 12 月，召开首次县志编纂工作会议，确定共 65 个部门和单位分别撰写初稿。至 1986 年 12 月，总纂成稿。1988 年 4 月出版。全书分地理、经济、政治、军事、文化、人物六门。卷首有概述和大事记，卷末附录文诗辑存和历代修志纪略，计 57 万字。上限除某些章节上溯至立县时外，一般为 1911 年辛亥革命，下限至 1986 年。有时任县委书记黄兴国、县长张启楣、著名方志学家傅振伦三人序。此志主编王庆祥，副主编林志龙，编辑叶忠正、高丹鸣、赖明和、楼松炎、何敏求、顾章、曹平毅、姜颖生，另有协编、摄影、制图、校对等总计 21 人。在 1993 年全国第一届地方志评比中，获浙江省地方志优秀成果一等奖。

（二）旧志序跋

志书之序一般为对本志书编写经过、内容编排之介绍及对志书的评价。象山（包括南田）迄今有县志十二种，其序文存二十四篇。今录其中十二篇。

1. 嘉靖《象山县志》邑令富川毛德京序

嘉靖丙辰四月朔，余谒先师，进讲毕，诸生请曰：“象自三十年来，百度俱圮，无一可观。幸我公作宰，县署新矣，学校修矣，城垣建矣，其它诸废坏俱兴且饬矣。虽邑旧有志，芜废已久，事迹罔稽，欲览无由也。失此弗图，将并今日之事而俱没没矣，盍辑诸!”余应之曰：“昔朱子守南康，下车问志，议者以为知务。象之志余岂无心，顾始之弗为者，弗暇为也，今之弗为者，弗敢为也。”诸生曰：“何谓也?”余曰：“夫象有兵事，御侮弗给，至诸废怠，非余谁诿？是谓弗暇。果若诸生所述，则余邀福于国家，获庇于当道，与夫扶掖于乡士夫，效劳于诸百姓者，乃纪为余事，是张己而侈观也，是谓弗敢。”诸生曰：“不然，夹谷之会，仲尼之功也，其后自作《春秋》，特书曰：‘齐人来归田’，不嫌于自叙其绩乎？夫固于我皆真，则亦无所于避焉耳。考古稽今以成厥志，而并列公事，亦奚伤?”余因俯而思之良久，曰：“审若此，则汝诸士试为之。然集士孔多，适成筑室，得二三人专焉可也。至于‘人物’一纪，余将独断直道，丛怨吾其身〈任〉之。”于是辟圆峰庙，馆杨生民彝、卜生乾、俞生澜公相纂次。越两月，三生帙所撰志若干部以进。余遍阅之。见其博采往籍，收录散亡，稽名循实，诹访必悉，参之舆论，纪载维核。详而有体，质而不俚，词无失繁，美无虚著。于是作而叹曰：“吁，休哉兹书也，于史具体矣，庶其可传矣乎!”夫先之以建置，则分布定而兴废昭矣；次之以区域，则经野立而方位辨矣；次之以山川，则高卑陈而胜概表矣；次之以风物，则习尚明而土著彰矣；次之以版籍，则民事通而取舍有道矣；

次之以学校，则圣贤尊而乐育有方矣；次之以礼秩，则仪文举而观感有自矣；次之以兵卫，则武功竞而边围奠安矣；次之以官守，则德业着而鉴戒以树矣；次之以人物，则品藻定而兴起有标矣；又次之以杂志，则观览备而巨细弗遗矣；至其词翰纷郁，文献攸关，又乌可弗纪也，故以艺文终焉。即此以昭往贻来，考文订法，俾邑无缺典，政教攸征，胥是而循俗成理焉，亦可以弗悖矣乎！是编也，博学宏思，精索直书，三生皆有可称，版籍数算，则布衣周茂伯所详订，余小子总其会而裁成焉。至于协相兹举，则县丞林君希契、主簿王君溥儒，典史林君章、邑博吴君瑾、皮君录［禄］、叶君子元。而乡大夫周公希程，则校而定之者也。有志者幸与继之。时嘉靖叁拾伍年，岁次丙辰七月之吉。

2. 万历《象山县志》华亭布衣陆应阳序

阳不佞，跧伏菰芦，马齿且老，坚守岩穴之义，即干旌及门，物色宠借，未敢持一刺溷迹公庭。况越境以外耶！客岁，嘉平中表黄学博遣使千里，一再将邑侯吴公命，俨然以志事见属。不佞异曰：象故疲邑，而阳又老布衣也。吴侯乃加意邑乘，复咨及千里外菰芦陈人，此其意念可与局蹐簿书期会者等哉！遂于春仲，贾勇涉江以东，梯航风雨不少倦，盖副侯高谊耳，非有他肠也。象昔有志，芜陋十九，且距今五十余年，沧桑代禅，俯仰殊迹，谓足取征否欤！吴侯治行为越东翘楚，引割多暇，乃苞举典型，搜剔故牍，开馆进邑髦士，分曹创述其梗概，不佞因次第删润之。大都义集于众，理断诸独。定沿革区域而知封守之当慎，辨经制而知法纪之当严，详物土而知赋徭之当节，载杂志而知事变、世风之当挽，著名宦而知俎豆之当师，登列传而知月旦之当惧。盖逾月而付杀青。前为图、次表，次志。而志之纲凡四、目凡三十有五，共十六卷。追惟往哲有言：志也者，信令［今］而传后，百代之典章文物系焉，徇情则美刺多眩，剿说则名实失伦，余故不敢徇，不敢剿也。独于列传加刻核者何？畏以徇情罪我。而客或以海防书进，则谢曰：余恶知兵，恶知此中要害，一切拒不收者何？畏以剿说罪我耳！嘻，不佞入其境，习闻三岁苦旱魃，百里内产力耗矣，而士安诗书，农安亩，贾安市，萑苻安拆。今也，邑乘再新，典章文物具在，生斯宦斯，观风斯者，一按籍而可指掌；余固知地非自胜，得志而胜也。嘉、隆以后五十余年，宰兹土者踵迹，往往局蹐簿书期会，不暇志，而或又瑟缩旁议，迄未有一语及志者。孰如吴侯清操亮节，治剧理繁，百废赡举，而间以燕间［闲］润色鸿业，不远千里，见征陈人，勒成一邑掌故，鉴既往而信方来。余又知志非能自重，以邑侯而重也。侯顾避席曰："不腆下邑，岁祲物耗，荷圣朝湛露之所培植，观风使揽辔之所澄清，郡牧伯搴帷之所覆盖。故稍幸安集，而令藉以勉旃。奉职修缺典，讵敢要誉今日？"阳不佞唯唯。今国家广厉正史，诏郡邑网罗异闻，虽弹丸小乘，无当于皇舆大方，而他时簪笔者倘问禆谌，谋野徼，惠吴侯，以永光文献，阳小子亦与有荣施哉！是举也，学博黄君、祝君、吴君并以博览卓识资前著，例得并及云。万历戊申夏四月朔，陆应阳撰。

3. 万历《象山县志》翰林院编修邑人邵景尧序

往象志为钟陵毛侯所修，于时海上多警，羽檄交驰，扞圉张皇，拮据铨次。即毛侯自序亦云"弗暇"。阅数十载，志则象也，而文献佚矣。江右吴大父母之莅象也，政先大体，谓邑志久湮，殊为缺典，谋于邑博黄君、祝君、吴君，共赞成之。白于当事者，业得延诸文学，开局分曹，因事纪述，其立凡、引例，檃括扬推，则云间陆公为政。逾月告竣，计卷十六，有表，有志，有传，按图披索，不啻象之家藏也。闻之：百里曰同，所以奖王室，协风俗，总名为县。从系倒首，玄静徭役，义有攸取。然必求余论于故府，想遗风于往哲，揆时变，评［详］方划，审物土，核邦制，鉴古御今，与俗推移，庶几前事之不忘。且象，瘠土也，瘠思劳，民则喜瘠焉，民萌哉！在象言象，何必哆谈陆海大凑之饶，夸诩上游佳丽之胜，以爚乱其耳目？若为士者，四游六幕，定志桑蓬，缅惟皇明乡先达，如钱司寇有功圣门，俞中丞不辱使命，周给谏补衮掖垣，王直指疏劾阉竖，九京可作，愿为执鞭，可谓象无人哉！今吴侯俭啬训民，广大造士，师于前事，仿古小史掌邦国之志，引绳订墨，勒成一家言。无洗垢索瘢，伤孝子慈孙之心；无踵讹袭舛，污名山大川之笔；事核文简，家喻而户晓之。是役也，有光前志，且足为异日传侯者券也。乃不佞犹有感于人与山川递相主云，人在则人为主，人去而山川为主矣。后之视今，犹今之视昔也，吴侯作顺施恕，俎豆东土无疑，又辑志以贻来者，俾受程焉，桑苎杼轴无恙，衣冠礼让如昨，则侯真非邮舍吾象者。象不永藉侯为主哉！不佞嘉侯不朽于象，僭为颂述，且窃附古人式里之义，未知当于采风者否？万历三十六年季夏之吉、赐进士及第翰林院编修邑人邵景尧撰。

4. 康熙（十七年）《象山县志》邑令大同李郁序

考象志始于毛公德京。越五十余年而吴公学周修之，距今七十余载。其今古之变迁，字迹之漶灭，与夫卯辰兵燹，鲸波劫火，修乌容已？况当鼎革，创制显庸，非复旧制。天下郡县举修志，象可独废乎！修必分局布曹，集名儒硕彦，廪饩而校雠之，始付之梨枣。当兹海患频仍，俗凋物敝，噢咻不暇，时不可也。然俾载籍无所考，文献无所征，一时采风问俗，茫然无以对，牧斯土者宁无嗫嚅，即欲不修，势不可也。丙辰夏，予令兹邑，深为此惧。于是不敢委之以时与势，慱［博］搜焚余，得吴公旧志十六卷，后得马公騉［鲲］与乡进士周君光春所修未刻稿四卷，损益而补辑之，聊以成书。其间古今之轶考，沧海之变异，不暇旁求博采，揆时斟酌，罪在简略。然舳舻旌旗蔽瀛海，犹夫上游佳丽之胜乎？土苗涧藻悉征输，犹夫陆海大凑之饶乎？矧夫田畴茂草，宁尽民力之未勤；家室仳离，岂诚政治之不逮耶？纪不胜纪，搜不胜搜，略诚罪而略亦非罪也。予固鄙陋，寡学术，不敢谢不敏，收集散逸，草草成帙，然亦委之时与势而已。事竣，敬质之海宪王公，辱为序，且题之曰：修，予窃愧之焉。噫嘻嘘乎，予独悯百三十载来，诸君子为政之暇日岂少欤？名山大川之笔宁乏欤？而独于志俱未加意焉，良足慨夫！

5. 雍正《象山县志》邑令溧阳马受曾序

我国家德化隆盛，车书大同，户口幅员振古莫逮，馆阁硕儒编辑《一统志》以鸣太平休养千载一时之盛；而封疆大吏亦各饬僚属，于供职之暇，搜订志乘，以备石渠、天禄之采择，且以见德广恩溥，虽徧［偏］隅下县莫不有纪载也。受曾自成进士后，授象山令，邑隘且瘠，民朴而贫，沟浍鲜蓄而旱干时告，士罕见闻而科第久衰，受曾辄怒焉忧之。继念地虽隘，课诸耕则瘠者渐肥；民虽朴，型诸礼则贫者不滥；陂渠可潴，则劝其疏浚而水利兴矣；学校具在，则严其讲肄，拔其秀者风励之而文采可观矣。顾忽忽十有二年，自揣无异绩追古循吏，惟区区之诚，与兹父老士庶面稽利病，身习风土，譬老农之履亩，老翁之治家，阡陌、井灶罔弗经理于心目间。年来旱灾频仍，民幸未至大困，而受曾亦得竭蹶补苴，以藏此迂钝之身于荒僻之邑，庸非大幸欤！受曾既久于兹邑，案牍小休，每披邑志，慨其残缺，亟图编纂，鹿鹿未果。岁丁未，武威太史孙公来守明州，饬行修志，爰集学博，遴邑士之行优学裕者，芟芜补漏，以前明毛令志为式，折衷于张公时彻之郡志，益所未备。其增入者，大约经制则宁详，人物则务核，形胜则按图可求，徭赋则计册可考，而邑之文献亦犁然备矣。象虽弹丸，界山之脊，傍海之漘，缅前明之中叶，惊兵燹之焚如。本朝涵濡休养，以有此典章文物，得汇而集之，是皆厚泽深仁之赐也。父老士庶其念之哉！不宁惟是，一土之毛，并荣于铅松；片石之璞，竞采于球璧。志成而得采一二附一统志书以鸣其盛，是尤莅兹土者之所与遭荣遇者也。海波清谧，云气蔚蒸，念湛恩之汪濊，矢瞻就于万年，岂特《益州风士［土］》《荆楚岁时》，侈笔墨之纪述乎哉！志成，识之卷末，以申下吏拜手扬言之意。

6. 乾隆《象山县志》邑令如皋史鸣皋序

丙子秋杪，余自昌化调任象山，下车，披阅邑志，叹其岁久不修，而遗轶疏略之多也，因与绅士语及之。进士白岩姜君曰："窃尝有志于斯十数年矣，订讹补缺，读书涉志中语辄书之，积楮日多，然鹿鹿未能编辑也。及曹明府慨然举修，谬推秉笔，乃稍诠次之，不久而罢，亦未能遽有成书也。明公及此，实为斯邑千百年文献之幸。"余心韪其言，然百度棼如，有志未逮，拮据逾年，粗有成绪，至今年夏，复请白岩总其事。适吾友冒君萚原来。萚原，吾乡名士也，尝与修《两淮盐法》及通州诸志，余喜告曰："昌黎、东野共成一书，不更可观乎！"萚原欣然乐从，遂开局于丹山书院纂辑焉。余谓白岩："何以为志也？"曰："事莫贵乎有验，言莫弃于无征。征者证也，后村所谓考于古，信于心，征诸后世者也，盖为志征者有三：曰以史征志，杂史所载，规诸正史，正史所载，参诸编年，史之所详，志不得而略也；曰以志征志，博求古志于藏书家，宋理宗以前，征诸宝庆《四明志》，元顺帝以前，征诸延祐、至正《庆元志》，明世宗以前，征诸黄氏之《简要志》及成化、嘉靖二志，其后则有邱、李二志，盖以郡志征邑志也；曰以集征志，文以人重，言则可征，甲因乙传，事非无据，前人诗笔皆志征也。于是行裁断于叙事之中，溯先猷于采摭之内，此所以为志也云尔。"余曰："是固然已。虽然，考古者之必证于今也，征文者之必求于献也，往往邑中利弊，有士大夫不知而野老历历能言者，询于刍荛，职此之谓。"而又恐其体例之不尽善也，不惮远购，如黄梨洲之《余姚志》、陆稼书之《灵寿志》、秦中赵浚谷之《平凉志》、康对山之《武功志》、闽中李元仲之《宁化志》，以及邑士宦游之邑志，取其长而弃其短。每一帖进，余为之铲繁复，核名实，抉幽隐，定指归，慎之慎之，一篇之中，三致意焉。为纲五，目二十四，卷十有二，八阅月而书成。乃集绅士告之曰："颜师古云：'志者记也，积记其事也。'兹乃事增而文减矣。邓潜谷云：'道其所可道，而不道其所不可道也。'今取瑜而弃瑕矣。虽然，议论多而成功少，吾所为者志之，而志所为以及所欲为，吾于斯编之成，正不胜其歉然于心而汲汲以图者之末［未］有已也。《诗》不云乎'将伯助予'，尔绅士其何以佽焉。"

岁在戊寅嘉平月，书于象山官署之三友堂。

7. 道光《象山县志》宁波府学教授嘉兴冯登府序

昔李吉甫曰："古今言地里志尚古远者，或搜古而略今；采伪俗者，多传疑而失实。"甚矣，修志之难也。象山志始于嘉靖，明以来屡经续修，载其目而未见其书，更无论宋、元旧郡志矣。余以庚寅春来四明，楚翘童侯以志事相嘱。时方奉总督孙公檄，以闽志自随；并采录天一阁书，见嘉靖毛志，亟假录之。复从故家访得乾道、宝庆、开庆、延祐、至正诸志，开局蓬莱山下，阅寒暑而告竣。童侯以瓜期将届，急于付梓。梓成，多所舛误，重加校正，定为二十二卷。缪役心脾，遂积时日，其体例虽未臻尽善，而纪事必溯其原，纂言务求其要，不剽窃以攘名，不附会以没实。皆赖童侯虚己听纳，及诸君子谘询勤慎，以克底于成。其庶免吉甫之讥矣乎！

8. 道光《象山县志》邑令崇明童立成序

余浙中一试吏也。己丑冬杪，上游檄摄斯篆，下车伊始，簿书期会，惴惴不敢有所旁顾。然以事接都人士，则风土人物，询其大概。时而行诸野，进父老慰问疾苦，以是年雨泽之愆期，河流之久涸告余曰："不此之亟治，将奚先？"明年，乃谋所以浚河者，邑之人欣然从之。率其私钱，以相畚锹，阅数月而河成，岁则大熟。间或恒旸若，卒以此资灌溉，众谓数十年未有之利也。或归功于余，余曰："姑舍是。"夫事有急其所急者，今日之浚河是也；有急其所缓而同于所急者，象山之邑志是也。邑志修于乾隆戊寅，迄今垂七十余年矣。锓版残啮，漫漶不可卒读。加以规制变易，时物兴替，愀乎惧文献之无征焉。顾念一行作吏，此事遂废，恐不能以著述纂辑是任。会孝廉马君等合词来请，不获辞。乃延聘郡教授冯云伯太史主其事，暨余友赵伯卣明经、邑马孝廉、倪明经相为采辑。不佞公余之暇，相与发凡起例，判别部居。讨源流而得唐、宋以来之旧观也；稽公牍而备乾、嘉以后之新制也；山川田赋不厌缕考，重地利以资物力也；忠孝节义录及幽潜，彰善气以瘅败类也。旧志始于钟陵毛公，四明天一阁实藏其书，前后修志者或且未之见，昆仑之源，识所自矣。至考证诸君［书］，子［字］字从华严法界中来，则太史诸君宏博之助也。是书也，始于庚寅，成于辛卯，窃幸瓜期假我，邑人士不以京兆视余，能急其所缓，以助摩抄剞劂。余亦不敢以京兆自视，而汲汲焉忘其谫陋，以同于急其所急者，固余之初愿也。若云：退食丝綄，润色鸿业，夫岂其然，夫岂其然！是为序。

9. 民国《象山县志》知象山县事桐乡劳纬章序

尝考史有六家，归于二体：曰编年，曰纪传。纪传可以赅编年，而编年不能赅纪传，犹之史、汉首本纪，本纪即史、汉中之编年也。若能表志兼备，开帙厘然，则编年之所短而史、汉之所长矣。独怪后之作史者，皆无表志，或有志无表，读者病焉。今象山新修县志，稿凡数易，自辛酉至乙丑，五阅寒暑而书成。其间荟萃各种，都为一部，纲举目张，洪纤毕具。阅者一览而知一邑之人情、风土、户籍、物产，与夫典要、赋税、人物、地理。夫县志即一邑之史乘也，书过纪功，彰善瘅恶，其效用足以植纲常而扶名教。方今士气嚣张，民风浇薄，以佻达为文明，目谨饬为迂腐。邪说腾播于神州，黄种将沦于赤化。用夷变夏，大道日微，先贤之坠绪遗言，不绝如缕。当此之时，欲挽颓风于乱世，端资予夺之秉公。昔孔子作《春秋》而乱臣贼子惧，斯其明证。兹者新志告成，嘱序于余，余不文，敢略叙是书之旨，并述其效用，以质诸邦人君子。是为序。

中华民国十五年二月吉日

10. 民国《象山县志》署象山县知事郑迈序。

夫修志其难矣哉！征引博，或伤于繁；记载约，又病于简。体备正史，兹为僭；录时彦诗文，兹为滥。昔人称：范氏《吴郡志》繁而不华，康氏《武功志》简而不略。而康氏之作，先辈或比之太史公书，其推重可谓至矣。然以今观之，谓之彼善于此可矣，尽善尽美则未也。盖当其编辑之初，人人自以为无憾，而后人论定，辄多异同，此其所以为难也。古者太史陈诗，以观民风，市纳价，以观民之所好恶。《周官·诵训》："掌〈道〉方志，以诏观事。〈掌〉道方慝，以诏辟忌，以知地俗。"《训方氏》："掌道四方之政事，与其上下之志，诵四方之传道。"汉张禹使属颍川朱赣条天下风俗，班孟坚因之作地理志。盖所以上资政治之参考，下起民俗之激扬，不独斤斤焉征故实而已也。今也不然，輶轩绝迹，歌谣无闻，所赖以发潜阐幽，信今传后者，方志为当务之急矣。象山之有志，旧矣。一修于乾隆二十三年，再修于道光十六年，迄今又九十余年矣。邑人士大〈夫〉惧文献之无征也，倡议重修，延陈伯弢君主其事。以辛酉八月开局纂辑，越五载而书成，嘱余弁言于简端。余取而观之，凡疆域、赋税、风俗、人物，其因革损益、隆污登耗之故，莫不部分类聚。酌古准今，更定篇章，网罗散佚，若网在纲，有条不紊。而发凡起例，改变增删，尤皆具有深意。有如图之详于地域而略于风景，且必媵之以说，是知要也；去志之目而分系于表，与考，与传，是正名也；其余名目亦皆能事征其实，善从其长，得不谓之繁简得宜，不僭不滥者乎？计为卷三十有二，为目二十有八，宏纲细目，井然秩然，以视范、康二氏之书，可谓后来居上矣。余以謏闻，叨役兹土，下车才逾月而是志适成，自惟簿书鞅掌，未暇考问邑之旧闻逸事，以效涓埃之助，为可愧也。

中华民国十五年十月

11. 民国《南田县志》知南田县事武进吕耀钤序

郡邑之有志，所以考古而证今也，始于宋而大备于明、清，推之一城一镇，亦往往编有小志。矧号称一邑，且值新置，顾可无志以垂后哉？南田自清初禁垦，视同瓯脱。同、光之际，弛禁招垦，然田土仍属国有，仅设同知、通判，以重海防、征租税而已。民国元年始立为县。耀钤于四年春来知邑事，时则原辖之昌石镇、甸（奠）南乡皆已划归象邑，所余者蕞尔数岛。初辟草莱，敷治采风，一无凭藉。海匪借为渊薮，良民视等畏途，盖岌岌乎有不可终日之势焉。耀钤任事后，夙夜彷徨，举凡查户籍、练团防、整塘堤、修水利、扩学校、便交通、筹仓储、兴商市，莫不极力以经营之，而清丈全境，改租升粮，亦实始终其事。百忙之中，诚无暇谈志乘也。第因仆仆四乡，耳目所经，辄多记录，民情风土，渐觉了然，又幸任事既久，匪辑民安，治牍余闲，乃敢议及编志。独以民贫地瘠，文化初兴，经费人才两无所出，职此之故，欲行又止者屡矣。先严芝延公时适就养，到署闻之，进耀钤而谓之曰："孟子不云乎，九年之病，三年之艾，苟不为蓄，终身不得。彼各邑之志，皆非一蹴遂成巨制也，初亦略具雏形已耳。若不乘时搜集，树之始基，久之数典忘祖，后将成志益难矣。"于是决议由耀钤捐俸设局开办。在事诸君，咸尽义务，广征邻志，详于参稽，遍托乡耆，就地采访。至于编辑之役，则先严与施君仁纬主其事，而耀钤退食之余，亦随同商榷焉。惟是明末清初，地本荒岛，仅张苍水公用兵事迹约略可寻。禁垦后，地绝人烟，亦无足述。招垦以来不过数十年耳，掌故既鲜，文献奚征，有则纪，无则阙，从史例也。稿经屡易，规模初备，正拟审订成书，而九年春间，耀钤奉调诸暨，仓猝去任，举稿移交非得已也。事越十稔，厉瀛程先生出长南邑，查悉欣然，乐与赓续，首检原稿而纠正之，复加搜讨而广益之，一经润色，顿改旧观，适将付刊，驰书征序。窃思善作者贵善成也，善始者贵善终也。耀钤于此虽苦心经始，愧乏创作之才，赖厉君热心毅力，终底于成。从此南邑无志而有志，即耀钤勉完父命，私心亦窃慰焉，讵得谓非幸事乎！他日者地利日辟，政教日隆，后之君子追念草创之难，藉作先河之导，增新续旧，语焉益详，方知厉君之功为不可没。而此书篇幅虽狭，其足以考古证今则一也。爰撮颠末而为之序。

中华民国十九年九月

12.《象山县志（1988）》中国历史博物馆研究员新河傅振伦序

唐神龙初，象山置县，属台州。广德间，改属明州。宋元"四明六志"，乃脍炙人口之佳志。近几年来，象山党政领导响应中央号召，组织编纂新志。孜孜五载告成，至可贺也！

象山海岸曲折，岛礁星列，历为海防要地。地灵人杰，物产丰盈。于农林之外，更有渔盐之饶，市舶之利。今又工业崛起，经济日兴。新志根据中国地方史志协会拟定之基本篇目，斟酌损益，突出地方特色。横排纵写，凡六门，五十章，章统节，节驭目，时经事纬，各有条贯。以文为主，穿插图表，文省便览。其编序，先地理、经济等物质基础，依次而及政治、军事、文化、人物，一本马克思主义基本原理。此乃精义所在，允称完善之作。

六十年前，振伦曾在北京大学文科史学系受业于经史大师象山陈汉章先生。先生总纂民国《象山县志》，振伦有幸得其教益。今先师桑梓新志编定，文美体茂，必可信今而传久矣。故遵嘱序之。

1987年清明日叙于北京安贞里寓所

四　家谱提要

象山族群，来源复杂，居民姓氏众多，同姓村民亦多有不同祖源地；族群规模普遍不大，平均一姓不到千人，陈氏最多，略超 4 万人。不同时期的移民后裔，构成今天人口的主体，查有家谱的氏族，多有某个时期迁居象山的历史记录。

据民国《象山县志氏族表》统计，得象山姓氏 142 个：白、包、鲍、蔡、岑、柴、陈、秤、池、仇、褚、崔、戴、邓、丁、董、杜、樊、范、方、房、冯、傅、干、高、葛、龚、顾、管、郭、韩、何、贺、洪、侯、胡、黄、计、纪、江、姜、蒋、解、金、康、柯、孔、赖、蓝、郎、乐、雷、黎、李、励、练、梁、廖、林、刘、柳、楼、卢、陆、吕、罗、骆、马、忙、毛、茅、莫、穆、倪、聂、钮、欧、潘、齐、钱、秦、邱、任、阮、邵、沈、盛、施、石、史、舒、水、宋、苏、孙、汤、唐、陶、滕、童、屠、汪、王、魏、闻、翁、邬、吴、武、奚、夏、项、萧、谢、忻、辛、徐、许、薛、严、杨、姚、叶、伊、易、尹、应、余、俞、虞、袁、曾、张、章、赵、郑、仲、朱、祝、庄、卓、邹。以上为县内男性主要的姓氏，氏族表中大多数材料来自家谱，但民国志无家谱专文。经过 80 年发展，2007 年，象山县公安局统计，象山有姓氏（包括女性姓氏）519 个。

500 多个姓氏，大部分无家谱。20 世纪 90 年代，编修《象山县地名志》需要，查阅到民间存世家谱 420 部（未见鹤浦镇与高塘岛乡部分），含 101 个姓氏：白、包、鲍、蔡、陈、称、程、池、仇、崔、戴、邓、丁、董、樊、方、冯、葛、龚、顾、管、郭、韩、何、洪、胡、黄、纪、姜、蒋、金、赖、兰、郎、雷、李、励、练、林、凌、刘、柳、芦、卢、陆、罗、骆、莫、倪、欧、潘、钱、秦、邱、屈、任、桑、邵、沈、盛、石、史、舒、宋、孙、汤、姚、陶、屠、汪、王、温、翁、邬、吴、奚、夏、萧（肖）、谢、徐、许、薛、杨、姚、叶、伊、应、于、余、俞、虞、袁、张、章、赵、郑、钟、仲、周、朱、祝。以陈姓家谱最多，查阅到 38 部，分布于 25 个村。

（一）馆藏家谱

馆藏家谱主要收在象山县档案局和象山县文管会。流散外地的，少数为国外或国内各地图书部门收藏，其中存世最早的明代家谱《王氏家乘》收藏于上海图书馆。象山县档案局收藏 20 世纪 90 年代之后的家谱较多，少部分为各个时期的复印本。县文管会收藏多为清、民国时期家谱原件。清代家谱多为手写，民国家谱刻印增多，中华人民共和国成立后家谱多为铅印或者电脑排印。90 年代后的家谱绝大多数为仿古宣纸线装式，亦有少数用胶印纸、横排、包背装、精装本等新样式。馆藏家谱以《吴越钱氏象派宗谱》刻板质量最高、收藏单位最多。

所见馆藏家谱除三五部稍异外，皆以欧苏法式为典范，在遵循“五世一转”法则下，有所变化，以吊线式最普遍，人口多家族偶有采用欧式，或前世系后世略的方式。即使同一时期，家谱的结构、书法、抄写的字迹等亦有明显高下之分。越是大家族，家谱要素越齐全，内容越丰富，如崛坡《黄氏宗谱》、东溪《励氏宗谱》、舫前《王氏宗谱》、墙头《欧氏宗谱》等，一些小家族家谱有些相对简陋，或者仅仅一个世系图。

清代家谱讲究规范。同治《田洋胡胡氏宗谱》，前世系图（五代吊线后转），后世略（简介谱主的生、娶、卒、葬、妻、子、女等），分为目录；卷一：序、凡例、诰、族训、提纲世系、提纲世略（指迁徙象山之前祖先的世系与世略）、行第、长房世系、长房世略；卷二：二房世系、二房世略；卷三：三房世系、三房世略；卷四：四房世系、四房世略；卷五：五房世系、五房世略；卷六：六房世系、六房世略；卷七：世福（宗祠、祭产）。卷八：世德（记、叙、传、赞、行状、赋、列女传）；卷九：世藻（诗、跋）。此为当时比较常见和规范的家谱格式。有些家谱前另有祖先画像、祖墓位置图、五服图等。

民国大部分家谱依旧保持清时格式，少数家谱有创新而不脱传统，如《关头史氏宗谱》有“乡土志”等清代家谱从未出现过的新内容。延昌《三门卢氏宗谱》创新最多。是谱分为目录；卷一：新序、旧序、源流考、画像、祖训、宗约、各派旧图、行第、行第对照表及说明、图牒（远宗图牒、统宗图牒）、远宗系图备考、田洋卢、东陵陌埂、石门坑；卷二：东陵陌埂暨虾蟆塔叶图牒（附补遗）、悬渚卢图牒（附补遗）；卷三、四、五、六：芹溪图牒（附补遗）；卷七、八、九、十：湜滩图牒；卷十一、十二：岙底卢图牒（附补遗）、新政路图牒、岱阜卢图牒；卷十二、十三：上下卢图牒（附补遗）、石门坑图牒；卷十四：传赞寿序、远宗、统宗、东陵埂虾蟆塔叶、悬渚、芹溪；卷十五：传赞寿序、湜滩、岙底卢、新政路、岱阜、石门坑；卷十六：各派公产、据约、教育（附校产）、善举（附茶田庵产）；卷十七、十八：选举表、出征抗敌军人题名表、旌表、祠庙、茔墓、建设、名胜、艺文（外编、内编）、大事记、襍记、跋文、旧跋、尾言等。

“文化大革命”前，县内无公开修谱之举。“文化大革命”中，家谱被认为是“四旧”受到批判和大量焚毁。20世纪90年代之后修谱逐渐恢复，但所修家谱的质量差异明显。修谱人才青黄不接，仓促受任，循旧者或不达，立异者常失格，传承与与时俱进结合恰当的家谱不多。受计划生育影响，只有男性才入谱的传统被部分家谱突破，独生子女家庭的女儿入谱被逐渐接受；受技术进步影响，大量采用照片成为明显特点；一些家谱尝试纸质和光盘结合保存方式。祖墓位置图、五服图等很少再出现。

馆藏家谱在经过整理统计后得白、曹、岑、陈、崔、戴、董、杜、方、冯、傅、潘、龚、顾、何、胡、皇甫、黄、姜、蒋、孔、赖、乐、黎、李、励、林、刘、柳、卢、陆、钮、欧、欧阳、潘、钱、桑、邵、沈、盛、施、石、史、宋、苏、孙、郎、汤、童、汪、王、翁、吴、奚、夏、萧（肖）、谢、徐、许、杨、姚、伊、应、余、俞、郁、袁、张、赵、郑、周、朱等73个姓氏234部。其中收藏于象山县档案局92部，象山县文管会132部，国内外其他地区10部。

象山县馆藏家谱情况表（以音序排列）

表52-1

姓氏	谱名	属地	修纂者/年代	册（卷）	馆藏单位	备注
白	白氏宗谱	碶头陈	白圻标、白锡福/1999年	1册	象山县档案局	铅印本，包背装，软封面，横排53页。2套
曹	曹氏庆余宗谱	—	曹嘉三/民国4年(1915)	8册8卷	河北大学 山西家谱 美国犹太	敬思堂，木活字本
	曹氏宗谱	丹城东门外郑家岙	张赉臣/民国18年(1929)	1册	象山县档案局	手写本之复印本
岑	岑氏家谱	丹城	岑遥、岑财昌/1992年	1册	象山县档案局	铅印本，包背胶装，软封面，横排

续表52-1

姓氏	谱　名	属　地	修纂者/年代	册（卷）	馆藏单位	备　注
陈	象南东陈陈氏宗谱	东陈	陈畬、陈汉章/民国11年（1922）	存1册	象山县文管会	木刻本
	象南东陈陈氏宗谱	东陈	陈得闻、陈得心/民国11年（1922）	3册	象山县档案局	木刻本。六修本。修补过，页次错乱多。有陈汉章陈姓源流考九篇
	陈氏宗谱	方前胡家屿	陈礼复/民国28年（1939）	1册	象山县文管会	木刻本。版心又作民国戊寅重修。又有几页版心作民国庚辰重修，84页
	象山方前陈氏宗谱	方前胡家屿	陈氏修谱小组/2005年	1册不分卷	象山县档案局	包背装，精装，红封面，电脑排印，A4双胶纸，横排吊线式
	陈氏春房谱	下沈	马渭滨/清嘉庆十八年（1813）	1册不分卷	象山县文管会	手写本
	陈氏房谱（春房）	下沈	清咸丰年间	存1册	象山县文管会	手写本。版心、边框为蓝色印刷线框
	下沈陈氏房谱	下沈	史雨轩/清咸丰八年（1869）	1册	象山县文管会	手写本
	下沈陈氏房谱	下沈	陈文吉/清光绪二十三年（1897）	1册	象山县文管会	手写本
	陈氏房谱	—	高振宵/民国11年（1922）	1册	象山县文管会	木刻本
	陈氏房谱	下沈	文嘉/民国期间	1册	象山县文管会	木刻本
	陈氏家谱	下沈	赖凤鸣/民国21年（1932）	2册	象山县文管会	手写本
	杏墙陈氏宗谱	杏墙	陈显伟/民国19年（1930）	4册	象山县文管会	务本堂。木刻本，纸张霉变
	竹山陈氏宗谱	晓塘中岙	陈仁法、陈兆基/2006年	11册	象山县档案局	第九修。仿古宣纸线装，浆布封面。五世吊线式
	陈氏宗谱	—	陈炎/清乾隆五十一年（1786）	1册6卷	象山县文管会	手写本。有姜炳璋重新整理痕迹

续表52-1

姓氏	谱　名	属　地	修纂者/年代	册（卷）	馆藏单位	备　注
崔	崔氏宗谱	涂茨崔家岙	蒋凤仪/清宣统三年（1911）	存1册不分卷	象山县文管会	手写本，残破
戴	天台横畴戴氏宗谱	—	道光十六年（1836）	4册	象山县档案局	木活字本。仿浆布封面
董	象山岳头董氏宗谱	岳头	董家良/2006年	1册	象山县档案局	电脑排印，包背装，精装。岳头董氏谱毁于“文化大革命”，前世系照山头董
	象山山头董氏宗谱	山头董	—	1册	象山县档案局	与岳头董氏同宗其十二代迁象山山头董。本支谱完整
	昌国卫董氏宗谱	昌国卫	董耀熙/民国4年（1915）	4册	象山县档案局	世德堂，手写本之复印本
	世德堂董氏宗谱	昌国卫	王国生/清光绪二十五年（1899）	1册	象山县档案局	手写本之复印本
杜	杜氏家谱	象山县高耸头（今丹城镇）	杜增源/民国12年	1册2卷	象山县文管会	手写本。蓝布封面，前世系后世略，抄墓碑文字（照格式入世略），藏谱中唯一见
方	溪里方氏宗谱	溪里方	陈汉章/民国26年（1937）	1册	象山县档案局	木刻本之A3复印本，有今人方梅林藏书印一
冯	南门县前派象山冯氏宗谱	丹城	冯立铭/民国16年（1927）	1册	象山县档案局	凝禧堂。手写本之复印本
傅	傅氏源流考	贤庠乌屿山	1988年	1册	象山县档案局	手写本
	傅氏族人名人录	贤庠乌屿山	1986年	1册	象山县档案局	手写本。傅规清出是族
葛	番头葛氏宗谱	番头	葛仁根/2007年	2册	象山县档案局	忠实堂。仿古版式宣纸线装
龚	龚氏宗谱	盐仓前	苏鋆/民国16年（1927）	1册不分卷	象山县文管会	手写本、前世系图后世略
	昌国卫龚氏宗谱	昌国	2008年	1册	象山县档案局	—
顾	顾氏源流考	井头	顾圣仪/1984年	1册	象山县档案局	从民国乙丑谱摘抄，原文为陈汉章作

续表52-1

姓氏	谱 名	属 地	修纂者/年代	册（卷）	馆藏单位	备 注
何	中垅何氏宗谱	中垅	何遇成/2004 年	2 册	象山县档案局	仿古宣纸线装，浆布封面
	何氏宗谱	儒雅洋	何炳辉/民国 13 年（1924）	1 册	象山县档案局	木刻本之复印本。有何焕章 1996 年题识。有张传保序
	何氏宗谱	儒雅洋	1998 年	2 册	象山县档案局	手写本之复印本
	何氏宗谱	儒雅洋	何焕章/2006 年	1 册	象山县档案局	电脑排印本、横排
胡	田洋胡胡氏宗谱	田洋胡	胡经邦/清道光十二年（1832）	1 册 3 卷	象山县文管会	木刻本，不全
	田洋胡胡氏宗谱	田洋胡	胡日灌/清同治六年（1867）	6 册 8 卷	象山县文管会	木刻本，字形宽大，残破
	田洋胡胡氏宗谱	田洋胡	黄和奎/清光绪二十七年（1901）	—	象山县文管会	木刻本
	田洋胡胡氏族谱	田洋胡	秦英鉴/民国 22 年（1933）	4 册 6 卷	象山县文管会	宗一堂。铅印本
	象西胡氏宗谱	萧胡	陈寿龄（省三）/民国 2 年（1913）	1 册	象山县文管会	手写本
	象西胡氏宗谱（版心）	萧胡	叶华/民国 38 年（1949）	3 册	象山县文管会	手写本。红布封面。双线框。祖宗像 5 幅。有范钦序。另有房谱一。永言堂
	茅沿胡氏宗谱	定塘杨岙	民国 5 年（1916）	存 1 册。存卷一、卷末。	象山县文管会	石印本
皇甫	崎山皇甫宗谱	爵溪	江珍瑗/清道光九年（1829）	1 册 2 卷	象山县文管会	木刻本
黄	续修马坡堀坡黄氏宗谱	下马岙崛坡	屠思容/清嘉庆十五年（1810）	2 册	象山县文管会	手写本
	黄氏宗谱	崛坡	梅经畬/民国 9 年（1920）	1 册	象山县文管会	忠济堂。手写字迹有不同。有史起龙序
	黄氏宗谱	崛坡	民国 9 年（1920）	1 册	象山县文管会	忠济堂、小黑字本。与同年梅经畬本字迹亦不同。或为抄写者不同所致
	黄氏宗谱	崛坡	—	1 册	象山县文管会	忠济堂（蓝字）。有彩色祖宗画像一
	溪沿黄氏族谱	溪沿	鲍淦/嘉庆十六年（1811）	1 卷	象山县文管会	承德堂。高 64 厘米宽 48 厘米厚 5 厘米

续表52-1

姓氏	谱　名	属　地	修纂者/年代	册（卷）	馆藏单位	备　　注
黄	黄氏宗谱	下马岙	黄清河/清道光二十年（1840）	1册	象山县档案局	手写本。序作马坡黄氏宗谱序。高65厘米宽50厘米厚6厘米，象山馆藏幅面最大家谱。重10千克
	马坡堀坡黄氏谱	月楼岙，下马岙	马思容/清嘉庆十五年（1810）	2册1卷	象山县文管会	手写本
	象邑马坡黄氏宗谱	马坡	黄调元（据序）/清光绪二十八年（1902）	4册	象山县档案局	木活字之照片打印本
	马坡黄氏谱	马坡	屠耀台/民国10年（1921）	1卷	象山县文管会	手写本
	珠岩黄氏宗谱	贤庠珠溪	陈畬/民国元年（1912）	1册	象山县文管会	手写本。红布封面。版心《象东珠岩黄氏宗谱》。内有陈畬著黄晟年谱《太傅公年谱》
	黄氏宗谱	—	清光绪十八年（1892）	1册1卷	象山县文管会	木活字
姜	姜氏宗谱	泗洲头	周孝咸、蒋贤叙、姜开森/民国18年（1929）	2册6卷首1卷	象山县文管会	滋培堂。木活字本。三修本
	姜氏宗谱	丹城	姜桂成、姜森/清乾隆二十二年（1757）	1册8卷首1卷、末1卷	浙江图书馆	敬德堂稿本。此为四修本
蒋	蒋氏宗谱	丹城大溪蒋	清乾隆二十一年（1756）	1册	象山县档案局	手写本之复印本
	蒋氏河角分谱	大溪蒋支后	蒋发魁/2006年	2册	象山县档案局	A4双胶纸，电脑排印，仿古吊线式
	墙头蒋氏宗谱	墙头	蒋运汉/2005年	2册	象山县档案局	A4双胶纸，电脑排印，仿古吊线式
孔	墙头孔氏宗谱	墙头	蒋运汉/2008年	1册5卷	象山县档案局	包背装，精装，红封面，电脑排版，宣纸仿古吊线式
赖	赖氏宗谱	下沈	赖洪飞/清嘉庆十三年（1808）	4册10卷	象山县文管会	木刻本。有方孝孺序一
	赖氏宗谱（封鉴）赖氏登一宗谱（版心）	下沈	赖善崧/清道光二十九年（1849）	7册10卷	象山县文管会	木刻本。有登一静嘉山派迁居下沈家谱序
	赖氏登一宗谱（版心）	下沈	欧景辰/清光绪十一年（1885）	7册10卷	象山县文管会	—

续表52-1

姓氏	谱名	属地	修纂者/年代	册（卷）	馆藏单位	备注
赖	赖氏登一宗谱（版心）	下沈	王培俊/清光绪十五年（1889）	8册	象山县文管会	—
	赖氏登一宗谱（版心）	下沈	赖有益/清光绪十八年（1892）	4册10卷	象山县文管会	木刻本
	赖氏登一宗谱	嘉山	赖凤鸣、王鳌/民国11年（1922）	7册5卷	象山县文管会	木刻本。十二修本
	赖氏登一宗谱	下沈	赖凤鸣/民国14年（1925）	12卷	象山县文管会	木刻本
	台西赖氏宗谱	佳山	赖凤祥/民国29年（1940）	4册5卷缺首卷	象山县文管会	木刻本，非宣纸，霉不近手
乐	湖塘乐氏分授象山乌屿山房谱	贤庠乌屿山	乐秀廉/清光绪年间	1册	象山县档案局	手写本之复印本
黎	石浦黎氏宗谱	石浦	吴超/清道光二年（1822）	1册不分卷	象山县文管会	手写本。布封面，前有宝塔式谱三幅
李	李氏宗谱		清光绪四年（1878）	1册6卷	象山县文管会	木活字，蓝布封面
	李氏宗谱	大青埠	李宏毅、李锡椵/清光绪四年（1878）	3册6卷	象山县文管会	石印本
	泊戈洋李氏宗谱	泊戈洋	王乃揖/民国14年（1925）	1册6卷	浙江图书馆	稿本
	仁义李氏宗谱	仁义	2007年	1册	象山县档案局	电脑排印
	陇西李氏宗谱	—	民国7年（1918）	1册1卷缺卷首、卷末	象山县文管会	石印本，黑色浆布封面，不见谱序，无法查明与象山的具体关系
	李氏宗谱		清光绪四年（1878）	1册6卷	象山县文管会	木活字。蓝布封面
励	东溪励氏宗谱	东溪	李国梁/清道光十六年（1836）	4册5卷	象山县文管会	木刻本
	象山东溪励氏宗谱	东溪	鲍淦/清同治十年（1871）	4册5卷	象山县文管会	木活字、蓝麻布封面。特别注明本谱不收道光原传
	励氏宗谱	东溪	清光绪元年（1875）	6册5卷	象山县文管会	“文化大革命”时象山阶级教育展览馆藏品
	东溪励氏宗谱	东溪	丁谦/清光绪二十五年（1899）	6册5卷	象山县文管会	木刻本

续表52-1

姓氏	谱　名	属　地	修纂者/年代	册（卷）	馆藏单位	备　　注
励	励氏宗谱（封面）	东溪	屠耀台/民国21年（1932）	8册5卷，八音为序	象山县文管会	木刻本。蓝布封面、系图合一
	东溪励氏宗谱	东溪	励大力/2006年	12册，地支为序	象山县档案局	电脑排印，仿古式宣纸线装，印五部，以五岳名，档案局藏为“华山”谱
	石柱岙励氏宗谱	石柱岙	励光昌/民国21年（1932）	1册	象山县档案局	木刻本之复印本。前半部为石柱岙世系，后半部为鄞南励氏宗谱。与东溪励氏不同宗
林	岙底林氏宗谱	田洋胡岙底	吴显和/民国26年（1937）	1册存卷五下、六至十二卷	象山县文管会	手写本。吊线式
	林氏象派宗谱	丹城	民国4年（1915）	10册	象山县档案局	手写本之复印本
	鸡鸣林氏宗谱	鸡鸣	林厚驯/2003年	5册3卷	象山县档案局	崇本堂。电脑排印，仿古宣纸线装，第六修
刘	茅洋刘氏柴溪房谱	柴溪	民国36年（1947）	1册2卷	象山县文管会	手写本，此为刘氏高丘派三房房谱
	刘氏宗谱	金家山	刘明星、刘先招、刘金云/2006年	2册8卷	象山县档案局	电脑排印，仿古版式，宣纸线装。第五修。版浆布封面
柳	柳氏宗谱	方前	顾云峰/清光绪十六年（1890）	1册	象山县文管会	手写本。版心作《丹南方前柳氏宗谱》。布封面。有一半为余庆录。本谱清光绪年间修后，第二次民国重修时又在原谱上进行补充后生人丁，后补部分出同一手笔
卢	盐仓卢氏宗谱	盐仓	梅含蕊/清道光二十七年（1847）	1册1卷	象山县文管会	手写本
	卢氏宗谱	田洋胡	任同野/民国15年（1917）	1册1卷	象山县文管会	木活字本
	卢氏宗谱	田洋胡	包赍/民国37年（1948）	10册18卷	象山县文管会	木活字本
	卢氏宗谱　上四房　田洋胡派	—	民国5年（1916）	1册	象山县文管会	木活字。蓝布封面
	卢氏宗谱　上四房　田洋胡派	田洋胡	清道光二十七年（1847）	1册1卷	象山县文管会	逢吉堂。同民国谱手写本　谱多在“士”止
	三门卢氏宗谱最	延昌、田洋胡	卢朴/民国37年（1948）	9册18卷	象山县文管会	木刻本。吊线式

续表52-1

姓氏	谱　名	属　地	修纂者/年代	册（卷）	馆藏单位	备　　注
陆	象山贤庠镇岑晁村陆公房陆氏宗谱	岑晁	陆绥华（女）/2005年	1册	象山县档案局	电脑排印，横排，胶装象山唯一由女性编写的宗谱
	陆氏宗谱	—	民国33年（1944）	1册	象山县档案局	复印本
钮	河东钮氏宗谱	河东	徐庄初/2002年	1册，	象山县档案局	电脑排印，A4双胶纸，精装。120页。两套
欧	西乡欧氏重修宗谱	墙头	周丹忱、陈栻/咸丰五年（1855）	9册10卷，存卷一至九	天一阁	立三堂，木活字本
	象邑欧氏宗谱	墙头	欧仁衡/民国10年（1921）	12册	象山县文管会	木活字本，七修本。以地支命名各集。喻长霖序
	象邑欧氏宗谱	墙头	欧吉林、世祚、世浩、世琨/2008年	12册	象山县档案局	电脑排印，朱红封面，双胶纸，仿古版式
欧阳	欧阳氏九世宗谱	定塘	清光绪十三年（1887）	1册	象山县档案局	木活字本
	欧阳氏宗谱	定塘	清光绪二十九年（1903）	1册不分卷	象山县档案局	木活字
	欧阳氏宗谱	高塘	欧阳泉记/民国16年（1927）	存2册	象山县档案局	木活字本
	渤海欧阳氏宗谱	—	孙欧阳奎义/民国23年（1934）	1册，108页	象山县档案局	木活字，版心《欧阳氏宗谱》。本支为水房派。金山谱排行
	欧阳氏宗谱	定塘	1951年	—	象山县档案局	木活字
	欧阳氏谱	高塘	1963年	1	象山县文管会	木刻本
	欧阳氏宗谱	定塘	李学品/1980年	1册	象山县档案局	木活字本
	欧阳氏谱例	定塘	—	1册	象山县档案局	手写本，内皆为元至明万历年间的谱文，当为后人再抄本
潘	丹山鳌峰潘氏宗谱	后岭	潘显煦/清光绪九年（1883）	5册6卷	象山县文管会	木活字本
	丹山鳌峰潘氏宗谱	后岭	潘祖峤/清光绪九年（1883）	8册7卷	象山县档案局	木活字本之复印本。内有潘健山《避疫论》《寓台小乘跋》

续表52-1

姓氏	谱名	属地	修纂者/年代	册（卷）	馆藏单位	备注
钱	吴越钱氏象派宗谱	陈山	史翰章/民国15年（1926）	20册60卷首1卷	国图、历史所吉林大学、上图、浙江图书馆、天一阁、山西家谱 美国犹他	蓬莱山家祠木活字本
	吴越钱氏象派宗谱	陈山	史翰章/民国15年（1926）	20册60卷首1卷	象山县文管会	蓬莱山家祠木活字本
桑	桑氏宗谱	—	清同治九年（1870）	1册	象山县档案局	复印本
邵	丹山卲氏宗谱	昌国、黄公岙、东史高湾	民国10年（1921）左右	1册	象山县档案局	手写本
	昌国卫卲氏宗谱	昌国	秦英鉴/民国24年（1935）	1册	象山县档案局	木刻本。是族皆为邵景尧后裔，与丹山卲氏不同宗。有邵景尧殿试卷
沈	沈氏宗谱	潘家桥村	史翰章/民国29年（1940）	1册1卷	象山县文管会	手写本，五修本，布封面
盛	马岙盛氏家谱	马岙	—	1册	象山县档案局	缩微胶卷
施	施氏五房小宗谱	小湾塘	陈凤铿/清光绪三年（1877）	1册，68页	象山县档案局	木刻本
	施氏五房小宗谱	小湾塘	王就正/民国26年（1937）	1册，151页	象山县档案局	木刻本
	施氏宗谱五房小湾塘	小湾塘	吴华良/民国36年（1947）	1册	象山县档案局	木刻本。版心作五房大庇公派，玉环徐都施氏宗谱
	施氏宗谱五房小湾塘	小湾塘	—	1册	象山县档案局	木刻本，残本，18页
	施氏宗谱	昌国	施锡幸/2008年	1册	象山县档案局	施德堂。上部为民国谱缩小复印，下部为新增部分。包背装，精装，电脑排版，双胶纸。记昌国两头会甚详
石	万石塘石氏宗谱	田洋胡岙底	练成生/民国25年（1936）	1册	象山县档案局	手写本。秦英鉴序作“象山田洋胡岙底石氏宗谱序”。在乾隆时与宁海九江丹屿背石氏联谱

续表52-1

姓氏	谱　名	属　地	修纂者/年代	册（卷）	馆藏单位	备　　注
史	关头史氏宗谱	关头	秦英鉴/民国27年(1938)	12册8卷	象山县文管会	八行堂，木活字本，蓝布封面。有乡土志
	关头史氏宗谱	关头	史奇文/2008年	14册	象山县档案局	仿古宣纸线装
宋	宋氏宗谱	丹城洋心	俞云翘/民国8年(1919)	1册7卷	象山县档案局	手写本之复印
苏	苏氏宗谱	昌国	苏忠谔/民国23年(1934)	2册2卷	象山县文管会	木活字本，有南田开禁之记载
孙	中沙孙氏宗谱	中沙	清末	1册不分卷	浙江图书馆	手写本，五修本
	孙氏宗谱	下沈	张宗礼/民国6年(1917)	1册1卷	象山县文管会	手写本，五修本
	孙氏宗谱	下沈	魏登龙/清乾隆年间	1册	象山县文管会	手写本，无封面，霉变严重
	孙氏宗谱	下沈	周辅清、赖终臧/清道光十年(1830)	1册7卷	象山县文管会	手写本
	孙氏宗谱	下沈	虞峻/清光绪二年(1876)	2册	象山县文管会	手写本
	孙氏宗房支谱	下沈	孙祚基/民国6年(1917)	7册	象山县文管会	手写本
	孙氏老长房三房谱	下沈	民国6年（1917）	1册	象山县档案局	手写本之照片打印本
	孙氏良墈（王旁）良缘公支谱	下沈	民国6年（1917）	1册	象山县档案局	手写本之照片打印本
	孙氏三房房谱尹和公派	下沈	民国6年（1917）	1册	象山县文管会	手写本之复印本
	孙氏房谱（版心）	下沈	民国6年（1917）	1册	象山县文管会	封面《孙氏老长房三房房谱》
	孙氏良王+辟公，良缘公支谱	下沈	民国丁巳（1917）	—	象山县文管会	手写本之复印本
	孙氏宗谱	下沈	王鳌、谢琦、赖叶封/民国34年(1945)	2册	象山县档案局	手写本之复印本，是谱始修于民国19年(1930)，遇“七七”事变，民国35年竣。存馆两套
	岙底孙氏宗谱	岙底	孙懋恩/清光绪二十四年（1898）	1册	象山县文管会	手写本
	岙底孙氏宗谱	岙底	史辅恩/民国37年(1948)	1册	象山县文管会	手写本。蓝布封面

续表52-1

姓氏	谱　名	属　地	修纂者/年代	册（卷）	馆藏单位	备　注
郎	汤岙郎氏宗谱	汤岙	郎经邦/民国15年(1926)	1卷	象山县文管会	手写本。民国10(1921)家谱毁于大水。第8代为乾隆时人
汤	汤氏宗谱	昌国、丹城	史翰章/民国32年(1943)	1册2卷，存卷二	象山县文管会	手写本，布封面、品相完好、墨迹如鲜
童	童氏宗谱	雅林溪	赖凤鸣/民国26年(1937)	1册	象山县档案局	存忠房与信房谱，总谱毁于“文化大革命”
汪	汪氏宗谱	昌国卫	陈跻堂、汪显位/清光绪十七年（1891）	1册3卷	象山县文管会	手写本
王	王氏家乘	丹城西门	王梴/明嘉靖年间	1卷附录1卷	上海图书馆	象山现存最早家谱。明嘉靖间山阳彭淮手写本附清红缥馆蓝格手写本。王涣出是族。王梴为王涣子
	瑯琊王氏象山派宗谱	丹城西门	王成圻/民国6年(1917)	2册8卷	象山县档案局	手写本，内作《琅琊王氏象山派宗谱》
	叔公岙派后岭派王氏宗谱	叔公岙。丹城西门	王成森、王成汝/民国20年（1931）	1册	象山县档案局	手写本
	瑯琊王氏象山派种德堂纬二房支系	同丹城西	民国24年（1935）	—	象山县档案局	手写本
	王氏泥塘派谱帙摘要（种德堂纬二房备）	丹城西门	民国32年（1943）	1册	象山县档案局	部分稿子贴写在民国30年（1941）《三门湾日报》上
	瑯琊王氏象派西郭泥塘三房谱续稿	叔公岙、丹城西门	民国35年（1946）	1册59页	象山县档案局	手写本
	王氏宗谱	儒雅洋	清光绪年间	残本	象山县文管会	手写本
	象邑方前王氏宗谱（版心作）	舫前	周丹忱/清咸丰元年（1851）	2册	象山县文管会	手写本。收录诗文多，抄写质量高，纸质如新，保存亦佳
	象西舫前王氏宗谱	舫前	王世祺、王世声/民国29年（1940）	4册不分卷	河北大学、中山大学山西家谱、美国犹太	铅印本
	王氏宗谱	舫前	王九维/民国29年(1940)	4册	象山县文管会	铅印本
	三桥王氏宗谱	宁海县三桥村今象山县王家畈村	王维雄、王维刚	3卷首1卷	象山县文管会	三槐堂。木活字本

续表52-1

姓氏	谱　名	属　地	修纂者/年代	册（卷）	馆藏单位	备　注
王	三桥王氏宗谱	—	陈鸣皋/民国8年（1919）	1册	象山县文管会	木刻本
	沙岗王氏宗谱（东四房谱）	沙岗	王则古/清光绪二十年（1894）	1册	象山县文管会	清鹿野堂，手写本。蓝布封面
	沙岗王氏宗谱	沙岗	王庆余/民国21年（1932）	1册1卷	象山县文管会	鹿野堂。木活字本。三修本。蓝布封面。有霉变
	天台中桥王氏宗谱	—	王云华、陈立树/民国25年（1936）	10册14卷首1卷	象山县文管会	继序堂。木活字本。世系修录第21世，墓图多至44幅
	王氏宗谱（封面作《本谱录》）	儒雅洋	王祖贻/民国27年（1938）	1册	象山县文管会	抄写本，王祖贻据旧谱抄，宣纸、线装、红丝栏
翁	翁氏慈象四房家谱	丹城	翁成继、陈学熙/清嘉庆二十一年（1816）	1册1卷	象山县文管会	手写本
吴	吴氏宗谱	中堡	蒋凤仪/清光绪二十二年（1896）	1册2卷	象山县文管会	手写本
	象山牌头吴氏房谱	牌头	2008年	1册	象山县档案局	电脑排印，仿古，双胶纸，软封面
	吴氏宗谱	中堡	蒋凤仪/清光绪二十二年（1896）	—	象山县文管会	手写本。仅18页，入谱20来人
奚	奚氏宗谱	金家岙村	柳绍宗/民国17年（1928）	1册4卷	象山县文管会	手写本，蓝布封面
夏	闻岙夏氏宗谱	闻岙	马嗣澄/清同治二年（1863）	3册	象山县文管会	手写本。蓝布封面、宣纸、蓝框
萧（肖）	河南郡萧氏宗谱（版心）	东港村萧家	萧鸣凤/清道光二十八年（1848）	1册	象山县文管会	树德堂，图略分做
	萧氏宗谱	东港村萧家	萧维美、萧维宣等27人/清光绪七年（1881）	3册	象山县文管会	木活字映堂镶板版心，河南郡萧氏宗谱。吊线式。书脊写“象”与“里”“月”
谢	爵溪谢氏宗谱	爵溪	虞峻/清光绪元年（1875）	1卷不分卷	象山县文管会	手写本。霉烂严重，大致能看出
	爵溪谢氏宗房谱	爵溪	王庆余/民国30年（1941）	3册1卷	象山县文管会	手写本。布封面、宣纸、单线框、无版心、破损
	爵溪谢氏宗房谱	爵溪	杨世华/民国35年（1946）	3册1卷	象山县文管会	手写本。宣纸、封面失，是谱承民国30年（1941）谱，只收新增人口

续表52-1

姓氏	谱　名	属　地	修纂者/年代	册（卷）	馆藏单位	备　　注
谢	谢氏宗谱	石浦	林会如/民国24年（1935）	1册	象山县文管会	手写本。东山堂，蓝布封面。有谢烈士传
	象山漩潭派谢氏宗谱	漩潭	民国36年（1947）	存2册，卷8卷九	象山县档案局	木刻本之复印本。为象山部分
	谢予衮《先府君行述》	—	清光绪十六年（1890）	1册	象山县档案局	手写本
徐	东海堂徐氏宗谱	杉木洋	徐万盛/2006	1册	象山县档案局	东海堂。电脑排印本，依据族中旧谱整理
许	许氏宗谱	石浦	许翰芳、胡景虞、潘俊英/1949年	1册2卷首卷平装	象山县文管会	崇德堂。木活字本。七修本
	中坭竿头许氏谱稿	中坭	清嘉庆八年（1803）	1册	象山县档案局	稿本，内作许氏宗谱稿
	中坭竿头许氏谱稿	中坭	清咸丰十年（1860）	1册	象山县档案局	手写本，稿本
杨	杭头杨氏宗谱	航头	赖鸿飞/清嘉庆二十四年（1819）	1册8卷附2卷。存卷一至六、附卷	象山县文管会	手写本。初修本
	象山茅洋李家衖杨氏宗谱	李家弄	徐浄荪/民国3年（1914）	1册	象山县文管会	手写本，布封面
	杨氏宗谱	航头	赖凤鸣/民国22年（1933）	1册存卷一至六、附卷	象山县文管会	手写本。二修本
	杨氏宗谱	方前	陈炼芳/民国29年（1940）	存1册不分卷	象山县文管会	石印本，二修本
姚	珠溪姚氏家谱	珠溪前山姚	赖凤鸣/民国6年（1917）	1册2卷	象山县档案局	木刻本之复印本
	钱山姚氏宗谱	珠溪前山姚	王醒华/民国17年（1928）	2册	象山县文管会	手写本。破损霉变严重
伊	莲花伊家伊极才缮直系家谱	莲花伊家	伊极才/20世纪90年代	1册	象山县档案局	手写本。伊极才从宗谱中抄写本家族直系谱系。双胶纸。有自描十一世宝塔总图
	伊氏宗谱	莲花伊家	1991年	1册	象山县档案局	手写本
应	彭姆应氏宗谱	丹城	应怀古/清光绪五年（1879）	1册	象山县档案局	手写本。忠孝堂。蓝框。应宗义、应云鷟出是族

续表52-1

姓氏	谱　名	属　地	修纂者/年代	册（卷）	馆藏单位	备　　注
余	峰北余氏宗谱	定塘	郑敬之/民国 28 年（1939）	存 1 册	象山县文管会	手写本
	河东余氏宗谱	河东村	徐庄初/2002 年	1 册	象山县档案局	电脑排印、浆布封面
俞	昌国卫俞氏宗谱	昌国	俞振梁/民国 25 年（1936）	8 册 4 卷	象山县档案局	十友堂藏本。有邵景尧文
	昌国俞氏宗谱	昌国	民国 25 年（1936）	1 册	象山县文管会	十友堂藏本。木刻本，字迹清楚美观
	俞氏宗谱世系附录	—	—	1 册	象山县档案局	手写稿本
郁	郁氏宗谱	爵溪	郁元朝、吴焕、郁元富/民国 37 年（1948）	1 册 1 卷	象山县文管会	手写本，初修本。蓝布封面
袁	石门袁氏宗谱	宁海马岙	马按康/民国 15 年（1926）	2 册	象山县文管会	木刻本
张	沙地张氏宗谱	沙地	董澜（小韭）/清嘉庆十六年（1811）	5 册 10 卷	象山县文管会	敬思堂。手写本。六修本。卷九为僧尼卷
	沙地张氏宗谱	沙地	丁谦/清光绪十六年（1890）	10 卷	象山县文管会	手写本
	龙山张氏宗谱管会编号	龙屿	张存禄/民国 14 年（1925）	5 册 10 卷	象山县文管会	手写本，宋时第一修，郑清之序
	张氏新屋房谱	龙屿	张存禄/民国 14 年（1925）	1 卷	象山县文管会	手写本
	张氏踏步房谱	龙屿	张存禄/民国 14 年（1925）	1 卷	象山县文管会	手写本
	张氏房谱	洋心	张先运/民国 4 年（1915）	1 册	象山县档案局	达德堂藏本，手写本之复印本
	小石坑张氏房谱	张岙	民国 25 年（1936）	1 册	象山县文管会	手写本
	南庄张氏六分头房谱	小厅	吴焕、张子志/民国 35 年（1946）	1 册 1 卷	象山县文管会	手写本，三修，霉变严重
	象东鸭屿张氏宗谱	鸭屿	1994 年	1 册	象山县档案局	手写本之复印本
	下七里张氏宗谱	下七里	张恩华/2008 年	1 册 5 卷 164 页	象山县档案局	电脑排印，仿古宣纸线装、浆布封面

续表52-1

姓氏	谱　名	属　地	修纂者/年代	册（卷）	馆藏单位	备　　注
赵	赵氏重修宗谱	汤岙	白螺山人（郎经邦）/民国22年（1933）	1册	象山县档案局	手写本之复印本
	续订赵氏大房家谱	汤岙	1990年	1册	象山县档案局	复印本
	灵岩赵氏宗谱（镇邑灵岩乡横河赵氏宗谱）	汤岙	赵永绣/民国17年（1928）	存3册	象山县文管会	光裕堂。木刻本、卷二（第2册下半部霉尽）
郑	郑氏宗谱	板岭	郑元凤、陈铭祖/清嘉庆二十四年（1819）	1册不分卷	临海县郑广文纪念馆	稿本，初修本
	半河郑氏宗谱	半河村	魏友枋/民国9年（1920）	6册8卷	象山县档案局	刻本之复印本
	象山丹城郑氏坤房孟四房历代年庚合簿	丹城	郑秉初/民国	4册	象山县档案局	手写本之复印本，过世族人年庚簿，唯一见
	东汀郑氏宗谱	西岙郑	民国20年（1931）	1册不分卷	象山县档案局	敬亲堂。内有郑氏房谱四明世系
	宁海西洲联系宗谱	—	民国38年（1949）	2册	象山县档案局	复印本，半河郑氏前世世系
周	西瀛周氏大房谱（大房东岙）	西周	周绪雅、周承鳖、周先佰/清光绪十一年（1885）	1册2卷	象山县文管会	手写本。蓝布封面。修录至第25世
	西瀛周氏宗谱	西周	柳绍宗、倪绂臣、孙鲁山/民国6年（1917）	元亨利贞4册6卷首1卷	象山县文管会	手写本。思孝祠。有俞士吉序
	西瀛周氏宗谱	西周	民国时期	2册不分卷	浙江图书馆	手写本
	汤岙周氏房谱	汤岙	郎经邦/民国13年（1924）	2册	象山县档案局	手写本。第八代为乾隆时人。两套
	周氏宗谱	汤岙	周隆蛟/2000年	1册	象山县档案局	混合式。复印旧谱在前，后加新增人丁，新增部分以电脑排印，仿古版式
	周氏宗谱	定塘小青埠	民国17年（1928）	1册	象山县文管会	木刻本
	温邑后峰周氏宗谱	定塘小青埠	民国17年（1928）	存1册卷十二下	象山县文管会	石印本

续表52-1

姓氏	谱　名	属　地	修纂者/年代	册（卷）	馆藏单位	备　注
朱	唐翰朱氏宗谱	塘岸	马丙书/清道光八年（1828）	25册27卷	象山县文管会	木刻本
	唐翰朱氏宗谱	塘岸	鲍谦/民国3年（1914）	25册27卷	象山县文管会	木刻本
	关山朱氏宗谱	关山	洪文中/清嘉庆十年（1805）	2册1卷	象山县文管会	手写本
	朱氏宗谱（版心）	关山	嘉庆时	1册	象山县文管会	收至第十九世时止。先谱图，后谱略。以卷纸条串书，仅见一本
	朱氏宗谱（版心）	关山	周雍、陈文炳/清嘉庆二十二年（1817）	1册	象山县文管会	内有象山县令张仁崧清乾隆二十七年（1762）作序一篇
	关山朱氏宗谱	关山	翁有基/清同治十年（1871）	2册1卷	象山县文管会	手写本。三惠堂。宣纸、蓝双线框印刷，每个世略下加红印，蓝布封面
	朱氏大二四房房谱	关山	清清光绪间	1册1卷	象山县文管会	手写本
	朱氏大二四房房谱	关山	民国时期	1册	象山县文管会	手写本、朱氏人房。先图后略
	关山朱氏宗谱	关山	丁谦、张俊卿、林燕怀/清宣统三年（1911）	4册	象山县文管会	手写本，宣纸。有丁谦作《朱学文传》
	关山朱氏宗谱	关山	王九维、赖叶封/民国35年（1946）	3册12卷	象山县文管会	手写本。蓝布封印、无框。世系修录第24世
	朱氏人房东头派房谱	关山	—	1册1卷	象山县文管会	手写本

（二）户藏家谱

户藏家谱，未见官方相关的调查资料。本表内容由张则火根据其民间调查资料编制。

象山县户藏家谱情况表（按音序排列）

表 52-2

姓氏	谱 名	属地	修纂者/年代	册数	收藏者	备 注
白	蒲白墩白氏宗谱	定塘镇	白洪荣、白希金/1990 年	1	白宏伟	印刷本 89 页
白	黄盆岙白氏宗谱	大徐镇	白洪学、白希金/1990 年	1	白仁存	印刷本 164 页
包	丹石包氏宗谱	丹西街道	包钖学/1993 年	5	包支荣	复印件 900 页
包	路下庄包氏宗谱	贤庠镇	周显潩/清光绪二十八年(1902)	1	包祖康	手抄本 36 页
鲍	西周鲍氏宗谱	西周镇	鲍培根/不详	1	鲍斯春	手抄本 82 页
鲍	樟岙鲍氏房谱	东陈乡	鲍惟熙/清咸丰元年(1851)	1	鲍于乾	手抄本 36 页
陈	竹屿陈氏宗谱	晓塘乡	无名氏/1996 年	1	陈加盛	印刷本 200 页
陈	下营村陈氏宗谱	定塘镇	无名氏/2005 年	3	陈赋前	印刷本 408 页
陈	方前陈氏宗谱	定塘镇	陈尚然/2004 年	1	中央撬 陈友布	横排印刷本 300 页
陈	大磊头七份头陈氏宗谱	大徐镇	童子安/民国 37 年(1948)	1	陈阿德	手抄本 40 页严重破残
陈	长沙陈氏宗谱	定塘镇	无名氏/1996 年	1	陈大坤	手抄本 200 余页
陈	昌国卫陈氏宗谱(翼燕堂)	石浦镇	秦英鉴/民国 31 年(1942)	2	陈贞鑫	印刷本 478 页
陈	柴溪陈氏宗谱	西周镇	无名氏/清光绪间	1	陈才文	手抄本复印件 44 页
陈	牌头陈氏宗谱	西周镇	王世祺/民国 20 年(1931)	2	陈文育	手抄本 684 页
陈	碶头陈陈氏宗谱	贤庠镇	无名氏/2000 年	1	陈大祥	印刷本 4 页
陈	水流桥陈氏宗谱	大徐镇	无名氏/2006 年	1	陈城良	印刷本 356 页
陈	海塘陈氏宗谱	丹东街道	陈显达/2007 年	1	陈云根	手抄本 56 页
陈	楼下陈大地园陈氏宗谱	茅洋乡	徐瑄/民国 24 年(1935)	1	陈永祚	印刷本 320 页
陈	横塘陈氏宗谱	黄避岙乡	无名氏/1992 年	1	陈定春	印刷本 374 页
陈	里庵陈氏宗谱	涂茨镇	无名氏/1993 年	1	族人	印刷本 180 页
陈	黄家坦陈氏宗谱	涂茨镇	陈光波/2006 年	1	陈光奇	印刷本 300 页
陈	兵营陈氏宗谱	黄避岙乡	无名氏/1991 年	1	陈绍意	印刷本 268 页
陈	沙地陈氏宗谱	定塘镇	虞钱继/清光绪二十七年(1901)	1	族人	印刷本 200 页
陈	黄沙坑陈氏宗谱	贤庠镇	无名氏/2014 年	1	陈茂平	印刷本 82 页
陈	灵雅舍陈氏宗谱	定塘镇	陈扬炳/1995 年	1	陈于兰	印刷本/109 页

续表52-2

姓氏	谱　　名	属地	修纂者/年代	册数	收藏者	备　　注
陈	昌国后陈氏宗谱	石浦镇	秦英鑑/民国23年(1934)	1	陈降龙	印刷本/82页
蔡	金家岙蔡氏宗谱	新桥镇	无名氏/清光绪三十四年(1908)	1	蔡江林	手抄本25页
蔡	勤稼穑蔡氏宗谱	西周镇	周进忠/民国16年(1927)	1	蔡业绩	印刷本96页
蔡	蔡家田蔡氏宗谱	西周镇	翁有基/清光绪七年(1881)	1	村委会	手抄本192页
蔡	沙地蔡氏宗谱	大徐镇	无名氏/清光绪十年(1894)	1	蔡存良	手抄本5页
蔡	拾亩地蔡氏宗谱	大徐镇	蒋凤仪/清光绪三十四年(1908)	1	蔡家炳	手抄本42页
蔡	南充蔡家岙宗谱	茅洋乡	陈显伟/民国16年(1927)	1	蔡在超	印刷本102页
蔡	鹤浦蔡氏宗谱	鹤浦镇	无名氏/2008年	1	蔡平利	印刷本283页
蔡	金鸡山蔡氏宗谱	石浦镇	蔡常林/2008年	1	蔡康宗	印刷本/42页
池	后洋塘池氏宗谱	定塘镇	无名氏/2010年	3	池昌棉	印刷本393页
池	贤庠常寺池氏宗谱	贤庠镇	无名氏/2010年	1	池昌明	印刷本532页
崔	晓塘崔氏宗谱	晓塘乡	无名氏/2007年	1	崔以常	印刷本82页
仇	仇家山仇氏房谱	丹东街道	无名氏/2005年	1	仇维荣	白纸手抄本31页
董	大湾山董氏宗谱	定塘镇	董诚敬/2008年	1	董诚土	印刷本674页
董	岳头董氏宗谱	丹东街道	董家良、董家培/2006年	1	董家良	铜版纸印刷本16页
董	山头董董氏宗谱	丹东街道	董家良、董家培/2006年	1	董家良	铜版纸印刷本92页
戴	下陈戴氏宗谱	晓塘乡	无名氏/不详	1	族人	印刷本200来页
戴	礁横戴氏宗谱	定塘镇	戴立常/1997年	1	戴伯韬	手抄本7页
戴	戴港戴氏宗谱	墙头镇	无名氏/2008年	1	戴方学	印刷本/284页
戴	昌国卫戴氏房谱	石浦镇	秦英鑑/1942年	1	族人	印刷本80页
戴	下存戴氏房谱	晓塘乡	不详/1994年	1	族人	印刷本300页
丁	纸寮丁氏宗谱	墙头镇	丁祥棋/2008年	1	丁祥世	印刷本硬面212页
冯	胡家屿冯氏宗谱	晓塘乡	冯宗说/2012年	2	冯宗云	印刷本162页
范	下院范氏宗谱	大徐镇	金炳照/1949年	1	冯成国	手抄本/50页
葛	松岙葛氏宗谱	东陈乡	葛全镕/民国36年(1947)	1	葛兆春	印刷本102页
葛	大湾山葛氏宗谱	定塘镇	葛亚光/2008年	2	葛乾通	印刷本390页
高	中岙高氏宗谱	晓塘乡	高永炳/清光绪三十年(1904)	1	高继康	手抄本54页已残
高	盐厂下塘高氏宗谱	石浦镇	张则火/2008年	1	高延伟	手抄本100页
郭	西边塘郭氏宗谱	晓塘乡	无名氏/1990年	9	郭西钱	印刷本2000余页
顾	小明堂顾氏世系图	晓塘乡	张则火/2008年	1	顾正坤	手抄本6页
干	金鸡山干氏宗谱	石浦镇	叶小礼/1998年	5	干兴增	印刷本/1200页
黄	小湾塘黄氏宗谱	定塘镇	王法琅/2008年	1	黄伟武	印刷本240页

续表52-2

姓氏	谱　　名	属地	修纂者/年代	册数	收藏者	备　　注
黄	崛坡黄氏宗谱	晓塘乡	黄声烈/1997年	1	黄孝茂	手抄本984页全县单本最重的宗谱
黄	胡家屿黄氏宗谱	晓塘乡	张则火/2008年	1	黄余宽	印刷本39页
黄	平阳厂黄氏宗谱	贤庠镇	无名氏/1997年	1	黄德超	印刷本180页
黄	南堡黄氏宗谱	东陈乡	励光逢/民国11年(1922)	4	黄利成	手抄本/700页
黄	上马岙黄氏宗谱	泗洲头	黄照祥/1995年	2	族人	手抄本400页
黄	下马岙黄氏宗谱	泗洲头	黄传岳/1996年	2	黄伟利	手抄本450页
黄	东岙黄氏宗谱	泗洲头	黄全立/清光绪十二年(1886)	1	黄明福	手抄本134页
王	舫前王氏宗谱	墙头镇	蒋运汉/2008	6	蒋运汉	印刷本1952页
胡	桥头胡胡氏宗谱	丹东街道	胡新登/2004年		族人	印刷本硬面121页
胡	白岩下胡氏宗谱	茅洋乡	无名氏/1993年	1	胡余凯	印刷本400页
胡	胡家屿干氏世系图	晓塘乡	张则火/2008年	1	干忠挺	A4纸手抄本10页
胡	田洋湖胡氏宗谱	定塘镇	无名氏/1993年	5	胡传恩	印刷本890页
胡	西庄胡氏宗谱	东陈乡	严方/民国24年(1935)	1	胡世国	印刷本/300页
胡	洋岙胡氏宗谱	定塘镇	无名氏/不详	1	胡定信	印刷本/278页
胡	金家岙胡氏房谱	泗洲头	胡余康/1993年	1	胡余棉	印刷本140页
胡	山后胡胡氏房谱	西周	胡余康/1993年	1	胡传康	印刷本180页
韩	东溪海台韩氏宗谱	新桥镇	韩承斐/2008年	6	韩承斐	印刷本2100页
韩	黄溪韩氏宗谱	墙头镇	韩爱耐/2008年	1	韩永刚	印刷本142页
韩	小定山韩氏宗谱	定塘镇	韩德治/1995年	3	韩昌根	印刷本/900页
洪	澧江洪氏房谱	定塘镇	无名氏/2007年	1	洪云定	印刷本54页
贺	里塘贺氏宗谱	晓塘乡	不详/民国期间	1	贺贤国	手抄本残
蒋	蒋家湾蒋氏宗谱	石浦镇	蒋秉亢/1992年	3	蒋明根	印刷本511页
蒋	东溪板岭蒋氏宗谱	新桥镇	蒋本根/民国30年(1941)	1	蒋国方	手抄本8页
蒋	里坑蒋氏宗谱	泗洲头镇	蒋松秋/2008年	1	蒋善明	印刷本30页
金	平阳厂、龙王堂金氏宗谱	贤庠镇	无名氏/2008年	2	金梅兴	印刷本722页
金	金家穿山八年金氏宗谱	晓塘乡	无名氏/1993年	1	金风	印刷本
金	龙洞金氏宗谱	新桥镇	无名氏/2008年	1	金敬和	印刷本250页
金	马盘金氏宗谱	石浦镇	邵唠鸾/民国16年(1927)	1	金根福	手抄本/30页
康	周岙康氏家谱	定塘镇	康善骏/2008年	1	族人	印刷本
林	盐厂林家通讯录	贤庠镇	无名氏/1995年	1	族人	印刷本113页
林	桥头林林氏宗谱	丹东街道	黎国庆/2004年	4	族人	印刷本622页

续表52-2

姓氏	谱　　名	属地	修纂者/年代	册数	收藏者	备　　注
林	星塘林氏宗谱	石浦镇	无名氏/2005 年	1	林步品	印刷本 208 页
林	黄沙林氏宗谱	贤庠镇	钱万青/清光绪十六年(1890)	1	林宗法	手抄本 29 页
林	胡家屿上林林氏宗谱	晓塘乡	无名氏/2008 年	1	林立满	印刷本 240 页
林	沙地林氏宗谱	定塘镇	无名氏/2008 年	1	林金樑	印刷本 198 页
李	盐厂李氏家谱	贤庠镇	李廷定/2006 年	1	李廷定	印刷本 90 页
李	新厂村李氏宗谱	晓塘乡	无名氏/2008 年	4	李治春	印刷本 1114 页
李	乌沙李氏宗谱	西周镇	李令满/2008 年	1	李亮亮	印刷本 200 页
李	甲田弄李氏宗谱	大徐镇	李祖定/2005 年	1	李德明	印刷本 60 页
陆	靖南陆氏宗谱	丹东街道	张则火/2008 年	3	陆小华	印刷本 566 页
陆	岭下陆氏宗谱	西周镇	王乃楫/民国 32 年(1943)	1	陆腾	手抄本 96 页
陆	儒雅洋陆氏宗谱	西周镇	无名氏/民国 26 年(1937)	1	陆回南	手抄本 46 页
陆	大湾山陆氏宗谱	定塘镇	陆孝缘/2012 年	5	陆孝缘	手抄谱稿 76 页
刘	新厂刘氏宗谱	晓塘乡	无名氏/1992 年	1	刘德满	印刷本 216 页
刘	乌石岐刘氏宗谱	茅洋乡	屠耀台/民国 26 年(1937)	1	刘希忠	印刷本 252 页
罗	下营村罗氏家谱	定塘镇	无名氏/2008 年	1	罗俊梅	印刷本 220 页
罗	安东罗氏宗谱	大徐镇	王安倍/2008 年	1	王安倍	印刷本/12 页
罗	中坭罗氏宗谱	定塘镇	罗纯溪/2008 年	1	罗增安	印刷本/270 页
柳	柳氏宗谱	泗洲头镇	柳严鳌/民国 22 年(1933)	2	柳炳云	手抄本 460 页
赖	赖岙赖氏宗谱	西周镇	赖振元/2008 年	4	村委会	印刷本 1292 页
蓝	箬岭外岙蓝氏宗谱	西周镇	范猷铭/2008 年	1	蓝子康	手抄本复印件 20 页
吕	柴溪吕氏宗谱	西周镇	范一勣/民国 23 年(1934)	1	吕负西	手抄复印本 184 页
卢	防东村卢氏宗谱	西周镇	无名氏/1995 年	1	卢伟明	印刷本 120 页
郎	汤岙郎氏宗谱	涂茨镇	张则火/2008 年	1	郎远卓	手抄本 220 页
骆	骆氏生日簿	石浦镇	无名氏/不详	1	骆仲溥	手抄本 32 页
茅	大坭塘英山茅氏宗谱	定塘镇	茅国春/2008 年	6	孙彩映	印刷本 822 页
倪	儒雅洋倪氏宗谱	西周镇	无名氏/民国 26 年(1937)	4	倪增利	手抄本 800 页
潘	鳌峰潘氏宗谱	晓塘乡	张则火/2005 年	7	潘祖恩	印刷本 1940 余页
潘	潘埠潘氏宗谱	西周镇	张则火/2008 年	2	潘爱国	印刷本 700 页
潘	晓湾潘氏宗谱	石浦镇	无名氏/清光绪二十六年(1900)	1	潘必秀	印刷本 400 余页残重
潘	塔岭潘氏三房房谱	墙头镇	20 世纪 30 年代末	1	潘尔武	手抄本
潘	稻泥岙潘氏宗谱	黄避岙乡	林爱瑾/民国 22 年(1933)	1	潘先良	手抄本 12 页
潘	大斜桥潘氏宗谱	黄避岙乡	谢令钧/民国 31 年(1942)	1	潘堂传	手抄本 12 页

续表52-2

姓氏	谱　　名	属地	修纂者/年代	册数	收藏者	备　　注
潘	盐厂潘氏宗谱	贤庠镇	张则火/2008年	1	潘显良等每户皆有	印刷本93页
潘	大南田潘氏宗谱	鹤浦镇	陈邦尧/1980年	1	潘基米	印刷本已残
潘	坦塘潘氏宗谱	石浦镇	潘昌达/1995年	1	潘根连	
裴	中央墈裴氏宗谱	晓塘乡	无名氏/2002年	6	裴小能	印刷本1174页
潘	庙山潘氏房谱	定塘镇	无名氏/2008年	1	潘才祖	印刷本114页
钱	大碶头钱氏宗谱	丹东街道	无名氏/2001年	1	族人	印刷本4页
秦	昌国卫秦氏宗谱	石浦镇	秦秀通/2008年	2	秦秀通	印刷本硬面370页
裘	白石裘氏宗谱	丹城	不详/民国25年(1936)	1	裘惠华	手抄本64页
邱	中央墈裴邱氏宗谱	晓塘乡	邱永昌/民国期间	1	邱亨能	手抄本5页
任	狮峰任氏宗谱(一)	晓塘乡	—	1	任行松	印刷本300余页
任	晓塘任氏宗谱(二)	晓塘乡	任典则/2008年	3	任典斌	印刷本/766页
史	丹桂史氏宗谱	大徐镇	唐以坊/清嘉庆四年(1799)	1	史风明	手抄本120余页严重破残
史	九顷史氏宗谱	丹西街道	史善存/民国7年(1918)	2	史福星	复印件1120页
史	黄公岙史氏宗谱	新桥镇	史久浩/2004年	2	史久浩	印刷本384页
史	关头史氏宗谱	新桥镇	史奇文/2007年	14	史奇文	印刷本4066页
沈	琴诗岙沈氏房谱	西周镇	无名氏/民国25年(1936)	1	沈学东	手抄本残
沈	塔幢沈氏年羹簿	大徐镇	无名氏/民国21年(1932)	1	沈良才	手抄本8页
沈	横里沈氏宗谱	黄避岙乡	无名氏/1981年	7	沈旺武	印刷本1700页
石	台头石氏宗谱	茅洋乡	石贤略/2008年	2	石珍国	印刷本847页
石	文山石氏宗谱	茅洋乡	石占棠/民国22年(1933)	2	石根友	印刷本572页
邵	丹山邵氏宗谱	新桥	邵鹏/2008年	4	邵鹏	印刷本775页
盛	小太平盛氏宗谱	定塘镇	盛式琛/2002年	1	盛正春	印刷本258页
孙	亨水塘孙氏宗谱	定塘镇	无名氏/2007年	1	孙新斌	印刷本178页
施	塔曼礁施氏宗谱	黄避岙乡	—	1	施绍昌	印刷本108页
唐	励坪唐氏宗谱	晓塘乡	张则火/2008年	1	唐苏城等每户皆有	印刷本49页
唐	晓塘村唐氏宗谱	晓塘乡	陈鼎/民国5年(1916)	1	祖屋神龛上	手抄本17页破残
唐	唐家岭唐氏宗谱	墙头镇	王乃楫/民国36年(1947)	1	唐初德	手抄本32页
屠	屠家园屠氏宗谱	茅洋乡	屠耀台/民国26年(1937)	3	屠卫国	印刷本800余页
屠	乌屿山屠氏房谱	贤庠镇	王宗夔/民国13年(1924)	1	屠大良	手抄本/78页

续表52-2

姓氏	谱　　名	属地	修纂者/年代	册数	收藏者	备　　注
汤	何婆岭汤氏宗谱	泗洲头镇	无名氏/1994 年	13	汤全华	印刷本 2600 页
陶	定塘陶氏宗谱	定塘镇	无名氏/2008 年	1	陶根土	印刷本 310 页
吴	象石吴氏宗谱	石浦镇	何敏求作序/2006 年	1	中央㙟 吴立三	印刷本
吴	岳头西林吴氏宗谱	丹东街道	吴文适、吴祚扬/2008 年	1	吴文适	印刷本 6 页
吴	后洋吴氏宗谱	丹东街道	赖凤鸣/民国 21 年(1932)	1	族人	复印件 216 页
吴	金牛港吴氏宗谱	定塘镇	吴昌赢/2006 年	1	吴富金	手抄本 24 页
吴	大坭塘宁波㙟吴氏宗谱	定塘镇	无名氏/2008	1	徐素琴	复印件 22 页
吴	洋坑吴氏宗谱	新桥镇	无名氏/1997 年	1	吴太记	印刷本 314 页
吴	麻车岭吴氏宗谱	墙头镇	俞云翘/2008 年	1	吴来云	手抄本 30 页
吴	九龙江吴氏宗谱	晓塘乡	无名氏/1994 年	1	吴天水	印刷本 122 页
吴	相思岭吴氏宗谱	大徐镇	吴日明/2008 年	1	吴日明	印刷本 402 页
吴	岳头淡水吴氏宗谱	东陈乡	无名氏/民国 37 年(1948)	1	邵鹏	手抄本残/320 页
王	戴岙王王氏宗谱	泗洲头镇	无名氏/1999 年	1	王如苗	印刷本 91 页
王	金竹坑王氏宗谱	西周镇	柳绍宗/民国 16 年(1927)	1	王忠祥	手抄本 14 页
王	平阳厂王氏家谱	石浦镇	无名氏/1995 年	1	王巧燕	印刷本 200 来页
王	木瓜王氏支谱	贤庠镇	无名氏/2007 年	4	族人	印刷本
王	山头王王氏宗谱	新桥镇	国德行/2003 年	2	王锋	手抄本 480 页
王	晓湾王氏宗谱	石浦镇	无名氏/清道光十九年(1839)	1	王兴忠	手抄本 100 页残
王	甲田弄王氏宗谱	大徐镇	王安倍/1998 年	1	王安倍	印刷本/130 页
翁	杨岙翁氏宗谱	西周镇	屠耀台/民国 16 年(1927)	2	翁国文	复印件 400 页
翁	莲花翁氏宗谱	西周镇	倪本裳/民国元年(1912)	2	翁志相	手抄本 418 页
邬	中央㙟邬氏宗谱	晓塘乡	张则火/2008	1	邬学芬	印刷本 47 页
邬	赛灵岩邬氏宗谱	石浦镇	邬高顺/民国 23 年(1934)	1	竺桂良	印刷本残
魏	昌国卫增岙魏氏	石浦镇	邵受湘/民国 20 年(1931)	1	魏根法	复印件/38 页
徐	胡家屿徐氏宗谱	晓塘乡	无名氏/2006 年	1	徐根法	印刷本 100 余页
徐	大坭塘英山徐氏宗谱	定塘镇	徐士华 2006 年	1	徐金根	手抄本 338 页
徐	山厂徐氏宗谱	贤庠镇	徐成模/2006 年	1	徐成元	印刷本 392 页
徐	徐家岙徐氏宗谱	茅洋乡	无名氏/清光绪间	1	徐志明	手抄本 80 页残
许	下营村许氏家谱	定塘镇	无名氏/2008 年	1	族人	印刷本 230 页
许	义里许氏宗谱	东陈乡	无名氏/1996 年	1	许根勇	印刷本 232 页
许	小太平许氏宗谱	定塘镇	许土根许吉进/2008 年	1	许根水	印刷本 252 页

续表52-2

姓氏	谱名	属地	修纂者/年代	册数	收藏者	备注
辛	象城西桥辛氏宗谱	丹城	虞峻/清同治四年(1865)	1	辛国	手抄本70页
箫	象西萧氏宗谱	泗洲头村	胡余康/民国3年(1914)	1	萧苗全	手抄本220页
萧	萧氏家谱	大徐镇	无名氏/民国14年(1925)	1	萧若芳	复印件300页 原件在萧善龙处
萧	蛎山萧氏宗谱	西周镇	王鳌/民国14年(1925)	1	萧宏杰	手抄本84页
谢	上谢谢氏宗谱	西周镇	谢鹿昌/民国26年(1937)	2	谢宗法	印刷本400页
谢	青岭下谢氏宗谱	大徐镇	无名氏/民国25年(1936)	33	谢裕定	印刷本4000余页
薛	田洋湖岙薛氏宗谱	定塘镇	无名氏/民国17年(1928)	1	薛先炉	手抄本76页谱稿
薛	章家弄薛氏宗谱	大徐镇	薛恭唐/1971年	1	张友余	手抄本复印件6页
奚	天台灵溪奚氏宗谱	新桥下七里	无名氏/1993年	54	奚杏增	印刷本8000余页
杨	石林杨氏宗谱	晓塘乡	无名氏/1998年	1	杨惠通	印刷本200余页
杨	壶炉田杨氏宗谱	晓塘乡	—	2	杨岳祥	印刷本400来页
杨	金牛港杨氏宗谱	定塘镇	杨继金/2006年	1	杨先达	印刷本760页
杨	碶头陈杨氏宗谱	贤庠镇	柯雪斋/民国32年(1943)	1	杨成万	复印件50页
杨	庙前杨杨氏宗谱	新桥镇	励乃麟/民国21年(1932)	1	杨小先	印刷本162页
杨	小杨家杨氏宗谱	茅洋乡	石水亭/民国15年(1926)	1	杨朝林	手抄本126页
杨	杨家岙杨氏宗谱	茅洋乡	杨序苗/2008年	1	杨善甩	印刷本118页
杨	南庄杨氏宗谱	丹城镇	杨有良/1994年	1	邵鹏	手抄本/294页
杨	蒲门杨氏宗谱	贤庠镇	无名氏/民国35年(1946)	6	杨全道	印刷本/1000页
杨	旦义杨氏房谱	东陈乡	无名氏/民国11年(1922)		杨再宽	印刷本/200页
叶	做布厂叶氏房谱	晓塘乡	无名氏/1998年	1	叶蔡来	印刷本40页
叶	黄沙叶氏宗谱	涂茨镇	叶时懋/清乾隆三十九年(1774)	1	叶逢国	复印件75页
叶	树林头叶氏宗谱	石浦镇	叶显鹏/1993年	2	叶万才	印刷本358页
叶	马峙叶氏宗谱	石浦镇	叶鸣球/清光绪二十九年(1903)	1	叶树青	手抄本25页
叶	山下叶叶氏宗谱	茅洋乡	顾德君/2008年	1	族人	印刷本200页
叶	黄埠花湾叶氏宗谱	晓塘乡	无名氏/1999年	1	叶永利	手抄本96页
叶	洋岙叶氏宗谱	定塘镇	无名氏/2008年	1	叶惠明	印刷本/200页
虞	洋心虞氏宗谱	丹西街道	虞振虎/2008年	1	邵鹏	印刷本302页
虞	象邑海潭虞氏宗谱	新桥镇	韩承斐/2008年	1	虞从安	印刷本100页
俞	井水俞氏宗谱	石浦镇	俞景流/1993年	1	俞尧元	印刷本52页
俞	南盘俞氏宗谱	东陈乡	王正有/民国元年(1912)	1	俞根土	手抄本/286页
严	下洋墩严氏家谱	石浦镇	无名氏/1995年	1	严嘉武	印刷本

续表52-2

姓氏	谱　名	属地	修纂者/年代	册数	收藏者	备　注
应	航头应氏宗谱	西周镇	无名氏/清光绪五年(1879)	1	应养男	手抄本92页
尹	蚶岙尹氏二房房谱	西周镇	无名氏/民国20年(1931)	1	尹鹏飞	手抄本18页
余	余姚迁象余氏宗谱	丹东街道	徐庄初/2008年	1	余增法	印刷本
袁	石浦袁氏宗谱	石浦镇	袁贤寿/1999年	1	袁卫勤	印刷本/666页
袁	石浦袁氏宗谱	石浦镇	袁贤春/1999年	1	袁卫勤	印刷本666页
张	黄沙张氏宗谱	涂茨镇	张选浩/2001年	1	张孟争	手抄本130余页
张	中央瓖张氏宗谱	晓塘乡	任扬韶/2003	1	张经仁	手抄本150页
张	宁波瓖张氏房谱	定塘镇	无名氏/1992	1	张哲元	白纸硬笔书写
张	上余张氏宗谱	丹城镇	余光荣/2008年	1	张昌翰	手抄本
张	南向张氏宗谱	石浦镇	无名氏/1994年	1	张洁东	宣纸手抄本100余页
张	苏岙张氏宗谱	泗洲头镇	张智信/2001年	2	张智信	印刷本600余页
张	初坑张氏房谱	西周镇	无名氏/民国初期	1	张澄清	手抄本100余页
张	隔岭张氏房谱	新桥镇	张士权/1994年	1	张佐方	印刷本
张	张岙张氏宗谱	泗洲头镇	无名氏/民国35年(1946)	2	张明华	手抄本
张	新厂张氏上二房房谱	晓塘乡	张则火/2008年	1	张则莲等 每户皆有	印刷本40页
张	天台亭头张氏新厂支房谱	晓塘乡	张士权/1994年	1	张广波	印刷本
张	蒲门张氏宗谱	贤庠镇	黄邠元/民国25年(1936)	1	张乾跃	印刷本24页
张	中海墩张氏宗谱	贤庠镇	钱桂滐/清光绪十四年(1888)	1	张敦瑜	手抄本破残
张	洋心张氏宗谱	丹东街道	张昌贵/2008年	1	张昌贵	印刷本硬面60页
张	昌国敦本堂张氏宗谱	石浦镇	无名氏/民国34年(1945)	1	张昌勋	手抄本130页
张	梅溪张氏宗谱	丹东街道	无名氏/2008年	1	族人	印刷本硬面47页
张	朝天门张氏宗谱	石浦镇	张则火/2008年	1	张根兴	印刷本100页
张	施家坑张氏宗谱	大徐镇	张国昌/1976年	1	张志苗	手抄本已烂剩10页
张	镜架山张氏宗谱	定塘镇	张月清/2003年	1	张月清	印刷本
张	船倒山张氏宗谱	大徐镇	无名氏/民国22年(1933)	1	张友余	印刷本30页
郑	葫芦门郑氏宗谱	定塘镇	潘振铎/清道光十五年(1835)	1	郑高木	手抄本
郑	沙地郑氏家谱	定塘镇	无名氏/1996年	1	郑学铨	印刷本200余页
郑	楼下陈郑氏宗谱	茅洋乡	郑大良/1997年	1	孙美珠	印刷本横排
郑	南充郑氏宗谱	茅洋乡	姜炳璋/清乾隆四十三年(1777)	2	郑云梅	手抄本400来页 严重破残
郑	竿头郑氏宗谱	定塘镇	—	1	郑宏春	印刷本

续表52-2

姓氏	谱名	属地	修纂者/年代	册数	收藏者	备注
郑	星塘郑氏宗谱	石浦镇	郑达根/2008年	4	郑传良	印刷本1122页
郑	后洋塘郑氏宗谱	定塘镇	李可文/清光绪十年(1884)	1	郑斌	手抄本82页残
郑	溪下郑氏宗谱	东陈乡	屠耀台/民国22年(1933)	1	郑根祥	印刷本218页
郑	板岭郑氏宗谱	新桥镇	修谱组/2002年	1	郑明亮	印刷本210页
郑	金竹坑郑氏宗谱	西周镇	郑乃文/2005年	1	郑森林	印刷本94页
郑	黄避岙郑氏宗谱	黄避岙乡	贺瑄鯆/民国14年(1925)	1	郑孝友	手抄本70页
郑	牛丈岙郑氏宗谱	爵溪街道	童嗣康/1950年	1	郑洪良	手抄本28页
郑	双桥郑氏宗谱	东陈乡	郑士员/1994年	3	郑林春	印刷本/530页
周	汤岙周氏宗谱	涂茨镇	周隆蛟、隆然、裕隆/2008年	1	周裕隆	由道光、民国、共和三部分组成
周	做布厂周氏宗谱	晓塘乡	周天宝/1996年	1	周天宝	手抄本
周	中央㙟周氏宗谱	晓塘乡	周菊春/2003	1	周菊春	手抄本36页
周	湖滨周氏宗谱	西周镇	周进忠/民国22年(1933)	2	周财方	印刷本520页
周	胡家碶周氏宗谱	丹西街道	无名氏/1949年	2	周善基	印刷本严重破残
周	下沈周氏宗谱	西周镇	周义华/2008年	1	周义华	印刷本
周	小青埠周氏房谱	定塘镇	无名氏/不详	1	周仁才	印刷本/84页
周	岙里弄周氏宗谱	贤庠镇	虞继善/民国13年(1924)	1	周友全	手抄本/22页
周	小白岩周氏宗谱	茅洋乡	钱景林/民国4年(1915)	1	周怀玉	印刷本/347页
周	松岙周氏宗谱	东陈乡	周全荣/1994年	39	周宗昌	印刷本/5500页
周	九龙江周氏房谱	晓塘乡	—	1	周瑞宗	手抄本20页
朱	唐翰朱氏宗谱	泗洲头镇	张则火/2008年	26	朱华焰	印刷本5800页
朱	大泥塘朱氏房谱	定塘镇	无名氏/1915年	1	朱小庆	手抄本45页
朱	大磊头朱氏宗谱	大徐镇	蒋凤仪/1910年	1	朱建国	手抄本76页
朱	半边墩朱氏房谱	晓塘乡	张则火/2008年	1	朱朝星	印刷本28页
朱	临海朱氏宗谱	石浦	不详/清宣统二年(1910)	6	朱昌富	印刷本2500页
章	大坭塘中㙟章氏宗谱	定塘镇	章华葠/2006	1	章才钊	印刷本98页
章	黄沙章氏宗谱	贤庠镇	章华葠/1991年	2	章国枢	印刷本482页
卓	西边塘卓氏宗谱	晓塘乡	金岳才/1994年	1	卓国增	印刷本192页

五　诗文选辑

（一）韵文上·内编

遗　诗

【唐】孔　侯

关津扼要独秉乾，万丈中霄剑气寒。
百行终须由孝立，功勋切莫等闲看。

三江亭

【宋】陈晋锡

披襟百虑不容侵，胜概乘闲偶访寻。
趺坐岂无观水术，临流应有济川心。
敛将蓬岛溶溶气，散作阳春字字金。
郢曲调高人寡和，微生何敢缀雄吟。

游蓬莱山

【宋】钱延庆

摄衣徐步上蓬莱，古径林深长翠苔。
欲访炼丹人不见，春风依旧碧桃开。

凿温岭

【宋】杨王休

黄山形势南如窝，四十余里趋丹河。
年年七月八月雨，稻田瀰涨漫风波。
异时都水使者至，东开铁场分水势。
地绵力短功未成，尺一催归卒吞志。
旧画茫茫如弃井，百年遗恨如灰冷。
我来吊古更穷源，并水沿流至温岭。
岭之首尼少低昂，如衡秤物锱铢强。
外接大海枕平麓，相去往往寻丈长。
天造地设巧乃尔，胡为弃此而取彼。
兴废成否抑有时，不独今非古皆是。
此来经营烦令君，便有异议争云云。
常情自古惮谋始，岂料疲秦终利秦。

陈山谒吴越五王分祠

【宋】刘　熺

海村崇祖祀，吴越旧王家。
里老称遗泽，文孙避俗哗。
玉金荣带印，俎豆荐葵菹。
欲补迎春曲，须歌《陌上花》。

易箦口占

【宋】钱　肃

惨淡西风落照微，生平事业是耶非。
自维虚度难言了，战战兢兢或庶几。

輓钱心斋先生

【宋】任仲高

几年湖海慕清风，一旦相过竟不逢。
华表凄凉黄鹤怨，丹山寂寞白云封。
苔生断砌迷新迹，月落空梁想旧容。
惆怅往来知识者，谁将剑挂墓头松。

双调·庆东原·京口夜泊

【元】汤　式

故园一千里，孤帆数日程，倚篷窗自叹飘泊命。
城头鼓声，江心浪声，山顶钟声。
一夜梦难成，三处愁相并。

双调·天香引·西湖感旧

【元】汤　式

问西湖昔日如何？朝也笙歌，暮也笙歌。
问西游今日如何？朝也干戈，暮也干戈。
昔日也，二十里沽酒楼，香风绮罗；
今日也，两三个打鱼船，落日沧波。
光景蹉跎，人物消磨。昔日西湖，今日南柯。

越调·天净沙·闲居杂兴

【元】汤　式

近山近水人家，带烟带雨桑麻，当役当差县衙。
一犁两耙，自耕自种生涯。

双调·湘妃引·山中乐四阕赠友人（之一）

【元】汤　式

山盘龙脊露岩崖，屋络蜂房绕第宅，溪分燕尾通津濑。
可知道其中有俊才，乍相逢便见襟怀。
对潮门时时开放，百海宴朝朝布摆，南州榻夜夜铺排。

南吕·一枝花·言志

【元】汤　式

自怜王粲狂，莫怪陈登傲。不弹贡禹冠，谁赠吕虔刀。
十载青袍，况值烟尘闹。事无成人半老。
黄金台将丧斯文，白玉堂空怀故交。
【梁州】看鞍马上诸公衮衮，听刀口下众口嗷嗷。因此上五云迷却长安道。
曳裾休叹，投笔空焦；题桥谩逞，击楫徒劳。直钩儿怎钓鲸鳌，闷弓儿难射鹏雕。
喜的是观池内通流着千丈沧溟，诗卷里包藏着九重宣诏，书楼上连接着万里云霄。
虽道是浅识，寡学，这几篇齐鲁论也不下于黄公略，捻吟髭自含笑。
矫首中天日正高，豪气飘飘。
【尾声】闲拈斑管学张草，静对黄花诵楚骚。等待新雁儿来时问个音耗；
若说到董仲舒入朝，公孙弘见招，看平地风雷奋头角。

无　题

【元】梵　琦

遥指家乡落日边，一条归路直如弦。
空中韵奏般般乐，水上花开朵朵莲。
杂树枝茎成百宝，群居服食胜诸天。
吾师明愿当垂接，不枉翘勤五十年。

闻子规

【元】梵　琦

啼来啼去一声声，却笑离人不解听。
何处故乡归来得，白云空锁乱山青。

行近临清(今山东省临清市)，客怀眇然，有江南之思（之三）

【元】梵　琦

吾庐正在白云边，古木修篁相接连。
桥下白鱼长比剑，石间青蟹大如钱。
秋风着意吹香稻，野水无情管钓船。
凉夜月明洲渚静，藕花深处不妨禅。

咏　笋

【元】梵　琦

都下无竹，独南古寺有碧条一丛。
今春忽作数笋，小如筋，甚可爱也。

燕山一寸笋，见诸惜如玉。
吾乡富此物，往往连涯谷。
三月四月来，千根万根簇。
及其初破土，晨起课僮仆。
荷锸入深林，斩藤为巨束。
归来和箨煮，火猛香穿屋。
微着水精盐，恶生宁过熟。
同时炊玉粒，共饱我侪腹。
野外既属餍，方向城中儥。
大者养成竿，其余施禽鹿。
吴人欺汉人，乃遣烹箬竹。
箬竹不可煮，吴人真䆿䆳。

送傅与喻广州教授

【元】俞述祖

扁舟乘兴欲还家，分数宁辞瘴海涯。
未必杜陵成汨没，由来贾谊擅才华。
红蕉绕屋含秋露，丹荔垂檐炫晚霞。
万里何堪慰离别，好凭江驿寄梅花。

上巳采荠凤跃溪会君濯垂钓归即钱祠书舍小饮

【元】蒋汝砺

修禊人游凤跃溪，偶过吴越扣宗扉。
痴情欲效油花卜，高友欣逢垂钓归。
嫩荠春迟香且绿，鲜鱼水暖脆还肥。
坐评宋室迁移事，谁是君家晏海圻。

即事奉和蒋研山先生原韵

【元】钱允鲜

老农草舍濯缨溪，朱槿为篱竹作扉。
晓出耕田一二亩，晚随樵牧二三归。
高轩不弃山庐窄，佳节欣逢水荠肥。
百八十年时事异，无涯心绪寄江圻。

剪刀颂

【明】僧善来

浑钢打就冷光浮，两刃交锋未肯休。
直截当机为人处，何曾动著一丝头。

题高明善安敬斋

【明】蒋景高

安敬斋居傍市廛，斋中清致共谁传。
水波不动秋无际，云气全消月正悬。
潇洒襟期忘物我，从来意思出天然。
荣枯又在苍烟外，且了风形架上篇。

题叶敬常海堤篇

【明】蒋景武

叶君海上筑长堤，尽遣湖波作稻畦。
越峤天低横䗖蝀，谢塘水落走鲸鲵。
已无渔子来垂钓，却有农人去把犁。
岁岁丛祠拜公像，只因遗爱在群黎。

春雨应制

【明】钱　唐

大明洪武元年春，春雷一声天地响。
龙飞在天雨如膏，大地山河增气象。
山人昔住东海山，山形如象山名丹。
丹山之南有白石，山人隐遁松林间。
一朝阴雾蔽白日，天昏地暗人惨颜。
人人惨颜心铁黑，山人铁胆仍铁肝。
山人名不挂人齿，山人不与人相似。
吴江江上吴山青，吴山有城高百雉。
好风吹步上京师，铁杖麻鞋见天子。
天颜悦怿天开明，谨身殿前承圣旨。
致君尧舜端有时，山人事业应如此。

怀临川故乡时因信国公徙发

【明】顾　田

无边木叶乱飘黄，凉气萧萧入我裳。
落日徘徊游子路，西风怅望旧家乡。
桑田尽变鱼虾地，火宅浑为麋鹿场。
东海扬尘应有日，独怜吟鬓白如霜。

南田村居

【明】顾　田

荒村摇落北风初，多病多愁野老居。
无事苦遭官长骂，不才甘与故人疏。
绿樽久缺青钱买，红叶慵将彩笔书。
今日江东非昔日，季鹰无兴忆鲈鱼。

丹山十咏

【明】俞士吉

蓬岛春光

碧桃春醉地仙家，蓬岛晴光丽物华。丹井砂明金作底，石田烟暖玉生芽。
庭前鹤映三珠树，洞口人酣五色霞。更倚东风望瀛海，楼船应是到天涯。

黄溪落照

雨过黄溪日未沉，群峰影里半村阴。霞光弄水一川锦，鸦背入林千树金。
春杵人家闻笑语，落帆舟楫送歌音。沙头白叟浑无赖，独钓斜阳忆古今。

石浦秋霞

五色残霞出远峰，影摇寒浦浸秋容。紫丝步幛来天外，红锦缠头舞镜中。
孤鹜飞边齐缥缈，夕阳低处映曈昽。西山吹散归何所，城郭楼台赤水东。

丹山夜雨

云卧丹岩刻漏迟，竹风吹雨打仙扉。松间老鹤秋无寐，溪上龙游夜未归。
石径桃花香欲滴，玉田芝草绿应肥。道人咒笔书瑶简，驱得晴虹起翠微。

姜屿晴岚

非雾非烟涨碧空，舟人对面不相逢。凝如蜃气吞朝旭，散似鲛绡飏晚风。
东郑楼台浓淡里，西周花木有无中。收将好景归吟笔，雕琢新诗夺画工。

陈山晓渡

五夜潮生渡口吞，片帆轻似马嘶奔。橹声摇落黄溪月，鸡唱传闻白屿村。
贾客推篷探曙色，棹工钻竹备晨飧。古今来往人如许，又见扶桑送晓暾。

东村牧笛

十里烟村雨乍收，牧儿吹笛解咿呦。夕阳牛背才三弄，春草冈头第一流。
折柳漫倾尘俗耳，落梅徒送古今愁。不知帝力乾坤大，日日风前得自由。

西沪渔歌

泛泛天涯海浪前，放歌西沪日陶然。数声欸乃山如黛，一曲沧浪月满船。
绿蚁酣时还击楫，白鸥眠处漫敲舷。朝廷尚觅元真子，狼藉新腔烂漫传。

海口涛声

潮生海口浪涛喧，拍胆惊寒夜不眠。二月春雷鲛岛外，万松秋壑蜃楼前。
云根喷薄偏宏怒，地轴崩翻欲倒悬。料得扶桑应解拔，秦人何处下楼船？

湖头夜色

雨过湖头野色新，倚楼如见画图春。浓犹靛泼晴偏好，淡似烟铺晚更匀。
天接空青双去鸟，桥分平绿独归人。何当善画王摩诘，写入韩符笔有神。

咏丹桂堂

【明】周宏宗

若翁献桂际明良，丹桂从兹额画堂。一种鲜妍分皓魄，千年栋宇领群芳。
丛枝晓露含生意，碧树秋风喷古香。幸有云礽长肯构，蔚然瑞气霭门墙。

挽怡庵处士

【明】李文显

老来朋侣最情浓，无奈睽违一梦中。前岁已亡丹桂叟，今年又失凤山翁。
乡邦尚义看看少，社会推尊渐渐空。特写哀情旌令德，忍将悲泪洒西风。

题高孝子谦风木祠

【明】应元征

云叶飞空送落霞，鄞江吹散一庭花。
只缘地下文章妙，不恤乾坤岁月赊。
玉骨萧条孤子泪，燕山富贵后人夸。
从来孝子承天眷，行看移忠佐帝家。

登珠山绝顶

【明】张文曜

赤玉盘堆削琢峰，振衣千仞陟秋风。
云连蜃气天看近，浦起珠光海映红。
远岫偏能流宿翠，闲鸥亦解占空濛。
东南无数培塿在，一览都归指顾中。

象山杂咏

【明】王　梃

象山后拥

负山构层楼，楼在翠微里。
日高问主人，云深卧未起。

岳屿前迎

开窗弹素琴，薰风吹我襟。
忽见南山上，新松高千寻。

西峙鸡笼

西望鸡笼山，夕阳在高树。
风雨今晦冥，喈喈定何处？

东攒文塔

东山石浮图，崒嵂胡乃尔。
谁谓九仞基，不自一拳始？

云开龙洞

神物不可见，肤寸起滂沱。
君看空洞中，变化当如何？

月浸丹台

月在丹台巅，楼在丹台涘。
信手开轩窗，明月随手至。

泮池曲绕

泮池源自深，池水流自长。
坐令垂钓者，终日听沧浪。

瀛海南环

登楼望瀛海，朝暾起扶桑。
无劳坐云阙，天际转微茫。

游五狮山

【明】王　梃

平生为有寻山癖，此日登临一振衣。
春逐马蹄花欲放，香侵茅屋茗初肥。
千寻峭壁孤云在，万里遥空五锡飞。
最是东风二三子，雅歌归去笑相依。

丹　山

【明】周希程

拭目峰岚顶上行，风生两腋葛衣轻。
香凝远峤花呈态，翠拥修峦鸟弄声。
涛激海东红日起，山临堞外瑞云生。
豪吟自觉香怀爽，顿息尘机太宇清。

珠　山

【明】周希程

扬鞭海外恣闲游，俯仰尘寰豁远眸。
万仞岚光槎岭暗，百花香气锦衣收。
长虹驾彩丹霄落，元豹呈文瑞霭浮。
兴剧不辞归路晚，笙歌隐隐憩珠楼。

五师山

【明】应云鸑

春信几番度五山，好凭飞舄暂跻攀。
日临翠壁千峰动，风捲青松万壑寒。
鸟道极天城郭小，花香溢地洞门闲。
吏情已逐江湖远，便欲乘楂叩紫关。

梦灵泉赋

【明】应云鸑

太一鸿濛，清浊肇宣，浊者为滓，清者为渊。大而四渎，小而百川，水哉水哉，滥觞于泉。维是贞白陶君，临天目，度四明，探蓬莱，跨赤城。廓石坛而为宇，列玉几以为屏，带凤溪之潺湲，控狮山之峥嵘。环翠交横，珠岩掩映，揽盖苍以为炉，倾溟海以为矿，炼丹于丹山之坪，投丹于丹泉之井。于是味如醴泉，香比华椒，沉疴立起，玉液流膏，信乎泉之为灵昭昭也。尔乃秋兰的皪，秋菊纷披，左有杜蘅，右有蒲葵，鵁鶄食其洁，文龟守其湄，松巢鹳鹤，碑拥虬螭。邑之士女，异口同期，远则负担，近则偏提。至若春雨霁，野桃香，岩鸟唤，渚鸥翔，游人侠士，临泉荐觞。予亦仿兰亭之禊事，整沂水之春裳，既宕心而言归，神恍惚而飞扬。梦一羽士，叩我柴扉，款我石室，蹴予起曰："应生，应生，吾乃灵泉之灵也。中通外朗，与物无窒，机则源源，源则汩汩，非澄而清，无美不得。子与吾殆比德焉，然而泽未及远，拘此方隅。将与若游于沧莽冥漠之都兮，以销幽忧之愫，假蓬莱之仙驾兮，骖鸾鸟而横鹜；邀冯夷使前导兮，河伯以为御。朝发轫于扶桑兮，夕余至于岱宗。谒三山之嶙峋兮，乘鹍翼之长风，道中嵩而弭节兮，伊洛汩其来迎。吾欲荐芳菲于上清兮，疾驱车而不停，望衡阳而遐征兮，前祝融使承旗；观日华之藻丽兮，怀水渚之多奇，嗟灵修之不予知兮，从蓐收而遂西。溯龙门之九折兮，揽星宿而下之；眇弱水之潋滟兮，茹玄圃之玉芝；排阊阖而上诉兮，帝阍辟以扬灵。帝令蟾蜍开关兮，登予于广寒之庭，坐余于青阳，宿余于元冥，漱余以元宫之琼浆，咀余以丹桂之英，戒余驾兮天门，锡予勋兮大烝。吁嗟乎！二美不孤，四海徯苏，千金一瓠，珍重令图!”语毕，窅然竟去，忽焉惊寤。呜呼异哉，古所谓寱语者职是故欤！

保宁寺

【明】姜文源

寻幽偶入烟霞地，兜率台前见远公。
一径芳阴三月雨，两山啼鸟百花风。
半生文字经纶外，满眼兵戈涕泪中。
为语丰干莫饶舌，年来心事在冥鸿。

馆中杂咏

【明】邵景尧

瑶圃为藏室，蓬莱即道山。
地幽尘境外，心远市朝间。
客至聊烹茗，书成但闭关。
何须拂衣去，身世已投闲。

沙晚簇金阙，桥长渡玉珂。
散衙人吏少，归院苑云多。
凤阁移新柳，龙池出小河。
瀛洲饶胜事，回直下銮坡。

宦籍荣金马，朝恩冠石渠。
瓶余赊得酒，架积赐来书。
黯默逢宾戏，浮沉愧子虚。
一区聊自适，莫拟草元庐。

儒雅先朝重，宸游翰苑过。
琼章垂日月，银榜拂星河。
竹长成龙节，桐高集凤柯。
如闻访道日，重和白云歌。

登石浦城楼远眺有感

【明】吴　权

石城闲眺望，雉堞俯苍茫。
树拥千樯雨，秋嘶万马霜。
瓦门翻浪白，坛水接天黄。
海角金汤险，旌竿动夕阳。

石浦鱼市

【明】吴　权

海气昏黄夕，江豚吹浪腥。
涛奔远岸白，帆暗近峰青。
野戍灯悬月，渔舟火聚星。
石城鱼市好，系棹复扬舲。

咏四季桂回文

【明】陈明瑛

霜傲奇葩仙影幽，满樽萸酒泛南楼。
香中暗喷云中月，郁馥风棂几度秋。

花前咏啸醉秋来，桂独香时四度开。
华月照间人宴赏，菊输清韵艳输梅。

思乡谣

【明】陈明瑛

有客故乡来，重说故乡美。
池上芙蓉花，枝枝都映水。

雨夜宿爵溪寓楼

【明】陈　策

暮潮随雨涨沙汀，剪烛楼头放眼青。
到枕涛声天地动，落滩渔艇海岚腥。
溶溶夜气生龙藏，冉冉春风湿翠屏。
世外蓬瀛知可到，梦回身在此中停。

登钱仓城怀古

【明】姜昌周

朝度金鸡岭，暮登钱仓城。城中数千家，冠盖相逢迎。莆门断虹落，珠岩微云横。林木起清响，忽闻哀角鸣。将军敷朱粉，红旗插柳营。缓带宝雕弓，儿戏子弟兵。天吴摇海岳，百鸟为震惊。山城信屹屹，何以护苍生？我怀易千户，长剑掣海鲸。但见海水赤，不闻杀贼声。至今桥上月，照见四山青。

凤跃溪

【清】钱　捷

溪名凤跃纪唐年，曲绕蓬莱万室连。
试问几人心如水，寻源闲步到丹泉。

新秋有怀

【清】倪　彪

秋到梧桐普转凉，藕池花老尚余香。
天开爽朗山犹碧，树带凄清叶未黄。
几处晚砧声渐逼，半床幽梦夜初长。
故人书信年来绝，只待江南雁一行。

瑞云山

【清】陈衷愿

翠微松篁里，珠屿前峰妙。
徙倚度石桥，落霞啣夕照。
古木荫森疏，村烟栖萝茑。
执杖徐徐行，临流聊垂钓。
钓竿逐藻荇，翘首复远眺。
归鸟群鸣飞，哑哑声相肖。
寒泉冷淙淙，绝类苏门啸。

咏象山风物和陈尔璧韵

【清】林文懋

不作漂流水上萍，何分老去与中丁？
远遨瀛海连峰翠，斜抱丹山半壁青。
柏白千村油满篝，酿红十月酒充瓶。
盘餐珍错多佳味，杨素无烦授《食经》。

东皋杂咏

【清】钱鸿图

春来几日早消寒，细草迎风漾碧澜。
沿岸菜花香不断，绕篱黄蝶打成团。

东塘一带好山青，峭石罘罳若画屏。
贪听农歌行缓缓，红栏小坐起春亭。

东谷闲寻昭谏书，郑家岙外路行徐。
踏过四板桥头去，不尽松篁到梵居。

新罗岙是古村庄，谁见当年舣海航。
真个蓬莱水清浅，欲从徐市问洪荒。

团团土窑筑山边，竹溜高低引涧泉。
道是山人多酿靛，此中生计最赢钱。

村人见客出迎门，鸡黍留餐意甚敦。
言话迥非尘世事，几疑误到武陵源。

灵泽侯神古庙红，犹闻人说袪倭功。
攀藤附葛穿云上，望海楼高天地空。

巍巍蓬顶插空苍，梅尉仙坛长绿篁。
拟待秋深策蹇去，坐看红日上扶桑。

渡黄溪

【清】吴元锦

渺渺征飘古渡前，寒沙无浪树无烟。
潮声吞吐平分地，塔影东西倒照天。
一岁星辰催短景，五更风雨对愁年。
支离襆被吾生事，布袜芒鞋尽一肩。

纪汪都督恢复象城

【清】王家献

石门树帜奋貔貅，血战曾经缺斧銶。
壁垒夜清丹嶂月，牙旗风卷海天秋。
游魂窟埽千年浪，恢复功高万里侯。
从此圣朝多宠眷，还看他日锡尊卣。

锯门龙窟

【清】钱志朗

天为三门险，悬崖若锯展。
潮汐相吐吞，蛟龙时游演。
上有龙涎香，安得云梯翦？

丹　井

【清】钱志朗

丹泉常透锡，可以已疾疫。
汲以玉蟾蜍，磨我古松墨。
用写肘后方，敢质陶贞白。

南　田

【清】钱志朗

悬悬东仙原，昔为万家村。
一经沧桑变，鹤鹿鸣朝昏。
短歌拟楚些，以吊司马猿。

登爵溪城望海

【清】袁　澄

十里平沙走浪痕，沙回海涌怒涛奔。
雨蒸蜃气春常暗，风送岚烟昼欲昏。
雉堞崔嵬留古戍，龙湫蜿蜒锁青门。
苍茫东望浑无际，日月双丸互吐吞。

蝴蝶会

【清】钱鸿基

少小尝领南华意，老大得与蝴蝶会。
周与蝶与可易辨，樽中有酒且欢醉。
后斋先生富五车，春风开遍丹山葩。
予亦罗阳忝秉铎，滥竽三载便还家。
邓丈品望重乡里，士林长沐缨溪水。
箬帆明经此授经，巃嵸岳婿前峰起。
卧雪先生全天真，濂溪后人孝行纯。
及门吴君性友爱，共襄义事志忘辛。
乌兔忙忙如梭掷，少年转瞬为陈迹。
史君吴君让余先，须鬓亦添几茎白。
后斋劝我莫咨嗟，庭前正放桃李花。
看花酌酒且行乐，何须长生餐流霞。
冷宫斋头种苜蓿，君亦各采园中蔌。
携壶捧碟月一行，月月花红即我福。
人闲小饮最怡情，擻兰画蟹随时更。
我兹得与蝴蝶会，何如栩栩从庄生。

姜屿即景

【清】石大成

野渡苍茫外，江村眺望中。
潮来孤渚没，雨后一帆空。
圆笠归舟子，长竿捲钓翁。
云间无数鸟，飞与落霞红。

读张忠烈传

【清】陈其璜

孤愤填胸身计轻，厉声骂贼铁铮铮。
昔年曾梦许忠节，此日遂为颜杲卿。
七尺孤儿遥望祭，一棺寒雨傍辽城。
只须冷魄些儿在，荡作愁云千里横。

过门前渡即景

【清】张凌霄

两岸潮平渡正开，晴光荡漾水潆回。
远山峰向云边耸，野鸟声从浪里来。
半倦舵工重换曲，几番贾客共谈才。
推篷遥指家乡处，一望依稀失翠台。

蓬莱山九咏

【清】姜炳璋

蓬莱山

浙东三蓬莱，兹山不甚著。
既为贞白淆，又为丹山误。
徐市入亶州，乃在山中住。
不见金银台，犹见秦时树。
童子松间来，为叩蓬莱路。
脉脉无所言，却向山前去。

透瓶泉

贞白埋丹处，化作赤城霞。
如何透瓶泉，谬将贞白夸。
投井与杖锡，野史竞嚣哗。
讵知山川奇，清泉漾明沙。
秦使求仙药，酌水烹春芽。
童女三千人，颜色娇如花。

石　屋

神工太虚幻，构此天然屋。
许容十数人，但不栖凡俗。
山云结如屏，山花白如玉。
荒亭独鹤归，丹房老僧宿。
夕鸟应更鸣，松鼠声喔喔。
翩翩太邱子，雨蕉秋夜读。
得和采薇吟，白云卧空谷。

盘桓径

错认踌躇岭，已陟盘桓径。
葫芦一线悬，矗矗迴石蹬。
路折鸟声旋，林纡影交亘。
人从竹上过，步步转幽胜。
松扉知半开，耳边响清磬。
不须软脚酒，陡然发诗兴。

双　池

清泉漾石池，长夏泉汩汩。
更有石池泉，盈盈如明月。
一对白玉盘，石窗与石屋。
绿云气萧森，独坐砭肌骨。
异鸟时一鸣，下瞰近襟袜。
水面忽摇红，金鱼随出没。

蓑衣岩

群岩似奔犊，瑰石挂衣蓑。
中有数行书，不类隶与蝌。
讵缘石鼓文，零落在山阿？
昭谏留题处，到今谁补戈？
何年披蓑翁，画石斫生鼍。
横空势欲攫，截铁散枝柯。
神物不敢觑，况敢云临摹？

彭姥岭

众山皆逶迤，两山忽中断。
一岭当其空，长虹落天半。
下有千万家，望之毛发见。
为忆乱离时，山头飞羽箭。
将军善杀良，遇贼鼠西窜。
矫首望天衢，星河正灿烂。
娟娟岭上月，曾照蜗角战。

千丈岩

登高已千丈，纵目望丹丘。
但见海波白，更无山与侔。
双丸吐沧漭，乾坤同一沤。
遥遥海上山，点点水中浮，
南睇瓯与闽，东望亶夷州。
极目千万里，寒风吹飕飕。
登临极无上，山云犹上头。

仙掌岩

仙人一掌悬，翘然出云坞。
月是掌中珠，风来掌上舞。
岂无五色石，密密天工补。
岂无七宝光，丁丁开玉斧？
可怜承露盘，芳林娱汉主。
亦有模棱手，茫然无所处。
叠足山间游，月色白如午。
抚掌对仙岩，只手自千古。

蓬莱书院

【清】姜炳璋

大中政治小贞观，守令堪入循吏传。
吾乡贤令推扬公，眐歌在野酒在泮。
斯时学校设，初闻钟鼓声。
山前筑书室，月下读书镫。
吾乡乡贡有王关，与君啸咏丹山赤水间。
桑田酝酿诗书气，风雨琴堂春色阑。
君不见泾阳尹天子，书名标殿寝。
又不见醴泉令佛祠，祈祷传异政。
煌煌史册著千秋，海邑谁将遗事搜。
夜来惟有蓬莱山上月，照见书窗白如雪。

再过钱司寇祠兼忆张司马

【清】姜炳璋

有明三百年之荩忠，司寇开其始，司马收其终。
有明三百年之学案，司马以苦节，司寇以苦谏。
忆昔司马启行时，衣冠再拜司寇祠。
合城官府望威仪，里老至今能言之。
我曾拜读司马集，司寇遗文不存一。
作志幸有黄南山，墓碑恨少梨洲笔。
吁嗟忠义聚吾乡，前有钱公后有张。
白石山青甬水苍，黄鱼正熟白蟹香。
我欲建祠祀二公，土羹杯水永蒸尝。

南田行

【清】姜炳璋

开元设郡尽东南，金齿林门踞雄关。
元人上书弃海壖，梅花村里鳞鳞屋。
里中风味多淳朴，不重金钱只重谷。
尤家楼橹若云屯，南堡朱溪烽火新。
挈伴仙源去避秦，当时此地少兵革。
葛天之民无怀国，桑田也酟诗书免。
庶富绵延胜国初，秀兰山前跳黄鱼。
海上诸山传羽书，故元学录王刚甫。
身率乡人缚虓虎，东瓯老子惯弃土。
海滨苦日照寒埃，十万生灵付劫灰。
宫阙不闻赤子哀，神鳅出没风涛驶。
令严急渡捐生死，半死逃亡半死水。
山根石壁尽咽喉，海上元兵气力柔。
倭奴一燎焚三州，南都震惊綮开府，
虎臣俞戚张威武。明年幕下乏夫人，
元戎奇计恐不灵。追咎弃地东瓯王，
朝议纷纷少主张。中原盗起龙蛇战，
爝火方息留余焰。舟山黑子起引殿，
南田仿佛畿辅县。星戈挥处海山腥，
天吴灭迹海宇平。秋风但许鹤鹿鸣，
春雨无烦犁犊耕。自唐到今几千载，
盛衰之理总不解。颓垣败瓦依然在，
我来凭眺意悄然，佛头峰上娟娟月，
曾送开元番客船。

西　谷

【清】倪象占

东谷还西谷，山乡实海乡。
云容延漠漠，天籁答浪浪。
积翠含朝昫，回光散夕凉。
逃虚谁复在，跫足定难忘。

蒙顶山杂咏十五首

【清】倪象占

梅　岩

梅岩在何处，山月正娟娟。
道是梅家姓，谁人见此仙？

南风冈

冈以南风名，南风泠然至。
快哉一御风，冥搜吾亦奇。

七　曲

危崖不可攀，梯级层层挂。
试看烟翠中，重叠入堪画。

搏虎湾

夕阳搏虎湾，聊坐一凭眺。
振野寒风来，犹惊空谷啸。

欢喜岭

不借穿层云，谁言或窘步。
到得厓巘中，乃知名未误。

大士湾

佛迹遍名山，举世嗜乃尔。
竟作如是观，此亦称大士。

仰天地

积水孤峰顶，人工那得开。
应知云酿出，不待雨流来。

白云庵

上方何所奇，夜见星辰大。
寒芒正逼人，孰敢空天卧？

天　峰

占此一峰高，四顾群峰失。
我欲朝朝来，坐看扶桑日。

蜿　冈

幽篁不见天，深翠到山脊。
一径何蜿蜒，但通采樵客。

花气岩

云根茁云叶，乍吐如灵芝。
散作半天雨，沾濡无尽时。

雁过桥

鸟道一何险，衡阳思不穷。
衔芦增怅望，书字入秋空。

莲　亭

万峰簇一亭，叶叶吞金碧。
荒唐千丈花，何处吸琼液？

倒　斗

峰卓无常名，形奇岂似斗。
诸君看七星，定不须昂首。

紫云庵

白云与紫云，相接无人处。
山鸟啄生苔，晨昏自来去。

象山杂咏

【清】倪象占

方隅宛在水中央，问族前知安化乡。
卅二里中花映缓，风流谁是象山郎。

见泊新罗山下舟，昔年徐福去何求。
遗真只在蓬莱观，能信楼船到祖州。

山中真逸本华阳，翠壁双题鋻盖苍。
若解蓑衣岩上篆，真名今在应真乡。

五季纷纷似奕棋，朝荣暮落感金雌。
寒花一路梅溪上，不敌唐家副使祠。

周郎塘近泊戈洋，风雨凄凄冷铁场。
莫是长生军戍地，相思岭上望家乡。

黄溪渡口去来船，潮落开时潮涨还。
看过虾蟆台下路，松林一簇即蚕山。

青苔湾外两模糊，叶叶风帆乍有无。
小目洋过看大目，西殊山去到东殊。

老去鸡窗辑异闻，天涯起舞旧参军。
与谁痛饮黄龙府，空望临安酹岳坟。

道出天门事远输，八闽贡舶走金珠。
白虾乌鲻风波别，料角谁征海运图。

东摄潭流下五雷，刍龙腾跃鹗龟来。
道人滴罢天飘水，上阵还携柳秀才。

澄碧堂中野鹤群，影空瀛海四天云。
沙头旧迹何人见，紫晕春生道士裙。

城南斸草破烟畦，白日登登十里堤。
不信侬家河畔路，雨昏犹有鹧鸪啼。

田家小妇懒梳妆，篱畔花红正下秧。
最是何村蚕事盛，萧娘门巷对胡娘。

埋钟无计问荒原，争似天然款识存。
一样铜花流扑满，摩抄铭励认开元。

通街喜见踏跷人，三月城中社鼓闻。
莫遣火龙明照海，双灯防遇万将军。

莆央来后见嘉祥，万目争看榜眼坊。
好语儿童穿铁砚，书田近又报新塘。

天台山下赤城霞，丹井泉中勾漏沙。
最爱化工能作色，秋深红上木犀花。

白查渡抱蛎江斜，海畔蠔山此最嘉。
好趁天寒沽酒去，满房风味嚼梅花。

渔蓑隐隐海连天，于绾山前钓晚烟。
看取孤篷三尺雪，银光铺遍带鱼船。

福地相依鹤鹿天，八排门畔几村连。
如何闲看春犁雨，南望南田是禁田。

倩谁白雪和青唇，四望丹山一曲新。
海上若逢庚定子，好言今是太平春。

登炼丹山寻真隐旧迹

【清】史节音

真人昔年隐此山，白云来去相往还。炉火纯青丹九转，蓬莱咫尺非人间。至今山上留遗迹，好事时有登临客。扪萝剔藓费搜寻，片石层岩尚珍惜。丹井投丹未可知，井栏镌石犹见之。鬼神呵护经千载，赑屃力负初唐碑。棋坪天然傍石室，数行更有神仙笔。仙人掌上白云封，不遇探奇总不出。吁嗟乎，终南、少室盗虚声，孰似山中宰相令人到处怀幽贞！

姜　屿

【清】倪桂馨

吴七娘村外，菰芦一屿悬。
人家平水岸，罾网挂篱边。
宿鹭依朝爨，归帆指暮烟。
候潮几十度，茶话惜流年。

杂　咏

【清】潘健山

株守何愁心事违，一邱一壑素相依。
琴余随便持竿往，牧罢从容带犊归。
小妇夜舂因昼粥，老妻补旧当新衣。
人间真趣农家得，莫道樊迟请学非。

新添一线长

【清】吴巘华

永夜犹愁梦未央，小童报道日初长。
闲吟已减三分烛，对客还焚一炷香。
栏外花砖添晷影，闺中绣谱恋斜阳。
灰飞葭管春和泄，遥想云台特纪祥。

石屋八景和家梅溪韵八首

【清】钱嗣容

雨香庵

霏霏簷葡香，隐隐高峰侧。
叆叆白云家，深深梵王国。
乍雨疑乍晴，即空悟即色。

听秋室

万籁寂无声，萧萧鸣不已。
景忽自情生，感亦因心起。
起坐时静听，凉月明荒屺。

眠云坞

平石列如床，深林布若幄。
漫漫多白云，山静午不觉。
呼之寂无人，芳草自绿缛。

招鹤峰

山人爱养鹤，结茅西山凹。
晓来放之去，暮来还相招。
下视沧海阔，一峰凌清霄。

洗心池

我心若止水，止水清澈底。
谁使浊自淆，对此不一洗。
静坐池上观，心镜觉弥弥。

指迷石

人心欲上天，恒苦乏佳遇。
勿自阻临崖，绝处必得路。
粼粼一片石，侧侧相予顾。

流华涧

花开满山谷，花落随水行。
古今一瞬息，何苦萦虚声？
吾自乐吾乐，动静毋婴情。

移情台

蓬岛在瀛海，何必求其真。
高山与流水，无意写斯神。
一曲《水仙操》，吾师方子春。

蓬岛樵歌（十首）

【清】钱沃臣

丹山千仞势员撑，旗鼓亭亭天造成。
二十四峰连起伏，百四十里到蚶城。

徐福来游梅福航，黄蛮洞古忆三皇。
亭名宝贝唐碑在，何处追寻白水郎。

儒雅洋村山水清，弦歌市听读书声。
男儿有志登云路，何必嘉祥兆甫英。

起春亭上翠旗翻，鼓吹山前彩仗攒。
戏事服图黄雅菜，儿童欢逐打春官。

海东道院旧相夸，二月山城春正赊。
顿顿鲜烹雷霍笋，村村唤卖雨前茶。

玉兰襘子懒梳妆，秋禊庭前茉莉香。
苏叶冷翻花水赤，金刀甘破蜜瓜黄。

乌昧辛劳海米羶，农家歉岁剧堪怜。
自从广种甘薯后，不尽充粮又永年。

忽红忽白映江寒，叶似珊瑚子木难。
野老指余乌桕树，校书藉作炳藜看。

于缩山前舣钓槎，东仙原上踏橇划。
开田港口栽蚶子，插竹潮头结鲎笆。

连理枝横海扇开，石梅树映绿云堆。
龙君尽自夸多宝，算袋还随佩印来。

过彭姥岭口占

【清】史积昌

蓬莱山上结螺青，溪上清泉路上听。
行到岭头尤豁目，西溟掉首便东溟。

游东门

【清】蔡德升

隔水悬神岛，荒莱只旧城。
管弦非昔日，台榭亦颓倾。
渡口渔舟满，山腰草屋横。
我怀王学录，今喜海波平。

薄薄酒

【清】潘丹墀

薄酒终是酒，一石足以抵一斗。丑妇终是妇，一家亦以添一口。买马不如买犊，种肉［玉］不如种竹，多笑不如少哭，有誉不如无讟，丰年玉不如荒年谷。艳花多命短，古木必拳曲。厚味有毒，知足不辱！丑妇柔着心肠居一室，蓬踏障前头共白。薄酒大着肚皮饮百筒，虽然不醉面亦红。

等慈寺赏红叶

【清】张绍彭

步出城来冬日温，满山红树火屯云。
闲随流水寻丹井，转向高冈叩佛门。
禅室茶烟风入座，僧房兰臭酒盈樽。
此中即是神仙境，世上繁华何足论。

蟹肚脐

【清】孙天准

横行当道几何时，吸尽西江尚在兹。
若问团尖人不识，山灵亦未辨雄雌。

采桑曲

【清】邓　炳

二月青虫化为蝶，三月蚕生桑吐叶。
麦浪冲风菜亩香，四月家家行采桑。
采桑桑叶满，食缓采亦缓。
采桑桑叶稀，蚕饥侬亦饥。
侬饥犹自可，蚕饥愁杀我。

读　史

【清】叶兰贞

天生侬辈欲何如，经济无由枉读书。
若得女科开制举，胪传未必独遗予。

新　燕

【清】叶兰贞

庭院春深燕语哗，身轻无力受风斜。
筑巢不向雕梁去，仍傍茅檐旧主家。

题摩崖东谷

【清】史继祖

祢衡浪迹叹飘飘，海外偏留两字标。
高价已曾传喜笔，壮心无奈谢题桥。
尽多谶语陪黄石，难得诗名骂紫霄。
我向锦溪寻胜迹，墨痕珍重未全消。

宿大泥塘

【清】吴世枚

小航船窄客篷低，夜半登塘路欲迷。
十里水拖泥滑滑，满村风冷露凄凄。
板桥欹侧危行步，茅屋东西杂乱畦。
梦也不思身到此，荒凉遥趁月斜西。

短檐欲入教头低，少妇驱鸡把客留。
四壁乱虫吟到晓，一星幽火暗凝愁。
东风潜动洪涛信，夜雨频催满室秋。
危坐自思还自解，者回小劫许逃否。

游爵溪观渔船

【清】倪天鳌

廿里分城喜作游，海门潮上到滩头。
三春水利洋中觅，一队渔舟天上浮。
去如探珠求合浦，归如骑鹤返扬州。
鱼盐本是吾乡业，自昔犹称望海楼。

石浦竹枝词

【清】陈秉元

蜃雨腥风骇浪前，高低曲折一城圆。
人家住在潮烟里，万里涛声到枕边。

金山铜瓦两相招，海唱渔歌山唱樵。
一路听来行缓缓，夕阳阴里过仓桥。

北城流水碧潺潺，文阁岩峣傍两山。
步到岭头才一憩，斜阳已落女溪湾。

金峰突兀路盘旋，约伴来寻漏锡泉。
健步直穷高顶望，茂林一簇是南田。

插秧吟

【清】王立诚

春云出峡何夷犹，春雨连塍水乱流。
春林布谷鸣斑鸠，门前簇簇秧方抽。
牧童连臂驱犍牛，秧马接项移道周。
拔针盈握承以篝，幂斜罫正随弦勾。

银盘珠落狮抛球，左萦右拂无停留。
老农挈队驱前茅，琉璃倾仄翻泡沤。
两旁人众归一畴，一閧宛如鲁与邹。
手扪足踏不自休，其骭踯躅躬伛偻。
背水疑用淮阴谋，进之以泳还复游。
分金布玉当畎沟，翠光摇笠青豁眸。
树阴小憩人渐稠，笋羹麦饭提满瓯。
擎拳曲跽期有秋，愿无蝗害田鼠偷。
一肩明月归途幽，秧歌四接尧民呕。

昌国卫城怀古

【清】佘勉翰

胜朝曾此驻元戎，举首南田在眼中。
山海置防汤信国，风云际会蒋泾公。
屯粮果获千钟粟，佥事谁弯两石弓。
十八指挥名氏杳，夕阳闲话白头翁。

渔　舟

【清】张绍翰

渔翁信宿棹扁舟，江上无心任去留。
碧水涨时频下网，寒潭深处好垂钩。
半篙明月芦花岸，一曲春风芳草洲。
独往独来长自得，汀前白鹭水中鸥。

种　田

【清】张绍翰

云迷村树雨迷天，一队排开种水田。
步步退来身落后，行行插去我为先。
图成有影邠风画，写出无辞周雅篇。
从此怀新欣有诗，揠苗无若宋人然。

昌国卫护

【清】佚　名

昌国由来防寇侵，依山傍水筑垣城。
关中谨守盗谁入，郭外堤防寇敢临。
石浦城坚烽火静，东门捍卫泽息深。
风水回环龟远峙，仓前江水任浮沉。

竹　炬

【清】沈炳如

颇较燃薪便，何须秉烛行。
干霄增气焰，涤垢倍光明。
月可良宵代，风怀旧日清。
倘从除夜制，还作爆花声。

东门竹枝词

【清】王植三

逶迤山势自西来，谁把天门詄荡开。
浪起中流横石阃，天教雄险镇明台。

樯影联翩到客舟，鸣锣抛椗泊中流。
乘潮侬要扬帆去，一出东门便十洲。

将军遗像坐巍然，掷珓扶乩卜有年。
郎不耕田侬罢织，一年生计在渔船。

渔户家家有网场，楼船旌旆共飞扬。
染来洋栲红如血，屋角高悬到夕阳。

木桩打处水漩涡，小网船来如网梭。
捕得梅童更梅子，加恩簿外子孙多。

槎头缩项如枫叶，船尾铺银有带丝。
美味更夸秋八月，千条虾鳎网来时。

一带泥涂场圃筑，大家呼晒鲓头忙。
鱼虾还许儿童乞，抵得田间拾稻粱。

久羁上海又南台，旅食何年去莫回。
郎也不如潮有信，一潮才退一潮来。

盂兰盆会纪中元，招得孤魂启佛筵。
万点红灯波历乱，星河倒影水连天。

处处渔船利觅蝇，满街吹送海风腥。
小楼最喜当窗坐，茉莉齐开兰蕙馨。

南田吊张忠烈公

【清】欧景岱

南田界象南，较象大居半。沿革溯宋元，回浦隶乡贯。洎自朱明兴，洲岛拨丛乱。遂禁民居山，迁徙绝薪爨。禾黍积莽榛，岩岙错圩埠。杰哉汤信公，握筹有成算。似识三百年，当来义师窜。吾郡苍水公，英毅等曹冠。甲申京师陷，忿起挽狂澜。瓜步初进师，戈矛砺乃鍛。芜湖继登城，旗帜夺防扞。孰意延平藩，督练殊怯偄。同仇非腹心，一挫辄背叛。反俾单弱军，整旅作绛灌。成败既异形，寤寐深扼腕。霍山困奔走，踵裂头亦汗。剧觉行路难，行行抵乡闬。原非黄冠旋，聊作游汗漫。滃洲暨缸爿禁山名，　　　　跋涉苦昏旦。遂入瓯瓦门，穷栖谢羁绊，奴养猿一双，出入警鸣唤。托此无粮区，版籍不能按。孤忱效采薇，饿作首阳看。不知天戈挥，翼翼下飞翰，日出罔率俾，河海讵清晏？搜擒穷其区，方等不庭干。六位共占空，原早识爻象。成仁古所难，取义今已断。官爵不能縻，刀锯非所惋。举首好山色，正气肃严惮。但瞻明社屋，蓷比中谷熯！嗟嗟公虽死，读集尚薰盥。回望洪涛中，佛山卓天汉！

红木犀辞

【清】欧景辰

庐陵尚书创长句，谓是瀛洲第一树。
后来谢山亦有诗，征考前闻略能具。
象山史氏初持献，持敕宫臣写团扇。
二十八字赐群僚，雨露丹心效葵恋。
空山凡质倏朝运，一日天香播扬遍。
当时竞辇花石纲，分枝接叶嗟苍黄。
此花幸尔惬宸眷，珊瑚掣月生奇光。
或云移植种辄变，古之所有今则亡。
繁华过影吹云片，何论凄凉翠微殿。

登石浦东门炮台怀王学录往事

【清】黄　燮

雎鹗翔高穹，云霞烁［灿］幽谷。徘徊上遗址，风物恣远瞩。沧瀛波浩浩，南田峰簇簇。枨触余怀悲，缅彼王学录！溯从宋元来，哀歌多黄竹。孤臣每屈冤，乱世几杀戮。公当杨屿青，海精出海曲。童谣："杨屿山，忽青青，杨屿山下出海精"，盖指方国珍也。丹峤幻风烟，朝夕惊鼓角。谁欤拥貔貅，鼠辈骇觳觫？贼呼瘦巡检，相戒不登陆。王剿贼所向披靡，贼呼瘦巡检，后忤权，罢去，贼遂莫制。乃知蒙［豪］杰士，徇义轻爵禄。意在活斯民，勋名昭耳目。昨者展凭吊，遗像瞻威肃。高歌谒庙诗，题壁惭尘俗。午后上林峦，步步追芳躅。同游皆叹喟，剧论中原鹿。明纵破天荒，蛟龙尚流毒。兰山与秀山，烽火侵石屋。宰官藉保障，车马受约束。大兵闻寇平，苍生免鬼录。贼欲劫县丞入海，赖将军与蒋公直募众击散。时京兵将至邑，闻败中止。有功且不居，卓卓人如玉。国家反猜疑，白发死冤狱。惆怅吊忠魂，清泪洒草木！请观战守区，当日倾兵渎。石城江之西，卫城江之北。泽岂沾渔樵，东西安耕读。俯仰百年间，寸肠转辘辘。夕阳半郭红，烟水满江绿。

蜑女行有序

【清】王莳兰

蜑女，俗称踝蹄婆，或作缺地科地者，不典。盖粤海水蛮种，以船为家，亦谓之龙户。近之泊吾邑石浦港者，系闽产，多网捕为生，不尽属炫妖妆，媚商贾，如珠江花艇故事也。爰赋所见闻。

曾、吴、何、顾、濮、苏、麦，板楯七姓船为家，不愿生男作木贾，但愿生女颜如花。娇憨鱼姊持门户，蚬妹盈盈刚十五。其妇人，大曰鱼姐，小曰蚬妹。下萍上柳横楼开，其所居花艇曰横楼。鸳鸯有乡鸥无主。丰鬋不髢烟堆肩，窄襟衫子红木棉。皂絺一幅兜香帊，员跗六寸凌波莲。春盼如水生漪涟，漂赚千百人头钱。大堤排桩晚潮咽，悬满银灯素馨结。夫娘新调翻四絃，荡子痴肠与萦折。黎单珑鬆叠半床，脱鞋卧吸罂粟浆。枕球雪秾抛茉莉，口脂雾酽喷槟榔。匼荷作帐月不到，何来纤翠窥迷藏。刘宫大体本猪女，迩还密咒传西洋。生涯如此吁可怜，浪狎潮嬉年复年。亦将课税畚（读 bèn）官纳，不肯婚姻犵狫联。有婿但抱阿囡睡，有弟采蠔穷岛边。薶（读 mái）愁南越珊瑚海，种梦西浮蛱蝶田。亦有飘零老未嫁，佛桑颜色凄风卸。蚕蛊谁凭钟乳医，金穴都成铅泪泻。养汉难成［寻］布篓郎，蜑户有大罾、小罾、布篓、竹箕、鱼篮、蟹篮等名，见陆氏《小知录》。篓，音忌。忍言少日珠无价。蓬头跣足觅佣资，兰舵千片幸能驾。鲎帆六扇飐斜曛，换遍邻舟花草盆。蜑女未字，置盆花于船梢，聘之者则置盆草，以致媒妁。榕叶阴阴山鹧媚，看渠啮臂拜蛇神。

农家叹

【清】王莳兰

织布思御寒，播谷思御饥，寒尚可忍饥莫医。嗟我农人实劳瘁，年年豚酒田祖祈。今年旸雨幸颇好，春水满塍秧种早。螟螣不生穗绽黄，未晓比邻呼刈稻。归来力惫月正昏，满篝愿足犹忧贫。赛社酬神未敢饱，肩囊倾囷输公门。公门吏役如狼虎，据斛赢量不遵古。更侵余烂充私囊，正额未完犹促补。归觇空廪尚余餐，转粜偿钱免嗔怒。昔年荒歉饭不足，何今岁有仍枵腹。东邻恶少年，西家强乞粟，丑态憎人徒取辱。儿啼女号觅饭箩，菜颜相对徒滂沱。一年生计今已矣，索绹乘屋明如何？

大雨后自儒雅洋归过西沙岭

【清】王莳蕙

回峯黯黯摩层霄，云树蒙蒙低远郊。俯仰不知天地阔，但闻万窍相悲号。寒风刮面铦于刃，残雨着肌纷如毛。独行断岸百尺峻，再经削壁千寻高。四围骤涨争趋赴，百里支流羣汇交。惊浪横冲驰怒马，丰雷齐吼逐奔涛。悬空瀑布天半落，激石珠花眼底跳。遥响琅琅戛岩涧，颇疑僊乐锵琳璬。缘溪宛转出平麓，入谷嵚崎过石桥。舆人蹩躠蹑危险，异我飞渡长松梢。怪木迎人攫奇鬼，枯藤入手援轻猱。苔深磴滑戒失足，努力如登昆仑尻。沐雾穿云行之久，挥汗少憩双肩劳。岭上迷离生暝色，岭前決漭回暮潮。飞禽敛翮地踪少，咽蛬凄蛩鸣寂寥。走向僧厨觅残茗，安得御冻分余醪。凉气沁人袷衣薄，老衲迎门多絮叨。举步匆匆蹴归路，勾衣齿齿防露磝。修篁交影径偪窄，落叶卷地声刁骚。瞥见渔灯点沙渚，亟趋蟹火明山椒。此时月黑风愈锐，倦足欲与凌虚翱。入门催煖瓮头碧，满引一斗诗肠豪。

象山海错诗

【清】王莳蕙

一天梅雨洗沙腥，软翅双挑燕尾青。白扁
冻玉上柈糟气酽，细鳞如粟泛银星。

海鲍生来石镜同，霞衣一袭裼猩红。水母
花磁饤饾香橙芼，萍实何须误楚宫。

蛎粉匀涂雪色饥［肌］，灵蛇高髻挽青丝。丫髻鱼
敢如北海康成婢，跪向泥中赋卫诗。

墙头村名市上挈篮归，一路杨花乳燕飞。社交
莫笑宁轩无口腹，由来措大怕脓肥。

潮纹如线晕重重，曾受甘圆内史封。蛤蜊
食可升天真上药，云何不隶玉房供。

霜紧残秋柏白时，虾蟆台下网初施。霜打泽鱼
攓来道士裙同煮，抵过桃花春半鲻。

青梅含颗杜鹃稀，短岸争劳［捞］照夜玑。蚕虾
好借二姑缫茧铫，并浆红辫季遐衣。

绀盖攕攕脱厣时，花膏百结最相思。丁香螺
小红鹦鹉三巡醉，拢袖当筵吮口脂。

噞喁异种地青传，簇刺茸茸尾倒悬。邵洋鱼。
尤物从来能蛊客，莫贪风味误垂涎。

文采斓斑七寸镠，转教蝛蜐愧常馐。沙蛏
阿谁赠我刀金错，赚得张衡赋四愁。

抵得春蛇软骨膛，海船钉子样同夸。土步
堆盘更有猫头笋，舌底烟香喷韭花。

拳如偃笠撒如蓑，八尺青绳肉窍多。章巨
粘石拒人称大力，笑渠郭索仗提戈。

文蠡脆壳脱青黄，细剔尖膏带薛香。肘子
无分封侯悬斗印，苦教回袖怨生杨。

琐碎金鳞软玉膏，冰缸满载入关舠。黄花鱼
女儿未受郎君聘，错伴春筵媚老饕。

腊得芙蓉寸寸干，梅醯菹酱剂咸酸。千年臂
居然饱吸金茎露，那用东方不老丹。

次第春糟土冻储，舟移万瓮入姑胥。吐铁
安期写罢神仙箓，洒墨都成蝌蚪书。

冰盘堆出碎玻璃，半杂青葱半带泥。海瓜子
莫笑老婆牙齿软，梅花片片磕瓠犀。

可准深衣旧制裁，素绅三尺曳皑皑。带鱼
波臣新授银台职，袍笏龙宫奏事来。

先生苗裔本侏儒，偏捋鬑鬑厕丈夫。鬼工
皮里阳秋多诡计，倩谁续写两峰图。

褦襶村翁负笠圆。螟蛉蜾蠃借诗篇。璅蛣
横行才气同司马，寄迹他乡是仲宣。

象山海错诗

【清】邓克旬

浪花堆里影浮浮，写出冰轮水国秋。海月
磨去银沙生古泽，琢成新样玉搔头。

浪花吞吐水中央，柱肉精莹亦广长。杨妃舌
也识滋滋回味好，酒涎何忍污丁香。

象山海错诗

【清】陈汝谐

形如覆斗极离奇，逐浪双双每伏雌。鲎
剑客手劙珠满簏，一帆风送稻花时。

骨软膏柔笑贱微，桂花时节最鲜肥。　望潮
灵珠不结青丝网，八足轻趱斗水飞。

过毓兰轩赠陈南屏先生

【清】虞　峻

小筑城南僻，陂塘五亩宽。
怡神雍图史，佳气茁芝兰。
俯仰多陈迹，春秋足古欢。
前修真自慊，翻说力行难。

游五师山

【清】陈之翰

名山有约几经秋，预作登高快此游。
西沪南田同一望，放怀东海极东头。

暮春赴小湾塘

【清】欧仁衡

山花红一路，香送野风多。
林外传樵唱，滩前起棹歌。
鸭头春水涨，牛背夕阳驮。
回首曾游处，星霜几度过。

欧阳桥

【清】赖余煌

西岭峰前横亘处，欧阳名望至今标。
千家烟火深为锁，一带溪流永作腰。
伊似长虹浮水面，还同仙鹊驾云霄。
相如题柱成千古，欲拟高车过此桥。

西沪棹歌五首

【清】沈观光

数里清渠似镜环，晓妆面面有螺鬟。
凭舷贪看佳山色，早出猫头几个湾。

网得鱼儿去换钱，蛤蚆嘴口晚移船。
自言二月春鲻旺，水国生涯胜插田。

除将阡陌尽坡陀，策杖行吟下涧阿。
六七人家三五树，蚕山横黛似春蛾。

上沙陂仄下沙平，退八潮浑涨八清。
到底风波多不测，试看急溜下登瀛。

簇簇沙滩水见痕，一帆卸后已黄昏。
舟人还语新来客，沽酒消寒入杏村。

东陈田歌

【清】陈得善

去岁长春今短春，上山忙去砍柴薪。
连朝听得催耕鸟，催起田家作苦人。

寒露初交下子来，平畴春色嫒于苔。
是谁唤作荷花草，二月东风应候开。

满篝谷子草围遮，煖借汤浇易茁芽。
三日前头记初浸，一缸春水映桃花。

雨余最好嫒晴天，秧子萌生竞出田。
拟缚草人驱鸟雀，儿童争插见风旋。

小暑新禾正眼花，田头行祭祝篝车。
童年记得田家谚，初见糠时值二麻。

儿家辛苦忍朝饥，糜粥炊成杂薯丝。
今日立秋逢大煞，者回纯米饭香时。

晚青耐冷忌南风，八月秋凉岁定丰。
闻得一龙占治水，低田大半种淮红。

生小持家习俭勤，布衣蔬食也君恩。
官仓亲自完秋米，归去南檐弄稚孙。

捉粮谣

【清】陈得善

捉粮复捉粮，今年新例官下乡。捉粮不得捉人去，一人一役如牵羊。

鞭之策之，其行却曲。宁损我臀，无伤吾足。后人蹑踵，前人侧目。一儿呼天行且哭："儿身代爷儿行速，阿爷三日食无粥。"捉粮去，皂隶怒。捉粮还，皂隶欢。皂隶且勿欢，记否昔年：一吏一官，脂肉中饱。大宪发其奸，槛车轫辘。虎悲狐哭，国课当完罪当赎，倾囊倒箧仍不足，归家鬻田更卖屋。

县官来

【清】陈得善

县官来，县官来，道旁旗鼓声暄［喧］阗。为问县官向何处，县官今日下乡去。县官来何迟，百姓喜相告，东村火灾三百家，南村盗劫两年少。省耕不逢春，省敛不逢秋，非是恤灾即捕盗，此行辛苦贤诸侯。呜呼贤诸侯，来意颇难识，疾行舆若飞，危坐面如墨。锒铛钳釱弥尾青，衙差力薄肩不得。朝向东村过，县官不放火，火熄那复求其他？暮向南村去，门户皆完全，“盗劫两儿竟何据？”当时勘语。西山日薄炊烟生，我有我事我急行。鸣锣喤喤聒人耳，前驱不闻啼哭声。为问县官向何处？县官今日捉粮去。

石浦赋

【清】许锦清

偶游武林，适偕酣宴。值众客之欢娱，道故乡而忘倦。天姥、天目，高不可攀；鉴湖、清湖，清而足羡。谓余生长石浦，何不述所钓游以广夫闻见？顾言之易支，听者转眩，曷若希诸词章，传诸笔砚？原夫石浦，地邻白峤，界属丹山。高峰嵯峨而峭立，大海浩渺而回环。辟阛门成，行舟则险防三岛；崎岖路古，控马则隘列二湾。军政置百户、千夫，领以都阃；水利来八闽二广，榷以要关。故昔人推福地、仙源［原］于兹土，而近者设巡司、分宪于其间。当夫春夏之际，舟舆络绎，士女喧阗。风飘飘兮酒旆，帆簇簇兮渔船。皓月清风，书争塌夫石刻；衣香扇影，宫共谒夫仙妃。选胜寻百花之洞，煎茶汲漏锡之泉。经南关桥而清波冰映，望番头岭而茂树云连。往矣王将军旌旗赫赫，怀哉宋幼主俎豆绵绵。加以迎神赛会，游客懋迁，斗巧争奇，戏陈什百，摩肩击毂，数极万千。即至秋冬之会，栗烈萧骚，海激风高，千重楼阁，万顷波涛，岸蓼开而霜醉，江枫落而夜号。蜜号波罗，削蒂浆逾冰酪；柑名佛手，登盘馥佐香醪；橄榄味在回甘，洵称谏果；荔枝色虽变赭，却助诗豪。尝蔗而渐近自然，足推大官之品；剥柚而正当已熟，不输曼倩之桃。夫奚但黄鱼、乌鲗，与夫海月、霜螯！惟是地为日本之贡道，时为番舶所羁留，东门之险固逼，南田之患为尤。犁头攙之斜出，滴落水之长流。棚曰葛藤，鸟飞莫入，斗名龙虎，猿过生愁。内外鱼山，峦奇峰插；盘旋花岙，径曲林幽。而且澎岛、台湾，漫无弗达；番禺、香港，势亦能周。故戚南塘运筹而建善策，汤信国巡视而运良谋。虽有膏腴沃壤，夫何恋而何求？余辞未毕，客揖于庭。谓此浙江之冲要，且逼近于沧溟，宜严防守，勿绸调停。纵使军器有局，与夫演武有厅，而非实心大力，毋乃颓敝时形。子其告水师，壮罴虎，奋雷霆，庶几疆虽岩而亦治，门至夜而无扃。请勿以余为饶舌，竟掩耳而等蒙冥！

观　潮

【清】夏秉成

澎湃声中势万千，四围浪涌欲浮天。
顿天眼界沧溟外，陡濯胸襟浩荡前。
一道横青分两港，双条曳白送渔船。
闲来信步桥边立，明月清风思渺然。

避敌居白箬山偶题

【民国】钱昌渭

门前竹径独闲游，半是山庄半绿畴。
霪雨骤倾千涧溢，密云低压万峰浮。
室缘地僻宾来少，花得庭深香更幽。
惟听隔墙三二叟，叙谈事局动离愁。

爵溪八景咏（八首）

【民国】王庆裕

瀛海渔歌

渔翁击楫未停船，一曲新歌缓缓传。
欸乃声闻瀛海上，登城贾客共陶然。

山溪牧笛

牧童握笛过溪边，信口无腔牛背传。
漫弄几首清宛转，斜阳一抹动柴鞭。

新庵涛声

新庵爱坐兴陶然，惊得涛声客未眠。
谩讶江边凭远眺，夕阳催散落帆船。

道宫古迹

蓬莱道院对南山，古貌巍然今又开。
几处欣来溪上客，残碑喜读竟多斑。

羊背晚霞

缥缈残霞带碧峰，落帆舟子棹客归。
漫传蜃气吞羊背，又见斜阳映水中。

金钟飞瀑

一峰顶上涨飞瀑，白练倒悬在眼前。
客尽昂头探此景，归来吟笔共陶然。

龙葱晴岚

雨后龙山色更新，烟霞如画淡浓匀。
孤悬洞口人难到，写得晴虹是有神。

玉井归泉

玉泉一水胜丹山，瀛海嘉人共乐怀。
却说透瓶烹待客，栏边少坐竟忘还。

县志姜田事感言

【民国】陈汉章

昔闻唐介劾张田，不料今人胜昔贤。
当代若兴文字狱，象山事可似澶渊。

电　讯

【民国】陈汉章

电讯来何骤，南京又北京。
知心人已殁，史学系空迎。
藜士笑冯妇，商贤希老彭。
已为偏废者，敬谢大司成。
投戈如讲艺，策蹇洛阳城。

珠山茶歌

【民国】陈汉章

珠山山高如天都，神人书剑疑有无。
风云呵护雨露濡，淑气磅薄钟扶舆。
发茁旗枪春之初，撷瀹佳味胜醍醐。

樊子诒我双鹦壶，两腋风生七碗余。
数年渴病疗相如，何须双井求云腴。
会当分植三千株，家家珍藏珠山珠。

东陈竹枝词（四首）

【民国】陈汉章

牧童馌饷笋蕤新，耕罢塍间笑语亲。
牛背夕阳双笛返，绿杨深处是东陈。（予村名）

女儿十五髻双丫，邻巷相邀夜纺麻。
月出西庄茅屋上，隔墙轧轧听鸣车。（东陈邻村名西庄）

满山飞落纸钱灰，石柱湾前扫墓来。
包得青餈人一块，黄童白叟笑相推。（石柱湾群葬山名墦间，乞食者名包麻餈，餈和菣蒿作之，俗名青麻餈。）

腰鼓牙箫赛社忙（俗作清明戏），戏文听唱杜韦娘。
回家罗列夜参顿（夜半食名夜参顿），手酌春醪劝玉郎。

官马捐（新乐府之三）

【民国】陈汉章

赀选汉郎官，输纳唐事例。金明亦开捐，后世变加厉。
一曰某某捐，再曰某某捐。大捐时捐不一样，捐人万民膏血钱。
钱人不敷出，弃捐沟中瘠。挥霍黄金与土同，公债发票何时歇。

上　巳

【民国】陈　畲

上巳喜逢巳日辰，古来今日此辰真。
祓除无复观《周礼》，禊饮何曾昉魏臣。
节届阳和应转甲，岁忧灾害更祈辛。
嘉平腊后干支换，回想前尘话后因。

曲水多闻在洛滨，宋明宴会亦相循
尘谈元著群思汉，剑捧金人恐帝秦。
大朗气清犹旧日，城芜园破又春深。
穷居自把流光惜，辜负韶华意未申。

杰岙杂咏

【民国】王晓峰

西泄潭

上有双峰插汉高，水晶飞瀑势雄豪。
门前狮象岩奇险，恰似龙宫结柱牢。

开口岩

举首巨岩龙首然，潜形地下不知年。
拚将头角山前露，开口吐云蜚上天。

桃树坑

昔日坑边桃满栽，逢春次第傍泉开。
而今安得花重放，引彼渔郎向渡来。

犁嘴岩

岩状犁头大莫当，宛然常在水中央。
教谁提得犁头起，耕尽海边万顷塘。

马响铃

岭高百尺势如奔，一得马来响便闻。
村老不知常误会，佥传马响铃云云。

长庆桥

【民国】王晓峰

狂风暴雨撼高楼，怕见溪涛射树头。
一字桥横十七洞，前人欢喜后人忧。

悲　世

【民国】王晓峰

国事日非无限愁，干戈扰攘几时休。
文章无补凋残局，当效班公把笔投。

逝水年华叹白头，沧桑世事觉心忧。
扶危愧乏贾生策，悲世徒挥涕泗流。

蛎水观潮

【民国】杨家鳣

渺渺长流淡淡拖，潮来风静不扬波。
蛎房攒簇明江浒，蜗舍连绵枿泽坡。
两岸浅滩争网罟，数枝筇桨挂烟蓑。
最宜一曲渔家乐，薄晚沙头起棹歌。

尖岭晓钟

【民国】杨家鳣

漏尽参横客梦惊，枕边静听晓钟声。
高楼尚未黄粱熟，尖岭流传玉杵鸣。
闻得天鸡来报曙，方知佛阁好吹笙。
启窗红日三竿上，笑看晨岚紫气迎。

赠诗与安国

【民国】张静斋

一堂话别时无几，把臂逡巡不忍离。
从此天涯与地角，不知聚首在何期。

咏选举

【民国】方可钦

国民选举法诚良，贤否同来投票场。
得票最多应入选，方知声价逾寻常。
独有“英豪”志气雄，广开贿赂暗交通。
专心欲达真目的，不出多财不见功。

遂行财令夺人手，未写姓名先奔走。
岂有见财不恋贪，多者必胜少者负。
财到不关才浅薄，财多便是人中杰。
求材不确问舆情，谁知奥情听财决。
一朝得选任三年，薪水可图四五千。
除却当初运动费，余囊还可置良田。
噫嘻财本可通神，神尚呵护何论人。
入署尊称上等客，出乡都道大乡绅。
阔哉不比老儒生，名利依然两不成。
寄语人间富饶子，快将选举作前程。

晚香园赏菊

【民国】王 皋

高人品性玉人姿，黄白纷披千万枝。
不迁渊明谁对酒，虽非子美也留诗。
屈身篱畔未为拙，作战霜中自觉奇。
为告向平能脱俗，何难花下立多时。

抒 怀

【民国】贺威圣

汽笛一声动客愁，暮云江树路悠悠。
而今怕听骊歌起，未到晚钟且暂留。

扶桑鬼域君知否？大好河山黯锁愁。
壮士岂为儿女泣，要将投袂兴神州。

八一三纪念

【民国】王世祺

淞沪兵戈已一年，京杭相继陷烽烟。
纵然强敌饶兵器，奈我民心铁样坚。

九一八纪念（二首）

【民国】王世祺

沈阳沦陷七年周，从此东方半壁休。
若使当年能抗战，克家有子绍箕裘。

蝴蝶蹁跹舞态工，倾城自古误英雄。
可怜一片辽阳地，断送氍毹半日中。

立三中学迁移智门寺

【民国】王世诰

莫谓桃源今世无，季长绛帐傍浮图。
应真也欲求儒术，抛却梵经踞灶觚。

西沪竹枝词

【民国】王世诰

白岩远接大雷岑，山雾模糊不见林。
更有无心云出岫，来朝溪水半人深。

西南北壁习沿山，一带长江直不湾。
小水潮过逢大水，初三月半定循环。

智门桥下水滔滔，横卧琴溪孰可操。
一夜雨来如劈竹，定将俗耳洗嘈嘈。

小钓偏宜六角塘，水光倒映见天光。
金钩试向菱中掷，引起银鱼半尺长。

西沙峻岭最难行，竹树森森鸟乱鸣。
止息亭中闻说道，上山脚重下山轻。

入市人如逐臭蝇，舣舟亭里遇亲朋。
哗然相问鱼多否，但说墙头价日增。

镇海庵前夜已阑，一轮明月透波寒。
罾排却把渔灯灭，正好潮平涨八滩。

世间最乐是渔家，一叶轻舟进蛤蚆。
南北东西随口调，咿唔高唱过三沙。

偶 感

【民国】张国宝

巍巍大明山，伟伟昌国城。
防倭筑城垣，羞今奸佞行。

喜 降

【民国】陈 虹

欃枪净扫出启明，一夕欢声动北辰。
三岛新开都护府，九州同筑受降城。
凌空霹雳金精弹，委地缤纷血色樱。
鞭叱鼋鼍驱屃赑，楼船横海更长征。

华夏声盛溯汉唐，屏藩重固旧封疆。
陆除狐鬼秋初肃，海戮鲸鲵水不扬。
积世譬仇铮宿昔，八年血战杂玄黄。
大风歌罢应余恨，猛士还思守四方。

艾　旗

【民国】王世聪

千株竞秀绿差差，几队儿童刈作旗。
增得农家门上色，青枝婀娜任风吹。

咏　史

【民国】仇水心

新陈代谢理昭然，哪有长生不死年。
可笑祖龙无学识，蓬莱三岛求神仙。

赠傅规清女士

【民国】仇水心

吾象滨海地，贤俊闲世生。
灵秀独钟毓，于今有女英。
幼承母氏教，聪颖见性情。
学诗又学礼，观摩难为兄。
及笄就外传，庠序腾蜚声。
德工容言备，新旧学皆精。
造物好播弄，凤鸦误订盟。
明珠感入梦，诞青二女婴。
母而兼父职，教与育并行。
鼓箧孙其业，观光来上京。
助读熊丸嚼，易书笥金倾。
惟女能养志，太学得成名。
女克绍箕裘，屈指惟有卿。
一对姊妹花，头角露峥嵘。
权作彩衣舞，乘龙待馆甥。
桑榆颐晚景，小筑两三楹。
长斋绣佛前，蠲除俗务萦。
侍亲供菽水，自甘饮其清。
高节媲庐山，欣为晋兕觥。
荣登寿耄耋，封祝载歌赓。

少年述怀

【民国】何志浩

十三试马少年郎，背井离乡上学堂。
严父叮咛要努力，恩师砥砺更坚强。
诗书礼乐昌明久，德智体群教育良。
闻道鱼龙能变化，何愁丹凤不翱翔。

爵溪闲望

【当代】黄贞粹

山郭大瀛海，苍茫烟雾愁。
晚灯渔市集，晓色鸥群浮。
日出东南望，潮来西北流。
涛声何所似，风雨满城秋。

过港谒杨霁园先生

【当代】郑鼻峰

港流西汇日东烘，天水相招气类融。
两岸青山形欲接，一帆安顺渡春风。
疏眉丰颊貌端持，称故道新不异辞。
却掩才华着诚朴，高贤风度是人师。

登彭姥岭有感

【当代】郑鼻峰

望远途多折，升高步自危。
风烟怀眷属，花露想生涯。
野鹜情何逸，辕驹意不随。
太平愿有日，归马华山陲。

昌国竹枝词

【当代】王茂勋

昌城建自大明朝，八百人烟世称饶。
分境东西南缺北，临溪横卧古大桥。

筑城防寇安民筹，御敌指挥十八楼。
烽火烟台临北谷，倘逢急事报王侯。

文经武略两奇才，武将国桢文芝南。
太守刘公黄阁老，大名鼎鼎傲三贤。

点兵练习大教场，各执盾牌与红枪。
练得件件兵法熟，方称昌国有老将。

年年赛会节清明，彩阁龙灯崭簇新。
燕瘦环肥今都到，红男绿女闹盈盈。

八九孩童负妆奁，牛郎迎娶跨牛肩。
舆中假扮黄花女，如醉如痴哭一天。

鱼盐早市集中街，日日如常倒不差。
陈列时新山海味，呼兄唤弟做生涯。

海滨北角四时春，勤俭持家负网行。
捞得鱼虾鲜活跃，当街出售叫声声。

春　汛

【当代】王茂勋

一观春汛万千舟，下海如同成队鸥。
逐浪翩翩栖北渚，追风藉藉鼓南楼。
口中歌曲随心出，掌上橹声向水流。
昼夜不分凭大水，劳劳渔父放劲头。

冬　汛

【当代】王茂勋

朔风瑟瑟木机舟，随浪征途似沙鸥。
自向北洋千里客，已归南海一眺楼。
晓霜浓厚鱼争跃，曙旭窥樯潮转流。
如此天情性更奋，梢翁下网海东头。

咏菊五首（选二）

【当代】史致圻

盈盈秋菊笑千红，含蕊吐香斗朔风。
不作春光添锦客，愿将秋色献吟翁。

原是九天玄女栽，瑶池台上夺花魁。
玉皇偏听牡丹语，贬我霜秋独自开。

再登灵岩

【当代】史致圻

怪石嶙峋陆上鳌，登临纵目气雄豪。
时来化作倚天剑，刺破长空迷雾消。

西沙岭

【当代】何敏求

故乡高岭数西沙，曲径萦回竹影斜。
路畔林菁春鸟啭，隔岗晴翠映流霞。

故里遐思

【当代】何敏求

满目幽篁滴翠痕，耕樵问答伴晨昏。
溶溶蒙顶山头月，脉脉清辉儒雅村。
一曲清溪连地脉，无边野色托诗魂。
当年童趣堪追忆，三径荒兮松菊存。

红岩纪游

【当代】何敏求

雅静玲珑绿水湾，海平岸寂出幽滩。
平岩浪走纹成线，远岫云浮霞抹丹。
岛屿星罗严列阵，藤萝披拂暗吹兰。
海疆今日澄如镜，碧血坚凝磐尚殷。

重登教坛有感

【当代】王德裕

一去韶华逐逝川，今朝又执旧时鞭。
眼前忽见春风面，不觉倒流二十年。

缨溪诗社成立感赋

【当代】刘荣之

沧浪水清濯我缨，命名诗社慕佳名。
吾侪虽老无丝穗，借古唯祈笃我情。

岁暮寄台湾诸亲友

【当代】谢祖家

天容海色本澄清，两岸偏多别恨生。
知君思乡情未易，笑我望月梦几更。
一国两制传喜讯，椰风蕉雨定放晴。
大势所趋归一统，但愿早叙合欢情。

（二）韵文下·外编

西　谷

【宋】林　旦

雅有山林性，今来水石乡。
裁花寻秀陇，泛酒掬沧浪。
地暖春常早，云阴夏自凉。
课成还北去，魂梦此难忘。

蓬莱泉

【宋】林　旦

采药瀛洲去，扁舟竟不还。
黄金成海外，故井独人间。
乳滴岩花润，苔封石字斑。
空令千载后，犹复望三山。

濯缨亭

【宋】林　旦

早岁逐浮名，尘埃已倦行。
浩然临绝岸，聊此振烦缨。
世事随波远，吾心自水清。
营营朝市路，谁识孺歌声？

观澜亭

【宋】林　旦

万古渊源会，凭栏试一观。
云涛谁可际，勺水自为难。
日月闲中永，乾坤物外宽。
幽人休怅望，平地亦波澜。

西谷观澜亭

【宋】许　将

危亭高处依岩限，西望蒲昌海浪回。
山戴鳌头天外出，水经鳅穴地中来。
千重侧障扶摇没，万里分流混沌开。
令尹观澜知道大，三年穷邑更淹才。

题丹桂图

【宋】赵　构

月宫移向日宫栽，染得娇红入面来。
多谢秋风扬雨露，丹心一一为君开。

复古殿又题

【宋】赵　构

秋入幽岩桂影团，深香粟粟照林丹。
应随王母瑶池宴，染得朝霞下广寒。

岩　桂

【宋】范成大

风帘疏爽月徘徊，怅望家人把酒杯。
病著幽窗知几日，瓶花两见木樨开。

越城芳径手亲栽，红浅黄深次第开。
不用小山招隐赋，身如强健日千回。

一株萧索倚宣华，东宛香风属内家。
丹碧屠苏银烛照，平生奇绝象山花。

咏丹桂

【宋】胡　榘

碎琼揉香作肌骨，霁日吹红染肤色。人间何处有此香，一种风流初未识。东隅月户编三千，夜修玉阙瀛洲前。拂摇桂子偶坠此，雨露培植开韶妍。史翁移根出葱蒨，雕屋持归翠微殿。一朝丽质贯［冠］百昌，御墨分题落团扇。何年流转江南乡，一本奚啻千金偿。分枝接叶色已浅，纵有此花无此香。绝爱西山佳丽地，霭霭修林倚清吹。宁论斜日杏花酣，未许熙春海棠睡。是时金气初高明，宇宙轩豁澄埃氛。青霞绛雪互点缀，浓芬剩馥飘氤氲。鹫峰繁黄全不数，破械山僧练裙女。试看香御拥红云，肃奉虚皇游碧宇。携持宝镜吹波金，寒光万顷空人心。烦君控取红鸾住，便恐香魂夜飞去。

次胡榘韵

【宋】史　浩

粟蕊搏［抟］金叶凝碧，独在秋林逞颜色。岂知东溟史氏居，别有异标人不识。姮娥侍女盈万千，一一姿貌皆无前。为嫌此花戒淡薄，渥丹乞与春争妍。露滴胭脂霜染蒨，植根只向广寒殿。凡尘俗韵不可干，清凉惟许秋风扇。何年移到蓬莱乡，巨万索值谁敢偿？盘纡栏槛久不曜，一日名飞并国香。豪贵争看期缩地，载酒迟来烦鼓吹。园丁闻之竞采撷，夜深不使花神睡。接枝换骨离四明，飘飘爽气排妖氛。遂令禁御成真赏，余香剩馥常氤氲。芙蓉寒菊不足数，包羞正似无盐女。从渠摇落动秋声，独步惟兹遍寰宇。我尝对此倾葵金，却思四海状元心。殷勤劝化宜且住，寒士人人折得去。

题丹山井

【宋】赵善晋

泓泓澈底清，滴滴瓶透冷。
灵源何处来，独照贞白影

题智门寺寄住山伊岩玉老

【宋】宋伯仁

（一）

紫微深处着招提，古迹名臣事两奇。
宣子画由高庙治，越王心有孝宗知。
万竿玉立春来早，六角池深月上迟。
禅定十年帘不卷，不知门外几盘棋。

（二）

笋轿冲烟落翠巅，白岩山里借床眠。
饱听溪水云深处，笑索梅花雪后天。
几世世修三世福，万灯灯是一灯缘。
吾生误读磨崖颂，落得吴霜点鬓边。

题象山县栖霞观应真亭主持张羽士

【宋】宋伯仁

（一）

万玉丛中屋四檐，柳花时候笑掀髯。
谁将海上山千点，化作人间画一缣。
药灶未寒丹可炼，春风犹力酒宜添。
透瓶泉冷无人酌，输与黄冠自养恬。

（二）

杜鹃声里立东风，山色应怜鬓已蓬。
二麦晓寒新雨后，一年春事落花中。
醉斟浮蚁邀仙客，笑揖飞鸥问钓翁。
橹个万竿君子竹，虚心能得几人同。

玉泉寺金鱼

【宋】宋伯仁

金鳞韬隐已多时，寺壁重泯又有诗。
龙若久怀霖雨志，不应蟠居小方池。

过乱礁洋并序

【宋】文天祥

自北海渡杨［扬］子江至苏州洋，其间最难得山，仅得蛇山、洋山、大小数山而已。自入浙东，山渐多，入乱礁洋，青翠万叠，如画图中。在洋中者，或高或低，或小或大，与水相击触，奇怪不可名状。其在两旁者，如岸上山，实则皆在海中，非有畔际。是日，风小浪微，舟行石间，天巧迭出，令人应接不暇，殆神仙国也。孤愤愁绝中为之心旷目朗，是行为不虚云。

海山仙子国，邂逅寄孤篷。
万象画图里，千崖玉界中。
风摇春浪软，礁激暮潮雄。
云气东南密，龙腾上碧空。

送潘叔瑜归故里

【元】伯　颜

送君归古越，云树暗江村。
武略孙吴右，襟怀楚汉吞。
有意驰乡国，无心住戟门。
奇才难苦屈，挥泪倒金樽。

大瀛海道院为吕啬斋作

【元】卞思义

人间咫尺大瀛海，方丈蓬莱信杳然。
若木三更先吐日，弱流万里不通船。
未同徐福来求药，好访安期且问仙。
闻说吕公高隐处，蛟龙常护石床眠。

题瀛海图因忆旧游

【元】柳　贯

一幅烟绡展，千重海观开。
日华浮沆瀣，云气接蓬莱。
昔驾飞龙去，还随泛鹢回。
吾诗与君画，倾写尽琼瑰。

送陈养晦教谕之象山

【元】戴表元

闲说横经处，潭潭坐翠微。
开窗见日出，拂席有云飞。
药市山山古，鱼餐水水肥。
新篇应烂漫，休遣递筒稀。

送王叔载教谕象山

【元】郑觉民

象山海中居，象泉何洌清。
泉以鑑妍丑，山以见亏盈。
相望五十年，羔雁各逢迎。
送别固有礼，恰悦有多情。
春深照花溪，烂烂云物新。

题大瀛海道院

【元】黄 溍

丹山之山青崔嵬，隐居旧隐山之隈。千年上鼎为谁出，深匣古像松声哀。鸿飞天上爪在云，过者莫睨君能来。想当月斧乍挥霍，奔走属役皆仙才。卷藏瀛海归一粟，顾盼瞬息生风雷。森然幻有启神界，白日照耀金银台。若闻使者兹入海，楼船烟雾何时回？君其置此勿复念，少须碧水扬黄埃。九重蠖濩陛下圣，方士未易诱［夸］蓬莱。琳宫贝阙长望幸，天高海阔心悠哉！

途遇达官挺责

【元】释昙噩

沙门原不拜侯王，谁道菩提证法场。
二十黄荆生受得，袈裟曾惹御炉香。

赠樊天民归象山

【元】袁士元

白云深处认蓬莱，千里还家亦快哉。
有便故园书可寄，无情孤枕梦难猜。
秋风江上鲈鱼美，夜雨篱边菊正开。
一片襟期吾与共，何堪折柳送君回？

三萼山

【明】陈敬宗

三峰高竦竞繁华，春日都开万树花。
若把仙乡作金谷，石家锦帐不须夸。

凤跃山

【明】吕昌应

凤山山上凤翔鸣，千载山因凤得名。
今值舜文隆盛世，个中应有凤邹［雏］生。

龙　洞

【明】刘　职

涛声何处起，龙跃锯门潮。
顷刻为霖雨，飞腾上碧霄。

游延寿寺

【明】吴允裕

山门旭日喜同游，联袂狂歌最上头。
昼漏有情初报午，寒蝉无语已惊秋。
风前红叶晴偏好，云外青山晚更幽。
闻道干戈近乘胜，敢辞多病倦登楼。

游仙寨

【明】李进阶

小寨依山曲，寒沙落雁群。
城迴二三里，目断几重云。
独戍迷秋草，高峰伴夕曛。
清时息戎马，野老共论文。

宿智门寺

【明】张元秩

日午蒲帆弄海潮，智门月色又今宵。
西沙雾气流僧塔，赤壁文光下客轺。
驰逐不妨山水兴，星霜难解鹤鸥嘲。
暇中禾黍□□急，独立天峰望九霄。

石浦战

【明】陆　宝

楼船将军驻石浦，才见海烽身起舞。
枥中名马借他营，赤手横行思缚虎。
昨朝斩获十余人，一鼓更欲歼其渠。
搜山未半伏莽出，短兵猝合侵肩舆。
肩舆堕地舆人散，血染青袍头已断。
贼各狂噪悬大旗，一卒不俘偏将夷。
乃知缓带轻裘古有以，今人鲁莽安可为！

陆运苦

【明】陆　宝

陆运苦，寇兵临，海道阻。迢迢百里间，路隔几层山石砾。天末无萝不可攀，千夫负担担子湾［弯］。十步一上中险艰，频年海［陆］运悲劳止，夫［米］价况堪增倍蓰？尉僚扑责吏追呼，陆运之家多道死。君不见，昌国军，投石超距了不闻，寇至登城循故事。官仓索米日纷纷，军既为鼠，官复如虎，吸尽民膏何法补！吁嗟乎，陆运苦！

庚子元旦驻师林门

【明】张煌言

中华正朔古相传，永历于今十四年。
玉几南荒新日月，金戈北道旧山川。
春生水逐桃花涨，老去人憎柏叶先。
犹幸此身仍健在，拟随斗柄独回天。

复屯林门

【明】张煌言

十年兵甲满沧洲，此日回戈又上游。
人去鹿场仍旧迹，秋高蟹浦足晨馐。
空山鸡犬声如豹，失路穷黎状似鸠。
自笑经营何太拙，误将岛屿作并州。

入　山

【明】张煌言

大隐从兹始，悠然见古心。
地非关胜览，天不碍幽寻。
石发溪头长，云衣谷口深。
此中有佳趣，好作采薇吟。

甲辰（1664）七月被执归故里

【明】张煌言

苏卿仗汉节，十九岁华迁。
管宁客辽东，亦阅十九年。
还朝千古事，归国一身全。
予独生不辰，家国两荒烟。
飘零近廿载，仰止愧前贤。
岂意避秦人，翻作楚囚怜！
蒙头来故里，城郭尚依然。
仿佛丁令威，魂归华表巅。
有靦此面目，难为父老言。
智者哀我辱，愚者笑我顽。
或有贤达士，谓此胜锦旋。
人生七尺躯，百岁宁复延。
所贵一寸丹，可与金石坚。
求仁而得仁，抑又何怨焉！

过欧阳桥

【清】欧阳懋

欧阳子过欧阳桥，千载奇逢在圣朝。
潮涨东溟连渤海，峰高西岭矗云霄。
隔林啼鸟声声巧，傍水闲花树树娇。
试问象山离远近，居民犹道去程遥。

乱礁洋

【清】黄宗羲

乱礁浮海国，千年两度臻。
太空留寒翠，世外发奇文。
草木柔弱枝，不得丽云根。
中原佳丽地，堕为耳目尘。
上帝命巫咸，设此招沈魂。
礁声寄古哭，古哭尚殷殷。
谁谓孤篷间，新恨高氤氲。

过西沙岭

【清】刘沛启

万山环绕翠屏中，高下流泉听不穷。
茅舍催人连夜雨，荒崖送客五更风。
自怜鬓发今年异，谁念沉浮往昔同。
一望海滨春树远，奚囊犹带旧诗筒。

过黄溪渡

【清】胡祚远

淡淡云生江上峰，棹声欸乃度春风。
夕阳明灭波光里，远树参差烟霭中。
宦路不堪忙岁月，人生何事老西东。
愁来每欲师彭泽，一曲《归辞》学冥鸿。

立秋后枯苗得雨志喜

【清】马受曾

半坞山云奈尔何，田田龟坼欲无禾。
侵秋忽见连宵雨，拍岸频添千顷波。
重长新苗含绿润，将齐早稻着花多。
天公怜我催科拙，惠与丰年自在过。

吊周烈妇

【清】万　经

天地有正气，纲常藉匡扶。当其志激烈，女子胜丈夫。吾郡滨巨海，潢池肆樵刍。象邑当其冲，残贼甚剥肤。烈妇凛冰霜，偕夫出城阁。仓卒步不前，况负六月雏？夫妇不相顾，踉跄各逃逋。事势在窘迫，死生定须臾。奋身投清流，含笑归冥途。呱呱泣匆［幼］子，黯惨白日晡。数日具含殓，颜色无槁枯。健儿尽膜拜，何况于吾徒？乃者江学士，凿池为深渠。捐躯以报国，遇变无踌躇。不意巾帼中，正气同所趋。家乘与国史，千载垂令誉。吁嗟烈妇心，岂为声闻图？身本儒家妇，诗礼奉楷模。一死既得所，身名不俱徂。自古皆有死，毋也完其躯。

红木犀

【清】全祖望

天门红木犀，远与凡种别。曾登玉皇家，御箑传神笔。
奎芒返化工，国香还月窟。空余诚斋诗，定水蒸烟冽。

送姜白岩南归

【清】纪 昀

先圣牖群蒙，六籍开聋瞽。明明丽中天，煌煌照下土。遗文自洙、泗，余烈传邹、鲁。八儒渐分裂，百代交簧鼓。大道何微茫，千金悬一缕。祖龙亡金镜，贵吏轻章甫。剥极一阳还，珠囊归汉主。西京诸老翁，分门事训诂。辛苦抱遗经，茫茫导［寻］坠绪。岂不杂谶讳，亦或私缀补。去古时未遥，师承如系谱。大义与微言，言十尚得五。饮水归思源，数典讵忘祖？上下二千年，厥功宜首叙，是以后来人，治经窥门户。胡为肆掊击，操戈而撚斧。儒林判疆界，讲席陈干橹！后学承风流，或诞或乃腐。言庞道日息，何必由巫蛊！降及制艺兴，佔毕取圭组。雷同事剿说，《六经》成败楮。狂澜日滔滔，中流谁砥柱？姜子嗜古文，穷年坐环堵。默默抱陈编，圣贤相对语。注疏罗百家，沉吟思去取。睥睨宋元来，绛灌羞为伍。得失心自知，未计旁人许。坐此困名场，垂老犹龃龉。偶然与计偕，礼部褒然举。天子爱文奇，廷臣惊貌古。负笈出都门，越吟心自苦。惜哉董、贾俦，怀才莫一抒。我同鼷鼠征，不发千钧弩。人生在不朽，一官宁足数？漆室久昏昏，千年待一炬。古圣与古贤，灵爽实凭汝。名山亦可藏，何必图书府。况乃穷经士，一一登华膴。圣代方崇儒，汝岂终贫窭？逝矣东行縢，无为多凄楚。抗志希古人，相期力共努！

登大金山戍楼有作

【清】华瑞潢

古戍荒凉已半颓，振衣绝顶有高台。
一湾浊浪连门锁，千叠寒山绕郭开。
此地昔曾经百战，旧游今忽记重来。
孤忠事迹凭谁问，回首南田感劫灰。

石屋八咏

【清】陈广宁

异香从何来，遥望弥天云。苒苒不知处，只向空中闻。借问几时散，于焉静悟因。雨香庵。
松泉声泠泠，常带萧爽意。幽坐高斋中，倾耳得深契。怡然淡无言，问有凉归未？听秋室。
飞云岭头来，流入声坞绿。幽客此高眠，相对兴自足。行雨须出山，不道更栖宿。眠云坞。
何处鹤飞声，远在青天半。高峰一挥手，翩翩云影乱。定许便归来，伴我抚琴按。招鹤峰。
池水深尺许，试问清谁似？我心不染埃，只愿长如此。却笑买名人，洗耳徒贻耻。洗心池。
山深忽无路，峭崖知远近。藓石认旧游，使我兴靡尽。大道高若天，借问谁相引？指迷石。
溶溶幽涧泉，远逐清香去。轻萍相与浮，借问几时住？山风水面来，红散不知处。流华涧。
石台当高空，有客此鼓琴。海水忽汹涌，余情相与深。即此事蓬莱，应悟成连心。移情台。

眠云坞

【清】钱 泳

山坞为我床，松云亦我幄。
醉向坞中眠，云生不知觉。
堪笑尘世人，端居高华褥。

题县署井

【清】冯登府

秋风冷到旧银床，山县萧条未改唐。
六百年来陶令醉，黄花酒说古重阳。

发象山次黄溪渡

【清】姚怀祥

运甓斋头斗色丝，半年文社散瓜期。
风萍踪迹随行止，师友恩情重别离。
话酒天涯烧烛夜，挂帆海上听潮时。
一番好话君须记。他日云程慰所思。

大佛头

【清】郭文志

下潜黄壤上窥天，巢鸟那知久处肩。
宴坐自应低捧手，长将世界护三千。

食黄鱼

【清】邵嗣贤

象邑业耕钓，土物力所任。
四月石首鱼，出水如黄金。
烹鲜盘餐美，东南第一琛。
史公传货殖，鲐鮆堆成林。
如何遭厉禁，片网不得沉。
我来顿顿食，饱饫示同心。
倘然食指动，勿惮登崎嵚。

由三条岭至昌国

【清】秦　镜

肩舆高下岭三条，十里行程路不遥。
斥卤千家濒海口，孤城半壁跨山腰。
衣冠淳朴风犹古，田野膏腴地不硗。
谁道斯行无限景，一时收拾在诗瓢。

三门湾

【清】鲍 谦

明州割界忆当年，健跳东关一水连。
月落潮平风色好，一帆稳趁夜航船。

西沪棹歌（一百二十首选十一）

【清】姚 燮

膝骑海马似飞凫，载竹为筒插满涂。
初八廿三逢小水，好研乌糯煮阑胡。

东西塔影远云遮，冉冉炊烟接下沙。
日落海山僧磬寂，一行飞雁入洋笆。

今朝佳节遇天中，早起梳头倚翠栊。
五色蛮笺缠綵胜，鬓边不插石榴红。

航头远客久相违，竹轿如床布作围。
携得果包来讨讯，安排参顿暂充饥。

棕榈青子撒郎娘，娘引郎来入洞房。
月亮光光今夜好，须怜娘是百花香。

餈糁新奇应节载，骆驼去后牡丹开。
花朝已食聪明菜，立夏还尝瞌睡梅。

秋田罢刈喜盈车，打稻床边犊卧莎。
嫂来秸根姑运粒，宽栏齐乳背豽豝。

历换元正喜气增，流传禁忌太无凭。
分汤罢盥都储甕，早饭催眠不上灯。

斜日归樵歇担多，郑行山路苦嵯峨。
两三茅屋黄阑店，土铧当门市饽饦。

千山乌柏竞丹黄，子簇三楞白似霜。
汁可碾油肤作蜡，不须拥卷效燃糠。

乱支山石厚围墙，细掘溪沙广筑场。
屋势缘坡高下建，面临平海背危岗。

石浦老东门竹枝词三首

【清】胡 华

之一

雨笠烟簑老一竿，得鱼换酒足消寒。
畴怜旅食髯如战，灯火孤眠汛地官。

之二

万里洪涛一棹通，春风吹送又秋风。
街头最是虾皮客，栲袴猩猩血样红。

之三

梅童梅子发如灰，赤鲤黄鱼味更滋。
家住东门鲜食惯，奴心甘嫁弄潮儿。

闻意索三门湾有感

【清】康有为

凄凉白马市中箫，梦入西湖数六桥。
绝好江山谁看敢？涛声怒断浙江潮。

避居史文若宅

【民国】马叙伦

地叫黄公岙，家传越国公。
香浓方启酿，人静但闻春。
绕屋溪流碧，对林山气浓。
黄昏来细雨，不知明月移。

赴石浦途中

【民国】马叙伦

吾非喜行役，海内满干戈。
半日篮舆里，碧山无数过。
岭高樵路曲，海近鲎帆多。
岁晚勤封盖，犹闻何力歌。

三门潮汛

【民国】厉家祯

海上三亹拟赭龛，四时潮汛老渔谙。
平沙两岸护良港，锁钥波湾镇海南。

南田竹枝词并序（录三十九首）

【民国】吕耀钤

余宰南田，晌经四载，亲民之吏，出入戴星。马背舟唇，怒焉识民疾苦；渔歌樵唱，恍然助我吟哦。偶检奚囊，得竹枝词绝句五十余首，知弗免俚俗之讥，或可备□轩之采云尔。民国九年春月，吕耀钤识。

海水乡风物外人，池塘鸭暖四时春。
山环水抱尘缘少，真个桃源好避秦。

县治所在最大一岛，划分一、二、三、四等都，名曰桃源乡。稻长水深，放鸭于塘以去害虫，名曰鸭塘，惟此乡有之。

乌岩山接罗源长，小隐蓬莱住此乡。
粟布年年消不尽，酒旗风暖到高塘。

合五、六、七等都，跨两岛，名曰蓬莱乡，乌岩山包围其南，罗源山绵延其北，高塘为该乡适中人烟最密之处。

神山胜似此乡无，三岛中分八九都。
对对红头争晒网，潭头山外有沙涂。

跨隶三岛为八、九都，名三山乡。九都两岛，又名潭头山。每年春末夏初，捕黄鱼之船，红头成对，荟萃于此。

漫从海客问瀛州，生长斯乡亦莫愁。
千亩坦塘饶稼穑，渔船还集鹁鸪头。

十都一岛，为瀛洲。坦塘田最多，鹁鸪头多业鱼之民。

十里海程一叶漂，渡江来去片帆骄。
何须枉费推移力，且待东风且候潮。

石浦舟行渡港来鸭嘴，平潮去，涨潮来，风色去利西南，来利东北。

鹤浦舟中月色娇，霜枫夹岸误桃夭。
不知蟹厂河边路，比得扬州第几桥。

鹤浦大塘在一、二都之间。鸭嘴市长河十余里，直通樊岙。枫树夹塘桥在蟹厂庙侧，为河路所必经。

居民强半是平阳，百丈山前大小庄。
早饭相呼人语乱，乡音未改吃天光。

一都大百丈、小百丈两村，多瓯属平阳籍，民瓯音，称早餐为吃天光，故云。

地近文山势不平，鸣鸠唤雨鸟催耕。
高原薯麦低田稻，六月南风怕久晴。

一都文山前村一带，地势高亢，多植番薯及麦而少种稻。

五十年前水拍天，渐从斥卤变桑田。
向来海底沉礁处，今在竹篱茅舍边。

考南田开辟不过五十余年，率皆淤沙成涂，筑塘养淡，翻垦成田。二都螺蛳礁村中有礁石，形似螺蛳，昔年水啮痕迹，宛然尚在。

外大湾塘里小湾，双湾互抱似连环。
侨民各逐乡情聚，不是黄岩莫往还。

大小湾塘属二都，黄岩客民聚居于此。

东鳞西爪认模糊，点点礁如颔下珠。
舟过山头须仔细，莫惊龙卧误征途。

龙头山在二都，突出海中，其下多礁，曰珠礁，潮势湍急，行船戒之。

退兵悬岙进临亹，苍水先生旧列屯。
滚滚寒潮淘不尽，忠魂千古照乾坤。

鄞县张忠烈公煌言，屯兵海外，志复有明。取攻势则进扼临亹，取守势则退守悬岙，俱见《鲁国春秋》及公年谱。悬岙今名花岙，在七都。临门港俗称蜊门港，又称吉港，在二都、五都两岸之间。

谁氏姑娘不记名，独留残寨认分明。
须眉到此惭巾帼，休向人前说请缨。

姑娘寨在二都，不知所始。

港门曲曲岭峨峨，雨后山行尽笠蓑。
长大墩前羊府庙，祈年笑语杂笙歌。

吉港原为曲港之转音，势极曲折因而得名，即临门港也。故二都有吉港村，又有长大墩村，村前有羊府庙，为农民祈年之所，后有岭名吉港岭，越岭即螺蛳礁。

地转天旋一岙开，樊家故实费疑猜。
四围列嶂虚西面，十里长河绕北来。

三都樊岙，县治在焉，相传有樊布政出生于此，因而得名。然遍查地民，却又绝无樊姓后裔。青山环绕，独缺西口以通出入。鹤浦河长十余里，由北迤逦而来，经过署前而止，虽无城池而得天然形势。

顺安桥瀍水平堤，劝稼归来日渐西。
棫朴芃芃勤捆载，柴堆入望瓦窑齐。

顺安石桥造于清光绪八年（1882），为樊岙出入水路要埠，有瓦窑在焉。凡三都各山所产茅柴，皆捆积此埠，候船出运，故云。

南衖山中北衖堂，猎人三五各横枪。
弋归野麂知多少。入市争教异味尝。

南、北衖堂山在三都，产麂，猎者枪击得之，累累负归售于市，价廉而味美。

蜡屐穿云得暂停，石门岭上有茶亭。
八村一览无遮蔽，早稻初黄晚稻青。

三、四都以石门岭分界。岭南四都所属大南田、小南田、高塛头、谷洞、马小潭、马童岙、凤凰山、南田墩等处，土语共称八村。

洪涛卷去凤池塘，涨得新涂十倍长。
果使牢盆收地利，成盐岂让玉泉场。

高塛头外沙涂，昔筑有凤池塘，被潮冲废。今则该涂逐年增涨，面积已逾千亩，卤汁浓厚，最宜制盐。上年建议牍请辟作盐区，任民煎晒，奈格于成例，未之能行。玉泉盐场设在象山县境内。

隘岭俯临杨柳坑，几人枪械夜支更。
劝君休作穿窬想，弹子飞来不让情。

四都杨柳坑上有水葫芦岭，保卫团派丁四名，持械防守，以拒海盗。

金门跨海五丁开，过舶成群浪作堆。
东北山高堪暂泊，西南风劲莫迟回。

金漆门村在四都沿海，与南山跨港对峙如门，故名金漆门。该处东北风有山为蔽，可以泊船，如遇大西南风，则须移泊他处。

耕山煮海两难兼，只为司农禁晒岩。
适履无端甘削足，空湾枉自说烧盐。

烧盐湾在六都，并无盐灶，只属空名。浙盐产溢于销，因之制限产区，推广销路以资救济，迹近削足适履，非根本之政策也。(是湾于办理土地陈报时，改名孝贤湾。)

月井塘开鸭嘴头，新涂半垦待丰收。
风来短笛谁三弄，绿柳阴深隐牧牛。

月井塘在鹤浦大塘，外接连鸭嘴埠，新筑之塘尚未完全垦熟。

险扼三门港势横，强邻索借未成盟。
前朝无限兴亡憾，卷入寒潮作怒声。

六都与十都隔港处，有两屿中立，俨成三门，故名三门湾，最占海防形势，前清义大利索借未成，即是此处。

佛头峰顶与天磨，山脉遥通大普陀。
数遍螂嬛七十二，称他福地不为过。

大佛头峰在七都，杰出云表，为合邑最高之峰。相传海底山脉与定海之大普陀相通，故有福地之称。

石子玲珑五色全，地称花岙不虚传。
海乡欲得春归早，拾到盆中种水仙。

七都花岙分上下两岙，产石子五色玲珑，不亚于金陵雨花台所产。

天生保障慰三农，走石飞沙筑几重。
精卫应无填海恨，长塘百丈一潮封。

七都天筑塘，相传并非人力筑就，系海沙自涨所成。

对面山中别有天，桑麻遍野少人烟。
都缘摆渡东门便，暮去朝来好种田。

八都一岛在石浦对面，故统称为对面山。东门岛属象山邑，相隔一港，八都业户聚居东门为多。

海澨平分六股头，风箱湾里涸吞舟。
巨鲀十丈诚难遘，割肉纷煎织缎油。

六股头，地名，在九都，其侧有风箱湾。七年一月下旬，彼处沙滩忽发现涸斃巨鱼，长约十丈，识者认为海鲀，聚数十人割肉煎之，得油三千斤。据称此油售之机户，可备织缎润色之用，惜土民煎提未精，渣泥混杂，以致难得善价耳。

千顷漩涡涌大洲，尚随潮汐共沉浮。
平沙莽莽秋横雁，极目烟波海尽头。

九都两岛中间涌出大沙洲，面积不下万亩，俗称为大沙头，吞吐隐现于海潮中，不堪筑垦。

灯高十丈大无伦，三角玻璃嵌罩匀。
旋转不停光四射，重洋黑夜利征轮。

九都北渔山岛上，中外商轮合资筑有灯塔，理船厅派有洋员管理之，海轮夜行知所避就。

农家隔港下洋墩，白玉湾头产业存。
跨县无妨来种植，苇杭方便普陀门。

十都白玉湾，与象邑下洋墩只隔一港，即所谓普陀门也，港浅而狭，来去极便，是以湾内田土多属象民所置产业。

砥柱中流弗合群，象、南两界此山分。
憎他硕鼠妨农种，濯濯于今不可耘。

中界山独立港心，象、南两县依此分界，故名。又老鼠山在其侧，象形得名。相传两山均多鼠，夜出啮稼，往往种而不获，故至今荒年，仅足供采薪之用。

渔舟逐队走艨艟，万点寒鸦入望同。
为祝年年渔汛好，香烟不断大王宫。

大王宫在九都，渔汛期内香火极盛。

犁头㩻下板桥通，十丈炊烟五两风。
水味浓于千日酒，家家买醉到源隆。

犁头㩻村在鹤浦大塘中，设有林源隆酒坊，生涯不恶，以水源清澈宜酿故也。

溪流几转日潺潺，滴到天明碧一湾。
谁筑小楼来听雨，半房春水半房山。

碧水湾在一都，泉石幽邃，依壑筑楼，风景绝佳。

忠烈遗祠古鄮庄，借充孔庙荐馨香。
春秋祀事逢丁举，圣哲而今共一堂。

樊岙古鄮公庄，系鄞人公建，以祀张苍水公者。民国四年春借以改设孔庙，而移张公栗主配享于侧。

颓然壁垒认前明，武庙于兹奠两楹。
劝学所中兼设校，读书声里好谈兵。

樊岙营垒相传为戚大将军防倭时所筑，原设警察所于内，民国5年（1916）就正厅设关岳庙，民国6年秋警所移出改设劝学所，民国7年春复添设高小学校，并移并伦智初小学校于其中。

阮岙人稀地不毛，漫天荆棘惹逋逃。
绿林讵是藏身窟，劝买耕牛卖宝刀。

阮岙在七都，荆棘丛生，又无居户，最易藏匿外来海匪，故云。

和隐尘南田口占

【民国】王廷扬

每因苍水想南田，得宰南田不羡仙。
闭眼莫窥山海外，此间即是大罗天。

不愁活计便成家，自足油盐酱醋茶。
芋栗寻常行处有，大烹豆腐杂鱼虾。

仙乡炎夏感新秋，行近前山遇阮刘。
采得仙花堪下箸，餐霞饮露复何求。

致富何须掘井铜，鸡豚白酒足山中。
比邻儿女成姻娅，犹见陶唐蟋蟀风。

安辑流亡治理同，欲与教化待文翁。
十年树木差堪拟，春在先生杖履中。昔人句

与民不扰见羲农，云碓无人水自春。

行县无何但相劝，只从勤惰判丰凶。

贫区寇盗不相侵，明古从来必验今。
可惜童山如错石，愚公却拟造森林。

贤令而今正下骖，何须赫赫自无惭。
勤求疾苦思过半，会播循声作美谈。

次韵郑鼻峰先生

【当代】张伯驹

由来同道自同流，敝帚犹珍意气收。
并岁余年俦鹤算，应声幽谷友莺求。
秋窗夜雨联残烛，故国东风上小楼。
北雁南云千里远，吟怀时到海边头。

纪念伯弢先生

【当代】苏渊雷

象山陈汉章伯弢先生，早岁尝偕章太炎师事俞曲园，继从定海黄元同游。学兼汉宋，潜心格致。太炎称其博学精思，石遗许为乾嘉诸老畏友，良不诬也。吾友刘操南教授近撰《缀学堂丛稿遗著抉微》一文，表彰先哲，实获我同，爰缀短章就正。时甲戌初夏，平阳苏渊雷，时年八十七。

浙西博雅浙东专，道学损益妙遮诠。
识并太炎窥奥窔，堂登春在略周旋。
齐诗汉易叹未索，大义微言发古妍。
咄咄象山真健者，扬弃国故敢为先？
后学无惭得刘子，索隐求真两无愆。
服膺拳拳仰乡哲，理董爬梳废寝眠。
文章示我快先睹，读书得间辨中边。
古为今用洋为我，文化传统慎毋捐。

题赠陈汉章四首

【当代】钱仲联

一

讲道燕台十六年，南来此席又翁专。
儒林文苑夸双绝，纪念今看一集先。

二

潜心经训力菑畲，述作堂堂百种书。
汉宋原无分别相，真源探到古灵初。

三

定海师承共一家，经儒几辈漫纷拿。
唐曹以外高名在，辍学堂深此国华。

四

苏诗注补髫年习，赞仰平生到白头。
乾象遥觇见山畔，元龙湖海一高楼。

缅怀陈伯弢先生

【当代】刘操南

独守清芬耆宿中，萤囊雪案自雍雍。
著书已苦三更短，授士还望一帐融。
订讹续真经与史，溅珠漱玉颂兼风。
从知颖悟骚人事，一酎寒柯说澹容。

象山郑鼻峰学兄惠寄二律却寄

【当代】周采泉

习闻好客郑当时，隔海迢迢惠二诗。
遥想仙姿应未老，盛传妙手最工医。
仪型久仰神先会，学统犹存脉一丝。
难得如今高谊在，望门投止庇孤儿。

来函提及养微精舍旧事，盖霁园师讲学地也。匆匆五十余年，抚今追昔续成一律。

童稚抠衣记昔年，养微精舍听歌弦。
山林望重开宗派，村坞幽深毓俊贤。
一代风流成露电，至今遗迹付荒烟。
故交零落无聊赖，读到新诗只惘然。

敬仰陈汉章先生

【当代】范无伤

皖吴门户合蠲除，缀学精深信不虚。
汉易齐诗订讹失，公羊旧说得真如。
传薪熠熠春犹在，逝水悠悠事已疏。
拾坠钩沉谁为继，燃藜又见校遗书。

敬寿鼻峰学长九十大庆　己巳三月

【当代】卢静安

福泉彭姆隔江天，飞渡轻车又十年。
东海能涵功德水，南山持祝地行仙。
行医末技非初志，养老新诗补失编。
座上白头皆故旧，期颐再约庆华筵。

敬和郑师寄我夫妇诗韵二首

【当代】杨奇孺

（一）

当年侍读听经文，自恨童年学不勤。
庄子达生篇未解，至今愁思乱纷纭。

（二）

停针唧唧意如何？为有心潮微起波。
不绣飞龙在天上，偏将金线压铜驼。

石浦吟

【当代】戴　盟

渔村渔镇又渔城，一曲渔光天下闻。
破网蚁舟俱往矣，樯帆林立插青云。

重过丹城

【当代】桑文磁

杖藜重问津，三五白头人。
秋风秋雨后，满城花木春。

（三）现代诗　歌词

祝新蚶

【民国】王家谟

一

我们相信社会不是不变的固体，
我们相信社会是会进化的有机体。
只要人们努力，
新陈代谢是自然的公理。

二

当此暮景沉沉的社会里，
确是你诞生的时期
——新蚶！

三

你要把旧社会来继承，
你须认清楚你底新时代。
你更须你的新生命尽量发挥。
——新蚶！

四

啊！新蚶！
时代是你的慈母，
她不会厌恶你有乳臭，
她只希望你不把她的初意来欺负！
看呵，时代的骄子，
在你生长的环境里，
四面都是，四面都是笼着鬼气！

五

你明白了时代的精神
你是摩承了你的慈母底使命，
快利用着你底新生命。

六

是你站着的社会倾荡不安，
更是你努力的机会已来，

预备！预备！
快拿着你的长枪长剑
——新蚶！

七

预备！预备！
快挺着你的长枪长剑，
快联合着你底一队，
攻破敌人的壁垒！
战破你恶劣的环境。
快联合着你底一队，
攻破了敌人的堡垒，
看呵！新蚶，
你的慈母正在进行途上含笑！

血　字

【民国】殷　夫

血液写成的大字，
斜斜地躺在南京路，
这个难忘的日子——
润饰着一年一度……
血液写成的大字，
刻划着千万声的高呼，
这个难忘的日子——
几万个心灵暴怒……
血液写成的大字，
记录着冲突的经过，
这个难忘的日子——
狞笑着几多叛徒……
“五卅”哟！
立起来，在南京路走！
把你血的光芒射到天的尽头，
把你刚强的姿态投映到黄浦江口，
把你的洪钟般的预言震动宇宙！
今日他们的天堂，
他日他们的地狱，
今日我们的血液写成字，

异日他们的泪水可入浴。
我是一个叛乱的开始，
我也是历史的长子，
我是海燕，
我是时代的尖刺。
“五”要成为报复的枷子，
“卅”要成为囚禁仇敌的铁栅，
“五”要分成镰刀和铁锤，
“卅”要成为断铐和炮弹！……
四年的血液润饰够了，
两个血字不该再放光辉，
千万的心音够坚决了，
这个日子应该即刻消毁！

孩儿塔

【民国】殷　夫

孩儿塔哟，你是稚骨的故宫，
伫立于这漠茫的平旷，
倾听晚风无依的悲诉，
谐和着鸦队的合唱！
呵！你是幼弱灵魂的居处，
你是被遗忘者的故乡。
白荆花低开旁周，
灵芝草暗覆着幽幽私道，
地线上停凝着风车巨轮，
淡漫漫的天空没有风暴；
这哟，这和平无奈的世界，
北欧的悲雾永久地笼罩。
你们为世遗忘的小幽魂，
天使的清泪洗涤心的创痕；
哟，你们有你们人生和情热，
也有生的歌颂，未来的花底憧憬。
只是你们已被世界遗忘，
你们的呼喊已无迹留，
狐的高鸣，和狼的狂唱，
纯洁的哭泣只暗绕莽沟。
你们的小手空空，

指上只牵挂了你母亲的愁情，
夜静，月斜，风停了微嘘，
不睡的慈母暗送她的叹声。
幽灵哟，发扬你们没字的歌唱，
使那荆花悸颤，灵芝低回，
远的溪流凝住轻泣，
黑衣的先知者默然飞开。
幽灵哟，把黝绿的磷火聚合，
照着死的平漠，暗的道路，
引住无辜的旅人伫足，
说：此处飞舞着一盏鬼火……

一九二九，于上海流浪中

别了，哥哥

别了，我最亲爱的哥哥，
你的来函促成了我的决心，
恨的是不能握一握最后的手，
再独立地向前途踏进。
二十年来手足的爱和怜，
二十年来的保护和抚养，
请在这最后的一滴泪水里，
收回吧，作为恶梦一场。
你诚意的教导使我感激，
你牺牲的培植使我钦佩，
但这不能留住我不向你告别，
我不能不向别方转变。
在你的一方，哟，哥哥，
有的是，安逸，功业和名号，
是治者们荣赏的爵禄，
或是薄纸糊成的高帽。
只要我，答应一声说，
“我进去听指示的圈套，”
我很容易能够获得一切，
从名号直至纸帽。
但你的弟弟现在饥渴，
饥渴着的是永久的真理，

不要荣誉，不要功建，
只望向真理的王国进礼。
因此机械的悲鸣扰了他的美梦，
因此劳苦群众的呼号震动心灵，
因此他尽日尽夜地忧愁，
想做个普罗米修斯偷给人间以光明。
真理和忿怒使他强硬，
他再不怕天帝的咆哮，
他要牺牲去他的生命，
更不要那纸糊的高帽。
这，就是你弟弟的前途，
这前途满站着危崖荆棘，
又有的是黑的死，和白的骨，
又有的是砭人肌筋的冰雹风雪。
但他决心要踏上前去，
真理的伟光在地平线下闪照，
死的恐怖都辟易远退，
热的心火会把冰雪溶消。
别了，哥哥，别了，
此后各走前途，
再见的机会是在，
当我们和你隶属着的阶级交了战火。

1929. 4. 12

离 别

【民国】吴 烨

过山，涉水
一仆一起。
如果我脚底有皮，
胸中有气，
我有什么心思，
贪恋蓊郁的草原？
我打从今天起，
担起人生的重荷，
到达光明的彼岸。

1937 年 2 月 4 日

定象联中校歌

【民国】许剑华

定海怒波，象山巍峨；
菁英荟萃，聚此中阿；
读书救国，卧薪枕戈；
历尽千辛万苦，光阴更宝贵，
砥砺莫蹉跎：
誓湔羶腥，复我山河！

县立女子小学校歌

【民国】傅规清

圆颅方趾天赋同，嗟我女子何聩聋。
改造社会胜母教，并肩国事愿始宏。
德育智育并体学，努力达取毋自封。
明星一颗蚶城中，愿为巾帼立新风。

（四）散文　论文

1. 华文阁待制杨公行状（节录）

【宋】楼　钥

曾祖端，故不仕，妣蒋氏、魏氏。　祖零，故不仕，妣邵氏。　父涣，故宣议郎致仕，赠中散大夫，妣徐氏，赠令人。　本贯庆元府象山县政实乡美政里杨公，讳王休，字子美，年六十六状。

杨氏世居郡城，公之曾祖始家象山，遂为邑人。累世以隐德闻于乡。公生而奇厖，邵夫人中年抱孙，极爱抚。于髫龄中已有成人气象，庄重寡言，乐然后笑，相者以为必贵。中散延儒士教之。家苦无书，倾资买经史于胄监。肄业蓬莱山僧庵中。穷日夜之力，至雪积于阶而不自觉。尤好词赋，兼通《春秋》。游郡庠，名出诸生之右。绍兴末年，始名乡书，再荐，登乾道二年进士第。调左迪功郎、台州黄岩县尉。首兴邑庠，公［躬］自课督，又奖拔其尤俊秀者。邑有豪民，武断一方，蓄雄狡数十辈，分而为三：曰大神者，为之谋事；曰中神者，为之行资；曰小神者，为无赖善斗之人也。官吏莫敢谁何。公具得其奸状，白于郡，黥隶他州，闾里欢伏，称公为“铁面少府”。遇略卖生口者，痛惩而归其人。捕盗立赏格，计实而募于众。祷雨则神龙为之示现，捕盗则鲸海为之肃清。盖筮仕之初，器业闻望过人已数等矣。寻以赏典改左承务郎，知卢［庐］州合肥县，携一仆自随。昼至厅事，夜至书室，洛诵或至夜分。尚书王公希吕为帅，叹曰：“据案决是非，此犹可及，官舍如僧居，二年如一日，实有所不能也”。又爱公笔端，笺奏皆属之。帅漕不相能，久不觌面，僚吏无敢言者，而皆敬公，各致剡举，公因得调娱其间。二公为之释然，置酒交欢，而待公盆［益］厚。淮民多为客户所侵地，讼难决。公亲行阡陌，为之平章，讼日息而野日辟。岁饥，发防边马料，运米给贷。漕司诘之，公疏艰食之状，且已责其秋偿矣。至期，皆不督而集。万弩手赴帅司检阅，多苦伤寒喉闭之疾，公择方制药以给之，病者多全活；其不幸者，官又敛之。郡多草庐，易延燔。公白于郡，请易以瓦。帅曰：非君孰能办者。公一力经划，市木旁境，教民陶瓦。未几，民居一新，边方为之壮观。淳熙四年磨勘，转承事郎。明年任满，赏转宣教郎，授南康军签判。郡素号为江东道院。待制朱公熹时为守，日课诸生讲书，公亦相与发明，事无巨细悉以委公。

………

著述甚多：宦游名山，随处题咏，散落之余，入川时有《游岷漫笔》一编，又有《东斋集》五卷、《诸史阙疑》三卷藏于家。笃于友孝，中散每惮航海之险，屡谋入郡而不果。公既贵，遂问舍于湖上。将赴洋州，故庐先业尽以与二弟。漕成都时，以捧表恩任弟之子燫［嫌］，又携以出疆，循从事郎，今为台州支盐仓。遗令晔曰：“吾家素寒微，群从多困，其有以助之。”晔泣曰：“敢不承先志”。公在蜀中，乐贤之众，多所荐引，如今吏部尚书费公士寅、前兵部侍郎赵公介，俱尝与公同朝，此其最表表者也。是时，晔已奉母而归，不能尽记。公又以为王事所当为，不惟不夸于人，亦鲜以归语其家，恐尚有遗事未能备也。谨摭其可记者为之状以求铭焉。谨状。

2. 与象山高宰珪书

【元】陈　著

某耄矣，无机缘，不及揖紫芝眉宇，而道旁口碑于谂卓鲁之风实甚。比承蜚书，实获我心，草草奉答，计已彻览。邑教舒竹西来，备道雅意尤至。衰病荒落之残息，本难于勉强，瑟缩者久，终于重辞兹稿以陈呈，惧发扬不尽。或高明以为可，则鸠匠择篆，盖必得名世之笔。肤潦尺纸，浼竹西以渎。

3.《瀛海纪言》序①

【元】蒋宗简

《瀛海纪言》者，大瀛海道院吕君之所集也。凡记、铭、赞、序、赋、诗之属总得若干首，别为十八卷。吕君名虚夷，善为老氏，尝著《义说》数万言。其主是院也，又克拓其筑，故为之志岁月，表德美、抒情思者，临川吴公、蜀之虞公、金华胡公，与凡四方之大夫、士及吾乡之先生、长者、明秀之行咸在焉。既缮写，将刻之木以传于世，而蒋宗简为之序曰：天地之内类有形质者皆归于敝坏，而语言之足以丰道扶教者乃垂于百世。然慕而为之者至不少，而与物类同于澌灭者亦不少。战国孔子、子思、孟子、子舆、屈原、荀况，汉氏贾誼［谊］、董仲舒、司马迁、相如、刘向、杨雄、班固，唐韩愈、柳宗元，宋欧阳修、曾巩、王安石、苏洵、苏轼、苏辙，其大修孔孟之术有周、程、张、邵、朱氏，若此等夷者，求之益甚难。悲夫！其为无足以发明圣人之指义耶，则谶讳之缪戾，义疏之舛驳，皆以托于经而传。流于异教耶，则老、佛二氏之害凡千百种亦以传。涉于杂乱耶，则名教、刑法、阴阳、纵横、农墨、小说几家之说又以传。琐屑而不足取耶，则宝货、器用、豢畜、种艺之书又以传，是诚何如也？悲夫，系乎幸不幸者有是哉！予读通书，见其奥雅如《经》、程氏书，皆灏灏不可窥测，《正蒙》亦最近古。有德者固有言也，苟能是，要之在百世，决不至于没矣。假令传者纷杂，简者固陋，不究其源而惟末是趋者，其不传不可谓之不幸也。是记者，托于吾徒，多得其人。其在大海之滨、荒厓绝岛之间，如异宝之产，不即人而人即，恶有至如予之所可悲也哉！

4. 象山王府君行状

【明】方孝孺

府君讳某，字刚甫，姓王氏，四明象山人。曾祖某，祖芝翁，父松，母徐氏。府君少倜傥负气节，读书略通大义。以荐为台州路学录。至正中，兵起海上，奉省檄摄东门巡简［检］司事。居六年，盗不敢犯，民安之。郡奇其才，事难决者，辄属以治。府君明而能断，民趋其令。争斗相讼者，不至邑而至府君，闻一言释憾而去。国朝洪武初，昌国民作乱，袭象山，虏〈县〉丞王茫入于海。府君与其友蒋公某谋曰："狂竖虏上官，据县境，其诛死固宜。然事闻于上，大兵必来，邑民将尽齑粉。吾曹可坐视而不救耶！今能先格杀〈为〉乱者以献，则邑人可无害矣"。府君遂募民为兵掩击之，杀其魁二十余人，释其众，喻之曰："若曹良民，第〈胁〉于贼耳！能投兵复为民，则可保首领，否则自取诛灭，无悔！"众皆叩头散去，曰："君生我！"时大兵闻有乱者，将尽歼邑人。及府君以事闻，邑人争泣曰："微君，此邑数万人皆为鬼矣。"状上，京帅［师］赐白金若干两。府君家素多资，至府君资益赢；然不以此自豪。卑身好士，人有遇难，不问利害，以身援之，弗责其报，人以此义府君。恒病乡邻弟子不学，欲割田创学以教之。里有假贷者，不深取其息。与人交，和易质直，意气豁然，众称之为"忠信人"。晚〈年〉受诬逮京师。十二年春正月三日卒，年六十八。闻者为之叹泣。先娶叶氏，早卒，生一子用鼎，好学有文。晚娶董氏、许氏，生一子，甫一岁。府君柩南归，以某年、月、日葬于某山之原。俾某状其事。某之先祖与府君俱娶叶氏，实闻府君事，遂泣而书之，以告立言君子。谨状。

---

①《瀛海纪言》，十八卷，元道士吕虚夷编。《元史·补艺文志总集类》：吕虚彝［夷］《瀛海纪言》十七卷注：字与之，奉化道士，筑瀛海道院，集一时名人赠答之作。

5. 袁进士传

【明】蒋景高

袁镛，字天与，治《春秋》，有文武才，尚气节，咸淳辛未进士。丁父忧，未即仕。时事日蹙。宗室赵孟传，由华文阁直学士兼沿海制置使镇抚四明，将作少监奉御谢昌元亦寓明，故与镛友善。镛因倡言曰："公等食君之缘［禄］，为国重臣，镛亦忝进士，为臣死忠，此其日也。"三人者，誓以死殉国。德祐丙子，元兵至鄞，遣游骑十八人候于邑之西山资教寺。二人谓镛曰："尔先往，晓以顺逆，我二人将兵至也。"镛往。遇骑问行在存亡，为之开陈大义，具言四方勤王师且大集。北兵疑信未决。明日，赵、谢以兵献于慈溪之车厩。镛失援，被困，挺身与战，自辰至酉，力不支被擒。元将爱其才，胁令降，谓降且富贵，不即烧戮汝。镛罵曰："死则死耳，不从汝也。"元将怒，取晒箕穴其中，加镛颈旁，纵火燎之，须发且尽。镛词气益厉，罵益振，遂遇害。赵、谢并以城降，是年三月十七日也。属清明墓祭，镛家人上冢，次鳖山；闻镛死，三子、二妇、三孙、二妾、伯祖妣胡与其子、妻三人、并姑之子、曾祖之侧室、若婢凡十七人赴水死。惟仲子泽民甫十岁，仆沈拯之，藏黄猛洞，裹青糍食之，比五日兵退，始克还守间。妾利其篋笥，复投诸大水瓮中；仆朱脚援出，得免。袁氏卒以不坠。后昌元入元为礼部尚书，孟传为浙东宣慰使。深宁王先生语及镛事，未尝不太息流涕也。大德间，袁清容求其家世，不与，衔之。比修延祐郡志，没其事不书。洪武丙辰，四世孙洪慨前烈之无闻，求余传。丹台外史论曰：矢跃不可以羽回，轮运不可以蓬止，人孰不知之。彼陆秀夫辈，身膺国难，溺其妻子而不辞；文履善艰难万状，犹欲有为，岂当车而奋螳螂之臂哉！诚以忠义之心始终不渝耳。且袁镛誓义之时，孟传之初心未变也，乃其迫于利害，负乎故人，洪涊惭愧，非借口于知几乎？故君子难于不渝其志。若镛，可谓至死不渝矣！

6. 与子文照书

【明】王　梃

近年工役又增，管工官不许移动，去住尚未可知也。所喜日与邹东郭、徐少湖诸公讲论圣贤之学，反求诸心，充然有得。乃知心体本是仁，仁者本以天地万物〈为〉一体，学者求〈此〉心而已。故戒谨恐惧，便能位育；衣锦尚絅，便能笃恭，而天下平。圣贤之分，惟有生熟而已。四十余年大梦始得一觉，少年所为，思之痛心，不可言及。出仕后一意把持，做得一事，即有自矜及求人知之，只是功利自私之心耳。平时见人讲学者多非其人，遂一意恶之，如见噎废食，遇垢废衣，真可叹也。近来见人不善，心反怜之，或因其非，遂反身自验，"三人我师"，圣人岂欺我哉！吾象山学久不振，今稍兴起。应东塘先得我心，陈五山辈皆入道之器，汝与六叔辈可速究此理。心体若明，举业亦自无害，后来亦得实用，不至随坑落堑，如我徒伤悲也。汝质颇醇，但不见本体，蔽障日深一日。大抵熟玩《中庸》首尾，及《西铭》一篇，久久自当有得。夫所谓讲学者，岂徒作巧言令色以窃时名哉！真实用功，日就月将，一念不敢放过，方有长进处耳，吾儿慎之勉之！有同志者，不吝与同也。

（原载民国《象山县志》卷三十一）

7. 赠钟陵毛侯序

【明】王　梃

匠人为室，利新不利敝；医士治疾，不难于瘦而难于中干，其理然也。材制定，操绳墨，运斧斤，〈惟吾所裁〉，心适而手应，气至而神会，投之所向，靡不如意。至〈于〉敝宫败庐，梁蠹〈而〉栋摧，撤一则百摇，易细则巨倾，其不睨视而兴喟者几矣。负疚者尪羸骨立，形夺而气索，其神居焉，此可以措手；蜮攻其上，蠹蚀其下，盘跚于膏肓之间，越人回车，华佗却走矣。夫君子、岂不愿与斯民呴呴相忘哉，乘其敝且难而不可以卒诿，则必求其理解之。故当敝宫者先立其大，则小者渐修；疗中干者先治其本，则其标不药而自愈。呜呼，为治之道犹是哉！吾象山，东南之末邑也，频年大祲，野多饿夫，并海寇扰攘，桴鼓之声达旦不辍，不可谓敝宫乎？宦游者顾形而气索，伺隙者馨饵而影集，其渊汹汹，其鱼喁喁，不可谓中干乎？广右钟陵毛侯，弱冠登科，有隽才，且负奇气。圣天子知东南之多梗，命莅吾象，所谓居其不利而当其难矣。侯下车，慨然有与易之志，曰："此其纲纪不立而维系故弛乎，其表不端而醯鸡斯集乎！"早作夜思，左睇右盼，乃明职守，简胥役，吏抱牍听命，不得辄至前，肃然定上下之体。于是昔之盈庭蔽按，攘袂而呼者稍稍却矣。乃谢请谒，却范［苞］苴，诇阳桥之为近习者拒绝之。于是昔之投间抵隙，磨牙而待食者稍稍引去矣。〈数月而粗立〉将期而孚。乃葺〈厅事与〉诸废坠者。百姓曰："兹微侯，胡突焉成乎！"乃饬团保，戒守望，贼不敢入境。百姓曰："兹微侯，胡宴然平乎！"今年〈初〉夏不雨，乃祷雨，雨辄至，〈民之东作赖以兴〉，百姓曰："兹微侯，胡赉子［予］以生乎！"于是昔之并日而食，荷锸而立者稍稍贴席矣。夫侯〈之〉令象山，固匠氏之所兴喟，而越人之所为辞也。顾未期而百姓翕然归心焉，岂有他哉，知所先后也。文政曰："充虚为害，无由不败。"夫阴阳奸为充，贪夫聚为虚。纪纲不立，则阴阳奸矣；表极不端，则贪夫聚矣。逸诗曰："马之刚矣，辔之柔矣。马亦不刚，辔亦不柔，志之尘尘，取予不疑。"夫上之驭下，犹驭马焉，刚柔取予，惟上之忐［志］耳。侯之治象山，未期而遂浃。借使存之以至诚，持之以不变，孔子曰："三年有成"，不其然乎！今天下多累且虚耗，不啻敝宫，蜮蠹为灾，庶几中干矣，安知非侯异时之事哉！或请曰："侯之先公尝通守宁波，有惠于象山，象山之民故德之。"侯因象山之惠惠象山，又安知不以象山之惠惠天下哉！侯之志不懈，其广厦而庇荫之，起疮痍而疗治之，所谓天下之国工、良医者在是！吾知异日立言者，且将以吾侯考世也。是为序。

8. 赠张晖吉序

【明】杨守陈

象邑张晖吉即［既］举于乡，遂擢高第，其友若董自修辈将往贺之，乞言于余，曰："先生将何以赠晖吉也？"余曰："亦励之学而已矣。"自修曰："有是哉，先生之迂也。晖吉往在门墙，侍函丈，固宜励之学也。今也行有官守言责，以臻［尊］崇要津，将晨夕服勤乎王事，匡弼乎帝谟，康济乎四海矣，其可复事于学而庸此励之乎？"余曰："此所以励之学也。古之圣贤，家而国，卑而尊，夷而险，无一处不学焉；自幼而长，逮老而没，无一日不学焉；自晨而兴，由旦而寐，无一刻不学焉。其所学者，非挟册而诵数也，非搦管而摛辞也，又非以吏为师而章程法比之是习也，其要在治其心而已矣。夫心，统七情五性，以宰百骸九窍，而接万事。庶事之变，出入无时，存亡靡定，莫难治也。士方学时，穷理以致其知，谨行以养其性，自谓其心湛若明镜，屹若泰山，可以当大任而无疑惧矣。然至于胶扰纷放之临，声色货利之诱，死亡患难之逼，心或不治，则往往举其素而丧之，学之不可已也如此。故有位君子，必益穷其理，益谨其行，勿惑于胶扰纷放，勿夺于声色货利，勿怵于死亡患难，而恒主之以敬，存之以诚，旦省而夕察，瞬养而息存，无斯须之不慎焉，则心无不治。可以决大议，可以建大业，可以圣元后，可以熙万邦，可以佑化育，可以与穹壤参矣。古圣贤之所谓学者，学乎此者也。杨子不云乎：学之为王者事。故尧舜禹汤文武汲汲，孔子皇皇，其已久矣。夫孔子圣也，尧舜禹汤文武君也，犹皇皇汲汲于学而未尝已，况下此者乎。然则吾于晖吉，安得不励之学乎？先是，象邑之士，旷数年来无一俊造者。或以罪其山川，余谓非山川之罪，盖士之善学者寡耳。有如晖吉者，其庶乎！余言既幸中矣，晖吉自今以往，益励其学，岂独其邑之华哉，将为邦家之光、天下之望矣。”自修又曰：“然则子产所谓‘学而人政，非以政学’者何欤?”余曰：“彼所谓学，非吾所谓学也。”于是自修再拜。遂书之。

9. 送怀远县税科局大使樊先生牧斋考满朝京序

【明】郑　真

象山在明州海上，有丹山、蓬莱之胜，玉芝、朱草、琅玕及不死之药生焉。古仙神人若羡门、安期，偓佺之徒尝居之。其人物多风流蕴藉，有冠带佩玉气象。自宋以来，故家文献，栋宇相望。至于有元，若蒋公商卿、博士奉常，与典大议，藏在有司，缙绅君子犹能言之。其文行显著与博士同时者，若石壁翁樊公其人乎。石壁之学，后进之士多传之，而其犹子天民先生实得其绪余。天民传之子余庆。余庆以今大明洪武五年，用《易经》试中浙闱，计偕春官，不乐仕进，告于大宗伯，归山中隐居求志。以予同年，亲若兄弟，尝与论家世源流，知其从兄牧斋先生之贤。牧斋盖石壁翁嫡孙，尤克世其家者也。惜乎予未及见之。既来临淮三年，而牧斋亦以诠试吏部中选，授凤阳府怀远县税课局大使。因得挹其颜色，听其议论，私窃喜幸，庶几遂平昔之愿焉。牧斋清慎自律，其于商贾之征，不以位卑禄薄，尽心竭力，朝夕不倦。或岁时之暇，登大禹涂山、卞和玉坑，兴怀千古，见诸咏歌。邑大夫博士以下皆重为敬礼。考满得代，当朝京师，怀远士大夫咸恋恋不忍别，使来求序以赠。夫足国裕民之道，莫先于理财，故钱谷之职，自古为重，乘田委吏，在孔子大圣不耻为之。唐时盐铁度支，皆以大臣兼领。宋儒先君子以道德闻望著者，或主茶场，或监酒务，曷尝不尽其职之所当为者乎！夫君子素其位，而行士君子明体达用之学，何所施而不可哉！牧斋征商从事，贡赋以登，上下相安，国家劝善录功，由是官省、部、台、宪及馆、阁、郡、县，尽其学之所至，以大祖父文献之传，其不权舆于今日耶！异时功遂名成，幅巾野服，逍遥丹邱、蓬莱之上，识者固已为神仙中人矣。予也忝以同乡，又在契家之末，幸得归老，固当尽脱尘鞅以从之矣。是为序。

（原载民国《象山县志》卷三十二）

10. 寄友人邓慎斋书

【清】姜炳璋

自京师起程，一过西秦。栈道矗天，危峰蔽日。山在马足之下，鸟飞车辙之间，惊心骇目，黯然魂销矣。经卧龙之冈，探凤雏之室，子云之居犹在，相如之桥尚存。一路风霜，笔难殚述。十月二十二日始到石泉。人烟寥落，坡路崎岖，宦于斯者，直是索然气短。然弟不敢鄙夷其民，革官价之病民，去行奸之悍役，心虽存恕，法则惟严。三四月来，声名颇起。今年修石岩大路一百二十里，火当道之危石，筑临流之偏桥，栏杆曲曲，梯路层层。自二月十四日起工，犹未竣事也，然亦大倥偬矣。书院养济，将以举行；文阁志书，亦欲并起，书生之伎俩，早为令郎昭武兄及［所］料及也，为之一笑。近闻世兄帮补甚为称庆，老长台积善之报固不止此，而此发轫矣。如弟者不过欲为清白吏，他日见得乡里，斯愿足矣，他何望焉。

11.《诗序补义》序

【清】纪　昀

余于癸巳受诏校秘书，殚十年之力，始勒为总目二百卷，进呈乙览。以圣人之志，籍《经》以存，儒者之学，研《经》为本，故《经》部尤纤毫不敢苟。凡《易》之象数、义理，《书》之今文、古文，《春秋》之主传、废传，《礼》之王、郑异同，皆别白而定一尊，以诸杂说为之辅。惟《诗》则托始《小序》，附以辨说，以著争端所自始终。以范蘅洲之《诗渖》，姜白岩之《诗序补义》，顾古湫之《虞东学诗》，非徒以时代先后次序应尔。盖《诗》之搆争久矣。王肃首起而驳郑，王基遂踵而难王，孙毓复申王说，郑统又明郑义，其书至今不传，其逸文之散见诸书者已纷纭轇轕矣。至宋而庐陵、颍滨小立异同，未显攻也。郑樵始发难端，而朱子和之，是为新学。范处义力崇旧说，而吕祖谦、严粲等遥应之，是为古学。于是尊《序》、废《序》，为不可破之门户。两派之中遂横决而旁溢。一为王质《诗总闻》之派，主于冥想力索，翻空出奇，是新学之变本加厉者也。一为何楷《诗世本古义》之派，主于论世知人，穿凿附会，是古学之逐影失形者也。其间互有短长，不能偏废，故朋党互轧，未有已时。余作《诗类总序》有曰："攻汉学者，意不在于经义务胜汉儒而已。伸汉学者，意亦不尽在于经义，愤宋儒之诋汉儒而已。各挟一不相下之心，而又济以不平之气，激而过当，其亦势然欤！"今以范氏之书持王、何两派之平，以姜氏、顾氏之书，持《小序》《集传》之平，六七百年朋党之习，舍是非而争胜负者，其庶几少息矣乎！顾氏书已有刊本，范氏、姜氏之书，均无力付梨枣。今白岩之孙某能世其家学，念先人著作，得登石渠、天禄之藏而不能遍播于海内，将南归拮据谋剞劂，乞序于余。余谓是书，《四库全书》已著录，无庸为床上之床，惟著其以近时之著作得为千古经部殿，则说《诗》之正脉在是书可知矣。独范氏之书，仅副本贮翰林院库，卷帙繁重，无传写者。闻其子孙尚类读书，倘亦能如姜君之表彰先德乎！余老矣，拭目望之。

选自《纪文达公遗集》

12.《读左补义》序

【清】钱维城

《诗》《书》，圣人教世之书也，《春秋》，圣人治世之书也。教则从乎言，而治必按诸事。教，天下之公也，而言即圣人之言；治，亦天下之公也，而事非圣人之事。言即圣人之言，故言在即教在；事非圣人之事，故事不备即治不彰。何也？《春秋》之法，遇事直书，善恶自见，而不能无笔削。必有削乃有笔，故欲探《春秋》之意者，求其所笔不可得参，观其所削而知之矣，若是者舍左氏无由。昔止斋陈氏之学，深于《春秋》，独宗左氏为有功于经，能存其所不书以实其所书，作《〈左传〉章指》，楼钥序之，以为自有《春秋》以来所未有，可谓知言矣。窃尝譬之于日月，日月之光无所不烛，物有好丑，日月不言而物自呈之。然日月之光，必自其丽于物而始见，左氏，其光所丽之物也；光之所丽，又必有其所不丽者而借之以呈其象，左氏，又其光所不丽之物也。而世之攻左氏者，以为是非颇谬于圣人。夫左氏之言，固有过夸且失实者，然观其所言，当思其所以言，而推见其不言之隐。且吾所取于左氏者，谓能备其事而可循，是以求圣人笔削之迹也，非即以左氏之是非为圣人之笔削也。癸未之秋，余试金华，姜子白岩方主兰溪讲席。试毕来谒。问所为，曰：有“《读〈左〉补义》若干卷，未及卒录，敢以前数卷先”。余未及观。及下处州，中途无事，乃悉读之，反复数过。叹曰：“姜子之善读左氏也。”夫左氏之书，通二百四十年之书为一篇［编］者也。其脉络贯通，本末咸备，读者类能知之；若其离合变化，以断为续，以抑为扬，则有不得尽知者矣。姜子之读《左》也，通其言，并通其所不言。其言在此而意在彼，与言如此而意不如此者，皆一一深思而得其故，而要以是非不谬于圣人为宗。学者循是而探索之，而圣人笔削之意乃可窥也。则谓“自有左氏以来未有此书”可也。爰序数语寄之，以亟索其全帙焉。

选自王昶《湖海文传》

13.《尊乡集》序

【清】雷　鋐

余辛未校士四明，得姜士石贞，时方困诸生中。披其文，询其学，核其品，浙东士无与俪者。近览其诗，益心异之。世人论诗，或唐或宋，不离月露风云，正所谓闲言语耳。石贞诗庶合少陵诗史之意；举所传闻忠孝节烈遗事盘旋方寸中，磅礴郁积而呜咽慷慨以出之。至今司马之猿，参军之马，亦叫啸腾踔于纸上。嗟乎，此其为石贞之诗乎！石贞落落寡交游，间与史雪汀老人相倡和。雪汀博学数奇，死矣，其遗书可传者，石贞力图所以表章之，又岂徒凭吊古人云乎哉！

14.《蓬岛樵歌》序

【清】宋世荦

团蕉结处，丹山赤水之天；榔［椰］栗担来，龙塔蚶城之胜。白云万叠，廿四峰踏破兜罗；明月一肩，卅六涧磨穿宝镜。唱高歌之曲曲，绘好景以年年，安得此樵，能为斯语？世荦家依台岭，门接海壖，溯象邑本左股之分，指蓬岛俨波心之托。雨茶雷笋，物产半同；打春送寒，土风一样。而乃桃花流水，空迷采药之踪；荒草悬崖，绝少新樗之咏。两湖水碧，双帻云浓，虽谷口屡听丁丁，而岩阿终嫌寂寂。此则对先生有声之画，而惭我辈没字之碑者也。虽然，山纵隔夫十重，语已通其八九。他日裹粮而询石室，拨杖而上员峰，着我芒鞋，挟君短册，倘或惊为山贼，尚拟歌之；如果遇夫仙人，必有和者。

15.《红木犀斋课艺》序①

【清】袁淑先

濒海之区，产物惟错，贝之锦、蛐之华、蚌之珠、蜃之楼台，蕴蓄光彩，盘薄乎中，尝待时

①《红木犀斋课艺》：无卷数，教谕孙鲲化编。孙鲲化，长兴举人，清乾隆三十四年（1769）任，名宦有传。

而后发。当其无有，水天一色，汪洋窈渺，目未经见者，或将过而笑之，而吾谓人之于文也亦然。盖学者操业灯窗，苦心刻励，随才奋发，亦必各有所见，自非成名之日，则鲜出而问世，采风者又不能遍及之，遂使声光韬寂，湮没不著者，天下比比也。象山、海邑也，于宁属又最僻左。士民风尚朴素，其未尝耀其奇而为采风者所及，固无足怪。然功业文章，代兴不乏，即制艺论，有明若邵谕德景尧、王参政梴辈，当时奉为科律者，至今犹见及之。我朝百余年来，旧风未替，而士子素守谦退，多疑而不敢自信，虽有所蓄，率未尝出以示人，此后斋近日《课艺》之所由选也。后斋为今之名宿，其掌教象山也，课士井井有法。予以承视邑篆而得时接其丰采，论议则飚举云扬，往往倾其座人。试观此选，亦足以见其力之大而心之勤也。诸生勉乎哉！此艺出而望海者固足以寓目，亦行见观风者有不胜采掇之喜矣。因嘱付之梓而序其端。

16.《蛾术斋笔记》序①

【清】丁　谦

《蛾术斋笔记》两卷，象邑明经林君月槎所著也。初，余司铎于象几三十年，君董文庙事，往来频数。因知君之为人，孝于事亲，友于兄弟，而又勇于义行。邑有兴建之举，无不与君谋，谋辄底于成，固非仅以文字见奇者。比余归隐，音问稍疏。辛亥春暮，得林生子春书，始悉君于去冬已作古，不胜惋惜。越数月，其孤永怀录其遗稿，邮书请余序。受而读之约四十余条，皆有关于邑之建置、风俗、慈善等事，或本诸经历，或得诸见闻，间附己意以评论之。苟非急公好义、行之有素者，未易致此。窃念一邑之中，上之所以型方训俗，下之所以食德服畴，悉赖夫前规俱在，罔敢或违。是以文人学士偶有纪述，而尤致意于梓乡掌故，自古皆然。且余闻象之志书，久未修正，比岁以来，老成凋谢，嗣欲征文征献，将于何所？君乃有鉴于此，择要以记，虽由率笔所成，而起自同治辛未，迄于宣统己酉，其间数十年之事，若者奚以兴，若者奚以废，一展卷而了如指掌。以此供稽古者所考证，未为无补耳。故不辞而为之序其端。既喜君之有是书，又深冀永怀之善守

是书也。

17. 游象山石屋记

【清】冯登府

出蚶城北三里而近，有山焉曰圆峰。凌磴而上百十级，乱石荦确，榛莽发骫，路曲折如香篆。山腰有石室，上平夷，可构屋十楹。穹其中为洞，有若堂者，有若釜者，有若覆夏屋者，有若复壁郁蔼者，有若飞檐駊騀、纚连无尽者。入之，气烜暖如春，若洞房燠馆。山泉一溜从竹罅出，潺淙鸣不已。洞以外，大海环其南，鲎帆鱼市出没烟际。是日也，天风飒然，淰淰作雪意，阴寒不可耐。乃下，至小茅庵，置酒而憩焉。嗟乎，林壑岩穴之异，多屏处幽隐，以全其湮郁不宣之气。斯洞也，若置之通都大邑，游人骈坒，必惊为天閟地藏，神区鬼奥之境，亦必有蚩眩桀凿，附丽古人荒唐之迹，以诧其奇，而山之真反晦矣。乃僻居海外，为游踪所不至。山之人习焉，寓之目而接之神，又以为弃置无足异者，是可慨矣。余故为之记以荐后之来者。时同游者：马孝廉

---

①《蛾术斋笔记》：二卷，清林湝安撰。

丙书、姜明经人器、辛茂才明德。期而不至者：赵明经庚吉、倪明经励［劢］、王茂才定一、汪茂才桂清也。道光庚寅腊月，小长芦冯登府记。

（原载民国《象山县志》卷三十二）

18. 重游象山县西山记

【清】顾凤起

秋色平野，绿亩横绣，绕郭三里，悬磴千叠，竹屿隐而可居，情壑纡其若带，直上百仞，环生半林，有灵区者，则象山县西石屋也。若夫空翠欲流，高斋始夏，学子熊生、胡生相与纵步，于焉戾止。俯瞰平瞩，怡然旷哉。既迫曦景，未遂遐观，嗒然就归，薄言咏之，幽兴未终，怅焉思再。会复几时，空山已秋，旧雨忽焉来游，同人欣其命驾。出其闉阇就彼岩壑，眄青山而停车，峦秀改色；听鸣泉而倚杖，溪流变声。遂乃披蒙茸，蹑苔藓，岚径若复，琳宇忽开，山花如迎，群壑争笑。于是煮茗汲泉，拂席陈酒，清谈未终，残醺乍歇。乃同胡生陶然出门，折步而东，登高一览，遂兹大观。其左则天台赤城，霞气隐伏，琼楼玉阙，天堂碧林，中天悬居，仙姥延英，芙蓉灿兮欲华，风雷森其若怖，矫首澄盼，仙灵可呼。其右则四明方石，人境殊绝，晨光晞而日宇开，夜气清而月华吐，著崖岫之极致，揽星辰之在天，蜚然欲从，凌风御之。是皆怡景荡胸，启郁导痗。然而奇境之辟，在古斯传；当前之景，于我斯畅。危崖矗立，仄不盈步，群峰若来，竦焉若飞，纵目所极，飞鸟无际。浮烟泡起，忽不见山，波涛出没，归墟茫然。游龙忽其思潜，苍鼍矫而若起，浮瀛逐空，孱鱼欲舞，则诸山之若隐若现于大海之中也。若乃析木飞涝，渍沦腾势，气涵五岳，源涤百川，翔阳骇于扶桑，元明攗于金穴，浮天灏渺，含地瀜沍，惊潮壁涌，余汛练掣，则又资群山于锁钥，拱列岫之门户，遂使沃野，奠兹海邦。嗟乎！冈岭之奇，沧海之变，斯地勿名，古人有待，吾侪所历，陈迹勿踵，今之游履，无愧往昔，简毕勿彰，山灵〈抱〉憾。而吸清气于怀抱，扩幽思于游涉。况乃时序易移，人事多舛，所当目而毋謟，写心期之在寓也。于是夕景欲素，环烟四生，碧萝罥兮留人，清蝉鸣兮忽暮。樵语空际，钟声在林，同人言归，余亦还履。青山重来，极兹清眺；白云梦中，定有元鹤。

（原载民国《象山县志》卷三十二）

19. 游石屋记

【清】章　鋆

石屋，在蚶城北圆峰之上，状若穹庐，下垂旁覆，天画神剜，奥如旷如，中可容数十人。有小潭，岩泉自石罅曲折流注，声瑽琤如奏琴筑。以地滨海，波涛险绝，故游者不能时至。甲寅之秋，余渡海而东，访周君谷山、姜君竹筹于象山，约余与汤君慎斋、黄君逸琴、马君静物、周君静山、姜君小山偕游于此。循磴而上，披蒙茸，据巉岩，幽邃之致，醒人心目。下视城邑，历历如披图画。其南则大瀛海环之，洪涛拍天，一望无际。薄暮，置酒茅庵，陶然共醉，松风梧雨，凉袭襟袖。比归，则疏灯荧然，城钥将扃矣。昔余览群乘，慕四明石窗与兹山之胜。石窗陆行百余里可至，迄今未获一游。而兹山远隔海外，乃得与诸君子观览其胜。岂登临之乐，其遭遇亦有前定欤！爰记以质后之游者。

20. 翠竹轩后记

【清】姚　燮

明宣德间，西沪王公国衡，性喜竹，以翠竹名其轩。其嗣君彦诚公，嘱进士吴责［贵］为之记。流风之邈，几及四百年，清芬所诵，谁为贤孙子？嗟蔡中郎云逝，但余柯山之亭；王右丞不归，莫问辋川之里。纫香，王茂才公之裔孙也，其绕宅亦多竹，而名仍厥旧。微独欣衡庐之有记，亦以抚杯圈而不忘也。观其苞解释黄，叶洒凉碧。濯以明瀣，栉以静飔。山眉上横，岚色相避；涧琴下泛，玉声与沉。偶巢幺凤，纤月来媚，苍帚一拂，流云亦嫣。可以当与可之画屏，续子猷之佳话。命酒其下，交接古欢；读书在旁，吐纳清气。回影荡而素壁皆渌，暗籁洩而暑夏亦秋。抑复扫箨代薪，试玉川之蟹眼，葅笋入馔，佐东坡之花猪。宜主人情远乎嚣，习谢乎俗，悠然会此中之意，而翛然得尘外之风也。且夫"绿竹猗猗"之诗，人以之美卫公竹箭之有筠。《礼》以之比君子。亦谓德偶松栝，侣品芷、蘅，蟠根内坚，树节外劲，陵迁谷改，其天不彫；红绮紫靡，此品独洁。虚惟能受，葆元在中；霄亦可干，腾势必上，主人兼有取于斯乎！矧乎萱晖正长，并借庭帏之荫；棣鄂方韡，不分左右之邻。晨撷其馨，夕饮其息。剑迹逃穆，避世谢纷。拭海台之笺，诗或胜之［于］佳士；理君山之瑟，曲何怨乎美人。有那其居，云胡不乐！挥尔麈以对，恍挹晋江左之风；愧余情不芳，徒繁楚湘潭之恨。

21. 双峰斋记

【清】潘健山

双峰斋者，即石鼓庵也。岁庚寅，予从励先生肄业于斯，先生因其上有双峰，遂以名其斋。其曰石鼓庵，又曰双峰斋者，地本一耳。自释氏言之，则为石鼓庵，而自吾儒称之，则为双峰斋也。然则，不曰石鼓斋而曰双峰斋者何，既不欲与释氏混其称，且其地石鼓卑而双峰高，命名者取其高不取其卑，犹之法名者取其上而不取其次也。斋甚狭，除僧居外，仅余屋五六间，屋边多丛篁茂树回绕，夏不受暑，冬足以蔽风雨，亦奇绝也。斋左右有良田七八亩，水至旱不竭，尽足供僧衣食，此僧所以倚为洞天福地也。斋前二百步许，有大石突起如鼓，因以鼓名。其上可坐数人，俯而凭之，虽不足以尽大观，然邑南之景已可吞其六七矣。至其后，巍然而大，耸然而高，有两峰矗起云霄者双峰也，其所见又不同矣。尝于风清日朗时登其巅，东则汪洋浩瀚，一望无垠，琉球、日本诸国隐隐如在睫前。其西南无高山大海以限之，极其目力所至，近则赤城之霞曙，远则八闽之云烟，皆得指而数之。而其北则万山层叠于其下，累累然如虎之蹲、龙之卧、凤之翥，莫竞其起伏之迹，断续之痕。遥而视之，祟［崇］朝之间，若可跨步而遍历其巅，此双峰之极观也。举石鼓所不能□者，至此乃无不到焉。于斯时也，见夫天之高、地之迥，心目之开朗，得其趣者，莫不与吾学有相长之机，宁第足以资玩游而娱听睹也哉！余忆向者从师肄业时，仅弱冠耳。今则忝居师席，复就馆于斯，因与诸同人重历其境。风景依然如故，而自顾头颅大非昔日，此以见人事之靡常，古今之易逝，良可喟也。然双峰之名，向未及志，在今日已不知命自何人，更千百年后，孰知吾师弟追随咏游而得也哉！是不可以不记，爰命同人书之于策。后之学者，庶有以知命名之所自云。

22. 记咸丰丙辰事

【清】陈之翰

咸丰六年夏，先君患病，屡治屡濒于危。越秋杪，豫期斋沐，以祷继之，始少瘥，然于步履犹艰也。适有鄞人顾某者来象乞籴，道由海运。城乡无赖辈援禁止出口旧章，密营利网；又恐势寡不敌，嗾使邻近暴客虎而冠者数百人，扬戈盾，以遏籴［粜］为名，所过村落，不问皂白，奓门闯入。未几，及我里，见者走相告曰："势急矣，可奈何？"余即偕弟素涛，翼护先君避楼上。有恶客登若猱升，一见先君，蜂拥而下。时涛方羁贯，畏不敢前。余为之亦蹶亦趋，弃级而坠。举家股栗，有曳我裾，有牵我发，叫号力阻。余亦奋不及顾，冠履尽脱，力疾踵追，出大门数武，厉声曰："大人病久，不能远行，尔等将焉往？我愿代，不食言！"众皆应诺。余此时固不计身之得脱否也。迹所往，止息祖庙。族之人稍稍近前，代为缓颊曰："今日之事，其父患病多时，素不与，且生平忠厚，遐迩著闻。其子就傅读书，从不干外事，近缘省父在家耳。尔若蹂躏善人，亦冤也。"余乃乘机言曰："日将午，腹亦馁，而为若计，不如返我〈家〉谋一饭可也。"言讫围解。归告先君，忻慰久之，日加餐饭，勿药而作，健如初。吁，此真可惧亦可喜也已。厥后十一年间，亦有因籴滋事，致使邻村仇某刀伤立毙。夫以先君素行克勤，疾有喜，灾无妄，其寿而令终也宜矣。若余一时仓猝，以方仇某，未知何如。卒能履尾不咥，晏然无恙。虽云天幸，未始非先人福庇阴相之也。不然，其与临难苟免者相去能几何哉！

23. 游智门寺记

【清】郭传璞

盛夏云嬗，俗尘息纷。蕉阴窣帘，界乎绿天以外；荷渌承盏，瑟彼黄流在中，王君砚农轩渠而言曰："距兹地不数十武，可以涤烦暑，释渴痟，有智门寺焉。飞锡于柴氏之季，踵葺于我朝之初。子能桄阇婆藜而津阿耨达乎？"余曰："灵运通才，至十八贤黜社；彗斐肥遁，为二千卷佣书；从布毛侍者，事鸟窠和尚，鄙之愿也"。逐［遂］循舍北、折而西，平肩却舆，过头舍杖。新稼云敛，睨牧牸者嬉；故蹊篆萦，认蜕蛇之迹。篱偳六枳，偻背而过；磴曲一渠，足乃济。叠薛〈如茵〉，得得试其履声；拓松作屏，丁丁落其斧响。晃潮影之一白，水荇昵人；翻日华之半红，山雉避客。于是搴赤华之舍，憩青豆之望，乐参频伽，顿悟能静，烬冷迷迭，达观皆空。空优昙花之去来今，品蒙顶茶之色香味。有消瘦衣而枯坐者，礼之不答，叩之不应，余惭钝根，縻［靡］当棒喝。佥云：是僧积婆枸罗百余岁，盖冷寿光、计子勋俦也。遍搜金石，蔑诵苕帚。余笑谓砚农曰："慧宗乞简栖濡输，宝志待元礼勒碑，君其替人乎？"长安似棋，蜗战更换，米汁破戒，鹤觞载陈。崑葱和盐，疑蔡樽所莳，合蕈漉滓，因惠宽得名。既饫摩诘之饭，拟宿已公之斋，余急趣归。新月上弦，可代秉烛；枯藤据石，辄防钩衣。暗蝙东西，欲涸人影，钝蛙近远，齐参佛声。元亮眉攒，休复视短。左挹右拍，叱二虎前行；赤谩白诔，仿三卢故事；爰泚笔记之。同游者周丈葵圃、陈丈式如、砚农及余四人。时壬戌［戌］七月十二日。

24《红木犀馆诗课》序①

【清】姚 燮

董沛序：象山红木犀之名自南宋著。高宗有御题诗，胡尚书、史相有叠韵诗，并载宝庆志，为吾四明故事。咸丰庚申欧星北司马倡诗社，以红木犀名其馆，而延镇海姚复庄先生为祭酒。其首集之题，即红木犀词也。方是时，象山之能诗者，司马主之，邓谱庵、孔晓园、王纫香、砚农昆季左右之，而吾鄞郭恬士从而先后之，近自台、越，远暨杭、湖，闻风而应者无虑数十家，闺秀、方外之作亦参列其间，可谓盛矣。社之例：一月一举，杂拟古今体诗，糊名易书，而先生判其甲乙焉。先生故以诗称海内，是集悉其手定。兼采众体，不名一家，坛坫风流，无愧作者，惜乎不及期年而遽以寇难辍也。同治乙丑，余客象山，主司马之弟仲真家。仲真亦社中人也，为言当日簪裾之盛，琴酒之乐，已如隔世，而姚先生归道山亦一年矣！呜呼，岁月几何，交游非昔，古人惓惓于聚散之际者良有以耳！始为社，议以二十四集，遭乱不终。今所编者凡十集，为诗千有余篇，梓而传焉，以纪一时之盛。其于古人，不知何如也，吾安知后之人不又以为故事而踵而诗之耶！

25. 壬辛脞录②

【清】 王莳蕙

我象自李唐建县以来，陬荒壤僻，沧桑之变，累叶无闻，从未有遘此巨劫者。犹幸杀戮不惨，沦陷亦不及半年。城以内虽有破残，而乡间则鲜遭蹂躏，盖我邑人情质实，风俗朴素，无玉食锦衣之奇享，故历劫亦未至异常云。计长毛自咸丰辛酉十一月入城，至明年四月遁去，历张、潘、顾三酋，先后踞城凡六阅月。其间变故纷纭，不无可纪，忽忽未果者十七年矣。兹当闲窗无事，追书其大概如左。采刍荛者，或以补志乘也。可抱叟识。

咸丰十一年辛酉十一月十五日辰刻，长毛邹身城本作“粤匪”入城。是日不雨而阴，天色昏惨，路无行人。数十里内苍茫黯对，虽鸟兽鸡犬亦不复作声。观此光景，屠戮之惨当不待言。俯仰天地，此身此世，殊不料有今日也。邹本无“入城后”一段。

是日午刻，间有自城逸出之难民，三四、五六不齐，各自成队，手中俱有所携。有半途弃去军装者，而跄踉作急奔状者，向西沙岭一路而去。其间约宁海新掳者居多。是日予往墙头，至三官堂即遇此，初见不知，心殊忐忑。

入城之长毛约二千余人，其半则胁从者。一入城即闻搏击崩塌声，盖即坏壁撞门，搜掳玉帛子女之小兵。其大小头目，则直入官衙民舍踞之，无事不轻易出入矣。

当长毛逼近时，既无有创议诚守者，稍有一二忠义士，扼腕请登陴者，群斥其妄，且恐其所至屠戮。乃于本月初旬，大集在城绅耆于城隍庙会议行止，至者数十人，而邑令亦施施来，于是

---

①《红木犀馆诗课》：十集，镇海姚燮编。是集有乌程沈镕经方伯，鄞县董觉轩大令、郭恬士骑尉诗，不尽本县人作。

②以铅印本《壬辛脞录》为底本。民国《象山县志》与现代太平天国史专家邹身城所有本子则作《辛壬脞录》，邹本系手抄本，文字与铅印本稍有出入。书名不一，原因不清。本文作者王莳蕙与顾为同邑同时代人，王作“顾景眷”，民国《象山县志》（点校本）作“顾景鋗”，《象山县志（1988）》作“顾景涓”，书写各不统一。

定策：以羔酒银币逆诸境外。与议者均于神前列名立誓券，券后钤以亲笔花押，而县印殿之。议既定，明日遂行，迎至宁海黄溪口界。遇长毛邹本作"贼"前锋，领人张酋大队，又明日遂入城。时走迎者为廪生周某、监生王某也。周、王谒见张酋，献所赉犒军物，甚喜，慰劳数语，即给以令旗。告示并谆谕城中人民，但黏"太平天国顺民"字于门，不须搬避。随乞大旗一面，用保质铺。二人喜跃，洋洋归，遂肆言此番西兵入城，秋毫无犯。有出城者力沮邹本作"阻"之，邹本有"不从，则詟以势"句人见其眷属亦竟安居，稍有信之者。岂意长毛一入城，即先掠质铺如洗，在城妇女罕有免者，而周、王二家，遭难尤酷邹本接有"呜呼，岂非天道耶！"句。

周、王走迎邹本作"迎贼"，初意原非甚恶；洎得长毛用，不无威福稍张，故受屈者恨之邹本作"洎得贼用，乃大张威福，故受屈者很刺骨"。长毛退后，亲友有劝之远遁，二人恃有誓券、县印，置不为虑退。后数日，邑主自长毛中归，暂驻墙头某宅，谕城中属吏来迎。继接周、王合信一函，拆视，乃即其得意时劾监军通妖，请勒移驻札城中之文稿一角也。在座者俱不省所谓，王固本邑胥吏，令心尤不平之，遂将此函并其迎降状，通详巡道。回文，即就地正法，且立决。而二人生路远矣。

时衙署已毁，周、王二人即囚在缨溪书院之后阁。王颇望活，百计挽救。而令意甚决，盖非特详文太实，亦具有深意，故欲速斩以灭口。惟周自揣无生机，题院壁，有"万姓生余多造化，一身死后有公评"之句。

邑令详文将转，人言藉藉，而二人者始惧，有遁意，均约中秋在家过节后即同行，而十五夜竟遭掩获，使再展一日，当有生路矣。

十五夜，邑令属史、汤二人密擒周、王。史于二人有大怨，而汤则渠旧交。论者谓，汤为太忍，盖周已深匿，而汤百计出之也。

张酋名得胜，治军严整而性颇慈祥，当周、王辞别时，张酋微讽以妇女总宜避去之意，言之再三，而无如二人之愦愦也。诸酋入城，直踞民房官舍为公馆，不轻易出入，其掳掠奔窜者，皆小兵也。而衙署之焚，则余姚乞丐矣。

长毛自言，自下浙西东名城数百，积蓄之富未有如象山者。盖初以象山辟地，必不遭兵燹，故各府县巨商大贾，其膏腴多运寄于此；继而富宦旧家无乐土可就者，亦源源而来，不虞至此一网打尽。虽曰数不可逃，然亦误之者有人也。惟所云不戮一人，斯言尚为不蚀耳。

六日，即传令各乡村进贡一花边洋饼谓之花边，二粟米杂粮，三牲禽。如敢不顺，即刻派队出城掳掠。于是进贡者络绎如赴馨而乡间竟得免难。

十七八日，随有城绅数辈出城，劝各处殷实绅士充当乡官。而诸君亦思以身保民，再图后效。于是凡充当乡官者，多端人正士，以故长毛踞城六阅月而四乡居民不遭兵火之劫，自冬徂春，耕凿如故也。十二月初五，众乡官入城见张酋，越日，各领职事回乡。

乡官名色，稍袭《周礼》。而实则大异。最尊者为监军，总理全邑；次军帅，乡一人；次旅帅，数十人。为官下此，曰卒长，领二十五人；曰伍长，五人之长也。非官其制度，大约亦保甲之支法也。

张酋楚人，老于营伍，而心尚慈祥。乡官之来见者，迎送间颇具礼貌；御下甚严，无故不许一人出城。平民居无事，其士卒亦整饬如临大敌，令下即行，无片刻逗留，否即斩以徇盖亦百战之劲旅也。

十二月，南冲土匪某某辈纠党数百，乘乱欲劫诸富家，继蚕食各乡村，俟饱即附长毛去，刻期举事，势已汹汹，不可遏止。时旅帅为郑君卜棠，端人也，侦知大骇，仓卒不知所措计，惟呼援于张酋，亦以毒攻毒之下策。内难方急，不顾焦原，遂于初一日星夜入城见张酋，诉所以。即时调劲旅三百，骑二十，令部下余酋统之，初二日早，随卜棠出城，军次墙头，益以乡勇数百直趋至石鼓岭上，稍屯，余酋即驱乡勇为前队，下令曰："逡巡不进者，斩！反顾者，斩！"诸勇闻令股慄，不得已前进，长毛继之；而土匪犹思撑据，鸣锣聚众，声震岩壑。既望见红巾遍山五色大纛掩映林杪始知长毛遽至则又大惧一瞬间鸟兽散矣，当时余酋入村，即令搜捕余党获二人：一郑开治，一绰号毛坑架者也。皆为盗魁，罪在不赦，立命斩之，而开治竟得保免死。余党宿郑氏一宵，明日囚开治，统众回城。是役也，不费一金，遽夷大难，奇哉！

监军于都会处开立总局，军帅、旅师等亦俱有分局，如官厅然。堂上设有签筒、笔架、枷仗等器，专办粮饷，如期量给，使不出城攘扰；如系民事，非关军旅者，就此判决长毛不与闻也。

营中所需等项，均向监军索取。监军则又分派各乡军旅帅征之，其中不肖者，亦颇有干没准平民于监军处呈控查究，故民间未至大窘。

长毛于冬至日为元旦，先一夜，灯烛辉煌，炮声络绎不绝。大众彻夜不眠，晨与大小头目换新红巾、衣服贺新岁矣。

长毛官制，有检点、丞相、指挥、将军等名色，等而上之为天预、天燕。主将最贵者则侯、王矣。

长毛兵出队，于驻扎处，搬取竹木柴草烧之，否即拆民间房屋代之。竟夜火光彻天，谓之燂营。初入城时亦然，半月后渐息。

时，乡民乘乱作恶有应辟者，许乡官随时缚送，到即讯，明立决。终张之日，未尝谬杀一人。故，当黯无天日之时，而耽耽之徒转觉碍手。至次年潘酋，则不成世界矣。

继张者为余姚潘酋，名世忠，本为地匪，初投入长毛三月间，即升为将军之职，其下皆乌合之病丐羸偷，志在摸鸡盗狗，一温半饱而已。诚得健者二三百辈击之，数千之众可以立溃，惜无有攘袂起者。

长毛据城六阅月，发号施令仅在衣食。于大段处茫无头绪，虽冠服之制亦未尝颁示定式。或以红巾裹首，仍衣窄袖，著小脚袴，贵贱不辨，张酋亦然。止不许剃发，及用本朝顶戴耳。

张酋时，兵士无一人一骑下乡喧扰；间有私出，不过三四里外，至申正必归营，从无野宿一夜者。至潘酋，则全无纪律矣。有衣妇人衣，诸于绣騦花帽锦缠，高视阔步，恬不知耻，三五成群，时至乡间剔蹶，故抽刀作凶样，其实并不敢刺伤一人，有知其为黔驴者，反挫辱之，乃悻悻去。久之，竟无能为厉也。

张酋之入城也，所掠不过金珠玉帛，至粗笨之物，一概捐去。潘酋则无所不要，甚至破衣碎缶，亦夺取无遗。及其遁后，城中真如水洗，所以顾酋之来，专与四乡为难矣。使顾酋稍留数月，得遂鲸吞狼噬之心，我象人民不知作何了局。

十六日，有余姚长毛六七百人屯西洲。

十八日，屯西洲长毛先后入城。

十九日辰刻，有余姚长毛七百人过墙头渡，屯大雷庙，早膳后入城。戌刻，又有长毛百人过舫前入城去。酉刻，则有余姚汪、曹、刘、李四头目来舫前，晚膳后去，四人服饰俱作妇人装，至有包妇人绣花鹅色者。

二十日，又有余姚长毛七百人，自西洲过墙头，一宿，即进城。

廿一日，又有余姚长毛入城。以上诸长毛，俱系宁海陈某与邑人蒋某暨朱国富作鹬蚌之争所勾引来者。

廿六日，有余姚长毛十人至墙头监军局，无所事事，一宿两餐而去。

自廿七至卅日日夜，大雪平地，积雪至三四尺，而四乡之贡银米者俱颠蹶于冰天雪地中，不自以为苦。

壬戌正月初六日，有余姚长毛七人来舫前局，云："讨肚饥饭吃"。与之数碗果腹去。

初八日，有余姚贼五人来村索枪炮，旅帅出叱之，始詟而去。

初九日，顾廷菁之侄仁培率其党八人过舫前，云：捕土匪，一食而去。

十二月间自余姚长毛之来也未几，张酋即被调离象，留部下余酋，后十余日，始去。余即同剿南充土匪者，貌黑而肥，眇一目，勇悍绝伦，与人一语不合，即抽刃斩之。当剿匪过墙头时，乡官设茶果待之，亦谦逊就座，席未暖，忽立起，号炮一声，蜂拥而去，不留一人。时余以百余人孤立，余姚长毛数千人俱畏之如虎，想见其精悍之气虽少不减。

张酋之去，取路西沙岭，未到时，先有一人方姓，金华人，颇质实开路，遇有歧处，以巨石压束草拦之，而大队继进，从无一人阑入压草外者。时予同村人登门前山观之，旗帜飘扬，五色眯目，队伍整齐，无一黍之隙。过岭下陈，间有一二骑分山入村巷，然亦不敢久住。自茶亭迤逦至岭上二十里间，不绝如线。岭以东不杀一人，盖以监军居近，留乡官体统也；过岭则杀人如麻矣，然亦同时出城担夫舆卒之徒，非在野之平民也。

是夜宿西洲，张酋则择大厦居之，一人不轻出，设榻中堂三更后，始拥所携之妇卧，此妇不知谁何，前所带以入城者，至此，仍以舆随夜间，易女服；早起，仍作男装行矣。是夜，西洲大遭淫掳，土匪导之搜山，方三四里内俱不能免。盖村人之无力远避者，以为山路崎岖，长毛不能黑夜到此，为侥幸求免之计，孰知扎营之尚在申刻哉，明日卯刻，即拔营从柴溪一路而去，初出城时约三千余人，西洲一宿，已逸去数百，及过柴溪，不过二千余人，然西洲被虏者，亦复有二三十人。

二十一日，复有余姚长毛百余人过墙头渡入城，自此以后，余姚长毛之入城者络绎不绝，俱乞丐小偷依亲望友而来者，遭彼之劫真不值哉。

二十四日，顾酋廷菁邀老长毛黄、覃、罗三人，暨兵士四五十人来象，与余姚长毛争城，过墙头，宿欧宅，明日入城。

二十六日，余姚长毛二千余人出城，由西沙岭者三百余人，余俱从泗洲头一路去。

二十七日，余姚长毛潘酋一股出尽，仅留汪酋。

二十八日，汪酋一股二三千人全数出城，仍分西沙岭、泗洲头两路去。

二十九日，尚有汪酋遗蘖八九十人宿墙头一夜而去。汪酋屯排头、杭头等村，大肆掳掠、奸淫、放火，无所不至，虽罪在向导之土匪，其实误之者有人，如入城时之故辙也。

作搜山之向导者，知二人排头等为赖大吉；西洲则蒋小麻皮，名昭达者也。村人恨极，先捕大吉一人送总局，请监军就地正法。监军犹示以有愿保者免死。令下五日，无一人应命，不得已诛之，数十村同声称快后数日，送蒋至局，次日为顾酋令箭提去。有同姓向顾力保赖，有大力者持不许，顾亦以己初到，甚欲以刑杀立威，故得显戮，不然漏网矣。

此后余姚诸渠魁，俱已撤尽，惟留零股长毛千余，暨顾酋一股，约一千人。横行无忌，无法无天，从此始矣。

顾酋初名景眷，降长毛后易名廷菁，邑南之山根井头人，初读书，应童子试，辄被黜。性凶险，残悍无所不为，戊己之间，与寡嫂争产涉讼，邑令廉，其诬且素稔其所为不法，杖数十逐之。顾知不容於众，於庚申某月逃往浙营，应募水帥，夤缘得充勇目。洎长毛陷浙渡江，率本队首先迎降，未至，众又散去，逐单身求见头目，以下越收鄮自效。长毛虽纳之，未尝畀以甚权，故僅僅乞得象山盖以象山，僻在海隅，无大关系，许之。至是，大有甘心桑梓之意，故穷凶极恶至於如此。

景眷天性险恶异常，绝无亲戚故旧之情。初与人接，貌似谦和，谈笑顷忽变色，面如冰霜，则此人延头待戮，万无挽回矣。

景眷貌丑而怪，额凸如覆碗，顶中凹而秃；笑则眉目连肩以上皮肉，涌起作横纹四五支，天性酷似张献忠，虽李自成尚不至此。其陷人也不动声色，初破其家，继戕其身，既，则覆巢之下使无完卵乃已。

景眷有戚为黄公岙史某，同砚友则新岙郡庠生俞绶也，时充乡官，在黄公岙局内，闻其暴戾无人性，作书戒之，词恳意诚，宛转动听。不意顾转大怒，必欲生致二人手刃之。一夜，忽统兵千余出北门路本出南门，纡道至东溪岭上，天尚未明，始传令至史局公干，竟不言所以。及抵局始获俞，缚之；继围史宅，获史昆仲二人，时三人尚在梦中，从被中拉出也。家中所有掳掠罄尽，回城后，日犹未昃也。乃高坐堂上，跪三人于下，面数之历炊时许，锁置一室。立索史五万金，限五日缴，缴毕更索，将俟其一无所剩而诛之。以俞寒士，先斩之为史某息壤。一日提俞出跪堂下，问一二语，色尚和，已忽，从容顾其旁云：“绑!”嗷然一声绑矣，复云推出砟之。俞大惊，搏颡如下雨，额破血流，呼救声辙内外。时侍者数百，咸为屈膝，顾受业师马某闻声，趋入，请恕，不许；请缓决，又不许。至跪下叩首，其意愈坚，面作青黑色，凛凛不可犯，师乃含泪退；其妻知之，亦出为跪请。史某泣求更苦，愿罄所有，贷俞死，顾微哂，但云钱亦要，命亦要。有顷，顾忽拍案叱行刑者，曰：“尔等逆命，亦当斩。”遂拥出斩之，初砟一刀，颈血已注，犹呼父母求救；连砟之，乃寂伤哉！当众请时，俞犹剪手立大门内，回首望转机，闻顾叱声，遽放声号哭，观者无不为之下泪，顾则笑口向诸人谈他事矣。呜呼，献贼之惨，何以异是!

辛酉十二月二十日，宁海县附生陈某与潘酋等七百人入城。初，陈某以善卜于粤党，余姚何文庆即唆何来争象山，盖与邑人蒋某相触也。蒋亦近时附何者，何遂从陈请，调潘、汪二人赍长毛令箭来象，其部下党众甚杂，台、黄、仙居不一而足，偷鸡吊狗不成世界矣。时岭脚朱人朱国富，亦自何处挈众来象，其头目为文庆侄何癞头，亦于廿一日入城，当时城中遽添两股，人愈杂，势愈危矣。

此时，张酋尚在，视潘、何二人蔑如也。以有军中令箭，姑容之，而约束甚严，以故二人当张未去时，鼠匿民房，尚未敢出头也。

自二人入城后，乡间始有长毛踪迹，乡民亦见惯不惊。时复向人索军器、饮食，如遇小聚落，即装蛙怒吓人；间过人烟稠密处，则帖然摇尾，叱之亦不敢动甚，有饥极向人丐饭者，抑亦可怜矣。

壬戌正月二日，前县令为潘酋所擒，眷属匿他室得免。先是旧冬，张酋入城，令与家人逸出，东西迁徙，至十二月始卜居山根俞宅人，以其近城也。危之，方拟新正迁去，时连日大雪，不虞他变，故长毛一搜即获，二人挟之，跣足行风雪中，趾破踵裂，辛苦万状，入城抵潘处，潘乃高坐，迫令下跪，旁有邑廪生夏某者，叱令名，痛詈之，窘迫无所不至。呜呼，奇哉！夏固本朝之士子，而令固夏前日之父母官也，非有不共之仇，如海之怒，忍心害理，一至斯乎？真人类中之豺狼也。后令被胁入郡，四月间，长毛退，自宁回象，而夏已闻风窜去。

时夏有讨本朝檄文一首，语极狂悖，读之令人眦裂，故不载。一日招其得意弟子蒋某，谓之曰："予老矣，无大志，他日献此文于天朝长毛国号称太平天国，取公侯如反掌耳！汝年少壮，正建功立业之秋，今以与汝，汝其勉旃。蒋顿首受命，袖其文归，献之顾景眷。噫，丧心病狂，至于此极。后闻夏于克复后，自知罪在不赦，窜至上海，未几病甚，自嚼其舌根至尽而死，藁葬异乡，为异域之鬼，人以为国法倖免，阴谴终不可逭。盖夏生平最工刀笔，所覆者数十家，得此报应，宜哉！

蒋献文于顾景眷，受职为丞相，奉令督石、江粮饷，居然自谓"开府"，攘钞关而踞之，辕门外悬两大字，额左曰："燮理阴阳"；右曰："统属文武"，峨冠博带，居之不疑，其石交董某，冠方巾，衣大袖，蓝紬道袍，如戏班中扮范仲淹然邹本接有"董名尔谦，黄溪人"句。蒋每莅大堂，董直立侍之，见者笑不可禁，而坐者、侍者正洋洋得意也。继以威福日甚，石江绅民群起攻之，缚二人，灌以人溺，复赤身投溷中，乘间脱身，连夜匍匐归里，已身无完肤矣邹本接有"蒋名厚镛，字偶笙，大溪蒋人"句。

顾之侄仁培，即顾所讼寡嫂之子，初欲投顾，母止之不听，遽去，母追至东溪岭上，把袂挽留，坚不可脱，仁培出佩刀拟之，才一放手疾奔而逝。母哭归，后仁培得志，其母闭门不见。一人，顾有所馈贻，悉拒不纳，依少子纺织自活，邦人贤之。

仁培亦恶劣无人理，然其人童心未化，不能杀人，日日手令箭，衣全红一口钟，名为巡阅，直入人家，坐堂上，呼主人出，索钱米与数金，嘱其周旋，即袖金他适。后与顾同斩于郡城。

正月十五日，城绅王某偕余姚长毛头目刘天贵者到墙头催粮，监军为具午膳，食顷，有毡帽而过堂下者，刘睨之，大声曰："此地人不服天朝法，宜斩人示众才有畏惧。"时观者数十人，素易余姚长毛之可玩突，有人应声曰："有钱则贡，有米则贡，何为不服？尔不曾禁毡帽，我毡帽不曾干禁，为宜斩尔？天朝蓄发留须，有明示，尔竟去须，更宜斩。"语次，以手拂其颔，刘无以应，手拈碗箸，而头俯仰间。忽立起，取令箭自裂之，勃勃然坐，其意欲以此激其酋怒也，时有随来长毛五十人，方就食总局，知内有变，一哄而入，刀出鞘，枪含机，口中喊云："谁气杀我大人？谁得罪我大人？"势汹汹可怖，刘仰面坐椅上，但摇首曰："他们。"即刻拥刘上马而去方以为刘此去必不甘休，先整乡勇防之数日，后寂然不见动静，然自后刘过墙头，不复敢作夜郎矣。其技如此，真堪喷饭！

邑人姜金保者，故千总，罢官家居。当顾景眷在浙营日，姜曾与同事，故犹相往来，至是姜见长毛日蹙，且在城者亦不过数十百人，欲以定海官军袭取之。时顾亦常与姜议反正，姜乃乘间说其合击，收克复功。顾遂阳与合谋，阴以其所为告覃、黄、罗。三人犹未甚信，一旦，顾邀姜来密与之计，而坐三人于屏后听之。既舔得其要，顾忽避去，突有长发辈攫姜入别室，阖其户，不令通一人。旋闻姜号呼声，用刑声。小选姜出，则口含枚，手反接，推至后圃隙地戮焉。顾遂命悬其首于竿以示众。当讯姜时，有从门隙窥见顾亦与三人并高坐，讯语尖刻，严厉过三人，姜辩如不闻也者，顾以姜操土音，度三人不辨，恐姜出揭其隐事，为旁人所骇，故枚其口也。呜呼，险哉！姜死后，顾复百计藉其二女、妻子入长毛营，尤为狠鸷云。

顾之擒史、俞也，俞既被杀，史犹羁拘勒缴诈镪，而亦自揆无全理，兄弟相对日夜泣，囮鸟釜鱼，苟延而已。监军过，慰之，心甚不平，而无策可拯。适以事晋郡，见主将范某，诉顾恶，论史某之怨，恐激民变。范信之，为调顾至宁，将以别将代。顾奉调，犹未知所以，出城时，坚嘱其下善守二人，弗轻从，俟其回象也，罄所有而诛之。监军侦其行，于范处丐亲军数人，偕至象，度其党畏长发甚，非以此慑之，则史某不能释。遂连夜归，入城，提以范酋令箭，果不与；

既见长发之来监也，不得已出之，史某在营四十余日，至是脱虎口。见监军，展谢若崩，厥角再生。诚然，后顾知之，诳监者逃回，而史某去已数日，顿足曰：“何不斩其一，而乃纵其二耶!”知顾之意果如此，危哉！使监军不以计脱之，速缴锾，事毕，难乎免矣。

时南乡绅民以史氏无故被擒，俞以无故见杀，已怦怦欲动，继啃顾之暴，而其党凶横，尤招民怨。揭竿一呼，聚者数万，刻日攻城，夺回二史，并除顾余党。自黄公岙而东，无不响应，枪炮声数十里不绝。时劲旅悉调去，留者仅无赖攫食之徒，未经战阵，能守者不过数十百人，其势已岌岌可危。幸起事之明日，适监军回象，急欲驰书止之，时募赍书人，无敢应者。有智门寺僧元受独请往。于是与之书，言黜顾还史事。及监军告示翊朝僧至，值彼将出队，乃摩垒自陈。彼骤见，讶为间谍，擒见主者，白刃剀剀拂颈上以百计，火枪拟之者又数十。僧惊颤不能言，但呈手中书示之。初见书，未信；既见监军印，命释僧。下，慰且笑曰：“壮哉，是真惠明矣!”善遣之，乡兵遂解，而史之归也，亦于是刻到。不然城乡构难，胜负且勿论，倘激长发之怒，以一旅劲师来，后事尚可言哉？监军之德讵不伟欤！

顾受职为参天豫，其踞象山也，自以为无上，等爵如吴之于滇南者。平居所服黄帽、黄袍、黄袜、黄鞋，无一不黄。令二女养蚕种多至十余两；驱其下数十，负布袋，逢桑即采，不问为谁何树也。时顾妄想为永久之计，将占全邑之产为已业，拓所据林氏宅为行宫，对门造鼓楼五间，未毕，幸即押去，不然，住一日，即象山多一日之涂炭也。

时顾大兴工作，役民夫数百修祖墓数处，逾制，如王坟。既欲修造住府，毁附近邻居，开拓故址。适南乡起义，焚故居，并发其祖墓，至父穴内见一小蛇作腾上势，遂锄杀之，并掷余骼于野；于坟后犁一深坎，破其戾气，其住屋则拆而烧之，以其与寡嫂邻，恐累及也。自后，顾竟不振，以至于斩，乃知地理自有，而天理尤不可诬也。

东南之交，有可筑海塘一区，约计田三四万亩，需赀五六十万缗。顾将筑为己有，方拟择日兴工，而所费工食，即派之民间，后竟不果。如此举竟成，虽一时受累，而数年之间骤增民田数万，倘亦我象万世之利欤！

顾本拘禁在提督府主将黄某处。监军遣使致黄书，至门，为顾所见，诱至僻处，将肆强夺，使喊救得免。越日，顾赂监者，逃至象山，黄知之，即遣长发十余人踵至，立押顾回宁，并提其二女、妻子同去，部下数百名亦俱调上，顾仍禁在黄处，加严焉。其党即分隶各营，其二女已拦进别馆，狼藉之状，人有见者。妻子当时不知所在，郡城克复后，妻乃依托丐者逃回。二女初附兵勇，转徙数月，后亦送归其家。子为长毛幕张白心所匿，故诛顾时觅之不得。年十五，始令归宗，无家可依，辗转沟壑，今为戏班旦脚矣，到处登场，诸丑毕露，见者无不大快，指之曰：“此即顾景眷改名廷菁者之子也。”数年间，亦客死异乡，同辈为藁葬。呜呼！孰谓天道无凭，姜金保之怨，俞绶之冤，彰彰显报，何其不爽哉，而况如姜、俞者尚多也！

时督标兵八营驻钱塘，杭城失后，俱溃散象山，得二百余人投顾营为长毛，谓之“八标”，尤暴悍不可制。顾去象山后，而八标又归本营，作官兵矣。忽贼忽兵，朝非夕是，时事至此，真千奇百怪哉！闻八标反正后尤横，行路侧目，莫敢谁何，虽县官亦受其节制，洎明年，王令莅任，痛绳以法，始稍敛戢云。

南乡举义后两日，而有爵溪所攻城之事。爵溪虽濒海，距城仅二十余里，俗号强悍，素苦顾景眷之虐，至是乘隙而动，时顾已被押入郡，尚留本邑附顾余党千余人，爵人易视之，蜂屯蚁聚，皆不教之民，攻城数日，犹不能下。城居百姓恐城破，为池鱼之焚，或助之。守、攻既久，外兵稍懈，长毛遽乘之，数千人俱弃甲而奔。仓皇间，有窜伏民舍者，蹑之不获，长毛乃火之，附郭十里内所有村落，遂夷为瓦砾场。爵溪离城稍僻，长毛亦不敢深入，转免此难。呜呼，万丈奔涛，行舟未覆，反受溺于寸波尺浪之下，不见熸于吞肝、喋血、杀人如刈之魔，而烟火相摩，非亲则友，反能操犁庭埸壁之权，岂非天数？

郡城克复，黄、范诸人俱败去，顾复乘间遁回，戴砗磲顶，服补褂，往来当路之门，继乘四人舆直抵观察署，希延见，得侥幸图复军功时职衔，拒不纳。无何，讼者蜂起，而旧任象山参将某，以顾曾掠其全家，窘辱无所不至，恨刺骨，亦就诉道署，于是捕顾之牒日三四下，时顾亦知身同独夫，荆棘载道，既不能反正，又无一锥地可以容身，拟挟其所有，为航海计，事定后复图死灰之然。买二舟系城外僻处，侦有恶耗，即跳身扬帆去。时象绅欧氏，知宪捕孔亟，虑其踪迹诡秘，不时脱去，预以重资赁夷人同伺之。壬戌四月某日酉刻，协获其人于河头之舟次，适顾亦将于是日夜半解缆也。相距不过一二时，稍迟，则漏网矣。擒至道署，裸囚之，翌日道府与参将某并讯之，初犹钳口谲舌，攀诬甚多。恨甚，加以梭夹诸刑，体无完肤，始呼号伏地言状。示以讼牒中所列，罪不容于辟者，凡数十事，余乃指不胜屈。判立决，不待时。其侄仁培同时被获，于是二人对面受刑焉，传其首于被虐之处，见者无论识与不识，犹以不生致二人手磔之为恨恨云。

我邑藏书家，城中首数姜、邓，长毛去后入视，满楼地板上堆积至一二尺厚，散乱杂圾无一部全者，甚即便溺其上，不可收拾。长毛之必败，即此一端已可见。

出南门十里许为半河庄，民居约百余户，亦为长毛所毁。当爵人攻城时，值一家新婚，方交拜毕，即闻长毛追败兵掩至，新郎妇奔避不及，而长毛已入门，见新郎头薙方白，即缚而倒悬梁间仞刃之。见新妇靓妆，大喜，数十人迭就淫辱，不胜其虐，已敝于床。幸此屋不及火，尸获未焚。长毛去后，家人回视新郎已血肉狼藉而新妇裸死，探其胸，尚温，灌救得苏，而已无我相矣。呜呼，乱世之民，何奇不有。当时为之父母者，不知其何以为情伤哉。

长毛入城三四日，人见其并不杀戮，有赍货至城门外与之贸易者。过往行人渐不知避，时有一人籴谷归，过西门，长毛问之，应以谷；问以何来，则应曰："籴。"长毛忽拔刀拟之曰："我辈在此，汝等复敢夺人谷其人欲辩而首已殊。"盖"籴"与"夺"土音相近，长毛误会而怒杀之也。后数日，有与长毛白其故，乃听其亲人收葬焉。

长毛中多有窃食鸦片烟贸利者，怀至营卖之辄得善价。一日有卖烟者出洋土示长毛，长毛试砍以刀，随手碎，以为伪货，立欲斩之。旁一长毛急为营救，教以面煮验真假，乃首肯。营救者俟烟方沸时，乘其他顾，窃以已所携烟数钱投锅中，少顷收膏，而烟大佳，此人遂得免，且偿以兼金焉。旁姓方，金华浦江人，本良民陷落者。呜呼，毒狼暴虎之中，乃有此等慈悲人，亦异矣！

长毛掠十三四岁童子为亲军，号"小把细"。衣服珍异，五采烂然，养忍容残爱惜甚至一入营，先教以杀人、走路，半年后，则嗜杀如饴，驰及奔马矣。主将数百名，以次递减，最少亦十余人。

辛酉冬，闻南乡有民家空舍久无人居，忽有声如人咳嗽，或作牝鸭鸣，窥之，则一大蛇，人首，高髻，傅粉，五官俨然，盘踞地上。知户外有人，亦不畏缩，久之始隐。每日午前后必出现一次，附近村民多就见之，乱后不知所终。辛酉春夏之间，彗星自东而西，其大如柱，其长竟天，彗星之长大，自古所无，占为兵象，至冬，果有是变。

象地多海错，惟毛蚶一种每多发，则盗贼繁兴，相传以此为验，十不爽一，是年毛蚶大发，每一升只值钱三四文，知者已窃忧之矣。

录自《抱泉山馆文集》

26. 记珠山脚事

【清】陈根培

象山东门外三十里有村曰珠山脚，在珠山之麓，故名。居民百余家，皆业农。李锡金、陈天贵、陈近南、陈王荫、史善有各有田数十亩至二百余亩，称小康焉。然皆同耕作，余则惟自食其力。近南有族弟曰陈四，隅其宅而居，游荡不事生产，贫、无赖。庐舍质于近南，邀锡金写契。先是，近南欲得陈四宅，使已之宅方正。屡买之陈四，因索价过昂而止。至是，欺陈四目不知书，私嘱锡金改“质”为“卖”。陈四画诺时，懵不知契上云何也。俗尚：以卖后半年，人始出屋。届期，近南促其迁徙。陈四曰：“我宅但质于尔，曷迁为?”近南曰：“契上明书卖绝，何得云尔。”陈四遽问之锡金。锡金曰：“尔邀我书卖契，不曾邀我书质契，岂忘之耶!”陈四知为二人所欺，亦竟不迁。后近南补钱若干于陈四，另邀人写卖契。届期，陈四复不迁。至补钱再三而陈四不迁如故。近南乃于光绪二年春，托诸生吴名启标，诉诸县尹邵公名正寅，重责陈四，即令其迁出。陈四日渐疯癫，饔飧至不能给。遂卖其妻子于南乡，带洋泉五十入城，夜往宿饭馆，詈声不绝。主人以其癫也而出之。乃入县前之圆通庙。适有司水龙夫某踵至，指为贼，尽搜其洋泉，呼其党送之捕厅。陈四转向典史索洋泉，典史上其事于县。时邵尹已故，朱尹名懋卿署县事，亦以其癫也而释之。陈四复至前妻家，欲买妻者补偿身价，且惧之以刀。买妻者乃邀邻人缚之，托操舟人沉于海。舟人佯诺而纵之归。年终，陈四夏恳锡金向近南借钱，锡金不肯。三年二月初六夜，大风。陈四焚锡金宅，延及八十有四家，计屋宇三百数十间，有妇人及两岁儿焚死；近南同陈四宅亦毁于火。又入城，欲焚吴生家，以其助近南讼已也。误及廪生王翰臣宅，焚两楹，即时扑灭。其村人皆知陈四纵火，乃搜其身，尚有引火诸物，执而请朱尹治其罪。朱尹释不问。是年夏，锡金筑室三间，陈四即大言曰：“待他筑成十数间，仍劳我一炬”。锡金亦不与较。八月初，突至善有家，谓之曰：“我庐虽焚，故址犹在，子为我卖于天贵，我从此去发为僧矣。”善有曰：“无论子室已卖于近南。而村中遭灾实甚，谁能办此?”陈四复曰：“子为我卖于山神庙”，善有辞不能，陈四怒而出。二十有六日，夜，山神庙火，室尽毁。庙有山神像，香火甚盛。里有病者，辄祷于庙。有无赖十数人，一人南向坐、假寐，祷者拜之，一人从旁而呪，有顷，假寐者忽醒而为山神言：令病者不论男女皆栖宿于庙，谬为医治，谓之山神“降童”；有药而死者，无赖子藉以温饱。至庙焚而其术穷矣，乃含怒于陈四。邀村人集议，谓必是陈四纵火。但县官前已示意：治陈四罪须钱五百贯，今安所得钱乎？倘空将陈四送去，必不问，彼既惯用火，不如还投诸火。时邻村人亦有来观者，与村人从而和之，遂定议。闻陈四在城中平水庙，十数人拘之以归而投诸火。陈四之伯叔兄弟，皆谓其死有余辜，听之而已。后二十余日，县书章寿田令珠溪姚先觉往耸其村人黄传孝，系陈四之舅氏也。曰：“尔甥死于非刑，如讼之官，尔一生吃著不尽矣!”先觉本与廪生邓名克晖〈者〉善，因与传孝商之邓。邓与锡金有通家谊，并熟悉天贵各家。先觉因说：既讼后，天贵等必来相求，子可为政，乃不论何人主焚陈四，但除锡金名，即指天贵、近南、王荫、善有四人主谋，以其稍有家资也。嘱素事刀笔之诸生周名邦基〈者〉构造讼词，许事后厚酬。周某曰：“事关人命出入，我尚有二子，决不为也。”先觉乃托寿田嘱县书李裕章为之。邓复关说朱尹，谓此事可得二三千金。朱尹乃一听邓所为。邓亦以为四人必从其言。后天贵等果来求邓。邓曰：“朱尹之贪婪，人所共知，非重赂数千金不可。传孝不多得钱，亦不肯息讼。讼须六、七千金方可曲全其事。”天贵等知事不济。又见传孝、先觉亦在邓家，乃托言归家商议而去。近南曰：

"是欲倾覆我四家也，不如暂避他方，遂各远去。"于是县差日下乡，屡传四人不到。朱尹始疑邓某言不雠［售］。且知其与锡金有私，示意地保陷锡金。地保不肯。复暗嘱黄传孝补投讼词，加锡金名为五人。迨差往拘，而锡金已远避张家，其妻之父母家也。差又因村人同谋，即传孝所未控者，遇是珠山脚人，即指为奇货，必得钱数贯而后已。于是村中男子皆四散。差遂烹杀其鸡豕，攘夺其器用食物，复逼奸其妇女。有寡妇某氏不从，自缢死。五家争卖田地，半其价以售，旋售旋赂县差，一村如洗。差复侦知锡金之所在，潜往，而锡金复逸去。差遂入其闺闼。张家谓牌上无张姓名，何得如此。差遂以拒捕诉之朱尹，朱尹请千戎某带领营兵三十名，同差往拘张某，并逮其邻居五六人，以其有不平语也。朱尹即以罪李者罪张，且遍责其邻人。迨锡金之妻子皆投案，张家人重赂朱尹，张某始出狱。王荫亦赂洋泉数百，始除其名为四人。时梅公名启照抚军大阅，将至，宁县幕宾某恐抚军访闻此事，欲先上达。朱尹屡迫邓〈履〉前约，邓以命案隔数月不能上达，复缓其期。实此时邓某之言，四人已不听从。朱尹尚恋恋重贿，而迫于幕宾，遂通详各大吏，谓陈四止焚屋一间有半，重归其罪于四人。朱尹命刑幕某作通详稿。某以牵累过多不肯从，朱尹乃嘱教读汪孝廉受礽为之。庚辰，受礽捷南宫，入词馆，归家病死，人以为果报云。此文云迫于幕宾，遂通详各大吏，岂传闻异辞耶？锡金之妻子投案也，朱尹以其子交邓，故通详后欲邓交出锡金。邓谓所亲曰："锡金不死，其家必不保。"锡金旋服毒死，朱尹亦旋去任。三年冬，沈尹毓峰来，始谕珠山脚人各迁回。又怜四人之无辜也，于其投案后，复委曲请于大吏。时宗太守湘文守宁郡，素号廉明，始允其清，而四人得释去。

27. 游象山港记

【清】章　甫

五月二十三日八时，离定海厅之沈家门，向西南行，九时后涉旗头洋按：即崎头，洋面宽广，水量颇深，自九托至十六托。午后一时，由泥城嘴登旗山角高峰，即旗头山出海面二百十四尺。二时二十分，上王前岭及峰巅四览，北舟山，南登步、桃花，隐约可辨。山麓见帆船十数，绕角北驶，实象山港北口第一冲要。反舟，六时半，夜泊冷礁坑外，去王前岭四里有奇。二十四日六时，南行，经升罗山东，复西行，经五桂山南，八时半，至官山。三山均海滨小岛，按：三岛并在镇海郭衢所东南。离官山从外港行外海即孝顺洋，若从梅山港内行入象山港较近，但多险。九时半抵小凤凰山，山东南里许为扑蛇山，东即六横大岛。西行过梅山二里，见洋砂山环列四礁。按：洋砂山东有洋砂滩，山东北有独鹤、崎洋、毛崎、鸟边礁。时下午四时，海潮已涨出水约八尺，而与象山县北之七星，按：七星礁在青雷木瓜之东北四十里外南北相对，为象港一大门户。六时，入鄞县境，见大荒屿，港面顿杀，南至象山半岛三十二里。见黄牛礁，礁北为大嵩港，入港泊虾爬袋村。二十五日，仍泊舟，夜闻款［欸］乃声甚烦，询为自西泽渡来者。二十六日六时，出大嵩港十里后，过大照面按：即大礁闸而入奉化境。见土塘长几五里，塘尽为锁口山高二百三十五尺，港面视大荒屿为狭，南距象山之青电山，按：当作青雷仅二十里。十一时，见小立山，按：亦作小列，西图名宁母拉特岛，山西为大立山或作大小列岛，与象之高泥山相对。大列西北为湖头渡，见旅人数十立于狮子山东麓，港中渡舟五艘，向人憩处争进，询知为黄［横］山渡、陈山渡船也自大嵩港至此十有八里。狮子山西为倒骑龙山，突入海滨，与象之文岙，按：即闻岙山相对，港最狭，不及七里半水颇深，平均十八托。两岸山势交耸，南北置炮台以拒之，港内不易入矣。西为缸片礁，再西缸片山，按："片"字皆爿讹。视礁大五分之四缸片［爿］山南水深四托，稍南深至十托，巨舰出入须循文岙山麓而行。再西则大德、小德，小德北为樯下潭去湖头渡二十一里。二十七日，起舵樯下潭，舍舟登陆，自董公岭南望悬山，兀立海中，凡象港内诸岛，惟此为大。下董公岭，过梓树岭，至桐照村。二十八日由桐照西登大潘岭。岭南突起一冈，跃然入海，系狮子山，对岸白象嘴按：亦名象山，属台州宁海。两山整［紧］锁港腰，阔可三里，象港内庭之门户也。俗以其险，谓之狮子口。今年闰月十九日，义大利军舰曾驶至狮子口。内外各一小岛，口外为分水礁，口内为天门山或称书房山。西抵栖凤村宿。二十九日探狮子口内形势，离降渚碶桥六里，登鲒骑山按：骑当作埼。山西南五里有海石三，俗呼三山，宁台两府分界处也。按：三山西有分界石。三山南二里有山角，东向入海为金岙山，按：即宁海东岙，山南铁江口阔八里，长二十六里，实一海湾。余舟略江口向江东泗姑屏山行。自泗姑屏至白象嘴水量渐深自四托以至十一托。十二时出狮子口去旗山百三十里。自白象嘴至盒山嘴，盒山东为黄墩港，内通宁海县，港面阔六里，水量较铁江口为深，现有小轮行驶。港口东北塞小岛三四，稍大者江彭山。按：江彭山下当云白石山次之，奉象宁三邑分界处。按：江彭山亦作缸爿山，西图名破角岛，正对桐照，距二十里。乃移舟北向，历大小拍屿，拍，一作担，马尿诸岛后泊焉。六月一日，思作象港南岸游。北去桐照十四里，抵鹿尿岛，西对马尿且四里。鹿尿南三里为铜山岛，岛旁水深六拓，铜山东为中央山，舟穿两山南水深至十二托。中央山尽，接白石山，较中央、铜山为高大，三山东西纵列，划象港为二汊，南汊较北为狭，入黄墩港者由南进，狮子口则向北行，去桐照十八里。白石之东，港宽水深，五六年前，西人兵舰恒寄碇于此。白石东十余里有虎山，北伸入海，按：山即闸岙西蛇山。虎山西一小湾为西周渡，与隔岸樯下潭相对。虎山东为金岙山，按：即金龟山，金一作文，十里间冈峦起伏靡定，其最高峰达一千二百十四尺，按：即蒙顶山。滨海山麓多石壁，不见村落，礁险亦少。北对缸爿山，港面极窄而水深及十三托。下午二时抵西湖。按：当作沪字港口，两岸山石，东为东塔嘴，西为西塔嘴，两嘴相距二百四十余丈，俗呼蛤吧嘴。进嘴即西湖［沪］港，形如罂。湖［港］北岸离嘴四里有岩石陷入海滨，为羊角暗礁，按：俗名老鼠礁，望之若岛，而西湖［沪］港之内部却为所蔽。礁南岸稍突为猫头嘴，由嘴东望，觉港形如弓，北岸负山而直，南岸带沙而曲，面积约三十六里。港滨具渡三：极东陈山渡，稍南黄溪渡，通象山县治，南樯头渡，通三门湾孔道。港内深浅未能实勘，惟测猫头嘴水深四拓，蛤蚆嘴水深六拓。夜寄舵于猫头嘴东南莲花庙前。二日黎明，出蛤蚆嘴港口，向西北开，离口东北二里海中，一石圆若贝珠，为乌柱山，按：即乌屿。八时抵西泽渡，口外四里即饭礁自蛤蚆嘴及此二十余里。港心惟饭礁、乌柱二岛，图书上所谓大小历、串瀺盘诸小岛，瀺盘一作锯盘崎实未曾见。南岸则山脉参差入海，凹处几片涂田耳。饭礁东三里许，水量稍浅三托半以至四托。九时半，抵七星礁。名为七星，其实九礁：北部鹊礁最小而险，东部野龙山最大，西南部之里门、外门为次。里门南四［十］里为青电［雷］山，山麓沙碛颇多，吸水四托之舟，即不能行。野龙东四里海中如垒石成堆为石头礁，南对石门山，按：即蒲门山，山为象山半岛极北之石角，出海面四百五十六尺，与北岸大荒屿对峙，为象山港之外藩。石门山与石头礁门为大石门，象北渔舟由此出入。按：石头礁亦名擂鼓山，出大石门即孝顺洋去狮子口九十五里。三时十分，抵鸦鹊礁，与北面黄岩头山淤泥相接。黄岩头乃六横之西南尽处高五百十七尺，山北麓下长涂村，村外即双屿港长七里，广三里，深三十二托以至三十七托，西屏佛肚，东即六横。由港北涉旗头洋至舟山，南渡孝顺洋至象山，均不止四十里，故六横之于象山港，犹刘公岛之于威海卫，险要一也。按：此记与蒋黼《象山港游记》略同，盖二人同行为此文也。

录自民国《象山县志》卷二

28. 南田开垦记

【清】杜冠英

浙之东有海岛焉，曰南田，间于宁、台两洋面，为有明初汤信国备倭，视其地无可扼守，遣民于内地，遂空废也，国朝因之为封禁之地。二百年来，沿海户口藩庶就近入岛中樵种，虽汛官查禁，恒兵来避去，兵去复来。道光初年，浙臬朱庄恪公桂祯，因事查办，慨然有请开禁之举，会升任去，事不果。赭寇之劫，海面不靖，盗踞岛内，四出掠商舶，图资听赎。同治初，两浙肃清，盗多招降，有金得利者，踞岛负嵎，浙抚马端敏公新贻调兵剿平之；迨杨公昌浚抚浙，以南田一岛易为盗薮，奏奉开禁，为沿海群黎开一衣食之源，溯自有明遣禁五百余岁矣，儻所谓元会之气一郁发欤！越数年，大吏檄唐道树森，偕宁巡道瑞璋筹议，内外办章，援照玉环征收租谷成案，酌减二成，以纾民力。旋委杜司马冠英，会同宁分府杨殿材、台分府成邦干驻南办垦界。当桃源、蓬莱、三山、瀛洲四乡区，分十都，岛中各岙，考之象山志，有百八焉。名循其旧，设立乡长、都公、公正、塘首、岙长、甲长等人，象山穷民趋之若鹜，台温各处亦挈眷赍文踵至。彼动一耜，则曰“我之所开”，此挥一锄，亦曰“我之所垦”也。桃源、蓬莱两乡之间，争夺纷喧，户口庞杂，司马编查已至截止，后来计有烟户四千，丁口万名有奇。庚辰春，海防戒严，调司马修建镇海口炮台，接任办垦者易为大令镜清，请余以司文案，航海而至，入其境，荒芜满目，户尽茅檐，卤湿风寒，野无青艸，辛司马甫经舍囊赀，构廨屋一所，为办公地，以避风雨，日与鸠形鹄面之民望，坐问判决，朝夕不遑，凡孜孜求理之深衷，实司马之大有造于斯土也。惟事集如猬，治等纹丝，岙屿星罗，奸良杂处，于是大令简舆周视，审其条理，相与规划乎先后缓急而措施焉。所难者，库储支绌，需用恐殷，计惟有清丈征租最为先务。盖所归有主，民情可弭争陵杀，亦攸资经费，自能周转。宪章纵有计口授田之议，而民有勤惰，土有肥瘠，在桃源、蓬莱二乡之间，垦民新集，当不妨以此法参行之；而三山、瀛洲，住垦有年，播种较久，且有距石浦一带仅隔一海港者，向之片舟往来，春作秋收，习以为常，一旦分授属人，鲜有不嚣然起矣，莫如归自掏种，查丈给册，因事而酌宜，民亦帖服。是年仲秋，将所丈田地、山场，分别已熟、未熟，勘定上、中、下三则办理。初征租谷，听民折价，设柜交纳，动用藉资给济，而事亦遂有条绪矣。更有各岙海涂，可以围筑塘田，养淡树艺，或数十亩所在，都有大令爰教民合筑，桃源、蓬莱之乡有涂场曰龙泉、曰鹤浦，平垣广袤，堪成田地二百余顷，然费巨工浩，要非力食穷黎所能动作；果有石浦吴明经承墙，甬上史上舍秉声，纠集鄞、象殷实富户，出资新筑龙泉大塘，购木兴工，半载告竣，款用万有余金，有畮百五十顷，沧海变为桑田矣。鹤浦大塘，经台州王孝廉复旦创于前，宁波施孝廉瀛芳成于后，塘有浦口，海潮涨落；通十余里之遥，土木筑塞之工高广各三十余丈；潮流汹涌，山水湍急，施工果是不易，圮而复筑，一再告成，畮不及龙泉十之六，而用款二倍于龙泉，所费虽不赀，而捍海成田利益无穷，诚能海不扬波，雨旸时，若南田一岛从此田畴尽办，生齿日繁，将见仓有红陈，户有盖藏，由既庶而富，既富而教，所顾莅斯土者贤能从之，余一介书生，襄成十载，砚穿管秃，言之能详。因詸笔书此以记。

录自杜冠英编《南田风土记》

29. 象山旅杭同学会敬告同乡父老书

【民国】郑光曾

中华民国元年六月八日，象山旅杭学界同人，为下南乡割隶南田事，致敬告书于同乡父老兄弟之前，曰：窃惟吾象，僻处海隅，幅圆狭隘，人口稀疏，财产薄弱；前清列为简县，现在规人三等，揆诸现状，势固有不得不然。目下就此固有领域而保存之，尚难期其发达。乃光复之际，有创南乡独立之谬说。抑知将来自治机关完备，官治范围行当缩小，初级法院告成，民刑诉讼更形便利。由前而说，各府所以裁撤；由后而说，各县仁钱等县所以合并。彼昧于国家组织之原理，行政政策之措施，仅仅以一孔私见，将我象弹丸之地，三分五裂，吁！抑何不达时务之甚耶！顷若辈自知期说，窒疑而难行，且故乡排斥者多，权利难专，南田人才缺乏，垄断易肆，于是奇想天开，向省议会提出陈请书，将下南乡割隶南田管辖，各议员未谙吾象情形付表决。同人等事关梓乡，心切，杞忧，弗敢缄默，用布区区，以为吾父老兄弟，告吾父老兄弟，其图之。城乡人民财产、事业，在下南乡者实繁有徒，一旦割隶南田，依诉讼法管辖各节之规定，遇有纠葛，均须归彼裁判，跋涉耗财，遗害靡穷，此就人民方面言其害一；吾象警政不备，学校不广，公益废弛，实由公费缺乏，使下南乡割隶南田，则合邑共有之书院费等，将芒弗提出而分割，果尔尔后，经费更绌诸凡公益，祇可束手，地方退化，拭目可待，此就地方方面言其害二；区域变更，行政一切部署均当随之，手续繁重无庸论矣，即现在国库空虚，外债棘手，一切要政尚难举办，今掷此重大经费，图此有害无利之事，尤属无谓，此就国家方面言其害三；然其焉者耳，尚有其于此者。同人等不得不大声疾呼，以其吾父老兄弟猛省焉，吾象丁口止念万有奇，地丁止一万有奇，自筹办新政以来，虽万事敷衍，为诸县殿，而地方财力确已搜刮殆尽，目下行政经费难由省库给发，未由人民负担，然下南乡占丁口最密，地丁最多，部分若割于南田县，税既随国税而减少，则地方自治及学校补助等费益加不足，县治制度有其名而无其实，际此司农仰屋之秋，政府为节省国帑计，势不得不贬为岛治。如是则吾象人民非惟名誉受损，即权利办受害，且其害不特及于个人，实及于阖邑，不特及于一时，实及于百世，同人等虽雅不欲言焉，教不言也，第情阌能薄，抵御无方，然呼吁奔，已尽厥职，窃思独木难支，众擎易举事关全邑，要非合群策群力不为功，夙知诸父老兄弟急公好义，当此利害关头，必不袖手以观。同人等急不择语，神无书弛。警告一至，希即各伸义气，一面召集城乡各议董，士绅以及商学各界讨论对付，除另具理由书外，急电省议会将该案复议取消，以顺合邑人心，一面即请杜知事将象山万难分割情形，通详都督，求其停布，议案交会复议，以谋地方发达。如此同协力争，尚可挽回，倘或预望，则无复救药矣，深望吾父老兄弟速为筹划，勿抱消极主义，则同人幸甚，合邑幸甚，百世幸甚。

郑光曾书

壬子夏，石浦士绅陈请临时省议会：自东溪岭以下割隶南田。旅杭学界同人公议，警告同乡父老，属余拟稿，梓印千份，寄由县议会分送各界。因之，合邑反对。奉蒋都督伯岐批交下届省议会覆议，卒得完璧归赵。大声疾呼，斯书中不无小补云。

庚申六月光曾附识

30. 复庄莘墅书

【民国】陈汉章

今晚由县城邮奉本月十七日惠书，为近修县志记载不合体裁，蒙示更正，曷胜感颂。但王女士雪怀所言似未见志文，未免传闻之讹，《志》中并无“夤缘”二字，亦无有“被诛”字样，刊本及手稿具在，大可核案，此非能以一手掩众目者也。至谓列入匪类，益见误会。纪载是事在《志》之第九卷《史事考》中。此考系用史家编年体，纪一县大事，即章实斋《文史通义》所云大事记。《鄞县志》已有此目，当同人商榷时，佥以方志究非国史，不必如太史公本纪以纪为名，而改用欧阳《五代史记》之考考史事，自汉迄今，凡关涉象山者，搜采无遗，语必有据。初无匪类之目，从光绪年后，接以宣统元年间，贝勒来开象山军港事，浙江巡抚增韫奏南田事，而后及三年辛亥之事，如王女士亲见此考，亦必涣然冰释矣。据实奉复，敬请钧安。

录自《陈汉章全集·书信》卷十九

31. 陈君手札

【民国】陈汉章

县志校刊由主任为政，弟虽粗校，嫌其小字太小，亦未注目，以致讹字如韩淮阴之将兵，但恨多考，舍弟认列传并无成稿。弟于诸表、诸考、诸传在北京各具草。而宁海周某所绘舆图，大不合式，不觉心灰意懒。问局中经费，已用去五千五百余元，连修县署在内，尚有五千五百未收。预算刻资及纸张约须七八千元。此志告成必无日也。今县令不不如前任之热心，闻大有人欲败垂成之事。诸稿惟如敝帚自享，而惜为卷太多。吾兄如见之有所赞许，亦必有所纠摘云。丙寅七月十一日。

恨愚钝，读书困，终身踣顿。何事学隐遁，清浊必不相溷，万事支离违我愿。非求进尺，只求得寸，安得运行长生，败地褪，消磨日夜中的厌厌闷闷。

风耳聋，首飞蓬，不辨雌雄。长行天空中。驱黄雀人荆丛，送鸿鹄大鹏上翀。□助潮汐，海堤多窟窿，动帘钩，响得丁丁东东，乐得乘风破浪万里无穷。

录自《陈汉章全集·书信》卷十九

32. 致何志浩的信

【民国】殷　夫

志浩吾兄：

当你握着我手的时候，我真感到一种不可思议的快慰、兴奋的惊讶！去年我从上海回家过甬时，谣言是何等的伤感及愤怒呢！伤感的是我们象山的革命青年日少一日，愤怒的是为什么我们象山独独这么不幸！

但是，我前天居然能晤到你，我是何等的快乐呢！这不但是我快乐，即是全象山的革命青年又谁不快乐呢！

为民众奋斗的军人，是比什么都可敬可佩。为少数人而出力的军人，是强盗，是土匪，是世界最可憎可鄙可弃的东西。这是极易明白的，是不是？

革命的人往往易犯一种毛病，就是在压迫下的时候，是很革命、很积极的、前进的。而待压迫稍松的时候，就要开倒车了。我有许多朋友在革命军未（来）上海之前，是非常革命，秘密的做工作，也很感兴味。但是到现在，可以公开了，就不感趣味，开起倒车来了。这是很危险的，我希望个个革命的军人及民众，绝对不要犯了这个毛病才好，你说对不对呢？

这封信很没有意思，讲些都是废话，请你原谅我！余不一一。

此祝

努力！

弟　徐白　鞠躬

（1927年）4月3日

33. 白莽作《孩儿塔》序

【民国】鲁　迅

春天去了一大半了，还是冷；加上整天的下雨，淅淅沥沥，深夜独坐，听得令人有些凄凉，也因为午后得到一封远道寄来的信，要我给白莽的遗诗写一点序文之类；那信的开首说道："我的亡友白莽，恐怕你是知道的罢。……"——这就使我更加惆怅。

说起白莽来，——不错，我知道的。四年之前，我曾经写过一篇《为了忘却的记念》，要将他们忘却。他们就义了已经足有五个年头了，我的记忆上，早又蒙上许多新鲜的血迹；这一提，他的年青的相貌就又在我的眼前出现，像活着一样，热天穿着大棉袍，满脸油汗，笑笑的对我说道："这是第三回了。自己出来的。前两回都是哥哥保出，他一保就要干涉我，这回我不去通知他了。……"——我前一回的文章上是猜错的，这哥哥才是徐培根，航空署长，终于和他成了殊途同归的兄弟；他却叫徐白，较普通的笔名是殷夫。

一个人如果还有友情，那么，收存亡友的遗文真如捏着一团火，常要觉得寝食不安，给它企图流布的。这心情我很了然，也知道有做序文之类的义务。我所惆怅的是我简直不懂诗，也没有诗人的朋友，偶尔一有，也终至于闹开，不过和白莽没有闹，也许是他死得太快了罢。现在，对于他的诗，我一句也不说——因为我不能。

这《孩儿塔》的出世并非要和现在一般的诗人争一日之长，是有别一种意义在。这是东方的微光，是林中的响箭，是冬末的萌芽，是进军的第一步，是对于前驱者的爱的大纛，也是对于摧残者的憎的丰碑。一切所谓圆熟简练，静穆幽远之作，都无须来作比方，因为这诗属于别一世界。

那一世界里有许多许多人，白莽也是他们的亡友。单是这一点，我想，就足够保证这本集子的存在了，又何需我的序文之类。

一九三六年三月十一夜，鲁迅记于上海之且介亭

34. 续记

【民国】鲁　迅

这是三月十日的事。我得到一个不相识者由汉口寄来的信，自说和白莽是同济学校的同学，藏有他的遗稿《孩儿塔》，正在经营出版，但出版家有一个要求；要我做一篇序，至于原稿，因为纸张零碎，不寄来了，不过如果要看的话，却也可以补寄。其实，白莽的《孩儿塔》的稿子，却

和几个同时受难者的零星遗稿，都在我这里，里面还有他亲笔的插画，但在他的朋友手里别有初稿，也是可能的；至于出版家要有一篇序，那更是平常事。

近两年来，大开了印卖遗著的风气，虽是期刊，也常有死人和活人合作的，但这已不是先前的所谓“骸骨的迷恋”，倒是活人在依靠死人的余光，想用“死诸葛吓走生仲达”。我不大佩服这些活家伙。可是这一回却很受了感动，因为一个人受了难，或者遭了冤，所谓先前的朋友，一声不响的固然有，连赶紧来投几块石子，借此表明自己是属于胜利者一方面的，也并不算怎么希罕，至于抱守遗文，历多年还要给它出版，以尽对于亡友的交谊者，以我之孤陋寡闻，可实在很少知道。大病初愈，才能起坐，夜雨淅沥，怆然有怀，便力疾写了一点短文，到第二天付邮寄去，因为恐怕连累付印者，所以不题他的姓名；过了几天，才又投给《文学丛报》，因为恐怕妨碍发行，所以又隐下了诗的名目。

此后不多几天，看见《社会日报》，说是善于翻戏的史济行，现在又化名为齐涵之了。我这才悟到自己竟受了骗，因为汉口的发信者，署名正是齐涵之。他仍在玩着骗取文稿的老套，《孩儿塔》不但不会出版，大约他连初稿也未必有的，不过知道白莽和我相识，以及他的诗集的名目罢了。

至于史济行和我的通信，却早得很，还是八九年前，我在编辑《语丝》，创造社和太阳社联合起来向我围剿的时候，他就自称是一个艺术专门学校的学生，信件在我跟前出现了，投稿是几则当时所谓革命文豪的劣迹，信里还说这类文稿，可以源源的寄来。然而《语丝》里是没有“劣迹栏”的，我也不想和这种“作家”往来，于是当时即加以拒绝。后来他又或者化名“彳亍”，在刊物上捏造我的谣言，或者忽又化为“天行”（《语丝》也有同名的文字，但是别一人）或“史岩”，卑词征求我的文稿，我总给他一个置之不理。这一回，他在汉口，我是听到过的，但不能因为一个史济行在汉口，便将一切汉口的不相识者的信都看作卑劣者的圈套，我虽以多疑为忠厚长者所诟病，但这样多疑的程度是还不到的。不料人还是大意不得，偶不疑虑，偶动友情，到底成为我的弱点了。

今天又看见了所谓“汉出”的《人间世》的第二期，卷末写着“主编史天行”，而下期要目的豫告上，果然有我的《序〈孩儿塔〉》在。但卷端又声明若下期要更名为《西北风》了，那么，我的序文，自然就卷在第一阵“西北风”里。而第二期的第一篇，竟又是我的文章，题目是《日译本〈中国小说史略〉序》。这原是我用日本文所写的，这里却不知道何人所译，仅止一页的短文，竟充满着错误和不通，但前面却附有一行声明道：“本篇原来是我为日译本《支那小说史》写的卷头语……”乃是模拟我的语气，冒充我自己翻译的。翻译自己所写的日文，竟会满纸错误，这岂不是天下的大怪事么？

中国原是“把人不当人”的地方，即使无端诬人为投降或转变，国贼或汉奸，社会上也并不以为奇怪，所以史济行的把戏，就更是微乎其微的事情。我所要特地声明的，只在请读了我的序文而希望《孩儿塔》出版的人，可以收回了这希望，因为这是我先受了欺骗，一转而成为我又欺骗了读者的。

最后，我还要添几句由“多疑”而来的绪论：即使真有“汉出”《孩儿塔》，这部诗也还是可疑的，我从来不想对于史济行的大事业讲一句话，但这回既经我写过一篇序，且又发表了，所以在现在或到那时，我都有指明真伪的义务和权利。

四月十一日

35. 陈良义狱中致父母信

【民国】陈良义

父母双亲大人膝下，敬禀者：今午男等将受沪淞警备司令并兼任宁波特别清党委员杨虎敲讯，昨日已有二人被杀，男等料必死，特驰禀奉告，敬望转知家中勿念。语云“生死有命，富贵在天”，何况男光明磊落，死实荣幸焉。死若无名，是为真死；死为有名，与生何异！所以男毫不以此为可怕，故心中泰然，且同志吴、章及宁波人共十余人，都言笑自若，双亲不应以此为悲，当以此为荣，人谁不望其子成名，男纵有小过，大德想尚无亏，则可不必悲痛矣。敬此奉别，恭请全安

男义拜上

祖母、外婆、二叔、二婶，均此不另禀。

儿媳已举一儿，此人愚戆，贞守实非人道，宜命改嫁，区区切勿负男之意。将来此儿可用。可命读书；愚戆不可教，择其性相近，适相当职业可也。

（案：信中吴、章系指一起被捕的吴德元、章祖培二人。）

录自1988年版《象山县志》附录

36. 从征记（附日记）

【民国】励乃骥

民国十五年八月，国民革命军之奄有武汉也，余时承乏浙江教育厅科员。督军孙传芳以浙闽苏皖赣总司令名义援助吴佩孚，与总司令蒋介石氏相持于南昌、修水之间，胜负互见。浙省长夏超不协于孙，欲通款于国民政府，纳夷初马叙伦先生之议，阴就革命军十八军军长之职，纽永建同时在上海响应，以饷械储峙当，属马转告夏氏，筹洋十万元。时上海戒严，汇兑不通，浙粤电报须转俄使馆方达，遂命余持就职电稿及汇票赴沪。火车中断，经十七小时抵沪。由吴稚晖介见纽氏报命。输款未几，夏氏失败，马夷初暨黄百新、许昂若、姜绍谟、戴应观、周迟明等皆避居上海，日谋进行革命而终未得当也。旋夷初命余与戴应观、周迟明持书至桐庐接见东路军第一路指挥王俊，盖孙军已溃于江西，革命军前锋深入浙东诸地矣，时十二月二十七日也。军事倥偬，寝处不遑掇拾，书此以作行囊游记云尔。

十二月二十七日　下午四时离沪，乘轮赴甬，同行者戴应观、周迟明。

二十八日　上午六时登岸，由便道至江北站，乘车，十一时抵百官渡。下午一时换乘小汽船，四时许至绍兴，寓新旅社过宿，是为离沪后第二日也。

二十九日　上午偕戴、周二君走访方豪、蒋志澄、施伯侯于第五中学，谈数小时，留校内过午餐，乘公路局汽车至转坝，换乘划船，至临浦。是夜，宿小学校内。

三十日　晨起，由临浦至大桥瞿士标家，其地离河上尖三十余里，皆夷坦，无险阻，三人同雇肩舆，止宿，以备翌日就道。

三十一日　上午十时至富阳新关村蒋伯潜家，伯潜为余老同事，渠弟伯韬属同学交情既挚，款待殊殷，鸡黍之欢，弥深缱绻；追论八月间革命时事，不觉深夜忘寝也。凌晨为新国历元旦，风鹤之惊遍地皆是，因命驾匆匆辞去。

十六年一月一日　自新关至窄溪，在饭铺午餐，下午六时至桐庐教育局，晤局长方蛰。是夜，住宿于此。

一月二日　往见王指挥俊，知军事前途计有胜算矣。退与其秘书吴万均谈数小时，仍宿教育局。

一月三日　上午八时离桐庐教育局，亟作返命计，检点行装，宿场口船上，篷牕板榻寝不成寐。驻扎之国民革命军第一师、第二师与二十六军已向孙军开战，炮声隆隆时有闻也。

一月四日　上午十时，由场口雇兜子三乘，是盖轿之最简陋者，以二竹杠缚坐板及踏板而已。至大章村，进晚餐，六时至河上尖，五日之间，两过其地，时未久而岁已更矣。同住宿警察所。

一月五日　上午五时，复乘兜子达临浦，八时登小轮，下午三时至绍兴，转乘军用车至萧山衙前，晤徐培根。时徐为第一师团长，与孙军不协，随旅长余宪文相持于钱塘两岸也。谈国事良久，及回绍兴已钟鸣十二下矣。

一月六日　上午五时，自绍兴乘轮至曹娥江干，转乘火车至甬，路遇同乡史雪坡、欧冠三、冯一心诸君，立谈数语，即匆匆登新北京轮航回沪。

一月七日　上午八时到申，往晤马夷初先生复命时，姜绍谟在座，始悉浙江省政府席设鄞县，任孑民蔡元培先生为主席，拟以蒋梦麟先生为秘书长，定即日离申赴甬。晚间四时下轮，蒋以有事不果。省政府委员魏伯桢亦来晤谈。同轮舱者蔡、马二先生，暨戴应观、姜绍谟并余五六人，风平浪静，甚觉欢洽，较前数日之辗转奔仆，大相迳庭矣。

一月八日　上午七时到甬，魏君伯桢延蔡、马二先生于商业学校议，以其地为临时省政府。余与姜、戴二君暂住江北青年会。午、晚两餐由谢岐山、史玉成更迭洗尘焉。晚饭后往探政府消息，闻孙军已渡钱塘江，我一师、旅长石铎、余宪文拟休战，退兵奉化。鄞不能守，诸委员各离甬星散。

蔡、马二先生如余耳亡魏，重为秦所购求者。因决议避迹象山，为赴闽之计，草草行踪，未遑安枕，所谓一夕三徙，殆有甚焉，可发一嘅。

一月九日　上午六时破晓，余与姜君至魏寓促驾，马先生嘱戴君应观回申报告。偕蔡先生一同下轮渡海，晚十时至白墩，其地为象山辖境矣。雇篮舆四乘，蔡先生见而讶曰：何物？竹篠可以代舆乎？时朔风怒号，寒威凛冽，先生以六旬余年，从容不减常度，诚哉此老倔强犹昔也。夜分，始达邑城，教育局局员周莲仙、王雪塘出而款待，布置就寝。余即星夜遣侄至家告知伯兄扫榻以待。时雪塘亦愿效奔命，而余颇得以分劳焉。

一月十日　上午八时，局中晨膳，毕，雇肩舆起程，少憩于马岗亭中。蔡、马二先生出而四望，叹山形之崱屴，良田之每每，曰：真饭稻羹鱼地也。傍午到家。即命雪塘至海门采军事消息。

一月十一日　二先生在余家，以谣言四起，效张禄故事，蔡先生改称为周某、马先生改为王某，故来修谒者面晤无多谈。

一月十二日　上午十一时林觉辰、郑约园二君由石浦过候，晤语移时，娓娓不倦，以其为毕业于北京大学之旧弟子也。

一月十三日　二先生仍住余家，严子实、林熙春及内弟乃恩来访。因为觉辰、约园私议，以东溪为通城孔道，易于风闻，且孙军团长段承泽已据宁波，一有不测，甚为可危，因议转徙。于是，越日有横弓墺之行。

一月十四日　上午九时，二先生作微服行，以肩舆帷，致于横弓墺史文若家，扈行者姜绍谟、王雪塘二人。

一月十五日　上午，余过横弓墺，午餐少叙，与蔡、马二先生定往闽之策，孑身乘肩舆至盐仓前妹倩纪明斋家探问航路。

一月十六日　下午五时蔡、马及姜、王四人同至盐仓前以纪氏为东道主，设盛筵款客周至，既取阅报纸，悉东路军指挥何应钦至福州，欲往从之，而苦无轮航。明斋之尊人，闽产也，侨迁盐仓前而熟悉闽商情形，谓：闽帮渔船，年终须归，尚有数艘未回，福州可济。咸以为良好际会也，论定安寝。

一月十七日　下午八时，由纪氏乔梓送余等五人登舟，蔡、马二先生及仆从为一舟；余与姜、王二君为一舟。舟凡四，鱼贯而行，备有快枪，以御海盗，并备馈馔食多种置舟中，以佐行厨，甚慰客感。时夏正丙寅年十二月十四，辛亥日也。

一月十八日　上午三时，船行，北风甚利，舟如驶。下午四时至玉环坎门停泊过宿。

一月十九日　上午八时开行，风较前日猛，船行速，而倾侧亦甚，同舟觉头目眩晕也。

一月二十日　上午九时至福建琯头镇。镇为闽侯、连江两县管辖。沿途观望，夹江山峙如虎，为入闽要道，称五虎门，威甚也。港中军舰罗列，挂有青天白日旗号。计自石浦起碇，至此仅三十九小时。舟师言“向未有如此之迅速者”。十一时，马先生命余至长门电报局拍电通知何总指挥。是晚。寓琯头碧云亭旅馆。

一月二十一日　上午九时，由琯头镇乘小轮至福州，住法大旅馆。午餐后，蔡、马二先生往晤何总指挥。五时即由指挥部派副官及兵士备汽车迎余等至刘家花园禁烟支处暂寓。

一月二十二日　下午六时，何总指挥为蔡、马二先生洗尘，并及余等，筵席精洁，每进一馔，必奏军乐以侑客，同席者戴主席立夫、蒋参谋长伯诚、张师长贞合、余等共八人。

一月二十三日　午餐为北大旧同学王昆仑等公宴；晚餐为禁烟处长李怀霜私宴。

一月二十四日　往访诸同学。

一月二十五日　自九日宁波发身，转象，至福州，为时半月余矣，所需费亦巨，财政委员会主席何玉书馈洋一千元，以为蔡先生赆金，先生他出存之以报命。

一月二十六日　上午，蔡先生命璧还馈洋五百元，何君坚不受持回。是日，王雪塘随曹军长万顺进兵温州。

一月二十七日　姜君绍谟由指挥部委为参议，随总指挥入浙。

一月二十八日　下午四时，由禁烟支处移至南台法大旅馆，同学顾颉刚来谈甚久。

一月二十九日　上午八时，趁小轮至马尾。按：马尾本名马渎江，为我国军港之一，有船坞、海军学校。清光绪间与法兰西舰队交涉，所称马江之役，即其地也。十二时，登海康轮往厦门参观大学，一时开行。

一月三十日　上午八时至厦门，住鼓浪屿厦门酒店。

一月三十一日　上午九时，往厦门大学，应北大同学之欢迎。下午二时，应浙江旅厦同乡之欢迎，均摄影纪念。下午六时，赴南普陀，顾颉刚、潘家洵、章廷谦三君之宴馔用素，其地多佛院，犹浙舟山之普陀也。是晚，宿在厦大生物院。

二月一日　上午八时，趁集美第一号轮至集美学校，由校长叶渊（号采真）招待参观一周。三时后，复乘原轮回厦门酒店，即赴采真兄家晚餐。

二月二日　是日为旧历丁卯元旦，林君语堂来邀午餐，自入闽垣，连日筵宴，客子光阴，东奔西窜，已不禁岁序之两更矣。

二月三日　上午十一时，赴南普陀，应许雨阶、庄泽宣、徐声金、孙贵定四君宴，下午一时，至麦伦书院参观。

二月四日　上午八时，蔡、马二先生赴泉州考察，余即移住厦门青年会，林语堂、章廷谦来访。

二月五日　游厦门街市。

二月六日　访友。

二月七日　下午七时蔡、马二先生自泉州回。

二月八日　上午八时，毛虎、侯寅由闽侯来谒。毛固自沪发轫来会，其由闽侯来者，纡道相左也。

二月九日　上午十二时，赴黄开宗之宴，下午六时赴鼓浪屿厦门交涉使刘伯襄光谦之宴。

二月十日　上午十时，胡佩珍、任筱甫自石浦来会；旧北大同学杨序耀（号剑光）馈旅费洋三百元，涔踬涸鲋，为惠不浅。识之。

二月十一日　上午十二时，赴鼓浪屿富商黄奕住之宴，黄亦年德高劭者。下午，陈定谟、王珪孙、黄坚、程憬、罗常田、潘家洵等公宴。

二月十二日　上午陈灿午宴，下午叶采真又宴。

二月十三日　上午南普陀闽南佛学会午宴，下午教育会晚宴。

二月十四日　上午七时，蔡、马二先生偕黄坚（号振玉）、顾颉刚、郑宾于等赴漳州考察。

二月十五日　在青年会观弈。

二月十六日　蔡、马二先生自漳州回。下午陈之夔在青年会设宴。

二月十七日　偕蔡先生在厦门列肆购物，作归计也。

二月十八日　时吾浙孙军溃退，全省克复，电请蔡、马二先生回省主持政局。由陈嘉庚君以集美第二号渔轮专送回浙。集美者，岛名也，陈君以商业起家，积赀数千万创办学校，轮舰皆以集美命名，不忘所自云尔。上午九时开驶，其船主张柱樽（号君一）能体客心，招待甚周，时以驾驶渔捞之术作清谈消遣，娓娓殊不闷也。

二月十九日　下午三时半，因风猛，向平阳县北关椗泊。

二月二十日　上午二时半，船行八时半到温州港口，以领港不得其人，搁浅，幸无大碍，至晚潮涨到温州码头。

二月二十一日　上午十一时由温州开船。

二月二十二日　上午八时半到盐仓前，重至纪家。余九时至昌国卫岳母家候安，并与乃恩、怀椿二内弟叙契阔。下午四时返盐仓前。

二月二十三日　上午六时半，由盐仓前起椗，下午二时半至鄞，船到时政治部宣传队大呼口号欢迎，并由张君一摄影纪念。登岸，住青年会。

二月二十四日　上午，赴指挥官陈其蔚之宴。

二月二十五日　上午九时随蔡、马二先生趁专车至曹娥，五时至绍兴，由商会公宴。是晚宿新旅社。

二月二十六日　上午九时，乘汽车至江干，十二时渡江至闸口，下午一时住青年会，溯自去年十二月二十七日离沪返鄞，今日由闽回浙，凡六十有二日，其最险者莫如两军起衅，杭沪火车中断，时一线生机，危如毫发，五内杌陧等于沸汤，艰苦于以备尝，风霜不知几历，由痛定以思痛，亦不幸中之幸也。后蔡、马二先生为国宣劳，各著勋绩，余亦备位秘书，爪印留泥，前尘若梦，爰泚笔而识之。

录自民国《东溪励氏宗谱》（德人氏励乃骥修）

37. 象山公立医院筹建始末

【民国】姜梅坞

象山地处半岛，未经开辟，交通阻滞，县城至宁波府城，向来路程，约须两天，由县城出发，步行十五里，至黄溪渡趁帆船，行八十里洋面，到奉化翔鹤潭，又步行四十五里，过道存岭，入鄞县地界，在鄞县横溪趁帆船，至江东，到商埠江北岸，而至宁波府城。逊清末年，才有小轮船，由象山高泥至宁波江北岸，城中旅客须由黄溪渡趁帆船至高泥，高泥无码头，轮船停在海中，旅客由帆船爬上轮船，如一疏忽，即坠海中，厥状至危。其后白墩筑埠，搭轮较便，然自城中启程，须行三十余里，才能到白墩码头，轮船翌日可至甬江。抗战军兴，敌舰出没象山港，象甬海通更难。比较安全之道，为由东乡西泽，趁帆船，过港二十里，至鄞县横山，由横山至横溪，再趁航船至江东，然在过港二十里，亦时遭敌舰轰击，颇属危险。惟石浦偶有轮船，直达甬江，然县城及东西二乡至石浦，须步行百里，行路之难，至为痛苦。民国二十六年七七事变，北平失守，绍祖率眷南归。时象山组织抗敌自卫会，举县长盛世馨为主任委员，余为副主任委员。余鉴于当地医药卫生，极形缺乏，一县之中，无一所医院，并无一处卫生机构，霍乱痢疾、疟疾伤寒以及麻疹天花，到处流行，至于妇女生产，无正式妇科，一任稳婆摆弄，枉死颇多。一患疾病，既无医生，又无药品，虽有少数中医，然在科学昌明、医药进步之今日，病症如此复杂，究非一二中医所能解救，如遇急病，本地急救，既不可能，欲往甬上求医，交通又阻，缓不济急，坐以待毙，情实可惨。余为全县人民，及抗战军士医疗之必要，筹办一所医院，实为急务，当发起组织象山公立医院。于民国二十七年一月邀请本县绅商各界，在县政府开筹备会，开始筹备，所有初步筹备费用，由余出资负担。城中房屋以西门信泰当铺，比较宏大，而且适当。该铺早经歇业，余嘱其看屋人宋某，至慈溪店主冯家商议，将全部楼房庭院，借作医院之用。惟该屋多年失修，屋顶破漏不堪，地板亦多霉烂，余雇土木工，修葺两月之久，方告完竣，内中材料，就木板一项，向南充购来三百余丈。所幸当时物价未涨，币值稳定，白米一石卖价五元，木板一丈，记得是二元余，计构结单独病房二十间，普通病房四大间，每间可住十余人，约置病床八十余床。床系新制棕棚木架，每床价约五元，并改建手术室三间，以及候诊室、诊治室、药房、厨房、厕所，一切桌椅器皿均系新置。该屋窗户极少用玻璃，室内光线甚差，自改医院后，所有窗户均改玻璃窗。房顶向无天花板，除手术室、候诊室、诊治室、药房装修天花板外，其他各室病房，一律添装竹编承尘，其竹由余山根俞竹山捐送。医院西北墙外，有空地一方，系堂弟仲雍所有，从前信泰当店，欲扩充店基，愿以南门外良田十亩交换，仲雍之父慕西叔未允，今以医院公益事，仲雍慨允租借，由医院建屋三间，庭院一方，作太平间，内通医院，另开一门，由西大街出入，于是医院之规模粗具。

象山创办医院有三难，本院名虽公立，实则公家并无经费，势必向民间劝募。象山素称地瘠民贫，捐款之难，有如登天，医院是用钱之处，无钱何能举办，其难一也。象山当地无相当医药人才，势必求诸沪甬各地，沪甬一般医师，薪资高贵，非本院所能负担，聘请医师不易，其难二也。象山无西药行号，卖药必须赴甬沪，病人病症繁杂，医院必须具备各种药品，免得临时无药，但西药常有时效性，过时失去效力，备药不易，其难三也。

当年三月，由筹备会正式成立董事会，推县长盛世馨为董事长，绍祖为副董事长，周大烈、胡子乔、冯一心、徐勉斋诸先生为常务董事，萧伯元、姜伯喈、励乃骥、顾福漕、王柏亭、欧子威、欧冠三、周梦溪、郑祖华、陈庆粹、谢飏初、林西村、王九维、欧六璋、张章甫、陈玉书、傅有邻、桑宝章、贺启岳诸先生为董事，并聘请城乡士绅王冶青、周及峰、傅规清、姜也正、何本芬诸先生多人，为赞助人。当时最所急需者，厥为经费之募集，绍祖分赴城乡各处劝募，桑宝章先生为象山商会会长、城中隆润店经理，负责司入，凡募来之款，均交桑氏收存。贺启岳先生为城中通泰店经理，负责司出，凡支出之款，均由贺氏付账，出纳分明。余虽主持院务，不欲掌管钱财，以示经济公开也。

余岳父陈伯弢先生，一生俭约，在北大任教授十余年，素来不点电灯，不用洋炉子，余登门劝募，竟乐捐二千元。其他募得者，计王松轩先生二千元，周大烈先生二千元，萧伯元先生一千元，萧恕房五百元，何恭房五百元，和其他零星捐款，与县政府拨助四千元，共约二万元左右，以象山之财力，募得此数，大非易易。

其次则聘请医师，时象人徐步霄君，在县政府医务室服务，派其赴甬，商请其业师杨传华先生。杨系甬上有名医师，其夫人业助产。时甬江有敌机轰炸之险，其伉俪愿来象山工作，聘杨为院长，由医院供给膳宿，月支薪水八十元，此为最廉之待遇。杨氏伉俪到院后，续聘徐步霄、翁赞廷为医师，胡炳章为药剂师，招初中毕业程度之女生十五人，由杨氏夫妇训练为护士，于是医院之人事粗定。其后，邑人方显根君自镇海回象，方在柴桥医院工作多年，添聘为医师，为桑梓服务，于本院有助也。

象山无西药行号，购备药品器材，非至甬沪大埠不可，当即邀得城中运输商俞开贤君，随同杨院长至上海购办，计买得药品、器材万余元，内有手术台一架，价七百余元，约当时一百五十石白米之值。象山疟疾最盛，买来大量奎宁丸，以及其他产科用具，一切疫苗和预防针药与电灯器材。在抗战时期，如此庞大物品，由沪运象，极为困难，设法托人保护，才运至石浦，再由人工运至城中，经东溪岭，走百里之遥，于万难之中，得此物品，应知宝贵矣。

药品器材运到医院，同时电灯器材亦运到院，全院安装电灯，焕然一新。即举行开幕典礼，各界送匾额贺联甚多，伯弢先生亲撰长联两副，镌刻木联，悬挂中堂两旁，以字句较长，未及记忆。宁波行政督察专员徐箴亦送匾额一方。堂弟伯喈于会中演说，语极中肯，与会人士百余人，会后聚餐十余桌，当时餐费便宜，每桌不过三元。院中药品器材，全部展陈，供众观览，晚间话剧庆祝，颇受各界欢迎。

医院正式开诊，门诊挂号费铜圆二枚，药资按原价计算，普通每一日用量为一角，奎宁丸每角五粒，销路最多。住院收房饭费每天三角，普通病房十余人一间者，仅收饭钱二角，不收房钱。种痘及打霍乱伤寒预防针一律免费，并派徐步霄、翁赞廷二君分赴各乡，种痘及注射预防针。象山每至夏秋，霍乱盛行，经打防疫针后，极形减少，间有罹此疾者，亦多治愈。余曾目见城中王某，患霍乱极严重，濒于危急，经入院治疗，起死回生。院中所用蒸馏水颇多，以沪上购寄不便，均由本院蒸馏自制。余又目见城中西门沈姓妇难产，濒于危殆，经杨院长夫妇施用手术，母子均安，其他经杨夫人接产者，类多安全，是实吾象产妇之幸，亦社会之幸也。

民国三十一年城中沦陷，县长苏本善先期派兵护运医院药品器材至天台，欲为后方军士医疗之用。民国三十三年余曾至天台，见大部器材尚存。光复前夕，象山县政府尚留西乡牌头，余商诸县长贝再然，把天台之器材运至邻县宁海柴溪，一部交与象山县卫生院，一部仍留柴溪陈氏家，并有册本送县府存案。光复后余即北上，赴北平复校，学校初复，校务殷繁，未能兼顾矣。三十七年国大在南京开会，就便回家，晤县长梁尚勤，及卫生院院长沈君，知在卫生院一部器材仍在留用，其存柴溪一部尚未运回。余曾面催梁县长，设法运回，然不久大陆又变迁，此事无从问闻矣。

绍祖于创办公立医院之余，鉴于象山人士素来惯用中医，对中医自亦不可偏废。当地中医师为数不少，然高明者不多，中药店为数不少，然药品间有陈旧已失效力，或药品不全、偶有代替者。视此情形，对中医不可不有提倡，爰于公立医院内，另辟房屋三间，创办中医学会，邀集象山中医师入会，从事研究。向王松轩先生募款一笔，往上海购买各种中医书籍，及日本皇汉丛书多种。余曾刻象山中医学会珍藏、王松轩先生捐赠字样之木戳。印在每册书上，陈列会中，供人阅览。时中医中以王九维、钟辉、郑鼻峰、刘雪航四位较为著名，聘为会中医师。每逢城中一六集市，义诊治病，不收诊费。城中王宏甫先生，亦研究中医者，聘为会中办理事务。林钟辉先生素研岐黄之学，于民国十三四年，余办华北大学时，在北平校内办文书事务，适京师警察厅甄试中医师，林先生应试及格，取得医师执照，嗣入该厅举办之医学研究所学习，医术大进。王、郑、刘三位亦象山中医界之翘楚，惜乎好景不长，均星散矣。

38. 忆创办定象联中之经过

【民国】苏本善

忆 50 年前创办定象联中这段经历，感到很欣慰。因为，在我一生中，在培养知识青年方面办了一件实事、好事。

1942 年 7 月，我任定海县县长兼象山县县长及三象地区指挥部指挥官。时象山县城已沦陷，县政府撤至象西牌头，指挥部驻在离牌头 10 里左右的官山。

1942 年是抗日战争最艰难时期，处于国家和民族生死存亡最紧急关头。当时，浙江沿海一些城市几乎均已落入敌手。是年春夏之交，日寇又进行大扫荡，大举向浙东内地侵犯，竟窜到浙赣边界的处州地区。敌寇所到之处，奸淫烧杀，无恶不作。迁在浙东内地的一些战时中学，被迫临时疏散，学生纷纷逃难，辍学回乡。

我身在浙江沿海抗日前哨，洞悉回乡知识青年失学之苦，也体察定海、象山及宁波等沦陷区知识青年因不甘心日寇之奴化教育，陷入愤怒、彷徨、苦闷之中。目睹此情此景，使我下决心创办一所战时中学，以解知识青年之渴望。我乃军人出身，毕业于黄埔军校第六期，向来爱惜爱国知识青年。我深知，我们国家贫穷落后，知识青年可谓凤毛麟角，知识青年乃国家栋梁之材，要救国就要救青年一代，没有千千万万爱国有识之青年参加抗日救亡工作，击败日寇是不可能的。只有培养、造就青年一代，国家、民族才有希望。这也是我决心办学的目的和宗旨。

在当时严峻的局势和恶劣的环境下，要办起一所中等学校是非常困难的。首先遇到的是经费问题。上级政府已自顾不暇，不可能拨给经费，只能自力更生。但当地经济凋敝，敌后政权尚未稳固，正常税收几乎无着。我下狠心从军事开支中拨出全部建设经费。同时，为筹集更多经费，特邀请当地有共识之士同襄此举。为此，专门成立了筹委会，多方筹措办校经费。承定、象及宁海，柴桥等地热心教育人士慷慨解囊，一次筹得 5 万元。以后，定象地区政权逐步恢复，税收有了着落，在政府年度财政预算中列出专款，以作办校之用。

筹得经费后，即着手建校。校址设在临近象山县境的宁海县和平岙普福寺。该寺离象山牌头仅20千米，地处深山冷岙之中，交通闭塞，敌寇难以骚扰。校舍除充分利用寺院旧房外，还用毛竹、稻草盖了礼堂和几间教室。虽因陋就简，实也来之不易矣。

学校定名为“定象两县联立战时初中学生补习学校”，简称“定象联中”。于1942年8月招生，约于11月开学。第一学期招4个班，共80余人。另有高中补习班若干人；次年学生增至150余人。他们来自象山、定海、鄞县、镇海、奉化、慈溪、宁海等地，有国统区的，也有沦陷区的。所有学生一概享受公费待遇，免学费、供膳食。

记得第一学期由我兼任校长，聘许剑华先生任校务主任，主持日常校务；第二学期起则由沈友梅先生担任校长。许剑华先生是象山人，乃一读书人，博学多才，擅长诗文。沈友梅先生道德学问、办事才干皆很高明，我与之多年交往中深知其才。在友梅先生主持下，校风正，纪律明，学校办得很有生气。为办好学校，我们敦聘当地一些知名学者前来执教。如樊恭煊、樊恭炬、王鼎、舒伍鳌、赖昌椒、陈亚春老师，曾先后任过教。当时教师收入菲薄，生活清苦，但他们出于对抗日之热忱，对青年之关怀，虽苦犹乐，诚难能可贵也。我对学校始终关心，一有空闲，即前往视察，聆听意见，解决问题，并常在大会上循循劝导同学，要勤奋读书，将来多为抗日献身，为国出力。

沈友梅先生甚爱惜人才。忆联中第一届毕业郎祖望、贺师尧两同学品学优良，然因家境清寒，无力升学。沈先生体恤两位同学之苦衷，专诚作书向我推荐，希冀得到县府的资助。我接书后，即在县财政中拨出专款，资助该两同学升入高中。后获深造，均先后大学毕业。至今回思此事，记忆犹新。

1943年冬，我奉命调升绍兴地区专员兼保安第三纵队中将司令。自此，与定象联中甚少联系了。

（作者系象中主要创办者之一，此文1991年10月10日写于长沙）

39. 回忆我任象山县长时的几件大事

【民国】苏本善

平定徐楠兵变，兼任象山县长

1941年6月，我们正在奉化休整待命时，象山县政府内部发生叛乱。据说，象山县长盛世馨与“三象”地区指挥官吴仲翰有矛盾，以至于发展到武装政变。吴仲翰是个失意军人，虽然资历较深，但水平有限，故闲着没事干。于是，浙江省长黄绍竑派他到“三象”地区任指挥官，要他拉队伍，招收兵员。要扩充部队先要筹划资金，为此吴仲翰向盛世馨要地方经费，但盛世馨因要扩充自己的国民兵团也需要资金，故不肯拨款，两人的矛盾由此而生。同时，国民党CC派章昌琛为排斥外来势力，与盛世馨也有矛盾。于是，章昌琛与吴仲翰遂互相勾结起来。凑巧，盛世馨手下有一个中队长，名叫徐楠，是个行伍出身又桀骜不驯的粗鲁军人。因盛世馨要扩充4个中队，未提拔徐楠担任大队长，而是叫自己一个东北同乡担任。对此徐楠心怀不满，就投靠了吴仲翰、章昌琛，并在西周庆丰桥一带收降了一部分土匪。在吴仲翰和章昌琛的指使下，徐楠在一个夜晚发动兵变，抢走了县政府的财赋钱粮，逮捕了盛世馨及县政府其他官员，并将盛世馨关押在儒雅洋何大房的桶仓里，一时闹得人心惶惶，社会秩序十分混乱。黄绍竑得知象山徐楠兵变后，心中十分恼火，急电吴仲翰、章昌琛、盛世馨，谓：日寇大兵压境，应精诚团结，不该自相火并削弱力量，请速赴省调处。黄绍竑一面将这些人全部请到省政府报到，听候处理，一面急电告诉我移兵去象山平定叛乱，逮捕徐楠等叛乱分子。同时，黄绍竑考虑到象山半岛与舟山群岛毗邻，便于相互接应，便命我兼任象山县长及象山国民兵团团长，并任“三象”地区指挥官。我接到命令后；带一团官兵，从宁海进入象山。吴仲翰、章昌琛、盛世馨已去杭州，我移兵象山半岛，平定了徐楠兵变，站住了脚跟，整顿了法治，保证了收税征粮工作的顺利开展。部队也得到喘息整训的机会，增强了我部与日伪军斗争到底的信心。

建立政治工作队，重用爱国青年

7 月 11 日，我从宁海进入象山，先在西周蒋子奇家宿了一夜。第二天到儒雅洋，住在何家。因经过叛乱，县政府的官员大部分返回丹城。14 日，我翻过西沙岭，进入丹城。15 日，接收县政府大印，清点工作人员和文件、钱赋粮册等。当时日伪军正在茅洋一带骚扰，人心浮动，我又返回儒雅洋。此前，有一批爱国青年被章昌琛作为赤色分子关在大牢里。我问张亚华，张亚华说这批人是宣传抗日的热血青年。于是，我就不理章昌琛等 CC 分子枪毙这些青年的要求，批示全部释放，并吸收其中一部分青年参加政治工作队，在儒雅洋又招收了一批政治工作队队员，任命张亚华为队长、徐北海为副队长。这是一支由众多的爱国青年组成的精干队伍，它不但负责各部的政训工作，还肩负起沦陷区的抗日宣传及民众的发动工作，尤其在整肃军纪、提供沦陷区的敌伪情报、建立敌后政权的一系列活动中发挥了巨大的作用，因而也成为日寇清乡的主要对象。有一天半夜，定海首任政工队队长郑建华等人在小沙附近开展组织群众工作时，不幸被捕，他们在敌人酷刑拷打下不屈不挠，最终惨遭杀戮。他们那种临危不惧、英勇就义的无畏精神，令我万分钦佩和感动。

基于政治工作队所发挥的作用和政工队员所表现出来的爱国主义精神以及鲜明的“坚持抗战、反对投降”“坚持团结、反对分裂”的政治主张，我决定在部队连以上单位都配置一名政工队队员，负责士兵的思想教育工作。对违反军纪的官兵，政工队员可及时劝阻并向我报告。因为我看重政工队，我部各大队自然就不敢怠慢。为此，国民兵团逐渐克服了散兵游勇的恶习，驻防各地，比其他部队的纪律要好得多了。事后我才知道，这批优秀的政工队员，大多是共产党员和民先队员或者是倾向革命的进步青年。

保国为民，抗击日伪军

我到象山以后，管辖部队称一个师。其编制：一是象山国民兵团。我兼任团长，王孝南任副团长，称一个团；二是“三象”地区指挥部。我兼任总指挥，把原浙江保安纵队第五团蓝钟伍部调驻象山西乡。这是我的主力，大部分骨干是湖南人；三是定海县国民兵团。由朱铁军统率，他有 5 个大队，中心驻地在镇海柴桥镇。其一大队长是龙烈山，二大队长是诸公良，三大队长是夏继林，四大队长是王继能，五大队长是吕道英。我治军很严，不准士兵为非作歹。一天，城南有两个保长向我报告说，泗洲头有户农民，父子两人卖掉肉猪以后，途经国军茅洋防区。有几名国军将这父子两人杀死，抢去全部钱币。我听到后，立即派军法处调查，查明确有其事。其中一名是分队长李虎，另一名是章昌琛特务队的人。我立即批示就地正法，将他们枪毙在丹城西门山麓里。

与日伪军的战斗，可谓是小打月月有，大打年年有，相当频繁。其中几次战斗是较大的。1941年11月，朱铁军部在象山港口巡察时，突与刚从海上登陆的日海军陆战队遭遇，我军开枪阻击，遭敌反攻。经过激战，敌军40余人被击毙击伤。敌人见势不妙，连忙乘炮艇逃走。1942年农历正月初一，驻茅洋日伪军乘中国人辞旧岁迎新春的习俗，利用漫天大雪，翻穿军大衣（白里布朝外），出动了300余人，分左、中、右三路突袭丹城。中路从顺风岭、老鹰山进犯，被我部哨兵发现，开枪报警，顿时枪声大作。不到半小时，左路敌军从姆龙洞进入仇家山，遭守军阻击。枪炮声密集，浓烟滚滚。敌军突破仇家山阵地后，窜至洋心、大碶头、南庄、上吴一线。我部第二营官兵坚守南门，布防在文昌阁一线，顽强阻击进犯的敌军。第三营和县自卫大队冲至羊府庙的小山上，迎击从顺风岭过来之敌，击毙伤敌40多名，其中军曹1名。1943年5月，我接到打入敌人内部的情报人员报告，伪军第十师师长谢文达来爵溪勒索渔民财物。我带了一个中队，准备在丹城至爵溪的路上活捉他。我们从官山出发，过西沙岭到墙头，等天黑后赶至县城。由于突袭的部队没有化装好，被伪军发现。谢文达来不及穿鞋袜，越窗逃跑。事后追查责任，是因为中队长刘平指挥失当，没有完成活捉谢文达任务。我令军法处打了他20军棍，并撤销其职务，关禁闭7天。我们驻在官山、下沈、牌头一线，日伪军把我们视为眼中钉，想攻下官山，击溃我军。有次大扫荡时，我们在车岭、西周、柴溪、下沈与敌进行战斗后，将大部队撤至蒙顶山坚守。退到山上的军人开始很恐慌，怕没有吃的。何本芬告诉他们："苏县长早有安排，山上地窖里有200担大米、300斤萝卜干、300斤黄鱼鲞，你们尽管坚守好了。"为了严惩日寇帮凶，我们经常派政工队、锄奸队队员深入溪口、忠义、茅洋、石浦等沦陷区，散发传单，张贴标语，清除汉奸。有一次，到金星乡击毙维持会会长严壮汉及秘书伍永安，又生擒了敌情报股长金鸣山等3人，然后把他们押至西乡枪毙。忠义乡维持会会长沈春元是个铁杆汉奸，曾捕杀我收税人员，被我锄奸队逮捕以后，我即令将他绑至下沈桥头砍掉脑袋。

收难童，办"联中"，组织抗日剧团

定海、象山沦陷期间，大批难童流离失所。我在政工队员的协助下，设立了难童收容所，并委派县卫生院院长沈保民夫妇具体负责，共收留了60多人。

为了解决沦陷区失学青少年的读书问题，我在象山西乡创办了定象联中，自兼校长。对家境贫寒的学生，免费供读，还适当补贴膳食费用。当时具体负责"联中"的是沈友梅先生。据他反映当时有两位出类拔萃的学生贺师尧、郎祖望，因家庭经济困难，无力升学。我听到后，一一问清了他们的成绩，公费保送他们上了高中。

为了进一步有效地开展敌后工作，唤起民众的抗日激情，在政工队建议下，我组织了一个仗节剧团（这个名字是军法官徐伯翘所拟，取苏武牧羊的典故，坚持仗节不降匈奴之意）。为了提高剧团的演出水平，我还特地派人到杭、沪等地聘请了一些专业演员。这期间，抗日宣传活动是非常活跃的。剧团演出了《日出》《岳飞》《松花江上》《放下你的鞭子》等节目，受到了民众的欢迎。

抗战时期，我还积极支持张亚华、叶林等创办《抗战简讯》《战斗报》《拂晓报》等小报，这些小报旗帜鲜明，广泛宣传团结抗日思想，为激发民众的抗日爱国热情起到了很大的作用。张亚华离开后由陈亮接任，继续鼓励群众，参加抗日救国活动。

40. 南田县经济状况

考南田系属海外荒岛，累朝悬为封禁之地。清光绪初，始行弛禁招垦，定名曰浙江南田抚民厅，民国改厅为县。疆域东南至大洋，西北至宁海、临海两县之海面，北至象山之石浦海面，共分十都一百零八岙。从前自治区域，分为四区，以一二三四都为桃源乡，五六七都为蓬莱乡，因县治设在桃源方里，田地约占十分之七，山约占十分之三。全境有户四千八百五十一，有丁一万一千六百六十二人，有口八千八百二十九人，其中业农者约占百分之五十，业工者约占百分之十五，业商者约占百分之七。河流，桃源乡之鹤浦河，由樊岙蜿蜒以至鸭嘴，长二十里，余乡岛均系小河，最长者只二三里，或断或续，为农民畜水灌田之用，不通舟楫。境内河水缓流，山瀑山溪，均不甚大，故水力不足为工业上所利用。山岭颇多，最高者为北盘基山、花岙山、南山、鸭浦山、龙头山，高度均在五千尺以上。各岛除山地外，余均平坦，可供耕种。

综全邑大势论之，东南均属大海，北与象山犬牙相错，近隔一海，西与临海、宁海肩背相望，势如张翼，东北又与定海岛县遥相对峙，即象山军港，亦即恃为第一重要门户，实于国防上最占形势，于军事上亦最有价值。各岛分峙海中，险要之处，不一而足，其桃源乡一岛，要塞共有四处，最要者为金漆门杨柳坑一处，由彼入内，则有水葫芦为之要隘，大有一夫当关万夫莫敌之势，现由外海水警常驻巡船一艘，并防卫，其次即为吉港与高坎头、鸭嘴三处，除鸭嘴有外海警察常驻巡船一艘外，其吉港、高坎头二处，则恃会哨以为防察。蓬莱乡之龙泉塘一岛，北依三门湾为固，西以保珠塘为险，至于东之鸟瞰，则有三隘，为丁版岙、直落岙、黄沙岙，有保卫园丁逐步逻守，其余各小岛，如花岙、坦塘、打鼓岙、坦（檀）头山、花峙山，新棣之南北渔山，则皆幅员狭小，烟户稀少，苟非国防有事，必无如许分驻之兵，惟有责成外海水警，不时巡护而已。

气候温度，最高升至八十度，最低降至三十度，度则无甚低，适得其中，风则通年长居十分之五，既大且劲，雨则春夏多于秋冬，雪冬春间常有之，但不甚大。

土质肥瘠，各乡不同，种植各异，如桃源、蓬莱二乡平坦地，均系胶土，尚称肥美，瀛洲、三山二乡平坦地，黄土多含沙质，约占十分之八，并无肥沃之土，故桃源、蓬莱以稻、豆、麦、菜为宜，瀛洲、三山以桑、蔗、番薯、瓜果、花生为宜，棉花忌风，前已试种，成绩不佳，山惟桃源乡石骨嶙峋，土质硗薄，约占十分之九，浅土之性，松杉宜之，其余乡山土层稍厚，棕柏宜之。

水利最大者，蓬莱乡之龙泉塘，由鄞象殷富出资圈筑，计丈出实在涂田一万四千亩有奇，当时提出一成，计田一千四百亩有奇，留储为塘内善后公益经费恒产，其余涂田，照各户出资之多寡分派，作为筑户世业，该乡田亩得资灌溉者二万余亩。又桃源乡之鹤浦塘，计圈入涂田约八千五百余亩，于鹤浦河口建造碶门，以拦截海水，复将鹤浦河自樊岙至鸭嘴从事修浚，两岸田亩，得资灌溉者二万一千余亩。立夏节后，即一律插秧布种，不分先后，法以早晚稻同亩间种，肥料不用豆饼，而以杂草和泥晒干煨之，作为肥料。种后每耘三四次，至阴历六月中，早稻即以收获，晚稻须至九月中方可收获，春热豆麦等类间有种者，但不甚多。旱地则均种番薯，至于农具戽水车，或用牛力，或用足踏，或用手摇，耕田用犁，曳以牛力，田耙则以小木板，挑列铁齿，或用竹齿，装以长柄，用以耕草；砻壳用石犖（磉），舂米用石臼，垦具唯锄一种，渔具用网，邑无蚕桑，故无蚕具，水产物无养殖制造之可言，即捕捉亦用渔网旧法。金漆门、杨柳坑一带海面，为渔船荟萃之所，每届渔汛，常有一千六七百艘。因本邑并无商市，均由渔户随捕随往象山之石浦销售。渔船多系闽、台二帮，本邑约占十分之四。至于畜牧无专营者。农产物之主要者，为粳米、糯米、番薯等，普通者为大麦、小麦、大豆、小豆、落花生、南瓜、冬瓜、萝卜、栗、梅、白菜、油菜、棉等，粳米居十分之六，番薯居十分之四，以番薯切丝晒干，和米为炊，贫民大半用以度日，或竟全用薯丝充食。计本地之米，供本地之需，约余十分之一，番薯约余十分之三，豆麦、菜籽为数甚微。佃户承种田亩，对于业户，以平分谷石为原则，以折缴租价为例外，然分谷之制，佃户无特殊利益，弊在懈怠，折租之法，佃户妻子家室，患在欠逃。至于纳赋之责，在于业主，耕种资本，出于佃户，无论分谷折租，均属一律。驱除预防虫害方法，以油水偏洒稻叶，或用杂草在田岸夜间燃烧，诱至扑谷，尚觉便易。团体有县农会一所。初闻并无商市，每逢五、十日为市日，亦只寻常食物，无大宗商货之可言。唯鸭嘴市与石浦相隔一水，且为本邑出入要道，倘能于该处扩充市屋，及租赁小轮逐日来往，开设旅馆，便利客商，将来可成一大商市也。市镇民国四年由临海县商民集资设立兴市公司，在鸭嘴建造市房二十余所，招商设店，已有商店十余家入境。货为民间零星日用物品，出境货番薯一项，每年约万余担。又金漆门一带海面之鱼，均由渔户随捕随往象山之石浦销售，为数颇巨，商贩由鸭嘴至象山之石浦，海道十五里，小轮航船，均可通行。金漆门龙泉塘，各由该处海道经达石浦，约四五十里，只以本境商市未兴，金融周转赖有石浦，以致难有农渔产件，而不能自成主体，运货均用驳船，大都不按品计算，只论每船运货若干，市面钱币，大洋银角铜圆，皆听石浦行情，以为涨落。

——魏颂唐著《三门湾经济资料》1946 年印行

41. 象山县经济状况

考象山隋以前属会稽郡，唐神龙间立县治于此，以山形名之曰象山，明清均隶宁波府。民国元年，县属之南田建设县治，以昌石镇、蓂南乡划归南田管辖。民国二年，仍以昌石镇、蓂南乡改归象山。疆域东至定海，南至南田，北至鄞县，均以海为界，西至宁海，以磕苍山为界。县北崇山以外即属海港，极少居民，故行政区域，除县治外，仅分东西南三乡。以前自治区域，计分城区及东之怀珠、磐安、宝海，南之靖南、蓂南、昌石，西之西一、西二、西三、西四、西五，共为十二区，面积计五千九百三十七（平）方里，田占十分之一，地占十分之三，山占十分之六，荡甚少。全境有户五万二千零四十六，有丁十一万九千九百七十三人，有口九万二千九百二十九人，其中业农者居十分之六，业工者居十分之一不足。除沿海湾港外，无舟行五十里之河川，其堪为工业上所利用者，有水碓、水车二项。山脉发源于天台，数百里至磕苍山，为宁海象山界，越数里为西乡之丹山，高约五千尺，为象邑祖山，东出二十里为大河（何）婆岭，又二十里为石鼓岭，又二十里突起一大山，曰九顷山，至此山势分张，南经大山各山而入昌国卫，北折十余里过彭姥岭，一峰秀出，是为象山，他如西乡之蒙顶山、大雷山、五雷山，东乡之珠山，南乡之五狮山，均高五千尺以上。地势系属半岛，西高东南低，除城南附郭及南乡东陈、田洋湖。西乡墙头、西周，东乡海墩、着衣亭等处，地稍平坦，有田数万亩或万余亩外，余均冈峦起伏，突兀不平，此外则有海港一处，位置于县境之北，港湾数十里，四山环绕，水深浪静，建筑军港，洵为合宜。海风甚大，气候不匀，温度高低无常，华氏寒暑表高达百零几度，低至二十余度，于农业尚无特殊利害。土质约分为粘质壤土、砾质壤土及壤土、砂质壤土四种，粘质约占十分之一，宜种水稻、小麦、芸苔等，壤土约十分之三，宜种粟、玉蜀黍及蔬菜等，砂质约十分之四，宜种大麦、莜麦及萝卜、马铃薯等，砾质约十分之二，宜种褚竹等。境内河川，源于山谷，天然溪涧，不事人工，灌溉尚称便利。沿海一带，造筑海塘，各设碶门，以时启闭。人民业农，耕耨以时，农事尚称精细，耕耘器具，捕鱼网苫，均系旧式，垦具与普通农具同，亦未有使用机器者。种桑者极少，一邑之大，惟东陈陈姓有桑田数十亩，尚称培植得法，其余模范桑园一所，植桑千余枝。官荒约万余亩，均系新涨海涂，由人民圈筑开垦。森林一项，全邑只有松竹，余则杂木，县署后公山栽种松秧五十万枝，连年逢植树节，添购松、柏各秧补植。茶叶亦为本地出产，蒙顶珠山，百称佳品，但所产不多耳。渔业颇为畅盛，每届渔汛，旧宁、温、台各属渔船，陆续驶来，以石浦、爵溪两处为场所，在洋采捕，由冰船载往宁、绍等处销售，内以黄花鱼为大宗，年产一百二十余万斤。沙鱼、白鱼、带鱼及其他各种年产，约十余万元。已制造之鱼翅、鱼胶、鲟骨、盐干鱼等，年亦约数万元，蛤蚧、苔藻之类，虽有不多。畜牧以猪为最，年产一万七千余头，除本地自用外，尚可行销宁波、上海等处。牛约六千余头，仅供本地农作用。鸡、鹅、鸭、羊等，亦有半数出口。以上各物，皆由民家随意豢养，并无专营者，农产物谷类有粳稻、糯稻、麦、粟，豆类有豌豆、桑豆、果类有杨梅、桃李、枇杷，蔬类有芥菜、雪里蕻、白菜、茄、瓜、芋之属，纺织类有棉花、苎麻，食品类有甘蔗、萝卜、马铃薯、笋，药材类有半夏、贝母、瓜蒌，杂粮又有薯丝一种。其出品大宗，以谷为最，番丝次之，苎麻、棉花又次之，此外如毛竹、松木，亦为大宗出产。谷米自食甚足，惟私运出口者多，赖有薯丝为之辅助，民食尚可无虑。倘遇青黄不接，各村社仓可以接济。农业习惯，佃户于收获时照约偿租，惟中户之田，亦有上年由佃户先缴租价，次年耕作收成如何，与业主无关，是曰典租。害虫尚少，无须捕治。团体有县农会一处。交通不便，既无就地巨贾，亦无外来富商，商业未见发达，近来洋货充斥，人民乐于购买。市镇以石浦镇较为繁盛，城区次之，泗洲头、西山下、南堡等又次之，东乡之爵溪，当渔汛时颇形畅盛，此外各处商业，均甚萧条。城区店铺，本地人居多，石浦以福建人居多。至行业有石浦鱼行作本地生意，又有石浦渔业银行一所，系由镇海渔业银行分设于此。入境货以洋油、洋布、洋糖、磁器、面纱、丝绸、纱缎、漆器、杉木、毛六、官堆纸等为大宗，出境货以盐、鱼、麻、棉、薯、丝、糯米、猪、鸭等为大宗，如石浦爵溪之黄花鱼、鲞鱼及沿海各地所出之盐，年产可得数十万元，商人贩运象城及石浦与宁波，轮船可通，洋货及绸缎布疋等物，均由宁波贩运，出口货物，亦有宁波运往他处。市面钱币，通用宁波庄票，若取现照甬市扣除申水。商业除店铺外，尚有一定市期，四乡农民，肩挑柴米蔬菜鸡鸭等及其他制作物品到市售卖，以其所有，易其所无，小村店货，均贩自城镇，货物价格无定，临时面议。城乡镇间运输货品，除沿海一带便于船运外，余均需用人力。矿业西二乡上黄村坡后山弗矿矿区约十八亩，已有商人领照开采，余如东乡汤岙白螺山之煤矿，磨卸村之铁矿铅矿，南乡东溪村隔岭山木头岙底等处之弗（砩）矿，历经矿师试探，成分品质，均尚纯良。

——魏颂唐著《三门湾经济资料》1946 年印行

42. “四一二”反革命政变前后的象山共产党

【当代】张雪痕

1926 年冬，北伐军进入浙江，到 1927 年 4 月 12 日蒋介石发动反革命政变时止，我在象山参加了中国共产党的许多活动。

一

大革命时期的中国共产党，为便于开展对军阀的斗争，常以国民党名义进行公开的活动。

1926年10月，夏超独立失败，短期内宁波成为浙江的军事、政治的中心。不久，孙传芳部属段承泽进驻宁波，对共产党展开了疯狂的镇压和迫害，常常派遣大刀队捉拿所谓“赤化”分子，不仅在闹市区东门大街、灵桥门一带，就是冷落的草马路，也同样日夜巡逻。若遇上发传单、贴标语的革命学生或工人，就刀起头落，进行杀害。阴森恐怖的气氛，笼罩着整个宁波。

军阀对共产党恨得要死，其他反动派对共产党更是怕得要命，都千方百计想削弱党的力量，并消灭之。如当时宁波反动的国家主义派，就凭借操纵在手中的权力，以保护学生安全为由，提前放寒假。其实质是以此分散我党活动的力量，破坏我党对军阀的斗争。我党就利用国家主义派的这一反动阴谋，乘机将宁波的党团员派往各县，扩大革命斗争的点和面。

这时，回到象山的党员有赵文光、俞方、周宗文、倪毓水、谢祖台等，团员有张雪痕、倪旭初、倪兴汉、王立钊等，加上原先在象山的有许福莹、姜冰生、王淑之、方文熙、周宪章、倪鸿梁、齐孝元、王嘉祺、辛贤桂等和后来发展的有冯子德、赖大滋、陈世岳、方文惠、王祥法、徐鸿年、贺美庭等，另外还有已被列为吸收对象的杭州蚕桑学校回来的徐九英、徐素韵等，一时间，象山的共产党队伍迅速壮大，力量空前强盛。

这就是象山党组织活动的一个特点，每逢寒假与暑假，外地的党员回来就地参加活动，使党组织有新的发展，工作有更多的推进。

在革命高潮来临之际，就是新旧势力斗争更尖锐之时。象山地域虽小，但新旧势力的斗争，却极其尖锐。代表新生的进步力量的团体有新蚶社，其中成员大部分是中学生、小学教师和思想进步的社会青年，如贺威圣、王家谟、赖云章、何志浩、沈本厚、林增元、许福莹、周宪章、阮锡恒等。当时有癸亥俱乐部，是落后、腐朽、反动的组织，代表人物为励乃骥、林晓、郑约园、叶美祖、冯一心等。他们为了维持恶势力，非要把我们新生力量扼死不可。我们就把他们作为革命的对象，把他们打倒。故此，这是一场生死的搏斗。

我们常在许福莹、周宪章、赵文光等家里开会，也在倪鸿梁、俞方、王叔之、方文熙、张雪痕等家里开会；有时，也以国民党的名义在还没有成为党组织成员的徐九英家里开会。开会除了传达上级的通知外，就是研究怎样来迎接新的形势，扩大组织，开展斗争。

当时的革命任务是：打到土豪劣绅，打倒贪官污吏，废除苛捐杂税，实行“二五”减租，提高工人工资，改善人民生活待遇等。

祖祖辈辈长期受着压迫的工人、农民、城镇贫民，绝不是几句空洞的政治口号所能发动起来的，而不把广大人民群众团结在党的周围，形势虽好，工作还是无法开展。于是，党的会议决定，把监狱官吴介维捉来，作为打倒贪官污吏的典型。说干就干，当夜就由冯子德、许福莹等带领部分人直奔傅家将吴介维捉来，关进警察局。

臭名昭著的大贪官吴介维被捉的消息，立刻传遍城里，也迅速传遍各乡各村，人民群众无不大快人心，额首庆贺。革命的力量迅速增强，党的威信顿时提高。在广大人民群众心里确立了伟大的形象——共产党人不惧恶势力不怕贪官污吏，是肯为贫苦的百姓做事的，是人民的靠山。

二

当革命的巨轮滚滚向前的时候，总有几只螳螂跳出来挡拦。如西周农民着手组织农民协会的时候，土劣谢康侯就跳出来从中点火煽风，说什么“革命是不会长久的，大帅（指军阀孙传芳）一来，要杀共产党人的头，农会的日子也不会好过”。

这些言语，对受旧思想麻痹较深、新事物感受较浅的农民，是会产生一定的负面影响的。为狠狠打击这些土劣的阴谋活动，在那里搞农民协会的周宗文根据掌握的情况，报请党组织批准，带领农民骨干，把谢康侯捉到谢家祠堂，召开农民大会，将他狠狠地斗了一次，斗得他老老实实低头认罪。农协会就此顺利地向前推进了，许多乡村主动要求我们协助建立农协。

在上南乡岳头、海塘一带，工作开始的时候，群众有观望不前的情况。那里不仅有农民，还有盐民，而盐民的生活更苦，真是“晒盐人儿世世穷”。因为他们辛勤劳动的果实，全部被廒商掠夺去了，甚至连白吃的食盐，也被掠夺一空。因廒商规定：晒好的盐必须当日收缴盐仓，不然若被查出，就以贩私论处。善良而没有组织起来的盐民，怎能应付得了如狼似虎的缉私匪兵？为了求得“太平”，他们只好“服从”。

压在盐民身上的石头，就是工作中的障碍物。党组织经过研究，通知冯子德带领一部分群众骨干打开所有盐仓，把全部食盐分送给盐民，并规定秤放局和廒商不许低价收购。通过这些工作，盐民感受到了党的力量，革命的希望，纷纷要求加入盐民协会。盐民一发动起来，附近乡村的农民，亦主动起来要求组织农协干革命。

过去，各行各业亦有组织。而这些组织并不是为百姓谋利造福，而是被别有用心者用来作为谋取私利的工具。因此，党把它接收过来，予以改组、整顿并派人代表党去负责领导。

店员工会由徐鸿年、方文会、王祥法、贺美庭等负责。

手工业工会由陈世岳、江大生、阮锡恒、蒋正棣等负责。

新的血液，赋予了新的生命，各行各业的工会，全都在党的领导之下组成，成为党的得力助手。

象山是个闭塞落后的小县，封建礼教特别浓厚，故象山妇女的生活比邻县要辛酸些。在大革命之前，象山妇女界也出现过一个“叛逆”——傅规清。她以剪发、穿长衫、骑马等实际行动，来反抗旧礼教的束缚。她还创办女子小学，挨户劝学（动员女孩读书），有困难的甚至免学费、免书籍费。林友梅、徐九英、徐素韵、辛贤桂等都是她的学生。但由于阶级的局限性，又是单枪匹马作战，所以没有取得显著的成果。

随着革命的不断深入，妇女们要求男女平等的呼声越来越强烈。在共产党的引导下，广大的农村妇女终于砸烂了千百年来锁在身上的“男尊女卑”桎梏，要求在政治上、经济上、社会上男女一律平等。她们提倡婚姻自由，反对父母之命，媒妁之言；她们反对蓄婢纳妾，取消童养媳；她们提倡女子剪发、放脚、不穿耳朵……

大批妇女走出闺房，跑上街头，参加了社会活动，社会风气确已大变。徐九英、徐素韵就是其中的领头羊。一群旧礼教的护卫者见此现状，只能如丧考妣般地哀嚎“世风日下”！

三

1927 年 2 月 17 日，北伐军进入浙江杭州，盘踞在省内的军阀孙传芳的残部，已被击溃、肃清，各县热烈举行北伐胜利庆贺大会。象山于 3 月上旬，在县署前空场上也召开庆祝大会，大会主席由商会会长桑宝章担任。这是一个黑暗消逝、光明来临的群众大会，各行各业都组织人员参加，加上到会场看热闹的人，挤满了整个会场。除了农历三月二十七赛会的场面外，再没有第二个的热闹场面可和它媲美。说明革命是件人心向往的事。

由于张雪痕是团的负责人，大会要他组织一个儿童团去参加，他就和倪旭初、倪兴汉等到学校去动员，并临时组成一个 30 余人的儿童团。他们手拿彩旗，高唱着“打倒列强，打倒列强，除军阀，除军阀，国民革命成功，国民革命成功，齐欢唱，齐欢唱”的歌曲列队进入会场。象山的儿童有组织的参加集会，而且纳入党的领导，还是破天荒的第一次。这是参加者的光荣，也为大会增辉。

四

3月中旬，赵济猛以浙江省政治特派员的身份，来象山成立国民党象山县党部。事前，赵济猛在“大人衙门”召开了会议。会上决定了执委和各部人员名单，但由于考虑不全面，工作不周到，使得在3月19日正式选举时出了纰漏，竟让癸亥俱乐部的人混入其中，有的占据了关键部门。毫无疑问，这是一场失败的选举。张雪痕征得赵济猛的同意作了发言，大意谓：县党部是领导全县革命的司令部，对各部的人选是否恰当，应先审查……但这次选举的结果有些重要部门的职位却被过去不但不拥护革命，而且持反对态度的人所占据，这对今后推进革命工作是有百害而无一利，因此这次选举应予以作废。这一爆炸性的发言，顿时使会场骚动，有的赞成，有的反对。经赵济猛和与会者商议：“选举要算数（即有效），但对有异议的同志，交由监委审议。”这是一个没有办法的办法。

经过调查，这次选举失败的原因出在了王叔之、方文熙泄露了党团会议决议的精神，被反动的癸亥俱乐部钻了空子。在关键时刻，辛贤桂又投了癸亥俱乐部一票，致使他们的阴谋得逞。不久，地委把王叔之、方文熙调离象山。

五

革命的风暴唤醒了被压迫被奴役的劳苦大众，共产党的力量和影响在不断扩大，使得投机钻营分子惶惶不可终日。因此，以蒋介石为首的国民党反动派就迫不及待地在上海发动了“四一二”反革命政变。在他们统治的区域里，实行了残暴的法西斯统治，把大批的共产党人和革命群众屠杀在刑场上，或投入惨无人道的黑牢。

当时，象山反动派在革命的威力震慑下，来不及起来反扑，总算没有发生流血事件。但是许福莹、冯子德、周宗文等遭到敌浙江省政治分会的通缉，幸得群众的掩护才安然离开，未遭毒手。

六

党又转入地下活动。为了避免损失，上级党决定部分人员调往他县工作，有的自行隐蔽。这样一来象山县内留下的党、团员人数就不多了。在这艰苦时期，大家认为赖大滋为人练达，平时又不抛头露面，革命信念非常坚定，于是选他来担任象山党组织负责人。在他负责时期，工作上的困难不言而喻，经济上的困难更为突出。为了开展工作，他甚至变卖妻子的首饰来作党的活动费用。他在西乡较有影响，把党的工作重点亦移到西乡。不幸的他是在1931年暑期因叶美祖的告密而被捕，象山党的活动则被迫停顿。

与赖大滋同时被捕的有冯子德、穆仲华。同年寒假，许福莹亦在家被捕。他们都被关在杭州陆军监狱，除穆仲华变节投敌外，其他人都关了很长的时间后被释放。

43. 也算纪念

【当代】沈雁冰

一九一三年夏，北京大学在上海招考预科第一类和第二类的学生。我报考第一类，录取后，一个月后到北京，住译学馆。

据说这次招生是北京大学在辛亥革命前后的第一次。辛亥革命前，这个全国最高学府名为京师大学堂，建于戊戌年。所以连京师大学堂算在内，到今年是建校八十周年。

当时北大的预科只有新招的一年级，可知预科是新建立的。预科一年级的学生人数比本科生多好几倍。预科第一类的一年级学生分几个课堂上课，每个课堂容纳七十人左右。教员中间，教外国历史、英国文学史、第二外国语法文的，全是洋人，笑话很多，这是不必多说。只说教中国文学的，有沈尹默、朱希祖、马氏三兄弟之一（记不清是否是马幼渔）、沈坚士（教文字学）。中国历史和中国地理的教师给我印象深，此刻记忆犹新的，是中国历史教师陈汉章。他是俞曲园的弟子，章太炎的同学。据说，前清末年，京师大学堂聘请他去当教师，他到了北京，宁愿做学生，为的是当时京师大学堂章程有这么一条。毕业生钦赐翰林。陈汉章是为了想得翰林这个头衔而宁愿当学生的。可是辛亥革命来了，成立中华民国，京师大学堂改称北京大学，陈汉章当翰林的希望完全破灭，而北京大学当时的校长胡仁源仍请他当中国史教师。

陈汉章是前清末年就名驰国内的史学家，他教中国历史，自然要显一手。他自编讲义，从上古史开始，特点是重点在于从先秦诸子的作品中搜罗片段，证明欧洲近代科学所谓声光化电，都是我国古已有之，而那时候，现在的欧洲列强还在茹毛饮血时代。甚至说飞机，在先秦就有了，证据是列子上说有飞车。

有一天，他讲完课，正要走出课堂，有个同学忽然问道："陈先生，你考证出现代欧洲科学，在中国古已有之，为什么后来失传了呢。"陈汉章皱了下眉头说："这就要继续考证其原因了，这要在先秦时代以后的历史讲到。"那时我插了一句："陈先生是发思古之幽情，光大汉之天声。"这句话可作赞词，亦可作讽刺。陈老先生看了我一眼，不说什么就走了。

可是那晚，他送个字条来，叫我到他那里去谈谈。不免有点踌躇，猜想起来，他会教训我这黄毛小子（当时我实足年龄是十七），但还是去了。不料他并不生气，反而说："我明知我编的讲义，讲外国现代科学，在二千年前我国都已有了，是牵强附会。但为什么要这样编写呢？扬大汉之天声，说对了一半。鸦片战争以后，清廷畏洋人如虎，士林中养成一种崇拜外国的风气，牢不可破。中国人见洋人奴颜婢膝，实在可耻。忘记我国是文明古国，比洋人强得多。即如校长胡仁源，也是崇拜洋人的。我要打破这个风气，所以编了那样的讲义，聊当针砭。"

我当时觉得陈先生虽迂而实倔强，心里肃然起敬。

陈先生有一次发给我们一份油印的材料《论经今古文学派》，是他自己编写的，他说，大学本科有个学生提出这个题，作此答之，也给你们看看。这篇文章是骈文，每句下都有他自己写的注释。文章有万把字，评述经今古文学之起源、演变，而他自己则赞扬郑康成破经今古文学派的顽固的家法，释经今古文学说有舍有取，可谓有功。他痛斥康有为的《新学伪经考》是荒谬的。

以上所述，只是过去学术界的小掌故，聊以见初期（蔡元培担任校长前）的北大，也有陈汉章那样的爱国的"怪人"。可惜陈先生早逝，倘若他见得今日之北大，不知将如何欢欣鼓舞，因为他梦想中的强大的"同白种人并肩而无愧色"的中国早已成为现实，而且正在为实现四个现代化而举国一心，意气风发，斗志昂扬，而他早年教过书的北大也面目全新，为实现四个现代化而作出贡献。

陈汉章，字伯弢，浙江省象山人，史学著作近百种，原稿为浙江图书馆保存。其写定已印行者有缀学堂丛稿十种。中华人民共和国成立后，曾印其《周书后案》《后汉书补表校录》《辽史索隐》等三种，编为《史籍丛刊》。据《周书后案》陈氏自序谓"时年七十有三"，而不记作序年月。印行此《史籍丛刊》之中华书局编辑部出版说明，则谓丛刊影印于一九六〇年四月。猜想陈氏逝世在抗日战争前后。

录自《中国青年报》一九八一年四月五日

44.《我和北大》（节）

【当代】沈尹默

我进北大预科教书的那一年，见到差一年就要毕业的一位大名鼎鼎的老学生陈汉章。此人那时约四五十岁，和陈石遗相仿，是一位经学大师，浙江象山人，读书甚多，颇为博杂。京师大学堂慕其名，请他去教书，他却宁愿去当学生。为什么呢？此人身体虽已入民国，脑袋却还在封建时代。平生有一大憾事，就是没有点翰林，清末废科举，兴学制，设立京师大学堂，然朝野之间对科举记忆犹新，不少知识分子未能忘情，陈汉章就是其中之一。当时流行一种看法，京师大学堂毕业生，可称为洋翰林，是新学堂出来的，也是天子门生。陈汉章必欲得翰林慰平生，因此宁愿做学生，从一年级读起。但不久辛亥革命起，清王朝被推翻，陈汉章洋翰林的梦也随之破灭。我进北大预科的第一年教历史，第二年陈汉章毕业了，北大还是践前约，由他接我的手教历史，我则教国文去了。

1966年1月

45.《五四前的北大和五四后的清华》（节）

【当代】冯友兰

在蔡先生到北大以前，文科方面说，学术观点和研究方法，都还是封建的，这在上面已经说过。举中国哲学史为例，给我们讲这门课的，先是陈介石先生（黻宸），没有讲完，他就死了。由陈伯弢先生（汉章）接讲。陈介石先生给我们讲，从先三皇、后五帝讲起，每星期四小时，讲了一个学期才讲到周公。我们问他，像这样讲什么时候可以讲完，他说："无所谓讲完讲不完，要讲完一句话就可以讲完。要讲不完就是讲不完。"后来陈伯弢先生接着讲，基本上就是《宋元学案》《明儒学案》那一套。胡适的中国哲学史是给我们低的班讲的。他的中国哲学史和陈伯弢给我们这一班讲的中国哲学史同时开课。有一次，陈伯弢一上课就拿着胡适的讲义笑不可抑，他说："我说胡适不通，就是不通。只看他的讲义的名字就知道他不通。哲学史就是哲学的大纲，现在又有哲学史大纲，岂不成为大纲的大纲？不通之至。"从这些例子可以看出来，当时学者对于"哲学史"这门学问性质，是完全不了解。胡适用资产阶级学术观点和研究方法写的中国哲学史，出来以后，自然使人耳目一新。

1962年8月

46. 橘园颂歌

【当代】闻　捷

风很大，云很低，也许要落雨了。我和海军大尉，沿着海边那条鹅卵石铺砌的小路，并肩向东走去。海军大尉是个非常豪放的人，平日爱说爱笑，现在他却无言地走，我们爬上山坡，便看见一排排竹篱围成的院墙，这就是橘园了，在这里，埋葬了17个英雄的水兵。

"到了。"说完，海军大尉整理了一下军帽和衣领，双手推开了掩蔽着的竹门。我踏上橘园门口的石阶，不由地回身望去。啊，群山环抱的舰罗港全部坦露在我的眼前，这时，海上那迅疾的风正卷起万堆白浪，不息地冲击着海岸，溅出雪亮的浪花。对面，玉龙山脚下停泊了近千只落帆的渔船，在激荡的水面颠簸。左边，我们来路的近头，挨着码头，停靠着一列炮艇和战舰。右边，从两山挟持的海口出去那白茫茫的一片就是东海了。多么雄伟壮丽的景色，当年的战斗指挥部就设在这样美丽的地方。

看守橘园的老人迎出来，远远就认出海军大尉，他连连说："哦，哦，你又来看他们了。"他们——17 个水兵在这儿整整睡了三年。

我们穿过结满青色果实的橘林，走到橘园后边陡峭的石林下，那并排着有 17 座墓，坟上都培了黄土，碑前的花束还很鲜艳。老人说，有一群远海归来的渔民，昨天刚刚来过。我和海军大尉脱下帽子，默默地低下头来。我的心情异乎寻常，我用心里的声音和他们谈话，安息吧，亲爱的同志，你们睡在这儿是不会感到寂寞的，你们抬起头，就可以看见祖国的山、祖国的海、飞驰的风帆、辛勤的渔民以及他们海洋般沸腾的生活。你们睡在这里，是不会感到孤单的，常常有海上归来的渔民、船夫、水兵、假期中的孩子们来看你们。今天我虽然没有献上常绿的松枝、鲜红的花束，却带来了我满腔的激情和崇敬之意。

我默立在坟前很久很久，我不是期待全心全意回答什么，我是想起了他们一生中最光荣的时刻。

1953 年的今天，天气阴沉，舰罗港指挥部忽然收到一只海上巡逻艇发来的急电："我艇在鳌渔海面发现敌情，敌机……"——电讯到此中断了，不知是因为天气干扰呢？还是发报机发生了故障呢？一个钟头以后海军大尉，哦，当时他还是一个炮艇中队的队长，他接受指挥部的命令，立刻带领四只炮艇，载着十几颗焦虑不安的心，迎着风浪、迎着闪电、迎着雷声赶到鳌鱼出事地点。

在鳌鱼浅滩地带，我们的巡逻艇已经完全沉没了，汹涌的波涛上，只漂浮着一层柴油，几顶染有血迹的水兵帽子，几件烧破了的水兵上衣。远处的渔船也扯满风帆陆续赶来救援。渔民们说："不久以前，他们看到四架敌机贴着海面从东飞来，接着，这便响起激烈的战斗声。后来，他们又看见两架敌机尾巴上带着火焰载进海里，两架敌机抖动着受伤的身子，呼啸着向东逃去。"他们知道的，就是这些。但是，战斗是怎样打响的？战斗是怎样进行的？敌机是怎样被击落的？我们的巡逻艇又是怎样被炸沉的？没有一个人看见，也没有一个人知道。

当天傍晚，在汽笛的长鸣中，在飘扬的旗海中，在水兵和渔民的泪眼模糊中，沉没在浅滩上的巡逻艇和全部死难者都被打捞出水面。

巡逻艇中了四颗炸弹，机舱的发动机破碎了。艇尾的副炮毁了，指挥台前虽然中了炸弹，前主炮还是完好的，炮筒上裹着水兵的上衣。想必是炮筒打红的时候，水兵们脱下衣服浸透了冷水裹上去的。信号兵腰部受了重伤，他爬过的软梯，也有血迹，他用皮带把自己绑在桅杆上，忍着伤痛、火烧、烟熏发出最后的信号，以致嘴唇全被自己的牙齿咬碎了。艇长小腹上中了一排机枪子弹，他没有倒下，一只手攥着望远镜，另一只手臂挎在指挥台上的铁栏杆上，倾斜着身子，睁着眼睛，张着嘴，仿佛还在喊叫射击口令。操作兵头顶中了弹片，因为有短发覆盖，所以看不出伤痕。他半闭着眼睛，紧紧地抱着舵子，好像远航归来后暂时的小憩，一会儿，还会醒来。无线电兵和三个轮机兵，他们的遗体已经难以分辨了。八个枪炮兵都赤着膊，他们的胸部完全被射击的时候炮筒喷射出来的硝烟熏黑了。枪炮长胸前更有一片火燎的水泡。他们的遗体，已经被波浪冲击地离开了艇身，是火海里寻找到的。只有炊事兵都离开了自己的岗位。他被卡在左舷的铁索上，但他的手里拿的不是饭勺和菜铲，而是一支不知从哪个战友手中接过来的冲锋枪。

巡逻艇的弹药舱中，没有留下一颗炮弹，每支冲锋枪中，没有一颗未出膛的子弹。战斗打得多么激烈！敌人是多么疯狂！但是我们的水兵是多么顽强！

他们——参加这次战斗的17个水兵英勇牺牲的壮烈事迹，很快传遍了整个舰罗港。在渔民的心中，化为了无数动人心弦的美妙传说。有人说，这17个水兵并没有死，每天还和往常一样，巡行在祖国领海的边缘；有人说，在风起云涌的夜里，曾经听到过他们驾驶的那只巡逻艇，在风浪中奔驰着、呐喊着，带着仇恨、带着血迹前进，而当浪尖上粼光一闪的刹那，就看见那个年轻的信号兵高高地站在指挥台上，挥舞着缀有两条飘带的水兵帽。

是的，他们并没有死，他们永远活在人们的歌声中、传说中，他们是永生的。我为他们而感到自豪！我想，我们的孩子，将来在欢庆每一个胜利的节日的时候，会怀念起他们和他们一样的革命烈士的。

我怀着崇高的敬意和海军大尉默默地告别了橘园，迈开大步，沿着海边那鹅卵石铺砌的小路往回走。远处，舰罗港正被迅疾的海风卷起万堆白浪，汹涌地冲击着沿岸，发出呼啸的声音。

47. 殷夫与鲁迅交往事迹考

【当代】康　锋

殷夫是左联时期卓越的无产阶级诗人，他的进步和成长，除了党的教育和培养，还同鲁迅先生的热情帮助与悉心扶植分不开。前些年，我在丁景唐先生的支持和指导下，对殷夫和鲁迅先生交往中的一些具体史实，作了些新的探索，现将有关史实陈述于下，向专家们求教。

殷夫向鲁迅最初的两次投稿

《两地书》第114封信是许广平在民国18年（1929）5月14日（以下凡未注明年份的日期均指民国18年）写给离沪去京的鲁迅的，信中说："今天收到姓殷的（即殷夫——引者）投《奔流》的诗稿，颇厚，先放在书架上了，等你回来再看。"这是殷夫向鲁迅主编的《奔流》的首次投稿。1981年版、1989年印刷本《鲁迅全集》第11卷在对此句注曰："这里所说向《奔流》的投稿，当指所译奥地利作家德涅尔斯的《彼得斐·山陀尔行状》……"误。许广平说是"诗稿"，这不会错，绝不会是传记《彼得斐·山陀尔行状》。但从许广平给鲁迅信的口气看，她未必看过此稿。我觉得一个与鲁迅"素不相识的投稿者"不大可能知道先生的地址，因此，稿子可能是从《奔流》的出版处北新书局转来的。书局在转寄过程中，则可能在附信、附件或信封上写明了这是殷夫投《奔流》的诗稿。

鲁迅在《为了忘却的纪念》中曾说："直到左翼作家联盟成立之后，我才知道我所认识的白莽，就是在《拓荒者》上做诗的殷夫。"这也就是说当时鲁迅根本未曾见过殷夫的这部"投《奔流》的诗稿"。况且鲁迅返沪后在日记中所记的首次复殷夫的信就称"复白莽信"，而不是复殷夫信，《彼得斐·山陀尔行状》一文在《奔流》上刊出时，署的也是"白莽"之名。可见这部"诗稿"必是在鲁迅见到之前就退还了。

原来《奔流》第4期的"稿子已有"，而第5期鲁迅则打算出译文专号。再则由于北新书局将资金挪作他用，常常拖欠作者稿费，这也使鲁迅十分为难。因此鲁迅只好作出"《奔流》也许到第四期止，我不再编下去了"的打算，同时他又说"即编下去……因为先有约定的几个撰稿者"，所以一般的来稿就只好不收了。因此当许广平把"姓殷的"和金溟若等人的来稿事告诉鲁迅时，鲁迅在5月21日的复信中即告诉她："《奔流》稿可请赵公写回信寄还他们，措辞和上次一样。"

柔石（赵公）根据鲁迅的嘱咐将这部"诗稿"退还的同时，很可能又顺便谈到了今后所需稿子的情况。由于《奔流》准备出“译文专号”，所以殷夫即又寄了《山陀尔·彼得斐行状》（原稿题目如此，发表时经鲁迅修订为《彼得斐·山陀尔行状》）这篇旧译稿。鲁迅收到此文的时间则可能在6月16日或稍前几天。

鲁迅赠殷夫《裴象飞诗集》的始末

鲁迅在《为了忘却的纪念》中说，殷夫的译文《彼得斐·山陀尔行状》原作是载在德文版《彼得斐诗集》前面的，为了校对，他于6月16日趁信去向殷夫讨原文。殷夫于6月24日将德文版《彼象斐诗集》送给鲁迅。鲁迅在上文中又说：“因为他的原书留在我这里了，就将我所藏的两本集子送给他……”这似乎是说因殷夫将诗集留在了鲁迅处后，先生才将这两册书送给他的。

其实，当鲁迅由京返沪一读到殷夫的那篇译文，就决计把那“两本集子”“送给这也如我的那时一样，热爱彼得斐的诗”的殷夫。所以在6月16日为讨原文给殷夫复信的同时，又致函北京的许羡苏（淑卿），请她去先生的寓所，把那两本集子找出寄来。这两册《裴得飞诗集》于6月24日晚寄到，因未遇殷夫，次日鲁迅即致白莽信，连同这两册书，于6月26日“托柔石寄”去（据《鲁迅日记》）。当时鲁迅和柔石都在景云里，殷夫住在天通庵，两处很近，柔石就把鲁迅的信和赠书送去给殷夫，鲁迅在《为了忘却的纪念》一文中对此作了记述。

关于鲁迅《致白莽》信

收在《鲁迅全集》第11卷中《致白莽》的这封信，是由殷夫的小姐姐徐素云保存下来的。当时她为防失散，“曾找了个相熟的照相馆主翻拍了此信”。1956年她的儿子马瞻曾将此信的照片寄给人民文学出版社，其后此信即收入1958年版《鲁迅全集》，使这份珍贵的文献史料得以公之于世。

由于这封信的发现，使我们弄清了许多情况，如从信中可以知道殷夫还准备翻译投稿，而且十分关心稿费的事；又如鲁迅在《为了忘却的纪念》中说的“我便写一封回信去解释，说初次相会，话不多，也是人之常情”的这段话，其实未在信中提及过。不过他们首次相见，因彼此还不甚了解，说话不多，这也是可想而知的。当时，殷夫由于与提供他经济来源的大哥徐培根决裂了，所以生活拮据，因此在他与鲁迅相见时是很想将他急需稿费这一希望说出来。可因先生话少，殷夫就觉得不便贸然开口，因而对鲁迅产生一些误会。后来，即10天后的7月4日，当殷夫第二次去鲁迅家时，先生知道了他的困难后，立刻就解囊相助，先垫了20元钱给他。这以后，凡殷夫的来稿，鲁迅总尽快发表，使这些优秀诗篇能及时发挥它们的战斗作用，又总是先垫付稿费给殷夫，从经济上支持他的革命和文学活动。从这一点上也可看出鲁迅对殷夫有着很深的革命情谊。

几年前，马瞻又把此信的照片赠给我一份，我由此得知全信共3页，印花笺，毛笔竖写。因此信尚未收入《鲁迅手稿全集》，因而我与丁景唐先生商量后，于1987年将此件转寄给北京鲁迅博物馆保存，同年《鲁迅研究动态》第5期刊印了这帧照片，可惜此信原件至今尚不知去向。

关于殷夫的译诗《格言》

生命诚宝贵，爱情价更高；

若为自由故，二者皆可抛！

这是鲁迅在《为了忘却的纪念》一文中说到的，他在翻阅殷夫留下的遗物——德文《彼得斐诗集》时，“在一首《Wahilspruch》（格言）的旁边”所发现的“用钢笔写的四行译文”。同时又说在那本诗集的“第二叶上，写着‘徐培根’三个字”。

1981年我曾托马瞻复制了那本《彼得斐诗集》的若干书页，后来我在去北京时又到鲁迅博物馆查阅了原书。这样我才弄清楚了，原来此书是奥地利文学史家阿尔弗雷德·滕尼斯于1887年在维也纳编译出版的。他在将裴多菲《自由与爱情》一诗由匈牙利文译成德文而收在此书第18页中时，改其题为《格言》，其形式也由原文6行格律诗改译为4行格律诗，而且最后几句的诗意也由原来的“为了爱情，我愿牺牲生命；为了自由，我又宁愿牺牲我的爱情”的这种递增式，改为“若为自由故，二者皆可抛”的这种并列式。殷夫的这“四行译文”即是照滕尼斯的德译《格言》一诗译出，并写在那首诗的左侧，但未译题目，也无落款，标点也是鲁迅在引录时，参照了德译加上去的。

关于这首译诗是否出于殷夫的手笔的问题，也常有人提及。按我所见这“四行译文”是斜写的草体型，与殷夫《孩儿塔》手稿中笔迹完全一致，因而此诗为殷夫所译无疑。而那本《彼得斐诗集》扉页左下角直写的“徐培根”三字，则是端正的楷体型，与现在所见徐培根的字体相似，可见此书原是他的。

殷夫在象山县立高小时的同学姜馥森说，殷夫在吴淞同济大学念书，得到了一本德文本的“彼得斐传记和诗集”殷夫考入同济是在民国16年（1927）9月，而徐培根赴德留学则是在是年底，可见这本诗集是他在这期间赠送给殷夫的。但殷夫在民国18年6月间撰写的《彼得斐·山陀尔行状》的《译后小志》中则说：这是“从一本由旧书摊买到的德译彼得斐诗集里译出来的”。这书也许是他大哥从旧书摊中买到的，但殷夫不肯将此书的原主点出来，显然是因为此时，殷夫已与大哥分道扬镳，割断了一切关系，故不愿说自己的身边还留有他的东西，所以，他才这样写的。

关于殷夫的这首译诗，曾有人说他译得不够准确。如兴万生在《裴多菲评传》一书中说，“我觉得将白莽的译诗改动三个字（即将‘二者皆’改成‘爱情亦’），在表达原诗内容方面，就更为确切……”这显然是因作者没见过滕尼斯原作所产生的曲解。德译的原文是：“Das Leben ist mir wert/Die Liebe noch viel mehr：/Doch fur bie freiheit geh/Tch beide gerne her！”大意是：“生命是我最宝贵的，而爱情的价值则更高；然而为了自由，我乐意将二者抛弃！”可见殷夫的译文与滕尼斯译作的原意完全吻合，而且十分精当，无懈可击。

姜馥森曾又说，当他“往汉城工读时，他就叫他的姊姊用丝线绣成这四行诗的枕套赠送我。”殷夫最后一次在象山的时间是民国17年（1928）10月至民国18年2月，因此，此诗必译于民国18年2月之前。

当时殷夫正与一个十分爱他，而他觉得她不是能与自己同踏革命征途的女子“真”姑娘相爱，而自己又正被家里羁绊在家乡象山。因此，他的前途和爱情都到了需要进行抉择的时候，这首《格言》译诗正表达了他奋不顾身地要为革命而割爱、而献身的决心。我们已经看到，为了神圣的解放事业，殷夫不仅迅速地摆脱了家庭的羁绊，而且还很快地与“真”姑娘斩断情丝。最后，他又以自己的鲜血和生命去实践了这首译诗的崇高精神。

这首《格言》诗还有另一种译文，即是引录在《彼得斐·山陀尔行状》中的“爱比生命更可宝，但为自由尽该抛！”的这两句。这两首译诗，都可说是滕尼斯和殷夫在裴多菲《自由与爱情》一诗基础上的再创作，而这“四行译文”的题目，我以为应沿用德语的原题——《格言》为是，因为这是经过再加工了的译作，已有异于裴多菲原作。同时为了便于读者了解，可加个注脚：殷夫译自滕尼斯于1887年编译的德文版《彼得裴诗集》，浙江文艺出版社版的《殷夫集》在选录此诗时，已采纳了我的这一建议，并加了一个由我提供考证史料的较为详细的注。

1990年8月于上海塘新

48. 黄公岙武装暴动前后的回忆

【当代】卢　帆

因为家里穷，我从小就给地主放牛当长工。成年后，我就到道士岩石板塘给老板搬运石板。为了生活，不管是炎热的夏天，还是寒冷的隆冬，我们都得没日没夜地拼命干，可生活仍然十分贫穷。

1948年3月的一天，大泥塘鹰山渡船老大生堂伯和潘万全带来了两位象山客人——唐侃、史悠枢，都是中共地下党员，来到道士岩后洋村赖在生家里，和我们20多个在石板塘做苦力的穷兄弟们见面。一阵寒暄后，他俩告诉我们许多外界的事情：人民解放军打了大胜仗啦，解放区老百姓斗地主、打土豪、分田地啦，穷人翻身当家做主的日子已经不远啦……这些事，我们是第一次听说，既惊奇又高兴。大家心里都这样想：看样子我们的苦日子快熬到头了。他们说，我们这里还是蒋管区，国民党反动派还统治着我们；反动派不管老百姓死活，又派捐，又征粮，又抽丁，逼得穷苦人上天无路入地无门，所以大家只有组织起来同敌人斗，才能斗出一条生路来。王其才听了抢着说："我们这些穷人，苦头吃够了。两位先生快说吧，什么时候叫我们参加你们的队伍，我们一定参加。"我说："让我先报个名，请两位先生收下我。"大伙见我报名，也跟着纷纷报了名。这次会面，使我们开始懂得了一些粗浅的革命道理。从这以后，我们这班人就更亲近了。

5月底的一个夜晚，我们道士岩地区的19个穷兄弟按照通知，相约悄悄来到象山黄公岙附近叫鬼叫湾的地方开会。这是一个小山沟，到处是坟墓，阴森森的怪怕人。来开会的有二三十人，会上，唐侃讲了全国解放战争的胜利形势，揭露了国民党反动派抽丁征粮欺压人民的罪行，最后提出了举行武装暴动的计划，并征求大家的意见。李善宽抢先发言："只要上级一声命令，我们道士岩的人保证干掉岳井水东乡乡公所。"我接着说："不光要缴自卫队的枪，还要把乡长叶定标抓起来批斗，让老百姓痛快痛快。"还是潘万全脑筋足，他提出如何夺取水东乡乡公所自卫队枪支的具体办法。他话音一落，象山的邵小哲接上说："我们在黄公岙先搞掉灵照乡乡公所，然后去缴新桥警察所的枪。"长脚陈阿祥说："要打就打个痛快，两个地方一起暴动，然后合在一块，把我们宁海长街镇的敌人也消灭掉。"大家越说越来劲，都要求尽快进行武装暴动。最后，唐侃做了总结，说他回去后抓紧搞出个具体行动方案，报请上级批准，要求大家回去后做好一切准备，等待命令。这次会议开得真来劲，我暗暗下决心，即使豁出命去，也要大干一场。

6月，象山工委书记唐侃在陈照华弟弟护送下，渡过岳井洋，到了赖在生的家，说要去上海。这时，我们才知道宁波一个地下党负责人叛变，象山工委遭破坏，史悠枢被捕。我们听了无比愤怒，又为史悠枢的安全担心。可眼下最要紧的，是立即护送唐侃去上海，以保证上海地下党的安全，我主动承担了这个任务。第二天一大早，我领着唐侃同志一直抄小路走，下午2时左右，赶到宁海桥头胡，正赶上去宁波的小火轮船班。我一直目送着他安全上了船，挥手告别，才放下心来。可在回来的路上，我又想念起史悠枢来了。多好的一位党员啊，他能平安回来吗？时隔不多久，终于传来喜讯，史悠枢回来了，因他没有暴露身份，被保释出狱。

11月18日，史悠枢与地下联络员、鹰山渡船老大生堂伯来到道士岩。亲人相见，分外高兴。当天夜里，后洋、松岙、伍家屿各村的穷兄弟集合在山头坪悄悄开会，研究暴动的事。史悠枢先简述他寻找党组织无着的一段曲折经历，他说："作为一名党员，在失去党组织联系的情况下，仍必须继续按党组织的计划，组织武装暴动，革命到底。"接着又说："20日，是黄公岙市日，灵照乡乡公所要召开乡民代表会，这是袭击乡公所发动武装暴动的好机会。”为此史悠枢宣布了20日袭击灵照乡乡公所的暴动计划，并做了具体周密的部署。大家听得非常认真，心里都有一股难以抑制的激情。第二天，大家都忙着准备，赖在生不知从哪里弄来几支步枪、土枪和手枪，还有一些手榴弹，把大家武装了起来。

11月19日深夜，我们三十来人陆续集合到船埠头。史悠枢把我们分成3个队，由他和潘万全指挥我们登上2艘木帆船，船驶离埠头进入岳井洋向东北方向驶去。我们的船随着涨潮驶进黄公岙海角，天刚放亮，3支队伍依次上岸。我在潘万全带领的一队，走在最前面，我们都装扮成上街赶市的群众，向乡公所驻地白鹤庙走去。眼看快到了，自卫队哨兵突然放了几枪。我心里非常紧张，可想到史悠枢关于要大胆、沉着的嘱咐，马上镇静下来，睁大双眼不顾一切地往前冲去。刹那间，到处响起“冲啊”“杀啊”的呐喊声，把乡自卫队吓蒙了。我们飞也似的冲进了乡公所，干净利落地缴了自卫队和村里地主的枪支，共有30多支，抓住了躲避不及的县参议员林西村。缴枪后，史悠枢同志向赶市的群众做了宣传，许多年轻小伙子当场就参加了我们的队伍。中午，我们胜利地返回道士岩。

第二天，我们分头冲进后洋、松岙、伍家屿、缆头等村子的地主、富农家，又缴来各式步枪、短枪五六十支，还缴到一支抬枪，我们的队伍很快发展到百余人。我们的暴动胜利了，一支人民的革命武装象宁人民抗暴游击队在道士岩诞生了，我们是多么开心啊！

几天之后，情报员王小凤来报告说，长街、胡陈、东仓、水东各镇乡的自卫队分别从樟门山渡口、乌沙岭、岳井沿海向道士岩进攻。史悠枢立即组织王其才等20多人，抢占庙山头；潘万全、李善宽等20多人抢占山头坪；王必球、李善好、潘万火等30多人控制伍家屿的樟口山渡口，与海上之敌对峙；我和孙忠林等二十几人占据道士岩，用抬枪向敌人射击。战斗进行了3个多小时，天色渐渐地暗了下来，敌人不敢前进，可我们的子弹也快打光了。史悠枢带着我们一队的叶更生、陈阿祥、李善宽和我等几十人撤到缆头，正好有一艘走石浦的航船停靠在那里，我们就跳上航船向三门湾驶去。谁知途中遇上大风浪，帆索被刮断，我们都不会撑船，有几个还不识水性，只好让船随风漂流。漂了三天三夜，直漂到花岙岛。我们三天三夜未进滴水粒米，个个倒在船上动弹不得，幸亏花岙岛上的群众相救，才脱了险。我们在岛上百姓家待了几天后，偷偷返回道士岩，与二、三分队战士一起上湫水山，与浙东游击纵队第四支队的“铁流”部队会合，被编为“两广”部队，归“铁流”部队大队长周象人指挥。

我们离开道士岩前，听说水东乡乡公所要组建冬防队，天天向保长赖在生要人。赖在生是我们抗暴游击队的人，怎么又成了国民党的保长了呢？赖在生是我们的人，而且是骨干之一，他是以保长的身份来作掩护的，敌人的许多内情就是靠这位保长提供的。我们的队伍被打散后，他的身份没有暴露，仍留下来继续当保长。史悠枢得到消息后，认为这是里应外合打击敌人的好机会，于是派我和李善宽等7人悄悄返回，通过赖在生的关系进了水东乡乡公所冬防队。我们的任务是摸清敌情，做好内应，等待部队来缴枪。所以，我们7个人虽然三门没有去成，但都很安心。

这年12月24日黄昏，赖在生派人来跟我联系，说就在今晚，我们的部队来岳井缴枪。我高兴极了，告诉来人说：“我们早就盼你们来。今晚机会挺好的，乡长叶定标在他姘头家。”我和赖在生派来的人商量好行动计划后，他就回去了。过了些时候我们的人来了，先直奔叶定标姘头家，把叶定标抓起来，逼他带路。躲在土堡里的冬防队，听说是乡长回来了，就把枪收起来，打开门迎接，我们趁机就冲了进去。游击队员没费一枪一弹，俘虏了全部敌人，缴获长短枪40多支，还有许多弹药。随后游击队主动撤出，我们打入冬防队的7位同志也随游击队上了三门湫水山区，来到“两广”部队。以后几经调动，我们转战在浙东各地，直到解放。

49. 参加宁象战役经过

【当代】胡 炜

1949年5月3日，中国人民解放军二十一军六十一师攻占杭州城后，停留了3天，取道萧山作短暂休整。5月16日，二十一军、二十二军奉命南下东进。二十一军主力部队南下温州，二十二军东进宁波、余姚、慈溪等地。我时任二十一军六十一师师长，率部经绍兴、曹娥、嵊县、新昌及奉化溪口，24日占领奉化县城，然后去宁波与二十二军会合。5月25日，二十二军从杭州到达宁波，同日我们也从奉化溪口到达宁波东南角的下殷镇。我们占领宁波后，休整了20多天。休整期间，我们传达了党的七届二中全会精神，学习了毛泽东主席在七届二中全会上的报告。不久，我们六十一师接到命令，南下温州归建二十一军。

我们从宁波出发，经溪口、新昌于6月30日到达天台。当晚接到上级命令，停止前进，我师归二十二军指挥，参加宁象战役。

当时宁、象地区敌情是：国民党八十七军（青年军），大部分从知识青年中招收，部队装备较好，有3个师，即二二〇、二二一、二二二师，除二二一师驻在舟山群岛外，二二〇、二二二两个师盘踞在宁海县城及桥头胡以东象山半岛地区。二二〇师师部驻象山，有3个团，一个团在宁海桥头胡，一个团在象山西周，一个团在象山县城周围。二二二师师部驻沥洋，也有3个团，即六六四、六六五、六六六团；师部带六六四团驻宁海沥洋，六六五团在宁海县城（团部率两个营驻城内，一个营驻西郊黄坛）；六六六团在象山石浦。八十七军军部指挥所设在石浦，直属机关和家属均已迁到南田等海岛上。敌军盘踞在象山半岛的目的是掩护舟山群岛阵地，能住下就住下，住不下就逃跑下海。另外，在象山还有敌盐警部队、交警部队等。

六十一师奉命归二十二军指挥，二十二军军部决定六十一师和二十二军六十五师对付国民党八十七军二二〇、二二二师。

当时决定二十二军六十五师从宁波方向出发攻占桥头胡、西周，然后攻打象山县城；六十一师从天台方向出发，进攻宁海县城、茶院、沥洋，然后向石浦进发。也就是说，二十二军六十五师的任务是消灭国民党八十七军二二〇师，二十一军六十一师的任务是消灭国民党八十七军二二二师。

我在6月30日晚上到天台，接到参加宁象战役的战斗命令后，因只到过奉化，未到过宁象地区，感到时间紧促，很紧张，当即派出侦察部队到宁海侦察地形、敌情。我师广大指战员虽然感到很疲劳，但经过简短的思想动员和准备工作，斗志昂扬，即于7月3日晚上从天台出发奔赴宁海。为了不走漏行军的消息，我师决定白天隐蔽，夜间行军。白天隐蔽时，在驻地要道设立岗哨，行人只准进，不准出。经过7月3日、4日两个晚上以每晚90华里速度的急行军，7月5日拂晓，我师赶到离宁海县城西南30华里左右的地方休息。根据侦察部队了解到的敌军兵力和活动情况，决定于当日晚上天黑出发，11时攻打宁海县城。

攻打宁海县城的战斗部署是：由一八一团二营、三营从南门到北门进攻县城，由我师一八二团到东门外七八华里处布防。该团的任务有两项：一是协助一八一团继续拦击敌人；二是待宁海县城一解放，即去茶院、沥洋消灭敌人。我师师部随一八一团指挥整个战斗。

7月5日拂晓，我们到离宁海县城西南30华里驻地后，先到达的侦察部队向我师师部报告，敌六六五团有3个营的兵力，在宁海城内有两个营，另有一个营驻在黄坛（溪头陈）。吃过中饭，侦察部队又来报告，敌驻黄坛的那个营已经跑到城里。我师师部分析，可能敌人已经觉察我部行踪，并估计在宁海城内的六六五团要逃跑，于是决定提前行动，于下午4时即从宁海县城西南驻地出发，于晚上9时就发起进攻。

我师进攻宁海县城战斗打响后，敌六六五团就从东门逃跑。由于对宁海地形不熟悉，一八一团一营未全部展开布防，敌人却开始逃跑，所以拦截俘虏了30多名敌兵，战斗在晚上12时全部结束。除打死打伤外，俘虏了200多名敌兵，连同拦截所俘的敌人，大约300人。

攻打宁海县城战斗结束后，我师一八二团迅速去茶院、沥洋，于7月6日早晨到达，发现驻茶院、沥洋敌兵已经逃跑。7月6日我师一八一团、一八三团也到达沥洋。7月7日，我师到达象山泗洲头以西地方。

7月8日上午9时，我师到达泗洲头蟹钳渡。敌人占据了蟹钳渡对岸山头有利地形，当时又值海水涨潮，我军无法渡过。我师即派一八二团向东南方向绕过去攻占了南盘山。下午3时，潮水退了，我师一八三团、一八一团在火力掩护下涉水过海涂。战斗非常激烈，晚上9时攻占尖峰山、五狮山等高地，俘虏敌人400多名。

7月9日上午9时，我师一八一团占领石浦，一八二团占领昌国卫，一八三团紧跟在一八二团后面，沿途又先后俘虏敌散兵游勇300多人。我师到达石浦前两个小时，敌人已乘兵舰向舟山海岛逃跑。另有敌驻石浦盐警包毅部即派人与我师联系而起义。

在此战役中，六十五师于7月8日解放了象山县城。至此，宁象战役从7月5日开始到7月9日全部结束。整个宁象战役，我师共俘获敌人1000余名。

50. 南田岛解放及其剿匪斗争

【当代】王雨生

一

1949年7月，三门县委从三门县干校抽调16名学习结业的干部组成工作队，由县长俞星其任队长，配合驻三门县沿江区里浦的台州军分区警备团，清剿沿海土匪。工作队由章宏云带领，在里浦附近乡村发动群众，宣传形势，组织农会，减租减息。工作进行两个月后，县委通知全体工作人员回海游，另有任务分配。回海游后，县领导找我们谈话，说要去解放南田岛（当时南田岛归属三门县），大家做好准备立即出发。我们即日就到达健跳与解放军二十一军某团会合，台州地委工作队也有30余名指战员到达那里。部队首长要求我们多搞船只，并把我们编成组，每组3人至4人。我们工作10余天，搞到50余艘船。县领导决定，从县委工作队抽8个人配合部队，每个连配1个人，等南田岛解放后，所有工作队员立即携带枪支弹药等物资返回海游。

50余艘船可乘载两个营，团首长决定分两批出发，第一批组织一个突击营、一个机炮营，先解放高塘岛。当时敌主力“东海”部队一个大队约300余人驻高塘岛，南田岛由陶枝山、王加塔（原国民党专员）、陈利生（原国民党区长）等为首的杂牌军驻守。1949年10月的一天夜里，2个营的指战员乘坐50余艘篷船从健跳港出发，到深夜在高塘岛珠门后背山登陆。登陆时，敌人乱打了几枪，我们部队向制高点荷花心（芯）地方冲去。部队到达制高点后，把重机枪、炮及步兵布置好，立即组织发起进攻。一个连包围珠门敌人，另一个连去沙帽绿，另外2个连进攻高塘街。凌晨4时，天蒙蒙亮，珠门敌人发现了我军，用机枪进行射击，我军用重机枪和炮予以猛烈还击。把敌人的火力压下去后，我军一个连即包围了珠门山，把敌人的一个加强排80余人围困在稻田里，最后迫使敌人全部缴械投降。驻纱帽绿的20余名敌人，在我们一个连的包围下没有顽抗也全都缴械投降。驻守在高塘街的敌人听到珠门失守，就向金高椅方向逃窜。敌人在金高椅码头有2艘机动船、4艘沙椎船。为了掩护逃跑，敌人派一个班抢先占领了南丰塘倒炮台，我军派一个班向金高椅方向追击，在南丰塘倒炮台与敌人展开激战。在我军的进攻下，敌人便从金高椅乘机动船逃跑，4艘沙椎船被我军缴获。两个连的指战员追到高塘街、杏八村，控制了乌龟山，高塘岛获得解放。

第二天，我军团部和后续部队2个营登上高塘岛，先头部队分三路登上南田岛。我所在连队从乌岩港出发渡海抵吉港绕过海岸到高坎头、大南田，后又到杨柳坑、金七门等地。驻南田敌军早已闻风丧胆，所以一路上没有遇到敌人抵抗。在杨柳坑住了一夜，敌人逃跑时丢弃的五六匹马被我军缴获。第三天，部队回到鹤浦后，又到达石浦。不久，三门县委决定让我们留在鹤浦，台州地委也派部分干部来到鹤浦，共同建立起南田区委和区公所。地委工作队杨继颖任南田区委书记，三门县政府干部王高烈任南田区长，各乡也同时建立起人民政权。南田岛解放时，小李股匪30余人来不及逃到其他海岛，就隐藏在金七门龙虎斗山。南田区政府积极开展政治攻势，做了劝降工作后，迫使小李股匪30余人携1挺机枪、20余支步枪在1949年11月向区政府投诚。

二

1949年12月，南田岛驻军与石浦部队联合进剿檀头山股匪，土匪从檀头山六股头溃逃到鹤浦大沙蚊虫山。由于山上灌木林茂盛，我们强攻未果，便放火烧山。结果50余名土匪被烧死、打死，60余名土匪携带一批枪支投降。

1950年1月，南田岛每乡留下一个班驻守，区领导与南田驻军、石浦驻军共一个营，再次进剿檀头山，但檀头山股匪300余人已于进剿前在文山乡大沙登陆，并向鹤浦进犯。鹤浦驻军一个班加上区中队共50余名指战员，他们灵活机动、勇敢沉着地阻击来犯之敌。战斗从早晨开始一直进行到晚上，土匪始终无法进入鹤浦。土匪怕我增援部队赶来，就向四都方向退去。惊闻土匪进犯鹤浦，我驻高塘的一个班决定支援鹤浦。部队10余人及乡政府、区委工作干部20余人，连夜从高塘出发，乘船到小湾塘上岸。我们走到鹤五村时，碰到自己的部队，大家都非常高兴。我们接上岗，叫他们休息。凌晨4时，四都乡方向枪声大作，战斗十分激烈。鹤浦与高塘两个班解放军由两名排长指挥，增援四都部队，鹤浦防守交给我们区中队负责。增援部队向樊岙岭进发，到岭头时天已发亮。围攻四都乡的土匪看到岭头出现解放军，即向杨柳坑、金七门方向退去，从海里溃逃。这次战斗，共击毙土匪六七人，我军一名班长光荣牺牲。区长王高烈带队去檀头山剿匪扑了空，又听到南田岛枪声大作，心里非常着急。但由于海上风浪大，乘的又是木帆船，因此到下午2时许他们才勉强在四都风门口登陆，到鹤浦是4点多钟，战斗已经结束。我们碰到区长，请示是否回高塘，他同意我们的意见。乡政府和区委工作队干部20余人至小湾塘，渡海抵乌龟山渡口，回到陈村长住处已6点多钟。陈村长看到我们回来很高兴。我问他："陈村长，高塘情况如何？"他说："今天高塘街市日，社会秩序很好。"我们便在这里吃过晚饭。8时许，我们从孝贤湾出发，将近11时到达苏家庄。我从村农会主任何金土处了解到高塘街西边有土匪七八十人在吃饭，就连忙跑回高塘街大炮台研究剿匪事宜。经研究决定，部队连夜撤到箬渔山，占领制高点。这天夜里很冷，且黑得伸手不见五指。土匪借用电筒光照明向高塘方向逃跑。我们看到灯光认为土匪在追我们，就爬上箬渔山，占领制高点。半夜下起雪，我们手脚都冻僵了。第二天早上，我们在山上看到解放军从乌岩港过来，就返回了高塘。

三

高塘岛四面环海，海匪十分猖獗，当时共有 4 股土匪：原国民党乡长林其茂（乌岩村石头墩人）股 20 余人、李保桂（蟹礁头人）股 10 余人、顾友桂（桃三人）股 10 余人、林日成（三门人）股 30 余人。

1950 年正月十四，群众报告有人在蟹礁头处赌博输赢上千元大洋。我与驻军连长联系后，决定去抓赌。连队派一个排再加一个班的指战员及区委工作队员陈宏具与我，立即赶到谢家火家。从后面玻璃窗一看中堂有七八十人在赌牌九，我与排长决定先包围起来，由工作队员去敲前门，我与一个班长到后门守住。前门一敲，赌徒向 2 楼乱跑，有的跑到屋脊上，部队马上打曳光弹照明，叫他们下来。我们把所有人集中在一个房间里，共搜出银洋 1000 余元、金戒指 2 只。我们准备把这些人带回乡政府，蟹礁头村长谢子潮说这里没有坏人，他可以担保，这样就由他保释了。第二天，群众反映，匪首李保桂也在赌博，我们敲门时他向后门逃跑了，他拿着的一支木壳枪被谢家火老婆和亲戚夺掉放在后门灶内（土改时，谢家火和谢子潮以通匪罪伏法）。李保桂股匪多活动在大泥塘逸狗山和白玉湾鹁鸪头等地，自称大队长，经常来高塘骚扰。一次，群众反映李保桂来蟹礁头，乡里当即组织民兵及粮管所等单位的干部进行围剿，我带民兵在蟹礁头村守候，粮管所所长周成友带民兵和其他人员包抄蟹礁头正面。李保桂逃出村后，看后山有人，即向荷花心（芯）山方向逃逸。

匪首顾友桂自称中队长，多在励家坪及伍（胡）家峙一带活动。1950 年 7 月，在白礁洋歼灭陈利生股匪后，我们展开宣传攻势，在精神上给土匪以沉重打击。顾友桂携带一支 2 号木壳枪向乡政府投降，并表示愿给乡政府搞到部分枪支。有一天，他带我们到珠门心岩石一座没有人住的破茅房里找到轻机枪 1 挺、步枪 1 支及子弹 300 发。同时，还在小乌岩村一座破茅房里找到三八轻机枪 1 挺及子弹 500 发，不久舟山解放了，驻高塘的连队指导员、连长找我商量，想通过顾友桂搞到枪支，乡里同意，顾友桂带部队到励家坪、伍家屿等地搞来一些枪支。

匪首林日成活动在五峙门、蛇盘洋及三门等地，有时也到高塘周边活动。1950 年下半年，林日成股匪被我军打得七零八落，林日成与惯匪老弯（驼背）两人逃到珠门村躲藏起来，把 12 支步枪、1 挺机枪和弹药藏在一具破棺材里。林日成带一支 3 号木壳枪，老弯带一支快机，东躲西藏。珠门积极分子向我讲了些事后，我要求他把活动情况摸清楚，但不要打草惊蛇。大约 3 个月后，土匪活动情况全被我们掌握。乡里布置民兵趁夜从沙帽绿村出发摸到珠门后背山埋伏起来，五六个民兵与我化装成小贩担着虾篮从珠门正面进入村里。这时看到一个人在岩石上扫虾皮，认出他是土匪，我们立即上去把他逮住，从他身上搜出一支 3 号木壳枪。老弯每日大多住在一个山洞里。一次，山上民兵和我们一起把山洞包围起来。我们叫老弯把枪丢出来，不然就丢手榴弹进去。他只得乖乖地把快机丢出来，举双手投降，并带我们到一具破棺材处，起出机枪、步枪和子弹。我们把那两名土匪带到乡里，由民兵押送到鹤浦区政府，后来转送到三门县。

林其茂股匪活动在三门湾一带。也经常在他老家乌岩村活动。1950 年 11 月，仰天塘召开群众大会，宣传解放舟山等胜利形势，下午 4 点会议结束。回高塘有 10 余里路，我考虑走港口太远，过舢舨塘、小鸭嘴、石头墩近些，就选这条靠山边的路走。我刚走到小鸭嘴山拐弯时，听到林其茂对原国民党保长吴小弟及他的妻子说："你们不要听共产党的。"我离他们只有20米左右时，就加快步伐朝他们走去。林其茂一看是我，当即走向小鸭嘴。我问吴小弟："林其茂当土匪了?"吴小弟和他的妻子同时说："他到亲戚家里去，没有做土匪。"当时我因心急没多想，就从石头墩路经城头到高塘。后来林其茂被解放军剿匪搜山时击毙。

坦塘岛、白玉湾、双连屿原属蓬莱乡管辖。1950年9月接区政府和县大队命令，要乡里组织民兵和区中队（区中队驻杏八村）在夜里12点前占领坦塘山制高点，县大队准备在白玉湾登陆，把坦塘岛、双连屿的20余名土匪赶到坦塘山，然后两面夹击歼灭之。我们与区中队按时到达指定地点，但县大队因坐几艘木篷船又遇上大风而没有按时到达目的地。4点多钟时，天有些亮了，双连屿土匪发现山上有人，就渡过海口向励家坪等地狼狈逃遁。我们在山上发现一个土匪把金鸡山一个群众吊在树上，就立即包围上去，抓住了那个土匪，救下了那名群众。并缴来三八步枪1支、子弹几十发。天大亮时，发现白玉湾鹁鸪头有2艘机动船靠岸，上来很多解放军，我们就从坦塘山撤下来。部队留下继续搜山，我们民兵与区中队押着那个土匪回到高塘。

四

1950年7月，早稻刚收割好，盘踞在渔山的陈利生股匪300余人集结五六艘绿眉毛船、30余艘白底船（都是非机动船）到大泥塘等地抢粮。当时驻南田部队支援舟山解放去了，南田岛、高塘岛由区中队接防。我们与区中队商量后组织民兵数十人和区中队一道去渔潭山和纱帽绿山埋伏，监视土匪动向。中午12时左右，中界山嘴头驶出两艘解放军机动船。2艘白底船上的土匪在三门口望哨，看到我军机动船后，即用旗语向大船上的土匪报告，大船上的土匪也用旗语回复（意思是对方只有两艘机动船，可以与他们干一仗）。土匪让大小船只在白礁洋上分散开来准备顽抗。2艘解放军机动船后面还有16艘机动船是驶往金鸡山、九龙江、台宁的。土匪看到这么多解放军机动船到白礁洋海域时，就乱套了。我军向匪船两面夹击，土匪伤亡很多。大部分土匪带枪跳入海里逃生，匪首陈利生的一个十来岁孩子跳海后溺死。少数顽固土匪口里喊着"投降"，当我军小船靠近时，却用手榴弹乱甩。我军就立即向匪船猛烈扫射，用机动船冲向匪船，把匪船打得团团转。这次战斗从中午12时一直到下午4时，除一艘匪船逃到五峙门、田湾外，其余船只或击沉，或被解放军缴获后带到三门健跳港，还有几个土匪游往宁海道士岩方向逃走。这次战斗后，本地土匪基本上被消灭，这对我们开展各项工作都非常有利。没过几天，陈利生匪部中队长吴章明从宁海道士岩来到高塘岛向乡政府投诚，带来木壳枪1支。我们把他送到区政府，后押解到三门县。

51. 1950年象山六大血案追述

【当代】奚杰华

1949年7月8日，象山解放，至此，浙江大陆全部获得解放，广大群众沉浸在欢乐的海洋里，纷纷举行不同形式的庆祝活动。

但是，敌人并不甘心失败，盘踞在舟山等沿海岛屿的国民党残部不断派遣武装匪特潜入大陆，勾结原国民党区乡保长、地主恶霸，网罗散兵游勇、地痞流氓和潜藏的形形色色反革命武装进行破坏捣乱。他们制造谣言，蛊惑人心，烧杀抢掠，无恶不作，军事上化整为零，突然袭击，给人民群众的生命财产造成极大的危害。象山是个半岛县，地形复杂，南韭山、渔山、檀头山等沿海岛屿尚被国民党残部和武装股匪所盘踞，武装匪特多达数千人，活动非常猖獗，匪患特别严重。中华人民共和国成立初，肃清土匪成为摆在党和人民面前的最紧迫的战斗任务。1950年，先后6起土匪杀害我干部和群众的血案就是在这样形势下发生的。

一

1949年12月，原林善岙乡牛丈岙村成立了农会和民兵队。牛丈岙是个山村，村民对党的政策不是很了解，暗藏土匪郑阿用趁（乘）机窃取了农会主任的大权。他与公屿的国民党保长孙光相狼狈为奸，勾结盘踞在南韭山的所谓国防部东南人民反共救国军第三支队的尹文英匪部，策划袭击村民兵室。1952年2月22日拂晓。尹文英率领10余名匪徒，突然包围了村民兵室，当场打伤民兵郑全荣、郑全宝，绑走民兵队长练长贤和民兵练全宝，抢去步枪6支、大猪1只、老酒2埕，临走时又绑走农会主任郑阿用和村民练全朝。走到半路，土匪又将练全朝放回，逼他捎信给农会，准备好50石大米赎人，否则就枪毙郑阿用等人。

当晚，匪首尹文英和郑阿用在南韭山商量抢米办法。第二天，土匪用船把郑阿用偷偷送到爵溪周家湾上岸。2月24日，郑阿用溜进村里，当众撒谎说："土匪船昨夜到了岳头嘴，我趁土匪个个睡得像死猪一样的时候，才跳海逃回来。"又说："快一点凑几石米送到南韭山去赎回练长贤、练全宝，否则，他俩就要被土匪枪毙。"而实际上就在2月22日，练长贤、练全宝已被土匪杀害，而且练长贤的头已被砍下装进一只大饭桶里，贴上封条，系上绳索，准备让人带回村里。当时，村里人心惶惶，哪里辨得清郑阿用说的是真话还是假话。救人要紧啊，郑阿用与潜伏土匪陈阿火走家串户，搜刮到大米2500多斤。

2月26日，郑阿用强迫20多名群众把米挑到等候在周家湾的匪船上，土匪强迫一名群众把那只大饭桶背回牛丈岙，威胁说："饭桶一定要带到村里，捆好的绳不许解开，否则，我们下次来就杀你的头。"并派陈阿火跟在后面监视。快到牛丈岙村口，陈阿火说："饭桶让我背。"他一直背到村中央三岔路口放下，装模作样大喊大叫："南韭山带来一只饭桶，贴着封条，里面不知放着啥东西，大家快来看看。"这些天来，村里人都关心着练长贤、练全宝的安危。听他这一呼叫，许多人都围过来，陈阿火当着大家的面，解开绳索，揭去封条，打开桶盖，大家都吓了一大跳。"啊，是队长的头！"练长贤的头，鲜血淋淋，圆睁双眼，看得出，他牺牲前曾与土匪有过一场激烈的争斗。群众怒不可遏，家属昏倒在地，亲友痛哭不止。

二

东陈乡的樟岙村，解放时有330多户人家，分上、下两个保。1950年1月，上保保长鲍斯琪勾结恶霸地主鲍斯水，趁（乘）人民政府向群众借粮的机会，向村里搜刮了50多石稻谷，准备资敌。2月，保甲制度被摧毁，村里成立了农会。因企图落空，他们怀恨在心，欲置农会干部于死地。

3月5日（农历正月十七），经过一番谋划，鲍斯水派他的儿子鲍林敖偷偷溜到沙岗，带来国防部警备司令部支队长陈兆玉部十几名匪徒，潜入樟岙村躲藏在自己家。当日晚8时许，鲍斯水、鲍林敖父子闯入正在开会的农会室，气势汹汹地说："你们成立了农会，保长派不动民夫，你们农会要派民夫把50石稻谷挑到陈山落船。"农会主任鲍于更严厉地反驳："稻谷运出海去资匪是犯罪行为，你要我们也去犯罪吗？"鲍斯水凶相毕露地威胁说："这稻谷是保长早已办好的，成立了农会，应当是你们农会派人送啦。若不送出去，出了问题你们农会要负责！"农会干部异口同声地驳斥道："保长捐谷，这是罪恶，以后一定要清算；至于那批稻谷，你们无权干涉，我们农会会处理的。"鲍斯水厚颜无耻地赖着不走，纠缠着农会干部一定要派民夫，而他的儿子鲍林敖却退出农会室，善良的农会干部哪里会想到他是去家里叫那些土匪呢。

过了片刻，十几个匪徒突然包围了农会室，5个匪徒提着木壳枪窜进屋里猛烈射击，农会委员鲍英田当场牺牲，鲍于兴、鲍武木、鲍于才受重伤倒在血泊中。惨无人道的匪徒竟然对已经奄奄一息的鲍于兴又连砍13刀，鲍于兴牺牲了。农会室顿时血流满地，惨不忍睹。匪徒又抓走了农会主任鲍于更、农会委员鲍斯根、许心田。不久，这3位村干部在南韭山都惨遭土匪杀害。

血债定要血来还。樟岙村村民并没有被敌人的屠杀所吓倒，他们重新成立农会，与敌人进行坚决的斗争，把反动保长鲍斯琪、恶霸地主鲍斯水和鲍林敖送上了断头台，为牺牲的阶级兄弟报了仇。

三

中华人民共和国成立初，因干部太少，一些边缘村的工作顾及不到，阶级敌人就利用这一空隙篡夺基层领导权，给群众带来灾难。原林善岙乡公屿村就是个例子。1949年12月，国民党保长孙光相竟然召开村民大会，宣布成立农会和民兵组织，让通匪犯盛光兆当农会主任，暗匪徐可本为副主任；公布民兵名单，自任民兵队长。

1950年2月初，孙光相和徐可本、盛光兆带领14个民兵，携带8支步枪下海，投奔南韭山股匪尹文英部，当了匪第二大队大队长。县人民政府获悉此消息后，立即派员到公屿村整顿，重建农会和民兵组织。

3月5日拂晓，匪首尹文英率领60多名匪徒，由特务罗生根、通匪犯沙蟹交带路包围了公屿民兵室，当场杀害了不愿跟徐可本等去投匪的村武装委员葛仁世，抓走民兵孙光跃、王月松、葛才宋、陈如金4人，抢走步枪10支、大米2000余斤、番薯丝4000余斤。然后尹文英又把其他的农会干部集中起来，恶狠狠地说："限你们农会5天内送40石米到南韭山。要不，我们再来时枪毙你们。今天逃掉的下一次就逃不掉。"土匪押着4个民兵走了。这4个民兵从此再没有回来。

土匪走后，暗匪吴生宝借机威吓群众说："与尹文英这些人是不能顶的，硬顶要吃大亏，还是吃点小亏好，赶快把米凑起来送去。否则他们真会再来砍农会干部的头，还会再来抢，当土匪就是靠杀人抢东西过日子的。"经吴生宝这一威吓，一些善良老实的村民害怕起来。吴生宝乘势软硬兼施，又搜刮去大米约2000斤，并偷偷运送到南韭山尹文英匪部。

四

原靖海乡东陈村是南庄平原有名的封建堡垒，地主恶霸多，反动势力顽固。中华人民共和国成立后，县里非常重视那里的动向。1949年年底，派出由王希臣等6位同志组成的强有力的工作组进驻东陈，建立靖海乡人民政府。不久，东陈、大塔、岳头等村都成立了农会和民兵组织。东陈民兵队有30多人、25支枪，是一支重要的群众武装力量。为打击匪国防部沿海警备司令部支队长陈兆玉（沙岗人）的反动气焰，他们把陈兆玉的小老婆抓到乡政府关押。

自县工作组进驻东陈后，陈兆玉失去了活动地盘，小老婆又被抓，更是切齿痛恨。但有工作组和民兵队在，他不敢轻举妄动。为了夺回地盘和小老婆，陈兆玉派匪徒化装成货郎，挑着货郎担混进东陈村，找到恶霸地主陈子顺、陈帛父子俩，又通过他们用重金收买了农会主任陈庆才、民兵队长陈德杏。尔后，陈庆才、陈德杏用欺骗手段找民兵个别谈话。这样，先后策动了14个民兵叛变，陈庆才要这些叛变的民兵每夜睡到乡政府民兵室。与此同时，陈匪又串通好岳头民兵队长蒋大毛，定好时间接应。

1950年3月18日（农历二月初一）凌晨3时左右，陈兆玉率领百余名匪徒，分乘6条帆船从岳头嘴上岸，由蒋大毛带着已叛变十几个民兵接应，窜进东陈。乡政府驻地外有台门，前有高墙，难以攻入。但由于叛徒陈德杏打开大门，土匪才得以进入到天井。乡长王希臣发现后，立即指挥全体同志封锁住楼梯，英勇顽强地进行抗击。土匪慌做一团，只管呐喊，不敢前冲。可王希臣等同志并不知道每夜睡在乡政府民兵室里的民兵早已叛变。这些已叛变的民兵假装支援，奔上楼后，从后背把王希臣、刘当熙、干守池、杨涛、王宗明和炊事员董礼富等人死死抱住。就这样，6位革命同志不幸被捕。叛徒陈庆才、陈德杏大喊："工作队6个人都抓牢啦。"陈兆玉害怕援兵赶到被歼，在下面高声接应道："6个人抓齐了，赶快走啊。"这时，天已快亮。土匪竟残忍地割下刘当熙的一只耳朵，又用尖刀把王希臣、刘当熙等6人的锁骨处刺穿，用铁丝穿起来拉着走。但王希臣、刘当熙等6位同志坚贞不屈，沿路高呼着"毛主席万岁！""中国共产党万岁！""中国人民解放军万岁！""打倒国民党！""打倒反动派！"等口号。因为是夜里，韦纪范未被叛徒发现，才虎口脱险。

王希臣、刘当熙等6位同志被土匪抓到南韭山，不久均遭残忍杀害。

叛变投匪的陈庆才、陈德杏、陈庆友、陈德球、胡小虎、陈明木等先后在双桥、仁义被人民政府俘获伏法；恶霸地主陈子顺也受到人民的严惩。

五

爵溪是个滨海渔镇，交通闭塞，历年为匪者不绝，像尹文英、周兴绥早在1947年就落草为寇，当了强盗头，连国民党都要抓他们。象山一解放，尹文英成为国民党国防部东南人民反共救国军第三支队长。周兴绥成为国民党浙江人民反共突击军第三支队长，他们长期为非作歹，残害人民。

中华人民共和国成立初，因干部少，爵溪工作开展得比较晚。1950年6月，虽成立了爵溪乡人民政府，实际形同虚设。7月中旬，南庄区委委员聂延忠带领工作组进驻爵溪开展工作，几天后发觉这里的政治气氛异常，就向区委做了汇报，区委当即派区中队邵永平排长带领一个班10名战士进驻爵溪加强防卫。当晚，巡逻战士发现沙滩有人向东北海边打手电，却又看不到人，于是向乡政府报告了此情况。为此，乡政府特别加强了东北边的步哨。然而，狡猾的土匪施的是声东击西之计。

7月23日凌晨2时许，匪首尹文英、周兴绥率两股匪徒共100人，携带4挺机枪偷偷地在爵溪南边下沙沙滩登陆，越过下沙岭、大岙岭，进入爵溪城里，包围了乡政府，企图消灭工作队。凌晨4时半，土匪发起攻击，顿时枪声大作，喊声四起。

当时，乡政府内只有脱产干部6人、半脱产干部4人、区中队10人。在聂延忠同志指挥下，干部、战士齐上阵，连续击退土匪4次进攻。尹文英、周兴绥以为乡政府只有10人，一攻就垮，没想到还有10名解放军战士，进攻受阻，土匪就放火烧房。聂延忠指挥同志们避开火势，与土匪开展巷战，有的爬上房顶打击土匪。枪筒打烫了，同志们却越战越勇，一直顽强地战斗到上午10时，土匪见势不妙，开始边战边退，向海上逃逸。土匪在撤退的路上，杀死了支援解放定海的支前模范方星火的儿子方楚云和常乐武等7人，打伤群众4人，抓走男女青年16人，抢走渔船7条，烧毁房屋7间，抢走粮食、衣物不计其数。

在这次战斗中，聂延忠、江荣富壮烈牺牲。县委、县政府召开隆重的追悼大会，以血淋淋的事实揭发土匪滔天罪行，号召群众组织起来保卫自己的家园，并亲切地慰问受害者家属和受损的群众。

事后才调查清楚，这次血案的发生与罗生根夫妇告密有关。案发前四五天，罗生根夫妇以落小海为名偷渡到南韭山，向匪首尹文英、周兴绥报告说乡里只有10个干部，大都是北方人。土匪原本在爵溪沙滩登陆，但见到罗生根的手电信号后，就改在下沙登陆。群众知道这一真相后，对罗生根夫妇无不切齿痛恨。在公审罗生根夫妇大会上，怒不可遏的群众拿着柴爿、棒头拥上台来要打死这两个遗臭万年的家伙。会后，罗生根夫妇当场被处决。

六

1949年12月，原汤岙乡汤岙村在成立农会后，又建立了民兵队，这支民兵有32人、17支步枪，还有些猎枪。这是一支很有战斗力的群众武装组织。他们曾在蒲门、乌屿山、珠山岙、珠山脚等地剿匪10多次，捕获土匪10多人，缴获步枪8支，受到大徐区政府的奖励。1950年4月下旬到6月间，他们又在外干门、屿岙、棺材礁、大坛连续4次击退东南人民反共救国军东港总队第一支队的裘悠定匪部的骚扰，从此，名声大振。7月间，裘悠定的小老婆仇天娥潜入汤岙她姐仇小谦家里，很快被民兵发觉扣留起来。

汤岙、涂茨、钱仓等村的民兵是裘悠定股匪登陆劫掠的最大障碍，加上小老婆又被民兵拘禁，裘悠定对这些民兵更是恨之入骨。他曾令黄沙村暗匪张新华设法营救仇天娥，却因汤岙民兵戒备森严，无法得逞。裘悠定想去抢，但想到在汤岙民兵面前屡屡受挫，又不敢轻举妄动。正当裘悠定心急如焚的时候，张新华送来情报：汤岙农会主任仲秉初与裘的部下孙文清是儿女亲家，可以利用。裘悠定听了，如获至宝，立即派孙文清去收买仲秉初，一说即合，仲秉初就成了裘悠定的帮凶。于是，仲秉初、张新华、仇小谦背地里策划好袭击汤岙民兵室的办法、时间和联络暗号，并做了分工：仲秉初负责瓦解民兵，仇小谦做好营救仇天娥的一切准备，张新华负责通报裘悠定。

10月，仲秉初以农会主任名义召开群众会、民兵会，装着关心民兵的样子说："民兵白天劳动，夜里要站岗放哨巡逻，实在太辛苦。自从8月上旬人民解放军一九八团来象山剿匪，现在连西乡的土匪都抓完了，没啥事了。民兵室门岗站也可以，不站也可以，步哨就甭站算了。"会后，他碰到民兵干部就说："民兵放哨巡逻实在太辛苦，我看取消算了。"他是农会主任，心地善良的民兵怎会想到现在的仲秉初竟已变成叛徒了呢？于是他们渐渐地大意起来。有的民兵带着枪睡在家里；有的民兵睡在家里，而枪却挂在民兵室；民兵队长宋宝根因感冒发热，也在家里睡；民兵室连门岗也不站了。尽管如此，民兵室仍未断过人。仲秉初见机会已到，就叫张新华通报裘悠定动手。

10月9日凌晨2时左右，裘悠定率领两个大队120余名匪徒，携带1挺重机枪、4挺轻机枪，分乘7条帆船从毛湾东坑登陆，令一大队队长王金根率本部，带1挺重机枪、2挺轻机枪占领钱仓城头，监视涂茨方向的民兵。裘悠定亲率二大队方美安部直奔汤岙。早守候在村口的仲秉初用手电作信号，把匪徒直接领到民兵室，连捣两道门进入民兵室楼下。这时，天刚破晓，匪徒用机枪、步枪向楼上猛烈扫射，民兵莫定位、戴世荣、周根木、土地整理员李克新、小学教师陈林木、村民仲传木6人牺牲，民兵俞小水受伤；民兵戴阿根、宋正来、陈世定，半脱产干部徐金火、钱仓民兵徐阿梅5人被匪徒抓走；6支步枪、1个枪榴弹筒、7枚手榴弹及所有子弹、20多条棉被全部被抢走。匪徒在汤岙、钱仓两村丧心病狂地抢劫达2个多小时，汤岙28户农家被抢去50多条棉被，钱仓12户人家的粮食、棉被、衣物及猪、鸡、鸭等被洗劫一空。匪徒回到南韭山后，残酷地杀害了戴阿根，以此来威胁汤岙干部、民兵。

汤岙民兵毕竟是一支坚强的群众武装队伍，面对匪徒的突然袭击，立即予以英勇顽强的回击。民兵周根木最先发现土匪，立即向楼下开枪射击。在土匪机枪、步枪密集扫射中，他中弹负伤，就跪在窗口继续抵抗，直到流尽最后一滴鲜血。睡在家里的民兵从睡梦中被枪声惊醒，马上提枪投入战斗。徐光毛、陈子兵奋不顾身地爬上房顶，向土匪射击，掩护被困在民兵室里的战友撤退。身受重伤的俞小水一再向乡领导要求，伤愈后一定要发枪给他，他要为牺牲的同志报仇。民兵们含着悲愤的热泪，个个发誓不彻底消灭土匪决不罢休。

土匪逃离后，民兵、村民最关心的是农会主任仲秉初的情况。有的问："整个上午没有看见主任的影子，他到哪里去了？"有的说："昨天晚上他不是待在家里吗？""莫非被土匪抓走了？"有的说："被土匪抓走5个人中，没有农会主任。"有的怀疑道："土匪打进来，主任的老婆却不声不响，若无其事，倒叫人奇怪。"越议论，大家觉得疑团越大。

原来，这个狼心狗肺的仲秉初，带着土匪捣开第二道门发生枪战后，害怕被民兵打死，就拔腿逃出村，奔到大徐区委，眼泪汪汪地向区委书记张云祯撒谎说："昨晚下半夜给老婆煎第二汁药时，4个土匪从围墙爬进来，4支木壳枪顶着我的头和胸，逼着我带他们到民兵室去。我没有办法，故意带他们绕道走向民兵室。到了一个急转弯的地方，我趁机从一条小弄堂逃出来，到了村口就听见枪声大作，想一定有民兵、群众被土匪打死。"张书记听后，感到奇怪：一个多次参加（剿）匪的农会主任，被土匪抓了，既然4个土匪4支木壳枪对着他，他怎么能逃得掉？可又不宜直接点破，便不动声色地叫他赶快回村处理善后事宜。从区委到汤岙并不远，仲秉初应该在中午就可回到家的，然而他一直挨到夜里才到家。民兵、村民见仲秉初回来，纷纷过来探望。仲秉初谎称："我被土匪抓到路上，趁土匪没有防备时就逃了出来，后到大徐区委向张指导员做了汇报。"

民兵队长宋宝根、副队长宋申宝很怀疑仲秉初的行踪。第二天晚上，他俩秘密召开民兵干部、部分村干部和民兵积极分子会议，认真讨论分析后提出四个疑点：第一，土匪抓到农会主任为什么不杀，甚至连绳都不捆，青天白日，这么多土匪，他怎能轻易逃脱？第二，以前仲秉初总是经常叫民兵提高警惕，一定要放好哨、做好巡逻工作，可为什么前几天突然叫民兵不要放哨，不要巡逻，是不是故意让土匪来收拾民兵？第三，倘若他逃出来向区委报告，中午就该回到家，为什么挨到夜里？农会主任是一个村的当家人，村里出了这么大事情，他竟然能若无其事？第四，出事时，仲秉初老婆为什么一声不响，也不寻丈夫，好像没有这一回事一样。大家越分析，越觉得仲秉初这人可疑，认为十有八九是他通的匪。于是，大家一致决定先把他关起来，再向乡政府报告。刚好乡政府也派人来村里通知："先把仲秉初关起来，以后再讲。"

仲秉初被关在民兵室楼下的一间房间里后，他一口咬定是被土匪抓到路上逃回来的。民兵们在议论中谈到黄沙村的张新华有通匪迹象，其中有两个民兵说："张新华是仲秉初的亲戚，十几天前看见他偷偷来到仲秉初家，行动鬼鬼祟祟。"于是，民兵队长立即派民兵把张新华抓来关在民兵室楼下仲秉初对面的一间屋里。开始，他什么也不肯交代。第三天，他自知罪孽深重，逃脱不过，便对副队长宋申宝说："我反正横也死直也死，你把我拉到路上打死算了，千万别解到县里去。"他这么一说，民兵断定他罪恶重大，当天就将他押送到县公安局。

押走张新华的第三天下午，仲秉初自知张新华到县里什么都会坦白出来，企图畏罪自杀。他向民兵队长宋宝根要求让他回家一次，宋宝根派了两个民兵押他到家里。这家伙趁民兵没看见，从橱柜里倒了一碗盐卤喝了下去，说："家里没有好吃的，还是回去吧。"他一回到民兵室，就呕吐不止。这下反而露出了马脚。第二天一大早，民兵就将仲秉初押到了大徐区委，并向张云祯书记做了详细汇报。张书记会意地点点头，打电话询问县公安局长张子怀对张新华审讯的情况。张局长在电话里说："张新华什么都交代了，是仲秉初、仇小谦和他三人通的土匪……"

张云祯书记语重心长地对民兵说："由于农会主任叛变投敌，你们吃了亏，村民遭了殃。但你们沉着机智的反击，又及时破了案，抓住仲秉初、张新华，这是个大胜利。希望你们化悲痛为力量，团结战斗，再立新功，为牺牲的同志报仇，把土改工作搞好。"

这年9月，汤岙民兵被评为县先进单位，民兵队长宋宝根光荣地出席了宁波军分区召开的民兵代表大会，并受到嘉奖。

52. "八一台灾"的回忆

【当代】欧绪坤

1956年8月1日午夜，第12号特大台风在象山登陆，造成极其惨重的损失，象山人民是永远不会忘记的！

抗台抢险的部署

根据1956年7月30日浙江气象台的预报，第12号强台风预计在我省沿海登陆，中心最大风力在12级以上。当天县委按照舟山地委（当时象山属舟山地区领导）的指示，召开了抗台抢收紧急会议。我当时担任县委办公室主任，所以对县委的部署是知情的。当时县级机关正在开展"肃反"学习，由于抗台抢收的需要，县委决定立即停止学习。各部门除留下少数同志值班外，全力投入抗台抢收，并抽调了543名机关干部，分成7个工作队、34个工作小组，在部、委、办、局、科、室负责人的带领下，随身携带蓑衣、笠帽和镰刀等工具，奔赴林海、南庄、东陈、大徐和西周等地，参加抗台抢收。

8月1日，根据气象台台风紧急警报，第12号特大台风预计在我象山登陆。县委根据地委指示，把抗台抢收工作组改为抗台抢险工作组，重点是门前涂海塘和南庄平原。并在抗台前线设立临时指挥部，由县委宣传部部长韩桂秋同志任指挥，地点设在林海门前涂龙王庙内。

不可抗拒的惨重损失

8月1日午夜，第12号特大台风在象山登陆。狂风掀起巨浪，越过门前涂塘岸。吞噬了30多平方千米的南庄平原，12个村子全部被毁，造成巨大的财产损失。更为惨痛的是遭台风死亡的干部、群众达3402人，其中脱产干部50人，解放军战士3人。抗台前线总指挥韩桂秋同志也壮烈牺牲了。

灾后抢救的措施

台风登陆的第二天早晨，哀号遍野，哭声震天，丹城镇南门内外成了一片汪洋，尸体、杂物堆积如山。有的灾民在寻找亲人遗体，有的灾民在打听亲人下落，还有的抚着亲人遗体号啕大哭，气氛十分悲惨。县委当即作了研究，认为灾后的最紧要工作是做好打捞安埋尸体。安置无家可归的难民、做好卫生防疫工作和打开门前涂碶门尽快排除海水等。

1. 尽快打捞安埋尸体。绝大部分尸体随着风浪冲到半河、梅溪、丹城、洋心和白石等地附近的河沟、高粱地和玉米地内。天很热，须立即动员当地群众尽快加以安埋。因此，县委决定动员500多名农民和机关干部一起，组成8个安葬队，分头打捞、安埋尸体，并决定安埋一具尸体给予一定的经济补贴，加快安埋速度。

2. 千方百计安置无家可归的难民。8月2日，省委得知象山遭灾的信息后，马上派副省长顾德欢等乘飞机到象山上空视察灾情，并空投由省级机关、各大专院校食堂和杭州市副食品商店赶制的面包、饼干和炒米。飞机空投对灾民鼓舞很大。大家高呼："毛主席派飞机来看我们了，我们有救了！"县级机关和丹城镇食堂也免费招待无家可归的难民。

一方受灾，八方支援。中央民政部和省民政厅、农业水利厅联合发放生活救济款、建房救济款和生活贷款，帮助修建房屋。上海、杭州、宁波等地市民捐赠衣物。因此，在党和政府的领导下，在四面八方的支援下，象山人民不到半年时间就重整家园，恢复了生产生活。

3. 防治疫病。"大灾之后必有大疫。"两三天之后各种尸体、杂物就开始腐烂，严重污染空气和环境。我们得到了省、市卫生部门的大力支持，从杭州、舟山抽调了67名医务工作者和本县40余名医生一起，组成医疗防疫队奔赴重灾区，免费治疗伤患者。并调来1000余斤"六六六"粉、500斤漂白粉和400余斤"二二三"乳剂等药物，用来消毒防疫，因此基本上控制了疫情，为恢复灾后生产生活创造了良好的环境。

4. 开闸排咸。台风过后的第二天上午9时，县委决定在县级机关和丹城镇抽调一批年轻力壮并能游泳的人去门前涂开闸排出海水。丹城五村支部书记周云照等18人，先撑出3只河船，直到门前涂碶门开闸。朱华庭、周祖龙等机关干部和丹城9名青年，也分撑两只河船，去海塘洋抢救灾民和寻找尚未归来的同志。结果两条船都载满了灾民回归。

应深刻记取的历史教训

象山县是由象山半岛的次岛和部分海岛组成的，海岸线长达800多千米，台风灾害历年不断。因此，要认真总结和深刻记取八一台灾经验教训是非常必要的。我认为有两条经验教训值得记取：一是八一台灾是历史上罕见的特大台风，风力远远超过12级，这样大的台风是不可抗拒的，人员伤亡众多是缺乏科学知识之故。我认为今后在抗台斗争中，一定要注意人身安全，做到以干部群众的生命安全为第一。二是象山海岸线长，围垦的海塘众多，因此要加快标准海塘建设，以防患于未然。如今在门前涂，屹立着一条长2654米、高5米、顶宽4米的标准海塘，因此，40年来未曾出现过险情。旦门标准海塘的质量则更高。建议其他各地海塘如果保护面积大的话，也一定要加快标准海塘的建设步伐。

写于1997年7月30日

53.《象山县地名志》序

【当代】陈桥驿

中国东部沿海在第四纪晚更新世曾经发生过一次卷转虫海进（Ammonia Transgression），这次海进到全新世以后而趋于鼎盛。今浙江省境内的主要平原如杭嘉湖平原、宁绍平原以及沿海一带均沦为海域。象山县境在当时无疑是一片岛屿罗列的海洋，犹如现在的舟山群岛。海退开始以后，陆域逐渐扩大，原来崛起于海上的岛屿，成为互相连接的山地和丘陵，先民的聚落次第在山麓兴建。起初，这些沿海地带的聚落，多半是规模很小的渔村农舍。随着生产的发展，较大的聚落上升为集镇，更大的可以建为城区，象山即是其中之一。据《元和郡县志》卷二十六记载："神龙元年，监察御史崔皎奏于宁海县东界海曲中象山东麓彭姥村置县。"彭姥村即是兴建于象山东麓的一个早期聚落，在公元8世纪之初已经发展到足以建立县治，象山县的建置从此开始。当然，这仅仅是一个等级不高的海疆小县，在《元和志》记载中列入“中”等。唐朝划分县的等级，分赤、畿、望、紧、上、中、下七等，其中赤、畿两等，必须是首都、陪都及其附近地区的县份，与外地无涉，所以实际上是五等，而上、中、下三等以户口为准。唐初武德年间，以五千户以上、二千户以上、一千户以下划分这三个等级。到了开元十八年（730），由于各地户口增加，又改以六千户以上、三千户以上、二千户以下为划分标准。所以象山在建县之初，全县户数不过四千上下。

此外，当时的象山县境与今天也完全不能相比，彭姥村及其以西的象山，无非是海曲中一个小小半岛。据《元和志》所载：县治“东至大海二十里，南至大海三十五里，东北至大海四十里，正北至大海一十五里，唯西南有陆路接台州宁海”。从《元和志》记载的彭姥村各个方向与海的距离，可以约略计算这个半岛的面积。由此可见，公元8世纪的象山县，整个县境是一片岛屿纷歧、滩涂泥泞、道路崎岖、环境闭塞的落后海疆。现在象山县境内的最大平原，如丹城以南的南庄平原、岳井洋以东定塘、晓塘一带的定山平原，石浦港两岸的金星平原、鹤浦平原以及象山港南岸的西周平原、贤庠平原等，当时并不存在，县内陆域的狭隘可以想见。今天，我们在上列平原中所见的沃野连绵、阡陌纵横、禾稼茁壮、村镇栉比的兴隆景象，都是前人围垦的遗泽，是历代劳动人民利用自然、改造自然的丰硕成果。

象山人的祖辈创造了平原、聚落、道路、河渠、桥梁和其他许多人工建筑，也为所有这些事物留下了地名。现在，《象山县地名志》把县境内的大量地名加以整理，探索它们的渊源来历，查明它们的发展变迁，然后详尽记录，编成一部煌煌巨帙。所以《象山县地名志》的刊行，不仅为象山县各界提供了一部前所未有的地名典籍，而且通过对许多地名的解释，同时也表彰了象山前辈人定胜天的业绩。象山县在明《文渊阁书目》中就有县志的著录，从明初直到民国，包括境内一度另建县治的南田在内，历修县志和其他专志，不论存佚，为数将近三十，而以地名成志尚属首创。所以此志问世，确是象山县地方文化史上的一件大事。

浙江省自从八十年代初期完成了地名普查工作以来，各市、县多致力于地名志的编纂，至今绝大部分市、县的地名志都已出版。从时间上说，《象山县地名志》已属尾闾，但从质量上说，却显然后来居上。全志分成十二卷，资料完备，体例严谨，内容既遵循志书规范，又有所创新。卷一“县名综述”，通过对象山县名、历史沿革等的综合叙述，详今明古，勾画了县情及其发展过程。从卷二至卷十一共十卷，分别为政区、山川、海湾、岛礁、围垦、水利、交通、部门、胜迹、历史地名，分类明确，条理清楚。卷首常有“概述”一篇，而其中特别是政区、山川、海湾、岛礁、围垦、水利、交通七卷，其卷首概述，实际上是冠于各该类地名之前的一篇无题小序。如《山川地名》的概述，从地质、地貌、河流、水文等几方面，论证了县境陆域的发展变迁。《海湾地名》和《岛礁地名》的概述，从海陆变迁过程阐明了境内港湾、岛礁及海域的形成与分布。《围垦地名》和《水利地名》的概述，不仅说明了围垦和水利简史，而且介绍了它们的现状和分布。《交通地名》的概述，记叙了全县海陆交通的发展与现状。这几卷的卷首概述，提纲挈领，短小精悍，读者得此各篇，窥一斑而知全豹，收事半功倍之效，确是一种志书体例的创新。卷十一为《历史地名》，分政区、军事等若干类，从地名变迁的历史过程解释地名，也是这部地名志的特色。卷十二为《地名文存》，内容包括文件选辑、地名文论、地名艺文、地名传说等。其中《象山县聚落人口源流、分布规律、命名特点及演变原因考略》一文，论证深入，分析详明，确是一篇地名学研究的优秀论文，具有极高的理论价值和实践意义。不经过地名普查工作和地名志的编纂，是绝不可能写出这样的论文的。

总之，《象山县地名志》是一部值得赞赏的地名专志。这部志书的刊行，反映了象山县地名普查工作和地名学研究的卓越成就。它的影响，恐怕不仅仅限于象山一县，对于国内广大的地名工作者和地名学界，也将是一种重要的贡献。

浙江地名学会名誉理事长　陈桥驿　1992 年 7 月于杭州大学

54. 象山地形地貌

我县地质构造属浙闽隆起东南沿海褶皱带，处在浙东沿海偏东北 30 度的大陆方向的隆起带和西南地壳下沉带之间的过渡带。有天台山余脉延伸境内，形成全县由西北向东南倾斜的地势。新华夏系构造和纬向构造为我县主体地质构造，象山港是向斜构造的核部，南北两翼分别有象山港的内港西沪港和三门湾的内港岳井洋，蟹钳港深嵌内陆，构成三面环海、独向与陆，南北曲折、狭长的半岛地形。岸线曲折，其中本土岸线全长约 300 千米，岛屿星罗棋布，共有大小岛礁 608 个，其中岛屿 235 个。较大岛屿皆分布在象南，有南田岛、高塘岛、花岙岛、檀头山岛等。这些岛屿俱紧靠南端，形成半月形天然屏障，构成了优良的石浦港。东部的南韭山列岛，北部的东屿山和最南的渔山列岛，亦均为较有名的岛屿。

低山丘陵形成于中生代侏罗纪，受燕山运动的急剧影响，火山岩覆盖全县，使境内丘陵山体广阔，山峦山坳交错，地形复杂。海拔一般为 300～500 米，主峰在 500 米以上的山有东搬山、牛料岗、蒙顶山、大雷山、五狮山、射箭山、珠山等十二座。其中与宁海交界之东搬山主峰高达 811 米，为全县最高峰。我县的溪流源短流急，独注入海，有“山低源短”之说，较大的溪流有南大河、淡溪、下沈溪、西周溪、泗洲头溪、溪口溪、九龙溪、亭溪、东溪、定塘溪、鹤浦溪等。

象山港、岳井洋、石浦港为我县三大主要港湾。象山港南依我县，为较大的串珠式半封闭港湾，横贯五县；岳井洋，蟹钳港由南向北深入约 23 千米；石浦港横贯南部，水深、浪小、域阔，港湾优良。

滨海平原，是由被山丘分割之浅海，经泥沙沉积发育成滩涂后，由人工围垦而成的若干小平原组成。较大的平原有北部的南庄平原和南部的定山平原，俗称“上八万、下八万（亩）”。

我县滨海辽阔，港湾岛屿众多，丘陵平原相间的地理环境，地势上构成了十个层次。全县陆地总面积为 1762739 亩，其中：海拔（指黄海高程）500 米以上的山地面积 5154 亩，占全县土地总面积的 0. 29%；350～500 米的高丘面积 35900 亩，占 2. 04%；200～350 米的中丘面积 180678 亩，占 10. 25%；50～200 米的低丘面积 577553 亩，占 32. 76%；50 米以下的台地、平原面积 963454 亩，占 54. 66%。全县滩涂海域总面积为 5330106 亩，其中：陆岸线至平均海平面的滩涂面积为 77079 亩，占滩涂海域总面积的 1. 4%；平均海平面线至零米线滩涂面积为 231628 亩，占 4. 3%；零米线至-5 米线的浅海面积为 495276 亩，占 9. 3%；-5 米线至-10 米线的海域面积为 1747770 亩，占 32. 8%；-10 米线至-20 米线的海域面积为 2742847 亩，占 51. 5%；-20 米以上（基线内）海域为 35506 亩，占 0. 7%. 复杂的多层次的地形地貌，又形成了明显的地域差异。

录自《象山县农业区划·象山县综合农业区划》第一章

55. 象山县聚集人口源流、分布规律、命名特点与演变原因考略

象山自唐立县至今，已有一千二百八十余年。立县前，境内聚落，除彭姥村、石浦、东门等史有记载外，其余难以查考。立县后，设五乡，按唐制五百户为一乡，全县应有二千五百户左右，然而聚落分布及名称不得其详。五代战乱，象山户籍锐减，至宋初不足四百户，县无令、尉，以主簿为治。尔后，县外人口不断入迁，于元代增至万户。明初倭患，县受其害甚深，南田诸岛被列为“封禁之地”，居民散迁不明去向。清初，为绝张煌言、张名振等抗清力量，沿海居民奉迁内地，众多聚落因此而废。康熙间展复，湖头、龙屿、珠溪、钱仓、下沈、西周、下沙、黄溪、马岙、关头、松岙、昌国卫、石浦、延昌、东门等聚落始得以重建，但载于明嘉靖《象山县志》的范岙、上村、下村、道士洋、下汤、茅岭、童岭、下岸、大郁、小郁、三焦、乌石、周俞岙、汶溪岙、灵岩道士庄、白查、蛎江、风门等众多离海较近的聚落，不再见于清代所修各志。其后，外地人口纷至沓来，乾嘉时期多数聚落已形成规模。至民国，聚落分布状况大体与今相仿。

一

经查阅民国《象山县志》所载《地治考》《氏族表》以及现存230余部宗谱、家谱，并对上千个自然聚落进行实地调查，共得建村姓氏816个（不含县内互迁建村姓氏）。考察这些建村姓氏的来龙去脉，清楚表明今日象山聚落绝大多数由历朝外来先祖所建，真可谓来自“五湖四海”。其源流特点大致有五：

一是始迁于宋，时有高峰。宋初，象山人口稀疏，外地移民陆续来县定居。今存聚落建于两宋前者不乏其数，建村姓氏有79姓。其中三分之二于南宋入迁，且大都来自中原，这恐与宋室南迁相关。元代很少，仅19姓。明代共有134姓，主要在嘉靖、万历间大批拥入。清代形成高潮，多达572姓，大体从康熙展复后开始，至乾嘉时期出现高峰。县南南田、高塘、坦塘诸岛则于光绪间大批入迁。民国以来，移民渐趋稳定。

二是来源广泛，本省为主。在816个建村姓氏中，有157姓属历朝由省外迁入，占19.2%。其来源涉及现行12省、区，北至内蒙古、山西、陕西、河北、河南、山东、安徽、江苏，西至湖北、湖南，南至广东、福建。其中福建最多，达119姓；河南次之，16姓。相比之下，迁自省内各地者多于省外，共659姓，占80.8%。其中来自宁波、台州、温州三地613姓，约占93%；来自绍兴、杭州、湖州、金华及舟山等地46姓，仅占7%。由今宁波市属各县迁入的有278姓，其中来自老市区32姓、鄞县85姓、宁海97姓、奉化21姓，镇海、余姚、慈溪40姓。由今台州地区各县迁入的有256姓，其中临海78姓、天台66姓、三门39姓、黄岩34姓、玉环15姓。由今温州市属各县迁入的有84姓，其中温州老市区31姓、平阳44姓。这里不难发现，入迁象山定居的移民绝大部分来自本省沿海各地，来自内地的极少。这与象山海路交通便捷有关。

三是北先南后，各有主从。分析建村年代与移民来源，总体上可以横亘中部的五狮山为界，划为南北两片，北片早于南片，且移民来源各有主从。北片大体以丹城为中心，多数村落建于明及明以前，如贤庠镇58个自然聚落。有32个建于明及明以前，其中12个建于宋及宋以前。墙头镇50个自然聚落，有38个建于明及明以前，其中10个建于宋。原南庄乡33个自然聚落，有23个建于明及明以前，其中11个建于宋。这些地方的移民大多来自北边和西边。如贤庠镇45个建村姓氏中，来自宁波市各县的有34姓。原莲花乡8个建村姓氏均来自奉化、鄞县、镇海、慈溪、绍兴。下沈乡14个建村姓氏中8个来自紧邻宁海。地处五狮山北侧的茅洋乡23个建村姓氏中有

15姓来自宁海、宁波、鄞县、慈溪、新昌。上述各地来自南边如台州、温州等地的移民为数很少。南片（包括南田诸岛），大体以石浦为中心，多数村落建于明以后，主要建于清。如地处五狮山南侧的原旦门乡32个自然聚落，仅12个建于明，其余建于清。晓塘乡50个自然聚落，仅15个建于明及明以前，其余建于清。原大塘乡18个自然聚落均建于清雍正前后。至于南田鹤浦镇、高塘岛乡的自然聚落均建于清光绪前后，这些地方的移民主要来自温台、福建等地。如原旦门乡，21个建村姓氏中有15姓来自三门、天台、黄岩、温州，而来自宁波、宁海的只5姓。石浦镇84个建村姓氏，来自台州、温州各县的有47姓，来自福建的有22姓，而来自宁波、宁海、鄞县、余姚、义乌的仅15姓。鹤浦镇、高塘岛乡，除个别姓氏外，都来自温台各地。

四是多村同宗，脉络纷歧。迁居年代较久的姓氏，往往繁衍成几个或多个自然聚落。如黄永阶于五代自鄞县迁居珠溪，其孙析居中庄、下庄、溪沿、溪盐厂、大碶头等地。分支远达东陈乡的南堡，泗洲头镇的上马岙、东岙等地。朱若海于宋乾德间自永嘉迁泗洲头唐翰，后繁衍至后山、后房（后王）、何婆岭、横埕、河流溪、西洋、井坑、中央岙、田边、岭脚等地建村，号称“十里朱”。张详义于北宋末自河南汴京（即今开封）迁居西周蒙顶山下沙地，其后分建山头、寒山、初坑、庆丰桥、大岙、新屋、夏叶等聚落，号称“张八村”。潘云林于元至元间自福建迁居晓塘乡后岭村，后发族成黄埠、清水潭、铁路坑、抱儿石、外湾、青埠岭脚、黄泥头、黄岙、礁头、礁头塘、鹤洋等自然聚落。原后岭乡23个自然村，潘姓建村竟达12个。葛伯丰于南宋淳熙间自福建迁居石浦番头岙，先后繁衍成葛家、葛峙山、上塘、盐厂、塘岸头等村落。一些知名大村的主姓，虽未繁衍多个自然聚落，但在周围建村过程中，都有支脉起过重要作用。如大徐徐姓、墙头欧姓、南庄张姓、九顷史姓、岳头吴姓、儒雅洋何姓、樟岙鲍姓、东溪励姓、关头史姓、励家坪黄姓等。

五是入迁原因，各不相同。移民定居象山的原因大体可分四种：一是为官而来。如大徐徐姓始祖徐旆是奉化小万竺人，建县初来象山就任县令，停官后寓居大徐发族成村。珠溪黄姓始祖黄永阶系明州刺史黄晟之孙，五代来象山任镇遏副使，卸任后移居珠溪。涂茨袁姓是宋嘉定间象山县令袁一之后裔。南庄张姓始祖因任象山主簿而来。石浦吴姓是昌国卫指挥同知后裔，邓姓是前所千户后裔。昌国朱姓、丁姓均为昌国卫指挥使后裔。钱仓郑姓、林姓、易姓分别为钱仓所千户郑真陆、林日荣、易绍宗之后。爵溪陈姓、夏姓、王姓，是明代爵溪所戍边将士之后。二是避难而来。如梅溪倪姓，沙地与田岙张姓、赖岙赖姓、白屿邱姓、后岭潘姓、番头岙葛姓，其先祖皆因政治事变或战乱避迁象山。三是经商从渔而来。如石浦及其周围村落建村姓氏，大多是温州、台州、福建迁来的商人、渔民。爵溪部分居民先祖，是清代台州、温州各地迁来的渔民。下沈孙姓始祖是宋理宗时从宁海西垫来象经商，配沈氏女定居繁衍成大姓的。四是谋生而来。象山有山有海，土地肥美，且涂滩广阔，可供围塘垦种，因而吸引大批劳苦者来此安身立命。如涂茨镇里庵村，首由陈氏兄弟于清乾隆间自平阳来此开荒谋生，后，其同乡得悉此处土广地肥，也相继迁来，于是形成里陈、外陈、许家、康家、洪家、大厂6个自然聚落。石浦镇平阳厂，最先由十八条林姓汉子从平阳来此围塘晒盐、搭草厂定居成村。石浦镇后岗山柯姓、横峙陈姓、里湾张姓，东陈乡大荒地黄姓、泗洲堂徐姓、岭脚项姓等，其始祖均自福建、台州逃荒而来。原大塘岛先民，大都是清嘉庆初围垦大泥湾定居下来的外地移民。南田、高塘两岛的居民，也多是清光绪初围垦鹤浦大塘、大南田塘、龙泉大塘等从温州、台州迁来的移民后裔。

二

象山聚落分布，显受地理环境、历史条件等诸多因素的影响。就其规律而论，大致有三种情况：

一是密布于平原地带，且多依山建村。平原地区土壤肥沃，河道纵横，利于农耕，因而聚落分布较为密集。如地处定山平原的定塘镇，面积59.5平方千米，聚落89个，平均每平方千米1.49个，人口密度每平方千米595人。地处南庄平原的原南庄乡，面积28.5平方千米，聚落37个，平均每平方千米1.3个，人口密度每平方千米621人。贤庠平原，面积15平方千米，聚落32个，平均每平方千米2.1个，人口密度每平方千米高达1168人。而地处低山丘陵的泗洲头镇，面积74平方千米，聚落40个，平均每平方千米0.54个，人口密度每平方千米257人。地处半山区的原亭溪乡，面积53平方千米，聚落32个，平均每平方千米0.6个，人口密度每平方千米仅240人。一般说来，平原边缘聚落更为密集，多数村落沿山麓而建，面对平原，尤其像黄避岙平原、珠溪平原、钱仓平原、西周平原等，绝大部分村落都建在山麓地带。这恐怕与象山县平原都由历朝围垦而来有关。

二是密集于交通要津，多沿途建村。海陆交通要道，方便生活，利于经济，因而聚落往往密集于这些地区，且多沿途分布。如原石浦镇，大陆部分面积24平方千米，聚落多达53个，平均每平方千米2.21个，人口密度每平方千米高达1594.5人。扩镇后，面积增至81.345平方千米，聚落112个，平均每平方千米1.37个，人口密度每平方千米794人。主要原因是石浦一带历史上海、陆交通方便。尤其是东门岛，因处海上交通要冲，1.72平方千米的土地上，分布着8个自然聚落，平均每平方千米4.65个，人口密度每平方千米高达3346人。紧邻石浦镇的昌国镇，历史上海、陆交通闭塞，聚落就少，面积36.4平方千米，聚落只24个，平均每平方千米不足0.65个，人口密度每平方千米372人。同处南田岛，原鹤浦镇海上交通方便，面积34平方千米，聚落48个，平均每平方千米1.4个，人口密度每平方千米531人。而原樊岙乡交通闭塞，面积56平方千米，只35个聚落，平均每平方千米不到0.63个，人口密度每平方千米只有248人。

三是散布于山间谷地，且多临溪建村。山间谷地虽处山区，但依山傍水，土层较厚，也利于耕作，因此聚落也往往散布于此，且大部临溪而建。如原儒雅洋乡，地处西部山区，平均海拔全县最高，面积33平方千米，因有芭蕉溪、缘溪贯流其间，有33个村落分布在其两岸。原后岭乡地处内陆丘陵地区，面积16平方千米，因有华溪横贯东西，有23个村落分布在其两岸。西周镇共有72个聚落，58个分布在西周港、淡港两岸。原泗洲头镇27个聚落，24个分布在南岙溪、东岙溪、西溪、龙溪两岸，而其东部白仙山，长11千米，宽5千米，其深处竟没有一个自然聚落。

我们的祖先是善于择地而居的。自然聚落的分布，总是土地肥美的平原地区多，水陆交通方便的地区多，依山傍水便于耕作的山间谷地多。这恐怕并不只是象山县自然聚落分布的一般规律。

三

象山县现有聚落地名2126条，其中互不重名者1586条。从命名由来考察其渊源，大致可分下列五大类：

一是以建村姓氏命名。这类地名共有257条，占互不重名数的16.2%，遍布全县各地。从其构成方式看，可分五种：

1. 单纯以姓命名。这种地名多以“家”作通名，如杨家、赖家、孔家、伊家、邬家。少数二姓或三姓合称，不带通名，如张陈、冯林、盛王张。这种姓氏地名分布广泛，平原、山区、沿海、内地均有，且为数颇多，约占姓氏地名的44%。

2. 姓氏附加方位或形容词命名。这种地名多数不带通名，如东陈、下沈、外韩、方前、大徐、大林、新虞。少数也带通名，如上白家、下章家、小杨家。有的因同族或同姓分居邻近两地，为便于称说，常冠以上、下或里、外，如上余、下余，里陈、外陈，上张家、下张家。这种姓氏地名为数不太多，但分布很广，全县各地均有。

3. 姓氏连自然地理实体通名命名。有的是姓氏与自然地理实体通名直接结合，如张岙、汤岙、周岙。大多数则在姓氏后边加上“家”再与山、岙、湾、溪、屿等自然实体通名结合，如仇家山、范家山、方家岙、郑家岙、蒋家湾、安家溪、程家屿。若含有方位，则将姓氏后置，如溪里方、山下孙、前山姚、山根俞、溪口周、隔溪张。这种姓氏地名主要分布在山区、半山区及平原边缘，为数也较多，约占姓氏地名的25%。

4. 姓氏连人工建筑通名命名。这种地名通常是姓氏与路、岭、碶、塔、井、庙、塘等结合，通名是双音节的或含有方位的，也将姓氏后置。如周家路、戴家墙弄、唐家岭、潘家桥、黄家塔、徐家井、黄家塘、桥头林、碶头陈、横塘欧、庙前杨。这种姓氏地名数量不多，主要分布在平原、半山区及沿海一带。

5. 姓氏与先祖职业命名。这种姓氏地名数量极少，如汤家店、缸窑俞、缸窑蒋等。

二是以自然地理实体命名。这类地名共有579条，占互不重名数的36.5%。从其通名用词和专名性质看，大致可分三种：

1. 直接以自然地理实体命名。这种地名通常以山、岙、岗、屿、墩、洋、湾、港、江、浦、溪、坑、潭、磈等作通名。专名部分，有的描述地形特征，如半边山、山夹岙、马鞍岗、龙屿、海墩、鹤洋、壶瓶湾（和平湾）、直落港、九龙江、鹤浦、断坑、旋潭、崇墟。有的表示方位，如南山、前岙、东溪、西泽、后洋、初坑。有的记述形状、色泽，如镜架岙、大岙、高湾、长坑、平潭、乌江。有的标以人工建筑，如延寿岙、坟山、庙岭坑。有的结合神话传说，如定山、雷公山、骍角岙、新罗岙。有的写其自然景观，如旭拱岙，因东临大海，时见旭日东升，彩虹挂空得名；蒙顶山，因春季无日不云雾蒙顶得名；石柱岙，因岙内有石似柱得名；棺材湾，因湾内有岩似棺材得名：有的则叙其物产、资源。如毛竹山、桃树湾、弹涂岙、黄沙坑、杉木洋、大虾港（大花港）、大鱼潭。有的还运用比喻、借代手法。一般不带通名，如金高椅、龙头背、小网巾、落掉猪头、黄狗盘。这一种聚落地名数量最多，且受环境影响明显。以山、岙、岗作通名地名，主要分布在山区、半山区。岙，指山间可居住垦种的平地。县内多山，岙自然亦多，由山、岙得名地名有125条（还不含带山、岙的姓氏地名）。以溪、坑、潭作通名的聚落主要分布在依山傍水的山谷地带及平原边缘。县内虽无大江大河，但山间小溪小坑不下数百，因而以溪、坑命名的地名也颇多。在平原、沿海及海岛的聚落则多以港、江、洋、湾、墩、屿（峙）为通名。

2. 直接以自然景观或土壤、耕地命名。以自然景观命名的聚落，常见的以岩石、洞穴的特征、形状、色泽或传说取名，如流水岩、吊水岩、捣臼岩、仙人岩、平石、平岩头、红岩、白石、乌岩、小白岩、龙洞、石屋、灯盏屋。以土壤命名的地名，常以土质、土色、地坎形态取名，如沙地、沙头、黄泥坎、赤坎、黄泥空、高坎头。以耕地命名的地名，一般以田块的形状、面积取名，如三角地、珓杯丘、笤帚畈、拾亩地、八亩。这种聚落地名主要分布在山区、半山区。

3. 直接以资源、物产命名。这种聚落地名数量有限，一般不带通名。以自然资源命名的如黄沙、长沙，为数极少。以动植物命名的如蛤沙、虾钳（花前）、茅洋、梅洋、松篁、大竹园。

三是以人文地理景观命名。人们在改造自然和社会中，创造了各种各样的人文地理景观，同时也常用这些人文景观来给聚落命名。这类地名分布很广，为数不少，共370条，占互不重名数的23.3%。从其所表人文景观看，大致可分五种。

1. 以交通设施命名。这种地名常以路、街、岭、桥、亭、渡、埠为通名。如三岔路、天打路、栲树岭、板岭、新桥、庆丰桥、树桥头、七里亭、新凉亭、浮礁渡、渡头、黄埠、后七埠。有的附以方位，如路下庄、山顶岭、上渡头、下渡头。就分布区域而论，以街、路、巷、弄为通名者，主要分布在城镇。农村称“街”者，多指有集市贸易的聚落，如大碶头街、溪口街、中泥街、田洋湖街、新厂街。南堡、泗洲头、东溪、新桥等，也常以南堡街、泗洲头街、东溪街、新桥街相称。以岭为通名者，主要分布在山区、半山区的交通道口。如车岭，是旧时县城去西周、宁海的主要交通要道；板岭，是古时石浦去宁波府的交通要道；田下岭，是县城去昌国、石浦的必经之地；栲树岭，是墙头去泗洲头的必经之地。山口，方言称“岆”，也属交通地名。如乌石岆，是上南乡通往泗洲头、宁海的重要通道；大岭岆，是旧时昌国去田洋湖、新桥的重要通道。以桥、亭、渡、埠为通名者，在平原、山区、沿海均有分布。以渡、埠为通名的聚落（包括以渡、埠为通名的姓氏地名），多数已名不副实，但历史上却曾是渡口、船埠，为水运要津。

2. 以水利设施命名。这种聚落多以塘、碶为通名，如高塘、坦塘、墩岙塘、新塘、晓塘、三眼碶、六市碶、胡家碶、塘岸头、大碶头、新碶头、碶门头。有的附加方位，如上塘、下塘、里塘、外塘、中央塘、后洋塘、山后塘。象山耕地93%以上属历代围涂形成，以塘、碶得名的聚落，大都分布在沿海平原及海岛，山区个别以“塘”命名的聚落，实际指山间池塘，如牛游塘；或因形似称塘，如下沈乡破塘（普塘）；或因讹传，如石浦镇的普塘，原由普堂庙得名。

3. 以军事设施命名。象山历为海防要地，如唐有“象山镇”，宋有钱仓军库，元有蒲门、东门等巡检司，明有一卫四所二寨四巡检司，清有三营十二汛，还有为数众多的烽堠、隘口、炮台等。有些村落就直接与卫、寨、司、营、堡、台等军事地名相关，如昌国卫、寨里、寨后、司前、中堡、南堡、兵营、上营、下营、炮台下。昌国镇的马盘，由昌国卫驯马场得名。新桥镇的关头，因驻军设卡得名，昌国的昌前街、卫前街，因处昌国卫衙门前得名。石浦的吉城路，以明代石浦所城墙得名；营房路，以清代昌石水师营营房得名。这种地名大都分布在近海地带。

4. 以文化建筑命名。这种地名一般直接以寺、庵、庙、宫、阁、堂等命名，如常乐寺、护境寺、玉泉寺、新安寺、西洋庵、后洋庵、关帝庙、大王宫、文昌阁、泗洲堂。在城镇常以其专名命名。如丹城起春村，以起春庙命名；樟穆境村，以樟穆庙命名；上进村（原名上尊殿村），以上尊殿命名；文昌路，以文昌阁命名；羊府路，以羊府庙命名。也有以其全名命名，如石浦的城隍庙路，爵溪的白宫路。这种地名数量不多，但散布各地。

5. 以住宅、祖业命名。象山方言称草房为“草厂”，简称“厂”。以“厂”作通名的村落皆因其祖搭草厂居住而来，如山厂、上厂、下厂、外厂、大厂、地厂。瓦房称之为“屋”，如新屋、坟庄屋、上新屋、下新屋。建筑较考究的称“厅”“明堂”，如小厅、大明堂。在以“厂”为通名的聚落中，有的以始祖职业作专名，如盐厂、蟹厂、上纸厂、下纸厂、上缸厂、下缸厂。有的以原籍作专名，如平阳厂、温州厂、沙岗厂（沙家厂）。另有因其始祖以晒盐为业，故留有南盘、山灶、大灶、上灶、下灶等聚落名。

四是以神话传说命名。千百年来，民间流传着各种各样的故事，有神话，有传说。其中也有关于村落地名的故事，共44条，占互不重名数的2.8%。这类地名大多不以单纯故事命名，而常以故事作专名，与岙、岭等通名合称。从故事性质看，大致可分三种：

1. 以神话故事命名。如鸡鸣，相传仙人吕洞宾肩挑两山自南而来，何仙姑见此，学鸡啼，引出百鸡齐鸣，村由此得名。骍角岙，相传山坳有长角的红色神马出没，故有骍角岙之名。相思岭，相传有一青年与仙女相爱，却不能结为夫妻，长相思而身亡，村因此而命名。彭娘岙，相传是彭姥娘娘所居之处。谢圣岙，相传是谢德保剖肚洗肠升天成仙之地。

2. 以历史掌故命名。如丹城，相传因有梁代陶弘景在蓬莱山修道炼丹的史传得名。悬基坪，原名县基坪，相传因象山立县时曾想以此为县治得名。黄避岙，旧名王避岙，相传因康王赵构避难至此为村姑相救脱险得名。宋皇城，相传因赵昺投海浮尸于此，县民筑墓以葬得名。官司塘，因竹浦庵和尚与民争塘，里人诉讼于官并获胜诉而得名。

3. 以始祖故事命名。如贤庠镇马岙，相传始祖策马至此，马恋青山，迟迟不前，遂卜居于此得名。黄避岙乡马滩，相传邱姓先祖从福建避难来象，骑白马经此，陷于沙滩，故名马滩。其东之白屿，相传此马葬海边小山，并建白屿庙祀之，村由此得名。贤庠镇新妇娘房，初名新妇让房，相传曾有儿媳劝说公爹续娶，并让出新房，成为美谈，村因以得名。

五是以数字、方位等命名。以数字、方位等不同方式命名的村落，共336条，占互不重名数的21.2%。这类地名大致可分五种：

1. 以数字命名。如三家村，因由三姓同建此村得名。百姓地，据说早先住有一百个姓氏。三份头，传说最初只三户人家且几代单传。六股头，因六户人家同分耕地名六股得名。百脚岙，相传山坳初住五十人，有一百只脚而命名。九顷，因山下有良田九顷得名。七林湾，因最初住七户林姓得名。

2. 以里程命名。如七里，以新桥至此有七里得名，因有2村，故分上七里、下七里。十里亭，因西首珠山脚、东首钱仓至此均十里得名。七里亭，以东首丹城、西首黄溪渡至此皆七里得名。

3. 以地号得名。这种地名仅分布于高塘岛中部平原。清光绪初，南田招垦局招民围垦龙泉大塘，塘成，即以“杏树坛边渔父，桃花源里人家”十二字把塘分为“杏”字、“桃”字等十二个地段，每个地段又按数字编号。聚落处于某地段某号，便以此地号命名。如处杏字地段八号，便叫“杏八”。桃三、桃五、树五、树七、花三、花八、父十、渔十、桃七、杏十三、边一等均由此命名。处杏字地段多余部分，则称“杏余”。

4. 以方位命名。方位地名是特指以方位词组作为名称的一类聚落地名，像东陈、下沈、西港、上厂、外塘一类含有方位的地名并不在此列。另外，带“头”字的地名也不是方位地名。头，是表示名词的词尾，在象山，碶闸也称碶头、碶门头，山峰亦称山头，桥亦称桥头，塘岸亦称塘岸头，岭亦称岭头。因此如大碶头、新碶头、碶门头、山头、树桥头、塘岸头、岭头等聚落名，并非方位地名。在城镇或较大自然村，常以聚落的方位命名。如丹城有城西、城东、城南、市中、东门外等地名。石浦有城北、延中、番东等地名。盐厂有东边、西边、中心。在农村，常以山、河、洋、岙、岭、塘等通名后附加方位词或加心、脚、根、边、底一类能表示方位的各阅来命名。如山下、山根、山前、北山下、西山下、岙里、岙底、河东、河西、洋里、洋心、岭下、岭脚、塘里、大塘里、湾边、湖边、江东、里江东、外江东、峙前、峙后、司前、舫前、上寺前、下寺前、小宫后。

此外，还有以祖籍命名的情况。为不忘故里，有些建村先祖便以原籍命名。如鹤浦镇的三叉洋枪，以其先祖从温州三叉洋枪迁来命名；温州厂以其始祖从温州迁来命名。高塘岛乡的大百家徐、小百家徐，因其始祖从黄岩百家徐迁来得名。定塘镇的宁波站，因其先祖从宁波迁来得名。贤庠镇的平阳厂与石浦镇的平阳厂，因其始祖均迁自平阳县得名。西周镇的防东，原名旁东，因其始祖从宁海亭旁（今属三门县）东迁命名。定塘镇的新岙，因其始祖从新昌县马岙迁来命名。

四

地名是人们在生产、生活及社会活动中产生并约定俗成的，具有相对稳定性。现存聚落名称大都是历史上沿用下来的，有的已经历了几百年、上千年。但是，地名也随着社会发展而不断变化。有些地名因聚落消失成了历史地名。如东陈乡的山下边、船岙，皆因瘟疫肆虐而废。丹城镇的塔山下，因遭大火而废。西周镇的金岙、虾蛄塘、长白沙及丹城镇的上张家、应家、王家、邬家、冯家、高平碶等，则毁于台风。涂茨镇的东门外、岩岭头、仙池等，又因交通不便而搬迁。石浦镇的九坑岙、铜桥等，因建水库而迁移。有些地名因聚落的新建而产生。如黄避岙乡的护境寺、新桥镇的五师寺等，因土地改革时改寺宇为民宅而成村。西周镇的黄泥桥、石浦镇的墙头，均因原儒雅洋乡、原东门乡政府移驻而成。丹城镇的门前涂、岳头嘴，则因知识青年下放办场而来。墙头镇的章家、戴家因建仓岙水库而废，同时又产生戴港与丹城镇的南仓。但是，更多的聚落地名，则在历史发展进程中相应发生演变。究其原因，大致有以下数端：

一是姓氏更迭。有些姓氏地名，原以建村始祖姓氏命名，后来始祖绝后、外迁，或者由多数变为少数，引起村名变化。如东陈乡的王家槛，本以祖姓称何家槛，后何姓外迁，王姓繁衍成大姓，改称王家槛。昌国镇的石家，本以祖姓称朱家，后石姓迁入并繁衍成大姓，改称石家。茅洋乡的李家弄，本名林家弄，后因李姓变成主姓，改称李家弄。西周镇的上张，本名上陈，后张姓入迁，陈姓外移，改称上张。大徐镇的蒋家园，初名蒋家，袁姓迁入，改称蒋家袁；后，袁姓又外迁，遂谐称蒋家园。有些演变成非姓氏地名。如涂茨镇的珠山脚，初以周姓围塘建村命名周郎塘，后他姓入迁，周姓变为少数，改以方位命名，称珠山脚。墙头镇的舫前，本名方家，后方姓衰微，王姓渐发，取方在王前之意，称方前；又因村北有船埠，后改作舫前。有些则由非姓氏地名演变成姓氏地名。如新桥镇的东史，本由邵姓居于狮子山东麓，命名东狮，后史姓从关头入迁，并发族成大姓，才改称东史。

二是环境变迁。有些聚落地名因自然环境变迁而引起演变。如丹城镇的杨蓬岙，原为渔民泊船晒篷之海湾，因名晾篷岙，后，以为晾篷不如扬篷，改称扬篷岙，再后来，海湾被围垦，变为内陆，因而改名杨蓬岙。胡家碶，本以人家住在湖边灵长碶旁得名，后因湖泽变为良田，而改成姓氏地名胡家碶。东陈乡的马岗，初为渔民靠船晒网之地，故名网江。“网”与“马”，方言音近，旧志作马江。“江”与“岗”，方言同音，且海岸外移，变成内陆，遂改作马岗。定塘镇的田洋湖，初以胡姓从山上移居田洋得名田洋胡，后因村前田洋积水成湖（今称镜湖），改称田洋湖。同镇之下山，村前原为圆形海滩，村民以晒盐为业，因名盐盘头，后海滩垦为水田，遂以处老鹰山岗之下而称下山。

三是去繁就简。有的聚落地名原来比较长，后为便于称呼，削减字数。如墙头镇的丁家，原名丁家纸寮；岭下，原名岭下陈。丹城镇的高俞，原名隔河俞；西林，原名西林吴。有的易名就简。如丹城镇的蒋家，原名西林蒋；杨家，原名庙前杨。墙头镇的屠家，原名岭下屠。也有的原字笔画较多，后以同音字替代。如墙头镇的太山，原名泰山。大徐的三角地，原名三角埭。

四是避俗求雅。地名的雅化往往跟本地的方言语音相关，多以同音假借而来。如鹤浦镇的壶瓶湾，雅称和平湾。下沈乡的饭蒸山，雅称万金山。石浦镇的盐仓，雅称延昌。西周镇的树下洋，雅称儒雅洋。茅洋乡的坟山，雅称文山。大徐镇的下林溪，雅称雅林溪。有的因自然景观发生变化而雅化，但与语音也不无关系。如贤庠镇的贤庠，原名盐场，后海岸北移，盐场变为农田，故以同音雅化为贤庠，意为培养贤能之处。高塘岛乡的孝贤湾，原名烧盐湾，后因围垦，村民改盐为农，遂以同音雅化为孝贤湾。有的地名因粗俗难听而雅化。如鹤浦镇的鹤浦，原以山形得名鸭嘴头，后改鸭为鹤，鹤立水边，雅称鹤浦；黄狗盘，雅化为黄金盘。石浦镇的坟坛港，雅称文旦港。高塘岛的门扇后，改称文献。雅化地名自然要经历较长的时间，因而有的至今仍雅俗共存。如西周镇的门岙，后雅称闻岙，中华人民共和国成立后写作文岙，但群众仍习称门岙。石浦镇的五眼桥，中华人民共和国成立初因开展五爱运动而雅化为五爱，但当地群众仍称五眼桥；女溪，本以玉女溪得名，后雅称汝溪，而方圆仍习称女溪。地名的雅化与文化素养有关，有的雅名富有文采。如西周镇的琴诗岙，初以建村始祖布村得名郑施岙，后以主姓改称陈施岙，清时雅化为琴诗岙。前述贤庠、雅林溪、儒雅洋等雅名也都富含深意。但有的雅名并不得体。如晓塘乡的美石，原以抱儿石得名，1958 年以为粗俗，雅化为美石，一个形象丰富的地名被雅化为不着边际的抽象地名。原大塘乡的叶口山，本以逸狗头山得名逸狗山，1958 年被雅化为叶口山，教人难解其意。

五是误传讹传。由于文化水准不高，或者贪图方便，加之受方言同音近音影响，使用时只表其音，不究其义，久而久之而误讹为现名。如泗洲头镇的鹭鸶跳，误传为路西跳。西周镇的蛎山误传为利山，鹤浦镇的大白象、小白象，讹传为大百丈、小百丈；九埕桩讹传为九皮庄。黄避岙乡的茭湖误传为高湖。下沈乡的航头讹传为杭头。东陈乡的鹤头讹传为岳头。墙头镇的笋山岙讹传为沈山岙，八墩讹传为白墩。涂茨镇的炭山岙讹传为太山岙。

六是行政更名。主要是指通过行政手段变更地名。这有两种情况：一是同名更名。通常是两个或三个相同聚落名，依照其知名度的高低留一改一或留一改二。如县内两个大碶头，改贤庠镇的大碶头为东碶头。两个岳头，改昌国镇的岳头为新鹤。两个司前，改西周镇的司前为西前。两个沙地，改西周镇的沙地为沙泉。三个茅洋，只留茅洋乡的茅洋，另两个分别改为毛洋岭、梅洋。二是托意更名。如贤庠镇的新丰村，原名新妇娘房，1969 年取“新妇娘房丰衣足食”之意而更称新丰。涂茨镇的民主，原名萧家，中华人民共和国成立后因萧氏地主家族被摧毁，寓意人民翻身当家作主，更名民主。丹城镇的五丰村，原名五村，1961 年取“五谷丰登”之意，改名五丰；友谊，本名小东洋，20 世纪 60 年代为避日本贬称之嫌，改称友谊。有些则受某一社会政治潮流影响而更名，但生命力短暂。如“文化大革命”期间，曾出现许多像红旗、红卫、红建、红峰、东升、光明一类政治性强烈的地名。进入 80 年代，这类“红”字号地名都陆续恢复原来名称。

地名是一种社会现象，是人们赋予给定景观的专有名称，是自然和人文的地理景观在人们头脑中的反映。因此，它必然受历史、地理、民族、经济、文化、语言以至政治诸因素的制约。从上述四方面对聚落地名的考察，不难看出，地名是人类在共同的物质生产活动中彼此联系时产生的，是人们生产、生活集团化、社会化的产物。如果把成千上万的地名加以综合考察，不难发现，它是民族迁徙、拓居活动的见证，历史沿革的记录，自然环境的素描，民情风俗的反映，民族语言的刻痕，因此是研究历史、地理、语言、社会以及民族、风俗的珍贵资料。任何事物的产生、发展、消亡都有其规律可循，地名也不例外。

录自《象山县地名志》

（五）新闻报道

1. 开垦南田续闻

宁波东北沿海之岛曰舟山，再东北曰岱山，再东北二岛曰大衢山、小衢山，即今春浙抚杨中丞札委唐观察、会同瑞观察，前往履勘之南田是也。所议先将大衢山开辟荒田，曾已具奏旨允准，但南田土人虽非台湾之生番可比，然久，自乐其乐，各适其天，平日即有争执等事，亦皆由土人之有名望者秉公酌断，可不必涉讼公庭，已知世外桃源，不通问讯矣。现知有开垦征粮之举，未免鸡犬皆惊。前日已将三事禀请，一拟请颁发誊黄，以昭信守，一拟请设官统辖，监察民情，一拟请疏浚河道，俾获水利。如以上三事未准，实难遵谕云云。故前月杪瑞观察商请宁绅陈鱼门太守前去相机办理。闻太守现尚寓于舟山之曾尔昌孝廉家内，于此事尚无头绪也。

《申报》1876 年 12 月 25 日

2. 得贿纵盗

宁之石浦镇黄万福者在洋捕鱼为业，十月间于象山洋面遇盗，船只货物一并劫去，黄亦被执。其妻黄虞氏闻信即控之于石浦厅，嗣经石浦水师营船拿获潘阿狗等四名，讯即劫黄某之海盗，随移送石浦厅收禁。不料近传得该盗贿通差役，得洋四百四十元当夜松镣纵逃，现已月余，尚未弋获，而黄仍不知下落，故黄虞氏背负冤章赴宁哀告。闻已控于府署，未知宗太守作何批词也。

《申报》1878 年 12 月 27 日

3. 涨滩候勘

象山西乡马岙地方近有涨出之海滩，兹闻绅士叶某等拟在该处筑塘栽种禾稻，赴府递禀报升，宗太守恐有妨碍，批候札饬象山县查勘详复，再行核示。

《申报》1881 年 6 月 14 日

4. 添设书院

宁波府属之象山县东乡离城较远，凡生童之入城肄业书院者往往因道远中止。现经贡生樊某等筹捐款项建珠山书院，岁置经费以所捐田一百五十亩抵用外，尚不敷钱一百二十千零。是以该贡生等业已据情禀府请为拨款协济。蒙宗太守查明象山县每年有解府月湖书院钱三十千文，应自光绪九年起拨济珠山书院，毋庸解府。又有象山向有解府船工经费一款前已裁停，今因该书院经费不敷，即将此款亦自光绪八年起一并凑足，统计每年拨钱一百三十千，交该书院董事按季具领，已由府札饬象山县遵照办理，并札象山学查照云。闻新任象山县宋邑尊素有循声，想此事不难观厥成也。

《申报》1882 年 10 月 29 日

5. 象山盗案

宁之象山泗洲头居民铺户约共有百余家，三月二十八日辰刻突来盗船六七只，盗党六七十人，口操台音，手持器械，自辰至午，大肆抢夺，居民不敢抵禦，任其饱掠而去。被害者共有十七家，害主开具失单报县，当经象山县踏勘外，一面将抢劫情形具禀，一面会同该处都司节次出洋访捕，并悬重赏在案。无如象山洋面港汊纷歧，而盗之根株在台，其下海党羽多伏于南田滨海各山岛，出没无定，迄今月余，迄无拿获。查泗洲头离县城、石浦均不过数十里，去年抚提二宪因念旧带达字营段参府等驻防石浦，时购线严拿，匪颇敛迹。迨段参府等离石后，石浦附近一带盗又潜出，是以特派统带红单水师暨惠济轮船之郑□府驻巡石浦，名为象山练军，原为保护地方而设，乃练军营哨既不防范于事前，又不严拿于事后，已难辞咎。复据拿获沈孔泽等数人，不特赃迹未明，且据天台宁海民人万鼎新、史秉常赴宁波府署禀诉，谓系盐局巡勇被刑诬服，则更觉荒谬矣。兹闻事主胡永增等重开失单，联名赴府呈诉。宗太守现已先提道，特严饬象山练军营□单水师营象山协石浦都司水陆严行访捕，务获此起赃盗，由县照格重赏。海门营守备黄文宗三月念九日在台属之渔都岙拿获盗船六艘，惜盗犯携赃登岸逃逸。续有船户顾其立等三人认领盗船来府，供出盗犯伙劫泗洲头情形。宗太守已准其带往各处指拿同党，并由府详请提道宪移会海门镇，激励该守备奋力破获，除勇丁重赏外，并将出力官弁由府详请优奖，所获船只赃盗务即移送象山县就近饬传认领，讯供严办云。此外胡永增等为思患设防另具一禀，叩请设立团防等词，宗太守已于团练案内准发象山洋枪四十杆，劈山炮四尊，候再移局添发洋枪二十杆，以防各海口巡防之备。泗洲头虽属小村，店铺居民亦有百余家，每家有壮丁者或出一名二名，议立团防章程，无事各安其业，有事鸣锣立集，互相救应。果有章程办法，其团防枪械自可赴县请领，但须邀同老成耆董妥议，赴县具禀，非仅尔等三四人及一纸空言所能取信，着速遵批邀集老成耆董议立章程道法，赴县具禀，听候核办。

《申报》1884 年 6 月 14 日

6. 石浦电耗

南洋兵船五艘之往援台湾也，其行迟迟，不即赶闽。而法人得信之后，即差兵船四路探截，前曾到过大戢山洋面，旋又各处查探口船，此间遂知华兵船之所在。去腊廿九日，五船均由宁波洋面启轮，瞥见法船，中国统带水师提督即于澄庆兵船竖旗，令各船南驶。法船见即追之。南瑞、南琛、开济三船行驶颇速，先行避去，入镇海口而不出。其驭远、澄庆两船则行缓，驶入石浦口，水浅被搁。法兵船亦不能驶入，乃放水雷船入攻之。自廿九下午至三十日晨，共攻四次，俱为华兵船击退。至元旦，有渔船张帆而归，法人以水雷船杂其中，华船见帆，知为渔船，停枪不放，迨见有烟囱火花，始知中计。司炮者仓猝中以筑药实炮之铁条，桀而投之。正中法兵，堕水而死；而水雷船则已急不能止，但闻轰然一声，而驭远被击成孔；又一水雷船击澄庆，也被击穿。华兵官见事急，指挥众兵登岸，而岸上民人先已不愿该二船在石浦与法人见仗，至是更阻，勿使登。众兵携有枪械，始得奋力登岸。而民人有肆行劫掠者。两船上兵士幸均得脱，惟一人被法人手枪击死，一人上小艇，艇仰遭溺，余则无恙。以上皆驭远、澄庆两船之水手回沪所述也。福利轮船由沪前往探视，于正月初三到石浦，彼时统带官已启行来沪。惟驭远船上官兵则尚在石浦，须俟将各兵安顿之后，方得启行。福利船亦即于初四日言旋。据称驭远船已将半沉，澄庆则船身欹侧矣。并悉该二船失去炮械等物，连船约值价银一百二十余万两。临行时装去水雷五十具。尚有水雷船四艘，则并未随行也。至于本埠传言镇海炮台被毁及定海被扰等信，则皆因讹传讹，查得无其事云。

《申报》1885 年正月初六

7. 海盗猖獗

象山一县孤悬海角，久为盗贼之巢，纵火劫财事所恒有。日前金井头等处有海盗登岸，驿骚掳人勒赎。经绅士陈君之翰等吁请胡太守在该处添设炮台，调拨重兵防守。太守准词，当即札饬象山县妥筹防御章程，禀候核办，一面会营巡缉以戢匪踪。被掳之黄孝章候檄县，会同营汛防军多派干练兵役严速查明，追回具报，至添设炮台一事，太守谓当此帑项支绌，未可轻议创造云。

《申报》1886 年 3 月 31 日

8. 详述象山闹捐

象山闹捐一事前报尚有传闻之误，兹得其详爰再述之。事缘墙河头捐卡王委员于加捐之外又欲苛派杂费，乡民因是不服。邑尊邹大令闻之，先请王委员到署以免乡民为难，并将亲往墙河头捐卡传集乡老，晓以利害。奈王委员犹豫未决，并不来城，是以邹邑尊亦不下乡，此上月十九日之情形也。乡民旋将捐卡拆毁，王委员逃回县署，邹邑尊即到欧绅家商议此事。欧绅星夜着人请墙河头拔贡王某到家。邑尊与欧绅同谓王曰：君乃该处绅士，既不先为弹压，任听乡民肇衅，今事以至此，速将为首者捆送，免得干咎。王谓乡民闹捐，不关我事，若欲速拿为首之人，汝为县官，何不饬差先行往拿，反欲贾祸于我，岂将以我为首乎？邑尊怒其藐视官长，遂拂袖而起曰：不将为首者送到，定必拿汝为首。两相争论而散。此二十日之情形也。次日，乡民数千持锣麇集县署。邹邑尊整具衣冠升坐大堂，面谕曰尔等既毁捐卡，犹不知罪，今又聚众鸣锣，岂不畏王法乎？尔等速退，本县当详禀大宪。乡民齐声曰我等只凭王绅一言，王绅能到，我等可退。邑尊闻言，一面即着本署司帐人邀请王绅，一面请象山都司拨兵弹压。适都司公出，转请象山城守，不意城守置之不闻。墙河头离象山城二十里之遥，士绅一时难到，乡民不能久待，人多口杂，谓王绅不来，我等必欲得王委员而甘心，遂哗然而起，拥入宅门内搜寻王委员，而委员早已避匿。乡民不见王委员更肆吵闹。邑尊见乡民如同化外，亦乘机而逸，阖署上下男妇人等如见大敌当前，争先逃命，以致上房及各房间一切器皿衣服或被捣毁，或被攫去，大约十失五六，甚至案卷亦被损坏。迨王绅驰至半途，闻知风声，到也无益，只得折回。此二十一日之情形也。次日，邹邑尊将闹捐情节先详道宪，吴观察即委厘捐局总办彭太守同前任慈溪县徐大令带领宁防营绿头勇二十名驰往象山查办。邹邑尊旋同彭徐二委员至欧绅家商议，着人至墙河头，诱蒋姓宗长及鸣锣者二人，行至半途遂执而送县，一面调拨提标兵三百名到象山城弹压。彭徐二公既获蒋姓二人押同上郡解送道署，而为首之孔某亦投案。刻闻道宪已将王拔贡详革，禀请大宪发落也。

《申报》1889 年 7 月 1 日

9. 论象山浆捐案

象山出土浆名曰象浆，盖该处土人自种莺粟，剜浆制土，以售诸人。象浆之名在浙则与台浆齐驱并驾，而此外云南之南土、山陕之西土、四川之川土、江北之砀山土，大都皆此一类。中国吸烟之人，吸洋土者固不乏人，而吸土浆者，其数则更有过之无不及。自洋药税捐并归洋关，又较从前加增税厘，而吸烟者尤患洋药之价贵而乐于吸食土浆。土浆之税仍归厘局经收，此中不无绕越偷漏之弊。象山所出之浆，名闻远近，贩运者日见增多。于是乎试办浆捐之举不归厘卡，另设捐局，特派委员，因此而招人之忌，触人之怨，遂至有闹捐一案。本馆前闻此信早已备录本报，盖此事在去年夏间迄今已一年余矣。但知闹捐之犯已获，所谓指使之在籍绅士内阁中书王某，业经抚宪饬宁绍台道查明声覆，实无其事。其办理不善之委员王宗丞、象山县知县邹文沅，亦经抚宪奏参，一则革职，一则降补府。经此皆见于邸报者也。至其全案如何办法，则尚未悉其详。昨阅邸抄，见此案业已奏结，而后叹小民之私心自逞，阻挠政令者，亦徒自苦耳。此事为首者为孔某某，为从者曰蒋某某，已获案者曰王某某，徐某某、欧某某皆在逃者也。自光绪十五年三月间象山县属墙头等处地方，添设分卡，抽收浆捐，委员王宗丞办理卡务。其时浆价骤昂，商贩裹足，土浆由是销口迟滞。乡民之以浆为业者，咸归咎于捐卡纷纭之故，欲求撤卡免捐。至五月二十日，孔某某携带土浆十余两，赴市出售，路过墙头分卡，被巡役瞥见，勒令报捐不允，则扭住孔某某不放。一时观者人多，众心不服，致将该卡门窗桌椅等物悉行打毁。孔某某亦乘间走回，迨象山邹大令闻信驰往弹压，业已星散。乃邀王委员进城会商禀报，一面饬差查拿。而孔某某遭此一番挫辱，回家之后，总以捐卡不便起意，乘此求免浆捐，纠众赴县署，挟制商允王某某等分投纠人。至二十一日晨，孔某某与王某某等四人，各自纠集乡人一二十人同赴县城，又命蒋某某鸣锣聚众，乡人闻声毕集，是日上午同至县署，声称寻觅委员，求给免捐告示。邹大令当堂开道，孔某某等仍执前词，要求不已，以致观看之人愈聚愈众，人多手杂，拥入三堂并幕友等书房，毁坏门窗器物，其势汹汹，直至邹大令知会营汛，派拨兵役弹压。又得在城赵绅士世春竭力解纷，孔某某等始各散去。此一闹可谓大矣。继而孔某某闻拿投首，虽无哄堂殴官情事，而官之受惊则已不小。令此案已结，办理不善之委员则奏请革职矣，邑令则奏请降调矣，被诬主使之绅士则请无庸置议矣，酿事之巡役则以不识姓名已饬县查拿严惩矣，县署捐卡被毁各物则已由绅士赔偿矣，该县墙头等处地方添设之卡亦由府局察看逸犯情形，禀经一律裁撤矣，其被孔某某逼胁同行之乡民人数既多，又不知其姓名，均得宽免查究以省株累矣。王某某等幸而逃免，亦得与酿事之不识姓名巡役一律饬缉获日另结矣，一天事皆了矣。所苦者孔某某与蒋某某二人，然蒋某某则以鸣锣之后，旋回田内工作，并未同行，得以比例量减，而孔某某则系为首之犯，拟以直省刁民，假地方公事强行出头，逼勒平民约会折粮，擅自聚众至四五千人，尚无哄堂殴官之例。又以一闻查拿，即自行赴府投首，尚有畏法之心，于斩决上减一等，杖一百，流三千里，仍以案情较重请酌加一等，拟发极边足四千里充军。该犯等虽事犯在光绪十六年三月二十六日，恭逢恩昭，以前惟核其情罪，系在部议不准援减之例，不得准其援减，即行分则定地发配。以上皆崧中丞奏折中所叙情节，由此观之，孔某某之罪不亦咎由自取哉。孔子云：民可使由之，不可使知之。此以言乎上之政令，不能使民闻知其所以然，而意存挟制也。若政令有不便者，则乡校之议，子产亦所不废下情，又不可壅于上闻也。惟下情固不可壅，而下情亦不可逞，若因欲达下情之故，而竟任情纵恣，激官之怒，触上之忌，则欲达者反不能达，且其祸不旋踵而至矣。孔人华因欲求免浆捐而舍身以力□，其情则可原，其罪则难逭。今崧中丞奏办此案，仅坐罪于孔人华一人而免株连，已属法外施仁，窃愿天下之欲动公愤者，以此案为前车之鉴焉。

《申报》1891 年 1 月 17 日

10. 查办南田

南田者孤悬浙海，本系封禁之地。自开禁以来，招民开垦，设官升粮，诸事草创，本称难治。近闻有草寇时出劫掠，飘忽靡常，山民被害实甚。浙抚宪崧振青中丞特委与□总局总办宗湘文观察乘坐超武兵轮船，于去腊二十五日三点钟时，行抵宁波。于时宁波府胡太守、鄞县杨大令均往码头迎接，观察即在察院暂驻襜帷，不日往南田查办。想观察宦甬有年，于风俗人情素所熟悉，此次捧檄遄征，自必措置裕如也。

——《申报》1892 年 2 月 5 日

11. 盗案府批

宁波象山县水路各处近多盗匪出没，且有假扮巡勇四出剽劫毁屋伤人者。经事主靳允成陈绍尧等联名赴府控陈。胡太守批示云：盗匪假扮巡勇，敢在内港行劫得赃，实属愍不畏法，可恶已极。据称旧今两次失事均经报县有案，何以该县一无破获，又不照例通报。盗匪陈老虎既有水手认识，知其住址，何以又不提案究办，任令逍遥法外，殊属不解之至。仰象山县立将先后两案因何不报缘由先行明白禀复，听候察夺，一面会营选派干练兵役悬赏购线，勒限一月内务将前今两案赃盗悉数弋获究办，毋稍讳匿纵延，致干重咎，切切。又批：盗匪四出劫掠毁房伤人，实属凶横不法，据称将东陈泗洲头两处淮军照旧驻扎弗调系为保卫桑梓起见，惟既据并禀着听候各宪批示可也。至称象邑所属韭山海岛贼匪踞为巢穴，候饬县查明会同水师营汛前往驱除，以免负嵎为患。其八九两月被劫各案查核仅据该县将邵天津一案勘详，其余未据禀报有案，并候饬县查案禀报，一面会营上紧缉拿各赃盗，务获究报，并即知照。

——《申报》1892 年 11 月 29 日

12. 意舰行踪

宁波访事友人云，二月十七日有意大利国兵舰一艘驶入象山县境石浦港，后随英国兵舰一艘，至十九日即退出，然则索租三门湾一事本报所载，刻已松劲，果确而有征矣。

《申报》1899 年 4 月 10 日

13. 象山县境三门湾形势考

志称象山南田四面悬海，周围一百余里，山名大佛头，高出海中诸山数百丈。日本人贡船望北行，以此山为向导者，即今之象山三门湾是也。航海而来，自入金漆门，进口有曰小南田者，有曰大南田者，大南田之外有龙虎山焉、凤皇山焉，其外近海口则排门是也。由大南田而进，则老鼠山、马小潭、高坎头是也；再向前进则有虎头岩、黄狗岩焉。由小南田而进，则有枫门焉，又进则有曰石门岭者，有曰下平岩者，有曰上平岩者，有曰石屋者。至曰外沙，曰卧亭，曰黄金坛，曰北盘箕山，曰唐局，皆滨海之地也。盘箕山对面则有天后宫焉，其中隔一港则老东门港，是遵海而东则有籐棚屿：其大者曰大岛，曰下敞基，其隔江曰大罗源，大罗源之隔江对面曰大佛山，花岙因其相对，故内一港名珠门港焉。然海中岛屿相对，特珠门港也。盖其间进之则有曰金雷门，曰林门港，曰上三门，曰下三门焉。再进则塞下门山、金鸡山、狮子山、太平山、大门山、昌国卫城是也。其长山嘴炮台最为险要之处，其前山炮台则所以保卫石浦者也。遵海而西其海中岛则有下湾门港者，大湾山、花峙山皆岛也。其小岛有狗头山、里坑、泥螺屿、箬帽屿、黄楚头诸胜，海有老鼠礁、称钟礁、中泻礁、大铜钱礁、小铜钱礁，皆船之所当避也。其铜头山及对面牛栏基两山对峙，中有门焉，名曰内淡水门，亦险要处也。此外若东销山、西销山、三岳山、云屿、日屿皆海中诸山，若星罗棋布者也。其与台州府宁海县为邻界者，则有台宁屿，其港则曰双连港焉，其山则曰罗汉山、海古山、逸狗山、下莺山。其港则有浮礁港、蒲白港焉，逶迤而南，则有上盘岭、罗岙、鸡鸣山焉。其由南而东，则大化山、盘龙山是也。志称海中十洲，以南田为第一，其中有范岙、林门、朱门、金砦、下湾诸处，盖举其大者而言，而未及详其细也。昔在同治年间，海氛不靖，洋盗据南田为窟，大宪令某公往征之。某公系上海人，同治初年粤匪窜浙时，某公奉苏抚宪檄，统带洋枪队至宁郡助官军剿贼，浙平后某公仍在浙中。及南田多盗，省中大宪会官吏共商议往征之，入佥曰，非白袍小将不可。白袍小将者，军中旧称某公之号也。大宪韪之，于是某公统带洋枪队乘轮船由海道而进，至金漆门上岸，不见一人。某公命洋枪队严阵以待，毋得懈怠，盗必离此处不远，盖将以诱我耳。言毕即率亲兵数人棹小舟渡江，至石浦访问南田可以伏兵之处，并无知者，半日后，俄有一人，系福建人，而久居石浦者，答云知之。某公即命此人至南田为导，引军前进至一处，果有小洞口，仿佛若有光，众莫敢入，某公曰重赏之下必有勇夫，乃令于军中曰，有敢先入探洞中消息者，赏洋银十元。俄有一人言愿往，某公曰如见有盗，当放枪一声为号，于是此人奋勇先入，不过片刻，即闻枪声，某公乃率军齐入，其中见别有一天，所伏匿之盗约有千人，洋枪队往击之，群盗歼焉。事平后，某公命掩其穴，后遂无人知有穴者。是役也，向非某公知兵，则群盗至半夜时，乘我不备，出而击营，则我军危矣，因论三门湾形势而附记，此俾后之知兵者有。

《甬报》1899 年 4 月 19 日

14. 扼守岩疆

宁波采访友人云，浙江巡抚刘景韩中丞知意人索取三门湾，声势汹汹，叠调兵船游弋，因于本月十六日檄饬李军门统领省防练军两千名督同吴都戎黎守戎驰赴镇海、石浦等处，加意防范，以免敌人窥伺岩疆。

《申报》1899 年 5 月 29 日

15. 勘验命案纠葛

南田属龙泉塘地方陈邦延家于前夜三更时，突有盗匪多人涉河进厂，图劫箩谷。陈某闻声惊起，持鱼叉刺击，一盗落水，众盗始逸。当即飞报甲长林云川等来，见一盗已被戳毙，遂具禀垦务局，移由象山县程大令带同书役仵作人等驰往勘验。当有吴陈氏喊称认明已死系伊子吴有长，向来安分农民，并无为匪情事。前月因争放田水与陈邦延口角，不意邦延挟嫌戳毙，谎报为盗，叩请验究。大令以吴有长之死是否黑夜纠抢厂致被陈邦延刺死，抑系陈邦延挟嫌戳毙捏报为盗，俟饬查传见证到案，研讯确情，再行录供详办。

《申报》1908 年 9 月 3 日

16. 象邑禀报统计成立

象山县程令日前通禀各宪，略谓遵照宪政编查馆奏定章程内第十二条设立统计处并订定统计处办事规则内开，如有未尽，不妨因地制宜，详加斟酌，务求完备等因。奉此。查统计规则，头绪纷繁，非熟悉掌故人员不克胜任。象邑绅士之堪膺此选者只有王绅予衮、陈绅焯二人，王绅本系劝学所总董，现又经办戒烟局及选举事务所，实不能分身再办统计事宜。陈绅则已应都城礼学馆电召，将次如都。惟查有象邑教谕丁谦学识优长，著述宏富，且秉教此邦二十余年，于地方民情风俗历史掌故均所熟悉，拟即延派办理象邑统计处，编纂调查悉由教谕兼任，月薪经费由县筹拨，处所即设该教谕署内，与规则第二条统计处人员不拘官绅、量材器使、设局处所不拘衙署或公会地方相符，已于本月初八日由丁教谕报告成立。

《申报》1909 年 2 月 16 日

17. 意大利兵舰之游踪

宁波府属象山县知县胡远芬禀各宪文。云窃于本年正月二十日，知县风闻县属四周港口有外国兵轮停泊情事，正拟饬查问，即据该处绅董蒋黼函称：昨十九日申刻有外国兵轮一艘驶进象山港，停泊西洲埠口。今晨亲往查探，用千里镜映照，该轮壳绿色，船内有桅杆两枝，烟囱两个，又有往来兵弁甚多，知是兵轮无疑。惟天适降雨，旗号未挂，何国兵轮不敢擅指，容俟天霁查明，再行续禀等情到县。据经函复该绅随时确探具报去后。兹复据蒋黼以本月二十一日九点钟天气晴朗，伊即鼓棹前往，驶至半港，正见该轮烟起，驶往白石山游弋，宁奉象三县交界之狮子口停泊半晌，约三点钟仍回至渡口停轮，少时，旋即驶往乌屿山东首，往北而去。查知确系意大利国兵轮等情续报前来。知县复查无异，除随时确查具报外，合将意大利国兵轮入境停泊三日即去情形肃泐禀报，仰祈察核。

《申报》1909 年 3 月 11 日

18. 浙抚奏请南田设立专官

浙抚增子帅奏请，前准政务处会同吏部议覆，署闽浙总督崇善等奏，查明南田形势，拟设专官一折，奉旨依议，钦此恭录谕旨，咨行到浙。当经前抚臣张曾敭札饬藩臬两司、宁绍台道参谋处会议详办去后。兹据布政使颜钟骥、按察使李传元、宁绍台道桑宝、参谋处帮办杨立言会详，称南田兀峙外海，贴近三门，与宁海定海玉环等厅县相为犄角，诚为东浙屏蔽，南洋要冲，其地近接石浦，遥隶象山，分四乡十都一百八岙，幅员广阔，岛屿分罗。自光绪初年开禁以来，派垦务保甲委员设局办事，专司编户收租，而无刑名专责。近来垦开渐广，生齿日繁，报垦之户，多系温台等处客民，去来无定，抚缉良难，自非专设文武员弁，不足以资治理。拟请设一厅治，名曰南田抚民厅，以宁波府水利通判移驻，缺分与定海玉环向一繁要，请定为海疆抚民通判，冲繁要缺，仍归宁波府管辖。惟既设专官，即有刑事，须设监狱，自应添设管狱官，拟请仿玉环厅治，以向驻郡城兼甬东巡检事四明驿丞随通判移驻，改为南田巡检兼司狱官，四明驿丞作为裁缺，所遗驿丞巡检事务，并请仿金华府双浃驿之制，就近改归宁波府经历兼管，各专责成，俸廉役食，暂仍其就。南田各岙，以樊岙为适中之地，原设有垦务保甲，即就旧有局屋，量加修葺，作为厅员办公之所。至武职员弁，复经会同考查营制，并拟仿大岚山移驻营汛办法，请以提标左营游击移驻南田适中之樊岙。与抚民厅统辖水路，全境原驻郡城守备千总二员，移设龙泉、鹤浦两塘，分驻巡防。把总一员，随同游击驻扎樊岙，作为城汛，凡原立左营驻扎郡城外额各弁，以及水师巡洋战守兵丁，一律随同改驻南田各岙，择要地设防，专巡洋汛，仍归提督统辖，应请咨由提督，会同宁波道府确加查勘，分别妥筹办理。其各岙之中，已经垦熟征租田地山塘，应行勘丈定则升科，未垦之地，劝民筑塘养淡。至兴立学堂，普施教育，举办督察，共保治安，以及应建文武衙署、仓库、监狱、汛地营房、巡洋师船与夫各口门如何扼要建筑炮台，用固海防，一切未尽事宜，统俟设移文武各官定案后，另行妥商筹款，次第兴办等情会详请奏前来。查南田地处海疆，形势繁要，自非专设民官治兵刑定户籍，兴养立教，无以树久安长治之规。该司道等所议各节，系属因地制宜，规划尚善，合无仰恳天恩俯准，敕部议覆，再行遵办。六月二十六日奉朱批该部议奏。

《申报》1909 年 8 月 20 日

19. 开办军港屯垦事务

象山地方，业奉海军大臣阅勘，定为军港，所有该处屯垦事宜，不容稍缓。现增抚已于前日特派翟令鸿濩赴甬，会同程统领办理象山军港屯垦事务。

《申报》1909 年 9 月 15 日

20. 预筹海军屯垦办法

象山港作为海军根据地，业经部议奏准在案。兹闻帮办海军事宜之程璧光统领及抚委瞿鸿护大令，日前先后抵甬，谒见当道，于初十日乘坐新宝顺船前往南田，会同该处垦务委员田令详细履勘，有无荒地堪作海军屯垦之处。

《申报》1909 年 10 月 1 日

21. 委勘军港路线纪闻

象山县胡大令近奉浙路公司来电，谓现派候选道徐骝良往勘自宁波至象山港草线，务求妥为保护等因，当即谕饬该处绅耆，一俟徐委员到境，务须妥为照料，一面函禀定海厅宪，请其沿途接应。兹闻该委员于日昨已向高泥进发，大约二三日可以勘毕。

《申报》1909 年 11 月 13 日

22. 筹议豁免南田历年垦租

宁属南田岛孤悬海中，地段广漠，居浙海形胜，特驻专员从事开垦，居民稍稍繁庶，惟垦户散居，征赋不易，历年负欠积数过巨。本年迭奉恩诏，经该处官绅一再陈请，业经藩司具详抚宪请示，日前又据该处绅士举人林典等联名陈请。兹奉批谓，南田垦租，尚未升科，本与田赋有别，历届并无豁免之案，本年恭奉恩诏，豁免前欠钱粮。现据该委员田令请示，是否一律照办，禀奉抚宪批示，即经由司核议，自光绪十四年起至三十三年止，历年所久逋负已多，同属实久，在民，应准一体豁免，以广皇仁等因。详复补发腾黄，饬发遍贴晓谕在案。据禀前情，仰南田垦务局委员田令遵照，一俟腾黄颁到，实贴晓谕，并将应免各庄户造册具报。其应缴光绪三十四年暨宣统元年新旧垦租，并即遵章催完报解，毋任籍端延欠，以重正赋等情，即行专札饬知矣。

《申报》1910年1月20日

23. 海军大臣覆勘军港消息

宁波象山港业由海军大臣定为海军第一军港，并议定今年开筑。近得消息，洵贝勒与萨军门提议，以此港关系海军前途，极为重要，亟须覆查详细形势，速行开筑。因拟由萨大臣亲自赴浙勘查一切，以便开办。

《申报》1910年5月27日

24. 京师近事

去年洵贝勒勘得象山港内之西湖湾堪作军港，即咨请邮传部添设军用电线，旋由电政局勘得西湖湾在象山港之东，宁波在象山港西北，若由宁波通至西湖湾，须跨象山港，较为周折，不如由宁海通往，均系旱线，共线路一百五十二里，虽绕道数十里，安设较易，且修理亦易为力。昨已禀部请示办理矣。

《申报》1910年6月9日

25. 电禀保护海军港工程

浙洋象山口开辟军港，迭奉海军处严电催勘，以便从事建筑，业于七月望后，由程统领饬派通济兵舰驰往测量，照图插标。不料沿海居民疑为洋船窥探，乘该舰出口时将所记标识全数拔毁，致兼旬经营，徒劳跋涉。经程军门电咨浙抚严饬查办保护在案。日前宁道桑观察电禀中座，略称迭奉宪饬，以象山口测勘军港标识被民毁拔，现已严饬奉象二县设法保护，并饬沿海厅县一体派艇巡查，知有再犯，即行严惩，以期无误测量。

《申报》1910年9月20日

26. 军港地价之等差

象山军港购买田地山屋前经定价宣示，现因居民禀求加价，吴总办应科邀同孔绅照黎、张绅廷鉴等议定上中下三等价目，上等田给价五十元、楼屋八十元；中等田四十元，屋五十元；下等田三十元，屋四十元，上好地作三等田算，草房二十元，照地丈量，按亩给价。

《申报》1911年8月11日

27. 求加军港地价

象山港海军购地处因定价太廉，曾经居民禀求加价，经吴委员邀同绅耆议定每块加洋十元在案。事后该处耆民等又以未足，续禀加价，吴委员阅禀后大不为然，谕俟详禀海军大臣核覆后概照庄册给价，惟居民以为斯言果真吃亏不少，日来颇形恐慌。

《申报》1911 年 8 月 21 日

28. 张田扰乱象山

象山城中绅士闻知石浦张田带众来城，意图占领，连夜私□方□推定部长以作抵制。及张某至，妄借民军名放监索饷。各界闻之大动公愤，欲以兵力相向，虽罢市二次，均因碍于治安，终□□□，后加巡防相助更行无理，甚至拔人勦赎。及闻宁郡军政分府派属抵象然后出境。近闻张田复率党四五十人占据常关，关吏逃避无踪。张某遂督率匪党征收出入货税，恣意挥霍。现在新政府成立之日，张某盗据常关，虚糜公帑，未悉军政分府若何处置也。(注：张田实为象山辛亥革命志士)

《申报》1911 年 11 月 29 日

29. 场署迁移消息

象山县玉泉场署向在县城前，毁于兵燹，场员到任各自租住民房，民国元年以旧遗协署办公之所房屋甚不合宜，且以象山产盐惟下三团为最旺，而铺（浦）东、铺（浦①）西二舍出盐无多。兹经场知事郑裴玑君具呈运司，请将场署移设石浦，得与下三团地方接近，以便督察。

《申报》1918 年 4 月 17 日

30. 浙江象山垦务之进行

象山为全浙门户，地势雄伟，政府拟筑军港，久已定议，将来兴旺自不待言。兹有田君永丰、谢君碧田以振兴农业为己任，特诣象山，查得海涂一区地土肥沃，水源充足，交通利便，面积之广约有二万亩，堪以垦田种植，业经官厅批准立案，发给证书，组织公司筹划进行。现承包各工已经采办材料，其驻沪永定垦筑公司筹备处设在四泾路六号，闻阴历二月即可兴工筑堤，俟垦地告竣，尚拟兼办农事试验场，实行改良种植云。

附录创办象山垦筑计划说明书：本公司经营此项垦地，苦心苦力一载有余，幸蒙官绅乡邻一致赞成，始得于中华民国四年一月一日开幕。设本公司筹备处于上海，设本公司事务所及工程处于象山，所垦地点在浙江象山县西乡墙头村西沪港内坐西朝东之海涂一区。港内形势长阔，四围皆山，由镇海山起至蛤蚆嘴内之朝南山止，弓线长约二十里，弦线长约十六里，其中范围之广狭有一里、二里、三里、五里之不等。前临海港，后依山麓，地势倾斜，俗呼海滩，潮汐高涨，并无水浪急流，特请精于测绘者前往勘明，于涨潮时详细测量。其水之深者，由四五尺至七八九尺水，之浅者止一二尺，面积之广约有二万亩。潮水退去，滩面尚可行人，泥质坚实不问可知。土色黄黑相间，极少砂砾。查察附近乡民自由筑塘垦熟之田，约有一千数百余亩，收获均佳，其土壤之宜种植不言可喻，拟就海岸弦线十六里建筑长堤，下打桩木，上砌石块，然后培土其中，划开沟渠，以防山水排泄，深掘塘池，蓄水润田，一面扒平泥土，一面招佃承垦。而该处承垦之例，三年过后，方能开收佃租，自宜兼营并进成功较速。但目前最要之工程是即十六里之长堤是也。经老练工程师核算，此项工程每里非二万五千元不可。合计十六里之长堤，约需经费四十五万元之□，因而预算筑堤工程，并三年开支费用，减省约略计之，则股本定额必须五十万元以外，方可期其成功。查得该处附近居民约有数万，无如山多田少，民食时有不敷，故田价之贵异于他处。上等之田每亩价在一百元至一百二十元左右，中等之田每亩价在八十元至一百元左右，最次等之

①为玉泉盐场浦东团、浦西团

田每亩价在六十元至七十元左右。本公司新垦田亩价值不必以该处上等中等之田比较，即照最次等之田价计之，已经值银一百二十六万元。核计每亩成本不过二十五元，而能赢长基本三十五元之多，几有二倍之利率。此等稳实之营业尚何疑虑之有。况地近军港，又值人烟稠密之处，现时由宁波开往象山有二十丈以内之轮船五只，惜无码头可泊，行抵蛤蚆嘴外，尚需小船过驳，始得入港登岸，居民时以为苦。将来垦地告竣，交通便利，开辟市场亦意中事耳，届时地价腾贵自不待言。夫筑堤虽用石木等料，犹恐不能坚牢，拟种树其上，即可固堤，又可获利，每里计有一百八十丈，每丈约可种树二条，核计十六里之长堤可种树四千八百条。至于田边塘岸平均计算，每亩约可种树五条，核计两万亩可种树十万条，均当察其土宜而又有利可收者种之。种树之利虽轻而迟，然种于沟渠塘堤之侧并无妨害田亩，六年之后获利亦不轻矣。田野经营异于商务，日计不足，月计有余，积累之功可收大效。所定股额如能早日招足，尚拟缩短工程日期，加工赶筑，两年为期，必可告竣。近来世局万变，战祸横生，人民生计益形困蹙，若不亟谋持久稳实之事业，来日之难殆有不堪设想者。谨将实情略叙一二，谅我海内外诸君子亦必乐为赞助也。语云：农业者于百职业中为最安稳而易以致富，不其然欤。

《申报》1915 年 3 月 2 日

31. 渔船请派巡船护送

（象山）县属爵溪洋面现值渔汛之际，乐清玉环温岭各县渔船云集该处网捕，约阴历本月初旬行即散洋回籍。今年鲜货大发，各渔船均犹满载而归。值此海氛不靖途次恐遭匪患。兹闻有该三帮渔户代表蒋寅、徐仲淹、陈瑜等向外海厅具禀，请求饬派巡船护送，以免危险等情。兹录其原禀及批示如下：为洋面不靖佥叩恩准派轮保护以安渔业事，窃各渔户等，每届渔汛之时，年年在爵溪捕鱼，迨及旋里皆有银洋携带。前三月二十日众上爵溪，因玉环县请轮公事迟出，未蒙派委率轮梭巡护送，以致各渔户皆被劫掠，但所失者不过粮食衣著，犹其小事耳。现在返棹在迩，每船均有行李，关系重大，况逢岁歉之余，洋面盗贼充斥，若不求恩派委率轮保护，势必至洋上被劫，则渔民家室难保无冻馁之忧矣，为此公推寅等为代表，联合全叩伏乞厅长电子准施行云云。旋奉指示：禀悉，该代表等禀请，俟渔轮散洋回籍之际派舰护送等情，候行令该管第四队妥筹防护，仰即知照云。

《四明日报》1921 年 6 月 2 日

32. 象山正社之国事主张

象山正社诸人，自得曹锟被选总统以后，众情愤激，于日前召集各社员开紧急会议，讨论国事，议决通电反对，否认总统。兹将其电文录下，全国国民均鉴：大逆曹锟，猪仔议员，买卖总统，败坏纲纪，本社同人，誓死反对，务望国人，毅力协政。

《申报》1923 年 10 月 17 日

33. 象山修理苍水祠

象山城西设有张苍水公祠一所，多年失修，无人顾问。李知事有鉴于此，函请参事提交县议会筹款修复，业经县议会议决该项修理费用，应在准备金项下开支。兹将县会议决案录下：准县公署交议张苍水先生祠坛一所内开。窃维孤忠亮节奕常昭，崇德报功，馨香永荐，诚以阐扬先烈，即所以昭示来兹。象城西隅，旧有缨溪书院，向为恭祀张苍水先生之所。月前敝知事道经故址，瞻仰名祠，见夫屋宇倾欹，墙垣坍损，祠龛不知何有，栗主亦不整齐。不壮观瞻，焉资景仰，则守土者所宜就问，尤赖邦人士相与熟商，如何筹提款项，酌量修整，藉复旧观而存古迹。相应函请贵会查照，希即酌核勘估，提案咨送县议会会议公决，无任企盼等由，并估计工料清单一纸过会。准此。当付大会讨论，佥谓冰槎尚书以亡国之孤臣，延天南之一线，散军而后，似无可为，而当事必欲置之死地。象山为尚书正命前所过之乡，召伯甘棠，犹思勿伐，而况尚书之孤忠亮节，置诸文山叠山之间，允无愧色，故在逊清，犹知爱敬，矧当还我河山之日。斯固孤臣十九年未竟之志，而含笑于九原者，若任其庙貌倾颓，芜秽不治，甚非所以昭示来兹，并资观感者也。提议修复，诚为要举。查阅估计清单，亦极核实，惟应支之款，公决在准备金项下开支，以符备行政上非常支出之旨。案经全体一致通过，相应函请查照施行，实纫公谊云云。

《申报》1923 年 10 月 23 日

34. 调兵保护轮埠旅客

象山县城区商会，为白墩轮船码头，建筑行将竣工，该处地当海滨，人烟稀少，且现时盗氛日炽，诚恐旅客起卸，被匪劫抢，反觉不便，故不得不预防之，乃即函恳县知事，转饬驻石叶管带，调拨警备队一棚，常驻该码头，以资巡缉而保商旅，不知能否邀准也。

《申报》1924 年 7 月 18 日

35. 禁止砍伐沿河海岸森林

——可蔽烈日　可蔽飓风　远行赖以标准　逢雾赖以认识

象山石浦船业公会会长潘赞卿日前具呈交通部略称，船路生涯，劳苦为最，夏则烈日施威，栖息乏所，秋则飓风陡起，屏蔽无场，或远行而港面生疏，或逢雾而方向迷离，请咨农商部通行各省实业厅转令各县知事分饬各农林机关，凡对于溪河海岸以及礁渚堪供航行目标之所有古木，编作国有林，严禁砍伐，并对于溪河海岸礁渚，注重造林，庶日来则憩息有所，风来则屏蔽有场，远行赖以标准，逢露赖以认识云云。当经该部以所称各节，不无理由，而于保护堤岸，尤有裨益，特资农商部查照核办见复，至纫公谊等因。旋经农商部查明沿河海森林，可供船行目标之用者，依森林法第六条应编为保安林，禁止砍伐，所有溪边河岸，并应广为种植，巩固堤防。该会长所呈，不为无见，准咨前因，即咨行夏省长，转令实业厅，查照饬属照办，以利船业，而重林政矣。

《时事公报》1925 年 3 月 30 日

36. 示禁溺婴恶习

象山石浦创办育婴一节，业志昨报。兹悉象山县昌石镇警察分所，昨出有布告云，为布告事，查石浦下南乡等处，地方辽阔，户口繁多，居民痛苦，无力抚育，溺女时有所闻。想此随地呱呱备全人体，安忍竟施惨灭，见之能无酸鼻，闻者莫不伤心，且天地有好生之德，仁人抱赤子之心。今爰本镇诸大善上妥筹的款，兹择于石浦老道头地方，设立接收所，以资收养，为特布告。仰本镇各处居民，一体知悉，如有产育女孩，不能抚养者，即送石浦接受所收养，望勿再施惨溺，有绝人道。自示之后，如再有溺水情事，一经察觉，或被指告，定当从重拘罚，决不姑宽，其各凛遵毋违，切切。

《时事公报》1926 年 4 月 26 日

37. 有组织象山旅甬同乡会之必要

象山旅甬同乡，据一般同乡调查所得，统计约有三千多人，以劳动界最多，占百分之八十，内以米业栈房及豆腐店等居多数，偌大之群众竟无组织，团结一致，岂不可惜？且贻人口实，讥我象人之沙散一般也。

旧有象山会馆，其目的专备住宿外，别无用意，换言之，会馆即客栈，不过没有房金就是了，其缺点甚多：（一）专供住宿：往往有人满之患，以致后来者见拒，怨愤之声，不平之念，因此而起；而宵小亦兼机窃人，窦弊丛生，不堪设想。（二）缺少联络：会馆是地方机关，由地方机关所管辖，故馆中事无大小，悉由参议两会主持，如该馆之常住员，县参两会委决定，并不由旅甬象人公选，苟主持失当，一至不可收拾，以致旅甬象人，甚觉不满，况素乏联络，故各同乡心目中无有该馆之印象，皆有烦言，过去之象山会馆，有曾作一度之交谊会否？（三）经费困难：县参两会，不肯为该馆设法划策，整顿起来使其苟延残喘，而一般旅甬象人，以为既由议参两会负责，何用代俎越谋，皆作如是观，故抱旁观态度，不闻不问。

总观上述缺点，已成事实，故会馆制因时代潮流之变迁，根本理应淘汰，今年六月间，鄞东黄吉林警察，毙伤旅甬象民二人，偌大之人命案，竟未有人起而援助，向各界呼吁，此理所当然乎？而象山会馆，业已闭封，根本没其作用，等于虚设，况各县都有旅甬同乡会之组织，如奉化、镇海、慈溪……等，而象山独付阙如，岂非令人愧死？这么看来，是组织象山旅甬同乡会，真是目前刻不容缓的一件工作。至于象山旅甬同乡会组织成立后，对旅甬象人应有什么利益呢？我可略述意见于后：

（一）凡有损害象山旅甬同乡会会员之生命、财产、名誉者，该同乡会须出而援助。

（二）凡象山地方政治有不良之处，该同乡会须出改良、要求及建设。（三）凡旅甬象人有失业者，该同乡会须出而代为设法介绍。（四）凡象山会馆之缺点，该同乡会须一切纠正。

1926 年 12 月 15 日《鸣报》第四期第三版

38. 南田县长关于开辟三门湾意见

开辟三门湾案，早经当局及民众数度规划，旋因工程浩大，经费颇巨，致难实现。兹南田县长毛皋坤有鉴及此，特备具理由及办法，提付第五次建设会议讨论公决。现将原提案录后：

理由：查三门湾地处宁象南三县之中心，为我国东南渔业良港可辟为最大优之市场，早经省政府庄前委员暨国内外各资本家，实地勘察，一致公认，详细情形，迭载各报，毋庸赘述，惟此种建议，工程浩大，资本甚巨，自非个人或私人团体所能胜任，应由国省政府出资，由当地政府主办，方克有济，盖三门湾开辟后，其利及于全国全省，故其资本，似应由国省负担，但沿海宁象南三县，直接受利更大，望其成功更切，著即以此等工程使之其成功自能较速。

办法：由国省政府拨出资本若干，由宁象南三县合组主办机关，限定若干时间，开辟成功，成功后利益归之国省政府，而以主办机关经理之，详细章则另订，是否可行，应请公决。

《时事公报》1930 年 4 月 12 日

39. 象西国防路路基已修筑完成

象山县至西泽一段国防路，兴筑路基，为时已久，该路由东门先筑，顺序而进，昨日已达到终点之西泽地方，惟沿线之桥梁涵洞尚未动工。闻工程路线，略有变更，改走沿山脚一带，至西泽乌龟山附近为止。

《上海宁波日报》1933 年 11 月 6 日

40. 筑路工人入城暴动

象山象西国防路筑路工人，不下五六百人，大半系直鲁籍及江北人，素性粗鲁，举动蛮横，沿路村庄，予取予求，滋扰不堪，民怨沸腾。讵至昨日（二十九日）下午三时，该路工人五六十人，为向包头沈某索取工资，手持木棍，蜂拥至该县城内县前街林宅（因包头沈某住林宅内），搜觅沈某，入夜路工忽增至三百余人，声势汹汹，意图暴动。沈某闻警，早已逃避，一面请求县长李学仁援救。时街上各店铺，纷纷闭门罢市。李县长以情势严重，即派警察长率领常备队全体出发，将该项路工驱至东郊东殿庙内包围，以防意外，并派队兵把守四城门，彻夜巡哨。同时商团亦全体出发，驻守各商铺门前，人心始稍安定。李县长以此次工人鼓噪，原因在工资问题，即夤夜传集各包头商榷善后，并结算工资，以便悉数发给工人，早日遣散，免致事态扩大。

《申报》1934 年 1 月 1 日

41. 象李县长下车伊始严厉查禁花会赌博

——父诫兄勉勿以赌为常业

象山新县长李学仁，自下车伊始，对于司法行政，无不悉心整顿，而赌博花会，尤为注意，特于昨日出示布告，严行禁止。兹将其布告原文，探录如下：为布告事，案照赌博为害，小则废时失业，大则荡产破家，尤其是挂筒花会，诱惑愚民，祈梦求神，男女混杂，妇孺妄希厚利，神鬼为之不宁，穷其所害，非但变节，甚且伤身，时以国家对于赌博花会，悬为厉禁。本县长莅任以来，访闻所属赌博花会，此风颇炽，关怀祸害，良用慨然。除令公安局严行拿禁外，为此布告阖邑民众一体知悉，尔等须知赌博花会，为害有如上述，务各父诫兄勉，勿以赌为常业，流为社会大蠹贼。自布告后倘有始终怙终不悛，一经告发，或被拿获，定即依法严惩，决不宽贷，勿谓更之不预也，其各凛遵毋违，切切此布。

《上海宁波日报》1934 年 1 月 9 日

42. 象山兵匪激战

象山嘉杰乡杰岙地方，与宁海接壤，崇山峻岭，地方多土匪。省保安队为便利剿匪计，派第一中队驻防宁海，以便遇有匪警，可就近策应。讵二十七日下午，忽发现匪徒十余人，在杰岙围聚挖花，适为该处农民瞥见，当即报告一中队。队长即会同壮丁队，汇夜赶至杰岙，将匪四面包围，匪亦出枪抵抗，一时枪声大作，双方混战至二十八日黎明，匪始不支，向后山逃逸。是役共击毙匪徒四人，缴获木壳枪三支，队长肩部受伤，当由队士抬送广顺医院疗治。

《申报》1936 年 7 月 31 日

43. 全国木刻展览

全国木刻轮流展览会自出发巡回展览以来，已历多日，日内将至象山石浦展览，会场假省立宁波民众教育馆，展览品计七百余件，大都含有国防意义。

《申报》1937 年 1 月 23 日

44. 浙水产试验场派员调查韭山岛

定海通信：浙省象山属韭山岛，可辟为良好渔业根据地，前由浙江省水产试验场场长陈同白，草拟意见书，呈请当局开发。兹悉该场为详订经营计划，须实地察勘，并以该岛向为盗匪盘踞，为调查员安全起见，呈请派舰护送。日前水上公安局令克强军舰驶抵定海，乘载该场技师林书颜及技士林茂春等四人，出发该岛详细调查，为期共约五天。日昨该技师业已归来，据称此次调查情形，略谓：该岛虽属荒芜，但土质异常肥美，周围为极好之渔场，由定前往，仅五小时航程。将来倘能肃清盗匪，拨款数万元，略事经营，渔民便可麇集，当成优良渔业根据地。此次调查结果，颇觉圆满，至详细报告，俟整理完竣，并拟具开发办法，再行呈请建设厅核夺。

《申报》1937 年 3 月 9 日

45. 象山港口日舰焚毁渔船

鄞县通讯：浙海一带日舰连日不断肆扰沿海各地，自炮击镇海、蟹浦、龙山及慈溪、观海卫后，仍出没游弋于附近海面，一月二十日上午，有银灰色单烟囱日舰一艘由镇海口外听水门启椗，经黄大洋面稍泊后，即移泊于象山港口乌岩山脚，至下午一时许突放下汽艇一艘，在海面搜索民船，当有象山爵溪渔船一艘被其掳去，灌以火油，纵火焚毁。

《申报》1940年2月2日

46. 强盗横行追购匪片

（本报象山石浦讯）象山南田一带海面，时有海匪发现，拦船劫旅，为患颇巨。近日石浦附近一带张虾捕鱼船只，时遭海匪拦劫。据悉海匪潘忠良一股，约二十余人，持有长短枪约二十支左右，近常出没于石浦、南田等外海，拦劫渔船，并强迫渔船购买匪片，每张四万元，渔民叫苦连天。匪片一项，在浙海盐匪中颇行一时，尤于敌伪占据时期为害更烈，渔舟购有匪片，凡遇该股海匪即可免遭劫掠，一年前，海匪横行最烈之时，每船购有十数张匪片，方可下海捕鱼云。（清。19日）

民国35年10月27日《浙江日报》第四版

47. 禁毒雷厉风行警局续获烟犯

本县石浦镇及华塘大泥塘一带，烟毒颇盛，县警察局曾于九月廿二日派督警在石浦镇破获吸犯烟犯林阿木等六名，业志前报。兹闻县警察局复于本（十）月廿日，密派督察长王敦文率领长警多名，又在大泥塘地方查获著名吸毒犯陈福梅之妾顾金凤一口，当场搜获证物四包，在石浦亦分组破获毒犯欧昌祺、周明经（即秤尾巴）等四人，证物一包，均经于本日上午讯明移送司法处严办矣。

民国36年10月25日《象报》

48. 学校腐败　私塾复活

延昌前人林某等因感延昌学校教育之腐败，学生成绩之低劣，特于上学期该校对面杨宅添设私塾一所。又本学期道士张某亦于延昌上道头复增设私塾一所，闻所授之课本，皆系陈旧不堪，思想落户之千字文，幼学琼林等古书。学生入学，亦颇不乏。查该项教育确有误及学生之前途，惟冀教育当局予以严厉纠正。

民国36年10月10日《象报》

49. 大捕一艘下水红旗新造三艘

——东门岛造船热

十月一日上午，东门道头上有一艘载重约四百担的大捕船举行下水典礼。竹爆辟历，金锣喧天，观众将整个道头围得水泄不通，大家都在庆贺这一新船的诞生。船主张小顺和建造人邹江福更是兴奋异常。从此，东门岛的大捕船众中，又多了一艘新伙伴了。该船长四丈八，阔一丈三，为大捕船之最大型者。化去人力三百一十工，连船具在内，价值国币六千万元云。目前东门，可说是造船热。除了上述的大捕船外，还有三艘红旗正在建造中。舢板（冬汛捕带鱼用）建造的也不少。兼以准备冬汛渔事的大捕船，也纷纷在修理；东门港畔但闻敲船声，另有一番渔村风味。

民国36年10月10日《象报》

50. 人间惨剧

——石粮价骇人狂涨贫农以野菜裹腹

石浦因时届渔汛，各地渔船蝟集，人口骤形增多，市上米价竟骇形狂涨，每石黑市卖五百七十万元，为浙江全省粮价之最高峰，人心惶惶，不可终日。不种田的殷商富户，早有购储，影响尚微。最可怜的是一般升斗贫民，采掘野菜青草裹腹，真是人间惨剧。

民国37年4月21日《三门湾日报》

51. 白色恐怖渔汛匪患青黄不接沿海各地粮价狂腾

（三门湾社讯）象山石浦，日来因渔船娟集，人口增多，在此青黄不接，各地严禁出口之时，粮价骤趋高涨，旬日内每石由五百五十万元，突奔腾高升为七百五十万元，市上尚乏米供应，人心惶惶，不可终日。闻三门南田方面，因米价飞涨有人暴动，捣毁米店米厂。又石浦挑挽及码头小工劳力工资，以因米价暴涨关系，经石浦商会召集各界开会，决定调整增加百分之五十云。（又讯）象山石浦、三门南田、临海海门一带，近来粮价狂涨，石浦南田两地，每石已涨为八百万元。尤以海门方面，竟跳出一千万大关。据未证实消息，是项粮食，均被渔船吸收，以致腾贵。盖海门粮食均向北岸方面走漏，据闻海匪会向渔民勒索白米，匪将食粮调换枪械，如果传闻属实，则粮食之缺乏狂涨，有重大政治关系，当局不可不严加注意。

民国37年6月10日《象报》

52. 白色恐怖，愈演愈烈

（三门湾社讯）石浦米价，近来惊人疯狂飞涨，市上仍无米应市，升斗贫苦小民，均以糠皮麦面充饥。闻有米店以每斗一百七十万元之黑市价格，密码买卖情事。十七日下午一时，饥民数百人自动集结妇女甚多，从江心寺出发蜂拥至各米店米厂，肆意捣毁，当时有人敲鼓肩牌，群众愈聚愈多，途为之塞。是陆警队首长刘步桓、汤振杰，镇长魏军魂等闻讯，均率领警队亲自出发弹压，对贫民之举动，虽然越轨，惟市上断米已将旬日，深抱同情，经竭力晓谕劝慰，直至下午三时，计被捣毁米店五家，米厂二家。东门岛方面亦有贫民数十人，乘小船三艘，船首插有红旗，渡江至石浦响应，幸经魏军魂镇长乘船半江拦阻劝回。下午四时，各机关团体首长，各保保长，纷集粮食工会，商讨善后及补救办法，讨论结果，在米厂抄出之米店尚未轧就食米八石，当日下午五时轧就，以每升十一万元，每户二升先行平粜，当晚由商会通知粮商及其他购有备荒粮食之商店，各本良心，将馀粮出粜。治安机关，惟恐宵小乘机捣乱，当晚九时提早戒严。十八日分保调查住户商店馀粮，由粮商照市价购买应市，以维社会秩序云。又讯：六月十七日，石浦发生打米店风潮后，粮商损失重大。十八日，镇公所分九组，至各保住户商店调查余粮，总计结果有余谷九千斤。石浦镇商会，特于十九日邀请治安机关首长、镇长、参议员及召集该会理监事、粮食工会全体理监事开紧急会议，讨论解决粮荒、安定社会问题，决定：1. 呈请县府拨粮救荒。2. 此次粮商损失重大，要求治安机关保证，今后不再发生同样事情。3. 粮商尽量向外采购，随时依照进价高低负责应市。4. 由镇公所负责将查出馀粮以粮商购办应市每升十二万元，依照户口折平粜，以后由商会协助。

民国37年6月25日《象报》

53. 浙东陆上残匪盘踞的最后一座县城象山城昨晨解放

——守匪逃向东南　我军继续追击

（浙东前线八日电）进剿象山半岛的人民解放军某部，冒烈日暴雨，翻山越岭，勇猛追歼逃敌，已于今（八日）晨八时解放象山县城，俘敌一部。象山县为浙东陆上残匪盘踞之最后一座县城。该城守敌大部向象山半岛东南一隅逃跑，刻我军正乘胜追击中。

（又电）七月三日向浙东象山半岛进军之人民解放军某团先头部队，于越过奉化，挺进入（桥头）湖镇南吴家埠时，突与国民党匪军八十七军便衣部队三支队五大队遭遇，该军当被我一举歼灭，计俘敌便衣大队长郑兆道以下五十七人，步枪二十一支，轻机枪一挺。

1949 年 7 月 9 日《浙江日报》第一版

54. 中共象山县委员会、象山县人民政府宣告成立

经过三个月左右的开辟工作，浙东大陆上最后解放的象山半岛，于本月二十一日正式成立中共县委会及县人民政府，县委书记兼县长念方之同志已到任视事，并于当日召开全县干部会议。在干部大会上，念方之同志分析了开展今后工作的主客观条件，并宣布配备大部分的干部下乡，及布置了最近十天内的工作计划。象山县自七月六日经我大军解放后，我工作队即到达工作，并建立人民自己的武装。解放后初期匪特到处抢劫、勒索、威胁、造谣，群众虽然怨恨澈骨，但也存在着不少的思想顾虑，不敢公开的和工作同志靠近；部分群众因对形势认识不足，还存在着浓厚的变天思想，但在我工作队与县武装的配合下，初步打开了象山半岛上的局面。在剿匪方面，计较大规模者五次，俘获匪特四十五名，缴获八二迫击炮一门，长枪三十余支，及其他军用物资一部。在我“首恶必辨，胁从不问，立功受奖”的政策影响下，匪特内部已呈动摇，向我自首悔过的已近二十名左右。在整个的剿匪工作的展开中，我保持了绝对主动的地位，匪特未曾有一次向我主动侵犯，初步创造了开展群众工作的有利条件。三个月内，工作队在靖河、爵溪等乡动员了一部分群众参加支前工作，在靖河、靖海、忠义、溪口等乡初步登记好了的田亩册，查出了一部分黑地，完成了登记工作，并在该地等发现及培养了一部分积极分子，如靖河乡以原有的保甲为单位，分别推选出代表作为我工作队与群众连接上的桥梁。群众并纷纷反映，希望人民政府能早日成立，使大家能进一步得到更牢固的依靠，象山县人民政府便在这样有利的基础上宣告成立。

1949 年 10 月 22 日《甬江日报》

55. 浙东三门湾屏障南田、高塘二岛解放

屏障浙东三门湾要港的南田、高塘两岛于 26 日先后解放。解放军某部首于 25 日拂晓由大陆临海之健跳所城跨 10 余里海面在高塘登陆，当即全部占领该岛，俘匪百余。继于 26 日下午再跨 5 里海峡，解放南田城，守匪向檀头山狼狈逃窜，刻我正分头进击中。

1949 年 10 月 31 日《甬江日报》第一版

56. 对匪特切勿麻痹大意，汤岙村民兵已得教训

象山县涂茨乡汤岙村的民兵队，因麻痹大意遭受了重大损失。该村自成立民兵队以来，曾与股匪作战过 4 次，因当时警惕性高，保持了主动，4 次都打退了敌人，保住了村庄。如今年 2 月间有匪特一股夜袭，民兵岗哨发现远处有灯光晃动，即集合起来出击，使匪特惊慌而逃；另一次匪特 20 余人，携机枪 1 挺登陆，民兵队即已了解情况，趁匪站脚未稳，予以突击，匪即仓皇败退。但自大军某部来象山展开全面清剿以来，该乡、村就表现上下麻痹。民兵们认为：西乡的土匪也

快肃清了，此地哪里还有什么事情。于是自卫队的放哨也松懈了，民兵也不站岗了。县指挥部通知匪情，要求该乡沿海村在数天内加强警惕。区公所传达到乡后，该乡负责同志由于麻痹轻敌和责任心不强，没有传达到海防前哨的汤岙村，因而情况发生的当晚，民兵们都高枕而卧，连大门也不关。不少的民兵和该村农会主任带枪分散睡在家里，驻该村的乡干也睡在家里，枪却放在办公处。海匪百余人携机枪1挺，轻机枪4挺，于9日拂晓分2处登陆，分扰汤岙村和邻村钱昌所。到汤岙村的一股偷袭民兵队，捣进第二道门，直达民兵队住楼的下面，大部民兵才从枪声中惊醒。在乱枪中当场牺牲民兵莫定为1名，计受重伤不治而死的周根木、戴士用2名，受伤正在医疗的有俞小水1名，被缴长枪6支，枪榴筒1个，弹药和其他物资一部，其他人民死亡的2名，被俘乡干1名，村民4名。匪在汤岙、钱仓所2村，滥施抢掠达2小时之久，人民损失浩大，仅汤岙1村被抢户28户，被抢去被头达50余条，其他财物损失尚未统计，后来直到区中队与涂茨村的民兵赶到，匪特们才在机枪掩护下退去。

这次汤岙村民兵虽因麻痹吃亏，但在仓卒抵抗中仍表现了高度的坚毅和英勇精神。如周根木首先发觉情况，向楼下连续猛射，使匪一度后撤，在密集枪弹中，他还想踞窗抵抗，终于中弹堕楼，光荣牺牲。住在家里的民兵徐先毛和陈子兵在发现情况后，就奋不顾身地爬到屋顶向匪众射击，跳窗撤退的民兵，除新参加的一名外，全部带出枪械。受伤民兵俞小水知道他的生命尚有希望时，就请求干部等他伤愈后，仍发给他枪支，决与匪特算账。

事件发生后，该村部分民兵与干部的情绪，曾一度低沉，经县人民政府派员安抚，召开群众大会，对被难家属一一进行慰问，并召集民兵会议，进行形势教育，引导大家检讨出这次遭受损失的主要原因，是由于麻痹大意，大家对“今后如何办”的问题，也进行讨论。大家一致表示：这仇非报不可，大家应该格外努力，捉住匪首替死者复仇，以后再不要麻痹了。县人民政府并答应他们的要求，补发枪械和验配若干药品。对牺牲民兵的家属和若干被难户，则正准备抚恤和发动社会互济。该村群众经过这次事件后，对匪特的残暴有了进一步的认识，提高了斗争情绪。

1950年10月19日《宁波时报》第三版

57. 象山一年

正当中华人民共和国成立一周年，象山县人民政府的成立，刚巧也近一周年了。这浙东大陆上最后解放的半岛，一年来在共产党和人民政府的领导下，经过艰苦与巨大的努力，已改变了面貌。

象山于去年7月解放，由工作大队进行工作，10月下旬组成人民政府，即分靖河、东山、丹城3个队重点的开辟农村工作，11月间为便于支前，建立了西沪、东山、靖河、石浦4个区。在靖河、东山区进行发动群众，开展剿匪、减租、征粮、生产等运动；在西沪、（石）浦区则开展剿匪与进行借粮，及有重点的发动群众。今年6月划乡建政时，又重新划分为大徐、南庄、墙头、石浦、新桥5个区。1年来由于人民政府正确的领导，解放军的直接帮助，以及全体工作同志艰苦工作，全县原20个乡镇，已有9个摧垮了伪政权，初步的发动了群众，其中并有4个乡的农民已基本上树立了优势，培养了大批的农民积极分子，提拔成为干部，到今天为止，并在全县范围内，击溃了匪特武装，已无成股匪特活动。

在去年减租运动中，南庄区的29个村，大徐区的21个村的农民都减了租，斗倒了当地最凶恶的恶霸，得到斗争果实米8518斗，谷406400斤，在征粮中，象山完成任务971余万斤，这是象山人民对支前，保证军队给养，稳定国家财经的巨大贡献。通过减租、反霸，农民的觉悟程度已大大提高，有111个村庄组织了农会，77个村庄已摧毁了伪保甲制度，建立了自己的政权。同时由于经过以上一系列的运动，农民群众已初步的从封建的枷锁中解放出来，加之工作干部普遍的展开“劳动光荣，生产致富”的宣传教育，农民的生产情绪一般都较前提高。在人民政府的领导下，全县共修堰坝40座、塘岸2处，正在兴修中的尚有10余处，部分并曾展开了治虫运动，丹城的六个村在十天内即除去45864条；同时大徐、桥头林、丹城各点由村干带头开荒，也获得了不少的成绩。单是丹城第六村的统计，即开了能种1万多株南瓜的荒地。

但由于国民党反动政府在象山的统治基础较强，并由于该县处于一面靠山、三面环海的地理环境，决定了象山在对匪特分子的斗争上比较艰苦和复杂。直到今年8月中旬，尚有象山面积一半以上靠宁、象边境的8个乡为匪特所盘踞，封建势力尚原封未动，我军虽曾发动了几次军事进剿，都未能根治。农民积极分子常被镇压，农民也随时遭受抢劫、掳掠、杀害，暗无天日，苦不堪言。某些地区，匪特不时骚扰，勒索绑架，很多村组织被破坏，村干、民兵、积极分子，有的被迫投敌，有的被迫逃跑，有的英勇不屈，为匪徒所迫害，群众损失之大，更难计算。情况尤以3、4月间最为严重。5月份定海解放，象山匪特失去依托，恐慌万分。在我军事清剿和政治攻势的强大压力下，才纷纷瓦解投诚，或隐蔽潜伏；但不久又恢复活动。直到8月中旬，在军政严密配合的部署下，展开了对宁、象边境附近地区的全面进剿，采取军队和政权相结合，驻剿和宣传相结合的方针，建立了狮麓、溪口、华塘、忠义、西区、西瀛、峰北等乡公所，配合军事上的进剿，驻剿、反复消剿，大力的发动群众开展政治攻势下，群众纷纷起来密告检举，引道带路，首先俘获了匪“浙江省第四区反共游击自卫总队少将副司令”宋均年等，余匪也多就擒落网，或悔过自新。农民纷纷要求建立组织，已成立农会的，如关头，舫前等村群众，并扛起土枪，武装自卫。总计1年来毙伤匪特18名，俘匪548名以上，降匪527名以上，捕获了匪首“浙南农民反共救国军”司令李之藻，“浙江省第四区反共游击自卫总队副司令”宋钧年等，捕杀伪象山县长章昌琛、副县长萧谦、伪区长陈绍卿，史文、吴永贤，罪大恶极惯匪贺涛、桑子荣，资匪要犯孔宪襄等，缴获小炮1门、重机枪3挺、轻机枪11挺、长短枪646支以上。在剿匪过程中，民兵武装的积极活动也起了很大的作用。如东山区的大徐、贤庠、涂茨以及丹城镇的民兵，经常配合部队或单独出发剿匪。涂茨民兵渡海进攻道人山岛，击溃匪邱阿定大队，毙匪指挥官以下2名，俘匪9名，缴获重机枪架1座，轻机枪1挺，自动武器2支，步枪11支，尤为象山民兵战斗史上的光荣范例。

现在，象山基本区已经过普遍的总结生产，评比选模，结合整理组织，群众的觉悟水平已提高了一步，现正在剿匪反特的中心工作下，积极展开土整、做好减租征粮的准备工作。新区则正继续大力发动与组织群众进行剿匪反特，为创设土改工作的物资与环境条件而斗争。

1950年10月22日《宁波时报》第三版

六　历代著译书目

唐代至清代书目，主要根据明嘉靖《象山县志》、明万历《象山县志》、清康熙《象山县志》、清乾隆《象山县志》、清道光《象山县志》、民国《象山县志》等历代志书记载著录。其中大部分著作只见其目，不见其书。

民国时期书目，以县志办已收集掌握的情况为依据。部分书目按作者情况而定，凡在晚清时期有著作的，列入清代；中华人民共和国成立后有新著出版的，列入中华人民共和国，以反映作者整体面貌。

中华人民共和国成立后书目，参照实物和其他书目给予著录。以收录专著为主，合著须为主要作者，主编须为单独著作（副主编不录，丛书类主编不录）。书目大致以出版先后为序，尽量著录初版。属于普及性的小册子和非公开出版的书籍，一般不录。此时期书目，因作者众多，著作浩繁，能收入者有限，多有遗漏，难以完备。

作者，同一时期均以姓氏笔画为序。

【宋】

卞大亨

《尚书类疏》二十卷，书目见《宋史·艺文考》、朱彝尊《经义考》。

《改注杜诗》书目见《杜集叙录》，齐鲁书社 2008 年 10 月第 1 版。

卞　圜

《论语大意》二十卷，书目见《宋史·艺文考》、焦竑《国史·经籍志》《文献通考》。

《卞氏集注杜诗》书目见《杜集叙录》，齐鲁书社 2008 年 10 月第 1 版。

《唐山集》二卷，书目见《文献通考》。

《唐山后集》三卷（卞编），见《文献通考》。

陈晋锡

《陈居士诗集》无卷数，仅见《三江亭和韵》一诗。

杨王休

《诸史阙疑》三卷，书目见楼钥《攻媿集》、宋史卷二百三、志第一百五十六·艺文二。

《游岷漫笔》一卷，书目见《攻媿集》。

《东斋集》五卷，书目见《攻媿集》。

《图画记》一卷，宋中兴馆阁储藏，收入由邓实、黄宾虹编纂的《美术丛书》，上海神州国光社出版。1911 年 3 月开始分册出版，至 1936 年出齐，共计四集一百六十册，均系线装本。1947 年 11 月重版，为西式精装二十册本。

《汉隽》十卷，象山县学刻，旧题杨王休著。入《第一批国家珍贵古籍名录》。

俞观能

《孝弟类鉴》七卷，书目见《郡斋读书志》、宋史卷二百三、志第一百五十六·艺文二。

【元】

陈汝樴

《疎清轩集》无卷数，书目见明洪武钱氏家谱，存一诗。

汤舜民（汤　式）

《笔花集》收小令170首，套数68套，另存1残套，今有传抄本存世。

《牡丹亭还魂记》二卷，影印本，国家图书馆藏明万历刻本。

释梵琦

《北游集》《凤山集》《西斋集》《楚石集》《楚石梵琦禅师语录》20卷，因其曾6次住持道场，故此书又称《六会语录》。

《西斋净土诗》3卷，《附录》1卷等。

《和天台三圣》诗、《永明寿陶潜、林逋》诸诗、《慈氏上生》。

【明】

王　涣

《鸣琴稿》无卷数，书目见《千顷堂书目》。

《两晋南北朝奇谈》书目见《四库全书》。

《墨池手录》三卷，书目见《明史·艺文志》。

王　梃

《徐州府志》十二卷。

《徐徐集》书见《四明丛书》。

应宗义

《于于集》无卷数，书目见《千顷堂书目》。

陈明瑛

《栖霞诗文集》此集有一首入清代回文化集第三十一卷，诗存。

陈　策

《燕游草》一卷，存诗4首。

李文显

《礼记讲意》无卷数，书目见《宁波府志》。

应云鸑

《书经讲意》书目见《浙江通志》。

邵景尧

《新刊邵翰林评选举业捷学宇宙文芒》十二卷　目录一卷，邵景尧评选　卢效祖辑，国家图书馆有明万历十七年自刻本藏。

周希程

《凤山集》四卷，书目见《千顷堂书目》。

《平夷功次录》书目见《四库全书》。

俞士吉

《栎庵自怡稿》无卷数，书目见《千顷堂书目》。

顾　田

《耕云集》无卷数，仅存诗 17 首。

黄思铭

《东谷集》无卷数，书目见《千顷堂书目》。

黄士奇

《宾筵集》书目见《千顷堂书目》。

蒋景高

《云屋集》无卷数，书目见《千顷堂书目》。

【清】

丁　谦

《蓬莱轩舆地丛书》另名《蓬莱轩地理学丛书》，共六十九卷。2008 年，丛书合作四卷由北京图书馆出版社出版。

王植三

《靠地船棹歌十首》。

《续彭姥诗蒐》一卷。

王莳蕙

《辛壬脞录》一卷，1964 年以“佚名”刊行于《近代史资料》总三十四号。

《抱泉山馆诗文集》诗十一卷、文三卷。

石大成

《古香亭诗草》全部录入《蓬山清话》。

叶兰贞

《研香室吟草》一作《拜月轩诗草》二卷。

包映奎

《石城诗草》。

陈之翰

《绿满庐文抄》一卷。

陈得善

《石坛山房文集》一卷。

《石坛山房全集》十卷。含《诗集》一卷、《石坛山房诗集》四卷、《三蕉词》一卷、《桐音词》二卷、《南乡子词》一卷、《绿薏词》一卷。民国23年（1934）铅印本，线装，共7册。

吴成宣

《虫鸣新草》三卷。

张苍水

《张苍水集》上海古籍出版社1985年出版。

《张苍水全集》宁波出版社2002年出版。

周宝钗

《金闺诗草》一卷，《四明清诗略续稿》卷八录《梅花》。

欧景辰

《楞岩草堂诗存》四卷。

欧景岱

《欧景岱诗》。

姜炳璋

《尊乡集》四卷。

《尊行日记》1955年，中华丛书委员会新版。

《尊行录》四十卷。

《古诗亿》一卷。

《玉溪生诗解》四卷。

《选玉溪生诗补说》1985年，南开大学出版社出版。

《读左补义》五十卷，见《四库全书》。

《诗序广义》二十四卷，见《四库全书》。

《石泉县志》主修，四卷。

《〈周易〉通旨》八卷。

《三朝百官志》六卷。

《姜忠肃公祠堂志》二卷。

另有《白岩山人诗文集》《兰江晤言》《霜鸿留影集》《鄮风》《栾栾草》《鸣榔纪賸》《〈禹贡〉言贞言错》《诗经提纲》《周礼提纲》《檀弓钺》《八分隶楷考》《历朝纪元考》《两汉总论》各一卷。

姚　燮

《红犀馆诗课》十集。

倪象占

《周易索诂》十二卷。

《蓬山清话》十八卷。

《抱经楼藏书记》无卷数。

《象山杂咏》一卷。

《兰因集》一卷。
《青棂馆集》四卷。
《韭山诗文集》八卷。
《魏塘杂咏》无卷数。

倪桂馨

《海曲烟村诗稿》今存诗 4 首。

倪　劢

《彭姥诗蒐》十二卷。
《左讴》二卷。

钱沃臣

《蓬岛樵歌》二卷。
《乐妙山居诗文集》书目见中国人民大学清史研究所《清代诗文集汇编》。
《正威炮图编》一卷，见《太平县志》。

赖鹏飞

《听澥吟草》录入《蓬山清话》数十首。

【中华民国】

仇水心

《高中平面几何解题》。
《几何辞典三百题》译著。

陈汉章

《缀学堂初稿》。

何志浩

《中国舞蹈史》。

励乃骥

《世界代数学》。
《新嘉量》
《九章算经园田注释》。

【中华人民共和国成立后】

王宁山

《思与诗》诗文集，2000 年 12 月由远方出版社出版。

马　克

《开往奥斯维辛的列车》中短篇小说集，2006 年由宁波出版社出版。

厉为民

《世界粮食安全概论》《荷兰的农业奇迹》主编，中国人民大学出版社出版。

《土地评价》《农业经济学和农业企业》译著，1986 年由中国展望出版社出版。

史奇山

《碧血小岛》长篇小说，1990 年 8 月上海人民出版社出版。

《花轿梦》长篇小说，1999 年 8 月中国文联出版社出版。

《潮烟人家》散文集，2003 年浙江人民出版社出版。

《乡情远逝》散文集，2007 年宁波出版社出版。

史一帆

《生命的悬崖，只有鹰能描述》诗文集，2003 年解放军文艺出版社出版。

史松才

《蚂蚁进城》诗文集，2005 年作家出版社出版。

纪鹿华

《古代农民生活诗选注》1986 年安徽文艺出版社出版。

《汉魏晋南北朝隋诗鉴赏词典》，1989 年山西人民出版社出版。

《词律辞典》1991 年山西人民出版社出版。

《唐五代诗词鉴赏辞典》1991 年由北京燕山出版社出版。

朱一峰

《朱一峰作品选》2002 年 12 月出版。

朱　敏

《行走的风景》散文集，2007 年北京大众文艺出版社出版。

刘荣之

《孤芳诗文集》一、二两集，分别于 1995 年、2001 年由宁波出版社出版。

刘德祖

《大学物理》1991 年中国林业出版社出版。

阮赞林

《经济法简明教程》主编，中国商业出版社出版。

《法学基础理论》主编，中国商业出版社出版。

《经济法学》主编，中国商业出版社出版。

任　晓

《中国行政改革》1998 年浙江人民出版社出版。

《韩国经济发展的政治分析》1995 年上海人民出版社出版。

《韩国政治体制》1998 年兰州大学出版社出版。

《中美日三边关系》2002 年浙江人民出版社出版。

《国际关系理论新视野》2001 年长征出版社出版。

《保守主义理念与美国的外交政策》2003 年上海三联书店出版。

《现实主义与美国外交政策》2004 年上海三联书店出版。

《自由主义与美国外交政策》2005 年上海三联书店出版。

《亚洲地缘经济与政治》2008年上海人民出版社出版。

《亚洲经济转型与国际秩序》2009年上海人民出版社出版。

《社会科学理论与方法》译著，2002年上海人民出版社出版。

《政治学理论与方法》译著，2006年上海人民出版社出版。

《帝国的悲哀》译著，2005年上海人民出版社出版。

《政治发展而面观》译著，2009年天津人民出版社出版。

陈晓红

《郑继泰传》传记文学，1996年解放军文艺出版社出版。

《小岛之光》2001年解放军文艺出版社出版。

陈 徐

《爱不明白》长篇言情小说，2005年北京大众文艺出版社出版。

陈和李

《遥望渔山岛》散文集，2008年呼和浩特市文苑出版社出版。

何元均

《水竹居吟稿》诗文集，中国出版集团现代出版社出版。

《水竹居文存》文集，2005年编辑出版。

何 旭

《野龙山传说》2003年9月国际炎黄文化出版社出版。

吴国华

《古道侠情》长篇小说，2004年浙江文艺出版社出版。

吴光观

《艺术中的哲学》主编，福建人民出版社出版。

《艺术中的哲理》主编，浙江美术学院出版社出版。

吴建生

《氨的制造》译著、俄译本

吴校歧

《血液检验》1956年人民出版社出版。

《血液细胞形态学讲义》《实用临床检验学·血液部分》1964年由科技出版社出版。

吴兴定

《现行税法通释》主编，1992年电子工业出版社出版。

《现代企业理财指南》1992年电子工业出版社出版。

张登贵

《大题小作》1998年宁波出版社出版。

张 潇

《诗坛骄子——殷夫传》传记文学，2001年浙江人民出版社出版。

张为礼

《逝去的岁月》纪实文学，2002年作家出版社出版。

张利良

《青衫犹湿》散文集，2007 年大众文艺出版社出版。

余志刚

《余志刚散文》2000 年中国文联出版社出版。

《满纸烟岚》散文集，2005 年花城出版社出版。

李　萌

《白马镇》短篇小说集，1991 年学林出版社出版。

邱　弘（邱闳）

《失衡》散文集，1998 年百花文艺出版社出版。

《杂粮》散文集，2008 年 12 月花城出版社出版。

《蚀代》诗文集，2008 年 12 月花城出版社出版。

陆卫明

《毛泽东与中国传统智慧》主编，2005 年陕西人民出版社出版。

《华夏艺术历程》主编，2006 年西安交通大学出版社出版。

严东旺

《农作物审评品种（1983、1984）》，浙江省科技出版社出版。

郑丽敏

《自由的鱼》散文集，2008 年中国文联出版社出版。

郑尚武

《建设工程概预算》主编，1989 年华东师范大学出版社出版。

郑亚莉

《微观经济学》主编，2008 年浙江大学出版社出版。

林志龙

《方志探论》1995 年三秦出版社出版。

《经史学家陈汉章》主编，1997 年黄山书社出版。

林常飞

《金鸡山》散文集，2005 年作家出版社出版。

《山海英雄儿女》纪实文学，2005 年北京作家出版社出版。

林崇德

《思维发展心理学》1986 年 4 月北京师范大学出版社出版。

《儿童心理学史》1988 年 10 月北京师范大学出版社出版。

《发展心理学研究方法》1991 年北京师范大学出版社出版。

《天才儿童的教育》1991 年黑龙江教育出版社出版。

《学习与发展》1992 年北京教育出版社出版。

《中、小学生能力发展与培养》主编，1992 年北京出版社出版。

《发展心理学》1995 年人民教育出版社出版。

《智力的培养》主编，1996 年浙江人民出版社出版。

《教育的智慧——写给中小学教师》1999 年 1 月开明出版社出版。

林被甸

《罗荣渠与现代化研究》主编，1997年北京大学出版社出版。

《罗荣渠文集》主编，2004年商务印书馆出版。

《求索者足迹——罗荣渠的学术人生》主编，2009年商务印书馆出版。

周龙交

《周龙交小说集》2001年4月内蒙古人民出版社出版。

周成启

《马克思的货币理论》1978年贵州人民出版社出版。

《马克思主义政治经济学的创立》1979年上海人民出版社出版。

《马克思主义的再生产理论》1980年贵州人民出版社出版。

《马克思恩格斯经济学创建纪略》1984年河北人民出版社出版。

《恩格斯经济思想研究》1985年北京出版社出版。

《〈资本论〉问题解析》1986年西南师范大学出版社出版。

《政治经济学原理的历史参考》1988年上海人民出版社出版。

《外国经济学家辞典》主编，1993年海天出版社出版。

周来达

《中国越剧音乐研究》台湾洪叶出版公司出版。

《百年越剧音乐新论》2006年中国文联出版社出版。

欧世璜

《水稻病害》1972年在英国初版。

穆光宗

《中国的未来交给谁：独生子女问题的紧急报告》1994年中国工人出版社出版。

《二元经济与中国人口控制》1990年团结出版社出版。

贺师尧

《汉字应用辨误手册》2008年上海教育出版社出版。

钟晓航

《猩红》2008年作家出版社出版。

钱永兴

《中国民间对联赏玩》2005年浙江摄影出版社出版。

《绩麻文化与浙东麻丝墩艺术》2008年浙江大学出版社出版。

殷　夫

《殷夫选集》1951年，开明书店初版、1982年人民文学出版社再版。

《殷夫诗文选集》诗文集，人民文学出版社1954年初版、1955年再版。

高鹏程

《海边书》诗文集，2007年北京大众文艺出版社出版。

章文岳

《大学生与盲流》2002年中国文联出版社出版。

渔　夫

《渔夫拾海》散文集，2008年浙江人民出版社出版。

韩利诚

《赤潮上的鸥音》诗文集，2008年北京文化艺术出版社出版。

韩高琦

《饿鹰叫雪》诗文集，2003年10月中国文联出版社出版。

韩映虹

《心灵瑜伽——感恩、感动、感悟》散文集，2006年7月北京作家出版社出版。

葛渭康

《白说也说》杂文集，2001年北京中国文联出版社出版。

葛大汇

《象山教育管理学》主编，2006年华东师范大学出版社出版。

鲍　贝

《散步的鱼》散文集，2001年10月中国文联出版社出版。

《红莲》长篇小说，2007年作家出版社出版。

蒋璐蔚

《另一只翅膀也在飞》长篇小说，2007年北京中华工商联合出版社。

谢家启

《新税制与现代会计》1994年中国经济出版社出版。

赖赛飞

《陌上轻尘》散文集，2004年9月浙江文艺出版社出版。

蔡启发

《沧浪之水》散文集，大众文艺出版社出版。

第五十三篇
象山舆图考

本篇目录

一　象山早期舆图考

象山县创设于唐神龙二年（706），至今已有1300多年的历史，可谓古县。唐元和八年（813），宰相李吉甫编成《元和郡县图志》。此书“不仅是唐代用来绘制地理全图总图的一份数据集，而且也是流传至今最早最完整的地理全图数据集。”① 书中说，象山县“西北至州水陆相兼一百六十里……东至大海三十里，南至大海十五里，东北至大海四十里，正北至大海一十五里。唯西南有陆路连接台州宁海。”② 文中的“州”是指明州州治的所在地，现在一般认为位于鄞县小溪镇（明州府治是在812年迁移到三江口的，即现在宁波城所在地）。这表明，当时象山通往明州的主要交通路线是横渡象山港到达奉化或鄞县，而不是通过经过宁海的陆路。所谓的“西北至州水陆相兼一百六十里”，也不是指从象山县到明州州治的全部距离，而仅仅模糊地表示从象山县城至象山县境边界处的大概距离。③ 在这段关于象山县的现存最早地理数据中，明确指出象山县是个三面环海的半岛。不过，这里没有像后来的志书那样写出象山县境的东西长度与南北宽度，甚至没有说明象山县城至县境西界的距离。文中虽然载明象山县城至大海的距离，但与实际距离相比严重缩小了。以南北距离为例，即使我们取最大值，即“南至大海十五里”加上“东北至大海四十里”，那么，象山县地南北宽度也只有55里。还值得注意的是，李吉甫在自序中说，该书“起京兆府，尽陇右道，凡四十七镇，成四十卷。每镇皆图在篇首，冠于叙事之前”。④ 说明在他绘制的唐代中国地图上，出现了象山县。可惜的是，李吉甫的地图早在宋代就已遗失了，所以我们无法知道图上的象山县是什么样子的。

唐贞元十七年（801），地理学家贾耽编绘了全国性的地图《海内华夷图》。这幅“广三丈，纵三丈三尺”的大型地图，⑤ 最大的特点是继承了魏晋时期裴秀（223—271）的制图学理论，按照“一寸折成百里”⑥ 的原则绘制而成的，所以比较科学、准确。《海内华夷图》已经失传，但我们可以在宋代的《华夷图》中看到其大概。

《华夷图》编绘于宋政和七年至宣和七年（1117—1125）之间，刘豫阜昌七年（1136）十月被刻在石碑上，现存西安碑林。据研究，这幅《华夷图》就是以贾耽的《海内华夷图》为依据缩

---

①汪前进：《现存最完整的一份唐代地理全图数据集》，《自然科学史研究》，1998年第3期。

②李吉甫：《元和郡县图志》，第630页，中华书局，1983年。

③民国《象山县志》卷四说，“其言一百余里者，则仅陈山至东宿之数”（影印第133页）。可是，《宝庆四明志》明确写道，仅由象山陈山渡到奉化东宿渡的距离就有“二百里”（影印第5189、5267页）。因此，“西北至州水陆相兼一百六十里”不可能就是指由陈山渡到东宿渡的距离。此外，据《宝庆四明志》，除了陈山渡外，象山还有袁村渡、姜屿渡可抵达奉化，湖头渡可抵达鄞县（影印第5267页）。所以，笔者认为，“西北至州水陆相兼一百六十里”是模糊地表示从象山县城出发，经过几个渡口到达象山县境边界处的大概距离。

④李吉甫：《元和郡县图志》，序。

⑤《旧唐书》，贾耽传。

⑥《旧唐书》，贾耽传。

绘而成的。[①] 在《华夷图》上，中国沿海的海岸线不太正确（特别是辽东半岛和山东半岛），浙江省的海岸线基本上是平直的。在“明”州与“台”州之间，有一条源自“越”州的河流，自西北向东南流淌，河流的下方，有一个略略向东突出的圆角，显然是指象山半岛（图版61—62）。由此可见，《华夷图》已经正确、清楚地确定了象山县在中国沿海的具体位置。但图中错误地认为有一条河流从越州（绍兴）一直流到象山港。此外，图中没有出现象山县的名称。

刻有《华夷图》石碑的背面，是一幅名为《禹迹图》的地图。该地图绘制于宋元丰三年至绍圣元年（1080—1094）之间，刘豫阜昌七年（1136）四月被刻在石碑上（图版55—56）。[②] 这幅地图的最大特点，是出现了方格网，地图上的文字明确写道：“每方折地百里”。由于有了比例尺，所以，地图的准确性很高，特别是海岸线，甚至“与20世纪者非常接近”。[③] 图上，可以看到深长的杭州湾，也可看到位于同一个半岛上的“明”州和“台”州。不过，由于篇幅的限制，明州最东端的象山县并没有完整地画出，更没有出现象山县之名称。

北宋元符年间（1098—1100），我国现存最早的历史地图集《历代地理指掌图》问世。在书中的《唐十道图》（图版97）上，明、台、温处于同一纬度上，浙江海岸线平直，县名很少，却有“象山县”，由于陆地上空间不够，所以就将其写在海上。由于目前见到的《唐十道图》在南宋淳熙十二年（1185）经赵亮夫增订过，[④] 所以我们无法确定“象山县”三字本来就出现在北宋版的《唐十道图》上，还是赵亮夫修订时加上去的。

另一幅标出“象山”的早期地图是1964年在四川荣县发现的《九域守令图》。该图纵130厘米，横100厘米，刻在一块石碑上。研究者认为，大约在北宋宣和三年（1121），荣州刺史宋昌宗根据前人的地图绘制了这幅《九域守令图》，并将其摹刻在石碑上。经计算，地图的比例尺为1∶1900000。这幅地图的最大特点之一，是海岸线画得比较准确。有研究者写道：“除清代在实测基础上绘制的几幅地图外，本图是流传下来的许多古地图中海岸线画得最准确的一幅。”[⑤] 图中象山半岛的形状证明这个结论是非常正确的。象山半岛突出在东海中，北有象山港，南有三门湾。不过，象山半岛被错误地标成是“昌国”，而“象山”两字则被标在象山港的西面，与鄞县、慈溪位于同一纬度同。实际上，宋代的昌国是指现在的舟山，根本不是在陆地上。标有“昌国”两字的地方，实际上是指象山。而写着“象山”两字的地方，则应是奉化。《九域守令图》上的这处错误，客观上也反映了当时的象山并没有什么重要的地位，其他地方的人们对它并不是十分重视，了解得也不多。

进入南宋，北方大片土地已经沦陷，疆土大大缩小。在政治文化中心南移到杭州的同时，南宋的统治者还不得不在经济上依靠东南沿海地区，这样，距离杭州不算太远的象山也越来越被其他地方的人们所正确地认识，反映在地图上，就是不再错误地标注象山半岛。这里试举两幅地图。

第一幅是《地理图》。此图最初是由四川人黄裳于绍熙元年（1190）绘制的。淳祐七年（1247）浙江永嘉人王致远将其刻在苏州的一块石碑上。[⑥] 在这幅地图上，“象山”两字被正确地标写在浙东最突出的半岛上（图版72）。此图碑现藏苏州市碑刻博物馆。

---

①曹婉如：《有关华夷图问题的探讨》，《中国古代地图集》（战国—元），文物出版社，1990年。
②《中国古代地图集》（战国—元），文物出版社，1990年，第4页。
③余定国：《中国地图学史》，北京大学出版社，2006年，第17页。
④《中国古代地图集》（战国—元），文物出版社，1990年，第7页。
⑤郑锡煌：《九域守令图研究》，《中国古代地图集》（战国—元），文物出版社，1990年。
⑥《中国古代地图集》（战国—元），文物出版社，1990年，第46—49页。

第二幅是《舆地图》。宋咸淳二年（1266），日本僧人佛照禅师（讳惠晓，字白云）渡海入宋，受教于明州瑞岩寺希叟绍昙。佛照禅师经历了南宋灭亡的动乱岁月，于元至元十六年（1279）回国。他在明州期间，得到了一幅《舆地图》的印本（图版 83），并且带回日本。① 研究表明，这幅地图大概是在南宋咸淳二年（1266）于明州绘制、刻印的，佛照禅师所得到的就是众多印本之一，一直珍藏在佛照禅师回国后所生活的日本京都栗棘庵。在这幅《舆地图》上，“象山”两字同样被正确地标注在东海之滨的半岛上，其西面是崇山峻岭。

宋代，明州（宁波）编过几部以“图经”为名的地方史志，例如大中祥符三年（1010）完成的《明州图经》，大观年间（1107—1110）所修的《明州图经》。② 在古代中国文献中，“图经”包括地图，③ 也就是说，在《明州图经》之类的著作中应当是有地图的，但由于这些著作早已不复存世，我们也就无从知道其地图的样子了。目前最早的宁波地方志《乾道四明图经》成于南宋乾道五年（1169），知州张津纂修。缙云县主簿管学事黄鼎在为该书所写的序言中开头即说：“山海有经，舆地有图，郡邑有图经，此古今所共由，而一日所不可阙者也。”④ 由此推测，这部书本来应当是有地图的，但在现今所能见到的版本中，则找不到地图了。该书第六卷是专门讲述象山县的，不过内容很少，除了简略地介绍象山县的由来及沿革外，还记载了庙宇（祚圣庙、昭应庙、顾长官庙）、山峰（象山、东门山）。⑤ 书中没有讲到象山县的四至距离之类的地理数据，更没有地图。“旧有五乡，景德三年并为三乡。”（4899 页）没有列举出具体的乡名。

二　宝庆《四明志》所刊象山舆图考

我们现在可以看到的最早的宋刻本宁波地方志是《宝庆四明志》，由知府胡榘修，方万里、罗濬等纂，南宋宝庆三年（1227）始修，第二年告成。但此书原刻本已经无法找到了，现在所能见到的最早刻本是咸淳八年（1272）之后的增补本，藏中国国家图书馆（原北京图书馆）。

《宝庆四明志》的编纂者十分重视地图。罗濬在序中写道：“窃尝谓道地图以诏地事，道方志以诏观事，古人所甚重也。”⑥ 在宋刻本《宝庆四明志》中，共有 16 幅地图，分别是“府境图”“罗城图”“府治图”“郡圃图”“鄞县县境图”“鄞县县治图”“奉化县境图”“奉化县治图”“慈溪县境图”“慈溪县治图”“定海县境图”“定海县治图”“昌国县境图”“昌国县治图”“象山县境图”和“象山县治图”。有学者对这 16 幅地图作过精辟的分析：“诸图皆作上北下南式，凡山、水、寺、观、乡、镇等名称，皆围以长方形边框。细观诸图，又微见差异，不像出自一人手笔。从绘山水形势看，‘府境’‘鄞县县境’‘定海县境’‘昌国县境’似为一组。其特点是：山峰皆

①黄盛璋：《宋刻舆地图综考》，《中国古代地图集》（战国—元），文物出版社，1990 年。
②洪焕椿：《浙江方志考》，浙江人民出版社，1984 年，第 166 页。
③曹婉如：《现存最早的一部尚有地图的图经——〈严州图经〉》，《自然科学史研究》，1994 年第 4 期。
④《乾道四明图经》卷首，影印第 4874 页。
⑤《乾道四明图经》卷六，影印第 4899—4900 页。
⑥《宝庆四明志》，影印第 4989 页。

取势坐北，较大河流画出密纹波浪，与海面画法类似。‘奉化县境’‘象山县境’则为另一组。其特点是：所有江河，不绘波纹，而用双线表示。……昌国、象山县境图在四边四角注出四至，亦为它图所无。”①

《宝庆四明志》“府境图”的右下角，画出了象山县，但非常奇怪的是，它被画成是孤悬海中的独立岛屿，呈扇形。岛屿的中间是“象山县”三个字，既表示整个岛屿的名称，又表示县城所在的位置。山上除了延绵的高山外，没有河流、湖泊、村镇。自东而西，岛上的地名分别是：鼓吹山、双泉山、玉泉、白马湖、象山、玉几山、涌泉、炼丹山、锯门山、鸡笼山。这十个地名（一湖，二泉，七山）可以说是当时象山最著名的自然标志了。该书第二十一卷对这十个地名也有叙述：②

鼓吹山：“县东八里，其峰萃然孤峻。天将雨，云雾先起，有声轰轰如鼓吹焉，故名。”

双泉山：“上有二穴，出泉味甘可饮，过舟常汲之。”

玉泉：“县东北三十里广福院前，泉深三尺，味甘色白，烹茶为胜。立夏后则泉溢，立秋后则泉涸。有怪松偃蹇覆于上。”

白马湖：“县东南十里。初，县之东塘山有王气，凿之有白马飞入湖中，因以为名。”

象山：“县北半里，山形如象，因以为名焉。山腰有水，曰象潭，唐乾符二年凤皇翔于山之颠，故又名凤跃峰。”

玉几山：“县南十五里，县治对之，为案山。”

涌泉：“县西南十五里，潭清浅，人谓龙穴。亢旱则斩鹅祭之，铙鼓方鸣，泉即涌出。或有得云母石于潭侧者。”

炼丹山：“又名蓬莱山，县西一里，众山隐映，圆秀。其颠平夷，有丹灶及炼丹亭址，陶隐居尝炼丹于此。更上有峰巍然，号大炼丹山，海上望之，层峦杰嶂如画。邑人逢春登览，号为胜概。其侧有仙掌岩，掌迹隐然。”

锯门山：“县东南二十五里，其山中对如门。”

鸡笼山：“县西南五里，圆秀，望之如鸡笼。山麓有白鹤庙。”

《宝庆四明志》中的“象山县境图”是目前所知最早的象山区域专图。图中，四个边框旁都有文字，注明象山的四周边界。右上角（东北角）的文字为：“东北到海鄞县界四十里，以鄞港中流翁山为界”。正东的文字为：“东至鄞县界八十里，以东殊山为界。”右下角文字为：“东南昌国县界”。正上方（北方）的文字为：“北至鄞县界一十五里，以屿山为界。”正下方（南方）的文字为：“南至台州宁海县界一百九十里，以秋庐山海港为界。”左上角（西北角）的文字是：“西北到奉化县界，以鄞港中流为界。”正西的文字是：“西至台州宁海县界一百里磕苍山为界。”相应的文字，也可以《宝庆四明志》有关象山县的正文中找到。与唐代李吉甫所编的《元和郡县图志》相比，象山县的四至距离增大了很多，说明人们对象山的实际地理有了更多、更深的认识。

《宝庆四明志》中“象山县境图”的最大特点是，在地形及方位上存在着严重的错误。整幅地图，可以以“马江河”（“归仁乡”古个字的下侧）、“东溪坊”为界分为两部分。为了方便起见，我们姑且将此线之北称为“象山北部地区”，将此线之南称为“象山南部地区”。象山北部地

①《中国古代地图集》（战国—元），文物出版社，1990年，第10页。

②《宝庆四明志》，影印第5264—5266页

区是地图的主体，呈长方形，南北距离与东西距离之比约为 1∶2。象山南部地区是个呈脚掌状的半岛，脚尖向东延伸到大海中。脚掌上的文字，自西而东（从脚跟向脚尖）分别是："东溪坊""太平寺""青部坊""新安院""玉女盐场"，脚尖处还有一个地名已模糊不清，无法辨认。

象山县的实际地形是南北长度大于东西宽度，而在这幅地图上正好相反，东西宽度大大超过了南北长度。在实际地理中，马江河（现在的"马岗"一带）、东溪大体上位于象山县的中部。也就是说，"象山县境图"上的象山北部地区本应与象山南部地区在面积上基本相同，可是地图上的象山南部地区仅相当于北部地区的三分之一左右。就经度而言，东溪与象山县城的实际位置基本相同，而在"象山县境图"上，东溪的位置却被置于西南角。"象山县境图"上脚掌状的象山南部地区最东端，有"玉女盐场"，其位置当在现在的石浦一带，也就是说要位于象山县城以东。可是在"象山县境图"，却出现在象山县城以西的地方。同样，石浦港对面的"东门山"，本应位于象山县城以东，可是这幅地图上却被画在与象山县城相同的经度上。这样，本来是南北向长条形的象山县，在"象山县境图"上则呈现为东西向长条形。

"象山县境图"上象山县地形的这种画法，是不是意味着当时的人们对象山地形缺乏正确的认识呢？答案是否定的，因为《宝庆四明志》在介绍象山县的境土时，明确写道：象山县"东西二百里，南北二百五里①"。也就是说，《宝庆四明志》的编纂者认为象山县南北距离要比东西距离长五里，这样，象山县基本形状至少是正方形的，而不是长方形。那么，在《宝庆四明志》的"象山县境图"上，象山县为什么会被画成东西向长条形的呢？主要原因有以下几个：

1. 地图的绘制者为了突出象山县城，完全不顾比例，使县城占据了整个地图三分之一的面积，这样，县城所在的象山县北部地图就被夸大了，而象山县南部地区则被严重缩小了。

2. 客观上反映了当时象山县北部地区要比南部地区发达。象山北部地区除了是县城的所在地外，村庄聚落也要比南部地区要多。当时象山县分为三个乡，即县城以东的游仙乡（管辖 1 里 10 保），县城所在的政实乡（管辖 1 里 12 保），县城以南的归仁乡（管辖 1 里 10 保）。② 这样，象山县南部地区的乡、里、保数量，仅为北部地区的一半。再如，象山县当时共有五所酒坊，分别是"东溪坊""西溪坊""西砂坊""东村坊"和"青部坊"，③ 其中只有两所位于南部地区，其余三所都在北部。此外，从地图上还可以看出，无论是碶闸（会源碶、朝宗碶、灵长碶）、渡口（陈山渡、吴七娘渡），还是高塔（东塔、西塔）、寺院，基本上都集中在象山县北部地区。因此，为了有足够的空间展示这些人文及地理信息，地图的绘制者只得夸大象山县北部的空间，压缩南部的空间。也就是说，地图的绘制者并不重视地图的空间距离是否正确，也不重视图上的比例关系，他所关心的是在有限的空间上尽可能地表现重要的内容：为了突出内容的重要性，可以牺牲地图的科学性。

3. 地图的变形受制于书籍的版式。在古代书籍中，一幅地图印刷在正反两个页面上。这两个页面展开时，长度要大于宽度。这样，如果地图是按照上北下南的方位印刷在书籍上的话，必然会导致东西距离大于南北距离的结果。例如，《宝庆四明志》记载说，当时象山县有"玉泉盐场"和"玉女盐场"这两个盐场，而且，书中明确写道，玉泉盐场位于"县东北三十里"，玉女盐场则位于"县南九十里"。④ 也就是说，玉女盐场到县城的距离是玉泉盐场的 3 倍。但由于页面版式

---

①《宝庆四明志》，影印第 5258 页。
②《宝庆四明志》，影印第 5268—5269 页。
③《宝庆四明志》，影印第 5271 页。
④《宝庆四明志》，影印第 5262 页。

的限制，无法将玉女盐场画得足够远的地方，而东西向的空间又很大，结果在地图上，“玉泉盐场”和“玉女盐场”距离县城是差不多远的。同样的原因，位于“县南一百里”左右东门山，[①]在地图上离县城的距离也和玉泉盐场离县城的距离差不多远。

“象山县境图”的绘制者比较重视河流的表达，地图上的河道十分醒目，而且蜿蜒曲折，甚至使有些地方成了被河流所分割包围的孤岛，例如“玉泉院”和“玉泉场”所在的区域。从“东村坊”至“锯门庙”的大片区域，则被“雀溪”分割成与陆地相分离的狭长地带。地图绘制者对水的重视，还体现在将主要碶闸都标注出来。

由于河流分割的原因，就无法表现延绵相续的山脉，结果，地图的绘制者只能把群山画成一座座独立的高山。而且，稍加观察，就可发现，几乎每一座山上都标注有寺院。在这些寺院中，有的属于中国本土的宗教，如昭应庙、锯门庙、城隍庙、东亭庙、栖霞观，更多的则属于佛教，例如等慈院、延寿院、智门院、常乐院、护境院、灵岩院、仙岩院、宝梵院、玉泉院、普明院、瑞龙院、伍师院、新安院、蓬莱院、太平寺，等等。这幅地图形象地说明了是作为外来的宗教的佛教不仅已经在中国生根，而且日益兴盛，甚至取代了中国本土的宗教。

罗濬在《宝庆四明志》的序言中说过，宝庆三年，胡榘“命校官方君万里取旧图经，与在泮之士重订之。”[②] 也就是说，《宝庆四明志》是在“旧图经”的基础上编纂而成的。据此推测，这部方志中的有些地图是依据原先的“图经”而绘制的。在“象山县境图”上也可找到一些证据。例如，《宝庆四明志》的正文中有“姜屿渡”，并有注文说“旧名吴七娘渡”。[③] 但在“象山县境图”上，并没有用“姜屿渡”这一正式的名称，而是用了“吴七娘渡”这一“旧名”。再如，书中写道：“普济庙，县东南三十五里，旧名锯门庙。”[④] 在“象山县境图”上，同样是用“锯门庙”这一“旧名”，而不用正式名称“普济庙”。由于“象山县境图”的一些资料来自先前的地图，而不是完全根据《宝庆四明志》正文，所以，地图上出现的一些地名在正文中是找不到的，例如“高平碶”“百丈岸”等。地图上的“大目山”，应当就是正文中的“大睦山”。[⑤]《宝庆四明志》中的“府境图”错误地把象山县画成是个孤立的岛屿，“象山县境图”则正确地把象山县画成是个半岛，这种差异，可能也在于资料来源的不同，即“府境图”可能因袭了前人的错误。

根据历史记载，唐朝刚设立象山县时，县治的所有地位于象山东面的彭姥村。《宝庆四明志》写道：“县始置时，监察御史崔皎奏于山之东麓彭姥村立县治。”[⑥] 唐朝，象山县治所在地曾经筑有土城，但后来大概毁坏了。[⑦] 宋治平元年至三年（1064—1066），象山县令林旦开始修筑象山县城[⑧]，从而奠定了象山县城的基础。对于宋代的象山县城情况，《宝庆四明志》有过这样的介绍：“县城周回一百五丈，治平中，令林旦筑。河水环之。东门曰登瀛，西门曰登台。”[⑨]《宝庆四明

①《宝庆四明志》，影印第5264页。
②《宝庆四明志》，影印第4989页。
③《宝庆四明志》，影印第324页。
④《宝庆四明志》，影印第330页。
⑤《宝庆四明志》，影印第322页。
⑥《宝庆四明志》，影印第314页。
⑦民国《象山县志》卷一，影印第35页。
⑧《宝庆四明志》，影印第316页。
⑨宋刻本《宝庆四明志》（影印第319页）作：“周回一步五步”，显然有误。此据宋元方志丛刊本《宝庆四明志》（影印第5262页）。

志》的“象山县治图”为我们保存了关于早期象山县城风貌的珍贵资料。这是目前所知最早的象山县城图，对于了解象山县城的变迁具有重要的意义。

在“象山县治图”中可以看到，整个象山县城位于“圆峰山”下。在《宝庆四明志》的“象山县境图”上，也标有这座山峰。根据后来的文献，我们知道，象山县所以得名的主山“象山”由于“其峰圆耸，又名圆峰”；又由于唐乾符二年有凤凰在山巅飞翔，故又称为“凤跃峰”。① 文中所说的乾符二年，即公元875年。奇怪的是，《宝庆四明志》的正文中，只说“县北半里”的象山又称“凤跃峰”，② 而没有直接出现“圆峰山”一名。只是在介绍“昭应庙”时，才说此庙“旧名圆峰”，并有“或以为县主山形圆，因名之”的猜测性文字。③ 这再次表明，《宝庆四明志》有着多种资料来源，地图资料与文字资料的来源并不完全相同。

根据《宝庆四明志》的记载，宋代象山县城的四周城墙加起来只有105丈，是座小城。但在“象山县境图”上，象山县城却占据了整个地图三分之一的面积。而在“象山县治图”上，为了突出县城，甚至将象山北部的陆地都省去了大半，给人的印象是，只要翻过象山县城东、北、西侧的高山，就可直接到达海边。县城是一个县的统治中心，在地图上严重夸大县城的面积，正反映了中国文化的一个主要特征：政府在中国社会中占有至高无上的绝对地位。

在“象山县治图”上，最东面是东门“登瀛门”。由此向西，有“东亭庙”。在《宝庆四明志》正文中找不到这座庙。根据后人的记载，它位于“县东一里，旧名海济庙，今为起春之所，又名起春庙。”④ 东亭庙的对面，是“待贤亭”。《宝庆四明志》说，这是“公宇”之一，位于“县东门里”。⑤ 再向西，是“尉司”，位于县政府以东“一百步”，原为“蓬莱驿”，后改为县尉办公的地方，有80名“弓手”编制。⑥ 然后是“东板桥”“县学”（县府“东南一百步”），“弦歌市”（县府“南七十步”），“义井”“市桥”（县府“南七十步”）。这个“市桥”可以说是当时象山县城的交通枢纽，它的南面有“佛亭”“放生池”“绿野馆”（县府“南一百步”），“惠政桥”（县府“南一里”）。

从位于县府“西一百七十步”的“西桥”开始向西，可以说是宋代象山县城的西部了。西桥的南侧是“酒务”（县府“西南一百八十步”），再向西就是“城隍庙”。《宝庆四明志》写道：城隍庙位于县府的“西南二百四十步，唐神龙二年建。⑦”神龙二年（706），也就是象山立县之年，所以，这个城隍庙可以说是象山县城最古老的建筑了。既然有了城隍庙，就意味着城市的存在，所以，民国《象山县志》据此推断唐代已有象山县城，不过是座“土城”。西桥的左上方有“社坛”，即社稷坛，它也是象山县令林旦修建的。《宝庆四明志》说社稷坛“在县西二百步，治平中，令林旦修。⑧”社稷坛的左上方是“炼丹井”和“栖霞观”。在社稷坛正西方，有“岳庙”，此即《宝庆四明志》中所说的位于县府“西南二百五十步、栖霞观之侧”的“东岳行宫”。⑨ 而

①民国《象山县志》卷二十，影印第637页。
②《宝庆四明志》，影印第320页。
③《宝庆四明志》，影印第329页。
④嘉靖《象山县志》卷十二，影印第295页。
⑤《宝庆四明志》，影印第319页。
⑥《宝庆四明志》，影印第320、329页。
⑦《宝庆四明志》，影印第318页。
⑧《宝庆四明志》，影印第318页。
⑨《宝庆四明志》，影印第329页。

与“岳庙”相邻的“平帅庙”则在《宝庆四明志》中找不到记载。我们在明朝的嘉靖《象山县志》中，才找到一点记载：“平水庙。县西二百步，以禹平水土有功于民，故庙祀之。按，旧志为平帅庙，出迹未详。郡志讹为平水耳，不知否然。”① 也就是说，到了明代，人们已经搞不清楚“平帅庙”这个名称的来源了，更无法知道这个庙最初是否真的为了纪念大禹而建立起来的。此外，《宝庆四明志》说，象山县城的西门被称为“登台门”，但在《宝庆四明志》的“象山县境图”及“象山县治图”中，西门均被标明是“梯云门”，而这样的名称，在《宝庆四明志》中又无任何记载，这再一次证明了方志中地图来源与文字来源的不同。“梯云门”的上方（北面），有“应真亭”。这座建筑应当是纪念南朝道士陶弘景（456—536）的，它最叫“应真馆”，建立在“县东一百四十步”的地方，创建者是北宋时的县令林旦。绍兴二十八年（1158），县令俞光凝重建。嘉定十三年（1220），县令赵善晋将其移建到蓬莱山顶的仙掌岩前，② 可能同时将其改名为“应真亭”。应真亭附近有“炼丹山”，山的东面是操练士兵的“教场”。再向北，有“昭应庙”，这是象山主山之庙，在当时可以说是最重要的庙宇了。“圆峰山”东西两侧，则各有一所佛寺“宝梵院”和“等慈院”。

市桥以北，高耸的围墙里面，是一进又一进的高大建筑，这就是象山县的政府机关（衙门）。这些建筑形制相似、整齐划一的建筑，构成了一个正方形的大院子，与外界完全隔开，在地图上显得非常威严、神秘、冷峻，充分体现了政府的权威。象山县城中的多数区域画得比较粗略，甚至似是而非。例如从东门口到西门口的城墙，与街道合为一体，使人根本无法辨清这是城墙还是主街道。但对于象山县衙门，地图的绘制者力求将其画得准确、全面，尽可能将细节表现出来，生怕有所遗漏。正上方写有“象山县”几个大字的地方，应当就是《宝庆四明志》中所说的“县楼门”。东面的“宣诏亭”，真实地表现了《宝庆四明志》的文字：“宣诏亭：县楼外东。宝庆元年县令季齐元建。”宣诏亭上方，就是“主簿厅”。正中的建筑上注明是“敕书楼”。从图形上看，“县楼门”和“敕书楼”应当是两层结构。西侧，有“班春亭”，《宝庆四明志》载明其位于“县楼外西”。班春亭之北，分别是“平籴仓”和“县仓”，这是政府存放救济粮的仓库。

从上面的介绍中可以看出，“象山县治图”上的主要内容是：1. 政府机构（包括县学与义仓）；2. 各种庙宇，特别是受到皇帝敕封或受官方推崇的神庙，而不包括未经官府批准的庙宇；3、桥梁与水井之类的公共设施。后两类，又是往往由官员直接修建的，或者是在官员的倡导下修建起来的。虽然地图上有一个“弦歌市”，但它也是政府所设立、监管的交易场所。而与广大民众息息相关的内容，例如民居、坊巷、店铺等，在地图上却无法见到。所以，与中国古代的其他方志地图一样，“象山县治图”处处体现了以政治为中心的特点，“透露着绘制图志的人心目中，政治、法律和权力，它们有多么重要。③”

《宝庆四明志》中的“象山县境图”和“象山县治图”是根据现已失传了的地图资料绘制而成的，它们具有中国古代方志地图的基本特征，更重要的是，它们还成为后来象山县志地图的一个重要来源。

①嘉靖《象山县志》卷十二，影印第295页。
②《宝庆四明志》，影印第320页。
③葛兆光：《古舆图别解》，《中国典籍与文化》。

三　嘉靖、万历《象山县志》所刊舆图考

象山县创设于唐代，但何时开始编纂县志，至今无法考定。至少在明朝永乐年间，已有象山县志，即所谓的《永乐旧志》。成化年间，鄞县人杨实编纂了一部象山县志，即所谓的《成化新志》。① 按照方志的习惯，书中当有象山舆地图之类的，可惜的是，由于这些著作都已失传，所以我们无法知道书中地图的样子。

现存最早的象山县志，当推明朝嘉靖三十五年（1556）所修的嘉靖《象山县志》，共十五卷。此书主修者是知县毛德京，辑纂者是象山人杨民彝、卜乾、俞澜等人。全书目录页之后，即为两幅插图，分别是"县境图"和"县治图"，这也是目前象山县志中所能见到的最早地图。

嘉靖《象山县志》中的"县境图"四边分别标有"东至日本国""北至宁波府""南至海""西至宁海县"等字样。这部县志明确写道：象山县"东西广一百四十里，南北袤一百九十里"②。也就是说，县志的编纂者清楚地知道象山县的地形是南北宽度要超过东西长度。但和《宝庆四明志》中的"象山县境图"一样，嘉靖《象山县志》中的"县境图"却错误地把象山县画成是一个东西宽度大大超过南北长度的半岛。爵溪所、昌国卫、石浦所本来应当处于大体相同的经度上，而在这幅地图上，爵溪向东突出，使南堡以南地区成了一个半岛，结果昌国卫、石浦所则被安置在西南角，比县城还要偏西。由于爵溪的向东突出，还使岳头附近的大目山被画在比昌国卫还要南的地方，与现在东门岛的纬度相当。石浦所、昌国卫本为南北两地，在该地图却是大体平行的。

明朝建立后，东南沿海最重要的问题是倭寇的入侵，与日本隔海相望的象山县，自然成了倭寇入侵的重灾区。为了抗击倭寇，明朝建立了由卫所、城寨、巡检司、烽堠墩台等构成的海防体系。明朝在宁波地区设有四个"卫"，即宁波卫、观海卫、昌国卫、定海卫；卫之间，则设"所"；各所之间，则设巡检司。这些军事要塞"莫不因山堑谷，崇其垣墉，陈列兵士，以御非常。"③ 这样，在《宝庆四明志》的"象山县境图"中，各类庙宇四处可见。而在嘉靖《象山县志》的"县境图"上，除了少数几个山川名称（如"淡港""厉江""湖头""崇家山""大目山""小目山""锯门洞"）外，最常见的是这类军事要塞了。自东而西分别为：钱仓所、爵溪所、赵岙司、陈山司、游仙寨、岳头、南堡寨、昌国卫、石浦所、石浦司、爵溪司。整幅地图，简直就像是军事要塞分布图。查诸嘉靖《象山县志》，可以知道，这些要塞在明朝初年就建立起来了。例如，"昌国卫"本来设立在舟山岛上。洪武二十年（1387），昌国卫被迁移到现在象山县石浦镇的东门岛上。洪武二十七年，因为东门岛孤悬海中，交通不便，又将昌国卫迁置于今昌国镇

①罗士筠修，陈汉章等纂：民国《象山县志》，卷十八，影印第587页，中国地方志集成，上海：上海书店：1993年。

②嘉靖《象山县志》卷二，影印第46页，据明嘉靖刻、隆庆增补本影印，天一阁藏明代方志选刊续编，第30册，上海书店。

③嘉靖《宁波府志》卷二，影印第1724—1725页。

所在地。① 再如，洪武二年在石浦设立过巡检司。洪武二十年，石浦巡检司被迁到青山脚下，而在此地建立了石浦所城，驻扎军队。后来，又多次修葺。明朝本来在爵溪设立过巡检司，洪武三十一年，将巡检司迁到姜屿渡，而在原地修筑所城。此外，钱仓所城始筑于洪武二十年，游仙寨、陈山寨和赵岙寨都是在正统八年（1443）开始修建的。嘉靖《象山县志》“县境图”上地名，形象地反映了象山县在东南海防上的重要战略地位。同时，它还反映了明清时期象山市镇的一个特点：它们主要是从军事要塞演化而来的，而不是由商贸集市发展起来的。

明朝灭亡至今，已经三百多年了，许多地名随着沧海桑田的变化而逐渐消失了。嘉靖《象山县志》上的“县境图”，则我们保存了一些已经消失了的历史踪迹。例如，在地图上除了县城东面的“爵溪所”外，西北角还有个“爵溪司”，即位于姜屿渡（旧名吴七娘渡，可以渡过象山港到达奉化）的“爵溪巡检司”。清朝雍正时，这个渡口已经废弃了（引雍正象山县志，或浙江省通志）。② 今天，明代的爵溪所已演变为以发达的外向型经济而著称的爵溪镇，而姜屿渡的爵溪司则差不多已经被人完全遗忘了。如前所述，“昌国卫”刚从舟山迁来时，就设立在东门岛上。嘉靖《象山县志》说，东门岛上的原昌国卫“故迹尚存”。③ 在这幅地图上，也清楚地画出了东门岛上昌国卫的遗址，并标明是“旧城”。最后，还可以列举县城东面的那座高塔，图中文字注明它叫“文峰塔”。而实际上，这部县志明确写道：文峰塔，“县东二里梅溪山，为县之青龙首，嫌于低小，乃建塔于其岭。嘉靖十七年，知县何荣重建。二十四年旱，俗妄以塔为妖，遂毁。识者至今憾之。④” 嘉靖十七年，即公元 1538 年，嘉靖二十四年，即公元 1545 年。也就是说，编制此图时，文峰塔早已不复存在了。根据这幅地图，我们才知道文峰塔的具体位置。

明代象山县城的位置还是建立在宋代的原址上。与《宝庆四明志》志中的象山县城图一样，为了突出政府的重要性，嘉靖《象山县志》上的“县境图”上的县城被画得很大。但两者之间的区别也是非常明显的。一是形状上的不同。《宝庆四明志》上的县城为方形，而嘉靖《象山县志》上则为葫芦形。二是面积上的不同。与《宝庆四明志》相比，嘉靖《象山县志》上象山县城的面积要大多了，特别是南向部大大扩展了。这是由于明代重新修筑了象山县城。

据嘉靖《象山县志》记载，宋代林旦修筑的象山县城，后来逐渐湮废了。到了明朝初年，由于海寇的频繁侵扰，各级官员曾多次提议建造县城，但由于种种原因一直未能动工。嘉靖三十一年（1552），倭寇在象山大肆劫掠，并且直逼县衙门所在地，“民咸奔窜”。这样，倭寇退走后，县令毛德京多方筹措资金，于嘉靖三十一年九月开始筑城，第二年七月完工，共花费了“官币”12400 多两，并且动员了全县的民众。建成后的象山县城“城长一千八十九丈有奇，西北高一丈六尺，东南高一丈四尺（因土泞易陷，损二尺），雉堞一千二百三十一，址阔二丈，面阔一丈，外方石，内块石。为门四：东曰‘宾暘’，南曰‘来薰’，北曰‘拱极’，西曰‘迎恩’。”⑤ 城门上还建有门楼，城墙外为护城河。南门和北门为吊桥，北门和南门还分别建有水门。当时人们将城墙誉为“金汤”，认为“一邑生灵赖以全活”。

嘉靖《象山县志》的“县治图”，更加清楚地展现了明代县城的全貌。四座城门上各有城楼，

---

①嘉靖《象山县志》卷一，影印第 30 页。
②罗士筠修，陈汉章等纂：民国《象山县志》卷二，影印第 103 页。
③嘉靖《象山县志》卷二，影印第 59 页。
④嘉靖《象山县志》卷二，影印第 59 页。
⑤嘉靖《象山县志》卷一，影印第 27 页。

南门两侧各有一座水门，北门左侧有一座水门。城墙上是均匀地画着雉堞，城墙外是“城河”。护城河外，则是大片的“民田”。与《宝庆四明志》中的“象山县治图”相比，明代毛德京新筑的象山县城基本格局变化不大，都位于象山的南麓。从宋代开始，经过元朝，直到明代，象山县衙门虽然几经重修、改建，但基本位置没有变化过，一直位于县城最北面。由于象山县城的面积增大，而衙门的面积又被缩小了，所以，虽然画出了衙门的建筑群，并标有文字“象山县”，但没有像《宝庆四明志》那样标出每一座主要建筑的名称。

整个县城实际上以县衙门为中轴线，东西两侧大体相同。“儒学”还是在宋代“县学”的位置上。宋代从东门到西门的那条东西向大街依然是主街道，所不同的是，这条主街道以南的大片区域被毛德京圈入了城墙，从而使城市规模比宋代大多了。当然，由于毛德京新建了县城，所以，一些主要建筑的位置发生了重大变化。最明显的是宋代位于县府“西南二百四十步”的城隍庙，洪武三年（1370）被迁到“县之东北一里东塘山下”，毛德京建完象山县城后，又将其迁到县衙门的东面。① 宋代位于城西“炼丹井”旁边的“栖霞观”，几经兴废后，于嘉靖三十二年筑城时被毛德京迁到城内西侧。② 栖霞观西邻的“行宫”，就是正文中的“县治西二百五十步”的“东岳行祠”。③ 根据清代的记载，这是祭祀东岳泰山之神的地方，又称“东岳庙”。④ 而宋代《宝庆四明志》“象山县治图”上的“待贤亭”“尉司”“酒坊”等则成为早已废弃了的“古迹”而没有出现在嘉靖《象山县志》的县治图上。

除了南面外，象山县城的其他三面为群山所包围。一个明显的特点是，地图的绘制者以非常写实的手法描绘出了山形、树木、建筑（特别是西面的那口“丹井”，非常形象）。这样，整幅地图更像是山水画。这正是古代中国方志地图的一个主要特征，即“移植利用了中国传统山水画的某些绘画法则”“明显地带有中国传统山水绘画的烙印”。⑤ 象山县城外周围的地名，多数也出现在《宝庆四明志》的“象山县治图”上，只不过略做了改动。这种改动或者是用了简称，例如《宝庆四明志》中的“炼丹山”“炼丹井”，被简写成“丹山”“丹井”。或者是用了别名。例如《宝庆四明志》中的“东亭庙”，被改成了“起春庙”。嘉靖《象山县志》正文写道：“东亭庙。县东一里，旧名海济庙，今为起春之所，又名起春庙。”⑥《宝庆四明志》中的“昭应庙”，被写成“圆峰”。其实这两部方志都写说，“昭应庙”又称“圆峰”庙。⑦ 而“等慈寺”，在这两部方志的地图上都出现了，并且位置相同。《宝庆四明志》中象山县城后背的高山上，标有“圆峰山”三字，而在嘉靖《象山县志》的“象山县治图”上，没有这三个字，取而代之的是《宝庆四明志》中所没有的三个建筑物名称：“白鹿饮泉亭”“观澜亭”和“望海楼”。而且，根据嘉靖《象山县志》的记载，这三个建筑物都是被废弃了的“古迹”。其中的白鹿饮泉亭“在圆峰山北，俗传人见白鹿饮泉于此，即之则不可得。后人创亭于其侧。今废”。望海楼则在“象山顶上，今遗址。⑧”也就是说，嘉靖《象山县志》中的“象山县治图”，并不是完全表现当时真实存在的建筑

①嘉靖《象山县志》卷七，影印第178页。
②嘉靖《象山县志》卷十二，影印第290页。
③嘉靖《象山县志》卷十二，影印第290页。
④乾隆《象山县志》卷七，影印第512页。
⑤阙维民：《中国古代志书地图绘制准则初探》《自然科学史研究》，1996年第4期。
⑥嘉靖《象山县志》卷十二，影印第295页。
⑦《宝庆四明志》卷二十一，影印第329页。嘉靖《象山县志》卷十二，影印第294页。
⑧嘉靖《象山县志》卷二，影印第59—60页。

物，而且还绘出了其实是早已不复存在了的建筑。这再次表明，古代中国方志地图的科学性及准确性是不高的。①

现存明代的第二部象山县志，是万历三十四年（1606）所修的万历《象山县志》，刊于万历三十六年。该志修者为知县吴学周，云间陆应阳、象山邵景尧等人同纂，共十六卷。与嘉靖《象山县志》一样，本书卷首有两幅地图，分别是“象山县境图”和“象山县治图”。所不同的是，万历《象山县志》在这两幅地图前面有一段序文，以强调地图的重要性，全文如下：“昔禹别九州、铸鼎象物，班班可指掌而睹，岂悠流览哉！令司土亮工者审形势、辨疆域，而后政教厘然举也。故汉置郡国地图，唐表元和十道，宋列四封九域，皆命意职方有自矣。况明州为越东重地，而象又明州要冲也。列图表树以便规划，独可缓欤？”② 就地图本身而言，万历《象山县志》中的“象山县境图”及“象山县治图”也很有特色。先看“象山县境图”。

第一，万历《象山县志》依然认为象山县“东西广一百四十里，南北袤一百九十里”，③ 南北长度要超过东西宽度。但在“象山县境图”中，象山县的东西宽度却要大于南北长度。昌国卫、石浦所等地，被错误地画在西南角上，并且与大目山、小目山位于相同的纬度上。县城在比例上更加突出，几乎占据全县面积的三分之一。不过，与嘉靖《象山县志》相比，象山县的东西距离缩小了许多，爵溪、钱仓等地并没有过分地向东突出，东西宽度与南北长度相比的数值缩小了。

第二，在嘉靖《象山县志》中，象山县地图上只有25个左右的地名，但万历《象山县志》中“象山县境图”上的地名却有50多个，增加了一倍。稍作比较，就可以发现，这些新增加的地名大多是作为军事要塞的烽堠，如东门烽堠、公屿烽堠、沙岭烽堠、蒲门烽堠、中堡烽堠、惠泉岭烽堠、杉木梓烽堠、④ 中路烽堠、乌石山烽堠、下门烽堠，两个“前山烽堠”（分别隶属于钱仓千户所和石浦千户所）。此外，则是自然地名，如东海中的岛屿“韭山”和“大佛头”“南田”（分别位于地图左右边沿的下方），县城外东西两侧的“东谷”和“西谷”，县城以西的“彭姥岭”和“西沙岭”，与宁海县交界处的“西溪岭”。再是几处关隘，如写在东方大海中的“青门关”，地图最北面的“湖头关”，地图左下角的“石浦关”。还有一处宗教建筑，即地图最西北的“思孝庵”。地图上甚至出现了当时属于鄞县的地名“大嵩”。标注在万历《象山县志》“象山县境图”上的这些新增地名，并不是嘉靖之后才出现的，而是早已见于嘉靖《象山县志》正文中，只是没有标绘在嘉靖《象山县志》的象山地图上。也就是说，万历《象山县志》中的象山县地图要比嘉靖《象山县志》中的更加详细。以军事要塞为例，嘉靖《象山县志》仅标出所、寨，而万历《象山县志》则标注到烽堠一级。

第三，嘉靖《象山县志》中象山地图的一个显著特色是注重对山脉的描绘，图上山峦起伏，蜿蜒不绝，只有县城周围才是一片平地。与此不同的是，万历《象山县志》中“象山县境图”则重视对河流的描绘。图中河流曲折，四至八达，而且几乎所有的河流都发源于县城。由于过分强调了河流，所以，有不少地方实际上被画成了被河流所分割的岛屿，例如石浦所在的区域、爵溪

①苏品红：《浅析中国古代方志中的地图》，《津图学刊》，2003年第3期

②万历《象山县志》卷一，影印第29页，据万历三十六年（1608）刊本影印，台北：成文出版公司，1983年。

③万历《象山县志》卷三，影印第120页。

④在万历《象山县志》“象山县境图”上，此地名不甚清楚，此据《嘉靖浙江通志》卷五十七，影印第523页，据嘉靖刻本影印，天一阁藏明代方志选刊续编，上海书店。

所在的区域，甚至彭姥岭以东的整个象山县也是个岛屿。相反，万历《象山县志》“象山县境图”对山脉的描绘就非常简略了。为数不多的几座山峰，独立地分散在不同的地方，既不崇峻，也不显眼。图中甚至省略了一些重要的大山（例如石浦、昌国一带的高山）。这并不是说，万历《象山县志》不知道象山多山的实际地形。实际上，该书明确写道：“象山环邑皆山”。① 在书中所列的象山县八景（伏象屏张、玉几案列、凤溪环绕、鸡笼屹峙、丹山插汉、沧海连天、龙洞宣灵、文峰挺秀）中，多数也是与山有关。因此，万历《象山县志》的编纂者对象山多山的地理特征是十分清楚的。万历《象山县志》“象山县境图”对山脉的轻描淡写，只能说明中国古代方志地图的一个特点，即文字内容与地图描述并不是严格一致的。

最后值得一提的是，在卷一“舆地图”序文的这一页左下角，有“金纯甫书”几个小字。这个金纯甫，显然是个刻工。古代中国方志地图中，很少出现刻工、绘图者的姓名。② 这样，“金纯甫书”几个小字就显得非常可贵了。更加可贵的是，下一页“象山县境图”的右下角还出现了“许大宾刻”几个小字。这个许大宾，就是地图的绘刻者。但在万历《象山县志》所列的20多个编纂人员中，除了“纂修”陆应阳外，就是大大小小的官员（包括邑庠生）了，根本找不到关于金纯甫和许大宾记载。由此可见，在古代中国，地图的绘刻者往往是地位很低的工匠。

万历《象山县志》中的“象山县治图”，基本形状与嘉靖《象山县志》中的县城图相同，只是简略了。例如，“民田”“居民”等字不再出现，“起春庙”等建筑物没有画出，县城周围的山上也没有画出树木。县城内，包括县衙门在内的所有建筑物都没有画出，只留下注文。东北城墙外，出现了“邑厉坛”。这个邑厉坛是用来“祭邑无祀鬼神”的，③ 洪武三年（1370）建于县衙门“北八十步”。嘉靖年间毛德京修城时，厉邑坛“半为城址”。④ 据乾隆《象山县志》记载，明朝的人们后来在等慈寺前面重新修建了厉邑坛。⑤ 不过，等慈寺位于县城外西北方向，而这幅地图却把邑厉坛画在县城外东北方向，其原因需要进一步考证。同样需要作进一步考证的是城隍庙的位置。自从毛德京修城后，它一直位于县衙门的东面。乾隆《象山县志》说，明朝万历年间，只是增建了“钟鼓二楼”。⑥ 而在万历《象山县志》的“象山县治图”上，城隍庙却出现在县城的东南面。也许毛德京筑城之后，“厉邑坛”和“城隍庙”在明代又都曾迁建过。万历《象山县志》“象山县治图”上新出现的另一个建筑，就是东门口内的“文峰塔”。嘉靖十七年（1538），曾在“县东二里梅溪山”建造过文峰塔，但到了嘉靖二十四年就被毁了。大概是由于象山县的有识之士（“识者”）为此深感遗憾，所以，嘉靖三十五年，县令王厢在县城内重建了文峰塔，又名“大文峰塔”。万历八年（1850），县令曾学孔又将其“增置”。⑦

嘉靖《象山县志》和万历《象山县志》是目前仅存的两部明代象山县志，书中的地图，对清朝象山人修志产生过重要影响。

---

①万历《象山县志》卷三，影印第111页。
②李孝聪：《古代中国地图的启示》，《读书》，1997年第7期。
③乾隆《象山县志》卷七，影印第481页。
④嘉靖《象山县志》卷七，影印第178页
⑤乾隆《象山县志》卷七，影印第482页
⑥乾隆《象山县志》卷七，影印第485页。
⑦康熙《象山县志（胡志）》第十二卷，第4页。

四　康熙《象山县志》所刊舆图考

1644年，明朝灭亡。1645年，在张苍水等人的推举下，在绍兴建立了抗击清军的鲁王政权，得到知县姜圻、石浦游击张名振的拥戴。1646年，清军击败鲁王，随后占领象山，并且设立了县官。象山是抗清武装与清军争夺的地方，多次交战。康熙十三年（1674），耿精忠反叛，并于第二年派遣曾养性攻占象山。康熙十五年，又一次攻陷象山县城。这就是后来象山县令李郁所说的“卯、辰兵燹”，或者宁绍台道王垓所说的“两经兵燹”。①

在明清易代的动荡年代，虽然战火纷飞，政局变幻莫测，但清初的象山县令仪封人马騉却十分重视县志的修纂。康熙十一年（1672），他着手编修象山县志，主要编写者是象山人周光春纂。康熙十四年，县志还没有修完，曾养性围攻象山县城，副将杨万里叛降，马騉本人也被捉走了。②这部只修了四卷的县志，被人称为《象山县志稿》，后来遗失了。

马騉的继任者大同人李郁（康熙十五年上任）同样十分重视县志的编纂，于康熙二十一年（1682）修成一部《象山县志》，共十六卷，康熙二十二年刊刻。为了便于与后的《象山县志》相区别，我们姑且称其为康熙《象山县志（李志）》。此书在国内比较罕见，故民国《象山县志》注曰，此书已佚。③ 实际上，南京图书馆藏有此书，日本、④ 台湾地区⑤也有收藏。本书依据南京图书馆藏本。

康熙《象山县志（李志）》的最后，是李郁于康熙二十一年在县署中所写的“后序”，开头文字为：“考象志始于毛公德京，越五十余年，而吴公学周修之，距今七十余载。其今古之变迁，字迹之漶灭，与夫卯、辰兵燹，鲸波劫火，修乌容已。况国朝鼎革，形制显庸，非复旧制。天下郡县举修志，象之可独废乎？”于是，李郁让人四处搜集旧志，结果“得吴公旧志十六卷，后得马公騉与邑进士周君光春所修未刻稿四卷，损益而补辑之，联以成书，期间古之轶考，沧桑之变异，不暇旁求博采，揆时斟酌，罪在简略”。⑥ 也就是说，康熙《象山县志（李志）》主要依据明朝吴学周所修的万历《象山县志》以及清朝马騉尚未修完的《象山县志稿》。

康熙《象山县志（李志）》抄录了万历《象山县志》中吴学周的序文，然后是宁绍台道王垓的序，文中说：“余以监司辖二郡，甫驻宁波，按舆图慨然曰‘象邑蚕丛一隅，襟衬大瀛，数被寇，民力殚残极矣。’急往慰劳之。”可见王垓到过象山县，而且在前往象山县之前，先看过有关象山县的地图。

①康熙《象山县志（李志）》，王垓序，李郁“后序”。

②民国《象山县志》卷二一，影印第679页。

③民国《象山县志》卷十八，影印第593页。

④国立国会图书馆参考书志部等：《日本主要图书馆、研究所所藏中国地方志总合目录》，东京，1969年，第43页。

⑤王德毅：《中华民国台湾地区公藏方志目录》，台北，1985年，第30页。

⑥民国《象山县志》卷十八，影印第593页抄录了这篇序文，但个别文字略有误。

象山县令李郁的继任者汪大润也为康熙《象山县志（李志）》作序，文中写道："邑之有志也，于山川城郭则志之于人文，赋役则志之于物产，风俗则志之于灾祥遗事，名臣、宦迹、孝子、节妇之所为，则志之志也，而为治之道出乎其间矣。"寥寥数语，道出了古代方志的实质：地方志是为了政府统治的需要而编纂的。

康熙《象山县志（李志）》卷首有两幅地图，即"象山县境图"及"象山县治图"。由于南京图书馆仅准许拍摄一张照片，所以，这里只刊出"象山县境图"，以窥全豹。康熙《象山县志（李志）》第一卷第一页是"舆地图"序文，其段落及文字式样与万历《象山县志》完全一样，甚至出现了万历《象山县志》左下角的小字"金纯甫书"。康熙《象山县志（李志）》第二页是"象山县境图"，右下角与万历《象山县志》一样都有"许大宾刻"几个小字。就地图本身而言，初初一看，康熙《象山县志（李志）》也和万历《象山县志》相同，例如海中的波浪，山峰的曲线，河流的形态及河中的水波，注文的大小及字样，等等。这样，很容易使人误认为康熙《象山县志（李志）》是用万历《象山县志》的版子印刷的。但经仔细辨认，却可找到一些细微的差异。例如，在康熙《象山县志（李志）》上，县城的西侧（"象山县"几个字的左上方），有一个城门，而万历《象山县志》上则没有这座城门。再如，在万历《象山县志》上，"西谷"两字旁边的高山只有一座山峰，而在康熙《象山县志（李志）》上，主山峰西边还有个小山峰，而且整个主峰也要比万历《象山县志》上的低一点。由此可见，康熙《象山县志（李志）》上的地图是根据万历《象山县志》重新刻绘的。

明亡清兴之际，象山军民曾奋起抗击清兵入侵，并且蒙受了巨大的牺牲。① 对于这一历史剧变，康熙《象山县志（李志）》在第一卷的"沿革表"之后写下了这样一段议论："论曰：桑田沧海，废兴代异，岂直人事使然？即造化有莫执其柄者。稽古辨方，宜民立政，是在恺悌君子。彼沿革疑信之间，又何事指掌而竟也。"在这段感叹中，不仅见不到对新政权的欢呼，反而透露出一丝无奈。康熙《象山县志（李志）》的地图刻工不厌其烦地将万历《象山县志》中"许大宾刻"这几个根本没有实际意义的小字照样刻上，是否表达其内心对新王朝的不满？

清朝建立后，面对着海上的抗清力量，在沿海实行了野蛮的迁界政策，即强迫沿海居民向内地迁移 30~50 里，人为地制造出一个无人居住的隔离带，以割断海上抗清力量与内地的联系，孤立和打击海上抗清武装，维护刚建立起来的王朝。在象山县，"离海三十里，其近海要口皆树木栅以禁民之出入，虽海错皆不得取"。② 迁海政策使广大民众毁房焚船，背井离乡，流离失所，陷入了极度的困境之中。对此，就连一百多年后所谓"盛世"时所修的乾隆《象山县志》也还写道："迁徙流离之苦，殆不可言。"③ 康熙《象山县志（李志）》的珍贵之处在于，为我们保存了清初迁界的可靠资料。书中第八卷八写道，仅仅顺治十八年（1651），象山县被迁置的人口就近 8 千 5 百人。而明代象山县的主要城镇，清初则都被划在界外，成了无人居住的荒野之地。请看此书第七卷上的概括性文字："昌国卫城：今弃界外，废。石浦所城：界外，今废。钱仓所城：今留一半，所改为寨。爵溪所城：今废。南堡寨：今废。游仙城：今废。陈山巡检司城：今废。赵岙巡检司城：今废圮。石浦巡检司城：今废圮。爵溪巡检司城：今废圮。"象山县的沿海地区都被废弃

①民国《象山县志》卷九，影印第 294—295 页。
②道光《象山县志》卷一。
③乾隆《象山县志》卷六，影印第 464 页。

了，只有内陆地区才有人居住，可以想象，当时的象山县是多么的荒芜凄凉。所以，康熙《象山县志（李志）》中地图上的多数城镇，在当时其实是废城。

清朝第二部象山县志编成于康熙三十七年（1698），主修者是知县胡祚远，教谕姚廷杰纂，共十六卷。为了便于与李郁所修的县志相区别，我们姑且称其为康熙《象山县志（胡志）》。浙江图书馆等藏有此书，此外，《北京师范大学图书馆藏稀见方志丛刊》（北京图书馆出版社，2007年）第八册收录了北京师范大学图书馆藏本的影印本。胡祚远在为此志所写的序中说："曩余遏选长安，得象令，遂披览广舆，所载于山有三蓴之高，于水有瀛海之大。"说明他在来象山县任前就已浏览过关于象山县的地图了。

胡祚远在序文中还写道：他到象山县后，"于簿书之暇，取象志而读之，每多鲁鱼亥豕之误，颇未惬人意。岁戊寅，会楚张公由词臣督学东南，乃以邑以事属广文姚君"。不过，道光《象山县志》的编辑者就已指出，胡祚远所主修的这部县志，实际上利用了康熙《象山县志（李志）》的雕版，"唯于艺文、秩官诸卷，或更换数页，或挖补数行而已"。[①] 康熙《象山县志（胡志）》中的"象山县境图"和"象山县治图"也表明这一结论是正确的，因为这两幅地图与康熙《象山县志（李志）》中的完全相同的。所以，我们无须对康熙《象山县志（胡志）》中的地图作更多的讨论。

雍正七年（1729），知县马受曾主修了雍正《象山县志》，参加编纂的有象山人袁澄等。原书共有42卷，但现在只残存17卷，保存在中国国家图书馆中。目前所能见到的17卷，分别是卷九"区域志（五）"至卷二十"经制志（十）"共十二卷，中间残缺，然后是卷三十八"杂志"到卷四十二"艺文"，共五卷。作为一部成熟的县志，此书开首一定有象山县地图，可惜已经无法看到了。马受曾为这部方志所写的序也已缺失，好在乾隆《象山县志》收录了这篇序文。马受曾在序文中说："受曾既久于兹邑，案牍小休，每披邑志，慨其残缺，亟图编纂，鹿鹿未果。……岁丁未，武威太史孙公来守明州，饬行修志，爰集学博，遴邑士之行优学裕者，芟芜补漏，以前明毛令志为式，折衷于张公时彻之郡志。"[②] 文中的丁未，即雍正五年。由此可见，雍正《象山县志》主要依据明代毛德京所编的嘉靖《象山县志》和张时彻等人所编的嘉靖《宁波府志》（1559年成书）。

五　乾隆《象山县志》所刊舆图考

在现存的古代象山县志中，地图绘制发生重大变化的是乾隆《象山县志》。这部县志修于乾隆二十三年（1758），次的刊行。主修者是知县史鸣皋，主要编纂者是象山人姜炳璋和江苏如皋人冒春荣。根据史鸣皋在序文的介绍，姜炳璋"尝有志于斯十数年矣，订讹补阙，读书涉志中语，辄书之。"江苏如皋人冒春荣曾参与《两淮盐法志》及《通州志》的编纂。在修志的过程中，不仅参阅了大量的宁波郡志，而且参考了《筹海图编》《海防类考》《读史方舆纪要》等书。[③] 此

①民国《象山县志》卷十八，影印第594页。
②乾隆《象山县志》卷十一，影印第793—794页。
③乾隆《象山县志》，凡例，影印第52页。

外，还购置了多种志书。史鸣皋在序中说："又恐其体例之未尽善也，不惮远购如黄梨州之《余姚志》，陆稼书之《灵寿志》，秦中赵浚谷之《平凉志》，康对山之《武功志》，闽中李元仲之《宁化志》，以及邑士宦游之邑志，取其长而弃其短。"史鸣皋本人对书稿也很重视，亲自审阅。他说："每一帖进，余为之铲繁复，核名实，抉幽隐，定指归，慎之慎之，一篇之中三致意焉。"由于这些原因，乾隆《象山县志》的质量比较高的，并且做了不少辨谬纠误的考证。例如，象山县城以西有高山名为"彭姥岭"，象山人一直认为上古时那位传说中活了800岁的仙人彭祖就出生于此，故山岭以此得名。乾隆时，山上还建有彭祖的庙。冒春荣为此写了篇《彭姥岭辩》，指出这个传说是没有依据的，彭祖与彭姥岭并无关系。①

乾隆《象山县志》的高质量，也体现在地图上。自宋代开始到清朝康熙时期，志书中的地图都为两幅，一是"象山县境图"，二是"象山县治图"。但在乾隆《象山县志》中，地图有了质的飞跃，主要体现在两个方面。一是地图的数量增加到8幅，分别是：（1）"县境图"，（2）"县治图"，（3）"县署图"，（4）"学宫图"，（5）"丹山书院图"，（6）"缨溪书院图"，（7）"河道图"，（8）"海防图"。二是地图的种类增多。除了前两幅"县境图"和"县治图"外，其余6幅都是新增的。

乾隆《象山县志》的编纂者清楚地知道象山县山多地少的地理特征。该书第一卷结束时有这样有一段话："论曰：邑为海疆，陆程以山，水程以海，自唐以来，度地置县，疆域所至，可得而综叙也。然枕山襟海，山外海环之，境内山踞之，而幅员无几矣。故或以岙名，则四壁皆山，有旷土可居也；或以洋名，有平土可耕也；或以坑名，两山之间势断阻坑也。"② 而乾隆《象山县志》的"县境图"则形象地表现出象山县多山的特征。地图上约有60个地名，除了少数几个村镇名称外，主要是山岭的名称。大概是由于后面附有专门的"河道图"，所以，"县境图"上河流很少。在表现手法上，全图的特点是大量运用柔和的线条。表示山脉的线条勾勒出山岭的外形，并且曲折相连，从而构成了大陆，突出了象山多山的地形特征。海岸线和海浪也都是用线条描绘的，众多线条繍错绮分，使人眼花缭乱，这样，众多高山就像大海中的岛屿一样，海岸线要经过认真的辨认才能确定。

与宋朝的《宝庆四明志》及明朝象山县志中的地图相比，象山县城的面积小多了，但形状大体相同，都呈葫芦形。自宋朝开始，地方志的编纂者们都清楚地知道象山县的实际地形是南北长度要超过东西宽度，但由于版式及其他原因，象山地图都被画成东西宽度超过南北长度，特别将东溪岭（或南堡寨）以南地区严重缩小，使其仅出现在一个页面上，成了局促于西南一隅的小半岛。乾隆《象山县志》也认为象山县地的形是南北长度要超过东西宽度："东西广一百四十里（《通志》：东西广二百里），南北袤一百九十里（《通志》：南北袤二百里）。"③ 但与此前县志不同的是，在乾隆《象山县志》"县境图"上，东溪岭以南地区绘刻在两个页面上，从而扩大了东溪岭以南地区的面积。在明代方志中，县城到昌国卫的距离，与县城到爵溪所的直线距离差不多是相等的。但在这幅地图上，县城到昌国卫的直线距离，几乎是县城到爵溪所距离的一倍。由于昌国卫等象山南部地区在地图上的向东扩展，还导致了锯门的位置北移，使之位于县城与昌国卫之

①乾隆《象山县志》卷一，影印第110—111页。
②乾隆《象山县志》卷一，影印第110—111页。
③乾隆《象山县志》卷二，影印第95页。

间。而在明代方志上，锯门的纬度，几乎与昌国卫、石浦所相同。

在康熙时期所修的两部《象山县志》，沿用了明代的万历《象山县志》中的县境图，结果，图上所标的大量地名，其实早已废弃了的。而乾隆《象山县志》中的“县境图”则更多地反映现实的地理状况，而不再沿用明代地图上的常见地名。除了县城外，这幅地图上还有四个地方画有城墙，即“钱仓所”“爵溪所”“昌国卫”“石浦所”。康熙海禁期间，这四个明代军事要塞都成了无人居住的弃地。但当清朝统一台湾后，清政府于康熙二十三年（1684）宣布停止海禁。这样，石浦所、昌国卫于这一年重新修筑城墙。爵溪所、钱仓所则于乾隆二十一年（1756）再次筑城。而在乾隆《象山县志》编纂时，南堡寨、陈山寨、赵岙寨子等要塞早已失去了昔日的威风，依然是废址一片。① 所以，在乾隆《象山县志》中的“县境图”上，再也见不到这些地名了。此外，在这幅地图上，明代方志中常见的“思孝庵”“彭姥岭”“湖头”等地名也消失了，取而代之的是“蒙顶山”“大旗山”“黄公岭”“梅岩山”等地名。这种地名的更替，也反映了时代的变迁。所以，乾隆《象山县志》中的地图，是最早的清朝人所绘制的象山地图，而此前的县志中的地图其实都是明朝人绘制的。

与《宝庆四明志》及明代的象山县志相比，乾隆《象山县志》中“县治图”将县城东、北、西三面的高山省去了大半，而突出了县城。象山县城自明代毛德京兴筑后，城墙“屡修屡圮”，到了乾隆二十一年（1756），再次“大修城垣”。② 乾隆《象山县志》中“县治图”形象地展现了焕然一新的城墙，但县城的形状没有发生变化，四座城门的位置及名称也与明朝的相同，分别是宾暘门（东门），来薰门（南门），迎恩门（西门）和拱极门（北门）。

护城河外，东面的“起春亭”是一座自宋代开始就出现在地图上的古老建筑。而东南面官员们在春耕时举行耕种仪式的“耤田”和“神农殿”则是清代才出现的。乾隆《象山县志》写道，在耤田内建先农殿来祭祀农业之神，明朝时只有京城才施行此礼，“未尝及州县也”。清朝雍正五年，“诏郡县建先农坛。其制高二尺一寸，阔二丈五尺，建先农庙正殿五间，中奉先农神主。东贮祭器，西贮神仓。配房二，大门一，耤田四亩九分。岁仲春，部颁致祭日期，各官朝服行礼，祭毕，易蟒服诣耤耕所，率农官、九老行九推礼。坛在县东二百步”。③ 县城内，有河流桥梁：东桥，西桥，玉带溪，九曲溪，凤跃溪，濯缨溪，大河头。城东有城隍庙，城西有东岳宫（又称东岳庙，祭祀东岳泰山之神的地方④）。象山县政府机关“县署”还是在城北，位于城西南的“协镇署”则是象山协镇的指挥机构。

乾隆《象山县志》的“县治图”上依然没有民用建筑，但有一个特点，即学校显得很突出。县政府的东侧，标有“文庙”，即祭祀孔子的地方，又称“学宫”。文庙东侧是“丹山书院”。据记载，该书院最初是在1220年前后由宋朝的县令赵善晋创建的，位置在县城西面栖霞观旁边，但在明嘉靖年间，早已毁废了。⑤ 清康熙六十年（1721），县令马受曾“慨然以教育人材为己任”，在县城的东面重建了这个书院。⑥ 城西“濯缨溪”旁边也标有一个“书院”，这就是古老的“缨

①乾隆《象山县志》卷二，影印第171—177页。
②乾隆《象山县志》卷二，影印第171页。
③乾隆《象山县志》卷七，影印第481页。
④乾隆《象山县志》卷七，影印第512页。
⑤嘉靖《象山县志》卷六，影印第169页。
⑥乾隆《象山县志》卷五，影印第344页。

溪书院”。乾隆《象山县志》对此有简要介绍：“缨溪书院。在县治西，旧名蓬莱书院。相传起自唐时，宋令赵善晋曾修之。乾隆十五年，士子以丹山书院卑湿，因购蓬莱故址更筑之。功未竣，邑人邓怀圣捐修。令史鸣皋有记。”① 象山县的主要教育机构（一个学宫，两个书院）都醒目地出现在“县治图上”，反映出当时对教育的重视。不过，需要指出的是，古代中国的教育主要目的是为了科举考试，而不是为了追求知识。

乾隆《象山县志》中“县治图”上，没有画出县政府机关（县署），文庙（学宫），丹山书院和缨溪书院的布局及内部建筑，这是由于该书为它们分别专门绘了单独的地图，即“县署图”“学宫图”“丹山书院图”和“缨溪书院图”。其实，这四幅图并不是地图，而是根据实景绘成的工笔写生画。图中除了房子、门庭、廊柱、小桥外，还绘有树木和竹子。这四幅画反映了绘刻者较高的绘画技能，同时也说明在古代中国的方志地图中，作为科学的地图与作为艺术的绘画始终混在一起，未能清楚地分开。

乾隆《象山县志》中“河道图”科学性与准确性也不高。首先，这幅图仅绘出了象山县城周边的河流、桥梁、堰闸，更多地区的河流都没有画出。其次，多数河流走向过于平直、整齐，与实际河道不相符合。最后，由于绘制者缺乏描绘河道的正确绘图方法，所以，表现河道的线条显得很乱，结果使大片地方成了被河流所分割的孤岛，特别是地图中央部分。

乾隆《象山县志》的一大特色在于，非常重视海防。明朝万历《象山县志》的编纂者陆应阳自己说，当时有人把关于海防的书籍送给他，结果被他断然拒绝了（“客或以海防书进，则谢曰：‘余恶知兵，恶知此中要害。’”②）与陆应阳对海防著作“一切拒不收”态度形成鲜明对照的是，乾隆《象山县志》的编纂者则认为，对于三面环海的象山县来说，“所最宜加意者，莫如海防。”③ 正因为清楚地认识到象山县是“海疆也，海防是急”，所以，编纂者除了参考《筹海图编》，《海防类考》，《读史方舆纪要》等书外，还“咨访熟习水师之宿将，征文考献”，④ 并在第六卷中附有专门的“海防考”。此外，乾隆《象山县志》还专门绘制了单独的“海防图”。

在乾隆《象山县志》中的“海防图”上，注明了象山县的四至。东面注文为：“东殊山东属鄞县”“东至大海”“南北洋分界”。南面的注文是：“南至大海”“石浦健跳分界”。北面的注文是：“乌屿山北属鄞县大嵩”“白石洋西北属奉化”。西面的注文为：“盖仓山西属宁海”“马岙门西属宁海”“台明屿西属宁海”。而在这部县志的“象山县境图”上，仅注明“东至大海”“南至大海”“北至海”“西至宁海”。因此，“海防图”对象山县四境描述，比“象山县境图”还要详细、明确。出现在“海防图”上的众多海岛，也是“象山县境图”中所没有的。对照现在的地图，这些海岛的位置大体上是正确的。

自明朝以来，象山县一直是海防要地，设立了许多军事要塞。乾隆时期，象山县的军事要塞主要有八汛，下辖5个隘口、21个台。“台设兵五名，有房有炮有烽台，旗帜梆锣具备。”这八个汛分别是：钱仓汛（兼辖涂茨隘口），爵溪汛（兼管岳头隘口），海口汛（兼管陈山隘口），湖头汛（兼管龙屿隘口），西周汛（兼管黄溪隘口），珠溪汛，泗洲头汛，关头汛。此外，还有昌石水

---

①乾隆《象山县志》卷五，影印第344—345页。
②万历《象山县志》，陆应阳序，影印第6页。
③乾隆《象山县志》卷六，影印第476页。
④乾隆《象山县志》，凡例，影印第52页。

师营，昌国卫分防隘口（共四个），石浦分防隘口（共两个）等。[1] 乾隆《象山县志》“海防图”清楚地反映了由汛、隘、台构成的海防体系，使我们得以比较全面地了解当时象山县的海防状况。此外，为了在有限的版面中充分展示东溪岭以南的众多海防要塞，“海防图”把象山县南部地区画成向西南延伸的半岛，与之形成鲜明的对比的是，《宝庆四明志》把象山县南部地区画成向东延伸的半岛。

六　道光《象山县志》所刊舆图考

有人做过统计，就全国而言，在明代，平均每种方志的附图为3~4幅；在清代方志中，总体趋是地图的数量逐渐增加，平均每种有附图10~11幅，其中乾隆朝是10~11幅，道光朝是15幅。[2] 这样看来，虽然乾隆《象山县志》中的8幅附图远远超过了自宋代至清初所编象山县志中的附图数量（2幅），但还是低于全国的平均数。而此后出现的道光《象山县志》则一改这种局面，附图数量多达18种，高于全国平均数。

道光《象山县志》共二十二卷，知县童立成主修，冯登府（字云伯）等人所纂。道光十二年（1832）修成，道光十四年刊行。象山县知县童立成在序中说：“邑志修于乾隆戊寅，迄今垂七十余年矣。锓版残齿，漫漶不可卒读。”[3] 因此，在修志过程中，“云伯慨旧闻之疑略，发藏山之秘密，从天一阁得嘉靖《毛志》及《乾道》《宝庆》《开庆》《至正》《延佑》诸旧郡志，搜遗阐隐，以补前贤之未及。又复与马丹厓、倪云莱诸君子博采舆论，咨访故老之传闻，准今师古，求于齐工，续兹·绝”。[4] 也就是说，此志主要参考了天一阁所藏的主要宋元府志以及毛德京所主修的嘉靖《象山县志》。不过，就地图而言，道光《象山县志》并不在于延续传统，而在于不遁旧规、独立创新。

道光《象山县志》非常重视地图。该书“凡例”第二条即明确写道：“考古之书，图史并重，其例盖助于（以下照片不清，请将这一段全部抄录，至‘俱为海防而设也’为止）。”

道光《象山县志》中的附图数量多达18种，分别是：(1)“县境图”，(2)“县城图”，(3)“县署图”，(4)“学宫图”，(5)“蒙养书院图”，(6)“缨溪书院图”，(7)“城东各乡图”，(8)“城西各乡图”，(9)“城南下乡各村图”，(10)“昌国卫图”，(11)“石浦所图”，(12)“爵溪所图”，(13)“钱仓所图”，(14)“河道图”，(15)“大泥塘图”，(16)“海防营汛图”，(17)“海防洋屿图”，(18)“南田图”。与乾隆《象山县志》相比，在附图的数量及种类上都有增加。其中十幅地图是前志所没有的：“城东各乡图”“城西各乡图”“城南下乡各村图”“昌国卫图”“石浦所图”“爵溪所图”“钱仓所图”“大泥塘图”“海防洋屿图”“南田图”。这些地图，实际上是象山县的分区地图。或者说，在道光《象山县志》中，首次出现了分区地图。

---

①乾隆《象山县志》卷六，影印第426—431页。
②苏品红：《浅析中国古代方志中的地图》，《津图学刊》，2003年第3期。
③道光《象山县志》，童立成序，第2页。
④道光《象山县志》，吕子班序，第1—2页。

值得一提的是，在道光《象山县志》的编修人员名单中，出现了以下记载："绘图：国学生，倪劼（邑人）。"如前所述，在古代中国，地图并没有独立成了一门专门的知识门类，地图绘刻人员往往是没有什么地位的刻工，所以，尽管每部方志中都列出了一大堆的编纂人员，但地图绘刻者的名字一般是找不到的。在明代《象山县志》中，地图刻绘者的名字只出现过一次，即万历《象山县志》中的许大宾。而且，这个名字也不是出现在县志的正文中，而是以小字的形式写在"象山县境图"的右下角。在清代的《象山县志》中，这个倪劼是唯一出现的地图绘制人员。在古代中国，地图与绘画并没有严格地区分为两个独立的学科，地图的绘制者，往往是画师。所以，这个名叫倪劼的象山人显然具有一定的绘画技能。不过，他的名字之所以被载入《象山县志》，并不是因为他在绘画上的才华，而是他具有"国学生"的正式身份，说明他在皇帝所架设的科举道路上有所成就了。幸运的是，在《象山县志》中还可读到倪劼的文章。①

道光《象山县志》在描述象山县的"疆域"时说："东西广一百四十里（《马志》《宝庆志》：东西广二百里），南北袤一百九十里（《马志》《宝庆志》：南二百五里。《通志》：南北袤二百里）。"② 这里所说的《马志》，应当是雍正七年（1729）知县马受曾所主修的雍正《象山县志》。雍正《象山县志》前几卷已经佚失，通过道光《象山县志》的这段话，我们得以知道雍正《象山县志》对象山县地形的基本看法。而道光《象山县志》则接受了多数《象山县志》关于象山县地形的观点。

道光《象山县志》中的"县境图"把东溪岭以南的象山县南部地区描绘成向西南延伸的庞大半岛，显然是受了乾隆《象山县志》的影响。但这幅地图并不是因袭乾隆《象山县志》，而是增加了许多内容。首先值得注意的是，象山县西北的西沪港（地图上标有"墙头渡""黄溪渡"的地方）和西南的岳井洋（地图上标有"灵岩""泗洲头""蛎江"的南侧）更加向内陆伸展，从而使"大雷山"与"蛎江"之间的陆地成为蜂腰形，这就更符合象山地形的实际了。其次是，在海洋中出现了众多岛屿。除了东面大洋中的"道人山""珠山""韭山""锁门"等岛屿外，特别是在西南大海中首次出现了倒葫芦形的"大泥塘"。陆地上的地名也明显增多。以石浦周边为例，乾隆《象山县志》"县境图"上的"南岩""太平山""平岩""黄芝岭"等地名消失了，新增加的地名有"铜瓦门""大金山""番头山""抱儿岩""司前山""金鸡山"等。特别有意思的是"抱儿岩"。乾隆《象山县志》写道：抱儿岩"宛然慈母之乳子也"，③ 但地图中并没有出现抱儿岩的形状。道光《象山县志》"县境图"的绘刻者则刻意把那块岩石描绘成一个怀抱婴儿的女子形象。

与乾隆《象山县志》相比，在道光《象山县志》的"县境图"上，城内城外都增加了许多地名。县城北面的象山县主峰被标明是"象鼻山"，而在此前的县志中，此山或被写成"圆峰山"（如宋代的《宝庆四明志》），或被写成是"象山"（如康熙《象山县志（胡志）》）。道光《象山县志》的正文是这样说的："象山，在县治北三十步，其形如象。县治，象鼻之下。"④ 位于象鼻山东西两侧的"宝梵东寺"和"等慈西寺"，被古人视为大象的两只眼睛，"不可偏废"。⑤ 所以，这两座始建于宋代的古寺虽然由于种种原因多次被毁，但一直被人重建。道光《象山县志》

①倪劼的"黄泥桥记"，可见民国《象山县志》卷三一，影印第852页。
②道光《象山县志》卷一，第6页。
③乾隆《象山县志》卷二，影印第153页。
④道光《象山县志》卷二，第1页。
⑤民国《象山县志》卷二十，影印第650页。

编成时，这两座古寺是实际存在的。①“石屋”，即“石屋禅林”。明代知县吴学周不仅修整石室、种花植树，而且还常带领名人雅士来此集会，使之成为“东南胜槩”。② 乾隆五十一年（1786）重修。清代，这里是著名的风景点，被誉为“石屋八景”。③ 县城之内，乾隆《象山县志》上醒目的“大河头”被缩小了，而新增了“小河头”的注文。新出现的名字还有军政机关，如城北的“军局”“右都司署”，城南的“右都司署”“教场”“演武厅”；但最多的是各类庙宇，其中有的是佛教的，如“大慈堂”“妙华堂”“观音堂”；有的是道教及民间宗教的，如“真武宫”“三官堂”。

道光《象山县志》“县城图”上的众多神庙中，有些是全国共有的信仰，例如城内西面的平水庙，又称夏王庙，是纪念上古时的治水英雄大禹。在宋代的象山，就已经建有平水庙。清朝嘉庆、道光年间，都曾增修过此庙。④ 不过，有些神祇是象山县所特有的，例如位于县城中央的姜毛庙。传说唐朝时，有两个进士，一姓姜，一姓毛，不知为何弃官来到象山县隐居，“施药济人”。他们去世后，成为保佑象山人的神灵。“病者祷神，梦授以药，次日服之顿愈。邻火四及，见朱衣者立殿屋上，飞瓦掷之，火遂灭。有一人遇寇，呼神，即得脱。”还有，“渡海者或遇风涛，号神望救，即浪静波平，获济无恙”。⑤ 所以象山人建立神庙祭祀这两位籍贯不明的神灵。

迎恩门内东面的“樟府庙”，也是象山县所特有的神灵。据说明朝万历末年，象山县遭受了罕见的“大疫”。正在人们束手无策之际，忽然来了一个“儒冠道服，貌甚修洁”的人，他告诉人们说：“西门内、行祠后，樟木大可数围，枝柯远覆城外，盖千余年也，清凉，可消疫。”人们按照他所说的话去做，结果“大疫”就消失了。由于此人没有告诉人们姓名，后来也不知他去了哪里，所以象山人就认为他是一个神仙，称其为“樟树先生”，并且根据记忆画出他的肖像，建立庙堂纪念他。道光《象山县志》编成时，那棵大樟树已经不复存在，但“朽株尚隐路泥土中”。⑥

樟府庙东侧的“五龙行祠”和“营祠庙”，实际上是同一神庙的不同写法。据说，明太祖朱元璋起兵造反时，曾于盛夏时行军，就在全军“渴甚”之时，有“二神贮水二桶迎之。军马纵饮不渴。”朱元璋觉得非常惊诧，问其姓名，他们回答说是“象山柳秀才、谢道人也”。朱元璋后来下诏寻访这两人，结果，只寻得柳秀才的名字。朱元璋下令为柳秀才建庙，并要求官员在春秋两季进行祭祀。象山人又传说，这个“柳秀才”就是锯门五龙神之一（也有的说是锯门龙神的兄弟），所以称其庙为“五龙行祠”。由于“行”“营”同音，乾隆三十年（1765），象山县的官员就把“行祠”改为“营祠”。有意思的是，到了清朝，五龙行祠中的主角已经不是龙神了，而是关帝。据道光《象山县志》记载，此庙中央是关帝，左侧是马王，右侧是火神，龙神被挪到了一旁。⑦

不过，在道光《象山县志》的“县城图”上，也有不少庙宇是纪念与象山县有关的真实历史人物的。其中位于“拱极门”与“永安桥”之间的“钱尚书祠”，是祭祀象山县历史上官位最高的官员之一钱唐（《明史》记载说：“钱唐，字惟明，象山人。博学敦行。”⑧ ）曾被朱元璋授予

①道光《象山县志》卷十，第6页。
②道光《象山县志》卷十，第15页。
③民国《象山县志》卷十九，影印第630页，卷二十，影印第650页。
④道光《象山县志》卷十，第14页。
⑤道光《象山县志》卷十，第10页。
⑥道光《象山县志》卷十，第21—22页。
⑦道光《象山县志》卷十，第20—21页。
⑧《明史》卷一三九，第3981页，中华书局点校本。

刑部尚书。此人事迹不太清楚，① 据说他的最大事迹，就是冒死向朱元璋提议，要在全国祭祀孔子与孟子。后来，钱尚书祠中还同时供奉两位对象山县做出过贡献的明代县令。一位是那位主修万历《象山县志》的吴学周，另一位叫汤维岳。县志这样记载说："汤维岳，字生甫，临川人。崇祯十一年由举人知县事。廉明恺悌，泽被士志。修理学宫，筑南堤桥，捕白莲教，善政得人心。立像祀之。"② 不过，到了道光时，钱尚书祠已经成了钱氏的祖祠。③

纪念象山县令的祠庙还有城西的"顾公祠"和城东城隍庙两侧的"张公祠"及"毛公祠"。其中顾公祠（又称"顾长官祠"）是纪念宋代象山县令顾方的。在现存最早的宁波府志《乾道四明图经》中，就记载了"顾长官祠"。④《象山县志》记载说："顾方，字正夫，丹阳人。至和四年，以进士令邑事，下车视事，日召父老，询民间利病。民有善者劝之，恶者戒之。建学宫，率弟子之秀者教之，亲为讲解，诱掖使进。逾年政成，士民悦服。方遘疾，民为祈祷者以千计。及卒，百姓悲号如丧考妣，相与立祠祀之。"⑤ 据说原祠建于弦歌市，后来堙废了。嘉庆十八年（1813），顾氏后裔在李家巷重建了顾公祠。⑥

"张公祠"是纪念甘肃固原人张绣的。此人于乾隆八年（1743）来到象山担任知县。县志记载说，张绣"尚严猛。邑人喜焚林，薪木湧贵。绣禁之，绳以法，山复苍翠。逐淫僧，毁滛祀，清私田，之河田，禁赌博，彻夜巡警，虽凝寒未尝少憩也"。⑦ 可见，这是一个以严厉而获得象山人尊敬的官员，同时也是象山县历史上较早致力于环境保护、生态建设的官员。

"毛公祠"则是纪念那位创修嘉靖《象山县志》的县令毛德京的。这是一位对象山县做出过杰出贡献、同时也为象山人所爱戴的官员。县志记载说，他来到象山县，"承百废之后，区划裁处，劳瘁罔辞，其政绩之大如修学校、新县厅、筑城凿池，御寇治兵，移城隍，理公廨，功在象邑者不可枚举"。后来升为台州府同知，赴任时，象山人"送者充塞百里。民竟颂功德，立生祠祀焉"。⑧ 清朝，在毛公祠中还供奉着另一位主修过《象山县志》的县令胡祚远。胡祚远的祠庙原先位于栖霞观东侧。乾隆年间，其像被迁到张公祠中，道光二年（1822），又将其像迁于毛公祠。⑨ 这样，毛德京、吴学周、胡祚远这几位主修过《象山县志》的官员都受到了象山人的崇敬。

还有一位主修过《象山县志》的官员李郁，虽然其本人在县城没有祠庙，但其父亲却享受着象山人的祭祀，他就是李时芳。道光《象山县志》中有李时芳的传记，⑩ 但并不正确，民国《象山县志》对此作过考证。据民国《象山县志》，李时芳（字秀溪）是山西临汾人。清朝顺治十年（1653）升任副将。十五年秋，郑成功派遣部将围攻象山七昼夜，"时芳以孤城一旅，力

---

①道光《象山县志》（卷十四，第5—6页）有传。民国《象山县志》卷二三，影印第705—709页有较详细的考证。

②道光《象山县志》卷十三，第9页。

③道光《象山县志》卷十，第22页。

④《乾道四明图经》卷六，影印第4899—4900页。

⑤嘉靖《象山县志》卷九，影印第204页。

⑥道光《象山县志》卷十，第20页。

⑦道光《象山县志》卷十三，第10页。

⑧嘉靖《象山县志》卷九，影印第216页。

⑨道光《象山县志》卷十，第8页。

⑩道光《象山县志》卷十三，第19页。

疾坚持，分兵设御，誓死坚守，城邑得以完。以劳瘁卒于官”。① 康熙九年（1670），一位名叫张秉乾的江宁人来到象山，出任象协左营守备。这是一位“能书，兼工画”的儒雅武将，曾在大旱之年竭力设法救济民众。康熙十五年，耿精军部下再次攻打象山县城，张秉乾“单骑迎敌于栖霞观前，奋勇驱杀”，最后见大势已去，“乃登城楼，大书‘秉乾死矣’四字于壁”，然后穿戴着盔甲，“以头触石者再，不死，以拔小刀自刎”。② 为了纪念李时芳和张秉乾为两位在象山去世的官员，象山人专门建立了“慕勋祠”，其位置可以在道光《象山县志》“县城图”的中间找到。

清初在象山去世的还有两个军官，一个叫汪国祥，另一个叫张进。当时象山是海上抗清武装与清军激烈争夺的要地，湖广人汪国祥于康熙十五年奉命来到象山县任协镇。他除了抗击海上反清武装外，还“招集流亡，相机勦抚，劳绩历十有二载，而其功之不朽者，捐俸二百金，重建学宫之两庑为最。”③ 康熙二十五年（1686）春，汪国祥到北京受到康熙皇帝的接见。他最后是在任上去世的。象山人建立了“立德祠”，专门纪念汪国祥。张进是漳州人，在象山县任副将。此人“性仁慈乐义”，④ 在象山供职的18年中，筑渡口，修桥梁，济贫困，深得民众尊敬，并且建立了“张副将祠”，以表达敬意。乾隆四十三年（1778）左右，人们将汪国祥的像迁于张副将祠，而将原先的立德祠改为缨溪书院的外堂。这个祠庙因此被人称为“汪、张二公祠”，并且多次修整过。⑤ 在道光《象山县志》“县城图”上，“缨溪书院”西侧就绘有“汪公祠”。看看这幅地图，就可以知道，中国人民是多么的善良和知足，只要官员稍稍为民众做点好事，人们就会感激不尽。由此也可知道，世世代代的中国人生活得多么艰难。

道光《象山县志》“县城图”的正下方（“来薰门”以西的水门旁），标有“养济院”三字，这是奉养那些“孤贫残疾无依者”的地方。据记载，象山县的养济院始建于宋朝建中靖国元年（1101），最初是通过“籍没民房”而改建的。在后来的各个朝代中，养济院的位置曾多次迁移。乾隆八年，县令张绣将其迁建到南门外。道光九年（1829），养济院被火所焚，县令童立成重建。⑥ 由于古代中国缺乏科学的绘图方法，所以，在这幅地图上，实际上位于南门外的养济院，看起来好像是搭建在城墙上的。

道光《象山县志》的第三幅图是“县署图”，即县政府办公机构的分布图。这幅“县署图”并不是真正的地图，而是工笔写生画。图中，有写实的水井、树林。有趣的是，西侧那株“古柏”并没有画出树叶，大概是想以此来表示这棵树的古老。通过这幅地图，我们可以清楚地知道清代象山县政府机关的设置。这里既有“大堂”“典史署”“内署”等办公机构，还有“常平仓”“东仓”“西仓”等仓库，“监房”也建在县署之内。左下方的“栖流所”始建于乾隆年间，是收容“流民”的地方。⑦ 另一个比较引人注目的是，县署内的“土地祠”（有两处），“财神殿”“节孝祠”“土谷祠”等具有宗教意义的建筑。古代政府机构与现代政府机构的巨大区别，由此可见一斑。

---

①民国《象山县志》卷二十一，影印第678页。
②道光《象山县志》卷十三，第19—20页。
③道光《象山县志》卷十三，第19—20页。
④道光《象山县志》卷十三，第20页。
⑤道光《象山县志》卷十，第15—17页。
⑥道光《象山县志》卷六，第8—9页。
⑦道光《象山县志》卷六，第9页。

接下来的三幅图，都是学校图，分别是“学宫图”“蒙养书院图”和“缨溪书院图”，它们是当时象山县最主要的教育机构。三幅图都是工笔写实图，里面的各类建筑一目了然。为了使读者更加清楚，图中还配有必要的文字说明。例如“学宫图”最右侧有如下注文：“老志：射圃在西首。因圃基建崇圣祠，移置在东。”而在该图的左上角，我们可以看到赫然而立的崇圣祠。“蒙养书院图”右下方有文字说明：“蒙养书院，旧名丹山书院。明府刘改作‘养正’二字。附详蒙。抚宪程改作‘蒙养’二字。”不过，在道光《象山县志》中，只是说县令刘嘉会于道光五年（1825）将“丹山书院”改名为“蒙养书院”,① 而没有提到那个姓程的抚宪。在“学宫图”的最下方，不仅画有围墙，而且还写上“宫墙万仞”的字样，这显然是夸大之词。不过，如果对古代中国教育史和科举史有所了解的话，那么，这句不实之语倒也十分贴切，因为对于普通百姓来说，要踏入学宫，确实在难于翻越万仞高墙。但愿今后的象山学子能够摆脱这样的命运。

道光《象山县志》以县城为中心，将全县的乡村分为三大块，并且以地图的形式展示出来，即“城东乡各村图”“城西乡各村图”“城南下乡各村图”。这是此前的《象山县志》所没有的。道光《象山县志》正文中乡村的名称引用了乾隆《象山县志》的文字,② 但对照这三幅地图，可以知道，许多地名是正文中所没有的。例如，在“城南下乡各村图”上，“石浦所”周边的盐厂、火炉头、盐仓前、沙塘湾等地名就不见于道光《象山县志》的正文（也就是说不见于乾隆《象山县志》），甚至不见于乾隆《象山县志》所附的“县境图”和“海防图”。这些新出现的地名，可能是乾隆之后逐渐形成的自然村落。道光《象山县志》三幅乡村图上密密麻麻的村落名称，反映了当时象山县的人口在不断地增长。这种人口的增长，主要归因于两大因素。第一个因素是海禁政策的解除。清初实行的海禁，使象山县人口剧减。海禁政策解除后，象山县的人口逐渐增加。道光《象山县志》总结道：“顺治十八年，奉遣沿海居民，止存十有六里。”到了康熙二十三年（1684）之后，象山县已有“二十二里，分为三乡”。③ 第二个因素是新型作物的传入。特别是地理大发现后由欧洲人带到中国沿海的美洲作物，不仅大大丰富了中国人的食物种类，而且为人口的增长打下了坚实的物质基础，其中最主要的是番薯。道光《象山县志》引乾隆《象山县志》说：“番薯，万历间闽中始有之，今乡村山地广种。”紧接着又增加了一句话：“充粮食，干者耐久。”④ 这说明，到了道光年间，将番薯加工成干丝的做法已经非常流行。今天，在象山县的餐桌上已经很少见到番薯干了，但是，对于上了年纪的人来说，秋夜里加工番薯干的艰辛，田野里晾晒番薯丝的场景，因为长期食用番薯干而产生的肠胃不适，一定是永生不会忘记的。我们为终于告别这样的时代而庆幸。

接下来的“昌国卫图”“石浦所图”“爵溪所图”和“钱仓所图”可以说异常珍贵。在明清时代，除了县城外，这四个城镇是象山县最为重要的地方了，直到今天基本上还是如此。但是，在所有的旧志（包括后来的民国《象山县志》）中，都没有这四个城镇的地图。特别是在快速的城市化已将历史古迹破坏殆尽的今天，人们更难想象这四个城镇的当年风采。这样，我们只有通过这四幅地图，才能一睹其全貌。此外，由于这四幅地图都不是以现代地图学方法绘制的，而是用中国传统的绘画方法绘成的写实图，所以，反而为我们直观地保存了城市及各类建筑的外形。

①道光《象山县志》卷五，第 21 页。
②道光《象山县志》卷三，第 8—10 页。
③道光《象山县志》卷三，第 8 页。
④道光《象山县志》卷十九，第 2 页。

四幅城镇图中的山、树、城墙、各类建筑物，特别是“石浦所图”中的船只以及其他几幅图中的“教场”（“演武厅”），充分体现了这种写实性。“石浦所图”中画有两处“天后宫”“爵溪所图”中也有一处，说明天后信仰在象山沿海的流行。需要指出的是，“昌国卫图”中“它山庙”和“它山桥”“爵溪所图”中的“它山庙”，其起源本来与是象山县无关的。它山堰是中国古代著名的水利工程，位于现在的鄞州区，始建于唐朝大和七年（833）。可能是由于“它山堰之工作甚固，各乡筑堰碶者祀山神尔”。① 除了昌国卫外，象山县其他地方也有它山桥。② 对照这四幅城镇图，看看今日的昌国、石浦、爵溪、钱仓，你一定会为沧海桑田的巨变而感慨万端。

与乾隆《象山县志》相比，道光《象山县志》中的“河道图”基本上变化不大，仅画出象山县城周围地区的河流水道。不过，也有一些差异。一是所表现的范围略有增加。例如在地图的西南角，乾隆《象山县志》仅止于“牛桥”“胡家碶”“庆丰碶”。而道光《象山县志》则画出了“马岗河”及其支流“沙岗河”“东陈河”“岳头碶”，还有其南侧的“武家山头河”。二是增加了一些新的地名，如“鼓吹山河”“岙桥河”“剪刀河”“赤坎河”“马兰山河”“横桥头河”“和尚塘河”等。还新增了“秀才碶”“高平碶”等几个碶闸的名称。三是河道形状略有变化，如在梅溪河上，“龚家河”几个字的右侧多出了一个支流。最后是一些图画形式上的一些省略。例如乾隆《象山县志》的山上象征性地画着一些树木，而在道光《象山县志》上这些树木基本上被省去了。在乾隆《象山县志》上，“沙溪”右侧有一座高塔。在道光《象山县志》中，此塔变得隐隐约约，更像是棵大树。

道光《象山县志》中的“大泥塘图”是其他《象山县志》中所没有的。象山县“土狭民稠”，③ 自古以来，增加土地的一个重要方法就是围垦海塘。道光《象山县志》列举了乾隆二十三年（1758）以后历年所筑的塘田，其中就有“大泥塘”。④ 民国《象山县志》说：“大泥塘于诸塘中最大，始见于《道光志》，盖自嘉庆五年始筑，至九年而成，其工程经历四载。”⑤ 嘉庆五年（1800）、嘉庆九年，大泥塘的修筑，在当时是象山县一件大事，所以道光《象山县志》特地增加了这幅地图。该志编纂时，大泥塘筑成才30年，所以，这实际上是一幅早期大泥塘地图。除了这幅“大泥塘图”外，大泥塘还分别出现在道光《象山县志》的“县境图”“城南下乡各村图”“海防营汛图”以及“海洋礁屿图”上。如果将这五幅地图上的大泥塘形状进行对比的话，我们可以发现，由于缺乏绘制地图的科学方法，所以，它们的画法在不同的地图上是各不相同的。

道光《象山县志》的编纂者们深知海防对于象山县的重要性，所以不仅专列“海防”卷，而且，还将乾隆《象山县志》中的“海防图”一分为二，分别绘成“海防营汛图”和“海洋礁屿图”。其中的“海防营汛图”主要描绘陆上军事要塞的分布情况，图上各类军事要塞虽然密集，实际上还是有规律可循的。县城、“昌国卫”“钱仓所”“爵溪所”“石浦所”和“老东门”以城墙图案表示，各个“汛”用营房图案表示，众多“台”则被画成高台状。海洋中的船只，则是清军的水师船，其中象山县城以北港湾中的那艘船，还标有“营船”字样。更重要的是，与乾隆《象山县志》中的“海防图”相比，这幅“海防营汛图”的内容更加详细。以石浦周围为例，这

①民国《象山县志》卷十五，影印第464页。
②道光《象山县志》卷七，第22页。
③乾隆《象山县志》卷五，影印第397页。
④道光《象山县志》卷七，第25页。
⑤民国《象山县志》卷二，影印第94页。

里增加了“南汇台”“老东门台”“火炉头台”“番头台”“番头汛”“井水汛”“锦鸡山台”“厉家坪汛”。如果仔细研究乾隆《象山县志》及道光《象山县志》的正文，可以知道，“海防营汛图”的不少地名，是正文中所没有的。还是以上面几个地名为例。道光《象山县志》第九卷写道：石浦一带有三个“分防隘口”，分别是“番头盐厂”“金鸡山盐厂”和“月楼岙”。还设有四个“台”，分别是“前山台”“井水台”“厉家坪台”“竹山台”。此外，新添了“老东门汛”。① 乾隆《象山县志》中只有“番头盐厂”和“月楼岙”两个分防隘口，没有“金鸡山盐厂”；四个“台”的名称相同。② 也就是说，仅就“台”而言，地图上就有8个，比正文所说的多出了一倍。造成这种差异的原因，很可能是由于正文的撰写者基本上因袭传统，没有把最新的信息收录到书本中，而地图的绘制者则将最新的信息描绘在“海防营汛图”。或者说，正文要滞后于地图。这一事实再次表明，在古代方志中，地图的资料来源与正文的资料来源并不是完全相同的，地图有着自己独特的资料来源。正因为如此，方志中的地图才具有独特价值，可以补正文之不足。

道光《象山县志》中的“海防洋屿图”，主要描绘象山县海域中的众多岛屿。与乾隆《象山县志》中的“海防图”相比，“海防洋屿图”所包括的海域更加广阔。在东面，乾隆《象山县志》“海防图”最远只画出“乱礁洋”“韭山”，而道光《象山县志》的“海防洋屿图”则扩展到“五爪山”“九亩礁”一带。南面，乾隆《象山县志》中的“海防图”到“东门旧城”“牛栏基”为止，而在道光《象山县志》的“海防洋屿图”上，画出了“牛栏基”以远的“潭头山”“泥龙山”“铜头山”“黄芝头”“痣礁”“鸟屿”“枰锤山”等岛屿；在乾隆《象山县志》的“海防图”上，只有一个“淡水门”，而在道光《象山县志》的“海防洋屿图”上，却分别标出现“内淡水门”和更远的“外淡水门”。即使在乱礁洋以西的海域，道光《象山县志》“海防洋屿图”上的岛屿数量以及地图内容也要比乾隆《象山县志》“海防图”更加丰富、准确。除了新增了“双擎山”“雌虎山”等岛屿外，有的岛屿还增加了“将军帽，又名鹁鸪屿”之类的说明。乾隆《象山县志》“海防图”上，“半边山”被画成独立的岛屿，而在道光《象山县志》“海防洋屿图”上，“半边山”被置于一个半岛的尽头，中间有“沙塘湾”，这就更加符合实际了。不过，在这幅地图上，没有出现“韭山”“外旦门”“里旦门”等岛屿。在乾隆《象山县志》“海防图”上，“南田”“大佛头”位于石浦的西面，而在道光《象山县志》“海防洋屿图”上，这两个岛屿不仅形状不同，而且位置也不同，被置于石浦的南面。相比之下，道光《象山县志》“海防洋屿图”要更加准确些。此外，与道光《象山县志》中的“县境图”和“大泥塘图”一样，“海防洋屿图”上也以图画的形式标出了“抱儿岩”。

道光《象山县志》中的最后一幅地图是“南田图”。南田岛虽然位于偏远的东海中，但很早就以肥沃的土地而闻名，甚至被誉为“海中十洲”之第一洲。嘉靖《象山县志》：“南田。四面悬海，周环一百余里，山名大佛头，高出海中诸山数百丈。日本入贡船望此行，以此山为向道。旧设三里村落，有范岙、林门、朱门、金砦、下湾等处。地甚平旷，田极丰腴，虽大旱，深泞不枯。凡海边塘圩，多天设地造，不假人为。山多鹤鹿，水多海错，沿海诸户恃此为生。海中十洲，以南田为第一。国初，起发沿海居民，遂空其地。”③ 显然，在明朝建立前，南田就已经有很多人在

①道光《象山县志》卷九，第8—9页。
②乾隆《象山县志》卷九，影印第430—431页。
③嘉靖《象山县志》卷一，影印第59页。

居住了，否则明朝的信国公汤和就不需要“迁徙”南田居民了。① 清初的两部康熙《象山县志》也抄录了这段文字，但略去了最后一句话“国初，起发沿海居民，遂空其地”。这并不是说清朝建立后就允许民众前往南田了。实际上，清朝依然将南田岛列为封禁之地，不许人们在此生活。但是，来自象山、台州等地的贫苦民众，由于生计所迫，不断冒险前往南田“垦土煎盐”。于是，清政府多次采取措施，封禁南田。道光三年（1823），清政府再次封禁南田，结果查出这里的居民已经“不下六千人”。② 明清两代，南田岛虽然一直被清政府认为是“滨海要区”而严加“弹压”，③ 但《象山县志》中一直没有出现南田岛的地图。此外，道光年间，冯登府曾编纂过《南田志稿》一书，但没有刊刻。查阅上海图书馆所藏的稿本，书中并无地图。所以，道光《象山县志》中的“南田图”，是象山县地方志中的第一幅南田地图。这幅地图的一个主要特点是，南方朝上，北方朝下，左为东，右为西。

为了彻底封禁南田，清政府制定了十分严格的巡防制度，例如在石浦设立专门的官员，配备专门的兵丁；每年三月，宁波及台州的官员协同巡查南田；每年四月宁波府的官员会同象山县官员一起到南田“入山周巡一次”；“每年石浦同知与象山县分班按月轮流会同驻汛营弁入山周巡一次”；驻扎昌国、健跳的官兵“按月会巡一次（带兵五十名，更番抽换）”，等等。④ 可谓严厉至极。如此频繁的巡查，一定使官府越来越清楚地掌握了南田的地理情况，道光《象山县志》中的“南田图”大概就是根据这些资料绘制而成的。道光三年（1823）更清楚，使“南田大小一百八岙尽空”。⑤ 也就是说，在此之前，南田至少有108个聚落。这幅地图上稠密的地名，形象地反映了主要聚落的分布情况。道光《象山县志》说，南田“山多鹿鹤，田尽膏腴，其圩塘比天造，不借人力。”⑥ 在这幅“南田图”上，我们就可以看到“坦塘”“印天塘”“门先塘”“门后塘”“狗咬塘”“陇头塘”等众多塘田，其中许多地名沿用至今。当然，今天在南田岛上已经再也见不到“鹿”了。

道光《象山县志》在讲述象山县的海防时写道：“嘉庆间封禁南田，特设同知，以时巡捍。既富鱼盐之利，尤严户牖之防，此固长治久安之道也。”⑦ 文字中充满了对“长治久安”的信心。看看道光《象山县志》“海防营汛图”上那星罗棋布的军事要塞，使人不能不坚信大清王朝的“长治久安”是有可靠保障的。但是，世界的形势在变化。西方殖民者依仗其坚船利炮，正在汹汹东来。道光《象山县志》编成后10年，清朝在鸦片战争中被英军打得大败，被迫签订了中国近代史上第一个丧权辱国的不平等条件《南京条件》，开始沦为半殖民地国家。

与中国其他地方一样，象山县自鸦片战争后日益衰败，长期陷于动乱与贫困之中，再也没有多少精力与财力去修县志了。只是在太平天国运动（1851—1864）被镇压之后，大清王朝才显露出一丝复活的迹象，被人称为“同治中兴”（1862—1874）。也在这个时期，出现了道光《象山县志》之后、清朝灭亡之前的唯一一部《象山县志》，即《同治象山县志》。此志由知县黄丙堃主修，象山人马嗣澄等人所纂。同治八年（1869）完稿，共二十四卷，卷末附“旧志考”一卷。但

---

①道光《象山县志》卷八，第20页。
②道光《象山县志》卷八，第21页。
③道光《象山县志》卷八，第22—23页。
④道光《象山县志》卷八，第25—26页。
⑤道光《象山县志》卷八，第21页。
⑥道光《象山县志》卷八，第21页。
⑦道光《象山县志》卷九，第1页。

这部《象山县志》并未刊刻，只有少数几部抄本传世，① 其中最主要的抄本现藏宁波市图书馆藏。该抄本装订成八册，无序跋，不著撰人，卷首有张美诩题记。卷一在讲述“疆域”时写道：象山县“东西广一百四十里（《马志》。《宝庆志》、旧《浙江通志》：东西广二百里），南北袤一百九十里（马志。《宝庆志》：南二百五十里。《通志》：南北袤二百里。）”②。这显然是因袭旧说，并无什么新知识。而在10多年前，在宁波生活的西方传教士已经将西方测绘技术传入，并且绘制出了宁波府地图。③ 在整部《同治象山县志》抄本中也无任何附图，因此没有必要做更多讨论。

七　民国《象山县志》所刊舆图考

由于社会内部的腐败，所谓的“同治中兴”只是清朝灭亡前的回光返照。清宣统三年（1911），辛亥革命爆发，清朝被推翻，中国历史揭开了全新的一页。民国建立后十年，象山县即着手编修县志，总纂修人是象山籍著名学者陈汉章。经过五年的努力，民国15年（1926）成书，并于次年由宁波天胜印刷公司铅印出版。

民国《象山县志》共有18幅地图，分别是：（1）“象山县总图”，（2）“象山县城”，（3）“城区”，（4）“西一乡”，（5）“西二乡”，（6）“西三乡”，（7）“西四乡”，（8）“西五乡”，（9）“怀珠乡”，（10）“磐安乡”，（11）“宝海乡”，（12）“靖南乡”，（13）“奠南乡”，（14）“昌石镇”，（15）“象山县山脉图”，（16）“象山县水道图”，（17）“象山港图”，（18）“高泥湾图”。（“凡例”中有“海防图”，而无“高泥湾图”。而台湾影印的县志中，却无“海防图”，而多出“高泥湾图”。在正文中，也是无“高泥湾图”，而有“海防图”。）更重要的是，民国《象山县志》的第一、二两卷（“图说上”和“图说下”），实际上是这些地图的文字说明。这样，这些地图构成了民国《象山县志》开关两卷的基本框架。

民国《象山县志》编纂时，人们已对象山县进行了大规模的实测。县志中这样写道：“今自三门湾以北、象山港以南海疆、陆地、岛地无不测绘。”④ 因此，与明清时代《象山县志》上的地图不同的是，民国《象山县志》中的18幅地图都是根据现代测绘技术绘制的，是现代地图。卷首的“凡例”还介绍地图的绘制方法：“法用象限仪测高度，测平仪测高低角度，二法施之州县之图，以图之一寸代地之十里，一分代地之一里，计里开方，随测随绘，而全县之真形毕见矣。”⑤ 遗憾的是，这部县志中没有列出地图测绘人员的姓名。

除了实地测绘所得的数据外，民国《象山县志》中的“象山港图”还参考了外国人所绘制的地图，凡例中对此作如下解释：“象山港既有军港之议，海军部亦绘有专图。但军用地图不宜泄露，且港内外诸不关军事处亦未详，今绘地图以西人金楷理《海道图说》系之，其译名与中国之

①洪焕椿：《浙江方志考》，第205页。
②同治《象山县志》卷一，无页码。宁波市图书馆藏。
③龚缨晏：《浙江早期基督教史》，第210—212页，杭州出版社，2010年。
④民国《象山县志》，凡例，影印第5页。
⑤民国《象山县志》，凡例，影印第4—5页。

名多异，各加考释。”①

由于采用了科学的绘图方法，所以，民国《象山县志》中的地图基本上没有什么错误，我们只要将其与21世纪所绘的象山地图作一对比就可以知道了。因此，民国《象山县志》标志着象山县志的地图编绘彻底摆脱旧方志的传统，进入一个崭新的时代，并为后世打下了坚实的基础。翻翻这部方志中的18幅地图，看看今天的象山县，沧海桑田，青山依旧，会使人发出无限的感慨。

最后，我们还要讲讲南田。尽管清政府采取了一系列严厉的措施封禁南田，但来自四面八方的民众还是以各种方式偷渡到南田谋求生计。在此背景下，一些比较务实的官员也不断提出干脆将南田开禁，准许民众垦田渔猎。光绪元年（1875），清政府终于“始行开放，招民承垦，立有保甲局”。② 参与此次开禁的驻防石浦同知杨殿才编写了一部《南田纪略》。此书的抄本现藏浙江图书馆，中国国家图书馆有胶片。全书虽然只有一卷，但有大量的地图，可以说，整部《南田纪略》就是对地图的解说。不过，这些地图全部是用中国传统的方法绘制的。

民国元年（1912），南田岛从象山县中划出，单独成立南田县。所以，民国《象山县志》中并不包括南田。但南田县成立不到十年，知事吕耀钤即发起编纂县志，但未能成书。民国19年，南田县长厉家祯在吕耀钤旧稿的基础上“饬科分类整理，并搜罗私家著述，采访当年陈迹，实地咨询久居耆老”，③ 终于完成了民国《南田县志》。此书虽然有三十五卷，但文字并不多。第一卷只有一面（半页），绘有“南田县境全图”，无文字内容。第二卷是两幅圆饼图，即“南田县十都两塘面积比较图”和“南田县田、地、山比较图”。第三卷是正反两面（一页）分别是一幅地图，即“南田县龙泉塘总图”和“南田县鹤浦塘总图”，也无文字内容。第四卷是“县政府平面图”，如实地表现了一个十分简陋的县政府。这样，民国《南田县志》中实际上有三幅地图，即“南田县境全图”“南田县龙泉塘总图”和“南田县鹤浦塘总图”。这三幅地图，都是根据现代测绘方法绘制的，并有图例，但没有比例尺，也没有方格网，非常粗略。究其原因，主要有两个。一是此书的资料条件比较差，正如厉家祯所说的：“他邑修志，必有旧志以为依据，《南志》是破天荒之创伤”。二是此书编得比较匆促。厉家祯自己也承认，“是书宛然一增广乡土志，急就之章”。④ 民国《南田县志》上的三幅地图，大概也是从别的著述中移录过来的。但无论多么粗糙，民国《南田县志》为我们保存了当时南田县的全貌，成为后人研究南田变迁史的一个重要依据。对于今天的象山人来说，这三幅地图也是整个象山方志地图绘制史的有机组成部分。

---

①民国《象山县志》，凡例，影印第5页。
②民国《南田县志》卷二五，影印第46页。
③民国《南田县志》卷首厉家祯序，影印第3页。
④民国《南田县志》，凡例，影印第4页。

附一　象山旧志附图目录表

附图编号	名　　称	出处来源	备注
1	华夷图(墨线图)	《中国古代地图集(战国—元)》,图版 62	—
2	禹迹图(墨线图)	《中国古代地图集(战国—元)》,图版 59	—
3	唐十道图	《宋本历代地理指掌图》,第 62 页。上海古籍出版社,1989 年	—
4	九域守令图	《中国古代地图集(战国—元)》,图版 65	—
5	地理图(墨线图)	《中国古代地图集(战国—元)》,图版 72	—
6	舆地图	《中国古代地图集(战国—元)》,图版 83	—
7	《宝庆四明志》中的“府境图”	《中国古代地图集(战国—元)》,图版 130	—
8	《宝庆四明志》中“象山县境图”	《中国古代地图集(战国—元)》,图版 138	—
9	嘉靖《象山县志》中的“县境图”	天一阁明代方志选刊续编	—
10	嘉靖《象山县志》中的“县治图”	—	—
11	万历《象山县志》中的“象山县境图”	—	—
12	万历《象山县志》中的“象山县治图”	—	—
13	康熙《象山县志(李志)》中的“象山县境图”	—	—
14	康熙《象山县志(李志)》中的“象山县治图”	—	—
15	康熙《象山县志(胡志)》中的“象山县境图”	—	—
16	康熙《象山县志(胡志)》中的“象山县治图”	—	—
17	雍正《象山县志》中的“县境图”	—	—
18	雍正《象山县志》中的“县治图”	—	—
19	雍正《象山县志》中的“县署图”	—	—
20	雍正《象山县志》中的“学宫图”	—	—
21	雍正《象山县志》中的“义学图”	—	—
22	雍正《象山县志》中的“昌国卫城图”	—	—

续表

附图编号	名　　称	出处来源	备注
23	雍正《象山县志》中的“石浦所城图”	—	—
24	雍正《象山县志》中的“爵溪城图”	—	—
25	雍正《象山县志》中的“钱仓城图”	—	—
26	雍正《象山县志》中的“南河图”	—	—
27	雍正《象山县志》中的“海洋图”	—	—
28	乾隆《象山县志》中的“县境图”	—	—
29	乾隆《象山县志》中的“县治图”	—	—
30	乾隆《象山县志》中的“县署图”	—	—
31	乾隆《象山县志》中的“学宫图”	—	—
32	乾隆《象山县志》中的“丹山书院图”	—	—
33	乾隆《象山县志》中的“缨溪书院图”	—	—
34	乾隆《象山县志》中的“河道图”	—	—
35	乾隆《象山县志》中的“海防图”	—	—
36	道光《象山县志》中的“县境图”	—	—
37	道光《象山县志》中的“县城图”	—	—
38	道光《象山县志》中的“县署图”	—	—
39	道光《象山县志》中的“学宫图”	—	—
40	道光《象山县志》中的“蒙养书院图”	—	—
41	道光《象山县志》中的“缨溪书院图”	—	—
42	道光《象山县志》中的“城东乡各村图”	—	—
43	道光《象山县志》中的“城西乡各村图”	—	—
44	道光《象山县志》中的“城南下乡各村图”	—	—
45	道光《象山县志》中的“昌国卫图”	—	—
46	道光《象山县志》中的“石浦所图”	—	—
47	道光《象山县志》中的“爵溪所图”	—	—
48	道光《象山县志》中的“钱仓所图”	—	—
49	道光《象山县志》中的“河道图”	—	—
50	道光《象山县志》中的“大泥塘图”	—	—
51	道光《象山县志》中的“海防营汛图”	—	—
52	道光《象山县志》中的“海洋礁屿图”	—	—
53	道光《象山县志》中的“南田图”	—	—

续表

附图编号	名　　称	出处来源	备注
54	民国《象山县志》中的“象山县总图”	—	—
55	民国《象山县志》中的“象山县城图”	—	—
56	民国《象山县志》中的“城区”	—	—
57	民国《象山县志》中的“西一乡”	—	—
58	民国《象山县志》中的“西二乡”	—	—
59	民国《象山县志》中的“西三乡”	—	—
60	民国《象山县志》中的“西四乡”	—	—
61	民国《象山县志》中的“西五乡”	—	—
62	民国《象山县志》中的“怀珠乡”	—	—
63	民国《象山县志》中的“磐安乡”	—	—
64	民国《象山县志》中的“宝海乡”	—	—
65	民国《象山县志》中的“靖南乡”	—	—
66	民国《象山县志》中的“奠南乡”	—	—
67	民国《象山县志》中的“昌石镇”	—	—
68	民国《象山县志》中的“象山县山脉图”	—	—
69	民国《象山县志》中的“象山县水道图”	—	—
70	民国《象山县志》中的“海防图”	—	—
71	民国《象山县志》中的“象山港图”	—	—
72	民国《象山县志》中的“高泥湾图”	—	—
73	桂萼《皇明舆图》中的“浙江舆图”	何镗:《修攘通考》,影印第702页,四库存目丛书,史部第225册	地图已复印
74	罗洪先《广舆图》中的“浙江舆图”	《浙江古旧地图集》上卷第9页	—
75	罗洪先《广舆图》(约1555年刻本)中的“海运图”	续修四库全书史部第586册第511页,图上“石浦”和“郭衢”的写法是正确的。但此图不清,如果有可能,去复印一下原图。北京图书馆藏明嘉靖刻本。浙江图书馆也有。四库970册第452页,《图书编》中的“海运图”,也是写成“石浦”“郭衢”	福克司(W. Fuchs),《广舆图版本考》(The “Mongol Atlas” of China and the Kuang-Yü-T’u), Peiping, Fu Jen University, 1946.
76	万历七年刻印的《广舆图》	卷二,第69页,北京:国际文化出版公司,1997年	—

续表

附图编号	名　　称	出处来源	备注
77	《三才图会》上的“浙江舆图”	王圻、王思义:《三才图会》,上册,影印第121页,上海:上海古籍出版社,1988年	—
78	章潢《图书编》中的浙江省地图	四库全书,《图书编》卷三十八	—
79	章潢《图书编》中的“海运图”	四库全书,《图书编》卷五十六	—
80	《三才图会》上的“浙江沿海总图”	《三才图会》,上册,影印第200页	—
81	罗明坚《中国地图集》中的“辽东边图”	—	—
82	万历十四年(1586年)宝善堂所刻《大明一统文武诸司衙门官制》中的“辽东边图”	—	—
83	《大明官制》嘉靖二十年焦琏刻本中的浙江省地图	—	—
84	《大明官制》万历十四年宝善堂刻本中的浙江省地图	—	—
85	《大明官制》万历四十一年宝善堂刻本中的浙江省地图	续修四库全书,748册	—
86	《大明官制》万历年间乔山书舍刻本中的浙江省地图	—	—
87	《大明官制》进贤堂瞻林所刻本中的浙江省地图	—	—
88	《大明一统志》中的浙江省地图	中国国家图书馆藏,明弘治乙丑(1505年)慎独书斋刻本。卷三十八	—
89	罗明坚《中国地图集》中的浙江地图 A	—	—
90	罗明坚《中国地图集》中的浙江地图 B	—	—
91	嘉靖《宁波府志》中的“郡境图”	—	—
92	嘉靖《宁波府志》中的“定海县境图”	—	—
93	嘉靖《宁波府志》中的“象山县境图”	—	—
94	郑若曾《筹海图编》中的“宁波府境图”	—	—
95	卫匡国《中国新图集》“中国总图”中的浙江及周边地区	—	—
96	1667年基什尔(Kircher)《中国图说》中的中国地图	China’s image in western cartography, p. 114	—
97	《嘉定赤城志》上的“南田山”	《中国古代地图集》(战国——元),文物出版社,1990年图版第126	—

续表

附图编号	名　称	出处来源	备注
98	范涞《两浙海防类考续编》中的林门、南田等岛	—	—
99	郑若曾《筹海图编》中的“灵门”及周边岛屿	—	—
100	杨殿才“南田十八图”的长山嘴地图	—	—
101	杨殿才“南田十八图”的花屿等四湾地图	—	—
102	杨殿才“南田十八图”的鸭嘴山地图	—	—
103	杨殿才“南田十八图”的大小百丈地图	—	—
104	杨殿才“南田十八图”的螺蛳岙地图	—	—
105	杨殿才“南田十八图”的樊岙东南地图	—	—
106	杨殿才“南田十八图”的樊岙西南地图	—	—
107	杨殿才“南田十八图”的大南田地图(上)	—	—
108	杨殿才“南田十八图”的大南田地图(下)	—	—
109	杨殿才“南田十八图”的金漆门地图	—	—
110	杨殿才“南田十八图”的小南田地图	—	—
111	杨殿才“南田十八图”的林门地图	—	—
112	杨殿才“南田十八图”的大小蛤蜊地图	—	—
113	杨殿才“南田十八图”的大小乌岩地图	—	—
114	杨殿才“南田十八图”的花岙地图	—	—
115	杨殿才“南田十八图”的珠门地图	—	—
116	杨殿才“南田十八图”的三门地图	—	—
117	杨殿才“南田十八图”的鹁鸪头山地图	—	—
118	杨殿才《南田记略》中的“南田全图”	—	—
119	民国《南田县志》中的“南田县境全图”	—	—
120	民国《南田县志》中的“南田县龙泉塘总图”	—	—
121	民国《南田县志》中的“南田县鹤浦塘总图”	—	—

附二　象山旧志附图

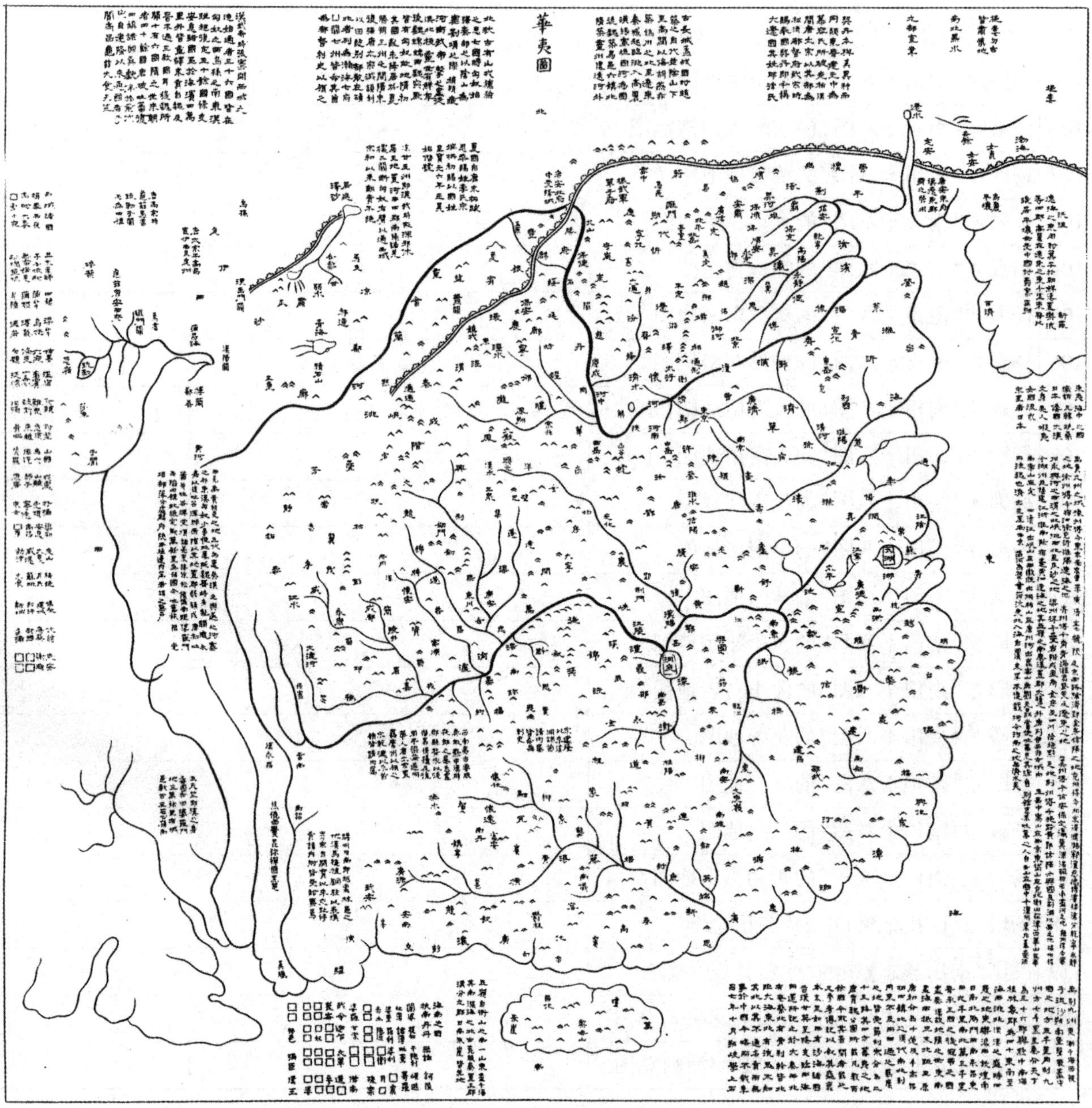

1. 华夷图（墨线图）

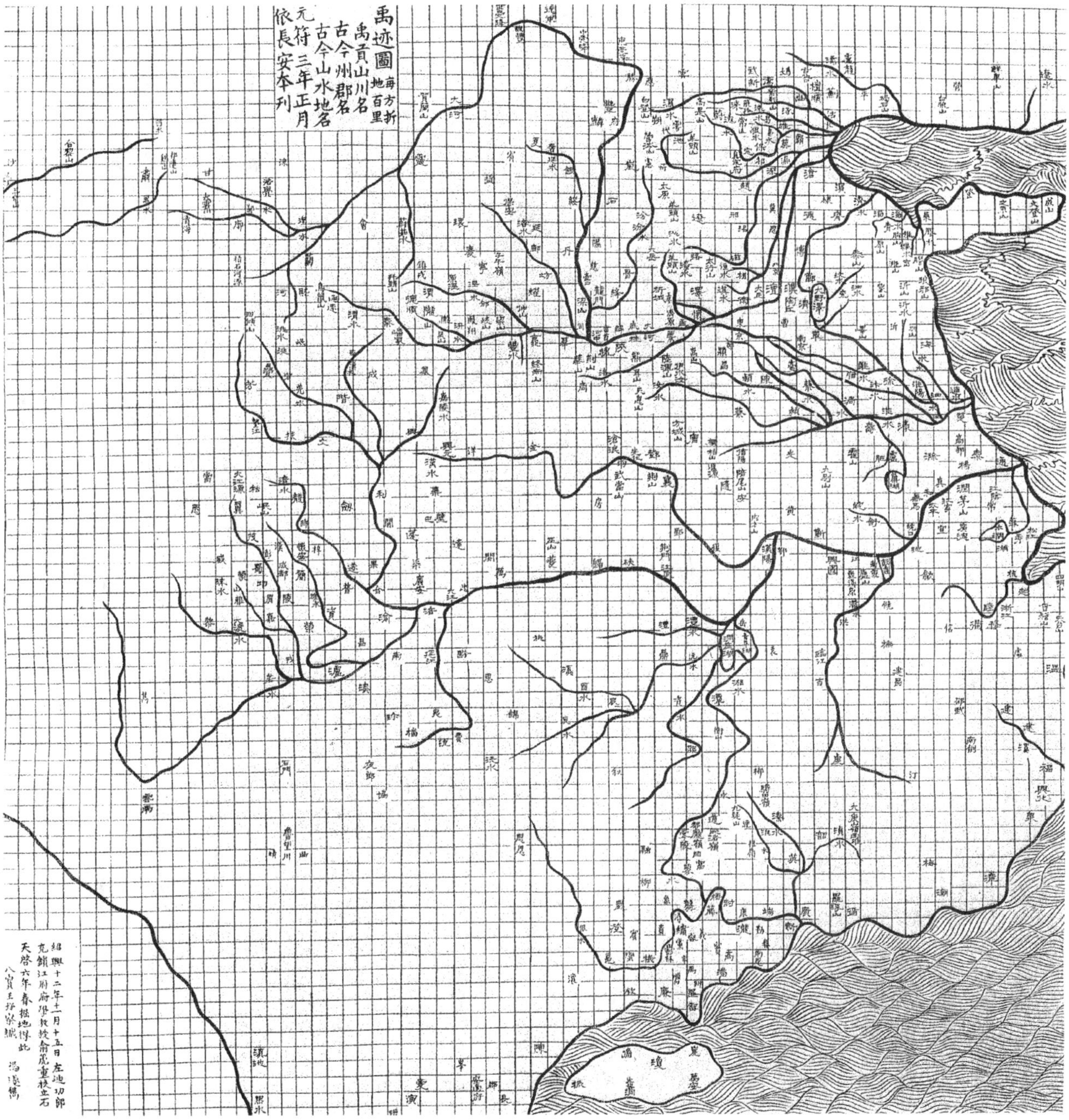

2. 禹迹图（墨线图）

3. 唐十道图

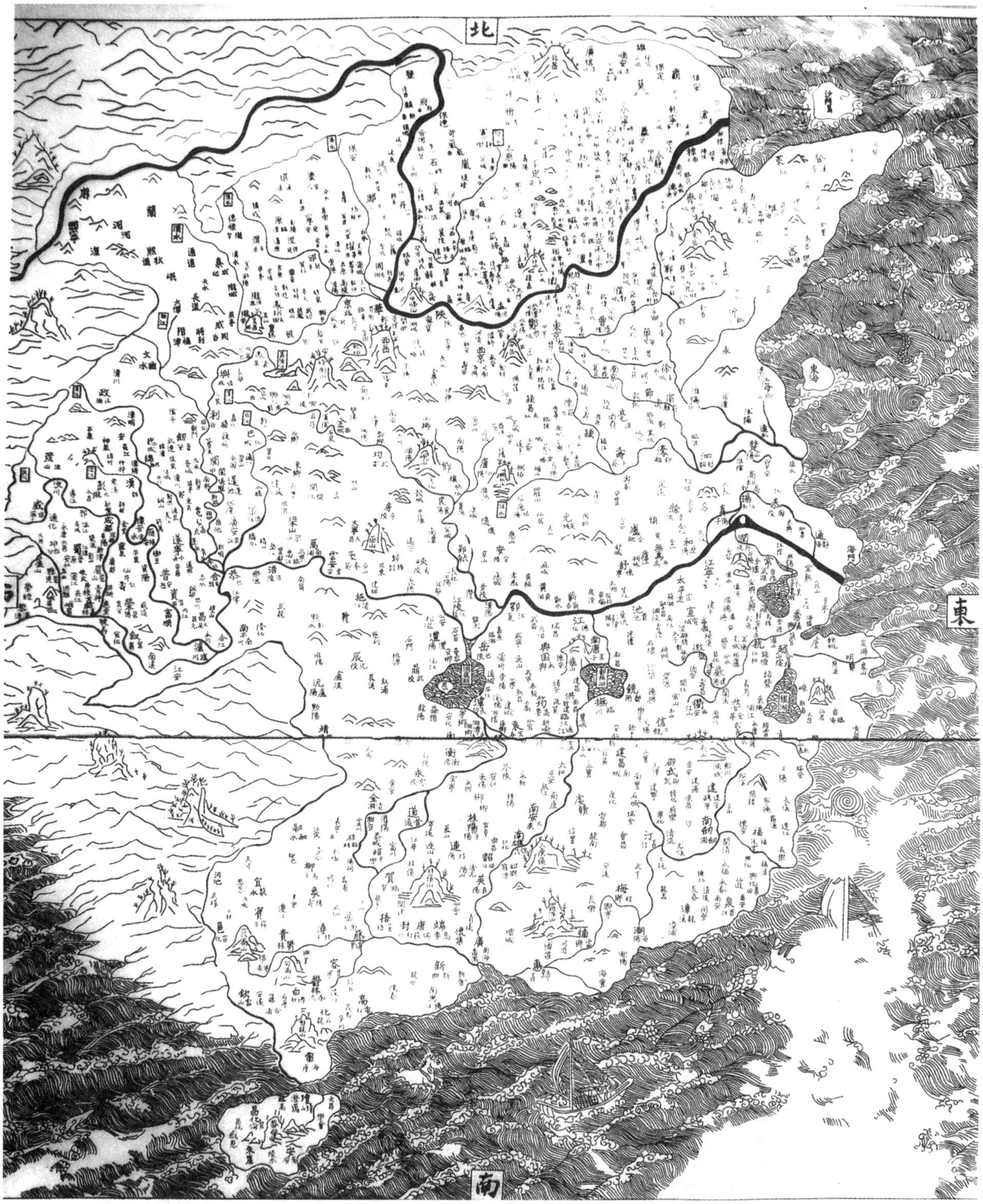

4. 九域守令图

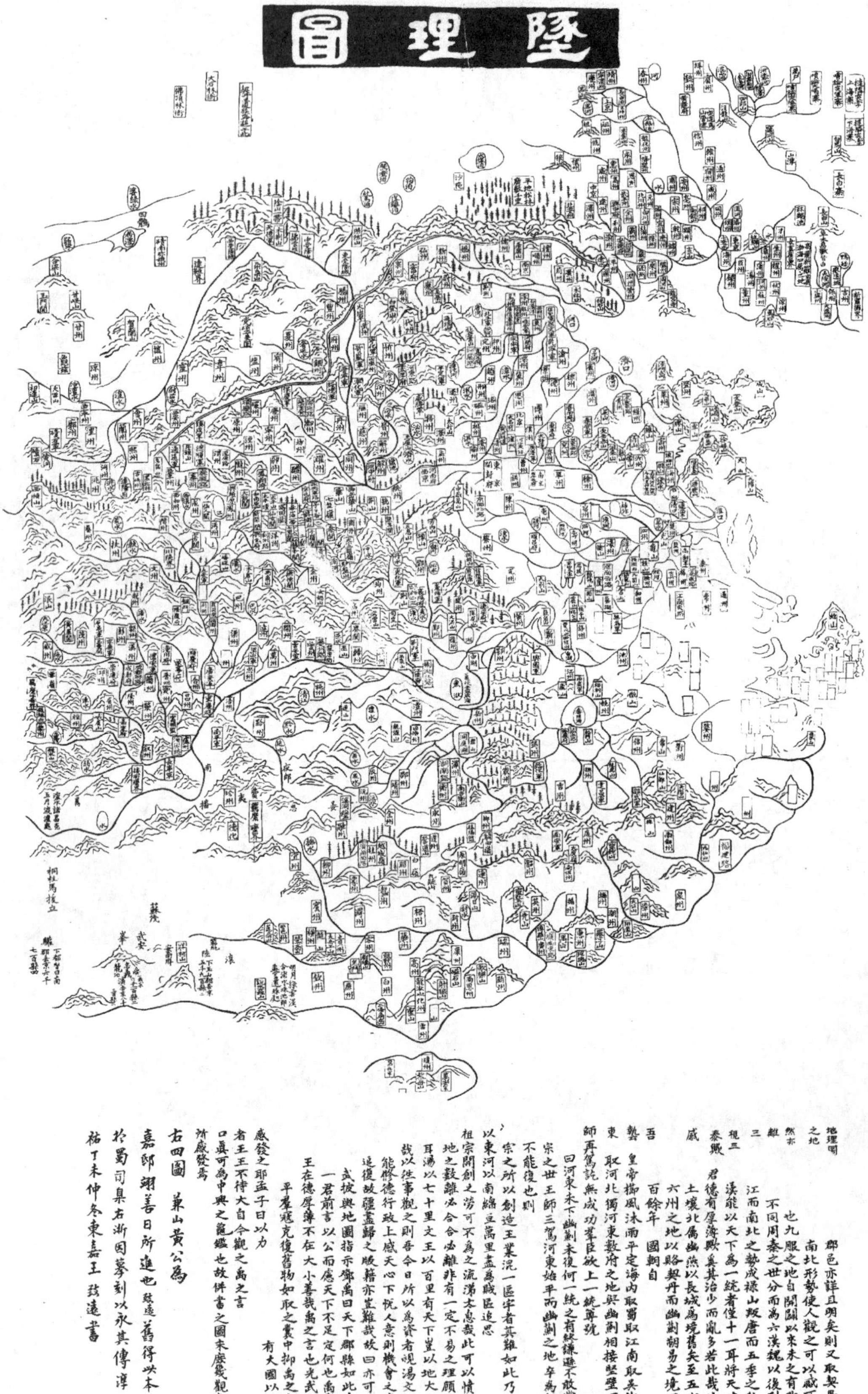
地理圖
地理圖
郡邑亦詳且明矣則又取契丹女真
之地 南北形勢使人觀之可以感可以憤
然亦 也九服之地自開闢以來未之有改而作
離 不同周秦之世分而為六漢魏以後裂而為
三 江而南北之勢成祿山叛唐而五季之亂起回
視三 漢能以天下為一統者僅十一耳將天時有否
泰歟 君德有厚薄歟眞其治少而亂多若此哉此可以
感 土壤北屬幽燕以長城為境舊矣至五代時石
六州之地以賂契丹而幽薊朔易之境不復為
吾 百餘年 國朝自
藝 皇帝擲風沐雨平定海內取蜀取江南取吳越取廣
東 取河北獨河東數府之地與幽薊相接堅壁不下王
師再駕訖無成功群臣欲上一統尊號
回河東未下幽薊未復何一統之有終謙遜不敢當也蓋至
宗之世王師三駕河東始平而幽薊之地卒為契丹所
不能復也則
宗之所以創造王業混一區宇者其難如此乃今自關
以東河以南綿亘萬里盡為賊區追思
祖宗開創之勞可不為之流涕太息哉此可以憤也雖然
地之數離必合合必離非有一定不易之理顧君德何
耳湯以七十里文王以百里有天下豈以地大民衆之
哉以從事觀之則吾今日所以為資者視湯文何啻百
能修德行政上感天心下悅人意則機會之來并吞
追復故疆盡歸之版籍亦豈難哉故曰亦可以作興
武披輿地圖指示鄧禹曰天下郡縣如此其多今
一君前言以公而慮天下不足定何也禹對曰古
王在德厚薄不在大小善哉禹之言也光武起田間
平群寇克復舊物如取之囊中抑禹之言有以
有大國以德行仁
感發之耶孟子曰以力
者王王不待大自今觀之禹之言
口眞可為中興之龜鑑也故併書之圖末庶幾觀者亦有
所感發焉
右四圖 兼山黃公為
嘉邸翊善日所進也 致遠舊得此本
於蜀司臬右浙因摹刻以永其傳淳
祐丁未仲冬東嘉王 致遠書

5. 地理图（墨线图）

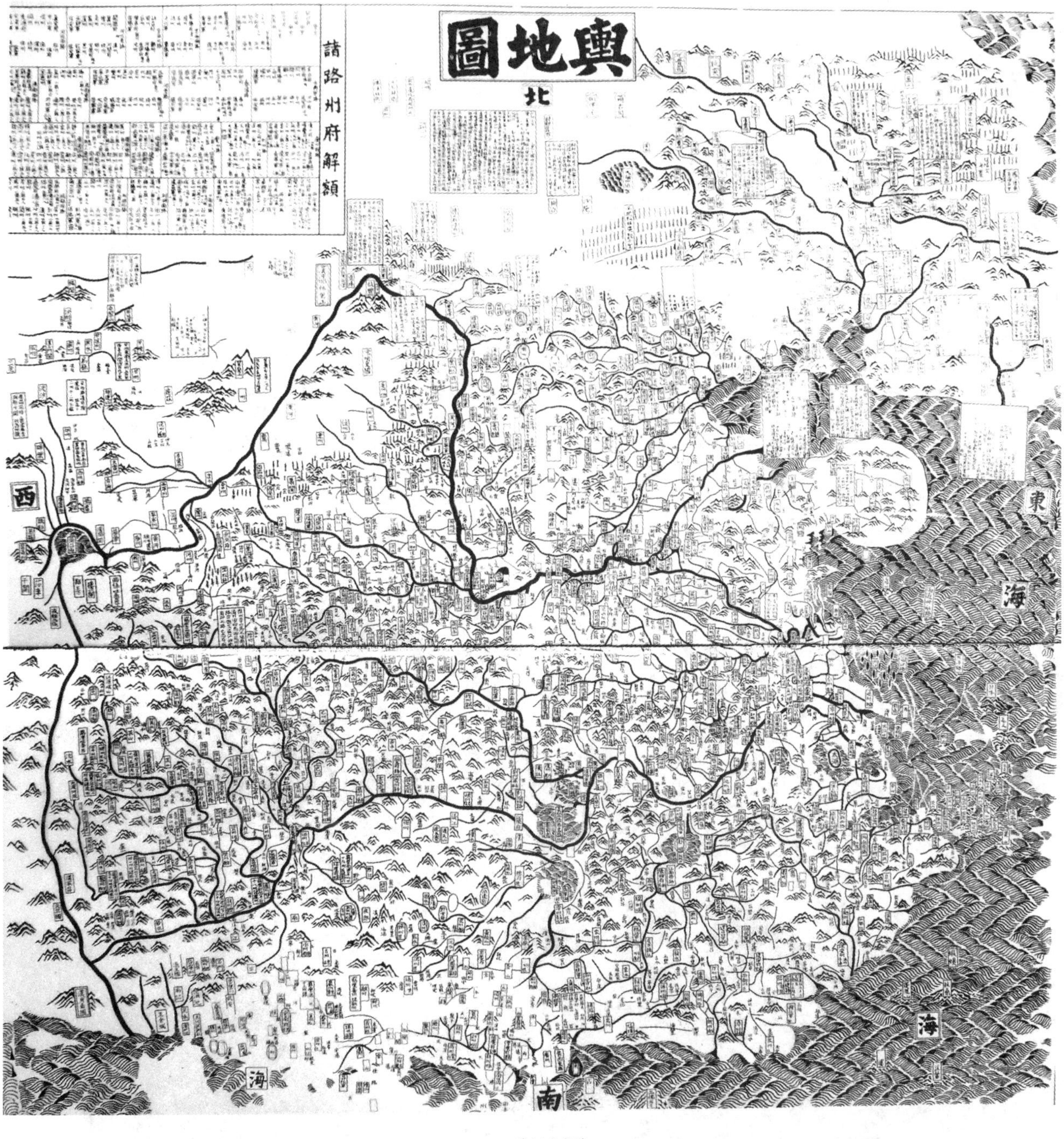

6. 舆地图

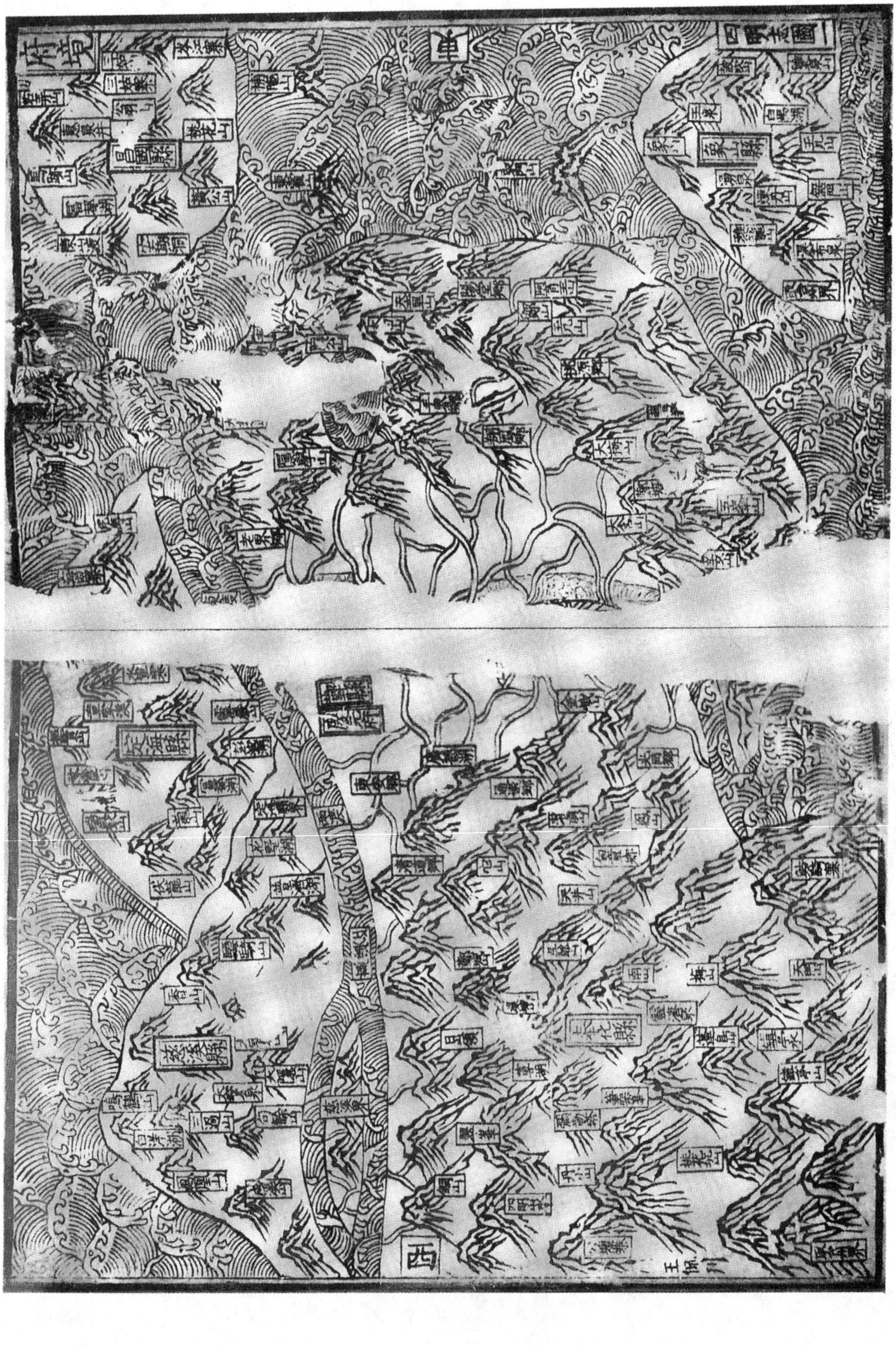

7.《宝庆四明志》中的"府境图"

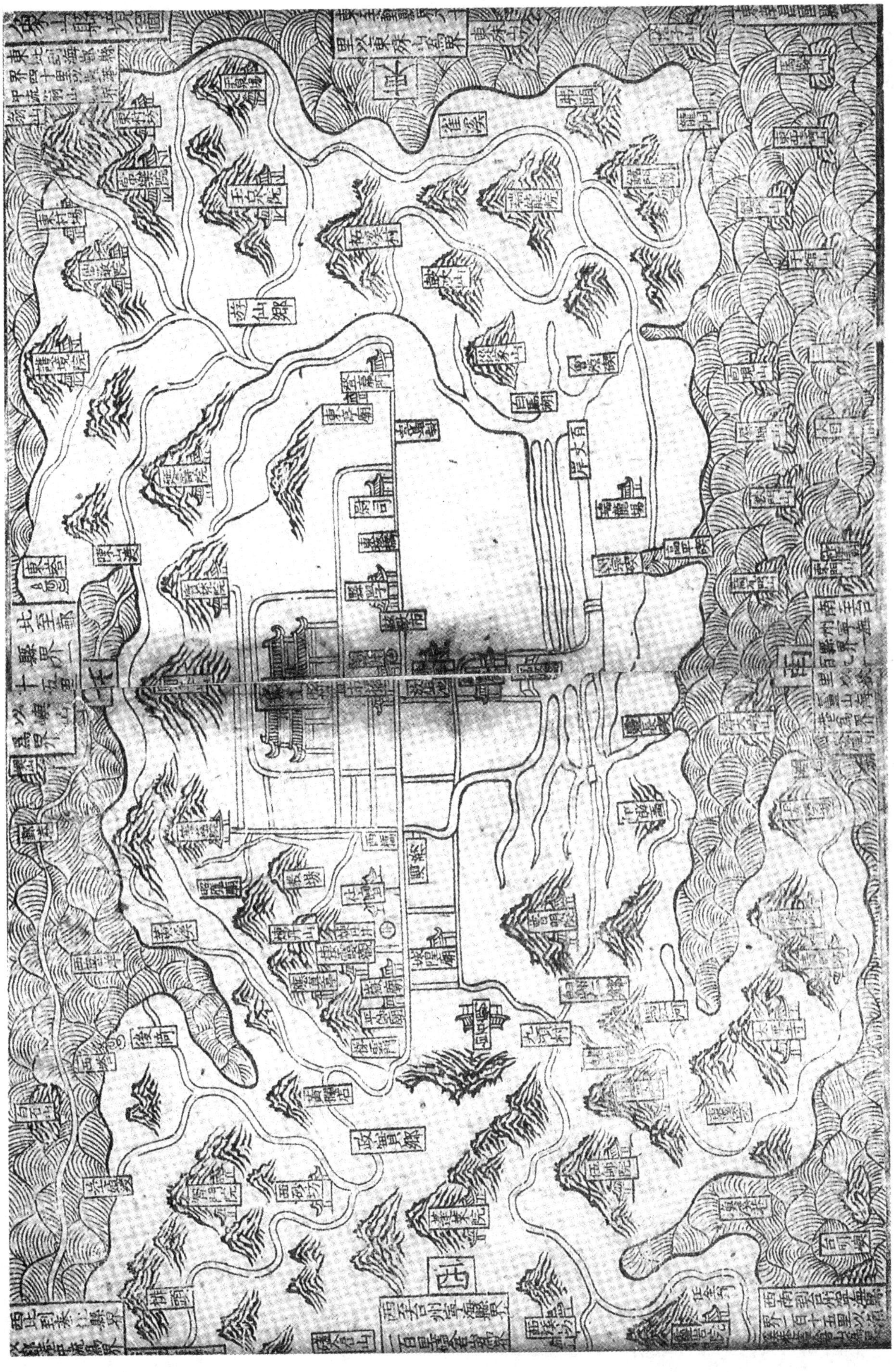

8.《宝庆四明志》中"象山县境图"

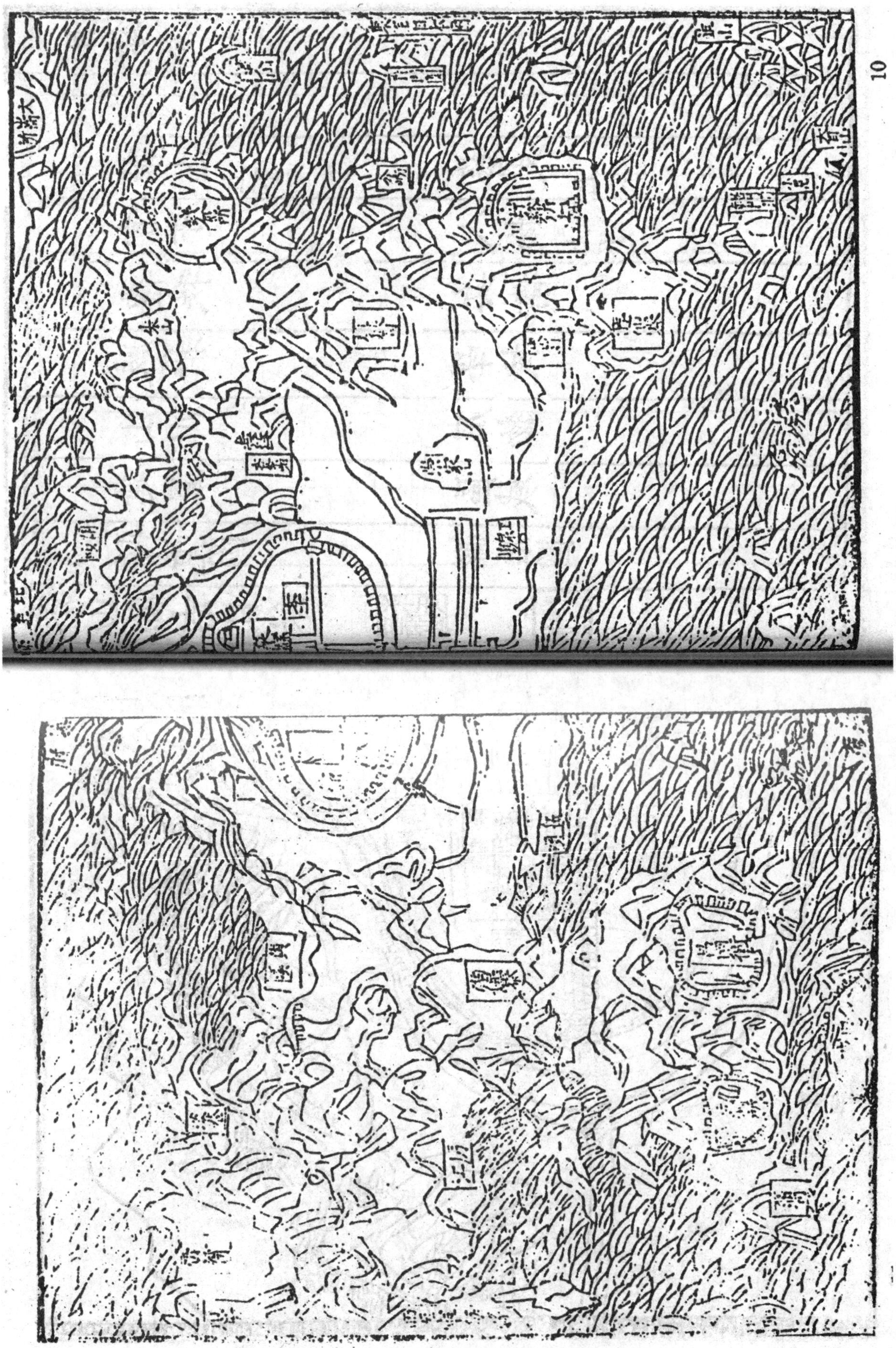

9. 嘉靖《象山县志》中的"县境图"

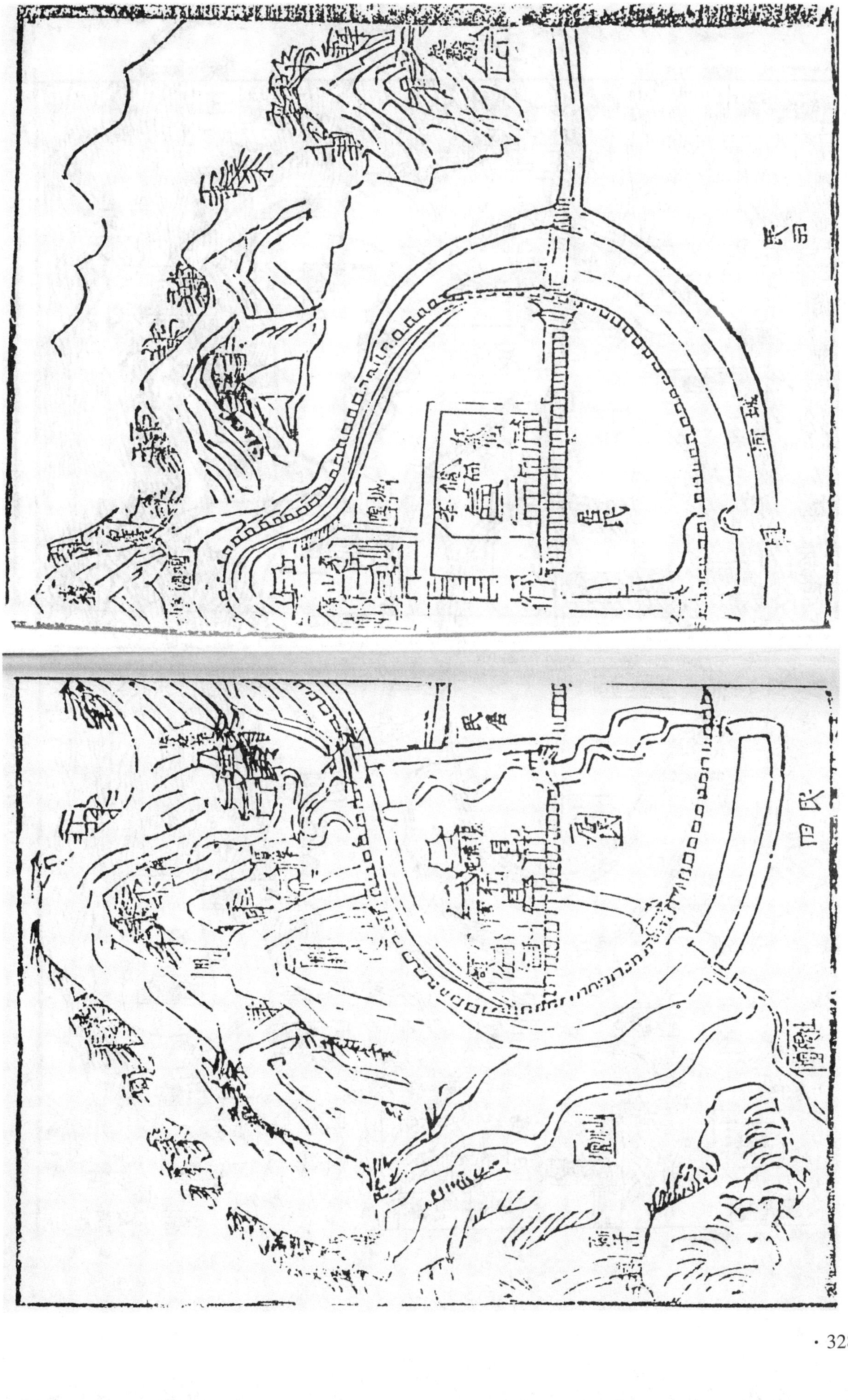

10. 嘉靖《象山县志》中的“县治图”

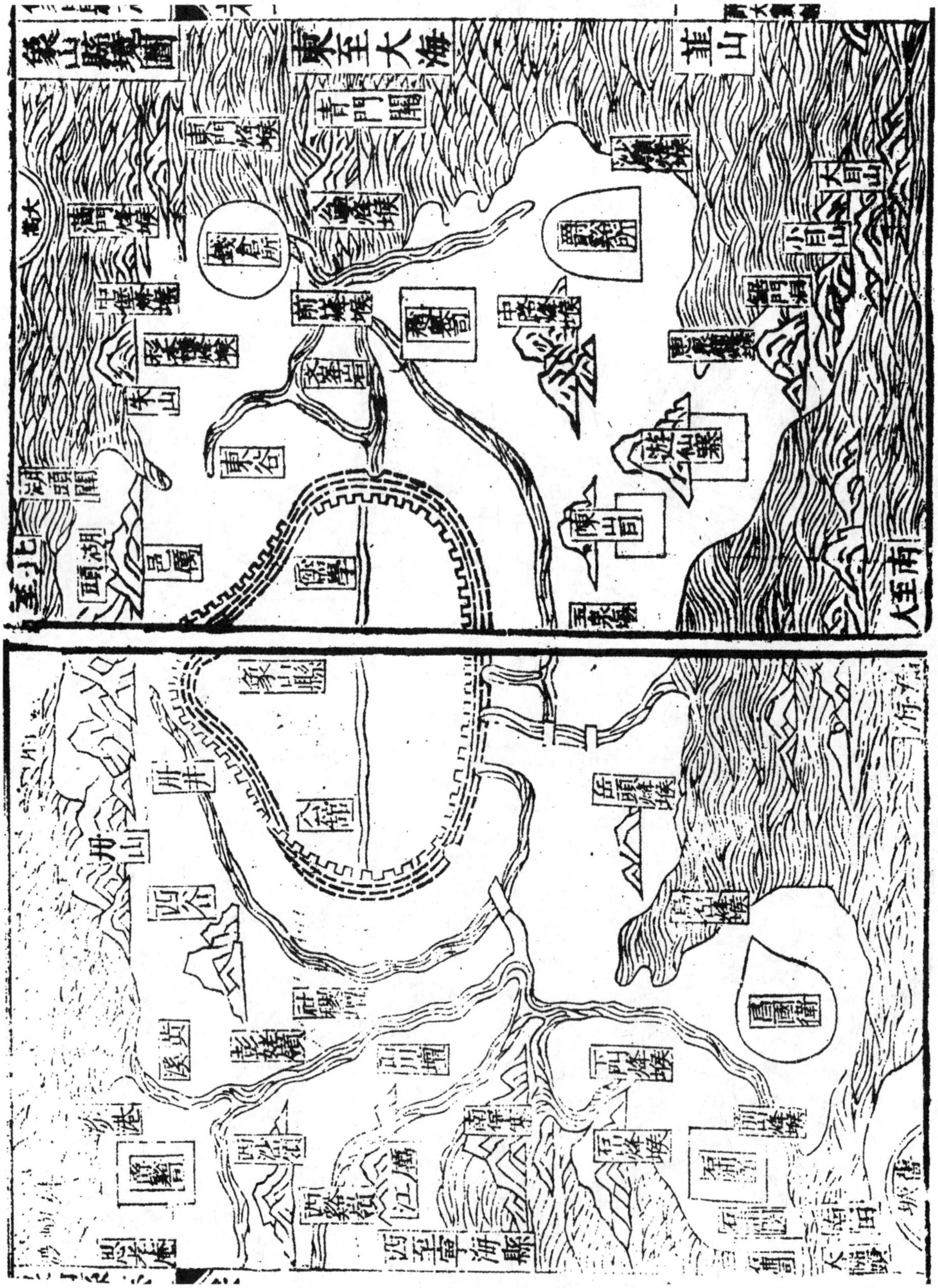

11. 万历《象山县志》中的“象山县境图”

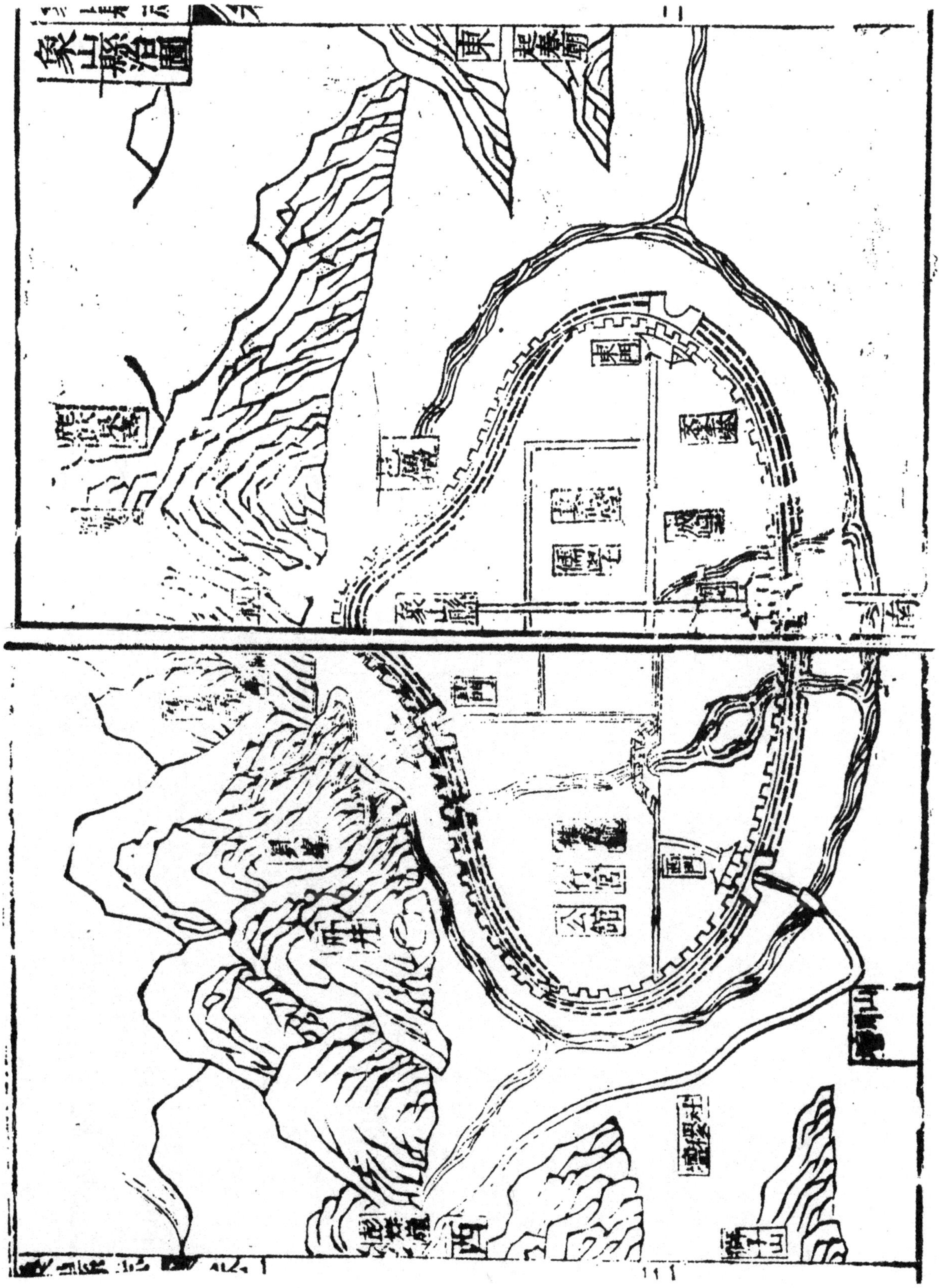

12. 万历《象山县志》中的“象山县治图”

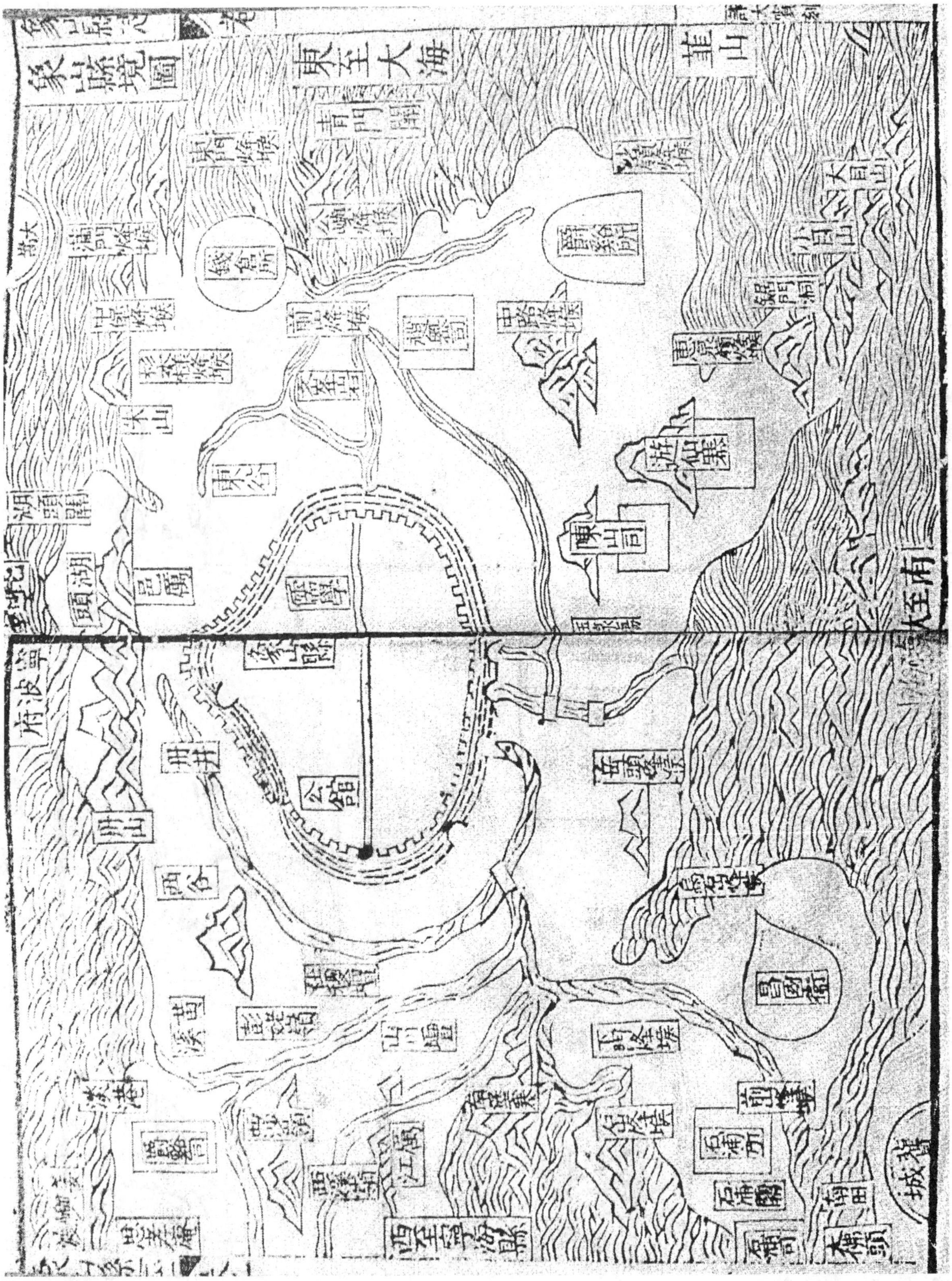

13. 康熙《象山县志（李志）》中的“象山县境图”

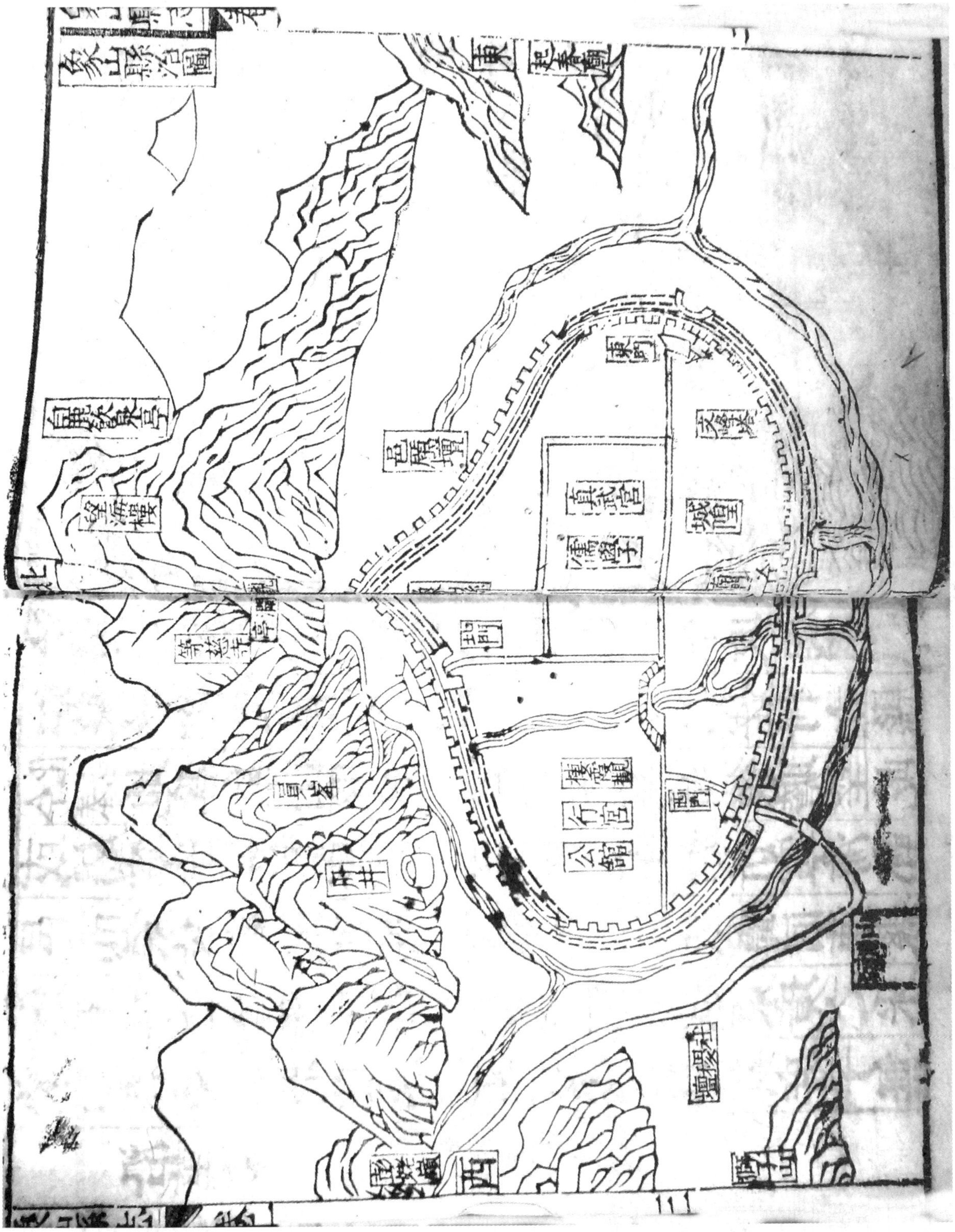

14. 康熙《象山县志（李志）》中的“象山县治图”

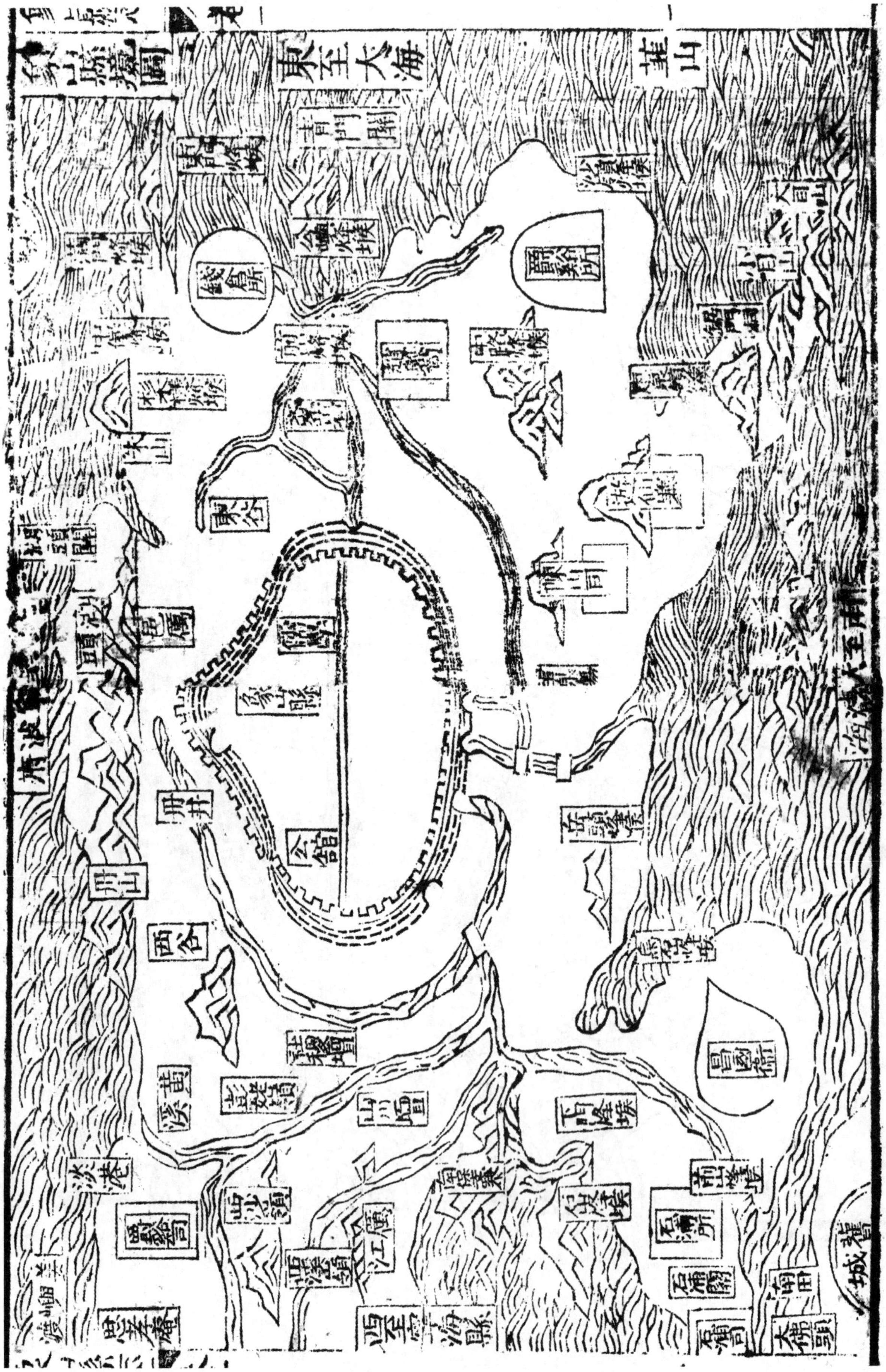

15. 康熙《象山县志（胡志）》中的“象山县境图”

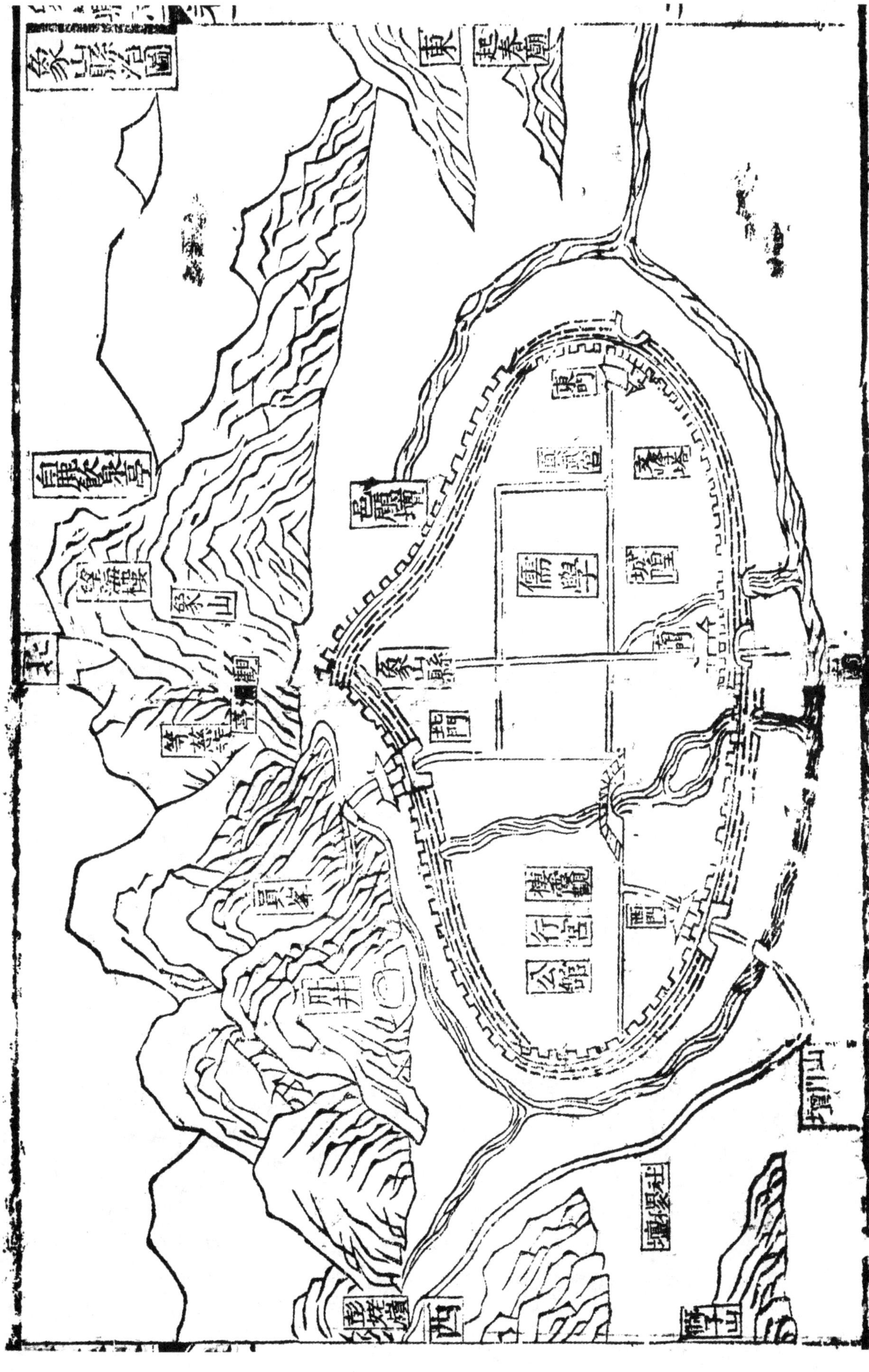

16. 康熙《象山县志（胡志）》中的"象山县治图"

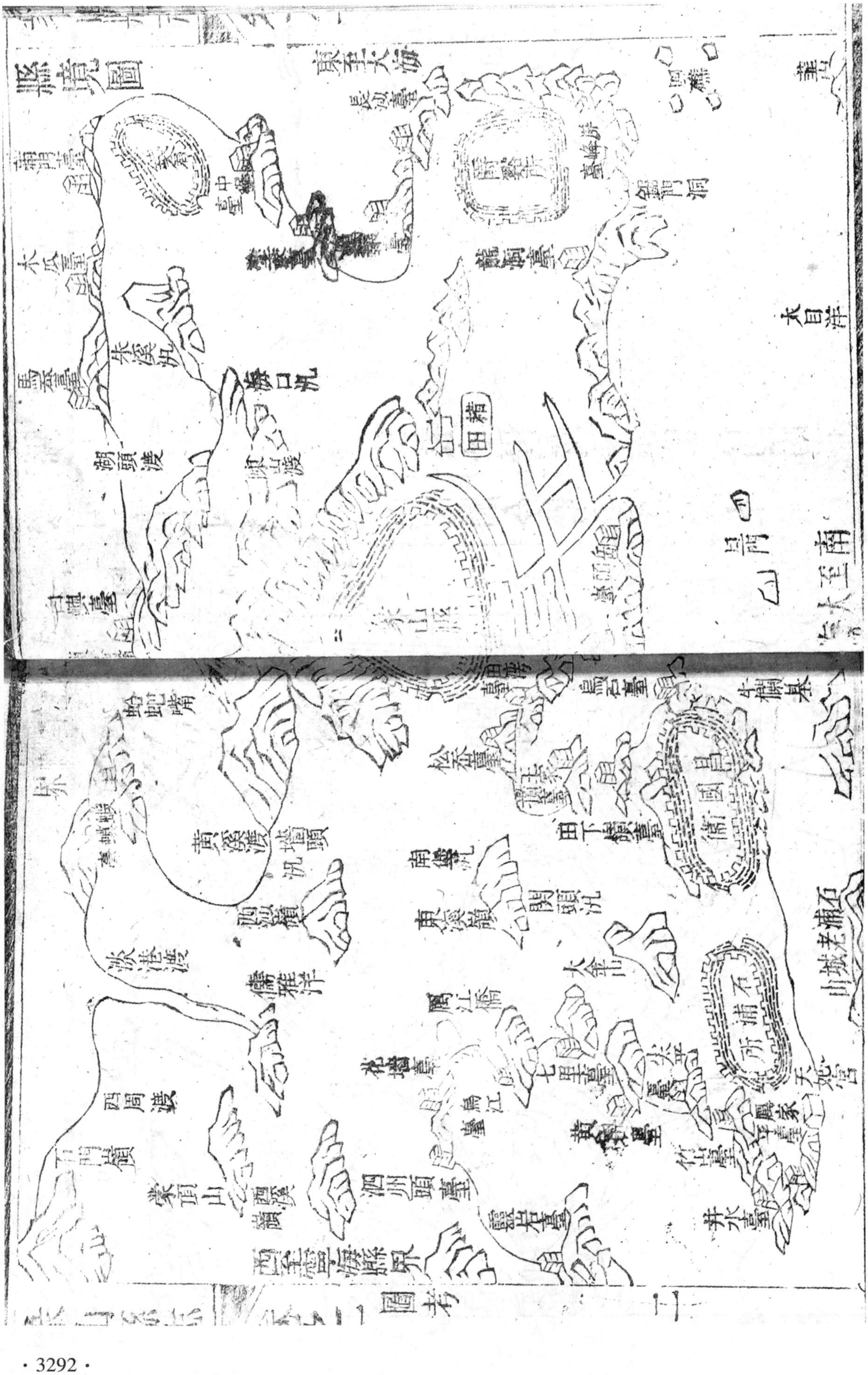

17. 雍正《象山县志》中的“县境图”

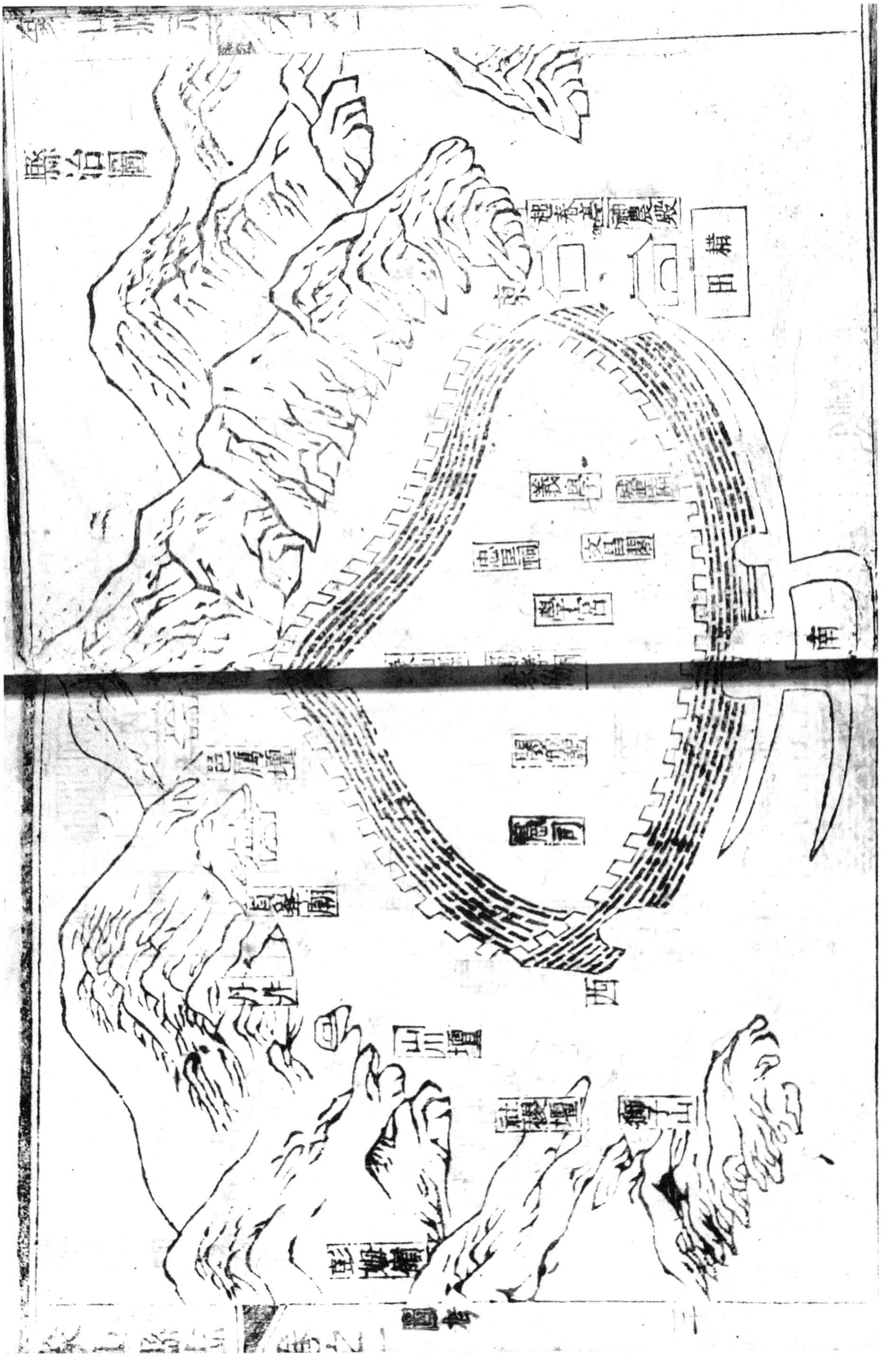

18. 雍正《象山县志》中的“县治图”

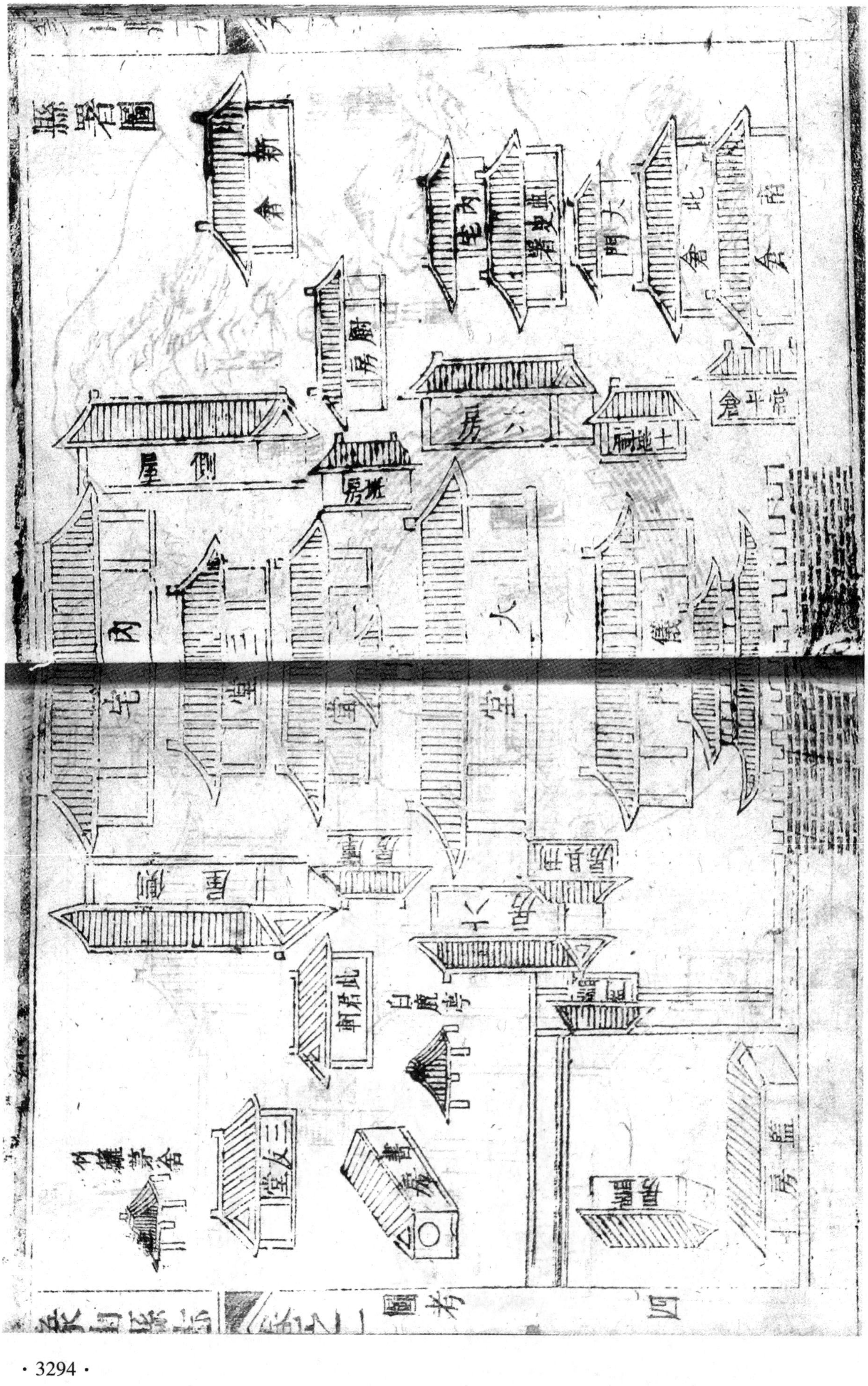

19. 雍正《象山县志》中的“县署图”

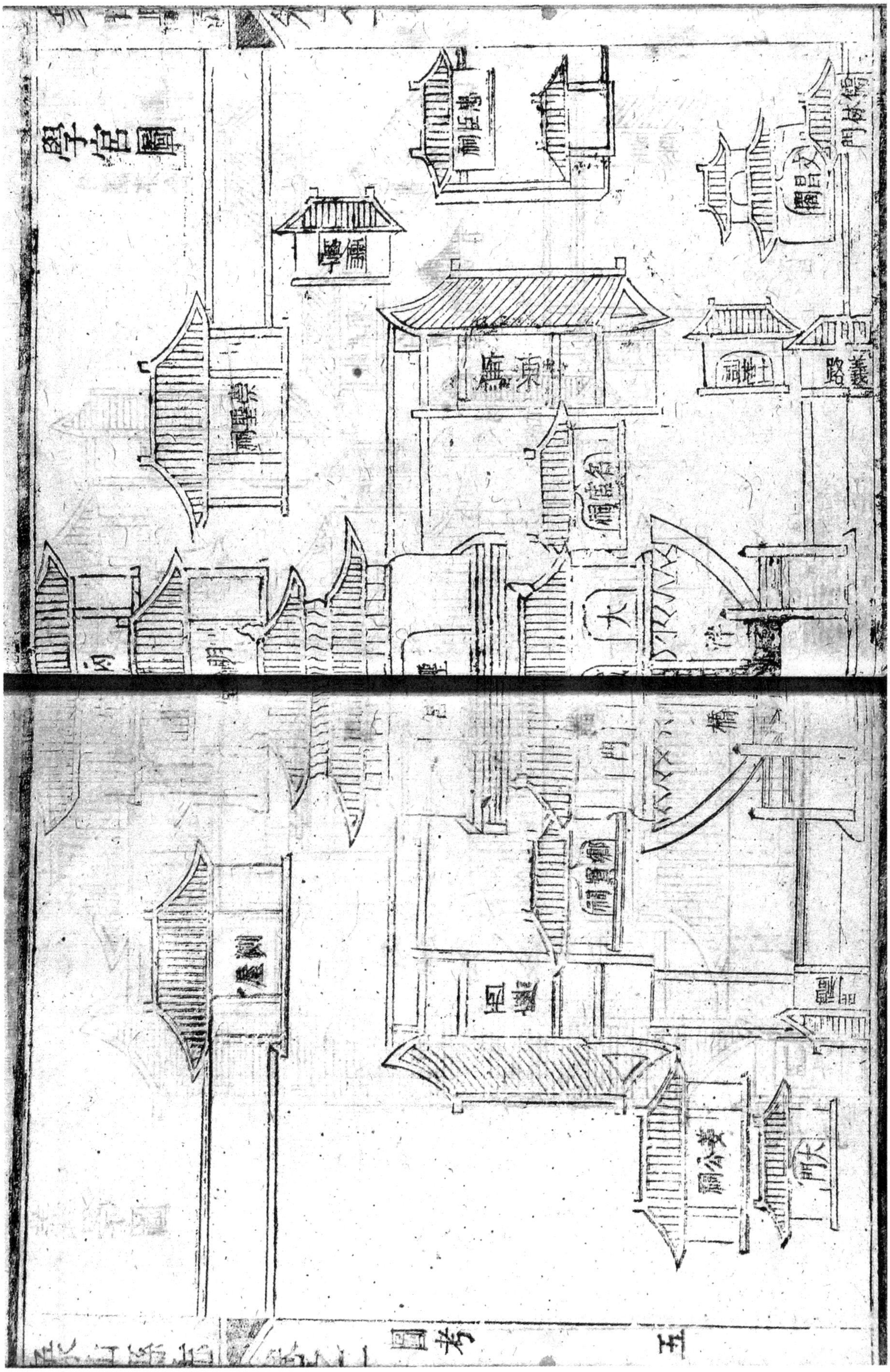

20. 雍正《象山县志》中的“学宫图”

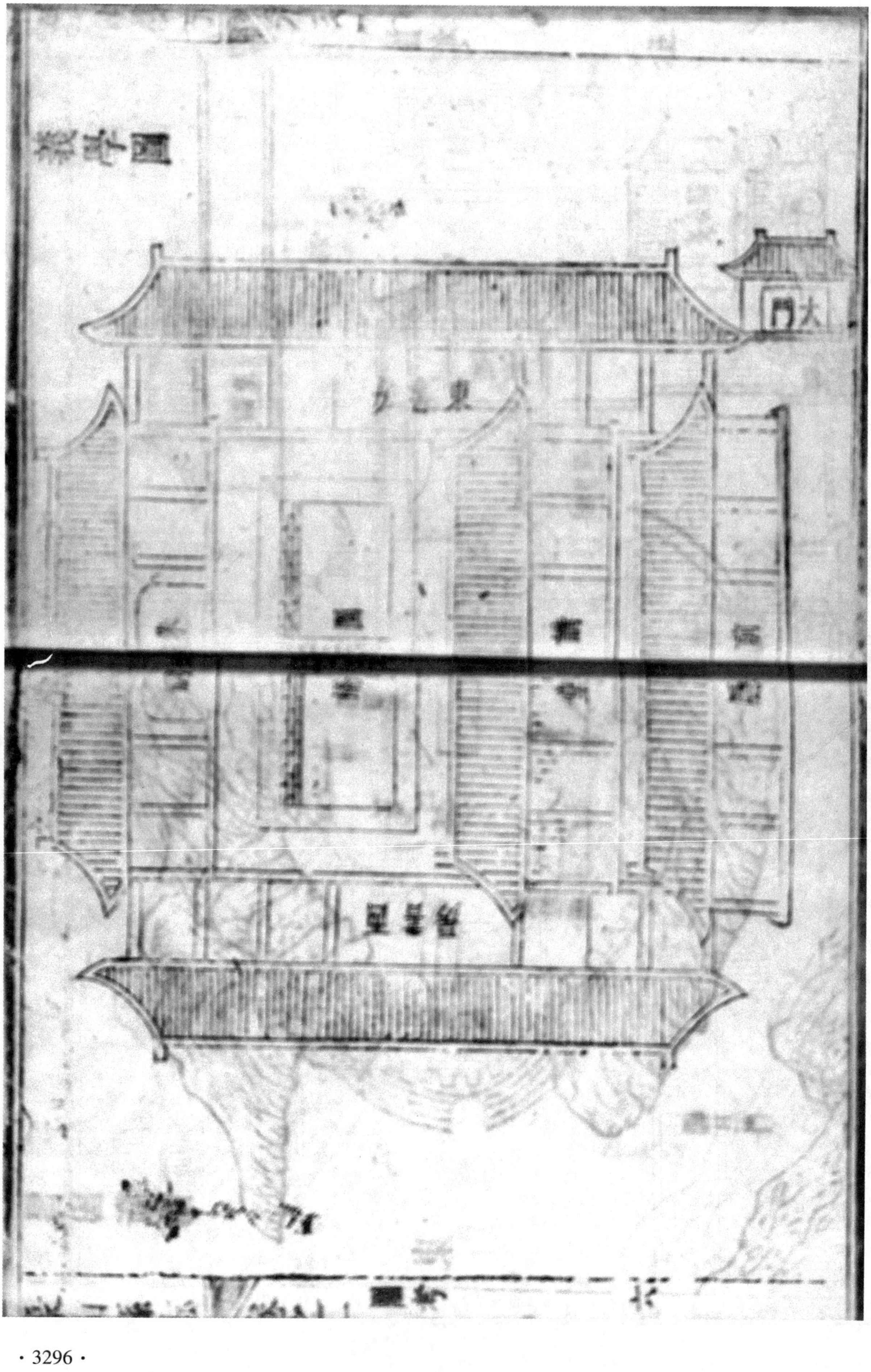

21. 雍正《象山县志》中的“义学图”

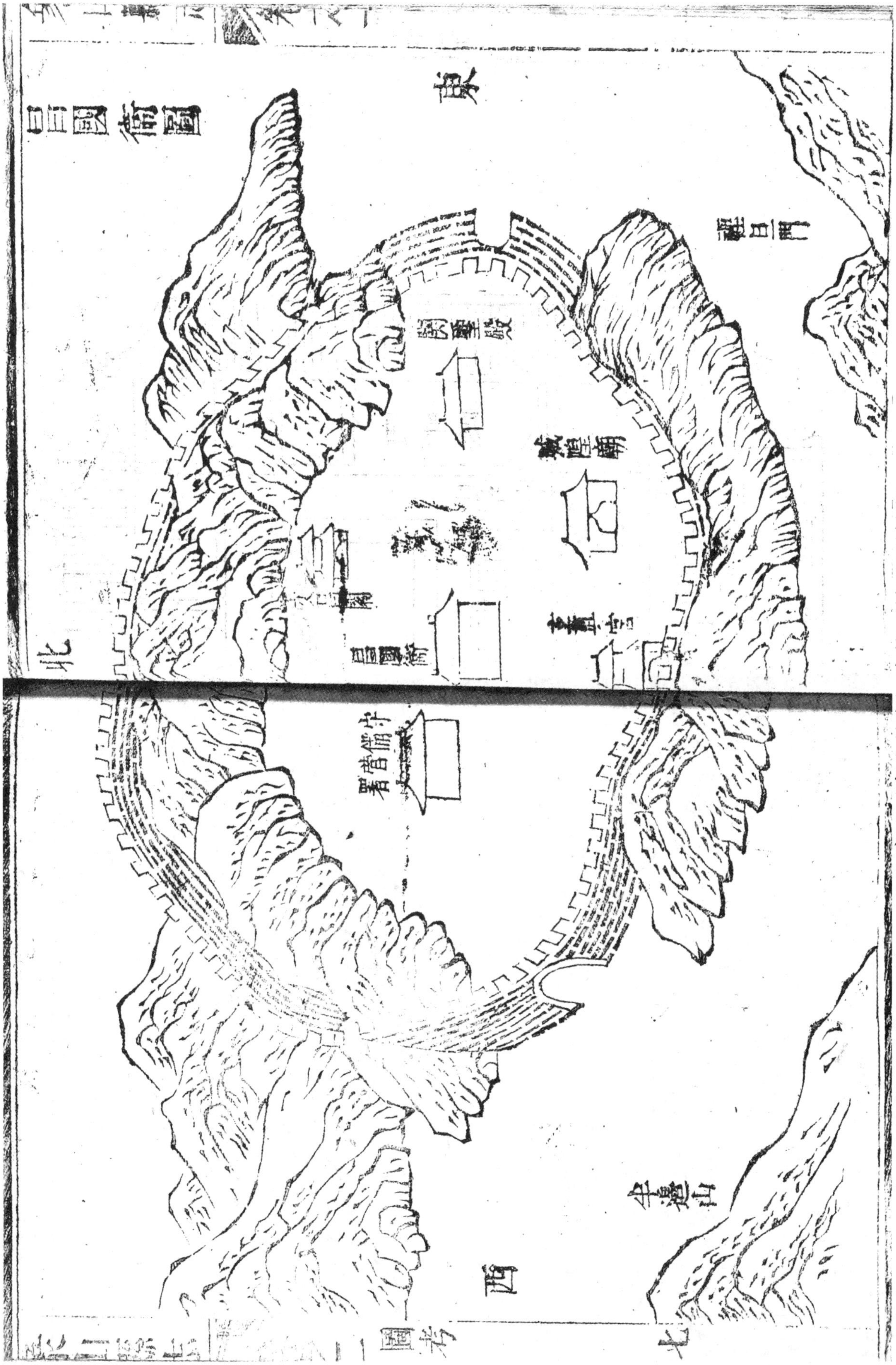

22. 雍正《象山县志》中的"昌国卫城图"

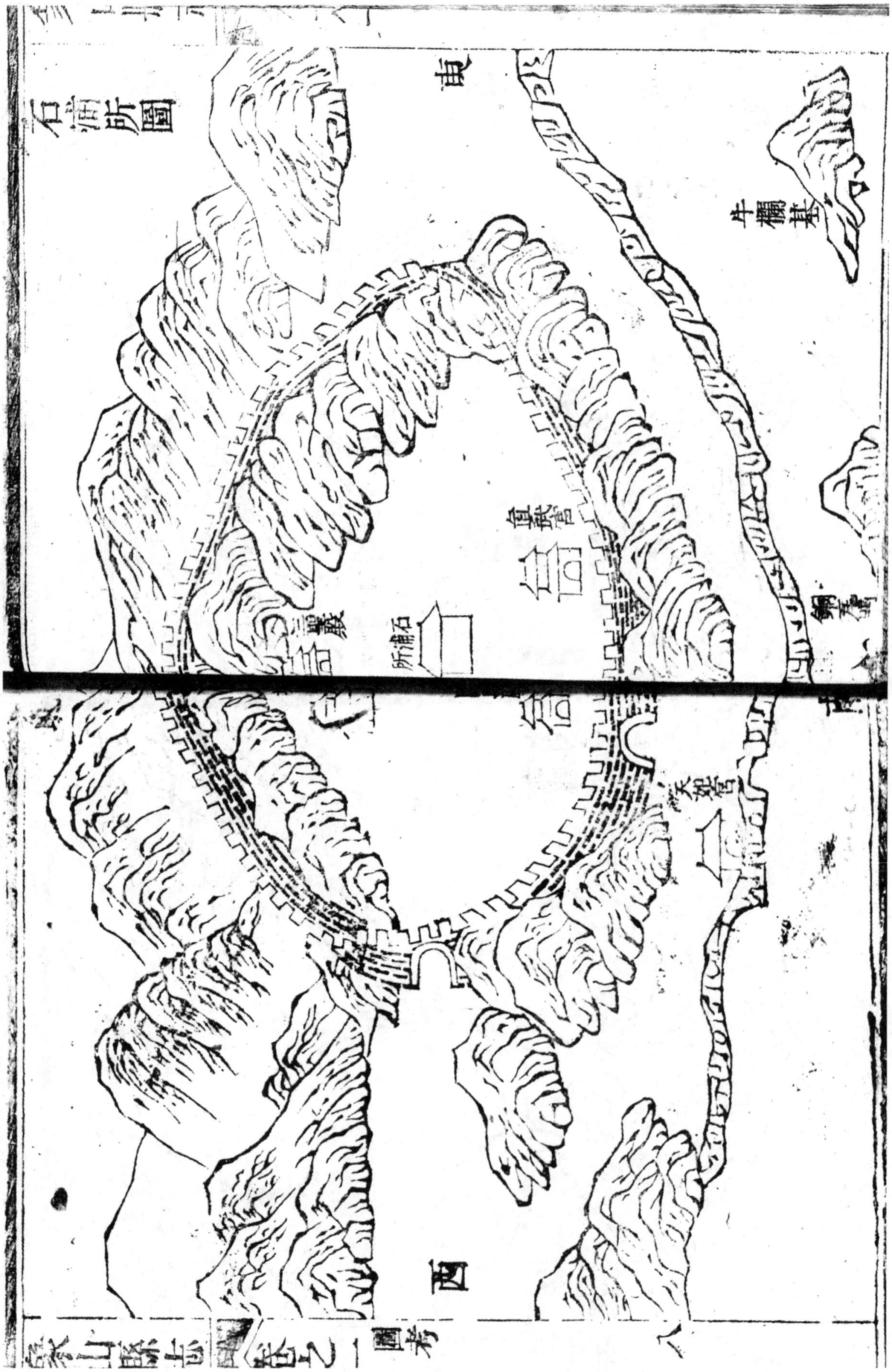

23. 雍正《象山县志》中的“石浦所城图”

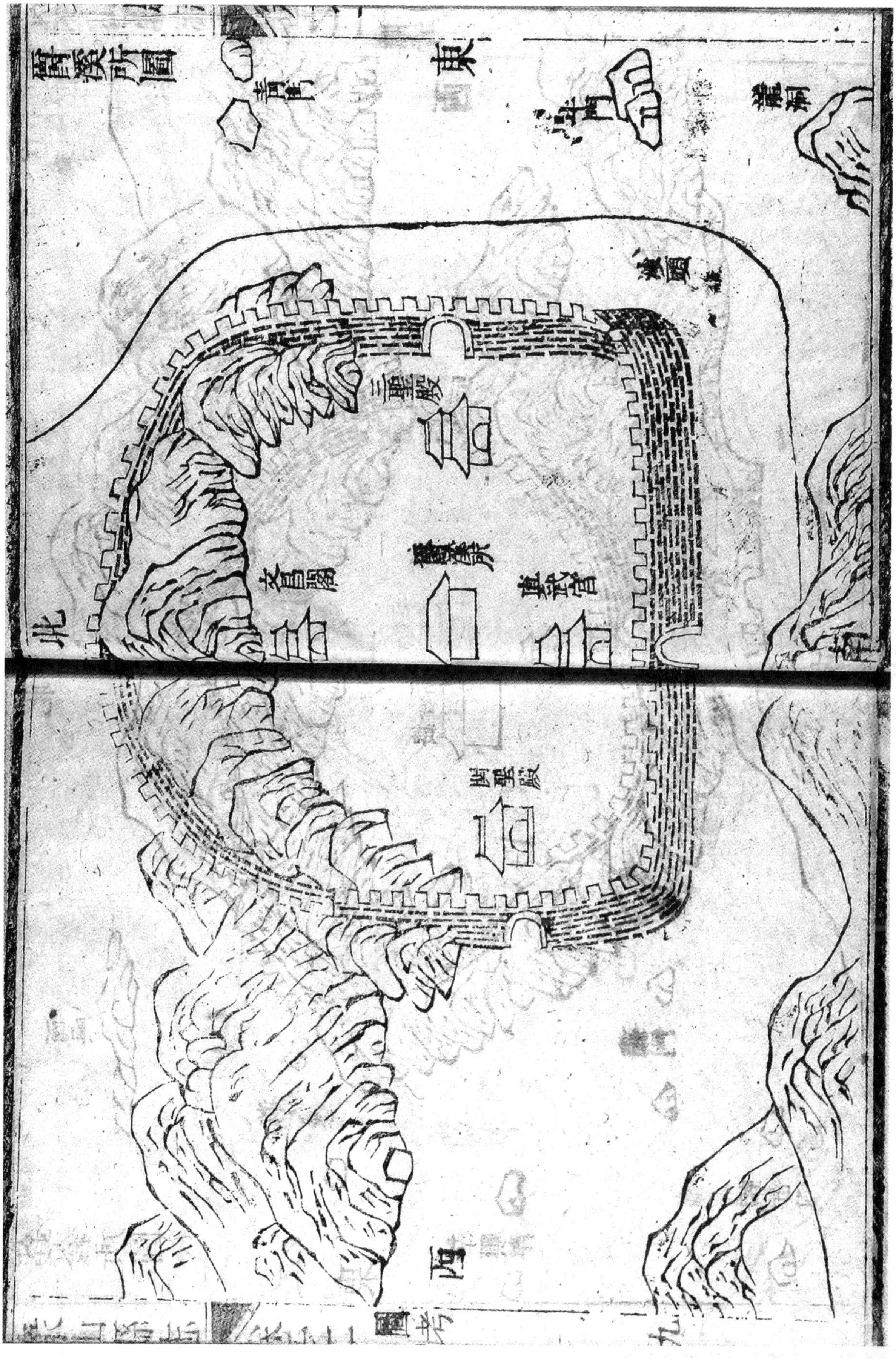

24. 雍正《象山县志》中的“爵溪城图”

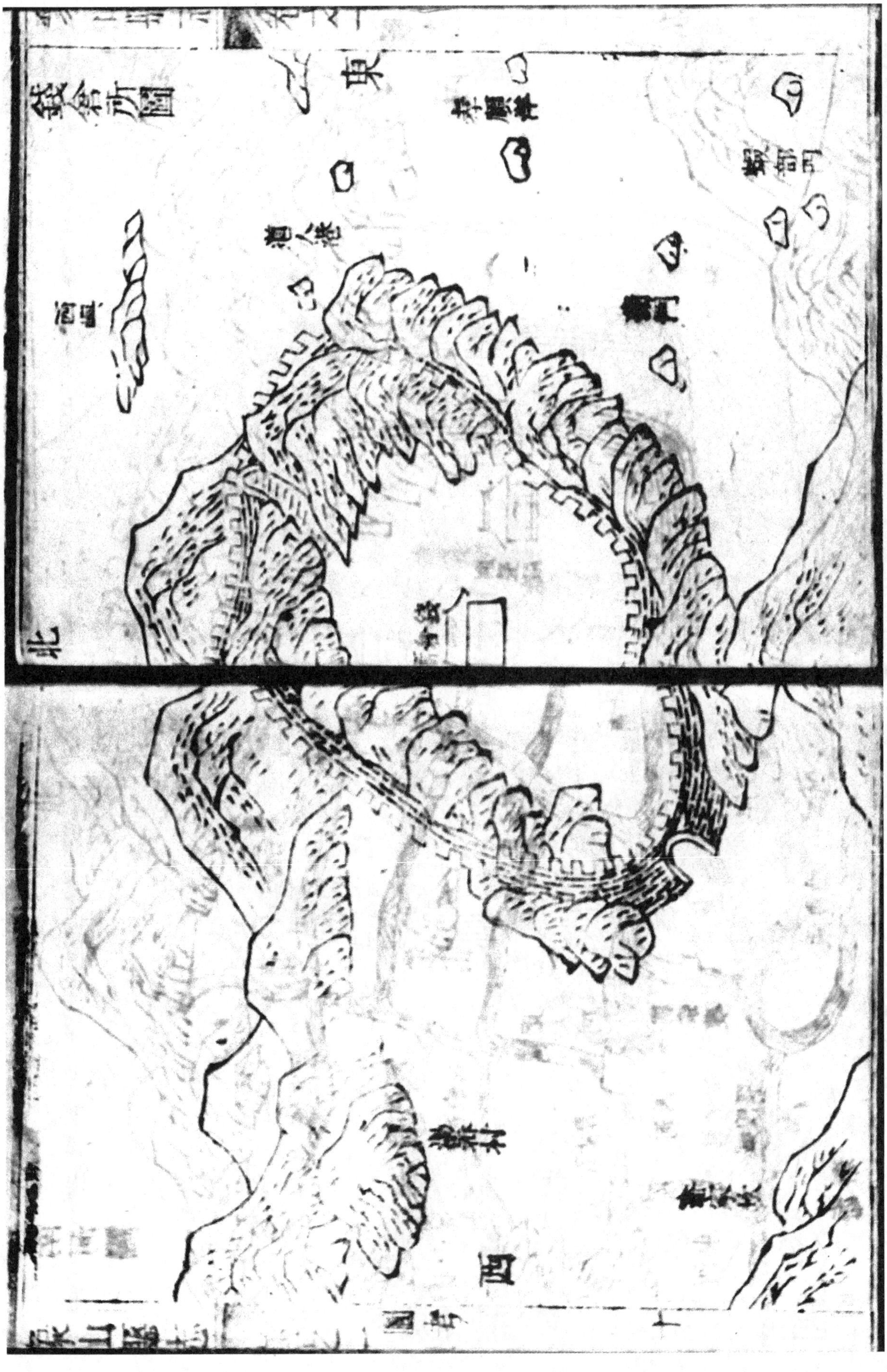

25. 雍正《象山县志》中的“钱仓城图”

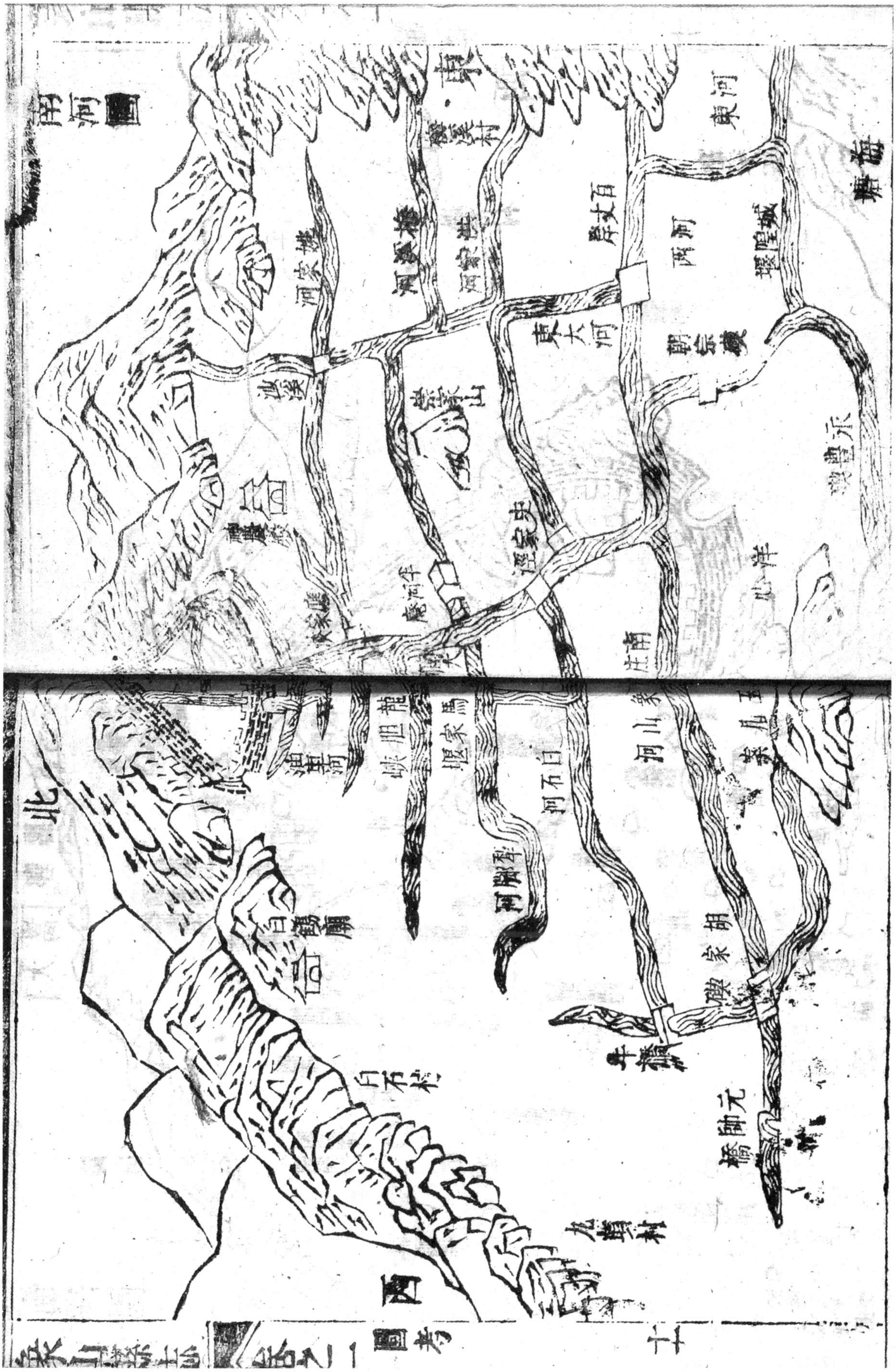

26. 雍正《象山县志》中的“南河图”

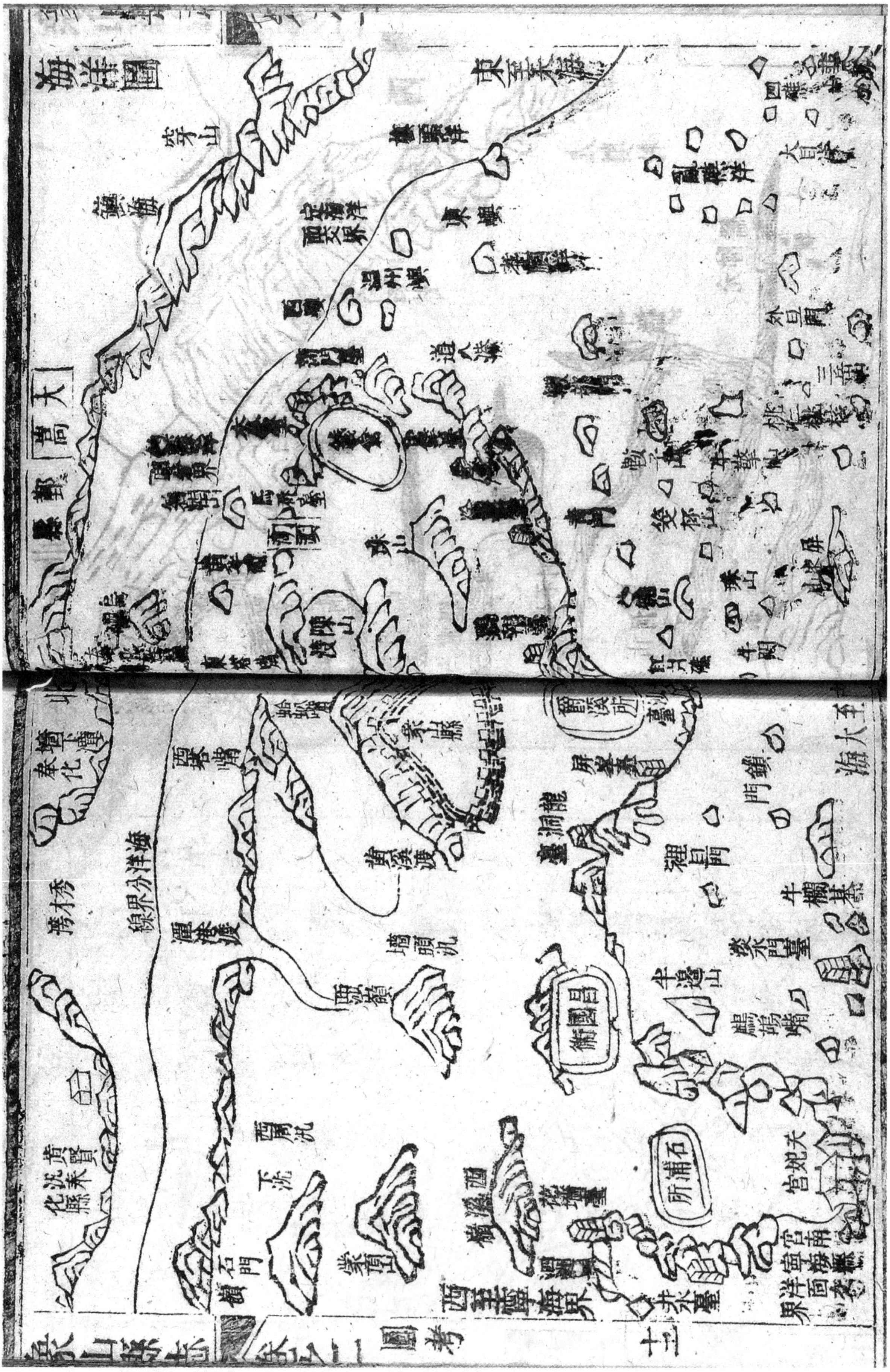

27. 雍正《象山县志》中的“海洋图”

28. 乾隆《象山县志》中的“县境图”

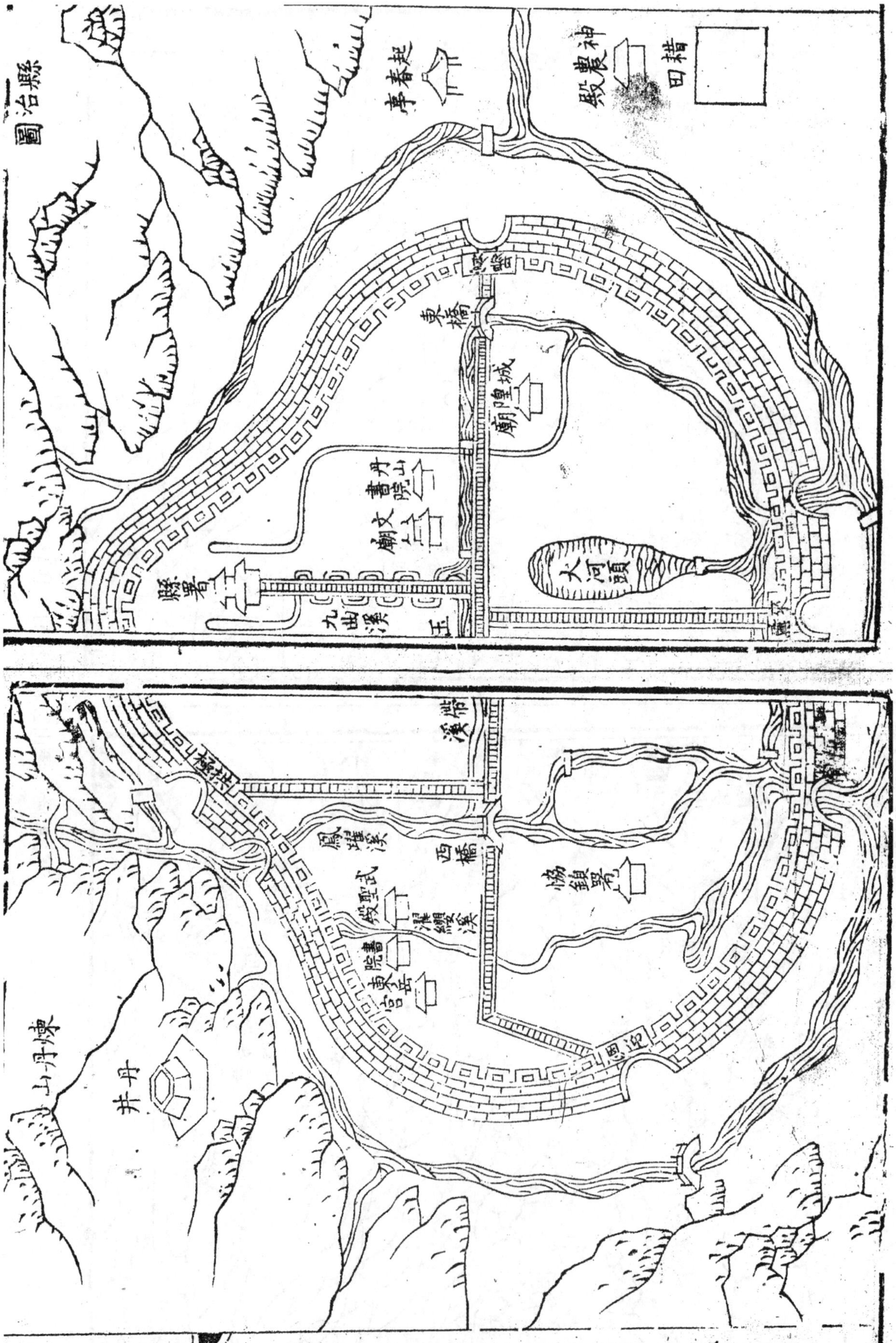

29. 乾隆《象山县志》中的“县治图”

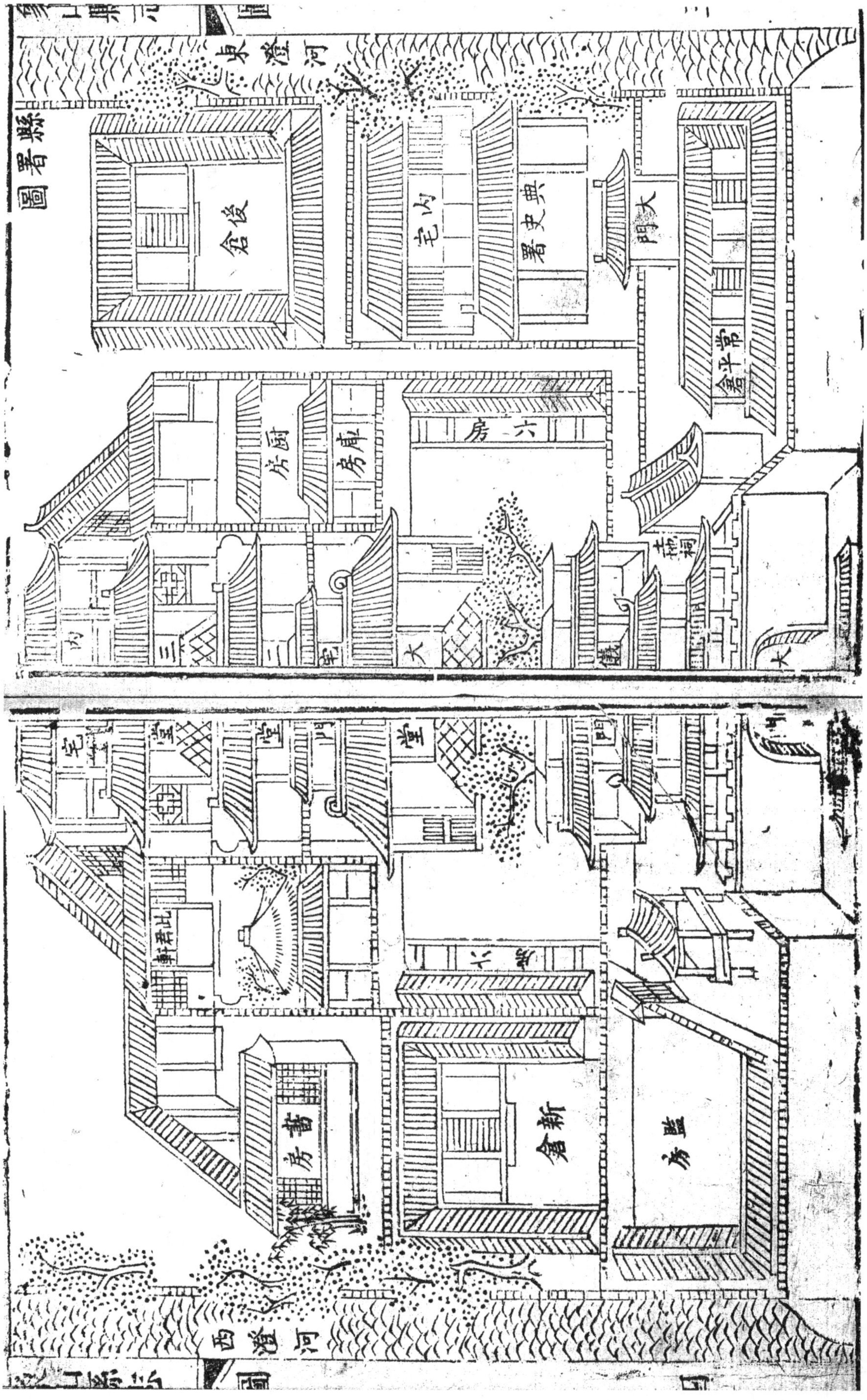

30. 乾隆《象山县志》中的“县署图”

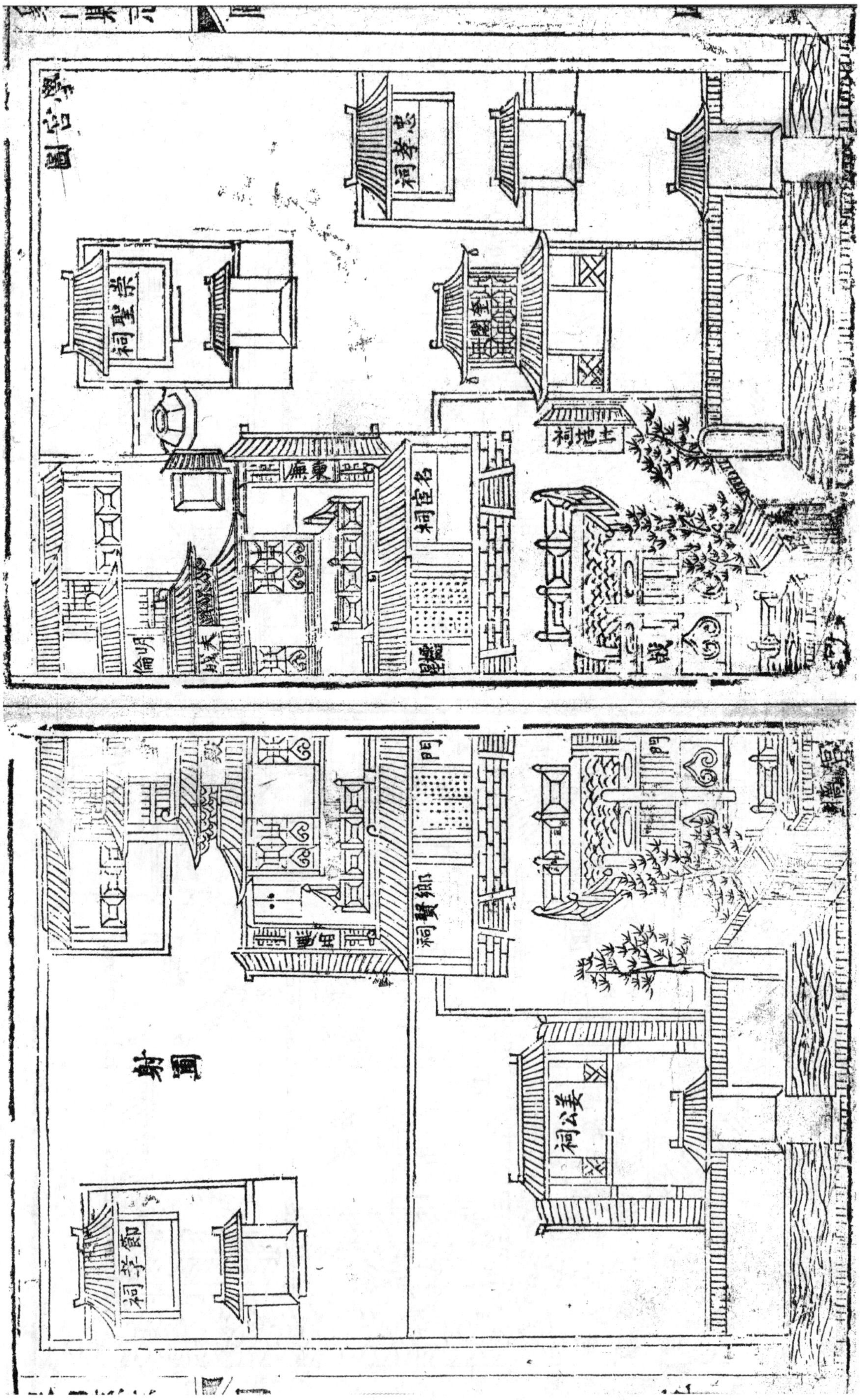

31. 乾隆《象山县志》中的“学宫图”

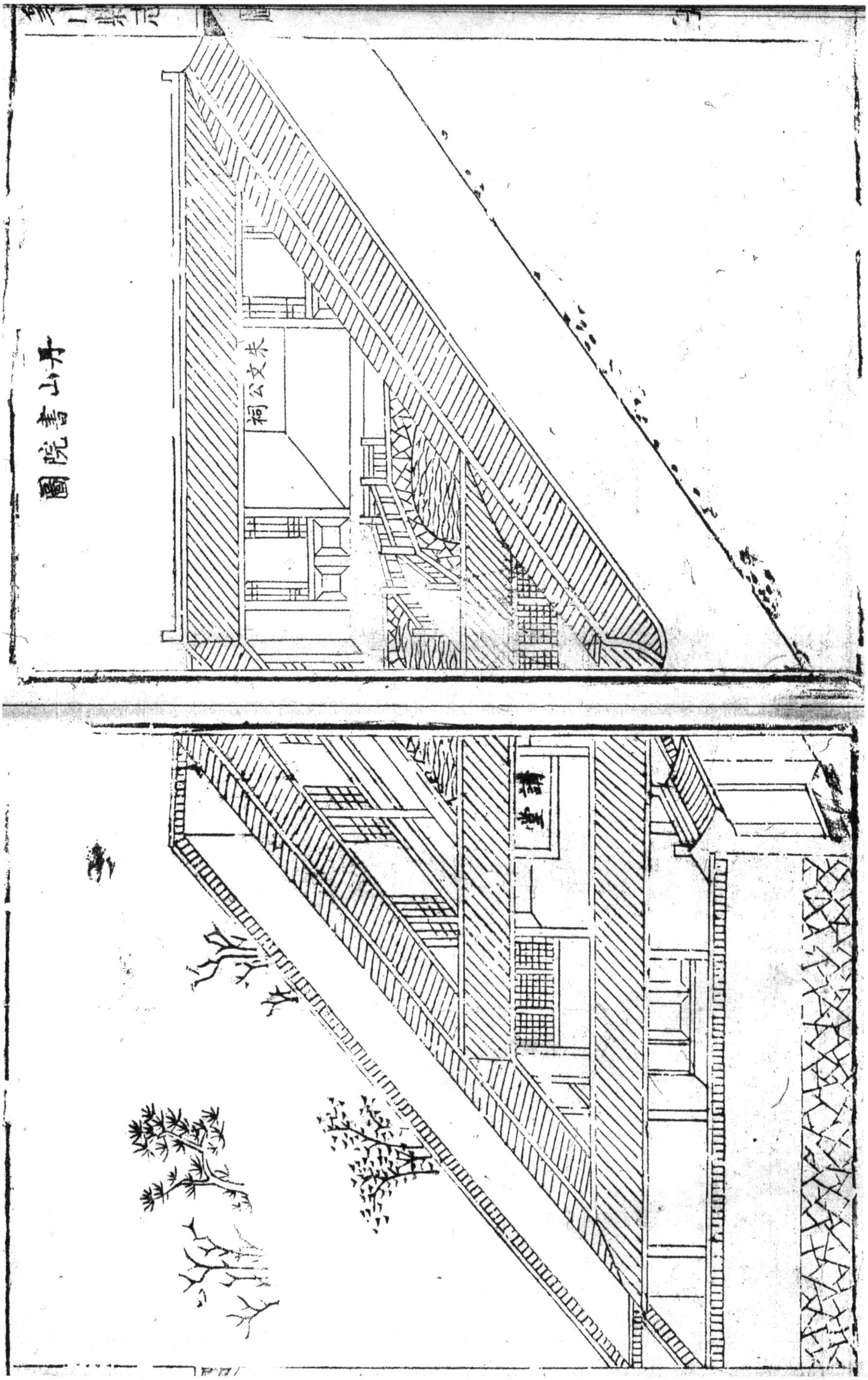

32. 乾隆《象山县志》中的“丹山书院图”

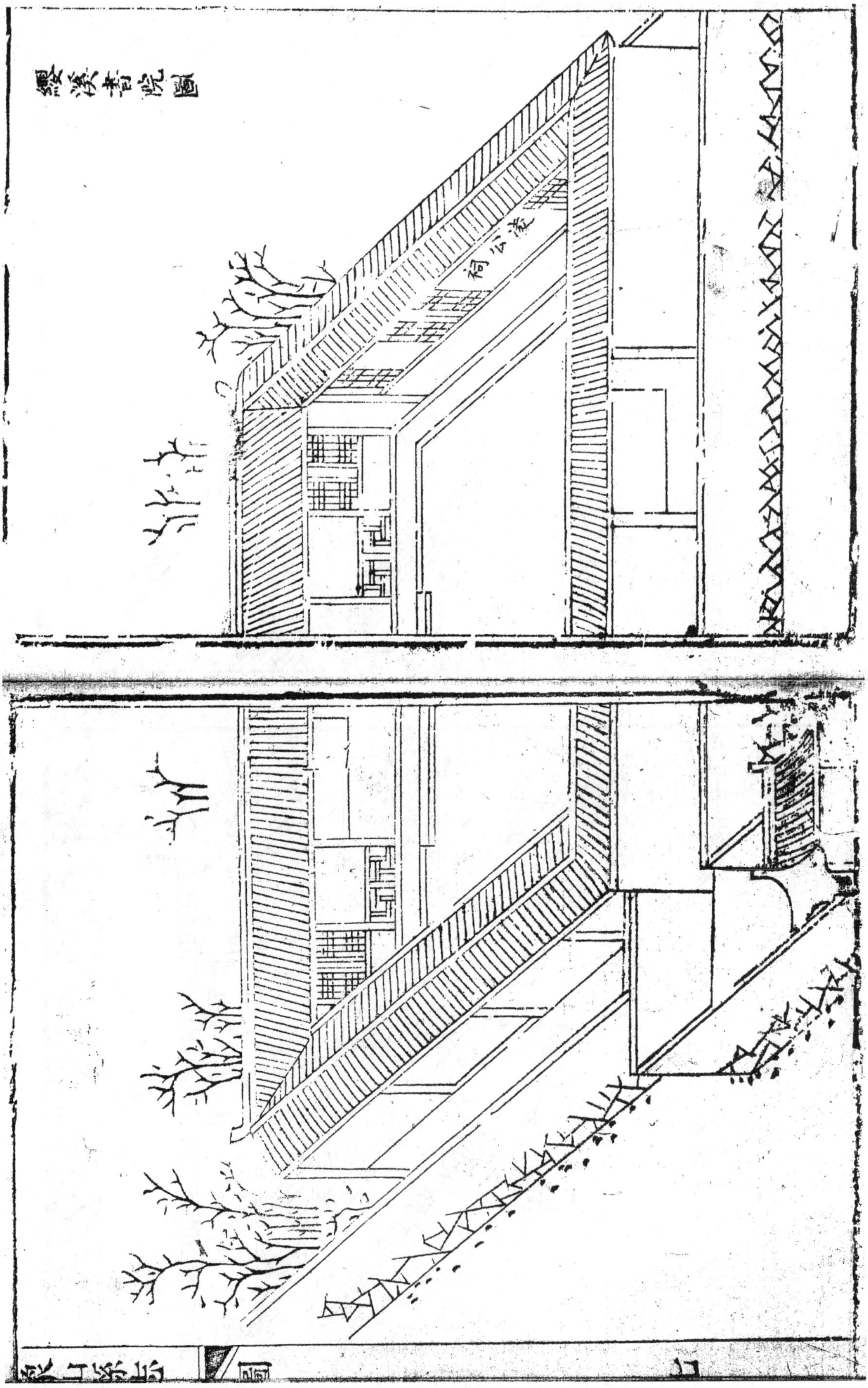

33. 乾隆《象山县志》中的“缨溪书院图”

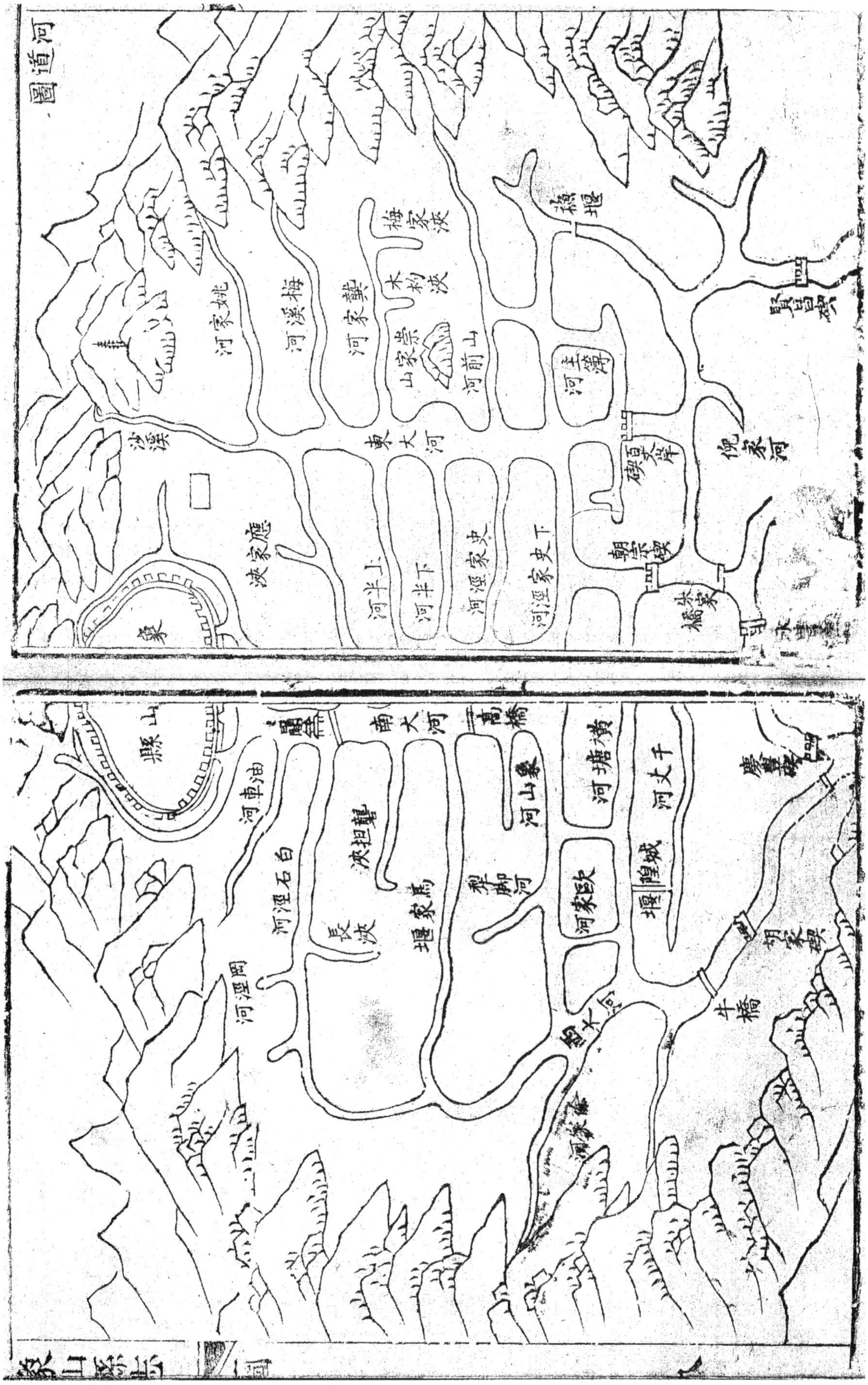

34. 乾隆《象山县志》中的“河道图”

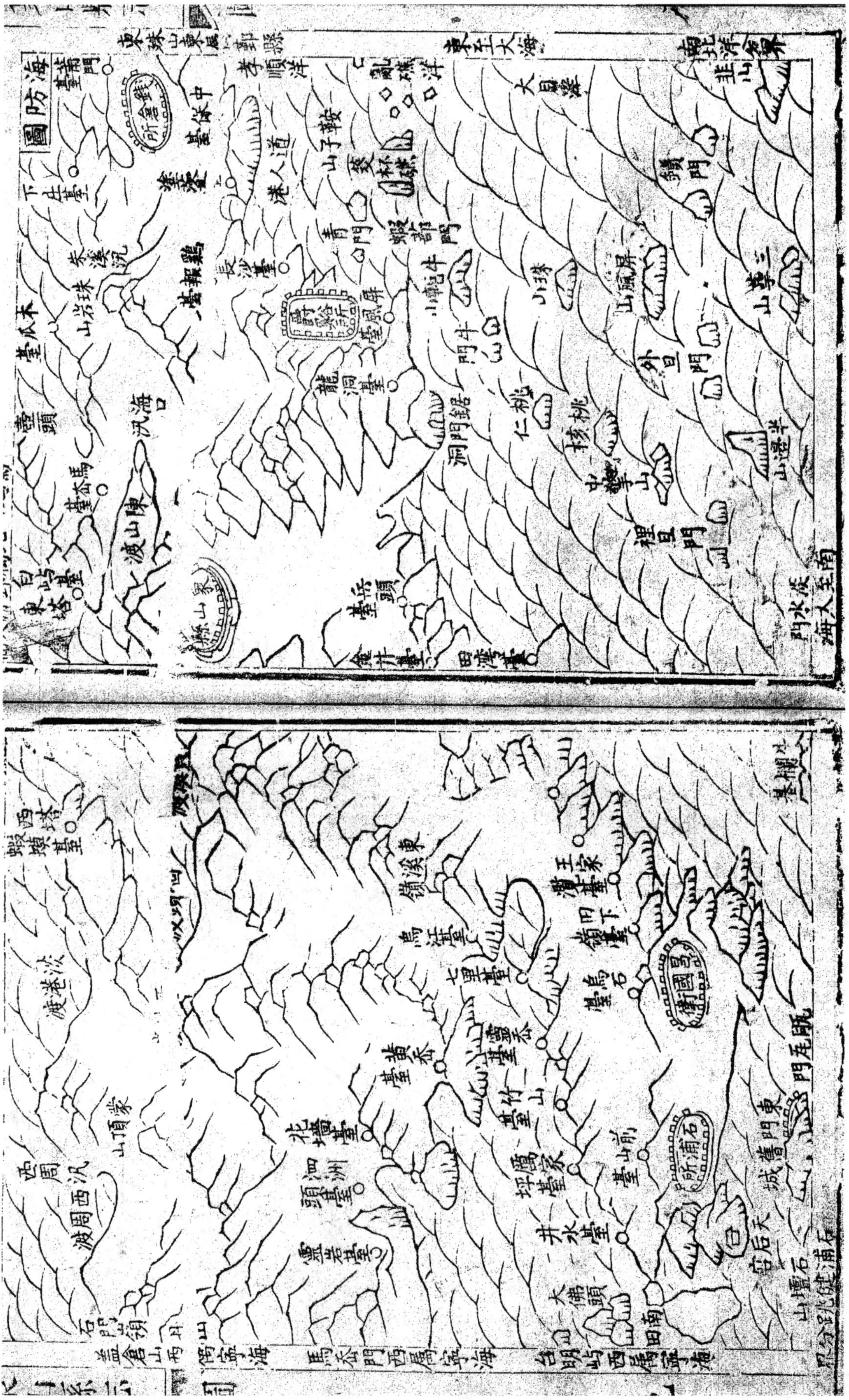

35. 乾隆《象山县志》中的“海防图”

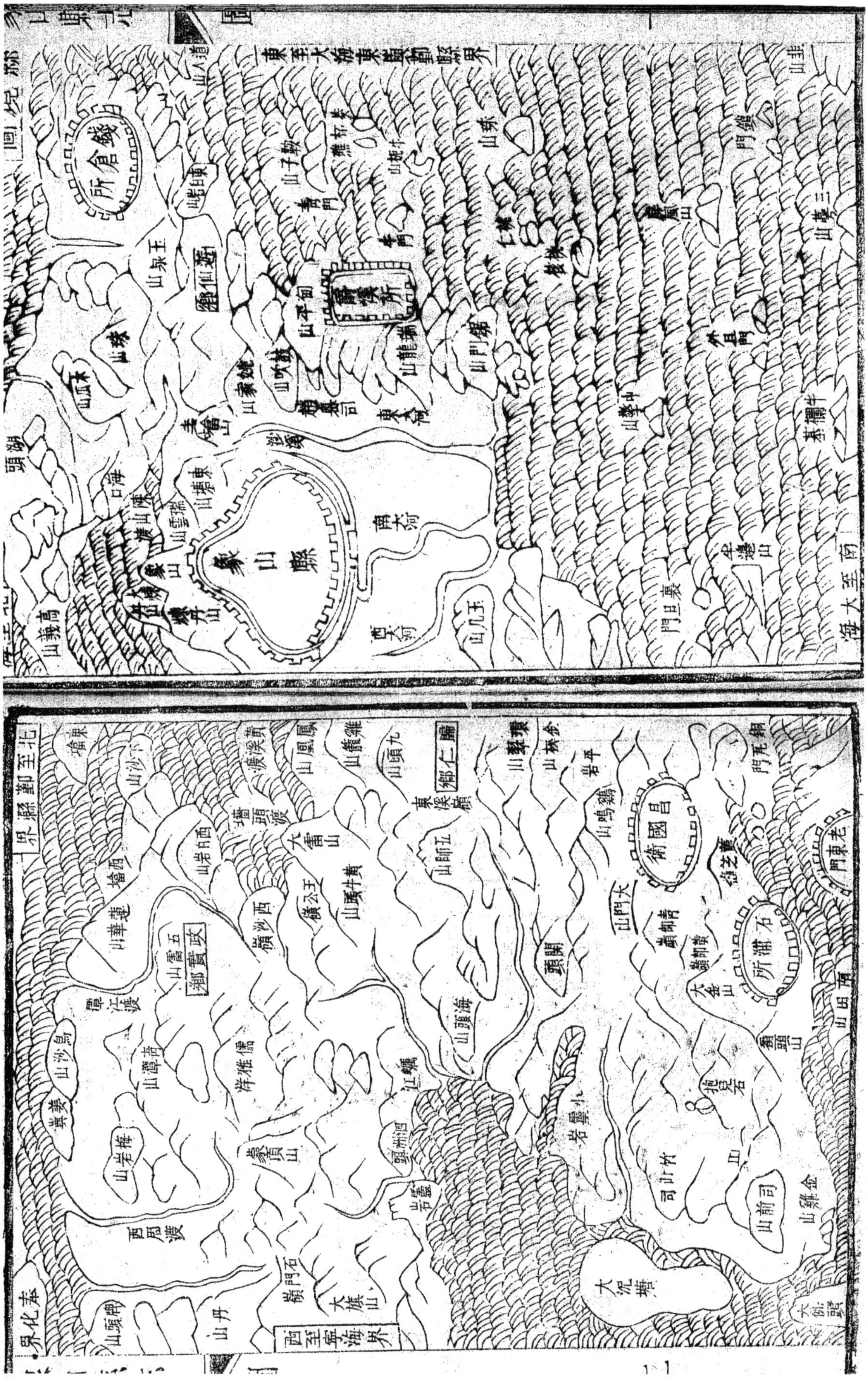

36. 道光《象山县志》中的“县境图”

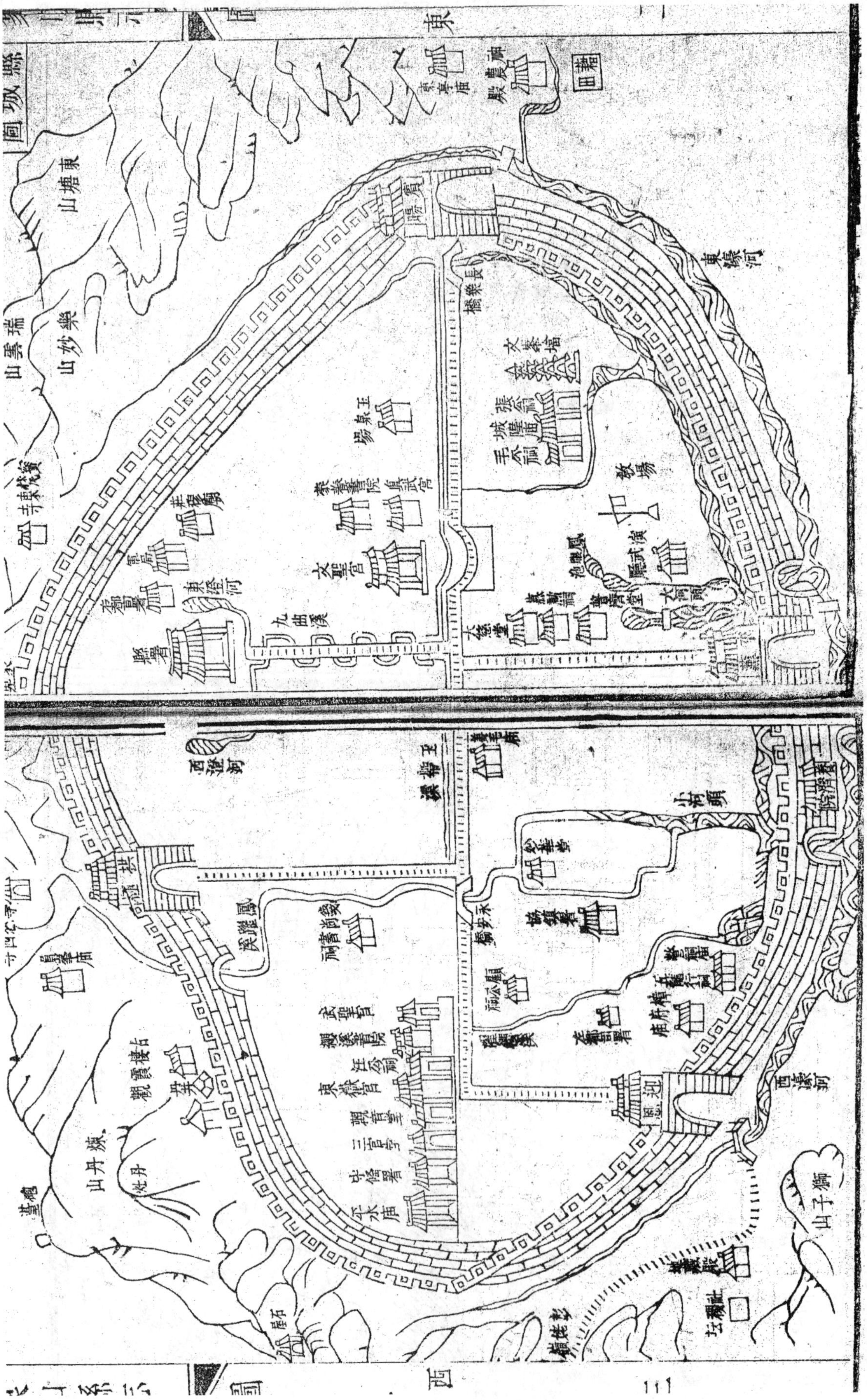

37. 道光《象山县志》中的“县城图”

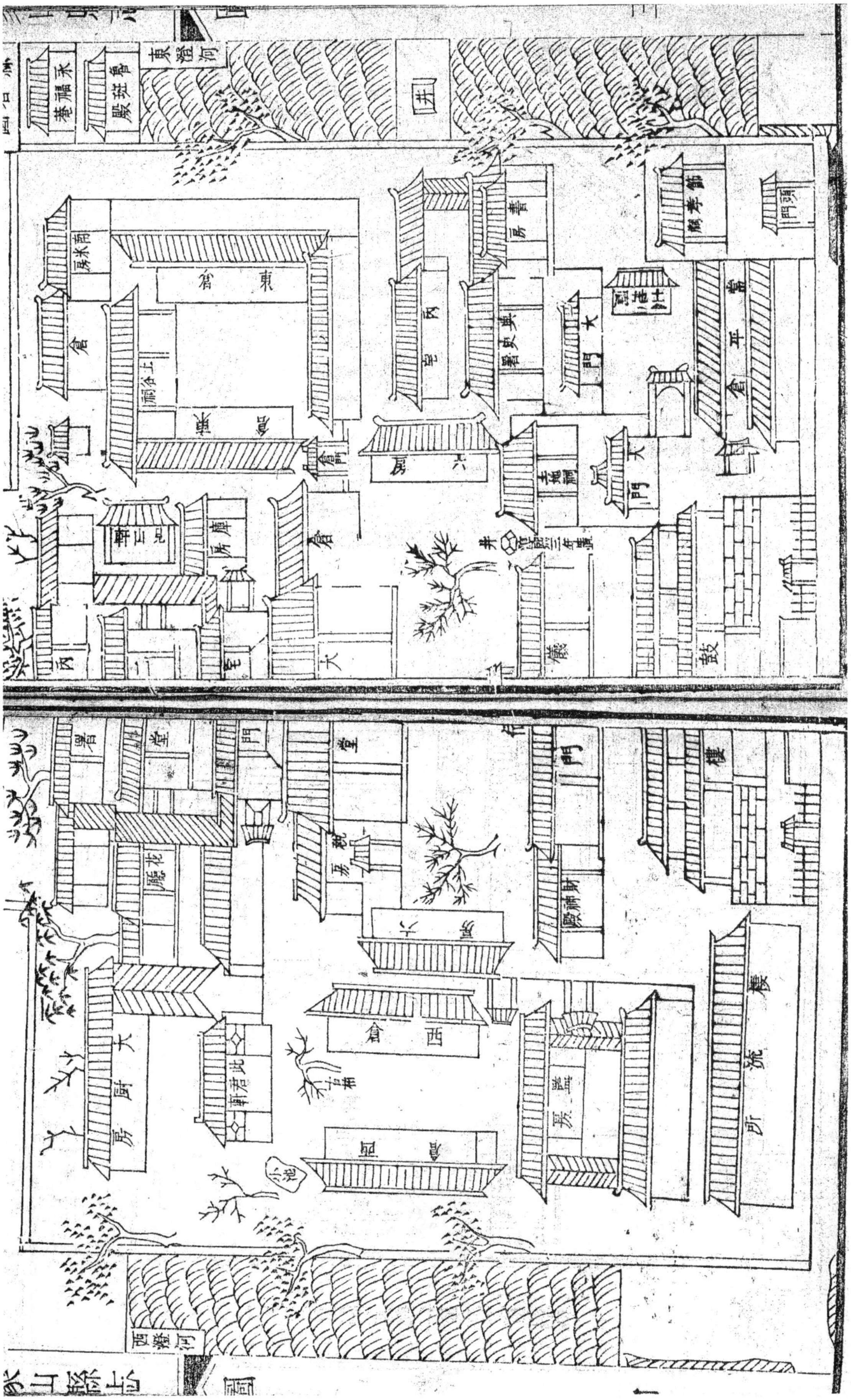

38. 道光《象山县志》中的“县署图”

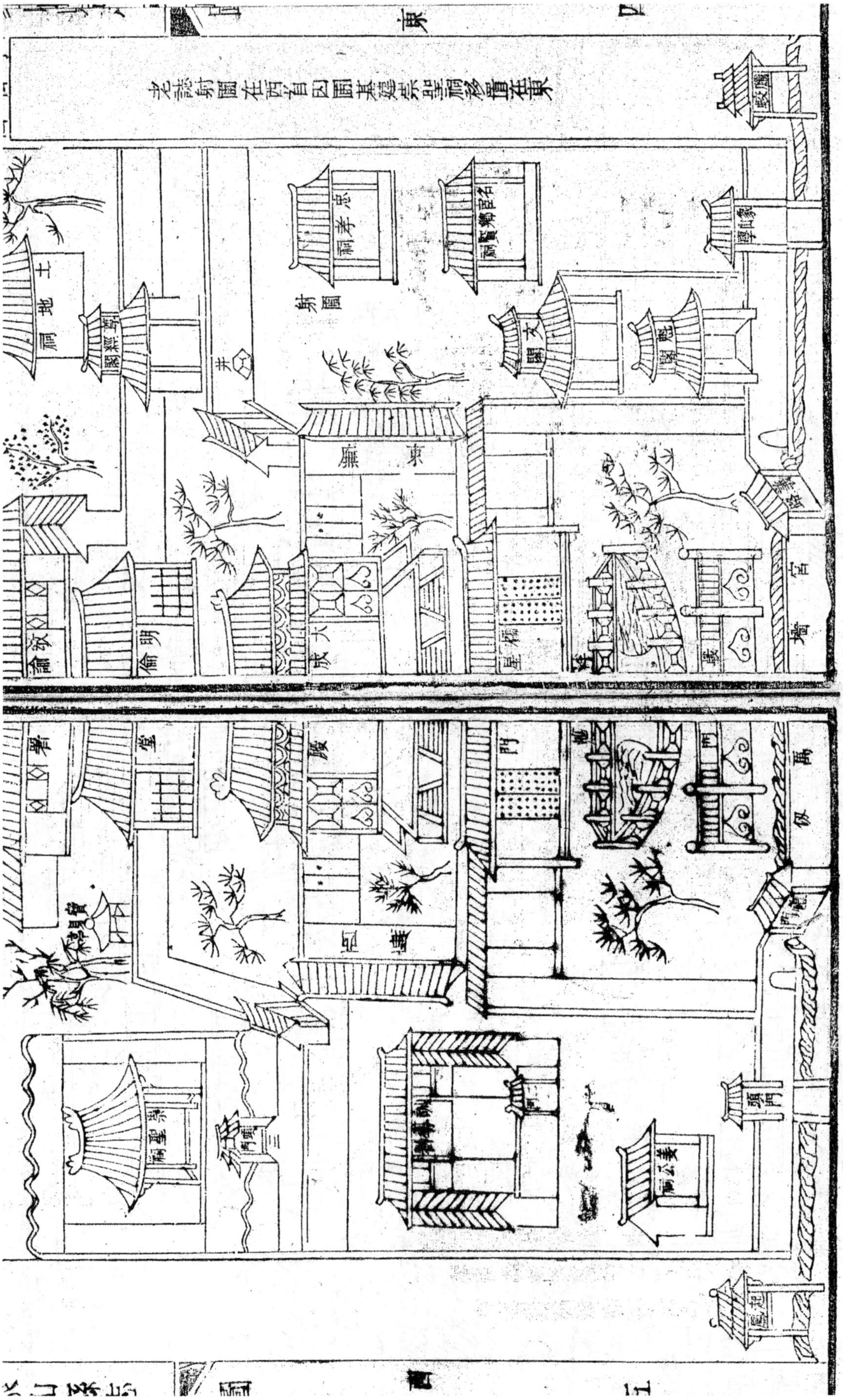

39. 道光《象山县志》中的“学宫图”

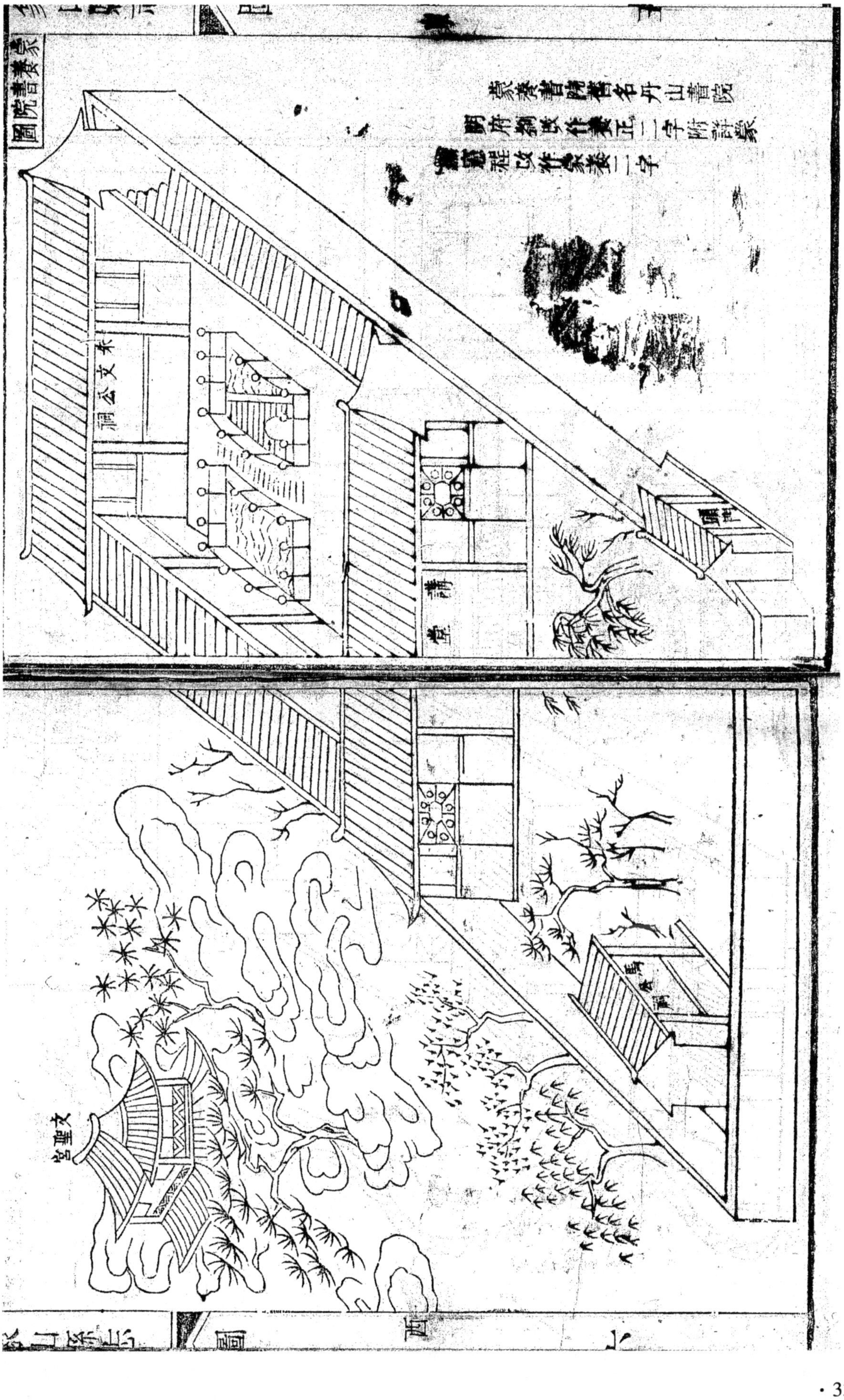

40. 道光《象山县志》中的“蒙养书院图”

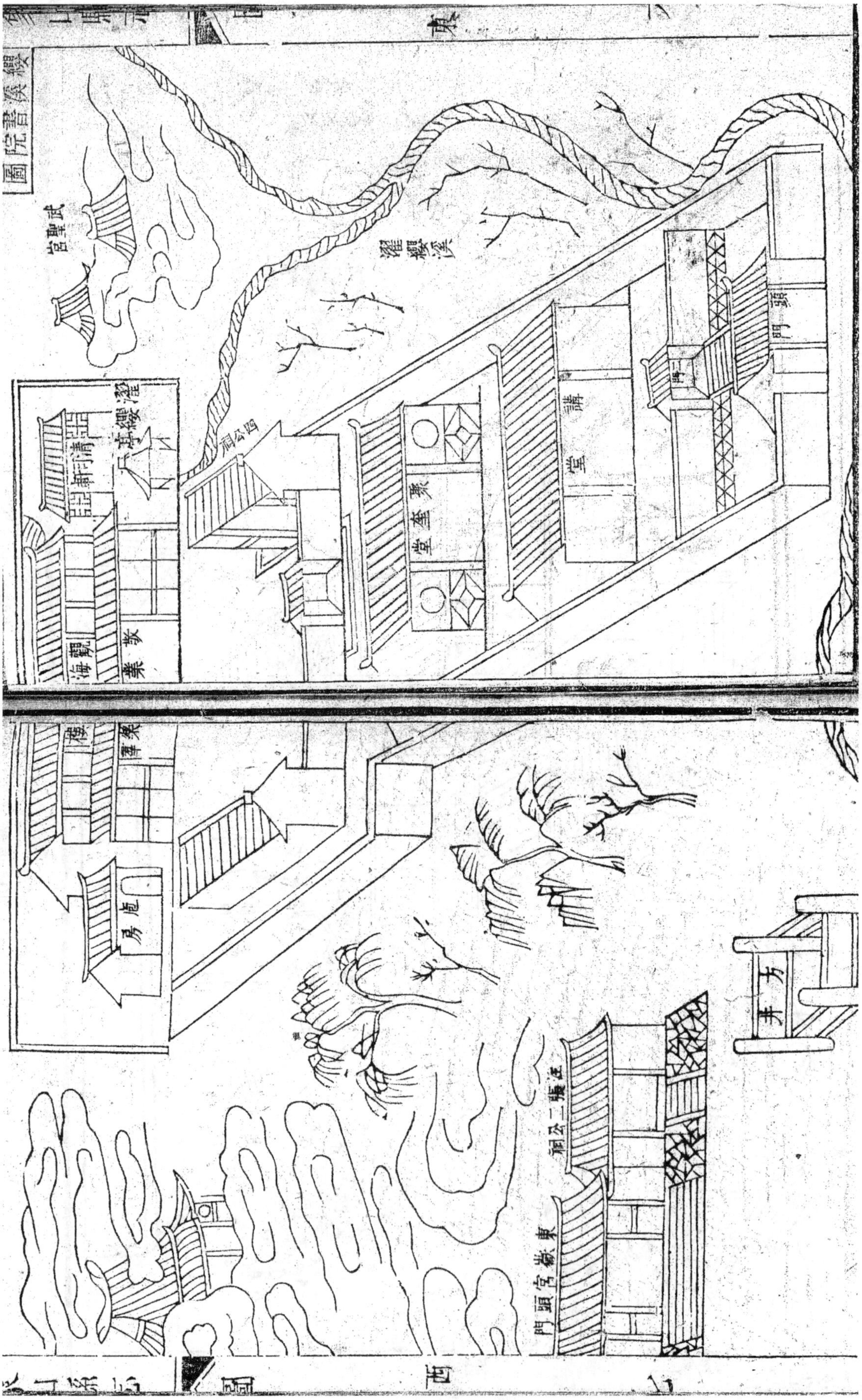

41. 道光《象山县志》中的“缨溪书院图”

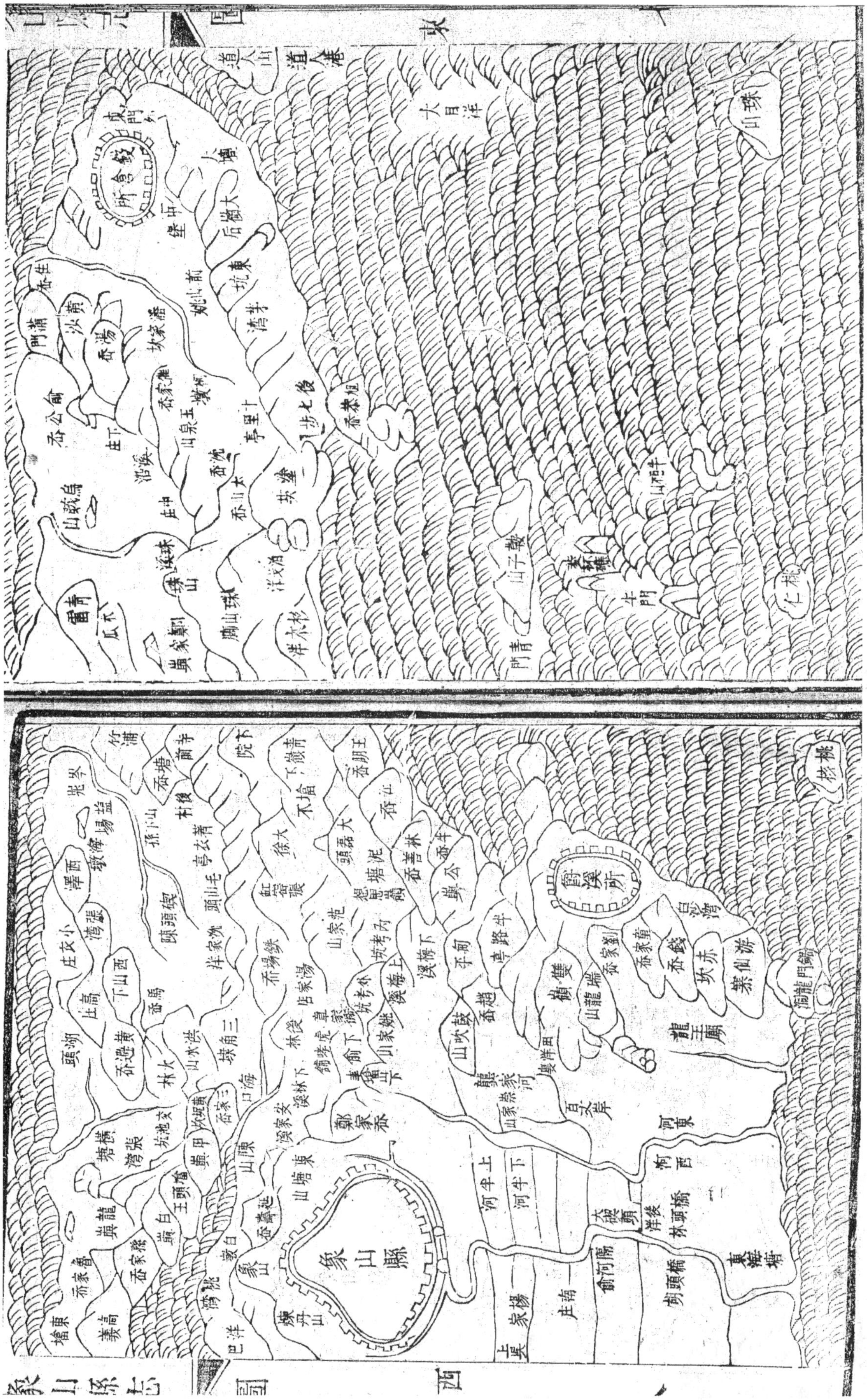

42. 道光《象山县志》中的"城东乡各村图"

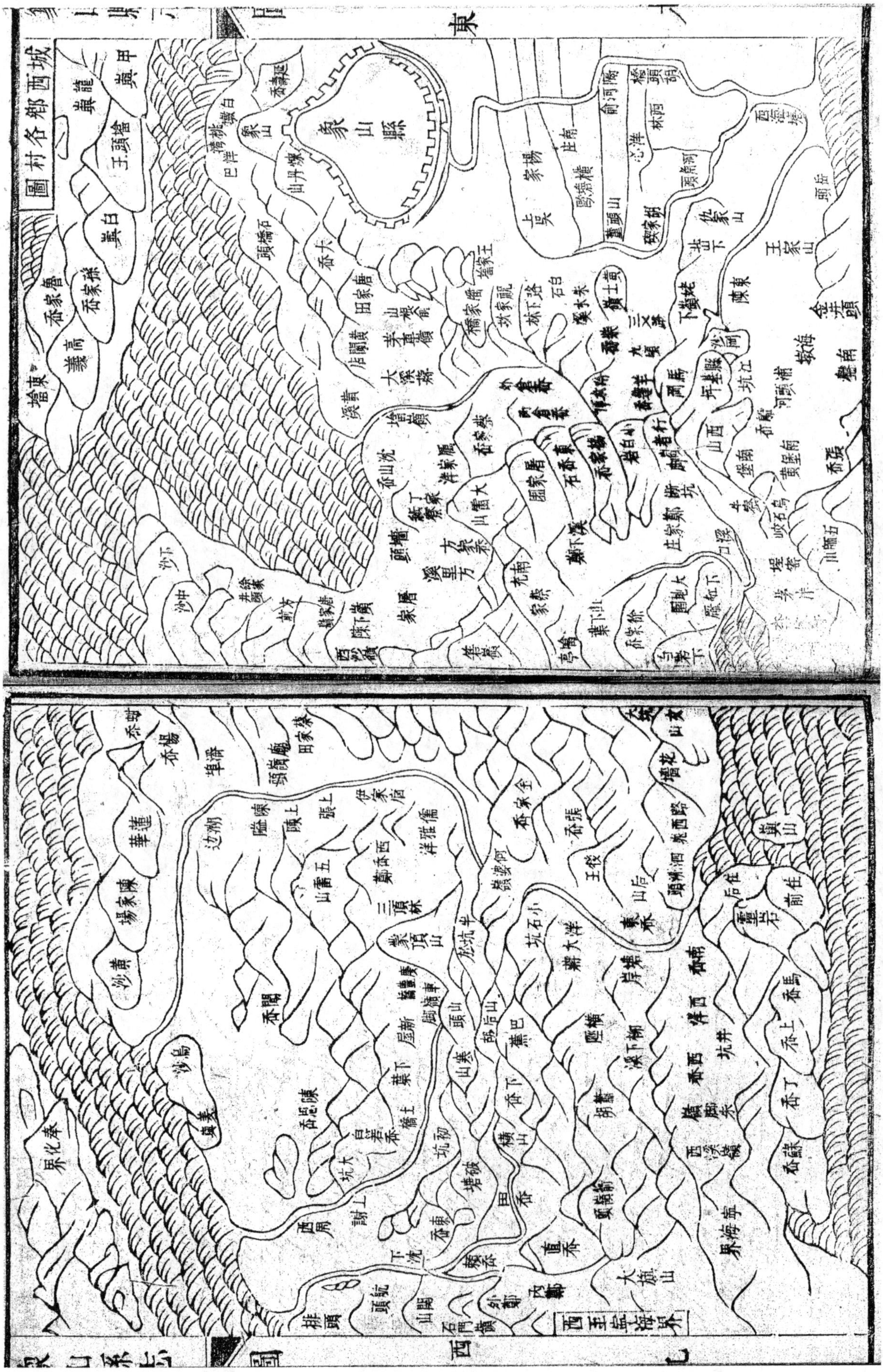

43. 道光《象山县志》中的“城西乡各村图”

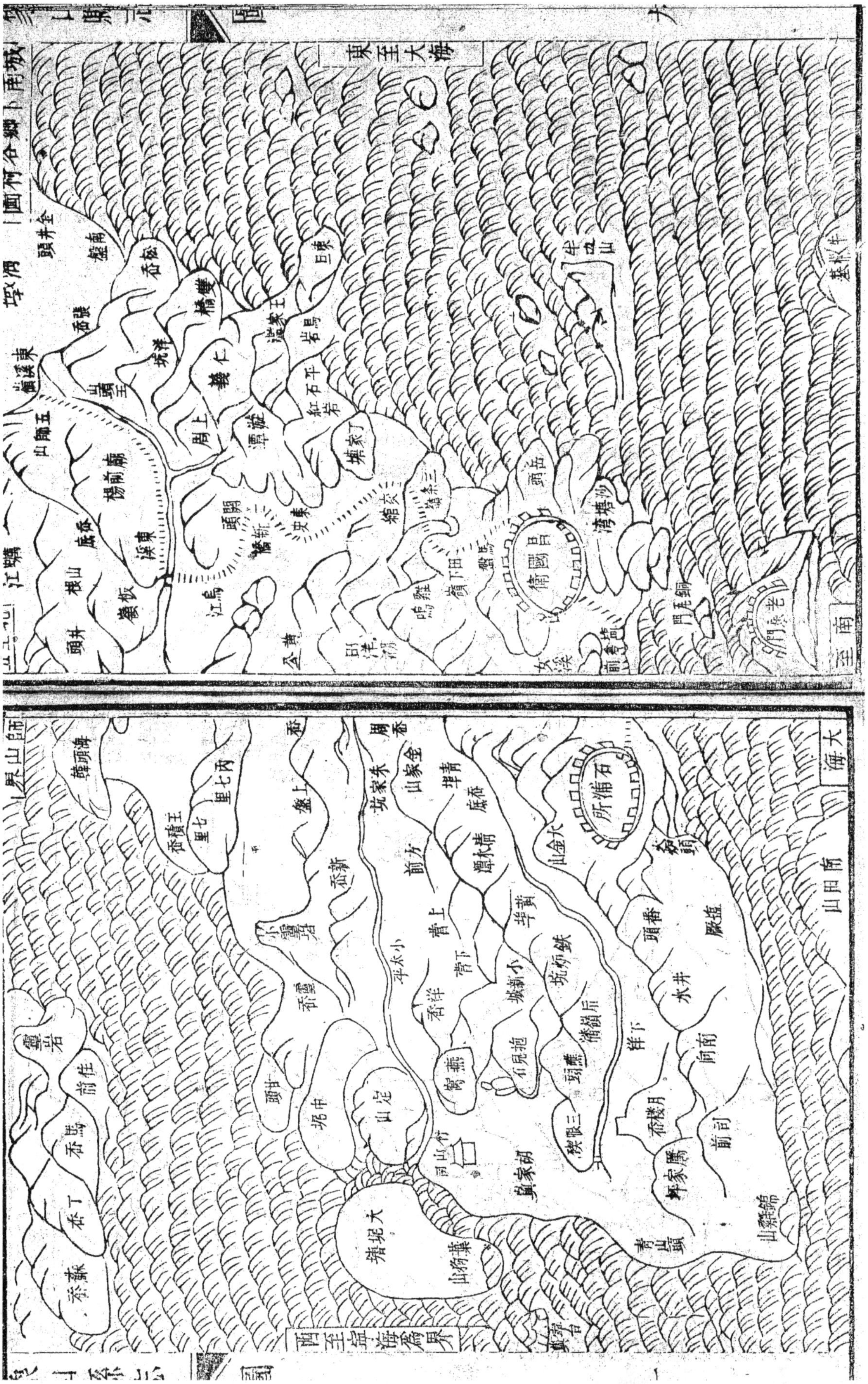

44. 道光《象山县志》中的“城南下乡各村图”

45. 道光《象山县志》中的“昌国卫图”

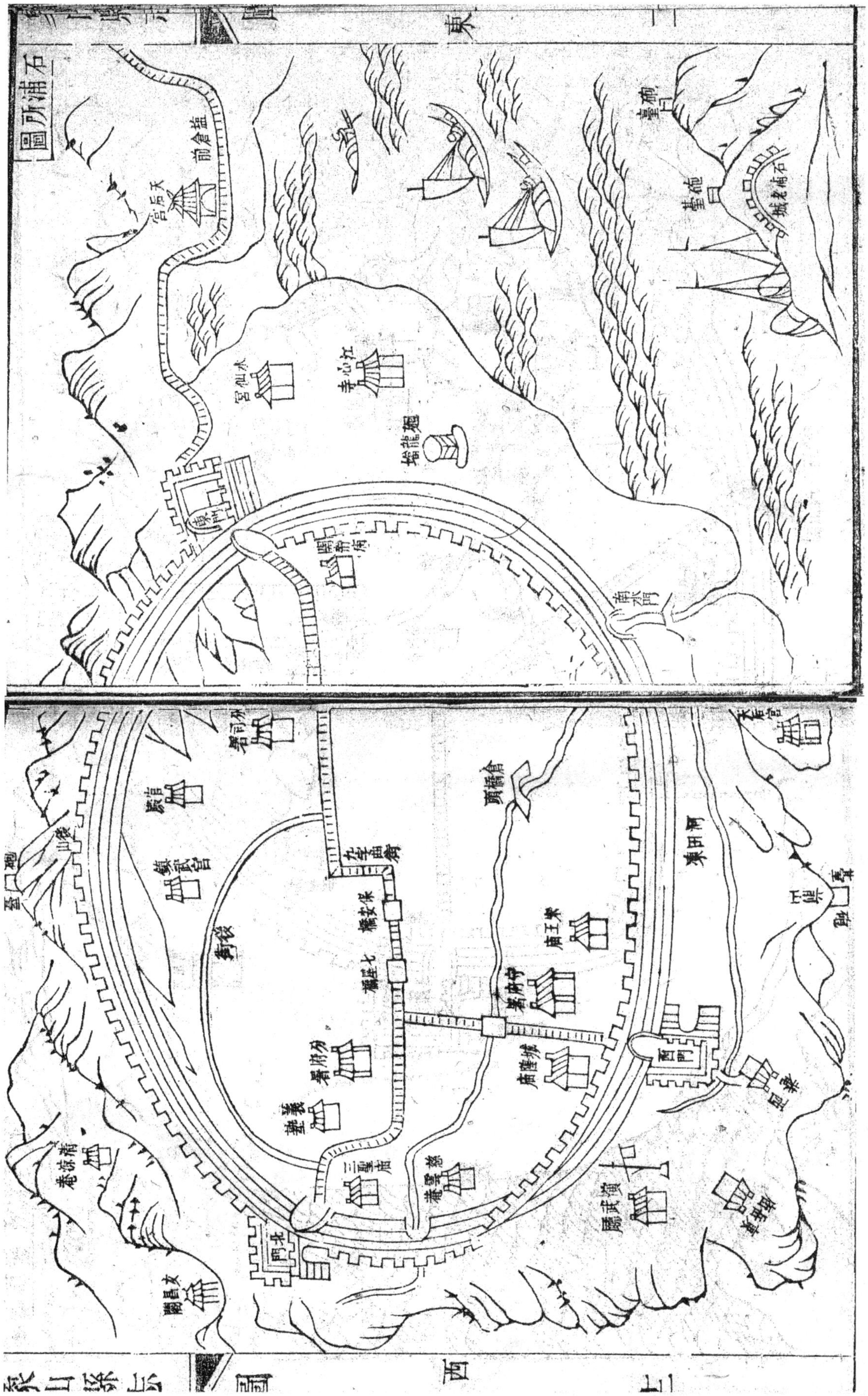

46. 道光《象山县志》中的“石浦所图”

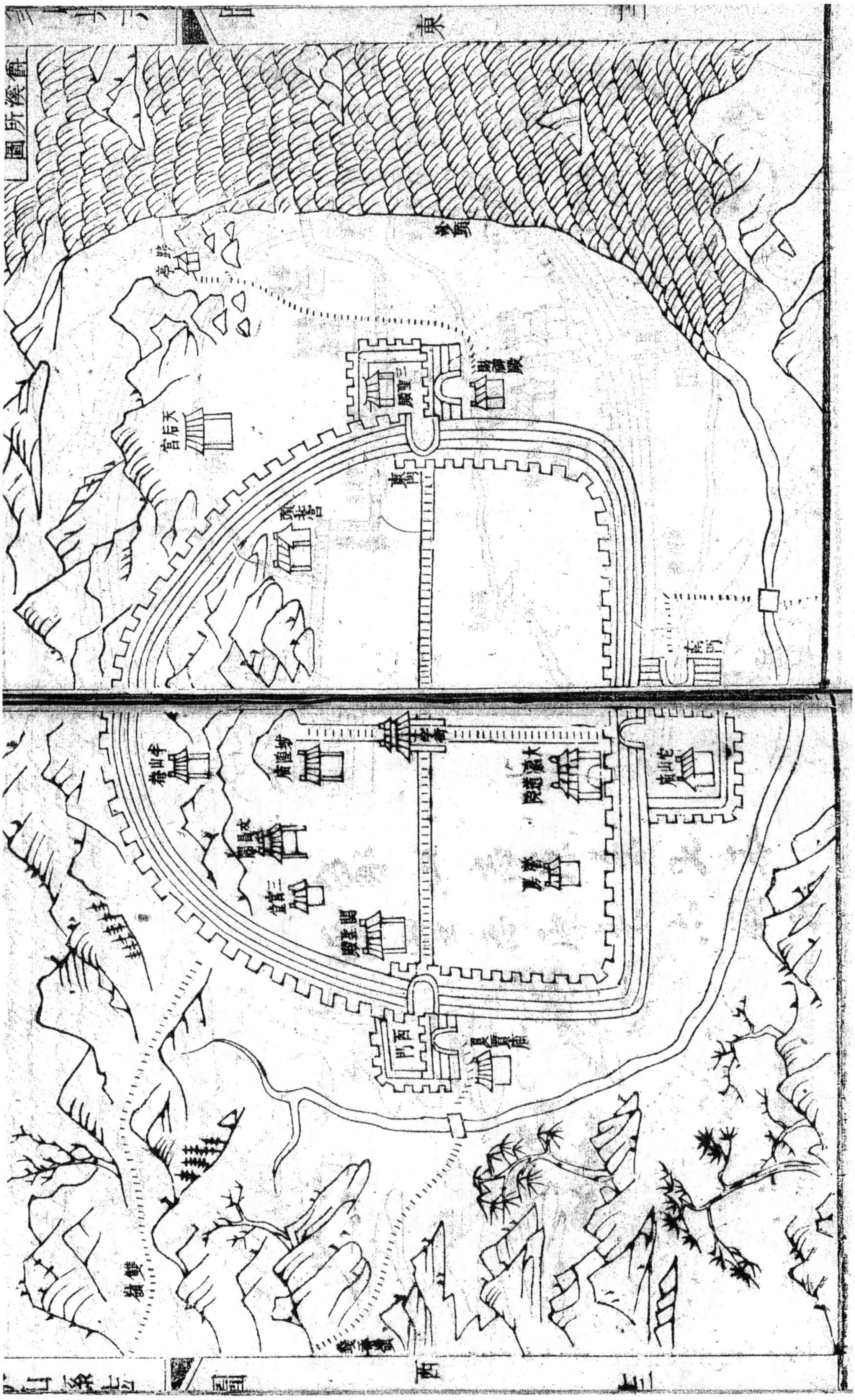

47. 道光《象山县志》中的“爵溪所图”

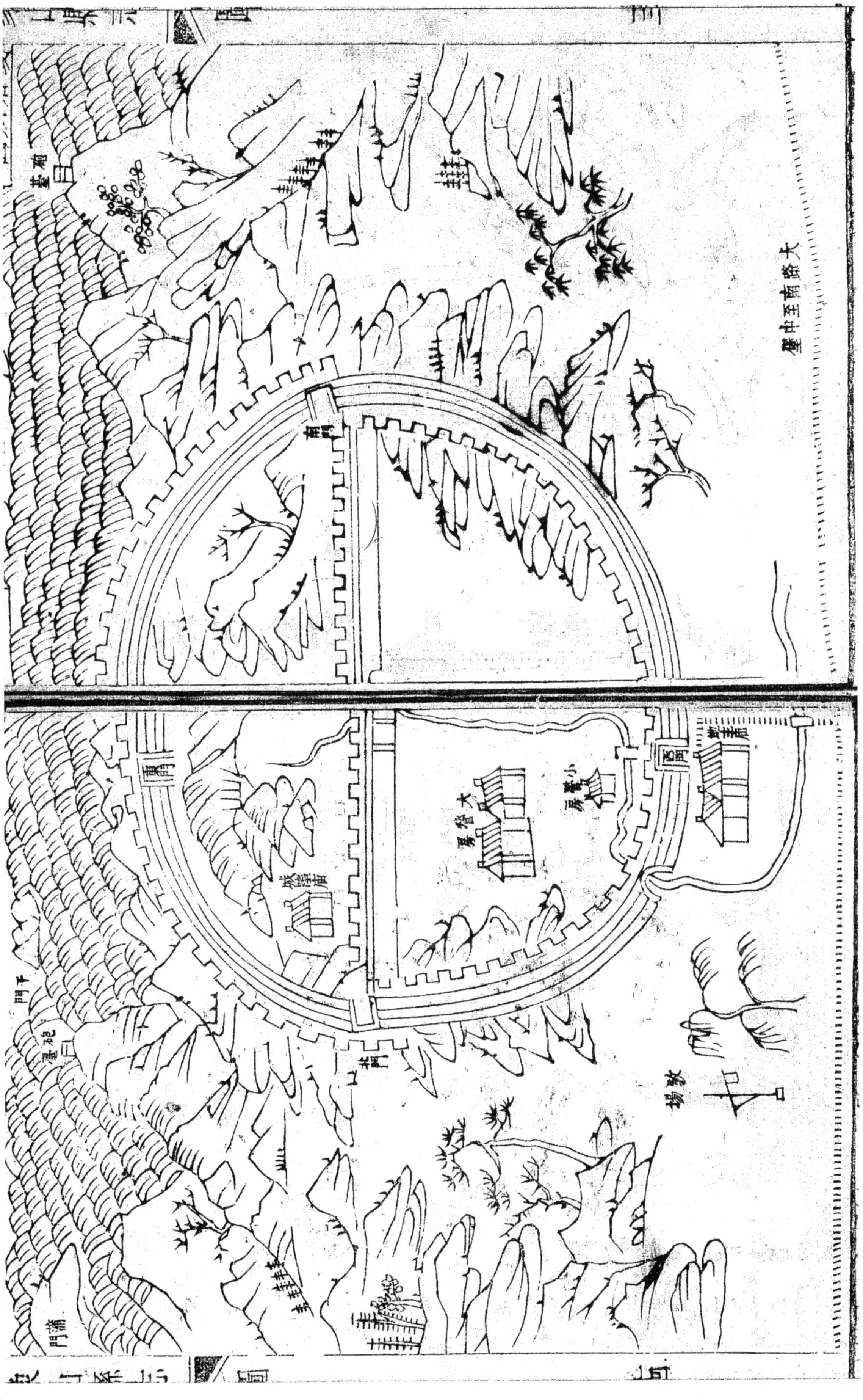

48. 道光《象山县志》中的“钱仓所图”

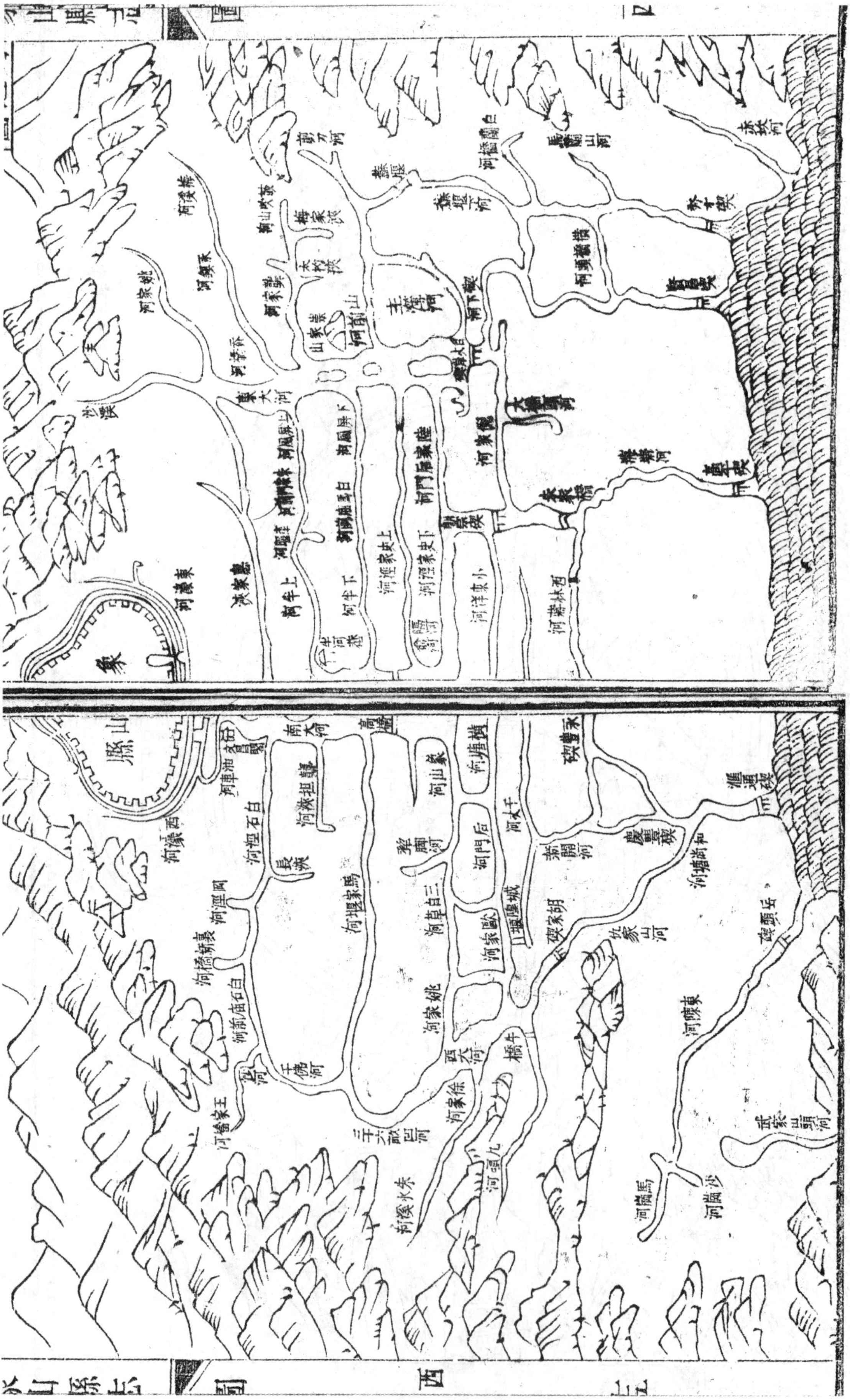

49. 道光《象山县志》中的“河道图”

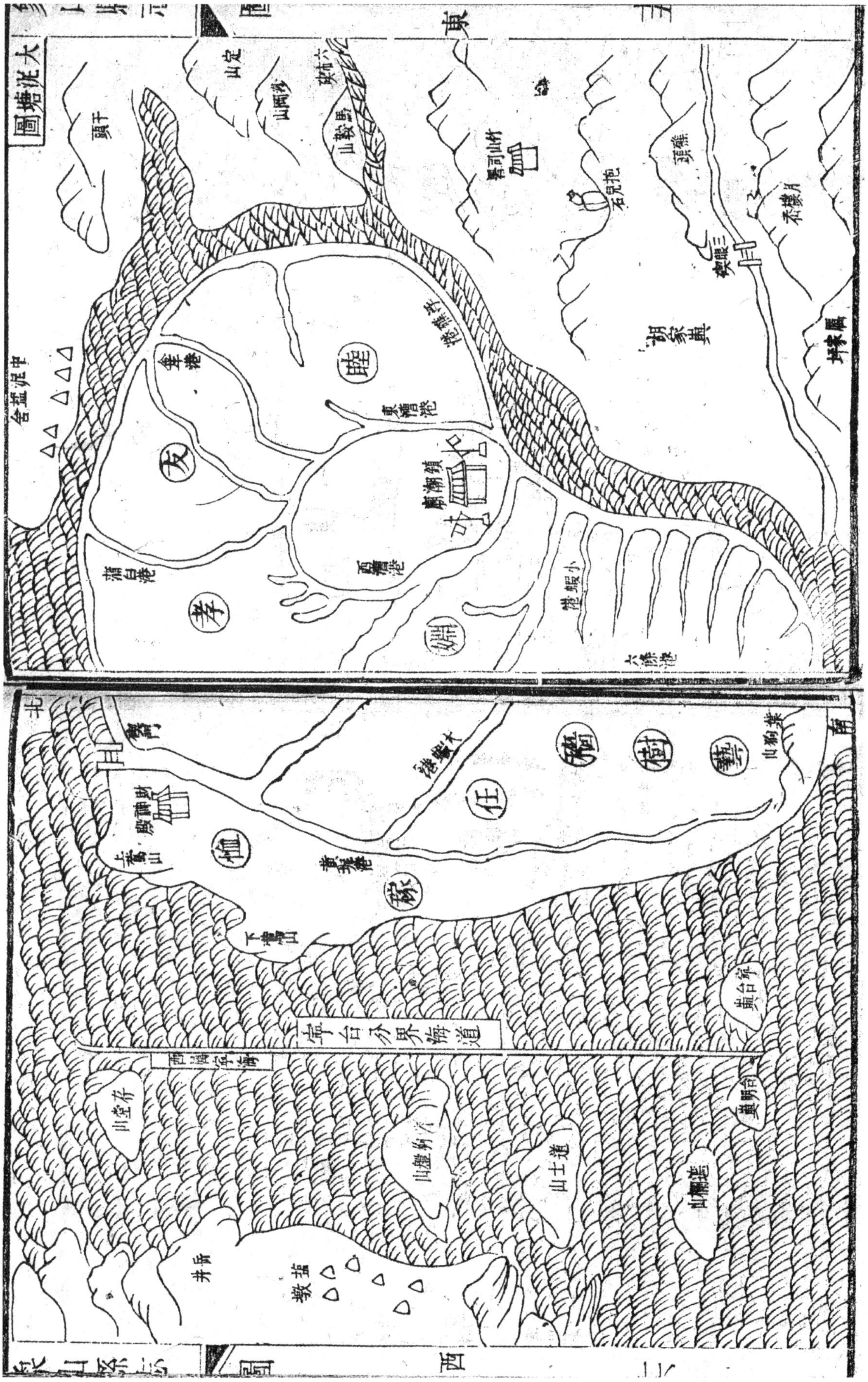

50. 道光《象山县志》中的“大泥塘图”

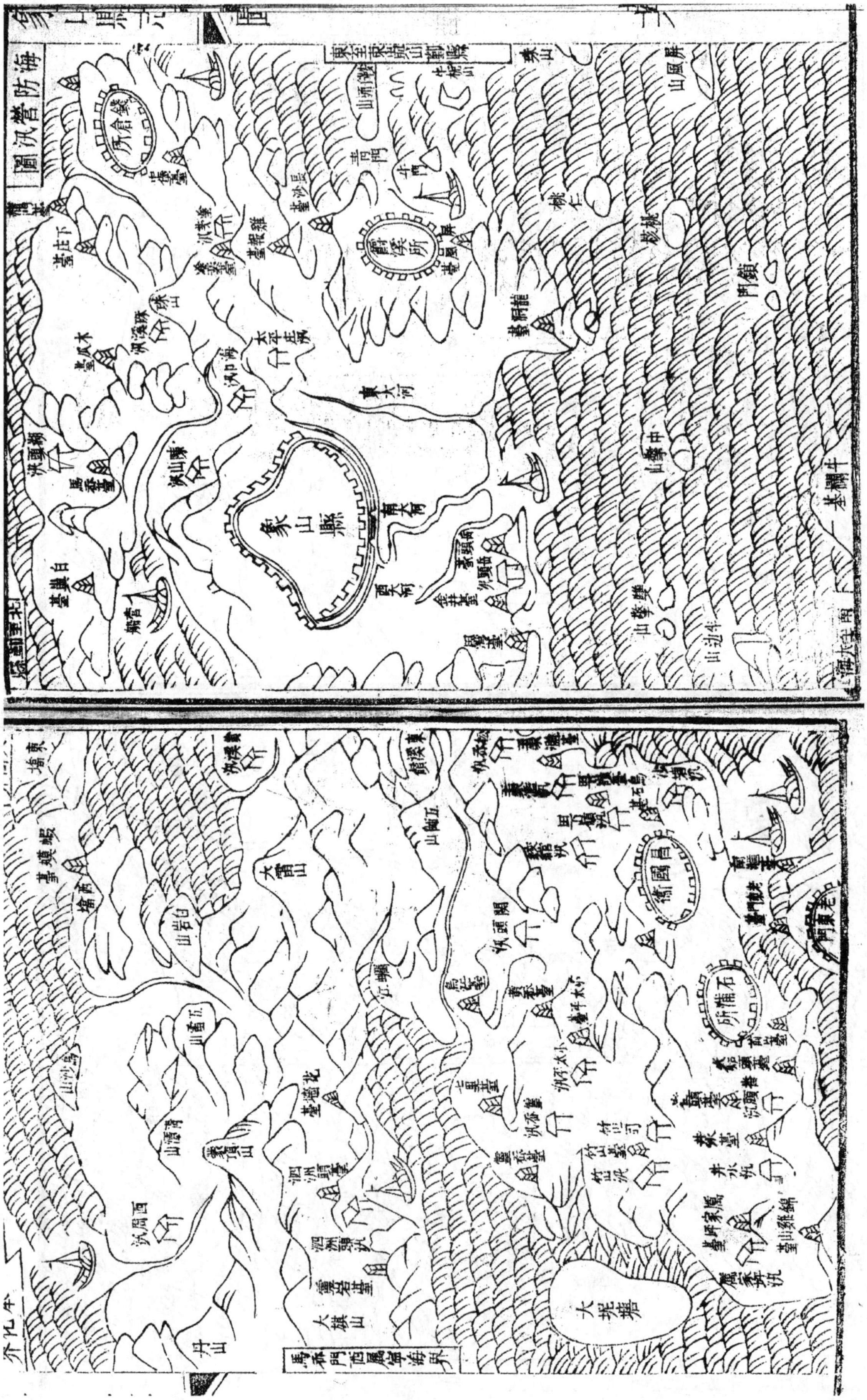

51. 道光《象山县志》中的"海防营汛图"

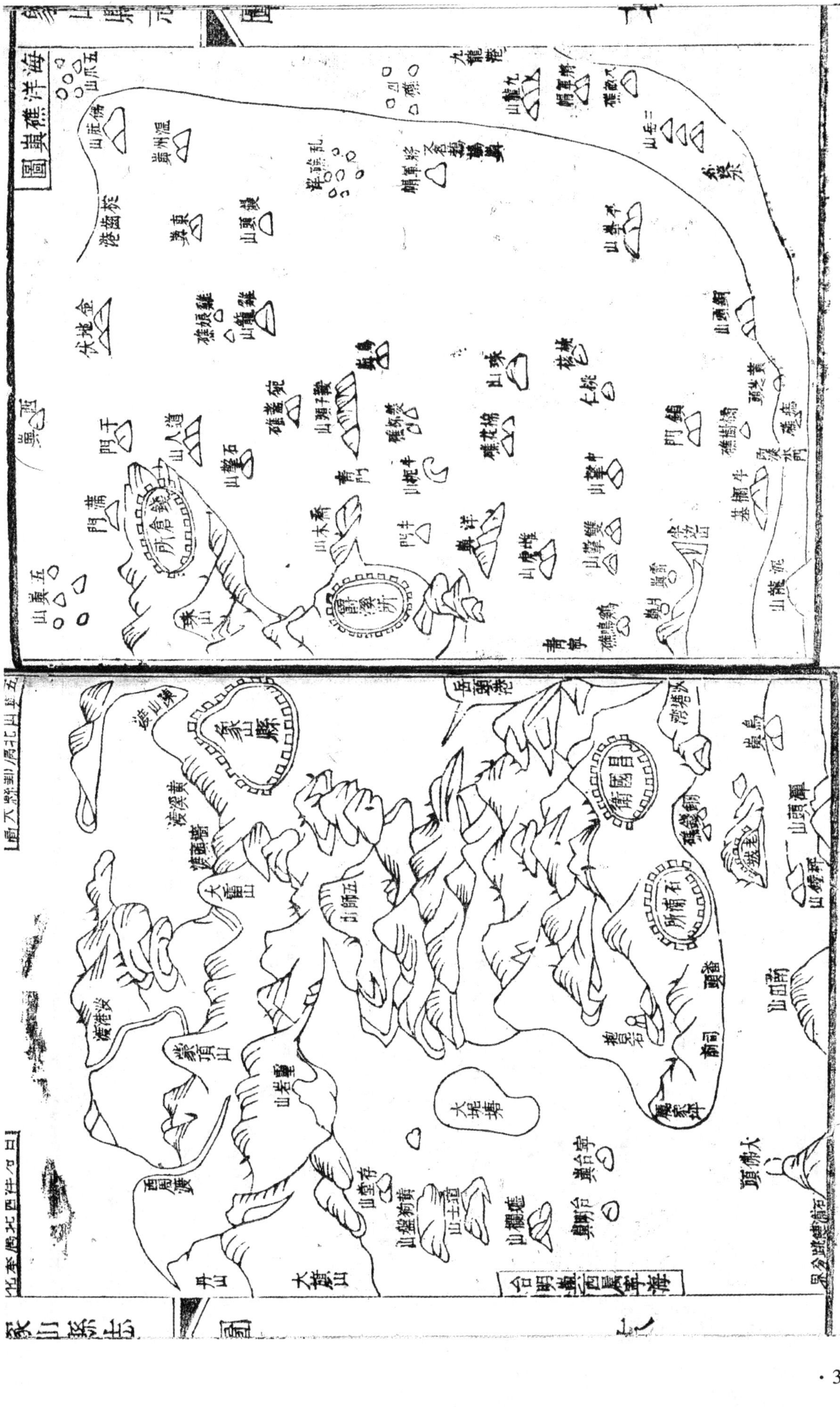

52. 道光《象山县志》中的“海洋礁屿图”

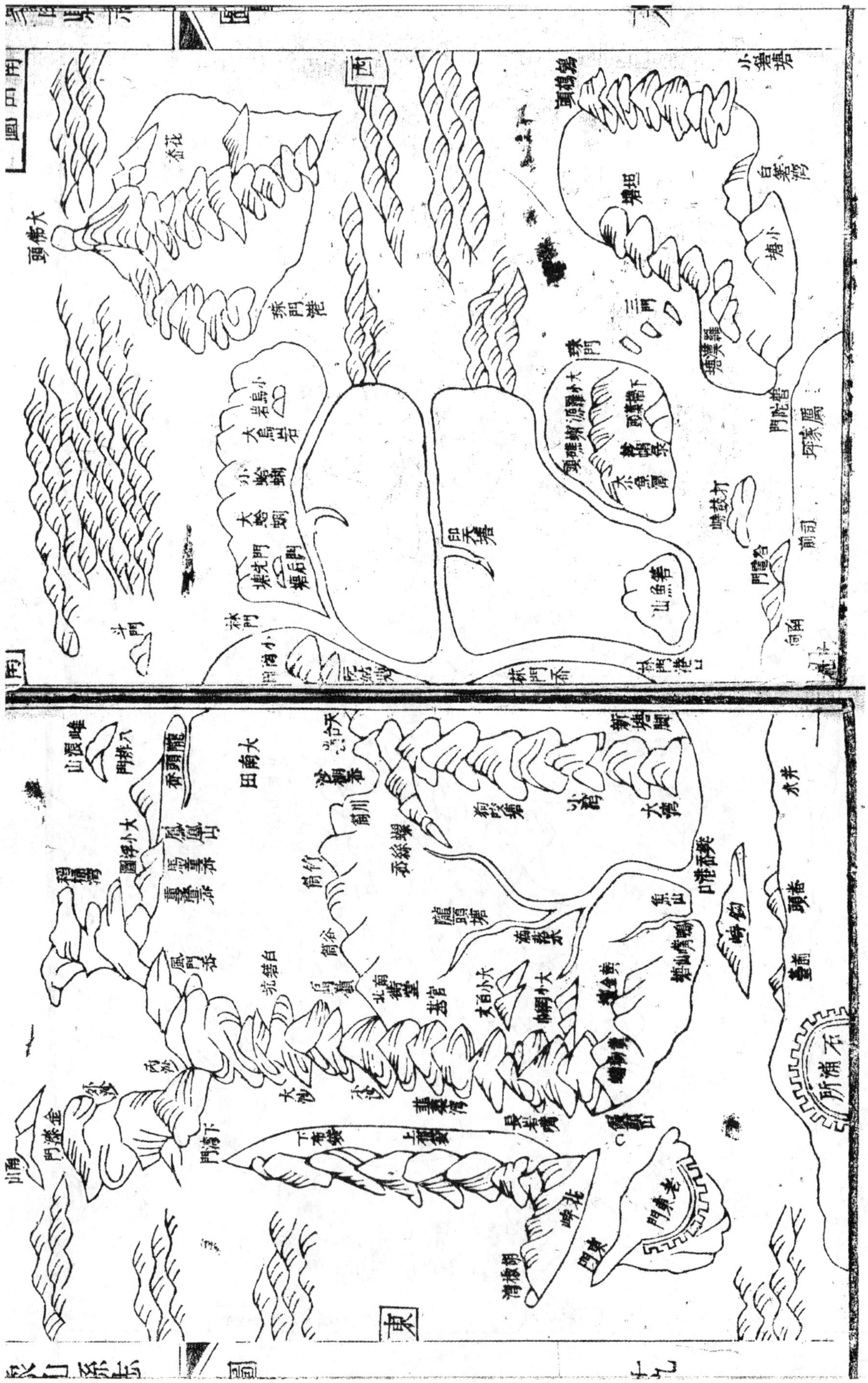

53. 道光《象山县志》中的“南田图”

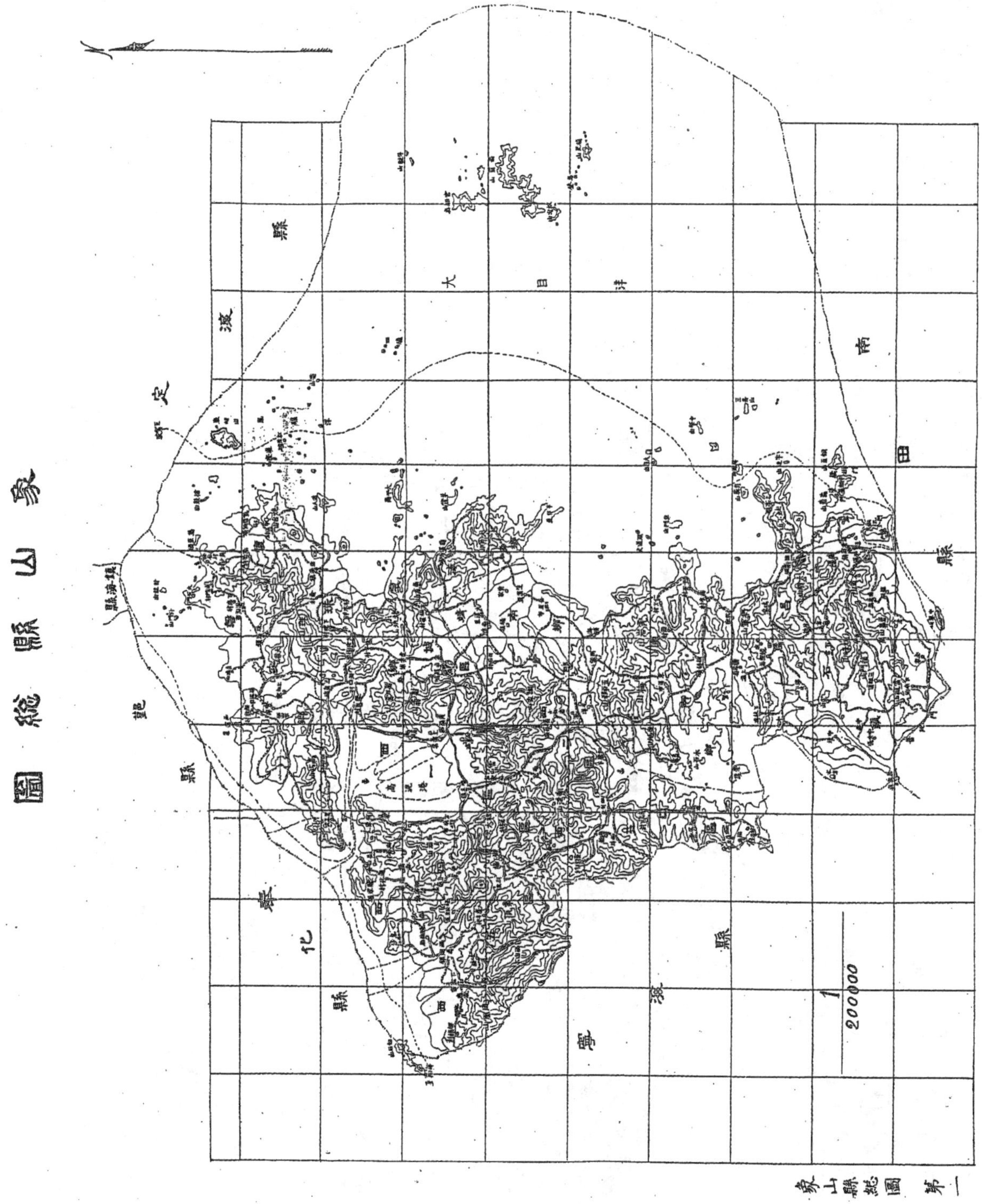

54. 民国《象山县志》中的“象山县总图”

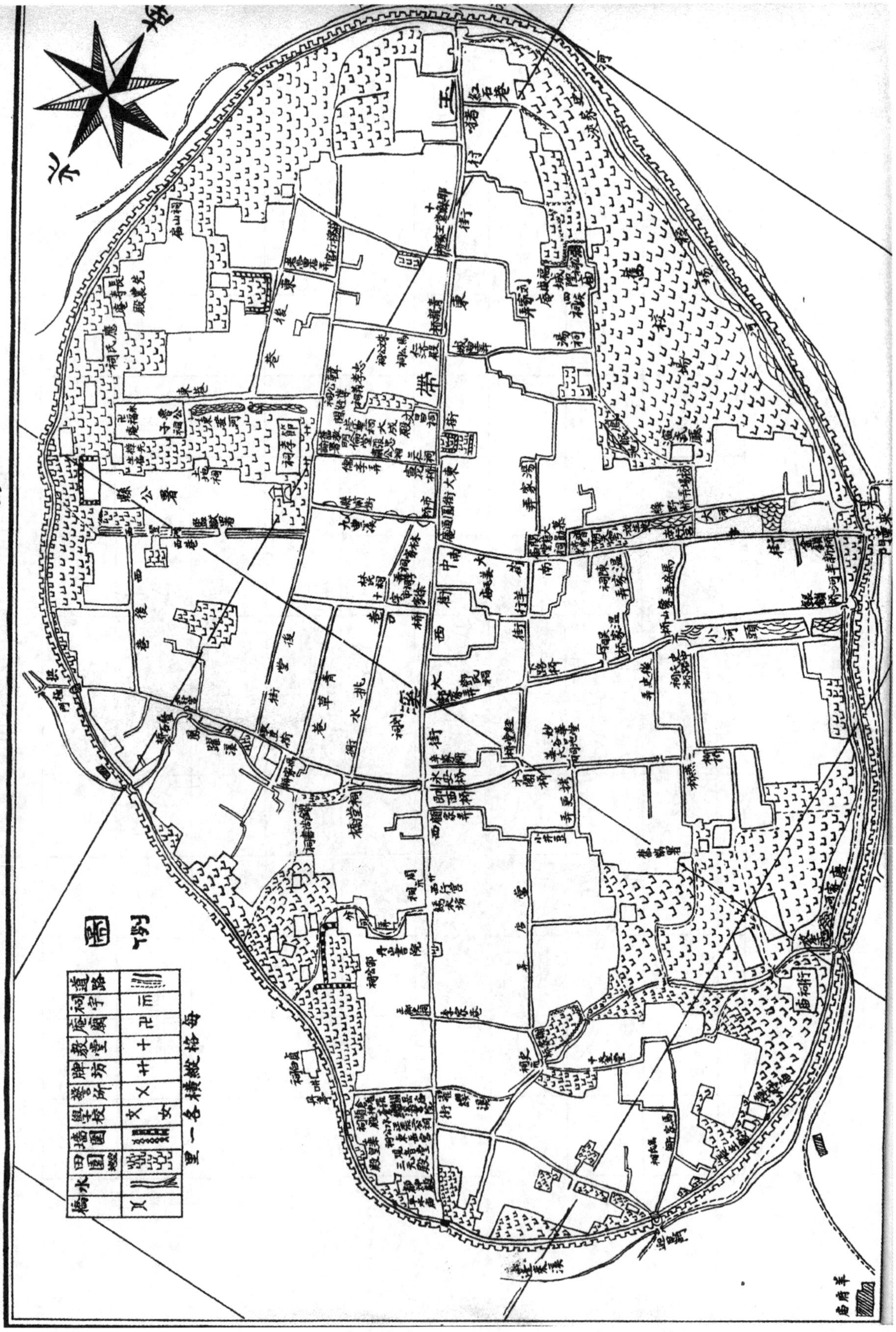

55. 民国《象山县志》中的"象山县城"图

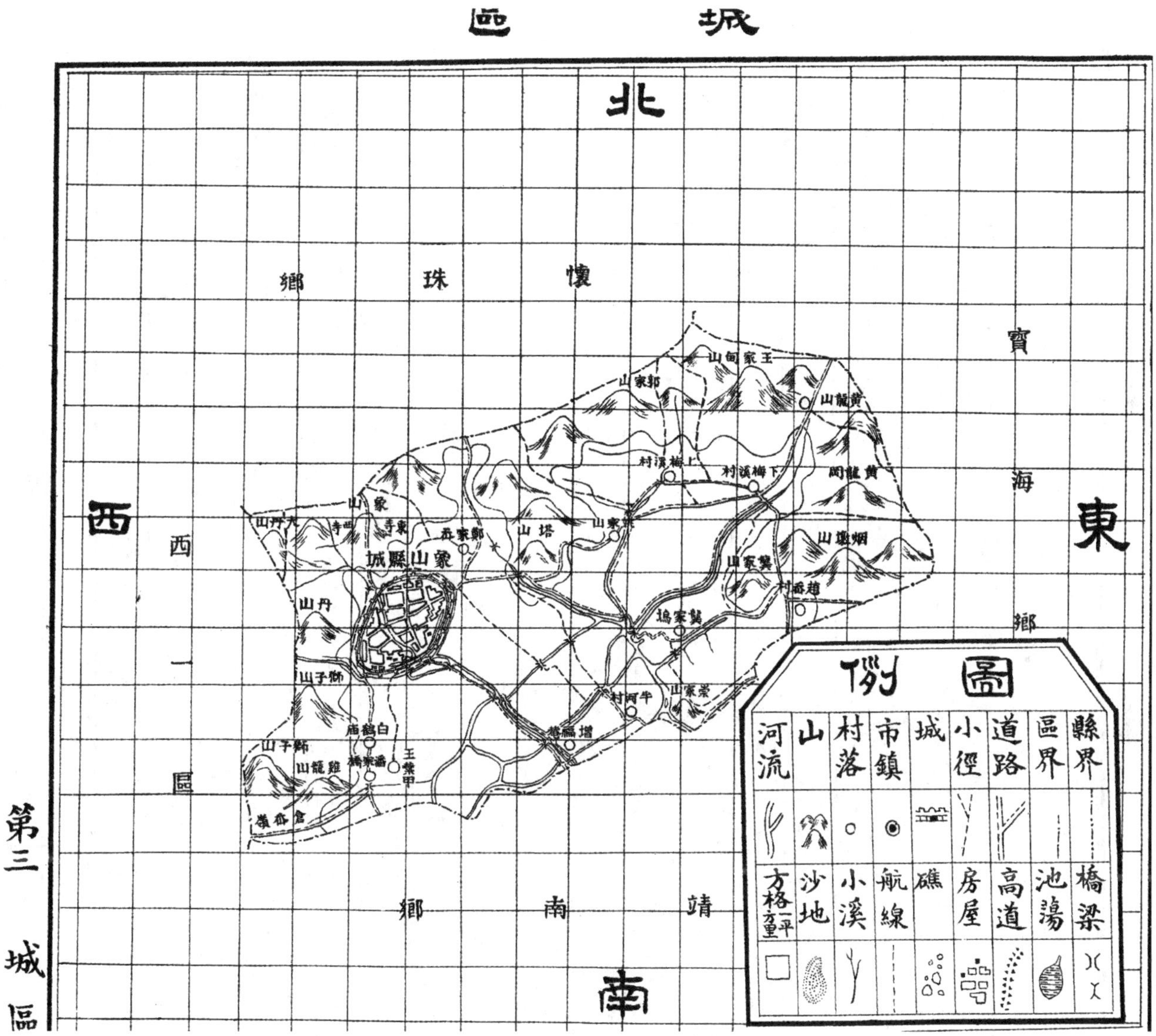

56. 民国《象山县志》中的“城区”

西一區

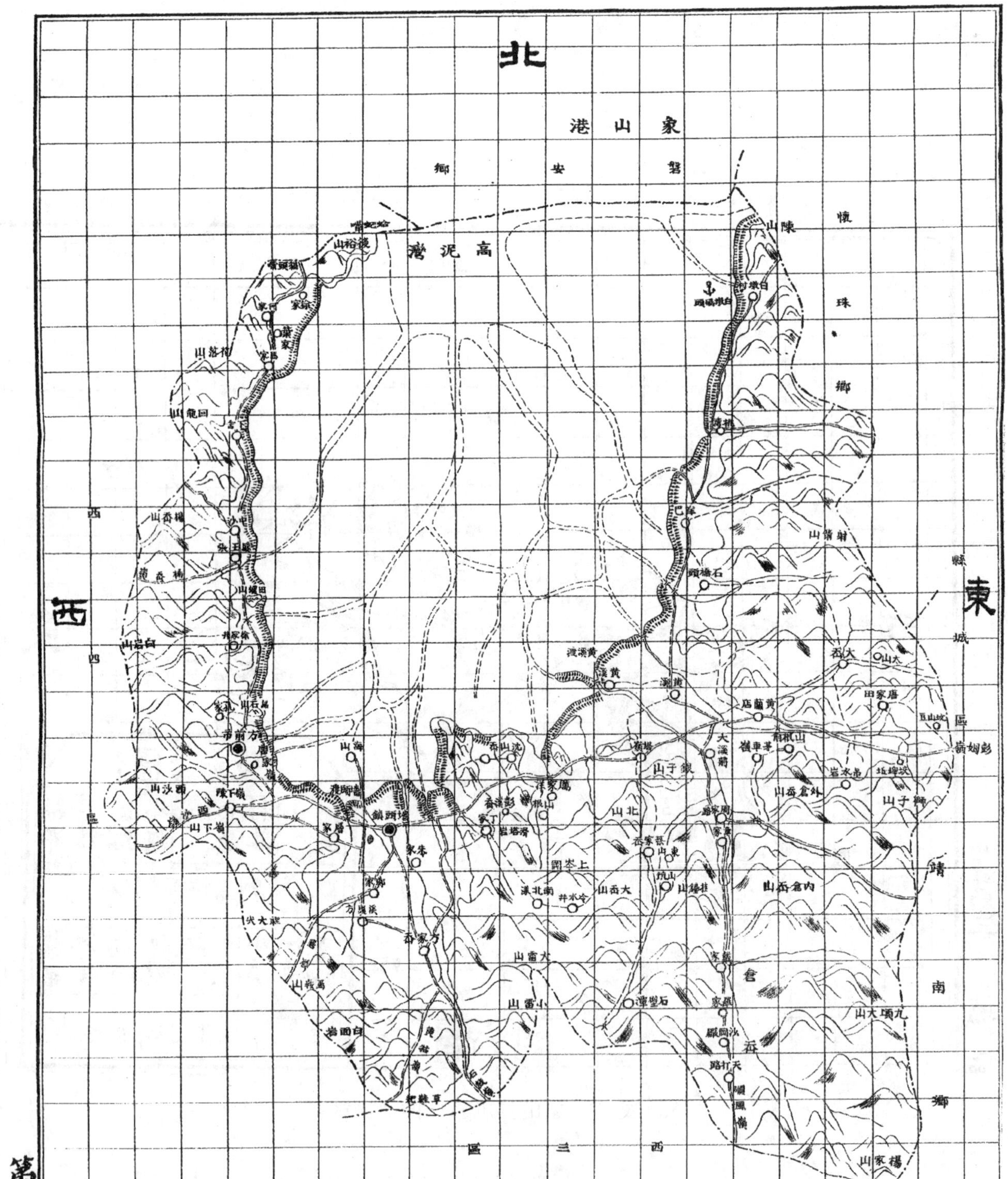

57. 民国《象山县志》中的“西一乡”

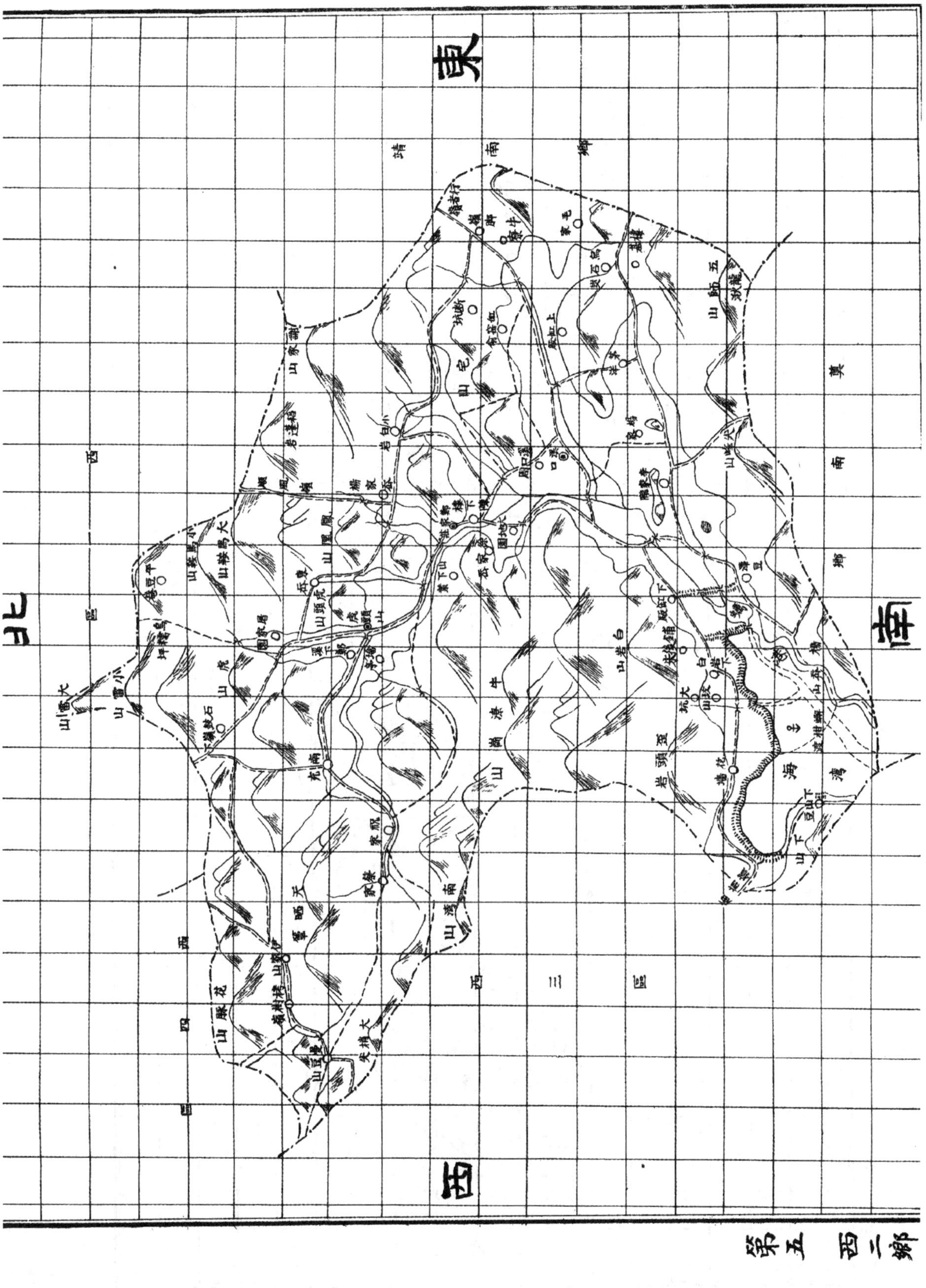

58. 民国《象山县志》中的“西二乡”

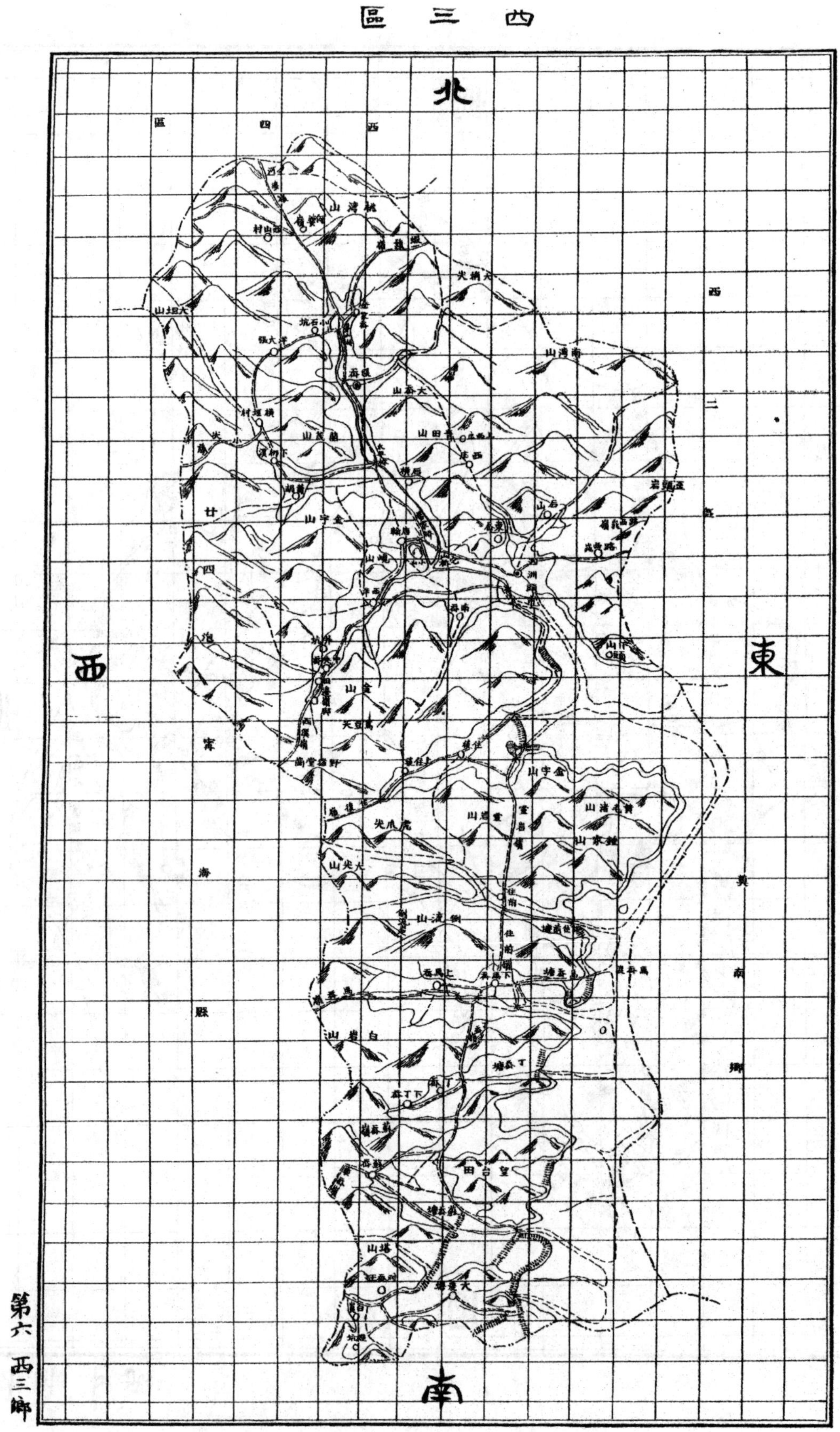

59. 民国《象山县志》中的“西三乡”

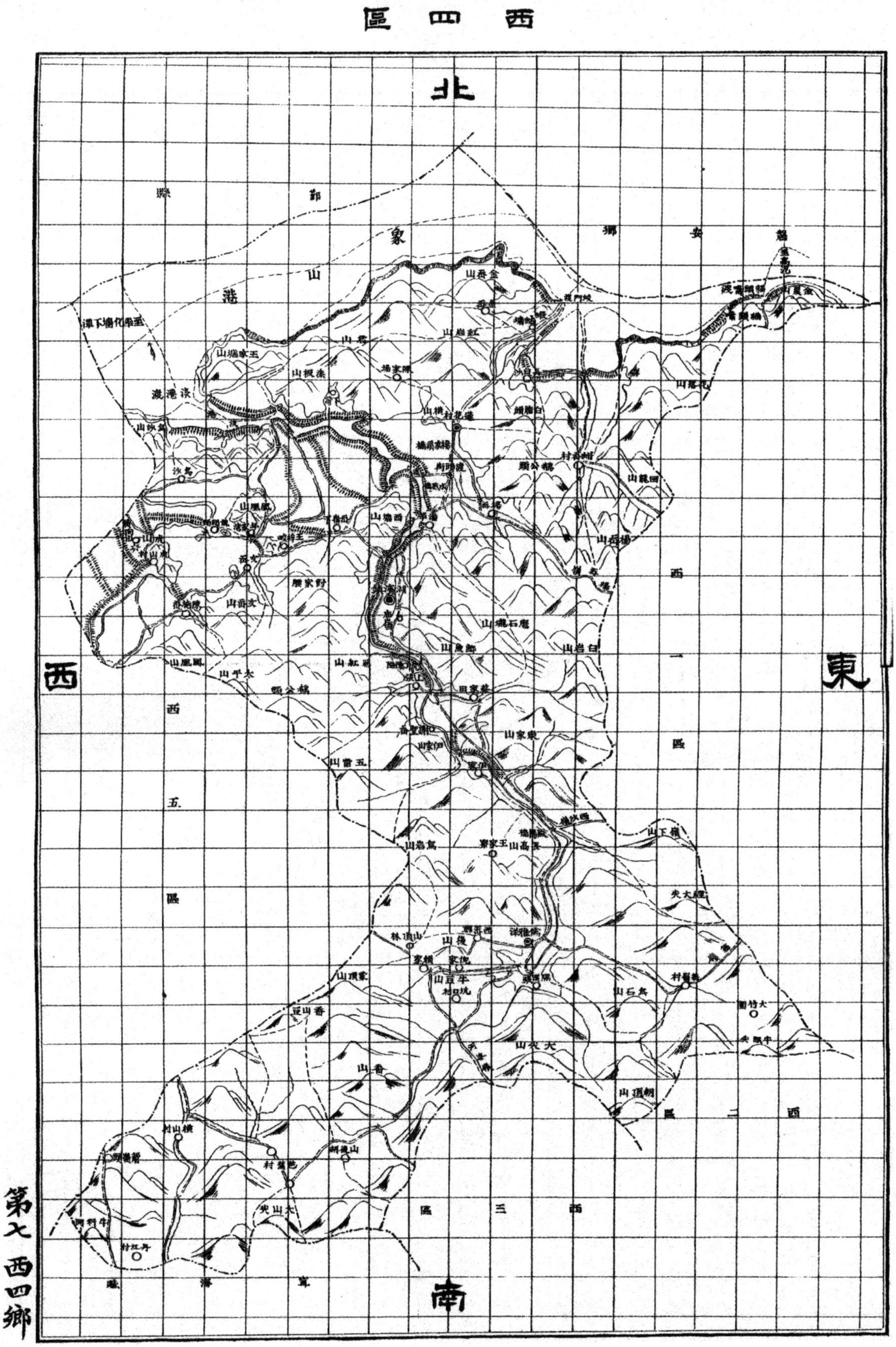

60. 民国《象山县志》中的“西四乡”

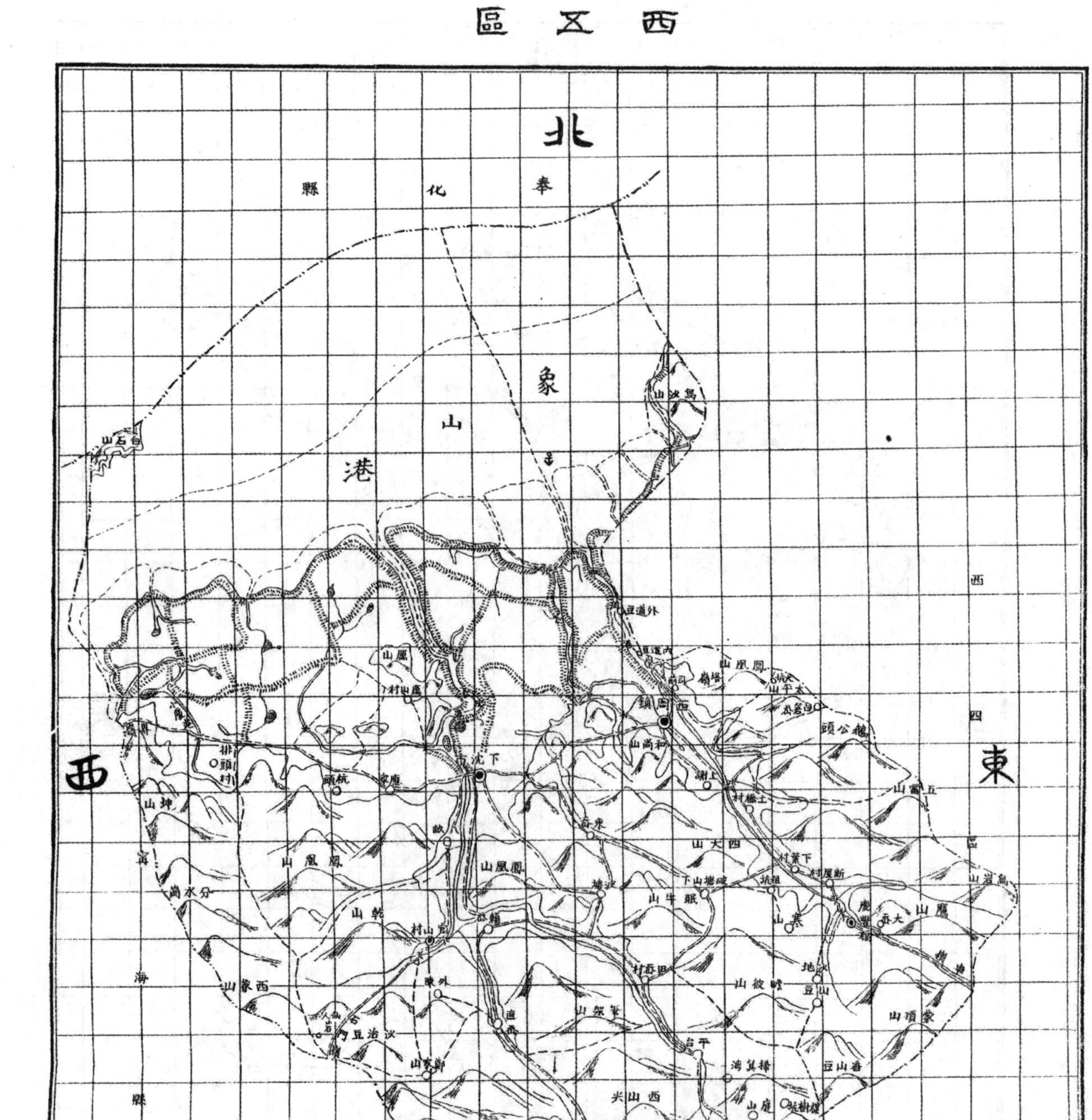

61. 民国《象山县志》中的“西五乡”

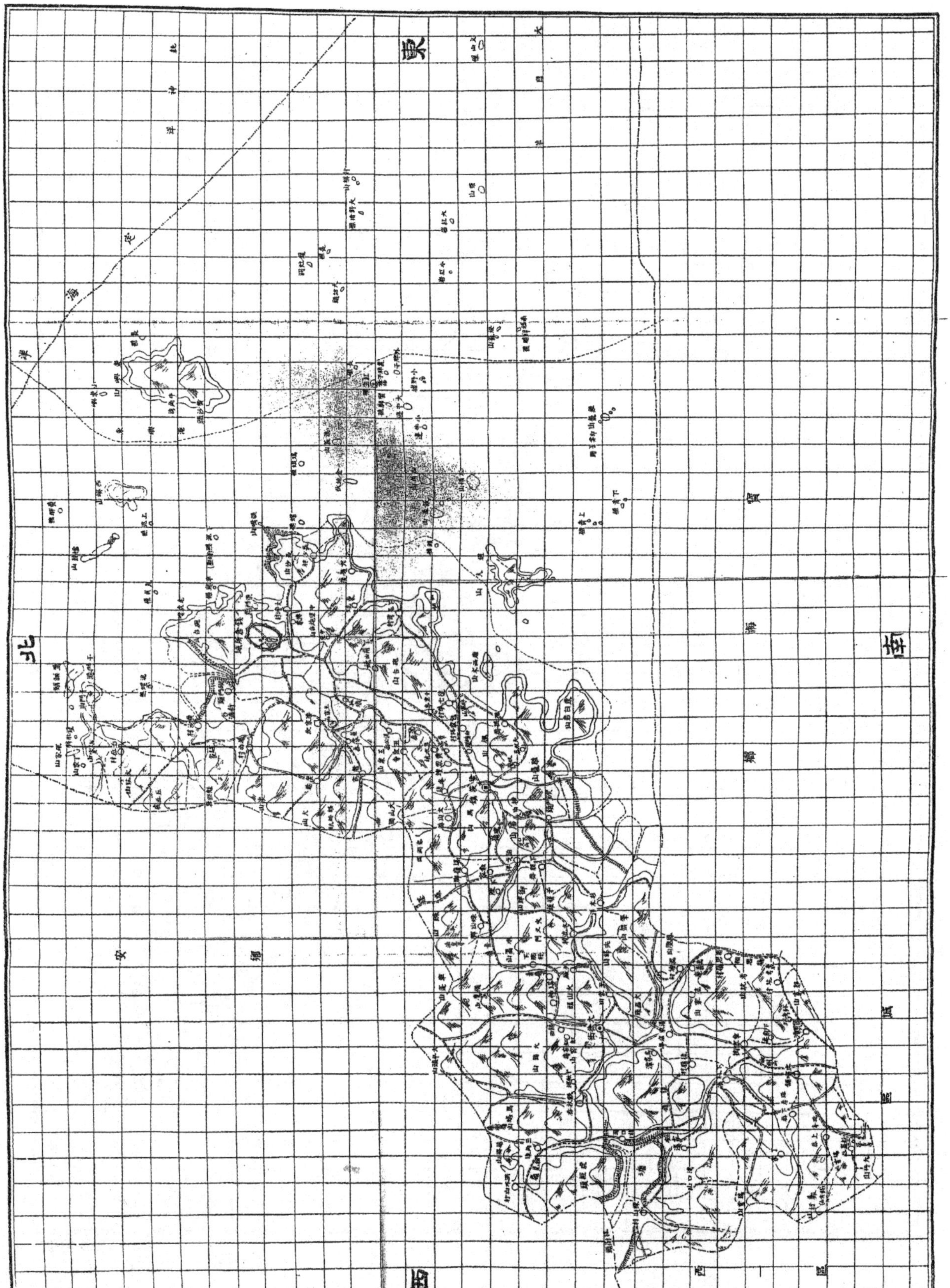

62. 民国《象山县志》中的“怀珠乡”

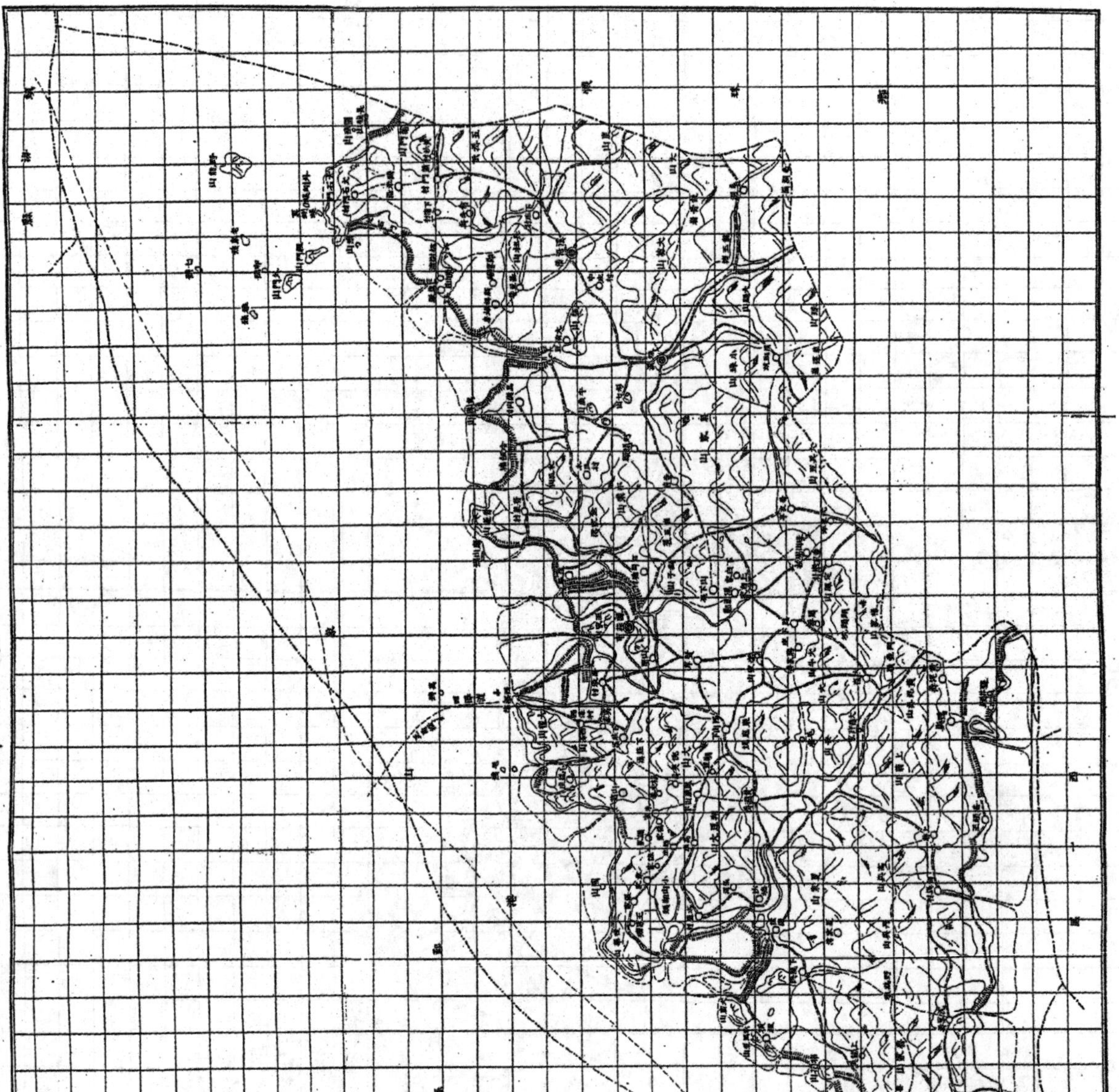

63. 民国《象山县志》中的“磐安乡”

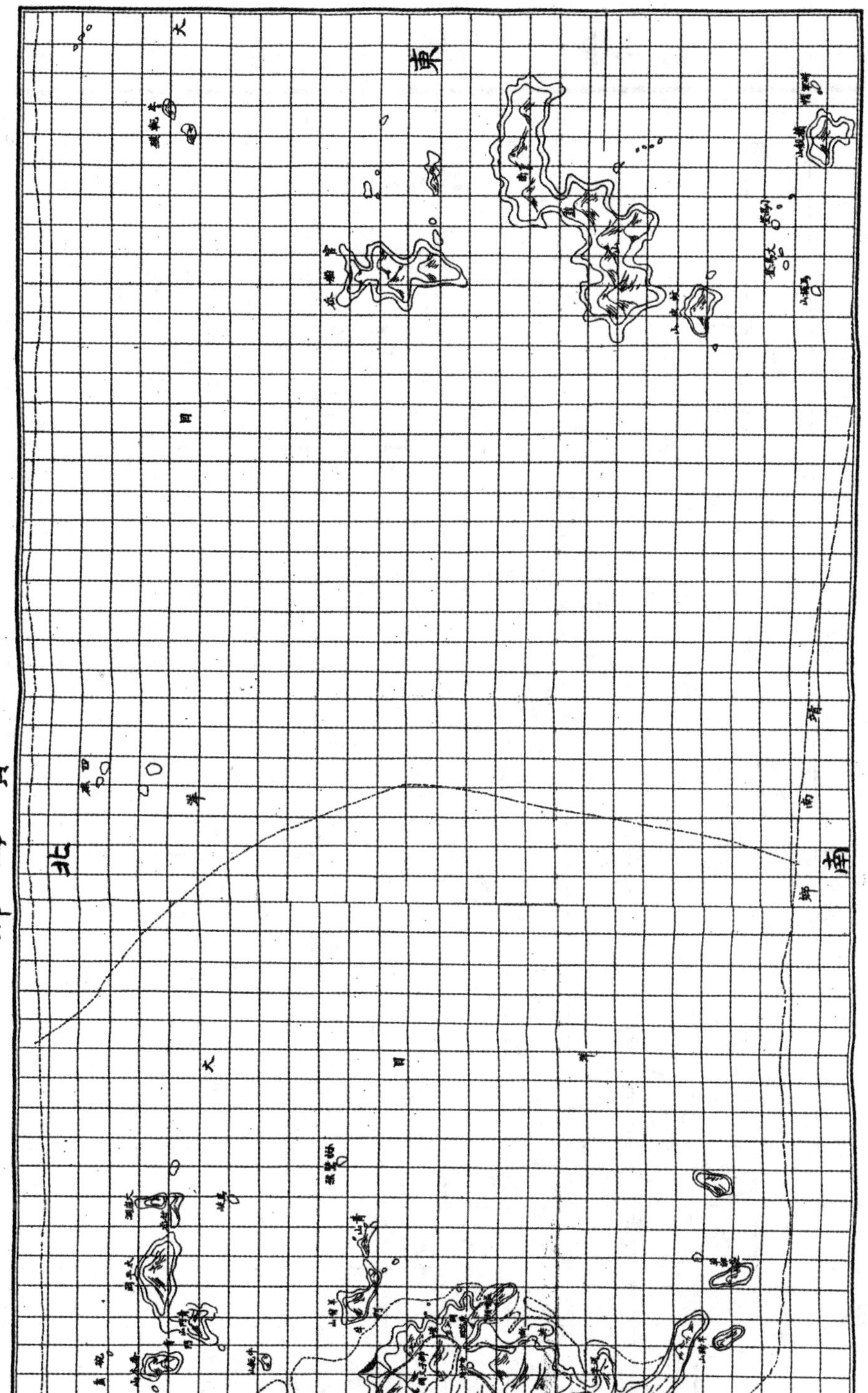

64. 民国《象山县志》中的“宝海乡”

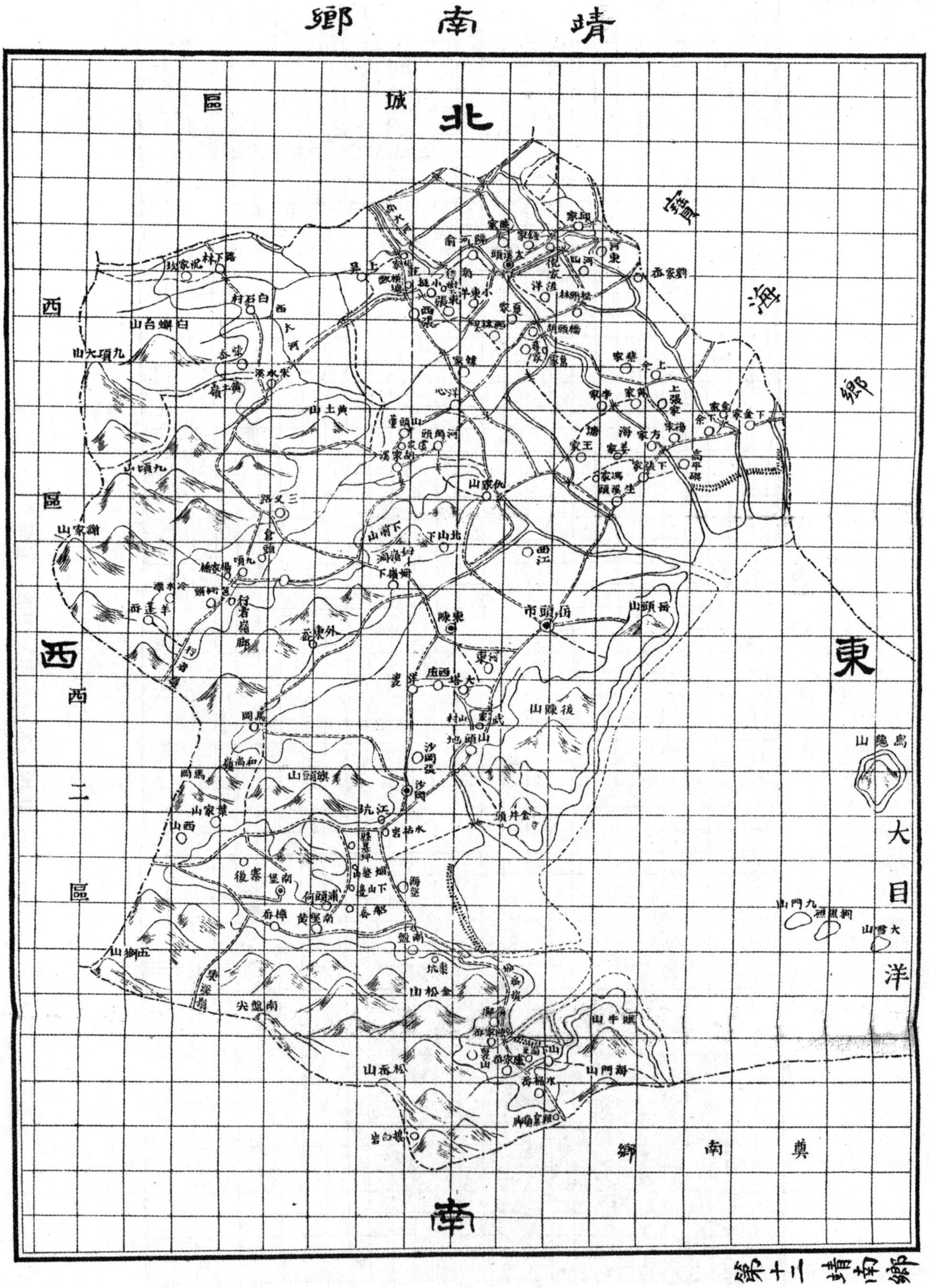

65. 民国《象山县志》中的“靖南乡”

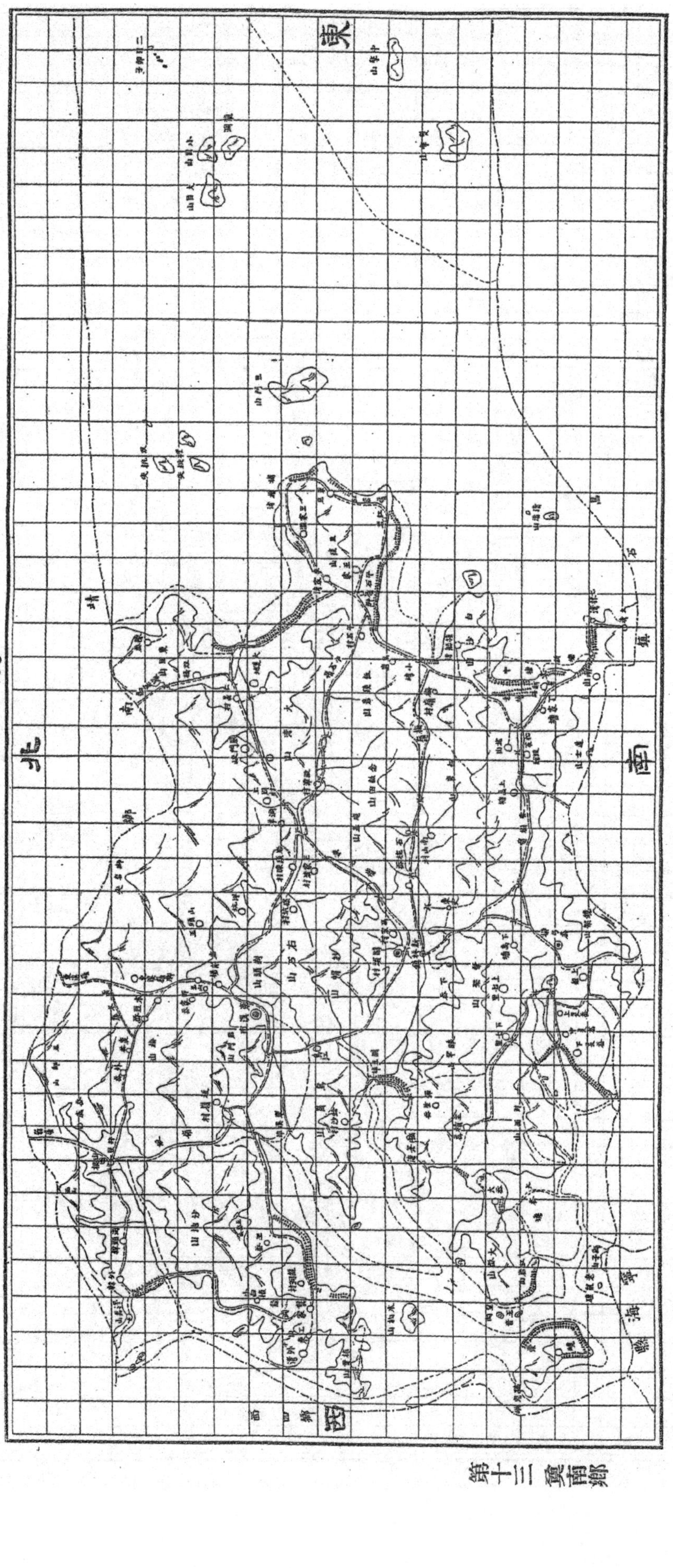

66. 民国《象山县志》中的“奠南乡”

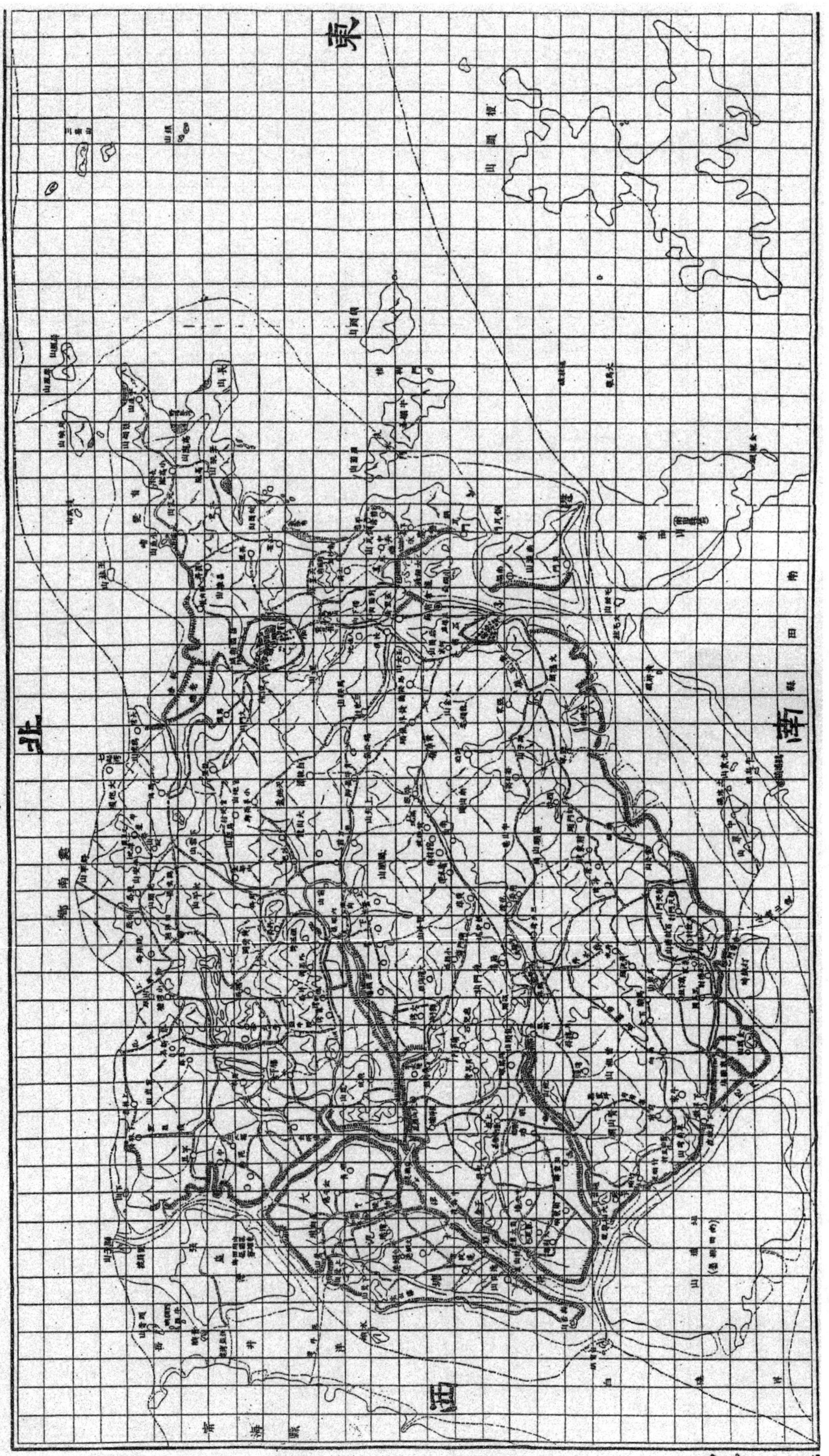

67. 民国《象山县志》中的“昌石镇”

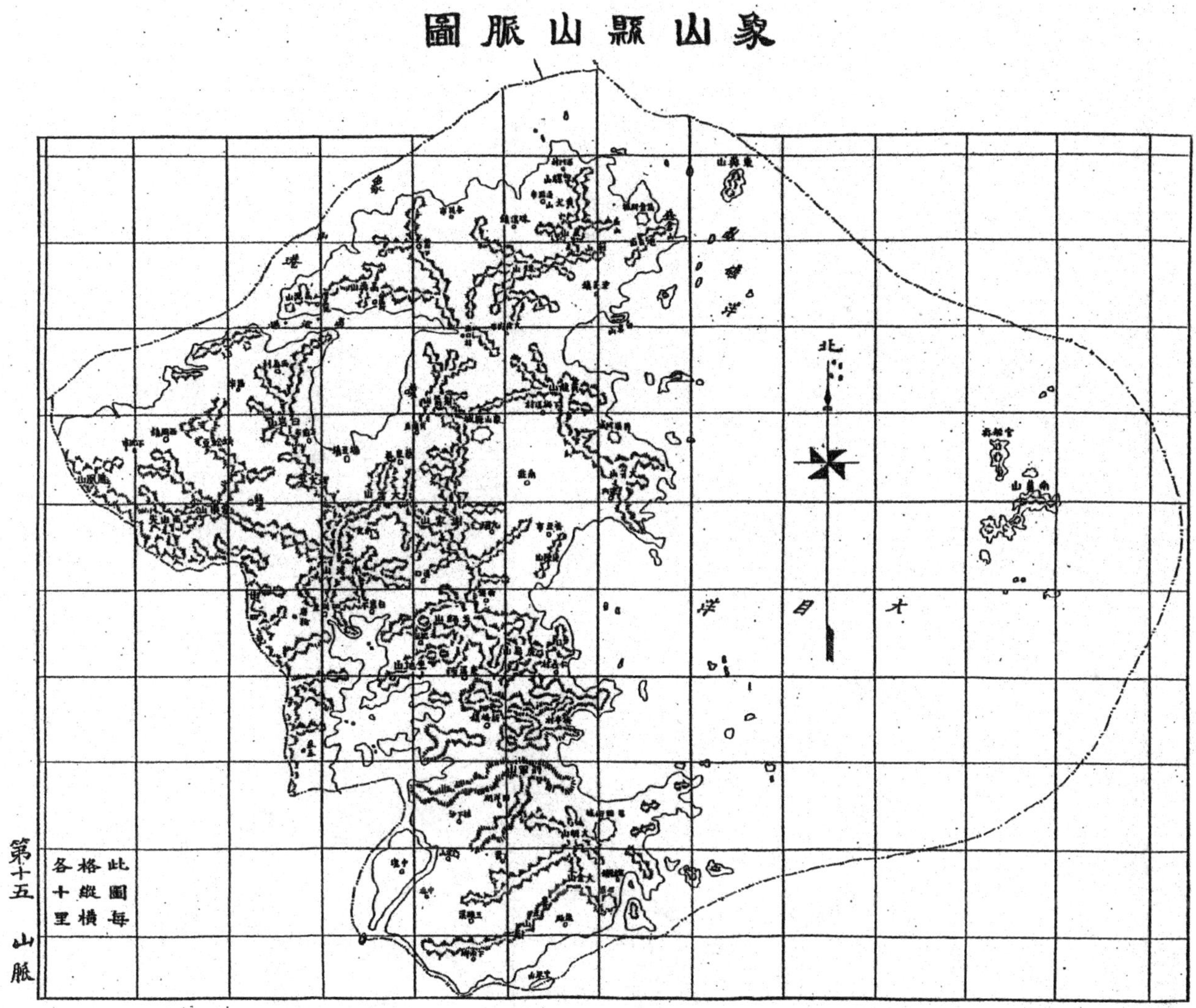

68. 民国《象山县志》中的“象山县山脉图”

象山縣水道圖

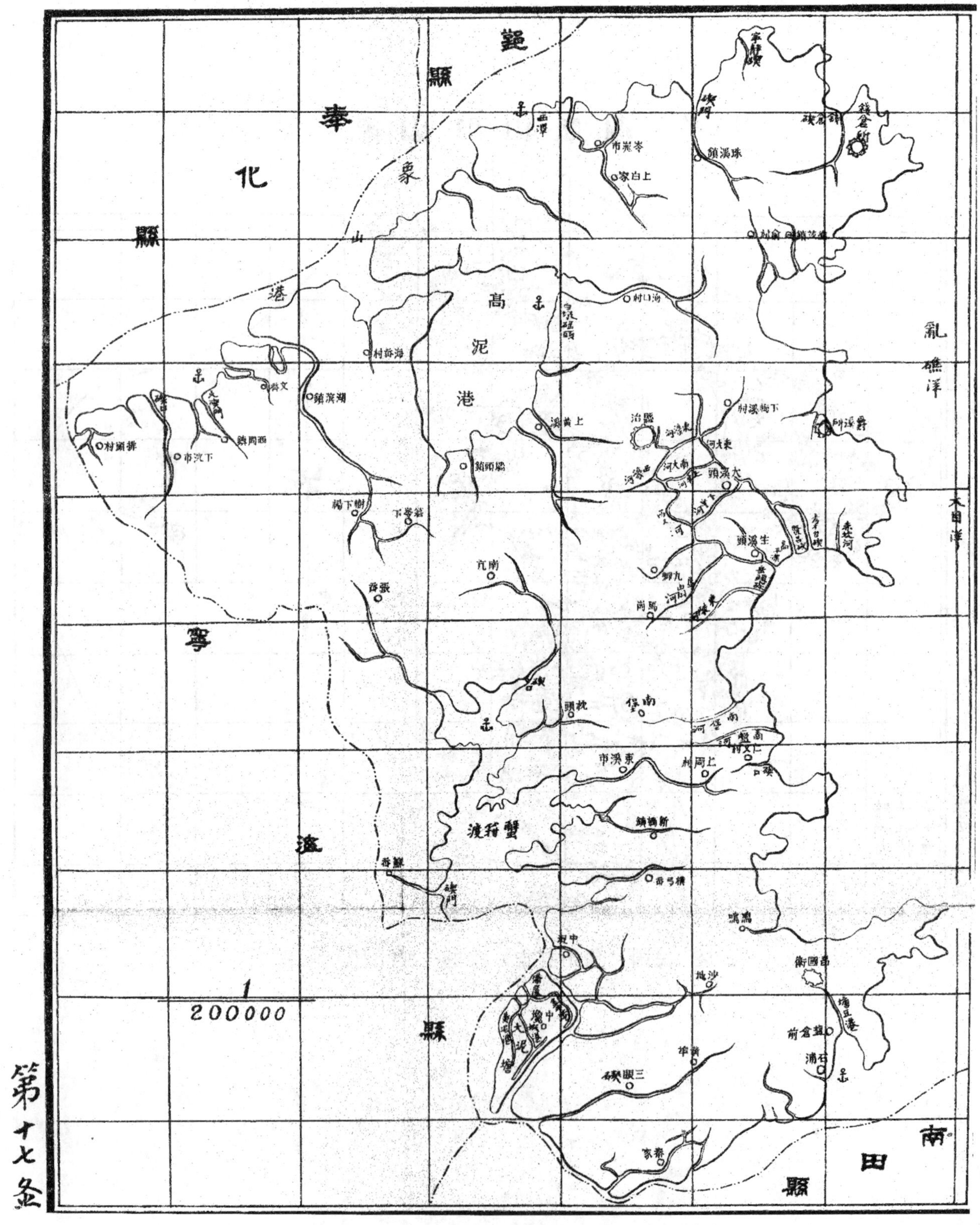

69. 民国《象山县志》中的“象山县水道图”

象山縣海防圖

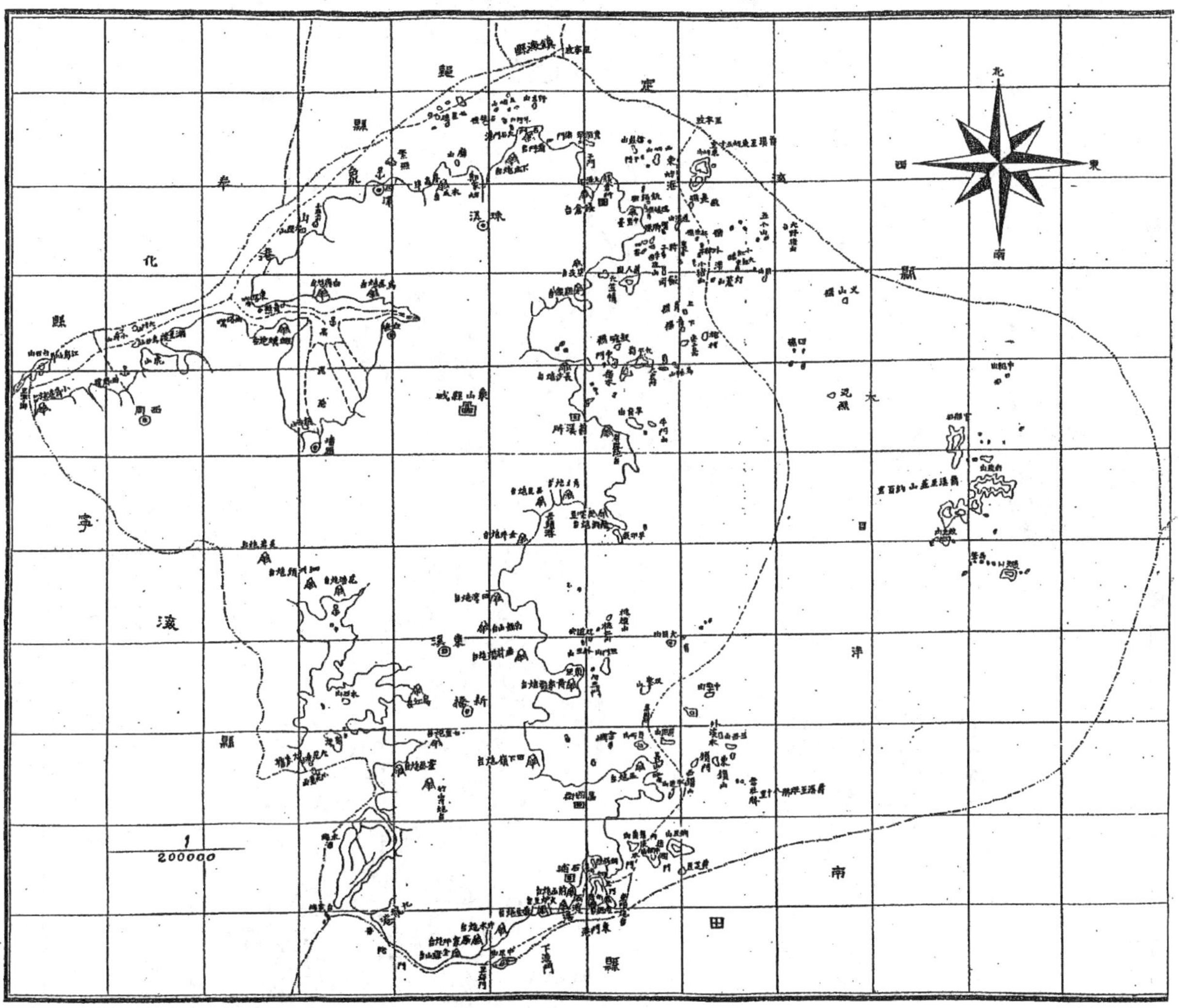

第十七 海防

70. 民国《象山县志》中的“海防图”

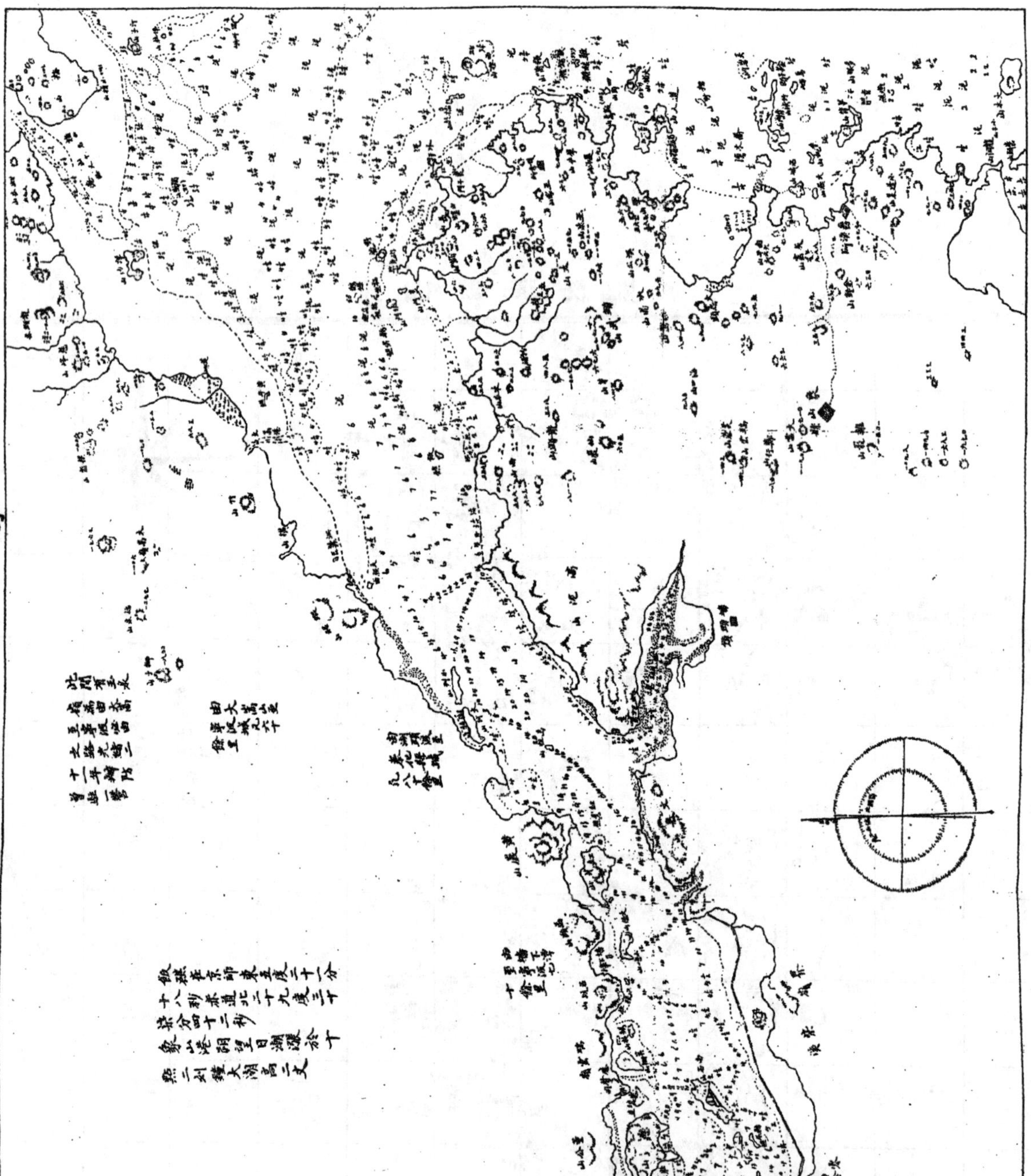

71. 民国《象山县志》中的“象山港图”

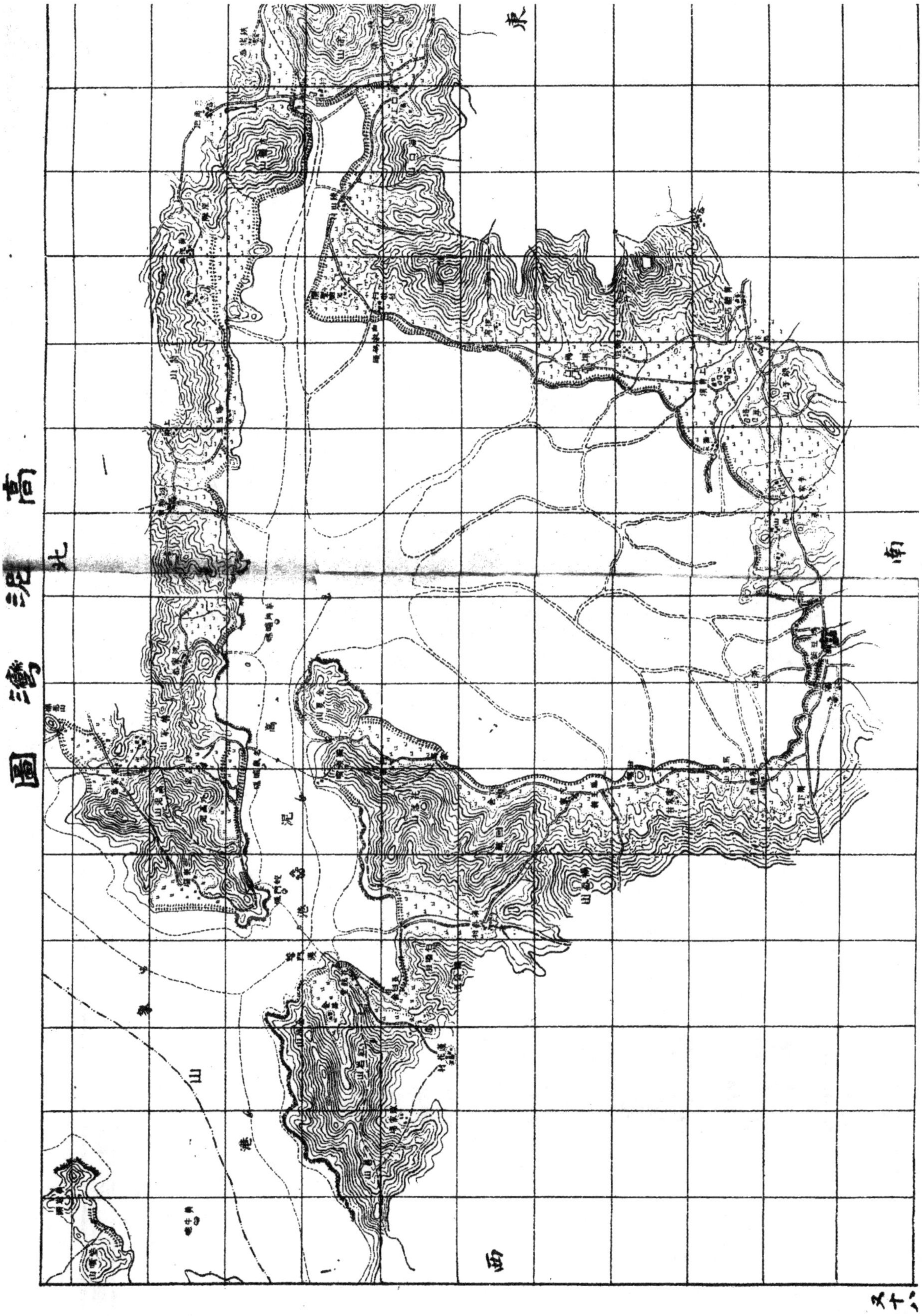

72. 民国《象山县志》中的"高泥湾图"

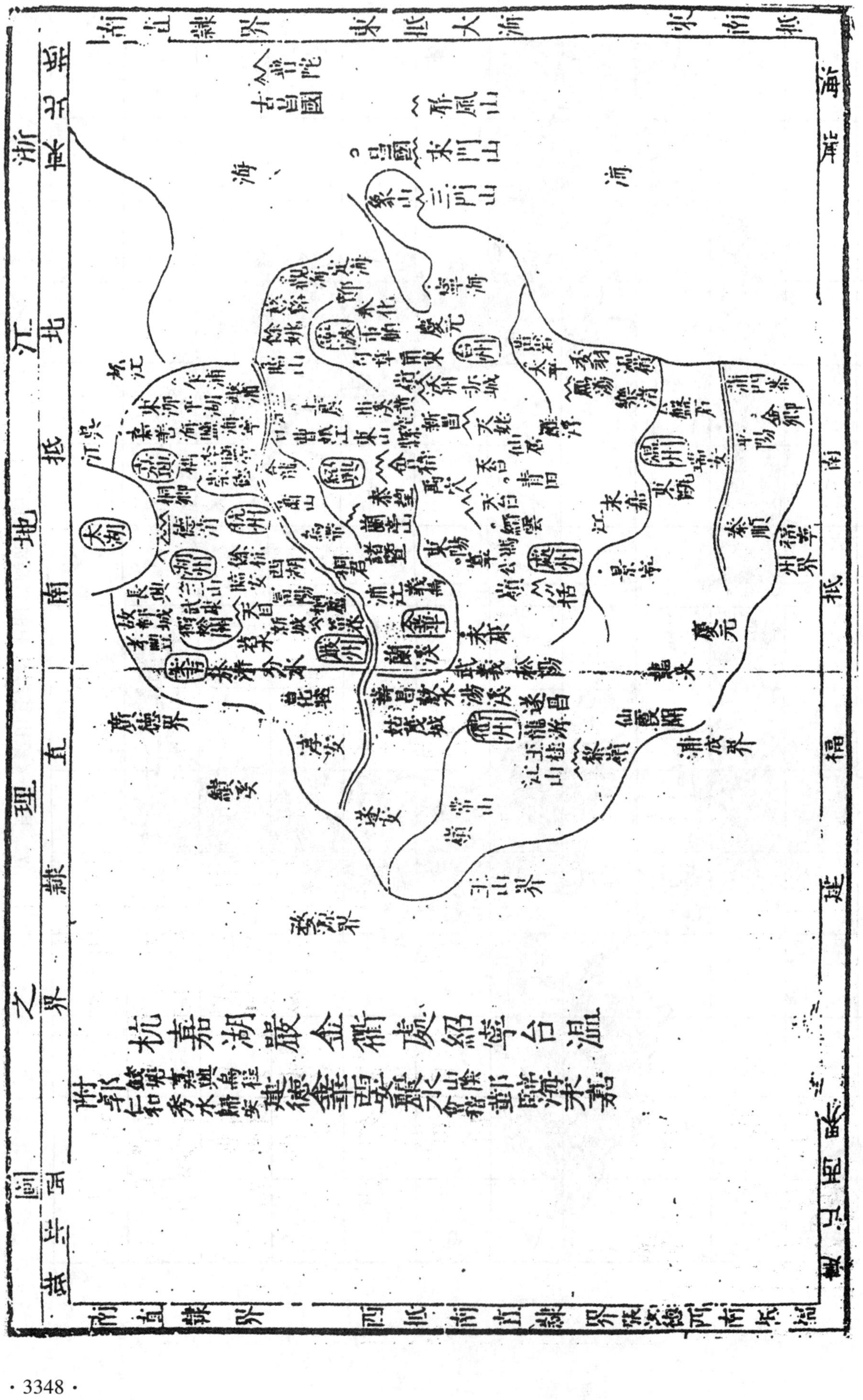

73. 桂萼《皇明舆图》中的"浙江舆图" 016

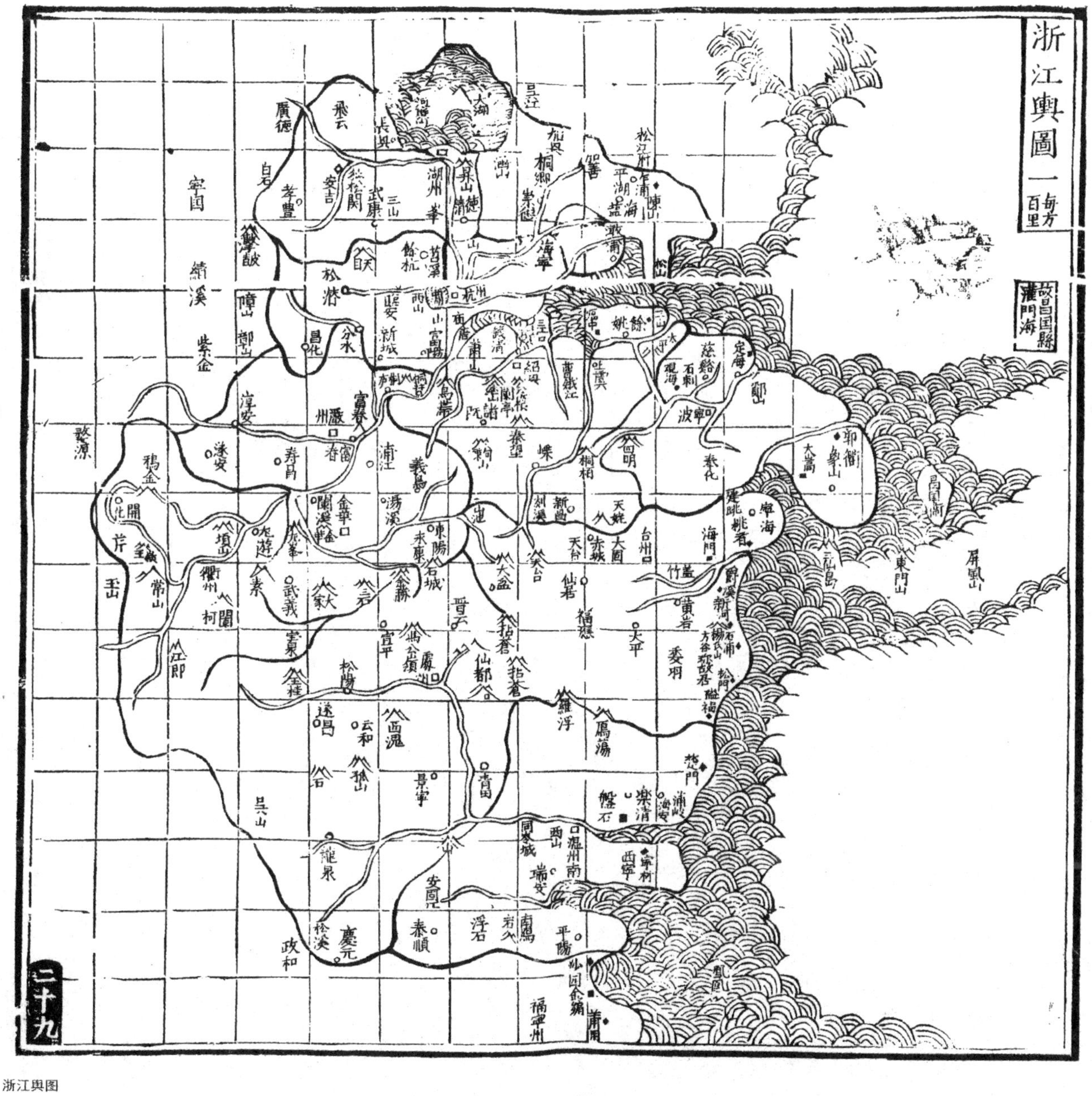

浙江舆图

浙　江　古　旧　地　图　集　9

74. 罗洪先《广舆图》中的“浙江舆图”

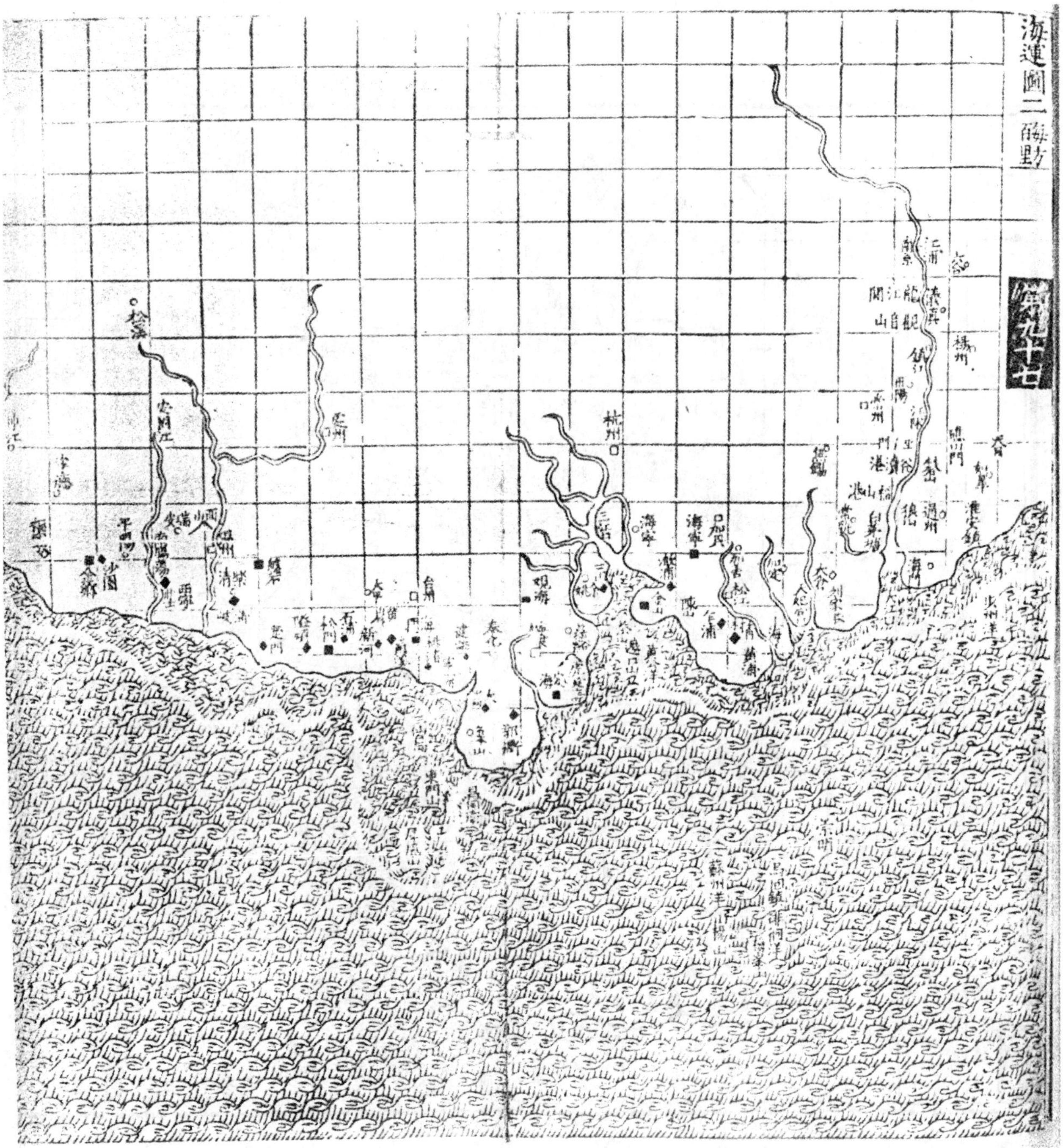

75. 罗洪先《广舆图》（约1555年刻本）中的“海运图”

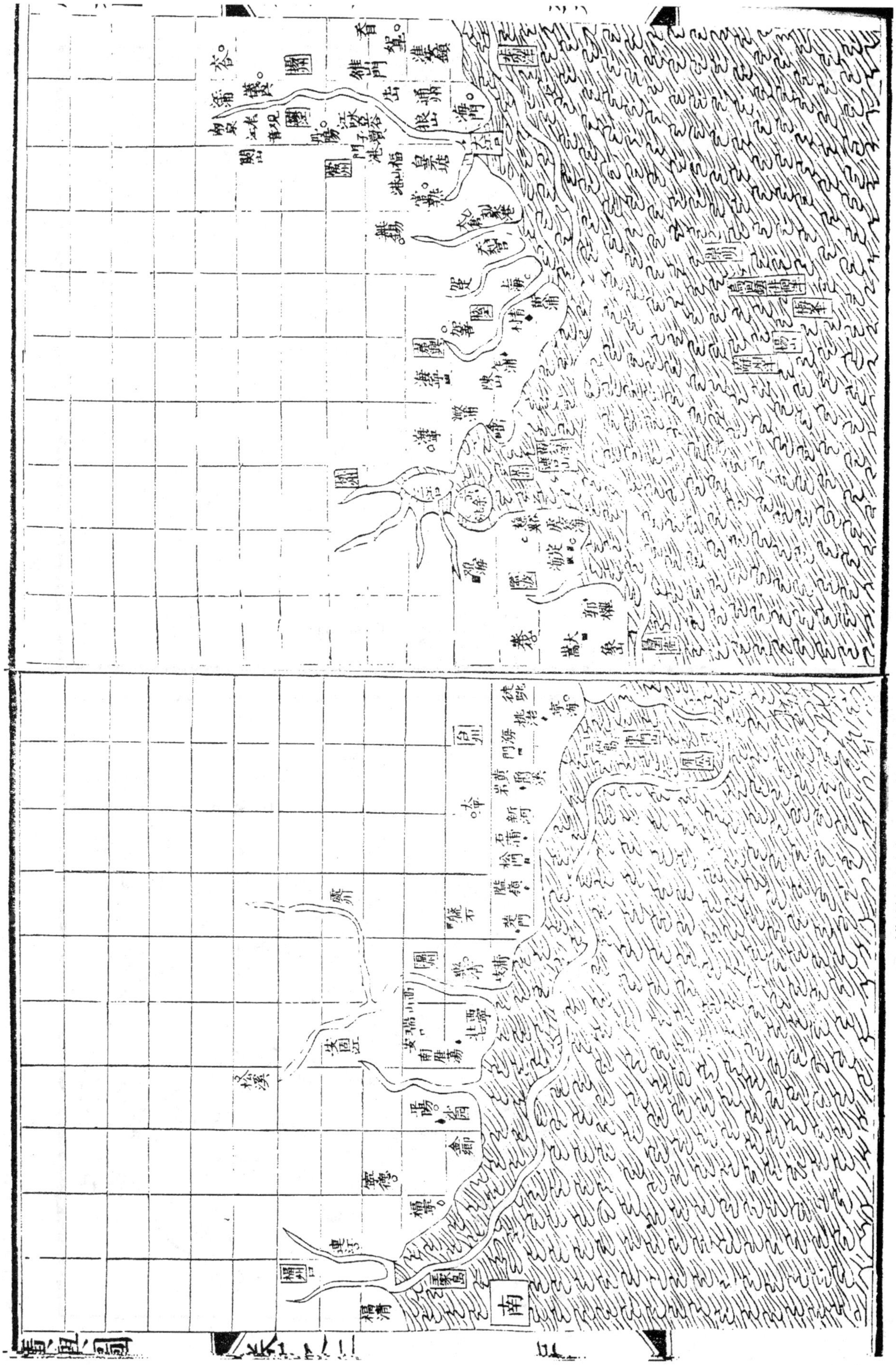

76. 错误地写出“石浦”和“郭”的《广舆图》后来的版本。

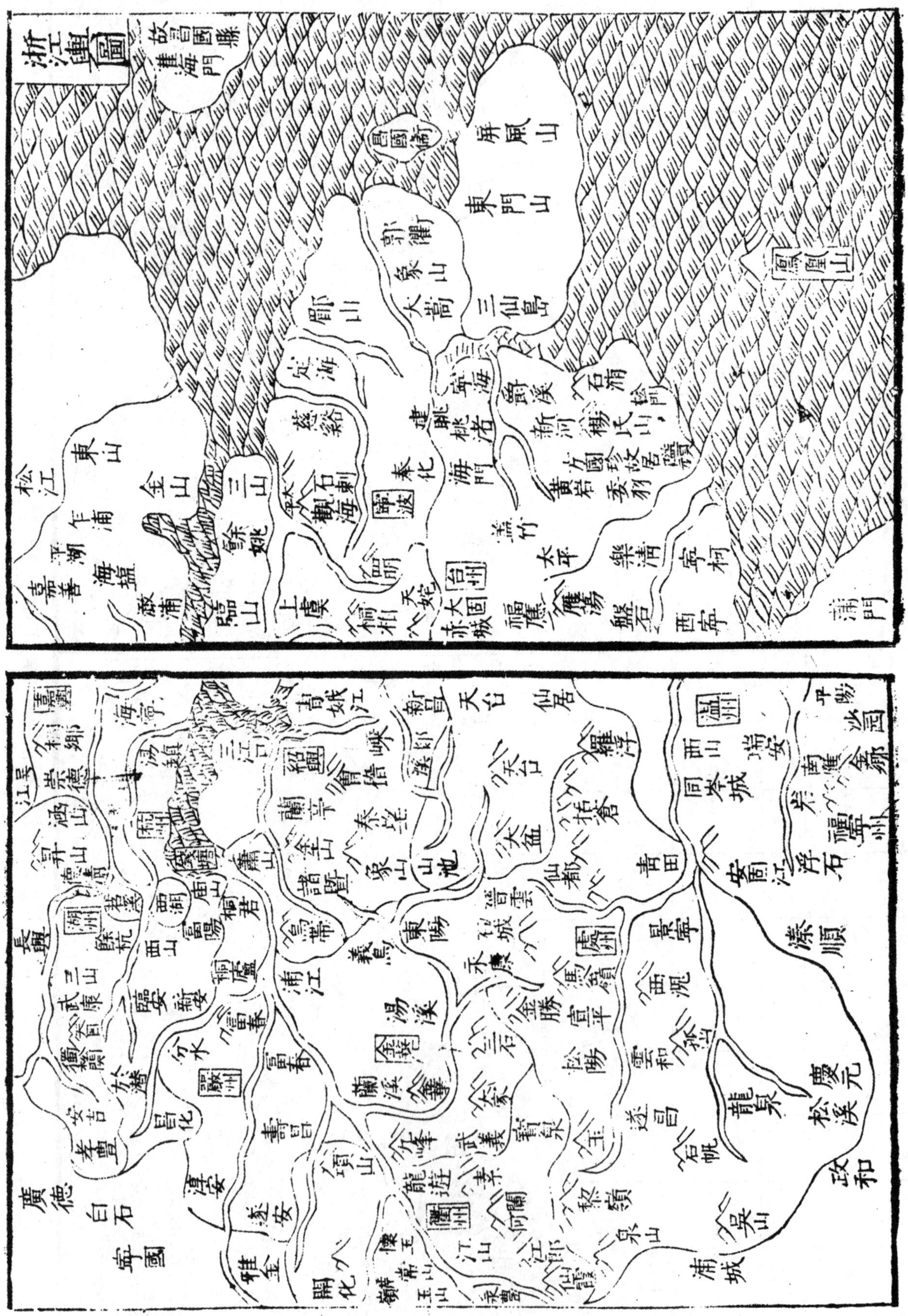

77.《三才图会》上的"浙江舆图"

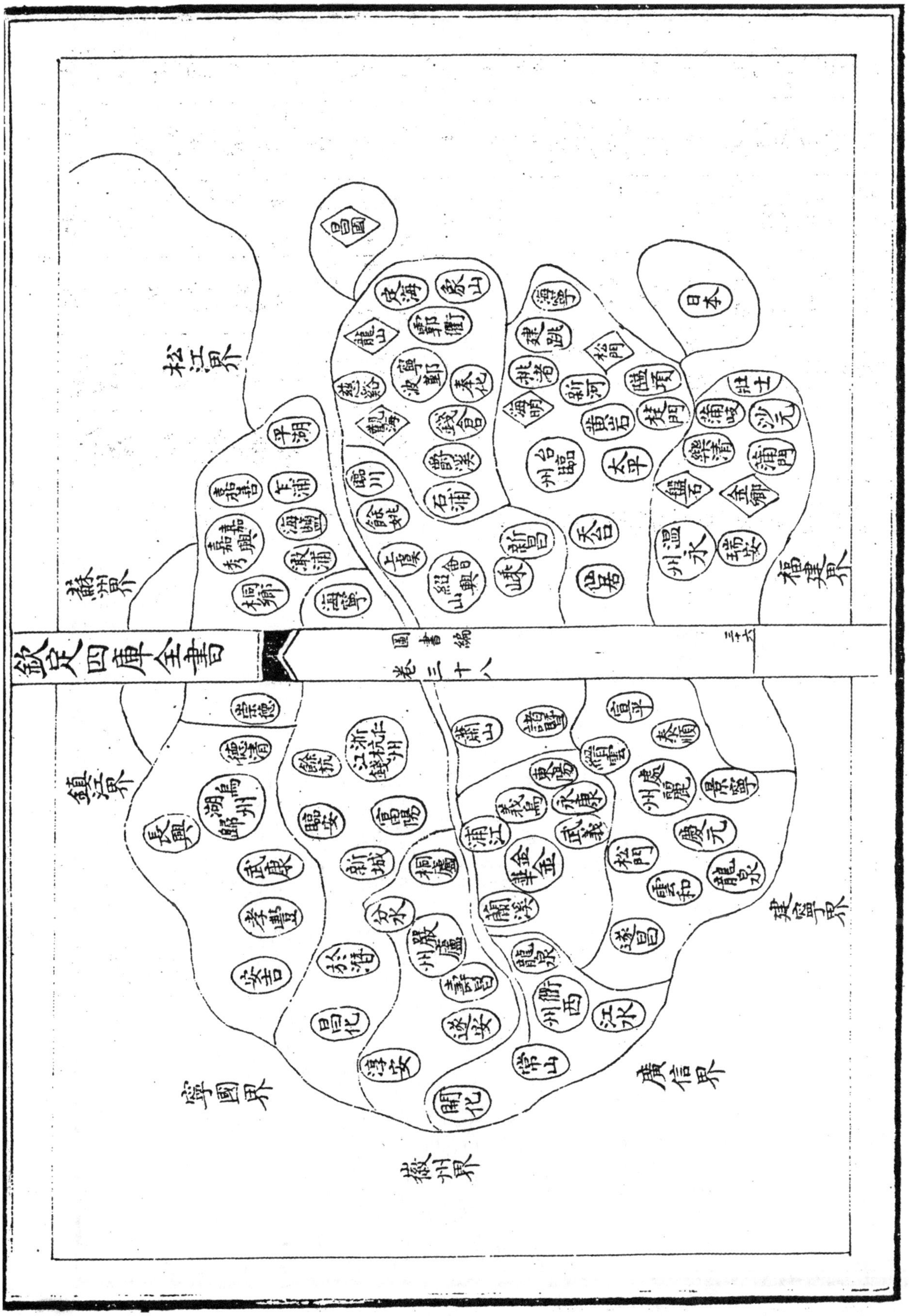

78. 章潢《图书编》中的浙江省地图

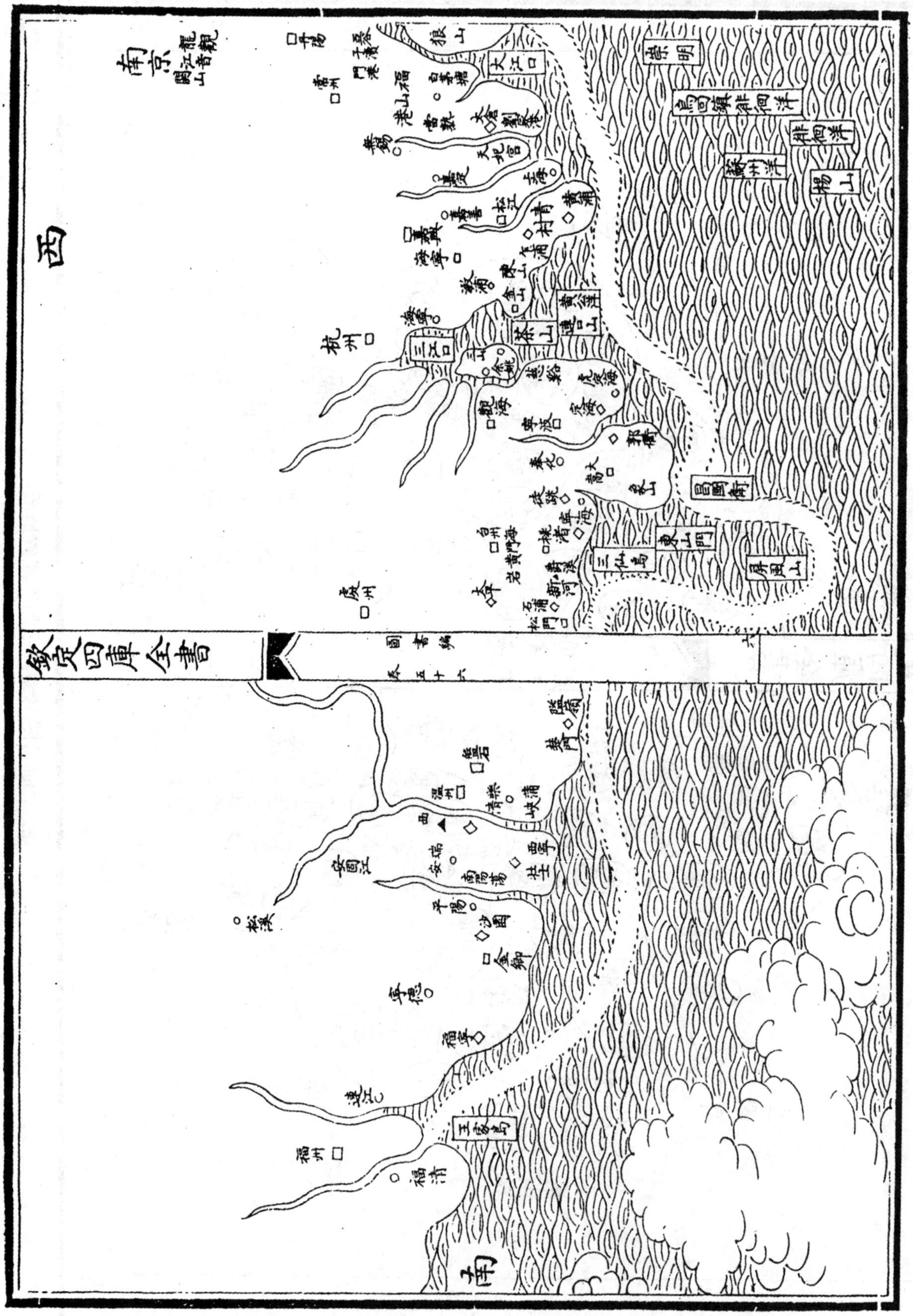

79. 章潢《图书编》中的“海运图”

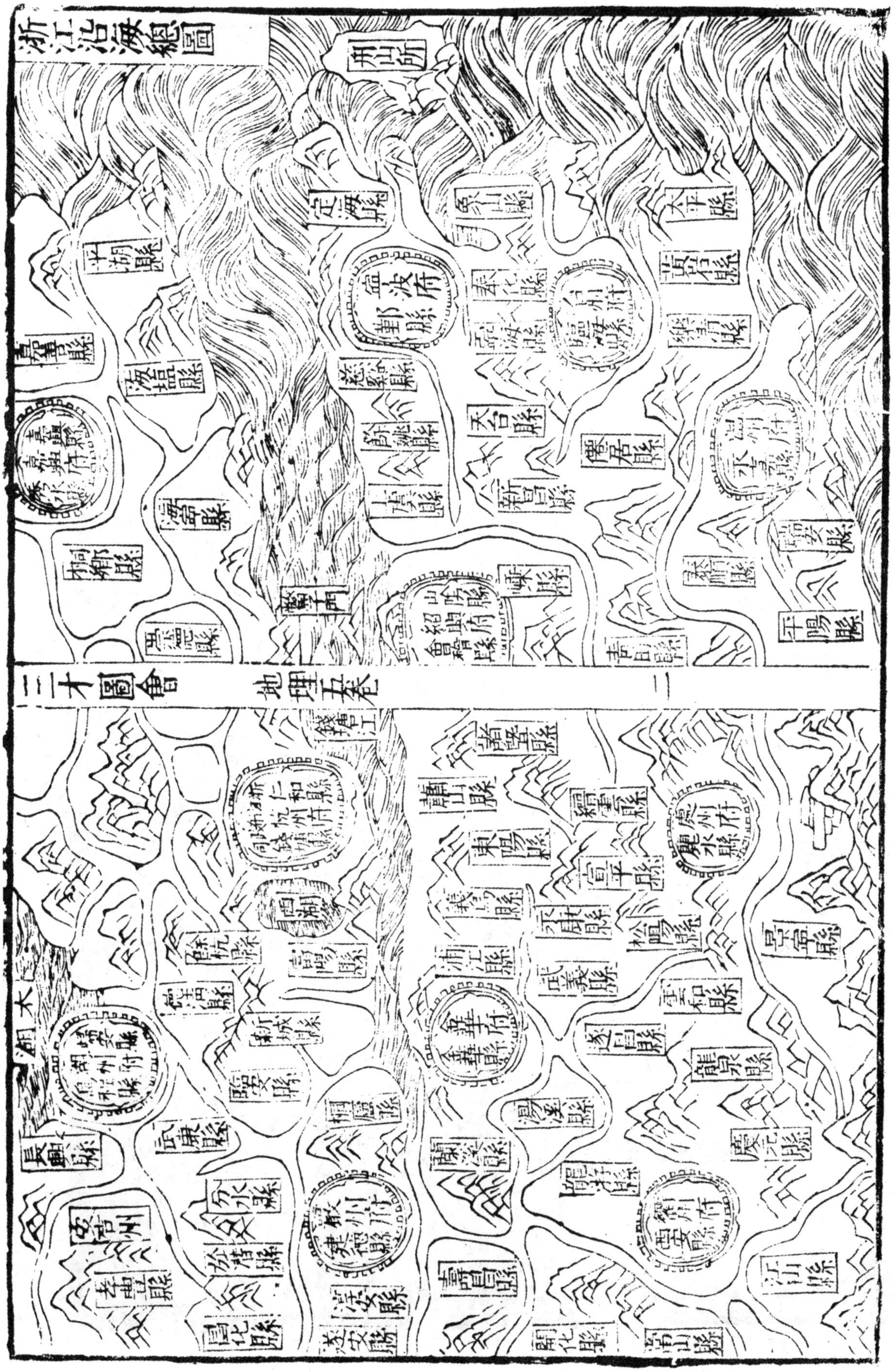

80.《三才图会》上的“浙江沿海总图”

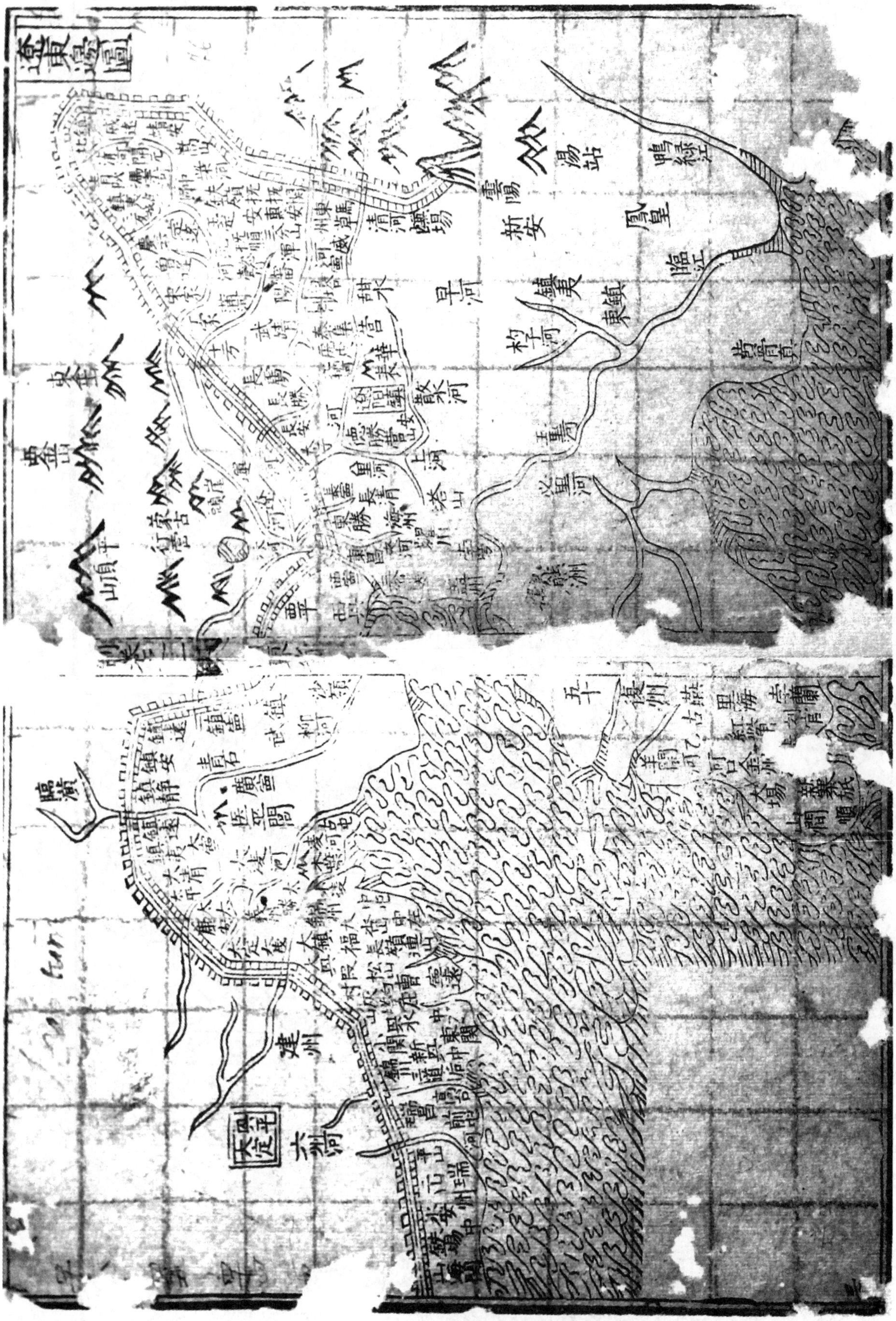

81. 罗明坚《中国地图集》中的"辽东边图"

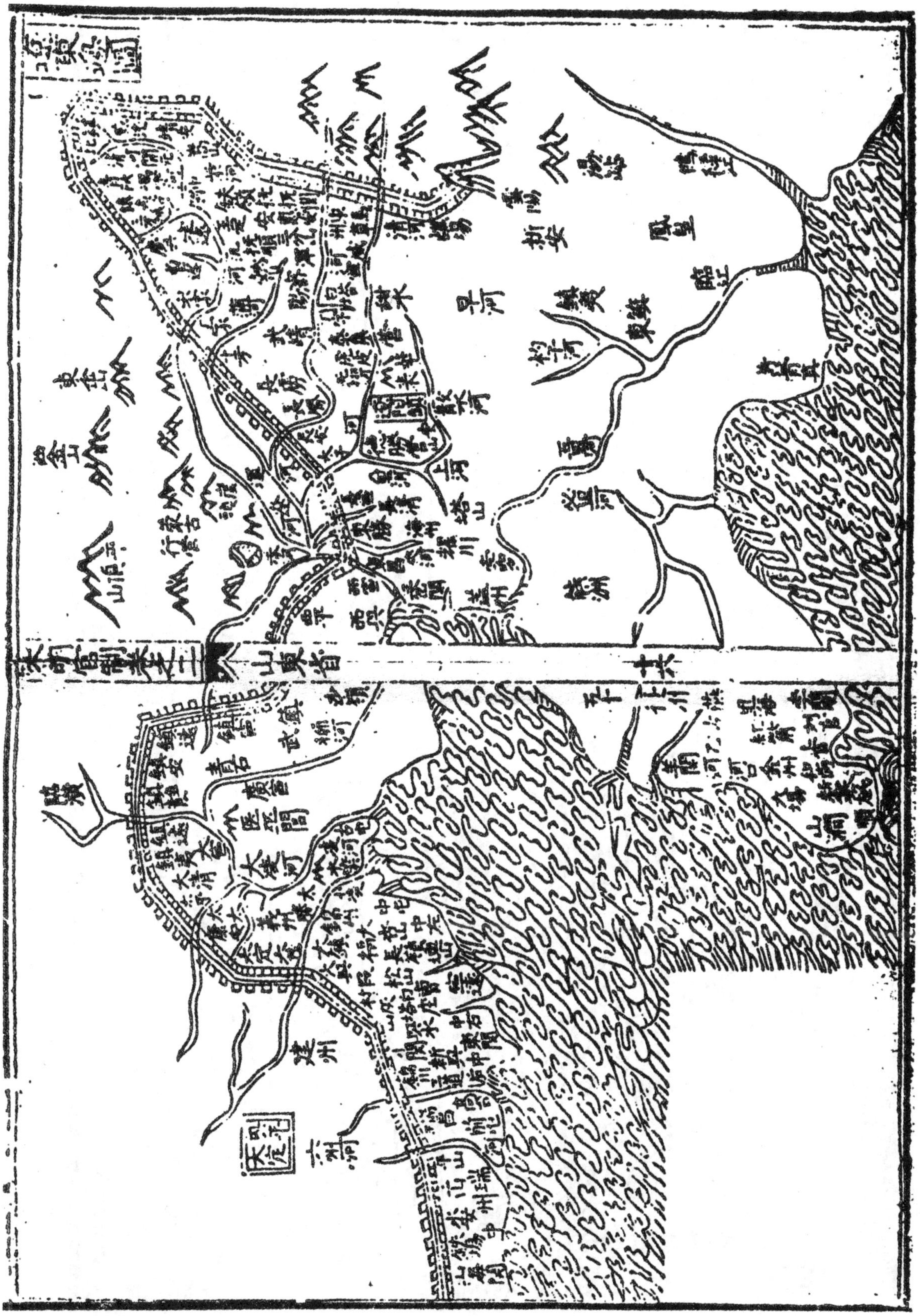

82. 万历十四年（1586 年）宝善堂所刻《大明一统文武诸司衙门官制》中的“辽东边图”

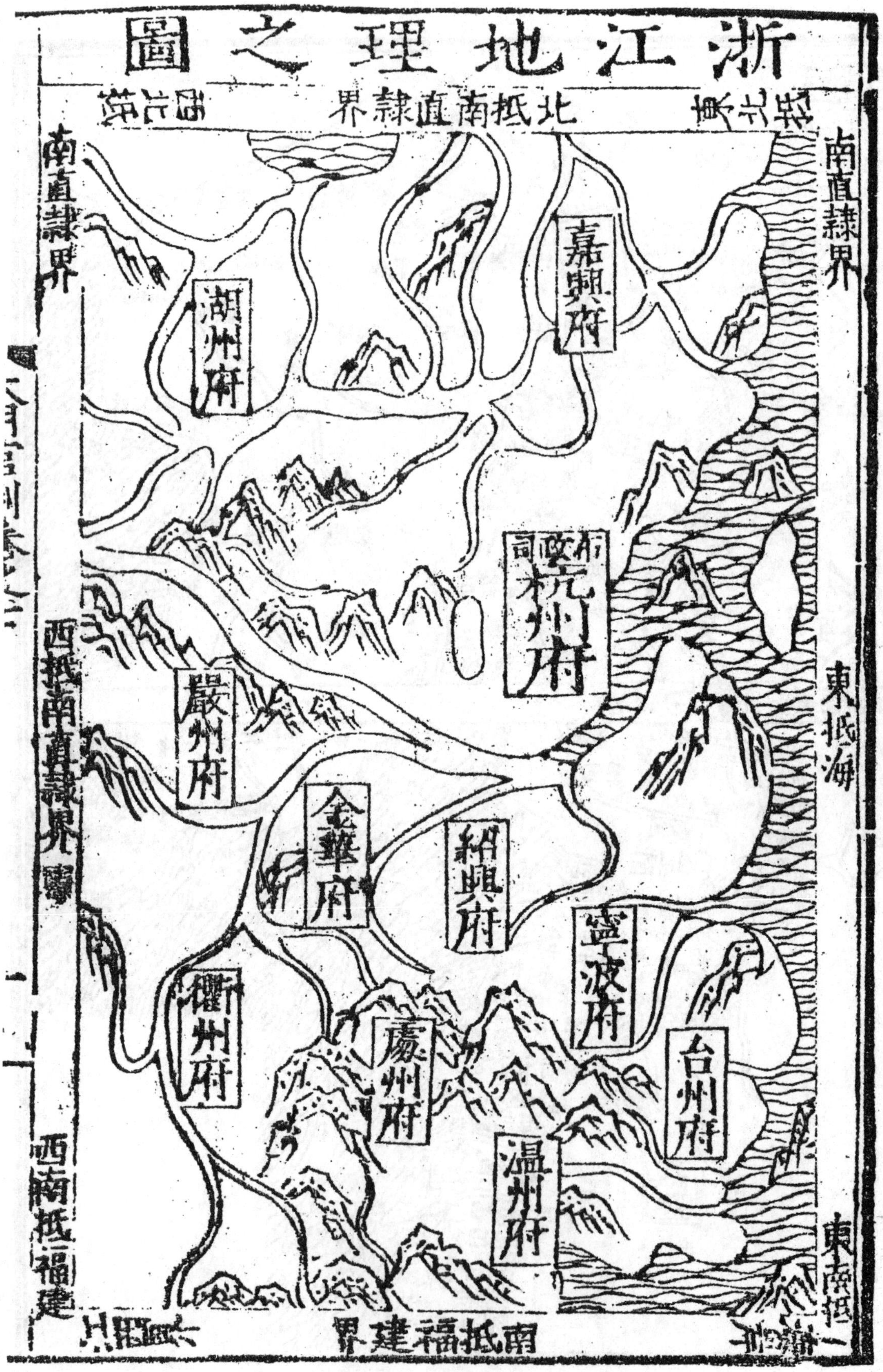

83.《大明官制》嘉靖二十年焦琏刻本中的浙江省地图

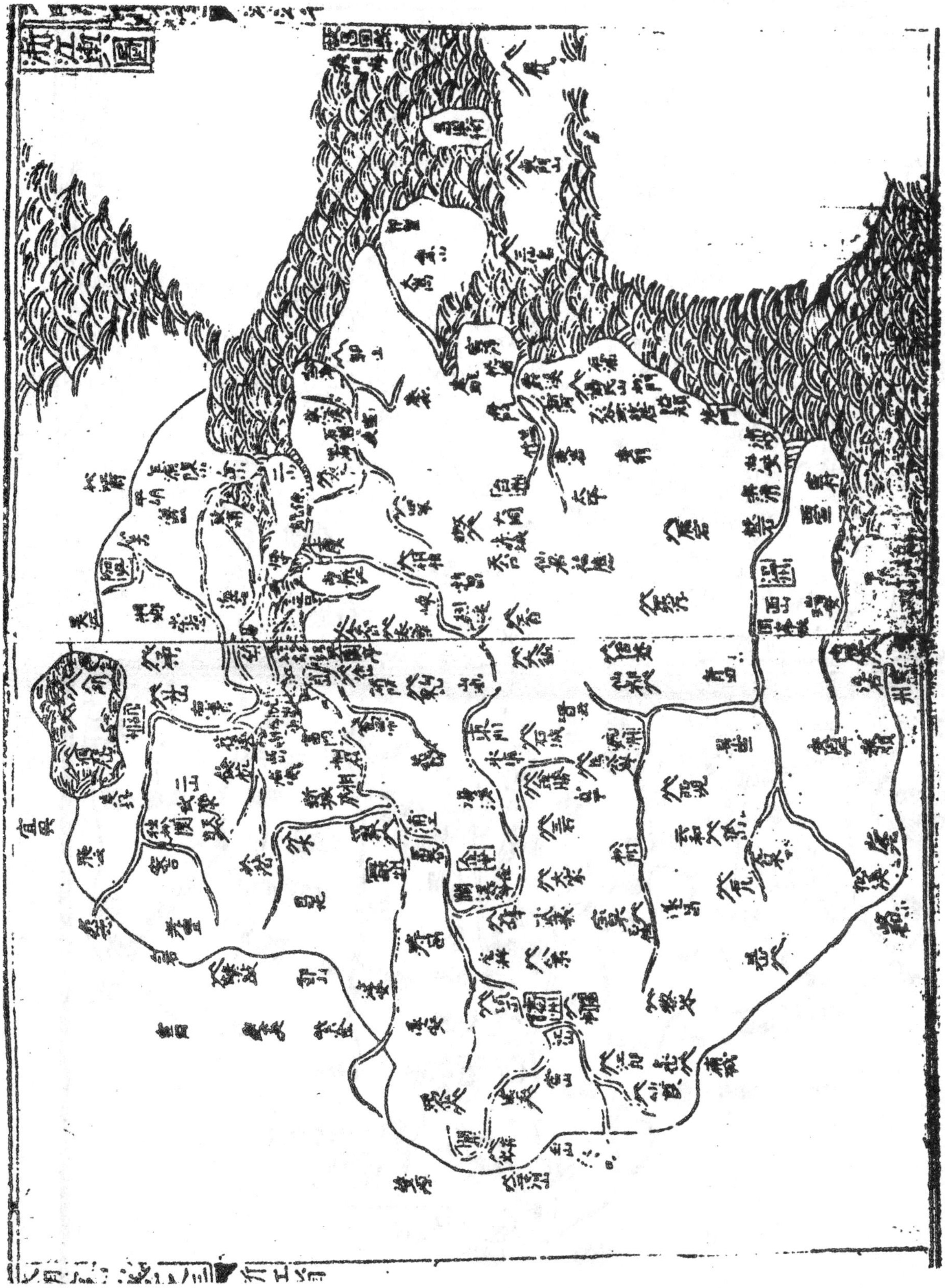

84.《大明官制》万历十四年宝善堂刻本中的浙江省地图

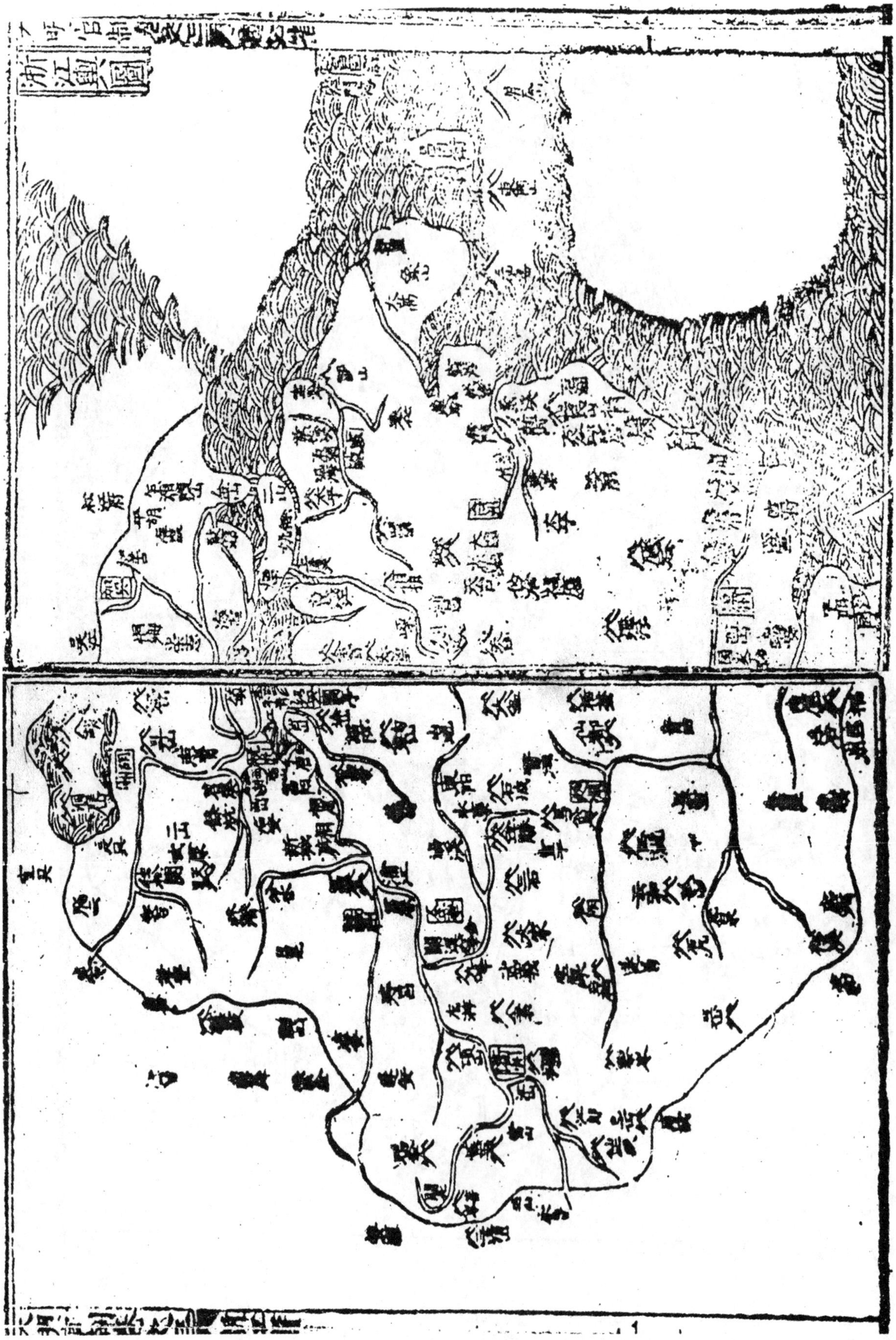

85.《大明官制》万历四十一年宝善堂刻本中的浙江省地图

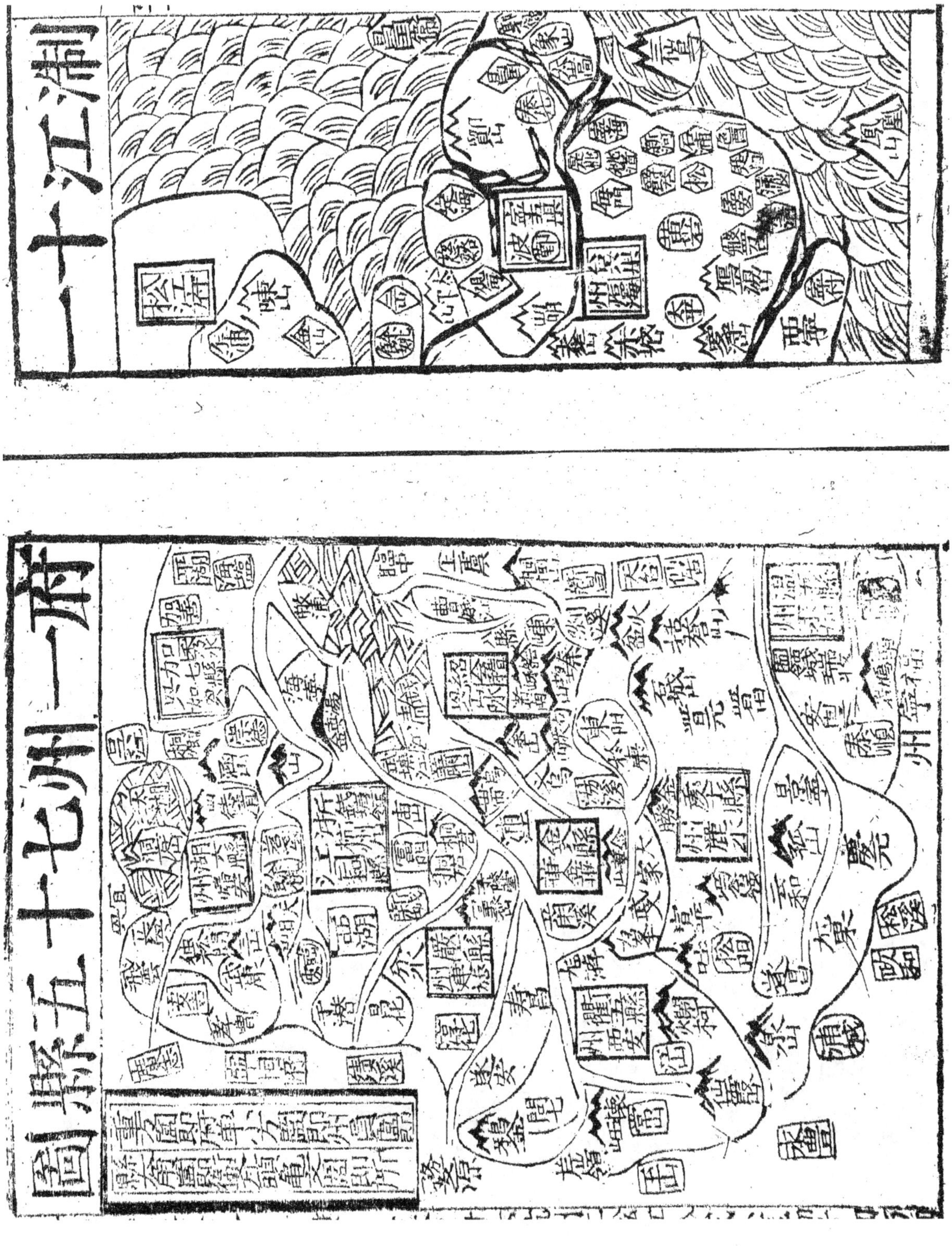

86.《大明官制》万历年间乔山书舍刻本中的浙江省地图

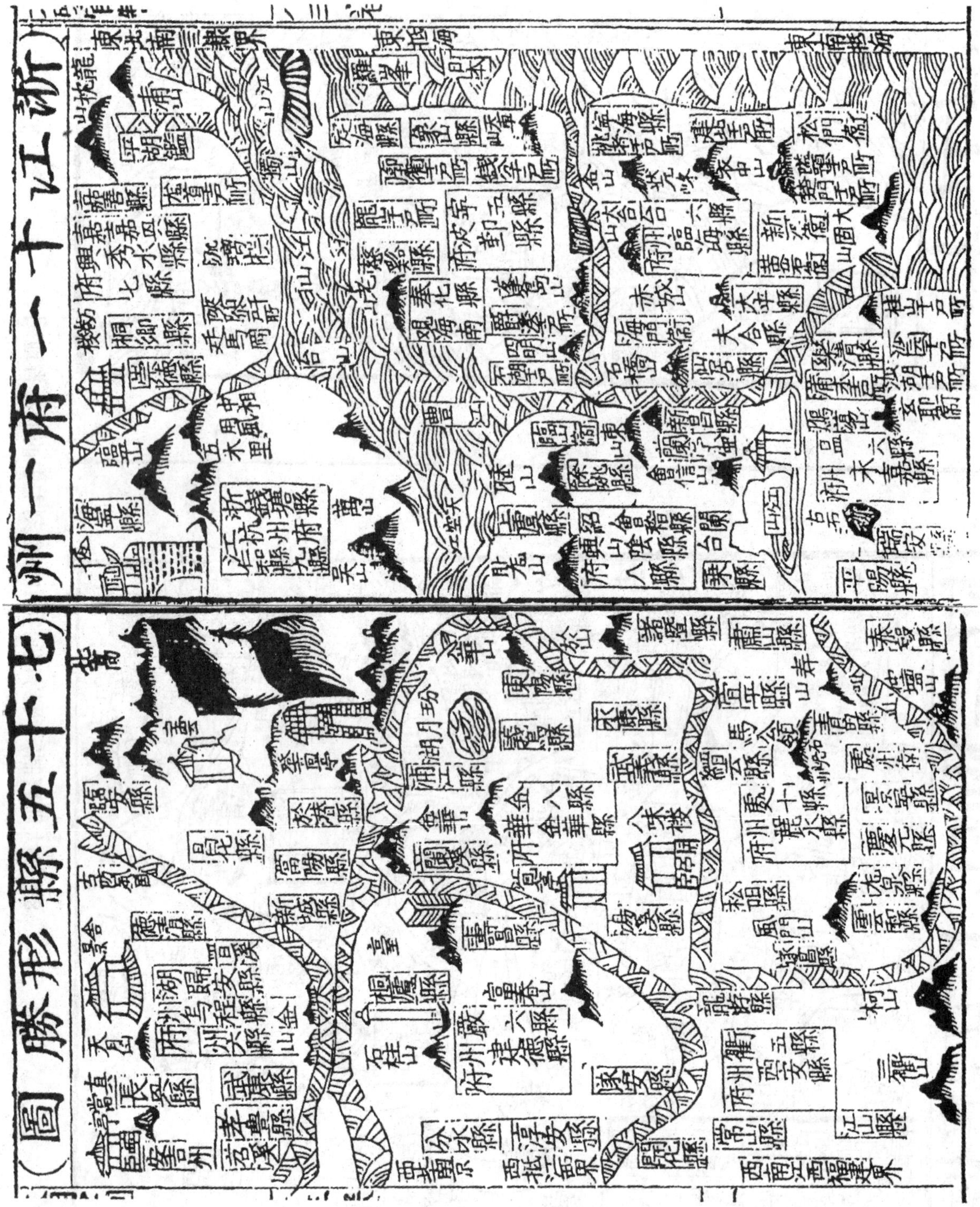

87.《大明官制》进贤堂瞻林所刻本中的浙江省地图

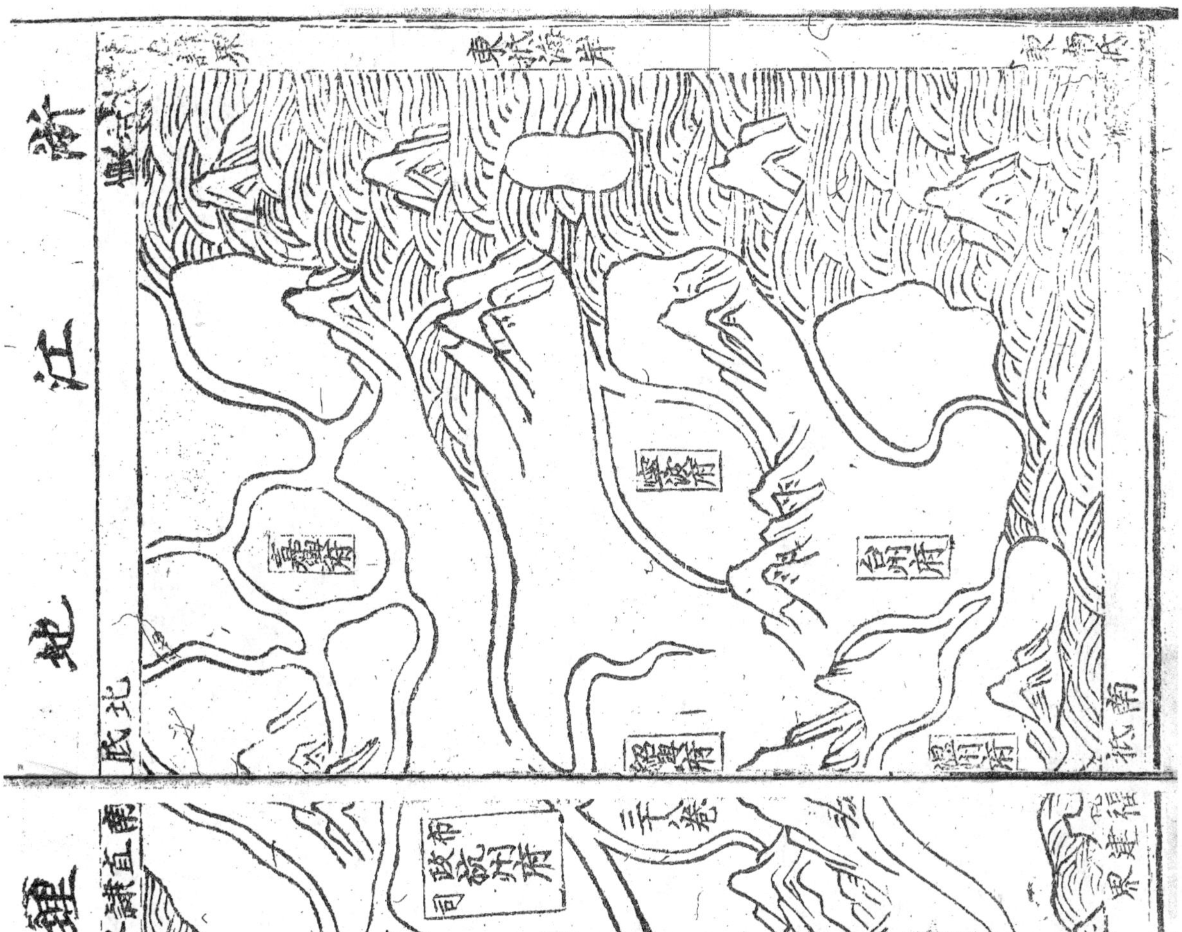

88.《大明一统志》中的浙江省地图

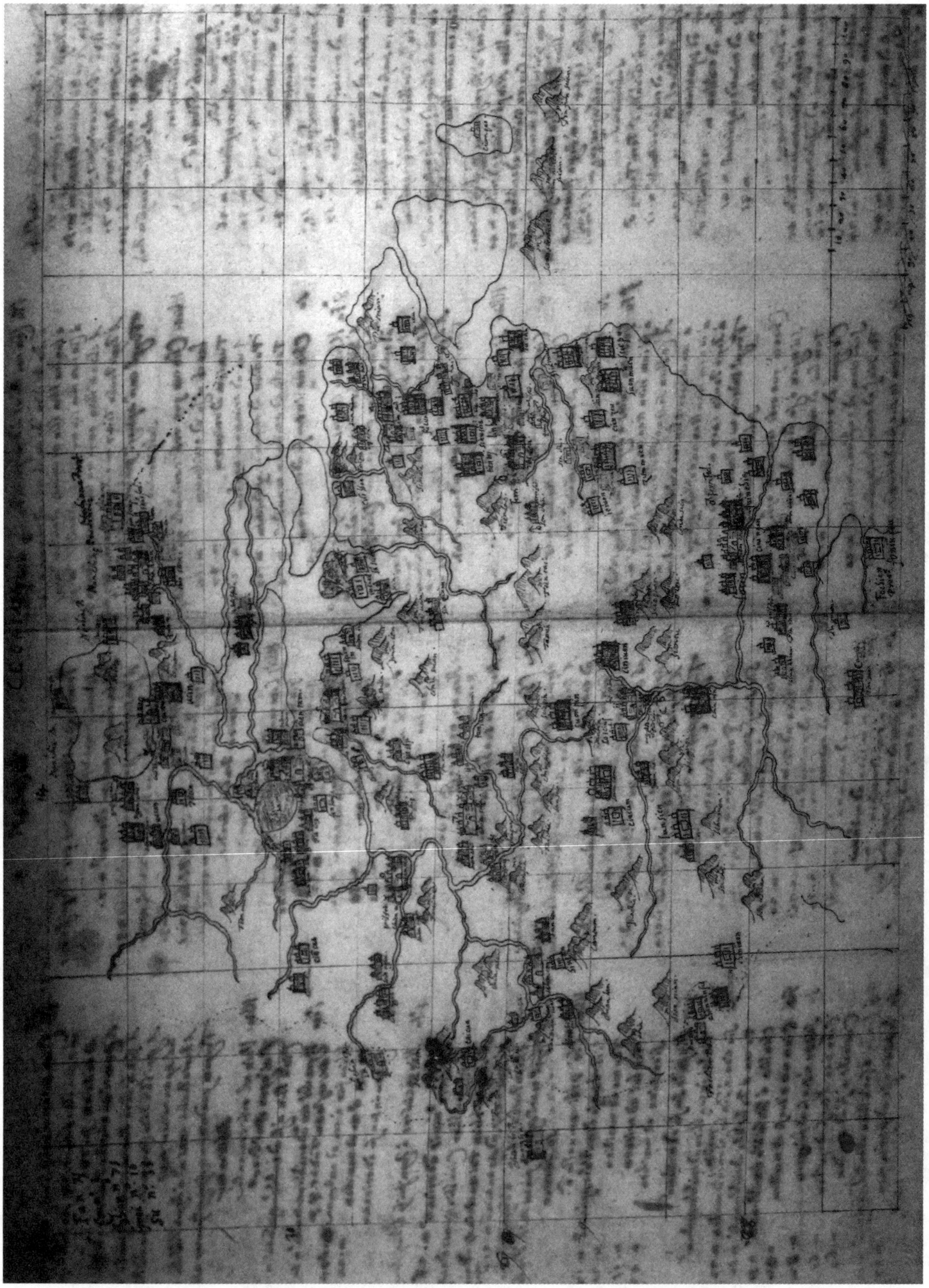

89. 罗明坚《中国地图集》中的浙江地图 A

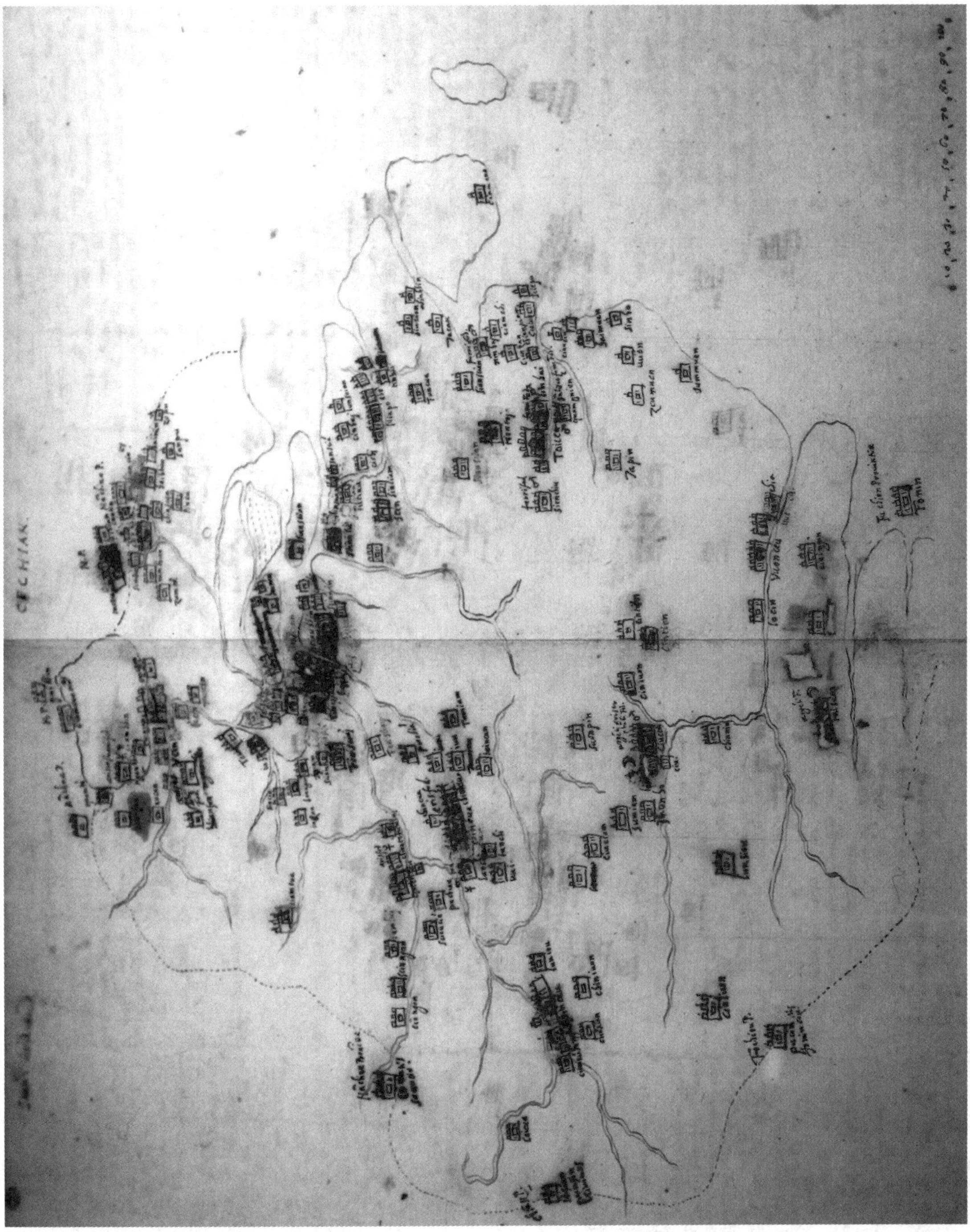

90. 罗明坚《中国地图集》中的浙江地图B

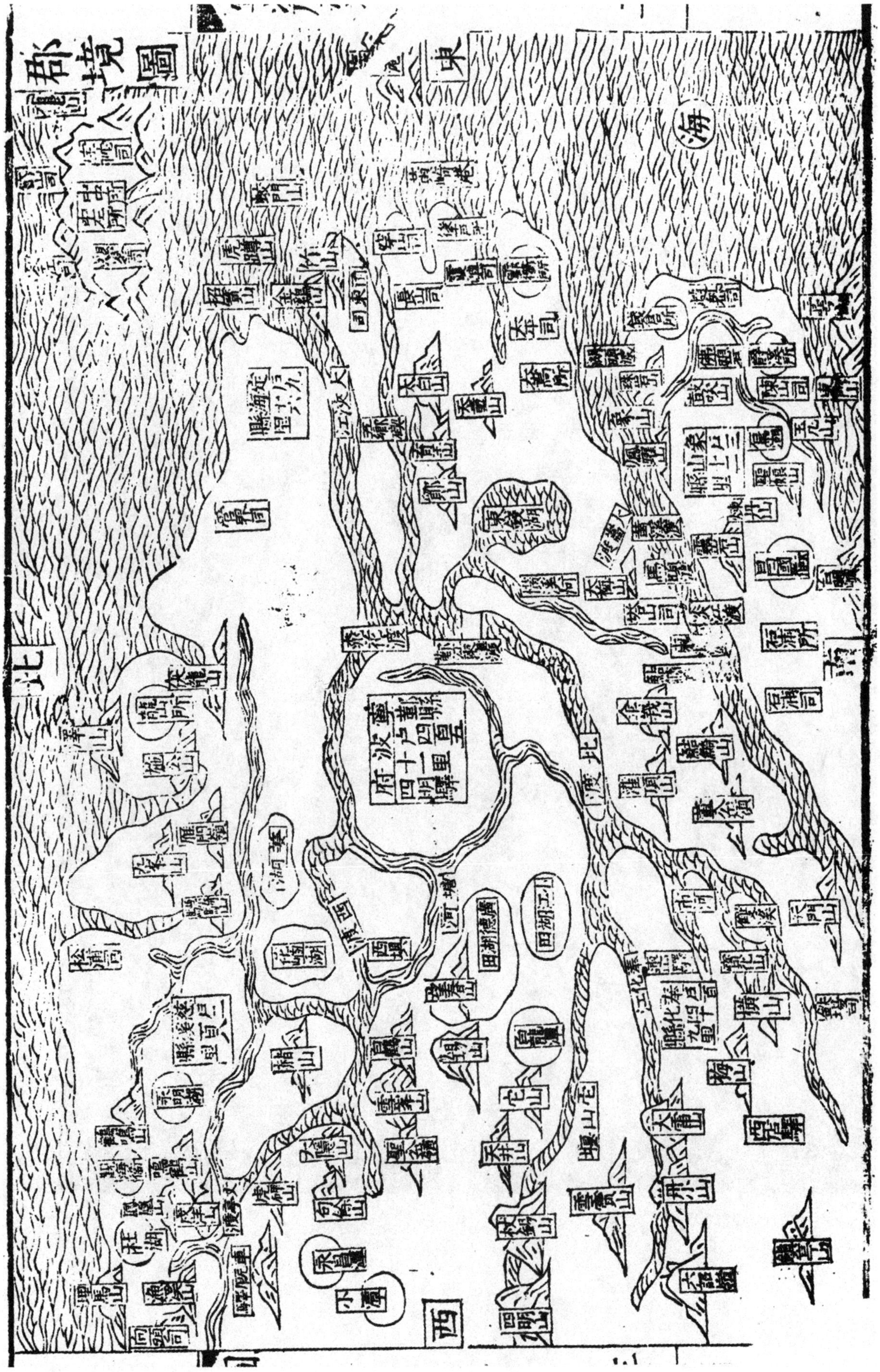

91. 嘉靖《宁波府志》中的“郡境图”

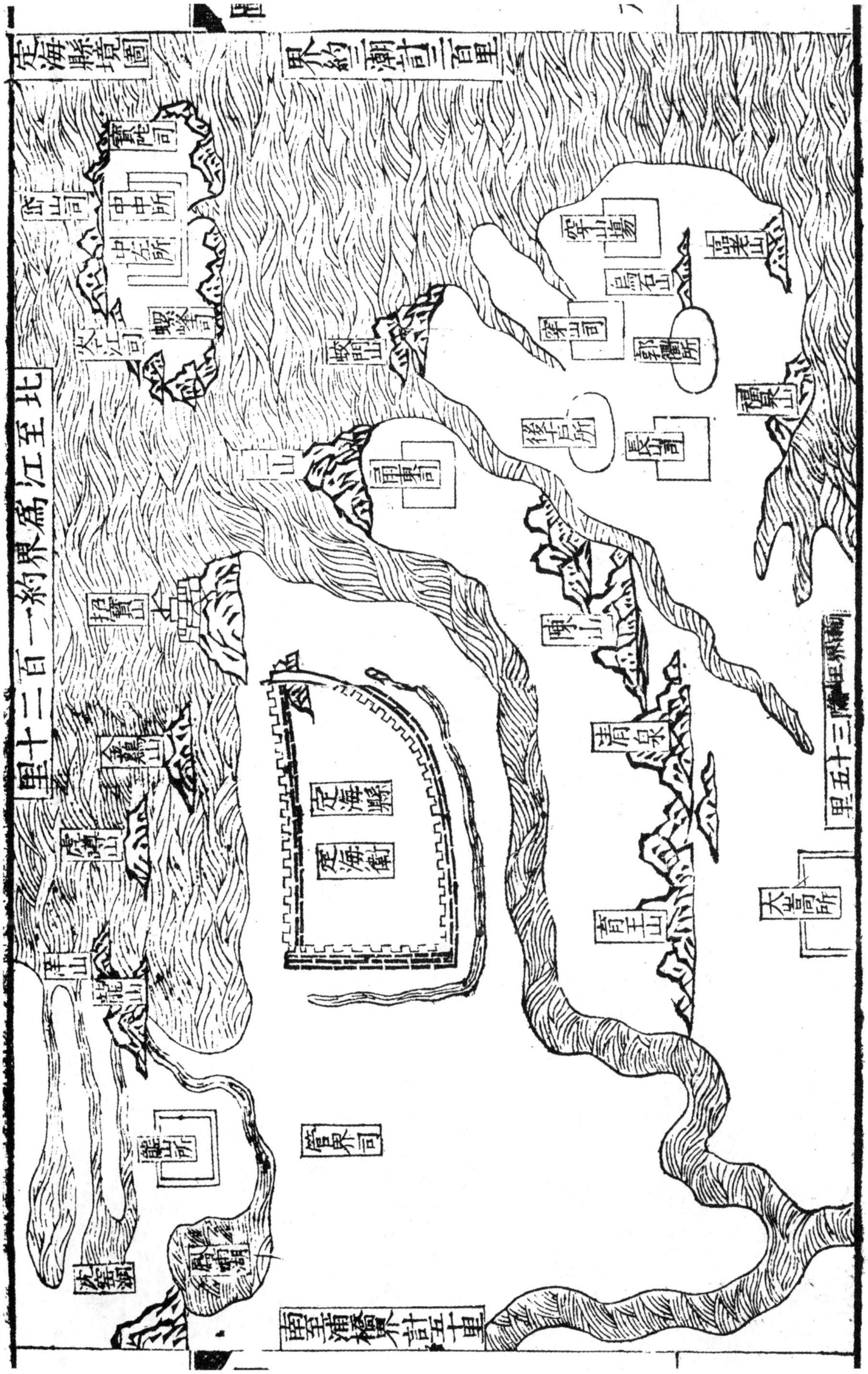

92. 嘉靖《宁波府志》中的“定海县境图”

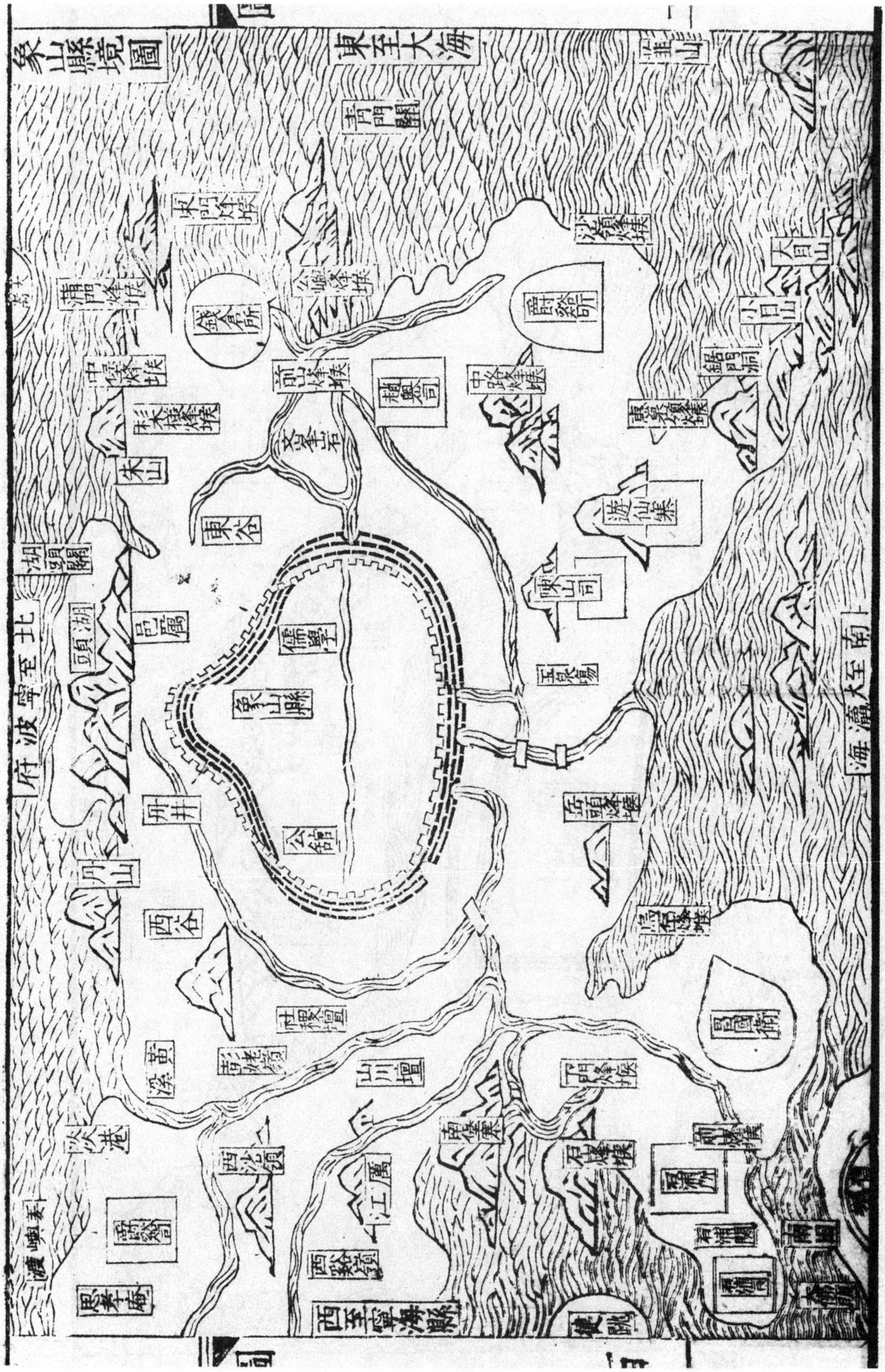

93. 嘉靖《宁波府志》中的“象山县境图”

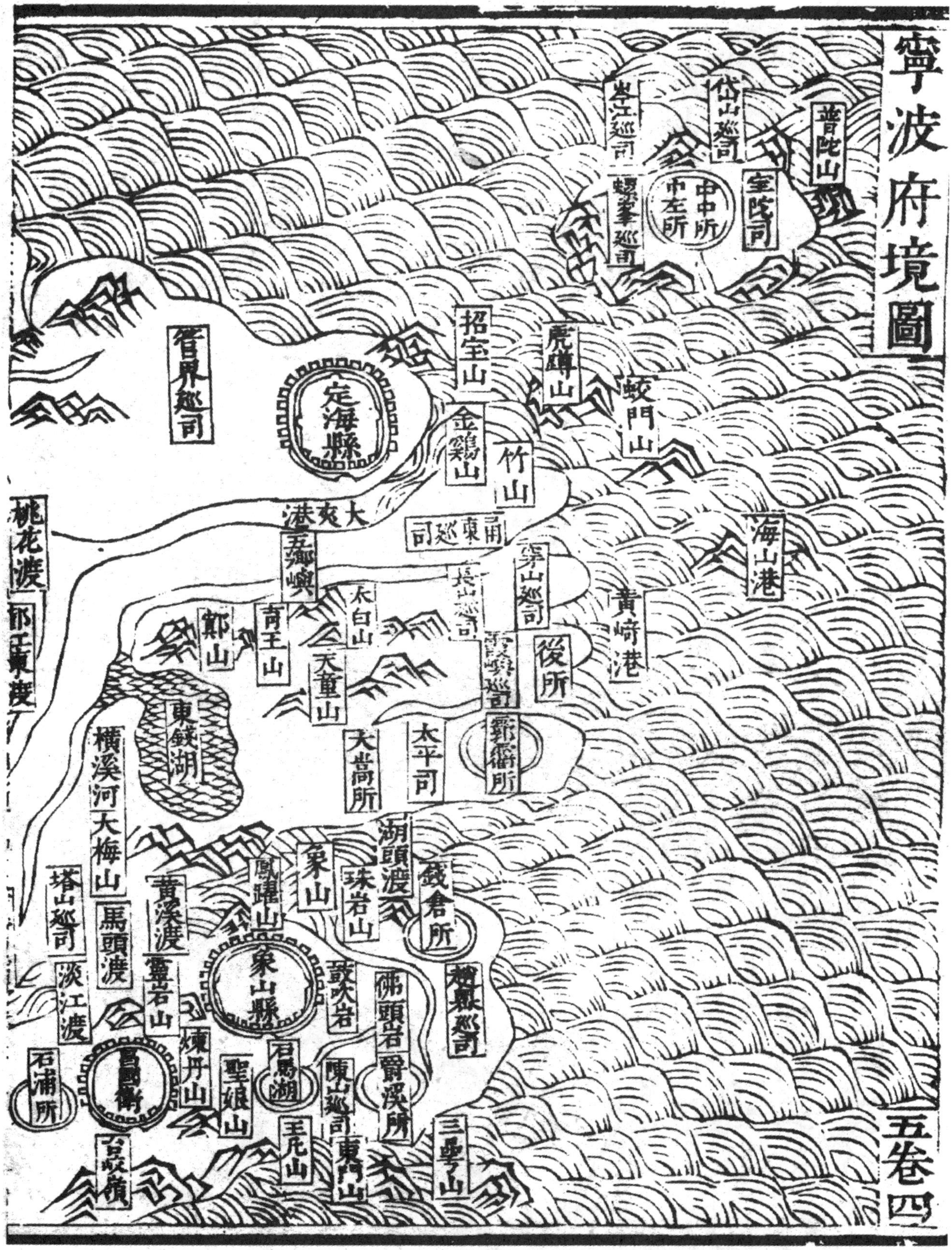

94. 郑若曾《筹海图编》中的“宁波府境图”

95. 卫匡国《中国新图集》“中国总图”中的浙江及周边地区（备用）

96.1667年基什尔（Kircher）《中国图说》中的中国地图

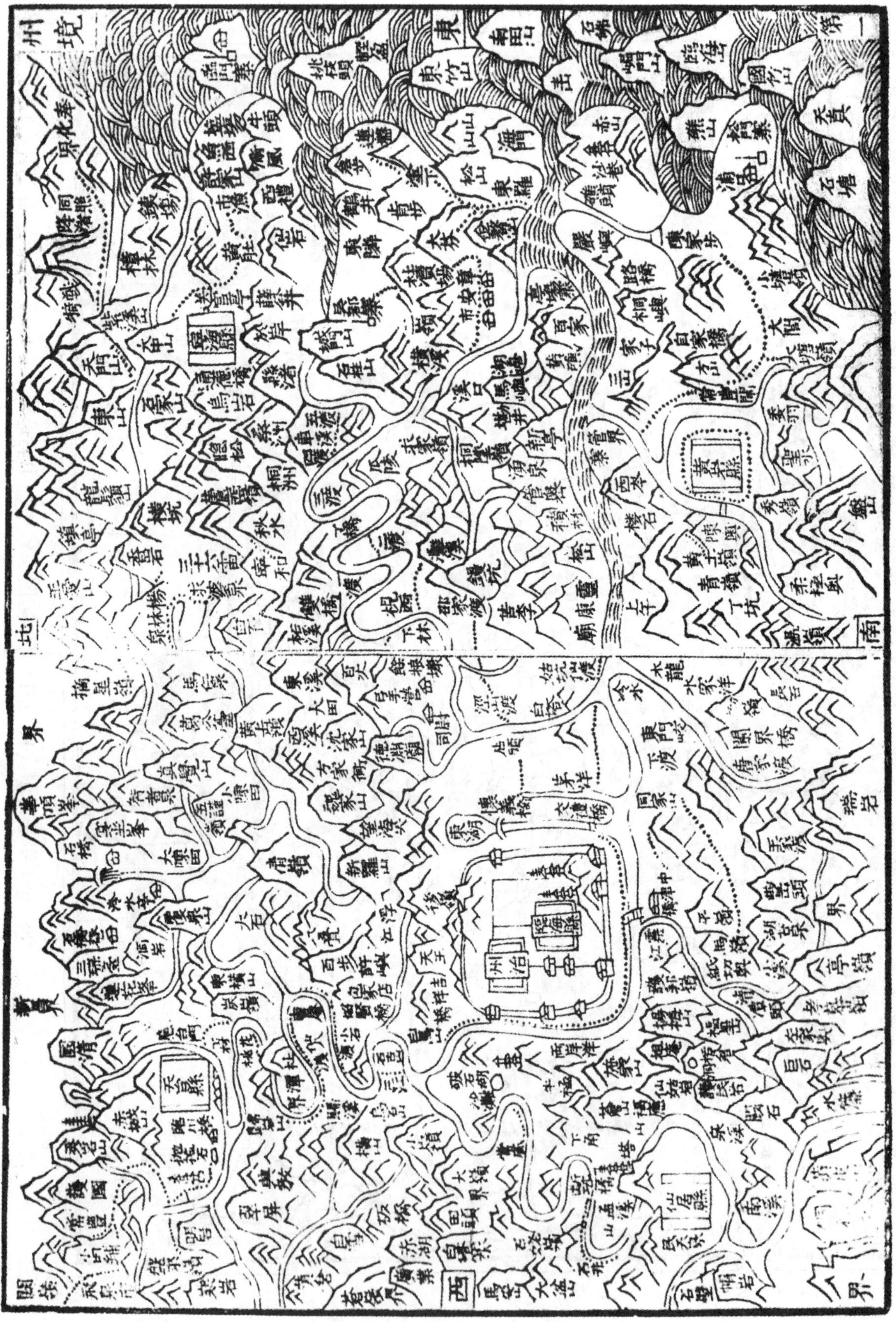

97.《嘉定赤城志》上的“南田山”

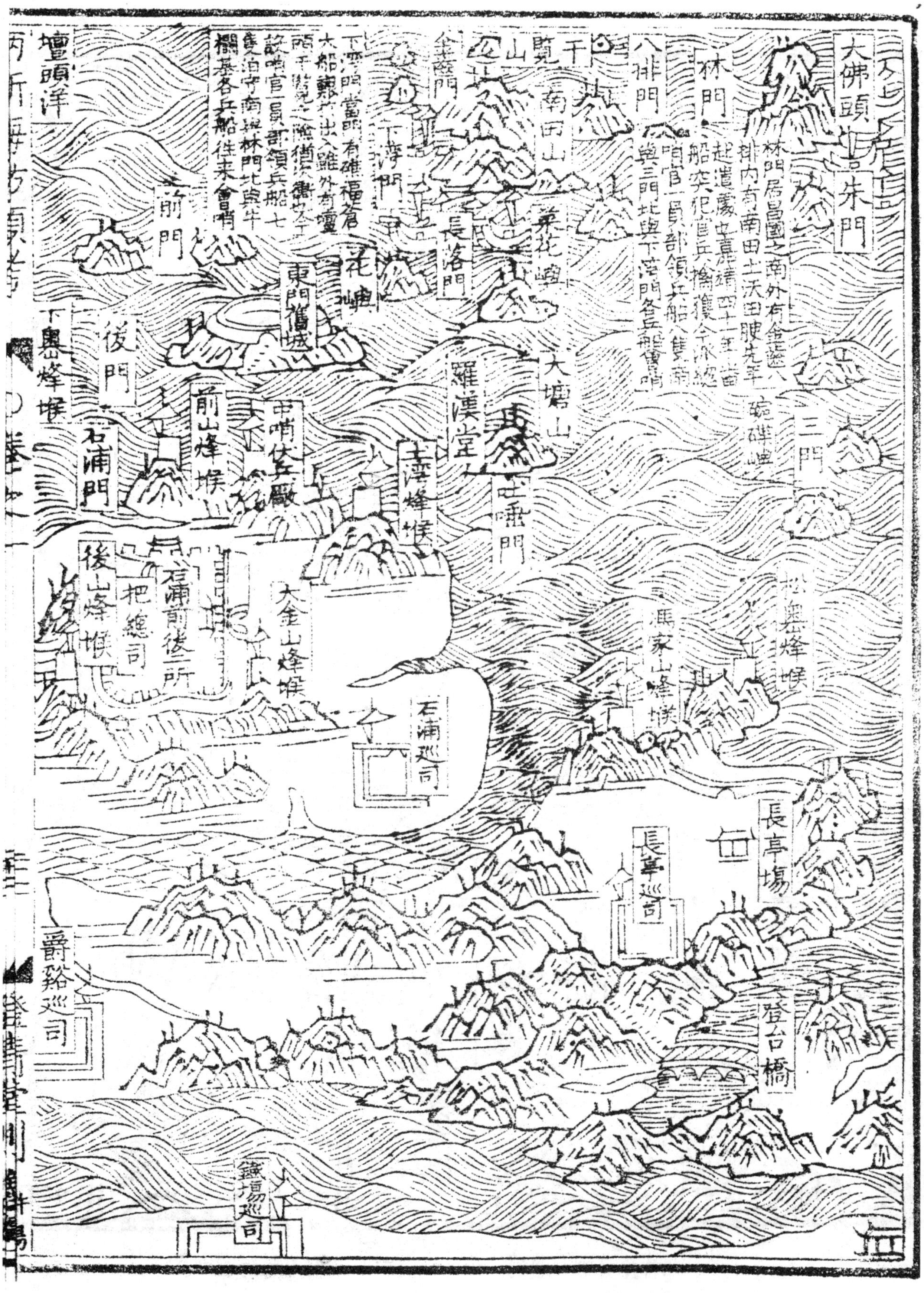

98.《两浙海防类考续编》中的林门、南田等岛

99. 郑若曾《筹海图编》中的“灵门”及周边岛屿 015

長山嘴與天后宮對照計程二里登岸即黃狗蟠逾小嶺即石屋塘轉崗連排有峙灣壺瓶灣等處並無洋面實屬内地

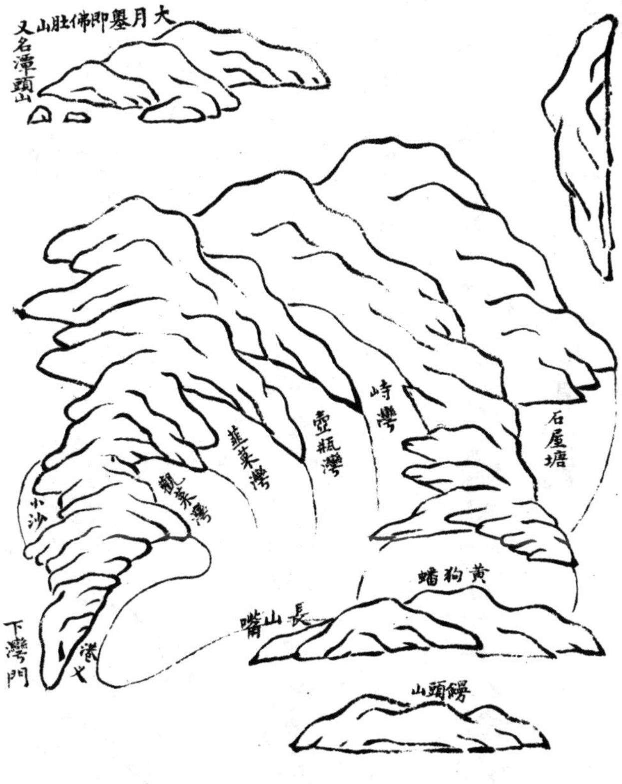

大月嶴佛肚山　科地五百畝　山五千二百畝　塘田六百六十畝
大小沙　科高田五十畝　地一百畝　山五百畝
潭頭山　科地一百畝　山八百畝
黃狗蟠　科山五百畝　塘四十六畝二分一厘
小網巾饅頭山　科高田五十三畝三分三厘五毫　山三千畝　塘田一百一畝五分
石屋塘　科高田二十三畝三分九厘　山八百畝　塘田四十七畝八分一厘
峙灣　科山一千二百畝　塘田七十一畝三分六厘
壺瓶灣　科山八百畝　塘田三十六畝
韮菜灣　科山八百畝　塘田一百三十二畝五分
觀菜灣　科高田十六畝三厘　山一千畝　塘田八十一畝三分一厘

100. “南田十八图”的长山嘴地图

花嶼等四灣與石浦老岸對港
計程二里西隅即東門口東隅
即下灣門口並無洋面實屬内
地

花市大灣　科高田七十九畝三分九厘六毫　地九十五畝四分九厘九毫

胡椒灣　科地一百二十五畝三分一厘七毫

上布袋　科高田十畝三分一厘一毫　山二千畝　塘田二百六十八畝六分六厘

下布袋　科山二千畝　塘田一百十一畝二分九厘一毫

101. “南田十八图”的花屿等四湾地图

鴨嘴山離石浦天后宫
對面五六里登岸越岡
即塘田地界與黄金壇
滴落水相連以魚山西
側為界前面即樊壘
支河河口即釣嶼山
並無洋面實屬內地

鴨嘴山　科山二千畝　塘田三千五百十畝二分
釣嶼　科山五百畝　地一百九十六畝六分一厘九毫
黄金塘　科山一千五百畝　塘田一千二百三十二畝三分三厘
滴落水　科山一千五百畝　塘田一千九百三十九畝六毫

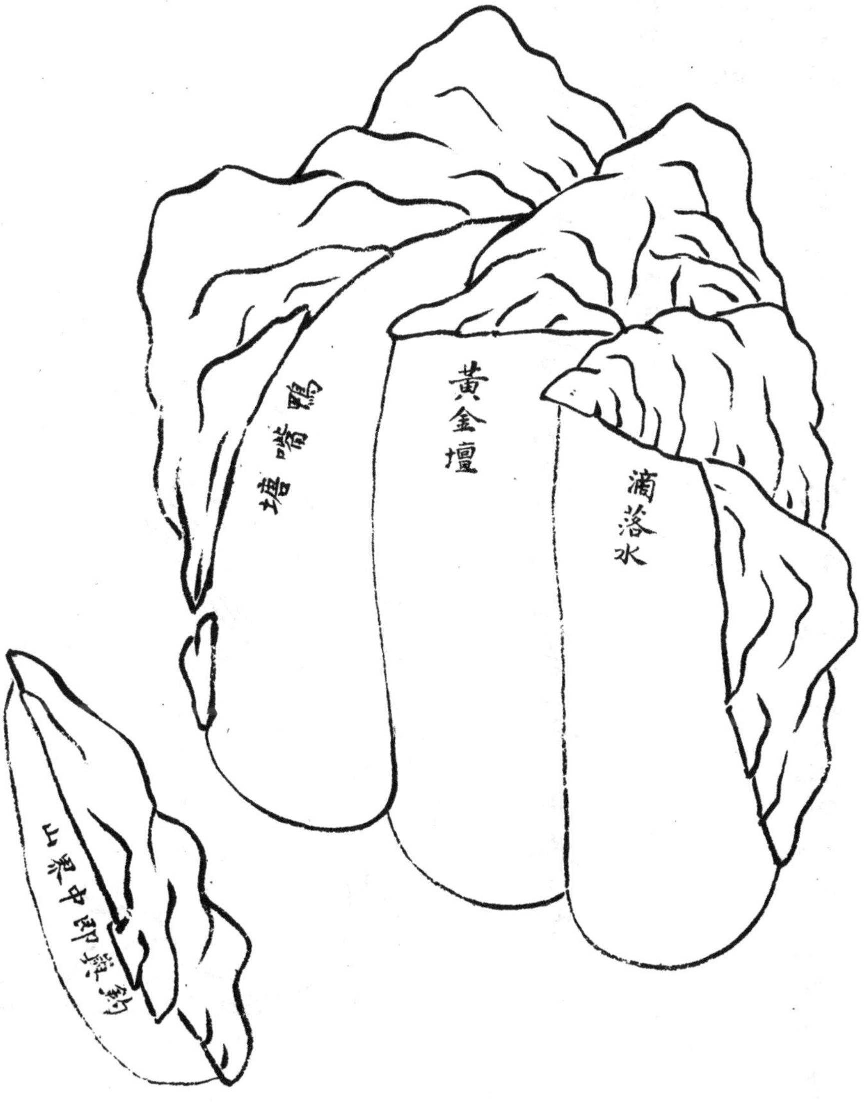

102. “南田十八图”的鸭嘴山地图

大小百丈係魚山東隅進口名石屋嘴西臨樊嶴並無洋面實屬內地

大百丈　科高田一千一百七十畝七分五厘　山三千畝　塘田二千二百五十畝

小百丈　科高田四百十六畝六分七厘

魚　山　科山五百畝

石屋嘴　科地六十畝一分七厘七毫　山二千六百畝　塘田二千二百八畝三分三厘三毫

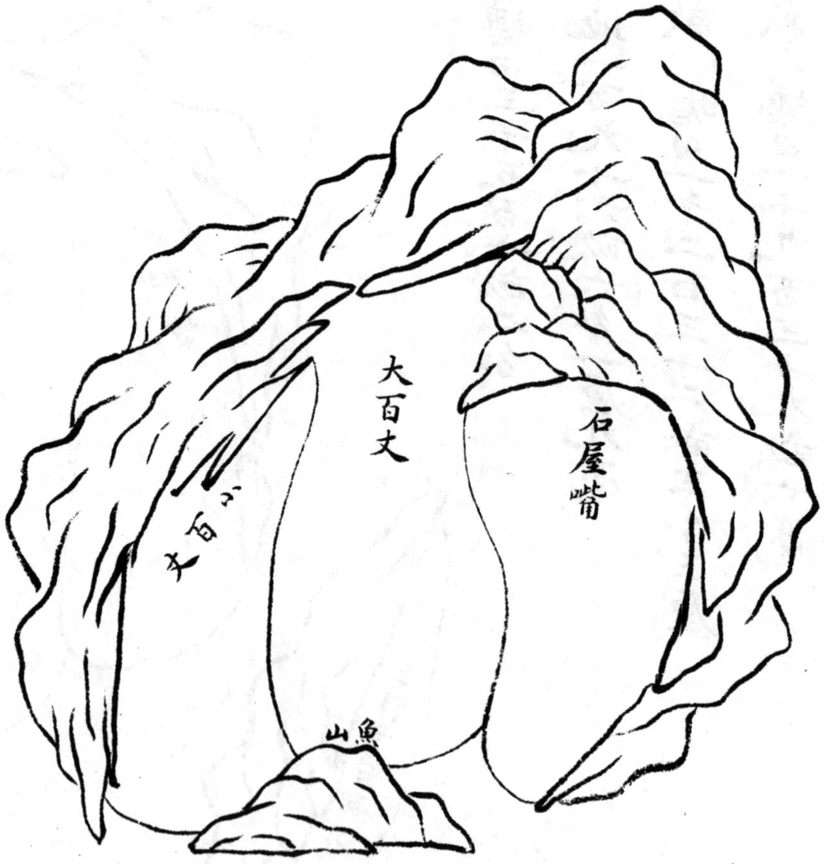

103. “南田十八图”的大小百丈地图

螺獅嶴上連川洞下連
隴頭狗咬塘裡外灣大
灣等處即樊嶴支河對
面並無洋面實屬內地

螺螄嶴　科高田二千五百五畝九分三厘八毫　山二千四百畝　塘田三千九百三十畝四分三厘八毫
隴頭塘　科高田二十畝三分一厘三毫　塘田八十八畝四分五厘四毫
狗咬塘　科山三百畝　塘田一百三十二畝七分五厘
裡小灣　科山三百畝　塘田六十七畝四厘八毫
外小灣　科山一百五十畝　塘田十七畝二分五毫
大　灣　科高田九十三畝五分二厘　山五十畝　塘田一百六十畝七分五厘

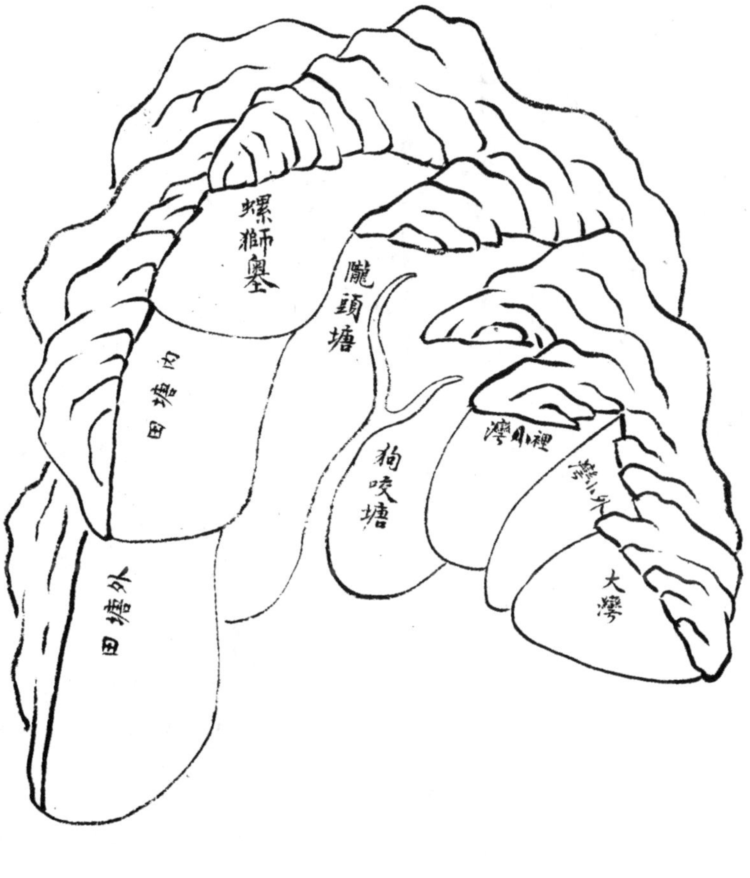

104.“南田十八图”的螺丝岙地图

樊墺東南支河已盡由後坑官基而歷中墺南衕堂北衕堂等處均係膏田沃壤並無洋面實屬内地

樊墺大身　科高田一千六百十二畝六分一毫
北衕堂　科高田四百九十四畝七分九厘九毫
南衕堂　科高田二百十四畝六分七厘一毫
中墺　科高田一百十一畝八分三厘三毫
官基　科高田二十九畝五分三厘一毫
後坑　科高田一百三畝五分八厘二毫

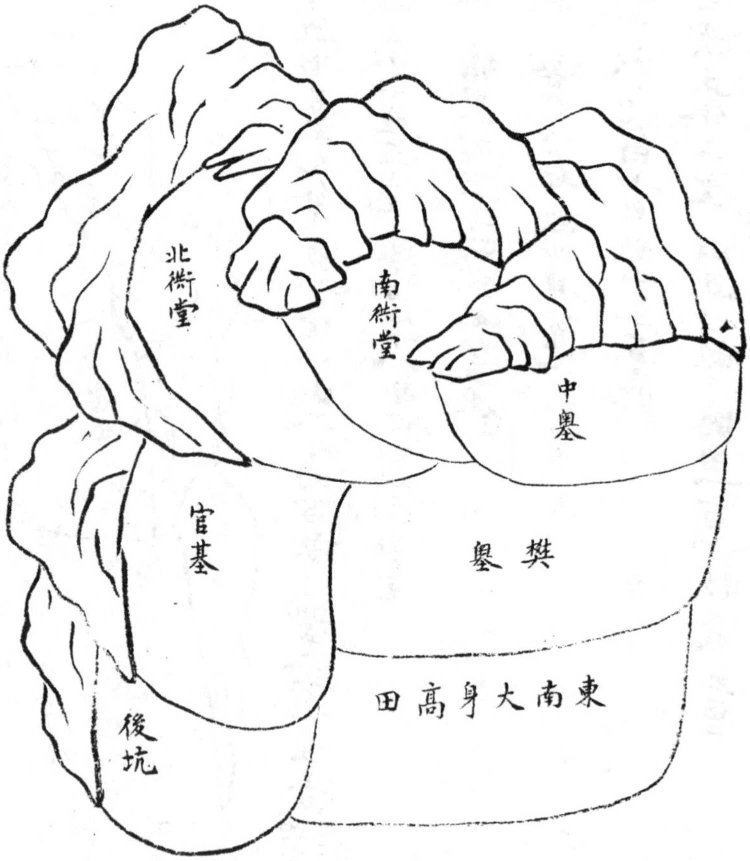

105. “南田十八图” 的樊岙东南地图

樊嶴西南由川洞縠筒竹筒石門嶺脚而止惟川筒有
塘田餘皆膏腴沃壤並無洋面實屬内地

樊嶴西面 科高田四百九十五畝
石門嶺脚 科高田五百三十四畝三分九厘
竹筒 科高田一百五十畝
縠筒 科高田二百十畝二分六厘九毫
川洞 科塘田一千二百三十九畝五分八厘三毫

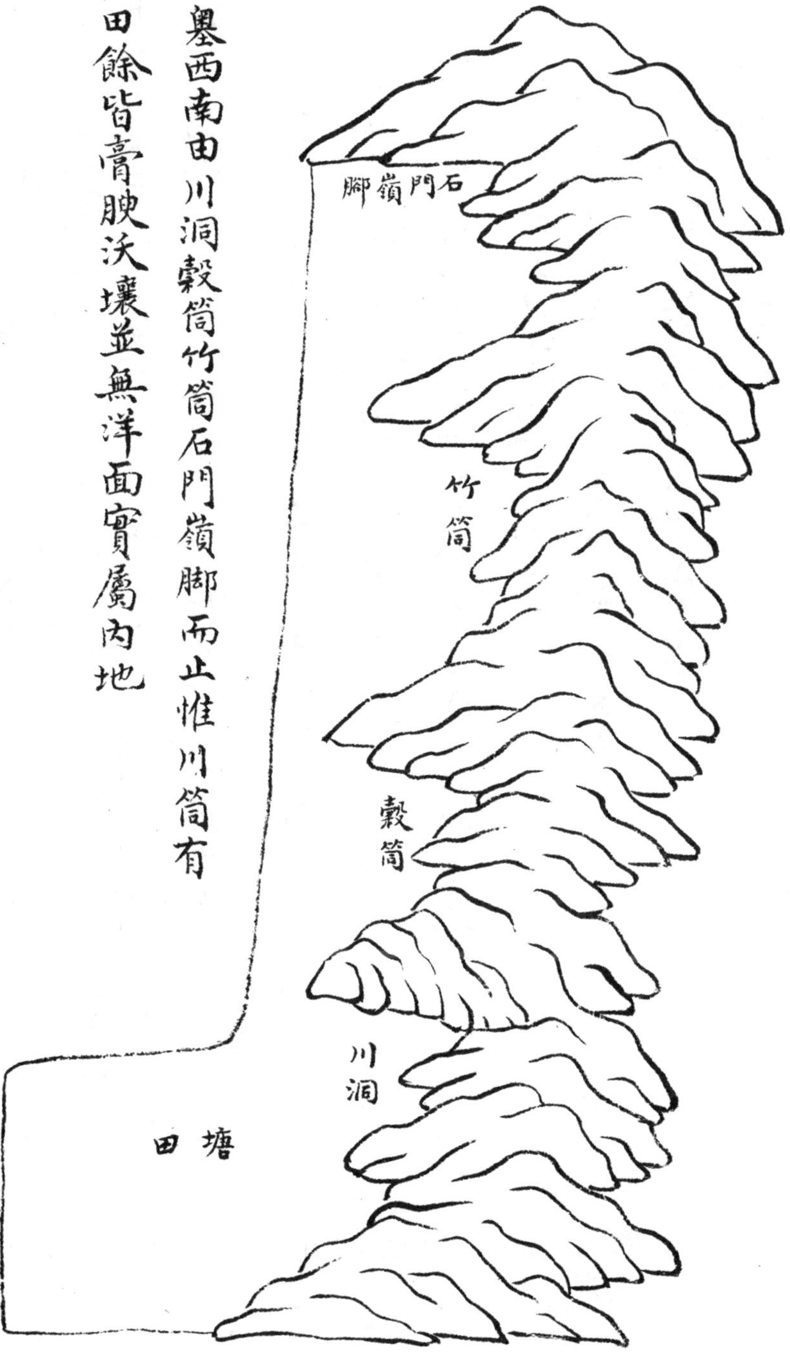

106.“南田十八图”的樊岙西南地图

大南田對面山與沙崗頭毘連
馬童嶴下連鳳凰山隴頭嶴斗
門嶴小埠嶴均屬平疇沃野背
臨大洋三面環海峯巒壁立
礁石磷硇不能停泊船隻前面
沙塗十餘里須預立港門標認
非大潮汐不能到門迨潮退順
港而進水亦易退船擱塗面再
待潮漲方能出船如港面略為堵
禦即灘沙汙陷不能行走天生
險要非人力能為是以毋庸請設防守

馬童嶴　科高田一千一百畝　地五百畝　塘五百四十五畝　山二千畝

鳳凰山　科地九十七畝九分六厘七毫　山二千畝

隴頭嶴　科高田三百九十六畝三分六厘　地九十六畝五分三厘

斗門　科高田三百畝六分二厘二毫

外嶴　科高田一百三十七畝六分三厘　山五百畝

小埠嶴　科地四百三十二畝五分　山五百畝

雌狼山　科山一千畝

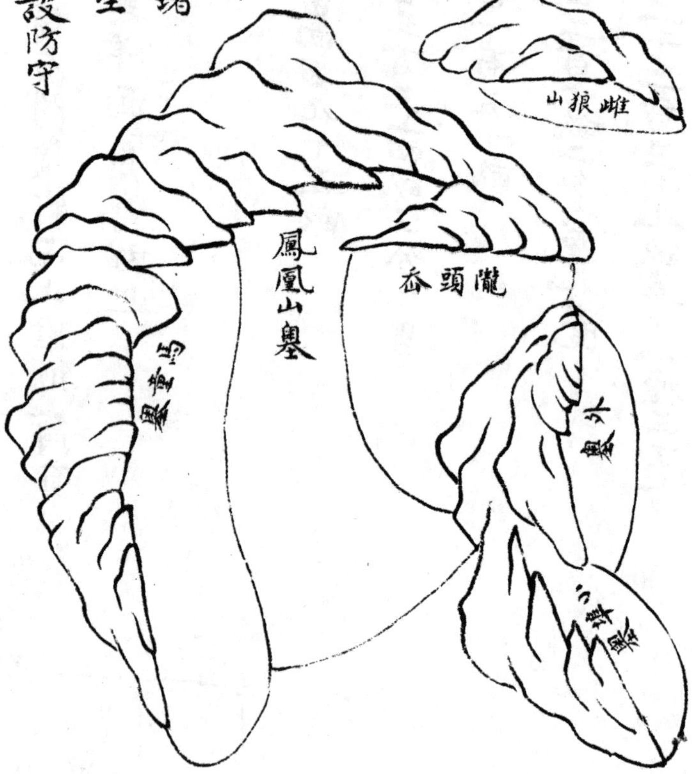

107.“南田十八图”的大南田地图（上）

大南田正南山背樊嶴石門嶺脚由石龍廟廟前灣白巖坑風門嶴重疊嶴而止均屬平疇沃壤並無洋面實屬内地

廟前灣　科高田一千畝三分一厘三毫　地二百九十二畝五分　山八千畝
廟後灣　科高田二百四十七畝九分二厘六毫
重疊嶴　科地四百畝
風門嶴　科地四百二十畝
白岩坑　科高田一千七十九畝五分三厘三毫　地二百二十一畝五分三厘

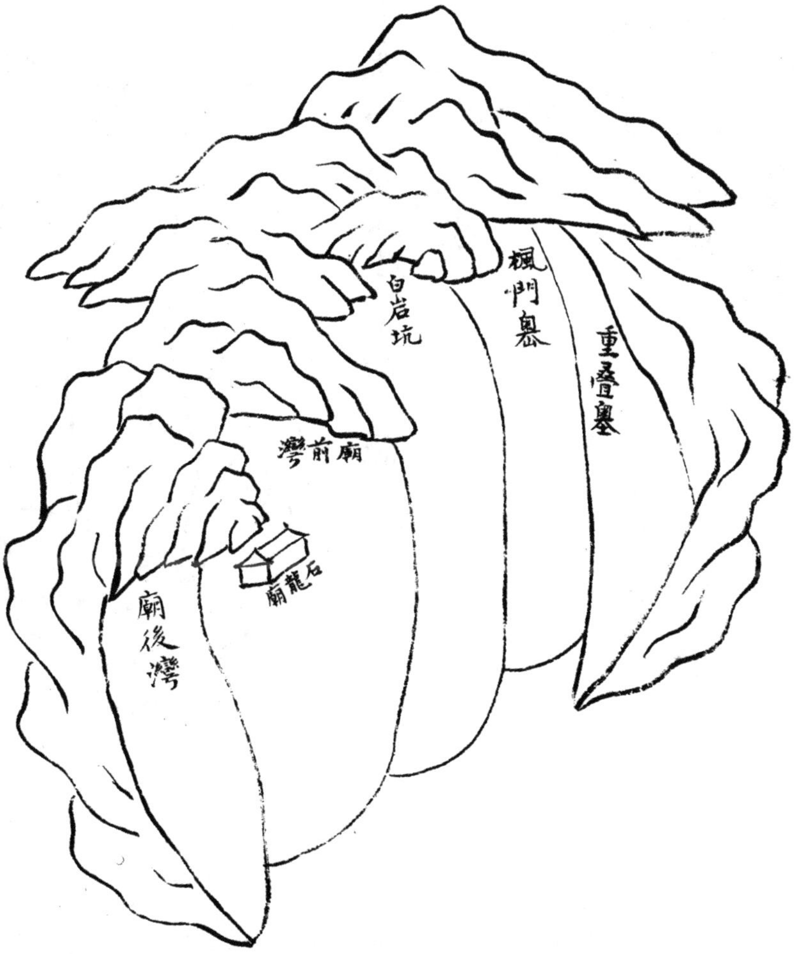

108. “南田十八图”的大南田地图（下）

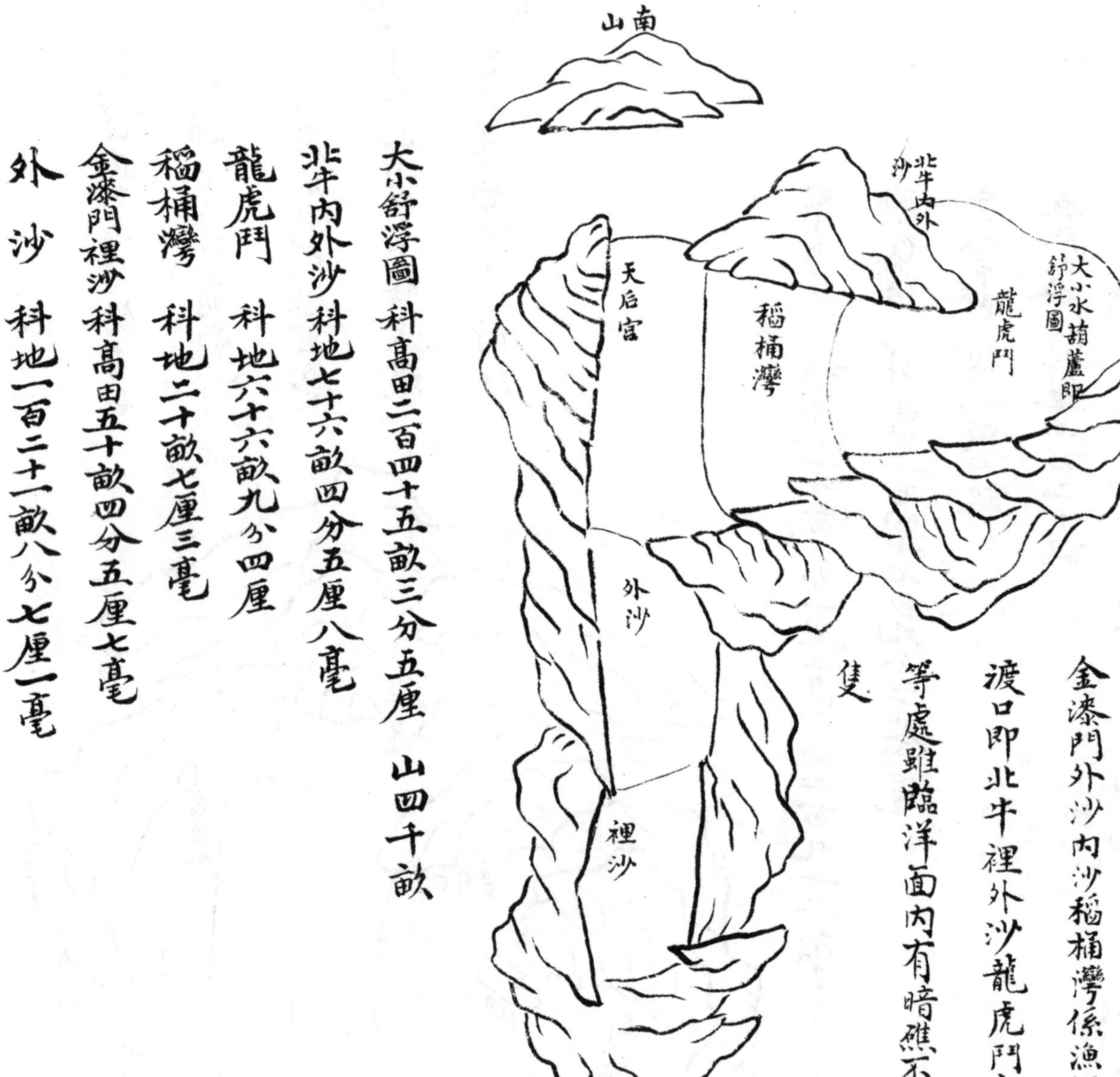

109. “南田十八图”的金漆门地图

小南田係石龍廟
隔界與沙棚墨高
墈頭毘連雖有
洋面實屬沙塗
險隘與大南田相
同

小南田　科高田三百九十畝六分一厘九毫　山五千畝　地一百三十八畝六分四厘六毫
塘田一百八十畝六分二厘六毫
沙棚嶴　科高田八百六十二畝一分八厘八毫　地一千二百十四畝五分八厘三毫
高坎頭　科地一百十九畝三厘七毫

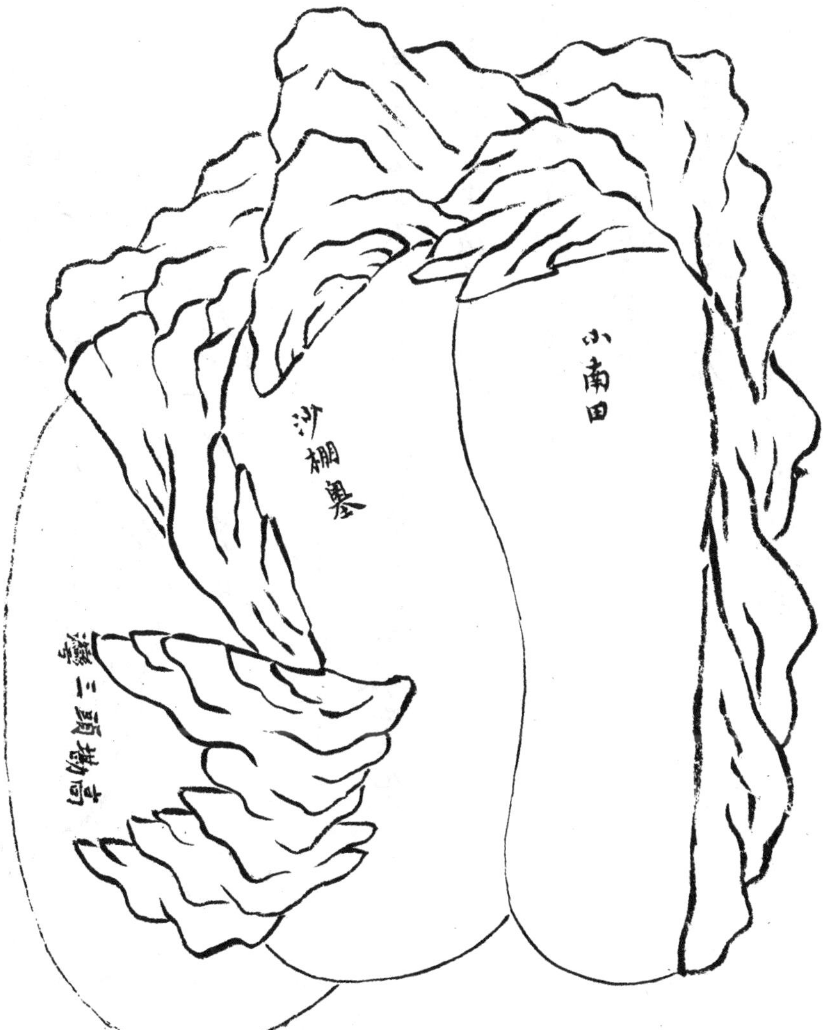

110. “南田十八图”的小南田地图

林門上連飯蒸山新塘脚林門叉掘港石棚塁阮姑塘而止與烏巖相照並無洋面實屬内地

林門塁　科高田一百七畝五分　山四千畝　塘田三千五百畝六分二厘五毫

掘港石棚塁科高田八百二十六畝三分七厘六毫

林門叉　科高田二百七十一畝二分七厘五毫

飯蒸山　科高田一百七十畝二分五厘

阮姑塘　科高田二百十三畝七分五厘

石棚塁總升塘　科塘田二十七百四十五畝九分二厘八毫

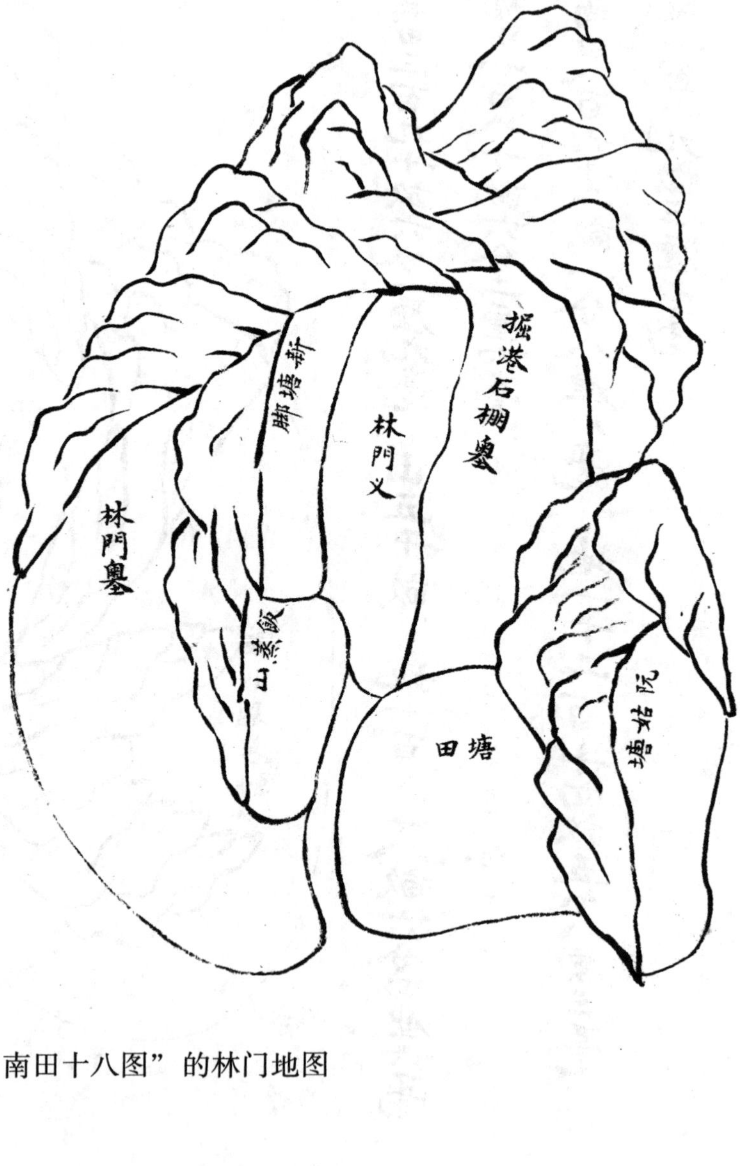

111.“南田十八图”的林门地图

大小蛤蜊上界烏
巖下連三門從三
門前與林門對峙
並無洋面實屬
内地

小蛤蜊 科高田二百十四畝二分五厘五毫 塘田一千五十九畝二分五厘

大蛤蜊 科高田一百八十五畝六分四厘五毫 塘田一千一百六十二畝七分三厘九毫

門後塘 科高田一百一畝五分 塘田一百五十五畝六分七厘七毫

門前塘 科山一千畝 塘田一千六百一畝四分二厘

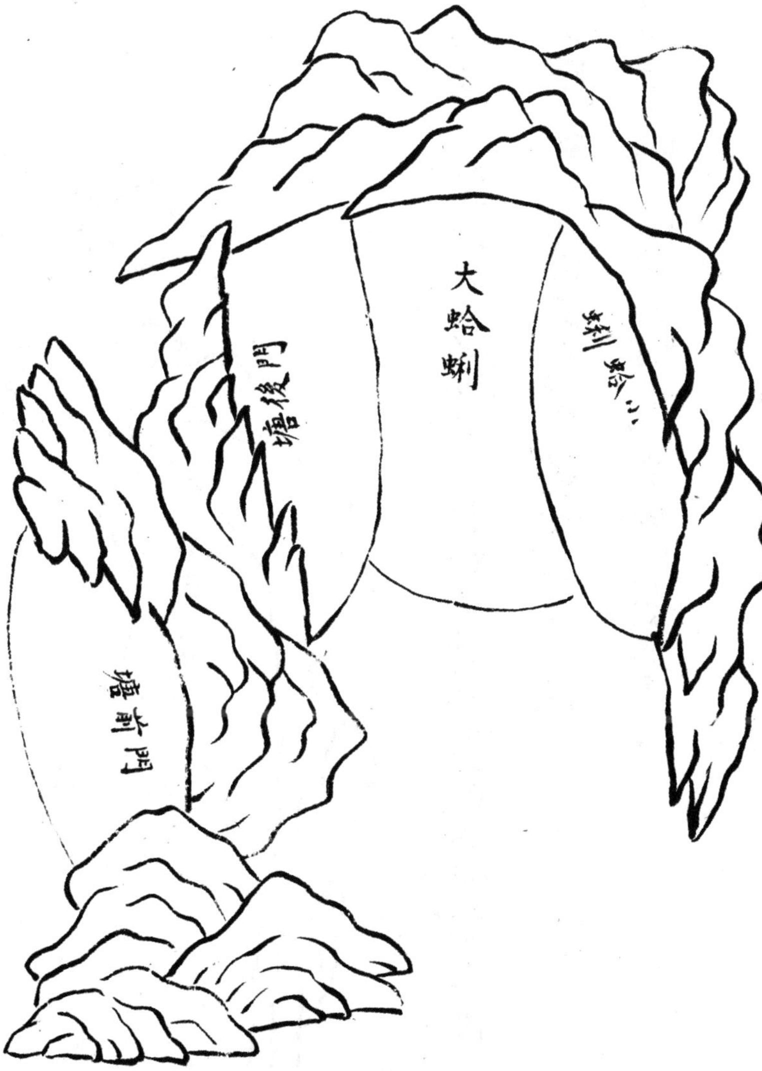

112.“南田十八图”的大小蛤蜊地图

大小烏巖下連珠門後扇與石浦老岸南向莊對岸計程五六里並無洋面實屬內地

大烏巖　科髙田二百九十六畝四厘九毫　塘田四千五百八十七畝二分九厘三毫

小烏巖　科山四千畝　塘田三百七十九畝一分六厘七毫

珠門後扇　科山二千畝　塘田二百九畝九分四厘八毫

113. “南田十八图”的大小乌岩地图

114.“南田十八图”的花岙地图

珠門内連羅源大小墺
蟹礁頭大小魚潭後貼
紗帽盂下櫓葉頭與
鵜鶘頭大小塘對連並
無洋面實屬内地

珠門　科地五十畝二分八毫
裡灣　科高田四百三畝一分二厘五毫　地四十八畝六分二厘五毫　塘田六十四畝八分四厘
大羅源　科高田二千一百畝　塘田五千七百九十八畝四分九厘
小羅源　科高田一百十三畝八分二毫
蟹礁頭　科塘田三百二十五畝一分二厘五毫
大魚潭　科塘田三千五百九十二畝三分四厘四毫
紗帽盂　科塘田六百三十畝
下櫓葉頭　科地三百三十五畝一分五厘六毫

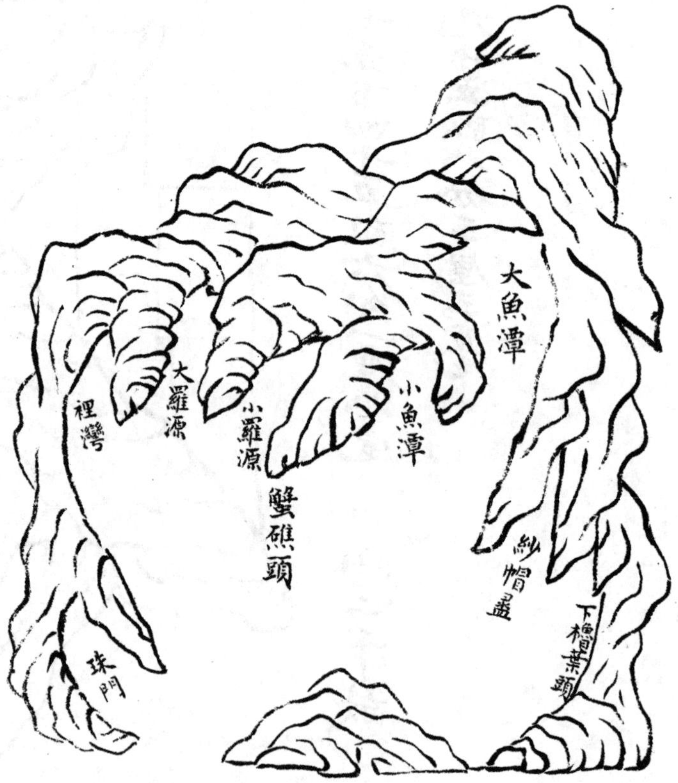

115.“南田十八图”的珠门地图

三門門連羅漢堂門前
對港即箬魚山與合電
門打鼓嶼鼎嶼相照在
司前莊老岸隔港計程
二里並無洋面實屬
内地

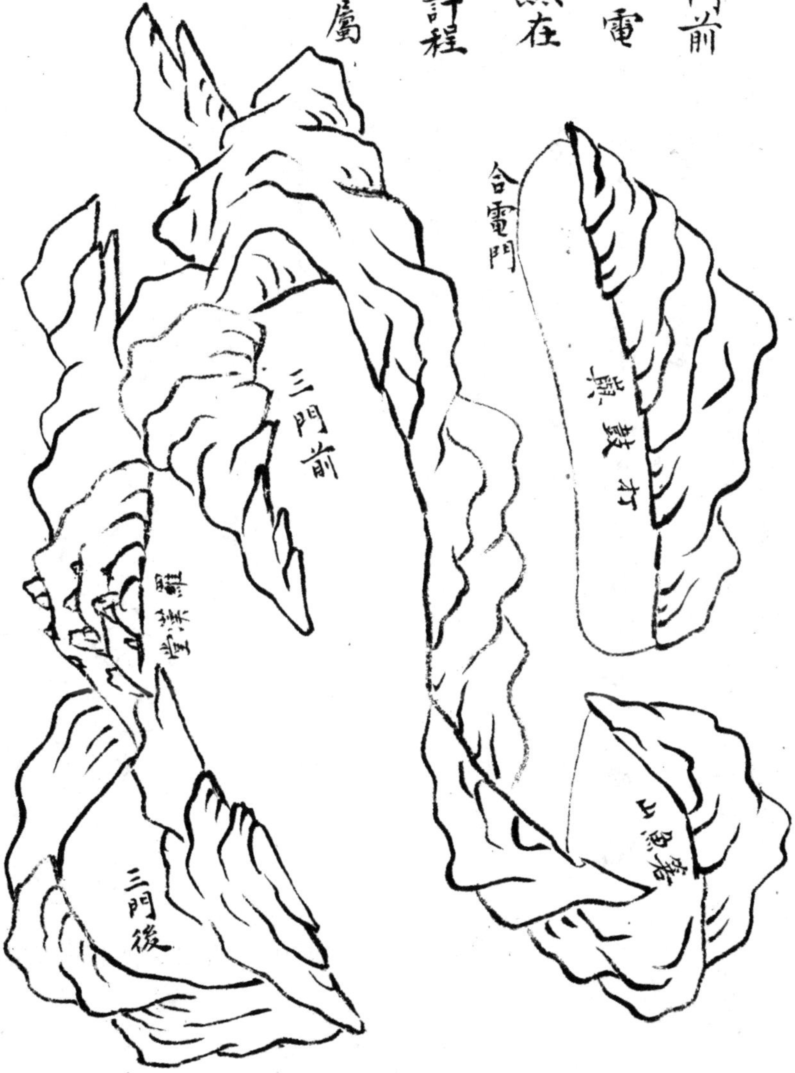

三門　科地五十畝二分八釐
羅漢堂　科塘田五百二畝五分
三門前　科高田一百五十三畝七分五釐
合電門打鼓嶼　科山五百畝　地六百九十畝三分二釐五毫
箬魚山　科高田一百五十畝　地三百五畝一分四毫

116. “南田十八图”的三门地图

鶺鴒頭山山連小塘並無洋
面併普陀門坦塘討水浦
白箬灣上檣葉頭等處
前臨三門後貼厲家坪
老岸

鶺鴒頭　科地六百八十八畝九分一厘一毫　山四千七百畝
大小塘　科塘田四百八十四畝八分九厘六毫
小塘　科地一百一畝　塘田四十畝
普陀門　科地一百三畝九分九厘五毫
坦塘　科地一百八十六畝九分二厘六毫
討水浦　科地九十九畝五分三厘一毫　塘田九十九畝
白箬灣塘　科地二百八十畝六分八厘九毫　塘田一千五百二十畝三分一厘三毫
上檣葉頭　科地六百六畝三分七厘五毫
以上統共計　高田弍萬一千十五畝二分二釐二毫　塘田四萬六千九百三十畝九分一釐九毫　地壹萬八十四畝二分五毫　山七萬五千六百畝

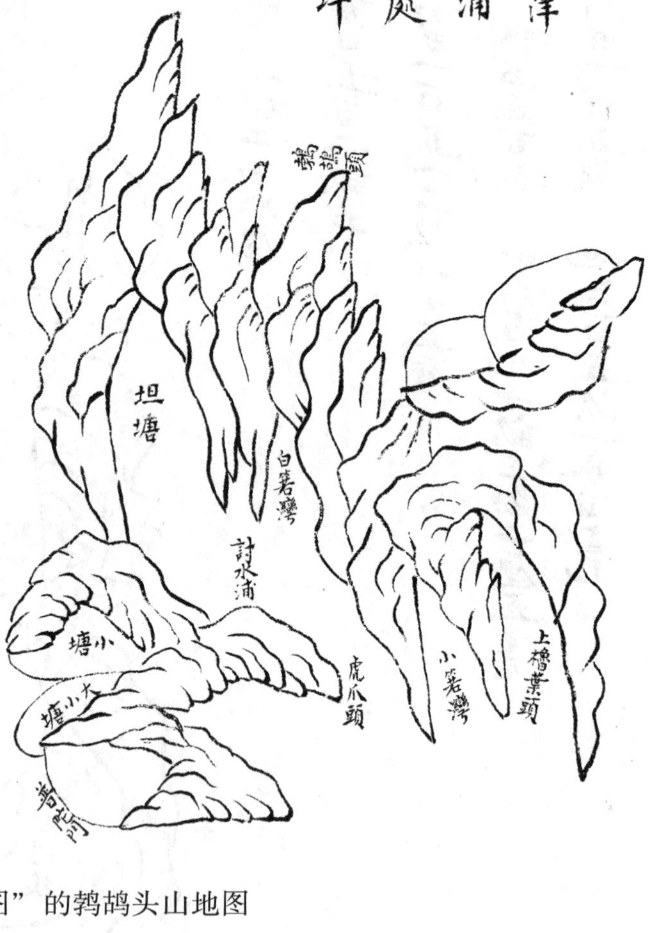

117.“南田十八图”的鹁鸪头山地图

118. 杨殿才《南田记略》中的“南田全图”

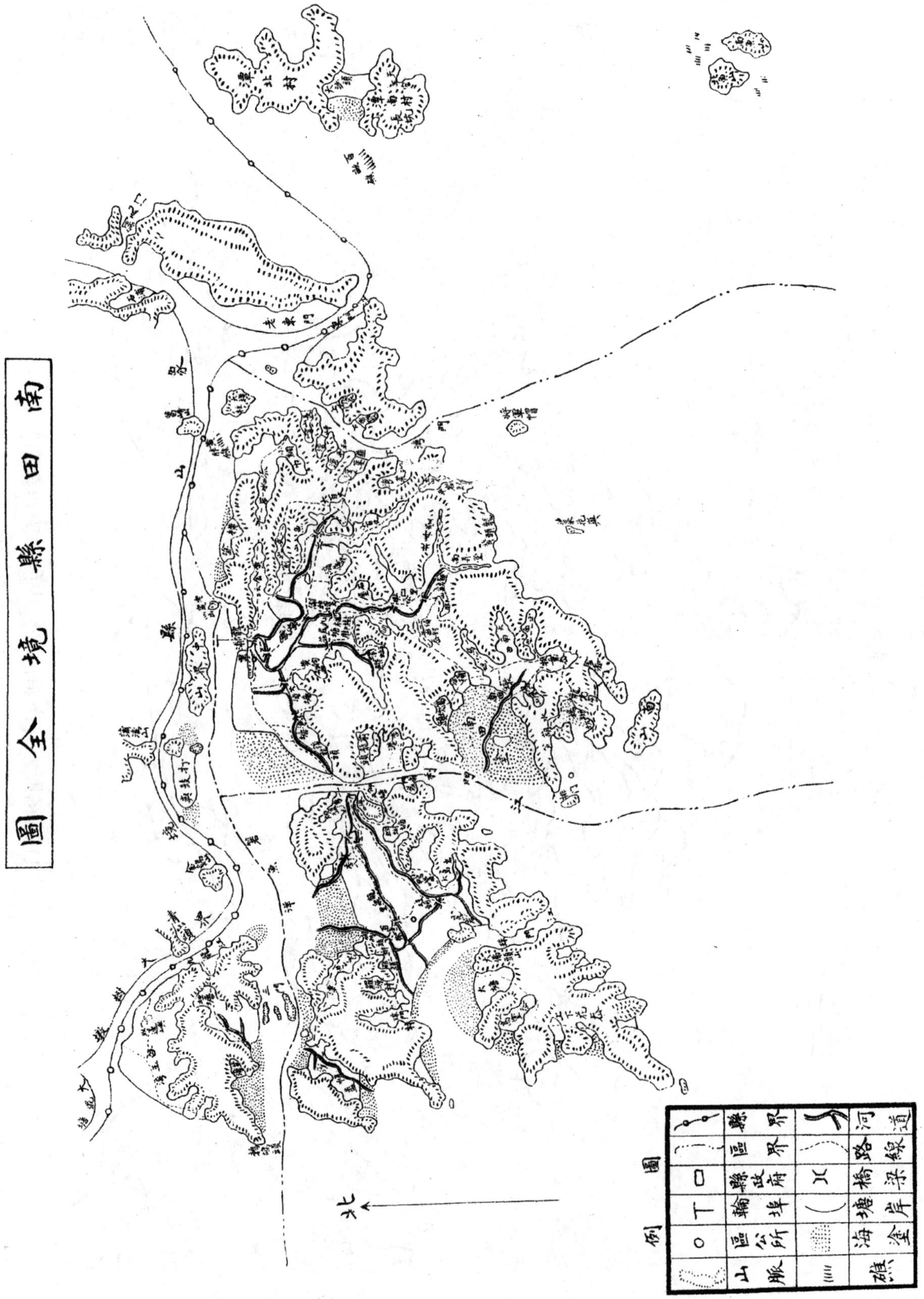

119. 民国《南田县志》中的“南田县境全图”

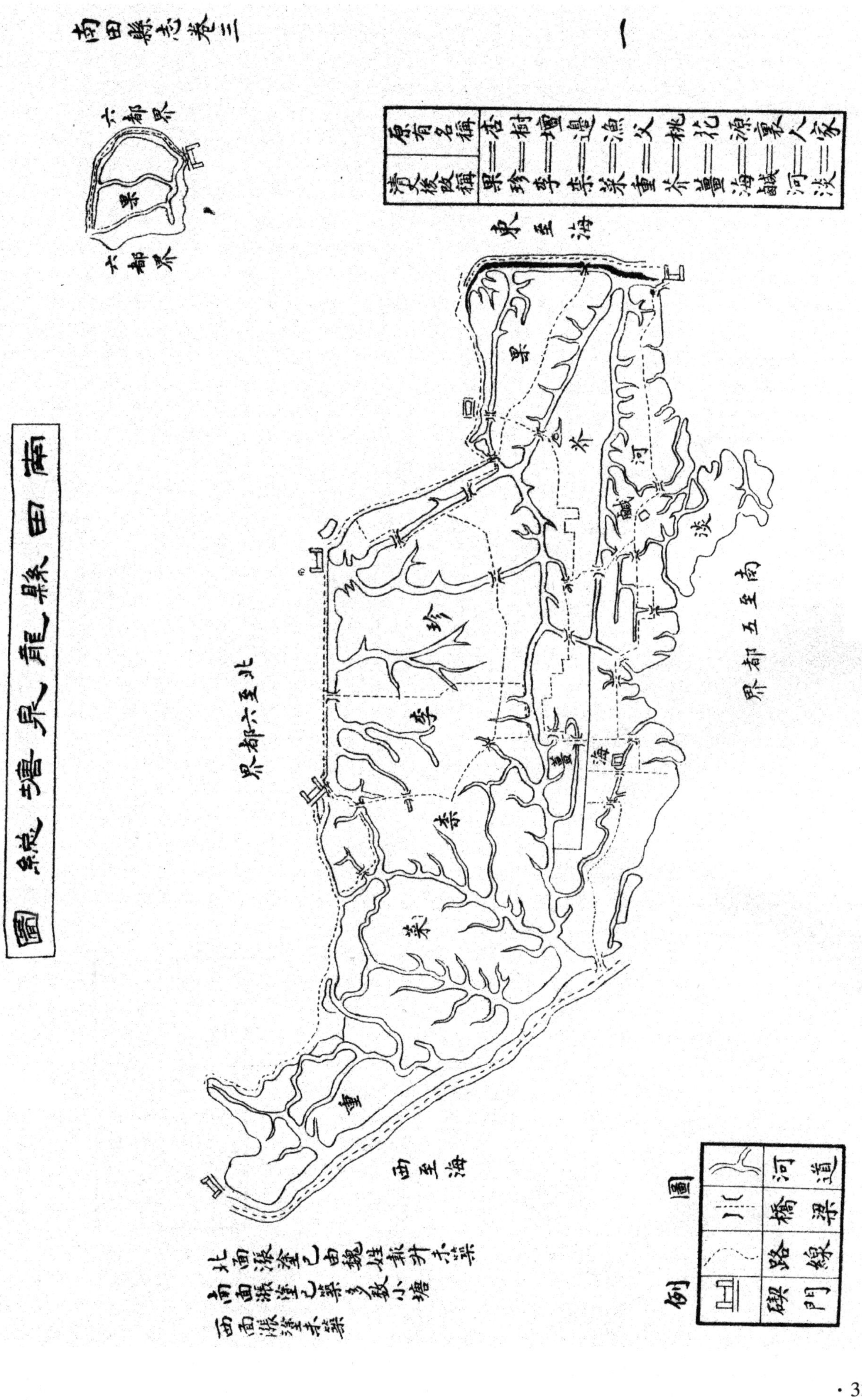

120. 民国《南田县志》中的“南田县龙泉塘总图”

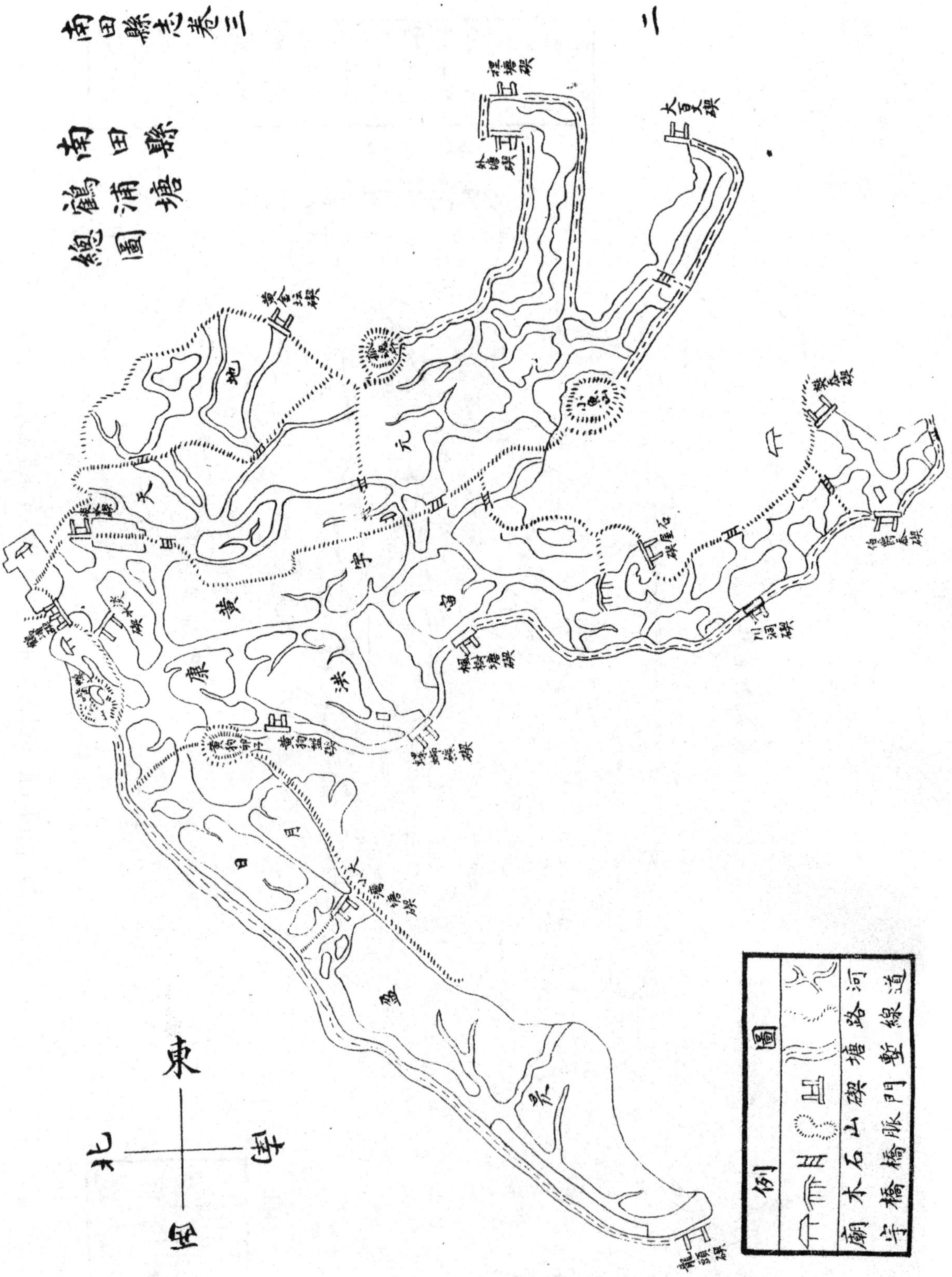

121. 民国《南田县志》中的“南田县鹤浦塘总图”

参考文献

一

1.《新编地方志工作暂行规定》（1985 年 4 月 18 日中国地方志指导小组全体会议讨论通过）。

2.《关于地方志编纂工作的规定》（1997 年 5 月 8 日中国地方志指导小组二届三次会议讨论通过）。

3.《全国地方志评奖实施办法》（1997 年 5 月 8 日中国地方志指导小组二届三次会议通过）。

4.《地方志书质量规定》（中国地方志指导小组　中指组字〔2008〕3 号　2008 年 9 月 16 日）。

5.《浙江省地方志行文规范》。

6.《宁波市地方志书质量规定》（宁波市地方志编纂委员会办公室　甬志办〔2009〕17 号）。

7.《浙江省市、县（市、区）地方志书审查验收和出版管理办法》（浙江省人民政府地方志办公室　浙地办〔2013〕20 号　2013 年 9 月 30 日）。

8.《宁波市地方志行文暂行规定》（宁波市地方志编纂委员会 2005 年 6 月 6 日）。

9.《〈浙江通志〉行文规范》（浙地通〔2011〕1 号）。

10.《〈象山县志（2008）〉编纂工作方案》（中共象山县委办公室　象山县人民政府办公室　县委办〔2006〕46 号　2006 年 4 月 18 日）

11.《〈象山县志（2008）〉行文规范》（试用稿）（载《象山县志（2008）》纲目论证会资料汇编　象山县地方志编纂委员会办公室编　2007 年 4 月 29 日）

12. 中华人民共和国国家标准《国民经济行业分类》（2011 年第三次修订　2011 年 11 月 1 日实施）

13. 新闻出版总署发展司、图书出版管理司，中国标准出版社编：《作者编辑常用标准及规范》（第三版）：中国标准出版社，2009。

14. 中国地方志指导小组办公室编：《中国方志文献汇编》（上下册），方志出版社，1999。

二

1. 黎澍、蒋大椿主编：《马克思恩格斯论历史科学》，人民出版社，1988。

2. 刘知几著，张振珮笺注：《史通笺注》，贵州人民出版社，1985。

3. 顾炎武著，黄汝成集释，栾保群、吕宗力校点：《日知录集释全校本》（三册），上海古籍出版社，2006。

4. 钱大昕著，杨勇军整理：《十驾斋养新录》，上海书店，2011。

5. 章学诚著，叶瑛校注：《文史通义校注》（上下），中华书局，1985。

6. 王葆心原著：《方志学发微》（注析本），湖北省地方志编纂委员会办公室注析、内部出版，1984。

7. 梁启超：《中国历史研究法》，上海古籍出版社，1987。

8. 王国维著，黄爱梅点校：《观堂集林》，浙江出版联合集团、浙江教育出版社，2014。

9. 傅振伦著：《中国方志学通论》，商务印书馆，1935。
10. 《方志学两种：黎锦熙〈方志今议〉（路志霄等校辑）甘鹏云〈方志商〉（来可泓点校）》，岳麓书社，1984。
11. 傅斯年著：《史料论略及其他》，新世纪万有文库，辽宁教育出版社，1997。
12. 胡适著：《胡适论学近著（第一集）》，1935，商务印书馆。
13. 侯仁之：《历史地理学的理论与实践》，上海人民出版社，1979。
14. 朱士嘉编著：《中国旧志名家论选》，《史志文萃》编辑部出版（内部发行），1986。
15. 赵庚奇编：《修志文献选辑》，燕山史志丛书，北京燕山出版社，1990。
16. 黄苇等著：《方志学》，复旦大学出版社，1993。
17. 陈桥驿著：《吴越文化论丛》，中华书局，1999。
18. 仓修良著：《地方志通论》，华东师范大学出版社，2013。
19. 俞佐萍等编：《新方志编纂经验谈》，浙江省地方志编纂室、浙江省地方志学会编、内部出版，1988。
20. 潘一平编：《浙江方志论集》，浙江人民出版社，1994。
21. 魏桥著：《志苑二十年》，浙江人民出版社，1995。
22. 魏桥著：《两轮修志说》，方志出版社，2005。
23. 韩章训：《方志编纂学基础教程》，方志出版社，2003。
24. 巴兆祥：《方志学新论》，学林出版社，2004。
25. 张英聘主编：《首届中国地方志学术年会方志文献国际学术研讨会论文集》，中华书局，2012。
26. 张英聘著：《明代南直隶方志研究》，社会科学文献出版社，2005。
27. 庞国凭主编：《二轮修志·浙江论坛》，浙江人民出版社，2005。
28. 杨金荣主编：《浙江方志研究论坛首届学术研讨会论文集》，浙江人民出版社，2007。
29. 林吕建主编：《浙江方志研究论坛第二届学术研讨会论文集》，浙江人民出版社，2008。
30. 潘捷军主编：《传承与发展：21世纪的浙江地方志事业——第三届浙江方志研究论坛暨浙江省地方志学会2010年学术年会论文集》，浙江人民出版社，2011。
31. 杨明祥主编：《宁波市方志研讨会论文集》，宁波出版社，2011。
32. 林志龙著：《方志探论》，三秦出版社，1995。
33. 黄时鉴、龚缨晏著：《利玛窦世界地图研究》，上海古籍出版社，2004。
34. 张修桂著：《中国历史地貌与古地图研究》，社会科学文献出版社，2006。
35. 葛兆光著：《中国思想史》，复旦大学出版社，2001。
36. 葛兆光著：《思想史研究课堂讲录》，三联书店，2005。
37. 左玉河著：《从四部之学到七科之学——学术分科与近代中国知识体系之创建》，上海书店出版社，2004。
38. 杨祥银著：《与历史对话：口述史学的理论与实践》，中国社会科学出版社，2004。
39. 樊树志著：《明清江南市镇探微》，复旦大学出版社，1990年。
40. 余新忠著：《清代江南的瘟疫与社会—— 一项医疗社会史的研究》，中国人民大学出版社，2003。
41. 李立著：《乡村聚落：形态、类型与演变——以江南地区为例》，东南大学出版社，2007。
42. 费孝通著：《乡土中国》，三联书店，1985。

43. 龚缨晏著：《浙江早期基督教史》，杭州出版社，2010。
44. ［英］马林诺夫斯基著，费孝通等译：《文化论》，中国民间文艺出版社，1987。
45. ［英］E. H. 卡尔著，陈恒译：《历史是什么》，商务印书馆，2011。
46. ［英］柯林武德著，何兆武、张文杰译：《历史的观念》，商务印书馆，1997。
47. ［美］克利福德·吉尔兹著，王海龙、张家瑄译：《地方性知识——阐释人类学论文集》，新世纪学术译丛，中央编译出版社，2000。
48. ［美］普雷斯顿·詹姆斯著，李旭旦译：《地理学思想史》，商务印书馆，1982。
49. ［法］费尔南·布罗代尔著，唐家龙、曾培耿等译：《菲利普二世时代的地中海和地中海世界》（上下册），商务印书馆，1996。
50. 李景汉编著：《定县社会概况调查》，世纪出版集团上海人民出版社，2005。
51. 张如安编：《宁波古代历史文化研究资料索引（1900—2008）》，海洋出版社，2011。
52. 中国社会科学院主办，历史研究编辑部编：《历史研究》期刊。
53. 中国科学院地理科学与资源研究所主办，地理学报编辑部编：《地理学报》期刊。
54. 中国地方志编委会编：《中国地方志》期刊。
55. 浙江省地方志编纂委员会办公室、浙江省地方志学会主办，浙江方志编辑部编：《浙江方志》期刊。
56. 中共宁波市委党史研究室、宁波市地方志编纂委员会办公室编：《宁波方志》期刊。
57. 中共宁波市委党史研究室、宁波市人民政府地方志办公室编：《宁波史志》期刊。

三

1. 中华书局点校：《二十四史》（全20册），中华书局，1997。
2. 中华书局点校：《清史稿》（全4册），中华书局，1998。
3. 李吉甫著，贺次君校点：《元和郡县图志》，中华书局，1983。
4. 欧阳忞著，李勇先、王小红校注：《舆地广记》（上下册），四川大学出版社，2003。
5. 李心传著，《建炎以来系年要录》（全4册，影印四库全书版），上海古籍出版社，2008。
6. 李心传著，徐规点校：《建炎以来朝野杂记》（上下册），中华书局，2006（重印）。
7. 孛兰肸等著，赵万里校辑：《元一统志》（上下册），中华书局，1966。
8. 张津等撰：乾道《四明图经》，初有旧抄本，清咸丰四年徐氏烟屿楼《宋元四明六志》校本，中华书局1990年版《宋元方志丛刊（第五册）》本。
9. 吴槩修，方万里、罗濬纂：宝庆《四明志》，宋绍定二年刻本，清咸丰四年徐氏烟屿楼《宋元四明六志》校本，中华书局1990年版《宋元方志丛刊（第五册）》本。
10. 吴潜修，梅应发、刘锡纂：开庆《四明续志》，宋开庆元年刻本，清咸丰四年徐氏烟屿楼《宋元四明六志》校本，中华书局1990年版《宋元方志丛刊（第六册）》本。
11. 马泽修，袁桷、吴廷献纂：延祐《四明志》，初有抄本，清咸丰四年徐氏烟屿楼《宋元四明六志》校本，中华书局1990年版《宋元方志丛刊（第六册）》本。
12. 王元恭修，王厚孙、徐厚纂：至正《四明续志》，初有明抄本，清咸丰四年徐氏烟屿楼《宋元四明六志》校本，中华书局1990年版《宋元方志丛刊（第七册）》本。
13. 徐时栋撰，陈励补：《宋元四明六志校勘记》，清咸丰四年徐氏烟屿楼《宋元四明六志》校本。
14. 陈耆卿纂：嘉定《赤城志》，嘉庆二十三年刊台州丛书本，中华书局1990版《宋元方志丛刊

（第七册）》本。
15. 周希哲修，张时彻纂：嘉靖《宁波府志》，明嘉靖三十八年修，次年刻本。
16. 胡宗宪修，薛应旂等纂：《浙江通志》明嘉靖四十年刊本
17. 郑若曾等编撰，李致忠点校：《筹海图编》，中华书局，2007。
18. 梅守德、任子龙等纂：《徐州志》，明嘉靖刊本。
19. 俞卿修，周徐彩纂：《绍兴府志》，清康熙五十八年刊本。
20. 顾祖禹撰，贺次君、施和金点校：《读史方舆纪要》，中华书局，2005。
21. 曹秉仁修，万经等纂：雍正《宁波府志》，清清雍正十一年刻本，乾隆六年补刊，道光二十六年重刊。
22. 章学诚纂，郭康松点校：《湖北通志检存稿·湖北通志未定稿》，湖北教育出版社，2002。
23. 周家楣、缪荃孙等编纂：光绪《顺天府志》，北京出版社，1987。
24. 朱正元撰：《浙江沿海图说》，清光绪二十五年刊本。
25. 周道遵撰：《甬上水利志》，清道光二十八年刊本。
26. 董沛著，俞福海、方平点注：《四明系年录》，当代中国出版社，2001。
27. 王瑞成、柳商贤等修，张濬总纂：光绪《宁海县志》，光绪二十八年刻本。
28. 李前泮修，张美翊等纂：光绪《奉化县志》，清光绪三十四年刻本。
29. 宗源瀚等撰，徐则恂等修订：《浙江全省舆图并水陆道里记》，民国四年石印本。
30. 陈畲主纂：《新昌县志》，民国八年铅印本。
31. 陈训正等纂修：《定海县志》，民国13年排印本。
32. 喻长霖等纂：民国《台州府志》，民国25年排印本。
33. 张传保等修，陈训正、马瀛纂：《鄞县通志》（铅印本），鄞县通志馆，1935—1951。
34. 陈诚辑：《三门（县）年鉴》，民国三十一年排印本。
35. 中法镇海之役资料选辑编委会编，炎明主编：《中法战争镇海之役资料》，光明日报出版社，1988。
36. 王艾村著：《殷夫年谱》，上海人民出版社，2010。
37. 宁波市地方志编纂委员会编，俞福海主编：《宁波市志》，中华书局，1995。
38. 宁海县志编纂委员会编，苏其德主编：《宁海县志》，浙江人民出版社，1993。
39. 奉化市地方志编纂委员会编，胡元福主编：《奉化市志》，中华书局，1994。
40. 鄞县地方志编委会编，周时奋主编：《鄞县志》，中华书局，1996。
41. 绍兴县地方志编纂委员会编，傅振照主编：《绍兴县志》，中华书局，1999。
42. 镇海县志编纂委员会编，陈兵主编：《镇海县志》，中国大百科全书出版社，1994。
43. 慈溪市地方志编纂委员会编，周乃复主编：《慈溪市志图》，西安地图出版社，2013。
44. 普陀县志编纂委员会编，蒋文波主编：《普陀县志》，浙江人民出版社，1991。
45. 三门县志编纂委员会编、邵凡户主编：《三门县志》，浙江人民出版社，1992。
46. 定海县志编纂委员会编，陈誉（前任黄信）主编：《定海县志》，浙江人民出版社，1994。
47. 中共中央党史研究室编：《中国共产党历史（第一卷 1921—1949）》（上下册），中共党史出版社，2002。
48. 中共中央党史研究室编：《中国共产党历史（第二卷 1949—1978）》（上下册），中共党史出版社，2011。

49. 中共浙江省委党史研究室编，高三山主编：《中国共产党浙江历史（第一卷 1921—1949）》，中共党史出版社，2011。
50. 中共浙江省委党史研究室编，金延锋主编：《中国共产党浙江历史（第二卷 1949—1978）》（上下册），中共党史出版社，2011。
51. 中共宁波市委党史研究室编，王湘诚主编：《中共宁波党史（第一卷 1925—1949）》，中共党史出版社，2001。
52. 中共宁波市委党史研究室编，杨明祥主编：《中国共产党宁波历史（第二卷 1949—1978）》（上下册），中共党史出版社，2014。
53. 中共浙江省党史资料征集研究委员会、中国人民解放军浙江省军区政治部编，杨晓彤主编：《浙江解放》，浙江人民出版社，1989。
54. 中共浙江省党史资料征集研究委员会、中国人民解放军浙江省军区政治部、浙江省公安厅编，金延锋主编：《浙江剿匪纪实》，浙江人民出版社，1990。
55. 金普森、陈剩勇主编：《浙江通史》（史前卷、先秦卷、秦汉六朝卷、隋唐五代卷、宋代卷、元代卷、明代卷、清代卷（上）、清代卷（中）、清代卷（下）、民国卷（上）、民国卷（下）），浙江人民出版社，2005。
56. 傅璇宗主编：《宁波通史》（史前至唐五代卷、宋代卷、元明卷、清代卷、民国卷），宁波出版社，2009。
57. 义桥镇志编纂委员会编，王志邦主编：《义桥镇志》，方志出版社，2005。
58. 宁波市文化广电新闻出版局编，汪志铭主编：《甬上风物——宁波市非物质文化遗产调查·象山县》（丹东街道、丹西街道、爵溪街道、石浦镇、西周镇、贤庠镇、鹤浦镇、定塘镇、墙头镇、泗洲头镇、涂茨镇、大徐镇、新桥镇、东陈乡、晓塘乡、黄避岙乡、茅洋乡、高塘岛乡等，共 18 分册），宁波出版社，2009。
59. 中国海洋志编纂委员会编著，曾呈奎主编：《中国海洋志》，大象出版社，2003。
60. 中国海洋局编，夏小明主编：《中国海岛（礁）名录》（上下册），海洋出版社，2012。
61. 浙江省海洋环境资源基本现状编委会编，张海生主编，夏小明等副主编：《浙江省海洋环境资源基本现状》（上下册），海洋出版社，2013。
62. 董贻安主编：《浙东文化论丛》，中央编译出版社，1995。
63. 朱汝略、奚永宽编著：《浙东军事芜史》（二册），吉林文史出版社，2005。
64. 郭志菊、马冀校注：《汤舜民散曲校注》，内蒙古大学出版社，2009。
65. 吴定中、鲍翔麟校注：《楚石北游诗》，浙江古籍出版社，2010。
66. 赵福莲著：《三门湾：历史与文化探源》，作家出版社，2012。
67. 章国庆编著：《宁波历代碑碣墓志汇编》，上海古籍出版社，2012。
68. 张克田编著：《六十年前的往事——纪念舟山专区成立六十周年》，待刊本，2013。
69. 张如安编著：《宁波历代饮食诗歌选注》，浙江大学出版社，2014。

四

1. 吴桀修，方万里、罗濬纂：宝庆《四明志》卷二十一《象山县志》，宋绍定二年刻本，清咸丰四年徐氏烟屿楼《宋元四明六志》校本。
2. 毛德京、王厢同修，周希程校、杨民彝、卜乾、俞澜纂辑：嘉靖《象山县志》，明嘉靖三十五年刻，隆庆五年增刻，1990 年上海书店《天一阁藏明代方志选刊续编（30）》影印本。
3. 吴学周主修，陆应阳、邵景尧纂：万历《象山县志》（残本），明万历三十六年刻本。
4. 李郁主修：康熙《象山县志》，清康熙二十年刻本。
5. 胡祚远主修，姚廷杰纂：康熙《象山县志》（残本），清康熙三十七年刻本。
6. 马受曾主修，袁澄总纂，王文懋等分纂：雍正《象山县志》，清雍正七年刻本。
7. 史鸣皋主修，姜炳璋、冒春荣纂：乾隆《象山县志》，清乾隆二十三年（戊寅）刻本。
8. 童立成、吴锡畴修，冯登府总纂，马丙书等分纂：道光《象山县志》，清道光十四年刻本。
9. 黄炳坤修，江镜清、马嗣澄等纂：同治《象山县志》，清同治八年稿本。
10. 李洣、罗士筠等监修，陈汉章总纂，何涵等协修，王韶九等分修：民国《象山县志》，民国 15 年宁波天胜印刷公司承印本，何敏求等点校 2004 年方志出版社本，2014 年浙江古籍出版社《陈汉章全集（第 11—13 册）》本。
11. 陈汉章纂：《象山县志补正》，2014 年浙江古籍出版社《陈汉章全集（第 13 册）》本。
12. 樊家桢纂：《象山县志志文存疑》，民国 36 年铅印本。
13. 冯登府纂：道光《南田志稿》，清道光间稿本。
14. 杜冠英纂：同治《南田县风土志》，清同治九年稿本。
15. 杨殿才编：《南田记略》，清光绪元年纂抄本。
16. 陈汉章纂：《南田山杂志》，1914 年石印本，2011 年国家图书馆出版社《浙江图书馆藏稀见方志丛刊（34）》本，2014 年浙江古籍出版社《陈汉章全集（第 13 册）》本。
17. 吕耀钤、厉家桢修，吕芝延、施仁纬纂：民国《南田县志》，民国 19 年铅印本。
18. 陈汉章纂：《南田志略》，民国 25 年稿本，民国 25 年铅印《缀学堂丛稿初集》本，2014 年浙江古籍出版社《陈汉章全集（第 13 册）》本。
19. 象山县地方志编纂委员会编，王庆祥主编：《象山县志》，浙江人民出版社，1988。
20. 象山县地名志编辑委员会编，叶忠正主编：《象山地名志》，浙江人民出版社，1995。
21. 象山地方志编纂委员会编，钱永兴主编：象山县地方文献丛书（6 册）——王志邦辑录：《宋元四明志象山县汇辑》；毛德京、王厢同修，周希程校、杨民彝、卜乾、俞澜纂辑，邵鹏点校：嘉靖《象山县志》；吕耀钤、厉家桢修，吕芝延、施仁纬纂，郑松才、韩利诚点校：民国《南田县志》；倪象占撰，王德威、竺桂良、林志龙标点：《蓬山清话》；钱沃臣著，林志龙点注，何敏求、许纲校订，许土根校对：《蓬岛樵歌》；叶忠正著：《象山方言志》；张利民著《张苍水被执始末考》，中华书局，2010。
22. 象山地方志编纂委员会办公室编，钱永兴、陆振明主编：象山县二轮修志参考丛书——竺桂良编著：《孤竹哀谈》；叶忠正编著：《象山方言与地名》；吴国华编著《蓬岛樵歌探胜》，内部刊印，2012。张善心编著《二流文集》，内部刊印，2015。《“民间记忆”征文集》，待刊稿。孙善根编《民国甬、沪报纸登载象山报道辑录》，待刊稿。
23. 象山县地方志编纂委员会编，钱永兴主编：《象山年鉴（2004）》《象山年鉴（2005）》《象山年鉴（2006）》《象山年鉴（2007）》《象山年鉴（2008）》《象山年鉴（2009）》，方志出版社。
24. 象山县地方志编纂委员会编，陆振明主编：《象山年鉴（2010）》《象山年鉴（2011—2012）》《象山年鉴（2013）》，《象山年鉴（2014）》，方志出版社。

25. 象山县计划委员会编：《象山县国民经济统计资料（1949—1979）》，内部刊印，1980。
26. 象山县统计局编，丁向兵主编《象山在前进（1949—1989）》，内部刊印，1989。
27. 象山统计局编：《象山统计年鉴》（1996、1997、1998、1999、2000、2001、2003、2004、2005、2006、2007、2008、2009、2010、2012、2013、2014），内部刊印。
28. 中共象山县委组织部编：《中国共产党象山县组织史资料（第一卷）》，新华出版社，1993。
29. 中共象山县委组织部编：《中国共产党象山县组织史资料（第二卷）》，人民日报出版社，1995。
30. 中共象山县委组织部编：《中国共产党象山县组织史资料（第三卷）》，内部刊印，2013。
31. 中共象山县委组织部编：《中国共产党象山县组织史资料（第四卷）》，内部刊印，2014。
32. 中共象山县委组织部编：《中国共产党象山县组织史资料（第四卷）》，内部刊印，2017。
33. 中共象山县委党史研究室编，吕国民主编：《中国共产党象山历史（第一卷 1919.5—1949.7）》；中共党史出版社，2011。
34. 中共象山县委党史研究室编，吕国民主编：《中国共产党象山历史（第二卷 1949—1978）》，未定稿，2015；中共党史出版社，2017。
35. 中共象山县党史研究室编著，吕国民主编：《中国共产党象山历史专题集（一）》，内部刊印，2005。
36. 象山县人民代表大会志编纂委员会编，葛铭主编：《象山县人民代表大会志（1949—2003）》，内部刊印，2004。
37. 象山县政协志编纂委员会编，陈世灿主编：《象山县政协志》，中华书局，2003。
38. 高俊民主编：《象山县农村金融志》，油印本，1986。
39. 象山县地名办公室编，孙万立主编：《象山县海域地名简志》，1987。
40. 张信昌主编：《象山县民政志》，内部刊印，1988。
41. 象山县土壤普查办公室编：《象山县土壤志》，内部刊印，1989。
42. 汪常春主编：《象山县图书馆志》，内部刊印，1989。
43. 周义华主编：《象山县教育志》，内部刊印，1990。
44. 竺桂良编：《北渔山灯塔志》，抄稿本，1986。
45. 象山县交通志编纂委员会编，竺桂良主编：《象山县交通志》，海洋出版社，1992。
46. 象山县水利志编纂领导小组编，蒋宪曙主编：《象山县水利志》，内部刊印，1993。
47. 张顺勤主编：《象山县公安志》，内部刊印，1993。
48. 朱华庭编：《象山县妇女运动史》，内部刊印，1995。
49. 象山县盐业局编，鲍杰主编：《象山县盐业志》，黄山书社，1995。
50. 周义华主编：《象山县茅洋碘矿史》，内部刊印，1995。
51. 尹八一主编：《象山县针织厂志》，内部刊印，1995。
52. 象山县邮电志编纂委员会编，丁荣元主编：《象山邮电志》，浙江省地质测绘印刷厂印制，1999。
53. 象山县土地志编纂委员会编，张家荣主编：《象山县土地志》，中华书局，2000。
54. 象山县建设志编纂委员会编，俞伟栋主编：《象山县建设志》，方志出版社，2004。
55. 张涛主编：《象山县自来水公司志》，方志出版社，2004。

56. 郭声祐编著：《象山县电影志》，内部刊印，2005。
57. 中共象山县统战部、象山县民族宗教事务局编，盛繁国编著：《象山县宗教志》，内部刊印，2005。
58. 象山县财政税务志编纂委员会编，陈柳松主编，周隆然执行主编：《象山县财政税务志》，中华书局，2008。
59. 象山县海洋与渔业局渔业志编纂办公室编，余维新主编：《象山县渔业志》，方志出版社，2008。
60. 象山县农机志编纂领导小组编，金华勇主编：《象山县农机志》，内部刊印，2009。
61. 等慈禅寺（西寺）编，盛繁国编著：《等慈禅寺志》，内部刊印，2009。
62. 象山县人武部编，主编盛繁国、陈荣金：《象山军事志》，内部刊印，2011。
63. 象山县交通志编审委员会编纂小组编，吴开楠主编：《象山县交通志》，人民交通出版社股份有限公司，2014。
64. 象山县工商业联合会（商会）志编纂委员会编，周礼胜主编：《象山县工商业联合会（商会）志》，浙江古籍出版社，2014。
65. 爵溪镇志编纂委员会编，林志龙主编：《爵溪镇志》，中国书籍出版社，1997。
66. 张则火主编：《晓塘乡志稿》，内部刊印，2008。
67. 石浦镇志编纂委员会编，竺桂良、蒋日升等纂：《石浦镇志稿》，内部刊印，2011。
68. 石浦镇地方志编纂委员会编，竺桂良编辑：《石浦镇志稿选编》，内部刊印，2015。
69. 西周镇志编纂委员会编：《西周镇志稿》，内部刊印，2015。
70. 伊极才主编：《伊家村志》，内部刊印，1994。
71. 东陈村志编纂委员会编，陈善庆主编：《东陈村志》，内部刊印，1999。
72. 海墩村志编纂领导小组编，贺正澜主编：《海墩村志》，内部刊印，1999。
73. 象山东门岛志略编纂委员会编：丁爵连主编：《象山东门岛志略》，内部刊印，2000。
74. 上灵岙村志编委会，俞和清等纂：《上灵岙村志》，内部刊印，2002。
75. 文岙村民委员会编，夏西腊、夏烈等编：《文岙村志》，中国文史出版社，2006。
76. 溪里方村志编辑委员会编，方梅林主编：《溪里方村志》，内部刊印，2009。
77. 象山县文物管理委员会办公室编，郑松才主编：《象山馆藏文物精品图录》，西泠印社出版社，2008。
78. 象山县文物管理委员会办公室编，郑松才主编：《蓬岛遗珍——象山县第三次全国文物普查成果选编》，西泠印社出版社，2012。
79. 《陈汉章全集》编纂委员会编，主编钱英才、陈明吉：《陈汉章全集》（21 册，28 本），浙江古籍出版社，2014。
80. 象山县农业志编纂委员会编，陈学勤主编：《象山农业志》，内部刊印，2015。
81. 竺桂良著：《昌国卫志》，内部刊印，2017。
82. 石浦镇志编纂委员会编，竺桂良主编：《石浦镇志》（上、中、下），宁波出版社，2017。

五

1. 倪象占著：《蓬山清话》，浙江图书馆藏抄本，中华书局 2010 年版“象山县地方文献丛书”本。
2. 钱沃臣著：《蓬岛樵歌》，中华书局 2010 年版“象山县地方文献丛书”本。
3. 欧景岱等编：《红犀馆诗课》，清同治四年木刻版，2014 年象山图书馆据美国哈佛大学汉和图书馆藏、浙江图书馆历史文献馆藏原本影印本。
4. 王时蕙著：《抱泉山馆诗文集》，石印本，清光绪二十七年（1901）。
5. 纪进等辑：《纪子庚先生孝义录》，铅印本，民国15年（1926）后。
6. 陈得善著：《石坛山房全集》，铅印本，1934。
7. 于斯盛撰辑，王庆祥校注：《韬庐丛话》，内部刊印，2009。
8. 立三初级中学编：《象山县私立立三初级中学八周年纪念刊》，铅印本，民国35年（1936）。
9. 象山县农业区划办公室编，楼松炎责任编辑：《象山县农业区划》，内部刊印，1985。
10. 象山县政协文史资料委员会编：《象山文史资料（第一辑）》（1986）、《象山文史资料（第二辑）》（1987）、《象山文史资料（第三辑）：象山近百年史事胜录》（1988）、《象山文史资料（第四辑）》（1990）、《象山文史资料（第五辑）：历代人物专辑》（1991）、《象山文史资料（第六辑）：文化史料专辑》（1992）、《象山文史资料（第七辑）：抗日史料专辑》（1993）、《象山文史资料（第八辑）》（1994）、《象山文史资料（第九辑）》（1995）、《象山文史资料（第十辑）》（1996），《象山文史资料（第十一辑）》（1997），内部刊印。
11. 象山县经济委员会编：《一九八八年象山县百万产值工业企业名录》，内部刊印，1989。
12. 中共象山县委党史研究室编，朱华庭、郑红胤、史奇山等编：《中共象山县党史大事记（1919—1949）》，内部刊印，1992。
13. 中共象山县委党史研究室编，郑红胤撰稿：《中共象山县党史大事记（1949. 7—1989. 12）》，内部刊印，1993。
14. 中共象山县委党史研究室编，吕国民主编：《中国共产党象山历史大事记（1949—1999）》，中央文献出版社，2004。
15. 象山县农村经济委员会编：《金色的半岛——象山优质高产高效农业集萃》，内部刊印，1993。
16. 象山县档案局编：《象山历代建制经济概况［唐神龙二年（706—1993）］》，内部刊印，1994。
17. 象山县政协文史资料委员会编，王德威撰稿：《象山军民抗战实录》，内部刊印，1995。
18. 中共象山县委政策研究室编：《象山县调研集（1996年度—2015年度）》（共15册），内部刊印。
19. 象山县政协委员会编，林志龙主编：《象山历代诗选》，三秦出版社，1995。
20. 象山县政协文史资料委员会编：《象山文史资料综合辑：往事琐录》，内部刊印，2001。
21. 象山县档案馆编：《象山籍人士在国内外（第一集）》（1989）、《象山籍人士在国内外（第二集）》（1991）、《象山籍人士在国内外（第三集）》（1991）、《象山籍人士在国内外（第四集）》（1992）、《象山籍人士在国内外（第五集）》（1994）、《象山籍人士在国内外（第六集）》（2005）、《象山籍人士在国内外（第七集）》（2008），内部刊印。
22. 中共象山县委宣传部、县委党史工作委员会、象山县公安局编，朱华庭，张顺勤主编：《海角肃匪记——象山县剿匪肃特纪实》，内部刊印，1996。
23. 象山县政协文史委员会编，王德威主编：《创业漫忆》，内部刊印，1998。
24. 中共象山县委宣传部、中共象山县委政策研究室、中共象山县委党史研究室编，朱金茂主编：《象山改革开放二十年》，内部刊印，1998。
25. 中共象山县委宣传部、中共象山县委政策研究室、中共象山县委党史办公室编，周坚栋主编：《象山改革开放三十年》，人民日报出版社，2008。

26. 象山县档案局、象山县档案馆编：《象山县八一八抗台纪实》，内部刊印，2007。
27. 中共象山县委宣传部、象山县海塘建设管理办公室、象山县文学艺术界联合会编，主编史奇山、周培章：《抗台壮歌》，内部刊印，1998。
28. 象山县政协文史资料委员会编，潘文戈主编：《东海长城——象山县新标准海塘建设纪实》，内部刊印，2003。
29.《海魂——象山抗击八一台风50周年记》编委会编，周江勇主编：《海魂——象山抗击八一台风50周年记》，海洋出版社，2006。
30. 象山县地方志编纂委员会编，钱永兴主编：《山海的记忆》，内部刊印，2006。
31. 象山县地方志编纂委员会办公室《象山方志》编辑部编，钱永兴主编：《象山方志》（2007总第一期）、《象山方志》（2007总第二期）、《象山方志》（2008总第三期）、《象山方志》（2008总第四期），内部刊印。
32. 象山县政协文史资料委员会编，何元均主编：《张苍水被执南田悬岙论集》，宁波出版社，2008。
33. 象山县政协文史资料委员会编，吴家唯、朱南方编辑：《让耕者有其田：象山土地改革资料汇编》，内部刊印，2010。
34. 中共浙江省象山县委宣传部、浙江省中国现代文学研究会编，主编骆寒超、王嘉良：《百年殷夫：新感悟、新解读》，上海文艺出版社，2011。
35. 象山县政协文史资料委员会编，朱南方编：《辛亥革命之象山记忆》，内部刊印，2011。
36. 象山县政协文史资料委员会编，胡建萍主编：《象山百人说百事》，宁波出版社，2012。
37. 象山县政协文史资料委员会编，胡建萍主编：《大塘港堵口蓄淡工程纪实》，中国文史出版社，2013。
38. 象山县政协文史资料委员会编，胡建萍主编：《象山楹联》，中国文史出版社，2014。
39. 象山县政协文史资料委员会编，胡建萍主编：《象山传统器物图录》，内部刊印，2015。
40. 象山县政协文史资料委员会编，胡建萍主编：《象山当代诗词选》，宁波出版社，2017。
41. 中共象山县委宣传部、象山县档案局编，史奇山主编：《象山记忆：桥的华章》，内部刊印，2013。
42. 象山渔文化研究会编，丁爵连主编：《象山妈祖文化述略》，内部刊印，2004。
43. 象山徐福研究会编：《2012中国徐福文化象山国际大会论文集》（国际大会未开成，论文集刊印），内部刊印，2012。
44. 罗来兴等主编：《印象象山》（包括名人、名景、名居、名品四册），宁波出版社，2015。
45. 史广生编：《象山暴动》，油印本，内部刊印，1983。
46. 中共象山县委党史研究室编，吕国民、叶忠正编：《象山暴动》，内部刊印，1999。
47. 中共象山县委党史资料征集领导小组，象山县民政局编：《象山县革命烈士事迹》，内部刊印，1984。
48. 中共象山县委党史研究室编，叶忠正主编：《象山英烈》，中央文献出版社，2000。
49. 中共象山县委党史研究室、象山新港小学编，朱华庭主编：《喋血高塘岛》，内部刊印，2001。
50. 中共象山县委党史研究室编，叶忠正主编：《王家谟纪念文集》，内部刊印，2001。
51. 中共象山县委党史研究室编，吕国民主编：《南田暴动》，内部刊印，2002。

52. 中共象山县委党史研究室编，叶忠正主编：《贺威圣纪念文集》，内部刊印，2002。
53. 中共象山县委党史研究室编，吕国民主编：《张任伟纪念文集》，内部刊印，2003。
54. 中共象山县委党史研究室编，吴爱文主编：《吴烨烈士纪念文集》，内部刊印，2003。
55. 中共象山县委党史研究室编，吕国民主编：《中共象山县委文件选编（1949—1956）》，内部刊印，2004。
56. 中共象山县委党史办公室编，叶忠正主编：《半岛英魂——王家谟纪念文集》，中央文献出版社，2006。
57. 中共象山县委党史办公室编，吕国民主编：《象山浪涛集（第一集）》，人民日报出版社，2009。
58. 中共象山县委党史办公室编，吕国民主编：《象山浪涛集（第二集）》，山西出版集团、北岳文艺出版社，2009。
59. 中共象山县党史办公室编，吕国民主编：《浙江省象山县抗日战争时期人口伤亡和财产损失》，中共党史出版社，2015。
60. 姜光平编：《写心集：尊行日记　梅坞回忆录　象山姜氏近代概述》，江苏广陵刻印社印行。
61. 林志龙撰：《读志摭纪》，内部刊印，2001。
62. 张潇著：《诗坛骄子——殷夫传》，浙江人民出版社，2001。
63. 朱华庭著：《霜林集》，内部刊印，2002。
64. 史荣林著：《长留一片月——史荣林乡政府工作日记（1984. 11—1985. 11）》，内部刊印，2002。
65. 童昌著：《流淌的思绪》，内部刊印，2003。
66. 史其凯著：《我为人民当代表——老代表的心声》（第一辑），内部刊印，2003。
67. 林志龙著：《学诚斋集》，内部刊印，2005。
68. 钱英才著：《国学大师陈汉章》，浙江文艺出版社，2007。
69. 象山县徐福研究会编，何元均主编：《徐福与象山》，内部刊印，2008。
70. 中共象山县委统战部、象山民族宗教事务局编，盛繁国编著：《象山县民族宗教要录》，内部刊印，2008。
71. 郑鼻峰著：《鼻峰诗文集》，象山县地方志编纂委员会办公室编印，2008。
72. 薛炳元编著：《象山方言与民俗》，内部刊印，2008。
73. 丹东街道下余村村民委员会编，倪水汶主编：《下余村志》，内部刊印，2009。
74. 张利民、邵鹏编著：《名人与象山》，浙江科学技术出版社，2009。
75. 林瑞环编著：《钱仓往事拾遗》，内部刊印，2009；《象山东乡萧氏家族文化简史》，内部刊印，2010。
76. 贺正澜著：《土改日记》，内部刊印，2009。
77. 郦伟山主编：《渔文化大观》，中国文史出版社，2010。
78. 王庆祥编：《殷夫遗诗校注》，浙江文艺出版社，2010。
79. 何元均著：《象山古代史事管窥》，宁波出版社，2010。
80. ［俄］马特科夫著，宋绍香译：《殷夫——中国革命的歌手》，象山县政协文史资料委员会内部印行，2011。
81. 张球编著：《郑宝根竹根雕艺术》，西泠印社出版社，2011。

82. 王庆祥著：《唐明州象山县蓬莱观碑文考释》，宁波出版社，2012。
83. 蒋曼儒摄影：《见证：象山港大桥建设历程》，中国摄影出版社，2013。
84. 沈鹤龄著：《象山体育回眸》，内部刊印，2013。
85. 竺桂良编著：《昌石裒谈》，内部刊印，2014。
86. 蒋元龙编：《浙江省象山中学档案史料选编（1942—1948）》，内部刊印，2014。
87. 张利民编著：《象山海盐晒制技艺》，浙江摄影出版社，2014。
88. 张则火编著：《鳌峰潘氏》，内部刊印，2014。
89. 沈学东著：《渔村风情》，中国文史出版社，2014。
90. 张则火编著：《象邑唐翰朱氏》，内部刊印，2015。
91. 许土根编著：《校亿万字　勘百部书》，中国文史出版社，2015。
92. 谢立光著：《潮间拾贝》，内部刊印，2015。
93. 沈吉太著：《象山俗语选解》，杭州出版社，2016。
94. 王庆祥著：《顾田怀南田诗校读》，宁波出版社，2016。
95. 吴健、沈学东主编：《鸡鸣三坑班戏纲》，中国戏剧出版社，2016。
96. 《象山党史》杂志（期数待核）。
97. 《渔文化》杂志（期数待核）。
98. 张利民、吴家唯主编：《象山家训三十则》，宁波出版社，2016。
99. 张利民主编：《象山历代家训家风研究》，宁波出版社，2016。
100. 竺桂良编：《荔港裒谈》，内部刊印，2016。
101. 叶忠正著：《吴语用字三百例》，杭州出版社，2017.4。
102. 何元均、钱德馨校注：《研香室诗存（清叶兰贞著）》，团结出版社，2017.5。

索　引

1. 本志索引分条目索引、表格索引、图照索引三部分，采用主题分析法编制。

2. 全部标引词按首字的汉语拼音音序排列，首字相同按第二字音序排列，以此类推。标引词后的阿拉伯数字表示内容所在的页码。

3. 象山县的党政机关、企事业单位、社会团体以及在象山县发生的事件名称，除容易产生歧义外，均省略“象山县”或“象山”。

4. 序、综述、大事记、丛录、舆图考、参考文献、修志始末等均不选入索引。

条目索引

K

L

M

T

W

Y

表格索引

图照索引

D

E

F

G

H

J

K

L

M

修志始末

象山是方志之乡，历史上先后编修县志10余部。20世纪80年代，象山完成首轮社会主义新方志编修。进入21世纪，全国第二轮新编地方志工作展开。为全面、系统记述象山县自然、政治、经济、文化、社会各方面的历史和现状，充分反映改革开放以来象山县各方面取得的巨大成就，中共象山县委、象山县人民政府决定，启动第二轮新编县志工作。

象山二轮修志始于2004年8月，至2007年5月为启动阶段。主要工作是落实修志保障，创编年鉴，开启县志编修，筹备旧志整理，设计方志理念等。

2007年6月1日，《象山县志（重修；下限至2008年）》编修工作动员大会举行，标志着县志编修工作正式启动，全面展开。至2012年12月，县志编修完成资料长编、分纂、总纂，初步形成400余万字的志稿。

2013年起，按照浙江省方志办关于志书审查验收意见，县志稿进入初审、复审、终审及“三审”之后的修改程序。

2018年5月4日，县人民政府印发《关于同意出版〈象山县志（重修；下限至2008年）〉的批复》（象政发［2018］104号），同意县志稿经出版社进一步审核后公开出版发行。县志稿按照终审验收组意见及出版社“三审”意见，进入“四改”程序，至2019年10月完成，共600余万字。

以下从“组织领导”“二轮修志启动”“县志编修过程”“修志指导思想及理念”“县志审查验收及修改”“指导、交流与学习”“试点工作”“撰写编辑”八个方面，详述本届修志始末。

一、组织领导

（一）有关修志工作的重要会议

2004年10月19日，中共象山县委常委会议研究，决定设立象山县志编纂委员会办公室，与中共象山县党史办公室合署办公，同时明确党史办、县志办主任人选。县委书记肖培生主持会议。

2005年5月19日，县委书记办公会议听取县志办汇报，同意象山二轮修志县志编修（重修）、年鉴编纂、旧志整理、方志理论研究等工作并举，并原则同意创编《象山年鉴》有关工作安排。县委副书记、县长周江勇主持会议，县委副书记胡剑辉、徐才印、张良才，县人大常委会主任胡锡海，县政协主席张雪明等出席。县委办公室主任俞骏、副主任干维岳等列席。12月15日，县委书记办公会议听取修志工作汇报。会议明确修志工作要坚持党委领导、政府主持、志办实施、专家修志、众手成志的工作机制，将修志工作纳入象山经济社会发展计划和各级政府重要工作安排，做到领导到位、机构到位、经费到位、队伍到位、条件到位。要求各部门通力合作，全力以赴做好修志工作。同时原则同意《象山县志（2008）编纂工作方案》和县志办提出的工作要求。修志经费列入县财政预算，按年划拨。配备工作用车。县委书记周江勇主持会议。县委副书记、代县长李关定，县委副书记徐才印、张良才、陈福生等出席。县委办公室主任俞骏、副主任黄敏求等列席。

2006年3月28日，象山县历史上第一部综合性年鉴——《象山年鉴（2005）》出版并首发。县委常委、宣传部部长洪贤兴参加首发式并致词。

2007年5月19日，《象山县志（2008）》纲目论证会在象山松兰山海景大酒店举行。县人民政府副县长王安静出席并讲话。县政府办副主任陈兴达主持会议。

是年6月1日，“《象山县志（2008）》编修工作动员大会”在象山宾馆举行。县委常委、常务副县长白国璋作动员报告，要求以科学发展观为指导，认真贯彻国务院《地方志工作条例》，把《象山县志（2008）》编修成一部精品志书。县政府办主任孙小雄主持会议。全县各镇乡、街道、县属各单位主要负责人100余人参加。

是年6月29日，“象山县修志工程论证会”在杭州黄龙饭店举行。县委办副主任周文主持会议。详见本“修志始末”第六部分“试点工作”。

2009年8月20日，象山县申报全国二轮修志试点单位汇报会在松兰山海景大酒店召开。县委常委、统战部部长黄敏求出席并讲话。县政府办副主任陆新学主持会议。

2013年6月24日，县委书记办公会议，同意县委党史办（县方志办）与县委办合署办公，从副科（局）级机构规格升格为正科（局）级。县委书记李关定主持会议。

2014年1月19—21日，《象山县志（2008）》初审志稿评审会在象山海洋酒店举行。县委常委、常务副县长励志纲出席并讲话。县委办副主任翁凌展主持会议。

2016年4月28日，《象山县志（2008）》复审志稿评审会在宁波海逸大酒店举行。县人民政府副县长张海琪出席并讲话。

是年11月9日，县人民政府第五十五次常务会议听取《象山县志（2008）》争创“中国志书精品工程”及出版实行单一来源采购等工作汇报，并原则同意。县委副书记、县长黄焕利主持会议。

2017年12月1日《象山县志（2008）》终审志稿评审会在象山港国际大酒店举行。县委副书记、县长黄焕利出席并讲话。县委常委、常务副县长陈兴立代表县政府宣布，《象山县志（2008）》通过终审，同意出版。副县长钮晶莹主持会议。

（二）有关修志的文件

2004年8月26日，县人民政府办公室根据上级有关文件精神印发《关于开展续修〈象山县志〉工作的通知》（象政办［2004］141号），决定开展二轮修志。11月17日，县机构编制委员会印发《关于设立象山县志编纂委员会办公室和调整中共象山县委党史办公室级格的通知》（象编字［2004］30号）文件，设立象山县志编纂委员会办公室，与中共象山县委党史研究办公室合署办公，级格为副（科）局级事业单位，核定事业编制4名。

2006年4月18日，县委办、县府办印发《象山县志（2008）编纂工作方案》（县委办［2006］46号）。方案明确指导思想、目标任务、体例框架、方法步骤、组织领导。确定《象山县志（2008）》为重修，上限不框定，下限至2008年。

2013年9月30日，县编委印发“象编［2013］50号”文件，根据市编委办《关于调整象山县县委党史研究室机构规格的批复》精神，县委党史研究室（县地方志编纂委员会办公室）机构规格升格为正科（局）级。挂靠县委办管理，核定财政全额补助事业编制4名。设主任1人，由县委办副主任兼任；副主任1名，负责日常工作；下设编撰科，核定中层职数1名。

2018年5月4日，县人民政府印发文件《象山县人民政府关于同意出版〈象山县志（重修；下限至2008年）〉的批复》（象政发［2018］104号）：经终审验收组评审验收，县人民政府审核，同意《象山县志（2008）》交付方志出版社进一步审核后公开出版发行。

（三）修志工作列入政府工作报告

2005年1月21日，象山县第十五届人民代表大会第三次会议上，县长周江勇在《政府工作报告》中提出“续编《象山县志》”。

2006年1月19日，象山县第十五届人民代表大会第四次会议上，代县长李关定在《政府工作报告》中提出“《象山县志》续修工作启动”。

2008年1月24日，象山县第十六届人民代表大会第二次会议上，县长李关定在《政府工作报告》中提出“编纂《象山县志》”。

2011年1月24日，象山县第十六届人民代表大会第五次会议上，代县长叶剑鸣在《政府工作报告》中提出“继续做好县志编修工作”。

2018年2月7日，象山县第十八届人民代表大会第二次会议上，县长黄焕利在《政府工作报告》中提出“加强方志管理，出版《象山县志（2008）》”。

（四）县领导调研、指导地方志工作

2004年11月29日，县委副书记徐才印听取县委党史办、县方志办工作汇报，明确县委党史办、县方志办主任负责全面工作，主要分管县志工作，县委党史办、县方志办副主任负责党史工作。县委办主任俞骏、副主任干维岳参加。12月2日，县委副书记、县长周江勇听取县方志办工作汇报，明确年鉴编纂、县志编修、地方志编纂委员会组成等工作，并要求保障办公经费、办公用房等工作条件，由县府办负责落实。县委办主任俞骏参加汇报。

2005年5月31日，县委副书记、县长周江勇“对《象山年鉴》纲目的建议意见”，由县政府办副主任朱安伟与县方志办对接落实。12月，县委书记周江勇、县人民政府代县长李关定为象山首部综合年鉴《象山年鉴（2005）》作序，认为年鉴编纂，可积累资料、锻炼队伍、养成史识，是为修志做必要的准备。必须持之以恒，年年不辍，在全、精、新、特、实、准等方面下功夫，追求高质量。

2008年2月1日，县委副书记黄志明到县方志办调研，并拜早年。

2011年7月21日，县委副书记、县长叶剑鸣听取县志办《象山县地方文献丛书》编纂、出版及首发方案工作汇报，充分肯定县方志办工作，并对县志编修下步工作提出要求。8月24日，县委副书记林亚莲听取县志办工作汇报，对下一阶段工作提出要求，并明确钱永兴继续担任《象山县志（2008）》主编，主持县志办工作。

2013年9月3日，县委副书记俞骏到县方志办调研，听取《象山县志（2008）》初审稿形成情况及评审会准备情况汇报，并对下步工作提出要求。

2016年6月1日，县委书记叶剑鸣听取县方志办《象山县志（2008）》编纂、主编情况，复审稿评审，终审稿工作安排等汇报，对志稿质量、审核、出版及地方志开发利用、地方志事业可持续发展提出要求。县委办主任陈柳松、副主任江立峰，根据领导意见协调各方工作。11月，县委常委、常务副县长陈兴立到县方志办调研，对编修县志下步工作提出要求。

2017年3月28日，县委副书记孙小雄到县方志办调研，对《象山县志（2008）》终审稿形成、终审等工作提出要求。

2018年4月3日，县委副书记孙小雄到县方志办调研，对县志通过终审后的修改工作及方志的开发利用提出要求。

（五）县修志组织机构

1. 县地方志编纂委员会

2006年1月23日，县委办、县政府办印发《关于调整县地方志编纂委员会组成人员的通知》（县委办［2006］9号），县委书记周江勇任名誉主任，县委副书记、代县长李关定任主任，县委常委、常务副县长励志武，县委常委、宣传部部长洪贤兴，县委办主任陈永忠，县政府办主任沈海东任副主任，县委办、县政府办、县委组织部、县委宣传部、县委统战部、县委政法委、县农办、县发展和改革局、县经济发展局、县教育局、县民政局、县财政局、县国土资源局、县规划局、县建设局、县交通局、县外经贸局、县文化局、县环保局、县统计局、县档案局、县农林局、县旅游局、县粮贸局、县海洋与渔业局、人行象山支行、县人武部、县方志办等28个县级各有关单位负责人任委员。

2007年6月1日，县委办、县政府办印发《关于调整县地方志编纂委员会组成人员的通知》（县委办［2007］55号），县委书记周江勇任名誉主任，县委副书记、县长李关定任主任，县委常委、常务副县长白国璋，县委常委、宣传部部长洪贤兴，县委办主任黄敏求，县政府办主任孙小雄任副主任，28个县级各有关单位（同上）负责人任委员。

2010年8月25日，县委办、县政府办印发《关于调整县地方志编纂委员会组成人员的通知》（县委办［2010］92号）：县委书记李关定任名誉主任，县委副书记、代县长叶剑鸣任主任，县委常委、常务副县长卢敏，县委常委、宣传部部长欧亚群，县委办主任干维岳，县政府办主任罗来兴任副主任，28个县级各有关单位（同上）负责人任委员。

2017年3月3日，县委办、县政府办印发《关于调整县地方志编纂委员会组成人员的通知》（县委办［2017］23号）：县委书记叶剑鸣任名誉主任，县委副书记、县长黄焕利任主任，县委常委、宣传部部长罗来兴，县委常委、常务副县长陈兴立，县委办主任唐骏汉，县政府办主任吴志辉任副主任，县委办、县政府办、县委组织部、县委宣传部、县委统战部、县人武部、县委政法委、县档案局、县教育局、县文广新闻出版局、县发展和改革局、县统计局、县住建局、县环保局、县规划管理中心、县交通运输局、县经信局、县商务局、县招商局、县旅委、县农办、县民政局、县农林局、县国土资源局、县海洋与渔业局、人行象山支行、县方志办等27个县级各有关单位负责人任委员。

2. 县地方志编纂委员会办公室（县志办）

2004年10月19日，县委决定设立县方志办。10月29日，县委决定钱永兴任县委党史办、县方志办主任。11月，县编委发文设立县方志办。2006年1月23日，县委办、县府办印发《关于调整县地方志编纂委员会组成人员的通知》，决定钱永兴兼任县地方志编纂委员会办公室主任、《象山县志（2008）》主编。2011年8月，县委决定免去钱永兴县委党史办、县方志办主任职务。《象山县志（2008）》主编职务延续。

2011年11月7日，县委决定陆振明任县委党史办（县方志办）主任。2013年6月，县委决定县委党史研究室（县地方志编纂委员会办公室）机构升格为正科（局）级。9月，由县编委发文。2016年2月，陆振明调离。同月，县委决定吴家唯任县委党史研究室（县方志办）副主任。2016年12月14日，县委发文，决定张沉忠任县委办副主任，县委党史研究室（县方志办）主任。

2017年3月3日，县委办、县政府办印发《关于调整县地方志编纂委员会组成人员的通知》，钱永兴为《象山县志（2008）》主编。是年12月，县委决定免去张沉忠县委办副主任、县委党史研究室（县方志办）主任职务，任命袁亦林为县委办副主任、县委党史研究室（县方志办）主任。

县委党史办（党史研究室）、县方志办（县地方志编纂委员会办公室）由县委办管理，县委办确定一位副主任分管。县志办同时接受县政府办领导，县政府办确定一位副主任分管。

（六）修志保障工作

1. 修志人员

2004年10月，事业编制1人。2005年，事业编制2人，聘用（借调）2人，特邀2人，后勤1人。2010年，事业编制2人，聘用（借调）7人，特邀3人，后勤2人。其中副高职称6人（汉语言文学4人、历史1人、物理1人），原任正副科（局）级4人、摄影1人、计算机专业1人。2016年后，编史、修志人员开始兼用。修志临聘人员报县人社局、县财政局审批，并落实待遇。

2. 修志办公用房

2004年11月，安排县委组织部大楼2楼办公室1间。2005年5月，新增县政府大楼5楼办公室2间、会议室1间（与县府办合用）。2006年春，新增县中队内仓库1间，用以存放《象山年鉴》。2008年6月，租借县总工会仓库1间。9月，退还县中队内仓库，租借县委党校二楼办公室3间、会议室1间。2010年5月，退还县委党校办公用房、县总工会仓库，租借县委老干部局三楼办公室3间、会议室1间、仓库1间。2011年2月，退还县委组织部大楼、县政府大楼、县委老干部局三处办公用房，搬入县政府大院原民政局大楼，共有办公室7间，会议室1间，档案室1间，仓库1间。2017年3月，退还县政府大院原民政局大楼房子，搬入丹东街道东谷路117号丹东市场监管所大楼4楼，有办公室10间、会议室1间、仓库1间，编史、修志共用。

3. 修志经费

编史、修志经费通用。2004年12月末，县财政预算安排县委党史办、县方志办2005年度办公、编纂经费20万元。2006年度20万元。2007年度增至50万元。2008年度50万元。2009年度至今，每年度60万元。志书评审、出版等专项经费，由县方志办提出，经县委办同意并向县政府申请，县财政专项划拨。

4. 修志工作用车

2005年12月，县委书记办公会议同意县委党史办、县方志办配备工作用车。2006年6月，明确县委办原32号桑塔纳轿车为县委党史办、县方志办工作用车。2010年9月，机关公车改革，公务活动多用公共交通工具，列支“公共交通专项经费”；非用专车不可时，经批准，向有关租车单位租借。

二、二轮修志启动（2004.8—2007.5）

（一）决定二轮修志

2004年8月，县政府下发开展二轮修志文件。10月，县委决定组建县地方志编纂委员会办公室（县方志办）。2005年5月、12月，两次县委书记会议，听取二轮修志工作汇报，并明确二轮修志任务：县志编修、年鉴编纂、旧志整理、方志理论研究等工作并举。详见本《修志始末》第一部分“组织领导”。

（二）落实工作保障

2004年11月，县委分管副书记明确县委党史办、县方志办领导分工。12月初，县长就修志具体工作提出明确意见，由县委办与县政府办对接落实。修志人员、经费、办公用房等落实情况，详见本《修志始末》第一部分“组织领导”。

（三）学习修志业务

1. 走访兄弟单位

2004年11月至2005年6月，象山县方志办主任等走访鄞州区、宁海县、绍兴市等方志办，了解一轮修志，及年鉴编纂情况。详见本《修志始末》第六部分“指导、交流与学习”。

2. 兄弟单位来访

2006年4—10月，宁海县、绍兴县、江北区等方志办负责人及修志人员来访，交流二轮修志及旧志文献整理情况。详见本《修志始末》第六部分“指导、交流与学习”。

3. 会议、讲座学习

2005年6月至2006年9月，县方志办主任等人参加宁波市志办召集的全市方志办主任、主编会议，及方志学教授讲座等，学习修志业务。详见本《修志始末》第六部分“指导、交流与学习”。

4. 走访文史、方志专家

县方志办主任一行走访多位修志、文史专家，向他们学习修志业务，征求二轮修志意见。2004年12月，走访《象山县志》（1988年版）主编王庆祥、副主编林志龙及象山政协文史委原主任何元均。2005年2月，走访《象山县地名志》（1995年版）主编叶忠正、《象山县交通志》（1992年版）主编竺桂良等。3—10月，走访县外文史、方志专家，详见本《修志始末》第六部分“指导、交流与学习”。

5. 修志文献学习

2004年12月，县方志办获赠《宁波年鉴》《鄞县年鉴》《鄞州年鉴》。2005年3月，获赠《温州年鉴（2003）》，及《杭州年鉴》《绍兴年鉴》《嘉兴年鉴》目录。7月，获林志龙赠《史通通译》《评注文史通义》《中国旧志名家论选》《新方志编纂经验谈》《志苑二十年》《修志丛谈》等书。是月，县方志办订阅《中国地方志》期刊及合订本。12月，二轮《象山县志》编辑部主编第一次会议，所发资料有：《钦定国子监志》纲目、《全球通史》纲目、《地理学——它的历史、性质和方法》（德国赫特纳著）纲目、一轮《宁波市志》纲目、国民经济分类标准等。2006年7月，获竺桂良赠《南田县志》（复印本）、《韬庐丛话》（手抄复印本）。2007年1月，县方志办数人在天一阁“中国地方志珍藏馆”查阅《绍兴县志》《绍兴市志》《宁波市志》等第一轮修志志书。是月，在鄞州政协文史委戴松岳处查阅民国《鄞县通志》。

（四）学习贯彻《地方志工作条例》

2006年6月，县方志办组织全体修志人员学习、贯彻国务院颁布的《地方志工作条例》。《地方志工作条例》明确了地方志类别、性质、编纂原则和要求：“地方志包括地方志书、地方综合年鉴”“地方志书，是指全面系统地记述本行政区域自然、政治、经济、文化和社会的历史与现状的资料性文献”“地方综合年鉴，是指系统记述本行政区域自然、政治、经济、文化、社会等方面情况的年度资料性文献”“编纂地方志应当做到存真求实，确保质量，全面、客观地记述本行政区域自然、政治、经济、文化和社会的历史与现状”。《地方志工作条例》还明确了县级以上地方人民政府负责地方志工作的机构，主管本行政区域的地方志工作，其职责为：组织、指导、督促和检查地方志工作；拟定地方志工作规划和编纂方案；组织编纂地方志书、地方综合年鉴；搜集、保存地方志文献和资料，组织整理旧志，推动方志理论研究；组织开发利用地方志资源。

（五）汇聚各界智慧

2005 年 5 月 11 日，《象山年鉴（2005）》纲目讨论会召开，邀何元均、林志龙、叶忠正、孙万立、黄敏求、张启章、翁华清、郑松才、张明珠、蒋曼儒、郑芝璟等社会各界人士参加，征求意见。会议由县政府办副主任朱安伟主持。是月 20 日，邀请宁波市史志办副研究员邵建鸣为《象山年鉴》撰稿人会议作业务培训。是月 27 日，邀请新闻中心吴启超、吴海龙、蒋曼儒、倪忠才等，征求年鉴撰稿、图片征集、编排编辑等意见。10 月 19 日，邀县史志界 7 人，商讨《象山县志（2008 编纂方案）》。2006 年 6 月、12 月，县方志办两次召开县志课题会议，邀请王性成等社会各界人士 10 余人参加，征求意见，落实课题承担人员。8 月，邀顾明辉为《山海的记忆——图说象山县史》作人物画插图 10 多幅。10 月，县志办召开《山海的记忆——图说象山县史》研讨会，邀王庆祥、何元均、林志龙、王德威、竺桂良、朱华庭、钱德馨、葛渭康、许土根、张善心、夏乃平、郑松才、张明珠、吴国华等参加。2007 年 5 月，《象山县志（2008）》纲目论证会召开，邀请宁波市内专家 10 余人参加。

（六）年鉴创编工作

2004 年 11 月开始筹备。2005 年 4 月 26 日县政府正式发文，《象山年鉴（2005）》创编正式启动。5 月，年鉴纲目论证会、年鉴撰稿人会议相继召开。8 月，年鉴文字、照片稿件基本完成，进入编辑。11 月，年鉴总纂完成，送交出版。2006 年 2 月，象山首部年鉴出版。3 月，举行年鉴首发式。各县（市）区方志办主任、宁波市图书馆、宁波市档案馆、天一阁博物馆、宁波大学图书馆负责人，以及象山有关单位负责人及相关人员参加会议。5 月 1 日，宁波大学教授徐定宝撰写象山首部年鉴的书评，刊登于《宁波日报》。

（七）《山海的记忆——象山县史图说》编纂

2005 年 11 月，县里决定 2006 年举办纪念象山立县 1300 周年活动，县方志办承担相关陈列内容的文字说明。翌年 2 月，县方志办决定编纂《山海的记忆——象山县史图说》一书，既可用于立县 1300 周年纪念活动，又可用于《象山县志（2008）》编纂参考，获批准。2006 年 9 月，是书内部刊印，20 余万字，数十幅插图。

（八）县志筹备、启动工作

1. 县志编纂工作方案制定

2004 年 11 月至 2005 年 9 月，通过学习、调查、交流、讨论，形成县志编纂工作基本思路。2005 年 10 月，县志编纂工作方案初稿完成，并征求县领导、上级业务指导单位及修志专家意见。12 月，编纂工作方案向县委书记办公会议汇报，并获通过。2006 年 4 月，县委办、县政府办印发《〈象山县志（2008）〉编纂工作方案》。

2. 县志纲目编写

2004 年 11 月至 2006 年 9 月，通过学习修志业务，借鉴一轮修志中的精品志书纲目，调查象山地情，落实县志课题等，大致确定县志体例框架。2006 年 10—12 月，县志纲目形成。

2007 年 1—4 月，县志纲目征求领导、专家及社会各界意见，并作修改、细化，形成县志纲目论证稿。5 月 19 日，《象山县志（2008）》纲目论证会在象山松兰山海景大酒店举行，参加论证的专家有：宁波市史志办主任姚志浩、副主任龚蜀东、副研究员邵建鸣，浙江大学教授龚缨晏，宁波大学教授徐定宝、研究员孙善根、副教授沈松平，宁波天一阁博物馆副研究员龚烈沸，鄞州区政协文史委副主任戴松岳，《鄞县志》（1996年版）主编周时奋等。

3. 落实县志课题

2005年10月至2007年4月，县志课题工作写入县志编纂工作方案，完成53个课题的“名称及提示”，制订课题管理办法，并落实部分课题。有关课题名称、提示及管理办法等内容，收入《〈象山县志2008〉纲目论证会资料汇编》。详见本《修志始末》第八部分“撰写编辑”。

4. 汇编县志纲目论证会资料

2005年10月，《县志编纂工作方案》初稿完成，翌年4月定稿。2006年5月，《县志课题研究管理办法》完成。12月，《县志课题名称及提示》完成。同月，《县志纲目》初稿完成，《县志民间采访大纲》《县志纲目编制说明》制订。2007年4月，《县志纲目》定稿，《县志民间采访大纲》《县志纲目编制说明》完成。以上面所列资料为主体，另加《县志行文规范》《县志各专志资料长编的编写要求》《县志入志图片要求》《县志参考文献丛书目录》及附录论文《方志与博物学精神》等内容，于2007年4月29日汇编成册，名为《象山县志（2008）纲目论证会资料汇编》，近15万字。

（九）旧志整理工作

2006年4月，为编修《象山县志（2008）》提供参考文献，决定编纂《象山县地方文献丛书》，内容初定明嘉靖《象山县志》点校，清乾隆倪象占《蓬山清话》、钱沃臣《蓬岛樵歌》点注（由林志龙牵头）等。后又列入王志邦辑录的《宋元四明志象山县汇辑》，郑松才、韩利诚点校的民国《南田县志》。

（十）方志理论研究

2006年4月，在《〈象山县志（2008）〉编纂工作方案》中明确了《象山县志（2008）》编修的指导思想、目标任务、体例框架等，并在2007年4月《〈象山县志（2008）〉纲目编制说明》中作出详细说明。详见本《修志始末》第四部分“修志指导思想及理念”。另主编及编辑开始撰写方志论文。

三、县志编修过程

（一）筹备、启动阶段（2004.08—2007.05）

本阶段主要工作有“决定修志”“落实保障”“学习业务”“学习、贯彻《地方志工作条例》”“汇聚众智”“准备资料”“编制修志方案”“编制县志纲目”“汇编县志纲目论证会资料并论证县志纲目”“落实县志课题”等，详见本《修志始末》第二部分“二轮修志启动”。

（二）全面展开阶段（2007.06—2008.08）

1. 修志动员大会与修志组织

2007年6月1日，《象山县志（2008）》编修工作动员大会举行。是日，县委办、县政府办印发《关于调整县地方志编纂委员会组成人员的通知》，公布组成人员与县志主编。同日，象山县地方志编纂委员会发文：经主编提议，聘请《象山县志（2008）》副主编、特邀副主编。详见本《修志始末》第一部分“组织领导”、第八部分“撰写编辑”。

2. 业务培训、交流及指导

2007年6月21—22日，《象山县志（2008）》修志工作人员培训会在象山宾馆召开，镇乡、街道、机关、部门县志撰稿人员与采访人员约150人参加培训。《鄞县志》主编周时奋及县地方史志专家作业务辅导讲座。是月，全县各镇乡、街道、各部门、各有关单位陆续建立修志工作领导小组，落实修志人员及修志经费。11月8日，镇乡街道修志工作会议在象山宾馆举行。18个镇乡街道负责修志工作的领导及工作人员出席。丹西街道、大徐镇、茅洋乡的修志分管领导，石浦镇、西周镇、贤庠镇、鹤浦镇的修志工作人员作交流。11月14日，机关单位（企业）修志工作会议在象山宾馆举行。80余家县属单位分管修志工作的领导及工作人员出席。县政府办、县公安局、县农林局、县旅游局、县民政局、县工商联、人民银行象山支行、县卫生局、县水利局等单位作交流。12月27日，县方志办召开“象山二轮修志工作新年茶话会”，县文史专家20余人参加，王庆祥、何元均、叶忠正、葛渭康、钱德馨、郦伟山、张则火、史荣林等发言。

2007年7月至2008年8月，县志编辑部各编辑深入一线，指导机关单位、街道镇乡搜集资料、编撰资料长编及县志稿。

3. 承编单位编撰与县验收要求下发

2008年1月18日，县志办召开镇乡街道资料长编工作会议。18个镇乡街道修志工作人员出席。涂茨镇等单位介绍资料长编整合情况。2月28日，县政府办公室印发《〈象山县志（2008）〉承编单位上报资料的验收要求》，下发至镇乡街道及有关单位。

2007年7月至2008年8月，部分机关单位、镇乡街道承编资料陆续上报。

4. 县志编辑部编撰启动

2007年10月24日，县志编辑部会议研究，决定搜集资料与志稿撰写齐头并进，并确定以“饮食”一章作为试写内容，由主编钱永兴承担。

2008年7月3日，县志编辑部在茅洋民俗文化村召开会议，印发并分析几种典型的纲目体例，讨论“编辑用县志纲目”拟订，提出设计纲目总体要求：内容上全面性、完整性；门类上相对独立性、逻辑统领性、结构匀称性；表达方式上著述性与编纂性；查阅上易检性。8月7日，县志办会议，讨论即将进入搜集资料与分纂并进阶段，聘用、借调修志人员等工作。

（三）编辑部搜集资料、分纂并进阶段（2008.09—2009.11）

1. 试写稿《饮食》研讨并确定初步体例

2008年9月8日，县方志办在大徐镇徐家湾召开县志试写稿《饮食》论证会，县志编辑部全体成员参加，并邀叶忠正、夏乃平等参加，县方志办分管领导县委办副主任董连胜、县政府办副主任陆新学到会听取意见。通过讨论，一致肯定《饮食》资料搜集非常丰富，但不接受不分章节的“主题提示体（条目体）”。并深入探讨县志资料搜集、运用及县志体例，提出北京奥运会服装设计理念“传统因素、当下智慧、未来概念”，对县志体例设计有借鉴意义，要在继承传统的基础上，将当下智慧发挥到极致，并要合乎未来的趋势。翌日，编辑部召开会议，确定县志初步体例，各编辑按章、节、目形式编撰志稿，形成试写稿。9月以后，试写稿《饮食》陆续传送编审魏桥、博士张英聘、研究员王志邦、陈野，副研究员邵建鸣等，征询意见。

2009年1月7日，魏桥来信，对县志纲目及试写稿《饮食》多加肯定，指出，志书作为“官书”，要走向民间，必须注重关乎民生的大事，《饮食》篇作了很好探索。志书就要这样精心设计，实地调查。另外也提出修改建议。

2. 统一“并进”思想、启用编辑用篇目及研讨各类试写稿

2008年9月19日，县志编辑部会议，宣布以此次会议为分界，县志编修进入编辑部搜集资料

与分纂并进阶段。会议主要讨论按照适用、有序原则，制订而成的“编辑部编撰用县志篇目”。

是年11月，县志编辑部印发《〈象山县志（2008）〉初稿撰写篇目》。此篇目仅开列部类与篇（分志）及字数，未及章、节。篇目共设10个部类、208编，预设480万字。同时印发《〈象山县志（2008）〉初稿集中撰写阶段有关工作的若干规定》，提出集中编撰主要要求：(1) 编撰任务责任到人，包括篇目、催收资料、查找资料、课题联系督促、撰写、修改等任务；(2) 初稿撰写之前必须开列初稿纲目，并经论证；(3) 初稿撰写之前必须开列参考书目（包括参考资料），并确定收集资料的路径和方法。为配合撰稿者做好这项工作，县志办已拟定书目（参考资料）并尽力配全有关书籍和资料，以供撰稿者借用；(4) 初稿篇目参考编辑部提供的“《象山县志（2008）》初稿撰写篇目”，由撰写者根据实际情况具体化（自设章、节、目）或调整（调整分志、字数）；(5) 每一篇目完成的时间不作限定，完成后即递交进入“打磨”程序：二轮“史料建议”、一轮“学术建议”及一轮“文字修改”。

是年12月1日，为县志初稿编撰事，征询《象山县志（1988）》主编王庆祥意见，他赞同县志办“集中精力，专心修志，责任到人，一年时间，完成初稿”的安排，并说一轮修志就用这样的办法，行之有效。4日，县志编辑部在德和根艺馆召开会议，进一步统一思想认识，不能仅搜集资料，必须搜集资料与初稿编撰同时进行，并明确任务、责任到人，要求一个月之内，各编辑先拿出试写稿，一年之内，完成各自初稿编撰任务。

2009年1月14日，县志编辑部会议，讨论各编辑县志试写稿，张利民“渔业生产关系”一节，邵鹏“南大河”一目，吴国华“近海捕捞”一章，金华勇“农机”一章。明确讨论时不争论，单看资料的扩容情况及资料的文化内涵，以及志书体例。针对罗列资料情况，提出要作资料的详略取舍，并使用“表”“考”体裁等具体做法。

3. 承编单位完成县志稿承编任务

2008年10月30日，《今日象山》整版刊出《象山县二轮修志承编单位工作进度公布》，公布全县120余家承编单位工作进度。全县122家承编单位，基本完成63家，部分完成24家，在编32家，未编3家。同时，刊发“‘民间记忆’征稿启事”。

2009年11月24日，《今日象山》刊出《象山二轮修志情况通报》，截至2009年10月，已有88家承编单位完成县志资料稿，其中镇乡街道16家，县属机关单位72家，共计文字量1000余万字，镇乡街道采访册320余册。

4. 编辑部县志初稿编撰及初步体例统一工作

2009年4月29日，县志编辑部在大徐杉木洋召开会议，各编辑交流初稿编撰情况，初稿编撰工作进入较好状态。5—7月，县志体例统一分项制订并论证，开始拟订“县志总纂方案”。8月，《象山县志（2008）》编辑部印发《〈象山县志（2008）〉体例统一若干意见》，明确整体篇目设计，决定采用章节体与条目体并用的“编章节目”体，分类采用逻辑分类标准与事物最显著属性分类兼用方式，并详细规定了“记述章法”与“节目的叙述框架”，以及注释、考证、口述、田野考察记录等体裁的运用。

2008年9月至2009年10月，编辑部完成县志初稿约120万字，其中“区域志”4万字、“居民志”2万字、“产业志”50万字、“政治志”6万字、“文化志”7万字、“街道镇乡志”21万字、大事记20万字。另外，“人物志”部分，已整理相关人物资料10万余字。

（四）分纂、总纂并进阶段（2009.09—2012.12）

1. 进一步统一体例

2009 年 9 月 2 日，县方志办召开《象山县志（2008）》体例统一工作会议，就整体篇目、专志体例、分类标准、记述章法、节目叙述框架、注释、体裁、行文规范等进行了统一。并就志稿总纂的指导思想、质量标准、组织机构、操作安排等作出安排。县志编修进入分纂、总纂并进阶段。

2010 年 1 月 11 日，县志编辑部会议，以《绍兴县志》（1998 年版）中的“物价”“图书”两章及《灵璧县志》（清康熙十九年纂成）“艺文”小序为例，分析其小序写法，另分析前两者的纵述写法。会议并分发“初稿撰写进度表”，要求各编辑根据总体要求，安排编撰进度。

是年 4 月，县志编辑部印发《修志过程中的四种篇目》，提出县志第一阶段篇目为“搜集资料用篇目”，其目的是为了搜集材料，其功能是便于搜集资料，其使用对象是搜集资料者。第二阶段篇目为“初稿撰写（编辑）用篇目”，其目的是为了初稿撰写和编辑，其功能是便于初稿撰写和编辑，其对象是初稿撰写和编辑者。第三阶段篇目为“总纂用篇目”，其目的是为了总纂，其功能是便于总纂，其使用对象是参加总纂者。第四阶段篇目为“目录用篇目”，其目的是为了用于目录，其功能是适宜于目录，其使用对象是用志者。

2011 年 4 月，县志编辑部印发《考据文写作应遵循的若干原则》，根据梁启超有关考据文写作的原则和要求，结合地方志写作的实际，拟订考据文写作应遵循的 10 条原则。同月，印发《志书记述详略处理办法》：详特色略同一；详定位略旁及；详可鉴略一般。8 月，拟订参考文献标注方式，规定主要资料来源标注、参考文献标注、注释标注办法。

2. 县志初稿研讨、评稿

2009 年 12 月 23 日，举行县志《大事记》（“中华人民共和国”部分）评稿会，各界专家及县志编辑部全体成员参加。

2010 年 7 月 6 日，供研讨用《〈象山县志（2008）〉各编辑自选分纂稿》结集，内收《建置》《天文　气候》《衣食住行·饮食》《渔业》《金融　保险》《军事》《卫生》《丹东街道（第一章）》。8 月 3 日，象山宾馆召开“自选分纂稿”研讨会。总结倾向性的问题有：资料欠缺或不丰富；不会写小序或写得不够到位；混淆章序与节下纵述，或以节下纵写替代章序；节下无纵述内容；分类与内容交叉，等等。8 月 16 日，研讨县志“建置”稿。8 月 30 日，供研讨用《〈象山县志（2008）〉各编辑自选分纂稿（二）》结集，并于 10 月 27—28 日，在溪口宾馆召开第二次“自选分纂稿”研讨会。9 月 28 日，“人物传”课题承担工作变动，详见本《修志始末》第八部分“编撰编辑”。

2011 年 1 月 14 日，研讨“人物传”编撰，提出“人物传”编撰存在问题，一是照抄旧志，二是材料选择不妥，详略不当。定下步编撰三点意见：其一，民国县志及之前旧志的“人物传”，用其资料时，如改写夹文夹白的，注意语言规范；其二，注意细节描写；其三，注意旧稿中按语等相关资料运用。

3. 总纂实施方案与“交通”编志稿流转程序试走

2011 年 1 月 3 日，主编会议，常务副主编参加，讨论“总纂工作”，定下阶段工作：初稿编撰、磨稿、总纂交叉进行，并制定“总纂阶段志稿流转程序的设计与实施”方案。

是年 3 月 15 日，编辑部全体会议，明确总纂阶段志稿流转程序的设计与实施。提出从初稿编纂转为志稿总纂，要在以下四个方面切实转型：志稿性质从“个人产品”转为“公共产品”；编撰人员角色意识从“编撰者”转换为主编、副主编角色；打磨志稿时，学术背景、知识结构、修志观念相似的人员易为不同的人员；自由操作转为走志稿流转程序。走志稿流转程序，有十大步骤、五个书面意见、三次当面交流。十大流转步骤最为关键的两个志稿是“总纂体例统一稿”“总纂承编单位核审稿”。要做好“总纂体例统一稿”，需要有主编或副主编提出“总纂初审修改建议”并做好当面交流，而修改者形成较为系统的具体修改思路，包括记述对象内涵外延把握、记述主体确定、详略确定、篇目调整与修改、小序写法、节下纵述写法、目的写法、旁涉材料运用、资料补充、资料考核、行文规范、注释等内容。“总纂承编单位核审稿”，要求承编单位做好资料审核，以及补充缺失内容。对于重要的稿子，要召开审稿会、研讨会，听取各方意见。

2011 年 3 月至 2012 年 6 月，以“交通”编为对象，完成志稿流转程序全过程试走，使县志分纂稿成为县志总纂稿。大概过程为：由主编重新设计“交通”编篇目，前后达七个，通过编辑部研讨选择最佳一个；篇目征求专家意见；按照志稿流程要求，由主编作出篇目、内容、深化、体例等书面意见，供编辑修改时参考；交通编主体资料、旁涉资料分别用大小号字体编排；完成资料补充与体例统一；章序、节序修改或重写；完成注释。2012 年 1 月 17 日，县志编辑部在党校会议室召开会议，全程回顾“交通”编修改情况；4 月 11 日，在县交通局召开“交通”编评稿会议；4—6 月，“交通”编征求张英聘、王熹、王志邦、邵建鸣等意见。

4. 印发《〈象山县志（2008）〉总纂、编辑用纲目》

2009 年 12 月，《象山县志（2008）》编辑部印发《〈象山县志（2008）〉总纂、编辑用纲目》。2012 年 8 月《象山县志（2008）》编辑部印发经修订的《〈象山县志（2008）〉总纂、编辑用篇目》。

纲目标题之下有一段总的说明文字：“此篇目在搜集资料篇目、初稿撰写篇目，各编辑自拟篇目的基础上，根据象山实际情况，参考一、二轮修志别家上乘志书篇目修订而成，主要用作总纂、编辑之参考，也可作为搜集资料、撰写初稿之参考。章下节、目未列，需发挥各同人智慧，研究与创造。初步估计总文字量 450 万字，计《大事记》20 万字、《区域志》60 万字、《居民志》60 万字、《经济志》100 万字、《政治志》70 万字、《文化志》60 万字、《街道镇乡志》60 万字、《人物传》20 万字、《丛录》20 万字”。此外，篇目前有“序”“凡例”“总述”等内容，篇目后有“索引”（目与子目关键词索引、人名索引、地名索引、图表索引），“本届修志始末”“后记”“《象山县志（2008）》编纂机构及人员名单”等内容。

各部类纲目标题“大事记”“区域志”“居民志”“经济志”“政治志”“文化志”“街道镇乡志”“人物传”“丛录”之下，皆有 150~400 余字的说明文字：提示该编的“定位”“次序”“升格”“前置”“编与编之间内容交叉处理”“重要、创新篇目设计”“资料利用提示”等内容。如“经济志”纲目标题下的说明文字为：“此卷定位于经济基础之产业，大致按一、二、三产业顺序排列。‘水利’编主要内容是水利设施建设，而不单是水利管理，属于大农业的范畴，将其列在农渔业之后。‘农业’编、‘渔业’编、‘工业’编、‘商业’编皆设‘经济体制’一章，以述生产关系之变革。本卷‘农业’编‘园艺作物’章单设，以反映象山农业产业特色。‘园艺作物’章定位于园艺产业，而‘区域’卷‘环境建设’编中的‘绿化’章则定位于环境、市政建设。本卷‘水利’编定位于水利设施建设和管理，而‘区域’卷‘自然资源’编的‘水资源’章定位于‘淡水资源’，‘陆地环境’编中的‘水系’章，则定位于海洋、河流、湖泊等构成的水网系统。

至于本卷‘工业’编中的‘供水’章，则定位于供水产业。本卷‘商业’编‘烟草’章单列，以突出其专卖特点。”又如“文化志”的纲目标题下说明文字：“本卷按照通行的‘教科文卫’提法，排定前四章的顺序。承着‘卫生’编，排‘体育’编，皆与身体有关。与旧物有关的两编‘古迹文物’‘档案志乘’殿后，其间还有‘媒体’一编。本卷第三编‘文艺’中‘竹根雕’章，本当列入‘艺术创作’章，因考虑到其为象山民间艺术特色，故升格为章而单列。本卷第四编‘医疗’章、‘中医’章定位医疗机构的医治，而‘居民志’第一编“体质”中的‘疾病章’，则定位于民间对疾病的看法、体验及治疗方法。本卷重在事业，采用志体，反映事业发展的历史与现状，而不是照录各种图书文献资料。各种图书文献资料当载于‘文献丛录’。另外，也不作人物传的方式，必须要出现的人物，采用以事系人之法。”

（五）初审稿形成、初审、初审稿修改阶段（2013.01—2014.04）

2013 年 1—10 月，县志初审稿形成，近 400 万字，分为 6 册。其中大事记、人物传合册，地理（附“旧志图考”）、居民社会、经济、政治军事、文化等部类各一册。卷首照片、地图及卷末旧志地图列出目录。凡例之总例、分例初步完成。综述，丛录等未完成。11 月，县志初审稿送专家审阅。

是年 12 月，《〈象山县志（重修；下限至 2008）〉初审稿目录》（以下简称初审稿目录）完成。除概述、大事记、丛录之外，共有 55 编 252 章 933 节。前列序一、序二、序三、凡例、概述、大事记。继之专志，为全志重心，共 52 编，大致以自然（地理）、居民（社会）、经济、政治军事、文化为序，不分部类（隐形部类），以编为序，编下设章，章下设节，节下设目不等。有地理部类 8 编 34 章 133 节，居民社会部类 6 编 31 章 114 节，经济部类 14 编 76 章 297 节，政治军事部类 14 编 53 章 204 节，文化部类 10 编 47 章 185 节。专志之后，为人物传、丛录、旧志图考三编。人物传 3 章，章下无节。旧志图考 8 章，章下无节。丛录未设章。最后为索引。

2014 年 1 月 19—21 日，《象山县志（重修；下限至 2008）》初审志稿评审会在象山海洋酒店举行。县领导励志纲出席会议。参加评审的评审组成员有：中国地方志指导小组办公室联络处处长、博士、研究员张英聘，省方志办主任、研究员潘捷军，宁波市史志办主任、副研究员杨明祥，省方志办副主任章其祥，省方志办市县工作处副处长、博士、研究员周祝伟，宁波市史志办副主任、副研究员邵建鸣，中国地方志指导小组办公室博士周勇进，北京市志办副主任、编审谭烈飞，博士、澳门理工学院副教授王熹，博士、复旦大学教授巴兆祥，省方志办专家组成员、浙江工商大学教授王志邦，博士、国家海洋局第二海洋研究所海岛中心副主任、研究员夏小明，省方志办专家组成员、舟山史志办主任包江雁，省方志办专家组成员、绍兴市志办编研二处处长李能成，博士、宁波大学教授龚缨晏，宁波大学教授张如安，副研究馆员俞信芳，鄞州政协文史委原副主任戴松岳。经评审组评审，《象山县志（2008）》初审稿获通过。

2014 年 1 月末至 4 月，县志编辑部按照评审组意见对初审稿进行修改。评审组初审意见及评审后修改情况，详见本《修志始末》第五部分“县志评审验收及修改”。

（六）复审稿形成、复审、复审稿修改阶段（2014.05—2016.05）

2014 年 5 月至 2015 年 11 月形成县志复审稿。复审志稿要素基本完备。全书共 500 多万字，分为上、中、下 3 册。除目录、凡例、综述、大事记、人物传、丛录、旧志图考、主要参考文献之外，全书共 50 编、246 章、934 节。图片 95 张，卷首地图 26 幅，卷尾旧志地图 95 幅。专志部分，大致以地理、居民、社会、经济、政治、文化为序。2015 年 12 月，复审稿送专家审阅。

2016年4月28日，由浙江省人民政府地方志办公室、宁波市人民政府地方办公室主持，《象山县志（重修，下限至2008）》复审志稿评审会在宁波举行。县领导张海琪出席会议。参加会议的评审组成员有：张英聘、周勇进、周祝伟、姚晓东（宁波市史志办主任）、傅晓（宁波市史志办副主任）、杨明祥、邵建鸣、巴兆祥、谭烈飞及方志出版编辑梅中英。经评审组评审，《象山县志（2008）》复审稿获通过。

2016年5—6月，按照评审组意见对初审稿进行修改。评审组复审意见及评审后编辑部修改情况，详见本《修志始末》第五部分“县志审查验收及修改”。

（七）终审稿形成、终审阶段（2016.06—2017.12）

2016年6月至2017年9月，县志终审稿形成。600余万字。名单页、序言、目录、凡例、综述、大事记、参考文献等之外，共53篇。其中专志50篇、264章、944节。另有人物传、丛录、舆图考各一篇。卷首照片147幅，地图26幅，内页图照338幅，卷尾旧志地图121幅。专志部分，大致以自然（地理）、政治、经济、文化、社会（居民）为序。

终审稿完成后，分别送评审组成员、县内承编审核单位、县内文史专家等审阅。专业性较强的志稿，请县内相关专家审阅，主要有：吕国民审阅党史有关内容，叶忠正审阅方言有关内容，吴国华审阅韵文，张则火审阅家谱、村落姓氏有关内容，郑松才审阅文物名胜有关内容，许土根全志校对。

承编、审核单位审稿，至2017年10月基本完成。各单位按照要求，由专业人员审阅，主要领导把关、签名，并盖公章。

2017年11月21日，县方志办在县委党校召开县志终审稿县内文史专家评审会，王庆祥、何元均、林志龙、叶忠正、竺桂良、朱华庭、许土根、孙万立、吴国华、夏乃平、郑松才、郑学勤等作评审发言。会后，县志编辑部将评审意见整理成19条处理意见，落实修改。

是年12月1日，由象山县人民政府主持，《象山县志（重修；下限至2008）》终审志稿评审会举行。县领导黄焕利、陈兴立、钮晶莹等出席会议。参加评审的专家有：冀祥德、潘捷军、姚晓东、周祝伟、傅晓、邵建鸣。县委办、县政府办、县委组织部、县委统战部、县人武部、县档案局、县公安局、县发改委、县统计局、县民宗局等有关单位领导、专家参加会议。

经终审评审组评审验收，县政府宣布，《象山县志（2008）》通过终审，同意出版。评审组终审意见及评审后编辑部修改情况，详见本《修志始末》第五部分“县志审查验收及修改”。

（八）终审后出版社审稿及志稿“四改”阶段（2018.01—2019.10）

终审后志稿修改，按照终审阶段各界意见、终审组意见及出版社“三审”意见，共历“四改”：一改2017年12月至2018年8月，二改2018年8月至2019年3月，三改2019年3月至2019年7月，四改2019年8—10月，详见本《修志始末》第五部分“县志审查验收及修改”。

四、修志指导思想及理念

（一）修志指导思想

2006年4月18日，《〈象山县志（2008）〉编纂工作方案》印发，明确编修《象山县志（2008）》的指导思想为：以马列主义、毛泽东思想、邓小平理论和‘三个代表’重要思想为指导，坚持解放思想、实事求是、与时俱进的思想路线，坚持科学发展观，运用辩证唯物主义和历史唯物主义的观点和方法，融入史学精神和博物学精神，全面、真实、准确地反映象山县自然和社会的历史与现状，尤其要系统地、立体地记述改革开放以来的县情，以展现象山县三个文明建设的历程以及在现代化进程中的时代特色和地域特色，充分发挥志书的存史、资政、教化、授知的价值和作用。

2018年9月，《象山县志（2008）》终审稿一改稿完成，其“凡例”第一条明确修志指导思想为：“以马克思列宁主义、毛泽东思想、邓小平理论、‘三个代表’重要思想、科学发展观、习近平新时代中国特色社会主义思想为指导，坚持辩证唯物主义、历史唯物主义观点和方法，实事求是地记述象山县自然、政治、经济、文化、社会的历史与现状。”

（二）修志主要理念

1. 一种基本方志编修思想：博物内容、历史逻辑、方志体例

最早提出于2006年。是年4月18日，象山县志办印发《〈象山县志（2008）〉编纂工作方案》，设定框架体例为：采用史的逻辑（结构）、博物的内容、志的体裁。

2007年4月，《〈象山县志（2008）〉纲目编制说明》完成，收入4月29日结集刊印的《〈象山县志（2008）〉纲目论证会资料汇编》。“编制说明”再释县志编修整个过程中遵循的三个基本编纂思想：其一，搜集、保存史料和知识的全面化，以实现志书的存史价值和授知价值；其二，梳理、处理史料和知识的合理化，以传达题材蕴涵的意义和观点，表达编纂主体的思想和观念，更好地实现志书的资治价值和教化价值；其三，阐述、表达史料和知识的志书化，来实现以志书的形式反映相关内容的方志本体的回归。为了便于记忆，将其概括为三句话：博物内容、历史逻辑、方志体例。

2009年8月20日，在松兰山海景大酒店召开象山县申报全国二轮修志试点单位汇报会，《象山县申报全国二轮修志试点单位汇报会汇报材料》提出编修方志基本思想，表述为3句话12个字：“博物内容、历史逻辑、方志体例。”地方志的取材内容必须是博物的、全面的，即地方志必须遵循搜集、保存史料全面化的原则。地方志题材的加工方式必须是合乎历史逻辑的史料汇辑，即地方志必须遵循梳理、处理史料合理化的原则。地方志的表达过程必须是多元体例的志书体例化，即地方志必须遵循阐述、表达史料志书化的原则。

2012年4月，在海南省海口市召开的全国二轮修志试点工作经验交流会上，《象山县方志办：全国二轮修志试点工作经验交流会汇报材料》提出：“博物内容、历史逻辑、志书体例”这一基本编纂思想，是定位于志书编纂程序对取材、题材加工、题材表达方面提出的总体要求。从两个角度，三个方面界定地方志文本及编修过程特征。第一个角度，从方志文本状态的角度出发，对方志三个方面的界定内容是：博物内容，指方志文本在资料、题材上由区域资料的方志本质所决定，表现为区域空间内资料题材的横向广博性，区域时间上资料题材的纵向广博性；历史逻辑，指方志文本在资料题材的加工上由著述和汇辑的方志本质所决定，呈现出资料题材详略、次序、编排方式等方面的合理性；志书体例，指方志文本体例的结构、门类、体裁体现出志书体例性。第二个角度，从方志文本的生成过程角度出发，对方志三个方面的界定内容是：博物内容，指方志取材过程的全景化、立体化、广泛化；历史逻辑，指方志资料题材的加工处理过程中的合度化、合情化、合理化；志书体例，指方志资料题材表达过程中的志书结构化、志书门类化、志书体裁化、志书语言化。

2017年3月，《象山县志（2008）》（终审稿）“凡例”，表述为：“基本编纂思想：博物内容、历史逻辑、志书体例。博物内容，即取材全景化、立体化、广泛化；历史逻辑，即资料、题材的加工处理合度化、合情化、合理化；志书体例，即资料、题材的表达志书结构化、志书门类

化、志书体裁化、志书语言化。”

2. 两个终极追求：追求方志的本质和规律，追求满足读者用志多样化的需求

“向方志本体回归”，最早提出于2007年。是年4月29日结集刊印的《〈象山县志（2008）〉纲目论证会资料汇编》，其《〈象山县志（2008）〉纲目编制说明》中提出：方志体例，即“阐述、表达史料和知识的志书化，来实现以志书的形式反映相关内容的方志本体的回归。”

基于对方志的“生存”与“价值”思考，“两个终极追求”最早提出于2009年。是年8月20日，在象山县申报全国二轮修志试点单位汇报会上，《象山县申报全国二轮修志试点单位汇报会汇报材料》提出修志理念，其五为“两个终极追求”：（1）追求向地方志本体回归。回归地方志本体，就是以中国深厚的地方志文化传统为基础，用当代智慧和未来理想重新确定地方志的基本性质和特点，并在实践中用相应的体例和文字编修合乎这个性质和特点的地方志著作；（2）追求满足读者用志需求。编修地方志要做到通俗性与学术性的统一，阅读性与工具性的统一，以适应读者不同的用志需求。

2012年4月，在海南省海口市召开的全国二轮修志试点工作经验交流会上，《象山县志办：全国二轮修志试点工作经验交流会汇报材料》阐明“两个终极追求”为：方志编修的终极追求是向方志本体回归，包括两个方面，一是方志编修自始至终要追求并合乎方志的本质和规律，二是方志编修自始至终要追求并满足用志者的用志需要。

2017年3月，《象山县志（2008）》（终审稿）“凡例”，表述为：“自始至终追求方志的本质和规律，即确立地方志传统、当代学科智慧、未来学术理想融合的思想，体现人文精神、科学精神，采用文献资料著述、编纂、辑存并用方式，保证志书最大化、最优化的存史价值和文化内涵。满足用志者了解地情、休闲阅读、检索查用、学术研究等不同需求。”

3. 四个创新探索：双体现、双借鉴、一采用、一重视。即在方志编修中体现史学精神、博物学精神（人文精神、科学精神）；借鉴传统学术、现代学科；采用“散点透视方法表达地方特色”；重视地方性知识。

（1）方志编修中体现人文精神、科学精神。最先在2006年4月《〈象山县志（2008）〉编纂工作方案》中提出：编修县志要“融入史学精神和博物学精神”。2007年4月《〈象山县志（2008）〉纲目论证会资料汇编》中的“编制说明”，解释“工作方案”中提出的“史学精神和博物学精神”为：所谓史学精神，是指涵括中国史学家理想与实践精髓的结晶，其主要内容是“究天人之际，通古今之变”“实事求是，秉笔直书”“不溢美，不隐恶”等史学思想。地方志不但是史书，而且还是博物之书，还要体现“博物学”精神。所谓博物学精神，即科学精神和人文精神。科学精神指认识自然、了解自然、探索自然规律的思想、观点和方法。人文精神指协调和谐的思想、观点和方法。

（2）方志编修中借鉴传统学术、现代学科的内容、方法与体例。

2009年7月，象山县志办《浙江省二轮修志创优工程试点单位工作会议汇报材料》提出，从借鉴传统学术、现代学科研究对象的角度，拓展各个部类的题材。2009年8月，《象山县申报全国二轮修志试点单位汇报会汇报材料》提出，县志编修要借鉴传统学术、现代学科的内容、理论、方法、体例等。

①借鉴内容。《象山县志（2008）》借鉴传统学术、现代学科的内容，应在以下一些方面有所拓展：A. 与现代人的观念和生活密切相关的古代题材，应借鉴传统学术的内容，加以利用。

B. 一轮修志中忽略或由于时代的局限不能写的内容，可借鉴传统学术、现代学科重新寻找题材。C. 改革开放的内容，特别是社会转型的内容，是本次修志的重点，可参考这方面的前沿学科，拓展题材。D. 有关时代主题的内容，如以人为本、重视人文和非物质文化遗产、保护环境等，应借鉴人类学、人口学、民俗学、生态环境学等学科拓展题材。

②借鉴理论、方法。《象山县志（2008）》要特别重视借鉴历史学、文献学、人类学、人口学、社会学、文化学、民俗学等原理和方法。

③借鉴体例。《象山县志（2008）》在继续优化史学的章节体之外，还将借鉴辞书学、年鉴学的条目体。在体裁方面，凡是有助于表达复杂性、精微性的传统学术、现代学科的体裁，都有可能借鉴，如实录、日记、调查报告、口述历史、田野考察记录，等等。

（3）方志编修中采用“散点透视”表达地方特色。2009 年 8 月 20 日，《象山县申报全国二轮修志试点单位汇报会汇报材料》提出，以“三观”视角把握地域特色，并采用“散点透视”方法表达。

所谓“三观”视角把握地域特色，即志书要从宏观、中观、微观视角把握象山以下四个方面的特色：一是充分注意到象山的自然环境特色，天台山余脉与东海浅海港湾构成的山海环境和山海文化：海上仙山文化，围垦文化，渔文化，与海外的交流交往，海防意识和文化，抗倭与海战，封禁与开禁，佛教与高僧，民俗与民风，等等。二是充分注意到象山区域人文传统的特点，融合着吴文化、楚文化、中原文化的越文化，在象山这一区域更明显地表达出四明文化、会稽文化与台州文化糅合的一些特征：绍兴师爷的谋略，宁波商人的精明，台州式的客气、灵气和硬气，等等。三是充分注意到象山历史上居民频繁迁徙的情况——既多由外地迁入象山，又多由象山迁到外地，以及准移民社会的一些特征：不安现状，重视个人能力，勇于竞争，重视学习，文化多元，好客热情，气度宽容，对移出地与移入地的双重认同，等等。四是充分注意到象山人民创业谋生方面的特色：抵御台风、围垦、解决水资源、保护生态、加强海防、改善交通；发展捕捞业、海水养殖业、制盐业、针纺业、建筑业、海上运输业、造船业、临港工业，等等。

所谓采用“散点透视”方法表达地域特色，即地域特色在志书中“散点”呈现，可以以整章呈现，也可以是整节呈现，但最多的则是在各章节的“目”中呈现。体现地域特色的“目”用资料进行多焦点透视，以形成“焦点透视”立体的视觉效果。

（4）方志编修中重视地方性知识。在处理象山徐福传说、山脉走向、生产习俗、生活习俗、方言等过程中发现“地方性知识”，将吉尔兹《地方性知识》理论引入地方志编纂，并载入本志“凡例”：“重视境内地方性知识，即内部特有的认知、感知方式、表达、知识体系、传承关系等，并在具体记述中体现。”

4. 六则修志观念设计

2012 年 4 月，《象山县志办：全国二轮修志试点工作经验交流会汇报材料》提出《象山县志（2008）》编修的观念设计，并在编修实践中体现，共 6 项：

（1）总体思路方面的观念设计。基于方志哲学层面的一些设计，主要是方志本体论、方志价值论、方志认识论、方志方法论等方面的设计。

（2）篇目与编写大纲方面的观念设计。基于方志体例性特征在方志外部结构、框架方面的一些设计。

（3）搜集资料与题材方面的观念设计。基于方志资料性特征在占有资料层面的一些设计。

（4）素材与题材加工处理方面的观念设计。基于方志资料性特征在资料使用层面的一些设计。

（5）内容表达方面的观念设计。基于方志体例性特征在方志内部形式、内容方面的一些设计。

（6）组织实施方面的观念设计。基于方志事业性特征方面的一些设计。

5. 八项志书特色

2017 年 12 月 1 日，《象山县志（2008）》终审会议召开，《〈象山县志（重修；下限至 2008 年）〉编辑部工作及志稿情况汇报材料》汇报修志理念及《象山县志（2008）》八个方面特点：

（1）顶层设计，整体布局。如确立基本编纂思想：博物内容、历史逻辑、方志体例。又如凡例、综述、章序、节序、目序整体考虑，安排内容。再如同一内容的题材，根据志书合理安排的需要及读者用志需求，分散在各篇表述，做到定位清晰、内容互见，而又尽量避免重复交叉。

（2）继承传统，开拓创新。志稿中规中矩，合乎方志传统，又在此基础上开拓创新。“乡村聚落”“衣食住行”“生老病死”等篇目为首创。

（3）突出时代特色，拓展民生题材。本志为从古到今的通志，做到明古详今。中华人民共和国成立后特别是改革后取得巨大成就有充分反映，工业化进程中的经济发展、结构变动、技术进步、生态建设、国际经济联系等内容都有一定篇幅记述。城市化进程中用地规模扩大、城镇人口增加、城镇人口占总人口比重上升，第三产业崛起，专业、超级市场发展，滨海旅游业兴盛，教育园区、工业园区、住宅小区等“似城聚落”建设、使用，人民广场、公园、体育场馆等公共空间创设、开放等，都有相当篇幅记载。民生题材，拓展村落变迁、村落环境、村落设施、村落姓氏、衣饰、饮食、居住、出行、生养、抚育、立业、婚嫁、家庭财产、日常生活、亲戚、养老、就医、防病习俗、生产习俗、商业习俗、象山自创节庆、非物质文化遗产等内容。

（4）突出地方特色，散点透视表达。与海洋有关的内容，分散于全志，并予以突出处理。设计了海洋环境、抗台、海洋鱼类、海上交通、围垦、渔盐、造船业、滨海旅游、海防等篇章节目。

（5）利用最新学术成果，体现地方性知识。如用现代“人口学”学科背景编纂“人口”篇，并以北京大学人口学专用软件制作图表。又如象山山脉，遵循清乾隆《象山县志》的认知方式和表达体系，按西部诸山、东北部诸山、南部诸山安排次序。

（6）运用复式叙述框架，有主次地记述史实。对于重要的史实，采用大号字为主体资料，小号字为旁涉资料，以实现资料存史价值的最大化，最优化。

（7）考证、注释，求实、求真。志稿大量运用注释，说明资料来源，方便读者查考。志稿又大量运用考证，探求历史本来面目。

（8）修志理念，表达充分。志稿凡例，本志有万余字。既有总例，表达全志编修的总体想法和原则，又有分例，表达每篇编纂的具体想法和原则。志书综述，体现当代“人与自然和谐相处”“以人为本”“发展为第一要务”理念，定位于“象山人的生存与发展”，从人、自然、社会联系的视角，综述象山自然、社会的历史与现状。志稿最后的参考文献，收参考文献 300 多种，表明尊重原书作者，方便读者用志的理念。

五、县志审查验收及修改

（一）志书审查验收制度与《象山县志（2008）》志稿评审验收

1. 有关志书审查验收的文件

2010 年 7 月 9 日，省方志办印发《浙江省市、县（市、区）志书审查验收和出版管理办法（试行稿）》（浙地办［2010］19 号），决定对浙江省内市、县（市、区）行政区域名称冠名的志书进行审查验收工作，即志书的初审、复审和终审验收。2010 年 10 月 19 日，省方志办印发《关于浙江省市级与省二轮试点单位志稿复审工作的规定》（浙地办［2010］26 号），规定省二轮修志创优工程试点单位志书复审，由省方志办负责组织开展复审。2013 年 9 月 30 日，省方志办印发《浙江省市、县（市、区）志书审查验收和出版管理办法》（浙地办［2013］20 号），其第五条规定，初审是“专家审查”，复审是“审查复核”，终审验收是“审查验收”。

2.《象山县志（2008）》志稿评审验收组织领导

《象山县志（2008）》志稿初审由象山县方志办作为审查验收主体。复审由浙江省、宁波市方志办作为审查验收主体。终审由象山县人民政府作为审查验收主体。评审组成员，初审，以象山县方志办为主邀请，部分由宁波市、浙江省方志办指定；复审，由浙江省、宁波市方志办邀请；终审，由象山县人民政府邀请。《象山县志（2008）》志稿“三审”专家组组长皆由中指办张英聘担任。

3.《象山县志（2008）》志稿评审程序

志稿于评审前 45 个工作日送达评审组成员，评审组成员根据要求审阅全部志稿或部分志稿，并形成书面评审意见。评审会议，一般 4 个议程：领导讲话、县方志办主任（县志编辑部主编）汇报志稿情况、专家评审及宣布评审结论、县方志办表态。县志终审会由县政府最后宣布结论。

（二）《象山县志（2008）》志稿评审意见

1. 初审评审意见

初审专家审查组的评审意见是：“经过初审会评审，大家一致认为，《象山县志》稿基础扎实，是一部高水平高质量的志稿。其特点概括如下：一是统合古今，指导思想明确；二是充分注意吸收借鉴其他学科的理论与方法，注重创新；三是志稿体例完备，分类清晰；四是内容丰富，地方特色突出；五是文献资料和社会调查资料运用合理，考证、注释规范严谨；六是地图运用适当。”初审通过。

初审专家评审组建议要进一步修改、完善、提高的主要方面有：一是全志缺乏统稿，语言风格不一致；二是篇目设置归类有的失当，还存在缺漏项；三是对上下限的把握还不到位；四是无题述不统一；五是资料引用有的注释不规范；六是与前志复载问题表述不一致；七是入志人物应妥善处理；八是语言文字以及纪年、计量单位、标点符号、数字用法、人称使用、坐标等出版规范问题，需要作进一步完善。

2. 复审评审意见

复审专家审查复核组的评审意见，2016 年 6 月 16 日，由省人民政府地方志办公室发文，文件名为《关于〈象山县志〉复审稿的评审意见》，内容如下：2015 年 4 月 28 日，省方志办和宁波史志办组织相关专家在宁波市召开复审会，“复审组专家经过全面严格的评议，并结合因事未出席会议专家的书面意见，一致认为：《象山县志》复审稿在初审的基础上，吸收初审会各位专家意见，作了大量的修改、补充，质量明显提升。全志以马克思列宁主义、毛泽东思想、邓小平理论、‘三个代表’重要思想和科学发展观为指导，深入贯彻习近平总书记系列重要讲话精神，坚持辩证唯物主义和历史唯物主义的立场、观点和方法，横分纵写，明古详今，求真务实，全面、系统地记述了象山县自然、政治、经济、文化与社会各个方面的历史和现状，充分反映了改革开放以来象山县各个方面取得的巨大成就。志稿指导思想正确，体例严谨，结构合理，以类系事，纲举目张，资料翔实，内容丰富，地方特色鲜明，时代特征突出，语言文字朴实，是一部在继承传统志书优秀品质基础上开拓创新的成功之作”。复审通过。

复审专家组建议要进一步修改、完善、提高的主要方面有：一是严把志稿政治关、政策关和涉密关。涉及国家政治、政策、保密等方面的内容，要进一步核实，并请相关部门进行审核。二是严把志稿资料关和史实关。结合专家提出的意见、建议，对志稿进行全面、认真的复核和校对，消除硬伤，确保志书质量。三是按照科学严谨的要求，结合专家意见，对部分编、章、节、目的排序、标题作适当调整，使布局更合理、结构更严谨、领属更得当。并充分吸收现有学术研究成果，结合实际情况进一步充实有关编、章、节、目内容。四是进一步重视图照在志书中的作用，在卷首补充反映象山县历史文化厚重度及改革开放进程与成就（今昔对比）的图照。五是进一步提高志稿行文规范性。根据专家意见，对志稿凡例、图表、注释等内容进行修订，增加索引，并做好文字统稿工作，做到要素齐备、格式规范、文风统一。

3. 终审评审意见

终审审查验收组的评审意见是：2017 年 12 月 1 日，《象山县志（重修；下限至 2008 年）》终审稿评审会议在象山县象山港国际大酒店举行，经过终审审查验收组全面严格评议，一致认为：“《象山县志（重修；下限至 2008 年）》为贯通古今的‘通志’，其终审稿在初审、复审稿的基础上，做了大量修改、补充，概括起来具有以下特点：一是终审稿指导思想明确，以辩证唯物主义和历史唯物主义的立场、观点和方法，实事求是地记述了象山县自然和社会的历史和现状，充分反映了改革开放以来象山县各个方面的巨大成就。二是注意吸收借鉴其他人文学科的理论和方法，树立探索方志本质和规律的自觉意识，追求满足用志者的多样化需求，提出‘博物内容、历史逻辑、方志体例’的基本编纂思想，体现人文精神、科学精神，利用传统学术、现代学科、象山地情研究成果，继承传统、开拓创新。三是体例合理、分类清晰、横分纵写，明古详今，求真务实。四是资料翔实，内容丰富，地方特色鲜明，时代特色突出，文风严谨、学风端正。总体来说，作为全国和浙江省二轮修志试点，根据试点工作要求，终审稿进行了理论、实践两方面卓有成效的探索，创新亮点纷呈，严守保密关，整部志稿学术品位较高，是一部在继承传统志书优秀品质基础上具有开拓创新精神高质量、高水平的成功之作。”终审通过。

终审审查验收组的建议是：建议象山县地方志办公室、象山县志编辑部根据本次会议精神，再作精心打磨，进一步做好志稿的修改和完善工作，报送象山县人民政府批准出版。

4. 方志出版社审稿意见

方志出版社于 2018 年 3 月、9 月、10 月作出初审、复审、终审意见。初审的审稿意见（总体评价）为：“《象山县志》全面、系统、翔实地记载了截至 2008 年浙江省宁波市象山县自然、经济、政治、文化、社会生活发展的历史和现状，重点记述了改革开放以来象山县在政治、经济、文化、社会生活方面的发展轨迹，具有资政、存史、教化、交流的功能，也具有重要的资料价值和研究价值。对于研究象山县县情、探索发展规律、制定重大决策以及教育后代、造福后世、鼓舞人民，都有着深远的意义。”同时提出了具体修改意见，结论是：“经修改后，本书可以正式出版”。复审的审稿意见（总体评价）为：“《象山县志》记述时限上溯至事物发端，下限至 2008 年，比较全面地记述了象山县自然、政治、经济、文化、社会诸方面的发生的变化，重点记述中国共产党领导人民进行改革开放伟大变革、发展中国特色社会主义事业的历史进程。《象山县志》框架设计合理、观点正确、资料翔实，体现了社会主义精神风貌，是一部较完备的地方资料性文献，有出版价值。”同时提出书稿还需要进一步修改加工的具体意见。终审的审稿意见（总体评价）同初审。同时提出了具体修改意见，结论亦与初审同。

（三）初审后县志稿修改

1. 初审后专家审查意见处理

初审会后整理专家审查组意见，分为两个部分：第一部分，专家审查组成员对志稿的总体评价；第二部分，专家审查组成员对志稿存在问题提出修改意见，共429条，其中总体建议37条、纲目设计50条、材料取舍13条、语言表达37条、图表规范8条、具体文稿修改284条。县志编辑部对专家提出的修改意见，逐条落实处理。

2. 初审后确定修改原则和方法

初审会后，根据专家审查组意见并结合县志编辑部实际情况，县志编辑部确定修改原则和方法：（1）尊重专家意见，尽可能采纳，不能采纳的作出说明；（2）以考实史实为第一要务；（3）大部集体讨论，细部个人负责。大部的内容有：志稿纲目、分类、详略、资料缺项、结构、无题小序、节下引言、地图、政治观点、涉密内容、重大史实、有争议的史实，等等。细部内容有：①时间、地点、人名、专有名词、数据等核对、修改；②引文核对、修改，并按凡例要求做好注释；③文字修改，文风统一；④行文规范统一；⑤在章后列出该章独有的参考书目。（4）以编为单位的修改与以专项内容为对象的修改相结合。以编为单位修改，完成一编，验收一编。以专项（行文规范、数据、注释、重复交叉等）内容为对象的修改，对专项负责。（5）修改过程中提倡编辑之间的相互交流，与主编的交流、探讨，请教有关专家、行家等。（6）主编最后改定志稿。

（四）复审后县志稿修改

1. 复审后专家审查复核意见处理

复审会后整理审查复核组成员意见，分为两个部分：第一部分，审查复核组成员对志稿的总体评价；第二部分，审查复核组成员对志稿存在问题提出修改意见，共285条，其中体例修改39条，具体文稿修改246条。对专家提出的修改意见，逐条落实处理。

2. 复审后确定县志稿修改程序与修改原则

复审会后，根据审查复核组意见并结合县志编辑部实际情况，县志编辑部确定复审稿修改程序、原则和要求。

（1）修改程序：①首先是编辑修改：一是既要对原稿尊重，又要对原稿存在的问题大胆、负责地修改；二是以编为单位修改的，对编的内容负责，以专项（行文规范、数据、注释、重复交叉）为单位修改的，对专项负责；②其次是第二主编初步定稿：编辑修改完成后，交专项修改，专项修改完成后，报第二主编，第二主编在充分尊重修改稿的同时，做进一步的修改完善，初步定稿；③主编最后定稿。主编在充分尊重第二主编“初步定稿稿”的同时，做进一步的修改完善，最后定稿。

（2）具体修改。县志编辑部对材料、卷首图照、目录与编章节名、凡例、综述、大事记、编章节目、人物传、丛录、旧志图考、主要参考文献等，作出具体的修改原则和要求。如“材料”修改：尽可能多地保存资料；尽可能删去不适合县志所用（过或不及）的资料；以考实史料为第一要务。又如“大事记”修改：以“大事记”为依据，核对相关编、章、节、目的史实；各编、章、节、目内容可入“大事记”而未入者，编入“大事记”；各编、章、节、目内容正确而“大事记”有误者，修改“大事记”。

（五）终审后与出版社“三审”期间的县志稿修改

1. 终审后与出版社“三审”期间的县志稿“一改”

（1）“一改”过程与内容：2017年12月1日，《象山县志（重修；下限至2008年）》通过终审。是月7日，县志编辑部制订“县志终审稿一改计划”（《县志终审稿修改工作安排》），预定2018年2月底完成，因对工作量估计不足，拖延至8月10完成。一改的主要内容是汇集县内文史专家、志稿评审专家、各承担单位、校对者、出版社等校改意见；统计数据、党史、方言、诗词、村落姓氏、文物、图照、编排等专业内容校改意见；以及各县志副主编、编辑全志校改意见，由副主编张利民、金华勇整理至一部志稿中。主编钱永兴全志校改并统稿。

（2）“一改”修改重点：有关政治、政策、涉密方面的问题，及容易引发社会矛盾的内容；有关史实方面：事实、人名、地名、年份、数据、引文等；行文规范；文字。

（3）“一改”工作原则：确立县志编辑部整体的观念，建立《象山县志（2008）》全志的视角；顾全大局，求同存异，非原则问题要有妥协意识；通过校改过程表达自己的意见；服从主编的最后决定。

2. 终审后与出版社“三审”期间的县志稿“二改”

（1）“二改”过程与内容：2018年8月中旬至9月24日，出版社完成修改内容录入，10月初出清样稿。10月8日，县志编辑部制订“县志终审稿二改计划”（《〈象山县志（重修；下限至2008年）〉终审稿再改意见》），至2019年2月完成。工作任务是各副主编校改全志，主编助理、其他编辑协助主编做好资料及指定内容修改等工作。各副主编、编辑校改内容，由副主编张利民、金华勇整理至一部志稿中。主编钱永兴全志校改并最后统稿。

（2）“二改”修改重点：政治、政策、法律、涉密等方面的问题，以及可能引发社会不稳定情况的问题；硬伤：即明确的无异议的差错，包括史实、规范、文字、语法、逻辑等方面的问题；各修改人员认为必须修改的内容。

（3）“二改”志稿存在问题、原因及修改方法：①政治性、涉密性问题；资料不掌握而产生的问题；表述与史实不符的情况；同一资料，前后矛盾；用错统计数据；前后内容、数据不统一；闹笑话的低级差错；表格中表头与表身内容不统一；图照、表格说明文字问题；衍文；等等。②志稿问题产生的原因及处理办法：A. 原来老问题没有发现。针对这一问题，要求编辑修改时要逐字逐句推敲，不可囫囵吞枣。B. 编辑将正确的误作错误的。针对这一问题，要求编辑修改时不可想当然，要与一手或可靠的资料、工具书等核对。C. 上下文、前后文未能核对。针对这一问题，要求编辑修改时要以全志为视角，尽可能核对相关的篇章节目。D. 出版社文字处理人员操作出现差错。针对这一问题，要求编辑修改不能忽略“一改”时已经修改的内容。

3. 终审后与出版社“三审”期间的县志稿“三改”

（1）“三改”过程与内容：2019年3月订立“三改”计划，至7月完成。任务为分册修改：第一册邵鹏，第二册盛繁国，第三册金华勇，第四册张利民，第五册白炎根。张利民、金华勇初步整理各人修改内容。钱永兴全志校改并最后定稿。

（2）“三改”修改重点：①政治、政策、法律、涉密等方面的问题，以及可能引发社会不稳定情况的问题。②硬伤：即明确的无异议的差错，包括史实、规范、文字、语法、逻辑等方面的问题。③一改、二改增加的内容及修改变化较大的内容。

4. 终审后与出版社“三审”期间的县志稿“四改”

2019年7月中旬开始，县志编辑部所有人员集体参与最后一次校改。为保证校改质量，本次校改方式为两种，一是“通读校改”，即志稿重要内容，编辑部人员集体共同校改；二是“责任校改”，各编辑单独校改指定的内容。具体的校改任务：（1）通读校改：①内容：封面、扉页、名单页、卷首图片、地图、序言、凡例、目录、综述、大事记、卷后参考文献、封底。②参与者：钱永兴、张利民、金华勇、盛繁国、邵鹏、白炎根。（2）责任校改：①各编辑负责自己为主编撰的篇章为主，并接受主编分配的任务；②有的编辑无自己为主编撰的篇章，则接受主编分配的任务；③个别篇章有2位编辑校改；④主编负责全志校改并最终定稿。

终审后与出版社“三审”期间的县志稿四次修改，金华勇承担与主编、各副主编、各编辑、出版社改稿者沟通及具体的改稿事务管理工作。

六、指导、交流与学习

（一）方志系统各级主要领导指导工作

2005年9月22日，宁波市史志办主任姚志浩出席在象山召开的宁波市志二轮修志业务研讨会议，肯定、赞赏象山修志思路，并指导象山县志编修及二轮修志工作。2006年3月28日，姚志浩出席象山县历史上第一部综合性年鉴——《象山年鉴（2005）》首发式并讲话，指导象山二轮修志下步工作。

2007年5月19日，姚志浩出席《象山县志（2008）》纲目论证会，指导县志编修及二轮修志工作。6月29日，浙江省方志办主任杨金荣出席“象山县修志工程论证会”，肯定象山二轮修志创优工程总体思路，并提出下步工作要求。

2008年10月20日，中国地方志指导小组秘书长、中指办主任田嘉听取象山二轮修志工作汇报，对象山修志实践和理论探索表示肯定，并鼓励继续努力，创造条件，申报全国试点。

2011年8月2—4日，潘捷军调研象山县志编修工作，肯定象山修志社会调查、村落采访册、总纂流程、创优创新等工作，认为对省里编纂通志有参考价值，并指导象山下步修志创优、志稿评审等工作。

2012年3月19日，宁波市史志办主任杨明祥调研象山县志编修工作并指导下步工作。

2014年1月19—21日，潘捷军、杨明祥出席《象山县志（2008）》志稿初审会，指导县志初审及县志编修工作。

2016年4月28日，宁波市史志办主任姚晓东出席《象山县志（2008）》志稿复审会，指导县志复审及县志编修工作。翌年10月26日，姚晓东调研象山县志编修并指导下步工作。

2017年12月1日，《象山县志（2008）》终审志稿评审会在象山港国际大酒店举行。中国地方志指导小组秘书长、中指办主任冀祥德，浙江省方志办主任潘捷军，宁波市史志办主任姚晓东出席《象山县志（2008）》志稿终审会，指导县志终审、县志编修及二轮修志工作。

（二）走访与来访

2004年11月9日，象山县方志办主任走访鄞州党史办、宁海党史办，了解年鉴编纂情况。

2005年3月11日，象山县方志办主任等4人走访省志办研究员王志邦，副研究员、博士周祝伟等，征求《象山年鉴》编纂思路意见。6月2日，象山县方志办主任等4人走访宁波大学图书馆馆长、教授、博士徐定宝，征询综合年鉴有关情况。走访绍兴市史志办，了解一轮修志，并年鉴编纂情况。10月21日，象山县方志办主任等6人走访王志邦，征求对二轮《象山县志》编纂思路的意见。

象山县志

2006年4月26日，宁海县方志办副主任徐卫东一行到访，交流修志情况。9月30日，绍兴县史志办主任黄锡云一行到访，介绍一轮修志情况及列入国家古籍整理出版“十一五”重点规划项目《绍兴丛书》的编纂、出版情况。10月20日，宁波市江北区方志办主任黄朝贵一行到访，交流修志情况。

2007年1月9日，象山县方志办主任等数人，走访宁波社科院副主席许勤彪，博士、浙江大学宁波理工学院教授龚缨晏，征询对象山二轮修志意见。10—11日，走访宁波天一阁博物馆副研究员龚烈沸，征询“中国地方志珍藏馆”一轮修志精品志书及其他优秀志书情况。走访鄞州政协文史委副主任戴松岳，征询民国《鄞县通志》情况。5月18日，应江东区方志办主任刘莉莉之邀，县方志办主任等与江东区修志培训班作地方志编修创新探索交流。9月26日，义乌市志编辑部主编吴海潮一行4人来访，交流修志工作。11月16日，走访王志邦，他提出地方志写法，可以探索以“质”的叙述代替“量”的统计。12月29日，象山县志办一行4人走访天台县方志办，与主任庞国凭等进行县志编修、国家档案馆资料利用等交流。

2008年3月13日、21日，象山县方志办主任等数人走访国家海洋局第二海洋研究所研究员、博士夏小明，征询县志“海洋环境”的资料、重点、难点等问题。是月21日，绍兴市方志办主任鲁孟河、金华市方志办主任王林等10余人到访，交流二轮修志记述工业化、城市化进程等问题。4月16日，桐乡市方志办主任许忠民一行到访，交流县（市）修志思路。是月23日，象山县方志办主任等2人走访象山新桥海台访天文学、测绘学家韩天芑，征询县志“陆地环境”“昼夜气候”的资料、重点、难点等问题。5月7日，方志出版社总编辑周均美到访，交流志书的资料突破、动态历史、节点丰富等编纂业务。10月15日，象山县方志办主任等2人走访复旦大学文史研究院院长、教授葛兆光，征询思想史方法、方志资料长编等问题。16日，走访原省志办主任、编审魏桥，征询方志编修明古详今、贵因贵创及对象山修志的意见。18日，县志办主任等4人走访博士、北京大学副教授周皓，征询县志“人口志”编纂意见。同日，走访博士、中国社会科学院博士后钱丹霞，征询县志编纂借鉴文化人类学意见。

2009年4月2日，衢州市方志办主任韩章训、台州市方志办主任王永献到访，交流修志工作。韩章训就志稿撰写的点面结合、点的深入及图片说明文字史料价值等提出意见。是月16日，象山县方志办主任等人走访宁海县志办，交流修志进度，探讨编纂工作的难点和问题。9月24日，邀社会学博士钱丹霞讲授血缘关系的亲属及地域关系的神庙等学术前沿研究情况。10月8日，《慈溪县志》（1992年版）副主编周乃复到访，交流中日地方志比较、浙东地方志研究及方志地图运用等问题。12月28日，象山县方志办主任等人走访《鄞县志》主编周时奋，探讨县志小序宏观把握及节、目纵向记述方面问题。

2010年4月15日，象山县方志办主任等人走访《鄞县志》（1996年版）编撰者之一戴松岳，探讨县志总纂。他就资料第一，尽可能多保留资料；考核来自地方文献及家谱的资料；使用史料要有历史感，不能只用新近资料等问题，提出建议。

2011年3月1—2日，象山县志办全体人员走访北仑区、海曙区方志办，交流县（区）志编修情况，向他们了解志稿总纂、评审等工作。4月22日，象山县方志主任等人走访魏桥、王志邦，他们就象山县志编修总纂“流转程序”“修改建议”等做法表示肯定，提出建议。魏桥并提出“官修民本”观点。5月20日，象山县方志办主任等人就社会调查工作，走访义乌市志编辑部主编吴海潮、副主编施章岳等，向他们了解戚（继光）家军义乌兵北上修长城、鸡毛换糖福建拓市场、小商品市场创建历史、婺剧剧本民间收藏等调查目的、调查方法、调查成果入志等。11月24日，象山县方志办主任、《象山县志（2008）》主编等3人，走访浙江省社科院历史所所长、研究员陈野，征询县志编修总纂工作意见。

2012年3月9日，宁海方志办副主任叶雅琴一行10多人到访，交流县志总纂、评审等工作。7月9日，鄞州区方志办主任谢富国一行20余人到访，交流县、区志编修进度、总纂情况、碰到难题及其解决办法等。11月29日，绍兴县史志办主任何鸣雷一行8人来访，交流县志编修启动、篇目、资料搜集、资料长编等内容。

2013年6月3日，宁波市史志办副主任邵建鸣率“宁波市史志研究中心”10余人到访，交流方志编修业务。

2016年3月1日，鄞州区方志办主任谢富国一行10余人到访，交流县、区志复、终审，地图、照片使用等工作。8月19日，东阳市方志办主任张忠鸣一行4人到访，交流县、市志编修启动、篇目、资料搜集、资料长编等内容。

2019年5月14日，镇海区方志办主任顾科明一行到访，交流县、区志终审及终审后志稿修改等工作。

（三）参加业务研讨会议

象山县编修县志，参加方志系统及相关单位组织的方志、历史等业务研讨会议，交流学习，为提升方志编修实践与理论水平打下基础。主要的会议有：

1. 宁波市志办组织的县（市）区主任、主编会议及方志专题理论研讨会

象山县志办从2005年开始，参加宁波市史志办组织的县（市）区主任、主编会议。2005年6月，宁波市史志办各县（市）、区交流会议上，姚志浩谈怎样用新的手段处理旧的资料；9月，宁波市志办全市二轮修志工作会议在象山召开，各县（市）、区交流修志情况，象山县志办作为东道主，作重点交流。2006年9月，在江北区召开的宁波市史志办各县（市）区交流会议上，姚志浩谈宁波市志及几部区志的提纲，及对经济体制、政治体制的内涵、外延作说明。

从2008年至2013年，象山县方志办主任、主编、副主编等参加宁波市史志办召开的11次方志专题理论研讨会，深度参与探讨二轮修志共性问题及阶段性问题：方志运作与组稿、材料搜集、反映地域及时代特色、纲目设计、初稿撰写、总纂与磨稿、方志文献的传播和利用等。

2. 浙江省方志办组织的二轮修志创优工程会议、方志学术研讨（论坛）会及主编会议

2007年9月17日，象山县方志办主任、主编等参加省方志办召开的浙江省二轮修志创优工程第一次工作会议，以后参加多次。会议主要议题有：各试点单位交流，修志个例探讨等。在海盐、东阳两地召开的创优会议情况，详本《修志始末》第七部分“试点工作”。

象山县方志办参加省志办举办的第二届（2008年）、第三届（2010年）“浙江省方志学术研讨（论坛）会”，深度参与方志学术前沿理论及方志“贵因贵创”编修实践探讨。

2012年7月24日，《象山县志（2008）》主编等参加“全省方志系统科研工作者座谈会”，深度交流民间资料搜集及在方志中的运用等问题。

2016年6月7—8日，象山县方志办参加省方志办召开全省市县二轮志书主编研讨会，深度参与二轮修志初审、复审志稿评审及修改业务。

3. 中国地方志指导小组办公室方志国际学术研讨会及全国试点单位会议

2011年8月8—13日，《象山县志（2008）》主编、副主编等2人参加中国地方志指导小组办公

室、中国地方志协会主办的方志文献国际学术研讨会，交流学习方志体例结构、编纂收藏、研究利用、文本研究、方志文献数字化、方志人物等有关内容，并参加分组主题交流及评点人点评。

2012 年，象山县方志办参加全国试点单位会议情况，详见本志《修志始末》第七部分“试点工作”。

4. 其他史志会议

2005 年 11 月，县方志办一行四人在宁波大学听扬州大学教授许卫平有关近代方志学讲座。

2009 年 11 月 9 日，象山县方志办主任等人在宁波大学听中国社科院副院长、中指组常务副组长朱佳木“关于当代史研究的几个理论问题”报告。

七、试点工作

（一）全国第二轮修志试点工作

2005 年 6 月 9 日，全国第二轮修志试点单位方志理论与编纂研修班在上海举办。中国地方志指导小组副秘书长田嘉讲话，指出：“第二轮修志搞试点，是相比第一轮修志工作的一个新的特点，是促进第二轮修志保证质量、稳步推进的好办法。”认为试点工作的意义主要应体现在“总结经验、开拓创新、探索规律、树立典型”这 16 个字上。试点工作的目标，明确为“出书、出人、出经验、出理论研究成果”。对搞好试点工作，提出 3 点要求：首先，要把试点工作立足于开拓方志事业这个基点上。在修好志书的基础上，搞好地情资料、文献资料的保存、开发、利用，服务当地社会、经济、文化建设；其次，要努力探索方志工作的客观规律。探索志书编纂的阶段性规律和总体规律，出一些经验，提供给本地区，乃至全国其他的修志单位借鉴；第三，做到理论与实践相结合。把工作经验上升到理论层次。

2007 年 7 月 12 日，中国地方指导小组办公室联络处处长、博士张英聘到宁波调研二轮修志，宁波市史志办指定象山县方志办等 4 家单位汇报修志情况并参加座谈。张英聘对象山二轮修志的做法表示肯定，并鼓励继续努力，创造条件，申报全国试点。中指办王超、省方志办张勤等也对象山县方志办的探索表示赞赏。

至 2008 年 9 月，县志编修已基本完成资料长编编撰、分纂稿试写。通过“衣食住行 · 饮食”试写及研讨，以及上阶段修志理论的思考（详见本《修志始末》第四部分“修志指导思想及理念”），在修志实践、理论两方面为申报全国试点创造基本条件。

10 月 20 日，县方志办一行 4 人赴北京向中指组秘书长田嘉汇报象山二轮修志工作与申报全国试点的想法。联络处处长张英聘指导申报全国试点程序。

2009 年 2 月 15 日，经县主要领导同意，县志办印发《关于申报全国第二轮修志工作试点单位的请示》（象志办［2009］1 号），向宁波市地方志编纂委员会办公室请示：“为了促进象山地方志事业的可持续发展，编修高质量的《象山县志（2008）》，培养修志人才、提供修志经验和理论研究成果，我办决定向中国地方志指导小组办公室申报全国第二轮修志工作试点单位。”并附申报材料。3 月，就象山申报全国试点，宁波市志办向浙江省志办提交报告。4 月，就象山申报全国试点及宁波市报告，省志办向中指办提交报告。5 月，接中指办通知，已研究，将派人实地调研象山修志工作。

是年 8 月 3 日，中国地方志指导小组办公室印发《关于进一步加强全国二轮修志试点工作的通知》（中指办字［2009］30 号），为进一步加强全国第二轮修志试点工作，切实发挥试点单位先行引路、典型示范的作用，提出上报编纂计划；每年年中、年底上报工作进展情况；主动与中指办及省、市志办沟通联系，以便加强指导；试点单位及时总结经验和汇总成果，并上报中指办和省、市志办等五个方面的要求。

是年8月20日，象山县申报全国第二轮修志试点单位汇报会在松兰山海景大酒店召开。中国地方志指导小组办公室联络处处长、博士张英聘，浙江省方志办编纂处副处长、研究员董郁奎，宁波市史志办副主任龚蜀东，宁波市史志办二处处长邵建鸣出席会议。县委常委、统战部部长黄敏求出席会议并致辞。县志办主任钱永兴向大会汇报象山二轮修志工作。会议由县府办副主任陆新学主持。

是年9月24日，中国地方志指导小组办公室印发《关于同意确定浙江省象山县地方志办公室为全国第二轮修志工作试点单位的批复》（中指办字［2009］35号），同意宁波市志办、浙江省志办推荐申报的象山县方志办为全国第二轮修志工作试点单位，成为浙江省第四家全国试点（另3家为杭州市人民政府地方志办公室、萧山区地方志编纂委员会办公室、义乌市志编辑部）。批复明确试点工作的组织领导和工作目标为："试点工作在中国地方志指导小组办公室和浙江省地方志办公室、宁波市地方志办公室的指导下，由象山县地方志办公室负责组织实施。象山县地方志办公室要通过试点工作的开展，力争使第二轮志书成为精品佳志，并建设一支具有较高素质的修志队伍，建立完善的修志工作制度，为全国二轮修志工作提供可资借鉴的经验。"批复还明确了试点工作五个方面的基本要求，主要内容有明确指导思想，努力开拓创新，提高编修质量，健全工作制度，总结工作经验，形成修志理论，坚持修志为用，服务社会人民。12月末，象山县列入全国第二轮修志试点单位内容，载入中指办2009年工作总结。

2010年1月28日，象山县方志办按照中国地方志指导小组办公室"中指办字［2009］30号"文件精神，报送《象山县方志办关于做好全国第二轮修志试点工作的下步打算》，作为详细试点工作规划的初步设想。主要内容：一是按照《地方志工作条例》的要求，做好地方志的全面工作，包括编修县志、编纂年鉴、旧志整理、方志理论研究等；二是《象山县志（2008）》的质量、进度要求；三是《象山县志（2008）》编纂的6项探索性工作：题材拓展、地方特色的确定与表达、时代特色的全面追求、节目叙述框架及资料构成形式的探索、三种现代流行体裁的应用、修志方案的史法化工作。

是年5月18日，应海盐县史志办主任郁惠祥要求，象山县志办向其介绍象山县申报全国二轮修志试点情况，并发送相关申报资料供其参考。

2012年4月，全国第二轮修志试点工作经验交流会在海南省海口市召开，象山县方志办主任、《象山县志（2008）》主编参加会议，上报《全国第二轮修志试点工作经验交流会汇报材料》，并在会议上详细汇报了《象山县志（2008）》编修的观念设计及质量保证方面的措施。会议主持人张英聘概括象山修志工作特色为"用史学精神、学术精神做研究"，并向与会各试点单位推荐。中国地方志指导小组成员、指导小组办公室党组书记田嘉，中国地方志指导小组秘书长兼办公室主任李富强在讲话中都提到象山县方志办的试点工作。

2017年12月，《象山县志（2008）》终审会议召开。县志编辑部汇报终审志稿呈现出来的8大探索或特色：顶层设计，整体布局；继承传统，开拓创新；突出时代特色，拓展民生题材；突出地方特色，散点透视表达；利用最新学术成果，体现地方性知识；运用复式叙述框架，有主次地记述史实；考证、注释，求实、求真；修志理念，表达充分。详见本《修志始末》第四部分"修志指导思想及理念"。

方志理论研究，形成继承方志理论传统又富有时代创新意识的较为系统的修志理念，详本《修志始末》第四部分“修志指导思想及理念”。完成浙江省方志办研究课题（重点课题）1项，获浙江方志研究论坛学术研讨会论文评奖一等奖2篇、三等奖2篇。方志研究论文收入《方志文献国际学术研讨会论文集》《浙江方志论坛学术研讨会论文集》《宁波市方志研讨会论文集》10多篇。

（二）浙江省第二轮修志创优工程试点工作

2006年年末，浙江省方志办在研究2007年工作时，提出“浙江省二轮修志创优工程”设想。其目的：切实提高浙江省二轮修志整体质量；打造“浙江志书”优质品牌；扩大浙江方志全国影响。设想得到省长、省地方志编纂委员会主任吕祖善的重视和支持，并列入《浙江省地方志编纂委员会2007年工作要点》，计划先在县级单位开展。

至2007年4月，象山二轮修志，《象山年鉴》已出版2册；《象山地方文献丛书》7种，已在整理或撰写；《象山县志（2008）》编修，编纂工作方案已下达，县志纲目已形成，县志课题已部分落实，“县志民间采访大纲”已制订，《〈象山县志（2008）〉纲目论证会资料汇编》已完成；县志编修理念，已初步形成，追求在继承修志传统基础上开拓创新，并通过《〈象山县志（2008）〉编纂工作方案》及《〈象山县志（2008）〉纲目编制说明》表述。另外，象山古代历史纲要简本《山海的记忆》已刊印。县方志办申报省创优工程条件初步具备。

2007年4月28日，象山县方志办填报《浙江省二轮修志创优工程申报表》。5月初，宁波市志办从8家单位中推荐2家申报“浙江省二轮修志创优工程”，象山县方志办入选。6月5日，象山县方志办邀原《象山县志（1988）》副主编林志龙等，赴杭州向省方志办主任杨金荣，编纂处处长陈野，原省方志办主任魏桥等汇报编修县志思路和做法，及参加“浙江省二轮修志创优工程”活动的打算。6月12日，省志办印发“浙地办［2007］17号文件”，确定象山县方志办为浙江省二轮修志创优工程试点单位。

是年6月29日，“象山县修志工程论证会”在杭州黄龙饭店举行。省方志办主任杨金荣参加会议并讲话。参加会议的专家有：省地方志学会会长、编审魏桥，省方志办研究员王永太、王志邦、陈野、董郁奎，副研究员周祝伟，省社科院研究员汪俊昌，浙江大学教授毛丹等。县方志办汇报《象山修志工程创优的思考和实践》，就以优质工程标准实施象山修志工程，汇报三方面内容：一是象山二轮修志基本情况，二是象山修志工程基本情况，三是象山修志创优工程自主集成创新的思考和实践。自主集成创新，提出技术要素层面的观念创新、体例创新，以及综合要素层面的组织管理、施工方式等五方面的创新。

是年9月17日，省方志办召开浙江省二轮修志创优工程第一次工作会议，省方志办与14家创优工程试点单位签订协议，并授牌。省方志办主任杨金荣在讲话中多次提到象山的创优思考和实践。会议还明确省方志办创优试点单位联系人，象山县为杨金荣、陈野。

是年11月21日，省方志办编纂处处长陈野到象山调研创优工程实施情况，在听取县方志工作汇报，并检查“民间采访手册”等有关书面材料后指出，自象山修志工程杭州论证会后，象山修志围绕“创优”这一主题，整体设计思想全面深化，创优实践已取得阶段性成果。她对象山的创新精神和勇气表示赞赏，认为借鉴现代学科思想和方法，拓展方志题材，并探索将学科语境转化为方志语境，是象山修志创优工作一大特色，要花力气进一步做深做透。注重志书文化内涵、学术品位，重视民间乡野资料收集和使用，是象山修志创优工作极具魅力的亮点，做好这些工作，《象山县志（2008）》就会形成自己的特色和风格。对于象山二轮修志创优工作中碰到的社会调查、课题承担等工作困难，陈野认为，修志创优，就是要接受理论实践各方挑战，希望把发挥专家作用和利用民间智慧结合起来，相信一定能找到解决问题的办法。

2009年1月16日，省方志办印发“浙地办”[2009] 3文件《关于进一步做好二轮修志创优试点工作的通知》，要求14个创优试点单位切实履行2007年签订的《浙江省二轮修志创优试点单位协议书》的权利和义务，“以创作精品佳志为目标，善于探索，勇于创新。恰当运用社会学、经济学、历史学、文化学等相关学科方法，深入研究、剖析本地地情，加强志书记述深度，力求修出具有鲜明时代特色、地方特色和本志特点的志书，为二轮修志树立具有良好内在品质和学术价值的质量标杆”。

是年7月23日，省方志办在海盐召开省二轮修志创优工程试点单位工作会议，受省方志办主任潘捷军委托，省方志办副主任陈野作工作报告。在报告修志创优工程工作取得阶段性成果时，认为象山县志办在理论探讨和编纂实践的创新创优上积极探索，取得了很好成果。在报告试点单位方志编纂经验与理论研究水平明显提高时，认为象山县方志办将志书编纂与地情研究、学术研究与旧志整理工作相结合，引进传统学术、现代学科的理念和方法指导志书编写工作，志书编纂水平取得长足进步。在安排下步试点工作时，她提出：“省志办希望各试点单位牢固树立责任意识、质量意识和精品意识，充分认识作为试点单位肩上所有的责任，在已有成绩的基础上，不骄躁、不冒进、不懈怠、不松劲，扎实工作，稳步前进，在全省市县志编纂中充分发挥表率作用，着力打造经得起历史检验的精品佳志。”

2010年1月28日，象山县方志办按照中国地方志指导小组办公室中指办字[2009] 30号文件精神、省志办有关开展创优工程试点工作意见，报送《象山县志办关于做好全国二轮修志试点暨浙江省二轮修志创优工程试点工作的下步打算》，作为详细试点工作规划的初步设想。主要内容基本同《象山县志办关于做好全国二轮修志试点工作的下步打算》。

是年9月23日，原省方志办主任杨金荣对象山修志提出的“修志方案‘史法化’”，以短信方式表示肯定，认为是新视角、新认识、新经验，鼓励象山修志继承传统，开拓创新，修出精品佳志。

2011年8月2—4日，省方志办主任潘捷军调研象山二轮修志工作，指导象山“省创优工程试点”深入开展。

是年12月15日，省二轮修志创优试点工作会议在东阳召开，象山县方志办汇报四方面内容：进度；质量保证工作；六个方面探索；面临困难。潘捷军在讲话中对象山保证质量、六个方面探索等工作表示肯定。

2012年2月22日，省方志办副主任章其祥调研象山二轮修志、指导创优试点等工作，对象山修志两个终极追求、三个基本编纂思想，以及六个方面探索表示肯定。

2013年1月，省方志办副主任章其祥在《中国地方志》期刊2013年第1期刊登《坚持继承创新　努力打造精品佳志——浙江省第二轮修志创优工程试点的探索》一文，肯定象山等单位二轮修志，坚持志书是资料性文献，重视志书资料工作，向社会征求资料。指出，象山县重视民间资料的搜集与记录，通过口碑资料、实物史料的搜集和整理，完成民间采访册300余册。

八、撰写编辑

(一)《象山县志（2008）》编辑部

1. 县志编辑部筹备工作

2004年11月5日，中学高级教师（语文。2007年为副研究员，2010年为研究员）、县方志办主任钱永兴到任，县志编辑部工作同时启动。11月9日、11日，钱永兴赴鄞州、宁海了解年鉴编纂情况，年鉴编辑部工作同时启动。12月，县志办邀已退休的副编审林志龙（非上班式）、中学高级教师（语文）何元均（非上班式），及即将退休的中学高级教师（语文）张利民参加修志。2005年2月，县志办邀计算机专业毕业的厉攀参加县志办工作，另邀时在县高复班任教的中学一级教师（语文。2007年为助理研究员）邵鹏利用业余时间参加修志。3月11日，由林志龙联系，县志（年鉴）编辑部赴杭州走访专家，交流年鉴编纂工作，钱永兴、张利民、邵鹏、厉攀等同行。4月，向统战部借调即将退休的民宗局调研员盛繁国参加修志（退休后续聘）。4月30日，召开《象山年鉴（2005）》纲目编辑部讨论会，钱永兴、林志龙、张利民、盛繁国、周龙蛟、邵鹏参加。8月，邵鹏正式调入县志办。10月21日，赴杭州拜访专家，交流县志编纂思路，钱永兴、林志龙、张利民、盛繁国、邵鹏、厉攀等参加。11月9日，县地方志编纂委员会组成人员名单基本确定，决定县志主编人选，并确定由县志主编聘请副主编，报地方志编纂委员会领导同意后发文公布。12月29日，县志主编工作筹备会议，讨论主编分工及县志纲目，钱永兴、何元均、林志龙、张利民、盛繁国、邵鹏参加，厉攀列席。

2. 县志编辑部主编、副主编、主编助理及编辑

2006年1月23日，县委办、县政府办印发《关于调整县地方志编纂委员会组成人员的通知》，公布钱永兴为《象山县志（2008）》主编。

2007年6月1日，县委办、县政府办印发《关于调整县地方志编纂委员会组成人员的通知》。同时，县地方志编纂委员会印发《关于聘请〈象山县志（2008）〉副主编、特邀副主编的通知》（象志委［2007］1号文件）："经《象山县志（2008）》主编钱永兴提议，决定聘请张利民、盛繁国、邵鹏为《象山县志（2008）》副主编，何元均、林志龙为特邀副主编，协助主编开展《象山县志（2008）》的编纂、统稿及编务工作。"

是年9月，县志即将进入搜集资料与编撰（试写）齐头并进阶段。邀县交通局退休的竺桂良参加县志编修工作，因其纂修《石浦镇志》，未成。10月，向县教育局教研室借调中学高级教师（物理）吴国华参加修志（退休后续聘，县志办上班至2012年5月）。

2008年9月，县志编修进入全面分纂、开始总纂并进阶段。是月，向县农机局借调调研员金华勇参加修志（退休后续聘）。同月，邀县文管会退休的副研究馆员夏乃平参加修志，未成；邀原民政局地名办编辑孙万立参加修志，未成。2009年2月，邀爵溪工办退休、曾参与编撰《爵溪镇志》的谢立光参加修志（上班至2017年9月）。5月，邀已退休的中学高级教师（历史）张善心参加修志（县志办上班至2015年1月）。

2009年12月8日，县地方志编纂委员会印发《关于聘请〈象山县志（2008）〉常务副主编、副主编、特邀副主编、主编助理的通知》（象志委［2009］1号文件）："为了做好《象山县志（2008）》的编纂工作，进一步明确责任，经《象山县志（2008）》主编钱永兴提议，决定聘请张善心、张利民、吴国华为常务副主编，金华勇、盛繁国、谢立光、邵鹏为副主编，何元均、林志龙为特邀副主编，厉攀为主编助理，协助主编开展《象山县志（2008）》的编纂、统稿及编务工作。另聘请张善心为文字组组长、张利民为史料组组长、吴国华为课题组组长、金华勇为采访调查组组长，厉攀为后勤组组长。以上聘期一年。同时，2007年6月1日有关《象山县志（2008）》副主编、特邀副主编的聘约解除。"

2010年12月，邀中国摄影家协会会员陈洪杰参加修志摄影编辑及摄影工作。2011年11月，

陆振明任县志办主任，同时参加县志编辑工作（县志办工作至2016年2月）。12月，邀原县文联主席史奇山参加修志（非上班式）。2016年2月，吴家唯任县志办副主任，同时参加县志编辑工作。2017年5月，邀原党史办副主任、副研究员吕国民参加县志编辑工作。8月，县国土局茅洋所所长白炎根调入县志办，参加县志编辑工作。

2017年12月1日，县地方志编纂委员会印发《关于明确〈象山县志（重修；下限至2008年）〉编辑部副主编、主编助理、特邀副主编署名的通知》（象志委［2017］1号文件）："根据县志编修工作实际及其他情况，经主编钱永兴提议，县志办同意，明确《象山县志（重修；下限至2008年）》编辑部副主编、主编助理、特邀副主编署名如下：副主编：张利民、张善心、金华勇、盛繁国、谢立光、邵鹏；主编助理：厉攀；特邀副主编：何元均、林志龙、史奇山、吴国华。"

县志编辑部编修工作，参见本《修志始末》以上各部分相关内容。各编辑入志稿件编撰（撰写）、编辑情况及入志图照工作情况，详见下两表：

表一

县志编辑部入志稿件编撰(撰写)、编辑情况一览表

篇名（内容）	承编单位供稿及课题等其他稿件	入志稿件编撰（撰写）	入志稿件编辑	初、复、终审及终审后志稿"四改"改定稿统稿	备注
凡例		钱永兴	钱永兴为主 林志龙、张利民、金华勇及编辑部集体参与		
综述		钱永兴	钱永兴为主 林志龙、吕国民及编辑部集体参与		吴启超参与校改
大事记	有县志课题"象山大事记"稿	何元均、张善心为主 钱永兴(增补大事记有关条目及多数页下注)、张利民(增补大事记有关条目)、谢立光(附录2009年以后大事记)参与	何元均、张善心为主 钱永兴、张利民、谢立光、白炎根、吕国民及编辑部集体参与	初、复、终审稿统稿钱永兴为主 各副主编集体参与 终审后志稿"四改"改定稿统稿，钱永兴为主 张利民、金华勇等各副主编集体参与。金华勇并承担与主编、各副主编、各编辑、出版社改稿者沟通及具体的改稿管理工作。以下各篇同，不另。	

续表

篇名（内容）	承编单位供稿及课题等其他稿件	入志稿件编撰（撰写）	入志稿件编辑	初、复、终审及终审后志稿“四改”改定稿统稿	备　注
建置	县民政局、县海洋与渔业局等有供稿	张善心为主 钱永兴参与（“沿革”章增补部分页下注；越天门山考、郊区城区内容）	张善心为主 钱永兴、张利民、金华勇、白炎根及编辑部集体参与		
街道镇乡	17个镇乡街道、县民政局等有供稿	谢立光为主 钱永兴（各章章序、多数地名考证文字及部分页下注等）、张善心（建置沿革）参与	谢立光为主， 钱永兴、张善心、金华勇及编辑部集体参与		
乡村聚落	有县志课题“象山乡村聚落”稿	史奇山为主 钱永兴（大部分章序，部分节序）、金华勇（农业、渔业、海岛等村落、村落姓氏等修改）参与	史奇山为主 钱永兴、金华勇、白炎根、吕国民及编辑部集体参与		张则火参与核校《象山县村落姓氏情况表》
陆地环境	县民政局、县水利局、县农林局等有供稿 有县志课题“象山地质”稿、“象山陆地水”稿	邵鹏为主 钱永兴（“山脉　山峰”章章序重写及部分节序；“象山炼丹山”节；“地貌”节节序及“平原有关内容”）、金华勇（“平原有关内容”）参与	邵鹏为主 钱永兴、金华勇、张利民及编辑部集体参与		
海洋环境	县民政局等有供稿 有县志课题“象山岛礁”稿	邵鹏为主 金华勇（“岛礁”章“诸岛”内容补充；“海岸线、滩涂等表格”补充修订）、谢立光（增补“岬角”节）张利民（诸礁部分重新编排并增补）参与	邵鹏为主 钱永兴、金华勇、谢立光、张利民及编辑部集体参与		

续表

篇名（内容）	承编单位供稿及课题等其他稿件	入志稿件编撰（撰写）	入志稿件编辑	初、复、终审及终审后志稿“四改”改定稿统稿	备　注
昼夜　气候	县气象局、县农林局等有供稿 有县志课题“象山气候”稿	邵鹏为主 谢立光（节气谚语、天气谚语）、钱永兴（“农候　物候”章章序；“农候”节一级目目序；“物候”节节序重写；“暴期”增补小序及注释）、金华勇（“四季”增补文字内容及表格）参与	邵鹏、谢立光为主 钱永兴、金华勇及编辑部集体参与		盛行方提供“民间物候记录”资料
自然灾害	县气象局、县农林局、县海洋与渔业局、县国土资源局等有供稿	邵鹏为主 钱永兴（“5612 号台灾　9711 号台灾”节节序重写；“5612 号台风灾害”一目中“5612 号台风登陆时间考”等 8 则考证、摘编文字；“9711 号台风灾害”一目中“8.9 万群众大转移记”等 2 则摘编专记；“干旱灾害”一节中“祈雨考”等考证、摘编专记；“冷冻灾害”中“2005 年大雪灾害记”摘编专记）、金华勇（“5612 号台灾村庄整体被毁情况考”考证文字；“海损灾害”表格内容、“外来生物入侵”内容补充）参与	邵鹏、钱永兴为主 金华勇、谢立光及编辑部集体参与		吴祖虎提供据张志满、包租康、王余良、吴祖安口述整理的民国36年(1947)求雨“闹圣”资料； 韩善武提供1967 年干旱情况资料
自然资源	县国土局、县水利局、县农林局等有供稿	邵鹏为主 金华勇参与（“耕地面积”、“陆地水资源”节表格等增补修订）	邵鹏为主 金华勇及编辑部集体参与		邵丹玮参与修改动植物部分；任典勇提供部分东海海洋生物调查资料

续表

篇名（内容）	承编单位供稿及课题等其他稿件	入志稿件编撰（撰写）	入志稿件编辑	初、复、终审及终审后志稿“四改”改定稿统稿	备　注
中国共产党	县委办、县纪委办、县委组织部、县委宣传部、县委统战部、县委党史办、县委政法委、县委党校、县委老干部局、县直属机关党工委等有供稿	盛繁国为主 金华勇（全篇编撰）、张利民（“政法工作”增补内容）参与	盛繁国、金华勇为主 吕国民、钱永兴及编辑部集体参与		
人民代表大会	县人大办有供稿	盛繁国为主 金华勇参与（全编编撰）	盛繁国为主 金华勇、吕国民及编辑部集体参与		
政府	县政府办、县信访局、县行政审批管理办公室、县公共资源交易工作管委会办公室等有供稿	张利民、盛繁国为主 张善心（古代官制、县官名录）、谢立光（施政纪要）、白炎根（增补部分页下注）参与	张利民、张善心、谢立光为主 盛繁国、金华勇、吕国民及编辑部集体参与		余亚林参与“唐至清主官任职情况一览”校改
人民政协	县政协办有供稿	吴国华、盛繁国为主 谢立光参与（增补参政议政、政治协商等内容）	吴国华为主 盛繁国、吴家唯、金华勇、吕国民、陆振明及编辑部集体参与		
党派　社团	县委统战部、民盟象山支部、县总工会、县工商联、市工商局象山分局、共青团象山县委、县妇联、县红十字会、县慈善总会、县残联、县关工委、县科协、县文联等有供稿	盛繁国为主 金华勇（全文编撰）、张利民（“商会”节内容增补）参与	盛繁国、金华勇为主 钱永兴及编辑部集体参与		
国土管理　环境保护	县国土局、县海洋渔业局、县环保局有供稿	金华勇为主	金华勇为主 编辑部集体参与		

续表

篇名（内容）	承编单位供稿及课题等其他稿件	入志稿件编撰（撰写）	入志稿件编辑	初、复、终审及终审后志稿"四改"改定稿统稿	备　注
经济管理	县发展和改革局、县统计局、县审计局、县经济发展局、市工商局象山分局、县城管局、县质监局、象山海关、县口岸办、象山出入境检验检疫局等有供稿	盛繁国为主 金华勇（全篇编撰）、邵鹏（"重大工程布局　重大工程管理"章）参与	盛繁国为主 金华勇、邵鹏及编辑部集体参与		
财政　税务	县财税局、县国税局有供稿	金华勇为主 张善心（古代财政、税务内容）、史奇山（全篇编撰）参与	金华勇为主 张善心、史奇山及编辑部集体参与		
民政事务 社会保障	县民政局、县老龄办、县劳动保障局等有供稿	张善心、金华勇为主 钱永兴（"纪念性建筑修建"内容重写；"社会事务管理"部分内容、"社会保障"部分内容编撰）、吕国民（有关烈士内容增补）参与	张善心、金华勇为主 钱永兴、吕国民及编辑部集体参与		吴爱文校改"烈士英名录"有关内容
劳动　人事	县劳动保障局、县安监局、县总工会、县人事局等有供稿	金华勇为主	金华勇为主 编辑部集体参与		
港澳台事务、侨务、外事	县委统战部、县外事办等有供稿	盛繁国为主 金华勇（全篇编撰）	盛繁国为主 金华勇及编辑部集体参与		
公安 司法行政	县公安局、县司法局等有供稿	盛繁国为主 金华勇（全篇编撰）、张利民（部分编撰）参与	盛繁国为主 金华勇及编辑部集体参与		
检察　审判	县检察院、县法院等有供稿	盛繁国为主 金华勇（全篇编撰）、	盛繁国为主 金华勇及编辑部集体参与		

续表

篇名（内容）	承编单位供稿及课题等其他稿件	入志稿件编撰（撰写）	入志稿件编辑	初、复、终审及终审后志稿“四改”改定稿统稿	备 注
军事	县人武部有供稿	张善心、盛繁国为主 张利民参与（全篇编撰）	张善心、盛繁国为主 张利民、陆振明、钱永兴及编辑部集体参与		
城乡建设	县规划局、县建设局、县城管局、17个镇乡街道县、大目湾开发管委会、县房管处等有供稿	邵鹏为主 张善心（“县城建设”、“中心城区建设”、“街巷道路”等部分内容）钱永兴（城区、石浦城雕大部分内容编写）、金华勇（“房地产”资料增补）参与	邵鹏、金华勇为主 张善心、钱永兴及编辑部集体参与		周来达提供聂耳、戚继光雕像有关材料
供水 燃料 电力	县供电局、县自来水公司等有供稿	金华勇为主 史奇山参与（“燃料”一章）	金华勇为主 史奇山及编辑部集体参与		
交通	县交通局、县海事处、县大桥办等有供稿	金华勇、张善心为主 钱永兴参与（部分章序、部分节序；“高速公路象山连接线沿海南线象山段”一节；“象山港大桥及接线工程”一目；“宁象公路修建记”、“铜瓦门大桥形式美设计考”、“彭姥岭修建前交通情况”“袁村渡考”、“北渔山灯塔建造情况考”、“县公共汽车公司成立前后情况”、“象山港汽车轮渡修建前交通情况”、“海运专业村”、“史上船舶数量考”等13则考证文字及专记）	金华勇、张善心、钱永兴为主 编辑部集体参与		

续表

篇名（内容）	承编单位供稿及课题等其他稿件	入志稿件编撰（撰写）	入志稿件编辑	初、复、终审及终审后志稿“四改”改定稿统稿	备注
邮政　电信	县邮政局、县电信局等有供稿	金华勇为主	金华勇为主 编辑部集体参与		
围垦　水利	县水利局有供稿 有县志课题“象山陆地水”稿	金华勇为主 钱永兴参与（“围垦工程”章章序；“围垦类型”一节；“西泽塘围垦记”、“筑堤技术”节节序；“1988年大目涂围垦征用岳头村土地补偿”、“鹤浦大塘围垦录”、“标准海堤建设资金筹集”、“溜板上土方考”、“大塘港堤坝合龙”等8则考证文字、摘编或专记）	金华勇、钱永兴为主 编辑部集体参与		厉攀提供部分“围垦”章旁涉文字档案资料
农业	县农林局、县农机局、县农办等有供稿	金华勇、张善心为主 谢立光（“农业产业化经营”一章）、钱永兴（“海墩村土地改革记”“红木樨进献朝廷若干史实考”“麻丝墩考”等3则考证、摘编或专记）参与	金华勇、张善心为主 钱永兴、谢立光及编辑部集体参与		县农林局提供《象山县农业志》、县农机局提供《象山县农机志》
渔业		吴国华为主 钱永兴参与（“谢世法渔业互助组生产组织情况”“大小黄鱼资源衰退原因考”、“大黄鱼增殖放流考”等4则考证文字、摘编或专记）	吴国华为主 谢立光、金华勇、钱永兴及编辑部集体参与		县海洋与渔业局提供《象山县渔业志》； 郑巳扬提供“落小海”资料
盐业	县盐务管理局等有供稿	金华勇、张利民为主	张利民、金华勇为主 编辑部集体参与		

续表

篇名（内容）	承编单位供稿及课题等其他稿件	入志稿件编撰（撰写）	入志稿件编辑	初、复、终审及终审后志稿"四改"改定稿统稿	备 注
工业	县发改局、县经济发展局、象山经济开发区管委会、象山产业区管委会等有供稿	谢立光为主 金华勇（"汽车配件业　车辆修理业"章；"机械设备制造业"章；"机电设备制造业"章；"建筑材料制造业"章；"文体用品制造业"章；"食品加工业"章；"竹木制品加工业"章初稿）、张利民（"工业体制"部门重写；"模具"章、"汽车配件业　车辆修理业"章等增补）、钱永兴（"食品加工业章"之"冰厂考"）等参与	谢立光为主 金华勇、张利民及编辑部集体参与		朱永平等校改部分内容
建筑业	县建设局、县建管局等有供稿	张善心、陆振明为主 钱永兴参与（"建筑产业市场"节）	张善心、陆振明为主 金华勇、钱永兴及编辑部集体参与		
商贸	县贸粮局、县烟草局、市工商局象山分局、县外经贸局、县水产城管委会等有供稿	金华勇、谢立光为主 张利民参与（"私营商业"节增补内容；"商品票证"节增补内容）、钱永兴（"超市"部分补充资料）	金华勇、谢立光为主 钱永兴、陆振明及编辑部集体参与		县供销联社提供史料、大事纪要、组织沿革等资料6册
金融业	人民银行象山县支行等有供稿	金华勇为主	金华勇为主 张利民及编辑部集体参与		
旅游业	县旅游局等有供稿	金华勇为主 邵鹏（全篇编撰）陆振明（初、复审稿全篇编撰）参与	金华勇、陆振明为主 钱永兴、邵鹏及编辑部集体参与		
科技	县科技局、县科协等有供稿	张利民为主 陆振明参与（初、复审稿全篇体例、详略、语言等编撰，下同）	张利民为主 陆振明及编辑部集体参与		

续表

篇名（内容）	承编单位供稿及课题等其他稿件	入志稿件编撰（撰写）	入志稿件编辑	初、复、终审及终审后志稿“四改”改定稿统稿	备　注
教育	县教育局等有供稿	张利民为主 邵鹏、陆振明参与（初、复审稿全篇编撰）	张利民为主 钱永兴、邵鹏、陆振明及编辑部集体参与		
医疗　卫生	县卫生局、县食品药品监管局等有供稿	张利民为主 陆振明（初、复审稿全篇编撰）、白炎根参与（肺吸虫病条目及考证）	张利民为主 陆振明、钱永兴、金华勇、谢立光及编辑部集体参与		许祖黄提供“肺吸虫临床诊治”资料；徐明奎提供“发现肺吸虫新虫种”资料
体育	县文广新局（体育局）等有供稿	张利民为主 陆振明、邵鹏参与（初、复审稿全篇编撰）	张利民为主 陆振明、邵鹏及编辑部集体参与		
媒体	县广播电视台、县新闻中心等有供稿	张利民为主 邵鹏、陆振明参与（初、复审稿全文编撰）	张利民为主 陆振明、邵鹏及编辑部集体参与		
文学　艺术	县文广新局、县文联等有供稿	张利民为主 邵鹏（初、复审稿全篇编撰；儿童游戏）；陆振明（初、复审稿全文编撰）；钱永兴（竹根雕一节部分内容及“象山竹根雕事业初创考”）、厉攀（与钱永兴合作“五代吴越国钱镠、钱俶手迹流传象山始末考”）	张利民为主 陆振明、邵鹏、钱永兴、金华勇及编辑部集体参与		
图书　档案	县档案局、县文广新局等有供稿	张利民为主 邵鹏、陆振明参与（初、复审稿全篇编撰）	张利民为主 陆振明及编辑部集体参与		

续表

篇名（内容）	承编单位供稿及课题等其他稿件	入志稿件编撰（撰写）	入志稿件编辑	初、复、终审及终审后志稿“四改”改定稿统稿	备注
文物　名胜	县文广新局、县民政局等有供稿	吴国华、史奇山、邵鹏为主 陆振明（初、复审稿全篇编撰），钱永兴（“德育基地”章全篇编撰），盛繁国、白炎根（补充部分碑记）参与	吴国华、史奇山、邵鹏为主 钱永兴、陆振明及编辑部集体参与编辑		
非物质文化遗产	县文广新局等有供稿	张利民为主 邵鹏、陆振明参与（初、复审稿全篇编撰）	张利民为主 陆振明及编辑部集体参与		
人口	有县志课题“象山人口”稿，县民政局、县人口和计划生育局、县公安局等有供稿	周皓为主 张善心（全篇编撰；增补人口“历代迁移”大部分内容，及中华人民共和国成立后“水库移民”等较大规模移民内容；增补“民族　姓氏”章部分内容）、钱永兴（“塔山人考”“疍民考”）参与	周皓、张善心为主 钱永兴、金华勇及编辑部集体参与		本篇撰写、编辑者周皓为特聘； 厉攀搜集、复印、提供部分人口资料
衣食住行	有县志课题“象山衣饰”、“象山居住（夏乃平、史奇山）”稿	史奇山（“衣饰”章、“居住”章）、钱永兴（“饮食”章；“居住”章“卖房契录”、“照明陈设”一目；“出行”章章序、部分节序重写及“村周行”一节）、谢立光（出行）为主 厉攀参与（“饮食”章“点心店早餐品种一览”“饭店、酒家、农庄、排挡招牌特色菜一览”“日常宴请账单一览”；“出行”章“出行方式”节“自行车”“电动自行车”“小轿车”等目）	钱永兴、史奇山、谢立光为主 金华勇、林志龙、白炎根及编辑部集体参与		

续表

篇名（内容）	承编单位供稿及课题等其他稿件	入志稿件编撰（撰写）	入志稿件编辑	初、复、终审及终审后志稿“四改”改定稿统稿	备注
生老病死	有县志课题“象山家庭”稿、“象山疾病就医”稿	史奇山（本篇前四章）、谢立光（第二章第五节“渔区婚俗”；本篇第五章）为主 钱永兴（“民间疗法”、“常见病医治往事”等2则资料整理）、厉攀（“部分县级医院就诊情况表”“病人出县就医情况表”）参与	史奇山、钱永兴、谢立光为主 金华勇、林志龙、白炎根及编辑部集体参与		厉攀搜集、复印、提供部分旧志资料予县志“象山疾病就医”承担人；俞明德提供“象山民间疗法”资料；许祖黄提供“常见病医治往事”“部分就医常选医师情况”等资料
生产习俗 岁时节日		谢立光为主 张利民参与（整篇编撰）	谢立光为主 张利民、钱永兴、金华勇及编辑部集体参与		
宗教 民间信仰	统战部、民宗局等有供稿 有县志课题“宗教　民间信仰”修改稿	盛繁国（本篇前五章）、张利民（本篇“民间信仰”章）为主 钱永兴参与（“民间信仰”章章序重写；“清明会、十月初一会出游序列”摘编整理）	盛繁国、张利民为主 钱永兴及编辑部集体参与		邀李能成全篇编撰
方言	有县志课题“象山方言”稿	叶忠正为主	叶忠正为主 编辑部集体参与		本篇撰稿、编辑者叶忠正为特聘
人物传	有县志课题“象山人物传资料”稿及“象山人物传撰写”稿	吴国华、张利民为主 张善心、何元均参与	吴国华、张利民为主 何元均、张善心、钱永兴、白炎根及编辑部集体参与		

续表

篇名（内容）	承编单位供稿及课题等其他稿件	入志稿件编撰（撰写）	入志稿件编辑	初、复、终审及终审后志稿“四改”改定稿统稿	备 注
丛录		史奇山、吴国华、邵鹏、张利民为主 钱永兴参与（增补碑记、诗词、散曲、论文、新闻报道若干）	史奇山、吴国华、邵鹏、张利民为主 钱永兴及编辑部集体参与	初、复、终审稿统稿钱永兴为主 副主编集体参与 终审稿后“四改”改定稿统稿，钱永兴为主 张利民、金华勇等各副主编集体参与。金华勇并承担与主编、各副主编、各编辑、出版社改稿者沟通及具体的改稿管理工作。	张则火提供“户藏家谱”资料
象山舆图考	有县志课题“象山旧志地图”稿	龚缨晏为主	龚缨晏为主 张善心、钱永兴、张利民及编辑部集体参与		本篇撰稿、编辑者龚缨晏为特聘；厉攀搜集部分地图资料
参考文献		钱永兴为主 编辑部集体参与	钱永兴为主 编辑部集体参与		
修志始末		钱永兴为主 金华勇（县志初审、复审、终审专家意见整理）、厉攀（“《象山县志（重修；下限至 2008 年）》各单位供稿情况一览”“《象山县志（重修；下限至 2008 年）》课题情况一览”）参与	钱永兴为主 编辑部集体参与		“修志始末”稿件，经《象山县志（重修；下限至2008 年）》责任编辑罗滔审阅、校改，并邀黄敏求、吴启超、张英聘、王志邦、周祝伟等审阅、校改

说明：表中“入志稿件编撰（撰写）”一栏，1. 所填“为主”，指为主编撰（撰写）；2. 所填“参与”，指参与编撰（撰写）。所谓“参与编撰”，须大致具备如下条件：①编撰内容在志书呈现；②章、节、目、小序等重写或改编较大；③节，目，小序，考证、口述、实（摘）录文字等增补；④增补的内容较重要或有特别的史料价值；⑤承担全篇或部分重要章节体例、详略、语言修改，以及打磨加工使原稿整体提升质量

表二

县志编辑部入志图照工作情况一览表

入志图照名称	拍摄（制作）、征稿工作负责	说明文字撰稿	说明文字编辑	备　注
卷首照片	陈洪杰为主 陆振明、吴家唯、厉攀等参与	陈洪杰、吴家唯、金华勇等为主 陆振明、厉攀等参与	陈洪杰、吴家唯金华勇等为主 钱永兴、张利民、白炎根及编辑部集体参与	
卷首地图	邵鹏、陆振明、厉攀为主 钱永兴、吴家唯等参与			
随文（专志）照片	陈洪杰为主 吴家唯、邵鹏等参与	金华勇、陈洪杰等为主 吴家唯、邵鹏等参与	金华勇、陈洪杰等为主 吴家唯、邵鹏及编辑部集体参与	
随文（专志）插图一：地图、示意图、统计图			金华勇、陈洪杰等为主 吴家唯、邵鹏及编辑部集体参与	此类图片多为承编单位或课题承担者搜集、拍摄或制作
随文（专志）插图二：历史地图	邵鹏、吴家唯等为主	邵鹏、吴家唯等为主	邵鹏、吴家唯、等为主 金华勇及编辑部集体参与	
《象山舆图考》文后“象山旧志附图”	特邀龚缨晏搜集、选用旧志、旧文献地图资料	特邀龚缨晏撰写	特邀龚缨晏编辑 张善心、钱永兴、张利民等参与	厉攀搜集、复印部分旧志地图，交龚缨晏作为课题资料

（二）《象山县志（2008）》承编单位供稿

2007年4月，县志承编单位工作方案基本完成，主要有县志编纂方案、县志纲目、县志纲目编制说明、各专志资料汇编的编写要求、行文规范及民间资料采访大纲，等等。6月1日，《象山县志（2008）》编修工作动员大会召开，各承编单位县志供稿工作启动。撰稿人员由各单位自行确定，多为本单位在职或退休人员，也有不少为外聘人员。6月21—22日，《象山县志（2008）》修志工作人员培训会召开。培训会后，县志办编辑部人员分头业务指导。11月，分别举行镇乡街道、机关单位两场县志撰稿工作交流会议。详见本《修志始末》第三部分“县志编修过程”。

2008年1月18日，举行镇乡街道资料长编工作会议。2月28日，县政府办公室印发《〈象山县志（2008）〉承编单位上报资料的验收要求》。10月30日，《今日象山》整版刊出《象山县二轮修志承编单位工作进度公布》，具体情况详见本《修志始末》第三部分“县志编修过程”。

2009年9月，承编单位上报资料基本结束。大多承编单位资料为本次修志新撰，也有少数单位上报已有资料（主要是部门志、专业志或镇乡志）。少数单位延至2010年以后完成。个别单位未报资料的，相关内容由县志办搜集、整理并撰写。也有一些单位，虽没有承编任务，却主动提供资料。各单位供稿情况，详见下表：

表三

《象山县志(重修;下限至2008年)》各单位供稿情况一览表

供稿单位	报送时间	文字量(万字)	撰稿(提供)人
县委办	2009年10月	1	朱华庭
县人大办	2008年9月	4	王宁星　沈海成　周素云　欧振　陈勇
县政府办	2013年12月	7	余亚林
县政协办	2009年7月	16	吴家唯
县纪委办	2008年6月	0.8	赖东海
县委组织部	2010年4月	8	朱小春　王贤文
县人武部	2008年5月	26	陈荣金　郑健强
县委统战部	2008年9月	22	林庠妹　徐庄初
县台办	2008年5月	1	马阿项
县委党史办	2008年8月	2	吕国民
县委党校	2008年5月	12	胡丹
县直属机关党工委	2008年9月	0.1	张惠娟
县总工会	2009年4月	3	何志奇
团县委	2010年1月	12	潘三尊
县妇联	2009年6月	10	潘三尊
县委老干部局	2008年10月	1	邢许成
县科协	2009年7月	3	王本祥
县残联	2011年9月	0.5	吴文敏
县工商联	2008年8月	4	韩国明　朱永平
县科技局	2008年10月	22	林建天　俞伟栋
县民政局	2008年10月	40	孙万立　陈恩平
县人事局	2008年9月	2	王静
县审计局	2008年9月	4	戴伟光
县财税局	2009年3月	5 《象山县财政税务志》79	周隆然 提供者:陈柳松
县国税局	2008年5月	4	朱晖
县信访局	2008年10月	4	王贤文　陈国梁

续表

供稿单位	报送时间	文字量(万字)	撰稿(提供)人
县民宗局	2009年3月	31	张华行
县行政审批管理办公室 县公共资源交易工作管委会办公室	2009年2月	36	柳常青
县公建中心	2009年9月	0.3	陈千钧
县水产城管委会	2009年7月	0.1	鲍斌儒
象山海关	2012年2月	0.4	丁麟
象山出入境检验检疫局	2008年11月	1.4	谢芳　陈幸欢　吴琪　丁晓燕　朱蔚　葛樱红　蒋观月　吴俊杰
象山海事处	2012年12月	0.5	杨方福
县外事办	2008年10月	5	郑燕女
县老龄办	2010年1月	1	欧丹　朱小春
县委宣传部	2009年11月	4.5	欧行凯
县教育局	2008年6月	21	蔡平利
县文广新闻局(体育局)	2009年10月	100	蔡江林　陈伟理
县卫生局	2008年9月	5	张海洋等
县人口和计划生育局	2009年10月	12	屠德秀
县广播电视台	2009年7月	5	程舟群
象山新闻中心	2009年12月	15	朱华庭
县委政法委	2008年10月	2	张生立
县公安局	2008年8月	47	徐先法　石怀苗　奚明敏
县人民法院	2011年9月	4	何滨
县人民检察院	2008年5月	3	胡蓓　胡卫民
县司法局	2008年5月	6	王雅生
县发改局	2012年4月	10	郑家骥　刘梦忠　林家祥
县劳动和社会保障局	2008年9月	3	顾宇乐
县统计局	2008年10月	19	张世友
县建设局	2008年8月	67	黄振岳
县建管局	2009年12月	29	马建杰
县环保局	2008年5月	3	潘彩萍
县交通局	2010年12月	45	蒋志成等
县规划局	2008年10月	2	胡根元

续表

供稿单位	报送时间	文字量(万字)	撰稿(提供)人
县城管局	2009 年 7 月	1.3	陈明　李挺
县大桥办	2011 年 9 月	1	史荣林
县大目湾开发管委会	2009 年 7 月	0.3	张晓建
县经济发展局	2010 年 6 月	53	吴正汉　朱永平等
县贸粮局	2008 年 5 月	17	郑振林　陈芝桂
县安监局	2010 年 1 月	16	程舟群
县外经贸局	2008 年 10 月	1	余敏　周伟灵
象山经济开发区管委会	2008 年 6 月	4	王以毛
象山产业区管委会	2008 年 10 月	0.2	朱人义
县盐务管理局	2010 年 3 月	0.5	蒋英琪
县邮政局	2013 年 2 月	16	潘三尊
县电信局	2008 年 10 月	9	李玮阳
县供电局	2009 年 8 月	2	许常星　葛晋祥　王一鸣　苏幼民
市工商局象山分局	2008 年 9 月	9	林旭霞　茅泉能　王苏平
县旅游局	2009 年 7 月	7	孙万立
县食品药品监管局	2012 年 12 月	16	童光普
县烟草局	2011 年 3 月	0.5	陈明冬
金融线 (人民银行象山县支行)	2009 年 7 月	13	励先良等
县农办	2009 年 7 月	1.2	李海琴
县农林局	2008 年 10 月	《象山农业志(资料)》155	提供者:郑学勤
县水利局	2008 年 4 月	22	张文珍
县海洋与渔业局	2008 年	《象山县渔业志》70 另有海洋管理方面供稿	提供者:余维新　屠保国
县农机局	2008 年 8 月	14	金华勇
县国土资源局	2008 年 8 月	18	谢才华
县供销联社	2009 年 3 月	旧资料(成册)	提供者:宓岚
县气象局	2008 年 2 月	7	蔡春裕
丹东街道	2008 年 10 月	6(采访册:37 本)	陈斌国　余增法　徐庄初
丹西街道	2008 年 6 月	8(采访册:41 本)	金秉华　吴志杨　毛素芳
爵溪街道	2008 年 5 月	4(采访册:3 本)	谢立光
石浦镇	2011 年 6 月	《石浦镇志稿》50	提供者:竺桂良

续表

供稿单位	报送时间	文字量(万字)	撰稿(提供)人
西周镇	2009 年 3 月	32(采访册:73 本)	伊宝文　伊春根　夏烈　周先赞　赖才栋
鹤浦镇	2008 年 10 月	13(采访册:34 本)	金光红　姜剑
贤庠镇	2008 年 6 月	8(采访册:28 本)	屠德秀　陈秀康
定塘镇	2008 年 6 月	19(采访册:28 本)	李正苗　陈玉花　胡哲
墙头镇	2009 年 1 月	0.7(采访册:8 本)	欧世峰　方忠仕　郑善友
泗州头镇	2009 年 6 月	10	张智信
涂茨镇	2008 年 9 月	10(采访册:21 本)	陈必祥　任德培
大徐镇	2008 年 9 月	14	顾积忠　李修瑞
新桥镇	2008 年 9 月	24(采访册:29 本)	励金良　史久浩　林增飞　吴永万
东陈乡	2008 年 8 月	15(采访册:37 本)	胡声钿　鲍序楷
晓塘乡	2008 年 8 月	50(采访册:19 本)	张则火
黄避岙乡	2008 年 10 月	23(采访册:15 本)	盛叶荣　张明俊　姚志全
茅洋乡	2008 年 5 月	2(采访册:20 本)	顾圣亚　陈伟理　侯志全
高塘岛乡	2008 年 5 月	13(采访册:16 本)	雍良龙
房管处		10	姚家刚等
象山新四军研究会	2008 年 6 月	0.6	姜震
自来水公司	2008 年 3 月	3	张利良
民盟	2009 年 7 月	0.5	陈列
县关工委	2009 年 8 月	3	欧何月
县慈善总会	2013 年 4 月	1	蒋金龙
县公积金中心	2011 年 12 月	2	徐庄初
石浦成人学校	2011 年 9 月	0.6	谢正阳
象山海韵幼儿园	2011 年 6 月	0.1	欧赛萍

(三)《象山县志(2008)》课题

2005 年 10 月，县志部分内容“聘请专业人员分课题研究、撰写”，写入县志工作方案。11 月，邀何元均承担“大事记”县志课题，邀林志龙承担“人物传”县志课题。2005 年 11 月至 2006 年 3 月，县志课题制订方案基本确定；气象、地质、山脉、平原、水系、海岸线、浅海、港湾、滩涂湿地、岛礁、聚落等县志“第一批课题（13 个）名称及提示”完成。2006 年 5 月，“县志课题研究管理办法”制订完成。6 月，召开第一次县志课题落实会议。12 月，县志“第二批课题（40 个）名称及提示”完成；召开第二次县志课题落实会议。两次会议邀水利局退休的高级工程师王性成，县气象局高级工程师黄裕火、工程师蔡春裕，石浦渔港管委会编辑孙万立，县文管办退休的副研究馆员夏乃平，县民政局地名办郑海涛，象山中学中学高级教师（地理）俞炯志、马谷峰、张杏芬，象山第三中学中学高级教师（生物）杭章平、中学一级教师邵丹玮（生物学专业研究生）等社会各界人士参加，征求意见，落实课题承担人员。

2007年4月，《〈象山县志（2008）〉课题名称及提示》及《〈象山县志（2008）〉课题研究管理办法》等4个有关课题管理内容的附录，收入《〈象山县志2008〉纲目论证会资料汇编》。

2008年1月，邀县水利局离休干部、工程师董传根承担县志“象山陆地水”课题。

2009年3月，邀社会学博士、中国社科院社会学博士后流动站的钱丹霞（象山籍）承担民间信仰、亲族方面的课题，未成。7月，邀人口学博士、北京大学副教授周皓（象山籍）承担县志人口课题，由县志办提供初步篇目及人口资料。

2010年1月，夏乃平原承担课题“聚落”易为“居住”。3月，邀历史学博士、浙江大学教授龚缨晏（象山籍）承担象山旧志地图课题，由县志办提供初步旧志地图。7月，邀《象山地名志》主编、《象山方言志》作者叶忠正承担县志“方言”课题。9月28日，因“人物传”原承担者健康原因，仅提供资料及部分初稿。召开会议商量下步工作，定吴国华全面负责“人物传”编撰，张善心参与。新设“人物传撰稿课题”，古代、民国、中华人民共和国成立后部分人物，由象山新闻中心吴启超、吴伟峰承担。

2011年2月，商量借调副主任中医师朱骏骁承担县志“疾病　就医”课题，未成。翌月，谈定由县志办提供纲目及部分资料，朱骏骁利用业余时间完成课题。5月，邀原县文联主席史奇山承担县志“衣饰”课题。9月，县志“聚落”课题改为“乡村聚落”，邀史奇山承担，由县志办提供初步篇目并内容大纲。

2012年，邀中学高级教师（生物）邵丹玮修改“自然资源”篇动植物部分志稿。同年，邀史俏一、史奇山承担县志“家庭”课题，并邀史奇山增补、修改“疾病　就医”课题初稿。

2010—2012年，邀文化学者张球、中学高级教师（语文）周良华、韩国存，原象山报社副总编辑周培章，政协办副主任陈金火，原石浦镇宣传委员顾德威等承担县志课题，皆未成。

2013年，邀请象山新闻中心记者钱东海采访医家，增补“常见病民间诊治”内容。2014年1月县志初审后，邀绍兴市志办编研二处处长李能成修改县志“宗教　民间信仰”篇。2015年，邀何元均承担修改县志“人物传”课题。

课题入志，有以下几种情况：大多课题，按方志体例撰写，直接入志，并由编辑部进一步加工完善；少数课题，介于学术论文与资料汇编之间，由编辑部按照方志体例要求重新编撰；个别课题，未能入志。修改类的课题，其修改内容，最后亦由编辑部决定取舍。县志课题采用申报方式，县志办与承担者签订合同，课题经费分期拨付。县志课题承担具体情况，详见下表：

表四

《象山县志（重修；下限至2008年）》课题情况一览表

课题名称	完成时间	完成方式与字数	承担人
象山古代大事记	2011年11月	撰稿6万余字	何元均　张善心等
象山民国、新中国大事记	2011年11月	撰稿6万余字	何元均　李玲华等
象山乡村聚落	2013年12月	撰稿6万余字	史奇山

续表

课题名称	完成时间	完成方式与字数	承担人
象山地质	2006 年 12 月	撰稿 2 万余字	王性成
象山陆地水	2008 年 7 月	撰稿 0.8 万余字	张杏芬、董传根
象山滩涂、湿地	2008 年 7 月	撰稿 0.5 万余字	杭章平、邵丹玮
象山岛礁	2010 年 1 月	撰稿 7 万余字	孙万立
象山气候	2010 年 5 月	撰稿 6 万余字	黄裕火、蔡春裕
象山自然资源(动植物部分)修改	2012 年 12 月	修改 10 万余字	邵丹玮
地理部类校改	2014 年	修改 20 余万字	石友才
象山人口	2010 年 12 月	撰稿 10 多万字	周皓
象山衣饰	2012 年 5 月	撰稿 4.5 万余字	史奇山
象山居住	2010 年 12 月	撰稿 2.5 万余字	夏乃平、史奇山
象山家庭	2013 年 11 月	撰稿 4.5 万余字	史俏一、史奇山
象山疾病就医	2012 年 6 月	撰稿 4 万余字	朱骏骁、史奇山等
象山疾病就医内容增补	2014 年 1 月	撰稿 2 万余字	钱东海
宗教　民间信仰篇修改	2014 年	修改 5 万余字	李能成
方言	2011 年	撰稿 10.8 万字	叶忠正
象山人物传(清代以前提供资料,民国、新中国提供初稿)	2010 年 11 月	提供资料 10 多万字	林志龙
象山人物传撰写	2011 年 5 月	撰写并修改 4 万余字	吴启超、吴伟峰等
人物传修改	2015 年	修改 10 余万字	何元均
象山旧志地图	2013 年 11 月	撰稿 4 万余字;搜集并提供旧志地图百余幅	龚缨晏
民国甬、沪报纸登载象山报道辑录	2010 年	搜集并提供 28 万余字象山旧闻	孙善根

本篇《修志始末》,重点围绕贯彻《地方志工作条例》;坚持“一纳入八到位①”;坚守二轮修志基本原则②,探索方志本质和规律,满足读者用志多样化需求;继承传统,开拓创新;保证

①2014 年国务院副总理刘延东在第五次全国地方志工作会议上提出:把地方志工作纳入国民经济和社会发展规划、各级政府工作任务,做到认识到位、领导到位、机构到位、编制到位、经费到位、设施到位、规划到位、工作到位。

②2007 年《中国地方志指导小组关于第二轮地方志书编纂的若干意见》中提出二轮修志基本原则:坚持依法修志、坚持实事求是、坚持质量第一、坚持“述而不论”、坚持“生不立传”。

质量，追求精品等方面组织、选择材料，以反映象山二轮修志启动及县志编修全过程，记述“领导重视、各界支持、专家修志、众手成志”的县志编修的历史。本《修志始末》完成后，虽向有关领导、单位和个人征求过意见，县志编辑部也进行了集体审阅，但难免挂一漏万，恳望社会各界与广大读者批评指正。

《象山县志（2008）》编修，历时长、篇幅大，众手成志，县志编辑部编纂团队虽尽了最大努力，但由于能力、水平有限，志书中错漏在所难免，也恳望社会各界与广大读者不吝指正。象山方志事业将不断发展，《象山县志》将不断续修，错漏有时间改正，遗憾有机会弥补。期待明日，期待来者！

2019 年 11 月